D1726045

OHVO-0FER-Q63W

Mit diesem Code erhalten Sie unter

www.handbuch-soziale-arbeit.de

einen persönlichen Zugang zur elektronischen
Nutzung des gesamten Textes des Handbuchs und
können Zusatzfunktionen nutzen.

EV reinhardt

Handbuch

. . . .

Soziale Arbeit

Grundlagen der Sozialarbeit und Sozialpädagogik

4., völlig neu bearbeitete Auflage

Herausgegeben von
Hans-Uwe Otto und Hans Thiersch

unter Mitarbeit von Klaus Grunwald,
Karin Böllert, Gaby Flösser
und Cornelia Füssenhäuser

Ernst Reinhardt Verlag München Basel

Prof. Dr. Dr. h.c. mult. *Hans-Uwe Otto* ist Senior Research Professor an der Universität Bielefeld und Honorarprofessor der School of Social Policy & Practice, University of Pennsylvania, Philadelphia, USA.

Prof. em. Dr. Dres. h.c. *Hans Thiersch* lehrte Sozialpädagogik an der Universität Tübingen.

Die 1. Auflage erschien unter dem Titel „Handbuch zur Sozialarbeit, Sozialpädagogik", die 2. und 3. Auflage unter dem Titel „Handbuch Sozialarbeit Sozialpädagogik".

Bibliografische Information der Deutschen Nationalbibliothek

Die Deutsche Nationalbibliothek verzeichnet diese Publikation in der Deutschen Nationalbibliografie; detaillierte bibliografische Daten sind im Internet über <http://dnb.d-nb.de> abrufbar.
ISBN 978-3-497-02158-1
ISBN (E-Book) 978-3-497-02222-9
4. Auflage

Printed in Germany
Reihenkonzeption Umschlag: Oliver Linke, Augsburg
Satz: Arnold & Domnick, Leipzig

Ernst Reinhardt Verlag, Kemnatenstr. 46, D-80639 München
Net: www.reinhardt-verlag.de E-Mail: info@reinhardt-verlag.de

Vorwort

Unter dem Titel „Handbuch Soziale Arbeit" erscheint das Handbuch Sozialarbeit / Sozialpädagogik in einer 4., völlig neu bearbeiteten Auflage. Mit ihr wird der gegenwärtige Stand der Entwicklung in der theoretischen Diskussion, der Forschung und der Praxis der Sozialen Arbeit präsentiert.

Wir bleiben auch in dieser Neuauflage innerhalb des Verständnisses von Sozialer Arbeit, wie wir es 1984 schon für die 1. Auflage formuliert haben. Wir verstehen Soziale Arbeit als integriertes Konzept von Sozialpädagogik und Sozialarbeit in der Stabilisierung und Fortschreibung ihrer Traditionen, Erfahrungen und Erkenntnisse, als sozialwissenschaftlich orientiert, gesellschafts- und sozialpolitisch engagiert und interdisziplinär offen.

Dieses Konzept wandelt und profiliert sich immer neu in den gesellschaftlichen Veränderungen, die in den letzten zehn Jahren zu weitreichenden Herausforderungen für die Soziale Arbeit in der Bestimmung ihrer Identität und Funktion geführt haben.

Die zweite, reflexive Moderne ist bestimmt durch unterschiedliche, teils widersprüchliche, teils sich bestärkende oder auch blockierende Tendenzen. Sie ist geprägt durch demografischen Wandel und ökologische Probleme, die Umstrukturierungen von Gesellschaft und Leben im Zeichen der Globalisierung und den immensen Zuwachs an Wissen und Informationstechnologien. Sie ist zugleich bestimmt durch die neue Bedeutung des Ökonomischen in seiner Koalition mit dem Neoliberalismus und dem Neokonservatismus und durch die Entstehung neuer Lebenslagen der Verelendung und Exklusion. Und sie ist ebenso geprägt durch die Vielfältigkeit und Offenheit in der Pluralisierung der Lebenslagen und der Individualisierung der Lebensführung, durch die Entgrenzung von Gesellschafts- und Lebensmustern. Es geht somit um eine neue Bestimmung von Selbstzuständigkeit und Zwang, von Gerechtigkeit und Solidarität, von Leistung und Konkurrenz.

Diese Tendenzen bestimmen die Rahmenbedingungen und die internen Diskussionen zur Theorieentwicklung und Praxisgestaltung der Sozialen Arbeit. Sie erfährt sich in neuer Weise herausgefordert. Es entstehen neue theoretische Aufgaben und politisch-praktische Arbeitszugänge, vor allem auch innovative Formen der Kooperation und Koordination in der Sozial- und Bildungsszene sowie im Gesundheitsbereich. Zugleich aber werden sozialstaatliche Traditionen und mühsam erkämpfte soziale Ansprüche infrage gestellt und Qualitätsstandards zurückgenommen. Hinzu kommt eine Umstrukturierung der Berufs- und Ausbildungslandschaft, die im Zeichen einer grundsätzlichen Veränderung der systematischen Orientierung durch den Bologna-Prozess zu institutionellen Konkurrenzen, Spezialisierungen und zu neuen Zerklüftungen führen kann. Die Klärung grundsätzlicher Fragen zu Bedingungen und Hintergründen der Sozialen Arbeit mit der Entwicklung von theoretisch begründeten Konzepten wird dadurch ebenso behindert wie die Vertretung und Durchsetzung ihres gesellschaftlichen und fachlichen Auftrags.

Vor diesem Hintergrund verfolgt das Handbuch das Ziel, Soziale Arbeit in ihrer gesellschaftlichen Notwendigkeit und im Prinzip sozialer Gerechtigkeit zu fundieren, die Vielfältigkeit und auch Ergiebigkeit der disziplinären und professionellen Denk- und Handlungsformen darzustellen, in denen sich die Soziale Arbeit in den letzten Jahren konsolidiert und bewährt hat, ebenso aber die alten unerledigten und die sich neu abzeichnenden Probleme und Herausforderungen deutlich zu machen und von da aus schließlich kritisch-selbstkritische und weitergreifende Impulse für Entwicklungsaufgaben zu geben. Das Handbuch will den Eigensinn der Sozialen Arbeit stärken und damit den derzeitig so vielfältigen Überfremdungen und In-Dienstnahmen für Zwecke, die ihrem Auftrag zuwiderlaufen, offensiv begegnen. Das Handbuch versucht die theoretische Komplexität zu repräsentieren und durchsichtig zu machen und die sozialarbeiterisch-sozialpädagogische Professionalität zu stärken, damit sie sich durch Wissen und Reflexion in die Lage versetzt sieht, den Anforderungen in Praxis und Theorie gerecht zu werden.

Von hier aus ergeben sich neue Gewichtungen, vor allem aber verschiebt sich die Relevanz von Themen, manche treten in den Hintergrund und neue müssen aufgegriffen werden. Angesichts der gesellschaftlichen Widersprüche und Verwerfungen geht es um die vertiefte Strukturanalyse unserer gesellschaftlichen Verfasstheit und darin ebenso um ihre sozialethische Fundierung in der Widersprüchlichkeit der politischen Positionskämpfe wie um die Konsequenzen für die sozialstaatlichen Wandlungsprozesse. Neue Bedeutung gewinnen aber z. B. auch Fragen der Neuplatzierung der Sozialen Arbeit in Bezug zu den Aufgaben von Care und vor allem von Bildung und Bildungswesen mit dessen vielfältigen Bedeutungen und institutionellen Überlappungen. Es geht aber z. B. auch um die verstärkte Berücksichtigung von Emotionen und von psychologischen Grundkonzepten, um die Öffnung der methodischen Handlungsmuster in Bezug auf die Bearbeitung biografischer und struktureller Problemlagen sowie – gleichsam komplementär dazu – um die sozialpädagogisch verantwortete Einbindung und Gestaltung methodischer Transparenz und vor allem der organisatorischen und manageriellen Strukturen mit ihren sich stark verändernden Rahmenbedingungen.

Für Gliederung und Aufbau der vorliegenden Neuauflage haben wir Prinzipien, die schon die Arbeit an der letzten Auflage bestimmt haben, weiterverfolgt und profiliert. Eher zusammenfassende, groß geschnittene Themenkomplexe, in denen speziellere Darstellungen aufgegangen sind, sollen aber nun dazu dienen, in der Unübersichtlichkeit der so ausgefächerten Diskussion und ihrer zunehmenden Zersplitterung Zusammenhänge und Hintergründe zu verdeutlichen. Der Offenheit der gegebenen Diskussion entsprechend

haben wir unterschiedliche Zugänge und Positionen zur Darstellung kommen lassen.

Das Handbuch ist, wie die früheren Auflagen, nach Stichworten alphabetisch geordnet; eine thematische Gliederung wäre angesichts der offenen und im Fluss befindlichen Diskussion auch heute nicht tragfähig genug, um das vorhandene Wissen für die nächste Periode der Theorie- und Empirieproduktion verfügbar zu halten. Eine systematische inhaltliche Zuordnung der Artikel, die das Inhaltsverzeichnis ergänzt, und vor allem das detaillierte Sachregister machen die vielfältigen Zusammenhänge und Korrespondenzen deutlich und erhöhen so den Gebrauchswert des Handbuchs.

Die Neuauflage des Handbuchs war für uns im Herausgeberteam ebenso wie für die AutorInnen eine große Herausforderung. Die Arbeit war, wie immer bei einem solch großen Vorhaben, nicht ganz einfach und manches Mal durch unvorhergesehene Zwischenfälle und Widrigkeiten belastet. Wir danken den AutorInnen für ihr bereitwilliges Engagement, ihre Expertise verfügbar zu machen, und ihre große Geduld, wie sie ein so komplexer Herstellungsablauf erfordert. Besonders danken wir unseren KollegInnen Klaus Grunwald, Karin Böllert, Gaby Flösser und Cornelia Füssenhäuser. Ohne ihr umfassendes Sachwissen, ihre insistierende Sorgfalt und ihr exzellentes Organisationsvermögen hätte das Handbuch so nicht entstehen können.

Zu bedanken haben wir uns auch bei Christian Löhr, der mit großer Übersicht und viel organisatorischem Geschick an der Erstellung des Handbuchs beteiligt war.

Schließlich gilt unser Dank auch den Lektorinnen des Ernst Reinhardt Verlages – für die erste Phase Christina Henning und dann Eva Reiling und Carolin Ahrabian – für ihre vielfältigen Unterstützungen.

Bielefeld und Tübingen, im Januar 2011
Hans-Uwe Otto und Hans Thiersch

Alphabetisches Verzeichnis der Beiträge

V

Z

Systematisches Verzeichnis

Dieses systematisch orientierte Verzeichnis ergänzt das alphabetische Inhaltsverzeichnis. Es soll dazu dienen, Verbindungslinien und Korrespondenzen zwischen einzelnen Beiträgen zu verdeutlichen, ohne den Anspruch einer Systematik zu erheben. Da viele Artikel – dem Charakter eines Handbuches folgend – größere Argumentationszusammenhänge darstellen, sind einzelne Beiträge im Folgenden mehreren Überschriften zugeordnet.

Sozialstaat, Föderalismus, Soziale Arbeit
Wohlfahrtsstaat
Zivilgesellschaft

Recht und Rechte

Grundrechte
Jugendhilfe und Strafjustiz – Jugendgerichtshilfe
Jugendstrafvollzug
Kindschaftsrecht
SGB VIII – Kinder- und Jugendhilfe
Soziale Sicherung
Sozialpolitik

Lebenslagen und Soziale Probleme

Abweichendes Verhalten
Adressatin und Adressat
Armut und Armutspolitik
Behindertenpolitik, Behindertenarbeit
Behinderung
Diskriminierung und Rassismus
Diversity und Soziale Arbeit
Drogen, Drogenkonsum und Drogenabhängigkeit
Gesundheit und Krankheit
Gewalt und soziale Desintegration
Migration
Neue Religiosität und Spiritualität
Rechtsextremismus
Stadtentwicklung
Sucht und Rausch
Übergänge in den Beruf
Wohnungslosigkeit

Ethik, Werte, Normen

Anerkennung
Demokratie
Eingriff
Gerechtigkeit
Lebenswissenschaften und Biotechnologie im
    Kontext Sozialer Arbeit
Moral und Soziale Arbeit
Moralerziehung
Tugend

Entwicklung und Sozialisation

Bindungsbeziehungen: Aufbau, Aufrechterhaltung
    und Abweichung
Biographie
Entwicklung
Gefühle, Emotionen, Affekte
Individuum / Identität
Körper – Leib – Soziale Arbeit
Lebenswissenschaften und Biotechnologie im
    Kontext Sozialer Arbeit
Lernen
Neurobiologie
Resilienz
Sozialisation

Lebensphasen

Alter
Eltern und Elternschaft
Erwachsenenbildung
Familie
Generationen
Jugend
Jugendkulturen
Kindheit
Tod und Hospizarbeit

Organisationen

Freie Träger in der Sozialen Arbeit
Ganztagsbildung
Jugendverbände und Jugendpolitik
Kommunale Sozialarbeit
Religionen und Soziale Arbeit
Schulwesen

Planung und Management

Finanzierung Sozialer Arbeit
Managerialismus
Organisation und Organisationsgestaltung
Planung und Planungstheorie
Qualität
Sozialberichterstattung und Sozialplanung
Sozialmanagement
Sozialstatistiken
Sozialwirtschaft
Wirksamkeit

Abweichendes Verhalten

Von Lothar Böhnisch

Abweichendes Verhalten – Devianz – hat viele Gesichter. Es ist nicht eindeutig als „Normverletzung" definierbar, sondern kann, je nach Situation und Referenz relativ sein (Lamnek 1994; Böhnisch 2010; Peters 2010). Schon die scheinbar eindeutige Gesetzesverletzung, die „kriminelle Handlung", der Bereich der Delinquenz also, kann – je nach kulturellem und sozialem Kontext – in unterschiedlichem Licht erscheinen. In kapitalistischen Gesellschaften z. B. rangieren – auf Grund der verfassungsrechtlich geschützten Priorität des Privateigentums – Eigentumsdelikte ganz oben in der Sanktionsskala. Unterschiedliche soziale Herkunftsmilieus können zu unterschiedlichen Tatbeurteilungen sowie Bewährungs- und Rehabilitationsprognosen führen. Strafandrohungen werden z. B. in gesellschaftlichen Ausnahmezuständen – um ihrer abschreckenden Wirkung Willen – verschärft.

Abweichung und Kontrolle

Ist der Bereich der Delinquenz schon so schillernd, so erleben wir die Welt des *sozial abweichenden* (und entsprechend sozial sanktionierten) Verhaltens noch mehrdeutiger. Gerade die Sozialpädagogik / Sozialarbeit hat hier lange mit Definitionen und Etiketten gearbeitet, die eher auf asymmetrische Interaktionen verweisen, als dass sie die realen Lebenssituationen der Menschen treffen: Familien werden als verwahrlost eingestuft, verbunden mit einer negativen Prognose, was die weitere Erziehungsfähigkeit der Kinder anbelangt. Menschen gelten als dissozial oder asozial, wenn sie sich tradierten Mustern „normaler Lebensführung" verweigern, werden sozial ausgegrenzt, wenn sie biografisch scheitern oder sozial und kulturell nicht mithalten können. Die ausschließenden Definitionen gehen von kontrollierenden Instanzen und auf Konformität bestehenden Mitmenschen aus, sind oft ritualisiert, in die Grundwerte des Alltags eingegangen. Solche sozialen und kulturellen Stigmata können Menschen oft stärker beeinträchtigen als strafrechtliche Sanktionen. Sozialpädagogische Hilfe und *Entstigmatisierung* gehen hier eng ineinander über.

Damit ist die gesellschaftliche Palette der Definitionen sozial abweichenden Verhaltens aber noch längst nicht erschöpft. Zur Delinquenz und dem sozial desintegrativen Verhalten kommt noch die *institutionell gebundene* soziale Abweichung hinzu. Für die Sozialpädagogik / Sozialarbeit sind dabei vor allem die Handlungsmuster und Definitionsprozesse Abweichenden Verhaltens in Schule und Jugendhilfe von vorrangigem Interesse. Kennzeichen des institutionell gebundenen abweichenden Verhaltens ist, dass es sozial nicht durchgängig, oft nur in der betreffenden Institution negativ sanktioniert und außerhalb dieser oft gegenteilig bewertet wird. SchülerInnen, die in der Schule Abweichendes Verhalten zeigen – Leistung verweigern, Unterricht stören, vielleicht sogar gewalttätig sind – und dort entsprechend negativ sanktioniert werden, können in ihrer außerschulischen Gleichaltrigengruppe (Peergroup) einen positiven Status innehaben, der sich nicht selten auf ihr schulisches Verhalten gründet, das nun in der Jugendkultur „subkulturell" eine gleichsam entgegengesetzte soziale Bedeutung hat. Solche subkulturellen Dynamiken können Abweichendes Verhalten zudem in einer besonderen Weise freisetzen. Viele antisoziale Handlungen, die von Einzelnen begangen werden, entstehen aus dem kollektiven Identitäts- und Aktionszusammenhang von Gruppen heraus. Manches, was Täter als einzelne nicht tun würden, machen sie unter dem Druck der Gruppe – oft auch als Bestätigung der Gruppenzugehörigkeit.

Otto/Thiersch (Hg.), Handbuch Soziale Arbeit, 4. A., DOI 10.2378/ot4a.art001,

Schließlich dürfen wir in der Sozialpädagogik jene Formen Abweichenden Verhaltens nicht übergehen, die sich gegen die Betroffenen selbst richten. Es geht hier um *selbstgefährdende* und *selbstdestruktive* Handlungen, die zwar in der Regel keinen strafrechtlichen Sanktionen unterworfen sind, aber vielfach sozial geächtet werden und vor allem das subjektive Scheitern des Bewältigungshandelns beleuchten (Subkowski 2002). Sie reichen vom weniger spektakulären Risikoverhalten über selbstzerstörerische und abhängigkeitserzeugende Suchtrituale (z. B. Drogenabhängigkeit und Medikamentenmissbrauch) bis hin zum Selbstmord (Suizid). In ihnen spiegelt sich das Betroffensein als Grundbezug des pädagogischen Verstehens von Devianz bis ins Extrem.

All diese unterschiedlichen Definitionen Abweichenden Verhaltens zeigen uns, dass wir es hier mit einem Konstrukt und mit ihm einem *Konstruktionsprozess* zu tun haben, der vielfältigen sozialen, psychischen und institutionellen Einflussfaktoren unterliegt und in dem der Eigensinn und die Eigentätigkeit der fühlenden und handelnden Subjekte zwar eine wichtige aber längst keine hinreichende Bestimmungsgröße darstellt.

A. Cohen hat in seinem Klassiker „Abweichung und Kontrolle" (1968) eine gleichsam salomonische Formel zum Begriff der Devianz angeboten: Abweichendes Verhalten beziehe sich immer „auf die Existenz einer Regel" und ist mit dem „Auftreten einer Handlung" verbunden. In der Diskussion um Abweichendes Verhalten sind Regeln vor allem geltende Normen als institutionalisierte Verhaltenserwartungen, deren Erfüllung bzw. Befolgung positiver oder negativer sozialer Kontrolle unterliegt. Alles was über diese Cohensche Definition hinausgeht, ist in den kriminologischen Diskursen umstritten: Zum einen wird die Eindeutigkeit von Normen angezweifelt, zum anderen die gesellschaftlich meist geläufige Annahme zurückgewiesen, Abweichendes Verhalten sei durch die Handlungstatsache des Normverstoßes hinreichend erklärt. In der kriminalsoziologischen Tradition gibt es hierzu zwei gleichsam polare Theorielinien: Auf der einen Seite die Konzepte Abweichenden Verhaltens, die implizit oder explizit von der Gültigkeit herrschender sozialer Normen ausgehen und entsprechend Abweichendes Verhalten – als Normverstoß – daran messen. Diesen steht mit dem Kontrollparadigma eine Schule gegenüber, die Abweichendes Verhalten ausschließlich oder hauptsächlich als Resultat eines Zuschreibungsprozesses sieht, in dem Macht und Durchsetzung sozialer Interessen eine maßgebliche Rolle spielen und damit normwidriges Verhalten nach Maßgabe dieser Interessen zum Abweichenden Verhalten erklärt wird. Begründet wird diese Theorie mit der empirischen Beobachtung, dass gleiches normwidriges Verhalten einmal als Abweichendes Verhalten, in anderen Fällen aber nicht als solches sanktioniert wird.

Mit der beschleunigten Individualisierung und Pluralisierung der Lebensverhältnisse zu Beginn des 21. Jahrhunderts sind diese dualistischen Gegenüberstellungen fragwürdig geworden. Denn mit der offensichtlichen Entstrukturierung und Entgrenzung des Zusammenhangs von gesellschaftlicher Normsetzung und alltäglicher Lebensbewältigung gehen Handlungs- und Strukturdimensionen so ineinander über, dass weder ein täterorientiertes noch ein kontrollzentriertes Paradigma die innere und äußere Logik und Dynamik Abweichenden Verhaltens hinreichend erfassen kann.

Gleichzeitig dient Abweichendes Verhalten auch als gesellschaftliche *Projektionsfläche* für soziale Unsicherheit und Angst in der konformen Mehrheit der Bevölkerung. Von der eigenen Unsicherheit wird abgelenkt, indem sie als Forderung nach härteren Strafen (z. B. im Falle der Jugenddelinquenz) auf andere projiziert wird. Dadurch kann die Illusion der Sicherheit im Kontrast zu den Abweichenden demonstriert werden. Damit ist die gleichsam komplementäre Sphäre Abweichenden Verhaltens, die *soziale Kontrolle* vor dem Hintergrund gesellschaftlicher Kontrolldiskurse angesprochen (Althoff / Leppelt 1995). Handelt es sich bei dem geschilderten Phänomen der Projektion um ein informelles Kontrollmuster, so sprechen wir andererseits von *Kontrollinstanzen*, wenn es um institutionelle Kontrollzusammenhänge geht. Mit den Entgrenzungsprozessen der Moderne (Böhnisch et al. 2009), ihren Tendenzen der Erosion sozialer Bindungen, der Privatisierung von Risiken und der Schwächung sozialstaatlicher Sicherheiten ist die kollektive Verständigung über die Bedingungen des gesellschaftlichen Zusammenhalts nicht nur schwieriger, sondern auch in sich widersprüchlicher geworden. Auch die sozialen Kontrollprozesse haben sich entgrenzt. Angesichts grassierender sozialer Unsicherheit bis in die Mitte der Gesellschaft hinein hat sich ein gesellschaftliches Kontrollklima im Banne von Sicherheitsdenken und sozialer Abstiegsangst entwickelt, das eher von Abwehr als von Verständnis bestimmt ist (Garland 2001; Hess et al. 2007). Für die Sozialpädagogik / Sozialarbeit, die darauf angewiesen ist, dass ihre Interventionspolitik des Verstehens und der Resozialisierung in der Bevölkerung mitgetragen wird, kann dies bedeuten, dass sie wieder gesellschaftlich marginalisiert wird.

Der Bewältigungsansatz

Angesichts dieses komplexen Bedingungsgefüges Abweichenden Verhaltens, wie es bisher skizziert wurde, braucht die Sozialpädagogik / Sozialarbeit einen eigenen paradigmatischen Zugang, von dem aus sie die psychologischen, soziologischen, kriminologischen und sozialpolitischen Bezüge für sich ordnen und gewichten und so in ihren Diskurszusammenhang integrieren kann. In diesem Sinne hat der interdisziplinär angelegte *Bewältigungsansatz* (Böhnisch 2010) eine breite Aufnahme in der sozialpädagogischen Fachdiskussion gefunden. Der Bewältigungsansatz fußt auf der Annahme, dass im Abweichenden Verhalten „Botschaften" der Betroffenen verschlüsselt sind, die auf kritische Lebenskonstellationen verweisen. Lebenskonstellationen werden von den Subjekten dann als kritisch erlebt, wenn das psychosoziale Gleichgewicht – in den aufeinander bezogenen Komponenten von *Selbstwert, sozialer Anerkennung* und *Selbstwirksamkeit* – gestört ist und dabei die bislang verfügbaren personalen und sozialen Ressourcen der Bewältigung nicht mehr ausreichen (Filipp 2007). In der weiterführenden These wird daher als plausibel angenommen, dass Abweichendes Verhalten ein Handeln in der Spannung zu diesen prekären Konstellationen darstellt. Abweichendes Verhalten wird in dieser Interpretation dann eintreten, wenn konforme Mittel der Bewältigung der kritischen Konstellation (vor allem ihrer Thematisierung und die damit verbundenen Zugänge zu Beratung und Unterstützung) nicht oder nicht mehr verfügbar sind, um situative und biografische Handlungsfähigkeit zu erreichen. Abweichendes Verhalten wird in diesem Sinne als *Bewältigungsverhalten* gesehen, das nach Handlungsfähigkeit um „jeden Preis" – eben auch abseits

der geltenden Norm – strebt. Die Sozialpädagogik / Sozialarbeit sucht ihren Zugang zu Abweichendem Verhalten entsprechend nicht primär über die Normverletzung, sondern in den biografischen Betroffenheiten und sozialen Umständen, aus denen heraus sich Abweichendes Verhalten entwickelt haben könnte.

In der *soziologischen* Dimension des Bewältigungsmodells sind es vor allem Probleme der sozialen Desintegration, die sich biografisch vermitteln und eine Hintergrundkonstellation Abweichenden Verhaltens dann entfalten können, wenn die Betroffenen sich in einer *psychosozialen* Verfassung befinden, in der das Streben nach Handlungsfähigkeit nicht mehr Normkonform regulierbar ist. Solche Desintegrationsprobleme sind im Fokus sozialstruktureller, institutioneller und familialer Desintegrationsprozesse und ihrer biografischen Folgen aufzuschließen. Gleichzeitig ist zu beachten, dass das Streben nach unbedingter Handlungsfähigkeit *(tiefen)psychische* Eigendynamiken annimmt, die die Formen Abweichenden Verhaltens prägen. Hierbei müssen geschlechtsdifferente Bewältigungsmuster genauso analysiert werden, wie der Einfluss gesellschaftlicher Deutungs- und Kontrollmuster auf die Verläufe von Devianz. In diesen Zusammenhängen wird auch deutlich, dass gerade devianzriskantes Streben nach Handlungsfähigkeit sich seine entsprechenden sozialen Orte „sucht", um wirksam werden zu können. Hier sind vor allem gruppendynamische – subkulturelle – Bezüge zu thematisieren.

Abweichendes Verhalten ist also eingebettet in ein Wechselspiel psycho- und soziodynamischer Prozesse. Diese bilden gleichsam einen inneren und äußeren Kreis. Zum inneren Kreis gehören die psychodynamischen Prozesse, zum äußeren die sozialstrukturellen und sozialinteraktiven Konstellationen, die Abweichendes Verhalten begünstigen können.

Anomie, Subkultur, Etikettierung, differenzielle Gelegenheitsstrukturen

Im interdisziplinären Zusammenspiel des Devianzdiskurses spielen die soziologischen und sozialpsychologischen Theorien Abweichenden Verhaltens seit jeher eine zentrale Rolle. Sie bilden hier gleichsam den äußeren Kreis des Bewältigungskonzeptes. Von diesem her werden sie auch in die sozialpädagogische Fragestellung transformiert: Wie erleben die Betroffenen Gesellschaft, wie werden sie in der Bewältigung kritischer Lebenskonstellationen sozial beeinflusst und geformt. Im Mittelpunkt dieses Devianzdiskurses stehen dabei das Anomie-, das Subkultur- und das Etikettierungskonzept, die sozialpsychologischen Konzepte des Risikoverhaltens und der differenziellen Gelegenheiten.

Das Anomiekonzept, wie es von Emile Durkheim (1893/1987) unter dem Eindruck der Krisenerlebnisse des ausgehenden 19. Jahrhunderts entwickelt wurde (Dörner 1973) gilt bis heute als weitgehendste gesellschaftliche Hintergrundtheorie Abweichenden Verhaltens. Anomische Tendenzen entstehen nach Durkheim vor allem im Gefolge von ökonomischen Entwicklungsschüben und -brüchen, seien es nun einbrechende Krisen oder Prosperitätsschübe. Sie können bei den Gesellschaftsmitgliedern kulturelle und soziale Anpassungskrisen hervorrufen, die auch über Abweichendes Verhalten – wie Kriminalität und Gewalt, aber auch selbstdestruktives Verhalten bis hin zum Suizid – bewältigt werden. Die mit anomischen Zuständen einhergehende Orientierungslosigkeit der Menschen ist danach sozialstrukturell bedingt: Die strukturelle Diskrepanz zwischen dem, was die Gesellschaft kulturell und sozial vorgibt, und den Mitteln der Individuen, die gesellschaftlichen Ziele zu erreichen, führt zu Anomie und in deren Gefolge – weil die Individuen damit die Bindung an die Gesellschaft verlieren können – zu Abweichendem Verhalten. Das anomische Problem liegt also in der Unübersichtlichkeit der gesellschaftlichen Entwicklung für den Einzelnen. Abweichendes Verhalten kann damit als eine Form des Anpassungsverhaltens an anomische Zustände betrachtet werden (systematisch Merton 1968).

Ansatzpunkte für eine Reformulierung der Anomietheorie gab und gibt es in der sozialwissenschaftlichen Diskussion immer wieder. Bohle et al. (1997) haben in einer entsprechenden soziologischen Bestandsaufnahme den bleibenden Wert des Konzepts für sozialstrukturelle Analysen herausgearbeitet. Mit der anomietheoretisch inspirierten Frage „Was treibt diese Gesellschaft auseinander?" hat Heitmeyer (1997) einen neuen Anomiediskurs unter den Bedingungen der Postmoderne angestoßen. Der anomietheoretische Blick richtet sich dabei auf die Integrationskrise postmoderner Gesellschaften, auf das Auseinanderdriften von lebensweltlichen Kontexten und zunehmend sozial entbetteten systemischen Dynamiken (auch Böhnisch 2010).

Es wurde bereits darauf hingewiesen, dass sich Abweichendes Verhalten – besonders bei Jugendlichen – vor allem unter Gruppen- und Cliquendruck entwickeln und aufschaukeln kann. Diesen Zusammenhang versucht der sozialwissenschaftliche Devianzdiskurs mit dem Konzept der *Subkultur* aufzuklären. Subkulturen sind sozialstrukturelle Mechanismen, die es ermöglichen, dass unterschiedliche, teilweise widersprüchliche und sich auf gleicher Ebene ausschließende Normen nebeneinander bestehen können. Abweichendes Verhalten tritt ein, wenn die Normen der Subkultur auch dann gegenüber der Gesellschaft vertreten und befolgt werden, wenn sie deren Normen widersprechen, wenn also die Balance zwischen subkultureller und gesamtgesellschaftlicher Normorientierung nicht mehr gegeben ist. Dies wurde in der Subkulturforschung (Peters 1997) immer wieder am Beispiel jugendlicher Banden und ihrer Kriminalität demonstriert. Kriminelle Akte – Betrug, Diebstahl, Gewalt – werden von der Gesamtgesellschaft verfolgt und sanktioniert, während sie in der kriminellen Subkultur positiv bewertet sind; in ihnen drückt sich die Gruppe aus, wird der subkulturelle Zusammenhang gestärkt, können sich die Gruppenmitglieder für die Gruppe und in der Gruppe beweisen.

Auch hinter vielen Delikten, die von einzelnen Jugendlichen begangen werden, stecken die subkulturelle Gruppennorm und der Cliquendruck. Dass vielen jugendlichen Tätern nach ihrer Tat das Unrechtsbewusstsein fehlt, hängt damit zusammen, dass für sie nicht der Normbruch im Vordergrund steht, sondern das Ansehen und der Status in der Clique, aus deren subkultureller Dynamik heraus agiert wurde. Der Normbruch wird also von den Jugendlichen angesichts des höheren Wertes der Gruppenkonformität nicht in Kauf genommen, sondern gilt manchmal geradezu als Ausweis der Cliquenzugehörigkeit.

Solche subkulturellen Dynamiken lassen sich auch im Alltag beobachten. So ist zum Beispiel die Schule ein Terrain, in der solche Prozesse im Verhältnis von Schulklasse und außerschulischer Gleichaltrigengruppe (Peergroup) ablaufen. Hier ist zu beobachten, dass Normen und Verhaltensweisen, die in der Schulklasse hoch bewertet werden – Anpassung an schulische Leistungs- und Verhaltensnormen –, in der außerschulischen Clique nichts gelten, dagegen das Abweichende Verhalten hoch bewertet wird.

Das Subkulturkonzept lässt sich insofern gut auf die Anomietheorie beziehen, indem auch Subkulturen als Anpassungsmechanismen an anomische Strukturen gesehen werden können (Goffman 1973; Bohnsack et al. 1995). Subkulturelles Verhalten Jugendlicher ist meist unterlegt durch ein jugendspezifisches *Risikoverhalten*, das in den Grenzzonen von Devianz und Delinquenz angesiedelt ist. Während der traditionelle Devianzdiskurs sich vor allem auf die besondere subkulturelle Eigenart und Übergangsdynamik des Jugendalters bezieht, bezieht sich der Begriff des „Risikoverhaltens" vor allem darauf, dass ins Jugendalter inzwischen zunehmend soziale Bewältigungsprobleme hineinreichen, die eine spannungsreiche Balance von jugendgemäßer Entwicklung und psychosozialer Bewältigung erzeugen. Ist diese Balance gestört, kann sich ein brisantes Gemisch von jugendkultureller Unwirklichkeit und psychosozialer Überforderung zu Formen des Risikoverhaltens verdichten. Der Begriff des Risikoverhaltens drückt zweierlei aus (dazu Franzkowiak 1989; Raithel 2004). Zum einen signalisiert er, dass die Jugendzeit sich von der gesellschaftlich eingerichteten Schonphase Jugend hin zur Risikophase Jugend entwickelt hat. Zum anderen ist damit gemeint, dass sich Jugendliche „riskant" verhalten, das heißt vor allem sich selbst (aber auch andere) in ihrer leibseelischen Integrität gefährden oder diese gar zerstören, weil sie nicht mehr die Grenzen zwischen kulturellem Experiment und sozialem Bewältigungsdruck kalkulieren können und somit Opfer einer fortschreitenden gesellschaftlichen Diffusion der Adoleszenz geworden sind. Dieses widerfährt Jungen und Mädchen gleichermaßen, wobei es geschlechtstypische Unterschiede gibt: Männliches Risikoverhalten zeigt sich stärker in der Selbst- und Fremdgefährdung nach außen (Alkohol- und Verkehrsrausch, Körperverletzung, Randale, Einlassen in Gewaltszenen), weibliches Risikoverhalten richtet sich eher nach innen (Medikamentenmissbrauch, Magersucht). Beide treffen sich in der Drogenkultur (Böhnisch / Funk 2002).

Abweichendes Verhalten im Jugendalter (im Forschungsüberblick Baier 2005) gilt als jugendspezifisches Übergangsphänomen, die Deliktkurven flachen mit Ausgang des Jugendalters deutlich ab. Bei einer Minderheit verfestigt es sich – so die kriminologische Persistenzforschung (Lösel 1995; Schumann 2003) – in den Lebenslauf hinein. Hier handelt es sich dann oft um Deliktbiografien, die schon in der Kindheit begannen und sich in der Jugendzeit subkulturell über den Rand der Cliquenstrukturen verselbstständigen und festigen können.

Anomie- und Subkulturtheorien verweisen darauf, dass Menschen nicht „von Haus aus" deviant oder delinquent sind, sondern dass sich das Faktum der Devianz erst konstituieren muss, um sozial wirksam zu werden. Dieser Konstitutionsprozess wird auch maßgeblich von den Instanzen sozialer Kontrolle gesteuert. Das Kind ist nicht böse, sondern es wird als böse eingestuft, der Jugendliche wird zum Kriminellen „gemacht", weil seine Tat als kriminell eingestuft wird. Kurzum: „Das Verhalten des Definitionsadressaten begründet [...] Devianz nicht" (Keckeisen 1974, 32). Es gibt Jugendliche, die für dieselbe Tat bestraft werden und solche, die dafür nicht bestraft werden, ebenso wie es in einer Gesellschaft sozial destruktive Praktiken gibt, die geächtet und solche, die toleriert werden.

Diese Erkenntnis, dass Kriminalität, Delinquenz und Abweichendes Verhalten letztendlich Ergebnisse von Etikettierungs- und Zuschreibungsprozessen sind, verdanken wir der Theorie des *Labeling approach*. Die „kritische Kriminologie" der 1970er Jahre verstand diesen Ansatz als Gegenkonzept, mit dem sie die Täterzentrierung und Personalisierung Abweichenden Verhaltens seitens der traditionellen Kriminologie radikal in Frage stellte. Sie wollte aufzeigen, dass im Bereich der gesellschaftlichen Interaktionen und Institutionen Mechanismen wirken, die Verhalten selektiv „als Abweichendes Verhalten bewerten, das heißt gleiche Verhaltensweisen sowohl abweichend als auch konform" definieren (Lamnek 1994, 24) und damit die sozialstrukturellen und institutionellen Bedingungen sichtbar machen, unter denen die einen zu Abweichenden gestempelt werden, die anderen (mit vergleichbarem Verhalten) aber nicht. Damit ist der Spielraum des Menschen in der Selbstdefinition seines Verhaltens erheblich eingeengt. Dies geht sogar so weit, dass er dem eigenen Erleben zuwider solche Etikettierung übernimmt, sie internalisiert und danach – wie von den Kontrollinstanzen prophezeit – lebt. Er ist dann endlich der Kriminelle geworden, für den man ihn schon immer gehalten hat, der ewig scheiternde Jugendliche, der hoffnungslose Schüler. An diesen Beispielen wird sichtbar, dass sich Etikettierungsprozesse nicht nur in strafrechtlich relevanten Ausnahmebereichen, sondern auch in sozialen und institutionellen Alltagsprozessen abspielen. Sie werden in der kriminalsoziologischen Terminologie als *sekundäre Devianz* bezeichnet.

Dieses Hineinschlittern in deviante Zonen hängt dabei gerade auch von den Gelegenheitsstrukturen ab, die vorgefunden werden und zu denen man unterschiedlichen Zugang hat. Dies ist schon in der Subkulturtheorie thematisiert. In den Konzepten zum *differenziellen Lernen* (über differenzielle Gelegenheiten und differenzielle Verstärkungen) wird dies handlungstheoretisch verallgemeinert (Dollinger / Raithel 2006). Den differenziellen Ansätzen liegen sozialisatorische Annahmen zugrunde. Sozialisationstheoretisch begreifen wir Lernen als kulturellen Interaktionsprozess, der sich in differenziellen Sozialkontakten abspielt, in denen aus der bisherigen biografischen Erfahrung heraus einem zugängliche und positiv erscheinende neue Segmente aufgenommen und personal integriert werden. Dies geschieht im Falle Abweichenden Verhaltens im Kontakt mit abweichenden / delinquenten Sozialgruppen, deren Verhaltensmuster einem leichter zugänglich und biografisch eher plausibel sind als die der sozial konformen Gruppen, zu denen man ebenfalls – aber beschränkten – Zugang hat. Der Antrieb der differenziellen Kontaktaufnahme ist dabei anomisch strukturiert: Es sind meist Jugendliche, deren biografische Vermögen nicht ausreichen, um Selbstwert und soziale Anerkennung mit konformen / legitimen Mitteln zu erreichen. Die differenzielle Attraktivität devianter Konstellationen entfaltet sich in der Regel in den Signalen, welche sie an das Selbst aussenden. Attraktiv sind sie vor allem, wenn sie Selbstwertstärkung durch soziale Anerkennung und damit Handlungsfähigkeit verheißt. Wenn diese Signale ankommen, ist es sekundär, ob die gesuchte Bestätigung des Selbst durch autoritäre Unterwerfung, kriminelles Gruppenverhalten oder Ausgrenzung Schwächerer erreicht wird.

Selbstwert- und Anerkennungsstörungen

Kinder, Jugendliche und junge Erwachsene, die in die Zonen Abweichenden Verhaltens geraten, sind meist mit einer schwierigen biografischen Hypothek belastet. Sie haben in ihrem bisherigen Leben kaum Anerkennung für sich selbst und für das was aus ihnen selbst kommt erfahren und weisen deshalb massive Selbstwertstörungen auf, die sie über Auffälligkeiten (als gesuchte deviante Formen der Anerkennung) kompensieren „müssen". Es gibt also einen Zusammenhang zwischen frühkindlichen und späteren Sozialisationsproblemen und dem Bewältigungsverhalten von Kindern und Jugendlichen und der Art und Weise, wie sie in devianzträchtige Situationen und Konstellationen hineingeraten. Für den sozialpädagogischen Zugang zu Abweichendem Verhalten sind hier jene psychoanalytisch rückgebunden Sozialisationskonzepte von Nutzen, wie sie z. B. im Paradigma des „verwehrten Selbst" (Gruen 1993) und dem der „antisozialen Tendenz" (Winnicott 1988) vorliegen.

Die Grundlinien der sozialisatorischen Auseinandersetzung mit dem Selbst sind in den frühkindlichen Tiefenstrukturen der Identitätsentwicklung angelegt. Die lebenslange Thematik der Balance von Bindung und Ablösung, Anziehung und Abstoßung, Geborgenheit und Aussetzung bilden den endogenen Grund, aus dem sich Desintegrationsprozesse des Selbst entwickeln und zu abweichenden Handlungsdispositionen werden können. Die Grundthese in diesem Zusammenhang lautet: Wenn die innere Balance des Selbst in Interaktion mit der sozialen Umwelt gestört ist, sind devianzfördernde Abspaltungs-, Projektions- und Abstraktionstendenzen wahrscheinlich. Diese, die Devianzdisposition fördernden Abspaltungen und empathiefeindlichen Abstraktionen sind Antriebe zur Wiedererlangung der inneren Selbstsicherheit und damit des Selbstwerts und der Handlungsfähigkeit. Auslöser devianzfördernder Dynamiken können in diesem Zusammenhang ein dauernder unbedingter sozialer Anpassungszwang und damit verbundene einseitige Zurückweisungen und Unterdrückungen der aus dem Selbst kommenden Signale und Antriebe sein. Nicht das Selbst darf im Sozialisationsprozess bedingungslos der Umwelt angepasst werden, sondern die Umwelt muss dem Selbst entgegen kommen (Gruen 1993), muss zur „fördernden Umwelt" (Winnicott

1988) werden. Die Art des Eingehens auf die Bedürfnisse, die Kinder und Jugendliche von sich aus entwickeln, wird damit zum wichtigsten sozialisatorischen Problem. Denn je mehr das, was aus dem Selbst herauskommt verwehrt und von der sozialen Umwelt – vor allem auch in der Erziehung – „als Feind der sozialen Anpassung" (Gruen) abgestempelt wird, je mehr erfahren und in der Wiederholung gelernt wird, dass im Grunde nichts in einem selbst ist, desto eher beginnen die Betroffenen, die eigenen Bedürfnisse zu unterdrücken und zu fürchten. Es kann geradezu eine Angst vor der Lebendigkeit der eigenen Gefühle entstehen, die als bedrohliche Feinde erlebt werden. Wer zur Erfahrung gezwungen wird, dass nichts aus ihm selbst geschieht, wird – vor allem dann, wenn die äußere Sozialbindung gefährdet ist – in eine emotionale Leere getrieben. Die damit verbundene innere Hilflosigkeit in der Folge des beschädigten Selbst gerät zum Hass auf sich selbst und die eigenen Gefühle. Dieser Selbsthass – weil selbstzerstörerisch und deshalb sich selbst gegenüber nicht zugebbar und nicht integrierbar – muss abgespalten und auf andere, die Hilflosigkeit zeigen oder symbolisieren, gerichtet (projiziert) werden. Diese werden aber nicht als konkrete Menschen gehasst, sondern als (abstrakte) Träger der Hilflosigkeit. So wie dem Täter seine Gefühle fremd sind, so müssen ihm die Gefühle anderer fremd sein. Abstraktionsvorgänge spiegeln sich aber nicht nur bei extremen Gewalttaten ab, sondern auch im Alltag, wenn man seinen Frust an jemand anderem, auch wenn er einem nahe steht, auslässt und sich dabei „selbst nicht mehr kennt" (Körner 2007; Böhnisch 2010).

Geschlecht und Devianz

Geschlechterhierarchie und Geschlechtsdifferenz bilden sich auch in geschlechtstypischen Anomiestrukturen wider.

„Mädchen sind in allen Delinquenzbereichen signifikant unterrepräsentiert. Eine traditionelle Orientierung auf die Familie und den Bereich persönlicher Beziehungen [...] bewahrt Mädchen und junge Frauen vor der Wahl illegitimer Mittel, zu denen sie durch ihre geschlechtstypische Sozialisation darüber hinaus seltener Zugang haben als Jungen." (Ziehlke 1993, 215)

Diese Grundaussage zum Verhältnis Geschlecht und Devianz muss heute – der Emanzipation von Mädchen und jungen Frauen in Bildung und Soziokultur – relativiert, kann aber in Grundzügen beibehalten werden. Die Grunderkenntnisse geschlechtsspezifischer Sozialisationstheorie, nach der Jungen und Männer ihrem Fühlen und Handeln früh nach „außen" getrieben („externalisiert") sind und es deshalb schwer haben Gefühl für sich selbst und andere entwickeln zu können, gilt nach den neueren Erkenntnissen der jugendpädagogischen Forschung immer noch (Matzner / Tischner 2008). Mädchen und Frauen hingegen sind in der Erziehung immer noch stärker am „Innen", an der familial-reproduktiven Sphäre und der damit verbundenen Moral der Empathie und Fürsorge ausgerichtet (Faulstich-Wieland 2008). Dem entspricht auch eine typisch weibliche Deliktstruktur, die sich eher auf die familialen und nichtöffentlichen Bereiche bezieht, aber sich auch in der Gewalt gegen sich selbst äußert (z. B. Magersucht, Medikamentenmissbrauch). Männer sind in öffentlichen Gewaltdelikten weit überrepräsentiert. Diese Geschlechterdifferenzen spiegeln sich auch im Vorgehen der Kontrollinstanzen wider. Etikettierungs- und Stigmatisierungsprozesse z. B. in der Schule haben solche geschlechtsdifferenten Ausprägungen. Entsprechende Befunde weisen darauf hin, „dass Jungen eher von Etikettierungsprozessen als Mädchen betroffen sind, was wiederum damit zusammenhängt, dass sie sich eher an Gewalthandlungen und Unterrichtsstörungen beteiligen [und] stärker vom Schulversagen betroffen sind" (Popp 2002, 79). Mädchen geraten dagegen nicht so direkt in solche Etikettierungsprozesse, die Konflikte mit der Schule nach sich ziehen. Auch im Cliquenverhalten, das ja Devianz maßgeblich beeinflussen kann, zeigen sich entsprechende Geschlechterunterschiede. Für die Jungen ist die Clique die soziale Gesellungsform, in der man zum ersten Mal richtig „unter Männern" sein kann, nachdem in Familie, Kindergarten und Schule Frauen den Alltag dominiert haben und männliche Vorbilder rar waren. Die Idolisierung des Männlichen und Abwertung des Weiblichen (Böhnisch 2004) kann dann in der Cliquendynamik vor allem bei den Jungen neu freigesetzt werden, die schon in ihrem bisherigen Leben immer wieder in maskuline Auffälligkeiten gedrängt waren. Männlichkeitsstreben, provokative Auffälligkeit und Gewaltbereitschaft verschmelzen miteinander. Dass in den letzten Jahren auch Mädchen in dieser gewaltnahen Cliquendynamik auffällig werden, eigene Cliquen bilden, hängt zum einen damit zusammen, dass die betroffenen Mädchen sich auf auffällige Weise jugendkulturell emanzipieren wollen (Bütow 2006), zum anderen, dass sie sich gegen traditionelle Weiblichkeitskonzepte aggressiv absetzen (Bruhns / Wittmann 2002).

Die Jugendhilfe als Kontrollinstanz

Die Jugendhilfe, jenes breite Feld der Sozialpädagogik / Sozialarbeit, gerät zwangsläufig, das heißt strukturell, immer wieder in den Sog von eigenen Etikettierungs- und Stigmatisierungsprozessen, die aus der ihr innewohnenden Spannung zwischen Hilfe und Kontrolle resultieren. Diese ihr immanenten Etikettierungstendenzen sind in der Jugendhilfekritik seit den 1980er Jahren bis heute hinreichend beschrieben worden (Herriger 1987; Klatetzki 1998; Ader 2006). Diese institutionelle Etikettierungsgefahr entsteht vor allem auch dadurch, dass die Jugendhilfe traditionell ihr Klientel nicht selbst rekrutiert, sondern durch andere Institutionen, z. B. die Polizei oder die Schule, zugewiesen bekommt. In diese Zuweisung sind schon Definitionen des Falls eingegangen: Die Jugendlichen kommen nicht als solche, sondern kategorisiert als Normverletzer und entsprechend registrierter Typus zur Jugendhilfe, von der – diesem Typus entsprechende – Maßnahmen erwartet werden. Dies trifft vor allem Kinder und Jugendliche, von deren Familien aufgrund ihres sozialen Status angenommen wird, dass sie nicht zur privaten Regulierung des angerichteten Schadens oder überhaupt zur verständigenden Kommunikation über den Tatverdacht ihrer Kinder bereit und in der Lage sind. Die Jugendhilfe wird also meist erst eingeschaltet, wenn schon ein wesentlicher Typisierungsvorgang gelaufen ist, in den sie sich mehr oder minder einfädelt, die vorangegangenen Definitionen anerkennen, zumindest sich aber verbindlich damit auseinander setzen muss. Gleichzeitig stehen die SozialarbeiterInnen unter dem institutionellen Druck, die Hilfevorgänge in Indikationen und Verfahrensregeln des Jugendhilfegesetzes und seiner jeweils behördlichen Ausführungstradition einzupassen und greifen dabei oft ein „berufsbezogenes Alltagswissen" (Herriger 1987) zurück, das auf Typisierung angelegt ist, weil es ja die behördliche Handlungsfähigkeit der SozialarbeiterInnen aufrecht erhalten soll. So entwickeln sich pragmatische Persönlichkeitstheorien Abweichenden Verhaltens, die in „praktische Ideologien" eingebettet sind, welche über die fachliche Orientierung hinaus Sinnstiftung im Beruf vermitteln. Als solche organisieren sie das Handeln der MitarbeiterInnen und sind „Grundlagen für Kooperation und professionelle Selbstkontrolle" (Klatetzki 1998, 61).

Dass diese institutionelle Gebundenheit des diagnostischen Blicks bei gleichzeitig persönlichkeitstheoretisch verbrämtem Willen, den Kindern und Jugendlichen gerecht zu werden, weiterwirkt, verweist auf eine gleichsam strukturell eingelassene Resistenz von Etikettierungen (Adler 2006), in denen sich die in den Köpfen der Professionellen wirkenden institutionellen Grenzziehungen spiegeln. So führt der Anpassungsdruck an institutionelle Interessen oft dazu, dass diese als Wertorientierungen in die persönlichen Vorstellungen der Professionellen eingehen. Auffällig sind dabei die hohe Orientierung an Familienidealen, verbunden mit einer Fokussierung tradierter Geschlechterstereotype sowie die Beharrlichkeit festgefügter Vorstellungen über „normale" Lebensweisen.

Literatur

Ader, S. (2006): Was leitet den Blick? Wahrnehmung, Deutung und Interaktion in der Jugendhilfe. Juventa, Weinheim / München

Althoff, M., Leppelt, M. (1995): „Kriminalität" – Eine diskursive Praxis. LIT-Verlag, Münster / Hamburg

Baier, D. (2005): Abweichendes Verhalten im Jugendalter. Zeitschrift für Soziologie der Erziehung und Sozialisation 4, 381–398

Bohle, H. H., Heitmeyer, W., Kühnel, U., Sander, U. (1997): Anomie in der modernen Gesellschaft. In: Heitmeyer, W. (Hrsg.), 29–68

Böhnisch, L. (2010): Abweichendes Verhalten. Juventa, Weinheim / München

– (2004): Männliche Sozialisation. Juventa, Weinheim / München

–, Funk, H. (2002): Soziale Arbeit und Geschlecht. Juventa, Weinheim / München

–, Lenz, K., Schröer, W. (2009): Sozialisation und Bewältigung. Juventa, Weinheim / München

Bohnsack, R., Loos, P., Schäffer, B., Städtler, K., Wild, B. (1995): Die Suche nach Gemeinsamkeit und die Gewalt in der Gruppe. Leske & Budrich, Opladen

Bruhns, K., Wittmann, S. (2002): Ich meine mit Gewalt kannst du dir Respekt verschaffen – Mädchen und junge Frauen in gewaltbereiten Jugendgruppen. Leske & Buderich, Opladen

Bütow, B. (2006): Mädchen in Cliquen. Juventa, Weinheim / München

Cohen, A. (1968): Abweichung und Kontrolle. Juventa, München

Dörner, K. (1973): Einleitung. In: Durkheim, E.: Der Selbstmord. Luchterhand, Neuwied / Berlin, IX–XXVII

Dollinger, B., Raithel, J. (2006): Einführung in Theorien abweichenden Verhaltens. Beltz (Beltz Studium), Weinheim

Durkheim, E. (1973): Der Selbstmord. Luchterhand, Neuwied / Berlin

Faulstich-Wieland, H. (2008): Sozialisation und Geschlecht. In: Hurrelmann, K., Grundmann, M., Walper, S. (Hrsg.): Handbuch Sozialisationsforschung, Beltz, Weinheim / Basel, 240–253

Filipp, S.-H. (2007): Kritische Lebensereignisse. In: Brandtstädter, J., Lindenberger, U. (Hrsg.) (2007): Entwicklungspsychologie der Lebensspanne. Ein Lehrbuch. Kohlhammer, Stuttgart, 337–366

Franzkowiak, P. (1989): Risikoverhalten und Gesundheitsbewusstsein bei Jugendlichen. Springer, Berlin / Heidelberg

Garland, D. (2001): The culture of control. University Press, Oxford

Goffman, E. (1973): Asyle. Suhrkamp, Frankfurt / M.

Gruen, A. (1993): Der Verrat am Selbst. dtv, München

Heitmeyer, W. (1997): Bundesrepublik Deutschland: Eine zerrissene Gesellschaft und die Suche nach Zusammenhalt. Bd. 1: Was treibt diese Gesellschaft auseinander? Suhrkamp, Frankfurt / M.

Herriger, N. (1987): Verwahrlosung. Juventa, Weinheim / München

Hess, H., Ostermeyer, L., Paul, B. (Hrsg.) (2007): Kontrollkulturen. Kriminologisches Journal, Beiheft 9, 6–22

Keckeisen, W. (1974): Gesellschaftliche Definition Abweichenden Verhaltens. Juventa, München

Klatetzki, T. (1998): Flexible Erziehungshilfen. Votum, Münster

Körner, J. (2007): Gewalttätigkeit als soziales Handeln. Zeitschrift für Sozialpädagogik 4, 404–418

Lamnek, S. (1994): Neue Theorien abweichenden Verhaltens. 3. Aufl. Wilhelm Fink, München

Lösel, F. (1995): Die Prognose antisozialen Verhaltens im Jugendalter: Eine entwicklungsbezogene Perspektive. In: Dölling, D. (Hrsg.): Die Täter-Individualprognose. Springer, Heidelberg / Berlin, 29–61

Matzner, M., Tischner, W. (2008): Handbuch Jungen-Pädagogik. Beltz, Weinheim / Basel

Merton, R. K. (1968): Social Theory and Social Structure. Free Press, New York

Peters, F. (2010): Kriminalitätstheorien und ihre jeweiligen impliziten Handlungsempfehlungen. Teil I. In: Janssen, H., Peters, F. (Hrsg.): Kriminologie für soziale Arbeit. 3. Aufl. Votum, Münster, 40–74

– (1997): Kriminalitätstheorien und ihre impliziten Handlungsempfehlungen. In: Janssen, H., Peters, F. (Hrsg.): Kriminologie für soziale Arbeit. Votum, Münster, 40–74

Popp, U. (2002): Geschlechtersozialisation und schulische Gewalt. Juventa, Weinheim / München

Raithel, J. (2004): Risikoverhalten. VS, Wiesbaden

Schumann, K. F. (2003): Delinquenz im Lebensverlauf. Juventa, Weinheim / München

Subkowski, P. (Hrsg.) (2002): Aggression und Autoaggression bei Kindern und Jugendlichen. Vandenhoek & Ruprecht, Göttingen

Winnicott, D. W. (1988): Aggression. Versagen der Umwelt und antisoziale Tendenz. Klett-Cotta, Stuttgart

Ziehlke, B. (1993): Deviante Jugendliche. Individualisierung, Geschlecht und soziale Kontrolle. Leske & Buderich, Opladen

Adoption und Pflegschaften

Von Brita Ristau-Grzebelko

Einleitung und Begriffsklärungen

Soweit auf die Geschichte der Menschheit und der Kindheit zurückgeschaut wird, gab es Ereignisse und Vorkommnisse, die Kinder der Umwelt, in der sie hineingeboren wurden, beraubten. Als klassische Gründe für eine Unterbringung außerhalb der biologischen Familie können der Tod der Eltern bzw. der Ausfall der Sippe als auch Armut und Not gelten. Eine zeitlich begrenzte oder sogar dauerhafte Unterbringung, Verpflegung und Versorgung von Kindern außerhalb des Elternhauses bei Verwandten oder bei anderen fremden Familien gehören zum Menschsein, wenngleich sich die Gründe, Motive und die gesellschaftlichen Funktionen diesen Lebens an einem „anderen Ort" historisch wandelten und weiterhin ändern werden (Niederberger 1997). Die Aufnahme von Kindern und Jugendlichen in „fremden" Familien wird seit langem durch die beiden Rechtsinstitute, die als „Adoption" und „Vollzeitpflege" (auch „Familienpflege") bekannt sind, geregelt.

Die *Adoption* ist die in den §§ 1741–1766 BGB geregelte Aufnahme eines Minderjährigen als Kind, damit gemeint ist die rechtlich wirksame, dauerhafte und in der Regel irreversible Integration eines „fremden" Kindes in eine Familie mit allen damit verbundenen Rechten und Pflichten. Mit ihr einher geht die Beendigung aller rechtlichen Beziehungen des angenommenen Kindes zu dessen biologischer Familie, es sei denn, es handelt sich um eine Adoption durch Verwandte oder die Adoption eines Volljährigen (§§ 1767–1772 BGB). Bei der Adoption ist entsprechend dem Verwandtschaftsgrad der annehmenden Eltern und dem Adoptivkind zwischen Fremdadoption, Auslandsadoption und Adoption durch Stiefeltern und Verwandte zu unterscheiden. Unter der Fremdadoption versteht man die Annahme von in Deutschland lebenden Kindern und Jugendlichen durch nicht verwandte Personen. Zum Zeitpunkt der Aufnahme in die neue Familie liegt der gewöhnliche Aufenthalt der zur Adoption freigegebenen Kinder in Deutschland, die Staatsangehörigkeit des Kindes ist dabei unbedeutend. Bei Auslandsadoptionen handelt es sich um die Aufnahmen von Kindern und Jugendlichen, die zum Zweck der Adoption ins Inland geholt werden. Es sind nichtdeutsche Kinder und Jugendliche, deren gewöhnlicher Aufenthalt vor Beginn des Adoptionsverfahrens im Ausland lag und die ohne die beabsichtigte Adoption nicht nach Deutschland gereist wären. Eine Stiefelternadoption bezeichnet die Annahme eines Kindes durch Stiefvater oder Stiefmutter, die Verwandtenadoption setzt ein bestehendes Verwandtschaftsverhältnis zwischen Adoptivkind und Annehmendem bis zum dritten Grad voraus (Happ-Margotte 1997).

Als Vollzeitpflege wird die kurz-, mittel- oder längerfristige Unterbringung eines Kindes oder Jugendlichen in einer Fremd- oder Verwandtenpflegefamilie im Rahmen der Kinder- und Jugendhilfe bezeichnet. Die Vollzeitpflege nach § 33 des Kinder- und Jugendhilfegesetzes (achtes Sozialgesetzbuch SGB VIII) ist neben der Heimerziehung (§ 34 SGB VIII) eine der beiden stationären und familienersetzenden Hilfen zur Erziehung, auf die die Personensorgeberechtigten einen Rechtsanspruch haben, wenn „eine dem Wohl des Kindes oder des Jugendlichen entsprechende Erziehung nicht gewährleistet ist und die Hilfe für seine Entwicklung geeignet und notwendig ist" (§ 27 SGB VIII). Die Unterscheidung der Vollzeitpflege im Gegensatz zur Tagespflege (§ 23 SGB VIII) besteht in der Unterbringung, Betreuung und Erziehung eines Kindes oder Jugendlichen über Tag und Nacht außerhalb des Elternhauses in einer anderen Familie, währenddessen sich die Betreuung im

Otto/Thiersch (Hg.), Handbuch Soziale Arbeit, 4. A., DOI 10.2378/ot4a.art002,
© 2011 by Ernst Reinhardt, GmbH & Co KG, Verlag, München

Rahmen der Tagespflege auf einen zeitlich fixierten Rahmen pro Tag bezieht und eine „Hilfe zur Erziehung" im Sinne des SGB VIII in der Regel nicht voraussetzt.

Das Verhältnis zwischen Adoption und Vollzeitpflege ist in der Kinder- und Jugendhilfe unter anderem durch den § 36 SGB VIII dahingehend geregelt, dass von einem Vorrang der Adoption gegenüber der längerfristigen Fremdunterbringung von Minderjährigen in Heimen oder Pflegefamilien ausgegangen wird: „Vor und während einer längerfristig zu leistenden Hilfe außerhalb der eigenen Familie ist zu prüfen, ob die Annahme als Kind in Betracht kommt" (§ 36 SGB VIII). Trotz dieser Empfehlungen bleiben die Fremdunterbringungen (Vollzeitpflege und Heimerziehung) deutlich über denen der Adoptionen. So wurden im Jahr 2005 4.762 Kinder und Jugendliche in Adoptivfamilien aufgenommen, davon wurden 1.488 Minderjährige durch nicht verwandte Adoptiveltern adoptiert. Die Zahl der Fremdadoptionen ist dabei in den Jahren von 1993 bis 2005 von 3.393 auf 1.488 Minderjährige zurückgefallen. Im Steigen begriffen sind dabei die Auslandsadoptionen. Sie stellen in der Fachdiskussion ein umstrittenes und kontrovers diskutiertes Thema dar, was für die Adoptionswilligen hingegen angesichts des Überhangs an Adoptivbewerbern gegenüber der Zahl der im Inland zur Adoption freigegebenen Kinder die letzte Möglichkeit der Kindesannahme zu sein scheint. Obwohl sich das Verhältnis in den letzten Jahren zugunsten der Bewerber verändert hat, kamen im Jahr 2006 auf ein zur Adoption vorgemerktes Kind immer noch zehn Bewerbungen, welches im Jahr 2000 bei einem Verhältnis von eins zu vierzehn lag.

Der für die letzten Jahre zu konstatierende Rückgang bei den Fremdunterbringungen außerhalb der Herkunftsfamilie hat seit 2000 unterschiedliche Entwicklungen im Verhältnis der beiden stationären Hilfeformen zueinander deutlich gemacht. Die Fallzahlen im Bereich der Vollzeitpflege weisen einen Anstieg in den Jahren von 1991 bis 2005 von 48.017 auf 50.364 Minderjährige aus. Die Zahlen der Heimerziehungen sind um knapp 8.000 von 69.723 auf 61.806 zurückgegangen. Trotz dieser für die Vollzeitpflege im Vergleich zur Heimerziehung positiven Zwischenbilanz kann nach wie vor keine Rede davon sein, dass die Erwartungen Ende der 1980er Jahre zur Zukunft der Vollzeitpflege eingelöst wurden, da sich die Fallzahlen vergleichsweise marginal zugunsten der Vollzeitpflege verändert haben (siehe Tab. 1).

Die quantitativen Daten überdecken dabei mitunter spezifische Trends in der Vollzeitpflege. Die Inanspruchnahmequote der Vollzeitpflege geht einher mit einer Zunahme bei den finanziellen Aufwendungen, die damit einen Trend zur Professionalisierung und auch Höherqualifizierung von Pflegeeltern erahnen lässt (Fendrich / Lange 2006).

Rechtliche Grundlagen von Adoption und Vollzeitpflege

Während das *Adoptionsrecht* im Bürgerlichen Gesetzbuch von 1990 noch deutlich in der Tradition des römischen Rechts stand, in dessen Mittelpunkt in erster Linie die Interessen der Annehmenden (Vermögenssicherung, Fortbestand des Namens) gesehen wurden, steht heute außer Frage, dass das Wohl der annehmenden Kinder im Mittelpunkt steht und alle Bemühungen der Adoptionsvermittlungsstellen auf das Kind und seine Bedürfnisse gerichtet sind. „Wesentliche Aufgabe der Vermittlungsstelle ist es daher, Kinder zu geeigneten Adoptionsbewerbern zu vermitteln, nicht aber, für die Bewerber ‚passende' Kinder zu

Tab. 1: Die Entwicklung der familienersetzenden Hilfen gem. § 33 und § 34 SGB VIII nach Hilfeart

Jahr	insgesamt	Vollzeitpflege § 33 SGB VIII	Heimerziehung § 34 SGB VII
1991	116.207	48.017	68.190
1995	117.990	48.021	69.969
2000	118.716	48.993	69.723
2005	112.170	50.364	61.806

finden" (Bundesarbeitsgemeinschaft der Landesjugendämter 2002, 2). Die Grundlagen dafür wurden – unter dem Druck des europäischen Adoptionsübereinkommens von 1976 – durch das am 1.7.1977 in Kraft getretene Adoptionsgesetz gelegt. Zu deren wichtigsten Regelungen gehören im Weiteren (siehe §§ 1741–1766 BGB):

- Das minderjährige Adoptivkind wird rechtlich vollständig in die neue Familie eingegliedert und erhält das volle Erbrecht. Es erlöschen alle rechtlichen Bindungen zu den leiblichen Eltern und deren Verwandten. Das angenommene Kind ist wie ein eheliches nicht nur mit den Adoptiveltern, sondern mit den neuen Großeltern, Onkeln, Tanten u. w. verwandt.
- Die Annahme des Kindes wird nicht mehr durch einen Vertrag, sondern durch den Ausspruch des Familiengerichts begründet (Dekretsystem gegenüber dem früheren Vertragssystem).
- Die Einwilligung zur Adoption kann erfolgen, wenn das Kind acht Wochen alt ist.
- Die Altersgrenzen der Annehmenden wurden auf 25 bzw. 21 Jahre gesenkt.
- Die Annehmenden müssen nicht mehr kinderlos sein.
- Ausländische Kinder erhalten mit der Adoption die deutsche Staatsbürgerschaft.
- Die Adoption ist unauflösbar und kann nur in eng begrenzten Ausnahmefällen unter den Erfordernissen des Kindeswohls aufgehoben werden.

Zusammen mit dem materiellen Adoptionsrecht hat auch die rechtliche Grundlage der Jugendhilfeinstanzen im Bereich der Adoptionsvermittlung eine grundlegende Neufassung erfahren. Das Adoptionsvermittlungsgesetz, das gleichzeitig einer Qualifizierung der Praxis der Adoptionsvermittlung dient, die zu den Pflichtaufgaben der Jugendämter und Landesjugendämter gehört, beinhaltet folgende Zielstellungen:

- Sicherung des Rechtsanspruchs der Adoptiveltern, der leiblichen Eltern und der Adoptivkinder auf eingehende Beratung und Unterstützung durch die Adoptionsvermittlungsstellen;
- Gründung fachlich qualifizierter Adoptionsvermittlungen im Bereich der Jugendämter und der freien Träger;
- Errichtung zentraler Adoptionsvermittlungsstellen bei den Landesjugendämtern mit den Aufgaben der fachlichen Beratung der örtlichen Adoptionsvermittlungsstellen und des überregionalen Ausgleichs bei Adoptionsbewerbern und Kindern;
- Meldepflicht der Säuglings- und Kinderheime hinsichtlich der Erfassung der für eine Adoptionsvermittlung in Betracht kommenden Kinder.

Eine Adoption kann im Hinblick auf ihre Offenheit auf unterschiedliche Art und Weise von den Betroffenen gestaltet werden. Unterschieden wird zwischen folgenden Formen:

- *Halboffene Adoption*: Die halboffene Adoption bedeutet, dass sich die Adoptiveltern und Herkunftseltern persönlich kennen gelernt haben, ein gemeinsames Gespräch stattgefunden hat, ohne dass es zum Austausch von persönlichen Daten kommt. Beide Parteien können sich somit ein Bild voneinander machen und über die Vermittlungsstelle Briefe in anonymer Form austauschen. Diese Form nimmt in der Praxis zu.
- *Offene Adoption*: Die offene Adoption bedeutet, dass sich die abgebenden und annehmenden Eltern persönlich als auch aus den Daten (Namen, Adressen etc.) kennen. Diese Formen entwickeln sich immer dann, wenn das Kind bereits längere Zeit als Pflegekind in der aufnehmenden Familie gelebt hat und dann von den leiblichen Eltern zur Adoption freigegeben wird. Im Rahmen dieser Form können sporadische Kontakte der biologischen Eltern mit den Adoptiveltern und den Kindern zustande kommen, wobei diese Form in der Praxis der Adoptionsvermittlung eher selten vorkommt.
- *Inkognito-Adoption*: Die Inkognito-Adoption als die zurzeit noch häufigste Form der Adoptionsvermittlung beinhaltet, dass die abgebenden Eltern nicht erfahren, wer ihr Kind annimmt. Die annehmenden Eltern kennen die Daten und die Geschichte der abgebenden Eltern und die Vorgeschichte des Kindes.

Seit Beginn der 1990er Jahre wird immer deutlicher, dass auf Seiten der abgebenden Eltern ein langwieriger Prozess der Trauer und der gedanklichen Verbindung zu ihrem zur Adoption freigegebenen Kind stattfindet und sich auf Seiten der Adoptivkinder die unbekannte Herkunft negativ auf ihr Leben in der Adoptivfamilie auswirken kann und sie unter starken Identitätskonflikten leiden. In diesem Zusammenhang wird die Inkognitoadoption zunehmend in Frage gestellt (Textor 1995).

Die *Vollzeitpflege* gemäß § 33 SGB VIII ist eine Hilfe zur Erziehung eines Kindes oder Jugendlichen über Tag und Nacht außerhalb des Elternhauses in einer anderen Familie. Bei mehr als fünf aufgenommenen Kindern bzw. Jugendlichen liegt keine Familienpflege, sondern eine Betreuung in einer Einrichtung (Großpflegestelle) vor. Die Familienpflege soll dem Kind oder Jugendlichen die familiäre Erziehung durch die Eltern – je nach den Erfordernissen des Einzelfalls auf kurze (befristete) Zeit oder auf Dauer – ersetzen. Beide Formen stehen gleichermaßen nebeneinander. Die Regelungen zur Vollzeitpflege im SGB VIII sind i. V. m. den § 36 (Mitwirkung und Hilfeplanung), § 37 (Zusammenarbeit außerhalb der eigenen Familie), § 38 (Ausübung der Personensorge), §§ 39 / 40 (Leistungen zum Unterhalt und zur Krankenhilfe), § 44 (Pflegeerlaubnis), § 91 ff. (Heranziehung zu den Kosten) und den Vorschriften des § 1632 Abs. 4 BGB (Schutz vor Herausgabeverlangen der leiblichen Eltern) zu sehen. Die Rechte und Pflichten der Pflegepersonen im BGB werden i. V. m. den § 1630 (Bestellung eines Pflegers, Familienpflege), § 1632 (Herausgabe des Kindes, Umgangsbestimmung), §§ 1684 / 1685 (Umgang des Kindes mit den Eltern und mit weiteren Personen), § 1688 (Familienpflege, Betreuung nach dem KJHG) beschrieben. Dem betroffenen Kind kann in seine Person betreffenden gerichtlichen Angelegenheiten ein Verfahrenspfleger gemäß § 50c FGG zur Seite gestellt werden, der die individuellen Interessen des Kindes im Gerichtsverfahren zu vertreten hat. Ausdrücklich verwiesen wird darauf, dass die Bestellung des Verfahrenspflegers zu erfolgen hat, wenn Gegenstand des Verfahrens die Wegnahme des Kindes von Pflegepersonen ist (§ 50 FGG Abs. 2 Nr. 3).

Neben der Vollzeitpflege nach § 27 i. V. m. § 33 SGB VIII gibt es Pflegeverhältnisse, die nicht im Rahmen der Hilfen zur Erziehung nach § 27 SGB VIII begründet werden (z. B. bei befristeter Unterstützung der Eltern durch Nachbarschafts- und Verwandtschaftspflege, ohne das die Voraussetzungen des § 27 SGB VIII gegeben sind). Hier besteht kein Anspruch auf Leistungen der Jugendhilfe nach § 39 SGB VIII, gegebenenfalls aber auf Hilfe zum Lebensunterhalt nach dem BSHG.

Wenn § 33 SGB VIII von einer Hilfe „in einer anderen Familie" oder „Familienpflege" spricht, in den §§ 37, 44 SGB VIII aber auch der Begriff der Pflegeperson Verwendung findet, so wird deutlich, dass bei der Vermittlung von Kindern in Vollzeitpflegestellen ein „offener" Familienbegriff zugrunde liegt. Damit einher geht, dass sich bei der Auswahl von Pflegepersonen nicht am Modell der traditionellen Kleinfamilie orientiert wird, sondern auch unverheiratete Paare, Einzelpersonen, in größeren und anderen Haushaltsgemeinschaften lebende Personen zu berücksichtigen sind, wenn diese im Einzelfall eine Erfolg versprechende Erziehungsarbeit gewährleisten können. Der Begriff der Herkunftsfamilie wird demgegenüber eng gefasst. Er bezieht sich allein auf die biologischen Eltern eines Kindes bzw. Jugendlichen und die Hilfe zur Erziehung „in einer anderen Familie" kann damit auch eine Verwandtenpflegestelle sein. Ausschlaggebend ist hierbei, dass ein erzieherischer Bedarf besteht, der durch die leiblichen Eltern des Kindes oder Jugendlichen nicht erfüllt wird und die Unterbringungsform die notwendige und geeignete Hilfe zur Erziehung im Sinne des § 27 SGB VIII darstellt. Wenn diese Voraussetzungen erfüllt werden, sind die Kosten zur Erziehung auch für die Kinder und Jugendlichen, die von Verwandten, auch von Großeltern, betreut werden, neben dem notwendigen Unterhalt für das Kind oder den Jugendlichen zu zahlen.

In der Praxis der Kinder- und Jugendhilfe haben sich die verschiedenen Formen der Vollzeitpflege entlang der zeitlichen Perspektive, die mit der Unterbringung angestrebt wird, entwickelt. Entsprechend der *Dauer* und der Zielsetzung der Vollzeitpflege lassen sich vor allem folgende Formen unterscheiden:

- *Kurzzeitpflege*: Gemeint sind jene Pflegeverhältnisse, in denen bei befristetem Ausfall der Herkunftsfamilie eine Pflegefamilie die Versorgung und Erziehung eines Kindes übernimmt, als auch die Aufnahme von Kindern in Krisen- und Notsituationen, in denen Kinder aus ihren bisherigen Lebenszusammenhängen herausgenommen werden müssen – oder selbst aus ihnen flüchten – und in einem Übergangszeitraum bis zur Klärung ihrer weiteren Entwicklungsperspektive Schutz und Zuwendung erfahren.

- *Übergangspflege*: Pflegefamilien übernehmen für einen auf kürzere oder längere Dauer befristeten Zeitraum die Erziehung und Versorgung eines Kindes, dessen Herkunftsfamilie hierzu nicht in der

Lage ist (z. B. Krankheit, Belastung durch Beziehungsprobleme), die jedoch weiterhin die Verantwortung für das Kind wahrnehmen möchte und könnte. In der Zeit der Entlastung und Hilfe durch eine Übergangspflege soll die Herkunftsfamilie so weit wie möglich an der Erziehungssituation in der Pflegefamilie auch mit dem Ziel beteiligt werden, die Identifikation und den Status des Kindes in seinen Bezügen zur Herkunftsfamilie nicht zu lösen.

- *Dauerpflege*: In den auf Konstanz abgestellten Pflegeverhältnissen werden Minderjährige mit oder ohne eine kontinuierliche Mitwirkung ihrer Eltern auf Dauer in einer Pflegefamilie untergebracht. Wenn diese Form der Pflegefamilienerziehung in der Vergangenheit noch als „Ersatzfamilie" beschrieben wurde, eröffnet der Blick auf die individuellen Bedürfnisse des Kindes, sein Alter und die Zielsetzung der Hilfe auch eine mögliche Integration der Herkunftsfamilie in die Pflegefamilie und damit die Tendenz zur „Ergänzungsfamilie".
- *Adoptionspflege*: Hierbei handelt es sich um eine von den vorgenannten Typen abzugrenzende und rechtlich besonders bestimmte Form eines Pflegeverhältnisses (§ 1744 BGB). Das Kind wird mit dem Ziel der Adoption zur „Eingewöhnung" bei den überprüften Adoptionsbewerbern aufgenommen.

Die Grenzen zwischen den verschiedenen Formen können fließend sein, wobei der Hilfeplanung (§ 36 SGB VIII) dabei die Aufgabe zukommt, im Rahmen fachlich qualifizierter sozialpädagogischer Entwicklungsprognosen Aussagen über die erwartete Funktion der Vollzeitpflege zu treffen und diese ggf. im Rahmen regelmäßiger Überprüfungen des Hilfeplans zu revidieren. Kontinuitätssichernde Planung (*Permanency Planning*) als Ansatz, der die Sicherung der Zukunftsperspektive der Kinder und Jugendlichen in den Mittelpunkt stellt, beinhaltet ein seit den 1970er Jahren entwickeltes Konzept in den USA und Großbritannien, das entweder eine Rückführung des Kindes möglichst rasch unter optimaler Unterstützung des Herkunftsmilieus zu realisieren versucht oder aber auf Dauer eine gesicherte Lebensperspektive des Kindes in der Pflegefamilie oder in einem Adoptionsverhältnis sichern soll.

Reflexionen und Ausblick zur Vollzeitpflege und Adoption

In den zurückliegenden 30 Jahren lassen sich in zeitlicher Abfolge bei gleichzeitiger Überlappung zentrale Diskussionsstränge im Zusammenhang mit der Weiterentwicklung der Vollzeitpflege und Adoption ausmachen. Betrachtet man die vorliegenden Publikationen zu Pflegeverhältnissen (Gehers 2005; Blandow 2004; Jordan 2000; Nienstedt / Westermann 1988 und 1989; DJI 1987; Junker 1978), lassen sich unterschiedliche Trends erkennen: Der eine Diskussionsstrang verweist auf eine abnehmende sozialpädagogisch fachliche Aufmerksamkeit, ein weiterer setzt sich mit den unterschiedlichen Konzepten im Pflegekinderwesen auseinander, weitere mit den Ergebnissen von Pflegeverhältnissen und dem Scheitern dieser. Der Betrachtung der Pflegefamilien, ihren Motiven, ihren Wahrnehmungen und Selbstverständnissen widmet sich im Zeitraum von über 30 Jahren in Deutschland lediglich eine Handvoll Forscher. Im folgenden Kapitel sollen die unterschiedlichsten Publikationen zum Thema Vollzeitpflege gebündelt und unter verschiedenen Gesichtspunkten betrachtet werden.

Innerhalb des interdisziplinären Vorgehens in Bezug auf Pflegeverhältnisse haben in den letzten 30 Jahren entwicklungspsychologische Erkenntnisse wie die Suche nach der „am wenigsten schädlichen Alternative" (Goldstein et al. 1997, 49), die Berücksichtigung des kindlichen Zeitempfindens (Heilmann 1998, 15), die neueren Erkenntnisse der Bindungsforschung – die auf die Qualität der Bindung abstellt – (Brisch 2005; Grossmann / Grossmann 1998; Dornes 1997; Maywald 1997) und die Traumatheorie (Tress 1986) und Resilienzforschung (Bender / Lösel 2005) Eingang gefunden. Auswirkungen haben die Rezeptionen dieser Erkenntnisse und Erfahrungen in Bezug auf die Inanspruchnahme und zeitliche Perspektive der Familienpflege und hinsichtlich der Art und Weise der Gestaltung der Umgangskontakte. Somit sollten ambulante Hilfen zur Erziehung ohne Trennung des Kindes von der Familie immer nur dann gewährt werden, wenn es dem Kindeswohl entspricht; die Familienpflege mit Rückkehroption in die Herkunftsfamilie sollte immer dann erfolgen und auch nur so lange geplant werden, wie dies mit dem Kindeswohl vereinbar ist, und der Umgang mit der Herkunftsfamilie sollte immer nur dann zugelassen und gefördert werden, wenn das Kindeswohl dadurch nicht gefährdet ist.

Neben der eher entwicklungspsychologisch ausgerichteten Sichtweise auf die Vollzeitpflege bringt die Sozialpädagogik weitere, zum Teil ergänzende oder eigenständige Forschungsrichtungen hervor. Aus der von Blandow (2004) dargestellten Übersichtsarbeit geht hervor, dass das Pflegekinderwesen in den Hintergrund sozialpädagogisch-fachlicher Aufmerksamkeit getreten ist, und dies trotz der Förderung der Vollzeitpflege als ebenso fachliche wie wirtschaftliche Alternative zur Heimerziehung. Die etwas steigende Zahl der Unterbringungen von Kindern und Jugendlichen in der Vollzeitpflege belegt, dass die örtlich vorhandenen ambulanten oder stationären Hilfen nicht ausreichen, den Problemkonstellationen von Familien und deren Kindern zu genügen, und dass für Kinder und Jugendliche, deren Schädigung, Gefährdung oder Behinderung eine Fremdplatzierung unumgänglich macht, in zunehmendem Maße ein familiäres Betreuungsarrangement als geeignete Hilfeform angesehen wird. Die gegenläufige Entwicklung – von der abnehmenden wissenschaftlichen Aufmerksamkeit und zunehmenden Fallzahlen – unter gleichzeitigem Ausschluss der Vollzeitpflege aus dem Thema Qualitätsentwicklung legt die These nahe, dass die Vollzeitpflege den im Kinder- und Jugendhilfegesetz gestellten Anforderungen als personenbezogene Dienstleistung, Sozialräumlichkeit oder Milieunähe nur unzureichend entspricht. Über den Richtwert von 1:35 (Fachkraft:betreuende Pflegefamilie), der vom Deutschen Jugendinstitut (1987) empfohlen wurde, liegen 80,3 % der 142 befragten Kommunen in Deutschland. 47,2 % der antwortenden Gebietskörperschaften mit einem spezialisierten Pflegekinderdienst liegen selbst über dem relativ großzügig gefassten Richtwert von 1:50 des Deutschen Städte- und Gemeindetages von 1986 (DJI / DIJuF 2006). Das Erfordernis eines eher fachlich / professionellen als ein gut meinendes elterlich-fürsorgliches Selbstverständnis von Pflegepersonen ist nicht zuletzt Resultat aus der umfassenderen Zusammenarbeit und dem Kontakt der Pflegepersonen mit den Herkunftsfamilien in Bezug auf die Gestaltung von Umgangskontakten der Pflegekinder zu ihren Herkunftsfamilien. In diesem Kontext sind ebenso die vermehrten kritischen Auseinandersetzungen des

Bundesgerichtshofs (BGH), des Bundesverfassungsgerichts (BVerfg) als auch des Europäischen Gerichtshofs für Menschenrechte (EGMR) zu sehen, die die Bundesrepublik wiederholt verurteilen, weil nationale Gerichte und Jugendämter bei der Ausgestaltung der Vollzeitpflege die Menschenrechte verletzen. Gegenstand der Kritiken sind insbesondere der Ausschluss von Umgangskontakten, die unzulängliche Beachtung der Rückkehroption und die Missachtung der Vorgaben des BVerfg und EGMR. In einem internationalen Vergleich der Praxis des Pflegekinderwesens hinsichtlich der Rückführung von Kindern zu ihren Herkunftseltern wurde für Deutschland eine Kritik an der fehlenden Prüfung der Rückführung geübt, was sich auch in einer Zurückhaltung der Rückführung von Kindern im internationalen Vergleich herausstellt (Kindler / Lillig 2004). Neue Herausforderungen an die Jugendämter werden u. a. durch die Aussagen des BGH zu den Kontrollaufgaben der Jugendämter bei Vollzeitpflege getroffen, die einen fortwährenden Kontakt der Fachkräfte zum Kind bzw. Jugendlichen fordern, was gleichzeitig das Verhältnis zwischen Fachkräften und Pflegepersonen verändern dürfte. Welche Auswirkungen diese verstärkten Kontakte mit Fachkräften der Jugendämter auf die fremdplazierten Kinder und Jugendlichen und auf die Pflegepersonen haben, unterliegt einer noch fehlenden fachlichen Orientierung (Zitelmann et al. 2004) und fehlenden wissenschaftlichen Standards und Forschungen. Die Ergebnisse der älteren und jüngeren Forschungsgeschichte beziehen sich auf die Erforschung der Bedürfnisse von Pflegekindern und der Erwartungen, Motive und des Rollenverständnisses von Pflegeeltern als auch spezifischer Problembereiche und Konfliktpotenziale von Pflegeverhältnissen.

Die erst seit den 1990er Jahren stark geführte Fachdiskussion in Bezug auf die Frage, ob die Pflegefamilie eine Ersatz- oder Ergänzungsfamilie sei, findet überwiegend in der Diskussion um die Aufrechterhaltung von Kontakten des Pflegekindes zu seinen Herkunftseltern, einer möglichen Rückkehr der Kinder und der Zusammenarbeit mit der Herkunftsfamilie statt. Während auf der Grundlage von Goldstein et al. (1974) und Nienstedt / Westermann (1988, 1989) Pflegefamilien als die Familien gesehen werden, die es dem traumatisierten Kind möglichst ungestört ermöglichen sollen, eine kompensatorische und positiv zu bewertende Erziehung und Betreuung zu erfahren, steht auf der anderen Seite die Position des Deutschen Jugendinstituts (1987). Diese sieht in der Jugendhilfemaßnahme nicht nur eine mögliche kurze- bis mittelfristige Hilfemaßnahme, bei der die Rückführung des Kindes in die Herkunftsfamilie in der Regel vorgesehen ist, sondern auch eine Institution, die die Bindung des Kindes an seine Eltern akzeptiert und zur Kooperation mit der Herkunftsfamilie bereit sein soll. In einem erweiterten Eltern-Subsystem (Gudat 1987) sollen Pflegeeltern und Herkunftseltern gemeinsam handelnd dazu beitragen, die Loyalitätskonflikte auf Seiten der Kinder zu vermeiden. Neben der Eltern- vs. Kindorientierung und / oder der Orientierung am Ergänzungs- vs. Ersatzfamilienkonzept der MitarbeiterInnen der Jugendhilfe werden diese Polarisierungen erst mit der Untersuchung von Gehres (2005) neu diskutiert. In der Perspektive, das Konzept der „Pflegefamilie als eine andere Familie" (Gehres 2005, 247) für die Sozialisation von Kindern und Jugendlichen zu begründen, werden die beiden Modelle, das exklusive sowie das inklusive Konzept pflegefamilialer Sozialisation, dialektisch aufgehoben und ihre jeweiligen Stärken fallspezifisch genutzt, um optimale Spielräume für den Autonomiebildungsprozess der Pflegekinder zu gewährleisten.

In Anbetracht der widersprüchlichen strukturellen Ausgangslage von Pflegeverhältnissen mit primär rollenförmig begründeten und gerahmten Sozialbeziehungen im Gegensatz zu diffus strukturierten familialen Milieus, zeigen die Fallanalysen, dass es unabhängig vom jeweiligen Selbstverständnis von Pflegefamilien als Ersatz- oder Ergänzungsfamilie beim Zusammenleben von Pflegekindern und Pflegeeltern im Alltag zu einer Vermischung von diffusen und spezifischen Beziehungsanteilen kommt, bei der eine „unbedingte Solidarität bis auf Weiteres" entsteht. Den als konstitutiv für Pflegeverhältnisse anzusehenden Widerspruch gilt es nicht zu überwinden, sondern damit in dem Sinne umzugehen, dass eine Zusammenarbeit zwischen Pflegeeltern und Herkunftseltern möglich wird und sich alle Akteure darin einig werden, für die Sozialisation des Pflegekindes mit verantwortlich zu sein. In der fallübergreifenden Perspektive können für das Gelingen von Identitätsbildungsprozessen in Pflegefamilien insbesondere die eigenen Erfahrungen der Pflegeeltern im Sinne von sozialer Des-

integration angeführt werden. Diese Erfahrungen in ihrer Biografie und deren generationelle Einbindungen können Pflegeeltern zu „Experten für Fremdheit" (Gehres 2005, 268) werden lassen und bilden damit eine konstruktive Grundlage für einen sich stabilisierenden Sozialisationsprozess der Pflegekinder. Offenheit und Reflektion im Umgang mit den Konstitutionsbedingungen pflegefamilialer Sozialisation und doppelter Elternschaft bilden dann die Grundlage, die Komplexität öffentlicher Sozialisation besser zu verstehen und die Identitätsbildungsprozesse von Pflegekindern besser zu rahmen und wenn nötig aktiv zu gestalten. Auf Seiten der Pflegeeltern setzt eine partielle Kooperation mit den Herkunftseltern eine Sichtweise voraus, die leiblichen Eltern als „Repräsentanten eines anderen, nur unzulänglich ausgestatteten Familienmodells [zu] verstehen, das zentrale Entwicklungsaufgaben ihrer Kinder nicht genügend unterstützen kann und daher auf Hilfe der Pflegeeltern angewiesen ist" (Gehres 2005, 268; Einfügung: B. R.-G.).

Insgesamt könnte und sollte eine qualifizierte Pflegekinderhilfe im System der Erziehungshilfen eine bedeutendere Rolle einnehmen als bisher. Ein Modell der Weiterentwicklung insbesondere auf der Ebene der Pflegepersonen mit dem Ziel, entwicklungsförderliche Bedingungen für fremd zu platzierende Kinder und Jugendlichen zu schaffen, könnte folgendermaßen gestaltet werden:

- Wahrnehmung der individuellen familien- und berufsbiografischen Erfahrungen der Pflegepersonen,
- Vermittlung des Wissens, dass das pflegefamilial-familienpädagogische Tätigkeitsfeld betrifft, in einer Maßnahme der Eignungsfeststellung,
- Matching: fachliche Vermittlung eines Kindes oder Jugendlichen in die Pflegefamilie,
- individuelle Angebote oder Gruppenangebote der themenspezifischen Praxisreflexion und Qualifizierung während des bestehenden Betreuungsverhältnisses,
- monatliche Fallverlaufsbesprechungen (Einzelangebot),
- monatliche Supervision (Gruppenangebot).

Der mit jeder Pflegeperson damit gestartete personenbezogene Ausbildungsprozess geht über die Lernfelder einer Qualifizierungsmaßnahme hinaus und nimmt insbesondere die der Praxiserfahrungen

(„professional advertising of learning by doing") mit auf.

Auch im Bereich der Adoption sollte noch mehr mit den sogenannten offenen Adoptionsformen gearbeitet werden. Wie im Fall der Vollzeitpflege müssen von den Beteiligten gewünschte Kontakte

professionell begleitet und unterstützt werden, was mit der rechtlichen Konsequenz hinsichtlich der Möglichkeit der materiellen Unterstützung im Rahmen der wirtschaftlichen Adoptionshilfe einhergehen müsste.

Literatur

Bender, D., Lösel, F. (2005): Risikofaktoren, Schutzfaktoren und Resilienz bei Misshandlung und Vernachlässigung. In: Egle, U. T., Hoffmann, S. o., Joraschky, P. (Hrsg.), 85–104

Blandow, J. (2004): Pflegekinder und ihre Familien. Geschichte, Situation und Perspektiven des Pflegekinderwesens. Juventa, Weinheim

Brisch, K. H. (2005): Bindungsstörungen: Von der Bindungstheorie zur Therapie. Klett-Cotta, Stuttgart

Bundesarbeitsgemeinschaft der Landesjugendämter (2002): Hilfen zur Erziehung in Pflegefamilien und in familienähnlichen Formen. Manuskript. Köln, o. V.

Bundesministerium für Familie, Senioren, Frauen und Jugend (Hrsg.): Mehr Chancen für Kinder und Jugendliche. Stand und Perspektiven der Jugendhilfe in Deutschland. Band 1. Votum, Münster

Deutsches Jugendinstitut (DJI) (Hrsg.) (1987): Handbuch Beratung im Pflegekinderbereich. DJI Verlag, München

–, Deutsches Institut für Jugendhilfe und Familienrecht e. V. (DIJuF) (2006): Projektbericht „Pflegekinderhilfe in Deutschland – Teilprojekt 1 Exploration". In: http://dji.de/pkh/pkh_projektbericht_exploration.pdf, 01.04.2010

Dornes, M. (1997): Die frühe Kindheit, Entwicklungspsychologie der ersten Lebensjahre. Fischer Taschenbuch, Frankfurt / M.

Egle, U. T., Hoffmann, S. O., Joraschky, P. (Hrsg.) (2005): Sexueller Missbrauch, Misshandlung, Vernachlässigung. 3. vollst. aktualisierte u. erw. Aufl. Schattauer, Stuttgart

Fendrich, S., Lange, J. (2006): Ziele verfehlt? Vollzeitpflege nach 15 Jahren SGB VIII. In: Dortmunder Arbeitsstelle für Kinder- und Jugendhilfestatistik (Hrsg.): KOMDAT 1, 2–3

Gehres, W. (2005): Jenseits von Ersatz und Ergänzung: Die Pflegefamilie als eine andere Familie. Zeitschrift für Pädagogik 3, 246–271

Goldstein, J., Freud, A., Solnit, A. J. (1974): Das Wohl des Kindes. Grenzen professionellen Handelns. Suhrkamp, Frankfurt / M.

Grossmann, K., Grossmann, K. E. (1998): Eltern-Kind-Bindung als Aspekt des Kindeswohls. In. Brühler Schriften zum Familienrecht 10. Zwölfter Deutscher Familiengerichtstag, 24.-27.9.1997. Dt. Familiengerichtstag, Brühl, 76–89

Gudat, U. (1987): Beratungsmethodik und behördliche Sozialarbeit. In: Deutsches Jugendinstitut (DJI) (Hrsg.), 103–113

Happ-Margotte, D. (1997): Adoption im Spiegel der Statistik. In: Rauschenbach, T. Schilling, M. (Hrsg.), 125–148

Heilmann, Stefan (1998): Kindliches Zeitempfinden und Verfahrensrecht. Luchterhand, Neuwied

Jordan, E. (2000): Pflegefamilien – Profile, Entwicklungen, Qualifizierungsbedarfe. In: Bundesministerium für Familie, Senioren, Frauen und Jugend (Hrsg.), 230–255

Junker, R. (1978): Pflegekinder in der Bundesrepublik Deutschland. Eigenverlag des DPWV, Frankfurt / M.

Kindler, H., Lillig, S. (2004): Psychologische Kriterien bei Entscheidungen über eine Rückführung von Pflegekindern nach einer früheren Kindeswohlgefährdung. Praxis der Rechtspsychologie 2, 368–397

Maywald, J. (1997): Zwischen Trauma und Chance. Trennung von Kindern im Familienkonflikt. Lambertus, Freiburg i. B.

Niederberger, J. M. (1997): Kinder in Heimen und Pflegefamilien. Fremdplazierung in Geschichte und Gesellschaft. Kleine Verlag, Bielefeld

Nienstedt, M., Westermann, A. (1988): Die Chancen von Kindern in Pflegefamilien aus psychologischer Sicht. In: Evangelische Akademie Loccum (Hrsg.): Dokumentation 3. Tag des Kindeswohls. 31.08.–01.09.1988. Selbstverlag, Locum, 105–132

–, – (1989): Pflegekinder. Psychologische Beiträge zur Sozialisation von Kindern in Ersatzfamilien. Votum, Münster

Rauschenbach, T., Schilling, M. (Hrsg.) (1997): Die Kinder- und Jugendhilfe und ihre Statistik. Band 2. Analysen, Befunde, Perspektiven. Luchterhand, Neuwied

Textor, M. R. (1995): Zur Vorbereitung auf die Pflegeelternschaft. Unsere Jugend 12, 503–506

Tress, W. (1986): Das Rätsel der seelischen Gesundheit. Traumatische Kindheit und früher Schutz gegen psychogene Störungen. Vandenhoeck und Ruprecht, Göttingen

Zitelmann, M., Schweppe, K., Zenz, G. (2004): Vormundschaft und Kindeswohl – Forschung mit Folgen für Vormünder, Richter und Gesetzgeber. Bundesanzeiger-Verlag, Köln

Adressatin und Adressat

Von Maria Bitzan und Eberhard Bolay

Perspektivenwechsel: Adressatenorientierung

Der zunächst neutral erscheinende Terminus „Adressat / Adressatin" gewann seit den 1980er Jahren an Bedeutung, versprach er doch eine doppelte Abgrenzung: zum einen gegen den bis dahin dominanten, mit paternalistischen Konnotationen einhergehenden Begriff „Klientin / Klient", zum anderen gegenüber dem eine versachlichte Leistungsbeziehung suggerierenden Terminus „Kundin / Kunde". Verstärkt wurde diese begriffspolitische Verschiebung durch demokratisierungsorientierte, auf Partizipation und Emanzipation zielende soziale Bewegungen sowie durch Bemühungen um die Verminderung des expertokratischen Machtgefälles zwischen Professionellen und KlientInnen. Aufgeladen mit dem normativen Impetus des Respekts vor dem Eigensinn von AdressatInnen sollte darüber auch das Verhältnis von Sozialer Arbeit und Betroffenen neu justiert werden.

(1) Im *disziplinären Diskurs* schälten sich nach und nach neue, den Eigensinn und die Würde der Subjekte in den Vordergrund rückende Leitkonzepte heraus. Vor allem über die Reflexion der Kategorien „Alltag", „Lebenswelt" und „Dienstleistung" setzte sich die sozialwissenschaftliche Rethematisierung des Subjektverständnisses in spezifischer Weise in den disziplinären Debatten der Sozialen Arbeit um. In den Mittelpunkt rückte zunehmend die Frage, inwiefern und auf welche Weise institutionelle Angebote auf die Lebenslagen und die produktiven wie unproduktiven Bewältigungsleistungen der Betroffenen eingehen. Angesichts der Ausdifferenzierung von Problemstellungen und der Ausweitung der Leistungsangebote zeigte sich, dass eine in Standardisierungen und Deutungsklischees befangene Soziale Arbeit obsolet wird und sie sich in ihren Angeboten flexibler, individueller und passgenauer für die AdressatInnen zeigen muss (Bitzan et al. 2006, 280). Mit der Adressatenorientierung verbindet sich mithin ein Perspektivenwechsel: Statt der Fokussierung eines „Problems" rücken als *prinzipiell* handlungsfähig definierte Individuen in den Vordergrund, die gegebenenfalls Unterstützung benötigen. Im Zuge dieser Entwicklungen wird der AdressatInnenbegriff normativ-emanzipatorisch aufgeladen.

(2) Lüders und Rauschenbach (2001, 564 ff.) markieren in ihrem Beitrag zur *disziplinären Forschung* neben der Institutions- und Professionsforschung die Adressatenforschung als dritten konstitutiven Bestandteil disziplinärer Forschungsbemühungen. Im Fokus steht die analytische Verzahnung der gesellschaftlichen Konstruktion des Bedarfs und der gesellschaftlichen Konstruktion der Adressatinnen und Adressaten; Adressatenforschung zielt zum einen auf die Rekonstruktion der Perspektive der AdressatInnen und ihrer Lebenssituation, zum anderen auf die Analyse der sie umgebenden sozialen und institutionellen Umwelt. Einen Überblick über den Stand der AdressatInnenforschung in der Sozialen Arbeit zu geben ist hier aus Platzgründen nicht möglich. Erste Systematisierungen von Ergebnissen der Adressatinnen- und Nutzerforschung (Hanses 2005; Oelerich / Schaarschuch 2005; Bitzan et al. 2006) zeigen jedoch, dass sich erst ansatzweise eine diskursive Verschränkung abzeichnet und Einzelbeiträge (überwiegend im Rahmen wissenschaftlicher Begleitforschung) sich bislang relativ deutlich auf den Bereich der Jugendhilfe konzentrieren; eine Erweiterung auf alle Felder der sozialpädagogischen Dienstleistungen steht noch aus. Disziplinäre Forschung, die sich der Adressatenperspektive annimmt, rückt also zunächst den Institutions- und Professionsfokus der Fragestellungen in den Hintergrund, erbringt Ergebnisse zu subjektiven Bewältigungsweisen und zu biogra-

Otto/Thiersch (Hg.), Handbuch Soziale Arbeit, 4. A., DOI 10.2378/ot4a.art003,

fischen Verarbeitungsprozessen von sozialpädagogischen Angeboten und reflektiert sie zugleich auch
als Resultat institutioneller Regulierungen.

(3) Diese Argumentationskontexte in Profession
und Disziplin reflektieren *gesellschaftliche Entwicklungen*, in denen Individualisierung als Frage
nach dem Verhältnis von Subjekt und institutionalisierten Hilfen in unterschiedlichen Bedeu-
tungshorizonten virulent wird: Gesellschaftliche
Modernisierungsprozesse lockerten seit der zweiten Hälfte des 20. Jahrhunderts die engen Vorgaben der Klassen- und teilweise auch Geschlech-
terlagen, ermöglichten und erforderten zugleich
Individualisierungen der Lebensformen und Entwicklungsmöglichkeiten, beschleunigten Prozesse
der Pluralisierung von Lebenslagen und differenzierten Problemlagen und Bewältigungsweisen
weiter aus; in der Neustrukturierung der Sozialen
Dienste werden neben der Kritik gestiegener
Sozialausgaben sowohl im politischen wie im Fachdiskurs (wenngleich mit teilweise anderen Begründungen) passgenauere Hilfen eingefordert, die die
subjektiven Voraussetzungen von AdressatInnen
mit einbeziehen, um angemessenere Angebote zu
gestalten und die Ausgaben effektiver und effizienter einzusetzen. Im Zuge der neoliberalen Um-
steuerungen in der Sozialpolitik werden ordnungspolitische Vorstellungen deutungsmächtig, die den
Staat in der unmittelbaren Verantwortung für die
Daseinsvorsorge entlasten wollen und ihn in „akti-
vierungspolitischer" Absicht stärker als Organisator
einer von den Bürgerinnen und Bürgern selbst
übernommenen Verantwortung durchzusetzen suchen; nicht zuletzt der Sozialen Arbeit wird dabei
die Funktion einer „Aktivierungsagentur" zugeordnet (Otto 1999; Kessl 2006). Die fachliche
Perspektive der AdressatInnenorientierung muss
sich daher der aktuellen politischen Konnotationen von Individualisierungsprozessen und Aktivierungsstrategien bewusst sein. Eine unreflektierte Adressatenfokussierung wäre lediglich Reflex
auf neoliberale Intentionen und würde den kri-
tisch-normativen Impetus konterkarieren. Die
hier knapp skizzierte Entwicklung verweist auf un-
geklärte Momente im Adressatenbegriff und fordert eine schärfere theoretische Profilierung.

Konturen eines kritischen AdressatInnenbegriffs

Wenn es auch gemäß der strukturellen Rahmung
des Auftrags der Sozialen Arbeit einen weitgefassten Adressatenbegriff gibt (Politik, Kostenträger,
Öffentlichkeit und Klientel; Flösser et al. 1998,
236), begrenzen wir für die weiteren Überlegungen
die Kategorie Adressatin / Adressat auf die unmittelbaren EmpfängerInnen von Leistungen und Angeboten der Sozialen Arbeit. In dieser Perspektive
benötigt die Praxis Sozialer Arbeit Wissen darüber,
welche Selbstsichten und Eigentheorien die Betreffenden einnehmen, welche Ressourcen und
Kompetenzen zur Bewältigung vorliegen und wie
sich Prozesse sozialer Destabilisierung entwickeln
(Hanses 2003). Diese Ausgangsüberlegung legt
nahe, die theoretische Konturierung des Adressatenbegriffs vom Fokus der Ausbildung bzw. Wiederherstellung von Handlungsfähigkeit her zu bestimmen: Handlungsfähigkeit sowohl als personales
Moment, also als mehr oder weniger ausgebildete
Kapazität von AdressatInnen in der Bewältigung
ihrer Herausforderungen, wie auch als Rahmung
(Struktur), die Handeln ermöglicht. In eine ähnliche Richtung weisen Überlegungen zum Capabi-
lityansatz (Otto / Ziegler 2008) und zum Agency-
begriff (Homfeldt et al. 2008). Es geht also im
Folgenden um eine theoretische Klärung des handlungsfähigen Subjekts mit spezifischen Bezügen
auf die institutionalisierte Soziale Arbeit, sozusagen
um dessen „sozialpädagogische Disposition". Dieser Zugriff erlaubt es, die Erörterungen auf die
ganze Breite des fachlichen Feldes zu beziehen.
Fragen der spezifischen Konstruktion von AdressatInnen wie auch von Spielräumen in ihrer Handlungsfähigkeit differenzieren sich dann je nach
Lebenslage und Arbeitsfeld (Bildung und offene
Angebote bis hin zur massiven Intervention) unterschiedlich aus. Im Folgenden werden aus verschiedenen Diskursen Hinweise aufgenommen zu den
Fragen, wie sich Handlungsfähigkeit ausbildet,
welchen Einflüssen dieser Prozess unterliegt und
welche Rolle das Gefüge Sozialer Arbeit dabei einnimmt.

„Adressat / Adressatin" als relationaler Begriff

Im Adressatenbegriff drückt sich ein sozialpolitisch kontextualisiertes und spezifisch präfiguriertes Verhältnis zwischen Institutionen / Programmen Sozialer Arbeit und den „Betroffenen" aus, denn nur wenn Hilfe- oder Angebotsbedarf gewissermaßen institutionell festgestellt wird, werden Personen zu Adressaten. Wenn von AdressatInnen die Rede ist, stehen also nicht nur wie auch immer geartete alltägliche Lebenssituationen oder Bewältigungsprobleme von Personen im Fokus; vielmehr geht es bereits um deren institutionell-professionell konstituierte Formierung, um die Modalitäten ihrer professionellen Bearbeitung, um Auswirkungen auf die Lebensführung und um Erlebens- und Verarbeitungsweisen. Diese notwendige Rückbindung an die institutionalisierten Strukturbedingungen Sozialer Arbeit berge – so wurde kritisch eingewendet – die Gefahr, zu sehr die institutionelle Perspektive sozialer Hilfen zu fokussieren und Adressaten letztlich auf ihre „Probleme" oder ihre „behandlungsbedürftigen Seiten" zu reduzieren (Homfeldt et al. 2008, 7).

In eine ähnliche Richtung zielen forschungsmethodologische Einwände: Durch eine starke Fokussierung auf die Passung von Hilfe und Bedarf gerate allzu rasch die Rekonstruktion der subjektiven Deutungen von AdressatInnen in den Vordergrund der Forschungsanstrengungen; Adressatenforschung könne sich dann nicht mehr kritisch zu den Intentionen sozialer Organisationen verhalten. In der Folge drohten Adressaten zu einer abhängigen Variable zu werden, wenn es darum geht, soziale Dienste zu verbessern und die Frage der Passung von Hilfen werde auf die Seite der AdressatInnen verlagert (Graßhoff 2008). Einer kritischen Adressatenforschung geht es nun darum, die Wahrnehmung der Perspektiven der Betroffenen und ihre Handlungsbeschränkungen wie -möglichkeiten stark zu machen in diesem relational gedachten Gefüge – in metaphorischer Absicht als „Stimme der Adressaten" ins Spiel gebracht (Bitzan et al. 2006; Thiersch 2008). In dieser Herangehensweise wird die Konstituierung der Adressatenposition als konflikthaftes Terrain der Auseinandersetzung analytisch zugänglich. Die Frage nach Passungsverhältnissen zwischen Angeboten der Sozialen Arbeit und den Nutzungsmöglichkeiten von Adressa-

tInnen ist dann eine unter vielen weiteren; und sie ist eher Folgerung denn Ausgangspunkt.

Mit dieser Bestimmung des Adressatenbegriffs als relationales Verhältnis kann zunächst ein emphatisch-unreflektiertes Verständnis von Eigenständigkeit / Losgelöstheit zurückgewiesen werden. Es verdeutlicht zudem die Notwendigkeit eines Maßstabs in der Bewertung dieser Konstellation, die sich erst dann als angemessen qualifiziert, wenn sie „die Lebenssituation der Betroffenen und deren Verarbeitungsstrategien zum Ausgangspunkt nimmt" (Kunstreich 1994, 92) und den Adressatinnen und Adressaten subjektive Anschlussmöglichkeiten an sozialpädagogische Angebote ermöglicht, sie biografisch nutzbar werden lässt, ihre Handlungsfähigkeit erweitert und den Grad ihrer Selbstbestimmung erhöht. Ein reflexiver Adressatenbegriff muss sich also einerseits gegen eine institutionalistische Funktionalisierung abgrenzen lassen und andererseits gegen ein subjektivistisches Verständnis eines dekontextualisierten Akteurs.

Zum Subjektverständnis des Adressatenbegriffs

(1) Angesichts der aktuellen Dominanz von neoliberalen Aktivierungsstrategien in der Praxis der Sozialen Arbeit sieht sich Adressatenorientierung in der Gefahr des Anschlusses an die Figur des sich selbst entwerfenden und steuernden Individuums, das für die Genese eventueller Hilfebedürftigkeit alleinverantwortlich sein soll. Für einen kritischen Adressatenbegriff bedeutet dies, Subjekt und Subjektivität als grundlegend konflikt- und widerspruchsbehaftet zu verstehen (Bolay / Trieb 1988); die Subjektkonstituierung der Akteure wird als ‚Arena' widerstreitender Konfliktfelder verstanden, in denen Anteile von Täter- und Opferseiten, Anteile von Gestalten und Gestaltetwerden, das Ringen um Anerkennung und Selbstwirksamkeit zu den je spezifischen, in Erscheinung tretenden individuellen oder kollektiven Handlungspraktiken führen. Mit diesem Verständnis wird die Kritik am Konzept eines jeder Sozialität vorgängigen und autonomen Subjekts aufgegriffen (Zima 2000; Schroer 2001), ohne jedoch die Perspektive eines zu Selbstbewusstsein und Selbstbestimmung fähigen Subjekts aufzugeben. Demnach ist Subjektivität „ein bestimmbares und graduierbares Potenzial mensch-

lichen Erlebens, Denkens und Handelns (…), dessen Entwicklung und Realisierung von angebbaren sozialen Voraussetzungen und Bedingungen abhängig ist" (Scherr 2008, 139 ff.). Ein kritisches Adressatenverständnis analysiert mithin die sozialen Bedingungen und Formierungen der Subjektbildung und stellt dabei deren Abhängigkeit von Strukturen sozialer Ungleichheit in Rechnung. Subjektkritische Überlegungen aus dem Kontext der gouvernementalitätstheoretischen Debatten fordern ebenfalls, die historisch-spezifisch existenten „dominierenden Subjektivierungsweisen" in den Blick zu nehmen und die Beteiligung der Sozialen Arbeit an deren „(Re)Produktion" zu reflektieren (Kessl 2008, 263). Für ein kritisches Adressatenverständnis, wie es sich im disziplinären Diskurs herauszuschälen beginnt, ist letztlich die Frage relevant, „wie Veränderung möglich ist und wie in benachteiligenden Lebenslagen Individuen als Akteure ihre Lebensverhältnisse beeinflussen können" (Karl 2008, 60).

(2) Eine Komponente der Subjektkonstitution lässt sich mit dem Konzept der Lebensbewältigung ausleuchten, in dem Sozialpädagogik als „gesellschaftliche Reaktion auf die Bewältigungstatsache" (Böhnisch 2005, 1119) skizziert wird. Die immer wiederkehrenden Probleme sozialer Desintegration in der modernen Gesellschaft, die von den „freigesetzten" Subjekten bewältigt werden müssen, vermitteln sich in biografischen Integrations- und Integritätskrisen. „Lebensbewältigung" fokussiert in diesem Zusammenhang das psychosoziale Streben nach Handlungsfähigkeit, welches sich in Impulsen aus den vier Grunddimensionen Selbstwert, soziale Eingebundenheit und Anerkennung, soziale Orientierung und Selbstwirksamkeit äußert (Böhnisch 2002). Diese Impulse, deren Konturierung von der sozialen Lebenslage der Einzelnen beeinflusst wird, streben nach „unbedingter Verwirklichung, auch dann, wenn sie sie im gegebenen gesellschaftlichen Rahmen nicht finden" können (Böhnisch / Schröer 2008, 50 f.). Mit dieser theoretischen Figur können die jeweiligen Vergesellschaftungsformen auf die individuell verfügbaren Muster der Bewältigung bezogen und so individuelle Lebensbewältigung an die gesellschaftliche Entwicklung rückgebunden werden (Böhnisch 2005). Dabei ist es zentral, ob und wie kritische Lebensumstände (z. B. Armut, Arbeitslosigkeit, alleinerziehend zu sein) sozialpolitisch so anerkannt werden, dass damit Ansprüche

auf sozialstaatliche Leistungen generierbar sind. Der Grad der sozialpolitischen Akzeptanz entscheidet damit wesentlich auch über Varianten des regressiven oder erweiterten Bewältigungshandelns. Angebote der Sozialen Arbeit können insofern als „Bewältigungsumwelten" betrachtet werden (Böhnisch / Schröer 2008, 51).

(3) Damit ist die sozialpolitische Bestimmung von Bedürfnissen bzw. Problemlagen im Hinblick auf die Ausbildung von Handlungsfähigkeit dem Begriff „Adressat" inhärent. Individuen oder Gruppen werden dann zu AdressatInnen der Sozialen Arbeit, wenn in allgemeiner Form oder individuell ein Hilfe-, Erziehungs- oder Bildungsbedarf konstatiert wird und entsprechende Angebote nahegelegt werden. Damit werden normative Vorgaben vermittelt und Grenzen von Lebens- und Äußerungsweisen durchgesetzt, d. h. bestimmte Bedürfnisse werden als zu Recht zu befriedigende anerkannt, andere wiederum nicht. „Die Schwere der Probleme, die eigene Deutung der Problemlage oder die ‚objektive' soziale Situation von Menschen führt nicht zwangsläufig dazu, dass ‚Menschen' zu ‚Adressaten' werden" (Graßhoff 2008, 403), sondern Definitionen von normal und abweichend, von bildungs- und betreuungsbedürftig etc.. Für die Betroffenen bedeutet dies, sich mit professionell-institutionell verorteten Definitionen auseinandersetzen zu müssen, über die ihre Lebenssituation klassifiziert und ihre Bewältigungsmodi beurteilt werden; und sie müssen dies in ihr Selbstbild zu integrieren suchen. Sozialpädagogische Intervention kann wahrgenommen werden als Anerkennung und Zuwendung (Chancen, Hilfe bekommen) oder etwa als Beschämung (es nicht allein zu schaffen, nicht „in Ordnung" zu sein), und bildet wiederum als Deutungsangebot Material in den jeweiligen Subjektivierungsprozessen der AdressatInnen. Der Stand, was im gesellschaftlichen Diskurs als „Bedarf" anerkannt ist, ist als Ergebnis von gesellschaftlichen Auseinandersetzungen zu analysieren: Nancy Fraser hebt in ihrer Analyse der „Politik der Bedürfnisinterpretation" (1994, 249 ff.) auf den politischen Charakter normativer Entscheidungen ab, die den fachlichen Interventionen vorgelagert sind. In ihrem zugrunde liegenden Modell des sozialen Diskurses erscheint die auf Bedürfnisse bezogene Rede „als ein Kampfplatz, auf dem Gruppen mit ungleichen diskursiven (und nicht-diskursiven) Ressourcen konkurrie-

ren, um ihre jeweiligen Interpretationen legitimer sozialer Bedürfnisse als hegemoniale Interpretationen zu etablieren" (Fraser 1994, 256). Bedürfnispolitik ist dann der Zusammenhang von drei analytisch zu unterscheidenden Momenten: Erstens der Kampf darum, ein gegebenes Bedürfnis als politisches und damit öffentliches, gesellschaftlich relevantes Thema etablieren zu können; zweitens der Kampf um die Interpretation des Bedürfnisses und damit die Chance, festzulegen, wodurch es zu befriedigen ist; drittens der Kampf um die Befriedigung des Bedürfnisses, der Kampf darum, die Versorgung zu sichern oder zu verweigern. In praxi laufen die drei Momente zusammen und sind die entscheidenden Faktoren, mit denen bestimmt wird, wie aus Personen mit Bedürfnissen u. a. „Adressat-Innen" der Sozialen Arbeit werden. Für ein kritisches Adressaten-Verständnis kommt daher der Kategorie des Konflikts eine wesentliche Bedeutung bei der Analyse der Handlungen und Strategien der verschiedenen Akteursgruppen zu (Bitzan 2000).

(4) Handlungsfähigkeit konstituiert sich aber nicht nur in aktuellen Handlungsbedingungen, sondern wesentlich auch aus biografischen Selbstpräsentationen. Biografie (als vorhersehbare und gestaltbare Biografie) „dramatisiert" sich in der Gegenwart, in der Individuen in abnehmendem Maße über Traditionen und klare gesellschaftliche Institutionalisierungsprozesse eingebettet sind. Klassische Dichotomien überlagern und durchdringen sich mit neuen Ungleichheiten und Widersprüchen, die gegebenen Herausforderungen sind oft so widersprüchlich, dass konsistente Übereinstimmungen zwischen gesellschaftlichen Erwartungen und subjektiven Kohärenzen abnehmen (Bitzan 2006, 260). Biografie ist nicht lediglich Lebensgeschichte, sondern auch „soziale Wissensform", in der die Akteure „Selbstkonsistenz in der Zeit hervorzubringen" suchen (Hanses 2003, 21). Die Selbstkonstruktionsleistungen der Subjekte sind jedoch zugleich Ausdruck sozialer Strukturiertheit, sie vollziehen sich nicht jenseits der sozialen Kategorien wie Geschlecht und Klasse, der Erfahrungen mit der sozialen Lebenswelt, der kulturellen und spezifisch zeitgeschichtlichen Kontexte. Dieser Zusammenhang ist den Subjekten eher selten reflexiv gewiss; Erfahrungen der Sozialwelt sind sozusagen unbewusste Ressourcen eines „praktischen Sinns" (Bourdieu 1993, 147 ff.), um sich in gesellschaftli-

chen Feldern bewegen zu können. Damit wird im Biografiebegriff keine vorsozial gegebene Authentizität des Subjekts fokussiert, sondern Prozesse, in denen Individuen ihre Subjektivität gestalten – situativ, widersprüchlich, als praktische Bewältigung. Soziale Arbeit fügt über ihre Deutungen, Angebote und Zuweisungen Elemente in diese Selbstkonstruktionen ein, die bei gelingender Passung zu einer Produktion erweiternder sozialer Erfahrungen und damit der subjektiven Handlungsfähigkeit führen können. Sie kann aber ebenso beitragen zu Selbststigmatisierungen und Dramatisierungen, wenn Hilfen etwa mit Beschämungen und Repressalien verbunden sind (Bolay 1998). Adressaten tragen also immer je unterschiedliche biografische Selbstkonstruktionen mit sich, die in der Wechselwirkung direkter oder vermittelter Erfahrungen mit der Sozialen Arbeit und dem eigenen Bewältigungshandeln entstanden sind. „Biographie" erweist sich damit als sinnvolles Konzept, „um die Dichotomie Individuum / Institution aufzuheben. Es ist die gegenseitige Konstituierung institutioneller Prozesse, professioneller Praxis und Aneignungsoptionen der AdressatInnen" (Hanses 2003, 37), die über diese Perspektive in den Blick kommt.

Der Begriff „AdressatIn" der Sozialen Arbeit zeigt sich in den hier dargestellten Dimensionen als ein Verhältnis, das sich in spezifischen Ausdrucksformen und Potenzialen der Handlungsfähigkeit äußert, die durch psychosoziales Streben gesteuert und in welchen die institutionellen Kontexte und Deutungen eingelagert sind. Ausgehend von konflikthaften Dispositionen aus Subjektivierungsweisen in institutionellen Strukturen und hegemonialen Deutungskontexten konturiert sich ein Subjektbegriff, der mit bedürfnispolitischen und mit sozialpädagogisch disziplinären Konzepten zu Genese, Funktion und Bearbeitung sozialer Probleme und fachlichem Handlungsbedarf in Verbindung gebracht wurde. Eine kritische Adressatenperspektive orientiert sich dabei an der Analyse von Subjektivierungsweisen, die individuelles Handeln als Agieren in systematisch konflikthaften Vorgaben, Aneignungen und biografischen Selbstkonstruktionen versteht; sie lässt sich dabei in demokratischer Perspektive von dem Erkenntnis- und Handlungsinteresse leiten, danach zu suchen, wie Veränderung möglich ist und in welcher Weise Individuen ihre Lebensverhältnisse in höherem Maße als bislang beeinflussen können.

AdressatInnenorientierung in Forschung und Praxis

Diese Konturierung des Adressatenbegriffs verweist auf methodologische Perspektiven für die sozialpädagogische Forschung und Praxis.

(1) Kritische AdressatInnen*forschung* grenzt sich ab gegen Zugänge, die entweder in naiver Parteilichkeit nach der vermeintlichen „Eigentlichkeit" oder „Unverstelltheit" von AdressatInnen suchen oder die sich lediglich dafür interessieren, ob und wie subjektives Erleben von Hilfe in institutionelle Logiken passt und damit der punktgenauen Bemächtigung der Betroffenen Vorschub leisten würden. Sie fokussiert stattdessen das Subjekt als Feld unterschiedlichster Konflikte, die bewältigt werden müssen, um sich als handlungsfähig erfahren zu können. Eine wesentliche Zielperspektive der AdressatInnenforschung besteht mithin darin, diese Konfliktfelder kenntlich zu machen, in ihren widersprüchlichen Anforderungen aufzudecken und dadurch manches als „produktives" Handeln erkennen zu lassen, was üblicherweise als Abweichung oder Ungenügen betrachtet wird. Das beinhaltet auch die Einbeziehung der biografischen Perspektive. Sie orientiert sich dabei in ihren Rekonstruktions- und Interpretationsverfahren an den oben genannten Dimensionen der Subjektkonstruktion. Methodologisch folgt aus diesen Überlegungen eine systematische Einbeziehung der spezifischen Repräsentations-„Geschichten" und -umstände der Befragten. So darf etwa der Respekt vor dem Eigensinn der AdressatInnen nicht zu einer Überhöhung ihrer Äußerungen führen – eine Rekonstruktionsleistung auf Seiten der Forschenden muss das Gesagte in den Kontext von Biografie, Institution und Forschungsgegenstand stellen. Eine sorgsame Unterscheidung zwischen den subjektiven Deutungen des Nutzens von Hilfeleistungen, denen sich Befragte bewusst sind, und Kontextbedingungen, die Subjektivierungsprozesse konturieren, ist unabdingbar.

(2) Als Paradigma einer engagierten *Praxis* bevorzugt AdressatInnenorientierung eine hermeneutisch-reflexive Arbeitshaltung mit dem Anspruch, die sozialpädagogischen Hilfen an den Ressourcen und Bedürfnissen der AdressatInnen auszurichten. Sie muss in diesem Sinn bei der Analyse der Ausgangssituationen präzise die je individuellen Relevanzen beleuchten. Die Frage nach dem Passungsverhältnis von Angeboten stellt sich als Frage danach, ob die Soziale Arbeit in ihrer Institutionalisiertheit in der Lage ist, subjektive Bedarfslagen zu erkennen und Angebote zu machen, die Orientierung und Optionserweiterung in mindestens einem Aktionsfeld (oder Konfliktfeld) der Subjekte bieten. Zu reflektieren gilt es, dass AdressatInnen immer bestrebt sind, sich in ihrer „Biografiearbeit" mit dem eigenen Leben in der Welt zu versöhnen. Die darin liegende Bedürftigkeit im Kontext der biografischen Erfahrung gibt Hinweise für adäquate institutionelle Unterstützungen im Sinne eines sozialpädagogischen Verstehens. Das erfordert, nicht nach vorgefertigten Rastern der Bedarfs- und Problemdefinition zu entscheiden, d. h. den Eigensinn zu respektieren und Widerständigkeiten auszuhalten. In der Regel setzt dies ein sensibles Einlassen, eine vertrauensvolle Beziehung voraus, die es den AdressatInnen ermöglicht, Erfahrungen von Anerkennung zu machen, die ihre Handlungsfähigkeit erhöhen. Eine adressatInnenorientierte Praxis orientiert sich daher am konkreten Alltag der NutzerInnen und entwickelt angepasste und flexible Angebote, die neben der Unterstützung immer auch Erfahrungen des sozialen Verortetseins (von Zugehörigkeit, von Kollektivität) beinhalten. Konflikt- und biografiesensibel verfolgt eine solche Arbeit letztlich die Perspektive, AdressatInnen ein höheres Maß an Bestimmung über das eigene Handeln zu ermöglichen (Bitzan 2006, 284). Voraussetzung dafür ist eine institutionalisierte, auf Dauer gestellte Selbstreflexion der Professionellen, mit Hilfe derer die institutionellen, professionellen und lebenspraktischen Abkürzungs- und Routinisierungsprozesse auf den Prüfstand gestellt werden können. AdressatInnenorientierung ist darin keinesfalls nur fachlich notwendige Haltung der einzelnen Professionellen. Vielmehr braucht sie institutionelle Strukturen, die den Betroffenen Partizipationsrechte, den Professionellen Reflexions- und Entscheidungsfreiheiten und den Trägern offene, flexible Arbeitsstrukturen ermöglichen.

Literatur

Bitzan, M., Bolay, E., Thiersch, H. (2006): Die Stimme der AdressatInnen. Biographische Zugänge in den Ambivalenzen der Jugendhilfe. In: Bitzan, M., Bolay, E., Thiersch, H. (Hrsg.): Die Stimme der Adressaten. Empirische Forschung über Erfahrungen von Mädchen und Jungen mit der Jugendhilfe. Juventa, Weinheim / München, 257–288
– (2000): Konflikt und Eigensinn. Die Lebensweltorientierung repolitisieren. neue praxis 4, 335–346
–, Bolay, E., Thiersch, H. (Hrsg.) (2006): Die Stimme der Adressaten. Empirische Forschung über Erfahrungen von Mädchen und Jungen mit der Jugendhilfe. Juventa, Weinheim / München
Böhnisch, L. (2005): Lebensbewältigung. In: Otto, H.-U., Thiersch, H. (Hrsg.): Handbuch Sozialarbeit Sozialpädagogik. 3. Aufl. Ernst Reinhardt Verlag, München / Basel, 1119–1121
– (2002): Lebensbewältigung. Ein sozialpolitisch inspiriertes Paradigma für die Soziale Arbeit. In: Thole, W. (Hrsg.): Grundriß Soziale Arbeit. Ein einführendes Handbuch. Leske & Budrich, Opladen, 199–214
–, Schröer, W. (2008): Entgrenzung, Bewältigung und agency – am Beispiel des Strukturwandels der Jugendphase. In: Homfeldt, H.-G., Schröer, W., Schweppe, C. (Hrsg.): Vom Adressaten zum Akteur. Soziale Arbeit und Agency. Barbara Budrich, Opladen / Farmington Hills, 47–57
Bolay, E. (1998): Scham und Beschämung in helfenden Beziehungen. In: Metzler, H., Wacker, E. (Hrsg.): ‚Soziale Dienstleistungen'. Zur Qualität helfender Beziehungen. Attempto, Tübingen, 29–52
–, Trieb, B. (1988): Verkehrte Subjektivität: Kritik der individuellen Ich-Identität. Campus, Frankfurt a. M. / New York
Bourdieu, P. (1993): Sozialer Sinn. Kritik der theoretischen Vernunft, Suhrkamp, Franfurt / M.
Flösser, G., Otto, H.-U., Rauschenbach, Th., Thole, W. (1998): Jugendhilfeforschung. Beobachtungen zu einer wenig beachteten Forschungslandschaft. In: Rauschenbach, Th., Thole, W. (Hrsg.): Sozialpädagogische Forschung. Gegenstand und Funktionen, Bereiche und Methoden. Juventa, Weinheim / München, 225–261
Fraser, N. (1994): Widerspenstige Praktiken. Macht, Diskurs, Geschlecht. 1. Aufl. Suhrkamp, Frankfurt / M.
Graßhoff, G. (2008): Theoretische Überlegungen zu einem empirischen Programm sozialpädagogischer Adressatenforschung. neue praxis 4, 399–408
Hanses, A. (2005): AdressatInnenforschung in der Sozialen Arbeit – Zwischen disziplinärer Grundlegung und Provokation. In: Schweppe, C., Thole, W. (Hrsg.): Sozialpädagogik als forschende Disziplin. Juventa, Weinheim / München, 185–200

– (2003): Biographie und sozialpädagogische Forschung. In: Schweppe, C. (Hrsg.): Qualitative Forschung in der Sozialpädagogik. Leske & Budrich, Opladen, 19–42
Homfeldt, H.-G., Schröer, W., Schweppe, C. (Hrsg.) (2008): Vom Adressaten zum Akteur. Soziale Arbeit und Agency. Barbara Budrich, Opladen / Farmington Hills
Karl, U. (2008): Agency, Gouvernementalität und Soziale Arbeit. In: Homfeldt, H.-G., Schröer, W., Schweppe, C. (Hrsg.): Vom Adressaten zum Akteur. Soziale Arbeit und Agency. Barbara Budrich, Opladen / Farmington Hills, 59–80
Kessl, F. (2008): System und Subjekt. In: Bakic, J., Diebäcker, M., Hammer, E. (Hrsg.): Aktuelle Leitbegriffe der Sozialen Arbeit. Ein kritisches Handbuch. Löcker, Wien, 250–270
– (2006): Aktivierungspädagogik statt wohlfahrtsstaatlicher Dienstleistung? Das aktivierungspolitische Re-Arrangement der bundesdeutschen Kinder- und Jugendhilfe. Zeitschrift für Sozialreform 52, 217–232
Kunstreich, T. (1994): Ist kritische Soziale Arbeit möglich? Für eine Pädagogik des Sozialen. Widersprüche 50, 85–100
Lüders, C., Rauschenbach, T. (2001): Forschung: sozialpädagogische. In: Otto, H.-U., Thiersch, H. (Hrsg.): Handbuch Sozialarbeit Sozialpädagogik. 3. Aufl. Ernst Reinhardt Verlag, München / Basel, 562–575
Oelerich, G., Schaarschuch, A. (Hrsg.) (2005): Soziale Dienstleistungen aus Nutzersicht: zum Gebrauchswert Sozialer Arbeit. Ernst Reinhardt Verlag, München / Basel
Otto, H.-U. (1999): Ideologie-Palaver? Kommentar und Dokumentation der leicht gekürzten Ausgabe des Schröder / Blair-Papiers. neue praxis 3, 323–330
–, Ziegler, H. (Hrsg.) (2008): Verwirklichungschancen und Befähigungsgerechtigkeit in der Erziehungswissenschaft. Zum sozial-, jugend- und bildungstheoretischen Potential des Capability Approach. VS Verlag, Wiesbaden
Scherr, A. (2008): Subjekt- und Identitätsbildung. In: Coelen, T., Otto, H.-U. (Hrsg.): Grundbegriffe Ganztagsbildung. Das Handbuch. VS Verlag, Wiesbaden, 137–145
Schroer, M. (2001): Das Individuum der Gesellschaft: synchrone und diachrone Theorieperspektiven. 1. Aufl. Suhrkamp, Frankfurt / M.
Thiersch, H. (2008): Die Stimme der AdressatInnen. In: Arbeitsgemeinschaft für Kinder und Jugendhilfe – AGJ (Hrsg.): Reader Jugendhilfe. AGJ-Verlag, Berlin, 87–98
Zima, P. v. (2000): Theorie des Subjekts. Franke, Tübingen / Basel

Allgemeine Pädagogik / Sozialpädagogik

Von Heinz-Hermann Krüger

Eine Ausdifferenzierung des Faches Erziehungswissenschaft in eine Vielzahl separater und eigenständiger Subdisziplinen wie die Allgemeine Pädagogik oder die Sozialpädagogik findet an den Universitäten erst seit den 1970er Jahren statt. Deshalb soll in diesem Beitrag zunächst die Vorgeschichte dieser Entwicklung, die Geschichte des pädagogischen Denkens sowie des Faches Erziehungswissenschaft im Kontext gesellschaftlicher Modernisierungsprozesse in groben Umrissen skizziert werden. Anschließend wird die aktuelle Struktur der Disziplin Erziehungswissenschaft beschrieben, und in einem abschließenden Ausblick werden Wechselbezüge und Kooperationsmöglichkeiten zwischen der Allgemeinen Pädagogik und der Sozialpädagogik diskutiert.

Von der Pädagogik zur Erziehungswissenschaft und zur Herausbildung der Allgemeinen Pädagogik sowie der Sozialpädagogik als separate Teildisziplinen

Die Geschichte der Erziehung ist so alt wie die Menschengattung selbst, da die Bearbeitung der Generationenfolge zu der Entwicklungs- und Kulturgeschichte der Menschen von Beginn an gehört. Frühe schriftliche Zeugnisse über pädagogische Reflexionen gibt es aber erst aus der Zeit der griechischen Antike. In der Philosophie, Anthropologie und Pädagogik der griechischen Antike, z. B. bei Plato und Aristoteles, werden Fragestellungen einer neuzeitlichen Bildungsphilosophie bereits antizipiert, indem der Mensch als Produkt seiner eigenen Praxis, abgelöst von den Bindungen und Mythen der archaischen Zeit, gefasst und nach seiner Bestimmung gefragt wird (Mollenhauer 1984, 363). Auch wurden mit der Gründung von

ersten Universitäten im Mittelalter sowie mit der punktuellen Etablierung von höheren Schulen für die städtischen Oberschichten im 16. Jahrhundert die modernen Erziehungsverhältnisse bereits antizipiert (Blankertz 1982).

Dennoch gibt es in der bildungshistorischen Forschung einen Konsens darüber, dass mit der Herausbildung der modernen Gesellschaft im 18. Jahrhundert zugleich eine einschneidende Zäsur im pädagogischen Denken und teilweise auch in der Erziehungsrealität einhergeht (Herrmann 1981). Die Pädagogik und das Erziehungsdenken in der Zeit der Aufklärung legen die ideellen Wurzeln für die Begründung einer nachständischen, am bürgerlichen Leben orientierten Erziehung. Die in den philosophischen und pädagogischen Programmschriften dieser Epoche, in den Arbeiten von Gotthold Ephraim Lessing, Immanuel Kant und Jean-Jacques Rousseau formulierten Leitbegriffe der Mündigkeit, der Aufklärung, der Toleranz, der paradoxen Freiheitsproblematik in der Erziehung sowie der Verpflichtung der Erziehung auf den Fortschritt der Menschengattung waren zwar oft nur gedankliche Antizipationen und hatten ihre Wirkungen vor allem in der literarischen und philosophischen Reflexion, hingegen ließ die Wirklichkeit der Erziehung bis zum ausgehenden 18. Jahrhundert und auch noch später wenig dieser aufklärerischen Ambitionen erkennen. Dennoch bleiben diese Forderungen normative Ansprüche und leitende Bezugspunkte vor allem für pädagogische Theorieansätze und Reformbewegungen im 20. Jahrhundert (Krüger 1990, 7).

Im Prozess der Ausdifferenzierung der Wissenschaften entsteht im letzten Drittel des 18. Jahrhunderts die Pädagogik als Disziplin. In den theoretischen Konzepten von J.-J. Rousseau oder E. C. Trapp hatte sich das pädagogische Denken nicht nur aus der Einbindung in theologische Ordnungsvorstellungen

Otto/Thiersch (Hg.), Handbuch Soziale Arbeit, 4. A., DOI 10.2378/ot4a.art004,

befreit, wie es noch für die pädagogischen Entwürfe von Johann Amos Comenius oder August Hermann Francke im 16. und 17. Jahrhundert charakteristisch war, und die Bezugspunkte für die Klärung der Frage, was der erzogene Mensch ist, in der Anthropologie oder der Psychologie gesucht (Schmid 2006, 18). Auch die erste, an der Universität Halle eingerichtete Professur für Pädagogik wurde mit dem Philanthropen E. C. Trapp besetzt, der versuchte, eine empirisch begründete, sich auf Observation und Experiment stützende Disziplin zu verwirklichen. Allerdings blieb eine universitäre Pädagogik nur eine kurze Episode, da E. C. Trapp nach Konflikten mit der Theologischen Fakultät die Universität Halle bereits nach vier Jahren (1783) enttäuscht wieder verließ. E. C. Trapps Nachfolger, Friedrich August Wolf, gestaltete die Altertumswissenschaft zum Mittelpunkt der Bildung angehender Gymnasiallehrer. Er entwickelte damit zugleich erste Konturen für eine neuhumanistische Bildung für Philologen, die die Ausbildung von Gymnasiallehrern an den Universitäten im 19. Jahrhundert bestimmte.

Während im 19. Jahrhundert die Vorgeschichte des modernen Erziehungs- und Bildungswesen beginnt, notwendige Modernisierungsprozesse sich in der sukzessiven Durchsetzung der Schulpflicht sowie insbesondere in Neuordnungen der höheren Bildung niederschlugen und die ersten noch zaghaften Versuche einer Verarbeitung von Modernisierungsfolgen sich in der Gründung von sozialpädagogischen Betreuungseinrichtungen oder von Ansätzen einer selbst organisierten Erwachsenenbildung manifestierten, führt diese Entwicklung nicht zur Etablierung einer universitären Erziehungswissenschaft.

Systematische Fragen der Konstruktion pädagogischen Wissens werden zu Beginn des 19. Jahrhunderts bereits dort diskutiert, wo sie auch in der historischen Konstitutionsphase der Erziehungswissenschaft, nämlich zu Beginn des 20. Jahrhunderts immer noch anzutreffen sind: Innerhalb der praktischen Philosophie wie bei Johann Friedrich Herbart, der sich vor allem um die Begründung einer Unterrichtstheorie auf psychologischer Grundlage bemüht hat; im Kontext der Theologie wie bei Friedrich Schleiermacher, der Pädagogik als eine sich an Ethik anschließende Kunstlehre begreift; als Bestandteil des professionellen Wissens der Lehrer und gelehrten Schulmänner, wie beispielsweise bei Adolf Diesterweg; und schließlich als Element eines relativ breiten öffentlichen Diskurses über Nationalbildung oder Volksbildung, wie bei W. von Humboldt bzw. J. H. Pestalozzi (Tenorth 1994, 17). Bis in die zwanziger Jahre des 20. Jahrhunderts waren zudem die wenigen Lehrstühle für Pädagogik, die bis dahin an Universitäten existierten, mit dem Fach Philosophie verbunden.

Einen bedeutenden Anstoß erhielt die Entwicklung der Pädagogik als Wissenschaft durch die Begründung einer akademischen Lehrerbildung der VolksschullehrerInnen in der Zeit der Weimarer Republik, die in einigen Ländern und Stadtstaaten an den Universitäten angesiedelt wurde und in Preußen in neu gegründeten Pädagogischen Akademien ihren institutionellen Ort fand. Neben den Lehrstühlen für „Allgemeine Pädagogik" wurden in diesem Kontext Professuren für „Praktische Pädagogik" eingerichtet, die sich mit den spezifischen Fragen von Schultheorie und Allgemeiner Didaktik befassten. Auch konnte sich in der Weimarer Republik die Berufs- und Wirtschaftspädagogik an Handelshochschulen durchsetzen, die sich auf die didaktisch-methodische Schulung von BerufsschullehrerInnen konzentrierte (Harney 2006, 240). Zu einem weiteren Ausdifferenzierungsprozess des Faches Erziehungswissenschaft, etwa zur Etablierung eigenständiger Professuren für Sozialpädagogik, kam es in den 1920er Jahren jedoch noch nicht, obwohl sich gerade in der Zeit der Weimarer Republik ein von Kommunen und freien Trägern organisiertes, umfassendes System der Jugendpflege und Jugendfürsorge sowie ein kommunales Netz von Volkshochschulen etablierte. Lehrveranstaltungen mit für die Sozialpädagogik oder die Erwachsenenbildung relevanten Bezügen wurden zur damaligen Zeit außer in der Pädagogik auch von den Theologischen oder Sozial- und Wirtschaftswissenschaftlichen Fakultäten angeboten (Gängler 1994, 234). Es gab somit für diese pädagogischen Berufe in den außerschulischen Institutionen noch kein spezifisches, erziehungswissenschaftliches Ausbildungsprofil und auch die theoretischen Diskurse über diese Arbeitsfelder wurden von den Lehrstuhlinhabern für Allgemeine Pädagogik noch mitgeführt (z. B. Nohl 1949).

Ähnlich wie in der Weimarer Republik stellte sich die Situation der Disziplin Erziehungswissenschaft in Westdeutschland auch noch in den ersten beiden

Nachkriegsjahrzehnten dar. Der weitere Ausdifferenzierungsprozess der Erziehungswissenschaft in verschiedene Subdisziplinen vollzog sich dann erst in den späten 1960er und in den 1970er Jahren. Im Gefolge der Reformdiskussion um eine Verwissenschaftlichung und der in den 1970er Jahren in den meisten Bundesländern verwirklichten Integration der Pädagogischen Hochschulen in Universitäten wurde die Ausbildung von Grund- und HauptschullehrerInnen sowie von SonderschullehrerInnen akademisiert und sozial aufgewertet. Einen zusätzlichen Expansions- und Ausdifferenzierungsschub erfuhr das Fach Erziehungswissenschaft dann durch die Einführung eines erziehungswissenschaftlichen Diplomstudienganges, die im Frühjahr 1969 von der Kultusministerkonferenz und der Westdeutschen Rektorenkonferenz beschlossen wurde, nachdem eigenständige Magisterstudiengänge für Pädagogik bereits zu Beginn der 1960er Jahre an Universitäten eingerichtet worden waren (Rauschenbach 1994, 276). Die Etablierung dieses neuen Studienganges, der neben einem erziehungswissenschaftlichen Grundlagenstudium ein wahlobligatorisches Studium in den Studienrichtungen Schulpädagogik, Berufs- und Wirtschaftspädagogik, Bildungsökonomie, -planung und -politik, Erwachsenenbildung, Vorschulpädagogik, Sozialpädagogik und Sonderpädagogik vorsah, führte dann in der Folgezeit zur oft erstmaligen Einrichtung von Lehrstühlen für einige dieser Schwerpunktprofile. Dies gilt insbesondere auch für den Bereich der Sozialpädagogik, die sich seitdem als wichtige erziehungswissenschaftliche Teildisziplin an den Universitäten und pädagogischen Hochschulen etablierte.

Mit der Verwissenschaftlichung der LehrerInnenausbildung und der Einführung erziehungswissenschaftlicher Hauptfachstudiengänge geht auch ein Veränderungsprozess des Selbstverständnisses der Erziehungswissenschaft einher. Das bis Mitte der 1960er Jahre noch dominante Paradigma der Geisteswissenschaftlichen Pädagogik wurde von empirisch orientierten bzw. ideologiekritischen Formen des Denkens über Erziehung abgelöst, mit denen die Pädagogik als Wissenschaft auf die Herausforderungen reagierte, die von einer expansiven Bildungsreformpolitik und von der Studentenbewegung ausgingen. Im Verlaufe der 1960er und 1970er Jahre verbesserten sich auch die Bedingungen für die Forschung im Fach Erziehungswissen-

schaft in Westdeutschland nicht nur durch die Ausweitung des Personals an Hochschulen, sondern vor allem durch die Expansion außeruniversitärer Forschungseinrichtungen, die sich mit Fragestellungen der Bildungsreform oder der Jugendhilfereform befassten. Hier sind für den Bereich der schulischen Bildungsforschung das Max-Planck-Institut für Bildungsforschung in Berlin, für den Bereich der außerschulischen, sozialpädagogischen Bildungsforschung das Deutsche Jugendinstitut in München zu nennen, das sich mit Fragen anwendungsorientierter Grundlagenforschung im Spektrum von Jugendhilfe-, Jugend- und Familienforschung beschäftigt (Krüger 2006c, 324).

Auf der Ebene der institutionellen Strukturen vollzogen sich in der Erziehungswissenschaft in der DDR seit den 1960er Jahren teilweise ähnliche Entwicklungstendenzen. So kam es 1968 zur Aufwertung der Pädagogischen Hochschulen, indem sie ein Graduierungsrecht erhielten. Außerdem wurden in den 1960er Jahren neben der Akademie der Pädagogischen Wissenschaften auch weitere Forschungsinstitute, z.B. für Jugendforschung oder Hochschulforschung, etabliert. Neben der Ausbildung von Diplom-LehrerInnen für die Polytechnische und Erweiterte Oberschule an Pädagogischen Hochschulen und Universitäten wurden seit den späten 1960er Jahren an einigen Hochschulen auch postgraduale, sozialpädagogisch orientierte Diplomstudiengänge, z.B. für HeimerzieherInnen, PionierleiterInnen, oder die ErzieherInnenausbildung eingerichtet, die jedoch in den Studieninhalten und der Studiendauer nicht mit dem westdeutschen Diplompädagogikstudiengang vergleichbar waren und die auch nicht zu einer analogen Ausdifferenzierung des Faches Erziehungswissenschaft führten (Krüger / Marotzki 1994). Außerdem war die gesellschaftliche Funktion des Faches Erziehungswissenschaft in der DDR eine andere. Spätestens nach der noch offen ausgetragenen pädagogischen Revisionismusdebatte in der zweiten Hälfte der 1950er Jahre wurde der erziehungswissenschaftliche Diskurs in den monopolartigen Geltungsanspruch einer sowjetisch geprägten marxistisch-leninistischen Philosophie fest eingebunden. Letztlich ohne Autonomieansprüche bewegte sich die Disziplin zwischen Forschung und Professionsausbildung, Praxisberatung und Politik, Ideologieproduktion und Legitimationsbeschaffung (Tenorth 2006, 166).

Die aktuelle Struktur des Faches Erziehungswissenschaft

In Westdeutschland stellt sich die Erziehungswissenschaft seit den 1970er Jahren als ein Fach dar, das durch eine Pluralität von wissenschaftlichen Konzepten und methodischen Ansätzen sowie eine erfahrungswissenschaftliche Komponente gekennzeichnet ist und sich in Reaktion auf den Expansions- und Ausdifferenzierungsprozess pädagogischer Berufs- und Arbeitsfelder auch in eine Vielzahl von Teildisziplinen und Fachrichtungen ausgefächert hat. Die in Abb. 1 vorgelegte Strukturskizze unterscheidet zum einen Elemente der Fachstruktur, die relativ stabil sind, und zum anderen solche, die eher auf aktuelle Fragestellungen bezogen sind.

Dabei lassen sich zwei Ebenen unterscheiden. Die erste Ebene ist die der Subdisziplinen. Etablierte Teildisziplinen der Erziehungswissenschaft sind zum einen die Systematische, die Historische und die Vergleichende Pädagogik, die dem Bereich der Allgemeinen Pädagogik zugeordnet werden können. Diese setzen sich mit theoretischen und methodologischen Grundlagenfragen sowie der Problemgeschichte und dem internationalen Vergleich von Erziehungswissenschaft bzw. von Erziehungs- und Bildungsprozessen in der erziehungswissenschaftlichen Forschung und Lehre auseinander. Zum anderen kann man davon eine zweite Gruppe von etablierten Subdisziplinen absetzen, wie die Schulpädagogik, die Berufs- und Wirtschaftspäd-

agogik, die Erwachsenenbildung, die Sonder- und die Sozialpädagogik, die auf Grund ihres konkreten Arbeitsfeld- und Berufsbezugs unter dem Oberbegriff Spezielle Pädagogiken zusammengefasst werden können. Diese Subdisziplinen sind Fachelemente, die seit einigen Jahrzehnten bestehen, verfügen an den Hochschulen häufig über eigene Institute, Professuren und Studiengänge und zum Teil auch über eigene wissenschaftliche Gesellschaften. Die Teildisziplin der Sozialpädagogik verdankt ebenso wie die der Erwachsenenbildung ihren Institutionalisierungs- und Expansionsschub vor allem der Einführung des erziehungswissenschaftlichen Diplomstudienganges seit den 1970er Jahren. Diese erziehungswissenschaftliche Subdisziplin, die vielleicht besser noch mit dem neueren Begriff der „Sozialen Arbeit" charakterisiert werden kann, da sich ihr Aufgabenfeld sowohl aus der Tradition der Sozialpädagogik als auch der Armenfürsorge und Sozialarbeit ergibt (Sachße / Tennstedt 1991), beschäftigt sich mit außerfamilialer und außerschulischer Erziehung und Hilfen von der Beratung über die Jugendarbeit, die Heimerziehung und die Drogenarbeit bis hin zur Unterstützung alter Menschen (Thiersch 1994, 137).

Unterhalb der Ebene der Teildisziplinen gibt es nun Fachrichtungen, die als Spezialisierungsversuche noch nicht den Charakter einer Subdisziplin erreicht haben, aber doch über einen klar abgrenzbaren Gegenstandsbereich verfügen, wie etwa die Interkulturelle Pädagogik, die Genderstudien oder

Tab. 1: Struktur der Erziehungswissenschaft

Subdisziplinen (Auswahl)		
Ebene 1	Allgemeine Pädagogik	Systematische Pädagogik Historische Pädagogik Vergleichende Pädagogik
	Spezielle Pädagogiken	Schulpädagogik Berufs- und Wirtschaftspädagogik Erwachsenenbildung Sozialpädagogik Sonderpädagogik
Verwandte Disziplinen u. a.: Pädagogische Psychologie, Pädagogische Soziologie, Fachdidaktiken		
Fachrichtungen (Auswahl)		
Ebene 2	Interkulturelle Pädagogik Genderstudien Medienpädagogik Betriebspädagogik	Hochschulpädagogik Altenbildung Vorschulpädagogik Kulturpädagogik

die Altenbildung. Diese Fachrichtungen verdanken sich in der Mehrzahl der Expansion pädagogischer Einflüsse während der 1970er Jahre und der seitdem anhaltenden Tendenz zur Pädagogisierung aller Lebensbereiche (Krüger / Grunert 2004). Im Zuge der Umstellung der alten erziehungswissenschaftlichen Diplom- und Magisterstudiengänge in die neue BA / MA Studienstruktur wurden inzwischen für einzelne dieser Fachrichtungen, wie z. B. die Medienpädagogik, die Betriebspädagogik oder die Pädagogik der frühen Kindheit, an einigen Hochschulen grundständige Bachelorstudiengänge eingeführt (Horn et al. 2008, 32).

Die Ergebnisse der Wissenschaftsforschung haben zudem inzwischen gezeigt, dass dieser disziplinäre Ausdifferenzierungsprozess zu einem relativen Bedeutungsverlust und einem Wandel im Selbstverständnis der Allgemeinen Pädagogik geführt hat, die sich in ihren neueren Begründungsvarianten nicht mehr als Leitdisziplin, sondern als eine Teildisziplin begreift, die historisches, theoretisches, methodologisches aber auch empirisches Wissen über die allgemeinen Strukturen der Erziehungswirklichkeit produziert, das eine allgemeine Bedeutung für alle Teildisziplinen hat (Krüger 2006d). Umgekehrt wurden in den letzten Jahren aber auch allgemeine Fragen der Erziehungswissenschaft, wie etwa die Debatte um die Entgrenzung des Pädagogischen (Lüders et al. 2006) oder der aktuelle Diskurs um Ganztagsbildung (Otto / Rauschenbach 2004) auch bzw. sogar vorrangig in den Teildisziplinen, wie der Sozialpädagogik oder der Erwachsenenbildung, geführt.

Kooperationsmöglichkeiten zwischen Allgemeiner Erziehungswissenschaft und Sozialpädagogik

Diese Entwicklung sollte nicht als Bedeutungsverlust der Allgemeinen Pädagogik beklagt, sondern als Chance für eine Verstärkung von Austausch und Kommunikation zwischen der Allgemeinen Erziehungswissenschaft und den spezialisierten Subdisziplinen, wie etwa der Sozialpädagogik, gesehen werden. Kooperationsmöglichkeiten bestehen in gemeinsamen Diskursen über die kategorialen und theoretischen Bezugsgrößen des Faches, in kooperativen, empirischen Forschungsprojekten sowie in der Abstimmung der Ausbildungsaufgaben. Ange-

sichts der beschriebenen Prozesse der Ausdifferenzierung und Entgrenzung pädagogischer Arbeitsfelder sowie der in den letzten Jahren propagierten Ausweitung des öffentlichen Bildungsauftrages auch auf den Vorschulbereich und der Umgestaltung des Verhältnisses von Schule und Jugendhilfe im Gefolge der forcierten Einführung von Ganztagsschulen ist die Allgemeine Erziehungswissenschaft ebenso wie die Sozialpädagogik mit der Herausforderung konfrontiert, ihre kategorialen Grundlagen zu prüfen und die aktuellen Prozesse pädagogischen Handelns empirisch neu zu vermessen. Dazu gehören z. B. theoretische Bemühungen um die Neuformatierung eines erweiterten Bildungsbegriffs, der nicht nur auf in der Schule erbrachte und gemessene kognitive Leistungen beschränkt ist, sondern die vielfältigen Kenntnisse und Fähigkeiten mit den Blick nimmt, die Kinder und Jugendliche in den verschiedenen außerschulischen Bildungsorten und Lernwelten erwerben (Krüger / Rauschenbach 2007).

Als Anregungspotenzial für gemeinsame theoretische Diskurse zwischen Vertretern der Allgemeinen Erziehungswissenschaften und der Sozialpädagogik hat sich im vergangenen Jahrzehnt insbesondere das Theorem von der reflexiven Modernisierung erwiesen (Beck et al. 1996), da es die Möglichkeit bietet, die ambivalenten Folgeeffekte einer reflexiven Modernisierung von Erziehungsverhältnissen in schulischen und außerschulischen Kontexten zu analysieren (Krüger 2006b; Rauschenbach 1999). Obgleich die Vermittlung dieses gesellschaftstheoretischen Ansatzes mit einheimischen pädagogischen Konzepten und Begriffen noch einer weiteren theoretischen Klärung bedarf, liefert es doch ein geeignetes Instrumentarium für pädagogische Gegenwartsdiagnosen und ist als Rahmenkonzept für empirische Untersuchungen durchaus anschlussfähig, die gemeinsam von Vertretern der Allgemeinen Erziehungswissenschaft und der Sozialpädagogik durchgeführt werden können.

Interessante Querschnittsthemen für solche gemeinsamen Forschungsprojekte wären etwa die Analysen der Differenzen von Arm und Reich bzw. die Auswirkungen der verschärfenden sozialen Ungleichheiten auf das Bildungs- und Erziehungswesen sowie die Untersuchung von Interkulturalität angesichts der Tatsache, dass die Verschiedenheit sozialer Herkünfte und die möglichen Konflikte zwischen den Kulturen die Realität im Bildungs- und Erziehungswesen auch zukünftig wesentlich mitbestimmen werden. Weitere zentrale Querschnittsbereiche zwischen allgemein- und sozialpädagogischer Forschung könnten etwa die AdressatInnenforschung, z. B. bei der empirischen Analyse des Kompetenzerwerbs von Heranwachsenden an außerschulischen Bildungsorten, sein oder die pädagogische Professionsforschung, die angesichts der neuen Kooperationszwänge von LehrerInnen und SozialarbeiterInnen im Kontext von Ganztagsschulen und Ganztagsbildung vor veränderten Herausforderungen steht.

Notwendig ist zudem eine stärkere Kooperation zwischen der Allgemeinen Erziehungswissenschaft und der Sozialpädagogik auch in der Ausbildung von Hauptfachstudierenden an Hochschulen. Zwar ist einerseits eine gewisse Arbeitsteilung sinnvoll. So ist die Allgemeine Erziehungswissenschaft vorrangig für die Vermittlung des erziehungswissenschaftlichen Disziplinwissens, der Grundbegriffe, Geschichte, Theorieströmungen und Forschungsmethoden sowie des adressaten- und situationsbezogenen Wissens, des Wissens über die Klientel und die gesellschaftlichen Rahmenbedingungen von pädagogischen Situationen zuständig. Umgekehrt sollen die Teildisziplinen, wie die Sozialpädagogik, den Akzent auf die jeweiligen fach- und feldspezifischen theoretischen Grundlagen sowie das professionsbezogene Wissen setzen. Andererseits gibt es im Bereich der Lehre aber auch vielfältige Kooperationsmöglichkeiten zwischen

der Allgemeinen Pädagogik und der Sozialpädagogik, etwa im Bereich der Disziplingeschichte, bei der Diskussion der erziehungswissenschaftlichen Grundbegriffe, im Bereich der pädagogischen Professionstheorie oder in der Methodenausbildung. Genauso wie sich die Allgemeine Erziehungswissenschaft in Theoriediskussion, Forschung und Lehre für die Themenstellungen der Sozialpädagogik öffnen sollte, so muss umgekehrt die Sozialpädagogik auch ihre Referenzpunkte in Fragestellungen der Erziehungswissenschaft suchen und nicht, wie beispielsweise die aktuelle Einführung von eigenständigen Bachelor- oder Masterstudiengängen für Soziale Arbeit an Universitäten zeigt (Horn et al. 2008, 32), sich von der Erziehungswissenschaft abkoppeln. Nur so kann der Gefahr begegnet werden, dass die Unterschiede zwischen BA-Studiengängen an Universitäten und Fachhochschulen nicht völlig verschwimmen und damit zugleich die Existenz einzelner Teildisziplinen, wie etwa der Sozialpädagogik, an Universitäten gefährdet wird. Institutionell notwendig ist stattdessen die Integration aller pädagogischen Teildisziplinen in einer universitären erziehungswissenschaftlichen Fakultät, da nur so angesichts der unvermeidlichen Ausdifferenzierung des Faches Erziehungswissenschaft ein ständiger Diskurs über gemeinsame Fragen der disziplinären Identität, über das Verhältnis zwischen allgemeinen, disziplinorientierten und feldspezifischen, professionsbezogenen Aufgaben des Fachs ermöglicht werden kann.

Literatur

Beck, U., Giddens, A., Lash, S. (1996): Reflexive Modernisierung. Suhrkamp, Frankfurt / M.
Blankertz, H. (1982): Die Geschichte der Pädagogik. Büchse der Pandora, Wetzlar
Gängler, H. (1994): Akademisierung auf Raten? In: Krüger, H.-H., Rauschenbach, T. (Hrsg.), 229–251
Harney, K. (2006): Geschichte der Berufsbildung. In: Harney, K., Krüger, H.-H. (Hrsg.): Einführung in die Geschichte der Erziehungswissenschaft und Erziehungswirklichkeit. 3. Aufl. Barbara Budrich / UTB, Opladen, 231–267
Herrmann, U. (Hrsg.) (1981): Das pädagogische Jahrhundert. Beltz, Weinheim
Horn, K.-P., Wigger, L., Züchner, J. (2008): Standorte und Studiengänge. In: Tillmann, K.-J., Rauschenbach, T., Tippelt, R., Weishaupt, H. (Hrsg): Datenreport Erziehungswissenschaft 2008. Barbara Budrich, Opladen, 19–40
Krüger, H.-H. (2006a): Allgemeine Erziehungswissenschaft.

In: Krüger, H.-H., Grunert, C. (Hrsg.): Wörterbuch Erziehungswissenschaft. 2. Aufl. Barbara Budrich, Opladen, 159–166
– (2006b): Einführung in Theorien und Methoden der Erziehungswissenschaft. 4. Aufl. Barbara Budrich, Opladen
– (2006c): Erziehungswissenschaftliche Forschung: Hochschule, außeruniversitäre Forschungseinrichtungen, Praxisforschung. In: Krüger, H.-H., Rauschenbach, T. (Hrsg.): Einführung in die Arbeitsfelder des Bildungs- und Sozialwesens. 4. Aufl. Barbara Budrich, Opladen, 317–332
– (2006d): Erziehungswissenschaft und ihre Teildisziplinen. In: Krüger, H.-H., Helsper, W. (Hrsg.): Einführung in Grundbegriffe und Grundlagen der Erziehungswissenschaft. Barbara Budrich, Opladen, 321–336
– (1990): Erziehungswissenschaft im Spannungsfeld von Kontinuitäten und Zäsuren der Moderne. In: Krüger, H.-H. (Hrsg.): Abschied von der Aufklärung? Perspektiven

der Erziehungswissenschaft. Leske und Budrich, Opladen, 7–22

–, Grunert, C. (2004): Entgrenzung pädagogischer Berufsarbeit. Zeitschrift für Pädagogik 3, 309–325

–, Marotzki, W. (Hrsg.) (1994): Pädagogik und Erziehungsalltag in der DDR. Leske und Budrich, Opladen

–, Rauschenbach, T. (2007): Bildung im Schulalter – Ganztagsbildung als neue Perspektive? In: Krüger, H.-H., Rauschenbach, T., Sander, U. (Hrsg.): Bildungs- und Sozialberichterstattung. 6. Beiheft der Zeitschrift für Erziehungswissenschaft. VS, Wiesbaden, 97–108

–, – (Hrsg.) (1994): Erziehungswissenschaft. Die Disziplin am Beginn einer neuen Epoche. Juventa, Weinheim

Lüders, C., Hornstein, W., Kade, J. (2006): Entgrenzung des Pädagogischen. In: Krüger, H.-H., Helsper, W. (Hrsg.): Einführung in Grundbegriffe und Grundfragen der Erziehungswissenschaft. 7. Aufl. Barbara Budrich, Opladen, 223–232

Mollenhauer, K. (1984): Historische Umbrüche und ihre Folgen für die Pädagogik. In: Kindlers Enzyklopädie (1984): „Der Mensch", Band IX. Kindler, München, 363–375

Nohl, H. (1949): Die pädagogische Bewegung in Deutschland und ihre Theorie. Schulte-Bulmke, Frankfurt / M.

Otto, H.-U., Rauschenbach, T. (Hrsg.): (2004): Die andere Seite der Bildung. Zum Verhältnis von formellen und informellen Bildungsprozessen. VS, Wiesbaden

Rauschenbach, T. (1999): Das sozialpädagogische Jahrhundert. Juventa, Weinheim / München

– (1994): Ausbildung und Arbeitsmarkt für ErziehungswissenschaftlerInnen. Empirische Bilanz und konzeptionelle Perspektiven. In: Krüger, H.-H., Rauschenbach, T. (Hrsg.), 275–294

Sachße, C., Tennstedt, F. (1991): Armenfürsorge, Soziale Fürsorge, Sozialarbeit. In: Berg, C. (Hrsg.) (1991): Handbuch der deutschen Bildungsgeschichte. Bd. 4. Beck, München, 411–440

Schmid, P. (2006): Pädagogik im Zeitalter der Aufklärung. In: Harney, K., Krüger, H.-H. (Hrsg.): Einführung in die Geschichte der Erziehungswissenschaft und der Erziehungswirklichkeit. 3. Aufl. Barbara Budrich, Opladen, 15–36

Tenorth, H.-E. (2006): Erziehungswissenschaft in Deutschland. In: Harney, K., Krüger, H.-H. (Hrsg.): Einführung in die Geschichte der Erziehungswissenschaft und der Erziehungswirklichkeit. 3. Aufl. Barbara Budrich, Opladen, 133–176

– (1994): Profession und Disziplin. Zur Formierung der Erziehungswissenschaft. In: Krüger, H.-H., Rauschenbach, T. (Hrsg.), 17–28

Thiersch, H. (1994): Sozialpädagogik und Erziehungswissenschaft. In: Krüger, H.-H., Rauschenbach, T. (Hrsg.) (1994), 131–146

Alter

Von Gerhard Naegele

Sozialpolitik und soziale Risiken

Sozialpolitik reagiert im Rahmen ihrer traditionellen *Schutzfunktion* auf *soziale Risiken* und *Probleme* und zielt dabei auf die Vermeidung und Überwindung von *sozialen Ungleichheiten*. In der Praxis erfolgt dies zumeist in kompensatorischer Weise, dagegen sehr viel seltener mit präventiver Zielrichtung. In einer weitergehenden normativen Zielperspektive, der hier gefolgt wird, sollte sozialpolitisches Handeln stets der *„Gesellschaftsgestaltungsfunktion"* von Sozialpolitik folgen, d. h. mit ihren Maßnahmen immer auch auf die gewollte und gezielte *Gestaltung* und *Verteilung* der Lebenslagen einwirken (Preller 1962). Damit würde Sozialpolitik im Zuge des allgemeinen politischen, sozialen und demografischen Wandels selbst zu einem eigenständigen Gestaltungs- und Steuerungsinstrument der Wandlungsprozesse und damit ganz entscheidend zur Weiterentwicklung und Modernisierung der Gesellschaft beitragen, u. a. auch die Herausbildung neuer Lebensformen oder sich wandelnder Geschlechter- und Generationenverhältnisse unterstützen und somit insgesamt an der sozialen Ausgestaltung der Gesellschaft beteiligt sein.

Soziale Risiken und Probleme überfordern – im Gegensatz zu den „privaten" – den einzelnen und / oder seine Familie / privates Netzwerk in seiner / ihrer Problemlösungsfähigkeit und erfordern i. d. R. sozialpolitische Einrichtungen und Maßnahmen. Ihr Auftreten erfolgt zumeist keineswegs zufällig, sondern – wie die Empirie zeigt – häufig nach bestimmten sozial-strukturellen Mechanismen und Strukturmerkmalen (insbesondere sozio-ökonomischer Status, Alter, Geschlecht, ethnisch-kultureller Hintergrund, Unterschiede in Lebensläufen und -stilen) („Soziale Ungleichheiten als Ausgangspunkt für Sozialpolitik") (Bäcker et al. 2010).

Altern der Gesellschaft

Wie alle modernen Gesellschaften so ist auch Deutschland von einem demografischen Umbruch mit der Folge einer Alterung der Bevölkerung gekennzeichnet. Verantwortlich dafür sind im Wesentlichen die anhaltend niedrige Geburtenhäufigkeit sowie der kontinuierliche Anstieg der Lebenserwartung. Auch die starken Zuwanderungen in den zurückliegenden Jahrzehnten haben den Alterungsprozess der Bevölkerung nur abbremsen, aber nicht aufhalten können. Zu unterscheiden ist ein *dreifaches Altern der Gesellschaft (Tews & Naegele 1993)*. Damit gemeint ist

- die Zunahme der absoluten Zahl älterer Menschen,
- der wachsende Anteil der älteren Menschen an der Gesamtbevölkerung und
- der starke Anstieg der sehr alten Menschen im Alter von 80 Jahren und mehr.

Die *Zahl* der älteren Menschen nimmt laufend zu. So hat sich die Zahl der 60 Jahre und älteren Einwohner in Deutschland (alte und neue Bundesländer zusammen) wie folgt entwickelt: 15,2 Mio. im Jahr 1980, 16,3 Mio. im Jahr 1990, 19,4 Mio. im Jahr 2000 und etwa 21,5 Mio. im Jahr 2010.

Der *Anteil* der 60 Jahre und älteren Menschen an der Gesamtbevölkerung stieg von 19,4 % in 1980 über 20,4 % in 1990 und 23,6 % im Jahre 2000 auf etwa 26 % im Jahr 2010.

Ein wesentlicher Grund für die starke Zunahme der 60-Jährigen und älteren Menschen an der Gesamtbevölkerung liegt im Anstieg der sog. *ferneren Lebenserwartung*. Betrug sie für die 60-jährigen Frauen im Jahre 1970 noch 19,1 Jahre bzw. für die gleichaltrigen Männer noch 15,3 Jahre, so lässt sich bis zum Jahr 2002 / 2004 für die Frauen ein Anstieg um 5 Jahre auf 24,1 Jahre bzw. für die Männer

Otto/Thiersch (Hg.), Handbuch Soziale Arbeit, 4. A., DOI 10.2378/ot4a.art005,

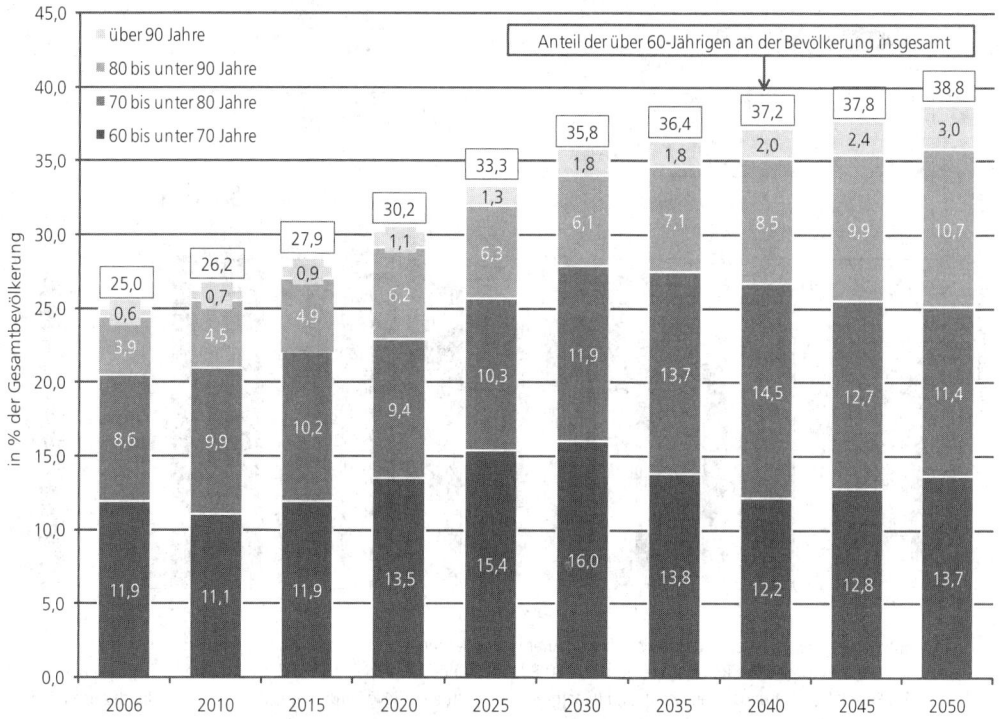

Abb. 1: Bevölkerung von 60 Jahren und älter 2006–2050.
Annahmen der 11. koord. Bevölkerungsvorausschätzung (Variante 1–W2. Obergrenze der „mittleren" Bevölkerung)
(nach Statistisches Bundesamt 2006)

um 4,7 Jahre auf 20 Jahre feststellen. Für 2050 wird damit gerechnet, dass mit dem Erreichen des 60. Lebensjahrs noch eine Lebenserwartung von 23,7 Jahren (Männer) bzw. 28,2 Jahren (Frauen) besteht (Abbildung 2).

Dieser auch international feststellbare Trend zur Verschiebung der Altersstruktur wird sich in der Zukunft beschleunigt fortsetzen. Nach den Prognosen des Statistischen Bundesamtes zur künftigen Bevölkerungsentwicklung (11. koordinierte Bevölkerungsvorausberechnung) ist in den nächsten Jahren und Jahrzehnten mit einem weiteren Anstieg sowohl der *Zahl* der älteren wie der sehr alten Menschen als auch ihres jeweiligen *Anteils* an der Gesamtbevölkerung zu rechnen (vgl. Abbildung 1). In seiner Variante 1 – W2: Annahme einer annähernd konstanten Geburtenhäufigkeit, einer steigenden Lebenserwartung und eines Wanderungssaldos von 200.000 Personen im Jahr – geht das Statistische Bundesamt von einem allmählichen Sinken der Gesamtbevölkerung von rund 82,3 Mio. im Jahre 2006 auf 79,8 Mio. in

2030 und 74 Mio. in 2050 aus. Gleichzeitig nimmt die Zahl der Älteren (60+) von rund 21,5 Mio. (2010) auf 28,5 Mio. im Jahr 2030 bzw. auf 28,8 Mio. im Jahr 2050 zu. Infolgedessen steigt der Anteil der 60-Jährigen und Älteren an der Gesamtbevölkerung auf 35,8 % im Jahre 2030 und auf 38,8 % im Jahre 2050. Mit anderen Worten: Mehr als jeder Dritte wird dann zur älteren Generation zählen.

Eine besonders starke Zunahme verzeichnen die sehr alten Menschen: Der Anteil der 80jährigen und älteren an der Gesamtbevölkerung nimmt im Prognosezeitraum von etwa 5 % (2010) (etwa 4 Mio. Personen) auf über 12 % (10 Mio. Personen) im Jahre 2050 zu.

Auch für die ausländische Wohnbevölkerung wird ein allmählicher Alterungsprozess vorhergesagt. Bei insgesamt weiter steigenden Gesamtzahlen an Ausländern in Deutschland wird auch der Anteil der Ausländer in der Gruppe der über 60-jährigen Personen von knapp 6 % im Jahre 2000 auf über 20 % im Jahre 2030 ansteigen.

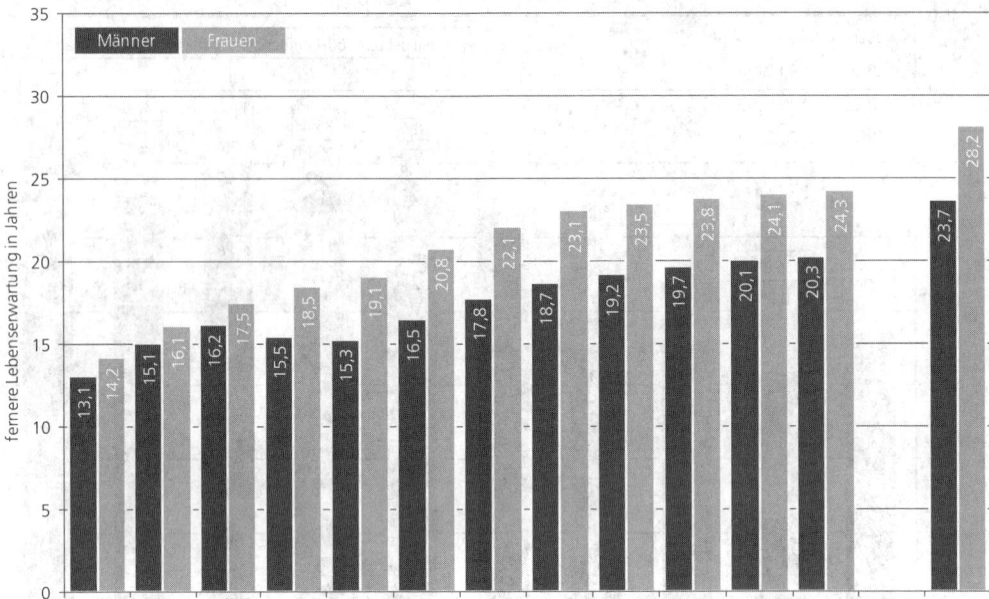

Abb. 2: Entwicklung der ferneren Lebenserwartung im Alter von 60 Jahren.
Bis 1932/34: Deutsches Reich; 1949/51 bis 1980/82: alte Bundesländer; ab 1991/93: Deutschland. 2050: Annahmen der 11. koord. Bevölkerungsvorausschätzung (Obergrenze der mittleren Bevölkerung) (nach Statistisches Bundesamt 2006)

Strukturwandel des Alters

Gegenüber früheren Zeiträumen hat sich das Alter heute *strukturell* verändert. Unter dem Strukturwandel des Alters versteht man insbesondere die folgenden Dimensionen:

Zeitliche Ausdehnung der Altersphase

Bedingt durch den Doppeleffekt von früherem Berufsausstieg und Verlängerung der sog. ferneren Lebenserwartung (s. o.) dehnt sich die Altersphase immer weiter aus und beträgt nicht selten 30 Jahre und mehr. Heute haben Menschen, wenn sie endgültig aus dem Erwerbsleben ausscheiden, im Durchschnitt noch rund ein Viertel ihrer Lebenszeit vor sich. Für immer mehr Menschen nimmt die Zeit im Alter eine relativ wie absolut immer größere Rolle in ihrem Leben ein.

Differenzierung des Alters

Die zeitliche Ausdehnung der Lebensphase Alter hat vielfältige Differenzierungsprozesse innerhalb der Altenpopulation zur Folge. Folgende typische Altersphasen lassen sich unterscheiden: Auszug der Kinder („empty nest"), Ausscheiden aus dem Erwerbsleben, Beginn des sog. „jungen" (aktiven) Alters, Großelternschaft, beginnende funktionale Einschränkungen, ernsthafte gesundheitliche Einschränkungen / Pflegebedürftigkeit, Tod des / r Partners / in, Einzug in eine besondere Wohnform. Unter sozialpolitischen Aspekten ist diese Binnendifferenzierung der Lebensphase Alter deshalb so bedeutsam, weil mit der Verschiedenheit von Lebenslagen auch unterschiedliche soziale Bedarfslagen und / oder soziale Risiken und Probleme verbunden sind. Infolgedessen sind einheitliche, auf die Gruppe der älteren Menschen allgemein bezogene Konzepte und Maßnahmen wenig problemangemessen und werden auch in der Praxis zunehmend durch eine zielgruppenspezifische Altenpolitik ersetzt.

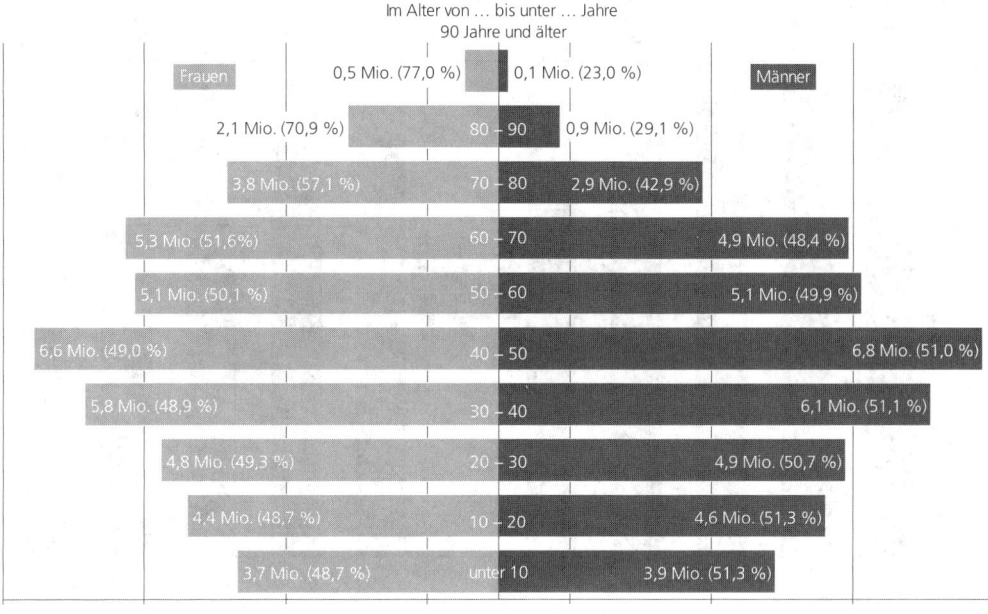

Abb. 3: Bevölkerung nach Altersgruppen und Geschlecht 2005.
In Mio. und in % der jeweiligen Bevölkerung (nach Statistisches Bundesamt 2008)

Ethnisch-kulturelle Differenzierung des Alters

In dem Maße, in dem ältere MigrantInnen auf Dauer in Deutschland bleiben, verändert sich auch die kulturelle Zusammensetzung der Altenbevölkerung. Damit steigt das Erfordernis, die spezifischen sozialen Probleme und Bedürfnisse dieser Bevölkerungsgruppen in der Sozial- und Altenpolitik gesondert zu berücksichtigen.

Verjüngung des Alters

Bestimmte Altersprobleme treten in immer früheren Stadien des Lebenslaufes auf (so auf dem Arbeitsmarkt). Die Menschen werden insbesondere durch den ökonomischen und sozialen Wandel alt „gemacht", ohne bereits selbst kalendarisch alt zu sein. Dieser Trend widerspricht jedoch der Selbstzuordnung zur Gruppe der Alten: Die Selbsteinschätzung als „alt" erfolgt zunehmend später und beginnt heute im Durchschnitt erst weit nach dem 75. Lebensjahr. Z.B. fühlen sich Menschen zwischen 40 und 85 Jahren heute im Schnitt etwa zehn Jahre jünger.

Feminisierung des Alters

Das Bild vom Alter wird weitgehend von Frauen geprägt. Bedingt durch die längere Lebenserwartung der Frauen, aber auch infolge der überdurchschnittlich hohen Mortalität der Männer während des 2. Weltkriegs überwiegt ihr Anteil an der Altenpopulation in Deutschland. Derzeit beträgt die Geschlechterverteilung bei den 60-Jährigen und Älteren etwa gut drei Fünftel Frauen zu knapp zwei Fünftel Männer (vgl. Abbildung 3). Mit zunehmendem Alter verschiebt sich diese Relation immer weiter zu Gunsten der Frauen; bei den über 80-Jährigen machen die Frauen nahezu drei Viertel der Bevölkerung aus. Altenpolitik ist insofern faktisch vor allem Politik für ältere Frauen.

Singularisierung des Alters

Im höheren Lebensalter leben bzw. wohnen Menschen vermehrt allein. Bundesweit trifft dies auf gut 40 % der Altenbevölkerung ab 65 zu, in Großstädten z.T. noch deutlich darüber. Dabei handelt es sich zu mehr als 85 % um Frauen. Ältere Frauen

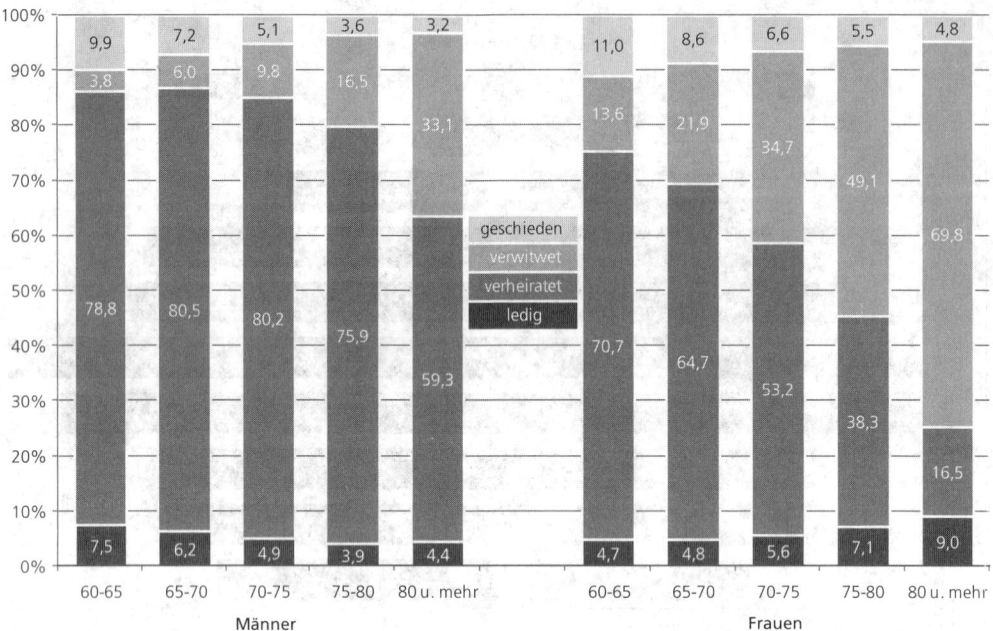

Abb. 4: Familienstand von Männern und Frauen über 60 Jahren 2005.
In % der jeweiligen Altersgruppen (nach Statistisches Bundesamt 2008)

leben vor allem deswegen allein, weil sie verwitwet sind. So finden sich unter den 80-jährigen und älteren Frauen zu fast 70 % Witwen (vgl. Abbildung 4). Neben der höheren Mortalität der Männer sind dafür auch die geschlechtstypischen Unterschiede in den Heiratsaltern verantwortlich. Zunehmend bestimmen aber auch älter werdende „bewusste", d. h. „freiwillige" Singles (Ledige, Geschiedene bzw. getrennt Lebende) den Trend zur Singularisierung des Alters.

Mit einem Verbreitungsgrad von knapp 50 % bildet der Zwei-Personen-Altenhaushalt (zumeist verheiratet) die wichtigste Wohnform im Alter. Der Mehrgenerationenhaushalt, also das Leben zusammen mit den Kindern, ist mit weniger als 5 % für ältere Menschen dagegen fast schon zur Ausnahme geworden. Aber auch die neuen Formen des Gemeinschaftswohnens älterer Menschen finden sich (noch) ganz selten. Grundsätzlich bedeutet Alleinleben, überdurchschnittlich häufig auf praktische Unterstützung durch Dritte angewiesen zu sein. Die schwindende Bedeutung des Zusammenlebens mit Kindern und Enkelkindern entspricht einem weit verbreiteten Wunsch sowohl der Kinder als auch der älteren Menschen selbst. Sie wollen – so

lange dies möglich ist – eigenständig wohnen und leben. Die Formel von der „Intimität auf Abstand" charakterisiert die von den älteren Menschen selbst gewollte Art und Qualität der Beziehungen zur eigenen Familie, denn durch die auch räumliche Distanz zu den Kindern lassen sich am ehesten gegenseitige Abhängigkeiten, Kontrollen und Konflikte vermeiden.

Hochaltrigkeit

Hochaltrigkeit, d. h. ein Leben jenseits des 80. / 85. Geburtstages, gilt als herausragender Indikator des Strukturwandels des Alters. Sozialpolitisch bedeutsam ist hierbei die enge Bindung von Krankheit, Hilfe- und Pflegebedürftigkeit an ein sehr hohes Alter. Wachsende Hochaltrigkeit impliziert somit zugleich einen steigenden Bedarf an Unterstützung durch organisierte soziale Dienste, zumal auch die sonstigen traditionellen, vor allem familiären Systeme der Unterstützung für diesen Personenkreis demografisch wie soziostrukturell bedingt schwächer werden und vermutlich nicht im gleichen Maße durch andere Stützsysteme kompensiert werden können. Aktuell gilt steigende Hochaltrigkeit als die wichtigste Bestimmungsgröße sozialpolitischen Handlungsbedarfs rund um das Altern der Gesellschaft.

Altersklischees und Altersrealität

Mit dem Altwerden und Altsein werden sehr häufig negative Vorstellungen verbunden. Typisch dafür ist z. B.: Zum alten Eisen zu gehören, ins Altenheim „abgeschoben" zu werden, arm, einsam, krank und pflegebedürftig die letzten Lebensjahre verbringen zu müssen. In dieser Sicht wird die letzte Lebensphase als weitgehend problematisch begriffen, geprägt durch vielfältige Einschränkungen, Verluste und Benachteiligungen. Dem entspricht ein in der Gerontologie lange Zeit und z. T. heute immer noch vertretenes Bild: das *„Defizitmodell des Alters"*. Demnach ist Alter eine Lebensphase, die weit überwiegend durch Abbau und Verluste wichtiger Funktionen, so insbesondere von physischer und psychischer Funktionsfähigkeit, gekennzeichnet ist. Diese defizitäre Vorstellung ist auch heute noch vielfach maßgeblich für die Beurteilung der Leistungsfähigkeit älterer Menschen, so z. B. auch der älterer ArbeitnehmerInnen. In der aktuellen Diskussion wird diese, zumeist auf das einzelne Individuum bezogene Perspektive auf die gesellschaftliche Ebene ausgeweitet. Vor dem Hintergrund des demografischen Wandels gilt das Defizitmodell z. B. als mit verantwortlich für aktuell dominierende „demografische Krisenszenarien", nach denen sich das Altern der Bevölkerung in erster Linie als ein gesellschaftliches *Problem* darstellt, das z. B. die Stabilität der sozialen Sicherungssysteme bedrohen, wegen der nachlassenden beruflichen Leistungsfähigkeit eines insgesamt alternden Erwerbspersonenpotenzials das Wirtschaftswachstum gefährden und insgesamt zu einer nachlassenden Innovationsfähigkeit in Wirtschaft und Gesellschaft führen würde.
In den letzten Jahren, maßgeblich befördert durch den 5. Altenbericht der Bundesregierung von 2005 zum Thema „Potenziale des Alters in Wirtschaft und Gesellschaft" (BMFSFJ 2006), hat aber auch ein anderes, in Teilen geradezu entgegen gesetztes Bild in der öffentlichen Diskussion an Bedeutung gewonnen: Die Produktivität des Alter(n)s in individueller und gesellschaftlicher Perspektive. Demnach verfügen ältere Menschen über vielfältige, im

Grundsatz lediglich brachliegende Ressourcen, Kompetenzen und Potenziale – Begriffe, die häufig synonym verwendet werden. Diese könnten und sollten nicht nur individuell für ein besseres eigenes Älterwerden, sondern auch im Interesse der Gesellschaft besser genutzt werden.

„Unter ‚Potenzialen des Alters' sind sowohl vom Individuum wie von der Gesellschaft präferierte Lebensentwürfe und Lebensformen, die zur Wirklichkeit werden können, als auch die den älteren Menschen für die Verwirklichung von Lebensentwürfen und Lebensformen zur Verfügung stehenden Ressourcen zu verstehen. Dabei kann zwischen einer stärker individuellen und einer stärker gesellschaftlichen Perspektive differenziert werden. Während aus einer individuellen Perspektive die Verwirklichung persönlicher Ziel- und Wertvorstellungen im Vordergrund steht, ist aus gesellschaftlicher Perspektive vor allem von Interesse, inwieweit ältere Menschen zum einen auf Leistungen der Solidargemeinschaft angewiesen und zum anderen in der Lage sind, selbst einen Beitrag zum Wohl der Solidargemeinschaft zu leisten." (BMFSFJ 2006, 47)

Ähnlich hatte bereits zwei Jahre zuvor der Zwischenbericht der Nachhaltigkeitskommission der Bundesregierung argumentiert und dabei explizit auf einen Ausgleich zur Reduzierung der gesellschaftlichen Belastungen des kollektiven Alterns der Bevölkerung abgehoben:

„Es ist künftig davon auszugehen, dass [...] die gesellschaftlichen und wirtschaftlichen Zukunftsaufgaben von einer insgesamt geringeren und im Durchschnitt älteren Bevölkerung bewältigt werden müssen. Hieraus erwachsen vielfältige Herausforderungen sowohl an die Politik als auch an den Einzelnen, die insbesondere darin bestehen, Bedürfnisse der heutigen Generationen mit den Lebenschancen zukünftiger Generationen so zu verknüpfen, dass eine gerechte Teilhabe aller an der Gesellschaft möglich wird (Grundgedanke einer nachhaltigen Entwicklung). Vor dem Hintergrund der verlängerten Lebenserwartung ist diese ‚Freisetzung des Alters' nicht mehr zukunftsfähig. Gleichzeitig zeigt sich, dass die meisten Älteren selbst keineswegs an einem Rückzug aus wichtigen gesellschaftlichen Aktionsfeldern interessiert sind. Vorausgesetzt, die ‚Bedingungen stimmen', kann sogar erwartet werden, dass ein Teil der Älteren von heute und insbesondere der Älteren von morgen zu einer Fortsetzung, ja sogar zur Ausweitung ihres Engagements in Beruf, Wirtschaft und Gesellschaft bis hin zur Übernahme neuer Aufgaben bereit ist." (Bundesregierung 2004)

Was ist nun richtig, wie sieht die Lebensrealität älterer Menschen aus? Unstrittig ist, dass die negative Beschreibung des individuellen Altwerdens und Altseins allenfalls auf Minderheiten der älteren Menschen zutrifft. Vor allem dank der Ausweitung sozialstaatlicher Leistungen und Dienste (hinsichtlich der Renten, der sozialen Dienste sowie der gesundheitlichen und pflegerischen Versorgung) lebt die Mehrheit der älteren Menschen in Deutschland heute selbstständig, sozial abgesichert, in relativer Zufriedenheit und weitgehend sorgen- und problemfrei. Dies gilt auch für ihre finanzielle Lage. Alter bedeutet keineswegs zwangsläufig, funktionslos, desintegriert, isoliert, finanziell unterversorgt, kontaktarm, krank, hilfe- und pflegebedürftig, verwirrt usw. zu sein, um die Klischees aufzugreifen. Im Gegenteil: Immer mehr Menschen werden in befriedigenden und belastungsfreien Lebensbedingungen alt. Hinzu kommt, dass sich die Altersphase erheblich ausgeweitet hat und heute nicht selten 30 Jahre und mehr beträgt. Es lässt sich von einer eigenständigen Lebensphase Alter sprechen, die die weitaus meisten auch erreichen und die von der Mehrheit der Altersbevölkerung ohne nennenswerte Beeinträchtigungen durchlebt wird.

Gleichwohl leben ältere Menschen unter sehr unterschiedlichen Verhältnissen und sind alles andere als eine homogene Gruppe. Die Lebenssituation der Hochaltrigen weicht in vielfältiger Hinsicht von der der „jungen" Alten ab. Aber selbst innerhalb der Gruppe der Hochaltrigen gibt es erhebliche Unterschiede in den Lebenslagen. Dies weist darauf hin, dass sich die sozialen Risiken, die mit dem Altern verbunden sind, nicht allein durch das kalendarische Alter erklären lassen, sondern abhängig sind von einer Vielzahl ineinander greifender und sich verstärkender sozialer, biologischer und psychologischer Einflussfaktoren. Ob die Phase des Alters zur Phase der Einschränkungen oder der „späten Freiheit" wird, ist maßgeblich abhängig von der sozialen Stellung, die die Betroffenen in ihrem Lebenszyklus innehatten. Die Lebenslagenforschung hat aufgezeigt, dass beeinträchtigte bzw. gefährdete Lebenslagen im Alter nicht zufällig verteilt sind, sondern in hohem Maße mit sozial-strukturellen Merkmalen verknüpft sind. Dabei wird eine enge Beziehung deutlich: Eine durch Abhängigkeit, Un-

sicherheit, hohe Arbeitsmarktrisiken und soziale Benachteiligungen geprägte Stellung im Erwerbsleben wirkt auch noch bis ins hohe Alter hinein. Demgegenüber behält eine zeitlebens privilegierte gesellschaftliche Stellung auch im Alter ihre Bedeutung, zumindest erleichtert sie den Umgang mit und die Bewältigung von typischen Altersproblemen. Allerdings wird diese Beziehung überlagert durch Kohorteneinflüsse, die Geschlechtszugehörigkeit und den jeweiligen ethnisch-kulturellen Hintergrund. Gleichwohl steigt vor allem im hohen Alter das Risiko, dass eine eigenständige und individuell befriedigende Lebensgestaltung aus vielerlei Gründen nicht oder nur begrenzt möglich ist. Es *können* typische soziale Altersprobleme auftreten, die die Lebenslage der Betroffenen beeinträchtigen, zu zahlreichen Einschränkungen führen und die in jüngeren Bevölkerungsgruppen unbekannt sind bzw. nur sehr selten vorkommen. Die Rede ist von *altersgebundener (sozialer) Ungleichheit.*

Typische *soziale* Altersprobleme resultieren vor allem aus der Aufgabe der Berufstätigkeit. Mit der Beendigung der Erwerbstätigkeit entfällt nicht nur ein zentraler Lebensinhalt, sondern mit dem Wegfall des Arbeitseinkommens zugleich die Grundlage der materiellen Existenzsicherung. Ältere Menschen sind deshalb auf ein Einkommen, das nicht an eine Arbeitsleistung gekoppelt ist, existenziell angewiesen. Ein ausreichendes *Alterseinkommen* ist grundlegende Voraussetzung dafür, dass auch ältere Menschen aktiv und gleichberechtigt am gesellschaftlichen Leben teilnehmen und teilhaben können. Um auch im Alter so lange wie möglich unabhängig und selbstständig zu leben, eine angemessene Wohnung zu unterhalten, soziale Kontakte zu knüpfen und aufrechtzuerhalten sowie um die viele freie Zeit aktiv zu gestalten – dazu bedarf es ausreichender Finanzmittel.

Die Berufsaufgabe bringt aber nicht nur Schwierigkeiten und Probleme mit sich. Dadurch werden auch zeitliche Freiräume für lang geplante Betätigungsmöglichkeiten geschaffen. Insbesondere bei einer zufrieden stellenden materiellen Absicherung und bei guten gesundheitlichen Verhältnissen wird das Alter für viele zu einer langen, eigenständigen und ausfüllenden Lebensphase mit hoher individueller Zufriedenheit. Im Alter nicht mehr arbeiten zu müssen und die Phase des „Ruhestands" genießen zu können, ist eine der herausragenden Leistungen des Sozialstaats überhaupt. Erst durch die allgemeine Gewährung von Altersrenten und durch die Festlegung von Altersgrenzen weit unterhalb des Sterbealters hat sich die eigenständige Lebensphase Alter herausbilden können.

Aktivitätsspielraum und die Möglichkeit zur selbstständigen Lebensführung der älteren Menschen werden darüber hinaus ganz entscheidend durch ihren *Gesundheitszustand* geprägt. Neben dem Einkommen ist das gesundheitliche Befinden die zweite Schlüsseldeterminante der Lebenslage im Alter. Zwar sind Altwerden, Altsein und Krankheit nicht identisch und auch nicht notwendigerweise miteinander verbunden. Krankheit ist keine unausweichliche Begleiterscheinung des Alters. Dennoch verschlechtert sich im Allgemeinen die gesundheitliche Lage im höheren Lebensalter. Hinzu kommt eine alterstypische Verschiebung in der Morbiditätsstruktur: Chronische Erkrankungen und Multimorbidität, in sehr hohem Alter häufig in Verbindung mit demenziellen Erkrankungen, kennzeichnen das typische geriatrische Krankheitsmuster. In der Konsequenz sind Erreichbarkeit, Quantität, fachliche Angemessenheit sowie Qualität sozialer, gesundheitlicher und pflegerischer Dienste und Angebote von besonderer Bedeutung für die Lebenslage älterer Menschen, vor allem aber sehr alter Menschen.

Mit Blick auf das Alter lassen sich gewichtige sozialpolitisch relevante soziale Risiken wie folgt systematisieren:

* Probleme einer dauerhaften Integration im Erwerbsleben,
* Einkommensrisiken beim Ausscheiden aus dem Erwerbsleben,
* Verlust von Möglichkeiten der sozialen Integration,
* Besondere Morbiditätsrisiken und höheres Pflegbedürftigkeitsrisiko,
* Probleme in der Aufrechterhaltung der selbstständigen Lebensführung.

Trotz hoher Bedrohung durch soziale Risiken ist Alter selbst keine Lebensphase, die per se hauptsächlich oder gar primär durch *soziale Probleme* gekennzeichnet wäre. Im Gegenteil: Die weit überwiegende Mehrheit der Älteren in Deutschland lebt vergleichsweise frei von sozialen Risiken und Problemen. Vorsichtige Schätzungen kommen auf ein tatsächliches Risiko- und Problempotenzial von zwischen 15 und 20 % in der Gruppe 65+, das sich allerdings auf bestimmte Teilgruppen konzentriert: Insbesondere sehr alte Menschen, darunter viele alleinlebende ältere Frauen, ältere Menschen aus den unteren Sozialschichten und/oder ältere Menschen mit Migrationsgeschichte weisen derzeit die höchsten Risikoquoten auf. Darüber hinaus können regionale Unterschiede z. B. in den Arbeitsmarkt- und Beschäftigungschancen oder Disparitäten in den Angebots- und übrigen Versorgungsstrukturen mit sozialen Diensten zu einer höheren Risikobetroffenheit im Alter führen.

In der Konsequenz wird deutlich, dass sich die Lebensphase Alter durch *soziale Ungleichheiten* auszeichnet, bei der die Einflüsse der Schicht-, Geschlechts-, Kohorten- und Altersgruppenzugehörigkeit ineinander greifen. Zu erkennen ist eine zunehmende soziale *Differenzierung* und *Heterogenisierung* des Alters in Lebenslagen unterschiedlicher Qualität und mit unterschiedlichem sozial- und altenpolitischem Handlungsbedarf. Man kann von einer Polarisierung des Alters in ein „positives" und ein „negatives" Alter ausgehen. Das „positive" Alter ist gesund, aktiv, sozial integriert und verfügt über ein hohes Maß an Selbsthilfepotenzialen und Selbstorganisationsfähigkeit. Nicht zuletzt ist es bei wachsenden Gruppen durch gute bis sehr gute Einkommens- und Vermögensverhältnisse gekennzeichnet, die durch Vererbung – bereits relativ Wohlhabende erben relativ gesehen mehr – immer weiter verbessert werden. Demgegenüber sind Hauptmerkmale des „negativen" Alters neben finanziellen Einschränkungen zumeist sehr hohes Alter sowie häufig Krankheit, Pflegebedürftigkeit und gesellschaftliche Desintegration.

Bestimmungsfaktoren künftiger sozialer Risiken und Probleme des Alters und Aspekte ihrer Relativierung

Die Feststellung, dass das „positive" Alter für die Situation der Mehrheit der älteren Generation in Deutschland typisch ist, darf allerdings nicht umstandslos in die Zukunft verlängert werden. In Anbetracht der weiteren ökonomischen und demografischen Entwicklung sowie der Ungewissheit über die künftige Richtung der Sozialpolitik ist es eine offene Frage, ob es künftig mehr oder weniger problematische Lebenslagen im Alter gibt. Der Gruppe von älteren Menschen in zufrieden stellenden bis guten und sehr guten Lebenslagen könnte eine wachsende Zahl jener gegenüberstehen, die auf Grund vor allem von Langzeitarbeitslosigkeit, unfreiwilliger Frühverrentung, instabilen Erwerbsarbeitskarrieren und prekären Beschäftigungsverhältnissen mit finanziellen Problemen zu rechnen hat. Wachsende soziale Probleme des Alters können darüber hinaus auch aus den Veränderungen in den Familienstrukturen, dem Bedeutungsanstieg von Hochaltrigkeit sowie insbesondere aus der wachsenden kulturellen Differenzierung der Bevölkerung resultieren.

Neben den erwähnten demografischen Megatrends werden heutige und künftige alterstypische soziale Risiken und Probleme auch durch den allgemeinen politischen, ökonomischen und sozialen Wandel bestimmt. Aus sozialpolitischer Sicht kann auf folgende Trends mit problematischen Rückwirkungen auf Lebenslagen und Lebensqualität vor allem künftiger Kohorten älterer Menschen hingewiesen werden:

- Die finanziellen und ökonomischen Folgen der Nicht-Erreichbarkeit der Rente mit 67 für viele, vor allem „marktschwache" ältere Arbeitnehmer/innen und damit über versicherungsmathematische Abschläge bedingte Rentenkürzungen. Schon heute scheiden fast 50 % aller Neurentner mit Abschlägen aus, darunter jeder Dritte mit dem vollen 18 %-igen Abschlag.
- Negative Auswirkungen von wachsender Niedriglohnung und zunehmender Entnormalisierung von Beschäftigungsverhältnissen, von denen zunehmend mehr ältere Arbeitnehmer/innen betroffen sind (Langzeitarbeitslosigkeit, Teilzeit, befristete Beschäftigungsverhältnisse, 400 Euro-Jobs und andere Formen prekärer Beschäftigung) auf die eigenen Rentenerwartungen.
- Die sicherungsmäßigen Konsequenzen des mit der „neuen Alterssicherungspolitik" der letzten Jahre eingeleiteten Paradigmenwechsel in der Rentenpolitik. Dieser zielt insgesamt auf eine Reduzierung der Bedeutung der umlagefinanzierten, in der Konsequenz auf eine Absenkung des Leistungsniveaus in der GRV und auf deren teilweisen Ersatz durch kapitalfundierte private Alterssicherungsprodukte. Dabei ist vor allem auf den häufigen de facto Ausschluss von der Riester- bzw. Eichel-Förderung hinzuweisen, der vor allem jene trifft, die ohnehin nur vergleichsweise geringe Rentenerwartungen aufweisen. In der Konsequenz droht eine weitere Spreizung der Alterseinkommen.

Zu den wichtigsten Dimensionen des allgemeinen sozialen Wandels mit Folgen für alterstypische soziale Risiken und Probleme und darauf bezogene sozialpolitische Handlungsbedarfe zählen darüber hinaus gewichtige Veränderungen in den Lebensläufen, Lebensformen und Familienstrukturen der älteren Menschen. Hierbei sind vor allem die folgenden drei Dimensionen von Relevanz:

- Künftig wird es bei der schon jetzt sehr hohen Zahl an Ein-Personenhaushalten älterer Menschen bleiben – ihre Zahl liegt jetzt bei etwa 15 Mio. und hat sich gegenüber Anfang der 1990er Jahre um fast ein Viertel erhöht. Hier sind insbesondere personenbezogene Dienste gefragt.
- In wachsendem Maße bestimmen auch solche, durch strukturelle Veränderungen in den Familien bedingte neue und dann auch sozialpolitisch relevante Versorgungsbedarfe, Schwerpunkte die Lebenslagen der heute und morgen älteren Menschen, die insbesondere die Aufrechterhaltung der selbstständigen Lebensführung und die Versorgung bei Krankheit und Pflegebedürftigkeit betreffen. Sie stehen u.a. im Zusammenhang mit sinkenden Geburtenraten, verkleinerten Haushaltsgrößen, rückläufiger Heirats- bei steigender Scheidungs- und sinkender Wiederverheiratungsbereitschaft sowie zusätzlich noch mit weiter wachsender und überdies arbeitsmarktpolitisch erforderlicher Ausweitung von Frauenerwerbsarbeit.
- Vor allem die demografisch bedingte Zunahme von Hochaltrigkeit (s.o. Pkt. 2) kann als wichtigste driving force künftiger sozialpolitischer Handlungserfordernisse in einer Gesellschaft des langen Lebens gelten. Chronische Erkrankungen und Multimorbidität einerseits sowie steigende Pflegebedürftigkeit, vor allem in Form demenzieller Erkrankungen, gelten als unmittelbar an hohes Alter gebunden. Vor diesem Hintergrund kommen ernst zu nehmende Vorausberechnungen unter Zugrundelegung von status-quo-Annahmen zu einem Anstieg von bis zu 3,6 Mio. hauptsächlich sehr alter Pflegebedürftiger und weit über 2 Mio. ebenfalls hauptsächlich sehr alter demenziell erkrankter Menschen bis 2040.

Auch wenn die bisher aufgezeigten Trends vielen als gleichsame unausweichliche Indikatoren eines *demografischen Determinismus* und in der Konsequenz als Begründungen und Verstärker für derzeit noch immer dominante *demografische Krisen-szenarien* gelten, so ist andererseits relativierend zu bedenken, dass die damit möglichen alten wie neuen sozialpolitischen Handlungserfordernisse und / oder Versorgungsbedarfe nicht zwangsläufig auch eintreten müssen. Mindestens drei relativierende Argumente sind in Erwägung zu ziehen:

- Förderliche Kohorteneffekte bleiben in der Regel unbeachtet. Die künftigen Kohorten älterer Menschen sind mit deutlich günstigeren Ressourcen und Potenzialen ausgestattet, deren systematische Anwendung und Nutzung einen Beitrag sowohl zur individuellen wie zur gesellschaftlichen Risiko- und Problemreduzierung leisten können, vorausgesetzt, sie werden erkannt und individuell wie gesellschaftlich abgerufen. Solche förderlichen Kohorteneffekte betreffen insbesondere die Bereiche Einkommen, Gesundheit, Bildung, soziale Integration sowie allgemeine Verhaltenspotenziale und Problemlösungskompetenzen. Allerdings gilt dies nicht für alle Gruppen Älterer gleichermaßen, sind vielmehr soziale Ungleichheiten im Zugang und zur Nutzung von Kohorteneffekten zu beobachten, die zugleich das Risiko einer künftig noch stärkeren Differenzierung von *sozialer Ungleichheit im Alter* anzeigen. Dies gilt erneut in besonderer Weise für die bereits erwähnten Problemgruppen der sehr Alten, der sozio-ökonomisch benachteiligten Alten sowie für Ältere mit Migrationsgeschichte.
- Dem entspricht eine von der Gerontologie betonte, künftig noch weiter zunehmende soziale Heterogenisierung des Alters. Auch für das Alter gilt, dass Lebensläufe und Lebensphasen immer unterschiedlicher gestaltet und gelebt werden, dass Alter und Altern zunehmend durch plurale Verlaufs- und Existenzformen gekennzeichnet ist, und dass chronologisches Alter sich allenfalls noch für eine grobe Abgrenzung des risikobehafteten hohen Alters (80–85 Jahre) eignet, nicht aber mehr als Distinktionsmerkmal für Menschen innerhalb der gesamten Lebensphase „Alte". Gleiches gilt für lebensgeschichtliche Erfahrungen von sozialer Ungleichheit. Der sozial-strukturellen Differenzierung des Alters entspricht darüber hinaus die Zunahme der intraindividuellen Variabilität älterer Menschen, d.h. eine wachsende Differenzierung von individuellem Altern und Alter(n)serleben.
- Diese Relativierungen sind vor allem aus zwei Gründen wichtig: Zum einen ist auf solche, bei den nachrückenden Kohorten im Grundsatz stark gewachsenen Eigenhilferessourcen und -potenzialen hinzuweisen, deren Einsatz und sozialpolitische Wirkmächtigkeit aber nicht gleichsam im Selbstlauf zu erwarten sind, sondern – so wie es der 5. Altenbericht der Bundesregierung formuliert hat – an z.T. erhebliche Vorleistungsverpflichtungen der jeweils zuständigen gesellschaftlichen wie Vorleistungen insbesondere wirtschaftlicher und staatlicher Akteure geknüpft sind (BMFSFJ 2006). Zum anderen lässt sich damit auch verdeutlichen, dass vor dem Hintergrund der gewachsenen Heterogenisierung des Alters sozial- und altenpolitische Standardlösungen wenig geeignet sind, um auf die gewachsene Vielfalt sozialpolitischer Bedarfslagen im Alter angemessen zu reagieren.
- Hinzu kommt, dass sich demografische ebenso wie viele sozial-strukturelle Prozesse, die mit aus sozial- und altenpolitischer Sicht negativen Implikationen für eine Gesellschaft des langen Lebens verbunden sind, langsam, ja gleichsam schleichend entwickeln, von daher langfristig vorhersehbar und somit im Grundsatz auch in einem präventiven Sinne – ganz im Sinne eines präventiven und Sozialpolitikverständnisses – auch gestaltbar sind. Speziell an dieser Einschätzung hat es in der Bundesrepublik in der Vergangenheit lange Zeit gefehlt, obwohl z.B. der Deutsche Bundestag bereits 2002 in seinem Abschlussbericht zur Arbeit der Enquete-Kommission Demografischer Wandel (Deutscher Bundestag 2002a) explizit darauf hingewiesen hat.

Zu einigen künftigen Schwerpunkten sozialpolitischer Handlungserfordernisse in alternden Gesellschaften

In den erwähnten demografischen, ökonomischen sowie übrigen sozial-strukturellen Herausforderungen, die mit insgesamt alternden Gesellschaften bzw. einer Gesellschaft des langen Lebens verbunden sind, liegen zugleich auch Chancen, nicht nur aus sozialpolitischer Sicht, angemessene und innovative Bearbeitungsstrategien für die bereits jetzt evidenten alten und neuen sozialen Altersrisiken und -probleme zu erkennen. Darüber hinaus können aus ihrer erfolgreichen Bewältigung auch vielfältige positive Abstrahleffekte auf die Lösung anderer struktureller Reformerfordernisse in wichtigen übrigen Feldern der Sozial- und Gesellschaftspolitik liegen – entsprechend dem Motto: Die demografischen als Chance zur Lösung auch nicht primär demografischer Herausforderungen zu nutzen.

Förderung der Beschäftigungsfähigkeit eines insgesamt alternden Erwerbspersonenpotenzials

Insbesondere auch um die sozialen Alterssicherungssysteme nachhaltig zu sichern sowie dem vorausberechneten Altern der Belegschaften sowie künftig erwarteten demografischen Engpässen auf dem Arbeitsmarkt zu begegnen, bedarf es einer zeitlichen Andersverteilung von Arbeit über den Lebenslauf i. S. einer Neuorganisation von Lebensarbeitszeit, die eine längere Lebensarbeitszeit zwingend einschließen sollte. Damit könnte zugleich angemessen auf einen zunehmenden, übergeordneten Bedarf an einer besseren Synchronisierung von Arbeitszeit und lebensphasenspezifischen Bedürfnissen einerseits sowie auf eine parallel dazu empirisch nachweisbare wachsende Kritik an der herrschenden Lebensarbeitszeitorganisation andererseits reagiert werden, die Menschen in der Mitte und in der Spätphase des Erwerbslebens in ganz besonderer Weise betrifft (Naegele 2010a). Die bisher in diesem Zusammenhang von der Politik gegebenen Antworten zur Neuverteilung von Lebensarbeitszeit sind unzureichend. Einerseits sind sie lediglich rentenrechtsintern („Rente mit 67"), andererseits schaffen sie insbesondere in der Form sich ausweitender prekärer Beschäftigungsverhältnisse neue soziale und damit übrigens auch neue ökonomische Risiken bei den künftig Älteren.

Um die politisch gewollte Verlängerung der Lebensarbeitszeit und damit längere Versicherungsverläufe für mehr Beschäftigte auch real zu ermöglichen, ist parallel eine flankierende Politik und Praxis der *Beschäftigungsförderung* einschließlich einer entsprechenden Anpassung von Arbeitsbedingungen und -belastungen notwendig, damit Menschen auch in den Betrieben und auf ihren angestammten Arbeitsplätzen älter werden können. Gefordert ist eine „lebenszyklusorientierte Personal- und Beschäftigungsförderungspolitik", die vor al-

lem in den Betrieben und dort auf den unterschiedlichen Stufen der Erwerbsbiografie ansetzen muss, die es bislang aber in Deutschland nur ganz selten gibt. Allerdings ist durchaus etwas „Licht am Ende des Tunnels" erkennbar, denn die ersten Demografietarifverträge mit Zielen wie Qualifikationsförderung, Gesundheitsschutz und Motivationserhalt über den gesamten Arbeitnehmerlebenslauf hinweg sind bereits in Kraft getreten, so z. B. in der Eisen- und Stahl- oder in der chemischen Industrie. Es ist zu hoffen, dass bald weitere und vor allem auch einzelbetriebliche Vereinbarungen folgen (BMFSFJ 2010).

Förderung des lebenslangen Lernens

Die Forderung nach Institutionalisierung von lebenslangem Lernen und von Erwachsenenbildung hat vordergründig zunächst ebenfalls beschäftigungspolitische Hintergründe und gilt insbesondere für ältere Arbeitnehmer / innen, deren Weiterbildungsbeteiligung aus vielen Gründen vergleichsweise gering ist. Die berufliche Bildung in Deutschland ist einseitig „frontlastig" (Bosch 2010). Einbezogen sind Forderungen, fehlende Schul- und Bildungsabschlüsse später nachzuholen, nach Überwindung des „Matthäus-Prinzips" in der betrieblich verantworteten beruflichen Fort- und Weiterbildung sowie danach, in den Universitäten und Hochschulen mehr (möglichst berufsbegleitende) Weiterbildungsangebote zu schaffen. Insgesamt werden individuelle Ansprüche auf Weiterbildungsmaßnahmen benötigt, deren Absicherung und Finanzierung per Gesetz oder Tarifvertrag erfolgen könnte. Die 5. Bundesaltenberichtskommission plädiert z. B. für eine staatliche Erwachsenenbildungsförderung sowie für den Ausbau der betrieblichen Weiterbildung (BMFSFJ 2006). In der Diskussion sind Modelle des Bildungssparens, Bildungsschecks, Lernzeitkonten, Fondmodelle oder öffentliche Förderungen durch die Bundesagentur für Arbeit (BA).

Unter sozialpolitischen Aspekten hat lebenslanges Lernen aber auch einen unmittelbaren Altersbezug (Ehlers 2010). Dies gilt vor allem in einer Gesellschaft des langen Lebens. Sowohl aus individueller wie aus gesellschaftlicher Sicht spricht vieles für eine eigenständigen Bildung für das Alter, die es z. B. älteren Menschen erleichtert, mehr für die eigene Gesundheitsprävention zu tun, Rehabilitationsbemühungen selbst zu flankieren oder intelligente Techniken, welche die selbstständige Lebensführung fördern, besser zu beherrschen. Insgesamt ist Lernen im Alter auch hilfreich, wenn es darum geht, ganz persönlich mit alterstypischen Einschränkungen und Verlusten besser umzugehen. Hierin liegen u.a. wichtige Zukunftsaufgaben speziell für die Erwachsenenbildungsträger wie Volkshochschulen und dgl. sowie selbst für Universitäten.

Anpassung der Alterssicherungssysteme an sich verändernde und flexiblere Lebensläufe

Im Bereich der *Alterssicherung* gilt es, künftig vor allem jene Einkommensrisiken abzusichern, die mit zunehmender freiwilliger oder erzwungener Unterbrechungen und/oder Flexibilisierungen von Erwerbsbiografien zusammenhängen und die wegen der vorherrschenden Strukturprinzipien in der GRV (Versicherungs- und Äquivalenzprinzip) bis in das Alter hineinreichen. Deren Bedeutung hat in den letzten Jahren massiv zugenommen (Ausweitung von Teilzeitbeschäftigung, 400 Euro-Jobs, befristete Beschäftigungsverhältnisse, Leiharbeit und Phasen von oftmals Langfristarbeitslosigkeit). Davon sind zunehmend auch ältere Beschäftige betroffen. Entsprechende Lösungswege markieren z.B. die 2007 von der EU-Kommission vorgelegten allgemeinen „gemeinsamen Grundsätze" für ein *Flexicurity-Konzept*, das im Kern auf eine bessere Absicherung von erwerbsbiografischer Diskontinuität zielt, deren Weiterentwicklung und Umsetzung für Deutschland (z.B. im Rahmen der Offenen Methode der Koordinierung (OMK)) noch aussteht (Klammer 2010). Innovative Perspektiven eröffnet auch die Idee der Weiterentwicklung der Arbeitslosenversicherung hin zu einer *Beschäftigungsversicherung*, die auf die soziale Sicherung von typischen erwerbsbiografischen Risiken im Kontext von Arbeitslosigkeit und riskanten Übergängen und damit zugleich auf die Eröffnung von Gelegenheitsstrukturen für neue berufliche Entwicklungsperspektiven einerseits sowie auf die Verbesserung von individuellen work-life-balance's andererseits abzielt (Schmid 2010).

Schaffung neuer Wohn- und Lebensformen und Förderung der selbstständigen Lebensführung selbst bei ernsthaften funktionalen Einschränkungen

Wohnen ist bekanntlich mehr als nur „das Leben in den eigenen vier Wänden", was in ganz besonderer Weise auf ältere Menschen zutrifft. Insofern ist die sachgerechte Ausgestaltung der Wohnbedingungen bei Älteren von erheblicher Bedeutung nicht nur für Lebensqualität und gesellschaftliche Teilhabe, sondern zunehmend mehr auch für die Möglichkeit, die selbstständige Lebensführung selbst bei Hilfe- und Pflegebedürftigkeit aufrecht zu halten. Auch weil schon jetzt sehr viele ältere Menschen allein leben, ist der wohnungspolitische Handlungsbedarf – schon allein aus Gründen der Versorgung im Bedarfsfall – hoch. Allerdings gilt gerade für Wohnen im Alter die Heterogenisierungsthese: Wohnwünsche und Wohninteressen älterer Menschen sind sehr viel variabler geworden und unterscheiden sich zudem deutlich je nach der Position in den Lebensphasen im Alter. Insofern gilt gerade auch für die Wohnpolitik für Ältere, dass es keine Standardlösungen geben kann. Zwar haben die großen Mietwohnungsbaugesellschaften vor allem in den Ballungszentren die damit für sie verbundenen neuen Herausforderungen in der Zwischenzeit längst erkannt. Aus sozialpolitischer Sicht bestehen jedoch erhebliche Versorgungslücken im Bereich des Wohneigentums, das in vielen Regionen Deutschlands, vor allem in den ländlichen, sehr viel mehr verbreitet ist als das Mietwohnen. Hier sind neben zumeist umfassenderen Wohnraumanpassungsmaßnahmen insbesondere auch Vernetzungen zu haushaltsbezogenen und/oder sozialen und/oder Haustechnik-Dienstleistungsanbietern erforderlich sowie nicht zuletzt neue Finanzierungsmodelle für größere Umrüstungsvorhaben. Insgesamt eröffnen sich hier auch neue Aufgaben für die kommunale Sozial- und Altenpolitik.

Zwar lässt sich die selbstständige Lebensführung stark über wohnungspolitische Maßnahmen fördern, diese reichen aber allein nicht aus. Besondere Bedeutung dürfte künftig der Technikunterstützung durch intelligente IT-Systeme zukommen. Ein entscheidendes Stichwort dafür ist das des Ambient Assisted Living (AAL). Im Falle von chronischen Erkrankungen oder im Falle der Rehabilitation verweisen darüber hinaus insbesondere skandinavische Modelle auf sinnvolle Unterstützungsmöglichkeiten durch Maßnahmen der Telemedizin, die speziell den privaten Haushalt Älterer als neuen eigenständigen *Gesundheitsstandort* ausweisen. Für Deutschland gilt, dass derartige Innovationen im Bereich der Selbstständigkeitsförderung kaum verbreitet sind und ihnen zudem eine sichere Refinanzierungsgrundlage, insbesondere im Rahmen von SGB V und SGB XI, fehlt.

Paradigmenwechsel in der Gesundheitspolitik

In der *Gesundheitspolitik* muss es künftig vor allem darum gehen, die bestehenden ambulanten und stationären Versorgungssysteme sehr viel zielgenauer auf eine insgesamt alternde Patientenschaft mit ihrer durch chronische Erkrankungen und Multimorbidität gekennzeichneten besonderen Morbiditätsstruktur auszurichten. Die in Deutschland bislang stark auf Diagnose, Kuration und Medikalisierung fokussierte Gesundheitspolitik stellt sich vor diesem Hintergrund als wenig gewappnet dar für die neuen Herausforderungen, die ein demografisch bedingt verändertes Krankheitspanorama zwangsläufig nach sich zieht. Veränderte Ziele sind insbesondere die Weiterentwicklung und Umsetzung von geriatrischer Prävention und Rehabilitation, die Stärkung der Chronikermedizin, Ausweitung integrierter Versorgungsmodelle unter Einbezug der Pflege, vernetztes Handeln der Professionen sowie Schaffung neuer Altersbilder in der Medizin, Kranken- und Altenpflege. Das kürzlich dazu vorgelegte Sondergutachten des Sachverständigenrates zur Begutachtung der Entwicklung im Gesundheitswesen zum Thema „Koordination und Integration – Gesundheitsversorgung in einer Gesellschaft des längeren Lebens" verweist insbesondere auf fehlende Leitlinien und Standards zum Umgang mit Multimorbidität sowie auf die bislang nicht gelösten Herausforderungen für eine bedarfsgerechte Arzneimittelversorgung im Alter (SVR 2009).

Weiterentwicklung der Pflege(versicherungs)politik

Zweifellos ist die Mitte der 1990er Jahre erfolgte Einführung der Pflegeversicherung ein sozialpolitisches „Erfolgsmodell". Allerdings gilt gerade hier der Satz: „Nach der Reform ist vor der Reform". So sind dringend mehr Anreize zur Vermeidung von Pflegebedürftigkeit erforderlich, gilt es das bestehende Leistungs- und Finanzierungsspektrum stärker auf differenzierter gewordene Bedarfssituationen auszurichten und den money-led-approach durch einen need-led-approach zu ersetzen sowie das enge verrichtungsbezogene Konzept der Pflegeversicherung durch ein erweitertes Pflegeverständnis und ein darauf ausgerichtetes Begutachtungsverfahrens abzulösen. Erst dadurch wird eine angemessene Versorgung demenziell erkrankter älterer Menschen möglich. Weitgehend ungelöst ist zudem das Pflegepersonalproblem. Allerdings setzt dies alles die Bereitschaft in der gesamten Gesellschaft voraus, mehr Finanzmittel für die Pflege bereit zu stellen. Notwendig ist künftig angesichts der demografischen Entwicklung eine stärkere Beachtung der „neuen Vereinbarkeitsproblematik" von Berufstätigkeit und Pflege (Reichert 2010).

Beachtung besonderer gruppentypischer sozialpolitischer Bedarfslagen

Aus Sicht der Sozial- und Altenpolitik ist insbesondere beachtlich, dass die Heterogenisierung des Alters auch die sozialpolitischen Bedarfslagen Älterer betrifft. Besondere Handlungserfordernisse bestehen dabei mit Blick auf folgende Gruppen: Ältere Langfristarbeitslose, unfreiwillig Frühverrentete, ältere Menschen mit Migrationsgeschichte, sehr alte Menschen, ob alleinstehend oder im Paarhaushalt lebend, ältere bzw. älter gewordene Behinderte sowie demenziell Erkrankte. Einzubeziehen sind die unterstützenden Angehörigen und übrigen informellen Helfer gleichsam als „zweite Zielgruppe".

Erkennen und Nutzen der gewachsenen Potenziale älterer Menschen – Vom Versorgungs- zum Aufforderungs- und Verpflichtungsparadigma – das Konzept des „active ageing"

Auch in der Altenpolitik und -arbeit im engeren Sinne bedarf es eines Paradigmenwechsels mit dem Ziel: weg von der traditionellen „Ruhestandsorientierung" hin zur individuell wie gesellschaftlich nützlichen „Potenzialentfaltung und -nutzung". Ziel ist die Steigerung der Bereitschaft der Älteren, selbst an der Sicherung des kleinen wie des großen Generationenvertrages beizutragen. Letztlich gilt es, das überkommene Versorgungsparadigma zugunsten eines Aufforderungs-, ja sogar Verpflichtungsparadigmas zu überwinden. Das dazu derzeit fortgeschrittenste Konzept ist das des *active ageing*, das aber oft einseitig auf den Bereich des Arbeitsmarktes verkürzt wird. Seine herausragenden Merkmale sind neben einer integrierten und lebenslaufbezogenen Konzeptualisierung insbesondere die Betonung von inter- und intragenerationeller Solidarität und gesellschaftlichem Nützlichkeitsbezug bei gleichzeitig bevorzugter Beachtung von Problemen sozial benachteiligter älterer Bevölkerungsgruppen. Speziell in der Verbindung des „Für-sich-etwas-Tun" und des „Für-andere-etwas-Tun" liegt die Kernidee des „active ageing".

Stärkung und Förderung von intergenerationeller Solidarität

Letzteres verweist zugleich auf die Notwendigkeit einer Neujustierung beider Generationenverträge, des großen gesellschaftlichen Generationenvertrags im System der umlagefinanzierten Sozialversicherung ebenso wie des sog. kleinen Generationenvertrags im familialen Umfeld. Es geht letztlich um eine neue *Generationensolidarität* vor dem Hintergrund des kollektiven Alterns der Bevölkerung. Dabei ist darauf zu achten, die jeweiligen Generationen entsprechend ihrer je spezifischen Leistungsfähigkeit möglichst gleichmäßig zu belasten. In diesem Zusammenhang stehen Junge wie Alte gleichermaßen in der Verantwortung. Für beide gibt es nicht nur Rechte, sondern auch Pflichten. Die junge Generation sollte vor allem mehr Bildung und mehr Zukunftsinvestitionen erwarten können, muss sich aber im Gegenzug selbst auf mehr Lernen, neue Erwerbsmuster und mehr berufliche Mobilität und Flexibilität einstellen und nicht zuletzt auch mehr Bereitschaft für ein Leben mit Kindern aufbringen. Die älteren Generationen wiederum dürfen sich nicht primär in tradierten Rollen als Rentenempfänger und „Ruheständler" definieren, sondern müssen sehr viel stärker bereit sein, mehr Verantwortung für das eigene Leben („Selbstverantwortung") wie für das anderer sowie insbesondere der nachrückenden Generationen („Mitverantwortung") zu übernehmen. Dazu gehört auch die Bereitschaft, bei gegebenen Voraussetzungen länger im Erwerbsleben zu bleiben.

Ausblick

Zweifellos steht die Sozialpolitik vor dem Hintergrund des kollektiven Alterns der Bevölkerung vor neuen Herausforderungen. Diese sollen weder geleugnet noch verniedlicht werden. Allerdings sind weder „demografische Krisenszenarien" noch „Schönfärberei" durch Überbetonung von Potenzialen und dgl. die angemessenen Antworten. Im Sinne ihrer Gestaltungsfunktion gilt es für die Sozialpolitik, das kollektive Altern der Gesellschaft als *gesellschaftspolitische Gestaltungsaufgabe* zu begreifen und anzugehen. Damit können nicht nur aktuelle sozialpolitisch relevante Problemlagen in einer Gesellschaft des langen Lebens angemessen gelöst werden, sondern auch Weichen gestellt werden für eine zukunftsorientierte Sozialpolitik, von der alle Generationen gleichermaßen profitieren können. Insofern versteht sich das hier vorgestellte Konzept insgesamt auch als ein Beitrag zur Stärkung von Generationensolidarität in einer alternden Gesellschaft durch Sozialpolitik.

Literatur

Amann, A. (2004): Die großen Alterslügen, Generationenkrieg, Pflegechaos, Fortschrittsbremse? Böhlau-Verlag, Wien / Köln / Weimar

Bäcker, G., Naegele, G., Bispinck, R., Hofemann, K., Neubauer, J. (2010): Sozialpolitik und Soziale Lage, 2. Bände. 5. Aufl. VS Verlag, Wiesbaden

Bertelsmann-Stiftung (Hrsg.) (2007): Alter neu denken. Gesellschaftliches Altern als Chance begreifen. Bertelsmann-Stiftung, Gütersloh

Blinkert, B. (2007): Pflegearrangements – Vorschläge zur Erklärung und Beschreibung sowie ausgewählte Ergebnisse empirischer Untersuchungen. In: Igl, G., Naegele, G., Hamdorf, S. (Hrsg.) (2007): Reform der Pflegeversicherung – Auswirkungen auf die Pflegebedürftigen und die Pflegepersonen. LIT-Verlag, Hamburg, 225–244

Blome, A., Keck, W., Alber, J. (2008): Generationenbeziehungen im Wohlfahrtsstaat. Lebensbedingungen und Einstellungen von Altersgruppen im internationalen Bereich. VS Verlag, Wiesbaden

BMFSFJ (2010): Bundesministerium für Familie, Senioren, Frauen und Jugend: Sechster Bericht zur Lage der älteren Generation in der Bundesrepublik Deutschland: Altersbilder in der Gesellschaft. 6. Bundesaltenbericht. Berlin

– (2006): Bundesministerium für Familie, Senioren, Frauen und Jugend: Fünfter Bericht zur Lage der älteren Generation in der Bundesrepublik Deutschland: Potenziale des Alters in Wirtschaft und Gesellschaft. Der Beitrag älterer Menschen zum Zusammenhalt der Generationen. Berlin: Bundestags-Drucksache 16 / 2190 vom 6.7.2006

Bosch, G. (2010): Lernen im Erwerbsverlauf – Von der klassischen Jugendorientierung zu lebenslangem Lernen. In: Naegele, G. (Hrsg.): Soziale Lebenslaufpolitik. VS-Verlag, Wiesbaden, 352–370

Bundesregierung (2004): Perspektiven für Deutschland. Unsere Strategie für eine nachhaltige Entwicklung. Fortschrittsbericht. Eigendruck, Berlin

Clemens, W., Naegele, G. (2004): Lebenslagen im Alter. In: Kruse, A., Martin, M. (Hrsg.): Enzyklopädie der Gerontologie. Alternsprozesse in multidisziplinärer Sicht. Hans Huber, Bern, 387–402

Deutscher Bundestag (Hrsg.) (2002a): Abschlussbericht der Enquete-Kommission Demografischer Wandel – Herausforderungen unserer älter werdenden Gesellschaft an den Einzelnen und die Politik. Zur Sache. Themen parlamentarischer Beratung, 3 / 2002. Bundestagsdruckerei, Bonn

– (Hrsg.) (2002b): Bericht der Enquete-Kommission „Zukunft des bürgerschaftlichen Engagements": Bürgerschaftliches Engagement: auf dem Weg in eine zukunftsfähige Bürgergesellschaft. Bundestags-Drucksache 14 / 8900 vom 3.6.2002, Berlin

Ehlers, A. (2010): Bildung im Alter – (k)ein politisches Thema. In: Naegele, G. (Hrsg.): Soziale Lebenslaufpolitik. VS-Verlag, Wiesbaden, 602–618

Erlinghagen, M., Hank, K. (Hrsg.) (2008): Produktives Altern und informelle Arbeit in modernen Gesellschaften. Theoretische Perspektiven und empirische Befunde. VS Verlag, Wiesbaden

FFG (2008): Forschungsgesellschaft für Gerontologie / Institut für Gerontologie an der TU Dortmund. Der demografischer Wandel und die Älteren in Nordrhein-Westfalen. Positionspapier. FFG-Veröffentlichung, Dortmund

Heinze, R. G., Naegele, G. (2010): Intelligente Technik und „personal health" als Wachstumsfaktoren für die Seniorenwirtschaft. In: Fachinger, U., Henke, K.-U. (Hrsg.): Der private Haushalt als Gesundheitsstandort. Theoretische und empirische Analysen. Nomos, Baden-Baden, 109–134

Igl, G., Naegele, G., Hamdorf, S. (Hrsg.) (2007): Reform der Pflegeversicherung – Auswirkungen auf die Pflegebedürftigen und die Pflegepersonen. LIT-Verlag, Münster / Hamburg / London

Kaufmann, F. X. (2005): Schrumpfende Gesellschaft. Vom Bevölkerungsrückgang und seinen Folgen. Suhrkamp, Frankfurt / M.

Klammer, U. (2010): Flexibilität und Sicherheit im individuellen (Erwerbs-)Lebensverlauf. In: Naegele, G. (Hrsg.): Soziale Lebenslaufpolitik. VS-Verlag, Wiesbaden, 675–710

Künemund, H., Schroeter, K. (Hrsg.) (2008): Soziale Ungleichheiten und kulturelle Unterschiede in Lebensstil und Alter. Fakten, Prognosen und Visionen. VS-Verlag, Wiesbaden

Kuhlmey, A., Schaeffer, D. (Hrsg.) (2008): Alter, Gesundheit und Krankheit. Hans Huber, Bern

Landtag NRW (Hrsg.) (2005): Situation und Zukunft der Pflege in NRW – Bericht der Enquete-Kommission des Landtags Nordrhein-Westfalen. Eigenverlag des Landtags NRW, Düsseldorf

Lehr, U. (2000): Psychologie des Alterns. 9. Aufl. Quelle & Meyer, Heidelberg

Meier, B., Schröder, Ch. (2007): Altern in der modernen Gesellschaft, Leistungspotenziale und Sozialprofile der Generation 50-Plus. Deutscher Instituts-Verlag, Köln

Naegele, G. (2010a): Kollektives demografisches Altern und demografischer Wandel – Auswirkungen auf den „großen" und „kleinen" Generationenvertrag. In: Heinze, R., Naegele, G. (Hrsg.): EinBlick in die Zukunft. Gesellschaftlicher Wandel und Zukunft des Alterns. LIT-Verlag, Münster, 384–405

– (2010b): Soziale Dienste für ältere Menschen. In: Heinze, R. G., Olk, T., Evers, A. (Hrsg.): Handbuch Soziale Dienste. VS-Verlag, Wiesbaden, 404–424

– (2010c): Soziale Lebenslaufpolitik – Grundlagen, Analysen und Konzepte. In: Naegele, G. (Hrsg.): Soziale Lebenslaufpolitik. VS-Verlag, Wiesbaden, 27–85

– (2009): Perspektiven einer fachlich angemessenen, bedarfs- und bedürfnisgerechten gesundheitlichen Versorgung für ältere Menschen. Zeitschrift für Gerontologie und Geriatrie 42, 6, 432–440

– (2008a): Demographischer Wandel und Arbeitswelt – unter besonderer Berücksichtigung der (Alten)Pflegeberufe. Theorie und Praxis sozialer Dienste 6, 4–12
– (2008b): Politische und soziale Partizipation im Alter – 13 Thesen zu einer „dialogfähigen Reformdebatte". Theorie und Praxis der sozialen Arbeit, 2, 93–100
– (2008c): Sozial- und Gesundheitspolitik für ältere Menschen. In: Kuhlmey, A., Schaeffer, D. (Hrsg.): Alter, Gesundheit und Krankheit. Hans Huber, Bern, 46–65
– (2006a): Neue Herausforderungen an die kommunale Seniorenpolitik. In: Bertelsmann-Stiftung (Hrsg.): Demographie konkret – Seniorenpolitik in den Kommunen. Bertelsmann-Stiftung, Gütersloh, 8–23
– (2006b) Potenziale des Alters: Neujustierung des gesellschaftlichen Generationenverhältnisses. Theorie und Praxis der sozialen Arbeit 3, 4–10
–, Gerling, V. (2007): Sozialpolitik für ältere Menschen in Deutschland – Grundlagen, Strukturen, Entwicklungstrends und neue fachliche Herausforderungen. In: Igl, G., Klie, Th. (Hrsg.): Das Recht der älteren Menschen. Nomos, Baden-Baden, 49–74
–, Heien, I., Kowalski, I., Leve, V., Rockhoff, M., Sporket, M. unter Mitarbeit von Barkholdt, C. (2008): Rente mit 67? Voraussetzung für die Weiterarbeitsfähigkeit älterer Arbeitnehmerinnen. FfG-Forschungsbericht. Dortmund
–, Heinze, R. G., Schneiders, K. (2010): Wirtschaftliche Potenziale des Alters. Grundriss Gerontologie, Bd. 11. Kohlhammer, Stuttgart
–, Schmähl, W. (2007): Einkommen und Einkommenssicherheit im Alter. In: Bertelsmann Stiftung (Hrsg.): Alter neu denken. Gesellschaftliches Altern als Chance begreifen. Bertelsmann-Stiftung, Gütersloh, 190–216
Preller, L. (1962): Sozialpolitik – Theoretische Ortung. J. C. B. Mohr (Paul Siebeck), Tübingen

Reichert, M. (2010): Pflege – ein lebensbegleitendes Thema? In: Naegele, G. (Hrsg.): Soziale Lebenslaufpolitik. VS-Verlag, Wiesbaden, 309–329
Schmähl, W. (2006): Die neue deutsche Alterssicherungspolitik und die Gefahr steigender Altersarmut. Soziale Sicherheit 12, 397–402
Schmid, G. (2010): Von der aktiven zur lebenslauforientierten Arbeitsmarktpolitik. In: Naegele, G. (Hrsg.): Soziale Lebenslaufpolitik. VS-Verlag, Wiesbaden, 333–351
Statistisches Bundesamt (2008): Bevölkerung und Erwerbstätigkeit. Bevölkerungsfortschreibung 2007. Fachserie 1, Reihe 1.3. Eigenverlag, Wiesbaden
– (2006): 11. koordinierte Bevölkerungsvorausberechnung. Annahmen und Ergebnisse. Eigenverlag, Wiesbaden
SVR (2009): Sachverständigenrat zur Begutachtung der Entwicklung im Gesundheitswesen (Hrsg.): Koordination und Integration – Gesundheitsversorgung in einer Gesellschaft des längeren Lebens. Sondergutachten. Berlin
Tesch-Römer, C., Engstler, H., Wurm, S. (Hrsg.)(2006): Altwerden in Deutschland. Sozialer Wandel und individuelle Entwicklung in der zweiten Lebenshälfte. VS Verlag, Wiesbaden
Tews, H. P., Naegele, G. (1993): Theorieansätze und -kritik zur Altersentwicklung – Neue und alte sozialpolitische Orientierungen. In: Naegele, G., Tews, H. P. (Hrsg.): Lebenslagen im Strukturwandel des Alters. Alternde Gesellschaft – Folgen für die Politik. Westdeutscher-Verlag, Opladen, 329–367
Walker, A. (2002a): A Strategy for Active Ageing. International Social Security Review 1, 121–139.
– (2002b): The Principles and Potential of Active Ageing. In: Pohlmann, S. (Hrsg.): Facing an Ageing World – Recommendations and Perspectives. transfer-verlag, Regensburg, 113–118

Anerkennung

Von Catrin Heite

Auf welche Weise lässt sich Gerechtigkeit mit dem Begriff Anerkennung bestimmen? Wie ist Benachteiligung anerkennungsanalytisch und -politisch zu begegnen? Welches anerkennungstheoretische Gewicht kommt dem sozialen Status und der Subjektivität der Akteure zu? In welchem Verhältnis stehen Anerkennung und Umverteilung? Diese Fragen stehen im Mittelpunkt der theoriearchitektonischen Auseinandersetzungen um eine angemessene Bestimmung des Begriffs Anerkennung, die sich weitgehend mit den von Nancy Fraser und Axel Honneth in dialogischer Form vorgelegten Konzeptionen fassen lassen. Verortet in der Kritischen Theorie besteht der gemeinsame Hintergrund der beiden Ansätze in der Auffassung, dass

„eine Gesellschaftskritik ihre theoretischen Geltungsansprüche und politischen Zielsetzungen nur dann einzulösen vermag, wenn sie normative Konzepte verwendet, die von einem systematischen Verständnis der gegenwärtigen Gesellschaft geprägt sind, das die aktuellen Kämpfe zu diagnostizieren erlaubt". (Fraser / Honneth 2003, 11)

In diesem gesellschaftskritischen Sinn bietet sich der Begriff Anerkennung für Theorie und Praxis Sozialer Arbeit an, die Fragen sozialer Gerechtigkeit, individueller und kollektiver Statuspositionierungen, Autonomie und Handlungsfähigkeit professionell bearbeitet und deren Interventionsfeld sich u. a. im Kontext von Kämpfen gegen Diskriminierung und Ungerechtigkeit abbildet.

Subjekt und Identität

Neohegelianische Konzeptualisierungen von Anerkennung fokussieren auf Identitätsbildung, deren Gelingen mit der Erfahrung intersubjektiver Anerkennung in sozialen und kulturellen Gemeinschaften gedacht wird. Die Entwicklung „vollständiger" Identität und unbeschädigtem Selbstwertgefühl erfordere die öffentliche Anerkennung der *kollektiven* Identität der jeweiligen Gemeinschaft, der Personen sich zuordnen und zugeordnet werden. Daraus leite sich ein Recht von Einzelpersonen und Gemeinschaften auf Anerkennung ihrer Besonderheiten sowie auf die Unterlassung von Abwertung und Benachteiligung ab. Mit diesem differenzorientierten Blick auf Subjekte und deren Gruppenzugehörigkeiten systematisiert Honneth drei Anerkennungsebenen: Die *primäre Anerkennungssphäre Liebe / Fürsorge* bezeichnet persönliche soziale Beziehungen, welche emotionale, körperliche und sexuelle Bedürfnisse abdecken. Zweitens bezeichnet die *Anerkennungssphäre Leistung* die konditionale Vergabe von Anerkennung abhängig von den Beiträgen subjektiver und kollektiver Akteure zum „gesellschaftlichen Gemeinwohl". Die dritte *Anerkennungssphäre Recht* ermögliche es Gruppen und Personen, sich unabhängig von kontingenter leistungsabhängiger oder partikularer sozialer Wertschätzung als „Rechtsperson mit gleichen Ansprüchen wie alle anderen Gesellschaftsmitglieder geachtet zu wissen" (Honneth 2003, 165). Idealtypisch ist damit die Möglichkeit subjektiver und kollektiver Akteure benannt, beispielsweise in Form von Identitätspolitiken als Frauen, Homo- oder Intersexuelle, als Menschen mit Behinderungen oder als von Rassismus Betroffene Anerkennung, Schutz vor Gewalt, Ungerechtigkeit und Missachtung, die Unterlassung von Diskriminierung und Beschädigung (rechtlich) einzuklagen.

Mit dem Geltungsüberhang der drei Anerkennungsprinzipien, der ein größeres Maß an Gerechtigkeit formulierbar mache, biete sich die Möglich-

Otto/Thiersch (Hg.), Handbuch Soziale Arbeit, 4. A., DOI 10.2378/ot4a.art006,

keit, aktuelle Realitäten wie etwa ausgrenzende Rechtsnormen oder die hegemoniale Auslegung des Leistungsprinzips zu kritisieren und „in Richtung einer Steigerung des moralischen Niveaus der Sozialintegration" zu verändern (221). So erscheint das Verhältnis von Anerkennung und Umverteilung als ein deduktives: In Reaktion auf die Missachtung „ihrer tatsächlichen Leistungen versuchen [soziale Gruppen], die etablierten Bewertungsmuster in Frage zu stellen, indem sie für eine höhere Wertschätzung ihrer gesellschaftlichen Beiträge kämpfen und damit eine ökonomische Umverteilung" beanspruchen (183). Allerdings stehen den Akteuren von ihren historisch angeeigneten und zugewiesenen hierarchisierten Sprechpositionen aus in unterschiedlichem Ausmaß Möglichkeiten zur Verfügung, ihre Forderungen wirkmächtig zu formulieren und beispielsweise „die Umwertung der herrschenden Leistungsdefinitionen" (177) durchzusetzen. Forderungen nach Anerkennung und Umverteilung werden stets in bereits herrschaftsförmig strukturierte Foren eingebracht und sowohl die Teilnahme an als auch die Durchsetzung in diesen Foren ebenso wie die Vergabe von Anerkennung selbst ist eine Frage von Macht, Herrschaft und Ungleichheit: Aus starken Machtpositionen resultiert Anerkennung, und Akteure, die in bestehenden Machtverhältnissen auf unteren Positionen verortet sind, erfahren Herabwürdigung, Missachtung und Beschämung. Wenn von Ungleichheit und Diskriminierung Betroffene, deren prekäre soziale Lage nicht oder unangemessen öffentlich repräsentiert ist, selbst nicht über die Möglichkeiten verfügen, ihre Forderungen wirksam einzubringen, wird – wie u. a. Nancy Fraser argumentiert – advokatorische Interessenvertretung notwendig.

Nun lässt sich bezüglich der subjektorientierten Konzipierung des Anerkennungsbegriffs dessen ontologisches Verständnis „wahrer" Identität problematisieren. Ein solches Verständnis erscheint zwar sozialtheoretisch anachronistisch, bildet aber einen zentralen Ansatzpunkt der bisherigen sozialpädagogischen Anerkennungsrezeption. Mit einer insbesondere gendertheoretisch und poststrukturalistisch formulierten Subjektkritik stellen sich die Fragen, inwiefern ein statusorientiertes Anerkennungskonzept in der Lage ist, entsprechende Engführungen zu vermeiden.

Status und Struktur

Der theoretische und politische Akzent der von Nancy Fraser vorgelegten Anerkennungskonzeption liegt auf der Frage nach dem *Status* subjektiver und kollektiver Akteure und deren strukturell ungleichen Handlungs- und Lebensgestaltungsmöglichkeiten. Mit dem „Statusmodell der Anerkennung" und dem Konzept „partizipatorische Parität" (Fraser 2003, 45 ff.; 2000) wird soziale Ungleichheit anerkennungstheoretisch als eine Situation beschreibbar, in der Akteure „durch institutionalisierte kulturelle Wertmuster daran gehindert werden, als Gleichberechtigte am Gesellschaftsleben zu partizipieren", und „Institutionen die soziale Interaktion nach Maßgabe kultureller Normen strukturieren, die partizipatorische Parität", also die Möglichkeit der gleichberechtigten Teilhabe und Teilnahme an Lebensformen und Gütern verhindern (45). Für die Herstellung sozialer Gerechtigkeit seien also sowohl die *materiellen* Voraussetzungen zu schaffen als auch jene *kulturellen* Normen zu dekonstruieren, die Personen(gruppen) aufgrund von zugeschriebenen „spezifischen Merkmalen", wie z. B. Geschlecht, von Gütern und Möglichkeiten der Lebensgestaltung ausschließen. Damit gilt es weniger, subjektive und kollektive Akteure in ihrem „Anders-Sein" anzuerkennen, sondern die benachteiligende Wirkmächtigkeit jener dieses „Anders-Sein" konstituierenden Differenzkategorien zu entkräften. So implementiert das statusorientierte Konzept die Anerkennung von Differenz nicht als affirmative Aufwertung, sondern im Sinne der Nichtbewertung von unterschiedlichsten Formen der Lebensgestaltung: Auf deren inhaltliche Präformierung ist zu verzichten, sodass es den jeweiligen Akteuren zukommt zu entscheiden, wie sie ihr Leben führen.

Dieses anerkennungstheoretische Konzept nimmt Kategorien sozialer Ungleichheit in einen nicht-essentialisierenden differenzanerkennenden Blick, der auf den Abbau von Benachteiligungen zielt, ohne mit einer Orientierung am Paradigma anerkennenswerter „Identität" strukturelle und ökonomische Einschränkungen von Lebenschancen zu kulturalisieren. Denn das Problem der Anerkennung von Differenz (mit Blick auf Soziale Arbeit vgl. Kessl / Plößer 2010) liegt darin, dass bestehende Ungleichheiten reproduziert werden, wenn Umverteilungs- und Klassenpolitiken zugunsten von Kultur und Identitätspolitiken vernachlässigt werden und abzuschaffende Ungleichheit in anerkennenswerte Differenz umdefiniert wird. Darum zielt eine statusorientierte Anerkennungstheorie weniger auf die anerkennende Reproduktion von Differenzen, sondern auf deren Dekonstruktion und die Aufhebung der fraglichen Ungleichheits- und Herrschaftsverhältnisse. Dies impliziert, Anerkennung und Umverteilung sowie die einzelnen Ungleichheitskategorien wie u. a. Klasse, Geschlecht, Sexualität, Nationalität, Behinderung nicht deduktiv und nicht hierarchisch zu verstehen. Wie auch intersektionale Ansätze (Andersen 2005; Collins 1999; Knapp 2005; McCall 2005; Walgenbach et al. 2007) betonen, sind ökonomistische Verengungen ebenso wie jene mit der Wende von Umverteilung zu Anerkennung, von Ungleichheit zu Differenz einhergehenden Kulturalisierungen zu vermeiden.

Zusätzlich zur Gleichgewichtung von Anerkennung und Umverteilung zur Erfassung „des Kulturellen" und „des Ökonomischen" haben Ungleichheitsanalysen drittens die Dimension Repräsentation – „das Politische" – *gleichermaßen* in den Blick zu nehmen. Diese zielt auf die Frage, wie Forderungen machtschwacher Akteure in herrschaftsförmig strukturierte Foren der politischen Auseinandersetzungen eingebracht werden können, inwieweit es notwendig erscheint, qua *stellvertretender* Repräsentation die Interessen machtschwacher Gruppen vorbehaltlich zu formulieren und unterstützend in relevante Entscheidungsprozesse einzubringen. Grundlegend dabei ist, dass die Formulierung und das Durchsetzen von Forderungen nicht als bloße Eigenverantwortung betroffener Akteure gelten können, sondern auch als Frage möglicher Formen des stellvertretenden Sprechens und Handelns. Wenngleich auch ein „Sprechen für" seinerseits nicht unproblematisch ist, ergeben sich insgesamt aus einer solchen statusorientierten Anerkennungskonzeption theoriearchitektonische ebenso wie professionsorientierte Analysemöglichkeiten und Anschlüsse für Soziale Arbeit erstens im Sinne stellvertretenden Handelns und zweitens mit Blick auf die Statuspositionierung Sozialer Arbeit als Profession, die im Folgenden weitergehend präzisiert werden.

Anerkennung und Soziale Arbeit

Sowohl status- als auch subjektorientierte Anerkennungskonzeptionen bieten einen kategorialen, begrifflichen und systematischen Rahmen für Theoriebildung, Analyse und Praxiskonzepte Sozialer Arbeit. Dieser Rahmen lässt sich sowohl auf der Ebene des Status der AdressatInnen und deren Betroffenheiten von sozialer Ungleichheit als auch auf der Ebene des Status Sozialer Arbeit als Profession formatieren.

Subjekt

Mit Anerkennung als „Kernstück des beruflichen Selbstverständnisses" (Hafeneger 2002, 45) zielt Soziale Arbeit „als Anerkennungsarbeit" (Sauerwald et al. 2002) auf „Subjekt-Bildung in Anerkennungsverhältnissen" (Scherr 2002) und „biographische Lebensbewältigung" (Arnold et al. 2005). Ziele sozialpädagogischer Anerkennungsarbeit sind die (Wieder)Herstellung von Selbstwertgefühl und – in klassischer Dichotomisierung von Gemeinschaft und Gesellschaft – *Sozialintegration* in Form der Vermittlung von Lebenssinn, Normen, Teilhabe an sozialen und emotionalen Beziehungen sowie *Systemintegration* als Erziehung, Bildung, Ausbildung, Erwerbstätigkeit. Benachteiligungen werden hier subjektorientiert als Unterdrückungsmomente betrachtet, welche die Subjekte in ihrer Autonomie insofern einschränken, als sie „mit der Verweigerung sozialer Wertschätzung der Erfahrungen, sozialen Identitäten und der Lebensentwürfe von Individuen einhergehen" (Scherr 2002, 35). Anerkennungsorientiert seien die AdressatInnen im Fallbezug aus dieser Beschränkung von Autonomie qua Entwicklung subjektiven Kompetenzen, Eigenverantwortung und Selbstachtung herauszupädagogisieren, wobei insbesondere die „Inklusion in Arbeit" wesentlich für die „ganzheitliche" Persönlichkeitsentwicklung, Quelle von Lebenssinn und Anerkennung sei.

Subjektkritisch betrachtet stellen sich Autonomie und Handlungsfähigkeit jedoch gerade nicht eindeutig dar, vielmehr erwachsen sie insbesondere aus der Unterwerfung unter hegemoniale Anerkennungsbedingungen wie etwa die Teilnahme an Erwerbsarbeit. So begreift etwa Judith Butler (2004) Anerkennung als unterwerfende Norm, die erst „normale" – also überhaupt anerkennungswerte, zum Beispiel eindeutig vergeschlechtlichte oder „beschäftigungsfähige" – Subjekte mit (begrenzten) Handlungsmöglichkeiten hervorbringt. Insofern Anerkennungsverhältnisse den Akteuren also die vorgängige Anerkennung der ihnen selbst einbegriffenen Normen (wie etwa Zweigeschlechtlichkeit) abverlangt, zeigen sich Begriffe von Autonomie und Handlungsfähigkeit als untertheoretisiert und unbestimmt. Damit bleibt für die auf (Wieder)Herstellung jener Autonomie und Handlungsfähigkeit ausgerichtete Soziale Arbeit die Frage eines Entweder-Oders von Möglichkeitserweiterung versus Anpassung unauflösbar. Insbesondere in solchen Unauflösbarkeiten ist die Figur der Professionellen und ihres Ermessensspielraums begründungsfähig, innerhalb dessen sie – anerkennungstheoretisch fundiert – professionelle Deutungsvorschläge entwickeln, welche die Situation, Sichtweise und Befindlichkeiten der AdressatInnen ernst nehmen und sie gleichzeitig de-generalisierend feldbezogen zu professionellen und theoretischen Aspekten relationieren. Sowohl professionell-handlungspraktisch als auch theoretisch-analytisch ermöglicht eine anerkennungstheoretisch informierte Professionalität, subjektorientierte Überpointierungen des Fall- gegenüber dem Feldbezug zu vermeiden und weitergehend nach strukturellen Ungleichheitsverhältnissen, ungleichen Partizipationsrechten und Statuspositionen zu fragen.

In der Perspektive „reflexiver Professionalisierung" (Dewe/Otto 2005), der es mit einer explizit gesellschaftspolitischen Positionierung auch darum geht, die Betroffenheit der AdressatInnen von strukturellen Ungleichheiten zu bearbeiten, erscheint dies sowohl professionspolitisch wie professionstheoretisch anschlussfähig und stellt sich die Aufgabe, eine *statusorientierte* anerkennungstheoretische Konsolidierung Sozialer Arbeit weiter auszuformulieren. Insofern Soziale Arbeit in den benannten Engführungen bisher vor allem auf subjektorientierte anerkennungstheoretische Positionen Bezug nimmt, bieten das von Fraser vorgelegte Statusmodell der Anerkennung und das Konzept partizipatorischer Parität im konturierten Sinne weiterreichende analytische, professionstheoretische und -politische sowie handlungspraktische Möglichkeiten. Eine solche Analyse, Theoriebildung und Gestaltung professioneller Interventionen berück

sichtigt, dass intersubjektive Anerkennung und Identitätsbildung Teil jener Unterwerfungsmechanismen sind, die Subjekte als Effekte hegemonialer (Anerkennungs)Diskurse innerhalb normativer Strukturen konstituieren. Anerkennung kann folglich nicht schlicht positives (sozial)pädagogisches Leitmotiv sein, sondern erfordert zum einen das Bedenken von Herrschaftseffekten und zum anderen eine ungleichheitsanalytische und umverteilungspolitische Relationierung. Beide Aspekte – Anerkennung und Umverteilung – verweisen gleichermaßen auf die Zielperspektive sozialarbeiterischen Handelns der (Wieder)Herstellung von Autonomie und Handlungsfähigkeit, welche sich nicht allein im anerkennungsbasierten Fallbezug auf subjektivierende Weise realisieren lässt, sondern nach einem struktur-, macht- und statussensiblen Feldbezug verlangt. So ließe sich in Theorie und Praxis Sozialer Arbeit adäquat nach (Einschränkungen) der Handlungsfähigkeit und gesellschaftlichen Partizipationsmöglichkeiten und auch nach der (un)angemessenen Repräsentation subjektiver und kollektiver Akteure fragen, wenn weniger deren „Inklusion", subjektive Zufriedenheit, Selbstverwirklichung und Identitätsentwicklung, sondern Statuspositionierungen, (De)Privilegierungen und entsprechende Einschränkungen von Lebensgestaltungsmöglichkeiten in den Blick genommen werden. Auf diese Weise werden die AdressatInnen Sozialer Arbeit als strukturell ungleich Positionierte, statt in ihrer Identitätsbildung Beschädigte angesprochen. Diese Ausrichtung ist anschlussfähig an die Begründung Sozialer Arbeit als „Gerechtigkeitsprofession" und deren Akzentuierung der „Gewährleistung von Verwirklichungschancen" (Schrödter 2007, 20), der es ebenfalls um strukturelle (De)Privilegierung, Diskriminierung und Statuspositionierung der AdressatInnen geht. In diesem Kontext ist anerkennungstheoretisch nach der Positionierung der AdressatInnen in der professionellen Statushierarchie der Anerkennung zu fragen.

Status: AdressatInnen

Anerkennungstheoretisch betrachtet erscheint „personale Autonomie" in Situationen partizipatorischer Parität gegeben: Es könnte dann von einem Zustand der Autonomie gesprochen werden, wenn subjektive Akteure über die materiellen und ideellen Möglichkeiten verfügen, ihre Vorstellungen über das eigene Leben ohne Beeinträchtigungen verwirklichen zu können. Ein solcher Zugang zum untertheoretisierten Begriff Autonomie bietet eine analytische, theoretische und programmatische Grundlage sowie eine Reflexionsfolie für Interventionen in Verhältnisse, die sich als nicht der Norm partizipatorischer Parität entsprechend beschreiben lassen. So ist in Handlungskontexten Sozialer Arbeit einerseits der Anspruch der AdressatInnen auf Behandlung als Freie und Gleiche zu gewährleisten und andererseits erscheinen im Kontext der grundsätzlich asymmetrischen Beziehung zwischen AdressatInnen und Professionellen in einer „advokatorischen Ethik" (Brumlik 1992) legitimierte Handlungen und Politiken der Repräsentation begründungsfähig.

Diese Sichtweise auf AdressatInnen Sozialer Arbeit verweist auf die Anerkennungssphäre Recht, die zum einen deren – aktuell im Kontext post-wohl-fahrtsstaatlicher Transformationen erneut umstrittenen (Bütow et al. 2008; Kessl / Otto 2009) – sozialstaatlichen Unterstützungsbedarf absichert und zum anderen besagt, dass subdominante Akteure innerhalb von liberaldemokratischen Rechtssystemen die Möglichkeit haben, ihre (rechtliche) Anerkennung einzufordern. Jedoch setzt die Forderung nach Anerkennung als Rechtsperson oder als mit Rechten ausgestattete Gruppe die vorhergehende subjektivierende Anerkennung der zugrunde liegenden Normen und Differenzierungen voraus: Anerkennung zu erhalten setzt voraus, als Frauen, als Homosexuelle oder als von Rassismus Betroffene zu sprechen, was jenes für die feministische Theoriebildung und identitätspolitische Intervention konstitutive Paradox der Differenzreifikation importiert. So wirken rechtspolitische Interventionen zwar potenziell antidiskriminatorisch, da sie auch die Problematisierung der Verweigerung von Rechten formulierbar machen, verfestigen aber gleichzeitig die den jeweiligen Rechten zugrunde liegenden Denkweisen, Normen und Stereotypien wie etwa binärer Zweigeschlechtlichkeit, Heterosexualität, (Nicht)Behinderung. Mit der homogenisierenden, „interne Differenzen" ausblendenden Forderung nach Anerkennung „gruppenspezifischer Besonderheiten" stellt sich insbesondere das Interventionsmedium Recht als ein hochambivalentes dar, von dem auch stets Ausschlusskriterien bestehen – beispielsweise in Form

des Ausschlusses illegalisierter MigrantInnen von StaatsbürgerInnenrechten. Insofern Rechte diskrepant zu ihrem universellen Anspruch keinesfalls neutral, sondern Mittel zur Herrschaftssicherung, ein „Wahrheits- und Wissensregime" (Hark 2000, 40) sind, gilt es, sie auch aus Perspektive Sozialer Arbeit auf ihren Entstehungszusammenhang, die durch sie (re)form(ul)ierte Normalitätsvorstellung und ihre möglichen Wirkungen hin zu befragen sowie kontinuierlich verhandelbar zu gestalten, wenn sie als Antidiskriminierungs-, Anerkennungs- und Gerechtigkeitsstrategien in Form der Forderungen nach bürgerlichen und sozialen Freiheitsrechten emanzipatorische Wirkung entfalten sollen. In Hinterfragung der Begriffe Autonomie, Gerechtigkeit, Recht stellt sich für Soziale Arbeit in der Adressierung ihrer NutzerInnen als Rechtssubjekte und der statusbezogenen Konzipierung von Anerkennung auch die Aufgabe, „die faktischen Bedingungen, an die Handlungsfähigkeit in einer Dominanzgesellschaft geknüpft ist" (Mecheril 2005, 322), in den Blick zu nehmen. Notwendig ist die Reflexion stets uneindeutiger, widersprüchlicher und voraussetzungsvoller Handlungsmöglichkeiten in je aktuellen Anerkennungsordnungen, um pädagogische Professionalität zu realisieren, die ihre Ausrichtung auf die Erweiterung von Handlungsmöglichkeiten der AdressatInnen ernst nimmt.

Status: Profession

Die Ungleichheitskategorien Geschlecht und Klasse sowie professionelles Wissen und professionelle Ethik werden in anerkennungstheoretischer Perspektive als entscheidende Faktoren hinsichtlich der Statuspositionierung Sozialer Arbeit und deren Kampf um Anerkennung als Profession sichtbar (Heite 2008). Insbesondere sie prägen das Bedingungsgefüge, in dem der Status Profession beansprucht, (re)produziert, zugestanden oder vorenthalten wird.

Ungleichheitsgeneratoren: Geschlecht und Klasse

In ihrer Verbundenheit mit der ersten ebenso wie mit der zweiten westlichen Frauenbewegung ist Soziale Arbeit sowohl historisch wie aktuell weiblich codiert. Die Vergeschlechtlichung von Berufen und Professionen wird von der genderinformierten Professionstheorie als zentraler Mechanismus der Auf- resp. Abwertung analysiert: Die weibliche Codierung beruflicher Tätigkeiten ebenso wie ein quantitativ steigender Frauenanteil wirken sich statusmindernd aus (Gildemeister / Wetterer 1992; Wetterer 2002). Anerkennungstheoretisch formuliert, erwächst die Statusabwertung weiblich codierter Professionsaspiranten aus der Wirkmächtigkeit der Ungleichheitskategorie Geschlecht und einer entsprechenden geschlechterhierarchischen Statusordnung, in der Weiblichkeit jedoch zugleich auch eine Aneignungskategorie ist, um der Benachteiligung qua Geschlecht entgegen zu wirken. Historisch zeigt sich dieses paradoxale Verhältnis in der Programmatik der ersten bürgerlichen Frauenbewegung, die mit einer „weiblichen Prädestinierung" für soziale Tätigkeiten argumentierte: Die bürgerlichen Frauen kritisierten das bürgerliche Geschlechterarrangement, welches sie vom Zugang zu Bildung, Öffentlichkeit, Mitgestaltung des Sozialen und politischer Partizipation ausschloss. Mit dem Konzept der „Geistigen Mütterlichkeit" eigneten sie sich öffentliche Bereiche wie soziale Ehrenämter oder Erwerbstätigkeit an und realisierten damit innerhalb der bestehenden Herrschaftsverhältnisse „weibliche Sozialarbeit nach männlicher Weisung" (Sachße 1986, 306). Diese Realisierungsform ist eine bis heute bedeutsame historische Hypothek Sozialer Arbeit, dass weiblich codierte Berufe als „Semi-Professionen" von männlich codierten Professionen (ab)wertend unterschieden werden (Bitzan 2005; Brückner 2002; Gildemeister / Robert 2000; Rabe-Kleberg 1999; Witz 1992).

Die geschlechterhierarchische Abwertung Sozialer Arbeit wird flankiert von Statuszuschreibungen entlang der Kategorie Klasse und dies sowohl auf der Ebene der Professionellen als auch auf der Ebene der AdressatInnen. Im Vergleich zu anderen Professionen zeichnet sich Soziale Arbeit personalstrukturell durch einen geringeren Grad an sozialer Schließung gegenüber „unteren" Klassen aus. Ebenso wie Frauen hatten Angehörige der Arbeiterklasse historisch zunächst kein Zugangsrecht zu den Universitäten als den Institutionen, aus denen Professionelle hervorgehen. Für beide Gruppen wurde Soziale Arbeit zunehmend im Kontext von Sozialstaatlichkeit und Bildungsexpansion zu einem realisierbaren „Aufstiegsprojekt". Die Auseinandersetzungen um den Status Sozialer Arbeit können mithin als Kampf um Anerkennung bezeichnet werden, in denen die Hierarchisierung von Semi-Professionen und Professionen nicht nur auf androzentrische Geschlechterverhältnisse, sondern auch „auf den Gegensatz zwischen den Klassen" (Bourdieu / Boltanski 1981, 106) verweist. Denn zusätzlich zum Klassenstatus des Personals erfährt Soziale Arbeit Anerkennung in Relation zur Anerkennung, die ihren AdressatInnen (nicht) entgegengebracht wird: Wie das hohe Prestige „anerkannter" Professionen unter anderem „aus der Partizipation der ‚professionals' am Sozialprestige ihrer wichtigsten Klientel" (Wetterer 1993, 21) resultiert, gilt die den AdressatInnen im Kontext sozialer und ökonomischer Ungleichheitsrelationen – welche „einige soziale Gruppen als den Normen entsprechend und andere als defizient oder minderwertig definieren" (Fraser 2002, 58) – entgegengebrachte Missachtung auch Sozialer Arbeit selbst.

Machtmittel: Wissen und Ethik

Anerkennungstheoretisch betrachtet lassen sich Wissen und Wissenschaftlichkeit als Kriterien, mit denen Professionen von Berufen unterschieden werden sollen und damit als Machtmittel zur Anerkennung als Profession analysieren. Jene „Kennzeichen" wie Wissen, Ethik, Expertise symbolisieren Kompetenz und Autorität und legitimieren „professionelle Autonomie". Wissenschaftliches Wissen resp. die Behauptung von Objektivität fundieren die Durchsetzung von Autoritätsansprüchen in Kämpfen um Anerkennung als Profession, zugleich verleiht der Status Profession Autorität und Macht, um Wahrheit und Wissen zu generieren. Als solche Anerkennungsbedingung ist Wissen also nicht als entdeckbare Wahrheit „vor" oder „nach" Professionalisierungsprozessen zu lokalisieren, vielmehr stehen die Produktion von Wissen und Anerkennung als Profession in einem Gleichzeitigkeitsverhältnis zueinander. Anerkennung als Profession wird in einem Spannungsfeld gefordert und erworben, in dem das, was eine Profession definiert, stetig umkämpft ist. Wissen, Wissenschaftlichkeit, Theoriebildung und eine disziplinäre Verortung sind dabei Machtmittel in den

Auseinandersetzungen, in denen „wahres Wissen" (re)produziert und durchgesetzt sowie Positionen markiert werden.

Teil dieser Positionsmarkierungen ist der Rekurs auf eine „spezifische professionelle Ethik". Diese bilde „the soul of professionalism" (Freidson 2001, 221), mit der sich Professionen als Akteure inszenieren, die weder bürokratisch-herrschend noch marktförmig-profitorientiert, sondern nach einer „Third Logic" (221) formiert und dementsprechend unabhängig und uneigennützig sind. Professionelle Ethik soll jene Kollektivitäts- statt Herrschafts- oder Profitorientierung garantieren und ist damit ein wesentliches Argument in der Begründung professioneller Autonomie. Das Legitimationsmittel Ethik gilt der Profession selbst ebenso wie der professionsexternen Öffentlichkeit als ausformuliertes Referenzsystem zur (Selbst)Regulierung des auf spezifischen Werten gegründeten professionellen Handelns und gleichzeitig als System zur Reflexion und diskursiven Weiterentwicklung der zugrunde gelegten Werte. Anerkennungstheoretisch betrachtet erscheint professionelle Ethik dagegen ebenso wie Wissen nicht als vorgängiges „Merkmal" von Professionen, sondern als Machtmittel, um einen bestimmten Status zu erlangen und zu erhalten: Mit der Behauptung, einer besonderen Ethik verpflichtet zu sein, wird die Forderung nach Autonomie legitimiert, welche wiederum Fremdkontrolle unnötig mache – Ethik autorisiert und Ethik autonomisiert. Mit dieser legitimierenden und autorisierenden Wirkung von Ethik begründet die Profession ihren erweiterten Handlungsspielraum qua Herstellung von Vertrauen in die Profession, die „der Allgemeinheit" zu dienen behauptet. Ethik und Wissenschaftlichkeit erscheinen in dieser Sichtweise als Machtmittel zur Statussicherung ebenso wie der – insbesondere expertokratiekritisch problematisierten – Kontrolle und Normalisierung der AdressatInnen. Gleichzeitig jedoch sind sie als wesentliche Spielregeln in den Statusauseinandersetzungen auch für eine kritische Soziale Arbeit unverzichtbar: Nur mit ihnen kann Soziale Arbeit eine Sprechposition einnehmen, von der aus sie die Interessen der AdressatInnen advokatorisch vertreten kann.

Resümee

Der gesellschaftstheoretische, moralphilosophische und politisch-analytische Dialog zwischen Axel Honneth und Nancy Fraser über unterschiedliche Konzeptionen des Begriffs Anerkennung, dessen Verhältnissetzung zu Politiken der Umverteilung und mithin dessen Potenzial, soziale Gerechtigkeit neu zu denken, bietet für Theorie und Praxis Sozialer Arbeit auf unterschiedlichsten Ebenen Erkenntnisgewinne und Theorieentwicklungspotenziale. Anerkennungstheoretisch informiert zeichnen sich spezifische Perspektiven auf Soziale Arbeit ab, deren Aufgabe als Disziplin und anerkannte Profession unter anderem damit benannt werden kann, die Bedürfnisse der von sozialer Ungleichheit betroffenen AdressatInnen gegenüber anderen relevanten Akteuren zu vertreten und wirkmächtig in die politischen Auseinandersetzungen um die Gestaltung des Sozialen einzubringen. Auf der Ebene professioneller Interaktionen mit den AdressatInnen konkretisiert eine anerkennungsbasierte und statussensible Handlungsorientierung die Unhintergehbarkeit der Praxis, vielfältige Veränderungs*möglichkeiten* ohne Veränderungs*verpflichtung* zu eröffnen. Auf der Ebene der Theoriebildung geht es dann darum, genau dies zu begründen. Die Theoriebildung ist zudem bezüglich der Statuspositionierung Sozialer Arbeit und der Aneignung und Verteidigung des Status Profession relevant. Sie ist hier unverzichtbar, um analytisch, theoriebildend und professionell in Ungleichheitsverhältnisse intervenieren zu können. Wenn die Forderung nach Anerkennung als Profession nur in einem Horizont kollektiv geteilter Vorstellungen plausibilisiert und mit Aussicht auf Erfolg aufgestellt werden kann, dienen professionelle Ethik und professionelles Wissen, Wissenschaftlichkeit, Theoriebildung und eine disziplinäre Kontur der Herstellung jenes gemeinsamen Horizonts. Kritik an u.a. klassen- oder geschlechtsspezifischer Benachteiligung erstreckt sich dann auch auf die Auseinandersetzung um den Status der Sozialen Arbeit selbst ebenso wie auf die Statusposition der AdressatInnen in und außerhalb der Profession. Aus einer anerkennungstheoretischen Fundierung, die strukturelle Ungleichheitsverhältnisse ebenso ernst nimmt wie subjektive Befindlichkeiten, mag dann das erwachsen, was im Sinne reflexiver Professionalität eine skeptische Haltung gegenüber generali sierten Normen individueller und kollektiver Lebensführung stark macht. Damit ist sowohl der Professionsstatus Sozialer Arbeit zu begründen als auch Professionalität in einem substanziellen Sinne als Form befähigender und ermöglichender Unterstützung theoretisch bestimmbar und praktisch realisierbar. Für solche Begründungen prädestiniert sich die Anerkennungstheorie in doppelter Weise:

als eine spezifische Analyseperspektive, die gegenwärtige sozialstrukturelle Bedingungen kritisch in den Blick nimmt, und als (skeptisch) normatives Konzept, das jene Offenheit bezüglich Formen der Lebensgestaltung und der Eröffnung neuer, anderer, erweiterter Deutungs-, Denk- und Handlungsweisen von Personen(gruppen) fundiert.

Literatur

Andersen, M. (2005): Thinking about Women. A Quarter Century's View. Gender & Society 19, 437–455

Arnold, H., Böhnisch, L., Schröer, W. (Hrsg.) (2005): Sozialpädagogische Beschäftigungsförderung. Lebensbewältigung und Kompetenzentwicklung im Jugend- und jungen Erwachsenenalter. Juventa, Weinheim

Bitzan, M. (2005): Geschlechterverhältnis und Soziale Arbeit. In: Engelfried, C. (Hrsg.): Soziale Organisationen im Wandel. Fachlicher Anspruch, Genderperspektive und ökonomische Realität. Campus, Frankfurt/M., 81–100

Bourdieu, P., Boltanski, L. (1981): Titel und Stelle. Zum Verhältnis von Bildung und Beschäftigung. In: Bourdieu, P., Köhler, H. (Hrsg.): Titel und Stelle. Über die Reproduktion sozialer Macht. Europäische Verlagsanstalt, Frankfurt/M., 89–115

Brückner, M. (2002): Liebe und Arbeit – Zur (Neu)Ordnung der Geschlechterverhältnisse in europäischen Wohlfahrtsregimen. In: Hamburger, F., Eggert, A., Heinen, A., Luckas, H., May, M., Müller, H. (Hrsg.): Gestaltung des Sozialen – eine Herausforderung für Europa. Bundeskongress Soziale Arbeit 2001, Leske + Budrich, Opladen, 170–198

Brumlik, M. (1992): Advokatorische Ethik. Zur Legitimation pädagogischer Eingriffe. KT-Verlag, Bielefeld

Butler, J. (2004): Undoing Gender. Routledge, London/New York

Bütow, B., Chassé, K.A., Hirt, R. (Hrsg.) (2008): Soziale Arbeit nach dem Sozialpädagogischen Jahrhundert. Barbara Budrich, Opladen

Collins, P. (1999): Moving Beyond Gender: Intersectionality and Scientific Knowledge. In: Marx Ferree, M., Lorber, J., Hess, B.B. (Hrsg.): Revisioning Gender. Sage, London, 261–129

Dewe, B., Otto, H.-U. (2005): Reflexive Sozialpädagogik. Grundstrukturen eines neuen Typs dienstleistungsorientierten Professionshandelns. In: Thole, W. (Hrsg.): Grundriss Soziale Arbeit. Ein einführendes Handbuch. VS, Wiesbaden, 179–198

Fraser, N. (2003): Soziale Gerechtigkeit im Zeitalter der Identitätspolitik. Umverteilung, Anerkennung und Beteiligung. In: Fraser, N., Honneth, A. (Hrsg.), 13–128

– (2002): Soziale Gerechtigkeit in der Wissensgesellschaft – Umverteilung, Anerkennung und Teilhabe. In: Heinrich-Böll-Stiftung (Hrsg.): Gut zu wissen – Links zur Wissensgesellschaft. Westfälisches Dampfboot, Münster, 50–66

– (2000): Rethinking Recognition. new left review 3, 107–120

–, Honneth, A. (2003): Umverteilung oder Anerkennung? Eine politisch-philosophische Kontroverse. Suhrkamp, Frankfurt/M.

Freidson, E. (2001): Professionalism. The Third Logic. Polity Press, Cambridge

Gildemeister, R., Robert, G. (2000): Teilung der Arbeit und Teilung der Geschlechter. Professionalisierung und Substitution in der Sozialen Arbeit und Pädagogik. In: Müller, S., Sünker, H., Olk, T. (Hrsg.): Soziale Arbeit. Gesellschaftliche Bedingungen und professionelle Perspektiven. Luchterhand, Neuwied, 315–336

Gildemeister, R., Wetterer, A. (1992): Wie Geschlechter gemacht werden. Die soziale Konstruktion der Zweigeschlechtlichkeit und ihre Reifizierung in der Frauenforschung. In: Knapp, G.-A., Wetterer, A. (Hrsg): TraditionenBrüche. Entwicklungen feministischer Theorie. Kore, Freiburg/B., 201–254

Hafeneger, B. (2002): Anerkennung, Respekt, Achtung. Dimensionen in den pädagogischen Generationenbeziehungen. In: Hafeneger, B., Henkenborg, P., Scherr, A. (Hrsg.), 45–62

–, Henkenborg, P., Scherr, A. (Hrsg.) (2002): Pädagogik der Anerkennung. Grundlagen, Konzepte, Praxisfelder. Wochenschau-Verlag, Schwalbach/Ts.

Hark, S. (2000): Durchquerung des Rechts. Paradoxien einer Politik der Rechte. In: Quaestio (Hrsg.): Queering Demokratie. Querverlag, Berlin, 28–44

Heite, C. (2008): Soziale Arbeit im Kampf um Anerkennung. Professionstheoretische Perspektiven. Juventa, Weinheim

Honneth, A. (2003): Umverteilung als Anerkennung. Eine Erwiderung auf Nancy Fraser. In: Fraser, N., Honneth, A. (Hrsg.), 129–224

Kessl, F., Plößer, M. (Hrsg.) (2010): Differenzierung, Normalisierung, Andersheit. Soziale Arbeit als Umgang mit den Anderen. VS, Wiesbaden

–, Otto, H.-U. (Hrsg.) (2009): Soziale Arbeit ohne Wohlfahrtsstaat? Zeitdiagnosen, Problematisierungen und Perspektiven. Juventa, Weinheim

Knapp, G.-A. (2005): „Intersectionality" – ein neues Paradigma feministischer Theorie? Zur transatlantischen

Reise von „Race, Class, Gender". Feministische Studien 1, 68–81

McCall, L. (2005): Managing the Complexity of Intersectionality. Signs. Journal of Women in Culture and Society 3, 1771–1780

Mecheril, P. (2005): Pädagogik der Anerkennung: eine programmatische Kritik. In: Hamburger, F., Badawia, T., Hummrich, M. (Hrsg.): Migration und Bildung. Über das Verhältnis von Anerkennung und Zumutungen in der Einwanderungsgesellschaft. VS, Wiesbaden, 311–328

Rabe-Kleberg, U. (1999): Frauen in pädagogischen und sozialen Berufen. In: Rendtorff, B., Moder, V. (Hrsg.): Geschlecht und Geschlechterverhältnisse in der Erziehungswissenschaft. Leske + Budrich, Opladen, 103–116

Sachße, C. (1986): Mütterlichkeit als Beruf. Suhrkamp, Frankfurt / M.

Sauerwald, G., Bauer, B., Kluge, S. (Hrsg.) (2002): Kampf um Anerkennung. Zur Grundlegung Sozialer Arbeit als Anerkennungsarbeit. Waxmann, Münster

Scherr, A. (2002): Subjektbildung in Anerkennungsverhältnissen. Über „soziale Subjektivität" und „gegenseitige Anerkennung" als pädagogische Grundbergriffe. In: Hafeneger, B., Henkenborg, P., Scherr, A. (Hrsg.), 26–44

Schrödter, M. (2007): Soziale Arbeit als Gerechtigkeitsprofession. Zur Gewährleistung von Verwirklichungschancen. neue praxis 1, 3–28

Walgenbach, K., Dietze, G., Hornscheidt, A., Palm, K. (Hrsg.) (2007): Geschlecht als interdependente Kategorie. Neue Perspektiven auf Intersektionalität, Diversität, Heterogenität. Barbara Budrich, Opladen

Wetterer, A. (2002): Arbeitsteilung und Geschlechterkonstruktion. „Gender at Work" in theoretischer und historischer Perspektive. UVK, Konstanz

– (1993): Professionalisierung und Geschlechterhierarchie. Vom kollektiven Frauenausschluß zu Integration mit beschränkten Möglichkeiten. Jenior & Preßler, Kassel

Witz, A. (1992): Professions and Patriarchy. Routledge, London

Armut und Armutspolitik

Von Walter Hanesch

Definition und Messung von Armut

Eine Auseinandersetzung mit Armut und Armutspolitik setzt die begriffliche Abgrenzung von Armut voraus. Dabei ist festzuhalten, dass sich in der wissenschaftlichen und sozialpolitischen Debatte der Bundesrepublik bislang kein allgemeiner Konsens zur Definition von Armut herausgebildet hat. Dies ist nicht nur auf die komplexe Struktur des Armutsphänomens zurückzuführen, sondern zugleich Ausdruck der Tatsache, dass jede Definition von Armut letztlich eine politisch-normative Grundentscheidung beinhaltet. Hat doch die Wahl des Armutsbegriffs wie der Verfahren zur Messung von Armut große Auswirkungen auf die ermittelte Armut und die zu ergreifende Armutspolitik.

Die neuere wissenschaftliche und politische Debatte um Armut in Deutschland ist auf *materielle Armut fokussiert.* Während in Ländern mit einem niedrigen Lebensstandard ein *absoluter Armutsbegriff* im Vordergrund steht, wobei auf eine Lebenssituation abgestellt wird, in der die physiologischen Grundbedürfnisse des Menschen nicht abgedeckt sind und seine Überlebensfähigkeit in Frage gestellt ist, geht die deutsche wie auch die europäische Armutsdebatte von einem *relativen Armutsbegriff* aus. Armut wird verstanden als eine extreme Ausprägung sozial-ökonomischer Ungleichheit, bei der die Lebenssituation der Armen im Verhältnis zur durchschnittlichen Lage der Bevölkerung betrachtet wird. Durch die Zugrundelegung eines relativen Standards wird automatisch eine Verknüpfung der Armutsfrage mit der Verteilungsfrage hergestellt – ein Grund für die ökonomische, soziale und politische Brisanz dieser Thematik.

In der Regel wird Armut als eine *Unterausstattung mit ökonomischen Ressourcen* definiert, wobei zumeist auf das Einkommen als einzige ökonomische Ressource abgestellt wird. Nicht zuletzt aus Gründen fehlender Daten wird – wenn überhaupt – lediglich Vermögen als weitere Ressource mit einbezogen. In einem Gutachten zum 3. Armuts- und Reichtumsbericht (AuRB) der Bundesregierung ist erstmals eine integrierte Analyse der Einkommens- und Vermögensverteilung vorgelegt worden, die allerdings noch viele methodische Fragen aufwirft (Grabka et al. 2008). Armut als *relative Einkommensarmut* wird – entsprechend einer Konvention innerhalb der Europäischen Union – direkt in Relation zum Durchschnittseinkommen gemessen: Arm ist danach, wessen Einkommen einen bestimmten Prozentsatz des durchschnittlich verfügbaren bedarfsgewichteten Haushaltseinkommens unterschreitet. Seit dem 1. AuRB der Bundesregierung von 2001 wird als Armutsschwelle der Wert von 60 % des Medianeinkommens der Bevölkerung zugrunde gelegt. Um Haushalte unterschiedlicher Größe und Zusammensetzung vergleichbar zu machen, wird weiterhin eine Gewichtung des Bedarfs der Personen mit Hilfe einer Äquivalenzskala vorgenommen, die in einem Haushalt zusammenleben.

Als eine *quasi-offizielle Grenze für Einkommensarmut* gilt das *Niveau der Hilfe zum Lebensunterhalt* (HLU) im Rahmen der Sozialhilfe des SGB XII, da dieses Leistungssystem einen Rechtsanspruch auf Leistungen einräumt, die eine Lebensführung entsprechend der Würde des Menschen sicherstellen sollen; insofern handelt es sich hierbei um ein staatlich garantiertes sozialkulturelles Existenzminimum. Auch das Niveau der Grundsicherung für Arbeitsuchende gemäß SGB II wie auch der Grundsicherung im Alter und bei Erwerbsminderung gemäß SGB XII richtet sich nach dem Bemessungssystem der HLU. Lediglich die Leistungen nach dem Asylbewerberleistungsgesetz, dem vierten Baustein des neuen Systems von Mindestsicherungsleistungen in Deutschland,

Otto/Thiersch (Hg.), Handbuch Soziale Arbeit, 4. A., DOI 10.2378/ot4a.art007,

sind nach anderen Prinzipien bestimmt. Als *„bekämpfte Armut"* gilt insoweit die Zahl der Empfänger von Mindestsicherungsleistungen, wobei politisch umstritten ist, ob die Leistungsempfänger noch als Arme anzusehen sind. In Ergänzung hierzu werden als *„Dunkelziffer"* oder als *„verdeckte Armut"* Personen und Haushalte bezeichnet, die auf einem Einkommensniveau unterhalb der Sozialhilfeschwelle leben und daher einen Anspruch auf Mindestsicherungsleistungen besitzen, diesen aber nicht wahrnehmen.

Als Alternative zum Konzept der Einkommensarmut haben Andreß et al. (2004) vorgeschlagen, *Armut als unzureichenden Lebensstandard* zu erfassen und zu messen. Zugleich plädieren sie dafür, *subjektive Armutsgrenzen* gegenüber den *Expertenstandards* bei der Einkommensarmut zu verwenden. Dabei soll die Einschätzung der Bevölkerungsmehrheit für die Höhe einer Armutsschwelle herangezogen werden. Dazu ist in einem ersten Schritt von Experten ein Bündel von Verbrauchsgütern zur Deckung des Lebensbedarfs festzulegen. Dieses ist in einem zweiten Schritt einer Bevölkerungsbefragung zugrunde zu legen, bei der erfragt wird, welche Verbrauchsgüter im Sinne einer Armutsschwelle notwendig sind und über welche Verbrauchsgüter die Befragten selbst verfügen. Damit kann nicht nur die Höhe der durch die Befragten festgelegten Armutsschwelle ermittelt werden, sondern auch die Anzahl und Struktur der Befragten, die mit ihren Verbrauchsausgaben unter dieser Schwelle liegen.

Im Gegensatz zum bisher angesprochenen Ressourcenansatz fragt eine Armutsdefinition auf der Grundlage eines *Lebenslagenansatzes* nicht nach der durch die Ressourcenausstattung möglichen Versorgungslage, sondern stellt auf die tatsächliche Versorgungslage in ausgewählten Lebensbereichen ab. Als solche Lebensbereiche gelten etwa die Versorgung im Bereich der Bildung, Arbeit, Wohnen, Gesundheit wie auch der Teilnahme am sozialen, kulturellen und politischen Leben (Döring et al. 1990; Voges et al. 2003). Dabei kann eine Unterversorgung in einem oder mehreren solcher Lebensbereiche auftreten. Vor allem das kumulierte Auftreten von Unterversorgung in mehreren Lebensbereichen gilt als Ausdruck einer insgesamt depravierten Lebenssituation. Eine Weiterentwicklung des Lebenslagenansatzes stellt das *Konzept der Teilhabe- und Verwirklichungschancen* in Anlehnung

an Amartya Sen dar, das seit dem 2. Bericht der AuRB der Bundesregierung zugrunde liegt. Nach Sen ist Armut Ausdruck eines Mangels an Verwirklichungschancen. Als Verwirklichungschancen versteht Sen die Möglichkeiten und Fähigkeiten des Menschen, ein Leben führen zu können, für das sie sich mit guten Gründen entscheiden können und das die Grundlagen der Selbstachtung auf keinen Fall in Frage stellt. Als Bestimmungsgründe für die Verwirklichungschancen gelten zum einen gesellschaftlich bedingte Chancen und zum anderen individuelle Fähigkeiten, diese auch tatsächlich zu nutzen. Zu den individuellen Potenzialen zählen materielle und nichtmaterielle Ressourcen, zu den gesellschaftlich bedingten Chancen dagegen politische, ökonomische und soziale Chancen sowie der Zugang zu Leistungen der sozialen Sicherheit. In einer Studie für das BMAS haben Volkert et al. (2003) eine Operationalisierung dieses Konzepts vorgenommen, die auf eine modifizierte Verknüpfung des Ressourcen- und des Lebenslagenansatzes hinausläuft.

Als Folge der Armutsdiskussion auf europäischer Ebene hat der Begriff der *Sozialen Ausgrenzung* in der deutschen Armutsdebatte wachsende Verbreitung gefunden. Allerdings mangelt es bis heute an einer eindeutigen theoretischen Fundierung und Operationalisierung, da der Begriff in der französischen und in der angelsächsischen Forschungstradition sehr unterschiedlich konkretisiert wird (sozialräumliche Ausgrenzung versus Underclass-Konzepte) und mit dem aus der Systemtheorie abgeleiteten Konzept der Exklusion nur bedingt zu vereinbaren ist (Kronauer 2002). Häufig wird dieses Konzept im Sinne fehlender gesellschaftlicher Teilhabemöglichkeiten für einzelne Bevölkerungsgruppen verwendet, wobei auf ökonomische, soziale, kulturelle und politische Aspekte abgestellt wird (Böhnke 2006). Im Kontext der Regional- und Stadtforschung werden schließlich *sozialräumliche Aspekte der Armut* thematisiert. *Armut wird hierbei als räumliche Konzentration von Unterversorgung und Benachteiligung* verstanden, die auf regionaler, auf städtischer oder Quartiersebene als Ergebnis von Segregationsprozessen auftreten kann. Vor allem das Quartier wird als Ressource der Lebensbewältigung, aber auch als Beschränkung von Lebenschancen verstanden (Häusermann et al. 2004).

Gleichgültig, ob ein Ressourcen- oder ein Lebenslagenkonzept der Armut zugrunde gelegt wird, spielt die zeitliche Dimension eine maßgebliche Rolle: Sagt uns die Kenntnis der Unterausstattung / Unterversorgung zu einem Zeitpunkt oder einer Reihe von Zeitpunkten etwas über den jeweiligen Umfang und die Zusammensetzung der Armenbevölkerung aus, so lassen sich den Daten zum zeitlichen Verlaufsmuster der Armut Informationen über *Armutsbiographien oder Armutskarrieren*, also Aufstiegs-, Abstiegs- und Verbleibsprozessen aus / in Armut, entnehmen (Leibfried et al. 1995). Schließlich erfordert die Einbeziehung von immateriellen Dimensionen der Armut – insbesondere der subjektiven Wahrnehmung und der Bewältigungsformen von Armut – die Analyse der „Lebenswelt Armut" (z. B. zum Problem der Kinderarmut: Holz et al. 2005; Zander 2005). Erst auf dieser Grundlage lassen sich subjektive Bedeutung und die Folgen der Armut auf individueller wie auf gesamtgesellschaftlicher Ebene angemessen erfassen und bewerten.

Wissenschaftliche und politische Thematisierung von Armut

Die wissenschaftliche und politische Beschäftigung mit dem Problem der Armut ist durch Konjunkturen gekennzeichnet und spiegelt den jeweiligen historischen Stand der ökonomischen und sozialen Lebensbedingungen der Bevölkerung wie auch den Entwicklungsstand der sozialwissenschaftlichen Diskussion wider. So war zwar in den *ersten Jahren nach dem 2. Weltkrieg* die Armut der Bevölkerung ein vielbeachtetes Problem in Westdeutschland, mit der Überwindung der unmittelbaren Nachkriegsnot ebbte das Interesse an der Armut aber rasch wieder ab. Zwischen Ende der 1950er und Mitte der 1970er Jahre war in der sozialwissenschaftlichen und sozialpolitischen Debatte Armut kein Thema. Vorherrschend war vielmehr die Überzeugung, dass durch die „immerwährende ökonomische Prosperität" in Verbindung mit einem Ausbau des „Sozialstaatsmodells Deutschland" eine dauerhafte Überwindung materieller Not gelungen sei. Erst im *Verlauf der 1970er Jahre* erwachte das Interesse an der Armut. Ausgehend von der Auseinandersetzung mit der Randgruppenproblematik entstanden erste theoretische und empirische Studien, im Rahmen derer unterschiedliche Dimensionen von Unterversorgung und Benachteiligung thematisiert wurden, ergänzt durch Studien zur Armut im Sinne von Sozialhilfebedürftigkeit. Größere öffentliche und politische Resonanz fand allerdings erst die politische Kampfschrift von Heiner Geißler (1976) zur „*Neuen Sozialen Frage*", in der die Entstehung von Armut nichtorganisierter gesellschaftlicher Gruppen aus der Lösung der „alten Sozialen Frage" – insbesondere aus dem Wirken von Sozialstaat und Gewerkschaften – hergeleitet wurde. Die Thesen Geißlers lösten eine intensive theoretische und politische Auseinandersetzung um Erscheinungsformen und Ursachen der Armut aus und gaben Anstoß zu einer breiter angelegten wissenschaftlichen Armutsforschung in der Nachkriegs-Bundesrepublik. Vor allem ökonomische Studien zur Einkommensarmut und soziologische Studien zur Lebenslage Armut, die im Zusammenhang mit dem Sozialpolitischen Entscheidungs- und Indikatorensystem (SPES-Projekt) und später mit dem Sonderforschungsbereich 3 an den Universitäten Frankfurt und Mannheim entstanden, waren von wegweisender Bedeutung (z. B. Hauser et al. 1981).

In den 1980er Jahren gelang es einer Veröffentlichung des Rheinischen Journalistenbüros mit dem Titel „*Die neue Armut*" (Balsen et al. 1984), das Interesse einer breiteren Öffentlichkeit für das Thema Armut bzw. den Zusammenhang von Arbeitslosigkeit und Armut zu gewinnen. Unter dem Begriff „Neue Armut" bestimmte dieser Zusammenhang – gestützt durch weitere Studien (Klein 1987) – die Armutsdebatte der 1980er Jahre. Parallel dazu setzte eine erneute Auseinandersetzung um den *Zusammenhang zwischen der Existenz von Armut und der „Politik des Sozialstaats"* ein, im Rahmen derer die armutspolitischen Defizite des deutschen Sozialstaatsmodells untersucht und kritisch gewürdigt wurden (z. B. Leibfried / Tennstedt 1985).

Die 1990er Jahre waren durch eine immer reichhaltigere theoretische und empirische Auseinandersetzung mit dem Problem der Armut gekennzeichnet. So wurde die Beschränkung der Armutsdebatte auf die Einkommensarmut kritisiert und in Anlehnung an den Weisserschen Lebenslagenansatz für die Heranziehung eines *Lebenslagenkonzepts der Armut* plädiert (Döring et al. 1990). Daneben wurde die bisherige Beschränkung auf zeitpunktbezogene Querschnittsanalysen von Armut kritisiert und wurden – angestoßen durch die amerikanische Armutsforschung – erste Ansätze zu einer *dynamischen Armutsforschung* entwickelt, im Rahmen derer die zeitlichen Verlaufsmuster der Armut im Vordergrund stehen (Leibfried et al. 1995). In weiteren Studien wurde der Zusammenhang von objektiver Lage und subjektiven Verarbeitungsformen von armen Personen und Haushalten thematisiert. Im Rahmen einer Handlungstheorie der Armut galt das Forschungsinteresse ebenso *ökonomischen Anpassungsentscheidungen wie psychosozialen Bewältigungsversuchen* (Andreß 1999). Als ein Ableger der neueren Armutsforschung konnten auch erste Ansätze zu einer *Reichtumsforschung* in der Bundesrepublik angesehen werden (Huster 1993).

Mit dem Vereinigungsprozess hat sich der Gegenstandsbereich der Armutsforschung auch auf die „neuen Bundesländer" erweitert: Nachdem es in der DDR aufgrund politischer Vorgaben keine Armut geben durfte und eine Armutsforschung und Armutsdebatte nur in nichtöffentlicher Form existent war, standen vor dem Hintergrund des einigungsbedingten Transformationsprozesses vor allem objektive wie subjektive Dimensionen einer *„Armut im Umbruch"* im Vordergrund (z. B. Hanesch et al. 1994). Parallel dazu wurde im Rahmen der sozialwissenschaftlichen Stadtforschung die sozialräumliche Dimension sozialer Ungleichheit zunehmend intensiver analysiert und diskutiert. Analysen zur ethnischen und sozialen Segregation sowie Untersuchungen zur Herausbildung sozialräumlicher Kumulationen von Armut und Benachteiligung bildeten die Grundlage für eine Diskussion um politische Strategien zur Sicherung einer sozial ausgewogenen Stadtentwicklung (Alisch / Dangschat 1993; Hanesch 1997).

Bis Ende der 1990er Jahre war eine nationale Armutsberichterstattung der Bundesregierung nicht existent. Lediglich einzelne Wohlfahrtsverbände und der DGB hatten bis dahin quasi als Lückenbüßer nationale Armutsberichte vorgelegt (Hauser / Hübinger 1993; Hanesch et al. 1994). Mit dem Regierungsantritt der rot-grünen Koalition im Bund wurde erstmals das Thema Armut und Armutspolitik auf die politische Agenda gesetzt. Als Grundlage für eine zielgerichtete Politik gegen Armut wurde eine Armuts- und Reichtumsberichterstattung institutionalisiert. Seitdem sind von der Bundesregierung bislang drei AuRB vorgelegt worden (zuletzt: BMAS 2008a). Die Berichte wurden unter Federführung des BMAS als regierungsamtliche Berichte erarbeitet und veröffentlicht. Sie wurden durch einen Beirat begleitet, in dem einschlägige gesellschaftliche Organisationen und Verbände vertreten waren. Die Bundesregierung stützte sich in ihrer Berichterstattung auf eine Vielzahl von ergänzend vergebenen Gutachten und Forschungsprojekten aus dem Bereich der Armutsforschung. Mit diesen Studien wurde zu wichtigen Themenfeldern der Stand der Forschung zusammengetragen und ausgewertet, zu weiteren Themengebieten wurden neue theoretisch-konzeptionelle Grundlagen erarbeitet, wurde das methodische Instrumentarium weiterentwickelt und wurden neue empirische Befunde gewonnen. Insgesamt hat die Einführung der Armuts- und Reichtumsberichterstattung auf Bundesebene ebenso wie die begleitende Forschung stark dazu beigetragen, die sozialwissenschaftliche und sozialpolitische Armutsforschung zu etablieren und zunehmend auszudifferenzieren.

Als Folge des gewachsenen sozialpolitischen Problemdrucks sind im Laufe der beiden letzten Jahrzehnte in zunehmender Zahl Armuts- und Sozialberichte auch auf kommunaler und auf Länderebene veröffentlicht worden. Während erste Berichte der Kommunen vor allem darauf konzentriert waren, die Entwicklung und Struktur der Sozialhilfeempfänger und -ausgaben darzustellen, hat sich das Themenspektrum wie auch das methodische Instrumentarium inzwischen beträchtlich erweitert, auch wenn sich noch kein einheitlicher Standard einer qualifizierten Sozialberichterstattung auf kommunaler Ebene herausgebildet hat. Im Vordergrund steht die kleinräumig gegliederte, regelmäßig fortgeschriebene Bestandsaufnahme sozialer Problemlagen und kommunaler Hilfeleistungen, durch die besondere Problemkumulationen und Interventionsbedarfe bei bestimmten Bevölkerungsgruppen und in bestimmten Sozialräumen frühzeitig erkennbar werden sollen. Daneben haben nahezu alle Bundesländer parallel zur Bundesebene im Laufe des letzten Jahrzehnts eine eigene AuRB eingeführt. Allerdings sind auch hier noch große Differenzen im Hinblick auf Methoden und Inhalte einer solchen Berichterstattung festzustellen. Insgesamt lässt sich eine zunehmende Differenzierung in der deutschen Armutsforschung beobachten, in deren Rahmen neue Fragen aufgegriffen und mit einer großen Bandbreite an theoretischen und empirischen Instrumenten untersucht werden.

Auch wenn heute von einer breit gefächerten Armutsforschung im vereinten Deutschland wie auch im europäischen Zusammenhang gesprochen werden kann, weist die Armutsforschung als vergleichsweise neues Feld der deutschen Sozialforschung nach wie vor Lücken auf. Es fehlt an differenzierten Analysen einzelner „Problemgruppen der Armut" und gruppenspezifischer Verlaufsmuster der Armut ebenso wie an Untersuchungen zu den Auswirkungen sozialräumlicher Konzentrationen und Kumulationen von Armut und unterschiedlicher Verarbeitungs- und Bewältigungsmuster der Armut. Auch die armutspolitische Wirkungsforschung steht in der Bundesrepublik erst am Anfang.

Exkurs: Armut im internationalen Vergleich

Das Thema Armut wird im internationalen Kontext traditionell sehr viel stärker mit den sog. Entwicklungsländern als mit hochentwickelten Industrie- und Dienstleitungsgesellschaften wie Deutschland assoziiert. Existiert doch in vielen dieser Länder Armut nicht nur als Mangel an sozialer Teilhabe, sondern in ihnen ist das physische Überleben großer Bevölkerungsgruppen in Frage gestellt. Die Vereinten Nationen berichten regelmäßig über diese Thematik als Grundlage für ihre Empfehlungen und vielfältigen Hilfeprogramme. So wird in den für die Weltentwicklungsorganisation der UN (UNDP) jährlich erstellten Berichten über die menschliche Entwicklung (Human Development Reports) die Lebenssituation anhand des sog. Human Development Index (HDI) gemessen, einem Gesamtindex für das menschliche Wohlergehen, der eine Vielzahl von Einzelindikatoren für die Lebenserwartung, die Alphabetisierung, die Einschulungsquote und das Bruttoinlandsprodukt pro Kopf miteinander kombiniert und für 189 Länder ausgewiesen wird. Auch die Weltbank informiert in ihrer Berichterstattung über die weltweite Armutslage. Als zentrales Maß für extreme Armut wird hier der Betrag von 1 $ zugrunde gelegt, d. h. als extrem arm gelten Personen, denen weniger als der Gegenwert von 1 $ pro Tag für das Überleben zur Verfügung steht. Trotz eines Rückgangs dieser Zahl seit 1990 (31,6 %), mussten im Jahr 2004 immer noch 19,4 % der Weltbevölkerung mit weniger als 1 $ pro Tag auskommen.

Rund eine Milliarde Menschen leiden nach Angaben der Welternährungsorganisation der UN (UN-FAO) chronisch an Hunger. Im Rahmen einer Mileniumskampagne strebt die UN bis 2015 an, den Anteil der extrem Armen gegenüber 1990 zu halbieren. Darüber hinaus soll auch der Anteil derer, die Hunger leiden, halbiert werden und Vollbeschäftigung in „ehrbarer Arbeit" für alle erreicht werden. Auch die UN hebt hervor, dass materielle Armut in diesen Ländern in der Regel mit immateriellen Aspekten der Armut einhergeht und viele Menschen keinen Zugang zu Einrichtungen der Bildung, Gesundheit und sozialen Infrastruktur haben und ihnen die Teilnahme am öffentlichen Leben verwehrt wird.

Untersuchungen und Berichte zur Armutslage in den Industrieländern werden inbes. von der Organisation für wirtschaftliche Zusammenarbeit und Entwicklung (OECD) regelmäßig veröffentlicht. Dabei war und ist diese Organisation auch für die methodische Entwicklung von Messverfahren für Ungleichheit und Armut maßgeblich. Innerhalb der Europäischen Union ist es vor allem Aufgabe des statistischen Amts der Europäischen Union (EUROSTAT), Statistiken und Analysen zum Thema Armut und soziale Ausgrenzung vorzulegen. Auch hier stehen Analysen zur Einkommensarmut im Mittelpunkt. In den letzten Jahren sind aber auch Analysen zu materieller Deprivation und zu sozialer Ausgrenzung auf Basis eines breiteren Indikatorenbündels veröffentlicht worden. Als Datengrundlage für die Berechnung der Indikatoren diente zunächst das Europäische Haushaltspanel (ECHP) und seit 2005 der für alle Mitgliedsstaaten verfügbare Survey on Income and Living Conditions (EU-SILC).

Schon seit den 1970er Jahren hat die EG und später die EU eine aktive Rolle in der Politik gegen Armut in den europäischen Mitgliedsstaaten übernommen. Im Rahmen mehrerer Armutsprogramme hat sie Untersuchungen zur Armut in Auftrag gegeben, beispielhafte Programme und Projekte unterstützt und den Austausch zwischen den Mitgliedsstaaten gefördert. Darüber hinaus hat sie mit ihren Empfehlungen zu Mindesteinkommen sowie zur Modernisierung der Sozialschutzsysteme in den Mitgliedsstaaten wichtige Impulse zu einer Weiterentwicklung der Politik gegen Armut gegeben. Mit der offenen Koordinierung der Politik der Mitgliedsstaaten zum

Kohäsionsziel im Rahmen der Lissabon-Strategie ist diese Rolle noch verstärkt worden. Seitdem koordiniert die Kommission die von den Mitgliedstaaten in regelmäßigen Abständen erstellten Nationalen Berichte zur Sozialen Eingliederung bzw. seit 2008 die Nationalen Strategieberichte zu Sozialschutz und sozialer Eingliederung. In diesen Berichten informieren die Mitgliedsstaaten auf der Basis gemeinsamer Ziele sowie gemeinsamer Indikatoren und Datenquellen über die Entwicklung von Armutslagen und über die Erfolge ihrer Politik gegen Armut (BMAS 2008b). Die nationalen Berichte werden von der Kommission in gemeinsamen Berichten zusammenfassend dargestellt, eingeordnet und kommentiert (European Commission 2009). Im Jahr 2010 hat die Europäische Kommission anlässlich des Europäischen Jahrs gegen Armut und soziale Ausgrenzung eine zusammenfassende Bestandsaufnahme zu Armut in der EU veröffentlicht (European Union 2010). Der Bericht präsentiert auf der Basis vielfältiger statistischer Befunde Informationen zur sozialen Ungleichheit, zu materieller Armut und sozialer Ausgrenzung sowie zu den sozialen Sicherungsleistungen in den Mitgliedstaaten.

Neben der amtlichen Statistik und Berichterstattung der EU hat die Wissenschaftliche Armutsforschung in den Mitgliedstaaten eine Fülle an Informationen zu Armut und Armutspolitik in der EU bereitgestellt. Gefördert durch europäische und nationale Förderinstitutionen hat eine Vielzahl von Forschungsprojekten und Forschungsnetzwerken dazu beigetragen, das Wissen um Armut zu erweitern und zu vertiefen. Europäisch vergleichende Studien reichen dabei von Querschnittsvergleichen, Zeitreihen von Querschnitten über Längsschnittanalysen bis zur Analyse von Wirkungsfaktoren und zu Vergleichen von Wohlfahrtsstaatstypen.

Erscheinungsbild und Ursachen der Armut:
Das Beispiel Einkommensarmut

Jahrzehntelang war die Einkommensverteilung in Deutschland durch ein hohes Maß an Stabilität gekennzeichnet. Seit den 1990er Jahren ist diese Stabilität abhanden gekommen. Vielmehr ist seitdem ein Prozess der zunehmenden Auseinander-

entwicklung der Einkommensverteilung zu beobachten. Eine Vielzahl von Analysen auf Basis der Einkommens- und Verbrauchsstichprobe (EVS) sowie des Sozio-ökonomischen Panels (SOEP) stimmen darin überein, dass seitdem nicht nur die Ungleichheit der Einkommen zugenommen, sondern sogar eine Polarisierung der Einkommensverteilung eingesetzt hat. So haben z. B. Grabka und Frick (2008) gezeigt, dass im Zeitraum 1992 bis 2006 die Besetzungszahlen der mittleren Einkommensgruppen geschrumpft sind, während im gleichen Zeitraum die Besetzungszahlen in den unteren und oberen Rändern der Einkommensverteilung immer stärker zugenommen haben. Damit zeichnen sich in der personellen Einkommensverteilung Deutschlands ähnliche Trends wie in den angelsächsischen Ländern ab: Während die Mittelschicht zunehmend erodiert, nehmen Reichtum und Armut immer mehr zu. Vor diesem Hintergrund ist die Zunahme von Armut als eine extreme Ausprägung der wachsenden sozialen Ungleichheit zu interpretieren. Allein im Zeitraum 1998 bis 2006 ist unter Zugrundelegung des SOEP die Armutsquote von 12,3 auf 18,6 %, also um rund 50 % angestiegen (Grabka et al. 2007).

Überdurchschnittlich stark von Armut betroffen waren im Jahr 2006 insbes. Kinder im Alter bis 16 Jahren, Jugendliche und junge Erwachsene; mehr als jedes vierte Kind lebte unterhalb der Armutsschwelle. Vergleichbares galt für Haushalte mit Kindern, vor allem für Haushalte von Alleinerziehenden und Haushalte von kinderreichen Familien. Auch Haushalte mit Migranten und Ausländern lebten überdurchschnittlich häufig in Armut; im Falle von Migranten umso häufiger, je kürzer der Zeitpunkt der Einwanderung zurücklag. Die höchste Armutsquote wiesen nach wie vor Arbeitslose auf, vor allem Langzeitarbeitslose. Seit den 1980er Jahren hat sich die anhaltende Arbeitslosigkeit zur Hauptursache von Armut entwickelt. Umgekehrt lagen die Armutsquoten bei Älteren bzw. bei Rentnern ebenso wie bei Erwerbstätigen unter dem Durchschnitt. Allerdings ist zu erwarten, dass die Altersarmut in den kommenden Jahren beschleunigt zunehmen wird, da mit den Rentenreformen des vergangenen Jahrzehnts eine Absenkung des Rentenniveaus vorprogrammiert wurde. Zudem führen arbeitslosigkeitsbedingte Unterbrechungen der Erwerbstätigkeit zu geringeren Ansprüchen auf Leistungen der gesetzlichen Rentenversicherung. Die Zahl der erwerbstätigen Armen ist in Deutschland zwar bisher vergleichsweise niedrig. Dennoch ist zu erwarten, dass durch die zunehmende Prekarisierung von Erwerbsarbeit und das Fehlen eines gesetzlichen Mindestlohns das Problem der „working poor" auch in Deutschland weiter zunehmen wird.

Legt man die quasi-offizielle Armutsgrenze des geltenden sozialkulturellen Existenzminimums zugrunde, zeigt sich ein ähnliches Bild: Zahl und Struktur der Armen ergibt sich danach aus Zahl und Zusammensetzung der Leistungsempfänger des letzten Netzes sozialer Sicherung, das ein sozialkulturelles Existenzminimums gewährleisten soll. Traditionell galt dies für die Hilfe zum Lebensunterhalt (HLU) im Rahmen des Bundessozialhilfegesetzes. Dieses Netz ist allerdings schon in den 1990er Jahren durch die Herausnahme von Asylbewerbern und Bürgerkriegsflüchtlingen aus der Sozialhilfe und deren Zuweisung zu einem eigenständigen Leistungssystem auf Grundlage des Asylbewerberleistungsgesetzes ergänzt worden. Im Jahr 2003 kam die Grundsicherung im Alter und bei Erwerbsminderung hinzu, die zunächst als eigenständiges Leistungsgesetz eingeführt und ab 2005 in das neue SGB XII eingegliedert wurde. 2005 wurde dieser Flickenteppich schließlich um die neu eingeführte Grundsicherung für Arbeitsuchende gemäß SGB II erweitert. Spätestens seit diesem Zeitpunkt handelt es sich also um ein ganzes System von Mindestsicherungsleistungen, das heranzuziehen ist, wenn man die Zahl und Struktur der Personen und Haushalte erfassen will, die – so der offizielle Anspruch – als „bekämpfte Armut" am Rande der Armut leben (Statistische Ämter des Bundes und der Länder 2009). Tatsächlich ist die Zahl der Personen, die laufende Leistungen der HLU bezogen, im Verlauf der 1980er und 1990er Jahre langsam aber kontinuierlich angestiegen und erreichte zum Jahresende 2004 die Zahl von 2,9 Mio. Personen. Mit Einführung des SGB II hat sich diese Zahl in den Folgejahren drastisch reduziert (Ende 2008: 0,3 Mio. Personen). Dafür stieg die Zahl der Leistungsempfänger von Arbeitslosengeld II und Sozialgeld gemäß SGB II dramatisch an und verharrte auf hohem Niveau (Ende 2008: 6,6 Mio. Personen). Fasst man die Empfänger aller vier Mindestsicherungsleistungen zusammen, bezogen Ende 2008 rund 7,6 Mio. Personen diese Leistungen. Damit ist der Anteil der

Bezieher von Mindestsicherungsleistungen seit Anfang des Jahrzehnts von rund 3 % auf fast 10 % angestiegen. Die Zahl der Menschen, die auf staatliche Mindestsicherungsleistungen angewiesen sind, hat sich also mehr als verdreifacht. Diese Entwicklung war Ergebnis nicht nur des Anstiegs wirtschafts- und sozialstrukturell bedingter Armutsrisiken. Sie war ebenso das Ergebnis eines gezielten politischen Rückbaus der primären sozialen Sicherungsnetze – im Falle der gesetzlichen Rentenversicherung im Rahmen der Riesterreform und im Falle der Arbeitslosenversicherung im Rahmen der Hartz-IV-Reform.

Bei den genannten Zahlen ist zu bedenken, dass die Mindestsicherungsleistungen durch eine hohe Quote der Nichtinanspruchnahme gekennzeichnet sind. Während für die frühere HLU gemäß BSHG eine Dunkelziffer in der Größenordnung von 100 % nachgewiesen wurde, wird für die Leistungen nach SGB II eine Dunkelziffer in Höhe von ca. 30 % geschätzt (Becker 2007). Auch wenn sich damit die sog. Dunkelziffer der Armut in den letzten Jahren vermutlich deutlich verringert hat, ist nach wie vor von einer ausgeprägten Unternutzung der sozialen Mindestsicherungssysteme auszugehen. Vergleichsrechnungen zeigen, dass für die meisten Haushaltstypen die relative Armutsschwelle wesentlich höher als das entsprechende Niveau der Mindestsicherungsleistung liegt. Dies signalisiert auch die wesentlich niedrigere Zahl und Quote von Mindestsicherungsleistungsempfängern im Vergleich zu Zahl und Quote der relativ Armen. Die Inanspruchnahme von Mindestsicherungsleistungen führt daher in der Regel keineswegs dazu, dass eine Situation der relativen Einkommensarmut vermieden wird. Insofern wird der regierungsoffiziell verwendete Begriff der „bekämpften Armut" der tatsächlichen Lage der Leistungsempfänger nicht gerecht.

Längsschnittuntersuchungen der Armutsbevölkerung zeigen, dass die Einkommensmobilität innerhalb eines Jahres relativ gering ist. Erweitert man den Beobachtungszeitraum, zeigt sich eine deutliche Zunahme der Mobilität: Etwa 40 % Personen, die im Jahr 2000 unter der Armutsgrenze lebten, hatten fünf Jahre später diesen Einkommensbereich verlassen. Die hohe Mobilität lässt jedoch keine Rückschlüsse auf die Nachhaltigkeit der Überwindung von Armut zu. Ungefähr die Hälfte derer, die zunächst die Armutslage verlassen hatten, kehrte später wieder in Armut zurück. Insgesamt bildete daher die Gruppe derer, die dauerhaft oder wiederkehrend bzw. mit zeitlichen Unterbrechungen in Armut lebten, mit fast 80 % die größte Gruppe unter der Armutsbevölkerung. Während der größte Teil von ihnen dauerhaft in Armut lebt, gelingt es einer Minderheit, zumindest zeitweilig der Armut zu entkommen. Insgesamt signalisieren diese Befunde, dass Armut in Deutschland zwar durch eine hohe Mobilität gekennzeichnet ist, jedoch für die meisten Betroffenen kein kurzfristiges bzw. kurzzeitiges Problem darstellt (Grabka et al. 2007).

Die *Ursachen* der anhaltend hohen bzw. steigenden Einkommensarmut werden von strukturellen Erklärungsansätzen vor allem in einem *beschleunigten wirtschaftlichen und sozialen Wandel* gesehen, wobei – in Ergänzung hierzu – systematische Konstruktionsmängel im Kernbereich des sozialen Sicherungssystems sowie eine Neuorientierung staatlicher Arbeits- und Sozialpolitik ebenso zu einer Risikoverschärfung beitragen. Dem gegenüber stellen ökonomische Erklärungsansätze vor allem *verhaltensbedingte Ursachen* in den Vordergrund, wobei auch hier den sozialstaatlichen Sicherungssystemen eine maßgebliche Rolle für die Entstehung und das Andauern von Armut zugewiesen wird.

(1) So wird in Erklärungsansätzen auf der Basis von Modellen der *neoklassischen Mikroökonomie* die Existenz arbeitsmarktbedingter Armut primär darauf zurückgeführt, dass bei vielen (Langzeit-)Arbeitslosen die Motivation zur Aufnahme einer Erwerbsarbeit nicht ausreichend entwickelt sei. Sie seien vielmehr „Opfer" einer „*Arbeitslosigkeits- bzw. Armutsfalle"*, die durch „*Fehlanreize"* als Folge einer zu großzügigen Gewährung sozialstaatlicher Transfers sowie durch „*Blockierungen"* eines überregulierten Beschäftigungssystems zustande komme. Vor allem ein im Verhältnis zur Einkommenslage bei Erwerbstätigkeit zu hohes Transferniveau („Lohnabstand") sowie unzureichende Anreize durch zu geringe Freistellungen bei der Einkommensanrechnung im Zuge einer Jobaufnahme gelten als dafür maßgeblich. Letztlich wird damit die arbeitsmarktbedingte Einkommensarmut als ein Ergebnis „sozialstaatlicher Fehlsteuerung" und als ein selbstverschuldetes Problem desorientierter armer Personen und Haushalte interpretiert. Die These einer mit den Marktgesetzen kaum zu vereinbarenden sozialstaatlichen Absicherung und Regulierung korrespondiert häufig mit dem Vorwurf, die bestehenden Sicherungsleistungen würden von den Betroffenen „übermäßig" bzw. „missbräuchlich" in Anspruch genommen. Bis heute sind dafür jedoch keine empirischen Nachweise erbracht worden. Vielmehr zeigt etwa die Sanktionsstatistik zum SGB II, dass lediglich bei weniger als 2 % der Leistungsempfänger Sanktionen verhängt wurden. Dennoch setzen solche Erklärungsansätze darauf, den Arbeitsmarkt zu deregulieren und die Palette sozialer Transfers so umzugestalten, dass der Anreiz bzw. Zwang zur Annahme jedweder Arbeit verstärkt wird (IFO 2006).

(2) Demgegenüber wird von den Vertretern des „*strukturellen Ansatzes"* der Anstieg arbeitsmarktbedingter Verarmungsrisiken vor allem auf den Strukturwandel des Arbeitsmarktes zurückgeführt. Vor dem Hintergrund einer anhaltend hohen Massenarbeitslosigkeit und eines sich zunehmend verfestigenden „harten Kerns" von Mehrfach- und Dauerarbeitslosigkeit konzentrieren sich die Beschäftigungs- und Einkommensrisiken auf sog. Problemgruppen des Arbeitsmarktes. Aber auch die zunehmende Erosion des Normalarbeitsverhältnisses, die in einem sinkenden Beschäftigtenanteil in unbefristeten Vollzeitbeschäftigungsverhältnissen und einem steigenden Anteil in prekären Beschäftigungsformen zum Ausdruck kommt, hat die arbeitsmarktbedingten Armutsrisiken verschärft. Hinzu kommt: Der Anstieg der Massenarbeitslosigkeit hat zu gravierenden Verschiebungen in der funktionellen wie in der personellen Einkommensverteilung geführt. Durch das relative Zurückbleiben der Arbeitseinkommen hat sich insbesondere für Empfänger unterer Arbeitseinkommen die Gefahr erhöht, in armutsnahe Lebenslagen abzusinken. Aber auch der Wandel der Lebensformen hat zu einer Aktualisierung von Armutsrisiken geführt, da das familiäre Schutz- und Sicherungssystem an Bedeutung verloren hat und den Einzelnen anfälliger werden lässt gegenüber dem Auftreten allgemeiner Lebensrisiken. Den wachsenden sozialökonomischen Verarmungsrisiken, die aus den skizzierten Entwicklungstrends resultieren, stehen traditionelle Strukturmängel wie aktuelle Veränderungen sozialstaatlicher Sicherungs- und Interventionsformen gegenüber, durch die die wachsenden Armutsgefahren immer weniger aufgefangen und beseitigt werden und die im Kontext des deutschen Sozialstaatsmodells dazustellen sind.

Armutspolitik im deutschen Sozialstaatsmodell

Die lange Zeit zu beobachtende *„Dethematisierung von Armut"* in den Sozialwissenschaften und die vergleichsweise späte Herausbildung einer Armutsforschung in der Bundesrepublik ist nicht zuletzt Resultat eines geringen gesellschaftlichen und politischen Interesses an dieser Thematik. Während über Jahrzehnte hinweg von einer *„Tabuisierung von Armut"* in Politik und Öffentlichkeit der Bundesrepublik gesprochen werden konnte, ist das Armutsproblem in den 1990er Jahren immer stärker ins Blickfeld von Wissenschaft und Politik gerückt. Parallel dazu hat sich die theoretische und politische Auseinandersetzung um Armut und Armutspolitik intensiviert.

Eine Armutsvermeidung bzw. -bekämpfung im Rahmen des *deutschen Sozialstaatsmodells* ist zum einen durch eine enge Wechselbeziehung zwischen Arbeits- und Sozialpolitik und zum anderen durch das Spannungsverhältnis zwischen der nationalen und der kommunalen Ebene bestimmt:

(1) Traditionell geht das deutsche Sozialstaatsmodell von einer Pflicht zur Eigenvorsorge im Rahmen von Erwerbsarbeit und familiärer Unterhaltspflicht aus, knüpft also an den Sicherungsinstitutionen Arbeit und Familie an. Insofern steht bei der Armutsbekämpfung die Eingliederung in den Arbeitsmarkt und die Ermöglichung einer Existenzsicherung durch Erwerbsarbeit im Vordergrund, während die Armutsvermeidung durch Transferleistungen des sozialen Sicherungssystems erst bei Störungen der Arbeitsmarktintegration einsetzt. Armutspolitische Aufgabe der Arbeitspolitik ist die Verhinderung des Auftretens von Einkommenslosigkeit im Rahmen der Primärverteilung am Arbeitsmarkt. Dies geschieht insbesondere durch die Sicherstellung eines ausreichenden Arbeitsplatzangebots sowie durch die rechtliche Regulierung des Arbeitsmarktgeschehens, ausgerichtet am Leitbild des „Normalarbeitsverhältnisses" und der „Normalerwerbsbiographie". Die Aufgabe der *Sozialen Sicherung* liegt dagegen darin, bei Ausfall oder unzureichender Höhe des Erwerbseinkommens oder beim Auftreten sonstiger Bedarfssituationen präventive und/oder kompensatorische Leistungen zur Verfügung zu stellen. Die Leistungspalette der sozialen Sicherung umfasst insbesondere monetäre Transfers, die ergänzend zum vorhandenen Einkommen bereitgestellt werden, um besondere Belastungen zu kompensieren (z. B. Kindergeld, Wohngeld), sowie monetäre Leistungen, die beim Eintreten allgemeiner oder besonderer Lebensrisiken an die Stelle eines fehlenden Erwerbseinkommens treten. Hierzu gehören vor allem die Lohnersatzleistungen der Sozialversicherung als Kernbereich des sozialen Sicherungssystems, die auf einer Kombination von Äquivalenz- und Solidarprinzip basieren. Hierzu gehören aber ebenso die Leistungen der Sozialhilfe bzw. Grundsicherung, die unabhängig von eigenen Vorleistungen und den Ursachen sozialer Not im Falle von Bedürftigkeit eine Basissicherung im Sinne eines soziokulturellen Existenzminimums gewähren. Neben den monetären Transferleistungen umfasst das soziale Sicherungssystem eine große Bandbreite von *Sach- und Dienstleistungen*, die vor allem auf örtlicher Ebene maßgeblich dazu beitragen sollen, materielle Hilfebedürftigkeit zu überwinden und/oder psychosoziale Folgen von Armut abzumildern.

(2) Charakteristisch für die deutsche Armutsbekämpfung ist zugleich eine *politisch-administrative Doppelstruktur* von Interventionen *des Bundes und der Gemeinden*. Am markantesten ist diese Doppelstruktur bei der Bekämpfung der Einkommensarmut ausgeprägt mit dem Nebeneinander von vorrangigen Leistungen der Sozialversicherung einerseits und nachrangigen Sozialhilfe- und Grundsicherungsleistungen andererseits. Diese Doppelstruktur erlaubt eine flexible Krisenregulierung durch Verschiebung der fiskalischen und politischen Kompetenzen zwischen der Bundes- und der kommunalen Ebene. Während in ökonomischen Prosperitätsphasen die vorgelagerten Sicherungsnetze und Integrationsinstrumente auf der Bundesebene ausgebaut wurden, wird umgekehrt in ökonomischen Stagnations- und Krisenphasen die Palette von Schutz- und Integrationshilfen auf Bundesebene zurückgeschnitten und den Gemeinden die Funktion eines „Sozialstaats in Reserve" zugewiesen: Indem Armutspolitik zur Armenpolitik wird, droht dem kommunalen Sozialstaat eine strukturelle Überforderung (z. B. Leibfried/Tennstedt 1985; Hanesch 1997).

Vor dem Hintergrund wachsender Armutsrisiken erweisen sich *die bestehenden Sicherungsnetze als immer weniger ausreichend*, einen wirksamen Schutz vor Armut zu bieten: Da die *Sozialversicherung* über das Versicherungsprinzip an den Arbeitnehmerstatus rückgekoppelt ist, verfügen nicht alle Bevölkerungsgruppen über Leistungsansprüche. Zudem bestimmt gemäß dem Äquivalenzprinzip die frühere Position in der Erwerbshierarchie das Niveau staatlicher Transferleistungen, wodurch benachteiligte Positionen in der Erwerbsarbeit durch die Lohnersatzleistungen tendenziell reproduziert werden. Insofern weist die Sozialversicherung traditionell gravierende Lücken im Hinblick auf den Schutz vor Armut auf. Hinzu kommt: Durch den zuvor skizzierten sozialökonomischen Strukturwandel wird das Fundament der Sozialversicherung zunehmend schmaler. Es wächst die Zahl derer, die durch prekäre Beschäftigungsformen und / oder längere oder häufigere Unterbrechungen der Erwerbstätigkeit keinen ausreichenden Schutz in der Sozialversicherung finden und die beim Eintreten allgemeiner Existenzrisiken auf das letzte Sicherungsnetz angewiesen sind. Durch diese Entwicklung sowie durch Defizite in den steuerfinanzierten Transfers ist der *Sozialhilfe* im Verlauf der 1990er Jahre die Funktion einer allgemeinen Grundsicherung für wachsende Bevölkerungsgruppen zugewachsen – eine Aufgabe, die für sie bei Einführung des Bundessozialhilfegesetzes nicht vorgesehen war, die mit ihren Konstruktionsprinzipien zudem kaum zu vereinbaren ist. Tatsächlich wird ein Schutz vor Armut durch die Sozialhilfe nur sehr unzureichend realisiert, nicht nur als Folge eines seit Jahren unzureichenden Niveaus der Hilfe zum Lebensunterhalt, sondern auch wegen der restriktiven Bedingungen der Leistungsgewährung, durch die viele Bedürftige von der Inanspruchnahme ihrer Rechtsansprüche abgehalten werden. Gleiches gilt grundsätzlich auch für die zuvor genannten weiteren Bausteine des Systems sozialer Mindestsicherung.

Diese *traditionellen Strukturmängel* wurden insbes. im letzten Jahrzehnt durch eine *Veränderung sozialstaatlicher Interventionen überlagert*: Seit Mitte der 1970er Jahre wurden im Gefolge ökonomischer und fiskalischer Krisen zwar wiederholt Einschnitte in das soziale Leistungsnetz vorgenommen. Seit den 1990er Jahren wurden Forderungen nach arbeits- und sozialpolitischen Leistungseinschnitten nicht nur fiskalisch begründet, sondern waren von einer grundsätzlichen Kritik am Sozialstaat bestimmt. Ausgehend von einem neoliberalen Paradigma setzten Mainstream-Ökonomen darauf, mit einem „Umbau des Sozialstaats" die bestehenden

Schutz- und Sicherungsstandards zurückzunehmen. Dabei ist das letzte Netz sozialer Sicherung ins Zentrum der Umbaumaßnahmen gerückt. Durch die Zunahme eines Niedriglohnsektors einerseits und durch Leistungseinschnitte in den vorgelagerten Sicherungsnetzen andererseits hat die Sozialhilfe bzw. Grundsicherung als unterster Sockel für die Pyramide von Erwerbseinkommen und Lohnersatzleistungen immer größere Bedeutung und Brisanz erhalten. Trotz ihrer Randstellung im Gesamtsystem sozialer Sicherung kommt ihr eine „verteilungsstrategische Pufferfunktion" zu. Entsprechend der vorherrschenden Logik einer „Umbaupolitik" waren die wiederholten Schritte zu einer Reform des letzten Netzes denn auch weniger daran ausgerichtet, seine Schutz- und Integrationsfunktion zu erhalten bzw. auszubauen. Sie verfolgten vielmehr das Ziel, dieses Netz tiefer zu hängen und restriktiver auszugestalten, um den Druck insbes. gegenüber den erwerbsfähigen Armen zu erhöhen.

Vor allem seit dem ersten Jahrzehnt des neuen Jahrhunderts sind die primären Netze sozialer Sicherung zurückgefahren worden; seitdem hat sich der Stellenwert dieser primären Netze verringert. Umgekehrt ist das letzte Netz sozialer Sicherung immer stärker ausdifferenziert worden und hat sich sein Gewicht erhöht. Analysen zur Wirkung sozialstaatlicher Transferleistungen weisen darauf hin, dass diese Transfers zwar nach wie vor in hohem Ausmaß dazu beitragen, das Eintreten von Einkommensarmut zu vermeiden. Die armutsvermeidende Wirkung ist jedoch im letzten Jahrzehnt schwächer geworden. Dieser verringerte Effekt ist nicht zuletzt darauf zurückzuführen, dass sich die Aufgabe der Armutsprävention immer stärker auf die sozialen Mindestsicherungssysteme konzentriert. Angesichts der Zunahme sozialökonomischer Verarmungsrisiken und einer Verengung ökonomisch-fiskalischer Handlungsspielräume im Zuge des globalisierten Standortwettbewerbs ist die sozialstaatliche Aufgabe einer Vermeidung bzw. Überwindung von Armut zweifellos schwieriger geworden. Dennoch lassen sich *Ansatzpunkte für eine bedarfsgerechtere Armutspolitik* auf zumindest vier Ebenen identifizieren (Hanesch 1995): Diese liegen (a) in der Erhaltung / Wiederherstellung existenzsichernder Mindestlöhne in Verbindung mit einer Regulierung atypischer Formen der Erwerbsarbeit und einer Verhinderung der Ausdifferenzierung der Lohnstruktur nach unten; (b) in der Sicherung des Zugangs zu Erwerbsarbeit für alle Erwerbsfähigen durch einen policy mix aus Instrumenten der Arbeitszeit-, Beschäftigungs- und Arbeitsmarktpolitik; (c) in der Gewährleistung existenzsichernder Transferleistungen im sozialen Sicherungssystem durch Einführung von Elementen einer „bedarfsorientierten Grundsicherung" in Verbindung mit einer kinderorientierten Umgestaltung des bestehenden Familienleistungsausgleichs sowie (d) in einem adressatengerechten Ausbau sozialstaatlicher Dienstleistungen für Arme. Schließlich erfordert eine notwendige Erweiterung der Finanzierungsbasis für die genannten sozialstaatlichen Sicherungs- und Integrationsleistungen eine Neuverteilung der Steuer- und Abgabelasten. Auch wenn eine Vielzahl von Modellen und Vorschlägen zu einer derartigen „Umbaupolitik" entwickelt worden ist, die im Detail noch viele Fragen aufwerfen, liegt die entscheidende Barriere für eine konsequente Politik der Armutsbekämpfung doch weniger in solchen „technischen Fragen". Vor dem Hintergrund einer Auseinanderentwicklung der Verteilung von Ressourcen und Lebenslagen wird der bisherige gesellschaftliche Grundkonsens von den „Gewinnern" des ökonomischen und sozialen Wandels immer radikaler in Frage gestellt. Im sich verschärfenden Verteilungskampf schwindet die Bereitschaft, eine solidarische Verteilung der Vorteile und Lasten des gesellschaftlichen Strukturwandels mitzutragen.

Vom Armenwesen zu Sozialdiensten für Arme

Die Ausgestaltung der Armutspolitik und des Umgangs mit der von Armut betroffenen Bevölkerung ist Ausdruck der jeweiligen gesellschaftlichen Haltung gegenüber dem Armutsproblem. Betrachtet man die Geschichte der Bearbeitung des Armutsproblems in Deutschland, lassen sich verschiedene Phasen unterscheiden. Bis zum ausgehenden 19. Jahrhundert blieb die Funktionsbestimmung weitgehend erhalten, die sich bereits mit der Kommunalisierung des Armenwesens im 15. Jahrhundert herausgebildet hatte: Im Mittelpunkt einer polizeirechtlich verfassten „Fürsorge" stand weniger die Unterstützung der armen Bevölkerungsschichten, als vielmehr die Aufrechterhaltung der öffent-

lichen Ordnung und der Schutz der nichtarmen Bevölkerung vor den Folgen der Armut. Die primäre Aufgabe der „öffentlichen Fürsorge" wurde in der Disziplinierung der Armen – in der Erziehung zu Arbeitsdisziplin, Fleiß, Ordnung und Gehorsam – gesehen. Im Laufe des 19. Jahrhunderts, als sich im Zuge der Industrialisierung und Urbanisierung vor allem die Städte mit einer rasch wachsenden Armenbevölkerung konfrontiert sahen, wurde ein Prozess der Modernisierung der Fürsorge in Gang gesetzt. Vor allem mit dem Elberfelder und später mit dem Straßburger System wurden Grundstrukturen und Prinzipien des Fürsorgewesens verankert, die das Selbst- und Handlungsverständnis kommunaler Armutspolitik und Armutsverwaltung bis Mitte des 20. Jahrhunderts bestimmten. Auch diese Modelle wurden im Kontext einer polizei- und ordnungsrechtlichen Sicht- und Zugangsweise zur Armenfrage entwickelt und hatten primär die Aufgabe, die kommunalen Kassen und damit die steuerliche Belastung des Besitzbürgertums von den explosiv wachsenden Sozialkosten zu entlasten. Der Siegeszug dieser Modelle war daher weniger ihrer sozialpolitischen Modernität als vielmehr ihrer fiskalischen Effizienz geschuldet (Sachße/Tennstedt 1980/1988).

Erst mit der Einführung der Bismarck'schen Sozialversicherung und dem eigenständigen Tätigwerden des Nationalstaats im Bereich der Sozialpolitik begannen sich die Rahmenbedingungen für das kommunale Armenwesen nachhaltig zu verändern. Mit der immer stärkeren Verlagerung der materiellen Sicherungsaufgabe auf das Reich ging eine politische und fiskalische Entlastung der Gemeinden einher. Dadurch entstanden Spielräume für eine Neuorientierung der kommunalen Armenpolitik, die im Sinne einer Schwerpunktverlagerung von der materiellen Hilfegewährung in Richtung sozialer Dienste und (Eingliederungs-)Hilfen genutzt wurde. Mit dem Auf- und Ausbau von spezialisierten fürsorgerischen Einrichtungen und Leistungen auch jenseits des klassischen Kernbereichs der Armenfürsorge setzte zugleich ein allmählicher Wandel der Anschauungen über die Aufgaben der kommunalen Fürsorge ein, der sich als ein Wandel von der „repressiven Sozialdisziplinierung" hin zu einer „Dienstleistungsorientierung" charakterisieren lässt (Sachße 1994).

Auch wenn die heutige Sozialhilfe und Grundsicherung gegenüber der traditionellen Fürsorge durch einen enormen Rechtsfortschritt zugunsten der Leistungsempfänger gekennzeichnet sind und die moderne Leistungsverwaltung mit der früheren Armenverwaltung nur noch bedingt vergleichbar ist, ist das *„Armenwesen"* bis heute durch eine *spezifische Ambivalenz* gekennzeichnet: Da beim Auftreten von Not- und Bedarfslagen unabhängig von eigenen Vorleistungen und unabhängig von den Entstehungsursachen der jeweiligen Notsituation bedarfsbezogene Leistungen im Sinne eines sozialkulturellen Existenzminimums gewährt werden, ist aus Furcht vor Fehlanreizen und einem möglichen Missbrauch seit jeher nicht nur das Niveau dieser Leistungen begrenzt, sondern sind auch die Bedingungen der Leistungsgewährung restriktiv ausgestaltet. *Ein Leben von Sozialhilfe* soll so im Vergleich zu „normalen" Lebensbedingungen deutlich *weniger attraktiv* erscheinen. Mit der Einführung der Grundsicherung für Arbeitsuchende im Rahmen des SGB II ist dieser Aspekt noch verstärkt worden. Da dieses neue Leistungssystem sich an erwerbsfähige Hilfebedürftige richtet, während die nicht erwerbsfähigen im Geltungsbereich in der Sozialhilfe verblieben, ist gerade dieses Netz durch Prinzipien eines *„aktivierenden Sozialstaats"* in einem sehr restriktiven Sinne gekennzeichnet: Im Vordergrund steht das Ziel, eine Überwindung der Hilfebedürftigen insbes. durch eine (Wieder-)Eingliederung in den Arbeitsmarkt zu erreichen. Durch eine Kombination aus materiellem Druck (durch ein niedriges Leistungsniveau bzw. einen großen Abstand zu einer Einkommenslage bei Erwerbstätigkeit), aus begrenzten finanziellen Anreizen (durch Freistellung eines Teils der Einkünfte bei Aufnahme einer Erwerbsarbeit von der Anrechnung auf die Grundsicherungsleistung) sowie aus einem Kontroll- und Sanktionsdruck soll eine aktive Jobsuche und die Annahme evtl. angebotener Arbeitsgelegenheit erreicht werden. Mit dem Fallmanagement ist zudem in den neuen SGB-II-Agenturen eine neue Form professionalisierter Hilfe eingeführt worden, deren Auftrag sowohl eine adressatenorientierte Beratung und Förderung als auch die Kontrolle und Sanktionierung der Hilfebedürftigen umfasst (Baethge-Kinski et al. 2007). Die Geschichte der *Sozialen Arbeit als Profession* ist eng mit der Entwicklung des Armenwesens und der *Verberuflichung der Armenfürsorge* verbunden (Sachße 1994). Zwar setzte der Einsatz von professionellen Fürsorgern erst im Zuge der „sozialen Ausgestaltung der Fürsorge" ein, dennoch war ihre Aufgabenstellung von Beginn an durch die *ambi-*

valente Zielbestimmung von „Integration" und „Disziplinierung", von „Hilfe" und „Kontrolle" bestimmt, unter der traditionell die Leistungen und Dienste für Arme standen und die sich in modifizierter Form bis heute erhalten hat. Mit der gegenwärtigen Zunahme materieller Armut sehen sich insbes. die Kommunen als örtliche Träger der Wohlfahrtspflege mit der Anforderung konfrontiert, nicht nur rasch wachsende finanzielle Mittel bereitstellen, sondern auch effektivere administrative Verfahren zur Leistungserbringung sowie neue Strategien zur Vermeidung und Überwindung von Armut und Sozialhilfe- bzw. Grundsicherungsbedürftigkeit entwickeln zu müssen. Die Zusammenführung von Arbeitslosenhilfe und Teilen der Sozialhilfe im Rahmen des SGB II verfolgte zwar u. a. das Ziel, die öffentlichen Haushalte zu entlasten, da die Fallzahlen und Kosten durch eine schnellere und bessere Eingliederung der (Langzeit-)Arbeitslosen in Erwerbsarbeit sinken sollten. Dieser Effekt hat sich jedoch in den ersten fünf Jahren nicht eingestellt, da die angekündigten Eingliederungserfolge ausgeblieben sind. Auch die versprochene Entlastung der Kommunen hat nicht stattgefunden, da der Bund seinen Finanzierungsanteil schrittweise zurückgefahren hat. Die wachsenden Leistungsverpflichtungen der Kommunen als „örtliche Träger" bei beschränkten öffentlichen Haushaltsmitteln schlagen sich insoweit in einem erhöhten Reform- und Rationalisierungsdruck nach innen wie nach außen (gegenüber der freien Wohlfahrtspflege) nieder. Innovationsansätze im Sinne einer stärker adressatenorientierten Neugestaltung der Sozialverwaltung werden durch die Dominanz ökonomisch-fiskalischer Ziele in der Debatte um eine „Neue Steuerung" überlagert. Es wächst daher die Gefahr, dass durch den wachsenden materiellen Problemdruck Zielsetzung und Selbstverständnis der öffentlichen Wohlfahrtspflege wieder stärker repressive Züge erhalten.

Mit der Zunahme materieller Armut haben die Verbände der freien Wohlfahrtspflege wie auch Betroffenenorganisationen ihre Aktivitäten verstärkt, ein Netz an bedarfsgerechten Diensten und Hilfen als Ergänzung zu den Einrichtungen und Leistungen der öffentlichen Wohlfahrtspflege auszubauen. Sie agieren als Sprachrohr und als sozialpolitische Lobby der Armen, indem sie auf nationaler wie auf regionaler und lokaler Ebene auf Mängel und Defizite des Hilfesystems hinweisen und deren bedarfsgerechte Weiterentwicklung einfordern. Zugleich sind sie aber auch selbst Träger von Einrichtungen und Diensten, sei es im Auftrag der öffentlichen Träger oder als Ergänzung des öffentlichen Hilfesystems. Dabei werden Anfang des 21. Jahrhunderts Hilfeformen wie Suppenküchen, Tafeln, Kleiderkammern etc. wieder aufgriffen, die schon lange der Vergangenheit anzugehören schienen.

Vor diesem Hintergrund sieht sich die *Soziale Arbeit mit einem doppelten Dilemma konfrontiert*: Zum einen sind mit der Erosion „normaler" Formen der Erwerbsarbeit Ziele und Ansatzpunkte für eine (Re-)Integration in Erwerbsarbeit immer schwieriger zu bestimmen, wird die Stabilisierung „normaler" Lebensbedingungen vor dem Hintergrund einer Ausdifferenzierung der Sozialstruktur zum Problem. Als Folge verknappter Ressourcen und pauschalierter Missbrauchsvermutungen werden zum anderen die finanziellen Leistungen ebenso wie die Integrationsinstrumente rechtlich immer restriktiver normiert. Eine sozialintegrative Perspektive Sozialer Arbeit mit Armen wird somit auch von dieser Seite her erschwert. Soll eine Rückkehr zu überkommenen Formen einer Ar-

muts-„Verwaltung" und -„Disziplinierung" vermieden werden, stehen die Träger wie die Fachkräfte Sozialer Arbeit vor der Herausforderung, *sich aktiv in die „Politik mit der Armut" einzumischen* und eine *bedarfgerechte Politik der Armutsbekämpfung statt einer Bekämpfung der Armen* einzufordern. Die auf nationaler Ebene auf Initiative der EU-Kommission hin gegründete *Nationale Armutskonferenz* ebenso wie die in vielen Regionen und Kommunen von Trägern, Fachkräften und Betroffenengruppen initiierten und getragenen *Aktionsbündnisse* stellen insofern einen notwendigen, wenngleich keinen hinreichenden Ansatz zur Verbesserung der Rahmenbedingungen für Soziale Arbeit wie der Lebensbedingungen der Armen dar. Je mehr es gelingt, durch eine Erweiterung der Integrationschancen am Arbeitsmarkt und einen Ausbau der vorgelagerten Sicherungsnetze die letzten Netze sozialer Sicherung und sozialer Dienste zu entlasten, desto größer sind die Chancen für die Soziale Arbeit, für (und mit) arme(n) Bevölkerungsgruppen im Rahmen einer adressatenorientierten Dienstleistungsverwaltung bedarfsgerechte Lösungen zu entwickeln.

Literatur

Alisch, M., Dangschat, J. S. (1993): Die solidarische Stadt. Verl. für Wiss. Publ., Darmstadt

Andreß, H.-J. (1999): Leben in Armut. Transcript, Bielefeld

–, Krueger, A., Sedlacek, B. K. (2004): Armut und Lebensstandard. BMAS, Köln

Baethge-Kinski, V., Bartelheimer, P., Henke, J., Wolf, A., Land, R. (2007): Neue soziale Dienstleistungen in SGB II. IAB-Forschungsbericht

Balsen, W. Nakielski, H., Rössel, K. (1984): Die neue Armut. Bund, Köln

Becker, I.: Verdeckte Armut in Deutschland. Ausmaß und Ursachen, Friedrich-Ebert-Stiftung Fachforum 2 / 2007

Bieback, K. J., Milz, H. (1995): Neue Armut. Campus, Frankfurt / M. / New York

BMAS (2008a): Lebenslagen in Deutschland. Der 3. Armuts- und Reichtumsbericht der Bundesregierung. Berlin

– (2008b): Nationaler Strategiebericht zu Sozialschutz und soziale Eingliederung 2008–2010. Berlin

Böhnke, P. (2006): Am Rande der Gesellschaft, Risiken sozialer Ausgrenzung. Budrich, Opladen

Butterwegge, C. (2009): Armut in einem reichen Land. Frankfurt / M. / New York

Döring, D., Hanesch, W., Huster, E.-U. (Hrsg.) (1990): Armut im Wohlstand. Frankfurt / M.

European Commission (2009): Joint Report on Social Protection and Social Integration 2008. Brussels

European Union (2010): Combating Poverty and Social Exclusion in the European Union. Eurostat, Luxembourg

Geißler, H. (1976): Die neue soziale Frage. Herder, Freiburg

Grabka, M. M., Frick, J. R. (2008): Schrumpfende Mittelschicht – Anzeichen einer dauerhaften Polarisierung der verfügbaren Einkommen? Wochenbericht des DIW Berlin 10 / 2008

–, Westerheide, P., Hauser, R., Becker, I. (2007): Integrierte Analyse der Einkommens- und Vermögensverteilung. BMAS, Frankfurt / M.

Hanesch, W. (Hrsg.) (2010): Die Zukunft der sozialen Stadt. VS, Wiesbaden

– (Hrsg.) (1997): Überlebt die soziale Stadt? Leske + Budrich, Opladen

– (Hrsg.) (1995): Sozialpolitische Strategien gegen Armut. Westdt. Verlag, Opladen

–, Adamy, W., Martens, R. (1994): Armut in Deutschland. Der Armutsbericht des DGB und Paritätischen Wohlfahrtsverbands. Rowohlt, Reinbek

Hauser, R., Cremer-Schäfer, H., Nouvertne, U. (1981): Armut, Niedrigeinkommen und Unterversorgung in der Bundesrepublik Deutschland. Frankfurt / M.

–, Hübinger,(Hrsg.) (1993): Arme unter uns, Teil 1 und 2. Deutscher Caritasverband, Freiburg

Häusermann, H., Kronauer, M., Siebel, W. (Hrsg.) (2004): An den Rändern der Städte. Suhrkamp, Frankfurt / M.

Holz, G., Richter, A., Wüstendörfer, W., Giering, D. (2005): Zukunftschancen für Kinder!? Wirkung von Armut bis zum Ende der Grundschulzeit. ISS, Eigen-Verlag, Frankfurt / M.

Huster, E.-U. (Hrsg.) (1993): Reichtum in Deutschland. Campus, Frankfurt / M.

–, Boeckh, J., Mogge-Grotjahn, H. (Hrsg.) (2008): Handbuch Armut und soziale Ausgrenzung. VS, Wiesbaden

IFO (2006): Aktivierende Sozialhilfe. Das Kombilohn-Modell des IFO-Instituts. München

Klein, T. (1987): Sozialer Abstieg und Verarmung von Familien durch Arbeitslosigkeit. Campus, Frankfurt / M.

Krause, P., Bäcker, G., Hanesch, W. (Hrsg.) (2003): Combating Poverty in Europe. The German Welfare Regime in Practice, Aldershot UK

Kronauer, M. (2002): Exklusion. Campus, Frankfurt / M. / New York

Leibfried, S., Voges, W. (Hrsg.) (1992): Armut im modernen Wohlfahrtsstaat. Sonderheft 32 der Kölner Zeitschrift für Soziologie und Sozialpsychologie, Opladen

–, Leisering, L., Buhr, P., Ludwig, M. (1995): Zeit der Armut. Suhrkamp, Frankfurt / M.

–, Tennstedt, F. (Hrsg.) (1985): Politik der Armut und die Spaltung des Sozialstaats. Suhrkamp, Frankfurt / M.

Mardorf, S (2006): Konzepte und Methoden von Sozialberichterstattung. VS, Wiesbaden

Sachße, C. (1994): Mütterlichkeit als Beruf. Westdt. Verlag, Opladen

–, Tennstedt, F. (1980 / 1988): Geschichte der Armenfürsorge in Deutschland. Band 1 und Band 2. Stuttgart

Statistische Ämter des Bundes und der Länder (2009): Soziale Mindestsicherung in Deutschland. Wiesbaden

Vereinte Nationen (2009): Bericht über die menschliche Entwicklung. New York

Voges, W., Jürgens, O., Mauer, A., Meyer, E. (2003): Methoden und Grundlagen des Lebenslagenansatzes. Bremen

Volkert, J., Klee, G., Kleimann, R., Scheurle, U., Schneider, F. (2003): Operationalisierung der Armuts- und Reichtumsmessung. BMAS, Tübingen 2003

Zander, M. (2005) (Hrsg.): Kinderarmut. VS, Wiesbaden

Ästhetische Bildung

Von Ute Karl

Im Kontext einer erneuten Hinwendung zum Bildungsaspekt der Sozialpädagogik gewinnt ästhetische Bildung als Topos und Aufgabe der Sozialen Arbeit in den letzten Jahren erneut an Bedeutung. Gegenstand der Diskussionen sind Fragen „nach der Wirkung, die das Schöne im Allgemeinen und die Kunst im Besonderen auf den Menschen ausüben" (Parmentier 2004, 11) sowie die nach der Möglichkeit sinnlicher Erkenntnis. Sowohl das Ästhetische als auch Bildung sind polyfone Begriffe. Dies gilt auch für den Begriff der ästhetischen Bildung und die benachbarten Begriffe der ästhetischen Erfahrung und Erziehung oder der (sozio-)kulturellen und musischen Bildung.

Ästhetische Bildung – ein historisch angelegter Überblick

Zur Entstehung des Begriffs der ästhetischen Bildung

Obwohl bereits in der Antike und im Mittelalter die Frage nach der Wirkung der Kunst und des Schönen verhandelt wurde, wurde der moderne Begriff der ästhetischen Bildung erst am Ende des 18. Jahrhunderts geprägt und zu Beginn des 19. Jahrhunderts zu einem zentralen Thema (wissenschaftlicher) pädagogischer Diskurse. Die Entstehung des Topos der ästhetischen Bildung ist eng mit der Ausformulierung des neuhumanistischen Bildungsbegriffs verbunden. Dieser trägt durch den Rückbezug auf die (griechische) Antike selbst ästhetische Züge, indem die Bildung des Menschen in Analogie zu den Künsten gedacht wird. Immanuel Kants „Kritik der Urteilskraft" (Kant 2001) und Friedrich Schillers „Briefen zur ästhetischen

Erziehung" (Schiller 1795/1997) kommen dabei besondere Bedeutung zu.

Während Antike und Mittelalter von einem objektiven Schönheitsbegriff ausgingen und Kunst letztlich heteronomen, z. B. moralisch-sittlichen oder religiösen Zwecken diente, steht bei Kant nicht der Gegenstand im Vordergrund, sondern die ästhetische Wahrnehmung des Subjekts – das ästhetische Urteil. Im Gegensatz zur bestimmenden Urteilskraft im Erkenntnisurteil handelt es sich bei der ästhetischen Urteilskraft um eine reflektierende, die das Besondere nicht unter einen allgemeinen Begriff subsumiert, sondern sich im Vergleich der beiden Erkenntnisvermögen realisiert, und zwar der Einbildungskraft als Vermögen der Anschauungen a priori und des Verstands als Vermögen der Begriffe. Ästhetische Erfahrung ist das harmonische und zweckfreie Zusammenspiel der ästhetischen Urteilskraft (Parmentier 2004, 18). Im Zentrum von Kants Ausführungen steht das reine Geschmacksurteil, das sich durch ein uninteressiertes Wohlgefallen auszeichnet (Kant 2001, § 2). Die Dinge sind demnach nicht an sich objektiv schön, sondern aufgrund des ohne Interesse sich einstellenden Gefühls der Lust, das sie auslösen.

Indem Kant auf die Freiheit im Vollzug ästhetischer Wahrnehmung hinweist, ist bei ihm im Prinzip die für ästhetische Bildung relevante Verbindung zwischen *Ethik* und *Ästhetik* angelegt. Diese Freiheit ist gleichzeitig sowohl eine negative (Freiheit von der Begrenztheit begrifflichen Erkennens, vom Zwang zur Selbst- und Weltbestimmung), als auch eine positive, denn im Moment der ästhetischen Wahrnehmung besteht die *Freiheit zur Erfahrung von Möglichkeiten*.

Während bei Kant das Schöne nur Symbol des Sittlich-Guten ist, soll es bei Schiller Sittlichkeit bewirken (Ehrenspeck 1998, 110 ff.). Hintergrund von Schillers Überlegungen war die problematische

Otto/Thiersch (Hg.), Handbuch Soziale Arbeit, 4. A., DOI 10.2378/ot4a.art008,

gesellschaftliche und politische Entwicklung nach der Französischen Revolution (Schiller 1795 / 1997). Die Entzweiung von Vernunft und Sinnlichkeit durchziehe nicht nur den einzelnen Menschen, sondern auch die Gesellschaft. Dem Staat aber spricht Schiller nur wenige Möglichkeiten zu, diese Entzweiung zu überwinden und setzt deshalb auf die Erziehung des Menschen. Allerdings können die gesellschaftlichen Schwierigkeiten nicht durch rationale Aufklärung allein beseitigt, sondern nur über den ästhetischen Weg gelöst werden.

Mit dem Begriff „Spieltrieb" beschreibt Schiller die versöhnende Vermittlung zwischen Stoff- und Formtrieb, d. h. zwischen Sinnlichkeit und Vernunft. Im „ästhetischen Zustand" ist der Spieltrieb wirksam. Angesichts krisenhafter Gegenwartsdiagnosen finden sich bis heute in den Diskussionen über ästhetische Bildung, gerade auch in der Sozialen Arbeit, jene Ganzheitlichkeit versprechenden Hoffnungen auf die Versöhnung von Sinnlichkeit und Verstand.

Bei Schiller setzt der ästhetische Zustand, wie er in den späteren Briefen beschrieben wird, die Unabhängigkeit von den Einflüssen der Zeit voraus, also die Autonomie der Kunst. Vor diesem Hintergrund bleibt der ästhetische Weg zur Freiheit des Menschen bzw. der Versöhnung von Ratio und Gefühl letztlich auf wenige auserlesene Zirkel beschränkt (Schiller 1795 / 1997, 128). Dem von Schiller formulierten Bildungsprojekt haftet, wenn nicht ein utopischer, so doch zumindest ein elitärer Charakter an, der in einem aporetischen Verhältnis zum ursprünglichen zeithistorischen Anspruch der Verbesserung der Individuen und in deren Folge der Gesellschaft steht. Eine weitere *Aporie* findet sich trotz vielfältiger Kritik bis heute in den Diskussionen über ästhetische Bildung: Kunst soll gerade aufgrund ihres autonomen Charakters die Menschen und damit die Gesellschaft verbessern. Indem ihr aber dieses intentional verwirklichbare Ziel zugesprochen wird, verliert sie die ihr zugesprochene Autonomie.

Das 20. Jahrhundert

Zu Beginn des 20. Jahrhunderts zeigt sich eine Verdichtung unterschiedlicher Ansätze im Verhältnis von Bildung / Erziehung und Ästhetik. In der Reformpädagogik werden Ideen der Romantik wie die Verbindung von Kunst und Leben, die Betonung der unverstellten schöpferischen Kraft des Kindes, die Kunst als Zusammenhang stiftende Einheit oder ihre quasireligiöse Funktion wieder aufgegriffen (Ehrenspeck 1998, 196 ff.). Damit verbunden ist ein neues Verständnis von Leiblichkeit, wie es sich insbesondere auch in der Jugendbewegung zeigt.

Die Ideen der Erneuerung der Gesellschaft durch Künstler und der Erziehung der Menschen durch Kunst ebenso wie durch Architektur zeigen sich in besonderer Weise in dem von Walter Gropius 1919 gegründeten Bauhaus. Auf der einen Seite ist damit der Anspruch einer „Demokratisierung des Ästhetischen" (Müller 2005, 93) verbunden, indem das Ästhetische in den Alltag hineinverlegt wird. Auf der anderen Seite werden im Bauhaus (trotz äußerst unterschiedlicher, kontroverser Positionen) die gefühlsmäßige, subjektive Seite von Kunst und das Wirken der Form auf den Einzelnen nicht mehr unbedingt in ihrem Wechselverhältnis verhandelt (Parmentier 2004; Mollenhauer 1989).

Der Nationalsozialismus und das damit verbundene Verhältnis zur Kunst werden in Abhandlungen über ästhetische Bildung meist nicht erwähnt. Dies ist darin begründet, dass hier nicht von ästhetischer Bildung gesprochen werden kann, weil der Aspekt einer freien, reflexiven Bewegung des Subjekts zugunsten einer edukativ-formativen Ästhetik aufgegeben wurde. Die Kunst war im Nationalsozialismus zur Aufgabe der geistigen Einwirkung auf die Nation und das Volk funktionalisiert.

Für die Zeit zwischen 1945 und 1989 muss auf die getrennten Entwicklungen im geteilten Deutschland verwiesen werden. Allerdings werden die Perspektiven, die nach dem Zweiten Weltkrieg in der DDR entwickelt wurden, in den heutigen Diskussionen kaum rezipiert, was sicherlich darin begründet ist, dass Kunstschaffende je nach politischem Klima in unterschiedlichem Maße reglementiert wurden. Gleichzeitig wurde aber auch versucht, künstlerisch-ästhetische Ausdrucksformen für alle zugänglich zu machen, und zwar mit dem Ziel, durch Laienkunst zu „reifen sozialistischen Persönlichkeiten" zu erziehen und so am Aufbau der „entwickelten sozialistischen Gesellschaft" mitzuwirken (Koller 1989, 46).

Unter Rückgriff auf die Reformpädagogik stand in Westdeutschland nach 1945 erneut die noch unverstellte künstlerisch-ästhetische Ausdrucksfähigkeit von Kindern (zusammenfassend Richter 2003) im Zentrum der Debatten, die v. a. unter dem Begriff der „musischen Erziehung" geführt wurden. Fächerübergreifend angelegt zielte sie auf die Heilung des durch die Zivilisation erkrankten Menschen (Parmentier 2004, 26). Anfang der 1960er Jahre kritisierte dies Gunter Otto und plädierte für die Einrichtung eines eigenen, didaktisch angeleiteten Kunstunterrichts.

Ende der 1960er / Anfang der 1970er Jahre rückt der Begriff der ästhetischen Erziehung in zweierlei Hinsicht wieder in den Vordergrund: Im außerschulischen Bereich findet in enger Verbindung mit Praxisfeldern und Modellen der Soziokultur und Kulturarbeit eine erneute Verbindung zu politisch-emanzipatorischen Zielen statt. Für den Kunstunterricht wird eine Öffnung hin zur alltäglichen Lebenswelt angestrebt, die in den 1970er Jahren zunehmend mit einem Verständnis des Kunstunterrichts als politisch-ökonomische Aufklärung und als Ort der Vermittlung einer ideologiekritischen Analysekompetenz unterschiedlicher Medien (Unterricht in „visueller Kommunikation") verbunden wird (zusammenfassend: Richter 2003, 305 ff.; Müller 2005, 93). Kritisiert wurde an diesem Ansatz wiederum die „Vertreibung der Gemütskräfte aus dem Prozess der ästhetischen Bildung" (Parmentier 2004, 26).

Ästhetische Bildung wird als Begriff in den 1980er Jahren wieder zunehmend favorisiert, um so in Abgrenzung zu pädagogischen Intentionen – aber auch zu einem bildungsbürgerlichen Verständnis von Bildung als Aneignung von Kulturgütern – die Unverfügbarkeit von Erfahrungen und Selbstbildungsprozessen zu betonen. Gleichzeitig findet eine erneute Hinwendung zur Materialität von unterschiedlichen Kunstformen und ihrer Bedeutung für ästhetische Bildungsprozesse in Rezeption und Produktion statt (Mollenhauer 1996).

Die Begriffe des „ästhetischen Denkens" (Welsch 1988) und der „ästhetischen Rationalität" (Seel 1985), wie sie im Kontext einer postmodernen Vernunftkritik geprägt wurden, werden Ende der 1980er bzw. in den 1990er Jahren für ästhetische Bildung relevant. Ästhetisches Denken befähige nach Welsch (Welsch 1988, 39) u. a. zum Übergang in pluralen Welten (Transversalität) und ermögliche, sich in dieser Pluralität zurechtzufinden. In diesem Zusammenhang werden unter dem Ästhetischen allgemein Phänomene sinnlicher Wahrnehmung (*Aisthesis*) verstanden. Hinzu kommen in den theoretischen Diskussionen seit den 1990er Jahren bis heute die Thematisierung der Sozialität des Körpers, die Anschlussfähigkeit von sozial- und erziehungswissenschaftlichen Theorien zu kulturwissenschaftlichen Konzepten wie Theatralität, Performativität und Mimesis sowie die Entgrenzung unterschiedlicher Kunstformen, z. B. in *Performances*. In diesem Zusammenhang ist auch die in den letzten vier Jahrzehnten ausdifferenzierte Debatte zur *ästhetischen Erfahrung* (in den Erziehungswissenschaften) und zur *ästhetischen Praxis* (in der Sozialen Arbeit) zu sehen.

Bildungsmomente ästhetischer Praxis – ein gegenwartsbezogenes Resümee

Während unter ästhetischer Praxis „ein spezifisches Setting von Medien, Tätigkeiten und Erfahrungen" verstanden wird, „das nach der Struktur von Kunst organisiert ist" (Jäger / Kuckhermann 2004, 14), wird unter dem Begriff der ästhetischen Erfahrung diskutiert, welche Struktur diese besondere Erfahrung des *Subjekts* hat und – erziehungswissenschaftlich pointiert – was ihr bildungstheoretischer Gehalt sein könnte (Mollenhauer 1993; 1996; Mattenklott / Rora 2004). Folgende Aspekte der ästhetischen Erfahrung werden dabei thematisiert und zum Teil kontrovers diskutiert:

- Die ästhetische Erfahrung ist interesselos und selbstzweckhaft. Ihr Grundcharakter wird häufig – auch wenn dies nicht unumstritten ist – als Genießen oder Lust beschrieben.
- Die ästhetische Erfahrung geht vom leiblich-sinnlichen Erleben aus. Ihr wird in Anlehnung an Schiller häufig ein Zustand zwischen Sinnlichkeit und Vernunft zugesprochen.
- Gegenüber ästhetischem Wahrnehmen und Erleben ist ästhetische *Erfahrung* mit einer Bewegung der Selbstreflexion – einer reflexiven Distanz zu den erlebten Gegenständen wie zu sich selbst – verbunden (Mattenklott 2004, 14).
- Das Andere, Fremde ist Ausgangspunkt der Erfahrung, es bricht in die Erfahrung ein (Zirfas 2004), bisherige Wahrnehmungs-, Denk- und Handlungsschemata werden infrage gestellt.

- Ein exklusiver Begriff der ästhetischen Erfahrung, der diese auf Kunsterfahrungen begrenzt (Mollenhauer 1996), wird einem inklusiven Begriff, der Phänomene sinnlicher Wahrnehmung (*Aisthesis*) aller Art berücksichtigt, gegenüber gestellt (zu dieser begrifflichen Differenz: Mattenklott 2004). Zu unterscheiden ist bei Ersterem allerdings auch, ob Kunst nur hochkulturelle Kunstgegenstände meint oder auch z. B. jugendkulturelle Ausdrucksformen wie Körperinszenierungen und Alltagskunst, die mit einem bestimmten Können verbunden sind, das sich im Produkt zeigt.

- Die Betonung der Differenz der ästhetischen Erfahrung gegenüber anderen Erfahrungsmodi (Mollenhauer 1993, 677) steht der Nivellierung dieser Differenz zugunsten der Annahme einer Kontinuität zwischen alltäglicher und ästhetischer Erfahrung gegenüber (Dewey 1998). Es gibt allerdings auch vermittelnde Positionen, die trotz der Besonderheit der ästhetischen Erfahrung deren Verbundenheit mit der Alltagswirklichkeit und dem sozialen Raum hervorheben (Karl 2005).

- Ein eher auf das Individuum und seine Beziehung zu sich selbst (Mollenhauer 1996, 26) gerichtetes Verständnis von ästhetischer Erfahrung steht einem solchen gegenüber, das die ästhetische Erfahrung vor allem in der Beziehung zu anderen und zu den Dingen sieht. Allerdings wird das Verhältnis zu anderen in den Diskussionen über ästhetische Erfahrung unterschiedlich verstanden – je nachdem, ob es um eine prinzipiell unterstellte Zustimmung durch andere (wie bei Kant), um eine auf kommunikative Mitteilung drängende Erfahrung, um ästhetische Erfahrung als gesellige, gemeinschaftlich erlebte Erfahrung oder gar um die Anwesenheit des anderen im Kunstprodukt (z. B. bei musikalischen und darstellerischen Aufführungen) geht.

Gegenwärtige Diskussionen zur ästhetischen Erfahrung und Bildung beziehen sich meist auf einen wahrnehmenden und gestaltenden Kunstbezug (kunstbezogener Ästhetikbegriff). Betont wird auch, dass nach unterschiedlichen künstlerischen Bereichen differenziert werden muss, weil je unterschiedliche Sinne angesprochen werden.

„Ziele" ästhetischer Bildung / ästhetischer Praxis in der Sozialen Arbeit

Die Rede von den Zielen ästhetischer Bildung ist in mindestens zweierlei Hinsicht problematisch, ja paradox. Erstens kann ästhetische Bildung selbst bereits als Ziel ästhetischer Erfahrung verstanden werden, denn ganz allgemein gesprochen kann diese zu einer reflexiven Veränderung bisheriger Selbst- und Weltverhältnisse des Subjekts führen. Zweitens – hierauf wurde bereits verwiesen – sollen sich die bildenden Wirkungen von künstlerischer Produktion und Rezeption ja gerade deshalb ereignen, weil ästhetische Erfahrung durch Zweckfreiheit gekennzeichnet ist und Kunst Autonomie zugesprochen wird. In der Praxis wird der letztgenannten Aporie häufig dadurch begegnet, dass man die künstlerische Praxis zweckfrei als Bildungs*möglichkeit* versteht und sie nicht aufgrund von erreichten oder nicht erreichten kunstfremden Bildungszielen bewertet. Hier soll deshalb von Zielen *ästhetischer Praxis* in der *Praxis* der Sozialen Arbeit und deren potenziell bildendem Gehalt gesprochen werden. Folgende Ziele lassen sich aus den gegenwärtigen Diskussionen über die (bildenden) Wirkungen ästhetischer Praxis extrahieren:

- künstlerische und kunstbezogene Ziele
- individualpädagogische und therapeutische Ziele
- leiborientierte, sinnenbezogene Ziele
- soziale und kommunikative Ziele
- politisch-partizipatorische Ziele

Künstlerische und kunstbezogene Ziele

Sowohl die Ermöglichung ästhetischer Erfahrung als auch die Vermittlung von künstlerischen Techniken sind hier zu nennen. Vor allem Mollenhauer (1993, 677) hat darauf verwiesen, dass die ästhetische Dimension der Bildung bzw. ästhetische Erfahrung eben nicht oder nur partiell didaktisierbar sind. Demgegenüber verwendet Mollenhauer den Begriff der „ästhetischen Alphabetisierung" im Sinne einer für eine Kultur relevante (Unterrichts-)Tätigkeit, die als Vermittlung von Produktionstechniken, historischem Wissen und rezeptionsrelevanten Fähigkeiten konkretisiert werden kann. Hierzu zählt auch die Vermittlung von Kompetenzen im Umgang mit

Neuen Medien. Zu den künstlerischen Zielen gehört zudem die Förderung von musischen und künstlerischen Fähigkeiten, von Kreativität, Gestaltungs- und Ausdrucksfähigkeit (Marquardt / Krieger 2007, 50; Jäger / Kuckhermann 2004, 41) wie der Lust am eigenen Tun. Auch die Ziele, das Gestalten erfahrbar zu machen und einen Raum zu schaffen, Schönes zu erleben, können hierzu gezählt werden (Marquardt / Krieger 2007, 50).

Individualpädagogische und therapeutische Ziele

Auf das Individuum bezogen können die angestrebten bildenden Wirkungen v. a. als entwicklungsbezogene, emanzipatorische, kompensatorische oder heilend-therapeutische Wirkungen beschrieben werden. Ästhetische Praxis kann ermöglichen, neue Sichtweisen, eine differenzierte Wahrnehmungs-, Interpretations- und Kritikfähigkeit zu entwickeln, zur Förderung des Selbstbewusstseins und der Persönlichkeit beizutragen und zu kreativer Problemlösefähigkeit und divergentem Denken anzuregen (Marquardt / Krieger 2007, 50; Jäger / Kuckhermann 2004, 41). In diesem Zusammenhang ist auch die Analogie zwischen künstlerischer Gestaltung und Lebensgestaltung / Lebenskunst zu sehen (z. B. Bundesmodellprojekt „Lebenskunst lernen" [2007–2010]; vgl. Bundesvereinigung kulturelle Jugendbildung 2009).

Gerade in der Annahme, dass künstlerische Produktion und Rezeption eine Distanz zu den Routinen und einengenden Vorgaben des Alltags ermöglichen und einen Reflexionsraum des Subjekts eröffnen, wird ihr potenziell *emanzipatorischer* Charakter begründet. Ihre *kompensatorischen* Möglichkeiten stehen dann im Vordergrund, wenn sozialisatorische Defizite ausgeglichen oder psychische Schwierigkeiten in *heilender* Absicht im Rahmen von künstlerischen Therapien bearbeitet werden sollen.

Leiborientierte, sinnenbezogene Ziele

Im Vordergrund steht hier die Grundannahme, dass künstlerische Produktion und Rezeption in besonderer Weise zur Schulung und Sensibilisierung der Sinneswahrnehmung und des leiblich-

sinnlichen Empfindens (*Aisthesis*) beitragen können. Eine in diesem Sinne als ganzheitlich betrachtete Bildung soll einseitigem, vernunftbezogenen Lernen, verdinglichtem Bewusstsein und der Instrumentalisierung des Körpers etwas entgegensetzen (Marquardt / Krieger 2007, 50).

Soziale und kommunikative Ziele

Darunter werden nicht nur die Aufnahme und Bearbeitung sozialer Tatsachen in den Kunstprodukten bzw. der soziale Charakter von Kunst selbst verstanden sowie die Grundannahme, dass Kunstproduktion letztlich auf ein Gegenüber zielt, sondern auch der rezeptive Austausch über Ästhetisch-Künstlerisches und v. a. die Möglichkeiten des gemeinsamen Tuns bei der Produktion. Da ästhetische Praxis in besonderer Weise eine Auseinandersetzung mit dem Fremden beinhaltet und mit Differenzerfahrung verbunden sein kann, soll sie ein Lernen der Differenz – im Besonderen interkulturelles Lernen – anregen (Marquardt / Krieger 2007, 50) und zur radikalen Pluralität erziehen.

Politisch-partizipatorische Ziele

Vor allem in den frühen 1970er Jahren wurde zum einen gefordert, dass der Hochkulturbetrieb bürgernäher werden sollte, zum anderen sollten alle die Möglichkeit zu kultureller Eigentätigkeit und Mitgestaltung erhalten. Mit der kulturpolitischen Leitformel einer Kultur von allen für alle sollte die Bedeutung von Kunst und Ästhetik ernst genommen werden (Demokratisierung von Kunst und Kultur). Dieser Anspruch wurde in unterschiedlichen Handlungsfeldern von (Sozio-)Kulturarbeit und kultureller (Jugend-)Bildung umgesetzt. Heute wird er nicht zuletzt aufgrund der Einsicht, dass Kunst nur sehr indirekt zur gesellschaftlichen Veränderung beitragen kann, nicht mehr in gleicher Weise programmatisch formuliert. Dennoch ist der in vielen Projekten formulierte Zielgruppenbezug hier und nicht in einer eigenen Jugend-, Alten- oder Behindertenästhetik begründet. Nach wie vor geht es zudem um die Aneignung öffentlicher Räume (Marquardt / Krieger 2007, 73). Problematisch aber werden solche politischen Ziele nicht nur dann, wenn – wie oben dargestellt –

künstlerisch-ästhetische Praxis instrumentalisiert wird, sondern auch dann, wenn sie ansonsten drohende soziale Exklusion kompensieren soll und zudem nicht zur Kritik der damit verbundenen gesellschaftlichen Verhältnisse anregt.

Die hier analytisch getrennten Ziele durchdringen sich in der Praxis, auch wenn je nach Handlungsfeld unterschiedliche Aspekte im Vordergrund stehen.

Handlungsfelder und -formen ästhetischer Praxis in der Sozialen Arbeit

Die Handlungsfelder, in denen im Rahmen ästhetischer Praxis ästhetische Bildung stattfinden kann, lassen sich auf unterschiedliche Weise systematisieren: Erstens nach lebensalterspezifischen Angeboten und den damit verbundenen Orten ästhetischer Praxis, zweitens – gleichsam quer dazu – in Bezug auf einzelne Zielgruppen und spezifische Herausforderungen der Lebensbewältigung, drittens hinsichtlich der Frage, welche der oben genannten Ziele im Vordergrund stehen, und viertens in Bezug auf die künstlerischen Medien selbst.

In Kindheit und Jugend bzw. jungem Erwachsenenalter bieten im Rahmen Sozialer (Kultur-)Arbeit z.B. (soziokulturelle) Stadtteilzentren, (Jugend-)Kunstschulen und Einrichtungen der offenen Jugendarbeit vielfältige Möglichkeiten der künstlerischen Arbeit mit unterschiedlichen Medien (Sturzenhecker/Riemer 2005). Durch die Einrichtung von Ganztagsschulen oder Schulen mit Nachmittagsprogramm entstehen neue Handlungsfelder zwischen schulischer und außerschulischer ästhetischer Praxis. In Bezug auf das mittlere Erwachsenenalter sind v.a. Projekte und Kurse, aber auch Fort- und Weiterbildungen zu nennen. Insbesondere wurde im Zusammenhang mit dem demografischen Wandel und dem Strukturwandel des Alters das Angebot für über 55-Jährige ab Ende der 1970er Jahre ausgebaut (Karl 2010). Quer zu dieser Systematik gibt es eine Vielzahl problem- und lebenslagenbezogener pädagogischer Handlungsformen, z.B. die künstlerische Arbeit mit Obdachlosen, mit (ehemaligen) Drogenabhängigen, mit Straffälligen, mit benachteiligten Jugendlichen, mit gewaltbereiten Jugendlichen, mit Migrant(inn)en, mit Menschen mit Behinderung oder

in psychosomatischen Kliniken und Psychiatrien sowie den Einsatz künstlerischer Medien in der Präventionsarbeit. Der Einsatz künstlerischer Medien und Techniken hat sich stark ausdifferenziert und professionalisiert: Gestaltungs-, Musik-, Tanz-, Kunst-, Medien-, Spiel- und Theaterpädagogik bzw. -therapie und Psychodrama (Überblick in Jäger/Kuckhermann 2004; Hoffmann et al. 2004). Hinzu kommen geschlechterreflexive Ansätze.

Empirische Forschungszugänge zur ästhetischen Bildung in der Sozialen Arbeit

Die oben skizzierten Diskussionslinien zu unterschiedlichen Verständnissen von ästhetischer Erziehung, Bildung und Erfahrung sind gegenwärtig eingebunden in Versuche, die „Versprechungen des Ästhetischen" (Ehrenspeck 1998) empirisch einzuholen. Für das zunehmende Forschungsinteresse können zweierlei Gründe genannt werden (Pinkert 2008): Zum einen gibt es angesichts knapper öffentlicher Mittel einen zunehmenden Legitimationsdruck. Im Zentrum der an Kompetenzen oder Lernzielen orientierten Studien stehen deshalb auch nicht die künstlerischen Prozesse und die damit verbundenen ästhetischen Erfahrungen selbst, sondern diese Ziele. Zum anderen kann dieses empirische Forschungsinteresse auch als Ausdruck einer „hoffnungsvoll-verzweifelte[n] Suche nach Begründungen kulturell-ästhetischer Bildung, die auf die Bedingungen und Anforderungen unserer Gegenwartsgesellschaft reagieren" (Pinkert 2008, 9), interpretiert werden. Deshalb findet eine v.a. einzelfallbezogene Hinwendung zu den ästhetischen Erfahrungen, zur Körperlichkeit und zur konkreten situativen Praxis statt. Hermeneutische, phänomenologische und biografisch orientierte Forschungsansätze versuchen, den Eigenheiten der jeweiligen künstlerischen Medien gerecht zu werden.

Folgende Studien sollen *exemplarisch* genannt werden:

- Die von Mollenhauer et al. (1996) durchgeführte hermeneutische Studie zu den ästhetischen Erfahrungen von Kindern auf der Grundlage von Bildmaterial, musikalischen Ausdrucksgestalten und Protokollen der Gespräche über Musik und Bilder sowie das eigene Tun geht von einer Differenz der ästhetischen Bildung gegenüber anderen Bildungsvorgängen aus und versucht das kunstförmige Thematisch-Werden von Sinnesereignissen, bei dem sich neue Empfindungen einstellen, nachzuvollziehen.

- Karl (2005) rekonstruiert in Anlehnung an die erziehungswissenschaftliche Biografieforschung Bildungsprozesse, die sich in und durch die künstlerische Praxis des Altentheaters ereignen. Deutlich werden dabei die Eigenheiten der Kunstform des Theaterspielens (ähnlich auch Reinwand 2008 für unterschiedliche Altersgruppen).
- Möglichkeiten individueller Bildungsprozesse in musikpädagogisch angeleiteten Gruppen werden in der Studie zum Modellprojekt „Rockmobil" deutlich (Hill 1996).
- Lindner (2004) evaluiert die Bildungswirkungen in der kulturellen Kinder- und Jugendarbeit.
- Stutz (2008) arbeitet im Rahmen des Berliner Projekts „Kunst und Lernen im Prozess" – einer kunstpädagogischen Studie – mit qualitativen Methoden der Sozialforschung und kunstwissenschaftlichen Auswertungsmethoden in Bezug auf bildliche Materialien.

Die unterschiedlichen sozial- wie kunstwissenschaftlichen Zugänge können gegenwärtig als Suchbewegung verstanden werden, welche weit davon entfernt ist, über einen gemeinsamen Begriffs- und Methodenkanon zu verfügen. Zu klären wäre zudem, ob in Bezug auf jede ästhetische Erfahrung von ästhetischer Bildung oder gar von Bildungsprozessen in einem allgemeineren Sinne als Veränderung von Selbst- und Weltverhältnissen gesprochen werden kann und in welchem Verhältnis ästhetische Erfahrungen und andere Erfahrungen im Kontext ästhetisch-künstlerischer Praxis stehen.

Literatur

Bundesvereinigung kulturelle Jugendbildung (Hrsg.) (2009): Lebenskunst lernen. Mehr Chancen durch Kulturelle Bildung. Mit Kunst und Kultur Schule gestalten. bkj, Remscheid

Dewey, J. (1998): Kunst als Erfahrung (1934). 3. Aufl. Suhrkamp, Frankfurt / M.

Ehrenspeck, Y. (1998): Versprechungen des Ästhetischen. Die Entstehung eines modernen Bildungsprojekts. Leske + Budrich, Opladen

Hill, B. (1996): Rockmobil. Eine ethnographische Fallstudie aus der Jugendarbeit. Leske + Budrich, Opladen

Hoffmann, B., Martini, H., Martini, U., Rebel, G., Wickel, H. H., Wilhelm, E. (2004): Gestaltungspädagogik in der Sozialen Arbeit. Schöningh, Paderborn

Jäger, J., Kuckhermann, R. (Hrsg.) (2004): Ästhetische Praxis in der Sozialen Arbeit. Wahrnehmung, Gestaltung und Kommunikation. Juventa, Weinheim / München

Kant, I. (2001): Schriften zur Ästhetik und Naturphilosophie, Bd. 2, hrsg. von M. Frank und V. Zanetti. Suhrkamp, Frankfurt / M.

Karl, U. (2010): Kulturelle Bildung und Kulturarbeit mit älteren Menschen. In: Aner, K., Karl, U. (Hrsg.): Handbuch Soziale Arbeit und Alter. VS, Wiesbaden, 87–97

– (2005): Zwischen / Räume. Eine empirisch-bildungstheoretische Studie zur ästhetischen und psychosozialen Praxis des Altentheaters. LIT, Münster

Koller, J. (1989): Zur Kulturpolitik in der DDR. Entwicklung und Tendenzen. Neue Gesellschaft, Bonn

Lindner, W. (2004): „Ich lerne zu leben" – Zur Evaluation von Bildungswirkungen in der kulturellen Kinder- und Jugendarbeit. In: Sturzenhecker, B., Lindner, W. (Hrsg.): Bildung in der Kinder- und Jugendarbeit. Vom Bildungsanspruch zur Bildungspraxis. Juventa, Weinheim / München, 243–259

Marquardt, P., Krieger, W. (2007): Potenziale Ästhetischer Praxis in der Sozialen Arbeit. Schneider, Baltmannsweiler

Mattenklott, G. (2004): Einleitung 1. Teil: Zur ästhetischen Erfahrung in der Kindheit. In: Mattenklott, G., Rora, C. (Hrsg.), 7–23

–, Rora, C. (Hrsg.) (2004): Ästhetische Erfahrung in der Kindheit. Theoretische Grundlagen und empirische Forschung. Juventa, Weinheim / München

Mollenhauer, K. (1996): Grundfragen ästhetischer Bildung. Theoretische und empirische Befunde zur ästhetischen Erfahrung von Kindern. Juventa, Weinheim / München

– (1993): „Anspruch der Differenz" und „Anspruch des Universellen". Eine Marginalie zur ästhetischen Bildung. Zeitschrift für Pädagogik 39, 673–678

– (1989): Ästhetische Bildung als Kritik, oder: Hatte das „Bauhaus" eine Bildungstheorie. In: Röhrs, H., Scheuerl, H. (Hrsg.): Richtungsstreit in der Erziehungswissenschaft und pädagogische Verständigung. Lang, Frankfurt / M., 287–303

Müller, H.-R. (2005): Ästhetische Bildung. In: Otto, H.-U., Thiersch, H. (Hrsg.): Handbuch Sozialarbeit / Sozialpädagogik. 3. Aufl. Ernst Reinhardt, München / Basel, 91–105

Parmentier, M. (2004): Ästhetische Bildung. In: Benner, D., Oelkers, J. (Hrsg.): Historisches Wörterbuch der Pädagogik. Beltz, Weinheim

Pinkert, U. (2008): Einleitung. In: Pinkert, U. (Hrsg.): Körper im Spiel. Wege zur Erforschung theaterpädagogischer Praxen. Schibri, Berlin, 7–13

Reinwand, V.-I. (2008): „Ohne Kunst wäre das Leben ärmer". Zur biographischen Bedeutung aktiver Theater-Erfahrung. kopaed, München

Richter, H.-G. (2003): Eine Geschichte der ästhetischen Erziehung. videel, Niebüll

Seel, M. (1985): Die Kunst der Entzweiung. Zum Begriff der ästhetischen Rationalität. Suhrkamp, Frankfurt / M.

Schiller, F. (1795 / 1997): Über die ästhetische Erziehung des Menschen in einer Reihe von Briefen. Reclam, Stuttgart

Sturzenhecker, B., Riemer, Ch. (Hrsg.) (2005): Playing Arts. Impulse ästhetischer Bildung für die Jugendarbeit. Juventa, Weinheim / München

Stutz, U. (2008): Entwurf einer sozialräumlichen kunstpädagogischen Praxis. Ästhetik – Theorie – Qualitative Empirie. kopaed, München

Welsch, W. (1988): Einleitung. In: Welsch, H. (Hrsg.): Wege aus der Postmoderne. Schlüsseltexte der Postmoderne-Diskussion. VCH Acta Humaniora, Weinheim, 1–43

Zirfas, J. (2004): Kontemplation – Spiel – Phantasie. Ästhetische Erfahrungen in bildungstheoretischer Perspektive. In: Mattenklott, G., Rora, C. (Hrsg.), 77–97

Ausbildung für Soziale Arbeit in Europa

Von Franz Hamburger, Sandra Hirschler, Günther Sander und Manfred Wöbcke

Seit der Entstehung Sozialer Arbeit als Profession und der Etablierung der ersten Schulen für Soziale Arbeit in London und Amsterdam (1896), der sozialwissenschaftlichen Abteilung der Universität Liverpool (1904), der „Praktischen Schule für Sozialausbildung" in Paris (1907) und der „Sozialen Frauenschule" in Berlin (1908) ist die Ausbildung in fast allen europäischen Ländern bis in die jüngste Gegenwart von großer Vielfalt und Heterogenität geprägt. Diese Uneinheitlichkeit erklärt sich nicht nur aus den unterschiedlichen Sozial- und Bildungssystemen der jeweiligen Länder, sondern auch aus den Verwurzelungen der Schulgründungen in differierenden bzw. konkurrierenden philanthropischen, sozialpädagogischen, konfessionellen, ideologischen und politischen Konzepten und sozialen Bewegungen (Lorenz 1992).

Auch in der Gegenwart deckt die Ausbildung für Soziale Arbeit trotz aller Vereinheitlichungstendenzen ein breites Spektrum unterschiedlicher Ausbildungsinstitutionen, -gänge und -abschlüsse ab. Die Ausbildungsformen zeigen sowohl in vertikaler Sicht (von der einjährigen Kursausbildung bis zum Promotionsstudiengang) als auch in horizontaler Perspektive (von der Freizeitpädagogik bis zur Sozialarbeit in der Psychiatrie) eine komplexe institutionelle und thematische Bandbreite. In unserer (deutschen) Terminologie und Kategorisierung kann grundsätzlich zwischen basaler Berufsausbildung an Fachschulen sowie akademischer Ausbildung im tertiären Sektor an Fachhochschulen und Universitäten unterschieden werden, allerdings lassen sich nicht alle Ausbildungsformen immer eindeutig diesem Schema zuordnen.

In der Mehrzahl der Länder existieren bislang parallele Studiengänge auf Fachhochschul- und Universitätsebene (z.B. in Belgien, Deutschland, Frankreich, Großbritannien, Irland, den Niederlanden, Norwegen, Polen, Portugal, Rumänien, Schweden und Ungarn); während in Italien und Spanien die früheren Schulen für Sozialarbeit in den 1990er Jahren in universitäre Ausbildungsgänge überführt worden sind. Auch in anderen Ländern (wie Finnland, Island, Kroatien und der Türkei) wird das Sozialarbeitsstudium ausschließlich an Universitäten angeboten, während umgekehrt in Österreich die Ausbildung der Sozialarbeiterinnen und Sozialarbeiter nur an nichtuniversitären (Berufs-)Akademien möglich war, die inzwischen in private Fachhochschulen umgewandelt worden sind.

In Ost-/Mittelost-/Südosteuropa sind im Kontext der gesellschaftlichen Transformationsprozesse recht unterschiedliche Entwicklungen zu beobachten: In einigen Ländern wird an die vorgefundene Tradition des sozialpädagogischen Universitätsstudiums angeknüpft, in anderen wurden die oft bereits in den 1920er Jahren entstandenen Schulen für Sozialarbeit wiedergegründet; vielfach findet eine an die bundesdeutsche Nachkriegsgeschichte der Sozialarbeit erinnernde Rezeption US-amerikanischer, britischer und niederländischer Ausbildungskonzepte statt.

Relativ vergleichbar sind die verschiedenen Ausbildungsgänge des tertiären Bereichs in Europa hinsichtlich der Dauer des Studiums (drei bis fünf Jahre), während der Anteil der vorgeschriebenen Praktika zwischen fünf und 50% variiert. Nicht nur die Ausbildungssysteme, sondern auch die Träger der Einrichtungen (staatliche, regionale, kommunale, kirchliche, freie und private), die Bezeichnungen der Studiengänge und deren Verortung als wissenschaftliche Disziplinen sowie die Abschlüsse und Zugangsberechtigungen zum Arbeitsmarkt variieren von Land zu Land. Neben diesen historisch gewachsenen Ausbildungsstrukturen entstehen zunehmend universitäre, private und kommerzielle Fort- und Weiterbildungsangebote unterschiedlichster Dauer und Qualität.

Otto/Thiersch (Hg.), Handbuch Soziale Arbeit, 4. A., DOI 10.2378/ot4a.art009,
© 2011 by Ernst Reinhardt, GmbH & Co KG, Verlag, München

Wissenschaftlich waren die Ausbildungsgänge für Soziale Arbeit in Europa bislang nur unzulänglich untersucht; die erste umfassende Bestandsaufnahme von Brauns / Kramer (1986) vernachlässigte zudem die damals schon zu verzeichnenden Entwicklungen der universitären Ausbildung für Sozialarbeit / Sozialpädagogik in einigen Ländern. Auch die folgenden Untersuchungen (Brauns / Kramer 1991; Council of Europe 1995; Kersting et al. 1995; Puhl / Maas 1997; Badelt / Leichsenring 1998) hinkten der Entwicklungsdynamik vielfach hinterher, vor allem fehlten weitgehend valide Daten über die Ausbildungssituation in den Nachfolgestaaten der UdSSR und Jugoslawiens, in Albanien, Bulgarien, der Slowakei, Rumänien, aber auch kleinen Ländern wie Malta, Zypern und Fürstentümern wie Liechtenstein und San Marino.

Die gegenwärtige Umbruchperiode nach Bologna

Die Landschaft der Ausbildung für Soziale Berufe in Europa ist in Bewegung geraten: Hochschulpolitisch u. a. durch die *Sorbonne-Erklärung* über eine gemeinsame europäische Hochschulpolitik (1998) und die *Bologna-Erklärung* der EU-Bildungsminister zur Vereinheitlichung der akademischen Bildung (1999), forciert aber wohl vor allem durch die reale gesellschaftlich-ökonomische Entwicklung und die Aufnahme neuer Länder in die Europäische Union im Zuge der „Osterweiterung". Aus der Europäisierung und Internationalisierung sozialer Probleme, der Sozialpolitik und Sozialarbeit resultieren neue Qualifikationsanforderungen in der Praxis und damit auch in der Ausbildung. Dieser Prozess hat inzwischen alle Länder Europas erfasst, nicht nur die EU-Mitgliedsstaaten. Was können wir voneinander lernen, welche Fehler sollten wir vermeiden?
Um die Ausbildungslandschaft transparent zu machen und so den internationalen Vergleich zu ermöglichen, wurde im Rahmen des Forschungsprojekts „Ausbildung für Soziale Berufe in Europa" (1999 bis 2006) versucht, einen kompletten Überblick über die Situation der Ausbildung in allen 46 europäischen Ländern (Auch wenn das Projekt unter dem Motto „Von Albanien bis Zypern" lief, war der einzige Beitrag, der letztendlich nie eintraf, der aus Albanien.), also nicht nur im EU-Eu-

ropa, zu erarbeiten. Dazu wurden ausgewiesene Experten „vor Ort" gewonnen, welche die Ausbildungsstrukturen und insbesondere die neueren Entwicklungen in ihrem jeweiligen Land untersuchen sollten. Die im Folgenden nur skizzierten Untersuchungsergebnisse sind in vier Bänden im Verlag des Frankfurter Instituts für Sozialarbeit und Sozialpädagogik (ISS) veröffentlicht (Hamburger et al. 2004–2007).

Nordeuropa

In *Norwegen* wurde in der Folge des Qualitäts-Reformgesetzes für den Hochschulbereich (Universitäten und Colleges) von 2002 die Ausbildung komplett auf BA- und MA-Studiengänge umgestellt; diese Reform war vor allem an den norwegischen Universitäten sehr umstritten. Aufbauend auf dem Master kann die Promotion im Studiengang Sozialarbeit erfolgen.
Schweden bildet Sozialarbeiter (*Socionom*) und Sozialpädagogen (*Social Omsorg*) in siebensemestrigen Studiengängen an zwölf Hochschulen und neun Universitäten aus; eine Integration der beiden Studienprogramme ist geplant. Eine Promotion in Sozialarbeit ist bislang nur an den Universitäten möglich. Trotz der starken Internationalisierung der Ausbildung existieren bislang keine BA- oder MA-Studiengänge.
Dänemark hat die Ausbildung in zumeist nichtstaatlichen Seminaren und staatlichen Fachhochschulen (CVU) mit BA-Abschluss angesiedelt; Postgraduiertenstudien werden an zwei Universitäten durchgeführt. Auf allen Ausbildungsebenen werden auch Weiterbildungsstudien in Sozialarbeit angeboten.
In *Finnland* erfolgt die Ausbildung an sechs finnischen Universitäten sowie der schwedischen Abteilung der Universität von Helsinki. Die Institute für Sozialarbeit gehören zu den sozialwissenschaftlichen Fakultäten. Nach dreijährigem Studium erfolgt der Abschluss BA und nach weiterem zweijährigem Studium wird der MA vergeben; eine anschließende Promotion ist möglich.
In *Island* findet eine vierjährige grundständige Ausbildung seit 1976 an der Sozialwissenschaftlichen Fakultät der Universität Reykjavik statt, demnächst wird auch an der Universität Akureyri das Studium der Sozialarbeit möglich sein.

Von besonderem Interesse sind die Informationen aus *Estland, Lettland* und *Litauen*. Da es in der Sowjetunion keine spezifische Ausbildung für Soziale Arbeit in unserem Verständnis gab, musste hier in einem Jahrzehnt eine Entwicklung „nachgeholt" werden, die sich in den westlichen Ländern in einem Jahrhundert vollzogen hat. In *Estland* wurde die Sozialarbeiterausbildung Anfang der 1990er Jahre an den Universitäten Tallin und Tartu begonnen, sie ist inzwischen bereits nach dem BA / MA (Bachelor / Master)-Schema strukturiert. Angeboten wird auch ein Promotionsstudiengang. In *Lettland* wurde die Ausbildung für Soziale Arbeit zu Beginn der 1990er Jahre eingeführt. Sie ist in universitäre Studiengänge der Soziologie (Sozialarbeit), Pädagogik (Sozialpädagogik) und Medizin (Social Care) integriert. Außerdem kann Sozialarbeit an einer privaten und einer evangelischen Akademie studiert werden. Die Ausbildung in *Litauen* knüpft an sozialpädagogische Konzepte der 1930er Jahre an und wird an sieben Universitäten, einer Hochschule, vier Kollegs sowie vier Höheren Schulen durchgeführt, auch hier sind bereits BA- und Magisterstudiengänge eingeführt. Hervorzuheben sind die zahlreichen Kontakte mit ausländischen Hochschulen.

Die Ausbildungslandschaft in *Großbritannien* ist recht unübersichtlich, Sozialarbeit kann an Kollegs (Fachhochschulen) und an Universitäten studiert werden, die Studiendauer variiert zwischen zwei und drei Jahren. Das Kurzzeitstudium schließt mit einem Diplom, das Universitätsstudium mit diversen BA-Abschlüssen ab, so „Bachelor of Arts (BA) in Social Work and Sociology", „Bachelor of Social Science" (B.Soc.Sc.), „Bachelor in Social Work" (B.S.W.) und andere.

Die Ausbildung für Jugendarbeit, Pflege und Heimerziehung in *Irland* findet an Fach- und Fachhochschulen statt, die der Sozialarbeiter (*Social Work* und *Youth and Community Work*) ausschließlich in sozialwissenschaftlichen BA-Studiengängen an drei Universitäten.

Mitteleuropa

Die Ausbildungssituation in Deutschland ist auch nach „Bologna" differenziert geblieben. Die Grundstruktur von Fachschule, Fachhochschule und Universität bleibt erhalten, Bachelor und Master an Fachhochschulen und Universitäten bilden eine „Quer-Struktur". Der Bachelor an Fachhochschulen dauert überwiegend sieben Semester, an den Universitäten sechs Semester. Die Fachschulen werden noch stärker „abgesetzt", was bei der ErzieherInnenausbildung für den vorschulischen Bereich zu Verwerfungen führt, weil eine längere und verwissenschaftlichte Ausbildung gefordert wird. Die Debatte um Sozialarbeitswissenschaft ist abgeklungen, die stille Koexistenz mit der Sozialpädagogik dauert an; diese ist eine erziehungswissenschaftliche Disziplin geblieben. Die Heterogenität der Masterabschlüsse löst das *disziplinäre* Projekt einer Wissenschaft der Sozialen Arbeit auf.

In den *Niederlanden* wird für Soziale Berufe an rund 60 Hochschulen ausgebildet, der Studiengang Sozialarbeit (Agogik) umfasst ein breiteres Spektrum sozialer Berufe: Kulturarbeit, Therapie, Care-Management, Sozialarbeit, Personalmanagement, Sozialrechtliche Beratung und Sozialpädagogische Arbeit. Das Studium dauert vier Jahre, wobei das dritte Jahr als Praxisjahr in das Studium integriert ist, und schließt mit dem BA ab. Auf Universitätsebene besteht nur an der Universität Utrecht eine Professur.

In Belgien findet eine grundständige Ausbildung an 23 Fachhochschulen statt, zwölf davon befinden sich in Flandern, elf in Wallonien. Jede Fachhochschule hat eine relative Autonomie, ihre eigene Tradition und ihre besonderen Ausbildungsschwerpunkte. Im Zuge des Bologna-Prozesses befinden sich in beiden Regionen die Ausbildungsgänge in der Umstrukturierung. In Flandern wurde im Akademischen Jahr 2004–2005 die Bachelor- und Masterstruktur eingeführt, sodass dort inzwischen ein akademischer Bachelor, ein beruflicher Bachelor und ein akademischer Master erworben werden können.

Luxemburg war bis vor Kurzem das einzige Land der EU, in dem es keine eigenständige Ausbildung für Sozialarbeit auf Fachhochschul- oder Universitätsebene gab. Wer Sozialarbeit an einer Fachhochschule oder Universität studieren wollte, tat dies in der Regel im benachbarten Ausland (Belgien, Frankreich, Deutschland). Durch die inzwischen erfolgte Einrichtung eines universitären Studiengangs erlebt die Ausbildung für Soziale Berufe momentan einen Reformprozess, der Funktion und Rolle aller im Sozialwesen angesiedelten Berufe neu definieren wird.

In *Frankreich* ist die Ausbildung für Soziale Berufe nur selten im Hochschulbereich angesiedelt, größtenteils wird die Ausbildung für Sozialarbeiter an rund 50 kleineren staatlichen oder staatlich anerkannten Fachschulen durchgeführt. Die Ausbildung schließt mit einem staatlichen Diplom ab. An einigen Universitäten kann Sozialarbeit grundständig, als Aufbaustudiengang oder akademische Zusatzqualifikation und mit unterschiedlichen Spezialisierungsmöglichkeiten und Abschlüssen studiert werden. Über die Umsetzung der BA / MA-Struktur liegen keine Informationen vor.

In der *Schweiz* wurde der Schritt der Umsetzung der Bologna-Erklärung bereitwillig und freiwillig in einem Top-down-Entscheid vollzogen und umgesetzt. Die hohe Akzeptanz liegt u. a. darin begründet, dass die Entwicklung des Bologna-Prozesses parallel zum Prozess der Modernisierung der Universitäten verläuft und dass die Umstellung zum Bachelor keine Änderung der Studienzeit bedingt. Gegenwärtig findet die Ausbildung für soziale Berufe an zahlreichen Fachschulen, Hochschulen für Sozialarbeit und Fachhochschulen statt.

In *Österreich* wurden die staatlichen Akademien für Sozialarbeit seit 2001 in neun Fachhochschulen für Sozialarbeit – alle in privater Trägerschaft – umgewandelt; universitäre Studiengänge existieren innerhalb der Erziehungswissenschaft in Graz und Klagenfurt.

Für *Liechtenstein* ist zu bemerken, dass das Land aufgrund seiner Größe keine eigenständige Ausbildung für Soziale Berufe anbietet, sondern auf entsprechende Ausbildungsstätten im Ausland angewiesen ist.

Für *Monaco* ist festzuhalten, dass hinsichtlich des Bildungssystems Parallelen zum Nachbarn Frankreich existieren, hinsichtlich der beruflichen Ausbildung Monaco zwar über eine eigene Ausbildungsstruktur verfügt, in der jedoch die Ausbildung Sozialer Berufe nicht schwerpunktmäßig verankert ist.

Ost-, Mittelost- und Südosteuropa

Akademische Ausbildung für Soziale Arbeit und Sozialpädagogik in *Polen* hat seit 1907 eine lange Tradition, die auch in der sozialistischen Periode weiter existierte. Ab 1991 wurde die Ausbildung an Berufsschulen, Fachhochschulen und Universitäten neu strukturiert und an den Hochschulen als Teildisziplin in den Fächern Soziologie, Pädagogik und Politologie installiert. Stark expandiert haben in den letzten Jahren private, auf Profit ausgerichtete Akademien.

Der Bedarf an Sozialarbeitern ist in *Tschechien* ansteigend, aufgrund fehlender legislativer Regelungen hinsichtlich ihrer Stellung sowie aufgrund des Fehlens einer Festlegung der grundsätzlichen Qualifizierungsausbildung herrscht jedoch ein eklatanter Mangel an ausgebildeten Sozialarbeitern; durch neue Gesetze soll dieser Mangel jetzt behoben werden.

In der *Slowakei* wurde nach der Wende die erste Professur für Sozialarbeit 1990 an der Pädagogischen Fakultät der Universität Bratislava eingerichtet, auch an drei weiteren Universitäten werden Sozialarbeiter ausgebildet. Studienabschluss ist der Magister oder die Promotion (PhD). Daneben existieren zweijährige Ausbildungsprogramme an Fachhochschulen für Sozialarbeit und diversen privaten Schulen.

Für *Slowenien* ist zu konstatieren, dass die Reform der Studiengänge im Zuge von Bologna genutzt wurde, um den Anteil des Praktikums von vier auf bis zu 15 % zu heben.

Die Ausbildung in *Kroatien* unterscheidet sich von anderen osteuropäischen Ländern dadurch, dass vor dem Hintergrund des „Dritten Weges" Jugoslawiens diese auch im Sozialismus an Höheren Schulen und Universitäten weiter betrieben wurde. Seit 1993 gibt es fünf Lehrstühle für Sozialarbeit an der Universität Zagreb. Das Studium wird mit dem Magister oder der Promotion abgeschlossen.

In *Bosnien-Herzegowina* können Bachelor- und Masterabschlüsse erworben werden. Dort stehen die verschiedenen zu bewältigenden praktischen Zugänge zur Sozialen Arbeit mit diversen Zielgruppen, wie beispielsweise Kriegsheimkehrer und Armut, im Mittelpunkt der Diskussion.

Die Ausbildung für Sozialarbeit in *Serbien* (zum Zeitpunkt der Erstellung des Länderberichts noch Republik „Serbien und Montenegro") konnte darauf aufbauen, dass in Jugoslawien bereits in den 1950er Jahren mit einer qualifizierten und an westlichen Konzepten orientierten Ausbildung begonnen worden ist. Die ersten universitären Studiengänge wurden ab 1974 eingerichtet, gegenwärtig wird vor allem die internationale Kooperation ausgebaut.

Auch *Mazedonien* war eine Teilrepublik Jugoslawiens und konnte daher, wie Kroatien und Serbien, auf den vorhandenen Strukturen aufbauen. Die Ausbildung für Soziale Arbeit ist an der Universität Skopje am Institut für Sozialarbeit und Sozialpolitik mit den Abschlussmöglichkeiten BA, MA und Promotion institutionalisiert.

In *Ungarn* erfolgt die Ausbildung für Soziale Berufe einerseits an Fachschulen, Pädagogischen Hochschulen und Universitäten im Rahmen des öffentlichen Bildungssystems, andererseits durch eine Reihe von Non-Profit-Organisationen oder marktwirtschaftlich orientierten Unternehmen.

Sozialarbeiter und Sozialpädagogen in *Rumänien* werden seit 1990 an 17 Universitäten und sechs Fachhochschulen ausgebildet. BA- und Master-Studiengänge sind eingeführt, auch die Fachhochschulstudiengänge (drei Jahre) dürften in solche umgewandelt werden.

2004 wurden in *Moldawien* Standards zur Ausbildung für Soziale Arbeit herausgegeben, die an der dortigen Universität umgesetzt wurden. Auch wird die Ausbildung durch die internationalen Kooperationen im Rahmen des Bologna-Prozesses sich künftig noch verändern.

In *Bulgarien* ist die Sozialarbeitsausbildung seit der Wende an Colleges und Universitäten angesiedelt und schließt mit den Graden „Spezialist" (drei Jahre College), Bachelor (vier Jahre) und Master (plus ein Jahr) ab. An zwei Universitäten existieren inzwischen auch Promotionsstudiengänge (PhD).

In *Russland* haben sich die Begriffe „Sozialarbeit" und „Sozialpädagogik" noch nicht im vollen Umfang durchsetzen können, auch werden in Russland momentan neue Ausbildungsbereiche und Arbeitsfelder begründet, sodass eine begriffliche und inhaltliche Festlegung schwierig ist.

In *Weißrussland* ist die Anzahl der Studierenden seit Mitte der 1990er Jahre signifikant angestiegen. Ähnlich wie in Slowenien wird hier u. a. das „Theorie-Praxis-Problem" diskutiert.

Auch in der *Ukraine* steigt die Nachfrage nach ausgebildeten Sozialarbeitern stetig an, auch hier werden, ähnlich wie in Tschechien, derzeit einheitliche Standards festgelegt.

Südeuropa

In *Italien* wurden mit einer Universitätsreform 2005 fast alle Studiengänge auf die neue Studienordnung umgestellt, wobei der dreijährige Studiengang „Laurea di primo livello" dem Bachelor entspricht, das optional darauf aufbauende Master-I-Studium dauert nur ein Jahr und entspricht daher nicht dem „3+2"-Modell; mit ihm korrespondieren die „Laurea Specialista", auf der ein Master-II-Studium aufbauen kann. Noch ist unklar, wie die neuen Abschlüsse heißen.

In *San Marino* existiert keine eigenständige Ausbildung im Bereich der Sozialen Arbeit, es gibt jedoch spezifische Ausbildungsangebote des „Dienstes für Information, Fort- und Weiterbildung". San Marino kooperiert mit italienischen Universitäten.

Im *Vatikanstaat* gibt es keine öffentliche Ausbildung für soziale Berufe; allerdings unterhalten viele Orden oder religiöse Kongregationen soziale Einrichtungen und bilden auch für soziale Berufe aus.

In *Malta* spiegelt sich ein seit den 1985er Jahren enorm angestiegenes Wachstum im Bereich der Ausbildung für Soziale Dienste wieder.

Spanien bildet für soziale Berufe an Berufsschulen und an eigenen Fachbereichen für Sozialarbeit an Universitäten aus. Die Hochschulausbildung endet mit den Abschlüssen Diplom (drei Jahre), Magister (plus zwei Jahre) und Promotion (im Anschluss an den Magisterabschluss).

In *Andorra* werden momentan neue Ausbildungsgänge im tertiären Bildungssektor geschaffen, die Ausbildung für Soziale Berufe genießt in dem Land einen hohen Stellenwert.

In *Portugal* gehören seit der Revolution von 1974 die drei staatlichen Schulen in Lissabon, Porto und Coimbra zum tertiären Bereich und wurden 1979 in Fachhochschulen für Soziale Dienste umgewandelt. Ab 1985 wurden auch private Fachhochschulen zugelassen. Die universitäre Ausbildung begann 1980 an der TU Lissabon, es folgten Studiengänge an der Katholischen Universität Vizeu und im Jahr 1998 die fünfjährige Ausbildung an der Universität von Trás-os-Montes e Alto Douro.

In *Griechenland* findet Ausbildung für Soziale Arbeit seit 1984 ausschließlich an inzwischen vier staatlichen Technischen Fachhochschulen (T.E.I.) mit unterschiedlich orientierten Studiengängen statt; das Studium dauert acht Semester.

Und für Zypern ist festzuhalten, dass dort die europäische Dimension gerade in der Umsetzung begriffen ist.

Die *Türkei* kennt ausschließlich die Ausbildung auf der universitären Ebene: Seit 1967 an der Abteilung für Sozialarbeit und Soziale Dienste der staatlichen Hacettepe-Universität in Ankara und seit 2002 an einer privaten Universität in Baskent mit den Abschlüssen MA und PhD.

Die Intention, mit der das Projekt „Ausbildung für Soziale Berufe in Europa" begonnen wurde, nämlich vor den größeren Veränderungen durch den Bologna-Prozess eine Bestandsaufnahme der Ausgangssituation zu erarbeiten, lässt sich jetzt erweitern auf die Frage, welche Dynamik der Prozess angenommen hat und in welche Richtung er geht. Auch befinden sich alle Länder in Bezug auf ihre Sozial- und Hochschulpolitik in einem fortwährenden Wandel; dies lässt die Ausbildung nicht unbeeinflusst. Eine systematische Bilanz ist angesichts dauernder Veränderungen nicht möglich, es können nur Tendenzen festgehalten werden. Dazu gehört beispielsweise, dass in den untersuchten Ländern die Ausbildung noch durchweg in öffentlicher Verantwortung und auch an Universitäten geschieht. Eine Ausnahme bildet Österreich mit neun Fachhochschulen in ausschließlich privater Trägerschaft. In einigen Ländern wird die Rolle der Theorie im Verhältnis zur Praxis in der Ausbildung stark diskutiert, in anderen Ländern steht hingegen das „Finden der eigenen Profession" mit der Frage, „Wie das Kind heißen soll" – Soziale Arbeit, Sozialarbeit oder Sozialpädagogik, um in der deutschen Terminologie zu bleiben, im Mittelpunkt.

Bologna und die Folgen

Die Umsetzung des Bologna-Prozesses (siehe hierzu auch Hirschler 2008) ist vor allem an den osteuropäischen Hochschulen weitgehend realisiert. Die politisch gewollte Einführung der BA / MA-Struktur schreitet jedoch in einigen Ländern offensichtlich langsamer voran als von manchen erhofft oder befürchtet. Auch hier ist, wie in Deutschland, zu beobachten, dass die Universitäten eher ablehnend, die Fachhochschulen eher euphorisch reagieren. Für die Zukunft freilich wird entscheidend sein, welche Qualität der Ausbildung sich

hinter den Etiketten verbirgt. Diese Diskussion hat noch nicht einmal begonnen.

Über die Entwicklung der Ausbildung nach der Umsetzung der Bologna-Erklärung lassen sich für viele europäische Länder nur Tendenzen feststellen, da die Realisierung noch nicht überall abgeschlossen ist. So war beispielsweise über einen langen Zeitraum die Tendenz erkennbar, verstärkt (spezialisierte) Master-Studiengänge einzurichten und dem Bachelor weniger Beachtung zu schenken. Dies hatte eine Reihe von Gründen: Neben der *Employability*, dem Ziel der Beschäftigungsfähigkeit und nicht der Wissenschaftlichkeit (der „berufsbefähigende Regelabschluss", Buttner et al. 2004, 22) des Bachelors und dem hohen Personalaufwand wird von einigen ProfessorInnen der Master auch als prestigeträchtiger und gewichtigerer Studiengang angesehen. Daraus entstand an einigen Universitäten die Tendenz zu „Spezialmastern", die (fast) deckungsgleich mit den Forschungsschwerpunkten von ProfessorInnen, aber nicht „Employability-orientiert" sind. In Deutschland endeten 2006 von 112 evaluierten Mastern für soziale Berufe nur ca. ein Viertel mit dem Abschluss „Soziale Arbeit", die Hälfte der Master beschäftigt sich mit Sozialmanagement, Beratung, Gesundheit und Therapie (Deutscher Berufsverband für Soziale Arbeit e. V. 2007). Diese Tendenz scheint sich an einigen Universitäten – insbesondere nach der Berechnung der vorhandenen personellen Kapazitäten – zu relativieren (Hirschler / Lorenz 2006).

In Bezug auf die Umsetzung des Bologna-Prozesses wurde bei der Analyse deutlich, dass bei den skandinavischen Ländern Schweden die Reform des tertiären Bildungssektors erst 2008 / 2009 umsetzen wird, Norwegen hingegen – auch im europäischen Vergleich – mit der Implementierung der *Quality Reform* zu den Vorreitern gehört. Ähnliches ist für Dänemark festzustellen, auch dort werden bereits flächendeckend Bachelor-Abschlüsse angeboten. Deutschland befindet sich noch immer in der Übergangsphase vom Diplom zum Bachelor und Master. In Ungarn ist die Umstellung im August 2004 durch einen Erlass erfolgt, für die Ukraine ist Ähnliches zu konstatieren (Semigina et al. 2005, 169).

Von Interesse ist auch die Frage, welche Folgen die bis 2010 einzuführende neue Studiengangsstruktur haben wird. Die erste Studienstufe soll zu einem berufsqualifizierenden Bachelor-Abschluss führen

(*Undergraduate*). Mit dem Abschluss des Bachelor wird ein für den europäischen Arbeitsmarkt „relevantes Zertifikat" erworben. Auf den Bachelor kann eine zweite Studienstufe von einem, einenhalb oder zwei Jahren folgen, die mit einem zweiten, berufsqualifizierenden oder forschungsorientierten Master-Abschluss (*Graduate*) enden soll. Für Deutschland ist zu konstatieren, dass der Berufseinstieg und der weitere Karriereweg für Bachelor-Absolventen der Fachhochschulen und der Master-AbsolventInnen der Universitäten voraussichtlich keine Probleme darstellen wird, die Berufsaufnahme der universitären Bachelor-Absolventen jedoch unklar ist (Alesi et al. 2005). In Flandern existieren seit dem Studienjahr 2004/05 zwei verschiedene Bachelor: Ein *Professional Bachelor*, der auf einen Berufseinstieg vorbereiten soll, und ein *Academic Bachelor*, der eher eine wissenschaftliche Ausrichtung hat (Desmet 2005, 53). In Estland wird „das Hochschulprogramm der ersten Stufe (BA) allgemeine Kenntnisse beinhalten und das Hochschullehrerprogramm der zweiten Stufe (MA) […] vor allem als Ausgangspunkt der Forschungsarbeit dienen" (Tulva/Leppiman 2004, 24 f.). Sichtbar wird in der Analyse, dass Unsicherheiten über die Chancen des universitären Bachelor in vielen Ländern zu konstatieren sind, da der Bachelor oft als ein ohne den Master „unvollständiger Abschluss" begriffen wird. Hierbei scheinen das Vereinigte Königreich – wo das Thema „kein Thema" ist – und Deutschland – wo die Sorge überdurchschnittlich hoch ist – die beiden europäischen „Extreme" darzustellen (auch Alesi et al. 2005). In Bezug auf den Master-Zyklus besteht innerhalb der europäischen Länder kein Konsens über das grundsätzliche Verhältnis dieser Stufe zur Berufsqualifizierung und darüber, ob eine zusätzliche Berufseignung „direkt" über entsprechende Vertiefungsfächer oder „indirekt" über akademische Forschungsimpulse erreicht werden sollte. Die in „Bologna" vorgeschlagene klare Trennung wird bisher nur in wenigen Ländern wie Lettland und Frankreich durchgeführt. Allgemein ist festzuhalten, dass die Universitäten eher Schwierigkeiten mit einem berufseinmündenden Master zu haben scheinen als die Fachhochschulen (Hirschler 2006).
Eine zu verzeichnende „Skurrilität", mit nicht absehbaren Folgen für die wissenschaftliche Disziplin, ist auch, dass an einigen Hochschulen das bisherige Verhältnis von Grund- und Hauptstudium auf den Kopf gestellt wird: Spezialisierung ohne Grundlagenwissen im Kurzzeitstudium, Grundlagenwissen ohne Fachbezug im Master-Studiengang (Hirschler/Sander 2007).

„Bologna" sollte eine vergleichbare Hochschulausbildung und damit ein „System vergleichbarer Abschlüsse" herbeiführen. So sollte die wechselseitige Anerkennung der Abschlüsse und die Berufsaufnahme in jedem EU-Land ermöglicht werden, letztere war übrigens bereits durch das Prinzip der „Freizügigkeit" im Vertrag von Maastricht garantiert. Die Anerkennungspraxis der Hochschulabschlüsse sieht allerdings anders aus. Die deutsche Bundesregierung behauptet, die Anerkennung hapere an „Übersetzungsschwierigkeiten" der erworbenen Qualifikation, die Lösung seien „Übersetzungshilfen", und die biete der „Europäische Qualifikationsrahmen" (EQR) an, auf den sich die EU-Bildungsminister am 15. November 2007 in Brüssel geeinigt hatten (Bundesregierung 2007). Ján Figel, EU-Bildungskommissar, sagt dazu:

„Die Menschen in Europa stoßen viel zu oft auf Hindernisse, wenn sie in ein anderes Land gehen wollen, um dort zu studieren, sich weiter zu bilden oder zu arbeiten. Auch der Wechsel von einem Bereich des Bildungssystems ihres Landes in einen anderen, z. B. von der Berufsbildung zur Hochschulbildung, kann problematisch sein. Der EQR wird die unterschiedlichen Qualifikationen in den europäischen Ländern leichter verständlich machen." (Bundesregierung 2007)

Ob „Verständlichkeit" auch „Anerkennung" bedeutet, bleibt weiter offen.

Entwicklungstendenzen

Die Ausbildung für soziale Berufe ist in ganz Europa durch Akademisierung (also Integration in das tertiäre Bildungssystem) und Verwissenschaftlichung gekennzeichnet. Von den Autoren unserer Studie wird diese Entwicklung als Erfolg gewertet, als Qualifikationserweiterung durch Wissenschaft, als Voraussetzung zur Aufwertung des Berufs und des Berufsfeldes. Deutlich sichtbar wird dabei auch der Aspekt, dass die hochschulischen Akteure selbst eine Aufwertung erfahren haben und an einer Steigerung dieser Aufwärtsbewegung interessiert sind.

Dies kommt in den Bestrebungen zum Ausdruck, dort, wo dies nicht der Fall ist, auch einen Promotionsstudiengang *Social Work* zu etablieren. Zentrales Interesse ist dabei gleichzeitig die Etablierung einer wissenschaftlichen Leitdisziplin für einen als Profession verstandenen Beruf. Eine zweite, damit verbundene Tendenz ist das Bestreben, die Ausbildung für soziale Berufe weniger als

Addition verschiedener Fächer zu konzipieren und mehr eine integrative Disziplin der Sozialen Arbeit, sei es Sozialpädagogik oder Social Work zu entwickeln. In den Curricula finden sich überwiegend noch die konstitutiven Fächer (Psychologie, Soziologie, Pädagogik, Rechtswissenschaft, Ökonomie u. a.), aber aus der früheren „Methodenlehre" entsteht die „Fachwissenschaft Soziale Arbeit".

Literatur

Alesi, B., Bürger, S., Kehm, B. M., Teichler, U. (2005): Stand der Einführung von Bachelor- und Master-Studiengängen im Bologna-Prozess sowie in ausgewählten Ländern Europas im Vergleich zu Deutschland. Endbericht: Vorgelegt am 28.02.2005. Im Auftrag des Bundesministeriums für Bildung und Forschung. In: http://www.hrk-bologna.de/bologna/de/download/dateien/bachelor_u_master_im_bolognaprozess_in_eu_2005.pdf, 13.08.2010

Badelt, Chr., Leichsenring, K. (1998): Analyse und mögliche Neustrukturierung der Ausbildungen im Sozialbereich. Studie im Auftrag des BMUK und BMWV (als Manuskript veröffentlicht), Wien

Benelux Bologna Secretariat (2007): The Official Bologna Process Website 2007–2009. In: www.bologna2009benelux.org, 13.08.2010

Brauns, H.-J., Kramer, D. (Hrsg.) (1991): Social Work Education and Professional Development. In: Hill, M. (Hrsg.): Social Work and the European Community. Jessica Kingsley Pub, London, 80–99

– (Hrsg.) (1986): Social Work Education in Europe – a Comprehensive Description of Social Work Education in 21 European Countries. Dt. Verein f. öffentl. u. private Fürsorge, Frankfurt / M.

Bundesministerium für Bildung und Forschung (2007): Exzellenzinitiativen. In: www.bmbf.de/de/1321.php, 13.08.2010

Bundesregierung (2007): Qualifikationen werden in Europa besser vergleichbar. Magazin für Soziales, Familie und Bildung 12 /. In: www.bundesregierung.de/Content/DE/Magazine/MagazinSozialesFamilieBildung/058/sd-qualifikationen-in-europa-besser-vergleichbar.html, 17.12.2009

Buttner, P., Bartosch, U., Hosemann, W. (2004): Ein Blick in die Zukunft. Zehn Thesen über die Folgen von Bologna und was sich alles ändern muss. Sozialmagazin 7–8, 22–28

Council of Europe, Steering Commitee on Social Policy (1995): The Initial and Further Training of Social Workers Taking into Account Their Changing Role. Straßburg

Desmet, A. (2005): Training for Social Work in Flanders. In: Hamburger, F., Hirschler, S., Sander, G., Wöbcke, M. (Hrsg.), Band 3, 51–66

Deutscher Berufsverband für Soziale Arbeit e. V. (Hrsg.) (2007): Masterstudiengänge für die Soziale Arbeit. Verfasst von Wilfried Nodes. Ernst Reinhardt Verlag, München / Basel

Hamburger, F., Hirschler, S., Sander, G., Wöbcke, M. (Hrsg.) (2007): Ausbildung für Soziale Berufe in Europa. Band 4. ISS-Verlag, Frankfurt / M.

–, –, –, –, (Hrsg.) (2005a): Ausbildung für Soziale Berufe in Europa. Band 2. ISS-Verlag, Frankfurt / M.

–, –, –, –, (Hrsg.) (2005b): Ausbildung für Soziale Berufe in Europa. Band 3. ISS-Verlag, Frankfurt / M.

–, –, –, –, (Hrsg.) (2004): Ausbildung für Soziale Berufe in Europa. Band 1. ISS-Verlag, Frankfurt / M.

Hirschler, S. (2008): Fällt Gallien? Die Ausbildung für soziale Berufe in Europa – Gegenwart und Zukunftstendenzen. In: Amthor, R.-Chr. (Hrsg.) (2008): Soziale Berufe im Wandel. Vergangenheit, Gegenwart und Zukunft Sozialer Arbeit. Schneider, Hohengehren, 46–67

– (2006): Ausbildungsstrukturen für soziale Berufe und neue Entwicklungen in Europa. Archiv für Wissenschaft und Praxis der sozialen Arbeit 1, 84–96

–, Lorenz, W. (2006): Einführung: Beobachtungen zum Bologna-Prozess. In: Hamburger, F., Hirschler, S., Sander, G., Wöbcke, M. (Hrsg.), Band 3, 1–15

–, Sander, G. (2007): Die „Lichtgestalt" Bologna geht um – Hochschulausbildung für Soziale Arbeit im Schnelldurchlauf? Sozial Extra 3 / 4, 25–26

Kersting, H. J., Hernández, A., Budai, J. (Hrsg.) (1995): Ausbildung für Soziale Arbeit auf europäischem Level. Fachhochsch. Niederrhein, Fachbereich Sozialwesen, Mönchengladbach

Lorenz, W. (1992): Sozialarbeiterausbildung in Europa. In: Bauer, R. (Hrsg.) (1992): Lexikon des Sozial- und Gesundheitswesens. Oldenbourg, München / Wien, 1769–1774

Puhl, R., Maas, U. (Hrsg.) (1997): Soziale Arbeit in Europa. Juventa, Weinheim / München.

Semigina, T., Gryga, I., Volgina, O. (2005): Social Work Education in Ukraine. In: Hamburger, F., Hirschler, S., Sander, G., Wöbcke, M. (Hrsg.), Band 3, 152–170

Tulva, T., Leppiman, A. (2004): Über Entwicklung und Probleme der selbständig gewordenen Sozialarbeit und die Ausbildung von Sozialarbeitern im sich veränderten Estland. In: Hamburger, F., Hirschler, S., Sander, G., Wöbcke, M. (Hrsg.), Band 1, 18–28

Behindertenpolitik, Behindertenarbeit

Von Elisabeth Wacker

Behindertenpolitik ist Teil der wohlfahrtsstaatlichen Risikobearbeitung (Wansing 2005, 102 ff.) und insofern (auch) abhängig von politischen und wirtschaftlichen Entwicklungen (Maschke 2008). Behindertenarbeit bezeichnet organisierte Unterstützungsangebote für Menschen mit Behinderung außerhalb ihrer Familien. Sie bezieht sich auf einen Personenkreis, dessen gesellschaftliche Teilhabe dauerhaft gefährdet oder reduziert ist (Benachteiligung / „handicap"), weil er einer fiktiven Norm (emotionale bzw. kognitive Leistungsfähigkeit und / oder soziale Anpassungsfähigkeit) für beispielsweise Bildungs-, Arbeits-, Wohn-, Mobilitäts-, Kommunikations-, Politik- oder Freizeitsysteme nicht entspricht.

Entwicklung der Behindertenarbeit und Behindertenpolitik

Behindertenarbeit wird von bürgerschaftlich engagierten Laien und der professionellen Behindertenhilfe geleistet. Deren soziale Dienste haben sich in einer über 100-jährigen Geschichte mehr und mehr als eigenständiges, auf Menschen mit Behinderung spezialisiertes System etabliert (Röh 2009). Sie gestalten die Versorgung (Betreuung bzw. Unterstützung) in vielen alltagsrelevanten Bereichen differenziert nach klassifizierten Behinderungsarten, d. h. nach Kategorien verschiedener Formen der physischen, psychischen oder mentalen Beeinträchtigung („impairment"). Ziel der Behindertenarbeit ist es, unabhängig von Ursache oder Ausprägung der Einschränkungen („disabilities") ein humanes / menschenwürdiges Leben zu gewährleisten. Dafür hält Deutschland ein komplexes Unterstützungssystem vor, das Teilhabe und Rehabilitation, d. h. (Wieder-)Einsetzung in den früheren gesellschaftlichen Stand, mit sozialen Rechten,

Pflichten und Handlungsmöglichkeiten, sowie (Wieder-)Herstellung der persönlichen Würde, gewährleisten soll (Blumenthal / Jochheim 2009).

Traditionell sind Dienste für Menschen mit Behinderung in Deutschland trotz des Vorrangs ambulanter vor stationärer Hilfe (nach SGB XII) häufig mit organisierter – stationärer bzw. teilstationärer – Betreuung und Förderung verbunden (Wacker 2008a). Sie werden in der Regel über Gruppenbildungen gestaltet, z. B. in familienähnlichen Wohngruppen, und weniger als individuelle Partizipation am Leben in der Gemeinde (unterstützte Teilhabe nach „needs of support"). Dies hat seine Wurzeln in der spezifischen Entwicklung der Behindertenarbeit in Deutschland: Seit der Mitte des 19. Jahrhunderts erbauten christlich, ärztlich oder pädagogisch motivierte Gründerpersönlichkeiten sog. „Anstalten" für Menschen mit Behinderung und machten sie so erstmals unabhängig von reiner Armenfürsorge oder privater Mildtätigkeit durch das Angebot eines (bescheidenen) sicheren Lebensunterhalts samt Bildung und Beschäftigung. Autarke Hausgemeinschaften wurden dazu oft im wörtlichen Sinne „vor den Toren" der Ansiedlungen etabliert, als Schonraum für die Schützlinge und als Raum der sinnstiftenden Selbsttätigkeit und Selbstversorgung durch sie. Die durch die Industrialisierung erodierten familiären Hausgemeinschaften wurden so von einer traditionellen Fürsorgeaufgabe entlastet.

Der ersten Blüte dieser stationären Behindertenarbeit folgte zu Beginn des 20. Jahrhunderts eine Krisenzeit: Mit der allgemeinen Knappheit an Gütern nach dem Ersten Weltkrieg, aber auch wegen ausbleibender Erfolge von medizinischen Heilbarkeitserwartungen im Psychiatriegeschehen, stagnierte das Anstaltskonzept. Eine ideologiegeleitete, aber auch wissenschaftlich getragene Debatte um den Wert beeinträchtigten

Otto/Thiersch (Hg.), Handbuch Soziale Arbeit, 4. A., DOI 10.2378/ot4a.art010,
© 2011 by Ernst Reinhardt, GmbH & Co KG, Verlag, München

Lebens (Sozialdarwinismus, Biologismus, Erb-gesundheitslehre, Rassentheorie) (Binding / Ho-che 1920 / 2006) bereitete zudem den Boden für eine systematische Verhinderung (Erbgesund-heitslehre und Gesetz zur Verhütung erbkranken Nachwuchses) und Vernichtung (sog. Euthanasie) als „lebensunwert" deklarierten Lebens mit Be-hinderung. Das Nationalsozialistische Regime nutzte die geballte Unterbringung der nach ihrer Ideologie „Unnützen Esser" in Anstalten strate-gisch. Über Listen identifizierte „Insassen" ließ man abtransportieren und an eigens hierfür ge-schaffenen Orten ermorden (sog. Aktion T4) (Klee 1983). Fast eine ganze Generation von Menschen mit Behinderung wurde so getötet, die Anstaltsgebäude nutzte man oft anderweitig, z. B. zur Versorgung von Kriegsverletzten.

Nach dem Zweiten Weltkrieg knüpfte die Behin-dertenarbeit an die Tradition des 19. Jahrhunderts an, zum großen Teil auch in den bisherigen Ge-bäuden. Die aus der Kaiserzeit stammenden Hilfs-schulen / Hilfsklassen für „schwachbefähigte" bzw. „schwachsinnige" Kinder, deren Fachpersonal während der Zeit des Dritten Reichs tendenziell wenig Distanz zu völkischen und nationalsozialisti-schen Prinzipien gezeigt hatte (Brill 2009), wurden von Sonder-, heute meist Förderschulen abgelöst. Die zweite Hälfte des 20. Jahrhunderts brachte ein auf körperliche, Sinnes-, Lern- und schließlich auch geistige Beeinträchtigung spezialisiertes, häu-fig räumlich, personell und technisch besser als die Regelschulen ausgestattetes eigenes Beschulungs-system hervor, in dem eine entsprechend klassifi-zierte Schülerschaft durch eigene Sonder- bzw. För-derschulkräfte unterrichtet wurde. Eine durch die Umbenennungen dieser besonderen Bildungssys-teme intendierte geringere Stigmatisierung der dort Beschulten wurde bislang nicht erreicht, viel-mehr macht die Sonderbeschulung immer auch eine Aussage (über den festgestellten sonderpäd-agogischen Förderbedarf nach einem von den je-weiligen Ländern geregelten Verfahren) zur man-gelnden Eignung für das Regelschulsystem (Wacker 2008b).

Der Auf- und Ausbau der Bereiche Wohnen und Arbeit für Menschen mit Behinderung lag in West-deutschland in der Nachkriegszeit vor allem in Händen der politisch „unverdächtigen" Wohl-fahrtsverbände sowie neuer Zusammenschlüsse: Vorreiter war weiterhin das *Diakonische Werk* (der Wohlfahrtsverband der Evangelischen Kirchen). Hier entwickelte man auch ein Bewusstsein für mehr Professionalität der Mildtätigkeit. Der *Cari-tas-Verband* (der Wohlfahrtsverband der Römisch-Katholischen Kirche) widmete sich ebenfalls wei-terhin der Behindertenarbeit; einen eigenen Weg über sog. „Dorfgemeinschaften" beschritten An-hänger der in den 1940er Jahren vom Wiener Arzt Karl König initiierten Camphill-Bewegung bzw. der Anthroposophie nach Rudolf Steiner (z. T. auch mit eigenem Bildungsangebot / Waldorfschu-len). Als dritte große Kraft kam die 1958 von El-tern behinderter Kinder und Fachleuten (Tom Mutters) gegründete Selbsthilfe- / Elternvereini-gung hinzu: die *„Lebenshilfe* für das geistig behin-derte Kind e. V.", heute gegliedert in Orts-, Lan-des- und Bundesverbände und oft nur „Lebenshilfe für Menschen mit Behinderung" genannt. Sie schloss rasch auf zur Gruppe der Motoren und Monopolisten der Behindertenarbeit. Neben der (Weiter-)Entwicklung von Wohnangeboten, weg von Stationen, hin zu Wohngruppen für Menschen mit Behinderung in kleineren Wohnhei-men / Wohnstätten (bis zu 50 Plätze), betrieb sie vor allem den Aufbau eines (Sonder-)Arbeits-markts. Seit den 1960er Jahren entstand über die Verbände der Behindertenarbeit ein Netz von „Be-schützenden Werkstätten", „Behindertenwerkstät-ten", „Werkstätten für Behinderte", neuerdings „Werkstätten für behinderte Menschen" (WfbM), das nach der Deutschen Vereinigung auch in den neuen Bundesländern realisiert wurde. Diese Ein-richtungen der beruflichen Rehabilitation (bzw. Eingliederungshilfe) sollten Arbeitsplätze für Adressaten bereitstellen, die wegen körperlicher, seelischer, geistiger Beeinträchtigungen oder Be-sonderheiten nicht oder noch nicht im allgemeinen Arbeitsmarkt (Ersten Arbeitsmarkt) erwerbstätig sein konnten. Ebenfalls zur Eingliederung in den allgemeinen Arbeitsmarkt entstanden zwei weitere Qualifikationsinstitutionen: die Berufsbildungs- und Berufsförderungswerke.

Die Etablierung immer neuer spezifischer Hilfen (z. B. das Frühfördersystem) brachte einerseits für Menschen mit Behinderung wachsende Sicherheit, dass ihre Unterstützung weitgehend gewährleistet würde, andererseits förderten die expandierenden Sondersysteme die Desintegration. Als „Fremdkör-per" im Leben der Städte und Gemeinden geriet die Rolle von Menschen mit Behinderung als Bürgerinnen und Bürger zugunsten ihrer Stellung als Hilfeempfängerinnen und -empfänger ins Hintertreffen.

Deswegen regte sich in den späten 1960er und den 1970er Jahren mehr und mehr Widerstand gegen das mittlerweile etablierte System der Behindertenarbeit. Das in Skandinavien als Behindertenpolitik formulierte *Normalisierungsprinzip* und das aus den US-amerikanischen Emanzipationsbewegungen gespeiste *Selbstbestimmt Leben*-Prinzip waren „Trigger" / Schlüsselreize der Kritik: „So normal wie möglich" leben zu können, wurde über zwei Dekaden ein wesentlicher Maßstab für die Behindertenarbeit (Nirje 1969; Thimm 2005). Man differenzierte organisationszentrierte Unterstützungen nach eigenen Lebensphasen (Kindheit, Jugendalter, Erwachsenen- und Seniorenalter) und einem normalen Tages-, Wochen- und Jahresablauf als Alltagsmuster. Wohnen, Arbeit, Freizeit und Bildung definierte man als getrennte Lebensfelder und setzte als Maßstäbe guter Versorgung den normal respektvollen Umgang, das Leben in einer zweigeschlechtlichen Welt und unter Umweltbedingungen, wie sie alle Gesellschaftsmitglieder als „normal" ansehen. So sollte „Anstaltsverwahrung" überwunden werden, die ihre Klientel mehr als Objekte der Fürsorge bzw. Patienten sah, denn als Akteure eines eigenen Lebens. Anders als in den angloamerikanischen und skandinavischen Ländern leitete die Ausrichtung der Leistungen am „Normalisierungsprinzip" aber in Deutschland weniger einen Prozess der Deinstitutionalisierung und Individualisierung der Hilfen ein als eine fortschreitende Binnendifferenzierung des weiter rasant wachsenden Versorgungssystems. Eine „eigene Welt" entstand neben der Gesellschaft: mit Orten zu leben, zu arbeiten, für Bildung und Freizeit, altersgemäß gegliedert, aber zugleich spezialisiert auf jeweilige Arten und Ausprägungen von Behinderung. Eine im Dienste der „Normalität" von Rehabilitationsträgern und -anbietern über Jahrzehnte verfolgte Politik der fürsorglichen Anwaltschaft führte somit zur tatsächlichen Verbesserung der Vielfalt und Ausgestaltung von Hilfen sowie zu guten Qualitätsstandards bei Fachlichkeit und Ausstattung. Dafür war aber ein hoher Preis zu entrichten: erheblich steigende Kosten für Unterstützungsmaßnahmen, eine „all inclusive"-Mentalität der Rehabilitationsanbieter und -nutzer sowie ihres sozialen Umfelds, die fürsorgliche Enteignung von

Kompetenzen der Menschen mit Behinderung und vor allem ihre Verpflichtung auf ein organisationszentriertes Leben, weitgehend ohne gesellschaftliche Teilhabe. Diese musste (und muss) zusätzlich zu den hohen fachlichen Förderstandards für Menschen mit Behinderung mit weiteren Maßnahmen erkauft werden. Kritiker dieser „Normalisierung" genannten aussondernden Behindertenarbeit (Dörner 1999), die Behinderung als gesellschaftliches Problem mit Hilfe „totaler Institutionen" lösen wollte und dabei Fremdheit und Abweichung als wesenhaft für Menschen mit Behinderung festschrieb (Beck 1994, 172), stießen in Deutschland auf wenig Resonanz. Stattdessen mussten Menschen mit Behinderung Anpassungsleistungen an ein Versorgungssystem erbringen, das ihnen tendenziell ohne die gebotene Achtsamkeit vor ihren individuellen Fähigkeiten und Lebensstilen und ohne ihre Autonomie angemessen zu respektieren begegnete.

Mehr Einfluss und Unabhängigkeit auf die Organisation passender sozialer Dienste waren daher auch Kernforderungen einer politischen Bewegung, die von behinderungserfahrenen Personen selbst ausging. Ende der 1960er Jahre schlossen sie sich in den USA nach dem Modell von Bürgerrechtsbewegungen zusammen und forderten das „Independent Living" für Menschen mit Behinderung. Im folgenden Jahrzehnt übernahmen auch in Europa Menschen mit Behinderung diese Ziele, in Deutschland unter der Bezeichnung *Selbstbestimmt Leben*-Bewegung: Sie protestierten gegen Entmündigung und forderten u. a. einen individuellen Anspruch auf Unterstützung sowie Mitbestimmung bei der Ausgestaltung der Hilfen als Experten in eigener Sache. Grundrechte (wie Freizügigkeit, Privatheit, Selbstbestimmung)(Windisch / Miles-Paul 1991) sollten nicht mehr über die Behindertenarbeit (z. B. durch stationäre Unterbringung in Mehrbettzimmern ohne Rückzugsmöglichkeit, mit organisationsgelenktem Alltag etc.) eingeschränkt werden können (Wacker 2008c). Letztlich zielte die „Selbstbestimmt Leben"-Bewegung auf die vollständige Auflösung von „Sonder"-Einrichtungen und die Gestaltung aller erforderlichen Unterstützungen im Rahmen von Gemeindediensten (Rüggeberg 1985). Eine Berater- und Fürsprecherrolle der etablierten Behindertenhilfe für die Belange von Menschen mit Behinderung wurde abgelehnt zugunsten der

Selbstvertretung eigener Interessen („self-advo-cacy", „peer support") und der Beratung in den eigenen Reihen („peer counseling").

Ausgehend von einer Gruppe engagierter körper-lich behinderter Studierender in Berkley (USA) wurde „Independent Living" zunächst vornehm-lich von Menschen ohne kognitive Einschränkun-gen getragen. Erst im ausgehenden 20. Jahrhundert konnten sich auch sog. Menschen mit geistiger Behinderung weltweit mehr Gehör verschaffen. Sie nannten ihren Zusammenschluss „People First" („Mensch zuerst"), wegen der Forderung, zuerst als Menschen, und dann erst als Menschen mit Behin-derung, angesehen zu werden. Sich selbst bezeich-nen sie als Menschen mit Lernschwierigkeiten. Mit dem Slogan „Nichts über uns ohne uns" und dem Anspruch der Selbstvertretung fordern sie gleiche Rechte (wie gerechten Arbeitslohn, selbstbestimm-tes Wohnen, Barrierefreiheit durch leichte Sprache, Mitsprache und –entscheidung etc.). Wie alle Bür-gerinnen und Bürger wollen sie ihre eigene Zu-kunft planen (Persönliche Zukunftsplanung) und treffen damit den Nerv einer gesellschaftlichen Grundhaltung, Menschen Selbstbestimmung und Selbstständigkeit vor allem nach dem „Maßstab der Vernunft" zuzubilligen (Waldschmidt 1999, 19). Hierzu in Spannung steht die Forderung von Menschen mit Behinderung nach einer eigenen Identität, die ihr „Behindertsein" als Teil der Per-sönlichkeit annimmt: „Warum soll ich jemand an-ders sein wollen? Denn als Behinderte kann ich mich ohne Behinderung überhaupt nicht denken. Ohne sie wäre ich jemand anders, der mich über-haupt nichts anginge, weil ihm mein individuelles Sein fehlte" (Wolber 1997, 61). Dafür wollen die Mitglieder der „Selbstbestimmt Leben"-Bewegung auf die scheinbar „positive Gratifikation" der Be-hindertenrolle (Mitleid, Schonung wegen Unfähig-keit etc.) verzichten und in einem emanzipativen Prozess der Selbstbemächtigung stärker werden bei Selbstbestimmung und Selbstverantwortlichkeit (Herriger 2006). Dieses in den 1980er Jahren vor allem von Julian Rappaport publizierte *Empower-ment"-Konzept* aus der Gemeindepsychologie zielt also darauf, Unmündigkeit abzubauen und Auto-nomie durch Kompetenzentwicklung zu stärken („Enablement"/Befähigung) (1985). Mit dem Ele-ment „power" reklamiert es auch eine politische Dimension, nämlich Macht und machtvolles Han-deln. „Empowerment" setzt bei den Stärken von

Personen an, die diese trotz bestehender Behin-derung entweder aus eigener Kraft oder vermittelt über professionelle Kräfte zum Tragen bringen können bzw. die sie gegen bevormundende Struk-turen und Organisationen durchsetzen müssen (Weiß 2000). „Selbstbemächtigung" geschieht über drei Elemente: individuell durch den Wandel von „erlernter Hilflosigkeit" zur „learned hopeful-ness" (Seligman 1998), organisatorisch über die bessere Passung der Versorgungsstrukturen zu indi-viduellen Bedarfen und Bedürfnissen („person-en-vironment-fit") und sozial über politischen Wandel und bürgerschaftliches Engagement (Vernetzung, Interessenvertretung und Solidarität). Dazu zählt auch die (Selbst-)Verpflichtung von Menschen mit Behinderung, sich bürgerschaftlich zu betätigen (Wilken 1997, 47), um in letzter Konsequenz Be-hindertenarbeit in eigener Regie übernehmen und Behindertenpolitik maßgeblich beeinflussen zu können. Modelle sind u. a. Assistenzgenossenschaf-ten, in denen Menschen mit Behinderung eine Ar-beitgeberrolle übernehmen und u. U. unter Ver-zicht auf Fachlichkeit Assistenz nach ihrer Anleitung erhalten, als radikale Umkehrung der Machtver-hältnisse zwischen passiven Hilfeempfängern und dominanten professionellen Diensten. Hierzu in Spannung steht die Haltung von Behinderten- und Wohlfahrtsverbänden, insofern sie sich nicht nur als Anbieter sehen, sondern auch als Fürsprecher bzw. Lobbyisten für die Interessen der Menschen mit Behinderung (Boeßenecker 2005).

Neue Konzepte und Strukturen für ein Leben mit Behinderung

Aktivitäten zum Wohl von Menschen mit Behin-derung sind tendenziell Querschnittsaufgaben, die verwoben sind mit den Bemühungen um das Wohlergehen aller Bürgerinnen und Bürger. Ge-setzliche Regelungen oder politische Maßnahmen sollen das Gelingen steuern und kontrollieren (beispielsweise regelmäßige Berichte auf Bundes-, Landes- und kommunaler Ebene zur Lage von Menschen mit Behinderung sowie sog. Behinder-tenbeauftragte und -räte als politische Sachwalter einer angemessenen Versorgungslage und Interes-senvertretung auf Bundes-, Landes- und kom-munaler Ebene). Die Entwicklung der Leistungen vom Bundessozialhilfegesetz (BSHG) der 1960er

Jahre, über seine Novelle aus dem Jahr 1974 bis zum Neunten Sozialgesetzbuch (SGB IX) von 2001 und dem Zwölften Buch Sozialgesetzbuch (SGB XII) von 2005 (insbesondere für Menschen mit Behinderung in §§ 53–60) markiert auch den politischen Willen, eine dauerhafte Eingliederung von Menschen mit Behinderung in Arbeit, Beruf und Gesellschaft über Leistungen zu unterstützen, bis zur selbstbestimmten Teilhabe am gesellschaftlichen Leben und der Beseitigung aller Hindernisse, die ihrer Chancengleichheit entgegenstehen (Haines 2009). Dass sich Politik und Gesellschaft verpflichten, aktiv auf diese Inklusionsziele hin- und jeder Benachteiligung entgegenzuwirken, dokumentierte der Deutsche Bundestag 1994, als der Artikel 3 Abs. 3 Grundgesetz um den Satz 2 ergänzt wurde: „Niemand darf wegen seiner Behinderung benachteiligt werden." Hierfür ist ein Integrationsansatz (das Hineinführen der Menschen mit Behinderung in die Gesellschaft) nicht hinreichend, sondern es geht um *Inklusion*, die Sicherung ihrer unbedingten Zugehörigkeit zur Bürgerschaft (zur Debatte um den Begriff: Krach 2009). Bei der Gestaltung entsprechender Maßnahmen wird die Lebenssituation einzelner Personengruppen allerdings verschieden fokussiert: Viel Lobby und Aufmerksamkeit hat derzeit die steigende Zahl älterer Menschen mit Behinderung (Wacker 2003), wenig hingegen die wachsende Gruppe seelisch beeinträchtigter Personen in allen Altersstufen.

Die Wirksamkeit und Unabhängigkeit intermediärer Räte und Interessenvertretungen ist umstritten: Das gilt für die öffentlichen Beauftragten, die Lobbyarbeit von Vereinen und Verbänden, die zugleich als Leistungsanbieter für Menschen mit Behinderung eigene Interessen verfolgen (müssen), aber auch für die Selbstvertretung von Menschen mit Behinderung, die zum einen durch die existierende politische und materielle Abhängigkeit von sozialen Leistungen, zum anderen aber auch aufgrund der Heterogenität ihrer Unterstützungsbedarfe und Interessen an ihre Grenzen stößt. Denn Menschen mit Behinderung verbindet zwar ein besonderes Maß an *Abhängigkeit* (Hahn 1981), an Angewiesen-Sein auf unterstützende Umgebungen, auf die Sicherung des Lebensunterhalts, auf Hilfen zur Alltagsbewältigung sowie auf medizinisch-therapeutische Maßnahmen, aber nicht jede Person, die beeinträchtigt ist und Behinderungen erfährt, benötigt und wünscht dieselben Leistungen. Neben den Folgen von Einschränkungen körperlicher, seelischer und kognitiver Funktionen können für Unterstützungsbedarfe auch Kontexte relevant sein, die den Verlust gleicher Teilhabechancen am Leben in der Gesellschaft bedingen (*Exklusion* als nachhaltiger Ausschluss aus gesellschaftlichen Teilsystemen und soziale *Diskriminierung* als strukturelle, institutionelle und sprachliche Benachteiligung und Herabwürdigung von Gruppen oder Personen)(Luhmann 1995; Bauman 2005; Wansing 2005; 2007a). Somit ist Behinderung auch als soziale Kategorie zu sehen, da kollektive Definitionsprozesse eigene und fremde Reaktionen hervorrufen (wie *„Erlernte Hilflosigkeit"* und *„Self-fulfilling Prophecy"*). Nach Freidsons Arbeit „Disability as Social Deviance" (1965) bedeutet Behinderung die Zuschreibung von unerwünschten Unterschieden zu anderen Personen. Dies führt zu einem Prozess der *„Devianz"*, als negativ bewerteter Abweichung von der Norm mit dauerhafter Prognose (Wolfensberger 1972), die die betroffene Person *stigmatisiert* (Goffman 1967), also eine soziale Reaktion hervorruft, die die Identität beschädigt.

Wesentliche Weichen für den Lebensweg von Menschen mit Behinderung stellen Fachleute und Institutionen (Ärzte, Pädagogen, Psychologen, Familie, Leistungsanbieter und -träger). Ihr Verständnis von Behinderung, ihre Bezugsnormen und strategischen Konzepte entscheiden über Unterstützungsanspruch, -form und Ressourceneinsatz. Der medizinische Zugang dient vor allem dazu, Problemursachen („impairments") aufzudecken, die im Individuum liegen und sich als Symptome zeigen (Diagnose und Therapie), während ein psychologischer Zugang mehr auf Fähigkeiten und Charaktermerkmale, Verhalten, Motivation und Interessen einer Person abhebt. Pädagogisch diagnostiziert (bewertet, benotet, beurteilt, selektiert) werden Eignungen und Fortschritte (an Wissen und Fertigkeiten) bezogen auf Lehr- und Lernprozesse. Danach werden Lebens- bzw. Lernorte und -angebote ausgewählt (wie Zeitpunkt und Form von Schulaufnahme bzw. Eintritt ins Ausbildungssystem). Solche *Prognosen und Diagnosen* haben wesentlichen Einfluss auf die Lebenschancen von Menschen mit Behinderung, weil sie nicht nur eine aus der Perspektive einer bestimmten Fachlichkeit wahrgenommene „Realität" beschreiben, sondern auch „Realität schaffen". Insofern zeigt Diagnostik nicht nur Probleme auf, sondern kann sie auch verursachen. Deswegen folgen ihre neuen Formen nicht alleine einer Logik von „Behandlung", „Platzierung" und „Ressourcenzumessung", sondern sie erkunden Unterstützungsbedarfe und -bedürfnisse mit der Intention gesellschaftlicher Teilhabe (Partizipation)(Wacker et al. 2005). Ansatzpunkt ist dafür eine Gesamtsituation von Menschen mit Behinderung (Lebenslage: Sen 2007), wie dies die allgemein gültige Klassifikation von Behinderung: *„International Classification of Functioning, Disability, and Health"* (ICF) der Weltgesundheitsorganisation (World Health Organization; WHO 2001) vorgibt. In einer individualisierten Teilhabeplanung werden auch die Menschen mit Behinderung selbst (bzw. deren Familien) in die Entwicklung und Umsetzung der jeweils passenden Unterstützungsmaßnahmen und Therapien einbezogen. Diese Wende zum Individuum und Fokussierung der Unterstützten sind neue konzeptionelle Ausrichtungen der Behindertenarbeit und Behindertenpolitik mit dem Ziel sicherzustellen, dass man mit Behinderung bürgerliche, politische, soziale, wirtschaftliche und kulturelle Rechte ebenso ausüben kann wie alle Menschen.

Menschenrechte zu achten und auf soziale Gerechtigkeit hinzuwirken als Grundlagen der Behindertenarbeit und Behindertenpolitik, wird im internationalen Raum über die Vereinten Nationen (United Nations – UN) kommuniziert und vertreten (UN 2006). Sie agieren seit vier Jahrzehnten als Sachwalter für weltweit geschätzt derzeit 650 Mio. Menschen mit Behinderung. Als Maßnahmen verkündeten sie u. a. 1981 das erste Internationale Jahr der Menschen mit Behinderung und stießen ein Weltaktionsprogramm für sie an, das in der Dekade 1983–1992 umgesetzt werden sollte. Ihre 22 Standardregeln zur „Equalization of Opportunities for Persons with Disabilities" stellten zwar keine rechtlich verbindlichen Instrumente dar, bereiteten aber den Boden für eine Politik der Aufmerksamkeit auf gleiche Chancen für Menschen mit Behinderung. Die Europäische Union (EU) folgte den Impulsen beispielsweise 2003 und rief das Europäische Jahr der Menschen mit Behinderung aus. Den internationalen Übereinkünften folgten neue nationale Diskurse zu Konzepten und Strukturen für ein Leben mit Behinderung, bei denen die Orientierung an Chancengleichheit („equalization of opportuni

ties"), Teilhabe („full partizipation"), Selbstbestimmung und *Lebensqualität* („quality of life") wegweisend wurde für Behindertenpolitik und gute Behindertenarbeit (Wansing 2005). Dies setzte Impulse für eine stärkere Individualisierung der Lebensläufe und gegen tendenziell organisationsgesteuerte „all inclusive"-Lebensgestaltung der traditionellen Behindertenhilfe. Objektiv aus der Wohlfahrtsforschung bekannte Bewertungsmaßstäbe (materielle Standards / Güter, aber auch Faktoren wie Zugang zu Bildung, Beruf, sozialer Status, Gesundheit, Sicherheit, Verfügen über Dienstleistungen etc.) konnten nun benannt und eingefordert sowie deren subjektive Bewertung mit herangezogen werden als zusätzlicher Qualitätsmaßstab (Wohlbefinden durch die Umsetzung persönlicher Ziele, Erwartungen, Wünsche, Anliegen sowie durch „Zeitwohlstand", d. h. die im Rahmen von Handlungs- und Freiräumen selbstgesteuerte Lebenszeit). Das Konstrukt Lebensqualität erwies sich somit als anschlussfähig zur alle sozialen Handlungsfelder übergreifenden Zielsetzung Gesundheit für alle Menschen, als Zustand „des vollständigen körperlichen, geistigen und sozialen Wohlergehens". D. h., gesundheitszuträgliche Lebensverhältnisse werden in Familien, Schulen, Betrieben, sozialen Einrichtungen, Städten und Ländern für alle Menschen eingefordert. Ungleichheiten und Verschiedenheit, Verhalten, Potenziale und Verhältnisse kommen in den Blick (Wacker 2009b), Prävention ebenso wie Gesundheitsförderung wird ins Pflichtenheft aller Gesellschaften geschrieben, und Professionen (der Gesundheit, Wirtschaft und des Sozialen) werden unter dem Dach der Gesundheit zum Gespräch und zur Kooperation aufgefordert.

Mit dem Ziel „gesundes Leben" wird eine neue Operationalisierung guter Behindertenarbeit möglich: Sie muss ein objektiv und subjektiv gutes Befinden herstellen, indem ihre Klientel sich in den physischen, psychischen und sozialen Bereichen ihrer Entwicklung im Einklang mit den eigenen Möglichkeiten und Zielvorstellungen und den jeweils gegebenen äußeren Lebensbedingungen befindet. Handlungsleitend für dieses „Leben in Balance" kann die Strategie der Salutogenese sein (Antonovsky 1997), physische, psychische, soziale und materielle Risikofaktoren zu senken und bei den Individuen Schutzfaktoren zu erhöhen („General Resistence Resources": GRR, als Gegenspieler von Stressoren). Insbesondere das Kohärenzgefühl ist zu entwickeln, als globales Vertrauen einer Person zur eigenen inneren und äußeren Umwelt, deren Vorhersehbarkeit und Steuerbarkeit (Schiffer 2001). Gesundheitsförderlich wirken außerdem u. a. passende Ernährung, Kleidung, Unterkunft / Wohnen, Hygiene / medizinische Versorgung, Umwelt, Bewegung, stabile und gewählte soziale Beziehungen, emotionale Balance (Entspannung und Anforderungen), erfüllte Sexualität, humane Arbeitsbedingungen, Respekt, Anerkennung und Achtsamkeit, Sicherheit, Lebenssinn, Gestaltungsräume (wie Freiheit, Partnerwahl, Lebensstil) und Verlässlichkeit (wie Heimat, Erinnerung, Zugehörigkeit).

Multidimensionale Konstrukte wie „Lebensqualität" oder „Gesundheit" können allerdings ohne die Zielgruppe (hier: die Menschen mit Behinderung) zu beteiligen, nicht bemessen werden. Dies erfordert (mehr) *Nutzerorientierung* und stärkt ihre Position in der Gestaltung, Umsetzung und Bewertung des Leistungsgeschehens. Allerdings muss geäußerte Zufriedenheit als subjektiver Ausdruck der Bedürfnisbefriedigung unter Rücksicht auf die oft eingeschränkten Erfahrungsräume von Menschen mit Behinderung bewertet werden (Beck 1994, 243). Also sind geeignete Befragungs- und Bewertungsformen für alle Menschen mit Behinderung zu entwickeln (Schäfers 2008), weil ihre Einschätzung und Mitwirkung an Relevanz gewinnt (Privilegierung der Nutzer: Schaarschuch 2003) bei professionellem Handeln (im Dienstleistungsgeschehen) und Settings (an Orten der Unterstützung) (Schlebrowski 2009). Über die wachsende Steuerungsmacht von Nutzerinnen und Nutzern (Entscheidungskompetenz und Einfluss auf Ressourcen) könnten sich zukünftig Leistungsangebote so verändern, dass sie besser zu den Unterstützungsbedarfen passen (Oelerich / Schaarschuch 2005). Als „Prozessbeschleuniger" gilt das Persönliche Budget („Personal Payment"), eine neue Form der Ressourcensteuerung (statt Sachleistungen werden Geldleistungen erbracht), auf die seit 2008 ein Rechtsanspruch besteht. Es stärkt die Position der Menschen mit Behinderung gegenüber den Leistungsanbietern, so dass sie soziale Dienstleistungen stärker mitgestalten (können) (Wansing 2007b, 168; Wacker 2009a). Forschungen zeigen, dass sich Persönliche Budgets zwar erst langsam im deutschsprachigen Raum etablieren,

aber den Weg zu mehr selbstbestimmter Lebensführung unterstützen und inklusive Wirkungen entfalten (Schäfers et al. 2009): Das traditionelle Leistungsdreieck (Leistungsträger und -anbieter vereinbaren Leistungen für die Leistungsnehmer) öffnet sich zugunsten neuer Leistungsbeziehungen (Leistungsnehmer kaufen sich individuelle Leistungen bei Anbietern mit dem Geld der Träger).

Will Behindertenarbeit statt „Exklusionsverwaltung" zu betreiben, den gesellschaftlichen Auftrag der „Inklusionsvermittlung" übernehmen, steht sie also vor neuen Gestaltungsaufgaben: (mehr) Aufmerksamkeit für den förderlichen Charakter passender materieller und personaler Umwelten, neues professionelles Handeln (Dienstleistungsorientierung) sowie Konzeptentwicklung zum Umgang mit der Verschiedenheit (Heterogenität) ihrer Klientel.

Ressourcenförderliche Umwelten erhöhen die Chancen selbstständiger Lebensführung im privaten und öffentlichen Raum, so dass auch unter den Bedingungen einer individualisierten Gesellschaft Menschen mit Beeinträchtigungen (sei es aufgrund von Alter und / oder Behinderung) zukünftig ihre Potenziale (besser) abrufen können. Dies korrespondiert mit dem Ziel der *Selbstwirksamkeit* (sich als kompetent für gewünschte Handlungen zu erleben: Schachinger 2005) und einem *Fähigkeitsansatz* (Nussbaum 1999), den Behindertenarbeit ebenso aus aktuellen Konzepten Sozialer Arbeit übernehmen kann, wie den Bezug auf die *Lebenswelt*, als dem sinnstrukturierenden Handlungsraum für die alltägliche Lebenspraxis und Lebensbewältigung (Luckmann 1980; Schütz / Luckmann 1979 / 1984).

Aus dem Fähigkeitsansatz ebenso, wie aus der Tatsache der Heterogenität (*Vielfalt und Verschiedenheit*) ihrer Klientel (Prengel 2009), leitet sich für Behindertenarbeit die Aufgabe ab, Selbstbestimmungs- und Teilhaberessourcen jeweils individuell freizusetzen. Dies steht in Spannung zu bislang dominanten Konzepten der Gleichbehandlung und Gruppenzuordnung (nach Behinderungsarten) nach einer Gerechtigkeitslogik, jedem das Gleiche zu geben (Wacker 2002a / b). Mit neuen Strategien individuell maßgeschneiderter Unterstützung (Hilfe nach Maß, „tailor made support"), sollen die Potenziale der Menschen mit Beeinträchtigung besser erkannt und ihre Kompetenzen gefördert werden (Wacker et al. 2005 / 2009,

151 ff.). Jedem das Seine zu geben (im Sinne effektiver und effizienter Unterstützungsgestaltung) könnte auch dem anstehenden Kurswechsel bei seit Jahrzehnten expandierenden Rehabilitationsleistungen entsprechen: Laut OECD (2003) machen die mit Behinderung verbundenen Ausgaben (nach denen für Alter und Gesundheit) den drittgrößten Posten in den nationalen Sozialbudgets aus, so dass unabhängig von der grundsätzlichen Akzeptanz von Teilhabeleistungen für Menschen mit Behinderung bei (weiter) steigenden Leistungskosten und wachsenden Zielgruppen (Bundesministerium für Arbeit und Soziales 2009) eine Debatte nicht ausbleiben kann, ob Leistungen entsprechend des begrenzten Sozialbudgets neu zugeschnitten werden (müssen) (Wacker 2007, 37 f.).

Der neuen Rolle von Menschen mit Behinderung als Nutzerinnen und Nutzer sozialer Dienste entspricht logisch der Auftrag der Behindertenarbeit, *soziale Dienstleistung* zu erbringen (Thiersch / Grunwald 2002). Das bedeutet – neben den Hilfen durch Laien wie Familienmitglieder oder bürgerschaftlich bzw. nachbarschaftlich engagierte Personen – ein professionelles Unterstützungsnetz für Menschen mit Behinderung bereitzuhalten, das Gesetzen der Dienstleistungsgesellschaft folgt: Statt christlicher „Nächstenliebe" oder privater und öffentlicher „Fürsorge" als Leitkonzepten im Wohlfahrtsstaat, in dem Leistungen „gewährt" werden, treten damit mehr Aspekte und Regeln eines spezifischen sozialen Markts und Wettbewerbs mit Leistungsansprüchen für Bürgerinnen und Bürger in den Vordergrund (Dahme / Wohlfahrt 2009). Freigemeinnützige Organisationen (Non-Profit-Organisationen: NPO; in Deutschland im Bereich der Behindertenarbeit noch überwiegend christlich karitativ geprägt) steuern dennoch bislang ihre Angebote weitgehend eigenständig, wegen mangelnder Marktmacht ihrer „Kunden" (Menschen mit Behinderung)(Anheier et al. 2007). Die Qualität ihrer Arbeit (den Erfolg) bestimmen sie nicht nach einem Gewinn, sondern nach erfüllten Aufträgen (z. B. fachlichen Zielen oder regionalen Versorgungsabsprachen), aber zunehmend auch nach der Zufriedenheit der Leistungsempfängerinnen und -empfänger bzw. deren Angehörigen und des Personals. Die Wirksamkeit von Maßnahmen („outcome", wie Lebensqualität oder Inklusion) hingegen findet bislang wenig Beachtung. Auf Leistungen der Behindertenhilfe bestehen somit zwar individuelle Rechtsansprüche, sie

können lebenslang notwendig sein, und sie müssen so wirken, dass „eigene Lebensstile entwickelt, individuelle Fähigkeiten, Kompetenzen und Bedürfnisse ausgebildet sowie selbständiges und selbstbestimmtes Handeln gefördert werden" (Wacker et al. 1998, 20). Ob dies aber nach dem Konzept sozialer Dienstleistung bezogen auf Menschen mit Behinderung gelingt, ist offen (Wohlfahrt 2005). Befürchtet wird aktuell – insbesondere wegen gesetzlicher Regelungen der Europäischen Union (EU) –, dass mehr (internationaler) Wettbewerb zu weniger Qualität der Angebote im Binnenmarkt führt (Herrmann 2005), dass Ressourcen mehr für Rechenschaftslegung als für die Dienste selbst verbraucht werden müssen (Boeßenecker 2005, 287 ff.), dass Erfolge schwer nachweisbar sind, und vor allem, dass Menschen mit Behinderung aufgrund vielfacher Abhängigkeiten nicht wirklich die Qualität der Leistungen bewerten und beeinflussen können sowie dass das Personal durch die neue Kundenorientierung (nachfragende Subjekte: „user involvement") in eine ungerechtfertigte Abhängigkeit (unsichere Beschäftigungslage und unklare Rolle) und Belastungssituation gerät (Balz / Spieß 2009, 51 ff.).

Gleichberechtigter Bürgerstatus („Disability Mainstreaming") und Sozialraumorientierung („Community Care") – ein Ausblick

Ein Wandlungsprozess von Behindertenarbeit und Behindertenpolitik findet statt: weg von einer tendenziellen Orientierung an Kompensation von Behinderung über Leistungen bzw. Leistungssysteme und deren Funktionieren, hin zu einem partizipatorischen Grundkonzept der Bürgerschaft bzw. universeller Bürgerrechte. Denn dem proklamierten Ziel der Gleichstellung von Menschen mit Behinderung auf allen gesellschaftlichen Ebenen entsprechen Systeme und Maßnahmen, die ihre Perspektive stärken und ihre Chancen auf Gleichberechtigung erhöhen (*„disability mainstreaming"* analog zu „gender mainstreaming"). Dieses sozialpolitische Ziel der Inklusion (Abwenden von ökonomischer, institutioneller, kultureller, räumlicher Ausgrenzung und Fördern von Teilhabe für alle) steht für die europäische Behindertenpolitik außer Zweifel (Rat der Europäischen Union 2002).

Auf nationaler Ebene wirken bisherige Systeme und Maßnahmen wie Behindertenberichte, Behindertenbeauftragte, Schwerbehindertenvertretungen bzw. Werkstatträte (auf betrieblicher Ebene) oder Heimbeiräte (beim Wohnen) nicht hinreichend, insbesondere bezogen auf vernetzte Unterstützungen, die für einen gleichberechtigten Bürgerstatus erforderlich erscheinen. Der ins Pflichtenheft der Rehabilitation geschriebene politische Auftrag, bei allen von Behinderung betroffenen oder bedrohten Personen Bereitschaft und Fähigkeit zu „Selbstbestimmung und gleichberechtigte[r] Teilhabe am Leben in der Gemeinschaft" zu fördern (SGB IX § 1) und soziale Teilhabe (Inklusion) über Gleichstellung (Ausgleich von Chancenungleichheiten) zu verwirklichen (SGB IX § 4 Abs. 1), muss also auf neuen Wegen umgesetzt werden (Welti 2005). Ein Element ist die *Barrierefreiheit*, wie sie das 2002 in Kraft getretene Gesetz zur Gleichstellung behinderter Menschen (BGG)(dem die jeweiligen Landesgleichstellungsgesetze folgen) in § 4 BGG intendiert. Barrierefrei sollen demnach nicht nur bauliche Anlagen oder Verkehrsmittel sein, sondern auch technische Gebrauchsgegenstände, Systeme der Informationsverarbeitung, akustische und visuelle Informationsquellen und Kommunikationseinrichtungen (z.B. Internet!) im Sinne eines „Universal Design" (von möglichst allen Menschen bedien- und nutzbar). Alle gestalteten Lebensbereiche im Nahraum (z.B. der Wohnung und Wohnumgebung), aber ebenso im allgemeinen Lebens- bzw. öffentlichen Raum (beispielsweise bei Mobilität und Kommunikation) sollen so für Menschen mit Behinderung ohne besondere Erschwernis und grundsätzlich ohne fremde Hilfe zugänglich und nutzbar sein.

Mit dem Bundesgesetz „Allgemeines Gleichbehandlungsgesetz" (AGG) von 2006 sollte Benachteiligung (mittelbare Diskriminierung wegen Zugehörigkeit zu einer Gruppe: hier Menschen mit Behinderung) beispielsweise beim Zugang zum Arbeitsleben, der Gesundheitsversorgung, der Bildung oder anderen „öffentlichen Gütern" verhindert oder beseitigt werden.

Der jüngste richtungsweisende Impuls erfolgte durch die *UN-Konvention über die Rechte von Menschen mit Behinderung* (verabschiedet durch die Generalversammlung der Vereinten Nationen im Dezember 2006). „Disability Mainstreaming" wurde dort in der Präambel verankert („the impor-

tance of mainstreaming disability issues as an integral part of relevant strategies of sustainable development"). Das gemeinsam mit Menschen mit Behinderung entwickelte Vertragswerk betont vor allem ihre Anerkennung als vollwertige Bürgerinnen und Bürger ihrer jeweiligen Gesellschaft: Art. 3 verweist als Leitidee der Konvention auf Menschenwürde („dignity") und Achtung vor dem Behindertsein als Teil menschlicher Vielfalt und Verschiedenartigkeit („respect for difference and acceptance of disability as part of human diversity and humanity") (UN 2006). Nachdem das internationale Übereinkommen 2008 völkerrechtlich wirksam wurde (Deutschland war bei den ersten Unterzeichnern, die Ratifizierung erfolgte Ende 2008), muss nun die Umsetzung in jeweilige nationale Regelungen folgen. Dies knüpft an die international angestoßenen Diskurse der vergangenen drei Jahrzehnte (u.a. die Ottawa-Charta der WHO 1986 und die Deklaration von Madrid 2002 im Vorfeld des Europäischen Jahres der Menschen mit Behinderung; Europäischer Kongress 2002) an und kann der politischen Umsetzung erheblichen Nachdruck verleihen. Behindertenarbeit wird daher zukünftig einer „Strategie des Mainstreaming" folgen müssen, wie sie beispielsweise im 13. Kinder- und Jugendbericht der Bundesregierung „Mehr Chancen für gesundes Aufwachsen" aus dem Jahr 2009 konsequent „vorbuchstabiert" wurde als gemeinsame Unterstützung aller Kinder und Jugendlichen und die Verlagerung der Zuständigkeit für diejenigen unter ihnen, die behindert oder von Behinderung bedroht sind, von der Sozialhilfe zur Jugendhilfe (Bericht 2009).

Als eine eigene Strategie von Menschen mit Behinderung, (unbehindert) ihre Interessen in Wissenschaft und Forschung zu vertreten, lassen sich die *Disability Studies* verstehen (Waldschmidt/Schneider 2007). Diese junge Wissenschaftsdisziplin hat ihren Ursprung in den 1980er Jahren im angloamerikanischen Raum. In Abgrenzung zur traditionellen „Sonder- oder Förderpädagogik" setzt sie sich zum Ziel, über sozial- und kulturwissenschaftlich geprägte multidisziplinäre Zugänge Behinderung als Phänomen und als Ausdruck von Machtverhältnissen zu erforschen. Im neuen Jahrtausend fassten „Disability Studies" auch in Deutschland Fuß, als emanzipatorische Forschung, z.T. unter Bezug auf konstruktivistische Denkmodelle, und verbunden mit dem Ziel einer „disability culture" (Waldschmidt

2009; Hermes/Rohrmann 2006; Köbsell/Waldschmidt 2006; Dederich 2007; Wansing 2007a).

Aus Sicht der „Disability Studies" lässt sich die Behindertenpolitik in Deutschland bislang als Politik der Normalisierung darstellen (Bösl 2009), der nun eine Politik der Anerkennung und Gleichstellung folgen soll. Zugleich werden Herausforderungen für die Behindertenarbeit zu bewältigen sein, die sich aus dem anstehenden Systemwandel und der sich ändernden Klientel ergeben: Die demografische Entwicklung wird (mehr) wohnortnahe, gemeindebasierte Unterstützungen erfordern, die Ressourcenlimitierung wird dazu führen müssen, Unterstützungen (mehr) über die Grenzen der Leistungsträger hinweg im gegliederten Leistungssystem so zu gestalten (wie beim trägerübergreifend konzipierten Persönlichen Budget bereits möglich), dass Dienstleistungen ohne Qualitätsabstriche wirtschaftlicher und wirksamer erfolgen können. Zugleich sind (mehr) Anreize für engagierte Bürgerinnen und Bürger notwendig, die ihnen eine attraktive Rolle beim freiwilligen Einsatz für Menschen mit Unterstützungsbedarf sichern (Eigenwert beispielsweise über Anerkennung, Qualifikation/Weiterbildung, individuelle Passung und Strukturgebung/Organisation). Diese „Ehrenamtlichen" können statt nur eine Ressource bei knapper werdenden Sozialbudgets zu sein, Brücken in die gesellschaftlichen Teilsysteme bauen (und damit in die gesamte Gesellschaft), insofern sie Teilhabe durch Teilhabe lebbar machen (im Sinne einer „bottom-up"-Strategie) (Röh 2009, 75). Ebenso wirksam kann eine neue Form der öffentlichen Kommunikation über Menschen mit Behinderung werden, die sie nicht nur eher „passiv" zur Sprache bringt als problematischer Personenkreis (Aktion Sorgenkind, heute: Aktion Mensch) und Sensation (über Dramatisierung und Moralisierung zur Freisetzung von Ressourcen), sondern „aktiv" als Bürger oder speziell als Experten und Ratgeber in eigener Sache (Bosse 2006).

Auf professioneller Ebene versucht man den neuen Anforderungen an die Behindertenarbeit nahezukommen, über die Reflexion der eigenen Arbeit nicht nur als Abschied von „fürsorglicher Belagerung" (Böll 1979) bzw. als Fokus auf soziale Dienstleistung, sondern auch mit einer neuen respektvollen Haltung („Awareness": Aufmerksamkeit und Achtsamkeit) sowie mit Verantwortungsbewusstsein gegenüber Menschen mit Behinderung als gleichberechtigte Bürgerinnen und Bürger mit Unterstützungsbedarf (Care-Ethik, d. h. Ethik der Sorge und Sorgfalt: Biller-Andorno 2001 bzw. Ethik der Achtsamkeit: Conradi 2001). Daraus sollen sich Formen der Unterstützung bei eher balancierter Macht entwickeln (können), ohne dass Teilhabeanstrengungen zu Alibiveranstaltungen verkommen. Orte für diese neuen Formen der Begegnung mit Behindertenarbeit finden sich vorrangig in den gesellschaftlichen Teilsystemen und dem jeweiligen Sozialraum (dem Gemeinwesen), in dem Menschen mit Behinderung leben, und nicht in Sondersystemen (Gesellschaftsorientierung). Dazu passende Umgangsformen zwischen Behindertenarbeit und ihrer Klientel sind nicht nur Assistenz nach Beauftragung („Persönliche Assistenz": Weber 2002), sondern auch Unterstützung der Selbstsorgefähigkeit („agency" oder „capacity"/ Entscheidungs- und Handlungskompetenz von Menschen mit Behinderung: Bandura 2001) und Aufbau von Resilienz (Widerstandsfähigkeit und Flexibilität: Fröhlich-Gildhoff/Rönnau-Böde 2009) als emanzipatorische Potenziale.

Dass die Zukunft der Unterstützung für Menschen mit Behinderung in personenzentrierten und gemeindebasierten Hilfeformen liegt, ist theoretisch weitgehend Konsens (Aselmeier 2008; Schablon 2008; kritisch: Ellger-Rüttgardt 2009). Mit dem „Community Care"-Konzept (Gemeindeorientierung, *Sozialraumorientierung*) (Scholz 2009) liegt hierfür ein Zugang vor, der sich in den 1950er Jahren im angloamerikanischen Raum entwickelt hat (Means/Smith 1998) und seit den 1980er Jahren weltweit auch für Menschen mit Behinderung operationalisiert und realisiert wird (in Form der „Community-Based Rehabilitation" CBR: WHO 2003 und deren Matrix, Guidelines und Projekten). Ein Transfer der theoretischen Konzepte in die jeweiligen Gesellschaften erfordert allerdings sowohl die spezifischen wohlfahrtsstaatlichen und kulturellen Standards zu adaptieren, das machen internationale Vergleiche deutlich, als auch einen entsprechenden politischen Willen zu entwickeln („Policy of Community Care", z. B. kombiniert mit einem Ausstiegsprogramm aus hospitalisierender vollstationärer Langzeitunterbringung in Psychiatrie und Behindertenhilfe) und strukturierte Inklusionsbedingungen in Sozialräumen (d. h. in zusammenhängenden Bereichen, die von ihrer Bevölkerung als Wohn- und Lebensort genutzt werden). Dies kann nicht gelingen ohne einen in mehrfacher Hinsicht grundlegenden Perspektivenwechsel bei der Unterstützungsplanung und -gestaltung: vom zielgruppenbezogenen Fachbezug zum Raumbezug (dem Anknüpfen an lokale Gegebenheiten) sowie vom Einzelfallbezug zum Lebensweltbezug (vom individuellen Fall zum sozialen Feld). Als Strukturkonzept bedeutet Sozialraumorientierung für Menschen mit Behinderung, dass sie darauf vertrauen können, die von ihnen jeweils benötigten Leistungsstrukturen (Planung, Entscheidung/Beteiligung, Information, Beratung, Unterstützung, Vorsorge etc.) in ihrem Quartier vorzufinden oder von dort aus Zugang zu ihnen zu erlangen (im Sinne einer Ressourcensteuerung bzw. des Wunsch- und Wahlrechts). Als Handlungskonzept bedeutet Sozialraumorientierung für Menschen mit Behinderung, dass sie ihre Bedarfe und Interessen im Quartier vertreten und realisieren können, ihre Ressourcen in die Unterstützungsgestaltung einbringen und alle Angebote wählen, die sie benötigen und die ihnen passend und förderlich erscheinen. Flankierend stehen ihnen professionelle Dienste zur Verfügung, die sie nach Bedarf im Alltag begleiten und unterstützen (Assistenz), sie informieren (z.B. Servicestellen: Shafaei 2008), ggf. weitere Dienste vermitteln (Individuelle Hilfeplanung: Lübbe/Beck 2002; Case-Management: Wendt/Löcherbach 2006) und den Weg in den Sozialraum bahnen, soziale Netzwerke mit ihnen knüpfen (Netzwerkarbeit/„Circles of Support" aus Angehörigen und Freundeskreis: Doose 2007) sowie auch advokatorisch wirken. Eine Abstimmung zwischen Aktivitäten und Interessen muss über Rahmen-, Kooperations- und Netzwerkvereinbarungen und in einer Mitwirkungs-, Verantwortung- und Steuerungskultur („Governance") (weiter-)entwickelt werden. Als Finanzgrundlage für sozialraumorientierte Behindertenarbeit als Teil der Gemeinwesenarbeit ist ein angemessenes, zielgruppenübergreifend zugeschnittenes (Gesamt-)Budget erforderlich, das Leistungen für alle primären Zielgruppen von Sozialraumarbeit in einem Quartier sicherstellt (neben Menschen mit Behinderung alle Personen in belasteten und benachteiligten Lebenssituationen). Auf diese Weise soll Nutzerorientierung realisiert, der Abschottung von Sozialleistungssystemen gegengesteuert sowie der fortschreitenden Differenzierung der Gesellschaft und der ihr

immanenten Bedarfe an sozialen Diensten Rechnung getragen werden. Im (Nah-)Bezugsraum – so hofft man – kann es zugleich eher gelingen, Teilhabe zu leben, indem nachbarschaftliche Begegnungen ebenso besser ermöglicht werden wie Selbstwirksamkeitserfahrung (über Steuerung und Selbstständigkeit: „Valueing People"-Prinzip).

Dass „Community Living" von Menschen mit Behinderung alleine über die Privilegierung ambulanter Unterstützung (§ 53 ff. SGB XII) nicht umgesetzt wird, lehrt die Erfahrung. Hierzu werden weitere politische Anreize gesetzt werden müssen (wie Neuzuschnitte der Leistungsträgerzuständigkeit bzw. Versorgungsverpflichtung der Kommunen) bis zu Rückführungsprogrammen aus Sondereinrichtungen. Korrespondierend sind Regeleinrichtungen zu stärken, damit konzeptionell, räumlich und personell attraktive Angebote auch für Menschen mit Behinderung so gewährleistet werden können, dass sie in einer Vielfaltsgemeinschaft subsidiär aufgehoben sind (Schablon 2008, 302). Dieses Ziel muss unabhängig von Art und Ausprägung einer Behinderung bzw. der Höhe des Unterstützungsbedarfs gelten. Heimverträge sollten beispielsweise aufgelöst werden zugunsten individueller Mietverträge, und über „Universal Design"- und „Ambient Assisted Living"-Konzepte (den Einsatz von unterstützender Technologie im Sinne der Barrierefreiheit) müssen zukünftig weitere Ressourcen entstehen für das Leben in der Gemeinde. Diese neuen Wege sind über gut geschulte professionelle Kräfte zu bahnen (Aus- und Weiterbildung) und mit neuen Formen der Behindertenarbeit und Qualitätssicherung zu flankieren (Assessment, Caremanagement, Casemanagement etc.). Dennoch werden Risiken der Unterversorgung, Isolation und Verwahrlosung, sowie Grenzen der gesellschaftlichen Inklusionsbereitschaft bleiben, die es abzuwägen gilt gegen Chancen von Selbstbestimmung und Teilhabe.

Wer letztlich „Change Agent" für den Weg der Menschen mit Behinderung in die Gemeinden sein wird, ist offen: Von staatlicher Seite sind im Rahmen der Gesetzgebungen Vorlagen erfolgt, die traditionelle Behindertenhilfe, aber auch die anderen Sozialdienste, haben dies bislang eher zögerlich aufgenommen. Die Macht der Menschen mit Behinderung, den Wandel voranzubringen, ist begrenzt, und die Wissenschaft fördert (zu) wenig zielführende Ergebnisse zutage.

Förderlich wäre sicher eine „Willkommenskultur", die zu einer Haltung des Miteinanders und zu solidarischer Akzeptanz notwendiger Unterstützung führt, sich aber nur über Teilhabe entwickeln kann. Ob sich diese in der Kraft der Gemeinschaft („Community": Etzioni 1998) oder im Recht auf Lebenschancen in der Bürgergesellschaft (Dahrendorf 1996) auch für Menschen mit Behinderung finden wird und ihre Inklusion in Bildung, Arbeitsleben, Wohnen, Mobilität, Freizeit etc. gelingt, muss die Zukunft weisen. Hier sollte Wirkungsforschung ansetzen!

Literatur

Anheier, H. K., Priller, E., Seibel, W., Zimmer, A. (2007): Der Nonprofit Sektor in Deutschland. In: Badelt, Ch., Meyer, M., Simsa, R. (Hrsg.): Handbuch der Nonprofit Organisationen. Struktur und Management. 4. Aufl. Schäffer-Poeschel, Stuttgart, 17–39

Antonovsky, A. (1997): Salutogenese. Zur Entmystifizierung der Gesundheit. DGVT, Tübingen

Aselmeier, L. (2008): Community Care und Menschen mit geistiger Behinderung. VS, Wiesbaden

Balz, H.-J., Spieß, E. (2009): Kooperation in sozialen Organisationen. Grundlagen und Instrumente der Teamarbeit. Ein Lehrbuch. Kohlhammer, Stuttgart

Bandura, A. (2001): Social Cognitive Theory: An Agentic Perspective. Annual Review of Psychology 52, 1–26

Bauman, Z. (2005): Verworfenes Leben. Die Ausgegrenzten der Moderne. Hamburger Edition, Hamburg

Beck, I. (1994): Neuorientierung in der Organisation pädagogisch-sozialer Dienstleistungen für behinderte Menschen. Zielperspektiven und Bewertungsfragen. Peter Lang, Bern / Berlin / Brüssel

Bericht über die Lebenssituation junger Menschen und die Leistungen der Kinder- und Jugendhilfe in Deutschland – 13. Kinder- und Jugendbericht (Bundestagsdrucksache 16 / 12860). 16. Wahlperiode 30.04.2009

Biller-Andorno, N. (2001): Gerechtigkeit und Fürsorge. Zur Möglichkeit einer integrativen Medizinethik. Campus, Frankfurt / M.

Binding, K., Hoche, A. (1920 / 2006): Die Freigabe der Vernichtung lebensunwerten Lebens. Ihr Maß und ihre Form. Felix Meiner, Leipzig; Nachdruck Berliner Wissenschafts-Verlag, Berlin

Blumenthal, W., Jochheim, K.-A. (2009): Entstehen und Entwicklung der Rehabilitation in Deutschland. In: Blumenthal, W., Schliehe, F. (Hrsg.): Teilhabe als Ziel der Rehabilitation. 100 Jahre Zusammenwirken in der Deutschen Vereinigung für Rehabilitation e. V. DVfR, Heidelberg, 11–30

Böll, H. (1979): Fürsorgliche Belagerung. Kiepenheuer & Witsch, Köln

Boeßenecker, K.-H. (2005): Spitzenverbände der Freien Wohlfahrtspflege. Eine Einführung in Organisationsstrukturen und Handlungsfelder der deutschen Wohlfahrtsverbände. Neuausgabe. Juventa, Weinheim / München

Bösl, E. (2009): Politiken der Normalisierung. Zur Geschichte der Behindertenpolitik in der Bundesrepublik Deutschland. transcript, Bielefeld

Bosse, I. (2006): Behinderung im Fernsehen. Gleichberechtigte Teilhabe als Leitziel der Berichterstattung. Deutscher Universitäts-Verlag, Wiesbaden

Brill, W. (2009): Sonderpädagogik im Nationalsozialismus – zur notwendigen Revision sonderpädagogischer Historiographie, aufgezeigt anhand methodischer Überlegungen. Behindertenpädagogik 48, 352–367

Bundesministerium für Arbeit und Soziales (Hrsg.) (2009): Sozialbericht. Bonn

Conradi, E. (2001): Take Care. Grundlagen einer Ethik der Achtsamkeit. Campus, Frankfurt / M.

Dahme, H.-J., Wohlfahrt, N. (2009): Zwischen Ökonomisierung und Teilhabe. Zum aktuellen Umbau der Eingliederungshilfe für behinderte Menschen. Teilhabe 48, 164–171

Dahrendorf, R. (1996): Die Zukunft des Wohlfahrtsstaats. Neue Kritik, Frankfurt / M.

Dederich, M. (2007): Körper, Kultur und Behinderung. Eine Einführung in die Disability Studies. transcript, Bielefeld

Dörner, K. (1999): Bürger und Irre: zur Sozialgeschichte und Wissenschaftssoziologie der Psychiatrie. 2. Aufl. Europäische Verlagsanstalt, Frankfurt / M.

Doose, S. (2007): Unterstützte Beschäftigung. Berufliche Integration auf lange Sicht. Lebenshilfe, Marburg

Ellger-Rüttgardt, S. (2009): Die UN-Konvention über die Rechte von Menschen mit Behinderung und ihre Herausforderungen an die deutsche Bildungspolitik. Rehabilitation 48, 369–374

Etzioni, A. (1998): Die Entdeckung des Gemeinwesens – Das Programm des Kommunitarismus. Fischer, Frankfurt / M.

Europäischer Kongress von Menschen mit Behinderung (2002): Die Madrid-Deklaration. 23. März 2002. Madrid

Freidson, E. (1965): Disability as Social Deviance. In: Sussman, M. B. (Hrsg.): Sociology and Rehabilitation. American Sociology Association, Washington D. C., 71–99

Fröhlich-Gildhoff, K., Rönnau-Böse, M. (2009): Resilienz. Reinhardt, München / Basel

Goffman, E. (1967): Stigma. Über Techniken der Bewältigung beschädigter Identität. Suhrkamp, Frankfurt / M.

Greving, H. (Hrsg.) (2002): Hilfeplanung und Controlling in der Heilpädagogik. Lambertus, Freiburg / Br.

Hahn, M. (1981): Behinderung als soziale Abhängigkeit. Zur Situation schwerstbehinderter Menschen. Reinhardt, München / Basel

Haines, H. (2009): Rehabilitationsrecht und Rehabilitationspolitik. In: Blumenthal, W., Schliehe, F. (Hrsg.): Teilhabe als Ziel der Rehabilitation. 100 Jahre Zusammenwirken in der Deutschen Vereinigung für Rehabilitation e. V. DVfR, Heidelberg, 171–175

Hermes, G., Rohrmann, E. (2006): „Nichts über uns – ohne uns!" Disability studies als neuer Ansatz emanzipatorischer und interdisziplinärer Forschung über Behinderung. AG-SPAK-Bücher. Bd. 187, Neu-Ulm

Herriger, N. (2006): Empowerment in der sozialen Arbeit – eine Einführung. 3. Aufl. Kohlhammer, Stuttgart

Herrmann, P. (2005): Soziale Dienste in Europa – ein etwas unkonventioneller Ansatz zur Bestimmung sozialer Dienste. In: Linzbach, Ch., Lübking, U., Scholz, St., Schulte, B. (Hrsg.): Die Zukunft der sozialen Dienste vor der Europäischen Herausforderung. Nomos, Baden-Baden, 260–276

Klee, E. (1983): „Euthanasie" im NS-Staat: Die „Vernichtung lebensunwerten Lebens". Fischer, Frankfurt/M.

Köbsell, S., Waldschmidt, A. (Hrsg.) (2006): International Section: Disability Studies in German Speaking Countries. Disability Studies Quarterly. The first Journal in the Field of Disability Studies 2

Krach, St. (2009): Zur Herleitung und Begründung des Begriffs Inklusion. Behindertenpädagogik 48, 382–398

Luckmann, Th. (1980): Lebenswelt und Gesellschaft. Grundstrukturen und geschichtliche Wandlungen. Schöningh, Paderborn/München/Wien/Zürich

Lübbe, A., Beck, I. (2002): Individuelle Hilfeplanung – Anforderungen an die Behindertenhilfe. Deutsche Heilpädagogische Gesellschaft. Eigenverlag, Bremen

Luhmann, N. (1995): Inklusion und Exklusion. In: Soziologische Aufklärung 6. Die Soziologie und der Mensch. Westdeutscher Verlag, Opladen, 237–264

Maschke, M. (2008): Behindertenpolitik in der Europäischen Union. Lebenssituation behinderter Menschen und nationale Bildungspolitik in 15 Mitgliedsstaaten. VS, Wiesbaden

Means, R., Smith, R. (1998): Community Care: Policy and Practice. 2nd Ed. Macmillan Press, London

Metzler, H., Wacker, E. (2005): Behinderung. In: Otto H.-U., Thiersch, H. (Hrsg.): Handbuch Sozialarbeit/Sozialpädagogik. 3. Aufl. Ernst Reinhardt, München/Basel 118–139

Nirje, B. (1969): The Normalization Principle and Its Human Management Implication. In: Kugel, R. B., Wolfensberger, W. (Hrsg.): Changing Patterns in Residential Services for the Mentally Retarded. President's Committee on Mental Retardation, Washington D. C., 179–195

Nussbaum, M. (1999): Gerechtigkeit oder das gute Leben. Suhrkamp, Frankfurt/M.

OECD (2003): Transforming Disability into Ability. OECD Publications, Paris

Oelerich, G., Schaarschuch, A. (Hrsg.) (2005): Soziale Dienstleistungen aus Nutzersicht. Zum Gebrauchswert Sozialer Arbeit. Reinhardt, München/Basel

Prengel, A. (2009): Vielfalt. In: Dederich, M., Jantzen, W. (Hrsg.): Behinderung und Anerkennung. Kohlhammer, Stuttgart, 105–112

Rappaport, J. (1985): Ein Plädoyer für die Widersprüchlichkeit. Ein sozialpolitisches Konzept des „empowerment" anstelle präventiver Ansätze. Verhaltenstherapie und psychosoziale Praxis 17, 257–278

Rat der Europäischen Union (2002): Ziele bei der Bekämpfung der Armut und der sozialen Ausgrenzung (Dokument 14164/1/02 REV 1). Brüssel

Röh, D. (2009): Soziale Arbeit in der Behindertenhilfe. Reinhardt, München/Basel

Rüggeberg, A. (1985): Autonom-Leben – Gemeindenahe Formen von Beratung, Hilfe und Pflege zum selbständigen Leben von und für Menschen mit Behinderung. Überblick über internationale Ansätze und Modelle und die Situation in der Bundesrepublik. Kohlhammer, Stuttgart

Schaarschuch, A. (2003): Die Privilegierung des Nutzers. Zur theoretischen Begründung sozialer Dienstleistung. In: Olk, T., Otto, H.-U. (Hrsg.): Soziale Arbeit als Dienstleistung. Grundlegungen, Entwürfe, Modelle. Luchterhand, München, 150–169

Schablon, K.-U. (2008): Community Care. Professionell unterstützte Gemeinweseneinbindung erwachsener geistig behinderter Menschen. Lebenshilfe, Marburg

Schachinger, H. (2005): Das Selbst, die Selbsterkenntnis und das Gefühl für den eigenen Wert. Huber, Bern

Schäfers, M. (2008): Lebensqualität aus Nutzersicht. Wie Menschen mit geistiger Behinderung ihre Lebenssituation beurteilen. VS, Wiesbaden

–, Wacker, E., Wansing, G. (2009): Persönliches Budget im Wohnheim. VS, Wiesbaden

Schiffer, E. (2001): Wie Gesundheit entsteht. Salutogenese: Schatzsuche statt Fehlerfahndung. Beltz, Weinheim/Basel/Berlin

Schlebrowski, D. (2009): Starke Nutzer im Heim. Wirkung Persönlicher Budgets auf soziale Dienstleistungen. VS, Wiesbaden

Scholz, T. (2009): Die Entwicklung des Community Care-Ansatzes in Deutschland und Großbritannien im Vergleich. GRIN, Norderstedt

Schütz, A., Luckmann, Th. (1979/1984): Strukturen der Lebenswelt. Bd. 1/Bd. 2. Suhrkamp, Frankfurt/M.

Seligman, M. E. P. (1998): Learned Optimism: How to Change Your Mind and Your Life. Pocked Books, New York

Sen, A. (2007): Ökonomie für den Menschen. dtv, München

Shafaei, R. F. (2008): Die gemeinsamen Servicestellen für Rehabilitation. Beratung und Unterstützung behinderter Menschen nach dem SGB IX. Nomos, Baden-Baden

Thiersch, H., Grunwald, K. (2002): Lebenswelt und Dienstleistung. In: Thiersch, H. (Hrsg.): Positionsbestimmung der Sozialen Arbeit. Gesellschaftspolitik, Theorie und Ausbildung. Juventa, Weinheim/München, 127–151

Thimm, W. (2005): Das Normalisierungsprinzip. Ein Lesebuch zu Geschichte und Gegenwart eines Reformkonzepts. Lebenshilfe, Marburg

UN – United Nations (2006): 61/06 Convention on the Rights of Persons with Disabilities. In: www.un.org/Depts/dhl/resguide/gares1.htm, 05.04.2010

Wacker, E. (2009a): Das Persönliche Budget. Neue Leistungsgestaltung in der Behindertenhilfe. Die Rehabilitation 48, 1–11

– (2009b): Ungleiche Teilhabe – Behinderung und Rehabilitation. In: Hinz, R., Walthes, R. (Hrsg.): Heterogenität in der Grundschule. Den pädagogischen Alltag erfolgreich bewältigen. Beltz, Weinheim/Basel/Berlin, 101–113

– (2008a): Behinderung in der Gesellschaft. 50 Jahre im soziologischen Blick – vom Dialog zum Diskurs. Geistige Behinderung 47, 42–61

– (2008b): Soziologische Ansätze: Behinderung als soziale Konstruktion. In: Nußbeck, S., Biermann, A., Adam, H. (Hrsg.): Sonderpädagogik der geistigen Entwicklung. Bd. 4. Handbuch Sonderpädagogik. Hogrefe, Göttingen, 115–158

– (2008c): Selbstbestimmung und Behinderung. Verhaltenstherapie & Psychosoziale Praxis 40, 11–27

– (2007): Leben im Ort 2017. Unterwegs zur Kommune der Vielfalt. Orientierung. Fachzeitschrift der Behindertenhilfe 1, 37–40

– (2003): Behinderungen und fortgeschrittenes Alter als geragogische Herausforderungen. In: Leonhardt, A., Wember, F. B. (Hrsg.): Grundfragen der Sonderpädagogik. Bildung. Erziehung. Behinderung. Beltz, Weinheim/Basel/Berlin, 875–888

– (2002a): Von der Versorgung zur Lebensführung. Wandel der Hilfeplanung in (fremd-)gestalteten Wohnumgebungen. In: Greving, H. (Hrsg.), 77–105

– (2002b): Wege zur individuellen Hilfeplanung. In: Greving, H. (Hrsg.), Freiburg/Br., 275–297

–, Bosse, I., Dittrich, T., Niehoff, U., Schäfer, M., Wansing, G., Zalfen, B. (Hrsg.) (2005): Teilhabe. Wir wollen mehr als nur dabei sein. Lebenshilfe, Marburg

–, Wansing, G., Schäfers, M. (2005/2009): Personenbezogene Unterstützung und Lebensqualität. Teilhabe mit einem Persönlichen Budget. 2. Aufl. VS, Wiesbaden

–, Wetzler, R., Metzler, H., Hornung, C. (1998): Leben im Heim. Angebotsstrukturen und Chancen selbständiger Lebensführung in Wohneinrichtungen der Behindertenhilfe. Bericht zu einer bundesweiten Untersuchung im Forschungsfeld „Möglichkeiten und Grenzen selbständiger Lebensführung in Einrichtungen". Nomos, Baden-Baden

Waldschmidt, A. (2009): Disability Studies. In: Dederich, M., Jantzen, W. (Hrsg.): Behinderung und Anerkennung. Kohlhammer, Stuttgart, 125–133

– (1999): Selbstbestimmung als Konstruktion. Alltagstheorien behinderter Frauen und Männer. Leske+Budrich, Opladen

–, Schneider, W. (Hrsg.) (2007): Disability Studies, Kultursoziologie und Soziologie der Behinderung: Erkundungen in einem neuen Forschungsfeld. transcript, Bielefeld

Wansing, G. (2007a): Behinderung: Inklusions- oder Exklusionsfolge? Zur Konstruktion paradoxer Lebensläufe in der modernen Gesellschaft. In: Waldschmidt, A., Schneider, W. (Hrsg.), 275–297

– (2007b): Persönliches Budget. In: Greving, H. (Hrsg.): Kompendium Heilpädagogik. Bd. 2. Bildungsverlag Eins, Troisdorf, 165–175

– (2005): Teilhabe an der Gesellschaft. Menschen mit Behinderung zwischen Inklusion und Exklusion. VS, Wiesbaden

Weber, E. (2002): Persönliche Assistenz – assistierende Begleitung. Veränderungsforderungen für die professionelle Betreuung und für Einrichtungen der Behindertenhilfe. Deutsche Heilpädagogische Gesellschaft (Hrsg.): Schriften Bd. 8. Eigenverlag, Köln/Düren

Weiß, H. (2000): Selbstbestimmung und Empowerment – Kritische Anmerkungen zu ihrer oftmaligen Gleichsetzung im sonderpädagogischen Diskurs. In: Färber, H.-P., Lipps, W., Seyfarth, Th. (Hrsg.): Wege zum selbstbestimmten Leben trotz Behinderung. Attempto, Tübingen, 119–143

Welti, F. (2005): Behinderung und Rehabilitation im Sozialen Rechtsstaat. Mohr/Siebeck, Tübingen

Wendt, W. R., Löcherbach, P. (Hrsg.) (2006): Case Management in der Entwicklung. Stand und Perspektiven in der Praxis. Economica, Hamburg

WHO – World Health Organization (1986): Ottawa Charter for Health Promotion. In: www.who.int/hpr/NPH/docs/ottawa_charter_hp.pdf, 05.04.2010

Wilken, U. (1997): Empowerment. Sonderpädagogik 27, 46–49

Windisch, M., Miles-Paul, O. (Hrsg.) (1991): Selbstbestimmung Behinderter. Leitlinien für die Behindertenpolitik und -arbeit. GhK, Fachbereich 4, Kassel

Wohlfahrt, N. (2005): Von der Subsidiarität zum Wettbewerb? Das ordnungspolitische Dilemma sozialer Dienste in der BRD. Liga der freien Wohlfahrtspflege in Baden-Württemberg e. V. (Hrsg.), Stuttgart

Wolber, E. (1997): „Es ist unsere Gesellschaft die behindert, nicht die Behinderung." Als Frau mit einer Körperbehinderung in Deutschland leben. In: Meiser, U., Albrecht, F. (Hrsg.): Krankheit, Behinderung und Kultur. Verlag für Interkulturelle Kommunikation, Frankfurt/M., 33–68

Wolfensberger, W. (1972): The Principle of Normalization in Human Services. National Institute on Mental Retardation, Toronto

Behinderung

Von Heidrun Metzler

650 Millionen Menschen weltweit – oder 10 % der Weltbevölkerung – leben nach Angaben der Vereinten Nationen mit einer Behinderung; damit bilden Menschen mit Behinderung die größte Minderheitengruppe. Diese Aussage suggeriert, dass weltweit ein einheitliches Verständnis darüber besteht, was eine Behinderung ist bzw. wann Personen als behindert bezeichnet werden können. Demgegenüber ist jedoch zu konstatieren, dass eine solche übergreifend gültige Definition nicht existiert – im Gegenteil: Der Begriff Behinderung wird auf sozial, kulturell und gesellschaftlich höchst unterschiedliche Situationen und Lebenslagen angewandt und unterliegt zudem einem kontinuierlichen historischen Wandel. Eine Auseinandersetzung mit dem Begriff Behinderung muss daher vor allem explizieren, in welchen Kontexten und / oder zu welchen Zwecken eine Definition von Behinderung vorgenommen wird.

Wissenschaftliche Zugänge zum Thema Behinderung

In der wissenschaftlichen Auseinandersetzung mit dem Begriff Behinderung werden seit den 1970er Jahren des 20. Jahrhunderts unterschiedliche methodologische Positionen – vielfach als „Paradigmen" bezeichnet – unterschieden (Thimm 2006, 178). Diese lassen sich differenzieren nach ihrem jeweiligen Bezugs- bzw. Ausgangspunkt:

Das individualtheoretische Paradigma

Dieses Modell von Behinderung nimmt seinen Ausgangspunkt in einer physischen, psychischen und / oder kognitiven Beeinträchtigung eines Menschen, die dazu beiträgt, dass bestimmte All-tagsfunktionen nicht oder nicht mehr, d. h. in einer nicht altersentsprechenden oder sozial erwünschten Weise ausgeführt werden können. Behinderung erscheint hier entsprechend als Einschränkung individuellen Leistungsvermögens. Dieses Modell bildet den leitenden theoretischen und methodischen Zugang für die Rehabilitationswissenschaften, die Medizin sowie weitere therapeutische Disziplinen. Indem Behinderung in diesem Modell assoziiert wird mit individuell belastender Beeinträchtigung, gilt deren Überwindung durch entsprechende Förderung und Unterstützung als vorrangiges Ziel. Darüber hinaus erfährt die Prävention von Behinderungen durch Konzepte zur Vermeidung der Chronifizierung von Krankheiten oder von Krankheitsfolgen, aber auch – z. B. im Rahmen der Reproduktionsmedizin – der Selektion durch pränatale Diagnostik Aufmerksamkeit.

Historisch betrachtet trugen im weitesten Sinne medizinische Erkenntnisse und Handlungskonzepte zur Entstehung des Systems der Rehabilitation und Behindertenhilfe bei; auch die im 19. Jahrhundert sich entwickelnden pädagogischen Zugänge waren zunächst diesem Modell verbunden, wie sich nicht zuletzt in der Bezeichnung der Disziplin als „Heilpädagogik" zeigt.

Das interaktionistische Paradigma

Vertreter des Symbolischen Interaktionismus fokussieren in ihrer Analyse von Behinderung deren Wirkungen in sozialen / interaktionalen Zusammenhängen. Einer der wesentlichen Wegbereiter dieses Modells ist Goffman mit seinem Konzept des Stigmas bzw. der Stigmatisierung. Behinderung gilt in diesem Kontext als Merkmal einer Person, das diese diskreditiert bzw. diskreditierbar macht.

Otto/Thiersch (Hg.), Handbuch Soziale Arbeit, 4. A., DOI 10.2378/ot4a.art011,
© 2011 by Ernst Reinhardt, GmbH & Co KG, Verlag, München

In sozialen Interaktionen werden von (behinderten) Individuen spezifische Rollenfunktionen bzw. Rollenerwartungen nicht oder in einer kulturell nicht üblichen Weise erfüllt (z. B. die eigenständige Bewältigung von Alltagsaufgaben im Erwachsenenalter, das Einhalten spezifischer Distanzregeln im Kontakt zu Fremden etc.); solche „Abweichungen" irritieren und führen vielfach zu generalisierenden Inkompetenzerwartungen bzw. -vermutungen. Behinderung wird zu einem Kriterium, das zu einer für alle sozialen Beziehungen gültigen eindeutigen Statuszuweisung führt (Thimm 2006, 40); die in modernen Gesellschaften beobachtbare Differenzierung sozialer Rollen von Individuen wird durch das Merkmal Behinderung eingeschränkt bzw. auf die Rolle „des Behinderten" begrenzt.

Individuelle Beeinträchtigungen sind in interaktionistischer Perspektive nicht allein somatisch (im weitesten Sinne) bedingt, sondern werden erst durch eine normative Bewertung zu einer „Abweichung", die weitreichende Folgen für die soziale Situation eines Menschen mit Behinderung haben kann.

Das systemtheoretische/ gesellschaftstheoretische Paradigma

Gesellschaftstheoretische Zugänge analysieren die Konstitution sozialen Lebens im Lichte spezifischer historisch bestimmter Verhältnisse. Behinderung erscheint darin als gesellschaftlich produzierter Tatbestand, der sich in Architektur, Technik, Gesetzen, Institutionen, Sozial- und Bildungsetats etc. manifestiert. So wird die sozial übliche Teilhabe am öffentlichen Leben verhindert.

Insbesondere kapitalismuskritische Ansätze betrachten Behinderung im Zusammenhang mit sozioökonomischen Benachteiligungen (Chancenungleichheit), die sich aus (möglichen) Einschränkungen der individuellen Leistungsfähigkeit ergeben. Jantzen (1976) bezeichnet Behinderung als Resultat einer kapitalistischen Gesellschaftsordnung, die zum Ausschluss aus den Prozessen der gesellschaftlichen Produktion und Reproduktion führt und dadurch zur Isolation. Er nennt „die Verhinderung von Aneignung des gesellschaftlichen Erbes" als Folge.

Auch wenn insbesondere im alltäglichen Sprachgebrauch Gesellschaftstheorie und Systemtheorie vielfach gleichgesetzt werden, setzen systemtheo-

retische Ansätze (insbesondere Luhmannscher Prägung) doch spezifische Akzente. Die soziologische Systemtheorie befasst sich mit der Analyse moderner Gesellschaften; als zentrale Kategorien erscheinen dabei die funktionale Differenzierung in unterschiedliche „Kommunikationssysteme", die nicht gleichzusetzen sind mit sozialen Handlungssystemen, sowie die wertneutrale Einführung der Begriffe Inklusion und Exklusion. Wansing arbeitet aus solcher systemtheoretischer Perspektive als Spezifikum der „Lebenslage Behinderung" heraus, dass „nicht ein prinzipieller Mangel an Inklusion [...] die Problemlage von Menschen mit Behinderung [kennzeichnet], sondern die Art und Weise der wohlfahrtsstaatlichen Inklusion in das Rehabilitationssystem" (Wansing 2006, 194). Menschen mit Behinderung sind danach nicht aus relevanten Funktionssystemen wie Bildung, Arbeitsmarkt etc. per se ausgeschlossen; sie sind vielmehr inkludiert, allerdings vielfach mit einer spezifischen und besonderen „sozialen Adresse", die wohlfahrtsstaatlich konfiguriert wird (z. B. durch den rechtlichen Anspruch auf Bildung in einer Sonderschule). Darüber hinaus stellt das Rehabilitationssystem (wie andere Felder Sozialer Arbeit) ein eigenständiges Funktionssystem moderner Gesellschaften dar, dessen Aufgabe zwar darin besteht, Chancen für die Inklusion in andere Funktionssysteme zu erhöhen; gleichzeitig aber besteht die Gefahr, aufgrund einer tendenziellen Eigengesetzlichkeit auch dieses Systems Inklusion auf die Teilhabe an spezifischen Organisationen (stationäre Einrichtungen etc.) zu reduzieren. In dieser Perspektive

„erscheint Behinderung nicht länger als individuelles Merkmal bzw. Status, sondern kann als soziale Konstruktion in gesellschaftlichen Prozessen der Inklusion und Exklusion bestimmt werden. Dabei reicht es nicht, den analytischen Blick auf Aspekte der Exklusion zu richten, sondern die Art und Weise der Inklusion lohnt ebenfalls einer genauen Betrachtung" (Wansing 2007, 291).

Transdisziplinäre Ansätze der Disability Studies

Als eine neue, fach- und fächerübergreifende Forschungsdisziplin präsentieren sich seit einigen Jahren die Disability Studies. Unter diesem Titel entwarfen in den 1980er Jahren des 20. Jahrhunderts WissenschaftlerInnen in den USA und Großbritannien, die der internationalen Behindertenbewegung verbunden sind, ein Programm, das im Anschluss insbesondere an die bisherigen sozial- und gesellschaftswissenschaftlichen Analysen den „Forschungsgegenstand" Behinderung aus seiner Randständigkeit befreien und – insbesondere durch die Einbeziehung kulturwissenschaftlicher Perspektiven – grundlegende Aufschlüsse über das Verhältnis von Individuum, Gesellschaft und Kultur gewinnen soll (Waldschmidt / Schneider 2007, 12 f.). Die aktive Rolle von Menschen mit Behinderung in Forschungszusammenhängen – nicht mehr als „Objekt" von Forschung, sondern als Subjekte, die relevante Forschungsthemen formulieren und Forschungsprojekte selbst durchführen – gilt dabei als (forschungs-)politisches Desiderat.

Neue bzw. prononciertere Akzente gegenüber bisherigen Theorieansätzen setzen die Disability Studies insbesondere hinsichtlich kulturwissenschaftlicher Ansätze, die den Begriff des Normalen – als Dispositiv zu „Unnormalem" bzw. Abweichung – thematisieren. Bereits der vermeintlich für objektiv gehaltene „Kern" einer Behinderung – die physische oder psychische Schädigung einer Körperfunktion oder -struktur – lässt sich, so die These, als gesellschaftliche, soziale bzw. kulturelle Norm betrachten, die keineswegs unabhängig ist von historischen, politischen oder sozialen Zusammenhängen. Bezogen auf Körperbehinderung wird z. B. in entsprechenden Analysen herausgearbeitet, dass der

„Körper [...] nicht mehr als etwas Vorgängiges, als natürlich Gegebenes mit bestimmten objektiven Kennzeichen [erscheint], an denen dann gegebenenfalls soziale Prozesse als Bewertungen, Stigmatisierungen, Benachteiligungen anschließen. Vielmehr sind umgekehrt die Vorstellungen, Wahrnehmungen, Bewertungen und Praktiken bezogen auf „körperliche Behinderung", sind Körper und Körperlichkeit selbst gesellschaftliche Produkte im Sinne diskursiver Effekte der je herrschenden, für-wahr-genommenen Deutungsrahmen von körperlicher Abweichung und Normalität" (Gugutzer / Schneider 2007, 38).

Diese unterschiedlichen theoretischen Zugänge zum Phänomen Behinderung (eine weitergehende Übersicht bei Wacker 2008) verweisen darauf, dass

„Behinderung [...] ein komplexes Beziehungsgeflecht [ist] und von zahlreichen Einflussfaktoren abhängig: vom Verhältnis von individuellen und sozialen Belastungen und den verfügbaren informellen und professionellen Ressourcen, der Struktur des Hilfesystems, gesellschaftlichen Bedingungen, Normen und Werten. Behinderungen sind also relativ und normativ; sie sind veränderlich, nicht starr und situationsabhängig. Jede Behinderung wirkt sich in Abhängigkeit all dieser Einflussfaktoren individuell unterschiedlich aus und wird subjektiv unterschiedlich verarbeitet und bewertet" (Beck 1998, 281 f.).

Die Definition der WHO – Behinderung im Kontext der Klassifikationssysteme der WHO

Im Rahmen ihrer Aufgaben entwickelt die Weltgesundheitsorganisation (WHO) unter anderem sog. Klassifikationssysteme, auf deren Grundlage weltweit standardisierte Informationen über die gesundheitliche Situation der Bürgerinnen und Bürger gesammelt werden können; diese dienen vorrangig der Formulierung von Gesundheitszielen der (nationalen und internationalen) Gesundheitspolitik, aber auch der Evaluation spezifischer gesundheitsfördernder Programme. Zu den bekanntesten Klassifikationssystemen zählt die sog. ICD: die Internationale statistische Klassifikation der Krankheiten und verwandter Gesundheitsprobleme („International Statistical Classification of Diseases and Related Health Problems"). Ergänzend zu dieser – im Wesentlichen auf medizinischer Diagnostik beruhenden – Klassifikation wurde seit 1980 der Versuch unternommen, auch chronische Erkrankungen und Behinderungen zu erfassen. Die „International Classification of Impairments, Disabilities, and Handicaps (ICIDH)" differenzierte Behinderung nach drei Dimensionen: Impairment, Disability und Handicap.

- *Impairment* bezog sich auf eine Schädigung von biologischen und / oder psychischen Strukturen und Funktionen des menschlichen Organismus.
- *Disability* umschrieb funktionelle Einschränkungen von Personen, die zweckgerichtete Handlungen im Vergleich zu nicht geschädigten Menschen gleichen Alters beeinträchtigen.
- Mit *Handicap* war schließlich eine Benachteiligung in familiärer, beruflicher und gesellschaftlicher Hin-

sicht bei der Ausübung alters- und/oder geschlechterspezifischer Rollen angesprochen.

Trotz des mehrdimensionalen Ansatzes der ICIDH geriet insbesondere das lineare Konzept zunehmend in Kritik: Eine Schädigung führt zu einer Leistungseinbuße, und diese ist Ursache für eine mangelnde Anpassung eines Individuums an seine Umgebung bzw. die in ihr wirksamen Handlungs- und Rollenerwartungen.

Eine Weiterentwicklung des Konzepts führte zunächst 1994 zur ICIDH – 2; diese wurde nach verschiedenen Erprobungsphasen schließlich 2001 von der Vollversammlung der WHO als Internationale Klassifikation der Funktionsfähigkeit, Behinderung und Gesundheit (ICF: International Classification of Functioning, Disability, and Health) verabschiedet. Seit 2005 liegt eine deutschsprachige Übersetzung dieser Klassifikation vor (DIMDI 2005).

Die ICF differenziert nach verschiedenen Komponenten: den Körperfunktionen und -strukturen, den Aktivitäten und der Teilhabe sowie den sog. Kontextfaktoren. Körperfunktionen und -strukturen können durch Schädigungen z. B. infolge chronischer Erkrankungen, Unfällen, genetischer Abweichungen etc. beeinträchtigt sein, der Begriff der Aktivitäten umfasst die (beobachtbare) Leistung oder die (unter Testbedingungen gemessene) Leistungsfähigkeit eines Menschen in verschiedenen Lebensbereichen und Alltagsaktivitäten, das Konzept der Teilhabe bildet das Einbezogensein in die – identisch mit den Aktivitäten formulierten – Bereiche ab. Kontextfaktoren beinhalten zum einen die soziale, materielle, rechtliche und ökologische Umwelt eines Menschen, zum anderen sog. personenbezogene Aspekte wie Geschlecht, Alter, ethnische Zugehörigkeit, Persönlichkeitsmerkmale etc. Entworfen wird damit ein multidimensionales Konzept, das die vielfältigen Wirkungen und Zusammenhänge zwischen Person und Umwelt abzubilden sucht.

Das zentrale Konzept der ICF bildet das der „Aktivitäten und Teilhabe"; Teilhabe wird verstanden als das Einbezogensein einer Person in eine Lebenssituation oder einen Lebensbereich wie z. B.

- persönliche Selbstversorgung,
- Mobilität,
- Informationsaustausch,
- soziale Beziehungen,
- häusliches Leben und Hilfe für andere,
- Bildung und Austausch,
- Erwerbsarbeit und Beschäftigung,
- Wirtschaftsleben,
- Gemeinschaft,
- soziales und staatsbürgerliches Leben.

„Das Konzept der Teilhabe ist mit Fragen nach dem Zugang zu Lebensbereichen sowie der Daseinsentfaltung und dem selbstbestimmten und gleichberechtigten Leben verknüpft […] sowie mit Fragen der Zufriedenheit, der erlebten gesundheitsbezogenen Lebensqualität und der erlebten Anerkennung und Wertschätzung in den Lebensbereichen, die für die betrachtete Person wichtig sind" (Schuntermann 2006, 6).

Sehr viel weitgehender als die Vorgängerklassifikation wird in der ICF ein bio-psycho-soziales Modell von Behinderung entworfen, das insbesondere auch den eher (sozial-)politischen Aspekt des Zugangs zu zentralen Lebensbereichen aufgreift; Aktivitäten und Teilhabe beinhalten – ohne diesen Bezug explizit zu benennen – zentral auch die sog. Wohlfahrtsindikatoren der OECD (Zugang zu Bildung, Arbeit, Gesundheitswesen etc.).

Der Begriff der Behinderung selbst wird in der ICF nicht verwendet; vielmehr wird der Begriff der Funktionsfähigkeit („functioning") eingeführt, der gewissermaßen das positive Gegenbild von Behinderung beinhaltet:

„Der Begriff der Funktionsfähigkeit eines Menschen umfasst alle Aspekte der funktionalen Gesundheit. Eine Person ist funktional gesund, wenn – vor dem Hintergrund ihrer Kontextfaktoren –

1. ihre körperlichen Funktionen (einschließlich des mentalen Bereichs) und Körperstrukturen denen eines gesunden Menschen entsprechen (Konzepte der Körperfunktionen und -strukturen),
2. sie all das tut oder tun kann, was von einem Menschen ohne Gesundheitsproblem (ICD) erwartet wird (Konzept der Aktivitäten),
3. sie ihr Dasein in allen Lebensbereichen, die ihr wichtig sind, in der Weise und dem Umfang entfalten kann, wie es von einem Menschen ohne gesundheitsbedingte Beeinträchtigung der Körperfunktionen oder -strukturen oder der Aktivitäten erwartet wird (Konzept der Partizipation [Teilhabe] an Lebensbereichen)." (DIMDI 2005, 4)

In diesen Ausführungen wird Funktionsfähigkeit definiert zum einen unter normativen Aspekten: „Maß der Dinge" ist der gesunde und leistungsfähige Mensch. Zum anderen beinhaltet diese Definition jedoch auch Aspekte der individuellen, selbstbestimmten Lebensführung, wie es in der Aussage „Entfaltung in Lebensbereichen, die der jeweiligen Person wichtig sind", zum Ausdruck kommt.

Behinderung gilt damit nicht mehr (nur) als physische oder psychische Schädigung, die es – so etwa sozialrechtliche Formulierungen – zu beseitigen oder in ihren Folgen zu mildern gilt. Behinderung wird vielmehr als soziale Situation definiert; sie konstituiert sich danach im Horizont dynamischer Wechselwirkungen zwischen individuellen Beeinträchtigungen (Gesundheitsproblemen) und sozialen und materiellen Umweltfaktoren.

Die Wirkungen dieses komplexen Zusammenhangs werden deutlich u. a. in international höchst unterschiedlichen Prävalenzraten von Behinderung, aber auch differierenden Lebenslagen bzw. Teilhabeerfahrungen. So referiert eine europäische Studie aus dem Jahre 2007 Prävalenzraten von 6–7 % bis zu über 30 % in den Mitgliedsstaaten der EU (APPLICA, CESEP, ALPHAMETRICS 2007, 10). Im Rahmen multivariater statistischer Analysen kommt sie zudem zum Ergebnis, dass die unterschiedlichen sozialpolitischen Kontexte Einfluss nehmen auf das Maß, in dem Behinderung z. B. mit Einschränkungen der bzw. Zugangsmöglichkeiten zu (Erwerbs-)Arbeit verknüpft sind (APPLICA, CESEP, ALPHAMETRICS 2007, 33).

Behinderung im Kontext des (Sozial-)Rechts und der (Sozial-) Politik

„Behinderung" – so führt Welti aus – „ist im Grundgesetz, im Europäischen Recht, im Sozialrecht, im Gleichstellungsrecht und im Bürgerlichen Recht der Begriff, um den herum heute das rechtliche System aufgebaut ist, das sich mit dem Schutz behinderter Menschen befasst" (2005, 7).

Diese Zusammenhänge lassen sich differenzieren einerseits nach allgemeinen oder übergreifenden rechtlichen Regelungen, die Menschenwürde und Menschenrechte als zentrale Begriffe beinhalten. Andererseits bestehen rechtliche Regelungen, die den Zugang zu Unterstützungsleistungen sowie zu Nachteilsausgleichen definieren.

Bereits in der 1948 von den Vereinten Nationen verabschiedeten allgemeinen Menschenrechtserklärung wird Behinderung – damals noch als „Invalidität" bezeichnet – als eine der belasteten Lebenslagen definiert, in der Anspruch auf besonderen Schutz, insbesondere Zugang zu unterstützenden Leistungen besteht.

1994 wurde das deutsche Grundgesetz in Art. 3 Abs. 3 um den Zusatz ergänzt, dass „niemand aufgrund seiner Behinderung benachteiligt werden" dürfe. Dies kann als Grundstein der nachfolgenden Antidiskriminierungsgesetzgebung betrachtet werden, die insbesondere durch Vorgaben europäischer Politik initiiert wurde. 2002 erließ die Bundesregierung das Gesetz zur Gleichstellung behinderter Menschen (BGG); dieses Gesetz formuliert insbesondere Pflichten der öffentlichen Verwaltung in Bezug auf Zugänglichkeit von Informationen sowie Barrierefreiheit hinsichtlich der Mobilität sowie der Kommunikation. 2006 wurde das Allgemeine Gleichbehandlungsgesetz (AGG) erlassen, das zum Ziel hat, „Benachteiligungen aus Gründen der Rasse oder wegen der ethnischen Herkunft, des Geschlechts, der Religion oder Weltanschauung, einer Behinderung, des Alters oder der sexuellen Identität zu verhindern oder zu beseitigen" (AGG, §1). Dieses umgangssprachlich vielfach als Antidiskriminierungsgesetz bezeichnete Gesetz regelt insbesondere den Zugang zu Erwerbstätigkeit, zu beruflicher Bildung, zu Arbeitgeber- oder Arbeitnehmervereinigungen, zu Sozialleistungen sowie zivilrechtliche Angelegenheiten wie die Vermietung von Wohnungen oder allgemeine Rechtsgeschäfte.

2009 wurde von der Bundesrepublik Deutschland die UN-Konvention über die Rechte behinderter Menschen (Convention on the Rights of Persons with Disabilities) ratifiziert; sie definiert keine neuen Rechte behinderter Menschen, sondern intendiert, „to promote, protect and ensure the full and equal enjoyment of all human rights and fundamental freedoms by all persons with disabilities, and to promote respect for their inherent dignity". Im Unterschied zu vorhergehenden internationalen Regelungen wie z. B. die Standard Rules on the Equalization of Opportunities for Persons with Disabilities (1994) stellt die UN-Konvention ein rechtlich verbindliches Instrument dar; Staaten, die der Konvention beitreten, stehen in Verantwortung, die formulierten Bestimmungen umzusetzen bzw. ihr nationales Recht sowie die national verfügbaren Dienstleistungen anzupassen. Im Mittelpunkt steht dabei der Begriff der „inclusion", der in der deutschsprachigen Übersetzung als „Integration" interpretiert wird: inclusion als gesellschaftliche und sozialpolitische Strategie, die Besonderung von Menschen mit Behinderung durch Anpassung der verschiedenen gesellschaftlichen Bereiche (allgemeine Infrastruktur, Bildungswesen, soziale Dienste etc.) zu vermeiden.

Diese übergreifenden Gesetzeswerke, die allgemeine Rechte behinderter Menschen formulieren bzw. zu sichern suchen, verzichten weitestgehend auf Definitionen von Behinderung. In den internationalen Regelungen wird der Begriff der disabilities verwendet; in der Präambel der UN-Konvention heißt es erläuternd hierzu:

„Disability is an **evolving** concept, and that disability results from the **interaction** between persons with impairments and attitudinal and environmental barriers that hinders full and effective participation in society on an equal basis with others. "

Dies entspricht dem von der WHO in der ICF entwickelten Konzept des multidimensionalen Zusammenwirkens unterschiedlicher Faktoren und Aspekte.

Lediglich im Bundesgleichstellungsgesetz wird Behinderung definiert; hier findet die auch in sozialrechtlichen Zusammenhängen gebräuchliche Begriffsbestimmung Anwendung:

„Menschen sind behindert, wenn ihre körperliche Funktion, geistige Fähigkeit oder seelische Gesundheit mit hoher Wahrscheinlichkeit länger als sechs Monate von dem für das Lebensalter typischen Gesundheitszustand abweichen und daher ihre Teilhabe am Leben in der Gesellschaft beeinträchtigt ist."

Trotz erkennbarer sprachlicher Bezüge zur ICF beinhaltet diese Definition eine Begrenzung des Verständnisses von Behinderung: Es werden insbesondere kausale Bezüge zwischen individuellen Beeinträchtigungen und Teilhabeeinschränkungen formuliert („und daher ihre Teilhabe beeinträchtigt ist"), die das Konzept der Kontextfaktoren ignorieren. Diese Definition kennzeichnet wie erwähnt

auch sozialrechtliche Normen, die den Zugang zu Leistungen der Rehabilitation, des Lebensunterhalts sowie Nachteilsausgleichen regeln.

Sozialrechtliche Normen drücken nach Cloerkes aus,

„wie unsere Gesellschaft ‚Behinderung' derzeit institutionalisiert, wie sie also regelmäßig mit dem sozialen Problem ‚Behinderung' umgeht, es bestimmt und bearbeitet. […] In einem modernen Rechtsstaat (ist) die Verrechtlichung von Behinderung eine ganz entscheidende Form der gesellschaftlichen Konstruktion von Behinderung und der gesellschaftlichen Reaktion auf Behinderung und behinderte Menschen" (Cloerkes 2007, 40).

Mit der Einführung des SGB IX im Jahre 2001 unternahm der Gesetzgeber den Versuch, für Rehabilitation und Teilhabe ein gemeinsames Dach zu entwerfen, das die Kooperation und Koordination der von zahlreichen Rehabilitationsträgern vorgehaltenen Leistungen für Menschen mit Behinderung ermöglicht. Darüber hinaus lag eine zentrale Intention darin, das gemeinsame Handeln der Rehabilitationsträger auch an einem einheitlichen, dem Verständnis der ICF folgenden Behinderungsbegriff zu orientieren. Die oben bereits erwähnte Definition erwies sich jedoch offenkundig als nicht durchsetzungsfähig. Zahlreiche Einzelgesetze verwenden abweichende Definitionen, wobei im SGB IX selbst eine Inkonsistenz besteht, indem im zweiten Teil – dem Schwerbehindertenrecht – der so genannte Grad der Behinderung zugrunde gelegt wird, der die Auswirkungen einer Behinderung auf die Teilhabe am Leben in der Gesellschaft nach Zehnergraden abgestuft abbildet. Auch wenn hier auf die Teilhabebeschränkungen verwiesen wird, liegen dieser Feststellung vorrangig medizinisch diagnostizierbare Beeinträchtigungen zugrunde (Felkendorff 2003).

Ähnliches lässt sich für das Behinderungsverständnis im SGB XII – einem der relevantesten Leistungsgesetze für Menschen mit Behinderung – feststellen. In § 53 SGB XII wird für die Definition der Leistungsberechtigung zwar Bezug genommen auf die Regelungen in § 2 SGB IX; die Eingliederungshilfeverordnung differenziert den leistungsberechtigten Personenkreis jedoch primär nach spezifischen Funktionsstörungen: Leistungsberechtigt sind Menschen, die aufgrund (definierter) „körperlicher Gebrechen", einer „Schwäche ihrer geistigen

Kräfte" oder bestimmter „seelischer Störungen" in ihrer Teilhabefähigkeit eingeschränkt sind (§§ 1–3 Eingliederungshilfe-Verordnung). Ergänzend dazu versucht die Bundesarbeitsgemeinschaft der überörtlichen Sozialhilfeträger den Begriff der „Teilhabefähigkeit" bzw. Beeinträchtigungen der Teilhabe – der die „wesentliche" Behinderung zu spezifizieren sucht – zu operationalisieren. Sie schlägt dazu vor, „Aktivität und Teilhabe bzw. deren Beeinträchtigung zumindest in den Bereichen

- Selbstversorgung,
- häusliches Leben / Haushaltsführung,
- Mobilität (Bewegungsfähigkeit),
- Orientierung, Kommunikation,
- interpersonelle Interaktion und Beziehung"

zu analysieren (BAGüS 2009, 9 f.).

Die Schwierigkeiten einer Definition von Behinderung in leistungsrechtlichen Zusammenhängen liegen insbesondere darin begründet, dass mit ihr eindeutige Kriterien gewonnen werden müssen, die einerseits die Zuteilung von Ressourcen legitimieren, andererseits die Lebenslage Behinderung von anderen Lebenslagen abgrenzen, die ebenso durch Teilhabeeinschränkungen charakterisiert sein und daher Ansprüche auf sozialstaatliche Transferleistungen begründen können (z. B. Alter, Armut etc.).

In einer vergleichenden Analyse der in Europa gebräuchlichen Behinderungsbegriffe kommt eine Studie der Universität Brunel entsprechend zum Ergebnis, dass

„es keine ideale Methode [gibt], in der Sozialpolitik Grenzen zwischen behinderten und nicht behinderten Menschen zu ziehen. Die Systeme, die weniger Wert auf medizinische Beweise legen, messen dem Kriterium der sozialpolitischen Relevanz viel Bedeutung bei. Die stärker medizinisch ausgerichteten Systeme hingegen können sich größerer Legitimation erfreuen, insbesondere wenn die Ärzte ein entsprechendes Ansehen genießen und das System offene Meinungsverschiedenheiten zwischen den Ärzten zu verhindern weiß" (2002, 70).

„Welcher Begriff von Behinderung tauglich ist, zeigen seine Folgen für die Betroffenen", so formuliert Bleidick bereits in den Anfängen der Diskussion um Behinderung und den Ausbau der helfenden Institutionen (1976, 413). In Zusammenhang mit der zunehmend grundrechtlich verorteten Diskussion adäquater Sozial- und Gesellschaftspolitik stellt sich die Frage, ob „Behinderung" auch für die Zukunft ein tragfähiges Konstrukt sein kann oder ob sich nicht diese Lebenslagen einordnen lassen in ein übergreifendes Konzept, das unterschiedliche Risiken gesellschaftlicher Exklusion in den Blick nimmt. Entsprechende Diskussionen beginnen sich unter dem Begriff „diversity" herauszubilden; die Europäische Kommission ordnet ihre Politik für behinderte Menschen bereits dem Bereich „Diversity and Non-discrimination" zu.

Literatur

APPLICA, CESEP, ALPHAMETRICS (2007): Men and Women with Disabilities in the EU: Statstical Analysis of the LFS ad hoc Module and the EU-SILC Study Financed by DG Employment, Social Affairs and Equal Opportunities. Final Report. In: http://ec.europa.eu/employment_social/index/lfs_silc_analysis_on_disabilities_en.pdf, 05.03.2010

Beck, I. (1998): Gefährdungen des Wohlbefindens schwer geistig behinderter Menschen. In: Fischer, U., Hahn, M. Th., Lindmeier, Ch., Reimann, B., Richardt, M. (Hrsg.), 273–299

Bleidick, U. (1976): Metatheoretische Überlegungen zum Begriff der Behinderung. Zeitschrift für Heilpädagogik 27, 408–415

Bundesarbeitsgemeinschaft der überörtlichen Träger der Sozialhilfe (BAGüS) (2009): Der Behinderungsbegriff nach SGB IX und XII und die Umsetzung in der Sozialhilfe. Orientierungshilfe für die Feststellungen der Träger der Sozialhilfe zur Ermittlung der Leistungsvoraussetzungen nach dem SGB XII i. V. m. der Eingliederungshilfe-Verordnung (EHVO). In: http://www.lwl.org/spur-download/bag/orientierungshilfe_behinderungsbegriff%20endf_24112009.pdf, 05.03.2010

Cloerkes, G. (Hrsg.) (2007): Soziologie der Behinderten. Eine Einführung. 3. Aufl. Winter, Heidelberg

– (2003): Wie man behindert wird. Texte zur Konstruktion einer sozialen Rolle und zur Lebenssituation betroffener Menschen. Winter, Heidelberg

–, Kastl, J.-M. (Hrsg.) (2007): Leben und Arbeiten unter erschwerten Bedingungen. Menschen mit Behinderungen im Netz der Institutionen. Winter, Heidelberg

Deutsches Institut für Medizinische Dokumentation und Information (DIMDI) (Hrsg.)

– (2005): Internationale Klassifikation der Funktionsfähigkeit, Behinderung und Gesundheit. Medizinische Medien Informations GmbH, Neu-Isenburg

Felkendorff, K. (2003): Ausweitung der Behinderungszone: Neuere Behinderungsbegriffe und ihre Folgen. In: Cloerkes, G. (Hrsg.), 83–101

Fischer, U., Hahn, M., Lindmeier, C., Reimann, B., Richardt, M. (Hrsg.) (1998): Wohlbefinden und Wohnen von Menschen mit schwerer geistiger Behinderung. Diakonie-Verlag, Reutlingen

Forster, R. (Hrsg.) (2004): Soziologie im Kontext von Behinderung. Klinkhardt, Bad Heilbrunn

Gugutzer, R., Schneider, W. (2007). Der „behinderte Körper" in den Disability Studies. Eine körpersoziologische Grundlegung. In: Waldschmidt, A., Schneider, W. (Hrsg.), 31–53

Jantzen, W. (1976): Zur begrifflichen Fassung von Behinderung aus der Sicht des historischen und dialektischen Materialismus. Zeitschrift für Heilpädagogik 27, 428–436

Schuntermann, M. (2006): Die Internationale Klassifikation der Funktionsfähigkeit, Behinderung und Gesundheit (ICF) der Weltgesundheitsorganisation (WHO) – Kurzeinführung. In: http://www.deutsche-rentenversicherung. de/nn_10462/SharedDocs/de/Inhalt/Zielgruppen/01_sozialmedizin_forschung/04_klassifikationen/dateianhaenge/icf_kurzeinfuehrung.html, 06.02.2010

Thimm, W. (2006): Behinderung und Gesellschaft. Texte zur Entwicklung einer Soziologie der Behinderten. Winter, Heidelberg

Universität Brunel (2002): Definitionen des Begriffs „Behinderung" in Europa: Eine vergleichende Analyse. Europäische Kommission, Generaldirektion Beschäftigung und Soziales. Referat E / 4. Manuskript abgeschlossen im September 2002

Vereinte Nationen (2006): Convention on the Rights of Persons with Disabilities. In: http://www2.ohchr.org/english/law/disabilities-convention.htm, 05.03.2010

Wacker, E. (2008): Behinderung in der Gesellschaft. 50 Jahre im soziologischen Blick – vom Dialog zum Diskurs. In: Bundesvereinigung Lebenshilfe (Hrsg.): Geistige Behinderung. Lebenshilfe-Verlag, Marburg, 42–61

Waldschmidt, A. (2007): Disability Studies und Soziologie der Behinderung. Kultursoziologische Grenzgänge – eine Einführung. In: Waldschmidt, A., Schneider, W. (Hrsg.), 9–28

– (2003): Ist Behinderung normal? Behinderung als flexibel-normalistisches Dispositiv. In: Cloerkes, G. (Hrsg.), 83–101

–, Schneider, W. (Hrsg.) (2007): Disability Studies, Kultursoziologie und Soziologie der Behinderung. transcript, Bielefeld

Wansing, G. (2007): Behinderung: Inklusions- oder Exklusionsfolge? Zur Konstruktion paradoxer Lebensläufe in der modernen Gesellschaft. In: Waldschmidt, A., Schneider, W. (Hrsg.), 275–297

– (2006): Teilhabe an der Gesellschaft. Menschen mit Behinderung zwischen Inklusion und Exklusion. VS, Wiesbaden

Welti, F. (2005): Behinderung und Rehabilitation im sozialen Rechtsstaat. Mohr Siebeck, Tübingen

Beratung

Von Frank Nestmann und Ursel Sickendiek

Zum Begriff Beratung

Beratung (engl. *counselling*) ist eine spezifische Form der zwischenmenschlichen Kommunikation: Eine Person ist (oder mehrere Personen sind) einer anderen Person (oder mehreren anderen Personen) dabei behilflich, Anforderungen und Belastungen des Alltags oder schwierigere Probleme und Krisen zu bewältigen. Beratung umfasst Hilfen bei der kognitiven und emotionalen Orientierung in undurchschaubaren und unübersehbaren Situationen und Lebenslagen. Sie unterstützt Ratsuchende dabei, Wahlmöglichkeiten abzuwägen, sich angesichts mehrerer Alternativen zu entscheiden oder aber Optionen bewusst offen zu halten. Beratung ermöglicht und fördert Zukunftsüberlegungen und Planungen, die aus neu gewonnenen Orientierungen und getroffenen Entscheidungen resultieren, sie hilft Ratsuchenden die Planungsschritte zu realisieren und begleitet erste Handlungsversuche mit Reflexionsangeboten.

Beraten wird in informellen alltäglichen Konstellationen auf der Basis unterschiedlicher familiärer, verwandtschaftlicher, freundschaftlicher, nachbarschaftlicher oder kollegialer Beziehungen – oft eingebettet in ganz unterschiedliche Interaktionsformen. Den Hintergrund dabei bilden zumeist persönliche Erfahrungen, individuelle Alltagstheorien, Motivationen, Einstellungen und Kompetenzen der Beteiligten.

Beratung findet aber auch halbformalisiert statt – dort, wo Angehörige verschiedenster helfender Berufsgruppen in Erziehung und Bildung sowie in Betreuung oder Pflege Beratungsfunktionen im Rahmen ihrer facettenreichen Aufgaben wahrnehmen, ohne spezifisch dafür ausgebildet oder angestellt zu sein und ohne diese Arbeitsanteile dezidiert als Beratung auszuweisen. Beratung ist hier so etwas wie eine „Querschnittsmethode", die andere Anleitungs-, Versorgungs- oder Unterstützungsleistungen durchzieht und ergänzt.

Professionelle Beratung hingegen – formalisiert und als eigenständige Hilfeform – findet dort statt, wo als Berater(innen) ausgewiesene Fachkräfte auf dem Hintergrund von Beratungstheorie und Beratungswissenschaft methodisch geschult tätig sind. Im günstigen Fall beraten sie geplant, reflektiert und evaluiert in einem beratungsethischen Rahmen, in definierten beruflichen Rollen und in definierten Berater-Klient-Beziehungen – oft als Teil einer Beratungsorganisation und eines bestimmten Beratungssettings, z. B. einer Beratungsstelle.

Beratung in dieser professionellen und formalisierten Form existiert heute in nahezu allen Lebensbereichen. Sie ist allgegenwärtig in der Sozialen Arbeit und der psychosozialen Versorgung, im Medizin- und Gesundheitswesen, in Bildung, Beruf und Beschäftigung, in allen Bereichen des privaten und öffentlichen Lebens, der Wirtschaft und des Rechts, des Marktes etc. Beratungsangebote richten sich an die unterschiedlichsten Altersgruppen, an Frauen und Männer, an Angehörige der „Mehrheitsbevölkerung", aber auch an unterschiedliche ethnische und kulturelle Minderheiten oder an soziale und gesundheitsbezogene „Risiko- und Problemgruppen". Beratung kann

- präventive,
- akut problembewältigende und
- rehabilitative, wieder normalisierende Aufgaben erfüllen.

Beratung kann ansetzen, bevor manifeste Probleme entstehen, kann bei aktuell bestehenden Schwierigkeiten in Anspruch genommen werden oder in Bezug auf den Umgang mit Folgen von Beeinträchtigungen nachgesucht oder angeboten werden. Allerdings sind Lebensschwierigkeiten

Otto/Thiersch (Hg.), Handbuch Soziale Arbeit, 4. A., DOI 10.2378/ot4a.art012,
© 2011 by Ernst Reinhardt, GmbH & Co KG, Verlag, München

von Klient(inn)en z. B. im Rahmen Sozialer Arbeit häufig nicht in letzter Konsequenz „lösbar" oder „behebbar". So muss sich Beratung oft darauf beschränken, Schwierigkeiten zu reduzieren und mildern zu helfen oder Menschen dabei zu unterstützen, mit den Folgen von Problemen besser leben zu können. Beratung gilt u. a. deshalb auch als „bescheidene Profession" ohne überbordenden Anspruch. Beratung zielt auf die Förderung und (Wieder-)Herstellung der Bewältigungskompetenzen der Klient(inn)en selbst und ihrer sozialen Umwelt, ohne ihnen die eigentliche Problemlösung abnehmen zu wollen.

Problemgeschichte der Beratung

Die ersten Vorläufer des heute breiten Spektrums von Beratungspraxis gehen bis zur Wende vom 19. Jahrhundert zum 20. Jahrhundert zurück, als nach und nach Stellen für Auswandererberatung, Rechtsberatung, Berufsberatung, Sexual- und Eheberatung u. a. entstanden. Im Deutschen Reich wurde die Weiterentwicklung von Beratung dann jedoch gebrochen durch ihre Instrumentalisierung für nationalsozialistische Staatsziele. Den Erziehungs- und Eheberatungsstellen wurden v. a. rassische und eugenische Selektionsaufgaben zugewiesen (z. B. durch rassistische Heiratspolitik, Berufsverbote für Frauen und Juden etc.).

Das Gesellschaftssystem der *BRD* mit seinem sozialstaatlichen Versorgungsmodell für Bevölkerungsteile in materiellen, sozialen, gesundheitlichen und psychischen Notsituationen fand nach dem Zweiten Weltkrieg seinen Ausdruck auch im Aufbau von Beratungseinrichtungen, die der Abmilderung persönlicher Schwierigkeiten in jenen Fällen dienen sollten, in denen die primäre Zuständigkeit individueller und familiärer Problembewältigung überfordert schien. Beratung wurde vom Gesetzgeber als Pflichtaufgabe der sozialen Dienste formuliert (im Bundessozialhilferecht, im Jugendwohlfahrtsrecht und später insbesondere im Kinder- und Jugendhilferecht). Ab Ende der 1960er Jahre ist ein verstärkter Ausbau eines sozialen Beratungssystems festzustellen, der wesentlich durch gesellschaftspolitische und parallel verlaufende wissenschaftlich-theoretische Veränderungen bezüglich der Auffassung (psycho-)sozialer Schwierigkeiten mitbestimmt war.

In unterschiedlichsten Beratungsstellen wurde Hilfe für „minder schwere" Problemfälle angeboten (Geißler / Hege 1991). Ihre Praxis fanden Beratungskonzepte zunächst in Ehe-, Familien- und Erziehungsberatungsstellen, später in der Jugend- und Drogenberatung, in Frauenberatungsstellen, Krisenberatungseinrichtungen etc.

Angeregt u. a. durch die *community psychology* und *Stadtteilsozialarbeit* in den USA fand in Westdeutschland zudem eine Öffnung von Beratung zur *Gemeinwesenarbeit* statt. In deren Kontext wurde soziale Beratung in Stadtteilzentren, Jugend- und Kultureinrichtungen etc. getragen und öffnete sich somit den sozialen Settings, in denen sich die zu bearbeitenden Probleme zeigten (Keupp 1988; Böhm et al. 1992; Nestmann 2007a). Seit den 1970er Jahren wurde Beratung in der Folge der Frauen- und Student(inn)enbewegung weitgehend durch Gesellschaftskritik an kapitalistischen Produktionsbedingungen, bürgerlich-patriarchalen Familien- und Staatsidealen beeinflusst. Die Beratung sozial Benachteiligter wurde eingebunden in die Auseinandersetzung mit repressiven Familienstrukturen, defizitären Sozialisationsbedingungen und materieller Unterprivilegierung. Dies trug auch zu einer Öffnung hin zu Frauenberatung (Modellprojekt Frauenhaus Berlin 1981), Schüler- und Jugendberatung (Troscheit 1978) und Beratung in „sozialen Brennpunkten" (Bookhagen 1976) bei. Die kritische Auseinandersetzung mit impliziten mittelschichtsorientierten Werten und Methoden in herkömmlichen Beratungskonzepten und -einrichtungen (Koschorke 1975) führte u. a. zur Entwicklung einer *Unterschichtberatung* (Hollstein 1978), die für eine stärkere Anpassung „mittelschichtiger Orientierungen" (Hollstein 1978) in der Beratung an die Lebenslage und die Bewältigungskompetenzen von unterprivilegierten Bevölkerungsgruppen plädierte. Bis heute ist soziale und sozialpädagogische Beratung ein Feld, in dem immer wieder verdeckte oder tabuisierte Themen aufkommen und öffentlich werden (z. B. neue Formen von Essstörungen, Gewalt und Missbrauch in Heimen, Spätfolgen von Kriegsvergewaltigungen etc.).

Insgesamt war die feministische Diskussion im Kontext von Frauenforschung und sozialer Praxis für die Theorieentwicklung der psychosozialen Beratung von großer Bedeutung (Großmaß / Schmerl 2004; Sickendiek 2007a). *Feministische Theorien* thematisier(t)en u. a. die geschlechtsspezifische

Sozialisation als Vorbereitung auf Rollenzuschreibungen und soziale Ungleichheit von Frauen und Männern in Partnerschaft, Sexualität, Familie, Berufsleben und gesellschaftlicher Partizipation und leiten hieraus Handlungsansätze für frauenspezifische Beratung ab, z. B. das Prinzip der Parteilichkeit.

Zudem rückte auch die Gruppe in den Blick der Beratung, später die Beratung in und von Organisationen (Schönig / Brunner 1993) und sozialen Netzwerken (Nestmann 1989; Pearson 1997).

War insbesondere sozialpädagogische und soziale Beratung in Westdeutschland bis in die 1980er Jahre hinein (mit Ausnahme der Frauenberatung) eher eine Hilfeform für unterprivilegierte Klientele, so stellen sich seit den 1990er Jahren veränderte und erweiterte Aufgaben. Mit ökonomischen Krisen, dem Abbau sozialstaatlicher Sicherung und dem Einzug neoliberaler Politikmodelle sowie mit der im Zuge rasanter Modernisierungsprozesse steigenden Desorientierung kommt auf Beratungseinrichtungen bis heute mehr und mehr ein mit Status- und Sicherheitsverlust konfrontiertes *Mittelschichtsklientel* zu. Arbeitslosigkeit, die Folgen von Trennung oder Krankheit, ausländerrechtliche Schwierigkeiten oder Behinderung etc. können auch in der Mittelschicht vermehrt nicht mehr materiell und sozial abgefedert werden. So entsteht Bedarf nach Beratung nicht nur durch massive Orientierungsprobleme in options- und chancenreichen pluralisierten Lebensmöglichkeiten, sondern auch durch den Ausschluss eines Teils der Bevölkerung von eben diesen Chancen und Wahlmöglichkeiten einer modernen Gesellschaft. Sozialpädagogische Beratung dient seitdem u. a. auch der Bewältigung des Ausschlusses der Modernisierungsverlierer(innen) oder ist eingebettet in Bildungsprozesse und im weitesten Sinne pädagogisches Handeln (Engel 2007), das längst nicht auf Adressat(inn)en in prekären Lebenslagen beschränkt bleibt.

Theoretische Ansätze und Konzepte der Beratung

Wenn man auf Theorieentwicklungen nach 1945 zurückblickt, bestimmte in Westdeutschland zunächst eine testdiagnostische Modellvorstellung die Beratung (*trait and factor*-Modell). Testergebnisse sollten Berater(innen) in die Lage versetzen, Entscheidungen und Ratschläge durch wissenschaftlich gesicherte Erfassung von Persönlichkeitszügen, Fähigkeiten, Leistungspotenzialen etc. zu fundieren und zu legitimieren. Mit der wachsenden kritischen Auseinandersetzung um die Testdiagnostik sowie mit einer Verschiebung professioneller Funktionen von Selektionsaufgaben hin zu Modifikationsaufgaben (Nestmann 1982) stieg jedoch die Bedeutung von Beratungsansätzen, die aus verschiedenen Psychotherapieschulen abgeleitet werden.

Im psychotherapeutischen Denken des Heilens pathologischer Störungen wurden auf der Grundlage unterschiedlicher Wissenschafts- und Persönlichkeitstheorien Modellvorstellungen der Erklärung, der Einordnung und der Behandlung persönlicher – vornehmlich psychischer – Krisen, Verhaltensstörungen und Schwierigkeiten im Erleben und in der Verarbeitung von Erfahrungen entwickelt. Diese Modellvorstellungen wiederum bildeten den Hintergrund für Strategien und Methoden der Problembearbeitung, der Interaktion und Kommunikation in der Psychotherapie und eben auch in der Beratung. Neben interne Differenzierungen und Erweiterungen der großen Therapiestränge traten mit dem Aufkommen kommunikationstheoretischer Reflexionen sozialer und psychosozialer Interaktionsprozesse familientherapeutische Beratungskonzepte sowie humanistische Konzepte. Diese Therapiemodelle beeinflussten die Beratungstheorie und Beratungspraxis nachdrücklich und entwickelten auch deren Beratungsableger wie die Gestaltberatung, transaktionale Beratung, psychodynamische Beratung etc.

Unter den psychotherapeutischen Beratungsansätzen kommt zweifellos der klientzentrierten Psychotherapie eine Ausnahmestellung zu. Sie wurde zunächst als *„klientzentrierte Gesprächsführung"* zu einer grundlegenden Basis für die Beratungsinteraktion (Rogers 1976). Ihre Prinzipien wie Einfühlendes Verstehen, Echtheit des Beraters oder der Beraterin sowie Akzeptanz und Wertschätzung bilden bis heute einen Grundstock nahezu aller Beratungsaus- und -weiterbildungen. Als *personzentrierte Beratung* zählt die klientzentrierte Gesprächsführung heute international zu den wichtigsten Handlungsorientierungen der Beratungspraxis (Steenbuck 2005; Sander 2007).

Beratung wurde und wird in den meisten Therapieablegern implizit als Schmalspur psychotherapeutischen Handelns ausgewiesen. Bis heute besteht in Teilbereichen der Beratung ein Bild von „therapeutischer Beratung" als „kleiner Therapie" für weniger schwerwiegende Störungen, die zwecks Erreichung breiterer Schichten und umfassender Problemkonstellationen gerade in sozialpädagogischen Handlungsfeldern etwas von ihrer Striktheit und Exaktheit im Arrangement sowie der technischen Ausgefeiltheit des Vorgehens und damit verbunden der ausbildungs- und methodenspezifischen Qualifikationsforderungen an die Berater(innen) aufgibt. Ihre Wirkung wird aber weiterhin auf der theoretischen Basis und im Rahmen der grundlegenden methodischen Vorgehensweisen der therapeutischen Ausgangskonzepte postuliert. Zum Erhalt dieser Vorstellungen tragen neben der verbreiteten Praxis, Psychotherapie-Zusatzausbildungen zur Voraussetzung bei Stellenbesetzungen zu machen, u. a. berufspolitische Folgen des 1999 in Kraft getretenen Psychotherapeutengesetzes bei. Hier wurde die therapeutische Berufsausübung ganzen Gruppen von Psychotherapeut(inn)en erschwert und ihnen damit indirekt Beratung als Arbeitsfeld attraktiver gemacht.

Heute jedoch hat Beratung – nicht zuletzt in der Sozialarbeit / Sozialpädagogik – ein eigenständiges Theorieprofil gewonnen, das sich durch vielfältige konzeptionelle Zugänge aus verschiedenen Disziplinen auszeichnet. Mit Begriffen wie Lebenswelt und Alltag, System und Kontext, Ressourcen und soziale Netzwerke, Diversität, soziale Konstruktion und Narration verbinden sich aktuelle konzeptionelle Beratungsansätze.

Das lebenswelt- und alltagsorientierte Rahmenkonzept der Beratung

Eine grundlegend bedeutende theoretische Säule ist die *Lebenswelt- und Alltagsorientierung* der (sozialpädagogischen) Beratung, die bereits 1976 in einem diskussionsprägenden Aufsatz (Frommann et al. 1976) vorformuliert wurde. Die Autor(inn)en entwerfen auf dem theoretischen Hintergrund von Interaktionismus und Alltagstheorie eine sozialpädagogische Beratung, die „parteinehmende Praxis" sein soll, „die gestützt auf Persönlichkeits- und Gesellschaftstheorie durch reflektierte Beziehungen und Erschließen von Hilfequellen verschiedener Art das Unterworfensein von Menschen unter

belastende Situationen verändern will" (739). Diese Form von Beratung, die entsprechend der Tradition sozialpädagogischen Handelns in Anspruch nimmt, Alltagsprobleme einerseits unverkürzt, andererseits professionell anzugehen, definiert ihre Aufgabe u. a. als eine an sozialen Situationen und am Handeln von Betroffenen ausgerichtete gemeinsame Erforschung von Problemen und Problembezügen. Es geht dabei z. B. um das Verflüssigen oberflächlicher Deutungen von Lebenserfahrungen und vorschneller Rationalisierungen, die einer „gelingenderen" Lebensführung im Wege stehen.

Gerade in ihren Anfängen wendete sich die Lebenswelt- und Alltagsorientierung gegen ein starres Expert(inn)enmodell der Beratung, das Ratsuchende und ihre Problemlagen aus der sozialen Realität und subjektiven Erfahrungswelt herauslöst und sie einer fremden, alltagsfernen und v. a. institutionell geprägten Beratungsmoral unterwirft (Thiersch 1992).

Die alltägliche Lebenswelt der Ratsuchenden ist jener Ausschnitt der Wirklichkeit, der unmittelbar erlebt und unter Beteiligung des Subjekts fortwährend neu in Aushandlung mit der sozialen Umwelt konstruiert wird. Die erfahrene Wirklichkeit ist gleichzeitig Hintergrund für Wahrnehmung, Sinngebung und Handeln wie auch Gegenstand von Bedürfnissen, Absichten und Handlungen: Menschen sind ihrer Lebenswelt gleichzeitig „ausgeliefert", wie sie diese aber auch ständig mitgestalten.

Beratung wendet sich unter der Maxime der Lebensweltorientierung von institutionell und methodisch starren Verfahren ab und wendet sich Ratsuchenden dort zu, wo Probleme entstehen oder auftreten:

- Beraten muss in weiten Teilen durch Vertrautwerden mit der Lebenswelt der Klient(inn)en gestützt sein und sich als gemeinsames Interpretieren und Reflektieren in Kontexten verstehen, die Räume und Gelegenheiten für Beratung im Alltag der Adressat(inn)en anbieten (Thiersch 1992; 2007a; 2007b). Werte, Gewohnheiten, Denk- und Handlungsmuster wie auch allgemeinere Alltagstheorien der Ratsuchenden können Berater(innen) dann nachvollziehen und als Beratungshintergrund einbeziehen, wenn sie diese im Rahmen der Lebenswelt sehen können.

- Die wichtigste Dimension der Lebensweltorientierung (Grunwald/Thiersch 2004) ist heute der Respekt vor den eher unauffälligen Bewältigungsleistungen, die Ratsuchenden auch in schwierigen Lebenslagen gelingen. Die erfahrene Zeit im Lebenslauf, die sozialräumlichen Lebensverhältnisse, die sozialen Bezüge der Ratsuchenden sowie ihre Fähigkeiten zur Selbsthilfe können gestärkt werden.

Systemische Beratung

Unter dem Begriff der systemischen Beratung findet man z. T. schwer in Verbindung zu bringende unterschiedliche Konzepte der Beratungsarbeit mit Einzelnen, Gruppen, Familien und Organisationen (zur Kritik: Goldner 2003). Die Grundannahme seriöser systemischer Ansätze und der damit einhergehende Paradigmenwechsel vom individuumszentrierten Denken war und ist es, Fragestellungen, Probleme und Störungen weniger auf intrapsychische Prozesse und Individuen als vielmehr auf die sozialen Systeme zurückzuführen, in welche die Betroffenen eingebunden sind und in denen sie interagieren (Watzlawick et al. 1969; Retzer 1994). Systemische Berater(innen) nehmen entsprechend die Interaktions- und Kommunikationsformen in Systemen in den Blick: In der Art und Weise, wie Personen miteinander interagieren (z. B. Macht ausüben, sich bestimmte Positionen zuschreiben, von unausgesprochenen Vorannahmen über Ziele und Absichten der anderen ausgehen), entstehen Probleme und Konflikte bzw. werden aufrechterhalten – oft bis sie sich verfestigt haben und kaum noch beeinflussbar erscheinen.

Hier liegt auch der Ansatzpunkt für Veränderung und Intervention (Brunner 2007; Brüggemann et al. 2006). Dabei ist das Unterscheiden von Psychotherapie und Beratung eher irrelevant, weil es nicht um Heilung von Personen, sondern um das Verändern von Kommunikation geht. So wird z. B. reflektiert, welche systemstabilisierende Funktion das kommunikative Kreisen um bestimmte Probleme (etwa eines Kindes in einer Familie) hat, welche Subsysteme sich innerhalb eines Systems ausbilden und andere Teile exkludieren – z. B. ein Elternteil-Kind-Subsystem, das ein anderes Kind ausgrenzt – oder wie sich ein System kommunikativ nach außen abgrenzt und ob die so gezogenen Grenzen konstruktiv oder hinderlich sind. Veränderungen werden erzielt durch systemische Interventionen wie das zirkuläre Fragen, die paradoxe Intervention oder die Auseinandersetzung mit Grenzen des Systems oder der Subsysteme.

Eine Weiterentwicklung aus dem systemischen Denken ist der *lösungsorientierte Ansatz* der Beratung. Lösungsorientierte Beratung basiert auf einem radikalen Abwenden von langen Analysen der Problementstehung und Problemursachen. Vielmehr zentriert sich das Beraten sehr schnell auf die Suche nach Veränderungen bzw. Lösungen. Die Ratsuchenden werden gebeten, sich auf die Zukunft zu konzentrieren und gemeinsam mit dem Berater oder der Beraterin und mit veränderten Denk- und Handlungsweisen ein Weitergehen über das Problem hinaus zu konstruieren (DeShazer 1989; Bamberger 2001). Lösungsorientiertes Fragen und das sprachliche Vorwegnehmen einer veränderten Situation gelten als zentrale Strategien lösungsorientierten Beratens.

Kontextorientierte Beratung

Kein eigenständiger Ansatz, sondern eher pragmatisches Resultat lebensweltorientierter, systemischer und gemeindepsychologischer Modellvorstellungen ist ein wachsender Bezug auf den *Kontext* in der Beratung, der sich auch in einer Renaissance des Begriffs des „Psychosozialen" wiederfindet und seit Langem in sozialpädagogischen Beratungszugängen angelegt ist. Eine größere Alltagsnähe von Beratungsangeboten (z. B. räumlich und zeitlich: Großmaß 2000) sowie eine umfassende Zusammenarbeit mit anderen sozialen Diensten ist eine Seite der Kontextorientierung. Ebenso bedeutsam bleibt das grundsätzliche Berücksichtigen der Komplexität und Brüchigkeit wie des Gelingens von Lebenssituationen und Bewältigungsformen der Ratsuchenden im Beratungsprozess. Auch die sozialkonstruktionistischen Konzepte heben hervor, wie notwendig das Einbeziehen (sub-)kultureller Konstruktionen über erfahrene Wirklichkeit in die Beratung ist – konstruierter Wirklichkeiten von Ratsuchenden ebenso wie von Berater(inne)n, die sich in den Narrationen der Problem- oder auch Bewältigungsgeschichten widerspiegeln (Gergen 1999). Berater und Beraterin sollten in der Lage sein, kulturelle und gesellschaftliche Entwicklungen (z. B. in Familienformen, Geschlechterrollen, in der Arbeitswelt und Ökonomie) mit der jeweiligen Problemstellung aktiv zu verknüpfen und in der Beratung mitzuthematisieren – anschlussfähig und abgestimmt auf die erzählten Sinnstrukturen und Erfahrungen der Ratsuchenden und nicht als ferne Metanarration über die Gesellschaft im Allgemeinen.

Ressourcen- und netzwerkorientierte Beratung

Als Konkretisierung einer stärkeren Kontextorientierung kann das ressourcen- und netzwerkorientierte Konzept der Beratung gelten. Theoriediskurse wie empirische Erkenntnisse der Gemeindepsychologie (*community psychology*) und Gemeinwesenarbeit haben dazu angeregt. *Ressourcenorientierung* hat sich als Schirmbegriff für Perspektiven durchgesetzt, die ein Schwergewicht auf die bei den Ratsuchenden und in ihren sozialen Umwelten vorhandenen Kräfte und Stärken legen. Materielle Ressourcen, soziale Beziehungen, persönliche Wissensbestände und Kompetenzen sowie deren Förderung und (Wieder-)Gewinnung stehen im Mittelpunkt des Interesses (Nestmann 2007b). Die gemeindepsychologische Diskussion fasst diese Strategien unter dem Begriff des Empowerment (Rappaport 1987; Stark 2007).

Stärker defizitorientierte Perspektiven ließen zumeist unberücksichtigt, dass Ratsuchende bereits eigene Anstrengungen unternommen haben, um ihre Schwierigkeiten zu bewältigen, und oft über Jahre Erfahrungen im Umgang mit ihrer spezifischen Situation und Problemlage gesammelt haben, bevor sie sich an professionelle Beratung wenden. In einer ressourcenorientierten Perspektive werden deshalb die Hindernisse, welche die Wirksamkeit bewährter Bewältigungsmuster beeinträchtigen, zum Gegenstand der Beratung. Es wird analysiert, welche Fähigkeiten und Unterstützungsquellen ausbaubar, qualifizierbar und (re-)aktivierbar sind (Kelly 1988). Die Ressourcenorientierung setzt – mit Rückgriff auf *Netzwerkforschung und soziale Unterstützungsforschung* (Röhrle 1994; Nestmann & Projektgruppe 2002; Nestmann et al. 2008) – zudem auf die Aktivierung solidarischer Unterstützungsmöglichkeiten durch Angehörige,

Freunde und Freundinnen oder durch organisierte (Selbsthilfe-)Gruppen und Zusammenschlüsse von alltäglichen Helfer(inne)n (und möglicherweise ebenfalls Betroffenen). Die Netzwerkforschung weitet also den Blickwinkel der Problembewältigung auf das soziale Umfeld der Ratsuchenden und dessen Unterstützungspotenziale aus – wohl wissend, dass es auch belastende und konfliktreiche soziale Beziehungen gibt, die eher zur Stabilisierung von Problemen beitragen mögen (Pearson 1997).

Berater(innen) begreifen sich hier nicht als alleinige wirkmächtige Helfer(innen), sondern eher als Förderer und Förderinnen eines Unterstützungsnetzes im Alltag.

Diversität in der Beratung

Mit dem Begriff der *Diversität* verknüpft sich eine quer zu allen Beratungsansätzen liegende konzeptionelle Frage: Wie sehr sind Theoriekonzepte und Praxisausformungen des Beratens geprägt durch Geschlechterrollen bzw. soziales Geschlecht (*gender*), durch kulturelle Zugehörigkeit zu weißen, westlichen Mittelschichtsmilieus mit entsprechendem Bildungs- und Sozialstatus, durch Lebensalter und Generation oder durch andere Dimensionen unserer gesellschaftlichen Einbindungen (Gemende et al. 2007)? Von der Geschlechterfrage in der psychosozialen Versorgung ausgehend waren es anfangs feministische Konzepte, die einen kritischen Blick auf die soziale Praxis der Medizin, Psychotherapie, Beratung und Sozialarbeit sowie Bildung richteten und frauenfeindliche Strukturen und Prozesse identifizierten (z. B. das Pathologisieren sozialisationsbedingter weiblicher „Emotionalität" oder bestimmter Beziehungsmuster von Frauen, das Medikalisieren physiologischer Veränderungen des weiblichen Körpers etc.) (Großmaß / Schmerl 2004; Sickendiek / Nestmann 2001). Zum einen ergaben sich aus der Identifizierung einer diskriminierenden Theorie und Praxis auffällige Parallelen zu verbreiteten professionellen Sichtweisen auf kulturell andere, d. h. auf Klient(inn)en nicht weißer Hautfarbe, nicht ursprünglich „westlicher" Herkunft, nicht christlich geprägter Weltanschauung etc. (z. B. im Hinblick auf vermeintlich übergroße familiale Bezogenheit, irrationale Handlungsmuster etc.). Zum anderen kamen und kommen mit einer großen Zahl von Klient(inn)en aus Migrationskontexten (u. a. Armuts- und Kriegsflüchtlinge, Gastarbeiterkinder der zweiten und dritten Generation, politische Exilant(inn)en) neue Anforderungen an das Wissen über fremde Lebenswelten und Lebenslagen auf Berater(innen) quer durch fast alle Praxisfelder zu. Aus den englischsprachigen Einwanderungsländern kam der Begriff der Diversität (Hays 1996) für psychosoziale und sozialpädagogische Arbeit. „Counselling in Diversity" ist inzwischen verbindlicher Bestandteil angloamerikanischer Beratungsausbildungen und -studiengänge.

Als besonders heikel gilt die Frage der kulturellen Diversität in der Beratung, wenn mehrere Dimensionen gesellschaftlicher Diskriminierung kumulieren, z. B. eine sichtbare Behinderung mit der Herkunft aus einer Zuwandererfamilie, und wenn sich deutliche Statusdifferenzen zwischen Berater(in) und Klient(in) ergeben. Als wichtigste Dimensionen von Diversität in der Beratung können hierzulande

- das Geschlecht,
- das Lebensalter oder die Generationskohorte,
- die kulturelle Zugehörigkeit und Hautfarbe,
- der Bildungsstand und soziale Status,
- die weltanschauliche Einbindung,
- die sexuelle Orientierung und
- die Dimension von Nichtbehinderung bzw. Behinderung

betrachtet werden. Beratung läuft immer Gefahr einer diskriminierenden Praxis, wenn solche Unterschiede nicht reflektiert werden oder wenn bestimmte Vorannahmen z. B. über religiös-weltanschauliche Einbindung eine offene Beratungsbeziehung hemmen. Ein häufig wiederkehrender Aspekt in vielen Beratungsfeldern – gerade auch der Sozialen Arbeit – ist z. B. im Unterschied zu eher individualistischen Lebensweisen eine kollektivistischere Orientierung auf Familie und weiteres soziales Netz in „östlichen" Herkunftskulturen (z. B. muslimischen Arbeiterfamilien).

Für Berater(innen) ist (a) kulturell offene Selbstreflexivität, (b) die Kompetenz, beziehungsstörende Wahrnehmungen, Vermutungen oder Sachverhalte anzusprechen, und (c) eine grundlegend wertschätzende Haltung „anderen" gegenüber letztlich noch relevanter als ein detailreiches Wissen über andere Kulturen, Religionen, Bildungsmilieus, sexuelle

Orientierungen etc. (Mecheril 2007). In der Beratung konstruktiv mit Diversität umgehen zu können, deckt sich im Übrigen in weiten Teilen mit Anforderungen der Lebenswelt- und Alltagsorientierung als Rahmenkonzept beraterischen Handelns (Sickendiek 2007b). Ebenso wichtig ist die Erfüllung der beratungspolitischen Forderung nach personeller Diversität in Beratungsteams über eine noch immer zu schleppend verlaufende Integration von Kolleg(inn)en mit Migrationserfahrungen.

Sozialkonstruktivistisch orientierte und narrative Beratung

Mit dem Aufkommen konstruktivistischer Paradigmen in den zentralen Leitdisziplinen – der Psychologie, der Erziehungswissenschaft und der Soziologie – haben seit Ende der 1980er Jahre auch *sozialkonstruktivistische Ansätze* in der Beratung an Bedeutung gewonnen. Geht man davon aus, dass die (soziale) Wirklichkeit und psychische wie soziale Phänomene vor allem Produkt sozialer Konstruktion sind, werden auch Wissen, Erfahrungen, Bedeutungszuschreibungen sowie ganz allgemein soziale und persönliche Probleme grundsätzlicher bearbeitbar und veränderbar (Gergen 1999; Gergen 2001). So stellt sich z. B. die Frage, inwieweit psychische Störungen nicht primär Resultate sozialer Konstruktion und gesellschaftlicher Vereinbarungen darüber sind, was als krank oder abweichend klassifiziert werden soll (wie sich z. B. in immer neuen Diagnosekatalogen auch psychischer Erkrankungen zeigt) (Neimeyer / Mahoney 1995; Neimeyer 1998). Fraglich und damit auch bearbeitbar werden so fundamentale soziale Kategorien wie Geschlecht, ethnische Zugehörigkeit oder sogar Lebensalter als Ergebnisse kultureller Zuschreibungen und deren Übernahme in das Individuum. Besonders instruktiv für Beratung ist entsprechend auch die im Rahmen konstruktivistischen Denkens stehende sozialkognitive Auseinandersetzung mit Wahrnehmungsweisen und Interpretationsmustern eigenen und fremden Handelns und sich daraus entwickelnden Selbstkonzepten von Menschen (z. B. im Hinblick auf problematisch werdende Geschlechtsrollen oder Zuschreibungserfahrungen aufgrund von Alter oder Hautfarbe).

Ein Fokus der sozialkognitiven Perspektive liegt auf der persönlichen *Selbstwirksamkeit* (Bandura 1997; Gerstenmaier 2007). In der Selbstwirksamkeitswahrnehmung von Individuen kommen Erfahrungen, deren subjektive Bewertung und daraus gebildete Vorstellungen darüber zusammen, wie wirksam das eigene Handeln eingeschätzt wird: „Kann ich aktiv etwas bewirken in meinem Leben, in einer bestimmten sozialen Situation, einer bestimmten Aufgabe gegenüber oder bin ich Spielball der Bedingungen oder der Handlungen anderer?" In der Beratung können Selbstwirksamkeitswahrnehmungen rückblickend analysiert und ggf. durch alternative Gedanken und Anregungen umstrukturiert werden, sodass eine Neubewertung eigenen Handelns möglich ist. Ebenso kann selbstwirksames Handeln in künftigen Situationen oder bei bestimmten besonders kritischen Anforderungen antizipiert und neu entworfen werden. Besonders ausgearbeitet ist der sozialkognitive Ansatz für die Berufslaufbahnberatung (Gerstenmaier / Günther 2007; Savickas 2005) – unter der Perspektive, dass sich in der Berufsberatung mit Frauen oft zeigt, dass diese sich als wenig „wirksam" und handlungsfähig erleben.

Die *narrative Beratung* fragt, wie Menschen ihre Wirklichkeit mit Sprache schaffen, (mit-)gestalten und verändern können (White / Epston 1990; Engel / Sickendiek 2007). Der Begriff der Narration eröffnet eine textanalytische und interpretative Perspektive auf die Geschichten, die in der Beratung erzählt werden: Wie erzählt jemand über die erlebte Wirklichkeit, über bestimmte schwierige Situationen? Welche (kulturell vorgegebenen) Metaphern setzt jemand ein und wie strukturieren diese die Wahrnehmung, z. B. in Form der „Laufbahn-Metapher" für das berufliche Leben? Wie sind dabei z. B. dramaturgisch Rollen verteilt oder bei welchem Anfangspunkt beginnt jemand etwas zu erzählen? Wie erzählt die ratsuchende Person „sich selbst"? Stets als Opfer von Umständen oder auch als aktiv handelnd? In der Beratung werden auf der Basis gemeinsamer Betrachtungen der Erzählstruktur alternative Erzählungen über Geschehenes ausprobiert, die Erlebtes rekonstruktiv anders bewerten. Aus den Geschichten werden Lebensthemen (*life themes*) herausgearbeitet, die wie ein literarisches Muster durchscheinen, aber zuvor nicht bewusst waren oder nie deutlich benannt wurden (z. B. „Mein Leben ist ein Kampf und den Kampf muss ich alleine führen."). Die Rückgewinnung „aktiver Autorenschaft" (*re-authoring*) der Erzählungen über das eigene Leben ist v. a. Ziel narrativer Beratung, besonders was zukünftiges Handeln betrifft.

Weitere postmoderne Begriffe in Beratungskonzepten

In der internationalen Beratungsliteratur hat sich der Terminus des „Postmodernen" als Oberbegriff für Konzepte durchgesetzt, die nicht mehr von vorgegebenen Wirklichkeiten, allgemeingültigen Wahrheiten und vermeintlich eindeutigen und linearen Rationalitäten von Entwicklungen und Lebenskontexten ausgehen. Komplexität und Brüchigkeit des Alltags, Ambivalenzen und paradoxe Verhältnisse oder auch Nichtrationales nicht zu negieren, sondern verstärkt in Konzepte und Handlungstheorien von Beratung miteinzubeziehen, ist das Anliegen postmoderner Ansätze (Engel 1997, 2008).

Individuen sehen sich in ihrem privaten und beruflichen Leben häufig der Notwendigkeit von Entscheidungen ausgesetzt, deren Folgen sie weder überschauen noch sicher abschätzen können (Haubl / Voß 2009). Ungeachtet dessen fühlen sich Individuen verantwortlich für „richtige" Entscheidungen oder sehen sich dafür verantwortlich gemacht, da sie wissen, die Folgen später mehr oder weniger allein oder als Familie tragen zu müssen. Die *„positive Nichtsicherheit"* (Gelatt 1991) ist z. B. ein Konzept, welches darauf fußt, dass in der Beratung angesichts einer immer weniger planbaren Zukunft nicht vermeintliche Sicherheiten konstruiert werden sollten. Beratung muss eher dazu beitragen, Denkweisen und Vorhaben offenzuhalten und der Ungewissheit über die Zukunft positive Entwicklungsmöglichkeiten abzugewinnen. Das kann durchaus bedeuten, dass Entscheidungen gerade nicht gefällt und aufgeschoben werden.

Ausgehend von beruflicher Beratung wird nun auch dem *Zufall* im Leben ein eigener Stellenwert eingeräumt: Es ist nicht alles planbar. Möglichst viel bzw. rational zu planen, führt nicht unbedingt zu besserer Zielerreichung und mehr Lebenszufriedenheit (Mitchell et al. 1999). Für Zufälle offen zu sein, Intuition zu respektieren und von Plänen abrücken zu können – auch wenn eine herrschende

Logik planvolles und konsequentes Handeln als das bessere Handeln propagiert –, kann Gegenstand und Ziel von Beratung sein.

In internationalen Beratungsdiskussionen wird die Frage aufgeworfen, wie passend *westlich-rationalistische Beratungskonzepte* in anderen Teilen der Welt oder in bestimmten subkulturellen Milieus westlicher Gesellschaften sind: Wie wird z. B. in herrschenden Beratungskonzepten spirituellen Denkweisen begegnet? Oder wie verhalten sie sich zu zutiefst religiös eingebundenen Lebenshaltungen?

Schließlich ist auch eine *wachsende Bescheidenheit* in Bezug auf die Machbarkeit von Veränderungen und die Erreichbarkeit von Lösungen als eine konzeptionelle Entwicklung in der Beratung feststellbar. Dass viele Probleme und Lebensschwierigkeiten von Ratsuchenden letztlich nicht lösbar oder behebbar sind und es in der Beratung oft „nur" darum geht, ein zufriedenstellenderes Arrangement und kleine pragmatische Verbesserungen zu finden, ist in der Sozialarbeit und Sozialpädagogik gewiss keine neue Erkenntnis. Dies zeigt sich seit den 1990er Jahren daran, dass in einigen Beratungsfeldern mehr und mehr „akzeptierend" gearbeitet wird, d. h. dass auch solche Klient(inn)en Unterstützung erhalten, die von ihrem (gesellschaftlich zugeschriebenen) Problem nicht ablassen können oder wollen (z. B. in der Drogenberatung, in der Sozialberatung für Prostituierte, die ihren Beruf weiter ausüben wollen, in der Beratung mit Mädchen mit Essstörungen etc.).

Aktuelle Praxisbezüge

Die aktuelle Praxis sozialer Beratung ist einerseits wesentlich durch steigenden und sich in der sozialwissenschaftlichen Wahrnehmung ausdifferenzierenden *Beratungsbedarf* bei gleichzeitiger *Kürzung öffentlicher Mittel* bis hin zu Stelleneinsparungen und Schließung von Beratungseinrichtungen geprägt. Andererseits ist eine fortschreitende *Normalisierung* von Beratung festzustellen, d. h., das Nachsuchen und die Inanspruchnahme von Beratung haben deutlich an Stigmatisierungscharakter verloren. Beratung wird eher zur alltäglichen Dienstleistung für souveräne Bürger(innen). Dazu trägt u. a. auch die inzwischen vielfach verfügbare Beratung im Internet bei, ob sie nun über E-Mails, im Chat oder als Forum stattfindet. Im Vergleich

zu anderen Institutionsformen der Sozialpädagogik und Sozialarbeit zeigt sich Beratung auch in der öffentlichen Wahrnehmung als am stärksten durch Freiwilligkeit und durch Achtung vor der Autonomie der Klient(inn)en geprägt.

Abgesehen von den wenigen dauerhaft etablierten und auch gesetzlich finanzierten Beratungsinstitutionen sehen sich aber zahlreiche Beratungsstellen und -projekte unter dem Druck, ihre Angebote in eine ausgreifende *Kosten-Nutzen-Logik* einzupassen, die häufig mit einer Standardisierung und Reglementierung der Handlungsspielräume von Berater(inne)n verbunden ist. Einerseits geraten hiermit Beratungsangebote unter einen verstärkten Legitimierungsdruck. Andererseits erhöhen sich für Berater(innen) Konflikte zwischen institutionellen Anforderungen bzw. Trägerinteressen und Bedürfnissen von Ratsuchenden, die manchmal gerade nicht den „Nutzen-Auffassungen" entsprechen oder diesen sogar zuwiderlaufen.

Ratsuchende auf der einen und Auftraggeber – also der Staat, das Land, die Kommune – auf der anderen Seite werden als Kunden definiert und Beratung soll produktförmig Dienstleistungen bereitstellen sowie kurzfristig und möglichst preiswert oberflächliche Effizienz erreichen. Beratungsarbeit mit präventiven Anteilen oder einer Förderung und Aktivierung von Selbsthilfegruppen ist dabei oft nicht mehr möglich.

Der Beratungspraxis gelingt es allerdings in vielen Bereichen, sich gegen eine solche einseitig ökonomisierende Politik zu behaupten. Dabei spielt das Definieren von Beratungsstandards eine wichtige Rolle.

Beratungsstandards definieren Grundsätze wie

- Vertraulichkeit,
- Freiwilligkeit der Inanspruchnahme und Fortführung,
- Beschwerderechte für die Klient(inn)en,
- Neutralität,
- Sorgfaltspflicht,
- die Pflicht zur Fortbildung und Supervision oder kollegialen Beratung,
- Pflichten und Grenzen der Dokumentation,
- gleichberechtigte Multidisziplinarität in Teams,
- den Umfang notwendigen Fachwissens,
- Grenzen der Beratung oder
- Prinzipien wie Orientierung an minimaler Intervention statt Überversorgung.

Die 2004 gegründete Deutsche Gesellschaft für Beratung arbeitet an der Formulierung von Ausbildungsstandards für Berater(innen) und hat ein umfassendes „Beratungsverständnis" formuliert. Es

bezieht gesellschaftspolitische Entwicklungen in eine klare Professionalitätsvorstellung von Beratung mit ein (DGfB 2009).

Literatur

Bamberger, G.G. (2001): Lösungsorientierte Beratung. Beltz-PVU, Weinheim

Bandura, A. (1997): Self-Efficacy: The Exercise of Control. Freeman, New York

Böhm, J., Faltermaier, T., Flick, U., Krause, J.M. (Hrsg.) (1992): Gemeindepsychologisches Handeln. Lambertus, Freiburg / Br.

Bookhagen, R. (1976): Treffpunkt und Beratung in Berlin. Theorie und Praxis des Sozialen Arbeit 27, 408–415

Brüggemann, H., Ehret-Ivankovic, K., Klütmann, C. (2006): Systemische Beratung in fünf Gängen. Vandenhoeck & Ruprecht, Göttingen

Brunner, E. (2007): Systemische Beratung. In: Nestmann, F., Engel, F., Sickendiek, U. (Hrsg.), 655–662

Buchholz, W., Höfer, R., Straus, F. (1988): Lebenswelt und Familienwirklichkeit. Campus, Frankfurt / M.

DeShazer, S. (1989): Der Dreh. Überraschende Wendungen und Lösungen in der Kurzzeittherapie. Carl-Auer-Systeme, Heidelberg

Deutsche Gesellschaft für Beratung (DGfB) (2009): Das Beratungsverständnis der DGfB. In: www.dachverband-beratung.de/dokumente/Beratung.pdf, 13.10.2009

Engel, F. (2008): Beratung. In: Faulstich-Wieland, H., Faulstich, P. (Hrsg.): Erziehungswissenschaft. Ein Grundkurs. Rowohlt, Hamburg, 195–215

– (2007): Allgemeine Pädagogik, Erziehungswissenschaft und Beratung. In: Nestmann,, F., Engel, F., Sickendiek, U. (Hrsg.), 103–114

– (1997): Dacapo – Moderne Beratung im Themenpark der Postmoderne. In: Nestmann, F. (Hrsg.): Beratung – Bausteine für eine interdisziplinäre Wissenschaft und Praxis. dgvt-Verlag, Tübingen, 179–216

–, Sickendiek, U. (2007): Narrative Beratung: Sprache, Erzählungen und Metaphern in der Beratung. In: Nestmann, F., Engel, F., Sickendiek, U. (Hrsg.), 749–763

Frommann, A., Schramm, D., Thiersch, H. (1976): Sozialpädagogische Beratung. Zeitschrift für Pädagogik 22, 715–742

Geißler, K., Hege, M. (1991): Konzepte sozialpädagogischen Handelns. Juventa, Weinheim

Gelatt, H.B. (1991): Creative Decision Making. Crisp, Los Altos

Gemende, M., Munsch, C., Weber-Unger-Rotino, S. (Hrsg.) (2007): Eva ist emanzipiert, Mehmet ist ein Macho. Juventa, Weinheim

Gergen, K.J. (1999): An Invitation to Social Construction. Sage, London

Gergen, M.M. (2001): Feminist Reconstruction in Psychology: Narrative, Gender, and Performance. Sage, Thousand Oaks

Gerstenmaier, J. (2007): Konstruktivistisch orientierte Beratung. In: Nestmann, F., Engel, F., Sickendiek, U. (Hrsg.), 675–690

–, Günther, S. (2007): Berufslaufbahnberatung. In: Nestmann, F., Engel, F., Sickendiek, U. (Hrsg.), 933–945

Goldner, C. (Hrsg.) (2003): Der Wille zum Schicksal. Die Heilslehre des Bert Hellinger. Ueberreuter, Wien

Großmaß, R. (2000): Psychische Krisen und sozialer Raum. Eine Sozialphänomenologie psychosozialer Beratung. dgvt-Verlag, Tübingen

–, Schmerl, C. (2004): Psychosoziale Beratung und Genderrelation. In: Glaser, E., Klika, D., Prengel, A. (Hrsg.): Handbuch Gender und Erziehungswissenschaft. Klinkhardt, Bad Heilbrunn, 540–556

Grunwald, K., Thiersch, H. (2004): Das Konzept Lebensweltorientierte Soziale Arbeit – einleitende Bemerkungen. In: Grundwald, K., Thiersch, H. (Hrsg.): Praxis Lebensweltorientierter Sozialer Arbeit. Juventa, Weinheim, 13–39

Haubl, R., Voß, G.G. (2009): Psychosoziale Kosten turbulenter Veränderungen. Arbeit und Leben in Organisationen. Positionen – Beiträge zur Beratung in der Arbeitswelt 1. University Press, Kassel, 1–8

Hays, P. (1996): Addressing the Complexities of Culture and Gender in Counseling. Journal of Counseling and Development 74, 332–339

Hollstein, W. (1978): Probleme und Ansätze der Unterschicht-Beratung. Neue Praxis 8, 330–336

Kelly, J.G. (1988): A Guide to Conducting Prevention Research in the Community. Haworth, New York

Keupp, H. (1988): Gemeindepsychologie. In: Asanger, R., Wenninger, G. (Hrsg.): Handwörterbuch Psychologie. Beltz-PVU, München, 218–226

Koschorke, M. (1975): Zur Praxis der Beratungsarbeit mit Unterschichtfamilien. Wege zum Menschen 27, 315–342

Mecheril, P. (2007): Beratung: Interkulturell. In: Nestmann, F., Engel, F., Sickendiek, U. (Hrsg.), 295–304

Mitchell, K.E., Levin, A.S., Krumboltz, J.D. (1999): Planned Happenstance: Constructing Unexpected Career Opportunities. Journal of Counseling and Development 77, 115–124

Modellprojekt Frauenhaus Berlin (1981): Hilfen für mißhandelte Frauen. Mainz

Neimeyer, R.A. (1998): Social Constructionism in the Counseling Context. Counselling Psychology Quarterly 11, 135–150

–, Mahoney, M. J. (1995): Constructivism in Psychotherapy. American Psychological Association, Washington

Nestmann, F. (2007a): Beratungspsychologie / Counselling Psychology. In: Nestmann, F., Engel, F., Sickendiek, U. (Hrsg.), 61–72

– (2007b): Ressourcenorientierte Beratung. In: Nestmann, F., Engel, F., Sickendiek, U. (Hrsg.), 725–736

– (1996a): Psychosoziale Beratung – ein ressourcentheoretischer Entwurf. Verhaltenstherapie und psychosoziale Praxis 28, 359–376

– (1996b): Die gesellschaftliche Funktion psychosozialer Beratung in Zeiten von Verarmung und sozialem Abstieg. Verhaltenstherapie und psychosoziale Praxis 28, 5–16

– (1989): Förderung sozialer Netzwerke – eine Perspektive pädagogischer Handlungskompetenz. Neue Praxis 19, 107–123

– (1982): Beratung und Beraterqualifikation. In: Müller, S., Otto, H.-U., Hilmar, P., Sünker, H. (Hrsg.): Handlungskompetenzen in der Sozialarbeit / Sozialpädagogik. AJZ-Verlag, Bielefeld, 33–64

–, Engel, F., Sickendiek, U. (Hrsg.) (2007): Das Handbuch der Beratung. Band 1 und 2. dgvt-Verlag, Tübingen

–, Günther, J., Stiehler, S., Wehner, K., Werner, J. (Hrsg.) (2008): Kindernetzwerke. Soziale Beziehungen und soziale Unterstützung in Familie, Pflegefamilie und Heim. dgvt-Verlag, Tübingen

– & Projektgruppe (2002): Beratung als Ressourcenförderung. Präventive Studentenberatung im Dresdner Netzwerk Studienbegleitender Hilfen (DNS). Juventa, Weinheim

Pearson, R. E. (1997): Beratung und soziale Netzwerke. Beltz, Weinheim

Rappaport, J. (1987): Terms of Empowerment and Exemplars of Prevention. American Journal of Community Psychology 15, 121–144

Retzer, A. (1994): Familie und Psychose. Klett-Cotta, Stuttgart

Röhrle, B. (1994): Soziale Netzwerke und soziale Unterstützung. Beltz-PVU, Weinheim

Rogers, C. R. (1976): Die nicht-direktive Beratung. Kindler, München

Sander, K. (2007): Personzentrierte Beratung. In: Nestmann, F., Engel, F., Sickendiek, U. (Hrsg.), 331–344

Savickas, M. (2005): The Theory and Practice of Career Construction. In: Brown, S. D., Lent, R. W. (Hrsg.): Career Development and Counseling. Wiley, Hoboken, 42–70

Schönig, W., Brunner, E. J. (Hrsg.) (1993): Organisationen beraten. Lambertus, Freiburg / Br.

Sickendiek, U. (2007a): Feministische Beratung. In: Nestmann, F., Engel, F., Sickendiek, U. (Hrsg.), 765–779

– (2007b): Von der Diversität zur Lebenswelt. Möglichkeiten und Grenzen des diversity-Ansatzes in der Beratung. In: Gemende, M., Munsch, C., Weber-Unger-Rotino, S. (Hrsg.), 207–226

–, Nestmann, F. (2001): Frauen in der psychosozialen Versorgung. In: Franke, A., Kämmerer, A. (Hrsg.): Klinische Psychologie der Frau. Hogrefe, Göttingen, 689–715

Stark, W. (2007): Beratung und Empowerment – empowermentorientierte Beratung? In: Nestmann, F., Engel, F., Sickendiek, U. (Hrsg.), 535–546

Steenbuck, G. (2005): Zur Aktualität personzentrierter Begleitung und Beratung. Gesprächspsychotherapie und Personzentrierte Beratung 36, 81–86

Thiersch, H. (2007a): Sozialarbeit / Sozialpädagogik und Beratung. In: Nestmann, F., Engel, F., Sickendiek, U. (Hrsg.), 115–124

– (2007b): Lebensweltorientierte Soziale Beratung. In: Nestmann, F., Engel, F., Sickendiek, U. (Hrsg.), 699–710

– (1992): Lebensweltorientierte soziale Arbeit. Juventa, Weinheim

Troscheit, P. (1978): Perspektiven und Grenzen der Jugendberatung. Allgemeine Jugendberatung, Berlin

Watzlawik, P., Beavin, J. H., Jackson, D. D. (1969): Menschliche Kommunikation. Huber, Bern

White, M., Epston, D. (1990): Narrative Means to Therapeutic Ends. W. W. Norton, New York

Beratungsforschung

Von Bernd Dewe

Ausgangslage

Es bedarf nicht des Nachweises, dass grundsätzlich Beratung (als Institutionalisierungsform) und Beraten (als Handlungsmethode) für die Sozialarbeit / Sozialpädagogik eine nicht zu unterschätzende Bedeutung haben. Ein Blick in die einschlägige Literatur zeigt allerdings, dass wissenschaftliche Verlautbarungen darüber, wie Beratung sich in der Praxis sozialarbeiterischen Handelns zu vollziehen habe, um „erfolgreich" zu sein, in einem quantitativen wie qualitativen Missverhältnis zu solchen wissenschaftlichen Abhandlungen stehen, die sich empirisch Gewissheit darüber verschaffen wollen, was eigentlich faktisch geschieht, wenn Sozialarbeiter beraten bzw. Beratungsdienstleistungen ihren Adressaten anbieten oder diese solche nachfragen. Theoretische Rekonstruktionen und empirische Studien, die im weitesten Sinne die zuletzt genannte Perspektive verfolgen, lassen sich als Beiträge zur Beratungsforschung lesen.

Beratungsforschung befindet sich trotz ihrer zwei bis drei Dekaden umfassenden Entwicklungsgeschichte noch in der Konstitutionsphase. Dem in den letzten Jahrzehnten stark ausgeweiteten institutionalisierten Beratungsmarkt mit seiner kaum überschaubaren Fülle an Beratungsangeboten, seiner Vielzahl der von Berufs wegen beratend Tätigen und der nach wie vor steigenden Nachfrage nach Beratungsdienstleistungen steht zurzeit noch kein ebenso breites Kompendium an empirisch gewonnen Erkenntnissen über erwähnte soziale Phänomene gegenüber.

„Aus [...] wissenschaftlicher Perspektive [...] fällt auf, wie überraschend gering dem Ausbau (des Beratungssektors – d.V.) ein entsprechendes Wissen über die Akzeptanz und Wirkung der angebotenen Beratungsformen gefolgt ist" (Straus / Stiemert 1991, 323).

Gleichwohl hat sich der Stand der Beratungsforschung mittlerweile zum Positiven gewendet. Konnten die eben erwähnten Autoren noch 1991 mit gewissen Recht konstatieren, dass „ein Blick auf die Studien im Bereich der Familien- und Erziehungsberatung deutlich macht, dass man erst [...] in Ansätzen von einer dezidiert beratungsorientierten Forschung sprechen kann" (323), so hat sich in jüngster Zeit die Lage der Beratungsforschung quantitativ und qualitativ geändert. Wie noch zu zeigen ist, vollzog sich hinsichtlich der Thematik wie hinsichtlich der Methodenvielfalt eine große Wendung in der Beratungsforschung. Ein wichtiges Indiz für diese Entwicklung ist, dass erste Handbücher (Karczymarzyk 2005), umfangreiche Sammelrezensionen (Mohe 2005) und Themenhefte in einschlägigen Fachzeitschriften (Riemann et al. 2000) vorliegen. Neben diesen formalen Aspekten ist zweifellos bedeutsamer, dass Beratungsforschung inhaltlich und sachlich für Handlungsfelder und Berufe mit bedeutsamen Anteilen beratenden Handelns unverzichtbar ist, und zwar aus folgenden Gründen: Beratungsforschung fungiert

- als Korrektur normativ aufgeladener „Praxistheorien", die die zentrale Bedeutsamkeit beratenden Handelns für SozialarbeiterInnen / SozialpädagogInnen eher unterstellen als handlungslogisch sachhaltig belegen,
- als systematische Problematisierung sozialtechnisch inspirierter Handlungs- und Regelempfehlungen (inklusive sogenannter Gesprächsführungstechniken) für zu gelingende Beratung,
- als Kritik unreflektierter Überdeterminiertheit von Beratungskonzepten hinsichtlich ihrer Wirksamkeit und Zielgenauigkeit (in der Regel ausschließlich beobachtet aus Sicht des Beraters).

Otto/Thiersch (Hg.), Handbuch Soziale Arbeit, 4. A., DOI 10.2378/ot4a.art013,
© 2011 by Ernst Reinhardt, GmbH & Co KG, Verlag, München

Kurzum: Beratungsforschung ist unverzichtbar, weil sie Beratung nicht als dekontextualisierte Methode akzeptiert, sondern sie auf ein komplexes, bisweilen paradoxes Kommunikationsphänomen zurückführt, das eine vorab definierte bzw. unterstellte Aufgabenlogik seitens des Beraters nicht akzeptiert. Die „Divergenz idealtypischer und realtypischer Beratungsprozesse" (Kraus / Mohe 2007) bedarf der Erforschung.

Darüber hinaus scheint Beratungsforschung geeignet, mit den im Feld der Praxis gehandelten Beratungsmythen aufzuräumen, etwa mit dem, dass Beratung stets der Optimierung des Handelns des zu Beratenden diene, oder dem Mythos, dass Beratung der zeitlichen Vorbereitung einer Handlungsentscheidung auf rationale Weise dienlich sei. Aber auch der Mythos von der Dominanz des Experten in Beratungssituationen wird empirisch hinterfragt.

Der methodologische Standort der Beratungsforschung

Der methodologische Standort der Beratungsforschung, die für wissenschaftliche Disziplinen wie Sozialpädagogik, Soziologie, Kommunikationswissenschaften / Linguistik, aber auch für Wirtschaftswissenschaften und Psychologie relevant ist, ist ein doppelter: Beratungsforschung ist als Form quantitativer Sozialforschung empirisch-analytisch in der Variante experimenteller Forschung und / oder statistisch orientierter Quasi-Sozialberichterstattung vorzufinden als auch in empirisch-qualitativer Ausprägung im Sinne einer spezifischen Form rekonstruktiver Sozialforschung anzutreffen. Die „Einübung des Tatsachenblicks" steht gewissermaßen neben der „Kunst zur Perspektivität" (Straus / Stiemert 1991).

Während die zuerst erwähnte quantifizierend vorgehende, empirische Beratungsforschung – zumeist mittels standardisierten Fragebögen, geschlossener Interviews und formaler Dokumentenanalyse – „Marktdaten" in Form der Zunahme / Abnahme bestimmter beratungsrelevanter Themen, Beratungsaktivitäten in bestimmten gesellschaftlichen Sektoren oder aber „Klientenströme" etc. in den Blick nimmt, ist qualitativ orientierte Beratungsforschung eher an der Mikrologie von Berater-Klienten-Beziehungen, an Gesprächsanalysen als Rekonstruktion der interaktiven Konstitution von Beratung

und ihrer Institutionalisierung als besonderem Kommunikationsformat im Kontext eines Aushandlungsprozesses zwischen den Beteiligten interessiert. Gegenüber statistisch fundierten Ergebnisstudien der quantitativen Beratungsforschung fokussiert qualitative Beratungsforschung also stärker auf Prozessstrukturen, Handlungslogiken, Interventionsparadoxien etc., wobei explorative Studien, hermeneutisch grundierte Textanalysen von Beobachtungs- oder Gesprächsprotokollen und Biografieforschung zu Beratern und Klienten dominieren. Doch stets geht es in der Beratungsforschung um Fragen der Perspektivendifferenz, der Situationsdefinition und der Wissenserzeugung, -vermittlung und -aneignung sowie letztlich um Machtphänomene, worauf noch einzugehen ist. Für beide Forschungsrichtungen gilt zudem, dass Forschung „[…] die nicht […] irritiert, die nicht eingespielte Routinen befragt und dabei unangenehme Fragen aufwirft, keinen Sinn macht" (Schrödter 2004, 818).

Sachlich und themenfeldspezifisch betrachtet, leistet die Beratungsforschung auch wichtige Beiträge zu bereits etablierten Forschungsprogrammen. So bereichert die Beratungsforschung die Professionsforschung (v. Alemann 2002) und die Studien zur Professionalität (Dewe / Feistel 2010), da nahezu alle Professionen beratende Kommunikation betreiben. Des Weiteren leistet sie einen Beitrag zur erziehungswissenschaftlichen und pädagogischen Handlungs- und Interventionsforschung (Neuweg 1999), da Beratung weithin als Grundform (Giesecke 1996) pädagogischen Handelns verstanden wird, die jedoch vom Adressaten initiiert wird, und deren Aufgabenstruktur – wie bereits angedeutet – seitens des Pädagogen / Beraters nicht antizipiert werden kann.

Neben ihren für Kommunikationsforschung (Stichwort: Beratung als kommunikative Gattung / Luckmann 1986), Psychologie und Psychotherapie (Stichwort: Grenzen und Gemeinsamkeiten von Beratung und Therapie, Dewe / Scherr 1990) relevanten Erkenntnissen wird Beratungsforschung in letzter Zeit auch bedeutsam für die sozialwissenschaftliche Inklusionsforschung (Uecker / Krebs 2004). Mit dem Anstieg gesellschaftlicher Exklusionsgefahren für immer größer werdende soziale Gruppen, und damit verbundener sozialpolitischer Legitimationsstrategien, die soziale Re-Inklusionsmöglichkeiten beinhalten, geraten gesellschaftliche und rechtliche Teilhabemöglichkeiten und -chancen sowie ihre individuellen Durchsetzungsmöglichkeiten diskursiv enorm unter Druck. An diesem Prozess ist Beratung (etwa in Form von Sozialberatung) als Abfangeinrichtung zur Vermeidung von Exklusionsrisiken in erheblichem Maße beteiligt. Empirische Forschung hat hier ein noch wenig erforschtes Terrain zu bearbeiten. Die aufgezeigten Facetten von Beratungsforschung lassen jedoch schon deutlich erkennen, dass sie in der von normativen Vorstellungen geprägten Beratungslandschaft für Unruhe sorgt. Birke et al. (2006, 1) konstatieren deshalb auch:

„Beratungsforschung ist in mehrfacher Hinsicht eine Provokation: Ihre im Gegenstand und Problembezug angelegte Transdisziplinarität muten der sie tragenden Forschung, insbesondere aber der Beratungspraxis Reflexionen über Konstruktion und Wirkung ihres Wissens zu."

Unter Bezugnahme auf den laufenden Diskurs über Beratung und in Erweiterung seiner bisherigen Fokussierung auf „Professionalität" und „Expertenwissen" ist zu prüfen, so die Autoren, welche gesellschafts- und organisationsanalytische Bedeutsamkeit empirische Einblicke in die Beratungsbranche entfalten können.

„Umgekehrt steht auch die Leistungsfähigkeit (sozialwissenschaftlicher – d.V.) Forschung und Theoriearbeit auf dem Prüfstand, wenn neue Wissensformen und Beratungsarrangements nicht nur als Teil, sondern auch als Motor sozialen und organisationalen Wandels zu diagnostizieren sind" (Birke et al. 2006, 1).

Ein Blick auf den Forschungsstand kann zeigen, wie differenziert sich die beratungsrelevanten Kontexte, Situationen, Wissensstrukturen und Akteure darstellen, die bisher bereits in Studien zur Beratungsforschung zum Thema gemacht wurden. So haben verschiedene empirische Studien zum Interaktionsprozess von Beratern und Klienten im Kontext personenverändernder Dienstleistungen die besonderen institutionellen Rahmungen des kommunikativen Austauschprozesses im Kontext von Beratung thematisiert (vgl. Luhmann 1989). Sie haben die große Diffusität der Interaktionsbeziehungen hervorgehoben, da hier keine verlässlichen „Technologien" (Luhmann/Schorr 1982) vorausgesetzt und Kausalität sowie Mittel-Rationalität des

Handelns nicht unterstellt werden können. Qualitative Studien zur „Mikrologie von Beratungsbeziehungen" liegen mittlerweile ebenfalls vor (u.a. Nothdurft et al. 1994; Riemann 2000). Sie zeigen, dass die Rezeption expertenhaften Sonderwissens hier stets an den lebenspraktischen Kontext der Klienten gebunden bleibt, der die Relevanzkriterien für die Selektion des Wissens darstellt. Die Studie von Schmitz, Bude und Otto (1989) steht für den Versuch, die eine Verlaufstypologie von Beratung aufzuspüren. Prozesse von „knowledge creation and knowledge use in professional contexts" (Eraut 1985) sind demgegenüber Gegenstand einer von Keupp, Straus und Gmür (1989) durchgeführten Untersuchung. Anhand von offenen Interviews mit Klienten von Beratungsstellen wurde hier der Prozess der Verwissenschaftlichung psychosozialer Beratung sowie die Verwendung unterschiedlicher Typen psychologischen Wissens in der Berater-Klienten-Interaktion analysiert (auch Reim 1995). Darüber hinaus haben konversationsanalytische Auswertungen (Wolff 1986) von Beratungsprotokollen (Kroner/Wolff 1989) und von Sprechhandlungen zwischen Sozialarbeitern und Klienten im Bereich der Jugendgerichtshilfe (Jungblut 1983; Lau/Wolff 1982) gezeigt, dass es für eine angemessene Beurteilung von Interaktionsstrategien von Beratern und Klienten unabdingbar ist, den spezifischen Charakter der Situationen, in denen solche Strategien (wie beispielsweise die Kontrastierung von professionellen und alltäglichen Wissensbeständen) zum Einsatz gelangen, in den Fokus empirischer Analyse zu rücken, um die „strukturellen Realitäten" in Beratungszusammenhängen sichtbar werden zu lassen (siehe auch Iding 2000). Vor diesem Hintergrund lassen sich die allgemeinen Behauptungen von der „Dominanz der Experten" (Freidson 1975) und der „Entmündigung durch Experten" (Illich et al. 1979) sachhaltig nachweisen bzw. korrigieren, etwa durch die These von Beratern als „Experten wider Willen" (Dewe 2009).

Der dritte thematische Bereich, zu dem vornehmlich ethnomethodologisch inspirierte qualitative Studien vorliegen, lässt sich mit dem Stichwort *Klientenforschung* beschreiben (Dewe 2009). Hier wird der psychosoziale Beratungsprozess aus der Perspektive der tatsächlichen oder potenziellen Klienten betrachtet, wobei dem Konstruktionsprozess des Klient-Werdens größere Aufmerksamkeit geschenkt wird als dem des Klient-Seins. In den

Arbeiten von Fengler und Fengler (1980), Bittner (1981) und Wolff (1983) sind der Vorgang der „Klientifizierung/Selbstklientifizierung" sowie solche Sozialisationsprozesse aufgedeckt worden, die Alltagshandelnde auf dem Weg zum Klienten durchlaufen. Die Einleitung von Klientenkarrieren untersuchte Gerhardt (1986); die biografische Rekonstruktion derartiger Karrieren unternahm Hildenbrand (1989) auf der Basis struktural-hermeneutischer Datenanalyse. Die erwähnten Studien haben einerseits die kommunikative Mikrostruktur der Handlungssituation in derartig asymmetrischen „Face-to-Face"-Beziehungen aus der Binnenperspektive der Beteiligten rekonstruiert. Andererseits haben sie aus der Außenperspektive handlungsbeobachtend und sinnerschließend jene die konkrete Berater-Klienten-Interaktion überhaupt erst ermöglichenden und zugleich präformierenden Strukturierungs- und Selektionsleistungen der Institutionen und Sozialbürokratien zum Gegenstand ihrer Untersuchungen gemacht.

Die quantifizierend angelegten Studien zur Berater-Klienten-Beziehung (u.a. Knieschewski 1978) basierten auf Überlegungen, die den Berater in bürokratischen Organisationen als „Semi-Professionellen" (Toren 1972; Scott 1969) stilisieren. Dies allerdings hatte methodologisch zur Konsequenz, dass erstens auf die interaktive Beziehung zwischen den Beratern und ihren Adressaten in der Regel lediglich ex post und indirekt im Kontext weitgehend standardisierter Befragungen – zumeist nur eines am kommunikativen Prozess der helfenden Dienstleistungsbeziehung Beteiligten, nämlich des Beraters – geschlossen werden konnte.

Die qualitativen Studien konnten sich demgegenüber auf einen Theorie- und Forschungsansatz beziehen, der geeignet ist, die Mikrostruktur professioneller und alltäglicher Kommunikation und die hier wirksamen differenten Wissens- und Handlungsstrukturen zu rekonstruieren (Berger/Luckmann 1969; Bergmann 1980; Ferchhoff 1986). Gegenüber verkürzten macht- oder bürokratietheoretischen Betrachtungen (vgl. die Kritik bei Dewe/Wohlfahrt 1989) können hier die Strukturprobleme des Interaktionsprozesses zwischen Beratern und Klienten besonders mit Hilfe eines wissenssoziologischen Erklärungsmodells (Schütz 1971; Baumgartner 2000) sachhaltiger erforscht werden.

Aktuelle Themen der Beratungsforschung

Die sich weiter ausdifferenzierende Beratungsbranche, in der Berater- und Klienten-Netzwerke, Metaberatung mit intermediären Vermittlungs- und Bildungsfunktionen und das fachwissenschaftliche „Consulting" (Birke/Howaldt/Mohe 2006) wie auch das psycho-sozial basierte „Counseling" (Riemann et al. 2000) anwendungsorientierter Sozialwissenschaften an Bedeutung gewinnen, bietet Anlass, in Beratungsforschung zukünftig weiter zu investieren. Beratungsforschung sieht sich dabei mit dem Faktum konfrontiert, dass sich heute institutionalisierte Beratung als Wachstumsbranche – auch für Sozialarbeit/Sozialpädagogik – in einem weiten Spektrum von Technologietransfer über Erziehungs-, Berufs- und Personal- sowie Organisationsberatung (u.a. Springer 1997; v. Alemann/Vogel 1996; Resch 2005) und die Supervision professionellen Handelns bis hin zur Krisenberatung in Sinnfragen moderner Lebensführung beobachten lässt (u.a. Bergmann et al. 1998; Bora 2007).

Stets geht es dabei um die Transformation von Deutungsmustern. Unvermeidbar kommt es mit der Intervention des Beraters zur Konstitution kommunikativer Felder der Interaktion und der Interferenz, also des Austauschs und der Überschneidung von Bewertungsgrundlagen, Erwartungsrahmen und Sinnhorizonten. Allemal geht es in Beratungsvorgängen um die Bearbeitung der Inkongruenz der Perspektiven: Permanent stellt sich ein Reasymmetrisierungsproblem (Fuchs 2004) ein, welches dadurch zum Ausdruck kommt, dass die (ausschließlich) kommunikativ etablierte Beobachtungsasymmetrie zwischen Berater und Ratsuchendem aufrecht erhalten bzw. wieder hergestellt werden muss. „Was vom Berater erwartet wird, ist die Kompetenz, zu sehen, was der Beratende nicht sieht" (Fuchs 1992, 3). Beratung ist ein Kommunikationsprozess, „[...] der die ‚Kopfinhalte' [der Beteiligten, d. V.] genau nicht nutzen kann, obgleich eben dies uns durch unsere Alltagsevidenzen vorgegaukelt wird" (3), weil der Berater als jemand, der einen anderen beim Beobachten beobachtet, „[...] ihn also gewissermaßen beim Errechnen seiner Realität und ihrer konstitutiven blinden Flecken ertappen muss" (3), nur aufgrund der Problemkommunikation des Ratsuchenden

Vorschläge unterbreiten kann und nicht über dessen psychische Problemrepräsentation verfügt. Inwieweit das Format beratender Kommunikation über eine spezifische Struktur und eigene Handlungslogik verfügt, die eben dieser – und keiner anderen – kommunikativen Gattung (Luckmann 1986) eigen ist, ist in diesem Zusammenhang eine relevante Frage empirischer Beratungsforschung, da kommunikative Gattungen als „historisch und kulturell spezifische gesellschaftlich verfestigte und formalisierte Lösungen kommunikativer Probleme" (256) wirksam sind. Dabei geht es auch um die Rekonstruktion einer regulativen Idee von Beratung und um die Frage, inwieweit Sozialpädagogik / Sozialarbeit mit ihr relationiert werden kann. Eine empirische Analyse der Logik der gegenwärtigen Beratungspraxis erscheint dringend notwendig, berücksichtigt man beispielsweise,

„[…] dass mithilfe von Verfahren der qualitativen Sozialforschung erst einmal zum Analysegegenstand wird, wie die Gesprächspartner ihre Beratungsinteraktion in unterschiedlichen praktischen Zusammenhängen überhaupt Schritt für Schritt zustande bringen – aber auch, was dabei schief gehen kann –, und wie das, was geschieht, von unterschiedlichen Rahmenbedingungen geprägt wird, ohne dass dem die Beteiligten in ihren Routinepraktiken oft Beachtung schenken würden oder schenken könnten" (Riemann et al. 2000, 220).

Unter diesem Anspruch steht heute empirische Beratungsforschung. Grundsätzlich kann davon ausgegangen werden, dass Beratung als institutionalisierte Form hilfreicher Kommunikation (Dietrich 1983; Hitzler et al. 1994) in modernen Gesellschaften ein Entwicklungselement sozialen Wandels sowie der individuellen Biografie- und Identitätsgestaltung zugleich darstellt. Beratung zählt neben institutionalisierter Bildung / Erziehung und Therapie zu den zentralen Interventionsformen im privaten und beruflichen Alltagsleben von Jugendlichen und Erwachsenen. Diese institutionalisierten Interaktionsweisen lassen sich als die grundlegenden Formen der Lebens- und Entwicklungshilfe bezeichnen, die heute ihren festen gesellschaftlichen Platz gefunden haben (Dewe 2001, 412; Ruschmann 1999). Für die Beratung (wie auch für die beiden anderen Interventionsformen) gilt, dass sie im Sinne eines Moratoriums eine mehr oder weniger intensive Unterbrechung des Handlungs- und Entscheidungs-

flusses im Alltag gesellschaftlicher Akteure bedingen bzw. ermöglichen und eine Prolongierung der Problembehandlung mit sich bringen. „Eine Beratung in praktischen, also in Lebens-Fragen kann es […] im Prozess des Handelns nicht geben, da das (gute) Handeln kein Ziel außerhalb seiner selbst hat, sondern selbst das Ziel ist. Dem Handeln geht der Prozess der Beratung […] voraus" (Barlage 1998, 30). Dieser lässt sich über jeweils unterschiedliche Anlässe, Kommunikationsstrukturen, Aufgaben, Ziele, Instanzen und Teilnehmerbefindlichkeiten differenzieren. Wissenstransformation, Kompetenzentwicklung, Reflexion / Selbstreflexion, aber auch die Selektion und soziale Kontrolle und damit verbundene Vermittlungsleistungen stellen für beratendes Handeln eine zentrale Aufgabe dar.

Beratung konzentriert sich – typisierend ausgedrückt – auf das situationsbezogene Wissen. Der Klient, der eine Beratung aufsucht, oder dem eine Beratung im Zuge der sozialstaatlichen Vorsorge aufgenötigt wird, hat ein konkretes Problem, vor dessen Lösung seine lebenspraktischen Fähigkeiten versagen oder versagt haben. Ziel der Beratung ist die Lösung bzw. gelegentlich auch die bloße „Verzeitlichung" oder „Verschiebung" des konkreten Problems / Falles, womit der Vorgang als beendet anzusehen wäre. Beratung ist ähnlich wie Erwachsenenbildung eine gesellschaftlich bereitgestellte „Antwort auf die Kopplungsprobleme, welche im Verhältnis Individuum / Kommunikation entstehen können" (Uecker / Krebs 2004, 376), wobei die Probleme sowohl durch das Individuum selbst wie auch durch die Folgen funktionaler Differenzierung der Gesellschaft evoziert werden. Die Chance von Beratung liegt darin, dass Dauerunsicherheiten, mit denen die Individuen konfrontiert sind (neuer Job, neue Wohnung, Ausbildungs- und Weiterbildungsangebote etc.) befristet unterlaufen werden können.

Moderne Beratungsforschung untersucht deshalb neben eher klassischen Feldern wie Institutionen- und Organisationsberatung (u. a. Degele et al. 2001) neuerdings zunehmend Beratungsphänomene im privaten und – vor allen Dingen – im beruflichen Alltag. Diese Entwicklung greift nicht zufällig um sich. Führt man sich die Grenzen einer primär medial vermittelten Kommunikation und Aufklärung von praktischen Handlungsproblemen im beruflichen und privaten Alltagsleben mittels wissenschaftlicher Publikationen und Ratgeberliteratur vor Augen, so wird plausibel, warum die Bedeutung der unmittelbaren (Face-to-Face)-Kommunikation im Beratungsgespräch in den letzten Jahren signifikant gestiegen ist (Bergmann et al. 1998; Schubert 1998; Ertelt / Schulz 1997; Rausch 1993). Auch die sich ständig vergrößernden Möglichkeiten des Einsatzes von neuen Kommunikationstechnologien (etwa Obermeier 2000; Vollbrecht 2000) in nahezu allen Lebensbereichen relativieren keineswegs die Relevanz der unmittelbaren Beratungskommunikation für das Funktionieren moderner Gesellschaften. Das Gegenteil ist der Fall: Besonders die Sozial- und Erziehungswissenschaften entwickeln sich zunehmend von „gelehrten" hin zu „beratenden" Professionen (u.a. Brunner / Schönig 1990; Dewe 1991b).

Beratungsforschung analysiert in diesem Zusammenhang die Bedeutung einer sozialwissenschaftlich gebildeten Kompetenz zur Rekonstruktion praktischer Problemlagen in Beratungsgesprächen. „Beratung" erscheint dabei als moderner Typus reflexionsorientierter Interaktion (Modaschl 2005) zwischen Ratgebern und Ratsuchenden. Es handelt sich um ein spezifisches gesellschaftliches Arrangement (u.a. Fuchs 1994), in dem die Problematik wie auch die Reflexivität moderner Vergesellschaftung deutlich wird: In einer „neuen Unübersichtlichkeit" (Habermas 1996) wachsender Komplexität und steigender Abstraktion verliert die Bewältigung des Alltags zunehmend an Selbstverständlichkeit. Die Unangemessenheit überkommener Handlungsmuster und Steuerungsmodelle macht es immer schwieriger, soziales Handeln selbstverantwortlich zu organisieren. Für in Beratungskontexten arbeitende Pädagogen und Sozialberufler ist es unverzichtbar, die Struktur sowie die Eigenlogik dieser spezifischen Kommunikationsform zu verstehen. Die Sozial- und Erziehungswissenschaften, die sich häufig vorschnell und unkontrolliert zur praktischen Beratung hergeben (siehe etwa Howaldt / Kopp 1998), werden aus Sicht der Beratungsforschung indes in erster Linie als kritische Reflexionswissenschaften (u.a. Buchheim / Kersting 1992) rekonstruiert. Hier liegt das relevante Potenzial „beratender Wissenschaft": Sie sensibilisiert für jene die Alltags- und Berufspraxis konstituierenden objektiven sozialen Strukturen. Dabei geht es empirisch zwingend um die Klärung folgender Fragen: Was geschieht, wenn in Beratungsprozessen Wissensbestände, die im Kontext institutionalisierter Sozialforschung erzeugt worden sind, von wissenschaftlich ausgebildeten Beratern an Alltagspraktiker weitergegeben werden und bei diesen mit Praxisperspektiven zusammentreffen, die aus dem Erfahrungskontext ihrer Lebenswelt stammen und durch „erprobte" Deutungsmuster strukturiert sind? Werden dabei die Meinungen der Alltagshandelnden durch wissenschaftlich gewonnene Erkenntnisse ersetzt oder erweist sich das Handlungswissen der Alltagspraktiker als resistent? Und: Wem ist mit der einen, wem ist mit der anderen Reaktion (mehr) geholfen? Ist die mögliche Entwertung der subjektiven Problemsicht durch empirisch gewonnene Erkenntnisse, die Substitution des Handlungswissen durch Wissenschaftswissen (Sprondel 1979; Dewe 1991b) der Preis, den Personen zahlen müssen, wenn sie die Handlungsprobleme, die sich ihnen in unserer Gesellschaft stellen, rational bewältigen wollen, oder ist das Handlungswissen dem wissenschaftlich erzeugten Wissen in der alltäglichen Praxis überlegen – oder ist das eine falsche Alternative? Im Kontext von Beratungsforschung ist letztlich zu fragen nach Erfolgsbedingungen und -kriterien von wissenschaftsorientierter Kommunikation schlechthin. Die hier interessierenden Bedingungen und Barrieren liegen jedoch *nicht* auf der Ebene individueller Fähigkeiten und Motive, deren Entwicklung mit Hilfe psychologisch fundierter Strategien zu beeinflussen wäre (so etwa Hofer / Papastefanou 1996). Sie sind vielmehr in den sozialen Entstehungsbedingungen, Vermittlungsinstitutionen und Anwendungskontexten sowie den damit zusammenhängenden Binnenstrukturen der konkurrierenden Realitätskonstruktionen von wissenschaftlich ausgebildeten Beratern und Alltagspraktikern selbst zu lokalisieren (Walter-Busch 1994). Die Einsicht, dass wissenschaftlich gewonnene Konstruktionen keine subjekt- und situationsunabhängig „festen" Ergebnisse liefern, sondern immer in einen diskursiven Kontext eingebettet bleiben, der kontrafaktische Unterstellungen nicht ausschließt und in der Festlegung von Wirklichkeitsmustern stark rhetorisch strukturiert ist (Geissner 1968; Badura 1972; Dewe 1999), impliziert einen veränderten Blick auf die Handlungsform „Beratung". Hinzu tritt in der Beratungsforschung das Prinzip des Fallbezugs:

Der strikte Fallbezug (u.a. Behrend / Wienke 2001) begrenzt die Beratung auf ex-post-Deutungen. Die

Fälle – unabhängig davon, ob es sich um mikrologische Interaktionssequenzen, berufspraktische Krisen oder ganze biografische Verläufe handelt – müssen „vorgefallen" sein. Entscheidungen, besonders solche, die situativ und ad hoc unter Handlungsdruck getroffen werden, entziehen sich dem prospektiven Zugriff des Beraters.

Beratungsforschung im Kontext sozialpädagogischen Handelns

Beratung hat in der Sozialarbeit und Sozialpädagogik bereits eine gesicherte Tradition. Schon frühe Ansätze zur Entwicklung eines professionellen Selbstverständnisses der sozialen Arbeit definieren Beratung als eine Arbeitsform, die, so Mollenhauer bereits 1965 – „ein durchgehendes Moment aller sozialpädagogischen Erziehungstätigkeit" (38), d. h., nicht nur Sache spezifischer Institutionen sei. Die Notwendigkeit von Beratung führte Mollenhauer seinerzeit darauf zurück, dass durch Prozesse der Enttraditionalisierung Erziehung in modernen Gesellschaften ein „schwieriges Geschäft" geworden sei, zu dessen Bewältigung die naturwüchsigen Regeln tradierter Erziehungspraxis nicht länger hinreichend sind. Beratung wird deshalb begriffen als „eine wesentliche Funktion jedes sozialpädagogischen Erziehens" (Mollenhauer 1964, 147) und als ein charakteristischer Bestandteil der Tätigkeit des Sozialpädagogen (Mollenhauer 1964). Letzteres ist in Zusammenhang damit zu sehen, dass gegenüber der gängigen Unterteilung sozialpädagogischer Handlungsformen in Einzelfallhilfe, Gruppenarbeit und Gemeinwesenarbeit Beratung nicht als eigenständige Arbeitsform diskutiert wird, sondern als Methode der Einzelfallhilfe zugeordnet und damit zumindest implizit in die Nähe von psychotherapeutischen Methoden der Gesprächsführung gestellt wird (Meinhold / Guski 1987; Satir 1991). Beratung stellt sich in dieser Perspektive als eine Arbeitsform dar, die im Verdacht steht, „trivialisierte Therapie" (Bude 1988) zu sein, also Ausübung einer Form beruflichen Handelns, für die SozialarbeiterInnen / SozialpädagogInnen über nur unzureichende entwickelte berufliche Kompetenzen verfügen und die deshalb in der Gefahr steht, die Grenze von pädagogischem und therapeutischem Handeln in unzulässiger Weise zu überschreiten. Das quantitativ umfangreiche Fortbildungsangebot an Techniken der psychotherapeutischen Gesprächsführung für SozialarbeiterInnen / SozialpädagogInnen ist Ausdruck eines solchen defizitorientierten Verständnisses von Beratung als quasi-therapeutischer Methode, als „kleine Therapie" (Dietrich 1983).

Demgegenüber zielen die diesbezüglichen Studien im Kontext der Beratungsforschung darauf ab, Beratung als eine Form beruflichen Handelns zu rekonstruieren, die Eigenständigkeit gegenüber psychotherapeutischen Konzepten besonders in der Familienhilfe beanspruchen kann. Wird Beratung als kommunikative Gattung gefasst, so liegt ein solches Verständnis quer zu der Einteilung von Methoden der Einzelfall, Gruppen- und Gemeinwesenarbeit. Damit wird es möglich, professionspolitische Abgrenzungsdiskurse zwischen psychotherapeutisch und sozialpädagogisch orientierter Einzelfallhilfe zu überschreiten, d. h. die Debatte um Formen der Beratung systematisch auf Analysen der Struktur dieser Kommunikationsform (Dewe 1991a) zu beziehen.

Rekonstruktiv betrachtet kann sozialpädagogische Beratung gegenüber möglichen anderen Beratungsformen mit dem Dialogpartner im Beratungsprozess ohne Inanspruchnahme einer wie auch immer gearteten Defizithypothese ein von ihm artikuliertes Problem bearbeiten. Das Ziel kann das Auffinden von alternativen Lösungswegen mittels der Hervorbringung neuer Qualitäten im Umgang mit dem in Rede stehenden Problem sein. Der zu Beratende findet im Erfolgsfall den Weg in die sozialpädagogische Beratung in der Regel dadurch, dass er Alternativen zum bisherigen (habitualisierten) Problemumgang sucht und ihm daraufhin Perspektiven geboten werden, die ihn umsichtiger agieren lassen, indem sie ihn bilden.

Das prospektive, Problemlösungskraft generierende, also animative Potenzial sozialpädagogischer Beratung ist dabei allerdings verwiesen auf das situative Aufspüren des „fruchtbaren Moments" (Copei) im Prozess der Beratung. Diese Bezüglichkeit ist nur empirisch überprüfbar. Hierin unterscheidet sie sich von solchen Formen beratenden Handelns, die rehabilitativen, kompensatorischen, retrospektiv-substitutiven, aber auch funktionalistischen Maximen gehorchen.

Einen ersten Versuch, Beratung als eine besondere Form sozialpädagogischen Handelns zu analysieren, hat Schmitz bereits vor über 20 Jahren unternommen. Ausgangspunkt der Überlegungen ist dort die Frage, wie Beratung im Verhältnis zur therapeutischen und erwachsenenpädagogischen Praxis handlungstheoretisch zu fassen sei. Schmitz kommt in der Rede stehenden Untersuchung zu dem Ergebnis, dass eine strikte Unterscheidung nicht möglich ist, sondern vielmehr davon auszugehen sei, dass das, was ein Therapeut, ein Berater oder ein Erwachsenenpädagoge praktisch tut, „[…] in jedem Fall zugleich Elemente therapeutischen, beratenden und erwachsenenpädagogischen Handelns"(Schmitz 1983, 64) enthält. Im Unterschied jedoch zur therapeutischen Arbeit als einer Wiederherstellung beschädigter Identität und einem an der Konsens- und Wahrheitsfindung orientierten Handeln in Bildungsprozessen bezieht sich Beratung auf die Begründung von lebenspraktischen Entscheidungen.

Entscheidend für die pädagogische Struktur der Beratung ist die Tatsache, dass sie ausschließlich im Medium der Sprache als Gespräch vollzogen wird und damit der Möglichkeit nach immer auch Information ist" (Mollenhauer 1964, 31, auch Heintel 1992). Aus handlungslogischer Sicht besteht Beratung in einer dauernden Spannung zwischen Informieren und Beziehungsarbeit, wird aber deswegen nicht zu einem bloßen Zwitter, sondern kann im besten Falle die Aussicht auf eine neue Handlungsqualität hervorbringen. Ob dieser Fall eintrat, lässt sich nur rekonstruktiv durch Beratungsforschung beantworten.

Literatur

Alemann, A. v. (2002): Soziologen als Berater. Eine empirische Untersuchung zur Professionalisierung der Soziologie. Leske + Budrich, Opladen

Alemann, H. v., Vogel, A. (1996): Soziologische Beratung. Praxisfelder und Perspektiven. IX. Tagung für angewandte Soziologie. Leske + Budrich, Opladen

Badura, B. (1972): Kommunikative Kompetenz, Dialoghermeneutik und Interaktion. Eine theoretische Skizze. In: Badura, B., Gloy, K. (Hrsg.): Soziologie der Kommunikation. Frommann-Holzboog, Stuttgart, 246–264

Barlage , H. (1998): Pädagogische Beratung in Unterricht und Schule. Georg Olms, Hildesheim

Baumgartner, P. (2000): Handeln und Wissen bei Schütz. Versuch einer Rekonstruktion. In: Neuweg, G. H. (Hrsg.): Wissen – Können – Reflexion. Studien Verlag, Innsbruck / Wien / München, 9–26

Behrend, O., Wienke, J. (2001): Zum Konzept der klinischen Soziologie als Basis einer fallorientierten Beratungsforschung. In: Degele, N., Münch, T., Pongratz, H., J.: Soziologische Beratungsforschung: Analyseperspektiven für Theorie und Praxis der Organisationsberatung. Leske + Budrich, Opladen, 177–198

Berger, P. L., Luckmann, T. (1969): Die gesellschaftliche Konstruktion der Wirklichkeit, Fischer, Frankfurt / M.

Bergmann, J. R. (1980): Interaktion und Exploration. Eine konversationsanalytische Studie zur sozialen Organisation der Eröffnungsphase von psychiatrischen Aufnahmegesprächen (Dissertation). Universität Konstanz, Konstanz

–, Goll, M., Wiltschek, S. (1998): Sinnorientierung durch Beratung? Funktionen von Beratungseinrichtungen in der pluralistischen Gesellschaft. In: Luckmann, T. (Hrsg.): Moral im Alltag. Sinnvermittlung und moralische Kommunikation in intermediären Institutionen. Verlag Bertelsmann Stiftung, Gütersloh, 143–218

Birke, M., Howald, J., Mohe, M. (2006): Beratungsforschung zwischen Sozialwissenschaftlicher Zumutung und Orginalität. Eine neue Form der Wissensproduktion. Abstract der Ad-hoc Gruppe 50 zum 33. Kongress der Deutschen Gesellschaft für Soziologie. In: http://www.dgs2006.de/ad-hoc-gruppe-50/

Bittner, U. (1981): Ein Klient wird „gemacht". Ergebnisse einer empirischen Untersuchung zur Struktur von Erstgesprächen in einer Erziehungsberatungsstelle. In: Kardorff, E. v., Koenen, E. (Hrsg.): Psyche in schlechter Gesellschaft. Zur Krise klinisch-psychologischer Tätigkeit. Kohlhammer, München / Wien / Baltimore, 103–137

Bora, A. (2007): „Gesellschaftsberatung" oder Politik? – Ein Zwischenruf. In: Leggewie, C. (Hrsg.): Von der Politik-zur Gesellschaftsberatung. Neue Wege öffentlicher Konsultation. Campus, Frankfurt / M. 117–132

Brunner, E. J., Schönig, W. (1990): Umrisse einer Beratungstheorie. In: Brunner, E. J., Schönig, W. (Hrsg.): Theorie und Praxis von Beratung. Pädagogische und psychologische Konzepte. Lambertus-Verlag, Freiburg / Br., 152–158

Buchheim, Th., Kersting, W. (1992): Rat. In: Ritter, J., Gründer, K. (Hrsg.): Historisches Wörterbuch der Philosophie. Bd. 8. Schwabe & Co, Basel, 29–37

Bude, H. (1988): Beratung als trivialisierte Therapie. Zeitschrift für Pädagogik 34 / 3, 369–380

Degele, N., Münch, T., Pongratz, H. J. (Hrsg.) (2001): Soziologische Beratungsforschung. Perspektiven für Theorie und Praxis der Organisationsforschung. Leske + Budrich, Opladen

Dewe, B. (2009): Diskurse der Transformation-Wissenstransfer in Bildungs- und Beratungsgesprächen. In: Steuschke, O., Wichter, S. (Hrsg.): Wissenstransfer und Diskurs. Peter Lang, Frankfurt / M.

– (2001): Wissenschaftliche Beratung für professionelle Praktiker: Grundlinien einer Konzeption professionsbezogener

Beratungskommunikation. Zeitschrift für qualitative Bildungs-, Beratungs- und Sozialisationsforschung (ZBBS) 2, 241–263

– (1999): Die Bedeutung von Hermeneutik und Rhetorik in der Praxis der Beratung. In: Ethik und Sozialwissenschaften 10/4, 501–513

– (1991a): Soziologische Erkenntnis und akademische Berufe. In: Sociologia Internationalis. Internationale Zeitschrift für Soziologie, Kommunikations- und Kulturforschung 29/1, 103–120

– (1991b): Beratende Wissenschaft: Unmittelbare Kommunikation zwischen Sozialwissenschaftlern und Praktikern. Otto Schwartz, Göttingen

–, Feistel, K. (2010): Reflexive Professionalität in der Erwachsenenbildung. In: Hof, C., Ludwig, J., Schäffer, B. (Hrsg.): Professionalität zwischen Praxis, Politik und Disziplin. Schneider Hohengehren, Baltmannsweiler, 86–99.

–, Scherr, A. (1990): Beratung und Beratungskommunikation. Neue Praxis 20/6, 488–500

–, Wohlfahrt, N. (1989): Zu einigen methodologischen Problemen empirischer Sozialforschung. Neue Praxis 19/1, 73–88

Dietrich, G. (1983): Allgemeine Beratungspsychologie. Hogrefe, Göttingen

Eraut, M. (1985): Knowledge Creation and Knowledge Use in Professional Contexts. Higher Education 10/2, 117–134

Ertelt, B. J., Schulz, W. E. (1997): Beratung in Bildung und Beruf. Rosenberger Fachverlag, Leonberg

Fengler, C., Fengler, T. (1980): Alltag in der Anstalt. Psychiatrie-Verlag, Bonn

Ferchhoff, W. (1986): Zur Differenzierung qualitativer Sozialforschung. Mit einem Vergleich qualitativer und quantitativer Jugendforschung. In: Heitmeyer, W. (Hrsg.): Interdisziplinäre Jugendforschung. Fragestellungen, Problemlagen, Neuorientierungen. Juventa, Weinheim, 215–244

Freidson, E. (1975): Dominanz der Experten. Urban & Schwarzenberg, München

Fuchs, P. (2004): Die magische Welt der Beratung. In: Schützeichel, R., Brüsemeister, T. (Hrsg.): Die beratene Gesellschaft. Zur gesellschaftlichen Bedeutung von Beratung. VS Verlag, Wiesbaden, 239–258

– (1994): Die Form beratender Kommunikation. Zur Struktur einer kommunikativen Gattung. In: Fuchs, P., Pankoke, E. (Hrsg.): Auf dem Weg in die Beratungsgesellschaft? Katholische Akademie, Schwerte, 14–38

– (1992): Und wer berät die Gesellschaft? In: Fuchs, P., Pankoke, E. (Hrsg.): Auf dem Weg in die Beratungsgesellschaft? Katholische Akademie, Schwerte

–, Mahler, E. (2000): Form und Funktion von Beratung. Soziale Systeme 6/2, 349–368

Geissner, H. (1968): Rhetorische Kommunikation. Sprache und Sprechen. 3/1, 70–81

Gerhardt, U. (1986): Patientenkarrieren. Suhrkamp, Frankfurt/M.

Giesecke, H. (1996): Pädagogik als Beruf. Grundformen pädagogischen Handelns. Juventa, Weinheim

Habermas, J. (1996): Die Neue Unübersichtlichkeit: Kleine Politische Schriften V. Suhrkamp, Frankfurt/M.

Heintel, P. (1992): Lässt sich Beratung erlernen. In: Wimmer, R. (Hrsg.): Organisationsberatung. Neue Wege und Konzepte. Gabler, Wiesbaden

Hildenbrand, B. (1989): Veranstaltete Familien- Ablöseprozesse Schizophrener aus ihrer Familie als Gegenstand therapeutischer Intervention. Frankfurt/M.

Hitzler, R., Honer, A., Maeder, Ch. (Hrsg.) (1994): Expertenwissen: Die institutionalisierte Kompetenz zur Konstruktion der Wirklichkeit. Westdeutscher Verlag Leverkusen, Opladen

Hofer, M., Papastefanou, Ch. (1996): Theoriebestände für pädagogisch-psychologisches Beratungshandeln. In: Hofer, M., Wild, E., Pikowsky, B.: Pädagogisch-psychologische Berufsfelder. Huber, Bern, 25–55

Howaldt, J., Kopp, R. (Hrsg.) (1998): Sozialwissenschaftliche Organisationsberatung. Auf der Suche nach einem spezifischen Beratungsverständnis. Edition Sigma, Berlin

Iding, H. (2000): Hinter den Kulissen der Organisationsberatung. Macht als zentrales Thema soziologischer Beratungsforschung. In: Degele, N., Münch, T., Pongratz, H. J., Saam, N. J. (Hrsg.): Soziologische Beratungsforschung. Perspektiven für Theorie und Praxis der Organisationsberatung. Leske + Budrich, Opladen, 71–86

Illich, I., Sanders, B. (1979): Entmündigung durch Experten – Zur Kritik der Dienstleistungsberufe. Rowohlt, Reinbek

Jungblut, H.-J. (1983): Entalltäglichung durch Nicht-Entscheidung, Haag & Herchen, Frankfurt/M.

Karczmarzyk, A. (2005): Praxishandbuch der Beratungsforschung: Eine Studie über Beratungsprojekte, Trends und Tools des Beratungsmarktes. Oldenburg, München

Keupp, H., Strauss, F., Gmür, W. (1989): Verwissenschaftlichung und Professionalisierung. Zum Verhältnis von technokratischer und reflexiver Verwendung am Beispiel psychosoziale Praxis. In: Beck, U., Bonß, W. (Hrsg.): Weder Sozialtechnologie noch Aufklärung? Analysen zur Verwendung sozialwissenschaftlichen Wissens. Suhrkamp, Frankfurt/M., 149–195

Knieschewski, E. (1978): Sozialarbeiter und Klient. Beltz, Weinheim

Kraus, S., Mohe, M. (2007): Zur Divergent ideal- und realtypischer Beratungsprozesse. In: Nissen, V. (Hrsg), Consulting Research. Untersuchungsberatung aus wissenschaftlicher Perspktive. Deutscher Universitätsverlag, Wiesbaden, 263–27

Kroner, W., Wolff, S. (1989): Professionelle Dominanz. Eine These und ihr empirischer Gehalt. Neue Praxis 19, 64–73

Lau, T., Wolff, S. (1982): Wer bestimmt hier eigentlich, wer kompetent ist? Eine soziologische Kritik an Modellen der kompetenten Sozialarbeit. In: Müller, S., Otto, H.-U., Peter, H., Sünker, H. (Hrsg.): Handlungskompetenz in der Sozialarbeit/Sozialpädagogik. AJZ Verlag, Bielefeld, 261–302

Luckmann, T. (Hrsg.) (1998): Moral im Alltag. Sinnvermittlung und moralische Kommunikation in intermediären Institutionen. Verlag Bertelsmann Stiftung, Gütersloh

– (1986): Grundformen der gesellschaftlichen Vermittlung des Wissens: Kommunikative Gattungen. In: Neidhardt, Friedhelm; Lepsius, M. Rainer; Weiß, Johannes (Hrsg.): Kultur und Gesellschaft (Sonderheft 27) der Kölner Zeitschrift für Soziologie und Sozialpsychologie, 191–211

Luhmann, N. (1989): Kommunikationssperren in der Unternehmensberatung. In: Luhmann, N., Fuchs, P.: Reden und Schweigen. Suhrkamp, Frankfurt / M., 209–227

–, Schorr, K. E. (1982): Das Technologiedefizit der Erziehung und die Pädagogik. In: Luhmann, N., Schorr, K. E.: Zwischen Technologie und Selbstreferenz. Suhrkamp, Frankfurt / M., 11–40

McLeod, J. (1994): Doing Counselling Research. Sage Publications, London / Thousand Oaks / New Delhi

Meinhold, M., Guski, E. (1987): Einzelfallhilfe. In: Eyferth, H., Otto, H.-U., Thiersch, H. (Hrsg): Handbuch der Sozialarbeit / Sozialpädagogik. Luchterhand, Darmstadt / Neuwied, 271–281

Modaschl, M. (2005): Reflexive Beratung – ein Geschäftsmodell? In: Mohe, M. (Hrsg): Innovative Beratungskonzepte. Rosenberger, Leonberg, 43–68

Mohe, M. (2005): Innovative Beratungskonzepte. Ansätze, Fallbeispiele, Reflexionen. Rosenberger, Leonberg

– (2004): Stand und Entwicklungstendenzen der empirischen Beratungsforschung: eine qualitative Meta-Analyse für den deutschsprachigen Raum. Die Betriebswirtschaft, Bd. 64, 693–713

Mollenhauer, K. (1964 / 2001). Einführung in die Sozialpädagogik. 10. Aufl. Beltz, Weinheim

– (1965): Das pädagogische Phänomen „Beratung". In: Mollenhauer, K., Müller, C. W.: „Führung" und „Beratung" in pädagogischer Sicht. Quelle und Meyer, Heidelberg, 25–50

Nestmann, F. (Hrsg.) (1997): Beratung. Bausteine für eine interdisziplinäre Wissenschaft und Praxis. Dgvt-Verlag, Tübingen

– (1988): Beratung. In: Hörmann, G., Nestmann, F. (Hrsg.): Handbuch der psychosozialen Intervention. VS Verlag, Opladen

Neuweg, G. H. (1999): Könnerschaft und Implizites Wissen. Zur lehr- lerntheoretischen Bedeutung der Erkenntnis- und Wissenstheorie Michael Polanyis. Waxmann, Münster / New York / München / Berlin

Nothdurft, W., Reitemeier, U., Schröder, P. (1994): Beratungsgespräche. Analyse asymmetrischer Dialoge. Narr, Tübingen

Obermeier, O.-P. (2000): Die Kunst der Risikokommunikation. Gerling Akademie Verlag, München

Rausch, A. (1993): Orientierung und Beratung im Spannungsfeld zwischen Erziehung und Therapie. In: Tagungsdokumentationen des Deutschen Verbandes für Berufsberatung

Reim, T. (1995): Die Weiterbildung zum Sozialtherapeutenberuf. Bedeutsamkeit und Folgen für Biografie, professionelle Identität und Berufspraxis. Eine empirische Untersuchung von Professionalisierungstendenzen auf der Basis narrativ-autobiografischer Interviews. Dissertation (Dr. rer. pol.) am Fachbereich Sozialwesen der Universität Gesamthochschule Kassel

Resch, C. (2005): Berater-Kapitalismus oder Wissensgesellschaft? Zur Kritik der neoliberalen Produktionsweise. Westfälisches Dampfboot, Münster

Riemann, G. (2000): Die Arbeit in der sozialpädagogischen Familienberatung. Interaktionsprozesse in einem Handlungsfeld der sozialen Arbeit. Juventa, Weinheim

–, Frommer, J., Marotzki, W. (2000): Anmerkungen und Überlegungen zur qualitativen Beratungsforschung – Eine Einführung in den Themenschwerpunkt dieses Heftes. Zeitschrift f. qual. Sozialforschung 02

Ruschmann, E. (1999): Philosophische Beratung. In: Benseler, F., Greshoff, R., Loh, W. (Hrsg.): Ethik und Sozialwissenschaften 10 / 4. Westdeutscher Verlag, Opladen, 483–492

Satir, V. (1991): Familienbehandlung. 8. Aufl. Lambertus Verlag, Freiburg / Br.

Schmitz, E. (1983): Zur Struktur therapeutischen, beratenden und erwachsenenpädagogischen Handelns. In: Schlutz, E. (Hrsg.): Erwachsenenbildung zwischen Schule und sozialer Arbeit. Klinkhardt, Bad Heilbrunn, 32–43

–, Bude, H., Otto, C. (1989): Beratung als Praxisform „angewandter Aufklärung". In: Beck, U., Bonß, W. (Hrsg.): Weder Sozialtechnologie noch Aufklärung? Analysen zur Verwendung sozialwissenschaftlichen Wissens. Suhrkamp, Frankfurt / M., 122–148

Schröder, P. (1985): Beratungsgespräche- ein kommentierter Textband. Narr, Tübingen

Schrödter, W. (2004): Beratungsforschung. In: Nestmann, F., Engel, F., Siekendick, U. (Hrsg.): Das Handbuch der Beratung. Band 2. Deutsche Gesellschaft für Verhaltenstherapie, Tübingen, 809–824

Schubert, Thomas (1998): Sprachliche Indizien für eine Informationsverarbeitung Ratsuchender im telefonischen Beratungsgespräch. In: Heinemann, M., Tomiczek, E. (Hrsg.): Mehr als ein Blick über den Tellerrand. 1. Deutsch-polnische Nachwuchskonferenz zur germanistischen Linguistik. Zittau, Wroclaw, 90–102.

Schütz, A. (1971): Gesammelte Aufsätze. Band 1: Das Problem der sozialen Wirklichkeit. Nijhoff, Den Haag

Schützeichel, R., Brüsemeister, T. (Hrsg.) (2004): Die beratende Gesellschaft. Zur gesellschaftlichen Bedeutung von Beratung. VS Verlag, Wiesbaden, 7–18

Scott, R. W. (1969): Professional Employees in Bureaucratic Structure, Social Work. In: Etzioni, A.: The Semiprofessions and Their Organization. Free Press, New York, 82–140

Springer, R. (1997): Reflexivitätssteigerung durch Organisationsberatung? Arbeit 6 / 1, 33–49

Sprondel, W. (1979): „Experte" und „Laie": Zur Entwicklung von Typenbegriffen in der Wissenssoziologie. In: Sprondel, W., Gratthoff, R. (Hrsg.): Alfred Schütz und die

Idee des Alltags in den Sozialwissenschaften. Enke, Stuttgart, 140–154

Straus, F., Stiemert, S. (1991): Qualitative Beratungsforschung. In: Flick, U., Kardorff, E. v., Keupp, H., Rosenstiel, L. v., Wolff, S.: (Hrsg.): Handbuch qualitative Sozialforschung. PVU, München, 323–326

Toren, N. (1972): Social Work – The Case of a Semi-Profession. Sage Publications, Beverly Hills

Uecker H., Krebs, M. (2004): Warum Sozialberatung? Neue Praxis – Zeitschrift für Sozialarbeit, Sozialpädagogik und Sozialpolitik 4, 370–380

Vollbrecht, R. (2000): Informations- und Kommunikationstechnologien in der betrieblichen Praxis. In: Dewe, B. (Hrsg.): Betriebspädagogik und berufliche Weiterbildung. Wissenschaft – Forschung – Reflexion. Klinkhardt, Bad Heilbrunn, 247–260

Wagner, H. (1992): Der Beratermarkt. In: Wagner, H., Reineke, R.-D. (Hrsg.): Beratung von Organisationen. Philosophien- Konzepte- Entwicklungen. Wiesbaden, Gabler, 1–27

Walter-Busch, E. (1994): Gemeinsame Denkfiguren von Experten und Laien: Über Stufen der Verwissenschaftlichung und einfache Formen sozialwissenschaftlichen Wissens. In: Hitzler, R., Honer, A., Maeder, Ch. (Hrsg.): Expertenwissen: Die institutionalisierte Kompetenz zur Konstruktion der Wirklichkeit. Westdeutscher Verlag, Leverkusen/Opladen, 83–102

Wolff, S. (1986): Das Gespräch als Handlungsinstrument. Konversationsanalytische Aspekte sozialer Arbeit. Kölner Zeitschrift für Soziologie und Sozialpsychologie, 55–84

– (1983): Die Produktion von Fürsorglichkeit. ALZ, Bielefeld

–, Knauth, B., Leichl, G. (1988): Formen des Einbringens von Wissenschaft in entscheidungsbezogene Beratungsgespräche. Typoskript, München/Bad Godesberg

Berufs- und Professionsgeschichte der Sozialen Arbeit

Von Thomas Rauschenbach und Ivo Züchner

Soziale Berufe sind der beruflich-personelle Ausdruck der Sozialen Arbeit. In ihrer Zusammensetzung aus unterschiedlichsten Qualifikationsprofilen sind soziale Berufe zu Beginn des 21. Jahrhunderts aus dem Arbeitsmarkt, insbesondere aus dem Segment der personenbezogenen sozialen Dienstleistungsberufe, der „Dienste am Menschen", nicht mehr wegzudenken. Mit mittlerweile bundesweit mehr als 1,6 Mio. Beschäftigten (2008) sind die sozialen Berufe nicht nur längst ein eigener Teilarbeitsmarkt – eine eigene Branche – geworden, vielmehr gehören sie auch mit zu den stärksten Wachstumsberufen der letzten Jahrzehnte. Der Zuwachs von 781.000 Erwerbstätigen im Jahre 1991 auf 1,6 Mio. erwerbstätige Personen im Jahr 2008 entspricht immerhin einer Verdoppelung der Erwerbstätigenzahl. Während der Anteil der sozialen Berufe an allen Erwerbstätigen 1991 noch bei rund 2 % lag, stieg dieser bis 2008 auf über 4 % (Statistisches Bundesamt 1992; 2009). Aber auch innerhalb des Ausbildungssystems spielt die Gruppe der sozialen Berufe mit ihren sozialpädagogischen, sozialarbeitsspezifischen und sozialpflegerischen Ausprägungen längst eine nicht mehr zu vernachlässigende Rolle, seien es die Hochschulstudiengänge im Kontext der Sozialen Arbeit mit mehr als 10.000 Neuausgebildeten pro Jahr, seien es die Erzieher/-innen und die Kinderpfleger/-innen mit zusammen weit über 20.000 Examinierten oder die Altenpfleger/-innen mit ebenfalls über 15.000 Examinierten pro Jahr (BMBF 2009). In der Summe heißt das, dass sich – über die etwa 45.000 Studierenden an den Universitäten und Fachhochschulen hinaus – gegenwärtig allein fast 100.000 junge Menschen in einer beruflichen Ausbildung zum/zur Erzieher/-in, Kinderpfleger/-in, Sozialassistenten/-in oder Altenpfleger/-in befin-

den (dazu auch BMBF 2009, 196). Diese Größenordnungen verdeutlichen ebenfalls den inzwischen erreichten Stellenwert der sozialen Berufe in der gesamten Ausbildungslandschaft. Und mit Blick auf die Zukunft des bundesdeutschen Arbeitsmarktes bescheinigen aktuelle Zukunftsprognosen diesem Teilarbeitsmarkt weiterhin wachsende Bedarfe (Autorengruppe Bildungsbericht 2010), so dass soziale Berufe auch weiterhin Zukunftsberufe sein werden.

Das war nicht immer so. Die sozialen Berufe gehören in vielen Spielarten eher zu einer Gruppe von Berufen jüngeren Datums. Vor allem in ihren hochschulischen Ausbildungsvarianten haben sie noch nicht einmal ein halbes Jahrhundert eigener Geschichte hinter sich. Vor diesem Hintergrund ist die Entstehung und Entwicklung der Berufe der Sozialen Arbeit Gegenstand der nachfolgenden Ausführungen. Im Ergebnis handelt es sich dabei um ein Zusammenspiel aus fachlichen Diskussionen, vielfältigen partikularen, feld- und trägerspezifischen Aktivitäten, allgemeinen Reformen des Hochschulsystems sowie dem Wandel gesellschaftlicher Bedarfslagen und damit einhergehender Stimmungslagen. Dies soll im Folgenden in Grundzügen nachgezeichnet werden. Hierbei stehen weniger historische Details als vielmehr die dahinterliegenden Entwicklungslogiken im Vordergrund.

Da es eine Geschichte des Arbeitsmarkts für soziale Berufe bis heute nicht gibt, ist in diesem Zusammenhang nach wie vor ein Zugang über die Ausbildungsgeschichte grundlegend (ausführlich Amthor 2003). Dabei lassen sich zunächst die frühen Aktivitäten einer Verberuflichung der Sozialen Arbeit durch die einsetzenden Bemühungen um geregelte Ausbildungen skizzieren, um danach die lang anhaltende Phase der akademischen Etablierung zweier

Otto/Thiersch (Hg.), Handbuch Soziale Arbeit, 4. A., DOI 10.2378/ot4a.art014,

zentraler Entwicklungslinien bis zum Ende der 1960er / Anfang der 1970er Jahre in den Blick zu nehmen. Anschließend gilt es, die Etablierung an den Hochschulen selbst nachzuzeichnen. Und schließlich wird die Berufs- und Professionsgeschichte der Sozialen Arbeit unter zwei spezifischen Perspektiven beleuchtet: erstens unter der Perspektive der sozialen Berufe als Frauenberufe, zweitens unter der Perspektive der Professionalisierung der Sozialen Arbeit insgesamt

Von der „organisierten Nächstenliebe" zum Beruf

Anfänge beruflicher Ausbildungen

Die Verberuflichung der Sozialen Arbeit blickt mit den im 19. Jahrhundert einsetzenden Bemühungen und ersten Anfängen von Ausbildungen und Qualifizierungskursen auf eine inzwischen mehr als 150-jährige Entwicklung zurück. Auch wenn die Ursprünge und Anfänge einer sich konstituierenden Sozialen Arbeit in einem engen Zusammenhang mit der Industrialisierung sowie der generellen Entwicklung einer Wohlfahrts- und Sozial(versicherungs)politik gesehen werden müssen (Mollenhauer 1959; Münchmeier 1981; Hering / Münchmeier 2003), so greift sie in ihren Zielsetzungen und Handlungsprinzipien dennoch zugleich auf eine noch längere Geschichte der Hilfe und Unterstützung von Bedürftigen, der Erziehung und Betreuung der nachwachsenden Generation zurück.

Die Sorge um Benachteiligte und Unterprivilegierte, um die nachwachsende Generation und dabei insbesondere um Kinder aus armen Verhältnissen – also die Unterstützung Hilfsbedürftiger auf der einen und Erziehungsbedürftiger auf der anderen Seite – ist gleichwohl deutlich älter als der Versuch, diese Aufgaben und Herausforderungen mithilfe von Berufstätigen – zumal eigens dafür Ausgebildeten – zu bearbeiten (Scherpner 1966). Selbst nach der Gründungsphase der späteren großen Wohlfahrtsorganisationen sowie den ersten Anfängen eines staatlichen Fürsorgewesens haben sich noch lange Zeit Menschen ganz unterschiedlicher Herkunft und vielfach ohne spezielle Vorbildung mit Fürsorge, sozialer Hilfe bzw. dem

sozialen Bedarfsausgleich beschäftigt (Sachße 1994; Kaiser 2008). Trotzdem ist es in einem Prozess von mehreren Jahrzehnten – unterbrochen und befördert durch zwei Weltkriege – zur Etablierung der beruflichen Sozialen Arbeit und mehr als ein Jahrhundert später zur Konstituierung eines akademischen Berufsbildes gekommen, das in seiner Quersumme mittlerweile als ein breit akzeptiertes Qualifikationsprofil angesehen werden kann.

Ein grundlegendes Element dieser Entwicklung war das Aufkommen eines pädagogisch-sozialen Diskurses, einer sozialpädagogischen Idee und einer Neuformulierung des sozialen Hilfegedankens. Der Übergang von der klassischen Armenfürsorge im Sinne einer Almosenkultur sowie einer vormodernen Mentalität des Erziehens hin zu der Vorstellung, dass Menschen veränderbar sind, dass Erziehung und Bildung zumindest Ansatzpunkte zur Überwindung eines herkunftsabhängigen Schicksals und zur individuellen Bearbeitung sozialer Probleme bieten können, waren dabei wesentliche Grundvoraussetzungen zur Konstitution einer Sozialpädagogik (Gedrath 2003, 18). Dieses neue Denken hat zweifellos auch zu vielen, teilweise schmerzvollen Versuchen der Beeinflussung, Kontrolle und Außensteuerung von Zöglingen, Hilfsbedürftigen und Armen geführt (zur Debatte um Sozialdisziplinierung auch Peukert 1986). Es markiert zugleich aber auch den Anfang gezielter pädagogischer Zuwendung und Unterstützung durch staatliche oder zivilgesellschaftliche Akteure, die sich nicht nur auf die Versorgung und Verwaltung von Kindern, Jugendlichen und Menschen in Not, sondern auch um deren Weiterentwicklung, Förderung und Selbstveränderung bemühte.

Getragen von privaten Initiativen etablierten sich Anfang bzw. Mitte des 19. Jahrhunderts – vorerst noch lokal gebunden – erste Qualifikations- und Ausbildungsformen: allen voran auf der einen Seite die Kindergärtnerinnenausbildung, die Vorläuferausbildung der heutigen Erzieher(innen)ausbildung, sowie Ausbildungen im Umfeld der Heimerziehung auf der anderen Seite. Hinzu kamen zu Beginn des 20. Jahrhunderts die Ausbildungen der Fürsorgerinnen und der Jugendleiterinnen, die sehr viel später – Ende der 1950er Jahre – durch die beiden getrennten Ausbildungen in Sozialarbeit und Sozialpädagogik an Höheren Fachschulen abgelöst und einige Jahre später in Fachhochschul-studiengänge umgewandelt wurden sowie schließlich Anfang der 1970er Jahre der neu eingeführte Diplomstudiengang Erziehungswissenschaft mit seinem am stärksten nachgefragten Studienschwerpunkt Sozialpädagogik.

a. Von der Kindergärtnerin zum/zur Erzieher/-in: Die Wurzeln der heutigen Ausbildungen im Feld der Sozialen Arbeit reichen bis in die erste Hälfte des 19. Jahrhunderts zurück. Als Vorläufer der heutigen Kindertageseinrichtungen wurden im Zuge der Industrialisierung Kinderbewahranstalten, Kleinkindschulen und Kindergärten eingerichtet. Mit diesen ersten privaten, zumeist christlich orientierten Aktivitäten zwischen 1830 und 1850 lassen sich Namen wie Julius Fölsing, Theodor Fliedner und vor allem Friedrich Fröbel in Verbindung bringen, der im engeren Sinne als der „Erfinder" des Kindergartens bezeichnet werden kann (Erning et al. 1987). In diesem Kontext entstanden erste Ausbildungen, von denen insbesondere die Kindergärtnerinnenausbildung im Anschluss an Fröbel zum entscheidenden Vorläufer der heutigen Erzieher(innen)ausbildung werden sollte. Es dauerte allerdings noch bis in die Anfänge des 20. Jahrhunderts, bis sich dieses Qualifikationsprofil – vor allem über den 1873 gegründeten Pestalozzi-Fröbel-Verband und aufgrund des Wirkens von Henriette Schrader-Breymann – so stabilisierte und verbreitete, dass sich auch der Staat dieser Ausbildung zuwandte (zur Geschichte der Kleinkinderbetreuung und der Erzieher(innen)ausbildung v. Derschau 1976; Gary 1995; Metzinger 1993; Nagel 2000). Erst die Reformen vor allem in den 1960er Jahren führten dann zu der heutigen Ausbildung des Erziehers und der Erzieherin (Rauschenbach et al. 1995).

b. Die Heimerzieherausbildung: Nahezu zeitgleich zu den Anfängen im frühkindlichen Bereich gründete Johann Hinrich Wichern 1833 in Hamburg das „Rauhe Haus", eine protestantisch geprägte Einrichtung für schwierige Jugendliche, in der er zugleich ein „Gehilfeninstitut" (später „Brüderinstitut" genannt) einrichtete, um so erstmalig männliche Erzieher (später „Diakone" genannt) auf christlich-religiöser Grundlage für die Arbeit mit schwierigen Jugendlichen vorzubereiten (Niemeyer 1999, 48). In dieser Tradition der konfessionellen Aktivitäten im Rahmen der Anstaltsarbeit kann nicht nur der Beginn der diakonischen Aus-

bildung, sondern auch der – konfessionell geprägten – Heimerzieherausbildung und des Engagements der Kirchen bzw. der kirchennahen Vereinigungen für die Ausbildungen des Sozialwesens gesehen werden. Was die spezielle Form der Heimerzieherausbildung anbelangt, so gab es lange Zeit nur diese nichtstaatliche kirchliche Tradition, die erst in den 1950er Jahren des letzten Jahrhunderts mit „staatlichem Segen" versehen wurde.

Die beiden beschriebenen Traditionen – die konfessionelle Variante in der Heimerziehung einerseits sowie die eher überkonfessionellen Aktivitäten bei Fröbel und seinen Nachfolgerinnen in der Frühpädagogik andererseits (es gab allerdings auch in diesem Bereich kirchliche Traditionen; Gary 1995) – stellen die Anfänge einer Qualifizierung im Bereich der sozialen Berufe dar. Nichtsdestotrotz waren dies Qualifizierungsbemühungen, denen der Staat lange Zeit – z. T. bis in die Mitte des 20. Jahrhunderts hinein – indifferent, d. h. abwartend bis gleichgültig gegenüberstand. Dies änderte sich erst im Laufe des 20. Jahrhunderts.

Darüber hinaus ist die eigenständige, hier nicht weiter verfolgte Entwicklung in der DDR zu erwähnen. Trotz einer distanzierten Haltung gegenüber traditioneller Sozialarbeit entwickelten sich in der DDR eine ganze Reihe von Erzieherinnen- und Fürsorgerinnenberufe: Kindergärtnerin, Heimerzieherin, Horterzieherin, Gesundheitsfürsorgerin, Sozialfürsorgerin oder Jugendfürsorgerin waren alles Ausbildungen, die direkt für ein bestimmtes pädagogisches Arbeitsfeld qualifizierten (Kunstreich 1998). Dieses Ausbildungswesen wurde mit der Vereinigung abgeschafft und die noch zu Zeiten der DDR Qualifizierten mussten den vielfach als ungerecht empfundenen Prozess einer Anpassungsqualifizierung an das westdeutsche System durchlaufen (Galuske/Rauschenbach 1994).

Etablierung und staatliche Anerkennung der Ausbildungen

Zu Beginn des 20. Jahrhunderts traten die sozialen Berufe in eine erste Phase der Etablierung ein. Ein Eckpfeiler dieser Phase der Implementation war ganz unübersehbar die Gründung der sozialen Frauenschulen mit ihrer Qualifikation zur Fürsorgerin und den sich daran anschließenden ersten staatlichen Anerkennungen dieser Ausbildungen.

a. Von der Fürsorgerin zum / zur Sozialarbeiter / -in:
Gegen Ende des 19. Jahrhunderts, in Anlehnung
an die Weiterentwicklung der Kindergartenausbil-
dung im Rahmen des „Pestalozzi-Fröbel-Hauses"
in Berlin und aus der Kritik an dem bestehenden
„gefährlichen Dilettantismus", wie Alice Salomon
zu dieser Zeit in Bezug auf die fehlende Qualifikation in der Armenfürsorge und der privat organisierten Hilfe für andere Menschen formulierte,
entstanden ab 1899 einjährige Kurse, in denen
Mädchen und junge Frauen – genauer: höhere
Töchter aus dem Bürgertum – für soziale Aufgaben
qualifiziert werden sollten (Sachße 1994). Aus diesen Kursen heraus entwickelten sich dann Anfang
des 20. Jahrhunderts an sozialen Frauenschulen eigenständige Ausbildungen – die Vorläufer der heutigen Fachhochschulausbildung in der Sozialen
Arbeit.

1908 gründete Alice Salomon die erste soziale Frauenschule in Berlin, in der junge Frauen in einer
zweijährigen Ausbildung für den Bereich Fürsorge
und Wohlfahrtspflege qualifiziert wurden. Salomon
selbst beschrieb die Gründungschronologie sozialer
Ausbildungsstätten so, dass zuerst innerhalb der
Mädchen- und Frauengruppen für soziale Hilfsarbeit in Berlin aus den Unterweisungskursen für
ehrenamtliche Arbeitskräfte im Jahre 1899 ein Jah-
reskursus zur Ausbildung von Berufsarbeiterinnen
für die Wohlfahrtspflege herauswuchs, der 1908 mit
der Unterstützung des Pestalozzi-Fröbel-Hauses zu
einer zweiklassigen sozialen Frauenschule umgestaltet wurde (Salomon 1917). Dies kann als Beginn
einer eigenständigen Ausbildungtradition im Bereich der Sozialarbeit oder – wie es damals noch
hieß – der Fürsorge, der Armenfürsorge und der
Jugendfürsorge betrachtet werden.

Es folgte bis 1915 die Gründung ähnlicher Anstalten auf konfessioneller und interkonfessioneller
Grundlage (Salomon 1917, 58). Einen gewissen
Abschluss findet diese erste Phase der Qualifizierung von – zunächst ausschließlich – Frauen im
Bereich der Sozialen Arbeit aus der Sicht der Ausbildung in dem erstmals 1911 in einem preußischen Ministerialerlass enthaltenen Recht einer
staatlichen Abschlussprüfung für Kindergärtnerinnen und Jugendleiterinnen, in der staatlichen Anerkennung der Prüfungsordnung für Hortnerinnen
in Preußen 1915, in der Gründung der „Konferenz
Sozialer Frauenschulen Deutschlands" im Jahre
1917 – einem Zusammenschluss der neu gegründeten Schulen (dem heutigen Fachbereichs-
tag) – sowie in den letztlich 1920 neu geregelten
Bestimmungen über die staatliche Prüfung von
„Fürsorgerinnen" oder, wie die Vorläuferinnen der
Sozialarbeit ab 1920 hießen, von „Wohlfahrtspflegerinnen" (Mayer-Kulenkampff 1928).

Durch die Prüfungsordnung von 1920 wurden die
Ausbildungsaktivitäten im Bereich der Fürsorge und
der Sozialarbeit entscheidend stabilisiert: Nach zwei-
jähriger Ausbildung und bestandener Prüfung an
der Wohlfahrtsschule sowie nach Bewährung in einem anschließenden Berufsjahr wurde die staatliche
Anerkennung als Wohlfahrtspflegerin ausgesprochen, sofern die betreffende Person das 24. Lebensjahr vollendet hatte (Salomon 1927). Dieser Grund-
typus und die damit verbundenen Elemente der
Ausbildung sollten die späteren Entwicklungen in
der Sozialen Arbeit dauerhaft prägen: 1. eine Ausbildung, die außerhalb der Universitäten und Hochschulen angesiedelt war, die 2. zunächst nur – und
bis heute ganz überwiegend – von Frauen gewählt
wurde, die 3. mit einer formalisierten Übergangsphase vom Ausbildungs- in das Beschäftigungssystem, dem späteren Berufsanerkennungsjahr, verbunden war und an dessen Ende 4. schließlich die
„staatliche Anerkennung" stand –, ein Zusatzzertifi-
kat, das neben dem schulischen Abschlusszeugnis
einen z. T. bis heute privilegierten Zugang in den
öffentlichen Dienst eröffnete. Ab 1931 wurde dieses
Muster einer zweijährigen Ausbildung mit einem
sich daran anschließenden Berufsanerkennungsjahr,
das zunächst nur in Preußen eingeführt worden war,
zur reichseinheitlichen Ausbildungsform.

Diese Phase des Aufbaus und einer ersten Konsolidierung der Wohlfahrtsschulen im Zeitraum
zwischen 1908 und 1933 wurde zusätzlich unterstützt und befördert durch das Inkrafttreten des
Reichsjugendwohlfahrtsgesetzes (RJWG) sowie der
damit einhergehenden Verbreitung kommunaler
Jugendämter ab Mitte der 1920er Jahre.

*b. Von der Jugendleiterin zum Sozialpädagogen / zur
Sozialpädagogin*: Die Ausbildung von der Jugendleiterin zum Sozialpädagogen / zur Sozialpädagogin
entwickelte sich ähnlich. Lange Zeit handelte es
sich bei der ab 1911 staatlich geregelten Jugendleiterinnenausbildung um einen einjährigen Weiterbildungskursus für examinierte Kindergärtnerinnen im Anschluss an eine mindestens ein- bzw.
ab 1929 zweijährige Berufstätigkeit. Ziel war die
Befähigung, einen Kindergarten, einen Hort, ein

Kinderheim o. Ä. zu leiten. Auch diese Ausbildung hat dann erst in den 1950er Jahren eine grundlegende Reform erfahren.

Ohne dies systematisch aufzuarbeiten, muss betont werden, dass die Zeit des Nationalsozialismus für die Entwicklung des Ausbildungswesens für soziale Berufe einen erheblichen Rückschritt darstellte: Durch die Auflösung einzelner Wohlfahrtsschulen, die Umbenennung in „Nationalsozialistische Frauenschulen zur Volkspflege" und die Entlassung von wichtigen Teilen des Lehrkörpers wurde vor allem die gewachsene Identität der Frauenschulen und ihre Fachlichkeit zerstört und durch eine „nationalsozialistische Geisteshaltung" ersetzt (Sachße / Tennstedt 1992, 195). Sozialpolitik, Soziologie und Psychologie verschwanden aus den Lehrplänen ebenso wie allgemeinbildende, theoretische und historische Anteile. Pflegende Tätigkeiten und eine ideologisierte Familienorientierung wurden zu neuen Maßstäben einer nationalsozialistischen Volkspflege. Die Anbindung der Jugendämter an die Gesundheitsämter und die Unterordnung der „Volkspfleger" unter ärztliche Regie verstärkten den Prozess einer pädagogisch-sozialen Entfachlichung sowie eine größere Distanzierung zu den theoretisch-wissenschaftlichen Ausbildungsanteilen der ehemaligen Wohlfahrtsschulen. Dieser Wandel sollte Auswirkungen bis in die 1950er Jahre haben.

Akademisierungsprozesse der sozialen Berufe

Die ersten Spuren einer Akademisierung der Sozialen Arbeit lassen sich im ersten Drittel des 20. Jahrhunderts ausfindig machen (Gängler 1994). Dabei kann man zwei Traditionslinien unterscheiden, die lange getrennt voneinander verlaufen sind. Stichweh (1994, 281)betont, dass für die Soziogenese von Professionen immer sowohl innerprofessionelle Initiativen und Strategien als auch – und unabhängig davon – die Entstehung und Entwicklung des modernen Hochschulsystems verantwortlich waren. So könnte die Entwicklung der Sozialen Arbeit ein besonderes Beispiel im Nebeneinander dieser beiden Prozesse darstellen:

- So ist zum einen eine Entwicklung zu beobachten, die sich aus den Traditionen der vorhandenen Qua-

lifikationsprofile und den Bereichen der Wohlfahrtsfürsorge, der Jugendpflege sowie der Heimerziehung speist und nach und nach zu einer Etablierung im Hochschulsystem führt. Die Akademisierung entstand aus sich artikulierenden Professionalisierungsbestrebungen der Ausbildungsstätten und der Fachpraxis sowie aus Weiterqualifizierungs- und Aufstiegsbedürfnissen der Berufstätigen im Feld der Sozialen Arbeit. Dieser Strang einer Akademisierung der Sozialen Arbeit hat sich eher „von unten nach oben" entwickelt und lässt sich eher als ein „Bottom-up-Prozess" umschreiben, der bei einfachen Qualifizierungskursen und praxisnahen Weiterbildungsangeboten seinen Ausgang nahm und über die neu geschaffenen Diplomstudiengänge für Sozialarbeit und Sozialpädagogik an den Fachhochschulen Ende der 1960er Jahre schließlich im 21. Jahrhundert zu den Bachelor- und Masterstudiengängen der „Sozialen Arbeit" führte. Vereinfacht ließe sich dies als der *professionsbezogene" Weg der Akademisierung* der Sozialen Arbeit bezeichnen.

- Zum anderen lässt sich daneben ein zweiter Entwicklungsstrang identifizieren, der eher innerwissenschaftlich und weitgehend unberührt von den Diskussionen an den sozialen Frauenschulen, Wohlfahrtsschulen, Fachschulen und Akademien verlaufen ist. Er kann insoweit als eine Akademisierung der Sozialpädagogik vor allem im Rahmen der Erziehungswissenschaft verstanden werden und vollzog sich dabei im Wesentlichen als eine „Top-down-Entwicklung". Ein vorläufiger Endpunkt dieser Entwicklung war bis zum Ende des 20. Jahrhunderts – nach einer längeren Vorgeschichte – aufseiten der akademischen Ausbildung der Diplomstudiengang Erziehungswissenschaft mit seiner einflussreichen und prägenden Studienrichtung Sozialpädagogik (Rauschenbach / Otto 2002), bevor auch hier das BA-/ MA-Zeitalter seinen Einzug hielt (Horn et al. 2008). Diese Entwicklung entspricht sehr viel mehr dem Weg einer *„disziplinbezogenen" Akademisierung* der Sozialen Arbeit.

Insgesamt sind die Prozesse der Akademisierung der Sozialen Arbeit ohne Berücksichtigung dieser beiden lange Zeit relativ stark voneinander getrennten Stränge nicht hinreichend zu verstehen (siehe auch Thole 1994).

Der professionsbezogene Weg der Akademisierung

Aus der Tradition der Fürsorge heraus und auch in Anknüpfung an die angloamerikanischen Entwicklungen des „social work" entwickelte sich vor allem der „professionsbezogene" Strang der Akademisierung. Er entstand zunächst weitgehend außerhalb und jenseits universitärer Diskurse und fand seinen Weg in das Hochschulsystem erst über Umwege (Knobel 1992).

Einer der Grundpfeiler dieser professionsbezogenen Akademisierung ist die geschilderte Entstehung der Fürsorgerinnenausbildung für Frauen. Zugehörig zu diesem Strang außeruniversitärer, praxis- und professionsbezogener Bemühungen sind aber auch die sich entwickelnden sozialpädagogischen Qualifikationen, die aus den eingangs skizzierten privaten Initiativen – nicht nur – von Fröbel und Wichern im Bereich der Elementarpädagogik und der Heimerziehung hervorgingen. Eine erste Blütezeit, allerdings noch vor den Pforten der Akademisierung, erlebte dieser Bereich in der Weimarer Zeit (Knobel 1992).

Mit dem Zusammenbruch der nationalsozialistischen Diktatur kam es im Bereich der Sozialarbeit zu einer Reorganisation der Ausbildung, wobei auch Einflüsse der amerikanischen Sozialarbeit zum Tragen kamen. Nach einer anhaltenden Diskussion um die Aufwertung der bundesdeutschen Sozialarbeit im Horizont der internationalen Entwicklungen (Magnus 1953) wurde 1958 zumindest erstmals eine Weiterentwicklung und Vereinheitlichung der Ausbildung beschlossen und diese dann zwischen 1959 und 1964 – mit Auftakt in Nordrhein-Westfalen – in allen Bundesländern (außer in Baden-Württemberg) eingeführt. Das modifizierte Konzept sah nunmehr eine dreijährige schulische Ausbildung sowie ein viertes berufspraktisches Jahr vor, ebenfalls in Regie der Ausbildungsstätten. Aus den Wohlfahrtsschulen wurden die sogenannten „Höheren Fachschulen für Sozialarbeit", aus den Wohlfahrtspflegern und Wohlfahrtspflegerinnen der Nachkriegsjahre die „graduierten Sozialarbeiter / -innen".

Parallel dazu entwickelte sich nach und nach in den einzelnen westdeutschen Bundesländern aus der ehemaligen Jugendleiterinnenausbildung die neue Sozialpädagog(inn)enausbildung an den „Höheren Fachschulen für Sozialpädagogik". Hierbei handelte es sich um die Weiterentwicklung und Zusammenführung eines seit 1911 staatlich geregelten einjährigen Weiterbildungskursus für examinierte Kindergärtnerinnen mit entsprechender Berufstätigkeit zur Befähigung, einen Kindergarten, einen Hort oder ein Kinderheim zu leiten, mit der damals ebenfalls noch eigenständigen und staatlich ungeregelten Heimerzieherausbildung, die seit Wichern eine mehr oder minder innerkirchliche Entwicklung hinter sich hatte, zu einer vierjährigen Gesamtausbildung (inklusive eines einjährigen Berufsanerkennungsjahrs). Damit etablierte sich als neues Qualifikationsprofil ein eigener Abschluss „Sozialpädagoge (grad.)", was ebenfalls als eine Aufwertung jenseits des Wissenschaftssystems, aber damals auch deutlich in einer eigenen Tradition und einem eigenen Selbstverständnis jenseits der Sozialarbeit betrachtet werden muss (zur Einrichtung der Höheren Fachschulen vgl. ausführlich Koblank 1961).

Der nächste und zunächst letzte Reformschritt dieser Entwicklung auf dem professionsbezogenen Weg zur Akademisierung der Sozialen Arbeit kam für die Höheren Fachschulen dann vergleichsweise rasch und unverhofft. Die Diskussionen und fachlichen Reformbemühungen in den beiden Ausbildungen richteten sich in den 1960er Jahren auf eine Ausweitung der Ausbildungskapazitäten sowie eine weitere Statusanhebung. Dabei wurde vor allem die Überführung der Höheren Fachschulen in Akademien sowie die formale Gleichstellung mit den Ingenieurschulen diskutiert, was zumindest in Berlin auch realisiert worden ist. Obwohl die Kultusminister 1968 noch die flächendeckende Ersetzung der Fachschulen durch Akademien vorgesehen hatten, beschloss die Konferenz der Ministerpräsidenten dennoch kurz darauf, die Ingenieurschulen sowie gleichrangige Schulen als Fachhochschulen in das tertiäre Bildungssystem zu verschieben (Amthor 2003, 502). Und dazu gehörten auch die Höheren Fachschulen für Sozialarbeit und Sozialpädagogik.

Mit der Umwandlung der Höheren Fachschulen bzw. der Akademien zu Fachhochschulen fanden sich ab 1970 die Ausbildungen in Sozialarbeit und Sozialpädagogik in einem für die Bundesrepublik neuen Hochschultyp wieder. Dabei wurden die Höheren Fachschulen von dieser Entwicklung eher überrollt, als dass sie diese selbst mitgestaltet hätten (Amthor 2003, 503). Im Zuge dessen kam es zu einem institutionellen Ausbau und zu Neugründungen sowie erstmalig zu einer gewissen fachlichen und institutionellen Annäherung von Sozialpädagogik und Sozialarbeit – etwa in gemeinsamen Fachbereichen oder gar in eigenständigen, vor allem konfessionellen Fachhochschulen für Sozialwesen –, wenngleich die institutionelle Trennung vorerst das dominante Muster blieb. Zugleich aber läutete dieser Akademisierungsschritt auch ein „Ende" der großen Zeit der traditionsreichen und wichtigen (Fortbildungs-) Akademien und außerschulischen Bildungsstätten ein – wie etwa das „Haus am Rupenhorn" in Berlin, das „Burckhardthaus" in Gelnhausen oder der „Jugendhof Vlotho" in Ostwestfalen. Diese entfalteten bis in die 1970er Jahre hinein als geistige Zentren zum fachlichen Dialog, zur berufsbegleitenden Weiterqualifizierung und zu einer allmählichen Professionalisierung eine nicht zu unterschätzende Wirkung.

Bilanziert werden kann, dass dieser späte und insbesondere durch außerfachlich-formale Angleichungsbeschlüsse zustande gekommene Eintritt in das tertiäre Bildungssystem – gewissermaßen auf dem Beschluss- und Umbenennungswege, ohne Beteiligung der Fachpraxis oder des Wissenschaftssystems – dazu führte, dass bei der Gründung der Fachhochschulen zunächst notgedrungen ein erheblicher Mangel an entsprechend qualifiziertem Hochschulpersonal bestand (und den Fachhochschulen zunächst die gleiche Skepsis entgegenschlug wie den Universitäten; Happe 1976). Ausschlaggebend für eine Berufung als Hochschullehrender in Sozialpädagogik oder Sozialarbeit war vielfach vor allem einschlägige Berufspraxis, ein abgeschlossenes Studium und nach Möglichkeit eine Promotion. Da zumindest eine Promotion vielfach nicht gegeben war, musste sich eine nicht unerhebliche Zahl des damals neu eingestellten Fachhochschulpersonals, vor allem aus der Gruppe der „lehrenden Sozialarbeiter", in einem vorgegebenen Zeitfenster nachqualifizieren, um so nach einer Übergangsfrist im Status einer FH-Professur verbleiben zu können. Diese Besonderheit markiert für diesen Strang der Sozialen Arbeit nochmals eine strukturelle Differenz und einen historischen Unterschied zu einer weitaus stärker inneruniversitär verlaufenen Akademisierung in der Erziehungswissenschaft.

Der disziplinbezogene Weg der Akademisierung

Die universitären Aktivitäten in Sachen Sozialer Arbeit der damaligen Zeit lassen sich relativ unberührt von den skizzierten Entwicklungen der bestehenden außeruniversitären Ausbildungen für eine sich ständig erweiternde und stabilisierende Praxis der Sozialen Arbeit beobachten, deren Platzierung außerhalb des universitären Umfeldes Alice Salomon stets mit dem Anspruch eines anders gearteten Zusammenspiels von moralisch-geistiger Haltung und Persönlichkeit einerseits sowie fachlicher Kompetenz andererseits begründete – und zudem als Ausbildung von Frauen an den damaligen, allein Männern vorbehaltenen Universitäten auch keinerlei Chance auf Anerkennung gehabt hätte. Spätestens nach dem Ersten Weltkrieg gab es an den Universitäten erste Ansätze einer dezidierten wissenschaftlichen Beschäftigung mit dem Fürsorgewesen einerseits sowie den sozialpädagogischen Fragen andererseits, auch wenn eine universitäre Pädagogik in den 1920er Jahren noch kaum etabliert war und eine Verbindung zu Fragen einer nicht-schulbezogenen Professionalisierung bestenfalls diffus waren (Gängler 1994, 239).

So gab es vor allem an den philosophischen Fakultäten einschlägige Schwerpunkte und ab 1925 einen Lehrstuhl für Jugendkunde und Jugendwohlfahrt an der heutigen Humboldt-Universität zu Berlin. Daneben wurde in Göttingen, eng verbunden mit dem Lehrstuhl für Psychologie und Pädagogik und dem Namen Herman Nohl, sogar ein Ausbildungsmodell entwickelt (Gängler 1994, 233). Und an der Universität Hamburg wurde eine Abteilung für Jugendpflege sowie in Kiel eine Abteilung „Volkshochschule und sozialpädagogisches Seminar" eingerichtet (Amthor 2003, 392).

Neben dieser Anbindung an Philosophie, Pädagogik und Psychologie wurden an den theologischen Fakultäten in Freiburg und Berlin Institute für Caritas-Wissenschaft angegliedert. Und an den wirtschafts- und sozialwissenschaftlichen Fakultäten der Universitäten Frankfurt am Main und Münster entwickelten sich erste Ansätze einer Fürsorgewissenschaft, die damals eng mit dem Namen Christian Jasper Klumker verbunden waren und in der Nachkriegszeit von dessen Schüler Hanns Scherpner bis Ende der 1950er Jahre weitergeführt wurden (Rauschenbach / Gängler 1996).

Nach dem Krieg blieb die universitäre Ausbildung der Sozialen Arbeit dann jedoch fast ausschließlich auf die Erziehungswissenschaft beschränkt, obwohl z. B. Scherpner bis zu seinem Tod die Arbeit Klumkers an der Universität Frankfurt fortführte. So wurden an den Universitäten Göttingen, Marburg, Münster, Hamburg und der FU Berlin sozialpädagogische Studienangebote, vor allem über pädagogische Seminare organisiert, häufig aber auch interdisziplinär und vorwiegend als Abendkurse oder Zusatzstudien angeboten (Gängler 1994, 238; Amthor 2003, 518). Sozialpädagogische Studiengänge wurden zu diesem Zeitpunkt allerdings – trotz mancher prominenter Forderung wie z. B. von Hans Scherpner oder Andreas Flitner – noch nicht eingerichtet (Rauschenbach 1991, 4). Soziale Arbeit war in den 1960er und 1970er Jahren daneben zwar auch immer wieder Gegenstand soziologischer Professuren und Themenschwerpunkte, vor allem an den Pädagogischen Hochschulen in Nordrhein-Westfalen im Rahmen der Lehrerausbildung. Allerdings verlor sich dieses eher diskursorientierte als professionsorientierte Interesse der Soziologie an der Sozialen Arbeit im Laufe der 1980er Jahre weitgehend (Bommes / Scherr 2000, 28).

Die Entwicklung der Sozialpädagogik zu einem „Massenfach" im universitären Hochschulsystem war in Deutschland im Weiteren unmittelbar mit der Ausbreitung einer vor allem außerschulisch orientierten Erziehungswissenschaft verknüpft, die sich lange insbesondere an der Lehrerbildung orientiert hatte. Analog zu anderen sozialwissenschaftlichen Studiengängen waren Hauptfachstudiengänge und deren konsolidierter Ausbau auch für die Erziehungswissenschaft der entscheidende Motor für die Entwicklung erziehungswissenschaftlicher Theoriebildung und empirischer Forschung, aber auch für die fachspezifische Ausbildung von wissenschaftlichem Nachwuchs (Gängler 1994; Langenbach et al. 1974, 47).

Insofern muss die Einführung des erziehungswissenschaftlichen Diplomstudiengangs zu Beginn der 1970er Jahre – trotz eines bereits zuvor vorhandenen Magisterstudiengangs – zweifellos als der zentrale und folgenreichste Einschnitt im Prozess der Konstituierung der universitären Sozialpädagogik als Teildisziplin der Erziehungswissenschaft betrachtet werden. Die Sozialpädagogik entwickelte sich nämlich von Anfang an zum wich-

tigsten und am stärksten nachgefragten Schwerpunkt des neuen Diplomstudiengangs. Infolge der überraschend starken Studienplatznachfrage in Sozialpädagogik, mit der die außeruniversitäre und außerschulische Praxis fast von alleine zu einem eigenen inhaltlichen Referenzpunkt der Erziehungswissenschaft wurde, gewann auch eine systematische und wissenschaftliche Auseinandersetzung mit Fragen der Fachlichkeit und Professionalität im (sozial-)pädagogischen Handeln an Bedeutung (Lüders 1989).

Dabei war die Einführung universitärer Diplomstudiengänge keineswegs nur das Resultat einer fachlichen, sondern auch einer hochschulpolitischen Diskussion: Einerseits konnte mit einem sozialwissenschaftlich orientierten Diplomstudiengang das Profil der Erziehungswissenschaft jenseits von Promotions- und Magisterstudiengängen gestärkt werden. Andererseits erhoffte man sich durch die universitäre Ausbildung eine stärkere wissenschaftliche Durchdringung der (sozial-)pädagogischen Praxis (Rauschenbach / Otto 2002). Zu den Motiven zählte in den Anfängen aber ganz unübersehbar auch das Bestreben der damaligen Pädagogischen Hochschulen, durch den Diplomstudiengang einen Einstieg in die Vergabe universitärer Hauptfachabschlüsse zu erreichen, um auf diesem Weg die Annäherung an den universitären Status zu erreichen (Langenbach et al. 1974, 48).

Infolgedessen wurde der Diplomstudiengang Erziehungswissenschaft binnen weniger Jahre vor allem an den Pädagogischen Hochschulen eingerichtet, allerdings ohne zuvor den unterstellten Qualifizierungs- und Professionalisierungsbedarf mit der Praxis der Sozialen Arbeit zumindest kommuniziert zu haben (Rauschenbach / Züchner 2000, 33). Konflikte, Konkurrenzen und wechselseitige Profilierungsbestrebungen zwischen den neu entstandenen Fachhochschulstudiengängen und dem sozialpädagogischen Schwerpunkt des erziehungswissenschaftlichen Diplomstudiengangs waren damit geradezu vorprogrammiert. Der Akademisierung der Sozialen Arbeit wurde damit eine ungelöste Frage der Hochschulpolitik im Nebeneinander von Universitäten, Fachhochschulen, Pädagogischen Hochschulen und Gesamthochschulen in die Wiege gelegt, die bis heute nicht überwunden ist. Dabei dürfen die zwischenzeitlichen Bemühungen, mit der Gründung von Gesamthochschulen, Fachhochschulen und Universitäten miteinander zu verbinden, nicht außer Acht gelassen werden, auch wenn diese Bemühungen inzwischen wieder vergangen sind. An mehreren Standorten ist es jedoch bei einem „einseitigen" Versuch geblieben – nur der Fachhochschulstudiengang wurde implementiert –, bei einigen Standorten führten die dementsprechenden Bemühungen letztlich zu einer Ausstattung mit „vollakademischen" Studiengängen für Soziale Arbeit, nachdem die Gesamthochschulen vollständig in Universitäten überführt wurden (z. B. an den Universitäten Siegen, Kassel oder Duisburg-Essen).

Dennoch wurde mit der Einführung des universitären Diplomstudiengangs und der zeitgleichen Gründung von Fachhochschulen die Entwicklung der Ausbildungslandschaft auf dem Weg zur Akademisierung der Sozialen Arbeit vorläufig abgeschlossen. Indem man zwei unterschiedliche Modalitäten der Ausbildung in Sozialer Arbeit im Hochschulsystem etablierte, wurde jedoch nicht nur die akademische Ausbildungsfrage geklärt, sondern zugleich wurde dadurch – bis heute vielfach übersehen oder unterschätzt – ein eigenes wissenschaftliches Koordinatensystem etabliert – ein eigenes wissenschaftliches Fachgebiet der Sozialen Arbeit innerhalb des Wissenschaftssystems und innerhalb der wissenschaftlichen Disziplinen, vor allem als Teilgebiet der Erziehungswissenschaft (Rauschenbach 2000). Erstmals wurde in den 1970er Jahren damit für die Soziale Arbeit in nennenswertem Umfang ein wissenschaftlicher Ort geschaffen, der sich nicht nur wissenschaftliche Ausbildung und Qualifikation, nicht nur Lehre und Studium zur Aufgabe machte, sondern auch empirische Forschung und Selbstbeobachtung, Theorie und Reflexion, d. h. die fachwissenschaftliche Weiterentwicklung der Sozialen Arbeit selbst. Mit der Akademisierung der Sozialen Arbeit ging damit zugleich ein Schub in Sachen Professionalisierung und Verwissenschaftlichung einher.

Die gesellschaftliche Rahmung der Entwicklung

Die Entwicklung der Ausbildungsstrukturen, die Einrichtung der Studiengänge und die massenhafte Nachfrage eines solchen Studienangebots ist unterdessen nicht allein durch hochschulpolitische Initiativen erklärbar und auch nicht allein auf Forderungen von Protagonisten des Fachs oder von Berufsverbänden zurückzuführen, die in Deutschland seit Ende des Zweiten Weltkriegs im Feld der Sozialen Arbeit keine bedeutende politische Rolle mehr gespielt haben. Entsprechende Erklärungsversuche werden deshalb immer auch den gesellschaftlichen Hintergrund und die gesellschaftlichen Rahmenbedingungen in den Blick nehmen müssen sowie damit auch den Blick auf gesellschaftlich durchgesetzte Bedarfe zu richten haben. Wie der Erste Weltkrieg – oder genauer: wie die vielfältigen Notlagen nach dem Ersten Weltkrieg und die sozialpolitischen Anstrengungen in der Weimarer Republik zu zentralen Einflussfaktoren in der Entwicklung sozialpädagogischer Berufsbilder wurden –, so muss auch die Nachkriegssituation in der aufstrebenden Bundesrepublik sowie die gesellschaftliche Situation Ende der 1960er / Anfang der 1970er Jahre als eine wesentliche Einflussgröße beachtet werden. Diese Situation kontextualisiert erst die Entstehung und Entwicklung der Sozialen Arbeit zwischen Akademisierung und Verwissenschaftlichung auf den verschiedenen Ebenen angemessen und macht sie verstehbar.

Eine in den 1960er Jahren in Gang gekommene umfassende Bildungsreform sowie der Versuch einer wissenschaftlichen Durchdringung aller Lebensbereiche wurde – zusammen mit einer gewachsenen (sozial-)politischen Aufmerksamkeit für soziale Fragen, für Benachteiligung und Ungleichheit, die zu diesem Zeitpunkt aufgrund der finanziellen günstigen Lage der öffentlichen Haushalte noch politische Handlungsoptionen eröffnete – zum mentalen Referenzpunkt und zur wesentlichen Triebfeder des umfangreichen Ausbaus des Hochschulwesens und zur Einrichtung von neuen Studiengängen, und zwar flankiert von einem dezidierten politischen Willen zu Investitionen in Bildung. Die Akademisierung der Sozialen Arbeit ist mithin sowohl ein „Kind der Bildungsreform" als auch das Resultat einer gesellschaftlichen Modernisierung und einer sich wandelnden Mentalität. Diese Haltung führte dazu, dass eine politisch aufgeklärte Öffentlichkeit, soziale Bewegungen und eine kritischer gewordene Politik das Ende einer Tabuisierung, Naturalisierung, Individualisierung oder Somatisierung sozial induzierter Problem- und Lebenslagen einläutete.

Neujustierung durch die Umstrukturierung von Studiengängen

Nicht als fachliche Weiterentwicklung, sondern von „außen" angestoßen hat der mit dem Bologna-Prozess eingeleitete Umbau der Studienstrukturen in Deutschland das Koordinatensystem für die Soziale Arbeit erneut geändert. Ohne Berücksichtigung fachlicher oder professioneller Aspekte und ohne Beachtung entsprechender Arbeitsmarktanalysen wurden von politischer Seite mit dem Ziel der Angleichung europäischer Studienstrukturen die an Universitäten und Fachhochschulen etablierten Diplomstudiengänge durch ein Bachelor- und Masterstudiensystem ersetzt. Diese Umstellung ist an den Hochschulen auch in der Sozialen Arbeit und der Erziehungswissenschaft mittlerweile abgeschlossen. Inzwischen finden sich Bachelorstudiengänge der Sozialen Arbeit an etwa 60 Standorten (überwiegend an Fachhochschulen) und der Erziehungswissenschaft an ca. 30 Standorten (Universitäten und Pädagogische Hochschulen; Stand Wintersemester 2009/2010). Hinzu treten die Masterstudiengänge, die teilweise breit auf Soziale Arbeit bzw. Erziehungswissenschaft bezogen sind, teilweise aber auch sehr spezialisierte Vertiefungsmöglichkeiten anbieten.

Der Bologna-Prozess verlagerte die Aufmerksamkeit erneut auf die Frage, ob es im Zuge der Angleichung von Studiengängen und Studiengangsbezeichnungen zwischen BA- und MA-Abschlüssen sowie der Einrichtung von Akkreditierungsagenturen zu einer Egalisierung von Universitäten und Fachhochschulen kommen würde. Inwieweit die Soziale Arbeit von dieser allgemeinen Entwicklung profitiert oder unter dem Strich doch Gefahr läuft, über die Verbreitung von BA-Abschlüssen als Regelabschluss evtl. errungenes Terrain innerhalb des Wissenschaftssystems wieder zu verlieren, ist noch nicht abschließend zu beurteilen.

Deutlich wird aber, dass im Bereich der Masterstudiengänge in Sozialer Arbeit vorerst nur wenig vollakademische Angebote vorhanden sind und diese bislang zumeist als Berufs- und Weiterqualifizierungen genehmigt werden. Zudem ist festzustellen, dass die Soziale Arbeit an den Universitäten, an denen sie durch die Studienrichtung Sozialarbeit/Sozialpädagogik im Diplomstudiengang maßgeblich vertreten war, im Bachelorstudiengang schon aufgrund der eingeschränkten Studieninhalte deutlich an Bedeu-

tung verloren hat (Horn et al. 2008). Schließlich haben aufgrund der neuen Zeitstrukturen und der Verdichtung der Studiengänge auch die fachpraktischen Ausbildungsanteile in allen akademischen Ausbildungsformen abgenommen. Formal ist mit den neuen Abschlüssen an Fachhochschulen und Universitäten eine Gleichstellung erreicht, da jeder Bachelorabschluss – unabhängig vom Ausbildungsstandort – formal für den Übergang in einen Masterstudiengang qualifiziert. Die nach wie vor ungelösten Nebenwirkungen sind aber noch nicht abschließend geklärt.

Mit Blick auf die Akademisierung der Sozialen Arbeit ist im Zuge dieser großen Studienreform darüber hinaus noch ein neues Element hinzugekommen. Als Ergebnis einer intensiver gewordenen Diskussion um eine Akademisierung der Erzieher(innen)ausbildung (Diller/Rauschenbach 2006) ist es im Bereich „Bildung und Erziehung in der Kindheit" (bzw. einem inhaltlich vergleichbaren Namen) in wenigen Jahren zu einer breiten Etablierung von entsprechenden Bachelorstudiengängen und einigen wenigen Masterstudiengängen gekommen, an mittlerweile rund 60 Standorten, davon knapp zwei Drittel an Fachhochschulen (WiFF 2009).

Soziale Arbeit als Beruf – eine Bilanz

Seit 1970 hat sich das Feld der sozialen Berufe erkennbar dynamisiert. Nur wenige Branchen dürften mit Blick auf ihre Berufsbilder und -abschlüsse einen so starken Wandel und eine so nachhaltige Ausweitung vollzogen haben. Die sozialen Berufe haben sich im Zuge dessen zu einem eigenständigen gesellschaftlichen Teilbereich entwickelt und dabei zugleich eine zahlenmäßige Größe auf dem Arbeitsmarkt sowie eine qualitative Steigerung in puncto Fachlichkeit erreicht, die – gemessen an ihren Ausgangswerten und Rahmenbedingungen – beachtlich ist und keineswegs so zu erwarten war. Allerdings kann die Soziale Arbeit trotz deutlicher Verbesserungen immer noch nicht jene *professionelle Autonomie* für sich beanspruchen, die für eine fachlich qualifizierte Gestaltung des Aufgabenbereichs notwendig erscheint.

Als anstehende Herausforderungen für die sozialen Berufe können folgende Themen festgehalten werden:

- Auch innerhalb der sozialen und sozialpädagogischen Berufe wird sich künftig die Frage der internationalen Vergleichbarkeit der unterschiedlichen Ausbildungen stellen, die mit der Einführung von *Bachelor-/Masterabschlüssen* noch keineswegs beantwortet ist. Hier könnten auch die Debatten um einen „Europäischen Qualifikationsrahmen" (EQR) eine Rolle spielen. Gleichzeitig hat der nationale Transformationsprozess der Hochschulstudiengänge mit Blick auf das lokale Angebot zu einer neuen Unübersichtlichkeit im Feld der sozialen Berufe geführt.
- Damit werden erneut die nie zufriedenstellend geklärten Fragen einer aufeinander abgestimmten *Ausbildungsreform der unterschiedlichen Qualifikationsprofile* auf der einen Seite sowie des Verhältnisses der unterschiedlichen Ausbildungsniveaus von Universität, Fachhochschule, Fachschule und Berufsfachschule auf der anderen Seite aufgeworfen. Aber auch deren Zusammenspiel mit Blick auf Durchlässigkeit und Übergangsmöglichkeiten sowie einer teilweisen oder generellen Integration in ein gemeinsames Ausbildungskonzept ist nach wie vor ein Thema.
- Mit einer zukunftsoffenen Perspektive muss die Entwicklung *neuer Hochschulstudiengänge im Bereich der Frühpädagogik* und deren Nebenwirkungen auf die bestehenden sozialpädagogischen Angebote beobachtet werden. In seinem Ausmaß und seiner Dynamik erinnert der gegenwärtige „Ausbildungsboom" in der Frühpädagogik an die Gründerjahre Anfang der 1970er Jahre in der Sozialpädagogik/Sozialarbeit.
- Mit der Verschiebung der Altersstruktur in der Bevölkerung wird es auch innerhalb der sozialen Berufe zu einer weiteren *Veränderung der Personalstruktur* kommen. So wird in den nächsten Jahren der Personalbedarf in den sozialen Berufen im Hinblick auf das erste Lebensjahrzehnt ebenso zuneh-

men wie – in Anbetracht der wachsenden Zahl älterer Menschen – im Bereich der Altenpflege. Insgesamt ist davon auszugehen, dass sich die Altersstruktur – im Unterschied zu der lange Zeit dominierenden Jugendlichkeit – innerhalb der sozialen Berufe weiter nach hinten verschieben wird.
- Schließlich wird in dem Maße, wie die Verteuerung personalintensiver Dienstleistungsberufe und ein verstärkter Finanzierungswettbewerb in den Arbeitsfeldern der Sozialen Arbeit weiter voranschreitet, auch eine *Neujustierung* zwischen den sozialen Berufen die Folge sein, sodass angestammte Traditionen in einzelnen Arbeitsfeldern, tarifliche Sicherheiten und eingespielte Gewohnheitsrechte ohne den Nachweis der eigenen Fachlichkeit immer weniger wahrscheinlich werden.

Soziale Berufe sind zu einem wichtigen Bestandteil der gesellschaftlichen Grundversorgung mit Blick auf öffentliche Erziehung und personenbezogene soziale Dienste geworden. Sie haben infolgedessen auch in der Ausbildung und auf dem Arbeitsmarkt deutlich an Bedeutung gewonnen. In ihrem Profil und ihrer Existenz verkörpern soziale Berufe die Entwicklung einer wohlfahrtsstaatlichen Dienstleistungsgesellschaft und einen Wandel der Moderne. Darin hat fachlich qualifiziertes Personal – vor allem Frauen – Aufgaben der Bildung, Betreuung und Erziehung, der Sorge, der Pflege und der sozialen Hilfe zu seinem Beruf gemacht. Eine unübersichtlicher und ungewisser gewordene Gesellschaft des 21. Jahrhunderts versucht durch soziale Dienste und öffentliche Erziehung jenes Maß an Bildung, Identität und sozialer Integration sicherzustellen, das sich in den privaten Lebenswelten der Menschen offenbar nicht mehr von alleine und nicht für alle gleichermaßen sicherstellen lässt.

Literatur

Amthor, R. C. (2003): Die Geschichte der Berufsausbildung in der Sozialen Arbeit. Auf der Suche nach Professionalisierung und Identität. Juventa, Weinheim/München

Autorengruppe Bildungsberichterstattung (Hrsg.) (2010): Bildung in Deutschland 2010. Ein indikatorengestützter Bericht mit einer Analyse zu Auswirkungen der demografischen Entwicklungen auf das Bildungswesen. W. Bertelsmann, Bielefeld

Bommes, M., Scherr, A. (2000): Soziologie der Sozialen Arbeit. Eine Einführung in Formen und Funktionen organisierter Hilfe. Juventa, Weinheim/München

BMBF (Bundesministerium für Bildung und Forschung) (2009): Berufsbildungsbericht 2009. In: www.bmbf.de/pub/bbb_09.pdf, 13.04.2010

Derschau, D. v. (1976): Die Ausbildung der Erzieher für Kindergarten, Heimerziehung und Jugendarbeit. Diss. Universität Marburg

Diller, A., Rauschenbach, Th. (Hrsg.) (2006): Reform oder Ende der Erzieherinnenausbildung? Beiträge zu einer kontroversen Fachdebatte. DJI, München

Erning, G., Neumann, K., Reyer, J. (Hrsg.) (1987): Geschichte des Kindergartens. Bd. 1: Entstehung und

Entwicklung der öffentlichen Kleinkindererziehung in Deutschland von den Anfängen bis zur Gegenwart. Lambertus, Freiburg

Galuske, M., Rauschenbach, Th. (1994): Jugendhilfe Ost. Juventa, Weinheim / München

Gängler, H. (1994): Akademisierung auf Raten? Zur Entwicklung wissenschaftlicher Ausbildung zwischen Erziehungswissenschaft und Sozialpädagogik. In: Krüger, H.-H., Rauschenbach Th. (Hrsg.): Erziehungswissenschaft. Die Disziplin am Beginn einer neuen Epoche. Juventa, Weinheim / München, 229–252

Gary, G. (1995): Geschichte der Kindergärtnerin von 1779 bis 1918. Edition Praesens, Wien

Gedrath, V. (2003): Vergessene Traditionen der Sozialpädagogik. Weinheim, Beltz

Happe, B. (1976): Chaos als System. Sozialarbeiterausbildung und Praxis. Der Städtetag 29, 374–377

Hering, S., Münchmeier, R. (2003): Geschichte der Sozialen Arbeit. 2. Aufl. Juventa, Weinheim / München

Horn, H. P., Wigger, L., Züchner, I. (2008): Standorte und Studiengänge. In: Tillmann, K.-J., Rauschenbach, Th., Tippelt, R. (Hrsg.): Datenreport Erziehungswissenschaft. Barbara Budrich, Opladen / Farmington Hills, 19–40

Kaiser, J.-C. (2008): Evangelische Kirche und sozialer Staat: Diakonie im 19. und 20. Jahrhundert. Kohlhammer, Stuttgart

Knobel, R. (1992): Der lange Weg zur akademischen Ausbildung in der sozialen Arbeit. Stationen von 1868 bis 1971. Eigenverlag des deutschen Vereins für öffentliche und private Fürsorge, Frankfurt / M.

Koblank, E. (1961): Die Situation sozialer Berufe in der sozialen Reform. Heymann, Köln

Kunstreich, T. (1998): Grundkurs Soziale Arbeit. Sieben Blicke auf Geschichte und Gegenwart Sozialer Arbeit, Band II. Agentur des Rauhen Hauses, Hamburg

Langenbach, U., Leube, K., Münchmeier, R. (1974): Die Ausbildungssituation im Fach Erziehungswissenschaft. 12. Beiheft der Zeitschrift für Pädagogik. Beltz, Weinheim / Basel

Lüders, Ch. (1989): Der wissenschaftlich ausgebildete Praktiker. Dt. Studienverlag, Weinheim

Magnus, E. (1953): Zur Ausbildung der deutschen Sozialarbeiter. Eigenverlag des deutschen Vereins für öffentliche und private Fürsorge, Frankfurt / M.

Mayer-Kulenkampff, L. (1928): Ausbildungsstätten für weibliche soziale Berufe. In: Nohl, H., Pallat, L. (Hrsg.): Handbuch der Pädagogik, Bd. IV. Beltz, Langensalza, 282–293

Metzinger, A. (1993): Zur Geschichte der Erzieherausbildung. Quellen – Konzeptionen – Impulse – Innovationen. Lang, Frankfurt a. M.

Mollenhauer, K. (1959): Die Ursprünge der Sozialpädagogik in der industriellen Gesellschaft. Beltz, Weinheim

Münchmeier, R. (1981): Zugänge zur Geschichte der Sozialarbeit. Juventa, München

Nagel, B. (2000): Der Erzieherberuf in seiner historischen Entwicklung. Bildung, Erziehung, Betreuung von Kindern in Bayern 5, 11–15

Niemeyer, Ch. (1999): Theorie und Forschung in der Sozialpädagogik. Votum, Münster

Peukert, D. J. K. (1986): Grenzen der Sozialdisziplinierung: Aufstieg und Krise der deutschen Jugendfürsorge von 1878 bis 1932. Bund, Köln

Rauschenbach, T. (2000): Von der Jugendwohlfahrt zur modernen Kinder- und Jugendhilfe. Entwicklungslinien einer Jugendhilfe im Wandel. In: Müller, S., Sünker, H., Olk, Th., Böllert, K. (Hrsg.): Soziale Arbeit. Gesellschaftliche Bedingungen und professionelle Perspektiven. Luchterhand, Neuwied / Kriftel, 465–479

– (1991): Sozialpädagogik – eine akademische Disziplin ohne Vorbild? Notizen zur Entwicklung der Sozialpädagogik als Ausbildung und Beruf. Neue Praxis 21, 1–11

–, Beher, K., Knauer, D. (1995): Die Erzieherin. Ausbildung und Arbeitsmarkt. Juventa, Weinheim / München

–, Gängler, H. (1996): Die Entwicklung der Fürsorgewissenschaft an der Universität Frankfurt a. M. durch Christian Jasper Klumker und Hans Scherpner. Zur Wissenschafts- und Ausbildungsgeschichte der Sozialpädagogik. Abschlussbericht des von der DFG geförderten Projekts. Dortmund

–, Otto, H.-U. (2002): Der Diplomstudiengang. In: Otto, H.-U., Rauschenbach, Th., Vogel, P. (Hrsg.): Erziehungswissenschaft: Lehre und Studium. Eine Einführung in vier Bänden, Band 2. Leske + Budrich, Opladen, 21–32

–, Züchner, I. (2000): In den besten Jahren? 30 Jahre Ausbildung im Diplomstudiengang Erziehungswissenschaft. Archiv für Wissenschaft und Praxis der Sozialen Arbeit 31, 32–50

Sachße, Ch. (1994): Mütterlichkeit als Beruf. Leske + Budrich, Opladen

–, Tennstedt, F. (1992): Der Wohlfahrtsstaat im Nationalsozialismus. Geschichte der Armenfürsorge. Band 3. Kohlhammer, Stuttgart

Salomon, A. (1927): Die Ausbildung zum sozialen Beruf. Heymann, Berlin

– (1917): Soziale Frauenbildung und soziale Berufsarbeit. Teubner, Leipzig / Berlin

Scherpner. H (1966): Geschichte der Jugendfürsorge. Vandenhoeck & Ruprecht, Göttingen

Statistisches Bundesamt (Hrsg.) (2009): Fachserie 1, Bevölkerung und Erwerbstätigkeit, Reihe 4.1.2. Stuttgart

– (Hrsg.) (1992): Fachserie 1, Bevölkerung und Erwerbstätigkeit, Reihe 4.1.2. Stuttgart

Stichweh, R. (1994): Wissenschaft Universität Professionen. Soziologische Analysen. Suhrkamp, Frankfurt / M.

Thole, W. (1994): Sozialpädagogik an zwei Orten. Professionelle und disziplinäre Ambivalenzen eines unentschiedenen Projektes. In: Krüger, H.-H., Rauschenbach, Th. (Hrsg.): Erziehungswissenschaft als Disziplin am Beginn einer neuen Epoche. Juventa, Weinheim / München, 252–274

WiFF (Weiterbildungsinitiative Frühpädagogische Fachkräfte) (2009): Frühpädagogische Ausbildungslandschaft. In: www.weiterbildungsinitiative.de/aus-und-weiterbildung.html, 08.06.2010

Beschäftigung und Arbeit in der nachindustriellen Gesellschaft

Von Martin Baethge

Theoretische Perspektiven auf die Dienstleistungsgesellschaft

Mit dem Wandel zur Dienstleistungsökonomie sind seit Langem weit reichende Hoffnungen auf gesellschaftliche Verhältnisse verbunden, in denen sowohl die tief greifenden Spaltungen in der Sozialstruktur als auch die negativen Begleiterscheinungen einer stark zergliederten tayloristischen Arbeitsorganisation, die lange Zeit die Realität der kapitalistischen Industriegesellschaft geprägt haben, überwunden würden (Baethge/Oberbeck 1986, 15 ff.; Gershuny 1981). Allerdings gibt es nicht die eine Theorie der nachindustriellen oder Dienstleistungsgesellschaft. Es gibt in den wissenschaftlichen Debatten der letzten Jahrzehnte über den Wandel zu einer nicht mehr von der industriell-kapitalistischen Produktion bestimmten Gesellschaft unterschiedliche Konzepte dazu, welche Dynamik sich in der Sozialstruktur sowie in den Formen der Erwerbsarbeit unter dem Trend zu einer Erwerbsarbeit entfalten wird, in der der tertiäre Sektor (Dienstleistungen) in Wertschöpfung und Beschäftigung dominieren wird. Die Dominanz des Dienstleistungssektors in der Wirtschaftsstruktur ist zwischen den unterschiedlichen Theorietraditionen, auf die im Folgenden kurz eingegangen wird, unstrittig:

D. Bell (1975) sieht in seinem Konzept einer „nachindustriellen Gesellschaft" das theoretische Wissen als neues dynamisches Zentrum gesellschaftlicher und wirtschaftlicher Entwicklung, das die in der Industriegesellschaft bestimmenden Kräfte von Kapital und Arbeit ablöst und eine Sozialstruktur heraufführt, in der Wissenschaftler und Technologen die neue herrschende Klasse stellen werden. Wenn theoretisches Wissen (auf diesen Typus von Wissen legt Bell sich in seiner Analyse fest) zunehmend die Funktionsprozesse nachindustrieller Gesellschaft bestimmt, müssen sich auch die Arbeitsformen entsprechend verändern und – wie Bell es sieht – gegenüber der Industriearbeit verbessern (ähnlich P. Drucker 1993), da in wissensbasierter Arbeit extreme Formen von Arbeitsteilung keinen Platz haben. Zu den Theoretikern der nachindustriellen Gesellschaft als Wissensgesellschaft ist auch N. Stehr zu zählen, der allerdings anders als Bell auch die zunehmenden Unsicherheiten und Störanfälligkeiten einer wissensbasierten Ökonomie betont (Stehr 1994 und 2000).

Einen gegenüber den Theoretikern der Wissensgesellschaft anderen Horizont von Veränderungskräften eröffnet J. Gershuny (1981), wenn er auf den Wandel von Konsumformen und Haushaltsorganisation sowie die Abhängigkeit möglicher Entwicklungspfade von der Arbeitsproduktivität und dem wirtschaftlichen Wachstum verweist und schließlich die Vision einer „Self-service Economy" zeichnet, die als informeller neben dem formellen Sektor der Ökonomie steht. Gershuny spricht damit Aspekte an, die bei den Wissensgesellschaftstheoretikern weitgehend ausgeblendet sind bzw. nicht systematisch in ihre Entwicklungstheorie eingearbeitet werden. Es sind dies aber Aspekte, die für die inhaltlichen Schwerpunkte von Dienstleistungsbeschäftigung und -arbeit von entscheidender Bedeutung sind; sie betreffen heute das Gros der Tätigkeiten in den personen- und haushaltsbezogenen Dienstleistungsberufsfeldern (s. u.). Auch wenn wir heute wissen, dass Gershuny sein Konzept zu sehr aus der ökonomischen Situation Großbritanniens in den 1970er Jahren heraus formuliert hat und das

Otto/Thiersch (Hg.), Handbuch Soziale Arbeit, 4. A., DOI 10.2378/ot4a.art015,
© 2011 by Ernst Reinhardt, GmbH & Co KG, Verlag, München

Ausmaß tatsächlicher Externalisierung von Haushaltsfunktionen an Markt und Staat unterschätzt, bleibt das von Gershuny implizit aufgeworfene Spannungsverhältnis von Kommodifizierung und Dekommodifizierung von Bedürfnisbefriedigung für die Analyse von Dienstleistungsbeschäftigung wichtig. Aktuell betrifft es in besonderem Maße die sozialen Dienstleistungen, in Sonderheit in der Frage der Betreuung von Kleinkindern, kranken und alten Menschen und die Auslagerung von Ernährungsfunktionen (Gastgewerbe). Dass mit diesen Fragen auch immer Vorstellungen darüber, wie das gesellschaftliche Zusammenleben organisiert sein sollte, verbunden sind, darauf haben in den 1990er Jahren bereits Häußermann / Siebel (1995) mit Nachdruck hingewiesen.

Der für die Debatte über Dienstleistungsarbeit folgenreichste Autor ist J. Fourastie (1949). Seine Theorie versteht er als Evolutionstheorie menschlicher Arbeit von ihren Anfängen her; in ihrem Zentrum steht der sektorale Wandel von landwirtschaftlicher (primärer Sektor) und industrieller Produktion (sekundärer Sektor) zur Dienstleistungsökonomie (tertiärer Sektor), die seiner Prognose von 1949 nach am Ende des 20. Jahrhunderts 80 % bis 90 % der Erwerbstätigen in den frühindustrialisierten Gesellschaften des Wesens stellen würde. Diese Theorie, die die großen Entwicklungsphasen von Arbeit und Wirtschaft nach dem jeweils dominierenden Wertschöpfungssektor in der Gesellschaft gliedert, basiert auf der Kopplung von zwei zentralen Annahmen: zum einen zur Produktivitätsentwicklung der Arbeit, zum anderen zum Wandel der Bedürfnis- und Konsumstruktur der Menschen. Aufgrund von Rationalisierung, Technisierung und Verwissenschaftlichung der Produktionsmethoden steigt die Arbeitsproduktivität in der materiellen Güterproduktion sowohl in der Landwirtschaft als auch der Industrie immer weiter an und schafft ein ständig sich vergrößerndes Warenangebot. Dieses wiederum – hier kommt die zweite Annahme ins Spiel – führt zu Sättigungseffekten auf den Gütermärkten, mit der Folge, dass die Konsumenten ihre Bedürfnisse zunehmend auf immaterielle Güter (Dienste) richten. Da bei Dienstleistungen anders als in der industriellen Produktion, wo die Herstellung und der Konsum von Gütern räumlich und prozessual getrennt sind, die Erstellung und der Konsum von Dienstleistungen in der Regel räumlich und prozessual eng gekoppelt sind („uno actu-Prinzip"), werden einer auf Standardisierung und Massenproduktion ausgerichteten Technisierung und Rationalisierung, mithin auch starken Steigerungen der Arbeitsproduktivität in den Dienstleistungen Grenzen gesetzt.

Die Verbindung der beiden Grundannahmen, eingeschränkte Produktivitätssteigerung und Verlagerung von Konsumpräferenzen von materiellen Industrieprodukten zu immateriellen Dienstleistungen, sind nach Fourastie der Grund für die Umschichtung der Beschäftigung aus der hochproduktiven Industrie in den niedriger produktiven Dienstleistungssektor, mit der der Siegeszug der Dienstleistungsökonomie gleichsam unausweichlich wird.

Die quantitative Expansion der Dienstleistungsbeschäftigung stellt die eine Seite von Fourasties „Hoffnung des zwanzigsten Jahrhunderts" dar. Die andere Seite und den Kern seiner Theorie bildet die Vorstellung eines qualitativ höheren Stadiums der Gesellschaft, einer „tertiären Zivilisation", in der sich auch die Erwerbsarbeit verbessert und zu höheren Formen qualifizierter intellektueller Tätigkeiten führt – als Pendant zur Anhebung der Bedürfnisse.

In der wissenschaftlichen Debatte über den Wandel zur Dienstleistungsgesellschaft sind gegen beide Grundannahmen Fourasties Argumente ins Feld geführt worden, die diese zwar erschüttern, nicht aber Fourasties quantitative Prognose aus dem Feld geschlagen haben. Deren scheinbare Bestätigung kann man darin sehen, dass Ende des 20. Jahrhunderts in den ökonomisch Ton angebenden westlichen Gesellschaften der Anteil der Dienstleistungstätigkeiten an der Gesamterwerbstätigkeit zwischen 70 % und (über) 80 % liegt. Es gehört zu den Kuriositäten der Sozialwissenschaften, dass eine Theorie, die in ihren Begründungen so zweifelhaft ist wie die von Fourastie so viel vordergründig Zutreffendes voraussagen konnte. Es sind zwei zentrale Argumente, die gegen Fourastie geltend gemacht worden sind und auf die einzugehen Sinn macht, weil die beiden plausiblen Grundannahmen Fourasties in den Dienstleistungsdiskursen immer wieder thematisiert werden:

- Das erste Argument betrifft die Arbeitsproduktivitäts-Annahme: Auch wenn die Arbeitsproduktivität in den meisten Dienstleistungen weniger groß als in Landwirtschaft und Industrie ist, war die Vorstellung weitgehender Technisierungs- und Rationalisierungsresistenz schon zu Fourasties Zeiten obsolet, wenn man etwa an die Technisierung von Schreibarbeiten und die große Bürorationalisierung im ersten Drittel des 20. Jahrhunderts denkt (Baethge/Wilkens 2001, 9 f.). Im weiteren Verlauf des 20. Jahrhunderts lassen sich andere tiefgreifende Dienstleistungsrationalisierungsprozesse beobachten wie die Einführung der Selbstbedienung im Einzelhandel (Glaubitz 2001, 181 ff.) oder in der zweiten Jahrhunderthälfte die Automatisierung von Bürovorgängen und die Elektronisierung von Informations- und Kommunikationsprozessen. Letztere haben allerdings bis heute weniger stark Arbeitskräfte sparende Effekte gezeigt als der Einsatz der Elektronik in der Industrie. Die Gegenargumente gegen Fourasties Grundannahme sind in zwei Richtungen weiter zu denken: zum einen in Richtung einer genauen Analyse, in welchen Dienstleistungsbereichen welche Formen von Rationalisierung und Technisierung greifen; zum anderen in Richtung auf die Wirkungskräfte für weitergehende Tertiarisierung der Erwerbstätigkeit.

Das zweite Argument richtet sich gegen die Annahme, dass der „ungeheure Hunger nach Tertiärem" (Fourastie) als konsumtheoretische Begründung für eine kontinuierliche Expansion von Dienstleistungsbeschäftigung unbegrenzt durch kommerzielle Dienstleistungsangebote befriedigt werden könne. Dem stehe – so vor allem mit unterschiedlichen Begründungen als implizite Gegenposition zu Fourastie Baumol (1967) und Gershuny (1981) – der Preis für Dienstleistungen und die begrenzte Kaufkraft von Konsumenten entgegen, die einen uneingeschränkten Massenkonsum von kommerziellen Dienstleistungen nicht zuließen. Baumol verweist auf die Kostenklemme, die entstehen muss, wenn immer weniger hochproduktive und hoch bezahlte Industriebeschäftigte immer mehr niedrig produktiven und entsprechend gering bezahlten Dienstleistern gegenüberstehen (wer soll dann die Dienstleistungen bezahlen?). Gershuny sieht eine andere Begrenzung der Dienstleistungsexpansion darin, dass viele Menschen teure Dienstleistungen beispielsweise im Haushalt durch technische Geräte und Eigenarbeit („Do it yourself"-Bewegung) ersetzen. Mit beiden Argumenten sind modelltheoretisch Grenzen für die Ex-

pansion von Dienstleistungen bezeichnet, bezogen auf die aber offen bleibt, welche tatsächliche Bremswirkung sie entfalten. Bisher haben sie jedenfalls keine Trendumkehr in der Beschäftigungsstrukturentwicklung bewirkt. Die begrenzte reale Stichhaltigkeit der Gegenargumente zu Fourastie lässt sich zum einen damit erklären, dass Baumol in seinen Lohn- und Preisbildungsannahmen die Verteilungsrelationen der industriellen Produktivitätsgewinne in Richtung relativen Massenwohlstands falsch eingeschätzt hat, zum anderen damit, dass die Dienstleistungsexpansion nur zum Teil konsumptionstheoretisch erklärt werden kann (s. u.).

Auch anders geartete konsumtheoretische Vorstellungen wie die sehr frühen von T. Veblen in seiner „Theory of the Leisure Class" (1953, zuerst 1899) und J. Baudrillards Vorstellungen eines spiralförmigen ständigen Zirkels von sozialer Distinktion und Egalisierung (1970) eignen sich nur begrenzt zur Erklärung der Dienstleistungsdynamik im Zeitverlauf. Die konsumptionstheoretischen Argumente bleiben alle zu sehr in der Perspektive individuellen Konsumverhaltens gefangen und vernachlässigen die strukturellen Triebkräfte der Dienstleistungsexpansion. Zu diesen gehören die Veränderung von Lebensstilen und Haushaltsformen, die häufig nicht ins individuelle Belieben gestellt sind. Wenn in einer Familie beide Partner erwerbstätig sind oder auch der Anteil von Singlehaushalten steigt, liegt eine Externalisierung von familialen Funktionen der Versorgung und Betreuung von Kindern und älteren Menschen nahe. Vielleicht noch intensiver wirken die infrastrukturellen Erfordernisse einer immer komplexer vernetzten und immer stärker wissensbasierten Organisation des Wirtschaftens und gesellschaftlichen Zusammenlebens. Von beiden strukturell bedingten Entwicklungen – Veränderung von Haushaltsformen und Lebensstilen und Ausbau der Bildungs-, Informations- und Kommunikationsinfrastruktur – lässt sich ein Großteil der Expansion der primären (z. B. der ganze Ausbau des Hotel- und Gaststättengewerbes), insbesondere aber der sekundären Dienstleistungen – vor allem der Ausbau der Erziehungs- und Wissenschaftsbereiche – seit der zweiten Hälfte des 20. Jahrhunderts erklären.

Erwerbstätigenstruktur und Arbeitsmarkt im Dienstleistungssektor

Schaut man sich die langfristige Entwicklung der Erwerbstätigkeit nach Wirtschaftssektoren an, so scheint sie wie eine eindrucksvolle Bestätigung der fourastieschen Voraussagen von 1949. Dies gilt selbst für Deutschland, das mit seiner relativ späten Industrialisierung, deren eigentliche take off Phase in den letzten Dekaden des 19. Jahrhunderts lag, einen spezifischen ökonomischen Entwicklungspfad einschlug. Dieser wird in der einschlägigen wirtschaftshistorischen und soziologischen Literatur als jener Typus einer „diversifizierten Qualitätsproduktion" (Streeck) beschrieben, der sich durch die Qualität der industriellen Produkte (nicht durch den Preis) im internationalen Wettbewerb durchsetzte, eine starke Exportorientierung aufbaute und bis heute mit großem Erfolg („Exportweltmeister") durchhalten konnte (Abelshauser 2004; Streeck 1997). Die Erfolgsgeschichte dieses spezifischen Industrialisierungspfades ließ die Dienstleistungsentwicklung in Deutschland später und langsamer voranschreiten als in anderen westlichen Gesellschaften und führte auch dazu, dass Deutschland in Politik und öffentlicher Meinung bis heute als Industrienation par excellence verstanden wird, was eine anhaltende Nachrangigkeit der Dienstleistungen im öffentlichen Bewusstsein begründet hat.

Selbst aber als Nachzügler der Tertiarisierung hat sich Deutschland dem ubiquitären Trend zu Dienstleistungen als dominierendem Wirtschaftssektor nicht entziehen können. Wegen des spezifischen Industrialisierungspfades, der bis heute eine hohe politische und normative Orientierung für die Gestaltung von Beschäftigungsverhältnissen und die Organisation von Arbeit ausstrahlt, bildet die im Folgenden dargestellte Entwicklung der Erwerbstätigenstruktur auch keineswegs die stärkste Dynamik des sektoralen Wandels der angloamerikanischen und europäischen Gesellschaften ab.

Bis 1880, dem Zeitpunkt des eigentlichen Beginns der Industrialisierung in Deutschland, war die Erwerbsstruktur noch eindeutig von der Landwirtschaft bestimmt, in der die Hälfte der Erwerbstätigen beschäftigt war (vgl. Abb. 1). Erst um die Wende zum 20. Jahrhundert schneiden sich die Er-

in %

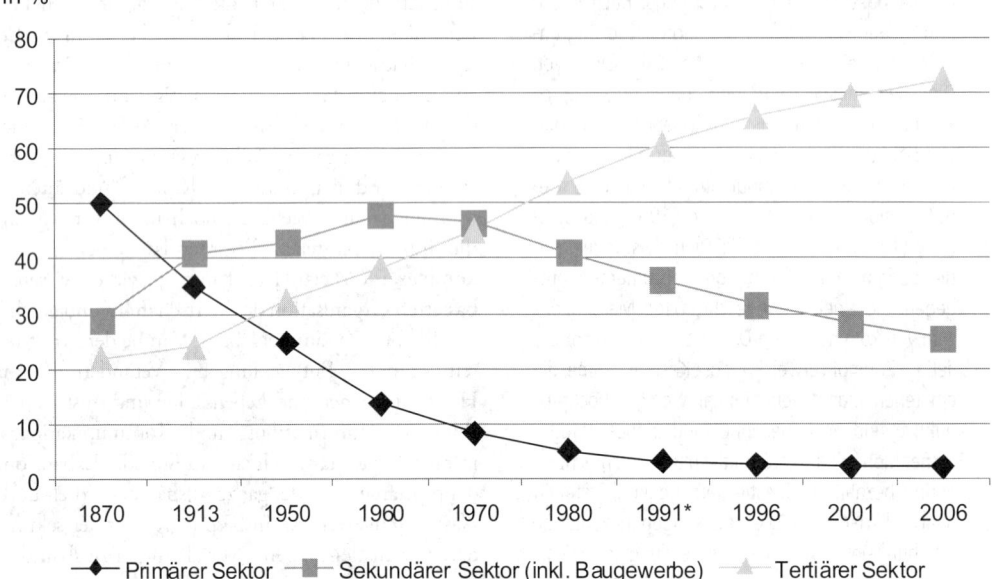

* Bis 1991 früheres Bundesgebiet, ab 1991 Deutschland.

Abb. 1: Erwerbstätige nach Wirtschaftsbereichen 1870 bis 2006 in Deutschland (Anteile an Erwerbstätigen insgesamt in Prozent) (Destatis/gesis-zuma/WZB 2008; für Daten vor 1950 Maddison 1995)

werbstätigenkurven, und gewinnt die industrielle Produktion das Übergewicht. In der Zeit bis zum ersten Weltkrieg bleibt der Anteil der Dienstleistungsbeschäftigung deutlich hinter den beiden anderen Sektoren zurück und verharrt zwischen einem Fünftel und einem Viertel. Aber bereits seit der Wende zum 20. Jahrhundert lässt sich bis in die 1960er Jahre ein paralleler Anstieg von sekundärem und tertiärem Beschäftigungssektor beobachten, und zwar sowohl relativ als auch absolut. Diese Parallelität verweist darauf, dass die Expansion der Industrie eine Ausweitung auch der Dienstleistungsbeschäftigung und eine Erhöhung der Erwerbstätigkeit insgesamt durch Einbezug von vorher nicht erwerbstätigen Bevölkerungsteilen (z.B. Frauen) nach sich zog (Baethge 1999).

Nach dem Zweiten Weltkrieg kommt eine starke Beschleunigung in den Wandel der sektoralen Erwerbstätigkeitsstruktur. Bereits in den 1950er Jahren, in der Wiederaufbauphase, verliert der primäre Sektor fast die Hälfte seines Erwerbstätigenbestands, um dann kontinuierlich weiter bis auf 2,4 % um die Jahrtausendwende abzunehmen. Der industrielle Sektor erfährt bis Mitte der 1960er Jahre noch einen leichten Anstieg auf annähernd 48 %, geht ab da aber rapide zurück und verliert bis 2006 fast 50 % seines Anteils an den Erwerbstätigen (noch 25,5 %). Die rasanteste Entwicklung nimmt die Erwerbstätigkeit im Dienstleistungssektor. Von 1950 (33 % Anteil) bis 2006 erhöht der Sektor seinen Erwerbstätigenanteil kontinuierlich und fast geradlinig auf 72 %, also knapp drei Viertel aller Erwerbstätigen, wobei sich die Wachstumskurve ab Mitte der 1990er Jahre etwas abschwächt.

Gegenüber der Industrie gewinnt der Sektor seit Anfang der 1970er ein Übergewicht, das nach der Jahrtausendwende sich in fast dem dreifachen Anteil an der Erwerbstätigkeitsstruktur ausdrückt. Man muss beachten, dass hier einer sektoralen Zuordnung der Erwerbstätigen gefolgt wird, d.h. die Erwerbstätigen, die in Landwirtschaft und Industrie Dienstleistungstätigkeiten wahrnehmen, sind dem primären und sekundären Sektor zugerechnet (Haisken-DeNew et al. 1997). Würde man sie (als z.B. Warenkaufleute der Landwirtschaft, Industriekaufleute, Konstruktionsingenieure u.a.) statistisch zum Dienstleistungssektor zählen, so dürfte der Erwerbstätigenanteil der Dienstleistungsbereiche bei gut 80 % liegen.

Ob sich die Entwicklung zur Tertiarisierung der Beschäftigung in jener sich ab Mitte der 1990er Jahre andeutenden abgeschwächten Form (vgl. Abb. 1) fortsetzen wird, lässt sich am ehesten beantworten, wenn man die bisher verfolgte *intersektorale* durch eine *intrasektorale* Betrachtung des Dienstleistungssektors ergänzt. Hierzu wird eine aktuelle Zukunftsprojektion herangezogen (vgl. Abb. 2), mit der zum einen die große Heterogenität des Aggregats Dienstleistungssektor verdeutlicht und zum anderen die Dynamik der einzelnen Dienstleistungsfelder in der Zukunft sichtbar gemacht werden können.

Die intrasektorale Betrachtung der funktionalen Tätigkeitsbereiche liefert endgültig den empirischen Beleg dafür, das Fourasties „ungeheurer Hunger nach Tertiärem" weniger in der Verschiebung der menschlichen Bedürfnisstruktur von materiellen Gütern auf immaterielle Dienste als vielmehr auch Resultat der strukturellen Entwicklung der industriellen Produktion ist. Mit ihrem Größenwachstum schuf sie zunehmend Funktionen in der Warendistribution und differenzierte die Arbeitsteilung sowohl unternehmensintern als auch mit Externalisierungen zwischen den unmittelbaren Herstellungsbereichen und kaufmännischverwaltenden und produktionsvorbereitenden Funktionen von Forschung und Entwicklung. Die Differenzierung in „primäre" und „sekundäre" Dienstleistungsbereiche in Abb. 2 trägt den unterschiedlichen Quellen der Dienstleistungsexpansion Rechnung: Der große Block der *primären Dienstleistungen* (2005 47,9 % an den Erwerbstätigen insgesamt) umfasst vor allem direkt oder indirekt auf die industrielle Produktion bezogene Berufstätigkeiten: Berufe im Warenhandel und Vertrieb (11 % Anteil 2005); Verkehrs-, Lager-, Transportarbeiten (9,2 %); Büro- und kaufmännische Dienstleistungsberufe (17,4 %).

Die *sekundären Dienstleistungsberufe* umfassen mit den technisch-naturwissenschaftlichen Berufen (2005 8,4 %), den Gesundheits- und Sozialberufen (11,2 %), den Lehrberufen (3,7 %), den künstlerischen, Medien-, Geistes- und Sozialwissenschaftlichen Berufen (3 %) sowie den Rechts-, Management- und Wirtschaftswissenschaftlichen Berufen (4,6 %) jene Berufsfelder, die zur Aufrechterhaltung der politischen und sozialen Infrastruktur moderner Wohlfahrtsstaaten unerlässlich und zum großen Teil staatlich organisiert sind. Bereits 2005 stellen die sekundären Dienstleistungen fast ein Drittel aller Erwerbstätigen. Sie sind in der

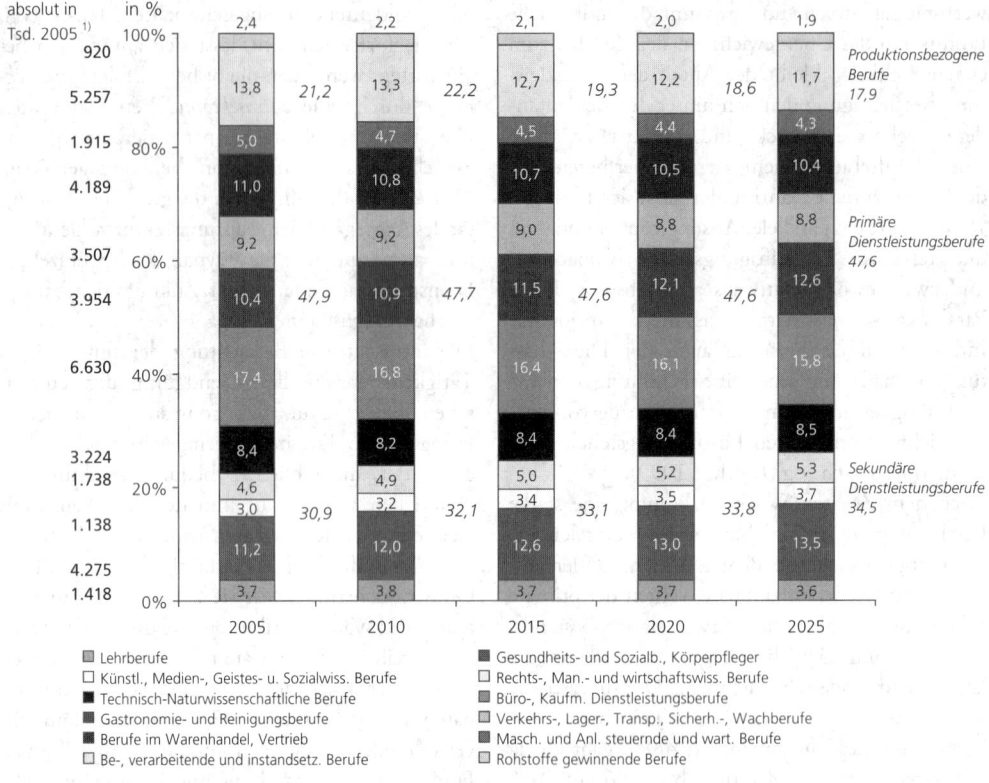

absolut in
Tsd. 2005 [1]

1) Bei den Absolutwerten handelt es sich um „Durchschnittswerte", bei denen das jährliche Arbeitsstundenvolumen aller Erwerbstätigen des jeweiligen Berufshauptfeldes (Vollzeit-, Teilzeit-, geringfügig Beschäftigte) durch die Zahl der tatsächlichen Erwerbstätigen dividiert worden ist. Würde man die empirische Arbeitszeitstruktur zugrunde legen, würde sich die Zahl der realen Erwerbstätigen in den Berufsfeldern erhöhen

Abb. 2: Arbeitskräftebedarf 2005 bis 2025 nach Berufshauptfeldern (Erwerbstätige) in % (Autorengruppe Bildungsberichterstattung 2010, 163)

Geschichte der Beschäftigung der Bereich, der bis in letzte Drittel des zwanzigsten Jahrhunderts den überwiegenden Teil der Expansion akademischer Berufe getragen hat (Riese 1967) und auch heute noch den größten Teil der Hochschulabsolventen absorbiert (Tremann et al. 2008).

Folgt man einer Differenzierung, die sich nur auf das beschäftigungsstatistische Gesamtaggregat Dienstleistungen bezieht, so stellen 2010 die personenbezogenen Dienstleistungen (Lehr-, Gesundheits- und Sozialberufe, Körperpflege, Hotel- und Gaststätten-/Reinigungsberufe sowie künstlerische und Medienberufe) etwa 30 % aller Dienstleistungstätigkeiten (Abb. 2). In der mittelfristigen Entwicklungsperspektive bis 2025 sind es diese Berufsgruppen, die in den Erwerbstätigenzahlen absolut und relativ

am meisten zulegen und dann über ein Drittel Anteil an den Erwerbstätigen des Dienstleistungssektors haben werden.

Arbeitsmarkt und Beschäftigungsverhältnisse

Gegenüber den industriellen Arbeitsmärkten und Beschäftigungsverhältnissen unterscheidet sich der Dienstleistungssektor recht fundamental. Waren erstere über Jahrzehnte hinweg vom männlichen Vollzeiterwerbstätigen geprägt, so verbindet sich die Expansion des Dienstleistungssektors mit der kontinuierlichen Ausweitung von Frauenerwerbstätigkeit und vielfältigen Formen von Teilzeitbeschäftigung. Damit kommen andere Regulations-bedürfnisse und Steuerungsperspektiven in die Arbeitsmärkte.

An den aktuellen Frauenanteilen lässt sich die Differenz zwischen den sektoralen Arbeitsmärkten zeigen: Beträgt der Frauenanteil an allen Erwerbstätigen in Deutschland 2008 ca. 45 %, so im industriellen Sektor nur 24 %, im Dienstleistungssektor dagegen 55 % (Abb. 3). In den größten Dienstleistungsberufsfeldern, vor allem in den personenbezogenen, stellen sie heute zwei Drittel bis drei Viertel der Beschäftigten (Gesundheits-, Veterinär- und Sozialwesen).

Mit der Dominanz der Frauen hat sich in vielen Dienstleistungsbranchen auch Teilzeitarbeit als gleichsam neues Normalarbeitsverhältnis etabliert, allerdings nicht mit den gleichen betrieblichen benefits wie bei Vollzeiterwerbstätigkeit. Die Benachteiligung von Frauen in der betrieblichen Weiterbildung (Autorengruppe Bildungsberichterstattung

2010, 143) mag dafür ein Indiz sein, die mangelnde Gleichstellung in Karrierechancen und Bezahlung sind andere Belege.

Mit der Expansion der Frauenerwerbstätigkeit gewinnen auch in der staatlichen Arbeitsmarktpolitik neue Bedürfnisse an Gewicht. Die Vereinbarkeit von Berufstätigkeit und Familienperspektive hat als neues arbeitsmarktpolitisches Regulationserfordernis in den letzten Jahren eine Reihe von sozial-, familien- und bildungspolitischen Aktivitäten freigesetzt (Autorengruppe Bildungsberichterstattung 2010, Kap. A, C und H). Unter der Dominanz industrieller Arbeitsmärkte war das nicht möglich, weil die industrielle Ordnung der Arbeit ganz auf den männlichen Vollerwerbstätigen ausgelegt war (vgl. Abschnitt 3.2).

Es liegt vermutlich nicht nur an den hohen Anteilen von weiblichen Erwerbstätigen, dass geringfügige und / oder atypische Beschäftigung in den Dienstleis-

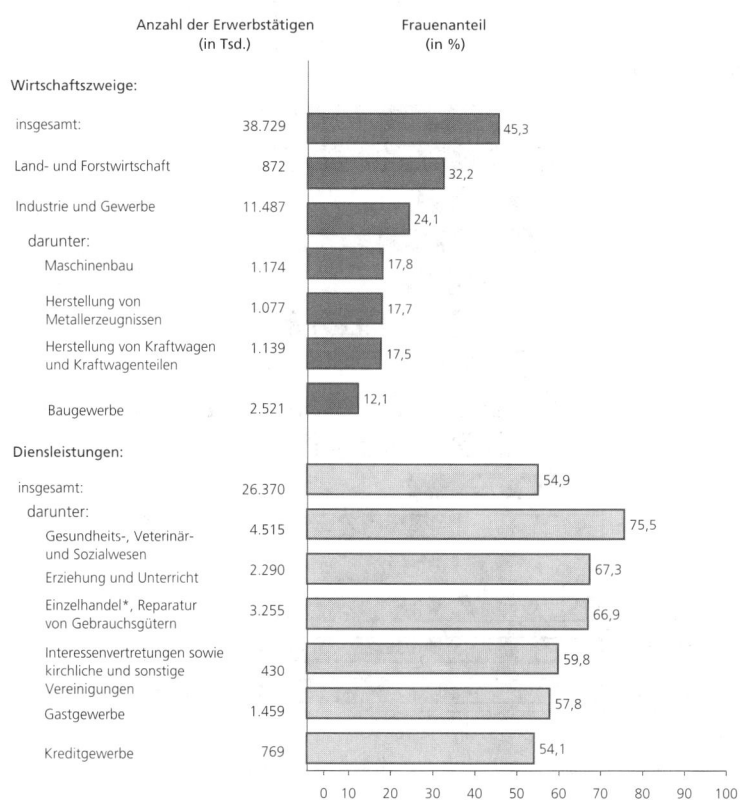

* ohne Handel mit Kraftfahrzeugen und ohne Tankstellen

Abb. 3: Frauenanteil an Erwerbstätigen in den größten Industrie- und Dienstleistungs-Wirtschaftszweigen 2008 (Statistisches Bundesamt, Mikrozensus 2008, eigene Berechnung)

tungsbranchen und bei den weiblichen Arbeitskräften kumuliert. 11 % der weiblichen Beschäftigten arbeiten im Dienstleistungssektor in geringfügiger Beschäftigung von 1 bis unter 15 Stunden (nach Mikrozensus 2008, eigene Berechnung). Das Ausmaß atypischer Beschäftigung, in die unterschiedliche vom Normalarbeitsverhältnis abweichende Merkmale aufgenommen wurden (vgl. Abb. 4, FN), ist sehr viel größer. Es erreicht für Frauen überall eine sehr viel höhere Größenordnung als für Männer – zumeist mehr als doppelt so hoch – und liegt in den größten Dienstleistungsfeldern zwischen annähernd 40 % und 50 %. Das Problem dieser Beschäftigungsverhältnisse, die keineswegs immer von den betrieblichen Bedingungen erzwungen werden, liegt darin, dass sie sich oft mit wenig attraktiver Arbeit und geringen beruflichen Entwicklungschancen verbinden. Hohe Anteile atypischer Beschäftigung signalisieren in der Regel ökonomische, vor allem aber soziale Instabilität der entsprechenden Arbeitsmärkte, jeden-

falls soweit es sich bei der Atypik um geringfügige Beschäftigung, befristete Arbeitsverträge oder Leiharbeit handelt. Bei den Dienstleistungssektoren trifft das für den Einzelhandel, das Gastgewerbe, die Nachrichtenübermittlung und die gering qualifizierten wirtschaftlichen Dienstleistungen, allerdings auch für Interessenvertretungen sowie kirchliche und sonstige Vereinigungen und einen Teil des Gesundheits- und Sozialwesens zu. Esping-Andersen (1993) hat für einen Teil von Dienstleistungssektoren den Begriff der „Übergangsbeschäftigungsbereiche" geprägt. Gemeint sind damit Beschäftigungsfelder, in denen Personen arbeiten, die keine Berufs-, sondern nur eine Übergangs-Job-Perspektive verfolgen wie Schüler und Studenten, Gelegenheitsarbeiter, auch Rentner oder Hausfrauen, die sich etwas hinzuverdienen, aber nicht dauerhaft beruflich binden wollen.

Wo immer die Ursachen für atypische Beschäftigung liegen, ob in individuellen Wünschen oder in betrieblichen Kalkülen: der massenhafte Sachver-

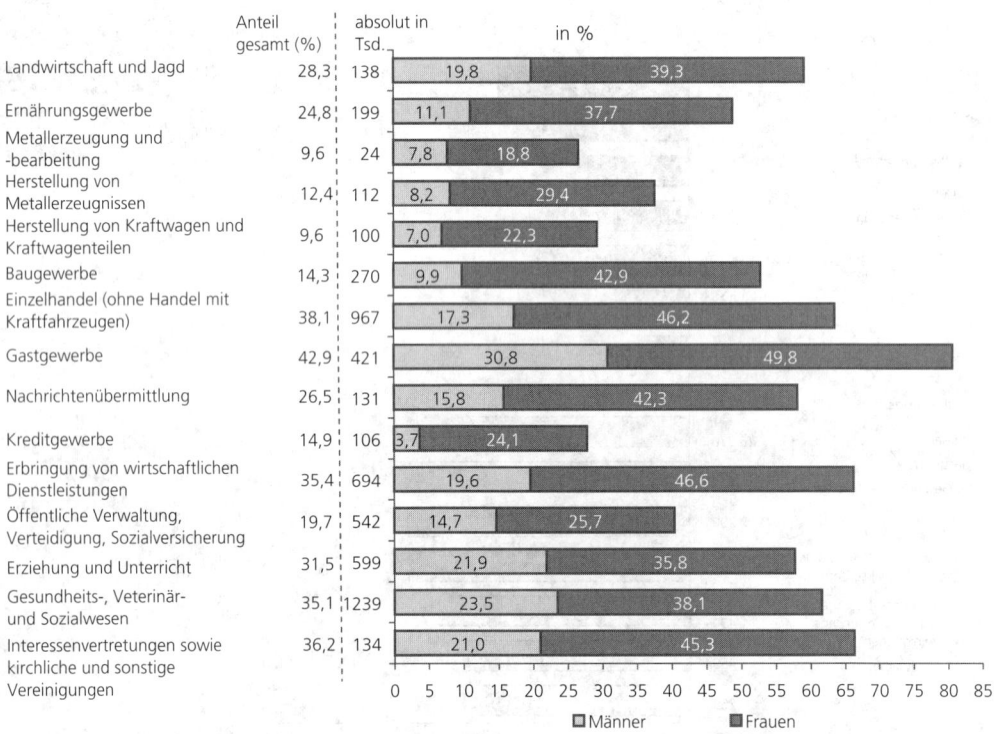

1) Als atypische Beschäftigung klassifiziert wurde, wenn wenigstens eines der folgenden Merkmale erfüllt war: Teilzeit bis 20 Std., ausschließlich geringfügig beschäftigt, befristeter Arbeitsvertrag, Leiharbeit.

Abb. 4: Atypische Beschäftigung ¹) in ausgewählten Wirtschaftszweigen nach Geschlecht (in %) (Mikrozensus 2007 SUF, eigene Berechnungen)

halt solcher atypischer Beschäftigung drückt immer berufliche Instabilität aus. Dass so viele Dienstleistungsbranchen sie repräsentieren, zeigt, dass die optimistischen Erwartungen der klassischen Theorie zur Dienstleistungsgesellschaft von der Realität nicht erfüllt werden. Diffuse individuelle Beschäftigungsmotivationen, die Ferne gerade von weiblichen Arbeitskräften zu gewerkschaftlicher Organisation und betriebliche Profitinteressen scheinen hier eine etwas undurchschaubare Allianz einzugehen, die die Perpetuierung und Ausweitung atypischer Beschäftigung bewirkt.

Dienstleistungsarbeit als interaktive Arbeit

Zum Problem der Analyse von Dienstleistungsarbeit

Wo immer sie auch ausgeübt werden: Fast überall sind Dienstleistungstätigkeiten *interaktive* Arbeit. Das heißt eine Arbeit, die unmittelbar bedürfnisbezogen auf ein konkretes Gegenüber gerichtet ist, dessen Wille die Richtschnur für das Arbeitshandeln abgibt (bzw. abgeben sollte), selbst wenn der Wille oder das Bedürfnis nicht in präzisen Anweisungen artikuliert werden kann. Das Bedürfnis des Gegenüber – handele es sich um einen Kunden im Warenaustausch, um einen Klienten im Beratungs- oder Betreuungsgeschäft oder einen Patienten im Pflege- und Gesundheitswesen – zu präzisieren und gemeinsam Wege zu seiner Befriedigung zu erarbeiten, macht den Kern der Interaktivität von Dienstleistungsarbeit aus. Das Gegenüber ist nicht nur Adressat, sondern zugleich Mitproduzent der Tätigkeit (schon früh Badura/Gross 1976; Gross 1983); hierin liegt ein fundamentaler Unterschied zur Industriearbeit. Dieser Typ von Arbeit findet sich am stärksten ausgeprägt in allen personenbezogenen sozialen und Gesundheitsdienstleistungen, weiter in allen Beratungs- und Kommunikationsdienstleistungen von Banken und Versicherungen bis zur Arbeitsverwaltung und zu Call-Centern. Man kann darüber streiten, ob nicht selbst die beträchtliche Anzahl von back-office Tätigkeiten in den Verwaltungen großer Dienstleistungsunternehmen indirekt interaktive Arbeit darstellt, da sie Zuarbeits- und Nacharbeitstätigkeiten für unmittelbare Kundenkontakte verrichten.

Eine solche vom unmittelbaren Arbeitsprozess und Tätigkeitsinhalt ausgehende Definition kann im Sinne der Unterscheidung von M. Kohn (1977) zwischen „Umgang mit Sachen", und „Umgang mit Personen" eine Differenz zwischen industrieller (gegenstandsbezogener) und Dienstleistungsarbeit (personenbezogen) sichtbar machen. Zur Analyse der unterschiedlichen Formen und Probleme von Dienstleistungsarbeit greift sie zu kurz, da die systemischen Dimensionen der Arbeit in der Definition ausgeblendet sind. Wie alle Erwerbsarbeit aber ist auch Dienstleistungsarbeit in die institutionellen Ordnungen eingebunden, in denen sich die Wirtschaft einer Gesellschaft bewegt, ob sie beispielsweise mehr privater Kapitalverwertung dient und auf Wettbewerbsmärkten operiert oder sich mehr in politisch definierten, idealiter am Gemeinwohl orientierten Institutionen bewegt.

Ob man interaktive Arbeit eng prozessual oder systemisch mit Blick auf die Formbestimmtheit der Arbeit definiert, ist für die Analyse von Dienstleistungstätigkeiten folgenreich. Nicht nur im pädagogischen und therapeutischen Bereich liegt es nahe, Dienstleistungsarbeit im Rahmen interaktionstheoretischer Konzepte zu analysieren. In dem Teil der Arbeitssoziologie, die sich in der Tradition subjektorientierter Soziologie versteht, wird Interaktivität von Arbeit geradezu zu einem neuen arbeitssoziologischen Paradigma stilisiert (vgl. das Handbuch Arbeitssoziologie von Böhle et al. 2010). Dienstleistungen werden hier als Arbeit bezeichnet, die sich dadurch auszeichnet, „dass Beschäftigte im Arbeitsprozess, Experten und Klienten, Dienstleistungsbeschäftigte und Kunden aktiv zusammenarbeiten müssen, damit die Arbeitsaufgabe erfüllt oder die Dienstleistungen erbracht werden kann" (Dunkel/Weihrich 2010, 177). Mit dem Verweis, dass interaktive Arbeit „durch betriebliche Herrschaft nur begrenzt organisierbar" sei (Dunkel/Weihrich 2010, 177), wird der kritischen Industrie- und Arbeitssoziologie vorgeworfen, sie habe Arbeit zu sehr nur aus der Herrschaftsperspektive der Organisation von oben betrachtet und den interaktiven Charakter konkreter Arbeitsvollzüge so systematisch vernachlässigt (Dunkel/Weihrich, 178). Die Kritik ist insoweit berechtigt, als die Arbeits- und Industriesoziologie in Deutschland lange Zeit auf industrielle Arbeit bezogen war und aus ihr auch ihre zentralen Fragestellungen und Analysekategorien bezogen hat; die Dienstleistungsarbeit ist – von wenigen Ausnahmen abgesehen – erst in den 1980er Jahren zum relevanten Forschungsfeld geworden (Baethge / Oberbeck 1986). Allerdings spielte Interaktion auch in der klassischen Industriesoziologie in Form von Kooperation und Kommunikation immer eine zentrale Rolle. Man muss sich nur die frühen Studien zur Industriearbeit von Popitz et al. 1957 und ihre Systematisierung von Kooperationsformen ansehen. Erinnert sei auch daran, dass in den Begriffen der „informellen Organisation", die zu den frühesten Kategorien der Industriesoziologie zählt, die Interaktion der Arbeitenden unten als Gegensatz zur Herrschaftsorganisation von oben eine zentrale Bedeutung hatte.

Der Unterschied liegt aber darin, dass Interaktion und Kommunikation in der Analyse der Industriearbeit als Mittel zur Erreichung des Zwecks der Produktherstellung behandelt worden ist, nicht aber als Inhalt der Tätigkeit selbst, wie es in vielen Dienstleistungstätigkeiten der Fall ist. In der Tat erhält dadurch interaktive Arbeit einen neuen Charakter.

Es mag verführerisch sein, diesen neuen Charakter von Interaktion in der Arbeit zum Wesentlichen der Analyse von Dienstleistungstätigkeiten zu machen. Dies allerdings wäre nur dann gerechtfertigt, wenn der Nachweis gelänge, dass die Interaktion in den Arbeitsprozessen die institutionellen Formen, in denen sie sich vollzieht, ausschalten und tatsächlich als herrschaftsfreie Interaktion zwischen Dienstleister und Kunde / Klient / Patient ablaufen kann. Dieser Nachweis gelingt den von der subjektorientierten Soziologie kommenden Autoren bisher nicht, sie versuchen nicht einmal, ihn anzutreten. Der einfache Hinweis darauf, dass interaktive Arbeit „durch die betriebliche Herrschaft nur begrenzt organisierbar" sei (s.o.), artikuliert zunächst einmal nur das Kontroll-Dilemma, in dem sich Unternehmen gegenüber jenen Beschäftigten befinden, die diesen Typ von Arbeit ausführen. Er besagt nicht, dass die betriebliche Herrschaft die Arbeiten nicht doch so weit wie möglich steuert und kontrolliert. Die Geschichte der Angestelltensoziologie handelt fast von nichts anderem als von diesem Kontroll-Dilemma und den Versuchen der Kapitaleigner, es durch „weiche" Formen oder Steuerung und Kontrolle in den

Griff zu bekommen. Erst die Verbindung von (arbeits-)prozessualen Aspekten der Interaktivität und systemischen Merkmalen ihrer institutionellen Formbestimmtheit verspricht eine angemessene wissenschaftliche Analyse von Dienstleitungsarbeit.

Was in den vorherigen Ausführungen wie ein akademischer Schulen-Streit erscheinen mag, hat einen harten praktischen Kern. Er bezieht sich auf Formen der Arbeitsteilung, auf Leistungs- und Pensumsdefinitionen für Dienstleistungsarbeit, auf Normierung der Arbeit, auf Leitbilder für Dienstleistungsqualität, auf Handlungsspielräume in der Arbeit und mögliche Konflikte zwischen Dienstleistungstätigen und Unternehmensmanagement. All diese Aspekte betreffen nicht allein die Arbeitssituation und die Qualität der Arbeit für die Beschäftigten, sie prägen immer zugleich auch die Qualität der Dienstleistung für Kunden und Klienten. Darin unterscheidet sich Dienstleistungsarbeit grundlegend von industrieller Herstellungsarbeit, in der ein solch enger Zusammenhang von Qualität der Arbeit und Qualität des Produkts nicht existiert.

Das Spannungsverhältnis zwischen Funktionalität und institutioneller Organisation von Dienstleistungsarbeit

Zwei Jahrhunderte industriekapitalistischer Arbeitsorganisation haben die Normen für Arbeit so tiefgreifend geprägt – zumal in einer Industriegesellschaft par excellence wie Deutschland –, dass nicht in kurzen Zeiträumen mit Auflösung der institutionalisierten Handlungsmuster für Arbeit zu rechnen ist, selbst wenn die industrielle Arbeit nur noch eine Minderheit der Beschäftigungsverhältnisse ausmacht (s. Abschnitt 2). Institutionen sind das Beharrungs- und Trägheitsmoment in der gesellschaftlichen Entwicklung (Janossy 1966), während die Arbeitsprozesse das vorwärtstreibende Moment abgeben. Es ist dieses Nachwirken industrialistischer Arbeitsvorstellungen und -normierungen, die bis heute die Expansion der Dienstleistungen wie auch ihre Arbeitsverhältnisse beeinträchtigt.

Man kann das industrielle Arbeitsmodell, das sich im 19. und 20. Jahrhundert sukzessive herausgebildet und eine hohe normative Verbindlichkeit erlangt hat, durch folgende Merkmale charakterisieren:

- Eine stark vom hierarchisch organisierten Groß- und Mittelunternehmen geprägte Betriebs- und Arbeitsorganisation, mit klaren Kompetenzabgrenzungen zwischen Funktionsbereichen, Abteilungen und Beschäftigtengruppen;
- ein Produktionskonzept der Standardisierung von Produkten und Prozessen (vgl. Cohen 2001) mit entsprechenden Anforderungen an Disziplin und Ordnung, um die economies of scale nutzen zu können (deutlichster Ausdruck dieses Konzepts: tayloristische Arbeitsorganisation);
- ein bestimmtes, sehr striktes Arbeitszeit-Regime mit betrieblich gebundenem 8-Stunden-Tag bzw. 40-Stunden-Woche, das als Normalarbeitsverhältnis zur beschäftigungsstrukturellen und gesellschaftlichen Norm geworden ist;
- ein an das (Normal)Arbeitsverhältnis gebundenes Sozialversicherungssystem, das die Höhe der Altersversorgung an die geleistete Arbeitszeit bindet und Vollzeitarbeit begünstigt;
- eine spezifische, am Facharbeiterprofil ausgerichtete Berufsausbildung, die wesentlich durch ihre unmittelbare Einbindung in betriebliche Arbeitsprozesse bestimmt ist, und eine frühe Sozialisation in das Arbeits-, Organisations- und Normengefüge industrieller Produktion bewirkt;
- ein auf Beruflichkeit und interne Arbeitsmärkte ausgerichtetes Modell der sozialen Mobilität, das eher Sicherheit und Betriebstreue als Risikobereitschaft und Mobilitätsaspirationen prämiert.

Mit der idealtypischen Skizze der industriegesellschaftlichen Ordnung der Arbeit verbindet sich nicht die Behauptung, dass die Arbeitsrealität in den Produktionsbetrieben ihr immer genau entsprochen hätte und heute noch in allen Betriebstypen entspräche. Institutionelle Ordnungen stellen Orientierungsrahmen für organisationales Handeln in den Unternehmen dar, deren Befolgung nach den stofflichen Bedingungen der Arbeitsprozesse (ob man Autos oder Kleider herstellt) und den jeweiligen Marktkonstellationen (z. B. Massenkonsum oder an individuellen Bedürfnissen ausgerichtete Märkte) variieren kann. Diese Ordnung der Arbeit, die ihre Blütezeit in Deutschland in der langen Phase fordistischer Produktion von Beginn bis ins letzte Drittel des 20. Jahrhunderts gehabt hat, bröckelt selbst innerhalb der Industrie in den Bereichen, die im Zuge eines Wandels von Hersteller- zu Verbrauchermärkten sich zunehmend um eine Individualisierung der Güterproduktion bemühen (Schumann 2004; Reichwald et al. 2000).

Man kann in diesem Zusammenhag von einer doppelten „Tertiarisierung" industrieller Produktion sprechen: zum einen durch eine verstärkte Kundenorientierung im Zuge von mass customization-Konzepten und open innovation (Reichwald / Piller 2006), zum anderen durch Ausbau der indirekten Bereiche in der Industrie als „interne Tertiarisierung", zu der auch die traditionellen Organisationsmuster der Industriearbeit immer weniger passen (Baethge 2001).

Man kann im Rahmen eines Artikels nicht die Vielfalt von Dienstleistungstätigkeiten daraufhin durchbuchstabieren, wie sehr und in welchen Dimensionen eine industrialistische Arbeitsorganisation für sie dysfunktional wirken könnte. An zwei zentralen Aspekten der industriellen Arbeitsordnung, der *Betriebsorganisation* und dem *Zeitregime*, lassen sich die Probleme ihrer Übertragung auf Dienstleistungsarbeit verdeutlichen.

- Eine *großbetriebliche Organisation* stößt schnell an die Grenzen der Funktionsbedingungen von Dienstleistungen. Eine Tendenz zu Großbetrieben beschränkte sich deswegen auch lange Zeit auf die Zentralverwaltungen von Dienstleistungsunternehmen (z. B. Banken, Versicherungen, Einzelhandel, Industrieverwaltungen). Sie hat seit den 1960er Jahren auch Einzug im Gesundheitswesen gefunden, bildet aber bis heute nicht den Prototyp betrieblicher Organisation in den Dienstleistungsfeldern insgesamt. Entsprechend dem uno-actu-Prinzip von Erstellung und Konsum von Dienstleistungen ist der Großteil von Dienstleistungen, vor allem die personenbezogenen, lokal gebunden. Dieser Sachverhalt setzt dem Größenwachstum von Dienstleistungsbetrieben eine Grenze: Einzelhandelsgeschäfte, Hotels und Gaststätten oder Banken und Sparkassen, auch Krankenhäuser, Pflegeeinrichtungen, Schulen und Kindergärten sind typischerweise in Klein , allenfalls Mittelbetrieben organisiert. Sowohl auf der Ebene des Produkts als auch der Organisation entstehen dadurch „quasi-natürliche" Begrenzungen für die industrialistische Ordnung: auf der Produktionsebene in Richtung Standardisierung und Skalenerträge, auf der Ebene der Arbeitsorganisation in Richtung Hierarchisierung und Tiefe der Arbeitsteilung. Wo diese Grenzen missachtet werden, entstehen schnell Probleme der Qualität von Dienstleistungen. Beide Begrenzungen auf der Betriebs-, d.h. der Arbeitsebene des Dienstleistungserstellungsprozesses, haben auf der Steuerungsebene der kommerziellen Unternehmen Reaktionen zur Überwindung der Grenzen hervorgerufen. Zu ihnen gehören die Bündelung aller wichtigen Entscheidungen in der Unternehmenszentrale und detaillierte Steuerungsvorgaben für die Prozessorganisation auf der operativen Arbeitsebene der Betriebe, Standardisierung von Funktionen (z.B. in telekommunikativen Diensten wie Callcenter) oder von Produkten und Sortimenten (z.B. im Einzelhandel), verstärkte Funktionsdifferenzierung und Technisierung der Arbeitsabläufe. Auf diesem Weg können auch bei Kleinbetrieben sowohl Skalenerträge als auch arbeitsorganisatorische Rationalisierungseffekte erzielt werden – oft allerdings um den Preis von Qualitäts- und Servicereduktion und Dequalifizierung des Personals.

- Das typische *Zeitregime* der industriellen Arbeitsorganisation, der strikte betrieblich gebundene 8-Stunden-Tag und die 38- oder 40-Stunden Woche, verdankt seine Entstehung und Funktionalität – systematisch betrachtet – einer doppelten Konstellation, einer produktions- und einer gesellschaftsstrukturellen: Produktionsstrukturell entspricht es am ehesten den Bedingungen der Phase mechanisierter und automatisierter Produktion, in der die unmittelbare Herstellungsarbeit den überwiegenden Teil der betrieblichen Belegschaften beschäftigte. Gesellschaftsstrukturell folgt es dem männlichen Haupternährer-Modell. Beide Bedingungskonstellationen sind heute als Durchschnittsbedingung nicht mehr gegeben, und zwar weder in der Industrie noch (und viel weniger) im Dienstleistungssektor.

Mit der zunehmenden internen Tertiarisierung der Industriearbeit aufgrund des zunehmenden Gewichts von Forschung, Entwicklung, Planung, Marketing, Kundenservice u. a. wird die rigide fremdbestimmte Zeitorganisation des industriellen Fabrikregimes zunehmend zur Fessel von Produktivität und Innovation auch in der Produktion (vgl. Baethge et al. 1995). Noch besser sichtbar werden die Grenzen des industrialistischen Zeitregimes bei den ausgelagerten Forschungs-, Entwicklungs- und Datenverarbeitungsbetrieben. Wer sich die Zeit-

organisation in Forschungslabors (Kalkowski / Mickler 2009) oder Softwarebetrieben (Reichwald et al. 2004) anschaut, wird in den erfolgreichsten gerade nicht die industriellen Muster von Zeit- und Arbeitsorganisation vorfinden.

Für moderne Dienstleistungen fast jedweden Typs treffen die Bedingungen des industriellen Zeitregimes nicht nur nicht zu, die Übertragung der Zeitordnung erweist sich in vielen Fällen sogar als dysfunktional. Dies nicht allein, weil in den meisten Dienstleistungsbereichen keine Maschinenlaufzeiten den Arbeitsrhythmus bestimmen, sondern weil moderne Technik und Dienstleistungsfunktionen effizientere und flexiblere Arbeitszeiten sowohl erfordern als auch ermöglichen. Stellte die industrielle Produktionstechnik eine relativ starre Technologie dar, welche Raumgebundenheit der Arbeitskräfte verlangt, so zeichnet sich moderne Informations- und Kommunikationstechnik als die Basistechnologie in den Dienstleistungen gerade dadurch aus, dass sie die Raum- und Zeitbindung der Arbeit aufzulösen gestattet und damit vielfältige Möglichkeiten der Zeitorganisation eröffnet – von diversen Formen der Teilzeitarbeit bis hin zu räumlich zwischen Betrieb und Wohnung verteilter Arbeit (Reichwald et al. 2001).

Mit verbesserten Organisationsmethoden lässt sich auch ein prozess- und bedürfnisbezogenes Zeitregime, das in vielen Dienstleistungsfeldern notwendig ist, leichter realisieren. Die Notwendigkeit flexibler Zeitorganisation hat etwas mit dem kommunikativen Charakter von Dienstleistungsarbeit, von dem her sich ihre Qualität bestimmt, zu tun. Ein Beispiel mag dies verdeutlichen: Ein Maurer kann Schlag 17.00 Uhr die Kelle fallen lassen, das Fließband bei definiertem Schichtende zum Stehen gebracht werden, selbst der Drucker kann den Buchdruck unterbrechen, ohne dass sich in all diesen Fällen irgend etwas an der Qualität der Produkte ändert. Nicht so die Altenpflegerin, die eine hilfebedürftige Klientin betreut, oder der Kundenberater oder der Arzt, der einen Kranken zu versorgen hat – sie müssen, wollen sie auch nur ihren Job gut machen, ihre Zeitorganisation bis zu einem gewissen Grad am Bedürfnis und Prozess orientieren.

Auch von der Beschäftigtenseite her erscheint das traditionelle Zeitregime wenig bedürfnisangemessen. Nachdem mit Durchsetzung der Dienstleistungsökonomie auch die Frauenerwerbstätigkeit angestiegen ist, stellt sich das Problem einer Zeitorganisation, die eine bessere Vereinbarkeit von Arbeit und Privatleben gestattet, mit einem höheren gesellschaftlichen Druck, und das nicht nur für weibliche Arbeitskräfte. Flexiblere Zeitstrukturen könnten beiden Seiten, den Kunden oder Klienten und den Beschäftigten, zugute kommen. Allerdings besteht die Kehrseite der Flexibilisierung der Zeitstrukturen oft in dem Ausbau auch unfreiwilliger Teilzeitarbeit und geringfügiger Beschäftigung, die heute in den Dienstleistungsbranchen stärker vertreten sind als in der Industrie (s. o.).

Qualifikationsstrukturen von Dienstleistungsbeschäftigung

Auch wenn die Heterogenität von Dienstleistungstätigkeiten mit Bezug sowohl auf die Inhalte als auch auf die Qualifikationsniveaus, auf denen die Tätigkeiten ausgeübt werden (von der einfachen Bürokraft bis zum Topmanager oder hochspezialisierten Chirurgen) ungemein groß ist, lassen ich doch zwei qualifikatorische Basisdimensionen ausmachen, die für die meisten Dienstleistungstätigkeiten eine hohe Bedeutung haben: *Kommunikationsfähigkeit und Wissen*. Auch wenn beide Qualifikationsdimensionen auch in früheren Zeiten für Erwerbsarbeit Relevanz hatten, gehen sie bei moderner Dienstleistungsarbeit eine Kombination ein und erreichen einen Stellenwert, den sie in früheren Zeiten und in der Industriearbeit nicht besaßen. Die neue Qualität beider Qualifikationsdimensionen resultiert aus dem Zusammenhang von interaktiver (Dienstleistungs-) Arbeit und dem fortgeschrittenen Stadium der Wissensbasierung aller Arbeits- und Kommunikationsprozesse.

Kommunikation

Wie schon betont, wird Kommunikationsfähigkeit als fachübergreifende Kompetenz bei interaktiver Arbeit die Basiskompetenz. Sie bezieht sich damit nicht wie in der industriellen Arbeit vorrangig auf die Kooperation mit Kollegen und Vorgesetzten in der gemeinsamen Bearbeitung eines Gegenstands oder einer Aufgabe (dieser Typ von Kommunikation spielt selbstverständlich auch eine Rolle). Das Neue ist, dass Kommunikation sich auf Kunden / Klienten / Patienten als Ko-Produzenten der Dienstleistung richtet und in vielen Feldern den Kern der Dienstleistung darstellt, weil Erstellung und Konsumtion der Leistung in einem Akt zusammenfällt. Dies gilt beispielsweise für alle Beratungs-, Betreuungs-, Lehr- / Lern- und Therapieleistungen. Wie sehr dies der Fall ist, lässt sich an einer internationalen Vergleichsstudie über die Aufgaben- und Qualifikationsstruktur mittlerer Fachkräfte ablesen, in der Experten aus acht Ländern für die beiden großen Berufsfelder der Sozial- und Gesundheitsdienstberufe und der kaufmännischen Berufe (business administration) Kommunikationsfähigkeiten als die berufsübergreifende Basiskompetenz hoch bewertet haben (Baethge / Arends 2009).

Das unterschiedliche Gewicht, das Kommunikationsfähigkeit in Industrie- und Dienstleistungsfachkräftetätigkeiten hat, wird durch die repräsentative Studie von Hall u. a. (2007) an vier Dimensionen sozialer Kompetenz eindrucksvoll ausgewiesen. In allen vier Dimensionen („Andere überzeugen und Kompromisse aushandeln; Freie Reden oder Vorträge halten; Kontakte zu Kunden, Klienten oder Patienten; Besondere Verantwortung für andere Menschen") zeigt sich eine klare Stufung von den Produktionsberufen zu den primären und sekundären Dienstleistungsberufen (vgl. Abb. 5). Die mit Abstand höchsten Werte erreichen die sekundären Dienstleistungsberufe, bei denen die Sozial- und Gesundheitsdienstberufe im Fachkräftesektor zahlenmäßig dominieren.

Wissen

Es ist genauer, von wissensbasierten Kompetenzprofilen und nicht nur einfach von Wissen zu sprechen. Es geht um die spezifische Art des Wissens, die auch den zentralen Unterschied zwischen Dienstleistungs- und Produktionsberufen ausmacht. Idealtypisch kann man den Unterschied als einen zwischen *explizitem* und *implizitem* Wissen charakterisieren. Die beiden von Polanyi (1985) und Nonaka / Takeuchi (1997) theoretisch ausdifferenzierten Kategorien bezeichnen im einen Fall, dem impliziten Wissen, ein Erfahrungswissen, das in unmittelbaren Lebens- und Arbeitskontexten erworben und weitergegeben wird und das sehr eng an die jeweilige Person und spezifische Handlungssituation gebunden ist. Im anderen Fall, beim expliziten Wissen, handelt es sich

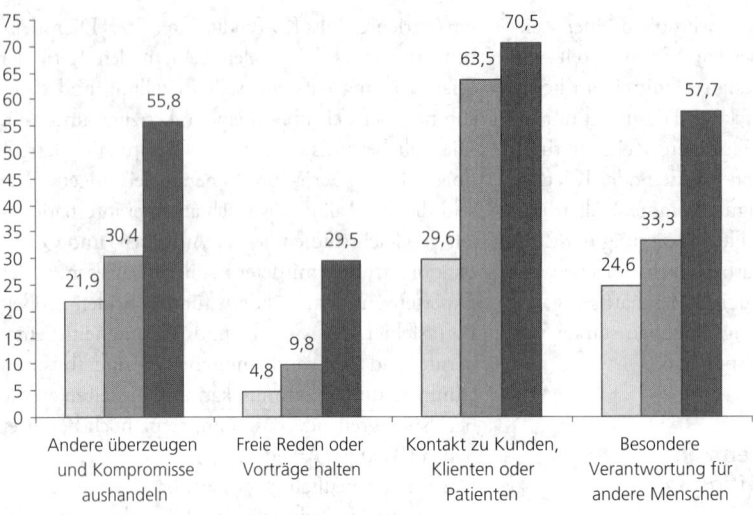

☐ Produktionsberufe ■ Primäre Dienstleistungsberufe ■ Sekundäre Dienstleistungsberufe

Abb. 5: Anforderungen an Sozialkompetenzen nach Berufssektoren. BIBB/BAuA Erwerbstätigen-
befragung 2006 (Hall 2007, 180)

um theoretisches, codifizierbares Wissen, das per-
son- und situationsübergreifend ist und in Schulen
und Hochschulen vermittelt werden kann. Es ist
dieser Typ des Wissens, den Bell (1975) als „axiales
Prinzip" nachindustrieller Gesellschaften im Auge
hat. Wiederum idealtypisch lässt sich das implizite
Wissen den handwerklichen und industriellen Arbeitsprozessen, das explizite Wissen eher Dienstleistungstätigkeiten als dominante Wissensform zuordnen. Der Verweis auf „dominante Wissensform" soll
das Missverständnis vermeiden helfen, dass es sich
um in realen Arbeitsprozessen entgegengesetzte
Wissenstypen handele. In der Realität treten beide
Wissensformen in jeweils unterschiedlicher Stärke
gemischt auf.

Diese Differenzen in den Mischungsverhältnissen
machen einen sich zunehmend verkleinernden Unterschied zwischen Produktions- und Dienstleistungsberufen aus. Beiden gemeinsam ist, dass heute
hohe kognitive Analysekompetenzen eine zunehmende Rolle spielen, sowohl als Voraussetzung dafür, im Arbeitsprozess überhaupt Erfahrungen machen als auch konkrete Arbeitsprobleme lösen zu
können. Die internationale Vergleichsstudie zu den
Qualifikationsprofilen von Fachkräften zeigt beispielhaft für die personenbezogenen Dienstleistungen des social and health care Bereichs, dass die
überwiegende Zahl auch der praktischen Abschluss-

prüfungsaufgaben unterschiedliche Wissensbestände
voraussetzen, um in die Problemsituationen von
alten, kranken und anderen unterstützungsbedürfti-
gen Personen überhaupt angemessen intervenieren
zu können (Baethge / Arends 2009).

Für die Berufsausbildung heißt das, dass sie nicht
nach dem traditionellen Muster der en-passant-
Lehre, für die das Prinzip „Zuschauen und Nachahmen" steht, organisiert werden kann. Es bedarf,
damit arbeitsintegrierte Ausbildungssequenzen greifen können, wissensbezogener Sequenzen der Vorbereitung und Begleitung. Die kognitiv-reflexiven
Kompetenzen spielen gerade bei personenbezogenen
Dienstleistungen immer wieder eine wichtige Rolle.

Die Qualifikationsstruktur

Man könnte annehmen, dass die große Bedeutung
von Kommunikations- und Wissenskompetenzen
jene optimistischen theoretischen Vorstellungen
zur nachindustriellen Gesellschaft, dass es zu einer
kontinuierlichen Anhebung des Qualifikationsniveaus der Erwerbsarbeit kommen werde, bestätigt. Die Realität der Dienstleistungstätigkeiten
sieht anders aus. Die aktuellen Daten zur Qualifikationsstruktur der quantitativ relevantesten Berufsgruppen zeigt eine doppelte Polarisierung der

Dienstleistungstätigkeiten: zum einen *zwischen* stark wissens- und qualifikationsintensiven und wenig qualifikationsintensiven Berufsgruppen, zum anderen einer Polarisierung *innerhalb* einer Berufsgruppe zwischen großen Anteilen qualifizierter und unqualifizierter Beschäftigter.

Entlang der Unterscheidung von drei Qualifikationsstufen – ohne Berufsabschluss, Berufsausbildung (inklusive Fortbildung) und Hochschulabschluss – stellt sich ein sehr differenziertes Bild der Qualifikationsstruktur dar (Abb. 6). Das qualifizierteste Berufecluster stellen die Gesundheitsdienstberufe mit Approbation (über 90 % Hochschulabsolventen), die IT-Kernberufe (51 % Hochschulabsolventen) und die Sozialen Berufe (43 % Hochschulabsolventen). Außer den Ärzten

sind die anderen rein akademischen Berufsgruppen wie Rechtsanwälte, Lehrer, Pfarrer, Ingenieure u. a. hier nicht aufgeführt (vgl. dazu Tiemann et al. 2008, 23 f.). Den Gegenpol zu ihnen bilden die Reinigungs- und Entsorgungsberufe (72 % ohne Ausbildungsabschluss); Hotel-, Gaststättenberufe (40 % ohne Abschluss) und die Verkaufsberufe (32 % ohne Abschluss), in denen 2006 über drei Millionen Beschäftigte tätig waren. Bei diesen Berufsgruppen fällt auch auf, dass in ihnen so gut wie keine Hochschulabsolventen tätig sind. Gleichwohl finden wir eine berufsgruppeninterne Polarisierung zwischen Beschäftigten ohne und mit Berufsabschluss vor. Eine Mittelgruppe zwischen diesen beiden Berufsclustern bilden die klassischen kaufmännischen Berufe (Bank-, Versicherungs-

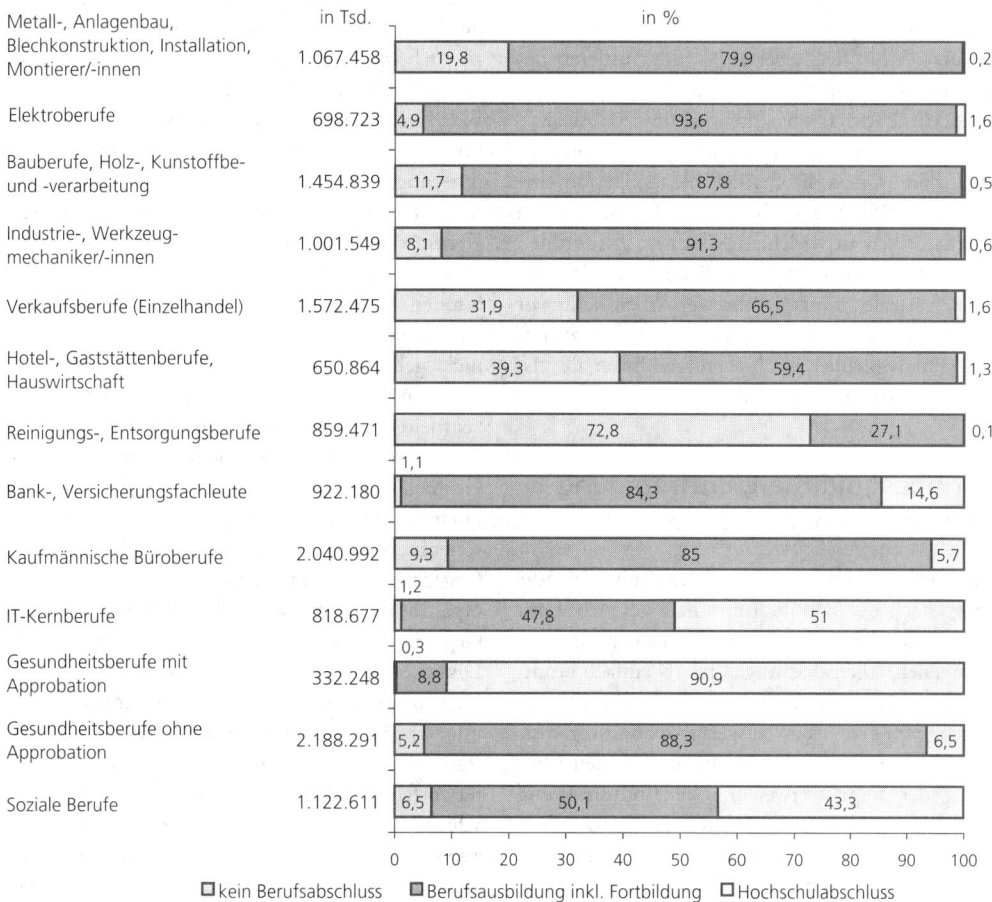

Abb. 6: Qualifikationsstruktur in ausgewählten Berufsgruppen aus Industrie/Gewerbe und Dienstleistungen 2006 (Tiemann et al. 2008, 23 f.)

kaufleute; kaufmännische Büroberufe), in denen mit über 80 % die Gruppe mit Berufsabschluss zumeist im dualen Ausbildungssystem dominiert und weder Hochschulabsolventen und Ungelernte ein starkes Gewicht haben.

Bezogen auf die Gesundheitsdienst- und Sozialberufe der mittleren Qualifikationsebene ist in den letzten Jahren eine intensive Diskussion darüber entbrannt, ob für ihre Aufgaben der mittlere Abschluss ausreiche oder sie nicht qualifikatorisch aufgewertet werden müssten. Diese Debatte wird gegenwärtig mit besonderer Intensität für ErzieherInnen in der frühkindlichen Bildung und Betreuung geführt, auf die bezogen die Frage gestellt wird, warum sie nicht das gleiche Niveau wie LehrerInnen im Primarbereich haben sollten.

Mit Blick auf die Entwicklungsperspektive zeigt der Vergleich mit den Produktionsberufen, dass diese – ähnlich wie die klassisch kaufmännischen Berufe – zu in der Regel 80 % vom mittleren Berufsabschluss dominiert sind (Abb. 6).

Eine Unsicherheit über das quantitative Ausmaß qualifizierter und gering qualifizierter Arbeit entsteht daraus, dass die Berufsfeldklassifikation eine Kategorie Hilfsarbeiter / innen o. n. T. ausweist, von der nicht klar ist, welchem Sektor sie zuzuordnen ist. Der Vergleich macht auch deutlich, dass die großen Areale geringqualifizierter Arbeit heute vor allem in den Dienstleistungsberufsfeldern anzutreffen sind (vgl. über die hier aufgeführten Berufsgruppen Tiemann et al. 2008, 23 f.).

Formbestimmtheit, Entfremdung und Professionalisierung

Innerhalb der Dienstleistungsbereiche scheint die Frage nach der Formbestimmtheit der Arbeit für den großen Bereich der primären (unternehmensbezogenen) Dienstleistungen relativ einfach beantwortbar: Da sie auf die industrielle Produktion bezogen, zum Teil aus ihr ausgelagert sind, folgen sie der Formbestimmtheit bzw. institutionellen Ordnung der Kapitalverwertung der Industrie und unterliegen der Steuerung durch den Markt. Freilich ganz so einfach ist es dann wiederum nicht, weil etwa der Handel und das Kreditgewerbe, die immerhin ungefähr ein Fünftel der Dienstleistungsbeschäftigten stellen, heute gegenüber der Warenproduktion so weit verselbstständigte Funktionen wahrnehmen, dass es für sie problematisch werden kann, wenn sie sich nur an kurzfristiger Gewinnmaximierung orientieren und ihre marktregulierenden und kundenbezogenen Aufgaben aus den Augen verlieren. Die aktuelle Finanzmarktkrise, die als größte Krise der Weltwirtschaft nach der Weltwirtschaftskrise von 1929 bezeichnet wird, zeigt, wohin selbst im Zentrum kapitalistischer Wirtschaft, dem Bankensystem, ein verselbstständigtes Profitinteresse führen kann.

Anders verhält sich die Frage nach der Formbestimmtheit bei der Mehrheit der sekundären Dienstleistungen. Nicht zufällig sind ihre größten Bereiche – Bildung und Wissenschaft, Gesundheits- und Sozialwesen, öffentliche Infrastruktur (z. B. Informationsübermittlung) – abseits der kapitalistisch organisierten Produktion entstanden, öffentlich organisiert und eher politisch als durch den Markt gesteuert. Sowohl von ihren Funktionen als auch von ihrer politischen Steuerung her müssten die institutionellen Ordnungen dieser Bereiche Barrieren gegen stark restriktive Formen von Arbeit und Entfremdung in der Arbeit bilden. Zur Erinnerung: Marx hatte das Theorem der Entfremdung der Arbeit an den Zusammenhang von *Vergegenständlichung* und *Privateigentum* vor dem Hintergrund frühindustrieller Arbeitsformen gebunden: Indem der Arbeiter gezwungen ist, sich in der Arbeit an einem Gegenstand, der ihm selbst nicht gehört, in nicht von ihm, sondern vom Kapitaleigner bestimmten Organisationsformen abzuarbeiten, wird er in der Arbeit entfremdet (Marx 1844 / 1968). Beide Momente treffen auf den Großteil der angesprochenen in sekundären Dienstleistungen Tätigen, insbesondere für die personenbezogenen, nicht zu: sie bearbeiten nicht Gegenstände für einen anonymen Markt, sondern organisieren Interaktion mit konkreten physischen Gegenüber und unterliegen zumeist nicht dem Diktat eines privaten Kapitaleigners.

Dementsprechend – ließe sich argumentieren – müssten sie auch gegen Fremdbestimmung und restriktive, stark fragmentierter Arbeitsteilung unterworfene und dequalifizierende Arbeit abgeschirmt sein. Aber auch hier erweist sich die Sache als komplizierter. Dörre hat in einer Neuinterpretation des kapitalistischen Landnahme-Theorems darauf hingewiesen, dass im Zuge fortschreitender Akkumulation das Kapital nicht allein den Rahmen seiner traditionellen Investitionssphären verlässt und sich regional und funktional neue Anlagesphären zu erschließen trachtet (Landnahme), sondern dass es auch zu einer qualitativen Expansion der Prinzipien der Kapitalverwertung auf Bereiche bisher öffentlich organisierter Beschäftigung kommt (Dörre 2009, 41 ff.). Die seit längerem laufenden Auseinandersetzungen über die Privatisierung öffentlicher Dienstleistungen – von der Schule und dem Gesundheitswesen bis hin zu obrigkeitlichen Funktionen wie Strafvollzug und Militär (zu letzterem Knöbl 2006) – bestätigen Dörre ebenso wie die schon seit Jahrzehnten beobachtbaren Debatten über die interne Organisation öffentlicher Dienstleistungen durch Einbezug mehr privatwirtschaftlicher und marktmäßiger Steuerungselemente. Insofern stellen auch Entfremdungsphänomene bei den öffentlichen Dienstleistungen eine unverzichtbare Analyseperspektive dar. Öffentliche Beschäftigung ist nicht eo ipso entfremdungsresistent.

In den Dienstleistungsfeldern gewinnt die Entfremdungskategorie eine neue Qualität der Bedrohlichkeit, weil aufgrund des interaktiven Charakters von Dienstleistungsarbeit Entfremdung nicht die Arbeitenden allein betrifft, sondern ebenso die Konsumenten ihrer Arbeit. Dem Käufer materieller Produkte kann es letztendlich gleichgültig sein, in wie stark entfremdeten Formen von Industriearbeit ein Auto oder ein Computer produziert worden sind, sofern ihre technische Qualität und Funktionstüchtigkeit gesichert sind. Bei interaktiver Dienstleistungsarbeit ist das anders. Hier gefährdet Standardisierung der Leistungsangebote und hochgradige Arbeitsteilung im Dienstleistungsprozess unter Umständen schnell die Qualität der Betreuung oder Beratung und untergräbt das Vertrauen in Kompetenz und Kommunikation. Im Alltag hat diese Erfahrung jeder schon einmal gemacht, der bei stationärer Behandlung im Krankenhaus Opfer arbeitsteiliger Kompetenzen und schlecht (weil zu detailliert) koordinierter Dienstpläne geworden ist, oder den man in Ämtern von Pontius zu Pilatus geschickt hat. Die Beispiele sind beliebig in anderen Dienstleistungsbereichen fortsetzbar – etwa bei Informationsvermittlung in Call-Centern oder bei Strukturvertrieben von Versicherungen.

Der gemeinsame Nenner mehr oder weniger aller anführbarer Beispiele besteht darin, dass Dienstleistungsarbeit aus ihrem interaktiven Charakter heraus Grenzen für Arbeitsteilung, Standardisierung und Dequalifizierung gesetzt sind. Diese Grenzen variieren von Dienstleistungsbereich zu Dienstleistungsbereich und sind schwer zu bestimmen. Sie haben in der Regel etwas zu tun mit der Komplexität des Problems, das in der Interaktion zwischen Dienstleister und Kunden / Klienten gelöst werden soll. In jedem Fall aber steht bei Entscheidungen über Arbeitsteilung, Standardisierung und Technisierung von Dienstleistungen die Qualität der Bedürfnisbefriedigung und Kommunikationsformen in der Gesellschaft mit auf dem Spiel. Dies gilt insbesondere für personenbezogene Dienstleistungen, die zum größten Teil ausgelagerte und kommodifizierte Funktionen von Privathaushalten betreffen (z. B. Erziehung, Pflege, Betreuung, Verköstigung).

Wie Entfremdungsphänomene in Dienstleistungstätigkeiten zu vermeiden oder wenigstens zu entschärfen sind, ist sowohl eine praktische als auch eine Forschungsfrage. Praktisch gesehen gehören hierzu zum einen politisch definierte Normen, die ein bestimmtes Qualitäts- und Sicherheitsniveau für die Dienstleistungsnutzer gewährleisten. In den letzten Jahren sind Ansätze dazu im Sinne von Kundenschutzrechten beispielsweise für Pflegeheime, jüngst selbst für Finanzdienstleistungen in der Bundesrepublik zu beobachten. Aber politische Regulationen, so unverzichtbar sie sind, reichen nicht aus. So wenig sich interaktive Leistungserstellungsprozesse von betrieblichen Herrschaftspositionen her wirksam steuern lassen (Dunkel/Weihrich 2010, 177), so wenig ist ihre Alltagsrealität von politischen Regulationen her gestaltbar. Qualität und Entfremdung von Arbeit entscheiden sich in der Arbeitssituation. Es bedarf dazu einer Arbeitsorganisation, die bei den Dienstleistungsbeschäftigten Kompetenz und Motivation immer wieder freisetzt und erhält. Zu ihr gehören klare Verantwortungszuweisungen, die den Dienstleistungstätigen Selbstständigkeit in den Organisationen bei der Durchführung ihrer Arbeit und Handlungsspielräume ebenso sichern wie eine eigene Position gegenüber Vorgesetzten, ferner sich selbst organisierende Gruppenarbeit und Formen der Anerkennung.

Zur Gestaltung solcher Arbeitssituationen gehören Kompetenz und Professionalität. Bezogen auf die Kompetenz wird für eine Reihe personenbezogener Dienstleistungsberufe (Pflegekräfte, Erzieherinnen) diskutiert, ob den hohen fachlichen Anforderungen und der Verantwortung der Tätigkeit nicht durch ein upgrading der Ausbildung auf Hochschulniveau entsprochen werden sollte. In welchen Ausbildungsformen die Kompetenzprofile am besten zu erreichen sind, erscheint als eine offene Frage; das Stichwort Akademisierung allein beantwortet sie nicht. Ebenso wichtig wie die Sicherstellung der Kompetenz erscheint die eines professionellen Ethos, das sich vorrangig dem Wohl des Patienten / Klienten und nicht des Betriebs oder

der Organisation verpflichtet weiß. Für die akademischen Dienstleistungsprofessionen z. B. von Rechtsanwälten und Ärzten ist ein solches Professionsethos seit Jahrhunderten kodifiziert. Wie es auch für die mittlere Ebene der Fachkräfte sichergestellt werden kann, ohne es nur in Appelle an die individuelle Moral zu verschieben, bedarf eines gesellschaftlichen Diskurses über Formen der Anerkennung und des Berufsethos.

Literatur

Abelshauser, W. (2004): Deutsche Wirtschaftsgeschichte seit 1945. Beck, München

Autorengruppe Bildungsberichterstattung (2010): Bildung in Deutschland 2010. Bertelsmann, Bielefeld

Badura, B., Gross, P. (1976): Sozialpolitische Perspektiven. Piper, München

Baethge, M. (2001): Abschied vom Industrialismus: Konturen einer neuen gesellschaftlichen Ordnung der Arbeit. In: Baethge, M., Wilkens, I. (Hrsg.): Die große Hoffnung für das 21. Jahrhundert? Leske + Budrich, Opladen, 23–44

– (1999): PEM 13: Dienstleistungen als Chance: Entwicklungspfade für die Beschäftigung. Abschlussbericht der PEM 13 im Rahmen der BMBF Initiative „Dienstleistungen für das 21. Jahrhundert". Unveröff. Bericht des Soziologischen Forschungsinstituts, Göttingen

–, Arends, L. (2009): Feasibility Study VET-LSA. A Comparative Analysis of Occupational Profiles and VET Programmes in 8 European Countries – International Report

–, Denkinger, J., Kadritzke U. (1995): Das Führungskräfte-Dilemma. Campus, Frankfurt / M. / New York

–, Oberbeck, H. (1986): Zukunft der Angestellten. Campus, Frankfurt / M. / New York

–, Wilkens, I. (2001): „Goldenes Zeitalter" – „Tertiäre Krise": Perspektiven von Dienstleistungsbeschäftigung zum Beginn des 21. Jahrhunderts. In: Baethge, M., Wilkens, I. (Hrsg.): Die große Hoffnung für das 21. Jahrhundert? VS, Opladen, 9–19

–, – (Hrsg.) (2001): Die große Hoffnung für das 21. Jahrhundert? VS, Opladen

Baudrillard, J. (1970): La Societé de Consummation. Paris

Baumol, W. (1967): Macroeconomics of Unbalanced Growth: The Anatomy of Urban Crisis. American Economic Reviews 3, 415–426

Bell, D. (1975): Die nachindustrielle Gesellschaft. Campus, Frankfurt / M. (Amerikanische Ausgabe „The Coming of Post-Industrial Society". Basic Books, New York 1973)

Blättel-Minke, B., Hellmann, K.-U. (Hrsg.) (2010): Prosumer Revisited. Wiesbaden

Böhle, F., Voß, G., Wachtler, G. (2010): Handbuch Arbeitssoziologie. Wiesbaden

Castel, R., Dörre, K. (Hrsg.) (2009): Prekarität, Abstieg, Ausgrenzung. Die soziale Frage am Beginn des 21. Jahrhunderts. Campus, Frankfurt / M. / New York

Cohen, D. (2001): Unsere modernen Zeiten. Campus, Frankfurt / M. / New York

Destatis / gesis-zuma / WZB (2008): Datenreport 2008. Eigenverlag, Bonn

Dörre, K. (2009): Die neue Landnahme. Dynamiken und Grenzen des Finanzmarktkapitalismus. In: Dörre, K., Lessenich, S., Rosa, H. (Hrsg.): Soziologie Kapitalismus Kritik. Suhrkamp, Frankfurt / M., 21–86

Dostal, W. (2001): Quantitative Entwicklungen und neue Beschäftigungsformen im Dienstleistungsbereich. In: Baethge, M., Wilkens, I. (Hrsg.): Die große Hoffnung für das 21. Jahrhundert? VS, Opladen, 45–69

Drosdowski, T., Wolter, M.I. (2008): Sozioökonomische Modellierung: Integration der Sozioökonomischen Gesamtrechnung (SGR) des Statistischen Bundesamtes in DEMOS II. GWS Discussion Paper 8. In: http://www.gws-os.com/discussionpapers/gws-paper08-8.pdf, 24.08.2010

Drucker, P. (1993): Post-Capitalist Society. Harper Paperbacks, New York

Dunkel, W., Weihrich, M. (2010): Arbeit als Interaktion. In: Böhle, F., Voß, G., Wachtler, G. (Hrsg.): Handbuch Arbeitssoziologie. Wiesbaden, 177–200

Esping-Andersen, G. (1993): Post-industrial Class Structures: An analytical Framework. In: Esping-Andersen, G. (Hrsg.): Changing Classes. Stratification and Mobility in Post-industrial Societies. Sage, London, 7–31

Fourastie, J. (1949): Le Grand Espoir du XXme Siècle. Paris (deutsch: Die große Hoffnung des 20. Jahrhunderts. Bund, Köln 1954)

Gershuny, J. (1981): Die Ökonomie in der nachindustriellen Gesellschaft. Produktion und Verbrauch von Dienstleitungen. Campus, Frankfurt / M.

Glaubitz, J. (2001): Hoffnungsträger oder Sorgenkind: Konzentration und Beschäftigung im Einzelhandel: In: Baethge, M., Wilkens, I: (Hrsg.): Die große Hoffnung für das 21. Jahrhundert? Leske + Budrich, Opladen, 183–185

Gross, P. (1983): Die Verheißung der Dienstleistungsgesellschaft. Soziale Befreiung oder Sozialherrschaft? Westdeutscher Verlag, Opladen

Haisken-DeNew, J.P., Horn, G.A., Schupp, J., Wagner, G. (1997): Rückstand beim Anteil der Dienstleistungstätigkeiten aufgeholt. Ein Vergleich mit den USA anhand von Haushaltsbefragungen. In: DIW-Wochenbericht 34/97, 613–617

Hall, A. (2007): Tätigkeiten, berufliche Anforderungen und Qualifikationsniveau in Dienstleistungsberufen. In: Walden, G. (Hrsg.): Qualifizierungsentwicklung im Dienstleistungsbereich, Bonn, 153–208

Häußermann, H., Siebel, W. (1995): Dienstleistungsgesellschaften. Suhrkamp, Frankfurt/M.

Helmrich, R., Zika, G. (2010): BIBB/IAB-Qualifikations- und Berufshauptfeldprojektionen, Frankfurt/M.

Janossy, F. (1966): Das Ende der Wirtschaftswunder. Wesen und Erscheinung der wirtschaftlichen Entwicklung. Neue Kritik, Frankfurt/M.

Kalkowski, P., Mickler, O. (2009): Antinomien des Projektmanagements. Eine Arbeitsform zwischen Direktive und Freiraum. Edition Sigma, Berlin

Kern, H., Schumann, M. (1984): Das Ende der Arbeitsteilung? Rationalisierung in der industriellen Produktion. C.H. Beck, München

–, – (1970): Industriearbeit und Arbeiterbewußtsein, Teil I. Suhrkamp, Frankfurt/M.

Knöbl, W. (2006): Krieg als Geschäft. Gewaltmärkte und ihre Paradoxien. Westend – Neue Zeitschrift für Sozialforschung 3, I, 88–98

Kohn, M. (1977): Reassessment 2nd edition of „Class and Conformity". University Of Chicago Press, Chicago

Luxemburg, R. (1913): Die Akkumulation des Kapitals. Ein Beitrag zur ökonomischen Erklärung des Imperialismus. In: Gesammelte Werke, Bd. 5. Vorwärts, Berlin 1975

Maddision, A. (1995): Monitoring the World Economy 1920–1992. OECD Development centre Studies. Paris

Malone, T. W., Laubacher, R. (1998): The Dawn of the E-lance Economy. In: Harvard Business Review. Sept./Oct. Harper & Row, Hagerstown

Marx, K. (1844/1968): [Die entfremdete Arbeit]. In: Marx-Engels-Werke, Ergänzungsband, Schriften bis 1844 – Erster Teil. Dietz, Berlin, 510–522

Münch, R. (2009): Globale Eliten, lokale Autoritäten. Bildung und Wissenschaft unter dem Regime von PISA, McKinsey & Co. Suhrkamp, Frankfurt/M.

Nonaka, I., Takeuchi, H. (1997): Die Organisation des Wissens. Campus, Frankfurt/M./New York

Polanyi, M. (1985): Implizites Wissen (dt. Ausg. von „The Tacit Dimensio"). Suhrkamp, Frankfurt/M.

Popitz, H., Bahrdt, H.P., Jüres, E.A., Kesting, H. (1957): Technik und Industriearbeit. Mohr Siebeck, Tübingen

Reichwald, R., Baethge, M., Brakel, O., Cramer, J., Fischer, B., Paul, G. (2004): Die neue Welt der Mikrounternehmen. Gabler, Wiesbaden

–, Hermann, M., Bieberbach, F. (2001): Telekooperatives Arbeiten in SOHO's-Vernetzung von Dienstleistungen über Informations- und Kommunikationstechnologie. In: Baethge, M., Wilkens, I, Die große Hoffnung für das 21. Jahrhundert? VS, Opladen, 109–128

–, Möslein, K., Sachenbacher, H., Engelberger, H. (2000): Telekooperation. Verteilte Arbeits- und Organisationsformen. Springer, Berlin/Heidelberg/New York

–, Piller, F. (2006): Interaktive Wertschöpfung: Open Innovation, Individualisierung und neue Formen der Arbeitsteilung. Gabler, Wiesbaden

Riese, H. (1967): Die Entwicklung des Bedarfs an Hochschulabsolventen in der Bundesrepublik Deutschland. Steiner, Wiesbaden

Schumann, M. (2004): Vorwort. In: Kuhlmann, M., Sperling, H.J., Balzer, S.: Konzepte innovativer Arbeitspolitik. Edition Sigma, Berlin, 11–27

Soziologisches Forschungsinstitut (SOFI)/Institut für Arbeitsmarkt- und Berufsforschung (IAB)/Institut für sozialwissenschaftliche Forschung (ISF)/Internationales Institut für empirische Sozialökonomie (INFES) (Hrsg.) (2005): Berichterstattung zur sozioökonomischen Entwicklung in Deutschland. Wiesbaden

Stehr, N. (2000): Die Zerbrechlichkeit moderner Gesellschaften. Velbrück, Weilerswist

– (1994): Arbeit, Eigentum und Wissen. Zur Theorie der Wissensgesellschaften. Frankfurt/M.

Streeck, W. (1997): German Capitalism: Does it Exist? Can it Survive? In: Crouch, C., Streeck, W. (Hrsg.): Political Economy of Modern Capitalism. Mapping Convergence & Diversity. Sage, London u.a., 33–54

Tiemann, M., Schade, H.J., Helmrich, R., Hall, A., Braun, U., Bott, P. (2008): Berufsfeld-Definitionen des BIBB auf Basis der Klassifikation der Berufe 1992. Wissenschaftliches Diskussionspapier 105 des Bundesinstituts für Berufshilfe (BIBB). Eigenverlag, Bonn

Veblen, T. (1953): The Theory of the Leisure Class. Dover Pubn Inc, New York (zuerst 1899)

Walden, G.(2007): Qualifikationsentwicklung im Dienstleistungsbereich. Bertelsmann, Bielefeld

Bildung

Von Hans Thiersch

Bildung ist seit Jahren zentrales Thema der öffentlichen Diskussion; Fragen nach ihren Leistungen und Defiziten bestimmen die pädagogischen, bildungspolitischen und politischen Auseinandersetzungen. – Bis in die Mitte des vorigen Jahrhunderts war Bildung als Frage nach Menschenbild, Bildungsideal und Bildungskanon Focus einer geisteswissenschaftlichen, pädagogischen und philosophisch geprägten Diskussion. In den 1960er Jahren wurde Bildung, ausgelöst durch den offenkundigen Modernisierungs- und Demokratisierungsrückstand, Gegenstand einer intensiven, interdisziplinär sozialwissenschaftlich fundierten Fachdiskussion, die die Struktur des Bildungswesens hinterfragte; die Bildungspolitik nahm grundsätzliche Reformen in Angriff (Deutscher Bildungsrat 1970). Es folgten Jahre eines bildungspolitischen Moratoriums, bis in den 2000er Jahren eine intensivierte Rezeption internationaler Bildungsforschung mit ihren alarmierenden Ergebnissen zur Wiederaufnahme und dramatischen Verstärkung der grundsätzlichen Diskussion führte: Die in den Schulen erreichten Leistungen erwiesen sich im internationalen Vergleich als höchstens mittelmäßig. Das demokratische Versprechen der Schule, Menschen in und gegen die sozialen Beschränkungen zu fördern, erfüllte sich nur eingeschränkt; das Herkunftsmilieu bestimmt – im internationalen Vergleich gesehen – durchschlagend massiv die Schullaufbahn. Öffentlich wurde vor allem auch diskutiert, dass das Bildungswesen elementare Voraussetzungen für das Zusammenleben in einer multi-ethnischen Demokratie und für politische Partizipation nicht hinreichend vermittelt. Breit angelegte und differenzierte Projekte der Bildungsforschung zur Analyse der Situation entstanden (Tippelt / Schmidt 2009; Autorengruppe Bildungsberichterstattung 2008), verbunden mit der Diskussion neuer Konzepte zu Struktur- und Inhaltsreformen, zur Intensivierung und Ausweitung von Bildungsangeboten und zu neuen Kooperationen zwischen den Bildungsinstitutionen.

Diese derzeitige deutsche bildungspolitische Diskussion steht im Horizont einer generellen Neuvermessung von Bildung und Bildungswesen in der zweiten, reflexiven Moderne, die sich als Bildungs- und Lerngesellschaft versteht. Bildung und Lernen sind elementare Voraussetzungen und Medium für Bestand, Gestaltung und Entwicklung der Gesellschaft.

Zur Bestimmung des Begriffs Bildung

Im gerade dargestellten Sinn ist Bildung ein Begriff für das Insgesamt des Gefüges pädagogischer Fragen und Aufgaben; Bildungswissenschaft wird dementsprechend zunehmend zum Titel für pädagogische Forschungszusammenhänge, Institute und Fakultäten. – In dieser allgemeinen Bedeutung steht Bildung neben und in Konkurrenz zu anderen, weit gefassten Begriffen wie dem des „Lernens" oder der „Erziehung". (Im angelsächsischen und romanischen Sprachraum gibt es kein Äquivalent zum Begriff Bildung und pädagogische Diskussionen werden hier mit anderen Begriffen als in Deutschland geführt; darauf aber kann hier nicht eingegangen werden.)

Die Bedeutung und Tragweite der Begriffe Lernen, Erziehung und Bildung kann nicht im Rekurs auf einen Begriff von der Sache selbst, also essentialistisch begründet werden, sondern nur in der Rekonstruktion der Bedeutungen, die sich innerhalb gesellschaftlicher, nationaler und fachlich geprägter Diskurse ausgebildet haben. Der Begriff ‚Lernen' thematisiert primär Aufbau und Erweiterung von Verhaltens- und Wissensmustern; der Begriff ‚Er-

Otto/Thiersch (Hg.), Handbuch Soziale Arbeit, 4. A., DOI 10.2378/ot4a.art016,

ziehung' rekonstruiert Formen, spezifische Bedeutungen und Spannungen der Kommunikations- und Interaktionsmuster zwischen den Generationen und in pädagogischen Rollen; der Begriff ‚Bildung' zielt auf das Subjekt, das sich bildet und gebildet wird und auf die Gestaltung der Welt, in der es sich bildet.

Diese so nur andeutungsweise skizzierten Unterschiedlichkeiten der Aspekte, die allerdings im Einzelnen mit vielfältigen Überschneidungen einhergehen, kann ich hier nicht weiter verfolgen. Es scheint mir aber wichtig festzuhalten, dass die gegenwärtige Verwendung des Begriffs ‚Bildung' für das Insgesamt pädagogischer Unternehmungen nur eine Möglichkeit neben anderen ist und dass sie auf die Ergänzung durch andere Aspekte verwiesen bleibt.

Bildung wird zurzeit nicht nur in diesem allgemeinen Sinn benutzt, sondern zur Bezeichung sehr spezifischer Momente im weiten Feld von Bildung. Der Begriff ‚Bildung' war schon immer und ist in der heutigen öffentlichen und fachlichen Diskussion ein Containerbegriff. Einige Begriffsverwendungen sollen im Folgenden kurz skizziert werden.

Im Zentrum der derzeitigen Diskussion steht die Vorstellung von Bildung als schulischem Lernen und kanonisierten Wissensbeständen, wie sie in der curricularen Strukturierung des Unterrichts systematisch vermittelt werden. Bildung, so verstanden, bezieht sich vornehmlich auf den Erwerb kognitiver Kompetenzen. – In anderen Kontexten wird Bildung weiter gefasst; es geht um das Insgesamt der kognitiven, sozialen, emotionalen, ästhetisch-expressiven, praktischen und leibbezogenen Kompetenzen. – Bildung meint, von da ausgehend, auch ein Gefüge von Kompetenzen und Wissen, die dem Menschen gesellschaftliche Anerkennung und gesellschaftlichen Status sichern; Bildung markiert die Differenz zum Ungebildeten. – Bildung repräsentiert sich in Zeugnissen und Zertifikaten; Anstrengung um Bildung ist auch Kampf um Noten und Qualifikationsnachweise. – In einem sehr allgemeinen Sinn meint Bildung die Auseinandersetzung des Menschen mit der Welt, in der er seine Lebensgestalt findet. – In diesem Zusammenhang wieder enger gefasst meint Bildung die Eigentätigkeit und Eigenständigkeit des Menschen in der Auseinandersetzung mit der Welt, also Selbstbildung. – Normativ ausgelegt,

zielt Bildung auf die Orientierung der Lebensgestaltung an sozial-ethischen Prinzipien; Bildung meint das Streben nach einem gelingenden Leben. – Als kritisch pointiertes normatives Konzept sieht Bildung den Menschen in der Spannung von Herrschaft und Selbstbestimmung, in dem er sich als Subjekt seines Lebens in und gegenüber gesellschaftlichen Zwängen erfährt; Bildung erschöpft sich nicht in der Erfüllung gesellschaftlicher Aufgaben und wehrt sich gegen entfremdende Verhältnisse.

Die Unübersichtlichkeit der gegenwärtigen Diskussion hat sicher ihren Grund auch darin, dass diese Bildungsbegriffe nebeneinander und gegeneinander benutzt werden, dass sie sich gegenseitig Konkurrenz machen, wenn sie einander nicht ignorieren. Diese Auseinandersetzungen um den Bildungsbegriff in den gesellschaftlichen, bildungspolitischen und fachlichen Kontexten will ich hier nicht verfolgen; statt dessen will ich ein orientierendes Raster entwerfen, in dem unterschiedliche Bestimmungen von Bildung als Aspekte im allgemeinen Konzept von Bildung und Bildungswesen zueinander in Beziehung gesetzt werden. Die Leistung eines solchen orientierenden Rasters ist beschränkt, ein Raster ist keine Theorie. Es geht um die Vermessung des Feldes, nicht aber um seine Bestellung.

Ausgang der folgenden Überlegungen ist nicht das dominante Bildungsverständnis von schulischer Bildung, sondern das Verständnis von Bildung als anthropologisch-gesellschaftliches Faktum. Bildung meint die Auseinandersetzung des Menschen mit der Welt und die Ausprägung seiner Lebensgestalt in einem lebenslangen Prozess. Leben, Erfahrungen und ihre Bewältigung ergeben, in welcher Form auch immer, eine Lebensgestalt. Das Leben bildet; Menschen leben, indem sie eine Bildungsgeschichte haben (Jens/Thiersch 1987). Dieser allgemeine Ansatz wird auch gestützt durch die neueren Ergebnisse der Neurobiologie, die deutlich machen, dass und in welchen Formen der Mensch physiologisch auf Bildung angelegt ist (Spitzer 2006).

Bildungsprozesse können an Zielen orientiert sein; solche normativen Konzepte von Bildung sollen als Projekt Bildung bezeichnet werden. Die Ziele profilieren sich unterschiedlich in verschiedenen gesellschaftlichen, politischen und individuellen Konstellationen. Solche Projekte können verstanden werden als die spezifisch pädagogische Fassung der Konzepte eines gelingenden Lebens, wie sie Kulturen und gesellschaftliche Selbstverständnisse bestimmen. Parallelen zwischen den pädagogischen Entwürfen und den zunehmend breiter diskutierten Konzepten zur Lebenskunst in der praktischen Philosophie sind offensichtlich (Kerstin / Langbehn 2007).

Bildung ist Vermittlung von Subjekt und Welt, Natorp (1899) versteht sie als Frage nach den bildenden Bedingungen im Menschen und den bildenden Voraussetzungen in der Gesellschaft. Dementsprechend muss der Komplex von Bildung als Prozess, als Bildungsgeschichte und als Projekt Bildung unterschieden werden von Bildung als Begriff für die Gestalt von Welt, in der Bildung sich realisiert, und die man als Bildungsszene bezeichnen könnte.

In dieser Bildungsszene lassen sich verschiedene Zugänge für Bildungsprozesse unterscheiden; das Insgesamt dieser Zugänge entspricht dem umfänglichen, ganzheitlichen Anspruch von lebenslangen Bildungsprozessen und des Projekts Bildung.

Die derzeitige Diskussion unterscheidet informelle, non-formalisierte und formale Bildungszugänge. Informelle Bildung meint Bildung, die sich in den unterschiedlichsten Lebensvollzügen des Alltags ergibt, oft ungeplant neben den anderen dort zu bewältigenden Aufgaben. Davon zu unterscheiden ist der Komplex der um der Bildung Willen arrangierten, pädagogisch inszenierten Bildungs- und Lernräume in unterschiedlichen Institutionen. Sie werden wiederum unterschieden in Arrangements der formalen und non-formalisierten Bildungszugänge, wobei formale Bildung die curricular organisierte, schulische Bildung meint, während der non-formalisierte Bildungszugang andere, offenere Bildungsarrangements, z. B. in der Erwachsenenbildung, der kulturellen Bildung und der Sozialen Arbeit, bezeichnet.

Diese unterschiedlichen Bildungszugänge bieten in ihrem partialen Zuschnitt jeweils spezifische Möglichkeiten, Bildungsprozesse zu unterstützen und Bildungsziele zu befördern (Bundesjugendkuratorium 2002; Otto / Rauschenbach 2008). In diesen Möglichkeiten und in deren Zusammenspiel in der Bildungsszene bieten sie Voraussetzungen und Chancen für den normativen Anspruch des Projekts Bildung, ohne dass er damit bereits eingelöst wäre. Bildung, so verstanden, ist eine konkrete Utopie, von der wir – mit Bloch geredet – nichts

haben als die „arbeitende Intention darauf hin" (1977, 27).

Im Folgenden soll Bildung als Projekt Bildung auf die Bildungsszene und ihre partikularen Bildungszugänge bezogen werden, um so die spezifischen Aufgaben, Möglichkeiten, aber vor allem auch Konflikte, Widersprüche und Spannungen transparent zu machen. Dieser Ansatz steht – zum einen – gegen ein radikal kritisches Verständnis von Bildung als Lebensentwurf, der in gegebenen entfremdeten gesellschaftlichen Verhältnissen keine Chance zur Realisierung hat; er nimmt solche radikale Position aber als notwendiges kritisches Movens, das Entwicklungen in der Bildungsszene voran treibt. Dieser Ansatz geht – zum zweiten – davon aus, dass bloße Rekonstruktionen der Bildungsszene und ihrer unterschiedlichen Bildungszugänge ohne normativ-kritische Perspektive unzulänglich sind; sie sind als Ausdruck pädagogischer Tatbestandsgesinnung gegenüber normativen Überfrachtungen selbstverständliches Moment der Diskussion.

Bildung als pädagogisch-gesellschaftliches Projekt der Moderne

Das für die gegenwärtige Diskussion bestimmende Projekt Bildung hat sein Profil in der europäischen Neuzeit gefunden; die gegenwärtigen Probleme können deshalb in der Erinnerung an das klassische Projekt Bildung verdeutlicht werden. In der Neuzeit erfahren die Menschen sich herausgefordert, mit den Möglichkeiten der Vernunft und der Planung ihre Welt und also auch ihr eigenes Leben zu gestalten; das Projekt Bildung wird zentrales Moment in der Lebens- und Gesellschaftsgestaltung. „Gehe in die Welt", so etwa könnte der Schöpfer den Menschen anreden, „ich habe dich ausgerüstet mit allen Anlagen zum Guten. Dir kommt es zu, sie zu entwickeln, und so hängt Dein eigenes Glück und Unglück von dir selbst ab." – so zitiert Kant (1964, 702) den Renaissance-Philosophen Ficino. Im Rückbezug auch auf das klassische Konzept der Paidaia, der religiös-mystischen Vorstellungen des Spätmittelalters, aber auch des Bildungskonzepts der Renaissance gewinnt das klassische Projekt Bildung in der Zeit der radikalen Aufklärung und der humanistischen Intentionen der Klassik in den

Konzepten von Pestalozzi, Humboldt und Schleiermacher sein besonderes Profil, im Zeichen also von Freiheit, Gleichheit und Solidarität und der Entfaltung des menschlichen Lebens im Reichtum seiner kulturellen Möglichkeiten.

Bildung hat ihren Sinn in sich selbst; dass Menschen ihr Leben in Freiheit gestalten, ist der höchste Zweck ihres Daseins. Menschen stehen nicht primär im Dienst von gesellschaftlichen Aufgaben, sie sind frei, um ihr Leben jenseits der „selbstverschuldeten Unmündigkeit" (Kant 1964) zu bestimmen. Bildung zielt auf den Menschen „als Werk seiner selbst" (Pestalozzi 1946), also auf die Fähigkeit zu Kritik und Widerstand gegen die bloße Nützlichkeit oder Vermarktung des Menschen. Bildung soll es dem Menschen ermöglichen, in den Aufgaben und Anforderungen der Gesellschaft als Subjekt seines Lebens zu leben, so soll – mit Schleiermacher (1957, 31) geredet – „die Jugend tüchtig werde einzutreten in das, was sie vorfindet, aber auch tüchtig, in die sich darbietenden Verbesserungen mit Kraft einzugehen." – Bildung zielt auf Individualität. Menschen sind nicht primär Mitglieder einer Gruppe, eines Standes, einer Klasse oder eines Milieus, sie sind in ihrer Individualität einmalig und unverwechselbar. – Bildung zur Individualität aber zielt nicht auf Beliebigkeit, sie ist orientiert an moralischen Prinzipien und darin verwiesen auf geschichtliche Erinnerungen und Erfahrungen. – Bildung zielt auf die Ausbildung aller im Menschen angelegten Möglichkeiten, also auf eine ganzheitliche und harmonische Ausbildung der kognitiven, sozialen, praktischen und ästhetischen Kompetenzen. – Bildung ist Selbsttätigkeit, sie entfaltet sich in der Auseinandersetzung mit Welt, und ist dabei verwiesen auf die anderen, sie realisiert sich im Interesse aneinander, in gegenseitiger Anerkennung, im „Wohlwollen" (Pestalozzi 1946). – Bildung entfaltet sich in der Aneignung eines Bildes von Wirklichkeit, also eines Bildes der Natur, der sozialen und politischen Regeln und der Kultur in ihren sprachlichen, logisch-mathematischen, expressiven und symbolischen Ausdrucksformen. Dieses Bild ist für die Klassik in sich stimmig und an den Maximen des Wahren und Schönen orientiert. Im Wechselspiel der freien und harmonischen Lebensgestaltung mit der reichen gegliederten Welt wird die Welt dem Menschen zu „seiner" Welt und findet der Mensch in ihr seinen Ort und seine Lebensgestalt.

Der Bildungsanspruch gilt für alle Menschen, er steht damit gegen die gesellschaftlichen Macht- und Ungleichheitsstrukturen und die darin gegebenen Einschränkungen und Verkürzungen der Bildungsprozesse; Bildung zielt auf Gerechtigkeit im Horizont von Gleichheit; als allgemeine Bildung ist sie elementares Menschenrecht.

Dieses Bild von Bildung hat zwar im Lauf der Geschichte die Anstrengungen in der Gestaltung von Bildungsgeschichten und in der Bildungsszene gegen die gesellschaftlichen Verhältnisse bestimmt, es ist aber darin auch vielfältig verkürzt, entstellt und missbraucht worden (Bollenbeck 1996). In seinen Grundmomenten aber kann es gerade im Rückgriff auf die Herausforderungen seiner idealischen Ausprägung zentrale Momente eines gegenwärtigen Bildungskonzepts markieren; sie müssen allerdings für die gewandelten Verhältnisse in der zweiten, reflexiven Moderne neu bestimmt werden (Klafki 1985; Sünker 2003; Tenorth 1997; Mittelstraß 2002).

Drei Aspekte sind gegenwärtig für das Projekt Bildung vor allem relevant: das ungeheure Wachstum der rational-technischen und wissenschaftlichen Gestaltungsmöglichkeiten und Wissensbestände, die Pluralisierung und Unübersichtlichkeit gewachsener Wissens- und Lebensordnungen im Zeichen von Entgrenzung und die damit einhergehenden neuen Verteilungen von Lebenschancen, von „Winnern" und „Losern" im Zeichen des Primats der Ökonomie.

In diesen Offenheiten und Widersprüchen kann das reformulierte Projekt Bildung nur als offener Entwurf verstanden werden, so wie es für normative Konzepte generell gilt. Es kann nicht verdinglicht werden, es markiert Orientierungen in Prozessen immer neuer gesellschaftlicher, politischer und individueller Verhandlung. Das klassische Bildungskonzept zielte auf Selbstbildung in harmonisch ausgebildeten Kompetenzen und einem entsprechend gegliederten Bild der Welt. Diese Intentionen zerbrechen in den Entgrenzungen der zweiten Moderne. Die Intention von Bildung aber bleibt gültig, dass Menschen über verlässliche Kompetenzen für ihren Lebensentwurf verfügen und Welt sich so aneignen können, dass sie sie als ihre eigene erfahren, dass sie sich in ihr orientieren können. – Die Komplexität des Wissens um Strukturen und die Fülle verfügbaren Wissens verlangen anspruchsvolle Kompetenzen vor allem im Bereich der Sprache(n) bzw. der Literalität und eines abstrakten und generalisierenden Denkens, ebenso wie die Fähigkeit, sich in dieser Fülle und Komplexität zu orientieren. Freiheit in der Wahl des eigenen Lebensentwurfs und Selbstbildung gewinnen neue Bedeutung. Bildung wird Lebensentwurf in die Unübersichtlichkeit hinein, wird Abenteuer und riskant. Sie vollzieht sich im Medium dessen, was neuerdings als Biografizität oder Identitätsarbeit (Kraul / Marotzki 2002; Keupp 2002) – als Gestaltung des eigenen Lebens im Horizont weiter Optionen – gesehen wird. Solche Bildung verlangt die Fähigkeit, Offenheit auszuhalten, mit Noch-Nicht-Wissen und Nicht-Wissen umzugehen. Es verlangt ebenso die Fähigkeit, soziale und kulturelle Differenzen wahrzunehmen und zu nutzen (Treptow 2009), wie auch, Fremdheit und Andersheit zu akzeptieren und zu respektieren. Dies wird vor allem auch im Horizont der multiethnischen und sich globalisierenden Gesellschaft zentral (Prengel 1993). Bildung zielt auf Souveränität, die sich im Offenen des eigenen Lebensentwurfs sicher sein kann, sie vollzieht sich in der Spannung von Offenheit, Begrenzungen und der Anstrengung um Kohäsion. Diese Spannung konzentriert Energien und Fantasien auf Kompetenzen der Selbstbildung; Bildung in sozialen Bezügen als soziale Verantwortung muss daneben und dagegen besonders akzentuiert werden. Bildung ist nur möglich im Medium selbstkritischer und sozialer Reflexivität.

Das klassische Bildungskonzept war charakterisiert durch den Anspruch auf Bildung als Menschenrecht. Es muss konkretisiert werden in Bezug auf die alten und neuen Strukturen von Ungerechtigkeit und die damit eingeschränkten Ressourcen für Bildungsprozesse, in den neuen Zonen von Belastung und Exklusion. Bildung als Menschenrecht realisiert sich im Kampf gegen Bildungsarmut. – Darin stellt sich das Projekt Bildung in die Tradition und Stoßkraft der Emanzipationsbewegungen der Moderne, also der Emanzipation der Geschlechter, der Klassen und Schichten, der Altersgruppen und Gruppen mit unterschiedlichem ethnischem Hintergrund, der Behinderten und der in ihrer Andersheit und Beeinträchtigung Stigmatisierten.

Bildung als Menschenrecht konkretisiert sich schließlich im Anspruch von Demokratie, in der mündige Bürger ihr Leben als gemeinsame Aufgaben im Horizont von Gleichheit gestalten. Demokratie kann als die einzige der möglichen Staats- und Gesellschaftsformen angesehen werden, die auf Bildung ebenso verwiesen ist wie sie Bildung als unbedingten Gestaltungsanspruch der Gesellschaft vorantreibt. Bildung ist nur möglich in Bezug auf politische Bildung, als Bildung, die zur informierten Partizipation führt. Demokratie setzt also Bildung voraus und ist in ihrem Bestand und ihrer Entwicklung auf Bildung als Menschenrecht verwiesen.

Die Bildungsszene

Im Horizont dieses für die zweite Moderne reformulierten Projekts Bildung soll die Bildungsszene in ihren partiellen Bildungszugängen der informellen, der non-formalisierten und der formalen Bildung in ihren spezifischen Leistungen – also den in ihrer Struktur angelegten spezifischen Möglichkeiten und Eingrenzungen – dargestellt werden. Dazu könnte man die Bildungsbereiche, dem Ansatz des lebenslangen Lernens folgend, im Durchgang durch die Lebensalter skizzieren, also das Nacheinander von der frühen familialen Bildung bis zur Alten-Bildung verfolgen (BMFSFJ 2005; Rauschenbach 2009; Böhnisch 2008). Ich skizziere im Folgenden die Bildungszugänge in ihren strukturellen Unterschiedlichkeiten nur im Nebeneinander.

Informelle Bildung im Alltag

Informelle Bildung ist die Bildung, die allen Inszenierungen der formalisierten und non-formalisierten Bildung vorgelagert ist. Diese agieren immer unter der Voraussetzung der informellen Bildung, die sich nebenher und oft ungeplant ergibt in den unterschiedlichen Lebensfeldern der Familie, der Freundschaften und Peer-Groups, der Öffentlichkeit, aber ebenso im Umgang mit kulturellen Symbolisierungen, z. B. in den Medien. Ungeachtet der unterschiedlichen Konstellationen in diesen Lebensfeldern sollen hier nur einige Grundmuster von Lebenswelt und Alltag als Bildung im Alltag skizziert werden (Thiersch 2006; Thiersch 2009; Rauschenbach 2009).

Alltag meint die zunächst gegebene Selbstverständlichkeit, in der Menschen sich im Raum ihrer unmittelbaren Erfahrung finden, in dessen Mustern von Raum, Zeit und Beziehungen sie sich orientieren, mit denen sie sich auseinandersetzen. Die Welt der Alltäglichkeit ist die Welt des Besorgens; Grundbedürfnisse müssen befriedigt werden, vielfältige praktische Aufgaben müssen bewältigt werden, Beziehungen in den Konstellationen von Generationalität, Geschlecht und unterschiedlichen Rollen müssen gestaltet und die Spannungen von Über- und Unterordnung, von Vertrauen und Distanz, von allgemeinen und eigenen Interessen müssen geklärt werden. Das Bewältigungshandeln im Alltag ist pragmatisch bestimmt; die Aufgaben müssen so, wie sie sich ergeben, im Hier und Jetzt erledigt werden. Es zählt, dass man mit den Lösungskonzepten zu Rande kommt, systematisch ausgreifendere Fragen nach Begründung und Hintergründen sind irrelevant. Die Erfahrung, dass man Erfolg hat, ist prägend. Bewältigung entlastet und sichert sich durch Routinen. In diesem Bewältigungshandeln steht der Mensch in der Spannung von Erfolg und Überforderung, von Kränkung, von Ansprüchen und Hoffnungen auch auf bessere Möglichkeiten; hier findet der Mensch vor sich und anderen Anerkennung, hier weiß er sich unmittelbar gefragt und herausgefordert; hier hat er seinen Stolz, hier bilden sich für das ganze Leben prägende Muster des Selbstkonzepts, des Selbstzutrauens, des Weltinteresses und Weltzutrauens, der Perspektiven.

Die alltäglichen Erfahrungen sind durch die gegebenen Gesellschaftsstrukturen bestimmt. Zum einen bewirken gegebene gesellschaftliche Ungleichheiten der Klassen- und Schichtstruktur unzulängliche Ressourcen in Zonen der Benachteiligung, der Armut und Randständigkeit und führen zu Überforderung, Verelendung und Perspektivlosigkeit in den alltäglichen Handlungs- und Bildungserfahrungen (BMFSFJ 2005; Merten 2008; Scherr 2008). Zum anderen verunsichern zunehmend anspruchsvolle Wissensmuster und Informationsbestände und die Unübersichtlichkeit und Entgrenzung heutiger Gesellschafts- und Lebensstrukturen die alltäglichen Selbstverständlichkeiten: die Räume der Erfahrung öffnen sich und die unhinterfragte Sicherheit von Routinen und die unreflektierte Pragmatik erweisen sich als unzulängliche Bewältigungsstrategien; die Anforderungen der Wissensgesellschaft verlangen darüber hinaus ein strukturelles Lernen, das die Möglichkeiten informellen Lernens überschreitet.

Es braucht in den alltäglichen Bewältigungsaufgaben immer neue Anstrengungen um Vermittlung zwischen Verlässlichkeit und Offenheit, zwischen Verbindlichkeit und Verhandlungen. Alltagsbewältigung erweist sich als aufwändiges Geschäft: die Zumutung, damit zu Rande zu kommen, stärkt zwar das Selbstbewusstsein, bedingt aber auch Überanstrengung und Stress.

Die Bedeutung von Alltagserfahrungen in ihrer Dringlichkeit, Direktheit und Vitalität wächst. Die Kompetenzen der Strukturierung von Raum, Zeit und Beziehungen im Medium der Pragmatik und in der Vermittlung von Verbindlichkeit und Offenheit sind elementare Bestandteile von Selbstbildung im Horizont des Projekts Bildung in der reflexiven Moderne. Alltag und Alltagsbildung werden in neuer Weise wichtig; die Überforderungen und Unzulänglichkeiten in der Lebensgestaltung und im informellen Lernen des Alltags verlangen aber auch neue Formen der Unterstützungen, damit der Alltag die in ihm angelegten Potenziale nutzen kann.

Hier ergeben sich zunächst Aufgaben der Politik, Bedingungen zu schaffen, die ein gelingenderes Alltagsleben und darin Möglichkeiten der Alltagsbildung schaffen. Neben den Maßnahmen der Familienpolitik und der sie stützenden Geschlechter-, Arbeitsmarkt- und Wohnungspolitik verweisen die Probleme von Alltagserfahrungen und Alltagsbildung auf die Notwendigkeit der Unterstützung und Ergänzung durch die inszenierten Bildungsangebote der formalen und der non-formalisierten Bildung.

Formale und non-formalisierte Bildung

Der Ausbau des Bildungswesens in den formalen und non-formalisierten Bildungszugängen ist das Charakteristikum der Moderne. Schule expandiert, differenziert sich in vielfältigen Institutionalisierungen und wird in der Realisierung der allgemeinen Schulpflicht zum verbindlichen Angebot in staatlicher Zuständigkeit. Neben der Schule entstehen, zeitlich verschoben, Institutionen der non-formalisierten Bildung, der Erwachsenenbildung, der Kulturpädagogik, der Kindertagesbetreuung und der Sozialen Arbeit. Dieser weithin in freier Trägerschaft organisierte Bereich wächst zu einem zweiten Bereich von Bildung. Im Ausbau dieser

Bildungsinstitutionen und der damit einhergehenden notwendigen neuen Bestimmung des Verhältnisses zu Alltag und Alltagsbildung gewinnt Bildung in der Moderne ihre spezifische Gestalt der Vergesellschaftung.

Formale Bildung in der Schule

Ausbau und Differenzierung der scholarisierten Bildung (Baumert 2002; Fend 2006) stehen im Horizont der Ansprüche, den Herausforderungen der Wissensgesellschaft zu entsprechen und soziale Gerechtigkeit zu befördern. In der Wissens- und Informationsgesellschaft – und angesichts der zunehmenden Bedeutung abstrakten Wissens – ist Schule selbstverständliche Voraussetzung für die Gestaltung des Lebens in der Arbeitswelt, der Öffentlichkeit, der Politik und im Raum des Privaten. Schulpflicht wird allgemein, die in der Schule verbrachte Zeit expandiert, die Zeit des Heranwachsens wird Schulzeit. Jenseits der Zufälligkeit und Situationsabhängigkeit des informellen Lernens im Alltag werden Bildungsprozesse curricular und systematisch strukturiert und im Anspruch eines vielgestaltig gegliederten Weltbildes begründet. Spezifische Methoden zur Vermittlung von Weltwissen und Weltbild werden ausgebaut, schulbezogene soziale Kompetenzen und Motivationen werden gefördert. Der Kanon des Weltwissens wird didaktisch strukturiert und die spezifische Kultur der Schule etabliert sich.

Im Horizont des für die zweite Moderne reformulierten Projekts Bildung entwickelt Schule in diesen Aufgaben zunehmend neue Profilierungen. Im neuen Gewicht von Bildung als Selbsttätigkeit und Selbstbildung wird Lernen des Lernens zunehmend wichtiger. Jenseits des traditionell für die Schule charakteristischen Verständnisses von Bildung vornehmlich als Beherrschung eines Bildungskanons wird die Frage nach allgemeinen Kompetenzen, in denen sich das Lernen des Lernens realisieren kann, zentral. Ebenso zentral wird die Individualisierung von Lernprozessen. Parallel dazu ergeben sich in der Präsentation des Weltwissens neue Aufgaben für die Orientierung in der Unübersichtlichkeit: Prinzipien eines exemplarischen Lernens, das die Vielfältigkeit möglichen Wissens strukturiert, rücken in den Vordergrund. Lernen wird in Projekten organisiert. Daneben aber wird – wenn auch zögernd – die Repräsentation des Weltwissens ausgedehnt auf jene Bereiche, die für die Orientierung der gegenwärtigen Gesellschaft wichtig sind, also z. B. auf Wirtschaft, Gesundheit und Recht (Richter 2001). Schule erweitert ihr Programm zu einer weiter gefassten Bildung in Bezug auf Konfliktverhalten, Umgang mit Gefühlen und lebenspraktischen Aufgaben.

Diese Erweiterung hat Bedeutung auch im Zusammenhang mit der anderen zentralen Aufgabe von Schule, durch die Angebote der formalen Bildung soziale Gerechtigkeit zu befördern. Schule sieht den Menschen nicht bestimmt in den Ungleichheiten gegebener Alltagsverhältnisse, also in den Bedingungen von Klasse und Schicht, sondern – davon gleichsam abstrahiert – in seiner individuellen Lern- und Leistungsfähigkeit. Der Erwerb schulischen Wissens versteht sich so als ein Weg, Gleichheit in der Gesellschaft zu befördern. Als Ausweis schulischer Leistungsfähigkeit werden Zeugnisse und Zertifikate zum Instrument der gerechten Zuweisung von Positionen im Arbeits- und Gesellschaftsleben. Diese Intention der Beförderung von Gerechtigkeit durch Bildung aber erfüllt das Bildungswesen nur sehr bedingt. Die formale Leistungsgerechtigkeit verdeckt die in den Lebensverhältnissen der alltäglichen Bildung gegebenen Ungleichheiten. In der selektiven Schulstruktur, den Zulassungsregelungen und in den internen Leistungsstandards werden soziale Ungleichheiten verfestigt. Daneben aber hatte sich Schule in ihrer spezifischen Konzentration auf die Vermittlung von Informationen und kognitiven Kompetenzen bisher zu wenig auf die Förderung der informellen Lernprozesse und alltäglichen Lebenskompetenzen eingelassen; sie waren vorausgesetzt und damit auch die in ihnen gegebenen Ungleichheiten und Beschränkungen. Die gegenwärtig vorangetriebene Erweiterung ihres Lernprogramms bietet der Schule Chancen dagegen anzugehen.

Die beiden neuen Aufgaben, die Neustrukturierung des Bildungsprogramms und die Kompensation von Bildungsarmut, bedingen neue Formen der Schulorganisation. In der Ganztagsschule oder der Gesamtschule entstehen Räume für diese erweiterten Aufgaben, Schule versteht sich als Haus des Lernens.

In diesen Erweiterungen bleiben die Möglichkeiten von Schule verwiesen auf andere Bildungszugänge der non-formalisierten und informellen Bildung.

Hier wird Schulsozialarbeit etabliert, neue interfachliche Teamkonstellationen entstehen und die Zusammenarbeit mit Vereinen wird intensiviert. Besonders wichtig wird die Zusammenarbeit mit den Eltern und die Orientierung am Gemeinwesen.

Non-formalisierte Bildung in der Sozialen Arbeit

Non-formalisierte Bildung zielt auf Unterstützung und Hilfe in Problemen der Lebensbildung, wie sie sich im Horizont des reformulierten Bildungsprojekts an Demokratisierung und Orientierung ergeben. Non-formalisierte Bildung repräsentiert sich in einer weiten, unübersichtlichen Landschaft, mit unterschiedlichen Trägerschaften in den sehr unterschiedlichen Formen z. B. der Erwachsenenbildung, der ständig expandierenden Medienlandschaft und der Sozialen Arbeit. Diese soll hier exemplarisch dargestellt werden, auch deshalb, weil in ihr Herausforderungen der zweiten Moderne und Chancen im Horizont des reformulierten Projekts Bildung besonders deutlich werden können (Thiersch 2008; Otto / Rauschenbach 2008).

Soziale Arbeit ist bis in die Mitte des vorigen Jahrhunderts praktiziert worden als besondere Hilfe für Menschen in besonderen Notlagen; neben den Praktiken der Disziplinierung, Stigmatisierung und Anpassung an die geltenden Normen war sie, jedenfalls in ihrem Selbstanspruch, immer auch orientiert am Projekt Bildung, also an einer Bildung, in der der Mensch Anerkennung vor anderen und vor sich als Werk seiner selbst erfahren soll. Im Zug der Herausforderungen der Moderne, der Demokratieansprüche gerade für Benachteiligte und der Ansprüche an Orientierung in entgrenzten Lebensverhältnissen werden die Aufgaben der Unterstützung in allen Lebenskompetenzen im Horizont des reformulierten Bildungsprojekts zunehmend als Auftrag an pädagogisch inszenierte Bildung brisant. Soziale Arbeit versteht sich heute im Doppelauftrag der Unterstützung in den besonderen Schwierigkeiten randständiger, ausgegrenzter und benachteiligter Lebensverhältnisse und der allgemeinen Unterstützung in heutigen, brüchigen und anstrengenden Lebensverhältnissen. In ihrem Auftrag, im Horizont sozialer Gerechtigkeit Lebensverhältnisse zu strukturieren und Lebenskompetenzen zu fördern, ergibt sich ihre spezifische Konkretisierung des Projekts Bildung. Sie entwickelt ein breit gefächertes Repertoire institutioneller und methodisch spezifischer Zugänge, z. B. in Beratungen, Erziehungshilfen, Jugendarbeit, Jugendberufshilfen, Altenarbeit und sozialräumlich orientierter Gemeinwesenarbeit. Dass damit nicht alle der Sozialen Arbeit zufallenden Aufgaben abgedeckt sind, die auch in der Sozialpolitik sowie in Pflege und Versorgung (Care) liegen, muss hier nicht eigens betont werden.

In ihren heutigen Konzepten kann Soziale Arbeit dem besonderen Profil des reformulierten Projekts Bildung in besonderer Weise entsprechen. Sie engagiert sich im Kampf gegen Ungleichheiten und Ungerechtigkeiten in der Gesellschaft; sie agiert im Mandat derer, die in fehlenden Ressourcen und problematischen Bewältigungsmustern in ihrer Bildung gehemmt, benachteiligt oder von Bildungsmöglichkeiten ganz ausgeschlossen sind. – Das Grundprinzip sozialpädagogischer Arbeit als Hilfe zur Selbsthilfe (oder Empowerment) entspricht der zentralen Bedeutung von Selbstbildung und Individualisierung im reformulierten Projekt Bildung; dem entspricht ebenso die Bedeutung von Diagnosen als Frage nach Lebensthemen und Bewältigungsmustern. Dieses Grundmuster repräsentiert sich auch in der methodischen Frage, wie im offenen Feld Anfänge gefunden werden können (Hörster / Müller 1996), die den Zugang zu den Selbstdeutungen und den spezifischen Ressourcen der Adressaten eröffnen, aber ebenso im System der weitverzweigten und differenzierten Hilfen, die sich den individualisierten Konstellationen lebensweltlicher Verhältnisse anpassen können.

Soziale Arbeit agiert im Medium von Freiwilligkeit; es gibt keine allgemeine „Pflicht" zur Teilnahme an Sozialarbeit (wie es eine Schulpflicht gibt), sie verfügt über keine Zertifikate, die erworben werden müssen, um in der Gesellschaft bestehen zu können. Soziale Arbeit sucht auch da im Medium von Verhandlung und Motivation zu agieren, wo sie angesichts offenkundiger Problemlagen und vor allem im Zeichen des Wächteramts des Staates und des Schutzes der Kinder zum Eingreifen genötigt ist. Vor dem Hintergrund solcher offenen Zugänge stellt sich in der Sozialen Arbeit die Frage nach der Vermittlung zu Verbindlichkeiten, wie sie für das Projekt Bildung von elementarer Bedeutung ist, in besonderer Dringlichkeit und Aufwändigkeit. Ein solcher Arbeitsansatz einer

„strukturierten Offenheit" (Grunwald / Thiersch 2004) verlangt kritische Selbstreflexivität, die mit vielfältigen, auch institutionalisierten Regelungen zur Sicherung der Eigenwilligkeit der Selbstbildungsprozesse der Adressaten in Partizipation und Mitbestimmung einhergehen muss.

Diese Programmatik könnte dazu verführen, Soziale Arbeit als gleichsam ausgezeichnete Realisierung des Projekts Bildung zu verstehen. Dies aber wäre nicht nur angesichts der gegebenen Praxis, sondern strukturell unangemessen. Sozialpädagogik realisiert ein spezifisches Segment im Bildungswesen, sie repräsentiert einen besonderen und darin beschränkten Zugang zu Bildungsmöglichkeiten; sie ist – pointiert formuliert – Spezialist für offene, ganzheitliche und individualisierende Zugänge neben den anderen Zugängen innerhalb des Bildungswesens.

So wie scholarisierte Bildung sich im Zeichen des reformulierten Bildungsprojekts über ihr „angestammtes" Selbstverständnis in andere Bildungsaufgaben hinein erweitert, stellt sich – gleichsam spiegelverkehrt – für die Soziale Arbeit die Aufgabe der Erweiterung ihres Arbeitsrepertoires in Hinblick auf scholarisierte Bildung. Zwei Aspekte sollen hervorgehoben werden. In den Kooperationen zwischen Schule und Sozialer Arbeit in Schulsozialarbeit und Ganztagsbildung geht es darum, die spezifisch sozialpädagogische Sicht und ihre besonderen Methoden in schulisch arrangiertes Lernen einzubringen. Anders stellt sich die Situation dar, wenn Soziale Arbeit ihr Handlungsrepertoire in Bezug auf schulisch-curriculares Lernen erweitert, also in ihrem non-formalisierten Zugang Prinzipien und Momente der schulischen Bildung integriert. Solche Erweiterungen werden deutlich z. B. in der Kindertagesbetreuung. Die Belastungen im Alltag und in der informellen Alltagsbildung in der Familie fordern inszenierte Bildungsmöglichkeiten für alle Kinder in der Kindertagesbetreuung; diese Forderung wird gestützt durch neuere pädagogische Konzepte und durch neurobiologische Forschungen. Dass diese Bildungsmöglichkeiten intensiviert werden, ist wie aller Ausbau inszenierter Bildung besonders für die Kinder aus benachteiligten Verhältnissen entscheidend. Momente eines strukturierten Erwerbs von Weltwissen und kognitiven Kompetenzen werden wichtig, wie sie sich in den Bildungsplänen der Bundesländer repräsentieren (Diskowski 2009). Die Bedeutung von sprachlicher Bildung wird besonders betont, nicht zuletzt zur Förderung der mehrsprachig aufwachsenden Kinder mit Migrationshintergrund. Solche neuen Aufgaben aber haben ihr spezifisches Profil darin, dass sie eingebettet bleiben in die spezifisch sozialpädagogische Kultur der Kindertagesbetreuung, also die Verbindung von Spielen und Lernen, den Erwerb der sozialen Kompetenzen, den am ganzheitlichen und individuellen Bildungsprozess orientierten Bildungsgeschichten und die Kooperation mit den Eltern in den Aufgaben der gemeinsamen Erziehung. Ebenso wichtig aber ist es, dass die Kindertagesbetreuung orientiert wird an den besonderen Chancen, die in Welterkundung und Fantasie für Selbsttätigkeit und Selbstbildung gegeben sind und die so zentral für das reformulierte Projekt Bildung sind (Liegle 2008).

Koordination und Kooperation, Bildungslandschaft

Bildung realisiert sich im Zusammenspiel der unterschiedlichen partikularen Bildungszugänge (BMFSFJ 2005; Böllert 2008). Die derzeitigen Zuständigkeiten sind bestimmt durch die spezifisch deutsche Geschichte des Bildungswesens; hier werden sich, vor allem auch im Horizont der internationalen Diskussion, Verschiebungen ergeben. Wichtig aber ist es, dass jenseits neuer Institutionalisierungen die Eigensinnigkeit der unterschiedlichen Bildungszugänge festgehalten wird. Konzepte einer produktiven Koordinationen der unterschiedlichen, aber gleichrangigen Bildungszugänge werden unter dem Titel der Ganztagsbildung (Coelen / Otto 2008) oder der Bildungslandschaft (Rauschenbach 2009; Mack 2008) gefasst.

Die Realisierung dieses Zusammenspiels verlangt besondere Anstrengungen. Das derzeitige Netz der unterschiedlichen Bildungszugänge ist bestimmt durch gewachsene Hierarchisierungen. Die Gewichtigkeit der informellen Alltagsbildung muss betont und durchgesetzt werden gegenüber der Macht und dem gleichsam selbstreferentiellen Interesse der inszenierten Bildung, die ihre eigenen Kompetenz herausstellt und von da aus immer wieder Alltagskompetenzen eher nur als Voraussetzung und Zubringerleistung für ihre eigenen Aktivitäten funktionalisiert. Die Koordination innerhalb der Bildungsbereiche der inszenierten Bildung ist belastet durch die traditionelle Nachrangigkeit der non-formalisierten Bildung der Sozialen Arbeit gegenüber der scholarisierten Bildung. Die Nachrangigkeit geht einher mit unterschiedlichen Organisationsformen der staatlichen Zuständigkeit und der freien Trägerschaft. Soziale Arbeit hat einen schweren Stand gegenüber der in der Wissens- und Lerngesellschaft ständig wachsenden Bedeutung des scholarisierten Lernens. Die Gefahr, dass Soziale Arbeit in ihrem spezifischen Zugang in der schulischen Zuständigkeit gleichsam verschluckt wird (Winkler 2006), führt dazu, dass Soziale Arbeit sich oft nur mit Vorbehalten auf Kooperation einlassen kann und vor allem die Gefahren gegenüber den Notwendigkeiten und Chancen betont. – Konzeption und Praxis von Bildungslandschaften brauchen den anstrengenden Aufwand, das reformulierte Projekt Bildung als Zusammenspiel aller Zugänge in der Bildungslandschaft zu gestalten. Dies verlangt Sensibilität in Bezug auf die gegebenen Machtstrukturen ebenso wie auf die verfestigten Fremdheiten und Vorurteile.

Solches Zusammenspiel in der Bildungslandschaft schafft Voraussetzungen und gibt Chancen dazu, dass sich Menschen in Komplexität, in Offenheiten, Verwerfungen und Verunsicherungen der Gesellschaft als Subjekte ihrer selbst erfahren und in den Aufgaben und Möglichkeiten eines demokratischen Zusammenlebens behaupten können.

Einschränkungen, Widerstände

Die in den verschiedenen Bildungszugängen strukturell angelegten Möglichkeiten markieren Aufgaben, die einstweilen erst bedingt die Wirklichkeit der Bildungsszene und der Bildungsgeschichten bestimmen. Die neuen Ansätze stoßen nach wie vor auf Widerstände, die in alten Traditionen verwurzelt sind; sie können nur zögernd und oft nur in Modellen durchgesetzt werden. Die in den unterschiedlichen Bildungszugängen liegenden Möglichkeiten bleiben ungenutzt. Der notwendige besondere Aufwand für besonders belastete Gruppen und Sozialräume fehlt, die Arbeitsausstattung ist unzulänglich. Das Miteinander der Institutionen bleibt im Neben- und Gegeneinander stecken, wenn es sich nicht als organisierte Nichtzuständigkeit repräsentiert. Dem entspricht die Misere von Bildungsgeschichten. Es gibt die Gruppen der in

der Bildungsarmut Benachteiligten, der Bildungsverlierer, es gibt verhinderte, blockierte, gebremste und abgebrochene Bildungsgeschichten, die sich in Perspektivlosigkeit, in Unzulänglichkeiten und diffusen Ausbrüchen verlieren. Dagegen müssen die in den Strukturen angelegten Möglichkeiten – so wie es in der politischen Rhetorik immer wieder beschworen wird – auch in der Realität intensiv genutzt und in Reformen vorangetrieben werden.

Darauf zielende Anstrengungen aber werden gebremst und unterlaufen durch ein Bildungsverständnis, das das Projekt Bildung in seiner kritischen Widerständigkeit zurücknimmt und in seinen Intentionen enteignet; in gleichen Formulierungen geht es um neue Bedeutungen. In der derzeitigen politischen Großwetterlage, in der der Primat der Ökonomie mit neoliberalen und neokonservativen Ansätzen koaliert, wird das Projekt Bildung auf jene Bildungsansprüche zurückgedrängt, die zum Überstehen in den Anforderungen der modernen Wirtschafts- und Konsumgesellschaft notwendig erscheinen: Bildungsziel wird die Ausbildung von „Humankapital" (Böhnisch et al. 2005). Selbstbildung erscheint als Verantwortung des Menschen für seine Leistungsfähigkeit, sich als Regisseur seiner Kompetenzen und seines Lebensziels in der liberalen Konkurrenzgesellschaft zu behaupten. In ihren Sog gerät auch die Förderung von Individualität, in der Menschen ihre spezifische Qualifikation ausweisen können. Das Harmoniestreben im klassischen Bildungsideal scheint neu zu erstehen im empathischen Bild von Bildung als einer gekonnten Selbstdarstellung in einer beherrschbaren und beherrschten Welt, in der Komplikationen und Verwerfungen irrelevant erscheinen. Bildung als Förderung von Leistungsfähigkeit der Tüchtigen spaltet sich im Zeichen von Elitebildung ab von den Bildungsbemühungen, die auf den Anspruch sozialer Gerechtigkeit für alle insistieren und stellt die aus der Tradition stammende Spaltung des Bildungswesens in der Repräsentation ungerecht verteilter Bildungsressourcen in neuen Konstellationen wieder her.

Diese allgemeinen Tendenzen bestimmen Entwicklungen in den einzelnen Bildungszugängen. Die informelle Bildung im Alltag wird zwar als Voraussetzung für die neuen Leistungsanstrengungen gefördert, Unterstützungen in den Aufgaben der Lebensbewältigung aber werden eher zurück

genommen und kompensiert in einer neuen moralisierenden Beschwörung von Alltags- und Familien-
tüchtigkeit; sie wird begleitet durch massive Be-
schwörungen der alten Tugenden der Einordnung
und Disziplin (Brumlik 2007). Die notwendigen
und aufwändigen Anstrengungen heutiger Bildung
werden dethematisiert und denunziert. – Schulische
Bildung gerät im Druck des Leistungsanspruchs in
die Zwänge von Leistungsmessungen, die zwar zunehmend vom Schulstoff distanziert und auf Kompetenzen bezogen sind, aber in Formen gefasst werden, die die Kompetenzen eher rigide definieren
und die Offenheit des Lernens einengen (Heinrich
2007). In den Konkurrenzanstrengungen werden
die Freiräume eines selbst bestimmten, offenen Lernens eingeschränkt, die im Zug der Schulreform so
zögernd gewonnen wurden. – Die aufwändigen Anstrengungen der Sozialen Arbeit werden, wenn sie
nicht im Interesse schulischer Leistungsanforderun-
gen instrumentalisiert sind, eher zurück genommen
und vor allem auf Kontrollaufgaben konzentriert.
Auch Soziale Arbeit wird – parallel zu den strikten
Maßstäben schulischer Leistungsmessung – in rigide
technologisch bestimmte Arbeits- und Organisati-
onsvollzüge eingepasst, die die für ihre Arbeit existentiell notwendigen Suchbewegungen und Umwege unterlaufen. Wenn diese Entwicklungen sich
gegenseitig bestärken und vernetzen, zeichnet sich
die Karikatur einer Bildungslandschaft am Horizont
ab, die Züge der Schreckensvision einer „schönen
neuen Welt" (Huxley 1987) zeigt.
Zum Ausbau der Entwicklungszugänge im Horizont einer zunehmenden Vergesellschaftung von
Bildung in unserer Gesellschaft gibt es keine Alternative. Darin aber braucht es die ausdrückliche
Stärkung der Kräftigkeiten und Eigensinnigkeiten

im informellen Lernen des Alltags, also den Respekt vor dem „Rohstoff Wirklichkeit" (Negt / Kluge
1972). Notwendig ist es, Widersprüche und Brüche zwischen den Bildungssystemen so zu nutzen,
dass Offenheiten und Freiräume für die Gestaltung
von Bildungsgeschichten erhalten bleiben, ebenso
nötig aber ist es, dass diese allgemeinen Entwicklungen angetrieben werden durch die dezidierte
Förderung gleichsam voranpreschender Modelle.
Solche Bemühungen verlangen Engagement und
Ressourcen. Sie aber sind bestimmt und eingeschränkt durch die Gewalt gesellschaftlicher, ökonomischer und politischer Entwicklungen. Der
pädagogische und bildungspolitische Kampf gegen
Bildungsarmut ist notwendig, aber nicht der einzige Ansatz um gegen Ungerechtigkeit und Unsicherheit in der Gesellschaft anzugehen. Das bildungspolitische Engagement darf nicht dazu
verführen, Bildung und Bildungspolitik irreal zu
überfordern und zugleich die politisch-gesellschaftlichen Probleme in den Hintergrund zu drängen.
Schließlich: Jenseits der überfälligen und notwendigen Anstrengungen zur Verbesserung des Bildungswesens und unabhängig von den Grenzen dieser
Anstrengung in den politisch-gesellschaftlichen
Strukturen bleiben Bildung und Bildungsgeschichten riskant. Gelingende Bildung ist – wie menschliches und gelingenderes menschliches Leben immer – als Lebensgestaltung im Risiko von Freiheit
offen und immer auch bestimmt durch situative
Fügungen, durch Konstellationen des Zufalls, durch
Schicksalsschläge und Glück. Dies zu wissen darf
kein Vorwand sein, die überfälligen Aufgaben der
Gestaltung von Bildungsprozessen nicht mit aller
Energie und allen Ressourcen voranzutreiben.

Literatur

Autorengruppe Bildungsberichterstattung (2008): Bildung in
    Deutschland. Bertelsmann, Bielefeld
Baumert, J. (2002): Deutschland im internationalen Bil-
    dungsvergleich. In: Killius, N., Kluge, J., Reisch, L.
    (Hrsg.): Die Zukunft der Bildung. Suhrkamp, Frank-
    furt / M., 100–150
Bloch, E. (1977): Gesamtausgabe. Bd. XIII. Suhrkamp,
    Frankfurt / M.
Böhnisch, L. (2008): Sozialpädagogik der Lebensalter. Eine
    Einführung. 5. Aufl. Juventa, Weinheim / München

–, Schröer, W., Thiersch, H. (2005): Sozialpädagogisches
    Denken. Auf dem Wege zu einer Neubestimmung. Juventa,
    Weinheim / München
Bollenbeck, B. (1996): Bildung und Kultur. Suhrkamp,
    Frankfurt / M.
Böllert, K. (2008): Aufwachsen in öffentlicher Verantwor-
    tung. Zur Bildungsidee des 11. Kinder- und Jugendbe-
    richts. In: Rauschenbach, T., Otto, H.-U. (Hrsg.): Die
    andere Seite der Bildung. Zum Verhältnis von formellen
    und informellen Bildungsprozessen. 2. Aufl. VS Verlag,
    Wiesbaden, 209–222

Brumlik, M. (Hrsg.) (2007): Vom Missbrauch der Disziplin. Antworten der Wissenschaft auf Bernhard Bueb. Beltz, Weinheim / Basel

Bundesjugendkuratorium (BJK), Sachverständigenkommission für den 11. Kinder- und Jugendbericht, Arbeitsgemeinschaft für Jugendhilfe (2002): Bildung ist mehr als Schule. Leipziger Thesen zur aktuellen bildungspolitischen Debatte. BMFSFJ, Bonn / Berlin / Leipzig

Bundesministerium für Familie, Senioren, Frauen und Jugend (BMFSFJ) (2005): Bericht über die Lebenssituation junger Menschen und die Leistungen der Kinder- und Jugendhilfe in Deutschland. Zwölfter Kinder- und Jugendbericht. Deutscher Bundestag, Berlin

Coelen, T., Otto, H.-U. (Hrsg.) (2008): Grundbegriffe Ganztagsbildung. VS Verlag, Wiesbaden

Deutscher Bildungsrat (1970): Strukturplan für das Bildungswesen. Klett, Stuttgart

Diskowski, D. (2009): Bildungspläne für Kindertagesstätten. Zeitschrift für Erziehungswissenschaft, Sonderheft 11, 47–62

Fend, H. (2006): Neue Theorie der Schule. Einführung in das Verstehen von Bildungssystemen. VS Verlag, Wiesbaden

Grunwald, K., Thiersch, H. (2008): Praxis der Lebensweltorientierten Sozialen Arbeit. 2. Aufl. Juventa, Weinheim / München

Heinrich, M. (2007): Governance in der Schulentwicklung. Von der Autonomie zur evaluationsbasierten Steuerung. VS Verlag, Wiesbaden

Hörster, R., Müller, B. (1996): Zur Struktur sozialpädagogischer Kompetenz. In: Combe, A., Helsper, W. (Hrsg.): Pädagogische Kompetenz. Suhrkamp, Frankfurt / M., 614–648

Humboldt, W. v. (1960): Theorie der Bildung des Menschen. In: Humboldt, W. v.: Werke in fünf Bänden I, hrsg. von Flitner, A., Giel, K.. Cotta, Stuttgart, 234–241

Huxley, A. (1987): Schöne neue Welt. 4. Aufl. Piper, München

Jens, W., Thiersch, H. (1987): Deutsche Lebensläufe. Juventa, Weinheim / München

Kant, I. (1964) Schriften zur Anthropologie, Geschichtsphilosophie, Politik und Pädagogik. In: Kant, I.: Werke in sechs Bänden, hrsg. von Weischedel, W., Bd. 6. Insel-Verlag, Frankfurt / M.

Kerstin, W., Langbehn, C. (2007): Kritik der Lebenskunst. Suhrkamp, Frankfurt / M.

Keupp, H., Ahbe, T., Gmür, W. (2002): Identitätskonstruktionen. Rowohlt, Reinbek b. Hamburg

Klafki, W. (1985): Neue Studien zur Bildungstheorie und Didaktik. Beltz, Weinheim / Basel

Kraul, M., Marotzki, W. (Hrsg.) (2002): Biographische Arbeit. Leske & Budrich, Opladen

Liegle, L. (2008): Der Bildungsauftrag des Kindergartens. In: Otto, H.-U., Rauschenbach, T. (Hrsg.), 117–122

Mack, W. (2008): Bildungslandschaften. In: Coelen, T., Otto, H.-U. (Hrsg.), 741–754

Merten, R. (2008): Die soziale Seite der Bildung. In: Otto, H.-U., Rauschenbach, T. (Hrsg.), 41–60

Mittelstraß, J. (2002): Bildung und ethische Maße. In: Killius, N., Kluge, J., Reisch, L. (Hrsg.): Die Zukunft der Bildung. Suhrkamp, Frankfurt / M., 151–170

Natorp, P. (1899): Sozialpädagogik: Theorie der Willenerziehung auf der Grundlage der Gemeinschaft. Frommann, Stuttgart

Negt, O., Kluge, A. (1972): Öffentlichkeit und Erfahrung. Suhrkamp, Frankfurt / M.

Otto, H.-U., Rauschenbach, T. (2008): Die andere Seite der Bildung. Zum Verhältnis von formellen und informellen Bildungsprozessen. 2. Aufl. VS-Verlag, Wiesbaden

Pestalozzi, J. H. (1946): Gesammelte Werke. Hrsg. von Bosshard, E., Bd. 8. Rascher, Zürich

Prengel, A. (1993): Pädagogik der Vielfalt. Leske & Budrich, Opladen

Rauschenbach, T. (2009): Zukunftschance Bildung. Familie, Jugendhilfe und Schule in neuer Allianz. Juventa, Weinheim / München

Richter, I. (2001): Die sieben Todsünden der Bildungspolitik. Beltz, Weinheim / Basel

Scherr, A. (2008): Bildung und soziale Ungleichheit. Sozialwissenschaftliche Rundschau 31, 101–106

Schleiermacher, F. (1957): Pädagogische Schriften, hrsg. von Weniger, E., Bd. I: Die Vorlesungen aus dem Jahre 1826. Verlag Helmut Küpper vormals Georg Bondi, Düsseldorf

Spitzer, M. (2006): Lernen. Gehirnforschung und die Schule des Lebens. Spectrum, Heidelberg

Sünker, H. (2003): Politik, Bildung und Soziale Gerechtigkeit. Peter Lang, Frankfurt / M.

Tenorth, H.-E. (1997): Bildung – Thematisierungsformen und Verwendungsweisen in der Erziehungswissenschaft. Zeitschrift für Pädagogik 43, 969–984

Thiersch, H. (2009): Lebensweltorientierte Soziale Arbeit. 7. Aufl. Juventa, Weinheim

– (2008): Bildung und Soziale Arbeit. In: Otto, H.-U., Rauschenbach, T. (Hrsg.), 237–252

– (2006): Leben lernen, Bildungskonzepte und sozialpädagogische Aufgaben. In: Otto, H.-H., Oelkers, J. (Hrsg.): Zeitgemäße Bildung. Ernst Reinhardt, München / Basel, 31–36

Tippelt, R., Schmidt, B. (Hrsg.) (2009): Handbuch Bildungsforschung. 3. Aufl. VS Verlag, Wiesbaden

Treptow, R. (2009): Gegenwart gestalten – auf Ungewissheit vorbereiten. In: Hast, J., Nüsken, D., Rieken, G., Schlippert, H., Spernau, X., Zipperle, M. (Hrsg.): Heimerziehung und Bildung. IGFH, Frankfurt / M., 10–32

Winkler, M. (2006): Bildung mag zwar die Antwort sein – das Problem aber ist Erziehung. Zeitschrift für Sozialpädagogik 4, 182–201

Bildungsforschung

Von Rudolf Tippelt

Die Entwicklung der Bildungsforschung steht seit Beginn der 1960er Jahre in einem engen sachlichen Zusammenhang mit der Bildungs- und Sozialplanung sowie der Bildungspolitik. Insbesondere der Ausbau des Bildungswesens auf nationaler und internationaler Ebene hat verstärkt zu einer Entwicklung und Differenzierung der Bildungsforschung geführt. Die Aufgabe der Bildungsforschung liegt darin, wissenschaftliche Informationen bereitzustellen, um eine rationale Begründung bildungspolitischer Entscheidungen zu ermöglichen.

In den 1960er Jahren entstanden mit dem Aufschwung der Bildungsplanung sehr schnell eine größere Zahl außeruniversitärer Einrichtungen der Bildungsforschung. Neben den staatlichen Förderern (Bund und Länder) waren von Anfang an auch private Stiftungen am Aufbau der Bildungsforschung beteiligt, insbesondere die Volkswagen-Stiftung, die für mehrere Forschungsinstitute die Startfinanzierung bereitstellte (Weishaupt et al. 1991). Gleichzeitig führte die Expansion der Hochschulen zu einer fachlichen Differenzierung und in diesem Zusammenhang auch zu einer partiellen Übernahme des sozialwissenschaftlich-empirischen Ansatzes der Bildungsforschung in der Erziehungswissenschaft.

Nach einer Empfehlung des Deutschen Bildungsrates (1974) hat Bildungsforschung die Untersuchung der Voraussetzungen und Möglichkeiten von Bildungs- und Erziehungsprozessen im institutionellen und gesellschaftlichen Kontext zum Gegenstand, sie analysiert die Lehr- und Lernprozesse in schulischen und außerschulischen Bereichen und sie thematisiert auch die nichtinstitutionalisierten Sozialisationsbereiche. Stand in den 1970er und 1980er Jahren die organisatorische und ökonomische Einbettung des Bildungswesens in Staat und Gesellschaft im Zentrum des Interesses (Cortina et al. 2008), so sind es heute die Herausforderungen des chancengerechten Bildungszugangs im Kontext des Lebenslangen Lernens (Konsortium Bildungsberichterstattung 2006; 2008). Bezugsdisziplin der Bildungsforschung ist die Erziehungswissenschaft bzw. Pädagogik. Da allerdings Bildungsprozesse von gesellschaftlichen Bedingungen und verschiedenen individuellen Entwicklungsfaktoren beeinflusst werden, sind an der Bildungsforschung auch andere Fachdisziplinen wie die Soziologie, die Psychologie oder die Wirtschaftswissenschaft beteiligt (Tippelt/Schmidt 2009). Zentrale Themen waren und sind die Modernisierung und Effektivierung des Bildungssystems.

Starke Impulse erhielt die Bildungsforschung von der sozialen Disproportionalität im Bildungswesen, d. h. insbesondere von dem in internationalen empirischen Untersuchungen festgestellten, verfestigten Zusammenhang von sozial-ökonomischem Milieu, Schulleistung und Bildungsniveau. Ungleiche Bildungschancen wiederum bedeuten eine ungerechte Verteilung der Sozial- und Lebenschancen. Die „soziale Vererbung von Bildung, beruflicher Position und gesellschaftlichem Status" stellt die zentralen Legitimationsgrundlagen moderner Industrie- und Dienstleistungsgesellschaften in Frage (Baumert et al. 2001). Dieses empirische Faktum widerspricht der Idee der formal gleichen Bildungschance, also der allgemeinen Möglichkeit jedes Individuums, eine seiner individuellen Eignung und Neigung entsprechende Bildung zu erwerben, unabhängig von sozialer Herkunft und wirtschaftlicher Lage der Eltern, wie dies verfassungsrechtlich gesichert ist (von Friedeburg 1989). Schon in den 1960er und 1970er Jahren wurde der Ausbildungsrückstand der Kinder bestimmter Bevölkerungsgruppen (in Deutschland z. B. Arbeiter-, Land-, Ausländerkinder, Mädchen, z. T. auch Katholiken) stark thematisiert. Die Unterrepräsentanz dieser Bevölkerungsgruppen bei den Absolventinnen

Otto/Thiersch (Hg.), Handbuch Soziale Arbeit, 4. A., DOI 10.2378/ot4a.art017,

und Absolventen höherer und hoher Bildungsabschlüsse wurde als soziale Unterprivilegierung
bzw. Diskriminierung interpretiert. In der Bildungsforschung wurde mehrfach nachgewiesen, dass die
Hauptursachen von entsprechenden Bildungsdefiziten weniger in der mangelnden Begabung der Kinder als in sozial-ökonomischen, sozial-kulturellen,
psychologischen und sozial-ökologischen Bildungsbarrieren zu suchen sind (Cortina et al. 2008). Die
entsprechenden Erklärungsversuche haben zu verschiedenen pädagogischen Konsequenzen der kompensatorischen bzw. emanzipatorischen Bildungsprogramme geführt.

Neben diesem starken sozialpolitischen Interesse
an sozialer Ungleichheit wurde die Bildungsforschung von Anfang an durch ökonomische Überlegungen der Wirtschaftlichkeit und Rentabilität
des Bildungswesens geprägt: Zur Behauptung der
Leistungs- und Konkurrenzfähigkeit des nationalen Bildungswesens im internationalen Vergleich
sollten „Begabungsreserven" erschlossen werden.
Heute sind für die Bildungsforschung ihre Interdisziplinarität und ihre internationale Problemsicht
kennzeichnend (OECD 2008).

Im internationalen Kontext hat sich zunehmend
die Einsicht durchgesetzt, dass die Politik des Exports eines ganz spezifischen Bildungs- oder Berufsbildungssystems bspw. in Entwicklungsländern
nicht auf amorphe und unberührte Verhältnisse
trifft, sondern auf dort gewachsene nationale und
regionale Strukturen. Der Transferansatz, der ein
erfolgreiches System der Bildung und Berufsausbildung von einem Land in ein anderes übertragen
will, gerät zunehmend in Kritik, und es wird stattdessen eine verstärkte Hinwendung zu einem Ansatz der Berücksichtigung nationaler und regionaler Gegebenheiten unter Einbezug internationaler
Erfahrungen favorisiert. Ein wechselseitiges Lernen
voneinander, Dialog und Gleichberechtigung sind
wichtige Merkmale einer seriösen und gleichzeitig
erfolgsorientierten Förderung von internationalen
Bildungsprojekten (Schaack / Tippelt 1997; Lenhart 1994; Tippelt / Schmidt 2009). Die internationale Bildungsforschung fordert nicht mehr einen einfachen Transfer, sondern differenzierte
Entwicklungsansätze, die eine Abkehr von Supe-
rioritätsannahmen leisten, welche doch nur auf einem mangelhaften Studium internationaler Gegebenheiten und Erfahrungen beruhen können
(Moura Castro 1995). Die Bildungsforschung seit

den 1990er Jahren zu bilanzieren, ist deshalb kein
einfaches Vorhaben, weil heute ein sehr breites
Spektrum von Fragestellungen bearbeitet wird.

„Das Spektrum reicht von der Strukturanalyse des gesamten Bildungs- und Berechtigungswesens bis zur
Durchleuchtung einzelner schulischer oder beruflicher
Modellversuche, von der Untersuchung kollektiven Lernens bis zur Entschlüsselung individueller Entscheidungsprozesse, von Formen des organisationalen Lernens bis
zu komplexen Analysen von bildungsrelevanten institutionellen Netzwerken" (Tippelt et al. 2008).

In Diagnosen zur Lage der Bildungsforschung wird
inzwischen eine hauptsächlich auf Institutionen
gerichtete Makroforschung von einer eher auf
Lehr- und Lernprobleme zielenden Mikrofor-
schung unterschieden. Beide Richtungen der Bildungsforschung bevorzugen methodologisch teilweise qualitative und teilweise quantitative Ansätze,
beide Richtungen können stärker grundlagenorien-
tiert oder anwendungsorientiert sein. Grundlagenorientierte Bildungsforschung will hierbei das
Verständnis der Bildungsprozesse und Bildungssysteme verbessern, anwendungsorientierte Forschung dagegen versucht, unmittelbarer an Ge-
staltungsprobleme von Institutionen anzuschließen
und wissenschaftliche Begründungen für die Erziehungspraxis und Bildungspolitik zu erarbeiten
(Tippelt / Schmidt 2009).

Sehr häufig wird Bildungsforschung auch als Ent-
wicklungs- und Begleitforschung betrieben, die
unmittelbar zu einer wissenschaftlich kontrollierten Weiterentwicklung des Bildungswesens beitragen will, indem sie bspw. Modellversuche und
konkrete Projekte evaluiert. In diesem Zusammenhang haben Situationsanalysen aufgezeigt, dass die
Mittel für auftragsgebundene Forschung die Förderung der unabhängigen, fachintern begutachte-
ten Forschung weit übersteigen (Baumert et al.
1992; Tillmann et al. 2008). Langfristig ist dies
problematisch, weil eine Gefahr des Verlustes der
theoretischen Basis dieser Forschungen droht.
Dies kann mittelfristig zu einer Verlangsamung,
wenn nicht sogar zu einer Blockierung von Prozessen der Problematisierung und Problemdefinition im politischen und administrativen Bereich
führen. Außerdem wird problematisiert, dass es zu
einer zunehmenden institutionellen Abgrenzung
zwischen der grundlagenorientierten Forschung

an Hochschulen und außeruniversitären wissenschaftlichen Einrichtungen einerseits und den anwendungs- und entwicklungsorientierten staatlichen Einrichtungen der Bildungsforschung andererseits komme. Dies führt aufseiten der wissenschaftlichen Forschungseinrichtungen zu einer gewissen Praxisferne und aufseiten der staatlichen Einrichtungen zu einer zu geringen Kontrolle wissenschaftlicher Standards und einer dadurch bedingten geringen methodischen und konzeptionellen Innovation.

„Eine Aufgabe der Bildungsforschung, kritische Instanz der Bildungspolitik zu sein, kann sie nur noch erschwert wahrnehmen, sei es wegen ihrer Einbindung in politisch-administrative Interessen oder wegen ihrer Praxisferne" (Weishaupt et al. 1991, 177).

Die hier benannten Probleme weisen bereits darauf hin, dass sich seit den 1960er Jahren eine sehr starke Verschiebung und Differenzierung der institutionellen Verankerung der Bildungsforschung vollzog. Es ist festzustellen, dass seit den 1990er Jahren in der akademischen Pädagogik praktisch an allen wissenschaftlichen Hochschulen die Bildungsforschung institutionalisiert ist und dass sich diese Entwicklung in den letzten Jahren noch verstärkte. Freilich werden zu kleine Betriebsgrößen und ein Mangel an Qualifikationsstellen vielerorts dafür verantwortlich gemacht, dass längerfristig angelegte Forschungsprogramme, bspw. systematische Längsschnittsstudien, kaum vorgenommen werden. Allerdings wird in Deutschland gerade mit einem breit angelegten Bildungspanel als Ergänzung und neue Quelle der Bildungsberichterstattung begonnen. Aber wichtig ist auch festzuhalten, dass parallel zur Differenzierung der Erziehungswissenschaft an den Hochschulen ein Prozess der Institutionalisierung von Einrichtungen der Bildungsforschung außerhalb des Hochschulbereichs zu beobachten war. Die Zahl der außeruniversitären Einrichtungen der Bildungsforschung nahm von neun im Jahre 1963 auf über fünfunddreißig im Jahre 1979 zu und ist dann in den 1990er Jahren auf unter dreißig wieder zurückgegangen. Seit dieser Zeit hält die Bildungsforschung dieses Niveau der Institutionalisierung bei allerdings wachsendem Drittmittelvolumen (Tillmann et al. 2008).
In dieser Zunahme und Stabilisierung drückt sich nicht nur eine fachliche Ausdifferenzierung der Forschung aus, sondern auch eine zunehmende Vielfalt der Organisation und Institutionalisierung. So lassen sich bspw. wissenschaftliche Einrichtungen der Bildungsforschung mit etatisierter Finanzierung nennen, wie die Leibniz-Institute (also das Deutsche Institut für internationale pädagogische Forschung in Frankfurt, das Deutsche Institut für Erwachsenenbildung in Bonn, das Institut für Wissensmedien in Tübingen und das Institut für Pädagogik der Naturwissenschaften in Kiel), das Max-Planck-Institut für Bildungsforschung in Berlin, das UNESCO-Institut für Pädagogik in Hamburg oder das Deutsche Jugendinstitut in München. Eine Mittelstellung zwischen diesen Einrichtungen und wissenschaftlichen Serviceeinrichtungen nimmt das HIS-Hochschulinformationssystem in Hannover ein. Verbandsabhängige Einrichtungen sind im Bereich der Bildungsforschung das Adolf-Grimme-Institut (Deutscher Volkshochschul-Verband) und das Comenius-Institut (Evangelische Kirche). Genannt werden auch Hochschulinstitute mit überwiegenden Forschungsaufgaben im Bereich der Bildungsforschung, z.B. das Institut für Schulentwicklungsforschung (Dortmund), das wissenschaftliche Zentrum für Berufs- und Hochschulforschung (Kassel) oder die neue Initiative des Bildungspanels (Bamberg u.a.). Es gab in den letzten Jahren mehrere Sonderforschungsbereiche mit Bezügen zur Bildungsforschung an verschiedenen Hochschulen, und es gibt weitere sonstige Forschungseinrichtungen, wie beispielsweise das Institut für Qualität und Bildungsstandards (Berlin), das Institut für Arbeitsmarkt- und Berufsforschung (Nürnberg), das Institut der deutschen Wirtschaft (Köln), das Institut Frau und Gesellschaft, das Institut für Sozialarbeit und Sozialpädagogik (Frankfurt), das ZUMA (Mannheim). Bedeutungszuwachs erhielten in den letzten zwei Jahrzehnten die verwaltungsabhängigen Einrichtungen der Bildungsforschung, wie das Bundesinstitut für Berufsbildung in Bonn, das Europäische Zentrum zur Förderung der Berufsbildung in Thessaloniki und die verschiedenen Landesinstitute für Bildungsplanung, Schulentwicklung, Erziehung und Unterricht in mehreren Bundesländern.
Eine genaue Analyse der Personalentwicklungen der Bildungsforschung konnte zeigen, dass etwa drei Viertel der außeruniversitären Forschungskapazität auf wissenschaftliche Einrichtungen und

Serviceeinrichtungen entfällt und ein Viertel auf die verwaltungseigenen Institute. In den entsprechenden Berechnungen bleibt die Hochschule, insbesondere im Fach Erziehungswissenschaft, der Ort mit den größten personellen Ressourcen für die Bildungsforschung.

Kritisch wird in Forschungsdokumentationen hervorgehoben, dass die Förderung der Bildungsforschung im Rahmen der Ressortforschung und der wissenschaftlichen Begleitung von Modellversuchen in den letzten Jahrzehnten die Fördersumme der Bildungsforschung durch die Deutsche Forschungsgemeinschaft um ein Mehrfaches übersteigt. An dem Faktum, dass augenblicklich der auftrags- und weisungsgebundenen Forschung mehr Ressourcen als der freien Forschung zur Verfügung stehen, wurde zunächst massive Kritik geübt (Ingenkamp et al. 1992, 79 ff.), und es wurde wissenschaftspolitisch darauf reagiert.

Insgesamt hat die starke Ausdifferenzierung von Forschungsinstitutionen und inhaltlichen Forschungsschwerpunkten insbesondere seit den 1990er Jahren die Forschungskapazitäten innerhalb und außerhalb der Hochschulen in der Bildungsforschung leicht verbessert. Davon sind allerdings nicht alle Forschungsgebiete in gleichem Maße betroffen. Bildungsforschung hat sich an veränderte Problemstellungen angepasst, so ist in den letzten Jahren eine deutliche Schwerpunktsetzung im Bereich der Schulforschung und Kompetenzmessung festzustellen, so dass Anlass besteht, darauf hinzuweisen, dass die Berufsbildungsforschung, insbesondere aber die Weiterbildungs- und Hochschulforschung, künftig nicht vernachlässigt werden dürfen. Auch der Bereich der frühkindlichen Bildung – lange stark vernachlässigt – wird heute stärker beachtet. Dokumentationen der Projekte in der Bildungsforschung vermitteln den Eindruck, dass heute von der Politik verstärkt Wissen zur Steuerung des Bildungswesens angemahnt werden, sich auch eine Prioritätenverschiebung vollzieht, nämlich von planungsorientierten Strukturforschungen der 1970er Jahre zur Erforschung individueller Bildungsprozesse und -verläufe in den 1990er Jahren zu governance- und steuerungsrelevanten Prozessen heute.

Das seit den internationalen Leistungsvergleichsstudien (TIMSS, PISA, IGLU u. a.) wieder erwachte öffentliche Interesse (OECD 2008) an der Bildungsforschung ist nicht gleichbedeutend mit einer politisch erhöhten Praxisrelevanz dieser Forschungsrichtung. Zweifelsohne wird über Bildungsentwicklung, soziale Ungleichheit, Kompetenzförderung wieder stärker öffentlich gesprochen (Baumert et al. 2001), aber es bestehen doch nach wie vor erhebliche Forschungslücken bei der Begründung der curricularen und organisatorischen Weiterentwicklung des Schul-, Weiterbildungs- und Hochschulwesens angesichts einerseits expansiver Entwicklungen der Bildungsteilnahme und andererseits knapper Bildungs- und Forschungsetats.

Eine holistische Betrachtung des Bildungswesens in unserer Gesellschaft gibt zahlreiche Hinweise dafür, nicht nur die Qualifikationsfunktion unseres Bildungswesens zu analysieren, sondern insbesondere auch die Bedeutung der kulturellen Reproduktion und Innovation, der sozialen Integration und der nach wie vor gegebenen Segregation zu thematisieren. Die Änderung von Freizeitgewohnheiten, die Intensivierung der Medieneinflüsse und die gravierenden demographischen Veränderungen sind eine weitere Herausforderung für eine auch Sozialisationsprozesse reflektierende Bildungsforschung. Auch der Wandel der Familie, die langsam steigende Lebensarbeitszeit, die neue wertorientierte „work-life-balance" bei gleichzeitig wachsender durchschnittlicher Lebensdauer werfen tiefgreifende Fragen für die Weiterentwicklung des Bildungswesens auf, insbesondere Fragen zum lebenslangen Lernen (recurrent education) und zur Bildungsarbeit mit älteren Menschen (Tippelt et al. 2009). Zahlreiche Fragen ergeben sich auch aus dem Interdependenztheorem von Bildungs- und Beschäftigungssystem. Der Bildungsbereich und der Beschäftigungsbereich werden heute als relativ autonome Einheiten mit eigenem Handlungsspielraum gedeutet, so dass eine komplexe Dynamik der Beziehungen zwischen diesen beiden Bereichen festzustellen ist. Änderungen in einem der Bereiche erzeugen einen Problemdruck im korrespondierenden Bereich (z. B. beim Übergang der Absolventinnen und Absolventen vom Bildungs- in das Beschäftigungssystem oder bei einem Mangel an ausgebildeten Arbeitskräften). Diese komplexe Dynamik der Beziehungen genauer zu analysieren ist schon deshalb notwendig, weil keine vollkommene Subordination des einen unter den anderen Teilbereich stattfindet. Die empirische Analyse von Interdependenzen des Bildungs- und Beschäftigungssystems ließ in der Vergangenheit enorme

Abstimmungsprobleme erkennen, die insbesondere für junge Menschen beim Übergang von Schule und Beruf oder von Ausbildung in die berufliche Tätigkeit schmerzlich spürbar wurden. Auch die nach wie vor gegebenen Herausforderungen des Bildungswesens durch die Vereinigung Deutschlands und die europäische Integration sind noch keinesfalls gelöst, und Weiterentwicklungen des Bildungssystems sind daher gefordert.

Bildungsforschung ist also in jedem Fall hohe aktuelle Relevanz zuzusprechen. Historische, vergleichende, internationale, theoretisch-interdisziplinäre und empirische Studien sind erforderlich, um die Voraussetzungen und Bedingungen für Veränderungen im Bildungswesen genauer abzuklären. Aber welche besonderen Forschungsschwerpunkte der Bildungsforschung sind aus sozialpädagogischer Perspektive interessant und zur eigenen Problembearbeitung wichtig? Von der auf schulische Prozesse bezogenen Bildungsforschung wissen wir, dass sich Bildungsabschlüsse zunehmend zum notwendigen Mittel gegen einen sozialen Abstieg interpretieren lassen und kaum mehr garantieren als die Berechtigung zur Teilnahme am Konkurrenzkampf um knappe Positionen und Privilegien – ein Konkurrenzkampf, der an Schärfe nicht verloren hat (Bourdieu 2009).

Erschwerend kommt hinzu, dass in diesem Prozess Eltern häufig in ihre Kinder Vorstellungen und Lebensplanungen hineinprojizieren, die – zwar im Interesse der Kinder gemeint – sich aber gegen die Kinder verkehren können (Eltern antizipieren, dass das eigene Kind, soll es die eigene berufliche Position halten oder diese sogar überbieten, einen formal höheren Schulabschluss anstreben muss, als man ihn selbst erreicht hat). Daraus resultieren sozialpädagogische Aufgaben, im Umgang mit Leistungsdruck und bei der Herstellung einer verbesserten Schulkultur.

Aktuelle Forschungen zur Qualität von Schule und insbesondere zur flächendeckenden Einführung der Ganztagsschule können auf sozialpädagogische Problemanalysen und begründeten Aktivitäten nicht verzichten (Otto / Oelkers 2006). In der auf den Übergang von Schule und Beruf gerichteten Bildungsforschung wurde herausgearbeitet, dass unter den Bedingungen der Bildungsexpansion und des ungünstigen Berufsbildungs- und Arbeitsmarktes die „Verdrängungshypothese" gut belegt ist (Tippelt / van Cleve 1995; Konsortium Bildungsbericht-

erstattung 2006). Ein geringes Ausbildungsniveau oder ein Ausbildungsverzicht erhöhen das Risiko, arbeitslos zu werden. Dieser in den 1970er Jahren gefundene Zusammenhang gilt auch am Anfang des 21. Jahrhunderts. Migration stellt in diesem Zusammenhang einen zusätzlichen Risikofaktor dar. Der Verlust des Arbeitsplatzes oder die Ausgrenzung aus Berufsbildungsprozessen hat keine präzise beschreibbare psychische Verarbeitungsweise bei den Betroffenen zur Folge. Sozialpädagogisches Know-how ist sowohl bei der Konzipierung und Durchführung entsprechender Analysen der sozialen und psychischen Folgen von Arbeitslosigkeit notwendig wie auch bei der Durchführung und Begleitung von sozial integrierenden Maßnahmen. Mit der globalen Verknappung der Ausbildungsplätze hat sich eine verschärfte Hierarchisierung des Ausbildungssystems entwickelt, so dass ein Drittel aller Ausbildungsplätze in der Industrie und im Dienstleistungssektor bereits von Abiturienten besetzt werden. Auch in modernen, neu geordneten Handwerksberufen ist ein Realschulabschluss heute mittlerweile eher die Regel als die Ausnahme, mit einem schlechten Hauptschulabschluss oder gar ohne einen solchen ist eine qualifizierte Berufsausbildung betrieblicher Art nicht mehr zu realisieren. Ein stark expandiertes „Parallelsystem" von kurzen und kaum zertifizierten Kursen senkt zwar die Jugendarbeitslosigkeit, bietet aber den betroffenen gering Qualifizierten kaum berufliche Entwicklungschancen. Der Anteil eines Jahrgangs, der ohne Schul- und Berufsabschluss bleibt, ist nach wie vor sehr hoch, auch in Folge des häufigen Ausbildungsabbruchs (Cortina et al. 2008).

Um diese sozio-ökonomische Marginalisierung in Grenzen zu halten, haben Bund, Länder und Kommunen bereits Mitte der 1980er Jahre eine öffentlich subventionierte Förderung aufgebaut. Jugendliche und junge Erwachsene, die aufgrund gesellschaftlicher, schulischer und persönlicher Schwierigkeiten keine Chance im betrieblichen Ausbildungssystem haben, sollen eine berufliche Vollausbildung in anerkannten Ausbildungsberufen erhalten. Zu den Grundlagen dieser „Benachteiligtenförderung" von der man auch heute lernen kann, gehört es, die Ausbildung verschiedenster jugendlicher Problemgruppen durch sozialpädagogische Maßnahmen zu fördern. Dabei wird ein Lernortverbund zwischen außerbetrieblicher Lehrwerkstatt, Betrieb und Berufsschule angestrebt. Sozialpädagogische Interventionen sind bei diesen „Benachteiligten" des Bildungssystems von großer Bedeutung. Bildungsforschung wiederum hat die Aufgaben der sozialpädagogischen Hilfen bei Ausbildungsschwierigkeiten, die konkrete Implementierung von Stütz- und Förderunterricht und die Hilfen bei Problemen im Betrieb, in der Familie und im sozialen Umfeld präzise zu analysieren. Auch nach Beendigung der Ausbildung muss durch soziale und fachliche Hilfen der Übergang in den Arbeitsmarkt sozialpädagogisch unterstützt werden. Eine kontinuierliche Evaluierung und Beratung solcher Maßnahmen unter Berücksichtigung sozialpädagogischer Expertisen, die teilweise in das berufliche Parallelsystem eingingen, das heute quantitativ fast so viele Jugendliche anspricht wie das chanceneröffnende Duale System, ist in hohem Maße erforderlich (Konsortium Bildungsberichterstattung 2006; Autorengruppe Bildungsberichterstattung 2008).

Seit geraumer Zeit hat sich, parallel zu konjunkturellen Schwankungen, zur Stagnation und teilweise Reduktion der Bildungs- und Sozialetats, eine intensive Diskussion über Qualitätsmanagement und eine damit verbundene Evaluationsforschung von Bildungseinrichtungen entwickelt. Den Verfahren des Bildungscontrolling und des Qualitätsmanagements werden Hochschulen, Weiterbildungseinrichtungen, Schulen, betriebliche Bildungseinrichtungen und soziale Dienstleistungsträger gleichermaßen unterworfen. Dabei dienen die verschiedenen Formen der Evaluierung manchmal mehr der ökonomischen Effektivität, manchmal mehr der pädagogischen Qualitätssicherung (Klieme / Tippelt 2009). Gegenüber den summativen Output-Evaluationen setzen sich zunehmend prozessorientierte Ansätze durch. Diese Ansätze bewerten nicht das letztliche Ergebnis einer sozialen Hilfeleistung oder einer Bildungsmaßnahme, sondern den Prozess der Durchführung selbst (Fend 2007). Auf der Grundlage von Phasenmodellen des Bildungsverlaufs bzw. des Verlaufs einer sozialen Dienstleistung werden die Qualität der Programme und Interventionen, aber auch die organisatorischen Rahmenbedingungen eines Bildungsanbieters oder sozialen Trägers bewertet. Die Kriterien für die Qualität von Bildung oder von sozialen Interventionen variieren: So sind Formen der Selbstkontrolle von Bildungsträgern und sozialen Verbänden anhand von selbstgesetzten aber veröffentlichten Maßstäben beobachtbar, es gibt aber auch Verfahren der Qualitätssicherung durch behördliche Eingriffe in den Angebotsmarkt und konkrete Verfahrensvorschriften zur Durchführung von Weiterbildungsmaßnahmen oder sozialen Interventionen, es gibt schließlich auch eine in Eigenverantwortung von Bildungsträgern durchgeführte Qualitätssicherung an trägerübergreifenden allgemeinen Normen.

In der auf die Weiterbildung gerichteten Bildungsforschung musste in den letzten Jahren immer wieder gezeigt werden, dass Weiterbildung insbesondere von jenen angestrebt und aufgenommen wird, die bereits über einen hohen Bildungsabschluss verfügen. Aufsuchende Bildungsberatung und sozialpädagogische Stützung von Weiterbildungsmaßnahmen für bestimmte soziale Milieus sind notwendig. Die Weiterbildung mit älteren Menschen ist ebenso mit sozialpädagogischen Problemen konfrontiert. Die sich mit Migrationsprozessen beschäftigende Bildungsforschung hat aufgezeigt, dass junge Frauen ausländischer Herkunft ein großes Interesse an beruflicher Qualifizierung besitzen und auch die erforderlichen Schritte unternehmen, um die von ihnen angestrebten Bildungswege zu realisieren. Der im Vergleich zu deutschen Mädchen dennoch feststellbare Ausbildungsrückstand ist auf die geschlechtsspezifische Segmentierung des Ausbildungsstellenmarktes und auf das Rekrutierungsverhalten der Arbeitgeber, das manchmal noch immer von stereotypen Bildern, insbesondere über junge Frauen ausländischer Herkunft gekennzeichnet ist, zurückzuführen.

Auch dieses letzte Beispiel zeigt, dass in einer sozialpädagogisch akzentuierten Bildungsforschung nicht nur der Problemgruppenansatz anzuwenden ist, sondern dass in vielen Fällen ein kompetenztheoretischer Ansatz greift, der den vermeintlichen Problemgruppen nicht Defizite anlastet, sondern Aspekte des sozial-ökologischen Umfeldes, der ökonomischen und politischen Rahmenbedingungen, für Problemlagen von Bevölkerungsgruppen als interventionsrelevant aufzeigt. Die aktuellen Forschungen zum lebenslangen und lebensbegleitenden Lernen weisen ebenso darauf hin, dass das Erschließen der Kompetenz von Individuen und der Selbsthilfepotenziale sozialer Gruppen von großer Bedeutung für die Innovationsfähigkeit des Bildungswesens ist.

Literatur

Autorengruppe Bildungsberichterstattung (2008): Bildung in Deutschland 2008. Eigenverlag, Bielefeld

Baumert, J., Eigler, G., Ingenkamp, K., Macke, G., Steinert, B., Weishaupt, A. (1992): Zum Status der empirisch-analytischen Pädagogik in der deutschen Erziehungswissenschaft. In: Ingenkamp, K., Jäger, R. S., Petillon, H., Wolf, B. (Hrsg.): Empirische Pädagogik 1970–1990. Eine Bestandsaufnahme der Forschung in der Bundesrepublik Deutschland. Bd. 1. Baumert, Weinheim, 1–88

–, Klieme, E., Neubrand, M., Prenzel, M., Schiefele, U., Schneider, W., Stanat, P., Tillmann, K. J., Weiß, M. (Hrsg.) (2001): PISA 2000. Basiskompetenzen von Schülerinnen und Schülern im internationalen Vergleich. Leske + Budrich, Opladen

Beck, K., Kell, A. (Hrsg.) (1991): Bilanz der Bildungsforschung. Stand und Zukunftsperspektiven. Beiträge zur Theorie und Geschichte der Erziehungswissenschaft. Band 10. Beltz, Weinheim

Bertrand, O. (1992): Planning Human Resources: Methods, Experiences and Practises 41. IIEP, Paris

Bourdieu, P. (Hrsg.) (2009): Das Elend der Welt. UVK, Konstanz

Cortina, K. S., Baumert, A., Leschinsky, K., Mayer, U., Trommer, L. (Hrsg.) (2008): Das Bildungswesen in der Bundesrepublik Deutschland. Rowohlt, Reinbek

Deutscher Bildungsrat (1974): Empfehlungen der Bildungskommission. Zur Neuordnung der Sekundarstufe II. Stuttgart

Fend, H. (2007): Schule gestalten. Systemsteuerung, Schulentwicklung und Unterrichtsgestaltung. VS, Wiesbaden

– (1998): Qualität im Bildungswesen. Beltz, Weinheim

Fini, R. (Hrsg.) (2008): The Future of Learning and Teaching. Venezia

Friedeburg, L. von (1989): Bildungsreform in Deutschland. Suhrkamp, Frankfurt / M.

Ingenkamp, K., Jäger, R. S., Petillon, H., Wolf, B. (Hrsg.) (1992): Empirische Pädagogik 1970–1990. 2 Bde. Beltz, Weinheim

Klieme, E., Tippelt, R. (Hrsg.) (2009): Qualitätssicherung im Bildungssystem. Eine Zwischenbilanz. Beiheft Zeitschrift für Pädagogik. Beltz, Weinheim

Konsortium Bildungsberichterstattung (2008): Bildung in Deutschland 2008. Bertelsmann, Bielefeld

– (2006): Bildung in Deutschland. Bertelsmann, Bielefeld

Lenhart, V. (1994): Bildung für alle. Wissenschaftliche Buchgesellschaft, Darmstadt

Moura Castro, C. (1995): Training Policies for the End of the Century. IIEP, Paris

OECD (2008): Education at a Glance. Eigenverlag, Paris

Otto, H.-U., Oelkers, J. (Hrsg.) (2006): Zeitgemäße Bildung. Herausforderung für Erziehungswissenschaft und Bildungspolitik. Ernst Reinhardt Verlag, München / Basel

Rolff, H.-G. (1991): Schulentwicklung und Schulentwicklungsforschung im Sekundarbereich. In: Beck, K., Kell, A. (Hrsg.), 87–112

Schaack, K., Tippelt, R. (1997): Strategien der internationalen Berufsbildung. Peter Lang, Frankfurt / M.

Tillmann, K.-J., Rauschenbach, Th., Tippelt, R., Weishaupt, H. (Hrsg.) (2008): Datenreport Erziehungswissenschaft. Leske + Budrich, Opladen

Tippelt, R., Cleve, B. van (1995): Verfehlte Bildung? Wissenschaftliche Buchgesellschaft, Darmstadt

–, Reupold, A., Strobel, C., Kuwan, H., Pekince, N., Fuchs, S., Abicht, L., Schönfeld, P. (2008): Lernende Regionen – Netzwerke gestalten. Bertelsmann, Bielefeld

–, Schmidt, B. (2009): Handbuch Bildungsforschung. VS, Wiesbaden

–, –, Schnurr, S., Sinner, S., Theisen, C. (2009): Bildung Älterer – Zur Differenzierung einer komplexen Zielgruppe. Bertelsmann, Bielefeld

UNESCO (Hrsg.) (1995): World Education Report. Eigenverlag, Paris

Weishaupt, H., Steinert, B., Baumert, J. (1991): Bildungsforschung in der Bundesrepublik Deutschland. Schriftenreihe Studien zu Bildung und Wissenschaft. Bd. 98. Bock, Bonn

Bildungspolitik

Von Wolfgang Mack

Bildungspolitik ist ein Politikbereich, der die Hervorbringung von Bildung im Interesse der Gesellschaft als Aufgabe und Ziel hat. Gegenstand von Bildungspolitik sind somit Schaffung, Erhaltung, Strukturierung und Steuerung eines öffentlich kontrollierten und finanzierten Bildungssystems und die Sicherung und Ermöglichung des Rechtes auf Bildung für alle Mitglieder der Gesellschaft. Dieser Gegenstandsbereich und diese Aufgaben gelten für alle modernen Gesellschaften, mit der Aufnahme des Rechtes auf Bildung in die Charta der Menschenrechte der UN muss sich die Bildungspolitik aller Nationalstaaten an diesem weltweiten Maßstab messen lassen. Neben globalen Gemeinsamkeiten in der Aufgabe und im Gegenstand von Bildungspolitik gibt es große Unterschiede in der Ausgestaltung dieses Politikbereichs in den einzelnen Staaten. Dazu tragen historische Entwicklungen, die in ihrer Wirkung auf das Bildungssystem lang anhaltende Traditionen und Besonderheiten hervorbringen, politisch-administrative, sozial-kulturelle und ökonomische Bedingungen und Gegebenheiten bei. Für Bildungspolitik in Deutschland ist insbesondere die föderale Struktur der Bundesrepublik mit der Kulturhoheit der Länder und die Entstehung und Verfestigung des Schulsystems von besonderer Bedeutung.

Betrachtet man in traditioneller Sicht den Handlungsbereich von Bildungspolitik, so kommen Schule, Berufsbildung und Hochschule in den Blick, ergänzt um Erwachsenen- und Weiterbildung. Die wichtigsten bildungspolitischen Akteure sind Bund, Länder und Kommunen, in Bezug auf die in Deutschland besondere Form der dualen Berufsbildung auch die Wirtschaft und ihre Verbände. Fasst man den Gegenstandsbereich von Bildungspolitik nicht in dieser traditionellen Weise eingegrenzt auf Institutionen formaler Bildung und betrachtet man die Gesamtheit der politisch steuerbaren Rahmenbedingungen für Bildungsprozesse von Kindern, Jugendlichen und Erwachsenen, erweitert sich ihr Gegenstandsbereich beträchtlich. In sozialpädagogischer Perspektive wird ein Verständnis von Bildungspolitik diskutiert, das den Bildungsprozess des Subjekts als Bezug wählt und von dort aus bildungspolitische Aufgaben und Fragen aufgreift. Dieser Beitrag fokussiert auf Bildung von Kindern und Jugendlichen im Schulalter und auf den Übergang von der Schule in Ausbildung und Erwerbsarbeit. Das Interesse gilt vor allem bildungspolitischen Fragen und Herausforderungen, die für die Sozialpädagogik besonders bedeutsam sind.

Das Bildungssystem in Deutschland weist im Vergleich mit anderen modernen Gesellschaften einige Besonderheiten auf und sieht sich vielfacher, auch international artikulierter, Kritik ausgesetzt, die sich besonders am Problem der durch das Schulsystem hervorgerufenen Ungerechtigkeit festmacht. Vor allem der enge Konnex von Bildungserfolg und sozialer Herkunft, einer der Hauptpunkte der Kritik am deutschen Schulsystem, ist durch internationale Leistungsvergleichstudien empirisch nachgewiesen und belegt. Allerdings werden in der bildungspolitischen Diskussion unterschiedliche Gründe angeführt. Einer der Kritikpunkte bezieht sich auf, durch die Schulstruktur hervorgerufene, Benachteiligungen von Kindern aus unteren sozialen Statusgruppen der Gesellschaft, die bei den frühen Bildungslaufbahnentscheidungen in der Grundschule benachteiligt werden, da dabei primäre Bildungsbenachteiligungen aufgrund ihrer sozialen Herkunft durch sekundäre Benachteiligungen aufgrund der Wahlentscheidungen verstärkt werden. Schulstrukturelle Reformen sind in Deutschland nach den Auseinandersetzungen um die Gesamtschule in der alten Bundesrepublik in den 1970er Jahren nach wie vor nur schwer durchzusetzen, diesbezügliche

Otto/Thiersch (Hg.), Handbuch Soziale Arbeit, 4. A., DOI 10.2378/ot4a.art018,

bildungspolitische Diskussionen sind immer noch stark ideologisch eingefärbt. Dies rührt auch daher, da mit der Frage der Schulstruktur, insbesondere mit der Frage der Einführung einer gemeinsamen Schule für alle Kinder und Jugendlichen in der Sekundarstufe I und damit verbunden der Auflösung des Gymnasiums als eigenständiger Schulform, gesellschafts- und machtpolitische Fragen im Vordergrund stehen und Privilegien derjenigen sozialen Gruppen, die von dem bestehenden gegliederten Schulsystem profitieren, zur Disposition stehen. Bildungspolitik bewegt sich dabei in einer widersprüchlichen Gemengelage von macht- und gesellschaftspolitischen Interessen, eine genuine bildungspolitische Rationalität kann sich deshalb nur schwer durchsetzen (Friedeburg 1989).

Bildungsbenachteiligungen von Kindern und Jugendlichen unterer sozialer Statusgruppen werden auch durch andere Charakteristika des deutschen Schulsystems verstärkt; dazu gehören insbesondere Fragen der Gestaltung der Übergänge im gestuften Schulsystem, die Hürden darstellen und mit höheren Risiken des Scheiterns in der Schullaufbahn verbunden sind; auch eine immer noch unterentwickelte sozialpädagogische Kompetenz an den Schulen, repräsentiert durch Angebote und Dienstleistungen der Jugendhilfe an der Schule, muss als Faktor gesehen werden, der Ungleichheit verstärkt.

Schulstrukturen

Das Schulsystem in Deutschland befindet sich gegenwärtig in einem Umbau, der noch vor wenigen Jahren nicht möglich schien. Allerdings gibt es in diesem Prozess große Unterschiede zwischen den Bundesländern, und insgesamt wird an der gegliederten Struktur des Schulsystems in Deutschland nach wie vor festgehalten. Zentrale Reformen stellen die Verkürzung des Gymnasiums auf acht Jahre, der Auf- und Ausbau von Ganztagsschulen und ein schulstruktureller Umbau in der Sekundarstufe I dar. Das in Deutschland traditionell gegliederte Schulsystem ist in den Ländern der Bundesrepublik nach 1945 beibehalten worden, in der DDR ist mit der Polytechnischen Oberschule eine Schule für alle Schülerinnen und Schüler von der 1. bis zur 10. Klasse eingeführt worden. In der Bundesrepublik ist in der Bildungsreform der 1960er und 1970er Jahre die Gesamtschule als weitere Schul-

form eingerichtet worden, allerdings ist sie nur in wenigen Bundesländern in nennenswerter Zahl etabliert worden.

Langfristige Wirkungen des gesellschaftlichen Modernisierungsprozesses, demografische Entwicklungen, Bildungsexpansion und vernachlässigte integrationspolitische Bemühungen haben zu Verwerfungen im Schulsystem geführt (Cortina et al. 2008). Das zeigt sich in drastischer Weise in der Abkehr von der Hauptschule, einer Erosion, die bereits nach der Einführung der Hauptschule in den 1960er Jahren eingesetzt und sich seither kontinuierlich fortgesetzt hat. Trotz des Versuchs der Aufwertung der Hauptschule gegenüber der alten Oberstufe der Volksschule und vieler Versuche, die Hauptschule attraktiv zu machen, sinkt der Anteil der Schüler, die eine Hauptschule besuchen. Demgegenüber ist der Anteil der Schüler, die eine Realschule, und noch mehr, derer, die ein Gymnasium besuchen, stark angestiegen; ein Gymnasium besuchen mittlerweile mehr als ein Drittel aller Schülerinnen und Schüler.

Aufgrund der selektiven Schulwahlprozesse besuchen überdurchschnittlich viele Kinder und Jugendliche aus sozial benachteiligten Verhältnissen und aus Familien mit Migrationshintergrund eine Hauptschule, was soziale Schwierigkeiten an Hauptschulen nach sich zieht und das Akzeptanzproblem dieser Schulform in der Öffentlichkeit verstärkt. Demografische Entwicklungen führen dazu, dass Hauptschulen, insbesondere kleine Hauptschulen in ländlichen Regionen, in ihrem Bestand gefährdet sind.

In den meisten Bundesländern wird die Hauptschule als eigenständige Schulform aufgelöst oder gibt es bereits keine eigenständige Hauptschule mehr. In den neuen Ländern sind nach 1990 Hauptschulen gar nicht eingerichtet bzw. relativ bald wieder aufgelöst worden. Auch im Westen werden in mehreren Ländern strukturelle Reformen in Richtung einer Zweigliedrigkeit vorgenommen, in einigen Ländern werden Gemeinschafts- und Regionalschulen eingeführt, mit unterschiedlichen Akzentuierungen und Organisationsformen. In diesen neuen Schulformen werden mehrere Bildungsgänge vereint, es ist teilweise auch möglich, nach dreizehn Schuljahren an diesen Schulen zum Abitur zu gelangen.

Auflösung der Hauptschule bedeutet allerdings nicht automatisch Auflösung der Hauptschulbildungsgänge und schon gar nicht die Lösung des Problems, mit dem es die Hauptschule zu tun hat. Bisher ungelöste Probleme der Hauptschule sind auch mit der Einführung von Schulformen mit mehreren Bildungsgängen noch längst nicht gelöst: In der Hauptschule und in Schulen in sozial benachteiligten Stadtteilen kumulieren Probleme der Schule, die aus einem indifferenten Verhältnis der Schule zu den Lebenswelten ihrer Nutzerinnen und Nutzer resultieren. Diese Differenz zwischen Schule und Lebenswelt wirkt sich in den Schulen des unteren Bildungsbereichs auf fatale Weise aus und entfremdet Angehörige der unteren sozialen Statusgruppen vom Schul- und Bildungssystem, was wiederum negative Folgen in Bezug auf formale Schulabschlüsse, berufliche Qualifizierung und soziale Integration nach sich ziehen kann.

Im Bereich der sonderpädagogischen Förderung von schulpflichtigen Kindern und Jugendlichen zeichnen sich ebenfalls strukturelle Veränderungen ab. Deutschland verfügt über ein differenziertes System von Sonderschulen, integrative Formen der Förderung in der Regelschule stießen lange Zeit bildungspolitisch auf Ablehnung. Quantitativ nehmen integrative Formen der sonderpädagogischen Förderung seit Jahren deutlich zu, in allen Bundesländern werden integrative Konzepte mittlerweile gefördert, dennoch wird bundesweit nur ein geringer Teil der Schüler mit sonderpädagogischem Förderbedarf an Regelschulen unterrichtet. Bei vielen dieser Formen der integrativen Beschulung handelt es sich allerdings auch um separierende Vorgehensweisen, was aus Sicht der Inklusiven Pädagogik kritisch betrachtet wird. Mit der Ratifizierung der UN-Konvention über die Rechte von Menschen mit Behinderungen durch die Bundesrepublik Deutschland im März 2009, in der sich alle Vertragsstaaten dazu verpflichten, ein inklusives Schulsystem einzurichten, gewinnt die Diskussion über eine gemeinsame Schule für alle eine neue bildungspolitische Aktualität.

Steuerung im Schulsystem

Im Schulbereich werden seit einigen Jahren neue Formen der bildungspolitischen Steuerung eingeführt. Zum einen wird eine Output-orientierte Steuerung aufgebaut, zum anderen werden Elemente der Wettbewerbssteuerung in das bestehende System der Steuerung eingebaut, Ansätze, die auch als Neue Steuerung bezeichnet werden. Mit diesen neuen Steuerungsverfahren sollen die Qualität des Unterrichts verbessert, Lernleistungen der Schüler erhöht und Schulentwicklungsprozesse angeregt werden (Fuchs 2009, 369). Als Outputsteuerung werden Verfahren bezeichnet, mit denen Schule und Unterricht an vorab definierten Ergebnissen gemessen und kontrolliert werden; das sind vor allem messbare Lernleistungen der Schüler. Neben diesen Formen der Output-orientierten Steuerung bestehen aber nach wie vor Formen der Inputsteuerung durch zentrale staatliche Vorgaben und Richtlinien weiter. Es kommt somit zu hybriden Formen der Steuerung mit alten und neuen Steuerungsinstrumenten, die in sich widersprüchlich sein können. Wettbewerbsorientierte Steuerungsformen erzeugen eine marktähnliche Situation der Konkurrenz zwischen Schulen, durch Auflösung von Schulsprengeln und durch eine Vergrößerung der Selbstständigkeit der einzelnen Schule (Avenarius et al. 1998).

Erwartet wird von neuen Steuerungsmodellen eine höhere Effizienz der Leistungen der Schule und eine größere Gerechtigkeit des Schulsystems (Bellmann / Weiß 2009) im Sinne eines Abbaus des engen Zusammenhangs von Schulerfolg und sozialer Herkunft in Deutschland durch eine Verbesserung der Zugangsmöglichkeiten auf höhere Bildungsgänge für Angehörige unterer sozialen Gruppen und durch eine Verringerung der Streuung der Schülerleistungen und der Leistungen von Schulen in einer sozialräumlichen Perspektive. Eine Bilanzierung intendierter Effekte und nicht-intendierter Nebeneffekte scheint bisher jedoch sowohl in Bezug auf Effizienz als auch auf Gerechtigkeit keine eindeutigen positiven Effekte dieser neuen Steuerungsinstrumente zu erbringen. Dafür müssen negative Wirkungen genauer in den Blick genommen werden, insbesondere in Bezug auf die Streuung der Schülerleistungen und auf segregierende Effekte der wettbewerbsorientierten Steuerungsverfahren (Bellmann / Weiß 2009). Da diese neuen Steuerungsverfahren komplex angelegt sind, haben sie Effekte auch auf andere, nicht-intendierte Handlungsbereiche, z. B. auf Schulkultur (Fuchs 2009). Testverfahren für die Messung von Schülerleistungen, Bildungsstandards und vergleichende Lernstandserhebungen von Schülern als zentrales Moment einer staatlichen bildungspolitischen

Steuerung müssen deshalb bildungstheoretisch diskutiert und kritisch betrachtet werden (Benner 2007).

Mit diesen Verfahren und Instrumenten werden nicht nur empirische Aussagen über die Kompetenzentwicklung von Schülern möglich gemacht und bildungspolitische Entscheidungen vorbereitet, wie Schule Schüler besser fördern soll, sondern auch Entscheidungen darüber getroffen, was als relevant für Bildung in der Schule Geltung beanspruchen kann und was nicht, ob also Bildung auf eine instrumentelle Verwendbarkeit eingeschränkt wird und welche gesellschaftlichen Gruppen mit welchen Interessen sich dabei auf Grund ihrer größeren Macht durchsetzen können.

Das Projekt Ganztagsschule

Schule war in Deutschland im 20. Jahrhundert überwiegend Halbtagsschule. Mit der gesellschaftlichen Modernisierung ist ein Bedarf an ganztägigen Angeboten der Schule mit verlässlichen Betreuungszeiten offenkundig geworden, dem bildungspolitisch nicht annähernd entsprochen worden ist. In den 1980er und 1990er Jahren sind im Grundschulbereich allmählich „verlässliche Halbtagsschulen" eingeführt worden. In Folge der Ergebnisse internationaler Leistungsvergleichsstudien wird am Beginn des 21. Jahrhunderts erneut über ganztägige Angebote an Schulen in Deutschland diskutiert und werden verstärkt Ganztagsschulen eingerichtet und ausgebaut (Holtappels et al. 2007) – einen wichtigen Impuls dafür gab das Investitionsprogramm „Zukunft Bildung und Betreuung" (IZBB) der Bundesregierung, das in einer Vereinbarung mit den Ländern im Jahr 2002 auf den Weg gebracht worden ist.

An Ganztagsschulen werden hohe Erwartungen gerichtet: Sie sollen bessere Lernbedingungen für Kinder und Jugendliche bieten, sie besser in der Entwicklung ihrer Kompetenzen fördern, sie sollen durch ein verlässliches, öffentliches Betreuungsangebot Familien entlasten und eine bessere Vereinbarkeit von Familie und Erwerbsarbeit ermöglichen. Das „Projekt Ganztagsschule" (Deutscher Bundestag 2005) signalisiert damit einen paradigmatischen Wechsel im Verständnis von Schule, unter anderem auch in Bezug auf das Verhältnis von Schule und Familie. Hatte Schule in Deutsch-

land bisher so gut wie keine Dienstleistungen für Familien übernommen, im Gegenteil, mussten Familien viele Leistungen erbringen, damit ihre Kinder an der Schule erfolgreich teilnehmen können, übernimmt die Ganztagsschule nun auch Familien entlastende Funktionen, insbesondere Aufgaben der Betreuung. So befürwortet der Wissenschaftliche Beirat für Familienfragen den Ausbau der Ganztagsschule, „und zwar insbesondere mit Blick auf die familienunterstützenden Wirkungen, die man sich von einer gut gestalteten Ganztagsschule erhoffen darf" (Wissenschaftlicher Beirat für Familienfragen 2006, 10).

Eine neue pädagogische Kultur an der Schule kann auch durch die Kooperation mit der Kinder- und Jugendhilfe entstehen. Ein Kennzeichen der neueren Ganztagsschulen stellt eine Öffnung der Schule für die Zusammenarbeit mit außerschulischen Partnern dar, ein wichtiger Kooperationspartner für Ganztagsschulen ist die Kinder- und Jugendhilfe, sie bringt auf diese Weise sozialpädagogische Fachlichkeit in Schule ein. Allerdings bedarf es dazu geeigneter Kooperationsformen, um ein produktives Zusammenspiel von Jugendhilfe und Schule zu ermöglichen.

Bildung in der Jugendhilfe

Der Auftrag der Jugendhilfe, sich für förderliche Bedingungen für das Aufwachsen von Kindern und Jugendlichen einzusetzen und mit ihren Angeboten und Leistungen die Entwicklung von Kindern und Jugendlichen zu fördern, heißt auch, einen Beitrag für die Sicherung des Schulerfolgs von Kindern und Jugendlichen zu leisten. Dieser Anspruch der Jugendhilfe wird in speziellen schulbezogenen Angeboten und Leistungen einzulösen versucht, er gilt jedoch auch für alle anderen Angebote und Leistungen der Jugendhilfe. Doch in diesen unterstützenden, auf Schule und formale Bildung bezogenen Leistungen beschränkt sich der Beitrag der Jugendhilfe für die Bildung von Kinder und Jugendlichen bei weitem nicht. Jugendhilfe eröffnet ein breites und vielfältiges Spektrum an Bildungsangeboten und -gelegenheiten für Kinder, Jugendliche und ihre Eltern. Die Jugendhilfe ist – neben der Schule – ein wichtiger öffentlich finanzierter und kontrollierter Bildungsort für Kinder und Jugendliche (Deutscher Bundestag

2005). Allerdings wurde der Bildungsauftrag der Jugendhilfe – sieht man von der Kindertagesbetreuung und der Jugendarbeit als Leistungen der Jugendhilfe, für die seit langem ein explizit formulierter Bildungsauftrag besteht, ab – erst nach der Veröffentlichung der Ergebnisse der ersten PISA-Studie Gegenstand bildungspolitischer Diskussionen, in denen der besondere Beitrag der Jugendhilfe für die Bildung von Kindern und Jugendlichen hervorgehoben wurde.

Für die Jugendhilfe ist ein sozialpädagogisch bestimmtes Bildungsverständnis leitend, das sich von der Bestimmung von Bildung als Prozess des Erwerbs von messbaren Kompetenzen – dem in der fachlichen und öffentlichen Diskussion nach PISA bestimmenden Konzept von Bildung, das sich in der Einführung und Konzeptualisierung von Testverfahren und Bildungsstandards konkretisiert – absetzt und die Bildung des Subjekts in seinen biografischen und gesellschaftlichen Dimensionen und Implikationen in den Fokus der Aufmerksamkeit rückt und Bildung im Kontext von Fragen der Lebensführung und in Bezug auf das Verhältnis von Bildung und Lebenskompetenz diskutiert (Münchmeier et al. 2002). Dabei nimmt die Frage nach dem Verhältnis von formalen und informellen Bildungsprozessen (Otto / Rauschenbach 2004) eine Schlüsselstellung in der bildungspolitischen Diskussion ein. Sie wird in jugend- und jugendhilfepolitischen Verlautbarungen konkretisiert, dabei wird die Jugendhilfe als non-formaler Bildungsort der Schule als formalem Ort der Bildung gegenübergestellt und der Jugendhilfe eine Brückenfunktion zwischen der Schule und den Lebenswelten von Kindern, Jugendlichen und ihren Familien zugewiesen.

Berufliche Förderung benachteiligter Jugendlicher und junger Erwachsener

Angebote und Maßnahmen der Benachteiligtenförderung stellen seit den 1980er Jahren einen unverzichtbaren Bestandteil der beruflichen Bildung dar. Mit der Einführung von 600 Ausbildungsplätzen bei überbetrieblichen Ausbildungträgern durch das Bundesministerium für Bildung und Wissenschaft im Jahr 1980 wird der Beginn der Benachteiligtenförderung markiert. Dieses Programm reagierte auf die Krise auf dem Ausbildungsmarkt Ende der 1970er, Anfang der 1980er Jahre. Auch alle weiteren Programme und Maßnahmen sind als eine bildungspolitische Reaktion auf Krisen auf dem Ausbildungsmarkt zu verstehen. Sie stellen jedoch längst unabhängig von konjunkturbedingten Krisen auf dem Ausbildungsmarkt einen eigenständigen Bereich im System der Berufsbildung dar, der allerdings in vielfacher Weise mit dem ersten Ausbildungsmarkt verflochten ist und eine das Duale System stützende und erhaltende Funktion ausübt, da er auf das Passungsproblem zwischen Ausbildungsnachfrage und dem Ausbildungsangebot der Wirtschaft reagiert und einen Beitrag dazu leistet, trotz strukturell bedingter Arbeitslosigkeit die Jugendarbeitslosigkeit in Deutschland relativ gering zu halten. Berufsvorbereitende Bildungsangebote im Bereich der Benachteiligtenförderung setzen weiter auch an dem Problem der fehlenden Passung zwischen den auf dem Ausbildungsmarkt nachgefragten und den von der Schule im unteren und mittleren Bildungsbereich vermittelten Qualifikationen und Kompetenzen an und versuchen diese Lücke zu schließen, die mit der Novellierung der Ausbildungsordnungen und einer damit einhergehenden Erhöhung der fachlichen Anforderungen in vielen Ausbildungsberufen einhergeht.

Der Bereich der Benachteiligtenförderung hat sich sehr stark differenziert, es gibt eine Vielzahl von Angeboten und Maßnahmen ebenso wie von Trägern und Finanzierungsformen. Neuerdings wird dieser Bereich der beruflichen Bildung auch als „Übergangssystem" bezeichnet, es umfasst Bildungsangebote im Bereich der Berufsvorbereitung, die zu keinem anerkannten Abschluss in einem Ausbildungsberuf führen und Jugendliche dafür qualifizieren sollen, eine Ausbildung aufnehmen zu können (Konsortium Bildungsberichterstattung 2006, 79). Seit dem Jahr 2000 beginnen jährlich fast genauso viele Jugendliche eine Maßnahme des Übergangssystems wie eine duale Berufsausbildung, der Anteil der Neuzugänge in das Übergangssystem als Teil des Berufsbildungssystems liegt seither bei ca. 40 %, der Anteil der Neuzugänge in den Sektor schulische Berufsbildung bei 17 % und in den Sektor duale Ausbildung bei knapp über 40 %. Gegenüber Mitte der 1990er Jahre hat dabei eine erhebliche Verschiebung zwischen den drei Sektoren des Berufsbildungssystems stattgefunden, 1995 betrug der Anteil der

Neuzugänge in das Übergangssystem ungefähr 30 % und in das Duale System der beruflichen Bildung knapp über 50 % (Autorengruppe Bildungsberichterstattung 2008, 96).

In der überwiegenden Mehrzahl durchlaufen Jugendliche mit und ohne Hauptschulabschluss Angebote und Maßnahmen des Übergangssystems, nicht selten mit relativ langer Verweildauer in diesem System; es gelingt einem großen Teil dieser gering qualifizierten Jugendlichen also erst relativ spät, eine Ausbildung aufnehmen zu können, und ein nicht geringer Teil dieser Jugendlichen bleibt ohne abgeschlossene Berufsausbildung. Eine besondere Benachteiligung in Bezug auf die Aufnahme und den erfolgreichen Abschluss einer Ausbildung erfahren Jugendliche mit Migrationshintergrund, und es bestehen geschlechtsspezifische Disparitäten derart, dass Jungen und junge Männer höhere Risiken des Scheiterns in der Berufsausbildung haben als Mädchen und junge Frauen (Autorengruppe Bildungsberichterstattung 2008, 159 f.).

Der Anteil der dualen Berufsausbildung in der beruflichen Bildung hat seit Mitte der 1990er Jahre stark abgenommen; der dadurch ausgelöste Mangel an Ausbildungsplätzen wird durch den leichten Ausbau der schulischen Berufsbildungsgänge nicht kompensiert. Dafür hat sich das Übergangssystem erheblich ausdifferenziert und quantitativ sehr stark zugenommen. Strukturell entsteht durch diese Entwicklung das Problem, dass das Duale System der Berufsbildung an Integrationskraft verloren hat und soziale Disparitäten damit verschärft werden. Diese Entwicklung erhält eine zusätzliche Brisanz durch Probleme, die mit dem Übergangssystem verbunden sind. Das sind zum einen das Problem der Effektivität der Angebote und Maßnahmen, zum anderen sozial- und sonderpädagogische Herausforderungen und Problemlagen, die aus oftmals mehrfach benachteiligten Lebenslagen der Jugendlichen, die sich in Maßnahmen dieses Systems befinden, resultieren. Probleme des Übergangssystems kumulieren dabei bei formal gering qualifizierten Jugendlichen mit und ohne Hauptschulabschluss, insbesondere sind es die lange Verweildauer in diesem System und Schwierigkeiten und Risiken in Bezug auf Aufnahme und erfolgreichem Abschluss einer beruflichen Ausbildung und damit einer gelingenden beruflichen Integration. In einer biografischen Perspektive stellt sich das Problem, wie aufgrund der Angebotsstruktur – bei sehr eingeschränkten Wahl-möglichkeiten aufgrund des marktförmig organisierten Systems der Benachteiligtenförderung – Bildungsprozesse ermöglicht werden, die für die Nutzerinnen und Nutzer individuell passende Qualifizierungen bedeuten und von ihnen auch subjektiv als sinnvoll erlebt werden.

An dieser Frage der beruflichen Förderung benachteiligter Jugendlicher und junger Erwachsener wird der enge Zusammenhang von bildungspolitischen Fragen mit sozialpolitischen Problemen besonders deutlich sichtbar; sie markieren damit auch Herausforderungen und Handlungsbedarf für Soziale Arbeit. Um eine Verbesserung dieser schwierigen Situation in Bezug auf berufliche Bildung und Integration benachteiligter Jugendlicher erreichen und um Ungerechtigkeiten und Missstände in diesem Bereich des deutschen Bildungssystems abbauen zu können, ist eine Reflexion dieses Problems in sozialpädagogischer Perspektive erforderlich; bildungspolitische Reformen im unteren Bereich der beruflichen Bildung müssen Soziale Arbeit bei der Analyse des Problems, bei der Suche nach Alternativen und beim Aufbau neuer Strukturen für eine bessere berufliche Förderung benachteiligter Jugendlicher mit einbeziehen.

Regionalisierung von Bildungspolitik

Viele Herausforderungen der Bildungspolitik können nicht mehr in den Zuständigkeits- und Verantwortungsbereichen einzelner Institutionen bzw. Administrationen bearbeitet und gelöst werden. Damit werden Fragen der Kooperation zwischen Institutionen und der Vernetzung von bislang getrennten Akteuren – auf mehreren Ebenen, in den Kommunen, in den Ländern und auf der Ebene des Bundes – virulent. Diese Entwicklung spiegelt sich in vielen Programmen und Projekten im Bereich der Bildungs-, Jugend- und Sozialpolitik, in denen explizit sozialräumliche Perspektiven eingenommen werden. Durch diese Institutionen übergreifende Kooperation und Vernetzung entsteht ein neuer Bedarf an Steuerung und Koordination, insbesondere im kommunalen Bereich. Dabei werden vermehrt Modelle von Governance bei der bildungspolitischen Steuerung eingeführt.

Mit dem neuen Interesse an informeller und nonformaler Bildung in der erziehungswissenschaftlichen und bildungspolitischen Diskussion stellt sich die Frage, wie Bildungsprozesse von Kindern, Jugendlichen und Erwachsenen im Zusammenspiel von unterschiedlichen Bildungsorten und -gelegenheiten unterstützt und gefördert werden können. Beide Entwicklungen, Institutionen übergreifende Kooperation und Vernetzung wie Fragen des Einbezugs informellen und non-formalen Lernens in Bildungspolitik, machen eine stärkere Regionalisierung von Bildungspolitik erforderlich, in der vor allem der Gestaltung und Steuerung vor Ort in den Kommunen eine neue Bedeutung zukommt.

Begriff und Konzept *Bildungslandschaften* eröffnen dabei weiterführende Perspektiven einer regionalisierten Bildungspolitik. In einer sozialräumlichen Perspektive steht in diesem bildungspolitischen Konzept nicht mehr die Entwicklung der Einzelschule oder des Schulsystems im Fokus des Interesses, sondern die Entwicklung einer lokalen Bildungslandschaft. Im Kern geht es um die Frage, wie Bildungsbarrieren abgebaut und Zugänge auch für sozial benachteiligte Gruppen geöffnet und gestaltet werden können. Schule ist in diesem Verständnis Bestandteil einer lokalen Bildungslandschaft, zu der ebenso Einrichtungen und Angebote der Jugendhilfe, Kultureinrichtungen, Institutionen im Bereich der Gesundheitsförderung, des Sports, der Ausbildung und Arbeitsförderung gehören. Insbesondere seitens der Kommunen besteht ein großes Interesse, an der Gestaltung eines Bildungsangebots im kommunalen Raum aktiv mitzuwirken und alle Institutionen und Akteure im Bereich der Bildungspolitik einzubeziehen.

Bildungspolitische Herausforderungen

Bildungspolitik in Deutschland steht vor großen Herausforderungen. Es gilt, eine ganze Reihe von bisher ungelösten Problemen zu bearbeiten. An erster Stelle ist dabei das Problem der Gerechtigkeit im deutschen Bildungssystem zu nennen. Große bildungspolitische Herausforderungen bestehen darin, strukturell bedingte Benachteiligungen abzubauen, den engen Zusammenhang von Bildungserfolg und sozialer Herkunft aufzulösen, ungleiche Zugangschancen zur Schule zu verhindern und Bildungserfolg für Kinder und Jugendliche aus allen sozialen Gruppen der Gesellschaft zu ermöglichen. Dazu sind neue strukturelle Reformen in der Schule und im Bereich der Berufsbildung, insbesondere bei der beruflichen Förderung benachteiligter Jugendlicher, notwendig. Erforderlich ist aber des Weiteren eine neue pädagogische Kultur der Schule, zu der auch sozialpädagogische Professionalität gehören muss. Dazu bedarf es ferner eines neuen Umgangs mit Heterogenität, der auch eine integrative Beschulung von Kindern und Jugendlichen mit und ohne Behinderung möglich macht. Es bedarf einer besseren Integration und Förderung von Kindern und Jugendlichen mit Migrationshintergrund, besonderer bildungspolitischer Anstrengungen in deprivilegierten Stadtteilen und Regionen, es bedarf einer Verbesserung des Zusammenspiels von formaler, non-formaler und informeller Bildung und eines neuen Verständnisses von Bildungspolitik als Angelegenheit und Aufgabe von Staat, intermediären Institutionen und der Bürgerschaft.

Literatur

Autorengruppe Bildungsberichterstattung (2008): Bildung in Deutschland 2008. Bertelsmann, Bielefeld

Avenarius, H., Baumert, J., Döbert, H., Füssel, H. P. (Hrsg.) (1998): Schule in erweiterter Verantwortung. Luchterhand, Neuwied / Kriftel

Bellmann, J., Weiß, M. (2009): Risiken und Nebenwirkungen Neuer Steuerung im Schulsystem. Theoretische Konzeptualisierungen und Erklärungsmodelle. Zeitschrift für Pädagogik 55, 286–308

Benner, D. (Hrsg.) (2007): Bildungsstandards. Instrumente zur Qualitätssicherung im Bildungswesen. Ferdinand Schöningh, Paderborn / München / Wien / Zürich

Cortina, K. S., Baumert, J., Leschinsky, A., Mayer, K. U., Trommer, L. (Hrsg.) (2008): Das Bildungswesen in der Bundesrepublik Deutschland. Rowohlt, Reinbek bei Hamburg

Deutscher Bundestag (Hrsg.) (2005): Zwölfter Kinder- und Jugendbericht. Bericht über die Lebenssituation junger Menschen und die Leistungen der Kinder- und Jugendhilfe in Deutschland. Drucksache 15/6014. Berlin. In: www.jugendserver.de/uploadfiles/1506014BT.pdf, 04.03.2010

Friedeburg, L. v. (1989): Bildungsreform in Deutschland. Geschichte und gesellschaftlicher Widerspruch. Suhrkamp, Frankfurt / M.

Fuchs, H.-W. (2009): Neue Steuerung – Neue Schulkultur? Zeitschrift für Pädagogik 55, 369–380

Holtappels, H.-G., Klieme, E., Rauschenbach, Th., Stecher, L. (Hrsg.) (2007): Ganztagsschule in Deutschland. Juventa, Weinheim / München

Konsortium Bildungsberichterstattung (Hrsg.) (2006): Bildung in Deutschland. Bertelsmann, Bielefeld

Münchmeier, R., Otto, H.-U., Rabe-Kleberg, U. (Hrsg.) (2002): Bildung und Lebenskompetenz. Leske & Budrich, Opladen

Otto, H.-U., Rauschenbach, Th. (Hrsg.) (2004): Die andere Seite der Bildung. Zum Verhältnis von formellen und informellen Bildungsprozessen. VS Verlag, Wiesbaden

Wissenschaftlicher Beirat für Familienfragen (2006): Ganztagsschule. Eine Chance für Familien. VS Verlag, Wiesbaden

Bindungsbeziehungen: Aufbau, Aufrechterhaltung und Abweichung

Von Lieselotte Ahnert

Bindungsbeziehungen sind eine besondere Form der Sozialbeziehungen, die sich durch emotionale Sicherheit und Vertrautheit auszeichnen und mit nur wenigen Personen entstehen. Sie werden zunächst im unmittelbaren Kreis der Familie erworben, können sich aber auch auf signifikante andere Personen im Umfeld des Kindes sowie im weiteren Lebenslauf ausdehnen. Der Mutter-Kind-Bindung wird eine besondere Bedeutung beigemessen, weil sie durch biologische Mechanismen unterstützt wird, die durch Geburt und Stillen intensiviert werden (Ahnert 2008a). Diese primären Bindungserfahrungen – die bei frühem Mutterverlust auch mit anderen Personen entstehen können – gelten jedoch als Basis für die Identitätsentwicklung sowie die Herausbildung des Sozialverhaltens.

Aufbau und Funktionsweise von Bindungsbeziehungen

Die primäre Bindung stützt sich auf Verhaltenssysteme, die Nähe zu einer Bezugsperson garantieren und infolgedessen für den unreifen und unerfahrenen Nachwuchs Schutz und Sicherheit bedeuten. Diese sicherheitsgebenden Verhaltenssysteme sind bei Mensch und Tier in analoger Weise ausgebildet. Ethologische Studien gehen deshalb von genetisch prädisponierten Verhaltenssystemen aus, die auf evolutionsbiologische Adaptationsprozesse zurückgeführt werden (Bowlby 1969; 1973; Harlow 1958). Die Existenz des Bindungsmotivs wird danach mit besseren Überlebenschancen begründet. Bindungsverhaltensweisen zeigen sich durch Anklammern an die Bindungsperson, akustisches Signalisieren, Annähern und Nachfolgen. Beim menschlichen Neugeborenen sind diese Verhaltensweisen jedoch nur in rudimentärer Form vorhanden und kaum funktionstüchtig. Anstelle dessen werden die frühen Kommunikationstechniken des Säuglings als eine einzigartige (menschliche) Alternative angesehen, Nähe herzustellen und sie auch aufrechterhalten zu können. Über ausdauernde Blickkontakte lernt das Baby das Gesicht seiner Betreuungsperson zu lesen, den emotionalen Ausdruck zu interpretieren und dessen Zuwendungs- und Betreuungsbereitschaft zu kalkulieren (Hrdy 2002). Diese frühen Kommunikationssituationen bilden dann auch den Rahmen, in dem sich die Bindung entwickelt, dabei jedoch erheblich variieren kann, da zu ihrem Gelingen die Betreuungsperson signifikant beitragen muss.

Typologie des Bindungsverhaltens

Richtet ein geängstigtes und irritiertes Kleinkind sein Verhalten auf die Mutter in Form von Nähe-Suchen und Kontakt-Erhalten aus, so ist dies eine Bindungsbeziehung, wie sie Bowlby (1969) als „[…] strongly disposed to seek proximity to and contact with a specific figure and to do so in certain situations, notably when he [the child] is frightened, tired or ill (371)" beschrieben hat und von Ainsworth und Mitarbeitern (1978) als sog. sichere Bindung (Typ B) bestimmt wurde. Die Mutter fungiert hierbei als Sicherheitsbasis. Ihre Nähe und Verhaltensweisen helfen dem Kind, Angst und Hilflosigkeit zu bewältigen.

Nicht immer ist jedoch eine Mutter in der Lage, eine *Sicherheitsbasis* für ihr Kind zu sein. Aus *unsicheren* Bindungsbeziehungen ist bekannt, dass Kleinkinder ihre Mutter regelrecht *vermeiden* können, ihr beispielsweise den Rücken zudrehen, ihren Blicken ausweichen und sich aus ihrer Berührung

Otto/Thiersch (Hg.), Handbuch Soziale Arbeit, 4. A., DOI 10.2378/ot4a.art019,

oder unmittelbaren Nähe entfernen, wenn die Mutter helfen und trösten will. Um vermutlich Wut und Ärger erst gar nicht ausdrücken zu müssen, führen diese Kinder ihr Verhalten von der Mutter weg und versuchen, sich emotional selbst zu regulieren. Paradoxerweise hält genau dies eine gewisse Nähe zur Mutter aufrecht, da in derartigen *unsicher-vermeidenden* Bindungsbeziehungen (Typ A) unangemessene kindliche Emotionsäußerungen ausbleiben und die Interaktion regulär fortgeführt werden kann (Main 1981). Darüber hinaus gibt es eine *unsicher-ambivalente* Variante der Bindungsbeziehung (Typ C), bei der ein irritiertes Kind zwar Nähe und Körperkontakt bei der Mutter sucht, es jedoch nicht gelingt, die Irritationen abzubauen und emotionale Sicherheit zu erlangen.

Während die aktuelle Bindungsforschung über die entwicklungspsychologischen Konsequenzen dieser unsicheren Bindungsvarianten streitet (Ahnert 2008a), werden *desorganisierte* Bindungsmuster (Typ D) übereinstimmend als entwicklungspsycho*pathologisch* angesehen. *Desorganisierte* Bindungsmuster sind Beziehungen, bei denen die Bindungsperson eine angsterzeugende Rolle im Leben des Kindes spielt. Diese Kinder bringen widersprüchliche und z.T. bizarre Verhaltensbilder hervor, wenn ihre Mütter ihnen Sicherheit und Schutz anbieten wollen (Main / Solomon 1990).

Das Inner Working Model

Insgesamt lässt sich feststellen, dass Bindungen durch Beziehungen eines Kindes zu einer bevorzugten Person (Bindungsperson) charakterisiert sind und keine Persönlichkeitsmerkmale darstellen (Bretherton 1985). Von daher werden Bindungsbeziehungen von Person zu Person verschieden ausgebildet und sind zeitlich auch veränderbar, vor allem zu Beginn der Bindungsentstehung. Bowlby (1969) verwendete kybernetische Aspekte gängiger Regelkreis-Mechanismen, um die Bindungsbeziehung als ein dynamisches Modell konzipieren zu können, das sich auf Umweltveränderungen stetig neu einstellt. Ein zentraler Begriff in diesem Modell ist das Inner Working Model (IWM), das die bindungsrelevanten Erfahrungen des Kindes intrapsychisch repräsentiert und dabei die Bindungsperson und das Selbst in dieser Beziehung charakterisiert. Das IWM entwickelt sich erst über die

Frühe Kindheit hinaus zu einer zunehmend stabilen mentalen Bindungsrepräsentation.

Für die Erfassung der mentalen Bindungsrepräsentation entwickelten Ainsworth et al. (1978) für Kleinkinder die *Fremde Situation*, in der zwei kurzzeitige Trennungen des Kindes von der Mutter durchgeführt werden, um in der nachfolgenden Wiedervereinigung zu beurteilen, inwieweit die Mutter als Sicherheitsbasis fungiert. Auf diese Weise wird dann das jeweilige Bindungsmuster bestimmt, das als sichere (Typ B), unsicher-vermeidende (Typ A), unsicher-ambivalente (Typ C) und desorganisierte Bindung (Typ D) definiert wird. Die Fremde Situation wird als prospektive Methode benutzt, um entwicklungspsychologische Konsequenzen aus diesen Bindungserfahrungen zu untersuchen. Demgegenüber ist das *Adult Attachment Interview* (George et al. 1996; Überblick in Gloger-Tippelt 2001) entwickelt worden, um die mentale Bindungsrepräsentation bei Jugendlichen und Erwachsenen zu bestimmen. Das Interview wird als retrospektives Verfahren eingesetzt, um eine entstandene Entwicklungsabweichung vor dem Hintergrund von Bindungserfahrungen rekonstruieren zu können. Während die *Fremde Situation* die verhaltensbezogenen Charakteristiken der Bindungssicherheit in ihren Anfängen erfasst, geht man beim *Adult Attachment Interview* von einer bereits abstrahierten symbolischen Bindungsrepräsentation aus (Gloger-Tippelt 2001). Beide Verfahren verwenden analoge Kategorie-Systeme (siehe Tabelle), die allerdings nur dann miteinander korrelieren, wenn die Veränderungen im Betreuungskontext der Heranwachsenden auf die notwendigen Entwicklungsaufgaben beschränkt bleiben und nicht durch zusätzliche kritische Lebensereignisse gestört werden (Waters et al. 2000).

Verfügbarkeit und Sensitivität der Bindungsperson

Die Verfügbarkeit und Fürsorglichkeit der Bindungsperson wird in der klassischen Bindungstheorie als eine der wichtigsten Grundlagen beim Bindungsaufbau angesehen. Bowlby (1973) ging davon aus, dass Bindungssicherheit nur im Rahmen einer kontinuierlichen und sensitiven Betreuung des Kindes erreicht werden kann. Infolgedessen sollten Kinder mit häufigen Trennungserfahrungen oder in

Tab. 1: Bindungsbeziehungen im Vergleich: Fremde Situation und Adult Attachment Interview

Methoden	Variationen von Bindungsbeziehungen			
	Sicher	**Unsicher-vermeidend**	**Unsicher-ambivalent**	**Desorganisiert-desorientiert**
Fremde Situation (Ainsworth et al. 1978; Main/Solomon 1990) Verarbeitung kurzer Trennungen von der Mutter, insbesondere bei Wiedervereinigung von Mutter und Kind (Kleinkindalter: 12 bis 18 Lebensmonate)	Offenes emotionales Ausdrucksverhalten Nähe suchen und Kontakterhalten zum Zweck der Stressreduktion Rückkehr zu Exploration	Verdeckter Emotionsausdruck Nähe vermeidendes Verhalten Konzentration auf Interaktion und Exploration Stress reduziert sich langsam	Starke emotionale Betroffenheit Nähe suchendes Verhalten wechselt mit ärgerlichem Kontaktwiderstand Kaum Interaktion und Exploration Stress kann nicht reduziert werden	Aversives und bizarres Ausdrucksverhalten (z. B. Angst angesichts der Bindungsperson, einfrierende Bewegungen) Widersprüche in der Bindungsstrategie (z. B. die Nähe der Bindungsperson suchen, um sie zu ignorieren)
	Sicher-autonom	**Unsicher-distanziert**	**Unsicher-verwickelt**	**Unverarbeitet-traumatisiert**
Adult Attachment Interview (George et al. 1996) Narrative über Bindungserfahrungen in der Kindheit (Jugend- und Erwachsenenalter, beginnend etwa ab dem 16. Lebensjahr)	Wertschätzung von Bindungserfahrungen Kohärente Schilderung und Bewertung der eigenen Bindungserfahrungen	Abwertung von Bindung Inkohärenz in der Schilderung der eigenen Bindungserfahrungen durch: Mangel an Erinnerungen, mangelnde Integration von einzelnen Erfahrungen, Idealisierung der Bindungsperson	Passivität des Diskurses, Bericht irrelevanter Details Wiederholt widersprüchliche Bewertungen der eigenen Bindungserfahrungen Ärger über Bindungsperson	Bericht über traumatische Erfahrungen, dabei sprachliche Auffälligkeiten

Betreuung von Müttern, die als emotional ausdrucksarm bzw. zurückweisend (Matas et al. 1978) oder im Hinblick auf die Selbstständigkeit des Kindes als zu fordernd erlebt wurden (Grossmann et al. 1985), nur *unsichere* Bindungsbeziehungen entwickeln.

Das von Ainsworth, Bell und Stayton (1974) entwickelte Rating-Verfahren zur Beurteilung der *Sensitivität* misst traditionell die Promptheit und Adäquatheit, mit der Mütter auf die Signale ihrer Kinder reagieren. Dagegen müssen bei *desorganisierten* Bindungsbeziehungen auch subtile Abweichungen im mütterlichen Verhalten registriert werden. Die Skala *Ambiance* (Atypical Maternal Behavior Instrument for Assessment and Classifi-

cation Coding System; Lyons-Ruth et al. 1999) erfasst deshalb insbesondere die Art und Weise, wie aus inadäquaten mütterlichen Reaktionen kindliche Ängste entstehen.

Identitätsentwicklung und das Sozialverhalten des Kindes

Kinder entwickeln in Bindungsbeziehungen Kommunikationstechniken und Selbstwertgefühle, die ihre Identität nachhaltig prägen. Die *sicheren* Bindungsbeziehungen zeichnen sich dabei dadurch aus, dass die Bindungsperson an den Erfahrungen des Kindes teilnimmt und diese im Dialog reflektiert. Da Dialoge natürlicherweise immer auch Missverständnisse und Störungen enthalten, erfährt das Kind dabei auch, wie diese Störungen auftreten und beseitigt werden können, was eine hervorragende Grundlage für die Kommunikationsentwicklung ist. Die Dialoge dienen dem Kind jedoch ebenfalls dazu, die eigenen Gefühle zu verstehen und sie in Bezug zu anderen zu setzen. Es ist deshalb verständlich, dass den *sicheren* Bindungserfahrungen ein besonders fördernder Einfluss auf die Identitätsentwicklung zugesprochen wird, die auch Beziehungen zu anderen angemessen entstehen lässt (Sroufe 2001).

Kinder in *sicheren* Bindungsbeziehungen empfinden sich zudem als liebens- und beschützenswert. Ihre Mütter tragen beispielsweise in Stress-Situationen zu ihrer Entlastung bei, selbst wenn die Beziehung zum Kind dabei stark herausgefordert wird. In *unsicheren* Bindungsbeziehungen dagegen muss das Kind auf die eigene emotionale Regulationsfähigkeit bauen. Da diese Fähigkeiten jedoch ungenügend entwickelt sind, bleiben die eigenen Bewältigungsstrategien unbefriedigend und führen von daher zu einer negativen Selbstbewertung. Da außerdem die Erwartungen dieser Kinder an soziale Unterstützungen kaum ausgebildet sind, gelten Kinder aus unsicheren Bindungsbeziehungen insgesamt als weniger sozial aufgeschlossen und kompetent (Elicker et al. 1992). Infolgedessen ist es nur verständlich, dass die Bindungsforschung über lange Zeit versucht hat, die Folgen unsicherer Bindungserfahrungen in späteren sozialen Fehlanpassungen unmittelbar aufzusuchen (siehe Abschnitt 3).

Aufrechterhaltung von Bindungsbeziehungen

Primäre Bindungsbeziehungen sollten sich desto sicherer entwickeln, je stabiler und prädiktierbarer das Interaktionsgefüge sei. Bowlby (1973) war überzeugt, dass Kleinkinder nur sehr instabile Gedächtnisleistungen aufweisen und deshalb nicht in der Lage sind, ein konsistentes Beziehungsmuster aufzubauen, wenn Trennungserfahrungen diesen Prozess immer wieder unterbrechen. Infolgedessen sollte „die sicherste Dosis [für Mutter-Kind-Trennungen] hier nur die Nulldosis" (Bowlby 1973) sein. Die empirische Bindungsforschung hat je-

doch mehrfach gezeigt, dass auch bei einer frühen Inanspruchnahme einer nicht-mütterlichen Betreuung die Mutter-Kind-Bindung entwickelt wird und aufrechterhalten bleiben kann. In der weltbekannten NICHD-Studie (NICHD Early Child Care Research Network 1997), die über 1.000 normgerecht sich entwickelnde Kinder von Geburt an bis in die mittlere Kindheit begleitend untersuchte, war die mütterliche Sensitivität die dominierende Einflussgröße auf die Mutter-Kind-Bindung, unabhängig davon, ob das Kind zusätzlich von anderen Personen betreut wurde. Ahnert und Lamb (2003) weisen jedoch mit Nachdruck darauf hin, dass im Falle eines geteilten Betreuungsfelds von Familie und Kindereinrichtung die familiäre wie öffentliche Betreuung zeitlich richtig ausbalanciert werden muss, damit die Bindungssicherheit der Mutter-Kind-Beziehung auch erhalten bleiben kann. Der tägliche Betreuungswechsel stellt eine erhebliche Belastung für ein Kleinkind dar, deren negative Auswirkung vor allem in der Anfangszeit durch Adaptationsprogramme abgefangen werden muss, die die Mütter einbeziehen. Tatsächlich hat sich gezeigt, dass Mütter in ihrer Funktion einer Sicherheitsbasis dem Kind dabei sowohl die Anpassung an den neuen Betreuungskontext erleichtern, in dem sie den kindlichen Stress reduzieren helfen, als auch gleichzeitig die Beziehungsqualität zum Kind erhalten (Ahnert et al. 2004).

Multiple Determiniertheit der Bindung

Die Aufrechterhaltung der Mutter-Kind-Bindung trotz diskontinuierlicher Betreuung wirft die Frage auf, ob ein so wichtiges Verhaltenssystem wie die Bindung nicht mehrfach abgesichert wurde. Die Untersuchung dieser Frage macht die Sondierung einzelner Komponenten aus der komplexen Struktur der Mutter-Kind-Bindung notwendig, so wie es von MacDonald (1992) vorgeschlagen wurde. Basierend auf zwei diskreten und evolutionsbiologisch voneinander unabhängig entstandenen Affektsystemen hat MacDonald ein Sicherheitssystem (security-separation-distress system) und ein Zuneigungssystem (positive-social-reward system) unterschieden. Während das Sicherheitssystem die Basis für Verhaltensstrategien im Umgang mit Angst erzeugenden sowie emotional belastenden Situationen ist und der Minimierung negativer

Emotionen dient, adressiert das Zuneigungssystem positive Affekte und liebevolle Beziehungen, wie sie für Fürsorge- und Pflegeverhaltensweisen allgemein beschrieben werden. Beide Systeme können zwar in hoher Ausprägung und gemeinsam die Bindungsbeziehung bestimmen – wie dies das Sensitivitätskonzept abbildet, – die Sicherheits- und Zuneigungssysteme scheinen aber auch getrennt voneinander operieren zu können.

Diese Überlegungen sind nützlich, wenn Kinder Betreuungsdiskontinuitäten erleben. Erstellt man beispielsweise ein Tagesprofil über die Erfahrungen von außerfamiliär betreuten Kleinkindern, ergeben sich im Vergleich zu hausbetreuten Kindern gleichen Alters erhebliche Unterschiede in Abhängigkeit davon, zu welcher Zeit und wo das Kind betreut wurde (Ahnert et al. 2000). Die Beziehungen, die das Kind in öffentlicher Betreuung eingeht, scheinen dabei besonders durch Zuwendungssysteme bestimmt zu sein, während die Mütter ihre Betreuungsleistungen vor und nach dem Besuch der Kindereinrichtung auf das Sicherheitssystem orientieren. Dies schien von ihren Kinder auch so herausgefordert: Ahnert et al. (2000) fanden, dass die Kinder kaum in der Kindereinrichtung quengelten, jedoch ausgeprägt, nachdem sie von ihren Müttern abgeholt wurden; wahrscheinlich um die ungeteilte Aufmerksamkeit der Mutter nun endlich auch für sich reklamieren zu können.

Veränderungen im Lebenslauf

Wenn ein Kind mit zunehmendem Alter sein Verhalten auch zunehmend unabhängiger von der Bindungsperson zu organisieren beginnt, entstehen neue Anforderungen an die Sensitivität einer Bindungsperson, die zunächst dann die Explorationsbedürfnisse und Autonomiebestrebungen des Kindes unterstützen muss (Thompson 1997). Veränderungen in der Bindungsgestaltung über die Lebensspanne hinweg ist jedoch eine Thematik, mit der die Bindungsforschung erst am Anfang steht.

Bekannt ist allerdings, dass die Selbstbehauptungstendenzen in der Pubertät die primären Bindungsbeziehungen empfindlich beeinträchtigen können, vor allem wenn Bindungspersonen auf Umgangsformen zugreifen, die von den Jugendlichen als unangemessen empfunden werden. Kobak und Mitarbeiter (1994) konnten zeigen, dass Mütter im Bemühen um die Bearbeitung konfliktärer Situationen (z. B. dem Auszug aus dem Elternhaus) vielfach dazu neigen, insistierende Kontrollmechanismen einzusetzen, um den emotionalen Entgleisungen der Pubertierenden entgegenzuwirken. Diese Mechanismen erwiesen sich jedoch als ungeeignet, die Bindungsbeziehung langfristig in guter Qualität fortzuführen.

Geht man davon aus, dass Bindungen zwar komplementäre, aber asymmetrische Beziehungen sind, die durch eine kompetente Person dominiert werden, die Sicherheit bieten kann (Bretherton 1985), können sich die Verhältnisse im höheren Lebensalter sogar umkehren. Die erwachsenen Kinder können dann für ihre Eltern zu Bindungspersonen werden. Dies ist insbesondere dann angezeigt, wenn das Bindungsverhaltenssystem im hohen Lebensalter durch ein verzerrtes Zeitverständnis, Trauer um vergangene Kompetenzen, Angst vor Hilflosigkeit und Vereinsamung hoch aktiviert ist.

Abweichungen und Bindungsstörungen

Die neuropsychologisch orientierte Bindungsforschung rückt die Mutter-Kind-Beziehung heute ganz vorrangig in den Blick der Emotionsregulation (Schore 2001; Siegel 1999). Danach entwickeln sich emotionale Regulationsmechanismen schon sehr früh in Abhängigkeit davon, wie Emotionen erfahren und kommuniziert werden. In *sicheren* Mutter-Kind-Beziehungen setzt die Mutter Blickkontakt, Körpergestik und stimmliche Melodik ein, mit deren Hilfe die emotionalen Zustände des Kindes moduliert werden. Sie hilft damit neuronale Schaltkreise anzubahnen, die für die Eigenregulation des Kindes später zur Verfügung stehen können. Die Herausbildung einer eigenständigen Emotionsregulation erfordert demnach die prompten und adäquaten Reaktionen einer Betreuungsperson auf die emotionalen Signale des Kindes. Es handelt sich dabei um die gleiche Betreuungspraxis, die auch die Bindungssicherheit entstehen lässt. Damit ergibt sich zwischen der *Bindungssicherheit* des Kindes und den neuropsychologischen Basismechanismen der *Emotionsregulation* ein enger Zusammenhang, der sich nicht darstellt, wenn Kinder Bindungspersonen entbehren müssen bzw. von ihnen vernachlässigt oder gar misshandelt und missbraucht werden.

Aufwachsen in Problem-Familien

Bislang ist es nur mit mäßigem Erfolg gelungen, Beeinträchtigungen in der Verhaltensanpassung von Kindern als unmittelbare Folge mangelnder Bindungssicherheit nachzuweisen (Überblick in Greenberg 1999). Selbst in der NICHD-Studie konnte zwar ein geschlechtsspezifischer Einfluss unsicherer Bindungserfahrungen auf die Verhaltensanpassung von Jungen und Mädchen repliziert werden (McCartney et al. 2004), eine Hauptwirkung der Bindungs*un*sicherheit auf irgendeinen Entwicklungsbereich der Kinder dieser großen normativen Stichprobe wurde jedoch nicht ausgemacht. Demgegenüber sind Untersuchungen in Problem-Familien informativer, wie dies beim Minnesota-Eltern-Kind-Projekt mit einer Stichprobe von jungen Alleinerziehenden und ihren Kindern prominent geworden ist, die von der Geburt bis in die Adoleszenz mehrfach aufgesucht wurden (z. B. Sroufe 2001). Hierbei wurde übereinstimmend mit weiteren Studien bei einkommensschwachen und problematischen Familien deutlich, wie negativ verstärkend sich die Bindungs*un*sicherheit auf die Entwicklung auswirken kann, wenn sie mit anderen Risikofaktoren interagiert. Die *unsicher-gebundenen* Kinder dieses Projekts fielen bis in die Jugendzeit hinein durch emotionale Regulationsstörungen auf, waren aggressiv oder hatten affektive Störungen. Sie unterhielten auch häufiger mangelhafte und / oder negative Freundschaftsbeziehungen als Kinder des Projekts, die trotz der widrigen Lebensumstände eine *sichere* Bindung erworben hatten.

Traumatische Kindheitserfahrungen

Mutterentbehrung und soziale Deprivation, Kindesvernachlässigung und -misshandlung wirken sich allerdings folgenschwer und unmittelbar auf die Bindungsentwicklung aus. Schon die klassischen Deprivationsstudien (Schmalohr 1975; Spitz 1965) verwiesen immer wieder auf spezifische Bindungsstörungen der Distanzlosigkeit oder Sozialangst, wenn Kinder stimulanzreduzierte und gefühlsarme Betreuungserfahrungen gemacht hatten. Das Bild ist jedoch bei Weitem nicht so einheitlich wie ursprünglich beschrieben, da umfängliche persönlichkeitsbezogene und intellektuelle Abweichungen in die Beziehungsgestaltung eingreifen. Neuere Studien verdeutlichen das große Entwicklungspotenzial, das diese Kinder entfalten, wenn sie sich an neue Lebenssituationen – wie z. B. nach Aufnahme in einer Adoptionsfamilie – anpassen müssen. Dennoch treten hierbei überzufällig desorganisierte Bindungsrepräsentationen auf und bleiben auch über lange Zeit bestehen (O'Connor et al. 2003).

Die schädigenden Folgen von Kindesvernachlässigung und -misshandlung wirken sich dagegen direkt und nachhaltig auf das Sozialverhalten aus, was zumeist eher auf das andauernde misshandelnde Milieu als auf einzelne Tätlichkeiten zurückzuführen ist (z. B. Weindrich / Löffler 1990). Angst ist dabei ein zentrales Thema in der Beziehungsentwicklung der Kinder (Cicchetti et al. 1995; van IJzendoorn et al. 1999), die aus den andauernden aggressiven, verletzenden oder herabsetzenden Betreuungserfahrungen entsteht. Gemäß der Arbeitsweise des IWMs sucht ein Kind bei Angst die Bindungsperson auf. Je häufiger jedoch das Kind von der Bindungsperson im Stich gelassen oder bedroht wird, umso mehr wird das Bindungssystem und der Wunsch nach Nähe aktiviert, was wiederum zur Herausbildung einer sog. Angstbindung führen kann. Nach Grossmann und Grossmann (2009) wird ein Kind in solchen Lebensumständen deshalb alles versuchen, diese ungesunde Beziehung aufrechtzuerhalten, in dem es die Eltern in Schutz nimmt und die schlechte Behandlung verleugnet. Crittenden (1999) hat des Weiteren darauf aufmerksam gemacht, dass diese Kinder selbstschützende Kommunikationsstrategien entwickeln, die auch ihre wahren Gefühle verdecken. Die unmittelbaren entwicklungspsychologischen Konsequenzen zeigen sich in Bindungsstörungen (Brisch 1999). Als Langzeitfolgen werden sogar Depressionen, Beeinträchtigungen des Selbstwertgefühls und Störungen des Sexualverhaltens und -erlebens berichtet (Egle et al. 1997).

Bestimmung von Bindungsstörungen

Bindungsstörungen als Formen schwerwiegender Psychopathologie sind in den gängigen klinisch-diagnostischen Manualen ICD-10 (*International Classification of Disease* 1998) und DSM-IV (*Diag-*

nostic and Statistical Manual of Mental Disorders 1994) als *reaktive Bindungsstörung* in zwei Varianten aufgeführt: Das Kind ist in seiner Bindungsbereitschaft gegenüber Erwachsenen entweder ausgeprägt gehemmt und reagiert mit Ambivalenz und Furchtsamkeit auf seine Bindungspersonen (Gehemmter Typus; F94.1), oder es zeigt enthemmte distanzlose Kontaktfreudigkeit gegenüber Erwachsenen und diskriminiert kaum vertraute Betreuungspersonen von Fremden (Enthemmter Typus; F94.2). Die Diagnosen werden mit Bezug auf extreme Vernachlässigung und Misshandlung des Kindes gestellt bzw. als kindliche Reaktion auf den Verlust (in einem Alter des Kindes von 5 Jahren und jünger) einer bereits etablierten Bindungsbeziehung interpretiert. Diese sehr enge Definition einer Bindungsstörung ist heute heftig umstritten, da Bindungsstörungen (a) sich auch in anderen Kontexten entwickeln können, (b) eigentlich eine *Beziehung* charakterisieren soll und sich von daher kaum über das kindliche Verhalten allein erklärt und schließlich (c) eine ausgewählte Kind-Bindungsperson-Beziehung, nicht aber die Bindungsfähigkeit des Kindes schlechthin als pathologisch beschreiben sollte (Lieberman / Zeanah 1995).

Exkurs: Sekundäre Bindungsbeziehungen

In der klassischen Bindungstheorie wurde wegen der evolutionsbiologischen Begründung des Bindungsmotivs eine Bindung des Kindes an nichtmütterliche Personen zunächst nur sehr zögerlich und als Ausnahmefall diskutiert. Dabei war bereits unstrittig, dass ein so wichtiges Verhaltenssystem nicht ausschließlich an eine spezifische Person geknüpft werden kann, wenn es der überlebenssichernden Funktion wirklich gerecht werden wollte. Bis heute sind jedoch Untersuchungen über Bindungsbeziehungen zu nicht-mütterlichen Personen selten geblieben, die Vater-Kind- wie auch die ErzieherInnen-Kind- und LehrerInnen-Kind-Beziehungen in den letzten Jahren jedoch zunehmend in den Blick genommen worden. Dabei hat sich die Forschung zunächst an den Eigenschaften der Mutter-Kind-Bindung orientiert, jedoch alsbald die Unterschiede zu den nichtmütterlichen Beziehungen herausgearbeitet, die verdeutlichen, dass Eigenschaften und Funktionen von denen der Mutter-Kind-Bindung z. T. erheblich abweichen.

So wird die Mutter-Kind-Beziehung vor allem anhand ihrer sicherheitsgebenden und stressreduzierenden Funktion beschrieben, für die die mütterliche Feinfühligkeit mit prompten und angemessenen Reaktionen auf die Schutzbedürfnisse des Kindes konstitutiv ist. Auch wird –wie eingangs in diesem Kapitel ebenfalls bereits ausgeführt – die spätere Fähigkeit des Kindes zur emotionalen Selbstregulation mit dieser Art von Beziehungserfahrungen verbunden. Die kindliche Beziehung zum Vater scheint sich dagegen typischerweise in Anregungs- und Beschäftigungssituationen herauszubilden und vorrangig durch motorische Stimulationen geprägt zu sein. Außerdem setzt die Vater-Kind-Bindung auf die Autonomie- und Partizipationsbestrebungen des Kindes und wird mit der Entwicklung kindlicher Exploration und Neugier verbunden (Grossmann et al. 2002). Diese unterschiedlichen Beziehungsmuster können unter bestimmten Familienkonstellationen und -situationen auch in einer völlig anderen Weise erfahrbar werden. Beispielsweise rekurrieren alleinerziehende Väter auch auf die stressreduzierenden und sicherheitsgebenden Merkmale typischer mütterlicher Betreuungsmuster, wenn sie ein Kleinkind weitgehend allein aufziehen müssen. Insgesamt darf man wohl davon ausgehen, dass die Betreuungsmuster von Müttern und Vätern die Grundlage von Beziehungserfahrungen reflektieren, die für eine normale Sozialentwicklung des Kindes in unserer Kultur notwendig sind. Infolgedessen können Defizite in diesen Erfahrungen abweichende Sozialentwicklungen des Kindes bewirken.

Forderungen, nach denen ErzieherInnen in modernen Kindereinrichtungen auch Bindungsfunktionen erfüllen sollten, sind immer wieder erhoben worden. Allerdings stellt sich dabei die Frage, wie diese Forderungen im Rahmen einer Gruppenbetreuung einlösbar sind und unter welchen Voraussetzungen eine Erzieherin zu einer Bindungsperson überhaupt werden kann. Gegenwärtig zeigen 40 internationale Studien (Überblick in Ahnert et al. 2006), dass ErzieherInnen-Kind-Beziehungen zweifellos bindungsähnliche Eigenschaften zugesprochen werden können. Diese schließen neben zuwendenden, sicherheitsgebenden und stressreduzierenden Aspekten auch Unterstützung und Hilfen beim kindlichen Erkunden und Erwerb von Wissen ein. Im Kontrast zu einer, in der Regel ungeteilten mütterlichen Aufmerksamkeit bei der Betreuung des Kindes muss die Erzieherin jedoch eine Gruppe regulieren, innerhalb derer sie dann auch individuelle Beziehungen entwickelt. Dies suggeriert einen völlig anderen Prozess des Beziehungsaufbaus und seiner Aufrechterhaltung zu einem einzelnen Kind. Im Ergebnis einer Reihe eigener Forschungsarbeiten kommt Ahnert (2008b) zu dem Schluss, dass ErzieherInnen-Kind-Bindungen unter Einflüssen stehen, die sich einerseits aus pädagogischen Leitlinien, andererseits aber auch

aus einer Dynamik ergeben, die durch die Geschlechter- und Alterszusammensetzung der Kindergruppen entstehen. Auch hat die Qualität dieser Beziehungen Implikationen für den Bildungsprozess, da dieser in den Anfängen davon abhängig ist, ob und wie er in eine Beziehung eingebunden ist. *Sichere* ErzieherInnen-Kind-Bindungen lassen sich jedoch nicht nur mit einer besseren Spieltätigkeit der Kinder verbinden, sondern lassen auch Erwartungen an die LehrerInnen-Kind-Beziehung entstehen, die dann für den Schulbeginn bedeutsam sind (Ahnert / Harwardt 2008).

Literatur

Ahnert, L. (2008a): Bindung und Bonding: Konzepte früher Bindungsentwicklung. In: Ahnert, L. (Hrsg.): Frühe Bindung. Entstehung und Entwicklung. Ernst Reinhardt Verlag, München / Basel, 63–81

– (2008b): Bindungsbeziehungen außerhalb der Familie: Tagesbetreuung und Erzieherinnen-Kind-Bindung. In: Ahnert, L. (Hrsg.): Frühe Bindung. Entstehung und Entwicklung. Ernst Reinhardt Verlag, München / Basel, 256–277

–, Gunnar, M., Lamb, M. E., Barthel, M. (2004): Transition to Child Care: Associations of Infant-Mother Attachment, Infant Negative Emotion and Cortisol Elevations. Child Development 75, 639–650

–, Harwardt, E. (2008): Beziehungserfahrungen der Vorschulzeit und ihre Bedeutung für den Schuleintritt. Empirische Pädagogik 22, 145–159

–, Lamb, M. E. (2003): Shared Care: Establishing a Balance Between Home and Child Care. Child Development 74, 1044–1049

–, Pinquart, M., Lamb, M. E. (2006): Security of Children's Relationships with Nonparental Care Providers: A Meta-Analysis. Child Development 77, 664–679

–, Rickert, H., Lamb, M. E. (2000): Shared Caregiving: Comparison Between Home and Child Care. Developmental Psychology 36, 339–351

Ainsworth, M. D. S., Bell, S. M., Stayton, D. J. (1974): Infant-Mother Attachment and Social Development: „Socialization" as a Product of Reciprocal Responsiveness of Signals. In: Richards, M. P. M. (Hrsg.): The Integration of a Child into a Social World. Cambridge University Press, New York, 99–135

–, Blehar, M. C., Waters, E., Wall, S. (1978): Patterns of Attachment. A Psychological Study of the Strange Situation. Erlbaum, Hillsdale, NJ

Bowlby, J. (1973): Attachment and Loss. Separation, Anxiety, and Anger. Vol. 2. Basic Books, New York (deutsch 1976: Trennung. Kindler, München)

– (1969): Attachment and Loss. Attachment. Vol. 1. Hogarth Press, London (deutsch 1975: Bindung. Kindler, München)

Bretherton, I. (1985): Attachment Theory: Retrospect and Prospect. Monographs of the Society for Research in Child Development 50, 3–35

Brisch, K. H. (1999): Bindungsstörungen. Von der Bindungstheorie zur Therapie. Klett-Cotta, Stuttgart

Cicchetti, D., Toth, S. L., Lynch, M. (1995): Bowlby's Dream Comes Full Circle: The Application of Attachment Theory to Risk and Psychopathology. Advances in Clinical Child Psychology 17, 1–75

Crittenden, P. M. (1999): Danger and Development: The Organization of Self-Protective Strategies. Monographs of the Society for Research. Child Development 64, 145–171

Egle, U. T., Hoffmann, S. o., Joraschky, P. (Hrsg.) (1997): Sexueller Missbrauch, Misshandlung, Vernachlässigung. Schattauer, Stuttgart

Elicker, J., Englund, M., Sroufe, L. A. (1992): Predicting Peer Competence and Peer Relationships in Childhood from Early Parent-Child Relationships. In: Parke, R. D., Ladd, G. W. (Hrsg.): Family-Peer Relationships: Modes of Linkage. Erlbaum, Hillsdale, NJ, 77–106

George, C., Kaplan, N., Main, M. (1996): The Berkeley Adult Attachment Interview. Unpublished Protocol, Department of Psychology, UCA Berkeley

Gloger-Tippelt, G. (Hrsg.) (2001): Bindung im Erwachsenenalter. Huber, Bern

Greenberg, M. T. (1999): Attachment and Psychopathology in Childhood. In: Cassidy, J., Shaver, P. R. (Hrsg.): Handbook of Attachment: Theory, Research, and Clinical Applications. Guilford, New York, 469–496

Grossmann, K., Grossmann, K. E. (2009): Fünfzig Jahre Bindungstheorie: Der lange Weg der Bindungsforschung zu neuem Wissen über klinische und praktische Anwendungen. In: Brisch, K.-H., Hellbrügge, T. (Hrsg.): Wege zu sicheren Bindungen in Familie und Gesellschaft. Klett-Cotta, Stuttgart, 12–51

–, Fremmer-Bombik, E., Kindler, H., Scheuerer-Englisch, H., Zimmermann, P. (2002): The Uniqueness of the Child-Father Attachment Relationship: Fathers' Sensitive and Challenging Play as a Pivotal Variable in a 16-year Longitudinal Study. Social Development 11, 307–331

–, Spangler, G., Suess, G., Uzner, L. (1985): Maternal Sensitivity and Newborns' Orientation Responses as Related to Quality of Attachment in Northern Germany. Monographs of the Society for Research in Child Development 50, 233–256

Harlow, H. F. (1958): The Nature of Love. American Psychologist 13, 673–685

Hrdy, S. B. (2002): On Why it Takes a Village: Cooperative Breeders, Infant Needs and the Future. In: Peterson, G. (Hrsg.): The Past, Present, and Future of the Human Family. University of Utah Press, Salt Lake City, UT, 86–110

IJzendoorn, M. H. van, Schuengel, C., Bakermans-Kranenburg, M. J. (1999): Disorganized Attachment in Early Childhood: Meta-Analysis of Precursors, Concomitants, and Sequelae. Development and Psychopathology 2, 225–249

Kobak, R., Ferenz-Gillies, R., Everhart, E., Seabrook, L. (1994): Maternal Attachment Strategies and Emotion Regulation with Adolescent Offspring. Journal of Research on Adolescence 4, 553–566

Lieberman, A. F., Zeanah, C. H. (1995): Disorders of Attachment in Infancy. Child and Adolescent Psychiatric Clinics of North America 4, 571–687

Lyons-Ruth, K., Bronfman, E., Parsons, E. (1999): Maternal Frightened, Frightening, or Atypical Behavior and Disorganized Infant Attachment Patterns. Monographs of the Society for Research in Child Development 64, 67–96

MacDonald, K. B. (1992): Warmth as a Developmental Construct: An Evolutionary Analysis. Child Development 63, 753–773

Main, M. (1981): Avoidance in the Service of Attachment: A Working Paper. In: Immelmann, K., Barlow, G., Petrinovich, L., Main, M. (Hrsg.): Behavioral development: The Bielefeld Interdisciplinary Project. Cambridge University Press, New York, 651–693

–, Solomon, J. (1990): Procedures for Identifying Infants as Disorganized / Disoriented during the Ainsworth Strange Situation. In: Greenberg, M. T., Cicchetti, D., Cummings, E. M. (Hrsg.): Attachment in the Preschool Years: Theory, Research and Intervention. University of Chicago Press, Chicago, 121–160

Matas, L., Arend, R. A., Sroufe, L. A. (1978): Continuity of Adaptation in the Second Year: The Relationship between Quality of Attachment and Later Competence. Child Development 49, 547–556

McCartney, K., Owen, M. T., Booth, C. L., Clarke-Stewart, A., Vandell, D. L. (2004): Testing a Maternal Attachment Model of Behavior Problems in Early Childhood. Journal of Child Psychology and Psychiatry 45, 765–778

NICHD (Early Child Care Research Network) (1997): The Effects of Infant Child Care on Infant-Mother Attachment Security: Results of the NICHD Study of Early Child Care. Child Development 68, 860–879

O'Connor, D. L., Marvin, R. S., Rutter, M., Olrick, J. T., Britner, P. A. (2003): Child-Parent Attachement Following Early Institutional Deprivation. Development & Psychopathology 15, 19–38

Schmalohr, E. (1975): Mutter-Entbehrung in der Frühsozialisation. In: Neidhardt, F. (Hrsg.): Frühkindliche Sozialisation: Theorien und Analysen. Enke, Stuttgart, 188–229

Schore, A. N. (2001): Effects of a Secure Attachment Relationship on Right Brain Development, Affect Regulation, and Infant Mental Health. Infant Mental Health Journal 22, 7–66

Siegel, D. J. (1999): The Developing Mind: Toward a Neurobiology of Interpersonal Experience. Guilford, New York

Spitz, R. A. (1965): The First Year of Life. A Psychoanalytic Study of Normal and Deviant Development of Object Relations. International Universities Press, New York (deutsch 1972: Vom Säugling zum Kleinkind. Klett, Stuttgart)

Sroufe, L. A. (2001): From Infant Attachment to Promotion of Adolescent Autonomy: Prospective, Longitudinal Data on the Role of Parents in Development. In: Borkowski, J., Ramey, S. L., Bristol-Power, M. (Hrsg.): Parenting and your Child's World. Erlbaum, Hillsdale, NJ, 187–202

Thompson, R. A. (1997): Sensitivity and Security: New Questions to Ponder. Child Development 68, 595–597

Waters, E., Merrick, S., Treboux, D., Crowell, J., Albersheim, L. (2000): Attachment Security in Infancy and Early Adulthood: A Twenty-Year Longitudinal Study. Child Development 71, 684–689

Weindrich, D., Löffler, W. (1990): Auswirkungen von Frühformen der Kindesmisshandlung auf die kindliche Entwicklung vom 3. zum 24. Lebensmonat. In: Martinius, J., Frank, R. (Hrsg.): Vernachlässigung, Missbrauch und Misshandlung von Kindern. Huber, Bern, 49–55

Biographie

Von Gisela Jakob

Biographische Bezüge in Wissenschaft und Praxis Sozialer Arbeit

Soziale Arbeit weist in ihren praktischen Handlungsvollzügen und in ihren wissenschaftlichen Konzepten und Diskursen vielfältige Bezüge zu Biographie auf. In *beruflichen Kontexten* sind Sozialpädagog(inn)en immer wieder mit biographischen Äußerungen der Adressat(inn)en konfrontiert. Individuelle Problemlagen werden von den Adressat(inn)en mit dem Verweis auf zurückliegende Ereignisse und Erfahrungen begründet. Rückblicke auf die vergangene Lebensgeschichte werden zur Orientierung in Entscheidungssituationen herangezogen. Autobiographische Erzählungen dienen den Adressat(inn)en zur Selbstdarstellung, um sich als Person mit einer eigenen Geschichte und Identität zu präsentieren.

Über diese „nebenbei" und ungeplant stattfindenden biographischen Thematisierungen hinausgehend haben sich in der Sozialen Arbeit Settings herausgebildet, in denen explizit auf die Biographie Bezug genommen und Biographie gestaltet wird. Dazu gehören Fallanalysen, diagnostische Prozesse oder auch das Hilfeplanverfahren in den erzieherischen Hilfen ebenso wie die Arbeit an der Biographie in Beratungskontexten und therapienahen Handlungsbereichen. Unter Stichworten wie *„Biographiearbeit" und „biographische (Fall-)Arbeit"* haben sich in der Sozialen Arbeit und in angrenzenden Feldern wie der Pflege und der Behindertenhilfe zahlreiche Ansätze etabliert, in denen biographische Methoden explizit für Lern- und Bildungsprozesse genutzt werden (zum Überblick Giebeler et al. 2007; Hölzle / Jansen 2009).

Sozialpädagog(inn)en sind dabei nicht nur „neutrale" Beobachter biographischer Prozesse, sondern sind an der Konstruktion von Biographien beteiligt. Professionelle Interventionen wie die Entscheidung für eine erzieherische Maßnahme, institutionelle Vorgaben, an denen sich die Adressat(inn)en orientieren müssen, und Deutungsmuster, die von ihnen übernommen werden, greifen massiv in die Biographieverläufe ein. Institutionell etablierte Verfahren wie Hilfeplangespräche und Fallanamnesen werden dabei zu modernen Formen von „Biographiegeneratoren" (Hahn 1988), die Orte und Gelegenheiten für biographische Thematisierungen eröffnen und dabei zugleich die Biographien der Adressat(inn)en mitstrukturieren. Dabei können biographische Ressourcen mobilisiert und Bildungsprozesse angeregt werden. Aufgrund eigener Fehlertendenzen und Ausblendungen sowie auch organisatorischer und administrativer Begrenzungen kann die Soziale Arbeit aber auch zur Kolonialisierung von Lebenswelten beitragen und Prozesse der Fremdbestimmung wie Verlaufskurven auslösen oder forcieren.

Im Bereich der Forschung hat sich mittlerweile eine *ausdifferenzierte „Landschaft" biographischer Forschung* herausgebildet, in der die Biographien von Adressat(inn)en sowie Berufsbiographien und individuelle Professionalisierungsprozesse anhand von Lebensgeschichten oder Ausschnitten daraus untersucht werden. Für den Bereich der Sozialen Arbeit lassen sich dabei zwei Forschungsschwerpunkte identifizieren: eine adressatenbezogene Forschung sowie eine professionsbezogene Forschung, in denen mit biographischen Methoden sozialpädagogisch relevante Phänomene untersucht werden.

Biographie ist zu einer *zentralen Kategorie in Wissenschaft und Praxis der Sozialen Arbeit* geworden. In dem vorliegenden Beitrag wird es zunächst um eine Annäherung an den Biographie-Begriff gehen. Dies erfolgt unter Rückgriff auf die Konzepte, die in der erziehungswissenschaftlichen und in der soziologi-

Otto/Thiersch (Hg.), Handbuch Soziale Arbeit, 4. A., DOI 10.2378/ot4a.art020,
© 2011 by Ernst Reinhardt, GmbH & Co KG, Verlag, München

schen Debatte entwickelt worden sind. Bei den anschließenden Ausführungen zur biographischen Forschung und zu Ansätzen biographischer Arbeit stehen die Entwicklungen in der Sozialen Arbeit im Zentrum.

Biographie als wissenschaftliches Konzept

Biographie hat in verschiedenen wissenschaftlichen Disziplinen Eingang gefunden und ist ein mehrdeutiger Begriff (Klein 2009). In der *soziologischen Debatte* wird die *soziale Konstruiertheit der Biographie* betont. Biographie ist demnach ein soziales Konstrukt, das durch seine Einbindung in sozialweltliche Bezüge geprägt wird (Fischer / Kohli 1987). Jede Biographie ist eine individuelle und einzigartige Geschichte. Zugleich wird sie aber durch kollektiv-historische Ereignisse, gesellschaftliche Vorgaben und soziokulturelle Traditionen strukturiert. Darüber hinaus orientiert sich auch die autobiographische Darstellung an gesellschaftliche Vorgaben und Formtraditionen, die als „Folien" dafür dienen, wie Biographie zu präsentieren ist.

„Wären es die Menschen nicht gewohnt, aus Lebensgeschichte zu erzählen, hätten sie nicht schon autobiographische Texte gelesen, wüssten sie nicht, wie man im Sinnhorizont der Biographie denkt, spricht und handelt, ginge biographische Forschung ins Leere" (Fuchs-Heinritz 2005, 13). Mit autobiographischen Präsentationen wird Identität hervorgebracht und stellt sich eine Person, Gruppe oder Familie als etwas Besonderes dar. Die soziale Konstruiertheit von Biographie verweist zugleich darauf, dass darin auch Allgemeines wie institutionelle Vorgaben, kollektive Orientierungsmuster, Regeln zur Gestaltung von Interaktionen und Skripte für die Präsentation von Autobiographischem enthalten und rekonstruierbar sind.

Biographie ist nicht das gelebte Leben, sondern *eine Geschichte*, in der der / die Biographieträger(in) Ereignisse und Erfahrungen in eine Ordnung bringt und dabei Biographie „herstellt". Diese Differenz zwischen Biographie und Lebenslauf ist unbedingt zu beachten. Der Lebenslauf umfasst die Gesamtheit an Ereignissen, Erfahrungen, sozialen und biologischen Prozessen, die ein Leben ausmachen. Diese Gesamtheit ist allerdings nicht darstellbar und kann auch nicht Gegenstand von

Forschung sein. „Der Lebenslauf ist uns nur über die Fiktion biographischer Repräsentation als Wirklichkeit zugänglich" (Hahn 1988, 94). Biographie ist immer eine selektive Vergegenwärtigung von einzelnen Ereignissen, Erlebnissen und Erfahrungen, die zu einer Geschichte oder einem Bild geordnet werden. Bei der Konstruktion dieser Geschichte orientieren sich die Biographieträger allerdings an ausgewählten Erlebnissen und Erfahrungen aus dem Lebensverlauf. Die dabei entstehende Gestalt ist nichts Feststehendes, sondern verändert sich im Verlauf des Lebens und ist von den Situationen abhängig, in denen biographisch kommuniziert wird. Das Biographie-Konzept verweist immer auch auf das Element von Emergenz. In biographischen Präsentationen wird Neues hervorgebracht, indem individuelle Erlebnisse und Erfahrungen von dem jeweiligen Biographieträger zu einer eigenen biographischen Gestalt zusammengeführt werden. Solche Momente von Emergenz werden von den Individuen hervorgebracht, können aber auch von außen angeregt oder im Fall von dramatischen Ereignissen wie Unfällen, Krankheiten oder Flucht, aufgezwungen werden (Schulze 2006, 47).

Die *erziehungswissenschaftliche Debatte* orientiert sich an einem Verständnis von *Biographie als Lern- und Bildungsgeschichte*. Autobiographien sind demnach „Geschichten von Lernprozessen", die Auskunft über wichtige Bildungserfahrungen der Individuen geben und die darüber hinaus eine Form der „Selbstbildung" darstellen, indem Ereignisse und Erfahrungen des Lernens unter einem biographischen Blickwinkel bewertet und zusammengeführt werden (Henningsen 1981, 7).

Schulze versteht Biographie als eine anthropologische Grundgegebenheit, nach der jeder Mensch eine Lebensgeschichte lebt und diese auch erzählen kann. Der Lebensverlauf folgt dabei nicht einfach einer inneren Gesetzlichkeit oder Bestimmung und wird auch nicht durch soziale Strukturen determiniert.

„Alles dies – genetisch verankerte Anlagen, biologisch bedingte Entwicklungsstadien, Wachstumskrisen und Alterungsprozesse, gesellschaftliche Vorgaben, Regeln, Beschränkungen und Institutionen, unvorhersehbare Zufälle, Einbrüche und Verhängnisse – spielt eine Rolle. Aber das Individuum muss sich dies alles lernend zu eigen machen, muss es in ein zu lebendes Leben und endlich in eine

Lebensgeschichte verwandeln. Biographie ist ein sich selbst organisierender Lernprozess." (Schulze 2006, 39)

Anknüpfend an modernisierungstheoretische Diskurse bestimmt Alheit (2003) „Biographie als Konzept des Lernens in der Lebensspanne" und „Biographizität" als Vermögen oder Potenzial moderner Individuen, Biographie auch angesichts riskanter Erfahrungen und widersprüchlicher Anforderungen in unterschiedlichen Kontexten immer wieder neu zu konstruieren.

Die erziehungswissenschaftliche Biographieforschung hat sich auf die Analyse von Lebensgeschichten als Lern- und Bildungsgeschichten ausgerichtet (Krüger / Marotzki 2006).

Ein solches bildungstheoretisches Verständnis von Biographie eröffnet einen Zugang zu den subjektiven Erlebnissen und Lernerfahrungen, die Individuen im Verlauf ihres Lebens gemacht haben. Damit können Veränderungen, Transformationen und Prozessstrukturen wie biographische Wandlungsprozesse erfasst werden. Zugleich lassen sich damit auch Erkenntnisse über die Erziehungsinstitutionen und über pädagogisches Handeln in den Einrichtungen sowie darüber, wie diese von den „Erzogenen" wahrgenommen wurden, gewinnen.

Biographische Forschung

Biographische Forschung umfasst all jene sozialwissenschaftlichen Forschungsansätze, in denen mit Lebensgeschichten, Ausschnitten daraus oder sonstigen biographisch gehaltvollen Materialien als Datengrundlagen gearbeitet wird. Dazu gehören autobiographische Dokumente (Tagebücher, Autobiographien, Briefe), alltagskulturelle Dokumente (Kleidung, Einrichtung, Fotos), Materialien, die für die Forschung erhoben wurden (Interviews, Beobachtungsprotokolle) und künstlerische Dokumente (Filme, Bilder) (Marotzki 2003). In der Forschungspraxis überwiegen eindeutig Interviewmaterialien, in denen mit offenen oder leitfadenorientierten Interviews autobiographische Erzählungen generiert werden.

Biographische Forschung ist Teil einer qualitativrekonstruktiven Sozialforschung, in der es darum geht, die soziale Wirklichkeit aus der Perspektive der Subjekte zu rekonstruieren, und die davon ausgeht, dass diese Wirklichkeit von den Individuen

in Auseinandersetzung mit sich, mit anderen und der Welt hervorgebracht worden ist. Biographische Forschung interessiert sich für die Genese sozialer Phänomene und rekonstruiert vergangene Erlebnisse und deren Verarbeitung und Ablagerung in der Erfahrungsaufschichtung. Dies verweist auf die Frage nach dem *Verhältnis von lebensgeschichtlichen Ereignissen, deren Erleben und ihrer Bewertung in der Gegenwart*. Was lässt sich anhand von biographischen Äußerungen, die z. B. mit einem narrativen Interview gewonnen wurden, über vergangene Erlebnisse und Erfahrungen aussagen? Biographische Erzählungen über vergangene Ereignisse erfolgen aus der heutigen Perspektive und sind an die Gegenwart des Erzählens gebunden. Einzelne Forscher(innen) beschränken sich darauf, die autobiographischen Materialien lediglich als Ausdruck für die darin sichtbar werdende gegenwärtige biographische Konstruktion zu nutzen (Vonderach 1997). In weiten Teilen der biographischen Forschung wird allerdings davon ausgegangen, dass sich die Strukturierung der Lebensgeschichte am vergangenen Erlebnis- und Erfahrungsablauf orientiert.

„Diese Konstruktion der Vergangenheit aus der Gegenwart ist jedoch nicht als eine jeweils von der erlebten Vergangenheit losgelöste Konstruktion zu verstehen. Vielmehr sind die auf Erinnerungen beruhenden Erzählungen eigenerlebter Erfahrungen in der Vergangenheit mit konstituiert." (Rosenthal 2002, 136–137)

Dementsprechend werden biographische Erzählungen selbsterlebter Erfahrungen dazu genutzt, um das frühere Erleben und den vergangenen lebensgeschichtlichen Erfahrungsablauf zu rekonstruieren. Des Weiteren interessiert, wie der Biographieträger diese Abläufe aus der heutigen Perspektive deutet. Rosenthal (2002) entwickelt ausgehend von dieser Prämisse ihren Vorschlag für biographische Fallrekonstruktionen, in denen die Differenz zwischen erlebter und erzählter Lebensgeschichte berücksichtigt und untersucht wird.

Die Kontroversen und unterschiedlichen Ansätze verweisen darauf, dass biographische Forschung kein abgeschlossener und abgegrenzter Bereich mit festgelegten Methoden ist, sondern sich als ein heterogenes Feld präsentiert, in dem basierend auf unterschiedlichen methodologischen Grundlagen mit verschiedenen forschungsmethodischen Ansätzen gearbeitet wird. Die sozial- und erziehungs-wissenschaftliche Biographieforschung orientiert sich dabei stark am „interpretativen Paradigma" und an grundlagentheoretischen Bezügen in der Sozialphänomenologie, im Symbolischen Inter-aktionismus und in der Ethnomethodologie. In neueren Arbeiten zeichnet sich eine vorsichtige Tendenz ab, Verknüpfungen zu anderen Theorie-traditionen wie konstruktivistischen und system-theoretischen Ansätzen herzustellen (Völter et al. 2005). In der erziehungswissenschaftlichen For-schung gewinnen zusätzlich Bezüge zur Psychoana-lyse, zur pädagogischen Kasuistik und zu praxeolo-gischen Traditionen an Bedeutung (Baacke / Schulze 1993; Friebertshäuser et al. 2010).

Biographische Forschung in der Sozialen Arbeit

In der Sozialen Arbeit haben sich zwei Schwerpunkte herausgebildet, in denen soziale Phänomene mit ei-nem biographischen Zugang untersucht werden: eine *biographiebezogene Adressatenforschung und pro-fessionsbezogene Analysen*. Eine vollständige Über-sicht über die in den letzten Jahren vorgelegten Stu-dien ist angesichts der zahlreichen Untersuchungen nicht möglich. Die folgende Zusammenstellung ist deshalb keineswegs vollständig, sondern basiert auf ausgewählten Forschungsarbeiten, die einen Ein-blick in typische Fragestellungen und Themen ge-ben, die mit biographischen Methoden bearbeitet wurden. Die Entwicklung qualitativ-rekonstruktiver Forschungsansätze in den 1980er bis Mitte der 1990er Jahre lässt sich in dem Beitrag „Sozialpäd-agogische Forschung" nachvollziehen (Jakob 1997). Einen Einblick in die Anfänge und Traditionen einer verstehenden Forschungsperspektive in der Sozial-pädagogik vermittelt der Beitrag von Wensierskis (1997). Überblicke zum Stand der qualitativen For-schung in der Sozialen Arbeit insgesamt geben ver-schiedene Sammelbände, die zugleich für eine zu-nehmende Forschungsorientierung in der Disziplin stehen (Bitzan et al. 2006; Bock/Miethe 2010; Cloos/Thole 2006; Hanses 2004; Schweppe 2003; Schweppe/Thole 2005; einzelne Beiträge in Otto et al. 2003 und Steinert/Thiele 2000).

Biographiebezogene Adressatenforschung

Biographische Zugänge zu den Adressat(inn)en und Adressaten Sozialer Arbeit haben sich mittler-weile in allen Handlungsfeldern etabliert. Im Kon-text der *erzieherischen Hilfen* befassen sich Unter-suchungen mit der Rolle von Herkunftsfamilie, Schule und Einrichtungen öffentlicher Erziehung für die Marginalisierung von Jugendlichen (Nölke 1994), mit dem Problem sexueller Missbrauchs-erfahrungen von Mädchen in der Heimerziehung (Hartwig 1990), mit den Lebensgeschichten und Erfahrungen von Herkunftsfamilien, deren Kinder fremd untergebracht wurden (Faltermeier et al. 2003) und mit der Beteiligung von Eltern im Hil-feplanverfahren (Schefold et al. 1998). Anhand von Familienrekonstruktionen wird die Koopera-tion zwischen Herkunftsfamilie und Pflegefamilie aus der Perspektive der verschiedenen Beteiligten untersucht (Sauer 2008). Neue Adressatengruppen werden in den Blick genommen, wenn etwa die biographischen Wege türkischer Jugendlicher in einem Erziehungsheim oder delinquente Karrieren von Jugendlichen aus Migrationsfamilien unter-sucht werden (Bukow et al. 2006).

Biographische Forschungsansätze befassen sich mit Fragestellungen aus der Kinder- und Jugendarbeit, untersuchen soziale Phänomene wie Obdachlosig-keit und Armut, analysieren die Gewalt gegen Frauen unter einem biographischen Blickwinkel und wenden sich delinquenten Karrieren zu (zum Stand der qualitativen Forschung in einzelnen Handlungsfeldern: Bock/Miethe 2010, 457 ff.). Biographische Zugänge werden vor allem dann gewählt, wenn es um die Untersuchung sozialer Phänomene geht, bei denen Organisationen einen umfassenden Zugriff auf das Leben der Adres-sat(inn)en haben und Soziale Arbeit stark in Bio-graphien eingreift. Dies gilt für die Analysen im Kontext der erzieherischen Hilfen ebenso wie für die Studien, die das Erleben in Alten- und Pflege-heimen oder in psychiatrischen Einrichtungen un-tersuchen. *Erträge* der adressatenbezogenen bio-graphischen Studien

- eröffnen den Blick darauf, wie sich soziale und indi-viduelle Probleme aus der Sicht der betroffenen Adressat(inn)en darstellen. Dies bedeutet aber nicht, bei einer „naiven" Wiedergabe der Weltsichten und Deutungen stehen zu bleiben. Die methodisch fundierten Analysen lassen vielmehr grundlegende Strukturen, biographische Muster und handlungsleitende Sinnorientierungen erkennen, die den Betroffenen selbst nicht als Wissen zur Verfügung stehen.

- Die Studien ermöglichen die Rekonstruktion von verlaufskurvenförmigen Prozessen, die durch einen Verlust an Handlungsorientierung und Erfahrungen der Fremdbestimmtheit und des Erleidens gekennzeichnet sind (zum Konzept der Verlaufskurve Schütze 2006). Dabei wird sichtbar, wie sich Problemlagen der Adressat(inn)en im Verlauf der Biographie aufgeschichtet, transformiert und zugespitzt haben. Eine sorgfältige Rekonstruktion der lebensgeschichtlichen Verläufe erbringt auch Hinweise auf biographische Ressourcen und Potenziale, die für eine Wiedergewinnung von Handlungsorientierung wichtig sind.
- Ein weiterer Erkenntnisgewinn ergibt sich daraus, dass die biographieanalytischen Studien auf die Mehrdimensionalität sozialer und individueller Problemlagen verweisen, wie sie für die Praxis Sozialer Arbeit typisch ist. Ein biographieanalytischer Zugang zur Überschuldung von Frauen wird dann nicht auf Probleme im Umgang mit Finanzen reduziert, sondern erscheint als komplexes Phänomen mit vielfältigen, ineinander verwobenen Ursachen, die sich im Verlauf der Lebensgeschichte und beeinflusst durch gesellschaftliche Transformationsprozesse aufgeschichtet haben (Schlabs 2007).
- Ein fallrekonstruktiver Zugang zu den Adressat(inn)en in den vorliegenden Studien richtet die Aufmerksamkeit auch auf die helfenden und erziehenden Instanzen, die an der Konstruktion des Falles beteiligt waren. Dabei werden Strukturen und Bedingungen herausgearbeitet, in denen professionelle Hilfen erfolgreich gewesen sind. Die Untersuchungen verweisen aber auch auf Mängel im Hilfeplanverfahren, auf die fehlende Unterstützung von Pflegefamilien durch die Jugendhilfe und auf Ausblendungen und Vorurteile von Fachkräften im Umgang mit Herkunftsfamilien. So legt die Rekonstruktion der Lebengeschichten von Kindern und Jugendlichen, die zeitweise auf der Straße leben, das Versagen des Jugendhilfesystems offen und zeigt, wie berufliche Kräfte zur Verschärfung von Problemlagen beigetragen haben (Permien / Zink 1998).

Biographiebezogene Professionsforschung

In dem zweiten biographisch angelegten Forschungsschwerpunkt in der Sozialen Arbeit geht es um *(berufs-)biographische Prozesse bei Professionellen und Studierenden*. Die Professionalisierungsdebatte und die nach wie vor offene Frage nach dem beruflichen Status Sozialer Arbeit haben professionsbezogene Forschungsaktivitäten forciert (ausführlicher dazu Jakob 2010a). Biographieanalytische Studien untersuchen die Praxis von Sozialarbeiter(innen) in der klinischen Psychiatrie (Knoll 2000), rekonstruieren die Genese professioneller Handlungsorientierungen von Sozialarbeiter(innen) in Ostdeutschland (Müller 2007), analysieren die Zusammenhänge zwischen Interaktionsprozessen im Coaching und in der Biographie (Müller 2006), arbeiten die biographische Prägung und die berufsspezifischen Funktionen von Reflexionsprozessen bei Erziehungsberater(innen) heraus (Tiefel 2004) und untersuchen, wie sich die pädagogischen Interventionen in einer Familienberatungsstelle auf die Lebensgeschichten der betroffenen Klienten auswirken (Riemann 2000). Die biographieanalytischen Studien geben auch Hinweise auf Faktoren, die eine berufliche Entwicklung hemmen. Professionalisierungsprozesse können scheitern, wenn das „Leiden am Beruf" aufgrund biographischer Verstrickungen nicht bearbeitet werden kann (Nölke 2000), wenn sich keine „engagierte Rollendistanz" als Balance zwischen beruflichem Engagement und beruflicher Distanz herausbildet (Nagel 1997) oder wenn Mitarbeiter(innen) innerlich emigrieren oder ganz aus dem Beruf aussteigen (Thole / Küster-Schapfl 1997). Derartige Prozesse des Scheiterns sind in einer Gemengelage aus biographischen Anteilen, beruflichen Anforderungen und arbeitsfeldspezifischen Bedingungen begründet.

Einen breiten Raum nehmen *Untersuchungen zu den Zusammenhängen zwischen Studium und Beruf* ein. Die Studien kommen dabei zu ernüchternden Ergebnissen bezüglich der Prägekraft und der Ausbildung eines professionellen Habitus im Studium. Vor dem Studium erworbene Deutungsmuster und Erfahrungen werden im Studium nicht grundlegend verändert, sondern allenfalls modifiziert. Der biographisch geprägte „Gesamthabitus der Studierenden", der bereits am Ausgang des Studiums vorhanden war und durch Erfahrungen in

Familie, Peergroup und beim freiwilligen Engagement geprägt wurde, bleibt offenbar während des gesamten Studienverlaufs richtungweisend (Müller / Becker-Lenz 2008, 34). Die Haltung der Studierenden wird vor allem durch frühere Erfahrungen und eine Orientierung an der beruflichen Praxis bestimmt, während wissenschaftliche Diskurse kaum eine prägende Wirkung entfalten (Friebertshäuser 2000).

Andere Untersuchungen geben allerdings auch Hinweise auf biographische Wandlungsprozesse, die zumindest für einen Teil der Studierenden ermöglicht werden (Grunert 1999). Damit bisherige Erfahrungen im und durch das Studium transformiert werden können und sich eine professionelle Haltung herausbilden kann, muss sichergestellt sein, dass die Studierenden im Studium Gelegenheit erhalten, sich auch mit der eigenen Biographie auseinanderzusetzen.

Die Untersuchungen basieren auf verschiedenen methodologischen Grundlagen und methodischen Zugängen. Gemeinsam ist den Studien der Blick auf individuelle Professionalisierungsprozesse und darauf, wie die Berufsrolle subjektiv angeeignet wird. Professionalisierung wird damit nicht mehr nur als Prozess der Institutionalisierung und Rationalisierung betrachtet. Der biographische Fokus erweitert vielmehr die Perspektiven auf Prozesse der berufsbiographischen Entwicklung, auf Karriereverläufe, auf die Bewältigung beruflicher Anforderungen und die Herausbildung eines professionellen Selbstverständnisses und Habitus. Die Erkenntnis, dass biographische Dispositionen und Erfahrungen in vorberuflichen Arbeitsfeldern eine wichtige Rolle für die berufsbiographische Entwicklung spielen, verweist auf wertvolle Ressourcen und Kompetenzen, die in das berufliche Handeln eingebracht werden.

Die vorgelegten Studien greifen auf unterschiedliche *forschungsmethodische Zugänge* zurück. Angesichts des biographischen Fokus dominiert allerdings eindeutig das „autobiographisch-narrative Interview", wie es von Schütze und seinen Mitarbeitern entwickelt worden ist (Schütze 1983; Glinka 2009). Als offenes und prozessanalytisches Verfahren, das darauf ausgerichtet ist, ausführliche autobiographische Erzählungen in Gang zu setzen und dem Erzähler bzw. der Erzählerin einen breiten Raum zur Darstellung seiner / ihrer Geschichte ausgehend von den eigenen Relevanzsetzungen er-

öffnet, ist das narrative Interview in besonderer Weise für Biographieanalysen geeignet.

Ein anderer Teil der Studien orientiert sich an dem von Oevermann et al. (1979) entwickelten Vorschlag einer strukturalen Hermeneutik. Zum Teil werden auch beide Vorgehensweisen insbesondere bei der Auswertung der Daten miteinander kombiniert. Wenn es um die Rekonstruktion von Familiengeschichten geht, wird auf das von Hildenbrand (2010) erarbeitete familienrekonstruktive Verfahren zurückgegriffen. Darüber hinaus wird mit verschiedenen Varianten von Interviews gearbeitet, bei der Auswertung wird auf die Inhaltsanalyse oder auch auf Formen des Kodierens von Daten zurückgegriffen.

Biographische (Fall-)Arbeit und Biographiearbeit

Unter Stichworten wie biographische (Fall-)Arbeit, Biographiearbeit, Biographieorientierung etc. ist mittlerweile ein kaum noch zu überblickendes Spektrum von Ansätzen entstanden, die darauf zielen, mittels biographischer Analysen und methodisch fundiert einen verstehenden Zugang zu den Adressat(inn)en zu erhalten und sie in ihrem biographischen Prozess zu unterstützen (z. B. Giebeler et al. 2007).

Ein Teil dieser Ansätze ist auf die interpretative und sinnrekonstruierende Erschließung von Fällen fokussiert und hat dazu Vorschläge für fallanalytische und diagnostische Verfahren ausgearbeitet. So sind angesichts des besonderen Bedarfs im Kontext erzieherischer Hilfen zahlreiche Vorschläge für eine pädagogische und biographische Diagnostik erarbeitet worden (zum Überblick Ader et al. 2001; Heiner 2004; Krumenacker 2004; Peters 1999). Konzepte, die auf eine Qualifizierung der Gesprächsführung ausgerichtet sind, zielen darauf, die Adressaten bei der Bewältigung biographischer Anforderungen zu unterstützen. So intendiert der Vorschlag für eine narrativ angelegte Gesprächsführung, die Jugendlichen zu unterstützen, „sprachfähig zu werden, sich selbst und die eigene Geschichte zu verstehen und damit Mitgestaltungsmöglichkeiten zu erlangen" (Rätz-Heinisch / Köttig 2010, 425; Rosenthal et al. 2006). Für eine biographieorientierte professionelle Arbeit müssen die „Profis" über Fähigkeiten des Zuhörens, des offenen erzählgenerierenden

Fragens, des Deutens sprachlicher Äußerungen und des Entdeckens zentraler gestaltgebender Themen verfügen (Griese/Griesehoop 2007, 213 ff.).

Etwas anders und vor allem sehr stark auf die berufliche Praxis zugeschnitten sind Ansätze, wie sie sich in den letzten Jahren unter Stichworten wie „professionelle" oder „angeleitete Biographiearbeit" in der Sozialen Arbeit und angrenzenden Handlungsfeldern wie der Pflege und der Behindertenhilfe entwickelt haben (zum Überblick Gudjons et al. 2008; Hölzle/Jansen 2009; Petzold 2003). Bei der Begleitung dementiell erkrankter Menschen, in der Biographiearbeit mit Kindern und Jugendlichen oder auch mit psychisch kranken und drogenabhängigen Menschen wird ein breites Spektrum von Methoden und Instrumenten angewendet: lebensgeschichtliche Erzählungen, Verfahren, die psychotherapeutischen Kontexten entlehnt sind, kreative Methoden, bei denen auch mit Musik und künstlerischen Ausdrucksformen gearbeitet wird, sowie Formen von Körperarbeit. Die Verfahren sind aus der beruflichen Praxis heraus oder in enger Kooperation mit beruflichen Akteuren entwickelt worden und nach dem Muster von Handlungsanleitungen aufbereitet. Dies erleichtert möglicherweise ihre Rezeption in der beruflichen Praxis. Allerdings bleiben in vielen dieser praxisorientierten und auf Reflexionen ausgerichteten Ansätze biographietheoretische, methodologische und auch professionstheoretische Überlegungen unterbelichtet.

Demgegenüber basieren die fallrekonstruktiven Ansätze, die sich an der qualitativ-rekonstruktiven Sozialforschung orientieren, auf ausgefeilten methodologischen und methodischen Überlegungen, die sich aus den Parallelitäten zwischen rekonstruktiver Forschung und professionellem Handeln ergeben. Dabei werden allerdings die Differenzen zwischen Wissenschaft und beruflicher Praxis nicht immer mit reflektiert. Viele der Vorschläge sind im Kontext von Begleitforschungs- und Modellprojekten entwickelt worden. Neben der damit sichergestellten engen Kooperation zwischen Wissenschaft und Praxis waren damit auch pädagogische Settings verbunden, die durch Handlungsentlastetheit und Zeit für Analysen und Reflexionen gekennzeichnet waren. Dies sind allerdings Bedingungen, die im beruflichen Alltag vieler Sozialpädagog(inn)en nicht gegeben sind oder erst mühsam geschaffen werden müssen. Hinzu kommen die unterschiedlichen Funktionen von Fallanalysen in der Wissenschaft und in der Praxis Sozialer Arbeit, wo Verstehen immer mit einem Handlungsbezug verknüpft ist.

Diese Differenzen zwischen Wissenschaft und beruflicher Praxis sind unbedingt zu beachten, um die Professionellen nicht mit unerfüllbaren Erwartungen zu konfrontieren. Eine weitere unabdingbare Voraussetzung für methodisch fundierte Fallanalysen ist, dass handlungsentlastete Situationen im beruflichen Alltag oder auch in herausgehobenen Situationen im Rahmen von Supervision oder Weiterbildung geschaffen werden.

Resümee

Die Integration biographischer Perspektiven hat zu einer Forschungsorientierung in der Wissenschaft und im Studium Sozialer Arbeit beigetragen. Die adressatenbezogenen Studien haben neue und differenzierte Einblicke in die Lebenswelten der Adressat(inn)en und zur biographischen Aufschichtung von Problemlagen erbracht. Die professionsbezogenen Studien haben die Aufmerksamkeit auf berufsbiographische Entwicklungen sowie auf Handlungslogiken und -probleme gelenkt. Die Forschungsentwicklung verläuft parallel zur theoretisch ausgerichteten Professionalisierungsdebatte, ohne dass es allerdings bislang in ausreichendem Maße gelungen wäre, die empirischen Ergebnisse mit der Theoriedebatte zu verknüpfen.

Auch in fachwissenschaftlichen Konzepten Sozialer Arbeit wird auf Biographie Bezug genommen. Im Konzept einer Lebensweltorientierten Sozialen Arbeit sind biographische Bezüge implizit angelegt, wenn etwa die Orientierung an der Lebenswelt der Adressat(inn)en als Ausgangspunkt und zentrale Leitlinie für berufliches Handeln konzipiert wird (Grunwald/Thiersch 2004). Ein expliziter Bezug wird hergestellt, wenn es darum geht, die Adressaten bei der Bewältigung ihrer lebensphasenspezifischen Aufgaben und bei der Bewältigung von Übergängen und Brüchen im Lebensverlauf zu unterstützen. In dem Entwurf für eine Sozialpädagogik der Lebensalter geht es um „biographische Lebensbewältigung", indem den Adressaten über die Unterstützung bei alltäglichen Anforderungen hinausgehend, biographische Optionen und Horizonte für eine neue sinnhafte Gestaltung der Biographie eröffnet werden (Böhnisch 1999). Hilfe zur Lebensbewältigung bleibt dabei nicht auf individuelle Hilfen begrenzt, sondern heißt auch, sozialräumliche Bedingungen zu gestalten und auf die gesellschaftlichen und sozialen Strukturen Einfluss zu nehmen, wo dies für die Sozialpädagogik möglich ist.

Ähnlich wie für die Professionalisierungsdebatte gilt auch für den fachwissenschaftlichen Diskurs, dass zwar in einzelnen Konzepten ein Bezug zu Biographie hergestellt wird. Allerdings liegt bislang kein ausgearbeiteter theoretischer Entwurf zur Rolle von Biographien in der Sozialen Arbeit vor.

Im Zusammenhang mit der Verbreitung qualitativ-rekonstruktiver Forschungsmethoden werden *biographische Ansätze* auch im *Studium Sozialer Arbeit* eingesetzt (Jakob 2010b; Riemann 2004). In neuen Lehr-Lern-Arrangements wie Forschungs- und Interpretationswerkstätten, Lehrforschungsprojekten u. ä. spielen biographieanalytische Methoden eine wichtige Rolle, um die Studierenden in fallrekonstruktive Verfahren und Prozesse kontrollierten Fremdverstehens einzuführen. Auch bei der Frage nach der Integration biographischer Ansätze in das Studium fällt eine Bilanz derzeit ambivalent aus. Der Vielfalt an neuen Ansätzen stehen mit einer stärkeren Verschulung und einer Verdichtung der Lehrinhalte Veränderungen der Studienbedingungen gegenüber, die Freiräume für forschendes Lernen begrenzen. Insofern ist es derzeit nicht ausgemacht, ob es gelingt, die neuen Lehr-Lern-Formen dauerhaft in die Curricula zu integrieren.

Literatur

Ader, S., Schrapper, Ch., Thiesmeier, M. (Hrsg.) (2001): Sozialpädagogisches Fallverstehen und sozialpädagogische Diagnostik in Forschung und Praxis. Votum, Münster

Alheit, P. (2003): Identität oder „Biographizität"? In: Petzold (Hrsg.): 6–25

Baacke, D., Schulze, Th. (Hrsg.) (1993): Aus Geschichten lernen. Neuausgabe. Juventa, Weinheim / München

Bitzan, M., Bolay, E., Thiersch, H. (Hrsg.) (2006): Die Stimme der Adressaten. Juventa, Weinheim / München

Bock, K., Miethe, I. (Hrsg.) (2010): Handbuch Qualitative Methoden in der Sozialen Arbeit. B. Budrich, Opladen / Farmington Hills

Böhnisch, L. (1999): Sozialpädagogik der Lebensalter. Juventa, Weinheim / München

Bukow, W.-D., Ottersbach, M., Tuider, E., Yildiz, E. (Hrsg.) (2006): Biographische Konstruktionen im multikulturellen Bildungsprozess. VS, Wiesbaden

Cloos, P., Thole, W. (Hrsg.) (2006): Ethnografische Zugänge. VS, Wiesbaden.

Faltermeier, J., Glinka, H.-J., Schefold, W. (2003): Herkunftsfamilien. Deutscher Verein für öffentliche und private Fürsorge, Frankfurt / M.

Fischer, W., Kohli, M. (1987): Biographieforschung. In: Voges, W. (Hrsg.): Methoden der Biographie- und Lebenslaufforschung. Leske + Budrich, Opladen, 25–49

Friebertshäuser, B. (2000): Sozialpädagogisches Studium im Spannungsfeld von akademischer Fachkultur und Berufskultur. In: Homfeldt, H. G., Schulze-Krüdener, J. (Hrsg.): Wissen und Nichtwissen. Juventa, Weinheim / München, 143–162

–, Langer, A., Prengel, A. (Hrsg.) (2010): Handbuch qualitative Forschungsmethoden in der Erziehungswissenschaft. 3. Aufl. Juventa, Weinheim / München

Fuchs-Heinritz, W. (2005): Biographische Forschung. 3. Aufl. VS, Wiesbaden

Giebeler, C., Fischer, W., Goblirsch, M., Miethe, I., Riemann, G. (Hrsg.) (2007): Fallverstehen und Fallstudien. 2. Aufl. B. Budrich, Opladen / Farmington Hills

Glinka, H.-J. (2009): Das narrative Interview. 2. Aufl. Juventa, Weinheim / München

Griese, B., Griesehoop, H. R. (2007): Biographische Fallarbeit. VS, Wiesbaden

Grunert, C. (1999): Vom Pionier zum Diplom-Pädagogen. Leske + Budrich, Opladen

Grunwald, K., Thiersch, H. (Hrsg.) (2004): Praxis Lebensweltorientierter Sozialer Arbeit. Juventa, Weinheim / München

Gudjons, H., Wagener-Gudjons, B., Pieper, M. (2008): Auf meinen Spuren. Neu bearb. Aufl., Klinkhardt, Bad Heilbrunn

Hahn, A. (1988): Biographie und Lebenslauf. In: Brose, H.-G., Hildenbrand, B. (Hrsg.): Vom Ende des Individuums zur Individualität ohne Ende. Leske + Budrich, Opladen, 91–105

Hanses, A. (Hrsg.) (2004): Biographie und Soziale Arbeit. Schneider, Baltmannsweiler

Hartwig, L. (1990): Sexuelle Gewalterfahrungen von Mädchen. Juventa, Weinheim / München

Heiner, M. (Hrsg.) (2004): Diagnosen und Diagnostik in der Sozialen Arbeit. Lambertus, Freiburg / Br.

Henningsen, J. (1981): Autobiographie und Erziehungswissenschaft. Neue Deutsche Schule, Essen

Hildenbrand, Bruno (2010): Familienrekonstruktion in der Praxis. In: Bock, K., Miethe, I. (Hrsg.), 396–404

Hölzle, Ch., Jansen, I. (Hrsg.) (2009): Ressourcenorientierte Biografiearbeit. VS, Wiesbaden

Jakob, G. (2010a): Analyse professionellen Handelns. In: Bock, K., Miethe, I. (Hrsg.), 183–192

– (2010b): Forschung im Studium Sozialer Arbeit. In: Thole, W. (Hrsg.): Grundriss Soziale Arbeit. VS, Wiesbaden, 1195–1208

– (1997): Sozialpädagogische Forschung. In: Jakob, G., Wensierski, H.-J. v. (Hrsg.), 125–160

–, Wensierski, H.-J. v.(Hrsg.): Rekonstruktive Sozialpädagogik. Juventa, Weinheim / München

Klein, Ch. (Hrsg.) (2009): Handbuch Biographie. J. B. Metzler, Stuttgart

Knoll, A. (2000): Sozialarbeit in der Psychiatrie. Von der Fürsorge zur Sozialtherapie. Leske + Budrich, Opladen

Krüger, H.-H., Marotzki, W. (Hrsg.) (2006): Handbuch erziehungswissenschaftliche Biographieforschung. 2. Aufl. VS, Wiesbaden

Krumenacker, F.-J. (Hrsg.) (2004): Sozialpädagogische Diagnosen in der Praxis. Juventa, Weinheim / München

Marotzki, W. (2003): Biografieforschung. In: Bohnsack, R., Marotzki, W., Meuser, M. (Hrsg.): Hauptbegriffe Qualitativer Sozialforschung. Leske + Budrich, Opladen, 22–24

Müller, J. (2006): Coaching, Biografie und Interaktion. B. Budrich, Opladen / Farmington Hills

Müller, M. (2007): Von der Fürsorge in die Soziale Arbeit. B. Budrich, Opladen / Farmington Hills

Müller, S., Becker-Lenz, R. (2008): Der professionelle Habitus und seine Bildung in der Sozialen Arbeit. In: Neue Praxis 38, 25–41

Nagel, U. (1997): Engagierte Rollendistanz. Leske + Budrich, Opladen

Nölke, E. (2000): Biographie und Profession in sozialarbeiterischen, rechtspflegerischen und künstlerischen Arbeitsfeldern. Zeitschrift für qualitative Bildungs-, Beratungs- und Sozialforschung 1, 22–48

– (1994): Lebensgeschichte und Marginalisierung. VS, Wiesbaden

Oevermann, U., Allert, T., Konau, E., Krambeck, J. (1979): Die Methodologie einer „objektiven Hermeneutik" und ihre allgemeine forschungslogische Bedeutung in den Sozialwissenschaften. In: Soeffner, H.-G. (Hrsg.): Interpretative Verfahren in den Text- und Sozialwissenschaften. J. B. Metzler, Stuttgart, 352–434

Otto, H.-U., Oelerich, G., Micheel, H.-G. (Hrsg.) (2003): Empirische Forschung und Soziale Arbeit. Luchterhand, München

Permien, H., Zink, G. (1998): Endstation Straße? DJI, München

Peters, F. (Hrsg.) (1999): Diagnosen – Gutachten – hermeneutisches Fallverstehen. IGfH-Eigenverlag, Frankfurt / M.

Petzold, H. G. (Hrsg.) (2003): Lebensgeschichten erzählen. Junfermann, Paderborn

Rätz-Heinisch, R., Köttig, M. (2010): Narration in der Jugendhilfe. In: Bock, K., Miethe, I. (Hrsg.), 422–431

Riemann, G. (2004): Die Befremdung der eigenen Praxis. In: Hanses (Hrsg.), 190–208

– (2000): Die Arbeit in der sozialpädagogischen Familienberatung. Juventa, Weinheim / München

Rosenthal, G. (2002): Biographische Forschung. In: Schaeffer, D., Müller-Mundt, G. (Hrsg.): Qualitative Gesundheits- und Pflegeforschung. Huber, Bern.

–, Köttig, M., Witte, N., Blezinger, A. (2006): Biographisch-narrative Gespräche mit Jugendlichen. B. Budrich, Opladen

Sauer, St. (2008): Die Zusammenarbeit von Pflegefamilie und Herkunftsfamilie in dauerhaften Pflegeverhältnissen. B. Budrich, Opladen / Farmington Hills

Schefold, W., Glinka, H.-J., Neuberger, C., Tilemann, F. (1998): Hilfeplanverfahren und Elternbeteiligung. Deutscher Verein für öffentliche und private Fürsorge, Frankfurt / M.

Schlabs, S. (2007): Schulderinnen – eine biografische Untersuchung. B. Budrich, Opladen / Farmington Hills

Schütze, F. (2006): Verlaufskurven des Erleidens als Forschungsgegenstand interpretativer Soziologie. In: Krüger H.-H., Marotzki W., (Hrsg.), 205–237

– (1983): Biographieforschung und narratives Interview. In: neue praxis 13, 283–293

Schulze, Th. (2006): Biographieforschung in der Erziehungswissenschaft. In: Krüger H.-H., Marotzki W. (Hrsg.), 35–57

Schweppe, C. (Hrsg.) (2003): Qualitative Forschung in der Sozialpädagogik. Leske + Budrich, Opladen

–, Thole, W. (Hrsg.) (2005): Sozialpädagogik als forschende Disziplin. Juventa, Weinheim / München

Steinert, E., Thiele, G. (2000): Sozialarbeitsforschung für Studium und Praxis. Fortis, Köln

Thole, W., Küster-Schapfl, E. (1997): Sozialpädagogische Profis. Leske + Budrich, Opladen

Tiefel, S. (2004): Auf dem Weg zu einer pädagogischen Beratungstheorie? In: Fabel, M., Tiefel, S. (Hrsg.): Biographische Risiken und neue professionelle Herausforderungen. VS, Wiesbaden, 104–128

Völter, B., Dausien, B., Lutz, H., Rosenthal, G. (Hrsg.) (2005): Biographieforschung im Diskurs. VS, Wiesbaden

Wensierski, H. J. v. (1997): Rekonstruktive Sozialpädagogik. Sozialwissenschaftliche Hermeneutik, Fallverstehen und sozialpädagogisches Handeln – eine Einführung. In: Jakob, G., Wensierski, H.-J. v. (Hrsg.), 7–22

Vonderach, G. (1997) Geschichtenhermeneutik. In: Hitzler, R., Honer, A. (Hrsg.): Sozialwissenschaftliche Hermeneutik. Leske + Budrich, Opladen, 165–189

Care – Sorgen als sozialpolitische Aufgabe und als soziale Praxis

Von Margrit Brückner

Problemaufriss

Die aktuelle Auseinandersetzung mit gesellschaftlich notwendiger Sorgetätigkeit zielt auf zwei miteinander verbundene Aufgabestellungen: Erstens eine gerechtere Verteilung der „ganzen Arbeit" (Nickel 2008, 185), d. h. der Erwerbs- *und* der Familienarbeit und zweitens die Einbeziehung aller Sorgeleistenden und Sorgeempfangenden in das Konzept der Staatsbürgerschaft, d. h. der Gewährleistung von sozialen Rechten und Partizipationsmöglichkeiten. Brisant sind diese Aufgaben aufgrund des derzeitigen Umbaus der Wohlfahrtsstaaten und des Wandels der Geschlechter- und Generationenverhältnisse, die europaweit zu Umstrukturierungen sozialer Sicherungssysteme und professioneller sowie privater Modi des Sorgens geführt haben. Der tendenzielle Rückzug der Wohlfahrtsstaaten aus sozialer Verantwortung und die verstärkte Einbeziehung von Frauen in den Arbeitsmarkt sowie der wachsende Anteil alter Menschen in der Bevölkerung bewirken – je nach nationaler sozialstaatlicher Tradition – unterschiedlich große Care-Defizite sowie alte und neue Ungerechtigkeiten (Leitner 2007). Diese Entwicklung fand bis zum derzeit aktuellen Diskurs über Demografiefragen weder in der Politik noch in der Wissenschaft ausreichende Beachtung, da der Care-Bereich und Care-Tätigkeiten als eher unwichtig für die vorrangige, öffentliche Sphäre galten und auch jetzt eher als Folgeproblem sichtbar werden (Glenn 2000). Care als traditionell weibliche Aufgabe wird weiterhin primär der nachrangigen privaten Sphäre – selbst in ihrer verberuflichten Form – zugeordnet. Die damit verbundene mangelnde Anerkennung von Care trifft auch Männer, wenn sie Sorgetätigkeiten jenseits hegemonialer Männlichkeitsvorstellungen übernehmen (Connell 2002).

Entwicklungsstränge der internationalen Care-Debatte

Seit den 1980er Jahren findet eine internationale Care-Debatte statt, die sich aus unterschiedlichen disziplinären Strängen zusammensetzt und deren Gemeinsamkeit darin besteht, die Anerkennung von Care als öffentliche, gesamtgesellschaftliche Aufgabe einzufordern. Der vielschichtige englische Begriff Care wurde im Deutschen zunächst mit „Fürsorge und Pflege" übersetzt, was inhaltlich recht gut trifft, aber angesichts des historischen Missbrauchs der Begriffe im Nationalsozialismus und ihrer autoritären Verwendungen bis in die 1970er Jahre hinein heute eher vermieden wird (Schnabl 2005). Jetzt steht der Begriff „Sorgen" im Vordergrund, womit die privaten Formen der Fürsorglichkeit und der Aspekt der Selbstsorge besser einzufangen sind. Denn Care kommt eine Vielfalt semantischer Bedeutungen zu: „caring about" meint die emotionale, „taking care of" die aktiv tätige Seite des Sorgens und „take care of yourself" steht für die Zusammengehörigkeit von Sorge für andere und Selbstsorge.

Care umfasst den gesamten Bereich familialer und institutionalisierter pflegender, erziehender und betreuender Sorgetätigkeiten im Lebenszyklus (Kinder, pflegebedürftige und alte Menschen) sowie personenbezogener Hilfen in besonderen Lebenslagen (von Arbeitslosigkeit über häusliche Gewalt bis Wohnungslosigkeit), wobei je nach Fokus mal der eine, mal der andere Aspekt betont wird.

Folgende, wenig aufeinander bezogene Wissenschaftsbereiche sind für die Care-Debatte relevant:

Otto/Thiersch (Hg.), Handbuch Soziale Arbeit, 4. A., DOI 10.2378/ot4a.art021,

- Demokratietheorie / Ethik,
- Sozialpolitik / Arbeitswissenschaften,
- Handlungstheorien – häufig pflegewissenschaftlich, öfters soziologisch, selten sozialarbeiterisch orientiert.

Angestoßen wurde die Debatte von amerikanischen Wissenschaftlerinnen mit einer demokratietheoretisch ausgerichteten Kritik an der Kategorie Abhängigkeit im Zusammenhang mit Care (z. B. Fraser 1994), von Skandinavierinnen in einer sozialpolitischen Tradition mit Fokus auf den sozialen Dienstleistungssektor und die Situation erwerbstätiger sorgender Frauen (z. B. Leira 1992), von Engländerinnen bezogen auf das zugrunde liegende Verständnis von Arbeit und die Tradition unbezahlter Frauenarbeit im Sorgebereich (z. B. Lewis 2000), von Wissenschaftlerinnen aus verschiedenen Ländern in Hinblick auf Care als Tätigkeit, die nicht im Kontext des Vernünftigen und Erlernbaren angesiedelt, sondern entweder neuerdings technizistisch verkürzt (z. B. Waerness 2000) oder traditionell wesenhaft Frauen zugeordnet wird (z. B. Ostner 1992). Zentral sind zudem die Arbeiten der amerikanischen Soziologin Arlie Hochschild (1995; 2001) mit ihrem kritischen Blick auf die globalen Wirkungen derzeitiger Care-Politiken und ihren gesellschaftspolitischen Forderungen nach neuen Care-Modellen, in denen die Vielfalt der Wünsche von Sorgenden und Umsorgten geschlechterübergreifend ernst genommen werden (genauere Ausführungen zur Entwicklung der Care-Debatte siehe Brückner 2001).

Zur Kennzeichnung der Spannungsfelder, die Care bis heute charakterisieren, lassen sich drei miteinander verwobene Begriffspaare anführen: privat – öffentlich, bezahlt – unbezahlt, politisch – sozial. Das Spannungsverhältnis zwischen der öffentlichen und der privaten Sphäre kennzeichnet trotz aller Entgrenzungen weiterhin die Gesellschaft und hat der internationalen Neuen Frauenbewegung in den 1970er Jahren ihre Sprengkraft verliehen, indem diese das Private zum Politikum erhob und damit sowohl von Frauen geleistete Hausarbeit als auch das Recht auf ihre reproduktiven Fähigkeiten („mein Bauch gehört mir") zum Thema machte (Gerhard 1997). Im zweiten Spannungsverhältnis zwischen bezahlter und unbezahlter Arbeit schwingen folgende Fragen mit: Ist Sorgen überhaupt als Arbeit verstehbar oder bedeutet

es vielmehr eine viel weiter gefasste zwischenmenschliche Beziehung (Sevenhuijsen 1998)? Welche Bereiche des Sorgens sind als bezahlte Tätigkeit mit welchen Folgen vorstellbar und welcher Qualifikationen und Bezahlungen bedarf es dafür? Hinter dem dritten Begriffspaar (politisch – sozial) verbirgt sich die Frage, ob Care eine soziale oder eine politische Frage oder vielmehr beides zugleich ist. Die alleinige Zuordnung zum sozialen Bereich, wenn dieser nicht als politisch bedeutsam verstanden wird, enthält die Gefahr, Fragen der Gerechtigkeit und der Geschlechterdemokratie bezogen auf Care fallenzulassen und der sozialen Praxis des Sorgens ihre eigenständige gesellschaftliche Bedeutung abzusprechen (Fraser 2001).

Zusammenfassend zeigt die Entwicklung der vielfältigen Diskurssträge, dass Care zu einer wichtigen analytischen Kategorie von Wohlfahrtsstaaten geworden ist, denn die jeweilige Form, die Care annimmt, hängt von der Aufteilung in arbeitsmarktbezogene respektive informelle Tätigkeiten ab, vom Verhältnis von Transferzahlungen zu Sachleistungen und von der Art der Einbettung in die Sektoren Staat, Markt, Familie, Zivilgesellschaft (Daly / Lewis 2000). Die jeweils hervorgebrachten gesellschaftlichen Care-Muster beruhen auf einem moralisch abgesicherten, normativen System von Verpflichtungen und Verantwortlichkeiten, das auf der Mikroebene die Beziehungsgestaltungen zwischen Geschlechtern und Generationen formt und auf der Makroebene Zuständigkeiten definiert.

Care als demokratietheoretische Aufgabenstellung

Die universelle Tatsache menschlicher Abhängigkeit, Verletzlichkeit und Endlichkeit bedeutet, dass alle Menschen am Anfang, viele zwischenzeitlich und sehr viele am Ende ihres Lebens sorgebedürftig sind (Nussbaum 2003). Ebenso universell haben alle Menschen die grundsätzliche Fähigkeit zur Fürsorglichkeit und kommen somit als Sorgende infrage. Diese philosophisch-ethische Annahme einer grundlegenden zwischenmenschlichen Interdependenz steht dem vorherrschenden Ideal der Autonomie entgegen und ist daher negativ besetzt. Historisch gesehen bedeutet Autonomie die – zunächst Männern vorbehaltene und teils heute noch für Frauen erschwerte – Durchsetzung staatsbürgerlicher Rechte („citizenship", Marshall 1992) in Verbindung mit ungehinderter persönlicher Entfaltungsmöglichkeit. Auch Frauen haben immer wieder Autonomie eingefordert und verfügen heute in den europäischen Wohlfahrtsstaaten uneingeschränkt über politische (z. B. Wahlmöglichkeiten) und zivile Rechte (z. B. Versammlungsfreiheit), aber noch immer nicht über vollständige soziale Rechte (z. B. Sozialversicherungsschutz), da diese eng mit männlich konnotierter, lebenslanger sozialversicherungspflichtiger Vollzeiterwerbsarbeit und nicht in annähernd gleichem Maße mit weiblich konnotierter familialer Arbeit verknüpft sind (Gerhard 2003). Diese Konstruktion macht Frauen, die familial sorgend tätig sind, in besonderer Weise von einem männlichen Ernährer oder vom Staat abhängig.

Wie sehr Unabhängigkeit und Abhängigkeit Definitionsfragen sind, hat Nancy Fraser (1994) am Beispiel alleinerziehender Mütter aufgezeigt: Die Tatsache, dass „welfare mothers" immer auch aktiv Sorgeleistende und nicht nur passive Empfängerinnen staatlicher Transferleistungen sind, ist im Zuge des Wandels der Beziehung zwischen Staat und Familie zunehmend verloren gegangen. Aus Erziehenden mit einer Berechtigung zur staatlichen Unterstützung sind marktabhängige Erwerbsfähige geworden, die selbst für ihren Unterhalt sorgen sollen (Korteweg 2006). Damit wird die im konservativen Weltbild noch vorhandene Anerkennung der Leistungen familienarbeitender Frauen gänzlich negiert, ohne mit dieser Kritik zu einem solchen – Geschlechterdifferenzen festschreibenden – Weltbild zurückkehren zu wollen. Wie wirksam unterschiedliche nationale Politiken bezogen auf die Einbindung von Männern in Haus- und Familienarbeit sind, zeigt eine Untersuchung in 20 Ländern. Bisher hat nirgendwo eine auch nur annähernd gleiche Aufteilung zwischen den Geschlechtern stattgefunden: Männer sind – unabhängig von ihrem Familienstand – am aktivsten, wenn die nationale Einbindung von Frauen in Erwerbsarbeit hoch ist, elterliche Freistellungen kurz sind und Väter explizit einbeziehen (Hook 2006). Zusammenfassend soll durch die Care-Debatte ein „gegenhegemoniales Demokratiekonzept" (Sauer 2006, 65) entwickelt werden, in dessen Gerechtigkeitsverständnis Situationen der Abhängigkeit und asymmetrische Handlungsformen ebenso einzubeziehen sind wie angemessene Formen staatsbürger-

licher Repräsentanz von Sorgenden und Umsorgten. Angesichts einer wachsenden Zahl Sorgearbeit leistender Migrantinnen gehört dazu auch die Berücksichtigung transnationaler Sorgesysteme (Bettio et al. 2006).

Care als sozialpolitische Aufgabenstellung

Etwa seit der Jahrtausendwende wird das traditionelle, geschlechtsspezifische Modell des männlichen Familienernährers und der Hausfrau zunehmend ersetzt durch eine vorgeblich geschlechtsunspezifische Konstruktion des „adult worker family model", das von der selbstversorgenden Teilnahme aller Erwachsenen am Arbeitsmarkt ausgeht (Giullari / Lewis 2005). In diesen Modellwechsel fließen einerseits Forderungen von Frauen nach gleichberechtigter Teilhabe an der Erwerbsarbeit ein und andererseits wird nicht berücksichtigt, dass Frauen weiterhin erheblich weniger verdienen und sie nach wie vor den größten Teil familialer Sorgearbeit übernehmen, sodass neue geschlechtsspezifische Ungerechtigkeiten entstehen. Die zahlreichen familial Sorgenden und Versorgten werden dadurch unsichtbar gemacht und die Bedürfnisse sowohl von Sorgebedürftigen als auch von Sorgenden nach privater Fürsorglichkeit gehen in der Annahme unter, Care sei insgesamt kommodifizierbar, d. h. in marktförmige soziale Dienstleistungen transformierbar (Gröning 2005). Zudem entspricht die Realität in den meisten EU-Ländern angesichts der schwierigen Balance zwischen Erwerbsarbeit und familialer Arbeit zumeist einem Anderthalb-Verdiener-Modell, da Frauen sehr häufig in Teilzeit arbeiten (Pfau-Effinger 2005). (Zur besonderen Situation in ehemals sozialistischen Ländern mit dem Modell der Vollerwerbsarbeit für alle – bei gleichzeitiger Überlassung der Familienarbeit an Frauen – siehe Dölling 2003 am Beispiel DDR).

Derzeitige Entwicklungspfade mit Bezug auf die gesellschaftliche Organisation des Verhältnisses von Erwerbsarbeit und Sorgetätigkeiten in verschiedenen Wohlfahrtsstaaten lassen sich analog der gängigen lohnarbeitszentrierten Typenbildungen in der vergleichenden Wohlfahrtsforschung (Esping-Anderson 1990) in drei Modelle untergliedern. Deren Gemeinsamkeit besteht darin, dass sowohl die häuslichen als auch die beruflichen Sorgetätigkeiten zumeist von Frauen erbracht werden und zu unterschiedlichen Differenzierungen unter Frauen entlang sozialer Klassenzugehörigkeiten und ethnischer Hintergründe bzw. Migrationshintergründe führen (Gottschall 2000):

- Dienstleistungsmodell: ausgebaute professionelle Sorgearbeit, organisiert als – v.a. von Frauen geleistete – öffentliche Dienste, d.h. hohe Frauenbeschäftigung und niedrige Frauenarbeitslosigkeit; mit der Folge einer vergleichsweise geringen sozialen Differenzierung um den Preis einer hohen Steuerquote und ausgeprägter Bürokratisierung, z.B. Schweden (anzumerken ist, dass auch in skandinavischen Ländern seit etwa der Jahrtausendwende leistungssenkende marktorientierte Systemanpassungen vorgenommen wurden),
- Dienstbotenmodell: hohes Maß marktförmiger sozialer Dienstleistungen im Niedriglohnsektor mit starken sozialen Polarisierungen (Klasse, Ethnie und Geschlecht sowie innerhalb der Geschlechtergruppen) und eine ebenfalls hohe Frauenbeschäftigung und niedrige Frauenarbeitslosigkeit, bei geringem Ausbau sozialstaatlicher Einrichtungen, z.B. USA,
- Familienmixmodell: zurückgebliebener Ausbau professioneller sozialer Dienstleistungen und ein relativ hoher Anteil familialisierter – sozialstaatlich qua Steuerpolitik und Transferzahlungen gestützter – Sorgearbeit, vergleichsweise niedrige Frauenbeschäftigung und vergleichsweise hohe Frauenarbeitslosigkeit mit einem (mittleren) Maß an (oft geringfügiger) Niedriglohnarbeit im Sorgebereich; insgesamt bisher ein Mix auf der Basis eines relativ hohen durchschnittlichen Lebensstandards, z.B. Deutschland.

Neben diversen, zumeist nationalen, geschlechterwirksamen Disemploymentstrategien (Elterngeld, Entgelt für Pflege) gibt es in europäischen Wohlfahrtsstaaten insbesondere als Resultat der EU-Politik gleichzeitig einen Trend zur Förderung der Vereinbarkeit von Erwerbstätigkeit und Sorgearbeit ("employability"): Frühkindliche Einrichtungen werden ausgebaut, Freistellungsregelungen in der Erwerbsarbeit verbessert und Ansätze eigenständiger Sozialer Sicherung familialer Betreuungsleistungen vermehrt eingeführt (Leitner et al. 2004). Allerdings sind diese Ansätze unzureichend,

wie die Zunahme häufig illegalisierter Sorgearbeit von Migrantinnen in Privathaushalten der Wohlfahrtsstaaten deutlich macht (Lutz 2008). Immigrierte und transmigrierende Frauen leisten in reichen Ländern – nicht selten über Ländergrenzen hinweg – Versorgungstätigkeiten und begründen globale Betreuungsketten (Hochschild 2001). Diese Frauen haben zumeist selbst Kinder und/oder zu pflegende Familienangehörige und sind dann neben der bezahlten Sorgetätigkeit für Fremde zuständig für die Organisation der Sorge in ihrer eigenen Familie, die teils wiederum von Frauen aus Nachbarländern mit noch niedrigeren Löhnen übernommen wird. Dadurch entsteht ein bisher ignorierter „care drain", d.h. reiche Länder ziehen aus armen Ländern Umsorgungskapazitäten ab und bewirken in armen Ländern einen Mangel an Fürsorglichkeit. Ländervergleichende Studien zeigen, wie entscheidend das Maß sozialer Rechte und der Zugang zu sozialen Leistungen für den Ausbau eines entweder regulären oder eines grauen Arbeitsmarktes für Sorgetätigkeiten mit einem entsprechend hohen oder niedrigen Grad an sozialen Differenzierungen nach Klasse und Ethnizität ist (Burau et al. 2007).

Zusammenfassend wird deutlich, dass die jeweiligen sozialpolitischen Antworten auf die veränderten gesellschaftlichen Rahmenbedingungen entweder dazu geeignet sind – insbesondere für Frauen –, gleichwertige Erwerbsarbeits- und Einkommensmöglichkeiten durch familiale Entlastungen und qualifizierte, sozialversicherungspflichtige Arbeitsplätze im Sorgebereich zu schaffen oder dazu geeignet sind, eine neue globalisierte Dienstbotengesellschaft zu etablieren. Die Frage einer geschlechtergerechten Arbeitsteilung der „ganzen Arbeit" bleibt dabei bisher weitgehend ausgespart.

Care als informelle und professionelle soziale Praxis

Als soziale Praxis unterliegt Care historisch wechselnden kulturellen Vorstellungen, die auf der Organisationsebene zu unterschiedlichen Konstruktionen mehr oder weniger aufeinander abgestimmter bzw. miteinander konkurrierender Bereiche familialer, freiwilliger und beruflicher Tätigkeit – zumeist von Frauen – geführt hat. Auf der inhaltlichen Ebene reicht der Wandel von normativ aufgeladenen Vorstellungen selbstloser Nächstenliebe und gesellschaftsbezogener Mütterlichkeit zu Koppelungen von lebensweltorientierter Unterstützung mit Selbstverantwortung respektive Assistenz in Verbindung mit Eigenständigkeit (Brückner / Thiersch 2005). Neuere Untersuchungen verweisen darauf, dass in Zeiten sich ausdifferenzierender Lebensformen auch andere Praxen der Fürsorglichkeit jenseits von Familie entstehen, so unter Freund(inn)en (Roseneil / Budgeon 2005).

Professionelle Sorge kennzeichnet die widersprüchliche Kombination zweier Beziehungsfacetten: einer spezifischen, die formalisiertem beruflichen Rollenhandeln entspricht und einer diffusen Beziehungsfacette, die typisch für primäre Sozialbeziehungen ist (Oevermann 1996). Der ständige Wechsel von zwischenmenschlicher Kontaktbereitschaft und einer dem Arbeitsauftrag entsprechenden professionellen Methodik und Lösungsorientierung mit ihrer distanzierenden Wirkung stellt eine besondere Anforderung dar und kennzeichnet den strukturellen Unterschied zu privaten Sorgetätigkeiten. Unterschiedslos alle Sorgetätigkeiten bedürfen einer allgemeinen Kommunikationsfähigkeit und einer spezifischen Fähigkeit des Sehens, Spürens und Aufnehmens psychischer und physischer Bedürfnisse (Senghaas-Knobloch 2008). Allerdings klaffen emotionale Arbeitsanforderungen und organisatorische Arbeitsbedingungen aufgrund von Kürzungen und Reglementierungen zunehmend auseinander, sodass Sorgende als Individuen diese Kluft überbrücken müssen, wollen sie ethischen Ansprüchen personenbezogener Zuwendung entsprechen.

Eine subjektorientierte Sorgetätigkeit braucht neben Fachkenntnissen eine eigene Logik, welche die Grenzen einer Wenn-Dann-Ausrichtung überschreitet und prozessorientiert Aushandlung, Befähigung sowie Empathie in den Mittelpunkt ihrer Rationalitätsvorstellungen rückt – im Gegensatz zu einem resultatorientierten Zweck-Mittel-Denken, das individuelle Bedürfnisse und die Würde umsorgter Menschen ausspart. Daher ist eine bewusste „Fürsorgerationalität" nach Kari Waerness (2000) besonders bedeutend und auf Verständigung und Abstimmung von Bedürfnissen und Sichtweisen ausgerichtet, deren Umsetzung einer ausreichenden Gestaltungsfreiheit bedarf und die auf Grenzen der Normierungen und Standardisierungen von Sorgetätigkeiten verweist.

Die gefühlhafte Seite von Care, ob in privaten oder professionellen Kontexten, bedeutet zum einen, dass Care-Beziehungen auch mit ihren negativen Anteilen bis hin zur Gewaltförmigkeit zu sehen sind und zum anderen, dass aufgrund der tendenziellen Grenzenlosigkeit von Bedürfnissen ein auszubalancierendes Spannungsverhältnis von Fürsorge und Selbstsorge entsteht (Küchenhoff 1999). Zu den Grundgegebenheiten von Care-Beziehungen gehört, dass sie ebenso wenig wie andere Beziehungen ambivalenzfrei sind, sondern dass eher mit einer erhöhten Ambivalenz zu rechnen ist, da leibseelische Angewiesenheit ebenso wenig leicht zu ertragen ist wie die mit der Sorgetätigkeit einhergehende Machtfülle gegenüber Umsorgten, insbesondere bei gleichzeitiger Ohnmacht bezogen auf die Rahmenbedingungen der Tätigkeit. So kann Fürsorglichkeit den Charakter der Belagerung respektive Bevormundung annehmen oder aber in Gleichgültigkeit und Vernachlässigung umschlagen. Schon lange bekannt ist das Maß an Gewalt in der Sorgetätigkeit mit Kindern. Erst relativ neu erforscht wird das Maß an Gewalt in der Pflege (Heitmeyer / Schröttle 2006). Aufgrund der starken emotionalen Belastungen in Care-Tätigkeiten – neben vielen Gratifikationsmöglichkeiten – bedarf es eines ausreichenden Maßes regenerativer Selbstsorge im Sinne von Auszeiten, Phasen des Wohlergehens und eigener Inanspruchnahme von Fürsorglichkeit (Eckart 2004).

Zusammenfassend zeigt sich, dass es neben notwendigen Kenntnissen der inneren und äußeren Räume für eine fürsorgliche Praxis bedarf ebenso wie der Selbstsorge. Fürsorge als auch Selbstsorge können eine Ermöglichung im Sinne eines guten Lebens darstellen, aber im Kontext neuer Verwertungslogiken und Subjektivierungsweisen können sie auch den Charakter von Zumutungen annehmen. Denn die derzeitigen gesellschaftlichen Transformationsprozesse bringen einen erhöhten Bedarf an Selbststeuerung der Individuen und der teilweisen Reprivatisierung des Reproduktionsbereiches hervor (Ludwig 2006).

Care als Grundpfeiler Sozialer Arbeit

Es ist davon auszugehen, dass Care-Aufgaben zunehmen werden aufgrund von mehr alten Menschen, der Ausweitung frühkindlicher Bildung und der ständig fortschreitenden Exklusionsprozesse. Auf der Basis neuer Verhandlungen über Verbindungen und Grenzen zwischen der öffentlichen und der privaten Sphäre hat Arlie Hochschild (1995) ein Modell für ein soziales System von Care entwickelt, das Care als Recht und als Verantwortung in einer „public culture of care" verankert. Ihr „warm modern model of care" bezeichnet einen Mix aus Sorge in Institutionen und privaten Kontexten von Frauen und Männern. Durch diesen Mix und eine entsprechende Vernetzung werden Wünsche nach privater Sorge ebenso ernst genommen wie eine gleichzeitige gesellschaftliche Teilhabe weiter ermöglicht wird. Die Grenzen persönlicher Entscheidungsfreiheit liegen nach diesem Modell sowohl in jeweiligen ökonomischen Zwängen als auch bei Fragen sozialer Gerechtigkeit, die kollektive Lösungen erfordern. Hier setzt der von Giullari / Lewis (2005) erweiterte „capability approach" (Befähigung zu einem menschenwürdigen Leben) an. Dieser unterscheidet zwischen eigenem Wohlergehen und zwischenmenschlichem Tätigwerden

(*agency*) und schließt ein Abwägen zwischen eigenen Vorteilen und als richtig erkannten Erfordernissen ein. Care bedarf demnach eines sozialstaatlich gesicherten, institutionalisierten Überbaus und kommt ohne ein Maß an Sozialbürokratie nicht aus – aber auch nicht ohne ausreichende staatsbürgerliche Teilhabe –, wenn Gerechtigkeit des Sorgens gewährleistet werden soll.

Für Sozial- und Pflegeberufe bedeutet das, Professionalität als Teil einer gerechten öffentlichen Kultur des Sorgens zu begreifen, indem die Professionen systematisch verknüpft werden mit privater und zivilgesellschaftlicher Sorge einerseits und dem Bereich staatlicher Sozialer Sicherheit andererseits. Zusammenfassend lässt sich sagen, dass die Care-Debatte die Grenzen sozialstaatlicher Gerechtigkeitskonstruktionen und die Problematik eines hierarchisierten Geschlechterverhältnisses für eine umfassende Kultur des Sorgens aufzeigt und damit einen Rahmen schafft, in dem sich professionelle Soziale Arbeit verorten kann.

Literatur

Bettio, F., Simonazzi, A., Villa, P. (2006): Change in Care Regimes and Female Migration: The „care drain" in the Mediterranean. Journal of European Social Policy 16, 271–285

Brückner, M. (2001): Geschlechterverhältnisse im Spannungsfeld von Liebe, Fürsorge und Gewalt. In: Brückner, M., Böhnisch, L. (Hrsg.): Geschlechterverhältnisse, gesellschaftliche Konstruktionen und Perspektiven ihrer Veränderung. Juventa, Weinheim / München, 119–178

–, Thiersch, H. (2005): Care und Lebensweltorientierung. In: Thole, W., Cloos, P., Ortmann, F., Strutwolf, V. (Hrsg.): Soziale Arbeit im öffentlichen Raum. VS, Wiesbaden, 137–149

Burau, V., Theobald, H., Blank, R. (2007): Governing Home Care: A Cross-National Comparison. Edward Elger, Cheltenham

Connell, R. W. (2002): The Globalisation of Gender Relations and the Struggle for Gender Democracy. In: Breitenbach, E., Bürmann, I., Liebsch, K., Mansfeld, C., Micus-Loos, D. (Hrsg.): Geschlechterforschung als Kritik. Kleine, Bielefeld, 87–98

Daly, M., Lewis, J. (2000): The Concept of Social Care and the Analysis of Contemporary Welfare States. British Journal of Sociology 51, 281–298

Dölling, I. (2003): Zwei Wege gesellschaftlicher Modernisierung. In: Knapp, G. A., Wetterer, A. (Hrsg.): Achsen der Differenz. Westfälisches Dampfboot, Münster, 73–100

Eckart, Ch. (2004): Fürsorgliche Konflikte. Österreichische Zeitschrift für Soziologie 29, 24–40

Esping-Anderson, G. (1990): The Three Worlds of Welfare Capitalism. Polity, Cambridge

Fraser, N. (2001): Die halbierte Gerechtigkeit. Schlüsselbegriffe des postindustriellen Sozialstaats. Suhrkamp, Frankfurt / M.

– (1994): Die Frauen, die Wohlfahrt und die Politik der Bedürfnisinterpretation. In: Fraser, N. (Hrsg.): Widerspenstige Praktiken. Suhrkamp, Frankfurt / M., 222–248

Gerhard, U. (2003): „Ein Raum der Freiheit? " – Ansätze und Perspektiven des Konzepts europäischer Bürgerrechte. Feministische Studien 21, 71–82

– (1997): Atempause oder neuer Anlauf in der Frauenpolitik? Die Frau in unserer Zeit 26, 6–10

Giullari, S., Lewis, J. (2005): The Adult Worker Model Family, Gender Equality and Care. United Nations Research Institute for Social Development, Social Policy and Development Programme. Paper Nr. 19. In: www.unrisd.org/ UNRISD/website/document.nsf/240da49ca467a5 3f80256b4f005ef245/bb78cf0f20c2104fc125 6ff6002ba3f5/$FILE/giullari.pdf, 27.10.2009

Glenn, E. N. (2000): Creating a Caring Society. Contemporary Sociology 29, 84–94

Gottschall, K. (2000): Soziale Ungleichheit und Geschlecht. Leske + Budrich, Opladen

Gröning, K. (2005): Hochaltrigkeit und häusliche Pflege als Problem der Bildung und Geschlechterforschung. Ein Problemaufriss. Zeitschrift für Frauenforschung und Geschlechterstudien 23, 41–51

Heitmeyer, W., Schröttle, M. (Hrsg.) (2006): Gewalt – Beschreibungen, Analysen, Prävention. Bundeszentrale für politische Bildung, Bonn

Hochschild, A. (2001): Globale Betreuungsketten und emotionaler Mehrwert. In: Hutton, W., Giddens, A. (Hrsg.): Die Zukunft des globalen Kapitalismus. Campus, Frankfurt / M., 157–176

– (1995): The Culture of Politics: Traditional, Postmodern, Cold-Modern and Warm-Modern Ideals of Care. Social Politics 2, 331–346

Hook, J. L. (2006): Care in Context: Men's Unpaid Work in 20 Countries, 1965–2003. American Sociological Review 71, 639–660

Korteweg, A. (2006): The Construction of Gendered Citizenship at the Welfare Office: An Ethnographic Comparison of Welfare-to Work Workshops in the United States and the Netherlands. Social Politics 13, 314–340

Küchenhoff, J. (1999): Selbstzerstörung und Selbstfürsorge. psychosozial, Gießen

Leira, A. (1992): Welfare States and Working Mothers. Cambridge University Press, Cambridge

Leitner, S. (2007): Das Demografieproblem der Sozialpolitik in Bezug auf „Geschlecht": „Konservative" Arrangements der Pflege- und Betreuungsarbeit in Kontinentaleuropa. Zeitschrift für Frauenforschung und Geschlechterstudien 25, 5–21

–, Ostner, I., Schratzenstaller, M. (2004) (Hrsg): Wohlfahrtsstaat und Geschlechterverhältnis im Umbruch. Was kommt nach dem Ernährermodell? VS, Wiesbaden

Lewis, J. (2000): Care and Work. Social Policy Review 12, 48–67

Ludwig, G. (2006): „Zwischen Unternehmerin ihrer selbst" und fürsorgender Weiblichkeit – Regierungstechniken und weibliche Subjektkonstruktionen im Neoliberalismus. Beiträge zur feministischen Theorie und Praxis 68, 49–60

Lutz, H. (2008): Vom Weltmarkt in den Privathaushalt. Die neuen Dienstmädchen im Zeitalter der Globalisierung. Barbara Budrich, Opladen / Farmington Hills

Marshall, T. H. (1992): Bürgerrechte und soziale Klassen. Campus, Frankfurt / M.

Nickel, H. M. (2008): Care – Black Box der Arbeitspolitik. Berliner Journal für Soziologie 2, 185–191

Nussbaum, M. (2003): Langfristige Fürsorge und soziale Gerechtigkeit. Deutsche Zeitschrift für Philosophie 2, 179–198

Oevermann, U. (1996): Theoretische Skizze einer revidierten Theorie professionalisierten Handelns. In: Combe, A., Helsper, W. (Hrsg.): Pädagogische Professionalität. Suhrkamp, Frankfurt / M., 70–182

Ostner, I. (1992): Zum letzten Male: Anmerkungen zum „weiblichen Arbeitsvermögen". In: Krell, G., Osterloh, M. (Hrsg.): Personalpolitik aus der Sicht von Frauen – Frauen aus der Sicht der Personalpolitik. Hampp, München / Mering, 107–121

Pfau-Effinger, B. (Hrsg.) (2005): Care and Social Integration in European Societies. Policy, Bristol

Roseneil, S., Budgeon, S. (2005): Kulturen von Intimität und Fürsorge jenseits der Familie – Persönliches Leben und gesellschaftlicher Wandel zu Beginn des 21. Jahrhunderts. Feministische Studien 2, 259–275

Sauer, B. (2006): Geschlechterdemokratie und Arbeitsteilung. Aktuelle feministische Debatten. Österreichische Zeitschrift für Soziologie 31, 54–76

Schnabl, Ch. (2005): Gerecht sorgen. Herder, Wien / Freiburg / Br.

Senghaas-Knobloch, E. (2008): Care-Arbeit und das Ethos fürsorglicher Praxis unter neuen Marktbedingungen am Beispiel der Pflegepraxis. Berliner Journal für Soziologie 2, 221–243

Sevenhuijsen, S. (1998): Citizenship and the Ethics of Care. Feminist Consideration on Justice, Morality and Politics. Routledge, London

Waerness, K. (2000): Fürsorgerationalität. Feministische Studien extra: Fürsorge – Anerkennung – Arbeit 18, 54–66

Care und Case Management

Von Wolf Rainer Wendt

„Dienste am Menschen" in den verschiedenen Feldern des Sozial- und Gesundheitswesens haben einen Versorgungsauftrag, dem sie organisatorisch und fachlich in differenzierter Weise nachkommen. Unabhängig von dieser Differenzierung wird mit *care* auf Englisch und im internationalen Sprachgebrauch allgemein die humandienstlich geleistete Versorgung – in Form von persönlichen Hilfen, Unterstützung, Behandlung, Betreuung, Erziehung und Pflege – verstanden. Versorgung soll hier heißen, dass Menschen mit dem Notwendigen versehen werden. *Care* bezeichnet auch die informelle Fürsorge und Eigensorge von Menschen in ihrem persönlichen und familiären Lebenskreis, unabhängig von fremder Versorgung wie auch in Verbindung mit institutionell angebotenen und professionell erbrachten Leistungen.

Care Management ist demnach als die Steuerung und Gestaltung von sozialer Versorgung (*social care*) und gesundheitlicher Versorgung (*health care*) in Diensten und Einrichtungen und darüber hinaus im jeweiligen Versorgungsgebiet mit seinen formellen und informellen Strukturen zu verstehen. In diesem Rahmen steuert und gestaltet ein *Case Management* die humandienstliche Leistungserbringung personbezogen und situationsbezogen: Das Case Management ist mit (allen oder ausgewählten) Fällen befasst, die im Versorgungsgeschehen vorkommen. Das Verfahren wird in verschiedenen Bereichen des Sozialwesens, des Gesundheitswesens, der Beschäftigungsförderung und des Versicherungswesens herangezogen. Es übernimmt eine organisierende und steuernde Funktion, wenn einzelfallbezogene Leistungen im direkten personenbezogenen Dienst erbracht werden und die Versorgung von Personengruppen gestaltet wird.

Management der Versorgung

Das Case Management hängt als Verfahren und als organisatorische Gestaltungsweise mit dem Care Management zusammen, das für eine funktionierende Versorgung zuständig ist. Im engeren Sinne betrifft das Care Management die betrieblichen Abläufe und das Versorgungshandeln in der organisierten Ausführung der Leistungserbringung auf der Ebene von Einrichtungen, z. B. in einem Krankenhaus oder in einem Pflegeheim. Im weiteren Sinne ist das staatlich eingerichtete bzw. öffentlich zu verantwortende Management der humandienstlichen Prozesse insgesamt gemeint.

Gegenstand von Care Management sind allgemein die Strategien, die Aufbauorganisation (Strukturen), die Arrangements (*care arrangements*) und die Ablauforganisation (Versorgungspfade; Johnson 2002) in der humandienstlichen Versorgung. Dabei sind die informellen Weisen sozialer und gesundheitlicher (Selbst-)Versorgung zu berücksichtigen. Die Verknüpfung professioneller Aufgabenerledigung mit den Eigenleistungen von Menschen und ihrer Unterstützung durch Angehörige, Nachbarn und freiwillige Helfer wird der Forderung nach Wirtschaftlichkeit und nach Lebensnähe von Diensten gerecht. Insbesondere in der ambulanten pflegerischen Versorgung bauen fachdienstliche Arrangements auf persönliche und familiäre *care arrangements* und verbinden sich damit. Die häusliche Versorgungsarbeit, die in familiären und anderen lebensgemeinschaftlichen Arrangements zumeist von Frauen geleistet wird, war und ist fundamental für das Funktionieren der formalen Versorgungssysteme (Daly 2002; Daly / Rake 2003).

Otto/Thiersch (Hg.), Handbuch Soziale Arbeit, 4. A., DOI 10.2378/ot4a.art022,
© 2011 by Ernst Reinhardt, GmbH & Co KG, Verlag, München

Case Management: Politik und Prozess

Ressourcen zur Bewältigung einer humandienstlichen Aufgabe heranzuziehen, ist die ökonomische Funktion von Case Management. Dabei liegen die Ressourcen einerseits im System der Versorgung und andererseits bei den Adressaten der (medizinischen, pflegerischen, sozialen) Versorgung vor. Über die vorhandenen Mittel und Möglichkeiten ist mit den Beteiligten zu disponieren. Das Verfahren soll rationell gestaltet sein und zielgerichtet ablaufen. Es hebt die Trennung von fachlicher und wirtschaftlicher Verantwortung, von persönlichem Einsatz und dem Betrieb der Leistungserbringung auf. Deswegen ist das Case Management zu einem bevorzugten Instrument in der Neustrukturierung von personenbezogenen Diensten für Menschen (*human services*) geworden.

Das Case Management hat die Aufgabe, eine komplexe Problematik zu bewältigen, indem es verschiedene Dienstleistungen und andere Hilfen heranzieht. In einigen Anwendungsbereichen wird für Case Management die Bezeichnung *Unterstützungsmanagement* (Wendt 1991; Wissert 2001), in anderen der Terminus *Fallmanagement* eingesetzt. Für das generelle, seine verschiedenen Anwendungen übergreifende Konzept empfiehlt sich indes, bei dem international üblichen Begriff Case Management zu bleiben.

Entstanden ist das Verfahren als Methodik des Vorgehens in der ambulanten Sozialarbeit in den USA in den 1970er Jahren. Nach Entlassung vieler psychisch kranker, behinderter und pflegebedürftiger Menschen im Prozess der Deinstitutionalisierung aus stationären Einrichtungen war die Versorgung dieser Menschen in Hinblick auf Wohnen, Arbeit, Gesundheit, soziale Kontakte etc. zu organisieren und unter Heranziehung verschiedener formeller Dienste und freiwilliger Hilfen zu koordinieren. Methodisch genügte die gewohnte professionelle psychosoziale Einzelfallhilfe (*case work*) für diese Aufgabenstellung nicht. Organisatorisch arbeiteten die vorhandenen Dienste und deren Fachkräfte unkoordiniert je für sich, spezialisiert und punktuell und zogen nicht an einem Strang. Zudem war der Komplexität der Versorgungsaufgabe mit einzelnen Akutmaßnahmen nicht nachzukommen; gebraucht wurde ein die formellen dienstlichen und die informellen Bewältigungsmöglichkeiten in einem Kontinuum der Versorgung (*continuum of care*) verknüpfendes Unterstützungsmanagement (Wendt 1991).

Bereits in den 1980er Jahren nahmen sich Organisationen der Gesundheitsversorgung in den USA des Verfahrens zur Prozesssteuerung an, weil es in ökonomischer Sicht mehr Effizienz versprach. In Großbritannien führte die Thatcher-Regierung das Case Management im Rahmen ihrer wirkungsorientierten Neuausrichtung des öffentlichen Sektors ein. Das Handlungskonzept entwickelte sich mit der Zeit international von einem Verfahren der Sozialarbeit zu einem Instrumentarium, das fachgebietsübergreifend eingesetzt wird – es soll ein koordiniertes und kooperatives Vorgehen in der personenbezogenen Bearbeitung von Aufgaben und der Behandlung von Problemen erreichen. Durch Reformen im Sozial- und Gesundheitswesen und die darauf bezogene Gesetzgebung forciert, wird das Case Management heute in

- der Beschäftigungsförderung (im Fallmanagement nach SGB II),
- der (integrierten) medizinischen Versorgung (nach SGB V),
- der Kinder- und Jugendhilfe (Erziehungshilfen nach SGB VIII),
- der Rehabilitation Behinderter (nach SGB IX),
- der Pflege (nach SGB XI) und
- der Sozialhilfe für bestimmte Problemgruppen (nach SGB XII)

angewendet. Das Verfahren und das Management von *care* beschränken sich nicht auf das Handlungsfeld der beruflichen Sozialen Arbeit. Damit stellt sich auch die Frage: Wie verhält sich die Theorie und Praxis des Case Managements zum Selbstverständnis professioneller Sozialarbeit?

Zur Klärung dieses Verhältnisses trägt die Unterscheidung bei, die zwischen Case Management als methodischem Konzept auf der personalen Handlungsebene und Case Management als Organisations- oder Systemkonzept in administrativer Funktion getroffen werden muss. Schließt Soziale Arbeit ein Sozialmanagement ein, kann sich die Profession auch generell auf ein Case Management verstehen. Der professionellen individuellen Fallführung steht das Management der Fälle im Betrieb der humandienstlichen Versorgung gegenüber. In der Systemsteuerung der Handhabung derjenigen

Fälle, mit denen ein Leistungsträger oder ein Leistungserbringer zu tun bekommt, wird entschieden, nach welchen Kriterien in welchem Umfang und mit welcher Intensität einzelne Fälle bearbeitet und begleitet werden und inwieweit dabei die Expertise von Pflegefachkräften, Sozialpädagogen, Fachärzten oder Vertretern anderer Berufe zum Tragen kommt.

Personenbezogen wie systembezogen geht es im Case Management um die wirksame Handhabung und Gestaltung von *Prozessen*. Aber wer auf der Organisationsebene von dem Verfahren spricht, meint nicht ohne Weiteres die professionelle Methodik und den Handlungsablauf im Management eines Einzelfalls, worin bei möglichst weitgehender Abstimmung mit dem Nutzer planmäßig, koordiniert und kontrolliert vorgegangen wird. Hat man indes die personenbezogene Methode Case Management im Blick, ist zu bedenken, dass sie in Humandiensten nur dann erfolgreich eingesetzt werden kann, wenn sie mit einer *Organisationsentwicklung* verbunden ist. Diese Organisationsentwicklung stimmt die Strukturen der humandienstlichen Versorgung auf die prozessualen Anforderungen des Case Managements ab und schafft das *Netzwerk* zur Koordination und Kooperation der beteiligten Stellen und Fachkräfte.

Das Case Management organisiert als Arbeitsweise das nutzer- und ressourcenorientierte Vorgehen bei der Unterstützung im Einzelfall systematisch in einzelnen Schritten. Es beginnt in der direkten personenbezogenen Arbeit, indem es über das Engagement in einem Fall entscheidet, und endet nach Vereinbarung mit der abschließenden Feststellung des Erfolgs der gemeinsamen Bemühungen. Ein / eine Case Manager / -in übernimmt in diesem Prozess

- die selektierende Funktion eines Türöffners und Lotsen (*gatekeeper*) im Netz der Versorgung, der zwischen Leistungsnehmern, Leistungsträgern und Leistungserbringern eine Versorgung angemessen in die Wege leitet,
- die vermittelnde Funktion des Maklers (*broker*) von Diensten, der Angebote heranzuziehen, zu erschließen und für eine Person und ihre Situation passend zuzuschneiden weiß,
- eine fördernde und unterstützende Funktion (*supporting*) in der Begleitung von Klienten durch das Versorgungssystem und

- eine anwaltliche Funktion (*advocacy*), in der die Interessen eines Klienten im Versorgungssystem vertreten, die nötigen Dienstleistungen für Nutzer verfügbar gemacht werden und dafür gesorgt wird, dass dem Bedarf entsprochen und die Qualität der Versorgung gesichert wird.

Diese Funktionen sind in einzelnen Gebieten der Anwendung von Case Management unterschiedlich ausgeprägt. Das hängt wesentlich davon ab, wo das Verfahren strukturell angesiedelt ist – in einem Jugendamt als Leistungsträger, in einer Beratungsstelle oder bei einem Dienstleister, der eine integrierte Versorgung anbietet. Allerdings kann sich hier wie dort nicht eine einzelne Sozialarbeiterin oder eine einzelne andere Fachkraft in einem Dienst oder in einer Einrichtung für das Case Management als „ihre" Methode entscheiden: Die Organisationsstruktur muss eine kompetente Fallführung zulassen.

Sorge teilen

Das Handlungskonzept des Case Managements stand und steht in der beruflichen Sozialarbeit im Verdacht neoliberaler Ökonomisierung der helfenden Beziehung. Indem es auf Effektivität und Effizienz angelegt sei, nehme es den Menschen mit seinen Bedürfnissen nicht wirklich an. Geboten werde eine Technologie, die einem rationellen koordinierten Vorgehen dienlich ist. Diese Einschätzung des Case Managements ignoriert das innovative Potenzial des Handlungskonzepts nachgerade für die Soziale Arbeit.

Das individuelle Case Management widmet sich in unspezifischer Weise der ganzen Situation einer Person oder Familie. Sein Gegenstand ist in den meisten Anwendungsgebieten die alltägliche Lebensführung und das Zurechtkommen mit Problemen in ihr. Ziel ist durchweg ein besseres Ergehen – im sozialen Umfeld, mit den Kindern, in familiärer Gemeinschaft, im gesundheitlichen Zustand, im Wohnen, in der Erwerbsarbeit, in der finanziellen Situation. In den einzelnen Dimensionen des Verfahrens teilt ein / eine Case Manager / -in die Sorgen von Klienten in Hinblick auf diese Bereiche und deren Belastungen, Konflikte und Krisen. Die eingehende Beschäftigung damit ergibt sich nachgerade aus der Absicht, managerial erfolgreich zu sein: in Partnerschaft mit den Beteiligten, in nüchterner Einschätzung deren Potenziale, von Chancen und vorhandener Hindernisse, in Motivation zur Mitarbeit und in gemeinsamer Suche nach gangbaren Wegen. Die materiellen Verhältnisse sind dabei so wichtig wie die immateriellen Aspekte des Verhaltens in der Beziehung auf die materiellen Gegebenheiten des Lebens. Ein Case Management ist nicht dazu da, einzelne Hilfen zu geben, wie sie spezialisiert vorhanden sind, sondern dafür, um in einem *continuum of care* ein persönliches Zurechtkommen im Alltag und eine dafür angemessene dienstliche Versorgung zu bewerkstelligen.

Sorge wird im Case Management auch geteilt im Hinblick auf das Umfeld, in dem sich eine Person bewegt und in dem die Bewältigung und Lösung deren Probleme erreicht werden kann. Case Manager „besorgen" in diesem Umfeld die einer Bedarfsdeckung dienlichen Ressourcen (Dienste zur häuslichen Pflege, einen Ausbildungs- oder Arbeitsplatz, geeignete Hilfen zur Erziehung, Behandlungswege in der Medizin und der Rehabilitation etc.). Das Verfahren schließt eine *Netzwerkarbeit* ein, in der Beziehungen im Feld geknüpft und die Mittel und Wege ausgemacht und verfügbar gehalten werden, die sich fallweise in Anspruch nehmen lassen.

Wegleitung und Fallführung

Im Rahmen von Case Management kommt es im Prozess auftragsgemäßer humandienstlicher Versorgung zu einer Fallführung. Sie wird im Einzelfall vereinbart. Zum Verständnis dieses individualisierten Managements in einem Versorgungsregime ist zu bemerken – und gegen Fehlinterpretationen des Verfahrens zu betonen –, dass *case* hier nicht für den Menschen steht, sondern für dessen problematische Situation, die es – im Ganzen und im Detail – zu bewältigen gilt. Die Problemsituation „ist der Fall" und Gegenstand der ziel- und lösungsorientierten professionellen Bemühung. Sie ist auch Gegenstand des Bewältigungsverhaltens und der Selbsthilfe der zu versorgenden Person, seiner Angehörigen und der Mitwirkung von anderen Helfern. Die gemeinsame Reflexion und Verständigung darüber, *„was der Fall ist"*, führt zur Zusammenarbeit der Beteiligten. Man verstieße gegen die Autonomie einer Person und missachtete ihre Selbstsorge und mündige Mitwirkung, betrachtete man die Person als „Fall". Im Case Management wird der Prozess der Bewältigung bzw. der Weg zur Lösung einer Problematik gemanagt. Was der Fall ist, lässt sich immer nur ad hoc feststellen und bleibt individuell.

Das Grundgerüst in der Ablauforganisation von Case Management bilden seit den 1980er Jahren folgende Dimensionen oder Phasen:

- *Outreach* mit Prozeduren der Zielgruppenbestimmung, des Erreichens von Nutzern und der besseren Erreichbarkeit eines Dienstes, von *Screening* der Fälle, Fallgruppenbildung, individueller Eingangsprüfung (*Intake*) und einer Vereinbarung über das Vorgehen,
- *Assessment* als eingehende Klärung der Problemlage und Bedarfsfeststellung, wobei das Ausmaß der Einschätzung der Situation und Problematik wie der Umfang der Bedarfserhebung im Einzelfall festgelegt wird,
- *Planning* mit Vereinbarung über Ziele, die anzustreben sind, und Bestimmung des Weges, auf dem sie erreicht werden können, sowie der Mittel, die dafür zum Einsatz kommen,
- *Implementation* in Umsetzung der getroffenen Arrangements bei einem andauernden *Monitoring* der Prozesse, in denen sie und die Erbringung einzelner Leistungen erfolgen,
- *Evaluation* der Leistungserbringung, bezogen auf ihren Vorgang und auf ihre Ergebnisse, verbunden mit einem *Reassessment* des sich ändernden Bedarfs und der Aufgabenerledigung und
- *Accountability* in der Berichterstattung und Rechenschaftslegung, womit das Case Management seiner die Fälle übergreifenden Funktion nachkommt, einen Versorgungsauftrag transparent und nachweisbar zu erfüllen.

Diese Elemente sind seit den 1990er Jahren wiederholt als Kerncharaktere (*core characteristics*) von Case Management beschrieben worden (Gursansky et al. 2003, 17 ff.). Die Komponenten beziehen sich aufeinander und ihr Zusammenhang macht das Case Management aus; das Vorkommen einzelner Momente – wie Bedarfsbestimmung, Hilfeplanung oder Evaluation – im professionellen Handeln verdient die Bezeichnung Case Management dagegen nicht.

Bei näherer Betrachtung der einzelnen Dimensionen erweist sich die *Zugangseröffnung* als die für die

Prozessregulierung entscheidende erste Phase (*out-reach*). Kontakte sind herzustellen und im Vorfeld klärt sich, von welcher Problematik auszugehen ist. Hier haben Dienste und Einrichtungen im Sozial-wesen und Gesundheitswesen die Möglichkeit, ihren Input systematisch zu erfassen und zu ana-lysieren. Dies ist sowohl dienstintern für eine an-gemessene und effiziente Aufteilung der Kapazitä-ten auf die Bedarfsdeckung wichtig als auch bedeutsam für die dienstexterne Sozialplanung. Diese muss wissen, inwieweit sich ein Angebot für die Bevölkerung bzw. für Teilpopulationen er-schließt bzw. von ihnen wahrgenommen wird.

In einer Clearing- und Screening-Situation, die der Aufnahme in ein individuelles Case Management vorangeht, entsteht ein differenziertes Bild der Aufgaben, die sich der Versorgung stellen. Heraus-zufinden sind diejenigen Nutzer, die dem Versor-gungsauftrag bzw. dem Leistungsvermögen und der Schwerpunktsetzung eines Dienstes oder einer Einrichtung entsprechen. Festzustellen sind aber auch die Anliegen, bei denen weiterverwiesen, nur kurz beraten oder eine akut notwendige Hilfestel-lung gegeben wird.

Die Beobachtung und Analyse des Zugangs führt im Management des Versorgungsbetriebs dazu, dass sich Fallgruppen bilden, was mit der Fokussie-rung der Art und des Umfangs der Leistungs-erbringung auf Zielgruppen abzugleichen ist. Ge-wöhnlich ist eine Gruppierung nach Bedarf, Ressourcenverbrauch bzw. Kostenhomogenität an-gebracht.

Die zweite Phase im Case Management führt zu einer genaueren Klärung des fallweise gegebenen Versorgungsbedarfs. Das *Assessment* erfolgt in ei-nem offenen gemeinsamen Aushandlungsprozess. Darin teilt ein Case Manager die Sorgen des Klien-ten und schätzt mit ihm Potenziale, Hindernisse, persönliche Einstellungen, Umweltgegebenheiten und Chancen ein. Beraten wird über die Lebens-lage und die Problematik insgesamt. Es wird ana-lysiert, wie eine Person oder Familie in ihrer Lage „disponiert" ist und wie das Umfeld disponiert ist, in dem jemand mit seinem individuellen Verhalten den für ihn relevanten Verhältnissen (in der Ar-beitswelt, im Wohnumfeld, in den Infrastrukturen möglicher Versorgung) begegnet. Somit erfolgt die Feststellung des Bedarfs nicht unabhängig von den Gegebenheiten des Systems, in dem er gedeckt werden kann. In der Einschätzung eines Falls wird

darauf fokussiert, was überhaupt handhabbar und machbar (*manageable*) ist.

Die individuelle Zielbestimmung, die sich im Case Management an das Assessment anschließt, kann auf der Aggregatebene in eine differenzierte soziale Programmentwicklung einfließen. Das gilt für die Dimension der *Planung* im Case Management ins-gesamt: Hier wird fallbezogen nach einer pass-genauen Bedarfsdeckung (im Sinne einer Gesamt-planung) und nach den Mitteln und Wegen gesucht, mit und auf denen die Bedarfs-deckung – per fachlicher Ausführungsplanung – er-folgen soll. Case Manager / -innen fungieren als Navigatoren (*care navigators*), die Dienste und an-dere Hilfen im Versorgungssystem ausfindig ma-chen und die Nutzer daran *bottom-up* heranführen. Bei dieser Navigation in der Fallführung wird be-obachtet, was sich im Feld der Versorgung machen lässt. Die personbezogene Planung beansprucht das Care Management in Hinblick auf die Leis-tungsgestaltung insgesamt. Es sind *top-down* Mittel und Wege fallübergreifend in der Infrastruktur der Humandienstleistungen vorzusehen, weshalb eine angemessene Sozialplanung fortlaufend berück-sichtigen wird, was – nach Zielkategorien geglie-dert, in vielen Einzelfällen, hoffentlich gut doku-mentiert – gefragt ist und geplant wird und wo es an Mitteln und Wegen mangelt.

Gleichermaßen kontrolliert in der folgenden Phase das *Monitoring* die Umsetzung der vereinbarten Leistungserbringung und somit den Fortgang der Bedarfsdeckung. Für eine soziale Dauerbeobachtung (*social monitoring*) erfasst das Monitoring die tat-sächlichen Beiträge, die aus dem formellen Versor-gungssystem und aus dem eigenen Lebenskreis einer Person oder Familie zur Bewältigung einer Proble-matik beigesteuert werden sowie die Schwierigkeiten bei dieser Ressourcennutzung. Das Case Manage-ment navigiert *in Netzwerken*. Darin lassen sich die ausgemachten Wege beschreiten und Lösungen fin-den. Oder man kommt im Netz der Versorgung nicht weit und stellt fest, dass Hilfen ausbleiben, Ka-pazitäten nicht vorhanden, Plätze besetzt, Termine ausgebucht und die Mittel erschöpft sind oder dass die Qualität von Dienstleistungen unter dem Stan-dard bleibt. Zum Monitoring gehört ein *Beschwerde-management*. In konkreten Einzelfällen stößt man auf die Untiefen der sozialen Infrastruktur. Hier zeigt sich, wie belastbar das koordinierte Vorgehen ist und wie gut dienstleistende Stellen kooperieren.

Die Dimension der *Evaluation* im Case Management dient per Prozess- und Ergebnisevaluation der Qualitätskontrolle in der Fallführung. Sie dient zugleich aber per Strukturevaluation auch der Qualitätssicherung auf der betrieblichen Ebene der Versorgungssteuerung und ist sodann zur Bewertung des Versorgungsangebots insgesamt heranzuziehen. Für die Planungsebene lautet die Frage: Wie bewährt sich der Bestand an Humandienstleistungen in seinen Strukturen und in seiner interorganisatorischen Vernetzung? Die vorhandene Ablauforganisation entwickelt sich während ihres Einsatzes in vielen einzelnen Fällen.

Mit der Beobachtung des Verlaufs geführter Fälle und der Ergebnisse ihres Managements geht die Evaluation im Versorgungsprozess in *Rechenschaftslegung (accountability)* über. Die in der Rechenschaftslegung erfolgende Berichterstattung aus dem Prozess des Case Managements lässt die (angebotsorientierte) fachliche Darstellung von einzelnen Leistungen und der Nachfrage danach hinter sich. Die „Mikrodaten" individuellen Bedarfs, fallbezogener Zielsetzungen, Hilfeplanung und von Erfahrungen mit der Leistungserbringung in jedem Einzelfall bleiben auch erhalten, wenn sie zu Datenclustern aggregiert werden, die von der Sozialplanung auswertbar sind. Mikrodaten sind das „molekulare" Material einer integrierten Sozialberichterstattung. Das Case Management kommt somit der Forderung nach, kontinuierlich „Interventionsdaten" – die in der Arbeit selbst entstehen – für die Planung und Organisationsentwicklung nutzen zu können.

Systemsteuerung und vernetztes Arbeiten

Seitdem es nicht mehr nur als ein Verfahren in der ambulanten Sozialarbeit begriffen wird, sondern als Organisationsprinzip auf der Ebene des Betriebs humandienstlicher Versorgung wahrgenommen wird, spricht man im Case Management von *Systemsteuerung* und stellt es der Fallsteuerung oder Fallführung gegenüber. Unter Systemsteuerung wird einesteils das Handeln von Case Managern im Netzwerk des Systems der Versorgung mit dessen Trägern, Dienstleistern und mitwirkenden Akteuren verstanden. Das System bietet vielfältige Ressourcen zur Deckung eines fallweise gegebenen

Bedarfs; im Case Management werden sie herangezogen, durch Knüpfen von Netzen erschlossen und verfügbar gehalten, um in koordinierter und kooperativer Weise genutzt zu werden. Kompetenz im System heißt hier, auf die Mittel und Wege im System dem Bedarf von Klienten entsprechend zugreifen können.

Andernteils ist mit Systemsteuerung eine Organisationsentwicklung gemeint, die sich des Case Managements zur Optimierung der Aufgabenerledigung bedient. Man will Organisationsentwicklung effektiv und effizient gestalten und strukturiert die Betriebsabläufe entsprechend. Der Erfolg des Einsatzes von Case Management hängt mithin davon ab, wie man es auf der Führungsebene von Leistungsträgern und Dienstleistern zu gebrauchen und zu implementieren weiß. In der Steuerung des ganzen Prozesses bettet das Case Management den Einzelfall in eine angemessene Besorgung aller Fälle ein, für die ein Dienst oder eine Einrichtung zuständig ist. Dazu wird eine Anpassung der Organisation und deren Prozesse an eine – möglichst evidenzbasierte – Leistungserbringung betrieben. Stationäre Versorger, insbesondere große Krankenhäuser, haben ein „zentrales Case Management" eingerichtet, das für die optimale Durchleitung der Patienten von der Aufnahme bis zur Entlassung und Nachsorge über Stations-, Sektor- und Fachgrenzen hinweg zuständig sein soll. Es steht dem einzelnen Patienten nur indirekt zur Seite, indem es sich an fallgruppenspezifische Behandlungspfade hält. Auf der Organisationsebene kommt die Steuerung per Case Management oft nur teilweise zustande und beschränkt sich nicht selten entweder auf ein Aufnahmemanagement oder ein Entlassungs- bzw. Überleitungsmanagement. Betriebsbezogen wird das Case Management mit einem *Prozessmanagement* zur Optimierung der Behandlungsabläufe und der patientenbezogenen Zusammenarbeit der Fachkräfte und Fachstellen identifiziert. Case Management soll in der Bewirtschaftung der Mittel die Kosten- und Erlössituation verbessern.

Status und Ausbildung von Case Managern

Die Organisation und Verortung von Case Management erfolgt in den einzelnen Handlungsfeldern sehr unterschiedlich. Beteiligt sind Fachkräfte sowohl auf der Führungsebene von Einrichtungen und Diensten als auch Beschäftigte auf der Mikroebene der unmittelbaren Versorgung. Die Funktion der Fallführung kann von einem Team oder von einem / einer Case Manager / -in wahrgenommen werden. Sie werden auch in Beratungs- und Koordinierungsstellen am Eingang ins Versorgungssystem (etwa bei Pflegebedürftigkeit) gebraucht oder wenn aus einer Versorgung (z. B. im Krankenhaus) in eine andere Behandlungs- oder Unterstützungssituation überzuleiten ist (Versorgungsmanagement gemäß § 11 SGB V). Einzelne Aufgaben im Prozess des Case Managements lassen sich auf „Versorgungsassistenten", „Fallbegleiter" oder „Fallassistenten" verteilen. Diese arbeiten einer Fallführung zu, ohne volle Verantwortung dafür zu haben. Fachlich qualifiziert sind für die Tätigkeit als Case Manager / -in sozial-, gesundheits- und pflegeberuflich erfahrene Absolvent(inn)en einer Fachhochschule mit Diplom- oder Bachelor-Abschluss und einer zertifizierten Weiterbildung im Case Management. Auch im Rahmen eines Master-Studiums wird im Case Management ausgebildet.

Die Ausbildung ist auf die diversen Anwendungsgebiete des Case Managements eingerichtet. Verschiedene Berufsgruppen nehmen daran Anteil. Die Soziale Arbeit hat ihren Anspruch auf das Handlungskonzept in der Vergangenheit nur begrenzt wahrgenommen; zu groß war die Abneigung gegen jede Art von „Managerialismus". Es ist versucht worden, die Expertise im Case Management in einer *Fachsozialarbeit* als einem Spezialgebiet der Disziplin und Praxis Sozialer Arbeit unterzubringen. Die Soziale Arbeit setzt in Theorie und Praxis ein entsprechend sich differenzierendes disziplinäres Verständnis voraus und sollte die Teilhabe anderer Berufsgruppen am Prozess des Case Managements nicht ausschließen.

Eine fachpolitische Interessenvertretung von zertifizierten Case Managern und deren Ausbildungsstätten ist die Deutsche Gesellschaft für Care und Case Management (DGCC) mit Sitz in Mainz. Sie hat Rahmenempfehlungen für den Einsatz des Verfahrens und *Standards* für die Arbeit von Case Managern erstellt (Wendt / Löcherbach 2009), wie es zuvor bereits andere Berufsvereinigungen (NASW 1992) und Fachgesellschaften (CMSA 2004) getan haben. Sie sind sich darin einig, dass es sich beim Case Management nicht um eine Profession handelt – seiner professionellen Ausübung steht aber eine eigene Kompetenz und Fachlichkeit zu.

Literatur

CMSA (Case Management Society of America) (2004): Standards of Practice for Case Management. Case Management Society of America, Little Rock

Daly, M. (Hrsg.) (2002): Care Work: The Quest for Security. International Labour Office, Genf

–, Rake, C. (2003): The Gender Division of Welfare: Care, Work and Welfare in Europe and the USA. Polity, Cambridge

Gursansky, D., Harvey, J., Kennedy, R. (2003): Case Management. Policy, Practice and Professional Business. Columbia University Press, New York

Johnson, S. (Hrsg.) (2002): Interdisziplinäre Versorgungspfade. Pathways of Care. Huber, Bern

Löcherbach, P., Klug, W., Remmel-Faßbender, R., Wendt, W. R. (Hrsg.) (2005): Case Management. Fall- und Systemsteuerung in der Sozialen Arbeit. 3. Aufl. Ernst Reinhardt, München / Basel

NASW (National Association of Social Workers) (1992): NASW Standards for Social Work Case Management. NASW, Washington

Neuffer, M. (2005): Case Management. Soziale Arbeit mit Einzelnen und mit Familien. Juventa, Weinheim / München

Wendt, W. R. (2008): Case Management im Sozial- und Gesundheitswesen. Eine Einführung. 4. Aufl. Lambertus, Freiburg / Br.

– (2006): Case Management in der Entwicklung. Stand und Perspektiven in der Praxis. Economica, Heidelberg

– (Hrsg.) (1991): Unterstützung fallweise. Case Management in der Sozialarbeit. Lambertus, Freiburg / Br.

–, Löcherbach, P. (Hrsg.)(2009): Standards und Fachlichkeit im Case Management. Economica, Heidelberg

Wissert, M. (2001): Unterstützungsmanagement als Rehabilitations- und Integrationskonzept bei der ambulanten Versorgung älterer, behinderter Menschen. Herleitung, Entwicklung und Erprobung eines Handlungsansatzes. Karin Fischer, Aachen

Demografie

Von Marc Luy

Gegenstand der Demografie

Die Demografie befasst sich mit der Erforschung von Bevölkerungen in Bezug auf ihre Größe und Struktur sowie den entsprechenden zeitlichen Veränderungen. Dabei definieren Demografen eine Bevölkerung als Gruppe von Individuen, die zu einem bestimmten Zeitpunkt und in einem definierten geografischen Gebiet am Leben sind. Die Struktur einer Bevölkerung ist die Verteilung ihrer Mitglieder nach Alter, Geschlecht und anderen Charakteristika wie Familienstand, Staatsangehörigkeit oder Gesundheitszustand. Die Bevölkerungsstruktur ist das Resultat der vergangenen Entwicklung demografischer Ereignisse wie Geburten, Sterbefälle, Heiraten oder Scheidungen.

Das Wort „Demografie" stammt aus dem Griechischen und bedeutet sinngemäß „Beschreibung des Volkes". Daher wird der Begriff Demografie auch als Synonym für „Bevölkerungswissenschaft" verwendet. Gerade im deutschsprachigen Bereich wird jedoch von einigen Seiten auf eine inhaltliche Trennung zwischen diesen Begriffen wertgelegt. Nach diesem Verständnis werden die Aufgaben der Demografie eingegrenzt auf die statistische Beschreibung von Bevölkerungen in Bezug auf ihre Struktur und die in ihnen erfolgenden demografischen Ereignisse. Die Bevölkerungswissenschaft wird dann wesentlich umfassender verstanden als Oberbegriff für die Disziplinen, die sich mit den Ursachen und Konsequenzen demografischer Phänomene auseinandersetzen und die Bevölkerung dabei in den Kontext der gesellschaftlichen, politischen, wirtschaftlichen und medizinischen Rahmenbedingungen stellen. International trifft man dagegen auch auf die umgekehrte Auffassung, dass die Bevölkerungsforschung ein Teil der Demografie ist. Der methodische Zweig der Disziplin wird dabei mit dem Terminus „formale Demografie" bezeichnet, der vielfach bedeutungsgleich mit den Begriffen Bevölkerungsmathematik bzw. Bevölkerungsstatistik verstanden und verwendet wird.

Durch ihr Methodenspektrum und die daraus entspringenden Indikatoren für die Beschreibung demografischer Verhaltensweisen und demografischer Verhältnisse von Bevölkerungen steht die Demografie in direkter Verbindung zu allen Wissenschaftsdisziplinen, die sich ebenfalls ausschließlich oder in spezifischen Teilbereichen mit Bevölkerungen beschäftigen, wie die Soziologie, die Ökonomie, die Geografie, die Geschichtsforschung, die Medizin, die Psychologie, die Biologie oder die Politikwissenschaft. Diese Verbindung manifestiert sich schließlich in den bevölkerungswissenschaftlichen Teildisziplinen der Bevölkerungssoziologie, der Bevölkerungsökonomie, der Bevölkerungsgeografie, der Paläodemografie, der Bevölkerungsgeschichte, der Epidemiologie, der Entwicklungspsychologie, der Populationsbiologie und der Bevölkerungs- bzw. Familienpolitik. Die (formale) Demografie besitzt dabei nicht nur eine Schlüsselfunktion für die einzelnen bevölkerungswissenschaftlichen Teilbereiche, sie stellt letztlich auch den zentralen Verknüpfungspunkt der sie verbindenden interdisziplinären Forschung dar.

Da auch im Tier- und Pflanzenreich demografische Prozesse erforscht werden und demografische Methoden zum Einsatz kommen, wird gelegentlich zwischen Human- und Biodemografie unterschieden. Von letzterer spaltete sich in jüngster Zeit der spezielle Zweig der Evolutionsdemografie ab. Dieser untersucht demografische Entwicklungen im Zusammenhang mit der Evolutionsgeschichte und verbindet damit letztlich Human- und Biodemografie. Der Schwerpunkt der angewandten demografischen Forschung konzentriert sich jedoch auf menschliche Bevölkerungen. Dies zeigt sich auch daran, dass jüngst populär gewordene Begriffe wie

Otto/Thiersch (Hg.), Handbuch Soziale Arbeit, 4. A., DOI 10.2378/ot4a.art023,

die „demografische Entwicklung" oder das „demografische Problem" inhaltlich direkt mit humanen Populationen und den gesellschaftlichen Auswirkungen der in ihnen erfolgenden demografischen Entwicklungen in Verbindung gebracht werden.

In aller Regel befasst sich die Demografie mit Bevölkerungen, die groß genug sind, damit die Analyse der demografischen Prozesse nicht vom spezifischen Verhalten einzelner Individuen beeinflusst wird. Dennoch werden demografische Kennziffern im Allgemeinen als beste Beschreibung für das typische Verhalten von Individuen interpretiert, auch wenn sie allenfalls das durchschnittliche Verhalten der Mitglieder einer Bevölkerung wiedergeben. Bei der Untersuchung der gegenwärtigen demografischen Situation konzentriert sich die Demografie vor allem auf die Analyse von Veränderungen demografischer Verhaltensweisen und Verhältnisse, so dass die zeitliche Dimension in der demografischen Forschung eine größere Rolle spielt als in den meisten anderen sozialwissenschaftlichen Disziplinen. Durch diese beiden Charakteristika – die Darstellung „typisch" individuellen Verhaltens einerseits und seine Veränderungen im Kontext sozialer, ökonomischer und politischer Wandlungen andererseits – stellt die Demografie mit ihren Indikatoren auch für jene Disziplinen eine bedeutende Grundlage dar, die sich vor allem mit den Individuen selbst auseinandersetzen, wie die Sozialarbeit und die Sozialpädagogik.

Grundlagen und Aufgaben demografischer Forschung

Eine Bevölkerung verändert sich in ihrer Zahl und Struktur durch Geburten und Sterbefälle, die sogenannten „Vitalereignisse". Sofern nicht die gesamte Weltbevölkerung, sondern bestimmte Teilpopulationen betrachtet werden, wie z. B. die Bevölkerung eines Landes, führen auch Wanderungsbewegungen in bzw. aus der Bevölkerung zu Veränderungen ihrer demografischen Charakteristika. Die zu den konkreten Zahlen von Geburten, Sterbefällen und Migranten führenden Prozesse der Fertilität (Fruchtbarkeit), Mortalität (Sterblichkeit) und Migration (Wanderung) werden auch als „demografische Basisprozesse" bezeichnet. Folglich ist die zu einem bestimmten Zeitpunkt vorherrschende Bevölkerungsstruktur

das Ergebnis der vergangenen Entwicklung der drei Basisprozesse. Diese sind aber nicht nur die Ursache demografischer Strukturbildung und Veränderung, sie werden auch zu einem großen Teil durch die demografischen Gegebenheiten und Entwicklungen selbst beeinflusst oder bewirkt.

Für die meisten politisch und gesellschaftlich relevanten Fragestellungen sind primär die reinen Bevölkerungszahlen von Interesse, wie die vergangene und zukünftige Anzahl an Geburten, Sterbefällen bzw. der Gesamtbevölkerung oder Teilen davon wie Schüler, Studenten, Erwerbstätige oder Rentner. Die Hauptaufgabe der Demografie besteht daher darin, die zu diesen Zahlen führenden demografischen Verhaltensweisen durch geeignete Indikatoren zu charakterisieren. Hierfür wurden spezifische demografische Kennziffern entwickelt, wie die als „durchschnittliche Kinderzahl" interpretierte *Total Fertility Rate* (TFR) oder die durchschnittliche Lebenserwartung bei Geburt. Letztlich sind derartige Parameter aber nicht so einfach zu interpretieren, wie es ihre Namensgebung verspricht. Selbst innerhalb der Demografie wird dieses Thema intensiv diskutiert, was in der jüngsten Vergangenheit zur Einführung neuer Standardisierungskriterien geführt hat (siehe unten). Vor allem durch die politischen, ökonomischen und gesellschaftlichen Herausforderungen, die durch demografische Entwicklungen hervorgerufen werden, hat sich neben der statistischen Analyse der demografischen Prozesse auch die Prognose zukünftiger Bevölkerungsentwicklungen zu einer weiteren bedeutenden Aufgabe der Demografie herausgebildet.

Konzeptionell unterscheiden sich demografische Ereignisse dadurch, ob sie wie bei der Mortalität nur einmal oder häufiger bzw. gar nicht im Leben auftreten können, wie dies bei der Fertilität, bei Heiraten oder Scheidungen der Fall ist. Prozesse der ersteren Art können allein durch den Zeitpunkt charakterisiert werden, in dem sie (durchschnittlich) auftreten. Da demografische Prozesse in Bezug auf den menschlichen Lebenslauf analysiert werden, entspricht der Zeitpunkt dem Alter des Auftretens des Ereignisses, wie dies z. B. mit der durchschnittlichen Lebenserwartung bei Geburt zum Ausdruck gebracht wird. Wiederholbare Ereignisse benötigen folglich zwei verschiedenartige Messkonzepte, da neben dem (durchschnittlichen) Zeitpunkt des Ereigniseintritts auch noch seine (durchschnittliche) Häufigkeit bestimmt werden muss. Analytisch kann dieser zweite Auswertungsschritt umgangen werden, indem die wiederholbaren Ereignisse in ihre einzelnen nicht wiederholbaren Teilereignisse untergliedert werden, wie Erstgeburten, Zweitgeburten oder Erstheiraten. Dies ermöglicht in der Regel letztlich auch eine genauere Analyse spezifischer demografischer Verhaltensweisen.

Für die demografische Forschung benötigt man Kenntnisse über Größe und Struktur von Bevölkerungen sowie über die demografischen Ereignisse. Darüber hinaus ist ein gewisses Verständnis mathematischer und wissenschaftlicher Konzepte notwendig, um die entsprechenden Analysen durchzuführen. Die für die demografische Forschung erforderliche statistische Erfassung großer Bevölkerungseinheiten ist kostspielig und benötigt ein System zentraler Registrierung. Beides hat sich nur langsam und noch nicht in allen Ländern der Erde entwickelt. Die historisch ersten Bevölkerungszählungen wurden nicht für demografische Forschungszwecke durchgeführt, sondern zur Bestimmung der militärischen Stärke bzw. zur Festsetzung von Besteuerungsgrundlagen. Auch heute noch erfolgt die Erhebung von Bevölkerungsdaten häufig in dezentraler Weise, was demografische Analysen erschwert. Auch die Erfassung von Geburten und Sterbefällen erfolgte ursprünglich nicht aus wissenschaftlichen Gründen, sondern aufgrund kirchlicher Anordnungen oder juristischer Erfordernisse wie der Einführung des Erbrechts. Beides betraf bzw. tangierte nicht alle Mitglieder der Bevölkerung, sodass die historisch ersten Daten zu demografischen Ereignissen nur für spezifische Teile der Gesellschaft erfasst wurden.

Demografische Daten

Volkszählungen wurden bereits in der Antike in mächtigen Staaten wie Ägypten, Babylon, Persien, Indien und China sowie in einigen griechischen Stadtstaaten durchgeführt, wenngleich dabei in den meisten Fällen nicht alle Individuen erfasst wurden. Im alten Rom fand alle fünf Jahre ein Zensus statt. Im 14. und 15. Jahrhundert gab es die ersten Steuerregister in England, Frankreich und den Niederlanden sowie verschiedenste andere Zählungen in deutschen, italienischen, spanischen und portugiesischen Städten. Mit der Entstehung einflussreicher Nationalstaaten wurden Volkszählungen schließlich üblich. Quebec führte im Jahr 1665 den ersten vollständigen Zensus durch, gefolgt von England, Frankreich und Island am Ende des 17. Jahrhunderts. In den Jahren 1748 und 1749 folgten Preußen und Schweden. Bevölkerungsregister wurden zuerst in Skandinavien eingeführt, beginnend mit Schweden im Jahr 1686. Die Anzahl der durchgeführten Zensen vermehrte sich dann rasch ab dem späten 18. und frühen 19. Jahrhundert: 1798 in der Schweiz, 1800 in den Vereinigten Staaten von Amerika, 1801 in England und Frankreich und 1813 in Irland. Schließlich folgten über 20 weitere Staaten in den 1860er Jahren. Von 1834 bis 1867 führte der Deutsche Zollverein regelmäßig alle drei Jahre Volkszählungen in den Mitgliedsländern durch. Allerdings handelte es sich bei diesen Erhebungen nicht um Volkszählungen wie sie in der Gegenwart und in der jüngeren Vergangenheit durchgeführt wurden. Bis zur Mitte des 19. Jahrhunderts wurden weder detaillierte Altersdaten noch Informationen zu den einzelnen Individuen erfasst. Ebenso gab es zur damaligen Zeit noch keine speziellen Trainingsprogramme für die mit der Zählung betrauten Helfer. Im Deutschen Reich erfolgte die erste umfassende Volkszählung im Jahr 1871. Erst seit diesem Zeitpunkt gibt es folglich auch demografische Informationen über die gesamte Bevölkerung des deutschen Staatsgebiets.

Die systematische Erfassung demografischer Ereignisse wurde in den zum Christentum gehörenden Regionen durch die sakramentale Bedeutung von Taufen, Heiraten und Bestattungen begünstigt. Mit dem Konzil von Trient (Tridentinum) im Jahr 1563 wurde die Erfassung von Taufen und Heiraten in der gesamten römisch-katholischen Welt verpflichtend eingeführt, was in der Praxis bald auch um Bestattungen erweitert wurde. Mit der Ausbreitung des Protestantentums und dem voranschreitenden Verlust an weltlicher Macht der katholischen Kirche wurde die ursprüngliche Erfassung von Taufen und Beerdigungen in Kirchenbüchern schließlich ersetzt durch die staatliche Registrierung von Geburten und Sterbefällen. Letztere wurde zu Beginn jedoch noch nicht um Sterbeurkunden ergänzt, die vor allem eine genauere Erhebung der Todesursachen ermöglichen. Dies geschah erst ab 1855 in Schottland, ab 1865 in den Niederlanden und ab 1874 in

England und Wales. In den USA lag die Erfassung von Vitalereignissen im Gegensatz zu den für die ganze Nation durchgeführten Zensen im Zuständigkeitsbereich der einzelnen Bundesstaaten. Dadurch verbreitete sich die systematische Erfassung von Geburten und Sterbefällen nur langsam über das gesamte Staatsgebiet, weshalb die demografischen Daten hier regional sehr unterschiedlich weit in die Vergangenheit zurückreichen. Eine ähnliche organisatorische Situation gibt es im Übrigen bis heute in der Bundesrepublik Deutschland, wo für die Durchführung der Bevölkerungsstatistik die Bundesländer zuständig sind und die diesbezüglichen Aufgaben des Statistischen Bundesamtes vor allem darin bestehen, die von den Bundesländern übermittelten Bevölkerungsdaten für das Bundesgebiet zusammenzufassen. Die Abhängigkeit von diesen Datenlieferungen führt letztlich dazu, dass die Bevölkerungsdaten für Deutschland erst mit einer zum Teil erheblichen zeitlichen Verspätung veröffentlicht werden können.

In den meisten Entwicklungsländern wurden die ersten Volkszählungen erst während der zweiten Hälfte des 20. Jahrhunderts durchgeführt. In einigen Ländern Afrikas gab es jedoch bis heute noch keinen einzigen Zensus. Noch schlechter ist die Situation bezüglich der Erfassung der demografischen Ereignisse, die es gegenwärtig nur in den wenigsten asiatischen und in fast keinem afrikanischen Land gibt. Um dennoch zumindest grobe Informationen über demografische Entwicklung und Familienplanung in diesen Ländern zu erhalten, wurden in den letzten Jahrzehnten nationale *Surveys* (Befragungen) durchgeführt, die sich in den meisten Fällen auf Frauen im reproduktiven Alter konzentrieren und zwischen 5.000 und 10.000 Personen umfassen. Die ersten derartigen Erhebungen waren die so genannten *KAP Surveys* („On Knowledge, Attitudes, and Practices with Regard to Fertility"), die in den Jahren 1962 bis 1973 erfolgten, gefolgt vom *World Fertility Survey* (WFS) von 1973 bis 1984. Dieser wurde schließlich von den bis heute durchgeführten *Demographic and Health Surveys* (DHS) abgelöst. Das WFS-Programm umfasste insgesamt 61 Entwicklungsländer. Die DHS wurden bis zum Jahr 2001 in 69 Ländern durchgeführt, von denen 45 den DHS zu mindestens zwei Zeitpunkten erhoben. In diesen beiden Programmen wurden auch bestimmte Informationen zur Sterblichkeit naher Familienange-

höriger eingeholt, durch die sich mit spezifischen Analyseverfahren (den sogenannten „indirekten Methoden") das Mortalitätsniveau der jeweiligen Bevölkerung grob schätzen lässt. In den meisten Fällen genügen die auf diese Weise eingeholten Mortalitätsdaten jedoch allein zur relativ verlässlichen Schätzung der Säuglings- und Kindersterblichkeit. Neben den großen internationalen Befragungsprogrammen gibt es auch vereinzelte spezielle Surveys und Bemühungen, im Rahmen von Volkszählungen demografische Ereignisse in Familien und Haushalten zu erfragen. Vor allem im französischsprachigen Afrika wurden in den 1950er Jahren spezielle demografische Surveys durchgeführt. Etwas später erfolgten dann große Erhebungen in den beiden bevölkerungsreichsten Ländern China und Indien.

Durch die Entwicklungen im IT-Bereich und die Verbreitung des Personal Computers wurde es den Demografen möglich, Analysen von Survey- und Zensusdaten selbst durchzuführen und nicht von den nationalen Statistischen Ämtern abhängig zu sein. Dies führte zu tiefgründigen Veränderungen des Wesens der gesamten Wissenschaftsdisziplin, das ganz entscheidend von den vorherrschenden Daten- und Rechenkapazitäten geprägt ist. Hinzu kommt, dass seit den 1990er Jahren auch in den entwickelten Ländern eine immer größere Zahl von Surveys zu demografischen Aspekten oder mit demografischen Inhalten durchgeführt wird. Da die Grenzen zwischen der Demografie und den bevölkerungswissenschaftlichen Teildisziplinen fließend sind, beschäftigen sich immer mehr demografische Forschungsinstitutionen und Einzelforscher auch mit der Analyse der zu demografischen Verhaltensweisen führenden Faktoren. Inzwischen haben Surveys mit ihrem zum Teil enormen Informationsgehalt, wie zum Beispiel die in zahlreichen Ländern durchgeführten Erhebungen des GGP (*Generations and Gender Programme*) und SHARE (*Survey of Health, Ageing and Retirement in Europe*), eine mindestens ebenso große Bedeutung in der demografischen und bevölkerungswissenschaftlichen Forschung erlangt wie die amtlichen Bevölkerungsdaten. Diese Entwicklung führte letztlich auch zu einer Erweiterung des in der demografischen Forschung verwendeten Methodenspektrums um statistische Verfahren wie der *Ereignisdatenanalyse* oder *Random-Effects-Modellen*.

Demografische Kennziffern

Die größte Bedeutung gewinnt die (formale) Demografie durch ihren Methodenapparat und die daraus abgeleiteten Kennziffern zur Charakterisierung demografischer Verhaltensweisen und Verhältnisse. Hierfür gibt es verschiedene Möglichkeiten, wobei die typischerweise herangezogenen Parameter methodisch sehr ähnlich abgeleitet werden. Die Grundlage bilden zumeist altersspezifische Ereignisraten wie die altersspezifische Geburten- oder Sterberate. Dabei werden jeweils die betrachteten Ereignisse (z. B. Geburten oder Sterbefälle), die sich in einem bestimmten Alter bzw. in einer bestimmten Altersgruppe ereignen, bezogen auf die durchschnittliche Bevölkerung derselben Alterseinheit. Die altersspezifischen Ereignisraten werden dann in einem Summenmaß zusammengefasst, das alle für das jeweils betrachtete demografische Ereignis relevanten Altersstufen beinhaltet. Im Bereich der Fertilität ist die am häufigsten verwendete Kennziffer die Total Fertility Rate (TFR), die meistens als „durchschnittliche Kinderzahl pro Frau" bezeichnet und interpretiert wird. Für ihre Berechnung werden einfach die altersspezifischen Fertilitätsraten aufsummiert. Gerade im Bereich der Fertilitätsanalyse gibt es aber auch Summenmaße, bei denen demografische Indikatoren für die einzelnen Teilereignisse (Erstgeburten, Zweitgeburten usw.) zusammengefasst werden, wie bei der sogenannten *Parity Progression Ratio*. Das im Bereich der Mortalität am häufigsten verwendete Maß ist die durchschnittliche Lebenserwartung. Sie wird aus der Sterbetafel abgeleitet, deren Grundlage wiederum die altersspezifischen Sterberaten bilden. Diese werden dann so miteinander verknüpft, dass für eine Gesamtheit von Neugeborenen rekonstruiert werden kann, wie viele von ihnen ihren ersten, zweiten, dritten usw. Geburtstag erleben.

Die für die Berechnung demografischer Maße wie die TFR oder die durchschnittliche Lebenserwartung erforderlichen Ereignisraten können in zwei unterschiedlichen Perspektiven ermittelt werden: in *Kohorten-* und in *Periodenperspektive*. In der Berechnung der Kennziffern und der Präsentation der Ergebnisse sind beide Typen identisch. Jedoch sind die Datengrundlagen von Kohorten- und Periodenbetrachtung und der jeweilige zeitliche Bezugsrahmen, aus dem die Daten für die Berech-

nungen stammen, völlig verschieden. Erstere ist die eigentlich logisch richtige Methode, da bei ihr alle in einem bestimmten Zeitraum geborenen Individuen über ihre gesamte Lebenszeit beobachtet werden, um aus ihren Lebensdaten die tatsächlichen demografischen Verhaltensweisen und Erfahrungen des betrachteten Geburtsjahrgangs zu rekonstruieren. In der Kohortenperspektive haben daher auch die Parameter im Sinne von „durchschnittlicher Kinderzahl" oder „durchschnittlicher Lebenserwartung" eine reale Bedeutung.

In der Praxis ist es allerdings sehr schwer, echte Kohortendaten zu erhalten bzw. zu rekonstruieren. Ein weiteres Problem der Kohortenanalyse ist, dass sie erst dann komplett fertig gestellt werden kann, wenn das letzte Ereignis des betrachteten Geburtsjahrgangs stattgefunden hat, was bei der Fertilität etwa 50 Jahre nach Geburt der Kohorte und bei der Mortalität sogar erst nach 100 bis 110 Jahren der Fall ist. Die Kohortenperspektive ist daher nicht geeignet, eine gegenwartsnahe Beschreibung demografischer Gegebenheiten zu liefern. Vor allem deshalb erfolgen die meisten demografischen Analysen in Periodenperspektive. Diese gibt im Gegensatz zur Längsschnittbetrachtung der Kohortenanalyse einen Querschnittsblick auf die demografischen Verhältnisse einer Bevölkerung während eines Kalenderjahres (oder manchmal auch einer mehrjährigen Periode). Dabei wird so vorgegangen, dass aus allen im Beobachtungszeitraum lebenden Individuen und der von ihnen im Beobachtungszeitraum realisierten Ereignisse eine hypothetische Kohorte auf Grundlage der jeweiligen Periodenraten konstruiert wird. Vereinfacht ausgedrückt veranschaulichen die Periodenwerte, welche Konsequenzen die in einem definierten Zeitabschnitt vorherrschenden demografischen Verhältnisse auf eine künstlich konstruierte Population haben. Für die richtige Interpretation von Periodenwerten ist dabei wichtig, dass die typischen demografischen Parameter wie die TFR oder die durchschnittliche Lebenserwartung aufgrund ihrer Konstruktionsweise altersstandardisierte Parameter sind. In einer realen Bevölkerung wird die Häufigkeit der demografischen Ereignisse ganz entscheidend von ihrem Altersaufbau determiniert, sodass die dadurch hervorgerufenen Altersstruktureffekte vor allem bei einem Vergleich der demografischen Verhaltensweisen von verschiedenen Populationen oder der demografischen Verhältnisse zu verschiedenen Zeitpunkten störend wirken. Somit handelt es sich bei den konventionellen Perioden-maßen um ganz spezielle Altersstandardisierungs-verfahren für die in einem definierten Zeitabschnitt vorherrschenden demografischen Gegebenheiten. Es ist daher wichtig, die entsprechenden Parameterwerte auch nur als derartige Standardisierungs-parameter zu interpretieren. Eine darüber hinaus gehende Bedeutung kann von der Periodenanalyse nicht geliefert werden, da in der Regel keine wirkliche Kohorte im Verlauf ihres Lebens tatsächlich genau die altersspezifischen Ereignisraten realisiert, die während eines bestimmten Kalenderjahres auftreten.

Häufig werden die Periodenwerte jedoch fälschlicherweise im Sinne von Kohortenwerten interpretiert und verwendet, was den tatsächlichen Zusammenhängen zwischen Perioden- und Kohortenperspektive nicht gerecht wird. So liegen beispielsweise die Periodenwerte für die TFR in Westdeutschland seit mehr als 30 Jahren zwischen 1,3 und 1,4. Tatsächlich gab es jedoch noch keinen Geburtsjahrgang, dessen Fertilität unterhalb von durchschnittlich 1,6 Kindern pro Frau liegt. Obwohl 30 Kalenderjahre ziemlich genau der reproduktiven Lebensspanne einer wirklichen Frauenkohorte entsprechen, erbringen die während dieser Zeit berechneten Periodenparameter geringere Werte für die durchschnittliche Kinderzahl, als alle während dieser Jahre lebenden Frauenkohorten tatsächlich erbracht haben. Diese Art der Verzerrung von Periodenwerten geht auf sogenannte *Tempo-Effekte* zurück, die in der Demografie erst vor Kurzem von John Bongaarts und Griffith Feeney beschrieben wurden. Die Bezeichnung Tempo-Effekt beschreibt eine Veränderung von Perioden-raten für demografische Ereignisse, die allein aus einer während der Beobachtungsperiode stattfindenden Veränderung des Durchschnittsalters bei Eintritt des Ereignisses resultiert. Dabei führen eine Erhöhung des Durchschnittsalters zu einer Tempo-Effekt-bedingten Reduktion und die Verringerung des Durchschnittsalters zu einer Tempo-Effekt-bedingten Erhöhung der Periodenraten. Da demografische Periodenraten immer mit dem Ziel berechnet werden, die Häufigkeit des betrachteten Ereignisses während der Beobachtungsperiode im Sinne „gegenwärtiger Verhaltensweisen und Erfahrungen" zu quantifizieren, müssen Tempo-Effekte, ebenso wie Altersstruktureffekte, als ungewünschte Verzerrung angesehen werden. Dies gilt folglich

auch für alle aus demografischen Periodenraten abgeleiteten Summenmaße, wie die TFR oder die durchschnittliche Lebenserwartung.

Bei der Verwendung von demografischen Kennziffern in der praktischen Arbeit von Sozialarbeitern oder Politikern sollte also immer berücksichtigt werden, dass die konventionellen Periodenwerte nur bedingt geeignet sind, um die tatsächlichen demografischen Verhaltensweisen von Individuen zu charakterisieren. Dies gilt vor allem dann, wenn sich das Durchschnittsalter des Eintritts demografischer Ereignisse verändert, was in fast allen Ländern sowohl bei der Fertilität als auch bei der Mortalität der Fall ist, und zwar in verschiedenen Regionen in unterschiedlicher Weise. Zur Abbildung der gegenwärtigen demografischen Verhältnisse und Verhaltensweisen sind gerade vor einem derartigen Hintergrund tempostandardisierte Periodenwerte wesentlich geeigneter. Allerdings dürfen auch die tempostandardisierten Werte nicht als Kohortenschätzungen missverstanden werden. Sie repräsentieren die jeweiligen Periodenverhältnisse, indem sie abbilden, welche demografischen Durchschnittswerte in einer Bevölkerung resultieren würden, wenn die gegenwärtigen demografischen Verhaltensweisen konstant bleiben. Die Tempo-Standardisierung von demografischen Periodenmaßen erfährt gegenwärtig eine sukzessive Verbreitung in verschiedenen Anwendungsgebieten.

Aspekte angewandter demografischer Forschung

Zwischen der Mitte des 19. und der Mitte des 20. Jahrhunderts vollzog sich in den meisten entwickelten Ländern ein „demografischer Übergang" von hohen Fertilitäts- und Mortalitätsverhältnissen mit geringem Bevölkerungswachstum zu einem Regime mit niedrigen Fertilitäts- und Mortalitätsverhältnissen und ebenfalls geringem Bevölkerungswachstum. Da der Rückgang der Mortalität in den meisten Fällen zeitlich vor dem Rückgang der Fertilität erfolgte, war der demografische Übergang verbunden mit einer Phase raschen und starken Bevölkerungswachstums. Seit etwa 1950 lassen sich in den meisten Entwicklungsländern ähnliche Prozesse beobachten. Als eine Folge davon hat sich die Weltbevölkerung während der zweiten Hälfte des 20. Jahrhunderts von rund zweieinhalb Milliarden auf etwas mehr als sechs Milliarden Menschen erhöht. Da derartige demografische Prozesse eine lang anhaltende Wirkung auf die Bevölkerungsdynamik haben, wird davon ausgegangen, dass sich die Weltbevölkerung bis zum Ende des 21. Jahrhunderts auf neun bis 16 Milliarden Menschen erhöhen wird.

Thomas Malthus war im 18. Jahrhundert der erste, der systematisch argumentierte, dass hohe Fertilität und damit ein hohes Bevölkerungswachstum eine nachteilige Wirkung auf die ökonomischen Verhältnisse haben könnte. Er postulierte, dass eine wachsende Bevölkerung die Grenzen ihrer Nahrungsressourcen erreichen würde, was eine hohe Sterblichkeit durch Hungersnöte, Pestwellen und Kriege zur Folge hätte. Obwohl die Menschheitsgeschichte während der beiden letzten Jahrhunderte einen anderen Verlauf nahm als den von Malthus prognostizierten, gibt es auch heute noch große Befürchtungen bezüglich der ökonomischen und ökologischen Folgen des Bevölkerungswachstums. Dabei sehen gegenwärtig Bevölkerungsökonomen die Konsequenzen des Weltbevölkerungswachstums etwas optimistischer als Naturwissenschaftler.

Viele Folgen demografischer Prozesse verursachen wichtigen Handlungsbedarf für Politiker und Sozialarbeiter, wodurch die angewandte demografische Forschung eine große Bedeutung erlangt. Das Verständnis der Determinanten des Übergangs von hohen zu niedrigen Fertilitäts- und Mortalitätsverhältnissen und ihrer Wirkungszusammenhänge ist dabei ein ganz zentraler Aspekt. Viele Demografen gehen heute davon aus, dass die traditionellen Erklärungen durch ökonomische Faktoren und die Einrichtung von Gesundheitsvorsorge- und Familienplanungsprogrammen nicht ausreichen und um ideelle und kulturelle Bestimmungsfaktoren demografischen Verhaltens ergänzt werden müssen. In Industrieländern vollziehen sich dagegen andere demografische Prozesse, die auch zu anderen Konsequenzen führen und andere politische und gesellschaftliche Maßnahmen erfordern. Durch die anhaltend niedrige Fertilität und die kontinuierlich sinkende Mortalität erfahren die entwickelten Länder eine demografische Alterung ihrer Bevölkerungen, die zusammen mit den sie auslösenden Entwicklungen im Allgemeinen als *demografischer Wandel* bezeichnet wird. Ebenso wie Veränderungen in Fertilität und Mortalität stellen auch sich ändernde Verhaltensmuster bezüglich Eheschließung, Ehescheidung und Gesundheit erhebliche Anforderungen an Politik und Sozialarbeit.

Generell ist die demografische Arbeit von dem Bemühen geprägt, die Analysen immer für bezüglich der untersuchten demografischen Aspekte möglichst homogene Teilpopulationen durchzuführen. Da sich demografisches Verhalten neben Alter und Geschlecht vor allem schichtspezifisch und regional unterscheidet, sind diesbezüglich getrennte Analysen wichtig für die anwendungsorientierte demografische Forschung. Allerdings stoßen die entsprechenden Möglichkeiten hier an die Grenzen der verfügbaren Variabilität amtlicher Bevölkerungsdaten, was die jüngst erfolgende Konzentration auf alternative Surveydaten erforderlich macht.

Literatur

Bongaarts, J., Feeney, G. (2006): The Quantum and Tempo of Life-cycle Events. Vienna Yearbook of Population Research 2006, 115–151

Luy, M. (2009): Empirische Bestandsaufnahme der Bevölkerungsentwicklung in Ost- und Westdeutschland. In: Schubarth, W., Speck, K. (Hrsg.): Regionale Abwanderung Jugendlicher: Theoretische Analysen, empirische Befunde und politische Gegenstrategien. Juventa, Weinheim

Malthus, T. R. (1798): An Essay on the Principle of Population, as it Affects the Future Improvement of Society, with Remarks on the Speculations of Mr. Godwin, Mr. Condorcet, and Other Writers. 1. Aufl. Johnson, in St. Paul's Church-yard, London

Timæus, I. M. (2000): Demography. In: Gail, M. H., Benichou, J. (Hrsg.): Encyclopedia of Epidemiologic Methods. Wiley & Sons, Chichester, 296–300

Demokratie

Von Helmut Richter

Unter (sozial-)pädagogischem Blickwinkel über Demokratie nachzudenken, beinhaltet mindestens ein Doppeltes: eine Begriffsbestimmung und einen Bildungsaspekt (Brumlik 2004). Nun mag es für die Erziehungswissenschaft nicht verwundern, dass unter dem Stichwort der politischen Bildung durchaus von Demokratielernen, aber wenig vom Begriff der Demokratie die Rede ist, weil dies für eine Sache der Politikwissenschaft gehalten werden könnte. Aber damit wäre nicht geklärt, warum bei den Adressaten einer politischen Bildung immer schon ein Verständnis von Demokratie vorausgesetzt wird, warum es also zum Beispiel in Jugendsurveys immer wieder um die Frage geht: „Bitte sagen Sie mir, wie sehr Sie grundsätzlich für oder grundsätzlich gegen die Idee der Demokratie sind", und warum danach einzig die *Einstellung* zur Demokratie anhand der Prinzipien der Demonstrations- und Meinungsfreiheit sowie des Oppositionsrechts erhoben wird (Gaiser et al. 2009) – wenn diese Fragen nicht auf der Unterstellung gründen, dass alle auch ohne die Politologie und die politische Bildung schon wissen, was Demokratie ist, und dass diejenigen, die der Idee zustimmen, auch schon praktisch Demokraten *sind*, ohne dass theoretisch geklärt worden wäre: Wo wird Mensch Demokrat?, und: Wo kann Mensch Demokrat sein? Im Folgenden wird es darum gehen, diese institutionenbezogenen Fragen unter dem Bildungsaspekt historisch zu erfassen und dabei die je unterstellte Begriffsbestimmung in systematischer Absicht zu entfalten, um so zu einer Vermittlung von Theorie und Bildungspraxis zu gelangen.

Demokratiebildung in der Bundesrepublik

Demokratiebildung ohne Jugendarbeit

Im Jahre 2001 beschloss die Bund-Länder-Kommission für Bildungsplanung und Forschungsförderung (BLK) „vor dem Hintergrund der aktuellen Zunahme von Gewalt, Rechtsextremismus, Rassismus und Antisemitismus und einer seit Jahren zunehmenden Politik(er)verdrossenheit und Politikdistanz bei Jugendlichen" (Edelstein / Fauser 2001, 17) für den Zeitraum von 2002 bis 2007 das Modellprogramm „Demokratie lernen und leben". In dem Gutachten, das dem Programm vorausgeschickt worden ist, wird zwar unter der Überschrift „Demokratie als Aufgabe und Ziel von Erziehung, Schule und Jugendarbeit" auch der außerschulische Bereich mit der Jugendarbeit „als Zentrum einer nicht-defizitär ausgerichteten Sozialpädagogik" (Richter 1998, 151) angesprochen, aber im Text nicht wieder thematisiert. Denn Demokratie wird, entsprechend der Verfassung und den Schulgesetzen, als Aufgabe und Ziel von Erziehung und Schule begriffen. Die Begründung für diese Fokussierung auf die Schule lautet: „Die Schule erreicht potentiell alle Jugendlichen und verfügt damit über besondere Möglichkeiten, Jugendliche zu beeinflussen und zu prägen" (Edelstein / Fauser 2001, 6).

Die Nichtachtung der Jugendarbeit mag in der heutigen bildungspolitischen Diskussionslandschaft erstaunen. Es ist aber darauf hinzuweisen, dass ein führender wissenschaftlicher Vertreter der Jugendarbeit, Prof. Dr. Richard Münchmeier, Mitglied der Koordinierungsgruppe des Modellprogramms war. Es ist also davon auszugehen, dass diese Nichtachtung dem Selbstverständnis der Jugendarbeit nicht grundsätzlich widerspricht. Sie ist

Otto/Thiersch (Hg.), Handbuch Soziale Arbeit, 4. A., DOI 10.2378/ot4a.art024,

vielmehr ein wesentliches Moment ihrer Geschichte, die ich unter diesem Blickwinkel kurz skizzieren möchte.

Jugendarbeit ohne Demokratiebildung

Beschränken wir uns bei dieser Skizze auf die Bundesrepublik Deutschland, so stellte das Bestreben der alliierten Siegermächte, den Neuanfang der Bundesrepublik mit einem Programm zur Reeducation in Demokratie zu begleiten, den historischen Ausgangspunkt dar. Allerdings kann dieses Programm selbst keineswegs schon als Beleg für eine Nichtachtung der Jugendarbeit genommen werden, auch wenn es in Darstellungen aus schulischer Sicht so erscheint (Gagel 2005). Denn die insbesondere von den Amerikanern und Engländern initiierten Maßnahmen der sog. *Umerziehung* hatten ihren Schwerpunkt nicht nur in der Schule, sondern bezogen insbesondere auch die außerschulische Jugendbildung explizit mit ein. Deshalb entstanden in der englischen und amerikanischen Besatzungszone sog. *Jugendhöfe*, die vor allem die ehrenamtlich in den Jugendverbänden tätigen Jugendgruppenleiter demokratisch qualifizieren und damit befähigen sollten, über den Horizont ihrer weltanschaulich geprägten Jugendorganisationen hinauszublicken (Schepp 1963).

Gegen dieses Programm und seine Ausgestaltung in Form einer *behördlichen* offenen Jugendarbeit wandte der neugegründete Deutsche Bundesjugendring auf seiner ersten Vollversammlung im Jahre 1949 ein, es könne „keine Neutralität in der Persönlichkeitsbildung" geben, wenn es um „ernsthafte Bildungsarbeit" gehe (Schepp 1963, 45). Erst eine Ausbildung der Jugendgruppenleiter durch ihre Verbände gewährleiste, dass die bindungs- und orientierungslose Jugend der Nachkriegszeit nicht durch die offene Jugendarbeit in die „Vermassung" hineingestoßen werde, sondern in der Mitte einer echten Jugendgemeinschaft ihre „geistige Mitte" finde: in der Form eines Wertes von letzter Gültigkeit, dem sich alle verbunden wissen (Dannenmann 1953/1983, 31 f.). Für die Jugendhöfe bleibe daher alleine die Aufgabe, „konkrete Praxisanleitungen für die Jugendgruppenleiter" (Peter 1996, 26) zu geben.

Nicht diese Kritik, wohl aber der Beginn des Kalten Krieges zwang die Alliierten in der Folgezeit, ihr Reeducation-Programm durch ein Kooperations-Programm zu ersetzen, um so die rasche Integration der Bundesrepublik in den westlich-kapitalistischen Wirtschaftsraum zu sichern (Gagel 2005, 42). Deshalb konnten die großen Jugendverbände die Jugendgruppenleiterausbildung nun tatsächlich in eigener Regie durchführen. Sie sahen sich damit aber zunehmend der innerdeutschen Kritik ausgesetzt, dass von Demokratie keine Rede sein könne, wenn die Weltanschauung schon vorgegeben und höchstens noch „in einem *exekutiven* Sinne" (Giesecke 1973, 90) umgesetzt werde.

Um sich von dem Verdacht zu befreien, dass die Weltanschauungsfixierung zu einer Neuauflage des jugendbewegten Strebens nach einem „autonomen Jugendreich" führen könne, und um dem erkennbaren Abschwung der Mitgliederzahlen entgegenzutreten, vollzogen die Jugendverbände im Jahre 1962 in St. Martin einen doppelten Schwenk. Sie bekannten sich zu einer „vergesellschaftete(n) Jugendarbeit" in dem Sinne, dass sie „im Auftrag der großen und repräsentativen Gruppen, Verbände und Institutionen unserer pluralistischen Gesellschaft geschieht" (Binder 1962/1983, 102), und waren zudem bereit, auch offene Formen der Jugendarbeit anzuerkennen, wenn sie denn bei den Jugendlichen „den Wunsch zum Engagement und zur Mitwirkung in Gruppen" zu entwickeln vermögen (Deutscher Bundesjugendring 1962, 121). Aber auch dieser Schwenk führte nicht dazu, dass die „skeptische Generation" (Schelsky 1957) der 1950er Jahre ihre Distanz zu den sich neu etablierenden und staatstragenden Institutionen abbaute. Immer mehr an Bedeutung gewann daher die offene Jugendarbeit, die den Dominanzanspruch der Jugendverbände und die ihr angediente „Zubringerfunktion" (Giesecke 1973, 91) zurückwies und stattdessen die Jugendlichen selbst in das Zentrum der Jugendarbeit rückte.

Vor diesem Hintergrund verfassten die vier Autoren Müller, Kentler, Mollenhauer und Giesecke das Buch „Was ist Jugendarbeit?" (1964/1977), in dem – dem Zeitgeist entsprechend – vor allem der offenen Jugendarbeit das Wort geredet wird. Dass aber die Begriffe Demokratie und Demokratiebildung gar nicht angesprochen werden, ist damit noch nicht erklärt. Ebenso wenig, dass sich diese Ausblendung fortsetzt in der von Böhnisch und Münchmeier als aktualisierter Folgeband konzipierten Veröffentlichung „Wozu Jugendarbeit?"

(1989) und in dem Tatbestand wiederholt, dass im Sachregister des von Böhnisch, Gängler und Rauschenbach herausgegebenen „Handbuch Jugendverbände" (1991) kein Stichwort Demokratie zu finden ist. Es dürfte auch erst nachvollziehbar werden, wenn wir uns das Demokratieverständnis vor Augen führen, das diesen Ausblendungen zugrunde liegt und auch heute noch vorherrschend ist.

Zum Begriff der Demokratie

Demokratie als Regierungsform

Das Demokratieverständnis der Alliierten, das im Rahmen des Reeducation-Programms vermittelt werden sollte, war wenig konkret, da sich die Besatzungsmächte des Dilemmas bewusst waren, dass eine Umerziehung zur demokratischen Selbstbestimmung nicht eigentlich verordnet werden konnte, sondern von den Deutschen selbst durchgeführt werden musste. Entsprechend allgemein gehalten ist dann auch die Beschreibung des ersten Leiters des Jugendhofs Vlotho, Klaus von Bismarck, wenn er im Jahre 1948 über die Gesprächsrunden in den Jugendleiterlehrgängen berichtet: „Sicher ging es dabei auch um den Demokratiebegriff. Aber eigentlich weniger um Begriffe oder Definitionen als um gelebte Wirklichkeit" (Peter 1996, 45). Und die gelebte Wirklichkeit in den Jugendhöfen bestand eben in der bloßen „Gemeinschaftsinszenierung" (Sturzenhecker 1996, 190) mit dem Ziel, sich im Spektrum der unterschiedlichen Weltanschauungen mit den Themen der Zeit auseinanderzusetzen.

Rund fünfzehn Jahre später aber kam das nunmehr vorherrschende Demokratieverständnis im Begriff der „vergesellschafteten Jugendarbeit" konkret zum Ausdruck – allerdings zu einer Zeit, wo es nicht eigentlich mehr um Reeducation und Demokratiebildung ging, sondern recht irdisch um demokratische Praxis in der Form des Kampfes um finanzielle Zuwendungen aus dem staatlichen Förderungssystem, gerechtfertigt durch ein Alleinstellungsmerkmal: hier die geistige Mitte der Jugendgemeinschaft (Giesecke 1973, 83; Peter 1996, 60). Dies war ein Kampf, auf den die Verbände und Parteien ihre Nachwuchsorganisationen vorbereiteten, indem sie mit ihnen – als Zugabe zur Gemeinschaftsbil-

dung in der Gruppe – das Durchsetzen eigener Interessen einübten.

Eine solche Praxis entsprach Joseph Schumpeters „Konkurrenzmodell" von Demokratie, das in seiner Rahmung schon auf Aristoteles zurückgeht. Denn nach Aristoteles gründet die Demokratie auf dem Grundsatz der Freiheit, das heißt „leben zu können, wie man will". Hieraus folgt für Aristoteles, „dass man am liebsten sich nicht regieren lässt, und zwar am liebsten von niemandem, soweit dies aber unmöglich ist, nur abwechslungsweise". Und hieraus folgt ebenso, dass die Armen, weil sie die Mehrzahl bilden, durch ihre Mehrheitsbeschlüsse auch „die bindende Gewalt über alles" (Aristoteles 1968, 1317b 1–17) haben und damit die Freiheit umgrenzen, sie selbst aber nicht bestimmen oder bilden.

Im Sinne dieses Freiheitsverständnisses, das kein Gemeinwohl und keinen Willen des Volkes kennt, geht es Schumpeter mit seiner „demokratischen Methode" einzig um eine Regelung des Abwechselns der Regierenden, die er als methodisch-marktförmig organisierten, inhaltlich nicht vorwegbestimmten „Konkurrenzkampf" verschiedener Eliten um die Macht im Staate (Schumpeter 1950, 428; Lenk 1991, 945 ff.; Saage 2005, 261 ff.) beschreibt. Ein solches Verständnis von Demokratie als Regierungsform weiß auch um die wahlberechtigten Mitglieder eines demokratischen Staates, die Mehrheitsregel, den Minderheitenschutz, die Herrschaft der verabschiedeten Gesetze, die Presse- und Meinungsfreiheit sowie die Kontrolle der Regierung durch eine Opposition, wendet diese Prinzipien aber nicht auf die Gesellschaft an und verharrt in der liberalen Tradition ihrer Trennung vom Staat.

Auf der Folie dieses Demokratieverständnisses wird nunmehr einsichtig, dass die Positionen der Konfliktparteien der Jugendarbeit in der Frage der Demokratiebildung sich im Laufe der 1950er Jahre verkehrt hatten – wenn wir einmal von der offenen Jugendarbeit absehen, die von vornherein keinen Anspruch auf eine eigenständige Demokratiebildung stellen konnte, weil es ihr insbesondere an einer formalen, auf Dauer gestellten Mitgliedschaft fehlt. Die Jugendverbände reklamierten die Demokratiebildung für sich, reduzierten sie jedoch auf eine Weltanschauungsbildung in der Jugendgemeinschaft und sog. politische Aktionstrainings. Die Jugendhöfe begannen zwar unter dem Vorzeichen der Reeducation mit einer Demokratiebildung in der Form der Gemeinschaftsinszenierung, verengten sie dann jedoch auf etwas Methodisches: Distanz zu sich selbst sowie Akzeptanz des anderen, und vermittelten diese Haltung durch die Methode der Gruppenpädagogik in Kurzzeit-Lerngruppen. Angesichts dieser Verkehrung war es nur konsequent, von Demokratiebildung nicht mehr zu sprechen. Denn Schumpeters Modell hat ja nicht nur den Vorzug, sofort einleuchtend zu sein, es bedarf auch keines besonderen Lernens, weil das Konkurrenzverhalten und die Anwendung der Marktregeln, wenn schon nicht angeboren, so aber doch gängige Alltagspraxis sind und sich in der verbreiteten Ansicht bewähren, dass Demokratie dann der Fall ist, wenn ich machen kann, was ich will.

Demokratie als Lebensform

Indem nun im 21. Jahrhundert vor dem Hintergrund einer recht dramatischen Zustandsbeschreibung von Gesellschaft erneut eine Demokratieerziehung in Deutschland eingeleitet worden ist, ist darin zum einen das – nicht explizit formulierte – Eingeständnis zu erkennen, dass der erste Versuch zumindest nicht nachhaltig gewirkt hat. Zum anderen aber auch ein Beleg dafür, dass das vorausgesetzte Konkurrenzmodell von Demokratie einen zu hohen Preis riskiert: die „Motivationsschwäche der Bürger, die in völligem Utopieverlust und einer allgemeinen politischen Perspektivlosigkeit enden kann" (Lenk 1991, 949).
Nicht Schumpeter, sondern der lange Zeit ignorierte John Dewey (1916/2000), nicht bloß Demokratie als Regierungs-, sondern vor allem Demokratie als Lebensform ist nun die Leitlinie – historisch orientiert an Rousseaus Modell einer „identitären Demokratie" und in einem aktualisierten Sinne eingebettet in *beteiligungszentrierte* Demokratietheorien (Schmidt 2008, 236 ff.). Ihnen allen ist gemeinsam, die demokratischen Grundsätze der Beteiligung und Entscheidung unter besonderer Berücksichtigung einer argumentativ abwägenden, verständigungsorientierten Beratschlagung auf alle gesellschaftlichen Bereiche anzuwenden, um so zu gewährleisten, dass sich die *Adressaten* von Rechtsnormen zugleich als ihre vernünftigen *Urheber* verstehen dürfen (Habermas 1992, 52).

Wo wird Mensch Demokrat?

Demokratie und Gesellschaftstheorie

Wird Demokratie derart auf die Lebenswelt hin radikalisiert und damit zur – wie Dewey es formuliert hat – alternativlosen „Idee des Gemeinschaftslebens" (Dewey 1927/1999, 148), so ist bildungstheoretisch erneut zu klären, warum die Frage: „Wo wird Mensch Demokrat?", in dem Modellprogramm „Demokratie lernen und leben" einzig unter Verweis auf die Schule beantwortet wird.
Gesellschaftstheoretisch erweitert, stellt sich diese Frage auch deshalb, weil der ehemalige Verfassungsrichter Ernst-Wolfgang Böckenförde die viel diskutierte These aufgestellt hat, der Verfassungsstaat westlicher Prägung lebe „von Voraussetzungen, die er selbst nicht garantieren" könne (Böckenförde 1967/2006, 112). Denn diese These könnte den Anspruch der Jugendverbände auf Weltanschauungsbildung als Voraussetzung von Demokratiebildung wiederbeleben und ist religionspädagogisch auch schon mit dem Hinweis gestützt worden, dass die Menschenwürde als unverzichtbarer Bestandteil der menschlichen Natur und der demokratischen Verfassungen in den westlichen Gesellschaften recht eigentlich auf christlichen Orientierungen basiere (Schmidt 2005).
Derart hierarchisiert, wäre die Demokratie keineswegs mehr eine alternativlose Idee des Gemeinschaftslebens, sondern Anhängsel eines Wettstreites von Kulturen, Religionen oder Weltanschauungen. Basierend auf seiner Theorie des kommunikativen Handelns und seiner Diskurstheorie des Rechts hat Jürgen Habermas gegenüber einem solchen Verständnis der Nachrangigkeit allerdings überzeugend dargelegt, dass die Idee der Menschenrechte sowie der Demokratie und Volkssouveränität gleichursprünglich seien und sich wechselseitig voraussetzen und interpretieren (Habermas 1992, 111 ff.). Damit implizieren beteiligungszentrierte, deliberative Demokratietheorien einen Relativismus gegenüber den Weltanschauungen, verhalten sich aber absolut in dem Anspruch, die universalistischen Formprinzipien der Rechtsetzung und Konfliktregelung vorzugeben, d. h. sie erwarten von den Weltanschauungen die Einsicht, trotz aller Überzeugungen fallibel und damit flexibel sein zu können – unterstellen also, dass diese Formprinzipien

immer schon in den Inhalten der Weltanschauungen enthalten sind, und wissen, dass Formen nicht ohne Inhalte hervortreten.

So nivelliert, wären also die gesellschaftstheoretischen Einwände gegen ein exklusives schulisches Demokratielernen scheinbar entkräftet. Dies gilt umso mehr, als es schon John Dewey gewesen ist, der das Schulleben als „embryonic community life" (Dewey 1900 / 1925, 29) und das schulische Lernen als Einübung in eine harmonische Demokratie verstanden wissen wollte. Und das damit einhergehende Verständnis, dass möglichst alle gesellschaftlichen Bereiche, insbesondere die Betriebe, zu demokratisieren seien, wird auch heute noch in vielen beteiligungszentrierten Demokratietheorien geteilt.

Im Widerspruch dazu steht jedoch Jürgen Habermas mit seiner Theorie des kommunikativen Handelns, wonach die Gesellschaft keineswegs auf die Lebenswelt zu reduzieren, sondern zugleich als verständigungsorientiert vergesellschaftete Lebenswelt und als zweckrational integriertes System – zu dem auch die Schule und der Betrieb zählen – zu konzipieren ist (Habermas 1981, Bd. 2, 473). In einer solchen Gesellschaft, die nach Habermas durchaus als deliberative Demokratie zu gestalten ist, kann die Lebenswelt sich mit dem System, insbesondere mit den Inhabern der *administrativen* Macht, nur auseinandersetzen, wenn sie ihren in zwangloser Kommunikation gebildeten gemeinsamen Willen als *kommunikative* Macht zur Geltung bringt (Habermas 1992, 183 f.). Wird Gesellschaft aber in dieser Weise ausdifferenziert und werden Schule wie Betrieb dabei dem System zugeordnet, dann erfordert die Frage, wo Mensch Demokrat wird, eine nicht nur historisch, sondern auch systematisch entfaltete bildungstheoretische Antwort.

Verein und Öffentlichkeit

Der Überblick über die Geschichte der Demokratiebildung in der Bundesrepublik hat verdeutlicht, dass die Fokussierung auf die Schule nicht verwundern kann, weil die außerschulische Jugendbildung bzw. die Jugendarbeit die Demokratiebildung seit den 1960er Jahren nicht mehr als ihre eigentliche Aufgabe aufgefasst hat – von der Familie wegen ihrer blutsbezogenen Bindungen einmal ganz abgesehen. Theoretisch ist dieser Beleg allerdings nicht hinrei-

chend. Verständlich aber wird er bei einem Blick auf die breite fachliche Konturierung in der Form von Handbüchern, Studienbüchern oder Grundkursen, die die Erziehungswissenschaft seit den 1990er Jahren erfahren hat. Denn diese Konturierung hat auch eine Schattenseite: die Unterbelichtung des Institutionenprinzips in Erziehung und Bildung im Allgemeinen und die systematische Ausblendung des Vereins im Besonderen. Für seine Rekonstruktion ist daher wieder ein gesellschaftstheoretischer Rückbezug erforderlich (Richter 2000).

Alexis de Tocqueville war der erste Gesellschaftstheoretiker, der dem Verein in demokratischen Gesellschaften eine zentrale Rolle zugemessen hat: als Institution der Vermittlung von Freiheit und Gleichheit bzw. von Individualismus und Demokratie und damit der Verhinderung einer „Tyrannei der Mehrheit" (Tocqueville 1835 / 1959, Kap. 8).

Im nicht-demokratischen Europa des 18. und 19. Jahrhunderts fand dieser Zusammenhang zwischen den Vereinsbildungen und dem sittlich-rationalen Ausgleich gesellschaftlicher Verhältnisse durchaus seine Entsprechung. Aber unter den weiterhin vorherrschenden gottgewollt-aristokratischen Verhältnissen blieb die politisch-demokratische Dimension des Bestrebens nach *Geselligkeit* und *Sachorientierung* jenseits der Privatsphäre von Familie und Kirche noch theoretisch unbestimmt (Hardtwig 1997, 24).

Erst Max Weber ist es dann gewesen, der 1910 in seiner Rede auf dem ersten Deutschen Soziologentag in Frankfurt auf diese Zusammenhänge hinwies und den Impuls für vertiefte soziologische Analysen über das Vereinswesen gab. Dabei ging es insbesondere um die Frage, wieweit ein Verein ein Spiegelbild der Gesellschaft und insofern in demokratischen Gesellschaften eine oder sogar die Schule der Demokratie ist. Wenn in diesem Zusammenhang eine amerikanische Untersuchung aus den 1960er Jahren anhand einer repräsentativen Fünf-Länder-Vergleichsstudie zu dem Ergebnis gekommen ist, Vereinsmitglieder seien die besseren Demokraten (Almond / Verba 1963), so kann es allerdings nicht verwundern, dass dieses Ergebnis heute „mehr als zweifelhaft" (Zimmer 1996, 66) erscheint. Denn dieser Zusammenhang dürfte sich erst erschließen, wenn er über die Kategorie der *Öffentlichkeit* vermittelt wird, wie sie Habermas in seiner Untersuchung über den „Strukturwandel der Öffentlichkeit" eingeführt hat.

Dabei ist ein Doppeltes zu beachten: Zum einen, dass die Sphäre der Öffentlichkeit immer schon der *kommunalen* Basis bedurfte, um sich gegenüber der Privatsphäre bzw. einer partikularistisch-weltanschaulichen Milieuhaftung einerseits und der „Weltöffentlichkeit" andererseits verorten zu können (Habermas 1962/1990, 303), d. h. aus heutiger Sicht z. B. der Stadtteile in den Großstädten. Zum anderen, dass die politische Beteiligung, um die es Habermas bei der Teilnahme des Publikums an der kommunalen Öffentlichkeit geht, schon eine Ausdifferenzierung des Politischen voraussetzt, die der Pädagogik im Rahmen des Politischen ihren genuinen Platz zuweist. Pädagogik ist danach der vom Handlungszwang entlastete Diskurs eines kommunalen, weltanschaulich mehrdimensionalen Publikums unter Anleitung von Experten (oder Kritikern), die selber von dem immer auch schon mündigen Publikum durch bessere Argumente gebildet werden können. Ein solcher kommunaler und diskursiver Bildungsprozess ist aber eben nur realisierbar in den Öffentlichkeiten lebensweltlich-lokaler Vereine, z. B. auf Mitgliederversammlungen, innerhalb einer Vereinszeitung oder in den Kooperationsformen von Stadtteilkonferenzen. Erst im Ergebnis eines solchen kommunalen Bildungsprozesses kann sich das Bedürfnis- und Forderungsprofil des Publikums entwickeln, das dann unter selbstbestimmtem politischem Handlungszwang in strategischer Kommunikation mit den Systemaktoren seine kommunikative Macht und Kompromissfähigkeit zu erweisen hat. Mit dieser Einbeziehung und Konkretisierung des Begriffs der Öffentlichkeit können die Vereinsprinzipien anhand folgender Elemente bestimmt werden (Bühler et al. 1978, 43):

- soziale, auf Dauer bestehende Gruppe (bzw. Organisation)
- freiwillige, formale, nicht ausschließende Mitgliedschaft
- gemeinsames Vereinsziel
- Mehrheitsentscheide und Minderheitenschutz
- demokratisch legitimiertes, ehrenamtliches Mitgliederhandeln
- lokale Begrenzung
- Öffentlichkeit

Es sind diese Vereinsprinzipien, die den Verein in ausgezeichneter Weise und in eindeutiger Differenz zur Schule dafür qualifizieren, den Menschen zugleich in einer Weltanschauung und/oder Sachorientierung *und* zum Demokraten – und das heißt in dem hier entwickelten Begriff von Öffentlichkeit zunächst einmal zum *kommunalen Demokraten* – zu bilden, und ihn dabei auch immer schon voraussetzungslos Demokrat sein lassen. Eine solche Bildung ermöglicht es z. B., nicht nur die Regeln von Mehrheitsentscheidungen kennen zu lernen – wie in der Schule –, sondern als *formelles Mitglied* mit Betroffenheit zu erfahren, überstimmt zu werden, entsprechend der Entscheidung mit Überzeugung handeln zu müssen – und ggf. dazu beizutragen, Entscheidungen zu revidieren (Richter et al. 2007).

Nun gibt es empirisch zwei Tendenzen, die gegen die exponierte Stellung des Vereins zu sprechen scheinen. Sie ergeben sich daraus, dass die beiden Momente der Sachorientierung und der Geselligkeit einseitig überbetont werden und in zwei Extreme auseinandertreten: Bei Überbetonung der Geselligkeit kann die Tendenz einer Rückentwicklung zur *Ersatz-Familie*, bei Überbetonung der Sachorientierung ein Fortschreiten zum *Betrieb* hervortreten. Diesen Tendenzen ist nur etwas entgegenzusetzen, wenn sich die Mitglieder in den Vereinen als Demokraten verhalten und ihre Vereine entsprechend gestalten.

Eine dritte Tendenz aber, die in unausgesprochener Fortsetzung der Nachkriegsdebatte über Jugendverbandsarbeit und offene Jugendarbeit immer wieder beschworen worden ist: nämlich dass es vorbei sei mit den Vereinen, braucht nach der Mitgliederentwicklung der letzten Jahre wohl endgültig nicht mehr weiter verfolgt zu werden. Vielmehr ist mit der aktuellen Shell-Studie „Jugend 2006" nunmehr festzustellen: „Als wichtigster Sozialraum fungieren in Deutschland die Vereine, …" (Hurrelmann 2006, 126).

Darüber hinaus ist noch auf zwei weitere aktuelle Befunde hinzuweisen, die das Verhältnis von Demokratie und Verein zu relativieren scheinen: Zum einen der empirische Nachweis in einem Jugendsurvey, dass Vereinsmitglieder keineswegs die besseren Demokraten seien (Gaiser et al. 2009). Zum anderen das Ergebnis der Shell-Studie „Jugend 2002", dass das gesellschaftliche Engagement der deutschen Jugendlichen auch ohne einen direkten Zusammenhang mit einer Vereinsmitgliedschaft die 30-Prozent-Marke erreicht habe.

Beide Befunde können die theoretische Relevanz des Vereins allerdings nicht relativieren. Im ersten

Fall wird der Befragung grundsätzlich ein unhinterfragtes Verständnis von Demokratie als Regierungsform unterlegt. Im zweiten Fall ist nicht zu bestreiten, dass durch ein gesellschaftliches Engagement der soziale Zusammenhalt und die Gemeinschaft befördert werden. Es jedoch zugleich als „Teil der demokratischen Kultur" (Rosenbladt 2001, 20) auszuweisen, obwohl weder im Begriff noch in den entsprechenden Untersuchungen je davon die Rede ist, muss allemal vor dem Hintergrund bedenklich erscheinen, dass es in Deutschland das größte gesellschaftliche Engagement in der Zeit des Nationalsozialismus gegeben hat.

Zudem ist im Kontext von Konzepten zum gesellschaftlichen Engagement in Form der Partizipation zu bedenken, dass hier oftmals der Begriff Partizipation in eins gesetzt wird mit dem Begriff der Demokratie, obwohl Beteiligung keineswegs schon Entscheidung mit einschließt. Wird aber der Zusammenhang explizit berücksichtigt – wie in gesellschaftstheoretischen Ansätzen ohne Trennung von System und Lebenswelt –, „um Integration und Teilhabe unterschiedlicher Gruppen von benachteiligten Kindern und Jugendlichen zu verbessern" (Olk / Roth 2007, 92), so ist die kritische Anfrage nur zu berechtigt, ob nicht das Versprechen formal gleicher Partizipationsrechte gerade jene ausschließt, denen die Mittel zur Ausübung dieser Rechte entzogen und die deshalb zunächst einmal zu qualifizieren sind (Sünker 2003). Aber sie ist auch ebenso alternativlos zu beantworten: Wer Demokatie radikal als Lebensform unterstellt, kann sie zwar sozialstaatlich stützen, aber er kann sie nicht unter Vorbehalt stellen und etwa durch eine „Erziehungsdiktatur" (Marcuse 1967, 61) erst noch herstellen wollen.

Demokratie in ihrer Gleichursprünglichkeit mit den Menschenrechten und der Volkssouveränität realisiert sich also *theoretisch* immer erst und immer schon in ausgezeichneter Weise im Verein, der seine Mitglieder zu Demokraten qualifiziert, indem er sie zugleich immer auch schon Demokraten sein lässt. *Empirisch* wird dieser Prozess aber erst gelingen, wenn die Jugendarbeit als Ganze die Demokratiebildung zu ihrer genuinen Aufgabe macht, die alte Abwertung der offenen Jugendarbeit als Zubringerdienst für die Vereinsarbeit aufhebt und beide im Wissen um ihr dialektisches Verhältnis versöhnt. Darüber hinaus bedarf es vor dem gesellschaftstheoretischen Hintergrund der Trennung von System und Lebenswelt und in Perspektive einer Ganztagsbildung der Kooperation von Schule und Verein, sodass sich die *Pflicht*-Schulpädagogik in ihrem Kernbereich als *Arbeits*pädagogik und die auf freiwilliger Interaktion basierende *Jugendarbeit* – und im weiteren Sinne die *Sozialpädagogik* – als *Vereins*pädagogik und damit als Demokratiepädagogik entfalten kann (Richter 2008).

So bleibt schließlich nur noch die Frage, ob es denn ein Zufall ist, dass erst im Zeitalter der Globalisierung – in einer Zeit also, wo demokratische Nationalstaaten erstmals mit dem Kapitalismus kompatibel erscheinen, weil er sich ihrem Zugriff problemlos zu entziehen vermag – das Thema einer radikalen Demokratisierung von Gesellschaft praktische Bedeutung zu gewinnen und doch zugleich bedeutungslos zu sein scheint.

Ich möchte die Antwort wagen, dass die „postnationale Konstellation" nicht nur die Perspektive einer „Weltbürgergesellschaft ohne Weltregierung" (Habermas 2005, 345) eröffnet, sondern zugleich auch die konkrete Utopie einer dezentralisierten Gesellschaft in der Form sozialistischer Kommunen aufscheinen lässt (Daly et al. 1994; Zelik / Altvater 2009). Sollten wir daher in der Abfolge der Schelsky'schen Trias wieder eine „jugendbewegte Generation" erleben, so ist zu hoffen, dass es der Jugendarbeit dann gelingt, die Einheit von Bewegung und Verein *demokratisch* zu vermitteln.

Literatur

Almond, G., Verba, S. (1963): The Civic Culture – Political Attitudes and Democracy in Five Nations. Princeton Univ. Press, Princeton

Aristoteles (1968): Politik. 16. Auflage. Rowohlt, Reinbek

Binder, H.-G. (1983): Der Strukturwandel der Jugendarbeit (1962). In: Faltermaier, M. (Hrsg.), 101–106

Böckenförde, E. (1991 / 2006): Die Entstehung des Staates als Vorgang der Säkularisation (1967). In: Böckenförde,

E.: Recht, Staat, Freiheit. Studien zur Rechtsphilosophie, Staatstheorie und Verfassungsgeschichte. Suhrkamp, Frankfurt / M., 92–114

Böhnisch, L., Gängler, H., Rauschenbach, T. (Hrsg.) (1991): Handbuch Jugendverbände – Eine Ortsbestimmung der Jugendverbandsarbeit in Analyse und Selbstdarstellungen. Juventa, Weinheim / München

–, Münchmeier, R. (1989): Wozu Jugendarbeit? – Orientierungen für Ausbildung, Fortbildung und Praxis. Juventa, Weinheim / München

Brumlik, M. (2004): Demokratie / demokratische Erziehung. In: Benner, D., Oelkers, J. (Hrsg.): Historisches Wörterbuch der Pädagogik. Beltz, Weinheim, 232–243

Bühler, W., Kanitz, H., Siewert, H.-J. (1978): Lokale Freizeitvereine. Entwicklung, Aufgaben, Tendenzen. Institut für Kommunalwissenschaften der Konrad-Adenauer-Stiftung, St. Augustin

Daly, H., Cobb, J., Cobb, C. (1994): For the Common Good – Redirecting the Economy Toward Community, the Environment, and a Sustainable Future. 2. Auflage. Beacon Press, Boston

Dannenmann, A. (1983): Staat und Jugend (1953 / 1983). In: Faltermaier, M. (Hrsg.), 30–34

Deutscher Bundesjugendring (1983): Selbstverständnis und Wirklichkeit der heutigen Jugendverbandsarbeit (1962). In: Faltermaier, M. (Hrsg.), 119–122

Dewey, J. (1916 / 2000): Demokratie und Erziehung. Eine Einleitung in die philosophische Pädagogik. Beltz, Weinheim

– (1927 / 1999): The Public and Its Problems. Swallow Press, Athens

– (1900 / 1925): The School and Society. 2. Auflage. Univ. of Chicago Press, Chicago

Edelstein, W., Fauser, P. (2001): Demokratie lernen und leben. Gutachten für ein Modellversuchsprogramm der BLK. BLK, Bonn / Hannover

Faltermaier, M. (Hrsg.) (1983): Nachdenken über Jugendarbeit. Zwischen den fünfziger und achtziger Jahren. Juventa, München

Gagel, W. (2005): Geschichte der politischen Bildung. 3. Aufl. VS Verlag, Wiesbaden

Gaiser, W., Krüger, W., Rijke, J. de (2009): Demokratielernen durch Bildung und Partizipation. Aus Politik und Zeitgeschichte 45, 39–46

Giesecke, H. (1973): Die Jugendarbeit. 2. Auflage. Juventa, München

Habermas, J. (2005): Zwischen Naturalismus und Religion. Philosophische Aufsätze. Suhrkamp, Frankfurt / M.

– (1992): Faktizität und Geltung. Beiträge zur Diskurstheorie des Rechts und des demokratischen Rechtsstaats. Suhrkamp, Frankfurt / M.

– (1981): Theorie des kommunikativen Handelns. Suhrkamp, Frankfurt / M.

– (1962 / 1990): Strukturwandel der Öffentlichkeit. Untersuchungen zu einer Kategorie der bürgerlichen Gesellschaft. Suhrkamp, Frankfurt / M.

Hardtwig, W. (1997): Genossenschaft, Sekte, Verein in Deutschland: vom Spätmittelalter bis zur Französischen Revolution. Beck, München

Hurrelmann, K. (Hrsg.) (2006): Jugend 2006. Eine pragmatische Generation unter Druck. 15. Shell Jugendstudie. Fischer Taschenbuch Verlag, Frankfurt / M.

Lenk, K. (1991): Probleme der Demokratie. In: Lieber, H.-J. (Hrsg.): Politische Theorien von der Antike bis zur Gegenwart. Bundeszentrale für Politische Bildung, Bonn, 933–989

Marcuse, H. (1967): Der eindimensionale Mensch. Studien zur Ideologie der fortgeschrittenen Industriegesellschaft. Luchterhand, Neuwied

Müller, C., Kentler, H., Mollenhauer, K., Giesecke, H. (1964 / 1977): Was ist Jugendarbeit? Vier Versuche zu einer Theorie. 8. Auflage. Juventa, München

Olk, T., Roth, R. (2007): Mehr Partizipation wagen – Argumente für eine verstärkte Beteiligung von Kindern und Jugendlichen. Bertelsmann Stiftung, Gütersloh

Peter, H. (Hrsg.) (1996): Bildung, Entfaltung des ganzen Menschen – Jugendhof Vlotho 1946–1996. Ardey, Münster

Richter, H. (2008): Kommunalpädagogik. In: Coelen, T., Otto, H.-U. (Hrsg.): Grundbegriffe Ganztagsbildung. Das Handbuch. VS Verlag, Wiesbaden , 868–877

– (2000): Vereinspädagogik. In: Müller, S., Sünker, H., Olk, T., Böllert, K. (Hrsg.): Soziale Arbeit. Gesellschaftliche Bedingungen und professionelle Perspektiven. Luchterhand, Neuwied, 153–164

– (1998): Sozialpädagogik – Pädagogik des Sozialen. Lang, Frankfurt / M.

–, Jung, M., Riekmann, W. (Hrsg.) (2007): Jugendverbandsarbeit in der Großstadt – Perspektiven für Mitgliedschaft und Ehrenamt am Beispiel der Jugendfeuerwehr Hamburg. Druckerei der Justizvollzugsanstalt Fuhlsbüttel, Hamburg

Rosenbladt, B. v. (Hrsg.) (2001): Gesamtbericht. Freiwilliges Engagement in Deutschland. Bd. 1. Kohlhammer, Stuttgart

Saage, R. (2005): Demokratietheorien. Historischer Prozess – Theoretische Entwicklung – Soziotechnische Bedingungen. Eine Einführung. VS Verlag, Wiesbaden

Schelsky, H. (1957): Die skeptische Generation – Eine Soziologie der deutschen Jugend. Diederichs, Düsseldorf

Schepp, H.-H. (1963): Offene Jugendarbeit – Jugendhöfe und Jugendgruppenleiterschulen in der Bundesrepublik Deutschland und in West-Berlin. Beltz, Weinheim

Schmidt, G. (2005): Christentum und Bildung in Europa – Zur Frage nach den Wertgrundlagen gegenwärtiger Pädagogik. In: Richter, H., Plewig, H. J. (Hrsg.): Dialogisches Verstehen. Lang, Frankfurt, 55–78

Schmidt, M. (2008): Demokratietheorien – Eine Einführung. 4. Aufl. VS Verlag, Wiesbaden

Schumpeter, J. (1950): Kapitalismus, Sozialismus und Demokratie. 2. Auflage. Francke, Bern

Sturzenhecker, B. (1996): Politischer Diskurs, Gemeinschaftsinszenierung, Methoden lernen – Jugendgruppenleiter-Ausbildung am Jugendhof Vlotho 1948 und 1988 – Ein Vergleich. In: Peter, H. (Hrsg.): Bildung, Entfaltung des ganzen Menschen. Jugendhof Vlotho 1946–1996. Ardey, Münster, 183–191

Sünker, H. (2003): Politik, Bildung und soziale Gerechtigkeit – Perspektiven für eine demokratische Gesellschaft. Lang, Frankfurt / M.

Tocqueville, A. de (1835, 1840 / 1959, 1962): Über die Demokratie in Amerika. DVA, Stuttgart

Zelik, R., Altvater, E. (2009): Vermessung der Utopie – Ein Gespräch über Mythen des Kapitalismus und die kommende Gesellschaft. blumenbar, München

Zimmer, A. (1996): Vereine – Basiselement der Demokratie. Leske + Budrich, Opladen

Diagnostik in der Sozialen Arbeit

Von Maja Heiner

Einführung

Seit mehr als zehn Jahren wird in der Sozialen Arbeit wieder kontinuierlich über Diagnostik diskutiert. Neben zahlreichen theoretischen Publikationen sind auch in der Praxis erprobte und teilweise empirisch validierte Diagnoseinstrumente publiziert worden. Dennoch ist ein fachlicher Konsens bis heute nicht erreicht worden, selbst die Verwendung der Begriffe Diagnose und Diagnostik bleibt weiterhin umstritten. Dies ist zunächst auch nicht verwunderlich, da Diagnostik als systematische Informationsverarbeitung im Dienste beruflicher Entscheidungsfindung eine der zentralen Handlungskompetenzen darstellt, die eine Klärung grundlegender professions- und handlungstheoretischer Positionen und auch erkenntnistheoretischer Fragen voraussetzt. Es geht um nicht mehr und nicht weniger als die Frage: Was kann ich und was muss ich wie zuverlässig wissen, um Aussagen machen zu können, die es mir erlauben, kompetent und zielführend, also effektiv und effizient zu handeln? Entsprechend müsste eine Diagnostik Professionstheorie, Handlungstheorie und Erkenntnistheorie gegenstandsbezogen vereinen. Diagnostische Klassifikationssysteme dienen auch der diagnostischen Begründung für die Zuweisung von bestimmten, staatlich finanzierten ärztlichen, pflegerischen oder betreuerischen etc. Leistungen. Diagnosen sind also oftmals zugleich Steuerungsverfahren, deren Entwicklung auch aus diesen Gründen finanziert und deren Anwendung politisch durchgesetzt wurde (z. B. beim ICD-10). Ebenso wie alle anderen Dimensionen der Professionsentwicklung tangieren Fragen der Diagnostik insofern Machtfragen – im Verhältnis von Profession, Politik und Gesellschaft ebenso wie im Verhältnis von Fachkräften und KlientInnen. Gesichtspunkte der Ökonomie sind dementsprechend mitzudenken, auch wenn dies im folgenden Beitrag nur angedeutet werden kann.

Die zehnjährige Fachdiskussion um Diagnostik innerhalb der Sozialen Arbeit hat sich von Anfang an auf zwei Ansätze konzentriert, die als einander ausschließende Optionen angesehen wurden: den *rekonstruktiven Ansatz* und den *klassifikatorischen Ansatz*. Die mit diesen Modellen verbundenen Herangehensweisen sind auch noch mit anderen Termini gekennzeichnet worden: hermeneutisch versus erkenntnislogisch, sich verständigen und aushandeln versus einstufen und zuweisen, einfühlend verstehen versus begrifflich subsumieren. Die Vertreter des klassifikatorischen Ansatzes plädieren für eine möglichst zuverlässige Informationsverarbeitung mittels standardisierter Erhebungs- und Auswertungsinstrumente. Die VertreterInnen des rekonstruktiven Ansatzes dagegen betonen die Notwendigkeit einer flexiblen, situations- und interaktionsabhängigen Informationssammlung auf der Grundlage einer Meinungsbildung im Dialog, um den subjektiven, oft biografisch verankerten Hintergrund aktueller Verhaltensmuster nachvollziehen zu können. Der mit einer polarisierenden Diskussion dieser beiden Ansätze verbundene Stillstand der Diskussion, die sich weitgehend wiederholend im Kreise dreht, ist schon vor einigen Jahren erkannt worden (Krumenacker 2004, 8) – zunächst ohne Konsequenzen.

Angesichts einer Reihe schwerer Misshandlungen und Vernachlässigungen von Kleinkindern, die teilweise zum Tode führten, haben sich die Erwartungen an Diagnostik zumindest in der Jugendhilfe in den letzten Jahren stark verändert. Die Grenzen von Aushandlung, Verständigung und hoffendem Abwarten wurden ebenso deutlich wie der Bedarf an Kriterien, um Risiken einschätzen zu können – trotz verbleibender Unwägbarkeiten. Die

Otto/Thiersch (Hg.), Handbuch Soziale Arbeit, 4. A., DOI 10.2378/ot4a.art025,

neuere Diskussion in der Jugendhilfe ist von daher weniger polarisierend angelegt. Eine mögliche Zwischenposition deutet sich auch insofern an, als die Notwendigkeit eines „systematischen" Vorgehens in Abgrenzung zum kreativen Ausprobieren auch von langjährigen und dezidierten Gegnern einer klassifikatorischen Diagnostik seit einiger Zeit stärker betont wird (Merchel 2005, 23; Schrapper 2008, 81). Ein „verantwortungsvolles" und „transparentes" Vorgehen, das auf einer „strengen" Prüfung der einzusetzenden Verfahren beruht, die „reflexiv" zu validieren sind, wird auch von Befürwortern nur leicht strukturierender Verfahren zunehmend angemahnt (Schrapper 2003, 45; Pantuček 2009a, Kap. 6.6 bis 6.9). Damit wird den Fachkräften mehr abverlangt als nur „Dialogfähigkeit" und „Aushandlungsbereitschaft". Weitgehend offen bleibt dabei allerdings zumeist, was unter „systematisch" oder „streng" zu verstehen ist und mit welchen Verfahren „Transparenz" gewährleistet werden soll. Auch welches „Wissen" wie erhoben werden muss, welche Informationen in einem bestimmten Handlungskontext unverzichtbar sind und nach welchen Kriterien „Reflexivität" als Korrektiv selektiver Wahrnehmungen und voreingenommener Schlussfolgerungen so wirksam werden kann, dass die Fachkräfte der Sozialen Arbeit zuverlässig ihrer Verantwortung gerecht werden können, ist noch weitgehend unklar (vgl. aber Possehl 2009; Kindler et al. 2006; Kindler 2005; zu organisationsbezogenen Voraussetzungen Merchel 2008). Indem sich der Diskurs differenziert, deuten sich Möglichkeiten an, die blockierende Polarisierung zwischen Anhängern der rekonstruktiven und der klassifikatorischen Verfahren zu überwinden, z. B. indem unterschiedliche Funktionen und Interventionskontexte diagnostischer Urteile stärker berücksichtigt werden.

Begriffsklärung: Diagnostik und Fallverstehen

Begriffe dienen der Verständigung ebenso wie der Markierung von Positionen, sie vermitteln Einstellungen und prägen Haltungen, indem sie ein bestimmtes Verständnis sprachlich fassen und konturieren. Da „Diagnostik" naturwissenschaftlich-medizinische Assoziationen weckt, ist bis heute in der Sozialen Arbeit umstritten, ob man den Begriff der „Diagnostik" überhaupt verwenden soll und nicht andere Begriffe wie „Fallverstehen" angemessener wären.

„Diagnostizieren" bedeutet dem griechischen Wortsinn nach (griech. diagnosis) erkennen, unterscheiden und damit auch verstehen. „Diagnostik", als Theorie und Lehre des Diagnostizierens, zielt darauf ab, durch systematische Informationsverarbeitung Entscheidungen begründet zu fällen und insofern Handlungen gut vorzubereiten. Diagnosen können sich auf Zustände (Statusdiagnostik) oder Entwicklungen (Prozessdiagnostik) und dabei auf Einzelpersonen oder Gruppen, Organisationen oder territoriale Gemeinwesen beziehen. Der Begriff der Diagnostik hat sich damit in der Sozialen Arbeit von einem engeren, ausschließlich personenbezogenen Verständnis wie es in der Medizin noch immer üblich ist und in der Psychologie längere Zeit üblich war, gelöst. Er dient der Kennzeichnung eines Ansatzes, bei dem auch prägende Faktoren im Umfeld der diagnostizierten Person einbezogen werden (Heiner 2004; Pauls 2005). Damit rücken zugleich die Konsequenzen, die sich aus der Nutzung von Diagnosen in unterschiedlichen institutionellen Kontexten und im Rahmen bestimmter Entscheidungsprozesse ergeben, stärker ins Bewusstsein.

Der Begriff „Diagnostik" bezeichnet sowohl den Prozess der Informationsverarbeitung und Erkenntnisgewinnung als auch die Lehre von der Gestaltung dieses Prozesses. Der Prozess umfasst zwei Elemente: die *Informationssammlung* und die *Informationsauswertung*. Beide müssen bei Professionen wie der Sozialen Arbeit begründet und nachvollziehbar und damit nachprüfbar sein und auf der Basis des vorhandenen wissenschaftlichen Wissens erfolgen.

Diagnosen dienen der Optimierung von Entscheidungen. Wird ihre Verwendung in den entsprechenden Handlungskontexten mitreflektiert, so nähern sich diagnostische Theorien, Problemlösungstheorien und Theorien zum methodischen Handeln einander an. Für die Soziale Arbeit bietet ein erweiterter, nicht nur auf (Einzel)Personen bezogener Diagnostikbegriff die Möglichkeit, territoriale Gemeinwesen (Quartiere, Stadtteile, Siedlungen etc.) und auch Organisationen als Gegenstände diagnostischer Analysen mit einzubeziehen und entspricht damit der sozialökologischen und sozialräumlichen Ausrichtung methodischen Handelns in diesem Beruf. Mit der stärkeren Reflexion des Verwendungskontextes lassen sich außerdem professionstheoretische und berufsethische Aspekte umfassender einbeziehen.

Diagnosen unterscheiden sich nach dieser Definition von anderen Produkten wissenschaftlicher Informationsverarbeitung und von anderen Formen von Analysen durch ihre Zielsetzung: Sie sind per definitionem immer auf Entscheidungen in der Praxis bezogen und werden zu deren Begründung und Steuerung erstellt. Sie sind von daher in besonderem Maße kontextabhängig und können nicht nur nach den Kriterien der Richtigkeit und Zuverlässigkeit beurteilt werden. Auch die Nützlichkeit und Praktikabilität diagnostischer Verfahren und ihrer Ergebnisse, also die Unterstützung der Entscheidungsfindung, ist von Bedeutung. Praxisentscheidungen lassen sich nicht nur durch Wissen über eine Ausgangslage, deren vermutliche Entwicklung, ihre Bedingungen und Voraussetzungen begründen. Sie verlangen auch die Berücksichtigung fachlicher Wertvorstellungen und berufsethischer Standards, um beurteilen zu können, ob geplantes Handeln überhaupt notwendig, sinnvoll und angemessen ist. Diagnostik als Entscheidungsvorbereitung erfordert damit mehr als zuverlässige Informationssammlung, theoretisch und empirisch begründete Auswertung und logisch plausible, handlungsbezogene Schlussfolgerungen: Sie muss zugleich den professions- und interventionstheoretisch begründeten Prinzipien beruflichen Handelns entsprechen.

Auch die Verwendung des Diagnostikbegriffs in diesem umfassenden Verständnis ist in der Sozialen Arbeit noch immer umstritten. Er gilt als ein „naturwissenschaftlicher", von „technischem Denken infizierter Begriff" (Merchel 2005, 26f.). Daher wird die Gefahr gesehen, dass durch diese „Normalisierungstechnologie" der „Missachtung der Individualität Vorschub" geleistet wird (Galuske/Rosenbauer 2008, 79) und damit persönliches, situativ flexibles und empathisches Sich-Einlassen verhindert oder zumindest erschwert wird (Pies/Schrapper 2003). Auch die begriffliche Tradition der Sozialen Arbeit, die bis auf Alice Salomon zurückreicht (Salomon 1926), bei der „soziale Diagnose" von Anfang an auf eine andere inhaltliche Füllung zielte, sowie eine eigenständige Nutzung können aus der Perspektive der Gegner der Verwendung dieses Begriffs nichts

gegen solche Assoziationen ausrichten. Seine technologische Suggestivkraft führe in die falsche Richtung, der Begriff sollte daher anderen Professionen, z. B. den Therapeuten, überlassen werden (Merchel 1994; 2005, 28). Für eine Verwendung der Begriffe Diagnose und Diagnostik werden von den Vertretern der Gegenposition zum einen professionspolitische Gründe der notwendigen Positionierung in einem existierenden Diskursfeld, der Nachvollziehbarkeit und Transparenz und der einheitlicheren Begrifflichkeit ins Feld geführt (Pantuček 2009a, 44; Schrödter 2009, 70f.). Der Begriff verdeutliche außerdem nicht nur eine eigenständige Tradition, die bis auf Mary Richmond und Alice Salomon zurückreicht. In jüngerer Zeit hätten insbesondere hermeneutisch-rekonstruktive Ansätze gezeigt, dass diagnostisches Denken in der Sozialen Arbeit eben nicht auf einem naturwissenschaftlichen Kausalitätsdenken beruhe (Uhlendorff 2002, 587). Eine ganze Reihe von Konzepten und ein damit verbundenes eigenständiges Fachvokabular lasse sich damit verknüpfen. Auch können diagnostische Verfahren als fachlich legitimierte Konzepte die Fachkräfte gegenüber Organisationskonventionen unabhängiger machen (Pantuček 2009a, 44, 120f.). Es gäbe insofern keinen Grund, diesen Begriff anderen Professionen zu überlassen (auch Bayrisches Landesjugendamt 2001; ZBFS 2009; mehrere Beiträge in Pantuček/Röh 2009). Als alternativer Begriff zu „Diagnostik" wird z. B. „Fallverstehen" vorgeschlagen. Damit wird eindeutig auf die hermeneutische Tradition verwiesen, die eine Rekonstruktion sozialer Abläufe durch die Entschlüsselung des jeweiligen subjektiven Sinns verlangt, den die Beteiligten sozialen Prozessen und Strukturen zuschreiben. Dies erfordert eine dialogische Erschließung von Sinnzusammenhängen jenseits des technokratischen Einsatzes von Datenerhebungsverfahren (Jakob 1999, 99, 101). Und nicht zuletzt sind terminologische Koppelungen vorgeschlagen worden, um den spezifischen Ansatz der Diagnostik in der Sozialen Arbeit als einem (auch) dialogischen Bemühen, in dem es (auch) um die sinnverstehende Rekonstruktion fremder Erfahrungen und Lebenswelten geht, bereits in der Begrifflichkeit deutlich zu machen, z. B. „Diagnostik/Fallverstehen" (Ader et al. 2009) oder „diagnostisches Fallverstehen". Zunehmend findet außerdem der Terminus „Assessment" Verwendung, insbesondere in der Klinischen Sozialarbeit und im Case Management (Ader et al. 2009).

In diesem Artikel soll die These begründet werden, dass es sich beim hermeneutischen-rekonstruktiven eher kasuistisch orientierten und beim klassifikatorischen, auf verallgemeinerbare Erkenntnisse zielenden Ansatz nicht in allen Punkten um einander ausschließende Modelle handelt, sondern eher um ein Kontinuum unterschiedlicher Ansätze, die funktionsbezogen zu begründen sind. Die Wortkombination „diagnostisches Fallverstehen" drückt dieses Kontinuum sehr klar aus. In Begriffen wie „Fallverständnis" (für „Diagnose") oder „Fallverstehen" (für „diagnostischer Prozess") wird zu wenig das Regelgeleitete, Methodische des Vorgehens vermittelt. Insofern fördert die alleinige Verwendung des Begriffs „Fallverstehen" Assoziationen, bei denen „Diagnostik" allzu leicht mit zwischenmenschlichem, alltagsweltlichem Verstehen gleichgesetzt wird (auch Merchel 2005, 28). Auf die Begriffe „diagnostisch", „Diagnostik" und „Diagnose" kann von daher nicht verzichtet werden, wenn ein systematisches, wissenschaftlich fundiertes und regelgeleitetes Vorgehen als wichtig erachtet wird. Im Folgenden werden „Diagnostik" und „diagnostisches Fallverstehen" synonym verwendet. Die Kombination „diagnostisches Fallverstehen" erinnert dabei unmittelbar an die Notwendigkeit einer dialogischen Rekonstruktion subjektiver Relevanzstrukturen im Bemühen um ein gemeinsames Verstehen – ein Bemühen, das von allen Theoretikern als zentrales, wenn auch nicht immer letztendlich entscheidendes Merkmal diagnostischer Anstrengungen bei der Entschlüsselung von Fallstrukturen angesehen wird.

Ansatzpunkte für eine integrative Position

Die Zielvorstellungen der rekonstruktiven und der klassifikatorischen Ansätze diagnostischen Fallverstehens unterscheiden sich – trotz anderslautender Argumentation – weniger in handlungstheoretischer als in erkenntnistheoretischer Hinsicht. Für den Argumentationsgang der rekonstruktiven Diagnostik sind folgende Begriffe zentral: strukturelle Ungewissheit und Unsicherheit einerseits sowie Dialog und Aushandlung andererseits. Die strukturelle Ungewissheit und Unsicherheit ist zum einen eine Konsequenz der Komplexität und Mehr-

deutigkeit der Aufgabenstellung sowie der Vielfalt der Phänomene, die für ihre Bearbeitung zu erfassen sind – einschließlich der Divergenzen zwischen den Zielen und Wirklichkeitsbildern der Akteure. Die Soziale Arbeit kann im Unterschied zu technischen Fertigungen Interventionsprozesse zwar ergebnisorientiert planen, aber die Zielerreichung nicht garantieren. Dies ist der Grund für die prinzipiell unaufhebbare Ungewissheit beruflichen Handelns in diesem Beruf (Peters 1999, 8; Merchel 1999, 90; Hanses 2000, 375; Kunstreich 2003, 7; Galuske / Rosenbauer 2008, 81). Damit verbiete sich, so wird geschlussfolgert, zugleich jedwede mehr oder minder sichere und statistisch abgesicherte Prognose (Peters 1999, 8).

Das Begriffspaar Dialog und Aushandlung markiert aus Sicht des rekonstruktiven Ansatzes am stärksten die handlungstheoretische Differenz zwischen beiden Positionen. KlientInnen sollen nicht nur „beteiligt werden", indem sie als „Datenlieferanten" fungieren und damit wieder zu Objekten expertenbestimmter Entscheidungen werden (Merchel 1999, 87; 2005, 19, 22). Bezogen auf die Einschätzung, wie oft in diesen Aushandlungsprozessen ein Konsens zu erreichen ist, der zu einer gleichermaßen fachlich akzeptablen als auch von den Adressaten akzeptierbaren Entscheidung führt, gehen die Auffassungen dabei erheblich auseinander. Sie reichen von optimistischen Einschätzungen, verbunden mit einer eher egalitären Vorstellung der Rollen von KlientInnen und Fachkräften (Merchel 1999, 83; Kunstreich 2003, 14) bis zu deutlich gestuften Konzepten der Verantwortungsverteilung für das Ergebnis der diagnostischen Prozesse. Aber nicht nur Anhänger eines stärker standardisierten Vorgehens (wie z. B. Harnach-Beck 2007) vertreten die Meinung, dass die Entscheidungsverantwortung letztlich bei der Fachkraft liegt und „Konsens" nicht das entscheidende Gütekriterium von Aushandlungsprozessen sein darf. Auch eine Reihe von Anhängern des rekonstruktiven Ansatzes sieht die Fachkräfte hier in einer Verantwortungsposition, die zu Konflikten mit den KlientInnen führen kann (Müller 2004, 70; 2005, 27; Schrapper 2003, 45; 2005a, 195). Überlegungen zum Herrschaftscharakter von Diagnosen (dazu Ziegler 2003, 108) sind von daher für eine Theorie der Diagnostik aus der Perspektive beider Ansätze zentral.

In der Ablehnung standardisierter Verfahren und ihrer Klassifikationen spielt die Sorge um die damit verbundene mögliche Veränderung der Kooperations- und Interaktionsmuster eine große Rolle. An die Stelle offener, einfühlsamer Gespräche, so wird befürchtet, tritt eine gezielt gesteuerte Informationsbeschaffung, die die Dominanz der Experten verstärkt. Verstehen aber könne nicht durch erkenntnislogische Verfahren sichergestellt werden (wie bei der klassifikatorischen Diagnostik vorgesehen). Es erfordert ein mitschwingendes Einfühlen, das anderen, affektlogischen Gesetzmäßigkeiten folgt (Mollenhauer / Uhlendorff 1992, 23, 26, 29; Müller 2005, 25). Das Verstehen einer anderen Person beruht auf Mitgefühl und emotionaler Nähe (Schrapper 2003, 44 f.; 2008, 81 f.; Merchel 2005, 27 f.). Nicht zuletzt deswegen könne ein diagnostischer Prozess nicht wie ein technischer Vorgang ablaufen, der durch standardisierte Verfahren zu „objektiven" und „richtigen" Ergebnissen führt (Schrapper 2005, 195 f.).

Die rekonstruktive Diagnostik beansprucht auch deswegen, dialogischer reagieren zu können, weil sie eher in der Lage sei, das Individuelle wahrzunehmen und sich dann ganz auf das Besondere des Einzelfalles zu konzentrieren. Vernachlässigt wird dabei, dass kein Fall, keine Person, kein Stadtteil, keine soziale Gruppe nur „anders", nur „einzigartig" ist. Jeder Einzelfall hat zugleich etwas mit anderen Fällen gemeinsam. So teilt jeder Mensch aufgrund bestimmter biologischer Determinanten, aufgrund seiner Sozialisation in einer bestimmten Gesellschaft, Kultur und Familie eine Reihe von Merkmalen mit anderen Menschen dieser Gesellschaft. Die Besonderheit des Einzelfalles wird überhaupt erst auf der Folie des „Normalen", des Üblichen, Erwartbaren und Gemeinsamen als Besonderheit erkennbar. Geht man nur von der Einzigartigkeit und Differenz zwischen Menschen aus, so nimmt man sich die Möglichkeit der Reflexion über die Gewordenheit und Vergleichbarkeit ihrer Situation und damit der „Entdeckung, dass sie auch zu einer oder mehreren sozialen / kulturellen Kategorien (Frauen / Männer, Schwarze / Weiße, Reiche / Arme usw.) gehören, die z. B. gesellschaftlich privilegiert, benachteiligt, verfolgt oder ausgeschlossen werden." Staub-Bernasconi (2003, 36). Erkenntnistheoretisch gesehen sind Klassifikationen notwendig und unvermeidbar. Jedes Handeln geht von Bildern der Realität aus, die eine Reduktion von Komplexität erfordern und dabei neben Auswahlentscheidungen auch Zuschreibungen durch Zuordnungen und sprachliche Kennzeichnungen mit sich bringen. Insofern können wir nicht nicht klassifizieren. Klassifikationen machen nur dann blind für Ausnahmen und individuelle Varianten, wenn sie nicht als hypothetische Konstrukte begriffen werden. Als Hinweise auf bestenfalls wahrscheinliche(re) Entwicklungen, präjudizieren sie nicht jeden Einzelfall. Angesichts der „Unhintergehbarkeit" von Diagnostik (Schrödter 2003, 85 f.) beruht das stigmatisierende Potenzial klassifikatorisch fundierter Schlussfolgerungen nicht auf der Nutzung klassifizierender Typologien, sondern auf der Nutzung unangemessener Klassifikationssysteme und auf einer wenig validen und reliablen Informationssammlung, die falsche Zuordnungen nach sich zieht. Dies ist die Ausgangsthese des integrativen Ansatzes. Von daher lassen sich bestimmte Klassifikationssysteme als „defizitorientiert" kritisieren, ohne dass damit das klassifizierende Vorgehen insgesamt in Frage gestellt wäre (vgl. als Alternative z. B. die Beispiele für ressourcenorientierte Klassifikationsdiagnostik in Schemmel / Schaller 2003).

Standardisierte, klassifizierende Verfahren legen auch kein „expertokratisches" Handeln nahe, das die Kompetenz der KlientInnen als „Experten ihres eigenen Lebens" gering achtet. Allerdings sind Menschen sich ihrer Bedürfnisse nicht immer bewusst (z. B. mangels Erfahrung). Sie können sich über sich irren (Schrödter 2003, 92). Und KlientInnen wären nicht KlientInnen Sozialer Arbeit, wenn ihre Expertise nicht zumindest teilweise zu wünschen übrig ließe. Gewisse Annäherungen der Positionen ergeben sich in diesem Punkt bei einigen Autoren dadurch, dass zum einen die unausweichliche Notwendigkeit der Reduktion von Komplexität auch von Vertretern der rekonstruktiven Diagnostik gesehen wird und dass zum anderen die Kritik einer „expertokratischen Haltung" in der Diagnostik nicht automatisch mit einem naiven Glauben an die Selbstheilungspotenziale der KlientInnen verknüpft wird (z. B. Schrapper 2008, 74 f., 88; Pantuček 2009a, 90 ff.).

Klassifikationen (als Erkenntnismittel) führen also nicht zwangsweise zu Stigmatisierung, Entindividualisierung, mangelndem Respekt vor Eigensinn und subjektiven Relevanzstrukturen oder forschem Überspielen von Ungewissheit und Unsicherheit. Auch ein „unstrukturiertes" und insofern angeblich „offenes", Gespräch kann unsensibel, ohne Gespür für Rücksichtnahme geführt werden. Es kann auch das Bedürfnis des Gesprächspartners nach orientierender Unterstützung frustrieren. Umgekehrt kann man mit einem Fragebogen, einer Checkliste, einem Beobachtungsbogen flexibel umgehen, anstatt ihn komplett und buchstabengetreu beim ersten Kennenlernen durchzuarbeiten. In welchem Ausmaß es dabei nicht nur zulässig, sondern gewünscht ist, von standardisierten Datenerhebungen abzusehen, um den diagnostischen Prozess als Element des Interventionsprozesses nach interaktionsbezogenen Standards zu gestalten – auch wenn die Informationen dann vielleicht nur unvollständig erhoben werden –, das ist nach den Erfordernissen des Interventionsprozesses zu beantworten. Eine flexible, aber gut nachvollziehbar dokumentierte Zielplanung (Spiegel / Middendorf 2007) ist dabei eine grundlegende Voraussetzung, um sukzessive Ziele im Dialog (nicht unbedingt nur im Konsens) mit den KlientInnen zu konkretisieren. Erkenntnis- und messtheoretische Fragen sind also – darin unterscheidet sich der integrative Ansatz von einigen Ansätzen klassifikatorischer Diagnostik (z. B. Jacob / Wahlen 2006) – nicht immer vorgeordnet, die Sicherung der Qualität standardisiert erhobener Daten hat nicht immer Vorrang. Wann genau welche Datenqualität in welchem Maße sicherzustellen ist, ist aufgabenbezogen zu klären. Das Beispiel einer Familienhelferin, die zum Tod eines Säuglings beitrug, weil sie dessen Zustand nicht kontrollierte, und dies damit begründete, sie habe das Vertrauensverhältnis zur Mutter nicht gefährden wollen, verweist auf Situationen, in denen gesichertem, aktuellem Wissen Vorrang zukommt. Bei einem Jugendlichen, der vielleicht seine Mutter bestohlen hat, kann dem handlungstheoretischen Argument des Erhalts eines Vertrauensverhältnisses dagegen ein vergleichsweise größeres Gewicht zugemessen werden.

Klassifikationen können aus mehrfach gestuften Listen von Kategorien erster Ordnung (z. B. Wohnsituation), zweiter Ordnung (z. B. Ausstattung der Wohnung, Lage der Wohnung etc.) und dritter Ordnung bestehen (z. B. bei Lage: innenstadtnah, Stadtrandlage, auf dem Land etc.). Kategorien erster Ordnung können dabei z. B. aus sehr umfassenden, nicht operationalisierten Globalkategorien bestehen („psychische Situation", „ökonomische Lage", „soziale Kontakte"). Ent-

sprechend sind die Kategorien auch auf der zweiten Abstraktionsebene noch sehr umfassend (z. B. „Selbstwirksamkeitsüberzeugung") und für konkrete Handlungsempfehlungen wenig orientierend. Die entscheidende Frage ist nicht nur, ob eine Klassifikation die zentralen, kennzeichnenden Merkmale eines Phänomens im Rahmen eines Handlungskontextes erfasst, sondern auch, welcher Abstraktionsgrad dabei, nicht zuletzt unter Gesichtspunkten der Praktikabilität, angemessen ist. Mit dem Abstraktionsgrad entscheidet sich auch, wie viel fachliche Autonomie den Fachkräften zugestanden wird, in welchem Maße trotz vorgegebener Klassifikationen ihr Urteilsvermögen gefragt ist und in welchem Maße dialogische Prozesse zur allmählichen Verfeinerung des Fallverstehens notwendig sind und ihnen nicht nur eine pseudo-partizipative Funktion zukommt.

Klassifikationssysteme folgen, unabhängig von ihrer subsumtionslogischen Funktion, unterschiedlichen, theoretisch begründeten Verständnissen des Anwendungsbereichs und der dort relevanten Ursachenzusammenhänge. Beim Multiaxialen Diagnosesystem Jugendhilfe (MAD-J), einem sehr ausdifferenzierten Klassifikationssystem, wird z. B. davon ausgegangen, dass der diagnostische Gegenstand der Jugendhilfe die elterliche Erziehung sei, und zwar insbesondere die Psycho-Logik dieses Geschehens. An der bisherigen Diagnostik der Jugendhilfe wird kritisiert, dass sie sich überwiegend auf die Erfassung von Lebenslagen und beobachtbarem Verhalten beschränkt hat und die psychischen Bedingungen der im Erziehungsprozess aufeinandertreffenden Personen zwar häufig als Ursache für viele Schwierigkeiten ansieht, sie aber bisher nicht systematisch erfasst hat (Jacob / Wahlen 2006, 158). Mit dem MAD-J werden auch soziale und ökonomische Belastungsfaktoren erhoben (z. B. kritische Lebensereignisse). Der Schwerpunkt aber liegt bewusst auf der Klärung psychischer Faktoren. Eine solche Schwerpunktsetzung dürfte auch im Rahmen der Diagnostik zur Kindeswohlgefährdung in der Sozialen Arbeit kontrovers beurteilt werden. Aber auch dies spricht nicht generell gegen Klassifikationen und die im MAD-J vorgestellten Verfahren. Es verlangt eine Auseinandersetzung mit dem dahinterstehenden Professions- und Interventionsverständnis und eine gegebenenfalls andere Gewichtung der Bereiche, zu denen Items formuliert werden.

Die Subsumtion eines Phänomens unter eine Kategorie ist kein algorithmischer Vorgang, der eine eindeutige Zuordnung erlaubt. Die Zuordnung von konkreten Fällen zu den diagnostischen Kategorien eines Klassifikationssystems verlangt bei komplexen sozialen und psychischen Phänomenen immer eine eigenständige Entscheidung, ob etwas unter eine gegebene Regel fällt oder nicht (Possehl 2004, 48, 50 f.; Schrödter 2009, 67 f., 70 ff.). Ob das Mindestgewicht eines Säuglings unterschritten wurde, lässt sich durch eindeutige Zuordnungsregeln festlegen. Aber solche eindeutigen Regeln sind eher die Ausnahme in der Sozialen Arbeit. Selbst die sehr ausdifferenzierte Diagnostik zur Erziehungsfähigkeit der Eltern und zur Situation des Kindes von Jacob / Wahlen enthält überwiegend Globalkategorien (z. B. „Akzeptanz des Kindes durch die Eltern", Jacob / Wahlen 2006, 22). Den Fachkräften bleibt also ein erheblicher Entscheidungsspielraum und ihre professionelle Urteilskraft wird durch Klassifikationen und andere Formalisierungen der Informationsverarbeitung nicht überflüssig (auch Kindler 2005, 540; Röh 2009, 94). Immer, wenn es um die Anwendung eines gegebenen Allgemeinen (z. B. einer diagnostischen Kategorie) auf ein (auszuwählendes) Besonderes geht oder um das Auffinden eines noch nicht definierten Allgemeinen für ein gegebenes Besonderes, ist diese Urteilskraft gefragt. Standardisierungen (z. B. Übereinkünfte hinsichtlich des Inhalts bestimmter Fachbegriffe) können dabei unterstützend wirken. Klassifizierende Termini befreien die planende und reflektierende Person von der Notwendigkeit, Sachverhalte in ihrer vollen Komplexität mental präsent zu halten. Auch die Zergliederung eines Problems in Teilprobleme oder die Nutzung bewährter Routinen entlasten die Urteilskraft (Schrödter 2009, 68).

Klassifikatorische und rekonstruktive Ansätze lassen sich also kombinieren, ohne den partizipativen und individualisierenden Ansatz Sozialer Arbeit zu gefährden (vgl. auch Buttner / Knecht 2008). Wann welche Kombination Sinn macht, verlangt zur Konkretisierung handlungstheoretischer Ausnahmen ein Modell des diagnostischen Prozesses. Eine Skizze dazu wird im nächsten Abschnitt vorgelegt.

Überlegungen zu einer Theorie der Diagnostik

Eine Theorie der Diagnostik sollte Aussagen enthalten zur 1. Zielsetzung, 2. zum Gegenstand, 3. zum Verwendungskontext und 4. zu den Gütekriterien, an denen diagnostisches Fallverstehen gemessen werden soll. Hierzu erste Überlegungen als Ergänzung der skizzierten erkenntnistheoretischen und handlungstheoretischen Grundlagen eines integrativen Ansatzes.

Ziel diagnostischen Fallverstehens ist die Generierung und Nutzung von möglichst zuverlässigem Entscheidungswissen, das die Fachkräfte benötigen, um ihrer doppelten Aufgabenstellung gerecht zu werden: Unterstützung positiver Veränderungen des Verhaltens von Personen und Veränderung der Verhältnisse, in denen sie leben. Dieses fachliche Verständnis des Auftrags Sozialer Arbeit schlägt sich z. B. auch in der unten dargestellten sozialökologischen Orientierung diagnostischen Fallverstehens nieder.

Gegenstand diagnostischen Fallverstehens sind nicht nur die KlientInnen und ihre Lebensbedingungen, sondern der diagnostische Prozess und der Handlungskontext des Diagnostikers (Possehl 2004, 48, 60). Er umfasst die Interaktionen der Fachkräfte und der KlientInnen mit ihren Voraussetzungen und Rahmenbedingungen (ähnlich Pantuček 2009b, 43; Schrapper 2008, 68 ff., 76; Merchel 2008, 110, 127 f.; Ader et al. 2009, 81 f.). Die Einbeziehung der Fachkräfte in die Analyse entspricht einem interaktionstheoretisch und systemisch begründeten Verständnis professionellen Handelns, das diesem integrativen Ansatz zugrunde liegt. Der Beziehung und wechselseitigen Einflussnahme von Fachkraft und KlientIn wird entsprechend erheblicher Einfluss auf das Ergebnis des diagnostischen Prozesses zugeschrieben. Diese schlägt sich z. B. in den Gütekriterien der partizipativen Orientierung nieder und führt zur Kombination von Verfahren der Fremd- und Selbsteinschätzung.

Zum Verwendungskontext: Der diagnostische Informationsbedarf variiert in der Sozialen Arbeit phasenspezifisch und hängt dabei auch von den Funktionen der Akteursgruppen ab, die im Interventionsprozess tätig werden. Zentrale diagnostische Aussagen werden in der Sozialen Arbeit im Austausch der drei Parteien des sogenannten sozialrechtlichen Dreiecks erarbeitet und erörtert: den Leistungsempfängern (KlientInnen mit ihrem sozialen Umfeld), dem Kostenträger (vorrangig der Staat, zumeist in Form kommunaler Verwaltungen) und den Leistungsträgern (Einrichtungen und Dienste in der Trägerschaft „freier" Wohlfahrtsverbände, aber auch private Unternehmen sowie staatliche Einrichtungen). Dabei resultieren viele Entscheidungen aus kommunikativen Prozessen im Vorfeld der offiziellen Hilfeplankonferenzen. Hier versucht man, zu einem gemeinsamen Bild der Ausgangslage und der bisherigen Entwicklung zu gelangen und einen Konsens über das weitere Vorgehen zu finden. Der Hilfeplanprozess und die Hilfeplankonferenz bilden insofern einen entscheidenden Kontext für diagnostische Entscheidungen. Zugleich treffen die Beteiligten (z. B. der Heimerzieher, die Fachkraft in der Schuldenberatungsstelle oder die sozialpädagogische Familienhelferin) außerhalb dieses Austauschs dauernd selbstständige, oft weitreichende und teilweise präjudizierende Entscheidungen. Sie konkretisieren die Rahmenvorgaben der Hilfeplankonferenz im Alltag aufgrund ihrer „Alltagsdiagnosen", ihrer täglichen Beobachtungen, Gespräche etc.. Für ihre Entscheidungen, wie sie mit einem Klienten arbeiten möchten, benötigen sie sehr viel konkretere und rasch verfügbare Informationen als für die mittel- und langfristige Planung des gesamten Interventionsprozesses, der halbjährlich fortgeschrieben wird. Die Fachkraft in der direkten Klientenarbeit muss in der Begegnung mit den KlientInnen außerdem sofort reagieren können. So lassen sich drei Phasen der Diagnostik mit unterschiedlichen Funktionen unterscheiden:

1. Zu Beginn eines neuen Falles oder einer neuen (Etappe der) Interventionsplanung geht es darum, zunächst einen Überblick zu gewinnen, das gesamte Feld zu strukturieren. Hier sind Diagnostik und Indikationsstellung noch getrennt. (Orientierungsdiagnostik)
2. Danach ist es möglich, in Teilbereichen Informationen gezielter und detaillierter zu erheben, um Entscheidungen vorzubereiten, die der Einleitung, Fortführung oder Beendigung von Hilfen dienen, also auch auf Indikationen verweisen. (Zuweisungsdiagnostik)
3. Die an der Umsetzung der geplanten Hilfen beteiligten Fachkräfte werden dann in Begegnungen mit den KlientInnen stärker auf die speziellen Be-

dürfnisse und Fähigkeiten bezogene Informationen erheben und daran die Kooperationsprozesse sowohl mit den KlientInnen wie mit dem Hilfesystem ausrichten. Dies geschieht oftmals kurzfristig und punktuell, und die Informationsverarbeitung kann sich zeitweise nur auf bestimmte Teilziele des Hilfeplans konzentrieren. (Gestaltungsdiagnostik)
4. Einen Spezialfall stellt die Risikodiagnostik dar. Bei (vermuteten) aktuellen Gefährdungen, die ein rasches Reagieren erfordern, muss ohne Abklärung des gesamten Lebenskontextes zunächst die Dringlichkeit einer Intervention zur Abwendung irreversibler, dauerhafter oder schwerwiegender Schädigung eingeschätzt werden, bevor dann andere Typen von Diagnostik eingesetzt werden können. (Risikodiagnostik)

Diese Unterscheidung enthält auch bereits bestimmte Aussagen zu den Funktionen des diagnostischen Fallverstehens. Sie ist aber zusätzlich weiter nach Akteursgruppen zu differenzieren. Leistungsträger und Kostenträger sind in den jeweiligen Etappen mehr oder minder aktiv und haben unterschiedliche Informationsbedarfe, u. a. je nach Handlungsdruck. Die KlientInnen benötigen nochmals andere Informationen, um sich begründet für oder gegen eine angebotene oder aufgedrängte Hilfe zu entscheiden. Ein Großteil der Grundsatzdiskussionen pro und contra Klassifizierungen und Standardisierungen in der Diagnostik der Sozialen Arbeit erübrigt sich, erstens wenn diese Funktionen unterschieden und die damit gegebenen Verwendungskontexte berücksichtigt werden, und zweitens der diagnostische Prozess als ein iterativer Vorgang begriffen wird, bei dem eine allmähliche Konkretisierung der Ziele und ihre häufige Revision auch über das angemessene Standardisierungsniveau der Diagnostik entscheiden. Plausibel erscheint, dass die in der direkten Klientenarbeit tätigen Fachkräfte vor allem diagnostische Verfahren von leichtem bis mittlerem Standardisierungsgrad im Alltag einsetzen werden, während die koordinierenden und bewilligenden Fachkräfte (auch) auf stärker standardisierte Verfahren zurückgreifen müssen. Zusätzlich ist ein steigender Spezifikationsbedarf zu vermuten, der von der Gestaltungsdiagnostik zur Risikodiagnostik ansteigen dürfte, allerdings bezogen auf eine zunehmend geringere Anzahl von Phänomenen, also mit eingeschränkter Reichweite der Aussagen.

Die methodischen *Gütekriterien* diagnostischen Fallverstehens können sich auf zwei unterschiedliche Bezugspunkte beziehen: erstens auf *fachliche Kriterien* der Problembearbeitung, z. B. der angemessenen Gestaltung der Kooperation mit KlientInnen und den KooperationspartnerInnen im Hilfesystem, und zweitens auf *wissenschaftliche Kriterien* der zuverlässigen, präzisen und überprüfbaren Informationsverarbeitung unter Nutzung quantitativer und qualitativer empirischer Forschung. Die Schlussfolgerungen aus den beiden Kriterienbündeln stehen oft in einem erheblichen Spannungszustand. So trägt die Standardisierung der Erhebungsverfahren zur Zuverlässigkeit der Informationsverarbeitung in den untersuchten Bereichen bei, schränkt aber zugleich die Alltagsnähe, Offenheit und Spontaneität der Begegnung und Kooperation ein, wenn nur solche Verfahren genutzt werden – und dies buchstabengetreu. Einen Ausweg bieten knappe Screeningverfahren mit wenigen, relativ umfassenden Items (Globalskalen, z. B. Karls / Wandrei 1994a und 1994b) und Skip-Regelungen, die begründete Auswahlen erlauben. Im englischsprachigen Raum sind für die Soziale Arbeit neben ca. 500 getesteten diagnostischen Instrumenten (Fischer / Corcoran 2007) auch Screeningverfahren des „Rapid Assessment" mittels psychometrisch getesteter Instrumente publiziert worden (Abell et al. 2009). Eine solche Angebotsfülle vermittelt allerdings noch keine Orientierung. Sie kann sogar zum unreflektierten technokratischen Einsatz der Verfahren verführen („Je mehr, je besser, je sicherer"). Zumal auch in den USA Kriterien für den Einsatz und die Kombination mehr oder minder standardisierter Verfahren unklar und / oder strittig sind. Welche Verfahren angemessen sind, lässt sich nicht nur aus wissenschaftlichen Gütekriterien der Objektivität, Reliabilität und Validität ableiten. Ebenso entscheidend ist die Passung zum *Verwendungskontext* und den damit gegebenen speziellen Funktionen diagnostischer Prozesse.

Getestete Erhebungsinstrumente erlauben u. a., das relative Gewicht der Subskalen zuverlässiger zu erfassen als bei nicht getesteten Verfahren. So lässt sich dann z. B. die Belastung durch Krankheit oder Behinderung im Vergleich zur Belastung durch finanzielle Engpässe oder soziale Isolation genauer vergleichen. Selbsteinschätzungen der KlientInnen sind dabei ebenso wichtig wie Fremdeinschätzungen, aber nur wenige der vorliegenden standardisierten Verfahren berücksichtigen durchgängig beide Perspektiven (z. B. das PREDI, Küfner et al. 2006; und PRO-ZIEL, Heiner 2004).

Auch die präziseste Erfassung von Problemen und Ressourcen enthält noch keine zwingenden Hinweise auf Interventionen – außer bei unerlässlichen Schutzmaßnahmen. Entscheidend ist neben dem subjektiven Belastungserleben der KlientInnen vor allem die Ausrichtung ihrer Veränderungsbereitschaft. Diese zu erkunden, teilweise erst bewusst zu machen, setzt vor allem die Kompetenz der motivierenden Gesprächsführung voraus (Miller / Rollnick 1999).

Bei objektiver, reliabler und vor allem valider Informationsgewinnung steigt die Möglichkeit der Vorhersage bestimmter Verhaltensmuster und die Fachkräfte können sich besser auf die entsprechenden Eventualitäten vorbereiten – obwohl erhebliche Irrtumswahrscheinlichkeiten auch bei getesteten Verfahren bestehen bleiben (zu den Schwierigkeiten der Risikodiagnostik z. B. Deegener / Körner 2006, 45 f.)

In der Sozialen Arbeit existieren viele nützliche Dokumentationsverfahren, Checklisten und Fragenkataloge als Reflexionsanleitungen und Strukturierungshilfen (z. B. die Sammlung von Pantuček 2009a, Pantuček / Röh 2009, in der Sozialpsychiatrie Gromann 2001, in der Beratung Klann et al. 2003, für die Arbeit mit Familien Uhlendorff et al. 2006). Dass damit die relevanten Fakten gesammelt und die plausibelsten Verknüpfungen hergestellt werden können, ist jedoch nur gewährleistet, wenn bei der Entwicklung auch die vorliegenden empirischen Untersuchungen berücksichtigt wurden. Wird z. B. nicht explizit nach Partnerschaftsgewalt gefragt – ein bedeutsamer Faktor bei Kindeswohlgefährdung – so wird diese möglicherweise nur erwähnt, nicht genauer beschrieben und analysiert. Am weitesten entwickelt ist in dieser Hinsicht die Diagnostik im Bereich des Kinderschutzes (z. B. Kindler et al. 2006; Jacob / Wahlen 2006; Deegener / Körner 2006; Deegener et al. 2009; Ziegenhain / Fegert 2007). Evaluationen von bereits erprobten diagnostischen Verfahren sind noch selten (vgl. aber z. B. BSASFF 2009 – allerdings ohne Bestimmung des Standardmessfehlers). Und nur wenige der überprüften Verfahren sind dabei bisher auch auf Interrater-Reliabilität getestet worden, wie z. B. der weiterentwickelte Stuttgarter

Kinderschutzbogen (Strobel et al. 2008) und das PREDI (Küfner et al. 2006)). Die Nutzung unstandardisierter, ungetester Verfahren ist aber nicht nur eine Verlegenheitslösung. Sich auf Ungefähreinschätzungen zu verlassen, wenn für die Beantwortung von Teilfragestellungen reliable, objektive und valide Erhebungsinstrumente vorhanden sind, ist ein Kunstfehler. Aber ebenso „ist es ein Kunstfehler, […] formell erhobene Befunde nicht auf der Folie der übrigen informell erhobenen explorativen Daten zu interpretieren." (Aebi et al. 2003, 19).

Diese explorativen Daten können im Einzelfall konkretere, auf die einzelnen Beteiligten und die aktuellen Kooperationsbedingungen bezogene Informationen berücksichtigen, die in unterschiedlichsten Situationen gewonnen wurden und insofern zu weitaus differenzierteren und präziseren Einschätzungen beitragen als standardisierte und getestete Verfahren – wenn sie zugleich die zentralen Ergebnisse der empirischen Forschung bei der Exploration berücksichtigen.

Neben den wissenschaftlichen Kriterien der Informationsverarbeitung sind fachliche Kriterien lebensweltorientierten professionellen Handelns zu berücksichtigen (Thiersch 2009; Grunwald / Thiersch 2008). Sie lassen sich in vier Dimensionen aufteilen: 1. partizipative, 2. sozialökologische, 3. mehrperspektivische und 4. reflexive Orientierung. Sie entsprechen zugleich den grundlegenden Standards und Prinzipien methodischen Handelns.

(1) Partizipative Orientierung – dialogisch – aushandlungsorientiert – beteiligungsfördernd	(3) Mehrperspektivische Orientierung – konstruktivistisch – multidimensional – historisch/biographisch
(2) Sozialökologische Orientierung – interaktionsbezogen – umfeldbezogen – infrastrukturbezogen	(4) Reflexive Orientierung – rekursiv – informationsanalytisch – beziehungsanalytisch – falsifikatorisch

Abb. 1: Standards diagnostischen Fallverstehens

Die *partizipative* Orientierung schlägt sich in einer als dialogisch, aushandlungsorientiert und beteiligungsfördernd gekennzeichneten Vorgehensweise nieder. Divergierende Ansichten (z. B. der KlientInnen, aber auch von Kooperationspartnern und Kollegen) werden nicht nur toleriert und offen angesprochen. Sie stellen zugleich einen Anlass dar, (zusätzliche) Informationen einzuholen, um alternative Wahrnehmungen und Interpretationen zu fördern, die in einem dialogischen Klima gemeinsam gedeutet und gewichtet werden. Formale Vereinbarungen können dabei die Beteiligung der KlientInnen an der Meinungsbildung zusätzlich sichern (z. B. das Protokollieren ihrer zustimmenden oder abweichenden Ansichten).

Die *sozialökologische* Orientierung umfasst drei Dimensionen: Sie ist interaktionsbezogen, umfeldbezogen und infrastrukturbezogen. Die interaktionsbezogene Analyse soll dazu beitragen, dass die Probleme der KlientInnen auch als situationsabhängige Ereignisse wechselseitiger Beeinflussung im Interaktionsprozess begriffen und untersucht werden, und nicht nur oder primär den KlientInnen als transsituativ stabile Eigenschaften und Persönlichkeitsmerkmale zugeschrieben werden. Die sozialökologische Ausrichtung des diagnostischen Fallverstehens verlangt dabei eine über die Ebene der familialen Systeme hinausgehende, umfeldbezogene Untersuchung des Klientensystems (Nachbarschaft, Kollegenkreis, Freunde etc.) und eine Analyse der Funktionsfähigkeit des beteiligten Leistungssystems, d. h. der regionalen Infrastruktur (z. B. des Gesundheitswesens, des Bildungswesens, des Wohnungswesens). Die Institution der Diagnostikerin, ihre eigenen Ressourcen, ihre Kompetenz und ihr jeweiliges Vorgehen sind dabei Teil des zu analysierenden Leistungssystems.

Die *mehrperspektivische* Orientierung umfasst ebenfalls drei Elemente: Sie ist konstruktivistisch, multidimensional und historisch-biografisch ausgerichtet. Sie zielt auf eine möglichst komplexe Abbildung des Problems aus der Sicht der verschiedenen Beteiligten. Von einer sozial-konstruktivistischen Erkenntnistheorie ausgehend soll dies eine multidimensionale Analyse der aktuellen Probleme ermöglichen. Dazu bedarf es einer theoretisch begründeten Vorstellung von den zentralen Problemdimensionen und -bedingungen auf den verschiedenen Ebenen (Heiner 2010, 492 ff.).

Die *reflexive* Orientierung des diagnostischen Fallverstehens umfasst vier Elemente: Sie ist rekursiv, informationsanalytisch, beziehungsanalytisch und falsifikatorisch angelegt. Die reflexive Orientierung dient der Überprüfung der Diagnose in einem rekursiven Prozess, bei dem bereits durchlaufene Arbeitsschritte mehrfach wiederholt werden können, wenn neue Einsichten eine Korrektur früherer Hypothesen oder eine Ergänzung der Einschätzung erfordern. Im Zentrum des Reflexionsprozesses steht die informationsanalytische Überprüfung der Informationsqualität, z. B. hinsichtlich der Einhaltung wissenschaftlicher Standards, aber auch forschungsethischer und berufsethischer Prinzipien bei der Exploration fremder Lebenswelten.

Ein wichtiger Gegenstand bei der Reflexion der eigenen Wahrnehmungs- und Urteilsprozesse stellt die Beziehung zwischen Fachkraft und KlientIn dar. Sie kann auf beiden Seiten zu gravierenden Fehlinterpretationen von Beobachtungen beitragen. Zugleich kann die Wahrnehmung von Übertragungen und Gegenübertragungen auch wichtige diagnostische Informationen liefern (auch Schrapper/Thiesmeier 2004).

Die Vorgehensweise bei der Begründung der diagnostischen Einschätzungen ist eine *falsifikatorische*, d. h. zur zentralen These der Diagnose sollen möglichst viele Informationen und Argumente gesammelt werden, die geeignet sein könnten, das Gegenteil der aktuellen Problemsicht zu belegen, sie also zu falsifizieren oder/und eine höhere Zuverlässigkeit und Gültigkeit der Ergebnisse zu gewährleisten. Die Suche soll dabei vor allem von den Deutungsmustern gelenkt werden, die die KlientInnen bevorzugen und mit denen sie im Gegensatz zur Position der SozialarbeiterInnen stehen. Diese Qualifizierung der Gegenargumente der KlientInnen ist ein zentrales Anliegen des partizipativen diagnostischen Fallverstehens.

Die Zuverlässigkeit und Gültigkeit diagnostischer Urteile lässt sich auch durch kommunikative Validierung, durch Rückmeldung von KollegInnen erhöhen (Ader 2004). Einschätzungen des gleichen Falles durch Fachkräfte variieren allerdings erheblich (Münder et al. 2000) und empirische Untersuchungen zeigen schon seit Jahren, dass Gutachten, Berichte und Beschlussvorlagen der Sozialen Arbeit von den erörterten Qualitätskriterien nicht selten weit entfernt sind (BMFSFJ 1998; Urban 2004; Ader 2006). Kommunikative Validierung alleine garantiert keine zuverlässigen Ergebnisse. Bestimmte institutionelle Routinen und Traditionen und nicht zuletzt der Gruppendruck in bestimmten Situationen können bei kollegialen Beratungen sogar zu erheblichen Verzerrungen der Wahrnehmungen und Beeinträchtigungen der Urteilskraft führen (Kindler 2005, 544). Vorhandenes wissenschaftliches Wissen bietet hier ebenso ein Korrektiv wie die Nutzung wissenschaftlicher Verfahren der systematischen Informationsverarbeitung. Erfahrungsbasiertes und wissenschaftsbasiertes Wissen müssen sich dabei ergänzen.

Ausblick

Für die künftige Entwicklung der Sozialen Arbeit als Disziplin dürfte die Erarbeitung einer Theorie des diagnostischen Fallverstehens mit entsprechenden Fachbegriffen, Fragestellungen, methodischen Standards und vor allem darauf aufbauenden Forschungstraditionen entscheidend sein, um die Entwicklung der Profession zu unterstützen. Mit einer einheitlichen Ausrichtung der Diagnostik in Theorie und Praxis ist auch dann nicht zu rechnen. Zu vielfältig sind die wissenschaftlichen, fachlichen und (fach)politischen Positionen, die Verwendungskontexte und Anforderungen. Die sich andeutende Entwicklung einer integrativen Diagnostik, bei der rekonstruktive und klassifikatorische Verfahren von unterschiedlichem Standardisierungs- und Differenzierungsgrad funktionsspezifisch kombiniert und reflexiv genutzt werden, würde es aber zumindest erlauben, die unterschiedlichen Anforderungen allmählich genauer zu erfassen und eine wildwüchsige Ausdifferenzierung oder eine politisch bzw. administrativ gesetzte Vereinheitlichung durch externe Vorgaben zur Dokumentation und Beurteilung von Fallentwicklungen zu vermeiden. Auf zentrale Lebenslagen und basale Bewältigungskompetenzen bezogene, standardisierte und teilweise getestete klassifikatorische Verfahren könnten dabei die rekonstruktiven, kasuistisch und idiografisch ausgerichteten Ansätze sehr gut ergänzen, zusammen zur Transparenz und Nachprüfbarkeit von Entscheidungen beitragen und so die Wirkungsorientierung (Otto 2007) methodischen Handelns in der Sozialen Arbeit unterstützen.

Literatur

Abell, N., Springer, D. W., Kamata, A. (2009): Developing and Validating Rapid Assessment Instruments. Oxford Univ. Press, New York

Ader, S. (2006): Was leitet den Blick? Wahrnehmung, Deutung und Intervention in der Jugendhilfe. Juventa, Weinheim / München

– (2004): Strukturiertes kollegiales Fallverstehen als Verfahren sozialpädagogischer Analyse und Deutung. In: Heiner, M. (Hrsg.): Diagnostik und Diagnosen in der Sozialen Arbeit – Ein Handbuch. Deutscher Verein für öffentliche und private Fürsorge e. V., Berlin, 317–331

–, Löcherbach, P., Mennemann, H., Schrapper, Ch. (2009): Assessment im Case Management und Sozialpädagogische Diagnostik. In: Löcherbach, P., Mennemann, H., Hermsen, T. (Hrsg.): Case Management in der Jugendhilfe. Ernst Reinhardt Verlag, München / Basel, 56–83

Aebi, Th., Hesse, J., Inversini, M., Mathuys, R., Rüedi, A. M. (2003): Weichen stellen. Fortschreitende differenzierende Triage (FTD). Entscheidungshilfen für die erziehungsberaterische Arbeit. Edition Soziothek, Bern

Bayrisches Landesjugendamt (Hrsg.) (2001): Sozialpädagogische Diagnose. Arbeitshilfe zur Feststellung des erzieherischen Bedarfs. BLJA, München

BMFSFJ (Bundesministerium für Familie, Senioren, Frauen und Jugend) (Hrsg.) (1998): Leistungen und Grenzen von Heimerziehung. Kohlhammer, Stuttgart

BSASFF (Bayrisches Staatsministerium für Arbeit und Sozialordnung, Familie und Frauen) (Hrsg.) (2009): Evaluation der Sozialpädagogischen Diagnose-Tabellen. Abschlussbericht. Institut für Kinder- und Jugendhilfe, Mainz

Buttner, P., Knecht, A. (2008): Soziale Diagnostik und Klassifikation. Soziale Arbeit 1, 343–349

Deegener, G., Spangler, G., Körner, W., Becker, N. (2009): EBSK – Eltern-Belastungs-Screening zur Kindeswohlgefährdung. Deutsche Form des Child Abuse Potential Inventory (CAPI) von Joel S. Milner. Hogrefe, Göttingen

–, Körner, W. (Hrsg.) (2006): Risikoerfassung bei Kindesmisshandlung und Vernachlässigung. Theorie, Praxis, Materialien. Papst Science Publ., Lengerich

Fischer, J., Corcoran, K. (2007): Measures for Clinical Practice and Research. A Sourcebook. Zwei Bände. 4. Aufl. Oxford Univ. Press, New York

Galuske, M., Rosenbauer, N. (2008): Diagnose und Sozialtechnologie. In: Bakic, J., Diebäckert, M., Hammer, E. (Hrsg.): Aktuelle Leitbegriffe der Sozialen Arbeit. Ein kritisches Handbuch. Löcker, Wien, 73–90

Gromann, P. (2001): Inegrierte Behandlungs- und Rehaplanung. Ein Handbuch zur Umsetzung des IBRP. Psychatrieverlag, Bonn

Grunwald, K., Thiersch, H. (Hrsg.) (2008): Praxis lebensweltorientierter sozialer Arbeit. Handlungszugänge und Methoden in unterschiedlichen Arbeitsfeldern. 2. Aufl. Juventa, Weinheim / München

Hanses, A. (2000): Biographische Diagnostik in der Sozialen Arbeit. Über die Notwendigkeit und Möglichkeit eines hermeneutischen Fallverstehens im institutionellen Kontext. neue praxis 30, 357–379

Harnach-Beck, V. (2010): Psychosoziale Diagnostik in der Jugendhilfe. Grundlagen und Methoden für Hilfeplan, Bericht und Stellungnahme. 5. Aufl. Juventa, Weinheim / München

Heiner, M. (2010): Soziale Arbeit als Beruf. Fälle, Felder, Fähigkeiten. 2. Aufl. Ernst Reinhardt Verlag, München / Basel

– (2004): PRO-ZIEL Basisdiagnostik. Ein prozessbegleitendes, zielbezogenes, multiperspektivisches und dialogisches Diagnoseverfahren im Vergleich. In: Heiner, M. (Hrsg.): Diagnostik und Diagnosen in der Sozialen Arbeit – Ein Handbuch. Deutscher Verein für öffentliche und private Fürsorge e. V., Berlin, 218–238

ISS (Institut für Sozialarbeit und Sozialpädagogik e. V.) (Hrsg.) (2008): Vernachlässigte Kinder besser schützen. Sozialpädagogisches Handeln bei Kindeswohlgefährdung. Ernst Reinhardt Verlag, München / Basel

Jacob, A., Wahlen, K. (2006): Das Multiaxiale Diagnosesystem Jugendhilfe (MAD-J). Ernst Reinhardt Verlag, München / Basel

Jakob, G. (1999): Fallverstehen und Deutungsprozesse in der sozialpädagogischen Praxis. In: Peters, F. (Hrsg.): Diagnosen – Gutachten – hermeneutisches Fallverstehen. Rekonstruktive Verfahren zur Qualifizierung individueller Hilfeplanung. Internationale Gesellschaft für Heimerziehung, Frankfurt / M., 99–125

Karls, J. M., Wandrei, K. E. (Hrsg.) (1994a): Person-In-Environment System. NASW Press, Washington

–, – (Hrsg.) (1994b): PIE Manual. Person-In-Environment System. NASW Press, Washington

Kindler, H. (2005): Evidenzbasierte Diagnostik in der Sozialen Arbeit. neue praxis 35, 540–545

–, Lillig, S., Blüml, H., Werner, A., Rummel, C. (Hrsg.) (2006): Handbuch Kindeswohlgefährdung nach § 1666 BGB und Allgemeiner Sozialer Dienst (ASD). DJI e. V., München

Klann, N., Hahlweg, K., Heinrichs, N. (2003): Diagnostische Verfahren für die Beratung. Materialien zur Diagnostik und Therapie in Ehe-, Familien- und Lebensberatung. 2. Aufl. Hogrefe, Göttingen

Krumenacker, F.-J. (2004): Zehn Jahre sozialpädagogische Diagnosen. In: Krumenacker, F.-J. (Hrsg.): Sozialpädagogische Diagnosen in der Praxis. Erfahrungen und Perspektiven. Juventa, Weinheim / München, 7–14

Küfner, H., Coenen, M., Indlekofer, W. (2006): PREDI. Psychosoziale ressourcenorientierte Diagnostik. Ein problem- und lösungsorientierter Ansatz Version 3.0. PABST Science Publ., Lengerich

Kunstreich, T., Müller, B., Heiner, M., Meinhold, M. (2003): Diagnose und / oder Dialog. Ein Briefwechsel. Widersprüche 88, 11–31

Merchel, J. (2008): Kinderschutz: Anforderungen an die Organisationsgestaltung im Jugendamt. In: ISS (Hrsg.), 89–128

– (2005): „Diagnostik" als Grundlage für eine fachlich begründete Hilfeplanung: inhaltliche Anforderungen und angemessene Semantik. In: VfK (Hrsg.): Diagnostik in der Kinder- und Jugendhilfe. Vom Fallverstehen zur richtigen Hilfe. VfK, Berlin, 13–29

– (1999): Zwischen „Diagnose" und „Aushandlung". In: Peters, F. (Hrsg.): Diagnosen – Gutachten – hermeneutisches Fallverstehen. Rekonstruktive Verfahren zur Qualifizierung individueller Hilfeplanung. Internationale Gesellschaft für Heimerziehung, Frankfurt / M., 73–96

– (1994): Von der psychosozialen Diagnose zur Hilfeplanung. Aspekte eines Perspektivenwechsels in der Erziehungshilfe. In: Institut für soziale Arbeit (Hrsg.): Hilfeplanung und Betroffenenbeteiligung. IGfH, Münster, 44–63

Miller, W. R., Rollnick, S. (1999): Motivierende Gesprächsführung. Ein Konzept zur Beratung von Menschen mit Suchtproblemen. Lambertus, Freiburg i. Br.

Mollenhauer, K., Uhlendorff, U. (1992): Sozialpädagogische Diagnosen. Juventa, Weinheim / München

Müller, B. (2005): Was heißt Soziale Diagnose? Sozialmagazin 30, 21–31

– (2004): Sozialpädagogische Diagnosen und der Allgemeine Sozialdienst (ASD). In: Krumenacker, F.-J. (Hrsg.): Sozialpädagogische Diagnosen in der Praxis. Erfahrungen und Perspektiven. Juventa, Weinheim / München, 63–76

Münder, J., Mutke, B., Schone, R. (2000): Kindeswohl zwischen Jugendhilfe und Justiz. Professionelles Handeln im Kindeswohlverfahren. Votum, Münster

Otto, H.-U. (2007): Zum aktuellen Diskurs um Ergebnisse und Wirkungen im Feld der Sozialpädagogik und Sozialarbeit – Literaturvergleich nationaler und internationaler Diskussionen. Arbeitsgemeinschaft Kinder- und Jugendhilfe, Berlin

Pantuček, P. (2009a): Soziale Diagnostik. Verfahren für die Praxis Sozialer Arbeit. 2. Aufl. Böhlau, Wien / Köln / Weimar

– (2009b): „One for all?" – Entwicklung standardisierter Verfahren der Sozialen Diagnostik. In: Pantuček, P., Röh, D. (Hrsg.): Perspektiven Sozialer Diagnostik. Über den Stand der Entwicklung von Verfahren und Standards. LiT Verlag, Münster, 37–55

–, Röh, D. (Hrsg.) (2009): Perspektiven Sozialer Diagnostik. Über den Stand der Entwicklung von Verfahren und Standards. LiT, Münster

Pauls, H. (2005): Psychosoziale Mehrebenendiagnostik zwischen gestörtem Subjekt und gestörten Verhältnissen. Psychosozial 3, 31–41

Peters, F. (Hrsg.) (1999): Diagnosen – Gutachten – hermeneutisches Fallverstehen. Rekonstruktive Verfahren zur Qualifizierung individueller Hilfeplanung. Internationale Gesellschaft für Heimerziehung, Frankfurt / M.

Pies, S., Schrapper, Ch. (2003): Fachlichkeit im Hilfeplanprozess. Fachliche Standards und Qualitätsentwicklung als Element professioneller Identität. Forum Jugendhilfe, 51–62

Possehl, K. (2009): Theorie und Methodik systematischer Fallsteuerung in der Sozialen Arbeit. Interact, Luzern

– (2004): Struktur und Logik professioneller diagnostischer Informationsarbeit in der Sozialen Arbeit. Theoretische Vorklärungen. Archiv für Wissenschaft und Praxis der sozialen Arbeit 35, 29–67

Röh, D. (2009): Klassifikationen in der Sozialen Arbeit: Fluch oder Segen für die Professionalisierung? In: Pantuček, P., Röh, D. (Hrsg.): Perspektiven Sozialer Diagnostik. Über den Stand der Entwicklung von Verfahren und Standards. LiT, Münster, 79–96

Salomon, A. (1926): Soziale Diagnose. Carl Heymann Verlag, Berlin

Schemmel, H., Schaller, J. (Hrsg.) (2003): Ressourcen. Ein Hand- und Lesebuch. dgvt, Tübingen

Schrapper, Ch. (2008): Kinder vor Gefahren für ihr Wohl schützen – Methodische Überlegungen zur Kinderschutzarbeit sozialpädagogischer Fachkräfte. In: ISS (Hrsg.), 56–89

– (2005): Diagnostik, sozialpädagogische und Fallverstehen. In: Kreft, D., Mielenz, I. (Hrsg.): Wörterbuch Soziale Arbeit. Aufgaben, Praxisfelder, Begriffe und Methoden der Sozialarbeit und Sozialpädagogik. 5. Aufl., Beltz, Weinheim / Basel, 189–197

– (2003): „… dem eigenen Urteil trauen?" Erfahrungen und Positionen zur sozialpädagogischen Diagnostik. Widersprüche 88, 41–45

–, Thiesmeier, M. (2004): Wie in Gruppen Fälle gut verstanden werden können. In: Velmerig, C. O., Schattenhofer, K., Schrapper, Ch. (Hrsg.): Teamarbeit. Konzepte und Erfahrungen, eine gruppendynamische Zwischenbilanz. Juventa, Weinheim / München, 118–132

Schrödter, M. (2009): Formalisierte Diagnostik ja, aber richtig! In: Pantucek, P., Röh, D. (Hrsg.): Perspektiven Sozialer Diagnostik. Über den Stand der Entwicklung von Verfahren und Standards. LiT, Münster, 57–77

– (2003): Zur Unhintergehbarkeit von Diagnose – Klassifikation in der Sozialen Arbeit. Widersprüche 88, 85–100

Spiegel, H. v., Middendorf, P. (Hrsg.) (2007): Zielorientierte Dokumentation in der Erziehungshilfe – Standards, Erfahrungen und Ergebnisse. Eigenverlag der IGfH, Frankfurt / M.

Staub-Bernasconi, S. (2003): Diagnostizieren tun wir alle – nur nennen wir es anders. Widersprüche 88, 33–40

Strobel, B., Liel, C., Kindler, H. (2008): Validierung und Evaluierung des Kinderschutzbogens. Ergebnisbericht. DJI, München

Thiersch, H. (2009): Lebensweltorientierte Soziale Arbeit. 7. Aufl. Juventa, Weinheim / München

Uhlendorff, U. (2002): Sozialpädagogisch-hermeneutische Diagnosen in der Jugendhilfe. In: Thole, W. (Hrsg.): Grundriss Sozialer Arbeit. Ein einführendes Handbuch. Leske & Budrich, Opladen, 577–588

–, Cinkl, S., Marthaler, Th. (2006): Sozialpädagogische Familiendiagnosen. Deutungsmuster familiärer Belastungssituationen und erzieherischer Notlagen in der Jugendhilfe. Juventa, Weinheim / München

Urban, U. (2004): Professionelles Handeln zwischen Hilfe und Kontrolle. Sozialpädagogische Entscheidungsfindung in der Hilfeplanung. Juventa, Weinheim / München

VfK (Verein für Kommunalwissenschaften e. V.) (Hrsg.) (2005): Diagnostik in der Kinder- und Jugendhilfe. Vom Fallverstehen zur richtigen Hilfe. Dokumentation der Fachtagung vom 21.–22. April 2005. VfK, Berlin

ZBFS (Zentrum Bayern Familie und Soziales, Bayrisches Landesjugendamt) (Hrsg.) (2009): Sozialpädagogische

Diagnose. Arbeitshilfe zur Feststellung des erzieherischen Bedarfs. Überarb. Neuauflage von 2001. ZBFS, München

Ziegenhain, U., Fegert, J. M. (Hrsg.) (2007): Kindeswohlgefährdung und Vernachlässigung. Ernst Ernst Reinhardt, München / Basel

Ziegler, H. (2003): Diagnose, Macht, Wissen und „What Works?" – die Kunst dermaßen zu regieren. Widersprüche 88, 101–116

Didaktik

Von Elke Steinbacher

Begriffsklärung

Der Begriff der Didaktik wird gemeinhin mit der Schulpädagogik verbunden, ist die Beschäftigung mit didaktischem Denken und Handeln doch fest verankerter Bestandteil der Lehrerausbildung. Die *allgemeine Didaktik* befasst sich mit

„den allgemeinen Prinzipien, den Strukturmomenten und der Institutionalisierungsproblematik organisierten Lehrens und Lernens; sie ist mithin eingeschränkt auf die gesellschaftlich aufgeworfenen, entfalteten und aufrechterhaltenen Normen, Regeln und Formen des Lehrens und Lernens" (Heursen 1989, 307).

Die *Fachdidaktiken* hingegen beschäftigen sich mit der Theorie des Lehrens und Lernens in den einzelnen schulischen Unterrichtsfächern (z. B. Mathematik, Englisch und auch Pädagogik). Die der Didaktik in der pädagogischen Psychologie benachbarte Disziplin der *empirischen Lehr-Lernforschung* widmet sich fächerübergreifenden Fragestellungen (zum Verhältnis von allgemeiner Didaktik und empirischer Lehr-Lernforschung vergleiche Meyer 2008). Im Folgenden soll nun die Bedeutung des allgemein erziehungswissenschaftlichen Begriffs der Didaktik erläutert werden, um aufzuzeigen, dass die Didaktik für alle professionsspezifischen Teildisziplinen relevant ist und keineswegs nur in den schulpädagogischen Fachdidaktiken und der schulbezogenen Lehr- und Lernforschung.

Der Begriff der Didaktik wurzelt im griechischen Verb *didáskein* und bedeutet in einem aktiven Sinn *lehren, belehren, unterrichten,* in einem passiven Sinn *lernen, belehrt bzw. unterrichtet werden* sowie in einem medialen Sinn *aus sich selbst lernen, ersinnen, sich aneignen.* Didaktik bezieht sich also auf die *Theorie und Praxis* des Lehrens und Lernens. Dieser Kurzdefinition liegt ein weites Verständnis von Didaktik zu Grunde, das sich nicht nur mit der Frage nach Inhalten und Zielen befasst, sondern die Frage nach den Methoden, der Art und Weise der Vermittlung, mit einschließt. Dieses weite Didaktikverständnis geht außerdem davon aus, dass die Didaktik nicht nur das Lehren und Lernen an Schulen umfasst, sondern auch Lernprozesse an jedem anderen möglichen Ort einschließt, sei dies nun der Erwerb von Fertigkeiten in einem Sportverein, das Lernen an Volkshochschulen und bei einem Fernstudium, beim Einüben der Nutzung von PC und Internet, bei der Fahrschule oder bei der Gestaltung eines Festivals (Klafki 1970, 55; Jank / Meyer 1994, 16). Und zu Unterricht gehört – jenseits der organisierten Form – in einem weit gefassten Sinne all das, „was wir tun und erleiden, wenn wir uns oder andere über etwas unterrichten. Solcher Unterricht findet z. B. dann statt, wenn Menschen informativ miteinander sprechen, ein Buch lesen oder eine informierende und unterhaltende Fernsehsendung anschauen" (Benner 2010, 232). Dieses weite Verständnis von Didaktik und Unterricht ist die Grundlage der folgenden Ausführungen, insbesondere derer zur Didaktik in der Sozialen Arbeit.

Darüber hinaus ist Didaktik nicht nur als *akademische Disziplin* zu verstehen, die theoretische Aussagen über Lehr- / Lernprozesse macht, sondern sie ist auch als Bestandteil der *pädagogischen Praxis* von Lehrern, Schüler(inn)en, Sozialpädagog(inn)en und Fernsehmoderator(inn)en zu begreifen. Praxis findet sich überall dort, „wo Menschen schöpferisch oder reproduzierend tätig werden" (Jank / Meyer 1994, 17). Der hier zu Grunde gelegte Praxisbegriff geht zum einen davon aus, dass „die Lebensverhältnisse, in denen wir praktisch tätig sind, unvollkommen sind und verbessert werden können und müssen; zum zweiten,

Otto/Thiersch (Hg.), Handbuch Soziale Arbeit, 4. A., DOI 10.2378/ot4a.art026,

dass Menschen aus eigenem Willen und zielgerichtet handeln können, also zur Selbstbestimmung fähig sind" (17).

Didaktische Modelle

Ein didaktisches Modell ist eine erziehungswissenschaftliche Theorie zur Analyse und Planung didaktischen Handelns in schulischen und außerschulischen Lehr- und Lernsituationen. Es hat den Anspruch, „theoretisch umfassend und praktisch folgenreich die Voraussetzungen, Möglichkeiten und Grenzen des Lehrens und Lernens" aufzuzeigen (92). Im Folgenden werden die drei zentralen traditionellen didaktischen Modelle kurz skizziert (Terhart 2009, 134–143):

a) Die *bildungstheoretische Didaktik* wurde zu Beginn der 1960er Jahre vor allem von Wolfgang Klafki und dessen Begriff der kategorialen Bildung geprägt. Mit der kategorialen Bildung soll „den Einseitigkeiten vorwiegend objektbezogener (materialer) und vorwiegend subjektbezogener (formaler) Didaktiken durch dialektische Verschränkung beider Ansätze auf didaktisch-inhaltlicher Ebene" entgegengewirkt werden (Jank / Meyer 1994, 144). Die bildungstheoretische Bestimmung didaktischen Handelns ist zum einen charakterisiert durch zielgerichtete und begründete kulturelle Vermittlungsprozesse sowie zum andern durch die individuelle Lebendigkeit der Lernenden, die sich mit ihren Erfahrungen, Interessen und Gedanken dem Unterricht nicht immer unterordnen, sondern diesen auch durchbrechen (Kron 2008, 72). Die bildungstheoretische Didaktik ist der geisteswissenschaftlichen Pädagogik zuzuordnen. Die Auswahl und Reflexion der für die Bildungsprozesse relevanten Inhalte hat in der bildungstheoretischen Didaktik einen besonderen Stellenwert, weil sie davon ausgeht, dass nicht alles bildet, was gelehrt und gelernt werden kann. Die für den Unterricht ausgewählten Inhalte sollen so „elementar" sein, dass sie „exemplarisches" Lernen ermöglichen im Sinne der Dialektik des Verhältnisses vom Besonderen zum Allgemeinen und umgekehrt, sowie gleichzeitig so „fundamental", dass sie den Schülern grundlegende Einsichten vermitteln (Jank / Meyer 1994, 146). Klafki hat die bildungstheoretische Didaktik nach der Auseinandersetzung mit der im Folgenden beschriebenen lerntheoretischen und kommunikativen Didaktik sowie der

curricularen Bewegung und der Auseinandersetzung mit der „Kritischen Theorie" der Frankfurter Schule in den 1980er Jahren weiterentwickelt zur kritisch-konstruktiven Didaktik (Jank / Meyer 1994, 166; Klafki 2007a, 83 ff.). Darin nimmt er eine Neubestimmung des Bildungsbegriffs vor, die die gesellschaftliche Dimension von Bildungsprozessen aufgreift. Er bestimmt Bildung als selbsttätig erarbeiteten und personal verantworteten Zusammenhang dreier Grundfähigkeiten: Selbstbestimmungsfähigkeit, Mitbestimmungsfähigkeit und Solidaritätsfähigkeit (Klafki 2007a, 52 / 97 f.). Durch die kontinuierliche Fortschreibung der theoretischen und der operativen Aspekte hat sich die bildungstheoretische Didaktik insgesamt als sehr lernfähig und flexibel erwiesen (Terhart 2009, 136).

b) Die *lern- bzw. lehrtheoretische Didaktik* entstammt der „Berliner Schule" um Paul Heimann und dem später in Hamburg tätigen Wolfgang Schulz. Das „Berliner Modell" zur Planung und Analyse von Unterricht wurde Anfang der 1960er Jahre für die Lehrerausbildung entwickelt. Es ist der empirisch-analytischen Erziehungswissenschaft zuzuordnen und orientiert sich am Leitbegriff des Lernens. Im Berliner Modell werden die Strukturmomente einer Lehr-Lern-Situation herausgearbeitet, wobei zwischen zwei Bedingungsfeldern (anthropogene Bedingungen und situative, soziale, kulturelle, gesellschaftliche Bedingungen) und vier, in einem interdependenten Verhältnis zueinander stehenden Entscheidungsfeldern (Intentionen, Inhalte, Methoden und Medien) differenziert wird. Die Bedingungsfelder dienen der Analyse der Voraussetzungen der an der Lehr-Lern-Situation Beteiligten sowie der äußeren Rahmenbedingungen, unter denen sich das Lernen abspielt. Die Pädagogin hat in diesem Konzept die Aufgabe, in Passung an die Bedingungsfelder die Entscheidungen darüber zu fällen, mit welcher Intention welche Inhalte auf welchem Weg und mit welchen Medien vermittelt werden sollen. Wolfgang Schulz hat das Berliner Modell um 1980 weiterentwickelt zum „Hamburger Modell", das von einer ideologiekritischen Wissenschaftsauffassung und emanzipatorischen Intentionen geprägt ist (Kron 2008, 91–104; Terhart 2009, 137–140). Während das Berliner Modell lediglich die formale Struktur von Lehr-Lern-Situationen verdeutlicht, geht es im Hamburger Modell um eine „engagierte Parteinahme" für die

Lernenden, die sich in der Intention, die Unterricht haben soll, widerspiegelt: Gefördert werden sollen Kompetenz, Autonomie und Solidarität aller an der Lehr-Lern-Situation Beteiligten (Jank/Meyer 1994, 220 f.). Das Hamburger Modell von Schulz zeigt damit eine große Nähe zu Klafkis kritisch-konstruktiver Didaktik, in der ganz ähnliche Begriffe eine wichtige Rolle spielen: Selbstbestimmungsfähigkeit, Mitbestimmungsfähigkeit und Solidaritätsfähigkeit. Damit stehen die Autoren in der Tradition der europäischen Aufklärungsphilosophie, man kann von einer „Beinahe-Fusion" der Positionen sprechen (Jank/Meyer 1994, 221; Klafki 2007b).

c) Die *kommunikative Didaktik*, entwickelt in den 1980er Jahren, versteht sich als Gegenbewegung zu den bildungs- und lehr-lerntheoretischen Ansätzen. Lehr-Lern-Situationen werden als

„soziale Situation verstanden, in die die Beteiligten ihre je persönlichen Vorerfahrungen, Sichtweisen und Definitionen einbringen. In diesem Kontext kommt es zur Rezeption und didaktischen Umarbeitung philosophischer und informationstheoretischer Kommunikationskonzepte, aber auch zur Rezeption von Befunden aus der sozialpsychologischen Forschung von Lehrer-Schüler-Verhalten" (Terhart 2009, 141 f.).

Die kommunikative Didaktik ist der kritischen Erziehungswissenschaft zuzuordnen. In ihr gilt Interaktion als Leitbegriff. Die Analyse der Beziehungsstrukturen in Lehr-Lern-Situationen, insbesondere auch der Störfaktoren und ihrer Ursachen, rückt hier in den Mittelpunkt des Interesses. Ziel ist die Etablierung einer möglichst herrschaftsfreien, symmetrischen Kommunikation in Lehr-Lern-Situationen (142).

Zum Verhältnis von Didaktik und Methodik

Die vorgestellten didaktischen Modelle gehen von einem weiten Didaktikbegriff aus, der sowohl die Fragen nach Inhalten und Zielen, als auch die nach Methoden und Wegen des Lehrens und Lernens stellt. Dieses weite Didaktikverständnis wird – wie das folgende Schaubild zeigt – in manchen erziehungswissenschaftlichen Debatten aufgegliedert in Didaktik im engeren Sinne und Methodik.

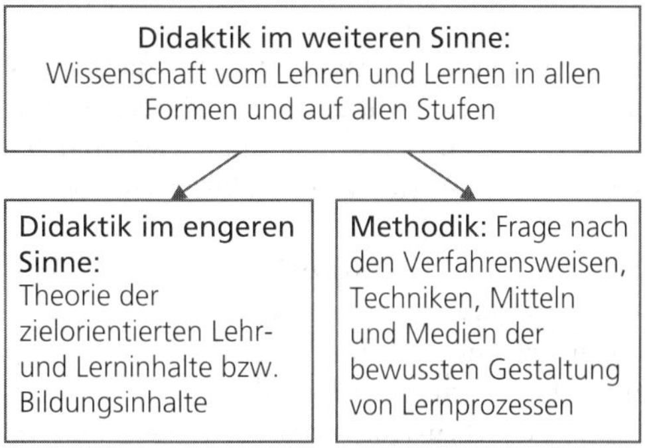

Abb. 1: Begriffsbestimmung Didaktik

Die begriffliche Unterscheidung zwischen Didaktik im engeren Sinne und Methodik schafft allerdings nur scheinbar Klarheit (Jank/Meyer 1994, 161). Die *Didaktik i. e. S.* beschäftigt sich mit den Hauptfragestellungen „*Was* vermittle ich *wozu*?". Also: Welche Inhalte/Themen sollen mit welchem Ziel vermittelt werden? Es geht in dieser Betrachtungsweise um die „Theorie der Bildungsaufgaben, -inhalte und -kategorien, ihres Bildungssinns, ihrer Auswahlkriterien" (160). Die *Methodik* beschäftigt sich mit den Hauptfragen „*Wie* vermittle ich etwas und *womit*?". Also: Auf welchem Weg, mit welchen Methoden/Verfahrensweisen und mit welchen Mitteln/Medien will ich das gesteckte Ziel erreichen?

Im *weiteren Sinne* verstanden umfasst Didaktik sowohl die Didaktik i. e. S. als auch die Methodik und geht noch weit über die o. g. Hauptfragestellungen hinaus. Didaktik i. e. S. und Methodik sind aus dieser Sicht zwei untrennbar miteinander verwobene Aspekte in der Gestaltung von Lehr-Lern-Situationen. Zu den didaktischen Fragestellungen im weiteren Sinne gehören auch die Fragen „*Wer* soll mit *wem, wann, wo* und *warum* lernen?". Also: Welche Zielgruppe/-person lernt mit welchen persönlichen, sozialen und kulturellen Voraussetzungen, unter welchen zeitlichen und räumlichen Bedingungen und in welchem gesellschaftlichen Normen- und Wertesystem?

Didaktik und Methodik stehen demzufolge in einem *interdependenten Verhältnis* zueinander, d. h., Prozesse und Ergebnisse in Lehr-Lern-Situationen lassen sich nie monokausal erklären, sondern nur aus dem Zusammenwirken der verschiedenen Faktoren. Trotz dieser Wechselwirkungen der verschiedenen strukturellen Momente der Gestaltung von Lehr-Lern-Situationen muss ein Primat der

Zielorientierung bzw. der Didaktik unterstellt werden, weil das Nachdenken über die methodische Gestaltung von Lehr-Lern-Situationen nur Sinn hat, wenn es auf bestimmte Ziele und Inhalte bezogen ist (Klafki 1970, 70 f.; Jank / Meyer 1994, 158 f.;197).

Die o. g. Unterscheidung zwischen Didaktik i. e. S. und Methodik entstand lediglich aus pragmatischen Erwägungen heraus und ist keineswegs dogmatisch zu verstehen. Sie wurde 1962 von der den 5. Pädagogischen Hochschultag in Trier vorbereitenden Arbeitsgruppe getroffen, um die Themen der Vorträge und Diskussionen inhaltlich einzugrenzen. Allerdings hat sich diese Unterscheidung in der Erziehungswissenschaft in unfruchtbarer Weise verselbstständigt (Jank / Meyer 1994, 161). Dies hat zur Folge, dass die untrennbar zusammengehörenden Fragen nach Zielen / Inhalten und nach Methoden / Medien – nicht nur in der Schulpädagogik – immer wieder getrennt voneinander diskutiert werden.

Zum Verhältnis von Didaktik und Sozialer Arbeit

Der Begriff der Didaktik ist in der Sozialen Arbeit bisher wenig gebräuchlich. So lässt sich kaum Literatur zum Thema „Didaktik in der Sozialen Arbeit" finden, und die vorhandene Literatur ist ob ihres theoretischen Gehalts z. T. nicht unumstritten, weil sie den Kriterien einer reflexiven Sozialen Arbeit zu wenig gerecht werde. Die verbreitetsten und mehrfach neu aufgelegten Titel stammen von Martin (2005) und Schilling (2008).

Trotzdem ist die Vermittlung didaktischer Inhalte in der Sozialen Arbeit nicht neu. Allerdings hat sie ihren Ort vor allem in den berufsqualifizierenden sozialpädagogischen Ausbildungsgängen an Fachschulen / Fachakademien für Sozialpädagogik / Sozialwesen sowie an einigen Fachhochschulen. Dort bildet sie den Kernbereich der sozialpädagogischen Ausbildung und Praxis (Martin 2005, 14). Insofern ist die Vermittlung didaktischen Denkens und Handelns in der Ausbildung von Erzieherinnen fest verankert. An den zur wissenschaftlichen Arbeit qualifizierenden Hochschulen führt die Didaktik als Begriff der Sozialen Arbeit eher ein Randdasein. Die Inhalte der Didaktik werden jedoch häufig unter anderen Überschriften vermittelt, insbesondere innerhalb der neueren Methodenlehre der Sozialen Arbeit (15).

So bezieht sich Michael Galuske in dem mittlerweile zum Klassiker avancierten Band „Methoden der Sozialen Arbeit" (2007 in 7. Auflage erschienen) auf die Unterscheidung von Didaktik i. e. S. und Methodik, leitet daraus ein enges Methodenverständnis ab, das sich auf die Frage nach dem „Wie?", also nach den Verfahrensweisen beschränkt, um dann ein weites Methodenverständnis einzufordern, das die Fragen nach Inhalten und Zielen mit einschließt (Galuske 2007, 25 f.). Galuske zeigt auf, dass eine Methodendebatte, die jenseits der Ziel- und Inhaltsfrage geführt wird, sich dem Sozialtechnologievorwurf aussetzt, weil sie „in der Gefahr steht, beliebige Technologien der Veränderung für beliebige Zielsetzungen zu entwickeln" (26). Über das weite Methodenverständnis, das „auf einen integrierten Methodenbegriff zielt, der Methoden immer in Abhängigkeit von Problemlagen, Zielsetzungen und Rahmenbedingungen diskutiert", werden die Inhalte der Didaktik – ohne sie als solche zu kennzeichnen – zu einem Teil der Methodendebatte (vgl. Primat der Zielsetzung bzw. der Didaktik). Als Beispiel für das integrierte Methodenverständnis führt Galuske die Unterscheidung in Konzept – Methode – Technik von Geißler / Hege (1992) an. Die Verknüpfung von konzeptionellen, theoretischen Überlegungen mit methodischen Verfahren und Techniken, wie sie von Geißler / Hege und Galuske vorgenommen wird, entspricht in etwa den Überlegungen, die in der allgemeinen Didaktik den Hintergrund der didaktischen Modelle bilden.

Auch Hiltrud von Spiegel arbeitet in ihrem Band „Methodisches Handeln in der Sozialen Arbeit" (2004) ausschließlich mit dem Methodenbegriff. Sie entwirft eine Struktur methodischen Handelns, die sie als „Werkzeugkasten" bezeichnet, mit der sie sehr differenziert und schlüssig die einzelnen Schritte didaktischer Analyse, Planung und Reflexion für die Soziale Arbeit beschreibt. Damit legt sie ein didaktisches Modell im besten Sinne vor.

Ein Grund für die Meidung des Begriffes Didaktik in der Sozialen Arbeit liegt sicherlich darin, dass dieser Begriff die Konnotation Unterricht / Lehre trägt. Unterrichtet und gelehrt wird in den meisten Feldern der Sozialen Arbeit jedoch nur im weiteren Sinne, so dass eine Identifikation mit dem Begriff Didaktik schwerfällt (es sei jedoch nochmals auf die oben erläuterte weite Bedeutung von Didaktik und

Unterricht verwiesen). Auch ist die didaktische Planungsaufgabe bei Lehrkräften eine andere als bei Fachkräften der Sozialen Arbeit. Ausgangspunkte für die schulische Unterrichtsplanung sind der durchschnittliche Entwicklungsstand der Schüler einer Klasse sowie die Vorgaben aus dem Lehrplan. Die Erfahrungswelt der Schüler und ihre besonderen Lebenssituationen können oft kaum berücksichtigt werden. „Abweichungen von den durchschnittlichen entwicklungsmäßigen und sozialen Voraussetzungen werden als störende Randbedingungen erfasst, die unter Umständen besondere Maßnahmen erforderlich machen" (Martin 2005, 27). Im sozialpädagogischen Handeln werden hingegen gerade die Aspekte zum Ausgangspunkt der Analyse und Planung, die in der Schulpädagogik eher den Status von Randbedingungen haben: Der Zusammenhang zwischen der individuellen Lebensgeschichte der Klientel und ihren aktuellen Lebenssituationen mit ihren besonderen Problemen und Konflikten rückt ins Zentrum des Interesses sozialpädagogischer Planung und Gestaltung von Lernprozessen.

Die *besonderen Merkmale didaktischen Denkens und Handelns* in den Arbeitsfeldern der Sozialen Arbeit lassen sich vor diesem Hintergrund wie folgt beschreiben (Martin 2005, 40 f.; Galuske 2007, 56 ff.; Thiersch 1986, 114 ff.):

- Die Didaktik der Sozialen Arbeit hat es vielfach mit Handlungs- und Beziehungssituationen zu tun, in denen Lernen und Bildung in *indirekter* Weise erfolgen, Situationen, in denen beispielsweise die Bewältigung von Alltagsproblemen zur Lehr-Lern-Situation wird. Diese Situationen gilt es – vor dem Hintergrund von einschlägigem Fachwissen und Theoriewissen –, zu erkennen und zu gestalten.
- Die Didaktik der Sozialen Arbeit muss sich in weit stärkerem Maße als die schulische Didaktik mit den jeweiligen *Rahmenbedingungen des Handelns* befassen – den politischen, rechtlichen, institutionellen, kulturellen und räumlichen Bedingungen sowie dem lebensweltlichen Hintergrund der Klientel und der Fachkräfte –, da diese Rahmenbedingungen den Zugang aller Beteiligten zum Lernen prägen.
- Die Didaktik der Sozialen Arbeit muss als *offene Didaktik* angesehen werden, d. h., sie wendet sich gegen rezeptartig verstandene, technologisch eingesetzte Methoden und bemüht sich stattdessen, alle für eine Handlungssituation relevanten Faktoren zu erfassen. Sie muss verschiedene Modelle der didaktischen Analyse anbieten, um Ziele, Inhalte, Methoden und Mittel in einen für das jeweilige Arbeitsfeld passenden Zusammenhang zu bringen. Beispiele für solche Modelle sind das Verlaufsmodell der didaktischen Arbeit von Martin (2005), der „Werkzeugkasten" von H. v. Spiegel (2004) und – wenn auch mit einem anderen Ansatz – B. Müllers „Lehrbuch zur multiperspektivischen Fallarbeit" (2009).
- Die Didaktik der Sozialen Arbeit muss das *Subjekt in den Mittelpunkt* des fachlichen Handelns stellen. Dabei gilt es, die Partizipationsmöglichkeiten der Klientel zu stärken, Interventionsziele in Hilfeprozessen gemeinsam auszuhandeln und (verdeckte) Machtausübung durch Fachkräfte oder Strukturen vor dem Hintergrund berufsethischer Grundsätze kritisch zu reflektieren.

Soziale Arbeit gestaltet Lernprozesse in unterschiedlichsten Arbeitsfeldern, Beispiele hierfür sind: Seminare für Gedächtnistraining als Angebot des Sozialdienstes in Altenhilfeeinrichtungen, um die geistige Aktivität der Menschen zu erhalten; Betreutes Trainingswohnen für Menschen mit Behinderung, um ihnen zu einem möglichst selbstständigen Leben zu verhelfen; Hausaufgabenhilfe und Freizeitgestaltung in der Sozialen Gruppenarbeit einer Jugendhilfeeinrichtung zur Förderung der schulischen und sozialen Entwicklung der Kinder; die Einbindung von Jugendlichen in den Thekendienst eines Jugendhauses zur Förderung von Selbstständigkeit und Verantwortungsübernahme; ein Projekt zur Naturerkundung in einer Kindertageseinrichtung, um Kindern Naturerfahrungen wie beispielsweise die Beobachtung des Knospens und Blühens von Blumen zu ermöglichen etc. Zum didaktischen Handeln werden all diese Angebote jedoch erst, wenn gewählte Ziele, Inhalte, Methoden und Medien in einem pädagogisch begründeten und reflektierten Zusammenhang stehen, der die o. g. Merkmale sozialpädagogischer Didaktik berücksichtigt.

Um ihren vielfältigen und zum Teil widersprüchlichen Aufgaben gerecht zu werden braucht die Soziale Arbeit also eine Didaktik, mit deren Hilfe sie ihre Ziele und Vorgehensweisen vor dem Hintergrund von Beobachtungs- und Beschreibungswissen, Erklärungs- und Begründungswissen, Wertwissen sowie Handlungs- und Interventionswissen (v. Spiegel 2004) reflektieren und legitimieren kann.

Vor diesem Hintergrund erscheint es sinnvoll, dass sich die Soziale Arbeit ausführlicher, inhaltlich differenzierter und reflektierter mit Didaktik befasst. Die Notwendigkeit einer solchen Beschäftigung mit Didaktik soll im Folgenden mit Benners (2010) Gegenüberstellung von Schulpädagogik und Sozialpädagogik begründet werden: Jede professionsbezogene Teildisziplin der Erziehungswissenschaft muss

„eine *adressatenbezogene Didaktik und eine bereichsspezifische Gesellschaftspädagogik* entwickeln, welche die Interaktion mit der jeweiligen Klientel an der zweifachen Aufgabenstellung ausrichten, Welterfahrung und zwischenmenschlichen Umgang durch unterrichtliche Unterweisung und Aufklärung zu erweitern und Übergänge aus pädagogischen Situationen in gesellschaftliche Handlungsfelder zu gestalten. [...] So kann beispielsweise die Sozialpädagogik ihre pädagogischen Aufgaben nur angemessen erfüllen und reflektieren, wenn sie nicht nur eine spezielle Gesellschaftspädagogik, sondern zugleich eine auf ihre Klientel zugeschnittene Didaktik entwickelt. Diese muss klären, durch welche Formen einer unterrichtlichen Aufklärung über die Kontexte und Ursachen sozialer Hilfsbedürftigkeit die Erfahrung und der Umgang derjenigen, die sozialpädagogischer Hilfe und Unterstützung bedürfen, in Richtung auf ein Selbst-Denken und Urteilen erweitert werden können" (319; Hervorhebung E. S.).

Auch die Schulpädagogik darf nicht als reine Didaktik konzipiert werden, sondern muss zugleich eigene gesellschaftspädagogische Problemstellungen und Praktiken entwickeln, die es ermöglichen, „dass das im Unterricht vermittelte Wissen auch im Handeln aufklärende Wirkungen zeitigen und über eine von den Lernenden selbst verantwortete Wahl zwischen verschiedenen Handlungsmöglichkeiten praktisch werden kann" (319). Wenn Schulpädagogik und Sozialpädagogik also nicht nur die Problemverkürzungen der jeweils anderen Teildisziplin kritisierten, sondern die Schulpädagogik neben ihrem didaktischen auch ein gesellschaftspädagogisches und die Sozialpädagogik neben ihrem gesellschaftspädagogischen auch ein didaktisches Theorie- und Handlungsrepertoire entwickelten, ließe sich nicht nur die Kooperation zwischen Schul- und Sozialpädagogik weiterentwickeln, sondern könnten beide Disziplinen auch voneinander lernen. Insofern treffen sich Soziale Arbeit und Schulpädagogik in ihrer didaktisch-methodischen Vorgehensweise. Alle professi-

onsspezifischen Teildisziplinen der Erziehungswissenschaft benötigen demzufolge didaktische und gesellschaftspädagogische Konzepte, „in denen die Wirkungsmöglichkeiten und Aufgaben einer unterrichtlichen Aufklärung der jeweiligen Klientel mit Problemstellungen einer intergenerationellen Überführung der pädagogischen Praxis in die ausdifferenzierten Formen der menschlichen Gesamtpraxis abgestimmt sind" (319).

Soziale Arbeit braucht die Auseinandersetzung mit der Didaktik und muss ein eigenes Verständnis und eine eigene Haltung dazu entwickeln, darf Didaktik also nicht nur negieren, denn nur so kann sie sich mit der Schulpädagogik und deren didaktischen Haltungen fundierter auseinandersetzen. Es geht keineswegs darum, dass sich Soziale Arbeit dem didaktischen Denken und Handeln der Schulpädagogik anzupassen und unterzuordnen hat, sondern dass sie vielmehr ihre eigenen didaktischen Zugänge als solche kenntlich macht, ohne dem Didaktikbegriff auszuweichen. Wenn Fachkräfte der Sozialen Arbeit in solchen Arbeitsfeldern, in denen sie mit Schule kooperieren (z. B. Schulsozialarbeit, Soziale Gruppenarbeit, Tagesgruppen, Wohngruppen und offene Jugendarbeit) sozialpädagogische didaktische Positionen und ein sozialpädagogisches Verständnis von Lernen selbstbewusst vertreten können, kann dies für die Kooperation von Sozialer Arbeit und Schule sehr förderlich sein.

Didaktisches Handeln in der Sozialen Arbeit kann also verstanden werden als ein reflexives Verhältnis der Fachkräfte zu den von ihnen vertretenen Zielen, Inhalten und Verfahrensweisen im Sinne eines prozessorientierten Arbeitens im Kontext gesellschaftspädagogischer Konzepte. In diesem Sinn schützt didaktisches Handeln vor einem sozialtechnologischen Umgang mit Methoden und ermöglicht ein „handwerklich" gekonntes Vorgehen in Analyse, Zielbestimmung, Planung und Evaluation (zur Sozialpädagogik als Handwerk vergleiche Winkler 2009). Ebenso verweist didaktisches Handeln aber auch auf die Notwendigkeit zu analysieren und zu reflektieren, wer im Verhältnis von Theorie und Praxis die Definitionsmacht über die relevanten Ziele und Inhalte hat: die Disziplin und Profession der Sozialen Arbeit selbst oder von außen wirkende Kräfte wie z. B. sozialpolitische und ökonomische Vorgaben und deren disziplinäre Fundierung.

Literatur

Benner, D. (2010): Allgemeine Pädagogik. Eine systematisch-problemgeschichtliche Einführung in die Grundstruktur pädagogischen Denkens und Handelns. Juventa, Weinheim / München

Galuske, M. (2007): Methoden der Sozialen Arbeit. Eine Einführung. 7. Aufl. Juventa, Weinheim / München

Geißler, K. A., Hege M. (1992): Konzepte sozialpädagogischen Handelns. Ein Leitfaden für soziale Berufe. 6. Aufl. Beltz, Weinheim / Basel

Gorges, R. (1996): Didaktik. Eine Einführung für soziale Berufe. Lambertus, Freiburg

Heursen, G. (1989): Didaktik, allgemeine. In: Lenzen, D. (Hrsg.): Pädagogische Grundbegriffe, Band 1. Rowohlt, Reinbeck, 307–317

Jank, W., Meyer, H. (1994): Didaktische Modelle. 3. Aufl. Cornelsen Skriptor, Berlin

Klafki, W. (2007a): Neue Studien zur Bildungstheorie und Didaktik. Zeitgemäße Allgemeinbildung und kritisch-konstruktive Didaktik. 6. Aufl. Beltz, Weinheim / Basel

– (2007b): Didaktik. In: Tenorth, H.-E., Tippelt, R. (Hrsg.): Beltz Lexikon Pädagogik. Beltz, Weinheim / Basel, 158–161

– (1970): Der Begriff der Didaktik und der Satz vom Primat der Didaktik (im engeren Sinne) im Verhältnis zur Methodik. In: Klafki, W., Rückriem, G. M., Wolf, W., Freudenstein, R., Beckmann, H. K., Lingelbach, K.-Ch., Iben, G., Diederich, J. (Hrsg.): Erziehungswissenschaft 2. Eine Einführung. Fischer Bücherei, Frankfurt / M., 55–73

Kron, F. W. (2008): Grundwissen Didaktik. 5. Aufl. Ernst Reinhardt Verlag, München / Basel

Martin, E. (2005): Didaktik der sozialpädagogischen Arbeit. Probleme, Möglichkeiten und Qualität sozialpädagogischen Handelns. 5. Aufl. Juventa, Weinheim / München

Meyer, H. (2008): Im Gespräch mit Meinert Meyer: Disput über aktuelle Probleme und Aufgaben der Didaktik. In: Meyer, M. A., Prenzel, M., Hellekamps, S. (Hrsg.): Perspektiven der Didaktik. Zeitschrift für Erziehungswissenschaft, Sonderheft 9. VS, Wiesbaden, 77–86

Müller, B. (2009): Sozialpädagogisches Können. Ein Lehrbuch zur multiperspektivischen Fallarbeit. 6. Aufl. Lambertus, Freiburg / Br.

Schilling, J. (2008): Didaktik / Methodik Sozialer Arbeit. 5. Aufl. Ernst Reinhardt Verlag, München / Basel

Spiegel, H. v. (2004): Methodisches Handeln in der Sozialen Arbeit. Ernst Reinhardt Verlag, München / Basel

Terhart, E. (2009): Didaktik. Eine Einführung. Reclam, Stuttgart

Thiersch, H. (1986): Lernen in der Jugendhilfe. In: Thiersch, H. (Hrsg.): Die Erfahrung der Wirklichkeit. Juventa, Weinheim / München, 114–121

Weinschenk, R. (1981): Didaktik und Methodik für Sozialpädagogen. Klinkhardt, Bad Heilbrunn

Winkler, M. (2009): Theorie und Praxis revisitet – oder: Sozialpädagogik als Handwerk betrachtet. In: Mührel, E., Birgmeier, B. (Hrsg.): Theorien der Sozialpädagogik – ein Theorie-Dilemma? VS, Wiesbaden, 307–332

Dienstleistungsorientierung

Von Melanie Oechler

Soziale Arbeit als Dienstleistung kann als einer der zentralen Diskurse, die die Entwicklung der Sozialen Arbeit in Theorie und Praxis seit Anfang der 1990er Jahre maßgeblich mitgeprägt haben, verstanden werden. Dienstleistungsorientierung in der Sozialen Arbeit lässt sich sowohl als ein Konzept professioneller Entwicklungspostulate formulieren sowie auch als staatliche Restrukturierungsbemühungen des öffentlichen Sektors mit dem Ziel der Effektivitäts- und Effizienzsteigerung der sozialen Dienste. Ihr Stellenwert erklärt sich zum einen im Kontext gesellschaftlicher Modernisierungsprozesse und begründet sich zum anderen in internationalen Entwicklungen staatlicher Privatisierungs- und Deregulierungsbestrebungen (Naschold / Bogumil 2000). Im Zuge dieser veränderten Rahmenbedingungen und den traditionellen Professionalisierungsbestrebungen Sozialer Arbeit kann die Bestimmung Sozialer Arbeit als Dienstleistung als ein Versuch gedeutet werden, einerseits die professionelle Praxis analytisch zu beschreiben und andererseits konzeptionelle Orientierungen zu bieten. Es wird auf die Notwendigkeit einer bedürfnisgerechten Bereitstellung von sozialen Leistungen verwiesen, welche durch eine angemessene Verhältnisbestimmung der Organisationen bzw. Professionellen der Sozialen Arbeit zu ihren Adressatinnen und Adressaten hergestellt werden soll (Flösser 1994; BMFSFJ 1994), und verknüpft somit die Frage nach einer umfassenden Planung und Entwicklung von effektiven und effizienten Dienstleistungsangeboten mit der Notwendigkeit eines fachlich eigenständigen und aus der Sozialpädagogik selbst, d. h. aus den gewandelten Problemlagen und Bedürfniskonstellationen der die sozialen Dienste Nachfragenden, sich begründenden Paradigmenwechsel Sozialer Arbeit (BMFSFJ 1994).

Bei der Rekonstruktion der Dienstleistungsdebatte in der Sozialen Arbeit werden zwei „Diskurszyklen" unterschieden (Olk 1994; Schaarschuch 1999; Galuske 2002), die jedoch vor dem Hintergrund unterschiedlicher wohlfahrtsstaatlicher Arrangements stattfinden. Beide Diskurse sind in der Vergangenheit bislang nicht immer systematisch aufeinander bezogen, sondern weitgehend getrennt diskutiert worden. Danach lässt sich zwischen einem sozialwissenschaftlichen und einem ökonomisch geprägten Diskurs unterscheiden.

Zunächst werden die verschiedenen Diskurse nachgezeichnet, um in einem zweiten Schritt die Modernisierungsanforderungen und Verfachlichungstendenzen im Hinblick auf ihre normativen Wirkungen auf die Soziale Arbeit und Versuche einer kategorialen Füllung des Dienstleistungsbegriffs in der Tradition sozialpädagogischer Theoriebildung näher zu beleuchten. Zuletzt werden die durch die Dienstleistungsdebatte angestoßenen aktuellen Entwicklungen in der Sozialen Arbeit skizziert.

Die Dienstleistungsgesellschaft als Ausgangspunkt für sozialwissenschaftliche Analysen

Seinen Ausgangspunkt nimmt die Diskussion über Dienstleistungen in makroökonomischen Analysen über die westlichen Industriegesellschaften. Die Ursprünge des Dienstleistungsdiskurses lassen sich als primär gesellschaftstheoretisch verorten. Den Ursprung dieses ersten Diskurses bildet die von dem französischen Ökonom Jean Fourastié veröffentliche Studie „Die große Hoffnung des zwanzigsten Jahrhunderts" im Jahr 1949 (dt. Fassung 1954), in der Fourastié einen optimistischen Entwurf über die zukünftige Gesellschaft vorlegt. Damit wurde eine grundlegende Debatte um Dienstleistungstätigkeiten in der Gesellschaft angestoßen, welche zunächst

Otto/Thiersch (Hg.), Handbuch Soziale Arbeit, 4. A., DOI 10.2378/ot4a.art027,

ohne jeglichen Bezug zu der Sozialen Arbeit stattfand (Fourastié 1954; Bell 1975; Gartner / Riessman 1978; zusammenfassend Häußermann / Siebel 1995). Im volkswirtschaftlichen Sinne handelt es sich bei Dienstleistungen um ein ökonomisches Gut, bei dem im Gegensatz zur industriellen Produktion nicht der materielle Gehalt im Vordergrund steht, sondern eine prozesshafte Leistungserbringung. Entsprechend werden Dienstleistungen allgemein als Tätigkeiten definiert, die weder dem wirtschaftlichen Produktionsbereich der Nahrungsmittel- und Rohstoffgewinnung (primärer Sektor) noch der industriellen Rohstoffverarbeitung (sekundärer Sektor) zugeordnet werden können. Der Wandel von einer Agra- über eine Industrie- zu einer Dienstleistungsgesellschaft würde nicht ohne Kämpfe um die gesellschaftlichen Machtstrukturen, der Strukturen politischer Herrschaft und der Arbeitsbedingungen und Arbeitsverhältnisse vonstattengehen. Die sich daraus neu entwickelten Werte wurden in einer „Humanisierung der Arbeitswelt, Verbesserung der Lebensqualität und der Umweltbedingungen, Erweiterung des Bewusstseins, Abbau von Hierarchie, Bürokratie, Autorität und Zentralismus sowie Entwicklung der Persönlichkeit" (Gartner / Riessman 1978, 52) gesehen. Die Rolle des Konsumenten wird insofern nachhaltig aufgewertet, dass den Konsumenten von Dienstleistungen „eine besondere Macht" (16) bzw. eine bedeutsame Produktivkraft im Prozess der Dienstleistungserbringung zugeschrieben wird (21 ff.).

Unabhängig von diesem für amerikanische Verhältnisse entworfenen gesellschaftstheoretischen Modell setzte zeitgleich in der BRD eine Beschäftigung mit Leistungen, die im Rahmen der Sozialpolitik als personenbezogene soziale Dienstleistungen erbracht werden, ein (Badura / Gross 1976; Gross / Badura 1977). In Bezug auf den quantitativen Wachstum der Beschäftigungszahlen im Dritten Sektor sowie auf die prognostizierte qualitative Veränderung der Gesellschaft setzten sich Badura / Gross in ihren sozialwissenschaftlichen Analysen mit den staatlichen Strategien zur Bewältigung von sozialen Problemen auseinander. Ausgangspunkt bildet der zunehmende Bedarf an öffentlich erbrachten personenbezogenen sozialen Dienstleistungen u. a. aufgrund schwindender familiärer und nachbarschaftlicher Ressourcen, der Relativierung normativer Bezugspunkte sowie den daraus resultierenden Steuerungsproblemen des Staates. Die Nachfrage nach sozialen Dienstleistun

gen stieg insbesondere in den 1970er bis in die frühen 1980er Jahren (Rauschenbach 1999), also in jenem Zeitraum, in dem die Produktion der Güterherstellung sowie die produktorientierten Dienstleistungen an ihre Grenzen des Wachstums angekommen waren und in eine Strukturkrise gerieten. Erklärt werden kann die expansive Bereitstellung sozialer Dienstleistungen zum einen mit den sozialpolitischen Anforderungen, auf die flexibilisierten Reproduktionsformen und die daraus resultierenden destandardisierten Lebensformen angemessen flexibel zu reagieren. Zum anderen sind es die aus den sich abzeichnenden Ungleichheitsverhältnissen resultierenden quantitativen und qualitativen Problemkonstellationen, die durch staatliche Regulierungsmechanismen (nämlich soziale Dienstleistungen) kontrolliert und reglementiert werden. Die „Dienstleistungsstrategie" zielte somit auf die „Wiederherstellung, Sicherung und Verbesserung der physischen und kulturellen Voraussetzung zur Teilnahme an den sozialen, ökonomischen und politischen Aktivitäten unserer Gesellschaft" (Badura / Gross 1976, 13). Die Folge dieser „Durchstaatlichung der Gesellschaft" (Hirsch / Roth 1986, 64) war eine zunehmende Bürokratisierung, Verrechtlichung, Professionalisierung und Ökonomisierung (ausführlich Badura / Gross 1976, 103 ff.), die nicht ohne Auswirkungen auf die Soziale Arbeit blieb.

In ihrem „Entwurf einer Theorie personenbezogener Dienstleistungen" rücken Gross / Badura (1977) das interaktive und kommunikative Miteinander von Dienstleistungsproduzierenden und Dienstleistungskonsumierenden in den Mittelpunkt. Die Aufmerksamkeit wurde weitgehend auf das Kriterium der Interaktionsintensität bzw. der Koproduktion im Dienstleistungserbringungsprozess gelegt.

Während bis dato die Annahme vorherrschte, dass rechtliche und ökonomische Interventionsformen vorherrschend waren, traten nun personenbezogene soziale Dienstleistungen zu den „klassischen" Interventionsformen Geld und Recht als ein integraler Bestandteil moderner Sozialstaatlichkeit hinzu, mittels deren Steuerungskapazität und -reichweite in die gesellschaftlichen Lebensverhältnisse dem „Problem der Effektivität" entgegengewirkt werden sollte (Kaufmann 1977, 41). Die Adressatin bzw. der Adressat von sozialen Dienstleistungen wird zum Koproduzenten bzw. Koproduzentin der Dienstleistungsarbeit, womit diese an sich „klientengesteuert" und „klienten-intensiv" werde (Badura/Gross 1976, 268). Die damit einhergehenden Hoffnungen bezogen sich auf Partizipations- und Demokratisierungsstrategien als geeignete Lösung bei Problemen der Erbringung sozialstaatlicher Leistungen. Aus heutiger Perspektive werden diese „sozialpolitischen Perspektiven" (1976) erst verständlich bei der Betrachtung der damaligen gesellschaftlichen, politischen und wirtschaftlichen Rahmenbedingungen: Insgesamt war es eine Zeit, die durch optimistische gesellschaftliche Zukunftsvisionen geprägt war und in der durch sozialpolitische Konzepte Bürgerinnen und Bürger aktiviert und motiviert werden sollten, eigene Problemlösungskonzepte zu finden.

Neben dieser interaktionistischen Perspektive trat in den 1980er Jahren ein makrosoziologischer Bestimmungsversuch. Danach sind soziale Dienstleistungen „auf die Reproduktion der Formalstrukturen, Verkehrsformen und kulturellen Rahmenbedingungen gerichtet, unter denen die materielle Produktion der Gesellschaft stattfindet" (Berger/Offe 1980, 44), wobei das Problem dieser Gewährleistung sich darstellt als das des Schutzes und der Bewahrung der ausdifferenzierten Elemente der Sozialstruktur und der „Vermittlung" zwischen ihnen.

„Demgemäß ist ein Gütekriterium aller Dienstleistungsarbeit, dass weder die Individualität und situative Besonderheit des ‚Falles' zugunsten einer allgemeinen Bezugsnorm des Handelns wegschematisiert werden dürfen, noch umgekehrt die Besonderheit so maßgeblich werden kann, dass auch von Dritten erwartete Normalzustände nicht zustande kommen." (Offe 1987, 175)

Anknüpfend an diesen funktionalen Bestimmungsversuch wird erstmalig Soziale Arbeit als Dienstleistung formuliert. Dienstleistungen in der Sozialen Arbeit sind demzufolge bereitgestellte Leistungspotenziale, die auf die „vorsorgliche Vermeidung und kurative Beseitigung von Normverletzungen gerichtet sind" und die „Gewährung gesellschaftlicher Normalzustände" sicherstellen sollen (Olk 1986). Vor dem Hintergrund einer zunehmenden Auflösung von Normalitätsvorstellungen im Zuge von Modernisierungsprozessen einerseits und des Gewährleistungsauftrages der Sozialen Arbeit andererseits richteten sich in den 1980er Jahren Überlegungen darauf, die internen Bestimmungsfaktoren der Bereitstellung von sozialen Leistungen im Kontext von Dienstleistungsorganisationen einer näheren Betrachtung zu unterziehen. Insbesondere durch die Kritik an den traditionellen expertokratischen Formen professioneller Intervention durch die Selbsthilfebewegung gegen Ende der 1970er Jahre (Illich et al. 1979) rücken z. B. Fragen nach den besonderen Strukturproblemen, Rationalitätsdilemmata sozialarbeiterischen Handelns (Olk 1986), Funktionen von Dienstleistungen (Berger/Offe 1980), der spezifischen Eigendynamik von Dienstleistungsarbeit (Japp 1986) sowie der Inanspruchnahme sozialer Dienste (Wirth 1982) ins Zentrum wissenschaftlicher Betrachtungen. Die fachlichen Überlegungen, wie professionelles Handeln sich in den qua staatlicher Sozialbürokratie vorgegebenen Rahmenbedingungen entwickeln kann, führten zu Überlegungen einer „alternativen Professionalität" (Olk 1986), welche jedoch an den grundlegenden Organisationsstrukturen festhielt und lediglich auf andere Organisationsformen und vermehrte Aushandlungsprozesse zwischen Anbietern und Nachfragern sozialer Dienstleistungen zielte. Insgesamt kann diese erste Diskurswelle als ein Versuch einer sozialwissenschaftlichen Wendung der vormals eher makroökonomischen Betrachtungsweise von Dienstleistungen, allgemein als eine Aufwertung des Dritten Sektors und eine optimistische Beschreibung der Gesellschaft, die sich auf Werte wie Humanisierung und Demokratisierung der Gesellschaft stützt, gesehen werden. Gleichwohl sich das empirische Argument eines quantitativen und qualitativen Bedeutungszuwachses des Dienstleistungssektors bewahrheitet zu haben scheint (Züchner 2007, 64; kritisch dazu Galuske 2002), können diese primär gesellschaftstheoretischen Analysen und die „Verheißungen der Dienstleistungsgesellschaft" (Gross 1983) als zu optimistisch bezeichnet werden. Auch die funktionale Definition von Sozialer Arbeit in den 1980er Jahren ist aus heutiger Perspektive kritisch zu betrachten, da sie zu einem Zeitpunkt formuliert wird, in der bereits die Grundlagen der sozialstaatlichen Normalitätskonstruktionen zu diffundieren begannen und die von Berger/Offe (1980) beschriebene „Bezugsnorm" für professionelles Handeln insofern brüchig wird, da nicht mehr eindeutig entscheidbar ist, was als „normal" bzw. bereits als „abweichendes Verhalten" geltend ist.

Nichtsdestotrotz erscheint die Dienstleistungsorientierung in der Sozialen Arbeit ein erster Schritt in Richtung eines neuen professionellen Handlungsverständnisses. Die Kritik an der Ausweitung der öffentlich organisierten personenbezogenen Dienstleistungen ist seitdem ein Grundthema der sozialpolitischen Auseinandersetzung und wird im Zuge von neoliberalen Steuerungsstrategien, die den Wettbewerbsstaat im Blick haben, verschärft (Butterwegge 2006).

Der ökonomische Dienstleistungsdiskurs der 1990er Jahre

Im Gegensatz zu diesem ersten sozialwissenschaftlichen Diskurs über soziale Dienstleistungen, der vor dem Hintergrund ökonomischen Wachstums und expandierender Staatstätigkeiten stattfand, findet der zweite Diskurs vor dem Hintergrund fiskalischer Restriktionen und Mindereinnahmen bei steigenden sozialstaatlichen Ausgaben statt. Ausgangspunkt bildeten über einzelne Organisationen hinausgehende Reformbemühungen im Rahmen des New Public Managements. Der in der internationalen Debatte verwendete Begriff des „New Public Management" bündelt unterschiedliche konzeptionelle, verwaltungspolitische Reformstrategien (Schröter/Wollmann 2001). Im Zentrum steht das staatliche Interesse an Effektivitätssteigerungen und Effizienzerhöhungen, die in erster Linie mittels betriebswirtschaftlicher Modelle erzielt werden sollen (Naschold et al. 1999). Hintergrund dieser umfassenden Verwaltungsmodernisierung im öffentlichen Sektor ist eine doppelgleisige Kritik an bestehenden Sozialstaatsmodellen: Das Übermaß an Regulierungen missachte zum einen strukturell die Bedürfnisse, Interessen und Wünsche der Adressatinnen und Adressaten sozialstaatlich produzierter Dienstleistungen und die sozialen Dienste würden sich zum anderen ausschließlich mit sich selbst beschäftigen, was die Anspruchsspirale von Bürgerinnen und Bürgern hochschraube und öffentliche Ressourcen verschwende. Die Folge waren umfassende Umstrukturierungsprozesse im Bereich kommunaler Sozialstaatlichkeit und sozialer Dienste. Im Vergleich zu früheren Reformbewegungen in den 1970er Jahren (Müller/Otto 1980) zeichnet sich die Verwaltungsmodernisierung der 1990er Jahre durch

eine radikale Kritik an der bisherigen angebotsorientierten Sozialpolitik aus. Ziel ist, die durch die zentrale Steuerungsverantwortung bedingten Defizite durch eine leistungsfähige und effektive Steuerung öffentlicher Aufgaben und Ressourcen und durch eine Neujustierung des Verhältnisses von Bürgerinnen und Bürgern zum Staat zu ersetzen.

„Nur über die Stärkung der Marktkräfte sowie die gleichzeitige Zurückdrängung des interventionistischen Wohlfahrtsstaates mit seinen verkrusteten Strukturen und dem ‚überzogenen' Anspruchsdenken seiner Bürger könnte die nationale Wettbewerbsfähigkeit der Wirtschaft gestärkt und damit die investitionsanregende Kapitalrentabilität verbessert werden." (Pilz 2009, 68 f.)

Zentrale Kernelemente des New Public Management, welches in der BRD unter der Bezeichnung „Neues Steuerungsmodell" eingeführt wurde, sind der Aufbau einer unternehmensähnlichen, dezentralen Führungs- und Organisationsstruktur, eine outputorientierte Leistungserstellung sowie Förderung des Wettbewerbsgedankens und der Kundenorientierung (KGSt 5/1993; Jann 2001). Aufgrund der institutionellen Bedingungen und des Föderalismus in der BRD zielten die neuen Steuerungsformen zunächst auf umfassende Binnenmodernisierungen kommunaler Verwaltungen, wie sie sich vor allem in Leistungsbeschreibungen, Enthierarchisierungen und Kundenorientierung beschreiben lassen. Erst in einem zweiten Schritt wurden weitere Ideen und Vorschläge der internationalen Reformbewegung, wie z. B. Kontraktmanagement, Privatisierung und verstärkte Wettbewerbsorientierung, im Zuge des Umbaus des Sozialstaates umgesetzt (für die Soziale Arbeit Olk et al. 2003).
Das staatliche Interesse an Effektivitätssteigerungen und Effizienzerhöhungen, die in erster Linie mittels managerieller Techniken erzielt werden sollen, verlangte von der Sozialen Arbeit zunehmend eine Auseinandersetzung mit gesellschaftlichen Trends wie auch eine kritische Bilanz ihrer internen Konstruktionsprinzipien. Mit Blick auf eine stärkere Adressatenorientierung bzw. „Kundenorientierung" werden aus professioneller Perspektive der politische und administrative Kontext der „Neuen Steuerungsmodelle" zunächst analysiert und im Hinblick auf eine Verwendbarkeit für das professionelle Handeln innerhalb der sozialen Organisation diskutiert (Flösser/Otto 1996a; Merchel/Schrapper 1996).

Der Einzug des Dienstleistungsbegriffs und des „Kundengedankens" in die Soziale Arbeit führte zu unterschiedlichen Deutungen, Interpretationen und Diskursen um eine inhaltliche und vor allem professionstheoretische Füllung des Dienstleistungskonzeptes. Relativ ungeachtet der Konsequenzen der Übertragbarkeit des Kundenbegriffs auf die Soziale Arbeit (zur Kritik Olk 1994; Effinger 1995; Widersprüche 1996; Nüssle 2000) und trotz der Versuche, die Dienstleistungsorientierung aus seinen manageriellen Kontexten herauszulösen, zeugen die Implementationsprobleme des „Neuen Steuerungsmodells" innerhalb der Sozialen Arbeit von einer fehlenden Berücksichtigung der sozialpädagogischen Inhalte (zur Bilanzierung der Verwaltungmodernisierung aus der Perspektive der Kinder- und Jugendhilfe Otto / Peter 2002).

Soziale Arbeit als Dienstleistung

Anknüpfend an die sozialpolitischen Herausforderungen und unter Berücksichtigung von modernisierungstheoretischen Überlegungen (Beck 1986) findet parallel in den 1990er Jahren eine fachpolitische Dienstleistungsdebatte statt (Flösser 1994; Flösser / Otto 1996b; Schaarschuch 1999). Diese Programmatik einer fachlichen und organisatorischen Neuorientierung der Sozialen Arbeit findet ihren Niederschlag im Neunten Jugendbericht der Bundesregierung (BMFSFJ 1994). Danach geht die Dienstleistungsorientierung in der Sozialen Arbeit über die nachfragegerechten Angebotsstrukturen hinaus. Das den sozialen Dienstleistungen inhärente Dilemma, „einerseits einen (sozial-)staatlichen Auftrag erfüllen zu müssen und andererseits (individuelle) Problemlagen durch kompetente Problembearbeitungen bewältigen zu wollen" (Otto 1991, 183), erfordert eine umfassende Planung und Entwicklung von Dienstleistungsangeboten. Nicht mehr die einzelnen Organisationsformen und der bisherige Anspruch, innerhalb der die Soziale Arbeit umgebenden strukturellen Rahmenbedingungen angemessen zu agieren (zur Lebensweltorientierung Thiersch 2003), prägt die moderne Dienstleistungsdebatte, sondern vielmehr geht es um einen umfassenden wohlfahrtsstaatlichen Referenzrahmen (Flösser / Otto 1996a). „Im Mittelpunkt stehen dabei Situativität und Kontextualität sowie die Optionen und Aktivitäten des nachfragenden Subjekts"

(BMFSFJ 1994, 583). Diese propagierte Handlungsform im Rahmen eines Paradigmenwechsels der Sozialen Arbeit hebt die fachliche Notwendigkeit einer prinzipiellen Nachfrageorientierung in der Sozialen Arbeit hervor und betont „ihre wohlfahrtsökologische Einbindung in zukünftige gesellschaftliche Aufgaben und Entwicklungen" (BMFSFJ 1994, 583). In diesem Kontext stehen die Forderungen nach grundsätzlich veränderten Funktionsbestimmungen und Organisationsmodellen, die flexible, problemangemessene und lebenslagenbezogene Präventions- und Interventionsformen ermöglichen (BMFSFJ 1994, 584). Die Bedürfnisse, Einstellungen und sowie individuelle Problemlösungskompetenzen und Ressourcen der Betroffenen und deren Bedarf an sozialer Unterstützung rücken ins Zentrum der Dienstleistungserstellung. Die Grundlage für eine derartig dienstleistungsorientierte Soziale Arbeit ist die Partizipation von Bürgerinnen und Bürgern, die zu einem entscheidenden produktiven Element für die Organisation werden. Die stärkere Adressatenorientierung gegenüber der bisherigen Anbieterposition im wohlfahrtsstaatlichen System rekurriert auf einem gleichgewichtigen Spannungsverhältnis von Organisation, Profession und Adressatinnen bzw. Adressaten als Komponenten im Dienstleistungserbringungsprozess (Flösser 1994; BMFSFJ 1994; kritsch May 1994). An dieser Stelle knüpft die fachpolitische Diskussion der 1990er Jahre formal an den ersten sozialwissenschaftlichen Diskurs der 1970er Jahre an. Im Zentrum steht die „Responsivität" der sozialen Leistungen (Windhoff-Heritiér 1987), welche um eine Reflexivität der Angebotsseite erweitert wird (Dewe / Otto 2002).

Die funktionalistischen Definitionen (Berger / Offe 1980; Olk 1986), wonach eine soziale Dienstleistung im Wesentlichen „Vermittlungsarbeit" ist (Offe 1987, 175), werden von Schaarschuch im Sinne eines professionellen Handlungsmodus erweitert (Schaarschuch 1996; 1999).

„Soziale Arbeit als Dienstleistung im Sozialstaat ist ein professionelles Handlungskonzept, das von der Perspektive der nachfragenden Subjekte als produktive Nutzer ausgeht und von diesen gesteuert wird. Sie wird erbracht im Kontext sozialstaatlicher Institutionalisierung mit ihrer spezifischen Form und Rationalität. Ihren zentralen Bezugspunkt und die sie legitimierende Begründung findet sie in ihrer Ausrichtung auf den Bürgerstatus ihrer Nutzer." (Schaarschuch 1999, 557)

Dieser erweiterte und analytische Bestimmungsversuch von Dienstleistungen in der Sozialen Arbeit betont im Sinne einer stärkeren Durchsetzung der Nachfragedimension die Rolle der Produzentin bzw. Produzenten. Damit geht das Verhältnis von Produzent und Konsument im Dienstleistungsprozess über eine Privilegierung der Nachfrageseite hinaus. „Das Erbringungsverhältnis besteht aus dem Subjekt als Produzent auf der einen und dem Professionellen als Ko-Produzent auf der anderen Seite" (1996, 90). Schaarschuch führt in diesem Zusammenhang und in Abgrenzung zu den auf Effektivität und effizienzorientierten Modernisierungsprozessen im öffentlichen Dienstleistungssektor den Begriff des „Nutzers" bzw. der „Nutzerin" ein. In diesem Konzept steuert die nachfragende Adressatin bzw. der Adressat als „produktive" Nutzerin bzw. Nutzer die Dienstleistung (1999). Gleichwohl Schaarschuchs Modell der Dienstleistungsorientierung auf eine Analyse gesellschaftlicher Entwicklungen zurückgeht, vernachlässigt sein normatives Konzept strukturelle Gegebenheiten in der Sozialen Arbeit, wie z. B. das Dilemma des doppelten Mandates sowie die verstärkt in die Soziale Arbeit eindringenden ökonomischen Zwänge (zur Kritik Galuske 2002).

Betrachtet man die Dienstleistungsdebatte in der Sozialen Arbeit, so lässt sich konstatieren, dass die durch die betriebswirtschaftliche Perspektive forcierte Privilegierung der Nachfrageseite, die die Dienstleistungsorientierung in der Sozialen Arbeit zunächst beherrscht, professionstheoretische Fragen nach den Konsequenzen dieser ideologischen Komponente des „Neuen Steuerungsmodells" aufwirft. Darüber hinaus führen sozialpolitische Entwicklungen zu einer Akzentverschiebung zu der generellen Frage nach den gesellschaftlich erwünschten und erforderlichen Möglichkeiten der quantitativen und qualitativen Bereitstellung von sozialen Dienstleistungen.

Dienstleistungsorientierung und ihre Folgen für die Soziale Arbeit

Rückblickend kann eine breite und vehemente Diskussion des Dienstleistungskonzeptes konstatiert werden. Soziale Arbeit als Dienstleistung ist der Versuch, eine moderne Standortbestimmung der Sozialen Arbeit mit einer sozialpolitischen Programmatik zu verknüpfen. Eine konsequente Orientierung an den normativen Implikaten des Dienstleistungsgedankens bildet dabei einen Maßstab für das bislang Erreichte und weist darüber hinaus die Richtung künftiger Optimierungsbemühungen. Hervorzuheben sind die durch die Neuen Steuerungsmodelle ausgelösten Diskurse um immer noch ungelöste Dilemmata in der Bereitstellung sozialer Hilfen und Unterstützung. Faktisch führte dies zu einer Fülle von organisatorischen Änderungen (zur Bilanzierung der Verwaltungsmodernisierung Boeßenecker et al. 2001).

Die zu verzeichnende Inanspruchnahme des Dienstleistungskonzepts als Metapher für eine umfassende Neuordnung des Sozialstaates, wie sie im Zuge neoliberal inspirierter Politiken, die in Programmatiken wie dem „Aktivierenden Sozialstaat" ihren Ausdruck finden, hinterlässt bereits tiefgreifende Wirkungen. Zu beobachten ist, dass der Ende der 1990er Jahre geforderte und geförderte Deregulierungs- und Privatisierungsprozess sozialer Leistungen zu einem neuen Verhältnis von öffentlichen und freien Trägern der Sozialen Arbeit sowie zu seinen Adressaten und Adressatinnen geführt hat (Dahme et al. 2003; Dahme / Wohlfahrt 2008). Die marktanalogen Steuerungsmechanismen auf den sozialen Dienstleistungssektor ziehen eine Spaltung in lukrative und zu subventionierende Unternehmensbereiche (z. B. Kindertageseinrichtungen versus Heimerziehung) nach sich.

Als prekär zu betrachten sind die radikalisierten Nachfrage- und Kundendimensionen sowie ein potenzieller Verlust verbürgter Rechte und Ansprüche für die Adressatinnen und Adressaten, wie sie sich insbesondere gegenwärtig in der Arbeitsmarktpolitik darstellen.

Trotz dieser Entwicklungen ist die Adaption der Dienstleistungsorientierung für die Soziale Arbeit vor allem den Verheißungen einer neuen Profilierung der Sozialen Arbeit geschuldet. Mit Blick auf die Adressatinnen und Adressaten kann festgehalten werden, dass in der Verknüpfung des sozialpolitischen Kontextes, einer reflexiven Professionalität und der Privilegierung der Nachfrageseite der sozialpolitische als auch professionsbezogene Nährwert der Dienstleistungsdebatte liegt. Die durch das Dienstleistungskonzept implizierte Stärkung der Adressatenseite verweist auf die bislang in der Sozialen Arbeit nur unzureichend geklärte Frage professioneller Macht im

Dienstleistungserbringungsverhältnis. Zwar kann der Verwendung des Dienstleistungsbegriffs aufgrund seiner überwiegend positiv besetzten Assoziation eine Verschleierung des realen Beziehungsgeflechtes zwischen Organisation, Professionellen und Adressatinnen und Adressaten vorgeworfen werden, gleichzeitig ist es ein Verdienst des Dienstleistungskonzeptes, dass sich sowohl mit strukturellen Beteiligungsmöglichkeiten sowie mit den Interaktionsprozessen zwischen Dienstleistungserbringern und Adressatinnen und Adressaten auseinandergesetzt wurde (Petersen 1999; Pluto et al. 2007, 416 ff.; Pluto 2007).

Der Charakter der Dienstleistungsproduktion, die Unbestimmtheit des Aufgabenanfalls sowie die nur eingeschränkt mögliche Subsumtion der erstellten Leistungen unter die Kategorien von Effizienz und Effektivität erforderten eigenständige fach- und sozialpolitische Lösungen. In diesem Zusammenhang sind drei aktuelle Entwicklungen zu benennen:

1. Eine Chance für eine fachpolitische Weiterentwicklung des Dienstleistungskonzeptes in der Sozialen Arbeit wurde in der nunmehr seit Ende der 1990er Jahren intensiv geführten Qualitätsdebatte gesehen (Flösser 1999; Merchel 1999; Beckmann et al. 2004; kritisch dazu Oechler 2009). Als Bezugspunkt für eine umfassende Beurteilung der öffentlich finanzierten Dienstleistungen diente die bei den „Kunden" (Sozialpolitik, Organisation, Professionellen und Adressatinnen und Adressaten) wahrgenommene Dienstleistungsqualität. Die der Diskussion um die Qualität Sozialer Arbeit inhärente Aufforderung nach einem Mehr an Transparenz und Professionalität in der Leistungserstellung zwingt die Soziale Arbeit erneut zu einer Reflektion ihrer Funktion, Leistungsfähigkeit und -grenzen. Kritisch angemerkt werden kann jedoch, dass die Soziale Arbeit für sich die Frage nach der Qualität ihrer Leistungen längst nicht geklärt hat. Im Gegenteil: Die Hoffnungen, dass marktwirtschaftliche Instrumente „neue professionelle Ermessungsspielräume eröffnen" (Messmer 2007, 182), verebben angesichts pessimistischer Perspektiven, die Veränderungstendenzen in Richtung einer „Deprofessionalisierung" (Schnurr 2005) diskutieren. Die Frage nach der Dienstleistungsqualität Sozialer Arbeit und den unzureichend geklärten Fragen professionellen Handelns bzw. nach

fachlichen Standards in der Sozialen Arbeit wirft anschließend Frage nach Wirkungen der sozialen Dienstleistungen auf.

2. Es ist nicht länger von Qualität Sozialer Arbeit die Rede, sondern im Zentrum stehen nunmehr evidenzbasierte Projekte, die die Wirkungen öffentlich erbrachter sozialer Dienstleistungen ins Zentrum rücken (zur Evidenzbasierten Sozialen Arbeit Sommerfeld 2005; Otto et al. 2009; zur Evaluation wohlfahrtsstaatlicher Leistungen Albus et al. 2010).

3. Während lange Zeit die Forderungen nach einer verstärkten Berücksichtung der Perspektive der Adressatinnen und Adressaten Sozialer Arbeit (Flösser et al. 1998) ausschließlich aus der Anbieterperspektive (Professionelle / soziale Dienste) formuliert wurden und infolgedessen größtenteils strukturelle Rahmenbedingungen bzw. professionelles Handeln unter dienstleistungstheoretischen Fragestellungen in den Blick genommen wurden, rücken in jüngerer Zeit Adressatenforschungen (Bitzan et al. 2006) bzw. Nutzerforschungen (z. B. Oelerich / Schaarschuch 2005) in den Vordergrund, die die Dienstleistungen Sozialer Arbeit aus der Perspektive der sie in Anspruch nehmenden Adressatinnen und Adressaten rekonstruieren und danach fragen, wie subjektive Verarbeitungsweisen der Betroffenen aussehen.

Wenngleich auch alle neueren Diskussionen die Nachfrageseite in das Zentrum ihrer Überlegungen stellen, so lässt sich jedoch nicht angemessen über die Qualität, Wirkungen und Nutzung von sozialen Dienstleistungen sowie professionstheoretischen Prämissen nachdenken und forschen, solange die Handlungsfähigkeiten und Autonomie der Adressatinnen und Adressaten sozialer Dienstleistungen nicht umfassend berücksichtigt werden. Vor dem Hintergrund, dass die bisherige Diskussion um das Dienstleistungskonzept an ein wohlfahrtsstaatlichen Arrangement gebunden war, welches auf bestimmte normative und ethische Grundlagen basierte, bleibt angesichts sich wandelnder Gerechtigkeitsverständnisse die Frage offen, wie sich die Diskussion um Dienstleistungsorientierung in der Sozialen Arbeit (weiter-) entwickeln wird. Jedoch ist zu vermuten, dass Dienstleistungen in dem zukünftigen wohlfahrtsstaatlichen Arrangement im Sinne einer „bewussten Beeinflussung und geplante Unterstützung subjektiver Lebensführungsweisen" (Kessl 2009,

264) an Bedeutung gewinnen werden. Es ist jedoch zu befürchten, dass ein Dienstleistungskonzept, welches die Vorstellungen und Bedürfnisse der Adressatinnen und Adressaten ins Zentrum des Leistungsprozesses rückt, nicht länger im Vordergrund steht.

Literatur

Albus, St., Greschke, H., Klingler, B., Messmer, H., Micheel, H.-G., Otto, H.-U., Polutta, A. (2010): Wirkungsorientierte Jugendhilfe. Abschlussbericht der Evaluation des Bundesmodellprogramms „Qualifizierung der Hilfen zur Erziehung durch wirkungsorientierte Ausgestaltung der Leistungs-, Entgelt- und Qualitätsvereinbarungen nach §§ 78a ff SGB VIII". Schriftenreihe Wirkungsorientierte Jugendhilfe Band 10. Waxmann, Münster

Badura, B., Gross, P. (1976): Sozialpolitische Perspektiven. Eine Einführung in Grundlagen und Probleme sozialer Dienstleistungen. Piper & Co., München

Beck, U. (1986): Risikogesellschaft. Auf dem Weg in eine andere Moderne. Suhrkamp, Frankfurt/M.

Beckmann, Chr., Otto, H.-U., Richter, M., Schrödter, M. (Hrsg.) (2004): Qualität in der Sozialen Arbeit. Zwischen Nuterzinteresse und Kostenkontrolle. VS, Wiesbaden

Bell, D. (1975): Die nachindustrielle Gesellschaft. Campus, Frankfurt/M./New York

Berger, J., Offe, K. (1980): Die Entwicklungsdynamik des Dienstleistungssektors. Leviathan 1, 41–75

Bitzan, M., Bolay, E., Thiersch, H. (Hrsg.) (2006): Die Stimme der Adressaten. Empirische Forschung über Erfahrungen von Mädchen und Jungen mit der Jugendhilfe. Juventa, Weinheim/München

Boeßenecker, K.-H., Trube, A., Wohlfahrt, N. (Hg.) (2001): Verwaltungsreform von unten? Lokaler Sozialis im Umbruch aus verschiedenen Perspektiven. Votum, Münster

Bundesministerium für Familie, Senioren, Frauen und Jugend (BMFSJF) (1994): Bericht über die Situation der Kinder und Jugendlichen und die Entwicklung der Jugendhilfe in den neuen Bundesländern – Neunter Jugendbericht. Bundestag-Drucksache 13/70, Bonn

Butterwegge, Chr. (2006): Krise und Zukunft des Sozialstaates. 3., erw. Aufl. VS, Wiesbaden

Dahme, H.-J., Otto, H.-U., Trube, A. (Hg.) (2003): Soziale Arbeit für den aktivierenden Sozialstaat. Leske und Budrich, Opladen

–, Wohlfahrt, N. (2008): Der Effizienzstaat: die Neuausrichtung des Sozialstaats durch Aktivierungs- und soziale Investitionspolitik. In: Bütow, B., Chassé, K.-A., Hirt, R. (Hrsg.): Soziale Arbeit nach dem Sozialpädagogischen Jahrhundert. Positionsbestimmungen Sozialer Arbeit im Post-Wohlfahrtsstaat. Barbara Budrich, Opladen, 43–58

Dewe, B., Otto, H.-U. (2002): Reflexive Sozialpädagogik. Grundstrukturen eines neuen Typus dienstleistungsorientierten Professionshandelns. In: Thole, W. (Hrsg.): Grundriss Soziale Arbeit. Ein einführendes Handbuch. Leske und Budrich, Opladen, 179–198

Effinger, H. (1995): Soziale Arbeit als Kundendienst – Innovation oder Regression? Professionelle Begleitung in schwierigen Lebenspassagen als personenbezogene Dienstleistung in intermediären Organisationen. Widersprüche 52, 29–53

Ferber, Chr. v., Kaufmann, F.-X. (Hrsg.) (1977): Soziologie und Sozialpolitik. Sonderheft der Kölner Zeitschrift für Soziologie und Sozialpsychologie 19. Westdeutscher Verlag, Opladen

Flösser, G. (1999): Die Qualität sozialer Dienstleistungen. Modelle der Qualitätsbemessung und Qualitätssicherung, (unveröffentlichte Habilitationsschrift), Bielefeld

– (1994): Soziale Arbeit jenseits der Bürokratie. Luchterhand, Neuwied/Kriftel/Berlin

–, Otto, H.-U. (Hg.) (1996a): Neue Steuerungsmodelle für die Jugendhilfe. Luchterhand, Neuwied/Kriftel/Berlin

–, – (1996b): Professionelle Perspektiven der Sozialen Arbeit. Zwischen Lebenswelt- und Dienstleistungsorientierung. In: Grunwald, K., Ortmann, F., Rauschenbach, Thomas, Treptow, Rainer (Hrsg.): Alltag, Nicht-Alltägliches und die Lebenswelt. Juventa, Weinheim/München, 179–188.

–, – Rauschenbach, Th., Thole, W. (1998): Jugendhilfeforschung. Beobachtungen zu einer wenig beachteten Forschungslandschaft. In: Rauschenbach, Th., Thole, W. (Hrsg.): Sozialpädagogische Forschung. Gegenstand und Funktionen, Bereiche und Methoden. Juventa, Weinheim/München, 225–261

Fourastié, J. (1954): Die große Hoffnung des zwanzigsten Jahrhunderts. Bund, Köln

Galuske, M. (2002): Dienstleistungsorientierung – ein neues Leitkonzept Sozialer Arbeit? Neue Praxis 3, 241–258

Gartner, A., Riessman, F. (1978): Der aktive Konsument in der Dienstleistungsgesellschaft: Zur politischen Ökonomie des tertiären Sektors. Suhrkamp, Frankfurt/M.

Gross, P. (1983): Die Verheißungen der Dienstleistungsgesellschaft: Soziale Befreiung oder Sozialherrschaft? Westdeutscher Verlag, Opladen

–, Badura, B. (1977): Sozialpolitik und soziale Dienste. Entwurf einer Theorie personenbezogener Dienstleistungen. In: Ferber, Chr. v., Kaufmann, F.-X. (Hrsg.), 361–385

Häußermann, H., Siebel, W. (1995): Dienstleistungsgesellschaften. Suhrkamp, Frankfurt/M.

Hirsch, J., Roth, R. (1986): Das neue Gesicht des Kapitalismus. Vom Fordismus zum Postfordismus. VSA, Hamburg

Illich, I., McKnight, J., Zola, I. K., Borremans, V., Caplan, J., Shaiken, H., Huber, J. (1979): Entmündigung durch Experten. Zur Kritik der Dienstleistungsberufe. Rowohlt, Hamburg

Jann, W. (2001): Neues Steuerungsmodell. In: Blanke, B., von Bandemer, St., Nullmeier, F., Wewer, G. (Hrsg.): Handbuch zur Verwaltungsreform. 2. erw. und durchges. Aufl. Leske und Budrich, Opladen, 82–92

Japp, K.-P. (1986): Wie psychosoziale Dienste organisiert werden: Widersprüche und Auswege. Campus, Frankfurt / M.

Kaufmann, F.-X. (1977): Sozialpolitisches Erkenntnisinteresse und Soziologie. Ein Beitrag zur Pragmatik der Sozialwissenschaften. In: Ferber, Chr. v., Kaufmann, F.-X. (Hrsg.), 35–75

Kessl, F. (2009): Kulturen der Post-Wohlfahrtsstaatlichkeit. Sozialpädagogische Interventionen angesichts der Transformation wohlfahrtsstaatlicher Arrangements. In: Melzer, W. (Hrsg.): Kulturen der Bildung. Beiträge zum 21. Kongress der Deutschen Gesellschaft für Erziehungswissenschaft. Budrich, Opladen, 261–269

Kommunale Gemeinschaftsstelle für Verwaltungsvereinfachung (KGSt) (1993): Das Neue Steuerungsmodell. Begründung, Konturen, Umsetzung, Bericht Nr. 5. Eigenverlag, Köln

May, M. (1994): „The Times, They are A-Changing". Von der Kommunalen Sozialarbeitspolitik zur sozialen Dienstleistungsproduktion: Ein Kommentar zum 9. Jugendbericht der Bundesregierung. Widersprüche 53, 7–77

Merchel, J. (Hrsg.) (1999): Qualität in der Jugendhilfe. Kriterien und Bewertungsmöglichkeiten. 2. Aufl. Votum, Münster

–, Schrapper, Chr. (Hrsg.) (1996): Neue Steuerung: Tendenzen der Organisationsentwicklung in der Sozialverwaltung. Votum, Münster

Messmer, H. (2007): Jugendhilfe zwischen Qualität und Kosteneffizienz. VS, Wiesbaden

Müller, S., Otto, H.-U. (Hrsg.) (1980): Sozialarbeit als Sozialbürokratie? Zur Neuorganisation sozialer Dienste. Sonderheft 5 der Zeitschrift Neue Praxis. Neuwied, Luchterhand

Naschold, F., Bogumil, J. (2000): Modernisierung des Staates. New Public Management in deutscher und internationaler Perspektive. 2. Aufl. Leske + Budrich, Opladen

–, Jann, W., Reichard, Ch. (1999): Innovation, Effektivität, Nachhaltigkeit. Internationale Erfahrungen zentralstaatlicher Verwaltungsreform. edition sigma, Berlin

Nüssle, W. (2000): Qualität für wen? Zur Angemessenheit des Kundenbegriffs in der sozialen Arbeit. Zeitschrift für Pädagogik-Qualität und Qualitätssicherung im Bildungsbereich: Schule, Sozialpädagogik, Hochschule 6, 831–850

Oechler, M. (2009): Dienstleistungsqualität in der Sozialen Arbeit. Eine rhetorische Modernisierung. VS, Wiesbaden

Oelerich, G., Schaarschuch, A. (Hrsg.) (2005): Soziale Dienstleistungen aus Nutzersicht. Zum Gebrauchswert sozialer Arbeit. Ernst Reinhardt, München / Basel

Offe, C. (1987): Das Wachstum der Dienstleistungsarbeit: Vier soziologische Erklärungsansätze. In: Olk, Th., Otto, H.-U. (Hrsg.): Soziale Dienste im Wandel – Helfen im Sozialstaat. Band 1. Luchterhand, Neuwied / Darmstadt, 171–198

Olk, Th. (1994): Jugendhilfe als Dienstleistung. Vom öffentlichen Gewährleistungsauftrag zur Marktorientierung. Widersprüche 53, 11–33

– (1986): Abschied vom Experten: Sozialarbeit auf dem Weg zu einer alternativen Professionalität, Juventa, Weinheim / München

–, Otto, H.-U., Backhaus-Maul, H. (2003): Soziale Arbeit als Dienstleistung – Zur analytischen und empirischen Leistungsfähigkeit eines theoretischen Konzepts. In: Olk, Th., Otto, H.-U. (Hrsg.): Soziale Arbeit als Dienstleistung. Grundlegungen, Entwürfe und Modelle. Luchterhand, München, IX–LXXII

Otto, H. U. (1991): Sozialarbeit zwischen Routine und Innovation. Professionelles Handeln in Sozialadministrationen. Walter de Gruyter, Berlin / New York

–, Peter, H. (Hrsg.) (2002): Jugendhilfe trotz Verwaltungsmodernisierung. Fachlichkeit durch professionelle Steuerung. Votum, Münster

–, Polutta, Andreas, Ziegler, Holger (Hrsg.) (2009): Evidence-Based Practice – Modernising the Knowledge Base of Social Work? 1. Aufl. Barbara Budrich, Opladen

Petersen, K. (1999): Neuorientierung im Jugendamt. Dienstleistungshandeln als professionelles Konzept Sozialer Arbeit. Luchterhand, Neuwied / Kriftel

Pilz, F. (2009): Der Sozialstaat. Ausbau – Kontroversen – Umbau. Bundeszentrale für Politische Bildung, Bonn

Pluto, L. (2007): Partizipation in den Hilfen zur Erziehung. Eine empirische Studie. Deutsches Jugendinstitut, München

–, Gragert, N., Santen, E. van, Seckinger, M. (2007): Kinder- und Jugendhilfe im Wandel. Eine empirische Strukturanalyse. Deutsches Jugendinstitut, München

Rauschenbach, Th. (1999): Das sozialpädagogische Jahrhundert: Analysen zur Entwicklung sozialer Arbeit in der Moderne. Juventa, Weinheim / München

Schaarschuch, A. (1999): Theoretische Grundelemente Sozialer Arbeit als Dienstleistung. Ein analytischer Zugang zur Neuorientierung Sozialer Arbeit. Neue Praxis 6, 543–560

– (1996): Dienstleistung und Soziale Arbeit. Theoretische Überlegungen zur Rekonstruktion Sozialer Arbeit als Dienstleistung. Widersprüche 59, 87–97

Schnurr, S. (2005): Managerielle Deprofessionalisierung. Neue Praxis 3, 238–242

Schröter, E., Wollmann, H. (2001): New Public Management. In: Blanke, B., Bandemer, St. v.., Nullmeier, F., Wewer, G. (Hrsg.): Handbuch zur Verwaltungsreform. 2. erw. und durchges. Aufl. Leske + Budrich, Opladen, 71–82

Sommerfeld, Peter (Hrsg.) (2005): Evidence-Based Social Work. Towards a New Professionalism? Peter Lang, Bern / New York

Thiersch, H. (2003): Lebensweltorientierte Soziale Arbeit. Aufgaben der Praxis im sozialen Wandel. Juventa, Weinheim / München

Widersprüche (1996): Klienten, Kunden, Könige oder: Wem dient die Dienstleistung? Heft 39. Kleine, Hamburg

Windhoff-Héritier, A. (1987): Responsive Sozialpolitik – Aspekte eines politischen Prozesses. In: Olk, Th.,

Otto, H.-U. (Hrsg.): Soziale Dienste im Wandel. Band 1. Helfen im Sozialstaat. Luchterhand, Neuwied / Darmstadt, 231–249

Wirth, W. (1982): Inanspruchnahme sozialer Dienste. Bedingungen und Barrieren. Campus, Frankfurt / M.

Züchner, I. (2007): Aufstieg im Schatten des Wohlfahrtsstaates. Expansion und aktuelle Lage der Sozialen Arbeit im internationalen Vergleich. Juventa, Weinheim / München

Diskriminierung und Rassismus

Von Albert Scherr

Sozioökonomische Ungleichheiten, politische Macht- und Herrschaftsverhältnisse sowie Unterscheidungen ungleicher und ungleichwertiger „Gruppen" stehen historisch und systematisch in einem wechselseitigen Zusammenhang. Denn die Zuweisung von Positionen im Gefüge der sozialen Klassen und Schichten sowie in Machtverhältnissen ist *keine* direkte und unmittelbare Folge ökonomischer und politischer Strukturen. Diskursive und ideologische Konstruktionen sozialer „Gruppen" (Rassen, Ethnien, Kulturen, Geschlechter usw.) und damit einhergehende Annahmen darüber, was der für diese angemessene Ort in der gesellschaftlichen Ordnung ist bzw. sein sollte, waren und sind für die Herstellung, Begründung und Rechtfertigung von Über- und Unterordnungsverhältnissen unverzichtbar. Umgekehrt gilt: Sozioökonomische Benachteiligungen und politische Beherrschung führen vielfach zu Lebensbedingungen und Subjektivierungsformen sowie sozialen Beziehungen, vor deren Hintergrund sich ideologische Konstrukte der „Andersartigkeit" und ggf. der „Minderwertigkeit" der jeweils Anderen als plausibel darstellen. Die Effekte von Armut, Arbeitslosigkeit, Entrechtung und Entmündigung ermöglichen die Zuschreibung von individuellen und kollektiven Eigenschaften, die es als gerechtfertigt oder gar als notwendig erscheinen lassen, dass die anderen sich in der Position vorfinden, die ihnen zugewiesen ist.

Für das Verständnis von Formen der Diskriminierung und des Rassismus ist also eine Untersuchung der Wechselwirkungen zwischen der sozioökonomischen Dimension, der Machtdimension und der soziokulturellen bzw. diskursiven Dimension des Zusammenhanges grundlegend, in dem sich Ungleichheiten und diesen korrespondierende Typisierungen und Klassifikationen herstellen.

Im Folgenden werden hierfür relevante sozialwissenschaftliche Theorien und Forschungsergebnisse dargestellt. Dies kann aufgrund der Vielzahl der einschlägigen Analysen nicht in der Form einer umfassenden Rekonstruktion der vorliegenden wissenschaftlichen Auseinandersetzung mit Diskriminierung und Rassismus geschehen. Ausgeklammert wird im Weiteren insbesondere die neuere Rechtsextremismusforschung (s. zum Verhältnis von Rassismus- und Rechtsextremismusforschung Scherr 2009); auf die sozialpsychologische Vorurteilsforschung wird nur mit knappen Anmerkungen eingegangen.

Soziale Arbeit, Rassismus und Diskriminierung

In Theorien der Sozialen Arbeit werden als für die Disziplin und Profession zentrales Bezugsproblem gewöhnlich einerseits Formen der Hilfsbedürftigkeit gefasst, die aus sozioökonomischer Benachteilung resultieren, andererseits Integrationsprobleme, die aus problematischen Sozialisationsbedingungen von Kindern und Jugendlichen sowie aus abweichendem Verhalten bzw. den gesellschaftlichen Reaktion auf abweichendes Verhalten resultieren (→ Füssenhäuser / Thiersch, Theorie und Theoriegeschichte Sozialer Arbeit; Bommes / Scherr 2000, 36 ff.). Neuere Theorien der Sozialen Arbeit akzentuieren in einer neomarxistischen und / oder systemtheoretischen Perspektive ein Verständnis Sozialer Arbeit als Reaktion auf die Teilhabebegrenzungen bzw. die Inklusions- / Exklusionsverhältnisse kapitalistischer bzw. moderner Gesellschaften (Anhorn et al. 2008; Bommes / Scherr 2000, 64 ff.).

In diesen und anderen Theoretisierungen Sozialer Arbeit ist zwar wiederkehrend auf die unterschiedlichen Varianten von Stereotypen und Stigmata hin-

Otto/Thiersch (Hg.), Handbuch Soziale Arbeit, 4. A., DOI 10.2378/ot4a.art028,

gewiesen worden, die zur sozioökonomischen Benachteiligung der Adressaten Sozialer Arbeit hinzukommen. Diese werden in der Regel aber als ein nachträglicher und sekundärer Aspekt betrachtet. Entsprechend provoziert diese These einer diskursiven Konstruktion von Armut und Hilfsbedürftigkeit immer noch Ablehnung, die mit dem Hinweis auf deren vermeintliche Faktizität begründet wird (etwa Staub-Bernasconi 2001, 4). Im Unterschied dazu fordert eine kommunikations-, diskurs- oder ideologietheoretische Perspektive, wie sie mit unterschiedlicher Akzentuierung in Theorien des symbolischen Interaktionismus, in der Luhmann'schen Systemtheorie, bei Louis Althusser sowie Michel Foucault entwickelt worden ist, dazu auf, von einer wechselseitigen Bedingtheit von Gesellschaftsstruktur einerseits, Semantik, Diskurs bzw. Ideologie andererseits auszugehen (s. als Einführung Maasen 1999). Dies ist für die vorliegende Thematik hoch folgenreich: Für die Theorie und Praxis Sozialer Arbeit ist es vor diesem Hintergrund erforderlich, über ein objektivistisches Verständnis der Ursachen und der Ausprägungen ihrer Bezugsproblematik hinauszugehen: *In den Blick zu nehmen sind die Semantiken, Diskurse und Ideologien, die im Zusammenwirken mit Ungleichheiten und Machtasymmetrien dazu führen, dass bestimmte Formen der Benachteilung und Ausgrenzung sozialer „Gruppen" und damit einhergehende Formen von Hilfsbedürftigkeit hervorgebracht und reproduziert werden.* Dies betrifft heterogene Ungleichheits- und Ungleichwertigkeitskonstrukte: Rassismus und Ethnisierung, aber auch Altersgruppenkonstruktionen („agism"), Sexismus und Klassismus, d. h. auf Klassenlagen bezogene Zuschreibungen von individuellen und kollektiven Merkmalen, etwa einer Kultur der Armut (Adams et al. 2000; Hooks 2000).

Für die Theorie und Praxis der Sozialen Arbeit ist folglich die Auseinandersetzung mit unterschiedlichen Formen struktureller (Ökonomie, Recht, Politik), institutioneller (Schulen, Betriebe und andere Organisationen), medialer sowie alltäglicher Diskriminierung in Interaktionen (s. u.) nicht nur ein zusätzlicher Aspekt, sondern von grundlegender Bedeutung. Eine Thematisierung von offenkundigem Rassismus sowie von Rassismuserfahrungen in Kontexten der Sozialen Arbeit ist hierfür zwar unverzichtbar, aber nicht hinreichend (Melter 2006).

Dabei wäre auch die historische Verstrickung der Sozialen Arbeit in die nationalsozialistische Herrschaft, ihre Indienstnahme und Selbstinstrumentalisierung, die fatale Verknüpfung von Rassenhygiene und sozialer Frage (Otto / Sünker 1989) und die völkisch-rassistische Reorganisation der Jugendarbeit und Jugendpflege (Klönne 1990) als ein unhintergehbarer Bezugspunkt des professionellen und disziplinären Selbstverständnisses zu betrachten.

Die seit Anfang der 1990er einsetzende, von der Frage nach den Möglichkeiten und Grenzen einer Pädagogik gegen Rechtsextremismus ausgehende, Auseinandersetzung mit Rassismus kann durchaus auch als ein Lernprozess und eine Erfolgsgeschichte der Sozialen Arbeit charakterisiert werden: Sie hat zur Sensibilisierung für rassistische und ethnische Diskriminierung, zur Entwicklung und Verankerung von Konzepten antirassistischer und interkultureller Pädagogik, insbesondere im Bereich der Jugendbildungs- und Jugendsozialarbeit, sowie zu Ansätzen der interkulturellen Öffnungen der Sozialverwaltungen geführt (s. dazu zuletzt etwa Broden / Mecheril 2007; Gesemann / Roth 2008; GPJE 2008; Molthagen et al. 2008).

Rassenkonstruktionen, Rassismen als Form von Diskriminierung

In ihrer 1990 erschienenen Studie „Die Schwierigkeit, nicht rassistisch zu sein" stellen Annita Kalpaka und Nora Räthzel einleitend fest:

„Die Diskussion über Rassismus kommt langsam auch in der BRD in Gang. (…) Der Grund für das erwachende Interesse in der deutschen Öffentlichkeit war das scheinbar plötzliche Auftreten rechtsextremer Gruppen … Aufgeschreckt bemerkten viele, dass es in der Bundesrepublik doch Rassismus gibt, aber nach wie vor wurde und wird er fast ausschließlich auf seiten rechtsextremer Gruppen gesehen." (Kalpaka / Räthzel 1990, 7)

Demgegenüber zielt die einflussreiche Studie von Kalpaka und Räthzel darauf, den fehlenden Widerstand gegen rassistische Positionen bei „der Mehrheit der deutschen Bevölkerung" (Kalpaka / Täthzel 1990, 9) zu analysieren. Dazu wird – in Auseinandersetzung mit der zu diesem Zeitpunkt erheblich weiter entwickelten britischen Rassismusforschung – (Hall 1980; Miles 1982) folgende Begriffsbestimmung vorgeschlagen:

„Rassismus ist … die soziale Konstruktion einer bestimmten Menschengruppe als ‚Rasse'. Bestimmte (wirkliche oder behauptete) somatische Merkmale werden als Kennzeichen einer Gruppe definiert und physische Merkmale werden mit bestimmten Verhaltensweisen, Lebensweisen verknüpft. Die Verknüpfung körperlicher (also biologischer) Merkmale mit sozialen Verhaltensweisen ‚naturalisiert' das Soziale." (Kalpaka/Räthzel 1990, 13)

Diese Bestimmung stimmt weitgehend mit einer Definition überein, die Claude Levi-Strauss vor dem Hintergrund seiner bereits Anfang der 1950er Jahre vorgelegten und damals hoch kontroversen Kritik der tradierten Idee unterschiedlicher Menschenrassen formuliert hat (s. dazu Levi-Strauss 1989). Die Überzeugung, dass es Rassenunterschiede gibt sowie dass diese mehr sind als bloß biologische Unterschiede war bis in die 1960er Jahre hinein gesellschaftlich vorherrschend. Dies wird u. a. darin sichtbar, dass die seit 1893 gesetzlich verankerte Rassentrennung in den USA erst in den 1960er Jahren abgeschafft wurde (formell mit dem Civil Rights Act von 1964) – und dies im Zusammenhang mit massiven sozialen Konflikten, bis hin zur Ermordung von Repräsentanten des Bürgerrechtsbewegung (Medgar Evers, Martin Luther King, Malcolm X).

Levi Strauss (1989, 218 ff.) definiert Rassismus durch vier Merkmale:

„1. Es besteht eine Korrelation zwischen dem genetischen Erbteil einerseits und den intellektuellen Fähigkeiten und sittlichen Dispositionen andererseits.

2. Dieses genetische Erbteil, vom dem jene Fähigkeiten und Dispositionen abhängen, ist allen Mitgliedern bestimmter menschlicher Gruppierungen gemeinsam.

3. Diese ‚Rassen' genannten Gruppierungen lassen sich im Verhältnis zur Qualität ihres genetischen Erbteils hierarchisch gliedern.

4. Diese Unterschiede ermächtigen die sogenannten überlegenen ‚Rassen', die anderen zu befehligen, auszubeuten und eventuell sogar zu vernichten."

Rassismus wird hier – und darin stimmen unterschiedliche Rassismusbegriffe überein – als ein Konstruktionsprozess verstanden. Dieser umfasst nicht „nur" individuelle oder kollektive Denkweisen, sondern ist konstitutiv mit ökonomischen und politischen Über- und Unterordnungsverhältnissen verschränkt.

Grundlage hierfür ist das Wissen um die Sozialgeschichte des Rassismus (Priester 2003): Unterschiedliche Rassismen, so der Rassismus der Sklaverei, der koloniale Rassismus, der völkische Rassismus und der postkoloniale Rassismus haben ihre Funktion und ihre Begründung in den jeweiligen gesellschaftlichen Verhältnissen, in denen Unterschiede und Ungleichheiten faktisch durch soziale Trennungen und Unterordnungen hergestellt werden.

Die sich nach 1945, zuerst in Reaktion auf den völkisch-rassistischen Antisemitismus des Nationalsozialismus (s. dazu Holz 2001, 359 ff.), später dann im Zuge der Entkolonialisierung und der US-amerikanischen Bürgerrechtsbewegung artikulierende wissenschaftliche und soziale Kritik des biologischen Rassismus bleibt nicht folgenlos: Das Postulat einer angeborenen Unterschiedlichkeit, die über bloß körperliche Merkmale hinausgeht, wird zunehmend delegitimiert (Taguieff 2000, 95 ff.). Sie erweist sich als rational nicht begründbar und gilt zunehmend als moralisch inakzeptabel.

Dies führt zwar nicht dazu, dass biologische Rassismen umfassend und auch im Alltagsbewusstsein überwunden werden. Sie sind jedoch zunehmend keine politisch und öffentlich legitim beanspruchbare Argumentationsgrundlage mehr. In den postfaschistischen bzw. postkolonialen Gesellschaften gewinnen – auch aus gesellschaftsstrukturellen Gründen – andere Formen von *Differenz- und Fremdheitskonstruktionen* als Grundlage und Folge von Diskriminierung an Bedeutung (s. zur Genese und Funktion solcher Konstruktionen Bauman 1999; Scherr 1999; Scherr/Schäuble 2008; Schiffauer 1997; Waldenfels 1997; s. zur neueren Diskriminierungsforschung Hormel/Scherr 2010):

▪ *Der biologische Rassismus transformiert sich in einen Kulturrassismus und differentialistischen Rassismus. Bereits 1955 bei Theodor W. Adorno wird auf der Grundlage einer empirischen Studie notiert: „Das vornehme Wort Kultur tritt anstelle des verpönten Ausdrucks Rasse, bleibt aber ein bloßes*

Deckbild für den brutalen Herrschaftsanspruch" (Adorno 1955/1975, 227). Etienne Balibar (Balibar/Wallerstein 1990, 23 ff.), Stuart Hall (1994), Pierre Taguieff (2000, 433 ff.) und andere beschreiben die Herausbildung eines differentialistischen Neo-Rassismus. Für diesen ist *erstens* kennzeichnend, dass der Kultur bzw. Ethnizität die gleiche Bedeutung zugewiesen wird, wie im biologischen Rassismus den Erbanlagen. *Zweitens* wird weniger mit Annahmen über die Höher- bzw. Minderwertigkeit, sondern mit dem Postulat der grundlegenden Unterschiede und der erforderlichen Trennung der Kulturen bzw. Ethnien argumentiert. Taguieff (2000, 434 f.) spricht von einem *„mixophoben Rassismus"*, dessen „Kult der unbefleckten Nationalkultur" den älteren „Mythen des reinen Blutes, des homogenen Volkes" strukturell ähnlich ist.

- Mit der Arbeitskräftemigration sowie in Reaktion auf Fluchtmigration und Globalisierungstendenzen gewinnt die Unterscheidung von Staatsbürgern und Nicht-Staatsbürgern als gesetzlich verankerte und auch menschenrechtlich zulässige Form der Diskriminierung eine neue und veränderte Bedeutung. Die rechtliche und politische *nationale Diskriminierung* ist ein Bezugspunkt für *nationalistische Diskurse und Ideologien*, etwa in der Form eines *Sozialstaats- und Wirtschaftsnationalismus*, der die Aufrechterhaltung staatsbürgerlicher Privilegien gegen die als illegitime Konkurrenten dargestellten Migranten fordert (Bommes/Scherr 1992; Held et al. 1991). Balibar (1990, 118) weist darauf hin, dass die „Nation-Form" historisch mit der Schaffung einer „fiktiven Ethnizität" der Staatsbürger einhergeht: Vergangenheit und Zukunft werden so dargestellt, „als würden sie eine natürliche Gemeinschaft bilden, die per se herkunftsmäßige, kulturelle und interessenmäßige Identität hat".

Nationale, ethnisierende und rassialisierende sowie antisemitische Gemeinschaftskonstruktionen waren und sind miteinander verknüpft. Der nationalsozialistische Rassismus zielte auf die Herstellung einer völkischen Nation; sog. „ethnische Säuberungen" waren und sind eng mit dem Entstehungsprozess von Nationen verbunden; Sozialstaats- und Wirtschaftsnationalismus gehen im aktuellen Rechtsextremismus eine enge Verbindung mit kulturrassistischen Konzepten ein.
Mit Immanuel Wallerstein (1984, 63 ff.) ist es jedoch plausibel anzunehmen, dass Rassismus nicht

mit einer generellen Feindseligkeit gegen diejenigen gleichgesetzt werden kann, die jeweils als „Andere" konstruiert wurden oder werden. Vielmehr stehen der koloniale biologische Rassismus sowie der gegenwärtige ethnisierende Kulturrassismus in einem Zusammenhang mit der Begründung und Rechtfertigung einer „Hierarchisierung der Arbeitskraft" innerhalb sozioökonomischer und politischer Hierarchien. Es geht im Fall dieser Rassismen demnach nicht primär um Abwehr und Abgrenzung gegenüber den als fremd Definierten, sondern um Ein- und Unterordnung. Insofern macht es analytisch durchaus Sinn, den bundesdeutschen Umgang mit Arbeitsmigration und mit Flüchtlingen auch in dieser Weise in einer rassismustheoretischen Perspektive zu analysieren. Davon zu unterscheiden sind Formen eines auf Ausgrenzung oder Vernichtung ausgerichteten eliminatorischen Antisemitismus und Rassismus (s. Holz 2001, 259 ff.) sowie solche Formen „mixophober" Diskriminierung, die nicht auf Unterordnung noch Vernichtung, sondern „nur" auf Differenzsetzung und Trennung ausgerichtet sind (s. o.)

Relationale Rassismus- und Diskriminierungstheorien

Debatten über Rassismus tendieren aus vielfältigen Gründen zu einer emotionalen Aufladung und gehen gelegentlich mit politischen Positionsmarkierungen einher, die für theoretische Klärungen wenig hilfreich sind. Dies veranlasste Loic Wacquant (2001, 76) eine „Analytik rassistischer Herrschaft" einzufordern, welche „die Gleichzeitigkeit und die Wandelbarkeit und Permanenz rassistisch motivierter Spaltung ebenso zu erfassen zu vermag, wie die Verschiedenartigkeit der symbolischen und materiellen Mechanismen, durch die diese etabliert, erzwungen und herausgefordert werden." Dazu sei es erforderlich,

„soziologische Kategorien eindeutig vom ethno-rassistischen Alltagsbewusstsein ab[zu]grenzen und uns von dem Zwang [zu] befreien, der von der Logik des Gerichtsverfahrens ausgeht. Denn liegt es an uns, schlechtes Gewissen in gute Wissenschaft zu verwandeln – und nicht umgekehrt."

Zentrale Grundlagen für eine solche Analytik liegen bereits in den bislang in der deutschsprachigen Soziologie kaum bekannten Beiträgen Herbert Blumers zu den älteren Race-Relations-Studien vor (Blumer 1954, 1961 und 1965). Blumer, häufig als Vertreter einer gesellschaftstheoretisch desinteressierten interaktionistischen Soziologie missverstanden, wendet sich explizit gegen eine individual- und sozialpsychologische Sichtweise rassistischer Vorurteile (Blumer 1961, 217 f.). Er weist zunächst auf zwei grundlegende soziale Voraussetzungen solcher Vorurteile hin:

(1) Es bedarf eines Schemas der rassenbezogenen Selbst- und Fremdidentifikation („scheme of racial identification") sowie (2) einer Vorstellung über die Beziehung zwischen den so konstruierten Gruppen. Rassistische Gruppenkonstruktionen sind Blumer zufolge notwendig relational: „Eine andere rassialisierte Gruppe zu charakterisieren heißt, durch Unterscheidung und Entgegensetzung die eigene Gruppe zu definieren." (Blumer 1961, 219; eigene Übersetzung)

Blumer fügt einen weiteren zentralen Aspekt hinzu. Im sozialen Prozess der Fremd- und Selbstdefinition bildet sich (3) ein „sense of social position" (Blumer 1961), d. h. ein Sinn für die angemessene Stellung der eigenen und der anderen Gruppe im gesellschaftlichen Gefüge heraus. Dieser „sense of social position" kann Blumer zufolge nicht hinreichend als „Abbildung der objektiven Beziehungen zwischen rassialisierten Gruppen" (Blumer 1961, 221) verstanden werden: „Er bringt mehr das zum Ausdruck, was sein soll. Es ist ein Sinn dafür, wo die beiden rassialisierten Gruppen hingehören."

Und Blumer fügt hinzu: „Auf seine eigene Weise ist der Sinn für Gruppenpositionen eine Norm und eine Vorschrift, eine sehr mächtige."

Zur relationalen Rassismustheorie Blumers, deren Annahmen auch im Hinblick auf andere Formen von Diskriminierung als gültig, durch die spätere Forschung und Theorieentwicklung bestätigt gelten können, gehört ein weiterer zentraler Aspekt: (4) Rassialisierte Beziehungen können nicht angemessen als Beziehungen zwischen realen Gruppen – im Sinne von Gruppen als Zusammenhängen zwischen einer begrenzten Zahl von Personen, die einander kennen – verstanden werden. Es handelt sich vielmehr um Beziehungen zwischen „abstrakten Gruppen" (abstract group), denen ein „abstraktes Bild" („abstract image") der untergeordneten Gruppe zu Grunde liegt (Blumer 1961, 224).

Begreift man Rassismen – und andere diskriminierungsrelevante Gruppenkonstruktionen wie Nation, Klasse, Ethnie und Geschlecht – in Anschluss an Blumer als Bestandteil imaginärer Beziehungen zwischen imaginären „Gruppen", dann eröffnet dies eine genuin soziologische Perspektive, die über die sozialpsychologische Betrachtung hinausreicht: Diskriminierende Gruppenkonstruktionen entstehen nicht nur aus konkreten Konkurrenz- und Konfliktsituationen zwischen Realgruppen, die in der sozialpsychologischen Vorurteilsforschung analysiert wurden (dazu grundlegend Tajfel 1982; zum aktuellen Forschungsstand Aronson et al. 2004, 480 ff.). *Sie haben ihre Grundlage in gesellschaftlichen Strukturen und Positionszuweisungen sowie den mit diesen verschränkten Gruppenkonstruktionen.*

Damit weitgehend übereinstimmende Überlegungen hat Norbert Elias in seiner figurationssoziologischen Untersuchung der Etablierten-Außenseiter-Beziehung vorgelegt (Elias / Scotson 1993; Elias 1984). Elias argumentiert, dass antisemitische und rassistische Ressentiments insbesondere dann entstehen,

„wenn eine sozial niedrigstehende, verachtete und stigmatisierte Außenseitergruppe im Begriff ist, nicht nur legale, sondern auch soziale Gleichheit zu fordern, wenn deren Mitglieder Positionen in der Mehrheitsgesellschaft einzunehmen beginnen, die ihnen vorher verschlossen waren, und so als gleiche direkt in Konkurrenz zu den Mehrheitsangehörigen treten,..." (Elias 1984, 51)

Elias zeigt darüber hinaus auf, dass Feindbilder und Vorurteile auch zwischen Gruppen gleicher Hautfarbe, Nationalität und ähnlicher Klassenlage entstehen können: als Ergebnis eines Prozesses, in dem Ansässige und Zugewanderte in eine Auseinandersetzung um knappe Ressourcen und einflussreiche Positionen eintreten. Er betont insbesondere zwei Aspekte: (1) Die Neuankömmlinge stellen die gewachsene Machtbalance infrage und provozieren dadurch Abwehrreaktion. (2) Die Auswirkungen der Außenseiterpositionen werden den Außenseitern als Eigenschaften zugeschrieben und diese dann als Ursachen ihrer Benachteiligung interpretiert. In der Folge betrachten die Etablierten ihre Privilegien als gerechtfertigt.

Strukturelle, gesellschaftspolitische und institutionelle Dimensionen von Diskriminierung und Rassismus

Bei Blumer und Elias sind damit bereits zentrale Gesichtspunkte angelegt, die in der neueren Rassismusdiskussion und Rechtsextremismusforschung erneut entdeckt und bedeutsam geworden sind:

Rassismen und andere Formen von Diskriminierung sind soziogenetisch und relational als Moment der gesellschaftsstrukturell verankerten sowie imaginären Beziehungen zwischen imaginären Gruppen zu untersuchen. Die Entstehung bzw. das Relevantwerden von Annahmen über gruppenkonstituierende Gemeinsamkeiten und Unterschiede ist selbst als ein Bestandteil der sozialen Beziehungen und Prozesse zu analysieren, in denen Machtverhältnisse und soziale Ungleichheiten hervorgebracht oder reproduziert werden. Solche Differenzkonstruktionen schreiben der benachteiligten, unterdrückten oder ausgegrenzten Gruppe besondere, in der Regel negative Eigenschaften zu, die ihre Beherrschung, Benachteiligung bzw. Ausbeutung – oder aber ihre Ausgrenzung und Dehumanisierung bis hin zur Vernichtung – als gerechtfertigt erscheinen lassen. Differenz kann aber auch – darauf weist insbesondere Taguieff (1998) in seiner Charakterisierung des differentialistischen Rassismus hin – nicht-hierarchisierend im Sinne einer Logik gedacht werden, die „nur" in einer Vermischung der Unterschiede ein Problem sieht.

Die zentralen Beiträge zur neueren Rassismustheorie (s. insbesondere Balibar / Wallerstein 1990; Bader 1995; Hall 1994; Taguieff 2000; Weiß 2001) nehmen eine dezidiert gesellschaftstheoretische sowie historische Perspektive ein. Rassismen werden in ihrem Zusammenhang mit weltgesellschaftlichen und nationalstaatlichen Ungleichheitsverhältnissen zentral als Ideologien untersucht, die Machtverhältnisse begründen und legitimieren.

Zygmunt Bauman (1992, 1999) hat einen anderen Zusammenhang aufgezeigt: Für moderne Gesellschaften ist die „Vision einer Ordnung" in der „jedes Ding seinen rechten Platz hat" und ein damit einhergehender „Reinheitsgedanke" kennzeichnend (Bauman 1999, 15). Zentraler Akteur für die Entwicklung und Durchsetzung einer solchen rationalen Ordnung der Gesellschaft ist der Nationalstaat. Für die Herstellung einer nationalen Ge-

sellschaftsordnung sind Praktiken bedeutsam, die auf die Anpassung und Eingliederung, oder aber die Ausgrenzung derjenigen Zielen, die vom Ideal einer homogenen Gesellschaft gesetzeskonformer und erwerbstätiger Bürger abweichen, die sich sprachlich und kulturell als Angehörige der Nation begreifen lassen. Antisemitismus, Fremdenfeindlichkeit und Rassismus, aber auch Armenpolitik sind in Baumans Perspektive Ausdruck des gesellschaftspolitischen Projektes, die nationalstaatliche Moderne kapitalistischer bzw. realsozialistischer Prägung herzustellen.

Eine andere Akzentuierung nehmen *Analysen institutioneller Diskriminierung* vor. In Anschluss an die us-amerikanische und britische Diskussion über „institutional racism" (Feagin / Booher-Feagin 1986 und 1998) werden insbesondere solche Formen von Diskriminierung in den Blick genommen, die ohne benachteiligende Absichten zu Stande kommen und weder als direkter Effekt von ökonomischen Strukturen und rechtlich festgeschriebenen Benachteiligungen (strukturelle Diskriminierung), noch als Folge von Vorurteilen (intentionale Diskriminierung) verstanden werden können (Gomolla / Radtke 2002, 30 ff.; Gomolla 2005; Hormel / Scherr 2004, 19 ff). Diskriminierung resultiert demnach aus den „ganz normalen" Arbeitsweisen von Organisationen und den dort eingespielten Deutungsmustern und Entscheidungsroutinen. Dies ist etwa dann der Fall, wenn im Bildungssystem Schüler oder Studierende mit ungleichen Ausgangsvoraussetzungen als gleiche behandelt werden oder das Wissen über Unterstützungsleistungen durch familiale und verwandtschaftliche Netzwerke entscheidungsrelevant wird. Pädagogisch und sozialarbeiterisch spezifisch relevant ist der Fall der *Diskriminierung in guter Absicht*: Diese kommt insbesondere immer wieder dann zustande, wenn in Beratungsgesprächen und Entwicklungsdiagnosen problematische soziale Bedingungen als ein Argument dafür verwendet werden, von riskanten schulischen, hochschulischen oder beruflichen Aufstiegsprozessen abzusehen.

In den sog. postkolonialen Studien (insbesondere Edward Said und Gayatri Chakravorty Spivak; s. dazu Castro-Varela / Dhawan 2005) wird über die bisher skizzierten Ansätze hinausgehend – und dies in Bezugnahme auf die Diskurstheorie Michel Foucaults sowie auf Jacques Derrida (Stäheli 2000,

22 ff.) – insbesondere die Konstruktion der Bilder des kolonialen und postkolonialen Anderen sowie der Zusammenhang zwischen dem Different-Machen („othering") der Kolonialisierten und der Entstehung hegemonialer und subalterner Formen von Subjektivität thematisch (s. dazu Haus der Kulturen der Welt 2004). Wie in der feministischen Kritik geht dies mit einer prinzipiellen Infragestellung universalistisch angelegter Konzepte von Subjektivität sowie einer Kritik der Vorherrschaftsansprüche und des Fortschrittsglaubens der westlichen Moderne einher.

Identitätstheoretische Aspekte

In der sozialpsychologischen Vorurteilsforschung wurde aufgezeigt, dass Vorurteile eine Grundlage in Identifikationsprozessen mit einer Wir-Gruppe und nicht zuletzt in dem Bedürfnis haben, das eigene Selbstwertgefühl durch den Glauben an die Überlegenheit der Gruppe zu stärken, der man sich zurechnet (Tajfel 1982). Gruppenidentifikationen führen zudem dazu, dass für externe Beobachter unbedeutend erscheinende Unterschiede aus der Binnensicht der Gruppen zu grundlegenden Differenzen werden. Für imaginäre Gruppen, deren Mitglieder sich nicht kennen und durch heterogene Lebenslagen gekennzeichnet sind, lassen sich vergleichbare Zusammenhänge aufzeigen. Die „Macht der Identität" (Castells 1997), die Attraktionskraft und die politische Bedeutung kollektiver Identitätskonstruktionen resultiert aus deren Angebot, durch die Identifikation mit der eigenen vermeintlich höherwertigen Gruppe eine soziale Verortung und eine Stärkung des Selbstwertgefühls zu ermöglichen. Dazu sind negative Identitätsbestimmungen, die der Logik „wir sind nicht wie die Anderen" folgen, nützlich, da diese es ermöglichen, eine Gemeinsamkeit zu beanspruchen, die auf bestreitbare positive Qualifizierungen von Eigenschaften der Eigengruppe verzichten kann. Diese etablieren, wie Jean-Claude Kauffmann (2005, 93 f.) gezeigt hat, eine identitäre Struktur der Schließung, d. h. eine Festlegung auf Zugehörigkeiten, Werte und Interpretationen, die sich der Reflexion verschließt und mit emotionalen Aufladungen einhergeht. Die radikalste Zuspitzung solcher diskriminierenden Differenz- und Identitätskonstruktionen liegt dann vor, wenn den Diskriminierten der Status als voll-

wertige Menschen bzw. generell ihr Menschensein bestritten wird und sie dann aus dem Kreis derjenigen ausgeschlossen werden, für die rechtliche und / oder moralische Grundsätze Geltung haben (s. dazu Rorty 2000, 241 ff.; Bauman 1992, 169 ff.). Damit ist eine Grenze von Versuchen der moralischen Kritik bestimmt, die exemplarisch in Rortys Kommentierung von Berichten über Morde an Muslimen in den Jugoslawienkriegen deutlich wird:

Die Moral der Geschichte ist die: dass serbische Mörder und Vergewaltiger nach eigenem Urteil keine Menschenrechte verletzen. Es sind nämlich keine Mitmenschen, denen sie diese Dinge antun, sondern Muslime. Sie verhalten sich nicht unmenschlich, sondern machen einen Unterschied zwischen wirklichen Menschen und Pseudomenschen. (Rorty 2000, 241)

Soziale Arbeit, Grenzen von Antidiskriminierungsstrategien und die Dialektik des Anti-Rassismus

Der Ethik-Kodex der NASW (s. www.naswdc.org) sieht in seinem Abschnitt VI eine professionelle Selbstverpflichtung von SozialarbeiterInnen zum aktiven Eintreten gegen

„jegliche Diskriminierung von Personen oder Gruppen aufgrund von Rasse, Hautfarbe, Geschlecht, sexueller Orientierung, Alter, Religion, nationaler Herkunft, Familienstand, politischer Überzeugung, geistiger oder körperlicher Behinderung"

vor. Obwohl die deutsche Soziale Arbeit nicht über einen Ethikkodex verfügt, kann davon ausgegangen werden, dass entsprechende Forderungen bei der Mehrzahl der hiesigen Professionellen zustimmungsfähig sind. Die inzwischen in nationales Recht übersetzte Antidiskriminierungsrichtlinie der EU bietet dafür auch politischen und rechtlichen Rückhalt. Hinzuweisen ist aber auf eine prinzipielle Grenze des Antidiskriminierungsdiskurses:

- Die Ungleichbehandlung von Nicht-Staatsangehörigen gegenüber Staatsangehörigen, die in der Sozialen Arbeit mit Migranten bedeutsam sind, werden dort weiterhin zugelassen und entsprechend auch den gängigen Interpretationen der Menschenrechte.

- An Benachteiligungen, die direkte oder indirekte Folge der sozioökonomischen Position oder des Bildungsniveaus sind, reichen rechtliche, sozialarbeiterische und pädagogische Antidiskriminierungskonzepte nicht heran.

In der Diskussion um eine antirassistische Orientierung von Pädagogik und Sozialarbeit sind zudem folgende Problemlagen deutlich geworden (Heitmeyer 1992; Holzkamp 1994; Scherr 2001; Taguieff 2000, 253 ff.):

- Eine theoretisch informierte Sensibilität für Rassismus und Diskriminierung kann keineswegs als selbstverständliches Element professioneller Kompetenz vorausgesetzt werden.
- Antirassistische Positionierungen können mit kontraproduktiver Moralisierung, dem Bedürfnis nach Vereindeutigung und Bekenntniszwängen einhergehen, die Lernprozesse blockieren. Wieland Elfferding hat bereits Ende der 1980er Jahre darauf hingewiesen, dass es problematisch sei, nationalistische Ausländerfeindlichkeit „pausenlos als Rassismus zu denunzieren". Denn dies „könnte dazu führen, dass der gegenwärtig bestimmende Gegensatz im Schlagschatten des politischen Angriffs bleibt, während sich die Fronten durch falsche Gegneridentifikation verhärten." (Elfferding 1989, 107)
- Der antirassistische Diskurs kann in Konstruktionen seiner vermeintlichen oder tatsächlichen Gegner umschlagen, die ihrerseits den Charakter eines Feindbildes tragen. So wurde etwa Anfang der 1990er Jahre durchaus massiv eingefordert, Leistungen der Jugendarbeit für rechte Jugendszenen einzustellen.
- Zudem stellt sich die Frage, ob der endlich in Gang gekommene antirassistische Diskurs in Theorie und

Praxis den sich konturierenden Bedingungen eines transnationalen, sich fortschreitend globalisierenden High-Tech-Kapitalismus gerecht wird.

Für transnationale Konzerne und als Akteure des Globalisierungsprozesses auftretende politische, mediale und ökonomische Eliten stellt Rassismus eine unzeitgemäße Ideologie der kleinen Leute dar, die es, im Interesse eines reibungslosen Ablaufs der Geschäfte, zu überwinden gilt. Andere soziale Spaltungen dagegen werden keineswegs infrage gestellt. Pointiert formulierte Wolfgang Fritz Haug (1992, 762): „Wir wissen, dass wir eine Welt-Sozialpolitik brauchen. Wir wissen nicht, wie wir dorthin gelangen." Zugleich ist aber nicht zu übersehen, dass sich in den Grenzziehungen der Festung Europa und in der gegenwärtigen Flüchtlings- und Asylpolitik durchaus „zeitgemäße" Ansatzpunkte für rassialisierende Konstruktionen abzeichnen. Der Tod tausender afrikanischer Flüchtlinge im Mittelmeer jedenfalls stößt an Grenzziehungen, die Mitleidsfähigkeit und politisches Engagement einschränken. Zudem ist ein Wiedererstarken nationaler und nationalistischer Politikmodelle unter Bedingungen eines krisenhaften Globalisierungsschubs keineswegs ausgeschlossen.

Kritische Rückfragen an gegen Diskriminierung und Rassismus gerichtete Strategien sind als Aufforderungen zur weiteren theoretischen Klärung und zur Überprüfung interkultureller und antirassistischer Praxisformen zweifellos ernst zu nehmen. Als Legitimation für den Verzicht auf eine deutliche Positionierung der professionellen Theorie und Praxis, wie sie sich inzwischen selbst in einer gesellschaftskritischen Ausrichtung unverdächtigen Organisationen wie dem Deutschen Fußballbund finden, eignen sie sich dagegen nicht.

Literatur

Adams, M., Blumenfeld, W. J., Castaneda, R., Hackmann, H. W., Peters, M. L., Zuniga, Y. (Hrsg.) (2000): Readings for Diversity and Social Justice: An Anthology on Racism, Antisemitism, Heterosexism, Ableism, and Classism. Routledge, New York / London

Adorno, T. W. (1955 / 1975): Gesammelte Schriften. Bd. 9. Suhrkamp, Frankfurt / M.

Anhorn, R., Bettinger, F., Stehr, J. (Hrsg.) (2008): Sozialer Ausschluss und Soziale Arbeit. VS Verlag, Wiesbaden

Aronson, E., Wilson, T. D., Akert, R. M. (Hrsg.) (2004): Sozialpsychologie. Pearson-Studium, Stuttgart

Bader, Veit-Michael (1995): Rassismus, Ethnizität, Bürgerschaft. Westfälisches Dampfboot, Münster

Balibar, E. (1990): Gibt es einen „Neo-Rassismus"? In: Balibar, E., Wallerstein, I. (Hrsg.): Rasse, Klasse, Nation. Ambivalente Identitäten. Argument Verlag, Hamburg, 23–38

–, Wallerstein, I. (1990): Rasse, Klasse, Nation. Argument Verlag, Hamburg

Bauman, Z. (1999): Unbehagen in der Postmoderne. Hamburger Edition, Hamburg
– (1992): Dialektik der Ordnung. EVA, Hamburg
Blumer, H. (1965): The Future of the Color Line. In: McKinney, Lohn C., Thompson, E.T. (Hrsg.): The South in Continuity and Change. Duke University Press, Durham, NC, 322–336
– (1961): Race Prejudice as a Sense of Group Position. In: Masuoka, J., Preston, V. (Hrsg.): Race Relations. Problems and Theory. Ayer Co Pub, New York, 217–227
– (1954): Reflections on Theory of Race Relations. In: University of Hawai Press (Hrsg.): Conference on Race Relations in World Perspective. University of Hawaii Press, Honolulu, 3–19
Bommes, M., Scherr, A. (2000): Soziologie der Sozialen Arbeit. Juventa, Weinheim / München
–, – (1992): Rechtsextremismus: Ein Angebot für ganz gewöhnliche Jugendliche. In: Mansel, J. (Hrsg.): Reaktionen Jugendlicher auf gesellschaftliche Bedrohungen. Juventa, Weinheim / München, 210–227
Broden, A., Mecheril, P. (Hrsg.) (2007): Re-Präsentationen. Dynamiken der Migrationsgesellschaft. IDA-NRW, Düsseldorf
Castells, M. (1997): The Power of Identity. Wiley, Massachusetts / Oxford
Castro-Varela, M., Dhawan, N. (2005): Postkoloniale Theorie. Transcript, Bielefeld
Elfferding, W. (1989): Funktion und Struktur des Rassismus. In: Autrata, O., Kaschuba, G., Leiprecht, R. (Hrsg.): Theorien über Rassismus. Argument Verlag, Sonderband AS 164, Hamburg, 29–62
Elias, N. (1984): Notizen zum Lebenslauf. In: Gleichmann, P., Goudsblom, J., Korte, H. (Hrsg.): Macht und Zivilisation. Suhrkamp, Frankfurt / M., 9–82
–, Scotson, J.L. (1993): Etablierte und Außenseiter. Suhrkamp, Frankfurt / M.
Feagin, J.R., Booher-Feagin, C. (1998): Racial and Ethnic Relations, Englewood Cliffs, NJ
–, – (1986): Discrimination American Style. Institutional Racism and Sexism. Krieger, Malabar
Gesemann, F., Roth, R. (Hrsg.) (2008): Lokale Integrationspolitik in der Einwanderungsgesellschaft. VS Verlag, Wiesbaden
Gomolla, M. (2005): Schulentwicklung in der Einwanderungsgesellschaft. Waxmann, Münster
–, Radtke, F.-O. (2002): Institutionelle Diskriminierung. Leske + Budrich, Opladen
GPJE (Hrsg.) (2008): Diversity Studies und politische Bildung. Wochenschau Verlag, Bad Schwalbach
Hall, S. (1994): Rassismus und kulturelle Identität. Ausgewählte Schriften 2. Argument Verlag, Hamburg
– (1980): Race, Articulation and Society. In: UNESCO (Hrsg.): Sociological Theories of Race and Colonialism. UNESCO, Paris
Haug, W.-F. (1992): Sechs vorläufige Nachsätze. Das Argument 195, 761–773

Haus der Kulturen der Welt (Hrsg.) (2004): Der Black Atlantic. Haus der Kulturen der Welt, Berlin
Heitmeyer, W. (1992): Die Gefahren des schwärmerischen Antirassismus. Das Argument 195, 675–684
Held, J., Horn, H., Leiprecht, R., Marvalis, A. (1991): Du mußt so handeln, daß Du Gewinn machst… Empirische Untersuchungen zu politisch rechten Orientierungen jugendlicher Arbeitnehmer. IDA, Düsseldorf
Holz, K. (2001): Nationaler Antisemitismus. Hamburger Edition, Hamburg
Holzkamp, K. (1994): Antirassistische Erziehung als Änderung rassistischer „Einstellungen"? – Funktionskritik und subjektwissenschaftliche Alternative. In: Jäger, S. (Hrsg.): Antirassistische Praxen. Duisburger Inst. f. Sprach- und Sozialforschung, Duisburg, 8–29
Hooks, B. (2000): Where We Stand. Class Matters. Routledge, New York
Hormel, U., Scherr, A. (2010): Diskriminierung. Grundlagen und Forschungsergebnisse. VS Verlag, Wiesbaden
–, – (2004): Bildung für die Einwanderungsgesellschaft. Perspektiven der Auseinandersetzung mit struktureller, institutioneller und interaktioneller Diskriminierung. VS Verlag, Wiesbaden
Kalpaka, A., Räthzel, N. (Hrsg.) (1990): Die Schwierigkeit, nicht rassistisch zu sein: Rassismus in Politik, Kultur und Alltag. Leer (2. überarb. Aufl.), Dreisam Verlag, Kirchzarten
Kauffmann, J.-C. (2005): Die Erfindung des Ich. UvK, Konstanz
Klönne, A. (1990): Jugend im Dritten Reich. Piper, München
Levi-Strauss, C. (1989): Das Nahe und das Ferne. Fischer Verlag, Frankfurt / M.
Maasen, S. (1999): Wissenssoziologie. Transcript, Bielefeld
Melter, Claus (2006): Rassismuserfahrungen in der Jugendhilfe. Waxmann, Münster
Miles, R. (1982): Racism and Migrant Labour. Routledge, London
Molthagen, D., Klärner, A., Korgel, L., Pauli, B. (Hrsg.) (2008): Gegen Rechtsextremismus. Dietz-Verlag, Bonn
Otto, H.-U., Sünker, H. (Hrsg.) (1989): Soziale Arbeit und Faschismus. Suhrkamp, Frankfurt / M.
Priester, K. (2003): Rassismus. Eine Sozialgeschichte. Reclam, Leipzig
Rorty, R. (2000): Wahrheit und Fortschritt. Suhrkamp, Frankfurt / M.
Scherr, A. (2009): Rassismus oder Rechtsextremismus? Annäherung an eine vergleichende Betrachtung zweier Paradigmen jenseits rhetorischer Scheinkontroversen. In: Melter, C., Mecheril, P. (Hrsg.): Rassismuskritik. Bd. I: Rassismusforschung und Rassismuserfahrungen. Wochenschau Verlag, Bad Schwalbach, 59–74
– (2001): Pädagogische Interventionen. Gegen Fremdenfeindlichkeit und Rassismus. Wochenschau Verlag, Bad Schwalbach
– (1999): Die Konstruktion von Fremdheit in sozialen Prozessen. In: Kiesel, D., Messerschmidt, A., Scherr, A.

(Hrsg.): Die Erfindung der Fremdheit. Zur Kontroverse um Gleichheit und Differenz im Sozialstaat. Brandes & Apsel, Frankfurt, 48–99

–, Schäuble, B. (2008): ‚Wir‘ und ‚Die Juden‘. Gegenwärtiger Antisemitismus als Differenzkonstruktion. Berliner Debatte Initial, 1–2, 3–14

Schiffauer, W. (1997): Die Angst vor der Differenz. In: Schiffauer, W. (Hrsg.): Fremde in der Stadt. Suhrkamp, Frankfurt / M., 157–171

Staub-Bernasconi, S. (2001): Auseinandersetzungen zwischen Individuum und Gesellschaft. Wie konflikttauglich sind Theorien Sozialer Arbeit? Wien. In: www.bildungsserver.de/zeigen.html?seite=1791, 03.03.2010

Stäheli, U. (2000): Poststrukturalistische Soziologie. Transcript, Bielefeld

Taguieff, P.-A. (2000): Die Macht des Vorurteils. Hamburger Edition, Hamburg

– (1998): Die Metamorphosen des Rassismus und die Krise des Antirassismus. In: Bielefeld, U. (Hrsg.): Das Eigene und das Fremde. Hamburger Edition, Hamburg, 221–268

Tajfel, H. (1982): Social Identity and Intergroup Relations. Cambridge University Press, Cambridge

Wacquant, L. (2001): Für eine Analytik rassistischer Herrschaft. In: Weiß, A., Scharenberg, A., Schmidtke, O. (Hrsg.): Klasse und Klassifikationen. VS Verlag, Wiesbaden, 61–77

Waldenfels, B. (1997): Topographie des Fremden. Suhrkamp, Frankfurt / M.

Wallerstein, I. (1984): Der historische Kapitalismus. Argument Verlag, Berlin

Weiß, A. (2001): Rassismus wider Willen. VS Verlag, Wiesbaden

Diversity und Soziale Arbeit

Von Paul Mecheril und Melanie Plößer

Die Frage, wie Ungerechtigkeit beseitigt und Gerechtigkeit auch vermittelt über das Handeln (sozial-)pädagogischer Akteure ermöglicht werden kann, wird seit geraumer Zeit nicht mehr allein oder vorrangig mit Bezug auf die Dimension der Klassenverhältnisse beantwortet. Die Analyse gesellschaftlicher Verhältnisse wie ihre Kritik artikuliert sich in Kategorien der Identität und Differenz, die nicht schlicht auf ökonomische und milieuspezifische Verhältnisse rückführbar, wiewohl damit verknüpft sind. Bezugnahmen auf vielfältige Formen von sozialer Identität und Zugehörigkeit sind hierbei in einem doppelten Sinne bedeutsam: Identitäts- und Zugehörigkeitskategorien werden in wissenschaftlichen und medialen Diskursen der letzten Jahre intensiv diskutiert, um Fragen gesellschaftlicher und individueller Realität zu thematisieren. Aber auch im Selbstverständnis und den Handlungsweisen Einzelner und einzelner Gruppen spielen Identitäts- und Zugehörigkeitskategorien – unter anderem vermittelt von Wissenschaft und Medien – eine große Rolle. Hierbei entwickeln Identitäts- und Zugehörigkeitskategorien (wie Geschlecht, sexuelle Lebensführung, Alter oder natioethno-kultureller Status) ihre Bedeutung nicht nebeneinander oder hintereinander, sondern stehen in komplexen Wechselverhältnissen zueinander.

Auch wenn sich unter dem Begriff „Diversity" eine Vielzahl von Ansätzen findet, die auf unterschiedliche diskursive Zusammenhänge in heterogener Weise verweisen (Knapp 2005), kann allgemein gesagt werden, dass das wissenschaftliche Interesse, das mit der Perspektive Diversity verbunden ist, empirisch und theoretisch auf die Analyse der Vielzahl von Identitäts- und Zugehörigkeitskategorien und ihrem Zusammenspiel bezogen ist. Als pädagogische Perspektive zielt Diversity auf den angemessenen Umgang mit dem Zusammenspiel vielfältiger Identitäts- und Zugehörigkeitskategorien.

In Deutschland findet sich der Begriff Diversity etwa seit Anfang der 1990er Jahre im Kontext von Pädagogik, Bildung und Sozialer Arbeit. Seit Anfang der 2000er Jahre ist der Begriff verstärkt im Kontext managerialer Fragen in Ökonomie und Verwaltung zu finden. „Managing Diversity" ist ein Prinzip der Unternehmensführung, das Differenzen zwischen Menschen (Mitarbeitern und Mitarbeiterinnen genauso wie Kunden und Kundinnen) als Stärke und Schlüssel zum Erfolg der jeweiligen Organisation betrachtet. „Managing Diversity" bezieht sich als top-down Ansatz auf alle Ebenen der Organisation, d. h. sowohl auf ein anerkennendes Arbeitsklima wie auch z. B. auf Personalpolitik, Organisationsstrukturen und Verfahrensweisen (z. B. Stuber 2004).

In diesen Kontexten meint Diversity Folgendes: Die Vielfalt von Unterschieden, Identitäten und Zugehörigkeiten ist konstitutiv für gesellschaftliche Wirklichkeit. Gesellschaftliche Wirklichkeit lässt sich in dieser Perspektive nicht angemessen beschreiben, wenn sie allein oder in erster Linie beispielsweise als Geschlechterordnung, als ethnische oder kulturelle Ordnung oder als Ordnung der Generationen aufgefasst wird. Aus dieser eher empirisch und analytisch gewonnenen Einsicht folgt dann programmatisch, dass die unterschiedlichen Identitäten und Zugehörigkeiten zu respektieren und anzuerkennen seien. Diversity ist mithin eine analytisch-empirische Aussage über die Wirkmächtigkeit von Unterschieden. Zugleich ist Diversity ein normativ-präskriptiver Ansatz, der nach Möglichkeiten der Anerkennung von Unterschieden, Identitäten und Zugehörigkeiten sucht. Die Bezüge und Überlappungen von Diversity-Ansätzen im Bereich von Bildung und Sozialer Arbeit zu verwandten Ansätzen wie Social Justice, Gender Mainstreaming, Rassismuskritik oder Interkultureller Pädagogik sind fließend, vielfältig und heterogen und verdeutlichen wie

Otto/Thiersch (Hg.), Handbuch Soziale Arbeit, 4. A., DOI 10.2378/ot4a.art029,

schwierig die Abgrenzung sowie die Bestimmung dessen ist, was mit „Diversity" gemeint ist.

Mit dem Begriff „Diversity" steht der Sozialen Arbeit jedenfalls ein Konzept zur Verfügung, das einen angemessenen Umgang in und mit gesellschaftlicher Wirklichkeit in Aussicht stellt. Der aus dem angloamerikanischen Sprachraum stammende Begriff „Diversity" kann zunächst mit Vielfalt, Heterogenität übersetzt werden. Mit dem Begriff ist eine normative Haltung der grundsätzlichen Bejahung und Würdigung von Unterschiedlichkeit und Diversität verbunden. Im Rahmen des vorliegenden Beitrags soll Diversity als ein Konzept der Anerkennung von Vielfalt und Differenz vorgestellt und kritisch reflektiert werden. Vor dem Hintergrund, dass Differenz und Vielfalt in der Sozialen Arbeit lange Zeit ausgeblendet wurden, wird in einem ersten Schritt ein Überblick über diejenigen Impulse gegeben werden, die die Soziale Arbeit zur Thematisierung und Berücksichtigung von Differenzverhältnissen angeregt haben. Deutlich wird bei diesem Rückblick, welche grundlegende Bedeutung Differenz in der Sozialen Arbeit zukommt und auf welchen Ebenen Fragen von Andersheit und Vielfalt eine Rolle spielen. Vor diesem Hintergrund wird – nach einem Zwischenschritt, der sich der Frage widmet, was wir meinen, wenn wir von Differenz sprechen – Diversity als Konzept vorgestellt werden, das auf die Anerkennung von unterschiedlichen Differenzlinien und deren Würdigung als Ressourcen abzielt. Welche Grenzen ein solches Konzept als regulatives Prinzip in der Sozialen Arbeit hat, soll in einem abschließenden Schritt diskutiert werden.

Soziale Arbeit und Differenz

Soziale Arbeit stellt ein Handlungsfeld dar, das durch historisch und kontextuell wechselnde Fokussierungen von Differenz geprägt ist. Trotz dieser wechselnden Fokussierungen innerhalb des wohlfahrtsstaatlichen Arrangements lassen sich zentrale Thematisierungslinien beschreiben, die das Verhältnis von Sozialer Arbeit und Differenz wiedergeben: Zum einen (1) die Thematisierung von Differenz als konstituierendes Merkmal sozialpädagogischer Interventionen mit den Folgen der Reproduktion von Normalität und Andersheit, sodann (2) die Diskussion um Differenz und

Heterogenität als Folge sich pluralisierender Lebenswelten und schließlich (3) die Thematisierung von Differenz als Effekt einer machtvollen Differenzordnung, die zu Ungleichheiten, Homogenisierungen und Ausschlüssen führt. Da Diversity eine eher neue Thematisierung von Differenz bezeichnet, erscheint der Nachvollzug, welche Verständnisse von „Differenz" und „Andersheit" in und für die heutige Soziale Arbeit relevant sind und welche Implikationen sich aus den bestehenden Thematisierungen für die Gestaltung einer an „Diversity" orientierten Sozialen Arbeit ergeben, von Bedeutung.

Differenz als Ausgangspunkt sozialpädagogischer Normalisierungsarbeit

„Diversity" als Ansatz, der die Wirkmächtigkeit von Differenzen hervorhebt und zugleich Möglichkeiten ihrer Anerkennung betont, trifft mit der Sozialen Arbeit auf eine Profession, für die der Bezug auf Differenz, verstanden als Unterscheidung und Abweichung von einem Normalitätsmuster, konstitutiv ist. Insbesondere Ansätze, die sich seit Ende der 1990er Jahre kritisch mit den normalisierenden Effekten Sozialer Arbeit auseinandersetzen, heben hervor, dass sich Differenz durch die fachliche Ein- und Zuordnung von Normalität und Andersheit als unhintergehbarer Ausgangspunkt (sozial)pädagogischer Interventionsmuster erweist (Anhorn et al. 2007; Hahn 2007; Kessl 2005; Kessl / Plößer 2010; Maurer 2001; Mecheril / Melter 2010; Müller 1995). In dieser Lesart ist die Wahrnehmung von Differenz für die Soziale Arbeit mit einigen Dilemmata verknüpft, schließlich geht mit dem Projekt der Sozialen Arbeit auch eine (Re-)Produktion von Normalitätsmustern und Andersheit, wie auch eine Verknüpfung von Differenz mit Bedürftigkeit und Problembehaftetheit einher. So erhält die Soziale Arbeit ihre Legitimation nicht zuletzt dadurch, dass Differenz und Andersheit als Aspekte angesehen werden, die es – anders als in Diversity-Ansätzen, die auf die Anerkennung von Differenz abzielen – zu verändern und zu verringern gilt. Die Bearbeitung einer Differenz im Sinne der Korrektur einer Normabweichung ist mithin grundlegender Bestandteil des staatlichen Auftrags an die Soziale Arbeit. „Soziale[r] Arbeit [, die] organisierte Prozesse einer aktiven Unterstützung von Subjektivierungsweisen, die als sozial problematisch markiert werden" (Kessl / Otto 2010, 1079), beschreibt, kommt die Aufgabe zu, die als „anders" oder als „problematisch" markierten Subjekte anzupassen und letztlich zu einer Normalisierung und Homogenisierung der Bevölkerung beizutragen. Die Frage, ob und wie die als Abweichung in den sozialarbeiterischen Blick kommenden (Differenz-)Phänomene thematisch werden, hängt wiederum mit weitergehenden Unterscheidungen zusammen. So ist die Orientierung an Differenz in der Sozialen Arbeit immer auch mit einer Fokussierung bestimmter Differenzlinien (z. B. Migration, Jugend, Kinderarmut) und einer Ausblendung anderer Differenzkategorien (z. B. Klasse oder Sexualität) verbunden.

Die Soziale Arbeit kann mithin als Instanz verstanden werden, die durch den gleichsam doppelten Bezug auf Differenz – im Sinne einer epistemischen Grundorientierung auf Andersheit und im Sinne eines praktischen Umgangs mit dieser Andersheit – Adressaten und Adressatinnen differenzierend ordnet und diese als normal oder eben als anders (re-)produziert (Plößer 2010). Das heißt, Soziale Arbeit ist als „Normalisierungsmacht" (Maurer 2001, 125) in historisch wechselnden Fokussierungen auf je unterschiedliche „Andere" bezogen und bringt diese „Anderen" als Andere immer auch hervor. Auf der anderen Seite dienen diese Klassifizierungen und Markierungen nicht allein der normalisierenden Anpassung, sondern sie stellen auch den notwendigen Rahmen dar, um fehlende Ressourcen, Diskriminierungen und Benachteiligungen der Adressaten und Adressatinnen problematisieren zu können. Der Bezug auf die gesellschaftlichen Differenzordnungen wie „männlich", weiblich", „Migrationshintergrund", „kein Migrationshintergrund" ist für die Soziale Arbeit unverzichtbar, will sie Ausschlusserfahrungen und Benachteiligungen thematisieren oder sich für die Minderung der Auswirkungen gesellschaftlicher Differenzierungspraxen einsetzen.

Soziale Arbeit ist damit zum einen: Die Ermöglichung von Handlungsfähigkeit durch beispielsweise die Problematisierung gesellschaftlicher Ausschlüsse oder durch die Eröffnung von Zugangsmöglichkeiten zu Ressourcen und Partizipationsmöglichkeiten. Und Soziale Arbeit ist auch eine „Disziplinierungsmacht" (Stehr 2007), da

die Unterscheidung der Adressaten und Adressatinnen entlang von Normalitätsmodellen geschieht und der Anspruch auf Unterstützungsleistungen mit Rückgriff auf die (Aktivierungs-)Bereitschaft der Adressaten und Adressatinnen (Kessl 2005) vorgenommen wird oder davon abhängig gemacht wird, ob diese als „eigene" oder als „fremde" Hilfsbedürftige (Mecheril / Melter 2010) gelten.

Differenz als Vielfalt der Lebenswelten

Neben der Thematisierung von Differenz als widersprüchlicher „Motor" einer sich Ende des 19. Jahrhunderts entwickelnden Sozialen Arbeit, lassen sich seit den 1980er Jahren Ansätze finden, die Differenz verstärkt als Ausdruck für Vielfalt und Heterogenität verstehen bzw. den Eigensinn und die Unterschiedlichkeiten der Lebenswelten hervorheben (Hahn 2007; Böhnisch et al. 2005). So wird die Soziale Arbeit seit den 1990er Jahren durch solche Ansätze herausgefordert, die auf die sog. Heterogenität oder vielleicht angemessener: Vielheit von Lebenswelten aufmerksam machen. Durch gesellschaftliche Entwicklungen wie der Pluralisierung und Individualisierung von Lebenslagen wie auch durch Fluchtoder Migrationsbewegungen – so die Vertreter und Vertreterinnen dieses Diskurses – differenzieren sich die Lebenswelten der Adressaten und Adressatinnen immer weiter aus und lassen sich Prozesse einer kulturellen Pluralisierung sowie eine Vermischung und Vervielfältigung von Denk-, Gefühls- und Handlungsmustern beobachten. Unter Bedingungen der Diversifizierung von Lebenslagen und Lebensmodellen habe es sozialpädagogisches Handeln deshalb zunehmend mit vielfältigen Differenzlinien in ihren jeweiligen kontextspezifischen Verknüpfungen zu tun. Zugleich werde durch die Ausdifferenzierung der Lebenslagen und durch das Brüchigwerden tradierter Muster und Biographieverläufe ein erhöhter Orientierungs- und Beratungsbedarf entstehen, auf den die Soziale Arbeit mit ihren Angeboten zu antworten habe (Böhnisch 2005; Thiersch et al. 2005). Differenz erweist sich im Rahmen dieser eher lebenswelttheoretisch angelegten Thematisierungen nicht mehr als das besondere Andere, sondern als allgemeines Kennzeichen sich differenzierender und pluralisierender Lebenswelten.

Differenz als Ausdruck einer machtvollen Differenzordnung

Seit Ende der 1970er Jahre wurde die Soziale Arbeit – insbesondere durch feministische, interkulturelle und integrative Ansätze – auf die ausgrenzenden und normierenden Aspekte von solchen Traditionen Sozialer Arbeit aufmerksam gemacht, die gesellschaftliche Differenzverhältnisse nicht systematisch berücksichtigen. Eine Soziale Arbeit, die bestehende Differenzen ihrer Adressaten und Adressatinnen ausblende – so die kritische Analyse – vernachlässige nicht nur die mit diesen Differenzkategorien verbundenen ungleichen Lebensbedingungen, sondern reproduziere diese sogar noch. Mit der Unterstellung der Gleichberechtigung aller Klienten und Klientinnen der Sozialen Arbeit werde also verkannt, dass diese aufgrund ungleicher kultureller oder lingualer Ressourcen, in die Körper eingeschriebener Selbstverständnisse oder Empfindsamkeiten in vielfältiger Weise von den Angeboten Sozialer Arbeit ausgeschlossen werden – und dies ohne ein einziges formelles Zugangsverbot. Die Hinweise auf die Unzulässigkeit der Ausblendung von Differenzkategorien, wie auch auf die mit den Kategorien einhergehenden gesellschaftlichen Benachteiligungen, haben die Soziale Arbeit seit den 1980er Jahren nachhaltig beeinflusst.

Allerdings drohen die hier skizzierten macht- und ungleichheitsanalytischen Thematisierungen von Differenz im Kontext post-wohlfahrtsstaatlicher Transformationen immer wieder aus dem Blick zu geraten (vgl. z.B. die Beiträge in Kessl et al. 2007).

Was ist „Differenz"?

Mit Helma Lutz und Norbert Wenning (2001, 21) können Differenzen als „Resultate sozialer Konstruktionen" verstanden werden, die sich in körperorientierte Differenzlinien (z.B. Geschlecht, Sexualität, „Rasse"/Hautfarbe, Gesundheit und Alter), in (sozial-)räumliche Differenzlinien (z.B. Klasse, Nation/Staat, Ethnizität, Sesshaftigkeit/Herkunft, Kultur, Nord-Süd/Ost-West) und in ökonomisch orientierte Differenzlinien (z.B. Klasse, Besitz, Nord-Süd/Ost-West, gesellschaftlicher Entwicklungsstand) einteilen lassen. Diese Differenzlinien fungieren als soziale Ordnungskategorien entlang derer Individuen sozial positioniert werden bzw. sich selber entlang dieser Kategorien positionieren. Candace West und Sarah Fenstermaker (1995) sprechen hier auch vom „doing difference" als einem Prozess, durch den Individuen sich durch Rückgriff auf unterschiedliche Kategorien wie „Kultur" oder „Geschlecht" darstellen bzw. entlang dieser Kategorien Zuschreibungen erfahren. Als am „doing difference" aktiv Beteiligte können sich die Subjekte zu den Differenzlinien verhalten, sie können Differenz-Zuordnungen in Frage stellen, erweitern oder bestätigen. Allerdings sind die Handlungsspielräume der Subjekte nicht unbegrenzt und frei, sondern vorstrukturiert und in normative Ordnungen eingelassen.

Differenzordnungen

Insofern mit der sozialen Unterscheidungspraxis, dem „doing difference", immer auch aufgrund vorgängiger Unterscheidungspraxen erzeugte Normen und Logiken Bezug genommen wird, ist es sinnvoll von Differenzordnungen zu sprechen. Differenzordnungen ergeben sich dadurch, dass die Differenzlinien einer binären Ordnungslogik folgen. Dabei können drei zentrale Machtaspekte benannt werden, die den Umgang mit und den Bezug auf Differenzordnungen kennzeichnen und die im Zuge der Debatten um Differenz als Ungleichheit kritisch herausgestellt wurden (Mecheril 2008).

Differenzordnungen sind erstens machtvoll, weil jede Subjektwerdung immer im Rahmen vorgängiger Differenzordnungen stattfindet. Das heißt, Differenzordnungen führen dazu, dass Individuen als z.B. Männer und Frauen, Arbeitslose oder Beschäftigte, Gesunde oder Behinderte angesprochen werden und durch diese Ansprachen geordnet, diszipliniert, sozialisiert, eben als Subjekte, als Männer oder Frauen, Gesunde oder Behinderte hervorgebracht werden. Für die Soziale Arbeit ergibt sich daraus die Konsequenz, sich als (Re-)Produzentin solcher Differenzordnungen zu begreifen und die möglichen Folgen durch sozialpädagogische Anrufungen der Individuen kritisch-reflexiv zu bedenken.

Differenzen sind zum zweiten machtvoll, da diese in Ordnungen eingelassen sind, in denen bestimmte Identitätspositionen politisch und kulturell gegenüber anderen Identitäten privilegiert sind.

Innerhalb dieser Ordnung markiert die eine Identität (z. B. „Heterosexualität", „zivilisiert") die normale, anerkannte Position, die andere („Homosexualität", „nicht zivilisiert") gilt demgegenüber als das Andere, das Untergeordnete. Für die Soziale Arbeit ist diese Einsicht zum einen bedeutsam, weil sie selber mit diesen hierarchischen Ordnungslogiken („normal" – „anders", „gesund" – „krank") operiert und zum anderen weil sie es mit Adressatinnen und Adressaten zu tun hat, die gerade aufgrund dieser hierarchischen Differenzordnungen Probleme haben, die diskriminiert werden und über weniger Ressourcen verfügen und deshalb Klienten und Klientinnen Sozialer Arbeit werden.

Drittens sind Differenzen machtvoll, weil sie in einer binären Entweder-Oder Ordnung organisiert sind, die den Einzelnen auferlegt, sich in dieser ausschließenden Ordnung darzustellen und zu verstehen: Als Subjekt „mit" oder „ohne Migrationhintergrund", als entweder „schwarz" oder „weiß", als entweder „homo-" oder „heterosexuell", als entweder „deutsch" oder „türkisch". Machtvoller Effekt dieser Entweder-Oder Ordnung ist, dass ein Zwang zur Eindeutigkeit besteht. Zugleich drohen solche Identitätspositionen abgewertet zu werden, die sich dieser Eindeutigkeit verweigern, die mehrfach zugehörig oder uneindeutig sind oder das klassifizierende und normierende Differenzdenken in Frage stellen (Mecheril 2003).

Intersektionalität

Darauf, dass sich die Vielfalt der Differenzordnungen weder empirisch noch theoretisch noch in der sozialen Praxis durch eine einfache Addition der Differenzlinien („Geschlecht" plus „Klasse" plus „Behinderung") angemessen fassen lässt, ist durch die Intersektionalitätsforschung nachhaltig hingewiesen worden. Unter dem auf Kimberle Crenshaw (1994) zurückgehenden Begriff „Intersektionalität" firmieren deshalb Konzepte, die die komplexen Wechselwirkungen zwischen ungleichheitsgenerierenden Differenzkategorien in den Blick nehmen und die Bedingungen und Effekte der jeweiligen sozialen Markierungen in ihren Überlappungen untersuchen (wollen). Differenzkategorien werden dabei als sich gegenseitig beeinflussend und wechselseitig durchdringend verstanden. In ihren jeweiligen Verschränkungen bringen sie komplexe

Macht- und Ungleichheitsdynamiken hervor, die mit der herkömmlichen eindimensionalen oder allein additiven Sicht auf Differenz nicht hinreichend erfasst werden können (Lutz 2001; Degele/Winker 2009).

Diversity in der Sozialen Arbeit: Sortierung gegenwärtiger Ansätze

Der Ausdruck „Diversity" umfasst und verweist auf Ansätze der Beobachtung, der Gestaltung sowie der Kritik des Sozialen unter dem Primat der Vielfalt von Differenzverhältnissen und den für diese konstitutiven Machtmomenten. Der Versuch, die unter dem Begriff „Diversity" anzutreffenden, auf unterschiedliche Diskursfelder in heterogener Weise verweisenden und aus unterschiedlichen Feldern stammenden Ansätze so zu unterscheiden, dass programmatische und für die Soziale Arbeit bedeutsame Schwerpunkte erkennbar werden, führt zu drei Hauptlinien.

Diversity als Anti-Diskriminierungsansatz

Insbesondere die seit den späten 1990er Jahren einsetzende Antidiskriminierungs-Politik der EU hat dazu beigetragen, dass „Diversity" im Zusammenhang mit anti-diskriminierenden Ambitionen und Praxen verortet wird. Obwohl der Zusammenhang zwischen „Diversity" und „Antidiskriminierung" nicht nur theoretisch-begrifflich sowie empirisch ungeklärt ist, so kann doch als Konnex eine Einsicht markiert werden, die das Ungenügen schlichter Gleichbehandlung hervorhebt. Weil gesellschaftliche Ungleichheit nicht zufällig, sondern in einer historisch aufklärbaren Weise regelmäßig sich auch entlang bestimmter Differenzverhältnisse entfaltet, also materielle und symbolische Privilegien nicht beliebig im gesellschaftlichen Raum verteilt sind, kann sich der Versuch Gerechtigkeit herzustellen, nicht auf einen naiven Egalitarismus beschränken

Auf der Grundlage des 1997 durch die Regierungskonferenz der EU-Staaten beschlossenen „Vertrag von Amsterdam" sind im Jahr 2000 zwei Richtlinien zur Gleichbehandlung von Angehörigen ethnischer Minderheiten verabschiedet worden, die für die Politik der Mitgliedsländer mit verbindlichen Konsequenzen versehen waren. Nach langen Debatten und Kontroversen wurde in Deutschland im August 2006 das Allgemeine Gleichstellungsgesetz (AGG) verabschiedet. Das Ziel des Gesetzes ist es, „Benachteiligungen aus Gründen der Rasse oder wegen der ethnischen Herkunft, des Geschlechts, der Religion oder Weltanschauung, einer Behinderung, des Alters oder der sexuellen Identität zu verhindern oder zu beseitigen" (§ 1 AGG).

Aus der Perspektive von Akteuren und Akteurinnen der Antidiskriminierungsarbeit wird das Gesetz als wichtiger und notwendiger, gleichwohl nicht hinreichender Beitrag zur Thematisierung und Veränderung gesellschaftlicher Diskriminierungsverhältnisse eingeschätzt, das dem Ziel folgt, menschenrechtlich verbürgte Gleichbehandlung zu realisieren.

„Diversität", so schreibt Rudolf Leiprecht (2008a, 427) entsprechend, „muss in den Erziehungs-, Bildungs- und Sozialarbeitswissenschaften [...] thematisiert werden, [...] weil zu beobachten ist, dass entsprechende ‚Einteilungen' mit Zuschreibungs- und Bewertungsprozessen und mit Festlegungen verbunden sind, die soziale Ungleichheit und Benachteiligung unterstützen und rechtfertigen"; darüber hinaus trägt die Ausblendung dieser Unterscheidungsweisen nicht zur Veränderung der Ungleichheits- und Machtverhältnisse bei, sondern konserviert diese viel eher. Da Diskriminierungsroutinen nicht allein für die Lebenswelten der Klientel Sozialer Arbeit kennzeichnend sind, sondern auch das (institutionelle) Geschehen Sozialer Arbeit selbst betreffen, haben Anti-Diskriminierungsansätze zwei Referenzen: Die alltagsweltlichen ebenso wie die professionellen Verhältnisse. Allerdings kann beispielsweise mit Walter Benn Michaels (2008, 33) darauf hingewiesen werden, dass der Abbau diskriminierender Strukturen nicht notwendig mit einer Zunahme von Gerechtigkeit verknüpft sein muss: „The US today is certainly a less discriminatory society than it was before the Civil Rights movement and the rise of feminism; but it is not a more just, open an equal society" – zumindest dann, wenn der Abbau von Diskriminierung die grundlegenden Strukturen gesellschaftlicher Ungleichheit, die Differenz zwischen arm und reich nicht grundsätzlich verändert.

Diversity als Anerkennungsansatz

Der Übergang von Diversity-Ansätzen, die eher den Akzent auf Antidiskriminierung setzen, zu Ansätzen, die die Anerkennung von Identitätsentwürfen und Zugehörigkeiten in den Vordergrund rücken, ist fließend. Gleichwohl kann als zentraler Unterschied angegeben werden, dass Antidiskriminierungsansätze, die grundsätzliche Struktur etwa von Institutionen Sozialer Arbeit eher unangetastet lassen. Anerkennungsansätze hingegen sind insofern grundlegender angelegt, als sie nicht allein für einen Ausgleich und Fairness unter gegebenen Bedingungen plädieren, sondern diese Bedingungen selbst problematisieren. Anders als in anerkennungstheoretischen fundierten Ansätzen der interkulturellen, feministischen und der integrativen Sozialen Arbeit und auch anders als im Gender Mainstreaming, in denen es vor allem um die Anerkennung einer prominenten Differenz (Gender oder Kultur oder Behinderung) geht, wollen Diversity-Ansätze der Verengung auf eine Kategorie entgehen und stattdessen die Differenz im Plural, die Subjekte als „unterschiedlich verschieden" (Lutz/Wenning 2001) denken und anerkennen.

Allerdings entgehen Diversity-Konzepte mit ihrem erweiterten Fokus auf Differenz im Plural und ihrem Verständnis dieser Differenzen als sozial verfasste Kategorie nicht dem Umstand, diese Differenzen immer auch zu (re-)produzieren. Denn durch die Anerkennung einer Person als „behindert", als „heterosexuell" oder als „nicht erwerbsfähig" wird die Vorstellung einer klaren und natürlichen Einteilbarkeit in Behinderte und Gesunde, in Homo- und Heterosexuelle, in Erwerbsfähige und Nicht-Erwerbsfähige (re-)produziert. Soziale Arbeit, die auf die Anerkennung von Differenz(en) zielt, schreibt also genau durch diesen anerkennenden Umgang die Dominanzkultur (Rommelspacher 1995), in die die anzuerkennenden Differenzen eingelassen sind, fort. Dieser Effekt kann auch durch Diversity-Ansätze nicht schlicht vermieden werden. Denn die anerkennenden Bezüge werden zwar multipliziert, nicht aber überwunden.

Diversity als Ressourcenansatz

Differenzen als Ressource zu verstehen, bedeutet, anders als im Anerkennungsansatz, diese als Mittel zu bestimmten Zwecken zu verstehen. Dieses Verständnis – prominent: „Managing Diversity" – wird sicherlich auch durch die in den letzten Jahren intensivierte Anwendung von Diversity-Konzepten im Rahmen betrieblichen Managements bestärkt. Unterschiede zwischen Mitarbeitern und Mitarbeiterinnen werden hier unter den Gesichtspunkten eines Nutzens – extern (größere Nähe zum Kunden) und intern (bessere Zusammenarbeit in heterogenen Teams) – betrachtet (Lamp 2007, 180). Diversity bezeichnet hier ein Prinzip der Organisations- und Personalführung, das Differenzen zwischen Menschen als Stärke und die Berücksichtigung von Unterschieden als Schlüssel zum unternehmerischen Erfolg betrachtet.

Differenzen als Ressource zu verstehen befördert Sensibilität gegenüber sozialen Unterschieden und die Abkehr von einem, auch in der Sozialen Arbeit vielfach verbreiteten, Denken, dass mit (mehr) Differenz notwendig (mehr) Probleme und „mehr Arbeit" einhergehen (weil jetzt z. B. noch ein zusätzliches Angebot für Suchtkranke mit Migrationshintergrund oder eine geschlechtshomogene Gruppe im Jugendtreff eingerichtet werden muss). Diversity-Ansätze bieten hier die Möglichkeit, zu einem Abbau von Dominanzkulturen beizutragen und unterschiedliche Lebenswelten und Identitätspositionen als gleichwertig und gleichberechtigt anzuerkennen.

Allerdings sind mit diesem Verständnis von Unterschieden als grundsätzlich zu bejahende Ressourcen auch einige Risiken und Dilemmata verbunden. Zum einen hat es die Soziale Arbeit qua Normalisierungsauftrag immer auch mit Adressaten und Adressatinnen zu tun, deren sich aus Differenzverhältnissen ergebende Positionen (Drogenabhängigkeit, Obdachlosigkeit, Behinderung, Arbeitslosigkeit) eben gerade nicht als Ressourcen, sondern als (zu bearbeitende) Probleme verstanden werden. „Differenz ist in der sozialpädagogischen Betrachtung vom vornherein mit dem Etikett ‚Problem' im Sinne von ‚Defizit', ‚Abweichung' oder ‚Gefährdung' versehen, das Beratungs- und Betreuungsbedarf begründet" (Diehm / Radtke 1999, 13). Zu thematisieren wäre dementsprechend auch die Frage, wer definiert, welche Differenz von wem und aus welchem Grund

als Defizit und Problem oder aber als Ressource verstanden wird bzw. wer die Definitionsmacht über diese Einteilung besitzt (Lamp 2007, 182). Zugleich wird bei der vorrangigen Fokussierung von Differenz als anerkennenswerte Ressource verschleiert, dass Differenzen mit Dominanz- und Ungleichheitsverhältnissen einhergehen und genau deshalb auch Gegenstand sozialarbeiterischer Interventionen werden. Über Differenzierungen werden Subjekten unterschiedliche öffentliche und private Handlungsspielräume, Ressourcen und Partizipationsmöglichkeiten ermöglicht oder verwehrt. Kennzeichen von Differenzverhältnissen – und bedeutsam für die Soziale Arbeit – sind damit weniger die ihnen inhärenten Ressourcen als vielmehr die mit ihnen einhergehenden und über die Differenz konstruierten Ungleichheiten, Diskriminierungen und Ausschlüsse.

„Diversity" als regulatives Prinzip Sozialer Arbeit?

Dass der Bezug auf „Vielfalt" und die Pluralität der Menschen und die gewissermaßen interne Multiplizität jedes und jeder Einzelnen nicht schlicht etwas ist, was anzuerkennen ist, darauf macht die Machtförmigkeit von Differenzordnungen aufmerksam (s. o.). Zugleich kann man sich nicht auf die Kritik an den Ordnungen beschränken, weil Menschen sich im Lichte dieser Ordnungen verstehen und dadurch entsprechende politische, sprachliche und kulturelle Praxen bedeutsam sind.

Diversity-Ansätze folgen nun der Idee, dass die Auseinandersetzung mit Vielfalt und Unterschieden eine (Querschnitts-)Aufgabe von Organisationen und Institutionen aller gesellschaftlichen Felder, auch der Sozialen Arbeit, darstellt. Es geht hierbei darum, Zusammenhänge so zu beeinflussen, dass die kritisch-reflexive Anerkennung von Vielfalt im Hinblick auf ihre Machtwirkungen formell institutionalisiert und informell zum Bestandteil der jeweiligen Organisationskultur wird.

Damit geht es um die gleichermaßen *top down* wie *bottom up* organisierte Gestaltung von Kontexten, so dass diese der lebensweltlichen Vielfalt auch organisationell entsprechen: Welche Sprachen werden in der Einrichtung gesprochen? Sind die Mitarbeiter und Mitarbeiterinnen, die auch minoritäre Sprachen und Lebensformen repräsentieren ausschließlich in untergeordneten Positionen beschäftigt? Entspricht die Mitarbeiter/innen-Struktur der Struktur der Lebens- Alltagswelten, die für die Einrichtung relevant sind? Repräsentiert die Einrichtung auch Inhalte, die Inhalte nicht allein der Majorität, sondern auch der Minderheiten sind? Zugleich wohnt der Repräsentation der Unterschiede, der Sprachen und Identitäten das Potenzial der zuweilen klischeehaften Fixierung und Einengung inne.

Diversity-Konzepte in der Sozialen Arbeit können mithin als ambivalente und riskante Praxis der Anerkennung und des Umgangs mit Differenz verstanden werden: Sie ermöglichen eine Praxis, die den Ausschluss marginalisierter Positionen und Identitäten potenziell mindert. Zugleich kann der Bezug auf Diversity als eine raffiniert(er)e Form der Festlegung und Annexion von Differenzen/Identitäten (z.B. zur Leistungssteigerung) eingesetzt werden. Um letztere Gefahr zu minimieren empfiehlt sich, die hegemonialen Wirkungen von Diversity zu problematisieren und das emanzipative Potenzial dieses Ansatzes durch kritische Reflexion zu stärken. In einem abschließenden Schritt sollen deshalb Aspekte eines kritisch-reflexiven Diversity-Konzepts vorgestellt werden.

Diversity-Ansätze, die differenz- und machttheoretisch informiert sind und gegenüber einem instrumentellen und naiv-anerkennenden Umgang mit Differenz(en) einen reflexiven Ansatz präferieren, geht es nicht allein um Verteilungsausgleich, um Anerkennung und Ressourcenorientierung, sondern vielmehr auch darum: "Strukturen und Prozesse durchschaubar zu machen, durch die Unterschiede von Fähigkeiten und Fertigkeiten, der Lebensführung, Identitätskonstruktion zwischen sozial ungleichen Gruppen hervorgebracht werden; zur Kritik unzulässiger Generalisierung, von Stereotypen und Vorurteilen zu befähigen sowie dafür zu sensibilisieren, dass jedes Individuum ein besonderer Einzelner ist; begreifbar zu machen, dass Gruppenzuordnungen keine klaren und eindeutigen Grenzen zwischen unterschiedlichen Menschentypen etablieren, sondern durch übergreifende Gemeinsamkeiten und quer zu den Gruppenunterscheidungen liegende Differenzen überlagert und relativiert werden; Kommunikations- und Kooperationszusammenhänge zu ermöglichen, in denen die Irrelevanz etablierter Gruppenunterscheidungen erfahrbar werden kann" (Hormel/Scherr 2004, 212; *Aufzählungszeichen unberücksichtigt*).

Reflexive Diversity-Ansätze stellen Versuche dar, die (auch) von Differenzverhältnissen vermittelte Komplexität, die Kontextualität und die Kontingenz des Sozialen zu erkennen und zur Geltung zu bringen. Der Sozialen Arbeit wird damit einerseits eine Blickrichtung auf die Lebenswirklichkeit von Klientinnen und Klienten offeriert, die diese Wirklichkeit in einer spezifischen Weise erkennt: Als von vielfältigen Differenzverhältnissen durchkreuzte und hervorgebrachte Wirklichkeit, die zwar nicht notwendig und insofern veränderbar ist, aber eine Geschichte der Beharrlichkeit aufweist und kontextspezifisch konstelliert ist, mithin von Kontext zu Kontext einen anderen Sinn macht. "Weshalb, in welcher Weise und mit welchen Folgen spielt ein bestimmtes Ensemble von Differenzlinien in einem konkreten Kontext eine Rolle?" (Leiprecht 2008b, 17), ist die zentrale Frage, die eine kritisch-reflexive Diversity-Perspektive in die Soziale Arbeit einbringt. Hierbei ist diese Perspektive nicht auf die Lebenswirklichkeit und Alltagswelt der Klientel beschränkt, sondern ebenso auf die institutionelle und interaktive Wirklichkeit Sozialer Arbeit gerichtet. Eine besondere Stärke entfaltet die Blickrichtung "Diversity" dabei in einer Ausweitung des Blicks weg von einer einzigen Differenzlinie hin zur (beispielsweise intersektionalen) Berücksichtigung der vielfältigen Verwobenheit von Differenzlinien, die als sozial verfasst und kontextuell relevant verstanden werden.

Diversity ist weiterhin dann als Praxis für Soziale Arbeit überzeugend, wenn aus dem Wissen um die Verwobenheit von Differenz- und Machtverhältnissen und den damit einhergehenden Einsichten in die subjektivierenden, privilegierenden und binarisierenden Effekte von Differenzordnungen reflexive Konsequenzen gezogen werden. Eine erste Konsequenz besteht für Soziale Arbeit darin, sich dem "Feiern der Differenz(en)" zu enthalten und vielmehr genau zu registrieren, unter welcher Bedingung das Eintreten für Differenz(en) weniger machtvoll ist. Ein reflexiver Diversity-Ansatz ist ein Ansatz, der die Entmächtigung von Menschen durch Differenzordnungen kritisiert und für solche Verhältnisse eintritt, in denen Menschen *würdevoller leben und arbeiten* können. Damit stellt Diversity keinen "Königsweg" dar, sondern muss als eine soziale und politische Praxis verstanden werden, die selbst auf ihre ausschließenden Effekte zu betrachten ist und sich selbst hinterfragen muss, welche Vorstellungen durch Diversity-Ansätze befördert und welche Differenzzusammenhänge vernachlässigt werden. Über eine (rein additive) Feststellung von Differenzlinien („in unsere Beratung kommen jetzt auch türkische Mädchen" oder „Wir haben jetzt auch eine Mitarbeiterin mit Migrationshintergrund") hinausgehend, gilt es zu fragen, welche Ausschlüsse und Diskriminierungen aber auch welche machtvollen Effekte mit den jeweiligen Differenzlinien verbunden sein können. Insofern die Soziale Arbeit als eine Profession verstanden werden kann, die durch ihr diagnostizierendes, kategorisierendes und normalisierendes Vorgehen im besonderen Maße an der Produktion von Bedeutungen, an Wissen über die Anderen beteiligt ist, gilt es die ausgrenzenden Effekte, die durch die Ausblendung von Differenzen in der Sozialen Arbeit produziert werden, ebenso zu bedenken wie jene festlegende Macht, die durch die Anerkennung von Andersheit und Vielfalt zur Geltung kommt. Angesichts des unauflösbaren Dilemmas, Differenzen auf der einen Seite anerkennen zu müssen und im Rahmen dieser Anerkennung auf der anderen Seite, normierend zu sein, könnte es Ziel Sozialer Arbeit sein, eine kommunikative Berücksichtigung von Differenz und Identität, von Fremdheit und Anderssein zu ermöglichen, die dominante Differenzschemata nicht so relevant setzt, dass die Subjekte gezwungen oder verführt werden, sich in diesen Schemata darzustellen, und ihnen zugleich die Freiheit gewährt wird, sich in diesen Schemata zu artikulieren. Rudolf Leiprecht (2008a, 436 f.) verweist in diesem Zusammenhang auf die Notwendigkeit einer diversitätsbewussten Sozialpädagogik, die den subjektiven Möglichkeitsraum der Individuen in seinen Begrenzungen aber auch in seinen Artikulations- und Veränderungspotenzialen zu berücksichtigen sucht.

Literatur

Allgemeines Gleichstellungsgesetz (AGG) (2006). In: http://www.gesetze-im-internet.de/bundesrecht/agg/gesamt.pdf, 17.11.2008

Anhorn, R., Bettinger, F., Stehr, J. (Hrsg.) (2007): Foucaults Machtanalytik und Soziale Arbeit. Eine kritische Einführung und Bestandaufnahme. VS Verlag, Wiesbaden

Böhnisch, L. (2005): Lebensbewältigung. Ein sozialpolitisch inspiriertes Paradigma für die Soziale Arbeit. In: Thole, W. (Hrsg.): Grundriss Soziale Arbeit. Ein einführendes Handbuch. 2., überarb. u. aktual. Aufl. VS Verlag, Wiesbaden, 199–213

–, Schroer, W., Thiersch, H. (2005): Sozialpädagogisches Denken. Wege zu einer Neubestimmung. Juventa, Weinheim / München

Crenshaw, K. (1994): Mapping the Margins: Intersectionality, Identity Politics, and Violence Against Women of Color. In: Fineman, M., Mykitiuk, R. (Hrsg.): The Public Nature of Private Violence. Routledge, New York, 93–118

Degele, N., Winker, G. (2009): Intersektionalität. Transcript, Bielefeld

Diehm, I., Radtke, F.-O. (1999): Erziehung und Migration. Eine Einführung. Kohlhammer, Stuttgart / Berlin / Köln

Hahn, K. (2007): Vielfalt und Differenz aus der Perspektive der Sozialen Arbeit. Sozialmagazin 2, 20–27

Hormel, U. (2008): Diversity und Diskriminierung. Sozial Extra 11 / 12, 20–24

Hormel, U., Scherr, A. (2004): Bildung für die Einwanderungsgesellschaft. VS Verlag, Wiesbaden

Kessl, F. (2005): Der Gebrauch der eigenen Kräfte: Eine Gouvernementalität Sozialer Arbeit. Juventa, Weinheim / München

–, Otto, H.-U. (2010): Soziale Arbeit. In: Albrecht, G., Grönemeyer, A. (Hrsg.): Handbuch Soziale Probleme. 2. Aufl. VS Verlag, Wiesbaden, 1079–1106

–, Plößer, M. (2010): Differenzierung, Normalisierung, Andersheit. Soziale Arbeit als Arbeit mit den Anderen – eine Einleitung. In: Kessl, F., Plößer, M. (Hrsg.): Differenzierung, Normalisierung, Andersheit. Soziale Arbeit als Umgang mit den Anderen. VS Verlag, Wiesbaden, 7–16

–, Reutlinger, C., Ziegler, H. (Hrsg.) (2007): Soziale Arbeit und die „neue Unterschicht". VS Verlag, Wiesbaden

Kleve, H. (2003): Soziale Arbeit – Arbeit an und mit Differenz. Prolegomena zu einer Theorie differenzakzeptierender Sozialarbeit / Sozialpädagogik. In: Kleve, H., Koch, G., Müller, M. (Hrsg.): Differenz und Soziale Arbeit. Sensibilität im Umgang mit dem Unterschiedlichen. Schibri, Berlin, 36–56

Knapp, G.-A. (2005): „Intersectionality" – ein Paradigma feministischer Theorie? Zur transatlantischen Reise von „Race, Class, Gender". Feministische Studien 1, 68–81

Lamp, F. (2007): Soziale Arbeit zwischen Umverteilung und Anerkennung. Der Umgang mit Differenz in der sozialpädagogischen Theorie und Praxis. Transcript, Bielefeld

Leiprecht, R. (2008a): Eine diversitätsbewusste und subjektorientierte Sozialpädagogik. neue praxis 4, 427–439

– (2008b): Diversity Education und Interkulturalität in der Sozialen Arbeit. Sozial Extra 11 / 12, 15–19

Lutz, H. (2001): Differenz als Rechenaufgabe. Über die Relevanz der Kategorien Race, Class und Gender. In: Lutz, H., Wenning, N. (Hrsg.): Unterschiedlich verschieden. Differenz in der Erziehungswissenschaft. Leske und Budrich, Opladen, 215–230

–, Wenning, N. (2001): Differenzen über Differenz – Einführung in die Debatten. In: Lutz, H., Wenning, N. (Hrsg.): Unterschiedlich verschieden. Differenz in der Erziehungswissenschaft. Leske und Budrich, Opladen, 11–24

Maurer, S. (2001): Das Soziale und die Differenz. Zur (De-)Thematisierung von Differenz in der Sozialpädagogik. In: Lutz, H., Wenning, N. (Hrsg.): Unterschiedlich verschieden. Differenz in der Erziehungswissenschaft. Leske und Budrich, Opladen, 125–142

Mecheril, P. (2008): „Diversity". Differenzordnungen und Modi ihrer Verknüpfung. In: http://www.migration-boell.de/web/diversity/48_1761.asp, 23.05.2010

– (2004): Einführung in die Migrationspädagogik. Beltz, Weinheim

– (2003): Prekäre Verhältnisse: Über natio-ethno-kulturelle (Mehrfach-)Zugehörigkeit. Waxmann, Münster

–, Melter, C. (2010): Differenz und Soziale Arbeit. Historische Schlaglichter und systematische Zusammenhänge. In: Kessl, F., Plößer, M. (Hrsg.): Differenzierung, Normalisierung, Andersheit. Soziale Arbeit als Umgang mit den Anderen. VS Verlag, Wiesbaden, 117–131

Michaels, W. B. (2008): Against Diversity. New Left Review 7/8, 33–36

Müller, B. (1995): Sozialer Friede und Multikultur. Thesen zur Geschichte und zum Selbstverständnis sozialer Arbeit. In: Müller, S., Otto, H.-U., Otto, U. (Hrsg.): Fremde und Andere in Deutschland. Nachdenken über das Einverleiben, Einebnen, Ausgrenzen. Leske und Budrich, Opladen, 133–147

Plößer, M. (2010): Differenz performativ gedacht. Dekonstruktive Perspektiven auf und für den Umgang mit Differenzen. In: Kessl, F., Plößer, M. (Hrsg.): Differenzierung, Normalisierung, Andersheit. Soziale Arbeit als Umgang mit den Anderen. VS Verlag, Wiesbaden, 218–232

– (2009): Richtiges Kartoffelpüree, Urmohrrüben und Getränk nach Wahl. Überlegungen zum pädagogischen Gehalt des Essen-Gebens am Beispiel der Drogenberatung Bielefeld. In: Rose, L., Sturzenhecker, B. (Hrsg.): „Erst kommt das Fressen und dann kommt die Moral!" Kochen und Essen in der Sozialen Arbeit. VS Verlag, Wiesbaden, 221–233

Rommelspacher, B. (1995): Dominanzkultur. Texte zu Fremdheit und Macht. Orlanda, Berlin

Stehr, J. (2007): Normierungs- und Normalisierungsschübe – Zur Aktualität des Foucaultschen Disziplinbegriffes. In: Anhorn, R., Bettinger, F., Stehr, J. (Hrsg.): Foucaults Machtanalytik und Soziale Arbeit. Eine kritische Einführung und Bestandsaufnahme. VS Verlag, Wiesbaden, 29–40

Stuber, M. (2004): Diversity. Das Potenzial von Vielfalt nutzen – den Erfolg durch Offenheit steigen. Luchterhand, Neuwied

Thiersch, H., Grunwald, K., Köngeter, S. (2005): Lebensweltorientierte Soziale Arbeit. In: Thole. W. (Hrsg.): Grundriss Soziale Arbeit. Ein einführendes Handbuch. 2., überarb. u. aktual. Aufl. VS Verlag, Wiesbaden, 161–178

West, C., Fenstermaker, S. (1995): Gender & Society, Vol. 9, No. 1, 8–37

Drogen, Drogenkonsum und Drogenabhängigkeit

Von Hans-Joachim Jungblut

Einleitung

Die öffentliche Meinung und Problemwahrnehmung zum Thema illegaler Drogengebrauch in Deutschland ist geprägt von einem Verständnis, das sich in etwa so umschreiben lässt: Drogenkonsum zeitigt erhebliche negative körperliche, soziale und psychische Auswirkungen, er bedingt psychische Krankheiten, die u. a. auch exzessiven Konsum beinhalten und in vielen Fällen zur völligen sozialen Desintegration oder zum Tod führen kann. Handel und Anbau von Drogen ist zudem ein Straftatbestand, der stark sanktioniert wird.

In Deutschland waren an der Konstituierung des „Drogenproblems"(Scheerer 1982) vor allem beteiligt die Justiz und politische Gremien der Regierungsadministration; Institutionen, die berufspolitische Interessen vertraten (Pharmaindustrie, Apothekerverband, Ärzte- und Psychiatervereinigungen), sowie Kirchen und politische Gruppierungen mit einer eher ethisch / moralischen Einstellung zum Drogenkonsum. Die sich über diese Entwicklung herangebildeten Strukturen, soziale Deutungsmuster und Sichtweisen zur Regulierung des „Drogenproblems" haben wesentlich dazu beigetragen, eine je besondere Einschätzung zu seiner Lösung zu entwickeln:

- Aus einer *medizinisch / psychiatrisch / pharmakologischen Perspektive* wurde der Konsum von Opioiden und anderen Psychostimulantien als Krankheit / Psychopathologie begriffen und Diagnosekriterien sowie Therapien zu ihrer Heilung entwickelt (hierzu u. a. Friedländer 1913; Lewin 1924).
- Aus einer *politisch-administrativen / justitiellen Perspektive* wurde der Konsum in Rede stehenden Substanzen als Bedrohung der Volksgesundheit

aufgefasst und analog der deutschen Sondergesetzgebung von 1927 zum Umgang mit Seuchen dem Konsumenten eine „Heilungsverpflichtung" ordnungspolitisch verpflichtend aufzuerlegen angeregt (Nerepka 1929) sowie strafrechtliche Sanktionen für Handel und Anbau zu verlangen.

- Aus einer *moralisch / ethischen Perspektive* wurde die Notwendigkeit der Hilfeleistung für Betroffene herausgestellt; jedoch auch ein Verbot des Konsums von Opioiden und anderer Psychostimulantien (Cannabis, Kokain) für unumgänglich gehalten.

In der aktuellen Theoriediskussion (Jungblut 2009) stehen sich gegenüber eher individuumzentrierte Auffassungen zur Ätiologie und Klassifikation des Drogengebrauchs und der Drogenabhängigkeit auf der einen Seite und auf der anderen Seite gesellschaftlich / soziale Hintergründe, reflektierende Auffassungen der Soziologie, der Sozialisationstheorie und der Kriminologie.

Die hier angedeuteten Perspektiven zum Verständnis und zur Regulierung des Drogenproblems haben jedoch andere Ursachen als die Befürchtung, die Toxizität der Substanzen wie Heroin, Kokain etc. könne den Konsumenten physische und psychische Probleme bereiten und damit langfristig die Volksgesundheit schädigen. Die Beschäftigung mit psychoaktiven Substanzen durch nationale und transnationale Akteure und die Situierung eines weltweiten „Drogenproblems" (Scheerer 1982) lassen sich eher auf dem Hintergrund eines Transformationsprozesses begreifen, dessen treibende Kräfte ökonomisch / kolonialpolitischen Interessenskonflikten zwischen den USA, Großbritannien und China geschuldet waren (Jungblut 2004, 15 ff.), die nach dem Ersten Weltkrieg mit der Ratifizierung des Versailler Vertrages durch die Mitglieder des sich kon-

Otto/Thiersch (Hg.), Handbuch Soziale Arbeit, 4. A., DOI 10.2378/ot4a.art030,

stituierenden Völkerbundes in ein international verbindliches Abkommen zur Regulierung der „Opiumfrage" aufgehoben wurden, sowie – speziell für Deutschland – berufspolitische Monopolisierungen der Medizin und der Pharmazie.

Die Kontrolle illegaler psychoaktiver Substanzen durch die Vereinten Nationen

Das internationale Drogenkontrollsystem basiert auf den Prinzipien nationaler und internationaler Kooperationen der Staaten innerhalb der UN. Der Grundstein für dieses Vorgehen wurde durch die sogenannte *Single Convention* von 1961 gelegt. Bei allen Verhandlungen spielte die WHO eine wichtige Rolle, da sie Vorschläge unterbreiten konnte, welche Substanzen mit in die Kontrolle zu ziehen sind. Im Wesentlichen verpflichten sich die unterzeichnenden Regierungen mit dieser Konvention, die Erzeugung, die Verarbeitung, den Export, den Import, den Handel, den Gebrauch und den Besitz von Rauschmitteln ausschließlich für wissenschaftliche und medizinische Zwecke zu kontrollieren. Diese Konvention fordert von den Regierungen, eine bestimmte Gruppe von Drogen speziellen Kontrollmaßnahmen zu unterwerfen. Heroin, oder Diamorphin, gehört zu diesen Substanzen. Die Single Convention ersetzte alle vorherigen Abkommen, indem sie diese zusammenfasste, um eine bessere Übersichtlichkeit zu gewährleisten.

Danach wurde eine Vernetzung der Kontrollmaschinerie angestrebt (insbesondere wurden die Funktionen zwei schon existierender Organe, das *Drug Supervisory Board* und das *Permanent Central Board* festgelegt, die dann zu einer Organisation, der *International Narcotics Control Board* zusammengefasst wurde), das existierende Kontrollsystem sollte sich ab diesem Zeitpunkt auch auf den Anbau von Pflanzen, die als Rohmaterial für narkotisierende Drogen gelten, ausdehnen.

Die Konvention teilt Drogen in vier wesentliche Gruppen ein, die besagen, in welcher Form sich Drogen mehr oder weniger stark etabliert haben. Es wird das Rauchen und Essen, das Cocablattkauen, Cannabisharzrauchen und der nicht medizinische Gebrauch von Cannabis untersagt. Das Protokoll von 1972 berichtet von wachsenden Bemühungen, um sowohl die Produktion als auch die

Einnahme von illegalen Narkotika zu vermeiden. Es wird dabei hervorgehoben, dass es von Wichtigkeit ist, verschiedene Behandlungs- und Rehabilitationsmaßnahmen für Drogennutzer anzubieten, mit Betonung auf jene Behandlungen, Ausbildungen, Nachsorge, Rehabilitation und soziale Integration. Eventuell weniger unter Berücksichtigung von, oder in Ergänzung zur Haft.

1998 verabschiedete die UN ein Programm zur deutlichen Verringerung des Drogenproblems, das 2008 auf den Prüfstand gestellt werden sollte. Im Einzelnen wurden sechs Kernbereiche der Drogenbekämpfung genannt: Nachfragereduzierung, Vernichtung des illegalen Anbaus sowie alternative Entwicklungen, Kontrolle der chemischen Vorläuferstoffe zur Herstellung von Drogen, Bekämpfung synthetischer Drogen, Geldwäschebekämpfung und justitielle Zusammenarbeit.

Am 11. und 12.03.2009 fand in Wien die Sitzung der UN-Drogenkommission (CNP) statt, um die drogenpolitischen Grundsätze aus dem Jahr 1998 zu überprüfen. Festgestellt wurde, dass sich die Rohopiumproduktion zwischen 1998 und 2007 von 4.346 Tonnen auf 8.810 Tonnen fast verdoppelt hat und dass etwa 90 % der Weltopiumproduktion aus Afghanistan stammt (United Nations 2008, 7 ff.), auch der Kokainanbau nahm zu, von ca. 825 auf 994 Tonnen. Schätzungen zu synthetischen Drogen sind zu unzuverlässig, da diese dezentralisiert weltweit hergestellt werden, gleichwohl erschließt sich über eine deutliche Erhöhung der Konsumpopulation auch ein Anstieg der Produktion von synthetischen Drogen. Die Produktion von Cannabis nahm zwischen 1988 und 2006 weltweit zu, von 33.100 auf 41.400t, allerdings muss angemahnt werden, dass die Produktion ab 2004 (45.000t) zurückgeht. (United Nations 2008, 7 ff.)

Deutlich wird hier, dass die Ziele der UN-Drogenpolitik weit verfehlt wurden. Die Annahme, der illegale Konsum von Drogen lasse sich durch strafrechtliche Maßnahmen und der Bekämpfung des Angebots unter Kontrolle bringen, hat sich offensichtlich als falsch erwiesen. Gleichwohl sieht sich die UNO-Drogenkommission nicht aufgerufen, ihre Position zu ändern. Wenn auch zahlreiche Mitglieder der Kommission – so u. a. auch Deutschland – eine Änderung der Drogenpolitik mit den Perspektiven Schadensbegrenzung, Entkriminalisierung und alternative Entwicklung vorgeschlagen haben, besteht eine Minderheit der Mitglieder auf die Fortsetzung der repressiven Strategie.

Die Entwicklung des Gebrauchs illegaler Drogen in Europa

Berichte der „Europäischen Beobachtungsstelle für Drogen und Drogensucht" zum Stand der Drogenproblematik in Europa geben u. a. auch Auskunft über Drogenkonsum und Drogenkonsumenten. Der aktuelle Jahresbericht (2007) gibt Auskunft über den Drogenkonsum der erwachsenen Bevölkerung (15–64 Jahre) in allen Mitgliedsstaaten.

Cannabis: Einer von fünf europäischen Erwachsenen hat in seinem bisherigen Leben schon einmal Cannabis konsumiert, die Lebenszeitprävalenz beträgt insofern 70 Mio. Erwachsene; die 12-Monatsprävalenz 23 Mio. europäische Erwachsene und die 30-Tageprävalenz 13 Mio. Erwachsene im Alter zwischen 15–64 Jahre.

Kokain: Vier Prozent der europäischen Erwachsenen, also 12 Mio., beträgt die Lebenszeitprävalenz; die 12-Monatsprävalenz 45 Mio. und die 30-Tageprävalenz etwa 2 Mio. Erwachsene.

Ecstasy: Hier beträgt die Lebenszeitprävalenz 9,5 Mio., d.h. etwa 3% der Erwachsenen in den Staaten der EU; die 12-Monatsprävalenz etwa 3 Mio. und die 30-Tageprävalenz über 1 Mio. Erwachsene.

Amphetamine: In der europäischen Union beträgt die Lebenszeitprävalenz ca. 11 Mio. oder 3,5% der Erwachsenen; die Prävalenz in den letzten 12 Monaten 2 Mio. und die 30-Tageprävalenz unter 1 Mio.

Opioide: Vergleichbare Prävalenzen wie bei den bislang aufgeführten illegalen Substanzen weist der Bericht von 2007 in Bezug auf Opioide nicht aus, auch die Berichte aus 2005 und 2006 melden hier Fehlanzeige. Stattdessen notiert der EBDD-Bericht von 2007: problematischer Opioidkonsum zwischen einem und acht Fälle je 1.000 Erwachsene. Dies entspricht etwa 1,5 Mio. problematischen Opioidkonsum in der EU. Offensichtlich sei jedoch – so der Bericht weiter – dass sich der Opioidkonsum stabilisiert habe, denn auch im Vergleich mit den zurückliegenden Jahren (2004–2006) habe sich diese Zahl nur unwesentlich verändert.

Die EBDD stellt in ihren Analysen und Dokumentationen besonders den problematischen Drogenkonsum heraus. Laut Bericht ist er ein Problem, von dem nicht mehr nur Gruppen junger, sozial nicht integrierter Erwachsener, sondern nun auch zunehmend heterogene Gruppen betroffen seien. Für die EBDD sind Heroinkonsum und injizierender Drogenkonsum die wichtigsten Komponenten für problematischen Drogenkonsum. In der Vergangenheit bedeutete problematischer Drogenkonsum in vielen Ländern vor allem Konsum von Heroin, inzwischen nehmen jedoch der polyvalente Drogenkonsum und der Konsum von Stimulanzen immer mehr zu (Bericht der EBDD 2005; 2006; 2007)

Die Entwicklung des Gebrauchs illegaler Drogen in Deutschland

Neben vielen regional gültigen Berichten zur Lage des legalen und illegalen Drogenkonsums sind in Deutschland vor allem der jährliche „Drogen- und Suchtbericht" der Drogenbeauftragten der Bundesregierung, der Bericht der „Deutschen Referenzstelle für die Europäische Beobachtungsstelle für Drogen und Drogensucht" (DBDD) an die Europäische Beobachtungsstelle für Drogen und Drogensucht" (EBDD) und die Drogenaffinitätsstudien der Bundeszentrale für gesundheitliche Aufklärung zu nennen. Ich beziehe mich in der folgenden nationalen Analyse – wenn nicht anders gekennzeichnet – auf den Bericht der DBDD, da auch dessen Daten überwiegend den jährlichen Drogen- und Suchtberichten der Bundesregierung zugrunde liegen, sowie auf die Studien der BZgA von 2007.

In Deutschland beträgt die Lebenszeitprävalenz für illegale psychoaktive Substanzen etwa 23,7% der Erwachsenenbevölkerung im Alter zwischen 18 und 64 Jahre (Pfeiffer-Gerschel et al. 2008, 22), für 12–13-Jährige 0,4%, für 14–17-Jährige 12,8% und für 18–19-Jährige 32,3% (BZgA Studie 2007, 7). Am häufigsten handelt es sich dabei um Cannabis – 12,6 Mio. Menschen haben diese Substanz schon einmal genommen, alle anderen Drogen werden deutlich seltener gebraucht. Auch der problematische Drogenkonsum ist deutlich seltener zu finden, wenn man die von der EBDD vorgegebene Definition berücksichtigt: „Der problematische Drogenkonsum wird als injizierender bzw. langjähriger oder regelmäßiger Konsum von Opiaten, Kokain und / oder regelmäßiger Konsum von Opiaten, Kokain und / oder

Amphetaminen definiert" (EBDD 2004, 50). Da aber in Deutschland ausdrücklich auch Cannabiskonsum mitberücksichtigt wird und hier problematischer Konsum nicht aufgrund des Abhängigkeitspotenzials (wie bei Heroin, Kokain und Amphetaminen) definiert wird, sondern aufgrund von Konsumeinheiten (40-mal jährlich bzw. 3,3-mal monatlich), ist der Anteil des problematischen Konsums naturgemäß höher.

Jenseits der Diskussion um das Phänomen des „problematischen Konsums" stellt der DBDD für die Altersgruppe von 18–64 Jahre fest, dass die 12 Monatsprävalenz für illegale psychoaktive Substanzen in 2007 ca. 2,6 Mio. beträgt, insofern hat diese Zahl sich seit 2003 nicht wesentlich verändert (Pfeiffer-Gerschel et al. 2008, 56).

Zur Pharmakodynamik von Cannabis, Kokain und Heroin

Die Wirkstoffe von Cannabis, Kokain und Heroin entfalten sich im Wesentlichen im zentralen Nervensystem. Der Wirkstoff von Cannabis ist das THC (Tetrahydrocannabinol), Kokain wird aus Cocablättern gewonnen und weist als weitgehend reines Kokain-HCL einen Wirkstoffanteil von bis zu 90 % aus. Straßenkokain hat zurzeit einen Wirkstoffanteil von 33 %. Opium wird aus den Kapseln des Schlafmohns gewonnen; Heroin ist ein halbsynthetisches Opiat, das durch chemische Modifikation des Morphins hergestellt wird.

Die rauschinduzierenden Wirkstoffe von Cannabis, Kokain und Heroin können nur deshalb im zentralen Nervensystem ihre Wirkungen entfalten, weil sie nach deren Resorption auf körpereigene Botenstoffe treffen. Diese, auch Neurotransmitter genannten Botenstoffe, leiten im Organismus in besonderer Weise pharmakinetische Prozesse ein und vermitteln ein Gefühl von Freude, Erregung, Euphorie und dergleichen und können auch zur partiellen Stress- und Schmerzregulierung beitragen.

Neurotransmitter und von außerhalb zugeführte psychoaktive Substanzen funktionieren im Verhältnis zueinander nach dem Schlüssel-Schloss-Prinzip. Die zu Heroin „passenden" Neurotransmitter sind im Wesentlichen Endorphine und Enkephaline. Diese sind im Organismus u. a. für die Regulierung von Schmerz und Stress zuständig und regeln die Atemfrequenz und euphorische Zustände. Kokainrezeptoren sind vor allem Noradrenalin und Dopamin; sie sind im Organismus zuständig zur Regulierung von Euphorie, Sinneswahrnehmung, Selbstwertgefühl (Julien 1997, 7 ff.). Die Rezeptoren der Cannabis-Wirkstoffe THC sind Anandamid und – indirekt – auch Dopamin. Beide Transmitter tragen dazu bei, Euphorie, Entspannung und Wahrnehmung von Umweltreizen zu steuern. (Julien 1997)

Noradrenaline Bahnsysteme befinden sich vor allem im Hirnstamm und im lymbischen System, dopaminerge Bahnsysteme sowohl im lymbischen System als auch in der Großhirnrinde. Serotonin kommt in größeren Mengen im Hirnstamm, aber auch im lymbischen System und im Hyptholamus vor. Endorphine und Enkephaline sind sowohl im Rückenmark, im Hirnstamm und im lymbischen System verankert, während Amandamidrezeptoren im Hippocampus, im Hyptholamus und im Cerrebellum angesiedelt sind. Die von außen zugeführten psychotropen Wirkstoffe lassen prinzipiell keine neuen Reaktionen im Organismus entstehen, sie verändern jedoch deren ablaufende Vorgänge und potenzieren sie.

Der Konsum von Cannabis und Kokain führt so dazu, dass der Organismus ein hohes Maß an Serotonin, Dopamin bzw. Anandamid ausschüttet und so das Besondere des Cannabisrausches bzw. Kokainrausches erfahren lässt. Die Ausschüttung erfolgt über den sogenannten synaptischen Spalt, ist jedoch zeitlich limitiert und insofern auch reversibel. Dieser Vorgang kann nicht beliebig wiederholt werden, eine physische Zustandsveränderung im Organismus erfolgt in der Regel nicht.

Im Verändern des biophysiologischen Zustands des Individuums und im Verhalten der Neurotransmitter Endorphine und Enkephaline liegt der wesentliche Unterschied beim Zustandekommen einer über den aktuell erzeugten Heroinrausch hinaus sich entwickelnden Heroinabhängigkeit. Heroin blockiert die Neurotransmitter Endorphine und Enkephaline in ihrer Wirkung und nimmt eine Stellvertreterfunktion für beide ein. Dies führt bei permanentem Konsum dazu, die Funktion beider Neurotransmitter – für Stress- und Schmerzregulierung zu sorgen – erheblich einzuschränken. Die Folge ist nun, dass der Organismus das Heroin benötigt, um sein bio-physisches Gleichgewicht aufrechtzuhalten.

Es entsteht eine notwendig zwanghafte bio-physische Bindung an Heroin, die auch ein starkes psychisches Verlangen induziert.

Stockt die Heroinzufuhr, so ist der Organismus gezwungen, seine eigenen Neurotransmitter wieder zu produzieren. Die Zeitspanne zwischen der Einstellung des Heroinkonsums und der völligen Wiederaufnahme der Endorphine / Enkephaline-Produktion des Organismus wird im allgemeinen Entzug genannt. Er dauert zwischen acht und zehn Tagen und beinhaltet u. a. Unruhe, Kälteschauer, Schlafstörungen, heftige Rückenschmerzen sowie Krämpfe, Craving und Depressionen.

Allerdings ist die Wahrnehmung eines Entzugs nicht nur ein biophysischer, sondern auch ein kognitiver Prozess. Wie Erfahrungen im Klinikalltag mit Schmerzpatienten zeigen, die eine Opioidmedikation erhalten haben, stellt sich deren Ablösung von Opioiden nicht als „klassischer" Heroinentzug dar mit allen unangenehmen physischen und psychischen Begleiterscheinungen. Diese Patienten begreifen ihren „Entzug" als – wenn auch zum Teil unangenehmen – Teil ihres Genesungsprozesses.

Drogenpolitik und Drogenhilfe

Die nationale Drogenpolitik Deutschlands ist eingebunden in internationale Konventionen der EU und UN zu Handel, Anbau und Produktion von Drogen, aber auch in Empfehlungen, die Behandlung und Beratung von Drogengebrauchern betreffen. Während die Konventionen der UN von 1971 u. a. ausführt, neben die Repression auch die Behandlung als Programm in die nationale Drogenpolitik zu implementieren, ist die Vorgabe der EU durch die vom europäischen Parlament 2005 verabschiedete Drogenstrategie bezogen auf Beratung und Hilfe, Behandlung und Repression differenzierter strukturiert.

Drogenpolitik

Die Drogenpolitik in demokratisch verfassten Gesellschaften hat einen Weg einzuschlagen, der zwischen zwei Markierungen zu führen ist: Auf der einen Seite bilden die individuellen Freiheitsrechte der Subjekte die eine Wegmarkierung und auf der anderen Seite die gesamtgesellschaftlichen Interessen des Staates die andere Markierung. Die Drogenpolitik in Deutschland hat sich – wie in vielen anderen europäischen Ländern auch – für eine stärkere Akzentuierung des gesamtgesellschaftlichen Interesses zu Lasten der individuellen Freiheitsrechte der Staatsbürger entschieden. Diese Einschränkung ist legal, denn sie ist durch die Legislative mehrheitlich legitimiert.

Seit 1998 ist Drogenpolitik in Deutschland Drogen- und Suchtpolitik. Damit werden nicht nur illegale, sondern auch legale Suchtmittel und ihre Auswirkungen auf Individuum und Gesellschaft in den Focus der drogenpolitischen Aufmerksamkeit genommen. Bei den legalen Suchtmitteln sind es insbesondere Nikotin, Alkohol und legal zu erwerbende pharmazeutische Substanzen.

„Sucht" – so der REITOX-Bericht 2007 (Pfeiffer-Gerschel et al. 2007) – wird dabei als ein komplexes und umfassendes Krankheitsbild im breiten Verständnis des WHO betrachtet, das mit Störungen auf der psychischen, somatischen und sozialen Ebene einhergeht und der Behandlung bedarf (4). Allerdings ist der Bezug zur Behandlung nur ein Aspekt der drogenpolitischen Perspektive in Deutschland. Durch die Ratifizierung der UNO-Konventionen von 1961 (Single Convention on Narcotic Drugs), 1971 (Convention on Psychotropic Substances) und 1988 (Convention against Illicit Traffic in Narcotic Drugs and Psychotropic Substances) durch die Deutsche Bundesregierung ist diese aufgefordert, auch eine repressive Strategie in ihrer Drogenpolitik aufzunehmen, allerdings ist sie dabei in ihrer Entscheidung, eher einen strafrechtlichen oder ordnungsrechtlichen Ansatz zu wählen, offen (Jungblut, 2007). Vor diesem Hintergrund stellt sich die Drogenpolitik in Deutschland dar als eine von vier „Säulen" gestützte:

- die „Säule" der Prävention des Suchtmittelkonsums,
- die „Säule" der Beratung und Behandlung von Konsumenten,
- die „Säule" der Überlebenshilfen und Schadensreduzierung,
- die „Säule" der Repression und der Reduzierung des Angebots.

Zusammenfassend und als konkrete Politik in die Gesundheitspolitik implementiert sind diese vier Perspektiven im „Aktionsplan Drogen und Sucht", der 2003 vom Bundeskabinett beschlossen wurde und – nach seiner Neukonstituierung im Herbst 2005 – von ihm bestätigt wurde.

Die Drogenpolitik der Bundesregierung muss aufgrund der föderalen Struktur der Bundesrepublik abgestimmt werden mit den Drogenpolitiken der Bundesländer. Auch wenn der Bund nach dem Grundgesetz die Gesetzeskompetenz für das Strafrecht, das Betäubungsmittelrecht und das Recht der sozialen Sicherung hat, liegt die konkrete Umsetzung der oben genannten drogenpolitischen Perspektiven bei den Ländern und Kommunen, wobei die Kommunen aufgrund ihrer direkten Zuständigkeit und Betroffenheit insbesondere bei Beratungs-, Betreuungs- und allgemeinen Präventionsaktivitäten als Akteure gefordert sind, während die Länder eher den Gestaltungsspielraum der Kommunen beeinflussen, z. B. durch die Förderung bestimmter Hilfsmaßnahmen. Ausgenommen sind die Kommunen in der Umsetzung der Drogenpolitik bei der Einrichtung und Aufrechterhaltung von Behandlungsangeboten für Drogenkonsumenten. Diese werden – stationär – von den Renten- und Krankenversicherungsträgern und – ambulant – von suchtmedizinischen Praxen geleistet.

Die hier angedeutete Struktur der Drogenpolitik darf jedoch nicht den Blick verstellen auf prinzipielle Probleme, die mit ihrer Konstituierung und speziellen Ausrichtung zu tun haben. Inhalte und Strukturen der heutigen Drogenpolitik, d. h. ihre psychiatrisch-medizinisch und strafrechtliche Ausrichtung, sind in entscheidender Weise von Wertentscheidungen und Moralvorstellungen und nicht durch objektive wissenschaftliche Fakten zur Pharmakologie/Pharmakinese und zu empirisch basierten Erkenntnissen über Konstitution und Entwicklung des Drogenkonsums geprägt worden (hierzu: u. a. Scheerer 1982, 100 ff.).

Wie oben angedeutet, sind die Wurzeln dieser Entwicklung schon im 19. Jahrhundert zu finden, jedoch in der für uns vorfindbaren Form in den 1960er Jahren des letzten Jahrhunderts gelegt worden. Die psychiatrisch-medizinische Ausrichtung der Drogenpolitik individualisiert den Sachverhalt Drogengebrauch: Problemlagen, Krisen und abweichende Handlungsweisen werden so behandelt, als seien sie einzig und allein der Person des Drogengebrauchers, seiner psychophysischen Ausstattung und Biografie zuzurechnen. Diese Individua-

lisierung stellt sich jedoch nicht nur über eine professionell personenbezogene Zurechnung her, sondern sie wird auch durch Anforderungsprofile und Vollzugsnormen der gesundheits- und sozialpolitischen Maßnahmen vorgegeben. Individualisierung im Zusammenhang mit der Pathologisierung des Drogengebrauches bewirkt in den meisten Fällen auch die Entmündigung seiner Gebraucher. Hier manifestiert sich in besonderer, subtiler Weise soziale Kontrolle. Die medizinisch/psychiatrische Strategie des Umgangs mit Drogengebrauchern wird zwar im Alltag der Drogenhilfepraxis als Entlastung und Hilfe empfunden, aber im „Gutes tun" und im „Helfen" und „Beraten" manifestiert sich eben auch ein subtiler Kontrollprozess, der die Selbstbestimmung der betroffenen Subjekte einengt.

Lässt sich die Ausrichtung der Drogenhilfepolitik als medizinisch/psychiatrische Praxis mit „sanfter Kontrolle" beschreiben, so ist ihre strafrechtliche Strategie die offenkundig repressive Form der Sozialkontrolle. Sie basiert auf der Annahme, dass der Drogengebraucher vor sich selbst und die Gesellschaft vor dem Gebrauch illegaler psychoaktiver Substanzen geschützt werden müsse, weil dadurch Rechtsgüter des Staates verletzt werden könnten. Nun lassen sich erhebliche Zweifel an der Berechtigung dieser und anderer Legitimationsmuster des BtMG anführen (dazu: u. a. Nestler 1998, 720 ff.). Die Auswirkung auf den Drogenkonsumenten durch die Strafverfolgung hat jedoch noch besondere Aspekte: Sie wird von den Betroffenen als physisch bedrohlich erlebt und zeichnet sich durch einen besonderen Gewaltcharakter aus.

Vor Entzugserscheinungen und Zwangsbehandlung ist der Konsument nur in der Drogenszene sicher. Die lebensnotwendige Integration in diesem Milieu, das Erfordernis großer materieller Ressourcen, der resultierende Zwang zu weiteren riskanten und strafbaren Unternehmungen lassen dem Gebraucher kaum einen Spielraum für eine kriminell unauffällige Existenz mit ihrem Konsum. Diese repressive Form von Sozialkontrolle durch das Strafrecht schafft jedoch noch ein anderes Problem, das Schur (Schur/Bedau 1974) mit „Victimless Crime" bezeichnet hat. Es handelt sich hierbei um eine Art Kriminalität, die Verbrecher ohne Opfer situiert, indem durch ein Strafgesetz der Austausch eines dringend begehrten Gutes zwischen einvernehmlich agierenden Partnern unterbunden wird (Schur/Bedau 1974, 6 ff.).

Der illegale Charakter des Drogengeschäfts schützt überdies alle an der Organisation des illegalen Angebots beteiligten Subjekte, weil der Konsument den Nutznießer dieses Handels benötigt, um seine Sucht zu befriedigen, und der Händler seine Erwerbsquelle nicht verlieren will. Diese Illegalisierung des Drogengeschäftes vermindert zudem – so Schur – die Qualität der psychoaktiven Substanzen und fördert damit das Risiko der Gesundheitsgefährdung.

Der eingeschlagene Weg der deutschen Drogenpolitik, durch eine psychiatrisch / medizinische Versorgung des Drogenkonsumenten und eine strafrechtliche strukturierte Sanktionierung riskanten Konsum, schädlichen Gebrauch und die Abhängigkeit von Suchtmitteln zu verhüten oder zumindest deutlich zu reduzieren, ermöglicht dies um den Preis der Pathologisierung ihrer Adressaten und der Beschneidung von Freiheitsrechten der Bevölkerung. Freiheitsrechte werden dort eingeschränkt, wo die Möglichkeit der Individuen beschnitten wird, selbstständig über Drogenkonsum zu entscheiden und – im Falle des Drogenkonsums – dort, wo Krankheit unterstellt wird und eine medizinisch / psychiatrische Behandlung alternativlos durch die staatliche Drogenpolitik offeriert wird.

Dieser Teil der staatlichen Sozialkontrolle erhält in unserer Gesellschaft zunehmend Gewicht. Sucht bzw. Drogenkonsum wird als Phänomen gesehen, das den gesamtgesellschaftlichen Interessen, eine gesunde und autonome Lebensführung zu ermöglichen, entgegensteht. Gleichwohl ist damit nicht die Auffassung außer Kraft gesetzt, dass Drogenkonsum gegen geltendes Recht verstößt und insofern als Straftat gewertet wird. Allerdings verhindert eine ausschließlich pathologische Sichtweise auf den Drogengebrauch, die durch die aktuelle Drogenpolitik präferiert wird, auch andere Handlungsoptionen wahrzunehmen: z. B. als „unerwünschtes Verhalten, das aber gleichwohl in der Verantwortung des Individuums steht" (Dollinger / Schmidt-Semisch 2007, 20).

Drogenhilfe

Drogenhilfe beinhaltet nach dem Verständnis der EU-Drogenstrategie (2005) und der Drogen- und Suchtpolitik in Deutschland (2006) Prävention, Beratung und Behandlung sowie Überlebenshilfen

und Schadensminimierung. Diese Strategien sollen auf unterschiedliche Weise und mit unterschiedlichen Absichten für Konsumenten illegaler Drogen sowohl Hilfen ermöglichen als auch Verhaltenskorrekturen und Einstellungsänderungen bewirken. Hinzu kommen als sogenannte vierte Säule repressive Maßnahmen, die eher ordnungspolitisch oder strafrechtlich strukturiert sind.

Der Begriff „Droge" wird im gesellschaftlichen Alltag überwiegend mit Substanzen gleichgesetzt, die illegal konsumiert werden. Drogen sind in diesem Sprachgebrauch Heroin, Kokain, Cannabis, Ecstasy etc. In der Pharmazie wird mit Drogen ein Grundstoff für ein Arzneimittel verstanden. Uchtenhagen diskutiert Drogen im Zusammenhang mit Suchtmitteln, wobei er sowohl illegale wie legale Suchtmittel und Betäubungsmittel diesen zuordnet und von psychoaktiven oder psychotropen Substanzen spricht (Uchtenhagen 2005, 1). Hier soll mit Droge eine psychoaktive Substanz verstanden werden.

„Drogen in diesem Zusammenhang sind alle Stoffe, Mittel, Substanzen, die aufgrund ihrer chemischen Natur Strukturen oder Funktionen im lebenden Organismus verändern, wobei sich diese Veränderungen insbesondere in den Sinnesempfindungen, in der Stimmungslage, im Bewusstsein oder anderen psychischen Bereichen oder im Verhalten bemerkbar machen" (Scheerer et al. 1989, 5 ff.).

Die Bezeichnung Drogengebrauch wird gewählt, weil er die unterschiedlichen Muster des Drogenkonsums in seiner gesamten Bandbreite erfasst und den Konsum in seiner Beschreibung nicht auf Abhängigkeit, Gewöhnung oder Sucht einengt. Zusätzlich kommt hinzu – so z. B. Uchtenhagen und Zieglgänsberger (2000, 5 f.): „... die Definition von Abhängigkeit, Gewöhnung oder Sucht verweist offensichtlich nicht auf etwas einheitliches, sondern auf ganz unterschiedliche Phänomene, die sich bislang einer präzisen Definition entzogen haben."

Prävention

Drogenprävention bedeutet im weitesten Sinne Schadensabwendung oder Schadensbegrenzung. Bei Individuen, sozialen Gruppen oder Milieus wird mit dem Ziel interveniert, mögliche Bedrohungen, denen Einzelne oder Gruppen ausgesetzt sind, abzuwenden oder zu minimieren. Die Europäische Beobachtungsstelle für Drogen und Drogensucht (EBDD) benutzt seit 2004 eine neue Einteilung, um das Handlungskonzept der Prävention zu strukturieren. Es definiert sich über Zielgruppen und besonders gefährdete Milieus und Personengruppen. Prävention ist nun zu verstehen als:

- *Universelle Prävention*, sie begründet Strategien, die sich überwiegend an öffentliche Einrichtungen und Gemeinschaften wenden, wie z. B. Schulen, kommunale Jugendarbeit etc.
- *Selektive/indikative Prävention*, sie bezeichnet Aktivitäten, die sich an bestimmte Gruppen und Milieus wenden, die einem hohen Risiko ausgesetzt sind, Drogen zu nehmen. Dabei zielt Prävention auf die Gruppe insgesamt ab, ohne die Gefährdung einzelner Gruppenmitglieder zu berücksichtigen.
- *Indikative Prävention*, sie wendet sich an Personen in spezifischen Milieus, die aufgrund der Gruppen- oder Milieustrukturen besonders gefährdet sein können, Drogen zu nehmen.

Für die Zukunft vielversprechend und mit der durch die EBDD vorgegebenen Präventionssystematik durchaus vereinbar erscheint ein Ansatz, der mit „Förderung von Risikokompetenz und Drogenerziehung" (Franzkowiak 1996; Franzkowiak/Schlömer 2003) bezeichnet wird. Hintergrund dieses Konzepts ist die empirisch gestützte Auffassung, dass Drogenkonsum überwiegend Risikoverhalten im Jugendalter bedeutet und sich insofern einreiht in anderes Risikoverhalten in der Jugendzeit und aus entwicklungspsychologischer Sicht als normal angesehen werden kann. Insofern – so Freitag/Hurrelmann (1999) – lässt sich Drogenkonsum im Jugendalter auch als Versuch der Bewältigung jugendtypischer Entwicklungsaufgaben bezeichnet werden. Vor diesem Hintergrund schlagen Franzkowiak/Schlömer als angemessene Präventionsstrategien die Herausbildung von Risikokompetenz vor. Risikokompetenz umfasst – so die Autoren (2003, 177):

- informiertes Problembewusstsein über Drogenwirkungen und Risiken des Drogenkonsums,
- kritische Einstellung gegenüber legalen und illegalen Drogen,

- Verzicht auf bestimmte Substanzen (harte Drogen, Selbstmedikation),
- Bereitschaft und Fähigkeit zum konsequenten Konsumverzicht (Punktnüchternheit) in bestimmten Situationen, Lebensräumen und Entwicklungsphasen (Kindheit, frühe Jugend, Schule, Arbeitswelt, Straßenverkehr, Schwangerschaft etc.),
- Vermögen, sich zwischen Abstinenz und mäßigem Konsum in tolerierten Situationen ohne negative Konsequenzen bewusst und verantwortlich entscheiden zu können,
- Entwicklung von Regeln für einen genussorientierten und maßvollen Konsum, Beherrschung von Sicherheitsregeln, die sowohl das persönliche Risiko als auch das für die Umwelt mindern (z. B. kein täglicher Alkholkonsum).

Beratung und Behandlung

Beratung und Behandlung von Konsumenten illegaler Drogen sind durch unterschiedliche Organisationsformen strukturiert. Beratung findet statt in der Regel in Drogenberatungsstellen, Drogenhilfezentren oder Jugendberatungen; während die Behandlung von Drogenkonsumenten sowohl ambulant in Beratungszentren und/oder örtlichen medizinischen Praxen als auch stationär in Entzugskliniken und Einrichtungen der medizinischen Rehabilitation in Form einer stationären Entwöhnungsbehandlung möglich ist. Die Behandlung des Drogengebrauchers kann sowohl abstinentorientiert, als auch substitutionsgestützt erfolgen.

Der „deutsche REITOX-Bericht" stellt in seiner Ausgabe 2008 fest: In Deutschland gibt es zurzeit 934 Beratungsstellen für Drogenkonsumenten, die im Jahr 2006 40.053 Personen betreut haben, 80,5 % davon waren Männer (Pfeiffer-Gerschel et al. 2008, 13). Die stationäre Drogenhilfe verzeichnete im Jahre 2006 2.078 Entgiftungs- und 5.260 Entwöhnungsplätze. Eine stationäre Entwöhnung nahmen in 2006 6.855 Personen in Anspruch, davon 83,4 % Männer, eine Entgiftungsbehandlung 3.631, davon 48 % Männer. Die Wirksamkeit einer stationären Therapie (Entwöhnungsbehandlung) wird in der Regel gleichgesetzt mit Therapieerfolg bzw. mit erfolgreicher Rehabilitation. Dobler-Mikola et al. (1998) unterscheiden in diesem Zusammenhang verschiedene Dimensionen von Rehabilitation:

- externe Anpassungsleistungen (z. B. Drogenfreiheit, strukturelle und soziale Integration, fehlendes kriminelles Verhalten, keine erneute Behandlung wegen Drogenproblemen)
- intrapsychische Veränderungen (z. B. Selbstwertgefühl, Problembewältigungsfähigkeiten)
- Dimension des körperlichen Befindens (z. B. gesundheitliche Beeinträchtigungen)
- subjektive Lebenszufriedenheit

Evaluationsstudien geben Antworten auf die Effizienz von stationären Therapien. Auch wenn sich Studien dieser Art oft stark im Hinblick auf Stichprobenauswahl, Zeitpunkt der Nachuntersuchung, Operationalisierung der Merkmale unterscheiden, so lassen sich doch gewisse Trends über eine Zeitspanne von mehr als 20 Jahren feststellen:

- Die stationäre Therapie erreicht etwa 5–7 % der Opioide konsumierenden Personen (Uchtenhagen / Zieglgänsberger, 2000).
- Die Haltequote in stationären Therapien schwankt zwischen 43 % und 91 %, als Mittel wird 70 % angenommen (Küfner et al. 2000).
- Etwa 70–80 % der Klientel in Deutschland wählen in der Alternative Therapie oder Strafe die Strafe.
- Das wichtigste Kriterium zur Beurteilung des Rehabilitationserfolgs ist die Drogenfreiheit. Dobler-Mikola et al. (1998) berichten in ihrer Katamnesestudie von etwa 38 %, Uchtenhagen / Zimmer (1985) 35 %, Sickinger / Kindermann (1992) von 27 % der Absolventen.
- Ein weiteres wichtiges Kriterium für eine erfolgreiche Rehabilitation ist die Erwerbstätigkeit. Dobler-Mikola (1998) geben 57 % an; Herbst (1992) 49 %; Groenemeyer (1990) geht von 34 % der entlassenen Personen aus, die in eine Beschäftigung zum Zeitpunkt der Befragung integriert waren.
- Verminderung von Delinquenz oder Erreichung des Legalstatus ist ein weiteres Kriterium für Rehabilitation. Dobler-Mikola (1998) berichten von 48 % der Patienten; Herbst (1992) von 38 %, jedoch mit einer Verurteilung behaftet; Raschke / Schliehe (1985) von rund einem Drittel der Befragten, die auch mit einer Haftstrafe belastet seien.

- Soziale Beziehungen: Das bedeutet vor allem Partnerbeziehung, Beziehung zur Herkunftsfamilie und Freundeskreise. Uchtenhagen / Zimmer (1985) gehen von ca. 40 % sozialer Beziehungen aus. Dobler-Mikola (1998) von ca. 45 % und Groenemeyer (1990) von ca. 39 % der Klientel, die soziale Beziehungen aufbauen oder aufgebaut haben.

Diese Zahlen dürfen jedoch nicht darüber hinwegsehen lassen, dass die Zahlen der stationären Therapie hochselektiv sind. Ihre Selektivität manifestiert sich, wie angeführt, in den hohen Abbruchquoten und ihrer begrenzten Aufnahmekapazität. Bezieht man die gerade diskutierten Prozentsätze über Abbruch, Erfolg und Integration in die Normgesellschaft auf konkrete Zahlen, so lässt sich festhalten: Von 100 aufgenommenen Personen brechen 70 die Therapie ab, von den 30 Personen, die die Therapie regulär beenden, integrieren sich 10–15 % straffrei in einen formalen Arbeitsprozess und sozialverträgliche Situationen.

Substitution

Für das Jahr 2007 verzeichnet der nationale REITOX-Bericht 68.800 Substitutionsbehandlungen. Diese werden überwiegend ambulant in suchtmedizinischen Praxen durchgeführt (Pfeiffer-Gerschel et al. 2008, 67 ff.). Stationäre Substitutionsbehandlung in Form einer stationären Langzeittherapie (sechs Monate) findet meines Wissens in Deutschland nur in einer Einrichtung statt. Im Jahre 2006 wurden dort 75 Personen behandelt, davon waren 85 % Männer. (Drogenfachklinik Release Netzwerk Suchthilfe, Hamm).

Einen zusammenfassenden Bericht zur substitutionsgestützten Langzeitbehandlung opioidabhängiger Menschen haben Busch et al. (2007) vorgelegt. Nach Auswertung von insgesamt 2.376 Studien zum Thema kommen sie zu der Auffassung, dass die Verringerung der Mortalität bei Opioidabhängigen nach wie vor den empirisch fundiertesten Beleg für die Wirksamkeit von Substitutionsbehandlungen darstellt (Busch et al. 2007).

Überlebenshilfen und Schadensminimierung

Überlebenshilfe und Schadensminimierung sind Teil der nationalen Drogenstrategie, jedoch die jüngste ihrer vier Säulen und seit der AIDS-Epidemie überdies integrierter Bestandteil der Drogenhilfe vor Ort. In Deutschland wurde seit den 1980er Jahren ein System „niedrigschwelliger" Hilfen aufgebaut. Es umfasst aufsuchende Drogenhilfe (Streetwork), Kontaktläden und Drogenhilfezentren, Notunterkünfte und Drogenkonsumräume. Intention dieser Einrichtungen der Drogenhilfe ist es, Hilfen nicht an Auflagen zu binden, zur Therapiebereitschaft oder der Einstellung des Drogenkonsums.

Aus Sicht dieser Drogenhilfestrategie gilt es in erster Linie, individuelle und sozial/gesellschaftliche Schäden des Konsums illegaler Drogen zu minimieren, Drogennot- und Todesfälle zu begrenzen und Infektionsrisiken zu reduzieren. Zu diesem Zwecke sind zahlreiche Safer-Use-Praktiken in die Hilfeformen implementiert, wie z.B. Spritzentausch, Aufklärung über Applikationsformen im Falle von Heroin- und Kokainkonsum, die Bereitstellung von Drogenkonsumplätzen, die Vermitt-lung von Techniken der Substanzkontrolle u. a.

Die „Deutsche Suchthilfe-Statistik–niedrigschwelliger Zugänge" verzeichnet für 2007 etwa 4.004 Betreuungen, davon sind 76,9% Männer. In einer Übersicht- und Evaluationsstudie zum Thema „Risiko- und Schadensminimierung" bescheinigt Uchtenhagen (2005): „Eine Wirksamkeit der Maßnahmen in signifikantem Ausmaß ist in vielen Fällen durch randomisierte Studien abgesichert" (56). Das Fazit dieser Übersichts- und Evaluationsstudie lässt sich mit Uchtenhagen (2005, 57) folgendermaßen zusammenfassen:

- „Maßnahmen einer Risikominderung und ihre Vereinbarkeit im Rahmen einer umfassenden Drogenpolitik sind machbar und akzeptierbar;
- Risikominderung bedeutet Schadensminderung; ihre Ziele sind erreichbar;
- Schadensminderung steht nicht im Gegensatz zu Prävention und Therapie; die Ansätze lassen sich miteinander verbinden;
- Negative Auswirkungen sind kaum belegt, aber Verbesserungen und Anpassungen an neue Herausforderungen sind nötig."

Literatur

Bundeszentrale für gesundheitliche Aufklärung (BZgA) (2007): Cannabiskonsum der Jugendlichen und jungen Erwachsenen in Deutschland. BZgA, Köln

Busch, M., Haas, S., Weigl, M., Wirl, Ch., Horvath, I., Stürzlinger, H. (2007): Langzeitsubstitutionsbehandlung Opioidabhängiger. Deutsches Institut für medizinische Dokumentation und Information, Köln

Dobler-Mikola, A., Wettach, R., Uchtenhagen, A. (1998): Stellenwert stationärer Langzeittherapien für Suchtverlauf und soziale Integration Drogenabhängiger. Syntheserericht. Forschungsbericht aus dem Institut für Suchtforschung, Zürich

Dollinger, B., Schmidt-Semisch, H. (2007): Sozialwissenschaftliche Suchtforschung. VS Verlag, Wiesbaden

EBDD (Europäische Beobachtungsstelle für Drogen und Drogensucht) (2004–2007): Jahresbericht. Amt für amtliche Veröffentlichungen der EU, Luxemburg

Franzkowiak, P. (1996): Risikokompetenz – eine neue Leitlinie für die primäre Suchtprävention. Neue Praxis 5, 409–417

–, Schlömer, H. (2003) Suchttherapie 4, 175–182

Freitag, M., Hurrelmann, K. (Hrsg.) (1999): Illegale Alltagsdrogen. Juventa, Weinheim/München

Friedländer, A. (1913): Über Morphinismus und Kokainismus. Medizinische Klinik 39, 1572–1584

Groenemeyer, A. (1990): Drogenkarriere und Sozialpolitik. Pfaffenweiler Verlag, Pfaffenweiler

Herbst, K. (1992): Verlaufsanalyse bei Drogenabhängigen nach stationärer Behandlung. Sucht 38, 147–154

Julien, R. (1997): Drogen und Psychopharmaka. Springer, Heidelberg/Berlin/Oxford

Jungblut, H.-J. (2009): Drogen, Drogenkonsum und Drogenabhängigkeit. In: Albrecht, G., Groenemeyer, A., Stallberg, F. W. (Hrsg.): Handbuch Soziale Probleme. Opladen, Wiesbaden

– (2007): Drogenrecht und Drogenpolitik. Internationale Vorgaben und nationale Spielräume, In: Dollinger, B., Schmidt-Semisch, H. (Hrsg.): Sozialwissenschaftliche Suchtforschung. VS Verlag, Wiesbaden

– (2004): Drogenhilfe – Eine Einführung. Juventa, Weinheim/München

Kreuzer, A. (Hrsg.) (1998): Handbuch des Betäubungsmittelstrafrechts. Beck, München

Küfner, H., Duwe, A., Schumann, J., Bühringer, G. (2000): Prädikation des Drogenkonsums und der Suchtentwicklung durch Faktoren in der Kindheit: Grundlagen und Ergebnisse einer empirischen Studie. Sucht 46, 32–53

Nerepka, A. (1929): Die ärztliche Berufstätigkeit im Hinblick auf das Opiumgesetz und seine Ausführungsbestimmungen. Döres, Erlangen

Nestler, C. (1998): Grundlagen und Kritik des Betäubungsmittelstrafrechtes. In: Kreuzer, A. (Hrsg.): Handbuch des Betäubungsmittelstrafrechtes. Beck, München

Pfeiffer-Gerschel, T., David-Spickermann, M., Bartsch, G. (2007): Bericht des nationalen REITOX-Knotenpunktes an die EBDD: Deutschland. Neue Entwicklungen, Trends und Hintergrundinformationen zu Schwerpunktthemen. DBDD, München

–, Kipke, I., Lang, P., Spahlinger, P. (2008): Bericht des nationalen Reitox-Knotenpunktes an die EBDD: Deutschland. Deutsche Referenzstelle für die Europäische Beobachtungsstelle für Drogen und Drogensucht (DBDD), München

Lewin, L. (1924): Phantastika. Stilke, Berlin

Raschke, P., Schliehe, F. (Hrsg.) (1985): Therapie und Rehabilitation bei Drogenkonsumenten: Langzeitstudie am Beispiel des „Hammer Models". Der Minister für Arbeit, Gesundheit und Soziales des Landes Nordrhein-Westfalen

Scheerer, S. (1982): Die Genese der Betäubungsmittelgesetze in der Bundesrepublik Deutschland und in den Niederlanden. Hogrefe, Göttingen,

–, Vogt, I., Hess, H. (Hrsg.) (1989): Drogen und Drogenpolitik. Campus, Frankfurt a. M. / New York

Schur, E., Bedau, H. (1974): Victimless Crimes: Two Sides of Controversy. Prentice Hall, Englewood Cliffs, 6–9

Sickinger, R., Kindermann, W. (1992): Der Entwicklungsverlauf der 324 Drogenabhängigen vier Jahre nach dem 1. Amsel-Interview. Lambertus, Freiburg

Uchtenhagen, A. (2005): Risiken und Schadensminimierung – Wie wirksam sind sie? Suchttherapie 6, 52–59

–, Zieglgänsberger W. (Hrsg.) (2000): Suchtmedizin. Urban und Fischer, München / Jena

–, Zimmer, D. (1985): Heroinabhängige und ihre „normalen" Altersgenossen. Haupt, Bern / Stuttgart

United Nations (2008): World Drug Report. In: www.unodc.org/documents/wdr/WDR_2008/WDR_2008_eng_web.pdf, 04.03.2010

Eingriff

Von Burkhard Müller

Unter Eingriff wird in diesem Beitrag jedes sozial-pädagogische Handeln verstanden, das ohne Zustimmung oder auch gegen den expliziten Wunsch eines Klienten in dessen private Art der Lebensführung eingreift und dabei auch Zwangsmittel benutzt oder damit droht. Eingriff in diesem Sinn unterscheidet sich von z. B. ärztlichen Eingriffen, welche ein Dienstleistungsverhältnis (Goffman 1973) unterstellen. Bei diesem greift ein Experte mit „informiertem Einverständnis" des Patienten / Klienten (so die Formel der Professionsethiken) in eine diesem zugehörige und vom ihm zur Bearbeitung übergebene Sache (z. B. ein körperliches Leiden) ein. Sozialpädagogischer Eingriff dagegen betrifft die rechtlich geschützte Lebenssphäre von Klienten. Er ist ein hoheitlicher Akt, bei dem die Sache (Rechtsgut), die auf dem Spiel steht, nicht im Belieben des Betroffenen steht und der zugleich geeignet sein muss, die Art und den Grad des Eingriffs zu rechtfertigen. Nicht jede Art der Kontrolle der – und Einmischung in die – Lebensweisen von Menschen ist deshalb Eingriff zu nennen (Becker 2005), sondern nur eine solche, die gegen deren Willen erfolgt. Um Eingriffe handelt es sich auch nicht, wenn Leistungen sozialer Arbeit versagt werden, weil Klienten daran geknüpfte Bedingungen nicht erfüllen oder die erforderliche Mitarbeit verweigern, vorausgesetzt dies Verhalten von Klienten wird nicht selbst als Eingriffsgrund behandelt.

Unbestreitbar ist, dass Eingriffe gegen den Willen von Betroffenen, verbunden z. T. mit schweren Menschenrechtsverletzungen (Wensierski 2006), die Geschichte der Sozialen Arbeit durchziehen. Die Abwendung von dieser Geschichte drückt sich z. B. in der fachlich unstrittigen Parole „von der Eingriffs- zur Leistungsverwaltung" aus, allerdings ohne dass damit schon nicht rechtfertigbare Ein- und Übergriffe zur bloßen Vergangenheit geworden wären. Eingriffe müssen deshalb in der Sozialen Arbeit zunächst unter dem Gesichtspunkt von Strategien zu ihrer Vermeidung diskutiert werden. Aber das genügt nicht. Es ist auch zu klären, ob es gleichwohl legitime Formen des Eingriffs geben, und wenn ja, unter welchen Voraussetzungen dies der Fall sein kann.

Sind Eingriffe gegen den Willen von Klienten legitimierbar?

Legitim kann zweierlei heißen: Einmal im Sinn von allgemein anerkannt und legal, also durch ein gesellschaftliches und gesetzliches Mandat gedeckt; zweitens im Sinn von fachlich legitim. Ein gesetzliches Mandat zum Eingriff ist in einem Rechtsstaat eine notwendige aber keine hinreichende Bedingung für fachlich legitimes Handeln. Die Frage, ob es Fälle gibt, in denen sozialpädagogisches Handeln ohne Klientenmandat fachlich legitim sein kann, ist damit noch nicht beantwortet. Gewöhnlich wird hier auf das „Doppelmandat von Kontrolle und Hilfe" hingewiesen. Ginge es dabei nur darum, zwischen einem gesetzlichen Kontrollauftrag und einer im Dienst von Klienten erbrachten professionellen Hilfeleistung einen Mittelweg zu finden, so wäre das Problem leicht zu lösen, wenn auch möglicherweise nur unter Beschädigung einer professionellen Handlungsorientierung (Oevermann 2002). Es müsste nur geklärt werde, ob die Kontrollinteressen der Gesellschaft im konkreten Fall das höhere Rechtsgut verteidigen, im Vergleich zum Recht von Klienten auf selbstbestimmte Lebensführung. Eine solche vom Sozialpädagogen einseitig verantwortete Güterabwägung zwischen Maßnahmen zugunsten und zulasten von Klienten mag verbreiteter Praxis entsprechen, genügt aber kaum als Begründung, um Eingriffe fachlich zu legitimieren.

Otto/Thiersch (Hg.), Handbuch Soziale Arbeit, 4. A., DOI 10.2378/ot4a.art031,
© 2011 by Ernst Reinhardt, GmbH & Co KG, Verlag, München

Soziale Arbeit hat vielmehr, wie Thomas Olk (1986, 182) formuliert, anders als die meisten „helfenden Berufe", dort wo sie zum Eingriff aufgefordert ist, ein „doppeltes Vermittlungsproblem" zu lösen. Sie hat nicht nur die Asymmetrie der Hilfebeziehung zu Klienten mit der Aufgabe zu versöhnen, den Sinn der Hilfe so zu vermitteln, dass der Klient daraus Hilfe zur Wiedererlangung der Autonomie seiner Lebenspraxis ziehen kann (Selbsthilfe). Sie muss vielmehr solche Hilfe immer wieder auch mit sozialer Kontrolle versöhnen im Sinne von „Durchsetzung einer Norm gegen einen Normbrecher unter Rückgriff auf Machtressourcen (negative Sanktionen)" (1986, 182). Komplizierend kommt hinzu, dass bekanntlich schon das ungelöste erstgenannte Vermittlungsproblem (die Art und der Sinn der Hilfe ist dem Klienten nicht einsichtig) dazu führen kann, dass die Hilfe selbst als Durchsetzung einer Norm gegen Normbrecher wahrgenommen wird (wie z. B. der in dieser Hinsicht immer noch schlechte Ruf des Jugendamtes beweist). Ist dies „doppelte Vermittlungsproblem" der zentrale fachliche Anspruch, dann kann man die Situation, in der es um die Legitimität von Eingriff geht, folgendermaßen definieren: Es ist eine Situation, in der sich die Lösung des doppelten Vermittlungsproblems zunächst einmal als unmöglich erweist, in der aber dennoch unabweisbar gehandelt und entschieden werden muss. Zugespitzt gesagt: Eingriffssituationen sind für fachliches sozialpädagogisches Handeln zuerst immer Momente des Scheiterns, Sackgassen; und zwar unabhängig davon, ob zur Durchsetzung des Eingriffs eigene Machtmittel oder die anderer Institutionen (Polizei, Justiz) zur Hilfe gerufen werden. Rechtfertigungen mit breiter Brust gibt es dafür nicht. Aber, wie Brecht zu Recht sagt, sind Sackgassen die Orte, in denen Lernprozesse stattfinden (sollten). Die Frage jedenfalls, ob ein Eingriff legitim sein kann oder nicht, darf sich nie auf den Eingriffsakt als solchen beschränken, sondern muss immer einbeziehen, was daraus folgt und welche Lernprozesse für eingreifende Sozialarbeiter wie für Klienten daraus hervorgehen.

Damit ist die Schwierigkeit verbunden, dass diese Legitimitätsfrage kaum nach allgemeinen Regeln und grundsätzlich geklärt werden kann, sondern immer den Blick auf den konkreten Einzelfall und eine kasuistische Operationsweise (→ Hörster, Sozialpädagogische Kasuistik) erfordert. Grundsätzlich

stehen Eingriffe zu den Maximen einer fachgerechten lebensweltorientierten, partizipativen Sozialarbeit im Widerspruch. Da diese aber ihr Arbeitsfeld nicht willkürlich auf freiwillig kooperierende Klienten beschränken kann, bedeutet dieser Widerspruch nur, dass für Eingriffe besonders strenge Maßstäbe der Rechtfertigung gelten müssen. Aber auch diese Maßstäbe können nur im Blick auf den Einzelfall konkretisiert werden. So ist es z. B. grundsätzlich unstrittig, dass Jugendhilfe in Fällen von Kindeswohlgefährdung einen Schutzauftrag hat (SGB VIII § 8a), der bei mangelnder Kooperation der Personensorgeberechtigten Eingriffe in das Elternrecht legitimiert, vorausgesetzt, die einschlägigen Verfahrensregeln des Gesetzes werden beachtet. Dazu gehören die Abschätzung des Gefährdungsrisikos im Zusammenwirken mehrerer Fachkräfte, Einbeziehung der Personensorgeberechtigten und des Kindes / Jugendlichen, soweit dies den Schutzzweck nicht in Frage stellt, Anbieten und „Hinwirken" auf die (freiwillige) Inanspruchnahme von Hilfen, nötigenfalls Einbeziehung des Familiengerichts etc. Dies verhindert bekanntlich weder Fälle, in denen der Eingriff durch sorgfältigere Arbeit vermeidbar wäre und damit illegitim wird, noch Fälle, die den Schutzauftrag mangels angemessenen Eingriffs verfehlen. Wohl aber ist es ein Verfahren, das beides weniger leicht geschehen lässt.

Umgekehrt gibt es Bereiche Sozialer Arbeit, bei denen die Fachwelt bislang fast einhellig Eingriffe und Zwangsmaßnahmen als sozialpädagogisches Mittel grundsätzlich abgelehnt hat, etwa bei der so genannten „geschlossenen Unterbringung" und anderen Formen von Zwangsmitteln in den Erziehungshilfen (Wolffersdorff 2009; Widersprüche 2007). Je mehr aber die Fragen bezüglich Eingriffen und Zwangsmitteln wie auch der Zusammenarbeit mit andern Instanzen, die solche Mittel nutzen (Polizei, Gerichte, Psychiatrie, Gläubiger), fallbezogen rechtlich und empirisch betrachtet werden (z. B. Schlink / Schattenfroh 2001; BMFSFJ 2002, 240 ff.; Fegert / Schrapper 2004; Hoops / Permin 2006; Schwabe 2008; Müller / Schwabe 2009), desto klarer wird, dass ein grundsätzliches Für und Wider allein wenig klärend ist. Eher sind Fragen zu lösen wie: Welche Gründe können Eingriffe rechtfertigen und welche nicht? Welche Strategien können eskalierte Konflikte, die Zwang zunächst unvermeidlich erscheinen lassen, deeskalieren (Schwabe 2000)?

Wie sind Freiheitsbeschränkungen gegen den „Verschiebedruck" abzuwägen, der dazu führt, „dass Kinder und Jugendliche in die Kinder- und Jugendpsychiatrie und Jugendliche in die Strafanstalten abgeschoben werden, nur weil die Kinder- und Jugendhilfe keine geeigneten Plätze anbieten kann" (BMFSFJ 2002, 240)? Wie kann verhindert werden, dass die jeweils höchste Eskalationsstufe eines Familienkonfliktes über die Art der geeigneten und notwendigen Maßnahmen für die Kinder auf Dauer entscheidet (Gehrmann/Müller 1998)? Wie ist es möglich, in Zwangskontexten wie Gefängnis oder Bewährungsauflagen glaubhafte Angebote zu machen, die auf die Wiedergewinnung von autonomer Lebenspraxis von Klienten zielen? Allgemeiner gesagt: Wie können Interventionen mit Eingriffscharakter in von Klienten akzeptierte Angebote und in Formen gemeinsamer Arbeit an Zielen transformiert werden, die Klienten selbst wünschen (Müller 2009, 149)?

Kann advokatorische Ethik Eingriffe rechtfertigen?

Betrachtet man Eingriffe im Kontext ihrer Folgen, so geht es dabei nicht nur um die Rechtfertigung eines einseitigen Aktes von Sozialpädagogen, die z. B. ein gefährdetes Kind aus einer Familie nehmen oder in eskalierten Konflikten stationärer Erziehungshilfen zu Zwangsmitteln greifen. Entscheidend ist vielmehr auch der Umgang mit dem Handeln der betroffenen Klienten, das daraus folgt. Unter diesem Aspekt ist eine advokatorische Ethik (Brumlik 2004) nur sehr begrenzt geeignet, um Eingriffe zu legitimieren. Sie ist relevant für Fälle, in denen Sozialpädagogen ihren Klienten nicht nur stellvertretende Deutungen (Dewe/Otto 2005) zur Lösung ihrer Probleme anbieten (aber die Ratifizierung dieser Deutungen den Klienten überlasen), sondern stellvertretend für sie und ohne deren expliziten Auftrag handeln. Dies kann z. B. im Umgang mit Unmündigen gerechtfertigt werden, die zum Handeln im aufgeklärten Eigeninteresse erst befähigt werden müssen. Advokatorische Ethik ist ebenso relevant im Umgang mit Lebenslagen befristeter oder dauerhafter Hilflosigkeit, die weder aufoktroyiert, noch wegdefiniert werden darf (Brumlik/Keckeisen 1976). Advokatorische Ethik nimmt also entweder ein auf Emanzipation

gerichtetes Erziehungsmandat in Anspruch oder ein Beschützer- bzw. Gefahrenmandat (Goffman 1973), z. B. im Umgang mit geistig behinderten oder seelisch kranken Menschen. Letzteres unterstellt, dass der Klient, wäre er bei Verstand und Kräften, eben die Behandlung wünschen würde, die ihm in stellvertretender Lenkung seiner Lebensführung zuteil wird.

Trotz praktischer Überschneidungen können Eingriffe so nicht gerechtfertigt werden. Denn sie eignen sich weder dazu, das Leben vom Menschen freier und besser zu machen, noch betreffen sie Menschen, die hilflos und nicht fähig sind, klar zu sagen, was sie wollen. So ist zwar die Entscheidung, ein wehrloses misshandeltes Kind aus einer Familie herauszunehmen, in Bezug auf das Kind mit advokatorischer Ethik zu rechtfertigen. Qua Eingriff betrifft dies aber die Personensorgeberechtigten, denen damit zunächst einmal nicht geholfen wird, sondern deren Rechte um des Kindes willen zwangsweise eingeschränkt werden. Auch Kinder in Notfällen ohne Zustimmung der Eltern zu beraten oder in Obhut zu nehmen (SGB VIII § 8, 3; § 42, 1 Ziff. 1) sind Herausforderungen für advokatorische Ethik; es sind aber gleichzeitig Eingriffe ins Elternrecht. Den Eingriff mit advokatorischer Ethik rechtfertigen zu wollen, bedeutet, ihn unter der Hand in eine Hilfeleistung umzudefinieren. Diese Umdefinition entlastet vielleicht das schlechte Gewissen des Sozialpädagogen, konterkariert aber ihr eigenes Ziel: Nämlich aus der Anerkennung der Unvermeidlichkeit des Eingriffs heraus Wege zu finden, wie die Eltern gewonnen werden können, Unterstützung anzunehmen und ihre Elternrolle besser wahrzunehmen.

Dasselbe gilt sinngemäß auch für Eingriffe angesichts jugendlicher Delinquenz. Wer heute z. B. angesichts der Karrieremuster so genannter „jugendlicher Intensivtäter" ausschließlich auf Hilfeangebote vertraut, verkennt die Realität. Dabei ist zu unterscheiden: Gegen Straftaten mit Sanktionen einzugreifen ist nicht Aufgabe Sozialer Arbeit, sondern die von Polizei und Justiz. Soziale Arbeit hat aber auch nicht die Aufgabe, jugendliche Straftäter vor der Staatsgewalt zu schützen, sondern muss akzeptieren, dass manchmal erst deren Sanktionsgewalt die Voraussetzungen dafür schafft, dass die damit konfrontierten Jugendlichen in pädagogischen Angeboten etwas anderes sehen können, als lästige, aber leicht auszuhebelnde Kontrollversuche. Das

„doppelte Vermittlungsproblem" zu lösen verlangt deshalb nicht, solche Jugendlichen davon zu überzeugen, dass der staatliche Zwang gegen ihre Taten letztlich nur ihrem eigenen Wohl diene, sondern sie zu überzeugen, dass der Eingriff sie mit einer Realität konfrontiert, in der es für sie um die Wiedererlangung autonomer Lebenspraxis geht und in der es nützlich ist, angebotenen Hilfen auf ihre Brauchbarkeit zu prüfen.

Aus dieser Sicht ist es zugleich irreführend, Eingriffe als Handlungsweisen zu konzipieren, die ohne Partizipation eines Gegenübers stattfinden. Klienten, in deren Bereiche autonomer Lebensführung gegen ihren Willen eingegriffen wird, partizipieren in der Regel sogar sehr wirksam: Sie wehren sich, sie entwickeln Strategien, um den Eingriff abzuwehren, oder üben aktiven wie passiven Widerstand, um seine Ziele scheitern zu lassen; oder sie versuchen, Sozialarbeiter als Beschützer gegen den Rest der bösen Welt zu funktionalisieren. Weil niemand ihnen das Recht dazu streitig machen kann, ist Soziale Arbeit oft hilflos, sie daran zu hindern, außer durch noch mehr Eingriff. Die Regel, Eingriffe, wenn überhaupt dann nur als letztes Mittel zu nutzen, ist deshalb nicht nur eine ethische Verpflichtung zur Einschränkung sozialpädagogischer Handlungsmacht. Sie ist vor allem eine wesentliche Bedingung ihrer Wirksamkeit. Allerdings nur dann, wenn sie den Widerstand von Klienten nicht als Aufkündigung der Zusammenarbeit behandelt, sondern als Verhandlungsgegenstand und Ausgangspunkt dafür, die Ziele und Bedingungen der Zusammenarbeit immer wieder neu zu klären.

Im Folgenden wird zunächst noch einmal genauer diskutiert, was der gesetzliche Auftrag in Bezug auf sozialpädagogische Eingriffe im hier definierten Sinn ist und in welchem Verhältnis dieser Auftrag zur Frage nach der fachlichen Legitimierbarkeit von Eingriff bei gleichzeitiger Sicherung des Vorranges von Hilfe steht. Zum Abschluss werden fünf Kriterien für einen legitimen Umgang mit Eingriffen vorgeschlagen.

Was sind gesetzliche Aufträge in Bezug auf Eingriff?

Gesetzliche Grundlagen werden gewöhnlich als Begründung für die Erlaubnis oder auch Pflicht zum Eingriff in ein andere und/oder sich selbst schädigendes Verhalten von Klienten herangezogen. In der Jugendhilfe betrifft dies das „staatliche Wächteramt" über die elterlichen Rechte und Pflichten zu Erziehung, spezieller den Schutzauftrag bei Kindeswohlgefährdung und die Zusammenarbeit mit dem Familiengericht (SGB VIII, § 8a; BGB § 1666), wie auch die Zusammenarbeit mit der Jugendgerichtsbarkeit. In der Arbeit mit erwachsenen Behinderten oder Demenzkranken kann nach BGB § 1896 dies Wächteramt einem vom Betreuungsgericht „von Amts wegen" bestellten Betreuer übertragen sein, wenn der Betroffene „auf Grund einer psychischen Krankheit oder einer körperlichen, geistigen oder seelischen Behinderung seine Angelegenheiten ganz oder teilweise nicht besorgen" kann.

Die gesetzlichen Grundlagen nur als Erlaubnis zu Eingriffen zu beachten ist aber eine verkürzende Sichtweise. Denn der Gesetzgeber gibt das Recht zum Eingriff in den genannten Fällen keineswegs pauschal, sondern knüpft es, wie schon am Beispiel von SGB VIII § 8a beschrieben, an enge Voraussetzungen hinsichtlich einzuhaltender Verfahren und Verpflichtungen zu Hilfeleistungen. Ein Jugendamt kann keineswegs einfach ein Kind aus einer Familie gegen deren Willen nehmen, wenn ihm „wichtige Anhaltspunkte für die Gefährdung des Wohls eines Kindes oder Jugendlichen bekannt" sind, sondern nur, wenn diese Anhaltspunkte durch das schon beschriebene Prüfverfahren erhärtet sind, außer bei unmittelbar „dringender Gefahr" als „Inobhutnahme". D.h., der Gesetzgeber verpflichtet die Akteure der Jugendhilfe keineswegs nur, in Gefährdungsfällen hinreichend und mit angemessener Überwachung einzugreifen (Meysen et al. 2008). Er verpflichtet sie ebenso sehr zum Nachweis, ihren Hilfeauftrag vollständig und fachgerecht erfüllt zu haben, ehe sie zu Eingriffen schreiten.

Dasselbe ist im Bezug auf Freiheitsentzug im Rahmen von Hilfen zur Erziehung zu sagen. Der einschlägige § 1631b BGB, der Unterbringung in Verbindung mit Freiheitsentzug nur mit Genehmigung des Familiengerichts erlaubt, wurde in der letzten Fassung vom 12.8 2008 durch die inhaltliche Einschränkung präzisiert, solche Unterbringung sei nur zulässig, „wenn sie zum Wohl des Kindes, insbesondere zur Abwendung einer erheblichen Selbst- oder Fremdgefährdung erforderlich ist und der Gefahr, nicht auf andere Weise, auch nicht durch andere öffentliche Hilfen begegnet, werden kann". Wieder verpflichtet der Gesetzgeber zum Nachweis, dass zunächst alle anderen Möglichkeiten ausprobiert sein müssen. Er hat damit die Empfehlung der Fachkommission des 11. Jugendberichts (BMFSFJ 2002, 240) aufgenommen, wenn auch in etwas abgeschwächter Formulierung, dass „allein akute Selbst- und Fremdgefährdung ausschlaggebende Gründe" für Freiheit entziehende Maßnahmen in der Jugendhilfe sein können.

Schließlich kann hier noch auf die Regeln der Vereinten Nationen zum Schutz von Jugendlichen unter Freiheitsentzug von 1990 verwiesen werden (als Download z. B. über den Landschaftsverband Rheinland verfügbar). Hier geht es zwar primär um Jugendliche im Strafvollzug, in Untersuchungshaft oder im Polizeigewahrsam. Aber die darin formulierten Kriterien für die Wahrung der Rechte von Jugendlichen unter Freiheitsentzug können auch für die Jugendhilfe zur Beurteilung eigener Maßnahmen oder auch bei der Zusammenarbeit mit Justiz und Psychiatrie wichtige Prüfsteine sein. Dazu gehören z. B. Regeln bezogen auf das Verbot entwürdigender Zwangsmittel und überhaupt die strenge Begrenzung zusätzlichen Zwangs, Schutz der Privatsphäre, sinnvolle Beschäftigung, Beschulung und Ausbildung mit Chancen für entsprechende Anschlussmöglichkeiten nach dem Ende der Maßnahmen, Recht auf Kontakte zur Außenwelt, Beschwerderechte, für die Einhaltung solcher Regeln, qualifiziertes Personal und wirksame Kontrollen der Einrichtungen.

Beim Betreuungsrecht ist bezüglich der Einschränkung von Eingriff insbesondere die Beschreibung der Aufgaben einer so genannten „persönlichen Betreuung" nach BGB § 1901 relevant. Sie ist nicht mit sozialpädagogischer Betreuung und Versorgung in Einrichtungen für Behinderte gleichzusetzen, sondern hat, wenn auch in der Praxis wenig beachtet, eher einen Kontrollauftrag zur Einschränkung von Bevormundung in solchen Einrichtungen (Müller 2008). „Persönliche Betreuung" hat nicht einfach nur die Angelegenheiten, insbesondere rechtsrelevanter Art, stellvertretend zum Wohl des Betreuten zu besorgen. Vielmehr soll sie dies Wohl auch darin gewährleisten, dass sie den Betreuten unterstützt, „im Rahmen seiner Fähigkeiten sein Leben nach seinen eigenen Wünschen und Vorstellungen zu gestalten"(BGB § 1901, Abs. 2 Satz 2). Sie soll seinen Wünschen entsprechen, so-

fern dies zumutbar ist und jenem Wohl nicht widerspricht (BGB § 1901, Abs. 3); der Betreuer hat im Rahmen seiner Aufgaben auch an der Beseitigung, Besserung, Verhütung, Folgenmilderung der Krankheit oder Behinderung, die zur Betreuung führten, mitzuwirken (BGB § 1901, Abs. 4). Und schließlich soll der Betreuer auch die Umstände erkennen können, die eine Betreuung unnötig oder in ihrem Umfang veränderungsbedürftig machen, und dies dem Vormundschaftsgericht mitteilen (BGB § 1901, Abs. 5). Diese gesetzlichen Bestimmungen erfordern in hohem Maß Fähigkeit zur Bewältigung des eingangs genannten „doppelten Vermittlungsproblems". Zur professionellen Herausforderung wird dies Problem aber nicht nur bei der Betreuung von hilflosen Schutzbedürftigen, sondern gerade bei denen, welche die Autonomie ihrer Lebensführung gegen die Zumutungen der Betreuung auf eine Art und Weise verteidigen, welche sie selbst und andere gefährdet oder schädigt (Müller 2008). Hier rückt besonders, wie Bauer (1999–2007) die einschlägigen Stellen kommentiert, die Aufgabe ins Zentrum, eine Balance zu finden zwischen der Gewährleistung des Vorrangs auf „selbstbestimmte Lebensgestaltung" und der Haftung des Betreuers für das Wohl der Betreuten – ebenso wie zwischen berechtigten und für andere nicht zumutbaren Wünschen. Die Fallzahlen für solche oft dramatischen Balanceaufgaben zwischen Eingriff und Unterstützung autonomer Lebensführung vermehren sich gerade auch dann, wenn die Prinzipien der Lebensweltorientierung mehr Geltung erlangen, die den Ausschluss von Menschen mit störenden Verhaltensweisen aus der Teilhabe am Alltagsleben nach Möglichkeit verhindern sollen (Obert 2008).

Was bedeuten solche gesetzlichen Bestimmungen bezüglich der fachlichen Legitimität oder auch Verwerflichkeit von Eingriff? Festzuhalten ist: Es genügt nicht, Eingriffspflichten als positiv gesetzte Rechtslage zu beachten, um dann alle Spielräume fachlicher Autonomie zu nutzen, die Eingriffsnotwendigkeit so minimal wie möglich zu halten. Vielmehr verlangt die Gesetzeslage, die unbestimmten Rechtsbegriffe, die sich auf Eingriffe beziehen, fachlich zu füllen. Dies betrifft nicht nur die Frage, wie die Garantenpflicht zum Schutz von Kindern oder Betreuten durch fachliche Standards gesichert werden kann. Es gilt genauso für die Sicherung des Vorrangs von Hilfen, vor wie auch nachfolgend zu Eingriffen und ebenso für die Wahrung von Rechten und Partizipationsmöglichkeiten von Klienten im Rahmen von Eingriffen. Nur gestützt auf den gesetzlichen Auftrag zur fachlichen Auslegung solcher unbestimmten Rechtsbegriffe hat Soziale Arbeit realistische Chancen, dass sich anerkannte Standards bilden, welche Eingriffe auf das unvermeidliche Minimum zurückführen und *zugleich* ihren Garantenpflichten gerecht werden.

Kriterien der Vereinbarkeit von Eingriffen mit fachgerechter Sozialer Arbeit

1. Der rechtliche Rahmen für Eingriffe muss klar, für die Betroffenen möglichst transparent und die Ziele von Eingriffen müssen auf das unumgänglich Notwendige begrenzt sein. Dies erfordert nicht mehr und nicht weniger als eine genaue Beachtung und Umsetzung der beschriebenen gesetzlichen Verfahrensweisen, was sich nicht von selbst versteht. Es hat lange gedauert, ehe in der Praxis der Jugendämter ankam, dass das Hilfeplanverfahren nach SGB VIII, 36 keine abzuhakende Formalie ist, sondern fachlich notwendige Standards für den Umgang mit Klienten setzt (Freigang 2007; Müller 2009, Kap. 4). Ein entsprechend anerkannter Stand ist für die Einhaltung der rechtlichen Regeln zu Eingriffen und ihrem Verhältnis zur Hilfeplanung noch keineswegs erreicht.

2. Die Ziele von Eingriffen müssen streng darauf beschränkt sein, in akuten Gefährdungen des leiblichen und seelischen Wohls von Kindern Schutz zu bieten oder akuten Formen der Selbst- oder Fremdgefährdung von Jugendlichen und andern Menschen in Krisensituationen zu begegnen. Diese Beschränkung kann nur glaubhaft sein, wenn dokumentierbar ist, dass Hilfeangebote vorweg gingen, die das Mögliche dafür getan haben, um den Eingriff durch akzeptierte Formen der Unterstützung überflüssig zu machen. Zur fachlichen Legitimation eines Eingriffs gehört deshalb notwendig die selbstkritische Überprüfung, ob dies der Fall war.

3. Da Eingriffe in der Regel Reaktionen auf eskalierte sozial-moralische Konflikte sind, besteht immer die Gefahr, dass der Eingriff die Konflikte nur in einen kalten Aggregatzustand verwandelt und gerade so auf Dauer stellt. Kein Eingriff kann deshalb fachlich legitim sein, der nicht zugleich den Betroffenen gegenüber zum Ausgangpunkt für neue Verhandlungen darüber wird, wie eine beiderseits akzeptable Unterstützung und Zusammenarbeit aussehen könnte.

4. Eingriffe lösen nicht die Probleme von Klienten, sondern bewirken für diese zunächst nur, dass die eingreifende Sozialarbeit selbst zum Teil ihres Problems wird. Nur wenn die Sozialarbeit dies nicht verleugnet, sondern akzeptiert und im Sinn einer „relationalen Professionalität" (Köngeter 2009) daraus Strategien für neue Angebote und vernetzte Kooperationsformen entwickelt, können Eingriffe im Rückblick zu Ausgangspunkten gelingender Intervention werden.

5. Eingriffe sind oft Teil von langen Interventionsketten. Erfahrungen des Fehlens und Misslingens von Hilfeangeboten gehen ihnen voraus. Der Blick auf den einzelnen Eingriff übersieht leicht, dass Eingriffe oft nur Momente in „sich wiederholenden Macht-Ohnmacht-Spiralen" sind, von Kämpfen um Macht und Kontrolle „an deren Ende nur besiegte Sieger und siegreiche Verlierer stehen" (Freyberg/Wolff 2005, 11). Nur eine Soziale Arbeit, die ihre eigene Ohnmacht im Fall eines unvermeidlich gewordenen Eingriffs zu denken vermag, kann auch die Ohnmacht ihrer Partner angemessen wahrnehmen und daraus Schritte zu einer besseren Zusammenarbeit entwickeln.

Literatur

Bauer, A. (1999–2007): Loseblatt zu §§ 1897 und 2001 BGB. In: Bauer, A., Klie, T., Rink, J. (Hrsg.): Heidelberger Kommentar zum Betreuungs- und Unterstützungsrecht (HK-BUR). Müller, Heidelberg

Becker, R. (2005): Das Arbeitsbündnis als Fundament professionellen Handelns: Aspekte des Strukturdilemmas von Hilfe und Kontrolle in der Sozialen Arbeit. In: Pfadenhauer, M. (Hrsg.): Professionelles Handeln. VS, Wiesbaden, 85–104

BMFSFJ (Hrsg.) (2002): Elfter Kinder- und Jugendbericht. Bonn

Brumlik, M. (2004): Advokatorische Ethik. Philo, Berlin

–, Keckeisen, W. (1976): Etwas fehlt. Zur Kritik und Bestimmung von Hilfsbedürftigkeit für die Sozialpädagogik.

Kriminologisches Journal 8/3. Juventa, Weinheim, 241–262

Dewe, B., Otto H. U. (2005): Reflexive Sozialpädagogik. In: Thole, W. (Hrsg.): Grundriss Sozialer Arbeit. 2. Aufl. VS, Wiesbaden, 179–198

Fegert, M., Schrapper, Ch. (Hrsg.) (2004): Handbuch Jugendhilfe – Jugendpsychiatrie: Interdisziplinäre Kooperation. Juventa, Weinheim

Freigang, W. (2007): Hilfeplanung. In: Michel-Schwarze, B. (Hrsg.): Methodenbuch Soziale Arbeit. VS, Wiesbaden, 101–118

Freyberg, Th. v., Wolff, A. (2005): Einleitung. In: Freyberg, Th. v., Wolff, A, (Hrsg.): Störer und Gestörte. Bd. 1. Konfliktgeschichten nicht beschulbarer Jugendlicher. Brandes & Apsel, Heidelberg, 11–21

Gehrmann, G., Müller, K. D. (1998): Familie im Mittelpunkt. Handbuch effektives Krisenmanagement für Familien. Walhalla, Regenburg

Goffman, E. (1973): Das ärztliche Berufsmodell und die psychiatrische Hospitalisierung. In: Goffman, E. (Hrsg.): Asyle. Suhrkamp, Frankfurt / M., 305–367

Hoops, S. Permin, H. (2006): „Mildere Maßnahmen sind nicht möglich!" Freiheitsentziehende Maßnahmen nach § 1631b BGB in der Jugendhilfe und Jugendpsychiatrie. DJI, München

Köngeter, St. (2009): Relationale Professionalität. Eine empirische Studie zu Arbeitsbeziehungen mit Eltern in den Erziehungshilfen. Schneider, Hohengehren

Meysen, Th., Schrapper, Ch., Merchel, J., Hoppensack, Ch. (2008): Vernachlässigte Kinder besser schützen: Sozialpädagogisches Handeln bei Kindeswohlgefährdung. Ernst Reinhardt Verlag, München

Müller, B. (2009): Sozialpädagogisches Können. 6. Aufl. Lambertus, Freiburg / Br.

– (2008): Persönliche Betreuung als professionelle Aufgabe? Betreuungsmanagement 4/3, 131–138

–, Schwabe, M. (2009): Pädagogik mit schwierigen Jugendlichen. Juventa, Weinheim

Obert, K. (2008): Alltags- und lebensweltorientiertes Sozialpsychiatrisches Handeln. In: Grunwald, K., Thiersch, H. (Hrsg.) (2008): Praxis Lebensweltorientierter Sozialer Arbeit. 2. Aufl. Juventa, Weinheim, 305–316

Oevermann, U. (2002): Professionalisierungsbedürftigkeit und Professionalisiertheit pädagogischen Handelns. In: Kraul, M., Marotzki, W., Schweppe, C. (Hrsg.): Biographie und Profession. Klinkhardt, Bad Heilbrunn, 19–63

Olk, Th. (1986): Abschied vom Experten. Juventa, Weinheim

Schlink, B., Schattenfroh, S. (2001): Zulässigkeit der geschlossenen Unterbringung in Heimen der öffentlichen Jugendhilfe. In: Fegert, Jörg M., Späth, K., Salgo, L. (Hrsg.): Freiheitsentziehende Maßnahmen in der Jugendhilfe und Kinder- und Jugendpsychiatrie. Votum, Münster, 73–171

Schwabe, M. (2008): Zwang in der Heimerziehung? Chancen und Risiken. Ernst Reinhardt Verlag, München / Basel

– (2000): Eskalation und Deeskalation in Einrichtungen der Jugendhilfe. 2. Aufl. IGfH, Frankfurt / M.

Wensierski, P. (2006): Schläge im Namen des Herrn. Deutsche Verlagsanstalt, München

Widersprüche (2007): Wer nicht hören will, muss fühlen. Zwang in öffentlicher Erziehung. Heft 106. Kleine, Bielefeld

Wolffersdorff, Ch. v. (2009): Wir werden euch helfen! Zeitschrift für Jugendkriminalrecht und Jugendhilfe – ZJJ 2, 96–105

Eltern und Elternschaft

Von Nina Oelkers

Elternschaft bezeichnet im allgemeinen Sprachgebrauch die Rolle von Vätern und Müttern, die im genetischen, biologischen, juristischen und/oder sozialen Sinn die Eltern eines Kindes/mehrerer Kinder sind. Biologische oder leibliche Elternschaft setzt in der Regel die Zeugung und Geburt von Kindern voraus. Von genetischer Elternschaft ist die Rede, wenn Kinder mit Hilfe der Reproduktionsmedizin gezeugt bzw. ausgetragen oder geboren wurden, denn hier ist die biologische Elternschaft nicht immer eindeutig zu bestimmen, z. B. im Falle der Leihmutterschaft. Die Elternpflichten und Elternrechte (juristische Elternschaft) werden rechtlich geregelt beispielsweise durch das Grundgesetz (GG), das Familien- und Kindschaftsrecht (BGB, FGG, ZPO) und das Kinder- und Jugendhilfegesetz (SGB VIII). Wesentliche Bezugspunkte der Ausgestaltung der rechtlichen oder juristischen Elternschaft sind die *elterliche Sorge* und das *Kindeswohl*. Für die soziale Elternschaft ist die Wahrnehmung der in der Elternrolle enthaltenen normativen Pflichten und Rechte, also die langfristige Übernahme von Verantwortung, Zuwendung, Betreuung, Versorgung und Erziehung, entscheidend. Zu den sozialen Eltern zählen auch Adoptiveltern, Pflegeeltern, Stiefeltern. Wenn Kinder mehrere biologische und/oder soziale Mütter und/oder Väter haben, wird von „multipler Elternschaft" gesprochen. Dieses Phänomen ist insbesondere in Stieffamilien vorzufinden (Peuckert 2008, 25 f.).

Aufgrund der Erweiterung von Gestaltungsmöglichkeiten in den Bereichen Partnerschaft, Elternschaft und Ehe haben sich familiale Lebensformen pluralisiert. Elternschaft kann auf unterschiedliche Weise begründet sein, und deren Entstehungs- und Begründungszusammenhänge lassen sich differenzieren. Vaskovics bezeichnet diese zunehmende Ausdifferenzierung als Segmentierung von Elternschaft (Mutterschaft – Vaterschaft), wenn er zwischen biologischer, sozialer, genetischer und rechtlicher Elternschaft unterscheidet (1998, 50 f.).

- Genetische Elternschaft begründet sich bei der Mutter durch Empfängnis und Befruchtung (natürlich, in-vitro- Fertilisation, heterologe Insemination), beim Vater durch Befruchtung (s. o.).
- Biologische Elternschaft begründet sich bei der Mutter durch die Austragung des Embryos und die Geburt des Kindes, beim Vater durch Befruchtung (natürlich, in-vitro- Fertilisation, heterologe Insemination).
- Rechtliche Elternschaft im Sinne der gemeinsamen elterlichen Sorge begründet sich bei Mutter und Vater durch Eheschließung (Filiationsprinzip) oder Adoption, beziehungsweise bei nicht verheirateten Eltern über die Erklärung zur *gemeinsamen Sorge* (gem. § 1626a BGB).
- Soziale Elternschaft entsteht durch die (alltägliche) Wahrnehmung der Mutter- und Vaterrolle.

Im Normalfall werden alle vier Segmente der Elternschaft zur gleichen Zeit durch mindestens eine Person (Vater oder Mutter) wahrgenommen. Die Wahrnehmung der Elternschaftssegmente durch unterschiedliche Personen führt zu einer simultanen oder sukzessiven Entkoppelung der Segmente bzw. einer Segmentierung von Elternschaft.

Aus diesen unterschiedlichen Elternschaftskonstellationen ergeben sich vielfältige Familienkonstellationen, die ebenso wie die Elternkonstellationen bspw. als Folge einer Trennung und neuerlicher Partnerschaft eines Elternteils entstehen können. Elternschaft und Elternkonstellationen sind daher als im Lebenslauf wandelbare Konstrukte anzusehen und Mütter bzw. Väter von mehreren Kindern können innerhalb einer Familie bei einzelnen Kindern unterschiedliche Segmente von Elternschaft

Otto/Thiersch (Hg.), Handbuch Soziale Arbeit, 4. A., DOI 10.2378/ot4a.art032,
© 2011 by Ernst Reinhardt, GmbH & Co KG, Verlag, München

wahrnehmen (Vascovics 1998, 51 f.). Somit sind die Begriffe Eltern und Elternschaft als kulturell konstruiert zu verstehen: Sie sind historisch und gesellschaftlich eingebettet und daher wandelbar (Peuckert 2008, 25).

Pluralisierung von Familienformen und Elternschaftskonstellationen

Die unterschiedlichen Konstellationen von Elternschaftssegmenten werden auch unter dem Begriff der Pluralisierung von Familienformen gefasst und in ihren Konsequenzen thematisiert (Beck-Gernsheim 1994; Bertram / Borrmann-Müller 1988; Huinink / Wagner 1998; Notz 2005; Peuckert 2007, 2008). Der Begriff der Pluralisierung meint in diesem Zusammenhang nicht nur die vermehrte Ausdifferenzierung familialer Lebensformen, sondern steht im Zusammenhang mit der (umstrittenen) Annahme einer zunehmenden Autonomie der Individuen in der Wahl ihrer Lebensführungsweisen (Beck 1986). Von der aus Vater, Mutter und ihren leiblichen Kindern bestehenden sog. Normalfamilie ausgehend werden folgende Familienformen unterschieden: Unvollständige Familien, Ein-Elternfamilien, nichteheliche Lebensgemeinschaften mit Kind(ern), Adoptivfamilien, Stief- oder Fortsetzungsfamilien, binukleare Familien (ein Familiensystem, das sich aus zwei elterlichen Haushalten zusammensetzt) und Nachscheidungs- bzw. „Patchworkfamilien" (Peuckert 2007). Hinzu kommen die Elternschaft schwuler oder lesbischer Paare (sog. „Regenbogen-" oder „Queer Familien") in denen homosexuelle Paare mit Kindern zusammenleben (Maier 2009, 265). Durch die rechtliche Anerkennung von gleichgeschlechtlichen Lebenspartnerschaften sind diese in vielen Bereichen den Ehegatten gleichgestellt, allerdings gelten Unterschiede bzw. Benachteiligungen im Sorge- und Adoptionsrecht. Bei der umfassenden Betrachtung der unterschiedlichen Familienformen wird deutlich, dass gegenwärtig weniger kinderreiche Familien existieren, dafür aber mehr „väter- bzw. mütterreiche" Familien entstanden sind und entstehen. Ein Vergleich der heutigen Familienkonstellationen mit denen vor fünfzehn bis zwanzig Jahren zeigt, dass Kinder und Jugendliche derzeit deutlich häufiger in wechselnden Familienformen leben (BMFSFJ 2005, 60), wodurch ein variantenreiches Spektrum an Eltern-Kind-Beziehungen entsteht (Notz 2005, 6). An der Entstehung und Verbreitung unterschiedlicher Familienformen und Elternschaftskonstellationen lässt sich der Trend ablesen, dass temporäre Elternschaft sich stärker verbreitet und nicht-biologische und nicht-genetische Elternschaft für familiale Zusammenhänge unerheblicher wird.

Aus soziologischer Perspektive kann von einer Institutionalisierung von Elternschaft gesprochen werden, die einher geht mit einer tendenziellen Deinstitutionalisierung der Ehe. Die Verkoppelung von Ehe, Partnerschaft und Elternschaft löst sich auf, was sich an den steigenden Anteilen von nicht verheirateten, geschiedenen und alleinerziehenden Eltern sowie unterschiedlichster Stiefelternkonstellationen und sog. „Patchworkfamilien" ablesen lässt. Die Entscheidung für oder gegen Elternschaft ist vermehrt zum Gegenstand freier, individueller Entscheidung geworden (Beck 1986). Dies gilt auch für die Auflösung von Ehe- und Partnerschaftsverhältnissen, denn „das Bestehen dieser Verpflichtungen [wird] stärker als früher an die Bedingungen der Gegenseitigkeit und den Fortbestand der emotionalen Zuneigung geknüpft. Die Auflösung von Partnerschaftsverhältnissen, seien sie informeller oder legalisierter Art, wird ebenfalls als Akt freier Entscheidung grundsätzlich respektiert, selbst wenn dadurch Folgeprobleme, z. B. für gemeinsame Kinder, entstehen" (Kaufmann 1995, 164 f.). Durch Trennung und Scheidung der Eltern verursachte Folgeprobleme für Kinder sind zwar (zunehmend) kein Hinderungsgrund mehr für die Auflösung der elterlichen Paarbeziehung, aber diese Entwicklung kann nicht mit einer „Entpflichtung" der Eltern-Kind-Beziehung gleichgesetzt werden (Kaufmann 1995, 164 f.). Kaufmann folgend wird nun Elternschaft (nicht Ehe) zum zentralen Anknüpfungspunkt öffentlicher Regulierungs- und Förderungsinteressen. Im Kontext dieser kulturellen Liberalisierung und realen Vervielfältigung der familialen Lebensformen sind die Reformen des Ehe-, Familien- und Kindschaftsrechts zu betrachten. Elternschaft ist gegenüber der traditionellen Kombination von „Ehe und Elternschaft" in den Vordergrund getreten, indem sie Ausgangspunkt für zahlreiche rechtliche Regelungen wurde. Wenn Eltern von minderjährigen Kindern sich trennen oder scheiden lassen, beziehungsweise wenn Kinder außerhalb einer Ehe geboren werden, haben diese z. B. nach der Kindschaftsrechtsreform von 1998 erweiterte Gestaltungsmöglichkeiten (Oelkers 2007): Der Bereich der Elternschaft außerhalb der Ehe ist mit rechtlichen Regelungen ausgestattet worden, die denen ehelich geborener Kinder (fast) gleich sind. Der Bereich der nachehelichen elterlichen Sorge wurde rechtlich in der Form gestaltet, dass die gemeinsame elterliche Sorge für gemeinsame minderjährige Kinder faktisch als Regelfall nach Trennung und Scheidung bestehen bleibt. Übergreifendes Ziel ist die gemeinsame elterliche Sorge und Verantwortung unabhängig vom Beziehungsstatus der Eltern (Münder 1998). Der Beziehungserhalt für Kinder ist ein weiteres Thema der Kindschaftsrechtsreform (Oelkers 2007). Sorge- und Umgangsrecht sind so gestaltet, dass sie die Aufrechterhaltung von Kontakten zu wichtigen Bezugspersonen gewährleisten sollen.

Obgleich die beschriebenen Tendenzen der Vervielfältigung familialer Lebensformen unübersehbar sind, ist herauszustellen, dass „die Mehrzahl der Erwachsenen heiratet, die Mehrzahl der minderjährigen Kinder in Familien aufwächst, die Mehrzahl von diesen mit ihren verheirateten, zusammenlebenden Eltern. Zudem ist zu beachten, daß auf der normativen Ebene die Wertschätzung der ‚Normalfamilie' relativ ungebrochen ist" (Münder 1999, 17). Laut Peuckert ist die Normalfamilie zu Beginn des 21. Jahrhunderts zwar nur noch eine unter mehreren Familienformen, aber auch die bedeutsamste (Peuckert 2007, 36).

Gesellschaftliche Bedeutung von Elternschaft

Zwar sind familiale Lebensformen, die von der „Normalfamilie" abweichen, auf rechtlicher Ebene zunehmend legitimiert, zugleich unterliegen die verschiedenen familialen Lebenskonzepte aber einer unterschiedlichen gesellschaftlichen Bewertung. Diese Differenzierungsprozesse sind auch als machtvolle Hierarchisierungsprozesse zu begreifen, d. h. als eine Besser- beziehungsweise Schlechterstellung familialer Lebensführungsweisen, die sich nicht zuletzt in materiell benachteiligten Existenzweisen ausdrücken (Oelkers / Richter 2009; Klein et al. 2005). Zugleich sind die Anforderungen an die Kindererziehung gestiegen, was sich einerseits in den Erwartungen der Umwelt und andererseits

in den Selbstansprüchen der Eltern niederschlägt. Damit rücken Eltern zunehmend in den Fokus von Politik, öffentlichem Bewusstsein und Wissenschaft, denn auch Familien werden „den Interessen des Staates und seiner prosperierenden Volkswirtschaft" (Schütter 2006, 467) unterworfen.

Der Grund für das gesellschaftliche und staatliche Interesse an der Ausgestaltung von Elternschaft liegt folglich in den Leistungen und Funktionen begründet, die Eltern erbringen und von deren positiven Auswirkungen insbesondere Staat und Wirtschaft profitieren. Eltern erfüllen gesellschaftliche Funktionen, die sich auf Reproduktions-, Sozialisations-, Humanvermögensbildungsaufgaben beziehen (Kaufmann 1997, 103 ff.). Die Bedeutung von Elternschaft für Staat und Gesellschaft zeigt sich in der hervorgehobenen Stellung von Familie, Ehe und Elternschaft im Grundgesetz sowie in der Tatsache, dass besonders viele Rechtsnormen an den Familienstand anknüpfen und direkt oder indirekt familiale Beziehungen und Ansprüche regeln, was sich auch in der rechtlichen Verankerung der Förderungs-, Fürsorge- und Schutzaufgaben des Staates bezüglich der Familie zeigt. Bei genauerer Betrachtung des Verhältnisses von Eltern und Staat ist festzustellen, dass Elternschaft durch Staatsgewalt reguliert und (verfassungsrechtlich) geschützt werden soll. In Art. 6 GG ist festgelegt, dass Ehe und Familie unter besonderem Schutz der staatlichen Ordnung stehen (vgl. auch § 1 II SGB VIII). Die Menschenwürde (Art. 1 GG) einzelner Familienmitglieder (Mütter, Väter, Töchter, Söhne) und deren Persönlichkeitsrechte (Art. 2 GG) sind dabei stets zu beachten. Diese Garantie auf Verfassungsebene ist als „höchste Auszeichnung, die moderne Gesellschaften sozialen Beziehungen zu verleihen vermögen" anzusehen (Kaufmann 1982, 11).

Elternrechte – Elternpflichten – elterliche Sorge

Das Elternrecht beziehungsweise die verfassungsrechtlich geschützte Erziehungsverantwortung der Eltern ist ein „quasi-treuhänderisches" Recht im Interesse des Kindes, zu dessen pflichtgebundener Ausübung die Eltern berechtigt sind. Die staatliche Gemeinschaft hat über die Betätigung der elterlichen Verantwortung zu wachen (staatliches Wächteramt). Als Grundrechtsträger haben Kinder einen unmittelbaren Anspruch darauf, dass der Staat eingreift, wenn ihr Wohl konkret gefährdet ist. Das staatliche Wächteramt hat gegenüber dem Erziehungsprimat der Eltern einen subsidiären, nachgeordneten Charakter (Böckenförde 1980, 76), wobei damit jedoch nicht das normative Leitbild von Erziehung im Elternrecht wegfällt und das elterliche Erziehungsrecht als „freie, sachherrschaftlich strukturierte Bestimmungsmacht der Eltern" konzipiert wurde: Das normative Leitbild der Erziehung richtet sich auf das weitgefasste Erziehungsziel der mündigen Persönlichkeit (Böckenförde 1980, 63 ff.). Das sog. staatliche Wächteramt beinhaltet eine staatliche Schutzverpflichtung gegenüber dem Kind als Grundrechtsträger; eine Erziehungsreserve bei Kindesvernachlässigung oder elterlichem Erziehungsversagen; eine Schlichtungsfunktion bei Konflikten zwischen den Eltern bei Erziehungsfragen und eine Schutzfunktion bei Kindeswohlgefährdung durch missbräuchliche Ausübung elterlicher Erziehungsrechte.

Elterliche Sorge und Elternrecht betreffen unterschiedliche, durch den Gesetzgeber geregelte Bereiche im Verhältnis zwischen Eltern, Eltern und Kindern sowie Eltern, Kindern und Staat. Die elterliche Sorge ist im Familienrecht (BGB), das Elternrecht im GG geregelt. Das *Elternrecht* befasst sich mit der öffentlich-rechtlichen Beziehung zwischen den Eltern und dem Staat hinsichtlich des Kindesrechts. In Art. 6 II GG wird von der Pflege und Erziehung der Kinder als dem natürlichen Recht der Eltern und der ihnen zuvörderst obliegenden Pflicht gesprochen, über deren Betätigung die staatliche Gemeinschaft wacht (staatliches Wächteramt). Damit ist, einem liberalen Verfassungsverständnis entsprechend, das Elternrecht zunächst ein Abwehrrecht gegen staatliche Eingriffe in die Erziehung des Kindes. Allerdings besteht eine Besonderheit, denn „eine Verfassung, welche die Würde des Menschen in den Mittelpunkt ihres Wertsystems stellt, kann bei der Ordnung zwischenmenschlicher Beziehungen grundsätzlich niemandem Rechte an der Person eines anderen einräumen, die nicht zugleich pflichtgebunden sind und die Menschenwürde des anderen respektieren" (BVerfGE 24, 144). Die *elterliche Sorge* regelt im Gegensatz zum Elternrecht die privatrechtlichen Beziehungen zwischen Eltern und minderjährigen Kindern, sie ist deswegen im Zivilrecht, das heißt im Familienrecht des BGB geregelt. Elternrecht und elterliche Sorge stehen in keinem unmittelbaren Zusammenhang. Wie die Rechtsverteilung zwischen Eltern und Kindern ist, lässt sich aus dem Elternrecht des Art. 6 II GG nicht ableiten, zum Beispiel auf welches Alter die Volljährigkeitsgrenze festgelegt wird, ob ab einem gewissen Lebensalter den Minderjährigen bestimmte Rechte zustehen etc. Die elterliche Sorge bezieht sich auf minderjährige Kinder. Sie umfasst die Personen- und Vermögenssorge, die jeweils aus der tatsächlichen, faktischen Sorge und der gesetzlichen Vertretung bestehen (§§ 1626 ff. BGB). Das Personensorgerecht ist umfangreich, es umfasst alle persönlichen Angelegenheiten des Kindes, insbesondere Erziehung, Aufenthaltsbestimmung, Beaufsichtigung (§ 1631a BGB) sowie die sexuelle und die politisch-weltanschauliche Erziehung. Die elterliche Sorge endet mit der Volljährigkeit des Kindes.

Die Relation von Elternrecht und Kindeswohl ist von Beginn an – 1919 wurde dem elterlichen Erziehungsrecht in der Weimarer Verfassung der Rang eines Verfassungsrechtes verliehen (Böckenförde 1980, 56) – von Interessenskonflikten gezeichnet bzw. das Verhältnis zwischen Kindesrecht, Elternverantwortung und staatlicher Schutzpflicht spannungsreich konstituiert (zusammenfassend Bauer/Wiezorek 2007): „Während arme und delinquente Eltern bzw. Eltern delinquenter Kinder unter bestimmten Umständen jedes Mitspracherecht bei der Erziehung ihrer Kinder verloren [haben], billigte man im Übrigen den Eltern (genauer: dem Vater) innerhalb ihrer (bürgerlichen) Familien weiterhin nahezu absolute Macht über ihre Kinder zu" (Zenz 1979, 67 f.). Und nach wie vor geht es für unterschiedliche „Klassen" von Eltern um Unterschiedliches: Für die einen eher um deren Kontrolle und für die anderen um die Stärkung ihrer Autonomie (Oelkers 2009, 142 ff.).

Elternverantwortung

Zentraler Bezugspunkt der Eltern-Thematik ist die Elternverantwortung oder die sog. „verantwortete Elternschaft" als Normkomplex und Zielkategorie.

„Verantwortete Elternschaft bezieht sich darauf, dass es im Gegensatz zu früheren Jahrhunderten nicht mehr als legitim gilt, die eigenen Kinder nicht selbst großzuziehen. Vielmehr wird von der leiblichen Mutter oder den leiblichen

Eltern erwartet, die Erziehungsverantwortung zu übernehmen. Zuverlässige Verhütungsmethoden und eine liberali-
sierte Abtreibungsgesetzgebung haben auf ihre Weise zur
Durchsetzung des neuen Wertes beigetragen: Kinder sollen
nur dann zur Welt gebracht werden, wenn man glaubt, der
Verantwortung gewachsen zu sein" (Kolbe 2002, 9 f.).

Die Übernahme von Verantwortung ist in der Regel
mit positiven Sanktionen verbunden, wie z. B. Geld,
Macht, Ehre oder mit Sinnerfahrung und Selbst-
wertbestätigung als intrinsische Motive und Werte
(Kaufmann 2006, 55). Zu den weiteren Vorteilen,
die mit der Elternschaft verbunden sind, zählen die
verfassungsrechtlich zugesicherten staatlichen För-
derungs-, Fürsorge- und Schutzleistungen (s. o.).
Die elterliche Verantwortungsübernahme ist allerdings nicht nur mit (wohlfahrtsstaatlichen) Leistungen verknüpft, sondern auch mit staatlicher
Kontrolle und fürsorglichem Zugriff: Eltern müssen
in rechtlich kodifizierten Fällen dem Staat gegenüber Rechenschaft ablegen, z. B. bei Verdacht auf
Kindeswohlgefährdung. Der in dieser Konstellation
in den Mittelpunkt rückende juristische Verant-
wortungsbegriff hat die Übertretung einer definierten Rechtsnorm oder die Verletzung bestimmter
Rechtsgüter zum Bezugspunkt, so dass die rechtliche
Verantwortung aus „dem ‚Versagen vor einer Sollens-
anforderung' [resultiert], unabhängig davon, ob
man der zugrunde liegenden Norm zugestimmt hat
oder nicht" (Kaufmann 1992, 42). Die elterliche
(Erziehungs-)Verantwortung gegenüber dem Kind
(als Verantwortungsobjekt) besteht in der Verpflichtung zu dessen Beachtung, Pflege, Erziehung und
Förderung. Neben dem Kind ist auch der Staat in
seinem Wächteramt als Adressat der elterlichen Verantwortung zu betrachten. In der Rolle des staatlichen Wächteramtes können und müssen staatliche
Instanzen die elterliche Verpflichtung und Verantwortung für das Kind überwachen und gegebenenfalls einfordern. Elternverantwortung umfasst also
zusammengenommen verschiedene Aspekte, denn
Eltern stehen aus gesellschaftlicher Perspektive in
der moralischen Verantwortung für ihre Kinder und
es werden bestimmte Erwartungen an die Erfüllung
ihrer Pflicht als Eltern gestellt. Kindeswohl ist damit
der zentrale Begriff, an dem sich das Gefüge von elterlicher Verantwortung und staatlicher bzw. öffentlicher Verantwortung für das Wohlergehen von
Kindern und Jugendlichen entfalten lässt. Jene öffentliche Verantwortung für das Wohlergehen von

Kindern und Jugendlichen richtet sich allerdings zunehmend auf Eingriffe bei Kindeswohlgefährdung.
Denn der Wohlfahrtsstaat scheint auch und gerade
für Eltern und Familien nicht mehr als Garant für
soziale Unterstützungsleistungen. Der politische
Abbau wohlfahrtsstaatlicher Verantwortung tangiert
Eltern vor diesem Hintergrund in vielfältiger Weise
und hier insbesondere sozialstrukturell benachteiligte Familien, da ihnen zumeist nicht die Ressourcen zur Verfügung stehen, um gesellschaftlichen Risiken kompensatorisch zu begegnen. Darüber hinaus
geraten Eltern zunehmend „unter Druck" und fühlen sich nicht selten vom Alltag mit Kindern, den
Erziehungsaufgaben und den wachsenden Anforderungen an die Elternrolle überfordert (Borchard et
al. 2008; Meyer 2002). Elternschaft und damit auch
Elternverantwortung wird vorverlagert: so beginnt
aktive und verantwortete Elternschaft schon in der
vorgeburtlichen Phase. Zudem soll die Erziehung
bildungsengagiert und kommunikativ im Sinne einer partnerschaftlichen Aushandlung organisiert
sein (Meyer 2002).

Eltern als Adressatengruppe Sozialer Arbeit

Soziale Arbeit richtet sich an bzw. auf Eltern, denn
„Soziale Arbeit im weitesten Sinn als Element gesell-
schaftlich-öffentlicher Gestaltung von Lebensformen findet seit ihren Ursprüngen in Auseinandersetzung mit, in Absetzung von oder an Stelle der
privat-familialen Lebensgestaltung statt und zielt
dabei auf gelingende (familiale) Privatheit hin, wobei sich Gelingen oder Misslingen an der jeweils
gültigen, typisierten Normalität bemisst" (Kars-
ten/Otto 1996, 10). Kinder- und Jugendhilfe ist
durch den Wandel von Elternschaftskonstellationen
einerseits und durch die fortschreitenden wohlfahrtsstaatlichen Transformationsprozesse andererseits besonders herausgefordert (Beckmann et al.
2009). Elterliche Erziehungspraktiken geraten somit
in zweifacher Hinsicht in den Fokus Sozialer Arbeit
bzw. der Kinder- und Jugendhilfe: Einerseits geht es
um Eltern als Subjekte der Erziehung, also als diejenigen, durch die die Erziehung von Kindern und
Jugendlichen geschieht und andererseits geht es um
Eltern als Objekte von Erziehung, in diesem Fall ist
die Erziehung auf Eltern gerichtet und zielt auf eine
bestimmte Ausgestaltung von Elternschaft und Fa-

milie (Sabla 2009). Soziale Arbeit richtet ihren Blick insbesondere dann auf Eltern, wenn diese das Wohl ihrer Kinder gefährden oder nicht gewährleisten können. Der sog. Schutzauftrag für das Kind besteht in allen sozialpädagogischen Handlungsfeldern, konkretisiert sich aber insbesondere in der Kinder- und Jugendhilfe (insbesondere in § 8a SGB VIII). Unterhalb der Eingriffshürde „Kindeswohlgefährdung" richtet sich der sozialpädagogische Zugang zu Eltern, neben allgemeinen Angeboten zur Förderung, Beratung und Unterstützung, nach deren Erziehungsfähigkeit, denn die Voraussetzung für die Gewährung von Hilfen zur Erziehung ist, dass „eine dem Wohl des Kindes oder des Jugendlichen entsprechende Erziehung nicht gewährleistet ist" (§ 27 Abs. 1 SGB VIII). Daraus resultierend wird die Erziehungskompetenz der Eltern in der Kinder- und Jugendhilfe vornehmlich aus der Perspektive des Gefährdungspotenzials betrachtet und steht im Falle einer Unterstützungsbedürftigkeit in Gefahr von Seiten der Eltern als individuelles Versagen und relative Ohnmacht vor dem Hintergrund gesellschaftlicher Idealvorstellungen empfunden zu werden. Gerade Eltern niedriger sozialer Klassen, die weniger ihr Recht auf Unterstützung als viel mehr den Zwangscharakter der Angebote wahrnehmen, artikulieren seltener ihre Ansprüche. Die Fokussierung auf das inhaltlich-normative Konzept der Erziehungsfähigkeit wird durch eine Degradierung von bestimmten familial verankerten, milieuspezifischen Erziehungsformen begleitet, was sich aktuell in Bezug auf sog. Unterschichts- und MigrantInnenfamilien als gesellschaftliches Anerkennungsproblem darstellt (Bauer / Wiezorek 2007, 615). Die Priori-

sierung der Elternrechte und die Unterstützung der Elternautonomie gilt damit nicht oder weniger für Eltern aus bestimmten Bevölkerungsgruppen – konkret der „neuen Unterschicht". Für diese Eltern verschiebt sich die Adressierung „in Richtung Screening und ‚Früherkennung': Fördern, Fordern und Kontrollieren im frühest möglichen Stadium" (Marquard 2008, 55). So sollen insbesondere die Eltern von Kleinstkindern im Sinne einer Risikofrüherkennung mit Hilfe umfassender Screenings möglichst rechtzeitig als „Risikofamilien" identifiziert werden. Darüber hinaus stellt sich die Frage, was den „identifizierten" Risiko-Eltern anschließend angeboten wird, um das Wohl der Kinder zu gewährleisten. Die als prekär zu bezeichnenden Lebenslagen von Eltern und Kindern werden zwar thematisiert, allerdings geht es hier eher um eine risikoorientierte, präventive und teilweise stigmatisierende Inblicknahme der Eltern (Kutscher 2008).

Dass die Mehrzahl der Eltern Unterstützungsangebote benötigt, hat der Siebte Familienbericht (2005) verdeutlicht. Allerdings sind ihre Bedarfslagen so unterschiedlich wie ihre Lebenslagen und Elternschaftskonstellationen. Was Eltern in ihren unterschiedlichen Lebenssituationen und Elternschaftskonstellationen an Unterstützungsleistungen benötigen ist nicht ausreichend bekannt. Das mag daran liegen, dass das Hauptaugenmerk der Familienpolitik auf dem Kindeswohl liegt und Elternschaft auch in der familienwissenschaftlichen Forschung – mit wenigen Ausnahmen – ein wenig beachtetes Themenfeld ist (vgl. Villa / Thiessen 2009; Borchard et al. 2008).

Literatur

Bauer, P., Wiezorek, C. (2007): Zwischen Elternrecht und Kindeswohl. In: Ecarius, J.(Hrsg.): Handbuch Familie. VS Verlag, Wiesbaden, 614–636

Beck, U. (1986): Risikogesellschaft. Auf dem Weg in eine andere Moderne. Suhrkamp, Frankfurt / M.

Beck-Gernsheim, E. (1994): Auf dem Weg in die postfamiliale Familie. In: Beck, U., Beck-Gernsheim, E. (Hrsg.): Riskante Freiheiten: Individualisierung in modernen Gesellschaften. Suhrkamp, Frankfurt / M., 115–138

Beckmann, C., Otto, H.-U., Richter, M., Schrödter, M. (Hrsg.) (2009): Neue Familialität als Herausforderung der Jugendhilfe. Neue Praxis, Sonderheft 9

Bertram, H., Borrmann-Müller, R. (1988): Individualisierung und Pluralisierung familialer Lebensformen. In: Aus

Politik und Zeitgeschichte. Beilage zur Wochenzeitung das Parlament B13 / 1988, 14–23

BMFSFJ (2005): 12. Kinder- und Jugendbericht. Berlin

Böckenförde, E.W. (1980): Elternrecht – Recht des Kindes – Recht des Staates. Zur Theorie des verfassungsrechtlichen Elternrechts und seiner Auswirkung auf Erziehung und Schule. In: Krautscheidt, J., Marré, H. (Hrsg.): Essener Gespräche zum Thema Staat und Kirche, Band 14. Münster, 54–98

Borchard, M., Henry-Huthmacher,C., Merkle, T., Wippermann, C. (2008): Eltern unter Druck. Selbstverständnisse, Befindlichkeiten und Bedürfnisse von Eltern in verschiedenen Lebenswelten. Lucius & Lucius, Berlin

Huinink, J., Wagner, M. (1998): Individualisierung und die

Pluralisierung von Lebensformen. In: Friedrichs, J. (Hrsg.): Die Individualisierungsthese. Leske + Budrich, Opladen, 85–106

Karsten, M.-E., Otto, H.-U. (1996): Einleitung: Die sozialpädagogische Ordnung der Familie. In: Karsten, M.-E., Otto, H.-U. (Hrsg.): Die sozialpädagogische Ordnung der Familie. Beiträge zum Wandel familialer Lebensweisen und sozialpädagogischer Intervention. Juventa, Weinheim / München, 9–34

Kaufmann, F.-X. (2006): „Verantwortung" im Sozialstaatsdiskurs. In: Heidbrink, L., Hirsch, A. (Hrsg.): Verantwortung in der Zivilgesellschaft. Campus, Frankfurt / M. / New York, 39–60

– (1997): Herausforderungen des Sozialstaates. Suhrkamp, Frankfurt / M.

– (1995): Zukunft der Familie im vereinten Deutschland. C. H. Beck, München

– (1992): Der Ruf nach Verantwortung. Risiko und Ethik in einer unüberschaubaren Welt. Herder, Freiburg / Basel / Wien

– (1982): Elemente einer soziologischen Theorie sozialpolitischer Interventionen. In: Kaufmann, F.-X. (Hrsg.): Staatliche Sozialpolitik und Familie. Oldenbourg, München / Wien, 49–86

Klein, A., Landhäußer, S., Ziegler, H. (2005): The Salient Injuries of Class: Zur Kritik der Kulturalisierung struktureller Ungleichheit. Widersprüche 98, 45–74

Kolbe, W. (2002): Elternschaft im Wohlfahrtsstaat. Campus, Frankfurt / M.

Kutscher, N. (2008): Prävention unter Druck: Frühwarnsysteme und Elterntrainings. Sozial Extra, 1 / 2, 38–41

Maier, M. S. (2009): Homosexuelle Paare. In: Lenz, K., Nestmann, F. (Hrsg.): Handbuch Persönliche Beziehungen. Juventa, Weinheim / München, 259–278

Marquard, P. (2008): Fördern – Fordern – Kontrollieren. Anmerkungen zu Ambivalenzen der aktuellen Kinderschutzdebatte. FORUM Jugendhilfe 4, 55–61

Meyer, T. (2002): Moderne Elternschaft – neue Erwartungen, neue Ansprüche Aus Politik und Zeitgeschichte (B 22–23 / 2002) In: http://www1.bpb.de/publikationen/JFC335,0,Moderne_Elternschaft_neue_Erwartungen_neue_Anspr%FCche, 02.03.2010

Münder, J. (1999): Familien und Jugendhilferecht: Eine sozialwissenschaftliche Einführung, Bd. 1. Luchterhand, Neuwied

– (1998): Die Reform des Kindschafts- und Beistandsrechts und die Auswirkungen auf die Kinder- und Jugendhilfe. Neue Praxis 4, XXX

Notz, G. (2005): Der Wandel der familiären Strukturen: Lebensweisen und Generationenwechsel. Pro-Familia-Magazin 4, 4–7

Oelkers, N. (2009): Aktivierung von Elternverantwortung im Kontext der Kindeswohldebatte. In: Beckmann, C., Otto, H.-U., Richter, M., Schrödter, M. (Hrsg.), 125–134

– (2007): Aktivierung von Elternverantwortung. Zur Aufgabenwahrnehmung in Jugendämtern nach dem neuen Kindschaftsrecht. Transcript, Bielefeld

–, Richter, M. (2009): Die post-wohlfahrtsstaatliche Neuordnung des Familialen. In: Böllert, K., Oelkers, N. (Hrsg.): Frauenpolitik in Familienhand. VS Verlag, Wiesbaden, 15–24

Peuckert, R. (2008): Familienformen im sozialen Wandel. 7., vollst. überarb. Aufl. VS Verlag, Wiesbaden

– (2007): Zur aktuellen Lage der Familie. In: Ecarius, J. (Hrsg.): Handbuch Familie. VS Verlag, Wiesbaden

Sabla, K.-P. (2009): Vaterschaft und Erziehungshilfen. Lebensweltliche Perspektiven und Aspekte einer gelingenden Kooperation. Juventa, Weinheim / München

Schütter, S. (2006): Die Regulierung von Kindheit im Sozialstaat. Neue Praxis 5, 467–482

Vaskovics, L. (1998): Soziale, biologische, genetische und rechtliche Elternschaft. 2. europäischer Fachkongress Familienforschung, Plenarvortrag ÖIF – Materialsammlung Heft 4 „Lebens- und Familienformen – Tatsachen und Normen" (12.–14.6.1997)

Villa, P., Thiessen, B. (Hrsg.) (2009): Mütter–Väter: Diskurse Medien Praxen. Münster

Zenz, G. (1979): Kindesmißhandlung, Kinderschutz und Kinderrechte im geschichtlichen Überblick. In: Zenz, G. (Hrsg.): Kindesmißhandlung und Kinderrechte. Erfahrungswissen, Normstruktur und Entscheidungsrationalität. Suhrkamp, Frankfurt / M., 19–76

Empowerment

Von Mike Seckinger

Empowerment wird als das bedeutendste theoretische Konzept in der Gemeindepsychologie gesehen (Orford 2008) und hat die Soziale Arbeit seit Jahrzehnten nachhaltig beeinflusst. Die Grundannahme des Empowerments liegt darin, dass die Machtverteilung innerhalb einer Gesellschaft maßgeblich zur Entstehung von menschlichem Leid und gesellschaftlichen Problemen beiträgt und deshalb eine Veränderung der Machtverhältnisse Gegenstand psychosozialer Arbeit sein muss. Dies ist für sich genommen noch keine besonders neue und spektakuläre Erkenntnis, doch im Unterschied zu anderen Konzepten psychosozialer Arbeit wird in den Definitionen von Empowerment der enge Zusammenhang zwischen Individuum, sozialer Gruppe und Gesellschaft betont. Psychosoziale Arbeit ist aus der Perspektive des Empowerments nur dann erfolgreich, wenn sie gleichzeitig auf diese drei Ebenen zielt. Rappaport definiert Empowerment als einen Prozess, durch den der Einzelne, ebenso wie Organisationen und Communities, Macht (*mastery*) über ihre Angelegenheiten gewinnen (Rappaport 1987, 122). In dieser Definition wird der Dreiklang von Individuum, sozialem Umfeld und Gesellschaft ebenso betont wie bei Stark (1996, 16 f.). Zimmerman beschreibt die enge Verknüpfung von Individuum und Gesellschaft im Empowermentkonzept mit den Worten: „Empowerment theory connects individual well-being with the larger social and political environment. And suggests that people need opportunities to become active in community decision-making in order to improve their lives, organizations, and communities" (Zimmerman 2000, 58). Francescato und Tomai (2001) begründen die notwendige Verknüpfung dieser drei Ebenen damit, dass jede Person in eine soziale Umwelt eingebettet ist und sich kaum alleine aus eigener Anstrengung „empowern" kann. Vielmehr sei Empowerment immer eng mit dem Kampf um Bürgerrechte, Menschenrechte und soziale Rechte verbunden. Peterson et al. (2005) beschreiben Empowerment als soziale Aktion, durch die Menschen größere Kontrolle über ihr Leben erhalten und mit höherer Wirksamkeit darauf einwirken können. Mit Empowerment ist – so Peterson et al. – eine Zunahme an sozialer Gerechtigkeit verbunden. Empowerment verbindet konzeptionell individuelle Stärken und Kompetenzen mit Selbsthilfe (*natural helping systems*) und Engagement in sozialpolitischen Themen sowie mit sozialer Veränderung (Zimmerman / Rappaport 1988, 725). Fryer (1994) sieht im Empowerment eine Strategie, Menschen zu helfen, die Wirkung von Macht zu verstehen, ihre eigene Macht zu fördern und Benachteiligungen abzubauen. Zusammenfassend lässt sich Empowerment als ein Konzept beschreiben,

„das erfolgreich Prozesse sozialer Aktion mit einer professionellen Haltung [verbindet], die sich konsequent den individuellen und kollektiven Ressourcen der Menschen zuwendet. Gleichzeitig werden drei Handlungsebenen miteinander verknüpft, die sonst meist getrennt behandelt werden: Individuum – soziales Netz – Organisation". (Lenz / Stark 2002, 7)

Trotz aller Bemühungen bleibt die Definition unscharf. Warum? Die spezifische Ausformung des Handelns hängt stark von den beteiligten Personen, Organisationen und Communities ab, die durch Empowerment ihren Einfluss auf ihre Lebensbedingungen steigern, den Zugang zu benötigten Ressourcen verbessern und ein kritisch-reflexives Verständnis ihrer sozialen Umwelt und dem Kontext, in dem dieses geschieht, (weiter-)entwickeln wollen (Zimmerman 2000). Empowerment ist ein postmodernes Konzept, dessen Konkretisierung nur in der Aushandlung der am Prozess Beteiligten geschehen kann.

Otto/Thiersch (Hg.), Handbuch Soziale Arbeit, 4. A., DOI 10.2378/ot4a.art033,
© 2011 by Ernst Reinhardt, GmbH & Co KG, Verlag, München

Historische Wurzeln

Die Multidimensionalität des Empowerment-konzepts spiegelt sich auch in den vielfältigen dis-ziplinären Bezügen (z. B. Hur 2006) und den unterschiedlichen historischen Wurzeln wider. Wesentliche Impulse für die Entwicklung der Empowermenttheorie kommen aus der Pädagogik der Unterdrückten (Freire 1987), der US-ameri-kanischen Bürgerrechtsbewegung, dem Feminis-mus und der Selbsthilfebewegung.

Pädagogik der Unterdrückten

Freire sieht es als Aufgabe von Erziehung an, Men-schen zu helfen, die Fähigkeit zu entwickeln, die Welt aus einer kritisch-analytischen Perspektive zu betrachten und zu „Subjekten der sozialen und politischen Selbstgestaltung" (Herriger 1997, 32) zu werden. Dazu ist es notwendig, die Idee eines hierarchisch organisierten Erziehungsprozesses, der Ungleichheiten reproduziert und Unterdrückungs-verhältnisse stabilisiert, zugunsten einer gemein-samen, dialogischen Aneignung aufzugeben. Somit ist auch die traditionelle Definition der Experten-rolle infrage gestellt. Expertise erweist sich nämlich nicht in der Menge an Wissen, das vermittelt wer-den soll, sondern in der Unterstützung der Pro-blemformulierung und der gemeinsamen Reflexion des Problems, und zwar mit dem Ziel, passende Lösungen für die konkrete Situation zu finden.

US-amerikanische Bürgerrechtsbewegung

Die US-amerikanische Bürgerrechtsbewegung wur-de durch die Erfolge der Befreiungsbewegungen in den ehemaligen Kolonien angeregt und erzwang in politischer Selbstorganisation massive gesell-schaftliche Umwälzungen. Die Bürgerrechtsbewe-gung bewies, dass sich Menschen durch gemein-same Aktionen und kritische Reflexion der gesellschaftlichen Verhältnisse aus ihrer Ohnmacht befreien können. Ihre Anregungsfunktion für die Entwicklung der theoretischen Auseinanderset-zungen mit Empowerment bestand in besonderer Weise darin, dass Teile der Bürgerrechtsbewegung von der Idee geprägt waren, dass jeder sein Leben in die eigene Hand nehmen kann, wenn dies ge-meinsam geschieht (ausführlicher hierzu Herriger 1997).

Feminismus

Die Erfolgsgeschichte der neueren Frauenbewegung (seit den 1960er Jahren) überstrahlt die vieler ande-rer sozialer Bewegungen erheblich, denn sie hat zu nachhaltigen gesellschaftlichen Veränderungen ge-führt. Der Frauenbewegung ist es gelungen, ihre Themen zu Themen gesellschaftlicher Auseinander-setzung zu machen. Dies zeigt, wie wirksam und notwendig es ist, Veränderungserfordernisse sowohl auf der individuellen Ebene, der Gruppenebene als auch der gesellschaftlichen Ebene zu artikulieren.

Selbsthilfebewegung

Die Selbsthilfebewegung inspiriert die Weiterent-wicklung der Empowermenttheorie auf vielfältige Weise. Denn auch Gruppen, denen niemand eine Eigenorganisation und eine eigene Interessensver-tretung zugetraut hat, haben tatsächlich Einfluss auf ihre Situation gewonnen. Die Etablierung der Psychiatrie-Erfahrenen ist hierfür ein Beispiel (Knuf / Seibert 2001). Der zwar noch durchaus eingeschränkte Erfolg der Psychiatrie-Erfahrenen zeigt, dass es selbst stigmatisierten Gruppen, die zudem noch von besonders starken Einschränkun-gen ihrer Rechte bedroht sind, möglich ist, ihre Interessen selbst zu vertreten und einen Weg aus der Hilflosigkeit zu finden. Zudem zeugen die vie-len Selbsthilfegruppen von der Wirksamkeit des Prozesses, sich aus der individuellen Unzufrieden-heit und dem individuellen Leiden herauszube-geben, die gemeinsame Reflexion der eigenen Le-benssituation mit anderen in ähnlichen Situationen zu suchen, Informationen austauschen, gemeinsam Interessen und Standpunkte zu formulieren und diese gestärkt durch den Rückhalt und die Aus-einandersetzungen in der Gruppe öffentlich zur Geltung zu bringen. Die Erforschung dieser Pro-zesse trug und trägt wesentlich zu einem tieferen Verständnis von Empowerment bei (Stark 1996; Keupp 1998).

Diese historischen Wurzeln repräsentieren Erfah-rungen, wie das Eigene selbst in die Hand genommen werden kann. Es geht im Unterschied zu anderen Strategien der Machtgewinnung jedoch nicht darum, die Interessen einzelner Gruppen über die anderer zu stellen. Das Ziel ist es nicht, diejenigen, die Macht über andere haben, auszutauschen. Bisher unterdrückte Gruppen sollen nicht Macht über ihr eigenes Leben erhalten, um anderen die Möglichkeiten zu entziehen, ihr Leben selbst gestalten. Vielmehr wird angestrebt, dass alle ihr Leben in Eigenverantwortung gemeinsam mit anderen gestalten können. Dies ist eine zentrale Perspektive des Empowerment.

Empowermenttheorie und ihre Handlungsrelevanz

Empowerment ist also ein multidimensionaler Ansatz, der auf die Zunahme von Einfluss auf und Macht über das eigene Leben zielt, dabei aber keine eindeutigen und überall anwendbaren Handlungsstrategien formulieren kann. Kann die psychosoziale Arbeit, die eine immer ausgeprägtere Programmorientierung entwickelt (kritisch hierzu Otto et al. 2009), sich noch auf eine solche Vagheit, wie sie dem Empowermentansatz inhärent ist, einlassen? Bei all der Offenheit in der Umsetzung der theoretischen Überlegungen zu Empowerment lassen sich trotzdem bestimmte Formen professionellen Handelns und die Konzentration auf bestimmte Themen als hilfreich für Empowerment beschreiben. Eine konsequente Orientierung an den Ressourcen der Adressaten gehört ebenso dazu wie Netzwerkarbeit, die Thematisierung von Widersprüchen und Ambivalenzen, die Verknüpfung des Individuums mit der gesellschaftlichen Ebene sowie die Förderung der Beteiligung (Rappaport 1987; Keupp 1998; Zimmerman 2000; Lenz 2002; Theunissen 2007). Hur (2006) schlägt folgendes Modell als Quintessenz der verschiedenen Konzeptionalisierungen von Empowerment vor: Der Prozess des Empowerments ist in fünf Stufen zu beschreiben. Er beginnt mit einer bestehenden sozialen Störung, dem Ausgegrenztsein Einzelner oder ganzer Gruppen. Der zweite Schritt besteht darin, sich dieser sozialen Ungleichheit bewusst zu werden, ganz im Sinne des „Konzepts der Bewusstseinsbildung" von Freire. In der dritten Phase kommt es zu einer Mobilisierung gemeinsamer Interessen, um an den als unbefriedigend erkannten Verhältnissen etwas zu

ändern. Der Einfluss auf das eigene Leben wächst durch die gemeinsame Aktion mit anderen. In der vierten Phase findet der Umschwung von gemeinsamer Aktion in eine Veränderung der Umstände statt. Und in der fünften Phase verändern sich tatsächlich bestehende Institutionen, Benachteiligungen werden abgebaut und eine neue soziale Ordnung entsteht. Damit diese fünf Phasen durchlaufen werden können, sind Empowermentprozesse sowohl auf der individuellen (*psychological empowerment*) als auch auf der kollektiven Ebene erforderlich. Psychological Empowerment richtet sich darauf, wie Menschen über sich selbst denken, welches Wissen, welche Möglichkeiten, welche Fertigkeiten und welche Macht sie in Bezug auf ihr eigenes Leben haben. Die in dem Modell von Hur genannten vier Komponenten des individuellen Empowerments (*meaning, competence, self-determination, impact*) entsprechen in etwa denen, die Antonovsky (1997) als die drei zentralen Dimensionen des Kohärenzsinns beschrieben hat: Handhabbarkeit, Verstehbarkeit und Sinnhaftigkeit. Auf kollektiver Ebene ist Empowerment gekennzeichnet durch Zugehörigkeit, Involviertheit sowie Kontrolle über die Gestaltung der Community und Gemeinschaftsbildung (Hur 2006, 536).

Wesentlich für die Reflexion der Handlungsstrategien ist die Unterscheidung in drei unterschiedlichen Fokussierungen des Empowerments: psychologisches bzw. individuelles Empowerment, empowernde Organisationen und empowerte Organisationen (Zimmerman 2000).

Individuelles Empowerment lässt sich durch den Aufbau sozialen Kapitals fördern. Die Beteiligung in entsprechenden Gruppen verringert den Eindruck eigener Einflusslosigkeit und eröffnet die Möglichkeit, neue Handlungskompetenzen zu erlernen, das Gefühl sozialer Zugehörigkeit zu entwickeln, das Vertrauen in die Beeinflussbarkeit der eigenen Lebensumstände zu stärken und die eigenen Lebensbedingungen zu verbessern (Zimmerman 2000, 47). Die Förderung von Partizipation stellt somit einen wesentlichen Bestandteil von Empowermentstrategien dar.

Empowernde Organisationen sind nach Zimmerman solche Organisationen, die Einzelnen wieder zu mehr Einfluss auf ihr Leben verhelfen, indem sie anregen, Lebensbedingungen kritisch zu reflektieren und gemeinsam mit anderen Interessen zu vertreten.

Empowerte Organisationen sind solche, die politische Entscheidungen erfolgreich beeinflussen und Alternativen zu bestehenden sozialstaatlichen Angeboten entwickeln und einsetzen.

Die Empowermenttheorie regt somit trotz ihrer Unschärfe zur konkreten Ausgestaltung psychosozialer Arbeit an. Im Folgenden wird auf vier Aspekte etwas genauer eingegangen.

Was folgt daraus für die Praxis?

(1) Empowerment als Ziel – das verdeutlichen sowohl die Definitionen als auch die historischen Bezüge – erfordert eine Neujustierung des Verhältnisses von Fachkraft und Adressat. Dass sich der Adressat der fachlichen Autorität unterordnet, widerspricht den Grundannahmen des Empowerments. Denn ein solches Verständnis von Expertenschaft verhindert oder erschwert Beteiligungsprozesse von Adressaten (Pluto / Seckinger 2008). Einfluss auf das eigene Leben zu erlangen, die Fähigkeit zur kritischen Reflexion gesellschaftlicher Prozesse und Zugang zu Ressourcen zu gewinnen, lässt sich nicht erreichen, wenn man den Vorgaben und Zuschreibungen von Experten folgt (zu Labeling-Effekten siehe Keupp 2010). Fachkräfte sind gefordert, sich als Moderator und Katalysator von Prozessen der Selbstbemächtigung zu verstehen und nicht als Experten, die eine passende Lösung anbieten können. Notwendig wird somit eine professionelle Haltung, die geprägt ist vom Respekt gegenüber anderen Lebensentwürfen, von der Anerkennung des Eigensinns der anderen und der Aushandlung als dem wesentlichen Modus psychosozialer Arbeit.

(2) Die Empowermentperspektive setzt wesentliche Impulse für eine Überwindung der immer wieder erlebten Hilflosigkeit des eigenen professionellen Handelns. Denn wenn nicht mehr das Erreichen eines unabhängig von den Adressaten definierten Zieles im Vordergrund psychosozialen Handelns steht, sondern die gemeinsame Suche nach Wegen, wie der Einfluss auf das eigene Leben und der Zugang zu Ressourcen vergrößert werden kann, dann wird psychosoziale Arbeit tatsächlich zur Koproduktion. Die Verantwortung für Erfolg und Misserfolg kann nicht mehr der einzelnen Fachkraft alleine zugewiesen werden. Vielmehr ergeben sich neue Handlungsmöglichkeiten, wie man Adressaten in ihrem Bestreben, eine autonome Lebensführung zu erreichen, unterstützen kann.

(3) Die Verbesserung des Zugangs zu Ressourcen erfordert ein Agieren der Fachkräfte auf unterschiedlichen politischen Ebenen. Empowerment drückt sich nicht in einer verbesserten Adaption der Adressaten an bestehende gesellschaftliche Bedingungen aus. Für die Fachkräfte bedeutet dies, die Strukturen sozialstaatlicher Angebote kritisch zu hinterfragen, gemeinsam mit Adressaten Alternativen zu entwickeln und gesellschaftliche Ausgrenzungsprozesse zu benennen und zu bekämpfen. Soziale Arbeit ohne ein politisches Mandat kann ihrem Auftrag aus der Empowermentperspektive nicht gerecht werden.

(4) Bestehende Ausbildungsgänge für das Feld der psychosozialen Arbeit müssten hinsichtlich ihres Beitrags zu den Fähigkeiten der zukünftigen Fachkräfte überprüft und entsprechend verändert werden. Vermittelt werden müssen eine kritische Reflexion der jeweils spezifischen Lebensverhältnisse und ihrer Bedingungen, ein Verständnis für die wechselseitige Beeinflussung von Individuum und Gesellschaft, Anregungs- und Förderungsmöglichkeiten von Beteiligungsprozessen und die Verknüpfung der individuellen, der sozialen und der gesellschaftlichen Ebene.

Einwände gegen das Empowermentkonzept

Im Folgenden werden die wichtigsten kritische Einwände zur Empowermenttheorie skizziert.

(1) Die Betonung von Konzepten wie Mastery, Kontrolle, Wirksamkeit, wie sie vor allem – aber nicht nur – in der US-amerikanischen Literatur zu Empowerment zu finden ist, wird bereits seit Langem als ein sehr individualistischer und konkurrenzorientierter Ansatz kritisiert (Riger 1993). Anschlussfähig an diese Kritik sind auch die Stimmen, die das aktive und kompetente Subjekt betonen, welches in der Lage ist, Einfluss auf seine Lebensführung zu nehmen. Eine Nähe zu neoliberalen Konzepten der Aktivierung von Bürgern anstelle der gesellschaftlichen Verantwortung für die Minderung von Leid und Ausgrenzung wird gesehen (Quindel / Pankofer 2000). Die vielfach anzutreffende Fokussierung auf die individuelle Ebene von Empowerment birgt die Gefahr, dass Empower-

ment auf eine Stärkung der Kontrollüberzeugung reduziert wird, das bedeutet, dass nur das Gefühl der Kontrolle über das eigene Leben gesteigert wird, und nicht die tatsächliche Kontrolle. Somit wird möglicherweise das Politische zum Privaten und es ändert sich am Status quo der Machtverteilung nichts (Orford 2008, 36). Das Ziel des Empowerments wird also verfehlt. Dieser Art von Einwänden ist entgegenzuhalten, dass die Stärkung sozialen Kapitals als zentral für den Empowermentprozess angesehen wird (Stone / Levine 1985; Stark 1996; Francescato et al. 2007) und der Gefahr einer individualistischen Verkürzung entgegenwirkt. Hagan und Smail (1997) schlagen zur Anregung eines Empowermentprozesses vor, ein „Powermapping" durchzuführen. Hierbei soll Klarheit über das Ausmaß an verfügbaren Ressourcen in den Bereichen persönliche Ressourcen, familiäres Leben, soziale Netzwerke über die engere Familie hinaus sowie materielle Ressourcen gewonnen werden. Den materiellen Ressourcen kommt hierbei eine besondere Bedeutung zu.

(2) Der zweite Einwand richtet sich auf eine mangelhafte Ausarbeitung der politischen Dimension innerhalb der Theorie. Der Zusammenhang zwischen Individuum, Gruppe und Gesellschaft wird als zentral für eine erfolgreiche Veränderung der Bedingungen angesehen, welche die Menschen in ihrer Möglichkeit einer gelingenden Lebensführung einschränken. Dennoch bleibt „die Konzeptualisierung der politischen Ebene (…) seltsam unvollständig" (Vossebrecher / Jeschke 2007, 58). Dies sei, so Vossebrecher und Jeschke, ein wesentlicher Grund, weshalb die Praxis nicht zu wirklichen Veränderungen kommen könnte. Die bisherige Forschung fokussiert zu sehr auf die Ebene des individuellen Empowerments (Zimmerman 2000), was neben der unzureichenden Konzeptualisierung der politischen Ebene trotz aller Bezugnahme auf Gesellschaftstheorien (Reich et al. 2007) dazu beiträgt, die Unschärfe des Konzepts zu erhöhen. „Es fehlen nach wie vor theoretische Kategorien, die den Zusammenhang zwischen gesellschaftlichen Strukturen und dem individuellen (psychischen) Erleben und Handeln schon auf der Ebene der Subjekte begrifflich fassbar machen" (Vossebrecher / Jeschke 2007, 59). Smail (1994) beklagt ebenfalls eine zu starke Fixierung auf das Individuum. Die politische Ebene wird zwar gesehen, aber dann wieder ausgeblendet. Notwendig wäre

es, eine psychologische Theorie zu entwickeln, die sich auch auf Materielles, auf Soziales und auf die Umwelt bezieht. Der in diesem Einwand deutlich gewordene theoretische Entwicklungsbedarf wird zwar gesehen, aber noch fehlt es an entsprechenden Weiterentwicklungen.

(3) Von verschiedenen Autor(inn)en wird immer wieder darauf hingewiesen, dass Empowerment Adressaten überfordern könnte. Lenz sieht es nicht für möglich an, Empowermentstrategien zu verwirklichen,

„wenn Menschen aufgrund eines großen Problem- und Leidensdrucks oder aufgrund akuter Hilfsbedürftigkeit in Krisen und Konfliktsituationen nicht über jenes Maß an innerer Freiheit sowie an Handlungs- und Entfaltungsspielraum verfügen, das für den Einstieg in partizipative Verständigungs- und Aushandlungsprozesse notwendig ist". (Lenz 2002, 16)

In solch stark belasteten Situationen sei es notwendig, Regressionsmöglichkeiten anzubieten und nicht Handlungsautonomie einzufordern. Wie Lenz selber weiter ausführt, stellt gerade die Akzeptanz des Gefühls der Demoralisierung eine wichtige Basis für den Beginn von Empowermentprozessen dar. Die Studie von Terzioglu (2005) belegt, wie hilfreich eine der Situation angemessene, zeitlich beschränkte und von den Adressaten selbst auch gewünschte Delegation von Verantwortung an die Fachkraft sein kann. Der wesentliche Unterschied zu traditionellen Konzepten besteht darin, dass die Adressaten selbst über das Ausmaß an Verantwortungsdelegation auf die Fachkraft entscheiden. Wenn dies aktuell, z. B. aufgrund einer Psychose, nicht möglich ist, dann beruht die Verantwortungsübernahme auf einer Vereinbarung, die vorher zwischen der Fachkraft und der Unterstützung bedürfenden Person getroffen wurde.

(4) Empowermentstrategien – so ein weiterer Einwand – führen in der Praxis durch einen Mangel an Reflexion der unterschiedlichen Interessen von Fachkräften und Adressaten in ihrer Anwendung häufig zu subtilen Formen der Kontrolle, gegen die sich die Unterstützung Suchenden kaum wehren können (Vossebrecher / Jeschke 2007, 60; Quindel / Pankhofer 2000; Quindel 2010). Da gesellschaftliche Rollenzuweisungen und Erwartungen sich nicht einfach auflösen lassen, kann mangelnde Reflexion von Machtprozessen zur Überforderung

von Fachkräften und Adressaten führen. Der Modus des Aushandelns ist ein entscheidendes Merkmal von Empowerment und stellt ein inhärentes Korrektiv auch gegen subtile Formen der Machtausübung dar. Die Förderung von Partizipation ist in einem hohen Maße selbstreferentiell, kann also nicht stattfinden, wenn nicht auch das Partizipationsfördernde selbst partizipativen Prozessen unterliegt. Insofern trägt Empowerment auch zur Destabilisierung subtiler Formen der Machtausübung bei. Finden Aushandlungsprozesse nicht statt, dann handelt es sich nicht um Empowerment. Zwar werden auch in einer beteiligungsorientierten Praxis Entscheidungen durch den Einsatz von Macht getroffen (Pluto 2007), die sich u. a. aufgrund gesellschaftlicher Statuszuweisungen, wie sie mit den Rollen Fachkraft und Adressat verbunden sind, ergibt. Dies ändert jedoch nichts daran, dass sich Empowermentstrategien nicht besonders gut für den Versuch eignen, Adressaten zu dominieren. Insofern stellt dieser Einwand das Empowermentkonzept nicht infrage, sondern weist auf die Komplexität von Empowerment und den damit verbundenen Anforderungen an die Praxis hin.

Forschungsbedarfe

Die Einwände und kritischen Anmerkungen zur Theorie und Praxis von Empowerment zeigen Bedarf an Forschung und Weiterentwicklung auf.

Gerade mit Blick auf veränderte gesellschaftliche Bedingungen, die sich in Metaphern wie z. B. dem „unternehmerischen Selbst" oder „den Abgehäng-

ten" ausdrückt, ist es notwendig, das Verhältnis von einerseits dem Gefühl, Kontrolle über das eigene Leben zu haben und andererseits den tatsächlichen Möglichkeiten, Kontrolle über das eigene Leben auszuüben, genauer zu klären. Denn möglicherweise verbessert ein rein auf psychologische Dimensionen reduziertes Empowerment zwar das Lebensgefühl, ändert aber nichts an den Einflussmöglichkeiten auf die Gestaltung des eigenen Lebens.

Eine systematische Ausweitung der Forschung zu Empowerment auf die Ebene von sozialen Gruppen und in den politischen Kontext ist notwendig, um so die von Vossebrecher und Jeschke (2007) angemahnte Konkretisierung des Politischen in der Empowermenttheorie leisten zu können.

Obwohl in der letzten Dekade vermehrt Forschungsarbeiten zur Förderung von Beteiligungsprozessen in der sozialen Arbeit durchgeführt wurden (z. B. Terzioglu 2005; Pluto 2007; Seckinger 2006), ist eine Weiterentwicklung der Empowermenttheorie auf weitere Forschung zu diesen Fragestellungen angewiesen (auch Peterson et al. 2005).

Eine empowermentorientierte Soziale Arbeit bedarf auch entsprechender Forschungsmethoden. Denn werden Ziele und Strategien von Forschung ebenso wie Inhalte von Evaluationen ohne diejenigen bestimmt, die eigentlich im Zentrum der Forschung beziehungsweise des aus den Forschungsergebnissen abgeleiteten Handelns stehen, dann wird dies Empowermentprozesse behindern. Es ist daher notwendig, partizipative Evaluationsstrategien fortzuentwickeln, z. B. für die Erfolgskontrolle von Empowermentstrategien und für deren Steuerung und Weiterentwicklung.

Literatur

Antonovsky, A. (1997): Salutogenese. Zur Entmystifizierung der Gesundheit. dgvt, Tübingen

Francescato, D., Arcidiacono, C., Albanesi, C., Mandarini, T. (2007): Community Psychology in Italia: Past Developments and Future Perspectives. In: Reich, S., Riemer, M., Prilleltensky, I., Montero, M. (Hrsg.): International Community Psychology. Histories and Theories. Springer, New York, 263–281

–, Tomai, M. (2001): Community Psychology: Should There Be a European Perspective? Journal of Community and Applied Social Psychology 11, 371–380

Freire, P. (1987): Pädagogik der Unterdrückten. Bildung als Praxis der Freiheit. Rowohlt, Reinbek

Fryer, D. (1994): Commentary: Community Psychology and Politics. Journal of Community Psychology and Applied Social Psychology 4, 11–14

Hagan, T., Smail, D. (1997): Power-mapping – Background and Basic Methodology. Journal of Community and Applied Psychology 7, 257–268

Herriger, N. (1997): Empowerment in der sozialen Arbeit. Eine Einführung. Kohlhammer, Stuttgart

Hur, H. M. (2006): Empowerment in Terms of Theoretical Perspectives: Exploring a Typology of the Process and Components across Disciplines. Journal of Community Psychology 34, 523–540

Keupp, H. (2010): Labeling: Der Trichter der Exklusion. In: Keupp, H., Rudeck, R., Schröer, H., Seckinger, M., Straus,

F. (Hrsg.): Armut und Exklusion. Gemeindepsychologische Analysen und Gegenstrategien. dgvt, Tübingen

– (1998): Von der fürsorglichen Belagerung zum Empowerment: Perspektiven einer demokratischen Wohlfahrtsgesellschaft. Gemeindepsychologie Rundbrief 4, 20–31

Knuf, A., Seibert, U. (Hrsg.) (2001): Selbstbefähigung fördern. Empowerment und psychiatrische Arbeit. Psychiatrie-Verlag, Bonn

Lenz, A. (2002): Empowerment und Ressourcenaktivierung – Perspektiven für die psychosoziale Praxis. In: Lenz, A., Stark, W. (Hrsg.): Empowerment. Neue Perspektiven für psychosoziale Praxis und Organisation. dgvt, Tübingen, 13–53

–, Stark, W. (2002): Einführung. In: Lenz, A., Stark, W. (Hrsg.): Empowerment. Neue Perspektiven für psychosoziale Praxis und Organisation. dgvt, Tübingen, 7–10

Orford, J. (2008): Community Psychology. Challenges, Controversies and Emerging Consensus. Wiley, Chichester

Otto, H.-U., Polutta, A., Ziegler, H. (2009): Evidence-Based Practice – Modernising the Knowledge Base of Social Work? Farmington Barbara Budrich, Hills

Peterson, N. A., Lowe, J. B., Aquilino, M. L., Schneider, J. E. (2005): Linking Social Cohesion and Gender to Intrapersonal and Interactional Empowerment: Support and New Implications for Theory. Journal of Community Psychology 33, 233–244

Pluto, L. (2007): Partizipation in den Hilfen zur Erziehung. Eine empirische Studie. DJI-Verlag, München

–, Seckinger, M. (2008): Experten stehen sich selbst im Weg – einige Anmerkungen zur Beteiligung von Adressaten in den stationären Hilfen zur Erziehung. In: Musfeld, T., Quindel, R., Schmidt, A. (Hrsg.): Einsprüche. Kritische Praxis sozialer Arbeit in der Kinder- und Jugendhilfe. Schneider, Baltmannsweiler, 113–137

Quindel, R. (2010): Empowerment in der Erziehungsberatung mit Eltern aus bildungsfernen Milieus. In: Keupp, H., Rudeck, R., Schröer, H., Seckinger, M., Straus, F. (Hrsg.): Armut und Exklusion. Gemeindepsychologische Analysen und Gegenstrategien. dgvt, Tübingen (i. E.)

–, Pankofer, S. (2000): Chancen, Risiken und Nebenwirkungen von Empowerment – Die Frage nach der Macht. In: Miller, T., Pankofer, S. (Hrsg.): Empowerment konkret.

Handlungsentwürfe und Reflexionen aus der psychosozialen Praxis. Lucius & Lucius, Stuttgart, 33–44

Rappaport, J. (1987): Terms of Empowerment / Exemplars of Prevention: Toward a Theory for Community Psychology. American Journal of Community Psychology 15, 121–148

Reich, S., Riemer, M., Prilleltensky, I., Montero, M. (2007): Conclusion: Histories and Theories of Community Psychology around the Globe. In: Reich, S., Riemer, M., Prilleltensky, I., Montero, M. (Hrsg.): International Community psychology. Histories and Theories. Springer, New York, 415–436

Riger, S. (1993): What's wrong with Empowerment? American Journal of Community psychology 21, 279–292

Seckinger, M. (Hrsg.) (2006): Partizipation – Ein zentrales Paradigma. Analysen und Berichte aus psychosozialen und medizinischen Handlungsfeldern. dgvt, Tübingen

Smail, D. (1994): Community Psychology and Politics. Journal of Community and Applied Social Psychology 4, 3–10

Stark, W. (1996): Empowerment. Neue Handlungskompetenzen in der psychosozialen Praxis. Lambertus, Freiburg / Br.

Stone, R. A., Levine, A. G. (1985): Reactions to Collective Stress: Correlates of Active Citizen Participation. Prevention in Human Services 4, 153–177

Terzioglu, P. (2005): Die gelungene Arzt-Patient-Kooperation in der psychiatrischen Praxis. Psychiatrie-Verlag, Bonn

Theunissen, G. (2007): Empowerment behinderter Menschen. Lambertus, Freiburg / Br.

Vossebrecher, D., Jeschke, K. (2007): Empowerment zwischen Vision für die Praxis und theoretischer Diffusion. Forum kritische Psychologie 51, 53–66

Zimmerman, M. A. (2000): Empowerment Theory. Psychological, Organizational and Community Levels of Analysis. In: Rappaport, J., Seidman, E. (Hrsg.): Handbook of Community Psychology. Kluwer Academic / Plenum Publisher, New York, 43–63

–, Rappaport, J. (1988): Citizen Participation, Perceived Control, and Psychological Empowerment. American Journal of Community Psychology 16, 725–750

Entwicklung

Von Rolf Oerter

Grundlagen

Entwicklungsbegriff

Die folgende Darstellung konzentriert sich auf Theorien und Befunde zur Ontogenese, also zur individuellen Entwicklung. Unter Entwicklung versteht man in diesem Zusammenhang nachhaltige und nachhaltig wirkende psychologische Veränderungen einer Person, z. B. Dispositionen, Wissen und Fähigkeiten. Diese Veränderungen können universell, differenziell und individuell sein. Die früher oft verwendete formale Definition von Entwicklung als altersabhängige Veränderung ist wenig hilfreich, da sich alle Veränderungen in der Zeit abspielen. Entwicklungspsychologische Prozesse resultieren in der Kindheit und Jugend oft in Strukturveränderungen, die nicht nur quantitative Steigerungen beinhalten, sondern einen mehr oder minder umfassenden Wandel in einzelnen Bereichen oder in der Gesamtpersönlichkeit.

Die Ontogenese kann auf drei Ebenen analysiert werden: als universelle Gesetzmäßigkeit, als kulturabhängige Prozesse und als differenzieller Vorgang, der für jedes Individuum spezifisch und einmalig verläuft.

Entwicklung als universeller Prozess beinhaltet Gesetzmäßigkeiten, die für alle Individuen in allen Kulturen und zu allen Zeiten gelten. Solche Gesetzmäßigkeiten existieren v. a. im Säuglingsalter und in der frühen Kindheit (Bindungsverhalten, Entstehung des Selbstbewusstseins, Theory of Mind, Gehen, Spracherwerb). Sie lassen sich auch für bestimmte neurologische und physiologische Veränderungen nachweisen (z. B. Wachstum, Pubertät, Muskel- und Knochenentwicklung).

Der Einfluss der Kultur auf die Entwicklung wird als Enkulturation bezeichnet. Sie beinhaltet die Aneignung von Handlungskompetenzen, die für das Leben in derjenigen Kultur, in der das Individuum aufwächst, erforderlich sind. Enkulturation kann als Prozess der Übernahme der Kultur bzw. des Hineinwachsens in die Kultur verstanden werden. Aus der kulturellen Perspektive vollzieht sich Entwicklung in Entwicklungsnischen (Super / Harkness 1986). Sie bilden den Teil des Ökosystems, der menschliche Entwicklung in der Kindheit und Jugend ermöglicht und sicherstellt. Man kennzeichnet die Entwicklungsnische durch das Setting, die Erziehungspraktiken und die intuitiven Erziehungstheorien der Sozialisatoren.

Die differenzielle Perspektive von Entwicklung untersucht die Variation von Verläufen innerhalb von kulturellen Gruppen. Dabei interessieren sowohl Unterschiede in der Entwicklungsgeschwindigkeit (Akzeleration, Retardation) und in Persönlichkeitsmerkmalen als auch Geschlechtsunterschiede und bildungsbedingte Unterschiede.

Entwicklungsmodelle

Entwicklungsmodelle versuchen, wesentliche Bedingungen der komplexen Wirklichkeit der Interaktion von Anlage, Umwelt und Eigenaktivität vereinfacht darzustellen. In der Entwicklungspsychologie gibt es unterschiedliche Modelle, mit denen spezifische Sichten auf entwicklungsmäßige Veränderungen abgebildet werden: Entwicklung als quantitatives Wachstum, als qualitative Veränderung (z. B. als Differenzierung und Integration), als Stufenfolge, als Abfolge von Phasen und als Überschichtung. Werden die Einflussfaktoren in die Modellbildung einbezogen, sind Reifungsmodelle von Modellen zu unterscheiden, in denen Anlagen und Umwelteinflüsse interagieren. Ein spezifisches Modell ist hierbei das „aktionale" Modell. Es nimmt an, dass Men-

Otto/Thiersch (Hg.), Handbuch Soziale Arbeit, 4. A., DOI 10.2378/ot4a.art034,

schen einen aktiv gestaltenden Einfluss auf ihre eigene Entwicklung nehmen, indem sie Ziele und Anliegen verfolgen, sich ihre eigene Lebensumwelt aussuchen und diese gestalten.

Systemische Modelle differenzieren die Faktoren Anlage, Umwelt und sich entwickelnde Person weiter aus, z. B. sind bezüglich der Entwicklungsumwelt eines Kindes viele Personen und deren Beziehungen untereinander, Institutionen und Settings wie Schulen und Peergruppen, Medien und relevante gesellschaftliche Verhältnisse mit Ressourcen und Restriktionen von Bedeutung. Grundsätzlich beziehen sich alle Elemente des Systems aufeinander. Die Aufgabe der Modellbildung ist es, einflussreiche Bezüge zu ermitteln und das grundsätzlich offene System in Ausschnitten darzustellen, welche individuelle und differenzielle Entwicklungen erklären und Ansatzpunkte für förderliches und präventives Handeln bieten.

Entwicklungsdiagnostik

Entwicklungsprozesse und -niveaus erfasst die Entwicklungsdiagnostik. Sie misst den Entwicklungsstand von Leistungen, Wissensstrukturen und Persönlichkeitskomponenten. Dabei verwendet man prinzipiell zwei Ansätze: Die Orientierung an Altersnormen positioniert das Individuum zum Durchschnitt einer Alterspopulation, z. B. bei Intelligenztests und anderen Entwicklungstests von Einzelleistungen. Bei einer Orientierung an qualitativen, theoretisch postulierten Strukturniveaus der Entwicklung (Stufen, Stadien) geht es um die Diagnose, auf welchem Niveau ein Individuum steht. Piagets (1966) Abfolge von Entwicklungsstadien, die Stufen des moralischen Urteils, die Niveaus des Menschenbildes und die Stufen der Perspektivenübernahme sind hierfür Beispiele.

Indem man Entwicklungstests nutzt, die den üblichen Kriterien von Objektivität, Reliabilität und Validität genügen, lassen sich Entwicklungsskalen bilden. Sie sind einerseits altersnormierte Skalen und andererseits als altersunabhängige Strukturniveaus definiert. Die Altersnormierung von Entwicklungsskalen muss bei historischem Wandel jeweils neu vorgenommen werden, so etwa bei vielen Wissensdimensionen und bei Sprachtests. Für spezifische Subpopulationen (z. B. Migranten aus anderen Sprach- und Kulturräumen oder für Behinderte und Hochbegabte) sollten die Skalen differenziert angelegt und zusätzlich zur allgemeinen Normierung spezifische statistische Normen für die jeweilige Subpopulation enthalten.

Anlage – Umwelt – Selbstgestaltung

Entwicklung spielt sich in der Wechselwirkung zwischen den Faktoren Anlage, Umwelt und Eigenaktivität ab. Das Genom (die Gesamtheit der Erbinformation) ist mit einem Text vergleichbar, der zu einem bestimmten Zeitpunkt gelesen wird und auf das, was vorher gelesen wurde zurückgreift. Entwicklung beruht nicht linear-kausal auf einem genetischen Programm, sondern auf der Wechselwirkung zwischen Genaktivität, neuronaler Aktivität, Umwelt und Selbstgestaltung durch das Individuum. Die Genaktivität variiert im Verlauf der Entwicklung. Gene und Umwelt sind dergestalt verzahnt, dass bestimmte Umweltreize nötig sind, um das Gen zu stimulieren und umgekehrt – Umwelteinflüsse können erst wirksam werden, wenn eine entsprechende Genausstattung vorhanden ist. Daher muss ein Passungsverhältnis zwischen beiden Komponenten bestehen. Der lange unterschätzte dritte bestimmende Faktor für Entwicklung ist die Eigenaktivität des Individuums, die aufgrund genetischer Vorgaben aus der Umwelt auswählt und Angebote annimmt oder zurückweist. Dieses Faktum wird durch das alte Sprichwort „Jeder ist seines Glückes Schmied" charakterisiert.

Verzahnung von Phylogenese, Kulturgenese und Ontogenese

Menschliche Entwicklung lässt sich nur aus dem Zusammenwirken von biologischer Evolution, kulturellen Einflüssen und individueller Selbstgestaltung verstehen. Die Wurzeln der Evolution menschlicher Entwicklung lassen sich einerseits aus der phylogenetischen Entwicklung der Hominiden und dem Vergleich mit unseren nächsten Verwandten – den Schimpansen – bestimmen, andererseits aus den Leistungen von Säuglingen herleiten, da Wissen in so früher Zeit nicht erworben sein kann.

Neuerwerbungen des Homo sapiens sind die Nutzung der Sprache zur Kommunikation (während

Schimpansen bereits sprachliche Begriffe für vorstellendes Denken einsetzen können), die Herstellung von Werkzeugen mit vielen Planungsschritten und damit der Fähigkeit zum Bedürfnisaufschub, die mentale Zeitreise und die so gewonnene Zeittiefe, die Gegenstände zu überdauernden Werkzeugen macht, sowie Aggression und prosoziales Verhalten als ursprünglich überlebensnotwendige Ausstattung. Artefakte an Fundstätten des Homo sapiens belegen relativ eindeutig, dass der Mensch der Altsteinzeit die gleichen kognitiven und emotionalen Fähigkeiten wie der moderne Mensch besessen haben muss.

Die Säuglingsforschung als zweiter methodischer Zugang beweist, dass es angeborenes Wissen gibt. Mit drei Monaten besitzen Kinder schon ein Verständnis von Kontinuität und Solidität von Objekten (intuitive Physik). Sie verstehen mit sechs Monaten Kausalität, denn sie können zwischen kausalen und nichtkausalen Ereignissen unterscheiden. Ebenso kennen sie den Unterschied zwischen lebendigen und toten Objekten (intuitive Biologie). Sie schreiben Personen bereits im ersten Lebensjahr Intentionalität zu (intuitive Psychologie) und besitzen ein basales Verständnis von Zahlen (bis zur Menge 5) (intuitive Mathematik). Gründlich empirisch untersucht sind inzwischen die Domänen Musik und Sprache. In der Musik erreichen die Babys mit Ende des ersten Lebensjahres ein bemerkenswertes Niveau, das allerdings in unserer Kultur nicht adäquat gefördert wird. Der rasche Spracherwerb in den ersten sechs Lebensjahren lässt sich nach heutiger Erkenntnis nur durch ein biologisches Programm erklären, das den Aufbau der jeweiligen Muttersprache gewährleistet.

Man kann also nach heutigem Wissen als biologische Module folgende Domänen annehmen: Physik, Kausalität, Biologie, Psychologie, Mathematik, Sprache und Musik. In den fachbezogenen Wissensbereichen fügt man die Bezeichnung „intuitiv" hinzu, um damit den lernunabhängigen, sich spontan entwickelnden Charakter dieser Domänen zu kennzeichnen. Dieses Wissen reichte in der Menschheitsgeschichte lange Zeit aus. Man kann gut überleben, ohne zu verstehen, dass die Erde eine Kugel ist. Man kam zurecht, wenn man nichts über wissenschaftliche Physik wusste, und man war damit zufrieden, sich selbst und die eigene Gesellschaft als die „eigentlichen" Menschen

anzusehen. Diese Ausstattung hat uns die Evolution mitgegeben, um unser Überleben sicherzustellen.

Die Kultur hat auf der Basis dieser kognitiven Ausstattung eine zweite Umwelt innerhalb unseres biologischen Ökosystems geschaffen – ohne diese können Menschen nicht leben. Diese kulturelle Umwelt besteht einerseits aus Werkzeugen, Wohnungs- und Verkehreinrichtungen sowie anderen materiellen Gegenständen und andererseits aus Wissen, sozialen Regeln und ethischen Grundsätzen. Bemerkenswert sind Leistungen, die über die evolutionär vorgesehenen Möglichkeiten hinausgehen. So erforderte die Entwicklung der Wissenschaften den Aufbau antiintuitiven Wissens (z.B. in der Mathematik und Physik den Umgang mit mehr als drei Raumdimensionen). Vor allem das Vordringen in den Makrokosmos und den Mikrokosmos erzeugte kulturelle Wissensstrukturen, die jenseits des menschlichen Vorstellungsvermögens liegen. Unser Verständnis ist nur für den Mesokosmos ausgelegt (Vollmer 1990). Die individuelle Entwicklung übernimmt nun auf dem Weg der Enkulturation Teile des angesammelten Wissens sowie den angebotenen Werkzeuggebrauch. Die Schöpfer des antiintuitiven Wissens mussten ein „evolutionäres Gebirge" bezwingen, gewissermaßen als Erstbesteigung. In der individuellen Entwicklung muss beim Erwerb wissenschaftlichen Wissens ebenfalls das Gebirge überwunden werden, weshalb hierfür eine besondere Didaktik erforderlich scheint (Resnick 1994). Die kulturelle Weiterentwicklung der evolutionären Basis und ihre Konsequenzen für das Bildungssystem werden noch kaum gesehen.

Die Verzahnung von biologischer und kultureller Evolution mit der Ontogenese zeigt sich schließlich auch an der neurologischen Entwicklung. Die Entwicklung des Gehirns beginnt bereits in der zweiten Schwangerschaftswoche. Durch Teilung der Stammzellen (Mitose) entstehen die Neuronen, die an ihren Bestimmungsort im Gehirn wandern (Migration) und Schichten bilden, die sich von innen nach außen entwickeln. Nach der Geburt kommt es zu einer gewaltigen Vermehrung der Dendritenbildung. Zunächst wird ein großer Überschuss an synaptischen Verbindungen erzeugt. Zwischen dem zweiten und sechsten Lebensjahr weist das Gehirn einen Grad der Vernetzung auf, der später nie mehr erreicht wird. Das liegt daran, dass synaptische Verbindungen, die nicht genutzt werden, verloren gehen. Die Nutzung der Verbindungen geschieht durch Erfahrung und Lernen. Es gibt ein Zeitfenster, in dem optimal gelernt werden kann. Verloren gegangene Verbindungen können nicht mehr reaktiviert werden. Daher gilt der Schlachtruf „Use it or lose it". Mit Bourgeois (2001) lassen sich drei Phasen unterscheiden: (1) eine Reifungsphase, die sich primär vor der Geburt abspielt, (2) eine erfahrungsabhängige Wachstumsphase, die zwar nach einem biologischen Plan abläuft, aber auf Umweltangebote angewiesen ist, und (3) eine Abbauphase, in der aufgrund von Erfahrung und Lernen Verbindungen, die nicht genutzt wurden, verschwinden (Pauen / Elsner 2008).

Einen weiteren Trend der Gehirnentwicklung bildet die Myelinisierung (Markscheidenbildung), die für die Geschwindigkeit der Informationsverarbeitung verantwortlich zu sein scheint. Sie beginnt mit dem fünften Schwangerschaftsmonat und endet zunächst etwa mit dem zweiten Lebensjahr.

Besondere Bedeutung für die menschliche Entwicklung hat das Frontalhirn. Es tritt phylogenetisch erst bei den Säugetieren, v. a. bei den Affen auf. Ontogenetisch entwickelt es sich noch bis ins Erwachsenenalter hinein (Keating 2004). In Kindheit und Jugend kommt es erneut zu einer Zunahme der weißen Gehirnsubstanz (Myelinisierung), welche die Zahl synaptischer Verbindungen im Frontalhirn erhöht (Sowell et al. 2002). Diese Entwicklung im Frontalhirn hängt mit der wachsenden Fähigkeit zur Selbstreflexion, willentlichen Kontrolle und Organisation von psychischen Merkmalen und Verhaltensimpulsen zusammen (siehe nächster Abschnitt). Die neurologische Perspektive zeigt eindrucksvoll, welche Prozesse genetisch, d. h. vorwiegend evolutionär, und welche durch die Kultur (vor allem die Bildung) bestimmt sind.

Meilensteine der menschlichen Entwicklung

Die Entwicklung beinhaltet so viele Einzelphänomene und Forschungsbefunde, dass sie unmöglich hier abgehandelt werden können. Stattdessen sollen einige wichtige Meilensteine menschlicher Entwicklung herausgearbeitet werden. Sie zeigen nämlich meist universelle Gesetzmäßigkeiten und ereignen sich allesamt im Kindes- und Jugendalter.

Mit etwa einem halben Jahr entdeckt sich das Kind als Urheber eines Effektes. Die Tätigkeit, eine Wirkung in der Umwelt zu erzielen, die man selbst erzeugt, wird als lustvoll und motivierend erlebt (*effectance motive*; White 1970). Hier liegt der Ursprung der Selbstwirksamkeit (Bandura 1977), der die menschliche Entwicklung ein Leben lang begleitet. Mit sieben bis acht Monaten baut sich der Kurzzeitspeicher auf, der den Vergleich von bekannt und fremd ermöglicht. Das daraus resultierende Fremdeln ist also als Entwicklungsfortschritt anzusehen. Mit etwa zwölf Monaten wird das Bindungssystem aufgebaut, in dem das Kind Bindung zu ausgewählten Personen aufnimmt. Sicher gebundene Kinder fühlen sich in der Nähe der Bindungsperson geborgen und explorieren ihre Umwelt. Erkundungssystem und Bindungssystem sind miteinander verschränkt (Bowlby 1984).

Mit etwa 18 Monaten erkennt sich das Kind im Spiegel, woraus man schließen kann, dass es ein erstes Ichbewusstsein aufgebaut hat. Zugleich entwickelt das Kind Empathie in dem Sinne, dass es Mitleid für Personen in (experimentell simulierten) Schwierigkeiten zeigt und Hilfe anbietet, aber auch Schadenfreude und antisoziales Verhalten produziert (Bischof-Köhler 1989). Hier liegt die Wurzel eines ersten Moralverständnisses.

Die Thematik der Entwicklung zwischen einem Jahr und drei Jahren wird durch das Spannungsverhältnis von Bindung und Autonomie bestimmt, die zu emotionalen Spannungen führen und in eine Trotzphase münden können. Die Trennung von den Bindungspersonen wird vom Kind durch das sogenannte Übergangsobjekt aufgefangen – ein Kuscheltier oder ein anderer Gegenstand, der stellvertretend für die Bindungsperson vorhanden ist (Winnicott 1971).

Mit vier Jahren ereignen sich mehrere bedeutsame Entwicklungsschritte. Das Kind baut die sogenannte Theory of Mind (Theorie des menschlichen Verstandes) auf und erkennt, dass das Wissen über einen Sachverhalt nicht das Gleiche ist wie der Sachverhalt selbst. Das Kind erkennt, dass verschiedene Personen unterschiedliches Wissen über den gleichen Sachverhalt haben können (Perner 1991). Damit überwindet es bereits den naiven Realismus und wird zu einem kritischen Realisten. Eine zweite Leistung besteht in der Fähigkeit zur mentalen Zeitreise. Das Kind kann sich gedanklich in die Vergangenheit und Zukunft bewegen – eine Leistung, die nur Menschen erbringen können (Bischof-Köhler 2000).

Mit fünf Jahren baut sich die Leistungsmotivation als System auf, in welchem das Kind sich Ziele nach eigenen Gütemaßstäben setzt, sie durch eigene Leistungen zu erreichen versucht und je nach Ergebnis unabhängig von der sozialen Rückmeldung Erfolgs- oder Misserfolserlebnisse hat (Heckhausen 1974). Etwa um die gleiche Zeit konstruiert das Kind die Geschlechtskonstanz, also die Erkenntnis, dass man das Geschlecht weder durch die Veränderung des Aussehens noch durch Motivation und Handlungsweise verändern kann (Kohlberg 1974).

Im Grundschulalter macht das Kind sowohl in der kognitiven als auch in der emotionalen Entwicklung und der Verhaltensregulation große Fortschritte. Kognitiv ist es nun fähig, konkret-logische Operationen anzuwenden (Piaget 1966) und – nach neueren Befunden – wissenschaftlich zu denken (Sodian 2008; Goswami 2001). Zugleich wird das Kind fähig, die eigenen Emotionen zu regulieren, indem es an sich selbst appelliert (Holodynski / Oerter 2008). Dies führt auch zu der Fähigkeit, sich willentlich zu konzentrieren und aktiv Störreize fernzuhalten. Dies gilt trotz der häufig geäußerten Klagen über die hohe Ablenkbarkeit der Schulkinder, die durch die Mediennutzung begründet wird. Die bedeutendste Veränderung aber wird durch den Erwerb der Schriftsprache und die Neuordnung kulturellen Wissens in eine kontextfreie Sachstruktur bewirkt. Der Schritt zur Schriftsprache verändert die Sprachnutzung insofern grundsätzlich, als nun Sprachplanung aufgrund von mentaler Vorstrukturierung und Denkkontrolle durch nachträgliche Prüfung des verfassten Textes möglich wird. Die Neuordnung des Wissens sorgt für den Aufbau des semantischen Gedächtnisses, das zum episodischen (biografischen) Gedächtnis hinzutritt.

Das Jugendalter schließlich wird zur Epoche der Selbstreflexion und des Aufbaus einer eigenen Identität mit unterschiedlichen Verläufen und Ergebnissen (s. u.). Im Jugendalter erreicht die fluide Intelligenz (formallogisches Denken und Schlussfolgern, mathematisches Denken, Geschwindigkeit der Informationsverarbeitung) bereits ihren Höhepunkt, während die kristalline Intelligenz (kulturelles Wissen, Weisheit) sich bis ins Alter weiterentwickelt. Die körperliche Entwicklung führt zu drastischen Veränderungen, v. a. im Bereich der Geschlechtsreife, die vom Aufkommen des Geschlechtstriebs begleitet wird. Aber auch rasches Körperwachstum bis zur endgültigen Größe und Gewichtszunahme infolge der Entwicklung des Muskel- und Knochensystems sind typische Veränderungen im Jugendalter. Die mit der körperlichen Entwicklung verbundene Retardation und Akzeleration kann infolge der Asynchronie von körperlicher und psychischer Entwicklung zu Problemen führen (Minderwertigkeit bei Retardierten und vorgezogenes Erwachsenenverhalten bei Akzelerierten). Mit Ausnahme der Rolle der Bildung für die kognitive Entwicklung sind die beschriebenen Meilensteine nach heutiger Kenntnis menschliche Universalien und beschreiben Entwicklungsgesetze, die kulturunabhängig gelten.

Orientierungskonzepte für Entwicklung

Das Individuum als aktiver Gestalter seiner Entwicklung benötigt Orientierungspunkte, an denen sich der eigene Entwicklungsweg festmachen lässt. Ebenso orientiert sich die soziale Umwelt an Richtwerten, die von der Kultur vorgegeben sind. Solche Orientierungskonzepte sind Entwicklungsaufgaben, kritische Lebensereignisse, Bindung und Verbundenheit, Selbst und Identität, Lebens- und Entwicklungsthematiken sowie Entwicklungsnormen, Lebensstile und -entwürfe. Im Folgenden sollen die wichtigsten Konzepte näher erläutert werden.

Entwicklungsaufgaben

Entwicklungsaufgaben als das Zusammenspiel von individueller Leistungsfähigkeit, soziokultureller Norm und individueller Zielsetzung (Havighurst 1982; Oerter 1978: zur heutigen Konzeption siehe Oerter / Montada 2008) sind ein typisches Beispiel für das Zusammenwirken gesellschaftlicher und individueller Konstruktion. Das Individuum muss sich mit Regeln und Anforderungen der Gesellschaft, die sich auf bestimmte Lebensabschnitte beziehen, auseinandersetzen, sie rekonstruieren oder auch neu formulieren, seine eigene Leistungsfähigkeit einschätzen und schließlich seine Ziele zwischen soziokultureller Norm und individueller Leistungsfähigkeit bestimmen. Somit sind alle drei Komponenten als Konstruktionen zu verstehen. Da jeweils anstehende Entwicklungsaufgaben auf ein bestimmtes Strukturniveau des Selbstkonzeptes und des Menschenbildes treffen, erfolgt zwangsläufig auch eine aktive Konstruktionstätigkeit bezüglich der Harmonisierung, Verarbeitung und Integration von Entwicklungsaufgaben in das Selbst.

Optimale, suboptimale und pathologische Entwicklung lässt sich vor dem Hintergrund der Auseinandersetzung des Selbst mit Entwicklungsaufgaben beschreiben. So werden heute Jugendprobleme in einem weiten Spektrum als Schwierigkeiten der Bewältigung von Entwicklungsaufgaben erklärt, z. B. Jugend generell als Risikozeit (Greve/Montada 2008; Stattin/Kerr 2003). Diskussionsbedürftig sind nach wie vor die acht Lebenskonflikte Eriksons, die als umfassende Rahmenaufgaben für Entwicklung zustimmend oder ablehnend vom Individuum bearbeitet werden müssen (Erikson 1968).

Noam (1986) hat die Verbindung von „Phase" (Lebensabschnitt mit bestimmten inhaltlichen, lebenszyklischen Anforderungen) und „Stufe" (Strukturniveau des Selbst) anhand von kasuistischen Beispielen beleuchtet und für die Klinische Entwicklungspsychologie fruchtbar gemacht.

Kritische Lebensereignisse

Das Konzept des kritischen Lebensereignisses ist bekanntlich sowohl in der Klinischen Psychologie (Thoits 1983) wie in der Entwicklungspsychologie (Filipp 1990) systematisch genutzt worden. Während aus klinischer Perspektive kritische Ereignisse eher als Stressoren betrachtet wurden, hat man sie unter Entwicklungsperspektiven auch in ihrer fördernden Wirkung analysiert. Die normativen kritischen Lebensereignisse (also solche, die regulär im Lebenslauf auftreten wie Schuleintritt, Examen, Heirat etc.) werden zu Entwicklungsaufgaben, wenn man sich vor ihrem Eintritt damit auseinandersetzt und darauf vorbereitet. Sie bilden damit zusammen mit Entwicklungsaufgaben ein Handlungsfeld für Entwicklungsberatung und -prävention.

Non-normative kritische Lebensereignisse (also solche, die unerwartet und unvorbereitet eintreten) werden von den Klinikern in gravierenden Formen als traumatische Erlebnisse bezeichnet. Verbindet man die klinische Perspektive mit der Entwicklungsperspektive, so ergibt sich als Gewinn, den Zeitpunkt des Eintretens kritischer Lebensereignisse zu berücksichtigen. Unerwartete Invalidität hat z. B. in der Jugend einen anderen Stellenwert als im Alter. Die konstruktive Aktivität bei der Bewältigung kritischer Lebensereignisse bezieht sich sowohl auf Wahrnehmung und Einschätzung als auch auf Verarbeitung und Bewertung des Bearbeitungsversuchs. Der Umfang an konstruktiver Aktivität kann hierbei sehr groß sein und bis zu einer völligen Umorganisation des Selbst sowie der Sicht von Mensch und Welt führen. Unter konstruktivistischer Perspektive lassen sich Ansätze der Entwicklungspsychologie (Filipp 1990), der Stressforschung (Lazarus 1990) und der Traumapsychologie (Landolt/Hensel 2007) elegant verbinden. In allen drei Bereichen geht es darum, die Situation einzuschätzen, Bewältigungsstrategien zu entwickeln und die Situation neu zu bewerten. Empirisch muss man bei einer solchen Erweiterung des Horizontes prüfen, ob und in welchem Umfang das betroffene Individuum Entwicklungsaspekte einbezieht, wie es in unterschiedlichen Lebensabschnitten das gleiche Ereignis bewertet und wie es später das Ereignis in seine Biografie einordnet.

Bindung und Verbundenheit

Das sich gegen Ende des ersten Lebensjahres aufbauende Bindungsverhalten scheint universell zu sein. Die wichtigsten drei Formen (sicher gebunden, unsicher gebunden und ambivalent) weisen eine relativ hohe Stabilität auf (Grossmann/Grossmann 2001; Zimmermann et al. 2000). Sicher gebundene Kinder bewältigen den Übergang in Kinderkrippen leichter als unsicher Gebundene und Ambivalente (Ahnert/Lamb 2001). In Kindergarten und Schule zeigen sicher gebundene Kinder höhere soziale Kompetenzen als unsicher Gebundene und Ambivalente (Zimmermann et al. 2000). Insofern ist die Diagnose des Bindungstyps eine wichtige Informationsquelle für das Verständnis der Salutogenese und Pathogenese

Selbst und Identität

Das Selbst und seine Entwicklung werden in der empirischen Forschung sowie in der Theorienbildung auf zweierlei Weise konzipiert. Die erste Forschungsrichtung interessiert sich für das Selbst als zentrale regulierende Funktionseinheit und seine Entwicklung zu höheren Komplexitätsniveaus, auf denen die wachsende Differenzierung der anstehenden Aufgaben durch eine hierarchische Integration gewährleistet wird. Für das Selbst als übergeordnete Funktionseinheit müsste es ein neurophysiologisches Korrelat geben. Bekanntlich sind zwar Regionen des Frontalhirns an solchen Leistungen beteiligt, aber neurologisch bildet das Selbst keine lokalisierbare Einheit, sondern entsteht aus der Verknüpfung vieler Funktionseinheiten zu einem gemeinsamen Netz. Insofern ist das Selbst als Funktionseinheit sowohl neurologisch als auch aus der Sicht der Allgemeinen Psychologie eine subjektive Täuschung.

Die zweite Forschungsrichtung über das Selbst befasst sich mit dem Selbstkonzept, d. h. den Entwürfen des Individuums über sich selbst. Entwicklungspsychologisch lassen sich je nach verwendetem Verfahren unterschiedliche Stufen des Selbst ausmachen, die von einfacheren zu komplexeren Stufen voranschreiten. Eine Mischung beider Zugänge – Selbst als Funktionseinheit und Selbst als Konzept – liegen bei Ansätzen der Identitätsentwicklung (Erikson 1980; Marcia 1980) und der Entwicklung der Selbstkomplexität vor (Noam 1997; Kegan 1986). Die vier Stufen der Identitätsentwicklung nach Marcia (übernommen – diffus – Moratorium – elaboriert) haben den Vorteil, dass sie nicht nur für einen bestimmten Altersabschnitt gelten (obwohl sie hauptsächlich für das Jugendalter erforscht wurden), sondern je nach Lebenslage ihren Status wechseln können.

Klinisch relevant sind besonders zwei theoretische Aspekte der Selbstentwicklung: die Analyse unvollständiger oder konfligierender Anteile des Selbst und Kontrollüberzeugungen. Der erste Aspekt ist in der Selbst-Diskrepanz-Theorie von Higgins (1987) berücksichtigt. Sie unterscheidet zwischen Aktual-Selbst, Sollens-Selbst und Ideal-Selbst, wobei die ersten beiden sowohl aus eigener Sicht als auch aus der Sicht der anderen erfasst werden. Die von Gollwitzer und Wicklund (1985) stammende Theorie der Selbstergänzung geht davon aus, dass das Individuum Indikatoren für sein Selbst sammelt und definiert. Der Verlust solcher Indikatoren wird durch symbolische Selbstergänzung wettgemacht. Dies, so zeigen die Autoren an experimentellen Untersuchungen, kann zu pathologischen Sichtweisen und Handlungen führen.

Der zweite theoretische Aspekt – die Kontrollüberzeugungen – ist in Forschung und Praxis v. a. für die Konzepte der Selbstwirksamkeit (Bandura 1977) und die von Weisz, Rothbaum und Blackburn (1984) eingeführte Unterscheidung von primärer und sekundärer Kontrolle sowie deren Erweiterung durch Heckhausen und Schulz (1995) fruchtbar geworden. Unter primärer Kontrolle versteht man die Anpassung der Umwelt durch eigene Handlungsinitiativen an die Wünsche und Ziele des Selbst. Sekundäre Kontrolle setzt ein, wenn diese Form der Umweltkontrolle nicht möglich ist. Sie passt das Selbst bzw. seine Wünsche und Zielsetzungen an die Umwelt an. Beide Formen können wirklichkeitsorientiert oder illusionär sein.

Ein emotionsorientierter Ansatz der Pathogenese bei der Selbstentwicklung stammt von Johnson-Laird, Mancini und Gangemi (2006). Sie erklären die Genese psychischer Erkrankungen durch eine „Hyper-Emotionstheorie", gemäß der eine ursprünglich angemessene kognitive Bewertung einer Emotion eine Folge von nicht bewussten Übergängen nach sich zieht, d. h. in nachfolgenden entsprechenden Situationen wird die ursprüngliche Emotion mit der gleichen Intensität ausgelöst, die aber nun der Situation nicht mehr angemessen ist. Die Erkrankung lässt sich nach diesem Modell erst verstehen, wenn man die anfängliche Situation, die erstmals die intensive Emotion ausgelöst hat, herausfindet. Damit gewinnen Kindheitserlebnisse ähnlich wie bei der Psychoanalyse große Bedeutung.

Lebens- und Entwicklungsthematiken

Thomae (1968) hat den Begriff „Daseinsthematik" geprägt, der sich ihm aufgrund der inhaltsanalytischen Auswertung seiner biografischen Untersuchungen aufdrängte. Er klassifizierte diese Thematiken nach sieben Bereichen und verstand darunter die Inhalte, Werte und allgemeinen Zielsetzungen, die das Handeln des Individuums über längere Zeit bestimmen. Im Folgenden sollen solche Thematiken als Lebensthematiken bezeichnet werden, da sie nicht als Einzelinhalte oder spezifische Interessen, sondern als sehr allgemeine, den Sinn des individuellen Lebens bestimmende oder deutende kognitiv-affektive Strukturen zu verstehen sind. Noam (Noam/Röper 1999) bezeichnet sie als *Kernthematiken (core life themes)*.

Lebensthematiken lassen sich mit dem Tätigkeitsbegriff (Leontjew 1977) theoretisch gut verbinden: Tätigkeit ist die hinter dem Handeln liegende sinnstiftende Aktivität (Oerter 2000). Damit wird auch deutlich, dass Lebensthematiken nicht deklarativ verfügbar sein müssen. Im Gegenteil, sie fußen auf einer riesigen Vielfalt von Informationen und konstruktiver Aktivität während der Lebensgeschichte des Individuums und können daher als Ganzes nicht präsent sein. Dies wird besonders deutlich in Untersuchungen zum kindlichen Spiel (Oerter 1999). Kinder spielen ihre jeweilige Thematik aus und benutzen so das Spiel als Verarbeitungsmöglichkeit.

Entwicklungsthematiken als auf die Zukunft gerichtete Lebensthematiken drücken sich in Zukunftsentwürfen aus, die Little (1980) als *personal projects* und Mischel und Shoda (1995) als *life projects* bezeichnet haben. Solche Entwürfe können eher bereichsspezifisch oder bereichsübergreifend sein. Bereichsspezifisch wäre beispielsweise ein *personal project*, wenn es sich auf eine Reise bezieht, die man als zentrales Lebensziel ansieht und lange im Voraus plant. Bereichsübergreifend wird ein *personal project*, wenn es alle Lebensbereiche umfasst wie etwa ein langer beruflicher Aufenthalt im Ausland unter Mitführung der Familie, Verkauf des Hauses bzw. der Wohnung etc.

Entwicklung zwischen Risiko und Bewältigung

Die Entwicklungspsychopathologie benennt als destabilisierende Bedingungen Risikofaktoren bzw. Stress und Vulnerabilität sowie als stabilisierende Faktoren Schutzfaktoren und Resilienz. Beide Begriffe erweisen sich bei näherem Zusehen als methodisch nicht leicht handhabbar.

Risikofaktoren

Risikofaktoren setzen sich aus sehr heterogenen Variablen zusammen. Zunächst subsumiert man unter Risikofaktoren distale Rahmenbedingungen wie Armut, Wohngebiet (z.B. ungünstige Stadtviertel) und Zugehörigkeit zu Randgruppen. Dann werden als Risikofaktoren Beziehungen und Eigenschaften von Bezugspersonen untersucht. Schließlich zählen zu den Risikofaktoren aber auch internale Bedingungen wie Temperament, biologische Faktoren, ungünstige Lebensstile und inadäquate Copingstrategien. Der Stellenwert solch unterschiedlicher Faktoren in der Wirkungskette auf das System Mensch ist sicherlich sehr verschieden. Dennoch zeigt sich meist eine additive Wirkung von Risikofaktoren, obwohl ein Faktor (z.B. Armut) oft zwangsläufig andere Faktoren (Vernachlässigung, geringe Bildungschancen) nach sich zieht (Sameroff et al. 1993). Man hat daher trotz scheinbarer Additivität die Annahme eines einfachen Wirkungszusammenhangs zwischen Risikofaktor und Störung bzw. Krankheit längst aufgegeben (Rutter 1990). Der Zusammenhang zwischen Stress und Risikofaktoren ist jedoch ein doppelter. Zum einen können Risikofaktoren selbst Stress induzieren (hohe Belastungsanforderungen, Mobbing, Feindseligkeit in der Familie oder in der Peergruppe) und zum anderen können Risikofaktoren der inadäquaten Reduktion von Stress dienen (Drogen, Flucht in den Medienkonsum, Verführung in der Peergruppe).

Vulnerabilität

Vulnerabilität ist demgegenüber ein Begriff, der eindeutig am Individuum festzumachen ist. Vulnerabilität bezieht sich auf das Ausmaß der Wirksamkeit von Risikofaktoren. Je höher sie ist, desto eher und stärker können Risikofaktoren ungünstig wirksam werden. Hat sich das System z.B. im Laufe der Entwicklung schon früher destabilisiert, dann ist seine Vulnerabilität höher und vorhandene Risikofaktoren haben ein leichteres Spiel. Grob sollte man bei der Vulnerabilität zwischen biologischen und psychologischen Bedingungen unterscheiden. Die biologischen Bedingungen sind in der körperlichen Gesundheit und in Temperamentsfaktoren verankert, während die psychologischen Bedingungen mit den bisherigen Entwicklungserfahrungen und mit aktiven Gestaltungsbemühungen um die eigene Entwicklung zu tun haben.

Schutzfaktoren

Die protektiven Faktoren – das Gegenstück zu den Risikofaktoren – lassen sich analog in distale Rahmenbedingungen, proximale Beziehungseinflüsse und internale Schutzfaktoren aufschlüsseln. Unter systemtheoretischer Perspektive wirken Risiko- und Schutzfaktoren als Kontroll- und Ordnungsparameter (s. u.). Auch Schutzfaktoren wirken nicht mechanisch-kausal, sondern können als Ressourcen genutzt werden oder brachliegen. Je mehr Ressourcen zur Verfügung stehen und genutzt werden können, desto günstiger fällt die Bilanz von Risikofaktoren (Stressoren) und Schutzfaktoren (Ressourcen) aus.

Resilienz

Besonderes Interesse hat das Phänomen der Resilienz auf sich gezogen. In Längsschnittstudien hat sich immer wieder das Phänomen gezeigt, dass Kinder und Jugendliche trotz eines hohen Potenzials an Risikofaktoren eine günstige Entwicklung nahmen (Werner 1990). Man führt dies auf die „Widerstandsfähigkeit" (Resilienz) der Betroffenen zurück und definiert sie als Fähigkeit, internale und externale Ressourcen erfolgreich zu nutzen, um Entwicklungsanliegen zu bewältigen" (Waters / Sroufe 1983). Dennoch ist Resilienz (oder auch Kompetenz) kein stabiles Persönlichkeitsmerkmal, sondern variiert über die Zeit und über verschiedene Situationen (Rutter 1990). Noam (1997) hat deshalb die Unterscheidung zwischen konstitutioneller Resilienz und Resilienzentwicklung eingeführt. Resilienz erstreckt sich auch keineswegs auf alle Bereiche, sodass in einem Bereich geringes, in einem anderen hohes Risiko bestehen kann. Resilienz würde sich aus dieser Perspektive analog zur Vulnerabilität aus biologischen und psychologischen Bedingungen zusammensetzen. In die psychologischen Bedingungen gehen ähnlich wie bei der Vulnerabilität Umweltbedingungen insofern massiv ein, als positive und stabilisierende frühere Erfahrungen die Ausbildung mentaler und physischer Widerstandskräfte begünstigen. Werner (1990) fand in der Kauai-Studie als begünstigende Faktoren bei einer generell ungünstigen risikoreichen Umgebung das Vorhandensein von Großeltern, älteren Geschwistern, betreuenden Erwach-

senen außerhalb der Familie, beliebten Lehrern, Priestern und Jugendarbeitern, engen Freunden und schließlich das Vorhandensein von emotionaler Unterstützung durch Ehepartner / -in (im frühen Erwachsenenalter) sowie durch Glaube und Gebet.

Multifinalität und Äquifinalität

Das komplizierte Zusammenspiel von Bedingungsfaktoren sowie die systemischen Wirkungen lassen keine stringente Kausalkette als Erklärungsmodell für die Entstehung von Entwicklungsphänomenen zu. Vielmehr können viele Bedingungen und viele Entwicklungswege zum gleichen Erscheinungsbild führen – ein Sachverhalt, den man als Äquifinalität bezeichnet (z. B. Cicchetti 1999). Analog dazu können ein- und derselbe Entwicklungsweg bzw. die dabei auftretende Kombination von Bedingungen zu unterschiedlichen Entwicklungsresultaten führen – je nachdem, wie das System die Bedingungen verarbeitet. In diesem Fall spricht man von Multifinalität. Der Aspekt der Multifinalität und Äquifinalität hat für Diagnose und Intervention erhebliche Konsequenzen. Ein bestimmtes Störungsbild (Aggressivität, Depression, dissoziative Störungen) lässt sich zwar relativ gut klassifizieren, doch ist es ein Oberflächensyndrom, hinter dem unterschiedliche Entstehungswege stehen und wofür unterschiedliche Interventionswege angezeigt sind. Diagnose und Intervention müssen dadurch ergänzt werden, dass man Entwicklungspfade ermittelt. Somit wird aus Diagnose nun immer Entwicklungsdiagnose und aus Intervention entwicklungsorientierte Intervention. Dabei versteht sich Entwicklungsdiagnostik einerseits als Ermittlung eines aktuellen Entwicklungsstandes – insbesondere als Erfassung desorganisierter Systeme oder Teilsysteme – und andererseits als Ermittlung der Entstehungsgeschichte des aktuellen Zustands.

Die systemtheoretische Perspektive

Aus dem bisher Gesagten geht hervor, dass sich die systemtheoretische Betrachtungsweise in besonderem Maße für das Verständnis von Entwicklung eignet. Systeme lassen sich auf verschiedenen Ebenen analysieren: z. B. auf der Ebene zellularer Vorgänge, gehirnphysiologischer Organisation, der Selbstorganisation des Individuums und der Wechselbeziehungen zwischen Individuen.

Systeme sind ganzheitliche Gebilde, die sich permanent selbst organisieren, um Gleichgewicht herzustellen und aufrechtzuerhalten. Entscheidend für diese Organisationsleistungen sind Rückkoppelungsprozesse (Feedback), die eine permanente Regulierung ermöglichen. Granic und Patterson (2006) unterscheiden positives und negatives Feedback. Durch positives Feedback entstehen Variationen bei den Elementen eines Systems, die zur Entwicklung (Emergenz) von Neuem führen. Dies geschieht in der Regel bei neuen verstärkenden Umweltbedingungen. Durch negatives Feedback bleiben Elemente in ihrer bisherigen Verbindung, Abweichungen werden minimalisiert und die Stabilität des bisherigen Systems unterstützt. So führt permanentes negatives Feedback zum Aufbau und zur Stabilisierung antisozialen Verhaltens (Granic / Patterson 2006). Beide Formen des Feedbacks sind aber nötig, denn ihr Zusammenspiel gewährleistet einerseits Stabilität und andererseits die erforderliche Weiterentwicklung des Systems.

Feste Interaktionsmuster und stabile Zustände, in denen sich ein System befindet, werden als Attraktoren bezeichnet. Betrachtet man das Individuum als System, so bilden die stabilen Umweltbezüge, z. B. die festen Alltagsgewohnheiten, solche Attraktoren. Analysiert man eine Dyade als System, z. B. die Mutter-Kind-Beziehung, so können solche Attraktoren feste Umgangsregeln, eine typische Form des gemeinsamen Spiels und feste Rituale im täglichen Ablauf sein. Granic und Patterson (2006) veranschaulichen Attraktoren als Vertiefungen in einer Ebene, in die das System „hineinrollt" – es wird also von der Schwerkraft der Attraktoren angezogen.

Systeme lassen sich nicht durch lineare Kausalität allein beschreiben. Bei ihnen wirkt eine zirkuläre Kausalität, z. B. werden durch das Zusammenwirken von Elementen niedrigerer Ordnung Elemente höherer Ordnung beeinflusst, und deren Veränderung wirkt wieder kausal auf niedrige Elemente zurück. So können einzelne Akte von Feindseligkeit der Mutter die Dyade als System in Richtung auf generell negative Beziehungen verändern, und diese Systemveränderung wirkt sich dann wieder negativ auf einzelne konkrete Verhaltensweisen im Alltag aus.

Die Selbstorganisation und Ausfaltung (Emergenz) des Systems lässt sich in aktueller Realzeit und in Entwicklungszeit erfassen. Was sich an Prozessen in der Realzeit abspielt, ist empirisch registrierbar. So haben Hollenstein et al. (2004) die Interaktion in der Mutter-Kind-Dyade mithilfe eines zweidimensionalen Gitters beschrieben und Veränderungen in sehr kleinen Zeitabständen festgehalten. Innerhalb von längeren Zeitabschnitten kommt es dann zu Systemveränderungen, die man als Phasenübergänge bezeichnet (Granic / Patterson 2006). Diese Veränderungen spielen sich in der Entwicklungszeit ab, welche die Beschreibungs- und Erklärungsdimension für Salutogenese und Pathogenese bildet.

Mit Haken und Schiepek (2006) lassen sich innere Ordnungs- und Strukturierungskräfte als Ordnungsparameter und äußere Einwirkungen als Kontrollparameter kennzeichnen. So sind beim Jugendlichen eingeübte Gewohnheiten, die bewusste Auseinandersetzung mit eigenen Problemen und Zukunftsperspektiven innere Ordnungsparameter. Monitoring durch Eltern, Lehrkräfte oder – im Falle der Berufstätigkeit – durch Vorgesetzte am Arbeitsplatz sind Kontrollparameter.

Systeme können sich in Richtung auf Ordnung oder Chaos bewegen. Diffuse Identitäten zeigen partiell Chaostendenzen. Manche Störungsbilder – wie dissoziative Störungen – sind durch chaotische Systemtendenzen erklärbar. Auch bei größeren Systemen kann die Entwicklung in Richtung Ordnung oder Chaos verlaufen. Im System Familie unterscheidet man Veränderungen erster Ordnung (Verfestigung des bisherigen Systems) und zweiter Ordnung (Umstrukturierung des Systems, siehe Schneewind 2008).

Zusammenfassung

Menschliche Entwicklung (Ontogenese) als nachhaltige Strukturveränderung vollzieht sich im Zusammenspiel von Anlage, Umwelt und selbstgestaltender Eigenaktivität des Individuums. Dabei greifen evolutionäre Grundkräfte, kulturelle Einflüsse und individuell-einmalige Erfahrungen ineinander. Dieses Zusammenwirken erfordert eine systemtheoretische Perspektive. Entwicklung vollzieht sich als Emergenz von

Systemen auf verschiedenen Komplexitätsniveaus. Individuum und soziale Umwelt greifen zu kulturell definierten Ordnungsparametern, die als Orientierungsrichtlinien und normative Einflussgrößen wirken. Dazu gehören Entwicklungsnormen, Entwicklungsaufgaben, kritische Lebensereignisse und Identität. Es gibt einige Meilensteine in der menschlichen Entwicklung, die universell über alle Kulturen und Zeiten hinweg konstant gelten, weshalb Entwicklung nicht beliebig modifizierbar ist.

Menschliche Entwicklung ist stets auch Risiken ausgesetzt und bedarf sowohl protektiver Umwelteinflüsse als auch eigenaktiver Nutzung von Ressourcen. Individuen variieren dabei hinsichtlich ihrer Vulnerabilität (Verletzlichkeit) und Resilienz (Widerstandskraft).

Literatur

Ahnert, L., Lamb, M. E. (2001): East German Child Care System: Associations with Caretaking and Caretaking Beliefs, and Children's Early Attachment and Adjustment. American Behavioral Scientist 44, 1843–1863

Bandura, A. (1977): Self-Efficacy: Toward a Unifying Theory of Behavioral Change. Psychological Review 2, 191–215

Bischof-Köhler, D. (2000): Kinder auf Zeitreise. Theory of Mind, Zeitverständnis und Handlungsorganisation. Huber, Bern

– (1989): Spiegelbild und Empathie. Huber, Bern

Bourgeois, J. P. (2001). Synaptogenesis in the Neocortex of the Newborn: The Ultimate Frontier for Individuation? In: Nelson, C. A., Luciana, M. (Hrsg.): Handbook of Developmental Cognitive Neuroscience. Bradford, Cambridge, 23–34

Bowlby, J. (1984): Bindung. Fischer, Frankfurt / M.

Cicchetti, D. (1999): Entwicklungspsychopathologie: Historische Grundlagen, konzeptuelle und methodische Fragen, Implikationen für Prävention und Intervention. In: Oerter, R., Hagen, C., Röper, G., Noam, G. (Hrsg.): Klinische Entwicklungspsychologie. BeltzPVU, Weinheim, 11–44

Erikson, E. H. (1980): Jugend und Krise. Klett-Cotta, Stuttgart

– (1968): Kindheit und Gesellschaft. Klett-Cotta, Stuttgart

Filipp, S.-H. (Hrsg.) (1990): Kritische Lebensereignisse. PVU, München

Gollwitzer, P. M., Wicklund, R. A. (1985): The Pursuit of Self-Defining Goals. In: Kuhl, J., Beckman, J. (Hrsg.): Action Control. From Cognition to Behavior. Springer, Berlin, 61–88

Goswami, U. (2001): So denken Kinder. Einführung in die Psychologie der kognitiven Entwicklung. Huber, Bern

Granic, I., Patterson, G. R. (2006): Toward a Comprehensive Model of Antisocial Development: A Dynamic Systems Approach. Psychological Review 113, 101–131

Greve, W., Montada, L. (2008): Delinquenz und antisoziales Verhalten im Jugendalter. In: Oerter, R., Montada, L. (Hrsg.), 837–857

Grossmann, K. E., Grossmann, K. (2001): Bindungsqualität und Bindungsrepräsentation über den Lebenslauf. In: Röper, G., Hagen, C. v., Noam, G. (Hrsg.): Entwicklung und Risiko. Perspektiven einer Klinischen Entwicklungspsychologie. Kohlhammer, Stuttgart, 143–168

Haken, H., Schiepek, C. (2006): Synergetik in der Psychologie. Hogrefe, Göttingen

Havighurst, J. (1982): Developmental Tasks and Education. Longman, New York

Heckhausen, H. (1974): Motivationsanalysen. Springer, Berlin

–, Schulz, R. (1995): A Life-Span Theory of Control. Psychological Review 102, 284–304

Higgins, E. T. (1987): Self-Discrepancy: A Theory Relating Self and Affect. Psychological Review 94, 319–340

Hollenstein, T., Granic, I., Stoolmiller, M., Snyder, J. (2004): Rigidity in Parent-Child Interaction and the Development of Externalizing and Internalizing Behavior. Journal of Abnormal Child Psychology 32, 595–607

Holodynski, M., Oerter, R. (2008): Tätigkeitsregulation und die Entwicklung von Emotion, Motivation, Volition. In: Oerter, R., Montada, L. (Hrsg.), 535–571

Johnson-Laird, P. N., Mancini, F., Gangemi, A. (2006): A Hyper Emotion Theory of Psychological Illness. Psychological Review 113, 822–841

Keating, D. P. (2004): Cognitive and Brain Development. In: Lerner, R. M., Steinberg, L. (Hrsg.): Handbook of Adolescent Psychology. Wiley, Hoboken, 45–84

Kegan, R. (1986): Die Entwicklungsstufen des Selbst. Kindt, München

Kohlberg, L. (1974): Zur kognitiven Entwicklung des Kindes. Suhrkamp, Frankfurt / M.

Landolt, M. A., Hensel, T. (2007): Traumatherapie bei Kindern und Jugendlichen. Hogrefe, Göttingen

Lazarus, R. S. (1990): Streß und Streßbewältigung – ein Paradigma. In: Filipp, S.-H. (Hrsg.), 198–232

Leontjew, A. N. (1977): Tätigkeit, Bewußtsein, Persönlichkeit. Klett-Cotta, Stuttgart

Little, B. R. (1980): Personal Projects: A Rationale and Method for Investigation. Carlton University, Ottawa

Marcia, J. E. (1980): Identity in Adolescence. In: Adelson, J. (Hrsg.): Handbook of Adolescent Psychology. Wiley, New York, 159–187

Mischel, W., Shoda, Y. (1995): A Cognitive-Affective System Theory of Personality: Reconceptualizing Situations, Dispositions, Dynamics, and Invariance in Personality Structure. Psychological Review 102, 246–268

Noam, G. (1997): Clinical-Developmental Psychology: Toward Developmentally Differentiated Intervention. In: Damon, W., Sigel, J., Renninger, K. A. (Hrsg.): Handbook of Child Psychology. Wiley, New York, 585–634

– (1986): Stufe, Phase und Stil: Die Entwicklungsdynamik des Selbst. In: Oser, F., Fatke, R., Höffe, O. (Hrsg.): Transformation und Entwicklung. Suhrkamp, Frankfurt / M., 151–191

–, Röper, G. (1999): Auf dem Weg zu entwicklungspsychologisch differentiellen Interventionen. In: Oerter, R., Hagen, C., Röper, G., Noam, G. (Hrsg.): Klinische Entwicklungspsychologie. BeltzPVU, Weinheim, 478–511

Oerter, R. (2000): Activity and Motivation: A Plea for a Human Frame Motivation. In: Heckhausen, J. (Hrsg.): Motivational Psychology of Human Development. Elsevier, Amsterdam, 57–80

– (1999): Psychologie des Spiels. Ein handlungstheoretischer Ansatz. BeltzPVU, Weinheim

– (1978): Zur Dynamik von Entwicklungsaufgaben im menschlichen Lebenslauf. In: Oerter, R. (Hrsg.): Entwicklung als lebenslanger Prozeß. Hoffmann & Campe, Hamburg, 66–110

–, Montada, L. (2008): Entwicklungspsychologie. 6. Aufl. BeltzPVU, Weinheim

Pauen, S., Elsner, B. (2008): Neurologische Grundlagen der Entwicklung. In: Oerter, R., Montada, L. (Hrsg.), 67–84

Perner, J. (1991): Understanding the Representation of Mind. MIT, Harvard

Piaget, J. (1966): Psychologie der Intelligenz. Rascher, Zürich

Resnick, L. B. (1994): Situated Rationalism: Biological and Social Preparation for Learning. In: Hirschfeld, L. A., Gelman, S. A. (Hrsg.): Mapping the Mind. Cambridge University Press, Cambridge, 169–200

Rutter, M. (1990): Prosocial Relience and Protective Mechanisms. In: Rolf, J., Masten, A. S., Cicchetti, D., Nuechterlein, K. H., Weintraub, S. (Hrsg.): Risk and Protective Factors in the Development of Psychopathology. Cambridge University Press, New York, 181–214

Sameroff, A. J., Seifer, R., Baldwin, A., Baldwin, C. (1993): Stability of Intelligence from Preschool to Adolescence: The Influence of Social and Family Risk Factors. Child Development 64, 80–97

Schneewind, K. A. (2008): Sozialisation im Kontext der Erziehung. In: Oerter, R., Montada, L. (Hrsg.), 117–146

Seiffge-Krenke, I. (1994): Gesundheitspsychologie des Jugendalters. Hogrefe, Göttingen

Sodian, B. (2008): Entwicklung des Denkens. In: Oerter, R., Montada, L. (Hrsg.), 436–479

Sowell, E. R., Trauner, D. A., Gamst, A., Jernigan, T. L. (2002): Development of Cortical and Subcortical Brain Structures in Childhood and Adolescence: A Structural MRI Study. Developmental Medicine and Child Neurology 44, 4–16

Stattin, H., Kerr, M. (2003): Adolescent Violence and Delinquency: Questioning Well-Accepted Ideas about Family, Peers and Personal Characteristic. Tagung der Fachgruppe Entwicklungspsychologie. Mainz

Stattin, H., Magnusson, D. (1991): Stability and Change of Criminal Behavior up to Age 30. British Journal of Criminology 31, 327–346

Super, C., Harkness, S. (1986): The Developmental Niche: A Conceptualization at the Interface of Society and the Individual. International Journal of Behavioral Development 9, 545–570

Thoits, P. A. (1983): Dimensions of Life Events that Influence Psychological Distress: An Evaluation and Synthesis of the Literature. In: Kaplan, H. B. (Hrsg.): Psychosocial Stress. Trends in Theory and Research. Academic Press, New York, 33–103

Thomae, H. (1968): Das Individuum und seine Welt. Eine Persönlichkeitstheorie. Hogrefe, Göttingen

Vollmer, G. (1990): Evolutionäre Erkenntnistheorie. Hirzel, Stuttgart

Waters, E., Sroufe, L. A. (1983): Social Competences as a Developmental Construct. Developmental Review 3, 79–97

Weisz, J. R., Rothbaum, F. M., Blackburn, T. C. (1984): Standing out and Standing in: The Psychology of Control in America and Japan. American Psychologist 39, 955–969

Werner, E. E. (1990): Antecedents and Consequences of Deviant Behavior. In: Hurrelmann, K., Lösel, F. (Hrsg.): Health Hazards in Adolescence. Walter de Gruyter, Berlin, 219–231

White, B. L. (1970): Human Infants: Experience and Psychological Development. Prentice Hall, New York

Winnicott, D. W. (1971): Vom Spiel zur Kreativität. Klett-Cotta, Stuttgart

Zimmermann, P., Becker-Stoll, F., Grossmann, K., Grossmann, K. E., Scheuer-Englisch, H., Wartner, U. (2000): Längsschnittliche Bindungsentwicklung von der frühen Kindheit bis zum Jugendalter. Psychologie in Erziehung und Unterricht 47, 99–117

Erwachsenenbildung

Von Bernd Dewe

Begriffliche Annäherung

Im Folgenden wird Erwachsenenbildung als eine spezifische kommunikative Gattung und als Form hilfreicher Kommunikation betrachtet. Allgemein bezeichnen kommunikative Gattungen historisch ausdifferenzierte gesellschaftlich verfestigte und mehr oder weniger formalisierte Lösungen von kommunikativen Problemen. Gegenüber dieser kommunikationstheoretischen Sichtweise dominieren das Feld der Erwachsenenbildung allerdings institutionsbezogene Erklärungsansätze. Vordergründig stehen mit dem Begriff Erwachsenenbildung in institutioneller Perspektive Einrichtungen und Maßnahmen zur Weiterbildung Erwachsener und damit verbundener Aufgaben des Weiterbildungsmanagements, -marketings und der Qualitätssicherung im Fokus der Aufmerksamkeit. Erwachsenenbildung wird dabei üblicherweise als quartärer Sektor des Bildungssystems bezeichnet.

Bei genauerer Betrachtung fällt auf, dass der Begriff Aspekte umfasst, die sich neben Rechtsgrundlagen, Geschichte und Politik sowie Initiativen und Projekten im Kontext dieser spezifischen Art von Bildungsprozessen auch auf Theorien, Didaktik und Methodik des Lernens Erwachsener beziehen. Dementsprechend bezeichnet Erwachsenenbildung innerhalb der Erziehungswissenschaft jenen Bereich, der sich mit der Erforschung und Konzeptualisierung der Bildung Erwachsener befasst.

Um die Unterstützung von selbst gesteuerten Lernprozessen, Qualifikationen, Kompetenzerwerb und kulturellem Erfahrungsaustausch zu gewährleisten, verbindet sich definitorisch mit Erwachsenenbildung als Form hilfreicher Kommunikation unabdingbar die Vorstellung von Räumen, die geeignet sind, äußere Bedingungen der Entlastung vom alltäglichen Handlungs- und Entscheidungszwang herzustellen in der Perspektive der Schaffung von Voraussetzungen für eine Explikation der in routinisierten Handlungssituationen enthaltenen, aber latent bleibenden Sinnstrukturen. Das bedeutet, dass Erwachsenenbildung als soziales Kommunikationsforum gleichsam eine Moratoriumsfunktion erfüllt, indem sie eine mehr oder weniger intensive Unterbrechung des Handlungs- und Entscheidungsflusses in der Lebenspraxis bedingt. So erst eröffnet sich die Möglichkeit, weltaneignende kognitiv-rationale, moralisch-praktische sowie ästhetisch-expressive Erkenntnisprozesse in der Lebenspraxis der Lernenden in bildender sowie in problemlösender Perspektive kommunikativ zu initiieren. Erwachsenenbildung umfasst dabei Bildungsvorgänge in institutionellen Kontexten (Bildungswerke, Akademien, Volkshochschulen, Fernkurse etc.) wie auch in lebensweltlichen Zusammenhängen (Bürgerinitiativen, Vereine etc.), die biografisch der schulischen und womöglich beruflichen Erstausbildung / Vorbildung folgen bzw. sich dieser anschließen. Erwachsenenbildungsinitiativen beziehen sich vor dem Hintergrund einer außerordentlich pluralen Struktur des Weiterbildungsbereichs mit zunehmend marktförmigen Ausprägungen auf die gesamte Lebensspanne zwischen Jugend und Alter. Erwachsenenbildung als Teildisziplin der Erziehungswissenschaft reflektiert diese lebensbegleitenden Bildungsprozesse – offenes selbstgesteuertes ebenso wie fremdorganisiertes Lernen, fest geregelte ebenso wie locker institutionalisierte Lernangebote – uneingeschränkt vor dem Hintergrund der Lebensgeschichte ihrer Adressaten.

„Erwachsene" als Konstruktion und Residualkategorie

Mit der erwähnten Pluralisierung des Lernens und der Lernorte sind die hergebrachten Zuständigkeiten und Bedeutungszuschreibungen der institutio-

Otto/Thiersch (Hg.), Handbuch Soziale Arbeit, 4. A., DOI 10.2378/ot4a.art035,
© 2011 by Ernst Reinhardt, GmbH & Co KG, Verlag, München

nalisierten Erwachsenenbildung im Berufs- und Alltagsleben einerseits einer spürbaren Relativierung ausgesetzt, wobei andererseits gleichzeitig der Handlungsraum im Sinne des gesamten Lebenslaufs als Ort bildender, aber auch beratender und therapeutischer Prozesse eine Erweiterung erfährt (Dewe/Weber 2007b). Eine in diesem Sinne entgrenzte Erwachsenenbildung hält zunehmend „Optionen im Kombinationsraum Lebenslauf" bereit (Lenzen 1997, 228).

Dieter Lenzen verweist damit auf die Schwierigkeiten der Definition von Erwachsenen als Adressaten bzw. Akteure in Bildungsprozessen. Nach ihm ist „Pädagogik die Lehre, Theorie und die Wissenschaft von der Erziehung und Bildung nicht nur der Kinder, sondern seit dem Vordringen der Pädagogik in vielen Bereichen der Gesellschaft, auch der Erwachsenen [...] in unterschiedlichen pädagogischen Feldern wie Familie, Schule, Freizeit und Beruf" (Lenzen 2007, 84). Erwachsene stellen eine erweiterte Zielgruppe der Pädagogik dar. Eine unüberschaubare Vielzahl von Veranstaltern und Veranstaltungen innerhalb und außerhalb von Bildungseinrichtungen, in Betrieben, Gewerkschaften, Parteien, Kirchen etc. sowie im Rahmen selbstorganisierter Lernprozesse jenseits institutioneller Strukturen und neuer Lernkulturen (Nittel 2003; Dewe/Weber 2007a) setzen hier deutliche Akzente.

Angesichts einer breiten Kindheits- und Jugendforschung (Krüger/Grunert 2009; Ferchhoff 2007) sowie des zunehmenden Interesses der Bildungs- und Sozialforschung am „Alter" bzw. an alten Menschen (Saake 2007; Thieme 2008) scheinen „Erwachsene" als eine Personengruppe „ohne Eigenschaften". Grundsätzlich kann davon ausgegangen werden, dass – wie sich am Falle des Erwachsenen zeigen lässt – das, was gesellschaftlich als „Normalität" gilt, in der Regel weder alltagspraktisch noch wissenschaftlich problematisiert wird (Lenzen 2002). Eine geltende Norm wird typischerweise nicht zum Gegenstand wissenschaftlicher Reflexion gemacht.

Aus bildungstheoretischer Perspektive versuchen jedoch neuere Beiträge zu einer „Andragogik" Antworten auf die Frage nach dem Erwachsenen zu geben. Laut Schoger (2004) sind Erwachsene diejenigen Individuen, die sich bilden, ohne auf organisierte und institutionalisierte Formen zuzugreifen. Es gilt hier Bildung als Selbstbildung zu thematisieren.

„Die Kategorie des mündigen Subjekts wird dadurch aufgewertet. Dieses Menschenbild impliziert ein Bildungsverständnis, das Erwachsenen selbstverständlich zutraut, die Ziele und die Organisation ihrer Bildung vorzugeben oder mitzubestimmen" (128).

Folgt man geisteswissenschaftlichen Überlegungen, wie sie bei Theodor Ballauff (1958/2008) zum Ausdruck kommen, wird die Abgrenzung von Kindern und Jugendlichen einerseits sowie Erwachsenen andererseits institutionell legitimiert. Ballauff geht auf eine Trennung ein, die bereits im Terminus enthalten ist:

„[...] Der Terminus ‚Erwachsenen-Bildung' enthält zwei Hauptwörter: der Erwachsene und die Bildung. Wir haben es also mit einer Bildung zu tun, die sich auf den Erwachsenen erstreckt. Damit grenzt sich Erwachsenenbildung von der Jugendbildung ab. Nicht der Jugendliche, sondern der Erwachsene wird in ihr gebildet oder bildet sich in ihr. Erwachsenenbildung treffen wir demnach nicht im niederen und höheren Schulwesen an." (10 f.)

Dennoch hält Ballauff substantielle Kriterien für notwendig, um eine Abgrenzung zwischen Jugendbildung und Erwachsenenbildung zu begründen. Hierbei bezieht er sich zunächst auf die Altersgrenze. Ballauff kommt zu der Feststellung, dass die Altersgrenze zwar für die Organisation und Institution der Erwachsenenbildung bestimmend sein kann, aber hinsichtlich der Ermittlung von Kennzeichen, die den Erwachsenen als Erwachsenen ausweisen, die Altersgrenze (z.B. gemäß der juristisch definierten Altersstufen) als Differenzkriterium nicht befriedigend ist. Auch Erziehung, Unterricht, Unterhaltung und berufliche Ausbildung bringen aus seiner Sicht keine eindeutigen Abgrenzungsmerkmale mit. Er schlägt vor, Abgrenzungsmerkmale historisch zu untersuchen, um auf diesem Wege Sachhaltiges über die Charakteristik des Erwachsenen erschließen zu können. Für denjenigen, der sich mit Erwachsenenbildung praktisch befasst, bedeutet Ballauffs Feststellung in der Konsequenz, dass zum je aktuellen Zeitpunkt keine Klarheit darüber herrscht, mit was für einem Adressaten es die Erwachsenenbildung zu tun hat: „Das, was Erwachsensein meint, muss immer angesprochen und erschlossen werden" (Ballauff 2008, 15).

Dennoch ist Erwachsenenbildung im modernen Alltagsleben allseits präsent. Die Begründung von

Erwachsenbildung liegt dabei allerdings nicht auf dem Faktum des Erwachsenseins bzw. des Erwachsenen als einer besonderen Adressatengruppe, sondern orientiert sich an institutionellen Strukturen und an gesellschaftlichen, vornehmlich an ökonomischen sowie politischen Entwicklungen und Interessen, die für erwachsenenpädagogische Theorie- und Forschungsbemühungen maßgebend sind.

Folglich ist die These vom Erwachsenen als Konstrukt der Erwachsenenbildung zu prüfen. Ute Holm (2008) untersucht, inwieweit Menschenbilder leitend sind für die Frage, wie die Erwachsenenbildung ihre Adressaten konstruiert, und kommt zu dem Schluss, dass in der Vergangenheit im Rahmen der Erwachsenenbildung der anthropologischen Perspektive nur eine randständige Beachtung zugeschrieben wurde. Nittel bezeichnet in diesem Zusammenhang den Erwachsenen in der grundlagentheoretischen und empirischen Forschung als „leere Form" (Nittel 2003, 71) und thematisiert damit die unscharfe Konstruktion des Bildungsadressaten sowie den Bezug auf die Subjektivität und Autonomie von Teilnehmenden, die zugunsten einer konzeptionellen und Institutionsperspektive in der Theorie und Praxis der Erwachsenenbildung vernachlässigt werden. Der Erwachsene ist kaum Gegenstand wissenschaftlicher Forschung und als realer Teilnehmer in institutionalisierten Bildungsprozessen wird er üblicherweise zielgruppenbezogen gleichsam seziert wahrgenommen bzw. als pragmatische Unterstellung gehandelt (vgl. hierzu die Ausführungen weiter unten). Nach Holm sollte sich die Erwachsenenbildung folglich mit der Menschenbildthematik zukünftig ernsthafter auseinandersetzen, um sich von dem Einfluss allgemeinpädagogischer und kulturwissenschaftlicher Anthropologie zu befreien sowie auf der Grundlage einer eigenen, d. h. erwachsenenpädagogischen Anthropologie die Disziplin zu legitimieren (Holm 2008, 6).

Winfried Böhm (2005) hingegen geht davon aus, dass die pädagogische Anthropologie zwar nach Möglichkeiten und Spielräumen der Selbstbestimmung suchen muss, aber kein konkretes, ausfiguriertes Bild des Erwachsenen konzipieren sollte, das der Erwachsenbildung in der Folge als Leit- und Zielbild dient. „Im Gegenteil, sie muss grundsätzlich eine offene Frage bleiben. Nur so verliert die Erwachsenenbildung nicht den praktischen Cha-

rakter und wird nicht zu einer poietischen Technik" (Böhm 2005, 184). Demnach wäre die erwachsenenpädagogische Anthropologie bestenfalls hilfreich für die Abgrenzung bzw. Legitimation des Faches Erwachsenenpädagogik und zur Rekonstruktion der Konstruktion des Erwachsenen als Lerner, nicht aber zur Rekonstruktion des Erwachsenen unter einem Einheitspostulat.

Dahrendorf hingegen definiert unprätentiös den Erwachsenen als positives Ergebnis eines gesellschaftlichen Anforderungsprozesses. In seinem Werk „Homo Sociologicus" hat Dahrendorf „... den Erwachsenen hinsichtlich seiner empirisch ermittelbaren individuellen Entwicklungsschritte bzw. im Hinblick auf die gesellschaftlichen Anforderungen" untersucht (1958/2006, 113). Er fasst das Verhältnis von Individuum und Gesellschaft in der Weise auf, dass der Erwachsene derjenige ist, der den gesellschaftlichen Anforderungen gerecht werden kann. Erwachsen sein ist das, was im Kontinuum – Individuum und Gesellschaft – von Menschen geleistet wird. Der Erwachsene wird durch dieses Kontinuum gleichsam hervorgebracht. Dahrendorf suggeriert damit eine scheinbar klare Vorstellung vom Erwachsenen.

Anders als in dieser funktionalistischen Interpretation des Erwachsenseins beurteilen Jugendliche in einer aktuellen Studie des Deutschen Jugendinstituts das Phänomen Erwachsener. Das in Rede stehende EU-Projekt (2005), in dem die Rolle der Familie im Übergangsprozess junger Menschen zum Erwachsensein in verschiedenen europäischen Regionen untersucht wird, bietet Einblicke in Deutungsvarianten von „Erwachsensein" bei Jugendlichen. Generell tun sich alle Befragten schwer, das Erwachsensein zu definieren. Das Alter wird zwar als bedeutsames Kriterium benannt, gilt aber nicht als entscheidendes Kriterium. Das wichtigste Merkmal, um das Erwachsensein zu definieren, ist bei den befragten Jugendlichen die Bereitschaft Verantwortung zu übernehmen. Darunter verstehen die Jugendlichen die Übernahme von gesellschaftlichen Pflichten, Verantwortung für das eigene Verhalten und seine Konsequenzen, Verantwortung für das eigene Leben sowie Verantwortung für andere Menschen (einschließlich des eigenen Nachwuchses). Erwachsen sein ist verallgemeinert ausgedrückt gewissermaßen identisch mit einer kulturellen Fähigkeit, die ein bestimmtes Maß an reflexivem Beharrungsvermögen und gefestigtem

Charakter bzw. modern formuliert: von „Commitment" einschließt. Ein zweiter bedeutsamer Aspekt, den die befragten Jugendlichen mit „Erwachsensein" verbinden, ist Selbstständigkeit in den verschiedensten Lebensbereichen zu erlangen. Dieses findet seinen Ausdruck darin z. B., sein Leben selbst finanzieren, selbstständige Entscheidungen treffen und seinen eigenen Haushalt gründen zu können.

Ausgehend von dem letztgenannten Kriterium für Erwachsensein muss allerdings vor dem Hintergrund gesellschaftlicher Differenzierungsprozesse und zunehmender sozialer Ungleichheitsproblematik unterstellt werden, dass ökonomische Selbstständigkeit für immer mehr de-facto-Erwachsene ein unerreichbares Ziel bleibt. Angesichts gesellschaftlicher Entwicklungen, die soziale Phänomene wie Postadoleszenz und Exklusionsindividualität mit sich bringen, und demografischer Prozesse, die auf eine zunehmende Überalterung moderner Gesellschaften hinauslaufen, droht trotz aufgezeigter Bemühungen der Begriff des Erwachsenen blass zu bleiben bzw. verharrt im Stadium einer Residualkategorie.

Erwachsene und lebenslanges Lernen: Teilnahme und Nicht-Teilnahme

Vor dem Hintergrund aktueller gesellschaftlicher Entwicklungstendenzen, die mit Formeln wie Entdifferenzierung von biografischen Phasen, dem allmählichen Verschwinden von Lebensphasenübergängen und Transitionsriten, Pädagogisierung des Lebenslaufs nur metaphernhaft benannt sind, zeigt sich ein Prozess, der in steigendem Maße altersunabhängige Lern- und Weiterbildungsbemühungen als gesellschaftliche Normalität mit sich bringt. Die Erwachsenenbildung erscheint heute als „zentrales Medium" einer Lerngesellschaft der Zukunft und Domäne des institutionalisierten Lernens im Lebenslauf (Dewe 1999b). Sie zählt zur institutionalisierten Dynamik des modernen Lebenslaufregimes (Kohli 1988; Dewe/Weber 2007b).

Erwachsenenbildung als zentraler Bestandteil eines Prozesses der kulturellen Entwicklung von Gesellschaft bzw. der sie konstituierenden sozialen Gruppen und Individuen ist darauf ausgerichtet, die ökonomische und soziale Entwicklung sowie die

der persönlichen Identität zu unterstützen über Verfahren laufenden oder wiederholten Lernens, die die individuelle Erfahrungswelt verkoppeln mit den für diese Entwicklung geeignetsten kulturellen Mustern (u. a. Dumazidier 1984; Achtenhagen/Lempert 2000; Dewe 2010). Die Institutionalisierung lebenslangen Lernens und der damit verbundenen erwachsenenbildnerischen Praxisformen wie Familien- und Elternbildung, berufliche Weiterbildung, Seniorenbildung etc., wie sie sich den heutigen Gesellschaften als Notwendigkeit aufzwingen, werden einen unsicheren und dramatischen Umbruch von Mentalitäten und Denkstrukturen auslösen, dessen Anfang bereits deutlich erkennbar ist. Erwachsensein heißt hinfort nicht nur, sein Leben lernend selbst bewältigen zu können, sondern in sozialen Institutionen und im Rhythmus gesellschaftlicher Impulse – vor allem des Betriebs, des Arbeitsmarkts und weitergehender, sich ständig ändernder beruflicher und lebenspraktischer, vor allen Dingen freizeitbezogener Anforderungen – zu lernen, die im Zweifelsfalle und unter Bedingungen nicht hinreichender Reflexion der Fremdbestimmung sowohl der Lerngegenstände als auch des Lernprozesses selbst Tor und Tür öffnen (Harney 1991). Im Strukturplan für das deutsche Bildungswesen wird dieser Entwicklung deutlicher Ausdruck verliehen:

„Der Grundgedanke der ständigen Weiterbildung, der ein Schritthalten mit der Entwicklung auf allen Lebensgebieten und damit die Ermöglichung der personalen Entfaltung meint, lässt nicht zu, dass sich organisiertes Lernen auf bestimmte Bereiche und Inhalte beschränkt." (Deutscher Bildungsrat 1970, 57)

Aufgrund der zurzeit beobachtbaren Expansion bei gleichzeitiger Diversifikation der Felder, auf die sich die Bildungsangebote der Erwachsenenbildung beziehen, lässt sich von einer Ubiquität der Erwachsenenbildung sprechen (Dewe 1997). Erwachsenenbildung in der modernen Gesellschaft definiert heute als Teilnehmer typischerweise nicht den Erwachsenen (Bittner 2001), sondern in multiplen institutionellen Perspektiven „Kunden, Arbeitslose, Fahrschüler, Senioren, Führungskräfte, Verkäufer, Touristen, Väter und Mütter, Bürger und Menschen, Ballettschülerinnen, VerkehrssünderInnen, Brautleute und Flugängstliche etc." (Harney 1997, 113). Die Zuständigkeit der

Erwachsenen- und Weiterbildung ist auf den Ebenen von Individuum und Organisation derart uferlos geworden, dass ein „Prozess des Ausfransens und Ausuferns des Erwachsenenbildungssektors, der Anlagerung immer neuerer Aufgabengebiete und der Erschließung neuer claims" (Axmacher 1986) konstatiert werden kann, eine „Zerstreuung" der Erwachsenen- und Weiterbildung in Lebenswelt und Gesellschaft nach sich zieht (Barz / Tippelt 2009).

Diese Tendenzen lassen sich an institutionellen Entwicklungen wie auch an De-Instituonalisierungsphänomenen, an Differenzierungsprozessen in der Gesellschaft und an biografischen Prozessen beobachten (Dewe 2010). Der Institutionalisierungsprozess der Erwachsenen- und Weiterbildung hat sich seit den 1960er Jahren bis in die frühen 1980er Jahre sukzessive gesteigert; seit Mitte der 1980er Jahre sind gegenläufige Tendenzen beobachtbar, sodass sich gegenwärtig von einer lockeren Institutionalisierung bei mittlerer Systematisierung des Feldes sprechen lässt. Mit der allerdings steigenden Einsicht in die Notwendigkeit des „Life Long Learnings" und der zunehmenden Akzeptanz der Erwachsenen- und Weiterbildung schritt in der Bundesrepublik die Universalisierung des Lernens voran. Lernbemühungen werden heute in fast allen Bereichen der Arbeitswelt und des Alltags vorausgesetzt und werden für immer größere Teile der Bevölkerung zu einem konstitutiven Bestandteil des Alltags und der individuellen Lebensführung. Anders als der schulische bzw. universitäre Bildungsbereich, der institutionell auch weiterhin seinen „Ort" im Bildungssystem hat, entwickelt sich die Erwachsenen- und Weiterbildung uneinheitlich. Fort- und Weiterbildungsanlässe werden zunehmend weniger in konventionellen Erwachsenenbildungsinstitutionen wie den Volkshochschulen bzw. an bisher typischen Orten des institutionalisierten Erwerbs von Qualifikationen gestiftet. Vielmehr bestehen in einer Anzahl weiterer Institutionen in sehr unterschiedlichen gesellschaftlichen Bereichen, aber auch jenseits institutionalisierter Kontexte situativ am Arbeitsplatz, in der Freizeit, im Internet oder „autodidaktisch" Lernmöglichkeiten und -notwendigkeiten und entwickelt sich eine bunte Vielfalt von neuen Interaktions- und Organisationskontexten, in denen (Weiter-)Bildungsprozesse realisiert werden (Bergs-Winkels 1998; Roznowski 2010). Die Entgren-

zung der hergebrachten Institutionen der Erwachsenenbildung (Axmacher 1986; Brödel 2000) führt konsequenterweise in wissenschaftlichen wie auch praktischen Kontexten der Erwachsenenbildung zu ratlosen Diskussionen darüber, was angesichts lebenslangen Lernens zwischen staatlicher Versorgung, Verbändepluralismus und Eigenversorgung denn zukünftig als moderne Erwachsenenbildung gelten kann, auf welchen Teilnehmerkreis sich die vielfältigen Maßnahmen beziehen und welchen Organisations- und Verbindlichkeitsgrad eine Lernsituation aufweisen muss, um als Einrichtung der Erwachsenenbildung bezeichnet werden zu können (kritisch hierzu Jütting / Jung 1989; Dewe 1999b). Normative Entwürfe, Übersteigerungen von Randphänomenen bzw. Wunschdenken hinsichtlich einer „Neuen Lernkultur" führen allerdings nicht weiter, weil sie wenig analytisches Potenzial aufweisen.

Die Vervielfältigung der Lernanlässe wird von Entwicklungen der funktional differenzierten Gesellschaft evoziert, die in gesellschaftliche Teilsysteme gegliedert ist wie Wirtschaft, Recht, Politik, Religion, Familie, Erziehung etc. (Luhmann 1997; Kurtz 2000). Die Teilsysteme erbringen jeweils unterschiedliche Leistungen und Funktionen für das Gesellschaftssystem. Obwohl die Vermittlung von Bildungswissen eine exklusive Funktion des Bildungssystems darstellt, welches sich im Laufe der zurückliegenden 150 Jahre auf diese spezialisiert hat, lässt sich zunehmend beobachten, dass in beträchtlichem Maße in anderen Teilbereichen der Gesellschaft Bildungswissen und Qualifikation nicht ausschließlich als spezifische Leistung des Bildungssystems erwartet und in Anspruch genommen, sondern etwa in Wirtschaftsunternehmen und anderen gesellschaftlichen Großorganisationen generiert und transferiert werden. In immer mehr gesellschaftlichen Kontexten und Teilsystemen, die nicht dem Primat des Bildungssystems unterliegen, werden nämlich zunehmend „Spezialkompetenzen" (Luhmann / Schorr 1979, 87) nachgefragt, die offenbar exklusiv nur in den jeweiligen Arbeits- und Lebenszusammenhängen selbst vermittelt werden können. Es zeigt sich, dass Weiterbildungsprozesse heute in sehr unterschiedlichen gesellschaftlichen Teilsystemen realisiert werden und dort von der Logik des jeweiligen Funktionssystems abhängig sind. Sie unterliegen keineswegs zwingend den Interessen und der Logik des Bildungssystems. Gegenwärtig lassen sich Bildungs- und Weiterbildungsprozesse jenseits der herkömmlichen Lernzusammenhänge des Bildungssystems in steigendem Umfang in solchen gesellschaftlichen Teilbereichen finden, welche die Vervollkommnung der Individuen mittels Bildung nicht als ihr Hauptinteresse betrachten. Die Arbeit an Personen als „Formung von Lebensläufen" (Luhmann 1997) wird etwa in Wirtschaftsunternehmen als Mittel für betriebliche Zwecke instrumentalisiert (auch Neuberger 1990) im Sinne eines Beitrags zur organisatorischen Reproduktion des Betriebs (Grünewald et al. 2003; Harney 1999; Schiersmann 2007; Schulmeyer 1998).

Die Ubiquität von organisierter und selbstinitiierter Erwachsenenbildung als bedeutsame Sequenz des Lernens über die Lebensspanne wird darüber hinaus durch technologische Entwicklungen begünstigt. In den 1990er Jahren ist die Entwicklung und Durchsetzung der internetbasierten Informations- und Kommunikationstechnologien (u. a. Münch 2000; Vollbrecht 2000; Kade 2005; Dewe / Weber 2007b) sehr dynamisch vorangeschritten. Sie berühren heute nahezu alle gesellschaftlichen Lebensbereiche. Form und Inhalt beruflicher und betrieblicher Arbeit verändern sich in gravierender Weise, aber auch öffentliche und private Kommunikationsformen bleiben von dieser Entwicklung nicht unbeeinflusst. Die Herausforderungen, denen sich moderne Gesellschaften heute stellen müssen, verdanken sich einem beschleunigten ökonomischen Wandel, der über die erwähnten Konvergenzentwicklungen im informations- und kommunikationstechnologischen Bereich hinaus durch die Globalisierung der Märkte und einen einschneidenden sektoralen Strukturwandel ausgelöst wurde (Dewe / Ferchhoff 2000). In der emporkommenden Wissensgesellschaft beruhen die qualitativen Innovationen

„auf der neuen Wertigkeit, ökonomischen Bedeutung und politischen Steuerung von Wissen und Expertise [...] Der Kern der Ausbildung der Wissensgesellschaft scheinen die Quantität, Qualität und das Tempo ubiquitärer Innovation durch neue Informationen, neues Wissen und neue Expertise zu sein" (Willke 1998, 162).

Der dadurch evozierte gesellschaftliche Wandel reicht in die Tiefenstrukturen der Reproduktion von Gesellschaft.

„Land, Kapital und industrielle Arbeit sind die Faktoren, welche die Arbeits- und Industriegesellschaft formen. Die Wissensgesellschaft dagegen beruht auf ‚embedded intelligence' in dem Sinne, dass ihre Infrastrukturen (Telekommunikationssysteme, Telematik- und Verkehrssystemsteuerung, Energiesysteme) mit eingebauter, kontextsensitiver Expertise arbeiten, ihre Suprastrukturen (Institutionen, Regelsysteme, ‚governance regimes') lernfähig organisiert sind und aktiv Wissensbasierung betreiben, und dass die Operationsweise ihrer Funktionssysteme Schritt für Schritt ihre Eigenlogik mit der neuen Metadifferenz von Expertise und Risiko koppeln" (164).

Wissen wird zu einer zunehmend bedeutenderen Produktivkraft und setzt sich mehr und mehr an die Stelle der traditionellen Produktivkräfte (Stehr 1994, 2000; siehe hierzu auch Homfeldt / Schulze-Krüdener 2000; Friedewald et al. 2010). Für den Arbeitsprozess in Beruf und Betrieb hat dies zur Folge, dass Organisationen (und vor allem die sogenannten „intelligenten" Organisationen) aufgrund der gestiegenen Anforderungen in zunehmenden Maße wissensbasiert operieren werden im Sinne „organisierter" Wissensarbeit (Willke 1998). Wissensarbeit (Pernicka et al. 2010) umfasst

„Tätigkeiten (Kommunikationen, Transaktionen, Interaktionen), die dadurch gekennzeichnet sind, dass das erforderliche Wissen nicht einmal im Leben durch Erfahrung, Initiation, Lehre, Fachausbildung oder Professionalisierung erworben und dann angewendet wird. Vielmehr erfordert Wissensarbeit im hier gemeinten Sinn, dass das relevante Wissen kontinuierlich revidiert, permanent verbesserungsfähig angesehen, prinzipiell nicht als Wahrheit, sondern als Ressource betrachtet wird und untrennbar mit Nichtwissen gekoppelt ist, so dass mit Wissensarbeit spezifische Risiken verbunden sind" (Willke 1998, 161; vgl. Dewe / Feistel 2010).

Der sich gegenwärtig vollziehende Wandel von der material- zur wissensbasierten Gesellschaft beruht im Kern darauf, dass Information und Wissen zum entscheidenden Wirtschaftsfaktor und infolge dessen Kommunikationsleistungen zu einem unverzichtbaren Kriterium für die gestaltende Teilhabe am gesellschaftlichen Leben avancieren (Glasmacher 1999). Die beschriebene Ausdifferenzierung der Gesellschaft und die sich rasch verändernden „Spezialkompetenzen" (Luhmann/Schorr 1979, 87), die damit einhergehen, bedingen, dass die schulische Grundbildung sowie eine berufliche Ausbildung kaum mehr ausreichen, um den Wandlungsprozessen innerhalb der Wissensgesellschaft nicht lediglich zu genügen, sondern vielmehr selbstaktiv gestaltend in sie einzugreifen. „Lebensbegleitendes Lernen" stellt eine prominente Möglichkeit dar, auf diese Herausforderungen durch kollektive und individuelle Bildungsinitiativen zu antworten, da es innerhalb des Lebenslaufs immer wieder Anlässe gibt, in denen Personen sich auf neue Gegebenheiten einstellen müssen oder wollen (Obermeier 2000). Diese Lernanlässe bedürfen allerdings spezifischer Vermittlungs- und Aneignungsprozesse (Malwitz-Schütte 2006).

Ob Lernanlässe auch zur faktischen Teilnahme an Erwachsenenbildung führen, zeigen die Daten des Berichtssystems Weiterbildung. Nach dem aktuellen Berichtssystem Weiterbildung (2006) haben 41 Prozent der Bürger an Weiterbildungen teilgenommen. Im Vergleich der Alten und Neuen Bundesländern stellte sich heraus, dass 38 Prozent der Bürger in den Neuen Bundesländern und 42 Prozent der Bewohner der Alten Bundesländer an einer Weiterbildung im Erhebungsjahr 2003 teilgenommen haben (BMBF 2006, 19; u.a. von Rosenbladt/Bilger 2008).

Bezogen auf die Inklusion der Gesamtbevölkerung in das „System" der Weiterbildung fand gegenüber 1979 eine Verdoppelung der Teilnahmequote statt (1979: 23 Prozent, 2003: 41 Prozent, BMBF 2006, 18). 41 Prozent aller Männer und Frauen zwischen 19 und 64 Jahren nutzen die Chancen der Weiterbildung. Diese Angabe entspricht rund 20,4 Millionen Teilnehmern an Weiterbildungskursen (BMBF 2006, 18). Das Bundesministerium für Bildung und Forschung (BMBF) verwendete für die Veröffentlichung des Berichtssystems Weiterbildung die Ergebnisse aus insgesamt rund 7.000 Interviews, wobei 5.000 mit Bürgern in den Alten Bundesländern geführt worden und 2.000 Befragungen in den Neuen Bundesländern erhoben worden sind (BMBF 2006, 14).

Die Teilnehmerquote der Erwerbstätigen mit Hochschulabschluss an beruflichen Weiterbildungen ist viermal so hoch wie bei Erwerbstätigen ohne Berufsausbildung (BMBF 2006, 64). Ebenso ist ein Unterschied bei dem Berufsstatus zu verzeichnen: Während 39 Prozent der Angestellten

und 59 Prozent der Beamten an einer beruflichen Weiterbildung im Jahr 2003 teilgenommen haben, trifft diese Aussage nur auf 19 Prozent der Arbeiter zu.

Im Bereich der „Allgemeinen Weiterbildung" liegt die Teilnahmequote bei 26 Prozent. Besonderes Interesse besteht in den Themenbereichen der Sprachkenntnisse und dem Umgang mit Computer, EDV und Internet, in denen sich jeweils eine Beteiligung von 5 Prozent der befragten Personen ergab (BMBF 2006, 27). Es muss jedoch daraufhin gewiesen werden, dass die Teilnehmerzahlen stagnierten oder sogar im Bereich Computer, EDV und Internet rückläufig sind. Im Gegensatz dazu nahmen mehr Bürger z. B. an allgemeinen Weiterbildungen im Themenspektrum Kindererziehung, Wissen über Kunst, Literatur und Geschichte sowie Sportkursen teil (BMBF 2006, 27).

Die Angebote der beruflichen Weiterbildung nahmen im Erhebungsjahr 2003 26 Prozent der Bundesbürger in Anspruch (BMBF 2006, 40). Jedoch ist ein Rückgang von rund 1,4 Millionen Teilnehmern an beruflicher Weiterbildung festzustellen (2000: 14,4 Millionen; 2003: 13 Millionen; BMBF 2006, 38). Jeder dritte Befragte zwischen 19 und 49 Jahren nahm im Jahr 2003 an einer beruflichen Weiterbildung teil. In der Altersspanne 50 bis 64 Jahre liegt die Teilnehmerquote bei 17 Prozent und damit unter dem Durchschnitt (BMBF 2006, 64).

Die adaptiven Weiterbildungsangebote werden vornehmlich von Beamten in Anspruch genommen (59 Prozent). Ebenso ist ein Unterschied bei den Angestellten auszuweisen: Während ausführende Angestellte eine Teilnahmequote von 34 Prozent aufzeigen, nehmen 63 Prozent der leitenden Angestellten an einer beruflichen Weiterbildung teil. Ein Drittel der Selbstständigen bildete sich 2003 im Bereich der beruflichen Weiterbildung weiter (BMBF 2006, 82). Im Vergleich dazu offenbart sich bei der Berufsgruppe Arbeiter ein großer Abstand zu den eben genannten. Zum zweiten Mal in Folge fiel die Teilnahmequote bei den Arbeiter auf nunmehr 19 Prozent (schon Niehues 1988; BMBF 2006, 82).

Bildungspolitisch gilt die Erwachsenenbildung heute als in das Bildungsgesamtsystem integriert und wird formal zu ihrem quartären Sektor erklärt. Tatsächlich existiert allerdings eher ein „versäultes Nebeneinander" von Weiterbildungsmärkten mit jeweils spezifischen funktionalen und institutionalisierten Regelungen des Zugangs und des Nutzens, also bildlich gesprochen ein „gespaltener" Weiterbildungsbereich:

„Das System der beruflichen Weiterbildung kann in Wahrheit nicht als ein System charakterisiert werden: es ist eine Mischung aus marktnahen Elementen und unkoordinierten punktuellen Bildungsinterventionen, die der Analyse am ehesten über die Herkunft der eingesetzten Finanzen zugänglich sind." (Friebel et al. 1993; vgl. Kade / Nittel 2010)

Erwachsensein heute: Lernfähigkeit, Lernbereitschaft, Lernbedürfnisse

In der Erwachsenenbildung ist eine spezifische Praxis in Rechnung zu stellen, die es von ihrer Struktur her mit solchen Adressaten zu tun hat, die sich aus identitätstheoretischer, biografietheoretischer und politischer Perspektive einer Planbarkeit und Fremdselektion weitgehend entziehen und – unter den Bedingungen der zunehmenden Individualisierung von Lebenslagen und der rasanten Pluralisierung von Lebensformen (Beck / Gernsheim 1994) – im Aufbau bzw. Umbau ihres Lebens, im stetigen Prozess der „Vergewisserung" (Dewe 1999a) ihrer individuellen Zielsetzungen sowie bei der Bearbeitung „kritischer Lebensereignisse" (Fillipp 1990) – sei es biografiegestaltend, -reproduzierend oder -sichernd – je eigener autonomer lebenspraktischer Systematik folgen.

Hinzu kommt, dass Erziehungsmaßnahmen sich ordnen und, wenn es denn gelingt, zu Maximen bündeln lassen, ihre Durchsetzbarkeit, wenn auch in gewissen Grenzen, sich pädagogisch überprüfbar bewähren kann, wohingegen Bildungsmaßnahmen mit Erwachsenen der Verfügbarkeit der Angesprochenen selbst unterliegen, also im Sinne von Autopoiesis und nicht im Sinne eines Prozesses womöglich fremdgesteuerter Ausbildung. Bildungsprozesse in der Erwachsenenbildung können keineswegs als bloße Übernahme von Instruktionen aus der Umwelt begriffen werden. Organisiertes und intentionales Lernen kommt mit Erwachsenen stets nur dann zustande, wenn ein Bildungsangebot Teilnehmer findet und angeeignet wird (Gnefkow 2008).

Kinder und Jugendliche – so wird mehr oder weniger in modernen Gesellschaften unterstellt – „müssen" erzogen und unterrichtet werden (Nemitz 2000). Sie sind schulpflichtig und können (sozial)pädagogischen Maßnahmen gegen ihren eigenen Willen unterworfen werden. Sie sind, juristisch formuliert, „besonderen Gewaltverhältnissen" unterworfen. In diesen „findet die Aussonderung derjenigen statt, die aus welchen Gründen auch immer in die Ordnung der gleichen und freien Konkurrenz nicht integrierbar sind und sich dadurch von den Rechtssubjekten unterscheiden" (Preuß 1979, 163). Dagegen suchen Erwachsene in besonderen Passagen und Situationen ihres Lebens aus eigenem Willen Orientierung in der Erwachsenenbildung, wobei thematisch grundsätzlich „alles" zum Gegenstand intentionalen und organisierten Lernens werden kann, da die didaktische Selbstwahl Primat hat (Dewe 2010). Trotz der zunehmenden Tendenz eines intervenierenden Umgangs mit Erwachsenen und der Tatsache, dass Erwachsene zur Teilnahme an Weiterbildungsveranstaltungen bisweilen unter Androhung von Sanktionen gedrängt werden, sind derartige Lerninterventionen nicht mit einer gesetzlich geregelten Weiterbildungspflicht zu verwechseln (Niehues 1988). So kommt es nicht von ungefähr, dass es in den besonderen Gewaltverhältnissen der Schule und den sozialpädagogischen Einrichtungen in aller Regel schwerer ist, „Arbeitsbündnisse" zu entwickeln und aufrechtzuerhalten als in erwachsenenpädagogischen Situationen. Wo diese ebenfalls, wie z.B. im Krankenhaus, im Gefängnis oder in der Armee durch besondere Gewaltverhältnisse gestiftet werden sollen, scheitert denn auch erwachsenenbildnerisches Handeln ebenso leicht wie pädagogisches Handeln in Schule und sozialpädagogischen Institutionen. „Umgekehrt haben die Adressaten von Erwachsenenbildung die Freiheit, dem Erwachsenenpädagogen davonzulaufen, wenn diese sich im Arbeitsbündnis nicht bewähren" (Gottschalch 1996, 8).

Ausgehend von der Annahme der Lernfähigkeit Erwachsener (Weinert / Mandl 1994; zur Kritik der Adoleszenz-Maximum-Hypothese Weidenmann 1991) und dem didaktischen Ziel, ihre Lernbereitschaft zu verbessern und auf ihre spezifischen Lernbedürfnisse abgestellte Weiterbildungsangebote (UNESCO-Bericht 1997; Roznowski 2010) zu erarbeiten, lassen sich bildungspraktische Konsequenzen formulieren.

Die Bedürfnisse Erwachsener, die sie zum Lernen motivieren können, müssen – wenn die Lehrveranstaltung ihr Ziel erreichen soll – so präzise wie möglich erfasst und in Beziehung zum jeweiligen Bedarf (Qualifikationsprofile etc.) gebracht werden. Konflikte zwischen Bedürfnissen und Bedarf müssen in der Beratung der lernbereiten Erwachsenen verarbeitet werden (Projektgruppe Wissenschaftliche Beratung 1999; Dewe / Weber 2007b). Stärkstes Motiv ist für viele Erwachsene bei der Teilnahme an Kursen der beruflichen Fort- und betrieblichen Weiterbildung oder bei für notwendig erachteten Umschulungsmaßnahmen die erwartete Höherqualifizierung bzw. eine ihr entsprechende materielle und immaterielle Gratifikation bzw. soziale Anerkennung. Die Strukturierung der Lerninhalte hat daher vorrangig von Verwendungssituationen und nicht primär von einer fachsystematischen Struktur auszugehen. Das jeweilige Fachwissen hat hierbei eine dienende, informierende Funktion; es ist also nicht Selbstzweck. Dies bedeutet bei aller Komplexitätsreduktion aber keine Abkehr von der Forderung nach Wissen(schaft)sorientierung, besonders in Prozessen der antizipatorischen Weiterbildung (Dewe 2004, 126).

Das Angebot an Lerninhalten ist sinnvollerweise so zu strukturieren, dass es dem Lernenden erlaubt, an eigene Vorerfahrungen (Deutungsmuster, kognitive „Ankerplätze"), bzw. an ihn betroffen machende Phänomene anzuknüpfen, mit Hilfe der erlernten Analyseinstrumente daraus Einsichten zur möglichen Aneignung zu gewinnen, neues Wissen in vorhandenes zu integrieren und eine positive Einstellung zum selbstständigen Lernen im allgemeinen Sinne aufzubauen (Ohl 1973; Mezirow 1997). Hierbei ist es wichtig, dass neben den fachlichen auch allgemeinbildende Lernziele ins Bewusstsein gebracht und nach Möglichkeit in die beruflich / fachlichen Lernziele integriert werden mit dem Ziel der Kompetenzentwicklung (Sander 1998; zur Bildungsarbeit als Aufklärungs- und Differenzierungsprozess von Deutungsmustern des privaten und beruflichen Alltagslebens: Dewe 1988).

Aus der Verschiedenheit der Erwachsenen, ihrer unterschiedlichen Lerngeschichte, Problemlage und Zielsetzung für ihr Lernen ergibt sich die unverzichtbare Forderung nach konsequenter Individualisierung des Lernarrangements hinsichtlich Lernzielen und Inhalten (in Abstimmung mit dem jeweiligen Bedarf), der freien Wahl der Lerngeschwindigkeit, des Lernorts, der Methoden, der Organisationsformen des Lernens usw., wie sie insgesamt in Konzepten des „offenen Lernens" aufgearbeitet sind (Weber 1996; Vennemann 1996). Das Lernarrangement muss ein angst- und repressionsfreies, die Identitätsbalance nicht nachhaltig störendes, den Lernerfolg bestätigendes, reichliche Übungsmöglichkeiten anbietendes Lernen ermöglichen. Das Zeit-Budget des lernenden Erwachsenen erfordert hierbei besondere Aufmerksamkeit, da es oft auch Alibifunktionen für Identitätsprobleme annimmt. Daher sind Hilfen bei der Zeitplanung und eventuell auch die gemeinsame Entwicklung zeitlicher Rahmen für die Teilziele und das Gesamtziel als sehr sinnvoll anzusehen (Hruza 1998). Neuere Studien zum selbstgesteuerten Lernen in der Weiterbildung (Klein et al. 1999; Dewe / Weber 2007b) zeigen, dass das Vermitteln von Lernstrategien, die Entwicklung von Metakognitionen, arbeitsökonomischen Techniken usw. (Rolle der Wiederholung, Lesestrategien, Lerninhalt in sinnvolle Abschnitte einteilen, Selbstkontrolle des Erlernten, Vermeiden von Zeitdruck usw.) nach wie vor hohe Bedeutung hat (Dietrich 1999; Roznowski 2010).

Planung und Durchführung der Veranstaltungen (Nolda 1996) sollten die didaktische Selbstwahl der Lernenden und ein selbstgesteuertes Lernen ermöglichen, angesichts der Tatsache, dass in Zeiten reflexiver Modernisierung die „Souveränität der Lernerinnen und Lerner (zu)nimmt" (Weinberg 1998). Der immer noch dominante institutionenfixierte Blick auf das Lernen Erwachsener richtet sich indes einseitig auf fremdorganisierte Lernprozesse. Das Baukastenprinzip, d. h. die Zusammenstellung des für das eigene Lernen notwendigen Kursmaterials aus einem Angebot kleinerer Lernelemente, mit der Möglichkeit der Lernberatung (Kemper / Klein 1998), entschärft allerdings den Widerspruch von didaktischer Selbstwahl und zentral entwickelten Materialien. Didaktische Selbstwahl erstreckt sich stets auf Inhalte und Methoden. Bei der Nutzung von Lernmethoden ist zu beachten, dass ein Ausgleich zwischen den oft divergierenden Interessen der Lernenden an stärker stoff- bzw. verlaufsorientierten Beiträgen sichergestellt werden muss (Faulstich / Zeuner 2009; Nezel 1992; Siebert 2009; Wittpoth 2009).

Resümierend kann festgestellt werden, dass zunehmend Formen und Dimensionen des Erwachsenenlernens in den Vordergrund treten, die ein revidiertes Lernverständnis erzwingen. Erwachsene lernen erfolgreich und sinnverstehend, wenn sie nicht Element für Element eines gleichsam enzyklopädisch angehäuften und in mannigfache Lernziele zerlegbaren oder bereits zerlegten Wissensbestands adaptieren, sondern die Möglichkeit ausbilden bzw. hervorbringen können, beispielsweise die „Ernstsituation" ihres zukünftigen alltagspraktischen und / oder beruflichen Handelns etwa in Hinblick auf technologische Veränderungen / Herausforderungen zu antizipieren, indem derartige Situationen in moratoriumsähnlichen Formen einer Erwachsenenbildung gleichsam gedanken-experimentell simuliert werden. Folglich steht nicht die Vermittlung „relevanten" Wissens in systematischer und explizierter Form im Vordergrund eines derartigen Bildungsprozesses, sondern der Erwerb einer Kenntnis der Regeln „kompetenten" Handelns. Dieser implizite Lern- und Erwerbsprozess ist nicht mit dem hergebrachten Konzept „Learning By Doing" zu verwechseln. In Differenz zu jenem Ansatz, dem ein recht naives Verständnis der Relationen von Theorie und Praxis zugrunde liegt, da in der Folge lediglich suggeriert wird, dass es nicht ausreiche, „bloß" Theoriewissen zu lernen, geht es in den hier in Rede stehenden eher impliziten Bildungsprozessen nicht um den Erwerb konkreter Handlungsmuster, sondern um den Erwerb von Strukturen (Levi-Strauss 1975; Piaget 1976). In linguistischer Terminologie lässt sich dann behaupten, dass es nicht um Performanz-, sondern um Kompetenzlernen geht (vgl. Knoblauch 2010).

In impliziten Bildungsprozessen wird im erfolgreichen Fall eine generative Regelstruktur erworben, gewissermaßen eine Handlungsgrammatik, auf deren Basis der Vollzug kompetenter Handlungen erst aussichtsreich wird. Diese lässt sich aber kaum als kognitiv-expliziter Wissensbestand bzw. als Handlungstechnologie erwerben. Beispielsweise kann die Kenntnis der Grammatik einer Fremdsprache, d. h. die Fähigkeit, ihre Regeln explizit angeben zu können, allemal mit der Unfähigkeit einhergehen, die fremde Sprache akzeptabel zu sprechen. Umgekehrt kann eine völlige Regelunkenntnis kompatibel sein mit der perfekten lebens- oder berufspraktischen Sprachbeherrschung. Mit anderen Worten: Regeln werden in ihrem sozialen Gebrauch, in der konkreten sozialen Situation verständlich. Dieser Diskrepanz zwischen kognitiv-explizitem und struktural-implizitem Wissen entspricht in der Alltags- und Berufserfahrung die Diskrepanz zwischen rationaler Einsicht und formaler Kenntnis einerseits und faktischem, situativem Können oder Verhalten andererseits. „Alltagskompetenz" schließt stets ein Können ein. Ihre Vermittlung ist über explizite Formen des Lernens nur sehr unvollständig möglich, da Kompetenz generell bedingt, den strukturellen Kern von Bildungsangeboten immer wieder für jede konkrete Situation des Handelns neu zu rekonstruieren und situationsbezogen anzueignen. Es geht folglich nicht um die mehr oder weniger perfekte Beherrschung von Lerntechniken beim Umgang mit bzw. bei der Beurteilung von „neuen" Bildungsangeboten, sondern um ein grundlegend anderes Verständnis von Lernen (Dewe 1999a; Dewe / Weber 2007b). In Rede steht das stets auf vorhandene Deutungsmuster verwiesene Lernen und Aneignen von Aspekten praktischer Handlungsfähigkeit im Kontext der „Vergewöhnlichung" des Neuen in einer komplexen Lebenspraxis.

Literatur

Achtenhagen, F., Lempert, W. (Hrsg.) (2000): Lebenslanges Lernen im Beruf – seine Grundlegung im Kindes- und Jugendalter. 5 Bde. Leske + Budrich, Opladen

Axmacher, D. (1986): Grenzenlos. Über die wachsende Schwierigkeit, von „Erwachsenenbildung" zu sprechen. päd extra, Magazin für Erziehung, Wissenschaft und Politik 10, 19–21

Ballauff, G. (1958 / 2008): Erwachsenenbildung – Sinn und Grenzen (Neuauflage). Schneider, Hohengehren

Barz, H., Tippelt, R. (2009): Lebenswelt, Lebenslage, Lebensstil und Erwachsenenbildung, In: Tippelt, R., Hippel, A. v. (Hrsg.): Handbuch Erwachsenenbildung / Weiterbildung. VS Verlag, Wiesbaden, 117–136

Beck, U., Gernsheim, E. (Hrsg.) (1994): Riskante Freiheiten. Suhrkamp, Frankfurt / M.

Bergs-Winkels, D. (1998): Weiterbildung in Zeiten organisationskultureller Revolution. Dr. Kovac, Hamburg

Bittner, G.(2001): Der Erwachsene: Multiples Ich in multipler Welt. Kohlhammer, Stuttgart

Böhm, W. (Hrsg.) (2005): Wörterbuch der Pädagogik. Kröner, Stuttgart

Brödel, R. (2000): Interdisziplinarität im Kontext betrieblicher Weiterbildung. In: Dewe, B. (Hrsg.): Betriebspädagogik und berufliche Weiterbildung. Wissenschaft – Forschung – Reflexion. Julius Klinkhardt, Bad Heilbrunn, 23–36

Bundesministerium für Bildung und Forschung (BMBF) (2006): Berichtssystem Weiterbildung IX. Integrierter Gesamtbericht zur Weiterbildungssituation in Deutschland, Berlin, Bonn

Bundesministerium für Bildung, Wissenschaft, Forschung und Technologie (Hrsg.) (1998): Hamburger Deklaration zum Lernen im Erwachsenenalter. Agenda für die Zukunft. Fünfte internationale Konferenz über Erwachsenenbildung. Eigenverlag, Bonn

Dahrendorf, R. (1958/2006): Homo sociologicus. VS Verlag, Reinbeck

Deutscher Bildungsrat (Hrsg.) (1970): Empfehlungen der Bildungskommission: Strukturplan für das Bildungswesen. Stuttgart

Dewe, B. (2010): Handbuch Theorien der Weiterbildung. STG Verlag, Schotten

– (2004): Erwachsenenbildung/Weiterbildung, In: Krüger, H.-H., Grunert, C. (Hrsg.): Wörterbuch Erziehungswissenschaft. UTB, Wiesbaden, 122–129

– (1999a): Lernen zwischen Vergewisserung und Ungewißheit. Reflexives Handeln in der Erwachsenenbildung. Leske + Budrich, Opladen

– (1999b): Bildungsarbeit mit Erwachsenen – „Grenzfall Pädagogik" oder „zentrales Medium" einer zukünftigen Lerngesellschaft. Neue Praxis 4, 394–408

– (1997): Bildung in der Lerngesellschaft: Lebenslanges Lernen oder lebensbegleitende Bildung? In: Olbertz, J.H. (Hrsg.): Erziehungswissenschaft. Leske + Budrich, Opladen, 87–101

– (1988): Wissensverwendung in der Fort- und Weiterbildung. Transformation wissenschaftlicher Informationen in Praxisdeutungen. Studien zum Umgang mit Wissen, Bd. 6. Nomos, Baden-Baden

–, Feistel, K. (2010): Reflexive Professionalität in der Erwachsenenbildung, In: Hof, C., Ludwig, J., Schäffer, B. (Hrsg.): Professionalität zwischen Praxis, Politik und Disziplin. Schneider, Baltmannsweiler, 86–98

–, Ferchhoff, W. (2000): Gesellschaft. In: Arnold, R., Nolda, S., Nuissl, E. (Hrsg.): Wörterbuch Erwachsenenpädagogik. Knikhardt, Bad Heilbrunn, 135–138

–, Weber, P.J. (2007a): Einführung in moderne Lernformen. Beltz, Weinheim/Basel

–, Weber, P.J. (2007b): Wissensgesellschaft und lebenslanges Lernen. Eine Einführung in bildungspolitische Konzeptionen der EU. Klinkhardt, Bad Heilbrunn

Dietrich, S. (1999): Selbstgesteuertes Lernen- Auf dem Weg zu einer neuen Lernkultur. Suhrkamp, Frankfurt/M.

Dumazidier, J. (1984): L'éducation permanente – éducation des adults. In: Bulletin du Laboratoire de Pédagogic 18, 5–30

Faulstich, P., Zeuner, C. (2009): Erwachsenenbildung – Resultate der Forschung. Entwicklung, Situation und Perspektiven. Beltz, Weinheim

Ferchhoff, W. (2007): Jugend und Jugendkulturen im 21. Jahrhundert: Lebensformen und Lebensstile. Wiesbaden.

Fillipp, S.H. (Hrsg.) (1990): Kritische Lebensereignisse. Beltz PVU, München

Friebel, H., Epskamp H., Tippelt, R. (1993): Weiterbildungsmarkt und Lebenszusammenhang. Julius Klinkhardt, Bad Heilbrunn

Friedewald, M., Raabe, O., Georgieff P., Koch D.J. (2010): Ubiquitäres Computing. Edition Sigma, Berlin

Glasmacher, C. (1999): Risse in der Mediengesellschaft. Psychologie heute 26/6, 59–62

Gnefkow, T. (2008): Lerntransfer in der betrieblichen Weiterbildung. Determinanten für den Erfolg externer betrieblicher Weiterbildung im Lern- und Funktionsfeld aus Teilnehmerperspektive. Vdm Verlag, Saarbrücken

Gottschalch, W. (1996): Konvergenzen und Divergenzen zwischen Pädagogik und Andralogie. Typoskript, Bussum

Grünewald, U., Moraal, D., Schönfeld, G. (2003): Betriebliche Weiterbildung in Deutschland und Europa. Bertelsmann, Bielefeld

Harney, K. (1999): Berufliche und betriebliche Weiterbildung – zum Sinn einer sinnhaften Unterscheidung. GdWZ 10/3

– (1997): Sinn der Weiterbildung. In: Lenzen, D., Luhmann, N. (Hrsg.): Bildung und Weiterbildung im Erziehungssystem. Lebenslauf und Humanontogenese als Medium und Form. Suhrkamp, Frankfurt/M., 94–114

– (1991): Lernen soll man immer und deshalb ist Weiterbildung für alle da. Sozialwissenschaftliche Literatur Rundschau 22, 57–61

Holm, U. (2008): Menschenbilder in der Erwachsenbildung. In: www.die-bonn.de/doks/holm0801.pdf, 06.06.2010

Homfeld, H., Schulze-Krüdener, J. (2000): Wissen und Nichtwissen: Herausforderungen für soziale Arbeit in der Wissensgesellschaft. Juventa, Weinheim

Hruza, G.-A. (1998): Mental-Management in Lernprozessen. Dr. Kovac, Hamburg

Jütting, D.h., Jung, W. (1989): Lebenslanges Lernen als Erwachsenenbildung? Versuche zur Bestimmung zwischen staatlicher Fremdversorgung und lebensweltlicher Selbstfindung. Hessische Blätter für Volksbildung, 39/4, 313–320

Kade, J. (Hrsg.) (2005): Pädagogische Kommunikation im Strukturwandel. Beiträge zum Lernen Erwachsener. Bertelsmann, Bielefeld

–, Nittel, D. (2010): Erwachsenenbildung/Weiterbildung. In: Krüger, H.-H., Helsper, W. (Hrsg.): Einführung in die Grundbegriffe und Grundfrage der Erziehungswissenschaft. Opladen, 221–222

Kemper, M., Klein, R. (1998): Lernberatung. Schneider Verlag, Baltmannsweiler

Knoblauch, H. (2010): Von der Kompetenz zur Performanz. Wissenssoziologische Aspekte der Kompetenz. In: Kurtz, T., Pfadenhauer, M. (Hrsg.): Soziologie der Kompetenz. VS Verlag, Wiesbaden, 237–256

Klein, R., Peters, S., Dengler, S. (1999): Selbstgesteuertes Lernen in der Weiterbildung. Konzepte und Erfahrungen selbstgesteuerten Lernens mit neuen Medien von Weiterbildungs-Trägern. In: Peters, S. (Hrsg.): Arbeitsberichte 22 der Fakultät für Geistes-, Sozial- und Erziehungswissenschaften, Institut für Berufs- und Betriebspädagogik, Universität Magdeburg

Kohli, M. (1988): Leben im Vorruhestand: Forschungsbericht für die Hans-Boeckler-Stiftung. Berlin

Krüger, H.-H., Grunert, C. (Hrsg.) (2009): Handbuch Kindheits- und Jugendforschung. VS Verlag, Wiesbaden

Kurtz, Th. (2000): Die Form Beruf im Kontext gesellschaftlicher Differenzierung. In: Kurtz, Th. (Hrsg.): Aspekte des Berufs in der Moderne. Leske + Budrich, Opladen

Lenzen, D. (2007): Orientierung Erziehungswissenschaft: Was sie kann, was sie will. Rowohlt, Reinbek

– (2002): Das Verschwinden des Erwachsenen: Kindheit als Erlösung. In: Wulf, Ch. (Hrsg.): Logik und Leidenschaft. Reimer, Berlin, 123–148

– (1997): Lebenslauf und Humanontogenese? Vom Erziehungssystem zum kurativen System – von der Erziehungswissenschaft zur Humanvitologie. In: Lenzen D., Luhmann, N. (Hrsg.), 228–247

–, Luhmann, N. (Hrsg.) (1997): Bildung und Weiterbildung im Erziehungssystem. Lebenslauf und Humanontogenese als Medium und Form. Suhrkamp, Frankfurt / M.

Levi-Strauss, G. (1975): Strukturelle Anthropologie. Bd. 1. Suhrkamp, Frankfurt / M.

Luhmann, N. (1997): Erziehung als Formung des Lebenslaufs. In: Lenzen, D., Luhmann, N. (Hrsg.), 260–278

–, Schorr, K. E. (1979): Reflexionsprobleme im Erziehungssystem. Suhrkamp, Frankfurt / M.

Malwitz-Schütte, M. (2006): Lebenslanges Lernen (auch) im Alter? -Selbstgesteuertes Lernen, Medienkompetenz und Zugang zu Informations- und Kommunikationstechnologien älterer Erwachsener im Kontext wissenschaftlicher Weiterbildung. Bildungsforschung 2. In: http://bildungsforschung.org/index.php/bildungsforschung/article/viewFile/32/32/34, 06.06.2010

Mezirow, J. (1997): Transformative Erwachsenenbildung. Schneider, Hohengehren

Münch, J. (2000): Lernen im Netz – Eine Problemskizze. In: Dewe, B. (Hrsg): Betriebspädagogik und berufliche Weiterbildung. Wissenschaft – Forschung – Reflexion. Klinkhardt, Bad Heilbrunn

Nemitz, R. (2000): Frauen, Männer, Kinder, Erwachsene. In: Lutz, H., Wenning, N. (Hrsg.): Unterschiedlich verschieden. Differenz in der Erziehungswissenschaft. Leske + Budrich, Opladen, 158–171

Neuberger, O. (1990): Der Mensch im Mittelpunkt. Der Mensch ist Mittel. Punkt. Personalführung 1, 3–10

Nezel, Ivo (1992): Allgemeine Didaktik der Erwachsenenbildung. Haupt, Bern

Niehues, E. (1988): Für die Ungelernten wird das wenigste Geld ausgegeben. Plädoyer für eine Weiterbildungspflicht in der modernen Industriegesellschaft. Frankfurter Rundschau (FR-Debatte Weiterbildung) Nr. 216

Nittel, D. (2003): Der Erwachsene diesseits und jenseits der Erwachsenenbildung. In: Nittel, D., Seitter, W. (Hrsg.): Die Bildung des Erwachsenen. Berteslmann, Bielefeld, 71–95

– (1999): Lockere Formen der Institutionalisierung: Hintergrund von Legitimationsproblemen in der Erwachsenenbildung? HBfB 49 / 4, 316–320

Nolda, S. (1996): Interaktion und Wissen. Eine qualitative Studie zum Lehr- / Lernverhalten in Veranstaltungen der allgemeinen Erwachsenenbildung. Suhrkamp, Frankfurt / M.

Obermeier, O.-P. (2000): Die Kunst der Risikokommunikation. Murmann, München

Ohl, W. (1973): Aneignungsprozeß, Wissenserwerb, Fähigkeitsentwicklung. Psychologische Beiträge 15, 9–42

Pernicka, S., Lasofsky-Blahut A., Kofranek M., Reichel, A. (2010): Wissensarbeiter organisieren. Edition Sigma, Berlin

Piaget, H. (1976): Die Äquilibration der kognitiven Strukturen. Klett-Cotta, Stuttgart

Preuß, K. (1979): Schule und Gewalt. Suhrkamp, Frankfurt / M.

Projektgruppe wissenschaftliche Beratung (Hrsg.) (1999): Organisationslernen durch Wissensmanagement. Lang, Frankfurt / M.

Rosenbladt, B. v., Bilger, F. (2008): Weiterbildungsbeteiligung in Deutschland – Eckdaten zum BSW-AES 2007, München

Roznowski, O. (2010): Förderung persönlicher Potenziale in der Erwachsenenbildung. Eine Erfahrungsreflexion des Self-Effectiveness-Trainings. Logos, Berlin

Saake, I. (2007): Die Konstruktion des Alters. Wiesbaden

Sander, W. (1998): Von der Synthesediskussion zur Kompetenzentwicklung. In: Werkstattbericht 16. Berufliche und politische Bildung – Keine Synthese, aber Kompetenzentwicklung. Herausgegeben von Haus Neuland, politischwissenschaftliches Bildungszentrum e. V. Bielefeld

Schiersmann, C. (2007): Berufliche Weiterbildung. VS Verlag, Wiesbaden

Schoger, W. (2004): Andragogik? Zur Begründung einer Disziplin von der Erwachsenenbildung. Schneider Verlag, Hohengehren

Schulmeyer, G. (1998): Veränderte Spielregeln in einer wissensbasierten Wirtschaft. In: Fricke, W. (Hrsg.): Innovationen in Technik, Wissenschaft und Gesellschaft. Eigenverlag der Friedrich-Ebert-Stiftung, Bonn, 40–54

Siebert, H. (2009): Erwachsenenbildung in der Bundesrepublik Deutschland – Alte Bundesländer und neue Bundesländer. In: Tippelt, R., Hippel, A. von (Hrsg.): Handbuch Erwachsenenbildung / Weiterbildung. VS Verlag, Wiesbaden, 59–87

Stehr, N. (1994): Arbeit, Eigentum und Wissen: zur Theorie von Wissensgesellschaften. Suhrkamp, Frankfurt / M.

Thieme, F. (2008): Alter(n) in der alternden Gesellschaft. Eine soziologische Einführung in die Wissenschaft vom Alter(n). VS Verlag, Wiesbaden

UNESCO-Bericht (1997): Lernfähigkeit: Unser verborgener Reichtum (UNESCO-Bericht zur Bildung für das 21. Jahrhundert). Luchterhand, Neuwied

Vennemann, M. (1996): Vom Fernunterricht zum Open Learning. GdWZ 7 / 4, 216–222

Vollbrecht, R. (2000): Informations- und Kommunikationstechnologien in der betriebspädagogischen Praxis. In: Dewe, B. (Hrsg): Betriebspädagogik und berufliche Weiterbildung. Wissenschaft – Forschung – Reflexion. Julius Klinkhardt, Bad Heilbrunn, 247–260

Weber, K. (1996): Selbstgesteuertes Lernen: Ein Konzept macht Karriere. GdWZ 7 / 4, 178–185

Weidenmann, B. (1991): Lernen im Erwachsenenalter. Empirische Befunde und Desiderata. GdWZ 2 / 1, 7–11

Weinberg, J. (1998): Die Souveränität der Lernerinnen und Lerner nimmt zu. In: Haus Neuland (Hrsg.): Berufliche und politische Bildung – Keine Synthese, aber Kompetenzentwicklung. Dokumentation des 17. Neuland-Colloquiums am 30. Oktober – 1. November 1997. Eigenverlag des politisch-wissenschaftlichen Bildungszentrums Haus Neuland e. V., Bielefeld, 53–60

Weinert, F. E., Mandl, H. (Hrsg.) (1994): Psychologie der Erwachsenenbildung (Enzyklopädie der Psychologie, D, Serie I, Pädagogische Psychologie, Bd. 4: Erwachsenenbildung) Göttingen

Willke, H. (1998): Organisierte Wissensarbeit. Zeitschrift für Soziologie 27, 161–177

Wittpoth, J. (2009): Einführung in die Erwachsenenbildung. UTB, Opladen

Erziehung und Erziehungsmittel

Von Reinhard Hörster

Heutzutage wird der Erziehungsbegriff oft durch Termini wie Sozialisation und Therapie ersetzt. Dass man dadurch Handlungen, die seit langem unter diesem Begriff verstanden werden, nicht mehr entsprechend ihrem Stellenwert in der menschlichen Entwicklung gewichtet, wird eher heruntergespielt. Praktiken zur Verbesserung des Lernens und zur Erlangung von Selbstständigkeit, Abläufe wie das Instruieren, Vormachen und Zeigen, Verhüten, Gegenwirken und Unterstützen, Beraten, Motivieren und Ermuntern oder auch Fordern, Fördern und Gewährenlassen geraten dann mitsamt ihrer gebotenen Vernetzung zu einem kreativen pädagogischen Dispositiv vorschnell aus dem Blick. Schleiermacher (2000) hatte sie in seinen Vorlesungen von 1826 als Erziehung gefasst. Möglichkeiten, schwierige Probleme in komplexen Entscheidungssituationen zu lösen, artikulieren sich in der Folge einer solchen Substitution eher außerpädagogisch, auch wenn es dabei um Fragen des Lernens und der Entwicklung in unterschiedlichen Phasen des Lebenslaufs geht. Über die Gründe darf gestritten werden. Hier eine Vermutung: Es könnte sein, dass derartige „Reaktionen einer Gesellschaft auf die Entwicklungstatsache" (Bernfeld 1967, 51), anders als dies Schleiermacher im frühen 19. Jahrhundert angenommen hatte, zunehmend weniger innerhalb einer generationellen Ordnung stattfinden, die sich stetig reflektiert. Zweifel daran äußerte bereits Walter Benjamin in den zwanziger Jahren des letzten Jahrhunderts, als er die allseits beobachteten Versuche, die Kinder zu beherrschen, als Zeichen für ein nicht beherrschtes Generationenverhältnis nahm (Benjamin 1980, 147). In der Regel sind es derartige Beobachtungen, auf die gestützt auch die Soziale Arbeit rasch bereit ist, entpädagogisierende Konsequenzen zu ziehen und die genannten Praktiken den Vorgaben von Psychotechnikern zu überlassen. Anstatt an der in der Tat schwieriger werdenden Beherrschung des Generationenverhältnisses zu arbeiten, wie das im erziehungswissenschaftlichen Kontext geschieht (Ecarius 1998; Schweppe 2002), begreift sie allein die abzulehnende Beherrschung der Kinder und das damit einhergehende sehr spezifische sozialdisziplinäre Leitbild eines Eisernen Zeitalters (Sloterdijk) als pädagogischen Sachverhalt. Weil sie dieses Leitbild zu Recht ablehnt, lässt Soziale Arbeit Erziehung dann nicht selten zugunsten anders konnotierter Praktiken schleifen oder verabschiedet sie gar ganz; und zwar indem sie ähnlich wie die Antipädagogik die Bedeutung der Erziehung mit jenem Leitbild guten Gewissens kurzschließt.

Diese Konstellation des Wissens hat, davon ist hier auszugehen, Auswirkungen auf die Handhabung eines wichtigen „Erziehungsmittels": die pädagogische Reflexion. Zwar gilt sie seit der Zeit des auslaufenden Mittelalters als unerlässlich (Durkheim 1972, 75); denn ohne sie können gesellschaftliche Zielvorgaben nicht in jene Handlungsperspektiven übersetzt werden, die sich an der spezifischen Entwicklung von Educandi orientieren und innerweltlich begründet sind (Schmid 1997, 21 ff.; Tenorth 1999, 262). Die Herausforderungen, vor denen diese Reflexion in der Sozialen Arbeit steht, scheinen aber, aus welchen Gründen auch immer, größer geworden zu sein; der Kampf, im praktischen Feld zugelassen zu werden, gehört manchmal bereits dazu.

Angetrieben wird die schwieriger werdende Beherrschung des Generationenverhältnisses durch die Auflösung fragloser Sicherheiten und durch zahlreiche Spannungen. Schon bei Kant hatte die Regulierung dieses Verhältnisses zu tun mit einer Spannung, die sich in einem „der größten Probleme der Erziehung" breit machte, nämlich in der Frage, „wie man die Unterwerfung unter den gesetzlichen Zwang mit der Fähigkeit, sich seiner Freiheit zu bedienen, vereinigen könne" (Kant 1803/1964, 711).

Otto/Thiersch (Hg.), Handbuch Soziale Arbeit, 4. A., DOI 10.2378/ot4a.art036,

Die Gefahr, dass sich unter den aktuellen Bedingungen der Sozialen Arbeit angesichts derartiger Fragen Leerstellen auftun, die mit Inhalten gefüllt werden, welche eher den Regeln einer „Rhetorik der Reaktion" (Hirschmann 1992) folgen als pädagogische Entscheidungen auch unter Handlungszwang begründbar zu machen, ist nicht von der Hand zu weisen – etwa wenn ein schlichtes und Komplexität unterlaufendes „Lob der Disziplin" (Bueb 2007) in den Feldern der sozialen Arbeit Resonanz erzeugt oder betriebswirtschaftliche Konzepte undiskutiert um sich greifen.

Erziehung als Sinn des Erziehens

Obwohl Erziehung nicht einfach identisch ist mit dem empirischen und komplexen Vollzug, dem Erziehen, verweisen beide doch aufeinander. Sie bilden eine mit Spannung geladene Basisdifferenz der Pädagogik und können nicht unabhängig voneinander gedacht werden (Hörster 2001). Beide, die Erziehung und das Erziehen, lassen sich zeitlich in unterschiedlichen Kombinationen aufeinander beziehen. Erziehung bedeutet in einer ersten Kombination das beobachtbare Ergebnis vergangenen Erziehens, nämlich den in der Regel Heranwachsende betreffenden Sachverhalt, erzogen zu sein. In diesem Fall bezieht man Erziehung meistens auf personale Zustände im Educandus. Im deutschsprachigen pädagogischen Denken wurde so ab dem beginnenden 18. Jahrhundert die erzieherische Wirkung auf die *Seele* bezogen (Oelkers 1992). In unseren Tagen redet man von Dispositionen, Kompetenzen oder Persönlichkeitsentwicklung (Brezinka 1978). Jeweils in der Gegenwart wird hier ein Erzogensein in den Blick genommen, aus dem gefolgert wird, dass es sich durch die Wirksamkeit vergangenen Erziehens entwickelt hat. Das vergangene Erziehen als wirksame Kraft zu rekonstruieren oder, was das gleiche ist: als Mittel, bleibt dabei in der Regel ein eher spekulativer Vorgang. Anhaltspunkte, um diesbezüglich universal gültige und situationsunabhängige Wirklichkeitsannahmen formulieren zu können, aus denen im strengen Sinne eine kausal-analytisch operierende Technologie der Erziehung folgen könnte, gibt es nicht (Schwenk 1989).

In einer anderen Kombination drückt Erziehung, und darauf legt dieser Beitrag ein besonderes Gewicht, eine in der vergangenen Zukunft vorweggenommene Situation aus: diejenige, die wir uns von einem Erziehen imaginieren, das stattgefunden haben wird. In dieser Form läuft das jeweils gegenwärtige Erziehen als ein Handeln ab, das mit einem konkreten Sinn versehen ist: dem als abgeschlossen phantasierten Akt des Erziehens. Wir können ihn uns als eine bestimmte Situation in einem bestimmten Handlungsraum vergegenwärtigen. Der Sinn ist hier identisch mit einem Entwurf. Er kann enttäuscht werden, wenn er sich nicht erfüllt; lediglich als Hypothese zu verstehen, muss er deshalb für Revision offen sein, wenn im pädagogischen Feld Probleme auftauchen und die entworfene Folgerichtigkeit durch wechselnde „situative Anreize" (Oelkers 2001, 251) durchbrochen wird. Der Handlungsentwurf muss dann entsprechend der neu erfahrenen Problemsituation revidiert und angepasst werden.

In beiden Kombinationsvarianten bedeutet Erziehung eine Möglichkeit des erzieherischen Handelns. Der Entwurf, das Erziehen selbst und sein Ergebnis implizieren sich auf diese Weise wechselseitig: Die intendierte Erziehung entpuppt sich als jener Entwurf des Erziehens, der willentlich in Szene gesetzt werden muss und in dem sich ein „Möglichkeitssinn" (Musil 1978) bemerkbar macht, wobei man davon auszugehen hat, dass im empirischen Erziehen sich das Potenzial einer stets komplexen Erfahrungssituation artikuliert. Erziehung als „entwordenes" Geschehen und in der Gegenwart betrachtetes Ergebnis hingegen liefert die empirische Möglichkeit, von der ausgehend auf ein vergangenes Erziehen geschlossen wird. Komplexe situationale Geschehnisse, Vollzüge und Arbeitsbögen des erzieherischen Handelns zu beschreiben, ohne in irgendeiner Weise auf die je historisch spezifische Intentionalität (Ziele, Entwürfe, Pläne) zu sprechen zu kommen, ist demnach nicht möglich. Mit andern Worten: Erziehen definiert sich durch die revidierbare Erziehung. Es gilt aber auch das Umgekehrte: Die revidierbare Erziehung bestimmt sich durch das Erziehen mit seinen Zufälligkeiten, Vagheiten, komplexen Ereignissen und konkreten Erfahrungen von problematischen Situationen; denn die Erziehung artikuliert sich im Erziehen, sie gehört immer schon dessen einerseits spezifisch empirischer, andererseits von ungewissen Möglichkeiten durchzogenen Welt an. Beide also, das Erziehen und die Erziehung, sind die differenten Elemente des gleichen *strategisch ausgerichteten pädagogischen Handelns*, dessen Sinn „das Lernen von anderen" (Prange / Strobel-Eisele 2006, 13) ist. Es ist dies ein Handeln, das sowohl sich selbst zum Gegenstand der Erfahrung macht als auch in der Lage ist, solche erfahrenen Gegenstände in Problemsituationen „als transitive Mittel anderer Objekte der Erfahrung" (Dewey 1998, 236) einzusetzen, eben als Plan und hypothetische Muster, die eine neue „Situation mit einer zusätzlichen Bedeutung" aufschließen (237). Die Mittel bieten sich auf diese Weise in Sequenzen des Handelns an. Dabei spielt ein unterschiedliches Wirkungswissen eine Rolle: wissenschaftliches Wissen stochastischer Art oder aus der Erfahrung gewonnenes, es kann theoretisch nahe liegend sein oder in den Gewohnheiten des Alltags fußen. Hin und her gerissen zwischen einer diagnostischen und planend-entwerfenden Seite seiner selbst, liefert pädagogisches Handeln deshalb die stets prekäre, wackelige und fluktuierende Einheit der pädagogischen Basisdifferenz – freilich *nur* dann und nicht, wenn – wie so oft in der Erziehungswissenschaft – ein Entwurf der Erziehung unabhängig von den Problemlösungen und Erfahrungen des Erziehens hypostasiert wird und dabei im Prinzipiellen verbleibt.

An dieser Überlegung wird deutlich, dass eine Spannung zwischen dem realen erzieherischen Handeln und dem Sinn des Erziehens besteht. Angestoßen von dieser Spannung generieren sich erzieherische Situationen. Im Extremfall kann das zur Folge haben, und damit liegt eine dritte Kombinationsmöglichkeit von Erziehung und Erziehen vor, dass zwar gehandelt wird, der spezifische Sinn des Erziehens aber, der genauere „Plan" erst im Verlaufe des Handelns entsteht. Das geschieht im experimentellen Handeln. In dem ist es der „Plan", der gewissermaßen das Ergebnis eines komplexen Handelns ist. Der Plan wird zum Element eines Feldes, das dem „vorpädagogischen" Handeln (Sünkel 1990) eine erzieherische Wertigkeit erst im Nachhinein verleiht. Einmal als anschaulicher Bezugspunkt konstituiert, ist der Erziehungsplan dann aber wie der Entwurf in der zweiten Kombination in der Lage, gegenwärtig und – bis auf weiteres – in der Zukunft produktiv zu sein. Wie eine Wegekarte beim Wandern, ein Drehbuch beim Filmemachen, eine Partitur beim Musizieren oder ein Versmaß beim Dichten kann ein solcher pädagogischer „Plan" helfen, weiteres und

neues Erziehen regulierend zu generieren – wenn er sich pädagogisch eingeschrieben hat und im „wandernden Blickpunkt" (Iser 1994) der Lektüre von Erziehern wirksam wird. Die Handwerklichkeit des erzieherischen Tuns erhält von einem derartig sich gleichsam diagrammatisch reproduzierenden Entwurf eine Art Maß. Es handelt sich um eine Variante der Kombination von Erziehung und Erziehen, in der die pädagogischen Experimente etwa von Pestalozzi, Bernfeld oder Makarenko sich zu einem lehrbaren „Experiment-Bericht" (Hörster 1992) eingeschrieben haben. Erziehung, der in der pädagogischen Reflexion hervorgebrachte, eingeschriebene und im Erziehen emergierende Plan, überliefert sich hier weiterem Erziehen. Weil er unter je gegenwärtigen Ungewissheitsbedingungen hilft handlungsfähig zu bleiben und Vergleichbarkeit wie Koordinationsleistungen ermöglicht, wird der Plan zum „Leitfaden" (Pestalozzi 1961): er entwickelt sich zu einem spezifischen Mittel des Erziehens. Indem er einige relevante Züge eines erzieherischen Geschehens zeichnet, mausert er sich zum veritablen Bestandteil pädagogischen Wissens. Mit seiner Hilfe kann die Regulierung von Spannungen im pädagogischen Dispositiv angeregt und *vielleicht* auch in spezifischer Weise rationalisiert werden (Akrich / Latour 2006; Deleuze 1991; Bernfeld 1967) – falls es gelingen sollte, bestimmte Teilziele im Rahmen des Handlungsbogens einer Lernstruktur zu Mitteln zu machen, die auf übergeordnete Ziele hin ausgerichtet sind. Der Plan entfaltet so seine Wirksamkeit im pädagogischen Diskurs. In einem solchen Sinne weiß z. B. O. Spiel Lehrerinnen „am Schaltbrett der Erziehung" (Spiel 1979), schlägt G. Rodari (1992) eine „Grammatik der Phantasie" vor und regt E. M. Kohls „Schreibwerkstatt mit Kindern" diejenigen an, die sich selbst schreibend versuchen wollen (Kohl 1999).

Erziehung als weiter gefasster und eingeschriebener „Plan" vermag sich auf diese Weise zeichenhaft zu generalisieren und zirkuliert innerhalb des organisierten Erziehungswesens (Luhmann 1992, 112). Sie gibt so den an konkreten Situationen des Handelns gebundenen Absichten und Entwürfen, erzieherisch wirksam zu werden, eine Form und ermöglicht es, die erzieherische Kommunikation operativ zu koppeln. Der integrierende „Plan" und die pädagogische Kommunikation, die – so weit es geht – nach dem Plan arbeitet, bleiben im Rahmen dieser Zirkulation zwar beziehbar auf personale

Entwicklungen – z. B. von Kindern und Jugendlichen –, jedoch sind die eigensinnigen Verläufe auf der Adressatenseite nur indirekt steuerbar, markieren sie doch, in der Sprache der Systemtheorie ausgedrückt, deren Fremdreferenz (123). Bei der Begründung hiermit verbundener Entscheidungen drängen sich deshalb der pädagogischen Urteilskraft Zeitstrukturen des Risikos und des Wagnisses auf, in denen Erziehung lediglich mit Wahrscheinlichkeit und der Modalität des Möglichen einhergeht.

Die Kontingenz des Erziehens

Weil sich Erziehen an Wahrscheinlichkeit und an die Modalität des Möglichen bindet, gehört ihm, wie Bollnow (1959, 133) verdeutlichen konnte, ein *Wagnischarakter* konstitutiv an. Der Adressat habe stets die Möglichkeit, sich der erzieherischen Absicht, etwas zu lernen, zu entziehen oder gar gegen sie zu arbeiten. Ebenso wie vor und nach ihm Spranger, E. E. Geißler, Prange oder Oelkers, rechnet Bollnow deshalb von vornherein mit Nebenwirkungen im Erziehen, zudem der Möglichkeit des Scheiterns. Auch mit Hilfe der Luhmannschen Systemtheorie versucht man dieses, wie es heißt, Kontingenzproblem zu erfassen. Da das, was sich zwischen Pädagoginnen und ihren Adressaten abspielt, jeweils anders möglich ist, redet man im Rahmen dieser Theorie von einem „Technologiedefizit" der Erziehung (Luhmann / Schorr 1979). Kade (1997) skizziert vor diesem Hintergrund die Wagnisstruktur erwachsenenbildnerischen Handelns mit Hilfe der Differenz von Vermittlung auf Seiten der Pädagoginnen und Aneignung auf Seiten der Adressaten. Prange (1996) möchte in der ernsthaften pädagogischen Reflexion etwas Ähnliches berücksichtigt wissen: die „pädagogische Differenz", die sich zwischen dem zeigenden Operieren innerhalb einer Datenzeit des Pädagogen und dem Lernen in der Lebenszeit der Adressaten artikuliere. In den erzieherischen Synchronisationsbemühungen könne beides nicht vollständig zur Deckung gebracht werden. Rancière (2007) schließlich deutet an, wie man aus solchen Bezügen radikale Konsequenzen ziehen kann. Er rekonstruiert die Macht des unwissenden, aber „emanzipierenden Lehrmeisters", die Joseph Jacotot schon 1818 anhand eigener eher zufällig gemachter Er-

fahrungen entdeckte: In Anbetracht der „Gleichheit der Intelligenzen [...] als das einigende Band des Menschengeschlechts" (90) nimmt dieser Lehrmeister sich vollkommen zurück und überprüft lediglich im Medium des untrüglichen Buches und anhand der „Materialität der Worte" (46), ob der Schüler im Zwang der Situation überhaupt aufmerksam studiert hat. Indem er die gemeinsame Sache, das Buch, zum Mittel bestimmt, spielt ein Verstehen von darüber hinausgehenden methodischen Erklärungen keine Rolle mehr – Erklärungen, die Jacotot dem gleichzeitig wissenden, Hierarchien stabilisierenden und „verdummenden Lehrmeister" zugeschrieben hatte. Der Schüler des „emanzipierenden Lehrmeisters" bleibt in seiner Rezeption vollkommen frei.

Erziehung und Erziehen begrenzen sich im Konkreten wechselseitig, ermöglichen gleichzeitig aber auch Durchlässigkeit (Jaspers 1959, 604; Schäfer 1996, 104). Wichtige Gesichtspunkte, von denen ausgehend die Aufmerksamkeit auf derartige Begrenzungen des pädagogischen Handelns gelegt werden kann, sind wohl die seelischen Gegebenheiten des Erziehers, die Entwicklung des Heranwachsenden, sowohl die gesellschaftliche Lizenzierung von Erziehungszielen als auch die soziale Lage der Kinder, zudem vermutlich die institutionelle Dynamik großer Gruppen in Erziehungseinrichtungen, an denen sich die Intentionen des Erziehens immer wieder brechen (Bernfeld 1967; Wellendorf 1992).

Einer Selbstverständigung, die von dem Wagnischarakter des Erziehens ausgeht, fällt anderes auf, als es im simplen „Lob der Disziplin" der Fall ist. Die Verständigung hat es schwer: Anders nämlich als jenes Lob, das in zündenden öffentlichen Reden Wirksamkeit zu erzeugen versucht, siedelt sich das Erziehen in häufig mühsamer Kleinarbeit an „den Grenzen der Sagbarkeit" (Bollnow 1959) an, vieles wird auch erst einmal inkommunikabel bleiben. Es bietet sich deshalb an, den „Wagnischarakter" des Erziehens und die sich mit ihm artikulierenden Sachverhalte von Seiten der Pädagogen in alltäglicher Kommunikation beratschlagend sichtbar und sagbar zu machen; diese Aufgabe wächst einem in Anbetracht des „Technologiedefizits" der Pädagogik unverzichtbaren Element des pädagogischen Feldes zu: der Kasuistik. Sie macht das pädagogische Handeln nach Maßgabe sich entwickelnder besonderer Entscheidungssituationen atmungsaktiv und normativ elastisch. Zu üben, wie man Sachverhalte erspürt, die für erzieherische Entscheidungen in besonderen Problemsituationen von Belang sind, im gleichen Zuge Pläne zu generieren, mit deren Hilfe man gegebenenfalls auch aus Bahnungen des pädagogischen Feldes herausfindet, die im konkreten Fall unglücklich eingefahren sein mögen, und schließlich beides in ein ausgewogenes Verhältnis zu setzen, diese kasuistische Trias – Inszenieren, Transzendieren und Optimum-Herstellen – gilt als *das* Mittel pädagogischen Handelns (Mennicke 2001; → Hörster, Sozialpädagogische Kasuistik).

Erziehungsmittel und die Verwendbarkeit des wahrscheinlichen Wissens um Wirkungen

Pädagogisches Handeln ist, das geht aus dem Gesagten hervor, ein wiederholendes Variieren, in dem ein technisch-handwerklicher und ein experimenteller Aspekt sich fortwährend wechselseitig durchdringen (Hörster 1992, 160). Dabei spielen Erziehungsmittel eine große Rolle, die vor allem kognitiver Art sind. Sie sind immer dann gefragt, wenn es darum geht, die „Rationalitätsfrage in den vorhandenen Erziehungseinrichtungen" (Herrmann 1992, 18) zu stellen und, wie angedeutet, nicht nur die jeweilige Intention und Aufgabe des Erziehens prozedural zu begründen, sondern auch die Leistungen und Gehalte zu kontrollieren. Wer über Erziehungsmittel im Rahmen der spannungsgeladenen Basisdifferenz des pädagogischen Handelns nachdenkt, findet sich also unversehens in einem schwierigen Gelände wieder. In dem spielt ein Ineinander von Wissens- und Zeitverhältnissen eine Rolle, über das sich Klarheit zu verschaffen zur Rationalität der Erziehungsmittel gehört.

Die Stellung von Erziehungsmitteln in Wissensverhältnissen systematisch zu klären, ist für die pädagogische Reflexivität nicht selbstverständlich. Ballauf z. B. lehnt es ab, weil er die Rede von Bewirken und Wirksamkeit für unangemessen hält (Heim 1999, 148). In dieser Position wird allerdings eine spezifizierte Stellungnahme der Pädagogik zu differenzierten Wissenskonstellationen nicht mehr möglich; denn die kommt in der heutigen Zeit ohne die Kon-

zentration auf Wirkungswissen kaum aus. Es ist die Verwendung von wahrscheinlichen Wirksamkeiten in Strategien des Handelns, die die Mittel dynamisiert; die Mittel werden in einem solchen Prozess zu vitalen, dem Bestehenden etwas hinzufügenden „Mittlern" (Latour 2007, 102 f.). Den damit gegebenen Herausforderungen hat sich die Pädagogik, soweit sie die Erziehungsmittel thematisiert, nur selten gestellt. Versucht wird es in einer bereits in den 1970er Jahren von E. E. Geißler erstellten Studie.

Geißler versteht unter Erziehungsmitteln „Maßnahmen und Situationen, mit deren Hilfe Erziehende auf Heranwachsende einwirken, in der Absicht, deren Verhalten, Einstellungen oder Motive zu bilden, zu fertigen oder zu verändern" (Geißler 1982, 22). Auf die pädagogische Tradition zurück blickend, zählt der Pädagoge hierzu „die Maßnahmen des Lobens und Tadelns, der Erinnerung und Ermahnung, der Strafe, schließlich die Situation des Spiels, des Wetteifers und der Arbeit" (Geißler 1982). Die Impulse direkter Mittel (Maßnahmen wie Lob etc.) gehen hier vom Erzieher aus, für Geißler jemand, der bei gegebenem Zweck mit einer unmittelbaren Wirkung des Einsatzes eines bestimmten Mittels rechnet, auch wenn die gesamte Situation noch zusätzliche Wirkungen freisetzt. Den Erzieher selbst begreift Geißler nur als einen „Faktor" des Feldes unter mehreren; dem gehören zudem verschiedene Stimmungen und Gefühle, entwickelte Einstellungen, institutionelle Vorgaben, Zeitgeistprägungen und komplexe Situationen an. Deshalb wird die Grenze zu den indirekten Mitteln (Maßnahmen des Spiels etc.) als fließend betrachtet. Mit indirekten Mitteln kalkuliert der Erzieher in dieser Studie dann, wenn er davon ausgeht, dass es die Situation sei, die Impulse gebe; dabei arrangiert er die Situation aber ebenfalls absichtlich.

Unterschiedliche Sorten von Erziehungsmitteln weiß man in diesem Zusammenhang stets auf unterschiedliche Intentionen des Erziehens ausgerichtet. Unterschieden werden Evolutionshilfen, die sich auf die Verbesserung von Reifungszuständen beziehen, Progressionshilfen, die ein besseres Lernen ermöglichen, gegenwirkende Maßnahmen, die eine nicht tolerierbare Entwicklung abzubremsen suchen, und Transformationsmaßnahmen, die helfen sollen, „schlechte Spontaneität" umzugestalten. Der Stellenwert der Erziehungsmittel hängt zudem ab von dem jeweiligen Erziehungsleitbild (Entfaltung, Führung, Bildung, Mäeutik oder Selbst-Sehen-Können); ein gleiches Mittel bedeutet je nach dem, welche Erziehungsmetapher man benutzt, etwas Unterschiedliches. Eine übergreifende pädagogische Zielsetzung, die sich mit bestimmten Erziehungsmitteln verbindet, kann auch nach Geißler kaum angegeben werden. Als einzig allgemeines Bewertungskriterium der Mittel gelten die transformierenden Eigenschaften der Gesinnungsbildung, doch auch deren substanzielle Bezüge sind durchgängig situativ gebunden (Geißler 1982, 29):

„Ob ein Lob anspornt oder überheblich macht, ob ein Tadel zur Besinnung führt oder Widerstand aktiviert, ob Wettbewerb antreibt oder schließlich erst recht in Resignation zurückfallen lässt, das kann nicht nur von Person zu Person, das wird überdies von Situation zu Situation sehr verschieden sein."

Es liegt bei Geißler ein Exemplar jener oben herausgestellten zweiten Kombinationsmöglichkeit vor: Der modo futuri exacti entwickelte Handlungsplan ist seinerseits als wirksame Kraft des aktualen Erziehens anzusehen. Er wird zum Mittel, das gegenwärtige Absprachen zur Koordination und Abstimmung des Erziehens unterstützt und zu Problemlösungen beiträgt; dieses Mittel kann aber auch – bei nicht intendierten Nebenfolgen der gesamten Situation – das Handeln tendenziell scheitern lassen. Es artikuliert sich hier eine die Frage der Erziehungsmittel durchziehende tief greifende Ambivalenz. Ähnlich einer von Foucault angenommenen Verwendbarkeit von wahrscheinlichen Wirksamkeiten (Foucault 2005) und deren Überführung in Handlungsstrategien, ähnlich auch einem Vorschlag zur intentionalen Lenkung „funktionaler Erziehung" von Trost (Trost 1966, 22) hält es Geißler für geboten, die „besondere Situation absichtlich arrangierter funktionaler Wirkungen" (Geißler 1982, 38) in das pädagogische Handeln einzubeziehen. Festgehalten werden kann deshalb folgender Befund: Das pädagogische Handeln hat es mit dem Paradefall der Wissensproblematik in der reflexiven Moderne zu tun, mit der Verwendbarkeit von gewussten Wirkungen einer ersten Intention. Das wirksame intentionale Handeln wird in diesem Fall selbst zu einem Mittel innerhalb einer weiter gefassten pädagogischen Handlungsstrategie. Im Umgang mit der pädagogischen Basisdifferenz bricht die Strate-

gie sich freilich immer dort, wo es darum geht, Erziehen wirkungsoffen zu gestalten, an unterschiedliche educogene Situationen anschließbar zu bleiben und „dem Moment Tragweite" zu geben (Luhmann / Schorr 1979, 231).

Zur Debatte stehen kann also immer nur eine lockerere Verbindung von Zielen und mehr oder weniger begründet angenommene Wirksamkeiten. Mittel im pädagogischen Feld sind solche Wirksamkeiten. Die damit einhergehende Ambivalenz zu verdeutlichen helfen praxeologisch-empirische Berichte. Aus „Experiment-Berichten" des Erziehens lässt sich herauslesen, wie die verwickelten zeitlichen Bezüge von Erziehen und Erziehung in ein regelrechtes pädagogisches Methodenparadox übergleiten können (Hoffmann 1968, 20). Gleichfalls paradoxal zusammen fallen mimetische Bezüge und Normierungsprozesse: einerseits aktive Ähnlichkeitsartikulationen und nachahmende Alltagspraktiken, durch die in sozialen Situationen des Fremdseins sich Vertrauen einstellt, und andererseits die wiederholende Entwicklung und Aushandlung von etwas Normalem, das anhand von Regelverletzungen gezeigt wird. Kontroverse Sachverhalte, die mit der unbestimmten Vagheit der entworfenen Erziehung und der bestimmten Existenz des laufenden Erziehens zu tun haben, provozieren schließlich das kasuistische Beratschlagen (Hörster 2001).

Sich solche paradoxalen Bezüge zu vergegenwärtigen ist vor allem deshalb wichtig, weil die Pädagogik, will sie sensibel für die Berücksichtigung sich neu artikulierender Erfahrungen bleiben, von der „Indeterminiertheit der pädagogischen Situation" (Oelkers 2001, 231) ausgehen muss und sie deshalb in Feldern mit hoher funktionaler Relevanz auch um die situationsspezifische Abstimmung direkter Mittel selten herum kommt (Geißler 1982, 39). Genau dabei aber ist eine methodisch-technische Unbescheidenheit vollkommen unangebracht, besteht doch stets die Gefahr, mehr oder weniger systematisch in eine Logik des Rahmenwechsels abzugleiten, die in ihrer situativen Gelegenheitsfixierung oft an Konsistenzanforderungen des Lernens im Lebensverlauf scheitert. Aus diesem Dilemma hilft vermutlich auch eine Orientierung des Erziehens zunehmend weniger heraus, die man noch vor einigen Jahrzehnten als den Königsweg betrachten konnte (Trost 1966, 12) – die Orientierung an der Einwirkung durch das institutionelle

Leben. Denn wie ein neuer Atlas zeigt, der die alte reale Welt und die neue virtuelle Welt aufeinander projiziert, sind es die in Stein gehauenen Institutionen selbst, die sich in flüssige Netze ergießen und zu sog. Ex-stitutionen entwickeln (Serres 2005, 182). Die Lektüre pädagogischer „Experiment-Berichte" kann aus diesen Gründen wirklich keine technisch gemeinten Handlungsanweisungen im engeren Sinne vermitteln. Das von Luhmann und Schorr dargelegte Technologiedefizit lässt sich mit ihrer Hilfe nicht beseitigen; es ist auch gar nicht wünschenswert. Die Lektüre vermittelt jedoch immerhin Muster und Stoff zur Reflexion unterschiedlicher Dimensionen des erzieherischen Handelns – eine Erfahrung des Lesens, die lediglich in einen weiten Technikbegriff einordnebar ist. Indem er dazu beiträgt, Erziehungsfelder pädagogisch zu determinieren (Benner 1991), wird dieser Begriff innerhalb der Grenzen des Erziehens jeweils dann bedeutsam (Tenorth 1999, 264), wenn seine aporetische Implikation erfahrbar bleibt.

Literatur

Akrich, M., Latour, B. (2006): Zusammenfassung einer zweckmäßigen Terminologie für die Semiotik menschlicher und nicht-menschlicher Konstellationen. In: Belliger, A., Krieger, D. J. (Hrsg.): ANThologie. Transcript Verlag, Bielefeld, 399–405

Benjamin, W. (1980): Einbahnstraße. In: Benjamin, W.: Gesammelte Schriften IV. 1, hrsg. von T. Rexroth. Suhrkamp, Frankfurt / M., 81–148

Benner, D. (1991): Systematische Pädagogik – die Pädagogik und ihre wissenschaftliche Begründung. In: Roth, L. (Hrsg.): Pädagogik. Ehrenwirt, München, 5–18

Bernfeld, S. (1967): Sisyphos oder die Grenzen der Erziehung. Suhrkamp, Frankfurt / M.

Bollnow, O. F. (1959): Existenzphilosophie und Pädagogik. Kohlhammer, Stuttgart

Brezinka, W. (1978): Metatheorie der Erziehung. Ernst Reinhardt Verlag, München / Basel

Bueb, B. (2007): Lob der Disziplin. List, Berlin

Deleuze, G. (1991): Was ist ein Dispositiv? In: Ewald, F., Waldenfels, B. (Hrsg.): Spiele der Wahrheit. Suhrkamp, Frankfurt / M., 153–162

Dewey, J. (1998): Die Suche nach Gewißheit. Suhrkamp, Frankfurt / M.

Durkheim, E. (1972): Erziehung und Soziologie. Schwann, Düsseldorf

Ecarius, J. (Hrsg.) (1998): Was will die jüngere mit der älteren Generation? Leske und Budrich, Opladen

Foucault, M. (2005): Schriften IV, Dits et Ecrits. Suhrkamp, Frankfurt / M., 782–795

Geißler, E. E. (1982): Erziehungsmittel. Klinkhardt, Bad Heilbrunn

Heim, H. (1999): Erziehungsmittel (incl. Strafe). In: Reinhold, G., Pollack, G., Heim, H. (Hrsg.): Pädagogik-Lexikon. Oldenbourg, München / Wien, 437–443

Herrmann, U. (1992): Bernfelds pädagogische Themen und ihr „Sitz im Leben" – Ein biographischer Essay. In: Hörster, R., Müller, B. (Hrsg.), 9–22

Hirschmann, A. O. (1992): Denken gegen die Zukunft. Hanser, München

Hörster, R. (2001): Erziehung. In: Otto, H.-U., Thiersch, H. (Hrsg.): Handbuch Sozialarbeit / Sozialpädagogik. Ernst Reinhardt Verlag, München / Basel, 438–447

– (1992): Zur Rationalität des sozialpädagogischen Feldes in dem Erziehungsexperiment Siegfried Bernfelds. In: Hörster, R., Müller, B. (Hrsg.), 143–162

–, Müller, B. (Hrsg.) (1992): Jugend, Erziehung und Psychoanalyse. Luchterhand, Neuwied / Berlin / Kriftel

Hoffmann, E. (1968): Über die sozialpädagogischen Methoden. In: Röhrs, H. (Hrsg.): Die Sozialpädagogik und ihre Theorie. Akademische Verlagsanstalt, Frankfurt / M., 11–29

Iser, W. (1994): Der Akt des Lesens. Fink, München

Jaspers, K. (1959): Allgemeine Psychopathologie. 7. Aufl. Springer, Berlin / Göttingen / Heidelberg

Kade, J. (1997): Vermittelbar / nicht vermittelbar: Vermitteln: Aneignen. In: Lenzen, D., Luhmann, N. (Hrsg.): Bildung und Weiterbildung im Erziehungssystem. Suhrkamp, Frankfurt / M., 30–70

Kant, I. (1803 / 1964): Über Pädagogik. In: Weischedel, W. (Hrsg.): Immanuel Kant, Werke in sechs Bänden, Bd. VI. Wissenschaftliche Buchgesellschaft, Darmstadt, 691–761

Kohl, E. M. (1999): Mäuseverse und Riesengeschichten. Kallmeyer, Hannover

Latour, B. (2007): Eine neue Soziologie für eine neue Gesellschaft. Suhrkamp, Frankfurt / M.

Luhmann, N. (1992): System und Absicht der Erziehung. In: Luhmann, N., Schorr, K. E. (Hrsg.): Zwischen Absicht und Person. Suhrkamp, Frankfurt / M., 102–124

–, Schorr, K. E. (1979): Reflexionsprobleme im Erziehungssystem. Klett-Cotta, Stuttgart

Mennicke, C. (2001): Sozialpädagogik. Beltz, Weinheim

Musil, R. (1978): Der Mann ohne Eigenschaften. Rowohlt, Reinbek bei Hamburg

Oelkers, J. (2001): Einführung in die Theorie der Erziehung. Beltz, Weinheim / Basel

– (1992): Seele und Demiurg: Zur historischen Genesis pädagogischer Wirkungsannahmen. In: Luhmann, N., Schorr, K. E. (Hrsg.): Zwischen Absicht und Person. Suhrkamp, Frankfurt / M., 11–57

Pestalozzi, J. H. (1961): Pestalozzis Brief an seinen Freund über seinen Aufenthalt in Stans (1799). In: Pestalozzi, J. H.: Ausgewählte Schriften, hrsg. von W. Flitner. Verlag Helmut Küpper, Düsseldorf / München, 223–245

Prange, K. (1996): Übergänge. In: Borelli, M., Ruhloff, J. (Hrsg.): Deutsche Gegenwartspädagogik, Bd. II. Schneider-Verlag Hohengehren, Baltmannsweiler, 136–147

–, Strobel-Eisele, G. (2006): Die Formen des pädagogischen Handelns. Kohlhammer, Stuttgart

Rancière, J. (2007): Der unwissende Lehrmeister. Passagen-Verlag, Wien

Rodari, G. (1992): Grammatik der Phantasie. Reclam, Leipzig

Schäfer, A. (1996): Zur relativen Autonomie des pädagogischen Wirklichkeitszugangs. In: Luhmann, N., Schorr, K. E. (Hrsg.): Zwischen System und Umwelt. Suhrkamp, Frankfurt / M., 75–109

Schleiermacher, F. (2000): Grundzüge der Erziehungskunst (Vorlesungen 1826). In: Winkler, M., Brachmann, J. (Hrsg.): Friedrich Schleiermacher: Texte zur Pädagogik. Kommentierte Studienausgabe, Bd. 2. Suhrkamp, Frankfurt / M., 7–404

Schmid, P. (1997): Pädagogik im Zeitalter der Aufklärung. In: Harney, K., Krüger, H. H. (Hrsg.): Einführung in die Geschichte der Erziehungswissenschaft und der Erziehungswirklichkeit. Verlag Barbara Budrich, Opladen, 17–37

Schwenk, B. (1989): Erziehung. In: Lenzen, D. (Hrsg.): Pädagogische Grundbegriffe, Bd. 1. Rowohlt, Reinbek bei Hamburg, 429–439

Schweppe, C. (Hrsg.) (2002): Generation und Sozialpädagogik. Juventa, Weinheim / München

Serres, M. (2005): Atlas. Merve Verlag, Berlin

Spiel, O. (1979): Am Schaltbrett der Erziehung. Hans Huber, Bern / Stuttgart / Wien

Sünkel, W. (1990): Die Situation des offenen Anfangs in der Erziehung, mit Seitenblicken auf Pestalozzi und Makarenko. Zeitschrift für Pädagogik 36, 297–304

Tenorth, H. E. (1999): Technologiedefizit in der Pädagogik? Zur Kritik eines Mißverständnisses. In: Fuhr, T., Schultheiss, K. (Hrsg.): Zur Sache der Pädagogik. Klinkhardt, Bad Heilbrunn, 252–266

Trost, F. (1966): Die Erziehungsmittel. Beltz, Weinheim / Berlin

Wellendorf, F. (1992): Eine Expedition an die Grenzen der Erziehung – 66 Jahre nach Siegfried Bernfelds „Sisyphos". In: Hörster, R., Müller, B. (Hrsg.), 181–195

Erziehungs- und Bildungsziele

Von Michael Winkler

Eine Definition des Begriffs „Erziehungs- und Bildungsziele", erst recht aber eine inhaltliche Darstellung solcher Ziele fallen schwer. Ein oberstes Ziel von Erziehung und Bildung lässt sich nämlich gar nicht fassen. Defizite, Mangelerscheinungen, wenn „etwas fehlt" – all das wäre zwar festzuhalten, beginnend bei rechtlichen Regelungen, dann zwischen Normenverstoß und subjektiv biografischen Zuständen eines Modus der Differenz (Brumlik/Keckeisen 1976; Winkler 1988, bes. 154 ff.). Wohin Soziale Arbeit und Sozialpädagogik aber führen sollen, was man als Ergebnis erzieherischer Prozesse sich wünschen und vornehmen mag, bleibt seltsam unbestimmt. Dies kann auch nicht anders sein, handelt es sich doch um Zustände und Befindlichkeiten, welche stets Ausdruck von Subjektivität sind und nur subjektiv erfasst wie ausgedrückt werden können – und zwar von den sich selbst beschreibenden Subjekten wie von ihren Beobachtern: Wir haben, so freuen sich Eltern, unser Kind ganz ordentlich erzogen. Dieses aber hat das Gefühl, gar nie erzogen worden zu sein. Ist es deshalb unerzogen oder gar ungezogen?

Wenn überhaupt, so wären wohl als allgemeine Ziele „Erzogenheit" oder „Bildung" zu nennen. Beide Ausdrücke erfassen jedoch kaum eine Intention, noch weniger aber benennen sie einen Zustand oder Bezugspunkt, zu welchem hin man selbst streben oder andere befördern könnte. „Bildung" wurde wenigstens philosophisch geadelt, bleibt gleichwohl vieldeutig und unklar, meint nämlich schon formal Vorgang und Ergebnis, wirkt zudem seltsam entrückt, metaphysisch und transzendental. Obwohl alltagssprachlich so missbraucht, lässt sich Bildung kaum als ein Vorhaben fassen, das man selbst strebend verwirklichen oder gar an einem anderen ausführen kann. Bildung kann man nicht machen, wenngleich ein ganzes System von Institutionen und Praktiken dafür bereitgestellt wird. Die Aufforde-

rung: strenge dich an, sei gebildet, stört selbst abgebrühte Sprachverdreher. Bildung vollzieht sich und tritt höchstens als ein erhoffter Zustand ein, lässt sich gleichwohl weder zuschreiben noch verantworten (obwohl andere zu schelten sind, wenn sie etwa den eigenen Kindern keine Bildungschancen eröffnet haben). Im Falle der „Erzogenheit" hat man mit einem ungewohnten Wort zu tun, das nicht einmal die Google-Suche akzeptiert (aber: Kalthoff 1997). Selbst die jüngeren Versuche, mit „Wohlbefinden", „Glück" oder der Bezeichnung von Fähigkeiten die Aufgabe der Sozialen Arbeit zu bestimmen, bleiben seltsam abstrakt. Sie geben zwar zu denken, spannen für die Reflexion Horizonte auf. Doch eine feste Orientierung bieten sie kaum.

So provozierend das also klingt: Es kann zwar eine Aufgabe der Sozialen Arbeit sein, dass Menschen nicht unter Armut leiden. Aber sie kann nicht einmal ein gegenüber der Armut positives Äquivalent bestimmen. Pädagogik kann also nur Anstoß geben, Entwicklungen auslösen, die von den Beteiligten selbst realisiert werden – unterstützt und begleitet von Professionellen, dennoch nur dem folgend, was sie selbst sein möchten. Insofern kann soziale Arbeit sich das Ziel setzen, die Bedingungen für eine Praxis zu eröffnen, die von den Beteiligten als wertvoll empfunden wird und als, wie Makarenko dies gezeigt hat, Perspektive gesehen wird – oder aber nicht. Anstelle von Ziel spricht man besser von einer Aufgabe, die der Sozialen Arbeit gestellt ist, aber als Lebensbewältigung immer subjektiv realisiert wird.

Das verweist nun auf ein Merkmal professionellen Handelns in der Sozialen Arbeit, das man in Analogie zur Tätigkeit des Arztes sehen kann (Gadamer 1993, bes. 133 ff.): Professionelles Handeln, das sich auf die grundlegenden, allgemeinen menschlichen Lebenszustände bezieht, wie sie als Wohlbefinden und Gesundheit, Glück und Zufriedenheit, aber eben auch mit Bildung und Erzogenheit

Otto/Thiersch (Hg.), Handbuch Soziale Arbeit, 4. A., DOI 10.2378/ot4a.art037,

zu fassen sind, ist konstitutiv auf die Selbstdeutung und die eigene Perspektivität der einer Hilfe bedürftigen Personen angewiesen. Es kann nur eingeschränkt dem Typus wissenschaftlich-technischer Rationalität, mithin einem Denken folgen, das überprüf- und messbare, operationalisierte Vorstellungen der Ausführung zugrunde legt; Bildung und Erzogenheit sind zwar zu ermöglichen, aber nicht zu planen, schon gar nicht über die Köpfe derjenigen hinweg, welchen man sie als Zustände dann zusprechen will. Wenngleich sich Erziehung begründet organisieren lässt und Regeln folgt, bleibt sie auf die Mitwirkung der Subjekte angewiesen. So knüpft der Pädagoge an Entwicklungsprozessen mit eigener Dauer an, der Sozialarbeiter wartet ab, bis den Akteuren eine Lebenspraxis wieder möglich ist, die sie als Subjekte selbst bewältigen, ohne in Konflikt mit den Wertesystemen einer Gesellschaft einzutreten oder in diesen zu verbleiben. Beides, die von Naturvorgängen nicht zu lösende Entwicklung von Subjekten wie die Notwendigkeit, auf das zu hören, was Menschen über sich selbst befinden, eröffnet aber den Blick auf die Potenzen, die unterstützt werden können. Der Begriff der „Bildsamkeit" (Herbart 1835 / 1902; Flitner 1983; kritisch: Schwenk 1987) fasst diesen Koinzidenzpunkt von Selbstwirksamkeit und Beeinflussung, in dem sich eine Eigenheit des Einzelnen zeigt, die seit Maria Montessori als individuelle Normalität den Maßstab pädagogischen Handelns gibt.

Erziehungsziele – in aller Unklarheit

Diesen Einsichten steht nun gegenüber, wie im Alltag, im politischen und öffentlichen Leben, selbst sogar in pädagogisch fachlichen Zusammenhängen mit völliger Selbstverständlichkeit Erziehungs- und Bildungsziele behauptet werden. Sie finden sich in kaum zu überblickender Vielzahl, sind häufig noch zueinander, wenn nicht sogar in sich selbst inkonsistent: Ziele zeigen sich in religiösen Erwartungen. Erziehung soll Heilserwartungen für die ganze Menschheit verwirklichen wie in dem Einzelnen den Glauben an Gott und die unbedingte Achtung vor den Religionsgemeinschaften verankern. Als Ziel von Erziehung und Bildung werden die (in Bayern sogar als Verfassungsziel normierte) Liebe

zur Heimat oder die Treue zur Verfassung festgesetzt. Verlangt werden Naturverbundenheit und die Bereitschaft, einen nachhaltigen Umgang mit Natur zu erlernen und zu praktizieren. Zugleich sollen junge Menschen die Aufmerksamkeit für Technik und Wissenschaft entwickeln, gewünscht wird das Interesse für eine Wirtschaft, die nach Marktprinzipien und daher unter Konkurrenzanforderungen gestaltet sein soll. Gegenüber dem Homo Oeconomicus, der sich der Rationalität und Effizienz einer Leistung für die Profitmaximierung beugt, sollen Altruismus, Nächstenliebe und Fürsorglichkeit verinnerlicht werden. Als Ziele treten endlich auf: der unbefangene Umgang mit neuen Medien, die kritische Medienkompetenz und endlich die Zurückhaltung gegenüber elektronischen Medien, weil diese als Ursache von Gewalttätigkeit angesehen werden. Schulen sollen aber in die Nutzung des Computers einüben und zugleich lehren, das Buch der elektronischen Informationsinkontinenz vorzuziehen.

Offensichtlich gibt es also keine Kriterien, um über Sinnhaftigkeit und Geltung von Erziehungs- und Bildungszielen zu entscheiden. Schon deshalb liegt nahe, Ziele als der Pädagogik allein äußerlich zu betrachten (es sei denn, dass objektiv die geistige und moralische Verwirrung angestrebt wird). Erstaunlicherweise behandeln jedoch selbst Fachlexika die Thematik mit großer Selbstverständlichkeit, ausführlich und intensiv (s. a. willkürlich ausgewählt: Rein 1904 bis Ladenthin 2008), aber wenig kritisch gegenüber dem Problem des Zustandekommens von Effekten pädagogischen Handelns. So bleibt nicht nur die Kausalitätsproblematik unbeachtet (Spranger 1962 / 1969), sondern die von Niklas Luhmann so genannte Technologieproblematik mit der Schwierigkeit, dass in der Pädagogik „nicht-triviale Maschinen" wie „triviale Maschinen" angesehen werden sollen (Luhmann 2004, 37). Menschen werden wie Geräte behandelt, an welchen man nur Einstellungen ändern muss, damit sie effizienter laufen und das leisten, was von ihnen erwartet wird (kritisch: Seichter 2007).

Die Einträge der Nachschlagewerke debattieren dabei Ziele regelmäßig in einer Spannung zwischen entweder einer Feststellung und Rezeption verbreiteter Vorstellungen oder in einer eigenen Setzung und Festlegung von Erwartungen an das pädagogische Geschehen bzw. an die – meist – jungen Menschen. Solche gesetzten Erwartungen schwanken nun ihrerseits zwischen den allerdings für eine Lebensbewältigung erforderlichen Anforderungen, Fähigkeiten und Fertigkeiten (häufig als Pflichten und primäre wie sekundäre Tugenden bezeichnet) oder nehmen Ambitionen auf, welche ihrerseits entweder um grundlegende oder um historisch wie gesellschaftlich akzentuierte Vorstellungen der Humanitas angesiedelt sind; traditionell gehören hierzu Glaubensideale oder in Aufnahme des Aufklärungsdenkens Vorstellungen von einem durch Erziehung zu realisierenden Fortschritt der Menschheit. Zuweilen gesellen sich Erwartungen hinzu, die auf Rettung der Welt gerichtet sein können. Selbst die kritische Erziehungswissenschaft hat erst spät erkannt, dass Mündigkeit, erst recht „Emanzipation" nicht als Ziel auf einem Weg zu menschlicher Verwirklichung zu fassen ist, ohne in einen Selbstwiderspruch zu geraten. Die Politik wiederum ist in ihrer Rhetorik keineswegs frei von Heilserwartungen, die durch Ziele an Erziehung oder an die Erziehenden wie an die Erzogenen gerichtet werden. So hänge von Erziehung und Bildung das Wohlergehen einer Gesellschaft ab; zuweilen verbergen verkürzte Formeln dies wie die, nach welcher die Jugend die Zukunft sei. Erziehungs- und Bildungsziele finden sich dann sowohl im Großen von Lehrplänen und neuerdings „Bildungsplänen", wie im Kleinen der Erwartungen, die an sozialpädagogische Interventionen gerichtet werden, nicht zuletzt um zu prüfen, ob und wie weit diese als effektiv und dann als effizient durchgeführt gelten können. Endlich artikuliert alltägliches Denken Bilder des richtigen Verhaltens und der erhofften Einstellungen junger Menschen, wenngleich eher die Abwesenheit, das Fehlen bestimmter Eigenschaften moniert, nicht jedoch positiv artikuliert werden kann, wie Erzogene oder Gebildete aufzutreten haben.

Gegenwärtig spiegeln sich in den Debatten um Ziele in der Pädagogik gesellschaftliche und kulturelle Prozesse wider, wie sie zuletzt etwa mit dem Begriff der Postmoderne bezeichnet worden sind: Die vorgeblich unverbrüchliche, selbstverständliche und im Alltag wirksame, sozialisatorische Milieus bestimmende Kraft von Werten und Normen geht zurück, zudem schwächen sich sowohl generelle Ideale von menschlicher Existenz wie solche für das einzelne Leben ab, die durch Zugehörigkeiten zu sozial-moralischen Milieus, Berufs- und Arbeitszugehörigkeiten und die sozialkulturelle

Festlegung von Lebenswegen bestimmt worden sind. Die konkrete Verbindlichkeit von Gesellschaft verschwindet, wie sie sich aus Nachklängen ständischer Verhältnisse, dann aufgrund der Zugehörigkeiten zu Klassen oder Schichten ergeben hat und als Ziel meist implizit in pädagogische Prozesse eingegangen ist. Fuhrmann hat dies als das Ende des europäischen Bildungskanons diagnostiziert (Fuhrmann 2004), wengleich die Beobachtung schon früher in den USA gemacht worden ist (A. Bloom 1987; H. Bloom 1995). Moderne Gesellschaften reagieren zum einen, indem sie wieder Eigenschaften und Haltungen als Ziele normieren, was angesichts der Pluralisierungsphänomene wenig realistisch erscheint, sich aber als hilfreich und wirkungsvoll für absichtsvolle Distanzierung und Diskriminierung erweist. Der Versuch, Ziele des pädagogischen Handelns festzulegen, stellt Abstände zwischen den sozialen Gruppen wieder her, die in den Gesellschaften verloren gegangen sind, in welchen die sozialen Mittelschichten sich existenziell gefährdet fühlen. Kulturalistische Konzepte diskutieren Tugenden und Pflichten, um eine Abgrenzung gegenüber den neu entdeckten Unterschichten vorzunehmen. Zum anderen suchen die modernen Gesellschaften den Verlust ihrer impliziten Regelungsmechanismen damit zu kompensieren, dass zunehmend abstraktere Eigenschaften zu pädagogischen Zielen erhoben werden. Sie sollen Individuen darauf einstimmen, selbst Entscheidungen zu treffen, sowohl in der Bewertung von Sachverhalten wie für mögliche Handlungen; allerdings lassen sich solche Fähigkeiten zur Abstraktion und Bewertung gar nicht mehr als konkretes Ziel für ein pädagogisches Handeln formulieren.

Daher empfiehlt es sich, die Verwendung des Begriffs „Ziel", erst recht die unter diesem dann kategorial gebrauchten geordneten inhaltlichen Erwartungen im Kontext einer kritischen Gesellschaftstheorie zu analysieren. Sie verraten nämlich Machtausübung und Herrschaft: Ziele und die Verantwortung für ihre Verwirklichung werden dann für Menschen gesetzt, obwohl eine Gesellschaft als Ganze, Regierungen, endlich Unternehmen diesen Zielen sich selbst verweigern und die Verantwortung für ihre Realisierung nicht übernehmen, sondern an jene delegieren, die sich selbst nur als Opfer erleben und nun zur Verantwortungsübernahme aufgefordert werden (z. B. Heid 2004). Zuweilen mündet dies in

Zynismus, etwa wenn eine Sozialgesetzgebung unter der Prämisse des Forderns und Förderns von den Subjekten die Aufnahme von Arbeit verlangt, obwohl Arbeitsplätze fehlen. In der Pädagogik waren solche Verdrehungen zuletzt an der Debatte um Disziplin zu beobachten, wo ebenfalls gesellschaftliche Verunsicherung auf pädagogische Vorgänge projiziert wurde: Disziplin wird dann als innere Eigenschaft von Kindern und Jugendlichen erwartet (wobei Charakterstärke, innere Haltung und Festigkeit, Überzeugung und souveräne Regelbeachtung durch autonome Subjekte vermengt wurden). All dies ruht auf populären Vorstellungen, wie Meinungsumfragen belegen. So berichtet eine jüngere, als repräsentativ ausgewiesene Bevölkerungsumfrage von „Einstellungen zur Erziehung" von „Erziehungszielen und der Bedeutung der religiösen Erziehung", „Bereichen pädagogischer Einflussnahme" und „beobachteten Erziehungsfehlern", unterlässt terminologische Abgrenzungen oder gar systematische Klärungen aber völlig (Bundesministerium für Familie, Senioren, Frauen und Jugend 2006).

Geschichte

Gleichwohl gibt es eine lange Tradition der Beschäftigung mit Zielen in der Pädagogik. Die akademische Pädagogik war vielfach und vorrangig normative Pädagogik und kaum damit befasst, die Wirklichkeit der Erziehung, ihre Bedingungen und Möglichkeiten zu beschreiben und zu analysieren. Eine problem- und sachorientierte Beschäftigung mit Erziehung gehört sogar eher zu den Randbereichen des pädagogischen Denkens, wie Siegfried Bernfeld ironisch zu Beginn des 20. Jahrhunderts kommentiert. Noch heute findet wenig Gegenliebe, wenn die Behauptung aufgestellt wird, dass Erziehung – analog zu dem von Emile Durkheim erkannten „fait social" – als Tatbestand zur Kenntnis genommen und konsequenterweise in entsprechenden Modellen theoretisiert werden solle. Eher überwiegen die Wünsche, was mit Erziehung und Bildung erreicht werden solle, vermutlich weil in allem pädagogischen Denken und Handeln zwei Momente mitschwingen, die unvermeidlich den Eindruck des Normativen entstehen lassen: Einmal versucht Pädagogik gegen das Vergessen anzurennen, dem jegliche Kultur im sozialen Wandel unterliegt; sie stellt sich der – wie Hegel sie in seiner „Phänomenologie des Geistes" nennt – Furie des Verschwindens, um den jüngeren Generationen wenigstens die Möglichkeit von Handlungsoptionen zu öffnen, die sich in der Vergangenheit zeigten, von allem Versuch einmal abgesehen, die Wiederkehr einmal erlebter Barbarei zu verhindern. Dass Auschwitz nicht noch einmal sei, richtet entsprechend Theodor W. Adorno als „allererste Forderung" an Erziehung (Adorno 1970, 88). Zum anderen hat Pädagogik mit offener Zukunft zu tun, ist daher stets damit befasst, Grundlagen zugänglich zu machen, die Unsicherheiten bewältigen lassen; hierin kann man ein Ziel sehen, doch ist der Begriff uneigentlich gebraucht, weil es allein darum geht, Subjektivität und Autonomie zu gewinnen.

Im antiken Denken wird das Erziehungshandeln als eine „techné", mithin als Kunst verstanden, welche Aufgaben zu bewältigen habe, die ihr ein Gemeinwesen stellt; es bleibt in der Nähe der Praxis, darf jedoch nicht mit der Poiesis verwechselt werden, die den Unfreien zufällt, welche an Anweisungen gebunden sind. Die Spannung klingt sogar in Platons Konzept der Paideia an, wie das Höhlen-Gleichnis der Politeia zeigt, das die Erziehung der Philosophenkönige beschreiben will. Erziehung als techné stützt sich auf eine Anthropologie, die Kinder (und junge Menschen) als defizitär ansieht, im Kern als bloß animalisch und noch eigentlich vormenschlich. Pädagogische Praktiken tragen also eigentlich erst zur Menschwerdung bei, der erwachsene Mensch wird als das Ziel gesehen. Darin liegt die besondere Leistung der Pädagogik, die möglichst professionell vollzogen werden muss – wobei von Anbeginn an die pädagogische Professionalität als ein Tun gesehen wurde, das gesellschaftlich und kulturell, später dann staatlich gesetzte Absichten an einem eher als roh gedachten bloßen Menschenstoff zu verwirklichen habe – noch im 20. Jahrhundert wird keineswegs scherzhaft vom Schülermaterial gesprochen. Ausnahmen dieses Denkens lassen sich in den monotheistischen Religionen, im Judentum wie vor allem im Christentum beobachten. Sie tragen letztlich zur grundlegenden Revision der halbierten Anthropologie im 18. Jahrhundert bei. Früher tendierte schon der Renaissance-Humanismus dazu, die Anthropologie des defizitären Kindes aufzugeben und die Herausforderung aufzunehmen, die sich im Begriff der „Würde des Menschen" zeigt.

Spätestens mit den Brucherfahrungen des Dreißigjährigen Krieges entstand eine dilemmatische Situation: Einerseits muss angesichts entsetzlicher Erfahrungen nachdrücklich das Ziel einer Wiederherstellung des Humanen aufgestellt werden, andererseits aber kann man an Traditionen gar nicht mehr anknüpfen, sodass Menschwerdung nur als eigene Leistung der Subjekte denkbar wird. Comenius schwankt deshalb zwischen der Anerkennung schon des Kindes als eines lebendigen menschlichen Subjekts und einer Vorstellung, nach welcher pädagogisches Handeln wie ein Druckstock Inhalte einprägt, welche Menschlichkeit geben. Angesichts einer Zerstörung des gemeinsamen Glaubens und nach den Verwüstungen des Dreißigjährigen Krieges formuliert beispielhaft das Frontispiz seiner „Magna Didactica": „allen alles umfassend und methodisch zu lehren". Diese Unentschiedenheit bleibt der Pädagogik bis heute, wie sich etwa in den jüngeren, durch die Neurowissenschaften inspirierten Debatten zeigt, die im konstruktivistischen Paradigma Menschen als Erzeugnis ihrer selbst (bzw. ihres Gehirns) sehen und daher Selbstlernen fordern (entsprechend wird ein Wechsel vom Lehren zum Lernen verlangt), gleichzeitig aber dem Gehirn hochgradige Plastizität zusprechen, die nach gesellschaftlichen Erwartungen mit wissenschaftlich begründet vorgefertigten Inhalten und Verfahren „gebildet" werden müsse.

In der Aufklärung verschärft sich diese Spannung, wenn Vernunft als maßgebliche anthropologische Eigenschaft festgehalten wird. John Locke rechnet beispielsweise in seinem „Essay Concerning Human Understanding" mit eingeborenen Vernunftprinzipien, thematisiert aber junge Menschen mit der Metapher der Tabula rasa; seine „Some Letters Concerning Education" verzichten auf einen Kanon von Zielen und entwerfen stattdessen vier habituell relevante Dimensionen, mit welchen Jugendliche lebenspraktisch bekannt werden sollen: Knowledge, Good Breeding, Wisdom und Virtue. An die Stelle von Zielen rückt er also die Inszenierung von Erfahrungsräumen, in welchen freie Akteure selbsttätig wirken.

Pädagogik wird nun als das entscheidende Instrument zur Humanisierung des Humanen aufgewertet, zum tragenden Instrument einer Verbesserung der Menschheit, exekutiert durch eine Erziehung, welche Menschen den Zielen des Fortschritts und der Aufklärung unterwirft, die Verbesserung aller Verhältnisse und aller Menschen zur Aufgabe erhebt – die nur mühsam, nein: eigentlich kaum mit den Gedanken von Freiheit und Autonomie in eins zu setzen ist. Der für die Aufklärungspädagogik maßgebende Leitbegriff der „Industriosität" meint eine Eigenschaft des Menschen, welche für die Moderne zentral wird, deutet aber doch zugleich Unterwerfung gegenüber fremden, allzumal ökonomischen Zwecken an. Selbst der Rekurs auf den Naturbegriff als Grundkategorie kann sich diesem Dilemma einer subtilen Heteronomie nicht entziehen – wie übrigens Schiller in seinen „Briefen über die ästhetische Erziehung des Menschen" nachdrücklich aufzeigt. Die Abrichtung zur Bestialität droht, monieren indigniert die zeitgenössischen Kritiker der Aufklärungspädagogik, um das Begriffspaar Bildung und Kultur als Neuankömmling polemisch geltend zu machen.

Nach der französischen Revolution wird um 1800 allerdings die Brüchigkeit dieser Überlegungen deutlich. Man kann nicht mehr an der Tradition von sozialen und kulturellen Selbstverständlichkeiten anknüpfen, die das alltägliche pädagogische Geschehen stabilisiert hatten sowie den institutionalisierten und methodisierten Praktiken stillschweigend vorausgesetzt waren. In einer seltsamen Gemengelage aus einer neuen Rezeption der Antike, der Fortsetzung von Aufklärung und revolutionärem Denken in Gestalt der Romantik, radikalisiertem Vernunft- und Freiheitsanspruch wie einer Vergewisserung über die Rolle von Sinnlichkeit und Gefühl in menschlicher Selbstverwirklichung entsteht um den Begriff der Bildung eine neue Anthropologie. Ihre besondere Leistung besteht darin, Natur und Geist, Freiheit und selbstbestimmte Praxis in den Fokus der Debatte zu nehmen, um die Errungenschaften der Zeit zu prüfen und neu zu bewerten. Freiheit wird zur Grundprämisse des Bildungsdenkens, das dem pädagogischen Denken zweifelnd gegenübertritt: Der Begriff der Bildung, wie er die sich selbst erfassende und regelnde Person thematisiert, erlaubt nur einen Begriff von Ziel, nämlich den eines Selbstentwurfs, in welchem das menschliche Subjekt sich autonom setzt. Ein angemessenes Verständnis von Erziehung kann daher Vorstellungen von Zielen nur soweit dulden, als diese in der gemeinsamen Praxis von Erzieher und Zögling entwickelt und ausgehandelt werden.

Um 1800 vollzieht sich daher eine radikale Neubestimmung des pädagogischen Handelns. Pestalozzi entwirft in seinen „Nachforschungen über den Gang der Natur in der Entwicklung des Menschengeschlechts" eine komplexe Anthropologie, die mit einfachen Modellen einer pädagogischen Einwirkung bricht. Nach ihm lässt sich sinnvoll von Zielen nicht mehr reden, weil Erziehung bedeutet, menschliche Entwicklungsprozesse zu ermöglichen, die sich im Spannungsfeld eines Zusammenspiels von göttlichen, natürlichen, gesellschaftlichen Einflüssen und eigener Wirkung und Selbstgestaltung vollziehen. Pädagogik heißt: Menschen müssen sich im Gang ihrer historischen Natur selbst begreifen und fassen, Erziehung kann dazu nur Anstoß geben. Kant erkennt im Zentrum des pädagogischen Handelns das Freiheitsproblem – und fragt entsprechend: „Wie kultiviere ich die Freiheit bei dem Zwange" (Kant 1977, 711). Keineswegs formuliert er damit ein Ziel, das durch Erziehung erreicht werden soll. Für ihn sind Menschen schlicht frei, die Aufgabe besteht allerdings darin, einen Umgang mit dieser Freiheit zu lernen, der nicht aus dem Blick verliert, dass und wie diese ständig durch die Zwänge bedroht ist, welche in einer Gesellschaft herrschen.

Herbart und Schleiermacher schließen an, wenn sie in einer eigentümlich widersprüchlichen Figur die Pädagogik disziplinär wie gegenstandstheoretisch verankern (Schleiermacher 2000). In disziplinärer Hinsicht halten beide nämlich fest, dass die Pädagogik in engem Zusammenhang zur Ethik stehe und von dieser geradezu abhänge; die Psychologie gebe hingegen Auskunft über die Mittel der Erziehung. Gemeint ist damit aber, dass die konkrete Pädagogik einer Zeit in ihren inhaltlichen Aufgaben auf die gesellschaftlich und kulturell gegebene Situation angewiesen ist, welche sich in den sozialen Tatbeständen zeige, zu welchen gegebene Normen gehören. Wer erzieht, kann die Gegebenheiten nicht ignorieren und muss sich den zeitgenössischen Erwartungen stellen; Erziehung findet nicht außerhalb und jenseits von Gesellschaften und Kulturen statt, selbst wenn sie einen Beitrag dazu liefern kann, dass Gesellschaft sich verändert, vielleicht sogar besser wird. Konkret verlangt dies, dass sich Erzieher Rechenschaft darüber abgeben, was sie denn – so Schleiermacher – mit der jüngeren Generation wollen oder wie sie – so Herbart – die eigenen Vorstellungen des Zöglings selbst dann aufgreifen und verwirklichen, wenn dieser

noch gar nicht in der Lage ist, seine Zustimmung zu Handlungen des Erziehers zu geben. Angesichts der eigenen Erfahrungen mit einer im gesellschaftlichen und kulturellen Wandel brüchig gewordenen, daher in ihrer Entwicklung gar nicht mehr zu antizipierenden Welt, wird für Schleiermacher die Gegenwart zum Bezugspunkt pädagogischen Handelns, sowohl als sozialer und kultureller Raum wie als Verfasstheit des Subjekts selbst, die ihre eigene Geltung und Tragfähigkeit haben.

Damit tritt die Sachstruktur des pädagogischen Geschehens hervor: Unterstellt wird nämlich die Subjektivität des Zöglings, die mit Freiheit und Autonomie verbunden wird: Sinnvoll lässt sich von Zielen in der Erziehung nur im Blick auf Vorstellungen sprechen, die der Zögling in seinem eigenen Bildungsprozess als Ergebnis seiner Auseinandersetzung mit einer kulturellen Welt selbst setzt. In Anspielung auf Kant wie auf Fichte spricht Herbart deshalb ganz konsequent aus: „Man kann die *eine* und ganze Aufgabe der Erziehung in den Begriff: *Moralität*, fassen. (…) Moralität, als höchster Zweck des Menschen und folglich der Erziehung, ist allgemein anerkannt (…)" (Herbart 1887, 259). Der Mensch bedarf demnach des „guten Willens", der in enger Beziehung mit der Einsicht in das sittliche Gesetz stehe, „als eine Aeußerung der Freyheit" (Herbart 1887, 260). Nicht transzendentale, sondern reale Freiheit muss als unhintergehbare Bedingung des Erziehungsgeschehens angenommen, vorausgesetzt und durch dieses verwirklicht werden; Freiheit ist also kein Ziel, sondern steht für das eigentlich pädagogische Problem. Herbart (1887, 261 f.) löst es:

„Machen, dass der Zögling sich selbst finde, als wählend das Gute als verwerfend das Böse: dies, oder Nichts, ist Charakterbildung! Diese Erhebung zur selbst bewussten Persönlichkeit, soll ohne Zweifel im Gemüth des Zöglings selbst vorgehn, und durch dessen eigne Thätigkeit vollzogen werden; es wäre Unsinn, wenn der Erzieher das eigentliche Wesen der Kraft dazu erschaffen, und in die Seele eines andern hineinflößen wollte. Aber die schon vorhandene, und ihrer Natur nothwendig getreue Kraft, in eine solche Lage zu setzen, dass sie jene Erhebung unfehlbar und zuverlässig gewiss vollziehn müsse: das ist es, was sich der Erzieher als möglich denken, was er zu erreichen, zu treffen, zu ergründen, herbeyzuführen, fortzuleiten, als die große Aufgabe seiner Versuche ansehn muss."

Schleiermacher sieht Erziehung an die gesellschaftlichen Verhältnisse gekoppelt, über die sich die Beteiligten aber auseinandersetzen müssen: Der älteren Generation ist abverlangt, sich Rechenschaft darüber abzugeben, was sie denn eigentlich mit der jüngeren Generation wolle. Dabei muss sich alle Erziehung dem Bildungsprozess unterordnen, in welchem der junge Mensch sich mit der ihn umgebenden Welt auseinandersetzt. Bildung ist also systematisch vorausgesetzt, Erziehung kann dieses allerdings ethische Geschehen nur im Blick auf die Anforderungen einer Welt gestalten, die das Kind letztlich selbst zu entscheiden habe. Ziele kommen nur in einem räumlichen Sinn vor, nämlich in der Frage, wohin der Zögling letztlich abgeliefert werden soll.

Die wissenschaftliche Theorie der Pädagogik folgt im 19. Jahrhundert dieser Vorstellung. In Deutschland rückt sie den Zielbegriff in den Hintergrund und spricht vom Zweck der Erziehung, um ihre Funktion zu beschreiben und zu analysieren. Erziehung wird als temporal gegliederte Handlungssequenz gesehen, die in methodisch geordneten Aktivitäten Zustandsänderungen erreicht. In den praktischen Diskursen lassen sich indes geradezu überbordende Zieldebatten beobachten, in welchen zunehmend vorgeblicher und wirklicher politischer wie gesellschaftlicher Bedarf artikuliert wird, berühmt wird du Bois-Reymond mit seinem Plädoyer für Kegelschnitte anstelle lateinischer Vokabeln (du Bois-Reymond 1974). In Frankreich setzt der Nationalstaat strenge, zeitlich und inhaltlich konsequent gestaltete Pläne durch, die mit präzisen Zielen einhergehen. Die angelsächsische Entwicklung zeichnet einerseits ein bis heute wirksames, mental verankertes Muster aus, Erziehung eher pragmatisch-technisch nahezu ausschließlich unter Zielen zu denken. Ein durch Bacon und Newton geprägtes Verständnis wirkt nach, das sich auf die Prägung von äußerlich bleibenden Verhaltensweisen und weniger auf die Formung des Charakters richtet. Herbert Spencer legt den umfassenden Entwurf einer normativen, allein aus Zielen begründeten Pädagogik vor (Muhri 1982), die öffentlichen Debatten bestimmen jedoch religiöse Ziele, dann Alltagstugenden ausgerichtet an Standesverhalten. Im 20. Jahrhundert setzt durch die analytische Philosophie eine intensive Auseinandersetzung mit den Zielen und Werten von Erziehung ein, die so erst die „Logic of Education" konstituieren (Whitehead 1970; Hollins 1964; Reid 1962; Hirst / Peters 1970; Peters 1976). In den letzten Jahren spaltet sich diese Debatte weiter auf: Während die Bildungsadministration ein rigoroses Ziel-Mittel-Denken durchsetzt, werden auf der Ebene bildungsphilosophischer Debatten liberale und zum Teil libertäre Muster wichtig, zudem gewinnt die Debatte um Tugenden als Teil menschlicher Praxis wieder Gewicht.

Systematik

Eine systematische Analyse des Problems der Ziele von Erziehung und Bildung knüpft unvermeidlich daran an, dass der Begriff des Ziels selbst, dann Erziehungs- und Bildungsziele ihrem Inhalt nach unbestimmt sind. Dennoch ist das Denken weit verbreitet, nach welchem pädagogisches Handeln mit allen Mitteln dafür zu sorgen habe, inhaltlich bestimmte Erwartungen gegenüber Kindern und Jugendlichen, dann gegenüber Adressaten Sozialer Arbeit und an diesen zu verwirklichen. Neben weit ausgreifenden Katalogen mit Pflichten und Tugenden stehen Erwartungen an Haltungen und Dispositionen, an Fähigkeiten und Fertigkeiten, die wiederum weit zwischen hoher Komplexität und Verhaltensweisen schwanken, die zu ritualisieren und einzuüben sind, sodass sie buchstäblich in Fleisch und Blut übergehen, zum schlichten Reflex werden. Letztgenannte können als unproblematisch gelten, weil es häufig um lebenserhaltende Tätigkeiten geht, die mehr oder weniger auf physiologischer Ebene ausgleichen, dass Menschen instinktreduziert verfrüht auf die Welt kommen. Solche Verhaltensweisen werden fast zu einer zweiten Natur, um der ersten Beistand zu leisten: Als Ziele der Erziehung mag dann gelten, dass kleine Kinder automatisiert an der Bordsteinkante stehen bleiben und nicht auf die Straße laufen, dass sie nicht den heißen Herd berühren, Scheu vor Steckdosen haben; selbst die Körperhygiene wird man hinzurechnen. Eine dann messbare pädagogische Leistung besteht darin, dass beobachtbare Verhaltensweisen sicher angeeignet und eingeübt werden, sodass sie ritualisiert praktiziert werden: Kinder putzen sich regelmäßig Zähne und waschen sich die Hände wie den Hals, sie bedienen sich bei einer Mahlzeit des Bestecks, während Erwachsene wissen, dass man dieses den Landessitten entsprechend benutzt oder bei einem Dinner von außen nach innen verwendet.

Nüchtern betrachtet entsprechen die in der Pädagogik diskutierten Ziele also häufig banalen, ins Anthropologische reichenden Erwartungen an menschliche Selbstkontrolle und Selbststeuerung, die sich als Verhaltensmuster mit hoher Wahrscheinlichkeit selbst einstellen, in den Auseinandersetzungen der Pubertät wie endlich in der Erfahrung von Geschlechtlichkeit und eigener Bindung an Personen. Vernünftigerweise wird man nicht von Zielen sprechen, eher von Entwicklungsaufgaben oder von Warnzeichen für Bedingungen, unter welchen ein Aufwachsen nicht gelingen kann, das Selbstständigkeit zum Inhalt hat. Ein guter, freilich eigenartiger Sinn des Begriffs „Ziel" besteht also darin, ähnlich Prüfkriterien nach den Kontexten zu fragen, in welchen Menschen sich entwickeln und verändern. Über diese anthropologische Grunddimension hinaus wird man Auseinandersetzungen über Erziehungs- und Bildungsziele den Prozessen zurechnen, in welchen sich Gesellschaften und Kulturen über sich selbst, ihre historische Situation und Entwicklung verständigen; es geht dann um die Geltung von sozialen und kulturellen Mustern.

Gesellschaften und Kulturen regeln so das Verhalten. Sie sichern die Berechenbarkeit des anderen. An Abgründe führen Ziele aber, wenn sie nationale Distinktionen und ethnische Differenzen aussprechen, oder soziale Unterschiede allzumal in den Mikrozusammenhängen des Lebens verdeutlichen, um gesellschaftliche Statuspositionen zu bewahren. Sie werden als Ziele explizit, wenn Eltern ihren sozialen Status durch Verhaltensformung festigen wollen. Endlich zeigen sich die Dilemmata von Zielvorstellungen dort, wo Menschen mit unterschiedlicher Herkunft in einer Gesellschaft zusammengeschweißt werden sollen: Obwohl vor dem Hintergrund einer Migrationsgesellschaft naheliegend werden erstaunlicherweise wenig die international zu beobachtenden Debatten darüber rezipiert, wie Bildungssysteme mit Ureinwohnern – „Indigenous People" – und deren Kulturen umgehen. Häufig werden die Angehörigen alteingesessener Stämme den üblichen nationalen Curricula unterworfen und gezwungen, sowohl deren explizite, in der Regel kognitive Ziele zu bewältigen, wie auch die impliziten kulturellen Normen solcher pädagogischen Programme zu eigen zu machen. Dies geschieht durch den Zwang, Internate (Boarding Schools) mit dem Effekt zu besuchen, dass Kinder und Jugendliche ihrer Herkunftskultur entfremdet werden, dabei schwere psychische Traumata erleiden oder erkranken. Eine Antwort gibt das Konzept der Diversity Education, das – im Sinne der oben eingeführten Unterscheidung – weniger auf Lernziele für die Betroffenen, sondern auf Funktionen des Bildungssystems abhebt, also auf die Bewahrung eigenständiger kultureller Normen, Werte und Praktiken.

Systematische Schwierigkeiten mit pädagogischen Zielen treten jedoch dann auf, wenn diese für ein Tun gelten, das nicht mehr als *Verhalten* sondern als *Handeln* beschrieben werden muss, weil es von Entscheidungen der Akteure abhängt. Ziele fordern nun allgemeine Fähigkeiten und Fertigkeiten, habituelle Dispositionen und Personeneigenschaften, die sich in einem situationsangemessenen, gekonnten Handeln zeigen, aber auf moralische Entscheidungsfähigkeit verweisen. Abgesehen davon, dass diese – wie Piaget und später Kohlberg gezeigt haben – von Entwicklung und Alter abhängen, liegt ihre Tücke darin, dass sie mehrerlei zugleich verlangen: Freiheit, Selbstständigkeit und Unabhängigkeit des Urteils, Wissen und Übersicht nicht zuletzt über möglicherweise weitreichende Folgen eines Tuns, Bewusstheit und Sensibilität für andere, die Fähigkeit und Möglichkeit zur Perspektivenübernahme wie endlich Kenntnisse von Gründen, mit welchen sich Verhalten rechtfertigen lässt – sofern das in dilemmatischen Situationen überhaupt möglich ist. Solche Konzepte menschlicher Existenz lassen sich kaum mehr als Ziele beschreiben, welche durch pädagogisches Handeln zu realisieren sein sollen. Denn sie formulieren einerseits Ideale menschlichen Lebens und transportieren eine zwar tiefgreifende emotionale oder gar eine moralische Qualität, die jedoch nicht zu erzeugen ist, sondern nur entstehen, sich bilden kann, dabei auf Rahmenbedingungen des Aufwachsens und der Entwicklung angewiesen ist, die eben diese Erwartungen fördern. Die jüngere entwicklungspsychologische Debatte sieht beispielsweise die Entfaltung der Persönlichkeit als Hauptziel von Erziehung an, übrigens in Konkurrenz zur guten Funktion eines Menschen in einer Gesellschaft. Doch was bedeuten solche Vorstellungen allzumal unter der Bedingung, dass Gesellschaften selbst funktional differenziert sind, daher unterschiedliche, sogar widersprüchlich wirkende Funktionserwartungen stellen? Andererseits liegen die Erwartungen selbst auf ganz unterschiedlichen Ebenen, sodass sie wenig kommensurabel erscheinen. Häufig sind sie sogar in sich widersprüchlich und konkurrieren miteinander: Kinder sollen dann beispielsweise gut angepasst, zugleich selbstständig und innovationsfähig sein, Jugendlichen wird abverlangt, dass sie rücksichtsvoll mit anderen umgehen, zugleich robust ihre Interessen verfolgen.

Als Kernproblem einer Bestimmung von Zielen der Erziehung und Bildung zeigt sich, wenn diese auf Freiheit und Autonomie abheben, daher mit Pflichten und Tugenden Erwartungen an Menschen richten, die sich selbst für ihre Wege und ihr Tun entscheiden und Verantwortung dafür übernehmen (sollen). Selbst einfache Höflichkeit setzt eine freie Entscheidung der Akteure voraus; Höflichkeit verbietet als solche die kalte Berechnung, sie muss um ihrer selbst willen gewollt werden, kann eben deshalb als Ziel nicht normiert sein. Ein Kind handelt nämlich prinzipiell verwerflich, wenn es seiner Tante die Türe aufhält, nur um dafür ein Geschenk zu erhalten. Zwar wird von der Pädagogik als einem System von Institutionen und Pragmatiken verlangt, Aufklärung zu leisten, nicht nur den Mut zu geben, sich dieses eigenen Verstandes zu bedienen, Vernunft zu entwickeln und die Selbstständigkeit und eine – in ihren Maßstäben verallgemeinerungsfähige – Selbstgesetzgebung so zu entfalten, doch lässt sich dieser Widerspruch nicht auflösen; er macht eigentlich das Problem pädagogischer Kausalität aus: Von Erziehung wird eine bestimmte, lenkende Aktivität erwartet, diese aber stets mit Selbstständigkeitserwartungen verbunden – und zwar sowohl aus gesellschaftlichen wie kulturellen Gründen wie im Blick auf die zu Erziehenden. Das Kind oder der Jugendliche sollen (und müssen) dann zwar eingeübt werden in eine bestimmte Lebens- und Verhaltensweise, gleichwohl wird von ihnen erwartet, dass sie diese selbstständig wahrnehmen und ausführen, Verantwortung für sich selbst und andere übernehmen, endlich moralisch agieren – was in einem determinierten Zustand weder möglich noch denkbar ist. Die in den 1980er Jahren weit verbreitete Strömung der Antipädagogik hat eben dies zum Anlass genommen, Erziehung als bloße Abrichtung von Menschen zu verwerfen.

Endgültig kritisch wird man der Vorstellung von Zielen in Erziehung und Bildung gegenübertreten, wenn man systematisch an die Einsichten anknüpft, die um 1800 gewonnen waren, um das Problem und den Tatbestand der Pädagogik sowie den Zusammenhang zwischen Erziehung und Bildung zu begreifen. Sie legen unmittelbar nahe, jenseits der angedeuteten basal anthropologischen Elemente menschlichen Lebens Abstand von der Vorstellung von Zielen zu nehmen, zumindest wenn diese dem pädagogischen Geschehen äußerlich gesetzt oder gar als Idealbilder entworfen werden, nach welchen die zu Erziehenden zu gestalten wären: Bildung erfasst nämlich den Grundtatbestand des Geschehens, gleichsam jenen Kern des pädagogischen Handelns, der dadurch gegeben ist, dass ein lebendiges, letztlich naturbestimmtes Lebewesen sich entwickelt, indem es sich mit seiner Umwelt auseinandersetzt, durch Aneignung von Kultur in ihren verschiedensten – materialen und symbolischen – Gestalten Einfluss auf seinen Veränderungsprozess nimmt.

Um einen Entwicklungsprozess handelt es sich, weil in diesem – wie Schleiermacher den Bildungsprozess genannt hat, Hegel ihn ähnlich, mit Rückgriff auf den Begriff der Arbeit als doppelten Umgestaltungsvorgang beschrieben hat – Einigungsprozess von Natur und Geist das Subjekt seine Gestalt verändert, bei aller Kontinuität oder Identität doch ein anderes wird, nicht zuletzt sich selbst in seiner Subjektivität annehmen kann. Der Entwicklungsprozess vollzieht sich in einer zeitlichen Eigendynamik, zudem zeichnet ihn eine innere, unumgängliche Logik von Entwicklungsschritten aus, wie die Entwicklungspsychologie seit Piaget und Wygotski, endlich Kohlberg weiß. Nur hier kann man eine gleichwohl uneigentliche Redeweise von Ziel dulden, dann nämlich, wenn Handlungsformen schrittweise erworben und eingeübt werden, weil in der Entwicklung sich nur Potenziale, aber nicht schon die Eigenschaften finden, die in sozialen und kulturellen Strukturen Menschen abverlangt werden. Der Entwicklungsprozess lässt sich allerdings nicht beschleunigen, wohl aber kann er beeinflusst werden, indem er angesprochen wird, indem Anzeichen möglicher Entwicklungen aufgenommen, angeregt und begleitet werden, sofern das Subjekt selbst dem keinen Widerstand entgegensetzt; Bildsamkeit hebt darauf ab. Die Zeit der Entwicklung lässt sich nicht beeinflussen, wenigstens Kinder benötigen eine in nahezu allen bekannten Kulturen mit etwa sechs Jahren vergleichsweise klar umrissene Zeitspanne, ehe sie in sozial institutionalisierte Lebenszusammenhänge eintreten.

Entwicklungsschritte lassen sich als Ziele formulieren, in kultureller und sozialer Interpretation zeigen sie sich als Entwicklungsaufgaben, die Menschen für ihre jeweiligen Lebenskontexte bewältigen. Was Gesellschaften und Kulturen dann Menschen in ihren Entwicklungsprozessen abverlangen und als Ziele normieren, entscheidet über die Dauer der Entwicklung. Seit Beginn der Neuzeit haben sich diese Phasen stetig verlängert, bis hin zu jener „Long Winding Road" eines Erwachsenwerdens, die bis ins dritte Lebensjahrzehnt reichen kann; neuerdings gibt es Versuche, die Bildungszeiten durch Intensivierung des äußeren Einflusses auf sie zu verkürzen, doch spricht viel dafür, dass dies nur um den Preis eines Verlustes wichtiger Entwicklungsmomente gelingt. Ohnedies gelten diese Beobachtungen für jedes Lebensalter – selbst das Alter und die in ihm zu bewältigenden Aufgaben nehmen heute längere Zeit denn je in Anspruch. Deutlich wird: Dieser Prozess der Bildung hat eine innere Dynamik, die durch die Subjekte in ihrer Eigenwilligkeit und Eigenart selbst gesteuert wird. Nur in diesem Sinne können Ziele für Bildungsprozesse formuliert werden. Sie folgen einer inneren Normativität und einer inneren Normalität, die sich aus der praktischen Verknüpfung von Naturentwicklung und angeeigneter gesellschaftlicher und kultureller Realität ergibt, bestimmt durch individuelle Färbungen des Aneignungshandelns.

Was verbirgt sich aber dann hinter Erziehungs- und Bildungszielen? *Zum einen* hat man schlicht mit sozialen und kulturellen Tatbeständen zu tun, welche das Verhalten von Menschen regeln und ihnen Zivilisiertheit, vor allem aber den Austausch miteinander faktisch wie auch symbolisch ermöglichen. Was als Ziele der Erziehung behauptet wird, sind mithin *Gegenstände* des pädagogischen Geschehens im Sinne eines gegenüber Erzieher und Zögling stehenden dritten Faktors. Auf diesen, auf die Gegebenheiten einer Gesellschaft und ihrer Kultur kann man hinweisen. Menschen in pädagogischen Situationen, häufig Erwachsene, präsentieren und repräsentieren den sich Entwickelnden diese Lebensformen und Lebensentwürfe, sie wählen sie aus, stellen sie dar und zeigen auf sie, als Momente zur Aneignung (Mollenhauer 1983).

Zum anderen bleibt die schon erwähnte Artikulation der gegenständlichen und symbolischen Welt in der Zeit, um sie im Bildungsprozess zugänglich zu machen: Erziehung baut zwischen Welt und Subjekt Filter ein, sodass die Bildungsprozesse der Subjekte nicht gefährdet werden, allzumal dadurch, dass diese möglicherweise nicht mehr in der Lage sind, Perspektiven zu entwickeln und Ziele für sich zu formulieren. Sie zerlegt zudem die Anforderungen der Welt in Elemente, die eine schrittweise Aneignung und Einübung ermöglichen; nicht zuletzt geht es hier darum, Voraussetzungen für die Aneignung zu schaffen, gleichsam die Tätigkeit der Subjekte so zu formen, dass sie als Fähigkeiten und Fertigkeiten von den Subjekten selbst realisiert werden können. Hier ergibt sich ein zwar technischer Sinn von Zielen, der jedoch konkret und bestimmt gefasst werden kann. Er ist der Unhintergehbarkeit des menschlichen Entwicklungsprozesses geschuldet und an Verständigungsprozesse geknüpft, weil das Ziel letztlich ein gemeinsam einzuholendes, alle Beteiligten miteinander verbindendes Weltereignis ist. So ermöglicht Erziehung, schrittweise die Erfordernisse zu erwerben, die in dieser Welt erforderlich sind, um sich autonom zu bewegen. Verständigung aber bleibt unabweisbar: Die letzten Ziele sind verborgen, es gibt sie nicht. Zwar lassen sie sich allgemein als Subjektivität und Autonomie behaupten, die sich aber aussprechen müssen, sodass andere sie nachvollziehen können. So vollzieht sich pädagogisches Handeln immer in einer komplexen Praxis zwischen Akteuren, die in Kommunikation und Interaktion eine gemeinsame Welt schaffen, welche an geteilte Bedeutungen und Sinnzusammenhänge gebunden ist. Wie stark der Rationalitätsanspruch der Moderne auch sein mag, dieser gemeinsam geteilte Weg kommt in einer nicht zu determinierenden Weise zustande, in der Mischung von Wollen, Wissen und Meinen, Fühlen und Handeln, wie Dilthey sie angedeutet hatte. Mit Kausalitäten ist kaum zu rechen, obwohl sie nicht auszuschließen sind. Darin liegt aber das entscheidende Argument gegen Ziele in der Pädagogik: Wie diese verwirklicht werden könnten, entzieht sich den Beteiligten; Wirkungen kommen kontingent zustande, manchmal gewollt, meist nebenbei.

Irritierte Nachbemerkung

Angesichts dieser Skepsis gegenüber Zielen in Erziehung und Bildung überrascht, wie die Institutionen und Akteure des mit Erziehung und Bildung bezeichneten Geschehens mit Werten, Normen und Zielen überschwemmt werden, welche beachtet und verwirklicht sein wollen. Offensichtlich dient Pädagogik als Projektionsfläche für die sozial und kulturell debattierten, zugleich uneingelösten Erwartungen; Kinder erscheinen darin wie der letzte Stoff, der sich beliebig manipulieren lässt, wobei dies neuerdings der Verweis auf die hohe Plastizität des sich entwickelnden Gehirns begründet. Weil sich dieses beeinflussen lässt, *muss* man es wohl gestalten, um zu verwirklichen, was sich eine Gesellschaft für sich selbst aktuell und als Idee einer Zukunft wünscht, über die sie selbst nur spekulieren kann. Was der Gesellschaft und ihrer Kultur selbst nicht gelingt, soll an jenen verwirklicht werden, die aufgrund der Entwicklungstatsache anfällig und angreifbar sind. Bildungsprozesse bergen immer Unsicherheit und Instabilität, das macht sie zu einer riskanten Angelegenheit – Gesellschaften suchen demgegenüber Sicherheit, an den sich bildenden Subjekten scheinen sie ein Objekt zu finden, das möglicherweise noch dankbar dafür ist, wenn ihm Ziele gesetzt werden. Normalismus kann man das nennen (Link 2006).

Die jüngste Inflation von Zielen überrascht daher nicht, erstaunen lässt nur, wie sie sich vorrangig im Kontext der empirischen Bildungsforschung sowie einer „Evidence-Based Educational Policy" vollzieht. Es handelt sich um pure Ideologie – und dass man diese als solche nicht bezeichnen darf, bestätigt den Befund: Obwohl diese eine Erfassung von Zuständen behaupten, um Wissen zu gewinnen, setzen sie explizit und besonders implizit normative Vorstellungen so durch, dass es geradezu als normal gilt, Ziele für pädagogisches Handeln zu verlangen, ohne deren systematische Mehrdeutigkeit, wenn nicht Unmöglichkeit, in Rechnung zu stellen: Regelmäßig geht dies einher mit Defizitdiagnosen, die ihrerseits Erwartungen (und insofern Ziele) schon vor das pädagogische Handeln stellen. Man weiß eben schon, was fehlt, man weiß vor allem, wo der Weg des sich bildenden Subjekts hinzugehen hat. So werden Normalitätsvorstellungen als Ziele festgelegt, die das zu erwartende Können und Verhalten junger Menschen festlegen – oft verborgen im vorgeblichen Objektivismus von neutral erscheinenden Testverfahren.

Insbesondere die international vergleichend angelegten „Large Scale Assessments" haben der Debatte um Erziehungs- und Bildungsziele in Deutschland erheblichen Auftrieb verschafft, zumal sie im Kontext neuer Verfahren der Evaluation stehen, welche ebenfalls einem an Zielen orientierten Denken und Handeln neuen Auftrieb geben. Undeutlich bleibt: Wer Daten erhebt, weiß, wie der Gewinn von Wissen jenseits von normativen Überlegungen kaum gelingt. Man muss Entscheidungen über zu beobachtende und zu messende Sachverhalte treffen; Zustandsveränderungen lassen sich nur erheben, wenn Merkmale der Veränderung festgesetzt wurden. Normiert wird, was als testwürdig gilt, aber keiner weiß, was Items wirklich messen. All das ist trivial. Aber nicht unproblematisch. Denn über die Ziele der Veränderung, über die Items und das von ihnen zu messende, finden keine Verständigungsprozesse statt. Empirische Forschung und Evaluation heiligen sich selbst – und die Beteiligten glauben sogar daran, dass sie Gutes tun. Sie vollstrecken aber versteckte Absichten. Das Bildungssystem wird dem Ziel einer Herstellung von Employability künftiger Arbeitskräfte unterworfen – seine Wirksamkeit soll dann an den Adressaten von institutionalisierter und methodisierter Erziehung und Bildung gemessen werden. Nicht minder setzen die für sozialpädagogisches Handeln maßgeblichen Evaluationsverfahren kaum diskutierte Normalitätsmodelle als Ziel des Handelns, um dann die Effizienz der für das Erreichen dieser Ziele eingesetzten Mittel als ein Metaziel zu verwenden.

Während nun in den sozialpädagogischen Handlungsfeldern ökonomische Kriterien machtvoll geworden sind, zuweilen noch Maßstäbe aus der jüngeren psychologischen Debatte eingebracht werden – so etwa das „Good Functioning" – zeichnet die Entwicklung im Bildungssystem aus, dass Verschleierung zum Grundprinzip geworden ist. Dass die Empirie nicht an Normen gebunden ist, dass Wissensbasierung allein ausreichen könnte, gehört zu solcher systematisch erzeugten Dunkelheit; Bildungs- und Sozialpolitik verweisen dann auf Daten, verschweigen aber die Absichten, die hinter diesen stehen. Geradezu systematisch werden die terminologischen und begrifflichen Unklarheiten gesteigert, die am Begriff des Ziels und an den mit diesem verbundenen Inhalten noch zu erkennen waren. So treten an die Stelle von konkreten Zielen, die Fähigkeiten und Fertigkeiten bzw. bestimmte Kenntnisse benennen, allgemeine und nur vage umschriebene „Kompetenzen"; kaum zu überprüfen, geht es dabei um performativ zu beweisende Aktivitäten, die zwar in der Regel auf Kognitionen zurückweisen, dann meist auf Bündel von Volitionen, Einstellungen und Fähigkeiten, Wissen und Erfahrungen.

So sind aber Vorstellungen wie „Literacy" hochambitioniert, aber weder messtechnisch noch didaktisch umzusetzen. Dennoch umgibt diese Konzepte längst eine Aura der Machbarkeit, durch welche sich die Subjekte selbst bemüßigt fühlen, sich Ziele zu setzen und zu verwirklichen. Unter den Bedingungen moderner Aktivierungspolitiken (z. B. Lessenich 2008) verinnerlichen die Subjekte so einen sanften Zwang zur Selbstabrichtung; die moderne Semantik der Selbstbildung und der Selbststeuerung von Lernprozessen assistiert diesem

Vorgang einer Auflösung des Pädagogischen. Den Kommentar dazu haben österreichische Kabarettisten mit dem Satz geliefert: „Ich weiß zwar nicht, wo ich hin will, Hauptsache aber, ich bin schneller dort."

Das alles legt nahe: Hinter der heutigen Debatte um Ziele geht es – einmal mehr – um Bemächtigung, um die Rechtfertigung von Kontrolle und Disziplinierung, um die Ausrichtung an Normen, mit welchen Gesellschaften ihre Mitglieder formieren – und zwar so, dass sie das selbst nicht merken, weil sie stets in einer Unsicherheit gehalten werden, die mit Freiheit ganz und gar nichts zu tun hat. Freilich: Ziele in pädagogischen Kontexten versprechen den Traum der Moderne zu realisieren. Den Mythos der Machbarkeit, der Erzeugung und Herstellung, eine archaische Vorstellung, in der Freiheit und Mündigkeit getilgt werden. Sie ist schon Prometheus nicht sonderlich gut bekommen.

Literatur

Adorno, T. W. (1970): Erziehung zur Mündigkeit. Suhrkamp, Frankfurt/M.

Bloom, A. (1987): The Closing of the American Mind. Simon and Schuster, New York

Bloom, H. (1995): The Western Canon. The Books and School of the Ages. Riverhead, New York

Brumlik, M., Keckeisen, W. (1976): Etwas fehlt. Zur Kritik und Bestimmung von Hilfsbedürftigkeit für die Sozialpädagogik. Kriminologisches Journal 8, 310–320

Bundesministerium für Familie, Senioren, Frauen und Jugend (BMFSFJ) (2006): Einstellungen zur Erziehung. Kurzbericht zu einer repräsentativen Bevölkerungsumfrage im Frühjahr 2006. In: www.gender-mainstreaming.net/bmfsfj/generator/BMFSFJ/Service/Publikationen/publikationsliste,did=73240.html, 04.03.2010

Du Bois-Reymond, E. (1974): Kulturgeschichte und Naturwissenschaft. In: Wollgast, S. (Hrsg.): Vorträge über Philosophie und Gesellschaft. Akadamie-Verlag, Berlin, 105–158

Flitner, W. (1983): Gesammelte Schriften, Band 2. Pädagogik. Systematische Pädagogik. Allgemeine Pädagogik. Schöningh, Paderborn/München/Wien

Fuhrmann, M. (2004): Der europäische Bildungskanon. Erweiterte Neuauflage. Insel, Frankfurt a. M./Leipzig

Gadamer, H. G. (1993): Über die Verborgenheit der Gesundheit. Aufsätze und Vorträge. Suhrkamp, Frankfurt/M.

Heid, H. (2004): Kann man zur Verantwortlichkeit erziehen? Über Bedingungen der Möglichkeit verantwortlichen Handelns. In: Hopfner, J., Winkler, M. (Hrsg.): Die

aufgegebene Aufklärung. Experimente pädagogischer Vernunft.: Juventa, Weinheim/München, 145–154

Herbart, J. F. (1902): Umriss pädagogischer Vorlesungen 1835 u. 1841. In: Kehrbach, K. (Hrsg.): Johann Friedrich Herbart's Sämtliche Werke in chronologischer Reihenfolge. Zehnter Band. Beyer, Langensalza, 65–196

– (1887): Ueber die ästhetische Darstellung der Welt, als Hauptgeschäfft der Erziehung. In: Kehrbach, K. (Hrsg.): Johann Friedrich Herbart's Sämtliche Werke in chronologischer Reihenfolge. Erster Band. Beyer, Langensalza, 259–274

Hirst, P. H., Peters, R. S. (1970): The Logic of Education. Routledge and Kegan Paul, London

Hollins, T. H. (Hrsg.) (1964): Aims in Education. The Philosophical Approach. Manchester University Press, Manchester

Kalthoff, H. (1997): Wohlerzogenheit. Eine Ethnographie deutscher Internatsschulen. Campus, Frankfurt a. M./New York

Kant, I. (1977): Über Pädagogik. In: Weischedel, W. (Hrsg.): Kant, I. Werkausgabe. Band 12. Suhrkamp, Frankfurt/M., 693–761

Ladenthin, V. (2008): Kapitel 1: Das Verhältnis dreier Zieldimensionen: Politik, Pädagogik, Ethik. In: Mertens, G., Frost, U., Böhm, W., Ladenthin V. (Hrsg.): Handbuch der Erziehungswissenschaft. Band 1. Grundlagen. Allgemeine Erziehungswissenschaft. Schöningh, Paderborn/München/Wien, 609–638

Lessenich, S. (2008): Die Neuerfindung des Sozialen. Der Sozialstaat im flexiblen Kapitalismus. Transcript, Bielefeld

Link, J. (2006): Versuch über den Normalismus. Wie Normalität produziert wird. 3. Aufl. Vandenhoeck & Ruprecht, Göttingen

Luhmann, N., Lenzen, D. (Hrsg.) (2004): Schriften zur Pädagogik. Suhrkamp, Frankfurt / M.

Mollenhauer, K. (1983): Vergessene Zusammenhänge. Über Kultur und Erziehung. Juventa, München / Weinheim

Muhri, J. G. (1982): Normen von Erziehung. Analyse und Kritik von Herbert Spencers evolutionistischer Pädagogik.: Wilhelm Fink, München

Peters, R. S. (1976): Ethics and Education. Allen and Unwin, London

– (1967): The Concept of Education. Routledge and Kegan Paul, London and Henley

Reid, L. A. (1962): Philosophy and Education. An Introduction. Heinemann, London / Melbourne / Toronto

Rein, W. (1904): Erziehungsziel. In: Rein, W. (Hrsg.): Enzyklopädisches Handbuch der Pädagogik. Zweiter Band. 2. Aufl. Beyer, Langensalza, 610–624

Schleiermacher, F. (2000): Grundzüge der Erziehungskunst (Vorlesungen 1826). In: Winkler, M., Brachmann, J. (Hrsg.): Friedrich Schleiermacher. Texte zur Pädagogik. Kommentierte Studienausgabe. Bd. 2. Suhrkamp Taschenbuch Wissenschaft, Frankfurt / M.

Schwenk, B. (1987): „Bildsamkeit" als pädagogischer Terminus. In: Holtkemper, F.-J. (Hrsg.): Pädagogische Blätter, Heinrich Döpp-Vorwald zum 65. Geburtstag. Henn, Ratingen, 180–207

Seichter, S. (2007): Pädagogische Liebe. Erfindung, Blütezeit, Verschwinden eines pädagogischen Deutungsmusters. Schöningh, Paderborn / München / Wien

Spranger, E. (1969): Das Gesetz der ungewollten Nebenwirkungen in der Erziehung (1962). In: Spranger, E.: Geist der Erziehung. Gesammelte Schriften Bd. 1.: Quelle und Meyer, Heidelberg

Whitehead, A. N. (1970): The Aims of Education and Other Essays. (EA 1932). Ernest Benn, London

Winkler, M. (1988): Eine Theorie der Sozialpädagogik. Klett-Cotta, Stuttgart

Evaluation und Evaluationsforschung

Von Axel Groenemeyer und Holger Schmidt

Evaluation ist eine Idee von bestechender Einfachheit. Die Betrachtung und Bewertung von Ergebnissen und Folgen zielorientierten Handelns ist ein Vorgang, der im Alltag immer und überall routinemäßig und selbstverständlich eingesetzt wird, wenn Entscheidungen getroffen werden und Handeln mit gemachten Erfahrungen in Einklang gebracht werden. So weisen denn auch viele Autoren darauf hin, dass Evaluation ein Vorgang ist, der so alt wie die Menschheit sei (z. B. Stockmann 2004). Wenn es um politische oder professionelle Entscheidungsprozesse geht, ist die Forderung nach Evaluierung unwiderstehlich, sie weiht Entscheidungen, Maßnahmen, Programme oder Interventionen mit einer höheren Rationalität oder entzieht ihnen jeglichen Sinn und jegliche Legitimation. Evaluation ist zu einem modernen Zauberwort für Politik und professionelle Praxis geworden.

Sobald Evaluation mehr meint als Handeln im Kontext irgendeiner Art der Bewertung von Folgen und Erfahrungen und z. B. danach gefragt wird, wie Evaluation funktioniert, an welchen Kriterien eine „gute" Evaluation ausgerichtet sein soll und welche Bedeutung sie hat, wird die Sache kompliziert und völlig unübersichtlich. So gibt es mittlerweile ausufernde Diskussionen darüber, was eigentlich Evaluation ist, ob und wie man sie von Evaluationsforschung abgrenzen kann und soll, welche Formen von Evaluation es gibt, welche methodischen Anforderungen an eine Evaluation zu stellen sind und welche Rolle ihr für politische Entscheidungen oder die professionelle Praxis zukommt oder kommen soll.

Modelle, Formen und Begriffe der Evaluation

Vor dem Hintergrund der steigenden politischen Bedeutung von Evaluation und Qualitätsmanagement, der allgemeinen Entwicklung von Methoden und Methodologien der empirischen Sozialforschung, noch stärker aber in Auseinandersetzung mit den Fragen der Verwendung wissenschaftlichen Wissens und der Politik- und Praxisrelevanz von Evaluationen hat sich das Feld in unübersichtlicher Weise ausdifferenziert und zu einer kaum zu systematisierenden Vielzahl an Evaluationsmodellen und zu einem „Begriffswirrwarr" geführt, in dem nahezu jede Art der Reflexion über Politik und professionelle Praxis in irgendeiner Weise mit dem Etikett Evaluation belegt worden ist.

Dies beginnt bereits mit der Unterscheidung von *Evaluation* und *Evaluationsforschung*. Während in der Entwicklung der Evaluation nach dem 2. Weltkrieg zunächst in den USA, dann später auch in Deutschland Evaluation immer mit Evaluationsforschung gleichgesetzt wurde, melden sich in den letzten Jahren, insbesondere aus der professionellen Praxis vermehrt Stimmen, die gerade mit Hinblick auf die Praxisrelevanz der Evaluation eine explizite Abkehr von einer Orientierung an sozialwissenschaftlichen Methoden der empirischen Sozialforschung fordern und damit Evaluation von Evaluationsforschung deutlich abgrenzen. Parallel dazu und mit ähnlichen Argumenten haben sich auch die Methoden der Evaluationsforschung bzw. der Evaluation ausdifferenziert. Während zunächst Evaluationsforschung als quantitative sozialwissenschaftliche Kausalanalyse konzipiert war (Lange 1999), haben sich bereits seit den 1970er Jahren zunehmend Positionen entwickelt, die qualitative und interpretative Forschungsmethodologien in die Evaluationsforschung eingebracht und populär gemacht haben

Otto/Thiersch (Hg.), Handbuch Soziale Arbeit, 4. A., DOI 10.2378/ot4a.art038,

(Flick 2006). Zwar wird immer wieder darauf hingewiesen, dass Evaluationsforschung dem Bereich der angewandten Sozialforschung zugehört und in diesem Sinne eine Aufgabe der Politik- und Praxisberatung erfüllen soll, gleichwohl finden sich aber auch Ansätze, die der Evaluationsforschung einen wichtigen Beitrag zur Grundlagenforschung zutrauen (Kaufmann/Strohmeier 1981).

Weitere Differenzierungen des Feldes ergeben sich über die Differenzierung nach Akteuren der Evaluation (*interne vs. externe Evaluation; Fremd- vs. Selbstevaluation*) oder nach den Phasen im politischen Prozess, auf den sich die Evaluation bezieht. Stockmann (2004) grenzt z. B. die *preformative Evaluation*, die sich auf die Phase der Programmformulierung und -planung bezieht, von der *formativen Evaluation* ab, die sich auf die Umsetzung bzw. Implementation von Programmen bezieht. Diese Formen der wissenschaftlichen Politikberatung werden im deutschen Sprachbereich häufig auch als *wissenschaftliche Begleitforschung* bzw. auch international als *Implementationsforschung* bezeichnet. Dabei lassen sich diese Phasen durchaus weiter differenzieren und damit entsprechende Aufgaben der Evaluation auf dieser Ebene formulieren. So gliedern sich dann (pre-)formative Evaluationen in das *needs assessment*, mit dem die Bedürfnisse der am Programm beteiligten Akteure analysiert und bewertet werden, in das *evaluability assessment* zur Einschätzung der Möglichkeiten und Grenzen einer Evaluation, die *structured conceptualization* zur Auswahl und Begründung von Techniken und Methoden, der *implementation evaluation*, mit der die korrekte Umsetzung eines Programms bewertet wird und der *process evaluation* zur Analyse des Umsetzungsprozesses und Entwicklung möglicher Alternativen. Andere Autoren führen hier noch die Idee einer *Kontextevaluation* ein, mit der neben den Bedingungen der Programmdurchführung z. T. die ethischen Implikationen der Maßnahmen sowie Auswirkungen der Evaluation berücksichtigt werden sollen. Als weitere Begrifflichkeiten, die in Bezug auf die Planungsphase eines Programms verwendet werden und sich auf die Analyse der Durchführbarkeit von Programmen beziehen, lassen sich die Ideen einer *prospektiven* bzw. *antizipatorischen* oder *prognostischen* Evaluation anführen (Kury/Obergfell-Fuchs 2010).

Schließlich besteht die Aufgabe der Evaluation in einer dritten Phase in der Zusammenfassung, Bewertung und Bilanzierung der Ergebnisse, Effekte und Folgen, die dann als *summative Evaluation* bezeichnet wird. Diese Form der Evaluation wird im deutschsprachigen Raum auch als *Wirkungsmessung*, *Wirkungsbewertung* oder, insbesondere in durch medizinische Perspektiven geprägte Felder, als *Katamnese* bezeichnet. Auch hierzu lassen sich weitere Differenzierungen anführen: So spricht man von *outcome evaluation* im Hinblick auf gewünschte Ziele bzw. von *impact evaluation*, wenn die Gesamtheit der Auswirkungen berücksichtigt werden soll. Bezieht man den Outcome einer Maßnahme oder eines Programms auf monetäre Größen, so kommen Verfahren der *cost-effectiveness* bzw. *cost-benefit-analysis* oder der *Kosten-Nutzen-Rechnung* zum Einsatz. Während es hierbei im Wesentlichen um die Messung und Bewertung von Effekten und Folgen der Maßnahmen und Programme geht, erhebt die *Wirkungsanalyse* darüber hinaus auch den Anspruch, das Zustandekommen der Effekte und Folgen wissenschaftlich zu erklären. Daneben finden sich zwei weitere Formen summativer Evaluationen, die keine eigenständige Datenerhebung beinhalten: die *Sekundäranalyse*, in deren Rahmen eine Re-Analyse vorhandener Daten vorgenommen wird, um noch nicht berücksichtigte Fragestellungen zu beantworten, bzw. andere Methoden eingesetzt werden, und die *Meta-Evaluation* bzw. *Meta-Analyse*, mit der die Ergebnisse verschiedener Studien unter dem Blickwinkel einer Evaluationsfragestellung vergleichend bewertet werden. Diese Liste der Begrifflichkeiten und Modelle zur Evaluation ist keineswegs abgeschlossen (vgl. z. B. Beywl 2006). Das Ausmaß ihrer Differenzierung verweist allerdings einerseits darauf, dass es die Evaluation bzw. die Evaluationsforschung mit komplexen Fragestellungen zu tun hat, andererseits aber auch darauf, dass die Verwendung des Evaluationsbegriffs mit Reputationsgewinnen verbunden ist.

Entwicklung der Evaluation und Evaluationsforschung in der Sozialen Arbeit

Tatsächlich wird in der Evaluationspraxis und insbesondere im Feld der Sozialen Arbeit zumeist von einer eingeschränkteren Perspektive ausgegangen und Evaluation im Wesentlichen auf die Frage nach der Messung, Analyse und Bewertung der Wirkungen und Folgen von Maßnahmen und Programmen beschränkt (Wirkungsmessung, Wirkungsbewertung und Wirkungsanalyse). Dementsprechend definiert Müller 1978 den Begriff der Evaluation für das Feld der Sozialen Arbeit bzw. der Sozialpädagogik: „In einer ersten Annäherung an das, was man heute unter Evaluationsforschung in der Sozialpädagogik versteht, kann man also sagen: es handelt sich um Versuche, die Wirkung gesellschaftlicher Eingriffe in soziale Tatbestände mit dem Ziel sozialpädagogischer und häufig auch sozialpolitischer Einflußnahme erfahrungswissenschaftlich einzuschätzen und zu bewerten" (16). Ganz ähnlich wird auch die Aufgabe der Evaluationsforschung in der ersten Auflage dieses Handbuchs formuliert (Hofmann / Fargel 1987, 319). Während hier Evaluation und Evaluationsforschung noch gleichgesetzt werden, reflektiert der Beitrag von Heiner in der zweiten Auflage (2001) bereits ein erweitertes Verständnis, das nicht nur qualitativen Perspektiven einen weiteren Raum gibt, sondern neben der sozialwissenschaftlich fundierten Evaluationsforschung eine praxisrelevante Programmatik für Evaluation in der Sozialen Arbeit formuliert und damit beide explizit trennt.

Die sozialpädagogische Evaluationsforschung in Deutschland beginnt, folgt man dem Vorschlag Müllers (1978), in den 1950er Jahren mit einer summativen Evaluation der Heimerziehung (May 2010). Es folgten Evaluationsstudien zu Wirkungsweisen und institutionelle Rahmenbedingungen von Jugendämtern, Jugendverbänden und kommunaler Jugendpflege sowie der Ausbildung von Erzieherinnen und Erzieher. Gleichzeitig setzen im Rahmen der Problematisierung der „Bildungskatastrophe" verschiedene wissenschaftliche Begleitungen von bundesweiten Modellversuchen in der Elementarerziehung und der außerschulischen Kinder- und Jugendarbeit ein, die allerdings bereits in den 1970er Jahren wieder stark eingeschränkt wurden (Müller 1978; Spiegel 1993). Die Euphorie, (sozial-)politische Entscheidungen könnten auf Grundlage wissenschaftlicher Erkenntnisse rational getroffen und damit verbessert werden, ebbte bereits in den 1970er Jahren mit dem allgemeinen Trend der kritischen Betrachtung politischer Planungen ab. Zudem zeigt sich, dass die Umsetzung wissenschaftlicher Erkenntnisse in politische Entscheidungen und sozialpolitischer Praxis nur äußerst selten beobachtet werden konnte (Müller 1978).

So nahm der Schwung der sich entwickelnden Evaluationsforschung zumindest für das Feld der Sozialen Arbeit spätestens in den 1980er Jahren deutlich ab; Heiner (2001) hält für diese Zeit lediglich eine Evaluationsstudie für den Bereich der Sozialpsychiatrie erwähnenswert. Politisch einflussreich wurde allerdings eine Studie zur Wirkungsanalyse stationärer Drogentherapie (Raschke et al. 1985; Groenemeyer 1990), da ihre Ergebnisse vom Land gezielt eingesetzt wurden, um die damals noch heftig umstrittene Behandlung von Drogenabhängigen mit Methadon zu legitimieren. Der Rückgang wissenschaftlicher Evaluationen korrespondierte allerdings auch mit der sich durchsetzenden Erkenntnis, dass eine politische Steuerung sozialpolitischer Programme ein äußerst komplexer Prozess ist, bei dem man sich nicht unhinterfragt auf eine den Programmen entsprechende Umsetzung verlassen kann. Während bislang häufig von einem einfachen Modell der Steuerung durch politische Entscheidungen ausgegangen worden war, entwickelte sich in den 1980er Jahren die Implementationsforschung zu einem florierenden neuen eigenständigen Forschungsfeld in Deutschland (Mayntz 1980; 1983).

Während bis in die 1980er Jahre die Idee der Reform sozialer Projekte zur Steigerung der Inanspruchnahme, Reichweite und Effektivität mit Hilfe wissenschaftlicher Evaluationen und Begleitung im Vordergrund standen, veränderte sich spätestens in den 1990er Jahren die Perspektive mit den Entwicklungen einer Dienstleistungsorientierung, neuer Steuerungsmodelle und eines damit verbundenen Diskurses der Qualitätssicherung in der Sozialen Arbeit. Zwar führten diese Entwicklungen zu einer deutlichen Ausweitung von Evaluationsaktivitäten, insbesondere auf der Ebene der kommunalen und freien Anbieter sozialer Dienstleister, die nun im Rahmen von Verträgen mit Trägern zum Nachweis von Effektivität und insbesondere Effizienz gezwungen waren. Aber die Bedeutung wissenschaftlicher Expertise für die Formulierung von Reformprojekten und die Orientierung von Evaluationen an theoretischen sozialwissenschaftlichen Modellen nahm relativ gesehen deutlich ab zugunsten des Effektivitäts- und Effizienznachweises durch die Praxisorganisationen.

Bei den meisten durchgeführten Evaluationen handelt es sich um organisationsinterne Evaluationen, die nur selten veröffentlicht werden, und auch externe Evaluationsprojekte werden zumeist lediglich als graue Literatur veröffentlicht (May 2010). Sie werden kaum noch mit dem Ziel eines allgemeinen und auf andere Einrichtungen oder Programme übertragbaren Erkenntnisgewinn konzipiert, sondern dienen überwiegend als Legitimationsnachweis gegenüber den Trägern und bestenfalls als Instrument organisationsinterner professioneller Reflexion. Konzeptionell wird diese Entwicklung reflektiert durch die begriffliche Ausdifferenzierung und der Trennung von Evaluationsforschung als wissenschaftliche Begleitung hin zur Evaluation ohne Bezug zu einer sozialwissenschaftlichen Methodik (Heiner 2001; Haubrich et al. 2009). Die vorliegenden veröffentlichten Überblicke der Evaluation im Feld der Sozialen Arbeit bieten insofern zumeist nur Spotlights auf Ergebnisse in Bezug auf einzelne Evaluationsmethoden oder Handlungsfelder. Erstere dienen dabei vornehmlich als Beispiele zur Verdeutlichung der Anwendungsmöglichkeiten bestimmter Methoden in der Evaluationspraxis sowie zur Diskussion entsprechender Methodologie, letztere hingegen als z.T. zusammenfassende Überblicke vorliegender Ergebnisse. So existieren seit den 1980er Jahren auf die Soziale Arbeit bezogene Sammelbände mit zusammengetragenen Beispielen aus der Evaluationspraxis im Rahmen der experimentierenden Evaluation (Heiner 1998) oder zu unterschiedlichen Methoden der Fremd- und Selbstevaluation (Heiner 1988; 1994; Schröder / Streblow 2007). Themen- oder handlungsfeldorientiert können hier lediglich exemplarisch Sammlungen von Evaluationsergebnissen aufgeführt werden, die gänzlich oder zumindest teilweise dem Bereich der Sozialen Arbeit zuzuordnen sind: Kinder- und Jugendkriminalitätsprävention (Arbeitsstelle Kinder- und Jugendkriminalitätsprävention 2003), Kinder- und Jugendarbeit (Lindner 2008), Prävention gegen Rechtsextremismus (Glaser / Schuster 2007). Des Weiteren konnten einzelne Autoren, hier ebenfalls beispielhaft, den Stand der Evaluationsforschung für bestimmte Handlungs- oder Themenfelder erarbeiten: Hilfen zur Erziehung (Frey 2008) und Schulsozialarbeit (Speck 2006). Seit den 1990er Jahren standen insbesondere die Hilfen zur Erziehung im Fokus von groß angelegten Evaluationen des BMFSFJ, der JULE- (1998) und der JES-Studie (2002) sowie der noch nicht abgeschlossenen Evaluation des

Modellprogramms „Wirkungsorientierte Jugendhilfe" (Haubrich 2009; Frey 2008). Standardisierte Instrumente wie WIMES, EVAS oder die sozialpädagogische Verlaufsdokumentationen seit Mitte der 1990er Jahre werden in den Hilfen zur Erziehung überwiegend als Instrument der Selbstevaluationen und als Dokumentationssystem eingesetzt. Diese Instrumente werden jedoch nicht nur aufgrund ihrer Einseitigkeit kritisch betrachtet (Frey 2008), sie können aufgrund ihrer Anlage kaum mehr sein als ein standardisiertes Berichtverfahren, das dem Anspruch auf Wirkungsmessung nicht gerecht werden kann.

Ein weiterer Evaluationsschwerpunkt der Sozialen Arbeit findet sich im Handlungsfeld der Kinder- und Jugendarbeit. Ausgangspunkt ist die in Nordrhein-Westfalen 1999 gestartete verpflichtende Teilnahme aller aus Landesmitteln geförderter Träger am Wirksamkeitsdialog, aus dem das Evaluationsinstrument WANJA entstand (Haubrich 2009). Seit Mitte der 1990er Jahre wurden im Rahmen der Qualitätssicherung und -entwicklung vom BMFSFJ Evaluationsprojekte gefördert, zum einen im Rahmen der QS-Initiative, welche Selbstevaluationen anregte, zum anderen in Form externer Evaluationen in der Nationalen Qualitätsinitiative im System der Tageseinrichtungen für Kinder (NQI) sowie im Projekt eXe (Strategien und Konzepte externer Evaluation in der Kinder- und Jugendhilfe) des Deutschen Jugendinstituts (DJI). Dieses Projekt sammelt und systematisiert externe Evaluationen der Kinder- und Jugendhilfe. Verschiedene Publikationen sowie eine Internetdatenbank, in der derzeit ca. 80 Evaluationsprojekte eingetragen sind, dokumentieren die externe Evaluationslandschaft in diesem Handlungsfeld.

Die Entwicklung der Evaluationspraxis in der Sozialen Arbeit zeigt eine deutliche Ausweitung und vor allem eine Ausdifferenzierung von Evaluationsmodellen, verbunden mit einer deutlichen Inflationierung der Begrifflichkeit. Dies korrespondiert mit der Entwicklung und Anwendung unterschiedlicher Methoden und Methodologie und es wird heutzutage davon ausgegangen, dass Evaluation zum fachlichen Standard in der Sozialen Arbeit gehört, auch wenn im Gegensatz dazu festgestellt wird, dass die als notwendig erachtete Professionalisierung der Evaluation bisher noch in den Anfängen steckt (Haubrich et al. 2009).

Methoden der Evaluationsforschung

Ausgehend von der US-amerikanischen Entwicklung nach dem 2. Weltkrieg wurde auch in Deutschland zumindest bis in die 1980er und 1990er Jahre Evaluation mit quantitativer Evaluationsforschung, d. h. mit Kausalanalyse gleichgesetzt (vgl. zur historischen Entwicklung der Evaluationsforschung z. B. Heiner 2001; Lange 1999). Auch heute wird innerhalb der Sozialwissenschaften überwiegend die Ansicht vertreten, dass die in Evaluationen eingesetzten Methoden und wissenschaftlichen Qualitätskriterien denen der (quantitativen) empirischen Sozialforschung entsprechen müssen (Lüders / Haubrich 2003; May 2010; Stockmann / Meyer 2010).

Am Kausalmodell ist bereits in den 1970er Jahren erste Kritik laut geworden, die dann in der Entwicklung und Verwendung qualitativer oder interpretativer Verfahren in der Evaluationsforschung mündeten (Flick 2006). Parallel dazu kamen ebenfalls in den 1970er Jahren Modelle der Aktionsforschung auf, bei der Forschung direkt mit Praxis und Intervention verknüpft wurde. Ausgehend hiervon entwickelten sich dann zunächst in den USA seit den 1980er Jahren Evaluationsmodelle, bei denen nicht mehr nur die Erkenntnis- und Wissensvermehrung über Programme und Maßnahmen im Vordergrund standen, sondern die unmittelbare Verwendung und Nützlichkeit des über Evaluationen generierten Wissens (Guba / Lincoln 1989; Patton 1997). Diese Umorientierung der Evaluationsmodelle von Wissenschaftsorientierung zu einer Anwendungsorientierung fand insbesondere im Bereich der professionellen Praxis eine hohe Akzeptanz (Spiegel 1993; Heiner 1998; Schröder / Streblow 2007) und führte konsequenterweise zur begrifflichen Unterscheidung von Evaluation und Evaluationsforschung.

Evaluationsforschung als Kausalanalyse

Im Prinzip existieren keine speziellen Methoden der Evaluation, vielmehr ist aus dem gesamten Arsenal der empirischen Sozialforschung das für die spezifische Aufgabe Geeignete auszuwählen und an die jeweiligen Gegebenheiten anzupassen (Kromrey 2000). Diese Auffassung bezieht sich sowohl auf quantifizierende und hypothesentestende Wissenschaftsmodelle als auch auf interpretative und konstruktivistische Perspektiven der Evaluationsforschung. Im Prinzip würde es also ausreichen, auf entsprechende Methodenlehrbücher der quantitativen und qualitativen empirischen Sozialforschung zu verweisen. Tatsächlich können grundsätzliche methodische Fragen, z. B. über Forschungsdesigns, Mess- und Erhebungsverfahren, Fragen der Validität oder Auswertungsmethoden in diesem Rahmen nicht hinreichend behandelt werden. Stattdessen werden wir hier nur knapp einige Probleme und Herausforderungen der praktischen Durchführung von Evaluationsstudien thematisieren, die auf einige Besonderheiten der Evaluationsforschung im Vergleich zur „normalen" quantitativen Forschung hinweisen und zudem als Kriterien der kritischen Betrachtung vorliegender Studien dienen können.

Im Prinzip handelt es sich zumindest bei der quantitativen Evaluationsforschung um ein hypothesentestendes Verfahren, nämlich um die Prüfung der Frage, ob und in welchem Ausmaß durch eine Maßnahme oder durch ein Programm Effekte erzielt werden, bzw. ob die gemessenen Effekte tatsächlich kausal auf die Maßnahme zurückgeführt werden können. Theoretisch sind dabei die anzuwendenden Verfahrensschritte zunächst einfach, erweisen sich aber in der Durchführung als äußerst komplex. Ausgangspunkt der Evaluation ist die *Festlegung von Zielen* der zu evaluierenden Programme oder Maßnahmen und ihre Übersetzung in messbare (d. h. quantifizierbare) Indikatoren. Hierbei stellt sich in der Praxis das Problem, dass sich die Vorstellungen der an der Maßnahme beteiligten Akteure über die mit einer Intervention zu erreichenden Ziele sehr weit auseinander liegen können. So können die Akteure des politischen System mit der Verabschiedung und Finanzierung eines Programms durchaus ganz andere Ziele verfolgen als die durchführenden Organisationen in ihren Programmen festlegen; wieder andere Vorstellungen entwickeln dann die Professionellen in ihrer alltäglichen Arbeit mit der Klientel. Dabei ist es durchaus üblich, dass weder alle Vorstellungen der beteiligten Akteure miteinander kompatibel sind noch sie realistischerweise tatsächlich alle über die entsprechende Maßnahme zu erreichen wären. In der Praxis handelt es sich bei der Festlegung von zu messenden Zieldimensionen entweder um ad hoc Entscheidungen, die sich am Programmziel orientieren, weshalb aber möglicherweise der Nachweis ihrer Erreichung in der Evaluation nicht erbracht werden kann, oder die Festlegung der Ziele erfolgt über einen Aushandlungsprozess der an der Maßnahme Beteiligten, was nicht nur zeitaufwändig und unter Umständen konfliktträchtig ist, sondern auch keine Gewähr für eindeutige Festlegungen gibt. Auf alle Fälle handelt es sich bei diesem Verfahrensschritt nicht um eine in der Natur der Sache liegende Festlegung, sondern um eine Entscheidung, die auch immer mit guten Gründen anders ausfallen könnte. Verkompliziert wird diese Festlegung, wenn zudem der Anspruch erhoben wird, auch nicht-intendierte Folgen oder Nebenwirkungen in den Blick zu nehmen. Ähnliches gilt auch für die Übersetzung der Zielvorstellungen in messbare Indikatoren. Allein das Skalenniveau der entwickelten Messinstrumente, aber auch z. B. die verwendeten Begrifflichkeiten und die Reihenfolge der Fragen in einem Fragebogen beeinflussen das Ergebnis und erfordern Entscheidungen durch die Forscher und Forscherinnen. In den Lehrbüchern der empirischen Sozialforschung finden sich weitere Hinweise zu Kriterien und möglichen Fehlerquellen bei der Entwicklung von Mess- und Erhebungsinstrumenten.

Grundlage der Interpretation kausaler Zusammenhänge ist die *Messung von Veränderungen* bei denjenigen, die am Programm oder an der Maßnahme teilgenommen haben. Dieser zunächst trivial klingende Schritt wird aber keineswegs in allen Evaluationsstudien durchgeführt. Veränderungsmessung bedeutet einen Vorher-Nachher-Vergleich, es müssen mindestens zwei Messzeitpunkte vorgesehen sein. Dabei gilt es gerade für Programme und Maßnahmen, die nicht nur eine Veränderung von Kompetenzen und Orientierungen anstreben, sondern dauerhaft Verhalten oder gar die Lebensweise verändern wollen, dass Effekte sinnvollerweise erst nach Abschluss der Beteiligung an der Maßnahme gemessen werden können. Dazu muss entschieden werden, wann der richtige Messzeitpunkt liegen soll. Zudem muss in der Praxis die Frage entschieden werden, wie mit Klienten und Klientinnen in der Evaluation verfahren werden soll, die das Programm vorzeitig verlassen haben oder die für die Nachuntersuchung nicht mehr zur Verfügung stehen.

Sehr häufig werden bereits auf dieser Grundlage *Erfolgsquoten* berechnet, d. h. diejenigen, bei denen sich Veränderungen in der angestrebten Richtung zeigen, werden als Erfolge der Maßnahme, diejeni-

gen, bei denen keine Veränderung gemessen werden kann oder deren Situation sich in Bezug auf das Ziel verschlechtert hat, als Misserfolge gezählt. In einer Evaluation einer stationären Drogentherapie konnte demonstriert werden, dass allein durch die Art der Operationalisierung des Ziels „Drogenfreiheit" und durch die Variation der Kriterien für die Teilnahme an der Behandlung (planmäßig beendet, vorzeitig abgebrochen u. ä.) Erfolgsquoten für ein und dieselbe Untersuchungspopulation zwischen 10 und 90 Prozent berechnet werden konnten (Groenemeyer / Birtsch 1991). Dies spricht nicht grundsätzlich gegen die Berechnung von „Erfolgsquoten", sondern nur dafür, dass im Forschungsbericht das Vorgehen der Konstruktion dieses Indikators genau dokumentiert wird. In jedem Fall sind Vergleiche zwischen Maßnahmen und Untersuchungspopulationen nur dann sinnvoll, wenn ihre Bewertung tatsächlich auf der Grundlage gleicher Prinzipien der Messung erfolgt ist. Allerdings ist der Informationsgehalt von Erfolgsquoten sowohl für die Praxis als auch für die Weiterentwicklung von Programmen grundsätzlich sehr beschränkt, aber häufig unabdingbar für die politische Legitimation von Programmen und Maßnahmen.

Es stellt sich das Problem, dass sich Individuen auch ohne (oder möglicherweise trotz) der Teilnahme an der Maßnahme entwickeln, sie mit unterschiedlichen Voraussetzungen (Kompetenzen, Ressourcen, Motivationen) an ihr teilgenommen haben und während und nach der Maßnahme jeweils wieder sehr unterschiedlichen anderen Einflüssen ausgesetzt sind und dies umso mehr je weiter der Messzeitpunkt von der Beendigung der Maßnahme entfernt ist. Als *Kausalanalyse* steht die Evaluationsforschung vor dem Problem, gemessene Veränderungen auch tatsächlich ursächlich auf die Maßnahme zurückzuführen. Von Kausalität wird üblicherweise dann gesprochen, wenn zwischen (angenommener) Ursache und Wirkung ein zeitlicher Unterschied liegt, d. h. die Ursache geht der Wirkung voraus. Zudem müssen Veränderungen in den Ursachen mit Veränderungen in den Wirkungen einhergehen und alternative Erklärungen hierfür ausgeschlossen werden.

Der „Königsweg" der Evaluationsforschung zur Lösung dieser Probleme ist das kontrollierte Experiment, bei dem mindestens eine Untersuchungsgruppe, die an der Maßnahme teilnimmt, mit mindestens einer Kontrollgruppe, die nicht an der Maßnahme teilnimmt, verglichen werden. Dabei soll die Zufallszuweisung zur Untersuchungs- und zur Kontrollgruppe sicherstellen, dass alle „Störvariablen", also unterschiedliche Voraussetzungen und Motivationen, die die Wirkungen der Maßnahme beeinflussen können, in beiden Gruppen ebenfalls zufällig verteilt sind und von daher das Ergebnis nicht „verfälschen" können. Nach Abschluss der Maßnahme können dann Unterschiede zwischen beiden Gruppen automatisch auf die ursächliche Wirkung der Maßnahme zurückgeführt werden. Dieses Verfahren wird erfolgreich in der Medizin bei der Bewertung der Wirksamkeit von Medikamenten angewendet, wobei hier zusätzlich noch mögliche Einflüsse durch Behandlungspersonen und Placebo-Effekte dadurch ausgeschlossen werden können, dass weder die Behandlungspersonen noch die Patienten oder Patientinnen wissen, ob sie eine Pille mit oder ohne Wirkstoff bekommen.

Es ist unmittelbar einleuchtend, dass in Feldern der Sozialen Arbeit derartige Untersuchungen äußerst selten und nur unter sehr speziellen Bedingungen überhaupt zu realisieren sind. Zudem stellt sich natürlich die Frage, inwieweit die in den Experimenten notwendigerweise geschaffenen künstlichen Bedingungen auf das Leben außerhalb der Maßnahme zu übertragen sind. Zudem stehen häufig juristische und ethische Bedenken einer experimentellen Überprüfung entgegen. Die Ergebnisse dieser Studien bieten zunächst nur eine Beantwortung der Frage, ob und in welchem Ausmaß eine Maßnahme Wirkungen zeigt, aber nicht wie diese Wirkungen erzeugt worden sind. Es werden in diesem Sinne nur methodisch einwandfreie „Erfolgsquoten" berechnet, die allerdings als Selektionskriterium für politische Entscheidungen besonders dann ihren Sinn haben können, wenn sie durch Metaevaluationen über eine Vielzahl von Maßnahmen und Untersuchungen abgesichert wurden. Klassische Beispiele hierfür sind die Metaevaluationen zur (sozial-)therapeutischen Behandlung im Strafvollzug (Lipton et al. 1975) und zur Kriminalprävention (Sherman et al. 1997). Der Meta-Evaluation bzw. vergleichenden Studien kommt in diesem Zusammenhang eine große Bedeutung zu, da so auch die Ergebnisse von Quasi-Experimenten, bei denen eine Zufallsauswahl bei der Unterteilung in Behandlungs-

und Kontrollgruppe nicht erfolgt, bewertet werden können.

Es ist darauf hingewiesen worden, dass die Anforderungen eines experimentellen Designs für die empirische Forschung in den Sozialwissenschaften grundsätzlich zu hoch angesetzt sind. Zudem ist der Informationsgehalt ihrer Ergebnisse sehr beschränkt; sie liefern zwar präzise Antworten, aber unglücklicherweise auf die falsche Frage. Denn für eine realistische Erkenntnisgewinnung über die Wirkungen und Wirkungsweisen von Interventionen und über ihr Funktionieren kommt es weniger darauf an, möglichst viele „Störvariablen" über das Forschungsdesign auszuschließen, sondern möglichst viele Bedingungen in ihren Aus- und Wechselwirkungen auf die Problementwicklung bei den betroffenen Individuen einzubeziehen (Kaufmann / Strohmeier 1981). Hierfür sind theoriegeleitete Feldforschungen mit einem Methodenmix deutlich besser geeignet und liefern Erkenntnisse, die der Komplexität der Entwicklung von Problemkarieren und der Beiträge von Interventionen in diesem Prozess deutlich besser gerecht werden. Hierdurch wird dann die Evaluationsforschung auch als ein Beitrag für die Grundlagenforschung verstanden, die den normalen Standards empirischer Sozialforschung unterliegt (Groenemeyer 1990).

Qualitative Evaluationsforschung

An den methodischen Grundprinzipien sowie an der geringen Praxisrelevanz experimenteller Evaluationsforschung wurde bereits in den 1970er Jahren deutliche Kritik und Forderung nach der Einbeziehung qualitativer und interpretativer Verfahren in die Evaluationsforschung geäußert. Seit dem Jahr 2000 finden sie auch in Deutschland vermehrt Ansätze einer dementsprechenden Methodendiskussion mit Beiträgen aus dem Feld der Sozialen Arbeit, allerdings zumeist bezogen auf einzelne Handlungsfelder (Haubrich et al. 2009). Hierbei finden sich eher allgemeine Überlegungen zum Einsatz qualitativer Methoden in der Sozialen Arbeit (Bohnsack / Nentwig-Gesemann 2010), zum Zusammenhang mit der Aktions- und Praxisforschung (Wensierski 2003), Untersuchungen zur Jugendhilfe (Kelle / Erzberger 2006) und der Organisationsforschung und -entwicklung in diesem Feld (Eichler / Merkens 2006), zur offenen Kinder-

und Jugendarbeit (Nohl / Radvan 2010), zur Schulsozialarbeit (Schröder 2010) sowie disziplinär- und handlungsfeldübergreifende Darstellungen (Flick 2006; Kuckartz et al. 2007; Bohnsack / Nentwig-Gesemann 2010).

Qualitative, ethnographische und hermeneutisch-rekonstruktive Ansätze der Evaluationsforschung orientieren sich im Wesentlichen auf subjektive Deutungen und Interpretationen der beteiligten Akteure sowie auf die Beobachtung und methodisch gestützte Deutung von Interaktions- und Aushandlungsprozessen. Die besondere Qualität qualitativer Evaluationsforschung liegt darin, dass nicht nur Bedingungen zu verschiedenen Messzeitpunkten beobachtet werden, sondern der Prozesscharakter der Entwicklung von Betroffenen und an der Intervention beteiligten Akteure rekonstruiert werden kann, wobei insbesondere die subjektiven Interpretationen, die das Handeln leiten, sichtbar und verstehbar gemacht werden können (Kardorff 2006). Klassische Formen von Kausalität, d. h. die eindeutige Erklärung und Messung von Maßnahmen als Ursachen von Veränderungen, spielt in qualitativen Evaluationsstudien nur eine untergeordnete Rolle. Dies kann aber dadurch gerechtfertigt werden, dass das klassische (quasi-)experimentelle Forschungsdesign von einem unrealistischen Modell der Wirkungsweise von Interventionen ausgeht, wobei die von einer Maßnahme betroffenen als quasi passive Objekte der Intervention vorgestellt werden. Demgegenüber operieren ethnographische oder hermeneutisch-rekonstruktive Modelle mit Vorstellungen von „Ursache-Wirkungs-Netzen", in dem die Akteure mit eigenständigen Interpretationen und aktivem Handeln eingreifen und so Intervention in die eigene Biographie integrieren (Kelle 2006). Gleichwohl muss zugestanden werden, dass qualitative Verfahren in der Generalisierbarkeit und Repräsentativität ihrer Ergebnisse deutliche Nachteile gegenüber der „klassischen" Evaluationsforschung aufweisen, die sich allerdings über die Möglichkeiten fundierter Theorieentwicklung teilweise kompensieren lassen. Auch hierbei ist besonders die Idee einer Kombination aus verschiedenen Methoden und Modellen vielversprechend.

Was die Formulierung und Einhaltung wissenschaftlicher Standards angeht, so gelten auch für die qualitative Evaluationsforschung die „normalen" Standards qualitativer Forschung. Die Standards beziehen sich bei diesen Modellen allerdings weniger auf die Phase der Datenerhebung als vielmehr auf die Sicherstellung von Objektivität, Reliabilität und Validität in der Auswertung (Flick 2006). Tatsächlich zeigen sich hier in der Praxis deutliche Schwächen und den durchgeführten Evaluationsstudien werden zumeist deutliche methodische Defizite attestiert (Lüders 2006). Sowohl die internationalen Evaluationsstandards des *Joint Committee on Standards for Educational Evaluation* (1999) als auch diejenigen der *Deutschen Gesellschaft für Evaluation* (2008) (DeGEval) beziehen sich z. T. auch explizit auf qualitative Evaluationen und sind für die Felder der Sozialen Arbeit anwendbar.

Anwendungs- und praxisfokussierte Evaluationen

Die Übergänge qualitativer Evaluationsforschung zur Evaluation ohne Anspruch auf Wissenschaftlichkeit sind fließend. Ausgehend von der als gering eingeschätzten Praxisrelevanz klassischer Evaluationsforschung haben sich bereits in den 1980er Jahren zunächst in den USA Ansätze entwickelt, die unter dem allgemeinen Etikett *„utilization focused evaluation"* verschiedene Modelle wie *„dialogorientierte oder partizipative Evaluation"*, *„experimentierende Evaluation"* oder *Selbstevaluation* vereinen. Ihnen ist gemeinsam, dass sie eine Erhöhung der Praxisrelevanz der Evaluation proklamieren, dabei aber den Anspruch auf Wissenschaftlichkeit z. T. explizit zurückweisen.

Dialogorientierte und partizipative Evaluation erheben den Anspruch, alle Programmbeteiligten in die Bewertung der Zielerreichung mit einzubeziehen, wobei alle möglichen Formen der Informationsgewinnung herangezogen werden (Schröder / Streblow 2007). Partizipative Evaluation basiert auf dem Ansatz des *appreciative inquiry* (Walter 2007) und wurde im Rahmen der Evaluation im Bereich der politischen Bildung im deutschsprachigen Raum eingeführt. Insbesondere für diesen Bereich wird der partizipativen Evaluation eine besondere Bedeutung zugesprochen, da ihr Prozess selbst bereits demokratisch angelegt ist und dadurch politische Lernprozesse anregt. Diesen Formen der Evaluation liegt die Annahme zu Grunde, dass die Bewertungsnormen eines Programms, Projektes oder einer Maßnahme nicht allein durch die Auftraggeber oder Evaluatoren bzw. Evaluatorinnen vorgegeben werden dürfen, sondern dass die Zielgruppen in die Bewertungen mit einbezogen werden müssen. Auch wenn etliche Autoren und Autorinnen, die diese Modelle propagieren, explizit von den Standards wissenschaftlicher Forschung abrücken, so ist grundsätzlich nicht ausgeschlossen, das diese Formen der partizipativen Zielbestimmung von Maßnahmen und Interventionen auch Bestandteil klassischer Evaluationsforschungsdesigns sein und dort die Validierung der Zielbestimmung anleiten könnte. Allerdings verstehen sich diese Modelle eher selbst als eine Form von Maßnahme, von der man sich Wirkungen verspricht (z. B. demokratisches Bewusstsein). Dann erscheint allerdings das Etikett „Evaluation" überflüssig.

Einen anderen Fokus haben Modelle *experimentierender Evaluation*, bei der mehrere Variationen und Varianten von Interventionen empirisch und durch Gedankenexperimente durchgespielt werden. Sie „zielen primär auf eine Optimierung der Praxis. Erkenntnisinteressen, die nicht direkt mit diesem Ziel verknüpft sind, werden nachrangig behandelt" (Heiner 1998, 25). Im Prinzip handelt es sich hierbei um ein reflektiertes Experimentieren von Fachkräften bei der Entwicklung von Praxiskonzepten und ihrer Umsetzung. Dies ist von zentraler Bedeutung für die Weiterentwicklung fachlich-professioneller Praxis, aber auch hier ist nicht erkennbar, warum dafür der Begriff der Evaluation verwendet werden soll.

Selbstevaluation, wie sie Heiner (1988) und von Spiegel (1993) entwickelt haben, wird manchmal als eine genuine Evaluationsmethode der Sozialen Arbeit vorgestellt. Sie ist ein Prozess der strukturierten Selbst- und Methoden / Interventionsreflexion am konkreten Einzelfall durch die beteiligten Fachkräfte. Das Ziel der Selbstevaluation in der Sozialen Arbeit ist es nicht, wissenschaftlich verwertbare Daten und Erkenntnisse zu produzieren, die dazu geeignet sind, Programme, Methoden, Projekte oder Maßnahmen über die eigene Praxis der durchführenden Fachkräfte hinaus umfassend zu bewerten. Durch den Einsatz der Selbstevaluation sollen die Fachkräfte ihr eigenes Handeln in jedem konkreten Einzelfall systematisch reflektieren und nach eigenen, nicht von außen vorgegebenen Maßstäben bewerten. Methodisch kann sich die Selbstevaluation auch quantitativer und qualitativer Forschungsmethoden bedienen, sie nutzt aber eher Konzepte, Methoden und Erfahrungen aus Supervision und Organisationsberatung. Selbstevaluation ist somit ein zentrales Element methodischen Arbeitens und sollte der sozialpädagogischen Intervention integriert werden (Spiegel 1993). Hierin drückt sich allerdings zunächst nicht mehr aus als ein professionelles Selbstverständnis der Sozialen Arbeit, womit aber der Begriff der Evaluation überflüssig wird.

Politik und Praxis der Evaluation

Die Evaluationsforschung und ihre Bedeutung scheinen einer konjunkturellen Entwicklung zu folgen. Sie ist zunächst einmal in ihrer Entstehung und Entwicklung eine direkte Reaktion auf Anforderungen durch das politische System und entstand nicht aus einem sozialwissenschaftlichen Erkenntnisinteresse oder durch Professionalisierungsinteressen der sozialpolitischen Praxis. Von daher sind auch der Charakter und die Bedeutung der Evaluationsforschung unmittelbar mit Entwicklungen der Politik verbunden. Ursprüngliche Grundidee der Evaluationsforschung war die Nachfrage der Politik nach einer wissenschaftlichen Beratung zur Grundlegung politischer Entscheidungen (Weingart 2001). Mit Hilfe der Wissenschaft sollten effektive Reformprogramme initiiert und durchgeführt und hinsichtlich ihrer Auswirkungen bewertet werden, um so zu einer Weiterentwicklung und rationaleren Politik zu gelangen. Dementsprechend entwickelte sich ein erster Boom der Evaluationsforschung zu Beginn der 1970er Jahre als unmittelbare Folge der Reformära Brandt / Scheel, in der vielfältige soziale Reformprogramme und Modellprojekte auf der Grundlage von Vorstellungen gesamtgesellschaftlicher politischer Planung initiiert wurden. Die Sozialpolitik und die Soziale Arbeit erfuhren eine deutliche Ausweitung und wurden direkt in den Prozess der wissenschaftlichen Beratung einbezogen. Aufgrund der Evaluationsergebnisse sollten rationale Entscheidungen über Fortführung, Einstellung oder Veränderung der Programme, Projekte und Maßnahmen getroffen werden. Doch bereits 1978 konstatierte Müller, dass die Ergebnisse der Evaluationsforschung weder eine Änderung sozialpädagogischer Praxis noch einen Einfluss auf politische Entscheidungen bewirkt hätten. Mittlerweile war zudem die „Reform- und Planungseuphorie" deutlich abgekühlt und infolge der ersten Ölkrise entstanden erste politische Interpretationen, in denen die Begrenzung öffentlicher Haushaltsmittel für Reformprojekte hervorgehoben wurde. Einerseits machte sich also eine Enttäuschung auf Seiten der Wissenschaft über fehlende Anwendung und Wirksamkeit wissenschaftlicher Erkenntnisse breit, andererseits wurde innerhalb des politischen Systems ein Bewusstsein über begrenzte Haushaltsmittel entwickelt.

In der Folge verlor wissenschaftliche Expertise für die Politikberatung im Feld der Sozialpolitik und der Sozialen Arbeit an Bedeutung, was auch zu einem Rückgang der Evaluationsforschung in diesen Bereichen führte. Der erneute quantitative Aufschwung in den 1990er Jahren lässt sich ebenfalls im Zusammenhang mit den gesellschaftlichen und sozialpolitischen Veränderungsprozessen des ausgehenden 20. und beginnenden 21. Jahrhunderts erklären. Eine stagnierende und schrumpfende Wirtschaft sowie ein demografischer Wandel bezüglich der Familien- und Altersstruktur führte spätestens seit den 1980er Jahren zu einer immer schwieriger werdenden finanziellen Situation öffentlicher Haushalte und zur öffentlichen Problematisierung steigender Sozialausgaben. In Reaktion darauf entwickelten sich Ideen für einen Umbau des wohlfahrtsstaatlichen Arrangements, in dem einerseits die Eigenverantwortung der Bürger und Bürgerinnen eine programmatische Neubewertung erfuhr, andererseits die sozialpolitischen Ausgaben verstärkt im Hinblick auf Möglichkeiten von Kosteneinsparungen und verbesserter Steuerungs- und Kontrollmöglichkeiten einer Überprüfung unterzogen werden sollten. Als ein dafür geeignet erscheinendes Mittel wurden verstärkt marktwirtschaftliche Verteilungsprinzipien an sozialpolitische Maßnahmen und insbesondere soziale Dienstleistungen angelegt, die unter dem Begriff „Neues Steuerungsmodell" für die kommunale Sozialpolitik handlungsleitend wurden. Flankiert durch professionelle Diskurse über Dienstleistungsqualität standen nunmehr die Effektivität und zunehmend auch die Effizienz und Kontrolle aller Leistungen der Sozialen Arbeit zur Debatte.

Sozialpädagogische Dienstleistungen, die traditionell dem Subsidiaritätsprinzip folgend von freien Trägern in Form von Wohlfahrtsverbänden und nachgeordnet von der öffentlichen Hand angeboten und durchgeführt wurden, konnten seit Einführung der neuen Finanzierungsregelungen 1999 im SGB VIII (§ 78a ff.) nun nicht nur auch an privat-gewerbliche Unternehmen übertragen werden; gleichzeitig wurden öffentliche Träger verpflichtet, mit den Leistungserbringern Leistungs-, Entgelt- und Qualitätsentwicklungsvereinbarungen abzuschließen. Dabei wurde Evaluation der Dienstleistungen der Sozialen Arbeit seitens der Leistungserbringer zu einem verpflichtenden Element (§ 78a–g SGB VIII). Evaluationsforschung wurde nun nicht mehr als Instrument der Verbesserung von Versorgungsleistungen und der Entwicklung von Reformprojekten eingesetzt, sondern als Kontroll- und Steuerungsinstrument zur betriebswirtschaftlichen Optimierung sozialer Dienstleistungen. Die Wirksamkeit sozialpädagogischer Programme, Projekte und Methoden trat dabei eher in den Hintergrund; vielmehr sollten Leistungen als standardisierte Produkte umrissen und dadurch in ihren Kosten vergleichbar gemacht werden.

Die Vorgaben an die Qualitätsdefinition in der Sozialen Arbeit konnten einerseits intern vorgenommen werden, geleitet durch standardisierte Qualitätsmanagementnormen (aktuell die EN ISO 9000 Normenreihe) oder anhand externer Evaluatoren bzw. Evaluatorinnen, die allerdings mit zunehmendem Widerstand innerhalb der Einrichtungen gegen Evaluationen rechnen mussten, die stattdessen das Konzept der Selbstevaluation propagierten, um so externen Qualitätsbeurteilungen zuvorzukommen.

In diesen Kontexten wurde Evaluation dann zu einem Instrument der Legitimation der eigenen Arbeit, über das das Bild einer rational arbeitenden, den standardisierten Kriterien von Effektivität und Effizient entsprechenden Organisation präsentiert werden sollte. Seitens der Fachkräfte und der Disziplin geht es nun wieder weniger um die Erweiterung professionellen Wissens, seitens der Organisationen weniger um deren Strukturentwicklung, vielmehr sollen nun Anbieter sozialpädagogischer Dienstleistungen aufgrund ihrer Wirkungs- / Kostenrelation beurteilt werden können. In der Praxis kann bereits beobachtet werden, dass Leistungserbringer oder Entwickler neuer sozialpädagogischer Methoden und Projekte mit eigens produzierten Evaluationsergebnissen konkurrierend auf dem Dienstleistungsmarkt auftreten, um so eine möglichst hohe Wirkung bei niedrigen Kosten zu präsentieren und ein dadurch vermeintlich besseres Produkt als Konkurrenten anbieten zu können.

Allerdings reicht häufig schon die Durchführung von Evaluationen, um einen Legitimationsgewinn zu erreichen, sofern damit der Anschein erweckt werden kann, es handele sich um ein wissenschaftliches Projekt, das allein dadurch schon an Seriosität gewinnt. Der Nutzen einer Evaluation muss nach Lüders (2006) nicht die produzierten Erkenntnisse sein, die im Anschluss Verwendung finden, sondern bereits durch den Auftrag und die Durchführung wird für die Stakeholder (Verwaltung, Politik, Öffentlichkeit) eine Legitimation produziert, die letztlich nicht von den Ergebnissen abhängig ist. Im Vordergrund der Evaluation steht der Zweck, den Anschein zu erwecken, rational auf Grundlage wissenschaftlicher Erkenntnisse zu agieren, unabhängig davon, ob dies der Realität entspricht. Von daher wird auch die inflationäre Ausdifferenzierung des Evaluationsbegriffs als ein

Mechanismus erklärbar, mit dem jeglicher Reflexion über die eigene Arbeit der Anstrich von Wissenschaftlichkeit verliehen wird. Der Rückgriff auf wissenschaftlich scheinende Begründungsmuster verspricht nach wie vor eine hohe Reputation, auch wenn paradoxerweise gleichzeitig die Eindeutigkeit und Glaubwürdigkeit wissenschaftlicher Expertise zunehmend in Zweifel gezogen werden (Weingart 2001).

Allerdings hat diese Art der Verwendung von Evaluationen durchaus ihre eigene Rationalität, denn die infolge des Evaluationsnachweises eigentlich notwendige Rezeption und Bewertung der Evaluationsberichte durch Verwaltung und Politik kann aufgrund der Masse an Berichten, aber auch aufgrund fehlender Methodenkenntnisse überhaupt nicht mehr geleistet werden. Von daher ist es durchaus berechtigt, von „Evaluation als modernem Ritual" zu sprechen (Power 1979; Schwarz 2004).

Literatur

Arbeitsstelle Kinder- und Jugendkriminalitätsprävention (Hrsg.) (2003): Evaluierte Kriminalitätsprävention in der Kinder- und Jugendhilfe. Erfahrungen und Ergebnisse aus fünf Modellprojekten. Deutsches Jugendinstitut e.V., München

Beywl, W. (2006): Evaluationsmodelle und qualitative Methoden. In: Flick, U. (Hrsg.): Qualitative Evaluationsforschung. Rowohlt, Reinbek, 92–116

Bohnsack, R., Nentwig-Gesemann, I. (Hrsg.) (2010): Dokumentarische Evaluationsforschung. Theoretische Grundlagen und Beispiele aus der Praxis. Barbara Budrich, Leverkusen

Deutsche Gesellschaft für Evaluation (2008): Standards für Evaluation. DeGEval – Gesellschaft für Evaluation, Mainz

Eichler, D., Merkens, H. (2006): Organisationsforschung mit qualitativen Methoden – Erfahrungen aus der Evaluation eines freien Jugendhilfeträgers. In: Flick, U. (Hrsg.): Qualitative Evaluationsforschung. Rowohlt, Reinbek, 301–318

Flick, U. (Hrsg.) (2006): Qualitative Evaluationsforschung. Konzepte – Methoden – Umsetzung. Rowohlt, Reinbek

Frey, F. (2008): Chancen und Grenzen von Wirkungsorientierung in den Hilfen zur Erziehung. VS Verlag, Wiesbaden

Glaser, M., Schuster, S. (Hrsg.) (2007): Evaluation präventiver Praxis gegen Rechtsextremismus. Positionen, Konzepte und Erfahrungen. Deutsches Jugendinstitut e.V., Halle / Saale

Groenemeyer, A. (1990): Drogenkarriere und Sozialpolitik. Entwicklungsbedingungen der Drogenabhängigkeit und

Möglichkeiten der Intervention durch stationäre Behandlung. Centaurus, Pfaffenweiler

–, Birtsch, V. (1991): Frauen und Männer mit Kindern in der Drogentherapie. Erfahrungen und Evaluation in der Drogenhilfe Tübingen. ISS, Frankfurt / M.

Guba, E. G., Lincoln, Y. S. (1989): Fourth Generation Evaluation. Sage, Newbury Park, CA

Haubrich, K. (2009): Evaluation in der Sozialen Arbeit in Deutschland. Entwicklungslinien und Besonderheiten der Evaluationsdebatte am Beispiel der Kinder-, Jugend- und Familienhilfe. In: Widmer, T., Beywl, W., Fabian, C. (Hrsg.): Evaluation. Ein systematisches Handbuch. VS Verlag, Wiesbaden, 441–449

–, Loidl-Keil, R., Drilling, M. (2009): Evaluation in der Sozialen Arbeit im Ländervergleich. In: Widmer, T., Beywl, W., Fabian, C. (Hrsg.): Evaluation. Ein systematisches Handbuch. VS Verlag, Wiesbaden, 469–474

Heiner, M. (2001): Evaluation. In: Otto, H.-U., Thiersch, H. (Hrsg.): Handbuch Sozialarbeit / Sozialpädagogik. 2. Aufl. Luchterhand, Neuwied, 481–495

– (Hrsg.) (1998): Experimentierende Evaluation. Ansätze zur Entwicklung lernender Organisationen. Juventa, Weinheim

– (Hrsg.) (1994): Selbstevaluation als Qualifizierung in der sozialen Arbeit. Fallstudien aus der Praxis. Lambertus, Freiburg / Br.

– (1988): Selbstevaluation in der sozialen Arbeit. Fallbeispiele zur Dokumentation und Reflexion beruflichen Handelns. Lambertus, Freiburg / Br.

Hofmann, G., Fargel, M. (1987): Evaluationsforschung. In: Otto, H.-U., Thiersch, H. (Hrsg.): Handbuch Sozialarbeit / Sozialpädagogik. Luchterhand, Neuwied, 313–320

Joint Committee on Standards for Educational Evaluation, Sanders, J. R. (Hrsg.) (1999): Handbuch der Evaluationsstandards. Die Standards des „Joint Committee on Standards for Educational Evaluation". Leske & Budrich, Opladen

Kardorff, E. v. (2006): Zur gesellschaftlichen Bedeutung und Entwicklung (qualitativer) Evaluationsforschung. In: Flick, U. (Hrsg.): Qualitative Evaluationsforschung. Rowohlt, Reinbek, 63–91

Kaufmann, F.-X., Strohmeier, K. P. (1981): Evaluation Design as Meaningful Social Research. In: LeVine, R. A., Salomon, M., Hellstern, G. M., Wollmann, H. (Hrsg.): Evaluation Research and Practise. Comparative and International Perspectives. Sage, Beverly Hills, CA, 149–167

Kelle, U. (2006): Qualitative Evaluationsforschung und das Kausalitätsprinzip. In: Flick, U. (Hrsg.): Qualitative Evaluationsforschung. Rowohlt, Reinbek, 117–134

–, Erzberger, C. (2006): Stärken und Probleme qualitativer Evaluationsstudien – ein empirisches Beispiel aus der Jugendhilfeforschung. In: Flick, U. (Hrsg.): Qualitative Evaluationsforschung. Konzepte – Methoden – Umsetzung. Rowohlt, Reinbek, 284–300

Kromrey, H. (2000): Die Bewertung von Humandienstleistungen. Fallstricke bei der Implementations- und Wirkungsforschung sowie methodische Alternativen. In: Müller-Kohlenberg, H., Münstermann, K. (Hrsg.): Qualität von Humandienstleistungen. Evaluation und Qualitätsmanagement in Sozialer Arbeit und Gesundheitswesen. Leske & Budrich, Opladen, 19–57

Kuckartz, U., Dresing, T., Rädiker, S., Stefer, C. (2007): Qualitative Evaluation. Der Einstieg in die Praxis. VS Verlag, Wiesbaden

Kury, H., Obergfell-Fuchs, J. (2010): Evaluationsforschung. In: Albrecht, G., Groenemeyer, A. (Hrsg.): Handbuch Soziale Probleme. 2., vollst. überarb. Aufl. VS Verlag, Wiesbaden (i. E.)

Lange, E. (1999): Evaluationsforschung. In: Albrecht, G., Groenemeyer, A., Stallberg, F. W. (Hrsg.): Handbuch soziale Probleme. Westdeutscher Verlag, Opladen, 907–918

Lindner, W. (Hrsg.) (2008): Kinder- und Jugendarbeit wirkt. Aktuelle und ausgewählte Evaluationsergebnisse der Kinder- und Jugendarbeit. VS Verlag, Wiesbaden

Lipton, D., Martinson, R., Wilks, J. (1975): The Effectiveness of Correctional Treatment. A Survey of Treatment Evaluation Studies. Praeger, New York

Lüders, C. (2006): Qualitative Evaluationsforschung – was heißt hier Forschung? In: Flick, U. (Hrsg.): Qualitative Evaluationsforschung. Konzepte – Methoden – Umsetzung. Rowohlt, Reinbek, 33–62

–, Haubrich, K. (2003): Qualitative Evaluationsforschung. In: Schweppe, C. (Hrsg.): Qualitative Forschung in der Sozialpädagogik. Leske & Budrich, Opladen, 305–330

May, M., (2010): Evaluationsforschung. In: Bock, K., Miethe, I. (Hrsg.): Handbuch qualitative Methoden in der Sozialen Arbeit. Barbara Budrich, Leverkusen, 305–313

Mayntz, R. (1983): Implementation politischer Programme II: Ansätze zur Theoriebildung. Westdeutscher Verlag, Opladen

– (1980): Implementation politischer Programme – Empirische Forschungsberichte. Athenaeum, Königstein / Ts.

Müller, C. W. (1978): Sozialpädagogische Evaluationsforschung: Ansätze, Erfahrungen und Kritik. In: Müller, C. W. (Hrsg.): Begleitforschung in der Sozialpädagogik. Analysen und Berichte zur Evaluationsforschung in der Bundesrepublik. Beltz, Weinheim, 15–37

Nohl, A.-M., Radvan, H. (2010): Experteninterviews in dokumentarischer Interpretation: Zur Evaluation impliziter Wissens- und Handlungsstrukturen in der außerschulischen Jugendpädagogik. In: Bohnsack, R., Nentwig-Gesemann, I. (Hrsg.):Dokumentarische Evaluationsforschung. Theoretische Grundlagen und Beispiele aus der Praxis. Barbara Budrich, Leverkusen, 159–180

Patton, M. Q. (1997): Utilization-Focused Evaluation. Sage, Beverly Hills, CA. [1. Aufl. 1978]

Power, M. (1997): The Audit Society. Ritual and Verification. Oxford University Press, Oxford

Raschke, P., Schliehe, F., Groenemeyer, A. (1985): Therapie und Rehabilitation bei Drogenkonsumenten: Langzeitstudie am Beispiel des „Hammer Models". MAGS, NRW, Düsseldorf

Schröder, U. B. (2010): Responsivität und Triangulation in der Praxis dokumentarischer Evaluationsforschung. In: Bohnsack, R., Nentwig-Gesemann, I. (Hrsg.): Dokumentarische Evaluationsforschung. Theoretische Grundlagen und Beispiele aus der Praxis. Barbara Budrich, Leverkusen, 181–201

–, Streblow, C. (Hrsg.) (2007): Evaluation konkret. Fremd- und Selbstevaluationsansätze anhand von Beispielen aus Jugendarbeit und Schule. Barbara Budrich, Opladen

Schwarz, C. (2004): Evaluation als modernes Ritual. Vortragsmanuskript. Heinrich Böll Stiftung. 30. September 2004. Berlin. In: http://www.beratungspool.ch/fileadmin/autoren/dossiers/evaluation/schwarz_evaluation.pdf, 10.06.2010

Sherman, L. W., Gottfredson, D., Mackenzie, D., Eck, J., Reuter, P., Bushwa, S. (1997): Preventing Crime: What Works, What Doesn't, What's Promising. A Report to the United States Congress. University of Maryland, College Park, MA

Speck, K. (2006): Qualität und Evaluation in der Schulsozialarbeit. Konzepte, Rahmenbedingungen und Wirkungen. VS Verlag, Wiesbaden

Spiegel, H. v. (1993): Aus Erfahrung lernen. Qualifizierung durch Selbstevaluation. Votum, Münster

Stockmann, R. (Hrsg.) (2004): Evaluationsforschung. Grundlagen und ausgewählte Forschungsfelder. 2., überarb. u. aktual. Aufl. Westdeutscher Verlag, Opladen

–, Meyer, W. (2010): Evaluation. Eine Einführung. Barbara Budrich, Opladen

Walter, F. (2007): Eine wertschätzende Erkundung. In: Schröder, U. B., Streblow, C. (Hrsg.): Evaluation konkret. Fremd- und Selbstevaluationsansätze anhand von Beispielen aus Jugendarbeit und Schule. Barbara Budrich, Opladen, 123–142

Weingart, P. (2001): Die Stunde der Wahrheit. Zum Verhältnis der Wissenschaft zu Politik, Wirtschaft und Medien in der Wissensgesellschaft. Velbrück, Weilerszwist

Wensierski, H.-J. v. (2003): Rekonstruktive Sozialpädagogik im intermediären Feld eines Wissenschaft-Praxis-Diskurses. Das Beispiel Praxisforschung. In: Schweppe, C. (Hrsg.): Qualitative Forschung in der Sozialpädagogik. Leske & Budrich, Opladen, 67–90

Familie

Von Jutta Ecarius und Nils Köbel

Die Familienforschung ist Gegenstand erziehungs- und sozialwissenschaftlicher Analysen. Der Zugang und die Auseinandersetzung mit Familie ist daher unterschiedlicher Art: Zum einen wird stärker der Zusammenhang von Familie und Gesellschaft herausgestellt und danach gefragt, wodurch sich Familie auszeichnet und welches ihre charakteristischen Merkmale sind. Zum anderen liegt der Fokus stärker auf innerfamiliales Handeln, Generationsbeziehungen und Erziehungsprozesse. Beide Forschungsrichtungen ergänzen sich insofern.

Begriffsklärung von Familie

Die historisch-anthropologische Forschung betont, dass Familie je nach geschichtlicher Epoche in teilweise sehr unterschiedlichen Ausprägungen und Relevanzen erscheint:

- ,Familie' kann durch eine *Wirtschaftsordnung* im Sinne einer ökonomischen Kooperation bedingt sein.
- ,Familie' wird durch *politische* oder *juristische* Ordnungen intendiert, die bestimmte Eigentums- oder Erbverhältnisse regeln.
- ,Familie' kann zudem als Ordnung *sozialer Beziehungen* von Geschlechtern (Mann und Frau) oder Generationen (jung und alt) fundiert sein und zur Aufrechterhaltung dieser gesellschaftlichen Rahmenbedingungen beitragen (Herrmann 1997).

Vor dem Hintergrund dieser vielfältigen Erscheinungsformen können aktuelle Ansätze der Familienforschung hinsichtlich ihrer jeweiligen Fokussierung unterschieden werden: Während mikroperspektivische Ansätze die Familie bezüglich ihrer sozialisatorischen Auswirkungen auf ihre Mitglieder untersuchen – hierbei stehen vor allem Kinder und Jugendliche im Blickpunkt –, nehmen makroper-

spektivische Forschungen Familienstrukturen und -funktionen hinsichtlich ihrer dialektischen Beziehungen zu ihren kulturell-historischen Rahmenbedingungen in den Blick (Liegle 1987).

Mikroperspektiven orientieren sich in ihren psychologischen Ausprägungen an den klassischen Paradigmen der Psychoanalyse (Dornes 2006), des symbolischen Interaktionismus und der systemisch-ökologischen Psychologie (Schneewind 2002; Stierlin 2006). Besonders einflussreiche mikroperspektivische Studien zur Sozialisation und Erziehung in der Familie finden sich darüber hinaus in der von John Bowlby begründeten und von Mary Ainsworth weiterentwickelten Bindungsforschung. Diese geht davon aus, dass die in der Kindheit erfahrene Beziehung eines Menschen zu seiner primären Bezugsperson die Entwicklung und Sozialisation einer Person entscheidend beeinflusst. Familiale Interaktionen sowie Beziehungsmuster schlagen sich in den drei zentralen Bindungstypen der ,sicheren', ,unsicheren' bzw. ,ambivalenten' Bindung nieder (Bowlby 2005; Ainsworth et al. 1978; Hopf 2005).

Sozialwissenschaftliche Mikroanalysen werden stark von strukturtheoretisch und systemisch orientierten Ansätzen geprägt. Sie schlagen eine Begriffsbestimmung vor, die das relativ stabile und konstante Beziehungs- und Kommunikationsnetz der Familie in den Blick nimmt bzw. Familie als sich entwickelndes dynamisches System betrachtet, das in verschiedenen Stadien eine eigenständige Entwicklung durchläuft und dabei das Beziehungsnetz permanent an sich verändernde Bedingungen und Kontexte anzupassen versucht (Allert 1998).

Makroanalysen zeichnen sich besonders durch historische Forschungen aus, die die Erscheinungsformen der Familie in sich geschichtlich verändernden kulturellen Kontexten untersuchen sowie Vorstellungen über Familienbeziehungen und

Otto/Thiersch (Hg.), Handbuch Soziale Arbeit, 4. A., DOI 10.2378/ot4a.art039,

Familienleitbilder historisch rekonstruieren (Kaufmann 1995; Fuhs 2007). Wenn sich Familienforschung auf eine makroanalytische Betrachtung familialer Interaktionen konzentriert, orientiert sie sich insbesondere an strukturfunktionalistischen und systemtheoretischen Ansätzen (Künzler/Walter 1999).

Integrative Konzepte verbinden schließlich die Mikro- und Makroebene miteinander, um so zu mehrdimensionalen Zugängen zu familialen Lebensformen und Interaktionsprozessen zu gelangen: So analysiert der sozialökologische Ansatz die Konstitution von personalen und kollektiven Identitäten in familialen Interaktionen (Nave-Herz 2002). Lebenslauftheoretische Ansätze versuchen, entwicklungspsychologische Konzepte mit Familienstrukturanalysen zu verbinden, um die familiale Vermittlung gesellschaftlicher und kultureller Strukturen in Biografien zu erfassen (Herlth/Strohmeier 1989; Ecarius 2002).

Integrative Familienforschungen gelangen zudem durch ihre theoretische und forschungsmethodische Vielfalt zu umfassenden konstitutiven Merkmalen von Familien (Nave-Herz 2002):

- Familien weisen demnach eine *biologische und soziale Doppelnatur* auf, da sie sowohl auf der biologischen Ebene die Reproduktion übernehmen als auch auf der sozialen Ebene entscheidende Prozesse der Integration von Kindern in die Gesellschaft leisten.
- In Familien herrscht ein einzigartiges *Kooperations- und Solidaritätsverhältnis*: Familien zeigen eine einmalige Rollenstruktur, in der spezielle Mitgliedschaftsbegriffe nur für dieses Sozialsystem vorgesehen sind wie z. B. Mutter, Vater, Sohn, Tochter, Schwester, Bruder etc.
- Familien sind geprägt von einer *Generationsdifferenz*. Im Gegensatz zum Ehesubsystem, das nicht immer die Grundlage einer Familie ist – wie z. B. im Todes- oder Trennungsfall –, bildet die Generationsdifferenz zwischen Mutter bzw. Vater und Kindern das entscheidende Definitionskriterium. Diese Einschränkung ist wichtig, da auf diese Weise auch alleinerziehende Mütter und Väter sowie nichteheliche Lebensgemeinschaften mit Kindern als Familien definiert werden können. Die Generationsdifferenz kann sich auf die Mutter bzw. Vater-Kind-Einheit beziehen oder auch die Großeltern oder sogar die Urgroßeltern beinhalten.

Integrative Definitionen bilden besonders deutlich an der Betrachtung der familialen Bindungen eine Schnittmenge: Familiale Bindungen unterschiedlicher Intensität verweisen auf persönliche Beziehungen, die sich als besonders ‚intim‘ oder ‚eng‘ bezeichnen lassen und überwiegend auf einem gemeinsamen Lebensvollzug beruhen (Mollenhauer et al. 1975; Schneewind 2002).

Historische Wandlungsprozesse von Familie

Die gesamtgesellschaftlichen Veränderungsprozesse der Moderne gehen mit einer zunehmenden Entflechtung der politischen, religiösen, ökonomischen und familialen Vollzüge einher, die nun eigenständigen Funktionssystemen der Gesellschaft wie Staat, Wirtschaft und Familie zugeordnet werden (Fend 2000). Diese strukturellen Differenzierungen der Gesellschaft im epochalen Wandel bleiben in ihren sozialen und psychischen Konsequenzen jedoch noch so lange latent, wie konkrete Traditionen und Konventionen in Gemeinden und Regionen vor allem in ländlichen Räumen erhalten bleiben. Die ländlichen Räume lösen sich auf, weil sich die Gesellschaft ab der zweiten Hälfte des 20. Jahrhunderts tief greifend zur modernen Gesellschaft entwickelt. Normierende Traditionen, Selbstverständlichkeiten und Sicherheiten, aber auch soziale Kontrollen fallen durch immer weiter ausgreifende Pluralisierungs- und Individualisierungsprozesse in den 1970er und 1980er Jahren gesamtgesellschaftlich weg (Beck 1989). Entscheidend sind in diesem Zusammenhang vor allem die Veränderungen des Eherechts. Ab 1977 steht nicht mehr das Schuld-, sondern das Zerrüttungsprinzip im Zentrum des Scheidungsprozesses. Das Eherecht legt fest, dass eine Ehe gescheitert ist, „wenn die Lebensgemeinschaft der Ehegatten nicht mehr besteht und nicht erwartet werden kann, dass die Ehegatten sie wiederherstellen" (§ 1565 BGB).

Aufgrund der Veränderungen in der modernen Gesellschaft ergibt sich auch eine zunehmende Pluralisierung familiärer Lebensformen, die auch als ‚Desintegration‘ oder ‚Deinstitutionalisierung‘ der Familie bezeichnet werden kann. Indikatoren dieses Wandels bestehen in der Zunahme von Einpersonenhaushalten und nicht ehelichen Lebensgemeinschaften sowie im Anstieg der Scheidungsquote. Als Erklärung für diesen Wandel familiärer Strukturen führen sozialwissenschaftliche Forschungen zwei unterschiedliche Ansätze an:

- Die historische Entwicklung zur modernen Kleinfamilie wird als Ergebnis eines gesellschaftlichen *Differenzierungsprozesses* angesehen. Dabei verlagern sich eine Reihe von sozialen Funktionen, für die ursprünglich die Familie zuständig war, auf andere gesellschaftliche Teilsysteme wie z. B. das Bildungswesen. Dadurch entwickelt sich die Familie zunehmend zu einem Ort des intimen Zusammenlebens, der nicht mehr unhinterfragbare Gültigkeit besitzt (Nave-Herz 2002a).
- Die aus *Modernisierungs- und Individualisierungsprozessen* resultierende Optionserweiterung der Lebensgestaltung erhöht die Bedeutung innerer Verbindlichkeit für die Gestaltung von Beziehungen. Damit wird der Aufbau von dauerhaften und verbindlichen Beziehungen zu einem Prozess der selbst gestalteten und selbst verantworteten Institutionalisierung. In der modernen Gesellschaft steht somit der Deinstitutionalisierung gesellschaftlich vorgegebener Beziehungsformen die fragilere Reinstitutionalisierung von Familie als selbstgestalteter Prozess gegenüber (Tyrell 1988; Kaufmann 1995; Schneewind 2002).

Aktuelle Befunde zu Familienformen

Partnerschaft und Ehe

Die klassische Ehe bildet statistisch immer noch die Basis der Familie schlechthin: So wuchsen im Jahr 2005 82 % (alte Bundesländer) bzw. 62 % (neue Bundesländer) aller Kinder unter 18 Jahren in einer herkömmlichen Kernfamilie auf (Peuckert 2007). Allerdings verändern sich in der modernen Gesellschaft die emotionalen Grundlagen von Beziehungen, die nicht mehr nur eine lebenslange Verbindung als Ideal haben, sondern vor allem auf dem Selbstzweck der emotionalen Befriedigung der Partner basieren. Die Institution Ehe erleidet in der modernen Gesellschaft hierdurch einen erheblichen Attraktivitätsverlust (Peuckert 2007): In

Westdeutschland vertreten nur 39 % der 18- bis 30-Jährigen die Ansicht, dass man heiraten sollte, wenn man auf Dauer mit einem Partner zusammenlebt. In Ostdeutschland liegt diese positive Einstellung zur Ehe sogar nur bei 27 % (ALLBUS 2002). Den Grund für diese Tendenz sehen Sozialwissenschaftler in der Abnahme der sozialen und ökonomischen Vorteile, die mit einer Eheschließung verbunden waren, in den verlängerten Ausbildungszeiten sowie in den Veränderungen des Geschlechterverhältnisses. Die Ehe als lebenslange Partnerschaft wird jedoch nicht als Institution gering geschätzt. Gerade die Fokussierung auf die emotionale Bedeutung und Authentizität einer Partnerschaft führt dazu, dass Personen stärker kritisch abwägen, längere Probezeiten des Zusammenlebens für sich in Anspruch nehmen und eher bereit sind, sich von einem Partner zu trennen, falls die Beziehung als unbefriedigend erlebt wird. Entsprechend gestaltet sich das Scheidungsrisiko unter Eheleuten: Statistisch werden etwa 40 % der in den letzten fünf Jahren geschlossenen Ehen wieder geschieden, wobei die jeweilige Länge der Ehezeit sehr unterschiedlich ist (Nave-Herz 2002).

Generationsdifferenzierte familiale Lebensformen

Deutschland weist neben Spanien und Italien die niedrigste Geburtenrate in Europa auf (Statistisches Bundesamt 2005). Die Gründe für diese Entwicklung liegen im Rückgang kinderreicher Familien mit drei oder mehr Kindern sowie im gestiegenen Wunsch der 20- bis 39-Jährigen, keine Kinder zu haben. So geben in dieser Altersspanne 15 % der Frauen und 26 % der Männer an, keine Familie mit Kindern gründen zu wollen. Allerdings entscheiden sich knapp drei Viertel aller Beziehungspartner mit Kinderwunsch für mehrere Kinder, sodass Ein-Kind-Familien nicht expandieren. Mit dem aufgezeigten Geburtenrückgang geht eine Zunahme später Mutterschaft zusammen. So beträgt das durchschnittliche Alter verheirateter Frauen bei der Geburt ihres ersten Kindes 29,6 Jahre. Auch nehmen nicht eheliche Geburten zu: Im Jahr 2005 fanden in der Bundesrepublik 29 % aller Geburten außerhalb der Ehe statt (Statistisches Bundesamt 2005). Die Eheschließung folgt gegenwärtig zunehmend häufiger erst nach der Geburt des ersten

Kindes. Lediglich ca. 14 % aller minderjährigen Kinder wuchsen 2004 bei alleinerziehenden Elternteilen auf. Zwei Drittel dieser Familien sind kleine Ein-Kind-Familien und bestehen zu 88 % aus Mutterfamilien. Über die Hälfte dieser Lebensgemeinschaften bilden geschiedene und getrennt lebende Mütter und Väter (61 %), ledige Eltern sind zu 31 % und Verwitwete zu 8 % vertreten (Peuckert 2007). Zugleich nehmen kinderlose Ehen enorm zu: Statistisch wird davon ausgegangen, dass insgesamt 8 % der Ehen freiwillig und 3 % unfreiwillig kinderlos bleiben.

Entschließen sich Paare für Kinder, traditionalisieren sich mit der Geburt eines Kindes in der Regel die Familienstrukturen (Rendtorff 2007). Unabhängig davon, wie Familie mit Kindern gelebt wird – mit ihnen erhöht sich der Umfang der Hausarbeit für Frauen um ein Mehrfaches, vor allem, wenn Kinder im Vorschulalter oder Grundschulalter sind. Dennoch findet Familienerziehung heute fast ausschließlich im Kontext von weiblicher Berufstätigkeit statt: So ist die Quote von 1991 (30,2 %) bis in das Jahr 2004 auf 42,1 % gestiegen (Dressel 2005, 123). In den neuen Bundesländern ist die Berufstätigkeit der Mütter höher (71 % mit einem Kind, 55,7 % mit drei und mehr Kindern). Trotz Berufstätigkeit ist die Erfüllung eines Kinderwunsches für Frauen zu einem Projekt biografischer Entscheidung geworden. Die schwierige Vereinbarkeit zeigt sich bei „späten Müttern", denn diese nehmen aufgrund ihrer hohen beruflichen Qualifikation (22 %) seltener eine Elternzeit in Anspruch. Internationale Vergleiche verdeutlichen (Friebertshäuser et al. 2007), dass sozialpolitische Maßnahmen Müttern ermöglichen, Erwerbstätigkeit und Familienerziehung besser zu vereinbaren.

Eine weitere partnerschaftliche Lebensform, die stark in das öffentliche Bewusstsein getreten ist, sind gleichgeschlechtliche Lebensgemeinschaften, zu denen sich 2004 ca. 56.000 Paare offiziell bekannten (Statistisches Bundesamt 2005). Schätzverfahren gehen insgesamt von 160.000 gleichgeschlechtlichen Partnerschaften aus, hierbei sind 54 % männlich und 46 % weiblich. Die 2001 in Kraft getretene rechtliche Einrichtung der ‚eingetragenen Lebenspartnerschaft' hat hierbei zumindest in einigen rechtlichen Bereichen eine Annäherung an eheliche Lebensformen bewirkt. Rund 11.500 Kinder wachsen bei gleichgeschlecht-lichen Lebensgemeinschaften auf. Die Kinder stammen überwiegend aus früheren heterosexuellen Partnerschaften (Savin-Williams / Esterberg 2000).

Weil sich neue Reproduktionstechnologien in Form von künstlichen Befruchtungen durch Spendersamen entwickeln, ist es auch möglich, artifizielle Familien zu gründen, sogenannte ‚Inseminationsfamilien'. Seit Anfang der 1970er Jahre sind ca. 50.000 Kinder aufgrund einer künstlichen Befruchtung zur Welt gekommen. Pädagogisch relevant ist hierbei die Frage, ob die biologische Asymmetrie in der Familie verarbeitet werden kann. Die biologische Asymmetrie kommt dadurch zustande, dass ein Elternteil nicht biologisch, sondern sozial bestimmt ist. Vor diesem Hintergrund müssen Inseminationsfamilien die gemeinsame Elternschaft immer neu konstruieren.

Die Verlängerung der Lebensdauer hat zudem zunehmend zu Drei- oder Viergenerationenfamilien geführt: Gegenwärtig leben bis zu vier Generationen eine gemeinsame Zeit zusammen (Lauterbach 2002). So stellt Lauterbach auf der Basis einer sekundären Analyse von SOEP-Daten fest, dass Kinder, Eltern und Großeltern zwischen 20 und 30 gemeinsame Lebensjahre verbringen. Von den insgesamt untersuchten 1.103 Kindern im Alter von 10 bis 14 Jahren wohnten ca. 10 % mit den Großeltern im gleichen Haushalt oder im selben Haus mit getrennten Wohnungen, weitere 15 % der Großeltern waren lokal zu Fuß erreichbar. Ungefähr 25 % hatten damit die Möglichkeit, täglich zu ihren Großeltern Kontakt zu haben. Die Großeltern-Enkel-Beziehungen gestalten sich hierbei vielfältig: So können Großeltern zu Ersatzeltern werden, aber auch integrierte Großmütter mit hoher Präsenz bis hin zu distanzierten und zurückgezogenen Großeltern sind intergenerationelle familiale Lebensformen (Herlyn et al. 1998).

Familie und Migration

In der Bundesrepublik Deutschland leben aktuell 7,5 Millionen Menschen ausländischer Herkunft, das entspricht ca. 9 % der Gesamtbevölkerung. Vor dem Hintergrund der Tatsache, dass die Einwanderungsquote im Vergleich zur Abwanderung positiv ist und die Lebenswelt aller deutschen Bürger durch Mitbürger ausländischer Herkunft entscheidend mitgeprägt wird, bezeichnen die meisten Sozialwissenschaftler Deutschland mittlerweile als Einwanderungsland (Hamburger/Hummrich 2007). 74 % aller Heranwachsenden ausländischer Herkunft stammen aus Familien ehemaliger Anwerbeländer wie der Türkei, Griechenland, Italien, dem ehemaligen Jugoslawien, Marokko, Portugal und Spanien (Hamburger/Hummrich 2007). Ein Schwerpunkt zu Familie und Migration liegt in der Erforschung der Passungsverhältnisse von Migrantenfamilien zu schulischer Bildung und schulischer Institution, Diskriminierung, sozialer Benachteiligung und Sprachproblematiken (Hamburger/Hummrich 2007).

Familienerziehung: theoretische Konzepte

Wie vielfältig sich auch immer Familie gestaltet und welche privaten Lebensformen gegenwärtig möglich sind – von besonderem erziehungswissenschaftlichen Interesse ist die Gestaltung der Erziehung in Familien, die Kinder haben. Familienerziehung lässt sich dabei theoretisch aus der Perspektive von Generationen erklären (Ecarius 2007). Aus dieser Perspektive ist Familie als ein gegenseitig aufeinander bezogenes Miteinander von mindestens zwei bis drei Generationen zu verstehen (auch soziale Elternschaft, Verwandte, Großeltern). Erziehung ist nicht alleine an subjektiven Wünschen und Bedürfnissen der Beteiligten ausgerichtet, sondern auch an soziokulturelle, ökonomische und politische Dimensionen einer Gesellschaft gekoppelt. Zu unterscheiden ist folglich in Aufgaben und Leistungen (Ecarius 2009). Aufgaben werden von der Gesellschaft an die Familie herangetragen wie das Familienrecht, normative Diskurse über Kindheit, Jugend, Erwachsenenalter und Alter sowie sozialpolitische Entscheidungen wie die Kindergartenförderung oder Jugendhilfe. In den konkreten Interaktionssituationen im Alltäglichen werden die Leistungen der Familie sichtbar: Erziehung, Pflege, gegenseitige Hilfe und Unterstützung, emotionale und soziale Anerkennung, Gesundheitsfürsorge, Haushaltsführung, emotionale Stabilisierung der Subjekte und familiale Vergemeinschaftung. In der Regel beginnt der Erziehungsprozess mit der Geburt des Kindes und konkretisiert sich in alltäglichen Interaktionen

(Schütz 1981). Dabei beruht das Erziehungsgeschehen auf sedimentierten Interaktionsmustern. Diese beeinflussen als erfahrungsgeronnene kognitive Schemata Erziehungsinhalte und -strukturen. Familiale Erziehung lässt sich auf der analytischen Ebene in Inhalte und Beziehungsstrukturen (Ecarius 2009) unterscheiden, sie umfasst gelungenes Erziehungshandeln genauso wie misslungene Erziehungshandlungen. Die Inhalte von Erziehung präsentieren sich in erzieherischen Interaktionen, in Gegenständen (z. B. Musikinstrument, Fernseher) und der Gestaltung der sozialen und materialen Strukturen der Räumlichkeit.

Erziehung konkretisiert sich vor allem in (Beziehungs-)Strukturen (Ecarius 2002, 49): Sie sind durch die anfängliche Gebürtlichkeit des Kindes und seine Angewiesenheit auf Ältere asymmetrisch. Verbunden ist damit eine grundlegende Ambivalenz von Autonomie und Abhängigkeit. Zugleich fließen in die Beziehungsstrukturen von Erziehung zivilisationsgeschichtlich bedingte Machtstrukturen zwischen den Generationen ein. Daraus resultieren insgesamt für die Erziehungspraxis äußerst komplexe und widersprüchliche Situationen. Kennzeichnend für die private Erziehung sind der Modus der liebenden Anerkennung (Honneth 2003) und die Besonderheit, dass die Personen darin mit ihrer Ganzheitlichkeit ohne klare Rollenzuweisung involviert sind (Ecarius 2010). Für das Kind besteht dabei die Besonderheit, dass es ein Bewusstsein von Bedeutungen und Sinn entwickelt und mit der Herausbildung eines Bewusstseins das Entstehen eines Selbst als Subjekt verbunden ist. Daraus resultieren stete Aushandlungsprozesse und Neujustierungen in der Beziehungsstruktur sowie den Inhalten der Erziehung (z. B. Ausgehzeiten, Taschengeld, Freundeswahl), wobei in der Erziehungspraxis das ganze Spektrum menschlicher Interaktionen von positiver Anerkennung bis zu Missachtungsformen (Beleidigung, Ignoranz, Vernachlässigung, emotionale Kälte) möglich ist (Ecarius 2009, 115).

Jugend und Familie

Nicht nur Kinder leben in Familien und werden erzogen, auch Jugendliche leben in der Regel bei ihren Eltern. Gegenwärtig ist die Erziehungszufriedenheit der Jugendlichen im Alter von 10 bis 25

Jahren relativ hoch (Fatke / Schneider 2005, 61 ff.): 56 % geben an, dass sie ihre eigenen Kinder in etwa so erziehen wollen, wie sie selbst erzogen wurden; 15 % würden ihre Kinder sogar genauso erziehen (61 ff.).

Überhaupt ist die Familie für Jugendliche von erheblicher Bedeutung, denn familiale Bindungsmuster, der Zusammenhang von jugendlichem Lebensentwurf und familialer Erziehung bzw. der Zusammenhang von Familie, familialen Interaktionsmustern und jugendlichen Werteeinstellungen ist bemerkenswert. Auch bestehen Wirkungsverhältnisse zwischen jugendlichen Lebensformen und familialer Armut (Eder 2008). Zwar entscheiden Jugendliche in Bezug auf Medien, Konsum, Kleidung und Sexualität weitgehend selbst, dennoch sind die Eltern (Buhl 2007) Einflussfaktoren.

Die Shell-Jugend-Studie von 2000 konzentriert sich erstmals repräsentativ auf dieses Thema. Anhand der befragten 4544 Jugendlichen zeigt sich, dass „Gegenwartsorientierung, schwere Herausforderungen in der Zukunft, Rückwärtsgewandtheit und Commitment auf Widerruf" eng mit „elterlichem Zutrauen (negativ)" bzw. „ängstlicher Besorgtheit (positiv)" (Fuchs-Heinritz 2000, 90) zusammenhängen. Jugendliche mit einer respektvollen Verbundenheit mit den Eltern blicken zuversichtlich mit einer langfristigen Lebensplanung in die Zukunft, treiben häufiger Sport, interessieren sich für Politik, gehen spazieren und möchten häufiger ihre Kinder so erziehen, wie sie selbst erzogen worden sind (Fuchs-Heinritz 2000, 75).

„So können als wichtigste ‚wertbildende' Erziehungsstile also diejenigen der achtungsvollen emotionalen Zuwendung genannt werden, respektvolle Verbundenheit zwischen Eltern und Kind, Stolz auf und Zutrauen in das Kind und Anteilnahme an seinem Geschick. Beinahe ebenso wichtig ist die fordernde Erziehungshaltung" (Fischer et al. 2000, 121).

Die Familienorientierung setzt sich bis in die Gegenwart fort (Hurrelmann 2002, 2006; Altersgruppen von 12–25 Jahren). 72 % der Jugendlichen (Hurrelmann 2006) sind davon überzeugt, dass man eine Familie braucht, um ein gutes Leben zu haben. Generell schätzen ca. 90 % der Jugendlichen ihre Beziehung zu den Eltern als positiv ein. Ein Zusammenhang besteht vor allem zwischen dem sozialen Milieu der Eltern und der Freizeitorientierung der Jugendlichen. Die kreative Freizeitelite stammt aus Familien des oberen sozialen Milieus und die Technikfreaks entspringen eher den unteren sozialen Milieus. Eltern mit guten ökonomischen Mitteln (ca. 30 % aller Familien) eröffnen ihren Kindern beste Bedingungen, entsprechend befördern sie soziale Kompetenz und Selbstvertrauen. Ein weiteres Drittel an Familien verfügt über etwas weniger Ressourcen, die aber den Heranwachsenden ebenfalls relativ günstige Voraussetzungen ermöglichen. Allerdings kann ein weiteres Drittel (Eltern mit niedrigen Bildungsabschlüssen) diese Ressourcen nicht zur Verfügung stellen, was sich sogar in den Familienbeziehungen widerspiegelt. In den unteren sozialen Milieus geben nur 20 % der Jugendlichen an, dass sie bestens mit den Eltern auskommen, in den oberen sozialen Milieus sind es 48 % (Hurrelmann 2006, 60). Selbst der Erziehungsstil ist milieuspezifisch: 58 % der Eltern der sozialen Oberschicht und lediglich 27 % aus den unteren sozialen Milieus praktizieren einen regelgeleiteten Verhandlungshaushalt. Folglich erfahren Jugendliche aus den unteren sozialen Milieus eher ein ambivalentes Moratorium (Hurrelmann et al. 2006, 35; Brake 2008, 121).

Diese Ergebnisse bestätigen sich international vergleichend (Meil 2006; Ponce 2006) für Spanien, Polen, Litauen, Südkorea und Chile (Busch / Scholz 2006): Die Planung der eigenen Biografie, die Zukunftsplanung von Partnerschaftsbindung und die Gründung einer eigenen Familie hängen eng mit den Erfahrungen in der Herkunftsfamilie ab. Nach King (2006) beeinflussen die Bindungsformen zwischen Jugendlichen und Eltern die Entstehung des Neuen in jugendlichen Lebensformen, wobei geschlechtsspezifische, ethnische und milieuspezifische familiale Erfahrungen ungleiche Chancen der Jugendlichen zur Folge haben (King 2006). Zu ähnlichen Ergebnissen über den Zusammenhang von Migrantenjugendlichen und Bildungserfolgen bzw. Misserfolgen im Kontext familialer Bedingungen gelangen, Boos-Nünning und Karakasoglu (2005) sowie von Wensierski und Lübcke (2007). Der Blick auf Familie ist auch in Studien über rechtsextremistische Jugendliche gerichtet (Möller / Schuhmacher 2007). Hier zeichnet sich ein vielfältiges Bedingungsgeflecht ab: Weder die familialen Bedingungen noch die milieuspezifischen Erfahrungen der Jugendlichen sind je alleine ausschlaggebend für rechte und zugleich gewalttätige Orientierungen. Allerdings ist die Familie immer ein Erklärungsfaktor. Insofern verwundert es nicht, dass gegenwärtig die Thematik aufkommt, inwiefern über pädagogische Instanzen Lernprozesse von Eltern initiiert werden können, damit Kinder und Jugendliche Selbstwirksamkeit, eine positive Einstellung in die Zukunft und eine stabile Grundhaltung entwickeln können (Schmidt-Wenzel 2008).

Literatur

Ainsworth, M., Blehar, M., Waters, E., Wall, S. (1978): Patterns of Attachment. Erlbaum, Hillsdale, NJ

ALLBUS (2002): Allgemeine Bevölkerungsumfrage der Sozialwissenschaften. Codebuch ZA-Studien, Nr. 3700

Allert, T. (1998): Die Familie. Gruyter, Berlin

Beck, U. (1989): Risikogesellschaft. Suhrkamp, Frankfurt a. M.

Boos-Nünning, U., Karakasoglu, Y. (2005): Viele Welten leben. Waxmann, Münster

Bowlby, J.(2005): Frühe Bindung und kindliche Entwicklung. Ernst Reinhardt, München / Basel

Brake, A. (2008): Der Wandel familialen Zusammenlebens und seine Bedeutung für die (schulischen) Bildungsbiographien der Kinder. In: Rohlfs, C., Harring, M., Palentien, C. (Hrsg.): Kompetenz – Bildung. Soziale, emotionale und kommunikative Kompetenzen von Kindern und Jugendlichen. VS, Wiesbaden, 95–126

Buhl, H. M. (2007): Die Beziehung zwischen Erwachsenen und ihren Eltern. VS, Wiesbaden

Busch, F. W., Scholz, W.-D. (Hrsg.) (2006): Familienvorstellungen zwischen Fortschrittlichkeit und Beharrung. Ergon, Würzburg

Dornes, M. (2006): Die Seele des Kindes. Fischer, Frankfurt / M.

Dressel, C. (2005): Erwerbstätigkeit – Arbeitsmarktintegration von Frauen und Männern. In: Cornelißen, W. (Hrsg.) (2005): Gender-Datenreport. 1. Datenreport zur Gleichstellung von Frauen und Männern in der Bundesrepublik Deutschland im Auftrag des Bundesministeriums für Familie, Senioren, Frauen und Jugend, 99–158

Ecarius, J. (2010): Familieninteraktion – Identitätsbildung und Kultur – soziale Reproduktion. In: Ecarius, J., Herzberg, H., Müller, H.-R. (Hrsg.): Familie, Generation und Bildung. Barbara Budrich, Opladen

– (2009): Jugend und Familie. Kohlhammer, Stuttgart

– (Hrsg.) (2007): Handbuch Familie. VS, Wiesbaden

– (2002): Familienerziehung im historischen Wandel. Leske+Budrich, Opladen

– (1998): Was will die jüngere mit der älteren Generation. Leske+Budrich, Opladen

Eder, A. (2008): Familiäre Konsequenzen elterlicher Arbeitslosigkeit. Dr. Kovac, Hamburg

Fatke, R., Schneider, H. (2005): Kinder- und Jugendpartizipation in Deutschland. Daten, Fakten, Perspektiven. Dasselmannsstiftung, Gütersloh

Fend, H. (2000): Entwicklungspsychologie des Jugendalters. Leske+Budrich, Opladen

Fischer, A., Fritzsche, Y., Fuchs-Heinritz, W. (2000): 13. Shell Jugendstudie. Leske+Budrich, Opladen

Friebertshäuser, B., Matzner, M., Rothmüller, N. (2007): Familie: Väter und Mütter. In: Ecarius, J. (Hrsg.), 179–198

Fuchs-Heinritz, W. (2000): Zukunftsorientierungen und Verhältnis zu den Eltern. In: Jugendwerk der Deutschen Shell. Fischer, Frankfurt, 23–92

Fuhs, B. (2007): Zur Geschichte der Familie. In: Ecarius, J. (Hrsg.), 17–35

Hamburger, F., Hummrich, M. (2007): Familie und Migration. In: Ecarius, J. (Hrsg.), 123–134

Herlth, A., Strohmeier, K.-P. (1989): Lebenslauf und Familienentwicklung. Leske+Budrich, Opladen

Herlyn, I., Kistner, A., Langer-Schulz, H., Lehmann, B., Wächter, J. (1998): Großmutterschaft im weiblichen Lebenszusammenhang. Eine Untersuchung zu familialen Generationsbeziehungen aus der Perspektive von Großmüttern. Centaurus, Pfaffenweiler

Herrmann, U. (1997): Familie. In: Wulf, C. (Hrsg.) (1997): Vom Menschen. Handbuch Historische Anthropologie. Beltz, Weinheim, Basel, 307–315

Honneth, A. (2003): Kampf um Anerkennung. Suhrkamp, Frankfurt / M.

Hopf, C. (2005): Frühe Bindungen und Sozialisation. Juventa, Weinheim

Hurrelmann, K., Albert, M. (Hrsg.) (2006): Jugend 2006. 15. Shell Jugendstudie: Eine pragmatische Generation unter Druck. Fischer, Frankfurt / M.

Kaufmann, F.-X. (1995) Zukunft der Familie. C. H. Beck, München

King, V. (2006): Ungleiche Karrieren. Bildungsaufstieg und Adoleszenzverläufe bei jungen Männern und Frauen aus Migrantenfamilien. In: King, V., Koller, H.-Ch. (Hrsg.), 27–46

– (2002): Die Entstehung des Neuen in der Adoleszenz. VS, Wiesbaden

–, Koller, H.-Ch. (Hrsg.) (2006b): Adoleszenz – Migration – Bildung. VS, Wiesbaden

Künzler, J., Walter, W. (1999): Familiale Arbeitsteilung im europäischen Vergleich. In: Schwengel, H. (Hrsg.): Tagungsband 2 des Soziologie-Kongreß 1998 in Freiburg „Grenzenlose Gesellschaft?". Centaurus, Pfaffenweiler, 235–268

Lange, A., Lauterbach, W. (1998): Aufwachsen mit oder ohne Großeltern? Zeitschrift für Soziologie der Erziehung und Sozialisation 18, 227–249

Lauterbach, W. (2002): Großelternschaft und Mehrgenerationenfamilien – Soziale Realität oder demokratischer Mythos? Zeitschrift für Gerontologie und Geriatrie 6, 540–555

Liegle, L. (1987): Welten der Kindheit und Familie. Juventa, Weinheim

Lüscher, K., Schultheis, F., Wehrspaun, M. (Hrsg.) (1989): Die „postmoderne Familie". Strategien und Familienpolitik in einer Übergangszeit. Universitätsverlag, Konstanz

Meil, G. (2006): Familienvorstellungen Jugendlicher in Spanien. In: Busch, F. W., Scholz, W.-D. (Hrsg.), 85–135

Mollenhauer, K., Brumlik, M., Wudtke, H. (1975): Die Familienerziehung. Juventa, München

Möller, K., Schuhmacher, N. (2007): Rechte Glatzen. VS, Wiesbaden

Nave-Herz, R. (2002): Familie heute. Primus, Darmstadt

– (Hrsg.) (2002a): Wandel der Familienstrukturen und Folgen für die Erziehung. Primus, Darmstadt

Oerter, R., Montada, L. (2002): Entwicklungspsychologie. Beltz, Weinheim

Oevermann, U. (2001): Die Soziologie der Generationenbeziehungen und der historischen Generationen aus strukturalistischer Sicht und ihre Bedeutung für die Schulpädagogik. In: Kramer, R.-T., Helsper, W., Busse, (Hrsg.): Pädagogische Generationsbeziehungen. Leske+Budrich, Opladen, 78–128

Peuckert, R. (2007): Zur aktuellen Lage der Familie. In: Ecarius, J. (Hrsg.), 36–56

– (2002): Familienform im sozialen Wandel. VS, Wiesbaden

Ponce, M. S. H.(2006): Familienvorstellungen Jugendlicher in Chile. In: Busch, F. W., Scholz, W.-D. (Hrsg.), 259–295

Rendtorff, B. (2007): Geschlechteraspekte im Kontext von Familie. In: Ecarius, J. (Hrsg.), 94–111

Savin-Williams, R., Esterberg, K. (2000): Lesbian, gay, and bisexual families. In: Demo, D., Allen, K., Fine, M. (Hrsg.): Handbook of family diversity. Oxford University Press, New York, 197–215

Schmidt-Wenzel, A. (2008): Wie Eltern lernen. Barbara Budrich, Opladen

Schneewind, K. A. (2002): Die Paarklimaskalen (PKS). Huber, Bern

Schütz, A. (1981): Der sinnhafte Aufbau der sozialen Welt. Suhrkamp, Frankfurt / M.

Statistisches Bundesamt (2005): Leben und Arbeiten in Deutschland. Ergebnisse des Mikrozensus 2004. Pressestelle, Wiesbaden

Stierlin, H. (2006): Psychoanalyse – Familientherapie – systemische Therapie. Klett-Cotta, Stuttgart

Trautner, H. M. (1994): Geschlechtsspezifische Erziehung und Sozialisation. In: Schneewind, K. A. (Hrsg.): Psychologie der Erziehung und Sozialisation. Hogrefe, Göttingen, 167–195

Tyrell, H. (1988): Ehe und Familie – Institutionalisierung und Desinstitutionalisierung. In: Lüscher, K., Schultheis, F., Wehrspaun, M. (Hrsg.), 145–156

Wensierski, H.-J. v., Lübcke, C. (Hrsg.) (2007): Junge Muslime in Deutschland. Barbara Budrich, Opladen

Familienhilfe

Von Martina Richter

Die Sozialpädagogische Familienhilfe (SPFH) nimmt als familienbezogene Erziehungshilfe einen festen Platz im Aufgabenspektrum der Jugendhilfe ein. Sie gilt als lebensweltorientierte Hilfe und umfasst sowohl beratende Gespräche als auch entlastende Tätigkeiten und Handlungsvollzüge. Die SPFH ist eine ambulante Hilfeform, d. h., sie findet in der Regel in der Wohnung und im Lebensumfeld der Familien statt. Daher wird sie als intensives Jugendhilfeangebot verstanden, das der Erwartung nach vorhandene Ressourcen von Familien stärkt und notwendige externe Ressourcen zugänglich macht (Kreft / Müller 1986; Nielsen 1999; Hofgesang 2005; Jordan 2005; Schattner 2007). Nicht zuletzt diese Intensität der SPFH stellt die Fachkräfte vor die Herausforderung, Nähe und Distanz in der Hilfeerbringung professionell zu bearbeiten (Hofgesang 2005; Petko 2006). Laut § 31 SGB VIII soll die SPFH „durch intensive Betreuung und Begleitung Familien in ihren Erziehungsaufgaben, bei der Bewältigung von Alltagsproblemen, der Lösung von Konflikten und Krisen sowie im Kontakt mit Ämtern und Institutionen unterstützen und Hilfe zur Selbsthilfe geben. Sie ist in der Regel auf längere Dauer angelegt und erfordert die Mitarbeit der Familie".

Seit der Einführung des neuen Kinder- und Jugendhilfegesetzes (KJHG) im Jahr 1991 ist die SPFH als Pflichtaufgabe gesetzlich festgelegt. Rechtssystematisch ist die SPFH ein Bestandteil der „Hilfen zur Erziehung", mit denen das KJHG in den §§ 27–35 eine Reihe von stationären, teilstationären und ambulanten sozialpädagogischen Hilfeformen zur Unterstützung oder aber Ersetzung der Erziehung bzw. Erziehungsverantwortung von Eltern bereitstellt. Aus dieser rechtlichen Verankerung im Bereich erzieherischer Hilfen ergeben sich Konsequenzen für die Struktur und Ausgestaltung der SPFH (Nielsen 1999; Jordan 2005;

Schattner 2007). Bei der SPFH handelt es sich um eine freiwillige Leistung, auf die Eltern bzw. die Personensorgeberechtigte(n) einen Rechtsanspruch haben, sofern nach § 27 SGB VIII ein „erzieherischer Bedarf" vorliegt, d. h., „wenn eine dem Wohl des Kindes oder des Jugendlichen entsprechende Erziehung nicht gewährleistet ist und die Hilfe für seine Entwicklung geeignet und notwendig ist" (§ 27 SGB VIII). Diese Beschreibung der Situation impliziert, dass noch keine Kindeswohlgefährdung (§ 1666 BGB) gegeben ist. Insofern ist die Hilfe als präventiv zu verstehen. Zugleich kann eine Kindeswohlgefährdung im Prozess der Hilfegewährung sichtbar werden oder auftreten. Den Fachkräften obliegt dann auf Basis ihrer gesetzlichen „Garantenstellung" die Aufgabe, für die Sicherheit des Kindes Sorge zu tragen (Wiesner 2006). Damit bewegen sich Fachkräfte der SPFH fachlich „immer in der Spannung zwischen der Unterstützung der Eltern zur Wahrnehmung ihrer Erziehungsaufgaben und der Verpflichtung zur Gewährleistung des Schutzes des Kindes" (Hofgesang 2005, 532) und stehen vor der Herausforderung, der konstitutiven Gleichzeitigkeit aus Hilfe und Kontrolle zu begegnen und eine für die Familien transparente Umgangsweise damit zu finden.

Die Implementationsgeschichte der Sozialpädagogischen Familienhilfe

Das Jahr 1969 wird gemeinhin als Entstehungszeitpunkt der SPFH benannt (Nielsen 1999; Helming et al. 1999; Hofgesang 2005; Schattner 2007). Im Rahmen der Kritik an der traditionellen Anstaltserziehung im Zuge der Heimkampagnen und des Reformdiskurses Sozialer Arbeit Ende der 1960er Jahre entstanden erste Ansätze einer direkten Betreuung von Familien, zunächst

Otto/Thiersch (Hg.), Handbuch Soziale Arbeit, 4. A., DOI 10.2378/ot4a.art040,

in Form einer „Haushaltsfortführung" zur Vermeidung einer Heimeinweisung (Kreft / Müller
1986; Nielsen 1999; Helming et al. 1999). Die
Berliner Gesellschaft für Heimerziehung (BGfH)
entwickelte diese Hilfeform im Jahr 1969, die
darauf angelegt war, dass „Familienhelferinnen"
in Notsituationen die Versorgung der Kinder si-
cherten und damit die ansonsten übliche Fremdunterbringung verhinderten.

Im Jahr 1974 wurde mit dem Konzept einer „offensiven Jugendhilfe" (BMJFG 1974: Mehr Chancen
für die Jugend) die Forderung eines stärkeren Ausbaus präventiver Hilfen formuliert, was die weitere
Einführung und Entwicklung der SPFH begüns-
tigte (Helming et al. 1999; Nielsen 1999). Vor
diesem Hintergrund entwickelte sich die Familienhilfe sukzessive zu einem allgemeinen sozialpädagogischen Angebot, das zur Vermeidung von Fremdunterbringung, aber im Weiteren auch vermehrt
zur Unterstützung von Erziehungsaufgaben in Familien eingesetzt wurde (Schattner 2007).

Für die Implementationsgeschichte der SPFH lassen sich unterschiedliche Entwicklungsphasen
nachzeichnen, die sich in den neuen und alten
Bundesländern – zeitlich versetzt – in vergleichbarer Weise zugetragen haben. Während in Westdeutschland der Prozess in den 1970er und 1980er
Jahren früher einsetzte, vollzogen sich die Entwicklungsphasen in Ostdeutschland nach dem politischen Umbruch 1989. Die SPFH wurde hier flächendeckend in wenigen Jahren ausgebaut und
etabliert (Kühl 1997).

In einer anfänglichen „Pionierphase" (Kühl 1997,
156) standen die Unterstützung in der Haushaltsführung (z.B. die gemeinsame Säuberung der
Wohnung) und bei Behördengängen und Anträ-
gen, bei den Hausaufgaben und bei der Schulden-
tilgung im Mittelpunkt der Hilfe. Diese „Pionierphase" war dazuhin gekennzeichnet durch „die
vom Jugendamt übernommene, an normative Anpassung und Äußerlichkeiten […] orientierte Problemdefinition" (Kühl 1997, 156) und stand damit noch stark in der Tradition der klassischen
Familienfürsorge (Helming 2001). Es folgte die
„Phase der elementaren Grundqualifizierung und
Grundausstattung" (Kühl 1997, 157) oder auch
„Konsolidierungsphase" (Schattner 2007, 600). In
dieser Phase rückten fachliche Gesichtspunkte in
der Arbeit mit Familien in den Vordergrund und
hier insbesondere auch die Integration systemischer

Ansätze sowie ressourcenorientierter Konzepte
(Kühl 1997; Schattner 2007).

Inanspruchnahme

Zwischen 1997 und 2007 fand eine nicht unerhebliche Zunahme in der Inanspruchnahme der SPFH
statt. So nahmen 2007 63.670 Familien SPFH in
Anspruch (beendete und am Jahresende bestehende
Hilfen). Insgesamt leben in diesen Familien 137.472
junge Menschen, davon 131.467 im Alter von unter
18 Jahren. Bei genauerer Betrachtung zeigt sich, dass
bei 80 % der SPFH-Einsätze die jungen Menschen
noch keine 14 Jahre sind (16 % sind zwischen 14
und 17 Jahre und 4 % sind 18 Jahre und älter). Demgegenüber wurden 1997 noch 22.386 Familien mit
55.612 Kindern, Jugendlichen und jungen Erwachsenen von der SPFH unterstützt. Damit ist ein Anwachsen der Familien zwischen 1997 und 2007 um
184 %, bei den in den Familien lebenden jungen
Menschen eine Zunahme um 136 % zu verzeichnen
(Pothmann 2009, 68).

Bei den Familien, die durch die SPFH im Jahr
2001 unterstützt wurden, handelte es sich bei
50 % um Alleinerziehende, in einem knappen
Drittel der Fälle lebten die Kinder mit ihren Eltern zusammen (32 %) und bei 16 % mit einem
Stiefelternteil. Dabei hat sich im Vergleich zu
1991 der Anteil der Alleinerziehenden deutlich
um 10 Prozentpunkte erhöht (Statistisches Bundesamt 2003). Es zeigt sich dementsprechend,
dass die SPFH häufig als Unterstützungsangebot
für Alleinerziehende in Anspruch genommen
wird (Pluto et al. 2007).

Pluto et al. zeigen dazuhin, dass in *allen* oben genannten Familienkonstellationen insbesondere die
Anzahl der Kinder als ein entscheidendes „Risiko"
betrachtet werden muss: „Je höher die Kinderzahl
desto höher ist auch die Inanspruchnahmequote"
(2007, 207). Dieser Befund bedeutet jedoch im
Umkehrschluss nicht, dass die Familienkonstella-
tion keine Relevanz besäße. Während in 2004 Familien mit zwei Elternteilen und mit vier und mehr
Kindern 93 Fälle pro 10.000 Familien aufwiesen,
wurden 803 Fälle pro 10.000 Familien bei Alleinerziehenden mit vier und mehr Kindern gezählt.
Dies entspricht einem Anteil von ca. 8 % aller
Alleinerziehenden mit vier oder mehr Kindern,
gegenüber einem Anteil von unter 1 % der so ge-

nannten „vollständigen Familien" mit vier oder mehr Kindern, die SPFH in Anspruch nehmen (208).

Sowohl für Mehrkinderfamilien generell als auch für Alleinerziehende gilt, dass sie einem besonders hohen Armutsrisiko ausgesetzt sind (BMFSFJ 2005; Deutscher Bundestag 2008). Der dritte Armuts- und Reichtumsbericht macht deutlich, dass das durchschnittliche Haushaltsnetto-Äquivalenzeinkommen von Familien – errechnet auf der Grundlage der europaweit harmonisierten Erhebung EU-SILC – im Jahr 2005 16.556 Euro beträgt. Alleinerziehenden-Haushalte sowie Haushalte mit drei und mehr Kindern kommen mit etwa 77 % bzw. 87 % auf die niedrigste Einkommensposition (Deutscher Bundestag 2008, 76). Bezogen auf SPFH-Familien und den Bezug von Transferleistungen ist festzustellen, dass in 2007 von allen erfassten 63.670 Familien etwa 67 % ganz oder teilweise von ALG-II-Bezügen, einer bedarfsorientierten Grundsicherung oder von Sozialhilfe leben. Dieser Anteil liegt bei den Alleinerziehendenfamilien bei 76 % und damit noch einmal höher (Pothmann 2009, 69). Prekäre materielle Lebenslagen sind damit als eine wesentliche Dimension des familialen Hilfebedarfs in der SPFH auszumachen, dokumentieren sich allerdings wenig als Dimension für eine Inanspruchnahme der SPFH. Der von den Auskunft gebenden Jugendämtern am häufigsten genannte Anlass für eine SPFH sind eingeschränkte Erziehungskompetenzen der Eltern (in 2007 etwa 63 %). Weiterhin werden eine unzureichende Förderung, Betreuung und / oder Versorgung des jungen Menschen (etwa 35 %) und Belastungen des jungen Menschen durch familiäre Konflikte (etwa 28 %) benannt (Pothmann 2009, 70). Pluto et al. problematisieren in diesem Zusammenhang, dass die familiale Armutslage nicht als Anlass für eine SPFH angegeben wird. Auch wenn die Bearbeitung von materiellen Unterversorgungslagen vorrangig eine sozialpolitische und weniger eine sozialpädagogische Aufgabe ist, stehe damit zu befürchten, dass eine wesentliche Dimension des Hilfebedarfs ungenügend Berücksichtigung finde (2007). Dieser Kritikpunkt wurde im Übrigen auch von Elger und Christmann bereits Mitte der 1980er Jahre an die SPFH gerichtet (Elger / Christmann 1986).

Die Gefährdung des Kindeswohls wird in 16 % der erfassten Fälle als Anlass für eine SPFH formuliert.

Im Verhältnis zu den anderen genannten Gründen für eine SPFH ist dieser Anteil durchaus niedrig, zugleich liegt ein höherer Wert nur im Bereich der Vollzeitpflege (35 %) und der Heimerziehung (22 %) vor, so dass die SPFH nicht zu unterschätzen ist in ihrer Bedeutung, Kindeswohlgefährdung zu begegnen bzw. Gefährdungslagen zu minimieren (Pothmann 2009, 70).

Während bei 29 % der Fälle die SPFH von den Familien selbst initiiert wurde, ging bei 51 % der Anstoß durch das Jugendamt bzw. den Allgemeinen Sozialen Dienst (ASD) aus. Weitere öffentliche Stellen wurden bei 12 % der Fälle benannt. Demgegenüber ging lediglich bei 4 % der Fälle die Initiative durch Dienste freier Träger für eine SPFH aus (Pluto et al. 2007, 209). Angesichts dieser Zahlen zeigt sich, dass der größere Teil der Hilfen nicht von den Familien selbst ausgeht. Der Einsatz einer SPFH entsteht vielmehr häufig aufgrund eines äußeren Drucks (bspw. drohende Eingriffe, Fremdplatzierung des Kindes / der Kinder oder nicht erfüllter Wunsch nach einer Rückführung des Kindes / der Kinder in die Familie), der Eltern zu einer Inanspruchnahme veranlasst (Jordan 2005). Im Durchschnitt dauert die SPFH im Jahr 2001 16 Monate und war damit genauso lang wie noch 1991 (Statistisches Bundesamt 2003).

Strukturelle Rahmungen

Neben der Erziehung in Tagesgruppen (§ 32 SGB VIII) ist die SPFH die am stärksten vertretene Form ambulanter erzieherischer Hilfen. Aktuelle Daten zeigen, dass in nahezu allen Jugendamtsbezirken im Bundesgebiet (94 %) die SPFH als Hilfeangebot besteht. Rückläufig sind hingegen die Jugendamtsbezirke, in denen die SPFH ausschließlich vom öffentlichen Träger vorgehalten wird. Während der Anteil der SPFH-Hilfen, die von öffentlichen Trägern bereitgestellt werden, sich in Ostdeutschland unterhalb von 10 % befindet, liegt dieser Anteil in Westdeutschland bei 50 % (Pluto et al. 2007).

Der stetigen Zunahme der Fallzahlen in der SPFH steht gegenwärtig eine Trendwende in der Personalentwicklung im Bereich der ambulanten erzieherischen Hilfe gegenüber (Rauschenbach / Schilling 2008). Festzuhalten ist zunächst einmal, dass das Ausgaben- und Beschäftigungsvolumen im Bereich der Hilfen zur Erziehung – nach der Kindertagesbetreuung – der größte Teilbereich der Kinder- und Jugendhilfe ist. Aktuelle Daten zeigen, dass die Anzahl der Beschäftigten in den Hilfen zur Erziehung nahezu konstant geblieben ist: Während es im Jahr 2002 61.745 Beschäftigte gab, sind Ende 2006 62.304 Beschäftigte festzustellen. Demgegenüber unterliegt der Beschäftigungsumfang deutlichen Veränderungen. Im Vergleich zu 2002 zeigt sich ein beachtlicher Rückgang der Vollzeitstellen im Bereich der ambulanten Hilfen zur Erziehung, d. h., Fachkräfte arbeiten zunehmend in Teilzeit, und flexibel arbeitende Honorarkräfte werden vermehrt eingesetzt. Mit dieser Stagnation der Beschäftigtenzahlen und dem Rückgang des Beschäftigungsvolumens war im Hinblick auf die Expansionsphase in der Personalentwicklung, die sich bis 2002 zeigte, eine deutliche Trendwende zu bemerken (Fendrich 2008; Rauschenbach / Pothmann 2008). Gleichzeitig beinhaltet diese Trendwende keinen Rückgang der Ausgaben für die ambulanten Hilfen insgesamt. Es ist vielmehr ein Zuwachs an öffentlichen Aufwendungen für die Leistungen gerade im Handlungsfeld der SPFH auszumachen (von 2002 bis 2006 von knapp 18 % auf 1,2 Mrd. EUR). Ungeachtet dessen zeigen sich die oben benannten veränderten Personalstrukturen. Daher wird „von fachlicher Seite kritisch zu beleuchten sein, inwiefern personelle Umstrukturierungen und Stundenreduzierungen des Personals einerseits sowie die Leistungsverdichtung auf einen geringeren wöchentlichen Stundenumfang der Hilfe andererseits Auswirkungen auf deren Qualität mit sich bringen" (Fendrich 2008, 11).

Die Sozialpädagogische Familienhilfe als Forschungsfeld

In den letzten dreißig Jahren wurde eine große Zahl praxisbezogener Handlungsanleitungen, die auf verschiedenen Konzepten Sozialer Arbeit sowie auf unterschiedlichen Beratungs- und Therapieansätzen basieren, veröffentlicht ebenso wie etwa Erfahrungsberichte zur SPFH (Petko 2004). Die Zahl der empirischen Forschungen zur SPFH stellt sich – im Vergleich zu ihrer auch quantitativen Bedeutung im Feld der Jugendhilfe – deutlich bescheidener dar. Zwar liegen mittlerweile einige quantitative und qualitative Studien vor, zugleich

bestehen bislang nur unzureichende Kenntnisse über die Prozesse in der SPFH.

Die ersten empirischen Untersuchungen zur SPFH fanden Anfang der 1980er Jahre statt. Das Sozialpädagogische Institut Berlin (spi Berlin) führte mit Unterstützung der Stiftung Jugendmarke und in Kooperation mit dem Institut für Soziale Arbeit in Münster zwei Forschungsprojekte durch. In diesem Rahmen wurden eine Bestandsaufnahme der SPFH in der Bundesrepublik Deutschland und Berlin (West) sowie eine Untersuchung zu den Langzeitwirkungen realisiert. Diese Studien sollten zunächst einmal die Etablierung der SPFH bundesweit befördern und zugleich empirische Befunde dazu vorlegen, was die SPFH als neues Jugendhilfeangebot zu leisten im Stande ist (Kreft / Müller 1986; Nielsen / Nielsen 1986; Nielsen et al. 1986; Elger / Christmann 1986; Christmann et al. 1986). Beide Studien waren darauf ausgerichtet, den qualitativen und quantitativen Ausbau der SPFH, ihre Formen der Finanzierung und Organisation sowie die Qualifikation der Fachkräfte einer Analyse zu unterziehen. In der Studie zu „Langzeitwirkungen in der SPFH" wurde der Blick insbesondere auf die Indikation sowie auf Rahmenbedingungen einer „erfolgreichen" Familienhilfe gerichtet (Christmann et al. 1986; Elger / Christmann 1986).

Für Hessen und Baden-Württemberg wurden in den 1980er sowie 1990er Jahren weitere Untersuchungen zur SPFH vorgelegt. Zu nennen sind hier

- die wissenschaftliche Begleituntersuchung eines Modellprojekts in Kassel, die die Organisation, Familien, Konzeption und Arbeitsweise der SPFH evaluierte (Pressel 1981),
- die Studie zur SPFH in Hessen, in der es um eine Bestandsaufnahme sowie um Probleme und Weiterentwicklung der SPFH ging (Bieback-Diel / Oberle (1989)
- und eine Begleituntersuchung von Projekten der sozialpädagogischen Familienhilfe im ländlichen Raum, in der u. a. Familienstrukturrekonstruktionen und Analysen der Interventionsverläufe in der SPFH vorgenommen wurden (Allert et al. 1994).

Das „Handbuch Sozialpädagogische Familienhilfe", das Ende der 1990 Jahre veröffentlicht wurde und als „Nachschlagewerk" im Feld der Kinder- und Jugendhilfe gilt, umfasst die Befunde des Praxisforschungsprojekts „Sozialpädagogische Familienhilfe in der Bundesrepublik Deutschland" (1994–1997). Darin werden ein Überblick zum Entwicklungsstand der SPFH und gegenwärtige theoretische, konzeptionelle und methodische Diskussionen zur SPFH u. a. auf der Basis von Praxisberichten, Expertisen usw. abgebildet (Helming et al. 1999).

Zu verweisen ist weiterhin auf Untersuchungen, die ebenfalls Ende der 1990er Jahre vorgelegt wurden und in denen Forscher(innen) aus ihrer eigenen Praxis als Professionelle in der Familienhilfe berichten bzw. diese Praxis zum Gegenstand ihrer Forschung erheben (Schuster 1997; Woog 1998).

Neuere Entwicklungen einer zunehmenden „Managerialisierung" der Jugendhilfe im Zuge der Einführung Neuer Steuerungsmodelle und von Qualitätsentwicklungsmaßnahmen fanden eine deutliche Berücksichtigung in der SPFH-Forschung der letzten Jahre. So wurden die Auswirkungen veränderter Finanzstrukturen auf Inhalte und Qualität von Jugendhilfeleistungen am Beispiel der SPFH (in Hessen und Baden-Württemberg) untersucht (Rönnau et al. 2006). Des Weiteren wurden empirische Befunde zu der Frage nach der Qualität und Wirkung der Sozialpädagogischen Familienhilfe (in Nordrhein-Westfalen) im Kontext einer Forschungskooperation von Bielefeld und Wuppertal vorgelegt. Im Rahmen dieser Studie wurde u. a. ein Hauptaugenmerk auf die Frage nach einer möglichen Überformung von Arbeitsbedingungen im Kontext managerieller Steuerungslogiken gerichtet, deren Implementation mit der Befürchtung restringierender Bedingungen für professionelles Handeln einhergeht (Beckmann et al. 2006; 2009a). Zumindest benannt werden sollten im Kontext einer aktuellen Debatte um Wirkungen von Jugendhilfeangeboten – die auch die SPFH betrifft – die „Jugendhilfeeffektestudie" (Schmidt et al. 2002) und das Bundesmodellprogramm „Wirkungsorientierte Jugendhilfe" (Albus et al. 2010). Letzteres hebt insbesondere auf die Erfassung und Analyse von Befähigungs- und Verwirklichungschancen (capabilities) bei Kindern und Jugendlichen im Kontext erzieherischer Hilfen ab (2010). In Anknüpfung an neuere Tendenzen einer Nutzer(innen)- bzw. Adressat(inn)enforschung (Oelerich / Schaarschuch 2005; Bitzan et al. 2006) finden sich Untersuchungen, die die SPFH „aus der Sicht ihrer Klientinnen und Klienten" (Wolf 2006) untersuchen und dabei u. a. auch Erkenntnisse der Resilienzforschung integrieren (Frindt 2009).

Jüngste Entwicklungen in der Forschung zur SPFH richten sich auf die Analyse von Gesprächen zwischen Fachkraft und Familienmitgliedern (Petko 2004, 2006; Richter 2010). Empirische Untersuchungen unter Verwendung gesprächsanalytischer Verfahren finden erst seit den 1990er Jahren vermehrt Eingang in die sozialpädagogische Forschung und dies unter nicht unwesentlichem Einfluss angelsächsischer und skandinavischer Studien (Hall et al. 2003; im Überblick: Hitzler / Messmer 2008). Forschungen im deutschsprachigen Raum, die Gesprächspraktiken in der sozialpädagogischen Familienhilfe analysieren und damit die Frage nach den kommunikativen Aushandlungsprozessen systematisch in den Blick nehmen, stellen bislang Ausnahmen dar und greifen damit ein wesentliches Forschungsdesiderat im Feld der SPFH auf (Petko 2004; Richter 2010).

Re-Familialisierung des Sozialen? Kritische Einwände gegen die SPFH

Einwände gegen die SPFH werden nahezu gleich zu Beginn ihrer Implementation laut. Zwar wird die SPFH als Erweiterung der Angebotspalette der Jugendhilfe aufgrund eben ihres ambulanten und kontinuierlich-intensiven Charakters hervorgehoben. Zugleich bezieht sich insbesondere auf ihre zeitlich regelmäßige Präsenz in den Wohnungen der unter Problemdruck stehenden Familien die Kritik. Mit dieser Anwesenheit finde ein erheblicher Eingriff in die Alltags- und Privatsphäre der Familien statt, verbunden mit der Gefahr einer „Kolonialisierung der Lebenswelt" (Karsten / Otto 1987). Fachkräfte drängten freundlich und zugleich unausweichlich in den familialen Alltag, machten damit sämtliche Lebensbereiche einer umfassenden Bewertung und Kontrolle zugänglich und produzierten im Zuge dieser Vereinnahmung die „gläserne Familie" (Karsten / Otto 1987).

Kritische Beiträge der 1990er Jahre problematisieren dazuhin die (Selbst-)Thematisierung und Begründung der SPFH als die zeitgemäße Form präventiver Jugendhilfe, da die SPFH auch entgegen ihrer Absicht „gerade dadurch, daß sie sich selbst als progressive Neuerung der Jugendhilfe auszuweisen sucht, zum Einfallstor einer grundlegenden Wende der Jugendhilfe / Jugendhilfepolitik im Sinne einer grundsätzlichen Re-Familialisierung"

(Peters 1990, 37) werde. Zumal die Implementationsgeschichte der SPFH durch die politische Wende im Jahr 1982 geprägt wurde, die eine „Neubewertung und Re-Ideologisierung der Familie" (Peters 1990, 36) perpetuierte.

Diese Kritik an einer Re-Familialisierung des Sozialen begleitet die Entwicklung und Etablierung der SPFH bis in die Gegenwart. Aktuell geraten im Zuge einer neoliberalen bzw. neosozialen „Transformation des Politischen" (Lemke et al. 2000, 26) Familien als Ressource zunehmend in die sozialpolitische und sozialpädagogische Aufmerksamkeit. In der Konsequenz profilieren sich Verschiebungen im Verhältnis von öffentlicher und privater Sphäre, die als veränderte Form der Aufgabendelegation von Staat und Familie gefasst werden können (Böllert 2008; Oelkers 2009). Die Aktivierung elterlicher Verantwortung wird – trotz Hierarchisierung familialer Lebenskonzepte und daraus resultierender benachteiligter Existenzweisen – vor allem politisch gefordert. Die Jugendhilfe als soziale Akteurin steht vor der Herausforderung, sowohl einer wohlmeinenden Vereinnahmung von Familien zu entgehen als auch einer aktivierungspädagogischen Rhetorik und Praxis kritisch-reflexiv zu begegnen, in der den Familien ihre soziale Marginalisierung als kulturelle Inferiorität zur Last gelegt wird (Richter et al. 2009).

Literatur

Albus, S., Greschke, H., Klingler, B., Messmer, H., Micheel, H.-G., Otto, H.-U., Polutta, A. (2010): Wirkungsorientierte Jugendhilfe. Schriftenreihe Wirkungsorientierte Jugendhilfe. Band 10. Waxmann, Münster u. a.

Allert, T., Biebäck-Diel, L., Oberle, H., Seyfarth, E. (1994): Familie, Milieu und sozialpädagogische Intervention. Votum, Münster

Beckmann, C., Maar, K., Otto, H.-U., Schaarschuch, A., Schrödter, M. (2009a): Burnout als Folge restringierender Arbeitsbedingungen? Ergebnisse einer Studie aus der Sozialpädagogischen Familienhilfe. In: Beckmann, C., Otto, H.-U., Richter, M., Schrödter, M. (Hrsg.), 194–208

–, Otto, H.-U., Richter, M., Schrödter. M. (Hrsg.) (2009b): Neue Familialität als Herausforderung der Jugendhilfe. Neue Praxis Sonderheft 9

–, Otto, H.-U., Schaarschuch, A., Schrödter, M. (2006): Qualität und Wirkung in der Sozialpädagogischen Familienhilfe. Vorläufige Ergebnisse des DFG-Projektes „Dienstleistungsqualität". Bielefeld / Wuppertal. In: www.dlq-online.de/document/Ergebnisbericht_DFG-Projekt_DLQ.pdf, 05.04.2010

Bieback-Diel, L., Oberle, H. (1989): Begleituntersuchung: Sozialpädagogische Familienhilfe in Hessen. Bestandsaufnahme, Probleme und Weiterentwicklung. Institut für Sozialarbeit und Sozialpädagogik, Frankfurt / M.

Birtsch, V., Münstermann, K., Trede, W. (Hrsg.) (2001): Handbuch Erziehungshilfen. Leitfaden für Ausbildung, Praxis und Forschung. Votum, Münster

Bitzan, M., Bolay, E., Thiersch, H. (2006): Die Stimme des Adressaten. Juventa, Weinheim / München

Böllert, K. (Hrsg.) (2008): Von der Delegation zur Kooperation. Bildung in Familie, Schule, Kinder- und Jugendhilfe. VS, Wiesbaden

Bröckling, U., Krasmann, S., Lemke, T. (Hrsg.) (2000): Gouvernementalität der Gegenwart. Suhrkamp, Frankfurt / M.

Bundesministerium für Familie, Senioren, Frauen und Jugend (BMFSFJ) (2005): Siebter Familienbericht. Familie zwischen Flexibilität und Verlässlichkeit. Berlin

Bundesministerium für Jugend, Familie und Gesundheit (BMJFG) (Hrsg.) (1974): Mehr Chancen für die Jugend – zu Inhalt und Begriff einer offensiven Jugendhilfe. BMJFG, Bonn

Chassé, K.-A., Wensierski, H.-J. v. (Hrsg.) (1999): Praxisfelder der Sozialen Arbeit. Juventa, Weinheim / München

Christmann, C., Müller, C. W., Elger, W. (1986): Sozialpädagogische Familienhilfe. Bestandsaufnahme, Entwicklung, Perspektiven, Modelle. SPI, Berlin

Deutscher Bundestag (2008): Lebenslagen in Deutschland – Dritter Armuts- und Reichtumsbericht. Berlin

DFG-Graduiertenkolleg „Jugendhilfe im Wandel" (Hrsg.) (2010): Jugendhilfe im Wandel. Beiträge zur Kinder- und Jugendhilfeforschung. VS, Wiesbaden (i. E.)

Dörr, M., Müller, B. (2006) (Hrsg.): Nähe und Distanz. Ein Spannungsfeld pädagogischer Professionalität. Weinheim / München

Ecarius, J. (Hrsg.) (2007): Handbuch Familie. VS, Wiesbaden

Elger, W., Christmann, C. (1986): Sozialpädagogische Familienhilfe im Überblick. Bestandsaufnahme für die Bundesrepublik und Berlin (West). Neue Praxis 2, 113–121

Fendrich, S. (2008): Hilfen zur Erziehung – eine Trendwende bei der Personalentwicklung. Rückbau und Umstrukturierungen bei den Beschäftigten in einem expandierenden Leistungsbereich. In: KomDaT Jugendhilfe 1 / 2, 9–11

Frindt, A. (2009): Resilienzförderung in der Praxis der SPFH. Forum Erziehungshilfen 2, 76–80

Fröhlich-Gildhoff, K., Engel, E. M., Rönnau, M., Kraus, G. (Hrsg.) (2006): Forschung zur Praxis in den ambulanten Hilfen zur Erziehung. FEL, Freiburg / Br.

Hall, C., Juhila, K., Parton, N., Pösö, T. (Hrsg.) (2003): Constructing Clienthood in Social Work and Human Services. Jessica Kingsley Publishers, London / New York

Helming, E. (2001): Sozialpädagogische Familienhilfe und andere Formen familienbezogener Hilfen. In: Birtsch, V., Münstermann, K., Trede, W. (Hrsg.), 541–571

–, Schattner, H., Blüml, H. (1999): Handbuch Sozialpädagogische Familienhilfe. 3. Aufl. Kohlhammer, Stuttgart, Berlin/Köln

Hitzler, S., Messmer, H. (2008): Gespräche als Forschungsgegenstand in der Sozialen Arbeit. Zeitschrift für Pädagogik 2, 244–260

Hofgesang, B. (2005): Familienhilfe: sozialpädagogische. In: Otto, H.-U., Thiersch, H. (Hrsg.), 529–539

Jordan, E. (2005): Kinder- und Jugendhilfe. Einführung in Geschichte und Handlungsfelder, Organisationsformen und gesellschaftliche Problemlagen. 2. Aufl. Juventa, Weinheim/München

Karsten, M.-E., Otto, H. U. (Hrsg.)(1987): Die sozialpädagogische Ordnung der Familie. Beiträge zum Wandel familialer Lebensweisen und sozialpädagogischer Interventionen. Juventa, Weinheim/München

Kreft, D., Müller, C. W. (1986): Sozialpädagogische Familienhilfe. Ein neues Jugendhilfeangebot zwischen Einführung und Bewährung. Neue Praxis 2, 107–113

Kühl, W. (1997): Kompetenzentwicklung der Sozialpädagogischen Familienhilfe in den neuen Bundesländern. Neue Praxis 2, 154–168

Lemke, T., Krasmann, S., Bröckling, U. (2000): Gouvernementalität, Neoliberalismus und Selbsttechnologien. In: Bröckling, U., Krasmann, S., Lemke, T. (Hrsg.), 7–40

Nielsen, H. (1999): Sozialpädagogische Familienhilfe. In: Chassé, K.-A., Wensierski H.-J. v. (Hrsg.), 156–166

–, Nielsen, K. (1986): Langzeitwirkungen in der Sozialpädagogischen Familienhilfe. Neue Praxis 2, 121–128

–, –, Müller, C. W. (1986): Sozialpädagogische Familienhilfe. Probleme, Prozesse und Langzeitwirkungen. Beltz, Weinheim

Oelerich, G., Schaarschuch, A. (2005): Soziale Dienstleistungen aus Nutzersicht. Zum Gebrauchswert Sozialer Arbeit. Ernst Reinhardt Verlag, München/Basel

Oelkers, N. (2009): Aktivierung von Elternverantwortung im Kontext der Kindeswohldebatte. In: Beckmann, C., Otto, H.-U., Richter, M., Schrödter, M. (Hrsg.), 139–148

Otto, H.-U., Thiersch, H. (Hrsg.) (2005): Handbuch Sozialarbeit/Sozialpädagogik. 3. Aufl. Ernst Reinhardt Verlag, München/Basel

Peters, F. (1990): Zur Kritik der sozialpädagogischen Familienhilfe. Widersprüche 34, 29–48

Petko, D. (2006): Nähe und Distanz in der Sozialpädagogischen Familienhilfe. In: Dörr, M., Müller, B. (Hrsg.), 159–174

– (2004): Gesprächsformen und Gesprächsstrategien im Alltag der Sozialpädagogischen Familienhilfe. Cuvillier, Göttingen

Pluto, L., Gragert, N., Santen, E. van, Seckinger, M. (2007): Kinder- und Jugendhilfe im Wandel. Eine empirische Strukturanalyse. Deutsches Jugendinstitut, München

Pothmann, J. (2009): Sozialpädagogische Familienhilfe im Zahlenspiegel. Forum Erziehungshilfen 2, 68–70

Pressel, I. (1981): Modellprojekt Familienhilfe in Kassel. Deutscher Verein, Frankfurt/M.

Rauschenbach, T., Schilling, M. (2008): Spaltet sich die Kinder- und Jugendhilfe? Analysen zu Gewinnen und Verlusten in der Personalstruktur. KomDat Jugendhilfe 1/2, 2–4

Richter, M. (2010): „Small Talk" und „Troubles-Telling" – Gesprächspraktiken in der Jugendhilfe. In: DFG-Graduiertenkolleg „Jugendhilfe im Wandel" (Hrsg.) (i. E.)

–, Beckmann, C., Otto, H.-U., Schrödter, M. (2009): Neue Familialität als Herausforderung der Jugendhilfe. In: Beckmann, C., Otto, H.-U., Richter, M., Schrödter, M. (Hrsg.), 1–14

Rönnau, M., Engel, E. M., Fröhlich-Gildhoff, K. (2006): Inhalte, Strukturen, Finanzierungen und Effekte der SPFH in Hessen und Baden-Württemberg. In: Fröhlich-Gildhoff, K., Engel, E. M., Rönnau, M., Kraus, G. (Hrsg.), 63–81

Schattner, H. (2007): Sozialpädagogische Familienhilfe. In: Ecarius (Hrsg.): Handbuch Familie. VS, Wiesbaden, 593–613

Schmidt, M., Schneider, K., Hohm, E., Pickartz, A., Macsenaere, M. Petermann, F., Flosdorf, P. Hölzl, H., Knab, E. (2002): Effekte erzieherischer Hilfen und ihre Hintergründe. Kohlhammer, Stuttgart

Schuster, E. M. (1997): Sozialpädagogische Familienhilfe (SPFH). Aspekte eines mehrdimensionalen Handlungsansatzes für Multiproblemfamilien. Peter Lang, Frankfurt/M.

Statistisches Bundesamt (2003): 11 Jahre Kinder- und Jugendhilfegesetz in Deutschland. Ergebnisse der Kinder- und Jugendhilfestatistiken. Bonn. In: www.destatis.de, 05.04.2010

Wiesner, R. (2006): SGB VIII, Kinder- und Jugendhilfe. 3., völlig überarbeitete Auflage. C. H. Beck, München

Wolf, K. (2006): Sozialpädagogische Familienhilfe aus der Sicht der Klientinnen und Klienten – Forschungsergebnisse und offene Fragen. In: Fröhlich-Gildhoff, K., Engel, E. M., Rönnau, M., Kraus, G. (Hrsg.), 83–99

Woog, A. (1998): Soziale Arbeit in Familien. Theoretische und empirische Ansätze zur Entwicklung einer pädagogischen Handlungslehre. Juventa, Weinheim/München

Familienpolitik, Soziale Arbeit mit Familien und Familienbildung

Von Matthias Euteneuer, Kim-Patrick Sabla und Uwe Uhlendorff

Familie lässt sich jenseits ihrer pluralen Erscheinungsformen als eine Lebensform bestimmen, die durch die Zusammengehörigkeit von mindestens *zwei zueinander in einer Elter-Kind-Beziehung stehende Generationen* geprägt ist (Böhnisch / Lenz 1997, 28). In ihrem Innenraum wird Familie durch ein spezifisches *Kooperations- und Solidaritätsverhältnis* zwischen ihren Mitgliedern konstituiert (Nave-Herz 2004, 30). Familie weist insofern einen *biologisch-sozialen* Doppelcharakter (König 2002, 91 ff.) auf, als in ihr häufig biologische Reproduktions- und Sozialisationsfunktion zusammenfallen. Im Rahmen einer Pluralisierung der familialen Lebensformen scheint aus sozialpädagogischer Perspektive die soziale Konstruktion von Familie und familialer Solidarität entscheidender als biologische Abstammungsverhältnisse, denen aber weiterhin hohe kulturelle und rechtliche Relevanz zukommt. Mit der Herausbildung des ‚sozialen Sektors‘ in der Moderne ist die Familie gemäß der vorgenannten Merkmale in zweierlei Hinsicht ins Blickfeld der Sozialen Arbeit gekommen: Weil ihre Form sozial bestimmt ist, gehört Familie einerseits zur sozialen Ordnung einer Gesellschaft und ist im Rahmen ihrer Sozialisationsfunktion auch Ort der Perpetuierung dieser Ordnung. Familie ist demgemäß ebenso ein gesellschaftlich relevanter Bildungs- und Sozialisationsort, wie in ihr umgekehrt auch verschiedene problemhafte Aspekte des Modernisierungsprozesses (soziale Fragen) zusammentreffen und in ihren individuellen Ausprägungen kenntlich werden (Karsten / Otto 1996, 9). Familie als spezifisches Kooperations- und Solidaritätsverhältnis stellt aber andererseits auch eine Ressource für die Bewältigung sozialer Fragen dar. Sie hat damit ebenso Modellcharakter für gewisse sozialpädagogische Hilfeformen, wie ein Fehlen oder Beschädigt-Sein dieser Ressource selbst als soziales Problem gilt. Sozialpädagogisch gerät Familie also (1) als primäre, notwendige Bildungs- und Sozialisationsinstanz in den Blick, in der sich aber auch alle sozialen Fragen kreuzen, von denen Familienmitglieder betroffen sind. Sie wird aber auch (2) als (zu erhaltende, zu stärkende, wiederherzustellende) Ressource für die Bearbeitung dieser sozialen Probleme und somit als beschädigte wie modellhafte Instanz der Erbringung von Solidaritäts- und Sozialisationsleistungen adressiert.

Genau genommen ist damit sozialpädagogisches Handeln *insgesamt* „ohne einen dezidierten oder verborgenen Familienbezug nicht denkbar", da Soziale Arbeit „seit ihren Ursprüngen in Auseinandersetzung mit, in Absetzung von oder an Stelle der privatfamilialen Lebensgestaltung" (Karsten / Otto 1996, 10) stattfindet. Trotzdem erscheint es sinnvoll, ein im engeren Sinne familienbezogenes Arbeitsfeld innerhalb der Sozialen Arbeit abzugrenzen. Der Terminus ‚Familienarbeit‘ (Erler 2005, 2003) wurde dafür besonders in den 1980er Jahren verwendet. Er erscheint uns jedoch missverständlich, da mit Familienarbeit gegenwärtig eher a) (synonym zu familialer Arbeit) marktfern erbrachte, häusliche und familienbezogene Arbeitsleistungen (z. B. BMFSFJ 2006, 87 ff.) bzw. b) (im Sinne von ‚Eltern- und Familienarbeit‘) die Einbeziehung der Familie in kind- oder jugendzentrierten pädagogischen Institutionen (z. B. Hebenstreit-Müller 2005) bezeichnet werden. Eine weniger missverständliche Alternative stellt der Terminus ‚Soziale Arbeit mit Familien‘ dar. Damit sollen im Folgenden jene Handlungsfelder der Sozialen Arbeit bezeichnet werden, die in Anlehnung an die obige Bestimmung der sozialpädagogischen Relevanz von Familie (1) spezialisiert sind auf die Bearbeitung in der Familie auftretender sozialer Pro-

Otto/Thiersch (Hg.), Handbuch Soziale Arbeit, 4. A., DOI 10.2378/ot4a.art041.

bleme und / oder (2) auf die Wiederherstellung bzw. Stärkung der familiären Sozialisations-, Kooperations- und Solidaritätsleistungen abzielen. Insofern das Ziel dabei immer in einer ‚gelingenden‘ familialen Privatheit liegt, operiert Soziale Arbeit auch mit Normalitätsentwürfen von familialen Lebensformen, die nicht zuletzt auch familienpolitisch und familienrechtlich positiv sanktioniert oder zumindest zugelassen werden müssen.

Familienpolitik

Unter Familienpolitik lassen sich alle politischen Maßnahmen fassen, die den Lebenszusammenhang und die Lebensführung von Familien beeinflussen (Strohmeier 2003, 181). Familienpolitik kann explizit als Familienpolitik – die auch als solche bezeichnet wird – sowie implizit im Rahmen arbeitsmarkt-, bevölkerungs-, frauen- oder kinderpolitisch begründeter Interventionen betrieben werden.

Sucht man nach einer Systematisierung familienpolitischer Motive, so wird häufig auf vier, von Beginn einer modernen Familienpolitik an wirksame Teilmotive verwiesen (Herlth / Kaufmann 1982, 14 ff.): (1) ein bevölkerungspolitisches Motiv, (2) ein sozialpolitisches Motiv, (3) ein familieninstitutionelles Motiv und (4) ein emanzipatorisches Motiv.

Mit *bevölkerungspolitischen Motiven* werden jene Interventionen begründet, die – je nach gesellschaftlicher Situation – auf die Mehrung, Erhaltung oder Begrenzung der Bevölkerung abzielen. Dieses am weitesten in die Geschichte zurückverfolgbare Motiv expliziter wie impliziter Familienpolitik stand lange Zeit mit dem Erhalt der militärischen und wirtschaftlichen Stärke eines Staates in Verbindung. Es wurde nach der offensiv bevölkerungspolitischen Familienpolitik des Nationalsozialismus in Deutschland einige Zeit tabuisiert, ist aber in den letzten Jahren in Deutschland wie in anderen europäischen Ländern im Kontext von Diskussionen um den Erhalt der sozialen Sicherungssysteme wieder erstarkt (Gerlach 2004, 114 f.).

Im Rahmen des *sozialpolitischen Motivs* werden Bemühungen zusammengefasst, soziale Ungleichheiten auszugleichen, die ihre Ursache im Familienstand, der Familienform oder der Zahl der Kinder haben. Dies ist z. B. durch steuerliche Maßnahmen, Umverteilungsmaßnahmen oder soziale Dienstleistungen möglich. Das weiterhin deutlich erhöhte Armutsrisiko von Alleinerziehenden und Familien mit mehr als drei Kindern (BMAS 2008, 76) verweist dabei auf anhaltende Einseitigkeiten und Defizite eines in Deutschland noch stark um Ehe und Kleinfamilie zentrierten Familienlastenausgleichs.

Dies liegt nicht zuletzt in einer *familieninstitutionell motivierten* Politik begründet, also in staatlichen Interventionen, die, gestützt auf gesellschaftliche Moralvorstellungen versuchen, Binnenstrukturierungen von Familie und die Kennzeichnung ihrer Spezifik gegenüber anderen Lebensformen zu beeinflussen. Bis weit in die 1960er Jahre stand familienpolitisch nämlich die Stabilisierung der bürgerlichen Kern- oder Kleinfamilie unter patriarchalischer Leitung im Zentrum familieninstitutioneller Politiken. Zwar lässt sich seit Mitte der 1970er Jahre eine deutliche Öffnung für alternative Familienformen beobachten – etwa durch die Einführung des Haushaltsfreibetrags für Alleinerziehende oder der Reform des Kindschaftsrechts mit der weitgehenden Gleichstellung ehelicher und nichtehelicher Kinder (Gerlach 2004, 117). Aber die ‚Altlasten‘ einer solchen, auf ein Familienmodell konzentrierten Politik wirken bis heute nach.

Der auch als Deinstitutionalisierung gedeutete familieninstitutionelle Öffnungsprozess ab den 1970er Jahren ist nicht zuletzt durch eine *emanzipatorisch* motivierte Familienpolitik vorangetrieben worden, die darauf abzielt, in der Familie existierende Machtgefälle zwischen Männern und Frauen auf der einen Seite und Eltern und Kindern auf der anderen Seite zu reduzieren. Insbesondere in nordeuropäischen Ländern ist dieser Prozess durch Individualisierung sozialstaatlicher Anspruchsleistungen, die sodann nicht an eine Familienform, sondern an die individuelle Position als Kind, Vater oder Mutter gebunden sind, weiter fortgeschritten als in Deutschland (BMFSFJ 2006, 22 ff.).

Familieninstitutionelle Motive wurden insgesamt explizit zurückgedrängt. Dennoch sollte nicht verkannt werden, dass auch auf plurale Familienbilder rekurrierende Maßnahmen die Binnenstrukturierungen von Familie beeinflussen wie z. B. die (begrenzte) rechtliche Anerkennung gleichgeschlechtlicher Partnerschaften oder auf Integration von Frauen in das Erwerbsleben zielende Maßnahmen. Es ergeben sich familieninstitutionelle Folgen, wenn neue Rechte und Pflichten institutionalisiert und Leitbilder formuliert werden.

Verschiedene familienpolitische Motive überlagern sich selbstverständlich in einzelnen familienpolitischen Maßnahmen, wie umgekehrt spezifische Ziele im Rahmen der Motivkomplexe nur im Zusammenspiel unterschiedlicher familienpolitischer Mittel erreicht werden können. Im Rahmen der Umsetzung familienpolitischer Ziele werden gewöhnlich rechtliche, ökonomische, ökologische (Infrastrukturmaßnahmen) sowie pädagogische Mittel unterschieden (Kaufmann 1982), wobei aufgrund der offensichtlichen Komplexität von Familiengründungs- oder Familienformentscheidungen kaum eine gezielte Beeinflussung im Sinne klarer Mittel-Ziel-Relationen zu erreichen ist. Dies gilt erst recht für die hier besonders interessierenden sozialpädagogischen Interventionsformen. Die explizite Kommunikation familienpolitischer Leitbilder über Familienbildungsmaßnahmen oder sozialpädagogische Interventionen im Rahmen einer pluralistischen Gesellschaft würde einerseits eine Anmaßung darstellen, erscheint andererseits aber auch in ihren Wirkungen höchst unsicher (Gerlach 2004, 122; Kaufmann 1982, 80 ff.).

Gegenwärtig wird allerdings ein Paradigmenwechsel in der Familienpolitik diagnostiziert, der nicht folgenlos für familiale Lebensformen sowie Soziale Arbeit mit Familien bleiben wird. Zwar ist noch umstritten, ob dieser Paradigmenwechsel, in dessen Zentrum der bisweilen ganz unverhohlen propagierte „ökonomische Charme der Familie" (Ristau 2005) steht, auf eine tatsächliche Ökonomisierung der Familienpolitik verweist oder ob er lediglich als familienpolitische Indienstnahme ökonomischer Argumente zu deuten ist (Leitner 2008; Ostner 2008). Im Rahmen dieses Paradigmenwechsels kommt jedenfalls der Politik der europäischen Union zentrale Bedeutung zu: Denn obwohl explizite familienpolitische Kompetenz bislang auf der Ebene der Mitgliedsstaaten verblieben ist, werden familienpolitisch relevante Leitlinien zusehends auf der Ebene der Europäischen Union gestaltet, um die unterschiedlichen europäischen Familienpolitiken im Sinne der offenen Koordinierungsmethode (OKM) aufeinander abzustimmen (Reinecke / Bauckhage-Hoffer 2008). Die zentralen familienpolitisch relevanten Leitlinien der EU sind dabei erkennbar auf das wirtschaftspolitische Ziel des Erhalts und der Stärkung der internationalen Konkurrenzfähigkeit des europäischen Wirtschaftsraums abgestimmt und zielen etwa auf Erhalt und

Steigerung des Arbeitskräftepotenzials oder auf eine Steigerung der Geburtenrate zur Konsolidierung der sozialen Sicherungssysteme (Lewis / Giullari 2005, 79). Unter (zumindest rhetorischem) Aufgriff emanzipatorischer Motive steht insbesondere die Herstellung von *Geschlechtergerechtigkeit* durch *Integration von Frauen in den Arbeitsmarkt* im Vordergrund, wobei die dazu notwendige *Vereinbarkeit von Familie und Beruf* weniger durch eine Umverteilung informeller Sorgearbeit zwischen den Geschlechtern als durch einen deutlichen *Ausbau öffentlicher und privatwirtschaftlicher Betreuungsleistungen* erreicht werden soll. Diese familienpolitischen Leitlinien sind im Rahmen der OKM weiterhin in operationalisierte Zielvereinbarungen umgesetzt worden, denen sich die Mitgliedsstaaten der EU verpflichtet haben. So sollte bis 2010 beispielsweise eine Steigerung der Frauenerwerbstätigkeit von etwa 55 % auf 60 % der weiblichen Bevölkerung im erwerbstätigen Alter erreicht werden (COM 2006, 3). Zugleich sollen für mindestens 90 % der 3- bis 6-jährigen Kinder sowie 33 % der Kinder unter 3 Jahren Betreuungsangebote geschaffen werden (EC 2002, 12). Im Rahmen der OKM sind damit konkrete familienpolitische Maßnamen der Einzelstaaten wie der Bundesrepublik Deutschland zwar nicht durch europäische Politiken determiniert. Allerdings sind viele politische Einzelmaßnahmen wie z. B. die Einführung des einkommensabhängigen Elterngeldes oder der mit mehreren Gesetzesbeschlüssen vorangetriebene Ausbau der Kindertagesbetreuung deutlich durch die europäischen Zielvereinbarungen geprägt (siehe Abb. 1).

Eine wichtige Rolle in Bezug auf die Koordination nationaler familienpolitischer Maßnahmen mit den familienpolitisch relevanten Leitlinien der EU kommt der 2007 von den Staats- und Regierungschefs der EU ins Leben gerufenen *Europäischen Allianz für Familien* zu (http://ec.europa.eu/employment_social/emplweb/families/index.cfm). Die Arbeit dieser Institution zielt darauf ab, den Austausch familienpolitischer Ideen und Erfahrungen zwischen den Mitgliedsstaaten der EU zu fördern und familienpolitisch relevante Akteure in den Mitgliedsstaaten (z. B. Regierungsbeamte, Dienstleister, Sozialpartner oder Vertreter von Organisationen der Zivilgesellschaft) über familienpolitische Vorstellungen der EU zu informieren. Ein weiteres Beispiel für den Versuch, die informelle europäische

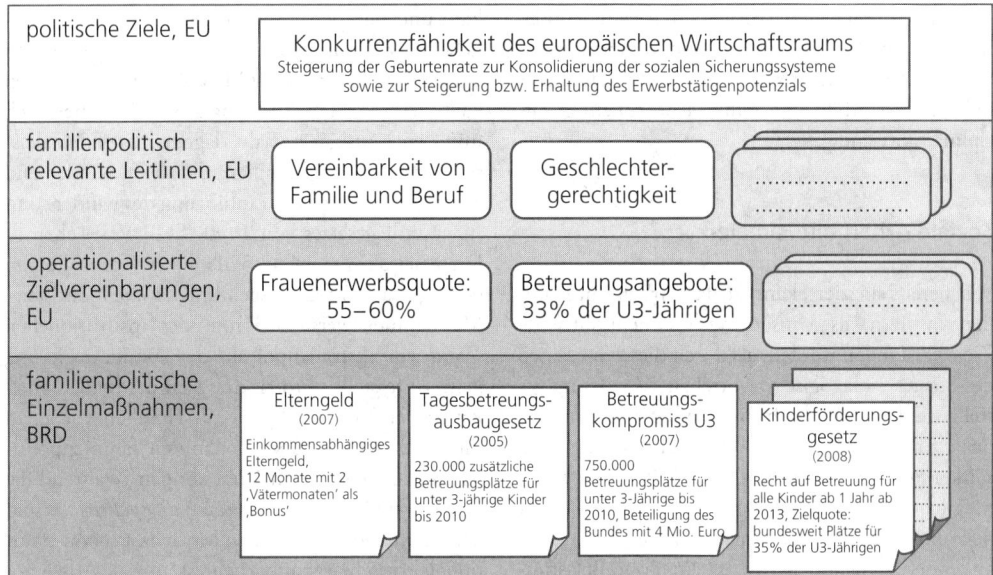

| politische Ziele, EU | **Konkurrenzfähigkeit des europäischen Wirtschaftsraums**
Steigerung der Geburtenrate zur Konsolidierung der sozialen Sicherungssysteme
sowie zur Steigerung bzw. Erhaltung des Erwerbstätigenpotenzials | | |

Abb. 1: Nationale Familienpolitik im europäischen Kontext

Familienpolitik mit nationalen, regionalen und letztlich sogar kommunalen familienpolitischen Maßnahmen zu eng zu verzahnen, ist die 2004 vom Bundesministerium für Familie, Senioren, Frauen und Jugend etablierte, aus Mitteln des Europäischen Sozialfonds kofinanzierte Initiative *„Lokale Bündnisse für Familie"* (www.lokale-buendnisse-fuer-familie.de). Im Rahmen dieser Initiative wurden bis Ende 2009 etwa 600 lokale Projekte gefördert, in denen sich Akteure aus Kommunen, Unternehmen, Kirchen, Gewerkschaften und Verbänden, Stiftungen oder den freien Trägern der Kinder- und Jugendhilfe mit konkreten Maßnahmen für eine Förderung der Betreuung von Kindern unter drei Jahren engagieren, einen Wiedereinstieg in den Beruf unterstützen oder durch Familienpatenschaften junge Familien bei der Bewältigung ihres Alltags unterstützen. Die Bundesinitiative zielt damit erkennbar darauf ab, Anreize für zivilgesellschaftliches, sozialverbandliches und kommunales Engagement zu schaffen, das im Einklang mit europäischen Zielvereinbarungen und Politikleitlinien steht.

Möglicherweise lassen sich die familienpolitischen Entwicklungen insgesamt dahingehend interpretieren, dass das (in Deutschland) in bestimmten Familienphasen oftmals reaktivierte ‚male breadwinner model' der Familie – mit einem haupterwerbstätigen Vater und einer die Familienarbeit

übernehmenden Mutter – durch ein generalisiertes ‚adult worker model' (Lewis / Giullari 2005) ersetzt werden soll. Im ‚adult worker model' ist es parallel zur Kommodifizierung von Erziehungs- und Pflegearbeit nicht nur das Recht, sondern auch die (sozialmoralische) Pflicht beider Elternteile, am Arbeitsmarkt zu partizipieren. In Bezug auf die bundesdeutsche Sozialpolitik zeigt Leitner (2008, 70 f.; 2007, 320 ff.), dass in aktuellen sozial- und familienpolitischen Maßnahmen wie der Rentenreform (2001), den neuen Zumutbarkeitsregeln für Arbeitslose (2004) oder dem neu eingeführten Elterngeld (2007) immer auch Anreize zu einer verschärften Kommodifizierung weiblicher Arbeitskraft gesehen werden können. Als Folge einer am ‚adult worker model' orientierten Familienpolitik kann außerdem die Tatsache begriffen werden, dass die Erwerbstätigkeit *beider* Partner zusehends als zentraler Schutzfaktor vor Kinderarmut (die ja immer auch Armut von Familien ist) gedeutet wird und die Bekämpfung von familiären Armutslagen dementsprechend vorrangig durch eine bessere Vereinbarkeit von Familie und Beruf erreicht werden soll (BMFSFJ 2006, 166). Obwohl Soziale Arbeit als Profession also von dem gegenwärtig projektierten Ausbau außerfamiliärer Betreuungs-, Erziehungs- und Bildungseinrichtungen profitieren könnte und die gleichstellungspolitischen Implikationen einer am ‚adult worker model' orientierten Familienpolitik sicherlich begrüßenswert sind, erscheint eine kritische Auseinandersetzung mit diesem (familien-)politischen Leitbild und seinen Konsequenzen disziplinär notwendig.

Soziale Arbeit mit Familien

Wie bereits skizziert, kann Soziale Arbeit mit Familien insofern als Umsetzung familienpolitischer Ziele verstanden werden, als durch diese von Seiten des Staates pädagogische Mittel zur Verfügung gestellt werden sollen, um die familiären Sozialisations-, Kooperations- und Solidaritätsleistungen zu stärken oder zu ergänzen. Damit sollen zum einen mögliche Fehlentwicklungen bei Familien oder den einzelnen Mitgliedern verhindert und zum anderen bestehende Schwierigkeiten und Belastungen in Familien behoben oder zumindest gemildert werden.

In der BRD wird ein Großteil der Rahmenbedingungen familienpolitischer Maßnahmen zwar durch das Bundesministerium für Familie, Senioren, Frauen und Jugend (BMFSFJ) geregelt. Dort ist neben anderen Schwerpunkten die Verantwortung für Familienpolitik sehr umfassend im Sinne einer expliziten Familienpolitik und Familienförderung zusammen mit der Verantwortung für die Kinder- und Jugendhilfe angesiedelt. Darüber hinaus findet Soziale Arbeit mit Familien jedoch in einer Arena statt, in der Bund, die Länder und Kommunen, öffentliche und freie Träger der Wohlfahrtspflege, Kirchen, Selbsthilfegruppen und viele weitere Organisationen und Verbände an der Planung, (finanziellen) Ausgestaltung und Durchführung der Sozialen Arbeit mit Familien in unterschiedlicher Weise beteiligt sind und damit eben auch häufig um die Deutungshoheit in dieser Arena streiten (Dienel 2002, 221 f.).

Das Verhältnis von Sozialer Arbeit und Familien und damit auch das Verhältnis von Staat und der Sphäre der Privatheit hat historisch vom ausgehenden 19. Jahrhundert bis in die Gegenwart einen Wandel vollzogen, der sich verkürzt mit den beiden Polen „Kontrolle" und „Partnerschaft" beschreiben lässt. Wiederkehrende sozialpolitische Debatten bestätigen allerdings die Aktualität der These, dass „dieses Verhältnis immer wieder dann in die öffentliche, politische und sozialpädagogische Diskussion

kam und neu bestimmt wurde, wenn gesellschaftliche bzw. ökonomische Krisen wahrgenommen wurden" (Mierendorff/Olk 2007, 543). Generell kann festgestellt werden, dass Soziale Arbeit sich mit dem Ausbau sozialpädagogischer Dienstleistungsangebote für Familien und deren Kinder und nicht zuletzt durch die Einführung des Kinder- und Jugendhilfegesetzes von 1990 (SGB VIII) eher als Dienstleisterin für Eltern denn als Kontrollorgan oder gar als Erfüllungsgehilfin familienpolitischer Maßnahmen versteht. Trotz der institutionellen Nähe zur Familienpolitik der Bundesregierung kann unterstellt werden, dass sich die Professionellen in der Sozialen Arbeit mit Familien vor allem mit zwei der vier oben genannten familienpolitischen Motiven identifizieren können. Während die Profession nämlich dem *bevölkerungspolitischen* und dem *familieninstitutionellen* Motiv fast schon traditionell kritisch gegenübersteht, ist Soziale Arbeit aus ihrem *sozialpolitischen* Selbstverständnis heraus bemüht, soziale Ungleichheiten öffentlich klar zu benennen und ihre Folgen durch die Praxis zumindest zu mildern. Zusammen damit dürfte am stärksten das *emanzipatorische* Motiv – einer an den unterschiedlichen Mitgliedern einer Familie ausgerichteten Familienpolitik – den Zielen der Sozialen Arbeit mit Familien nahestehen. Über dieses professionelle Selbstverständnis hinaus muss sich Soziale Arbeit aber derzeit zunehmend kritisch fragen, ob sie mit einer Konjunktur von Eigenverantwortungsprogrammen nicht in der Gefahr steht, vermehrt als Aktivierungs- und Disziplinierungsinstanz genutzt zu werden (Oelkers 2009).

Die Fülle an Hilfsangeboten für Familien ist auf den ersten Blick nahezu unüberschaubar und ebenso vielfältig wie die Adressatinnen und Adressaten der Sozialen Arbeit mit Familien selbst. Da das System an Betreuungs-, Erziehungs- und Bildungseinrichtungen über Jahrzehnte in zahlreichen professionellen Traditionen auf- und ausgebaut worden ist und sich dabei dem häufig zitierten Wandel der Familie durch Hilfsangebote für Familien geöffnet hat, gestalten sich übersichtsartige Darstellungen von Handlungsfeldern, Leistungen und Zielgruppen der Sozialen Arbeit mit Familien entsprechend schwierig. Bisherige Versuche und entsprechende Publikationen konzentrieren sich oftmals auf nur einige wenige ausgewählte Arbeitsfelder und Methoden, die wegen ihres Bekanntheitsgrades allgemein als unstrittig gelten und daher gelegentlich synonym verwendet werden für ein breites Feld mit höchst unterschiedlichen Verantwortlichkeiten, Trägerstrukturen und Zielen (von Balluseck 1999). Hier sind insbesondere die Hilfen zur Erziehung (§ 27 ff. SGB VIII) zu nennen. Sie gehören mit ihren zahlreichen Leistungen für Familien und deren einzelne Mitglieder zu den prominentesten sozialpädagogischen Maßnahmen. Allerdings rücken mit dieser verengten Perspektive viele andere Angebote aus dem Blick, die nicht den Leistungen nach dem KJHG (SGB VIII) zugeordnet werden können. Nicht immer lässt sich auf Anhieb erkennen, ob eine bestimmte Leistung im Kontext von Familie als Soziale Arbeit bezeichnet werden kann. Trotz des Dienstleistungscharakters der Sozialen Arbeit sind Angebote der Betreuungs-, Erziehungs- und Bildungseinrichtungen klar von den sogenannten familienunterstützenden Dienstleistungen abzugrenzen, wenn damit einzelne, gegen Bezahlung erbrachte Arbeiten in Haushalten gemeint sind, die notwendig erscheinen, um den Alltag von Familien zu erleichtern oder die Erwerbstätigkeit beider Elternteile zu ermöglichen (z. B. Reinigungsdienste, Haushaltshilfen oder bestimmte Formen der Kinderbetreuung), obschon solche Arbeiten sehr wohl Teil einer sozialpädagogischen Maßnahme sein können. Häufig entsteht der Eindruck, dass Soziale Arbeit ausschließlich „Multiproblemfamilien" (Matter / Abplanalp 2009, 27 f.), finanziell prekäre, sogenannte bildungsferne oder anderweitig von Ausgrenzung bedrohte Familien ins Visier nimmt, obwohl sich viele Betreuungs-, Erziehungs- und Bildungseinrichtungen zunächst einmal an alle Familien, also an Familien in unterschiedlichen Lebenslagen und an unterschiedliche Familienformen, wenden (Textor 1998). Dies leuchtet vor allem im Bereich der Tagesbetreuung für Kinder in unterschiedlichen Altersgruppen (Kleinkinder, Kinder im Kindergartenalter und Schulkinder) ein. Hier soll ein breites Spektrum an (Ganz-)Tagesbetreuungsmöglichkeiten bei der Sozialisation von Kindern unterstützen und Wahlfreiheit für Eltern schaffen. Neben der Betreuung der Kinder, die es Müttern und Vätern ermöglichen soll, erwerbstätig zu sein, gewinnen im Kontext der Elementarerziehung die Aspekte der Bildung und Prävention an Bedeutung, auch oder ganz besonders für Eltern, die nicht erwerbstätig sind, sodass je nach sozialen Status Zweifel an ihrer Erziehungsfähigkeit aufkommen können (Fried 2007). Darüber hinaus ist bei vielen anderen Hilfen im Kontext der Sozialen Arbeit eine gewisse Defizit- oder Problemorientierung zu erkennen. Diese wird insbesondere mit Familien mit einem erzieherischen Bedarf in Verbindung gebracht. Schließlich gibt es noch das weite

Tab. 1: Zielgruppen, Angebote und Institutionen Sozialer Arbeit mit Familien

Zielgruppen: Familien oder ihre einzelnen Mitglieder	Angebote und Hilfen	Träger / Institutionen
Familien mit Erziehungsschwierigkeiten	Erziehungs- und Familienberatung, Hilfen zur Erziehung nach SGB VIII	Öffentliche und freie Träger der Kinder- und Jugendhilfe, Familienberatungsstellen
Eltern in konflikthaften Lebensabschnitten und / oder Paarbeziehungen	Ehe- und Lebensberatung, Beratung in Fragen der Trennung und Scheidung, Mediation	Ehe- und Lebensberatungsstellen, öffentliche und freie Träger der Kinder- und Jugendhilfe
Von Überschuldung / Obdachlosigkeit bedrohte / überschuldete Familien	Schuldner- und Rechtsberatung, Haushalts- und Budgetberatung	Verbände und Vereine, Schuldnerberatungsstellen, Wohnungsämter
Werdende Mütter / Eltern	Schwangeren- und Schwangerschaftskonfliktberatung	Beratungsstellen in unterschiedlicher Trägerschaft
Belastete Familien, Kinder und Jugendliche	Familienfreizeiten / Kinder- und Jugenderholung	Familienbildungszentren
Alleinerziehende, Mütter oder Väter	Beratung in Fragen der Sachhilfen (z. B. Wohngeld, Kindergeld) und der Berufsmöglichkeiten, psychosoziale Beratung	Wohngeldamt, Jugendamt, Arbeitsagenturen, Beratungsstellen in unterschiedlicher Trägerschaft

Feld der Beratung von Familien mit Problemen bei der Alltagsorganisation (Wohnen, finanzielle Rahmenbedingungen, Arbeit). Als mögliche Kriterien für eine systematische, übersichtsartige Skizze der Hilfen für Familien bieten sich folglich die Zielgruppen mit ihren Belastungen und Problemen sowie die Angebote und Hilfen an, die von unterschiedlichen Trägern und anderen Institutionen geleistet werden. Auf diese drei Aspekte kann hier exemplarisch und damit nur sehr verkürzt und vereinfachend eingegangen werden.

Wie unschwer zu erkennen ist, nehmen die Leistungen nach dem Kinder- und Jugendhilfegesetz im Spektrum der Hilfen für Familien eine quantitativ besondere Stellung ein. Sie lassen sich in familienunterstützende (z. B. Erziehungsberatung, SPFH) und familienergänzende (z. B. Tagesgruppen, Tagespflege) Arbeitsformen mit verschiedenen Zielgruppen unterscheiden (BMFSFJ 2000, 22). Die Kinder- und Jugendhilfe bietet im Rahmen der Förderung der Erziehung in der Familie Beratung im Falle von Trennung und Scheidung an, um das Konfliktniveau zu reduzieren und um ggf. Familien bei der Neuorganisation der familiären Beziehungen zu unterstützen (Eiber / Träg 2004). Auch finden sich hier Wohnformen für junge Mütter und Väter (Vater-Mutter-Kind-Einrichtungen). Wie viele der anderen genannten Hilfen gehören sie zu den mehr oder weniger professionalisierten Betreuungs-, Erziehungs- und Bildungseinrichtungen. Diese können aber nicht darüber hinwegtäuschen, dass es jenseits davon niedrigschwellige, freiwillige und selbstorganisierte Formen der Hilfen gibt. Eltern- und Selbsthilfegruppen beispielsweise ermöglichen den Gesprächs- und Erfahrungsaustausch, aber auch die Beratung und Interessenvertretung von Familien und ihren einzelnen Mitgliedern. Eine recht ähnliche Aufgabe erfüllen die vielen familienorientierten Verbände und Vereine und deren Angebote für Familien. Themen können hier Phasen und Übergänge in Familien sein, wie z. B. Trennung und Scheidung, aber auch Alkoholabhängigkeit, bestimmte Krankheiten oder Behinderung. Die Selbsthilfe nimmt eine Art Zwischenstellung zwischen den professionalisierten Tätigkeitsfeldern Sozialer Arbeit und der Selbstorganisation von Betroffenen ein. Soziale Arbeit kann hier in erster Linie die Unterstützung und Koordination von Selbsthilfe beispielsweise in Form von Koordinations- oder Kontaktstellen leisten (Chassé 2004). Eine wichtige Rolle bei der Vermittlung von Familien an die unterschiedlichen Leistungen für Familien spielen die Sozialberatungs- und Geschäftsstellen der Wohlfahrtsverbände, in denen Familien nicht nur relevante Informationen über die möglichen Hilfen und die Beratung zu unterschiedlichen konkreten familiären Belangen erhalten, sondern oftmals auch Unterstützung in Form von Kleider- oder Möbelspenden finden können.

Die Finanzierung der vielfältigen Dienste ist höchst unterschiedlich. In erster Linie sind es die Kommunen, die einen großen Teil der Kosten für familienunterstützende oder -ergänzende Maßnahmen tragen, was sie in Zeiten knapper öffentlicher Kassen regelmäßig vor die Schwierigkeit stellt, ihrem Auftrag Familien gegenüber gerecht zu werden. Teilweise werden die Kosten der Sozialen Arbeit aber auch aus Mitteln der Landeshaushalte, aus Eigenmitteln der Träger, von Sozialversicherungen oder durch eine bislang eher seltene finanzielle Beteiligung der Adressatinnen und Adressaten bestritten.

Die skizzierten Hilfen und Leistungen der Sozialen Arbeit knüpfen methodisch an Beratungs-, Therapie- und Casework-Konzepte sowie Modelle der Gruppenarbeit mit Erwachsenen an. Ganz offensichtlich nehmen die unterschiedlichen Formen der Beratung einen großen Stellenwert in der Arbeit mit Familien ein. Der Versuch einer Übersicht von sozialpädagogischen Hilfen für Familien zeigt, dass es sich dabei oftmals um Beratung von einzelnen Familienmitgliedern in unterschiedlichen Lebensabschnitten und Übergängen handelt, deren Belastungen das Gesamtsystem Familie schwächen können. Besonders im Zusammenhang von Trennung und Scheidung kommt dabei die Mediation als Beratungsmethode zur Anwendung, um mit den verschiedenen Konfliktparteien für alle tragfähige Lösungen zu erarbeiten. In Anlehnung an die systemische Familientherapie finden sich in zahlreichen Handlungskonzepten im Kontext der sogenannten systemischen Sozialen Arbeit mit Familien sich teilweise ergänzende Methoden des diagnostischen Fallverstehens und der Arbeit an Problemlösungen. Auch hierbei spielt die Beratung – vor allem aber die Arbeit mit familiären Teilsystemen und die Vernetzungsarbeit – eine Rolle (Erler 2003).

Familienbildung

Während die zuvor genannten Beratungsstellen und die sozialpädagogische Familienhilfe (→ Richter, Familienhilfe) in erster Linie problemzentriert und fallbezogen arbeiten, zielt die Familienbildung in besonderem Maß auf Prävention und Unterstützung der Erziehungsverantwortung. Familienbildung findet ihre gesetzlichen Grundlagen im SGB VIII, Abschnitt 2 „Förderung der Erziehung in der Familie". Laut § 16 SGB VIII sollen im Rahmen der Jugendhilfe Müttern, Vätern, Erziehungsberechtigten und jungen Menschen Leistungen der allgemeinen Förderung der Erziehung angeboten werden, um die Erziehungsverantwortung besser wahrnehmen zu können. Im Rahmen der Familienbildung werden dementsprechend gruppen- und themenspezifische Bildungsangebote für tendenziell alle Familien angeboten, die an den Bedürfnissen, Interessen und Erfahrungen von Familien in unterschiedlichen Lebenslagen und Erziehungssituationen anknüpfen (siehe auch www.familienbildung.info). Zentrale Ziele von Familienbildungsmaßnahmen sind auf Partnerschaft und das Zusammenleben mit Kindern vorzubereiten, zu einer erfolgreichen Familienerziehung beizutragen und Kenntnisse und Fähigkeiten zur besseren Wahrnehmung der Familienaufgaben zu vermitteln. Außerdem sollen Familien sowohl zur Mitarbeit in Erziehungseinrichtungen als auch in der Selbst- und Nachbarschaftshilfe ermutigt werden. Familienbildung kann sich je nach Angebotsform an einzelne Familienmitglieder oder an die gesamte Familie wenden. Insofern sie einerseits Angebot der Jugendhilfe ist, sich andererseits jedoch zur zentralen Aufgabe gemacht hat, Mütter, Väter und andere Erziehungsberechtigte in ihrer Erziehungsverantwortung zu unterstützen, ist die Familienbildung im Spannungsfeld von präventiver Kinder- und Jugendhilfe und Erwachsenenbildung anzusiedeln.

Der Institution *Familienbildungsstätte* kommt im Rahmen der Familienbildung insofern eine besondere Rolle zu, als sie die einzige Einrichtungsform ist, die in größerer Zahl Mitarbeiter / -innen beschäftigt und fast ausschließlich Leistungen der Familienbildung erbringt (Textor 2004, 156). Bundesweit existieren ca. 500 Familienbildungsstätten, davon allein 189 in NRW (BMFSFJ 2005, 135; Lösel et al. 2006, 24). Aber auch selbsthilfeorientierte Einrichtungen, wie z. B. Mütterzentren, füh-

ren Bildungsmaßnahmen für Familien durch. Es handelt sich dabei um 720 Einrichtungen im Bundesgebiet. Daneben gibt es noch zahlreiche Erwachsenenbildungs- und Beratungseinrichtungen, die neben anderen Aktivitäten auch im Bereich der Familienbildung aktiv sind. Lösel et al. (2006) gehen von einer Gesamtzahl von 6200 Einrichtungen im Bundesgebiet aus, die im Bereich der Familienbildung (einschließlich Beratung) tätig sind und Schätzungen von Pettinger und Rollik (2005, 135) zufolge im Jahr 2004 194.000 Veranstaltungen mit 3,344 Mio. Unterrichtsstunden angeboten haben.

Thematisch konzentrieren sich die Bildungsangebote auf folgende Schwerpunkte (Textor 2004, 151 ff.; Lösel et al. 2006): Förderung der Erziehungskompetenz, der Eltern-Kind-Beziehung, der innerfamilialen Kommunikation und der Bewältigung von alltäglichen Familienaufgaben wie Freizeitgestaltung, Haushaltsführung etc.

Das häufigste Angebot von Familienbildungsstätten sind Eltern-Kind-Gruppen. Sie werden von ca. 94 % der Einrichtungen organisiert (siehe hierzu und im Folgenden die Untersuchung von Schiersmann et al. 1998). In den Gruppen kommen Mütter oder beide Elternteile mit ihren Säuglingen und Kleinkindern (oder ohne diese) ein- oder zweimal in der Woche zusammen, um sich unter fachlicher Anleitung über die Entwicklung und Erziehung ihrer Kinder sowie über die Eltern-Kind-Beziehung auszutauschen. Eltern-Kind-Gruppen ermöglichen auch den Kindern, Gleichaltrigen zu begegnen. Es werden zusätzlich themenspezifische Elternabende und gemeinsame Freizeiten angeboten.

Weitere Angebote sind Gesundheitsbildung, die von 91 % der Einrichtungen durchgeführt wird, kreatives und musisches Gestalten (von 90 %), Angebote zu den Themen Pädagogik, Erziehung, Entwicklungspsychologie (von 88 %), Geburtsvor- und -nachbereitung (von 85 %), Hauswirtschaft und Ernährung (von 82 %), Leben in der Familie (von 80 %), Angebote zur gesellschaftlichen und politischen Bildung (von 70 %), zu religiösen Themen (von 68 %), zur Partnerschaft (von 63 %), zu Fragen der Ökologie (von 58 %), zur beruflichen Bildung (von 45 %) und zur Ehevorbereitung (von 44 %). Beim Angebot der beruflichen Bildung werden häufig standardisierte Lernprogramme angewendet. Ausgebildete „Trainerpaare" führen die Kurse zur Ehevorbereitung durch. Viele Familienbildungsstätten organisieren Selbsthilfegruppen und Selbsterfahrungsgruppen. In dieser Hinsicht sind die Übergänge zu den Angeboten von Erziehungs- und Familienberatungsstellen fließend. Die oben genannten Daten stammen zwar aus den 1990er Jahren, wirft man aber einen Blick auf die aktuellen Programme der Fortbildungsstätten – über Internet zugänglich –, so zeigt sich, dass es in den letzten Jahren kaum oder nur tendenziell zu Veränderungen der Angebotsstruktur gekommen ist (siehe auch die Untersuchung von Lösel et al. von 2006).

Der überwiegende Teil der Angebote (63 %) ist kostenpflichtig (Lösel et al. 2006, 8) und wird überwiegend von weiblichen Teilnehmerinnen genutzt. Der Anteil der männlichen Teilnehmer beträgt nur 17 % (Lösel et al. 2006, 9). Das Personal von Familienbildungsstätten setzt sich aus hauptamtlichen Mitarbeiterinnen (ca. 7 %), Honorarkräften (ca. 85 %) und ehrenamtlichen Mitarbeiterinnen (ca. 8 %) zusammen. Überwiegend arbeiten Frauen in den Einrichtungen (Pettinger / Rollik 2005, 136).

In Anlehnung und Pettinger und Rollik (2005) lassen sich folgende Ansätze der Familienbildung unterscheiden (auch Textor 2002, 151 ff.):

1. Der *Familienlebensphasenansatz*: Er geht davon aus, dass Familien aufgrund der Entwicklung der Kinder und der Eltern lebensalterspezifische Aufgaben lösen müssen, die das Generationenverhältnis verändern und zu einer Differenzierung der Rollenstruktur führen. Gegen diesen Ansatz wurde kritisch eingewendet, dass er sich zu sehr an Standardbiografien und normativen Lebensverläufen orientiert und der Pluralisierung von Familienformen nicht gerecht wird (Pettinger / Rollik 2005, 32). Dennoch liefert der Ansatz Anknüpfungspunkte für die Konzeption von Familienbildungsangeboten. Lebensphasenspezifische Übergänge sind mit Krisen verbunden, deren Bewältigung familiale Aushandlungsprozesse erfordern und bestimmte soziale Kompetenzen voraussetzen, die erlernt werden können. Empirisch lassen sich vier kritische Übergansphasen nachweisen: der Übergang von der Einzel- bzw. Paarsituation zur Elternschaft, der Übergang des Kindes in Betreuungs- und Bildungseinrichtungen, der berufliche Wiedereinstieg von Frauen in den Beruf (beispielsweise nach der Elternzeit) und der berufliche Einstieg der erwachsen gewordenen Kinder. Zur Un-

terstützung der Übergangsphase in die Elternschaft bieten Familienbildungsstätten ein breites Spektrum an Angeboten an: Kurse zur Geburtsvorbereitung, mehr oder weniger standardisierte spezielle Kurse für Eltern und Babys (wie z. B. „Elba"), Stillgruppen, Babymassage-Kurse, Krabbelgruppen, Eltern- und Kind-Training (z. B. „EFFEKT"). Als Beispiele für Angebote, die Familien bei dem Übergang der Kinder in Bildungseinrichtungen unterstützen, sind die in jüngster Zeit entstandenen Projekte zur koordinierten Sprachförderung und Elternbildung zu nennen. Sie werden in enger Kooperation zwischen Grundschulen und Stadtteilmüttern durchgeführt und wenden sich insbesondere an Familien mit Migrationshintergrund (z. B. in Essen oder Berlin / Neukölln). Um den Berufseinstieg zu fördern, bieten Familienbildungsstätten Kurse an, die ähnlich wie Selbsthilfegruppen organisiert sind.

2. Der *aufgabenorientierte Ansatz* geht davon aus, dass für die Bewältigung der alltäglichen Aufgaben des Familienlebens bestimmte Kompetenzen erforderlich sind, wie z. B. Verwaltung der Haushaltsmittel, Organisation der innerfamiliären Arbeitsteilung, Umgang mit Medien, Planung der Freizeitgestaltung, gesunde Ernährung, Zeitmanagement etc. (Pettinger / Rollik 2005, 57). Im Hinblick auf die Bildungsangebote lassen sich drei Schwerpunkte unterscheiden: Es handelt sich dabei erstens um Angebote, welche die hauswirtschaftlichen Kompetenzen fördern sollen und auf die Gestaltung des familialen Binnenraums abzielen. Hier sind u. a. Kurse zur gesunden Ernährung, zur Gestaltung des Wohnraums, zur Organisation des Haushalts und des wirtschaftlichen Umgangs mit dem Haushaltsbudget zu nennen. Letztere spielen eine bedeutsame Rolle im Kontext von Armutsprävention. Einen zweiten Schwerpunkt bilden die Angebote der Medienerziehung und Medienbildung. Der pädagogisch sinnvolle Umgang mit neuen Informations- und Kommunikationstechnologien spielt dabei eine bedeutsame Rolle. Schließlich bildet das Thema Vereinbarkeit von Beruf und Familie einen dritten Schwerpunkt von aufgabenbezogenen Familienbildungsangeboten. In den letzten Jahren wurden einige Modellprojekte in enger Zusammenarbeit zwischen Familienbildungsstätten und Betrieben durchgeführt. Ziel dieser Projekte ist es, Beschäftigte und Betriebe bei der Herstellung einer gelungenen Balance zwischen betrieblichen und familiären Anforderungen mit speziellen Angeboten der Familienbildung zu unter-

stützen. Die Grenzen zur betrieblichen Weiterbildung und zur Organisationsentwicklung sind dabei fließend.

3. *Besondere Lebenssituationen und Belastungen von Familien* als Ansatzpunkte der Familienbildung: Familienbildungsstätten haben in den letzten Jahren verstärkt ihre Angebote auf Familien mit psychosozialen Belastungen und Krisen ausgerichtet und versuchen, im Vorfeld von Beratung und Therapie Eltern zu begleiten und Möglichkeiten aufzuzeigen, wie ein Zusammenleben gelingen kann und welche Hilfsmöglichkeiten in Anspruch genommen werden können. Auch hier finden sich neben Beratung spezielle Gruppenangebote in Form von Gesprächskreisen oder Selbsthilfegruppen. Als Beispiele sind Angebote für Stieffamilien, Tod- und Trauerbegleitung sowie die Arbeit mit Eltern behinderter oder kranker Kinder zu nennen. Im Kontext von Gemeinwesenarbeit wurden in den 1990er Jahren neuere Ansätze der Bildungsarbeit mit Arbeitslosen (z. B. das Projekt „Arbeitslose helfen Arbeitslosen" AHA der Initiative im Evangelischen Familienbildungswerk Duisburg) und mit Familien mit Migrationshintergrund entwickelt.

4. Der *zielgruppenorientierte Ansatz:* Familienbildungsstätten bieten besondere Programme für spezifische Zielgruppen an. Zu einem Standardangebot zählt mittlerweile die „Treffpunktarbeit" mit Alleinerziehenden. Sie bietet insbesondere Frauen die Möglichkeit, Kontakte zu anderen aufzubauen, Trennungserfahrungen zu verarbeiten oder Unterstützung bei Erziehungsfragen und Beratung in Sorgerechts- und Unterhaltsfragen zu erhalten (Pettinger / Rollik 2005, 111). Ein besonderer Entwicklungsbedarf besteht in der Väterbildung – dieser Schwerpunkt ist bisher nur schwach ausgebaut und wird nur von wenigen Bildungsträgern angeboten. Anknüpfungspunkte für eine emanzipative Väterarbeit bieten zahlreiche Väterstudien (Matzner 1998; Fthenakis 1988; Fthenakis 1999; Sabla 2009), Dokumentationen von Modellprojekten (Gonser / Helbrecht-Jordan 1994; Volz-Schmidt / Dreschke 1997; Baisch 2003) und Praxismaterialien (Richter / Verlinden 2000). Als erfolgreiche Projekte sind das Modellprojekt in Norderstedt, das Väterzentrum Hamburg e. V. oder Manege e. V. in Berlin zu nennen. In einigen Großstädten haben sich selbstständige Männer- und Väterinitiativen gebildet, die Väter mit Bildungs- und Beratungsangeboten unterstützen und der Väterbildung bundesweit wichtige Impulse geben (Aktionsforum Männer und Leben in Frankfurt, Väterzentrum Berlin). Erfolg versprechend scheinen auch Väterkurse in Betrieben zu sein, die teilweise in Zusammenarbeit mit Väterinitiativen und Familienbildungsstätten durchgeführt werden, wie das Pilotprojekt bei Volkswagen oder die Seminare, die im Rahmen des SOCRATES-Projekts „Zukunftswerkstatt Familienbildung" entstanden sind (LfS NRW 1999, 93). Zentrale Themen der Väterbildung sind Vereinbarkeit von Familie und Beruf, Vater-Kind-Beziehung, Stärkung der Erziehungsfähigkeit, Partnerschaftskonzepte, Arbeitsteilung im Haushalt, Elternzeit und Freizeitgestaltung. Vor dem Hintergrund der oben genannten familienpolitisch relevanten Leitlinien der EU (COM 2006) fordern diese Themen die Familienbildung ganz zentral heraus. Dem Ausbau dieser Angebote stehen, so scheint es, die traditionell eher konservativ geprägten Leitbilder der Familienbildungsstätten entgegen.

Gesellschaftliche Modernisierungsprozesse, der damit einhergehende Wandel familialer Lebensformen und Problemlagen sowie die gesellschaftlichen Rahmenbedingungen für Familien fordern die Familienbildung heraus und machen die Entwicklung neuer Leitbilder, Konzepte und Ansätze notwendig. Als wegweisend kann z. B. das Innovationsprojekt „Zukunft Familienbildung" genannt werden (MfGSFF NRW 2004) und der „Leitfaden niedrigschwelliger Angebote der Familienbildung" (Rupp et al. 2004). In der aktuellen Entwicklung der Angebote spielt der Kooperations- und Netzwerkgedanke eine wichtige Rolle. Die Kooperation zwischen Familienbildungsstätten und anderen Institutionen soll den komplexen Lebensbedingungen der Familien gerecht werden und den Zugang zu den von Familien benötigten Hilfen erleichtern. Des Weiteren wird Kooperation als eine Strategie angesehen, möglichst viele Eltern zu erreichen, was vor dem Hintergrund des präventiven Anspruchs der Familienbildung sowie des Problems, dass Familienbildung hauptsächlich bildungsgewohnte Eltern erreicht, besonders wichtig erscheint. Inzwischen gibt es hierzu eine Vielzahl an Projekten und Modellen, die aktuell in Deutschland erprobt werden (www. familienbildung.info). Dazu zählen beispielsweise die *Familienzentren* in NRW (www.familienzentrum.nrw.de): Die Landesregierung will in jedem

Jugendamtsbezirk eine Kindertageseinrichtung zu einem Familienzentrum weiterentwickeln. Durch Familienzentren sollen die Qualität der frühkindlichen Bildung und Förderung verbessert und Eltern in ihren Erziehungsaufgaben unterstützt werden. Die Idee ist, dass die Familienzentren mit Institutionen, die bereits vor Ort vorhanden sind, kooperieren: mit örtlichen Familienbildungsstätten, Beratungsstellen, Verbänden und anderen Einrichtungen. Somit werden dort unterschiedliche Angebote für Eltern und Kinder gebündelt. Kindertageseinrichtungen wurden für dieses Vorhaben deshalb ausgewählt, weil sie viele Eltern erreichen, wohnortnah sind und von den Eltern sehr gut akzeptiert werden. Darüber hinaus gibt es Projekte in Deutschland, die nach dem Vorbild der englischen *Early Excellence Centres* arbeiten. Sie sind ebenfalls multifunktionale Familienzentren (z. B. in Berlin und Münster) und richten sich speziell an sozial benachteiligte Eltern. Andere Projekte wie „Ostapje" oder „HIPPY" versuchen, sozial benachteiligte Eltern durch ihre Geh-Struktur zu erreichen. Hierbei spielen Hausbesuche eine zentrale Rolle (BMFSFJ 2005). Eine Vernetzung von einzelfallorientierten Hilfen zur Erziehung (insbesondere sozialpädagogische Familienhilfe) und der Familienbildung wurde u. a. auch in einem Modellprojekt des Landesjugendamtes Brandenburg umgesetzt. Das Projekt zielte auf die Initiierung von Selbsthilfe und Selbstorganisation von Familien im Rahmen von Hilfe zur Erziehung und Familienbildung ab.

Neue Konzepte der Familienbildung werden u. a. auch im bundesweiten „Aktionsprogramm Mehrgenerationenhäuser" erprobt. An dem Programm sind 500 Einrichtungen beteiligt. Seit dem 1. Januar 2008 unterstützt das Bundesministerium für Familie, Senioren, Frauen und Jugend aus Mitteln des Europäischen Sozialfonds (ESF) 200 der 500 Mehrgenerationenhäuser im Aktionsprogramm. Ausgehend von dem Prinzip der Großfamilie bieten Mehrgenerationenhäuser Menschen unterschiedlicher Lebensalter einen Ort der Begegnung und gegenseitiger Unterstützung. Ein wesentliches Ziel des Aktionsprogramms besteht darin, den Zusammenhalt zwischen den Generationen auch außerhalb der Familien zu stärken. Mehrgenerationenhäuser konzentrieren sich auf den Aufbau beschäftigungsfördernder Strukturen. Darüber hinaus setzen sie bestimmte Schwerpunkte in ihrer Arbeit: Sie sorgen im besonderen Maße für eine Verbesserung des Zugangs zum Arbeitsmarkt. Konkrete Angebote zielen unter anderem auf die verbesserte Vereinbarkeit von Familie und Beruf und die Förderung des Zugangs und der Beteiligung von Frauen am Arbeitsmarkt ab und damit auf bessere Beschäftigungsmöglichkeiten vor Ort.

Viele Familienbildungsstätten haben sich, wie die Beispiele zeigen, auf den gesellschaftlichen Wandel, die Pluralisierung von familialen Lebensstilen und Problemlagen eingestellt und sich von dem wohlfahrtsstaatlichen Familienleitbild der alten Bundesrepublik und den traditionellen Kernaufgaben der Familienbildung gelöst. Ihre Bildungsangebote sind sicherlich auch deshalb breit gefächert, um konkurrenzfähig zu bleiben. Allerdings besteht die Gefahr, dass der Familienbildungsbegriff und der damit einhergehende spezifische Bildungsauftrag schwammig werden und die Grenzen zu anderen Bildungsträgern (wie Volkshochschulen, betriebliche und gewerkschaftliche Weiterbildung) und Jugendhilfeträgern (wie Beratungsstellen) unscharf werden. Hier besteht auf lange Sicht ein wichtiger fachlicher Reflexions- und Forschungsbedarf.

Literatur

Baisch, V. (2003): Modellprojekt Väterbildung an Hamburger Elternschulen und Familienbildungsstätten. Eigenverlag der Behörde für Soziales und Familie in Hamburg, Hamburg

Ballusseck, H. v. (Hrsg.) (1999): Familien in Not. Wie kann Sozialarbeit helfen? Lambertus, Freiburg i. Br.

BMAS, Bundesministerium für Arbeit und Soziales (Hrsg.) (2008): Lebenslagen in Deutschland. Dritter Armuts- und Reichtumsbericht der Bundesregierung. Bundestags-Drucksache 16/9915, Berlin

BMFSFJ, Bundesministerium für Familie, Senioren, Frauen und Jugend (Hrsg.) (2006): Siebter Familienbericht. Familie zwischen Flexibilität und Verlässlichkeit: Perspektiven für eine lebenslaufbezogene Familienpolitik. Bundestags-Drucksache 16/1360, Berlin

– (Hrsg.) (2005): Familienbildung als Angebot der Jugendhilfe. Herausforderungen und Innovationen. Berlin

– (Hrsg.) (2000): Kinder- und Jugendhilfe. Achtes Buch des Sozialgesetzbuches. Berlin

Böhnisch, L., Lenz, K. (Hrsg.) (1997): Familien. Eine Interdisziplinäre Einführung. Juventa, Weinheim / München

Burkart, G. (2008): Familiensoziologie. UVK, Konstanz

Chassé, K.A. (2004): Selbsthilfe. In: Chassé, K.A., Wensierski, H.-J.v. (Hrsg.), 433–444

–, Wensierski, H.-J.v. (Hrsg.) (2004): Praxisfelder der Sozialen Arbeit. Eine Einführung. Juventa, Weinheim / München

COM, Commission of the European Communities (2006): A roadmap for equality between women and men. COM (2006) 92 final, Brussels

Dienel, C. (2002): Familienpolitik. Eine praxisorientierte Gesamtdarstellung der Handlungsfelder und Probleme. Juventa, Weinheim / München

EC, European Comission (2002): Presidency Conclusions. Barcelona European Council, 15. and 16. March 2002. SN 100 / 1 / 02 REV 1, Barcelona

Ecarius, J. (Hrsg.) (2007): Handbuch Familie. VS, Wiesbaden

Eiber, J., Träg, U. (2004): Soziale Arbeit bei Trennung und Scheidung. In: Chassé, K.A., Wensierski, H.-J.v. (Hrsg.), 201–214

Erler, M. (2005): Familienbildung und systemischen Familienarbeit. In: Thiersch, H., Otto, H.-U. (Hrsg.): Handbuch Sozialarbeit / Sozialpädagogik. 3.Aufl. Ernst Reinhardt, München / Basel, 521–528

– (2003): Systemische Familienarbeit – eine Einführung. Juventa, Weinheim / München

Evers, A., Heinze, R.G. (Hrsg.) (2008): Sozialpolitik. Ökonomisierung und Entgrenzung. VS, Wiesbaden

Fried, L. (2007): Familie und Elementarerziehung. In: Ecarius, J. (Hrsg.), 285–299

Fthenakis, W. (1999): Engagierte Vaterschaft – Die sanfte Revolution in der Familie. Leske + Budrich, Opladen

– (1988): Väter. Band I: Zur Psychologie der Vater-Kind-Beziehung. Band II: Zur Vater-Kind-Beziehung in verschiedenen Familienstrukturen. Urban & Schwarzenberg, München

Gerlach, I. (2004): Familienpolitik. VS, Wiesbaden

Gonser, U., Helbrecht-Jordan, I. (1994): „… Vater sein dagegen sehr!“ – Wege zur erweiterten Familienorientierung von Männern. Kleine, Bielefeld

Herlth, A., Kaufmann, F.-X. (1982): Familiale Probleme und sozialpolitische Intervention. In: Kaufmann, F.-X., Herlth, A. (Hrsg.), 1–22

Hebenstreit-Müller, S. (Hrsg.) (2005): Integrative Familienarbeit in Kitas. Individuelle Förderung und Zusammenarbeit mit Eltern. Dohrmann, Berlin

Karsten, M.-E., Otto, H.-U. (Hrsg.) (1996): Die sozialpädagogische Ordnung der Familie. Beiträge zum Wandel familialer Lebensweisen und sozialpädagogischer Interventionen. Juventa, Weinheim

Kaufmann, F.-X. (1982): Elemente einer soziologischen Theorie sozialpolitischer Intervention. In: Kaufmann, F.-X., Herlth, A. (Hrsg.), 49–86

–, Herlth, A. (Hrsg.) (1982): Staatliche Sozialpolitik und Familie. Oldenbourg, München / Wien

König, R. (2002): Familiensoziologie. René König Schriften Bd. 14, Leske + Budrich, Opladen

LfS NRW, Landesinstitut für Schule und Weiterbildung Nordrhein-Westfalen (1999): Zukunftswerkstatt Familienbildung: Angebote für Väter – Ein europäisches Socrates Projekt. Eigenverlag, Soest

Leitner, S. (2008): Ökonomische Funktionalisierung der Familienpolitik oder familienpolitische Funktionalisierung der Ökonomie? In: Evers, A., Heinze, R.G. (Hrsg.), 67–81

– (2007): Gender-Screening: Rot-grüne Sozialpolitik als Geschlechterpolitik. In: Egle, C., Zohlnhöfer, R. (Hrsg.): Ende des rot-grünen Projektes. Eine Bilanz der Regierung Schröder 2002–2005. VS, Wiesbaden, 313–333

Lewis, J., Giullari, S. (2005): The adult worker model family, gender equality and care: The search for new policy principles and the possibilities and problems of a capabilities approach. Economy and Society 1, 76–104

Lösel, F., Schmucker, M., Plankensteiner, B., Weiss, M. (2006): Bestandsaufnahme und Evaluation von Angeboten im Elternbildungsbereich – Abschlussbericht. In: www.bmfsfj.de/doku/elternbildungsbereich/, 27.01.2010

Matter, H., Abplanalp, E. (2009): Sozialarbeit mit Familien. Eine Einführung. 2., überarb. u. erg. Aufl., Haupt, Bern / Stuttgart / Wien

Matzner, M (1998): Vaterschaft heute – Klischees und soziale Wirklichkeit. Campus, Frankfurt

MfGSFF NRW, Ministerium für Gesundheit, Soziales, Frauen und Familien des Landes Nordrhein-Westfalen (Hrsg.) (2004): Zukunft Familienbildung. Dokumentation eines Innovationsprojektes. Eigenverlag, Düsseldorf

Mierendorff, J., Olk, T. (2007): Kinder- und Jugendhilfe. In: Ecarius, J. (Hrsg.), 542–567

Nave-Herz, R. (2004): Ehe- und Familiensoziologie. Eine Einführung in Geschichte, theoretische Ansätze und empirische Befunde. Juventa, Weinheim / München

Oelkers, N. (2009): Aktivierung von Elternverantwortung im Kontext der Kindeswohldebatte. In: Beckmann, Ch., Richter, M., Otto, H.-U., Schrödter, M. (Hrsg.): Neue Familialität als Herausforderung der Jugendhilfe. neue praxis, Sonderheft 9, 139–148

Ostner, I. (2008): Ökonomisierung der Lebenswelt durch aktivierende Familienpolitik. In: Evers, A., Heinze, R.G. (Hrsg.), 46–66

Pettinger, R., Rollik, H. (2005): Familienbildung als Angebot der Jugendhilfe. Rechtliche Grundlagen – familiale Problemlagen – Innovationen. Bundesministerium für Familie, Senioren, Frauen und Jugend, Berlin / Bonn

Reinecke, J., Bauckhage-Hoffer, F. (2008): Gibt es eine „Europäische Familienpolitik“? Nachrichtendienst des Deutschen Vereins für öffentliche und private Fürsorge 3, 111–117

Richter, R., Verlinden, M. (2000): Vom Mann zum Vater. Praxismaterialien für die Bildungsarbeit mit Vätern. Juventa, Münster

Ristau, M. (2005): Der ökonomische Charme der Familie. Aus Politik und Zeitgeschichte, 54 / 23–24, 16–23

Rossbach, H.-G., Blossfeld, H.-P. (Hrsg.) (2007) Schwerpunkt Familienbildung. Zeitschrift für Erziehungswissenschaft, 10/3, 297–380

Rupp, M., Oberdorfer, R., Mengel, M. (2004): Familienbildung zwischen Bildungsangebot und sozialer Dienstleistung. Leitfaden niedrigschwelliger Angebote der Familienbildung. Bamberg

Sabla, K.-P. (2009): Vaterschaft und Erziehungshilfen: Lebensweltliche Perspektiven und Aspekte einer gelingenden Kooperation. Juventa, Weinheim / München

Schiersmann, Ch., Thiel, H.-U., Fuchs, K., Pfizenmaier, E. (1998): Innovationen in Einrichtungen der Familienbildung. Leske + Budrich, Opladen

Strohmeier, K. P. (2003): Familienpolitik. In: Andersen, U., Woyke, W. (Hrsg.): Handwörterbuch des politischen Systems der Bundesrepublik Deutschland. 5. Auflage. Leske + Budrich, Opladen, 181–183

Textor, M. R. (2004): Ehe- und Familienberatung. In: Chassé, K. A., Wensierski, H.-J. v. (Hrsg.), 151–160

– (1998) (Hrsg.): Hilfen für Familien. Eine Einführung für psychosoziale Berufe. Beltz, Weinheim / Basel

Volz-Schmidt, R., Dreschke, M. (1997): Väter in der Familienbildungsstätte Norderstedt, Dokumentation des Modellprojektes. Norderstedt

Wingen, M. (1994): Zur Theorie und Praxis der Familienpolitik. Eigenverlag des Deutschen Vereins für öffentliche und private Fürsorge, Frankfurt / M.

Finanzierung Sozialer Arbeit

Von Bernd Halfar

Zur Rationalität von Finanzierungsregelungen

So wie ein Gehirn ohne Sauerstoff nicht denken kann – aber Sauerstoff alleine nicht denkt – so funktioniert auch das System Sozialer Arbeit nicht ohne Geld. Zahlungen machen jedoch demente alte Menschen nicht weniger vergesslich und Hooligans nicht gewaltfrei; Zahlungen fördern nicht das Sozialverhalten von Krippenkindern, entziehen dem süchtigen Körper nicht die Giftstoffe und machen psychisch Depressive nicht euphorisch. Zahlungen sind das Schmiermittel für sozialpädagogische Operationen, aber sie können nicht psychosoziale Diagnostik, Pflegehandlungen, pädagogisches Spiel, Entzugstrainings oder Erziehungsberatung substituieren. Dass zwischen der zur Verfügung stehenden Geldmenge und der Menge sozialer Dienstleistungen Zusammenhänge bestehen, ist keine aufregende These. Das Vorhandensein von Geld ermöglicht erst die soziale Dienstleistungsproduktion und beschränkt ebenfalls die Möglichkeitshorizonte der Sozialarbeit, ohne jedoch die Feinsteuerung des Systems Sozialer Hilfen übernehmen zu können (Luhmann 1993).

Für die ca. 150.000 sozialen Dienste und sozialen Einrichtungen mit ihren ca. 2.800.000 Plätzen bzw. Betten werden pro Jahr in Deutschland ca. 80 Mrd. Euro ausgegeben. Die durch Steuern, Sozialversicherungsbeiträge und private Zahlungen für Sozialarbeit gebildete Geldmenge gelangt über verschiedene Zahlungsströme zu den Anbietern sozialer Dienstleistungen. Bei dieser Mittelallokation löst das Finanzierungsprinzip der Subjektorientierung das klassische Prinzip der Einrichtungsorientierung zunehmend ab.

Durch die subjektorientierte Finanzierung werden auf der Anbieterseite bewusst Wettbewerbselemente und auf der Klientenseite Elemente der Konsumentensouveränität angestiftet. Die zunehmende Verlagerung der Entscheidung, welche sozialen Dienste in welcher Qualität und Menge von welchem Anbieter angeboten und in welchem Ausmaß in Anspruch genommen werden, von der politischen Ebene auf die Klientenebene entlastet die Sozialpolitik der Kommunen, Kreise und Länder von der Feinsteuerung des Bedarfes, führt aber zu neuartigen theoretischen Überlegungen, wie denn in einem subjektorientierten Finanzierungssystem mit typischen Informationsasymmetrien zwischen Anbieter und Klient die optimale Leistungsmenge und das optimale Qualitätsniveau erreicht werden können. Denn die Überführung eines politisch gesteuerten Systems der Sozialarbeit in eine „Nicht-Markt-Ökonomie" ist höchst kompliziert, weil auf der Nachfrageseite eine Entscheidungssouveränität beschränkt souveräner Nachfrager simuliert werden muss und auf der Angebotsseite eine betriebswirtschaftliche Dienstleistungsorientierung vorausgesetzt wird, die sich stärker auf die wahrgenommene Nachfrage als auf den wahrgenommenen Bedarf beziehen muss (Halfar 2008).

Die politische Steuerung der Leistungsmenge in der Sozialarbeit geschieht weitgehend durch Qualitätsvorgaben und durch die Konstruktion von Finanzierungsformen.

Kriterien für rationale Finanzierung in einer Nicht-Markt Ökonomie

Als einige wichtige Kriterien für den Rationalitätsgrad der Finanzierungsregelungen in einer Nicht-Markt-Ökonomie, wie im Sozial- und Gesundheitswesen, lassen sich aus sozialökonomischer Perspektive benennen:

- Finanzierungsregelungen sollten so geschaltet sein, dass Anreize für eine Qualitätssteigerung bei

Otto/Thiersch (Hg.), Handbuch Soziale Arbeit, 4. A., DOI 10.2378/ot4a.art042,

der Erbringung der sozialen Dienstleistung ausgehen. Denkbar wäre hier die (finanzielle) Förderung bei der Implementation von Qualitätsmanagementverfahren, die Knüpfung der Finanzierungshöhe an Qualitätsaudits und/oder die Erweiterung der Auswahlmöglichkeiten für die Klienten. Pauschale, weitgehend nachfrage- und auslastungsunabhängige Finanzierungen sollten in der Sozialarbeit auf solche Arbeitsfelder beschränkt werden, in denen plausibel vermutet werden kann, dass Klientengruppen entweder keinen Wert auf die Qualität einer Dienstleistung legen oder diese nicht einmal in Ansätzen beurteilen können.

- Finanzierungsregelungen sollten so konstruiert sein, dass der Anbieter einer Dienstleistung keine Anreize verspürt, die Menge der dargebotenen Dienstleistungen systematisch, „notfalls" auch über die Sättigungsmenge hinaus, auszudehnen. Zwei Tatbestände bergen diese Gefahr einer suboptimalen Mengenexpansion besonders in sich. Die eine Gefahr ist eng mit dem speziellen Dienstleistungscharakter Sozialer Arbeit, die andere mengenexpansive Schaltung eng mit dem besonderen Gutscharakter Sozialer Arbeit verbunden. Soziale Dienstleistungen sind in vielen Fällen durch eine besondere Informationsasymmetrie zwischen dem Anbieter und dem Klienten geprägt. Bei der Beurteilung, welche spezifische Leistung, in welcher Menge und Intensität sinnvoll zu erbringen ist, ist der Klient ebenso überfordert wie bei der Beurteilung der Leistungsqualität. Erschwert wird diese Asymmetrie durch den Uno-actu Charakter, und der damit ausgeschlossenen Vergleichsmöglichkeit, und durch die Abhängigkeit des Leistungserfolges von coping und compliance. Aus dieser Informationsasymmetrie ergibt sich bei sozialen Dienstleistungen häufig der Charakter eines Glaubensproduktes, das den Anbieter in die Lage versetzt, die Hilfeart und den Hilfeumfang zu definieren und somit entscheidend die Nachfrageprozesse zu beeinflussen. Die Definitionskompetenz, wer Hilfe benötigt, liegt in den Händen der sozialen Dienstleister, wodurch sich auch Prozesse der angebotsinduzierten Nachfrage einstellen. Unter den Bedingungen mancher Finanzierungsregelungen, wie zum Beispiel Fachleistungsstunden in der Familienhilfe, werden Anreize für die Mengenexpansion verstärkt, bei anderen Regelungen, wie zum Beispiel der pau-

schalen Förderung einer Schuldnerberatungsstelle, tritt dieser Mengeneffekt nicht auf.

- Die zweite Gefahr in der suboptimalen Mengenexpansion lauert in der Kollektivgutproblematik mancher Dienstleistungen. Während klassische Kollektivgüter, von deren Nutzen niemand ausgeschlossen werden kann, auch der nicht, der sich an der Herstellung nicht beteiligt (z.B. Leuchttürme, innere Sicherheit) notwendigerweise durch Kostenumlage zwangsfinanziert werden müssen, wird der Kollektivgutcharakter in der Sozialarbeit häufig politisch erst produziert. Dies kann sinnvoll sein, wenn man durch die Kollektivfinanzierung eine Unterinanspruchnahme mancher Dienste vermeiden will, weil man manchen Dienstleistungen einen besonderen, einen meritorischen Charakter zubilligt. Aber durch die Umlagefinanzierung verliert man auch die Information darüber, ob und in welchem Ausmaß die (kostenlose oder subventionierte) Dienstleistung denn von den Konsumenten eigentlich geschätzt wird, da die Konsumentscheidung fast unabhängig von der persönlichen Präferenzstruktur getroffen werden kann. Der Verzicht auf Preise bedeutet Verzicht auf Information. Es ist plausibel, dass, ceteris paribus, unter der Bedingung der Umlagefinanzierung die Konsummenge eines Gutes höher ist als unter der Bedingung von Marktpreisen – wenn das Gut individuellen Nutzen stiftet.

- Finanzierungsregelungen sollten weiterhin einer suboptimalen „Überinanspruchnahme" sozialer Dienstleistungen entgegenwirken, die sich durch Garantien von dauerhaften, zeitlich unbegrenzten Hilfechancen ergeben. So sehr es im Einzelfall sinnvoll und vielleicht sogar zwingend sein kann, soziale Hilfen über sehr lange Zeiträume zu gewähren, so sehr muss auch der Doppelcharakter bedacht werden, der in der Sozialisation einer Klientenkarriere, als „Verwohlfahrtsstaatlichung der Person", liegen kann. Die Gefahr liegt dann in einer gewissen „Welfarisation", in der die stetige Optimierung der Klientenrolle große Teile der personalen Intelligenz aufbraucht. Die Finanzierung muss hier sowohl dem Klienten als auch dem Anbieter Sozialer Arbeit Anreize liefern, die Inanspruchnahme von sozialen Hilfen zu reduzieren.

- Finanzierungsregelungen sollten nicht Ehrlichkeit bestrafen und statistische Raffinesse belohnen. Werden Zuschüsse an Freie Träger an die Anfertigung von Statistiken und Jahresberichten gekoppelt, so wird bekanntermaßen, ein „innovatives Verfahren" angestiftet, das die Dringlichkeit und Überbelastung des sozialen Dienstes „objektiv" nachweist. In der nächsten Subventionsrunde bleibt dem Finanzierungsträger wenig anderes übrig, als die Subventionen nach Dringlichkeit und Auslastungsgrad zu vergeben, und so eine irrationale Expansionsspirale in Gang zu setzen, die ihren Schwung aus der strategischen Interdependenz der beteiligten Dienste bezieht.

- Ein weiterer Gradmesser für die Rationalität von Finanzierungsregelungen ist die Paradoxiewahrscheinlichkeit der Finanzierung. Angesprochen werden insbesondere solche Bereiche sozialer Einrichtungen, deren Finanzierung an Auslastungsquoten geknüpft ist, und die insofern strukturell daran interessiert sind, entweder Klienten zu produzieren oder Klienten zu behalten. Solche auslastungsbezogenen Finanzierungen stützen nicht nur die Mengenexpansion sozialer Dienstleistungen, sondern können paradox werden, indem die Funktion des Systems, Exklusionen zu vermeiden oder, bei Exklusion, Re-Inklusionen zu fördern, konterkariert wird. Wenn die Rehabilitation in der Werkstatt für Behinderte und die Vermittlung in den ersten Arbeitsmarkt gelingt, verliert die WfbM nicht nur die Sozialtransfers für den behinderten Arbeitnehmer, sondern sie verliert auch die Arbeitskraft ihres Besten und schmälert somit ihre Produktivität. Wodurch soll eine stationäre Einrichtung der Jugendhilfe angestiftet werden, ein Kind, das monatlich 6000,- Euro Pflegesatzeinnahmen bringt, an die Familie oder eine Pflegefamilie „abzugeben", wenn möglicherweise dadurch ein defizitäres Betriebsergebnis entsteht? Warum sollte der örtliche Sozialhilfeträger behinderte Bewohner stationärer Einrichtungen, deren Pflegesätze vom überörtlichen Sozialhilfeträger bezahlt werden, in ambulante Versorgungsketten „locken"? Freut sich der präventiv tätige Fanprojektpädagoge, wenn seine Tätigkeit so erfolgreich ist, dass weit und breit keine gewaltbereiten Hooligans mehr auftauchen?

- Finanzierungsregelungen sollten so konstruiert sein, dass „Quality Skimping" vermieden werden kann. Anreize, kostenintensive Leistungsbereiche wettbewerbsunschädlich einzuschränken, ergeben sich in Dienstleistungsketten insbesondere dort, wo die Leistungsqualität von Klienten nur schwer beurteilt werden kann bzw. nur durch aufwändige bürokratische Kontrollen gesichert werden kann.

- Finanzierungsregelungen können weiterhin danach beurteilt werden, ob durch sie Anreize für „Cream Skimming" geliefert werden. Bietet die Regelung die Möglichkeit zur kostenadversen Selektion von Kliententypen? Werden Unterscheidungen von ökonomisch „guten" und „schlechten" Klienten zum Auswahlkriterium für ein Klientenpicking?

- Finanzierungsregelungen lassen sich auch nach ihrem „Rent Seeking" Grad beurteilen. Rent Seeking bedeutet, dass die Anbieter nicht alle zur Verfügung stehenden Ressourcen in ihre Dienstleistungsqualität, sondern einen Teil auch in die Politikbeeinflussung investieren. Diese Investitionen in politische Gremien werden solange getätigt, solange der Grenznutzen der Investitionskosten des Rent-Seekings größer ist als der Grenznutzen der Investitionskosten des „Profitseekings".

- Eine wichtige Frage an die jeweilige Finanzierungsregelung bezieht sich auf die damit verknüpften Bürokratiekosten, die durch Berichtswesen, Dokumentationen, Kontrollwesen, Qualitätssysteme, Zertifizierungen und Verfahrensauflagen getrieben werden.

- Die Höhe der Transaktionskosten spielt ebenfalls eine wichtige Rolle zur Einschätzung von Finanzierungsregelungen. Transaktionskosten vermindern den Nettoressourcenzufluss durch Kosten, die sich aus Vereinbarungen, Verträgen, Abwicklungen, Anpassungen und Konzeptumstellungen ergeben.

- Und nicht zuletzt können Finanzierungsregelungen auch unterschiedliche „Crowding out"-Effekte hervorrufen, weil die Ermöglichung von kommerziellen Effekten auch zur Einschränkung von Subventionen führen kann. In diesem Zusammenhang spielt natürlich auch eine Rolle, ob die spezifische Dienstleistung, auf die sich die jeweilige Finanzierungsregelung bezieht, substituierbar ist.

Finanzierungsregelungen im sozialen Sektor können nie so präzise eingestellt und justiert werden, dass Nebenwirkungen ausgeschlossen werden können. Doch die Funktion der Finanzierung, die Operationen des Systems der Sozialen Arbeit so mit Energie zu versorgen, dass die Energie an den Systemstellen verbraucht wird, wo der Grenznutzen der Sozialen Arbeit am größten ist, und dies in einer effizienten Art, ist auch die Referenzgröße für die Rationalität des Finanzierungssystems (Halfar 1999).

Finanzierungsarten in der Sozialen Arbeit

Subventionen / Zuwendungen

Zuwendungen sind das klassische Finanzierungsinstrument für (offene) Hilfen, für zeitlich begrenzte Projekte, für Pilotmodelle und für die Jugendarbeit. Zuwendungen sind öffentliche, zweckgebundene Zuschüsse für sozialpädagogische Projekte (bzw. Institutionen), an denen zwar öffentliches Interesse besteht, aber von denen sich der Finanzierungsträger keine Gegenleistung erwartet. Zuwendungsbescheide zur Förderung eines sozialen Projekts sind insofern keine Leistungsverträge, sondern Subventionen. Voraussetzung für die Berechtigung, Zuwendungen zu erlangen, ist die Gemeinnützigkeit des Trägers. Aus der Gemeinnützigkeit des Zuwendungsempfängers schließt der Zuwendungsgeber wiederum auf ein gewisses Interesse bei der Durchführung des Projektes und auf das Vorhandensein gewisser Eigenmittel. In aller Regel decken deshalb Zuwendungen nur einen Teil der Projektkosten, weil man einen finanziellen Eigenanteil des Zuwendungsempfängers als zumutbar erachtet. Zumutbar deshalb, weil gemeinnützige Non Profit-Organisationen steuerrechtlich gegenüber Profit-Organisationen privilegiert sind. Neben Besonderheiten bei der Umsatzsteuer und der Körperschaftssteuer betrifft das Steuerprivileg insbesondere die Möglichkeit, Spenden für gemeinnützige Zwecke zu empfangen, die der Spender als Sonderausgaben von seinem zu versteuerndem Einkommen absetzen darf. Aufgrund ihrer sozial- und steuerpolitischen Sonderstellung wird den freien Trägern der Wohlfahrtspflege deshalb nur dann eine alle Projektkosten deckende Vollfinanzierung durch Zuwendungen zugestanden, wenn ein staatliches Interesse an einer sozialpädagogischen Maßnahme bei den Freien Trägern nicht auf ein gewisses Eigeninteresse stößt (Neumann 1992).

Institutionelle und projektbezogene Zuwendungen

Bei Zuwendungen unterscheidet man zwischen der institutionellen und der projektbezogenen Förderung.

Bei der institutionellen Förderung, die allerdings in der Sozialarbeit die Ausnahme darstellt, wird die Organisation als solche gefördert. Dies kann die pauschale Förderung der Spitzenverbände der freien Wohlfahrtspflege auf Bundes- und Landesebene betreffen, oder die prinzipielle Förderung einer Fortbildungsakademie für Sozialarbeit, oder eines Forschungsinstituts, aber natürlich auch einzelner Träger sozialer Maßnahmen.

In der überwiegenden Mehrheit beziehen sich Zuwendungen hingegen auf einzelne, konkrete sozialpädagogische Projekte, die zeitlich, sachlich und kostenmäßig abgrenzbar sind. Von wenigen Ausnahmen abgesehen, werden Zuwendungen für ein Jahr vergeben, so dass sich bei länger laufenden Projekten immer wieder das Problem einstellt, dass man aufgrund der Finanzierungsregelung nicht mittelfristig planen kann, aber fachlich und personell mittelfristig planen muss. Bei der Projektförderung müssen im Zuwendungsantrag bereits präzise Angabe über den Projektzweck, Projektablauf, Projektmethoden, Personal- und Sachkosten vermerkt werden, sowie die gewünschte Zuwendungsart (Münder 1994).

Teil- oder Vollfinanzierung durch Zuwendungen

Und hier ist die Vollfinanzierung von der Teilfinanzierung zu unterscheiden. Die Teilfinanzierung von Projekten durch Zuwendungen stellt den Regelfall dar, wobei hier drei Finanzierungsformen zu unterscheiden sind.

Unter *Anteilsfinanzierung* versteht man entweder die Übernahme eines gewissen Prozentsatzes oder die Übernahme einer Kostenart der (zuwendungsfähigen) Projektkosten. Eine häufig gewählte Variante der Anteilsfinanzierung sichert die Übernahme von 80–90 % der Projektkosten durch die öffentliche Hand zu, so dass dem Projektträger noch die Aufbringung der restlichen 10–20 % bleiben. Mit dem Zuwendungsbescheid wird nicht nur der Prozentsatz der Zuwendungsfinanzierung mitgeteilt, sondern auch der absolute Höchstbetrag sowie die Referenzgröße der „zuwendungsfähigen Ausgaben". Vielfach praktiziert wird auch die anteilige Übernahme gewisser Kostenarten, ebenfalls bis zu einer definierten Obergrenze, durch den Zuwendungsgeber. Denkbar wäre die Übernahme der Personalkosten durch den Zuwendungsgeber, während die Sachkosten durch den Träger zu decken wären.

Bei Projekten, die an sich Einnahmen erwirtschaften können, tritt häufig die *Fehlbedarfsfinanzierung* in Kraft. Im Zuwendungsbescheid wird die Übernahme etwaiger Defizite bis zu einem Höchstbetrag zugesichert. Diese Finanzierungsform ist bei Projekten zu erwägen, deren Einnahmeseite nicht ausreichend präzise zu schätzen ist (z. B. verkaufte Eintrittskarten für eine Open-Air-Veranstaltung, Anmeldungen zu Kongressen, Teilnehmerbeiträge bei Jugendfreizeiten). Bei der Fehlbedarfsfinanzierung ist zur Vermeidung von Fehlsteuerungen darauf zu achten, dass die zugesagte Deckung des Fehlbetrags nicht die Motivation zur Verbesserung der Einnahmeseite schmälert.

Bei der *Festbetragsfinanzierung* wird, unabhängig von den finanziellen Dimensionen des Projektes, das sozialpolitische Interesse des Staates an einer sozialpädagogischen Maßnahme dokumentiert. Diese Zuwendungsform wird häufig auf Größeneinheiten – fester Zuschussbetrag pro Teilnehmer, pro Seminar, pro Beratungsstelle etc. – bezogen, wobei nicht der Festbetrag, wohl aber die Anzahl der zuschussfähigen Einheiten im Zuwendungsbescheid zu begrenzen ist (BBJ Consult 1989; 1994; 1996).

Leistungsentgelte

Leistungsentgelte haben als Finanzierungsform die „kostenbezogenen Pflegesätze" im Sozialbereich weitgehend abgelöst. Nicht mehr die geplanten Kosten, sondern die Leistungsqualität und Leistungskapazität sollen zu einer leistungsgerechten Vergütung führen.

Tagesbezogene Leistungsentgelte

In stationären und teilstationären Einrichtungen verläuft die Finanzierung in der Regel über prospektive Entgelte, die pro Tag / pro Klient zwischen dem Finanzierungsträger und der sozialen Einrichtung ausgehandelt werden. Differenziert werden kann die Höhe des Entgeltes / Pflegesatzes nach der Leistungsart (Basisversorgung, Pflege und sozialpädagogische Hilfen, Investitionen) und nach dem Hilfebedarf des Klienten. In der

Altenpflege (SGB XI) orientieren sich die Entgelte an den drei Pflegestufen nach dem Pflegeversicherungsgesetz, in der Behindertenhilfe (SGB IX) an den, zumeist fünf im Metzlerverfahren gebildeten Hilfebedarfsgruppen und länderspezifisch festgelegten Leistungstypen, in der Jugendhilfe (SGB VIII) existieren meistens keine gruppenbezogenen, sondern einrichtungseinheitliche Entgelte; im Einzelfall lassen sich bei Einrichtungen der Jugendhilfe jedoch auch individualbezogene Entgelte verhandeln. Auf Tagesbasis finanziert werden Einrichtungen wie Kinder- und Jugendheime, Altenpflegeheime, Behindertenwohnheime, Werkstätten für Behinderte, gemeindepsychiatrische Tagesstätten, therapeutische Wohngemeinschaften, Kinder- und Jugendnotdienste, Frauenhäuser, Obdachlosenheime oder Einrichtungen der Tagespflege.

Stundenbezogene Leistungsentgelte

Die Entgelte für soziale Dienstleistungen können auch auf Stundenbasis vereinbart werden. Dieses Modell wird für sozialpädagogische Beratungsstellen, für die sozialpädagogische Familienhilfe, für die Frühförderung oder für ergänzende Hilfen zur Erziehung angewandt, also für soziale Dienstleistungen, die nicht komplex, sondern in Stundendosierungen erbracht werden. Die Anzahl der abrechnungsfähigen Fachleistungsstunden wird in der Regel durch Bewilligungszeiträume begrenzt, die in den klientenbezogenen Hilfeplänen festgelegt werden.

Fallbezogene Leistungsentgelte

Eine weitere „stückkostenbezogene" Finanzierung sozialer Dienste besteht in der Vergütung von Fallpauschalen. Pro Fall wird, zum Beispiel bei Schuldnerberatungsstellen für die Insolvenzberatung, ein Betrag an den sozialen Dienstleister bezahlt, der unabhängig von der konkreten Leistungsmenge die Aufwendungen im Durchschnitt decken soll. Diese Fallpauschale kann durch Erfolgsprämien weiter aufgestockt werden.

Einzelleistungsbezogene Entgelte

Die konkrete einzelne Leistungsart und Leistungsmenge, berechnet durch Zeitkosten, bildet insbesondere in der ambulanten Pflege den Bezugspunkt für die Finanzierung. Diese Einzelleistungen, manchmal nur einzelne Handgriffe oder präzise abgrenzbare Komplexversorgungsleistungen, werden je nach Pflegestufe bis zu einem Höchstbetrag von der Pflegeversicherung finanziert. Über diese „Versicherungspreise" hinausreichende Preisvorstellungen des Anbieters müssen vom Klienten ebenso privat bezahlt werden wie solche Zusatzeinzelleistungen, die im ambulanten, teilstationären oder stationären Bereich nicht durch Versorgungsverträge abgedeckt sind.

Wirkungsorientierte Entgelte

In verschiedenen Sektoren der Sozialarbeit werden mit wachsender Relevanz Verfahren überlegt und implementiert, um zumindest Teile der Finanzierung an Wirkungen der sozialpädagogischen Arbeit zu koppeln. Bildungsträger werden an den Vermittlungsquoten von Qualifizierungskursen für Arbeitslose gemessen, Behinderteneinrichtungen sollen an ihren Erfolgen in der „Ambulantisierung" bewertet werden, die Jugendhilfe bekommt Leistungsverträge, in denen die Ergebnisse von Evaluationsverfahren der Erziehungswirkungen eingerechnet werden oder Bewährungshilfeträger erhalten Prämien für die Erreichung reduzierter Rückfallprämien. Neue Modelle aus dem Bereich des NPO-Controllings sollen wirkungsorientierte Leistungsentgelte unterstützen (Halfar 2010).

Prozessorientierte Entgelte

Nach dem Vorbild der im Krankenhaus geltenden „Diagnosis Related Groups" (DRG), nach denen die Entgelthöhe im wesentlichen von den diagnosespezifischen Prozessabläufen (Patientenpfade) abhängt, sind erste Versuche im Sozialbereich gestartet worden, die Finanzierung sozialer Einrichtungen (zumindest teilweise) an den Kosten typisierter Dienstleistungsprozesse auszurichten. Das prozessbezogene „Pricing" setzt jedoch Prozesskostenrechnungen voraus, die im Sozialbereich (noch) unüblich sind. Prozessorientierte Entgelte können eine wirkungsbezogene Finanzierungsform für solche Dienstleistungen darstellen, deren Wirkungen nicht oder nicht sehr valide messbar sind.

Budgets

Klientenbezogene Budgets

Erhebliche Auswirkungen auf die Angebotsstruktur (und auf die Ausgaben) in der Eingliederungshilfe werden durch die Einführung des Persönlichen Budgets nach SGB IX erwartet. Beim persönlichen Budget wird dem einzelnen Leistungsempfänger ein fester Betrag zur Verfügung gestellt, den er für den Bezug sozialer Dienstleistungen verwenden kann. Mit diesem System wird ein klarer Anreiz zur verstärkten Kundenorientierung gesetzt. Die Leistungen müssen dem Leistungsempfänger, nicht unbedingt dem Sozialleistungserbringer entsprechen. Es entstehen als Nebeneffekt auch Anreize für alternative Angebote außerhalb des bisherigen Sozialmarkts. Überlegungen zum personenbezogenen Budget finden auch in der Altenhilfe statt.

Sozialraumbezogene Budgets

Durch die sozialwissenschaftliche Klassifikation von Sozialräumen lassen sich Indikatoren bilden, an denen soziale Bedarfslagen erkennbar werden. Je nach Ausprägung der Bedarfsindikatoren wird für den jeweiligen Sozialraum ein Gesamtbudget gebildet, das zumeist in einem Ausschreibungsverfahren (s. u.) „ersteigert" wird. Von Sozialraumbudgets lassen sich besonders in der Jugendhilfe positive Allokationseffekte erwarten, weil die kostentreibenden, auf einzelne KJHG-Paragrafen bezogenen Hilfearten nun miteinander in kombinierte Leistungssettings überführt werden können. Neben dieser Anstiftung intelligenterer Hilfeformen liegt ein wesentliches Argument für Sozialraumbudgets in dem Anreiz für die Träger, sich zu Leistungsverbünden zusammenzuschließen, und dabei leistungsschwache Träger von der Kooperation auszuschließen. Sozialraumbudgets, letztlich eine abgewandelte Variante der amerikanischen „Health Maintenance Organizations", gelten als die (seltene) Finanzierungsform im Sozialbereich, die den beteiligten Organisationen einen Anreiz bietet, die Leistungsmenge zu reduzieren, einzelne Hilfearten möglichst kostenintelligent zu kombinieren und gleichzeitig die vertraglich vereinbarte Qualität zu erzeugen.

Leistungsverträge nach Ausschreibungsverfahren

Auch als Folge der im Kontext der Neuen Steuerung vorgenommenen Outputorientierung der öffentlichen Verwaltung gewinnen Ausschreibungsverfahren sozialer Dienstleistungen an Bedeutung. Solche Ausschreibungsverfahren beziehen sich auf Sozialräume, auf den Betrieb sozialer Einrichtungen bzw. Dienste oder auf Projekte. Je nach Intention und je nach Präzisionsgrad konzentrieren sich Ausschreibungsverfahren auf die Leistungsqualität, das Leistungsvolumen und den entsprechenden Preis. In jedem Fall stellen solche Finanzierungsmuster interessante Entwicklungen dar, weil sie dazu beitragen, den „gordischen Knoten" der Sozialökonomie zu durchschlagen. In den sozialökonomischen Modellen wurde immer nach Vorschlägen gesucht, die weder Qualitätsdumping noch (suboptimale) Mengenexpansion forcieren. Leistungsverträge nach Ausschreibungsverfahren zur Übernahme von Leistungspaketen zu einem festen Preis und für einen festen Zeitraum führen in der Sozialarbeit beim Leistungsanbieter zum Anreiz, möglichst wenige Leistungen und möglichst gute Leistungen zu erbringen. An einer nicht-rationalen Mengenexpansion besteht beim Anbieter kein Interesse, weil die entsprechenden Kosten gewinnreduzierend wirken. Er wird versuchen, seine Leistungsmenge und Leistungsarten auf das fachlich sinnvolle und notwendige Maß zu beschränken. Gleichzeitig besteht bei dieser Finanzierungsart jedoch ein Anreiz, die Leistungsqualität auszubauen, da diese zu einem entscheidenden Beurteilungskriterium für die Gewinnung neuer Aufträge wird. Mit hoher Wahrscheinlichkeit werden solche Finanzierungsformen die Effizienz und Effektivität sozialarbeiterischer Leistungen fördern, die Leistungsqualität anstiften und zu einer Selbstprüfung der Leistungserbringer führen, ob denn nicht auf

manche soziale Angeboten ganz oder teilweise verzichtet werden kann.

Bei der Vorbereitung solcher Leistungsverträge lassen sich verschiedene Ausschreibungsverfahren denken:

* die Ausschreibung der Leistungsart und Leistungsmenge. In diesem Fall würden der Preis als auch die Leistungsqualität die Wettbewerbsparameter bilden;
* die Ausschreibung der zur Verfügung stehenden Finanzen und der Leistungsart. Im Sinne des target costing würde die Konkurrenz dann dafür sorgen, dass man den Bewerber mit dem besten Mengen-Qualitätsverhältnis auswählen kann;
* die Ausschreibung des sozialen Problems. In einem solchen „pitch" ließen sich die Angebote nach Problemlösungskreativität, Preis, Leistungsmenge und Leistungsqualität sortieren.

Die Sozialarbeit beschreitet hier interessante neue Finanzierungspfade, wenn beispielsweise in der Jugendhilfe „Sozialraumbudgets" vergeben werden oder Konzepte zum „Stadtteilmanagement" ausgeschrieben werden. Positive Nebeneffekte dieser Finanzierungskonzepte lassen sich auch hinsichtlich der Trägerkonstellationen in der Sozialen Arbeit erwarten. Je nach Ausschreibungsvolumen und Ausschreibungsregion werden sich verbands- und unternehmensübergreifende Anbietergruppen bilden, da einzelne Träger vielleicht nicht das notwendige Leistungsspektrum abdecken oder an vorhandene Infrastrukturen anknüpfen wollen.

Sonstige Finanzierungsmöglichkeiten

Neben diesen beschriebenen Hauptfinanzierungsarten zu erwähnen, aber in ihrer quantitativen Bedeutung häufig überschätzt, ist die Finanzierung durch Spenden, Sponsorships, Events, Wohlfahrtsbriefmarken, Lotterien, Stiftungen, Mitgliedsbeiträge, Testate oder Bußgelder. Solche Einnahmen sind willkommen, weil sie den notwendigen Eigenanteil des Trägers bei der Zuwendungsfinanzierung oder bei der Investitionsfinanzierung sichern können, und sie sind auch notwendig, um soziale Dienste anbieten zu können, die in dem Finanzierungsspektrum der öffentlichen Hand und der Sozialversicherungen nicht auftauchen. Es ist trotzdem ein merkwürdiges Verhältnis, mit welchem

Engagement sich Verlage, Kongresse und Fachredaktionen dem Thema „Fundraising" widmen. Der Trend zu Leistungsverträgen in der Sozialarbeit, und die dadurch wachsenden Chancen, in der Sozialwirtschaft Unternehmensgewinne zu erzielen, werden das Fundraising als Finanzierungsstrategie nicht sonderlich fördern. Es sei denn, man konzentriert sich auf die selten werdenden „weißen Flecken" in der sozialarbeiterischen Landkarte, für die noch keine offiziellen Finanzierungsformen entwickelt wurden. Das Fundraising wird auch zuweilen im Aufwand/Ertragsverhältnis überschätzt, mit entsprechender Vernachlässigung von sehr interessanten Finanzierungsformen; wie zum Beispiel der Finanzierung durch Mezzanine-Kapital, durch geschlossene Immobilienfonds, durch, allerdings steuerrechtlich komplizierte, Erlöse aus Sozialbetrieben und wirtschaftlichen Geschäftsbetrieben, sowie der Finanzierung am Kapitalmarkt.

Investitionsfinanzierung von Sozialimmobilien

Die Investitionsentscheidungen im Sozialbereich werden weitgehend entpolitisiert und methodisch von politischen Bedarfsvorstellungen abgekoppelt. Standortanalysen, Marktforschung, Konkurrenzanalyse, Konzeptqualität und Managementkapazitä-

ten sind die wichtigen Entscheidungsparameter und bilden die Basis für die Investitionsfinanzierung.

Die Sozialimmobilie muss durch Belegung, und nicht durch Zusagen von öffentlichen Zuschüssen finanziert werden; die Auslastungsquote wird zur entscheidenden Größe. Der Klient, und nicht die Immobilie, wird gefördert: im tagesbezogenen Leistungsentgelt des Klienten steckt mit dem Investitionsanteil jedoch die Möglichkeit zur Refinanzierung der getätigten Investitionen. Die Politik beschränkt sich auf die Angebotssteuerung durch Betriebserlaubnisverfahren, Versorgungsverträge und Qualitätsvereinbarungen. Bauliche, personelle und konzeptionelle Mindeststrukturmerkmale werden durch die Politik definiert und als Garanten für sozialpädagogische Fachlichkeit gesetzt.

Investitionen sehen einen Kapitalbedarf zu einem bestimmten Zeitpunkt, wobei die Rückflüsse aus dem Kapital erst in Folgeperioden der Zukunft stattfinden. Die Ermittlung des Kapitalbedarfs, die Liquiditätsplanung zur Sicherstellung der Zahlungsfähigkeit des sozialen Unternehmens, die Investitionsplanung und Investitionsrechnungen zur Beurteilung der Wirtschaftlichkeit des Vorhabens führen zu Investitionsentscheidungen und in der Folge zu Finanzierungsentscheidungen und zu einem Finanzierungsmix aus Eigen- und Fremdkapital.

Literatur

BBJ-Consult (1996): Wahrnehmung sozialstaatlicher Aufgaben. Risiko und Chancen gemeinnütziger Träger. BBJ-Consult Info 46, Berlin

– (1994): Info. BBJ-Consult Info 39/40, Berlin

– (1989): Öffentliche Finanzierung von Maßnahmen und Projekten. Leitfaden durch das Zuwendungsrecht. BBJ-Consult Info 19/20, Berlin

Halfar, B. (2010): Wirkungsorientiertes NPO-Controlling (hrsg. v. International Group of Controlling), Haufe Verlag, Freiburg

– (2008): Von der Pflegesatzlogik zum Betriebsergebnis – Kostenmanagement in der Hilfe für Menschen mit Behinderung. In: König, J., Oerthel, Ch., Puch, H.J. (Hrsg.): In

Soziales investieren – mehr Werte schaffen. Buch & Media, München, 333–340

– (1999): Finanzierung sozialer Dienste und Einrichtungen. NOMOS, Baden-Baden

Luhmann, N. (1993): Soziologische Aufklärung, 5. Konstruktivistische Perspektiven. Westdeutscher Verlag, Opladen

Münder, J. (1994): Die Übernahme sozialstaatlicher Aufgaben durch Freie Träger – Eine Falle für die Freien Träger? In: BBJ-Consult Info 40, Berlin

Neumann, V. (1992): Freiheitsgefährdung im kooperativen Sozialstaat. Carl Heymanns, Köln

Freie Träger in der Sozialen Arbeit

Von Thomas Olk

Freie Träger im deutschen Sozialstaat

Der Sozialstaat der Bundesrepublik Deutschland ist im Bereich der Sozialen Arbeit durch das gesetzlich geregelte Zusammenwirken von öffentlichen und freien Trägern gekennzeichnet („duale Struktur" der Wohlfahrtspflege; vgl. Sachße 1994; Heinze / Olk 1981). Die Einbindung einer begrenzten Anzahl großer, bis zur Bundesebene vertikal durchstrukturierter Non-Profit-Organisationen in die sozialstaatliche Politikformulierung und -durchführung auf der Basis von Subsidiaritätsregelungen im Sozialhilfe- und Jugendhilferecht, die den freien Trägern eine Bestandsgarantie und einen „bedingten Vorrang" und dem öffentlichen Träger eine Förderverpflichtung sowie eine Gewährleistungsverantwortung übertragen, kennzeichnen die Einmaligkeit des „deutschen Sozialmodells". Dabei bezieht sich der Begriff des öffentlichen Trägers auf Behörden, Anstalten oder Körperschaften des öffentlichen Rechts auf Bundes-, Landes- und kommunaler Ebene, die auf der Basis von Gesetzen und der Organisationsgewalt der politischen Vertretungskörperschaften tätig werden. Der Terminus „freie Träger der Wohlfahrtspflege" bezieht sich im Sinne der hier angesprochenen sozialrechtlichen Regelungen auf den Sachverhalt, dass die Tätigkeit dieser Träger Ausdruck eines selbst gewählten Zusammenschlusses von Bürgern zur Übernahme von Aufgaben im Sozialbereich ist, die insofern freiwillig tätig werden und ihre Tätigkeit auch auf eigenen Beschluss hin wieder beenden können (Neumann 1993). Insofern sind freie Träger der Wohlfahrtspflege private Organisationen, die sich zumeist nach den Vorschriften des Vereinsrechtes im Bürgerlichen Gesetzbuch, seltener auch als Stiftungen Bürgerlichen Rechts bzw. gemeinnützige GmbHs gründen und soziale Leistungen im weitesten Sinne für sozial oder materiell benachteiligte Personen zum Wohle der Allgemeinheit und nicht aus Gewinnerzielungsabsichten heraus erbringen (Münder 1996). Eine fehlende Gewinnerzielungsabsicht ist die Grundlage für die Anerkennung der „Gemeinnützigkeit" auf der Basis der Steuergesetzgebung und der Gemeinnützigkeitsverordnung durch die Finanzbehörden, was insbesondere das Recht einschließt, Spenden einzuwerben und hierfür steuerentlastende Empfangsbescheinigungen auszustellen (freigemeinnützige Trägerschaft). Obwohl in den letzten Jahren eine wachsende Bedeutung privat-gewerblicher Träger im Bereich der Sozialen Arbeit festzustellen ist und es zunehmende politische Bestrebungen gibt, diese Trägerart den gemeinnützigen Trägern der Wohlfahrtspflege rechtlich gleich zu stellen, schließen die zentralen gesetzlichen Vorschriften (nämlich § 10 BSHG sowie § 4 SGB VIII / KJHG, vormals § 5 JWG), die die privilegierte Stellung der freigemeinnützigen Träger der Wohlfahrtspflege im deutschen Sozialstaat festlegen, bislang (noch) privat-gewerbliche Organisationen von diesen Privilegien aus (Münder et al. 1998 sowie Wiesner 1997). Freie Träger in diesem Sinne sind neben den Kirchen vor allem die großen Wohlfahrtsverbände Arbeitwohlfahrt, Deutscher Caritasverband, Diakonisches Werk, Deutsches Rotes Kreuz, Paritätischer Wohlfahrtsverband und Zentralwohlfahrtsstelle der Juden in Deutschland sowie ein breites Spektrum der Jugendorganisationen wie etwa der Bund der katholischen Jugend Deutschlands (BdKJ), die Pfadfinder, Sozialistische Jugend „Die Falken" bzw. die Jugendbildungsstätten, Organisationen der Jugendsozialarbeit oder des Sports (vgl. die Beiträge in Rauschenbach et al. 1995, zu den Wohlfahrtsverbänden einführend auch Boeßenecker 2005).

Otto/Thiersch (Hg.), Handbuch Soziale Arbeit, 4. A., DOI 10.2378/ot4a.art043,
© 2011 by Ernst Reinhardt, GmbH & Co KG, Verlag, München

Diese Organisationen sind insgesamt in den Feldern der Alten-, Gesundheits-, Jugend-, Behinderten- oder Sozialhilfe tätig.

Das Verhältnis öffentlicher und freier Träger als Ausdruck der Geltung des Subsidiaritätsprinzips

Die Entstehung der „dualen Struktur" der deutschen Wohlfahrtspflege geht auf spezifische Konstellationen und Spannungslinien des 19. Jahrhunderts zurück (Schmid 1996, 229 ff.). Der Konflikt zwischen dem protestantisch geprägten Preußen und der katholischen Kirche, der seinen prominenten Ausdruck im „Kulturkampf" in der Ära Bismarck fand, hat zu einer Verfestigung eines katholischen Sozialmilieus und zu entsprechenden katholischen Verbands- und Organisationsbildungen geführt, die einer konfessionell geprägten Wohlfahrtspflege und später einer Institutionalisierung dieses Konflikts zwischen Staat und Kirche in einer geregelten Form der Zusammenarbeit zwischen Staat und konfessioneller Wohlfahrtspflege Vorschub leistete. Insgesamt verdankt sich jedenfalls die Entstehung der traditionellen Wohlfahrts- und Jugendverbände der „Vereinskultur" des kaiserlichen Deutschlands mit seinen Reformbewegungen im bürgerlich-kommunalen, konfessionellen sowie nicht-konfessionellen Bereich.

Im Zuge der Bestrebungen zu einer spitzenverbandlichen Zentralisierung entstand bereits im Jahre 1848 die „Innere Mission der evangelischen Kirche in Deutschland" und im Jahre 1897 der „Caritasverband für das katholische Deutschland", um die Vielfalt der mildtätigen Werke der jeweiligen Kirche organisatorisch zusammenzufassen. In der Weimarer Zeit folgte der Zusammenschluss der nicht-konfessionellen Verbände (DRK, gegr. 1921, Zentralwohlfahrtsstelle der Juden in Deutschland, gegr. 1917, Arbeiterwohlfahrt, gegr. 1919 sowie die Vereinigung der freien, privaten und gemeinnützigen Kranken- und Pflegeanstalten Deutschlands (später DPWV), gegr. 1920). Der Konflikt zwischen dem Staat, der sich seit der Gründung der Weimarer Republik zunehmend als Sozialstaat verstand, und insbesondere der katholischen Kirche, die in ihrer Soziallehre ausgeprägt antietatistische Vorstellungen entwickelt hatte, wurde durch die Subsidiaritätsregelungen in Reichsjugendwohl-

fahrtsgesetz (verabschiedet 1922) und Reichsfürsorgepflichtverordnung (verabschiedet 1924) keineswegs gelöst, sondern lediglich in eine Kompromissformel überführt. Dabei konnten die nicht-konfessionellen Verbände der Freien Wohlfahrtspflege stets von dem Bestandsschutz kirchlicher Betätigung im Sinne einer rechtlichen Gleichbehandlung profitieren.

Zum Ende der dritten Legislaturperiode, also im Sommer 1961, verabschiedete der Deutsche Bundestag das Bundessozialhilfegesetz (BSHG) und das Jugendwohlfahrtsgesetz (JWG), die das Verhältnis von öffentlichen und freien Trägern der Wohlfahrtspflege für die bundesdeutsche Ordnung grundlegend regelten. Die bereits in den 1920er Jahren eingeführte Vorrangstellung der verbandlichen Wohlfahrtspflege wurde in diesen Gesetzgebungswerken gegenüber den bislang geltenden Bestimmungen aus der Weimarer Zeit gestärkt. Zusätzlich zu der bereits bestehenden Verpflichtung der öffentlichen Träger zur Zusammenarbeit mit den Wohlfahrtsverbänden wurde nun eine verschärfte Fassung des „bedingten Vorrangs" der freien Wohlfahrtspflege bei der Schaffung von Einrichtungen, Diensten und Hilfemaßnahmen formuliert. So heißt es in § 93 Abs. 1 BSHG in der Fassung von 1961 dementsprechend: „Die Träger der Sozialhilfe sollen darauf hinwirken, dass die zur Gewährung der Sozialhilfe geeigneten Einrichtungen ausreichend zur Verfügung stehen. Sie sollen eigene Einrichtungen nicht neu schaffen, soweit geeignete Einrichtungen der im § 10, Abs. 2 genannten Träger der Freien Wohlfahrtspflege vorhanden sind, ausgebaut oder geschaffen werden können." Eine ähnliche Formulierung findet sich auch in § 5 des Jugendwohlfahrtsgesetzes (JWG) von 1961.

Bei der Legitimierung der wohlfahrtsverbandlichen Positionen und Forderungen spielte bekanntlich das der katholischen Soziallehre entstammende Subsidiaritätsprinzip eine dominante Rolle (Sachße 1994; Heinze / Olk 1981). Tatsächlich ist dieses Prinzip in den 1950er und 1960er Jahren weniger als Legitimierungsformel für die Garantie kultureller und weltanschaulicher Pluralität genutzt worden, was grundsätzlich auch möglich gewesen wäre, sondern es wurde vielmehr im Sinne eines verkürzten verbändezentrierten Subsidiaritätsverständnisses als Instrument zur Durchsetzung der Bestandsinteressen formal organisierter und zentralisierter Wohlfahrtsverbände herangezogen (Matthes 1964).

Da die Subsidiaritätsformulierungen in BSHG und JWG als „Funktionssperre" für die kommunalen Gebietskörperschaften interpretiert wurden, legten vier Städte und vier Bundesländer in insgesamt 19 Verfahren Verfassungsbeschwerde ein bzw. strengten Normenkontrollverfahren an. Es ging um die verfassungsrechtliche Frage nach der richtigen Einordnung der freien Wohlfahrtspflege in den Sozialstaat (Stolleis 1988, 44). Dabei versuchten die Vertreter der verbandlichen Wohlfahrtspflege, die „Gunst der Stunde" einer für sie förderlichen parlamentarischen Mehrheitskonstellation (Alleinherrschaft der CDU / CSU von 1957 bis 1961) zu nutzen, um mittels Durchsetzung des Rechts auf Bereitstellung konfessionell geprägter Einrichtungen und Dienste die Stellung der Kirchen bzw. Konfessionen in der bundesrepublikanischen Nachkriegsgesellschaft gegen spürbare Säkularisierungstendenzen zu stärken.

In der Folgezeit wurden die Auseinandersetzungen zwischen Staat und Wohlfahrtspflege immer weniger als grundsätzliche Frage nach dem „richtigen Ort" der (konfessionellen) Wohlfahrtspflege in einer säkularisierten Gesellschaft geführt. Vielmehr verlagerten sie sich zunehmend auf die Ebene der Diskussion von Formen und Modalitäten der pragmatischen Ausgestaltung von Kooperationsbeziehungen zwischen einzelnen verbandlichen Gliederungen sowie Einrichtungen und Diensten der freien Wohlfahrtspflege einerseits und speziellen rechtlichen Regelungen, Planungsprozessen und Finanzierungsmodalitäten staatlicher und parastaatlicher Institutionen andererseits. Im Jahre 1967 bestätigte das Urteil des Bundesverfassungsgerichts die Verfassungskonformität der inkriminierten Formulierungen in BSHG und JWG. In den Ausführungen wird auf den normativen Gehalt des Subsidiaritätsprinzips – sicherlich in beruhigender Absicht – kein Bezug mehr genommen. Der Begriff der Subsidiarität wird im Urteil überhaupt nicht erwähnt. Die Urteilsbegründung basiert statt dessen auf einem „säkularisierten" Subsidiaritätsverständnis, demzufolge die Arbeitsteilung zwischen öffentlichen Trägern und Wohlfahrtsverbänden aus Zweckmäßigkeits- und Wirtschaftlichkeitsgründen geboten sei.

Das korporatistische Verflechtungssystem von Staat und Wohlfahrtsverbänden

Das hierdurch entstandene System wechselseitiger Austauschprozesse zwischen föderativem Staat und Spitzenverbänden der freien Wohlfahrtspflege wird in der Politikwissenschaft als „Korporatismus" bezeichnet (vgl. zuerst Heinze / Olk 1981). Im Gegensatz zu Formen eines „Makro-Korporatismus", in denen die Regulierung gesamtgesellschaftlicher Konflikte zwischen verbandlich organisierten antagonistischen Interessen (z. B. der Tarifpartner) im Zentrum der Aufmerksamkeit stehen, handelt es sich bei Erscheinungsformen des „Meso- bzw. Bereichs-Korporatismus" um bereits jahrzehntelang existierende, relativ stabile Interaktionsbeziehungen in einem konkreten, abgegrenzten Politikfeld zwischen Politik und Verwaltung einerseits und organisierten Interessen andererseits (vgl. zum Konzept allgemein Czada 1994; speziell zu den Wohlfahrtsverbänden Backhaus-Maul / Olk 1994; 1996; sowie Schmid / Mansour 2007). Ganz in diesem Sinne bildeten sich in dieser sozialstaatlichen Wachstumsphase im Sozialbereich auf Bundes-, Landes- und kommunaler Ebene dicht geknüpfte Politiknetzwerke heraus, an denen führende Vertreter der Fachverwaltung und Politik einerseits sowie die Spitzenvertreter der verbandlichen Wohlfahrtspflege andererseits beteiligt waren. In diesen Beziehungsnetzen wurden (und werden) politische Vorhaben und Programme im Bereich der Sozialen Arbeit vordiskutiert, Konflikte intern geschlichtet sowie politische Tauschgeschäfte vereinbart. Dabei bedienen sich die Vertreter öffentlicher Verwaltung und Politik des Fachwissens und der organisatorischen Ressourcen der Wohlfahrtsverbände, während umgekehrt die Vertreter der freien Wohlfahrtspflege ihre exklusiven politischen Einflusskanäle für die Sicherung ihrer Bestandsvoraussetzungen und Handlungschancen nutzen.

Das System der „dualen Wohlfahrtspflege" mit seiner Inkorporierung der Wohlfahrtspflege in die Formulierung und Durchführung staatlicher Sozialpolitik und Wohlfahrtspflege hat nicht nur den staatlichen Institutionen, sondern vor allem auch den Wohlfahrtsverbänden und ihren Einrichtungen und Diensten in der zweiten Hälfte der 1960er und der ersten Hälfte der 1970er Jahre ein geradezu explosionsartiges Wachstum beschert

(Heinze / Olk 1981). Die freie Wohlfahrtspflege wurde immer enger in einen durch die öffentliche Hand regulierten kooperativen Verbund öffentlicher Aufgabenerledigung eingebunden.

Dieses Kooperationsverhältnis hatte für die Wohlfahrtsverbände erhebliche Vorteile: Mit dem Aufgabenzuwachs der öffentlichen Hände und den erweiterten finanziellen Verteilungsspielräumen wurden den Verbänden der freien Wohlfahrtspflege immer weitere Aufgaben zur arbeitsteiligen Erledigung übertragen und entsprechende finanzielle Zuwendungen und Leistungen bereitgestellt. Sozialstaat und freie Wohlfahrtspflege expandierten also im Gleichschritt. Allerdings waren hiermit auch unerwünschte Nebenfolgen verbunden: Je mehr (Gewährleistungs-)Verpflichtungen der Sozialstaat übernahm, desto mehr regelte er die Ziele und Modalitäten der Aufgabendurchführung nach rechtlichen und verwaltungsimmanenten Kriterien und Regeln. Die Kehrseite einer Politik der Aufgabendelegation besteht daher in einer tendenziellen Unterwerfung der freien Träger der Sozial- und Jugendhilfe unter die Kontrolle der Rechnungshöfe und die Logik der Bürokratie.

Bis weit in die 1970er Jahre hinein waren die Trägerverhältnisse im Bereich der Sozialen Arbeit wohl geordnet und überschaubar. Die öffentlichen Träger der Sozial- und Jugendhilfe hatten es im Wesentlichen ausschließlich mit den traditionsreichen etablierten Jugend- und Wohlfahrtsverbänden zu tun. Dies änderte sich mit dem Entstehen einer breit ausgefächerten Szene selbstorganisierter Initiativen, Projekte und Selbsthilfegruppen im Jugend- und Sozialbereich der 1970er und 1980er Jahre. Zum Teil als ausgesprochene Alternative zum herkömmlichen Wohlfahrtskartell entsteht und entwickelt sich eine Szene von kleinen, solidarisch organisierten Projekten, Initiativen und Selbsthilfegruppen, die sich insbesondere dadurch auszeichnen, dass sie in hoher Unabhängigkeit hinsichtlich Form und Inhalt ihrer Arbeit handeln, intern wenig hierarchisch strukturiert sind und oft einen traditionelle Arbeitsfelder übergreifenden, lebensweltbezogenen Arbeitsansatz verfolgen. Diese, zunächst überwiegend verbandsunabhängig entstandenen Träger, Projekte und Initiativen wurden im Verlaufe der 1980er Jahre zunehmend auch von öffentlichen Trägern anerkannt und haben insbesondere den Trägerbegriff des 1990 verabschiedeten Kinder- und Jugendhilfegesetzes (SGB VIII / KJHG) nachhaltig beeinflusst. So folgt das SGB VIII / KJHG nicht mehr umstandslos dem herkömmlichen verbändezentrierten Subsidiaritätsverständnis und zielt in vielen Paragraphen darauf ab, unter den Terminus der freigemeinnützigen Leistungsanbieter alle nicht-privatgewerblichen Organisationen zu fassen und damit neben den herkömmlichen Verbänden auch die selbstorganisierten Vereine und Initiativen ausdrücklich einzuschließen (Wiesner 1997). Kern dieses erneuerten Subsidiaritätsverständnisses ist nicht die Betonung eines formalen Vorrang-Nachrangverhältnisses zwischen freien und öffentlichen Trägern, sondern ein inhaltlich-fachliches Subsidiaritätsverständnis, das denjenigen Trägern Vorrang gewährt, die den Nutzern bzw. Adressaten ihrer Angebote ein hohes Maß an Einflussmöglichkeiten einräumen und die insgesamt einen lebensweltorientierten Ansatz verfolgen.

Vom Korporatismus zum Markt? Zur Neuordnung des Verhältnisses zwischen öffentlichen und freien Trägern in der Sozialpolitik

Herausforderungen und politische Antworten

Seit Anfang der 1990er Jahre zeichnet sich in der Sozialpolitik eine deutliche Neuakzentuierung im Verhältnis zwischen öffentlichen und freien Trägern ab. Der Staat (bzw. seine Untergliederungen) entwickelt unter veränderten ökonomischen, sozialen und politischen Rahmenbedingungen ein neues Aufgabenselbstverständnis und bedient sich im Zuge seiner Binnenmodernisierung auch im Außenverhältnis zu den nicht-staatlichen Akteuren neuer Steuerungsstrategien. Zu diesem Strategiewechsel des Staates haben verschiedene Entwicklungen und Bedingungsfaktoren beigetragen.

Angesichts knapper werdender finanzieller Mittel in den kommunalen Haushalten, der Kosten der Deutschen Einheit sowie der nationalen Standortkonkurrenz im Rahmen einer globalisierten Wirtschaft werden umfassende Konzepte einer Verwaltungsreform entwickelt sowie Bestrebungen zu einer Verbesserung staatlicher Steuerungspotenziale intensiviert. Übergreifendes Leitbild der Neuausrichtung staatlichen Handelns ist nun das Konzept des „schlanken Staates" (Jann / Wewer 1998). Der „überforderte" Staat soll sich – so die Reformdevise – aus der Wahrnehmung bisher erbrachter Aufgaben möglichst weitgehend zurückziehen, sich auf seine Kernaufgaben beschränken und sowohl die Selbstregulierungskräfte des Marktes als auch die Selbstorganisationsfähigkeiten individueller wie kollektiver Akteure in der Gesellschaft möglichst wenig beeinträchtigen. Politisch-strategische Vorschläge und Maßnahmen, die sich an diesem Leitbild staatlichen Handelns orientieren, laufen auf Vorschläge zur Privatisierung öffentlicher Aufgaben, auf rigorose Kosteneinsparungen sowie auf die Verlagerung von Aufgaben auf Individuen bzw. autonome gesellschaftliche Kräfte hinaus.

Unter diesem Leitkonzept wird zu Beginn der 1990er Jahre im öffentlichen Sektor – allerdings zunächst fast ausschließlich auf kommunaler Ebene – mit der Entwicklung und Erprobung von Modellen einer Verwaltungsreform begonnen (Naschhold / Bogumil 2000). Nach den Vorstellungen des New Public Management sollen betriebswirtschaftliches Denken in den Bereich der öffentlichen Verwaltung übertragen und marktähnliche Strukturen verankert werden („Konzern Stadt"). Auf diese Weise sollen Kosten gesenkt, Dienstleistungen qualitativ verbessert sowie die Präferenzen und Wünsche der Nachfrager im Sinne einer „Kundenorientierung" verstärkt berücksichtigt werden (Naschold 1995).

Die Grundprinzipien der New Public Management–Bewegung werden insbesondere durch die Kommunale Gemeinschaftsstelle für Verwaltungsvereinfachung (KGSt) operationalisiert (z. B. KGSt 1994a). Die Umsetzungspraxis dieser „Blaupausen" kommunaler Verwaltungsreform (Neues Steuerungsmodell) war allerdings – wie auch der Zwischenbericht der KGSt (vgl. 1995) feststellte – durch Merkmale wie starke Binnenorientierung der Verwaltungsreform, eine sehr weitgehende Konzentration auf die Erarbeitung von Produktbeschreibungen und die Dominanz der öffentlichen Verwaltung gegenüber nicht-öffentlichen Trägern gekennzeichnet. So wurden etwa die freien Träger der Jugendhilfe mit ihren gesetzlich festgelegten Einflussmöglichkeiten und Gestaltungsspielräumen in dem ersten Gutachten

der KGSt zur Jugendhilfe (vgl. KGSt 1994b) noch gar nicht berücksichtigt und damit die besonderen Steuerungsmechanismen bei der Bereitstellung von Jugendhilfeangeboten weitgehend verfehlt.

Die Reformpolitik der 1990er Jahre folgt dem doppelten Anspruch von „Sparen und Gestalten". Es geht sowohl darum, durch die Begrenzung öffentlicher Aufgaben Kosten zu reduzieren als auch Rationalisierungsreserven im System sozialer Dienste zu erschließen („more for less"). Hieraus folgt ein neuartiger Umgangsstil des Staates mit freien bzw. nicht-staatlichen Trägern. Die neue staatliche Strategie zielt darauf ab, die traditionell durch das Subsidiaritätsprinzip legitimierte Form der exklusiven Zusammenarbeit öffentlicher Träger der Jugend- und Sozialhilfe mit freien Trägern durch die Einführung eines politisch regulierten „inszenierten Wettbewerbs" abzulösen (Backhaus / Olk 1994). Durch sozialgesetzliche Novellierungen und neue Finanzierungsregelungen wird der Kreis „freier Träger" um verbandsunabhängige und privatgewerbliche Träger erweitert sowie durch die Einführung politisch regulierter Quasi-Märkte der Wettbewerb zwischen diesen Trägern forciert, um den Effektivitäts- und Effizienzdruck auf die Anbieter zu erhöhen.

Die sozialrechtlichen Neuregelungen

Die Veränderung der Position der traditionellen gemeinnützigen Träger im Anbietersystem sozialer Dienste und Einrichtungen wird durch Neuregelungen in den einschlägigen Sozialgesetzen durchgesetzt (Backhaus-Maul / Olk 1994).

Bei der Formulierung des Pflegeversicherungsgesetzes im Jahre 1994 fiel es leicht, von vornherein eine eindeutige Abkehr vom verbändezentrierten Subsidiaritätsverständnis zu vollziehen, da die Pflege mit ihrer Zuordnung zum Gesundheitsbereich traditionell außerhalb der Tradition subsidiärer Zusammenarbeit steht. Im Gesetz wird an keiner Stelle der Terminus freier Träger benutzt. Das Pflegeversicherungsgesetz kennt vielmehr nur Leistungserbringer. Damit werden Wohlfahrtsverbände gegenüber anderen (vor allem privat-gewerblichen) Trägern ausdrücklich gleichgestellt.

Die neu gefassten trägerbezogenen Regelungen im Pflegeversicherungsgesetz dienten auch als Vorbild für Novellierungen im Bundessozialhilfegesetz. Ursprünglich waren die in §10 Abs. 2 BSHG genannten Träger doppelt privilegiert: Nämlich sowohl gegenüber den öffentlichen Trägern der Sozialhilfe als auch (seit 1984) gegenüber anderen nicht-staatlichen Anbietern, d.h. insbesondere privat-gewerblichen Trägern. Diese arbeitsteilige und exklusive Form der Zusammenarbeit wird im Zuge der seit 1993 eingeführten Neuregelungen im BSHG schrittweise beseitigt.

Im Jahre 1993 wird das bisher praktizierte Selbstkostendeckungsprinzip durch ein System leistungsbezogener Entgelte mit vorauskalkulierten Pflegesätzen und festgelegten Laufzeiten ersetzt. An den Pflegesatzverhandlungen sind seitdem alle freien Träger, die Hilfe in Einrichtungen nach dem Bundessozialhilfegesetz gewähren, gleichberechtigt beteiligt, unabhängig davon, ob es sich um verbandliche, privat-gewerbliche oder öffentliche Träger handelt. Wohlfahrtsverbände und privat-gewerbliche Leistungsträger werden damit in eine direkte Konkurrenzbeziehung gesetzt, um einen Rationalisierungsdruck bei den frei-gemeinnützigen Trägern zu erzeugen. Mit der Novelle des BSHG vom 23.07.1996 wird die Deprivilegierung verbandlicher Träger fortgesetzt, indem Kostenvereinbarungen nun mit denjenigen Anbietern (gleich welcher Art) abgeschlossen werden, die das kostengünstigste Angebot unterbreiten.

Die Neuregelung der §§ 93 ff. BSHG hat sich auch auf die entsprechenden Regelungen im SGB VIII / KJHG ausgewirkt (Wiesner et al. 2000). Mit der Neufassung der §§ 78 a–g SGB VIII / KJHG werden auch nach diesem Gesetz freigemeinnützige und privatgewerbliche Leistungsanbieter gleichgestellt und die Zusammenarbeit zwischen öffentlichen und freien Trägern auf die Grundlage von Vereinbarungen über Kosten und Qualität von Leistungen gestellt. Jugendhilfespezifische Bedingungen werden insofern berücksichtigt, als im Bereich der Kinder- und Jugendhilfe nicht von Qualitätssicherung sondern von Qualitätsentwicklung gesprochen wird, um auf die Grenzen der Verallgemeinerungsfähigkeit von Qualitätsstandards und den Prozesscharakter von Qualitätskriterien in der Jugendhilfe hinzuweisen.

Der kurze Durchgang durch die für das Trägerverhältnis einschlägigen sozialrechtlichen Novellierungen der letzten Jahre macht deutlich, dass sich der rechtliche Status der freien Träger der Wohlfahrtspflege erheblich verändert hat. So werden die subsidiaritätspolitischen Programmsätze (§10 BSHG und §§3, 4 SGB VIII / KJHG) im Sozialrecht zwar fortgeschrieben, aber der konkrete Prozess der Aufgabenübertragung und der Leistungserbringung nun in Form eines staatlich regulierten Quasi-Marktes mit Trägerkonkurrenz und Effizienzkriterien organisiert (§93 BSHG und §78 a–g SGB VIII / KJHG). Dies lässt sich so interpretieren, dass die verbandspolitisch bedeutsamen Statusnormen (§10 BSHG und §§3, 4 SGB VIII / KJHG) weniger auf die Rolle der Jugend- und Wohlfahrtsverbände als unmittelbare Leistungserbringer abzielen, sondern ihre übergreifenden ordnungspolitischen Funktionen als Träger eigener sozialer Aufgaben und als (Mit-)Garanten sozialstaatlicher Ordnung honorieren. Demgegenüber stellen die §§93 BSHG und 78 SGB VIII / KJHG klar, dass bei der Realisierung sozialgesetzlich geregelter Aufgaben und Leistungen die gleichberechtigte Mitwirkung sämtlicher nicht-öffentlicher Trägerarten gewollt ist. Im Ergebnis stellt sich auf diese Weise ein völlig neues Verhältnis zwischen öffentlichen und freien Trägern im Bereich der Wohlfahrtspflege her, das nicht mehr auf sozialethisch begründeten Privilegien, sondern vielmehr auf einzelvertraglich geregelten und effizienzorientierten Preis-Leistungs-Vereinbarungen beruht.

Dabei wird in den rechtlichen Kommentierungen dieser Entwicklung mit guten Gründen darauf hingewiesen, dass die Veränderungen der Rolle der freien Träger im sozialrechtlichen Dreieck nicht zuletzt eine logische Konsequenz der Verfestigung und Präzisierung von Leistungsansprüchen der Bürgerinnen und Bürger gegenüber dem Sozialstaat darstellen (Schellhorn 1998 sowie Münder et al. 1998). Denn mit der Entwicklung der Leistungsansprüche der Bürgerinnen und Bürger ist zugleich die Verpflichtung des öffentlichen Trägers verbunden, für die Bereitstellung der notwendigen Einrichtungen und Dienste zu sorgen und die Qualität der Leistungserbringung zu sichern. Dieses System der Erbringung sozialer Dienste und Leistungen funktionierte bislang überwiegend angebotsdominiert nach einem „fürsorglichen Modell" (Münder et al. 1998, 5). Zwar spielten in den exklusiven Aushandlungsprozessen zwischen öffentlichen und verbandlichen Trägern – wie auch immer festgestellte – Bedarfslagen der Bürgerinnen und Bürger eine Rolle, dennoch wurden Art, Quantität und Qualität der sozialen Dienste und

Leistungen ohne den mittelbaren Einfluss der Leistungsadressaten im korporatistischen Verhandlungskartell festgelegt. Diese Anbieterdominanz des korporatistischen Systems wird nun sowohl durch die Stärkung individueller Rechtsansprüche auf soziale Leistungen als auch durch die Einführung von Konkurrenz und Wettbewerb zwischen den einzelnen Leistungserbringern zugunsten eines stärkeren Einflusses der Leistungsadressaten aufgebrochen. Dabei kann die „Marktposition" des Nachfragers (bzw. Kunden) weiter gestärkt werden, wenn das bislang in der sozialen Arbeit vorherrschende Sachleistungsprinzip (also die Bereitstellung und Finanzierung sozialer Dienste und Einrichtungen) durch das Geldleistungsprinzip (also die Zuteilung von Geldeinkommen zur Befriedigung bestimmter sozialer Bedürfnisse) zumindest partiell ersetzt wird. Vorbild hierfür ist die Pflegeversicherung, die den Pflegebedürftigen und ihren Angehörigen in ihrem Leistungskatalog eine Wahlmöglichkeit zwischen der Inanspruchnahme von Sachleistungen (also z. B. die Nutzung einer Sozialstation) und Geldleistungen (Pflegegeld) einräumt. In jedem Falle werden künftig nicht nur der öffentliche Träger, sondern vor allem auch die leistungsberechtigten Bürgerinnen und Bürger als „Kunden" sozialer Dienste und Einrichtungen nicht nur hohe Ansprüche an die Qualität der Angebote und Leistungen, sondern auch an die Transparenz des örtlichen Angebotsspektrums und die betriebswirtschaftlichen Kalkulationen artikulieren. Dies gilt umso mehr, als die Leistungsnehmer künftig einen (wachsenden) Anteil der Kosten dieser Leistungen werden selbst übernehmen müssen.

Für die freien Träger folgt hieraus aber auch, dass sie in Zukunft klarer als bisher zwischen ihrer Rolle als Leistungserbringer im Auftrag des öffentlichen Sozialleistungsträgers und ihrer Rolle als eigenständige Aufgabenträger unterscheiden müssen. Während die freien Träger der Sozialhilfe nach Schellhorn (1998) im Rahmen des § 93 BSHG Abs. 2 nicht im eigenen Auftrag tätig werden, sondern Aufgaben des öffentlichen Leistungsträgers erfüllen und daher einem Direktionsrecht des öffentlichen Trägers unterliegen, ist es andererseits um so wichtiger, den Bereich der eigenständigen Aufgabenerfüllung stärker zu profilieren, um den besonderen Stellenwert der freien Wohlfahrtspflege im sozialen Sicherungssystem sichtbar werden zu lassen. Hierbei handelt es sich um Aufgabenbereiche wie bestimmte Ordnungsleistungen, die die freie Wohlfahrtspflege für den Staat bzw. für die Gesellschaft erbringt, sowie solche Leistungen, die die Wohlfahrtsverbände als Ausdruck ihrer je eigenen ethisch-weltanschaulichen Orientierung realisieren. Schließlich gehört hier auch die Vertretung der Interessen derjenigen Bevölkerungsgruppen dazu, die sich ansonsten nicht wirkungsvoll artikulieren könnten (sozialanwaltschaftliche Interessenvertretungsfunktion).

Aktivierende Politik und Ökonomisierung Sozialer Arbeit: Perspektiven freier Träger im Wohlfahrtsmix

Die Entwicklungen der 1990er Jahre haben insgesamt zu einer nachhaltigen Deprivilegierung der sozialrechtlichen Vorrangstellung der traditionellen Jugend- und Wohlfahrtsverbände und zu einer Aufwertung anderer – insbesondere privat-gewerblicher – Träger auf den sozialen Dienstleistungsmärkten beigetragen. Dies hat sowohl den politischen Status als auch die Position der Wohlfahrtsverbände als Leistungserbringer verändert. Hinsichtlich des politischen Status der traditionellen Verbändewohlfahrt sprechen viele Indizien für eine Aufweichung der bislang exklusiven korporatistischen Arrangements zwischen einer begrenzten Anzahl an Spitzenverbänden der freien Jugend- und Wohlfahrtspflege einerseits und den zuständigen politisch-administrativen Akteuren auf Bundes-, Landes- und kommunaler Ebene andererseits. Die traditionellen Politiknetzwerke haben sich inzwischen für neue Akteure geöffnet, ohne aber die traditionsreiche Sonderposition der verbandlichen Wohlfahrtspflege völlig einzuebnen. Dies hängt nicht zuletzt damit zusammen, dass die Wohlfahrtsverbände von Beginn an nie ausschließlich Leistungsanbieter, sondern immer auch überregional organisierte verbandliche Akteure waren, die in hervorragender Weise geeignet sind, im öffentlichen Interesse stehende Ordnungsleistungen im Bereich der Sozialen Arbeit zu gewährleisten (vgl. auch Merchel 2010). Darüber hinaus sorgt die weiterhin bestehende vergleichsweise gut entwickelte Ausstattung der freien Wohlfahrtspflege mit Einrichtungen, Diensten, qualifiziertem Personal und entsprechenden Marktpositionen in bestimmten

Dienstleistungsbereichen dafür, dass sie als ressourcenstarke Akteure auch weiterhin eine besonders beachtenswerte Rolle im Sozialsektor spielen werden. Der Sachverhalt, dass die Wohlfahrtsverbände nicht nur Dienstleister, sondern darüber hinaus auch politische Interessenvertreter für benachteiligte Gruppen und milieuverhaftete Weltanschauungs- bzw. Mitgliederverbände sind, verschafft ihnen ein strategisches Handlungspotenzial, dass es ihnen ermöglicht, sich vergleichsweise erfolgreich den neuen politischen, sozialen und ökonomischen Rahmenbedingungen anzupassen. Dennoch darf der verbandspolitische Reflexions- und Erneuerungsbedarf keineswegs unterschätzt werden. Dies hängt damit zusammen, dass im Zuge der weitreichenden Modernisierungsprozesse des Sozialsektors traditionsreiche Gewissheiten und Selbstverständlichkeiten in Frage gestellt worden sind. Solche Veränderungen dürften auch in den künftigen Jahren insbesondere von drei Seiten her auf die freie Wohlfahrtspflege und den gesamten Trägermix im Sozialsektor einwirken. Es sind (1) weitere Veränderungen der politischen Rahmenbedingungen, (2) dynamische Entwicklungen auf den Sozialmärkten sowie nicht zuletzt (3) neue Herausforderungen im Zuge der Herausbildung von Engagementpolitik als einer neuen politischen Aufgabe zu erwarten.

Wohlfahrtsverbände und aktivierende Sozialpolitik

Was die staatlichen Steuerungsstrategien anbelangt, so spielt hier insbesondere der Leitbildwechsel vom „schlanken" zum „aktivierenden" Staat seit 1998 eine zentrale Rolle. Der aktivierende Staat hält – im Gegensatz zum „schlanken Staat" – an einer umfassenden öffentlichen Verantwortung für gesellschaftliche Aufgaben fest, delegiert aber die Aufgabenerledigung im kooperativen Produktionsprozess öffentlicher Leistungen konsequent auf nicht-staatliche Akteure (v. Bandemer/Hilbert 2000; Olk 2000). Ein solcher, die Gesellschaft aktivierender Staat handelt als Rahmensetzer, Moderator und Vermittlungsinstanz, um gesellschaftliche Initiativen und Aktivitäten anregen, koordinieren und fördern zu können. Traditionelle Formen der hierarchischen Steuerung werden durch horizontale Formen der Governance ersetzt. Anstatt den Prozess der Erledigung öffentlicher Aufgaben durch

nicht-staatliche Träger bürokratisch im Detail zu regeln, konzentriert sich der aktivierende Staat darauf, Ergebnisziele vorzugeben und deren Erreichung zu überprüfen (Controlling, Evaluation). Ergebnisziele und Zielvereinbarungen werden mit Verfahren der Wettbewerbspolitik, des Qualitätsmanagements und des Benchmarkings kombiniert, um effektive und effiziente Prozesse der Koproduktion öffentlicher Güter zu gewährleisten.

Hinsichtlich des Verhältnisses zwischen öffentlichen und freien Trägern in der Sozialen Arbeit ist in diesem Zusammenhang der Gesichtspunkt der „Leistungsaktivierung" entscheidend. Im Unterschied zu ordnungspolitischen Konzepten wie das Subsidiaritätsprinzip, das eine grundsätzliche Trennlinie zwischen den Aufgaben des Staates einerseits und den Aufgaben der freien Träger andererseits ziehen wollte, geht es bei der Gestaltung der Beziehungen zwischen staatlichen und nicht-staatlichen Trägern um Verfahren der Prozessoptimierung bei der kooperativen Erbringung öffentlicher Aufgaben. Dies bedeutet vor allem, dass die Aufgabenteilung nicht nach sozialethischen Prinzipien, sondern nach funktionalen Gesichtspunkten ausgestaltet wird. Die öffentlichen Träger entscheiden danach auf der Grundlage versorgungspolitischer und betriebswirtschaftlicher Kriterien, welche Leistungen bzw. Leistungsanteile der öffentliche Sektor selbst zu erbringen beabsichtigt und beauftragt auf der Basis eines Kontraktmanagements nicht-staatliche Träger mit der Erledigung der verbleibenden Aufgabenanteile. Ein herausgehobenes Beispiel für solche neuen Strategien der Governance sind sozialraumbezogene Verträge, bei denen einzelnen freien Trägern bzw. Trägerverbünden die Erledigung von Aufgabenpaketen für einen Sozialraum übertragen werden (vgl. KGSt 1998).

Wohlfahrtsverbände im Sozialmarkt

Die freien Träger werden sich auch in Zukunft in einem Marktsegment bewegen, das im Vergleich zur Volkswirtschaft insgesamt ein überdurchschnittliches Wachstum zu erwarten hat. Sowohl die demographischen Entwicklungen, als auch der Individualisierungsschub und die Einkommensentwicklung sorgen für beachtliche Wachstumsspielräume auf den sozialen Dienstleistungsmärkten. Dieses Wachstum betrifft allerdings weniger denjenigen Teil der Nachfrage, der über Steuern und Sozialversicherungsbeiträge finanziert wird, sondern vielmehr diejenigen Teile, die durch Selbstzahler finanziert werden. Dies bedeutet, dass die Bezieher mittlerer und höherer Einkommen insbesondere in den Geschäftsfeldern des Gesundheitswesens, der Altenhilfe und der Bildung in wachsendem Maße Qualitätsansprüche artikulieren werden, die durch die Kaufkraft dieser Nachfragergruppen auch mit einer entsprechenden Durchsetzungsmacht verbunden sind. Diese Entwicklungen tragen dazu bei, dass die freie Wohlfahrtspflege vor der Herausforderung steht, sich in Zukunft auf zwei unterscheidbaren, allerdings eng miteinander zusammenhängenden „Sozialmärkten" wird behaupten müssen: Zum einen muss sich die freie Wohlfahrtspflege – wie bisher schon – auf dem staatlich geregelten Markt für soziale Dienstleistungen (Quasi-Markt) positionieren. Auch in diesem Marktsegment, das als politisch geregelter Quasi-Markt ausgestaltet ist, treten die herkömmlichen freien Träger in Konkurrenz zu anderen, insbesondere privat-gewerblichen Trägergruppen. Staatliche Institutionen treten hier als „Einkäufer" auf, die auf der Basis von Ausschreibungen öffentliche Leistungspakete an denjenigen Leistungserbringer vergeben, der das günstigste Angebot unterbreitet. Die Angebot-Nachfrage-Relationen sind hier dadurch gekennzeichnet, dass einem gedeckelten bzw. sogar schrumpfenden Volumen öffentlicher Aufgaben und Finanzmittel eine wachsende Anzahl konkurrierender Träger sozialer Dienste und Einrichtungen gegenübersteht (Pluralisierung der Trägerlandschaft). In diesem, allenfalls im übertragenen Sinne als „Markt" zu bezeichnenden Sektor, sind die wohlfahrtsverbandlichen Träger immer noch „Marktführer". Die Gesamtstatistik der Einrichtungen und Dienste der Freien Wohlfahrtspflege (Stichtag 1. Januar 2008) weist bundesweit 102.393 Einrichtungen und Dienste mit insgesamt 3,7 Mio. Betten / Plätzen aus, wobei bestimmte Spezialdienste hiermit nicht erfasst sind. In der Freien Wohlfahrtspflege sind 1,5 Mio. hauptamtlich Beschäftigte tätig. Verbandsinterne Schätzungen gehen davon aus, dass sich die Anzahl der ehrenamtlichen Mitarbeiter / innen auf 2,5 bis 3 Mio. Personen beläuft (BAGFW 2009). Die Marktanteile unterschiedlicher Träger an den Einrichtungen und Diensten sind unterschiedlich ausgeprägt. So befanden sich etwa von den 11.000 ambulanten Pflegediensten Ende 2005 98 % in freier Trägerschaft, davon 58 % in privat-gewerblicher und 41 % in privat-gemeinnütziger Trägerschaft. Der Anteil öffentlicher Träger beträgt hier lediglich 1 bis 2 %. Von den 10.400 Pflegeheimen befanden sich Ende 2005 55 % in frei-gemeinnütziger Trägerschaft, 38 % in privat-gewerblicher Trägerschaft und 7 % in öffentlicher Trägerschaft. In der Kinder- und Jugendhilfe stehen dagegen den frei-gemeinnützigen Trägern mit 36.000 Einrichtungen lediglich 470 Einrichtungen in privat-gewerblicher Trägerschaft gegenüber (Horcher 2009; Wiesner 1997).

Neben und jenseits des politisch inszenierten Quasi-Marktes um öffentliche Aufgaben und Finanzmittel bildet sich seit einigen Jahren ein völlig neues Marktsegment im Sozialsektor heraus, auf dem unterschiedlichste Anbieter sozialer Dienste und Leistungen um zusätzlich verfügbares Einkommen bzw. Vermögen potenzieller Leistungsabnehmer konkurrieren. Derartige Märkte haben sich insbesondere im Bereich der Gesundheitsleistungen und der sog. „Altenwirtschaft" herausgebildet (Cirkel et al. 2006; Goldschmidt / Hilbert 2008). Solche Märkte entstehen sowohl infolge der Differenzierung gesundheitsbezogener Bedürfnisse und der Herausbildung einer kaufkräftigen Nachfrage als auch als Folge der Gesundheitsreformen seit 2000, mit deren Hilfe der Leistungskatalog der gesetzlichen Krankenkassen eingeschränkt und somit bestimmte Gesundheitsleistungen nur noch auf dem Wege der Zu- oder Selbstzahlung erhältlich sind. Hier handelt es sich insofern um „echte" Märkte, als eine kaufkräftige Nachfrage darüber entscheidet, welche Produkte und Dienstleistungen in welcher Menge und in welcher Qualität eingekauft werden. Auf diesem Markt sind allerdings nicht die traditionellen Jugend- und Wohlfahrtsverbände, sondern vielmehr privat-gewerbliche Träger führend. Allerdings sind die freien Träger der Jugend- und Wohlfahrtspflege zunehmend angehalten darüber zu entscheiden, ob und in welcher Weise sie sich in diesem Markt engagieren wollen (Ottnad et al. 2000).

Hierzu bedarf es allerdings der Ausbildung und Weiterentwicklung entsprechender unternehmerischer Strukturen und eines strategischen Managements (Liebig 2005; Dahme et al. 2005). Um auf beiden Märkten bestehen zu können, müssen die Träger der freien Wohlfahrtspflege die Modernisierung ihrer betrieblichen Abläufe weiter vorantreiben. Insbesondere geht es darum, die Kosten-Leistungsrelationen zu verbessern, die Geschäftsprozesse zu optimieren, Verfahren der Kostenrechnung und des Controlling einzuführen, ggf. Betriebsteile in gemeinnützige GmbHs bzw. GmbHs umzuformen, Instrumente und Verfahren des Qualitätsmanagements anzuwenden sowie Maßnahmen der Personalentwicklung zu realisieren. Die neuen Formen des Wettbewerbs auf sozialen Dienstleistungsmärkten fordern den freien Trägern ein Marktverhalten ab, in dem Effizienzvorteile von entscheidender Bedeutung sind. Dabei gilt es insbesondere zu beachten, dass die Parameter des Wettbewerbs auf den beiden erwähnten Dienstleistungsmärkten unterschiedlich gewichtet sind. Während der staatlich regulierte Quasi-Markt vor allem dadurch geprägt ist, dass die öffentliche Hand auf dem Wege von Leistungsvereinbarungen die qualitativen Mindeststandards der Leistungserbringung vorgibt und dadurch zunächst vor allem einen Preiswettbewerb unter den Anbietern auslöst, wird sich die Position auf den echten Dienstleistungsmärkten vor allem daran bemessen, inwiefern es den Dienstleistungsanbietern gelingt, bei akzeptablen Preisen eine möglichst hohe Qualität zu bieten. Ob dies auf längere Sicht dazu führen wird, dass die freien Träger unterschiedliche Preis-Leistungs-Pakete für beide Märkte entwickeln, ist noch offen.

Ein weiteres wichtiges Element der Modernisierung der freien Wohlfahrtspflege ist die marktgerechte Ausgestaltung von Betriebsgrößen und die Entwicklung strategischer Verbünde. Unter den Bedingungen einer „Durchmarktung" des Sozialsektors ist es für die Anbieter überlebenswichtig, durch die Bildung größerer Betriebseinheiten Kostenvorteile zu erringen. In diesem Wettbewerbskontext sind solche Anbieter im Vorteil, die aufgrund ihrer Größe sowohl auf nationaler als auch auf internationaler Ebene anbieten können, während kleinere Anbieter dagegen auf lokale Nischenmärkte zurückgedrängt werden (Anheier 2000). Ferner werden – trotz gegebener Wettbewerbsbedingungen – neue Formen der Vernetzung und Kooperation erforderlich. Sowohl aus fachpolitischen als auch aus betriebswirtschaftlichen Erwägungen gerät das bisherige konzeptionelle Denken in „Angebotssäulen" in der Jugend- und Sozialhilfe unter Druck. Die Versäulung hat dazu geführt, dass Einrichtungen, die sich auf eine spezifische Aufgabe oder Leistung spezialisiert ha-

ben, ein Eigeninteresse daran ausbilden, die Nachfrage nach diesem spezialisierten Angebot zu verstetigen; Vernetzungen und Kooperationsformen mit anderen Anbietern werden schwierig und die Integration von Maßnahmen und Leistungen zu Versorgungsketten nahezu unmöglich. Die freien Träger werden daher zunehmend mit der Erwartung konfrontiert, ihre versäulten Angebotsformen und Einrichtungen zu flexiblen und integrierten Angebotsverbünden umzuformen. Nur verbandliche Akteure, die ein klares Leistungsprofil ausbilden und sich als verläßliche Partner präsentieren, sind geeignet und in der Lage, sich in diese neu entstehenden Netzwerke und Verbünde einzuklinken. Diese Entwicklungen werden insgesamt dazu beitragen, die freien Träger von „Wertgemeinschaften zu sozialen Dienstleistungsunternehmen" umzuformen (Rauschenbach et al. 1995).

Dies wirft folgenreiche Fragen hinsichtlich der Vereinbarkeit der deutschen Sonderregelungen für gemeinnützige Anbieter von Diensten auf Sozialmärkten mit dem europäischen Wettbewerbsrecht auf (etwa Rock 2003). Insbesondere ist bis heute ungeklärt, inwieweit das europäische Wettbewerbsrecht, das Wettbewerbsverzerrungen durch Beihilfen jedweder Art verbietet, auf den Bereich der Leistungen der Daseinsvorsorge, in dem die freie Wohlfahrtspflege tätig wird, vollständig anzuwenden ist oder ob die dem deutschen Sonderweg entsprechenden Subsidiaritäts- und Gemeinnützigkeitsregelungen sowie die Regelungen im Zuwendungsrecht weiter Bestand haben werden. Mit der Angleichung der staatlich regulierten Sozialmärkte an „echte" Märkte und der Privatisierung von Sozialmärkten (etwa in der Gesundheits- und Altenwirtschaft) wird es immer schwieriger, Abweichungen vom europäischen Wettbewerbsrecht unter Verweis auf die besonderen Bedingungen bei der Produktion von gemeinnützigen Gütern zu legitimieren.

Wohlfahrtsverbände im Spannungsfeld zwischen verbandlicher und öffentlicher Förderung des freiwilligen bzw. bürgerschaftlichen Engagements

Herausforderungen für das Selbstverständnis der freien Wohlfahrtspflege ergeben sich auch aus neueren Entwicklungen im Bereich der Förderung des freiwilligen bzw. bürgerschaftlichen Engagements. Bis weit in die 1990er Jahre hinein galt die Gewinnung, Qualifizierung und der Einsatz von Ehrenamtlichen bzw. freiwillig Engagierten als eine ureigene Aufgabe der gemeinnützigen Vereinigungen wie den überregional organisierten Verbänden und den lokal operierenden Vereinen und Initiativen. Staatliche Institutionen – insbesondere auf Bundesebene – hielten sich in diesem Politikfeld zurück und beschränkten sich auf die indirekte Förderung des Engagements durch (finanzielle) Förderung der Verbände. Dies gilt insbesondere auch für die Wohlfahrtsverbände, die bei der Erledigung ihrer sozialen Aufgaben in den Einrichtungen und Diensten seit jeher auf die Mitwirkung ehrenamtlicher Mitarbeiter / innen angewiesen waren. Die privilegierte Stellung der deutschen Verbändewohlfahrt im Bereich der sozialen Dienste wurde und wird daher nicht zuletzt mit Verweis auf die Fähigkeit dieser Verbände, freiwilliges und unentgeltliches Engagement der Bürgerinnen und Bürger anzuregen, zu qualifizieren und in sozialen Einrichtungen einzusetzen, legitimiert. Dabei wird auf das erhebliche quantitative Potenzial an Ehrenamtlichen in der freien Wohlfahrtspflege verwiesen. Wie bereits erwähnt, weist die Gesamtstatistik der Bundesarbeitsgemeinschaft der Freien Wohlfahrtspflege geschätzte 2,5 bis 3 Millionen Ehrenamtliche aus (BAGFW 2009).

Mit dem Motiv- und Strukturwandel des Engagements haben sich allerdings seit den 1980er Jahren die Ausdrucksformen und Tätigkeitsfelder des Engagements verändert und vervielfältigt („Pluralisierung des Engagements"). Neben klassischen Formen der langfristigen und verbindlichen Mitwirkung in Verbänden und Vereinen treten neue Formen des befristeten, selbstorganisierten Engagements, die sich z. T. auch in neuen Handlungsfeldern (etwa Ökologie, Bildung, Globalisierungskritik, internationale Solidarität etc.) artikulieren. Solche Entwicklungen und das wachsende Interesse staatlicher Institutionen an Erhalt und Weiterentwicklung des „Sozialkapitals" als eine knappe Ressource zur Integration in die Gesellschaft haben zu neuen Formen und Instrumenten der öffentlichen Förderung dieses Engagements geführt (vgl. die Beiträge in Olk u. a. 2010). Zunächst entstanden auf lokaler Ebene nach niederländischen und englischen Vorbildern Infrastruktureinrichtungen zur Förderung des Engagements (Selbsthilfekontaktstellen, Freiwilligenagenturen, Seniorenbüros, lokale Anlaufstellen etc.), die

vor allem für diejenigen Bevölkerungsgruppen Angebote der Vermittlung, Qualifizierung und Beratung bieten, die von den traditionellen Verbänden nicht (mehr) erreicht werden können. Diese Infrastruktureinrichtungen sind – selbst wenn sie in wohlfahrtsverbandlicher Trägerschaft agieren – von ihrem Selbstverständnis her verbandsübergreifend angelegt und verstehen sich damit auch als Alternativen zu bisherigen Formen der milieubezogenen Gewinnung von Ehrenamtlichen bzw. bürgerschaftlich Engagierten durch Verbände. Im weiteren Verlauf begannen auch Bundesländer (zuerst Baden-Württemberg) damit, eigene Strategien und Institutionen einer Engagementpolitik zu entwickeln und schließlich – und spätestens einsetzend mit der Enquete-Kommission des Deutschen Bundestages „Zukunft des bürgerschaftlichen Engagements" im Jahre 1999 – wird auch auf der bundespolitischen Ebene damit begonnen, eigene Förderungsstrategien und Instrumente im Bereich der Engagementpolitik zu entwickeln. Inzwischen sind mit der Einrichtung eines Unterausschusses „Bürgerschaftliches Engagement" des Deutschen Bundestages, der Bildung eines Referates „Engagementpolitik" im auf Bundesebene federführenden BMFSFJ, der Einrichtung von Arbeitsgruppen zum Thema bürgerschaftliches Engagement in einigen politischen Parteien, der Gründung eines „Bundesnetzwerkes bürgerschaftliches Engagement" (BBE) als trisektorales Netzwerk sowie dem „Bündnis für Gemeinnützigkeit" als Zusammenschluss von acht großen Dachverbänden des gemeinnützigen Sektors Institutionen und politische Akteure entstanden, die es berechtigt erscheinen lassen, von der Herausbildung von Engagementpolitik als einer ressortübergreifenden Querschnittsaufgabe zu sprechen (Klein et al. 2010). Mit der Förderung des vom BBE veranstalteten „Nationalen Forums für Engagement und Partizipation" hat das BMFSFJ zudem ein neues Format der Politikberatung im Feld der Engagementpolitik auf den Weg gebracht, bei dem die relevanten Akteure aus Zivilgesellschaft, Wirtschaft und föderalem Staat in einer „Governance-Struktur" zusammengeführt werden. Dieses Nationale Forum wird im Koalitionsvertrag der Schwarz-Gelben Bundesregierung ausdrücklich erwähnt mit der Aufgabenstellung, die Bundesregierung bei der Entwicklung einer „nationalen Engagementstrategie" während der laufenden Legislaturperiode zu beraten.

Diese Entwicklung, die weit über den Bereich der Wohlfahrtspflege hinausreicht, hat bei den einzelnen Akteuren innerhalb der verbandlichen Wohlfahrtspflege zu Irritationen und auch zu kritischen Positionen geführt. Obwohl die freie Wohlfahrtspflege in die Enquete-Kommission eingebunden war und von Beginn an im BBE mitwirkt, wird die Herausbildung von Engagementpolitik als (bundes-)staatliche Aufgabe durchaus skeptisch beurteilt und als Konkurrenz zu den eigenen Zuständigkeitsansprüchen in diesem Feld gesehen. Auch die Entstehung von Landesnetzwerken zur Engagementförderung wird von den Vertretern der freien Wohlfahrtspflege nicht in allen Bundesländern begrüßt. So scheiterten entsprechende Bestrebungen in Nordrhein-Westfalen am Widerstand der freien Wohlfahrtspflege.

Die hiermit verbundenen Irritationen des Selbstverständnisses der Freien Wohlfahrtspflege werden auch dadurch verstärkt, dass Ehrenamt, Mitgliedschaft und Vereinsleben in der Verbändewohlfahrt angesichts der Ökonomisierungstendenzen seit Beginn der 1990er Jahre unter Druck geraten sind. Mit der Erosion sozialer Milieus und der Professionalisierung der verbandlichen Wohlfahrtspflege werden Entwicklungen begünstigt, die seit der Einbindung der freien Wohlfahrtspflege in die staatliche Sozialpolitik zu wirken begonnen hatten. Auf der einen Seite entwickelte sich die Bereitstellung sozialer Dienste und Einrichtungen zu einem wirtschaftlich geprägten „Kerngeschäft" freier Wohlfahrtspflege, das durch professionelle und rechtliche Standards und Refinanzierungszwänge geprägt ist. Aus diesem „Kerngeschäft" wird das bürgerschaftliche Engagement mit seinen Ungewissheiten und Schwankungen immer mehr verdrängt. Auf der anderen Seite bleiben bestimmte Formen des Engagements der Verbändewohlfahrt auch unter den veränderten Bedingungen durchaus erhalten. So sind etwa viele Projekte und Initiativen der „neuen Selbsthilfebewegung" inzwischen selbst Mitglieder eines der Spitzenverbände der freien Wohlfahrtspflege, wobei hier insbesondere der Paritätische Wohlfahrtsverband hervorzuheben ist. Auch sind die Wohlfahrtsverbände bestrebt, durch Aktionen, Programme und Maßnahmen die Rahmenbedingungen und Tätigkeitsfelder in den verbandlichen Strukturen derart zu gestalten, dass sie auch für Angehörige des „modernisierten" Engagements attraktiv erscheinen. Trotz solcher Ansätze ist allerdings nicht zu übersehen, dass das freiwillige, bürgerschaftliche Engagement angesichts der vorherrschenden Orientierung an betriebswirtschaftlicher Professionalität, Markt und Wettbewerb letztlich eher auf Randbereiche verwiesen wird, während die Produktion sozialer Dienstleistungen durch hauptamtliches Personal das „Kerngeschäft" ausmacht.

Im Abschlussbericht der Enquete-Kommission (2002, 564 ff.) wird daher zurecht darauf hingewiesen, dass die Frage der künftigen Bedeutung des freiwilligen oder bürgerschaftlichen Engagements in der Verbändewohlfahrt davon abhängt, ob dieses Engagement einen zentralen Stellenwert bei der Leitbild- und Konzeptentwicklung in den Einrichtungen, Diensten und verbandlichen Gliederungen erhält. Es geht dabei um Fragen der Entwicklung einer Management- und Organisationskultur sowie einer Fachlichkeit, die nicht auf Fragen innerbetrieblicher Optimierung von Abläufen beschränkt bleibt, sondern die die strategische Frage nach einer Öffnung verbandlicher Strukturen für unterschiedliche Formen bürgerschaftlicher Mitwirkung aufgreift und in praktikable Organisations- und Managementmodelle (etwa in der Altenpflege, der Kinder- und Jugendhilfe oder im Gesundheitswesen) übersetzt. Die Entwicklung einer solchen Modernisierungsstrategie hätte zudem erhebliche Vorteile für die Stärkung verbandspolitischer Profile und damit auch für die offensive Bestimmung einer besonderen Qualität wohlfahrtsverbandlicher Dienste, Einrichtungen und Leistungen gerade auch im Hinblick auf die Debatte um die Umsetzung des europäischen Wettbewerbsrechts. Denn nur wenn es gelingt, Formen und Instrumente der betriebswirtschaftlichen Modernisierung mit Instrumenten der bürgergesellschaftlichen Leitbildentwicklung sowie Öffnung der Einrichtungen und Dienste zu verknüpfen, können die Vertreter der verbandlichen Wohlfahrtspflege auch in der Diskussion um das europäische Wettbewerbsrecht verdeutlichen, worin die besondere bürgerschaftliche Qualität der wohlfahrtsverbandlichen Produktion sozialer Dienste im Vergleich zur marktwirtschaftlichen Produktion solcher Dienste bestehen könnte.

Hinsichtlich der künftigen Entwicklung bleibt also offen, ob die Wohlfahrtsverbände solche Formen der Organisations- und Leitbildentwicklung umsetzen werden können, die sowohl bürgerschaftliches Engagement anreizen und ermöglichen als auch betriebswirtschaftlichen Kategorien der Effektivität und Effizienz entsprechen. Das aus der Perspektive der Engagementpolitik vorgeschlagene „Denken in Kategorien der Wirtschaftlichkeit und bürgerschaftlichen Produktivität" (Olk/Otto 2003,

319) mag gesellschaftspolitisch erwünscht sein, ob es angesichts der benannten Spannungen und Widersprüchlichkeiten im Bereich wohlfahrtsverbandlicher Strukturen verwirklicht werden kann, wird erst die Zukunft zeigen.

Literatur

Anheier, H. (2000): Caritas muß neue Wege gehen. Neue Caritas 1, 7–14

Backhaus-Maul, H., Olk, Th. (1996): Vom Korporatismus zum Pluralismus? Aktuelle Tendenzen in den Staat-Verbände-Beziehungen am Beispiel des Sozialsektors. In: Clausen, L. (Hrsg.): Gesellschaften im Umbruch. Verhandlungen des 27. Kongresses der Deutschen Gesellschaft für Soziologie. Frankfurt/M., 580–594

–, – (1994): Von Subsidiarität zu „outcontracting": Zum Wandel der Beziehungen von Staat und Wohlfahrtsverbänden in der Sozialpolitik. In: Streeck, W. (Hrsg.): Staat und Verbände. Politische Vierteljahresschrift. PVS Sonderheft 25, Westdeutscher Verlag, Opladen, 100–135

Bandemer, St. v., Hilbert, J. (2000): Vom expandierenden zum aktivierenden Staat. In: Bandemer, St. v., Blanke, B., Nullmeier, F., Wewer, G. (Hrsg.): Handbuch zur Verwaltungsreform. 2. überarb. Aufl. VS Verlag, Opladen, 17–25

Boeßenecker, K.-H. (2005): Spitzenverbände der freien Wohlfahrtspflege in der BRD: Eine Einführung in Organisationsstrukturen und Handlungsfelder der deutschen Wohlfahrtverbände. Neuausg. Juventa, Weinheim/München

Bundesarbeitsgemeinschaft der Freien Wohlfahrtspflege e.V. (BAGFW) (Hrsg.) (2009): Gesamtstatistik 2008. Einrichtungen und Dienste der Freien Wohlfahrtspflege. Berlin

Cirkel, M., Hilbert, J., Schalk, C. (2006): Produkte und Dienstleistungen für mehr Lebensqualität im Alter. In: Deutsches Zentrum für Altersfragen (Hrsg.): Produkte, Dienstleistungen und Verbraucherschutz für ältere Menschen. LIT Verlag, Berlin

Czada, R. (1994): Konjunkturen des Korporatismus: Zur Geschichte eines Paradigmenwechsels in der Verbändeforschung. In: Streeck, W. (Hrsg.): Staat und Verbände. Sonderheft 25 der Politischen Vierteljahresschrift. Westdeutscher Verlag, Opladen, 37–63

Dahme, H.-J., Kühnlein, G., Wohlfahrt, N. (2005): Zwischen Wettbewerb und Subsidiarität. Wohlfahrtsverbände in die Sozialwirtschaft. Hrsg. von der Hans-Böckler-Stiftung, Düsseldorf

Enquete-Kommission „Zukunft des Bürgerschaftlichen Engagements" des Deutschen Bundestages (2002): Bericht. Bürgerschaftliches Engagement: Auf dem Weg in eine zukunftsfähige Bürgergesellschaft. Opladen

Goldschmidt, A., Hilbert, J. (Hrsg.) (2008): Gesundheitswirtschaft in Deutschland – Die Zukunftsbranche. WIKOM, Wegscheid

Heinze, R.G., Olk, Th. (1981): Die Wohlfahrtsverbände im System sozialer Dienstleistungsproduktion. Zur Entstehung und Struktur der bundesrepublikanischen Verbändewohlfahrt. Kölner Zeitschrift für Soziologie und Sozialpsychologie 1, 94–114

Horcher, G. (2009): Das System öffentlicher und freier Träger und gewerblicher Anbieter sozialer Dienstleistungen. In: Arnold, U., Maelicke, B.: Lehrbuch der Sozialwirtschaft. Baden-Baden, 193–246

Jann, W., Wewer, G. (1998): Helmut Kohl und der „schlanke Staat" – eine verwaltungspolitische Bilanz. In: Wewer, G. (Hrsg.): Bilanz der Ära Kohl. Leske & Budrich, Opladen, 229–266

KGSt (1998): Kontraktmanagement zwischen öffentlichen und freien Trägern in der Jugendhilfe. Bericht Nr. 12, Köln

– (1995): Das neue Steuerungsmodell – Erste Zwischenbilanz. Bericht Nr. 10, Köln

– (1994a): Das neue Steuerungsmodell – Definition und Beschreibung von Produkten. Bericht Nr. 8, Köln

– (1994b): Outputorientierte Steuerung der Jugendhilfe. Bericht Nr. 9, Köln

Klein, A., Olk, Th., Hartnuß, B. (2010): Engagementpolitik als Politikfeld: Entwicklungserfordernisse und Perspektiven. In: Olk, Th., Klein, A., Hartnuß, B. (Hrsg.): Engagementpolitik. Die Entwicklung der Zivilgesellschaft als politische Aufgabe. VS Verlag, Wiesbaden, 24–59

Liebig, R. (2005): Wohlfahrtsverbände im Ökonomisierungsdilemma. Analysen zu Strukturveränderungen am Beispiel des Produktionsfaktors Arbeit im Licht der Korporatismus- und der Dritte Sektor-Theorie. Lambertus, Freiburg

Matthes, J. (1964): Gesellschaftspolitische Konzeptionen im Sozialhilferecht. Enke, Stuttgart

Merchel, J. (2010): Wohlfahrtsverbände, Dritter Sektor Zivilgesellschaft, In: Evers, A., Heinze, R.G., Olk, Th.: Handbuch soziale Dienstleistungen. VS, Wiesbaden (i.E.)

Münder, J. (1996): Wahrnehmung sozialstaatlicher Aufgaben durch gemeinnützige Träger. Beiträge zum Recht der sozialen Dienste und Einrichtungen 34, 1–41

–, Jordan, E., Kreft, D. (Hrsg.) (1998): Frankfurter Lehr- und Praxiskommentar zum KJHG/SGB VIII. 3. völlig überarb. Aufl. Votum, Münster

Naschold, F. (1995): Ergebnissteuerung, Wettbewerb, Qualitätspolitik: Entwicklungspfade des öffentlichen Sektors in Europa. Edition sigma, Berlin

–, Bogumil, J. (2000): Modernisierung des Staates. New Public Management in deutscher und internationaler Perspektive. Leske + Budrich, Opladen

Neumann, V. (1993): Rechtstellung der Träger der freien Jugendhilfe aus verfassungsrechtlicher und jugendhilferechtlicher Sicht. Jugendwohl 74, 140–147

Olk, Th. (2000): Weder Rund-um-Versorgung noch „pure" Eigenverantwortung – Aktivierende Strategien in der Politik für Familien, alte Menschen, Frauen, Kinder und Jugendliche. In: Mezger, E., West, K.-W. (Hrsg.): Aktivierender Sozialstaat und politisches Handeln. 2. erw. Aufl. Schüren, Marburg, 105–124

– (1999): Verbandspolitische Strategien für die freie Wohlfahrtspflege. Theorie und Praxis der Sozialen Arbeit 4, 123–130

–, Klein, A., Hartnuß, B. (Hrsg.) (2010): Engagementpolitik. Die Entwicklung der Zivilgesellschaft als politische Aufgabe. VS Verlag, Wiesbaden

–, Otto, H.-U. (Hrsg.) (2003): Soziale Arbeit als Dienstleistung. Grundlegungen, Entwürfe und Modelle. Ernst Reinhardt Verlag, München / Basel

–, Rauschenbach, Th., Sachße, C. (1995): Von der Wertgemeinschaft zum Dienstleistungsunternehmen. Oder: Über die Schwierigkeit, Solidarität zu üben. In: Rauschenbach, Th., Sachße, C., Olk, Th. (Hrsg.), 11–33

Ottnad, A., Wahl, St., Miegel, M. (2000): Zwischen Markt und Mildtätigkeit. Die Bedeutung der Freien Wohlfahrtspflege für Gesellschaft, Wirtschaft und Beschäftigung. OLZOG Verlag, München

Rauschenbach, T., Sachße, C., Olk, T. (Hrsg.) (1995): Von der Wertgemeinschaft zum Dienstleistungsunternehmen. Suhrkamp, Frankfurt / M.

Rock, J. (2003): Die freie Wohlfahrtspflege im europäischen Binnenmarkt. In: Hammerschmidt, P., Uhlendorff, U. (Hrsg.): Wohlfahrtsverbände zwischen Subsidiaritätsprinzip und EU-Wettbewerbsrecht. University Press, Kassel, 157–186

Sachße, Ch. (1994): Subsidiarität: Zur Karriere eines sozialpolitischen Ordnungsbegriffes. Zeitschrift für Sozialreform 40, 717–738

Schellhorn, W. (1998): Neubestimmung des Verhältnisses zwischen öffentlichen und freien Trägern. In: Maelicke, B. (Hrsg.): Freie Wohlfahrtspflege im Übergang zum 21. Jahrhundert. Baden-Baden, 43–51

Schmid, J. (1996): Wohlfahrtsverbände in modernen Wohlfahrtsstaaten: Soziale Dienste in historisch-vergleichender Perspektive. Leske & Budrich, Opladen

–, Mansour, J. I. (2007): Wohlfahrtverbände. Interesse und Dienstleistung. In: Winter, T., Willems, U. (Hrsg.): Interessenverbände in Deutschland. VS Verlag, Wiesbaden, 244–270

Schubert, H.-J., Zink, K. J. (Hrsg.) (1997): Qualitätsmanagement in sozialen Dienstleistungsunternehmen. Luchterhand, Neuwied / Kriftel / Ts. / Berlin

Stolleis, M. (1988): Kirchliches Selbstbestimmungsrecht und staatliche Förderung diakonischer Dienste. In: Diakonie heute. Verlagswerk der Diakonie, 41–47

Wiesner, R. (1997): Zur Tätigkeit privat-gewerblicher Träger in der Jugendhilfe. Recht der Jugend und des Bildungswesens 45, 279–285

–, Mörsberger, Th., Oberloskamp, H., Struck, J. (Hrsg.) (2000): SGB VIII – Kinder- und Jugendhilfe, 2. überarb. Aufl. Beck, München

Friedens- und Konflikterziehung

Von Günther Gugel

Auch 60 Jahre nach dem Ende des Zweiten Weltkriegs und 20 Jahre nach der Auflösung des Ost-West-Konflikts ist die Decke der Zivilisation dünn und zerbrechlich, gehören Kriege und Gewalt immer noch zum Alltag der (Welt-)Gesellschaft, werden weltweit jährlich über 1.000 Milliarden Euro für Rüstung und Militär ausgegeben und ist weder der Kampf gegen Hunger und Armut noch der gegen die zunehmende Zerstörung der Umwelt gewonnen (Sipri 2010). Die Bedrohung durch Krieg und Gewalt ist nach wie vor äußerst groß. Frieden ist deshalb zu der entscheidenden Voraussetzung für menschliches Leben geworden, von der heute die Zukunft der gesamten Menschheit abhängt (Wulf 2008, 44).

Erziehung und Bildung müssen sich diesen Problemen stellen und zum Abbau von Gewalt und der Förderung von Frieden beitragen. Deshalb ist Friedenserziehung auf die Prävention, Zurückdrängung und Eindämmung aller Formen von Gewalt und deren Folgen im zwischenmenschlichen, gesellschaftlichen und internationalen Bereich und auf das konstruktive Austragen von Konflikten ausgerichtet – wohl wissend, dass die Problemfelder (Ursachen von Kriegen und Gewalt) v. a. im politischen und gesellschaftlichen Bereich liegen und mit den Mitteln der Erziehung und Bildung nur z. T. bearbeitet werden können. Umgang mit Gewalt und Umgang mit Konflikten stellen so den Kern der Friedenserziehung dar.

Verständnis und Entwicklung der Friedenserziehung

In Wissenschaft und Praxis sind Friedenspädagogik und Friedenserziehung Sammelbegriffe für unterschiedliche Ansätze, die durch Erziehung und Bildung Frieden fördern wollen, sich aber in ihren konkreten Vorstellungen, was Frieden sei und wie dieser erreicht werden könne, stark unterscheiden (Nipkow 2007). Mit Friedenserziehung wird das praktische erzieherische Tun bezeichnet, während Friedenspädagogik die theoretische Fundierung und Auseinandersetzung mit dem Themenbereich beinhaltet. Beide Begriffe werden häufig synonym verwendet (wie auch in diesem Artikel).

Idealistisch und appellativ ausgerichtete Ansätze der Friedenserziehung stehen in Theorie und Praxis neben individualistisch-einübenden und gesellschaftsbezogen-aufklärenden (Wintersteiner 2002) Ansätzen.

Frieden wird in der Tradition der kritischen Friedenserziehung nicht als Harmonie oder – negativ definiert – als Abwesenheit von Krieg verstanden, sondern als ein Prozess der gewaltfreien Konfliktaustragung bei zunehmender sozialer Gerechtigkeit und Partizipation, der an vielen Orten gleichzeitig entwickelt und gestaltet werden kann und dennoch wohl nie als allumfassender Weltfrieden erreichbar sein wird (Koppe 2001). Dieser Friedensbegriff umfasst die Idee einer anderen, humaneren, gerechteren, gewaltärmeren (Welt-)Gesellschaft, die nur mit friedlichen Mitteln erreicht werden kann („Frieden ist der Weg"). Diese Gesellschaft ist aber gleichzeitig so real und machbar, dass es sich lohnt, sich dafür zu engagieren und einzusetzen, zumal es vielfältige gelungene Beispiele von Frieden machen vor Ort gibt (Gerster / Gleich 2005). Frieden schließt tendenziell alle Menschen ein und ist deshalb (wenngleich mit unterschiedlichen Verantwortlichkeiten) auf den individuellen, gesellschaftlichen und internationalen Bereich gleicherweise bezogen und zielt darauf ab, eine Zivilgesellschaft zu entwickeln und die Kultur der Gewalt durch eine Kultur des Friedens abzulösen (Wintersteiner 2006, 87).

Otto/Thiersch (Hg.), Handbuch Soziale Arbeit, 4. A., DOI 10.2378/ot4a.art044,
© 2011 by Ernst Reinhardt, GmbH & Co KG, Verlag, München

Friedenserziehung beschäftigt sich mit den emotionalen, sozialen und kognitiven Grundlagen und Lernchancen für Friedensfähigkeit und Friedenshandeln – also mit der Entwicklung von prosozialen Einstellungs- und Verhaltensweisen von Individuen und Gruppen (Haussmann et al. 2006). Friedenserziehung im heutigen Verständnis hat sich in Europa aus den Erfahrungen des Zweiten Weltkriegs entwickelt, und zwar zunächst mit der Ausrichtung, der Verführung der Jugend im Nationalsozialismus die Fähigkeit zur und Erfahrung von Völkerverständigung entgegenzusetzen. Ende der 1960er Jahre machten sich die zunehmend sozialwissenschaftliche Orientierung der Pädagogik sowie eine sich neu entwickelte Friedens- und Konfliktforschung in der Friedenserziehung bemerkbar. Die Frage nach den Strukturen und Voraussetzungen für eine Friedenspolitik trat neben die Kritik der Abschreckung und des Wettrüstens. Es wurden die sozialen Ursachen des Unfriedens analysiert und die gesellschaftlichen Bedingungen des Friedens formuliert (Wulf 1973). Ein differenzierter Konflikt- und Gewaltbegriff (Galtung 1975) öffnete den Blick für Herrschaftsverhältnisse, Gewalt durch Strukturen und Fragen der Demokratisierung der Gesellschaft. Neben der Auseinandersetzung mit Rüstung und Militär weitete sich in den 1980er Jahren der Blick auf ökologische Zusammenhänge und Gefährdungen. Mit der Auflösung des Ost-West-Konflikts, der zunehmenden Globalisierung und der globalen Umweltprobleme kamen neue Herausforderungen auf die Friedenspädagogik zu (Wulf / Merkel 2002). Ausländer- und Fremdenfeindlichkeit, Rechtsextremismus, neue Feindbilder (Islamismus) und alltägliche Gewalt wurden neben den Themen neue Kriege, Rüstung und Terrorismus aufgegriffen und durch Fragen von Umwelt und Entwicklung ergänzt. Der Umgang mit Neuen Medien (Gewalt in Medien, Medienberichterstattung, Medien als Lernchance) erlangte zunehmend Aufmerksamkeit (Büttner et al. 2005).

Ergebnisse und Erfahrungen der Friedens- und Konfliktforschung gingen in der zweiten Hälfte der 1990er Jahre stark in gesellschaftliche und pädagogische Diskussionen ein. Konfliktmanagement, Mediation und Strategien der Versöhnungsarbeit greifen allesamt auf die Grundlagen der Konfliktforschung zurück – allerdings weitgehend, ohne die politischen und internationalen Dimensionen und machtkritischen Inhalte dieser Ansätze aufzunehmen. Gerade diese Ansätze zeichnen jedoch Friedenspädagogik aus.

Vielfältige Überschneidungen mit anderen Ansätzen ähnlicher Zielsetzungen wie Menschenrechtserziehung, Bildung für Nachhaltigkeit, Interkulturelles und Globales Lernen zeigen, dass es weitere Bemühungen gibt, durch Bildung und Erziehung nachhaltige Veränderungen zu erreichen.

Lernbereiche der Friedenserziehung

Friedenspädagogisches Lernen bezieht sich zwar primär auf Kinder und Jugendliche, findet jedoch in allen formellen und informellen Erziehungs- und Bildungsbereichen statt. In der Familie werden emotionale Grundlagen für das weitere Leben und Lernen gelegt und erste Weltbilder und Zugehörigkeiten vermittelt. In Kindergarten und Schule geht es um die Förderung grundlegender Regeln des Zusammenlebens. Konflikte müssen konstruktiv ausgetragen sowie Mitbestimmung und Selbstbehauptung gelernt werden. Kognitive Orientierungen, Auseinandersetzung und Kritikfähigkeit tragen dazu bei, eigene Positionen finden und begründen zu können. In den vielfältigen Formen von Jugend- und Erwachsenenbildung, internationalen Austauschprogrammen, Sozial- und Friedensdiensten werden neue interkulturelle und internationale Orientierungen ermöglicht und selbstverantwortliches Handeln erprobt.

Ein erster zentraler Lernbereich von Friedenserziehung bezieht sich auf die *emotionalen Grundlagen des Lebens und Lernens* und die Ermöglichung und Förderung von Empathiefähigkeit. Dies bedeutet Verzicht auf Körperstrafen, Gewalt und psychischen Druck als Erziehungsmittel und stattdessen Anerkennung, Geborgenheit, Wertschätzung und Akzeptanz als grundlegende Haltungen. Empathiefähigkeit ist Voraussetzung, um sich vom Leiden anderer berühren zu lassen, Mitgefühl zu empfinden und Handlungsimpulse für Veränderung erleben zu können.

Im zweiten Lernbereich *sozialer Lernprozesse* beschäftigt sich Friedenserziehung u. a. mit Fragen von Autonomie und Gruppenbindung. Die Identifikation mit der eigenen, als höherwertig empfundenen Gruppe und die Abwertung der anderen als „minderwertig" stellt eine zentrale Voraussetzung

loren, sodass eine Deformation der Wahrnehmung, des Denkens, Fühlens und Wollens stattfindet, die in destruktives, ja gewalttätiges Verhalten münden kann (Glasl 2009). Glasl hat diese Dynamik anschaulich mit den neun Stufen der Konflikteskalation beschrieben. Diese reichen von (1) Verhärtung, (2) Polarisation und (3) vollendete Tatsachen schaffen über (4) die Zuschreibung negativer Rollen, (5) Gesichtsverlust, (6) Drohstrategien und (7) begrenzte Vernichtungsschläge bis zur (8) Auflösung des feindlichen Systems und (9) der totalen Konfrontation ohne einen Weg zurück.

Konstruktive Konfliktbearbeitung basiert auf folgenden zentralen Annahmen (Fisher et al. 2009): Konflikte werden effektiver gelöst, wenn die Interessen und Bedürfnisse und nicht die Rechts- bzw. Machtposition herausgestellt werden. Konflikte sollten nicht unter dem Aspekt von eigenem Gewinn und gegnerischem Verlust betrachtet werden, sondern darunter, welcher gemeinsame Gewinn anzustreben ist. Die herkömmlichen Kommunikationsmuster der Drohung und Beschuldigung müssen abgelöst werden durch kooperative Muster des Verstehens und Erklärens. Die Drohung mit und die Anwendung von Gewalt wird ausgeschlossen. Die eigene Wahrnehmung und Interpretation der Ereignisse werden nicht verabsolutiert, sondern überprüft und korrigiert. Eine dritte Partei kann als Vertrauensinstanz für beide Seiten dazu beitragen, eine gemeinsame Sicht der Dinge zu erreichen. Dabei muss jedoch der Wille zu einer kooperativen Lösung gegeben sein.

Die im Nahbereich notwendigen Kompetenzen für Konfliktfähigkeit lassen sich in fünf Bereiche aufgliedern:

1. kommunikative Kompetenzen,
2. kooperative Kompetenzen,
3. Deeskalations-Kompetenzen,
4. Verfahrens-Kompetenzen und
5. Konfrontations-Kompetenzen (Gugel 2002, 37).

Kommunikative Kompetenzen umfassen u. a. die Verbesserung der Selbst- und Fremdwahrnehmung; den Umgang mit den eigenen und fremden Emotionen; die Entwicklung von Einfühlungsvermögen; das Erkennen und Formulieren eigener und fremder Interessen und Bedürfnisse, aber auch Kenntnisse der Gewaltfreien Kommunikation. *Kooperative Kompetenzen* beziehen sich auf eine gelingende Zusammenarbeit gerade auch mit fremden Personen und Gruppen und umfassen u. a. Gruppenfähigkeit, Entwicklung und Anwendung von Regeln der Fairness. Zu den *Deeskalations-Kompetenzen* gehören u. a. neutrales Sprachverhalten, nichtprovozierende Körpersprache, Wissen um provozierende und eskalierende Elemente, um diese bewusst vermeiden zu können. *Verfahrens-Kompetenzen* umfassen Kenntnisse über Möglichkeiten, Zuständigkeiten und Zugangsweisen von Unterstützungs- und Hilfesystemen bei Auseinandersetzungen, z. B. Gerichte, Schiedsverfahren, Mediationsverfahren, Menschenrechtskonventionen etc. *Konfrontations-Kompetenzen* beinhalten Strategien der angemessenen Selbstbehauptung, Aspekte von zivilcouragiertem Handeln und Wissen um Möglichkeiten der gewaltfreien Interessensdurchsetzung.

Die Stärkung der individuellen Konfliktfähigkeit durch Erlernen und Einüben dieser Kompetenzen sollte im Alltag, in der Familie und in der (Vor-) Schule geschehen und unterstützend in spezifischen Kursangeboten und Trainings in Grundzügen vermittelt werden.

Konflikterziehung als Beitrag zur Entwicklung einer Zivilgesellschaft bedarf spezifischer Rahmenbedingungen im institutionellen und gesellschaftlichen Bereich, z. B. demokratische Strukturen, Partizipation und die Anerkennung von Pluralismus. Denn zivile Konfliktbearbeitung ist keine Frage der Technik, sondern der Denk- und Handlungsweisen.

Friedens- und Konflikterziehung und die Rolle von Bildung

Die Qualität des Bildungssystems sowie Unterricht und Schule werden häufig in direkte Verbindung mit der Reduktion von Konflikten und Gewalt gebracht. Seitz (2004) kritisiert, dass man in der Bildungsdiskussion bislang – von wenigen Ausnahmen abgesehen – von einem positiven Grundmechanismus ausgehe, nämlich, dass Bildung der Beförderung des „Guten, Wahren und Schönen" diene, dass sie grundsätzlich zur Förderung der zwischenmenschlichen Kooperation und Verständigung, zur Stärkung des sozialen Zusammenhaltes, zum Abbau sozialer Ungleichheiten und zur moralischen Verbesserung des Menschen beitrage. Dies, so Seitz, zähle jedoch zu den einflussreichen Trugbildern und Selbsttäuschungen der Pädagogik.

Erst in den letzten zehn Jahren werde auch – von wenigen Ausnahmen abgesehen – der negative Einfluss beachtet, den Bildung auf die Genese und Dynamik gewaltsam ausgetragener Konfliktkonstellationen nehmen kann. Direkte Gewalt ist an Schulen auch heute noch in vielen Ländern selbstverständlich: Hierzu gehören in einer globalen Sichtweise u. a. die körperliche Züchtigung, die weltweit an Schulen in 106 Ländern zulässig ist und auch praktiziert wird; der sexuelle Missbrauch von Schülerinnen durch Lehrer und Mitschüler; die unterlassene Aufklärung über Schutzmöglichkeiten vor HIV / Aids; die Angst einflößenden Prüfungs- und Wettbewerbskonzepte der Schule, die sich direkt auf das Gewalt fördernde Potenzial der Bildung auswirken (Pinheiro 2006).

Strukturelle Gewaltfaktoren wirken an Schulen u. a. durch Selektion, ungleiche Verteilung von Bildungschancen und die Verschärfung von sozialer Ausgrenzung. Kulturelle Gewalt kommt z. B. durch Bildung als Instrument kultureller Unterdrückung zum Ausdruck oder durch die Manipulation des Geschichtsbildes, durch die Propagierung hegemonialer nationaler Identitäten, aber auch durch die Vermittlung von Feindbildern oder durch eine curriculare Dominanzkultur oder durch hegemoniale Männlichkeitskonzepte.

Bildung ist ein zentrales Medium, durch das Ethnizität für die Eskalation von Konflikten mobilisiert werden kann. Es ist notwendig, Positivstrategien zu entwickeln, um eine Konfliktkultur zu etablieren und Gewalt durch die Schule einzudämmen. Hierzu gehören nach Bush / Saltarelli (2000, 16 ff.) u. a. gezielte Bildungschancen für Bildungsbenachteiligte; ein Klima der ethnischen und kulturellen Toleranz; die Abschaffung der Segregation und des Rassismus in den Köpfen; die Förderung sprachlicher Vielfalt; die Pflege eines inklusiven Staatsbürgerschaftsverständnisses; die Schulung eines kritischen Geschichtsbewusstseins; die Wendung der Bildung gegen staatliche Unterdrückung sowie – allgemein gesprochen – die Erziehung zur Friedensfähigkeit.

Konflikterziehung bedeutet in dieser Dimension also auch, das Schulsystem und die Rolle formaler Bildung im Kontext von Konflikten und bei der Entstehung und Aufrechterhaltung von Gewalt zu sehen.

Die Entwicklung einer Kultur des Friedens

Die Entwicklung einer friedensfähigen Gesellschaft kann nicht alleine durch politische und ökonomische Veränderungen erreicht werden, sondern muss die Veränderung tief verankerter kultureller Muster einbeziehen, welche die Transformation einer „Kultur der Gewalt" in eine „Kultur des Friedens" erst ermöglichen (Wintersteiner 2002). Es geht dabei um Weltsichten und Weltanschauungen, um Werte und Werthaltungen sowie um Verhaltensweisen, Gewohnheiten und Lebensformen. Andere ausstoßen und Lebensfeindlichkeit müssen dabei ersetzt werden durch einen offenen Umgang mit Alterität und dem Respekt vor der Andersheit des anderen. Das Ziel muss sein, das Freund-Feind-Schema auf allen Ebenen zu überwinden.

Die Generalversammlung der UNO hat 1999 die Erklärung über eine Kultur des Friedens (Vereinte Nationen 1999) verabschiedet. Sie versteht die Kultur des Friedens als die Gesamtheit der Wertvorstellungen, Einstellungen, Traditionen, Verhaltens- und Lebensweisen, welche auf der Achtung des Lebens, der Beendigung der Gewalt sowie der Förderung und Übung von Gewaltlosigkeit durch Erziehung, Dialog und Zusammenarbeit gründen. Senghaas (1997, 24) rückt die zivile Konfliktbearbeitung in das Zentrum einer Kultur des Friedens: „Gemeint ist mit ihr die Gesamtheit der Werteorientierungen, Einstellungen und Mentalitäten, die im öffentlich-politischen Raum und über diesen hinaus dazu beitragen, dass Konflikte (…) verlässlich konstruktiv bearbeitet werden".

In diesem langfristigen Prozess der Entwicklung einer Kultur des Friedens kommt der Friedens- und Konflikterziehung auf allen Ebenen entscheidende Bedeutung zu.

Literatur

Bierhoff, H.-W. (2004): Handlungsmodelle für die Analyse von Zivilcourage. In: Meyer, G., Dovermann, U., Frech, S., Gugel, G. (Hrsg.), 60–69

Bush, K. D., Saltarelli, D. (2000): The Two Faces of Education in Ethnic Conflict: Towards a Peacebuilding Education for Children. UNICEF Innocenti Research Centre, Florenz

Büttner, Ch., Gottberg J. v., Kladzinski, M. (Hrsg.) (2005): Krieg in Bildschirmmedien. Zur politischen Orientierung Jugendlicher zwischen Inszenierung und Wirklichkeit. Kopäd, München

DJI (Deutsches Jugendinstitut, Arbeitsstelle Kinder- und Jugendkriminalprävention) (2007): Strategien der Gewaltprävention im Kindes- und Jugendalter. Eine Zwischenbilanz in sechs Handlungsfeldern. DJI, München

Fisher, R., Ury, W. L., Patton, B. M., Raith, W. (2009): Das Harvard-Konzept. Sachgerecht verhandeln, erfolgreich verhandeln. 23. Aufl. Campus, Frankfurt / M.

Galtung, J. (1993): Kulturelle Gewalt. Der Bürger im Staat 43, 106–112

– (1975): Strukturelle Gewalt. Beiträge zur Friedens- und Konfliktforschung. Rowohlt, Reinbek

Gerster, P., Gleich, M. (Hrsg.) (2005): Die Friedensmacher. Hanser, München

Glasl, F. (2009): Konfliktmanagement. 9. Aufl. Freies Geistesleben, Bern / Stuttgart / Wien

Gugel, G. (2010): Handbuch Gewaltprävention II. Für die Sekundarstufen und die Arbeit mit Jugendlichen. Institut für Friedenspädagogik Tübingen, Tübingen

– (2002): Politische Bildungsarbeit praktisch. Institut für Friedenspädagogik Tübingen, Tübingen

Haussmann, W., Biener, H., Hock, K., Mokrosch, R. (Hrsg.) (2006): Handbuch Friedenserziehung. Interreligiös – interkulturell – interkonfessionell. Gütersloher Verlagshaus, Gütersloh

Koppe, K. (2001): Der vergessene Frieden. Friedensvorstellungen von der Antike bis zur Gegenwart. Leske + Budrich, Opladen

Küng, H. (2008): Projekt Weltethos. 11. Aufl. Piper, München

Meyer, G., Dovermann, U., Frech, S., Gugel, G. (Hrsg.) (2004): Zivilcourage lernen. Analysen, Modelle, Arbeitshilfen. Institut für Friedenspädagogik, Tübingen

Milgram, S. (1976): Das Milgram-Experiment. Rowohlt, Reinbek

Nipkow, K. E. (2007): Der schwere Weg zum Frieden. Geschichte und Theorie der Friedenspädagogik von Erasmus bis zur Gegenwart. Gütersloher Verlagshaus, Gütersloh

Pinheiro, S. (2006): World Report on Violence against Children. United Nations, Genf

Schimpf-Herken, I. (2008): Erinnerung braucht Zukunft, Zukunft braucht Erinnerung. In: Grasse, R., Gruber, B., Gugel, G. (Hrsg.): Friedenspädagogik. Grundlagen, Praxisansätze, Perspektiven. Rowohlt, Reinbek, 155–184

Seitz, K. (2004): Bildung und Konflikt. Die Rolle von Bildung bei der Entstehung, Prävention und Bewältigung gesellschaftlicher Krisen – Konsequenzen für die Entwicklungszusammenarbeit. GTZ, Eschborn

Senghaas, D. (1997): Kultur des Friedens. In: Vogt, W. R., Jung, E. (Hrsg.): Kultur des Friedens. Wissenschaftliche Buchgesellschaft, Darmstadt, 22–26

Sipri (Hrsg.) (2010): Sipri Yearbook 2010. Armaments, Disarmaments and International Security. Oxford University Press, New York

Vereinte Nationen (1999): Erklärung über eine Kultur des Friedens und Aktionsprogramm für eine Kultur des Friedens. Resolution A / RES / 53 / 243 der Generalversammlung der Vereinten Nationen vom 13.09.1999. Informationszentrum der Vereinten Nationen, Bonn

Weller, Ch. (2001): Feindbilder. Ansätze und Probleme ihrer Erforschung, IIS-Arbeitspapier 22. Universität Bremen, Bremen

Welzer, H. (2005): Täter. Wie aus ganz normalen Menschen Massenmörder werden. S. Fischer, Frankfurt / M.

–, Moller, S., Tschuggnall, K. (2002): „Opa war kein Nazi". Nationalsozialismus und Holocaust im Familiengedächtnis. Fischer Taschenbuch, Frankfurt / M.

Wintersteiner, W. (2006): Kultur des Friedens – ein neuer Leitbegriff der Friedensforschung? In: Zentrum für Friedensforschung und Friedenspädagogik (Hrsg.): Jahrbuch für Friedenskultur 2006. Drava, Klagenfurt / Celovec, 94–108

– (2002): Pädagogik des Anderen. Bausteine für eine Friedenspädagogik in der Postmoderne. Agenda, Münster

WHO (World Health Organization) (Hrsg.) (2002): World Report on Violence and Health. WHO, Genf

Wulf, Ch. (2008): Friedenskultur und Friedenserziehung in Zeiten der Globalisierung. In: Grasse, R., Gruber, B., Gugel, G. (Hrsg.): Friedenspädagogik. Grundlagen, Praxisansätze, Perspektiven. Rowohlt, Reinbek, 35–60

– (Hrsg.) (1973): Kritische Friedenserziehung. Suhrkamp, Frankfurt / M.

–, Merkel, Ch. M. (Hrsg.) (2002): Globalisierung als Herausforderung der Erziehung. Theorien, Grundlagen, Fallstudien. Waxmann, Münster

Funktionsbestimmungen Sozialer Arbeit

Von Karin Böllert

Die Auseinandersetzung mit modernen Funktionsbestimmungen Sozialer Arbeit veranschaulicht eine
enorme Vielzahl unterschiedlicher Aufgabenbestimmungen der Sozialen Arbeit, die teilweise chronolo-
gisch entwickelt worden sind, die in jedem Fall aber
veranschaulichen, dass die Funktionsbestimmungen
Sozialer Arbeit in Abhängigkeit von den zugrunde
gelegten gesellschaftsanalytischen und professionsbezogenen Begründungszusammenhängen konzep-
tualisiert worden sind. Spätestens mit Achingers
(1958) Analyse einer Sozialpolitik als Gesellschaftspolitik beginnen Untersuchungen zu der Funktionsbestimmung Sozialer Arbeit, die diese aus ihrem
traditionellen historischen Selbstverständnis eines
Liebesdienstes ebenso herauslösen wie aus ihrer dominanten Bestimmung als kontrollierende Fürsorge
für würdige bzw. unwürdige Arme. Moderne Funktionsbestimmungen Sozialer Arbeit sind seitdem
eingebettet in wohlfahrtsstaatliche Programmatiken
und sozialstaatliche Entwicklungsdynamiken bis hin
zu der gegenwärtig diskutierten Frage, mit welchem
Wohlfahrtsstaat die Soziale Arbeit perspektivisch
auskommen muss (Kessl/Otto 2009).

Vor diesem Hintergrund wird im Folgenden zunächst die klassische Differenzierung von Hilfe
und Kontrolle pointiert, um daran anschließend
zwischen unterschiedlichen Funktionsbestimmungen auf der Grundlage verschiedener gesellschaftstheoretischer Analysen differenzieren zu können.
Abschließend werden dann solche Funktionsbestimmungen zusammengefasst, die den aktuellen
sozialpädagogischen Fachdiskurs wesentlich prägen, um zu veranschaulichen, auf welche sozialpolitischen und professionellen Rahmungen aktuelle Funktionsbestimmungen verweisen.

Hilfe und Kontrolle

Die Frage, ob Soziale Arbeit Kontrolle oder Hilfe
ist, ist eine Frage, die eine moderne Soziale Arbeit
von Anfang an begleitet und die mittlerweile in
Form einer doppelten Funktionsbestimmung als
Hilfe und Kontrolle beantwortet wird. Dabei geht
es zum einen darum zu untersuchen, wer oder was
durch Soziale Arbeit kontrolliert wird; zum anderen ist zu klären, wem Soziale Arbeit als Hilfe hilft.
Unter der Annahme, dass Soziale Arbeit Hilfe und
Kontrolle ist, muss analysiert werden, wie diese
doppelte Funktionsbestimmung ausbalanciert werden kann.

Das doppelte Mandat der Sozialen Arbeit als Hilfe
und Kontrolle zielt dabei auf ihre Aufgabe, tendenziell strukturelle Problemlagen in bearbeitbare Fälle
zu transformieren und dabei bei den Adressatinnen
und Adressaten eine Änderung von Motivations-
lagen und Handlungsorientierungen zu bewirken,
woraus auf Seiten der Professionellen ein Zwang
zur Ungewissheitsbewältigung und die Angewiesenheit auf die Mitarbeit der Adressaten und
Adressatinnen erfolgt (Gildemeister 1983). Brunkhorst (1989) folgert aus dieser Funktionsbestimmung eine soziale Topik der Sozialen Arbeit, die in
den Begriffspaaren Normalität versus abweichendes
Verhalten, Hilfe versus Kontrolle und Subjekt versus Objekt gefasst werden kann.

Das im Rahmen der gegenwärtigen Kinderschutzdebatte immer wieder betonte Doppelmandat der
Kinder- und Jugendhilfe, die auf der einen Seite
helfen, fördern, beraten und unterstützen, auf der
anderen Seite eingreifen soll, wenn das Wohl von
Kindern und Jugendlichen gefährdet ist, macht
deutlich, dass eine Funktionsbestimmung Sozialer
Arbeit als Hilfe und Kontrolle nicht an Aktualität
eingebüßt hat. So betont das SGB VIII einerseits
den Sozialleistungscharakter der Kinder- und Ju-

Otto/Thiersch (Hg.), Handbuch Soziale Arbeit, 4. A., DOI 10.2378/ot4a.art045,
© 2011 by Ernst Reinhardt, GmbH & Co KG, Verlag, München

gendhilfe und dokumentiert ihren Weg von der Ordnungs- zur Leistungsbehörde durch die Bereitstellung von Angeboten der Förderung und Unterstützung junger Menschen und der Unterstützung der Eltern bei der Wahrnehmung ihrer Rechte und Pflichten; es legt aber andererseits ebenso eindeutig die Schutzpflichten des Jugendamtes, als Schutz der Kinder bei Gefahren für ihr Wohl auch gegen den Willen der Eltern fest. Dennoch sind den kontrollierenden Eingriffen der Jugendämter in den Fällen enge Grenzen gesetzt, in denen sie zur Einschaltung des Familiengerichtes verpflichtet sind und als Kontrollkonzept das staatliche Wächteramt repräsentieren (Schone 2008).

Von der Normalisierung zur Sozialraumorientierung

Anknüpfend an eine solche doppelte Verfasstheit Sozialer Arbeit wird mit ihrer Normalisierungsfunktion die Bewachung und Reproduktion von Normalzuständen bzw. Normalverläufen hervorgehoben, wodurch die Möglichkeit eröffnet werden soll, die (widersprüchlichen) Rationalitätskriterien, Steuerungsprobleme und Entwicklungstendenzen sozialarbeiterischer Dienstleistungstätigkeit zu analysieren. Dabei ist die Gewährleistung von Normalität keineswegs gleichbedeutend mit der Anpassung aller Personen an die jeweils geltenden Normalitätsstandards. Wie viele Gesellschaftsmitglieder den herrschenden Normen entsprechen müssen, damit die Identität des umfassenden Gesellschaftssystems in einem akzeptierten Ausmaß geschützt werden kann, ist in gewissen Grenzen auslegungsbedürftig. Darüber hinausgehend geschieht Normalisierung als Einregulierung von Normen durch unterschiedliche Strategien und zwar durch Personenänderung als erzieherisch-therapeutische Beeinflussung (potenziell) Devianter, als Allokation durch die Änderung des Status von Personen durch die Zuteilung von Gütern, Rollen, Prestige etc. sowie als Kustodialisierung in Form der Bewachung und Verwahrung ausgeschlossener Personengruppen (Olk 1986).

Wenn aber die Funktion der Sozialen Arbeit in der Gewährleistung durchschnittlich erwartbarer Identitätsstrukturen und ihre normalisierende Funktion in der Beeinflussung individueller Verhaltensweisen

und deren Veränderung besteht, dann stellt sich die zentrale Frage, von welchen Normalitätsannahmen ausgegangen wird und wie Soziale Arbeit mit den Folgen gesellschaftlicher Modernisierungsprozesse und damit veränderten Normalitätsvorstellungen umgeht, ohne durch das Festhalten an tradierten Normalitätsannahmen den kontrollierenden Charakter ihrer Interventionen zu verstärken.

Die entsprechenden Antworten gehen von zwei unterschiedlichen Ausgangspunkten aus. Im Anschluss an die sozialpädagogische Auseinandersetzung mit der Theorie des kommunikativen Handelns von Habermas wurde zunächst die sog. Kolonialisierungsthese entwickelt. Demnach ist Soziale Arbeit einerseits systemisch induziert, handelt aber andererseits in Lebenswelten, d. h. sie vermittelt zwischen Lebenswelt und System. Damit einher geht die Gefahr der professionellen Fremdbestimmung lebensweltlicher Zusammenhänge; die Minimierung entsprechender Kolonialisierungseffekte kann nur durch Selbstreflexivität der professionell Handelnden und die Beantwortung der Frage gelingen, welche Interventionen das Risiko der Verdinglichung lebensweltlicher Bezüge am ehesten minimieren können. Hierzu sollen auch politische Strategien als stellvertretende Einmischung und Aufklärung bzw. Gegenöffentlichkeit beitragen (Thiersch 1984; Rauschenbach 1999).

Genau diese politischen Strategien stehen im Zentrum einer Sozialen Arbeit als Kommunalpolitik, mit der auf die Konsequenzen eines konstatierten Wertewandels von den materiellen hin zu postmateriellen Werten sowie auf veränderte Anforderungen an Sozialstaat und Sozialadministration Bezug genommen werden soll. Zentral für die hieraus abgeleitete Funktionsbestimmung Sozialer Arbeit ist die Auseinandersetzung mit der wachsenden Kritik an der Verbürokratisierung einer behördlichen Sozialarbeit und mit dem Entstehen von sozialen Bewegungen und Selbsthilfegruppen. Beides führt in den fachlichen Reaktionen zu einer Aufwertung der kommunalen Ebene in Form einer Dezentralisierung von Sozialpolitik und einer verstärkt kommunalen Orientierung der Sozialen Arbeit, zu einer Delegation von Entscheidungsbefugnissen und einer Öffnung der Administration durch innerorganisatorische Veränderungen und durch die Delegation von Aufgaben sozialer Problembewältigung auf informelle

Gruppen. Während auf der zentralen Ebene die großräumige Gestaltung von nationalen Lebensbedingungen sowie die weiterhin notwendige flächendeckende Absicherung von schematisierten Standardrisiken der Lohnarbeiterexistenz geregelt wird und außerdem die Programme für die gemeindliche Vermittlung von sozialpolitischen Leistungen formuliert werden, ist die Kommune in dieser Perspektive vornehmlich mit der qualitativen Beeinflussung sozialräumlicher Lebensbedingungen im unmittelbaren Kontakt mit den Zielgruppen sowie mit der konkreten Umsetzung der zentral geplanten Programme befasst (Müller / Otto 1980; Olk / Otto 1981). Institutionen, Programme, Strategien und Akteure, die die Soziale Arbeit vorab begrenzen, gehören demzufolge zum Bereich der Sozialarbeitspolitik; kommunale Sozialpolitik und Sozialarbeitspolitik ergänzen sich unter der Zielsetzung der sozialen Ausgestaltung lokaler Lebensbedingungen zur sozialen Kommunalpolitik. In dem Maße allerdings, wie Sozialarbeitspolitik die dominante Maßnahmenorientierung und reaktiv-kompensatorische Fixierung auf den Einzelfall zugunsten einer Hinwendung zur qualitativen Entwicklung sozialräumlicher Lebensbedingungen zum Zwecke der Verbesserung und Angleichung von Lebenschancen zurückdrängt, geht sie weit über ihr bislang begrenztes Ressort hinaus und soll sich so zu einer örtlichen Gesellschaftspolitik entwickeln (Olk / Otto 1981; Olk et al. 1981).

Die Schwierigkeiten einer solchen Gesellschaftspolitik sind schon zum Zeitpunkt ihrer Begründung nicht übersehen worden, setzt eine Soziale Arbeit als soziale Kommunalpolitik doch Vereinbarkeitserfordernisse unterschiedlicher Trägerinteressen und Vereinbarkeitsnotwendigkeiten der politischen und administrativen Entscheidungsebenen voraus. Schließlich bedingt die Aktivierung der Selbststeuerungspotenziale der Kommune, die politische Kontrolle des Dienstleistungssystems auf eine breite Basis zu stellen und Alternativen zu bisherigen Verfahren zu eröffnen. Diskutiert wurde, ob die Neuorganisation sozialer Dienste als eine notwendige Voraussetzung hierzu betrachtet werden muss. Dabei ging es vorrangig um die räumliche Dekonzentration sozialer Dienste, die Delegation von Entscheidungsbefugnissen auf eine klientennahe Ebene der Administration und die Delegation der Kontrolle über kommunale Ressourcen auf die Ebene der lokalen Bürgerschaft. Steuerungsmedium sollte die Interaktion sein, die Fallorientierung sollte zur synthetisierenden Problemorientierung weiterentwickelt werden, eine Neustrukturierung von Kompetenzprofilen und die Repolitisierung sozialarbeiterischer Problemdiagnosen als lokale Gestaltung von Lebensbedingungen wurden angestrebt. Das Primat präventiver Vorgehensweisen, die adressatenorientierte Ausgestaltung sozialer Dienstleistungsangebote und deren Überprüfung auf Effizienz und Effektivität waren weitere Forderungen.

Dass diese Schwierigkeiten bis heute als nicht überwunden angenommen werden können, zeigen die aktuellen Debatten über eine Sozialraumorientierung der Sozialen Arbeit (Reutlinger et al. 2005). Sozialraumorientierung bedeutet die Aktivierung wechselseitiger Selbsthilfe und Förderung der Selbstkoordinationsfähigkeit der Bewohner und Bewohnerinnen eines sozialen Nahraums; der Sozialraum selbst stellt mit seinen spezifischen Problemcharakteristika die zentrale Steuerungsebene für die Planung und die Angebote der Sozialen Arbeit dar. Die vielfach diskutierten Fehlschlüsse einer falsch verstandenen Sozialraumorientierung sind als Pathologisierung sozialer Netzwerke und deren gleichzeitige Aktivierung als Ressource, als Gleichsetzung einer räumlichen Identifizierung sozialer Problemlagen mit einer Verursachung sozialer Problemlagen und als Abschied von der Fallorientierung und Stärkung der Sozialraumorientierung bei gleichzeitiger Ungeklärtheit des Adressatenbegriffes hervorgehoben worden. Infolgedessen kommt es zu einer Überbetonung von Räumlichkeit, zu einer fehlenden Unterscheidung von Wirkungen und Sozialraumeffekten, zu einer strukturellen Überlastung der Aktiven, zu sozialstruktureller Selektivität und zu fragwürdigen Homogenitätsannahmen bei einem gleichzeitigen Effektivitätsgebot als Handlungsanleitung. Statt einer Aktivierung der Bewohnerinnen und Bewohner wird alternativ eine Aktivierung institutioneller Zugänge vorgeschlagen; nicht das Feld soll zum Fall gemacht werden, sondern politische und soziale Strukturierungsprozesse als Eröffnung oder Verschluss von Handlungs- und Daseinsformen sollen analysiert und zum Ausgangspunkt von Angeboten Sozialer Arbeit gemacht werden (Kessl et al. 2006).

Eine solchermaßen fundierte Funktionsbestimmung Sozialer Arbeit markiert aktuell auch eine neue

Sichtweise auf Andersheit, die über klassische Normalitätsannahmen und kontrollierende Eingriffe weit hinausreicht (Kessl / Plößer 2010). Die Analyse der für die Soziale Arbeit typischen Konfrontation mit Differenz führt dabei zu solchermaßen theoretisch begründeten Ansätzen Sozialer Arbeit (Heite 2008; 2010), die perspektivisch die Aufgaben Sozialer Arbeit in der Realisierung komplexer Gleichheiten und im Gegensatz zur Normalisierung von Differenz in deren Anerkennung und in der Sensibilisierung für Differenzen sehen.

Lebenswelt- und Dienstleitungsorientierung

Eine die Soziale Arbeit bis heute prägende Funktionsbestimmung ist die der Lebensweltorientierung, die ihren Ausgangpunkt zunächst in einer alltagsorientierten Sozialpädagogik hat. Alltag ist charakterisiert durch die Vielfältigkeit von Problemen und Aufgaben; im Alltag sind Menschen zuständig für die Bewältigung der sich ihnen stellenden Aufgaben. Alltag ist somit ein Aspekt von Wirklichkeit, der verstanden werden muss. Alltagswissen ist charakterisiert durch Überschaubarkeit, Vertrautheit, durch Ordnung in Rollen, Routine, Typisierungen. Alltagswelten sind unterschiedlich durch gesellschaftliche Funktionen und Ressourcen: Auf der einen Seite beinhalten sie Zuständigkeit, Verantwortlichkeit und Betroffenheit, auf der anderen Seite die Einbettung in Routinen, die Entlastung und Selbsteinschränkung bedeuten.

Vor diesem Hintergrund will eine alltagsorientierte Sozialpädagogik Hilfe zur Selbsthilfe leisten, indem sie einen gelingenderen Alltag ermöglicht, wozu auch gehört, aus dem Alltag herauszuhelfen und Verhältnisse sozialpolitisch zu verändern. Eine alltagsorientierte Sozialarbeit gelingt demnach, wenn die institutionellen Möglichkeiten vom Alltag aus ebenso kritisiert werden wie dann die institutionellen Möglichkeiten wiederum den Alltag selbst kritisieren (Thiersch 1986).

Die Lebensweltorientierung der Sozialen Arbeit verbindet hierüber hinausgehend die Analyse von gegenwärtig spezifischen Lebensverhältnissen mit pädagogischen Konsequenzen. Sie betont – in der Abkehr von dem traditionell defizitären und individualisierenden Blick auf soziale Probleme – das

Zusammenspiel von Problemen und Möglichkeiten, von Stärken und Schwächen im sozialen Feld und gewinnt daraus das Handlungsrepertoire, zwischen Vertrauen, Niedrigschwelligkeit, Zugangsmöglichkeiten und gemeinsamen Konstruktionen von Hilfsentwürfen ausbalancieren zu können (Grunwald / Thiersch 2005; Thiersch et al. 2002).

Ihren prominentesten Ausdruck hat die Lebensweltorientierung der Sozialen Arbeit in den in der Kinder- und Jugendhilfe verankerten Strukturmaximen der Prävention, Alltagsnähe, Integration, Partizipation und Dezentralisierung gefunden sowie in ihrer Bedeutung für eine Funktionsbestimmung der Sozialen Arbeit in der Risikogesellschaft, mit der u. a. von einer Pluralisierung der Adressatengruppen, neuen sozialen Risiken und veränderten Bezügen zwischen Risikolagen im Lebenslauf und sozialpädagogischen Handlungsnotwendigkeiten ausgegangen wird. Die Transformation der Sozialen Frage findet ihren Ausdruck u. a. in der Entstehung institutionenabhängiger Biographiemuster, der Vervielfältigung sozialer Kategorien und der Ausdehnung von Unsicherheit. In dem Maße, wie dabei die soziale Frage unsichtbar wird, gewinnen institutionelle Wahrnehmungs- und Bearbeitungsmuster an Gewicht (Beck 1986).

Soziale Arbeit in dieser sog. zweiten Moderne zeichnet sich durch die Pluralisierung der Adressatengruppen, die Zunahme sozialer Risiken und die Notwendigkeit sozialer Risikoexperten als Bewältigung von Risikolagen im Lebenslauf durch sozialpädagogisches Handeln aus. Soziale Arbeit ist somit Produkt der Moderne und gleichzeitig Produzent von Chancen und Risiken auf dem Weg in eine andere Moderne. Gefordert wird eine reflexive Relationierung von wohlfahrtsstaatlich bereitgestellten Angeboten und Unterstützungsleistungen in privaten Lebenszusammenhängen, eine Funktionsbestimmung Sozialer Arbeit als Gewährleistung subjektorientierter Lebenspraxen. Prävention umfasst vor diesem Hintergrund strukturbezogene Angebote, die über die Beeinflussung von Lebensbedingungen individuelle Partizipationsmöglichkeiten hervorbringen; Interventionen umfassen stattdessen die Befähigung des Einzelnen zur Eröffnung von Gestaltungsspielräumen. Soziale Arbeit wird insgesamt zu einer sozialen Hilfe in Bezug auf Identitätsbildungs- und kulturellen Verständigungsprozessen (Böllert 1992; Böllert 1995; Rauschenbach 1999).

Anknüpfend hieran meint Lebensbewältigung dann das Streben nach einer subjektiven Handlungsfähigkeit in kritischen Lebenssituationen, in denen das psychosoziale Gleichgewicht – Selbstwertgefühle und soziale Anerkennung – gefährdet ist. Insbesondere dann, wenn die bislang verfügbaren personalen und sozialen Ressourcen für die Bewältigung kritischer Lebenssituationen nicht mehr ausreichen, werden solche Lebenssituationen als kritisch erlebt (Böhnisch 2002).

Erst im Kontext dieser Debatten wird dann die Funktionsbestimmung der Sozialen Arbeit auch systematisch in einen Dienstleistungsdiskurs integriert. Dabei existiert nicht die Theorie sozialer Dienstleistung, aber zwei Thematisierungszyklen können voneinander unterschieden werden. Mit dem Dienstleistungsdiskurs der 1970er Jahre wird an eine Unterscheidung von primärem, sekundärem und tertiärem Sektor der Arbeitsgesellschaft angeknüpft und die Expansion des Dienstleistungssektors prognostiziert. Hervorgehoben wird die sozialpolitische Bedeutung sozialer Dienste als Steuerungsmedium neben Geld und Recht. Der Dienstleistungsdiskurs seit den 1990er Jahren ist eingebettet in die Institutionalisierung eines New Public Managements: die Leistungen sozialer Dienste werden „Produkte", der Klient wird zum Kunden, eine Institutionalisierung betriebswirtschaftlicher Standards in der Sozialen Arbeit angesichts der öffentlichen Finanzkrise wird angestrebt. Demgegenüber betont der sozialpädagogische Fachdiskurs die Bedeutung des öffentlichen Sektors, die damit einhergehende Unbestimmtheit des Aufgabenanfalls, die Notwendigkeit von Reservekapazitäten und die mangelnde Rationalisierbarkeit sozialer Dienste, die auf die Mitwirkung und aktive Beteiligung der Klientel angewiesen sind, was als uno-actu-Prinzip, d. h. als Gleichzeitigkeit von Produktion und Konsumption sozialer Dienste zusammengefasst wird (Olk 1994; Schaarschuch et al. 2005). Soziale Arbeit als Dienstleistung folgt dementsprechend nicht einer Verbetriebswirtschaftlichung sozialer Dienste, sondern ist als Reflex auf die Normalisierung öffentlicher Sozialisationsleistungen durch erweiterte Aufgabenbestimmungen einer sozialen Infrastruktur zu verstehen. So ist die Zielperspektive einer Kinder- und Jugendhilfe als Dienstleistung die partizipatorische Teilhabe junger Menschen bei der Ausgestaltung der Leistungen der Kinder- und Jugendhilfe. Die Dienstleistungsfunk-tion Sozialer Arbeit ist somit in erster Linie eine Demokratisierungsstrategie, in deren Kontext die Klientel zum Nutzer und zur Nutzerin sozialpädagogischer Leistungen wird, Organisationsentwicklung als Flexibilisierung administrativer Strukturen verstanden wird, Qualifizierung als Bereitstellung von Handlungskompetenzen und als Wissen für die Reflexion des Verhältnisses von Problemlagen und Interventionsmustern und die Nachfragedimension als Responsivität der Dienstleistungsproduktion begründet wird (BMFSFJ 1994; Böllert 2000; Schaarschuch 2006).

Inklusion und Exklusion

Einen theoretisch ganz anderen Zugang einer modernen Funktionsbestimmung Sozialer Arbeit wählen diejenigen Ansätze, die auf einer systemtheoretisch fundierten Gesellschaftsanalyse beruhen. Ausgangspunkt ist Luhmanns (1973) Analyse des Helfens im Wandel. In archaischen Gesellschaften ist die Institutionalisierung reziproker persönlicher Hilfe unter Stammesangehörigen dominant, es fehlen die bewusste Institutionalisierung von Reziprozität; demgegenüber herrscht die Institutionalisierung von Hilfspflichten, Abgabepflichten und Dankespflichten vor. Von daher setzt Hilfe das Vorhandensein von Überschüssen voraus, Kapitalbildung wird verhindert, die Dankespflicht bleibt unspezifisch. In hochkultivierten Gesellschaften ist eine zunehmende produktive Arbeitsteilung, eine schichtenmäßige Verteilung des Produkts, die Ausdifferenzierung politischer Herrschaft und generalisierter Normvorstellungen und einer kosmisch-religiösen Moralität sowie eine beginnende Individualisierung der Persönlichkeit beobachtbar. Die Motivation zur Hilfe muss auf Umwegen beschafft werden, so dass die Motivation des Helfens in Form des Vertrages stabilisiert wird. Hilfe ist eine gute Tat, die von oben nach unten gerichtet wird, sie ist Ausdruck von Schichtzugehörigkeit, Armenpflege wird zum staatlichen Aufgabenbereich. Moderne Gesellschaften werden schließlich als funktionale Differenzierung und Leistungsspezialisierung beschrieben, in ihnen ist Helfen nicht mehr durch entsprechende Interaktionen und moralische Begründungen geprägt. Hilfe geschieht (bei persönlicher Professionsmotivation) in erster Linie in Entscheidungsprogrammen, d. h. auf der Grundlage von Regeln. Handlungs- und Kommunikationszusammenhänge sind mit einem speziellen Sinn ausgestattet, der erkennbar macht, dass eine gesellschaftliche Funktion exklusiv in diesem System ausgefüllt wird; die Funktion von sozialer Hilfe ist Daseinsnachsorge. Eine solche Theorie funktionaler Differenzierung hebt zudem hervor, dass sich gesellschaftliche Teilsysteme auf Personen als Adressaten und Adressatinnen spezifischer Erwartungen, als Träger von Leistungs- und Publikumsrollen beziehen. In diesem Kontext meint binäre Codierung, dass nur Funktionssysteme über eine Codierung verfügen, die alle innerhalb des Systems vorkommende Kommunikation als Anschlusswert für weitere Kommunikation oder in Bezug auf die Reproduktion des Systems versteht. Die Codierung sozialer Hilfen ist Hilfe versus Nicht-Hilfe.

Der anderen Funktionsbestimmungen Sozialer Arbeit innewohnende umfassende Integrationsbegriff wird hier durch den Inklusionsbegriff ersetzt – Inklusion steht für die Art und Weise, in der im systemischen Kommunikationszusammenhang Menschen für relevant gehalten werden. Individuen sind von daher sozial ortlos, da nur ein selektiver Einbezug in teilsystemspezifische Kommunikationen stattfindet. Dabei sind Individuen auf Leistungen von Funktionssystemen angewiesen, diese aber nicht auf die Teilhabe konkreter Individuen – eine partizipatorische Dienstleistungsorientierung Sozialer Arbeit ist theoretisch nicht vorgesehen. Soziale Arbeit ist gesellschaftlich organisierte Hilfe, nicht aber soziale Integrationsarbeit als funktional notwendige Folge der gesellschaftlichen Entwicklung (Baecker 1998).

Indem soziale Systeme mit der Unterscheidung von Inklusion und Exklusion operieren, wird Exklusion zum Ausschluss aus Teilsystemen, nicht aber zum umfassenden Ausschluss aus der Gesellschaft. Abgelehnt wird eine Semantik des Inklusionsuniversalismus; stattdessen wird von einer teilsystemspezifischen Reaktion unter Gesichtspunkten der Machterhaltung des Systems ausgegangen. Das akzeptable Maß an Exklusion wird dabei in gesellschaftlichen Auseinandersetzungen festgelegt. Die hieraus abgeleitete Funktionsbestimmung Sozialer Arbeit fokussiert diese auf die Bearbeitung individueller und kollektiver Effekte funktionaler Differenzierung, die als gesellschaftsstrukturell verursachte Problemlagen wahrgenommen werden. Soziale Arbeit ist sowohl Exklusionsvermeidung und Inklusionsvermittlung als auch Exklusionsverwaltung, wobei die gegenwärtige Verdichtung von Exklusionseffekten zu einem Bedeutungszuwachs der Exklusionsverwaltung führt (Scherr 1999; Merten 1997).

Perspektiven: Aktivierung versus Gerechtigkeit

In einer gesellschafts- und sozialpolitisch begründeten Auseinandersetzung mit Exklusionseffekten werden diese auch als Folge des Übergangs von der öffentlichen zur privaten Sicherheit konstatiert, wird der Übergang vom kollektiven zum individuellen Risikomanagement untersucht, der Übergang von der Sozialversicherung zur Eigenverantwortung bzw. von der Staatsversorgung zur Selbstsorge hervorgehoben, an dessen Ende das „unternehmerische Selbst" steht. Festgehalten werden kann vor diesem Hintergrund, dass vorrangig nicht ein Abbau des Sozialstaates, sondern ein Umbau des Sozialen stattfindet (Lessenich 2008). Die entsprechenden Aktivierungsdiskurse sind dabei durch die Inanspruchnahme einer sozialpädagogischen Semantik gekennzeichnet (Eigeninitiative, Dienstleistung, soziales Engagement etc.), woraus aber nicht vorschnell ein Bedeutungszuwachs von Sozialer Arbeit geschlussfolgert werden kann. Tatsächlich werden faktische Machtverhältnisse durch simulierte Wahlfreiheiten verschleiert, eine sozialstaatskritische Rhetorik ruht auf der pädagogischen Botschaft individueller Fehlleistungen, was insgesamt auf die Gefahr einer Instrumentalisierung der Sozialen Arbeit als Aktivierungspädagogik verweist (Dollinger 2006; Kessl 2006; Oelkers 2009).

Als Alternative hierzu wird aktuell immer häufiger auf ein Verständnis von Handlungsbefähigung und Verwirklichungschancen der Adressatinnen und Adressaten zurückgegriffen, das unmittelbar mit den Arbeiten des indischen Ökonomen und Nobelpreisträgers Amartya Sen (2000) und der US-amerikanischen Philosophin Martha Craven Nussbaum (1999) verknüpft ist, die den capabilities-approach entwickelt haben. Die entsprechenden internationalen Debatten über die Fragen eines guten Lebens – „well-being" als gelingende praktische Lebensführung und Lebensqualität – sind durch Sen und Nussbaum gerechtigkeitstheoretisch insbesondere so begründet worden, dass ein gutes Leben immer auch als ein soziales Projekt begriffen werden muss.

Im Mittelpunkt des Interesses steht die Umsetzung einer umfassenden Konzeption von Lebensstandard und Lebensqualität in eine Politik sozialer Gerechtigkeit. In Abgrenzung von tradierten Vorstellungen einer Leistungs- oder Verteilungsgerechtigkeit sind die Befähigung zu einem guten Leben, die Lebenschancen und die Lebensqualität, die sich Personen im sozialen Raum tatsächlich eröffnen, die zentralen Inhalte des capability-approach. Die Intentionen einer hierauf bezogenen Politik der Gerechtigkeit sind daran ausgerichtet, durch die Bereitstellung und Sicherung von Grundbefähigungen dafür Sorge zu tragen, dass Menschen in die Lage versetzt werden, in ihrer Lebensführung Wahlmöglichkeiten wahrnehmen oder ausschlagen zu können. Die Freiheit von Menschen bemisst sich demnach daran, welche Fähigkeiten Menschen im sozialen Raum ausüben können bzw. ob sie in der Lage sind, ihre Lebensweise selbst wählen zu können.

Eine solche Politik der Gerechtigkeit ist selbstverständlich durch die Soziale Arbeit alleine nicht umzusetzen. Sie ist vielmehr integraler Bestandteil eines Staatsverständnisses, das darauf abzielt, dass ein umfassendes System der Erhaltung fairer Lebenschancen und guter Lebensführung allen Menschen ohne große Hindernisse zugänglich ist. Vor diesem Hintergrund sind die grundlegenden menschlichen Fähigkeiten dann keine angeborenen Eigenschaften. Sie müssen durch Fürsorge, Bereitstellung von Ressourcen und Erziehung entwickelt werden (Sturma 2000). Eine in diesem Sinne gerechte Gesellschaft löst als öffentliche Aufgabe somit die Verpflichtung ein, jedem Menschen die materiellen, institutionellen sowie pädagogischen Bedingungen zur Verfügung zu stellen, die ihm einen Zugang zum guten menschlichen Leben eröffnen und ihn in die Lage versetzen, sich für ein gutes Leben und Handeln entscheiden zu können (Nussbaum 1999).

Die Soziale Arbeit steht auf dieser Grundlage vor der Herausforderung, eine Perspektive zu entwickeln, mit der es möglich wird, den materiell, kulturell und politisch-institutionell strukturierten Raum gesellschaftlicher Möglichkeiten in Beziehung zum akteursbezogenen Raum der individuellen Handlungs- und Selbstaktualisierungsfähigkeiten ihrer Adressatinnen und Adressaten zu setzen (Otto/Ziegler 2008; Schrödter 2007). Folgt man dieser Perspektive, dann wird eine zukünftige Funktionsbestimmung Sozialer Arbeit sich daran messen lassen müssen, wie weit sie ihre professionellen Potenziale zu einer Gerechtigkeitsprofession weiter entwickelt, d. h. die Befähigung ihrer Adressatinnen und Adressaten zur Selbstbestimmung anstrebt und dabei gleichermaßen die strukturelle Aufgabe der Bereitstellung von Verwirklichungschancen nicht aus dem Auge verliert.

Literatur

Achinger, H. (1958): Sozialpolitik als Gesellschaftspolitik: Von der Arbeiterfrage zum Wohlfahrtsstaat. Rowohlt, Hamburg

Baecker, D. (1998): Soziale Hilfe als Funktionssystem der Gesellschaft. In: Merten, R. (Hrsg.): Sozialarbeit Sozialpädagogik Soziale Arbeit. Begriffsbestimmungen in einem unübersichtlichen Feld. Lambertus, Freiburg, 177–206

Beck, U. (1992): Der Konflikt der zwei Modernen. Vom ökologischen und sozialen Umbau der Risikogesellschaft. In: Rauschenbach, Th., Gängler, H. (Hrsg.): Soziale Arbeit und Erziehung in der Risikogesellschaft. Luchterhand, Neuwied/Kriftel/Berlin, 185–203

– (1986): Risikogesellschaft. Auf dem Weg in eine andere Moderne. Suhrkamp, Frankfurt/M.

Böhnisch, L. (2002): Lebensbewältigung. Ein sozialpolitisch inspiriertes Paradigma für die Soziale Arbeit, in: Thole, W. (Hrsg.): Grundriss Soziale Arbeit. Leske und Budrich, Opladen, 199–214

Böllert, K. (2000): Dienstleistungsarbeit in der Zivilgesellschaft. In: Müller, S., Sünker, H., Olk, Th., Böllert, K. (Hrsg.): Soziale Arbeit. Gesellschaftliche Bedingungen und professionelle Perspektiven. Luchterhand, Neuwied/Kriftel, 241–252

– (1995): Zwischen Intervention und Prävention. Eine andere Funktionsbestimmung Sozialer Arbeit. Luchterhand, Neuwied/Kriftel/Berlin

– (1992): Prävention statt Intervention. Eine andere Funktionsbestimmung sozialer Arbeit. In: Otto, H.-U., Hirschauer, P., Thiersch, H. (Hrsg.): Zeit-Zeichen sozialer Arbeit. Luchterhand, Neuwied/Berlin/Kriftel, 155–164

Brunkhorst, H. (1989): Sozialarbeit als Ordnungsmacht. In: Olk, Th., Otto, H.-U. (Hrsg.): Soziale Dienste im Wandel

2. Entwürfe sozialpädagogischen Handelns. Luchterhand, Neuwied / Frankfurt, 199–225

Bundesministerium für Familie, Senioren, Frauen und Jugend (BMFSFJ) (Hrsg.) (1994): Neunter Jugendbericht. Bericht über die Situation der Kinder und Jugendlichen und die Entwicklung der Jugendhilfe in den neuen Bundesländern. Bonn

Dollinger, B. (2006): Zur Einleitung: Perspektiven aktivierender Sozialpädagogik. In: Dollinger, B., Raithel, J. (Hrsg.): Aktivierende Sozialpädagogik. VS-Verlag, Wiesbaden, 7–22

Gildemeister, R. (1983): Als Helfer überleben. Beruf und Identität in der Sozialarbeit / Sozialpädagogik. Luchterhand, Neuwied / Darmstadt

Grunwald, K., Thiersch, H. (2005): Lebensweltorientierung, In: Otto, H.-U., Thiersch, H. (Hrsg.): Handbuch Sozialarbeit / Sozialpädagogik. 3. Aufl. Ernst Reinhardt, München / Basel, 1136–1149

Heite, C. (2010): Anerkennung von Differenz in der Sozialen Arbeit. Zur professionellen Konstruktion des Anderen. In: Kessl, F., Plößer, M. (Hrsg.): Differenzierung, Normalisierung, Andersheit. Soziale Arbeit mit den Anderen. VS-Verlag, Wiesbaden, 187–200

– (2008): Soziale Arbeit im Kampf um Anerkennung. Juventa, Weinheim / München

Kessl, F. (2006): Bürgerschaftliches / zivilgesellschaftliches Engagement. In: Dollinger, B., Raithel, J. (Hrsg.): Aktivierende Sozialpädagogik. VS-Verlag, Wiesbaden, 65–78

–, Landhäußer, S., Ziegler, H. (2006): Sozialraum. In: Dollinger, B., Raithel, J. (Hrsg.): Aktivierende Sozialpädagogik. VS-Verlag, Wiesbaden, 191–216

–, Otto, H.-U. (2009): Soziale Arbeit ohne Wohlfahrtsstaat? In: Kessl, F., Otto, H.-U. (Hrsg.): Soziale Arbeit ohne Wohlfahrtsstaat? Zeitdiagnosen, Problematisierungen und Perspektiven. Juventa, Weinheim / München, 7–22

–, Plößer, M. (2010): Differenzierung, Normalisierung, Andersheit. Soziale Arbeit als Arbeit mit den Anderen – eine Einleitung. In: Kessl, F., Plößer, M. (Hrsg.): Differenzierung, Normalisierung, Andersheit. Soziale Arbeit mit den Anderen. VS-Verlag, Wiesbaden, 7–16

Lessenich, St. (2008): Die Neuerfindung des Sozialen. Der Sozialstaat im flexiblen Kapitalismus. Passagen Verlag, Bielefeld

Luhmann, N. (1973): Formen des Helfens im Wandel gesellschaftlicher Bedingungen. In: Otto, H.-U., Schneider, S. (Hrsg.): Gesellschaftliche Perspektiven der Sozialarbeit 1. Luchterhand, Neuwied / Darmstadt, 21–44

Merten, R. (1997): Autonomie der Sozialen Arbeit. Juventa, Weinheim / München

Müller, S., Otto, H.-U. (1980): Gesellschaftliche Bedingungen und Funktionsprobleme der Organisation Sozialer Arbeit im Kontext staatlichen Handelns. Sozialarbeit als Sozialbürokratie? Zur Neuorganisation sozialer Dienste, Sonderheft 5 der Neuen Praxis, 5–29

Nussbaum, M. C. (1999): Gerechtigkeit oder das gute Leben. Suhrkamp, Frankfurt / M.

Oelkers, N. (2009): Die Umverteilung von Verantwortung zwischen Staat und Eltern. Konturen post-wohlfahrtsstaatlicher Transformation eines sozialpädagogischen Feldes. In: Kessl, F., Otto, H.-U. (Hrsg.): Soziale Arbeit ohne Wohlfahrtsstaat? Zeitdiagnosen, Problematisierungen und Perspektiven. Juventa, Weinheim / München, 71–86

Olk, Th. (1994): Jugendhilfe als Dienstleistung – Vom öffentlichen Gewährleistungsauftrag zur Machtorientierung. Widersprüche, 53, 11–35

– (1986): Abschied vom Experten. Juventa, Weinheim / München

–, Müller, S., Otto, H.-U. (1981): Sozialarbeitspolitik in der Kommune – Argumente für eine aktive Politisierung der Sozialarbeit. In: Müller, S., Olk, Th., Otto, H.-U. (Hrsg.): Sozialarbeit als soziale Kommunalpolitik, Sonderheft 6 der Neuen Praxis, 5–25

–, Otto, H.-U. (1981): Wertewandel und Sozialarbeit – Entwicklungsperspektiven kommunaler Sozialarbeitspolitik. neue praxis 2, 99–146

Otto, H.-U., Ziegler, H. (2008): Der Capabilities-Ansatz als neue Orientierung in der Erziehungswissenschaft. In: Otto, H.-U., Ziegler, H. (Hrsg.): Capabilities – Handlungsbefähigung und Verwirklichungschancen in der Erziehungswissenschaft. VS-Verlag, Wiesbaden, 9–16

Rauschenbach, Th. (1999): Das sozialpädagogische Jahrhundert. Juventa, Weinheim / München

Reutlinger, Chr., Kessl, F., Maurer, S. (2005): Die Rede vom Sozialraum – eine Einleitung. In: Kessl, F., Reutlinger, Chr., Maurer, S., Frey, O. (Hrsg.): Handbuch Sozialraum. VS Verlag, Wiesbaden, 11–30

Schaarschuch, A. (2006): Dienstleistung. In: Dollinger, B., Raithel, J. (Hrsg.): Aktivierende Sozialpädagogik. VS-Verlag, Wiesbaden, 91–108

–, Flösser, G., Otto, H.-U., (2005): Dienstleistung. In: Otto, H.-U., Thiersch, H. (Hrsg.): Handbuch Sozialarbeit Sozialpädagogik. 3. Aufl. Ernst Reinhardt, München / Basel, 266–274

Scherr, A. (1999): Inklusion / Exklusion – soziale Ausgrenzung. Verändert sich die gesellschaftliche Funktion der Sozialen Arbeit? In: Treptow, R., Hörster, R. (Hrsg.): Sozialpädagogische Integration. Juventa, Weinheim / München, 39–56

Schone, R. (2008): Kontrolle als Element von Fachlichkeit in den sozialpädagogischen Diensten der Kinder- und Jugendhilfe. Expertise für die AGJ. Berlin

Schrödter, M. (2007): Soziale Arbeit als Gerechtigkeitsprofession. Zur Gewährleistung von Verwirklichungschancen. neue praxis 1, 3–28

Sen, A. (2000): Ökonomie für den Menschen. Wege zu Gerechtigkeit und Solidarität in der Marktwirtschaft. dtv, München

Sturma, D. (2000): Universalismus und Neoaristotelismus. Amartya Sen und Martha C. Nussbaum über Ethik und soziale Gerechtigkeit. In: Kersting, W. (Hrsg.): Politische Philosophie des Sozialstaats. Velbrück Wissenschaft, Weilerwist, 257–292

Thiersch, H. (1986): Die Erfahrung der Wirklichkeit. Perspektiven einer alltagsorientierten Sozialpädagogik. Juventa, Weinheim / München

– (1984): Verstehen oder kolonialisieren? Verstehen als Widerstand, in: Müller, S., Otto, H.-U. (Hrsg.): Verstehen oder Kolonialisieren? Grundprobleme sozialpädagogischen Handelns und Forschens. Kleine, Bielefeld, 15–30

–, Grunwald, K., Köngeter, St.(2002): Lebensweltorientierte Soziale Arbeit. In: Thole, W. (Hrsg.): Grundriss Soziale Arbeit. Leske und Budrich, Opladen, 161–178

Ganztagsbildung

Von Thomas Coelen und Hans-Uwe Otto

Die Bezeichnung „Ganztagsbildung" dient als Chiffre für einen gesellschaftstheoretisch fundierten Konzeptvorschlag, welcher Möglichkeiten zur Identitätsentwicklung und Ausbildung von Kindern und Jugendlichen in Jugendeinrichtungen und Schulen auf Basis der jeweiligen institutionellen Eigenheiten – und damit ihrer bildungsrelevanten Strukturprinzipien – im Rahmen einer räumlich begrenzten (regionalen oder lokalen) Bildungslandschaft fasst (Otto / Bollweg 2010). „Ganztagsbildung" ist deshalb weder der Theorierahmen zur Organisationsform Ganztagsschule, noch transportiert der Begriff den Anspruch, jegliche signifikante Lernerfahrung zu bündeln. Mit ihm ist stattdessen der Ansatz verbunden, über den ganzen Tag hinweg zu unterschiedlichen Zeiten vorfindbare vielfältige Lernkonstellationen und Bildungsangebote nach Bedarf und Neigung für die Entwicklung subjektiver Handlungsbefähigung und die Entfaltung von Verwirklichungschancen (Otto / Ziegler 2008) verfügbar zu machen.

Es geht jedoch nicht darum, den ganzen Alltag unter ein Bildungs- oder Erziehungs-Kuratel zu stellen und auch die letztmögliche freie Zeit gegen alle Einsichten und Wünsche von Kindern und Jugendlichen zu verplanen. Dass jedoch durch die offensichtliche, aus unterschiedlichen Gründen allmähliche Hinwendung des schulischen Lernens und einer immer stärker geforderten verlässlichen Betreuung von Kindern und Jugendlichen in Ganztagsinstitutionen eine neue dynamische Situation in der Organisation und Definition von Erziehung und Bildung entstehen kann, wird als Schubkraft für die Forcierung einer Bildungsdebatte aufgefasst, die ihren Ausgangspunkt in dem zentralen Leitsatz sieht, dass Bildung mehr ist als Schule (Deutscher Städtetag 2007).

Es ist daher Anliegen der Autoren dieses Handbuchartikels, die traditionelle Konflikthaltung insbesondere zwischen Schul- und Sozialpädagogik, aber auch zu anderen sozio-kulturellen Angeboten mit der Entwicklung des Begriffs und des Konzepts der „Ganztagsbildung" produktiv zu überwinden. Die akademischen Disziplinen wie auch die zugehörigen Professionen sind somit aufgerufen, diesen bildungstheoretischen und -politischen Perspektivenwechsel unter dem Anspruch struktureller Verwirklichungsgerechtigkeit als Chance insbesondere für bislang sozial- und bildungsbezogen benachteiligte Kinder und Jugendliche zu ergreifen.

Mit der Bezeichnung „Ganztagsbildung" ist intendiert, jenen neuen erziehungswissenschaftlichen und pädagogisch-praktischen Bereich zu systematisieren, der sich in seiner Dynamik bisher sowohl kreativ, als auch begrifflich verwirrend und häufig in der Sache unübersichtlich darstellt. Mit der Begriffsetzung von „Ganztagsbildung" ist beabsichtigt, den Stand der äußerst vielfältigen und intensiv geführten Debatte der Jahre seit Veröffentlichung von PISA 2000 aufzuarbeiten, zu ordnen und in theoretische bzw. empirische Kontexte zu stellen, um Lehrenden, Studierenden und pädagogischen Leitungskräften in Schulen, Kinder- und Jugendhilfeinstitutionen, sozio-kulturellen Einrichtungen und politischen Gremien besonders auf regionaler und kommunaler Ebene Orientierung und Unterstützung zu bieten.

Über diesen Zugang spannt der Begriff ein innovatives Spektrum auf, vor dessen Hintergrund disparate Felder zusammengedacht, getrennte Organisationen zusammengeführt, Schülerinnen und Schüler als Kinder und Jugendliche bzw. Adressatinnen und Adressaten unterschiedlicher Bildungssphären wahrgenommen, differente Theorieansätze und empirische Zugänge in ihrem jeweiligen Ergebnisbezug geklärt, bildungspolitische und konzeptionelle Entwürfe in ihrer Reichweite erkannt und erfahrungs-

Otto/Thiersch (Hg.), Handbuch Soziale Arbeit, 4. A., DOI 10.2378/ot4a.art046,

bezogene Modellvorhaben aus dem In- und Ausland vergleichend herangezogen werden können.

Die Grundausrichtung des Begriffs ist von den Akteurinnen und Akteuren her gedacht, d. h. von den Kindern und Jugendlichen bzw. Schülerinnen und Schülern sowie den Eltern und deren Verständigung mit den beteiligten Professionellen und dem weiteren Personal. Von daher gelangt man, angesichts gesamtgesellschaftlicher Veränderungen und familienpolitischer Aspekte sowie einer reflexiven Erziehungswissenschaft, zu einem Blick auf verfügbare ggf. kooperierende Institutionen und bisher mehr oder weniger verbundenen Lernorten. Probleme der Entgrenzung von Institutionen und Professionen sowie die Kompetenzherausforderungen durch Vernetzung sind mitgedacht. Im Zentrum steht dabei die Kontroverse um öffentliche, gemeinnützige und private Anteile an der Gestaltung von Erziehung, Betreuung und Bildung (Coelen / Otto 2008). Aus dieser Intention ergibt sich folgende systematische Struktur des Begriffs:

1. Adressaten, Kategorien und Prozesse
2. Anlässe, Themen und Handlungsfelder
3. Lernwelten, Organisationen und Perspektiven
4. Personal, Professionen und Teams
5. Theorien, Evaluationen und Planungen

Diese Systematik soll dreierlei leisten:

- aus der Perspektive von Kinder und Jugendlichen deren Lern- und Sozialisationsprozesse als Ausgangspunkt zu nehmen,
- aus diesem Blickwinkel Themen und Felder sowie Rahmungen und Institutionen des Aufwachsens betrachten und die Struktur des vorhandenen und ggf. benötigten Personals erörtern und
- die Ebenen der Schul(entwicklungs)forschung und der Kinder- und Jugend(hilfe)forschung zusammenzuführen.

Zur Rezeption des Begriffs „Ganztagsbildung"

Wie sein Gegenstand, so sind auch die Auffassungen über den Begriff „Ganztagsbildung" vielfältig und uneinheitlich. Deshalb werden im Folgenden einige Verwendungsweisen in verschiedenen wissenschaftlichen und sonstigen öffentlichen Kontexten zusammengestellt. Im Vordergrund steht die Wortverwendung, d. h. die Diskussion und Praxis des bezeichneten Gegenstandes sind hier zunächst in den Hintergrund gerückt.

Die Bezeichnung „Ganztagsbildung" wurde in der wissenschaftlichen Debatte erstmals einige Wochen nach Veröffentlichung der ersten PISA-Studie (im November 2001) angesichts der sich abzeichnenden Debatte verwendet (Coelen 2002b; Stecher 2005), und zwar als Chiffre für einen theoretisch fundierten Konzeptvorschlag, der Aus- und Identitätsbildung von Kindern und Jugendlichen auf Basis der bildungsrelevanten Strukturprinzipien bestehender Institutionen unter Berücksichtigung sozialräumlicher Bezüge fasste (und deshalb auch als „Kommunale Jugendbildung" bezeichnet wurde). Dieser Konzeptvorschlag wurde in der Rezeption auf der einen Seite als programmatischer Hinweis und professionspolitische Forderung oder als theoretische Initiative (Andresen 2004 bzw. 2005) verstanden, die den aktuellen gesellschaftlichen Dynamiken gerecht werde und zudem helfen könne – z. B. in Form eines „Netzwerks Bildung" –, formelle und nicht-formelle Bildung institutionell zu verankern (Bock et al. 2006; für weitergehende Analysen zur Begriffsverwendung siehe Dzierzbicka / Horvath 2008).

Auf der anderen Seite wurde er entweder als konfliktträchtiger Gegenbegriff der Sozialpädagogik gegenüber der Schulpädagogik (Wunder 2005), als Mittel zur Aufteilung von pädagogischen Einflusszonen wahrgenommen (Bolay et al. 2005) oder aber als „unbefriedigend" abgelehnt, da er „unterschwellig einen hegemonialen Anspruch auf Kinder und Jugendliche transportiert und den gesamten Tageslauf dem Primat der Bildung unterordnet" (BMFSFJ 2005, 487).

Weitgehend unabhängig vom oben erwähnten konzeptionellen Vorschlag und seiner so verschiedenartigen wissenschaftlichen Rezeption zeigt sich in der breiteren öffentlichen Debatte eine äußerst heterogene Verwendung des Wortes „Ganztagsbildung": So wird es beispielsweise im Kontext des „Investitionsprogramms Zukunft Bildung und Betreuung" (IZBB) z. T. synonym mit Ganztagsschule verwendet (z. B. Zickgraf 2005) oder als Theorem für die Organisationsform Ganztagsschule aufgefasst (z. B. Olk 2004). Insgesamt lässt die Rezeption von Ganztagsbildung bislang eine zweifellos stimulierende, aber auch oft relativ unscharfe Begriffsbildung erkennen; wohl deshalb spricht Andresen (2005, 7) – unter Verwendung einer Bezeichnung aus der Kunsttheorie – von einem „fuzzy concept".

Gemeint war ursprünglich – und ist noch immer – ein Institutionen verbindender subjektbezogener Ansatz: Anders als Ganztagsschulen, die oft einzelne außerschulische Akteure zur Gewährleistung informeller Lern-Settings in den Schulbetrieb einbinden (Inkorporation), verbinden sich nach dem Grundgedanken der Ganztagsbildung mindestens zwei eigenständige Institutionen (z. B. eine Schule und eine Jugendeinrichtung), um gemeinsam und arbeitsteilig ein drittes, neues Angebot als subjektbildende Möglichkeit hervorzubringen. Dabei bleiben auch andere, z. T. ebenfalls bildungswirksame Institutionen stets im Blick (wie z. B. Familien, Peergroups, Medien, sozio-kulturelle Initiativen etc.). Von besonderer Relevanz ist der Terminus daher angesichts der aktuellen Entwicklungen von Ganztagsschulen auf der einen Seite und des Wandels der Jugendhilfe – insbesondere des Leistungsbereichs der Kinder- und Jugendarbeit – auf der anderen Seite. Der folgende Abschnitt zur Begriffsrezeption fokussiert deshalb die bildungstheoretischen Aspekte des Verhältnisses von Schule und Jugendhilfe:

In den Bänden „Die andere Seite der Bildung" (Otto / Rauschenbach 2004), „Grundbegriffe der Ganztagsbildung" (Otto / Coelen 2004) und „Zeitgemäße Bildung" (Otto / Oelkers 2006) wird nicht nur nach dem Verhältnis von Schule und Jugendarbeit gefragt, vielmehr kreist die Frage vor allem um ein angemessenes Bildungsverständnis in einer zugleich demokratischen wie kapitalistischen Gesellschaft. Neben der Re-Aktualisierung eines nicht allein auf Verwertungszusammenhänge konzentrierten Verständnisses (Scherr 2004; Stolz 2006; Vogel 2004 und 2006) werden Tendenzen der Entgrenzung im Bildungsbereich (Höhne 2004; Overwien 2004) und die Frage nach sozialer Gerechtigkeit behandelt (Diehm 2004; Larcher 2006; Treptow 2004; Scherr 2006; Sting 2004; Sünker 2004a und 2006; Thiersch 2006). Anhand der empirischen Forschungslage zeigt sich zudem, dass im Rahmen von Ganztagsbildung Schule und Jugendarbeit unterschiedliche Bildungspraktiken und -verständnisse haben. Während jedoch über die Lernleistungen von Schule vielfältige Erkennt-

nisse vorliegen, ist die empirische Bildungsforschung in Bezug auf Jugendarbeit erst im Entstehen begriffen (BMBF 2004a; BMFSFJ 2005; Konsortium Bildungsberichterstattung 2006; Lindner 2008).

Eine Zentrierung auf die Schule wird deutlich, sowohl in pädagogischen Begründungen (Tillmann 2004; Holtappels 2005; selbst bei Olk 2004), als auch in der – bis vor wenigen Jahren – geringen Beachtung von außerschulischer Bildung (JMK / KMK 2004; BMBF 2004b; BMFSFJ 2005; Fitzner et al. 2005). Diese selektive Wahrnehmung wird von Seiten der Sozialpädagogik auffällig kritischer wahrgenommen (Delmas / Lindner 2004; Thiersch 2006; Vogts 2005) als die Zuschreibung eines defizitorientierten Erziehungs- und Bildungsauftrags (JMK / KMK 2004; Holtappels 2005; Thimm 2005a).

Für die Realisierung von Ganztagsbildung in Zusammenarbeit zwischen verschiedenen Lern-, Erziehungs- und Bildungsorten werden eine Reihe von Schwierigkeiten thematisiert: So steht die Eigenständigkeit der Kinder- und Jugendarbeit weit mehr in Frage als die der Schule (BMFSFJ 2005; Deinet 2005; Fuchs 2005; Schweitzer 2005). Ein asymmetrisches Verhältnis zeigt sich auch in Bezug auf das gesellschaftliche Ansehen und die materielle Ausstattung (Thimm 2005a; Thiersch 2006). Diese Sichtweisen haben sich im Zuge des Ausbaus von Ganztagsschulen weiter verschärft (JMK / KMK 2004; BMSFSJ 2005). Hinzu kommt eine zunehmend kritische Auseinandersetzung in der allgemeinen bildungstheoretischen Debatte (Sünker 2006; Winkler 2006; Vogel 2006). Ganztagsbildung wird schließlich fast einvernehmlich im Kontext neu zu schaffender kommunaler Bildungslandschaften gesehen (Coelen 2002a und 2009; Meyer 2003; BMFSFJ 2005; AGJ 2006). Die in diesem Zusammenhang notwendigen grundsätzlichen Änderungen sind jedoch von Seiten der Schul- und Jugendpolitik bisher kaum auf den Weg gebracht worden (BMFSFJ 2005). Hierin steckt großes Potenzial, welches ebenfalls wiederum begrifflich gefasst werden müsste, um aufzuzeigen, wie durch eine Dekodierung tradierter Strukturen eine neue Bildungspolitik entwickelt werden könnte.

„Ganztagsbildung" dient dabei als ein so genannter sozialwissenschaftlicher „umbrella term", der einen analytisch klaren, heuristischen Entwurf darstellt, mit dem aber kein exklusiver Theorieanspruch verbunden wird: Er ist nicht gegen irgendetwas gerichtet, sondern steht für etwas, nämlich für die Förderung von Bildung und Erziehung und den Abbau von Benachteiligungen aller Kinder und Jugendlichen.

Bildungspolitischer Ausblick

In politischer Hinsicht geht es um nichts Geringeres als um die Entwicklung von Handlungsbefähigung und um die Sicherstellung von Verwirklichungschancen unter der Prämisse von Wohlergehen in einer positiven Auffassung von Freiheit, um Kinder und Jugendliche in die Lage zu versetzen, ihren subjektiven Vorstellungen von einem guten Leben in einem erweiterten Optionsrahmen nachgehen zu können. Hierfür gilt es, neue Ansätze durch eine innovative und zugleich verfügbare Bündelung von Lern-, Betreuungs-, Erziehungs- und Bildungsmöglichkeiten zu schaffen. Mit dem Konzept der „Ganztagsbildung" wird eine bildungstheoretische, -ökonomische und -politische Diskussion forciert, die das Primat der individuellen Entwicklung mit einer neuen, Gerechtigkeit begründenden Definition von Fähigkeiten und Möglichkeiten für Kinder und Jugendliche verbinden will.

Arbeitsteilige Bildung im Kindes- und Jugendalter

Wie kann „ganztägige Bildung" von Kindern und Jugendlichen konzeptionell begründet und ggf. institutionell-praktisch ausgestaltet werden? Im Konzept der „Kommunalen Jugendbildung" (Coelen 2002a) wird als Antwort auf diese Frage vorgeschlagen, dafür das Verhältnis von schulischer und außerschulischer Pädagogik auf eine differenzorientierte Grundlage zu stellen, welche sich sowohl auf einen gemeinsamen Sozialraum und eine daran gebundene Identität bezieht, als auch an deren Entwicklungen mitwirkt. In der Bezeichnung „Kommunale Jugendbildung" werden somit der schulische Bildungsauftrag als auch der Bereich der außerschulischen Jugendbildung aufgenommen und beide unter einem lokalen Bezug verbunden. Als Kurzform dieses Ansatzes ist dann das Wort „Ganztagsbildung" (Coelen 2002b) in die Debatte eingeflossen.

Identitätsbildung in einer kommunalen Öffentlichkeit

Die Problemstellung ist, inwiefern sozialraumbezogene Identitätsbildung von Kindern und Jugendlichen durch eine institutionell ausdifferenzierte, stadtteil- oder gemeindeorientierte Pädagogik aufgenommen und befördert werden könnte, sodass u. a. Schule und Jugendarbeit gleichwertig nebeneinander – möglicherweise miteinander – in einer kommunalen Öffentlichkeit bestehen können. Die Hintergrundthese dieses Ansatzes lautet: Die Bildung dessen, wovon man in der (politischen) Öffentlichkeit ausgeht und ausgehen muss, nämlich vom mündigen und entscheidungsfähigen („gebildeten") Bürger, findet vor allem auf kommunaler Grundlage und mit der Perspektive einer kommunalen Öffentlichkeit statt (Greverus 1987; Honneth 1993; Löw 2001; Richter 2001). Der Gedankengang des Konzepts nimmt seinen Ausgangspunkt in den bestehenden Institutionen schulischer und außerschulischer Pädagogik sowie den sie betreffenden Debatten und verläuft dann zu den lebensweltlichen Grundfragen nach dem Zusammenhang von (raumbezogener) Identitätsbildung und (kommunaler) Öffentlichkeit unter den Bedingungen eines demokratischen Rechtsstaats mit kapitalistischer Wirtschaftsweise. Die praxisbezogene Perspektive ist eine Kommunale Kinder- und Jugendbildung in arbeitsteiliger oder vereinsrechtlicher Trägerschaft. Wenn aber eine „Jugendbildung" in Kooperation von Schulen und Jugendeinrichtungen entworfen werden soll, muss zunächst auf die lange und wirkmächtige Tradition der wechselseitigen Abwertung dieser Erziehungs- und Bildungsinstitutionen eingegangen werden, um dann im zweiten Schritt anhand einiger – z.T. impliziter – Analogien nach Elementen für eine gemeinsame Grundlegung zu suchen.

Hemmnisse der Kooperation zwischen Jugendhilfe und Schule

Die Analyse des historisch gewachsenen wie aktuellen Verhältnisses von schulischer und außerschulischer Pädagogik lässt nur wenige Versuche einer gemeinsamen Fundierung erkennen. Vielmehr definieren sich die beiden Bereiche in mehr oder weniger deutlicher Abgrenzung voneinander. Selbst die in den letzten zwanzig Jahren häufiger zu beobachtenden Ansätze zur Kooperation bleiben oft pragmatisch und funktional bis instrumentell geprägt (z. B. namentlich zur Lösung einer ‚Betreuungsfrage‘, siehe dazu Deinet 1996). Ganz selten (z. B. bei Braun / Wetzel 2006) sind bildungs-, identitäts- und gesellschaftstheoretische Grundlegungen für eine Arbeitsteilung oder für die vielfältigen praktischen Kooperationen zu finden.

Indem die beiden Bereiche kaum positive Argumente für eine Zusammenarbeit anführen, sondern in der Regel defizitorientierte Begründungen, übernehmen die allermeisten Kooperationsprojekte das Dilemma der Sozialpädagogik, (auch) für Problemfälle zuständig zu sein und aufgrund dessen allzu oft (allein) für diese zuständig gemacht zu werden. Auf diese Weise wird eine dreifache Defizitzuschreibung reproduziert, und zwar in Bezug auf die Lebenssituation und das Verhalten von Heranwachsenden (Jugend als problematische / Probleme verursachende Lebensphase), die Aufgabenbereiche der Sozialpädagogik (als Nothilfe / Kinder- und Jugendhilfe) und die mangelnde soziale Leistungsfähigkeit der Schule (Lernanstalt / Aufenthaltsort). Hingegen fanden sich bis vor kurzem (BMBF 2004a) kaum Begründungen aus der Systematik eines komplementären Verhältnisses, z. B. von kognitivem und sozialem Lernen oder von Ausbildung und Identitätsbildung. Vielmehr schien ein großer Teil der Sozialpädagogik sein Selbstbewusstsein allein aus der kritischen Abgrenzung von der Schule und weniger aus eigenen Qualitäten zu beziehen, währenddessen – nicht minder problematisch – die Schuldiskussion allein um sich selber kreiste. Tendenzen zu einem schulischen Monopolanspruch auf öffentliche Erziehung und Bildung – basierend auf Art. 7 GG – einerseits und zu einem sozialpädagogischen Gesamtanspruch auf Verbesserung der Lebensverhältnisse – basierend auf § 1 KJHG – andererseits erschweren nach wie vor die Einsicht in die Notwendigkeit und Sinnhaftigkeit eines arbeitsteiligen Verhältnisses. Diese Verhärtungen sind erst in jüngster Zeit mit der Debatte um die Einführung von ganztägigen Bildungseinrichtungen und um ein „Gesamtsystem von Erziehung, Betreuung und Bildung" (BMBF 2004a, 24; 339) aufgeweicht worden.

Gemeinsame Ansatzpunkte für eine Kommunale Jugendbildung

Im Gegensatz zum gängigen Defizitansatz wird in der „Kommunalen Jugendbildung" (Coelen 2002a) ein „Differenzansatz" (Richter 1998, 17 ff.) vertreten, der die komplementären Bildungsqualitäten von Schule und Jugendarbeit zugrunde legt. Auf dieser Basis wird der Versuch unternommen, das Verhältnis zwischen Jugendarbeit und Schule auf eine positive Grundlage zu stellen. Für eine solche gemeinsame Grundlegung kann vor allem an eine Analogie aus den jeweils internen Fachdiskussionen von Schul- und Sozialpädagogik angeknüpft werden: Auf der einen Seite zieht sich ein historischer Dissens bis heute durch die gesamte Schulreformdebatte: Soll die Schule lediglich ein „Teil des Lebens" sein (Giesecke 1996) oder soll sie das Leben in seiner Totalität „hereinlassen" (Hentig 1993; Gudjons 1996)? Auf der anderen Seite lässt sich in der Sozialpädagogik ein analoger Disput verfolgen: Ist sie der außerschulische „Ausschnitt" (Bäumer 1929) oder eine kritische „Betrachtungsweise" (Hornstein 1971; Mollenhauer 1997) aller pädagogisch relevanten Institutionen?

Über die genannte Analogie hinaus können Schulen und Jugendeinrichtungen auf einige, z. T. implizite fachliche Gemeinsamkeiten zurückgreifen: So erweisen sich die Gedanken zu einer „Öffnung der Schule" (Reinhardt 1992) und zu einer „Sozialräumlichen Jugendarbeit" (Deinet 1997) als die besten Anknüpfungspunkte für den Weg zu einer neuen Arbeitsteilung zwischen Schul- und Sozialpädagogik.

Allerdings wird aus solchen pädagogischen Beiträgen, wenn sie räumliche Kategorien verwenden, kaum deutlich, welche identitäre Bedeutung die lokale Ebene neben ihren pragmatischen und organisatorischen Vorzügen hat oder haben könnte. Aufbauend auf diese implizite Gemeinsamkeit in den zumeist getrennten Fachdiskussionen von Schul- und Sozialpädagogik lässt sich aus den unterschiedlichen Formen gemeinwesenbezogener Pädagogik und Bildungsarbeit herausarbeiten, dass die Ansätze der Community Education bzw. der Gemeinwesenarbeit deutliche Präferenzen für eine enge Verbindung zwischen Leben und Lernen zeigen. Es wird aber auch deutlich, dass einerseits Community Education in Deutschland eher schulpädagogisch verkürzt wird (Reinhardt 1992) und dass andererseits in der Gemeinwesenarbeit Unklarheiten darüber bestehen, ob und wie in Theorie und Praxis eine Trennungslinie zwischen Politik und Pädagogik gezogen werden sollte (Müller et al. 1981).

Im Unterschied zu diesen schulfixierten bzw. politikorientierten Entwürfen begreift das Konzept der „Kommunalpädagogik" (Richter 2001) Erziehung und Bildung als einen kulturorientierten Ausschnitt von (kommunaler) Politik in einem demokratischen Rechtsstaat. Mit Hilfe dieses Ansatzes lässt sich der Kontrast und zugleich der konstitutive Bezug zwischen Politik und Pädagogik als Differenz von „Handlungszwang" und „Handlungspause" begreifen (Richter 1991, 145 f.). Damit wird auch der mögliche Ort von Bildungsprozessen deutlich: Sie entfalten ihre Wirkung in den Interaktionen zwischen den Mitgliedern von Bildungseinrichtungen während der – institutionell abgesicherten und ggf. pädagogisch angeleiteten – „Handlungspause".

Daraus ergeben sich folgenden Anforderungen an eine gesellschafts- und bildungstheoretische Grundlegung: Hinsichtlich der Interaktionen muss geprüft werden, inwieweit zweckrationale Handlungsorientierungen in Bereiche der Lebenswelt (insbesondere der Schule) eingreifen und welchen Beitrag pädagogische Institutionen zur Formierung einer gegensteuernden „kommunikativen Macht" (Habermas 1995) leisten können. Hinsichtlich der Raumdimension muss erörtert werden, was exakter Weise unter Sozialraum / community / Gemeinwesen / Kommune empirisch zu verstehen ist und von welchen Formen raumbezogener Identität sinnvoller Weise zu sprechen ist. In diesem Zusammenhang muss auch herausgearbeitet werden, welchen Beitrag nicht nur sozialpädagogische Jugendeinrichtungen und Schulen für eine raumbezogene Identitätsbildung leisten könnten.

Gesellschaftstheoretische Grundlegung

In Bezug auf den erstgenannten Aspekt der Interaktionen war nicht zuletzt im Zuge der Debatten um die „Asymmetrische Gesellschaft" (Coleman 1986), den Kommunitarismus (Brumlik / Brunkhorst 1993) und die Verrechtlichung der Lebenswelt (Habermas 1995) erneut die Frage aufgebrochen, ob Pädagogik eher für eine Stärkung der Lebenswelt oder eher für eine Integration in die Subsysteme Wirtschaft und Verwaltung zuständig sei. Eine Antwort darauf kann ebenso wenig eindeutig sein, wie das pädagogische Feld einheitlich ist; es erscheint aber angebracht, die Jugendarbeit schematisch einer Gemeinschaftsorientierung in der symbolischen Reproduktion der Lebenswelt zuzuordnen und die Schule einer Gerechtigkeitsorientierung im Übergang zur materiellen Reproduktion im System. Die Chance auf Vermittlung zwischen diesen beiden Vergesellschaftungsprinzipien liegt in Verfahren der „proceduralistischen Rechtsetzung" (Habermas), nicht zuletzt durch Partizipationsverfahren innerhalb pädagogischer Institutionen sowie zwischen ihnen.

In Bezug auf den zweiten Aspekt ließen die o.g. Debatten, trotz zahlreicher theoretischer Klärungen (Honneth 1993), jedoch einen erheblichen Empiriemangel offenbar werden, der besonders gravierend in Bezug auf die räumlichen Effekte von Individualisierung und Gemeinsinn ausfällt. So müsste – nach wie vor – dringend erörtert werden, von welchen Formen raumbezogener Identität die theoretischen Konstrukte des Kommunitarismus und die daran geknüpften Konzepte ausgehen können. In diesem Zusammenhang gelte es auch herauszuarbeiten, welchen Beitrag Jugendeinrichtungen und Schulen zu einer, wie auch immer gearteten raumbezogenen Identitätsbildung leisten könnten.

Zur Erörterung des Zusammenhangs von Raum und Identität erweist sich ein „relationaler Raumbegriff" (Löw 2001) angemessen: Demnach ist der „Lebensraum" das, was als stoffliche Anordnung begangen, wahrgenommen und umgestaltet wird (Muchow / Muchow 1935 / 1998). Trotz aller Metaphorik und subjektiven Wahrnehmung umfasst der Raum immer auch eine objektive Grundlage, auf die der Mensch notwendigerweise seine kulturellen Leistungen bezieht bzw. die er mit seinen kulturellen Leistungen schafft (Dualität aus Handeln und Struktur), ohne dass damit Räumlichkeit auf natürliche oder architektonische Phänomene zu reduzieren wäre: Vorstellungen, Beziehungen und Interaktionen gehören zum Raum dazu, bringen ihn hervor und formen ihn; soziale Prozesse entziehen sich einer vollständigen Kartierung. Zudem wird im Rahmen der Kommunalen Jugendbildung für einen pädagogischen Raumbegriff die Hereinnahme eines Identitätskonzepts und die Verknüpfung mit demokratietheoretischen Überlegungen als unabdingbar angesehen.

Als Konsequenz aus diesen Vorüberlegungen ergibt sich, dass die entscheidende Raumdimension für Identitätsbildungsprozesse in der alltagsweltlichen (nicht in der administrativen) Kommune gesehen wird (die in Großstädten auf der Ebene von Stadtteilen zu verorten ist) und innerhalb dessen in den kleineren Sozialräumen. Als Sozialraum wird demnach der unmittelbare, alltägliche Aktionsradius eines Menschen bzw. einer Gruppe betrachtet, der durch seine materielle Anordnung ein Geflecht von Interaktionen, Institutionen und Normen enthält und ermöglicht bzw. verhindert und diesen dadurch wieder reproduziert. In Aneignungen von Sozialräumen können sich (sub-) kulturelle Gruppenzugehörigkeiten und Abgrenzungen ausdrücken und umgekehrt. Von diesen Begriffsdefinitionen ausgehend lässt sich dreierlei festhalten:

1. Hinsichtlich des Zusammenhangs von Raum und Identität wird deutlich, dass der Bezug zum Raum von ebenso fundamentaler Bedeutung für den Menschen ist, wie seine Zeitlichkeit sowie seine unhintergehbare Zugehörigkeit bzw. Zuschreibung zu Generation, Gender, Ethnie / Religion und Klasse / Schicht. Gleich diesen Einbindungen ist auch der Raumbezug individuell und gesellschaftlich-politisch gestaltbar und somit pädagogisch motivierbar.
2. Hinsichtlich des Zusammenhangs von Identität und Öffentlichkeit war die Pädagogik bereits durch die Kommunitarismus-Debatte aufgefordert worden, sich mit dem Ziel einer Akzentuierung lokaler Identitäten und einer (Re-)Animierung der kommunalen Öffentlichkeit praktisch zu beteiligen. Hinzu kommt nun – angesichts der Spannungen zwischen (z.T. globalen) Handlungen in sozialen (z.B. beruflichen) Rollen und der lokal verbundenen (sub-)kulturellen Rolle (Greverus 1987) – die beständige Aufgabe einer Integration der Persönlichkeit zu einer „(inter-)kulturellen Identität" (Richter 1998, 126). Zudem führt die Erkenntnis, dass das lokale Zugehörigkeitsgefühl stark vom Grad der Beteiligung an örtlichen Aktivitäten beeinflusst wird, zum genuinen Ansatzpunkt für Pädagogik: der Bildung und Motivierung verschiedener Formen von Öffentlichkeit auf kommunaler Basis.
3. Hinsichtlich des Zusammenhangs von Raum und Öffentlichkeit kann die kommunale Ebene als gemeinsames, sowohl räumliches als auch soziales Forum avisiert werden, denn nur sie birgt Auswege aus den instrumentalisierenden Tendenzen einer etwaigen nationalen oder ethnischen Raumpolitik einerseits und den Gemeinschaft zersetzenden Tendenzen von geographischer Mobilität und Individualisierung andererseits. Dabei zeigt nicht zuletzt der Blick auf die Funktion der Raumforschung im Nationalsozialismus (Gutberger 1996), dass auch die Sozialwissenschaften ihren Beitrag zur Bildung der (kommunalen) Öffentlichkeit leisten müssen, wenn sie nicht allein verobjektivierend wirken wollen.

Von diesen Begriffsdefinitionen ausgehend ergeben sich für die weitere Forschung und Theoriebildung sowie die Bildungspolitik und pädagogische Praxis im Fokus der Ganztagsbildung einige Aspekte, die nun z.T. kurz als Fragen aufgeworfen, z.T. ausführlicher umrissen werden:

- In empirischer Hinsicht ist eine Grundlagenforschung zu Pädagogik und Raum angezeigt, die insbesondere die raumbezogene Identitätsbildung von Kindern und Jugendlichen vergleichend untersucht.
- In theoretischer Hinsicht müsste geklärt werden, wie sich „Zeitgemäße Bildung" (Otto / Oelkers 2006) lokal und zugleich global in Kooperation der verschiedenen pädagogischen Institutionen und Beteiligten in einer kommunalen Öffentlichkeit fassen ließe.
- In konzeptioneller Hinsicht müsste – ausgehend von den Segmenten „Sozialräumliche Jugendarbeit" und „Öffnung der Schule" – der Ansatz der Kommunalen Jugendbildung so weiterentwickelt werden, dass sie Schule und Jugendarbeit als gleichwertige Bildungs- und Sozialisationsinstanzen zu integrieren vermag.
- In organisatorischer Hinsicht geht es um die Frage, wie sich eine kommunale Öffentlichkeit institutionalisieren lässt, die stark genug ist, um die Realisierung einer Ganztagsbildung zu tragen.
- In praktischer Hinsicht müsste ein Modell ausgearbeitet werden, das die Faktizität und Sinnhaftigkeit der Bildung von Kindern und Jugendlichen in verschiedenen Settings berücksichtigt und der Schul- und Jugendpolitik nachvollziehbarer erscheint als nur der Ausbau von Ganztagsschulen.

Literatur

AGJ (Arbeitsgemeinschaft für Kinder- und Jugendhilfe) (2006): Handlungsempfehlungen zur Kooperation von Jugendhilfe und Schule. Eigenverlag, Berlin

Andresen, S. (2005): Bildung vor neuen Herausforderungen in Ganztagssystemen. Sozialextra 9, 6–10

– (2004): „Bildung" als fragile Denkfigur im 20. Jahrhundert: Zur bildungstheoretischen Reduzierung von Komplexität. In: Otto, H.-U., Coelen, T. (Hrsg.), 41–50

Bäumer, G. (1929/1966): Die historischen und sozialen Voraussetzungen der Sozialpädagogik und die Entwicklung ihrer Theorie. In: Nohl, H., Pallat, L. (Hrsg.): Handbuch der Pädagogik. Bd. 5. Juventa, Weinheim, 3–26

BJK/BMFSFJ (Bundesjugendkuratorium/Bundesministerium für Familie, Senioren, Frauen und Jugend) (Hrsg.) (2001): Zukunftsfähigkeit sichern! Für ein neues Verhältnis von Jugendhilfe und Schule. Eigenverlag, Berlin

BMBF (Bundesministerium für Bildung und Forschung) (Hrsg.) (2004): Konzeptionelle Grundlagen für einen Nationalen Bildungsbericht – Non-formale und informelle Bildung im Kindes- und Jugendalter. Bildungsreform Bd. 6. Eigenverlag, Berlin.

– (2004b): Startkonferenz zum Investitionsprogramm Zukunft Bildung und Betreuung. Bildungsreform Bd. 5. Eigenverlag, Berlin

BMFSFJ (Bundesministerium für Familie, Senioren, Frauen und Jugend) (Hrsg.) (2005): Zwölfter Kinder- und Jugendbericht. Bericht über die Lebenssituation junger Menschen und die Leistungen der Kinder- und Jugendhilfe in Deutschland. Eigenverlag, Berlin

BMJFFG (Bundesministerium für Jugend, Familie, Frauen und Gesundheit) (Hrsg.) (1990): Achter Jugendbericht. Bericht über die Lebenssituation junger Menschen und die Leistungen der Kinder- und Jugendhilfe in Deutschland. Eigenverlag, Bonn

Bock, K., Andresen, S., Otto, H.-U. (2006): Zeitgemäße Bildungstheorie und zukunftsfähige Bildungspolitik. In: Otto, H.-U., Oelkers, J. (Hrsg.) (2006): Zeitgemäße Bildung. Herausforderungen für Erziehungswissenschaft und Bildungspolitik. Ernst Reinhardt Verlag, München/Basel, 332–347

Bolay, E., Flad, C., Gutbrod, H. (2005): Schulsozialarbeit – Impulse für die Ganztagsschule. In: Spies, A., Stecklina, G. (Hrsg.): Die Ganztagsschule – Herausforderungen für Schule und Jugendhilfe (Bd. 1). Klinkhardt, Bad Heilbrunn, 22–34

Braun, K.-H., Wetzel, K. (2006): Soziale Arbeit in der Schule. Ernst Reinhardt Verlag, München/Basel

Brumlik, M., Brunkhorst, H. (Hrsg.) (1993): Gemeinschaft und Gerechtigkeit. Fischer, Frankfurt/M.

Coelen, T. (2009): Ganztagsbildung im Rahmen einer kommunalen Kinder- und Jugendbildung. In: Bleckmann, P., Durdel, A. (Hrsg.): Lokale Bildungslandschaften. Perspektiven für Ganztagsschulen und Kommunen. VS, Wiesbaden, 89–104

– (2002a): Kommunale Jugendbildung. Raumbezogene Identitätsbildung zwischen Jugendarbeit und Schule. Peter Lang, Frankfurt/M.

– (2002b): „Ganztagsbildung" – Ausbildung und Identitätsbildung von Kindern und Jugendlichen durch die Zusammenarbeit von Schulen und Jugendeinrichtungen. neue praxis 1, 53–66

–, Otto, H.-U. (Hrsg.) (2008): Grundbegriffe Ganztagsbildung. Das Handbuch. VS, Wiesbaden

Coleman, J. S. (1986): Die asymmetrische Gesellschaft. Vom Aufwachsen mit unpersönlichen Systemen. Beltz, Weinheim/Basel

Deinet, U. (2005): Außerschulische Jugendbildung und ihr Beitrag zur Debatte um Ganztagsbildung. In: Fitzner, T., Schlag, T., Lallinger, M. W. (Hrsg.), 377–401

– (1997): Sozialräumliche Jugendarbeit. Eine praxisbezogene Anleitung zur Konzeptentwicklung in der Offenen Kinder- und Jugendarbeit. Leske+Budrich, Opladen

– (Hrsg.) (1996): Schule aus – Jugendhaus? Praxishandbuch. Ganztagskonzepte und Kooperationsmodelle in Jugendhilfe und Schule. Votum, Münster

Delmas, N., Lindner, W. (2004): Ganztagsschule oder Ganztagsbildung? Jugendhilfe 6, 287–291

Deutscher Städtetag (2007): Aachener Erklärung anlässlich des Kongresses „Bildung in der Stadt" am 22./23. November 2007. In: www.deutscherstaedtetag.de/imperia/md/content/veranstalt/2007/58.pdf, 27.01.2008

Diehm, I. (2004): Ganztagseinrichtungen als Inklusionshilfe für ethnische Minderheiten: Nicht-formelles und informelles Lernen in der Einwanderungsgesellschaft. In: Otto, H.-U., Coelen, T. (Hrsg.), 179–189

Dzierzbicka, A., Horvath, W. (2008): Diskursanalyse zu „Ganztagsbildung". In: Coelen, T., Otto, H.-U. (Hrsg.), 878–886

Fitzner, T., Schlag, T., Lallinger, M. W. (Hrsg.) (2005): Ganztagsschule – Ganztagsbildung. Politik – Pädagogik – Kooperation. Evangelische Akademie, Bad Boll

Fuchs, M. (2005): Jugendarbeit und Schule in Kooperation. Hartung-Gorre, Konstanz

Giesecke, H. (1996): Das Ende der Erziehung. Neue Chancen für Familie und Schule. Klett-Cotta, Stuttgart

Greverus, I.-M. (1987): Kultur und Alltagswelt. Eine Einführung in die Kulturanthropologie. Beck, Frankfurt/M.

Gudjons, H. (1996): „Das Leben in die Schule holen" – oder ist es schon da? Unterricht – Schulleben – Schulöffnung. Pädagogik 2, 4–9

Gutberger, J. (1996): Volk, Raum und Sozialstruktur: Sozialstruktur- und Sozialraumforschung im „Dritten Reich". Lit, Münster

Habermas, J. (1981/1995): Theorie des kommunikativen Handelns. 2 Bde. Suhrkamp, Frankfurt/M.

Hentig, H. v. (1993): Die Schule neu denken. Carl Hanser, München

Höhne, T. (2004): Über das Wissen (in) der Wissensgesellschaft und einige Konsequenzen für die Pädagogik. In: Otto, H.-U., Coelen, T. (Hrsg.), 133–148

Holtappels, H. G. (2005): Ganztagsbildung in ganztägigen Schulen – Ziele, pädagogische Konzeption, Forschungsbefunde. In: Fitzner, T., Schlag, T., Lallinger, M. W. (Hrsg.), 48–85

Honneth, A. (Hrsg.) (1993): Kommunitarismus: eine Debatte über die moralischen Grundlagen moderner Gesellschaften. Campus, Frankfurt / M.

Hornstein, W. (1971): Bildungsplanung ohne sozialpädagogische Perspektiven. Zeitschrift für Pädagogik 3, 285–314

JMK / KMK (Jugendministerkonferenz / Kultusministerkonferenz) (2004): Zusammenarbeit von Schule und Jugendhilfe. Eigenverlag, Berlin

Konsortium Bildungsberichterstattung (Hrsg.) (2006): Bildung in Deutschland. Bertelsmann, Bielefeld

Krüger, H.-H. (2004): Allgemeine Pädagogik und ganztägige Bildungseinrichtungen. In: Otto, H.-U., Coelen, T. (Hrsg.), 203–205

Larcher, S. (2006): Feminisierung des Lehrberufs und die Frage der Ganztagsbildung. In: Otto, H.-U., Oelkers, J. (Hrsg.) (2006), 275–286

Lindner, W. (Hrsg.) (2008): Kinder- und Jugendarbeit wirkt. Aktuelle und ausgewählte Evaluationsergebnisse der Kinder- und Jugendarbeit. VS, Wiesbaden

– (2005): Der Worte sind genug gewechselt … deutsche jugend 7 / 8, 339–342

Löw, M. (2001): Raumsoziologie. Suhrkamp, Frankfurt / M.

Ludwig, H. (2004): Die geschichtliche Entwicklung der Ganztagsschule in Deutschland. In: Otto, H.-U., Coelen, T. (Hrsg.), 209–219

Meyer, M. A. (2003): Kommunale Schulpädagogik für Europa? Ein problemgeschichtlicher Rückblick auf das pädagogische Werk Friedrich Daniel Ernst Schleiermachers. In: Peters, L., Coelen, T., Mohr, E. (Hrsg.): Kommune heute. Lokale Perspektiven der Pädagogik. Festschrift zum 60. Geburtstag von Helmut Richter. Peter Lang, Frankfurt / M., 119–131

Mollenhauer, K. (1997): Nachdenken über Erziehung – Schwierigkeiten mit der Moderne. In: Grossenbacher, S., Herzog, W., Hochstrasser, F., Rüegsegger, R. (Hrsg.): Schule und Soziale Arbeit in gefährdeter Gesellschaft. Haupt, Bern / Stuttgart / Wien, 15–39

Muchow, M., Muchow, H. H. (1935 / 1998): Der Lebensraum des Großstadtkindes. Hrsg. v. Jürgen Zinnecker. Juventa, Weinheim / München

Müller, S., Olk, T., Otto, H.-U. (1981): Sozialarbeit als soziale Kommunalpolitik. Ansätze zur aktiven Gestaltung lokaler Lebensbedingungen. Sonderheft 6 der zeitschrift neue praxis. Luchterhand, Neuwied

Oelkers, J. (2006): Öffentliche Bildung und die Chance, sie wahrzunehmen In: Otto, H.-U., Oelkers, J. (Hrsg) Ernst Reinhardt, München / Basel, 238–246

Olk, T. (2004): Jugendhilfe und Ganztagsbildung. neue praxis 6, 532–542

Otto, H.-U., Bollweg, P. (2010): Räume flexibler Bildung. Bildungslandschaft in der Diskussion. VS, Wiesbaden

–, Coelen, T. (Hrsg.) (2004): Grundbegriffe der Ganztagsbildung. Beiträge zu einem neuen Bildungsverständnis in der Wissensgesellschaft. VS, Wiesbaden

–, Oelkers, J. (Hrsg.) (2006): Zeitgemäße Bildung. Herausforderungen für Erziehungswissenschaft und Bildungspolitik. Ernst Reinhardt Verlag, München / Basel

–, Rauschenbach, T. (Hrsg.) (2004): Die andere Seite der Bildung. Zum Verhältnis von formellen und informellen Bildungsprozessen. VS, Wiesbaden.

–, Ziegler, H. (2008): Der Capabilities-Ansatz als neue Orientierung in der Erziehungswissenschaft. In: Otto, H.-U., Ziegler, H. (Hrsg.): Capabilities – Handlungsbefähigung und Verwirklichungschancen in der Erziehungswissenschaft. VS, Wiesbaden, 9–13

Overwien, B. (2004): Internationale Sichtweisen auf „informelles Lernen" am Übergang zum 21. Jahrhundert. In: Otto, H.-U., Coelen, T. (Hrsg.), 51–73

Rauschenbach, T., Otto, H.-U. (2004): Die neue Bildungsdebatte. In: Otto, H.-U., Rauschenbach, T. (Hrsg), 9–29

Reinhardt, K. (1992): Öffnung der Schule. Community Education als Konzept für die Schule der Zukunft? (Studien zur Schulpädagogik und Didaktik, Bd. 6). Beltz, Weinheim

Richter, H. (2001): Kommunalpädagogik. Studien zur interkulturellen Bildung. Peter Lang, Frankfurt / M.

– (1998): Sozialpädagogik – Pädagogik des Sozialen. Grundlegungen – Institutionen – Perspektiven der Jugendbildung. Peter Lang, Frankfurt / M.

– (1991): Der pädagogische Diskurs. Versuch über den pädagogischen Grundgedankengang. In: Peukert, H., Scheuerl, H. (Hrsg.): Wilhelm Flitner und die Frage nach einer allgemeinen Erziehungswissenschaft im 20. Jahrhundert. 26. Beiheft der Zeitschrift für Pädagogik. Beltz, Weinheim / Basel, 141–153

Richter, H., Coelen, T., Mohr, E., Peters, L. (2003): Handlungspausenforschung – Sozialforschung als Bildungsprozess. Aus der Not der Reflexivität eine Tugend machen. In: Oelerich, G., Otto, H.-U., Micheel, H.-G. (Hrsg.): Empirische Forschung und Soziale Arbeit. Ein Lehr- und Arbeitsbuch. Luchterhand, Weinheim, 45–62

Scherr, A. (2006): Schulische und außerschulische Bildung in der Einwanderungsgesellschaft. In: Otto, H.-U., Oelkers, J. (Hrsg.), 247–260

– (2004): Subjektbildung. In: Otto, H.-U., Coelen, T. (Hrsg.), 85–98

Schweitzer, F. (2005): Ganztagsbildung und der Stellenwert der Religion für eine wertvolle Schulkultur: Perspektiven im Anschluss an die EKD-Stellungnahme „Ganztagsschule – in guter Form". In: Fitzner, T., Schlag, T., Lallinger, M. W. (Hrsg.), 86–95

Stecher, L. (2005): Ganztagsbildung in der Ganztagsschule – Eine Sammelbesprechung. Erziehungswissenschaftliche Rundschau 5. In: www.klinkhardt.de/ewr/ueberblick2003-6.html, 19.06.2006

Sting, S. (2004): Soziale Bildung. In: Otto, H.-U., Coelen, T. (Hrsg.), 77–83

Stolz, H.-J. (2006): Dezentrierte Ganztagsbildung: Diskurskritische Anmerkungen zu einer aktuellen Debatte. In: Otto, H.-U., Oelkers, J. (Hrsg.), 144–130.

Sünker, H. (2006): Bildung und Zukunft. In: Otto, H.-U., Oelkers, J. (Hrsg.), 90–112

– (2004a): Kindheitsforschung und Bildungsforschung – Kinderpolitik und Bildungspolitik. In: Otto, H.-U., Coelen, T. (Hrsg.), 149–161

– (2004b): Sozialpädagogik und Ganztagsbildung. In: Otto, H.-U., Coelen, T. (Hrsg.), 199–205

Thiersch, H. (2006): Leben lernen, Bildungskonzepte und sozialpädagogische Aufgaben. In: Otto, H.-U., Oelkers, J. (Hrsg.), 21–36

Thimm, K.-H. (2005a): Jugendarbeit im Ganztag der Sek. I-Stufe. Herausgegeben von der Deutschen Kinder- und Jugendstiftung. Arbeitshilfe 01. Eigenverlag, Berlin

– (2005b): Ganztagspädagogik in der Zusammenarbeit von Schule und Jugendhilfe – Perspektiven der Jugendhilfe. In: Appel, S., Ludwig, H., Rother, U., Rutz, G. (Hrsg.): Jahrbuch Ganztagsschule 2006. Wochenschau, Schwalbach, 21–37

Tillmann, K.-J. (2004): Schulpädagogik und Ganztagsschule. In: Otto, H.-U., Coelen, T. (Hrsg.), 193–198

Treptow, R. (2004): Bildung und Soziale Arbeit. In: Otto, H.-U., Coelen, T. (Hrsg.), 111–130

Vogel, P. (2006): Bildungstheoretische Optionen zum Problem der Ganztagsbildung. In: Otto, H.-U., Oelkers, J. (Hrsg.) (2006), 14–20

– (2004): Zum Gebrauch des neuhumanistischen Wortes ‚Bildung'. In: Otto, H.-U., Coelen, T. (Hrsg.), 33–39

Vogts, U. (2005): Ein kritischer Zwischenruf! Bildung von Kindern und Jugendlichen fängt nicht am Schultor an … und sie hört auch nicht dort auf. In: Fitzner, T., Schlag, T., Lallinger, M. W. (Hrsg.), 402–407

Winkler, M. (2006): Bildung mag zwar die Antwort sein – das Problem aber ist Erziehung. Zeitschrift für Sozialpädagogik 2, 182–201

Wunder, D. (2005): Ganztagsschule oder Ganztagsbildung? Die Deutsche Schule 3, 294–301

Zickgraf, P. (2005): Rheinland-Pfalz oder die Schule der Ganztagsbildung. In: www.ganztagsschulen.org/3016.php, 19.06.2006

Zimmer, A. (1996): Vereine – Basiselement der Demokratie. Eine Analyse aus der Dritte-Sektor-Perspektive. Leske + Budrich, Opladen

Gefühle, Emotionen, Affekte

Von Burkhard Müller

Haben Gefühle, Affekte und Emotionen etwas mit Sozialarbeit und Sozialpädagogik zu tun? Die Begriffe scheinen eher in die Zuständigkeit der Psychologie zu verweisen. Dem Anschein nach beschäftigt sich die Theorie Sozialer Arbeit auch wenig mit Gefühlen und Affekten, während ihre Praxis ebenso offenkundig unvermeidlich und ständig mit ihnen zu tun hat. Es ist möglich, dass hier ein Missverhältnis vorliegt. Verwissenschaftlichung und Selbstreflexion zielen auf rationale Aufklärung des sozialpädagogischen Arbeitsfeldes. Aber die Frage nach der Art der „Empfindsamkeit" der sozialpädagogischen Vernunft (Niemeyer 1993) meldet sich spätestens zurück, wenn die sozialpädagogischen Akteure erkennen, dass Gefühle und Affekte nicht nur ihr Adressatenfeld mit bestimmen, sondern sie selbst darin verstrickt sind.

Vorweg zu den vorgegebenen Titelbegriffen: Es wird im Folgenden, wie im Alltagsgebrauch, nicht genauer zwischen Gefühlen und Emotionen unterschieden. Man kann *Gefühle*, im Unterschied zu Kognitionen, als „wertende Stellungnahmen" und als „ganzheitliche und übergreifende, auf Evidenz und Handlungsorientierung bezogene Haltungen" verstehen, die „intersubjektive Handlungsbezüge strukturieren" und „prägende Kontexte, Atmosphären" bilden. (Brumlik 2000, 197 f.). Solche Haltungen können dann „moralische Gefühle" genannt werden, wenn sie „aus Annahmen über die Güte von Personen und ihren Eigenschaften bzw. der Gerechtigkeit ihrer Handlungen stammen" (Brumlik 2000, 198). Der Begriff moralisches Gefühl bezieht sich nicht auf bestimmte (z. B. humanistische) Moralitätskonzepte, sondern umfasst alle *„Orientierungsgefühle"*. Agnes Heller (1981, 114 ff.) versteht darunter „jedes *Ja-Gefühl* oder *Nein-Gefühl*" (114, Hervorhebg. im Orig.). „Mit ihrer Hilfe orientieren wir uns an dem, was unsere Umgebung oder wir selbst für gut und böse halten, bewerten dem ent-

sprechend die jeweilige Situation und motivieren uns zu Handlungen, die mit unseren moralischen Gewohnheiten in Einklang stehen" (Schmid-Noerr 2003, 40). Ob solche moralischen Intuitionen nur gesellschaftlich geprägt sind oder auch genetisch bestimmt, wie manche Hirnforscher meinen nachzuweisen, sei hier dahingestellt.

Der Begriff der *Emotion* (wie der des *Affektes*) schließt unbewusste und körperliche Reaktionen mit ein. „Der weiter gefasste Begriff der Emotion fasst darüber hinaus die leibliche Grundierung und expressiv-kommunikative Funktion von Gefühlen" (Brumlik 2000, 197). Auch die neuere Hirnforschung bestätigt eine solche Grundierung des Fühlens, wie auch des Denkens. Emotionen sind aber nicht nur körperliche Erregungszustände – und Gefühle ihre Verstandesdeutungen – „sondern sind eigenständige Verarbeitungsformen der sozialen Wahrnehmung" (Schmid-Noerr 2003, 48). Als (subjektive) Gefühle, sind sie aber immer zugleich mit Verstandestätigkeit eng verwoben: „Gefühle ohne Verstand (Intentionalität, Urteilen, Schließen) sind ebenso unmöglich, wie Verstand ohne Gefühle (Werten, Entscheiden)" (Schmid-Noerr 2003, 48).

Der Begriff des *Affektes* wird im Folgenden, ebenfalls nahe am Alltagsgebrauch, primär für diejenigen Gefühle bzw. Emotionen verwendet, die der Kontrolle von Akteuren entgleiten und sie dazu bewegen, etwas Anderes zu tun bzw. auf andere Weise zu tun, als sie es wollen oder zu bewirken glauben. Affekte sind demnach Emotionen oder Erregungen, die Menschen eher erleiden oder die ihnen zustoßen, als dass sie ihren Werthaltungen direkt entsprechen. Das Wort Affekt drückt zumindest eine Spannung zwischen beidem aus. Der Affektbegriff bezieht sich zugleich auf diejenigen Emotionen, deren Gefühlsanteile eher verdeckt und mehr oder weniger unbewusst bleiben – ohne

Otto/Thiersch (Hg.), Handbuch Soziale Arbeit, 4. A., DOI 10.2378/ot4a.art047,

dies streng auf den psychoanalytischen Begriff eines dynamischen Unbewussten zu beziehen. Auch Affekte aber sind nicht einfach irrationale Impulse, sondern sind im Kontext einer Affektlogik (Ciompi 1998) verortet, die ebenfalls zugleich seelischer, körperlicher und kognitiver Art ist, „ein Denken-Fühlen, Fühlen-Denken in einem eigentümlichen, spezifischen und ökonomischen Gleichgewicht" (Ciompi 1998, 397; Müller et al. 2005).

Da die Entfaltung dieser Begriffe in ihren psychologischen, philosophischen oder gar hirnorganischen Dimensionen in diesem Rahmen unmöglich ist, beschränkt sich der folgende Beitrag darauf, der Relevanz von Gefühlen und Affekten für die Sozialpädagogik nachzugehen.

Gefühle als energetische Basis der sozialpädagogischen Grundhaltung – historische Bezüge

Gefühle tauchen in der sozialpädagogischen Semantik zunächst als Gefühle derer auf, die als Pioniere unterschiedlicher „Formationen" (Böhnisch et al. 2005, Kap. 1) die Geschichte der Sozialen Arbeit prägten. Offenkundig sind es „moralische Gefühle" besonders expressiver Art. Ob man an Pestalozzis leidenschaftlichen Humanismus denkt, an die Liebessemantik der Gründer christlicher „Rettungswerke" wie Wichern, Bodelschwingh oder Booth, an die „geistige Mütterlichkeit" der „sozialen Frauenbewegung" oder an die sozialistische Sozialpädagogik Clara Zetkins und anderer: Für sie alle sind starke „moralische Gefühle" die Basis. A. Salomons Aussage steht für alle, dass dort, wo nichts „im Herzen brennt" auch die besten Methoden kraftlos bleiben (Salomon 1927, 67).

Mit den Anfängen von fachlicher Ausbildung und Professionalisierung zu Beginn des 20. Jahrhunderts tauchen auch Gefühle von Klienten als von denen der sozialpädagogischen Akteure *zu unterscheidende* im sozialpädagogischen Diskurs auf. Als Teil des pädagogischen Vermittlungsproblems, das seit der Mitte des 19. Jahrhunderts als „Sozialpädagogik" diskutiert wird, reicht der Diskurs weiter zurück (Reyer 2002, 87 ff.). Insbesondere für die von Salomon so genannten Aufgaben des „Führens" um die „Haltung eines Menschen, seine Einstellung zu verändern" (zu unterscheiden von den an Ressourcen orientierten Aufgaben des „Ausführens") wird dies

zum Problem (Salomon 1927, 61 ff.). „Führung" im Sinne Salomons wird einerseits nur durch die „Persönlichkeit" des Wohlfahrtspflegers wirksam (61), andererseits aber dadurch, dass dieser fähig ist, andere Menschen als „einzigartig" und „ungleiche Wesen als ungleich" zu behandeln (62). Andere Formulierungen einer sozialpädagogischen Beziehungspraxis und zugleich -ethik („Anfangen wo der Klient steht", den „ganzen Menschen in seiner Situation sehen", „Empowerment", „Pädagogik der Anerkennung" etc.) variieren mit unterschiedlichen Akzenten dieses Grundmuster. Das doppelte Postulat an sozialpädagogische Akteure, als „Persönlichkeit" mit ihren Gefühlen und Werthaltungen zu wirken, dabei aber die Einzigartigkeit und Unterschiedenheit der Adressaten zu achten, gilt auch dort, wo nicht einzelne Personen, sondern soziale Gruppen, soziokulturelle Milieus, Stadtteile und kommunalpolitische Verhältnisse im Blick sind. Die gleichzeitig mit den frühen Methoden der Einzelhilfe entstandenen Ansätze der Gemeinwesenarbeit in London oder Chicago machen das deutlich. Formuliert man die sozialpädagogische Grundhaltung als Art des Umgangs mit Gefühlen, kann man sie in der Maxime ausdrücken: *Sozialpädagogen sollen ihren Klienten „moralische Gefühle" entgegenbringen und mit Engagement handeln, zugleich aber selbstkritisch die Gefühle der Klienten bis hin zu deren Affekten vom eigenen Engagement unterscheiden können.*

Die für das Selbstverständnis der Sozialpädagogik entscheidende Frage ist, ob dies mehr ist, als eine zwar konsensfähige aber letztlich nicht einklagbare ethische Maxime. Was stellt sicher, dass dies Postulat zum erwartbaren, gar zum wissenschaftlich abgestützten professionellen Habitus werden kann? Und was stellt dabei sicher, dass nicht nur die faktischen Gefühle von Klienten – samt den widersprüchlichen oder zur eigenen Intuition konträren – respektiert werden, sondern auch ihr Recht zur moralischen Stellungnahme? D. h.: Dürfen die „moralischen Gefühle" der Klienten von denen der Sozialarbeiter abweichen, ohne offen oder verdeckt diskriminiert zu werden? Das heute vorherrschende Dienstleistungsparadigma Sozialer Arbeit – eine gleichsam gefühlskühle Version der sozialpädagogischen Ethik – legt darauf größten Wert. Ob damit das Verhältnis von Sozialpädagogen-Gefühlen zu Klienten-Gefühlen prinzipiell und von Ausnahmen abgesehen unproblematisch geworden ist, ist dennoch fraglich.

Wodurch werden Gefühle zum sozialpädagogischen Problem?

Die Geschichte der sozialpädagogischen Disziplin und Profession ist die Geschichte des Versuchs, über ein Handeln aus dem „guten Herzen" hinauszukommen. Jeanette Schwerin (1911) verspottete solches Handeln als „ein durch kein Verständnis geleitetes und beherrschtes Gefühl der Unbehaglichkeit beim Anblick Leidender". Was also hat die Sozialpädagogik als Disziplin und Profession zu leisten um die Gefühlsdimension ihres Handelns von „Verständnis geleitet und beherrscht" sein zu lassen?

Liest man die Professionalisierungsgeschichte im Horizont dieser Frage so kann man sagen: In der Pionierphase dieser Geschichte, die man summarisch als Professionalisierung durch Methodenentwicklung bezeichnen kann (Galuske 1998, Kap. 2), waren die Gefühle von Klienten im Fokus der Aufmerksamkeit. Insbesondere wo Psychoanalyse als Hilfswissenschaft Sozialer Arbeit herangezogen wurde (Müller 1989), zentrierte sich diese auf die Aufgabe, an den Spannungen zwischen Gefühlen, als bewusste „wertende Stellungnahmen" und Affekten, als ungewollt gegen eigene Ziele wirkende, zu arbeiten. Immer aber nicht im Sinne einer „tendenzlosen Psychoanalyse" (Freud), welche die Art der Lebensführung dem Klienten überlässt, sondern mit dem Ziel einer „Führung" im Sinne Salomons, welche die individuellen Lebens- und Gefühlslagen der Klienten mit den moralischen Intuitionen der Helfenden harmonisieren sollte. Nur selten kamen dabei die Konflikte zur Sprache, in die dabei auch die Gefühle der Helfenden geraten konnten.

Die Professionsentwicklung, die sich mit Beginn der 1970er Jahre im Programm einer „neuen Praxis" konturierte, stellte solche Ansätze unter den Generalverdacht „sanfte Kontrolleure" auszubilden, und dabei die entscheidenden Dimensionen einer Kritik der Sozialarbeit des „guten Herzens" zu vergessen: Nämlich a) die Kritik der institutionellen, der sozialpolitischen, der ökonomischen Machtverhältnisse, die ebenfalls „hinter dem Rücken der Akteure" deren Werthaltungen steuern und deshalb aufgeklärt werden müssen und b) die Kritik an einer Bevormundung von Klienten am Maßstab eigener (mittelschichtorientierter) moralischer Gefühle bei einer Diskriminierung anderer Wertorientierungen. Im Fokus der kritischen Analyse standen jetzt nicht mehr die Gefühle und Affekte der Klienten, sondern die unter Ideologieverdacht gestellten Gefühle der Sozialpädagogen selbst. Die Analysen der strukturellen Kräfte, die auf soziale Arbeit einwirken (kapitalistische Produktionsbedingungen, Bürokratie, Expertenherrschaft, Ökonomisierung institutioneller Rahmungen bis hin zur Rolle sozialer Arbeit im Netzwerk gouvernmentaler Steuerungsprozesse) lassen sich immer auch als Kritik von Illusionen lesen, welche glauben machen, die „moralischen Gefühle" der Sozialpädagogen seien unmittelbar kraft ihrer Persönlichkeit wirksam und nicht gesellschaftlich vermittelt und in ihrer Intention gebrochen.

Eher flankierend gehören hierher auch die Diskurse über das „Helfersyndrom" (Schmidbauer 1983) und die kritische Analyse des Prinzips „Selbstbetroffenheit" (Richter 1976). Sie sind explizit als Aufforderungen zur kritischen Analyse der eigenen affektiven Strukturen der Sozialarbeiter-Persönlichkeit zu lesen und als Aufforderung, die Kultur der Affekte, die A. Mitscherlich „das eigentlich schwerste Bildungsziel nannte" (zit. nach Göppel 2003), zu allererst auf sich selbst anzuwenden.

Abgesehen von den letztgenannten Beiträgen konnte diese kritische Wende auch so verstanden werden, als ob die Gefühls-Seite sozialpädagogischen Handelns überhaupt kein relevanter Gegenstand sozialpädagogischer Theoriebildung sei. Dies mag ein Missverständnis sein. Denn Leidenschaft für die Autonomie der Adressaten, wenn auch nicht immer reflektierte, war dieser Kritik notwendig inhärent und auch sie war ideologiekritisch zu hinterfragen. Dennoch zeigte der „Psychoboom" (Galuske 1998, 121 ff.), der seit den 1980er Jahren eine Fülle von therapeutischen, d. h. immer auch gefühlsverarbeitenden Methoden in die sozialpädagogischen Aus- und Fortbildungen schwemmte, dass sich im Selbstverständnis der Zunft an dieser Stelle, wenn nicht ein „schwarzes Loch" (Galuske 1998, 121), so doch ein Graben zwischen sozialpädagogischer Theoriebildung und faktischer Handlungsorientierung auftat. Und seit letzteres Gegenstand empirischer Studien ist (Thole / Küster-Schapfl 1997), wächst der Verdacht, dass eine auf therapeutische Konzepte reduzierte Handlungsorientierung noch das kleinere Übel sein dürfte. Als größeres wird eine weit verbreitete Pseudoprofessionalität sichtbar, die zwar Versatzstücke jener Kritik als berufstypischen Code benutzt, faktisch sich aber an zufällig und biographisch erworbenen Erfahrungen und an einem eher selektiv einsetzbaren und leicht ermüdenden guten Herzen orientiert.

Lebensweltorientierung als Klammer von Gefühl und Kritik

Bei der Aufgabe, jenen Graben zu schließen (nicht zwischen Theorie und Praxis, sondern zwischen einer gesellschaftstheoretischen Kritik und einem pragmatisch ins Spiel bringen der sinnlichen Erfahrung und des gefühlten Engagements), haben zwei Theorietraditionen der Sozialpädagogik besondere Bedeutung. Die eine ist die vor allem mit dem Namen Hans Thiersch verbundene „lebensweltorientierte Sozialpädagogik", die zugleich auf ältere Traditionen (Pestalozzi, Nohl, Bernfeld) zurückverweist. Die andere ist die Tradition einer wieder belebten psychoanalytischen Pädagogik, die sich weder am amerikanischen psychoanalytischen Case Work orientierte, noch als Heilpädagogik verstand, sondern an den breiten Horizont der Pioniere psychoanalytischer Pädagogik (Bernfeld, Redl, Paul und Ernst Federn, Bettelheim, Eckstein, Zullinger) anknüpfte, aber auch an die analytische Sozialpsychologie und an die für sozialpädagogische Perspektiven offenen neueren Konzepte einer Psychoanalyse des szenischen Verstehens (Lorenzer) und der Objektrelationen (Winnicott, Kohut). Beide Diskurslinien sind eher als allgemeiner methodologischer Rahmen denn als spezielle Methode zu verstehen. Auch der beliebte Begriff des professionellen Habitus zielt so allgemein auf die Einheit von professionellem Wissen und emotionaler Entscheidungsfähigkeit. Aber er fasst dieses Verhältnis nur formal und erschließt nicht die besonderen strukturellen Herausforderungen des sozialpädagogischen Handlungsfeldes.

Die Art wie die Lebensweltorientierte Soziale Arbeit die Gefühlsdimension ins Spiel bringt, besteht zunächst einmal in ihrem Pragmatismus. Sie fordert ein sich Einlassen auf die Kontingenz alltäglicher Berufsvollzüge, das zugleich „offen ist für Erfahrung, Handlungs- und Denkzugänge, die seiner (des Alltags B. M.) Struktur zuwiderlaufen" (Thiersch 1978, 22). Den Blick für die „Bruchstellen" (18), auch für die „Ambivalenz der Professionalisierung" (22) zu schärfen, ohne doch

die „im Alltag angelegten progressiven Momente einer selbstbestimmten, sich selbst transparenten Praxis" (23) zu übersehen, ist insbesondere auch auf die moralischen Gefühle der Sozialarbeiter wie der Adressaten zu beziehen: auf „die Wirklichkeit der je eigenen Erfahrungen, der eigenen Anstrengungen, Enttäuschungen, Hoffungen" (10). Dies kann nur in einer selbstkritischen Wendung gegen die „Formen von Institutionalisierung, Verwissenschaftlichung, Professionalisierung" (10) gelingen. Da diese jedoch zugleich den jeweils vorfindlichen Zugang zur Lebenswelt der Klienten bilden, ist dies „immer auch ein moralisch riskanter Balanceakt" (21). Er soll jene Formen des Zugangs nicht abschaffen, sondern für das Aushandeln moralischer Gefühle, für „moralisch inspirierte Kasuistik" (Thiersch 1990) öffnen. „Moralisch inspiriert" muss sozialpädagogische Kasuistik deshalb sein, weil sie ihre Produktivität vor allem in der Verarbeitung von Ungewissheit zeigen muss (Hörster 2003). Insbesondere kann die zentrale moralische Entscheidung sozialer Arbeit, wann „Hilfe" und wann „Selbsthilfe" gefordert ist, nur Kraft moralischer Intuition, als Gefühlsentscheidung, getroffen werden. Alle Reflexion kann dafür nur kritische Begleitung aber keine Gewissheit und Entscheidungskraft liefern.

Für das Thema Gefühle bleibt festzuhalten: Lebensweltorientierung ist keine spezielle Methode des sich Einlassens auf Verhältnisse und des Aushandelns moralischer Gefühle, auch keine spezifische Art der Kritik des „guten Herzens" oder inhumaner Strukturen. Es ist vielmehr eine metatheoretische Platzanweisung für beides. Seine zentrale Leistung besteht darin, eine Formel für die Einheit des „Projekts Sozialpädagogik" (Böhnisch et al. 2005, 95) anzubieten: Einerseits sich auf praktisch entgrenzte Probleme diffuser Gemengelage einzulassen – samt der dafür notwendigen Einmischung in andere Zuständigkeiten – ohne das Gefühl für die Einheit jener Probleme in den „Anstrengungen, Enttäuschungen, Hoffnungen" der Menschen zu verlieren. Andererseits die damit verbundenen entgrenzten Herausforderungen in den theoretischen Blick zu nehmen, aber dies zugleich an den Maßstab der Dienlichkeit für den Beistand im Alltagskampf zurückzubinden.

Hartmut v. Hentig hat zur sokratischen Frage nach dem lebenswerten Leben seinerseits gefragt, ob dies

„auch anders als durch den Verstand" (v. Hentig 1993) geprüft werden müsse. Er verallgemeinert das Verhältnis von Gefühl und Kritik:

„Wir haben es mit prinzipiell unklaren Sachen und Sachaggregaten zu tun (es sind ihrer immer zu viele, und sie sind immer zu komplex) – und mit einem ihnen gegenüber prinzipiell schwachen Einzelnen. Daraus ergibt sich mein pädagogisches Programm: die Menschen stärken und die Sachen klären. Der Rest ist ‚Handwerk' (und ‚Methoden' und ‚Ansätze' B. M.), Alltagsweisheit: Keine Prüfung des Geistes ohne Herausforderung durch die Sinne; keine Prüfung der Sinne ohne Herausforderung durch das Denken; keine Wahrhaftigkeit ohne Anfechtung – zum Beispiel durch Angst oder Liebe." (v. Hentig 1993, 93)

Formuliert man lebensweltorientierte Sozialpädagogik handlungstheoretisch, so steht man unabweisbar von der Aufgabe, eine „relationale Professionalität" (Koengeter 2009) zu entwickeln, welche die Einsicht in die eigene Beteiligung an der Reproduktion der zu bearbeitenden Probleme als Voraussetzung für Beiträge zu deren Lösung versteht. Was geschieht, wenn diese relationale Professionalität mangelt, haben Thomas v. Freyberg und Angelika Wolf an Beispielen gescheiterter Schul- und Jugendhilfe-Karrieren beschrieben, in welchen

„die Beziehungen dieser Jugendlichen mit den Institutionen von Schule und Jugendhilfe deshalb regelmäßig zu Macht-Ohnmacht-Konflikten eskalieren, weil diese Jugendlichen sehr effektiv ihre inneren Beziehungsmuster inszenieren und die Institutionen darauf ihrerseits so reagieren, dass die unbewussten Erwartungen und Strategien der Jugendlichen bestätigt und verstärkt wurden." (v. Freyberg / Wolff 2005, 11 f.)

Gefühlskritik als Beitrag einer psychoanalytisch orientierten Pädagogik

Hier kommt die psychoanalytisch-pädagogische Perspektive ins Spiel, aber nicht als konkurrierendes Paradigma oder als Erneuerung eines klinischen Case Work. Vielmehr verweist die lebensweltorientierte Sozialpädagogik selbst – mit ihrem zentralen Programm einer wechselseitig notwendigen Kritik von moralisch inspirierter Einmischung in alltagsweltliche Probleme und kritischer Analyse ihrer Be-

dingungen – auf eine Lücke, die sie nicht zu füllen vermag. Es ist die Lücke zwischen Gefühlen und Wertungen einerseits und deren Überlagerungen und Verzerrungen durch unkontrollierte Affekte andererseits. Gerade der Anspruch einer offenen, auf Gefühls- wie Theorieebenen selbstkritischen Professionalität kann die Spannungen und Paradoxien aus solchen Überlagerungen nicht von sich weisen, sondern muss habituelle wie theoretische Formen der Verarbeitung finden. „Kultur der Affekte" als Bildungsziel (Mitscherlich) betrifft aber nicht nur emotionale Verstrickungen von Klienten, die sich selbst daran hindern, im Sinne eigener Interessen handlungsfähig zu werden. Und sie betrifft, insbesondere im sozialpädagogischen Handlungsfeld, auch nicht nur intrapersonale Konflikte, die ihr eher im Netzwerk von interpersonalen Konflikten und Konflikten in und mit Institutionen entgegentreten (Mentzos 1988). Vielmehr steht auch die eigene Beteiligung und mögliche Verstrickung der professionellen Akteure mit auf der Agenda. Psychoanalytische Arbeitsbegriffe sind hier nicht zu umgehen, die aber gerade in ihrer Relevanz für eine entgrenzte professionelle Praxis jenseits therapieähnlicher Settings entfaltet werden müssen. Dies gilt für Konzepte wie Übertragung und Gegenübertragung, für den Begriff der Abstinenz und für ein fundiertes Verständnis sozialpädagogischer Arbeitsbeziehungen. Es gilt auch für die Frage, wie eigentlich die von Thiersch genannte Bedingung für „qualifiziertes Alltagshandeln" habituell und institutionell gesichert werden kann, nämlich real erwartbar macht, dass „Alltag sich seiner Zweideutigkeit bewusst" und „durch Handeln, Phantasie, Theorie und Wissenschaft kritisch aufgehoben ist" (Thiersch 1978, 23). Ich will diese These von der Unentbehrlichkeit psychoanalytischer Konzepte für eine selbstkritische Professionalität sozialer Arbeit kurz erläutern.

Übertragung und Gegenübertragung sind nicht nur als Alltagsphänomene und nicht nur als Reflexionsmodi therapeutischen Handelns, sondern auch als sozialpädagogische Konzepte unumgänglich. Die Überlagerung sozialpädagogischer Arbeitsbeziehungen durch unbewusste affektive Dynamiken kann keineswegs, etwa aufgrund der unterstellten seelischen Gesundheit der Beziehungspartner, vernachlässigt werden. Gerade wenn nicht Krankheit, sondern „nur" Belastung und enttäuschte Hoffnung im Spiel sind kann Pathologisierung von Klienten nahe liegen, wenn die Arbeitsbeziehungen schwierig werden. Gerade deren beliebte Reduktion auf bloße Dienstleistungserbringung kippt bei mangelnder Kooperation schnell in pathologische Deutungsmuster. Um dies zu vermeiden muss vor allem die Einsichtfähigkeit in eigene Gegenübertragungsreaktionen zum sozialpädagogischen Professionalitätsstandard gehören (Devereux bezog dies sogar auf die sozialwissenschaftliche Forschungspraxis; Müller 1995, Kap. III).

Der *Abstinenzbegriff*, der in unterschiedlichen Ansätzen (Müller, 1991; Oevermann 1996) vom psychoanalytischen auf das pädagogisch/sozialpädagogische Handlungsfeld übertragen wurde, meint hier keine Abstinenz im Sinne der strengen Abtrennung therapeutischer Settings vom Alltagsleben. Er verweist vielmehr auf die habituell einzuübende Regel, die Aufgaben der Berufsrolle von den darin unvermeidlich eingemischten diffusen und z.T. regressiven Affekten zu unterscheiden. Er verlangt auch die Fähigkeit, sich auch auf dieser affektiven Ebene als Mittel des Wachstums verwenden zu lassen, ohne selbst den Klienten zu verwenden. Der Abstinenzbegriff ist insofern auch ein notwendiges Instrument für das Verständnis sozialpädagogischer *Arbeitsbeziehungen*. Oevermann (1996) hat den ebenfalls aus der Psychoanalyse stammenden Begriff des Arbeitsbündnisses aufgegriffen um die Handlungsstruktur pädagogischer Professionalität als Wechselspiel zwischen einer Aufgaben zentrierten Wahrnehmung der Berufsrolle und einer im Modus der Abstinenz wahrgenommenen Verarbeitung diffuser affektiver Beziehungen zu beschreiben. Dies Modell ist für die Sozialpädagogik hilfreich, aber nur mit Korrekturen anwendbar. Zum einen sind in ihren Handlungsfeldern (z.B. in der Jugendarbeit; Cloos et al. 2007) stabile Arbeitsbündnisse oft eher als glückliche Ausnahme oder als Ergebnis längerer Zusammenarbeit, nicht aber als Voraussetzung professioneller Arbeit zu finden. Zum anderen zeigen auch die institutionellen Formen des Zugangs zu Klienten – bzw. deren Zugänge zu Hilfeleistungen – jene oben beschriebene Ambivalenz. Auch die Herstellung der geeigneten Rahmenangebote und Settings ist deshalb professionalisierungsbedürftig. Die organisatorischen Rahmungen, die „Orte" (Winkler) können in der Sozialpädagogik nicht, wie in Oevermanns Modell, als bloß vorgegebene, professioneller Arbeit eher hinderliche Bedingungen, sie müssen als Aufgaben begriffen werden.

Wie dabei die destruktiven Wechselwirkungen zwischen dem affektgeladenen Agieren von Klienten und den institutionalisierten Formen von Abwehr (z.B. in jenen Macht-Ohnmacht-Spiralen) bearbeitet werden können, lässt sich vielleicht am besten im Anschluss an Siegfried Bernfelds Idee einer (sozial)pädagogischen Instituetik fassen (Müller 2002). Diese im Sisyphos (Bernfeld 1925, 27) nur angedeutete Idee wird in anderen Schriften konkreter. So in dem Satz: „Die Erziehbarkeit reicht gerade so weit, als die Übertragung reicht, also soweit, als die Außenwelt insbesondere der Erzieher libidinös besetzt wird" (Bernfeld 1921, 93). Bernfeld meint hier, wie der Kontext zeigt, nicht die libidinöse Beziehung zum Erzieher – dies würde etwa Aichhorns (1925) Idee der Verwahrlostenerziehung entsprechen oder im weiteren Sinn auch Salomons Idee von „Führung" (s.o.). Er redet vielmehr von der libidinösen Besetzung der *Außenwelt* des Erziehers. Die Umwelt, die (insbesondere) der Erzieher zu schaffen vermag, muss libidinös besetzbar sein. Ich erweitere Bernfelds These: Die Wirkung der Sozialpädagogik hängt an den Chancen, ihre Angebote und deren institutionalisierte Formen, genauer, die durch sie (mit)veränderte Außenwelt des Klienten, libidinös besetzbar zu machen. D.h. eine sozialpädagogische Instituetik im Anschluss an Bernfeld muss davon ausgehen, dass die Lebensweltorientierung der Sozialpädagogik – mit ihren Maximen der Aufklärung, Öffnung, Partizipation, Interessenaushandlung – zu kurz greift, sobald stärkere affektive Dynamiken das Feld bestimmen. Dies ist insbesondere immer dann der Fall, wenn die „sozialen Orte" der sozialpädagogischen Akteure und die ihrer Adressaten stark voneinander abweichen und wenn die Zusammenarbeit sich nicht auf die Vermittlung sachlicher Dienstleistungen oder Ansprüche beschränkt: z.B. im Umgang mit Kindern und Jugendlichen und/oder mit Menschen in sehr belastenden oder fremden Lebensbedingungen und -weisen. Unter „sozialem Ort" versteht Bernfeld die „Fragestellung nach dem historischen Aspekt und nach der Milieuprägung eines seelischen Vorgangs" (Bernfeld 1929, 256). Sozialer Ort meint also nicht einfach die jeweiligen biographischen und sozialen Lebensbedingungen, sondern deren Auswirkungen auf die Affekte und moralischen Gefühle.

Bernfeld interessiert sich für soziale Orte insbesondere hinsichtlich ihrer einschränkenden Wirkung auf pädagogische (oder therapeutische) Erfolgschancen: Bei Jugendlichen z. B., die in einer „Tantalussituation" (Bernfeld 1931) leben oder zu leben glauben. Sie haben keine Chance, das auf legale Weise zu erreichen, was jedem als normale Glücksgüter versprochen wird. Hier schwinden die pädagogischen Erfolgschancen selbst dann, wenn sie durch gerichtliche Sanktionen oder therapeutische Intervention untermauert werden. Ebenso lassen sich Kinder und Jugendliche, deren primärer sozialer Erfahrungsraum die Straße und nicht die Familie war (Bernfeld nannte solche sozialen Orte „Affektstätten", Bernfeld 1929, 271 f.), nicht einfach einem anderen „Zielmilieu" (Bernfeld 1929, 268) anpassen, es sei denn, dieses wird selbst zur „Affektstätte".

Die Instituetik Bernfelds zielt also darauf, die Gefühlsdynamik der sozialpädagogischen Interaktion nicht nur schärfer zu fassen, sondern auch die institutionellen Grenzen ihrer Veränderbarkeit als zwar engen aber erweiterbaren Spielraum zu begreifen. Die „Kultivierung der Affekte" – auf beiden Seiten – ist vielleicht das schwerste Bildungsziel. Ihr Möglichkeitsraum aber ist die emotionale Erfahrbarkeit einer Umwelt, „die den erfreulichen Typus Mensch, den Normmenschen, gebrauchen kann und ihn nicht zur Veränderung oder Untergang bestimmt" (Bernfeld 1925, 156). Auch das Gebrauchtwerden muss erfahrbar und libidinös besetzbar sein. Es entsteht nicht allein durch gute Versorgung. Auch zynische Freisetzung der nicht Gebrauchten von normativen Verpflichtungen zerstört (Winkler 2006). Ob, wie Bernfeld skeptisch meinte, jener „erfreuliche Typus" „in unserer Ordnung" keine Chance hat, oder ob und welche „kritischer Aufhebung" (Thiersch) solcher Ordnung herstellbar ist: Das ist keine wissenschaftlich klärbare Frage. Es ist eine Frage an das moralische Gefühl.

Literatur

Aichhorn, A. (1925/1977): Verwahrloste Jugend. 9. Aufl. Huber, Bern
Bernfeld, S. (1931/1996): Die Tantalussituation. In: Herrmann, U. (Hrsg.): Siegfried Bernfeld – Sämtliche Werke Bd. 11. Sozialpädagogik. Beltz, Weinheim, 303–321
– (1929/1996): Der soziale Ort und seine Bedeutung für Neurose, Verwahrlosung und Pädagogik. In: Herrmann, U. (Hrsg.): Siegfried Bernfeld – Sämtliche Werke Bd. 11. Sozialpädagogik. Beltz, Weinheim, 255–272
– (1925/1967): Sisyphos oder die Grenzen der Erziehung. Suhrkamp, Frankfurt/M.
– (1921/1996): Kinderheim Baumgarten. In: Herrmann, U. (Hrsg.): Siegfried Bernfeld – Sämtliche Werke Bd. 11. Sozialpädagogik. Beltz, Weinheim, 9–156
Böhnisch, L., Schröer, W., Thiersch, H. (2005): Sozialpädagogisches Denken. Juventa, Weinheim/München
Brumlik, M. (2000): Moralische Gefühle – Vertrauen und Scham. In: Winterhager-Schmid, L. (Hrsg.): Erfahrung mit Generationendifferenz. DStV, Weinheim, 195–207
Ciompi, L. (1998): Affektlogik. 5. Aufl. Klett Cotta, Stuttgart
Cloos, P., Koengeter, St., Müller, B., Thole, W. (2007): Die Pädagogik der Kinder und Jugendarbeit. VS, Wiesbaden
Effinger, H. (Hrsg.) (2007): „Die Wahrheit zum Lachen bringen". Humor als Medium der Sozialen Arbeit. Juventa, Weinheim/München
Freyberg, Th. v., Wolff, A. (2005): Störer und Gestörte Bd 1. Asanger, Frankfurt/M.
Galuske, M. (1998): Methoden der Sozialen Arbeit. Juventa, Weinheim/München

Göppel, R. (2003): „Die Kultur der Affekte ist das eigentlich schwerste Bildungsziel" (A. Mitscherlich) In: Dörr, M., Göppel, R. (Hrsg.): Bildung der Gefühle. Psychosozial, Gießen, 15–39
Heller, A. (1981): Theorie der Gefühle. Studienausgabe. VSA, Hamburg
Hentig, H. v. (1993): Das nicht geprüfte Leben ist nicht lebenswert. Kann die Prüfung auch anders als durch den Verstand geschehen? In: Becker, G., Zimmer, J. (Hrsg.): Lust und Last der Aufklärung. Beltz, Weinheim, 81–94
Hörster, R. (2003): Fallverstehen. Zur Entwicklung kasuistischer Produktivität in der Sozialpädagogik. In: Helsper, W., Hörster, R., Kade, J. (Hrsg.): Ungewissheit. Velbrück, Weilerswist, 318–341
Koengeter, S. (2009): Relationale Professionalität. Schneider, Hohengehren
Mentzos, S. (1988): Interpersonale und institutionalisierte Abwehr. Suhrkamp, Frankfurt/M.
Müller, B. (2002): Siegfried Bernfelds Begriff der „Instituetik" als Orientierungspunkt für ein Programm der Bildung der Affekte. In: Liegle, L., Treptow, R. (Hrsg.): Welten der Bildung in der Pädagogik der frühen Kindheit und in der Sozialpädagogik. Lambertus, Freiburg/Br., 157–166
– (1995): Außensicht – Innensicht. Beiträge zu einer analytisch orientierten Sozialpädagogik. Lambertus, Freiburg/Br.
– (1991): Die Last der großen Hoffnungen. Juventa, Weinheim/München
– (1989): Psychoanalytische Pädagogik und Sozialpädagogik. In: Trescher, H. G., Büttner, Ch. (Hrsg.): Jahrbuch für

Psychoanalytische Pädagogik 1. M. Grünewald Verlag, Mainz, 120–135

–, Hellbrunn, R., Moll, J., Storrie, T. (2005): Gefühle denken. Macht und Emotion in der pädagogischen Praxis. Campus, Frankfurt/M.

Niemeyer, Ch. (1993): Sozialpädagogik zwischen Empfindsamkeit und Aufklärung. In: Marotzki, W., Sünker, H. (Hrsg.): Kritische Erziehungswissenschaft. Moderne –Vormoderne Bd. 2. Beltz, Weinheim, 176–203

Oevermann, U. (1996): Theoretische Skizze einer revidierten Theorie professionalisierten Handelns. In: Combe, A., Helsper, W.: Pädagogische Professionalität. Suhrkamp, Frankfurt/M., 70–182

Reyer, J. (2002): Kleine Geschichte der Sozialpädagogik. Schneider, Hohengehren

Richter, H.E. (1976): Flüchten oder Standhalten. Rowohlt, Reinbek

Salomon, A. (1927): Soziale Diagnose. J. Sittenfeld, Berlin

Schmid-Noerr, G. (2003): Moralische und unmoralische Gefühle. In: Dörr, M., Göppel, R. (Hrsg.): Bildung der Gefühle. Psychosozial, Gießen, 40–76

Schmidbauer, W. (1983): Helfen als Beruf. Rowohlt, Reinbek

Schwerin, J. (1911): Nachwort zum Tätigkeitsbericht der Zentrale für private Fürsorge Berlin e.V. Berlin, o.J.

Thiersch, H. (1990): Moral als moralisch inspirierte Kasuistik. In: Müller, B., Thiersch, H. (Hrsg.): Gerechtigkeit und Selbstverwirklichung. Lambertus, Freiburg/Br., 13–25

– (1978): Alltagshandeln und Sozialpädagogik. Neue Praxis 8, 6–25

Thole, W., Küster-Schapfl, E.U. (1997): Sozialpädagogische Profis. Leske & Budrich, Opladen

Winkler, M. (2006): Kleine Skizze einer revidierten Theorie der Sozialpädagogik. In: Badawia, T., Luckas, H., Müller, H. (Hrsg.): Das Soziale gestalten. VS Verlag, Wiesbaden, 55–80

Gemeindepsychiatrie und Soziale Arbeit

Von Andreas Hanses

Einleitung

Die Entwicklung der Gemeindepsychiatrie ist eng mit der sich in der BRD in den 1970er Jahren etablierenden Sozialpsychiatrie und der damit einhergehenden Deinstitutionalisierung der Psychiatrie verbunden (Dörner 2001; Dörr 2005). Die Geschichte der Psychiatrie kann zwar als die Entstehung einer Teildisziplin der Medizin beschrieben werden. Treffender ist dieser historische Prozess allerdings als die Geschichte eines gesellschaftlichen Umgangs mit dem „Wahnsinn" aus der Perspektive der sich etablierenden „Vernunft" zu beschreiben, wie es Michel Foucault (1982) dezidiert mit seiner historischen Analyse zu „Wahnsinn und Gesellschaft" dokumentiert (Dörner 1975; Dörner / Plog 2007). Und diese gesellschaftlichen Arrangements zum „Wahnsinn" sind immer Praxen der Institutionalisierung gewesen, deren Funktion nur begrenzt in therapeutischen Optionen, sondern zentral in der Ausgrenzung und Disziplinierung des „Wahnsinns" zu sehen sind. So war es in der BRD der Zwischen- und Endbericht der „Enquete-Kommission des Deutschen Bundestages zur Lage der Psychiatrie in der Bundrepublik" in den 1970er Jahren, der mit seiner Kritik an den als „menschenunwürdig zu bezeichnenden Umständen" der Psychiatrie-Patient(inn)en in der Gesundheitspolitik eine Umstrukturierung der psychiatrischen Versorgung eingeleitet hat (Wienberg 2008). Diesen Entwicklungen waren in anderen europäischen Ländern, wie in den USA, engagierte Bewegungen zu einer Umgestaltung der Psychiatrien vorausgegangen. Unter dem Stichwort der „Antipsychiatrie" formierten sich politische wie theoretische Neuorientierungen, die der institutionalisierten „Deautonomisierung" (Jervis 1983) der psychisch erkrankten Menschen durch ihre Deinstitutionalisierung entgegenwirken wollten. Die psychischen

Erkrankungen wurden grundlegend nicht mehr nur als Ausdruck endogener psychopathologischer Phänomene erfasst, sondern auch in ihren Verursachungen als Ausdruck sozialer und gesellschaftlicher Strukturen und Prozedierungen verstanden (Dörr 2005; v. Kardorff 2005). Das Soziale wurde somit zentrale Dimension der „Erklärung" psychischer Problemlagen als auch Zielorientierung für eine „anwaltschaftliche", professionelle Unterstützung von psychisch erkrankten Menschen. Dabei war weniger die Idee einer „klinischen" Gesundung Maxime professioneller und gesundheitspolitischer Bemühungen, sondern die Integration der „Insassen" der Psychiatrie in soziale Alltagswelten, um so eine autonome, weitgehend selbst bestimmte Lebenspraxis, Lebenszufriedenheit und die Würde des Menschen wiederherzustellen. Die in der BRD in den 1970er Jahren begonnenen Auflösungen der psychiatrischen Anstalten waren der erste Schritt zur Veränderung der Lebensbedingungen und professioneller Unterstützungsformen von Menschen mit (chronischen) psychischen Problemen. Dieser Prozess einer professionell organisierten Deinstitutionalisierung von psychiatrischer Hilfe war in der Geschichte der Psychiatrie Deutschlands bisher einmalig. Er kann als Beginn der Gemeindepsychiatrie beschrieben werden.

Die Aufgaben der Gemeindepsychiatrie sind dabei auf drei zentrale miteinander verbundene Bereiche zu fokussieren. (1) *Deinstitutionalisierung*: Wie schon erwähnt, ist die Deinstitutionalisierung Grundbedingung und Anfang eines gemeindpsychiatrischen Ansatzes. Insbesondere in den Institutionen der Langzeitpsychiatrien begann der notwendige Prozess ihrer Auflösung und die Reintegration der psychiatrisierten Menschen in die Alltagswelt unserer Gesellschaft. Diese Prozesse sind in den einzelnen Bundesländern mit unterschiedlicher Intensität realisiert worden und haben trotz aller damit verbunde-

Otto/Thiersch (Hg.), Handbuch Soziale Arbeit, 4. A., DOI 10.2378/ot4a.art048,
© 2011 by Ernst Reinhardt, GmbH & Co KG, Verlag, München

ner Probleme der Absicherung psychiatrischer Notversorgung eine relativ konsequente Umsetzung
gefunden. (2) *Gemeindenahe psychiatrische Versorgung*: Die Deinstitutionalisierung kann zwar als
notwendiger Anfang, allerdings nicht als ausreichende Bedingung gemeindepsychiatrischer Umsetzungen beschrieben werden. Um langfristig Integration und professionelle Betreuung realisieren zu
können, ist eine Umstrukturierung der gesundheitlichen und sozialen Sicherung notwendig gewesen.
Zentral in der Umstrukturierung sind die Einrichtungen „ambulanter" Versorgungsstrukturen wie
z. B. die Tagesklinik, die Möglichkeit kurzfristiger
ambulanter und stationärer Krisenintervention sowie die Verzahnung zu psychosozialen gemeindenahen Einrichtungen. Unter dieser Perspektive steht
Gemeindepsychiatrie v. a. für die organisatorische
und finanzielle Abstimmung von Versorgungsstrukturen, die durch professionelle Vernetzungspraxen
die Aufrechterhaltung eines eigenständigen Lebens
psychisch erkrankter Menschen in ihrer Alltagswelt
ermöglichen sollen. (3) *Integration*: Der Begriff „Integration" verweist nicht nur auf die ursprüngliche
Forderung der „Antipsychiatrie", sondern spricht
die vielleicht anspruchsvollste Option der Gemeindepsychiatrie an. Es geht darum, Menschen mit psychischen Problemlagen darin zu unterstützen, ihre
Einbindung in eine Sozialwelt nicht zu verlieren
oder eine erneute Integration zu ermöglichen. Das
Leben in Wohnformen jenseits der Institution Psychiatrie, eine Ausbildung und Integration in mögliche Arbeitswelten und der Zugang zu sozialen Zusammenhängen sind Ziele und Gegenstandsbereiche
professioneller Unterstützungen. Soziale Teilhabe,
Partizipation, Selbstgestaltung und autonome Praxen eigener Lebensgestaltung wären hier die konzeptionellen Begriffe, die diesen Bereich der Gemeindepsychiatrie markieren. Zu ergänzen ist das
Unterfangen, die gesellschaftlichen Vorurteile gegenüber psychisch erkrankten Menschen abzubauen
und Stigmatisierungen zu vermeiden. Damit wird
deutlich, dass Psychiatrie die Mauern einer abgegrenzten Institution konzeptionell unweigerlich verlassen hat. Von Gemeindepsychiatrie zu sprechen,
impliziert, dass die tradierte Idee der medizinischen
Konzeption von Krankheit und ihre Problembearbeitung durch eine zentrale Profession (der Medizin)
an einem spezifischen Ort – der Klinik – obsolet
geworden ist. Wenn sich Gemeindepsychiatrie in
diesem Anspruch ernst nimmt, ist sie herausgefor-

dert, multiprofessionell – nur temporär verortet – in
Netzwerkstrukturen zu kooperieren und jenseits
professioneller Rahmungen auf Selbsthilfe und Unterstützungen der Zivilgesellschaft zu bauen. Damit
steht Gemeindepsychiatrie angesichts zunehmender
Ökonomisierungen, Standardisierungen und Operationalisierungen von sozialen und gesundheitlichen Sicherungen in einer strukturell großen Herausforderung (Dörr 2005; Eikelmann et al. 2005;
Hambrecht 2007; Obert 2006; Priebe 2003; Wienberg 2008).

Gegenwärtige Herausforderungen der Gemeindepsychiatrie

Betrachtet man die Entwicklung der Gemeindepsychiatrie von dem Zeitpunkt der beginnenden
Auflösung der langzeitpsychiatrischen Anstalten
bis heute, so lassen sich durchaus erst einmal zentrale „Erfolge" skizzieren. So ist die Zahl der psychiatrischen Krankenhausbetten von 1972 von
knapp 118.000 auf 54.000 zurückgegangen und
die Zahl der psychiatrischen Abteilungen in All-
gemeinkrankenhäusern hat sich etwa verfünffacht.
Gleichzeitig hat sich das Personal vervielfacht, dabei ist die Anzahl der Fachkräfte aus anderen Disziplinen gegenüber den medizinischen Professionen um das Fünffache gestiegen (Wienberg 2008).
Damit hat sich die Sozialpsychiatrie ohne jeden
Zweifel zu einem interprofessionellen Feld entwickelt, auch wenn die Medizin weiterhin die Definitionshoheit besitzt. Tageskliniken gab es zur
Zeit der Enquete kaum und die Zahl der nieder-
gelassenen Fachärzte und Fachambulanzen im
Kontext der Psychiatrie ist erstaunlich expandiert.
Die Behandlung und Rehabilitation psychisch
kranker Menschen ist zu einem großen Teil in die
Gemeinden zurückverlagert worden. In diesem
Sinne könnte die Deinstitutionalisierung der Psychiatrie als gelungen und als großer Erfolg in der
Umstrukturierung eines „medizinischen" Versor-
gungsbereichs gewertet werden. Günther Wien-
berg (2008) weist allerdings zu Recht darauf hin,
dass dieser Prozess bei genauerer Analyse mehr als
ein Phänomen der Uminstitutionalisierung und
Reinstitutionalisierung zu verstehen ist. So lässt
sich z. T. eine nicht unwesentliche Zunahme von
Prozessen der Institutionalisierung im Kontext des
Justizvollzugs und der Altenhilfe beobachten, von

denen gerade Menschen mit psychischen Problemen betroffen sind. Weiterhin zeigt sich, dass finanzielle Ressourcen gegenwärtig verlagert und eher in medizinnahe Bereiche wie Psychosomatik, stationäre Psychotherapie und neurologische Versorgungen investiert werden, also medizinische Bereiche, die nicht nur kostenintensiv sind, sondern auch nur für eine spezielle Problemgruppe konzipiert sind. Hier handelt es sich v. a. um Konzepte klarer Problemdefinitionen, begrenzbarer therapeutischer Bearbeitung und eine Personengruppe, die immer noch über eine strukturierte Alltagswelt und der Kompetenz zur „Compliance" verfügt. So entfallen etwa 58 % der Krankenkassenaufwendungen auf teuere (teil-)stationäre Versorgungen, davon wiederum bereits 11 % auf psychosomatische Kliniken. Die Tendenz ist steigend. Auch im Kontext der Sozialhilfe fließt mit 50 % der größte Anteil der Aufwendungen in stationäre Leistungen und nur etwa 18 % entfallen auf das ambulante betreute Wohnen (Wienberg 2008). Durch diese monetären Entwicklungen entsteht eine Zwei-Klassen-Versorgung. Es kommt zu einer Neuorganisation stationärer und in die Logik von planbaren und überschaubaren Versorgungsarrangements passenden institutionalisierten Hilfen, während ambulante gemeindenahe Versorgungsmaßnahmen gegenwärtig keinerlei finanzielle Anreize erfahren (Dammann 2007). Aber mit den neuen spezialisierten, stationären Versorgungsangeboten sind jene Formen verstärkt auftretender psychischer Probleme kaum erreichbar, die mit Obdachlosigkeit und Arbeitslosigkeit sowie anderen prekären Lebenslagen einhergehen. Eine an den gesellschaftlichen Herausforderungen orientierte, notwendige wie konsequente weitere Etablierung einer gemeindenahen psychiatrischen Versorgung wird gesundheitspolitisch und finanziell nicht adäquat unterstützt.

Die Ökonomisierung im Gesundheitsbereich hat noch weitere Auswirkungen auf die Gemeindepsychiatrie. Zentrale Bemühungen gegenwärtiger Innovationen in der gesundheitlichen Sicherung liegen v. a. in der Optimierung von Organisationsprozessen und damit erhoffter Kostenreduktion. An Organisationsrationalitäten gebundene Konzepte wie Disease Management und Case Management, die Orientierung an zeitlich und finanziell abgesteckter professioneller Dienstleistungen und die immer stärker werdende Zersplitterung von zuständigen Kostenträgern unterschiedlicher Maßnahmen mögen eine Optimierung gesundheitsbezogener Dienstleistungen suggerieren. Diese können auf eindeutigen Diagnosen, Behandlungskonzepten und Prognosen aufbauen. Den Herausforderungen und dem Konzept der Gemeindepsychiatrie entsprechen die unterschiedlichen Maßnahmen nicht. Vielmehr wäre hier professionelle und finanzielle Orientierung an der Perspektivität und dem Verlauf des jeweiligen „Falls" erforderlich. Alles andere widerspricht einer gelingenden Unterstützung einer Integration der Betroffenen in eine soziale Alltagswelt und in eine autonome Lebensführung. Auch der sich in der Medizin etablierende Ansatz der Evidenzbasierung – eben der Nachweisbarkeit einer Wirkung zwischen Gesundheitsproblem und Behandlung – kann die Gemeindepsychiatrie nicht leisten. Zwar zeigen Studien (Leiße / Kallert 2001; Hoffman 2003; Jehle 2007), dass eine gelingende soziale Integration oder die Veränderung von Lebens- und Wohnwelten der psychisch erkrankten Menschen positive Auswirkungen auf das Selbstwertgefühl und Lebenszufriedenheit haben. Aber der Nachweis einer therapeutischen Wirkung in einem klinischen Sinne kann die Gemeindepsychiatrie weder gegenwärtig noch zukünftig aufbringen. Nachhaltig für die Gemeindepsychiatrie sind diese Entwicklungen nicht nur vor dem Hintergrund der Erschwerung der „gesundheitlichen Sicherung" der psychisch erkrankten Menschen. Vielmehr droht die Gemeindepsychiatrie mit ihren zentralen aus den 1970er Jahren hervorgegangenen Konzepten in ein paradigmatisches Vakuum gegenwärtiger zentraler Leitorientierungen des modernen Gesundheitsmanagements zu fallen (Dörner 2001; Regus 2008; Wienberg 2008). Die Gemeindepsychiatrie droht, unattraktive Fremde für gesundheitspolitische Entwicklungen zu werden und damit innovativen Gestaltungsspielraum zu verlieren. Die gegenwärtige Gemeindepsychiatrie steht somit in einem Paradigmenkonflikt zwischen einer „Sozial"-Psychiatrie und einer funktionalen „Körper"-Medizin.

Aber auch das Soziale fordert die Gemeindepsychiatrie gegenwärtig stark heraus. Die Integration der psychisch kranken Menschen in „normale" Lebenswelten, die Abwehr von Stigmatisierungen und berufliche Rehabilitationen sind drei große Ziele der entstehenden Sozialpsychiatrie gewesen und haben ihre programmatische Bedeutung keineswegs eingebüßt. Dennoch zeigt sich, dass – gemessen an der

Auflösung der großen Langzeitpsychiatrien – die Integration eines der bisher am wenigsten umgesetzten Vorhaben ist. Zwar haben sich berufsrehabilitative Einrichtungen etabliert und es sind unterschiedliche Wohnformen für psychisch Kranke eingerichtet worden, die je nach Möglichkeit ein weitgehendes autonomes Leben im eigenen Wohnraum oder unterschiedliche Formen der „Betreuungen" ermöglichen. Eine wirkliche Integration ist dabei aber nicht gelungen. So haben die psychisch Kranken zwar die Anstalten verlassen, dennoch leben sie eher in einem „Ghetto" ihresgleichen (Dörner 2001; Wienberg 2008). Erschwerend kommt hinzu, dass die zunehmende Individualisierung der Alltagswelten – die gesellschaftliche Herausforderung, sein eigenes Leben immer wieder neu zu produzieren – Prozesse solidarischer Vergemeinschaftung oder wenigstens die Etablierung fester Gelegenheitsstrukturen erodieren lassen. Integration und soziale Teilhabe werden somit zu Forderungen, die den gesellschaftlichen Entwicklungen konträr entgegenlaufen. Es stellt sich die Frage: In welche sozialen Welten sollen die psychisch Erkrankten integriert werden? Und mit welchen Fähigkeiten müssen sie „ausgestattet" sein, um sich eine autonome Lebenspraxis in einer sich mehr und mehr durch Entgrenzung kennzeichnenden Moderne eröffnen zu können? Das Projekt „Gemeindepsychiatrie" ist mit seinen integrativen Bemühungen am „Normalisierungsprinzip" orientiert. Dabei erweist sich das gegenwärtige neoliberale Menschenbild aber gerade als für die psychisch Kranken weder gestaltbar noch erstrebenswert. Die gescheiterten Integrationsbemühungen sind dabei nicht nur als Ausdruck einer Krise der Gemeindepsychiatrie zu beschreiben, sondern sind Spiegel für die Krise der Gesellschaft. Und worauf Heiner Keupp (2005) zu Recht verweist, kann die Sozialpsychiatrie in diesem Sinne wieder als Teil einer gesellschaftlichen Oppositionsbewegung verstanden werden, um der neoliberalen Praxis in begrenztem Maße eine andere Normalitätskonstruktion entgegenzusetzen. In diesem Sinne steht die Gemeindepsychiatrie nicht nur vor einem paradigmatischen Konflikt der „richtigen" gesundheitlichen Sicherung. Die Gemeindepsychiatrie steht in viel weitreichenderem Sinne in einem „normativen" Konflikt hinsichtlich der Veränderung gesellschaftlicher Lebenspraxis und sich neu organisierender und gesellschaftlich eingeforderter Identitätskonstruktionen. Die notwendigen Suchbewegungen der Gemeinde-

psychiatrie müssen dabei als widerspruchsvoll verstanden werden. Ein Entkoppeln zu den gesellschaftlichen Entwicklungen wird nicht möglich sein und ein Ringen um die Kontur eigener Zielorientierung jenseits von Individualisierung und Selbstoptimierung ist dagegen zwingend erforderlich.

So sehr die Auflösungen der Anstalten Anlass, Zielpunkt und zentrale Herausforderung der Gemeindepsychiatrie waren, werden mit den gegenwärtigen Neustrukturierungen gesundheitsbezogener Versorgungsarrangements und ihrer ökonomischen Optimierung keine Neubestimmungen allenfalls Verwaltungsformen psychisch erkrankter Menschen eröffnet. Um sich diesen Entwicklungen nicht hilflos auszusetzen, bedarf es – über eine notwendige sozialpolitische Kritik und neuer Entwicklungen „gemeindepsychiatrischer" Methoden – einer eigenen theoretischen Profilierung. Der Verweis auf ein biopsychosoziales Krankheitskonzept und auf eine Ressourcen- und Alltagsorientierung – so bedeutsam sie ohne Zweifel sind – reichen allein nicht aus. Der „gemeindepsychiatrische Blick" muss eine theoretische Begrifflichkeit des Subjekts in seinen gesellschaftlichen widerspruchsvollen Bezügen entwickeln (Krisor 2005; Haselmann 2008). Wenn die psychisch erkrankten Menschen in ihren Abhängigkeiten und gleichzeitig in ihren „Eigensinnigkeiten", Sinnorientierungen und Aneignungspotenzialen verstanden werden, können sich bedeutsame Begründungszusammenhänge für professionelle und methodische Wege eröffnen. Das Werk Michel Foucaults (1982) und hier insbesondere seine Analyse zu „Wahnsinn und Gesellschaft" kann als ein theoretischer Begründungszusammenhang für die Disziplinierung der psychisch Kranken und die Notwendigkeit der Deinstitutionalisierung gesehen werden. Gerade Foucault bietet mit seinen Ansätzen der „unterdrückten Wissensarten" (Foucault 1978; Hanses 2009a, 2009b; Hanses / Homfeldt 2009; Kögler 2004) und der „Selbstsorge" (Foucault 1985, 1986; Keupp 2000, 2003) theoretische Perspektiven, welche die Subjekte in ihren eigensinnigen Brechungen der Macht deutlich werden lassen. Eine Analyse dieser Zusammenhänge eröffnet die Perspektiven für die Widersprüchlichkeit sozialer Welten, die Macht gesellschaftlicher Normen und institutioneller Arrangements sowie gleichzeitig für Formen subjektiver Selbstsetzungen. Bedeutsam ist dabei, eine konsequente Perspektive einer Subjektorientierung zu entwickeln, die biografische Erfahrungen und Konstruktionen als „sozialisierte Subjektivität" (Bourdieu/Wacquant 1996) begreift, somit Eigensinn und Vergesellschaftung gleichermaßen zu verstehen und das biografische Wissen als bedeutsame „Ressource" für Lebensbewältigung zu begründen vermag. Eine in diesem Sinne verstandene Gemeindepsychiatrie könnte und müsste ihre eigene Praxis ganz anders fundieren. Damit wären neue Begründungszusammenhänge eröffnet und Positionierungen gegenüber gegenwärtigen gesundheitspolitischen Imperativen möglich. Die Gemeindepsychiatrie benötigt Forschungen, die diesen Subjektbezug leisten und gleichzeitig die Bedeutsamkeit sozialer Praxen in den Lebenswelten erfassen kann (Hanses 2005, 2009a). Denn die Gemeindepsychiatrie benötigt über das Wissen der *Wirkung* von einzelnen Maßnahmen hinaus vielmehr Kenntnis über die *Wirksamkeit* sozialer Arrangements sowie die Relevanz und die Widersprüchlichkeit biografischer Anschlussfähigkeit an (psychiatrische) Dienstleistungen und soziale (lebensweltliche) Gelegenheitsstrukturen.

Soziale Arbeit und Gemeindepsychiatrie

Wie schon betont, handelt es sich bei der Gemeindepsychiatrie um ein interprofessionelles Feld. Zwar haben die Mediziner weiterhin die diagnostische Definitionshoheit, gleichzeitig lassen sich die veränderten Aufgaben und Herausforderung der Gemeindepsychiatrie nicht mehr allein durch medizinische Strategien lösen, sondern bedürfen anderer professioneller Kompetenzstrukturen. Insbesondere die Integration psychisch erkrankter Menschen in Arbeits- und autonome Wohnverhältnisse hat den Einbezug Sozialer Arbeit in dieses Berufsfeld erfordert. Mittlerweile stellt die Soziale Arbeit die größte Professionsgruppe in der Gemeindepsychiatrie dar. Umgekehrt ist die Psychiatrie für die Soziale Arbeit ebenso ein bedeutsames Arbeitsfeld im Kontext des Gesundheitsbereichs geworden. Die mittlerweile umfassende Fachliteratur zum Thema Psychiatrie und Soziale Arbeit dokumentiert diesen Trend sehr eindrücklich (Bosshard 2008; Bosshard et al. 2007; Dörr 2005; Haselmann 2008; Hörster 1999; Schaub 2008;

Zimmermann 2005; v. Kardorff 2005). Grundlegend liegen die Aufgaben der Sozialen Arbeit im Kontext der psychosozialen Betreuung der psychisch erkrankten Menschen sowie in der Unterstützung integrativer Bemühungen in den Gemeindekontext und in den gemeindebezogenen Versorgungskontext. Ein bedeutsamer Teil professioneller Praxis Sozialer Arbeit besteht in der Unterstützung eines eigenständigen oder betreuten Wohnens. Da hinsichtlich des Wohnens in einer eigenen Wohnung auch aus der Einschätzung der Betroffenen selbst unterschiedliche Bedarfe der Unterstützung formuliert werden, sind verschiedene Wohnformen entwickelt worden wie betreutes Einzelwohnen, (therapeutische) Wohngemeinschaften, Übergangswohnheime und andere Betreuungen. Weitere bedeutsame Tätigkeitsbereiche liegen in der Unterstützung der Tagesstrukturierungen der psychisch Erkrankten im Kontext von Tagesstätten, Kontakt- und Begegnungsstätten und Tageszentren. Natürlich liegt ein zentraler Bereich professioneller Praxis Sozialer Arbeit in der beruflichen Rehabilitation. Dabei handelt es sich um Projekte zur Wiedereingliederung in einen beruflichen Prozess oder die Integration in spezielle Einrichtungen zur beruflichen Rehabilitation sowie Werkstätten für Behinderte (Bosshard et al. 2007; Dörr 2005). Darüber hinaus können Krisenversorgung, aufsuchende Dienste, Selbsthilfe und Trialog weitere Aspekte sozialpädagogischer Praxis darstellen (Zimmermann 2005). Die methodischen Strategien der Sozialen Arbeit lassen sich in „umfeldbezogene" und „personenbezogene" Methoden differenzieren (Bosshard et al. 2007). In den ersten Komplex würden v. a. Formen der Netzwerkarbeit in der Gemeinde und ein damit verbundenes Case Management impliziert sein, um eine sinnvolle soziale Sicherung und Integration der psychisch erkrankten Menschen zu gewährleisten. Im zweiten Komplex können Beratungsarbeit, psychoedukative oder biografiebezogene Konzepte als sinnvolle Methoden genannt werden (Dörr 2005; Haselmann 2008; Obert 2006). Schaub (2008) hebt darüber hinaus die Notwendigkeit einer gelingenden „Interaktionsarbeit" hervor.

Die Bedeutung der Sozialen Arbeit in der Gemeindepsychiatrie kann dennoch nicht ausschließlich durch ihre Methodenorientierung und Methodenkompetenz oder ihrer allgemeinen Verweisung auf das Soziale beschrieben werden. Es sind vielmehr ihre grundlegenden Konzepte und Leitperspektiven wie Empowerment, Salutogenese, Lebensweltorientierung, biopsychosoziales Krankheits- und Gesundheitsverständnis. Damit sind wichtige Neuerungen und Kontrastierungen gegenüber tradierten medizinnahen und auf die Pathologie konzentrierte Perspektiven gesetzt. Doch gleichzeitig verbleiben diese Begriffe oftmals als disparate Schlaglichter, von denen keine theoretische Verdichtung und damit keine konzeptionelle Wirkung auf die professionelle Selbstverortung und Praxis Sozialer Arbeit in der Gemeindepsychiatrie ausgehen. An dieser Stelle wäre ein subjekt- und biografietheoretischer Ansatz zu fordern und eine wissenschaftliche wie praktische Perspektive, die den konkreten Fall in seiner gesellschaftlichen Gebundenheit, seiner sozialen Konstruktion und biografischen Eigensinnigkeit zu erfassen weiß, die Prozesse von Erkrankung und Gesundung in ihrer Dialektik und Widersprüchlichkeit produktiv nutzen kann und die Bedeutsamkeit der Anerkennung der anderen als andere zu respektieren weiß. Margret Dörr (2005) betitelt eine solche subjekttheoretische Konzeption als eine Leitidee der „Sozialen Anerkennung" für die Praxis Sozialer Arbeit in der Psychiatrie. Konsequenz eines solchen Ansatzes ist es allerdings, den Blick über die Frage der „richtigen Versorgung" psychisch erkrankter Menschen hin zu komplexen Begleitungen und Praxen sozialer Anerkennung zu transformieren. Die Studie von Manfred Jehle (2007) hat anhand biografischer Interviews mit psychiatrieerfahrenen Menschen aufzeigen können, dass das Netz gemeindepsychiatrischer Arrangements bedeutsamer Erfahrungsraum für Inklusionen sein kann und Gemeindepsychiatrie in diesem Sinne „Produzent" von Möglichkeitsräumen für die Betroffenen sein muss. Die Studie hat ebenfalls gezeigt, dass „wirksame" Hilfe nicht in der Richtigkeit einer spezifischen Maßnahme begründet ist, sondern in der Fähigkeit der Hilfearrangements, sich in Form persönlich zugewandter Beziehung auf die spezifischen Lebenssituationen und Perspektiven der Betroffenen einzulassen. Es geht darum, dass aus der Perspektive der Betroffenen soziale Gestaltungen und soziale Teilhabe, Praxen der Anerkennung entstehen können. Eine in diesem Sinne verstandene professionelle Praxis Sozialer Arbeit in der Gemeindepsychiatrie wird nicht die gesellschaftlichen Probleme und Herausforderungen, in der sich die Sozialpsychiatrie befindet, lösen können. Die Praxis Sozialer Arbeit bedarf aber jenseits einer ökonomisierenden Versorgungspraxis eines sensiblen Umgangs mit den Subjekten der Gemeindepsychiatrie, eine Wahrnehmung ihrer Selbstperspektiven und dem Versuch fördernde soziale Arrangements zu eröffnen, die Vergemeinschaftungspraxen und nachhaltige „Selbstverortungen" der psychisch erkrankten Personen ermöglichen. Dabei wird der „Fallbezug" als sensible, verbindliche Interaktionsarbeit selbst zu einem bedeutsamen Teil einer Sinn herstellenden sozialen Praxis (Hanses 2002; Jehle 2007).

Literatur

Bosshard, M. (2008): Soziale Arbeit und Psychiatrie. In: Gahleitner, S., Hahn, G. (Hrsg.): Klinische Sozialarbeit. Psychiatrie-Verlag, Bonn, 151–162

–, Ebert, U., Lazarus, H. (2007): Soziale Arbeit in der Psychiatrie. Psychiatrie, Bonn

Bourdieu, P., Wacquant, L. (1996): Reflexive Anthropologie. Suhrkamp, Frankfurt/M.

Dammann, G. (2007): Für eine „Neue Sozialpsychiatrie": Aktuelle Brennpunkte und Entwicklungslinien der psychiatrischen Versorgung im Spannungsfeld von integrativen und gesundheitsökonomischen Perspektiven. Fortschritte der Neurologie Psychiatrie 75, 593–606

Dörner, K. (2001): Die Zukunft der Gemeindepsychiatrie – die Gemeindepsychiatrie der Zukunft. Sozialpsychiatrische Information, Sonderheft, 11–13

– (1975): Bürger und Irre. Zu Sozialgeschichte und Wissenschaftssoziologe der Psychiatrie. Fischer, Frankfurt/M.

–, Plog, U. (2007): Irren ist menschlich. Psychiatrie, Bonn

Dörr, M. (2005): Soziale Arbeit in der Psychiatrie. Ernst Reinhardt, München/Basel

Eikelmann, B., Reker, T., Richter, D. (2005): Zur sozialen Exklusion psychisch Kranker – Kritische Bilanz und Ausblick der Gemeindepsychiatrie zu Beginn des 21. Jahrhunderts. Fortschritte der Neurologie Psychiatrie 73, 664–673

Foucault, M. (1986): Sexualität und Wahrheit. 3. Bd.: Die Sorge um Sich. Suhrkamp, Frankfurt/M.

– (1985): Freiheit und Selbstsorge. Materialis, Frankfurt/M.

– (1982): Wahnsinn und Gesellschaft. Suhrkamp, Frankfurt/M.

– (1978): Historisches Wissen der Kämpfe und Macht. In: Foucault, M.: Dispositive der Macht. Merve, Berlin, 55–74

Hambrecht, M. (2007): Gemeindepsychiatrie im 21. Jahrhundert. Psychiatrische Praxis 34, 13–16

Hanses, A. (2009a): Biografie. In: Bock, K., Miethe, I. (Hrsg.): Handbuch qualitativer Methoden in der Sozialen Arbeit. Leske + Budrich, Opladen

– (2009b): Professionalisierung Sozialer Arbeit – Fragmente einer reflexiven Positionsbestimmung. In: Busse, S., Ehlert, G. (Hrsg.): Soziale Arbeit und Region. Lebenslagen, Institutionen, Professionalität. RabenStück, Berlin, 276–293

– (2005): AdressatInnenforschung in der Sozialen Arbeit – Zwischen disziplinärer Grundlegung und Provokation. In: Schweppe, C., Thole, W. (Hrsg.): Sozialpädagogik als forschende Disziplin. Theorie, Methode, Empirie. Juventa, Weinheim / München, 185–200

– (2002): Biographische Diagnostik als Veränderung professioneller „Interaktionsordnung". In: Dörr, M. (Hrsg.): Klinische Soziale Arbeit. Schneider Hohengehren, Baltmannsweiler, 86–102

–, Homfeldt, H. G. (2009): Biografisierung der Lebensalter in Zeiten eines sich transformierenden Wohlfahrtsstaates. In: Kessl, F., Otto, H.-U. (Hrsg.): Herausforderungen und Optionen für die Soziale Arbeit. Juventa, Weinheim / München, 149–164

Haselmann, S. (2008): Psychosoziale Arbeit in der Psychiatrie – systemisch oder subjektorientiert? Vandenhoeck & Ruprecht, Göttingen

Hoffman, K.-M. (2003): Enthospitalisierung und Lebensqualität. Psychiatrie, Bonn

Hörster, R. (1999): Sozialpsychiatrie und Soziale Arbeit. In: Chasse, K. A., Wensierski, H.-J. (Hrsg.): Praxisfelder der Sozialen Arbeit. Juventa, Weinheim / München, 360–374

Jehle, M. (2007): Psychose und souveräne Lebensgestaltung. Erfahrungen langfristig Betroffener mit Gemeindepsychiatrie. Psychiatrie, Bonn

Jervis, G. (1983): Kritisches Handbuch der Psychiatrie. Syndikat, Frankfurt / M.

Kardorff, E. v. (2005): Psychiatrie und Sozialpädagogik / Sozialarbeit. In: Otto, H.-U., Thiersch, H. (Hrsg.): Handbuch Sozialarbeit / Sozialpädagogik. 3. Aufl. Ernst Reinhardt Verlag, München / Basel, 1434–1445

Keupp, H. (2005): Psychosoziales Arbeiten in einer Gesellschaft im Umbruch. Psychoneuro 31, 35–41

– (2003): Das Subjekt in der Postmoderne – zwischen Multiphrenie und Selbstsorge. Psychiatrische Praxis 20. Supplement 1, 3–13

– (2000): Eigensinn und Selbstsorge: Subjektsein in der Zivilgesellschaft. Verhaltenstherapie und Psychosoziale Praxis 32, 73–83

Kögler, H.-H. (2004): Michel Foucault. 2. Aufl. J. B. Metzler, Stuttgart / Weimar

Krisor, M. (2005): Aufgehoben in der Gemeinde. Entwicklung und Verankerung einer offenen Psychiatrie. Psychiatrie, Bonn

Leiße, M., Kallert, T. (2001): Deinstitutionalisierung, Wohnsituation und subjektive Zufriedenheit schizophrener Patienten. Psychiatrische Praxis 28, 10–17

Obert, K. (2006): Alltags- und lebensweltorientierte Ansätze sozialpsychiatrischen Handelns. Ein Beitrag zur sozialpsychiatrischen Methodik am Beispiel eines Sozialpsychiatrischen Dienstes. Psychiatrie, Bonn

Priebe, S. (2003): Zukunft psychiatrische Versorgung – Träume und Alpträume. Psychiatrische Praxis 30. Supplement 1, 48–53

Regus, M. (2008): Gemeindepsychiatrie in der Krise: Problemfelder und Bewältigungsstrategien. Sozialpsychiatrische Informationen 3, 35–40

Schaub, H.-A. (2008): Klinische Sozialarbeit. V&R unipress, Göttingen

Wienberg, G. (2008): Gemeindepsychiatrie heute – Erreichtes, aktuelle Herausforderungen und Perspektiven. Sozialpsychiatrische Informationen 1, 2–13

Zimmermann, R.-B. (2005): Sozialarbeit in der Sozialpsychiatrie. In: Ortmann, K., Waller, H. (Hrsg.): Gesundheitsbezogene Sozialarbeit. Schneider Hohengehren, Baltmannsweiler, 63–75

Gemeinschaft

Von Karin Böllert

Sozialpädagogik und Gemeinschaft

Die Auseinandersetzungen mit dem Gemeinschaftsbegriff und die Bezugnahme auf die Entwicklungsprozesse von Gemeinschaften haben innerhalb der Sozialpädagogik eine lange Tradition. So hat Mollenhauer bereits 1959 gezeigt, dass Gemeinschaft als pädagogische Aufgabe immer dann virulent wird, wenn das Verhältnis von Individuum und Gesellschaft als problematisch wahrgenommen wird. Von daher zeichnet er die Ursprünge dieser Diskussion in den Schriften Schleiermachers nach, der erstmals 1799 vor dem Hintergrund der Aufklärung der französischen Revolution sowie der damit aufkommenden Idee der individuellen Selbstverwirklichung den Versuch unternimmt, eine „Theorie des geselligen Betragens" zu begründen. Ausgangspunkt der hierauf aufbauenden Überlegungen ist der Umstand, dass alte Formen der Geselligkeit gegenüber der Wirklichkeit einer zunehmend industriell geprägten Gesellschaft ihre strukturierend Wirkung verlieren. Die Unterscheidung von Gemeinschaft und Gesellschaft, die spätestens seit dem erstmaligen Erscheinen des gleichnamigen Werkes von Tönnies (1887) immer wieder zu grundlegenden Analysen gesellschaftlicher Wandlungsprozesse herangezogen wird, geschieht in diesem Kontext vorwiegend als Problematisierung des Verlustes von Gemeinschaftserfahrungen. Das Gemeinschaftliche als Wert (Mollenhauer 1959) hat hier ebenso seine Ursprünge wie der mit dem Gemeinschaftsbegriff häufig einhergehende Sozialromantizismus.
Obwohl das Werk von Tönnies sich nicht durch eine durchgehende Systematik auszeichnet – vgl. hierzu die jeweiligen Interpretationen in Weber (1921), Geiger (1931), König (1955) und Plessner (1959) –, hat seine idealtypische Begriffsbildung von Gemeinschaft und Gesellschaft jahrzehntelang zu einem dichotomen Verständnis beigetragen, das erst in jüngster Zeit durch ein reziprokes Verhältnis abgelöst wird. Gemeinschaft und Gesellschaft stellen für Tönnies zwei Extrempole unterschiedlicher Typen von Verbundenheit dar. Während in der Gesellschaft zweckrationale Tauschbeziehungen ohne innere Verbundenheit dominieren, ist die Gemeinschaft durch gemeinsames, aufeinander bezogenes Handeln charakterisiert, das seine Wurzeln in den durch die Gemeinschaft vermittelten Traditionen, in gelebter dauerhafter und stabiler Verbundenheit hat. Gemeinschaft ist so das entscheidende Medium sozialer Integration. Während des gesamten 19. Jahrhunderts ist die sich etablierende Sozialpädagogik durch ihren Bezug auf einen solchen Gemeinschaftsbegriff bestimmt. Herausragender Vertreter ist in dieser Zeit Natorp, der in seiner 1899 erstmals veröffentlichten „Sozialpädagogik" ausführt, dass der Mensch zum Menschen wird allein durch menschliche Gemeinschaft. In diesem Sinne sieht er die Aufgabe der Pädagogik darin, sich an der Organisation von Gemeinschaften zu beteiligen, da nur über die Kraft des Gemeinschaftlichen Gesellschaft möglich wird – eine Annahme, die auch in Teilen der Kommunitarismus-Debatte wieder auftaucht. Zu Beginn des 20. Jahrhunderts bis zum Ende der Weimarer Republik ist der Gemeinschaftsdiskurs in erster Linie geprägt durch die Jugendbewegung, die beispielsweise in Form der Wandervogel-Bewegung das unmittelbare, zweckfreie Wir-Erlebnis, die Erfahrung der Gemeinschaft Gleichaltriger und Gleichgesinnter in kleinen Gruppen eigener Wahl der abstrakten bürgerlichen Erwachsenenwelt gegenüber stellt (Müller 1988a).
Seine radikale Pervertierung erfährt der Gemeinschaftsbegriff dann in der nationalsozialistischen Idee der Volksgemeinschaft. Gemeinschaft wird hier zum rassistischen Ausschließungskriterium,

Otto/Thiersch (Hg.), Handbuch Soziale Arbeit, 4. A., DOI 10.2378/ot4a.art049,

Individualität ist nur noch als gemeinschaftsbestimmte und gemeinschaftsverbürgte möglich. In dieser Perspektive ist Gemeinschaft dann weder als Gegenbegriff zu dem der Gesellschaft konzipiert, noch gilt sie als notwendiges Mittel zur Integration in die Gesellschaft. Stattdessen löst die Volksgemeinschaft die Möglichkeit von Individualität auf, womit über den Begriff der Gemeinschaft der gesellschaftliche Zugriff auf das Individuum total wird (Otto / Sünker 1986).

Diese spezifisch deutsche Variante des Gemeinschaftsbegriffes führt nun dazu, dass er in den sozialpädagogischen Diskussionen nach dem Zweiten Weltkrieg nur noch selten gebraucht wird. Ansatzweise wird er lediglich in der Methodendiskussion der Sozialpädagogik, d. h. im Bereich der Gruppen- und Gemeinwesenarbeit wieder aufgenommen (Müller 1988b), ohne dabei seine vormalige Bedeutung wieder zu erlangen, und ohne dass dies zu einer weitergehenden wissenschaftlichen Fundierung methodischen Handelns beigetragen hätte.

Erst mit dem Aufkommen unterschiedlicher Formen sozialer Selbsthilfe und der sozialen Bewegungen gegen Ende der 1970er und Anfang der 1980er Jahre nimmt auch die Bedeutung des Gemeinschaftsbegriffes wieder zu. Selbsthilfegruppen und soziale Bewegungen gelten in dieser Hinsicht als neue Gruppenangebote, die als inszenierte Gemeinschaften bezeichnet werden. Puch (1991) geht davon aus, dass Selbsthilfegruppen und soziale Bewegungen individuelle Stabilität und Orientierung in einer pluralisierten Gesellschaft vermitteln können. Demzufolge bieten sie Hilfestellungen in biographischen Umbruchsituationen an und leisten Unterstützung bei der Identitätsarbeit. Die Inszenierung von Gemeinschaften knüpft somit daran an, dass im Kontext gesellschaftlicher Entwicklungstendenzen sich herkömmliche Gemeinschaftsformen entweder auflösen oder im Rahmen einer strukturellen Überforderung ihren ursprünglichen Funktionen nicht mehr nachkommen können. Im Gegensatz zu der insbesondere auf Beck (1986) zurückzuführenden Betonung des Gemeinschaftsverlustes im Rahmen von Individualisierungsprozessen geht diese Position somit von der Möglichkeit der Herausbildung posttraditionaler Gemeinschaften aus (Böllert 1995). Grundlegend hierfür ist, dass die traditionell polare Fassung von Gemeinschaft und Gesellschaft zugunsten einer Sichtweise aufgegeben wird, die erkennt, dass es sich bei der Inszenierung von Gemeinschaf

ten „um etwas Drittes, Neues handeln soll, das in seiner spezifischen Strukturierung zu erschließen ist" (Gildemeister (1989, 82). „Wie können Gemeinschaften, die etwas Gewachsenes zum Ausdruck bringen, gleichzeitig inszeniert also künstlich sein" (Puch 1991, 16), ist die Frage, die es demnach zu beantworten gilt. Die Inszenierung von Gemeinschaften wird bei entsprechenden Antwortversuchen dann als ein umfassender Arbeitsansatz betrieben, der für viele sozialpädagogische Arbeitsfelder ein Modell sozialer Hilfe abgibt. Für den von Böhnisch (1994, 10) so bezeichneten Weg aus der Sackgasse der Individualisierung benötigt die Gesellschaft zunehmend die sozialintegrative und gemeinschaftsbildende Kraft der Sozialpädagogik. Die sozialpädagogische Inszenierung von Gemeinschaften als Modell sozialer Hilfe wird somit als Prozess zur Herstellung sozialer Integration verstanden. Das aber heißt, dass eine weitergehende Analyse inszenierter Gemeinschaften untersuchen muss, inwieweit „gerade in der Qualität der ‚Inszenierung' der Schlüssel zu finden ist, (der) mit der empathisch gedachten, neoromantisch inspirierten ‚Gemeinschaft' wenig oder gar nichts gemein hat", und der am ehesten als eine Art „vergemeinschafteter Vergesellschaftung" zu beschreiben ist (Gildemeister 1989, 84).

Schließlich wird über die Auseinandersetzung mit Kohlbergs Ansatz der „just-community" ein solches Beispiel sozialpädagogischer Inszenierung von Gemeinschaften diskutiert, was Brumlik (1989, 376) dazu veranlasst hat, von der Sozialpädagogik wieder als einer Kunst zu sprechen, die „im Medium der Gemeinschaft zur Gemeinschaft bildet". Neben diesen, quantitativ betrachtet allerdings eher singulären Auseinandersetzungen mit einem Gemeinschaftsbegriff in der Sozialpädagogik beginnt diese erst wieder mit der Rezeption der, als Kommunitarismus bezeichneten, amerikanischen Gemeinschaftsdebatte.

Kommunitarismus-Debatte

Zentrale Ausgangsthese der Kommunitaristen ist, dass eine Gesellschaft, die sich im wesentlichen auf automatisierte, voneinander isolierte und nur ihren Eigeninteressen verpflichtete Individuen stützt, ihre eigenen Grundlagen untergräbt (Reese-Schäfer 1994). Stattdessen können die entscheidenden Probleme der Gegenwart nur dann ausreichend berücksichtigt werden, wenn sich sowohl die wissenschaftlichen Arbeiten als auch die praktische Politik wieder auf den Begriff der Gemeinschaft zurück beziehen (Honneth 1992b). Die wesentlichen Vertreter dieser Denkströmung sind Michael Sandel, Alaisdair MacIntyre, Charles Taylor, Amatai Etzioni sowie Robert Bellah und Michael Walzer. Trotz der unterschiedlichen Ansätze des Gemeinschaftsbegriffes stimmen sie im wesentlichen darin überein, dass soziale Integration von Menschen in gesellschaftliche Zusammenhänge – im übrigen eine der zentralen Aufgaben sozialpädagogischen Handelns – nur dann angemessen vollzogen werden kann, wenn die Mitglieder der Gesellschaft über die gemeinschaftlich geteilte gemeinsame Orientierung an Werten aufeinander bezogen sind.

Die besondere Brisanz dieses Vorschlags liegt nun darin, dass er sich auf jene gesellschaftlichen Tendenzen bezieht, die hier zu Lande mit dem Begriff der Individualisierung thematisiert worden sind. Die Freisetzung aus überkommenen Rollenerwartungen, die Erweiterung individueller Optionsspielräume und die kulturelle Erosion von vergemeinschaftenden Sozialmilieus führen, folgt man der Individualisierungsthese, dazu, dass Menschen in einem wachsenden Umfang biographische Eigenleistungen erbringen müssen. Während nun aber in der sozialpädagogischen Diskussion dieser Individualisierungsprozesse die jeweiligen Vor- und Nachteile für die Betroffenen und die entsprechenden Notwendigkeiten darauf bezogener sozialer Unterstützungsleistungen im Mittelpunkt stehen, fragen die Kommunitaristen nach den Konsequenzen für die Gesellschaft und beantworten diese Frage in der Forderung nach einer Revitalisierung gemeinschaftlicher Bezüge. Es geht ihnen somit vor allem darum, die Bedeutung gemeinschaftlicher Wertbildung wieder zurück zu gewinnen. Dabei plädieren sie keinesfalls durchgängig für eine konservative Gemeinschaftsideologie, sondern für eine Stärkung republikanischer Traditionen, die Einrichtung intermediärer Gemeinschaftsformen und den Ausbau demokratischer Partizipationsmöglichkeiten in öffentlichen und politischen Angelegenheiten.

Den Beginn der Kommunitarismus-Debatte markiert die Kritik an der von Rawls (1979; 1994) entwickelten Theorie der Gerechtigkeit. Rawls geht davon aus, dass die Idee gleich verteilter Freiheits-

rechte als oberster Maßstab einer Gerechtigkeit zu gelten habe, und dass dieser Vorrang der Rechte auch gegenüber gesellschaftlichen Definitionen des sog. „Guten" aufrecht zu erhalten sei. Keine Gesellschaft kann demnach ihren Mitgliedern eine bestimmte Lebensform normativ verbindlich vorschreiben (Müller 1992). Das Zustandekommen von Rechtspositionen erklärt Rawls durch die Annahme eines fiktiven Urzustandes: Würden Individuen, die keine Vorstellung davon entwickelt haben, wie ihre zukünftige soziale Position sein wird, sich versammeln, um sich auf eine Organisationsform von Gesellschaft vertraglich zu einigen, dann würden sie mit hoher Wahrscheinlichkeit zwei Gerechtigkeitsprinzipien festlegen: erstens den Grundsatz größtmöglicher Freiheit und zweitens das Prinzip ökonomischer Gerechtigkeit. Gegen diese vertragstheoretische, liberalistische Gerechtigkeitsidee haben nun die Kommunitaristen verschiedene Argumente angeführt. Zunächst hat Sandel (1982) hervorgehoben, dass die Annahme eines atomischen Subjekts nur dann haltbar wäre, wenn man davon ausginge, dass Individuen auch unabhängig von ihren jeweiligen Lebensbedingungen und Wertorientierungen gedacht werden könnten. Dagegen vertritt er die mittlerweile von Rawls geteilte Ansicht, dass Menschen sich immer schon im Kontext bestimmter Wertvorstellungen verstehen. Solche identitätsstiftenden Lebensziele – so argumentiert er weiter – können aber nur durch kommunikativ vermittelte Prozesse der sozialen Integration erworben werden. Wenn Subjekte ihre Lebensziele nicht wählen, sondern im sozialen Austausch suchen und entdecken, dann muss sich das Vorzugsverhältnis von Rechten und Werten umkehren. Honneth hat die Kritik von Sandel folgendermaßen auf den Punkt gebracht: „Der Einzelne bedarf, um zwanglos zu einem angemessenem Verständnis seiner selbst gelangen zu können, der Voraussetzung einer intakten Gemeinschaft, in der er sich der Solidarität aller anderen gewiss sein kann. Insofern erzwingt der aus der Kritik des Atomismus gewonnene Begriff der ‚radikal situierten' Person die normative Vorrangstellung der Vision gemeinsam geteilter Werte vor der Idee gleicher Rechte" (1991, 88).

In eine ähnliche Richtung argumentieren Taylor (1988; 1993a; 1993b) und MacIntyre (1987; 1993). Taylor geht dabei vor allem der Frage nach, welche Voraussetzungen vorhanden sein müssen, damit Subjekte die ihnen rechtlich zugestandene Freiheit der Selbstverwirklichung auch tatsächlich nutzen können. Die Verwirklichung von Freiheit ist demzufolge an die Entwicklung bestimmter Fähigkeiten gebunden, die nur in intakten Gemeinschaften vermittelt werden können. Die von Rawls bestimmten Rechtsansprüche auf Freiheit stellen von daher nur eine Möglichkeit zu individueller Selbstbestimmung dar, deren Verwirklichung aber an ein Konzept von Gemeinschaft gebunden bleibt. Taylor und MacIntyre stimmen darin überein, dass nur in dem Kontext einer sozialen Gemeinschaft, innerhalb der das Subjekt bestimmte Werte mit anderen Gemeinschaftsmitgliedern teilt, individuelle Freiheit und soziale Integration verwirklicht werden können. Nur wenn der Einzelne sich der Zustimmung durch andere sicher weiß, kann er seine Lebensziele sozial realisieren. Gehen nun im Kontext des Individualisierungsprozesses solche sinnstiftenden Gemeinschaften zunehmend verloren, dann fehlen die sozialen Voraussetzungen für die Entwicklung sinnstiftender Lebensentwürfe ebenso wie die Voraussetzungen für die Partizipation an rechtlich zugestandenen Freiheitsrechten. Insbesondere Walzer (1990; 1992; 1993) und Bellah et al. (1987; 1992) haben diesen Verlust an sozialer Verortung beschrieben. Während Bellah et al. dies anhand ihrer empirischen Studien über die Situation der weißen amerikanischen Mittelschicht nachzuzeichnen versuchen, charakterisiert Walzer moderne Gesellschaften ähnlich wie Beck durch einen spezifischen Mobilitätszuwachs (Endreß 1993). Die Zunahme von Wohnort- und Arbeitsplatzwechseln führt demnach dazu, dass die Kontinuität sozialer Beziehungen problematisch wird; intergenerationelle Status- und Lebensstilveränderungen haben innerfamiliäre Brüche zur Folge, die stetig wachsende Zahl von Wechselwählern und die abnehmende Parteienbindung werden von Walzer als Indiz dafür angeführt, dass Politik unter dem Diktat modischer Aktualität und mediengerechter Vermarktung praktiziert wird. Des Weiteren signalisieren hohe und steigende Scheidungs- und Wiederverheiratungsraten eine enorme Beziehungsmobilität. Alle vier Faktoren zusammengenommen führen für Walzer zu einem bislang nicht gekannten Ausmaß sozialer Entwurzelung. Strittig bleibt aber auch bei Walzer, ob nun von dem Primat der Rechte oder dem der Werte auszugehen ist, d.h. in der Auseinandersetzung

zwischen den Liberalen und den Kommunitaristen steht nach wie vor die Frage im Zentrum, ob Gemeinschaften als zwingende Voraussetzung für die Wahrnehmung von Freiheitsrechten gelten können, oder ob vertraglich fixierte Freiheitsrechte erst die Voraussetzung für das Zustandekommen gemeinschaftlicher Bezüge darstellen.

Ausgehend von diesen zentralen Grundannahmen des Kommunitarismus hat nun Honneth (1993a) einen Versuch unternommen, liberalistische Ideen und kommunitaristische Vorstellungen so aufeinander zu beziehen, dass ein konzeptioneller Rahmen für eine posttraditionale Vergemeinschaftung umrissen werden kann. Sein Minimalbegriff der Gemeinschaft geht davon aus, dass in der Gemeinschaft eine wechselseitige Wertschätzung stattfindet, in dem der jeweils andere auf Grund der Eigenschaften und Fähigkeiten, die ihm als Individuum zukommen, respektiert wird. Im Kontext gesellschaftlicher Zusammenhänge dagegen werden Subjekte so aufeinander bezogen, dass sie wechselseitig den rechtlich festgelegten Freiheitsspielraum des jeweils anderen tolerieren. In der Differenzierung von Gesellschaft und Gemeinschaft geht es somit vor allem um die Unterscheidung verschiedener Muster der wechselseitigen Anerkennung:

„Für die soziale Integration einer Gesellschaft ist von Belang (…), dass jene Eigenschaften wechselseitig Anerkennung finden, die alle ihre Mitglieder miteinander teilen; für die soziale Integration einer Gemeinschaft ist dagegen von Belang, dass sich die Mitglieder in Eigenschaften oder Fähigkeiten wechselseitig wertschätzen, die ihnen jeweils als bestimmte Subjekte oder Personengruppen zukommen. Sich wechselseitig wertzuschätzen aber heißt, untereinander Beziehungen der Solidarität zu unterhalten: jemandem Solidarität entgegenzubringen nämlich meint, ihn oder sie als eine Person zu betrachten, deren Eigenschaften von Wert für eine gemeinsame Lebenspraxis sind." (Honneth 1993a, 263)

Gemeinschaften werden in der Folge dieser Argumentation von Honneth als Solidaritätsbeziehungen charakterisiert, innerhalb derer bestimmte Werte miteinander geteilt werden, da nur vor dem Hintergrund gemeinsam geteilter Werte begründet werden kann, warum Fähigkeiten oder Eigenschaften der Gemeinschaftsmitglieder für eine gemeinsame Lebenspraxis von positiver Bedeutung sind.

Gemeinschaften haben von daher die Funktion, ein gewisses Maß an Sicherheit über den Wert der eigenen Fähigkeiten oder Eigenschaften zu vermitteln, da nur hierauf bezogen der Prozess der Realisierung von selbst gewählten Lebenszielen gelingen kann. Individualisierung als Zuwachs an selbstbestimmten Entscheidungsmöglichkeiten wird somit auch von Honneth an die Existenz von Gemeinschaften geknüpft.

Zur Kritik an der Kommunitarismus-Debatte

Fasst man die dargestellten Argumente zusammen, so kann daraus der folgende Schluss gezogen werden: Die dem Individualisierungsprozess immanente Ambivalenz einer Vergrößerung persönlicher Entscheidungsspielräume und des Zwangs der jeweils individuellen Entscheidungsbegründung kann nur dann in Richtung eines Zuwachses an individuellen Freiheitsrechten aufgehoben werden, wenn der Individualisierungsprozess selbst eingebunden wird in neue Formen posttraditionaler Gemeinschaften. Der sozialpädagogische Diskurs wäre demzufolge dahingehend zu erweitern, dass nicht nur die Widersprüchlichkeiten des Individualisierungsprozesses einmünden in sowohl theoretische als auch praxisbezogene Konzeptualisierungen sozialpädagogischen Handelns, sondern dass darüber hinausgehend auch danach gefragt werden muss, welchen Beitrag Soziale Arbeit für die Herausbildung posttraditionaler Gemeinschaften leisten kann.

Eben auf diese Frage gibt die Kommunitarismus-Debatte aber keine ausreichende Antwort – und dies hat mehrere Gründe. Zunächst hat Joas zu Recht darauf hingewiesen, dass die Semantik des Gemeinschaftsbegriffes in der kulturellen Tradition Amerikas eine andere als in Deutschland ist (1993, 49). Während in Deutschland nahezu jede positive Verwendung des Gemeinschaftsbegriffes sich mit Kritikern auseinander zu setzen hat, die antidemokratische Tendenzen vermuten und dies mit der nationalsozialistischen Vergangenheit der Begriffsverwendung oder auch mit Hinweis auf den von Walter Ulbricht geprägten Begriff der „sozialistischen Menschengemeinschaft" begründen, geht es in der amerikanischen Debatte über Gemeinschaft um das Selbstverständnis einer liberalen Gesellschaft. Nun könnte man argumentieren, dass diese unterschiedliche Geschichte des Gemeinschaftsbegriffes noch kein Anlass dafür sein kann, konzeptionelle Entwürfe posttraditionaler Gemeinschaften nicht auch innerhalb der Sozialpädagogik zu diskutieren, um hierüber zu Bestimmungen zu gelangen, die das Verhältnis der Sozialpädagogik zu gesellschaftlichen Ansprüchen klären. Dafür müsste der kommunitaristische Gemeinschaftsbegriff allerdings zweierlei leisten können: erstens muss über ihn geklärt werden, wie die aus Individualisierungsprozessen entstehenden Problematiken der sozialen Integration im Rahmen von Vergemeinschaftung zu lösen sind. Und zweitens besteht Klärungsbedarf dahingehend, welche Funktionsbestimmungen sozialpädagogischen Handelns durch die Bezugnahme auf Gemeinschaften abgeleitet werden können. Beides aber leistet die Kommunitarismus-Debatte nicht.

Stimmt man mit den Kommunitaristen zunächst darin überein, dass die soziale Integration von Individuen in gesellschaftliche Zusammenhänge durch vereinzelte Subjekte allein nicht bewerkstelligt werden kann und somit notwendig an den wechselseitigen kommunikativen Austausch und entsprechende Anerkennungsverhältnisse mit anderen gebunden bleibt, so kann hierüber noch lange nicht der Nachweis dafür geführt werden, wie diese Austauschprozesse zustande kommen können.

Der Gemeinschaftsbegriff – und darin unterscheidet sich die Kommunitarismus-Debatte nicht von ihren Vorläufern – zeichnet sich nämlich durch eine enorme Unkonturiertheit aus: „Die Palette der Phänomene" – so Brumlik (1992b, 99) – „die durch den Begriff der Gemeinschaft jedenfalls hier zu Lande abgedeckt werden, ist ebenso bunt wie vertraut und dennoch: sozialwissenschaftlich weitestgehend eine terra incognita". Und auch Joas fordert zunächst eine Präzisierung des Gemeinschaftsbegriffes: „Wenn man vom heutigen Gemeinschaftsverlust spricht, muss man klar machen, ob von einer abnehmenden Bindungskraft von Kernfamilie, Verwandtschaft, Freundschaft, Kirchengemeinde, lokaler Gemeinde, städtischer neighbourhood, politischer Partei, Gewerkschaft, Verein oder was immer die Rede sein soll" (1993, 57).

Hinzu kommt, dass einerseits die Notwendigkeit von Vergemeinschaftungen für die soziale Integration betont wird, andererseits aber keinerlei Hinweise dafür gegeben werden, wie diese Formen der

Vergemeinschaftungen zustande kommen sollen. Bleibt die Entwicklung solcher Vergemeinschaftungsformen den potenziellen Mitgliedern der Gemeinschaften selbst überlassen, stellt sich die Frage, welche Fähigkeiten und Kompetenzen aufseiten der Betroffenen vorhanden sein müssen, damit diese gemeinschaftsbildend handeln können. Sieht man dagegen in der Initiierung von Gemeinschaften eine genuin sozialpädagogische Aufgabe, dann würde dies einen Begründungszusammenhang bedingen, aus dem Gemeinschaftsbildung als funktionales und professionelles Handlungsmotiv abgeleitet werden kann. Bislang bleibt freilich offen, „was Anlass zu der Hoffnung geben könnte, dass die Aufgabe der Sozialpädagogik gerade in der Initiierung solcher Gemeinschaften liegen könnte" (Winkler 1995, 180).

Erst die Auffüllung dieser wesentlichen Lücken und Defizite der kommunitaristischen Debatte könnte dann zu der Beantwortung der von Brumlik charakterisierten sozialwissenschaftlichen Fragen beitragen, wie sich nämlich menschliche Lebensformen darstellen lassen, die verbindlicher sind als staatsbürgerliche Zugehörigkeiten, aber weniger bindend sind als private Beziehungen, „ohne dabei die Individuen dem Druck autoritärer Normen und der Autorität nicht frei akzeptierbarer Werte zu unterwerfen. Darüber hinausgehend müsste dann das Problem geklärt werden, wie sich derartige Gemeinschaftsformen so in gesellschaftliche Zusammenhänge, sozialstaatliche Verrechtlichung und parlamentarische Demokratie einbinden lassen, dass der erreichte Stand bürgerlicher Freiheiten, sozialstaatlicher Sicherheiten und (...) politischer Beteiligungs- und Entscheidungsverfahren nicht verloren geht, sondern möglich noch ausgeweitet werden kann." (1992b, 96)

Praktisch-politische Konsequenzen eines Gemeinschaftsbezugs Sozialer Arbeit

Die damit aufgedeckten Schwächen der Gemeinschaftsdebatte haben zunächst dazu beigetragen, dass ihre Rezeption nicht zu einer Neuorientierung der Sozialen Arbeit geführt hat, sondern deren Handlungsformen stattdessen eher in Frage gestellt worden sind. Vor allem das von Etzioni verantwortete „kommunitaristische Manifest" – als Hand-

lungsplattform für auf Gemeinschaften bezogene Interventionen – versuchte erste Hinweise auf die Beantwortung der noch zahlreich offenen Fragen zu entwickeln, indem Perspektiven dargelegt werden, wie in der praktisch-politischen Umsetzung der Kommunitarismus-Debatte soziale Integration zu bewerkstelligen sei. Auffällig für den bundesrepublikanischen Kontext ist, dass die hierzu formulierten Vorschläge bevorzugt von denjenigen herangezogen werden, die entweder für eine Vorrangstellung des Marktes gegenüber dem Staat eintreten oder aber die Rückverlagerung sozialstaatlicher Leistungsangebote in private Lebenszusammenhänge befürworten. Für beide politisch-konservativen Strategien liefert das kommunitaristische Manifest die entsprechenden Argumentationszusammenhänge. Erziehungs-, Hilfe- und Unterstützungsleistungen sind demnach vorrangige Aufgabe der bürgerlichen Kleinfamilie. Staatliche Angebote wie z. B. familienunterstützende Hilfen werden tendenziell abgelehnt. Zu viel Staat statt Freiheit des Marktes, zu wenig Gemeinschaft und Gemeinsinn sind zentrale Kritikpunkte an einer individualistischen Gesellschaft. Öffentliche Einrichtungen haben vor diesem Hintergrund vornehmlich die Pflicht, zu einer moralischen Werteerziehung beizutragen, die den Einzelnen dazu befähigt, einen Gemeinsinn zu entwickeln, der durch die Bereitstellung von auf Gegenseitigkeit beruhenden Hilfen öffentliche Unterstützungsangebote tendenziell überflüssig macht. „Diese Betrachtungen führen zu dem Schluß" – so Etzioni (1997, 234) – „einen starken, aber reduzierten Kern des Wohlfahrtsstaates zu erhalten, bestimmte Aufgaben jedoch auf Individuen, Familien und kleinere Gemeinschaften zu übertragen. Tatsächlich ist der beste Weg, den Wohlfahrtsstaat zu schützen und dauerhaft zu erhalten, der, damit aufzuhören, ihn durch immer mehr Sozialleistungen und Forderungen zu überladen". Nicht weniger soziale Leistungen, aber weniger Sozialstaat werden somit in einer „Verantwortungsgesellschaft" gefordert.

Ähnliche Argumente lassen sich in bundesrepublikanischen Auseinandersetzungen über die Zukunft des deutschen Sozialstaates finden. So hat u. a. Beck (1999; 2000) geschlussfolgert, dass in Bezug auf die Krise der Arbeitsgesellschaft die Chance zu mehr Bürgerarbeit liegt, d. h. dass Tätigkeitsperspektiven im Dienstleistungsbereich jenseits der sozialen Integration in und durch Erwerbsarbeit geschaffen werden sollen. Uneinig bleiben die entsprechenden Vorschläge in Hinblick auf die Beantwortung der Frage, ob es sich bei dieser Form der Bürgerarbeit um ein freiwilliges oder aber erzwungenes Engagement handeln soll. Die den entsprechenden Debattenbeiträgen (u. a. Giddens 1999) zumindest immanente legitimatorische und institutionelle Destabilisierung eines professionellen Dienstleistungssystems birgt die Gefahr eines Abbaus desselben in sich – nur dass dieser jetzt nicht mehr vorrangig mit den Erfordernissen fiskalischer Einsparungsnotwendigkeiten, sondern mit dem Argument von mehr Wohlfahrt durch selbsttätige Bürger und Bürgerinnen betrieben wird.

Die soziale Ordnung einer jeden Gesellschaft ist nach Etzioni „zumindest auf einige Prozesse angewiesen, die ein gewisses Maß an Zeit, Aktivität, Energie und Loyalität der Gesellschaftsmitglieder für den Dienst an einem oder mehreren gemeinsamen Zielen zu mobilisieren vermögen" (1997, 33). Die soziale Ordnung einer kommunitaristischen Gesellschaft stützt sich dabei nicht auf Zwang, sondern basiert auf normativen Mitteln. Es ist erforderlich, „dass sich die Mehrzahl ihrer Mitglieder einer Reihe von Grundwerten verpflichtet fühlt und entsprechend diesen Werten auch zumeist verhält; nicht, weil sie dazu genötigt werden, ihnen zu entsprechen, sondern weil sie von diesen Werten überzeugt sind" (Etzioni 1997, 37). Damit wird thematisiert, dass die Zustimmung zum Sozialstaat und damit im Übrigen auch die Bereitschaft, sich an seiner Finanzierung zu beteiligen, auf Grundhaltungen angewiesen ist, die über bloße Eigeninteressen hinausgehen. Es wird davon ausgegangen, dass die Bereitschaft, etwas füreinander zu tun, nicht vorrangig in sozialstaatlichen Institutionen selbst entsteht, sondern in dem Integrationspotenzial von Gemeinschaften und Assoziationen einer Bürgergesellschaft begründet ist, in denen Solidarität nicht nur auf geteilten Interessen, sondern darüber hinausgehend auf geteilten Solidarnormen beruht. Eine solche Vorstellung von Gemeinschaften in einer Bürgergesellschaft gibt die gegensätzliche Vorstellung von Gemeinschaften versus Gesellschaft zugunsten einer Sichtweise auf, die grundlegend auf der zivilgesellschaftlichen Bedingtheit posttraditioneller Gemeinschaften als demokratisch legitimierter Beteiligungsformen aufbaut. Offen bleibt allerdings, wie sich diese Solidarnormen entwickeln und woher die Bereitschaft

kommen soll, sich sozial zu engagieren? Mit anderen Worten: Die Fragen nach den moralischen Ressourcen des Sozialstaats gerade angesichts des Verschwindens tradierter Sinnzusammenhänge sind in den ersten praktischen Umsetzungsversuchen einer Gemeinschaftsdebatte sicherlich richtig gestellt, nur die darauf zu gebenden Antworten müssen weitgehend erst noch gefunden werden.

Das, was lange Zeit fehlte, ist bspw. die Analyse der Ermöglichungsbedingungen für bürgerschaftliches Engagement auch bei denjenigen Bevölkerungsgruppen, die eine Bereitschaft nicht signalisieren oder aber diese nicht in konkretes entsprechendes Handeln umsetzen (können). Nahezu ungeklärt ist außerdem die Verhältnisbestimmung von bürgerschaftlichem Engagement und professioneller Dienstleistung. In diesen Kontext gehören dann Fragen danach, in welchen Bereichen professionelle Angebote unverzichtbar und in welchen Bereichen nichtprofessionelles Engagement als Bereitstellung neuer Muster der sozialen Integration angemessener sind (Deutscher Bundestag 2002; Gensicke 2006; Olk et al. 2010). Aktuell findet zudem eine Integration der Analyse bürgerschaftlichen Engagements in den Kontext der Bildungsdebatte statt, indem analysiert wird, welchen Kompetenzerwerb junge Menschen im freiwilligen Engagement erfahren (Düx et al. 2008). Für die Perspektiven einer zukünftigen Gemeinschaftsdebatte entscheidender ist aber eine Verhältnisbestimmung von bürgerschaftlichem Engagement in der Zivilgesellschaft und dessen sozialstaatlichen Implikationen. In dem Maße, wie das bürgerschaftliche Engagement zur Ausdrucksform einer Zivilgesellschaft wird, mit deren Förderung man meint, unterschiedlichen gesellschaftlichen und sozialstaatlichen Krisenphänomenen entgegentreten zu können, in dem Maße wird die Zivilgesellschaft zum universellen Problemlöser, dessen Ambivalenzen unübersehbar sind. Auf der einen Seite sollen durch neue Formen vergesellschafteter Verantwortlichkeiten erweiterte Mitbestimmungsmöglichkeiten der Bürger und Bürgerinnen eröffnet werden. Auf der anderen Seite sind entsprechende Programmatiken unmittelbar anschlussfähig an post-wohlfahrtsstaatliche Aktivierungs- und Privatisierungsstrategien, innerhalb derer vergemeinschaftete Verantwortung durch geforderte Mitwirkung eingelöst werden soll (Fehren 2008). Inwieweit eine zivilgesellschaftliche Neuerfindung der Sozialen Arbeit (Keupp 2007) diesen Ambivalenzen Rechnung trägt, wird letztendlich wesentlich davon abhängen, ob Soziale Arbeit einem auf die Aktivierung von Familie und sozialstaatliche Instrumentalisierung von sozialräumlichen Nachbarschaften verkürzten Gemeinschaftsbegriff folgt, oder ob Soziale Arbeit in ihren auf Gemeinschaften begründeten Zugängen gesellschaftlich orientiert bleibt (Böhnisch / Schröer 2002).

Literatur

Beck, U. (2000): Die Seele der Demokratie: Bezahlte Bürgerarbeit. In: Beck, U. (Hrsg.): Die Zukunft von Arbeit und Demokratie. Suhrkamp, Frankfurt / M., 416–447

– (1999): Modell Bürgerarbeit. In: Beck, U. (Hrsg.): Schöne neue Arbeitswelt. Vision: Weltbürgergesellschaft. Campus, Frankfurt / M. / New York, 7–189

– (1986): Risikogesellschaft. Auf dem Weg in eine andere Moderne. Suhrkamp, Frankfurt / M.

Bellah, R. N., Madsen, R., Sullivan, W., Swindler, A., Tipton, S. M. (1992): Gegen die Tyrannei des Marktes. In: Zahlmann, Chr. (Hrsg.): Kommunitarismus in der Diskussion. Rotbuch, Frankfurt, 57–73

–, –, –, –, – (1987): Gewohnheiten des Herzens. Individualismus und Gemeinsinn in der amerikanischen Gesellschaft. Bund-Verlag, Köln

Böhnisch, L. (1994): Gespaltene Normalität. Lebensbewältigung und Sozialpädagogik an den Grenzen der Wohlfahrtsgesellschaft. Juventa, Weinheim / München

–, Schröer, W. (2002): Die soziale Bürgergesellschaft: Zur Einbindung des Sozialpolitischen in den zivilgesellschaftlichen Diskurs. Juventa, Weinheim / München

Böllert, K. (1995): Zwischen Intervention und Prävention. Eine andere Funktionsbestimmung Sozialer Arbeit. Luchterhand, Neuwied

Brumlik, M. (1995): Das Irrlicht des Gemeinsinns. die tageszeitung vom 06.02.1995, 12

– (1992a): Die Gemeinschaft, das Neue und die Demokratie – Leitmotive einer modernen Sozialpädagogik. In: Otto, H.-U., Hirschhauer, P., Thiersch, P. (Hrsg.): Zeit-Zeichen sozialer Arbeit. Entwürfe einer neuen Praxis. Luchterhand, Neuwied, 43–48

– (1992b): Der »Kommunitarismus«. Letztenendes eine empirische Frage. In: Zahlmann, Chr. (Hrsg.): Kommunitarismus in der Diskussion. Rotbuch, Frankfurt, 94–101

– (1989): Kohlbergs „just community" Ansatz als Grundlage einer Theorie der Sozialpädagogik. neue praxis 5, 374–383

–, Brunkhorst, H. (Hrsg.) (1993): Gemeinschaft und Gerechtigkeit. Vom Wohlfahrtsstaat zur Wohlfahrtsgesellschaft. Fischer, Frankfurt

Deutscher Bundestag (2002): Bericht der Enquete Kommission „Zukunft des Bürgerschaftlichen Engagements". Berlin

Düx, W., Prein, G., Sass, E., Tully, C. J. (2008): Kompetenzerwerb im freiwilligen Engagement. Eine empirische Studie zum informellen Lernen im Jugendalter. VS-Verlag, Wiesbaden

Endreß, M. (1993): Zwischen politischem und kommunitärem Liberalismus. Zu einer amerikanischen Kontroverse und ihrer deutschen Rezeption. Sozialwissenschaftliche Literaturrundschau 27, 91–102

Etzioni, A. (1997): Die Verantwortungsgesellschaft. Individualismus und Moral in der heutigen Demokratie. Campus, Frankfurt / M. / New York

– (1994): Jenseits des Egoismus-Prinzips. Ein neues Bild von Wirtschaft, Politik und Gesellschaft. Schäffer Poeschel, Stuttgart

Fehren, O. (2008): Wer organisiert das Gemeinwesen? Zivilgesellschaftliche Perspektiven Sozialer Arbeit als intermediärer Instanz. edition sigma, Berlin

Frankfurter Allgemeine Zeitung vom 08.03.1994: Die Stimme der Gemeinschaft hörbar machen. Ein Manifest amerikanischer Kommunitarier über Rechte und Verantwortung in der Gesellschaft

Geiger, T. (1931): Gemeinschaft. In: Vierkandt, A. (Hrsg.): Handwörterbuch der Soziologie. Stuttgart

Gensicke, T. (2006): Bürgerschaftliches Engagement in Deutschland. Aus Politik und Zeitgeschichte 12, 9–16

Giddens, A. (1999): Der dritte Weg. Die Erneuerung der sozialen Demokratie. Suhrkamp, Frankfurt / M.

Gildemeister, R. (1989): Einzelbesprechung zu Puch, inszenierte Gemeinschaften. Sozialwissenschaftliche Literaturrundschau 18, 82–84

Honneth, A. (1994): Desintegration und Bruchstücke einer soziologischen Zeitdiagnose. Campus, Frankfurt / M.

– (Hrsg.) (1993a): Kommunitarismus. Eine Debatte über die moralischen Grundlagen moderner Gesellschaften. Campus, Frankfurt / M. / New York

– (1993b): Einleitung. In: Honneth, A. (Hrsg.): Kommunitarismus. Eine Debatte über die moralischen Grundlagen moderner Gesellschaften. Campus, Frankfurt / M. / New York

– (1993c): Posttraditionale Gemeinschaften. Ein konzeptioneller Vorschlag. In: Brumlik, M., Brunkhorst, H. (Hrsg.): Gemeinschaft und Gerechtigkeit. Vom Wohlfahrtsstaat zur Wohlfahrtsgesellschaft. Fischer, Frankfurt, 260–271

– (1992a): Kampf um Anerkennung. Zur moralischen Grammatik sozialer Konflikte. Suhrkamp, Frankfurt / M.

– (1992b): Individualisierung und Gemeinschaft. In: Zahlmann, Chr. (Hrsg.): Kommunitarismus in der Diskussion. Rotbuch, Frankfurt, 16–23

– (1992c): Die Herausforderung des Kommunitarismus. Eine Nachbemerkung. In: Zahlmann, Chr. (Hrsg.) : Kommunitarismus in der Diskussion. Rotbuch, Frankfurt, 118–123

– (1991): Grenzen des Liberalismus. Zur politisch-ethischen Diskussion um den Kommunitarismus. Philosophische Rundschau 38, 83–102

Joas, H. (1993): Gemeinschaft und Demokratie in den USA. Die vergessene Vorgeschichte der Kommunitarismus-Diskussion. In: Brumlik, M., Brunkhorst, H. (Hrsg.): Gemeinschaft und Gerechtigkeit. Vom Wohlfahrtsstaat zur Wohlfahrtsgesellschaft. Fischer, Frankfurt, 49–62

Keupp, H. (2007): Für eine zivilgesellschaftliche „Neuerfindung" Sozialer Arbeit. Theorie und Praxis der Sozialen Arbeit 3, 11–18

König, R. (1955): Die Begriffe Gemeinschaft und Gesellschaft bei Ferdinand Tönnies. KZfSS 7, 348–420

MacIntyre, A. (1993): Ist Patriotismus eine Tugend? In: Honneth, A. (Hrsg.): Kommunitarismus. Eine Debatte über die moralischen Grundlagen moderner Gesellschaften. Campus, Frankfurt / M. / New York, 84–102

– (1987): Der Verlust der Tugend. Zur moralischen Krise der Gegenwart. Campus, Frankfurt / M. / New York

Mollenhauer, K. (1959): Die Ursprünge der Sozialpädagogik in der industriellen Gesellschaft. Eine Untersuchung zur Struktur sozialpädagogischen Handelns. Juventa, Weinheim / Berlin

Müller, C. W. (1988a): Wie Helfen zum Beruf wurde. Band 1: Eine Methodengeschichte der Sozialarbeit 1883–1945 Juventa, Weinheim / Basel

– (1988b): Wie Helfen zum Beruf wurde. Band 2: Eine Methodengeschichte der Sozialarbeit 1945–1985. Juventa, Weinheim / Basel

Müller, H.-P. (1992): Individualismus als gemeinschaftliche Lebensform? Die „kommunitaristische Herausforderung" der Sozialwissenschaften. KZfSS 44, 368–375

Natorp, P. (1922): Sozialpädagogik. Theorie der Willenserziehung auf der Grundlage der Gemeinschaft. Frommann, Stuttgart

Olk, Th., Klein, A., Hartnuß, B. (Hrsg.) (2010): Engagementpolitik. Die Entwicklung der Zivilgesellschaft als politische Aufgabe. VS-Verlag, Wiesbaden

Otto, H.-U., Sünker, H. (Hrsg.) (1986): Soziale Arbeit und Faschismus. Volkspflege und Pädagogik im Nationalsozialismus. KT-Verlag, Bielefeld

Puch, H.-J. (1991): Inszenierte Gemeinschaften – Gruppenangebote in der Moderne. neue praxis 1, 12–25

Plessner, H. (1959): Die verspätete Nation. Über die Verführbarkeit bürgerlichen Geistes. Suhrkamp, Frankfurt / M.

Rawls, J (1994): Die Idee des politischen Liberalismus. Suhrkamp, Frankfurt / M.

– (1979): Eine Theorie der Gerechtigkeit. Suhrkamp, Frankfurt / M.

Reese-Schäfer, W. (1994): Was ist Kommunitarismus. Suhrkamp, Frankfurt / M.

Sandel, M.J. (1982): Liberalism and the Limits of Justice. Cambridge University Press, Cambridge

Schleiermacher, F. D. E. (1957): Pädagogische Schriften. Erster Band: Die Vorlesungen aus dem Jahre 1826. Düsseldorf / München

Taylor, Ch. (1993a): Multikulturalismus und die Politik der Anerkennung. Suhrkamp, Frankfurt / M.

– (1993b): Aneinander vorbei: Die Debatte zwischen Liberalismus und Kommunitarismus. In: Honneth, A. (Hrsg.): Kommunitarismus. Eine Debatte über die moralischen Grundlagen moderner Gesellschaften. Campus, Frankfurt / M. / New York, 103–130

– (1988): Negative Freiheit? Zur Kritik des neuzeitlichen Individualismus. Suhrkamp, Frankfurt / M.

Tönnies, F. (1887): Gemeinschaft und Gesellschaft. Grundbegriffe der reinen Soziologie. Wissenschaftliche Buchgesellschaft, Darmstadt

Walzer, M. (1993): Die kommunitaristische Kritik am Liberalismus. In: Honneth, A. (Hrsg.): Kommunitarismus. Eine Debatte über die moralischen Grundlagen moderner Gesellschaften. Campus, Frankfurt / M. / New York, 157–180

– (1992): Sphären der Gerechtigkeit. Ein Plädoyer für Pluralität und Gleichheit. Campus, Frankfurt / M. / New York

– (1990): Kritik und Gemeinsinn. Rotbuch, Berlin

Weber, M. (1921): Soziologische Grundbegriffe. Sonderdruck aus: Wirtschaft und Gesellschaft (1960). J. C. B. Paul Siebeck-Verlag, Tübingen.

Winkler, M. (1995): Die Gesellschaft der Moderne und ihre Sozialpädagogik. In: Thiersch, H., Grunwald, K. (Hrsg.): Zeitdiagnose Soziale Arbeit. Zur wissenschaftlichen Leistungsfähigkeit der Sozialpädagogik in Theorie und Ausbildung. Juventa, Weinheim / München, 155–184

Zahlmann, Chr. (Hrsg.) (1992): Kommunitarismus in der Diskussion. Rotbuch, Frankfurt

Gender, Genderforschung

Von Susanne Maurer und Michael May

Vor dem Hintergrund der Neuen Frauenbewegung entwickelte sich auch im Kontext Sozialer Arbeit eine Aufmerksamkeit für die – nach wie vor umstrittene – Bedeutung der Kategorie Geschlecht (Gender). Der Begriff Gender verweist auf ein widersprüchliches Spektrum zwischen Betonung und Relativierung von Differenzen, die auf Geschlecht zurückgeführt oder bezogen werden. Unterschiedliche Geschlechtertheorien wirken sowohl in der Genderforschung wie auch in der (sozial)pädagogischen Praxis. Ihre systematische Charakterisierung und historische Kontextualisierung kann dazu verhelfen, verschiedene Elemente des Denkens und Handelns im Kontext genderreflexiver Sozialer Arbeit zu sortieren und genauer zu betrachten.

Im Folgenden wird zunächst das Spektrum der Genderforschung in einer Verschränkung der Perspektiven aus feministischer Forschung und kritischer Männerforschung skizziert, um in systematischer Weise verschiedene Dimensionen des Gegenstandsbereichs und gleichzeitig unterschiedliche theoretische Ausgangspunkte und Zielrichtungen und deren Implikationen für die Soziale Arbeit zu markieren. In einem zweiten Schritt werden Thematisierungsdynamiken im Kontext feministischer Theorie-Debatten rekonstruiert. Dabei zeigt sich die politische Brisanz des Forschungsfeldes.

Genderforschung im Spiegel der Männerforschung

Unter dem Titel „Public Man, Private Woman" hat Elshtain (1981) eine auf den Feminismus bezogene Systematik formuliert, die einer geschlechterpolitischen Orientierung folgt. Jeff Hearn (1987) hat diese auch auf Männerforschung und Männerbewegung zu beziehen versucht (zur Zuordnung der Ansätze und Quellen Bentheim et al. 2004,

Kap. III). Demnach entspräche dem „liberalen Feminismus" auf männlicher Seite jener Diskurs der „Männerbefreiung", der in Deutschland sehr starke Verbreitung durch die Arbeiten von Walter Hollstein (1991) erfahren hat. Eine ähnliche Beziehung wird zwischen dem – besonders stark durch Lesben mitgeprägten – „radikalen Feminismus" und der Schwulenbewegung gesehen. Auch zwischen „psychoanalytischem Feminismus" und „psychoanalytischer Männerforschung" gibt es deutliche Parallelen.

Ein „marxistisch-sozialistischer Feminismus" konnte besonders in den 1970er und 1980er Jahren international deutliche Akzente setzen. Demgegenüber blieb der Diskurs marxistisch-sozialistischer, antisexistischer Männer eher auf England begrenzt. Ansätze, die Elemente der Marxschen Theoriebildung in ihrer Auseinandersetzung mit Fragen der Männlichkeit aufgreifen, finden sich in der deutschen Diskussion eher in synthetisierenden Konzepten (siehe die entsprechende Diskussion in den Zeitschriften „Das Argument" und „Widersprüche").

In den letzten Jahren wurden ein postmodernistischer, poststrukturalistischer, dekonstruktivistischer Feminismus (Benhabib et al. 1993) sowie die daraus sich entwickelnden „queer studies" auch in Deutschland stark rezipiert.

Neben der geschlechterpolitischen Systematisierung wird in historischen Rekonstruktionen als Darstellungsmedium häufig ein Phasen- oder Etappen-Modell gewählt, mit dem allerdings die Gleichzeitigkeit der unterschiedlichen Gender-Politiken in der wissenschaftlichen, professionellen und politischen Praxis unterbelichtet bleibt, die auf Kontroversen, Vielfalt und Mehrdeutigkeit verweist. Zu reflektieren wäre, in welcher historisch-gesellschaftlichen oder auch institutionellen und sozialen Situation ganz bestimmte Sichtweisen auf Geschlecht, Geschlechterdifferenz(en), Geschlechterhierarchie(n)

Otto/Thiersch (Hg.), Handbuch Soziale Arbeit, 4. A., DOI 10.2378/ot4a.art050,

eine spezifische (sozial)pädagogische Praxis ermöglichen und legitim erscheinen lassen. Zu reflektieren wäre auch, wie und unter welchen Voraussetzungen die jeweiligen Sichtweisen und Theoretisierungen zur Demokratisierung von Geschlechterverhältnissen beitragen können.

Neben den stärker geschlechterpolitisch ausgerichteten und historischen Systematisierungsversuchen finden sich auch solche, die eher auf theoretische Hintergrundmodelle bezogen sind. So stellt etwa Joseph Pleck (1976) im Kontext der Männerforschung ein „Male Sex Role Identity Paradigm (MSRI)" einem „Sex Role Strain Paradigm (SRS)" gegenüber. Doch Plecks These eines „Paradigmenwechsels" ist ebenfalls zu problematisieren. Und auch die von Kindler (1993) vorgenommene wesentliche Erweiterung der schon von Pleck thematisierten identitäts- und rollenorientierten „Hintergrundmodelle" um „machtorientierte" wäre falsch verstanden, würde sie nur im Sinne eines weiteren Paradigmenwechsels interpretiert.

Analysen von Geschlechter-Macht-Verhältnissen finden sich im Kontext feministischer Forschung und Theoriebildung z. B. in Form unterschiedlicher Patriarchatstheorien schon seit Langem. In der Bundesrepublik wurden entsprechende patriarchatskritische Ansätze nicht nur in der Sozialen Arbeit mit Mädchen und Frauen, sondern auch im Rahmen der Jungen- und Männerarbeit aufgenommen (Dissens e. V. 1996; Zieske 1997). Wenn überhaupt, dann kann wohl eher innerhalb der machtbezogenen Theorie-Modelle von einem Paradigmenwechsel gesprochen werden: Mit dem radikalen Bezug der Foucaultschen Machtanalytik auf die Geschlechterverhältnisse wurden bisherige – oft stark an simplifizierenden Täter/Opfer-Zuschreibungen orientierte – Machtkonzepte überwunden und damit auch neue geschlechterpolitische Perspektiven eröffnet. Insgesamt haben identitäts-, rollen- und machtkritische Modelle einander als analytische Perspektiven nicht einfach abgewechselt, sie bestehen vielmehr nebeneinander. Im Folgenden seien sie zumindest kurz umrissen und auch in ihren praktischen Implikationen für die Soziale Arbeit skizziert (zu den Quellen vgl. Bentheim et al. 2004, Kap. III).

Identitätsorientierte Modelle

In der Eigenschaftspsychologie dient „Geschlechtlichkeit" nicht als theoretisch-analytisches Kriterium, sondern als empirisch ermittelte Möglichkeit, Männer und Frauen als Gruppen voneinander zu unterscheiden. Als „erfolgreich" in der Bildung einer geschlechtlichen Identität gilt nur die Person, die auf bewusster wie unbewusster Ebene in den entsprechenden Skalen „eindeutige" Geschlechtsorientierungen aufweisen kann. (Sozial-)Pädagogisch impliziert dies eine deutliche geschlechtsspezifische Differenzierung in Bezug auf die Ziele der Persönlichkeitsentwicklung.

Demgegenüber werden im ebenfalls sehr stark eigenschaftspsychologisch geprägten Androgynie-Konzept Maskulinität und Femininität nicht mehr als bipolare Enden eines Kontinuums akzentuiert, sondern als zwei grundsätzlich voneinander unabhängige Dimensionen. Dass „Androgyne" empirisch anscheinend das höchste Selbstwertgefühl haben und zwischenmenschliche Beziehungen zufriedenstellender gestalten können (Baucom/Aiken 1984; Ickes 1981), führte dazu vor dem Hintergrund entsprechender historischer Vorbilder (Badinter 1986) nun Androgynie als Ideal einer jeglichen Persönlichkeitsbildung zu propagieren. Die gesellschaftliche Bedeutung einer solchen Vorstellung ist nicht zu unterschätzen. So hat etwa Brod (1987) herausgearbeitet, dass neue Arbeitsanforderungen wie Kooperationsfähigkeit und traditionelle männliche Orientierungen wie z. B. Kontrolle in ein Wechselspiel treten, das – je nach psychologischen, politischen und ökonomischen Vorzeichen – in verschiedenen gesellschaftlichen Teilbereichen durchaus unterschiedlich akzentuiert werden kann.

Schon lange vor diesem Androgyniediskurs hat Carl Gustav Jung (2001) in der Animus/Anima-Theorie seiner analytischen Psychologie betont, dass die geschlechtliche Person auch ihre gegengeschlechtlichen Züge als eine Art Urbild oder eine universale Urerfahrung des Menschengeschlechts in sich trägt. Die daraus sich ergebende (sozial-)pädagogische Perspektive lautet jedoch nicht „(Aus-)Bildung einer geschlechtlichen Identität" sondern „Individuation". Abgeschlossen sei diese erst dann, wenn „weibliche und männliche, unbewußte wie bewußte Anteile gleichermaßen in einer Vereinigung der Gegensätze, [...] im Selbst enthalten" (Barz 1984, 120) seien. Diskursanalytisch gesehen geht es der analytischen Psychologie in ihrer Animus/Anima-Lehre darum, „anatomische Elemente, biologische Funktionen, Verhaltensweisen, Empfindungen und Lüste in einer künstlichen Einheit zusammenzufassen und diese fiktive Einheit als ursächliches Prinzip, als allgegenwärtigen Sinn und allerorts zu entschlüsselndes Geheimnis funktionieren zu lassen", so Foucault (1983, 184), wenn auch in einem etwas anderen Kontext.

Auch die klassischen Ansätze einer Psychoanalyse der Geschlechtlichkeit teilen nahezu alle die Freudsche Annahme, dass Anatomie Schicksal sei. Besonders deutlich wird dies bei Eriksons Deutung des psychophysiologischen Parallelismus, dem zufolge „im Erlebnis des Grundplanes des menschlichen Körpers ein tiefer Unterschied zwischen den Geschlechtern" (Erikson 1970, 286) besteht. Zwar entgeht Erikson damit dem Androzentrismus-Vorwurf, der von feministischer Seite gegenüber Freuds Theorie des Penisneides zu Recht erhoben wurde. Allerdings sieht Freud Geschlechtsunterschiede nicht einfach als geradezu zwangsläufige Folge unterschiedlicher Anatomie. Der „psychoanalytische Feminismus" betrachtete Freuds auf relationale Aspekte bezogene Denkmethode als geradezu „revolutionär" (Dinnerstein 1976, 13) und würdigte seinen Beitrag zur Vertiefung des Bewusstseins über die ungeheuren Belastungen, „die der männlichen wie der weiblichen Persönlichkeit durch die Tatsache auferlegt wird, dass die wichtigste erwachsene Person in der Säuglingszeit und der frühen Kindheit weiblichen Geschlechts ist" (Dinnerstein 1976, 13).

In der Praxis Sozialer Arbeit wurden diese Theorien nicht nur von feministischer Seite aufgegriffen – Michael Lukas Moeller schloss mit seinem Begriff „Männermatriarchat" ebenfalls daran an; er hob hervor, dass „in der vaterlosen Gesellschaft, wider Willen isoliert, […] nur noch die Mutter die Entwicklung zum Mann" (Moeller 1981, 213) bestimme. Während Moeller eher die Paarbeziehung fokussierte, wurde in der Praxis der Sozialen Arbeit die Idee entwickelt, das „fehlende Dritte" durch „pädagogische Väter" zu ersetzen. Dieser Ansatz wurde nicht nur von feministischer Seite kritisiert (siehe die Debatte in Sturzenhecker 1996): Nur allzu leicht bestehe hier die Gefahr, die klassische (ödipale) Spaltung zwischen (weiblichem) Liebes- und (männlichem) Identifikationsobjekt sowie die

damit verbundene Aufspaltung in Objekt- und Aktivitätsstreben zu wiederholen. Wie Jessica Benjamin (1990) überzeugend herausgearbeitet hat, verfestigten sich so die beiden Tendenzen von Autonomie und Gegenseitigkeit bzw. Freiheit und Sorge zu jener (Geschlechter-)Polarität, auf der die Reproduktion der männlichen Dominanz gesellschaftlicher Öffentlichkeit seit Beginn der Moderne fuße. Auch das Konzept „pädagogischer Väter" (Winter 1993) formuliert durchaus den Anspruch, die Institutionalisierung dieses Gegensatzes überwinden zu wollen.

Angestoßen unter anderem durch die Arbeiten Benjamins zeigten sich im bundesdeutschen Feminismus spätestens ab Ende der 1980er Jahre starke Tendenzen, nach dem „Diskurs der Gleichheit", der sich in pädagogischen Programmen wie „Mädchen in Männerberufe" umsetzte, und dem „Diskurs der Differenz", der das „spezifisch weibliche" in der gesellschaftlichen Erfahrung von Mädchen und Frauen zu akzentuieren oder erst zu entfalten trachtete, nun zu einer dialektischen Synthese der damit thematisierten Dimensionen und Orientierungen zu kommen. Das so begründete Prinzip „egalitärer Differenz" bot nicht nur eine Orientierung für die Praxis der Beziehungsarbeit in geschlechtshomogenen wie koedukativen Ansätzen einer gender-sensiblen Pädagogik. Es begann sich auch in einer entsprechenden „Pädagogik der Vielfalt" (Prengel 1986) umzusetzen und wurde – rückblickend – so nicht nur zur Maxime für Gender-Mainstreaming-Prozesse, sondern auch für die Orientierung an und die Anerkennung von „diversity".

Von besonderer Bedeutung für die Soziale Arbeit waren sowohl der feministische, an Chodorow, Dinnerstein und Benjamin anschließende Diskurs, wie auch der in Deutschland dann sehr stark durch Böhnisch und Winter (1993) angestoßene Diskurs zur „männlichen Sozialisation". Hier wurde der Versuch unternommen, tiefenpsychologische Aspekte – vor allem der psychoanalytischen Objektbeziehungstheorie und Selbstpsychologie – mit gesellschaftstheoretischen Aspekten zu vermitteln und damit auch politische Perspektiven zu eröffnen. Deutlich wird an dieser Stelle, dass die Übergänge zwischen identitäts- und den im Folgenden diskutierten rollenorientierten Modellen durchaus fließend sind.

Unterschiedliche Ansätze der Geschlechtsrollentheorie

In eher psychologisch orientierten Ansätzen wird der Begriff „Geschlechtsidentität" häufig auf die Dimension eines entsprechenden Selbstkonzeptes begrenzt und damit einer rein verhaltensbezogen begriffenen Geschlechtsrolle quasi gegenübergestellt (so schon bei Money/Erhardt 1975). Im Unterschied dazu formuliert z. B. Bierhoff-Alfermann (1989) ein psychologisches Modell, das die Selbstwahrnehmung von geschlechtlicher Identität als Äußerungsform einer umfassend verstandenen Geschlechtsrollenentwicklung betrachtet.

Auch in der Soziologie wird der Geschlechtsrollenbegriff durchaus unterschiedlich akzentuiert. Ein komplexeres begriffliches Konzept, mit dem sowohl statusspezifische wie positionsgemäße Erwartungen gefasst werden, hat etwa Helge Pross (1984) entwickelt. Das Verhältnis zwischen Verhaltenserwartungen und dem, wie sich Geschlechtsrollen in situationsspezifischen Handlungen dann konkret umsetzen, bleibt jedoch auch hier unterbestimmt.

In pädagogisierender Engführung wird die Geschlechtsrollenentwicklung vor allem durch Sanktionstätigkeit erklärt. Dieser Logik folgend könnte die Ungleichheit der Geschlechter durch (sozial-)pädagogische Maßnahmen beseitigt werden, die Klischees abbauen und Rollen neu definieren. Dadurch, dass Klischees immer wieder thematisiert werden, verbunden mit der Aufforderung, sich davon zu distanzieren, kann jedoch ungewollt auch die Fixierung auf solche Klischees verstärkt werden. Die Logik der Rollentheorie zwingt überdies dazu, von der Analyse eines jeweiligen „normativen Standardfalles" auszugehen, wobei die Kategorien „Frauen" und „Männer" mehr oder weniger unüberprüft vorausgesetzt und die auch innerhalb der Geschlechtsgruppen bestehenden Differenzen vernachlässigt werden. Eine Reflexion auf das (hierarchische) Verhältnis zwischen den Geschlechtern wird damit selten verbunden. „Macht" kommt in rollentheoretischen Ansätzen in der Regel nur als diejenige „der Gesellschaft" in den Blick, die beiden Geschlechtern ihre jeweiligen Rollen auferlegt, nicht jedoch als ein auch zwischen den Geschlechtern wirksames Verhältnis. „Beide" Geschlechtsrollen erscheinen so als prinzipiell gleichwertig und funktional aufeinander bezogen (z. B. Komarovsky

1992). Bob Connell (1986, 335) hat dies als „Herunterspielen der Umstände" kritisiert – und spricht z. B. die in erster Linie von Männern ausgeübte wirtschaftliche, häusliche und politische Macht an.

Auch soziologische Geschlechtsrollentheorien erweisen sich als begrenzt, wenn es darum geht, den historischen Charakter der Geschlechterverhältnisse als Dialektik von Veränderung zu erfassen, welche sich im Zusammenspiel zwischen gesellschaftlichen Praxen, in denen sich Geschlechtlichkeit sozial manifestiert (doing gender), und deren sozialstrukturellen Voraussetzungen entfaltet. Diese Dialektik in den Blick zu nehmen ist jedoch Voraussetzung, um realistische emanzipative Handlungskonzepte in der Sozialen Arbeit zu entwickeln, die auch nach den Bedingungen der Möglichkeit einer subjektiven Veränderung fragen.

Macht reflektierende Basistheorien

Die meisten Patriarchatstheorien ebenso wie strukturalistische Theorien (z. B. Becker-Schmidt 1987), sind sich mit marxistischen Anthropologen (z. B. Meillassoux 1976) darin einig, dass die Verfügung über Frauen als Produktionsmittel der Hebel gewesen sei, um den Patriarchalismus in klassenlosen Gesellschaften zu institutionalisieren. Marx paraphrasierend hat Ute Gerhard (1978, 7) solche Theorien dahingehend kritisiert, dass die Erforschung der Unterdrückung der Frau in ihrem „Urzustand" nichts erkläre, weil sie „bloß die Frage in eine graue, nebelhafte Ferne" schiebe.

Gerhards Vorwurf trifft erst recht jene Rekonstruktionen, die mit Ansätzen in der Tradition der analytischen Psychologie korrespondieren – von Bachofens (1980) aus der griechischen Mythologie herausgearbeiteter Vorstellung eines „ursprünglichen Matriarchats" bis hin zu Ansätzen einer „Zivilisationsgeschichte aus weiblicher Sicht" (Davis 1980; etwas differenzierter Rentmeister 1985). Auch wenn in Mythen immer auch Botschaften über reale Ereignisse enthalten sind – die mit den genannten Arbeiten angedeuteten Diskurse haben tendenziell zur Entstehung eines (neuen) „Mythos vom Matriarchat" (Wesel 1980) bzw., auf Bachofen bezogen, zu einem „Mythos des Mutterrechts" (Zieser 1981) beigetragen. Schon Erich Fromm hat die „regressive" Tendenz dieses „Neomatriarchalismus" kritisiert und eingewandt, dass auch eine reine „Negation des Patriarchalismus" nicht automatisch eine „dialektische Progression zu einer höheren Form des ‚Matriarchalismus'" (Fromm 1976, 75) eröffne.

Ansätze geschlechtsbewusster Sozialer Arbeit, die sich auf eine solche Art von „Neomatriarchalismus" oder aber auf universalistische und damit ahistorische Patriarchatstheorien zu gründen versuchen, beschränken sich notgedrungen auf Appelle, Anklagen und Opposition. Es ist jedoch zu fragen, ob vor dem Hintergrund von Täter / Opfer-Zuschreibungen gerade Jungen und Männer dazu bewegt werden können, (selbst)kritisch Verantwortung für ihr Handeln in Geschlechterbezügen zu übernehmen und an einer Veränderung der Geschlechter-Macht-Verhältnisse zu arbeiten. Gegenüber vereinfachten Schuldzuweisungen scheint es für sie nahe zu liegen, sich auf eigene Opfer-Erfahrungen zurückzuziehen, wie dies denn auch in vielen maskulinistischen Publikationen zum Ausdruck kommt.

Aus der leidenschaftlich geführten Debatte um das Zusammenspiel zwischen Kapitalismus und Patriarchat (Hearn 1987) wäre zu lernen, dass sich Strategien der Veränderung nur entwickeln lassen, wenn die jeweils historisch konkrete Bedingtheit des Geschlechterverhältnisses herausgearbeitet wird – zusammen mit dem Versuch, über Erziehung und Bildung das „geschichtliche Vermögen des ganzen Lebewesens" (May 2009) zu verwirklichen und insgesamt eine Verbindung zwischen geschichtlicher (kollektiver) Emanzipation und einer Emanzipation in den (individuellen) Lebensläufen zu ermöglichen. Nicht weniger als das ist das Ziel des Konzeptes der hegemonialen Männlichkeit.

Die Anwendung des Hegemonie-Konzeptes auf das hierarchische Geschlechterverhältnis

Im Zuge der Kritik an Entsubjektivierung und Enthistorisierung des Geschlechterverhältnisses in der Rollentheorie, suchten auch Männerforscher nach Anknüpfungspunkten, Maskulinität (wie Feminität) nicht als bloß aufgezwungene „Vorschrift", sondern als gelebte Erfahrung zu fassen. Ermöglichen sollte dies eine Theorie der Praxis, „die sich darauf konzentriert, was die Menschen tun, wenn

sie die gesellschaftlichen Beziehungen gestalten, in denen sie leben" (Connell 1986, 339). Von daher lag es nahe, an Antonio Gramscis Hegemonie-Konzept anzuknüpfen (Connell 1999).

Mit einer solch „praxisorientierten Theorie der Geschlechterverhältnisse" (Connell 1986, 343) sollten auch neue Ansatzpunkte und Begründungen für eine Veränderung dieser Verhältnisse durch Geschlechterpolitik gewonnen werden. Connell hat „Hegemoniale Männlichkeit" (HM) als „Konfiguration geschlechtsbezogener Praxis" zu definieren versucht, welche die „momentan akzeptierte Antwort auf das Legitimationsproblem des Patriarchats verkörpert und die Dominanz der Männer sowie die Unterordnung der Frauen gewährleistet (oder gewährleisten soll)" (Connell 1999, 98).

Das Verhältnis zwischen Männern und Frauen wird im Konzept HM so nicht als Konfrontation zwischen zwei jeweils in sich homogenen Geschlechtern gesehen. Vielmehr differenziert HM zwischen verschiedenen kollektiven Praxen der Geschlechtlichkeit, die aber als insgesamt in einer hegemonialen Struktur zusammengeschlossen gedacht werden. Während in der bundesdeutschen Rezeption Walter Hollstein (1991) – wie später auch Lothar Böhnisch (2001; 2003) – immer wieder betont haben, dass viele „Männlichkeiten", ähnlich wie Weiblichkeiten, ebenfalls durch die „männliche Hegemonie" unterdrückt würden, gesteht Connell zwar zu, dass nur sehr wenige Männer dem in der HM verkörperten kulturellen Ideal entsprächen. Die meisten von ihnen wirkten aber an dessen Aufrechterhaltung deshalb mit, weil sie von der Unterdrückung der Frau, mit der HM ganz zentral verknüpft sei, profitierten. Connell (1987) spricht im Zusammenhang mit strukturellen Privilegien, in deren Genuss Männer ganz unabhängig von ihren subjektiven Einstellungen, Orientierungen und Praktiken kommen, von einer „patriarchalen Dividende".

In ihrer kritischen Reformulierung des Konzeptes HM erinnern Connell / Messerschmidt (2005, 848) daran, dass dieses ursprünglich auch ein Parallelkonzept hegemonialer Weiblichkeit enthielt, das dann (Connell 1987, 183) in „emphasized femininity" umbenannt wurde, um die asymmetrische Position von Männlichkeiten und Weiblichkeiten in einer patriarchalen Ordnung kenntlich zu machen. Das „externe" Verhältnis von HM zu den wie auch immer gearteten Weiblichkeiten sei in der Forschungsgeschichte jedoch „aus dem Fokus" geraten, was künftig zu korrigieren wäre. Sehr viel stärker seien demgegenüber die „internen" Verhältnisse thematisiert worden, die Praktiken der Unterordnung, der Komplizenschaft sowie der Marginalisierung unter Männern, über die sich HM reproduziere.

Im Kontext kritischer Männerforschung sind gerade bezüglich dieser „internen" Verhältnisse Unschärfen des Konzeptes kritisiert worden (zur bundesdeutschen Diskussion um HM siehe May 2010). Eine Verknüpfung mit Pierre Bourdieus Theorie eines männlichen Habitus (Bourdieu 1997; 2005) sollte hier weiterführen: Für Bourdieu ist Männlichkeit ein „eminent relationaler Begriff, der vor und für die anderen Männer und gegen die Weiblichkeit konstruiert ist, aus einer Art Angst vor dem Weiblichen" (Bourdieu 2005, 96). Im „Wunsch, die anderen Männer zu dominieren, und sekundär, als Instrument des symbolischen Kampfes, die Frauen" (Bourdieu 1997, 215), sieht er das zentrale Merkmal des „männlichen Geschlechtshabitus". Diese „libido dominandi", wie Bourdieu sie nennt, wird nun auf Connells HM bezogen (so z. B. bei Meuser 1998).

Lothar Böhnisch hat Meuser vorgeworfen, er schneide damit den Begriff des Habitus „von seiner sozialökonomischen Hintergrundstruktur und deren Entwicklungsgesetzlichkeit ab" und belasse ihn damit „auf der sozialkonstruktivistischen Vorderbühne" (Böhnisch 2003, 97). „Gerade heute" hätten sich die „Eigenkräfte" des „ökonomischen Prinzips [...] von den konkreten Männern" gelöst und seien „nicht mehr auf sie (in der Masse) angewiesen" (Böhnisch 2003, 97). Von daher stelle auch nicht HM „das zentrale Strukturprinzip der modernen Vergesellschaftung des Mannes dar, sondern das Strukturprinzip der Externalisierung, als „Abwertung des Innen und der Natur" sowie „des Schwächeren" (Böhnisch 2003, 77).

Während aus einer hegemonietheoretischen Sichtweise Böhnischs Argumentation mit einer „Entwicklungsgesetzlichkeit" nicht ganz unproblematisch ist (May 2010), kann aus derselben Perspektive seinem „Sozialkonstruktivismus-Vorwurf" durchaus zugestimmt werden. So steht Meusers habitustheoretisches Verständnis von HM in Gefahr, die politischen Aspekte der Analyse von – in bestimmten sozio-kulturellen Praktiken und Institutionen sich artikulierenden – gesellschaftlichen Macht-

und Interessenkonstellationen aus dem Blick zu verlieren. Von Seiten hegemonietheoretisch argumentierender AutorInnen selbst wurde allerdings in Frage gestellt, ob mit Blick auf eine komplexe Analyse von Geschlechterverhältnissen der Begriff der Hegemonie „auch eine Beziehung trifft, in der die Partner u. a. in Liebe miteinander verbunden sind" (Kontos / May 2008, 7). Bei der Untersuchung hegemonialer Geschlechterverhältnisse müsse daher analytisch zwischen einer strukturellen, einer normativ-kulturellen und einer kommunikativ-handlungsbezogenen Ebene differenziert werden – auch wenn diese Ebenen durchaus miteinander vermittelt seien (Kontos / May 2008, 8 f.; May 2010). In dieser analytischen Erweiterung wird das Hegemoniekonzept auch zur Analyse von Geschlechterverhältnissen in der Ausbildung und Praxis Sozialer Arbeit genutzt.

Dekonstruktion

Die Diskussion um einen postmodernistischen, poststrukturalistischen, dekonstruktivistischen Feminismus (Benhabib et al. 1993), die in der Folge dann auch zur Etablierung der „queer studies" geführt hat, stellt in gewisser Weise eine Radikalisierung des „Sex Role Strain Paradigm (SRS)" (Pleck 1976) dar. Besondere Bedeutung hat in diesem Zusammenhang der theoretische wie politische Ansatz von Judith Butler (1991; 1993) erlangt, sich nicht damit begnügt, die Zumutungen einer Geschlechtsrollensozialisation auf der Ebene des „sozialen" Geschlechts (gender) zu problematisieren – ihre Kritik richtet sich auf das „biologische" Geschlecht (sex) selbst. Butler zufolge entsteht der Effekt von dessen „Natürlichkeit" erst dadurch, dass Körper innerhalb des durch stete diskursive Wiederholung aufrechterhaltenen Systems der Zweigeschlechtlichkeit nur als binär geschlechtliche wahrgenommen werden können. Es gebe, so Butler, kein vor dem bezeichnenden Diskurs existierendes „biologisches" Geschlecht. Weil aber der als anatomischer Körper verstandene (sex) eine diskursive Konstruktion sei, müsse auch die Unterscheidung von „sex" und „gender" selbst diskursiv produziert sein.

Da „Bezeichnung" sich durch wiederholende Akte herstelle, sieht Butler (1993, 209 ff.) subversive Möglichkeiten in einer parodistischen Wiederholung dieser Bezeichnungspraxen. Es könne so gelingen, den Diskurs der binären Zweigeschlechtlichkeit entlarvend aufzubrechen und in der Vervielfältigung der Geschlechter ganz unterschiedliche politische Ziele zu besetzen und zu verfolgen. In einer solchen Resignifizierung der entsprechenden „Bezeichnungspraxen" (Butler 1991, 212) durch die Denaturalisierung solcher Kategorien wie „Körper", „Identität" oder „Subjekt" als politische Kategorien (Butler 1991, 187) sieht Butler eine wesentliche Perspektivenerweiterung des Feminismus, welche auch neue, über den Feminismus hinausweisende geschlechterpolitische Koalitionen eröffne.

Ohne die subversiven Möglichkeiten einer parodistischen Wiederholung jener Bezeichnungspraxen auch für die Praxis Sozialer Arbeit relativieren zu wollen, wäre es dennoch illusorisch zu glauben, diese seien hinreichend für eine Perspektive „menschlicher Verwirklichung". Unberücksichtigt bleibt dabei, dass selbst parodistisch enttarnte Konstruktionen nach wie vor „im Fleisch sitzen", weil sie sich dort materialisiert haben. Marx paraphrasierend wären die rigiden Verhältnisse körperlicher Repräsentanz und Selbststilisierung vielleicht am ehesten „dadurch zum Tanzen zu zwingen, daß man ihnen ihre eigene Melodie" (Marx o. J., 381 f.) des Verhaltenszwanges „vorsingt".

Dies wäre aber nur der erste Schritt zu einer „Emanzipation der Sinne". Motor eines solchen Prozesses sind Eigenschaften und Vermögen wie Spontaneität, Sinnlichkeit, Sensibilität und Empfindungen, die sich nicht künstlich, und auch nicht pädagogisch erzeugen lassen. Soziale Arbeit kann aber einen Rahmen schaffen, der ihren AdressatInnen die Gelegenheit zu neuen Erfahrungen mit sich selbst und anderen bietet, um damit verbunden Wahrnehmungsweisen, Eigenschaften und Vermögen selbsttätig zu entwickeln. Dies erfordert allerdings, den Rahmen der Dekonstruktion zu überschreiten (May 1999; 2006).

Gender als politische Kategorie

Trotz Dekonstruktivismus hat die Gender-Perspektive als sowohl kritischer wie normativer Horizont im Kontext strukturell verankerter und abgesicherter Ungleichheitsverhältnisse und als sich sehr konkret darstellender Erfahrungszusammenhang nichts an Aktualität verloren. Deshalb ist Gender auch als politische Kategorie zu kennzeichnen, mit der Problemlagen thematisiert und auf die hin konkrete Arbeitskonzepte entwickelt werden können. Neben dem andauernden Bemühen um Sensibilisierung für die Bedeutung der Kategorie Geschlecht in Denken und Handeln und in einer Perspektive der Gerechtigkeit, die sich im Kontext übergreifender sozialpolitischer Auseinandersetzungen ebenso bewähren muss wie in der konkreten Hilfe- und Angebotsplanung vor Ort, steht der alltägliche Kampf um Ressourcen, um Geld und Räume, um eine qualifizierte personelle Ausstattung.

Die Problematik der Finanzierung der notwendigen Ressourcen und des Aufbaus einer auch langfristig abgesicherten Infrastruktur für geschlechterdemokratische Arbeit verweist auf die komplizierte Dynamik von Betonung und Relativierung der Geschlechterdifferenz. Eine der schwierigsten Aufgaben liegt darin, gendersensible Entwürfe und Praxen zu riskieren, ohne dem Sog der Identifizierung zu unterliegen. Als pädagogisch-produktiv erweist sich hier eine Perspektive, die nicht die Besonderheit qua Geschlecht betont, sondern in konkreten Schritten an Wahl- und Verwirklichungsmöglichkeiten arbeitet und damit die in den Geschlechterverhältnissen enthaltene Konfliktdimension nicht nur präsent hält, sondern auch der Auseinandersetzung und Bearbeitung öffnet (Maurer 2002).

Thematisierungsdynamiken der Genderforschung

Vor dem Hintergrund des andauernden Kampfes um Anerkennung der Perspektiven und Beiträge der Frauen-, Geschlechter- und auch Männlichkeitsforschung macht es Sinn, die Thematisierungsdynamiken im Kontext von Genderforschung genauer in den Blick zu nehmen. Es geht dabei weniger um die erarbeiteten Befunde, Erkenntnisse und (kontroversen) theoretischen Konzeptionen, auch weniger um die Dekonstruktion bisheriger (als zu begrenzt empfundener) Denkangebote und Analyse-Möglichkeiten, sondern viel mehr um die Fragen, an denen sich die entsprechenden Denkbewegungen historisch-konkret abgearbeitet haben – und auch heute abarbeiten müssen.

So wurde etwa angesichts der Einführung und Verwendung des englischen Begriffes Gender selbst die Frage formuliert, inwiefern dadurch der Auseinandersetzung mit Geschlecht womöglich etwas von ihrer (ver)störenden Qualität genommen wird. Gender erscheint im Zuge dessen häufig nur noch als „eine Variable unter vielen, die Wirklichkeiten mit-konstituiert", oder wird, als Kategorie nicht weiter hinterfragt, zum alles entscheidenden Merkmal einer radikalen leiblichen Differenz. Vor diesem Hintergrund stellt sich die Frage, wie eine Praxis des Nachdenkens über Gender kultiviert werden kann, die die bisherigen Erkenntnisse und Erfahrungen aufnimmt und mit Bezug auf heutige Problemstellungen weiterentwickelt.

Nicht nur die Frage nach den konkret gelebten Geschlechterverhältnissen oder nach den konkret erlebten Wirkungen der Kategorie Geschlecht verlangt nach einer dezidiert historischen Perspektive und einer gesellschaftspolitischen Kontextualisierung – auch die Frage danach, wie „das Zeichen Geschlecht" jeweils besetzt wird. Der Bereich der Erkenntnis ist ein Feld gesellschaftlicher, institutionell und disziplinär vermittelter Praxis. Wird bei Versuchen der Rekonstruktion entsprechender Denk-Bewegungen zum Zwecke der kritischen Bilanzierung außer Acht gelassen, welche erkenntnispolitischen Strategien sich damit jeweils verbunden haben, so kann nur ungenügend herausgearbeitet werden, inwiefern diese Strategien der Legitimierung von Ansprüchen auf gesellschaftliche Teilhabe dienten. Wird heute bspw. der homogenisierende Effekt der Rede von / über „Frauen" oder „Männer" problematisiert, so sollte dabei nicht vergessen werden, dass eine entsprechende Begriffspolitik und Deutungspraxis nicht zuletzt entwickelt wurde, um kollektive (oder auch individuelle) Handlungsmöglichkeiten zu entfalten.

Genderforschung und „agency"

Vor allem Frauen als konkrete historische Individuen, also als Verschiedene, konnten für sich über den Referenzpunkt „Geschlecht" einen eigenen historischen und gesellschaftlichen Ort rekonstruieren und begründen und damit immer wieder auch zu einem „kollektiven Subjekt" der Geschichte und gesellschaftlicher Veränderung werden. So war etwa die Idee der „Gleichheit von Frauen" im Kontext der Frauenbewegungen eng verknüpft mit dem Postulat der „Solidarität unter Frauen". Mit Hilfe dieses Postulats konnte die Hypothese der Gleichheit dann wiederum kritisch hinterfragt werden – so z. B. sehr früh auf internationalen Frauenkongressen, in der Konfrontation von privilegierten „weißen" Frauen mit Frauen aus anderen Ländern und Erdteilen; so auch in der innergesellschaftlichen Konfrontation zwischen Frauen, die sich immer wieder plötzlich als Angehörige verschiedener Klassen bzw. auf Seiten der Dominanzkultur oder auf Seiten einer ethnischen oder kulturellen Minderheit wiederfanden. Mit Hilfe der Idee der „Gleichheit" und vermittelt über das sich darauf beziehende Postulat der Frauensolidarität konnte also auch soziale Ungleichheit unter Frauen thematisiert werden, wenn auch auf durchaus irritierende und verunsichernde Weise.

Das Betonen der Gemeinsamkeit in der Erfahrung von Unterdrückung und Diskriminierung, von Enteignung und Entwertung der eigenen Arbeit hatte historisch und politisch eine wichtige Funktion. Der dabei ebenfalls entstehende homogenisierende Effekt ist die problematische Schattenseite dieser Geschichte – vielfach kritisiert von Feministinnen selbst. In der inzwischen ausgearbeiteten Kritik an den sog. „Identitätspolitiken" wird häufig nicht reflektiert, dass hier nur eine bestimmte Ausprägung und Facette einer Politik reflektiert wird, die sich auf „Identität" bezieht (Maurer 1996). Durchgesetzt hat sich die Verwendung des Begriffs „identity politics" im Sinne der Bezugnahme auf eine ganz bestimmte Teilgruppen-Zugehörigkeit (z. B. „schwarze lesbische Feministin"). Das Beispiel verweist dabei selbst bereits auf „Identität" als Schnittfläche oder Konfiguration unterschiedlicher Zugehörigkeiten.

Der Begriff „Identitätspolitik" erscheint in mancher Hinsicht paradox – bindet er doch zwei unterschiedliche Begriffe zusammen, die zumindest auf den ersten Blick verschiedenen Sphären entstammen. Er zeigt an, dass „Identität" nicht etwa eine essentielle, „unhintergehbare" Kategorie darstellt, sondern historisch-gesellschaftlich konstituiert / konstruiert und damit auch verhandelbar ist. Es geht also weniger um die ganz bestimmte Identitätspolitik einer ganz bestimmten Gruppe, sondern ganz grundsätzlich um die Frage nach „Identität" als Medium, als Ausgangspunkt und Fluchtpunkt von „Politik".

Man kann die These formulieren, dass die Bedeutung feministischer Identitätspolitiken mit dem prekären Subjekt-Status von Frauen in Verbindung steht: Frauen bzw. weiblichen Individuen wurde historisch und kulturell dieser Status in spezifischer Weise vorenthalten. Identitätspolitik von Frauen kann daher immer auch als Bewältigungsversuch oder -strategie, als Gegen-Bewegung zu der damit verbundenen existentiellen Verunsicherung verstanden werden. Der Gegenstand verweist also auf nicht weniger als auf die strukturellen und symbolischen Bedingungen „weiblicher Existenz", die Psychodynamik bzw. die Subjektivität der Individuen im Kontext ihrer jeweiligen Lebensgeschichte, die Gruppendynamik bzw. die Identitäts- oder Zugehörigkeitskonstruktionen im Kontext oppositioneller Kollektive und auf die Dimension der Erkenntnismöglichkeiten bzw. der Modalitäten des Denkens und Sprechens.

Feministisches Denken hat – nicht zuletzt im Medium wissenschaftlicher Forschung und Theoriebildung – Identifizierungen des „Weiblichen" problematisiert, die zur Unterordnung, Abwertung und Ausgrenzung konkreter weiblicher Individuen und des „weiblichen Geschlechts als Gruppe" führen oder beitragen. Im Zuge dessen wurden allerdings wiederum Identifizierungen des „Weiblichen" vorgenommen. Feministische Denkerinnen kritisierten den Zusammenhang von „Identitätslogik und Gewalt" auch in Bezug auf die Geschlechterverhältnisse. Vernunft- und Erkenntniskritik in feministischer Perspektive wurden daher notwendigerweise immer wieder zur Selbstkritik, die sich auf die eigenen identitätslogischen Verfahren richtete. Gleichzeitig wäre nach deren individuellen und kollektiven Funktionalitäten im Hinblick auf „weibliche Subjekt-Werdung" und Handlungsfähigkeit (agency) zu fragen.

Festgehalten werden kann, dass feministische Bewegungen der Kritik an herkömmlichen Vernunftkonzeptionen und Denkgewohnheiten aus der Perspektive der „Erfahrungen von Frauen" eine neue Facette hinzugefügt und damit auch bisherige Praxen der Kritik kritisch hinterfragt haben: Die „Logik" geschlechtsbezogener Ausblendungen und Verdeckungszusammenhänge ist damit deutlich geworden. Negierung und Abwertung weiblicher Arbeit und Erfahrung wurden als solche erkannt und kritisiert, in der Erkenntnis, dass „das Menschliche" sich als „Allgemeines"

nur behaupten kann, wenn es die Erfahrungen und Perspektiven der Verschiedenen umfasst bzw. bewusst würdigt und anerkennt – und zwar unabhängig davon, ob sich die „Differenz" dabei aus „Geschlechtergrenzen" bestimmt oder noch anderen Grenzziehungen entstammt. Damit steht nicht nur die „Verfasstheit der Geschlechterverhältnisse" zur Disposition – auch die Verhältnisse unter Frauen sind zu problematisieren, ebenso wie die „Verhältnisse" jeder einzelnen Frau in und mit sich selbst.

Erkenntnispolitiken und Grenzerfahrungen

Genderforschung ist nicht zuletzt in ihrer Qualität als Praxis zu kennzeichnen, mit der bestimmte (Erkenntnis-)Erfahrungen gemacht werden und die auch an Grenzen stößt.

Seyla Benhabib (1992) bringt Kritische Theorie – als solche kann feministische Theoriebildung ebenso wie das, was unter dem label „mens studies" firmiert, verstanden werden – mit einem Spannungsfeld von Kritik, Norm und Utopie in Verbindung. Indem diese drei Qualitäten aufeinander bezogen gedacht werden, lassen sich mehrdeutige oder auch widersprüchliche (Erkenntnis-)Strategien angemessener begreifen. Denn die Bewegung der Grenzüberschreitung (Kritik) ist von der Sehnsucht nach Verortung (Zugehörigkeit, Stimmigkeit, Gültigkeit) durchzogen. Etwas als gültig zu betrachten hat auch mit der Anerkennung von Wirklichkeit(en) zu tun – in der Perspektive einer (ethisch und kritisch begründeten) Normativität, die sich ihrer eigenen Relativität und Vorläufigkeit bewusst bleibt.

Der Umgang mit Heterogenität bleibt eine Herausforderung: Selbst wenn heute „diversity politics" die eben thematisierten „identity politics" abzulösen scheinen, so ist damit noch keine Lösung des Problems verbunden. Diversitäts-Bewusstsein kann in Erinnerung halten, dass sich „Gleichheiten und Unterschiede" je nach Kontext unterschiedlich konstellieren, also je nach Situation unterschiedlich an Bedeutung gewinnen oder auch verlieren. Die Rede von „diversity" kann aber auch zu einer Vorstellung von beliebig vervielfältigbarer Differenz führen, die dem sog. Egalitäts-Mythos zuarbeitet – Ungleichheit erscheint dann nicht mehr als Problem, denn alle sind ja darin gleich, dass sie ganz vielfältig verschieden sind (Maurer 2008). Die in den vielfältigen Konstellationen von Differenz nach wie vor enthaltenen – auch gewaltsamen – Einschlüsse und Ausschlüsse müssen als „soziale Ungleichheiten" aber nach wie vor thematisiert werden können, und hier zeigt sich die Bedeutung der genauen Bestimmung von konkreten Ungleichheiten in ganz konkreten Situationen, die sich letztlich nur mit Hilfe eines komplexen Instrumentariums empirischer Sozialforschung vornehmen lässt. Das analytische Konzept der „Intersectionality" (Knapp 2008) stellt einen aktuellen Versuch dar, die Vielfalt und Vielschichtigkeit in der Konstellation von Differenzen auch unter Berücksichtigung von Ungleichheit zu fassen.

Genderreflexives Denken und Soziale Arbeit

Frauen-, Geschlechter- und Männlichkeitsforschung im Kontext Sozialer Arbeit haben sich in den vergangenen Jahren vielfältig von anderen Disziplinen inspirieren lassen. So wurden Begriffe und Denkfiguren ebenso aufgenommen wie Methodenrepertoires. Dabei handelt es sich nicht einfach um einen Theorie-„Import". Vielmehr ist im Sinne einer kontextualisierenden Erkenntnisstrategie nach den konkreten Aufgaben- und Problemstellungen Sozialer Arbeit zu fragen, auf die hin bestimmte Begriffe und Analytiken sowie methodische Zugänge zu transformieren sind, um sich für die Soziale Arbeit als produktiv erweisen zu können.

So sind Gesellschafts- und Subjektperspektiven bzw. Mikro- und Makroebene eine Schnittstelle zwischen Genderforschung und Sozialer Arbeit. In der Sozialen Arbeit jedoch sind diese Perspektiven auf spezifische Weise vermittelt: Es geht dabei nicht nur um die Frage, warum unter bestimmten Rahmenbedingungen auf eine bestimmte Weise gehandelt wird, sondern auch darum, wie sich dieses Handeln verändern kann. Dieser Aspekt der Transformation, der nicht zuletzt mit dem Bildungsbegriff gefasst wird, verweist auf das „pädagogische Element", das jeder Perspektive innewohnt, die auf eine Erweiterung der Lebensmöglichkeiten von Menschen zielt. Es geht hier immer auch um Selbstveränderung und Selbstbefreiung, um „Emanzipation" (Maurer 2001) – und nicht nur um die Veränderung der gesellschaftlichen Rahmenbedingungen und konkreten Lebenssituationen.

So wurde in der Sozialen Arbeit eine spezifische Aufmerksamkeit für die Praktiken der Menschen ausgebildet – stets mit Blick auch auf die Möglichkeiten der Entwicklung und Überschreitung des Gegebenen. Gerade die konkrete Auseinandersetzung mit den Lebensbewältigungsstrategien der AdressatInnen hat auch immer wieder zu Weiterentwicklungen und Präzisierungen in der Theoriebildung geführt. Der Theorie-Praxis-Zusammenhang stellt deshalb nicht nur ein Problem, sondern auch eine spezifische Ressource dar. Und hierin besteht auch ein spezifischer Beitrag der Sozialen Arbeit für die Genderforschung.

Da Soziale Arbeit sich in Wissenschaft und Praxis mit der Notwendigkeit des Handelns auseinanderzusetzen hat, kann sie sich der normativen Dimension nicht entziehen, die über (selbst)-kritische Reflexivität auch in ihrer Brüchigkeit und Konflikthaftigkeit erkennbar wird. Selbst darin weiß sie sich mit der Genderforschung verbunden, die sich als wissenschaftliche Forschung und Erkenntnis ebenfalls stets im Spannungsfeld politischer und ethischer Fragen bewegt. Ein „demystifizierender Anspruch", wie er schon in der klassischen Ideologiekritik und dann auch im Dekonstruktivismus erhoben wurde / wird, hätte so neben den eigenen theoretischen Vorannahmen und Konzepten, deren alltagsweltlichen Voraussetzungen und politischen Konnotationen, auch die institutionellen (und disziplinären) Abhängigkeiten zu reflektieren, ebenso wie die Positionierungen in der Scientific Community. Denn ein nicht unwesentliches Element, das das Selbstverständnis und die Selbstbehauptungsanstrengungen der Genderforschung im Gefüge der Disziplinen beeinflusst, sind die Abwertungsprozesse, denen sie sich immer wieder ausgesetzt sieht, und an denen sie auf paradoxe und komplizierte Weise auch selbst beteiligt ist (Casale / Rendtorff 2008).

Ausblicke

Aktuelle (Zwischen-)Bilanzierungen der Genderforschung thematisieren die gesellschaftlichen Umbrüche, die auch mit „Umbrüchen in der Organisation von Wissenschaft" (Aulenbacher / Riegraf

2009, 9) und Wissen einhergehen. In der derzeit stattfindenden Umgestaltung von Hochschullandschaften und Wissenschafts(förder)politiken erscheinen erkenntniskritische Überlegungen häufig eher als Störfaktor. Wissenschafts- und Erkenntniskritik, und damit verbunden auch grundlegende methodologische Reflexionen, stellen allerdings die zentralen Elemente einer kritischen Genderforschung dar, die sich die Analyse und „Aufklärung" gesellschaftlicher Geschlechterverhältnisse in einer Perspektive der Herrschaftskritik zur Aufgabe macht.

„Vier Jahrzehnte nach ihrer mehr oder weniger erfolgreichen Etablierung ist die Frauen- und Geschlechterforschung nicht mehr auf der Suche nach ihrem Gegenstand [...], sondern ihre Gegenstände – die gesellschaftlichen (Geschlechter)Arrangements ‚im Großen', die individuellen Arrangements ‚im Kleinen', das Geschlechterverhältnis ebenso wie die Geschlechterbeziehungen – sind gründlich in Bewegung geraten und in tief greifenden Umbrüchen begriffen." (Aulenbacher / Riegraf 2009, 16)

So wird denn auch in den letzten Jahren unter der Überschrift „Intersektionalität" (in der Praxis Sozialer Arbeit als Umgang mit und Reflexion von „diversity" eine Art Entsprechung findend) Geschlecht als zentrale Bezugskategorie problematisiert oder doch zumindest relativiert; damit werden unterschiedliche „Achsen der Differenz" (Knapp / Wetterer 2003) bzw. „Differenzordnungen" (Mecheril 2008) in ihrem Verhältnis zueinander ausdrücklich zum Gegenstand der Untersuchung. Für die Soziale Arbeit ist

die Auseinandersetzung mit unterschiedlichen Ungleichheiten (Klinger / Knapp 2008), gerade auch in ihrem nicht immer leicht zu durchschauenden Verhältnis zueinander, nicht neu. Dies analytisch zu fassen und die vielschichtigen Verhältnisse von Ungleichheit und Differenz (May 2007; Lutz / Wenning 2001) angemessen zu erhellen bleibt denn auch eine wissenschaftliche wie professionelle Herausforderung.

Sollte dabei womöglich wieder aus dem Blick geraten, welche zentrale Bedeutung „Geschlecht" für die „Existenzweisen" (Maihofer 1995) der Individuen und ihre sozialen Bezüge hat, so kann das gerade für Soziale und pädagogische Arbeit ein Problem darstellen. Wenn es darum geht, die alltäglichen und biographischen Erfahrungen der Menschen ernst zu nehmen, die Praktiken ihrer Lebensführung und auch ihre „Selbst-Verhältnisse" jenseits von Zuschreibungen wahrzunehmen, um gemeinsam an Entwicklungs-, Bildungs- und Verwirklichungsmöglichkeiten arbeiten zu können, so müssen sicherlich die vielfältigen Konstellationen Berücksichtigung finden, in denen sich gesellschaftlich komplexer gewordene Formen von Herrschaft, Ungleichheit und Differenz heute zeigen. Der spezifische Zusammenhang von Gesellschafts- und Erkenntniskritik, der für die Frauen- und Geschlechterforschung, aber auch für die kritische Männerforschung kennzeichnend ist, hält hierfür – gerade auch in seinen selbstkritischen Bewegungen – reichhaltiges Potenzial bereit.

Literatur

Aulenbacher, B., Riegraf, B. (Hrsg.) (2009): Erkenntnis und Methode. Geschlechterforschung in Zeiten des Umbruchs. VS Verlag, Wiesbaden

Bachofen, J. J. (1980): Das Mutterrecht. Eine Untersuchung über die Gynaikokratie der alten Welt nach ihrer religiösen und rechtlichen Natur (Auswahl). Suhrkamp, Frankfurt / M.

Badinter, E. (1986): Ich bin Du – die neue Beziehung zwischen Mann und Frau. Piper, München

Barz, H. (1984): Männersache. Kritischer Beifall für den Feminismus. Kreuz-Verlag, Stuttgart / Zürich

Baucom, D. h., Aiken, P. A. (1984): Sex Role Identity, Marital Satisfaction, and Response to Behavioral Marital Therapy. Journal of Consulting and Clinical Psychology 52, 438–444

Becker-Schmidt, R. (1987): Frauen und Deklassierung. Geschlecht und Klasse. In: Beer, U. (Hrsg.), 187–235

Beer, U. (Hrsg.) (1987): Klasse Geschlecht. Feministische Gesellschaftsanalyse und Wissenschaftskritik. AJZ-Verlag, Bielefeld

Benhabib, S. (1992): Kritik, Norm und Utopie. Über die normativen Grundlagen der Kritischen Theorie. Fischer, Frankfurt / M.

–, Butler, J., Cornell, D., Fraser, N. (1993): Der Streit um Differenz. Feminismus und Postmoderne in der Gegenwart. Fischer, Frankfurt / M.

Benjamin, J. (1990): Die Fesseln der Liebe: Psychoanalyse, Feminismus und das Problem der Macht. Fischer, Frankfurt / M.

Bentheim, A., May, M., Sturzenhecker, B., Winter, R. (2004): Gender Mainstreaming und Jungenarbeit. Juventa, Weinheim / München

Bierhoff-Alfermann, D. (1989): Androgynie. Möglichkeiten und Grenzen der Geschlechterrollen. Leske + Budrich, Opladen

Böhnisch, L. (2003): Die Entgrenzung der Männlichkeit: Verstörungen und Formierungen des Mannseins im gesellschaftlichen Übergang. Leske + Budrich, Opladen

– (2001): Männlichkeiten und Geschlechterbeziehungen – Ein männertheoretischer Durchgang. In: Brückner, M., Böhnisch, L. (Hrsg.), 39–118

–, Winter, R. (1993): Männliche Sozialisation. Bewältigungsprobleme männlicher Geschlechtsidentität im Lebenslauf. Juventa, Weinheim / München

Böllert, K., Hansbauer, P., Hasenjürgen, B., Langenohl, S. (Hrsg.) (2006): Die Produktivität des Sozialen – den sozialen Staat aktivieren. VS-Verlag, Wiesbaden

–, Oelkers, N. (Hrsg.) (2010): Frauenpolitik in Familienhand? Neue Verhältnisse in Konkurrenz, Autonomie oder Kooperation. VS-Verlag, Wiesbaden

Bourdieu, P. (2005): Die männliche Herrschaft. Suhrkamp, Frankfurt / M.

– (1997): Die männliche Herrschaft. In: Dölling, I., Krais, B. (Hrsg.), 153–217

Brod, H. (Hrsg.) (1987): The Making of Masculinities – The New Men's Studies. Routledge, Boston

Brückner, M., Böhnisch, L. (Hrsg.) (2001): Geschlechterverhältnisse. Gesellschaftliche Konstruktionen und Perspektiven ihrer Veränderung. Juventa, Weinheim / München

Butler, J. (1993): Kontingente Grundlagen: Der Feminismus und die Frage der „Postmoderne". In: Benhabib, S., Butler, J., Cornell, D., Fraser, N., (Hrsg.), 31–58

– (1991): Das Unbehagen der Geschlechter. Suhrkamp, Frankfurt / M.

Casale, R., Rendtorff, B. (Hrsg.)(2008): Was kommt nach der Genderforschung? Zur Zukunft der feministischen Theoriebildung. Transcript, Bielefeld

Connell, R. W. (1999): Der gemachte Mann. Konstruktion und Krise von Männlichkeit. Leske + Budrich, Opladen

– (1987): Gender and Power. Cambridge, Stanford University Press

– (1986): Zur Theorie der Geschlechterverhältnisse. Das Argument 157, 330–344

–, Messerschmidt, J. W. (2005): Hegemonic Masculinity: Rethinking the Concept. Gender & Society 19, 829–859

Davis, E. G. (1980): Am Anfang war die Frau. Die neue Zivilisationsgeschichte aus weiblicher Sicht. Frauenoffensive, München

Dinnerstein, D. (1976): Das Arrangement der Geschlechter. DVA, Stuttgart

Dissens e. V. (Hrsg.) (1996): Beiträge zur Patriarchatskritik 1990–1996. Bausteine aus Theorie und Praxis des Männerkollektivs Dissens. Eigenverlag, Berlin

Dölling, I., Krais, B. (Hrsg.) (1997): Ein alltägliches Spiel. Geschlechterkonstruktion in der sozialen Praxis. Suhrkamp, Frankfurt / M.

Elshtain, J. B. (1981): Public Man, Private Woman. Princeton University Press, Oxford

Erikson, E. H. (1970): Jugend und Krise. Klett Cotta, Stuttgart

Foucault, M. (1983): Sexualität und Wahrheit 1. Suhrkamp, Frankfurt / M.

Franck, B. (1981): Mütter und Söhne. Gesprächsprotokolle mit Männern. Goldmann, München

Fromm, E. (1976): Analytische Sozialpsychologie und Gesellschaftstheorie. Suhrkamp, Frankfurt / M.

Gerhard, U. (1978): Verhältnisse und Verhinderungen. Frauenarbeit, Familie und Rechte der Frau im 19. Jahrhundert. Mit Dokumenten. Suhrkamp, Frankfurt / M.

Hearn, J. (1987): The Gender of Oppression: Men Masculinity and the Critique of Marxism. Wheatsheaf Books, Brighton

Hollstein, W. (1991): Nicht Herrscher, aber kräftig. Die Zukunft der Männer. Rowohlt, Reinbek

Ickes, W. (1981): Sex-Role Influences in Dyadic Interaction: A Theoretical Model. In: Mayo, C., Henley, N. M. (Hrsg.), 95–128

Jung, C. G. (2001): Die Beziehung zwischen dem Ich und dem Unbewußten. DTV, München

Kindler, H. (1993): Maske(r)ade. Jungen- und Männerarbeit für die Praxis. MännerMaterial Band 4. Neuling-Verlag, Schwäbisch Gmünd / Tübingen

Klinger, C., Knapp, G. A. (Hrsg.) (2008): ÜberKreuzungen: Fremdheit, Ungleichheit, Differenz. Westfälisches Dampfboot, Münster

Knapp, G. A. (2008): „Intersectionality" – ein neues Paradigma der Geschlechterforschung? In: Casale, R., Rendtorff, B. (Hrsg.), 33–54

–, Wetterer, A. (2003): Achsen der Differenz. Gesellschaftstheorie und feministische Kritik II. Westfälisches Dampfboot, Münster

Komarovsky, M. (1992): The Concept of Social Role Revisited. Gender & Society 6, 301–313

Kontos, S., May, M. (2008): Hegemoniale Männlichkeit und männlicher Habitus: Überlegungen zu einem analytischen Bezugsrahmen zur Untersuchung von Geschlechterverhältnissen. Zeitschrift für Frauenforschung und Geschlechterstudien 26, 3–15

Lutz, H., Wenning, N. (2001): Unterschiedlich verschieden. Differenz in der Erziehungswissenschaft. Leske + Budrich, Opladen

Maihofer, A. (1995): Geschlecht als Existenzweise. Macht, Moral, Recht und Geschlechterdifferenz. Ulrike Helmer, Frankfurt / M.

Marx, K. (o. J.): Zur Kritik der Hegelschen Rechtsphilosophie. In: Marx, K., Engels, F. Werke, Bd. 1. Dietz Verlag, Berlin

Maurer, S. (2008): Sich verlieren im unendlich Verschiedenen? Ungleichheit – Differenz – Diversity. Sozial Extra 32, 13–14

– (2002): Geschlecht: Mädchen. In: Schröer, W., Struck, N., Wolff, M. (Hrsg.), 311–324

– (2001): Emanzipation. In: Otto, H.-U., Thiersch, H. (Hrsg.), 373–384

– (1996): Zwischen Zuschreibung und Selbstgestaltung. Feministische Identitätspolitiken im Kräftefeld von Kritik, Norm und Utopie. edition diskord, Tübingen

May, M. (2010): Hegemoniale Männlichkeit. In: Böllert, K., Oelkers, N. (Hrsg.), 129–156

– (2009): Menschliche Verwirklichung. Widersprüche 112, 43–64

– (2007): Zur (Re-)Produktion sozialer Differenzen auf der Ebene von Kultur und Geschlecht. Grundpfeiler eines theoretischen Bezugsrahmens. Widersprüche 104, 37–62

– (2006): Woher kommt die Produktivität des Sozialen? Ansätze zur Analyse ihrer Produktivkräfte. In: Böllert, K., Hansbauer, P., Hasenjürgen, B., Langenohl, S. (Hrsg.), 31–48

Mecheril, P. (2008): „Diversity". Differenzordnungen und Modi ihrer Verknüpfung. In: http://www.migration-boell.de/web/diversity/48_1761.asp, 02.04.2010

Meillassoux, C. (1976): Die wilden Früchte der Frau. Über häusliche Produktion und kapitalistische Wirtschaft. Syndikat, Frankfurt / M.

Meuser, M. (1998): Geschlecht und Männlichkeit. Soziologische Theorie und kulturelle Deutungsmuster. Leske + Budrich, Opladen

Moeller, M. L. (1981): Männermatriarchat. Nachwort zu Franck, B. (Hrsg.), 213–238

Möller, K. (Hrsg.) (1997): Nur Macher und Macho? Geschlechtsreflektierende Jungen- und Männerarbeit. Juventa, Weinheim / München

Money, J., Ehrhardt, A. (1975): Männlich Weiblich. Die Entstehung der Geschlechtsunterschiede. Rowohlt, Reinbek

Otto, H.-U., Thiersch, H. (Hrsg.) (2005): Handbuch Sozialarbeit / Sozialpädagogik. 3. Aufl. Ernst Reinhardt, München / Basel

Pleck, J. H. (1976): The Male Sex Role: Definitions, Problems, and Sources of Change. Journal of Social Issues 3, 155–164

Prengel, A. (1986): Gleichheit und Differenz der Geschlechter – Zur Kritik des falschen Universalismus der Allgemeinbildung. Zeitschrift f. Pädagogik 21. Beiheft, 221–230

Pross, H. (1984): Die Männer. Eine repräsentative Untersuchung über die Selbstbilder von Männern und ihre Bilder von der Frau. Rowohlt, Reinbek

Rentmeister, C. (1985): Frauenwelten – Männerwelten. Bd. 8 der Reihe Alltag und Biographie von Mädchen. Leske + Budrich, Opladen

Schröer, W., Struck, N., Wolff, M. (Hrsg.) (2002): Handbuch der Kinder- und Jugendhilfe. Juventa, Weinheim

Sturzenhecker, B. (Hrsg.) (1996): Leitbild Männlichkeit – Was braucht die Jungenarbeit?! Votum, Münster

Treptow, R., Hörster, R. (Hrsg.) (1999): Sozialpädagogische Integration – Entwicklungsperspektiven und Konfliktlinien. Juventa, Weinheim / München

Wesel, K. (1980): Der Mythos vom Matriarchat. Suhrkamp, Frankfurt / M.

Widersprüche: Zeitschrift für sozialistische Politik im Bildungs-, Gesundheits- und Sozialbereich (2005): Genders neue Kleider? Dekonstruktivistischer Postfeminismus, Neoliberalismus und die Macht. Heft 95

Winter, R. (1993): Stehversuche. Sexuelle Jungensozialisation und männliche Lebensbewältigung durch Sexualität. Neuling Verlag, Tübingen

Zieser, H. (1981): Der Mythos des Mutterrechts. Ullstein, Frankfurt / M. / Berlin / Wien

Zieske, A. (1997): Den geschlechtsdifferenten Blickwinkel entwickeln! Fortbildung, Praxisberatung und Supervision zur Jungen- und Männerarbeit. In: Möller, K. (Hrsg.), 185–206

Gender-Mainstreaming in der Sozialpädagogik

Von Maria-Eleonora Karsten

Zur aktuellen Situation und zur tendenziellen Widerständigkeit des Themas Gender in der Sozialpädagogik

Die sozialpädagogischen Theoriebildungs-, Forschungs-, Empirie-, Methoden– und Praxisansätze kennen langjährig die Diskurse, in denen soziale Ungleichheiten und soziale Gerechtigkeiten als Kern sozialpädagogischer Theorie-, Alltags- und Praxisgestaltung ausgehandelt werden. Die patriarchale Grundfigur und ihre Konkretisierung in sozialen (Frauen-)Berufen ist dagegen zwar durchaus Thema in historischen Analysen der Herausbildung von Sozialarbeit und Sozialpädagogik als Berufe, als durchgängiger Struktur- und Analysebereich jedoch eine bis heute ungelöste Entwicklungsaufgabe. Und obwohl die Realisierung von Gender- und Diversity-Analysen und Lehrangeboten in Akkreditierungsprozeduren von Studiengängen ein zu überprüfendes, anerkanntes Qualitätsmerkmal ist, kann von durchgängigen, vertieften Reflexionen bis heute nicht die Rede sein.

Angesichts der immer neuen Aufforderungen von Netzwerken wie z. B. dem Europäischen DECET (Diversity in Early Childhood Education and Training) (2007) oder Veröffentlichungen, auch 2009, die immer noch die Befassung mit dem Gender-Thema (Böllert / Karsunky 2008) einfordern, muss sogar von einer gewissen Widerständigkeit der sozialpädagogischen Theorie- und Empirieentwicklung ausgegangen werden und davon, dass auch in der Praxis class, race, gender – besonders in ihren vielfältigen wechselseitigen Bedingtheiten und Relationen – immer wieder die Tendenz haben, verdrängt zu werden.

Gender-Mainstreaming – ein fortdauerndes Arbeitsprogramm

Aus der Vogelperspektive betrachtet, wird in den Diskurskonjunkturen seit den 1970er Jahren und verstärkt seit dem Mädchenjugendbericht (1986) immer wieder auf einzelne Bereiche der Kinder- und Jugendhilfe eingegangen – Gender in Kindertagesstätten (Rabe-Kleberg 2003) oder besondere soziale Problemlagen von Jungen (Rohrmann 2007; Meyer 2006). Eine durchgängige Realisierung und konsequente Berücksichtigung der Tatsache, dass überwiegend Frauen interaktiv in der Sozialpädagogik tätig sind, was in jeder Empirie differenzierend zu berücksichtigen wäre, findet sich jedoch nicht. Dies bleibt somit eine theoretische und empirische Herausforderung und führt dazu, das Arbeitsprogramm Gender-Mainstreaming zu skizzieren.

Wird Gender-Mainstreaming als Analyse- und Arbeitsprogramm für die besondere soziale Konstruktion und Konstitution der sozialpädagogischen Profession und ihrer Weiterentwicklung verstanden, dann rückt in den Blick, dass dieses Feld doppelt sozial konstituiert ist: zum einen als je differenzierte Ausprägung in sozialen Berufen in der Vielfalt sozialpädagogischer Handlungsfelder und zum anderen in der sozialen Konstruktion der personenbezogenen sozialen Dienstleistungsarbeit mit Adressatinnen und Adressaten, die koproduktiv die jeweilige sozialpädagogische Arbeit ausgestalten. Im Einzelnen bedeutet dies, dass jedes Feld des Gender-Mainstreaming in die sozialpädagogische Verfasstheit hinein zu konkretisieren ist und vice versa. Jedes sozialpädagogische Handeln, jeder Befund, jede Analyse und jede Theoriebildung ist daraufhin zu befragen und auszuarbeiten, ob und wie in angemessener Weise die Gender-Frage zureichend und angemessen bearbeitet wird.

Otto/Thiersch (Hg.), Handbuch Soziale Arbeit, 4. A., DOI 10.2378/ot4a.art051,
© 2011 by Ernst Reinhardt, GmbH & Co KG, Verlag, München

Dies gilt gleichermaßen für die Aus-, Fort- und Weiterbildungen in akademischen und nichtakademischen Berufs-(Ausbildungs-) und Studienbereichen, von der Berufsfachschule über die Fachschulen, Fachhochschulen bis in die Universitäten und dabei – sozial- und hochschuldidaktisch konkretisiert – auch für die Ausbildung der Ausbilder / -innen, für den wissenschaftlichen Nachwuchs und die derzeit tätigen Lehrenden im Berufsbildungs- und Hochschulsystem.

Gender-Mainstreaming als allgemeinpolitisches Programm für jede gesellschaftlich verantwortete Organisation: auch in der Sozialpädagogik

Zunächst unabhängig von ihrer Bedeutung für die Sozialpädagogik entstand das gleichstellungspolitische Programm 1995 auf der Weltfrauenkonferenz in Peking und wurde zur Initialzündung für die Realisierung in Europa. Im Amsterdamer Vertrag versichert der Europäische Rat im Juni 1997, in allen Tätigkeiten der Gemeinschaft darauf hinzuwirken, Ungleichheiten zu beseitigen und die Gleichstellung von Frauen und Männern zu fördern. Dabei bezieht sich der Begriff Gender-Mainstreaming auf alle gesellschaftlich und kulturell geprägten Rollen, Rechte, Pflichten und Interessen von Männern und Frauen, Mädchen und Jungen mithin auch in der Sozialpädagogik. Der Mainstreaming-Prozess umfasst alles Handeln, das zu normalen und selbstverständlichen Handlungsmustern einer Organisation gehört.

Da Sozialpädagogik immer unter spezifischen Organisationsbedingungen in öffentlicher Verantwortung stattfindet, gilt dies durchgängig. Gender bedeutet dabei, die sozialen und kulturellen Geschlechterrollen in ihrer rechtlichen, sozialen, ökonomischen, politischen und (sozial-)pädagogischen Ausprägung zu verstehen. Geschlechterpolitik in diesem Sinn akzentuiert die Verhältnisse zwischen allen Geschlechtern: Auch Männer haben ein Geschlecht und bilden nicht die allgemein menschliche Norm. Außerdem geht es um die grundsätzlich als veränderbar angesehenen Verhältnisse zwischen den Geschlechtern. Die biologischen Geschlechterdifferenzen werden nicht als Legitimation für gesellschaftliche Differenzen zwischen den Geschlechtern akzeptiert.

Soziale und kulturelle Geschlechterrollen für Männer und für Frauen werden als historisch gewachsene und politisch gestaltbare gesehen.

„In der theoretischen Diskussion um die Kategorie Geschlecht, in den Fragen nach der Identität, der gesellschaftlichen Bedingtheit und der gesellschaftlichen Funktion von Geschlecht diskutiert werden, gibt es verschiedene Strömungen. Die verschiedenen geschlechtertheoretischen Ansätze können helfen, das jeweilige Grundverständnis der Geschlechterpolitik zu klären. Sie schaffen Begründungszusammenhänge und legitimieren unterschiedliche geschlechterpolitische Zielsetzungen und Strategien: Differenztheorien begründen eine autonome, von Männern und Männlichem abgegrenzte Politik und unterstützen die Zielsetzung, den Frauen die Entwicklung des originären Weiblichen zu ermöglichen. Sie zeichnen das Bild von zwei verschiedenen Kulturen und Daseinsformen der Geschlechter und wollen den Frauen die Mittel verschaffen, ihre eigenen Lebensräume zu gestalten. Die dekonstruktivistischen Geschlechtertheorien legitimieren jede Art von Politik, die geschlechtliche Identitäten nicht ausgrenzt oder diskriminiert, sondern eine Vielzahl von Männlichkeit und Weiblichkeit zulässt. Geschlecht wird als soziales Konstrukt angesehen" (Stiegler 2000).

Dementsprechend ist auch Gleichstellung sozial konstruiert. Und die Sozialpädagogik als aktive Gestaltung der Lebensformen und Lebensalter ist geradezu direkt aufgerufen, die in ihrem Aktionsfeld auftretenden sozialen Ungleichheiten und sozialen Ungerechtigkeiten – sowohl auf der Seite der Professionellen als auch auf der Seite der koproduzierenden Adressat(inn)en – ebenso aktiv zu bearbeiten.

Zur spezifischen – auch rechtlichen – Konstitution und Konstruktion der Gleichstellung in der Sozialpädagogik

Die Gleichstellung hat in ihrer sozialen Konstruktion eine eindeutige Rechtsgrundlage im Grundgesetz: Für die Kinder- und Jugendhilfen wurde diese Rechtsgrundlage im SGB VIII Kinder- und Jugendhilfegesetz und darüber hinaus in den Strukturmaximen konkretisiert. Insgesamt ist auch in der Bundesrepublik der Gedanke nicht neu, Gleichstellungs-, Kinder-, Jugend- und Frauenpolitik als Querschnittsaufgabe zu betrachten. Schließlich ist diese Querschnittsaufgabe bis in die Bezeichnung des Ministeriums, sogar administrativ-politisch in Legislative und Exekutive bundesministeriell verankert. Das Gender-Mainstreaming-Prinzip konkretisiert dieses Ziel zusätzlich durch einen klaren Bezug auf die Entscheidungsprozesse in sozialpädagogischen Organisationen, z. B. Wohlfahrtsverbände, Jugendämter oder Kindereinrichtungen.

Doch es sind nicht nur die Entscheidungsprozesse und äußeren Organisationen, die es für sozialpädagogische Reflexionen zu berücksichtigen und über Gender-Gerechtigkeit, Gender-Demokratie und Vielfalt von Lebensformen aufzuschließen gilt, sondern jede individuelle Praxis gegenüber gesellschaftlich gegebenen Regeln für Frauen und Männer; Erwartungen an Frauen und Männer; Positionen für Frauen und Männer; Identifikationsangebote für Frauen und Männer: Gender-Mainstreaming bezeichnet die Beziehung zwischen den Geschlechtern und die Muster ihrer Regulierung sowie die institutionelle Verankerung dieser Regeln und die Struktur sozialer Praxis in Organisationen. Und dies wiederum gilt dann sowohl für die sozialpädagogisch-interaktiven Praxen und Methodiken als auch für die administrativen bzw. politischen Verhandlungsarenen und ist dementsprechend ebenso in den Arbeitsbeziehungen und im Sozialmanagement zu verankern als Denk-, Reflexions-, Planungs-, Handlungs- und auch Evaluationsansatz und (Qualitäts-)Kriterium. Ausgehend von einer ko-konstruierend-kooperativen Haltung als Grundfigur der Interaktion sind dabei sowohl Top-down-Prozesse als auch Bottom-up-Prozesse angemessen zu berücksichtigen und auszugestalten. Dadurch wird Gender-Kompetenz in vielfältiger Konkretisierung zum Maßstab sozialpolitischer und sozialpädagogischer Professionalität.

Gender-Kompetenz als wesentliches Element sozialpädagogischer Professionalität

Entgegen der auch in der Sozialpädagogik fortdauernden, häufig nur dualen Konstruktion der Geschlechterrollen von Mädchen und Jungen, Frauen und Männern, Müttern und Vätern erschließt sich durch ein Gender-Denken, dass Vielfältigkeit an die Stelle von dualer Konstitution, komplexe Möglich-keiten anstelle von polaren Sichtweisen und eine Perspektive auf egalitäre anstelle hierarchischer Vorannahmen tritt, wodurch sich das Denken und Handeln in der Sozialpädagogik deutlich differenziert. Dies wiederum bedeutet, das Arbeitsprogramm sowohl bezogen auf die sozialpädagogisch Professionellen als auch auf die Adressatinnen und Adressaten, die Methoden, Hilfeformen und Wirkweisen auszuarbeiten und in der Theoriebildung ebenso wie in empirisch gehaltvollen Forschungen zu verankern.

Sozialpädagogisch konkretisiertes Gender-Mainstreaming – also Gender-Kompetenz – wird dadurch zur Schlüsselqualifikation jeden professionellen Handelns, des Wissens und der Wissensbildung, der Haltung und des sozialpädagogischen Könnens. Sozialpädagogisch fundiertes Gender-Wissen schließt direkt an sozialpädagogische Kasuistik an und umfasst dabei das Verstehen und Bewerten von Wissensbeständen als Wissen über die komplexen Strukturen der Geschlechterverhältnisse und ihrer sozialen Konstruktionen in grundlegenden Gedanken, Theorien und Forschungsergebnissen sowie Wissen über Ziele, Ideen, Diskurse, Handlungsansätze der Frauen- und Männerbewegung und reflektiert, wie diese sich in der Sozialpädagogik verstehen.

Die sozialpädagogisch professionelle Haltung, Einstellung und das Bewusstsein umfasst das Erkennen des eigenen geschlechterbezogenen Gewordenseins als biografische Auseinandersetzung mit der eigenen Geschlechterrolle und Reflexion derselben auf dem Hintergrund des Geschlechterverhältnisses der jeweiligen Kultur – der eigenen Arbeit. Auch die Arbeitszusammenhänge mit Organisationen, Projekten und Netzwerken sind kontinuierlich aus der Gender-Perspektive zu betrachten und zu reflektieren, um Einsichten in die Veränderbarkeit und Gestaltbarkeit der Geschlechterverhältnisse zu gewinnen und den Willen und die Bereitschaft entwickeln zu können, dies im Arbeitsalltag der Sozialpädagogik auf jeder Ebene zu realisieren. Sozialpädagogisches Können umfasst dann diese Verwirklichung in der Praxis, Gender-Sensibilität und Gender-Gerechtigkeit in der Zusammenarbeit im beruflichen Alltag zu praktizieren und auf dieser Basis handeln zu können, z. B. in der Leitung, in Teams, in Projekten und Netzwerken.

Auch viele sozialpädagogische Arbeitsformen sind so genderspezifisch differenzierbar, indem z. B. Geschlechterdifferenzen erfasst werden, in geschlechtersensiblen Problemanalysen zum Erziehungsverhalten von Müttern und Vätern, in der Schuldnerberatung, in der Erstellung von Berichten und Stellungnahmen sowie in der Sozial- und Kinder- und Jugendberichterstattung. Dadurch können auch bisherige Lücken in den vorliegenden Erkenntnissen, Studien und Programmen benannt werden. Ein weiteres großes Feld stellt die Mittelvergabe dar, in der Empfänger unter Geschlechterperspektive geprüft werden, die Geschlechterparität in der inneren Struktur aufgewiesen wird oder – in der institutionellen Förderung – Geschlechtersensibilität in der Aufgabenerfüllung herangezogen wird. Auch die Formulierung entsprechender Kriterien in der Ausschreibung von Wettbewerben und die Bevorzugung geschlechtersensibler Akteure und Akteurinnen bei Bewerbungen ist Teil dieses Feldes.

Bei der Einrichtung und Berufung von Kommissionen geht es um geschlechterparitätische Besetzung und darum, Genderexpert(inn)en hinzuziehen. Bei der Gestaltung von Veranstaltungen werden geschlechtersensible Themenstellungen, die Geschlechterparität von Referent(inn)en und Teilnehmer(inne)n gewahrt sowie geschlechtersensible Evaluationen durchgeführt. Besonders in der Öffentlichkeitsarbeit geht es um geschlechtersensiblen Sprachgebrauch, mit dem nichttraditionelle Rollenbilder ebenso wie traditionell weibliche Lebensumstände sichtbar gemacht und geschlechtersensible Zielgruppenanalysen praktiziert werden. Diese Arbeitsformen verbinden sich so zu einer Strategie mit dem Ziel der Realisierung von Chancengleichheit für die Geschlechter in allen politischen, administrativen und gesellschaftlichen Prozessen des sozialpädagogischen Bereichs. Chancengleichheit gilt für alle politisch handelnden Institutionen, also auch für öffentliche und freie Träger der Wohlfahrtspflege.

Ziel ist es für die Sozialpädagogik, nach innen und nach außen gerichtete Prozesse daraufhin zu analysieren, wie Mädchen und Jungen bzw. Männer und Frauen, Sozialpädagoginnen und Sozialpädagogen an diesen Prozessen beteiligt und davon betroffen sind und diese Prozesse umzugestalten. Gender-Mainstreaming besteht damit in der Reorganisation, Verbesserung, Entwicklung und Evaluation von Entscheidungsprozessen in allen Politikbereichen und Arbeitsbereichen jeder sozialpädagogischen Organisation.

Das Ziel von Gender-Mainstreaming ist es weiterhin, in alle Entscheidungsprozesse – auch unter Einbeziehung von Adressatinnen und Adressaten – die Perspektive der Geschlechterverhältnisse einzubeziehen und alle Entscheidungsprozesse für die Gleichstellung der Geschlechter nutzbar zu machen.

Aufgrund der doppelten sozialen Konstruktion und Konstitution der Sozialpädagogik als Interaktions- und Arbeits-, bzw. Berufsfeld professioneller sozialpädagogischer Arbeit sind die Gender-Analysen gleichzeitig im Rahmen von Bildungsgang-, Berufs-, und Berufsbildungsbiografie- und Arbeitsmarktforschung zu sozialen Berufen auszuarbeiten und in ihren Befunden und Ergebnissen zur Weiterentwicklung von Qualität und angemessenerer gesellschaftlicher Anerkennung zu argumentieren. Dies schließt auch die Bereiche der Tarifwerke für den Sozial- und Erziehungsdienst und Akkreditierungen als besondere Ausgestaltung gesellschaftlicher Definitionsverhältnisse (1988) als Anerkennungsverhältnisse mit ein.

Definitionsverhältnisse ihrerseits prägen sich, auch in der Sozialpädagogik, dagegen häufig als „doing gender", offen oder unbewusst-verborgen aus. Dies gilt gleichermaßen in der Theoriebildung, in weiten Teilen der Empirie, z. B. in der Kinder- und Jugend-, in der Sozialberichterstattung bis in die Armuts- und Reichtumsberichte hinein, sodass eine Verallgemeinerung von Gender-doing-Prozessen in das alltägliche sozialpädagogische Denken und Handeln, sogar bis in die Forschung derzeit immer neu stattfindet. Dies muss als Herausforderung neuer Gender-Realisierungsstrategien, die auch Kontrolle und fortgesetzte kritische Beobachtung umfassen, beschrieben werden.

Rekonstruktion und Reflexion des „doing gender" in der Sozialpädagogik

Für den Prozess der sozialen Konstruktion von Geschlechtlichkeit hat die Geschlechterforschung den Begriff „doing gender" formuliert. Der Begriff „doing gender" bringt die Prozesshaftigkeit der Vorgänge zum Ausdruck: Die soziale Konstruktion von Geschlecht wird nicht nur einmal vollzogen, sondern sie wiederholt sich tagtäglich neu. So werden in allen Bereichen des gesellschaftlichen Lebens wie z. B. in den Medien, im Erziehungssystem, der

(Sozial-)Politik, der Wirtschaft etc. Bilder von Männlichkeit und Weiblichkeit (vor-)gelebt, die Bedeutungen von Geschlechtsidentität symbolisieren und an Mädchen und Jungen, junge Frauen und Männer herangetragen werden. Um Geschlechtsidentität zu entwickeln, sind Kinder und Jugendliche, Mädchen und Jungen darauf angewiesen zu lernen, wie sie Geschlechtsidentität gestalten können und welche Rollen sie damit einnehmen können. Finden diese Prozesse verkürzt, unreflektiert und vor allem ohne Bezug zu anderen Bildungsinhalten statt, entstehen daraus Konstrukte, die vorgeben, dass sich Frauen und Männer für bestimmte Rollen und Denkweisen „eignen" würden. Das Geschlecht wird so den Menschen immer neu attribuiert, wie dies auch die langjährige und mehr oder weniger offen geführte Diskussion um das „weibliche Arbeitsvermögen", das sozialisatorisch eingelebt werde und ganz wesentlich sozialpädagogische Berufs(ausbildungs-)wahlen fundiere, zeigt.

Es werden dabei nicht nur die attraktiven Attribute des eigenen Geschlechts übernommen, sondern gleichfalls jedes problematische Bild des anderen Geschlechts wird mitprojektiert, weil immer beide Geschlechterrollen angezeigt werden.

Für Mädchen und Jungen, Frauen und Männer bedeutet „doing gender" einen doppelten Prozess: Zum einen wird Geschlechtsidentität durch Wahrnehmung der Rollenzuweisungen konstruiert. Zum anderen wird die erworbene Geschlechtsidentität durch ständiges Reproduzieren der damit verbundenen Attribute aufrechterhalten, bekräftigt, verfestigt und nach außen hin dargestellt. Bildung hat in diesem Zusammenhang die wichtige Bedeutung, sich dieser Prozesse bewusst zu sein und einen (selbst-)reflexiven und kritischen Umgang mit der Konstruktion von Geschlechtermerkmalen zu entwickeln.

Dies gilt für jede Präventions-, Interventions- und Hilfeform in der Sozialpädagogik in besonderer Weise, weil in ihrer ko-konstruktiven Grundfigur des Agierens in den personenbezogenen sozialen Dienstleistungen soziale und Gender-Gerechtigkeit oder eben Ungerechtigkeiten ganz praktisch werden und das Handeln leiten.

Deswegen gilt es durchgängig, sich mit den „doing gender"-Prozessen in der Sozialpädagogik reflexiv und kritisch auseinandersetzen zu können, die von der eigenen Person ebenso ausgehen wie von Strukturen, z. B. Raum und Zeit. Gerade für Personen, die direkt mit Mädchen und Jungen arbeiten, wie die Erzieher(innen), Pädagog(inn)en, Kinderpfleger(innen), Sozialpädagog(inn)en und Lehrer(innen), ist ein Bewusstsein dieser Prozesse hilfreich, um die eigene Praxis reflektieren zu können. So werden Kinder und Jugendliche ebenso wie erwachsene oder alte Adressatinnen und Adressaten sozialpädagogischer Arbeit dann nicht durch einschränkende „doing gender"-Prozesse an der freien Entfaltung ihrer Persönlichkeit gehindert, sondern diese Entwicklungen werden positiv ausgestaltet. Dies wird somit zu einer auf Fachwissen basierenden Bewusstseinsbildung. Gerade die nicht so offensichtlichen Mechanismen der gesellschaftlichen Konstruktion von Geschlechtlichkeit und deren Folgen gilt es weiter zu erforschen und kenntlich zu machen. Die Einschränkungen, die ansonsten daraus für beide Geschlechter entstehen können, sind deutlich zu machen und kontinuierlich zu bearbeiten.

Da trotz aller vermehrten Anstrengungen seit den 1990er Jahren die gesellschaftlichen (Un-)Gleichheitsmechanismen sich doch immer wieder neu reproduzieren, ist hier eine fachlich-professionelle Kontrolle durchaus vonnöten und auch für das gesamte sozialpädagogische Berufsfeld – einschließlich der Sozialmanagementebenen – auszuarbeiten.

Gender-Kontrollstrategien: das Beispiel Schweden – auch ein Beispiel für die Sozialpädagogik

In Schweden wurde zu Beginn des 21. Jahrhunderts erkannt, dass Gender-Mainstreaming und wie Gender-Mainstreaming immer neue Gegenstrategien im Gender-doing und durch Gender-doing hervortreibt, wenn auf den guten Willen aller Beteiligten vertraut wird, ohne die Einhaltung und Realisierung dieser Politikstrategie konsequent zu begleiten und öffentlich zu kontrollieren (Stark 2002).

Gleichzeitig lässt sich an diesem Beispiel lernen, wie solche Kontrollstrategien in innovatives Handeln eingebunden werden können: Schwedische Kommunen haben zur Verwirklichung des Gender-Mainstreaming die 5-R-Methode entwickelt. Die Methode wird derzeit europaweit verbreitet und hätte gute Chancen, auch in der Sozialpädagogik genderqualifiziertes Denken und Handeln voranzubringen.

Die 5-R-Methode unterstützt dabei, Gender-Mainstreaming in allen Aspekten von Programm- und Maßnahmenentwicklungen, von der alltäglichen Einzelinteraktion bis zu großpolitischen Programmen entsprechend zu berücksichtigen. Die Methode ermöglicht im Alltag wie in sozialen Institutionen angemessene Fragen zu stellen und so Qualität von Analysen und Handlungsweisen sicherzustellen. Sie ist auch für nichtakademische Fachkräfte und Bürgerinnen und Bürger nutzbar, da sie nicht festgelegt ist auf z. B. wissenschaftliche Maßstäbe empirischer Sozialforschung. Sie trägt dadurch für alle Beteiligten zur Erarbeitung von Wissen und zur Dauerbeobachtung des Feldes der Realisierung des Gender-Mainstreaming bei.

Im Einzelnen geht es um folgende Schritte regelmäßig wiederkehrender Analysen:

- „Repräsentation" meint erstens die vor allem quantitative Beteiligung am gesellschaftlichen Leben. Am Beispiel einer Kindereinrichtung sind wesentliche Fragen: Wie viele Mädchen und Jungen bzw. Erzieher(innen), Mütter und Väter werden von einer Kindereinrichtung erreicht? Wie viele Mädchen und Jungen bzw. Erzieher(innen) und Eltern wirken in der Kindereinrichtung mit? Wer profitiert für welche tägliche Dauer und wie lange im Kinderleben von diesem sozial- und elementarpädagogischen Lebens- und Bildungsraum? Welche zeitlichen und gesellschaftlichen Möglichkeiten werden für Mütter und Väter in der Gestaltung ihres Arbeits-, Bildungs- oder gesellschaftlichen Teilhabelebens hierdurch ermöglicht?
- „Ressourcen" fragt zweitens danach: Wer kann nach Geschlecht über welche Mittel von Zeit, Geld, politischer und wirtschaftlicher Macht, physischem Raum, Know-how, Bildung und Zugang zu Ausbildung, Zugang zu Netzwerken, aber auch neuen Technologien verfügen? Dazu gehören auch die Gesundheitsversorgung, die Wohnverhältnisse und Bewegungsmöglichkeiten im sozialen Nah- und Fernraum. Um zu erarbeiten, wie die beweglichen Mittel von Geld, Raum und Zeit als Modi der Vergesellschaftung in einer Einrichtung verteilt sind, empfehlen sich geschlechtsspezifische Mittelflussanalysen. Bei der Frage nach Raum und Zeit ist zu beschreiben, in welcher Weise Mädchen und Jungen sowie Erzieher(innen) und Eltern – vorrangig

Mütter – Raum nehmen oder bekommen und in welcher Art und Weise sie diesen nutzen. Solche Möglichkeitsräume begründen soziale Rechte.

- „Rechte" drittens bedeutet dann: Haben Mädchen und Jungen, Mütter und Väter, Adressat(inn)en und die sozialpädagogischen Fachfrauen und Fachmänner die gleichen Rechte, die gleichen Rede- und Kommunikationsanteile, die gleichen Chancen, die gleichen Anregungen, die gleichen Aufmerksamkeiten und Anerkennungen, das gleiche Wissen oder Zugänge zu Wissen, also soziale, sozialpolitische und rechtlich kodifizierte Bedingungen und Gestaltungsmöglichkeiten?
- „Realitäten" viertens setzen sich auseinander mit Normen und Werten, die Geschlechterrollen beeinflussen wie z. B. Arbeitsteilung nach Geschlecht, Einstellungen, Verhalten und vor allem die Wertschätzungen und Anerkennungen. Hier wird nach den Ursachen der festgestellten Repräsentation und der Ressourcenverteilung zwischen den Geschlechtern und ihren Veränderungsmöglichkeiten in der Sozialpädagogik geforscht, um Konsequenzen für zukünftiges Handeln, Denken und Forschen entwickeln zu können.
- Und schließlich sind es fünftens die „Resultate" im Hinblick auf Chancengleichheit und Gender-Gerechtigkeit für alle die sichtbar gemacht werden, um somit die geschlechtsspezifischen Benachteiligungen und Bevorzugungen herauszuarbeiten.

Es sind also mehrere Arbeitsschritte notwendig. Weitere Konzepte, die ebenfalls für die Sozialpädagogik bedeutsam sein könnten, verbinden diese Strategien mit Fragen der Inklusion / Exklusion wie integratives Gendering. Oder die Konzepte konzentrieren sich als Gender-Budgeting darauf, in allen sozialpädagogischen Finanzierungsbereichen und -feldern die sozialen Gender-Konstrukte aufzufinden, zu diskutieren und neu zu gestalten – von der Subjektfinanzierung bis zu den Sozialhaushalten auf kommunaler Ebene über Landes- und Bundes- bis in die Europaebene hinein.

Sozialpädagogik als prädestinierter, öffentlich verantworteter, gesellschaftlicher Bereich für die Ausgestaltung und Gewährleistung von sozialer Gender-Politik und Gender-Gerechtigkeit

Sozialpädagogik als Ort, Zeitalter, Handlungsauftrag und permanente professionelle und disziplinäre Arbeit, um soziale Gerechtigkeit in sozialen Rechtsstaaten und Demokratien zu realisieren, und Gender-Mainstreaming mit der besonderen Fokussierung auf die sozialen Ungerechtigkeiten bilden zwei Seiten der gleichen Medaille: Wer grundlegend sozialere Verhältnisse in den Generations-, Entgelt-, Geschlechterverhältnissen und somit in allen relevanten Definitionsverhältnissen sozialer demokratischer Gesellschaften, in Strukturen, Organisationen und Interaktionen für die Zukunft gestalten will, braucht unabdingbar beide. Denn auch international wird 2010 mit Rekurs auf den Capability-Ansatz befunden: „[…] that gender and social justice have multiple interrelated understandings, and that our approach to securing equalitiy must consider not only distribution of outcomes, but the enjoyment of processes and relationships" (Lumby 2010). Der dafür prädestinierte Gesellschaftsbereich zur Gestaltung und Gewährleistung ist die Sozialpädagogik in ihrer besonderen sozialen Konstruktion und Konstitution in Profession und Disziplin.

Literatur

Beck, U. (1988): Gegengifte – Die organisierte Unverantwortlichkeit. Suhrkamp, Frankfurt / M.

Bitzan, M., Bolay, E., Thiersch, H. (Hrsg.) (2006): Die Stimme der Adressaten. Empirische Forschung über Erfahrung von Mädchen und Jungen mit der Jugendhilfe. Juventa, Weinheim / München

Böllert, K., Karsunky, S. (Hrsg.) (2008): Genderkompetenz in der Sozialen Arbeit. VS, Wiesbaden

DECET (Diversity in Early Childhood Education and Training) (2007): Orientierungen für die pädagogische Praxis. DECET – Diversity in Early Childhood Education and Training. In: www.decet.org/brochure/DECETgermanWEB.pdf, 07.04.2010

Karsten, M.-E. (2008): Wissen – können – tun: Forschen von und für Erzieherinnen als professionsbedeutsame Herausforderung in diesen personenbezogenen, sozialen Frauenberufe. Expertise im Rahmen der PiK-Initiative der Robert Bosch Stiftung, erarbeitet für das Teilprojekt Dresden. Eigenverlag der Robert Bosch Stiftung, Stuttgart

– (2000a): Frauen und Führung – auf das Management kommt es an. In: Wunderlich, T., Hugoth, M., Jansen, F.: Themenwechsel. Die Zukunft lernt im Kindergarten. Positionen und Impulse. Verband Katholischer Tageseinrichtungen für Kinder, Freiburg / Br., o. S.

– (2000b): Personenbezogene Dienstleistungen für Frauen. Aktuelle Tendenzen und Entwicklungserfordernisse. In: Friese, M. (Hrsg.): Modernisierung personenorientierter Dienstleistungen. Innovationen für die berufliche Aus- und Weiterbildung. Leske & Budrich, Opladen, 74–88

Lumby, J. (2010): Deconstructing gender and social justice in an democratic society. Paper, Annual DGFE Congress, 14.–17. März, Mainz

Meyer, Chr. (2006): Also, der Mann im Kindergarten, die Kinderherzen fliegen einen sofort zu. Neue Praxis 3, 269–285

Maurer, S. (2004): Zum Verhältnis von Frauenbewegungen und Sozialer Arbeit um 1900 – Versuch einer historisch-systematischen Kontextualisierung nebst Überlegungen zu einer reflexiven Historiographie in der Sozialpädagogik. Habilitationsschrift, Hildesheim

Rabe-Kleberg, U. (2003): Gender mainstreaming und Kindergarten. Beltz, Weinheim / Basel

Rohrmann, (2007): Männer in Kindertagesstätten. Es werden mehr, aber nur allmählich. Switboard 182, 4–7

Stark, A. (2002): In whose hands? Of work, gender, ageing and care in three European countries. Tema Genus, Report 2, University of Linköping

Stiegler, B. (2006): Mutter – Vater – Kind – Los. Eine Analyse des Geburtenrückgangs aus der Geschlechterperspektive. Abteilung Arbeit und Sozialpolitik Expertisen zur Frauenforschung. Eigenverlag der Friedrich-Ebert-Stiftung, Bonn

– (2000): Wie Gender in den Mainstream kommt: Konzepte, Argumente und Praxisbeispiele zur EU-Strategie des Gender Mainstreaming. FES-Library, Bonn

Genderpolitik

Von Maria Bitzan

Das Stichwort „Genderpolitik" in einem Handbuch zur Sozialen Arbeit fokussiert die Fragen, wie Geschlechteraspekte in *Theorie und Praxis der Sozialen Arbeit* beachtet werden und unter welchen Prämissen die Akteurinnen und Akteure wohin mit ihren Aktivitäten zielen. Der vorliegende Beitrag konzentriert sich auf die Praxis. Er greift die feministische Arbeit mit Frauen und Mädchen auf, verfolgt die Verallgemeinerung von „Gender" und bezieht sich sowohl auf die gendergerechte Qualifizierung der Konzepte der Sozialen Arbeit wie auf die genderbezogenen Faktoren der politisch-gesellschaftlichen Rahmenbedingungen, in denen Soziale Arbeit operiert.

Diese Anliegen können nur im Kontext der Praxis der Projekte der „neuen Frauenbewegung" ab den 1970er Jahren bearbeitet werden, die die Soziale Arbeit und den Bildungsbereich nachhaltig beeinflussten. Allerdings: Das in Zeiten etablierter Genderforschung an den Hochschulen und Forschungsinstituten und einer politischen Präsenz von „Gender Mainstreaming" scheinbare Selbstverständnis der Relevanz der Kategorie „Geschlecht" für die Soziale Arbeit steht keineswegs einer etablierten Berücksichtigung im Fach gegenüber. Demzufolge beinhaltet „Genderpolitik" im Sinne einer aktiven Einbringung von Gender-Strategien einen kritischen Gehalt.

Dabei hat Soziale Arbeit schon immer einen spezifischen Bezug auf „Geschlecht": Indem sie auf das alltägliche Leben bezogen ist, reagiert sie häufig auf Lebenszusammenhänge und Krisen, die sich in den ganz konkreten Folgen geschlechterbezogener Regelungen und (ungekonnter) Umgangsformen zeigen. Viele der „klassischen" Probleme im Zusammenleben sind eng verknüpft mit der Geschlechterdimension, aus der die häusliche Arbeitsteilung sowie die Zuschreibungen und Erwartungen an „Mann" und „Frau" resultieren und „Erziehung" und „Bildung" sind die Vergesellschaftungsbereiche, in denen „Geschlecht" subjektiv gelernt und geformt wird. Soziale Arbeit ist zudem ein „weiblicher" Beruf – als die verberuflichte Form der gesellschaftlich minderbewerteten Care-Tätigkeit ist er einerseits als ein genderpolitisches Ergebnis der ersten Frauenbewegung anzuerkennen, andererseits setzt er genau die Tradition der geschlechtshierarchischen Bewertungen fort – der genderpolitische Ertrag bleibt ambivalent.

Feministische Initiativen – als erste Form emanzipatorischer Genderpolitik – begriffen sich primär als konkrete *Kritik* an der bisherigen Jugend- und Sozialhilfe, die in ihren Problembestimmungen traditionelle Blickwinkel auf die Geschlechter anlegte und letztendlich blind war gegenüber den Auswirkungen der Geschlechterhierarchie auf Lebens-, Berufs- und Konfliktlagen von Frauen und Mädchen. Im Kontext der historisch-konkreten politischen, theoretischen, auch internationalen Denkbewegungen wie auch aus den gesellschaftlichen Veränderungen der Lebenslagen (durch sozialpolitische Initiativen, normative Verschiebungen, Impulse sozialer Bewegungen, …) bildeten sich im Laufe der Zeit unterschiedliche Themenkonjunkturen heraus. Eine häufig gewählte systematisierende Form der Darstellung dieser Themenkonjunkturen und ihrer politischen Strategien in historische Phasen kann jedoch der Gleichzeitigkeit unterschiedlicher Politiken sowie den Deutungskämpfen und der Vielfalt der jeweils fokussierten Perspektiven schwerlich gerecht werden. „Genderpolitik" bewegt sich immer im Spannungsfeld dieser unterschiedlichen Fokussierungen.

Im Folgenden wird das Thema des Beitrags eingegrenzt. Erstens werden einige Voraussetzungen geklärt, unter denen hier „Genderpolitik" in Bezug auf die fachliche Dimension der Profession themati-

Otto/Thiersch (Hg.), Handbuch Soziale Arbeit, 4. A., DOI 10.2378/ot4a.art052,
© 2011 by Ernst Reinhardt, GmbH & Co KG, Verlag, München

siert wird. Zweitens werden einige Marksteine genderpolitischer Praxis in ihrer fachlich-politischen Aktualität und Ambivalenz charakterisiert. Drittens werden die (meist fehlende) Bezugnahme von Genderpolitik und Fachdiskurs und einige Anschlusspunkte in Mainstream-Konzepten angesprochen. Im vierten Abschnitt richtet sich der Blick in kurzen Andeutungen auf die „Geschlechterpolitik" des neoliberalen Paradigmas und seiner Implikationen für die Soziale Arbeit. Der ausblickende fünfte Schritt deutet die Verortung genderpolitischer Ansätze in kritischer diversitätsbewusster Sozialer Arbeit an.

Voraussetzungen

A. „Gender*Politik*" meint hier nicht i. e. S. Gesetzespolitik, sondern – gemäß der in der US-amerikanischen Politikwissenschaft üblichen Unterscheidung zwischen „Policy" und „Politics" – sowohl die Strategien und Bemühungen kritischer AkteurInnen als auch die Auswirkungen staatlicher Maßnahmen und Interpretationen auf das Geschlechterverhältnis und damit die Gesamtheit des politischen Themenfeldes (Policy). Genderpolitik in der Sozialen Arbeit war (und ist) zu wesentlichen Teilen eine Frauen- und Mädchenpolitik, ohne deren Kämpfe, Themen und Praktiken auch die verallgemeinerte genderreflexive Praxis sowie die Jungen- und Männerarbeitsansätze nicht denkbar wären. Basis der Bemühungen ist ein je unterschiedlich ausgelegtes *feministisches* Selbstverständnis. Schon der 2. Internationale und Interdisziplinäre Frauenkongress 1984 in Groningen betonte den allgemein gesellschaftskritischen Charakter von Feminismus, der nicht nur die Verbesserung der Situation von Frauen, sondern die Beseitigung aller Formen von Ungleichheit, Herrschaft und Unterdrückung anzielt.
B. Der Begriff „Gender" verweist auf inhaltliche Bedeutungsverschiebungen: Wurde anfangs „*Geschlecht*" *als eine gegebene Voraussetzung* interpretiert, die eine Politik des Kampfes um Teilhabe (Gleichheit) und Anerkennung (Differenz) nach sich zog, stellt der seit den 1990er Jahren eingeführte Begriff „Gender" eher eine *Analysekategorie des sozial hergestellten Geschlechts* als Folge einer gesellschaftlichen Ungleichheitsordnung dar. Die damit einhergehende Erkenntnis des *performativen Charakters* von „Geschlecht" (*Doing Gender*) evozierte Bildungsbemühungen zur (Selbst)Aufklärung und Anstrengungen, die Voraussetzungen zu erkennen und zu bekämpfen (*Dekonstruktion*). Neueste Genderpolitiken betonen Differenzierungen und Interdependenzen unterschiedlichster Benachteiligungs- und Formierungsdimensionen (Intersektionalität) (→ Maurer / May, Gender, Genderforschung).
C. Genderpolitik in der Sozialen Arbeit kann an dem bekannten *Strukturdreieck: Disziplin – Profession – AdressatInnen* aufgezeigt werden. Hinsichtlich der Dimension *AdressatInnen* richtet sie sich an die allgemeine Gesellschaftspolitik, die entscheidenden strukturellen Einfluss auf Lebenslagen hat durch Rechte, gesetzliche Grundlagen zum Schutz und zur Teilhabe (Beispiele: Wahlrecht, Gewaltschutzgesetz, Anerkennung von geschlechtsspezifischen Fluchtgründen, familienpolitische Maßnahmen usw.). Soziale Arbeit befördert Unterstützungs-, Hilfs- und Bildungsangebote mit geschlechterreflexivem Inhalt und tritt selbst als gesellschaftspolitischer Akteur auf. Gleichzeitig geht es in den Angeboten um Sensibilisierung für geschlechterbezogene Erfahrungskontexte und Doing-Gender-Prozesse. In der *Dimension „Profession"* geht es um die Anerkennung geschlechterreflexiver Ansätze (und deren ProtagonistInnen), darum, wie Genderperspektiven in professionelle Konzepte hineinkommen, und darum, wie vorhandene Konzepte in Bezug auf Geschlecht wirken. Bedeutsam sind hier auch geschlechtsbezogene Vorgaben in der Organisationspolitik, der Personalentwicklung und Ressourcenverteilung, die den genderpolitischen Möglichkeitsrahmen bestimmen (→ Karsten, Gender-Mainstreaming in der Sozialpädagogik). In der *Dimension der „Disziplin"* werden Querverbindungen zentraler Theorien und Diskurskulturen aus der Genderforschung und der Sozialen Arbeit gesucht. Jeweils aktuelle Strömungen der Fachentwicklung bieten unterschiedlichste „Einfallstore" für genderpolitische Bemühungen, bzw. kanalisieren diese in spezifischer Weise.
Die Praxis hat in ihren genderpolitischen Bestrebungen immer Doppeltes zu leisten: Sensibilisierung für die Relevanz von Gender („Dramatisierung") durch Analysen von (Problem-)Deutungen und Interventionen und durch die Entwicklung geschlechtsbezogener Interventionsformen sowie die Auflösung vergeschlechtlichender Strukturen, die Öffnung für Vielfalt und Differenz („Entdramatisierung").

Marksteine genderpolitischer Praxis

Die Politisierung von Ungleichheit und damit einhergehender Ungerechtigkeit durch soziale Bewegungen vollzieht sich in Wellen (Maurer 1996). Einer Phase der Skandalisierung folgt die Akzeptanz des Themas (oder sein Verschwinden) und ggf. die Etablierung veränderter Angebote. Eine erfolgte Normalisierung neigt sodann zu Stagnation und Dethematisierung. Gemäß diesen Wellen von Differenz und Normalisierung ist in der Geschichte der Sozialen Arbeit geschlechtsbezogene Ungleichheit unterschiedlich im Fokus gewesen. Es gibt keine einheitlichen Formen, Motive und Strategien genderpolitischer Initiativen, vielmehr können an den jeweiligen Debattenschwerpunkten und politischen Kampfthemen unterschiedliche Facetten genderpolitischer Entwürfe abgelesen werden. Dabei lassen sich Kontroversen immer auch als Indikatoren für neue Erkenntnisse und Weiterentwicklungen verstehen.

„Genderpolitik" kann also nur dargestellt werden als Aufzeigen verschiedener Thematisierungspraxen in je konkreten historischen Konstellationen. Die Akteurinnen – zunächst aus den Reihen der Frauenbewegung – thematisierten die Lebenssituation von Frauen und Mädchen, gleichwohl sie diese als Variable einer allgemeinen Geschlechterordnung erkannten.

Eine verallgemeinerte Sichtweise auf die Begrenzung beider Geschlechter durch einseitige Geschlechterkonstruktionen in den sozialen Strukturen prägt den derzeitigen genderpolitischen Diskurs. Dieser bewegt sich zwischen einerseits zunehmenden theoretischen Infragestellungen von – vermeintlichen – Eindeutigkeiten und andererseits konkreten Praxisnotwendigkeiten, die gegenüber kommunalen und überregionalen Politikkonstellationen klare Positionierungen und Zielformulierungen erfordern. Für die Genderpolitik in der Sozialen Arbeit können diese Dynamiken an Widersprüchlichkeiten bei zentralen Bereichen (*Marksteinen*) der Entwicklung geschlechterbewusster Sozialer Arbeit verdeutlicht werden (für das Folgende siehe ausführlicher Bitzan 2005):

A. Die Geschlechterfrage war fast ein Jahrhundert lang ein weibliches Thema. Frauen reflektierten ihre sog. privaten Lebensverhältnisse, entdeckten gemeinsame Betroffenheiten und forderten mehr Rechte und Anerkennung ein. In der ersten (bürgerlichen) Frauenbewegung ging es vor allem um die Anerkennung der gesellschaftlichen Bedeutung von Frauen (Berufstätigkeit und Wahlrecht) mit der Betonung der weiblichen Werte und Fähigkeiten, die der Gesellschaft mehr zugute kommen sollten. Die sozialistische Frauenbewegung betonte hingegen den Anspruch auf Teilhabe an (gesellschaftlichen) Entscheidungen und Gütern. Die zweite Frauenbewegung (oder besser -bewegungen) ab den 1970er Jahren begannen, Übergriffe und selbstverständliches Stillschweigen zu skandalisieren. Es ging darum, eigene Erlebens- und Verarbeitungsweisen wahrzunehmen, deren Berechtigung vor sich und anderen einzufordern und Erfahrungen von Zurichtungen, Begrenzungen und Gewalt zu erkennen, zu veröffentlichen und zu skandalisieren. In der daraus folgenden feministischen Sozialen Arbeit wurden die Ziele einer persönlichen Emanzipation von Bevormundungen und Fremddeutungen verfolgt, was sich auch in ihrer Organisation als eigenständiger Arbeitsansatz niederschlug: Selbstorganisation, Selbstvertretung, und die Gründung selbstverwalteter, von Trägern unabhängige (autonome) Projekte prägten den Aufbruch der 1980er Jahre. Die so entstandenen Bildungs-, Schutz- und Hilfsprojekte, die sich zunächst in Opposition zur institutionalisierten Sozialarbeit verstanden, wurden nach und nach unter dieser subsumiert bzw. ordneten sich ihr zu, um Finanzierungswege zu öffnen und eine Professionalisierung der Arbeit einzuleiten, deren Notwendigkeit zunächst aus dem Selbstverständnis der politischen Aktion heraus abgelehnt, später aber durch die Intensität der Bedarfe dringend wurde.

Dabei entwickelten sich die bekannten Prinzipien feministischer Sozialarbeit (Parteilichkeit, Räume für Frauen / Mädchen, an den Stärken ansetzen, geschlechtshomogene Bezugspersonen und geschützte Räume). Ihre Zielsetzungen wurden von manchen Strömungen mit „Differenz" (das Andere anerkennen), von anderen mit „Gleichheit" (gleiche Rechte und Teilhabe) begründet. Jüngere Begründungen blicken weniger auf das, was „herauskommen" soll, sondern mehr auf die Prozesse, wie es dazu kommt. Eine Praxispolitik kommt nicht umhin, alle drei Richtungen gleichzeitig im Blick zu behalten und strategisch unterschiedlich einzusetzen – befindet sie sich doch in der Realität der gesellschaftlichen Geschlechterhierarchie, die diskriminiert (Aktionsrichtung: Gleichheit), übergeht und männlich verallgemeinert (Aktionsrichtung: Differenz) und immer wieder neu festschreibt und Geschlechtertexte perpetuiert (Aktionsrichtung: Dekonstruktion). Die Begrenztheiten der jeweiligen Strategien waren und sind häufig der Stoff von Auseinandersetzungen und Suchbewegungen. Beispiele sollen diese inneren Suchbewegungen zwischen Politik, Fortschritt, Widersprüchen und Entwicklungsbedarfen kurz verdeutlichen:

- *Frauenberuf*: Als Erbe der historischen Entstehung durch die erste Frauenbewegung wurde einerseits eine Professionalisierung (Verberuflichung weiblicher Tätigkeiten als gesellschaftlicher Statusgewinn von Frauen und von Sorgetätigkeit) und andererseits eine Verweiblichung der Profession (Festschreibung als Frauenberuf, dadurch Statusverlust) vorangetrieben. Es gelang bisher nicht, die (neuerdings wieder zunehmende) geschlechtsspezifische Arbeitsteilung strukturell zu durchbrechen. Mit der Gründung der sozialen Frauenschulen verfestigte sich historisch zudem die nichtakademische Ausbildung, die zwar einerseits vielen Frauen Zugangsmöglichkeiten zu diesem Berufsfeld eröffnete, andererseits die gesellschaftliche Abwertung und mindere Bezahlung nach sich zog. Dem versuchen aktuelle Strategien zur Akademisierung, die mit den Fachhochschulen für Soziale Arbeit eingeleitet wurde, entgegenzuwirken, und sind dabei bemüht, mehr Männer für die Ausbildungen zu gewinnen. Die hiermit verbundene Dynamik steht noch in den Anfängen der Reflexion.
- *Gewalt gegen Frauen und Frauenhausbewegung*: Mit der Frauenbewegung wurde zum ersten Mal Gewalt in einem engen Zusammenhang von Geschlecht und damit als in den Bildern von Männlichkeit und Weiblichkeit tief verwurzeltes *gesellschaftliches* Verhältnis von Hierarchie thematisiert. Die „Normalität" des Vorkommens von Gewalt macht es für Frauen und Mädchen uneindeutig, welches Recht andere auf sie und ihren Körper haben. Die Verfügung über den weiblichen Körper entpuppte sich als zentrales Element patriarchaler Dominanz und damit als Schlüsselthema. Feministinnen entwickelten konkrete Möglichkeiten des Schutzes und der Hilfe für betroffene Frauen und Mädchen – in *Notrufeinrichtungen, Beratungsstellen, Mädchenhäusern und Frauenhäusern*. So sehr diese Einrichtungen die betroffenen Frauen als Opfer von Gewalt ansprachen, so sehr ging – und geht – es ihnen darum, sie nicht als „Problem-

fälle" zu behandeln, sondern das Problem auf Seiten der patriarchalen Gesellschaft zu verorten und mit den Frauen gleichberechtigt-solidarisch nach Lösungen für ihre Situation zu suchen. Die Projekte haben erreicht, dass mittlerweile die Notwendigkeit von Hilfe und Unterstützung für die wesentlichen Gewaltvorkommnisse – Vergewaltigung, Gewalt in der Ehe, sexueller Missbrauch, Frauenhandel, sexuelle Belästigung am Arbeitsplatz – von einer breiten Öffentlichkeit akzeptiert wird. Allerdings bleibt – als inhärenter Widerspruch – festzustellen, dass die zunehmende „Versozialpädagogisierung" die Skandalisierung des Vorkommens von Gewalt in eine fachliche Debatte über die Finanzierung ablenkt. Ob die Projekte also ihrem politischen Ziel, die tatsächliche Verminderung der Häufigkeit und Selbstverständlichkeit männlicher Gewalt gegen Frauen, näher gekommen sind, erscheint zumindest fragwürdig. Mit der neoliberalen Individualisierungspolitik kann die Verantwortung wieder auf die Betroffenen zurückfallen: Nutzen sie die Einrichtungen nicht, sind sie eben selbst schuld. In den Einrichtungen selbst mussten die Protagonistinnen zur Kenntnis nehmen, dass die Idee der Selbsthilfe die Betroffenen tendenziell überfordert und Betreuungsstrukturen nicht vermeidbar erscheinen. Beides sind Punkte, die auch eine interne kritische Diskussion zur Frauenhausprojektbewegung in Gang gesetzt haben (Hagemann-White 1997). Der jüngste „Paradigmenwechsel" in diesem Bereich forciert einerseits die öffentliche Verantwortung (Gewaltschutzgesetz) und die Arbeit mit Tätern, andererseits wird zunehmend von „häuslicher Gewalt" gesprochen – ein Begriff, der den Zusammenhang zum Geschlechterverhältnis verschleiert, die Täterseite offen lässt und wieder stärker die angebliche Privatheit dieses Problems suggeriert.
- *Mädchenförderung/Mädchenarbeit*: Eine kritische Analyse der vorhandenen Jugendarbeit zeigte zu Anfang der 1980er Jahre, dass hier Mädchen unter einer männlich konnotierten Jugend subsumiert und die spezifischen Hürden, die ihnen in den Weg gelegt werden, sowie ihre daraus resultierenden Bewältigungsaufgaben ignoriert wurden und sie mit Erfahrungen von psychischen und körperlichen Übergriffen allein gelassen und ihnen nicht geglaubt wurde (stellvertretend für viele Untersuchungen vgl. Bundesregierung 1984). Die genderpolitische Konsequenz: Feministische Pädagoginnen

zogen aus der allgemeinen Jugendarbeit aus. In autonomen Mädchentreffs, Mädchencafés und Mädchenwohngruppen konnten mädchenparteiliche, Mädchen Anerkennung und Freiraum gebende Arbeitsansätze verwirklicht werden (Bitzan / Daigler 2001). Inzwischen ist vieles im Mainstream der Jugendarbeit und entsprechenden Förderprogrammen angekommen. Dennoch gelang es der parteilichen Mädchenarbeit in der Öffentlichkeit meistens nicht, ihre Begründungen aus der Benachteiligungsrethorik herauszulösen. Darum musste sich die Mädchenarbeit auch mit dem Vorwurf auseinandersetzen, die Mädchen zu stigmatisieren und sie noch mehr auf ihr Geschlecht festzulegen. Gleichzeitig müssen in jüngerer Zeit die Protagonistinnen zur Kenntnis nehmen, dass die Dialektik von verallgemeinertem Geschlechterbezug (Ansprache als Mädchen) und besonderem Individualbezug schwer vermittelbar ist und Mädchen sich gegen die Besonderung wehren. Lange ging die Mädchenarbeit zu undifferenziert mit der verallgemeinerten Kategorie um, ohne Öffnungen zur Koedukation kooperativ zu reflektieren. Die sehr differenzierte vielseitige Praxis ist – immer noch – von Polarisierungen (Differenz *oder* Gleichheit, gar keine geschlechterbezogene Ansprache *oder* nur dies ...) überlagert.

- *Frauenbildung, Frauenberatung, Gemeinwesenarbeit*: In allen praktischen Ansätzen der Hilfe für Frauen wurden die immensen Wirkungen des herrschenden Weiblichkeitsbildes sichtbar, das Frauen Selbstlosigkeit als zentrale Haltung lehrt. Eine Fülle von *allgemeinbildenden und beruflichen Projekten* für Frauen und für Mädchen versuchte, über Selbsterfahrung kollektive Erkenntnisse und neue gemeinsame Erfahrungen zu ermöglichen, indem sie die Themen der teilnehmenden Frauen zum Ausgangspunkt nahmen. Die Kehrseite der gesellschaftlichen Anerkennung von Frauenbildungsarbeit zeigt sich in Vereinnahmungen durch die Mainstream-Politik, die auf diese Weise gesellschaftliche Strukturprobleme zu einem Problem von Frauen erklärt und ihre Lösung zu einer individuellen Bildungsaufgabe macht (z.B. werden Frauen darin fortgebildet, wie sie Familienarbeit und Berufstätigkeit vereinbaren können.)

An diesen beispielhaft gezeigten Schlüsselbereichen feministischer Sozialarbeit zeigt sich ein grundsätzliches Dilemma: indem bisher verdeckte Themen aufgegriffen und in gesonderten Arbeitsformen bearbeitet werden, wird den Protagonistinnen Sektierertum unterstellt. Gelingt es, Einzug in die professionelle Sozialarbeit zu erlangen, laufen die Themen Gefahr, von ihrer gesellschaftlichen Verursachung abgekoppelt, entpolitisiert und zu einem sozialpädagogischen Bedarf umgeformt zu werden. So hat die gesellschaftliche Skandalisierung – entgegen den Intentionen – dazu geführt, dass die Thematisierung von Geschlechterfragen in der Öffentlichkeit nicht selten auf einen Diskurs verengt wurde, der Frauen vorrangig als Opfer patriarchaler Gewalt definiert. Zu Recht wehren sich viele Frauen und Mädchen gegen potenzielle Opferkategorisierungen (vgl. Thürmer-Rohr 2004), schreiben diese Deutungen aber den Projekten (statt dem Diskurs) zu, die sie dementsprechend für überholt erklären – die Strukturmuster der Geschlechterordnung werden erneut verdeckt. Die Frauen- und Mädchenarbeit darf sich nicht von der Thematisierung des gesellschaftlichen Zusammenhangs und dem Ziel einer anderen gesellschaftlichen Struktur entkoppeln, um Ungleichheiten zu skandalisieren und nicht die Benachteiligten zu pädagogisieren. Dann können auch Verstrickungen („Mittäterschaft") und Verschränkungen verschiedener Hierarchieverhältnisse („Dominanzkultur") aufgenommen werden.

B. Mit der Verallgemeinerung und Verbreitung des „Gender"-Begriffs erweiterte sich das genderpolitische Handlungsfeld in der Sozialen Arbeit um die *geschlechterbewusste Arbeit mit Jungen und Männern*. Sie stützt sich auf die Erfahrung, dass männliche Lebensrealitäten und tradierte Männlichkeitsbilder zunehmend auseinanderklaffen. Ihr schwieriges Verhältnis zur feministischen Praxis zeigt zum einen Konflikte um die politische Interpretation des Geschlechterverhältnisses auf, zum anderen zeigt sie eine durch die Staatspolitik (Finanzierungsmodi) und den Mainstream aufgedrängte Konkurrenz an. „Politische", „antisexistische", manchmal auch „profeministische" Jungenarbeitsansätze suchen ebenso wie die „identitätsstärkende" pädagogische Arbeit die Kooperation mit der Mädchenarbeit, andere Ansätze stehen der Männerrechtsbewegung nahe und thematisieren einen männlichen Opferstatus, teilweise mit antifeministischem Impetus, und realisieren somit eine reaktionäre genderpolitische Variante. So sind vorfindbare Diagnosen zur gesellschaftlichen Situation von Jungen und Männern „nicht umstandslos von ideologischen Geschlechterpositionen zu trennen" (Forster 2004, 486). Kritische Jungen- und Männerarbeit will Jungen unterstützen und versteht sich als Männlichkeitskritik im Sinn von Herrschaftskritik – als offenes Projekt, an dem Männer und Frauen mitwirken können.

C. Schon frühe Forderungen und Anstrengungen, eine geschlechterbewusste Arbeit nicht nur als Zielgruppenarbeit mit Frauen oder Mädchen zu verstehen, sondern generell ein Konzept der „Geschlechterdifferenzierung" bzw. der *Geschlechterreflexivität als durchgängiges Prinzip* zu etablieren, blieben so lange vereinzelt, bis „Gender" nicht zuletzt durch die politische Strategie des Gender Mainstreaming auch in der praktischen Politik ankam.

In der Praxis der Sozialen Arbeit gehören eine einzulösende *Gender-Kompetenz* und *geschlechterreflexive Konzeptionen* nun zum (selten wirklich eingelösten) Standard. Weiterentwicklungen beispielsweise in der offenen Jugendarbeit formulieren Standards „geschlechtergerechter" Konzepte, die die separaten Formen einer parteilichen Mädchenarbeit und einer gesonderten Jungenarbeit überschreiten und auf kommunaler Ebene an Gesamtkonzepten arbeiten (vgl. z. B. die empirische Erhebung von Kunert-Zier 2005). Feministische Mädchenarbeit hatte schon in den 1990er Jahren erkannt, dass ein mädchenpolitisches Einmischen die praktische Arbeit flankieren muss, wenn sie die Grundstruktur der Jugendhilfe verändern will. Mit der Einflussnahme auf die seit 1991 gesetzlich vorgeschriebene Jugendhilfeplanung entwickelte sie passende Aktionsformen und Beteiligungswege (Bitzan 2002). Aktuell schließen sich Mädchenarbeitskreise und Jungenarbeitskreise als genderpolitische Gremien vielerorts zusammen, was aber angesichts der ständigen Sparaufforderung an die Jugendhilfe und der damit erzeugten Konkurrenz der Innovationsträger erschwert ist. Sie wollen dem aktuellen Akzeptanzverlust der Gender-Perspektive, der v. a. geschlechtshomogenen Angeboten den Boden entzieht, entgegenarbeiten und ein Gesamtkonzept von geschlechterreflexiver Arbeit mit geschlechterhomogenen und reflexiv-koedukativen Anteilen verwirklichen.

Auch wenn unwidersprochen ist, dass der Gender-Begriff zum breiteren Interesse an Geschlechterfragen beigetragen hat, bleibt seine Karriere umstritten, u. a. weil befürchtet wird, dass „Gender" eher auf die Analyse der Geschlechterdifferenz als auf die Kritik am Geschlechterunrecht aus sei (Thürmer-

Rohr o. J., 4). In der Tat reduzieren viele Institutionen die Genderfrage auf das Zählen von Mädchen und Jungen bzw. Männern und Frauen, ohne sich mit den dahinterliegenden Implikationen wie z. B. strukturelle Behinderungen von Zugängen, Rollenfestlegungen und Reduktionen gesellschaftlicher Entfaltungsspielräume zu beschäftigen. Auch die derzeitige populäre Stilisierung von Jungen als die neuen Opfer des Geschlechterverhältnisses verharrt in einem Gewinn-Verlust-Modell (Ressourcen für Mädchen = Benachteiligung von Jungen) und verkennt differenzierte empirische Befunde (siehe auch die kenntnisreiche kritische Kommentierung des Bundesjugendkuratorium 2009).

Geschlechterbezogene Ansätze sehen sich zugleich aus der Richtung vereinfacht gefasster Gender-Theorie-Rezeptionen kritisiert: Indem sie Mädchen und Frauen qua Geschlecht ansprächen, verstärkten sie geschlechtliche Zuordnungen. Vielmehr müssten die Praktiken der Zuschreibungen und Geschlechterinszenierungen thematisiert und dekonstruiert werden. Dieser *scheinbare* Gegensatz verweist auf eine immanente Dialektik jeglicher gesellschaftskritischer Politik: vom Status quo ausgehen und ihn gleichzeitig überwinden. Das bedeutet, die Sachverhalte so zu analysieren, wie sie erscheinen, und zugleich deren Gewordenheit zu analysieren (im Hinblick auf Veränderungsmöglichkeiten). Bezogen auf die Geschlechterfrage resümiert Gildemeister (2005, 688), dass wir

„in der ‚normalen' Empirie (…) immer schon Männer und Frauen (finden) – die soziale Wirklichkeit *ist* zweigeschlechtlich strukturiert (…) Unter diesen Voraussetzungen bedarf die Geschlechterforschung (und die soziale Praxis – Hinzufügung M. B.) solcher Verfahren, in denen die interaktive Herstellung von Geschlecht verbunden wird mit der Analyse der Geschlechterordnungen in modernen Gesellschaften".

Fachdiskurse und Genderpolitik

Das Verhältnis der etablierten Sozialen Arbeit zu genderpolitischen Innovationen ist von deren Kampf um Anerkennung geprägt. Die feministischen Projekte der ersten Jahre waren nicht angetreten, um die Soziale Arbeit zu qualifizieren, sondern um geschlechtsspezifische Konfliktlagen zu politisieren. Insofern waren die ersten Arbeits-

ansätze unmittelbare Aktionsformen geschlechter-
politischer Initiativen. Mit der Finanzierungsfrage
und der massiven Kritik an den Vollzügen der traditionellen Sozialen Arbeit kam die Genderfrage
im Fach an. Die Projekte bemühten sich aus Kritik
um fachliche Anerkennung (bzw. Finanzierung).
Der inzwischen fachlich – in entpolitisierter
Form – akzeptierten Anerkennung ist eine Welle
neuerlicher Ignoranz gefolgt. Zwischen Normalisierung und immer noch fehlender Einbeziehung
macht sich Überdruss am Thema bemerkbar, und
ein Proporzdenken gewinnt Oberhand, das geschlechts*hierarchische* Dimensionen aus dem Diskurs eliminiert. Letztlich ist der Geschlechterdiskurs in seiner gesellschaftlichen Bedeutung nicht
wirklich integriert in Fach und Disziplin – was
angesichts seiner gesellschaftskritischen Positionierung auch nur konflikthaft denkbar sein kann.
A. Dieser Befund spiegelt sich in einer gespaltenen
Literaturlage, die einerseits in den spezifischen Bereichen der geschlechterbezogenen Arbeit relativ
selbstreferentiell erscheint, andererseits in den Handbüchern und Leitkonzepten, die einen Allgemein-
heitsanspruch vertreten, hingegen vom Übergehen
der Relevanz der Genderpolitik zeugt. Der Haupt-
teil der Literatur beschäftigt sich entweder mit einzelnen Arbeitsfeldern (Bitzan / Daigler 2001; Bundesministerium für Jugend, Frauen und Gesundheit
1981; Brückner 2002; Sturzenhecker / Winter 2002;
Jantz / Grote 2003) oder mit eher soziologisch ausgerichteten Fragestellungen zu Lebenslagen der Zielgruppen.
Auch in der Forschung finden wir vermehrt den
Typus der Praxis – Forschung innerhalb der Arbeitsfelder (im Überblick Bitzan 2009; Bentheim et al.
2004); vereinzelt auch Arbeiten, die explizit Strategien in den Blick nehmen (Daigler et al. 2003) oder
die Entwicklungsgeschichte systematisieren (Wallner 2006). Wenige Forschungen gibt es zur Akzeptanz und Professionalisierung von Projekten (Brückner 1998; Graff 2004).
Ein weiterer Typus von Publikationen sind Sammelbände, die unter dem Gesamtumschlag „Gender und
Soziale Arbeit" Einzelthemen vereinen und durch
diese Sammlung eine Breite des Feldes verdeutlichen
(Gruber / Fröschl 2001; Simmel-Joachim / Schäfer
2005). Parallel finden sich Auseinandersetzungen
mit dem Gender Mainstreaming (Meyer / Ginsheim
v. 2002; Enggruber 2001) und Fragen zur Gender-
kompetenz, bei denen auffällt, dass in der Regel von

einer gesellschaftlich-strukturellen Perspektive ebenso
abgesehen wird wie von der Verankerung im disziplinären Diskurs der Sozialen Arbeit.
Nur wenige Entwürfe gibt es bisher, die versuchen,
„die Integration des Geschlechterverhältnisses in
die Theorie, die Methodik und die Praxis der Sozialen Arbeit" (Gruber / Fröschl 2001) systematisch
voranzubringen. Nach dem schon fast historisch zu
nennenden Werk von Hans Drake (1980) und dem
lange Zeit einzigen als Querschnittsperspektive angelegten Band von Bader et al. 1992 fanden sich
vereinzelte Versuche, eine übergreifende Perspektive
zu verfolgen (Knab 2001; Rösgen et al. 1987; Bitzan / Klöck 1993). Etwas jüngeren Datums sind
erste Konzepte, die Geschlecht als Grundkategorie
für eine Theorie der Sozialen Arbeit entwickeln
(Böhnisch / Funk 2002; Voigt-Kehlenback 2008).
Resümee: Die Diskurse laufen in der Regel immer
noch getrennt, Vermittlungen sind mühsam und
angesichts des aktuellen Bedeutungsverlusts der
Politikfähigkeit von Gender wieder leichter über-
gehbar.
Seit einigen Jahren gibt es vermehrt Überlegungen
dazu, wie Gender als Querschnittskategorie in die
Ausbildung Eingang finden kann. In dem Spagat
zwischen dem selten eingelösten Querschnitts-
anspruch und der dezidierten Profilbildung in extra „Gendermodulen" ist diese Frage noch lange
nicht gelöst.

„Mit der Einführung der Kategorie Geschlecht als einer
sozialen Strukturkategorie auch innerhalb der Sozialpädagogik ist die Herausforderung verbunden, die sozialpädagogischen Theorien zu den Lebenslagen ihrer Adressatinnen und Adressaten, den Arbeitsansätzen und
Handlungsmustern sowie auch zur gesellschaftlichen
Funktion von Sozialpädagogik / Sozialarbeit neu zu über-
denken" (Friebertshäuser et al. 1997, 11).

B. „Genderpolitik" bedeutet also neben der gelingenden Etablierung von Praxisprojekten auch das
Bemühen um Eingang der genderbewussten Konzepte in die vorhandenen Arbeitskonzepte der Sozialen Arbeit. Das meint nicht nur, systematisch geschlechtsspezifische Lebenslagen des Klientels zu
berücksichtigen, sondern darüber hinaus etablierte
Interventionen geschlechterpolitisch zu prüfen und
ggf. zu qualifizieren, sowie professionelle Leitorientierungen zu sichten und ggf. zu revidieren – ein Anspruch, dessen Umsetzung bisher auffallend wenig

vorzufinden ist; ein Anspruch aber auch mit utopischem Gehalt, da Soziale Arbeit sozialpolitisch im Spannungsfeld zwischen sozialstaatlicher Regelungsinstanz und kritischer Innovation immer auch der herrschenden Politik, die wenig Interesse an einer fundierten Änderung hat, verbunden bleiben wird. Ansatzpunkte finden sich am ehesten in Konzepten, die einen politischen Rahmen einbeziehen und Konfliktorientierung systematisch mit bedenken.

Neben den professionstheoretischen Entwürfen, die Soziale Arbeit als Frauenberuf reflektieren, sind hier Ansätze zu benennen, die schon früh aus dem Zusammenhang der Gemeinwesenarbeit als spezifischem Prototyp ganzheitlicher und politisch ansprüchlicher Sozialarbeit hervorgegangen sind (Wurzeln bei Jane Addams), wie auch die jüngeren adressatInnenbezogenen Arbeitsansätze, die sich Erkenntnisse zu geschlechtsbezogenen Lebenszusammenhängen und Bewältigungsweisen zunutze machen. Sie sehen den entscheidenden Schnittpunkt im *Alltags- bzw. Lebensweltkonzept* (Thiersch et al. 2002). Der Blick auf die konkreten Alltagsvollzüge mit den je individuellen Deutungsmustern und Erfahrungsverarbeitungen macht es möglich und notwendig, Leistungen des Überlebens in ihrem subjektiven Sinnzusammenhang und in der Strukturiertheit durch und Bewältigung von „Geschlecht" zu erkennen. Eine solche Perspektive auf geschlechtsbezogene „Identitäten" und geschlechtsspezifische Belastungen ist bisher für das Gesamtkonzept der Lebensweltorientierung noch kaum systematisch ausbuchstabiert worden. Theoretische Verbindungsstücke finden sich beispielsweise in der „Konfliktorientierung" und der Bewältigungstheorie (→ Bitzan / Bolay, Adressatin und Adressat).

Allerdings müssen zentrale Prinzipien aus der feministischen bzw. generell der kritischen Sozialen Arbeit wie „Partizipation", „Parteilichkeit", „Emanzipation" und „Autonomie" neu ausgestaltet und kontextuiert werden. „Parteilichkeit" zielt nun weniger auf das Aufdecken weiblicher Benachteiligung, sondern mehr auf das Zulassen eigener Widersprüche und das Aufdecken von gesellschaftlichen Hintergründen bei Bewältigungsproblemen (Hagemann-White et al. 1997), „Partizipation" kann sich nicht mehr mit der einfachen Beteiligung ausgegrenzter Gruppen zufriedengeben, sondern verlangt ein Nachdenken über die Bedingungen von Artikulationsfähigkeit und -möglichkeit, und „Emanzipation" und „Autonomie" können poli

tisch nicht mehr als einfache Herauslösung aus Abhängigkeiten verstanden werden (was historisch einen zentralen Stellenwert hatte!), sondern sie stehen für die Suche nach einer neuen Balance zwischen gegenseitigem Angewiesensein, Selbstbestimmung, solidarischem Fürsorgen und den Zumutungen des modernen Sozialstaates (Bitzan et al. 2006).

Neoliberale Politik

Soziale Arbeit hat (ähnlich wie Justiz, Bildungswesen, Sozialpolitik etc.) die Funktion, gesellschaftliche Ordnung zu gewährleisten. Die Form dieser Regulierungen besteht in der Sozialen Arbeit – kurz gesagt – darin, soziale Problemlagen als „psychosoziale Probleme" individueller Akteure zu bearbeiten. Das gilt auch für die Vorgaben und Regelungen der Geschlechterordnung. Soziale Arbeit ist insofern immer auch ein Akteur im Geschlechterverhältnis.

Das Konzept der jüngeren neoliberalen Politik verlässt die Idee einer gemeinschaftlichen Verantwortung des Gemeinwesens für alle MitbürgerInnen und spricht demzufolge nicht mehr von „Lebenslagen" und „Strukturbedarfen" (für emanzipatorische Geschlechterpolitik zentrale Parameter), sondern von „individueller Anstrengung" und „individuellen Chancen". Damit hat sich eine Tendenz zur Reprivatisierung gesellschaftlicher Konflikte durchgesetzt: Schwierige Situationen werden als subjektive Einzelerlebnisse interpretiert und ihre Folgen müssen individuell abgefangen werden; professionelle Konzepte zielen eher auf personenbezogene Verhaltensänderung statt auf Verhältnisveränderung; öffentliche Aufgaben der Daseinsvorsorge werden auf privatwirtschaftliche Träger und private Haushalte rückübertragen und somit der gesellschaftlichen (politischen) Aushandlung entzogen. Gerade im sozialen Bereich werden wieder verstärkt Zumutungen der Fürsorge und Erziehung verdeckt privatisiert.

Der diesbezügliche Arbeitsauftrag an die Soziale Arbeit heißt Aktivierung. Das äußert sich in der Propagierung von Selbstzuständigkeit / Eigenverantwortlichkeit (im Unterschied zur Selbstbestimmung). Unter emanzipatorischen Gesichtspunkten wurde „Aktivierung" als Schaffung und Beförderung von Bedingungen, eigene Bedürfnisse unter den verdeckenden sozialpolitischen und normativen Verhältnissen herauszufinden und sich dafür einzuset zen, verstanden. Heute hingegen wird Aktivierung als Mobilisierung subjektiver Ressourcen und Verantwortung verstanden, die nicht nach den (unterschiedlichen) Bedingungen der Subjekte für Selbsterkenntnis fragt, sondern ausgeht von angeblich erreichter Gleichberechtigung (Chancengleichheit!) – auch im Geschlechterverhältnis. Beispielhaft sei hier auf die wieder erstarkte *Familialisierung* der sozialen Arbeit hingewiesen, die neuerdings offensiv in Familien hineinwirken will („Familie" wird unter Generalverdacht gestellt und gleichzeitig überfordert). Rohleder (2006, 292) weist darauf hin, dass sich Soziale Arbeit mit Familien immer auch als Soziale Arbeit an und mit Geschlechterkonstrukten verstehen muss:

„Dementsprechend wäre zu vermuten, dass Genderaspekte in der Familienarbeit thematisch allgegenwärtig sein müssten, aber in vielen Publikationen zum Thema gelingt es den Autorinnen und Autoren, geschlechtsneutral von Eltern und Kindern als Hauptakteuren von Familie zu sprechen und Konflikte und Herausforderungen in und für Familien außerhalb der bestehenden Geschlechterordnungen zu problematisieren".

Es findet also eine markante Verdeckung geschlechterbezogener Konfliktkonstellationen statt, weil Familie als imaginäre Einheit gedacht wird. Familialisierung heißt in den meisten Fällen: weitere Belastungen der Mütter (oder besser der für die Erziehung „freigesetzten" Subjekte) bei gleichzeitiger Nichtanerkennung dieser Tätigkeit. Wenn aber die Erfahrungen und das Erleben der einzelnen Familienmitglieder nicht auch personenbezogen (d. h. nicht subsumiert in der Einheit Familie) zur Debatte stehen, dann läuft die Rede von Familie, Familienarbeit, Familienberatung, Familienhilfe etc. Gefahr, die immanente Konfliktstruktur eines Zusammenhangs, der Geschlechter in spezifischer Weise erst produziert und hieraus spezifische Konfliktpotenziale erzeugt, zu verdecken.

Genderpolitik als kritische Soziale Arbeit

Genderpolitik in der Sozialen Arbeit thematisiert mit „Geschlecht" nicht nur die Bedürfnisse bestimmter Personen, sondern Wirkmechanismen einer gesellschaftlichen Ordnung, die in unterschiedlichen Bereichen unterschiedliche Gruppierungen benachteiligen kann und die über zugelassene Inhalte gesellschaftlicher Verteilungskämpfe entscheidet. Ein aktuell immer wieder dagegengesetzter angeblicher „Bedeutungsverlust von Gender" bleibt ideologischer Nebel, wenn nicht zwischen epistemologischer und sozialdiagnostischer Bedeutung unterschieden wird: In wissenschaftlichen Konzepten wird „Gender" zunehmend eingebettet in andere soziale Ungleichheiten und damit dezentriert, also Bedeutungsverlust. Das mindert aber keineswegs seine praktische Bedeutung als Struktur von Anerkennungs- und Austauschverhältnissen, für die Verteilung bestimmter Formen von Gewalt, für die Organisation von Sexualität und Generativität oder für die kulturelle Relevanz von Geschlechterbildern.

In der Fachpraxis werden „Genderkompetenz" und „Geschlechterdifferenzierung" zunehmend anerkannt als wichtige fachliche Standards. Auf der Ebene der Zielgruppenanalyse und der Handlungskonzepte hat sich somit als genderpolitischer Erfolg eine Erweiterung des professionellen Selbstverständnisses durchsetzen können. Damit einher allerdings geht der Verlust der systematischen Reflexion der geschlechterbezogenen Strukturbedingungen in konkreten Arbeitskontexten, in der Organisation der Jugendhilfe und gesellschaftlicher Ungleichheit. „Genderkompetenz" schnurrt dann zusammen auf eine methodische Kompetenz.

„Genderpolitik" in emanzipatorischem Sinn muss sich verstärkt einordnen in Debatten um politisch ambitionierte Konzepte kritischer Sozialer Arbeit, die zeigen, dass Soziale Arbeit nur dann transformativ wirken kann, wenn sie sich ein eigenständiges Mandat gibt, das bezogen ist auf gesellschaftliche Ungleichheit und dem Bestreben nach mehr Gerechtigkeit. Solche konfliktorientierten Ansätze werden derzeit weiterentwickelt als diversitätsbewusste Soziale Arbeit (Intersektionalität und Differenz) und zielen auf eine „Pädagogik des Sozialen", die die Realität der Subjekte und ihre individuellen Entwicklungschancen in den Mittelpunkt stellt auf der Basis der Analyse gesamtgesellschaftlicher Ordnungs- und Funktionsvorgaben und mit dem Anspruch auf politische Einmischung. Aktuelle bundesweite Verständigungen fordern wieder verstärkt, den fachlich- methodischen Genderkonzepten eine Politisierung der Wirkmechanismen von „Geschlecht" an die Seite zu stellen.

Literatur

Bader, C., Cremer, C., Dudeck, A. (Hrsg.) (1992): Frauen in sozialer Arbeit. Zur Theorie und Praxis feministischer Sozialarbeit. Juventa, Weinheim

Bentheim, A., May, M., Sturzenhecker, B., Winter, R. (2004): Gender Mainstreaming und Jungenarbeit. Juventa, Weinheim / München

Bitzan, M. (2009): Qualitative Methoden in der Mädchen- und Frauenarbeit. In: Bock, K., Miethe, I. (Hrsg.): Handbuch qualitative Methoden in der Sozialen Arbeit. Budrich, Opladen / Farmington Hills

– (2005): Geschlechterpolitik: Feminismus. In: Otto, H.-U., Thiersch, H. (Hrsg.): Handbuch Sozialarbeit / Sozialpädagogik. 3. Aufl. Ernst Reinhardt, München / Basel, 691–704

– (2002): Mädchen in der Jugendhilfeplanung – eine Perspektive zur Qualifizierung der Jugendhilfe. In: Sachverständigenkommission 11. Kinder- und Jugendbericht / Werthmanns-Reppekus, U., Böllert, K. (Hrsg.): Mädchen- und Jungenarbeit – eine uneingelöste fachliche Herausforderung. DJI, München, 191–210

–, Bolay, E., Thiersch, H. (2006): Die Stimme der AdressatInnen. Biographische Zugänge in den Ambivalenzen der Jugendhilfe. In: Bitzan, M., Bolay, E., Thiersch, H. (Hrsg.): Die Stimme der Adressaten. Empirische Forschung über Erfahrungen von Mädchen und Jungen mit der Jugendhilfe. Juventa, Weinheim / München, 257–288

–, Daigler, C. (2001): Eigensinn und Einmischung. Einführung in Grundlagen und Perspektiven der parteilichen Mädchenarbeit. Juventa, Weinheim / München

–, Klöck, T. (1993): „Wer streitet denn mit Aschenputtel?" Konfliktorientierung und Geschlechterdifferenz. Reihe Gemeinwesenarbeit AG SPAK Publikationen, München

Böhnisch, L., Funk, H. (2002): Soziale Arbeit und Geschlecht. Juventa, Weinheim / München

Brückner, M. (2002): Wege aus der Gewalt gegen Frauen und Mädchen, eine Einführung. 2. Aufl. Fachhochschulverlag, Frankfurt / M.

– (1998): Frauen- und Mädchenprojekte: Von feministischen Gewissheiten zu neuen Suchbewegungen. 2. Aufl. Leske & Budrich, Opladen

Bundesjugendkuratorium (2009): Schlaue Mädchen – dumme Jungen? Gegen Verkürzungen im aktuellen Geschlechterdiskurs. Stellungnahme. DJI, München

Bundesministerium für Jugend, Frauen und Gesundheit (BMJFG) (Hrsg.) (1981): Hilfen für misshandelte Frauen. Abschlußbericht der wissenschaftlichen Begleitung des Modellprojekts Frauenhaus Berlin. Band 124. Schriftenreihe des BMJFG, Bonn

Bundesregierung (Hrsg.) (1984): Sechster Jugendbericht: Verbesserung der Chancengleichheit von Mädchen in der BRD. Bericht der Sachverständigenkommission, Bundestagsdrucksache 10 / 1007, Bonn-Bad Godesberg

Daigler, C., Yupanqui Werner, E., Beck, S., Dörr, B. (2003): Gleichstellungsorientierte Arbeit mit Mädchen und jungen Frauen. Eine bundesweite Bestandsanalyse. Leske & Budrich, Opladen

Drake, H. (1980): Frauen in der Sozialarbeit. Sexismus – die geschlechtsspezifische Diskriminierung. Luchterhand, Neuwied / Kriftel

Enggruber, R. (2001): Gender Mainstreaming und Jugendsozialarbeit. Eine Expertise. Votum, Münster

Forster, E: (2004): Jungen- und Männerarbeit. In: Glaser, E., Klika, D., Prengel, A. (Hrsg.): Handbuch Gender und Erziehungswissenschaft. Klinkhard, Bad Heilbrunn / Obb., 477–491

Friebertshäuser, B., Jakob, G., Klees-Möller, R. (1997): Sozialpädagogik im Blick der Frauenforschung. Beltz Deutscher Studienverlag, Weinheim

Gildemeister, R. (2005): Geschlechterforschung. In: Otto, H.-U., Thiersch, H. (Hrsg.): Handbuch Sozialarbeit, Sozialpädagogik. 3. Aufl. Reinhardt, München / Basel

Graff, U. (2004): Selbstbestimmung für Mädchen. Theorie und Praxis feministischer Pädagogik. Ulrike Helmer, Königstein / Taunus

Gruber, Ch., Fröschl, E. (Hrsg.) (2001): Gender-Aspekte in der Sozialen Arbeit. Czernin, Wien

Hagemann-White, C. (1997): Die feministische Gewaltdiskussion: Paradoxe, Blockaden und neue Ansätze. In: Hagemann-White, C., Kavemann, B., Ohl, D. (Hrsg.): Parteilichkeit und Solidarität. Kleine, Bielefeld, 237–256

–, Kavemann, B., Ohl, D. (Hrsg.) (1997): Parteilichkeit und Solidarität. Kleine, Bielefeld

Jantz, J., Grote, Ch. (Hrsg.) (2003): Perspektiven der Jungenarbeit. Konzepte und Impulse aus der Praxis. Reihe quersichten Band 3. Leske & Budrich, Opladen

Knab, M. (2001): Frauen und Verhältnisse. Eine sozialpolitische Netzwerkanalyse. Centaurus, Herbolzheim

Kunert-Zier, M. (2005): Vom Getrennten zum Gemeinsamen: Praxismodelle geschlechtsbewusster Koedukation – Entwicklungen und Perspektiven der Geschlechterpädagogik aus der Sicht von Expertinnen und Experten. In: Kunert-Zier, M.: Erziehung der Geschlechter. Entwicklung, Konzepte und Genderkompetenz in sozialpädagogischen Feldern. VS Verlag, Wiesbaden

Maurer, S. (1996): Zwischen Zuschreibung und Selbstgestaltung. Feministische Identitätspolitiken im Kräftefeld von Kritik, Norm und Utopie. Ed. Diskord, Tübingen

Meyer, D., Ginsheim, G. v. (2002): Gender Mainstreaming. Zukunftswege der Jugendhilfe. Ein Angebot. SPI Eigenverlag des Sozialpädagogischen Instituts, Berlin

Rohleder, Ch. (2006): Familie, Geschlechterkonstruktionen und soziale Arbeit. In: Zander, M., Hartwig, L., Jansen, I. (Hrsg.): Geschlecht Nebensache? Zur Aktualität einer Genderperspektive in der Sozialen Arbeit. VS Verlag, Wiesbaden, 291–311

Rommelspacher, B. (1998): Dominanzkultur: Texte zu Fremdheit und Macht. 2. Aufl. Orlanda Frauenverlag, Berlin

Rösgen, A., Neumaier, M., Hillenbrand, L. (Hrsg.) (1987): Jahrbuch 4 Gemeinwesenarbeit Frauen. AG SPAK Bücher, München

Simmel-Joachim, M., Schäfer, R. (2005): Frauenstudien zur Sozialen Arbeit. Wie genderbezogenes Wissen in die berufliche Praxis Eingang finden kann. Ulrike Helmer, Königstein / Taunus

Sturzenhecker, B., Winter, R. (2002) (Hrsg.): Praxis der Jungenarbeit. Modelle, Methoden und Erfahrungen aus pädagogischen Arbeitsfeldern. Juventa, Weinheim / München

Thiersch, H., Grunwald, K., Köngeter, S. (2002): Lebensweltorientierte Soziale Arbeit. In: Thole, W. (Hrsg.): Grundriß Soziale Arbeit. Ein einführendes Handbuch. Leske & Budrich, Opladen

Thürmer-Rohr, Ch.: Die Wahrheit über eine zweigeschlechtliche Welt gibt es nicht. In: www.glow-boell.de/media/de/ txt_rubrik_2/thuermer-rohr_zweigeschlechtliche_welt. pdf, 04.03.2010

– (2004): Mittäterschaft von Frauen: Die Komplizengesellschaft mit der Unterdrückung. In: Becker, R., Kortendiek, B. (Hrsg.): Handbuch Frauen- und Geschlechterforschung. Theorie, Methoden, Empirie. VS Verlag, Wiesbaden, 85–90

Voigt-Kehlenback, C. (2008): Flankieren und begleiten. Geschlechterreflexive Perspektiven in einer diversitätsbewussten Sozialarbeit. VS Verlag, Wiesbaden

Wallner, C. (2006): Feministische Mädchenarbeit: Vom Mythos der Selbstschöpfung und seinen Folgen. Klemm & Oelschläger, Münster

Generationen

Von Ludwig Liegle

Zu den verbreiteten sozialwissenschaftlichen Zeitdiagnosen gehört die These der Relativierung der Lebensalter bzw. der lebensalterbezogenen Zugehörigkeitsordnungen. Diese Diagnose impliziert die Aufforderung, den traditionell hohen Stellenwert der Generationenfrage in der Theorie der Erziehung infrage zu stellen und nach zeitgemäßen analytischen Deutungsmustern Ausschau zu halten, welche der „Generationenfalle" (Böhnisch / Blanc 1989) entgehen. Im Gegensatz zu dieser – durch Argumente und Daten gut belegbaren – Sichtweise will ich im Folgenden zeigen: Das Konzept der Generation kann nach wie vor (vielleicht sogar mehr denn je) den Anspruch erheben, den Kern der Erziehungstheorie sowie der Bildungstheorie zu treffen. Dafür sprechen die im Folgenden näher zu erläuternden Argumente:

- Mit dem Konzept der Generation kann man nicht nur die Weitergabe des genetischen Erbes, sondern auch die Weitergabe des kulturellen Erbes in der Abfolge der Generationen und damit die zentrale Aufgabe von Erziehung beschreiben. Denn: „Was ist Pädagogik noch, wenn man sie um die Aufgabe der kritischen kulturellen Überlieferung verkürzt?" (Mollenhauer 1983, 175)
- Kulturelle Überlieferung in der Generationenfolge kann nur gelingen, wenn zwei Prozesse bzw. Leistungen zusammenwirken: Vermittlung und Aneignung. Vermittlung ist der Gegenstand von Theorien der Erziehung und Aneignung der Gegenstand von Theorien der Bildung. Die Tatsache, dass Wissen, Werte etc. nicht einfach vermittelt werden können, sondern angeeignet werden müssen, bietet die Chance der Re-Produktion, d. h. Neuschaffung des kulturellen Erbes. Das Zusammenspiel von Vermittlungstätigkeit und Aneignungstätigkeit hat seinen primären sozialen Ort im Verhältnis zwischen der erwachsenen und der heranwachsenden Generation (Ecarius 2008; Liegle / Lüscher 2004, 2008). Erziehungstheorie und Bildungstheorie zueinander in Beziehung zu setzen, impliziert daher, dass die soziale Ordnung der Generationenbeziehungen reflektiert wird.
- In komplexen Gesellschaften setzt die Re-Produktion der Kultur voraus, dass Vermittlung (Unterricht, Erziehung) und Aneignung (Lernen, Bildung) zu eigenständigen Aufgaben werden, die in sozialen Orten jenseits der Lebenswelt angesiedelt sind. Erziehung wird zum Beruf und Lernen wird zu einer lebensgeschichtlichen Arbeitsleistung. Dementsprechend werden Kindheit und Jugend weltweit in zunehmendem Maße gesellschaftlich als Erziehungs- bzw. Lernkindheit institutionalisiert.

Das Konzept der Generation

Das Konzept der Generation hat in den Sozialwissenschaften im Allgemeinen sowie in der Erziehungswissenschaft im Besonderen in zwei Perspektiven Bedeutung erlangt: Es dient erstens dazu, „kollektive oder individuelle Akteure hinsichtlich ihrer sozial-zeitlichen Positionierung in einer Gesellschaft, einem Staat, einer sozialen Organisation oder einer Familie zu charakterisieren und ihnen eine spezifische Identität (‚Generationenidentität') zuzuschreiben". Und es bezeichnet zweitens – in der Perspektive von Beziehungen – „wechselseitige, rückbezügliche Prozesse der Orientierung, der Beeinflussung, des Austauschs und des Lernens zwischen den Angehörigen von zwei und mehr Generationen (intergenerationelle Beziehungen) sowie innerhalb ein und derselben Generation" (Lüscher / Liegle 2003, 59 f.).

In der Perspektive von „Generationenidentität" ist das Konzept der Generation von Wilhelm Dilthey

Otto/Thiersch (Hg.), Handbuch Soziale Arbeit, 4. A., DOI 10.2378/ot4a.art053,
© 2011 by Ernst Reinhardt, GmbH & Co KG, Verlag, München

eingeführt worden: „Diejenigen, welche in den Jahren der Empfänglichkeit dieselben leitenden Einwirkungen erfahren, machen zusammen eine Generation aus." (Dilthey 1875/1957, 37). Seine „klassische" Ausformulierung hat das Konzept der Generation i. S. v. Generationenidentität durch Karl Mannheim (1928/1964) erhalten. Die analytische Unterscheidung von „Generationenlagerung", „Generationenzusammenhang" und „Generationeneinheiten" ist in die zahlreichen Untersuchungen zu historischen Generationen(-gestalten) eingegangen (z. B. Reulecke 2000). Bei Mannheim ist auch die Vorstellung angelegt, dass im Rahmen der Generationenfolge jede neue Generation einen je spezifischen Zugang zum kulturellen Erbe wählen kann. Daran schließt – in Verbindung mit entwicklungspsychologischen und pädagogischen Prämissen zur Bedeutung der Adoleszenz – das Konzept der „Generativität" an, das die Chancen der „Entstehung des Neuen" in der Abfolge der Generationen beschreibt (King 2002).

In der Perspektive von Generationenbeziehungen ist das Konzept der Generation von Friedrich Schleiermacher (1826/2000) eingeführt worden. Es bildet seitdem eine der wichtigsten Grundlagen und Themen der pädagogischen Theoriebildung und erziehungswissenschaftlichen Forschung. Dabei ist die bei Dilthey (1890/1971) angelegte dyadische Sichtweise der pädagogischen Generationenbeziehungen, die Herman Nohl (1933, 20 ff.) in seinem Konzept des „pädagogischen Bezugs" aufgegriffen hat, ergänzt oder auch abgelöst worden durch eine Sichtweise, welche die Beziehungen zwischen Gesellschaftsgenerationen bzw. „Generationenverhältnisse" ins Zentrum rückt. Dies zeigt sich an den zahlreichen Untersuchungen über Generationenkonflikte (z. B. Weber 1987), insbesondere aber an neueren theoriegeleiteten Studien, in denen die „generationale Ordnung" (Honig 1999) bzw. „Generationenordnung" (Lüscher/Liegle 2003) in einer Gesellschaft als wirksame Kontextbedingung des Aufwachsens und der Identitätsbildung beschrieben wird. Parallel zu Regulativen der Sozialpolitik wird in diesem Zusammenhang auch von einem „pädagogischen Generationenvertrag" gesprochen (Rauschenbach 1998, 24; Winterhager-Schmid 2001).

Trotz der Relativierung der Lebensalter wird das Erziehungsgeschehen von Generationenbeziehungen bestimmt

Für die These der Relativierung der Lebensalter lassen sich zahlreiche Belege beibringen wie z. B.: Prozesse der Bildung und Qualifizierung sind nicht mehr auf die Lebensphasen der Kindheit und Jugend beschränkt, sie begleiten vielmehr den gesamten Lebenslauf; das Konsumverhalten durchdringt alle Lebensphasen; die Massenmedien wenden sich an die Angehörigen aller Altersgruppen und bieten Kindern und Jugendlichen Lerngelegenheiten jenseits der Vermittlungtätigkeit von Erwachsenen; die Erfahrungsvorsprünge, welche die Älteren traditionell gegenüber den Jüngeren für sich beanspruchten, erscheinen in zweifacher Weise als relativiert, denn

„zum einen lernen und erlernen die Jungen heute augenscheinlich mehr Neues, das die Älteren nicht kennen und deshalb auch nicht weitergeben können, als zu früheren Zeiten; zum anderen ist vieles von dem, was die Älteren früher gelernt haben – zumindest unter dem industriegesellschaftlichen Verwertungsgesichtspunkt – heute wert- oder belanglos geworden". (Böhnisch/Blanc 1989, 11)

Die Charakterisierung der Generationenfrage in moderner bzw. postmoderner Zeit, die Margaret Mead (1971) mit ihrem Konzept der „präfigurativen Kulturen" bzw. der „Kinder, von denen wir nichts wissen" vorweggenommen hat, ist berechtigt. Diese Charakterisierung erfasst jedoch nur die eine Seite der geschichtlichen Entwicklung von lebensalterbezogenen Zugehörigkeitsordnungen, nämlich deren Relativierung.

Zum anderen stellen die gelebten und erlebten Beziehungen zwischen Kindern bzw. Jugendlichen und Erwachsenen im privaten Raum (Eltern, Großeltern) wie auch im öffentlichen Raum (Fachkräfte) nach wie vor das wichtigste soziale Medium für die Prozesse der indirekten Erziehung (Vorbild/Beispiel, Inszenierung einer förderlichen Umwelt etc.) und der direkten Erziehung (Zeigen, Aufforderung, Unterricht etc.) sowie für die Prozesse des Lernens bzw. der Bildung dar, d. h.: Das Zusammenspiel von Vermittlungtätigkeit und Aneignungstätigkeit hat seinen primären sozialen

Ort im Verhältnis zwischen der erwachsenen und der heranwachsenden Generation. Erziehung und Bildung sind dialogisch verfasst (Buber 1953). Der Dialog der Generationen ermöglicht die Erfahrung von Verbundenheit, wechselseitigem Verstehen und wechselseitiger Anerkennung; er beinhaltet aber auch die Auseinandersetzung mit der durch das Lebensalter definierten Ungleichheit zwischen „mündigen" Personen und Personen, die in den Prozessen der Erziehung und Bildung zur „Mündigkeit" gelangen sollen (Brumlik 1992, 1995).

In der Kodifizierung von Rechten des Kindes in der UN-Kinderkonvention vom 20. November 1989 kommen beide Facetten der Generationenfrage zum Tragen. Denn einerseits werden den Kindern allgemeine, d. h. vom Lebensalter unabhängige Menschenrechte (z. B. Gedanken-, Gewissens- und Religionsfreiheit) zugesprochen, andererseits werden lebensphasenspezifische Rechte (z. B. Rechte im Hinblick auf die Trennung des Kindes von seinen Eltern und das Recht auf Bildung) festgeschrieben.

Die Neubestimmung der Konfiguration von privater und öffentlicher Erziehung: Generationenlernen im Kontext des Erziehungssystems der Gesellschaft

Die Beschleunigung der kulturellen Evolution (z. B. Wissensproduktion und Technikentwicklung) und der gesellschaftlichen Arbeitsteilung hat die traditionell vorrangige Stellung der – insbesondere in der Familie angesiedelten – Erziehung im Modus der „Präsentation" einer Lebensform relativiert. „Repräsentation" – „Auswählen, was vermittelt werden soll" im Rahmen der „Konstruktion des pädagogischen Feldes" im Erziehungssystem der Gesellschaft – ist zum wichtigsten Modus der Erziehung geworden (Mollenhauer 1983).

Mit dem Recht auf einen Kindergartenplatz und der Erfassung der überwiegenden Mehrheit (2007: 87 %) der 3- bis 6-jährigen Kinder in Tageseinrichtungen, mit dem geplanten und in Gang gesetzten Ausbau des Betreuungsangebots für die unter 3-Jährigen und mit der Verbreitung verschiedener Formen der Ganztagsschule wird die Konfiguration von privater und öffentlicher Verantwortung und Sorge für die nachwachsende Generation neu bestimmt, und zwar im Sinne einer stärkeren Gewichtung der öffentlichen Erziehung. Dank der Inklusion aller (im Falle der Pflichtschule) bzw. eines immer größeren Teiles der Mitglieder der nachwachsenden Generation in das Erziehungssystem der Gesellschaft wird das pädagogische Generationenverhältnis im globalen Maßstab zu einem zentralen Element sowohl in der gesellschaftlichen Ordnung als auch in der Struktur der individuellen Lebensläufe. Für den Alltag der Kinder und Jugendlichen bedeutet dies: Mehr denn je wird von ihnen erwartet, zusammen mit Altersgenossen für immer längere Phasen ihres Tageslaufes die Rolle von Lernenden in entsprechend ihrem Lebensalter gegliederten Bildungsinstitutionen wahrzunehmen. Komplementär wird immer mehr pädagogischen Fachkräften die Aufgabe zugeschrieben, Kinder und Jugendliche beim Erwerb von Weltwissen, Orientierung und Handlungsfähigkeit zu unterstützen und anzuregen.

Die Aufgaben der Vermittlung und Aneignung werden verstärkt öffentlichen Einrichtungen zugewiesen. Dies hat zum einen mit dem Erfordernis zu tun, den Eltern eine bessere Balance von Erwerbs- und Familientätigkeit zu ermöglichen, betrifft also nicht die Bildungsfunktion, sondern die Betreuungsfunktion des Erziehungssystems. Zum anderen wird sie von der Überzeugung getragen, Bildung stelle die wichtigste Ressource nicht nur für die Persönlichkeitsentwicklung jedes Individuums, sondern auch für die Sicherung des Humanvermögens der Gesellschaft dar. In dieser Perspektive ist das Erziehungssystem der Gesellschaft herausgefordert, so effektiv wie möglich zur Entwicklung des „kulturellen Kapitals" aller Mitglieder der nachwachsenden Generation beizutragen. Insbesondere im Hinblick auf die wachsende Zahl von Kindern, die unter den einschränkenden Bedingungen von ökonomischem Mangel und Bildungsarmut aufwachsen, beinhaltet diese Herausforderung gezielte Fördermaßnahmen, um die enge Kopplung von Bildungslaufbahn und sozialer Herkunft zu überwinden. Die Praxis einer Erziehungspartnerschaft muss Formen der Elternbildung und der aufsuchenden Elternarbeit einschließen.

Das erzieherische Generationenverhältnis im Kontext öffentlicher Lernorte unterscheidet sich in mancher Hinsicht von den Generationenbeziehungen in

Familien, z. B. im Grad der Intimität und in der lebenszeitlichen Dauer. Dabei wird die Konfiguration von Vermittlungs- und Aneignungstätigkeit in beiden Kontexten nicht allein von ihrem Bezug auf die Lerninhalte bestimmt. Vielmehr erweisen sich die Methoden der Vermittlung (Didaktik), die Stile der Interaktion (darunter insbesondere Formen der Autorität), das soziale „Klima" etc. als wichtige Faktoren für die Lernmotivation und die konkreten Lernprozesse. Komplementär beeinflussen Lebensäußerungen und Verhaltensweisen der Kinder und Jugendlichen die Vermittlungstätigkeit der Fachkräfte. Für die vorschulische Lebensphase hat sich gezeigt: Die Bildungsmotivation der Kinder und ihre Fähigkeit, Entwicklungsaufgaben zu meistern, hängt in starkem Maße davon ab, ob sie in der Tageseinrichtung verlässliche Beziehungen (sichere „Bindung") und emotionale Sicherheit erfahren können (Grossmann / Grossmann 2006). Und auch für den Raum der Schule gilt: Die Inhaltsebene und die Beziehungs- bzw. Interaktionsebene sind nicht voneinander zu trennen; beide zusammen beeinflussen die Vermittlungstätigkeit der Lehrenden und die Aneignungstätigkeit der Lernenden (z. B. Winterhager-Schmid 2001). Und entsprechend dem zeitgeschichtlichen Wandel der Eltern-Kind-Beziehungen, der als Übergang „vom Befehls- zum Verhandlungshaushalt" beschrieben wird (z. B. Ecarius 2002), lässt sich auch ein Wandel der pädagogischen Generationenbeziehungen in den Einrichtungen des Erziehungssystems (einschließlich der Kinder- und Jugendhilfe, z. B. der Jugendarbeit) beobachten (z. B. Faulstich-Wieland 2001).

Programmatische Forderungen – z. B. in den drei letzten Kinder- und Jugendberichten der Bundesregierung – und eine Vielzahl von Maßnahmen und Praxisprojekten zielen nicht allein darauf ab, die Angebote öffentlicher Erziehung quantitativ auszuweiten und qualitativ zu verbessern. Vielmehr soll Erziehung als „gemeinsame Verantwortung" wahrgenommen werden, und zwar im Sinne einer „Erziehungspartnerschaft" von Familien und öffentlichen Erziehungsinstanzen sowie der Vernetzung aller Dienstleistungsangebote für Familien und Kinder im Gemeinwesen. Damit wird die Vision eines – private und öffentliche Erziehung und Sorge (care) integrierenden – „pädagogischen Generationenvertrags" (s. o.) formuliert. Dieser betrifft aufseiten der öffentlichen Erziehung neben dem Schulsystem auch die Einrichtungen und Maßnahmen der nonformalen und informellen Erziehung bzw. Bildung im Rahmen der Kinder- und Jugendhilfe (z. B. Schweppe 2002).

In den Prozessen der Vermittlung und Aneignung wird Kultur neu erschaffen

Die Wirkung von Erziehung (verstanden als Vermittlungstätigkeit) muss als kontingent gelten, da sie letztlich nur von den Adressaten der Erziehung hervorgebracht werden kann. Hier kommt das Konzept der Aneignung zentral ins Spiel: Es bezeichnet „die bei den Vermittlungsoperationen mitzudenkende, komplementäre Operation auf Seiten der Adressaten des pädagogischen Systems" (Kade 1997, 50). Die spannungsreiche Interdependenz von Vermittlungs- und Aneignungstätigkeit bringt es mit sich, dass sich das kulturelle Erbe im Prozess der Überlieferung an die nachwachsende Generation verändert. Eine fruchtbare theoretische Analyse dieses Phänomens findet sich in den aus Mitschriften rekonstruierten Vorlesungen von G. H. Mead (1910 / 2008) zur Philosophie der Erziehung: „Gesellschaft" (z. B. im Sinne von Sesshaftigkeit und systematischer Arbeitsteilung) ist dank der „Notwendigkeit von Dauerhaftigkeit, Schutz, Fürsorge, Zusammenarbeit" (35) entstanden. Auf diese Erfordernisse antworten u. a. die Institutionalisierung einer „verlängerten Kindheitsperiode" und die Etablierung eines Erziehungssystems, dem die Aufgabe zukommt, das kulturelle Erbe an die „nachrückende Generation" weiterzugeben. Der Prozess des Weitergebens schließt aufseiten des Kindes „eine bewusste Konstruktion des Objekts als ‚Eigentum'" ein (40). Meads Theorie besagt, dass dieser Prozess der „Übernahme" oder des „Erwerbens" selber „das Übernommene verändert und somit im Verlauf der aufeinander folgenden Generationen den allgemeinen Wandel herbeiführt" (163).

Machtverhältnisse und der lebensgeschichtliche Lernprozess zum Umgang mit Macht

G. H. Meads Ansatz des Symbolischen Interaktionismus thematisiert Machtverhältnisse nicht. Der soziale Charakter von Erziehung wird vielmehr dahingehend bestimmt, dass Erziehung einen Kommunikationsvorgang darstellt, in dem unter Bedingungen von Wechselseitigkeit, Kooperation und Koordination „Bedeutungen" hervorgebracht werden, und zwar von den Kindern ebenso wie von den Erwachsenen. Da nach dieser Auffassung die „Vermittlung" von Bedeutungen auf die Aneignungstätigkeit der Kinder angewiesen ist, kann sie nicht als „Reproduktion von Handlungen Anderer" verstanden werden (Mead 1910/2008, 14). Diese Sichtweise beinhaltet eine Aufwertung des lernenden Subjekts, wie sie für weite Teile der zeitgenössischen „Reformpädagogik" (z. B. für John Dewey, mit dem Mead wissenschaftlich und persönlich eng verbunden war) und auch für die geisteswissenschaftliche Pädagogik kennzeichnend gewesen ist. Sie impliziert allerdings auch die Ausblendung von Phänomenen der Macht, Herrschaft und Unterdrückung in der Gesellschaft, im Erziehungssystem und im Generationenverhältnis. Diese Phänomene sind insbesondere durch die Rezeption von Ansätzen des Historischen Materialismus (z. B. Bernfeld 1925/1967; Sünker 1995) sowie des Ansatzes der Ökologie der menschlichen Entwicklung (Bronfenbrenner 1981) in das Blickfeld der Erziehungswissenschaft gerückt. Neben Formen der Gewalt werden ökonomische und soziale Ungleichheit, die „Kommodifizierung" menschlicher Beziehungen in spätkapitalistischen Gesellschaften und die asymmetrischen Strukturen im Geschlechter- und Generationenverhältnis als Kontextbedingungen des Aufwachsens, der Erziehung und der Bildung erkannt (Böhnisch et al. 2005).

Die kritische Reflexion von Kontextbedingungen muss nicht mit einer Absage an die bildungstheoretische Prämisse einhergehen, wonach die Aneignungstätigkeit nicht als Reproduktion der Handlungen anderer verstanden werden kann. Vielmehr kann die Wirksamkeit entwicklungshemmender Kontextbedingungen darin gesehen werden, dass diese die motivationalen Grundlagen der Aneignungstätigkeit einschränken oder blockieren und die in jedem Menschen angelegte Bildsamkeit nur partiell entfalten lassen.

Die pädagogischen Generationenbeziehungen im privaten und öffentlichen Raum weisen eine Eigendynamik z. B. bezüglich des Verhältnisses zwischen Nähe und Distanz sowie Fremdbestimmung und Anregung von Selbstbestimmung auf, die von den beteiligten Personen geprägt wird. Diese Eigendynamik bezieht sich auch auf den Umgang mit dem Machtgefälle – z. B. der ungleichen Verteilung von Ressourcen und Formen der Abhängigkeit –, die in pädagogischen Generationenbeziehungen strukturell angelegt sind. Ob und inwieweit dieses Machtgefälle in Richtung auf eine dynamische Machtbalance zwischen den Generationen transformiert wird, hängt allerdings nicht allein von den beteiligten Personen ab, sondern auch von den familialen und gesellschaftlichen Kontextbedingungen. Die Forschungsbefunde zur Wandlung der familialen Generationenbeziehungen „vom Befehls- zum Verhandlungshaushalt" sowie zur Informalisierung der pädagogischen Generationenbeziehungen im Erziehungssystem (s. o.) belegen dies. In vielen im letzten Jahrzehnt publizierten Beiträgen zur Sozialisationsforschung werden die in zwei Richtungen („bidirectional") verlaufenden Einflüsse in der sozialen Praxis von Generationenbeziehungen betont (z. B. Grusec/Hastings 2007, 24 ff.). Derartige Wechselwirkungsprozesse lassen sich bereits in den frühen Mutter-Kind-Beziehungen, insbesondere aber in der Adoleszenz, beobachten. Die folgende Aussage ist im qualitativen Material der Shell-Studie „Jugend 2000" dokumentiert und beschreibt das Phänomen der wechselseitigen Abhängigkeit unter dem Aspekt einer prekären Machtbalance:

„Die Lehrer haben eben mehr Macht als die Schüler! Aber die Schüler haben auch ein bisschen Macht, die machen halt die Lehrer fertig, oder die Schüler gehen raus aus der Klasse, kein Problem. Wenn die Lehrer aufgeben, sagen sie zum Schüler: Du gehst jetzt raus vor die Tür. Warum sagen die Lehrer das? Weil sie aufgegeben haben. Da haben wir praktisch gewonnen." (Deutsche Shell 2000, Bd. 2, 70)

Machtverhältnisse prägen jede Gesellschaft. Es ist daher eine lebensgeschichtliche Aufgabe, den Umgang mit Macht (einschließlich des Widerstands gegen illegitime Formen der Machtausübung) zu lernen. Dies kann nur in sozialen Kontexten geschehen, die selber Machtverhältnisse implizieren. Die pädagogischen Generationenbeziehungen in Familien und im Erziehungssystem sind diejenigen sozialen Orte, wo die lebensgeschichtlichen Lernprozesse im Umgang mit Macht am ehesten stattfinden können. Erziehung beinhaltet immer auch einen konflikt- und krisenhaften Dialog der Generationen, in dem die wechselseitige Anerkennung der beteiligten Personen und ihrer unterschiedlichen Lebensperspektiven ausgehandelt wird (Brumlik 1995). Für die nachwachsende Generation, die den im Generationenverhältnis verankerten Erziehungsprozess immer auch als Ausdruck eines Machtverhältnisses erlebt, stellt sich Identitätsbildung als ein „Kampf um Anerkennung" dar (Müller 1996).

Zusammenfassung

Die – insbesondere am Fortschritt von Wissenschaft und Technik ablesbare – kulturelle Evolution ist nicht denkbar ohne die Institutionalisierung kulturellen Lernens im Erziehungssystem der Gesellschaft. Die Entwicklung des Erziehungssystems führt zur Verlängerung der Kindheitsperiode und zur Definition der Kindheit als Erziehungs- bzw. Bildungskindheit; sie lässt kulturelles Lernen zu einem wesentlichen Faktor in den Lebensläufen aller Mitglieder der nachwachsenden Generation werden. Die allgemeinen Grundlagen der Kultur- und Handlungsfähigkeit erwerben Kinder in der Regel nach wie vor durch die Erfahrung von Bindung und Anregung in „proximalen" Generationenbeziehungen in der Lebenswelt der Familie. Darüber hinaus ist es für „moderne" Gesellschaften kennzeichnend, dass „die Kenntnisse, sollen sie nicht mit der sie besitzenden Generation aussterben, in einem besonderen Prozess, dem Unterricht, übermittelt, durch eine spezifische Arbeitsleistung, das Lernen, erworben werden [müssen]" (Bernfeld 1925/1967, 78). Diese gesellschaftliche Institutionalisierung der Vermittlungs- und Aneignungsprozesse impliziert, dass Erziehung öffentlich organisiert, professionalisiert und an einem universalistischen Kanon der Allgemeinbildung ausgerichtet wird, und dass die Kinder für Lernprozesse freigesetzt werden, die nicht vom unmittelbaren Druck materieller Reproduktion und sozialer Anpassung begrenzt werden (Verlängerung der Kindheit). Auf diese Weise werden Gelegenheitsstrukturen geschaffen und die Chance dafür eröffnet, dass die nachwachsende Generation das in der Generationenfolge angesammelte kulturelle Erbe in kritischer und konstruktiver Perspektive erwerben und als Bezugsrahmen der Identitätsbildung ausdeuten und auswählen kann.

Diese Überlegungen sprechen für die Fruchtbarkeit des Generationenkonzepts für die erziehungswissenschaftliche Theorie und Forschung: Einen Zusammenhang von Erziehungstheorie und Bildungstheorie herzustellen, impliziert die Reflexion und Untersuchung der sozialen Logik und Dynamik von Generationenbeziehungen einschließlich der in diesen angelegten Machtverhältnissen.

Literatur

Bernfeld, S. (1925/1967): Sisyphos oder die Grenzen der Erziehung. Suhrkamp, Frankfurt/M.

Böhnisch, L., Blanc, K. (1989): Die Generationenfalle. Von der Relativierung der Lebensalter. Luchterhand, Frankfurt/M.

–, Schröer, W., Thiersch, H. (2005): Sozialpädagogisches Denken. Wege zur Neubestimmung. Juventa, Weinheim/München

Bronfenbrenner, U. (1981): Die Ökologie der menschlichen Entwicklung. Klett-Cotta, Stuttgart

Brumlik, M. (1995): Gerechtigkeit zwischen den Generationen. Berlin Verlag, Berlin

– (1992): Advokatorische Ethik. Zur Legitimation pädagogischer Eingriffe. KT-Verlag Karin Böllert, Bielefeld

Buber, M. (1953): Rede über das Erzieherische. In: Buber, M.: Reden über Erziehung. Lambert Schneider, Heidelberg, 11–49

Deutsche Shell (Hrsg.) (2000): Jugend 2000. 2 Bde. Leske + Budrich, Opladen

Dilthey, W. (1890/1971): Deskription des Erziehers in seinem Verhältnis zum Zögling. In: Dilthey, W.: Schriften zur Pädagogik. hrsg. von U. Herrmann. Schöningh, Paderborn, 43–57

– (1875/1957): Über das Studium der Geschichte der Wissenschaften vom Menschen, der Gesellschaft und dem Staat. In: Dilthey, W.: Gesammelte Schriften, Bd. V. Teubner/Vandenhoeck & Ruprecht, Stuttgart/Göttingen, 31–73

Ecarius, J. (2008): Generation, Erziehung und Bildung. Eine Einführung. Kohlhammer, Stuttgart

– (2002): Familienerziehung im historischen Wandel. Leske + Budrich, Opladen

Faulstich-Wieland, H. (2001): Von der Fremd- zur Selbstsozialisation? Oder: Steigt der Einfluss Jugendlicher auf Eltern? In: Kramer, R.-T., Helsper, W., Busse, S. (Hrsg.): Pädagogische Generationenbeziehungen. Leske + Budrich, Opladen, 275–292

Grossmann, K. E., Grossmann, K. (2006): Bindung und Bildung. Über das Zusammenspiel von Psychischer Sicherheit und Kulturellem Lernen. Frühe Kindheit 6, 10–17

Grusec, J. E., Hastings, P. D. (Hrsg.) (2007): Handbook of Socialization: Theory and Research. The Guilford Press, New York

Honig, M.-S. (1999): Entwurf einer Theorie der Kindheit. Suhrkamp, Frankfurt / M.

Kade, J. (1997): Vermittelbar / nicht vermittelbar: Vermitteln: Aneignen. Im Prozess der Systembildung des Pädagogischen. In: Lenzen, D., Luhmann, N. (Hrsg.): Bildung und Weiterbildung im Erziehungssystem. Suhrkamp, Frankfurt / M., 30–70

King, V. (2002): Die Entstehung des Neuen in der Adoleszenz. VS Verlag, Wiesbaden

Liegle, L., Lüscher, K. (2008): Generative Sozialisation. In: Hurrelmann, K., Grundmann, M., Walper, S. (Hrsg.): Handbuch Sozialisationsforschung. Beltz, Weinheim / Basel, 141–156

–, – (2004): Das Konzept des „Generationenlernens". Zeitschrift für Pädagogik 50, 38–55

Lüscher, K., Liegle, L. (2003): Generationenbeziehungen in Familie und Gesellschaft. Universitätsverlag Konstanz / UTB, Konstanz

Mannheim, K. (1928 / 1964): Das Problem der Generationen. In: Wolff, K. H. (Hrsg.): Karl Mannheim. Wissenssoziologie. Auswahl aus dem Werk. Luchterhand, Berlin, 509–565

Mead, G. H. (1910 / 2008): Philosophie der Erziehung, hrsg. und eingeleitet von D. Tröhler und G. Biesta. Klinkhardt, Bad Heilbrunn

Mead, M. (1971): Der Konflikt der Generationen. Jugend ohne Vorbild. Walter, Olten / Freiburg / Br.

Mollenhauer, K. (1983): Vergessene Zusammenhänge. Über Kultur und Erziehung. Juventa, München

Müller, B. (1996): Was will denn die jüngere Generation mit der älteren? In: Liebau, E., Wulf, C. (Hrsg.): Generation. Deutscher Studien Verlag, Weinheim, 304–331

Nohl, H. (1933): Die Theorie der Bildung. In: Nohl, H., Pallat, L. (Hrsg.): Handbuch der Pädagogik. Bd. 1. Beltz, Langensalza, 3–80

Rauschenbach, T. (1998): Generationenverhältnisse im Wandel. In: Ecarius, J. (Hrsg.): Was will die jüngere mit der älteren Generation? Generationenbeziehungen in der Erziehungswissenschaft. Leske + Budrich, Opladen, 13–40

Reulecke, J. (2000): Generationen und Biographien im 20. Jahrhundert. In: Strauß, B., Geyer, M. (Hrsg.): Psychotherapie in Zeiten der Veränderung. Westdeutscher Verlag, Wiesbaden, 26–40

Schleiermacher, F. (1826 / 2000): Die Vorlesungen aus dem Jahre 1826. In: Schleiermacher, F.: Texte zur Pädagogik, hrsg. von M. Winkler und J. Brachmann, Bd. 2. Suhrkamp, Frankfurt / M.

Schweppe, C. (Hrsg.) (2002): Generation und Sozialpädagogik. Theoriebildung, öffentliche und familiale Generationenverhältnisse, Arbeitsfelder. Juventa, Weinheim / München

Sünker, H. (Hrsg.) (1995): Theorie, Politik und Praxis der Sozialen Arbeit. Kleine, Bielefeld

Weber, E. (1987): Generationenkonflikte und Jugendprobleme aus (erwachsenen-) pädagogischer Sicht. Ernst Vögel, München

Winterhager-Schmid, L. (2001): Der pädagogische Generationenvertrag: Wandlungen in den pädagogischen Generationenbeziehungen in Schule und Familie. In: Kramer, R.-T., Helsper, W., Busse, S. (Hrsg.): Pädagogische Generationenbeziehungen. Leske + Budrich, Opladen, 239–255

Gerechtigkeit

Von Karin Böllert, Hans-Uwe Otto, Mark Schrödter und Holger Ziegler

Soziale Gerechtigkeit und Soziale Arbeit

Soziale Arbeit als Profession lässt sich durch ihre Ausrichtung an der Idee der sozialen Gerechtigkeit begründen. In ihrer Definition von Sozialer Arbeit hebt etwa die International Federation of Social Workers hervor, dass das Prinzip der sozialen Gerechtigkeit „fundamental für die Soziale Arbeit" sei. In der deutschen sozialpädagogischen Debatte ist ein solcher Gerechtigkeitsbezug vor allem von Micha Brumlik (2004) im Sinne einer „advokatorischen Ethik" entfaltet worden. Andere AutorInnen begründen den Gerechtigkeitsbezug Sozialer Arbeit gesellschaftstheoretisch. So wird bei Lothar Böhnisch, Wolfgang Schröer und Hans Thiersch (2005) Soziale Arbeit als Teil des modernen Projekts der Realisierung von Gerechtigkeit in Form sozialer Gerechtigkeit betrachtet (Thiersch 2003). Mark Schrödter (2007) argumentiert, dass Soziale Arbeit sich ausschließlich in dem Bezug auf den gesellschaftlichen Zentralwert der sozialen Gerechtigkeit von angrenzenden Professionen wie Psychotherapie, Medizin und Juristerei oder von Tätigkeitsfeldern wie Polizei und Politik unterscheiden kann. Strukturelle wie personenbezogene Formen der Wohlfahrtsproduktion können offensichtlich nicht ohne normative Legitimations- und Bezuggrößen auskommen, und ihr zentraler Wert ist der der sozialen Gerechtigkeit. Doch was bedeutet „Gerechtigkeit"?

Suum cuique

In der jüngeren Gerechtigkeitsdebatte ist von vielen Formen der Gerechtigkeit die Rede, so beispielsweise von der Chancengerechtigkeit, Bildungsgerechtigkeit, Befähigungsgerechtigkeit, Teilhabegerechtigkeit etc. Es wird auch zwischen sozialer, politischer, ökonomischer Gerechtigkeit, Einkommens-, Bildungs- und Generationengerechtigkeit differenziert. Häufig bleibt unklar, in welcher Hinsicht sich diese Formen unterscheiden, ob sie als Liste erschöpfend sind oder sich beliebig erweitern lassen und worin der analytische oder praktische Wert solcher Unterscheidungen liegt.

In der politischen Philosophie und der Sozialphilosophie werden traditionell drei Grundarten der Gerechtigkeit unterschieden. Diese ergeben sich systematisch aus der Entfaltung der Struktur der Sozialbeziehungen, die in einem (politischen) Gemeinwesen logisch möglich sind. Dabei handelt es sich um die Beziehung zwischen Einzelnen, die Beziehung des Einzelnen zum umfassenden Gemeinwesen und die Beziehung des Gemeinwesens zum Einzelnen. Die Austauschgerechtigkeit bezeichnet den Verkehr von Bürgern, die Regelgerechtigkeit normiert, was die Bürger dem Gemeinwesen schulden, und die zuteilende Gerechtigkeit bestimmt, was die übergeordnete gesellschaftliche Instanz vor allem hinsichtlich der Verteilung äußerer Güter wie Ämter, Einkommen und Pflichten untergeordneten zuzuteilen verpflichtet ist (Otto / Schrödter 2009). Diese zuteilende Gerechtigkeit bildet den Kern dessen, was in sozialpolitischen oder sozialpädagogischen Debatten als soziale Gerechtigkeit verhandelt wird.

Die allgemeine formale Regel der Gerechtigkeit ist der von Ulpian auf die Formel „Suum cuique" gebrachte Grundsatz, dass jeder oder jede „das Seine" oder „Ihre" erhalten solle, also das erhält, was ihm oder ihr gebührt und zusteht. Dieser immer wieder missbrauchten Formel kann universale Gültigkeit zugesprochen werden. Als formaler Grundsatz bleibt unbestimmt, *was* aufgrund welcher Maßstäbe wem zukommt und was in interpersonalen Vergleichen überhaupt als gerechtigkeitsrelevanter

Otto/Thiersch (Hg.), Handbuch Soziale Arbeit, 4. A., DOI 10.2378/ot4a.art054,
© 2011 by Ernst Reinhardt, GmbH & Co KG, Verlag, München

Statusunterschied in Frage kommt. Offen bleibt damit auch, wo inhaltlich die Grenze zwischen dem Gerechten und dem Ungerechten zu ziehen ist. Die allgemeine Formel der Gerechtigkeit enthält also „mehrere Variablen, die gefüllt werden müssen, um zu spezifischen Konzeptionen von Gerechtigkeit zu gelangen" (Gosepath 2002, 198). Diese Variablen werden durch Gerechtigkeitstheorien in den Blick genommen, die Annahmen darüber explizieren, was als relevante „Informationsbasis" (Sen 1999, 74 f.) gelten soll, auf die sich Gerechtigkeitsurteile gründen.

Gerechtigkeit und Gleichheit

In Gerechtigkeitsurteilen geht es immer auch um die Frage, welche Pluralitäten, Heterogenitäten und Differenzen moralisch relevant sind, weil sie Vor- und Nachteile im Zugang zu erstrebenswerten und gesellschaftlich wertgeschätzten, symbolischen und materiellen Gütern, Daseinsmöglichkeiten und (Macht-)Positionen beinhalten. Vor diesem Hintergrund geht es mit dem *Gleichheits*begriff weder um die Unterstellung, dass Individuen tatsächlich faktisch gleich sind noch um die Forderung nach einer umfassenden Beseitigung interpersonaler Differenzen. Vielmehr legt die Gleichheitsperspektive nahe, dass die soziale Grundstruktur einer Gesellschaft in dem Maße als gerecht gelten kann, in dem sie „ihre Bürger ‚als Gleiche' behandelt" (Forst 2005, 9). Die rechtfertigungspflichtigen Phänomene in der Bemessung von Gerechtigkeit sind dann nicht Gleichheit und Gleichbehandlung, sondern Ungleichbehandlung und Ungleichheit. In den Blick genommen werden dabei also Ungleichheiten nur insofern sie die sozialen Bedingungen erstrebenswerter Lebensaussichten und die sozialen Mechanismen der Reproduktion systematischer Benachteiligung spezifischer AkteurInnen, Klassen oder Sozialmilieus darstellen. Gegenstand des gerechtigkeitstheoretisch geforderten Ausgleichs sind dabei zunächst die Nachteile in den Lebensaussichten der Individuen, die nicht auf freiwillige Entscheidungen zurückzuführen sind. Eine gerechte Gesellschaft ist demnach dazu verpflichtet, zu gewährleisten, dass die Lebensaussichten jedes Individuums mit einer gleichen Weise gewährleistet sind. Die Gleichheitsperspektive bezieht sich auf die Untermauerung von

Lebensaussichten durch Ressourcen, sie bezieht sich auf Prozesse der Schließung und Sicherung von Privilegien und schließlich auf Fragen der Ausbeutung und Dominanz (Wright 2009).

In der sozialpädagogischen Debatte ist dies als „Zugangsgerechtigkeit" thematisiert worden, auf deren Basis Soziale Arbeit als „Arbeit an der Schaffung gerechter Zugänge zu Ressourcen der Lebensgestaltung wie zur Erreichung gesellschaftlich anerkannter Ziele und Integrationswege" (Böhnisch et al. 2005, 251) verstanden wird.

Während konservative Formulierungen dieser Idee von Chancengleichheit vor allem auf Gleichheit von Startbedingungen im Wettbewerb um Statuspositionen zielen und dabei eine als gegeben vorausgesetzte Statushierarchie insgesamt akzeptieren (kritisch: Heid 1988), stellen radikalere Perspektiven die Statushierarchien als solche in Frage. Sie formulieren Gerechtigkeit weniger als Gleichheit im Statuswettbewerb, sondern fragen nach den für alle AkteurInnen realisierbaren Aussichten auf Verwirklichung erstrebenswerter Lebensaussichten. Die Frage nach einer angemessenen konzeptionellen Verhältnisbestimmung der Werte von ‚Gleichheit' und ‚Freiheit' sind daher ein wesentliches Leitthema der Debatten um Gerechtigkeit.

Sogenannte egalitär liberale Auffassungen betonen einen ‚fairen Wert' von Freiheit, der es notwendig mache, individuelle Lebenschancen von den Zufälligkeiten der sozialen Herkunft aber auch den (scheinbar) ‚natürlichen Begabungen' zu befreien. Darüber hinaus wird betont, dass ein fairer Wert von Freiheit über grundsätzliche Chancengleichheit hinausgehen müsse und somit eine Ressourcen- und Zugangszuteilung unterhalb eines (un-konditionalen) Mindestmaßes verbiete. Dies würde sicherstellen, dass den Akteuren unabhängig von den Entscheidungen, die sie treffen, der Zugang zu den zentralen Grundbedingungen eines autonomen Lebens und einer demokratischen Teilhabe nicht nur im Sinne einer gleichen Ausgangsposition – also einer Gleichheit von Startbedingungen im Wettbewerb um Statuspositionen – sondern auch zu jedem späteren Zeitpunkt eröffnet bliebe (Pauer-Studer 2003).

Solche Gleichheitsforderungen moderner egalitärer Gerechtigkeitskonzeptionen sind nicht auf Ressourcen beschränkt und gelangen so zu einem wechselseitigen Bedingungsverhältnis von Gleichheit und Freiheit, da wirklich gleiche Bürger frei sind von willkürlichen Zwängen anderer Bürger (Anderson 2000, 153–154).

Kritiker solcher egalitärer Positionen argumentieren, dass Gleichheit ein ungeeigneter Maßstab für Gerechtigkeit sei. Denn mit der Forderung nach Gleichheit können auch Lebensaussichten nach unten nivelliert werden. Ferner seien die elementaren Standards von Gerechtigkeit – wie etwa menschenwürdige Bedingungen des Lebens bzw. die in einigen sozialpädagogischen Entwürfen betonten Menschenrechte (Staub-Bernasconi 1997) – nicht relational, sondern absolut zu bestimmen. Die Forderung nach hinreichend guten Lebensaussichten für alle sei besser zu begründen als die nach Egalität. Ein sinnvoller Maßstab für Gerechtigkeit sei das Wohlergehen der Einzelnen und nicht die relative Qualität ihres Daseins im Vergleich zu anderen (Raz 1986). Egalitaristen argumentieren demgegenüber, dass mit solchen Argumenten „die soziale Verfasstheit von Lebensentwürfen […] bestritten" (Mazouz 2006, 375) werde. Darüber hinaus findet sich de facto kaum eine egalitaristische Position, die einen Zustand, in dem „alle nichts oder fast nichts haben", einem Zustand vorziehen würden, „bei dem einige über sehr viele und alle anderen ‚nur' über viele Güter verfügen" (375), da für sie Gleichheit zwar ein wichtiges aber nicht das einzige Kriterium von Gerechtigkeitsurteilen ist. Die Frage von Menschenrechten und der Würde der Person bleibt auch aus einer egalitaristischen Perspektive ein zentraler Bezugspunkt. Dies gilt schon alleine, weil das Postulat der Würde ein Instrumentalisierungsverbot nahelegt, das für die Begründung basaler Ansprüche sozialer Gerechtigkeit das entscheidende Argument liefert, dass die Schutzwürdigkeit von Personen eine Reihe von Unterstützungs- und Ermöglichungspflichten impliziere: Damit Individuen überhaupt die grundlegenden Eigenschaften und Fähigkeiten von Personen erhalten und sichern können, sind sie auf (soziale) Ermöglichungen, Absicherungen und auch Unterstützungen angewiesen (Otto et al. 2010).

Für das egalitaristische Argument, dass sich Gerechtigkeit nicht nur auf eine absolute ‚Suffizienzgrenze' beziehen sollte, spricht auch die sozialwissenschaftliche Einsicht, dass Ungleichheits- und Machtstrukturen in einem Korrespondenzverhältnis stehen: Ungleichheitsverhältnisse verschaffen nicht nur einigen AkteurInnen ein höheres Einkommen als anderen, sondern auch Kontrolle über deren Leben (Kymlicka 1996, 136).

Diesen Zusammenhang reflektierend bestehen VertreterInnen materialistischer und feministischer Konzeptionen sozialer Gerechtigkeit darauf, dass nicht nur die Zugänge zu sozialen Positionen und die Verteilung materieller Güter den Fokus zur Beurteilung der Gerechtigkeit sozialer Zusammenhänge bilden, sondern vor allem auch soziale Machtkonstellationen, die in Produktionsverhältnissen und „gesellschaftlich dominanten Repräsentations-, Interpretations- und Kommunikationsmustern verwurzelt sind" (Fraser 2003, 22 f.) und sich u. a. in Ausbeutung, Missachtung oder institutionalisierter Unterdrückung, Marginalisierung, Ohnmacht, Nicht-Repräsentanz niederschlagen (Young 1996; Klein et al. 2005).

Equality of What?

Letztlich geht es hier um die Frage, anhand welcher Maßstäbe gesellschaftliche Vorteile und Nachteile bemessen werden sollen (Roemer 2006, 10; Vallentyne 2005). Amartya Sen hat diese Frage nach dem Maßstab, der Metrik von Ungleichheit, als „Equality of What?"-Frage in die Gerechtigkeitstheorie eingeführt (Sen 1980; 1985b). Es geht bei dieser Frage um den normativen Referenzrahmen, der die Sachverhalte spezifiziert, auf die sich Gerechtigkeitsurteile stützen, d. h., anhand derer beurteilt werden kann, ob Ungerechtigkeit vorliegt. Gerechtigkeitsurteile – etwa im Kontext von ökonomischen, sozial- und bildungspolitischen Argumentationen oder empirischen Untersuchungen – stützen sich bislang entweder (a) auf die Prüfung des Sachverhalts, in welchem Ausmaß eine Person (oder ein Aggregat von Personen) einen bestimmten Nutzen erzielt, Wohlbefinden erlangt oder Grundbedürfnisse befriedigt hat oder (b) in welchem Ausmaß ihr soziale Grundgüter wie beispielsweise materielle Ressourcen oder gewährte Rechte zur Verfügung stehen oder (c) welche Daseins- und Handlungsweisen Individuen auf der Basis von Gütern, Rechten und Infrastrukturen verwirklichen können. Für den ersten Zugang steht der Utilitarismus, für den zweiten die Rawls'sche Gerechtigkeitstheorie, für den dritten der Capabilities Ansatz von Nussbaum und Sen (Berges 2007, 16; Pereira 2006, 55 ff.; Sen 2009, 253 ff.; 1999, 71 ff.; 1985a, 17 ff.).

Die klassische Orientierung von Gerechtigkeitsurteilen an dem utilitaristischen „Nutzen" ist mit
Nachteilen verbunden (Otto / Ziegler 2007;
Schrödter 2007). Im Rahmen des klassischen Utilitarismus orientieren sich Gerechtigkeitsurteile
am subjektiven Wohlbefinden, d. h. an der erfolgten Befriedigung subjektiver Bedürfnisse. Eine
Gesellschaft gilt in dieser Konzeption dann als
gerecht, wenn die Bürger (in ihrer Gesamtheit) so
glücklich sind, wie es technologisch maximal erreichbar ist. Gerechtigkeitsurteile orientieren sich
hier an den in der Wirklichkeit erreichten Zuständen (functionings). Wenn aber eine Bildungs-
und Sozialpolitik sich an den subjektiven und womöglich wenig reflektierten Wünschen der
Bedürfnisbefriedigung der Bürger orientiert,
würde das subjektive (Un-)Zufriedenheitsniveau
affirmiert werden. Wenn die Bürger aus der Existenz von Freiheitsrechten oder von Bildungsmöglichkeiten keine Befriedigung erfahren, gäbe es
für eine solche Politik keinen Grund, diese Möglichkeiten auszubauen. In diesem Zusammenhang
ist ferner moniert worden, dass sich die Gerechtigkeitsurteile des Utilitarismus insofern auf eine
inadäquate Informationsbasis stützen würden,
wie eine strikte Orientierung am instrumentellen
Kosten- / Nutzenverhältnis mit weit reichenden
Ausblendungen der Konstitutionsbedingungen
des Lebens als Subjekt einhergehe.

Im Rekurs auf die anderen beiden Referenzrahmen
sind jedoch entscheidende Ansätze zu einer gerechtigkeitstheoretischen Grundlegung Sozialer Arbeit
entwickelt worden. So hat etwa Jerome Wakefield
(2003; 1988a; b) die einflussreiche Theorie der Gerechtigkeit von John Rawls (1975) systematisch für
die Bestimmung der Sozialen Arbeit fruchtbar gemacht. Im Rückgriff auf die Rawls'sche Konzeption
haben auch andere soziale Gerechtigkeit als zentrale
Richtgröße von Sozialer Arbeit konzipiert (Brumlik
2004; Thiersch 2003; Finn / Jacobson 2003; Hosemann / Trippmacher 2003; Sünker 2002; Pelton
2001; Brunkhorst / Otto 1989). In jüngster Zeit ist
die gerechtigkeitstheoretische Rahmung Sozialer Arbeit durch den von Amartya Sen (1980) und Martha Nussbaum (1999) entwickelten Capabilities
Approach inspiriert worden (Magyar-Haas 2009;
Heite 2008; Oelkers / Schrödter 2008; Welch-Saleeby 2007; Otto / Ziegler 2007; Schrödter 2007;
Böhnisch / Schröer / Thiersch 2005; Ziegler 2004).
Diese beiden, gegenwärtig am meisten diskutier-

ten, gerechtigkeitstheoretischen Entwürfe lohnt es
sich, näher zu beleuchten.

John Rawls liberale Theorie der Gerechtigkeit: Gleichheit der Grundgüter

John Rawls basiert seine Gerechtigkeitstheorie auf
ein Gedankenexperiment, bei der hypothetisch
vernünftige, kooperationsfähige und mit moralischem Urteilsvermögen ausgestattete, gleichwohl
eigennützige und aneinander desinteressierte Individuen unter fairen Entscheidungsbedingungen
sich über wechselseitig verbindliche Gerechtigkeitsprinzipien und Institutionenstrukturen verständigen. Sie verständigen sich über die Verteilung
von Ressourcen, die Zusicherung von Rechten und
die Gewährleistung von Daseins- und Handlungsmöglichkeiten, die über ihre Lebensaussichten entscheiden. Aus diesem Gedankenexperiment leiten
Rawls u. a. das sogenannte Differenzprinzip ab,
welches zu den „originellsten und zugleich um-
strittensten Teilstücken [...] [seiner] Gerechtig-
keitskonzeption" (Koller 1983, 1) gezählt werden
kann. Die Pointe besteht in dem Gedanken, „dass
die Gesellschaftsordnung nur dann günstigere Aussichten für Bevorzugte einrichten und sichern darf,
wenn das den weniger Begünstigten zum Vorteil
gereicht" (Rawls 1975, 96). Dies verlangt konsequenterweise, dass zumindest alle ‚Primärgüter'
(1982) gleich zu verteilen sind, es sei denn, dass
eine ungleiche Verteilung „den am wenigsten begünstigten Angehörigen der Gesellschaft den größten Vorteil" (Rawls 2003, 78; 1975, 302 f.) bringt.
Rawls' Ziel besteht „in der radikalen Befreiung der
individuellen Lebenschancen von den Zufälligkeiten der sozialen Herkunft und den natürlichen Begabungen" (Merkel 2001, 5 f.). Dadurch, dass bei
Rawls soziale Grundgüter in Form von Rechten,
Freiheiten und Ressourcen die Informationsbasis
für Gerechtigkeitsurteile liefern, wird dem Wert
einer selbstbestimmten Lebensführung angemessener Rechnung getragen als mit der rein nutzenfi-
xierten Methodologie des Utilitarismus.

Für die Soziale Arbeit besteht das Problem mit dem
Rawls'schen Ansatz vor allem darin, dass dessen Geltungsbereich durch die „rationale Autonomie"
(Rawls 1993, 75) eines „normalen und während
seines / ihres gesamten Lebens vollständig kooperie-

renden Mitglieds einer Gesellschaft" (74) begrenzt wird. Menschen im Kindesalter, mit Senilität oder mit geistiger Behinderung sind argumentationslogisch tendenziell aus der kontraktualistischen Gerechtigkeitsbegründung von Rawls ausgenommen (Nussbaum 2006). Zumindest in einigen ihrer Arbeitsfelder besteht für die Soziale Arbeit insofern das Problem, dass eine nicht unerhebliche Zahl ihrer ‚nicht-mündigen' AdressatInnen kaum in dem Geltungsbereich der Rawls'schen Gerechtigkeitsbegründung fällt.

In der feministischen Ethik ist der Autonomiegedanke der Rawls'schen Vertragstheorie ebenfalls scharf kritisiert worden. Das ‚moralische Ich' als auch die ‚relevanten Anderen' würden auf abstrakte, bindungslose und letztlich austauschbare Individuen reduziert. Eine solche reduktionistische Abstraktion vom Individuum „mit einer konkreten Geschichte, Identität und affektiv-emotionalen Verfassung" (Benhabib 1989, 460) impliziere Vorstellungen vom moralischen Subjekt als „weiße, männliche Erwachsene, die Besitz oder zumindest einen Beruf haben" (460). Das abstrakte moralische Subjekt der Rawls'schen Theorie ist damit weit entfernt von den empirischen, konkreten ‚Subjekten', die das ‚typische Klientel' Sozialer Arbeit darstellen. Partizipations- und Teilhabeanforderungen, wie sie etwa in einer lebensweltlich oder dienstleistungsorientierten Formulierung Sozialer Arbeit betont werden, können in diesem Rahmen nicht mehr begründet werden. Individuen, die diese Kriterien nicht erfüllen, können dann nur noch Gegenstand von Wohlwollen, aber nicht mehr von Gerechtigkeit sein.

In der Rawls'schen Gerechtigkeitstheorie geht es um gerechte Gesetze, Institutionen und Programme oder kurz: um Lebensumstände. Gerechtigkeitsurteile sollen sich Rawls zufolge an dem Ausmaß verfügbarer zentraler Güter wie Grund-, Freiheits- und Zugangsrechten und basalen, materiellen Ressourcen orientieren. Eine Gesellschaftsordnung gilt dann als gerecht, wenn gewährleistet ist, dass jedem Bürger unabhängig von seinen individuellen Bedürfnissen ein gewisses Maß an Mitteln zur Verfügung steht. Mit Rawls Gerechtigkeitstheorie scheinen sich in sozialpolitischer Hinsicht eher die Absicherungen „materieller Standardrisiken durch sozialversicherungsförmig organisierte Sicherungssysteme" (Olk/Otto 1987, 6) sowie eine weit reichende (Um-)Verteilung von Gütern und (infra-)strukturellen Möglichkeiten

begründen zu lassen als pädagogische Interventionen, die sich auch auf die Veränderung von Motivationen, Orientierungen und Kompetenzen beziehen und sich damit auf Personen richten (Otto/Ziegler 2007). Tatsächlich haben die gesellschaftlichen Grundgüter von Rawls' Gerechtigkeitstheorie – mit Ausnahme der Selbstachtung – lediglich den Status von instrumentellen Mitteln für das Gelingen eines guten Lebens (Sturma 2000). Eine Konzeption des guten Lebens selbst ist darin nicht bzw. nur sehr rudimentär angelegt. Dieser Logik folgend lehnt Rawls die ‚Verbesserung' oder Perfektionierung des Individuums ab. ‚Perfektionistische' Vorstellungen trachten danach, die menschliche Lebensführung in einer spezifischen Form zu qualifizieren und spezifische Eigenschaften zu kultivieren. Rawls begegnet ihnen deshalb skeptisch, weil sie tendenziell moralisch elitäre bis despotische Formen annehmen können oder zumindest anmaßende Zurichtungen legitimieren, indem sie es erlauben, individuelle Freiheiten und Ambitionen zugunsten partikularer Konzeptionen des Guten zu reduzieren (Oelkers et al. 2007). So gewichtig dieser Verdacht auch sein mag: Soziale Arbeit lässt sich kaum als ein pädagogisches oder bildungsbezogenes – und damit personenveränderndes – Unternehmen begründen, sofern sie nicht in der Lage ist, zumindest moderate Formen qualifizierender und kultivierender Praktiken zu legitimieren.

Schließlich bekommt der Referenzrahmen „Grundgüter" bestimmte Ungleichheiten nicht in den Blick. So haben Menschen unterschiedliche Möglichkeiten, die Mittel zur Verwirklichung ihrer Bedürfnisse in ihrem jeweiligen sozialen Kontext effektiv zu nutzen. Diese Verwirklichungsmöglichkeiten werden zum einen durch große Unterschiede in der körperlichen und geistigen Konstitution bestimmt. Auch die jeweiligen natürlichen und kulturellen Umweltbedingungen können solche Verwirklichungsmöglichkeiten beeinflussen (Roemer 1998, 6; Sen 2009, 253 ff., 1980, 198 f.). Solche Variationen sind jedoch der Normalfall, nicht der Ausnahmefall, weil Menschen über unterschiedliche interne Fähigkeiten verfügen. Menschen mit Behinderungen, Kranke, Kinder oder Alte brauchen ebenfalls ein Mehr an bestimmten Gütern, um ein gewisses Maß an Autonomie zu realisieren. Sie brauchen etwa ein höheres Einkommen, um Transportmittel, Medikamente oder soziale Betreuungsleistungen finanzieren zu können. SchülerInnen mit Lernschwierigkeiten benötigen mehr (und oft auch andere) Bildungsressourcen als ihre lernstarken Altersgenossen. Weil es sich bei Krankheit, Behinderung, Alter um Zustände handelt, die jeden betreffen, ist der „normal funktionierende Bürger", auf den die Rawls'sche Verteilung von Gütern zugeschnitten ist, eine Konstruktion, die günstigstenfalls auf nur kurze Zeitspannen im Leben weniger Menschen zutrifft (Nussbaum 2000; 2006). Da Menschen unterschiedlich viele Ressourcen benötigen, um als Gleiche auftreten zu können, ist es nicht ausreichend, wenn Gerechtigkeitsurteile lediglich die Mittel in den Blick nehmen. Forderungen nach Chancengleichheit im Sinne der Gleichverteilung von Mitteln können zu starken Ungleichheiten führen, die sich mitunter als strukturelle Diskriminierung bezeichnen lassen. Die Bestimmungslücke zwischen der Ressourcenverfügbarkeit und der Realisierung selbstbestimmter Lebensführung stellt eine Schwachstelle von Rawls' Theorie mit Blick auf einen Aspekt dar, der sich für die Soziale Arbeit als besonders relevant erweist.

Über den Blick auf die Verteilung bzw. den Mangel an Ressourcen hinaus sind daher jene Befähigungen zu beachten, die es Menschen erlauben, Ressourcen in eine für sie vorteilhafte und erstrebenswerte Lebensführung umzusetzen. In Auseinandersetzung mit Rawls' Parameter der Grundgütergleichheit haben insbesondere Amartya Sen und Martha Nussbaum Capabilities als eine alternative Metrik der Gleichheit eingeführt, um dieser Blindstelle besser gerecht zu werden, wobei sie aber gleichzeitig im Wesentlichen innerhalb des liberalen theoretischen Gebäudes von Rawls verbleiben.

Capabilities, Wohlergehen und Soziale Arbeit

Capabilities verweisen nicht nur auf Kompetenzen oder (Handlungs-)Fähigkeiten, sondern auf Verwirklichungschancen und Entfaltungsmöglichkeiten. Während die Rede von ‚Kompetenzen' individualisierende Implikationen aufweist, geht es der Capabilities-Perspektive um eine immanente Verknüpfung von Befähigungen, Infrastrukturen und Berechtigungen. Die Capabilities-Perspektive geht davon aus, dass

„individuelle Chancen [...] gesellschaftlich strukturiert [werden]: Ökonomische Ressourcen und institutionelle Anspruchsvoraussetzungen (‚Umwandlungsfaktoren') bilden zusammen die kollektiven Unterstützungsstrukturen, von denen die Auswahlmenge an Verwirklichungschancen und die Wahlmöglichkeiten bei der individuellen Lebensführung abhängen" (Bartelheimer 2009, 51).

Vor diesem Hintergrund wird die Aufgabe öffentlicher Institutionen darin gesehen,

„jedem Bürger die materiellen, institutionellen sowie pädagogischen Bedingungen zur Verfügung zu stellen, die ihm einen Zugang zum guten menschlichen Leben eröffnen und ihn in die Lage versetzen, sich für ein gutes Leben und Handeln zu entscheiden" (Nussbaum 1999, 24).

Mit seiner Verknüpfung von strukturtheoretischen und subjekttheoretischen Perspektiven erlaubt der Capabilities-Ansatz den Blick auf jene Ungleichheiten, die sich durch eine unterschiedliche Transformation von Gütern in positive Freiheiten ergeben, die sich in den Möglichkeiten der Lebensführung niederschlagen. Es geht um die reale – im Gegensatz zur bloß formalen – Freiheit der Individuen im Sinne ihrer tatsächlichen Möglichkeit, unterschiedliche Formen der Lebensführung zu aktualisieren, die sie mit guten Gründen wertschätzen (Sen 1992, 2000). Damit wird die vieldimensionale Frage nach sozialer Ungleichheit systematisch ernst genommen, denn „inequalities matter to people most in terms of their impact on the lives that they seek to live and the things, relationships and practices which they value" (Sayer 2005, 117). Über Ressourcen zu verfügen, ist zwar eine unhintergehbare Grundbedingung aber nicht alleine dafür entscheidend, welche Lebenschancen und Entfaltungspotenziale unterschiedliche Individuen lebenspraktisch auch tatsächlich realisieren können. Statt auf Ressourcen – als Mittel zur Zielereichung – solle sich der Blick daher auf die tatsächlich realisierbaren Funktionsweisen, d. h. auf die Kombinationen jener Tätigkeiten und Zustände einer Person, richten, die diese begründet wertschätzen (Sen 1992). VertreterInnen des Capabilities-Ansatzes argumentieren, dass die Frage ungerechter sozialer Ungleichheit mit Blick auf die Ungleichheit der Verteilung von tatsächlichen Handlungsbefähigungen und Verwirklichungschancen d. h. von Capabilities in den Blick zu nehmen sei. Die Beurteilung von Ungleichheit aus einer Capabilities-Perspektive setzt daher eine relationale Perspektive voraus, die es erfordert, den gleichsam materiell, institutionell und politisch-diskursiv strukturierten Raum gesellschaftlicher Möglichkeiten mit dem je akteursbezogenen Raum individueller Bedürfnisse und Befähigungen in Beziehung zu setzen, wobei die Ermöglichung von Entfaltung ‚human flourishing' im Sinne einer selbstbestimmten Lebenspraxis den wesentlichen Bewertungsmaßstab zur Beurteilung dieser Konstellation bietet (Otto / Ziegler 2008). Diese Möglichkeits- und Fähigkeitsräume bestimmen die objektiven Chancen der KlientInnen Sozialer Arbeit auf Wohlergehen bzw. ein gutes, gelingendes Leben, das im Sinne der Reichweite und Qualität des Spektrums sowie der Menge effektiv realisierbarer, hinreichend voneinander unterscheidbarer Möglichkeiten und Fähigkeiten von Menschen qualifizierbar ist, um darauf aufbauend für ihre eigene Konzeption eines guten Lebens wertvolle Handlungen und Daseinszustände (‚doings and beings') realisieren zu können.

Nicht nur mit Blick auf eine solche relationale Perspektive ist der Capabilities-Ansatz an die Soziale Arbeit besonders anschlussfähig. Vielmehr lässt sich die Capabilities-Perspektive als eine Gerechtigkeitsethik verstehen, die nach den „besten Möglichkeiten unseres Lebens" fragt und danach, „in welcher Weise […] wir uns sinnvoll zu ihnen verhalten" (Seel 1998, 113), ohne allgemeinverbindliche Entscheidungen über „das Gute" und über „menschliche Vervollkommnung" zu fällen und auf dieser Basis die Lebensziele und -führung Dritter zu dekretieren.

Die Tatsache, dass es mehr als eine Konzeption bedeutsamer Verwirklichungschancen und mehr als eine Form menschlicher Entfaltung gibt, sondern in der Tat eine Pluralität unterschiedlicher Konzeptionen des Guten, die sich historisch, gesellschaftlich und kulturell unterscheiden, ist den VertreterInnen des Capabilities-Ansatzes sehr bewusst. Aus der Perspektive dieses Ansatzes erscheint es illiberal und nicht zu rechtfertigen, von einem spezifischen inhaltlich ausgefüllten Verständnis des guten Lebens auszugehen und dieses sozialpolitisch, ökonomisch, rechtlich und pädagogisch folgenreiche, spezifische Verständnis als gültige und nicht verhandelbare normative Rahmungen für sozialpädagogische Maßnahmen zu setzen.

Deshalb richtet sich der Capabilities-Ansatz – wie der Name nahelegt – weniger auf die realisierten Funktionsweisen, sondern vielmehr auf jene Autonomiespielräume, die mit dem Capability-Begriff in den Fokus rücken. Damit unterscheidet sich der Ansatz auch von Bedürfnisansätzen im engeren Sinne. Denn es geht auch mit Blick auf die Bedürfnisse weniger um tatsächlich realisierte Zustände, sondern um realisierbare Möglichkeitsspielräume. Während die Kehrseite einer Orientierung an Bedürftigkeit typischerweise in einer paternalistischen Wohlfahrtsgeste – namentlich Bedürftigkeitsprüfungen (einschließlich entsprechender Kontrollbürokratien) mit Blick auf Wohlfahrtsleistungen – besteht, erlaubt die Erhebung von Ansprüchen auf Basis eines universalistischen Rechts auf Autonomie, die Privatheit, Integrität und schließlich auch die Würde von Individuen eher zu wahren, als eine Erhebung von Ansprüchen auf Basis des ambivalenten Parameters der Bedürftigkeit (Pauer-Studer 2003). Indem die mit Blick auf menschliche Bedürfnisse begründeten Capabilities als Rechte („fundamental entitlements") von Individuen formuliert und ihre Konzeption des Guten als verbürgte Freiheit („the good as freedom") dezidiert gegen eine Oktroyierung des Guten begründet werden, werden die vermeintlich widersprüchlichen Elemente einer liberalen Gerechtigkeitstheorie, die einerseits auf Rechtsprinzipen aufbaut und andererseits auf einer Lebensführungsethik basiert, die ihre Grundlage in einer vagen, historische und kulturelle Spezifikationen zulassenden, nichtsdestoweniger aber starken Konzeption des Guten findet, synthetisiert (Nussbaum 1999).

Auf Basis dieser Überlegungen schlägt Martha Nussbaum eine ‚objektive Liste' grundlegender menschlicher Capabilities vor, die als Ausdruck der Verfolgung und Verwirklichung der verschiedensten Entwürfe eines guten Lebens gelten können. Diese basalen Capabilities umfassen die Ausbildung von spezifischen körperlichen Konstitutionen, sensorischen Fähigkeiten, Denkvermögen und grundlegenden Kulturtechniken, die Vermeidung von unnötigem Schmerz, die Gewährleistung von Gesundheit, Ernährung und Schutz, die Möglichkeit und Fähigkeit zur Geselligkeit bzw. zu Bindungen zu anderen Menschen, anderen Spezies und zur Natur, zu Genuss, zu sexueller Befriedigung, zu Mobilität und schließlich zu praktischer Vernunft und zur Ausbildung von Autonomie und Subjektivität. Es geht Nussbaum mit ihrer Liste nun nicht um die Bevorzugung, Förderung oder Forderung inhaltlich bestimmter Lebensführungen und erst recht nicht darum, Ziele der Selbstentfaltung und -verwirklichung den AkteurInnen aufzudrängen oder gar in sanktionsbewehrter Weise einzufordern. Das Anliegen der explizit vagen und offenen Liste Martha Nussbaums besteht vielmehr darin, die allgemeinen Bedingungen der Möglichkeiten möglichst aller Funktionsweisen zu erfassen, die für ein gedeihliches menschliches Leben notwendig sind. Diese Möglichkeitsbedingungen sind – ohne deshalb in eine kulturrelativistische Perspektive zurückzufallen – in Hinblick auf die gesellschaftlichen und kulturellen Kontexte zu konkretisieren, in denen Menschen ihr Leben führen. Die Liste beschreibt individuelle Berechtigungen und formuliert es als Aufgabe der öffentlichen Institutionen, die Voraussetzungen zu schaffen, dass sich die Individuen für die Verwirklichung dieser Capabilities prinzipiell frei entscheiden können. Es ist aber nicht die Pflicht der Individuen, sich für die Realisierung dieser Möglichkeiten in ihrer eigenen Lebenspraxis auch tatsächlich zu entscheiden.

Über diese Liste hinaus verweist Elizabeth Anderson (2000) noch auf zwei weitere Capabilities, die sie als notwendig betrachtet, um AkteurInnen in modernen Gesellschaften zu befähigen, aus sozialen Deprivations- und Marginalisierungsverhältnissen zu entkommen. Zugleich eröffnen diese beiden Capabilities eine befähigungsorientierte Perspektive auf die von Nancy Fraser formulierte Idee von Gerechtigkeit als gleichberechtigte demokratische Teilhabe (Heite et al. 2007). Anderson fordert politisch vor allem die Ermöglichung jener Capabilities zu fokussieren, die es Menschen erlauben, die Funktionsweise als gleichberechtigte TeilnehmerIn an einem System kooperativer Produktion zu realisieren und damit die materiellen Bedingungen ihrer Existenz beeinflussen zu können (Steinvorth 1999). Damit wird nun keinesfalls einer Workfare-Politik das Wort geredet. Vielmehr geht es um das, was Jean-Michel Bonvin (2007; 2009) als „capability for work", als „Fähigkeit zu sinnstiftender Arbeit" beschreibt. Im Mittelpunkt steht dabei die Capability, die reale Freiheit, „jene Arbeit zu wählen, die man begründet als sinnvoll erachtet". Diese Capability beinhaltet sowohl „die Möglichkeit, eine Arbeit abzulehnen, die man als sinnlos erachtet (bei annehmbarer Exit-Option),

[…] [als auch] die Möglichkeit, effektiv an der Festlegung der konkreten Arbeitsaufgaben, der Arbeitsorganisation und -bedingungen, der Entlohnung etc. mitzuwirken" (Bonvin 2007, 15). Eine zweite wesentliche Capability richtet sich darauf, die Funktionsweise als BürgerIn eines demokratischen Staates zu ermöglichen (Anderson 2000) und damit sicherzustellen, dass die Betroffenen nicht von der Partizipation an kollektiven Entscheidungen ausgeschlossen sind, die sie selbst betreffen und den Rahmen ihrer Selbstbestimmung darstellen (Steinvorth 1999).In diesem Zusammenhang ist auf die Bedeutsamkeit der Sicherstellung einer „capability for voice" im Sinne der Realmöglichkeit von Menschen verwiesen worden, ihre eigenen Meinungen, Wünsche und Erwartungen im öffentlichen, politischen Prozess zumindest in der Weise Gehör und Gewicht zu verleihen, d. h. dafür zu sorgen, dass sie als relevante Perspektiven und Anliegen ernst genommen werden. Dabei geht es nicht nur darum, sich gemäß den je gültigen Diskursregeln – d. h. den bestehenden Regeln des Sagbaren und Gültigen – einbringen zu können, sondern auch um die Möglichkeit, die gewählte Methode und Informationsbasis für die Bewertung des Gültigen und Relevanten in Frage zu stellen und zu beeinflussen (Bonvin 2009; Otto et al. 2007). Für die Soziale Arbeit ist dieser Aspekt schon alleine deshalb relevant, weil er einer Sozialen Arbeit, die sich ‚wirkungsorientiert' darauf ausrichtet, vorab festgelegte Ziele möglichst ‚effektiv' und ‚effizient' zu erreichen, enge Grenzen steckt und über die technologische Effizienz Sozialer Arbeit hinausgehend vor allem demokratische Effektivität einfordert.

In diesem Sinne bietet die Capabilites-Perspektive der Sozialen Arbeit einen evaluativen Rahmen für Gerechtigkeitsurteile, der an verschiedene Theorien und analytische wie empirische sozialpädagogische Perspektiven anschlussfähig ist. Die gerechtigkeitstheoretische Qualität Sozialer Arbeit besteht aus einer Capabilities-Perspektive in ihrem Beitrag zur Erhöhung der Verwirklichungschancen ihrer KlientInnen. Dabei erlaubt und erfordert es die Capabilities-Perspektive, auf individuelle, fallspezifische Konstellationen und soziale Einbettungen der AdressatInnen einzugehen, und nimmt zugleich ein klassisches Motiv Sozialer Arbeit auf: Die Ermöglichung von Autonomie der Lebenspraxis (Andresen et al. 2008) und damit den zentralen

Gegenstand sozialpädagogischer Professionalität. Zugleich erinnert sie die Soziale Arbeit an die Gültigkeit einer Einsicht, die Hauke Brunkhorst und Hans-Uwe Otto vor mehr als 20 Jahren formuliert haben: „Man muss beides wollen: Soziale Gerech-

tigkeit durch mehr, nicht weniger Sozialstaat und Freiheit durch gleichzeitige Zerstörung seiner erstickenden Disziplinarmacht" (Brunkhorst / Otto 1989, S. 372).

Literatur

Anderson, E. S. (2000): Warum eigentlich Gleichheit? In: Krebs, A. (Hrsg.): Gleichheit oder Gerechtigkeit. Texte der neuen Egalitarismuskritik. Suhrkamp, Frankfurt / M., 117–171

Andresen, S., Otto, H.-U., Ziegler, H. (2008): Bildung as Human Development: An educational view on the Capabilities Approach. In: Otto, H.-U., Ziegler, H. (Hrsg.): Capabilities – Handlungsbefähigung und Verwirklichungschancen in der Erziehungswissenschaft. Verlag, Wiesbaden, 165–197

Bartelheimer, P. (2009): Verwirklichungschancen als Maßstab lokaler Sozialpolitik? Sozialer Fortschritt 2–3, 48–55

Benhabib, S. (1989): Der verallgemeinerte und der konkrete Andere. Ansätze zu einer feministischen Moraltheorie. In: List, E., Studer, G. (Hrsg.): Denkverhältnisse – Feminismus und Kritik. Suhrkamp, Frankfurt / M., 454–487

Berges, S. (2007): Why the capability approach is justified. Journal of Applied Philosophy 1, 16–25

Böhnisch, L., Schröer, W., Thiersch, H. (2005): Sozialpädagogisches Denken. Wege zu einer Neubestimmung. Juventa, Weinheim

Bonvin, J.-M. (2009): Der Capability Ansatz und sein Beitrag für die Analyse gegenwärtiger Sozialpolitik. Soziale Passagen 1, 8–22

– (2007): Internationale Organisationen und ihre Strategien der Beschäftigungsförderung. In: Filipic, U. (Hrsg.): Arbeitsmarktpolitik in Europa. Auseinandersetzungen – Herausforderungen. Schriftenreihe Sozialpolitik in Diskussion. Kammer für Arbeiter und Angestellte für Wien. Eigendruck, Wien, 11–26

Brumlik, M. (2004): Advokatorische Ethik. Zur Legitimation pädagogischer Eingriffe. Philo, München

Brunkhorst, H., Otto, H.-U. (1989): Soziale Arbeit als gerechte Praxis. Neue Praxis 5, 372–374

Finn, J. L., Jacobson, M. (2003): Just Practice. A Social Justice Approach to Social Work. Eddie Bowers Publishing, Peosta

Forst, R. (2005): Die erste Frage der Gerechtigkeit. Aus Politik und Zeitgeschichte 37, 24–31

Fraser, N. (2003): Soziale Gerechtigkeit im Zeitalter der Identitätspolitik. Umverteilung, Anerkennung und Beteiligung. Eine Erwiderung auf Axel Honneth. In: Fraser, N., Honneth, A. (Hrsg.): Umverteilung oder Anerkennung. Eine politisch-philosophische Kontroverse. Suhrkamp, Frankfurt / M., 13–128

Gosepath, S. (2002): Die globale Ausdehnung der Gerechtigkeit. In: Schmücker, R., Steinvorth, U. (Hrsg.): Gerechtig-

keit und Politik. Philosophische Perspektiven (Deutsche Zeitschrift für Philosophie, Sonderband 3). Akademie, Berlin, 197–214

Heid, H. (1988): Zur Paradoxie der bildungspolitischen Forderung nach Chancengleichheit. Zeitschrift für Pädagogik 1 / 34, 1–17

Heite, C. (2008): Ungleichheit, Differenz und ‚Diversity'. Zur Konstruktion des professionellen Anderen. In: Böllert, K., Karsunky, S. (Hrsg.) Genderkompetenz in der Sozialen Arbeit. VS, Wiesbaden, 77–87

–, Klein, A., Landhäußer, S., Ziegler, H. (2007): Das Elend der Sozialen Arbeit – Die „neue Unterschicht" und die Schwächung des Sozialen. In: Kessl, F., Reutlinger, C., Ziegler, H. (Hrsg.): Erziehung zur Armut? VS-Verlag, Wiesbaden, 55–79

Hosemann, W., Trippmacher, B. (Hrsg.) (2003): Soziale Arbeit und soziale Gerechtigkeit. Schneider Hohengehren, Baltmannsweiler

Klein, A., Landhäußer, S., Ziegler, H. (2005): The Salient Injuries of Class: Zur Kritik der Kulturalisierung struktureller Ungleichheit. Widersprüche 98, 55–74

Koller, P. (1983): Rawls' Differenzprinzip und seine Deutungen. Erkenntnis 1 / 20, 1–25

Kymlicka, W. (1996): Politische Philosophie Heute. Campus, Frankfurt / M. / New York

Magyar-Haas, V. (2009): Gemeinschaftskritik – Maske – Würde. Die Relevanz Plessners Ethik für die Soziale Arbeit. In: Grubenmann, B., Oelkers, J. (Hrsg.): Das Soziale in der Pädagogik. Klinkhardt, Bad Heilbrunn, 77–96

Mazouz, N. (2006): Gerechtigkeit. In: Düwell, M., Hübenthal, C., Werner, M. (Hrsg.): Handbuch Ethik. Metzler, Stuttgart / Weimar

Merkel, W. (2001): Soziale Gerechtigkeit und die drei Welten des Wohlfahrtskapitalismus. Institut für Politische Wissenschaft, Ruprecht-Karls-Universität Heidelberg. In: www.dritte-wege.uni-hd.de/texte/SozialeGerechtigkeit.pdf, 10.06.2010 (ebenfalls erschienen 2001: Berliner Journal für Soziologie 2, 135–157)

Nussbaum, M. (2006): Frontiers of Justice. Disability, Nationality, Species Membership. Harvard University Press, Cambridge / London

– (2000): Women and Human Development. The Capabilities Approach. Cambridge University Press, Cambridge

– (1999): Gerechtigkeit oder das gute Leben. Suhrkamp, Frankfurt / M.

Oelkers, N., Schrödter, M. (2008): Soziale Arbeit im Dienste der Befähigungsgerechtigkeit. In: Bielefelder Arbeitsgruppe 8 (Hrsg.): Soziale Arbeit in Gesellschaft. VS, Wiesbaden, 44–49

–, Steckmann, U., Ziegler, H. (2007): Normativität in der Sozialen Arbeit. In: Ahrens, J., Beer, R., Bittlingmayer, U., Gerdes, J. (Hrsg.): Beschreiben und / oder Bewerten I. Lit-Verlag, Münster, 231–256

Olk, T., Otto, H.-U. (1987): Institutionalisierungsprozesse sozialer Hilfe – Kontinuitäten und Umbrüche. In: Olk, T., Otto, H.-U. (Hrsg.): Soziale Dienste im Wandel 1 – Helden im Sozialstaat. Luchterhand, Neuwied / Darmstadt, 1–23

Otto, H.-U., Scherr, A., Ziegler, H. (2010): Wieviel und welche Normativität benötigt die Soziale Arbeit? Befähigungsgerechtigkeit als Maßstab sozialarbeiterischer Kritik. Neue Praxis 2, 137–163

–, Schrödter, M. (2009): Befähigungs- und Verwirklichungsgerechtigkeit im Post-Wohlfahrtsstaat. In: Kessl, F., Otto, H.-U. (Hrsg.): Soziale Arbeit ohne Wohlfahrtsstaat? Zeitdiagnosen, Problematisierungen und Perspektiven. Juventa, Weinheim

–, Ziegler, H. (2008): Der Capabilities-Ansatz als neue Orientierung in der Erziehungswissenschaft. In: Otto, H.-U., Ziegler, H. (Hrsg.): Capabilities – Handlungsbefähigung und Verwirklichungschancen in der Erziehungswissenschaft, VS Verlag, Wiesbaden, 9–17

–, – (2007): Soziale Arbeit, Glück und das gute Leben. Das sozialpädagogische Potential des Capability Approach. In: Andresen, S., Pinhard, I., Weyers, S. (Hrsg.): Erziehung – Ethik – Erinnerung. Pädagogische Aufklärung als intellektuelle Herausforderung. Beltz, Weinheim, 229-248

Pauer-Studer, H. (2005): Martha C. Nussbaum. 5 / 2003. In: www.michael-funken.de/information-philosophie/philosophie/nussbaum2.html, 10.06.2010

–(2003): Freiheit und Gleichheit – Zwei Grundwerte. In: Nagl-Docekal, H., Pauer-Studer, H. (Hrsg.): Freiheit, Gleichheit, Autonomie. Akademie Verlag, Berlin, 234–273

Pelton, L. (2001): Social Justice and Social Work. In: Journal of Social Work Education 3 / 37, 433–440

Pereira, G. (2006): Means and capabilities in the discussion of distributive justice. Ratio Juris 1, 55–79

Rawls, J. (2003): Gerechtigkeit als Fairness. Ein Neuentwurf. Suhrkamp, Frankfurt / M.

– (1993): Die Idee des politischen Liberalismus. Aufsätze 1978-1989. Suhrkamp, Frankfurt / M.

– (1982): Social Unity and Primary Goods. In: Sen, A., Williams, B. (Hrsg.): Utilitarianism and beyond. Cambridge: Cambridge University Press 1982, 159–185

– (1975): Eine Theorie der Gerechtigkeit. Überarb. Aufl. Suhrkamp, Frankfurt / M.

Raz, J. (1986): The Morality of Freedom. Oxford University Press, Oxford

Roemer, J.E. (2006): Democracy, education, and equality. Cambridge University Press, Cambridge

– (1998): Equality of opportunity. Harvard University Press, Cambridge

Sayer, A. (2005): The Moral Significance of Class. Cambridge University Press, Cambridge

Schrödter, M. (2007) Soziale Arbeit als Gerechtigkeitsprofession. Zur Gewährleistung von Verwirklichungschancen. Neue Praxis 1 / 37, 3–28

Seel, M. (1998): Glück und Ethik. In: Schummer, J. (Hrsg.): Wege einer Philosophie des Glücks. Königshausen & Neumann, Würzburg, 109–123

Sen, A. K. (2009): The Idea of Justice. Belknap, Cambridge

– (2000): Ökonomie für den Menschen. Wege zu Gerechtigkeit und Solidarität in der Marktwirtschaft. Carl Hanser, München / Wien

– (1999): Development as Freedom. Alfred A. Knopf, Würzburg

– (1992): Inequality Reexamined, Oxford University Press, Oxford

– (1985a): Commodities and capabilities. North-Holland, Amsterdam

– (1985b): Well-being, agency and freedom: The Dewey lectures 1984. In: Journal of Philosophy 4, 169–221

– (1980): Equality of what? The Tanner Lecture on Human Values. Delivered at Stanford University. 22. May 1979. In: www.tannerlectures.utah.edu/lectures/documents/sen80.pdf, 10.06.2010

Staub-Bernasconi, S. (1997): Soziale Arbeit als Menschenrechtsprofession. In: Hochstrasser, F., Matt, H.-K. von, Grossenbacher, S., Oetiker, H. (Hrsg.): Die Fachhochschule für Soziale Arbeit. Bildungspolitische Antwort auf soziale Entwicklungen. Haupt, Bern u.a., 313–340

Steinvorth, U. (1999): Gleiche Freiheit. Politische Philosophie und Verteilungsgerechtigkeit. Akademie, Berlin

Sturma, D. (2000): Universalismus und Neuaristotelismus. Amartya Sen und Martha Nussbaum über Ethik und soziale Gerechtigkeit. In: Kersting, W. (Hrsg.): Politische Philosophie des Sozialstaates. Velbrück, Weilerswist, 257–292

Sünker, H. (2002): Soziale Gerechtigkeit, Sozialpolitik und Soziale Arbeit. Neue Praxis 2, 108–121

Thiersch, H. (2003): Gerechtigkeit und Soziale Arbeit. In: Hosemann, W., Trippmacher, B. (Hrsg.): Soziale Arbeit und soziale Gerechtigkeit. Schneider Hohengehren, Baltmannsweiler

Vallentyne, P. (2005): Capabilities versus opportunities for well-being. Journal of Political Philosophy 3, 359–371

Wakefield, J.C. (2003): Gordon Versus the Working Definition: Lessons from a Classic Critique. Research on Social Work Practice 3 / 13, 284–298

– (1988a): Psychotherapy, Distributive Justice, and Social Work: I. Distributive Justice as a Conceptual Framework for Social Work. Social Service Review 2, 187–210

– (1988b): Psychotherapy, distributive justice, and social work: II. Psychotherapy and the Pursuit of Justice. Social Service Review 2, 353–382

Welch-Saleeby, P. (2007): Applications of a Capability Approach to Disability and the International Classification of

Functioning, Disability and Health (ICF) in social work Practice. Journal of Social Work in Disability and Rehabilitation 1/6, 217–232

Young, I. M.(1996): Fünf Formen der Unterdrückung. In: Nagl-Docekal, H., Pauer-Studer, H. (Hrsg.): Politische Theorie. Differenz und Lebensqualität. Suhrkamp, Frankfurt / M.

– (2004): Jugendhilfe als Prävention. Die Refiguration sozialer Hilfe und Herrschaft in fortgeschritten liberalen Gesellschaftsformationen. Universität Bielefeld. In: http://bieson.ub.uni-bielefeld.de/volltexte/2004/533, 10.06.2010

Geschichte der Sozialen Arbeit

Von Richard Münchmeier

Historische Forschung zur Geschichte der Sozialen Arbeit ist in den letzten Jahrzehnten immer bedeutsamer geworden. Während noch am Ende der 1970er Jahre der quantitativ und methodisch defizitäre und vor allem theoretisch unterbelichtete Zustand der geschichtswissenschaftlichen Beschäftigung mit Sozialpädagogik beklagt wurde (Marzahn 1978), ist heute die Auseinandersetzung mit der eigenen Geschichte ein zentraler und theoretisch wie methodisch elaborierter Gegenstand der wissenschaftlichen Arbeit geworden. Der Dokumentationsteil der Sozialwissenschaftlichen Literatur Rundschau wies für die vergangenen Jahre eine große und wachsende Zahl historischer Arbeiten nach, darunter viele Monografien und Dissertationen (http://wiposa-web.uni-muenster.de/literaturdatenbank.html). Niemeyer et al. (1997) sprechen bereits von „Historischer Sozialpädagogik" als gleichsam neuer Unterdisziplin. „Arbeitskreise" beschäftigen sich mehr oder weniger regelmäßig mit verschiedenen Problemen der sozialpädagogischen Geschichte. Dokumente und Quellen sind in Nachdrucken oder vorzüglichen quellenkritischen Editionen (z. B. Feustel 1997/ 2000/2004) zugänglich gemacht worden. Die Zunft besinnt sich auf ihre „Klassiker" (Niemeyer 1998; Thole et al. 1998).

Ungelöste Fragen

Versucht man, den Forschungsstand zu bilanzieren, stechen dennoch einige Grundprobleme und methodologische Fragen ins Auge, deren Klärung bislang noch offen erscheint und die kontrovers diskutiert werden.

Gegenstandsbestimmung

Das gewichtigste Problem dürfte sicherlich die theoretische Bestimmung und Eingrenzung des „Gegenstands" sein, die Klärung der Frage, welche Prozesse, Wirkzusammenhänge und Diskurse die „Geschichte der Sozialen Arbeit" ausmachen. Eine reine Begriffsgeschichte reicht hierfür keineswegs aus. Wie Konrad (1998) gezeigt hat, lassen sich zwar bestimmte Traditionslinien der Verwendung des Terminus „Sozialpädagogik" nachzeichnen. Insgesamt aber präsentiert sich die inhaltliche Füllung des Begriffs sehr heterogen. Ein solcher uneindeutiger Gebrauch gilt in gleicher Weise für den Neologismus „Soziale Arbeit". Die Uneinhelligkeit des Sprachgebrauchs verweist ihrerseits auf eine sachliche Problematik, die sich nur historisch verstehen lässt. Zum einen muss man zur Kenntnis nehmen, dass es im historischen Verlauf eine Fülle unterschiedlicher Begriffe und Umschreibungen gibt, mit denen das Feld der sozialen Praxis bezeichnet wird: Früher sprach man von Fürsorge oder Wohlfahrtspflege, heute gebraucht man unterschiedliche Begriffe wie Soziale Arbeit, Sozialarbeit, Sozialpädagogik, Sozialarbeit/Sozialpädagogik, Kinder-, Jugend- und Familienhilfe, soziale Dienste, soziale Praxis, soziale Hilfsarbeit, sozialpflegerischer Bereich, psycho-soziale Hilfen, (Sozial-)Fürsorge, Sozialwesen und andere mehr. Alle diese Benennungen beziehen sich auf das Feld sozialer Arbeit; sie sind aber nicht völlig kongruent, sondern betonen verschiedene Aspekte oder Bereiche. Dies macht darauf aufmerksam, dass das Feld der Sozialarbeit kein einheitlich oder systematisch strukturierter Bereich ist, sondern aus verschiedenen Ursprüngen und geschichtlichen Traditionen zusammengewachsen ist. Schon deshalb lässt sich das Praxisfeld nicht eindeutig und trennscharf von anderen Bereichen abgrenzen. Unscharfe Grenzziehungen bestehen insbesondere im Übergang zum Sozial-

Otto/Thiersch (Hg.), Handbuch Soziale Arbeit, 4. A., DOI 10.2378/ot4a.art055,
© 2011 by Ernst Reinhardt, GmbH & Co KG, Verlag, München

hilfesystem, zum psychotherapeutischen Bereich, zum Strafvollzugs- und Justizwesen, zur Kinder- und Jugendpsychiatrie, zur Arbeitsverwaltung, zur Schule und dem Bildungswesen, zur Selbsthilfe- und Initiativgruppenbewegung.

Der pragmatische Versuch, nur diejenigen Bereiche und Aktivitäten zur Sozialarbeit zu rechnen, die durch das Kinder- und Jugendhilfegesetz (SGB VIII) eine ausdrückliche gesetzliche Grundlage erhalten haben (also von der Position auszugehen, Sozialarbeit sei deckungsgleich mit „Kinder-, Jugend- und Familienhilfe"), würde zwar die meisten sozialarbeiterischen Handlungsfelder einbeziehen, andere wichtige jedoch ausschließen (wie z. B. die betriebliche Sozialarbeit, Gemeinwesenarbeit, Bildungsarbeit, Sozialarbeit im Gesundheitswesen, den Bereich der Seniorenarbeit und der Sozialen Gerontologie und andere).

Aber auch abgesehen von den unscharfen Grenzen reicht es nicht aus, vom Praxisfeld wie es sich heute darbietet auszugehen und einfach dessen Entwicklung zu beschreiben. So häufig auch dieser Weg begangen wird, führt er doch lediglich zu einer „Aspektegeschichte", also z. B. zu einer Geschichte der Methoden, Ausbildung, einzelner Arbeitsfelder usw. Was aber diese Aspekte zur Bedeutung der „Sache" von Sozialpädagogik beitragen, wie sie im Licht einer Theorie von Sozialer Arbeit zu verstehen sind und in welchem Gesamtzusammenhang (z. B. von Gesellschaft, sozialen Problemen, Lebenslagen oder individueller Lebensführung) sie zu betrachten sind, bleibt solchen Darstellungen gleichsam vorgelagert.

Theoretische Probleme

An diesem Punkt verwandelt sich die Frage nach dem Gegenstand einer Geschichte der Sozialpädagogik / Sozialarbeit in die Frage nach einer „Theorie der Sozialen Arbeit". Ohne theoretische Klärung, worin denn die Eigentümlichkeit Sozialer Arbeit bestehe, wie ihr Auftrag, ihre Funktion für Gesellschaft und Klienten zu verstehen und zu rekonstruieren seien, lassen sich weder der thematische Kern noch die historischen Prozesse ihrer Entwicklung bestimmen.

In der historischen Forschung werden in diesem Zusammenhang vor allem zwei theoretische Positionen vertreten (Böhnisch et al. 1997, 10 f.). Die

eine versteht Sozialpädagogik in der Traditionslinie von Paul Natorp. Für Natorp ist jede Erziehung Gemeinschaftserziehung und Sozialpädagogik ein „allgemeines Prinzip" jeder Bildung und Erziehung. Folgt man dieser Sichtweise, so müsste die Geschichte der Sozialpädagogik als Geschichte der Gemeinschaftserziehung (in Kindergärten, Volksbildungseinrichtungen, Schule und Jugendgemeinschaften) in Abgrenzung zur Individualerziehung erzählt werden, erforderte also einen sehr breiten Ansatz quer durch alle Erziehungs- und Bildungsorte hindurch.

Eine zweite theoretische Position ist mit den Namen Alice Salomon, Gertrud Bäumer, Herman Nohl und anderen verbunden. Sie hat ihre Wurzel in den Traditionen der Armenpflege und deren „socialer Ausgestaltung". Nach ihrer Auffassung ist Sozialpädagogik als „Nothilfe" entstanden, also als erzieherische Reaktion auf die sozialen Probleme der modernen Gesellschaft (wie Armut, Verwahrlosung oder Devianz) und muss die Lücken füllen, die durch die Funktionseinbußen der Familien entstanden sind. „Von der Anschauung aus, dass in der Ausfüllung dieser Lücken eine besondere Mehrleistung der Gesellschaft zu sehen sei, taucht hier das Wort ‚sozial' auf" (Bäumer 1929, 3). Es liegt auf der Hand, dass in diesem Verständnis die Entwicklung der Sozialpädagogik primär als Geschichte der Entwicklung sozialer Hilfen, einschließlich erzieherischer Hilfen rekonstruiert werden muss. Statt um allgemeine Pädagogik muss es um einen bestimmten „Ausschnitt", eine „Bereichsgeschichte" gehen. Die Traditionslinie Salomon-Bäumer-Nohl hat sich inzwischen mehrheitlich in der historischen Forschung zur Geschichte der Sozialpädagogik durchgesetzt, wenn auch nicht unumstritten (Böhnisch et al. 1997).

Ereignis- bzw. Strukturgeschichte versus Diskursgeschichte

In der Theorie der Geschichtsschreibung unterscheidet man gewöhnlich zwei Ebenen der historischen Darstellung. Die eine Ebene meint die Abfolge der realen historischen Vorgänge, die sich als Kette von Ereignissen in den verschiedenen gesellschaftlichen Feldern verfolgen lassen. Im Kontext eines modernen Verständnisses von „Strukturgeschichte" (Wehler 1980 / 2001) sollte es dabei nicht um das Handeln einzelner Personen oder um die Wirkung einzelner Ereignisse, sondern um die Einbettung in übergreifende Zusammenhänge, eben in Strukturen gehen, die eine erklärende Interpretation von Prozessen erlauben (Frevert / Haupt 2005).

Die andere Dimension ist die Ebene des Diskurses „über" die geschichtlichen Entwicklungen, der zeitgenössischen Deutungen, Interpretationen und Begründungen, die die realen Ereignisse ständig vorbereiten, kommentieren und bilanzieren. Beide Ebenen sind keinesfalls voneinander zu trennen, denn sie sind ja auch im historischen Prozess selbst aufeinander bezogen. Ohne die Berücksichtigung des zeitgenössischen Diskurses würden historische Ereignisse ohne Sinn, oft auch ohne Zusammenhang und Entwicklung, zufällig und beliebig erscheinen. Die schriftlichen Quellen enthalten immer schon die Deutung und Bewertung der Ereignisse in sich. Diese Eigenart der Quellen, die in ihnen anzutreffende charakteristische Verschränkung von Bericht, Deutung und interessegeleiteter Wertung, aber auch von charakteristischen Auslassungen verbietet es, sie naiv zu lesen, sie als quasi objektive Faktenschilderungen zu nehmen.

Umgekehrt sind sie wichtige und aufschlussreiche Reflexionen über die in jener Zeit sich vollziehenden Verschiebungen und Umstrukturierungen, ein Zeugnis des Verständigungsprozesses in der jeweiligen zeitgenössischen Fachdiskussion. Sie ermöglichen es, kritisch gelesen, überhaupt erst, die Entwicklung der Sozialarbeit in ihrer inneren Logik und Bedeutung zu erfassen. Sie bewahren schließlich auch vor einer Verdinglichung des historischen Prozesses, in dem alles entweder zwangsläufig oder zufällig erscheint, die damals gegebenen Spielräume und Entwicklungsalternativen aber übergangen werden. Sie helfen zu verstehen, warum gerade bestimmte Wege beschritten wurden und andere denkbare nicht.

Die Analyse der Geschichte der Sozialen Arbeit darf also nicht „einfach" die Entwicklung von Einrichtungen, Praxis- und Berufsvollzügen der Sozialarbeit als quasi objektive Fakten darstellen, sondern muss sie auf der Basis ihrer Deutungen und Kontroversen verstehen. Die „bloße" Nacherzählung von historischen Verläufen erliegt allzu leicht der Gefahr, Entwicklungen als schlüssige Schritte oder als „Fortschritt" (Erfolgsgeschichte) zu erzählen. Sie unterschlägt damit Brüche, Diskontinuitäten, Widersprüche und übergangene Probleme,

insbesondere Verluste und negative Folgen von historischen Entwicklungen. Zu den grundlegenden Fragen einer Diskursgeschichte gehören: Wie setzt sich im historischen Diskurs ein bestimmtes Verständnis von Sozialpädagogik bzw. Sozialer Arbeit durch und warum waren andere Positionen nicht durchsetzungsfähig? Hat dies mit Gründen zu tun, die in der Sache selbst liegen (Sachlogik), sind sie durch den generellen zeitgeschichtlichen Kontext bedingt (historisch bedingt) oder stehen hinter ihnen bestimmte machtvolle Interessen bestimmter Akteure?

Bisher liegen Arbeiten vor, die die Geschichte Sozialer Arbeit in unterschiedlichen historischen Diskursen aufsuchen und analysieren, z. B. im Kontext der (kontroversen) Diskurse über ihre Pädagogisierung, Institutionalisierung und Verrechtlichung (Münchmeier 1981; Hering / Münchmeier 2007). Ein anderer Versuch ordnet die Jugendfürsorge zur Weimarer Zeit in den Diskurs über die Sozialdisziplinierung der Jugend ein (Peukert 1986). Die Bedeutung der Frauenbewegung und deren Diskurs über geistige Mütterlichkeit ist als Geschichte des „weiblichen Begehrens" rekonstruiert worden (Althans 2007). Neuere Arbeiten konzentrieren sich zum Beispiel auf die historischen Diskurse über „Gemeinschaft" (Sandermann 2009) oder über den „Gemeinwesengedanken" (Bingel 2009). Es gibt jedoch bisher keine umfassenden Studien, die – wie schon Marzahn (1978) angemahnt hat – die Entwicklung Sozialer Arbeit in den Kontext und die Struktur des Alltags der Klientelgruppen und ihrer Lebensrealität einbetten, in ihre immer schon vorhandenen Bemühungen zur Bewältigung ihrer Alltagsprobleme. Ansätze hierzu gibt es lediglich in den modernen geschichtswissenschaftlichen Studien zu einer Alltagsgeschichte (Kuczynski 1981–1982; Borscheidt 1990; Jurczyk / Rerrich 1993; Lüdtke 2002), in den Versuchen einer Geschichte der Selbsthilfebewegungen (Peters 1980; Kerbs / Reulecke 1998; Rucht / Roth 2008) oder in Studien zur Lebensrealität von Klienten (Bitzan et al. 2006). So bleibt die Historische Sozialpädagogik vorläufig in dieser Hinsicht noch fast völlig verwiesen auf die Ergebnisse der sozialhistorischen Forschung, insbesondere zu Kindheit, Jugend, Familie, Lebenslagen und Biografie.

Geschichte oder Geschichten?

Fast alle Darstellungen der Geschichte Sozialer Arbeit konzentrieren sich auf die Entwicklung in Deutschland und unterliegen damit einigen Begrenzungen. Die deutsche Geschichte hat etliche Besonderheiten, die sie von europäischen Nachbarländern, erst recht von den USA, unterscheidet. Zu diesen Besonderheiten gehört etwa eine relativ spät einsetzende Industrialisierung, eine für Deutschland charakteristische Arbeitsteilung zwischen Staat und sozialen Organisationen wie z. B. den Wohlfahrtsverbänden, die frühe Verrechtlichung der Sozialarbeit und die damit zusammenhängende Bürokratisierung, die Ausbildung der Fachkräfte außerhalb der Universität, die Zuordnung des Kindergartens zur Kinder- und Jugendhilfe anstelle des Schulwesens und anderes mehr.

Fast alle Überblicksdarstellungen sind darüber hinaus tendenziell „preußenlastig" bzw. „berlinlastig". Es gibt bisher nur wenige Studien über die Entwicklungen etwa in Frankfurt, Hamburg, Kassel, München oder Düsseldorf. Studien zur Regionalgeschichte der Sozialarbeit z. B. in Süddeutschland, in Thüringen und Sachsen, im Rheinland und im Norden Deutschlands liegen bisher nur ausschnitthaft oder spezialisiert auf die Geschichte einzelner Verbände oder Einrichtungen vor.

Periodisierungsfragen

Da sich jede historische Entwicklung in einer Kette von Ereignissen präsentiert, lässt sich die Geschichte von mitmenschlicher Hilfe, kollektiver Unterstützung, nachbarschaftlicher Begleitung im Prinzip bis „in graue Vorzeit" zurückverfolgen. Es fragt sich allerdings, ob diese Geschichte der Mildtätigkeit identisch ist mit einer Geschichte der Sozialen Arbeit. Hierüber zu entscheiden ist wiederum eine Aufgabe theoretischer Vergewisserung. Versteht man unter Sozialer Arbeit eine moderne Form der Vergesellschaftung der jahrtausendealten Nothilfe, dann muss sie eingeordnet werden in den Kreis jener sozialpolitischen Maßnahmen, denen die kompensatorische Bearbeitung der problematischen Folgeerscheinungen und sozialen Kosten der industriellen Revolution und der kapitalistischen Umgestaltung der Lebensverhältnisse aufgetragen ist (grundlegend: Luhmann 1973).

Im Gegensatz zu älteren Auffassungen (z. B. Scherpner 1966, der die Geschichte der Jugendfürsorge sogar bis ins griechische Altertum zurückverfolgt) hat sich in der moderneren Forschung zur Geschichte der Sozialarbeit die Meinung durchgesetzt, dass der Beginn ihrer Geschichte als „selbstständiger" gesellschaftlicher Praxis und einer entsprechenden Theorie in der Herausbildung der „historischen Arbeitsteilung" zwischen materieller Daseinsicherung (Sozialversicherungen) und personbezogenen Hilfsangeboten (Sozialpädagogik) in den 1870er und 1880er Jahren des 19. Jahrhunderts zu suchen ist. Die im aufkommenden Kapitalismus einsetzende Massenverelendung mit ihren zyklenhaften Krisen verwandelte das Armutsproblem: Armut hatte nun nicht mehr primär „natürliche Ursachen" (Missernten, Kriege, Seuchen usw.), sondern war „gesellschaftlich" bedingt, eben durch die wirtschaftlichen und politischen Verhältnisse selbst. Das Armutsproblem verwandelte sich damit in eine „soziale Frage" und ließ die althergebrachten polizei- und ordnungspolitischen Repressionsstrategien gegenüber der Armutsbevölkerung als ungenügend erscheinen. Im liberalen, aufgeklärten Bürgertum setzte sich der Gedanke durch, dass man auf die mit der Industrialisierung entstandenen Probleme mit neuen Strategien sozialer Integration reagieren müsse, die auf individuell ausgerichteten Hilfen und Erziehung beruhen sollten. Armut und Verelendung wurden dadurch neu interpretiert und als Folge der schwindenden Erziehungskraft in den proletarischen Familien, der Entwurzelung und des Herausgerissenseins aus den traditionellen Wertemilieus der dörflich-bäuerlichen Gemeinschaften, der überlieferten Sitte und Moral verstanden.

Gegenwart aus der Geschichte verstehen

Der für die Soziapädagogik offenbar charakteristische Rückgriff auf die Geschichte als Zugang zu einer größeren Reflexivität in Bezug auf die eigene Entwicklung wirft die Frage nach den Hintergründen und Motiven auf: Was eigentlich soll aus der Geschichte gelernt werden (Herrlitz 1986)? Hierfür ist in der Vergangenheit eine Reihe von Antworten vorgeschlagen worden. So hat man etwa versucht, nach dem Motto „das kann man nur historisch erklären" (Lübbe 1977) die Un-übersichtlichkeit, die jeder systematischen Logik gegenüber sperrige Widersprüchlichkeit der Jugendhilfepraxis, das Ineinander ungleichzeitiger Partialentwicklungen, in dem sich Traditionsbestände aus unterschiedlicher historischer Herkunft für Heutige fast undurchschaubar mischen, transparent und gleichsam „legitimierbar" zu machen. Oder man greift auf Geschichte zu im Sinne einer positiv zu bilanzierenden „Success Story" (kritisch hierzu: Peukert 1986), wonach die Vergangenheit als (noch nicht voll entwickelte) „Vorform", die Gegenwart dagegen als die „Ernte der Zeiten" (Troeltsch 1916) erscheint. Andere bilanzieren die historische Entwicklung eher umgekehrt im Sinne einer „Verfallsgeschichte", in der Erkenntnisse oder positive Ordnungen der Vergangenheit sukzessive einer Aushöhlung oder Auflösung unterworfen werden.

Über solche eher „historistischen" Motivinterpretationen gehen neuere Überlegungen hinaus. Thiersch / Rauschenbach (1984), Böhnisch et al. (1997) haben darauf hingewiesen, dass sich das Interesse an einer historischen Selbstvergewisserung im Zusammenhang mit der gegenwärtigen Auflösung tragender gesellschaftlicher und theoretischer Grundorientierungen der Sozialpädagogik sehen lässt, also als „gesellschaftstheoretischer Orientierungsversuch" in einer Situation der „neuen Unübersichtlichkeit" verstanden werden kann. In dieser Argumentation wird historische Reflexion gerade deshalb herausgefordert, weil sie – nach der Logik der modernen Sozialgeschichte – umfassende gesellschaftliche Entwicklungstheorien verspricht:

„Mit der Entwicklung (der Geschichtswissenschaft) zur historischen Sozialwissenschaft ist daher notwendig auch das Bemühen um gesamtgesellschaftliche Entwicklungstheorien verbunden, die die Erklärung der Struktur und Entwicklung eines gesellschaftlichen Ganzen – und nicht nur seiner Teilphänomene leisten können (…) Die Geschichtswissenschaft als historische Sozialwissenschaft ist zur gesamtgesellschaftlichen historischen Analyse und Darstellung verpflichtet" (Rürup 1977, 9–10).

In den 1970er Jahren ist versucht worden, im Rahmen des „historischen Materialismus" eine solche umfassende Geschichte der Sozialarbeit zu erarbeiten. Zentrale Kategorie für die Erschließung der

„Materialität" der Geschichte wie für ihre Verknüpfung mit einer gesellschaftstheoretischen Entwicklungslogik war dabei die Kategorie „Armut" (z. B. Zander 1973) bzw. „Klassenkonflikt" (Ahlheim et al. 1971). Gegen diese Ansätze ist eingewandt worden, dass sie von einem starken „Deduktionismus" geprägt seien, der sich aus der der marxistischen Theorie eigentümlichen Hierarchie der gesellschaftlichen Teilsysteme (Basis-Überbau usw.) ergebe.

Gegenwärtig werden für die theoretische Einbettung der Entwicklung der Sozialpädagogik in der Regel sozialwissenschaftlich-historische „Modernisierungstheorien" herangezogen (Böhnisch et al. 1997). Diese modernisierungstheoretischen Ansätze erlauben, Soziale Arbeit im Gesamtprozess gesellschaftlicher Veränderungen zu thematisieren und in verschiedenen Teilbereichen operationalisiert zu verfolgen. Sie ermöglichen aber insbesondere eine Kooperation von Geschichtswissenschaft und den verschiedenen sozialwissenschaftlichen Disziplinen bis hin zu Integrationsversuchen der wechselseitigen Ergebnisse.

Entwicklungslinien

Der Schwerpunkt der historischen Forschung zur Geschichte der Sozialen Arbeit liegt bisher auf der Zeit von der Mitte des 19. Jahrhunderts bis zum Ende der Weimarer Republik sowie der Zeit des Nationalsozialismus. Liest man die zahlreichen Arbeiten unter dem Aspekt, was sie für das Verständnis Sozialer Arbeit in der Gegenwart beitragen, so lassen sich einige Entwicklungslinien aufzeigen, in denen sich sowohl die noch heute grundlegenden Strukturen und Handlungsmuster ausgebildet haben sowie auch einige der immer wieder aufbrechenden und nicht abschließend gelösten Probleme und Herausforderungen.

Pädagogisierung als Konstituierung

Die liberalistische Gesellschafts- und Wirtschaftsauffassung und ihr idealistisches Vertrauen in die Fortschrittsqualität der geschichtlichen Entwicklung zerbrachen zunehmend im letzten Drittel des 19. Jahrhunderts. Die überlieferten Ansätze der Armenfürsorge erwiesen sich immer weniger als hilfreich angesichts der Erkenntnis, dass der gesellschaftliche Prozess eben nicht auf die Überwindung sondern auf die beständige Reproduktion individueller Anpassungskrisen und Armutszustände angelegt war (Sachße/Tennstedt 1988).

Bis zum Anfang des 20. Jahrhunderts vollzog sich deshalb ein Paradigmenwechsel, den man einen Pädagogisierungs- und Psychologisierungsprozess (Münchmeier 1981; Sachße/Tennstedt 1988, 12) nennen kann. Die Aufmerksamkeit konzentriert sich nunmehr auf die Person des Armen und nicht mehr primär auf das gesellschaftliche Problem der Armut. Und seine Verheißung liegt in der Perspektive, mit der „Behandlung" der *Armen* zugleich auch das Problem der *Armut* zum Verschwinden bringen zu können.

Zwei Transformationen sind hierbei vorgenommen worden: Die Probleme, auf die die Sozialarbeit bezogen ist, werden nun als pädagogische definiert: nämlich als Störungen der Entwicklung, des Lernens, der Motivation oder Moral usw. Und: Zur Lösung der sozialen Notlagen sei in erster Linie ein alternatives Handeln der Betroffenen notwendig.

Die Pädagogisierung der Armut war zum einen das Konstitutionsparadigma der *Praxis* der Sozialarbeit als eines eigenständigen Erziehungsbereichs. Sie war historisch gesehen aber auch die Voraussetzung für die Abgrenzung einer *„Fürsorgewissenschaft"* (modern gesagt: Sozialpädagogik) von der Soziologie und Sozialpolitik. Sozialarbeit als Handlungswissenschaft konnte entstehen und mit dem Professionalisierungsprozess verschmelzen. Einen ersten Anfang hierfür kann man v. a. im berühmten „Elberfelder System" sehen, d. h. in den seit 1852 in der Stadt Elberfeld praktizierten neuen Grundsätzen:

1. strikte Individualisierung der Unterstützung (Einzelfall),
2. Dezentralisierung der Entscheidungskompetenzen zugunsten von vor Ort arbeitenden ehrenamtlichen Armenpflegern (Armenbesuch),
3. Beauftragung ehrenamtlicher Kräfte (Armenpfleger) mit der Durchführung,
4. Aufteilung des Stadtgebiets in gut überschaubare Bezirke („Quartierssystem").

Diese neuen Prinzipien – v. a. das Prinzip der Individualisierung und Einzelfallorientierung sowie das auf einer persönlichen Beziehung zwischen Helfer und Hilfeempfänger beruhende Handlungsprinzip – bedeuteten eine Abkehr von einer nur auf äußere, materielle Sicherung bezogenen Hilfe.

„Doppelstruktur" des Wohlfahrtsstaates

Damit die Pädagogisierung sozialer Probleme möglich ist, braucht die Soziale Arbeit als Legitimation das moralische Postulat einer gerechten Gesellschaft. Von daher stellt sie bis heute immer wieder gesellschaftsmoralische Forderungen. Sie ist verwiesen auf die historische Arbeitsteilung mit der Sozialpolitik, auf jene spezifische „Doppelstruktur des deutschen Wohlfahrtsstaates" (Sachße/Tennstedt 1991, 411), wonach die Aufgaben der Absicherung der Lebensrisiken, der Sicherung des Unterhalts und der Unterstützung bei materiellen Notlagen, der Schaffung gesunder Lebensverhältnisse und sozial-gerechter Chancen Aufgabe der Sozialpolitik ist, Sozialpädagogik sich deshalb auf personenbezogene Dienstleistungen wie Beratung, soziale Gruppenarbeit, kompensatorische Sozialisation usw. konzentrieren kann.

Die wichtigsten Daseinsrisiken der proletarischen Existenz, Invalidität (Arbeitsunfähigkeit), Krankheit, Alter und Arbeitslosigkeit wurden durch Versicherungsleistungen (die sog. „Sozialversicherungen") abgedeckt: 1883 Krankenversicherung, 1884 Unfallversicherung, 1889 Invaliden- und Altersversicherung (Rente). Erst 1927 kam die Arbeitslosigkeitsversicherung hinzu. Das ermöglichte es der Armenpflege, mit der Sozialpolitik zu einer Art Aufgabenaufteilung zu kommen und sich nach Prinzipien zu reorganisieren, die nicht länger ordnungspolitisch sondern sozialpädagogisch orientiert waren.

Der Einfluss Sozialer Bewegungen

Von Anfang an entwickelte sich die Soziale Arbeit nicht vorrangig aus staatlichen Impulsen, sondern aus Anstößen von Sozialen Bewegungen, deren wichtigste (unter manchen weiteren) die Frauen- und Jugendbewegung war.

▪ *Frauenbewegung*: Ihr ging es nicht nur um die Forderung nach „Gleichberechtigung", sondern auch darum, das spezifisch weibliche Wesen der Frau in der Gesellschaft zur Geltung und Wirksamkeit zu bringen. Unter „Wesen" der Frau verstand man ihre Fähigkeiten und Begabungen im Bereich von Erziehung, Pflege, Fürsorge, Emotionalität und Zuwendung, zusammengefasst unter dem Begriff „Mütterlichkeit" (Sachße 2003). Henriette Schrader-Breymann (Großnichte Fröbels und Begründerin des Pestalozzi-Fröbel-Hauses in Berlin) forderte hierzu auf mit der Parole „Übet geistige Mütterlichkeit!". Die neu entstehenden Bereiche der „Socialen Fürsorge" (außerhalb der männlich dominierten Armenfürsorge) boten sich als ideales Feld zur Erreichung dieser Ziele an. 1893 wurden in Berlin die „Mädchen- und Frauengruppen für soziale Hilfsarbeit" begründet. Sie sollten praktische soziale Hilfe und persönliche Fürsorge leisten. Aber dies sollte planvoll, systematisch und auf wissenschaftlicher Grundlage geschehen. Deshalb wurde die praktische Tätigkeit von Anfang an mit Schulung verbunden. Alice Salomon hat hierfür maßgebliche Konzepte entwickelt. Aus ersten „Jahreskursen" für ehrenamtlich arbeitende „höhere Töchter" wuchsen die „Sozialen Frauenschulen" und schufen die fachlichen Voraussetzungen für die Verberuflichung der Sozialen Arbeit. Der soziale Beruf begann also als Frauenberuf. Bei Kriegsausbruch 1914 gab es bereits zwölf Soziale Frauenschulen, bis zum Ende der 1920er Jahre 35. Sie schlossen sich seit 1917 unter Führung von Salomon zur „Konferenz der Sozialen Frauenschulen" zusammen.

- *Jugendbewegung*: Viele der SozialarbeiterInnen der ersten Berufsgeneration, auch die ersten TheoretikerInnen der Sozialen Arbeit (wie Bondy, Herrmann, Nohl, Bäumer, Wyneken u. a.) sind aus der Jugendbewegung hervorgegangen und haben deren Reformideen umzusetzen versucht. Deren Gruppen zeichneten sich durch eine kritische Haltung gegenüber der Massengesellschaft und Verstädterung aus, suchten Unmittelbarkeit durch Naturnähe, Expressivität durch Tanz und Musik und entwickelten Ansätze einer neuen Gleichaltrigenpädagogik: „Jugend wird durch Jugend geführt". Hier bildete sich die Gruppenpädagogik als neue Form der Jugenderziehung heraus und lieferte damit das Modell für die Jugendpflege. Es fanden sich aber auch Versuche, die Gruppe als Selbstregulativ in der Heimerziehung (z. B. Wilker 1921) oder im Jugendstrafvollzug (z. B. Bondy 1925) einzusetzen.

Schon um 1890 herum begannen öffentliche Diskussionen über die nachteiligen Folgen von Verstädterung und Industrialisierung für die Jugend. Man entdeckte eine „Kontrolllücke zwischen Schulbank und Kasernentor" (Peukert 1986, 54–67), die durch eine „außer- bzw. nachschulische Jugendpädagogik" geschlossen werden sollte. Aus diesem Kontext heraus entstanden (nach mehreren kleineren) die berühmt gewordenen großen „Preußischen Erlasse zur Jugendpflege" von 1911 und 1913. Sie wollten die zersplitterten Einzelinitiativen sammeln und – bei Wahrung der Selbstständigkeit der einzelnen Organisationen und Verbände – nach einheitlichen pädagogischen Zielen (in „vaterländischem Geist") ausrichten. In Maßen wurde auch finanzielle Unterstützung zugesagt. Grundkonzept war eine außerschulische Jugendarbeit, die von ehrenamtlich tätigen, „lebenserfahrenen Bürgern" nach dem Prinzip der freiwilligen Teilnahme angeboten und auf Orts-, Kreis- und Bezirksebene durch sog. „Jugendpflegeausschüsse" koordiniert wurde. Diese Strukturen prägen heute noch die kommunale Jugendpflege.

Strukturbildung in der Weimarer Republik

Die Zeit der Weimarer Republik lässt sich als Phase einer ersten Konsolidierung des Praxisfeldes Sozialer Arbeit und als Phase der Grundlegung ihrer Professionalisierung bezeichnen.

Verrechtlichung: Am Beginn der Weimarer Republik wurden drei zentrale Reichsgesetze erlassen: das „Reichsjugendwohlfahrtsgesetz" (RJWG, 1922), das „Jugendgerichtsgesetz" (JGG, 1923), die „Fürsorgepflichtverordnung" (RFV, 1924) zusammen mit den „Reichsgrundsätze über Voraussetzung, Art und Maß der öffentlichen Fürsorge" (RGr). Damit erhielt die Soziale Arbeit einheitliche Rechtsgrundlagen. Hinter dieser Erfolgsgeschichte standen jedoch sehr kontroverse Diskurse.

Vorstellungen zur Entwicklung eines gesonderten Jugendrechts sind schon seit der Jahrhundertwende diskutiert worden. Dabei traten sich von Anfang an zwei verschiedene Auffassungen entgegen. Die eine Gruppe forderte ein umfassendes Jugend- und Erziehungsrecht, da es ihr um die Normierung eigenständiger sozialer Rechte und Ansprüche für Kinder und Jugendliche, also um die Entwicklung eines Rechtssystems für den gesellschaftlichen Teilbereich Jugend, durchaus vergleichbar mit der Entwicklung des Arbeitsrechts zur Regelung der Rechtsposition des Arbeitnehmers gegenüber Betrieb und Staat, ging.

Insbesondere Paul Felisch vertrat in seinen Reden und Schriften diese Auffassung. Er forderte (Felisch 1917) eine staatliche Jugendpolitik als Querschnittspolitik: Sie sollte sich nach seiner Meinung nicht auf den ausgegrenzten Bereich der Jugendpflege beschränken, sondern zu einem unverzichtbaren Teil der Schul-, der Wirtschafts- und Sozialpolitik, auch der Kirchenpolitik gemacht werden.

Um den Deutschen Verein und die Deutsche Zentrale für Jugendfürsorge herum gruppierten sich die Anhänger der zweiten Denkrichtung, denen es nicht um die Normierung sozialer Rechte für Kinder und Jugendliche, sondern um die Regelung und Integration des Praxisbereichs der Jugendfürsorge (oder, etwas weiter gefasst, der Jugendwohlfahrtspflege) ging. Statt der Etablierung eines eigenständigen Jugendrechts forderten sie die Ausarbeitung eines Jugend*hilfe*rechts, das den Maßnahmen von Erziehungsinstitutionen eine gesetzliche Grundlage geben sollte. Das neue Jugendrecht sollte ein *Jugendamtsgesetz* werden wie es schließlich im RJWG beschlossen wurde.

Der Gedanke eines allgemeinen Jugendrechts ist nur noch indirekt im präambelartigen § 1 RJWG erhalten geblieben: „Jedes deutsche Kind hat ein Recht auf Erziehung zur leiblichen, seelischen und gesellschaftlichen Tüchtigkeit." Die historische Bedeutung des RJWG liegt deshalb in der *Zusammenfassung* und einheitlichen *Abgrenzung* ehedem zerstreuter oder fehlender gesetzlicher Grundlagen für die Maßnahmen der Jugendhilfe und damit in der endgültigen gesetzlichen Normierung eines fest umrissenen Praxisbereichs. Eine durchaus parallele Entwicklung lässt sich auch in der Geschichte der „Reichsverordnung über die Fürsorgepflicht" und den darauf beruhenden „Reichsgrundsätzen über Voraussetzungen, Art und Maß der öffentlichen Fürsorge" (RFV und RGr) verfolgen.

Öffentliche und freie Träger: Die Schaffung kommunaler Jugendämter warf Fragen nach dem Verhältnis von freier und öffentlicher Sozialer Arbeit auf. Die freien Träger versuchten mit Hilfe der (katholischen) Zentrumspartei auf die Sozialgesetzgebung Einfluss zu nehmen und den Vorrang der privaten Wohlfahrtsorganisationen festzuschreiben (Prinzip der „Subsidiarität"). Boten die freien Trä-

ger (mit Hilfe der staatlichen Finanzzuschüsse) ausreichende Maßnahmen auf einem bestimmten Fürsorgegebiet an, so sollte der Staat von eigenen Angeboten absehen. Im RJWG finden sich zwar keine eindeutigen Subsidiaritätsklauseln, aber es hebt „die eigenständige Position der freien Vereinigungen der Jugendhilfe an mehreren Stellen hervor" (Sachße/Tennstedt 1988, 107). Das Neben- und Miteinander von Kommune und freien Verbänden wurde damit zu einem bis heute die Soziale Arbeit prägenden Strukturprinzip.

Reformpädagogik: Das RJWG trat durch Notverordnung zum 1. April 1924 in Kraft, allerdings unter Streichung bzw. Einschränkung aller Bestimmungen, die neue Finanzlasten für die Kommunen bedeutet hätten. Das Geburtsmal der „neuen" Jugendfürsorge war die Knappheit der Mittel, die jeden Reformansatz belasten musste. Dennoch gab es reformpädagogische Versuche in Fürsorgeheimen wie Berlin-Lindenhof (Wilker), Frankfurt-Westendheim (Verleger) oder in der Jugendstrafanstalt Hahnöfersand bei Hamburg (Bondy und Herrmann). Aber diese scheiterten alle an mangelnder öffentlicher Unterstützung und/oder an inneren Konflikten. Die historische Leistung der Reformpädagogen (neben den bereits genannten: Nohl, Aichhorn, Bernfeld, Wyneken) bestand deshalb nicht in einer alternativen Praxis, sondern in der Sensibilisierung von Pädagogen und Öffentlichkeit für die Probleme der Fürsorgeerziehung und Verwahrlostenpädagogik.

Verselbstständigung der Sozialpädagogik als Wissenschaft: Die bereits im Kontext der „Socialen Ausgestaltung" der Armenfürsorge eingeleitete pädagogische Ausrichtung der Disziplin konsolidierte sich in den 1920er Jahren. Die Sozialarbeit verstand sich weitgehend als eine pädagogisch orientierte, auf Verhaltensbeeinflussung abgestellte Sozialtherapie. Die ersten bedeutsamen Lehrbücher erschienen, und an einigen Universitäten beschäftigte man sich mit der wissenschaftlich-pädagogischen Grundlegung sozialer Praxis. Dass sich „normales" und „abweichendes" Verhalten, sozial angepasste und verwahrloste Lebensformen klar unterschieden, wurde damals ebenso wenig infrage gestellt wie die normativen Ziele, die für die sozialpädagogische Arbeit vorgegeben wurden. Erst im kritischen Rückblick wurden die kontrollierenden und stigmatisierenden Aspekte der Normen und ideologischen Ausrichtung der Sozialpädagogik herausgearbeitet („Sozialdisziplinierung", Peukert 1986). In der Theorie der Wohlfahrtspflege vollzog sich eine ähnliche Blickwendung wie in der zeitgenössischen Pädagogik und Psychologie. Mit Bezug auf die Pädagogik formulierte der Reformpädagoge Herman Nohl die Wende der 1920er Jahre so: „Die alte Erziehung ging aus von den Schwierigkeiten, die das Kind macht, die neue von denen, die das Kind hat" (1927, 78).

Mit der Tendenz zur Pädagogisierung entfernte die Disziplin sich aber von den Lebensverhältnissen der Klientel, welche durch die Kriegsfolgen und die ökonomischen Krisen nicht bloß „seelisch", sondern gerade „materiell" hochgradig belastet war. Die wachsende Arbeitslosigkeit erschöpfte sich keineswegs in Motivationsproblemen und Verwahrlosungserscheinungen, sondern hatte ökonomisch-politische Ursachen und zog Wohnungselend, Verschuldung, Resignation und den Zwang zur Schwarzarbeit nach sich. Die Arbeitslosen litten nicht an Sozialisationsdefiziten, sondern an der Not prekärer Lebensumstände. Sie hatten keinen Erziehungs- oder Beratungsbedarf, sondern brauchten Arbeit, Wohnung und eine verlässliche Zukunft. Die Linke bezichtigte deshalb die Soziale Arbeit, „gute Worte statt Brot" zu verteilen. Das Problem, dass eine sich pädagogisch orientierende Sozialarbeit immer auf eine die materiellen Daseinsrisiken absichernde wohlfahrtsstaatliche Politik angewiesen ist, wurde bereits damals schmerzlich bewusst.

Krise der Fürsorgeerziehung: Das Theaterstück „Revolte im Erziehungshaus" (Lampel 1929a) und die Dokumentation „Jungen in Not" (Lampel 1929b) über die Missstände in den Fürsorgeheimen lösten eine erregte Debatte unter Sozialpädagogen, in der Öffentlichkeit, vor Gericht und nicht zuletzt bei betroffenen Jugendlichen selbst aus. Litt hatte 1926 konstatiert, dass sich nach Jahrzehnten des pädagogischen Optimismus nunmehr „die Glut des pädagogischen Eros an dem Eigensinn des Wirklichen erprobt und gekühlt" (Litt 1926, 9) habe. Der „pädagogischen Hybris" sei durch das „Eigenrecht des werdenden Geschlechts" (10) eine Grenze zu setzen. Das Wort von den „Grenzen der Erziehung" machte schnell die Runde.

„In allen Projekten zur Ausdehnung des Terrains pädagogischer Interventionen klang (…) am Rande die Frage danach an, was mit jenen zu geschehen habe, die

sich – aus welchen Gründen auch immer – nicht zivilisieren ließen (…) Solange man die pädagogische Idee verabsolutierte und ihr Terrain flächendeckend ausdehnte, blieb für die ‚Unerziehbaren' diesseits der Grenzen der pädagogischen Provinz kein Lebensrecht (…) Zuwendung zu den Erziehbaren und Ausgrenzung der Unerziehbaren gemeinsam bildeten das Janusgesicht der modernen Sozialpädagogik" (Peukert 1986, 307).

Die meisten Reformpädagogen plädierten für eine Beschränkung der Anstaltserziehung auf einen möglichst kleinen Kreis, bei gleichzeitiger Stärkung der Hilfsmöglichkeiten in der präventiven Jugend- und Familienfürsorge. Man wollte zwischen Leicht- und Schwererziehbaren, zwischen „Psychopathen" und „Normalen" differenzieren. Es fehlten jedoch noch die „wissenschaftlichen" Grundlagen solcher Auslesepolitik. Die sich dazu anbietende eugenische und rassebiologische Theorie blieb in der Weimarer Republik unter Sozialpädagogen noch in der Minderheit.

Ernüchterung im Nationalsozialismus

Die nationalsozialistische Wohlfahrtsideologie enthielt viele Elemente, die den Zielen vieler Mitglieder der „Gründergeneration" zum Verwechseln ähnlich schienen. Das Setzen auf Gemeinschaft z. B., die systematische Erfassung und Behandlung von Gesundheitsrisiken, die Förderung von Familien, besonders von Müttern und Kindern. Nur wenige durchschauten die vom Regime vorgenommene Verschiebung der Bedeutung dieser Ziele von Anfang an. Der Nationalsozialismus ist deshalb ein Lehrstück dafür, wie sozialpädagogische Bestrebungen politisch „in den Dienst genommen" werden können. Sie gemahnen an die ständige Notwendigkeit einer kritischen Vergewisserung ihrer gesellschaftlichen und politischen Funktion, also einer Rückbindung an eine kritische Gesellschaftsanalyse.

Wie alle anderen gesellschaftlichen Bereiche auch wurde das Sozialwesen in den Dienst der nationalsozialistischen Ziele genommen und „gleichgeschaltet", d. h. an der NS-Ideologie ausgerichtet sowie organisatorisch dem Führungsanspruch der Partei unterworfen. Für die NS-Wohlfahrtsideologie war die Pflege und Gestaltung des „Volkskörpers" zentral. Um den Volkskörper gesund zu erhalten, mussten (wie beim menschlichen Körper) störende Einflüsse ferngehalten und Schädlinge „ausgemerzt" werden. Dies erklärt die Vorrangstellung der „Gesundheitsfürsorge", die seit 1934/35 als „öffentlicher Gesundheitsdienst" (öGD) konsequent verstaatlicht wurde. Adressat der Gesundheitsdienstleistungen war nicht nur der einzelne Patient, sondern das Volk als ganzes durch Förderung der „Wertvollen", der „Erbgesunden" und nicht durch Integration von Minderwertigkeiten oder Schmarotzern. Mit der Annahme der Erbbiologie als wissenschaftlicher Grundlage begann – wenn auch vielleicht nur bei einer Minderheit von Sozialpädagogen – die Grenze zwischen Auslese und Ausmerze brüchig zu werden.

„Die große Zahl der Fälle mit zweifelhaftem oder vorläufig negativem Erfolg stellt die Fürsorgeerziehung aber immer wieder vor die Frage, ob noch eine Besserung von der Zukunft zu erwarten ist oder nicht. Hier aber zeitigt das früher so stark vernachlässigte *erbbiologische* (Hervorhebung i.Orig.) Unterscheidungsmerkmal ganz neue Gesichtspunkte und praktische Ergebnisse: Zeigt sich (…) keine aufsteigende Entwicklungslinie, so prüft die Fürsorgeerziehungsbehörde (…) die Erbwertigkeit des Elternhauses" (Hecker 1936 zit. nach Peukert 1986, 276f.).

Soziale Arbeit in der Nachkriegsbundesrepublik

Die Folgen des Zweiten Weltkriegs warfen die Soziale Arbeit auf den Status einer Nothilfe zurück. Der Krieg bedeutete nicht nur Zerstörungen ungeahnten Ausmaßes, sondern auch Auflösung traditioneller Lebensformen. Etwa 1,6 Mio. Kinder und Jugendliche hatten durch Kriegeinwirkung ein oder beide Elternteile verloren. Die Zahl der eltern- oder heimatlos vagabundierenden Kinder wurde auf 80.000 bis 100.000 geschätzt. Millionen von Menschen waren unterwegs auf der Suche nach einem Aufenthaltsort und einer Zufluchtsstätte. Von 1945 bis 1950 übersiedelten fast 11 Mio. Menschen in die beiden Teile „Restdeutschlands" bzw. die neuen Staaten von 1949. 22 % der westdeutschen Bevölkerung waren Vertriebene und Flüchtlinge. Auf dem Gebiet der späteren Bundesrepublik lebten 1946 gut 2 Mio. Menschen mehr als 1939, und dies angesichts von großen Zerstörungen des Wohnraums.

Sozialer Wiederaufbau: Für die Soziale Arbeit bedeuteten diese Verhältnisse eine enorme Herausforderung und zugleich große Unübersichtlichkeit. Die Maßstäbe von Normalität, ordentlicher Lebensführung, von positivem Familienleben und tüchtiger Erziehung waren durcheinandergeraten, es fehlten ausgebildete Fachkräfte, am meisten aber die notwendigen materiellen Mittel: Wohnraum, Kleidung, Nahrung, Arbeit. Man ging deshalb sogleich nach dem Zusammenbruch an den „sozialen Wiederaufbau". Das Jugendamt mit erweiterten – das hieß vor allem erzieherischen – Handlungsmöglichkeiten zu rekonstruieren, war deshalb wichtigstes Ziel.

Jugendberufshilfe: Die durch die amerikanische GYA-Arbeit entstandenen „Häuser der offenen Tür" hatten in ihrer infrastrukturellen Ausrichtung („überdachte Straßenecke"), ihrem pluralistischen Angebot und ihrer charakteristischen Mischung aus Programm und „offenem Bereich" für die Jugendpflegeaktivitäten der Jugendämter Signal- und Vorbildwirkung (Müller 2001). Der Furcht, dass junge Menschen nicht nur bindungslos, sondern auch „arbeitsscheu" werden könnten, suchte man durch Jugendberufshilfe zu begegnen. Jugendaufbauwerke, Jugenddörfer u.ä. sollten die „wandernden Jugendlichen" an Arbeit gewöhnen, beruflich qualifizieren und vor allem in feste Arbeitsverhältnisse vermitteln. Der 1950 beschlossene und seit 1951 finanzierte „Bundesjugendplan" (das heute noch wichtigste jugendpolitische Förderungsinstrument der Bundesregierung) hatte in den ersten Jahren ganz überwiegend hier seinen Finanzierungsschwerpunkt.

Stärkung der Familie: Während des Krieges hatte die Frauenerwerbstätigkeit rapide zugenommen. Konservative Politiker, kirchliche Organe und Wohlfahrtsverbände sahen in dieser Entwicklung gefährliche Tendenzen zur Auflösung der Ordnung der Familie, eine Gefährdung ihrer Erziehungskraft und damit der gesellschaftlichen Zukunft. Zurückgreifend auf die große Weimarer Tradition der „Familienfürsorge" entstanden in der ersten Nachkriegszeit Abteilungen für Familienfürsorge sowohl bei den Jugend- und Sozialämtern als auch (auf NS-Regelungen zurückgehend) bei Gesundheitsämtern. Diese boten Erziehungs-, Wirtschafts- und Gesundheitsberatung an und sollten durch Kurse in Nähen, Hauswirtschaft und Gesundheitspflege die Mütter und Familien stärken. Es mangelte aber weithin an außerfamiliären Kinderbetreuungsmöglichkeiten. Die Kirchen sprachen sich für familienpolitische Anreize aus, die den Verzicht auf Berufstätigkeit erleichtern sollten. Hierfür gründeten sie 1950 bzw. 1954 Familienorganisationen: Familienbund der Deutschen Katholiken, Evangelische Aktionsgemeinschaft für Familienfragen. Hinzu kamen als überkonfessionelle Verbände der Deutsche Familien-Verband und der Bund der Kinderreichen Deutschlands. 1953 wurde das „Bundesministerium für Familienfragen" eingerichtet, das ab 1957 auch für Jugendfragen zuständig wurde.

Eigenständiges Sozialisationsfeld: Das Urteil des Bundesverfassungsgerichts von 1967 zum JWG von 1961 befasste sich nicht nur mit den Subsidiaritätsklauseln, sondern auch mit der Frage, ob eine sozialpädagogisch und präventiv ausgerichtete Soziale Arbeit überhaupt eine öffentliche Aufgabe neben und ergänzend zur Familienerziehung sein könne. Dies wurde durch das Urteil explizit positiv bestätigt. Damit vollzog die Rechtsprechung eine Realität nach, die seit 1945 gewachsen war: Nicht mehr bloß Rand- und Sondergruppen, sondern tendenziell alle Familien und die gesamte junge Generation sollten Adressaten ihrer Angebote sein. Ein solches Selbstverständnis als „eigenständiges Sozialisationsfeld" konnte aufgebaut werden, weil sich die Soziale Arbeit durch den Ausbau von Rechtsansprüchen im Rahmen von Versicherungs- und Versorgungsleistungen sukzessive von fürsorgerischen Aufgaben (also Aufgaben der materiellen Unterstützung und in deren Gefolge von sozialer Kontrolle und Eingriffen) entlasten konnte. Dies zeigt sich in der Ablösung des Fürsorgerechts durch das BSHG (1961).

Umso kritischer wurden jene Arbeitsfelder betrachtet, in denen Erziehung mit Zwang verbunden wurde, der Bereich der Fürsorgeerziehung. Er erschien den Kritikern als Relikt aus einer vergangenen obrigkeitsstaatlichen Tradition. Im Bereich der Fürsorgeerziehung gingen nicht nur die Fallzahlen rapide zurück. Nach den Heimkampagnen um das Jahr 1970 wurde eine Reihe von Alternativen zur Heimerziehung entwickelt: Großheime wurden differenziert oder durch Kleinheime und Außenwohngruppen ergänzt, die pädagogische Ausbildung der Heimerzieher verbessert, Mitbestimmungsmodelle erprobt, die Aufenthaltsdauer nach Möglichkeit verkürzt sowie die Erziehung im Heim durch Eltern- und Stadtteilarbeit ergänzt.

Bilanz

Beim Versuch, die Entwicklung der Sozialen Arbeit zu bilanzieren, stellt sich deren Lage widersprüchlich dar. So könnte man einerseits eine „Erfolgsgeschichte" erzählen, vielleicht sogar von einem „sozialpädagogischen Jahrhundert" (Thiersch 1992) sprechen. Die moderne Soziale Arbeit ist zu einer öffentlichen, sozialstaatlichen Institution der Sozialintegration geworden. Sie soll dazu beitragen, eine soziale Balance zwischen individuellen Lebenswelten und dem Prozess der Modernisierung zu finden.

Andererseits ist unübersehbar, dass immer wieder, so auch in der Gegenwart, jene Widersprüche neu aufbrechen, die ihre Geschichte von Anfang an begleitet haben: der Widerspruch zwischen sozialpädagogischer Ausrichtung und sozialpolitischer Inpflichtnahme, das Spannungsverhältnis zwischen öffentlich-staatlichen Aufgaben und privat-partikularen Praxisorganisationen, der Konflikt zwischen fachlichen Erfordernissen und finanzpolitischen Rahmenbedingungen.

Literatur

Ahlheim, R. Fiereck, M., Gothe, L. (1971): Gefesselte Jugend. Fürsorgeerziehung im Kapitalismus. Suhrkamp, Frankfurt/M.

Althans, B. (2007): Das maskierte Begehren. Frauen zwischen Sozialarbeit und Management. Campus, Frankfurt/M.

Bäumer, G. (1929): Die historischen und sozialen Voraussetzungen der Sozialpädagogik und die Entwicklung ihrer Theorie. In: Nohl, H., Pallat, L. (Hrsg.): Handbuch der Pädagogik. Band 5. Sozialpädagogik. Beltz, Langensalza/Berlin/Leipzig, 3–17

Bingel, G. (2009): Zwischen instrumenteller Logik und sozialer Utopie. Zum Spannungsverhältnis von Subjektorientierung und Sozialraumorientierung in den Diskursen Sozialer Arbeit im 20. Jahrhundert. Eine kritische Analyse. Dissertationsschrift, Freie Universität Berlin

Bitzan, M., Bolay, E., Thiersch, H. (Hrsg.) (2006): Die Stimme der Adressaten. Empirische Forschung über Erfahrungen von Mädchen und Jungen mit der Jugendhilfe. Edition Soziale Arbeit. Juventa, Weinheim / München

Böhnisch, L., Niemeyer, C., Schröer, W. (1997): Die Geschichte der Sozialpädagogik öffnen – ein Zugangstext. In: Niemeyer, C., Schröer, W., Böhnisch, L. (Hrsg.): Grundlinien Historischer Sozialpädagogik. Traditionsbezüge, Reflexionen und übergangene Sozialdiskurse. Dresdner Studien zur Erziehungswissenschaft und Sozialforschung. Juventa, Weinheim / München, 7–32

Bondy, C. (1925): Pädagogische Probleme im Jugend-Strafvollzug. J. Benscheimer, Mannheim / Berlin / Leipzig

Borscheidt, P. (1990): Alltagsgeschichte – Modetorheit oder neues Tor zur Vergangenheit (1986). In: Hardtwig, W. (Hrsg.): Über das Studium der Geschichte. Dtv Wissenschaft, München, 389–407

Felisch, P. (1917): Ein deutsches Jugendgesetz. E. S. Mittler, Berlin

Feustel, A. (Hrsg.) (1997 / 2000 / 2004): Alice Salomon: Frauenemanzipation und soziale Verantwortung. Ausgewählte Schriften. Band 1–3. Luchterhand, Neuwied / Kriftel / Berlin

Frevert, U., Haupt, H.-G. (Hrsg.) (2005): Neue Politikgeschichte: Perspektiven einer historischen Politikforschung. Campus, Frankfurt / M. / New York

Hering, S., Münchmeier, R. (2007): Geschichte der Sozialen Arbeit. Eine Einführung. 4. Aufl. Juventa, Weinheim / München

Herrlitz, H.-G. (1986): Aus Geschichte lernen? Die Deutsche Schule 78, 2. Waxmann, Münster, 132–140

Jurczyk, K., Rerrich, M. S. (Hrsg.)(1993): Die Arbeit des Alltags. Beiträge zu einer Soziologie der alltäglichen Lebensführung. Lambertus, Freiburg / Br.

Kerbs, D., Reuleke, J. (Hrsg.) (1998): Handbuch der deutschen Reformbewegungen 1880 bis 1933. Peter Hammer, Wuppertal

Konrad, F.-M. (1998): Sozialpädagogik. Begriffsgeschichtliche Annäherungen – von Adolph Diesterweg bis Gertrud Bäumer. In: Merten, R. (Hrsg.): Sozialarbeit, Sozialpädagogik, Soziale Arbeit. Begriffsbestimmungen in einem unübersichtlichen Feld. Lambertus, Freiburg / Br., 31–62 (ursprünglich in np23 / 1993 / 4., 292–314)

Kuczynski, J. (1981–1982): Geschichte des Alltags des deutschen Volkes. 5 Bände. Pahl-Rugenstein, Köln

Lampel, P. M. (1929a): Revolte im Erziehungshaus. Schauspiel der Gegenwart in drei Akten. G. Kiepenheuer, Berlin

– (Hrsg.) (1929b): Jungen in Not. Berichte von Fürsorgezöglingen. G. Kiepenheuer, Berlin

Litt, T. (1926): Möglichkeiten und Grenzen der Pädagogik. Abhandlungen zur gegenwärtigen Lage von Erziehung und Erziehungstheorie. Teubner, Leipzig / Berlin

Lübbe, H. (1977): Was heißt: „Das kann man nur historisch erklären?" In: Schieder, T., Gräubig, K. (Hrsg.): Theorieprobleme der Geschichtswissenschaft. Wissenschaftliche Buchgesellschaft, Darmstadt, 148–163

Lüdtke, A. (1989): Alltagsgeschichte. Neuausgabe 2002. Campus, Frankfurt a. M. / New York

Luhmann, N. (1973): Formen des Helfens im Wandel gesellschaftlicher Bedingungen. In: Otto, U., Schneider, S. (Hrsg.): Gesellschaftliche Perspektiven der Sozialarbeit. Erster Halbband. Luchterhand, Neuwied / Berlin, 21–43

Marzahn, C. (Hrsg.) (1978): Sozialpädagogik – Institution, Partizipation, Selbstorganisation. Tagung der Kommission Sozialpädagogik der Deutschen Gesellschaft für Erziehungswissenschaft. Juventa, Weinheim / München

Müller, C. W. (2001): Helfen und Erziehen. Soziale Arbeit im 20. Jahrhundert. Beltz, Weinheim und Basel

Münchmeier, R. (1981): Zugänge zur Geschichte der Sozialarbeit. Juventa, Weinheim / München

Niemeyer, C. (1998): Klassiker der Sozialpädagogik. Einführung in die Theoriegeschichte einer Wissenschaft. Juventa, Weinheim / München

–, Schröer, W., Böhnisch, L. (Hrsg.) (1997): Grundlinien Historischer Sozialpädagogik. Traditionsbezüge, Reflexionen und übergangene Sozialdiskurse. Dresdner Studien zur Erziehungswissenschaft und Sozialforschung. Juventa, Weinheim / München

Nohl, H. (1927): Jugendwohlfahrt. Sozialpädagogische Vorträge. Quelle und Meyer, Leipzig

Peters, J. (Hrsg.) (1980): Die Geschichte alternativer Projekte von 1800 bis 1975. Texte zur Kollektivbewegung. Klaus Guhl, Berlin

Peukert, D. J. K. (1986): Grenzen der Sozialdisziplinierung. Aufstieg und Krise der deutschen Jugendfürsorge 1878 bis 1932. Bund, Köln

Rucht, D., Roth, R. (Hrsg.) (2008): Die Sozialen Bewegungen in Deutschland seit 1945. Ein Handbuch. Campus, Frankfurt a. M. / New York

Rürup, R. (Hrsg.) (1977): Historische Sozialwissenschaft. Beiträge zur Einführung in die Forschungspraxis. Vandenhoeck, Göttingen

Sachße, C. (2003): Mütterlichkeit als Beruf. Sozialarbeit, Sozialreform und Frauenbewegung 1871–1929. Beltz Votum, Weinheim / Basel

–, Tennstedt, F. (1991): Armenfürsorge, soziale Fürsorge, Sozialarbeit. In: Berg, C. (Hrsg.): Handbuch der deutschen Bildungsgeschichte. Vom 15. Jahrhundert bis zur Gegenwart. Band 4: 1870–1918. Von der Reichsgründung bis zum Ende des Ersten Weltkrieges. Beck, München, 411–440

–, – (1988): Geschichte der Armenfürsorge in Deutschland. Band 2: Fürsorge und Wohlfahrtspflege 1871 bis 1929. Kohlhammer, Stuttgart / Berlin / Köln / Mainz

Sandermann, P. (2009): Die neue Diskussion um Gemeinschaft. Ein Erklärungsansatz mit Blick auf die Reform des Wohlfahrtssystems. transcript, Bielefeld

Scherpner, H. (1966): Geschichte der Jugendfürsorge. Vandenhoeck und Ruprecht, Göttingen

Thiersch, H. (1992): Das sozialpädagogische Jahrhundert. In: Rauschenbach, T., Gängler, H. (Hrsg.): Soziale Arbeit und Erziehung in der Risikogesellschaft. Luchterhand, Neuwied

–, Rauschenbach, T. (1984): Sozialpädagogik / Sozialarbeit: Theorie und Entwicklung. In: Eyferth, H., Otto, H.-U.,

Thiersch, H. (Hrsg.): Handbuch zur Sozialarbeit / Sozialpädagogik. 1. Aufl. Luchterhand Neuwied / Darmstadt,
984–1016

Thole, W., Galuske, M., Gängler, H. (Hrsg.) (1998): KlassikerInnen der Sozialen Arbeit – Sozialpädagogische Texte
aus zwei Jahrhunderten. Luchterhand, Neuwied / Kriftel

Troeltsch , E. (1916): Der Geist der deutschen Kultur. In:
Hintze, O., Meinecke, F., Onchen, H., Schumacher, H.
(Hrsg.): Deutschland und der Weltkrieg. Erster Band.
Teubner, Leipzig / Berlin, 2. Aufl., 53–99

Wehler, H.-U. (2001): Historisches Denken am Ende des
20. Jahrhunderts 1945–2000. Wallstein, Göttingen

– (1980): Historische Sozialwissenschaft und Geschichtsschreibung. Studien zu Aufgaben und Traditionen deutscher Geschichtswissenschaft. Vandenhoeck und Ruprecht,
Göttingen

Wilker, K. (1921): Der Lindenhof – Werden und Wollen.
2. Aufl. Lichtkampf-Verlag Hanns Altermann, Heilbronn

Zander, H. (1973): Sozialarbeit und Armut. Der Begriff der
Armut und seine Bedeutung für eine marxistische Theorie
der Sozialarbeit. In: Otto, U., Schneider, S. (Hrsg.): Gesellschaftliche Perspektiven der Sozialarbeit. Erster Halbband. Luchterhand, Neuwied / Berlin

Geschichte sozialpädagogischer Ideen

Von Susanne Maurer und Wolfgang Schröer

Die Vorstellung einer „eigenen" sozialpädagogischen Ideengeschichte ist ein Konstrukt der Gegenwart, das mitunter auch eine besondere Form von Anfangskonstruktionen enthält (Tröhler 2002). Gleichzeitig fordert jede „Ideengeschichte" die Rekonstruktion derjenigen Diskurse und gesellschaftlichen Kontexte ein, in denen die jeweiligen „Ideen" verortet werden können. Diese lassen sich allerdings nicht ohne weiteres auf bestimmte Anfangspunkte, Texte und Autoren begrenzen.

Beiträge zu einer reflexiven Historiographie Sozialer Arbeit (Maurer / Schröer 2002; Maurer 2005; Dollinger 2006) machen deutlich, dass sozialpädagogische Perspektiven aus sozialhistorischen Kontexten heraus entstehen und dabei gleichzeitig auf übergreifende gesellschaftliche Diskurse zur Frage des Sozialen bezogen sind. Auch das auf „Soziale Arbeit" bezogene wissenschaftliche Denken verdankte sich lange Zeit vor allem engagierten Frauen und Männern, die in verstreuten Feldern (Gängler 1998), nicht zuletzt auch in der sozialpolitischen und sozialpädagogischen Praxis ihre Reputation erarbeitet hatten.

Insgesamt lässt sich die sozialhistorische Gewordenheit sozialpädagogischer Ideen nicht allein aus einem professionellen oder auch disziplinären Zugang heraus begreifen. In diesem Beitrag wird deshalb eine gesellschafts- und diskursgeschichtliche Perspektive verfolgt; das bisher eher geschlechtergetrennte Rekonstruieren in Bezug auf eine Geschichte Sozialer Arbeit wird versuchsweise zusammengeführt, die zeitgenössischen Auseinandersetzungen um Bildung und FürSorge sollen auf diese Weise systematisch verbunden werden. Der Zugang verläuft damit quer zu denjenigen Entwürfen einer Geschichte Sozialer Arbeit, die zwischen pädagogischen und (für)sorgerischen Traditionen unterscheiden (relativierend bereits Mollenhauer 1964).

Im Zuge der Entwicklung sozialer Ideen in der europäischen Moderne (Grebing 2005) hat vor allem der industriekapitalistische Vergesellschaftungsprozess des 20. Jahrhunderts den Zusammenhang von Bildung und Care durch alle Lebens- und Gesellschaftsbereiche hindurch virulent gemacht (Brückner 2003; Eckart 2004; Tronto 2000). Der sozialpädagogische Problemhorizont verweist ebenfalls auf gesellschaftliche Diskursfelder, die auf die Regulation der Selbstbehauptung des Menschen in der industriekapitalistischen Moderne (Böhnisch et al. 2005; Schröer 1999) bezogen sind.

Für die in diesem Beitrag verfolgte Perspektive sind vor allem diejenigen Diskurse von Interesse, die „sozial(pädagogisch)e Ideen" hervorbringen, in denen Vorstellungen von Care (als FürSorge) und Bildung ins Verhältnis zueinander gesetzt sind (so z. B. im Kontext der bürgerlichen Frauenbewegung). Am Beispiel ausgewählter Diskurse wird im Folgenden verdeutlicht, dass historisch Vorstellungen von Care und Bildung miteinander explizit verknüpft wurden, und dass die damit verbundenen „sozialpädagogischen Ideen" im Kontext der Herausbildung moderner Geschlechterordnungen zu lesen sind. Ausgewählte historische Akteure (Personen, Gruppen, Soziale Bewegungen) und soziokulturelle Milieus, die für die Auseinandersetzung mit sozialpädagogischen Ideen eine zentrale Rolle spielten, werden exemplarisch angesprochen.

Zur historischen und strukturellen Dimension einer Geschichte sozialpädagogischer Ideen

Die für die Herausbildung von Sozialpädagogik und Sozialarbeit in Deutschland sehr bedeutsame Ablösung der Almosen- durch Armenpolitik um 1900 stellt sich insgesamt als durchaus kontroverser und

Otto/Thiersch (Hg.), Handbuch Soziale Arbeit, 4. A., DOI 10.2378/ot4a.art057,

konfliktreicher Prozess dar (Böhnisch et al. 1999). Es wurde dabei immer auch kritisiert, „daß die Beschränkung lediglich auf das Gebiet der Wohlthätigkeit im Grunde einen Verzicht auf die Lösung der eigentlichen Schwierigkeiten des sozialen Problems" (v. Gizycki 1895, 586) bedeutete.

Mit der seit der Reichsgründung 1871 verfolgten staatlichen Arbeiterpolitik und der Herausbildung des Sozialversicherungswesens entwickelt sich eine voneinander unterschiedene Arbeiter- und Armenpolitik bzw. Armenfürsorge (Sachße / Tennstedt 1988). Damit findet in Deutschland gleichzeitig eine Spaltung entlang der Trennlinie Geschlecht statt (Reinl 1997), und zwar mit einer (kollektivierenden) Tendenz, die Existenz erwerbstätiger Individuen an der Norm eines (männlich gedachten) Arbeiters auszurichten, dessen Reproduktionsrisiken auf den industriellen Produktionsprozess hin „versichert" werden. Andere Existenzrisiken werden individualisiert und mehr oder weniger der Fürsorgetätigkeit überlassen, verschwinden – als „Probleme der privaten Lebensführung" – tendenziell aus der gesellschaftlichen Wahrnehmung von Strukturproblemen.

Gerade mit Bezug auf eine Sozialpolitik als Geschlechterpolitik (Ostner 1994) kann gezeigt werden, dass im modernen Wohlfahrtsstaat eine Bildungsperspektive ausgebildet wird, in die „weit reichende Definitionen von Normalität und Abweichung bezüglich durchschnittlicher Lebensentwürfe und Lebensführungen [...] eingelassen sind" (Böhnisch et al. 1999, 253). Nicht nur im Medium Sozialer Arbeit, sondern auch in (anderen) pädagogischen Kontexten findet also eine spezifische „Normalisierung" statt, und dies geschieht im Rahmen eines „Geschlechterdispositivs" (Bührmann 1998). Sozialpädagogische Ideen sind daher in Geschlechter-Macht-Verhältnisse verwoben. Historisch ist die Idee „weiblicher Arbeit" mit Hilfsbedürftigen entstanden, die jeweils eher aktuell und auf konkrete Situationen bezogen agiert (Funk 1989), während „Sozialpolitik" als Idee anscheinend einer anderen räumlichen und zeitlichen (Institutionalisierungs-)Logik folgt. Unter den Vorzeichen von Geschlechtertrennung und -hierarchie entsteht so eine Art „personelle Verfügbarkeit" weiblicher Sorgetätigkeit (Böhnisch / Funk 2002), die eine spezifische Machtwirkung des (historischen) Geschlechterdispositivs darstellt (Maurer 2001).

Die reproduktionsorientierte, an der Unmittelbarkeit der Lebensverhältnisse ansetzende Soziale Arbeit wird so immer mehr als „das Andere" der Sozialpolitik betrachtet, sie wird dennoch (vor allem zur Regulation „sozialer Krisen") sozialpolitisch gebraucht und als selbstverständlich verfügbar angesehen. Soziale Arbeit springt sozusagen da ein, wo soziale Risiken nicht mehr individuell bewältigbar sind – und bildet damit einen Zwischenbereich, einen Bereich der Vermittlung zwischen privatisierter Reproduktion und gesellschaftlich-kollektiver Reproduktion (Bitzan 2002).

Bührmann weist in Bezug auf die historische Entwicklung auf die „doppelte Verknüpfung" von Frauen mit dem sich etablierenden Sozialstaat hin (Bührmann 2004, 221 f.), in der es einerseits um dessen „gleichberechtigte Nutzung" gegangen sei; gleichzeitig wurden Frauen im Zuge der Entwicklung moderner Sozialer Arbeit und der Herausbildung einer sozialen Infrastruktur im ersten Drittel des 20. Jahrhunderts zu Mit-Entscheidungsträgerinnen staatlicher Sozialpolitik. Dies trifft auf Gertrud Bäumer (1873–1954) zu, auf die Leiterin der Frauenarbeitszentrale im Kriegsministerium und spätere Reichstagsabgeordnete Marie-Elisabeth Lüders (1878–1966) oder auch auf Marie Juchacz (1879–1956), die Begründerin der Arbeiterwohlfahrt.

Der politische Diskurs um Geschlechterdifferenz und -hierarchie ist so insgesamt in die Soziale Arbeit eingelassen. Systematisch ist deshalb danach zu fragen, wie sozialpädagogische Ideen, die in der Geschichte Sozialer Arbeit auch mit Bezug auf die gesellschaftliche Geschlechterordnung formuliert wurden, entsprechend rekonstruiert und eingeordnet werden können (Maurer 2008; Maurer / Schröer 2002; Schröder 2001; Bührmann 2004).

Soziale Ideen und Soziale Bewegungen

Die Entwicklung sozialpädagogischer Ideen erfolgte nicht zuletzt in Auseinandersetzung mit den zeitgenössischen Sozialen Bewegungen und durch diese Bewegungen selbst (Nohl 1927). Am Beispiel der Arbeiterbewegung und Frauenbewegung um 1900 soll dies kurz veranschaulicht werden. Beide Bewegungen bezogen sich auf Verhältnisse sozialer Ungleichheit und klagten Gerechtigkeit ein, sie skandalisierten Armut und Ausgrenzung, entwickelten jeweils eine tiefgehende Kritik des Status Quo und entfalteten Visionen einer besseren Gesellschaft. Beide setzten sich sozusagen mit Fragen gesellschaftlicher Teilhabe und Regierungsweisen auseinander. Ein großer Unterschied bestand allerdings darin, wie das geschah: So waren Arbeiterbewegung (und sozialistische Frauenbewegung) daran interessiert die gesellschaftliche Ordnung im Hinblick auf das Verhältnis von Lohnarbeit und Kapital grundlegend zu verändern, während die bürgerliche Frauenbewegung in ihrer Mehrheit soziale Reformen im Rahmen der „Kultur-Nation" verfolgte und dabei eher die Entwicklungs- und Bildungsmöglichkeiten (und -notwendigkeiten) der Person betonte. Auch damit konnte sich durchaus eine – mehr oder weniger weitreichende – Kritik an den gesellschaftlichen Verhältnissen als Ordnungen der (Geschlechter-)Ungleichheit verbinden.

Im Kontext der bürgerlichen Frauenbewegung um 1900 wurde jedenfalls eine „neue Verbindung von Wohlfahrt und Politik" in transformativer Absicht formuliert und in gewisser Weise auch realisiert (Schröder 2001, 330). Diese Verbindung zeigt sich z. B. in der Forderung nach sozialen Rechten für alle, insbesondere auch für Frauen. Von der Thematisierung sozialer Fragen und der Realisierung sozialer Arbeit ausgehend verbanden sich mit der Wahrnehmung gesellschaftlicher (Ordnungs-)Probleme sehr weitgehende Rechts-Vorstellungen, die sich einmal in der Auseinandersetzung um das damals (1900) entstehende Bürgerliche Gesetzbuch (BGB) zeigten, dann aber auch in allen weiteren Rechts-Kämpfen der Frauenbewegung (Recht auf Bildung, Wahlrecht, Recht auf Arbeit, Recht auf eigenständige Existenzsicherung, Schutzrechte etc.)

Wenn es darum geht, die historischen Prozesse gesellschaftlichen Wandels – und damit auch die Prozesse der Etablierung einer neuen sozialen wie mentalen Ordnung – zu rekonstruieren, so erscheint es weiterführend, sich der Geschichte der damit verbundenen Problematisierungen zu widmen (Foucault 1973). Von daher interessieren die Muster der Wahrnehmung und Interpretation bzw. der Re-Artikulation gesellschaftlicher Erfahrung, die Theorien wie Praktiken der hier exemplarisch betrachteten Sozialen Bewegungen strukturieren und hervorbringen: Der spezifische Fokus der Arbeiterbewegung ermöglicht es, Machtverhältnisse wahrzunehmen, die mit einer bestimmten Ökonomie verbunden sind; dieser Fokus ermöglicht ebenso, Klassengegensätze sowie die auseinandergehenden politischen und ökonomischen Interessen der verschiedenen sozialen Gruppierungen wahrzunehmen. Die relevante „soziale Position" ist hier die der Klassenzugehörigkeit, und die Metapher der Wahl im Hinblick auf das Ziel „gesellschaftliche Veränderung" ist „der Kampf" (für Freiheit und Gerechtigkeit).

Der spezifische Fokus der Frauenbewegung ermöglicht es, Abhängigkeitsverhältnisse bis in die feinsten Verästelungen der Seele hinein wahrzunehmen; dieser Fokus ermöglicht es also Machtbeziehungen wahrzunehmen, die nicht nur mit der Ökonomie, sondern auch mit Moralität und Identität verknüpft sind. Die relevante „soziale Position", oft als „natürliche Position" interpretiert, ist die der Geschlechtszugehörigkeit, und die Metapher der Wahl im Hinblick auf das Ziel „gesellschaftliche Veränderung" ist „der Beitrag" – der „spezifische weibliche Kulturbeitrag" im Medium von Care-Work und Bildung.

Die so gekennzeichnete Differenz zwischen den beiden Bewegungen ist nicht etwa Ergebnis oder Effekt von Erkenntnis oder Entscheidung, die jeweils „besser" oder „schlechter", mehr oder weniger adäquat sein könnten. Sie kommt vielmehr zustande durch sehr unterschiedliche soziale bzw. „gesellschaftliche Erfahrung", die mit sehr unterschiedlichen (möglichen / zugänglichen) Positionen im gesellschaftlichen Gefüge zu tun hat; einem Gefüge, das eben nicht nur durch Klassengegensätze, sondern auch durch eine spezifische „Ordnung der Geschlechter" strukturiert ist. Während die Idee der Klasse (und von daher auch die Klassen-Position) die Erfahrung „kollektiver Identität" ermöglicht (und in gewisser Weise auch erzwingt), so bleibt die Gender-Position an die individuelle Erfahrung gebunden. Denn obwohl in vielerlei Hinsicht „kollektiv", wird die Gender-Position – zumindest in der spezifischen Version des deutschen Bürgertums um 1900 und des sich entwickelnden deutschen Sozialstaates – doch immer wieder von neuem privatisiert, individualisiert und naturalisiert, auch im Kontext der Frauenbewegung selbst (Bührmann 2004).

Bührmann spricht in diesem Zusammenhang von „begrenzter Individualisierung" (Bührmann 2004, 219 f.), die auch mit dem Konzept „geistiger" oder „pädagogischer Mütterlichkeit" verbunden gewesen sei. Mit Hilfe dieses Konzeptes gelang es den frauen-bewegten Akteurinnen sowohl eine dezidierte und ausgearbeitete Kritik an gesellschaftlichen Zustän-den zu artikulieren als auch die gesellschaftliche Si-tuation selbst zu transformieren.

Das Denken und die Politik der „geistigen Mütter-lichkeit" (zuerst Schrader-Breymann 1962 / 1868) können – historisch wie systematisch – sicherlich auch als „Emanzipationsfalle" (Maurer 2003) ge-deutet werden; dennoch lohnt es sich, neben den normativen und (selbst)begrenzenden Elementen auch die kritisch-utopischen Aspekte zu rekon-struieren, die damit zum Ausdruck und zur Gel-tung gebracht wurden (Maurer 1997). „Ge-schlecht" wird dabei als eine Dimension deutlich, die „gesellschaftliche Erfahrung" in spezifischer Weise strukturiert und auch neu hervorbringt. „Geschlecht" wird also – neben „Klasse" – als ge-sellschaftliches Konfliktfeld deutlich.

Care und Bildung I – Frühe Beiträge im 19. Jahrhundert

Für den hier diskutierten Zusammenhang er-scheint grundlegend, dass Frauen aus der bürger-lichen wie der sozialistischen Frauenbewegung Neu-Konzeptionierungen von Care und Bildung vornehmen. Die – für die Entwicklung moderner Sozialer Arbeit vor allem maßgebliche – bürgerli-che Frauenbewegung formuliert Visionen von ei-ner veränderten gesellschaftlichen Ordnung, was die Lebensmöglichkeiten der Menschen und die gesellschaftlichen Anerkennungsverhältnisse an-belangt, entwickelt dabei konkrete „so-zial(pädagogisch)e Ideen" und arbeitet – auf dem Wege Sozialer Arbeit, aber auch mit ihrem Kampf um Bildung – auf deren Verwirklichung und ein Management des Sozialen (Althans 2007) hin.

Bildung und Sorge werden im Kontext frauen-bewegter Visionen des Sozialen gleichermaßen als Notwendigkeit formuliert und erweisen sich als bewusster und explizit politischer Umgang mit den zeitgenössischen sozialen Herausforderungen. Es lohnt sich daher, die Aufmerksamkeit auf die spezifischen Verknüpfungen zwischen Bildung und Care-Work zu richten, wie sie sich vor allem im Kontext der bürgerlichen Frauenbewegung finden – in der übergreifenden Politik, den Kon-zepten und Strategien der Bewegung, in den kon-kreten frauenbewegten Initiativen und Praktiken, aber auch in den Selbstzeugnissen der beteiligten Frauen.

So bieten etwa die politischen und sozialkritischen Schriften einer Fanny Lewald (1989) oder Louise Otto-Peters aus der Zeit des Vormärz Einblicke in eine intensive Auseinandersetzung mit den gesell-schaftlichen Umbrüchen und sozialen Fragen der Zeit – die „Frauenfrage" ist hier ausdrücklich in-tegriert und bildet häufig den zentralen Bezugs-punkt der gesellschaftskritischen Reflexionen. Unterschiedliche Text-Genres und Medien wer-den dafür genutzt: Louise Otto-Peters' – zunächst von der Zensur beschlagnahmter und in der Folge in einer entschärften Fassung erschienener – Ro-man „Schloss und Fabrik" von 1846 (die unzen-sierte Originalversion erschien erst 150 Jahre spä-ter) erweist sich als vielschichtige Behandlung der sozialen Frage unter dem Eindruck der beginnen-den Industrialisierung Deutschlands. Frühsozia-listische Utopien werden hier ebenso ausführlich reflektiert wie die humanistisch-aufgeklärten Ideale von Menschenliebe und Mildtätigkeit (Otto-Peters 1996).

Fanny Lewald, eine der einflussreichsten deut-schen Schriftstellerinnen des 19. Jahrhunderts und viel gelesene Autorin des Vormärz, tritt – wie Otto-Peters – als überzeugte Demokratin und Anhängerin der Revolution von 1848 für soziale und politische Gleichheit ein. Ihre Schriften kennzeichnen den Lebensalltag armer Handarbei-terinnen ebenso wie die Ignoranz privilegierter Frauen ihrer Zeit. Bildungs- und soziale Fragen werden in einem engen Zusammenhang gedacht, wenn Lewald etwa Einblicke in frühe emanzipa-torische Einrichtungen wie die Hamburger Frau-enhochschule oder das erste Berliner Asyl für ob-dachlose Frauen gibt. Gertrud Bäumer wird Lewalds Beiträge später mit folgenden Worten kommentieren: „Das Beste, was in der ganzen ersten Generation der Frauenbewegung zur Sache gesagt ist. [...] Dabei vollkommen unpathetisch und ohne Sentimentalität und Übertreibung." (Bäumer 1910 / 11, 490)

In Frankreich veröffentlicht Flora Tristan 1843 mit ihrer Schrift „Arbeiterunion" (Tristan 1988) das erste politische Manifest, in dem der Kampf der Arbeiter und der der Frauen eine Einheit bilden. Die darin entwickelten sozialen Visionen können als bedeutsamer Beleg für ein Zusammen- und

Querdenken aller gesellschaftlichen Bereiche gelesen werden. Tristans konkrete Vorschläge einer politischen Organisation von Arbeiterinnen und Arbeitern lassen sich nicht zuletzt auf die im französischen Frühfeminismus formulierten Ideen zurückbeziehen, die im folgenden Motto verdichtet zum Ausdruck gebracht werden: „Freiheit für die Frauen, Freiheit für das Volk, durch eine neue Organisation von Hausarbeit und Industrie." (Grubitzsch / Lagpacan 1980, 63)

Care und Bildung II – Entwürfe frauenbewegter Akteurinnen von 1900 bis in die Weimarer Republik

Um die Wende zum 20. Jahrhundert haben frauenbewegte „soziale Arbeiterinnen" und Pädagoginnen in vielen Ländern und international vernetzt weitreichende Konzepte einer sozialen Praxis und Wissenschaft entwickelt (Hering / Waaldijk 2002). Sie begründeten nicht nur zahlreiche Organisationen, die dazu beitrugen, lokale soziale Kulturen und Hilfestrukturen zu schaffen (Schröder 2001), sie erforschten und analysierten die vorgefundenen und erfahrenen Probleme auch im Kontext der entstehenden Sozialwissenschaften und der Nationalökonomie (Hering 1997; Bührmann 2004). Insbesondere die Bezugnahme auf das „Frauenwohl" erwies sich offenbar als kreative, elastische Formel, die den gesellschaftlichen Zusammenhang von „Bildung und Care" thematisierbar machte.

In den Foren bürgerlicher Sozialreform und der sich entwickelnden Sozialpolitik etablierten die Akteurinnen sozial(pädagogisch)e Ideen. So hielt etwa die Fabrikinspektorin und spätere Reichstagsabgeordnete Marie Baum beim 22. Evangelisch-sozialen Kongress in Chemnitz 1910 einen Vortrag mit dem Titel „Fabrikarbeit und Frauenleben". Gleich zu Beginn strich Baum ihre Kritik am Zugang der „Inneren Mission" Wicherns heraus: Der Industrialismus habe das gesellschaftliche Leben derart verändert, dass nur mit Hilfe der neueren sozialen Wissenschaften – und nicht allein mit dem Evangelium – die Situation begriffen und Gegenmaßnahmen gefunden werden könnten. Sozialpolitik habe dabei die Perspektive der Sorge für die Persönlichkeitsbildung einzunehmen und die großen Momentaufnahmen der Sozialwissenschaft dahingehend zu hinterfragen, wie der einzelne Mensch in seiner jeweiligen Lebenssituation sein Ich erhalten und seine Persönlichkeit stärken könne (Baum 1910, 10).

Baum argumentierte in ihrem Vortrag ausgehend von den Erkenntnissen der sozialen Statistik und setzte gerade darüber ihre sozialen Ideen ins Verhältnis zu den Vergesellschaftungsformen des Frauenlebens im industriellen Kapitalismus (siehe auch Rühle-Gerstel 1932). Sozialpolitik, Bildungspolitik und Fürsorge sah sie als gesellschaftliche Mittel, die dem Menschen im industriellen Kapitalismus „Bewegungsfreiheit" sichern und geben sollten, damit er sich zu einer Persönlichkeit entwickeln könne. Dabei wollte Baum insbesondere die Mädchen in den sozialpolitischen Horizont rücken. Sie forderte soziale und pädagogische Maßnahmen vergleichbar mit denen für die Jungen, denn letztlich habe die Pädagogik für die Mädchen den gleichen Dienst zu erfüllen, wie die Gewerkschaften und Arbeiterbildungsvereine ihn für den erwachsenen männlichen Arbeiter leisteten. Die Pädagogik – so lässt sich Baum pointiert interpretieren – müsse letztlich eine Gewerkschaft für die Jugend sein.

Verfolgt man diesen Strang einer bildungs- und sorgepolitisch engagierten Sozialpädagogik der bürgerlichen Frauenbewegung in seiner ganzen Breite, so wird deutlich, dass angesichts der gesellschaftlichen Umbrüche im ersten Drittel des 20. Jahrhunderts in der Frauenbewegung entschieden um sozial(pädagogisch)e Ideen gestritten wurde. In ihrem berühmt gewordenen Aufsatz zu den „historischen und sozialen Voraussetzungen der Sozialpädagogik und ihrer Theorie" ist es Gertrud Bäumer, die angesichts der wohlfahrtsstaatskritischen Diskussionen Ende der 1920er Jahre deutlich macht, dass sich „die Grundlage des öffentlichen Erziehungssystems" gewandelt habe und die tradierten Orte der Sorge, der Erziehung und Bildung nur durch eine „gesellschaftliche Mehrleistung" bewahrt werden könnten (Bäumer 1929). Sie streicht unmissverständlich heraus, dass die Sozialpädagogik und ihre Theorie nur zu begreifen seien, soweit man die, „Veränderungen der gesellschaftlichen Struktur soziale(r) Probleme" betrachte, die „Grundlagen und Wesen der Hilfsbedürftigkeit durchaus verändert hätten". In Bäumers Sicht fällt die Entwicklung der Sozialpädagogik in eine Entwicklungsperiode, die man auf die Formel „Von der Caritas zur Sozialpolitik" bringen kann (Maurer / Schröer 2002).

Insofern ist die Entwicklung der Sozialen Arbeit, wie sie durch die Frauenbewegung zu Beginn des 20. Jahrhunderts grundlegend geprägt wurde, im sozialpolitischen Zusammenhang der „great transformation" hin zu den „Basissicherheiten des Wohlfahrtsstaates" zu verstehen (Evers / Nowotny 1987). Dabei versuchten die Akteurinnen diesem Transformationsprozess ideell wie praktisch-politisch eine eigene Richtung zu geben, indem sie Soziale Arbeit – mit Blick auf die Bildungsherausforderungen und Sorgeverhältnisse – in den Horizont der sozialpolitischen Entwicklungen rückten.

In ihrer Studie zu „Frauenbewegung und Sozialreform 1890–1914" kann Iris Schröder zeigen, dass mit der Sozialen Arbeit bürgerlicher Frauen um 1900 nicht zuletzt versucht wurde, „Bildung" und „Arbeit" als übergeordnete Wertvorstellungen im „Glauben an eine bessere Welt" zu etablieren (Schröder 2001). Dabei wurde der Arbeitsbegriff geöffnet und für alle gesellschaftlich bedeutsamen Tätigkeiten gleichermaßen verwendet – für Hauswirtschaft, Pflege, Erziehungstätigkeit im Rahmen der Familie ebenso wie für Lohn- und Berufsarbeit. Damit stellten die frauenbewegten Akteurinnen nicht nur die – historisch noch relativ jungen – Trennungen und Hierarchien in Bezug auf gesellschaftliche Sphären und Arbeitswelten kritisch infrage, sie nahmen auch eine ausdrückliche Anerkennung und Wertschätzung von Sorge-Tätigkeiten vor bzw. klagten diese ein.

Ähnliches lässt sich für den Begriff der „Bildung" beschreiben: Mit dem Konzept der „Sozialen Frauenbildung" (Salomon 1908) wird eine Doppelperspektive zum Ausdruck gebracht, die Bildung gleichzeitig auf das Individuum sowie auf Gesellschaft, Politik und Staat bezieht – damit klassischen Bildungskonzepten im Hinblick auf eine „mündige Staatsbürgerschaft" durchaus verwandt. Indem diese Bildungsidee zu Beginn des 20. Jahrhunderts im Kontext Sozialer Arbeit und für Frauen reformuliert wird, bringt sich eine zeitgenössische Hoffnung auf „Verallgemeinerbarkeit des bürgerlichen Projektes" (Schröder 2001, 334) zum Ausdruck. Auch dessen Ambivalenz (Dammer 2008) – die Vision einer universell gedachten politischen Teilhabe und die Vorstellung von Bürgerlichkeit als spezifisches Modell der Lebensführung – zeigt sich vielfach in den sozialpädagogischen Ideen und Praktiken der bürgerlichen Frauenbewegung.

An dieser Stelle ist ein Aspekt hervorzuheben, der das Verhältnis von Bildung und Sozialer Arbeit im Kontext der Frauenbewegung um 1900 in besonderer Weise beleuchtet. Es ist „Der Kampf um ‚weibliche Individualität'" (Bührmann 2004), wie er etwa in Gertrud Bäumers Text „Die Frau in der Kulturbewegung der Gegenwart" (1904) zum Thema wird. Für die frauenbewegten Akteurinnen ist die Teilhabe an Bildung zentrales Motiv im doppelten Wortsinn: Sie selbst streben nach Bildung als kostbares Gut, verknüpfen damit politische, auch gesellschaftliche Teilhabe im weiteren Sinne (Maurer 2003). Bildung wird für sie zum Symbol, zum Medium eines sinnvollen Lebens in Gesellschaft und der Selbstsorge für sich als Individuum. Im Hinblick auf die Soziale Frage erscheint Bildung als „Prävention", als existentiell notwendige Bedingung für die Chance einer besseren Sorge. In beiden Hinsichten ist Bildung „Hoffnungshorizont" – markiert ein „Jenseits der Not", ein „Jenseits der herkömmlichen Abhängigkeiten in Geschlechterbezügen".

Der soziale Diskurs der Frauenbewegung, der sich in der Spannung zwischen Gesellschaftstheorie und sozialer Praxis bewegte, lag quer zu den anderen pädagogischen Diskussionen der Zeit. Schon Lily Braun (geb. von Gizycki) wehrte sich dagegen, die Sorge- und Familienfrage in der kapitalistischen Gesellschaft auf eine „Frauenfrage" einzuengen. Die Gebundenheit der Frau an die Familie und ihre damit erzwungene Abhängigkeit sollte vielmehr über neue soziale Formationen aufgelöst werden, die geeignet seien, die geschlechtshierarchische Spaltung der Lebens- und Arbeitswelten zu überwinden. Frauen und Männer sollten deshalb auf der Grundlage einer frauenbewegt inspirierten antikapitalistischen Sozialwissenschaft neue soziale Ideen „jenseits des Patriarchats" entwerfen. Wie Frauen einst die „Oekonomie des Hauses" begriffen hätten, sollten sie nun die „Oekonomie der Welt" erfassen (Braun 1901, 140). „Herz und Geist" als Gestaltungsprinzipien sollten nicht auf den privaten Reproduktionsbereich beschränkt bleiben, denn auch in der Ökonomie des industriellen Kapitalismus zeige sich, dass „bloße Kraft" nicht das Gestaltungsprinzip einer Gesellschaft sein könne.

Ganz in diesem Sinne sahen auch Alice Salomon und Helene Weber „die Soziale Arbeit der Frau" eben nicht nur auf die Beziehungsarbeit des sozialen Nahraums beschränkt, sondern als gesellschaftliche Arbeit – mit dem Ziel öffentlich zu zeigen, dass „der Mensch höher gewertet wird als die Wirtschaft" (Weber 1931, 308). Salomon begriff die „soziale und fürsorgerische Begabung der Frau" als Bildungsherausforderung – und enthob sie damit gleichzeitig einer scheinbar gegebenen „Natürlichkeit".

Salomon, Baum und Bäumer formulierten als gesellschaftspolitische Begründung für Sozialpädagogik und Sozialarbeit die Rückholung und Verteidigung des Menschen in der rationalisierten industriekapitalistischen Gesellschaft; gleichzeitig wurde in der Praxis Sozialer Arbeit eine „weibliche" Methodik, ein Management (Althans 2007) entwickelt, das sich insbesondere auf die Einzelfallhilfe bezog. Marie Baum beschrieb in ihrer Bilanz „Zehn Jahre soziale Berufsarbeit" (1926) die fürsorgerische Tätigkeit des „case-work" (als „Überblick über das Ganze") in ihrer Verbindung mit „care-work": Die Fürsorgerin sollte einerseits rational-methodisch arbeiten und den Klienten gleichzeitig mit „Wärme und Liebe" entgegen treten, damit sie im behördlichen Apparat nicht nur „als Fall" erscheinen.

Care und Bildung III – Gemeinschaften, Genossenschaften und Nachbarschaften

Auch in den Kreisen der bürgerlichen Sozialreform und Pädagogik des 19. Jahrhunderts, im Vormärz (Gedrath 2003), in den 1840er Jahren (Müller 2002; Dollinger et al. 2010) oder um die Wende zum 20. Jahrhundert sind den bisher ausgeführten Debatten vergleichbare Entwürfe und Positionen zu finden. So entdeckte 1894 Paul Natorp mit seiner Schrift „Pestalozzis Ideen über Arbeiterbildung und soziale Frage" die sozialen Ideen des Schweizer Pädagogen wieder. Der Mensch ist demnach nicht nur den ökonomischen Entwicklungen ausgeliefert, er kann sich dagegen wehren, sich um sich sorgen, und diese Sorge begründet sich aus seinem Menschsein. Die Gewaltförmigkeit des Kapitalismus sei Teil des „ewigen sittlichen Unrechts" der Gewalt von Menschen über Menschen, der Widerstand gegen sie und damit gegen die kapitalistische Gewalt nicht nur gesellschaftliches, sondern auch sittliches Recht: „Die Produktionslage ruft auch

ohne greifbare Folgen die Ideen hervor, die darauf zielen, sie und damit die Gesamtlage der Menschen zu bessern, aber die Ideen gestalten dann wieder die Produktion." (Natorp 1894, 24)

Natorps Verknüpfung von philosophischen, sich um das Menschsein sorgenden, und bildungstheoretischen Überlegungen war um die Wende zum 20. Jahrhundert wissenschaftlich durchaus populär. Die Wechselwirkung von Wirtschaft, Kultur und Gesellschaft zu bestimmen wurde zur zentralen Herausforderung der damals aufkommenden Sozialwissenschaft. So plädierte auch Georg Simmel in seiner „Philosophie des Geldes" (1904) ausdrücklich für eine Synthese lebensphilosophischer und sozialökonomischer Perspektiven. Auch Max Weber arbeitete in seiner „protestantischen Ethik" heraus, dass die Durchsetzung des kapitalistischen Geistes sich wesentlich „dornenvoller" vollzogen habe, als die „Theoretiker des Überbaus" es annehmen und fragte nach dem ethischen und kulturellen „Unterbau" des Kapitalismus (Weber 1904, 23).

So entwickelten sich sozial(pädagogisch)e Ideen zur Umgestaltung und Humanisierung der kapitalistischen Industriegesellschaft im Kontext des sozialpolitischen Diskurses zur „Sozialen Frage" (Schröer 1999), indem ein „Weg" der sozialen Zähmung des Kapitalismus gesucht wurde.

Bei Natorp fließen sozialpädagogische, sozialphilosophische und sozialpolitische Perspektiven der Zeit im Sinne einer pädagogischen Transformation der Sozialreform zusammen. Zeitgenössische Kritiker verwiesen vor allem auf dessen sozialidealistische Grundannahme: Schon Pestalozzi habe in seinem Roman „Lienhard und Gertrud" gezeigt, merkte z.B. der Sozialwissenschaftler Ferdinand Tönnies an, dass der Mensch durch die gesellschaftlichen Verhältnisse zu dem geworden sei, was er ist (Tönnies 1894).

Natorp verstand Sozialpädagogik als Theorie der sozialen Bildung im Sinne der Sorge um den Menschen in seiner Sozialität. Jene realisiert sich demnach im Widerspiel der Bildungsbedingungen des sozialen Lebens mit den sozialen Bedingungen der Bildung. Er konkretisierte sein Konzept für den Zusammenhang so unterschiedlicher Bildungsinstitutionen wie Familie, Schule, Genossenschaften – in einem ganzheitlichen Ansatz, der bereits bei Pestalozzi angelegt war.

Natorps sozialpädagogische Ideen setzen also auch bei der Familie an, die er aber – den gewandelten gesellschaftlichen Verhältnissen entsprechend – in ihrer Transformationsbedürftigkeit analysiert. Er plädiert deshalb für kollektive, den Einzelhaushalt übergreifende Formen familialer Sorge und Bildung, welche die „Starrheit des Familienbegriffs" zu überwinden in der Lage sind. Natorp spricht in diesem Zusammenhang „von Familienverbänden" und „Nachbarschaftsgilden", in denen privat-familiale und gesellschaftliche Sozialformen miteinander verbunden werden können. Er dachte dabei vor allem an die Arbeiterschaft, deren familienübergreifende, offene Sozialformen und solidarische Milieustrukturen er erhalten wissen und die er nicht in die politische Privatheit der bürgerlichen Kleinfamilie treiben wollte (Kunstreich 2000). Diese Überlegungen Natorps weisen durchaus Parallelen zu den weiter oben erwähnten Vorschlägen von Lily Braun auf.

Friedrich Siegmund-Schultze verknüpfte im ersten Drittel des 20. Jahrhunderts Paul Natorps sozialpädagogische Ideen mit der internationalen Settlement-Bewegung. In der letzten Ausgabe seiner „Neuen Nachbarschaft" (1930) druckte er im Übrigen den folgenden Beitrag Alice Salomons ab: „Der Staat ist die verkörperte Gerechtigkeit. Warum sollte der Bürger noch um die Gerechtigkeit Sorge tragen. [...] Es ist auch die Zeit gekommen, um neben der behördlichen Sozialarbeit die Arbeit der freien Vereine neu zu beleben. Die private Fürsorge ist das Wahrhafte Gewissen der Nation" (Salomon 1930, 169). Für Siegmund-Schultze hatte Salomon damit „mit hoher Deutlichkeit den entscheidenden Punkt herausgestellt."

Er selbst trat mit seiner von der Settlement-Bewegung inspirierten Idee der Stärkung des Nachbarschaftswesens und mit seinen sozialpädagogischen Arbeitsgemeinschaften für eine „Erneuerung der Gesellschaft aus der sozialen Praxis des unmittelbaren menschlichen Miteinanders" ein. Mit seiner Skepsis gegenüber einer ausdifferenzierten, „äußerlich" bleibenden staatlichen Sozialordnung und gegenüber einer Sozialbürokratie, die den Bürger von der gegenseitigen Sorge um das menschliche Miteinander entferne, bezog sich Siegmund-Schultze letztlich auf die Bildungsideen von Natorp und Pestalozzi, die in ihrer Sozialphilosophie ebenfalls davon ausgingen, dass das unmittelbare, ganzheitliche, gemeinschaftliche Miteinander das zu bewahrende „innere Kernelement der Kulturnation" und der sozialen Erneuerung sei. Allerdings

sind die hier zitierten Äußerungen des Jahres 1930 auch als Reflex auf die inzwischen vorliegenden zwiespältigen Erfahrungen mit dem Wohlfahrtswesen unter den schwierigen politischen und finanziellen Vorzeichen der Weimarer Republik zu lesen.

Die hier nur angedeuteten Vorstellungen Siegmund-Schultzes und Salomons verweisen insgesamt auch auf die in Sozialarbeit und Sozialpädagogik immer wieder thematisierte Idee einer „Bürgergesellschaft", in der private Sorge und die Bildung sozialer Gemeinwesen gegen den Sozialstaat und öffentliche Bildungsverantwortung ausgespielt werden. Anders als etwa bei Gertrud Bäumer und Carl Mennicke, die den selbstverständlichen Platz der sozialen Berufsarbeit in modernen Wohlfahrtsstaaten neben anderen Berufen (wie Lehrer, Handwerker oder Industriearbeiter) hervorhoben, da die hier geleistete Arbeit sich grundsätzlich von der überkommen privaten sozialen Hilfstätigkeit unterscheide.

Entsprechend warnte Mennicke z. B. vor „reaktionären Vereinigungen und Bestrebungen", die nicht die „Tragweite" des gesellschaftlichen Strukturwandels für das Alltagsleben der Menschen" erkennen wollten und erneut die „pädagogische Kraft" der „traditionellen gesellschaftlichen Formen" betonten und z. B. die „private Liebestätigkeit" als Grundmaxime des Hilfesystems wieder entdeckten (Mennicke 1930, 330).

Insgesamt umfassten die sozialpädagogischen Ideen der Zeit ein „sehr komplexes Zusammenspiel von Selbsthilfe und Fremdhilfe, von staatlicher Intervention und Eigenverantwortung des einzelnen" (Schröder 2001, 331). Mit der Idee einer „gesellschaftlichen Selbsthilfe", die z. B. im Kontext der Frauenbewegung als „gegenseitige Frauenhilfe" konzipiert und realisiert worden ist (im Rahmen von Rechtsschutzstellen, berufsständischer Interessenvertretung, Bildungsinitiativen), kommt zum einen eine kollektive, zum anderen eine dezidiert zivilgesellschaftliche Dimension ins Spiel.

Ausblick: Sozialpädagogische Ideen in sozialhistorischer Perspektive

Historische Betrachtungen richten – so Eric Hobsbawm (1989) – zwei Lichtkegel auf die Geschichte und leisten damit eine grundlegende politische

Differenzierungsarbeit: Einerseits arbeiten sie heraus, was von der Geschichte in die Archive gehört und dem „Reich der Vergangenheit" zuzurechnen ist, andererseits zeigen sie auf, was von der Geschichte in der Gegenwart enthalten ist. Eine Geschichte sozialpädagogischer Ideen ist immer auch ein Ordnen von Zugängen unter diesen Blickwinkeln, wobei in diesem Beitrag ein Strang der Geschichte verdeutlicht wurde, über den auch aktuelle Auseinandersetzungen um die Soziale Arbeit perspektivisch zusammengedacht werden könnten.

Bisherige Fachdebatten über den Zusammenhang von Bildung und Sorge in der Sozialen Arbeit wirken häufig recht zögerlich. Demgegenüber sind – vor allem von feministischen Autorinnen – angesichts der weltweiten sozialen Transformationsprozesse der letzten Jahre erneut differenzierte Analysen zum widersprüchlichen Zusammenhang von Sorge, Bildung und sozialer Ungerechtigkeit erarbeitet worden. So weist etwa Nancy Fraser mit ihren Beiträgen immer wieder darauf hin, dass in einer Perspektive von Gerechtigkeit und Anerkennung nicht mehr in denjenigen sozialstaatlichen Modellen gedacht und

gehandelt werden kann, in deren Rahmen viele westliche Länder die sozialen Fragen des ausgehenden 19. und 20. Jahrhunderts bearbeitet haben.

Das Verhältnis von Sorge und Bildung erscheint in den aktuellen sozialpolitischen und sozialpädagogischen Diskussionen also erneut „aufgegeben"; es wird darum gehen sich in einer Weise kritisch-reflexiv auf den gegenwärtigen Transformationsprozess zu beziehen, die diesen nicht in einen „Affirmationsprozess" sozialer Ungleichheit und Spaltung umschlagen lässt. „Affirmative Maßnahmen gegen Ungerechtigkeit" nennt Fraser „solche Mittel, die darauf abstellen, ungerechte Folgewirkungen gesellschaftlicher Verhältnisse auszugleichen, ohne den zugrunde liegenden Rahmen anzutasten, der diese Verhältnisse hervorbringt. Unter transformativen Maßnahmen" werden dagegen Mittel verstanden, „die beabsichtigen, ungerechte Folgewirkungen zu beheben, indem man gerade die zugrunde liegenden Voraussetzungen dieser Verhältnisse neu strukturiert" (Fraser 2001, 47). Welchen Beitrag „sozialpädagogische Ideen" dazu leisten können, wäre zu zeigen.

Literatur

Althans, B. (2007): Das maskierte Begehren. Frauen zwischen Sozialarbeit und Management. Campus, Frankfurt / M. / New York

Amthor, R.-C. (Hrsg.) (2008): Soziale Berufe im Wandel. Vergangenheit, Gegenwart und Zukunft Sozialer Arbeit. Schneider Hohengehren, Baltmannsweiler

Andresen, S., Tröhler, D. (Hrsg.) (2002): Gesellschaftlicher Wandel und Pädagogik. Pestalozzianum, Zürich

Baum, M. (1926): Zehn Jahre soziale Berufsarbeit. F. A. Herbig Verlagsbuchhandlung, Berlin

– (1910): Fabrikarbeit und Frauenleben. In: Die Verhandlungen des zweiundzwanzigsten Evangelisch-sozialen Kongresses. Vandenhoeck & Ruprecht, Göttingen, 5–38

Bäumer, G. (1929): Die historischen und sozialen Voraussetzungen der Sozialpädagogik und die Entwicklung ihrer Theorie. In: Nohl, H., Pallat, L. (Hrsg.), 3–17

– (1910 / 11): Fanny Lewald. Die Frau. Monatsschrift für das gesamte Frauenleben unserer Zeit, hrsg. von Helene Lange, 18. Jg., 490

– (1904): Die Frau in der Kulturbewegung der Gegenwart, Bergmann, Wiesbaden

Bitzan, M. (2002): Sozialpolitische Ver- und Entdeckungen. Geschlechterkonflikte und Soziale Arbeit. Widersprüche 22, 27–43

Böhnisch, L., Arnold, H., Schröer, W. (1999): Sozialpolitik. Eine sozialwissenschaftliche Einführung. Juventa, Weinheim / München

– , Funk, H. (2002): Soziale Arbeit und Geschlecht. Theoretische und praktische Orientierungen. Juventa, Weinheim / München

–, Thiersch, H., Schröer, W. (2005): Sozialpädagogisches Denken. Wege zu einer Neubestimmung. Juventa, Weinheim / München

Braun, L. (1901): Der Kampf um Arbeit in der bürgerlichen Frauenwelt. Archiv für Soziale Gesetzgebung und Statistik 16, 132–150

Brückner, M. (2003): Der gesellschaftliche Umgang mit zwischenmenschlicher Abhängigkeit und Sorgetätigkeiten. Neue Praxis 33, 162–163

Bührmann, A. (2004): Der Kampf um weibliche Individualität. Zur Transformation moderner Subjektivierungsweisen in Deutschland um 1900. Westfälisches Dampfboot, Münster

– (1998): Die Normalisierung der Geschlechter in Geschlechterdispositiven. In: Bublitz, H. (Hrsg.), 71–94

Castel, R. (2000): Die Metamorphosen der sozialen Frage: eine Chronik der Lohnarbeit. Universitäts-Verlag, Konstanz

Dammer, K.-H. (2008): Zur Integrationsfunktion von Erziehung und Bildung. Historisch-systematische Studie zu einem „blinden Fleck" der bürgerlichen Gesellschaft und ihrer Pädagogik. Dr. Kovac, Hamburg

Deutsche Forschungsgemeinschaft (Hrsg.) (1994): Sozialwissenschaftliche Frauenforschung in der Bundesrepublik Deutschland. Akademie, Berlin

Dollinger, B. (2006): Die Pädagogik der sozialen Frage. (Sozial-)Pädagogische Theorie vom Beginn des 19. Jahrhunderts bis zum Ende der Weimarer Republik. VS, Wiesbaden

–, Eßer, F., Müller, C., Schabdach, M., Schröer, W. (2010): Sozialpädagogik und Herbartianismus. Klinkhardt, Stuttgart

Eckart, Ch. (2004): Fürsorgliche Konflikte. Österreichische Zeitschrift für Soziologie 29, 9–24

Eggemann, M., Hering, S. (Hrsg.) (1999): Wegbereiterinnen der modernen Sozialarbeit. Texte und Biographien zur Entwicklung der Wohlfahrtspflege. Juventa, Weinheim / München

Erler, G., Jaeckel, M. (Hrsg.) (1989): Weibliche Ökonomie. Juventa, München

Evers, A., Nowotny, H. (1987): Über den Umgang mit Unsicherheit: die Entdeckung der Gestaltbarkeit von Gesellschaft. Suhrkamp, Frankfurt / M.

Feministische Studien extra (2000): Fürsorge – Anerkennung – Arbeit. 18. Jg. (Redaktion: Christel Eckhart und Eva Senghaas-Knobloch)

Foucault, M. (1973): Archäologie des Wissens. Suhrkamp, Frankfurt / M.

Fraser, N. (2001): Die halbierte Gerechtigkeit. Suhrkamp, Frankfurt / M.

–, Gordon, L. (1994): „Dependency" Demystified: Inscriptions of Power in a Keyword of the Welfare State. Social Politics. Vol. 1, 4–31

Friebertshäuser, B., Jakob, G., Klees-Möller, R. (Hrsg.) (1997): Sozialpädagogik im Blick der Frauenforschung. Deutscher Studien-Verlag, Weinheim

Funk, H. (1989): Vater Staat und Mutter Pflicht. In: Erler, G., Jaeckel, M. (Hrsg.), 133–150

Gängler, H. (1998): Vom Zufall zur Notwendigkeit. Materialien zur Wissenschaftsgeschichte Sozialer Arbeit. In: Wöhrle, A. (Hrsg.): Profession und Wissenschaft Sozialer Arbeit. Centaurus, Pfaffenweiler, 252–283

Gedrath, V. (2003): Vergessene Traditionen der Sozialpädagogik. Votum, Münster

Gizycki, L. v. (1895): Zur Beurteilung der Frauenbewegung in England und Deutschland. Archiv für soziale Gesetzgebung und Statistik 8, 575–598

Gnauck-Kühne, E. (1905): Einführung in die Arbeiterinnenfrage. Verlag der Zentralstelle des Volksvereins für das katholische Deutschland, Mönchen-Gladbach

Grebing, H. (Hrsg.) (2005): Geschichte der sozialen Ideen in Deutschland. Sozialismus – Katholische Soziallehre – Protestantische Sozialethik. Ein Handbuch. VS, Wiesbaden

Grubitzsch, H., Lagpacan, L. (1980): „Freiheit für die Frauen – Freiheit für das Volk!" Sozialistische Frauen in Frankreich 1830–1848. Syndikat, Frankfurt / M.

Hering, S. (1997): Die Anfänge der Frauenforschung in der Sozialpädagogik. In: Friebertshäuser, B., Jakob, G., Klees-Möller, R. (Hrsg.), 31–43

–, Waaldijk, B. (Hrsg.) (2002): Die Geschichte der Sozialen Arbeit in Europa (1900–1960). Leske & Budrich, Opladen

Hobsbawm, E. (1989): Das imperiale Zeitalter. Campus, Frankfurt / M. / New York

Hoffmann, E. v. (Hrsg.) (1962): Henriette Schrader-Breymann: Kleine pädagogische Texte. Beltz, Weinheim

Knijn, T., Kremer, M. (1997): Gender and the Caring Dimension of Welfare States: Toward Inclusive Citizenship. Social Politics 4, 328–361

Konrad, F.-M. (Hrsg.) (2005): Sozialpädagogik im Wandel. Historische Skizzen. Waxmann, Münster

Kuhlmann, C. (2000): Alice Salomon – Ihr Beitrag zur Entwicklung der Sozialen Arbeit in Theorie und Praxis. Beltz, Weinheim

Kunstreich, T. (2000): Grundkurs Soziale Arbeit. Sieben Blicke auf Geschichte und Gegenwart Sozialer Arbeit. Kleine, Hamburg

Lewald, F. (1989): Politische Schriften für und wider die Frauen. Hrsg. von Ulrike Helmer. Ulrike Helmer, Frankfurt / M.

Liegle, L., Treptow, R. (Hrsg.) (2002): Welten der Bildung in der Pädagogik der frühen Kindheit und der Sozialpädagogik. Lambertus, Freiburg / Br.

Ludwig, J., Nagelschmidt, I., Schötz, S. (Hrsg.) (2003): Leben ist Streben. Das erste Auguste-Schmidt-Buch. Leipziger Universitäts-Verlag, Leipzig

Lutz, H., Wenning, N. (Hrsg.) (2001): Unterschiedlich verschieden. Differenz in der Erziehungswissenschaft. Leske + Budrich, Opladen

Maurer, S. (2008): Frauen und Männer in der Zukunft Sozialer Arbeit. Entwurf einer neuen GeschlechterUnOrdnung. In: Amthor, R.-C. (Hrsg.), 177–204

– (2005): Geschichte Sozialer Arbeit als Gedächtnis gesellschaftlicher Konflikte. Überlegungen zu einer reflexiven Historiographie in der Sozialpädagogik. In: Konrad, F.-M. (Hrsg.), 11–33

– (2003): Geistige Mütterlichkeit als Emanzipationsfalle? Bürgerliche Frauen im 19. Jahrhundert kämpfen um Individualität und gesellschaftliche Teilhabe. In: Ludwig, J., Nagelschmidt, I., Schötz, S. (Hrsg.), 247–265

– (2001): Das Soziale und die Differenz. Zur (De-)Thematisierung von Differenz in der Sozialpädagogik. In: Lutz, H., Wenning, N. (Hrsg.), 125–142

– (1997): Zweifacher Blick: Die historische ReKonstruktion moderner Sozialarbeit und die Perspektive der feministischen Enkelinnen. In: Friebertshäuser, B., Jakob, G., Klees-Möller, R. (Hrsg.), 44–56

–, Schröer, W. (2002): „Ich kreise um … " – Die Bildungstheorie der Mitte am Beispiel Gertrud Bäumer. In: Liegle, L., Treptow, R. (Hrsg.), 288–306

Mennicke, C. (1930): Die sozialen Berufe. In: Gablentz, O. v. d., Mennicke, C. (Hrsg.): Deutsche Berufskunde. Bibliographisches Institut, Leipzig, 311–330

Mollenhauer, K. (1964): Einführung in die Sozialpädagogik – Probleme und Begriffe der Jugendhilfe. Beltz, Weinheim

Müller, C. (2002): „Wir Alle sind Artisten … weil Bürger". In: Andresen, S., Tröhler, D. (Hrsg.), 14–24

Müller, S., Otto, U. (Hrsg.) (1997): Armut im Sozialstaat – Gesellschaftliche Analysen und sozialpolitische Konsequenzen. Luchterhand, Neuwied / Kriftel / Berlin

Natorp, P. (1907): Gesammelte Abhandlungen zur Sozialpädagogik. Frommann, Stuttgart

– (1894): Pestalozzis Ideen über Arbeiterbildung und die soziale Frage. Stuttgart

Niemeyer, C. (1998): Klassiker der Sozialpädagogik. Juventa, Weinheim / München

Nohl, H. (1927): Jugendwohlfahrt – Sozialpädagogische Vorträge. Quelle & Meyer, Leipzig

–, Pallat, L. (Hrsg.) (1929): Handbuch der Pädagogik. Bd. 5. Beltz, Langensalza

Ostner, I. (1994): Sozialpolitik als Geschlechterpolitik. In: Deutsche Forschungsgemeinschaft (Hrsg.), 120–135

Otto-Peters, L. (1996): Schloss und Fabrik. 1. vollst. Ausg. des 1846 zensierten Romans. LKG, Leipzig

Peters, D. (1984): Mütterlichkeit im Kaiserreich. Kleine, Bielefeld

Reinl, H. (1997): Ist die Armut weiblich? Über die Ungleichheit der Geschlechter im Sozialstaat. In: Müller, S., Otto, U. (Hrsg.), 113–133

Rühle-Gerstel, A. (1932): Das Frauenproblem der Gegenwart. Eine psychologische Bilanz. Hirzel, Leipzig

Sachße, Ch. (1986): Mütterlichkeit als Beruf. Sozialarbeit, Sozialreform und Frauenbewegung 1871–1929. Suhrkamp, Frankfurt / M.

– , Tennstedt, F. (1988): Geschichte der Armenfürsorge in Deutschland. Bd. 2: Fürsorge und Wohlfahrtspflege 1871 bis 1929. Kohlhammer, Stuttgart

Salomon, A. (1930): Zellen des Vertrauens. Die Neue Nachbarschaft 13, 2–4

– (1928 / 1998): Grundlegung für das Gesamtgebiet der Wohlfahrtspflege. In: Thole, W., Galuske, M., Gängler, H. (Hrsg.), 131–145

– (1927): Ausbildung zum sozialen Beruf. Heymann, Berlin

– (1908): Soziale Frauenbildung. Leipzig

Schmidt-Beil, A. (Hrsg.) (1931): Die Kultur der Frau. Verlag für Kultur und Wissenschaft, Berlin-Frohnau

Schrader-Breymann, H. (1962 / 1868): Zur Frauenfrage. In: Hoffmann, E. v. (Hrsg.), 8–18

Schröder, I. (2001): Arbeiten für eine bessere Welt. Frauenbewegung und Sozialreform 1890–1914. Campus, Frankfurt / M.

Schröer, W. (1999): Sozialpädagogik und die soziale Frage. Der Mensch im Zeitalter des Kapitalismus um 1900. Juventa, Weinheim / München

Siegmund-Schultze, F. (1930): Die „Neue Nachbarschaft". Die Neue Nachbarschaft 13, 2–4

Simmel, G. (1904): Die Philosophie des Geldes. Duncker & Humblot, Leipzig

Thole, W., Galuske, M., Gängler, H. (Hrsg.) (1998): KlassikerInnen in der Sozialen Arbeit: sozialpädagogische Texte aus zwei Jahrhunderten – ein Lesebuch. Luchterhand, Neuwied / Kriftel

Tönnies, F. (1894): Buchbesprechung, Paul Natorp, Pestalozzi's Ideen über Arbeiterbildung und soziale Frage. Archiv für soziale Gesetzgebung und Statistik, 714–718

Tristan, F. (1988): Arbeiterunion. Sozialismus und Feminismus im 19. Jahrhundert. isp-Verlag, Frankfurt / M.

Tröhler, D. (2002): Die Anfangskonstruktionen der deutschsprachigen Sozialpädagogik und ihre historiographischen und theoretischen Tücken. In: Andresen, S., Tröhler, D. (Hrsg.), 25–37

Tronto, J. (2000): Demokratie als fürsorgliche Praxis. Feministische Studien extra, 25–42

Weber, H. (1931): Die Berufsarbeit der Frau in der Wohlfahrtspflege. In: Schmidt-Beil, A. (Hrsg.), 302–308

Weber, M. (1904): Die protestantische Ethik und der „Geist" des Kapitalismus. Archiv für soziale Gesetzgebung und Statistik 20, 1–47

Wöhrle, A. (Hrsg.) (1998): Profession und Wissenschaft Sozialer Arbeit. Centaurus, Paffenweiler

Gesellschaftstheorien und Soziale Arbeit

Von Werner Thole und Martin Hunold

Gesellschaften konstituieren sich über die triviale Tatsache, dass Menschen als denkende und handelnde Sozialwesen unter Rückgriff auf die vorhandenen und hergestellten Ressourcen in unterschiedlicher Weise ihr Dasein in und ihre Zugehörigkeit zu sozialen Gemeinschaften herstellen, arrangieren und reproduzieren. Versuche der Beobachtung und Beschreibung der Modalitäten des Zusammenlebens und damit der Gesellschaft können auf eine lange Tradition verweisen und lassen sich bereits in der antiken Philosophie identifizieren. Sozialwissenschaftlich fundierte, systematisierte Analysen von und Theorien über Gesellschaften liegen jedoch erst ab Ende des 19. Jahrhunderts vor. Die Beobachtungen sind untrennbar mit den Modernisierungsprozessen in der ständisch-feudalen Ordnung sowie der Herausbildung der modernen Wissenschaften in den abendländischen Gesellschaften verbunden (Marx 1867 [1974a]; Durkheim 1893 [1992]; Simmel 1890 [1989]; Weber 1922 [1972]). Dieser Beitrag wünscht etwas Klarsicht in das Dunkel der Bedeutung von Gesellschaftstheorien zu bringen und ihre Bedeutung für die theoretische Formatierung der Sozialen Arbeit zu illustrieren.

Kaum Widerspruch dürfte die Feststellung provozieren, dass dem Bezug auf Gesellschaftsdiagnosen eine hohe Relevanz für die theoretische Kodierung der Sozialen Arbeit zukommt. Doch auf welche Theorie von Gesellschaft sich diese Bezugnahme stützen sollte und kann, ist weitgehend offen. Dieser Umstand verdankt sich nicht nur der Existenz von unterschiedlichen Gesellschaftstheorien, sondern auch der Tatsache, dass die theoretische Kartographisierung der Sozialen Arbeit weiterhin ein ebenso schwieriges wie komplexes und undankbares Unternehmen darstellt. Als schwierig und komplex stellt es sich dar, weil die vorliegenden Theorien und Konzepte nicht nur auf gesell-schaftstheoretische, sondern auf ganz unterschiedliche disziplinäre Wissensbestände zurückgreifen. Neben psychologisch, sozialwissenschaftlich, juristisch, politik-, erziehungs- oder kulturwissenschaftlich inspirierten theoretischen Vermessungen der Sozialen Arbeit liegen Entwürfe vor, die das Feld der Sozialen Arbeit subjekt-, gesellschafts-, handlungs- oder interaktionstheoretisch zu beschreiben suchen. Konträr und in Kritik zu diesen disziplinär gebundenen Theorieperspektiven werden zyklisch neue Argumente vorgetragen, die dafür plädieren, die Soziale Arbeit als ein von gängigen Wissenschaftsdisziplinen und -perspektiven emanzipiertes Fachgebiet zu konzipieren und zu begründen (u.a. Engelke et al. 2008; Mühlum 2004; Kleve/Wirth 2009). Irritierend kommt hinzu, dass die vorliegenden Theorie- und Konzeptionsfolien ihren Gegenstand zudem über sehr unterschiedliche Kategorien und Begriffe thematisieren. Dabei werden einerseits die sich über die handlungspraktischen Anforderungen, denen sich die Soziale Arbeit zu stellen hat, ergebenen zentralen Begriffe zum Ausgangspunkt des Theoriebildungsprozesses gewählt. Hilfe, Erziehung, Betreuung, Fürsorge, Unterstützung und beispielsweise Bildung avancieren so zu zentralen Begrifflichkeiten. Andererseits generieren unterschiedliche Problemperspektiven, Facetten und Segmente zum Ausgangspunkt der Theoriebildungsprozesse. Die soziale Frage, Armut und soziale Probleme, Fragen des Aufwachsens und der Sozialisation und die jeweils vorliegenden Kompetenzen und Ressourcen, Leben zu gestalten und zu bewältigen, rücken dann als zentrale Gegenstände und Themen ins sozialpädagogische Theoriezentrum.

Einleitend ist hier somit – wiederholt und schlicht – festzuhalten, dass in der deutschsprachigen Diskussion kein Konsens über den genuinen Gegenstandsbereich und über die kategoria-

Otto/Thiersch (Hg.), Handbuch Soziale Arbeit, 4. A., DOI 10.2378/ot4a.art058,
© 2011 by Ernst Reinhardt, GmbH & Co KG, Verlag, München

len Rahmungen einer wie auch immer theoretisch ausformulierten Theorie der Sozialen Arbeit existiert (aktuell Hamburger 2008; Rauschenbach / Züchner 2010; Thole 2009; 2010) und Versuche, einen identifizierbaren Weg in den sozialpädagogischen Theorie- und Konzeptionsdschungel zu schlagen, wenig Dank erfahren, auch weil mit mehr oder weniger guten Argumenten dem jeweils entdeckten und freigeschlagenen Weg aus jeweils anderen Theorieblickwinkeln Schwachstellen vorgehalten werden können.

Der nachfolgende Beitrag verzichtet weitgehend darauf, einzelne sozialpädagogische Theoriepositionen zu beschreiben. Stattdessen werden die für die wissenschaftliche Fundierung der Sozialen Arbeit herangezogenen gesellschaftstheoretischen Positionen danach befragt, auf welche Fragen sie in Bezug auf die Soziale Arbeit Antworten und Aufklärungen versprechen. Die knapp skizzierten Theoriekonzepte fokussieren dabei divergente Themen- und Gegenstandsbereiche. Dabei stellt sich der Beitrag zu vorliegenden Entwürfen einer Bestimmung des Verhältnisses von Sozialer Arbeit und Gesellschaft oder einer gesellschaftstheoretischen Kodierung der Sozialen Arbeit insofern quer, als dass nicht nur klassische, sozial- und politikwissenschaftliche Gesellschaftstheorien hinsichtlich ihres Ertrages für den sozialpädagogischen Theoriebildungsprozess angefragt werden, sondern auch psychologische, subjekt- und interaktionstheoretische und am Rande auch erziehungswissenschaftliche Wissensbestände hinsichtlich ihres Beitrages für eine gesellschaftstheoretische Formatierung der Sozialen Arbeit diskutiert werden. Damit wird sicherlich der Frage ausgewichen, was eine Theorie zu einer Gesellschaftstheorie macht und worüber sich diese gegenüber nicht-gesellschaftstheoretischen Paradigmen abgrenzt. Demgegenüber wird zu zeigen versucht, dass eine gesellschaftstheoretische Perspektive über ganz unterschiedliche Beobachtungsblickwinkel Kompetenz entwickeln kann. Vorgestellt werden ausgewählte gesellschaftstheoretische Wissensbestände, die für die Fundierung sozialpädagogischer Theoriebildung instruktiv erscheinen.

Die getroffene Auswahl ist sicherlich selektiv und nicht umfassend, aber keineswegs willkürlich. Vorgestellt werden theoretische Paradigmen, die aus einer struktur-, subjekt- und handlungstheoretischen Perspektive Gesellschaft zu verstehen suchen.

Die Wahl für die nachfolgend erwähnten und vorgestellten gesellschaftstheoretischen Perspektiven begründet sich also über eine den Theorien jeweils unterstellte aufklärerische Qualität. Diese kann im Einzelnen sicherlich kritisch angefragt werden. Letztendlich werden die referierten theoretischen Modelle jedoch daran zu messen sein, ob sie das Potenzial vorhalten, die jeweils an sie adressierten Fragestellungen und Probleme aufzuhellen und ob es mittels der jeweils hervorgehobenen theoretischen Perspektive und des darüber empirisch zu generierenden Wissens gelingen kann, Antworten und Lösungen zu finden, die die empirische Fundierung und theoretische Entwicklung der Sozialen Arbeit stützen und fördern.

Karl Marx, die Folgen und darüber hinaus – strukturtheoretische Perspektiven auf Gesellschaft

Die Spielregeln der modernen, bis heute fortdauernden bürgerlichen Gesellschaft finden sich erstmals umfassend und systematisch von Karl Marx und Friedrich Engels analysiert. Reagieren Teile des aufgeklärten und sozial sensiblen Bürgertums ab der zweiten Hälfte des 19. Jahrhunderts auf die fundamentalen gesellschaftlichen Veränderungen und Verwerfungen mit der Implementierung von ersten wohltätigen, sozialen Praxen und Organisationen für soziale Hilfstätigkeit, so nahmen K. Marx und F. Engels die neuen, kapitalistischen Produktionsformen, die darüber hervorgerufene Mobilität zwischen urbanen und ländlichen Regionen und die sich verschärfende Dynamik der sozialen Verelendung zum Ausgangspunkt ihrer Kritik der politischen Ökonomie, der die Verhältnisse verklärenden Philosophie und der politischen Lage im Allgemeinen (Treibel 2006). Die klassisch-marxistische Theorie der Gesellschaft legt auf der Basis einer systematischen Auseinandersetzung mit den beobachteten Arbeits- und Produktionsverhältnissen eine umfassende Gesellschaftstheorie vor. In ihren Analysen gehen K. Marx und F. Engels davon aus, dass die Formen der materiellen Produktion von Waren durch die ArbeiterInnen und ihre Aneignung durch die wenigen EigentümerInnen von Produktionsstätten die Formgestalt der bürgerlichen Gesellschaft ausmachen und diese als kapitalistische Gesellschaft auszeichnen. Die ArbeiterInnen entäußern ihre Arbeitskraft in der Herstellung von Produkten und fundieren so die Wertsteigerung der produzierten Gegenstände. Zu Waren werden die Produkte dann, wenn sie auf dem Markt anderen attraktiv erscheinen, einen Gebrauchswert dokumentierten und deswegen gekauft werden. Der gegenüber dem unbehandelten Ursprungsgegenstand über den Wert der Waren erzielte Mehrwert wird nun jedoch nicht den ProduzentInnen übereignet. Die Wertsteigerung der Gegenstände durch entäußerte Arbeitskraft und die hierüber ergebene Produktivkraftsteigerung schlägt sich nach der marxistischen Theorie der Ökonomie also nicht äquivalent in einer dem Wert dieser Leistung entsprechenden Entlohnung nieder, sondern wird privat von den Eigentümern der Produktionsstätten angeeignet und damit den ProduzentInnen vorenthalten (Marx 1867 [1974a], 56 ff.). Die beständige Erweiterung der Produktivkräfte, also die Steigerung der instrumentellen Intelligenz der Menschen bezüglich der Naturbearbeitung, führt zu einer andauernden Veränderung hinsichtlich der Produktionsprozesse und schließlich der Gesamtgesellschaft, denn die kontinuierliche Produktivkraftentfaltung der menschlichen Arbeitskraft bedingt eine progressiv dynamisierende, sich fortwährend erneuerte soziale Organisation der Produktion, Konsumtion und Parzellierung von Gütern.

Die Struktur der Produktionsverhältnisse und die hierüber realisierten, spezifischen Formen der Arbeitsteilung strukturieren den marxistischen Analysen nach neben dem Feld der Ökonomie auch die soziale Positionierung der Menschen innerhalb einer Gesellschaft und ihr Verhältnis untereinander. Die menschliche Arbeitskraft, die sozialen Beziehungsformen und natürlichen Gegenstände degenerieren zur Ware. „Die Arbeit", so führt K. Marx (1974b, 511) in den „Ökonomisch-philosophischen Manuskripten" aus, „produziert nicht nur Waren, sie produziert sich selbst und den Arbeiter als eine Ware" und entfremdet hierüber die Menschen erstens zum Produkt ihrer Arbeit, zweitens zu den Akten der Produktion, drittens zu anderen Menschen, da diese dem einzelnen Menschen nur noch als in Sachen vergegenständliche Wesen gegenübertreten, sowie viertens zu sich selbst, da er sich selbst „nur noch als Produkt seiner Arbeit" (Marx 1974b, 519) und vergegenständlicht in Waren sieht.

Gesellschaftliche Veränderungen und Modernisierungen können nach der klassischen, marxistischen Lesart lediglich als zunehmende Kommodifizierung aller menschlichen Lebensbereiche verstanden werden. Die kontinuierlich sich fortschreibende Form der privaten Aneignung von gemeinschaftlich produzierten Werten durch wenige Akkumulateure modernisiert und verallgemeinert zwar frühere, ständisch strukturierte Varianten der privaten Waren- und Kapitalakkumulation, fundiert aber zugleich auch die Spaltung der Gesellschaft in eine Klasse der Produzierenden und eine kleine Klasse der akkumulierenden ProduktionsmittelbesitzerInnen. In der traditionell-marxistischen Theorie wird vor diesem Hintergrund von sozialen Klassen (Marx / Engels 1848) ausgegangen, die zudem als historische Träger der menschlichen Geschichtsentwicklung identifiziert werden. Eine durch diese Perspektive inspirierte Gesellschaftsdiagnose sieht die bürgerliche Gesellschaft insbesondere durch zwei heterogene Sozialgruppen strukturiert und ordnet sie je nach ihrer Position im Produktionsprozess und ihrer Stellung zu den Produktionsmitteln einer spezifischen Klasse zu.

Die Herausbildung der kapitalistischen Wirtschaftsordnung stellt aus marxistischer Perspektive einen unverzichtbaren Prozess in Bezug auf die Entfaltung der menschlichen Produktivkräfte sowie der gesamtgesellschaftlichen Geschichtsentwicklung dar. Die damit verbundenen Profitmaximierungs-, Beschleunigungs- und Globalisierungstendenzen und deren Verstetigungen provozieren allerdings systemspezifische Pathologien, die erst mit der Überwindung der bürgerlichen Gesellschaftsordnung und der Errichtung einer kommunistischen Gegengesellschaft durch die proletarische Klasse überwunden werden können (Marx / Engels 1848). Der objektiv ergebene Widerspruch zwischen den beiden Klassen und die Hegemonie der bürgerlichen Klasse wird zu dem Zeitpunkt, wo sich die proletarische Klasse ihrer subalternen Position bewusst wird, zu einem offenen Kampf um die gesellschaftliche Macht führen. Die hohe strukturelle Differenziertheit und Komplexität moderner Gesellschaften, so wird kritisch gegen die klassischen Analysen argumentiert, wird in diesem Theoriemodell bürgerlicher Gesellschaften allerdings ebenso wenig reflektiert wie das sich darüber begründende Revolutionsmodell, wonach die zur abstrakten Arbeit deformierte konkrete Arbeit sich lediglich aus dem Vergesellschaftungsprozess zu lösen hätte, um in einem triumphalen Prozess das „Reich der Freiheit" über das „Reich der Notwendigkeit" siegen zu sehen (u. a. Habermas 1981). Insbesondere die Kritik an der urmarxistischen Revolutionsromantik motivierte Andre Gorz (1980) zu seiner These vom „Abschied vom Proletariat" und zu der Annahme, dass die antizipierte „Übernahme der Staatsmacht durch die Arbeiterklasse in Wirklichkeit zur Übernahme der Arbeiterklasse durch die Staatsmacht" (Gorz 1980, 33) führt. Tatsächlich findet die marxistische Emanzipationstheorie, wonach die lohnabhängig Beschäftigten lediglich den Sprung von einer „Klasse an sich" zu einer „Klasse für sich" zu realisieren hätten, um über das damit freigesetzte gesellschaftspolitische Engagement eine neue Gesellschaft zu schaffen, seit gut zwei Dekaden weder wissenschaftliche Akzeptanz noch kann sie belastbare Befunde für sich reklamieren.

Die Vielfach herausgestellte ökonomistische Grundtendenz in der von K. Marx und F. Engels vorgelegten Gesellschaftsanalyse findet sich prominent zuletzt insbesondere in den Arbeiten von Pierre Bourdieu kritisiert und produktiv reflektiert. Der marxschen Klassentheorie eine „Unfähigkeit, den objektiv feststellbaren Differenzen in ihrer Gesamtheit gerecht zu werden" attestierend, weil „sie die soziale Welt auf das Feld des Ökonomischen reduziert" und sie damit „die soziale Position zwangsläufig nur noch unter Bezugnahme auf die Stellung innerhalb der ökonomischen Produktionsverhältnisse zu bestimmen vermag" und damit das Kulturelle ausblendet (Bourdieu 1985, 31), entwirft er ein mehrdimensional ausgerichtetes, tendenziell milieuorientiertes Modell der Entstehung und Etablierung von sozialen Klassen in hochentwickelten Gesellschaften. In Differenz zur marxistischen Ursprungsidee unterscheidet P. Bourdieu den Kapitalbegriff in verschiedene Kapitalarten. Neben dem ökonomischen Kapital platziert er das kulturelle und soziale Kapital (Bourdieu 1985; 2005). Das kulturelle Kapital differenziert P. Bourdieu in inkorporiertes, objektiviertes und institutionalisiertes Kapital. Inkorporiertes Kulturkapital meint Bildung, welche langfristig in Erziehungs-, und Bildungseinrichtungen sowie innerhalb der Familie als Wissen erworben wird. Objektiviertes Kulturkapital beschreibt den Besitz von kulturellen Gütern, beispielsweise Musikinstrumente und Literatur, und kann nur in Zusammenhang mit inkorporiertem Kulturkapital bedeutsam werden, da der Gebrauch dieser Objekte Bildung und Wissen voraussetzt. Institutionalisiertes Kulturkapital meint Titel und Bildungspatente, die dauerhafte Gültigkeit und damit einen gesellschaft-lich und rechtlich anerkannten Wert besitzen. Unter soziales Kapital fasst er die „Ressourcen, die auf der Zugehörigkeit zu einer Gruppe beruhen" (Burzan 2005, 139), soziale Netzwerke und Beziehungen, die um bestimmte Ziele zu erreichen von Vorteil sein können.

Nach P. Bourdieu ist die Position, die ein Individuum im sozialen Raum der gesellschaftlichen Klassenstruktur einnimmt, abhängig von dem Volumen des Kapitals und den zeitlichen Faktoren, über die die einzelnen Menschen als Ressourcen verfügen können. Jedoch erst die sich hierüber artikulierenden Lebensstile und die ausgeprägten Handlungsweisen in den sozialen Praxen lassen Klassenunterschiede offensichtlich werden. Soziale Klassen und Lagen im gesellschaftlichen Raum bleiben eine theoretische Konstruktion „solange Unterschiede der Kapitalausstattung und der materiellen Existenzbedingungen sich nicht in der Lebensführung äußern und daher nicht wahrgenommen werden" (Krais / Gebauer 2002, 36). Die sich über den Rückgriff auf und die Verfügbarkeit über die ökonomischen, sozialen und kulturellen Kapitalien manifestierende individuelle menschliche Disposition fasst P. Bourdieu in dem Begriff Habitus. Der Habitus ist demzufolge ein Resultat der gegebenen und erlebten gesellschaftlichen Verhältnisse, die inkorporierte, zur Natur gewordene Spiegelung von Traditionen und Erfahrungen. Im Habitus eingewoben finden sich zudem die angeeigneten Formen der gesellschaftlichen Wahrnehmung, Sicht- und Denkweisen, der gesellschaftlichen Handlungs-, Urteils- und Bewertungsschemata. Im Habitus manifestiert sich nach P. Bourdieu die verinnerlichte Formgestalt, Präsenz und Zugehörigkeit zu einer Klasse oder Gruppe, er befähigt das Subjekt in jeglichem Kontext und jeder Situation zu reagieren, ohne dass das einzelne Subjekt sich dabei über die Entstehung des Habitus noch über seine Existenz bewusst ist. Diesem Verständnis nach ist der Habitus ein in den Körper eingeschriebenes „Curriculum (…), das weitgehend die kulturellen und symbolischen Praktiken der herrschenden Klasse präferiert", also eine Art „gruppenspezifische Form der kollektiven Identitätsbildung und Selbstlegitimierung" (Miller 1989, 198 ff.).

Mit Hinweis auf P. Bourdieu liegt eine theoretische Folie vor, die, ohne die Erträge der urmarxistischen Gesellschaftsanalyse vollständig zu ignorieren, verstehen lässt, wie trotz des Ausdünnens von klassenspezifischen Deutungsmustern, Prozessen der Enttraditionalisierung und Pluralisierung von Lebensweisen und -stilen, soziale Ungleichheiten in modernen, komplexen Gesellschaften entstehen, wie die Position der Menschen sich im gesellschaftlich-sozialen Raum herstellt und dass der gesellschaftliche Ort nicht unabhängig von der Stellung zu den Produktionsverhältnissen bestimmt werden kann. Die Stellung der Menschen zu den Produktionsmitteln, wie noch von K. Marx und F. Engels angenommen, entscheidet nicht mehr ausschließlich über die Position in der Gesellschaft und konstituiert nicht mehr alleine die gegebenen „sozialen Unterschiede, die das Funktionieren der Gesellschaft, das Auftreten historischer Akteure oder die Vorstellungskraft der Alltagskultur bestimmen. Vielmehr ist die lebensweltliche Handlungswirklichkeit geprägt von einem ‚komplexen Mischungsverhältnis' klassenspezifischer, milieuspezifischer und atomisierter Erscheinungsformen der Ungleichheit" (Berger / Vester 1998, 14; auch Bourdieu 1997; Kreckel 1998).

Unabhängig von den Überlegungen von P. Bourdieu und ausgehend von der Diagnose eines tendenziellen Wandels von der „Reichtums-" in eine „Risikogesellschaft" und eines grundlegenden kulturellen Freisetzungsprozesses, der die Individuen von ihren traditionellen Lebenslagen und -weisen weitgehend entkoppelt und individualisierte Wege durch das Leben ermöglicht, Lebensläufe quasi biographisiert werden und die Einzelnen selbst zu KonstrukteurInnen des Sozialen werden, findet sich die marxistische in den modernisierungstheoretischen Gesellschaftsanalysen neu akzentuiert. Im Zuge der gesellschaftlichen Transformationsprozesse der Industriegesellschaft artikulieren sich dieser Analyse zufolge Ungleichheitsfragen nicht mehr durchgängig als Klassenfragen. Erwerbslosigkeit ebenso wie andere Problemlagen generalisierten und normalisierten sich und scheinen „in ihrer Verteilung als lebensphasenspezifisches Einzelschicksal kein Klassen- oder Randgruppenschicksal mehr" (Beck 1986, 148) zu sein. Die hieran anknüpfende These der Entgrenzung sozialer Probleme, die Ulrich Beck in der Formulierung „Not ist hierarchisch, Smog ist demokratisch" (Beck 1986, 48) zuspitzt, wird inzwischen in einer Reihe von Studien aufgegriffen und findet beispielsweise Eingang in der Figur der räumlichen und sozialen Entgrenzung von Problem- und Risikolagen (Berger 1996; Leibfried et al. 1995), worüber dann die Strukturierung sozialer Ungleichheiten allerdings anhand horizontaler Merkmale vorzunehmen ist.

Identifizieren P. Bourdieu und U. Beck über die soziale Struktur der Gesellschaft die Einbindung der Subjekte in die Gesellschaft, sucht Michel Foucault (1978; 1991) über die Beobachtung der systemischen Funktionsweisen der Überwachung, Disziplinierung und Beeinflussung einer Gesellschaft mittels Erziehung, Prävention, Beratung, Therapie und beispielsweise Politik nach den spezifischen Formen der Konstituierung von Subjektivität. Er versucht demnach zu klären, „wie die Machtverhältnisse in die Tiefe der Körper materiell eindringen können, ohne von der Vorstellung der Subjekte übernommen zu werden", auch um darüber zu klären, „wie der Staat funktioniert" (Foucault 1978, 109 f.). Für M. Foucault realisiert sich die menschliche Existenz in einem Möglichkeitsraum, in der die Macht omnipräsent ist, aber weitgehend subtil bleibt. Die Subjektbildung unterliegt einer spezifischen Vergesellschaftung im Kontext der von den gesellschaftlichen Institutionen hervorgebrachten Normalisierungs-, Disziplinierungs- und Kontrolltechniken. Zur Aufhellung dieser Praktiken und zur Lokalisierung der Dispositive, die im Rücken der Subjekte und von diesen nicht wahrgenommen zum Gleichklang mit dem gesellschaftlichen Mainstream motivieren, operiert M. Foucault mit der von ihm entwickelten kritischen, genealogischen Diskursanalyse. Mittels der Diskursanalyse, die mehr sein möchte als ein hermeneutisches Verfahren, sondern die Kausalitäten und Hintergründe der gesellschaftlichen Transformationen im geschichtlichen Verlauf zu verdeutlichen sucht (Sarasin 2008, 15), sollen die Produktions- und Reproduktionsweisen systemischnormierter Macht- und Wissensmuster, die Gouvernementalitätspraktiken einer Gesellschaft sowie in diesem Kontext die Formen der Herstellung des staatlichen Regierens, Überwachens und Kontrollierens analysiert werden.

Sowohl die Gesellschaftstheorien von P. Bourdieu als auch die von U. Beck und M. Foucault sind im Kontrast zu der gegenwärtig ebenfalls hoch gehandelten Systemtheorie noch deutlich durchstrahlt von der marxistischen Theorietradition. Systemtheoretische Analysen, die an das strukturral-positivistische Soziologiekonzept von Émile Durkheim

(Koenig 2008) mehr oder weniger anknüpfen, sehen die Gesellschaft nicht klassenspezifisch, sondern als ein Geflecht von funktional ausdifferenzierten Bereichen strukturiert. Systemtheoretische Ansätze folgen der Annahme, dass sich moderne Gesellschaften in verschiedenste Systeme ausdifferenzieren und diese in unterschiedlicher Intensität autonom gegenüber anderen Systemen agieren. Den einzelnen Systemen, beispielsweise der Politik, Ökonomie, Wissenschaft, Religion oder dem Recht, wird eine eigenständige Ordnung und Logik attestiert (Luhmann 1972; 1984). Generell ist dabei zwischen Interaktionssystemen, Organisationssystemen, Gesellschaftssystemen und sozialen Bewegungen zu unterscheiden. Die einzelnen Systeme einer Gesellschaft entwickeln ein potenzielles Eigenleben und erweisen sich als autopoetische und in sich operativ geschlossene Teilsysteme, die sie befähigen, die jeweils besonderen Problematiken und Obliegenheiten der Gesamtgesellschaft zu bearbeiten. Jedes Funktionssystem hebt sich nach Niklas Luhmann von seiner gesellschaftlichen Umwelt durch eine dem System eigene, feststehende Kommunikation ab, entwickelt eine bestimmte Programmatik und bildet durch eine spezifisch innere Ordnung eine Grenze gegenüber äußeren Sphären und anderen gesellschaftlichen Teilsystemen (Luhmann 1972). Die Reproduktion der sozialen Systeme wird ausschließlich durch eine subsystemspezifische Kommunikation gewährleistet und etabliert.

Die Erträge und Wissensbestände, die die im Kern relativ disparat angelegten strukturalistischen Beobachtungen der Gesellschaft der Sozialen Arbeit zur kritischen Rezeption und Reflexion anbieten, sind vielfältig und präsentieren Antworten auf Fragen der Existenz und Reproduktion der kulturellen, sozialen und ökonomisch-monetären Ungleichheit in modernen Gesellschaften. Zudem liegt über P. Bourdieu ein Bild von der inneren Verstrickung der Subjekte mit der Gesellschaft vor, das die habituellen Dispositionen, Deutungs- und Handlungsmuster auch als Resultat der gesellschaftlichen Verhältnisse ansieht. Mit Blick auf systemtheoretische Analysen liegt darüber hinaus ein Entwurf vor, der den gesellschaftlichen Ausdifferenzierungsprozess beschreibt und eine Idee dafür bereithält, wie sich die Soziale Arbeit zu einem eigenständigen gesellschaftlichen Handlungsfeld entwickeln konnte.

Die hier vorgestellten strukturalistischen Gesellschaftstheorien präsentieren der Sozialen Arbeit somit Wissen bezüglich der gesellschaftlichen Ausdifferenzierungsprozesse, der sozialen Spaltungen, Segregationen und der Herstellung von Ungleichheiten sowie von herkunfts- und von milieuspezifischen Positionierungen der Menschen. Zudem werden Theoriemodelle bereit gestellt, die die gesellschaftsstrukturellen Machtkonstellationen und Herrschaftszusammenhänge in den Blick nehmen und darüber ermöglichen, die Genese und Tradierung von Machtkonstellationen sowie die Partizipationsoptionen und -grenzen von Menschen an den vorhandenen gesellschaftlichen Ressourcen in modernen Gesellschaften zu verstehen.

Sigmund Freud weiter gedacht – Gesellschaftstheorie aus Perspektive des Subjekts

Das Subjekt wird in den klassischen Gesellschaftstheorien nicht als Ort der Konstituierung von Gesellschaft vorgestellt, allenfalls vielleicht noch als Objekt gesellschaftlicher Bestimmungen und Begierden erkannt. Diese theoretische Perspektive präferiert eine Sichtweise, die keine Alternative zu der Annahme bereit hält, dass die Rede von der Handlungsautonomie des Menschen eine Schimäre ist, da die Subjekte aufgrund der objektiv gegebenen Möglichkeiten lediglich ein willfähiges, von den objektiven Verhältnissen gesteuertes Leben realisieren können. Die Hinweise in dem vorangehenden Abschnitt liefern sicherlich starke Argumente für die Vermutung, dass die Lebensgestaltungsmöglichkeiten der Menschen auch, wenn nicht sogar ausschließlich von den jeweils gegebenen Vergesellschaftungsmechanismen bestimmt werden. Offen und unaufgeklärt bleibt in dieser Perspektive jedoch, wie das gesellschaftlich Objektive zum Bestandteil des Subjektiven wird – mit anderen Worten: Wie pflanzt sich die Gesellschaft in die Subjektivität der Menschen. Eine gegenwärtig wieder aktuelle Frage, deren Klärung sich neben der klassischen Entwicklungspsychologie, der Anthropologie und der Sozialisationsforschung inzwischen auch die Neurowissenschaften und die Hirnforschung widmen. Hier soll es jedoch nicht darum gehen, das über die jüngsten Forschungen generierte Wissen gesellschaftstheoretisch zu reinterpretieren. Intention ist vielmehr, daran zu erinnern, dass auch eine subjekttheoretische Sicht gesellschaftstheoretisch angelegt sein kann. Die über Sigmund Freuds psychogenetischen Versuch des Verstehens der menschlichen Ontogenese angeregten Überlegungen stellen einen solchen Versuch dar (Görlich 1980).

Im konkreten Lebensschicksal des konkreten Subjekts identifiziert S. Freud die Kulturgeschichte der Menschheit. Die Individuierung des Menschen vollzieht demnach die Menschwerdungsgeschichte im Schnelldurchgang. In der „Kulturismus-Revisionismusdebatte" (u. a. Marcuse 1971; Fromm 1981) wird diese Interpretation aufgegriffen und gesellschaftstheoretisch in Bezug auf die Bestimmung des Verhältnisses von Individuum und Gesellschaft kontrovers diskutiert, indem eine triebnaturalistische gegen eine kulturell-soziologische Auslegung der psychoanalytischen Theorie gestellt wird. Für Erich Fromm ist die Freudsche Triebtheorie, die Vorstellung vom Menschen als chemisch-physiologische Einheit und hier insbesondere das biologisch-genetisch fundierte Lust- versus Unlustprinzip, sowie die Freudsche Therapietechnik modifizierungsnotwendig. Anstelle des Freudschen Triebbegriffs setzt E. Fromm die Konzeption eines Sozialcharakters, der sowohl biologisch als auch gesellschaftlich determiniert ist. Dieses theoretische Modell impliziert die Zurückweisung der Vorstellung einer naturalistischen Trieb-Modellierung. Herbert Marcuse hingegen hält demgegenüber an der Theorie der triebbiologischen Prägung des menschlichen Subjekts fest. Die menschliche Persönlichkeit ist für ihn bis in die tiefsten Strukturen hinein vorgeformt. S. Freuds Weigerung, „eine verdinglichte Gesellschaft als ein Netzwerk zwischenmenschlicher Erfahrungen und Verhaltensweisen und ein entfremdetes Individuum als eine Gesamtpersönlichkeit zu behandeln, entspricht der Realität" (Marcuse 1971, 250). Theodor W. Adorno (1973; 1979) stützt diese Interpretation und sieht ebenfalls in der Triebdynamik die Grundfiguration psychoanalytischer Theorie.

Belassen es E. Fromm und H. Marcuse dabei, ihre jeweils eigene Position gegen die jeweils andere zu propagieren, ohne eine produktive Aufhellung zu initiieren, so bietet Alfred Lorenzer (1972; 1977; 1981) Vermittlung an. Mit H. Marcuse bestimmt er die Triebdynamik als die zentrale Aussage psychoanalytischer Theorie, ohne dieser jedoch eine biologistische, ahistorische Natur zuzuschreiben.

Für A. Lorenzer, und hier greift er E. Fromms Gedanken auf, steht die Genese menschlicher Subjektivität von Anbeginn in dem ambivalenten Spannungsfeld zwischen Individualität und Gesellschaft. Zu entwickeln ist ein Modell, das den Kern der Persönlichkeit als triebbestimmten fasst und das Wesen des Menschen als Ganzes als Ensemble der gesellschaftlichen Verhältnisse begreift (Lorenzer 1972). Aufgabe einer kritischen Sozialisationstheorie ist es demnach, „innerhalb der bereichseigenen Logik des besonderen Produktionsbereiches Sozialisation nachzuweisen, dass die Individuen mehr sind als ‚Abziehbilder' der Objektivität, als Personifikation ökonomischer Kategorien, obwohl, wenn sie sich irgend im ökonomischen Ganzen ‚rational' verhalten, sie zugleich Träger der gesellschaftlichen Bestimmungen sind, die sie prägen" (Trescher 1979, 93). A. Lorenzer löst diese Anforderung in seiner materialistischen, psychoanalytischen Sozialisationstheorie darüber, dass er davon ausgeht, dass im Verlauf des Sozialisationsprozesses die Subjekte von Geburt an ihre Fähigkeiten über unbewusste, unkontrollierte und später dann über bewusste und gesteuerte Interaktionen mit der Umwelt und Personen entwickeln und sich das Erlebte als Erfahrung in Gestalt von Interaktionsformen in die Körper einschreibt, also Erfahrungen sich in den Körpern als Denk- und Handlungsschemata speichern. Interaktionsformen benennen demnach erstens den konkreten Herstellungsprozess von Denk-, Gefühls- und Kommunikationsformen und zweitens das Festsetzen dieser Prozesse als Struktur im Subjekt. Der Begriff fasst somit sowohl die Aktion von Interaktionen als auch deren Niederschlag in Form von Figuren im Subjekt. Interaktionsformen sind damit mehr als nur das Ergebnis einer handlungstheoretischen Reformulierung psychoanalytischer Theorie, sondern „in einen über die Psychoanalyse hinausreichenden Theorierahmen verwurzelt, der die Vermittlung von Psychoanalyse mit konkreter Gesellschaftstheorie herstellt. Nur da, wo individuelle Struktur in ihrer objektiven Bedingtheit gesehen und im objektiven Bildungszusammenhang begriffen werden soll, wird der Begriff ‚Interaktionsformen' unerlässlich" (Lorenzer 1977, 207).

Über die Einführung der Kategorie Interaktionsform wird es möglich, den menschlichen Individuationsprozess als einen zwischen innerer und äußerer Natur und damit auch als ein Resultat gesellschaftlicher Formung zu verstehen. Die Psychoanalyse kann so als ein „Resultat der Vermittlung von Natur und gesellschaftlicher Praxis" (Lorenzer 1972, 130) verstanden werden, die nicht bei allen Menschen gleich verläuft. Interaktionen schlagen sich nicht universell auf der individuellen Oberflächenstruktur nieder, sondern bilden in sukzessiver Verfeinerung basale, individuelle Strukturen aus, die bestimmten, subjektiv spezifischen Interaktionsformen. Neuere entwicklungspsychologische und neurophysiologische Studien fundieren diese theoretische Annahme empirisch, weisen sie doch darauf hin, dass Erlebnisse und Erfahrungen im Gehirn identifizierbare Spuren hinterlassen (Singer 2002; Roth 2007).

A. Lorenzer geht davon aus, dass es in der frühen Kindheit zuerst zur Herausbildung von Praxisfiguren, die sich als sinnlich-symbolische Interaktionsform niederschlagen, kommt, sich darauf aufbauend ein System von dauerhaften Sprachsymbolen für die reale Objektwelt, also von sprachlichen Interaktionsformen, etabliert. Sozialisation stellt sich so als ein Prozess vor, in dem über die Ausdifferenzierung von Selbst- und Objektrepräsentanten im Rahmen der sinnlich-symbolischen und sprachlich-symbolischen Interaktion sukzessive raumzeitliche und kausale Wahrnehmungskompetenzen aufgebaut und diese als strukturierte Erfahrungen in Gestalt von Interaktionsformen und -figuren manifestiert werden. Dieser harmonische Prozess kann allerdings auch gestört, zerrissen und disharmonisch verlaufen oder nicht die Qualität, die zur Bildung von bestimmten Interaktionsformen notwendig ist, erreichen. A. Lorenzer (1972, 265) nennt zwei unterschiedliche Interaktionssituationen, die zur Bildung von inkonsistenten, also gestörten Interaktionsfiguren führen: Einerseits können sie Resultat widerspruchsvoller Erfahrungen in verschiedenen Situationen, also Folge von nicht zu synthetisierenden Interaktionspraxen, andererseits können inkonsistente Interaktionsformen Folge einer kontroversen Interaktionspraxis in einer Situation sein – konkreter: Vermag ein Individuum beispielsweise in seiner Ontogenese die vielförmigen Elemente seiner individuellen Praxis nicht mehr zu synthetisieren, brechen Sprachfigur und vorsprachliche Interaktionsformen beispielsweise auseinander, so kann der frühkindliche Entwicklungsprozess an diesem Punkt einer entscheidenden Störung ausgesetzt sein. Das darüber gegebene Auseinanderklaffen von sinnlicher Praxis, Bewusstsein und vorsprachlichen Mustern kann zu Desymbolisierungen führen, die den Sprachaufbau blockieren können (Lorenzer 1981, 98 f.).

Die Genese menschlicher Subjektivität vollzieht sich, wird A. Lorenzer gefolgt, als eine individuell verschiedene, aber keineswegs als ein von den gesellschaftlichen Verkehrsformen unabhängiger Prozess. Sozialisation unter dem die industriellen Gesellschaften prägenden zweckrationalen Duktus, der Warenzirkulation und Warenrealisation beinhaltet, wird der hier vorgenommenen Analyse gefolgt, neben dem Aufbau von Subjektivität immer zugleich auch eine Negierung von Ich-Autonomie, heißt Anpassung an technische, rational kalte, systemische Verkehrsformen, also Verhinderung der Entfaltung innerer Natur. Sozialisation realisiert sich somit „nicht als Subjektivierung, sondern als blinde Vergesellschaftung. (…) Verdinglichung ist zum Merkmal subjektiver Struktur geworden. Damit haben wir subjektive Struktur negativ bestimmt, als noch nicht seiende, als unwahre: Die hier und heute mögliche Form der Subjektivität ist das Produkt beschädigter Herstellung. Sie realisiert sich als Aufbau und Zerstörung von Subjektivität bis in ihre Strukturelemente hinein." (Trescher 1979, 67)

Über dieses gesellschaftstheoretisch abgefederte Modell der Sozialisation und Entwicklung von Subjektivität, die implizit eine Theorie der Gesellschaft aus Perspektive des Subjektes darstellt, wird es möglich, Individuation als einen gesellschaftlichen Prozess zu denken. Die Entwicklung von Subjektivität ist dem hier referierten Theoriemodell zufolge kein von den Verdinglichungs- und Vergesellschaftungsmodalitäten unabhängiger Vorgang und auch nicht als Prozess zu verstehen, in dem sich gesellschaftliche neben den biologischen Strukturen in die Körper einschreiben. Die Herausbildung und Etablierung von Denk- und Handlungsmustern, von Sprach- und Symbolisierungsformen wird wesentlich von den gesellschaftlichen Strukturen mit gestaltet und in die biologisch gegebene Subjektivität eingewoben. Der Sozialen Arbeit wird damit ein Theoriemodell angeboten, das dazu beitragen kann, die komplexe und komplizierte Modulation von Subjektivität im Spannungsfeld von Gesellschaft und genetischer Disposition zu begreifen. Das Verstehen beispielsweise von Konstruktionen von Subjektivität und individuellen Deutungsmustern sozialer Wirklichkeiten sowie von sozialen Platzierungen, Motivationen und Bedingungen menschlichen Verhaltens wird so möglich.

Jürgen Habermas und andere – handlungstheoretische Blicke auf Gesellschaft

Für die Nachzeichnung differenter Sichtweisen und theoretischer Konzeptionen von Gesellschaft fehlt nach der Präsentation von strukturellen Perspektiven und einem Modell, das vom Subjekt ausgeht, noch eine theoretische Folie, welche zwischen diesen beiden Perspektiven quasi vermittelt, sich als Bindeglied zwischen Individuum und Gesellschaft platziert und über diese Zwischenstellung eine Vorstellung von Gesellschaft entwickelt. Naheliegend ist, dieses Modell in handlungs- und interaktionstheoretischen Überlegungen zu suchen und Theoretiker zu kontaktieren, die sich den Welten, den Räumen und Feldern zwischen Gesellschaft und Individuum zuwenden, also etwa Alfred Schütz (1981) und seiner Theorie der Lebensformen, Erving Goffmann (1974) und seinen Interaktions- und Kommunikationsanalysen oder George Herbert Meads (1968) Rekonstruktionen personaler Beziehungen und Rollen. Hier soll jedoch Jürgen Habermas (1981) herangezogen werden, auch weil er das Feld zwischen Individuum und Gesellschaft über den Begriff der Lebenswelt interaktions- wie auch gesellschaftstheoretisch, zur Seite des Subjekts wie zur Seite der Gesellschaft hin, wie zu zeigen sein wird, zu beschreiben sucht.

Der Lebensweltbegriff geht auf die Phänomenologie Edmund Husserls (1962) zurück. Während es E. Husserl darum geht, die allgemeinen, unwandelbaren Grundstrukturen, das „Reich ursprünglicher Evidenzen", dem Apriori der Geschichte im Zuge einer umfassenden transzendentalen Epoche nachzuspüren, entfaltete nach ihm A. Schütz (1981) eine auf den Begriff Lebenswelt gründende Grundlagentheorie, eine „Universalmatrix für die Sozialwissenschaften" (Hitzler/Honer 1984, 59). In seinen Arbeiten versuchte A. Schütz die Sozialwelt so zu erklären, wie das subjektive Erkennen sich diese erarbeitet. Anders formuliert: Erkennen auf der Basis einer phänomenologischen Definition von Lebenswelt impliziert eine nicht spekulative Sinnrekonstruktion, d. h. sie zielt darauf, die universalen Strukturen der subjektiven Konstitution von Welt aufzudecken. Im Mittelpunkt stehen dabei die Herausarbeitung der räumlichen, zeitlichen und sozialen Aufschichtungen der Lebenswelt sowie die Beschreibung alltäglicher Wissensbestände in ihren spezifischen Relevanzstrukturen und in ihrer spezifischen Typik. Die von J. Habermas vorgenommene Reformulierung des Lebenswelttheorems stellt eine kommunikationstheoretische Erweiterung dar und benennt darüber hinaus auch die Fallstricke und potenziellen Störungen lebensweltlicher Zusammenhänge.

J. Habermas zufolge gelingt es bisherigen Fassungen von Lebenswelt nicht, die Strukturen der Lebenswelt als sprachlich erzeugte Intersubjektivität zu fassen, sie „in der Spiegelung des subjektiven Erlebens einsamer Aktoren" (Habermas 1981/2, 198) zu erkennen. Beschränkt der phänomenologische Lebensweltbegriff die Relevanz der Verständigung noch auf die jeweils gegebene Situation, weitet J. Habermas diese Verengung über die Veränderung der Beobachtungsperspektive, von der Teilnehmer- zur Erzählerperspektive, um auch diejenigen Regionen gesellschaftlichen Lebens zum Gegenstand der erzählerischen Praxis in der Lebenswelt machen zu können, die nicht direkter Bestandteil eben dieser sind. J. Habermas schlägt vor, zwischen zweckgerichteter, materieller Reproduktion, über die Individuen ihre Interessen artikulieren und realisieren, und symbolischer Reproduktion, mittels derer sich die Strukturen der Lebenswelt über die Vorgänge der kulturellen Reproduktion, der sozialen Integration und der Sozialisation erhalten und erneuern, zu unterscheiden. Kulturelle Reproduktion stellt den Anschluss von neu auftretenden Situationen an die bestehenden Weltzustände sicher; die soziale Integration sichert, dass neue Situationen in den sozialen Raum der Lebenswelt integriert werden und sichert die Identität der Alltagspraxis; die Sozialisation der Angehörigen einer Lebenswelt sorgt letztlich dafür, dass die Dimension der historischen Zeit an die bestehenden lebensweltlichen Weltzustände angeschlossen und gesichert werden können. Den symbolischen Reproduktionsprozessen verständigungsorientierten Handelns entsprechen als strukturelle Komponenten der Lebenswelt die Dimensionen Kultur, Gesellschaft und Person. Kultur benennt hier den Wissensvorrat, „aus dem sich Kommunikationsteilnehmer, indem sie sich über etwas in einer Welt verständigen, mit Interpretationen versorgen", Gesellschaft benennt „die legitimen Ordnungen, über die die Kommunikationsteilnehmer ihre Zugehörigkeit zu sozialen Gruppen regeln und damit Solidarität sichern" und unter Persönlichkeit sind die Kompetenzen zu orten, „die ein Subjekt sprach- und handlungsfähig" machen, „also instandsetzen, an Verständigungsprozessen teilzunehmen und dabei die eigene Identität" zu behaupten (Habermas 1981/2, 209). Die kommunikativ Handelnden bewegen sich stets innerhalb des Horizontes ihrer Lebenswelt; aus ihm können sie nicht heraustreten (Habermas 1981, 138 f.). Die Lebenswelt charakterisiert damit eine Ambivalenz, ist zugleich Ort, in dem die Menschen ihr Leben täglich neu konstituieren, also Horizont des alltäglichen Lebens, wie Ort von Sinnbildungs- und Sinnverteilungsprozessen, von Ausblendungen und Ausgrenzungen, Sinnentstellungen und -verdrängungen, von Mystifikationen und Wiederverzauberungsprozessen (Waldenfels 1985, 161 ff.).

Eine theoretisch so gedachte Lebenswelt kann sich über die objektive Welt Tatsachen, über die soziale Welt Normen und Werte und über die subjektive Welt Erfahrungen und Erlebnisse erschließen. Die Idee der kommunikativ hergestellten Lebenswelt setzt auf verständnisorientiertes Handeln. Die gemeinsamen Situationsdefinitionen der Handelnden sind dabei konstitutiv für das kommunikative Wirken. Der Interpretationsvielfalt sind dabei nur insofern Grenzen gegeben, als das die einzelnen AkteurInnen nur über einen begrenzten Wissensvorrat verfügen. Über die aktuelle Interpretationsarbeit hinaus übernimmt damit die Lebenswelt auch die Aufgabe eines Informationsträgers über Generationen hinweg. Die in der Lebenswelt innewohnenden, tradierten und überlieferten Weltbilder und Gestaltungsansprüche entlasten so die aktuelle Interpretationsarbeit der Angehörigen einer Lebenswelt.

Mit der handlungsbasierten, lebensweltlichen Perspektive auf Gesellschaft wird das Wissen kommuniziert, dass soziale Wirklichkeiten nicht einfach existent sind, sondern sie von Menschen entworfen und hergestellt werden (Berger/Luckmann 1972). Unter Rückgriff auf diese theoretische Perspektive von Gesellschaft liegt der Sozialen Arbeit eine Folie vor, mit der unter anderem Fragen nach der sozialen Konstitution von Gesellschaft, der traditionellen und intersubjektiven Strukturierung von sozialen Netzwerken und Gemeinschaften sowie den rituellen, norm- und wertkonstitutiven Prozessen in diesen beantwortet und handlungsmethodische Praktiken formuliert werden können.

Mehrdimensionale Perspektive auf Gesellschaft – zum Gebrauchswert gesellschaftstheoretischer Modelle für das sozialpädagogische Projekt

Wer sich bis an diese Stelle durch den Beitrag gequält, vielleicht auch mit Gewinn durchgearbeitet hat, wird feststellen, dass es nicht darum ging, die Soziale Arbeit auf der Basis einer ausgefeilten Gesellschaftstheorie wissenschaftstheoretisch zu lokalisieren. Auch war und ist es nicht das Anliegen des Beitrages, herauszustellen, welche gesellschaftstheoretischen Bezugspunkte einzelne Konzepte der Sozialen Arbeit bislang finden und favorisieren. Anliegen war und ist, grundlegende theoretische Beobachtungen der Gesellschaft vorzustellen, um erstens zu illustrieren, dass mit den jeweils eingenommenen Theorieperspektiven jeweils andere Fragestellungen in den Blick geraten, und um zweitens zu zeigen, dass ein kritischer Rekurs auf einzelne gesellschaftstheoretische Konzepte jeweils andere Fragen und Problemstellungen mit Lösungsvarianten versorgt, auf die die theoretischen Modelle der Sozialen Arbeit zur Beantwortung der an sie adressierten Fragen zurückgreifen können.

Die erörterten gesellschaftstheoretischen Perspektiven stehen insgesamt sehr additiv nebeneinander. Sie operationalisieren ihr Modell von Gesellschaft über ganz unterschiedliche Begriffe und fundieren ihr Wissen über die Theorie von Gesellschaft über sehr unterschiedliche empirische Beobachtungen. Bei einer sehr souveränen, nicht in die Tiefe und Verästlungen der vorgestellten gesellschaftstheoretischen Überlegungen eintauchenden Reflexion, kann gleichwohl ein, die Theorien gemeinsam auszeichnendes Paradigma identifiziert werden. Sowohl das strukturalistische, zumindest die in diesem Beitrag genannten Modelle und hier insbesondere das von P. Bourdieu vertretene, wie auch das subjekt- und auch das kommunikationstheoretische Wissenskonzept gehen davon aus, dass Gesellschaften sich nicht naturalistisch, über die Ökonomie, die Politik, ein biologisch determiniertes Subjekt oder eine immer schon präsente, von der Welt schon vorgehaltene Lebenswelt konstituieren. Gesellschaft wird hergestellt, konstituiert und reproduziert sich über handelnde AkteurInnen, unterliegt zwar den Prädikatoren des Vorhandenen und Möglichen, kann und hat diese jedoch jeweils neu hervorzubringen. Die Herstellung und Formung von Subjektivität und sozialen Praxen, von Handlungs- und Deutungsschemata sowie von gesellschaftlichen Strukturen verläuft nie unabhängig und losgelöst von den gesellschaftlich bereitgestellten, traditionellen und in die Praxen und Körper eingeschriebenen Dispositiven und nie losgelöst von den, den Menschen mitgegebenen Ressourcen (Agamben 2008).

Die Konstitution, Aufrechterhaltung und Reproduktion von Gesellschaft, Lebenswelt und Subjektivität unterliegt performativen Akten, Prozessen der Herstellung, Verfestigung und Etablierung, der Formatierung und Neuformatierung in Korrespondenz und Abhängigkeit sowie über die Aneignung, Prägung und Rahmung durch die vorgefundenen Wirklichkeiten (hierzu u. a. Butler 1997; Reckwitz 2008). Wenn diesem, über die diskutierten gesellschaftstheoretischen Perspektiven verifizierten Konsens zugestimmt werden kann, dann vielleicht auch der Annahme, dass die darüber in den Blick geratene Komplexität der modernen Gesellschaft sich auch nicht mehr über eine monolithische Theorie von Gesellschaft erklären lässt. Die polyvalenten, in der Moderne entwickelten Gesellschaftsstrukturen können in ihrer vielschichtigen Undurchsichtigkeit und „Unvollendetheit" nicht mehr mit den theoretischen Konzepten und Erklärungsmodellen der zurückliegenden zwei Jahrhunderte umfassend analysiert und nachgezeichnet werden. Eine die empirischen Realitäten reflektierende, theoretische wie „kategoriale Neuorientierung" (Beck / Lau 2005, 113) erscheint geboten, um sich die gesellschaftsstrukturellen Veränderungen und Neuordnungen weitgehend präzisiert zu erschließen, kurzum: Die Formulierung einer alle Dimensionen umfassenden, generellen gesellschaftstheoretischen Supertheorie wird im Kontext der sich kontinuierlich beschleunigenden gesellschaftlichen Wandlungen und der Neuformatierung sozialer Klassen und Milieus, der sich weiterentwickelnden Globalisierungsprozesse und seiner nationalstaatlich gerahmten Gesellschaften, des Implodierens und der Neumodellierung der lebensweltlichen und kommunikativen Handlungs-, Interaktions- und Beziehungsformen, des Wandels der intra- und intergenerativen Generationsverhältnisse, der Hervorbringungen von unterschiedlichen Subjektivitäten und Identitäten sowie der Veränderungen der kulturellen und sozialen Fixpunkte zunehmend unmöglicher.

Die für diesen Beitrag ausgewählten gesellschaftstheoretischen Perspektiven und die sich darüber ergebenen Modelle von Gesellschaft versuchen für diesen schlichten wie grundlegenden Sachverhalt zu sensibilisieren und ihn zu plausibilisieren. Zugleich ist aber auch herauszustellen, dass gesellschaftstheoretische Perspektiven lediglich die Beantwortung eines bestimmten Fragekanons ermöglichen, also auch auf Nicht-Wissen verweisen und dieses kommunizieren. Die wissenschaftliche Modellierung der Sozialen Arbeit kann sich demnach nicht nur auf die sozialpädagogische Reformulierung von Gesellschaftstheorien verlassen – mit anderen Worten: Gesellschaftstheoretisch grundgelegte Perspektiven können nicht alle Fragen beantworten, die sich an das Projekt einer disziplinären Konturierung und professionellen Profilierung der Sozialen Arbeit adressieren. Deutlich wird zudem hoffentlich auch, dass Soziale Arbeit auf eine gesellschaftstheoretische Rahmung nicht verzichten kann. Ihre Herausbildung als ein eigenständiges gesellschaftliches Arbeits- und Handlungsfeld ist ebenso wenig ohne Rekurs auf gesellschaftstheoretische Überlegungen möglich wie eine Beschreibung der aktuellen Aufgaben und Funktionen der Sozialen Arbeit und die betreffenden gegenwärtigen Veränderungen.

Traditionell basiert Soziale Arbeit auf einer alters- und entwicklungsbedingten Ausgangsbestimmung sowie auf einer sozialen Ungleichheitsannahme (Rauschenbach 1999). In den zurückliegenden zwei Jahrzehnten ist allerdings zu beobachten, dass in den Industrienationen der nördlichen Hemisphäre und in vielen sog. Schwellenländern die Soziale Arbeit aufgrund gesellschaftlicher Modernisierungen mit massiven Infragestellungen dieser Grundkonstanten konfrontiert ist. Aufgrund der gesellschaftlichen Veränderungen ist sie erstens mit einem Rückgang der Bedeutung der typischen „klassischen" Ungleichheitsrelationen, zweitens mit Prozessen der Entstrukturierung des sozialpädagogischen AdressatInnenmodells und drittens mit einer stärkeren Thematisierung der Sozialen Arbeit als ein immer auch riskantes, weil ungewissheitsbelastetes und damit nicht kontrollierbares Projekt konfrontiert.

Gleichwohl obliegt der Sozialen Arbeit weiterhin im Kern die Aufgabe, über die professionelle Initiierung, Etablierung und Stabilisierung von Lebensbewältigungs- und Lebensgestaltungskompetenzen die Herstellung von sozialer und kultureller Zugehörigkeit, von stabilen, verlässlichen Anerkennungsverhältnissen (Heite 2008; Schoneville/Thole 2009; Keupp et al. 1999) und gesellschaftlichen Beteiligungen zu ermöglichen und zu sichern.

Soziale Arbeit ist – vereinfacht formuliert – ein gesellschaftlich vorgehaltenes Angebot der Hilfe, Unterstützung, Begleitung und Betreuung vornehmlich für diejenigen Gesellschaftsmitglieder, denen autonom die Ressourcen für ein „gelungenes" und „zufriedenstellendes" Leben nicht hinreichend zur Verfügung stehen oder denen diese Ressourcen vorenthalten werden, sowie der Initiierung von Bildungsprozessen vornehmlich außerhalb des formalen Bildungssektors. Ein relativ junges, an die obigen Überlegungen anschließendes Theoriekonzept der Sozialen Arbeit stellt der Capability-Ansatz dar. Unterfüttert mit den ökonomischen Analysen und der gerechtigkeitstheoretischen Idee von Amartya Sen (2000) sowie den ethischen Prämissen der US-amerikanischen Philosophin Martha C. Nussbaum (1999) konzipiert das Theoriemodell die Soziale Arbeit als ein gesellschaftliches Feld, das Menschen dabei zu unterstützen hat, ihre Handlungsbefähigung und Verwirklichungschancen herauszubilden und zu nutzen, um Formen der Exklusion und Desintegration zu minimieren (Otto/Ziegler 2008). Als zentrale, professionelle Aufgabe der Sozialen Arbeit wird in dieser handlungspragmatischen Theorieperspektive der Beitrag zum Wohlergehen der Menschen und die Maximierung der Beteiligungschancen adressiert (Oelkers et al. 2008, 86). Implizit geht es auch in diesem Ansatz darum, den Formen und Modi der Herstellung von Anerkennung eine zentrale Funktion zu zuweisen. Den gesellschaftstheoretisch in den letzten Jahren wohl prominentesten Vorstoß, den Anerkennungsbegriff in das Zentrum einer Gesellschaftstheorie zu stellen, hat Axel Honneth (1992; auch Sobottka/Saavedra 2009) vorgelegt. Er begreift Anerkennung nicht nur als Grundbegriff des Sozialen, sondern wendet ihn auch auf die Frage gesellschaftlicher Konflikte an und interpretiert diese als gesellschaftliche Kämpfe um Anerkennung. Das Grundmodell A. Honneths besteht aus einer phänomenologisch angelegten, drei Anerkennungsformen unterscheidenden Typologie:

Liebe, Recht und Solidarität. Für die Soziale Arbeit ist die angedeutete Perspektive sowohl hinsichtlich ihrer theoretischen Verankerung als auch hinsichtlich ihrer empirischen Orientierung und der Entwicklung von Praxiskonzepten interessant und anschlussfähig (Schoneville/Thole 2009).

Erfahren Menschen in ihren lebensweltlichen Zusammenhängen keine oder keine ausreichende affektive, zuneigende Unterstützung und Anerkennung, denen sie beispielsweise zur Bewältigung von Risiken und Krisen bedürfen, wird ihnen also emotionale Zuwendung – „Liebe" – nicht zuteil, ist die Soziale Arbeit ebenso zum Handeln aufgerufen wie in den Fällen, wo grundlegende soziale Rechte einzelnen Menschen, Gruppen oder Milieus vorenthalten werden oder soziale und kulturelle Netzwerke und lebensweltliche Kontexte sich so unsicher und instabil präsentieren, dass gesellschaftliche Solidarität und Zusammenhalt Prozesse der Desintegration, Ausgrenzung und Marginalisierung hervorrufen. Aus einer anerkennungstheoretischen Perspektive konstituiert und kommuniziert erfolgreiche und gelungene Soziale Arbeit zum einen Anerkennung in Fällen und Situationen, in denen die „natürlichen" Formen der Herstellung von Anerkennung versagen oder implodieren, so beispielsweise in den erzieherischen Hilfen, in familien- oder gemeinwesenorientierten Projekten. Zudem realisiert Soziale Arbeit Praxen der Anerkennung wo ihr aufgrund der gesellschaftlichen Aufgaben und Mandatserteilung eine Zuständigkeit für die Initiierung von Bildungsprozessen obliegt, beispielsweise in der Pädagogik der Kindheit oder auch in der Kinder- und Jugendarbeit. Die dabei aktivierten Formen der Anerkennung müssen nicht ungebrochen die partiell doch recht problematischen Formen der Aktivierung von Anerkennung in den einzelnen sozialen Welten reproduzieren (hierzu auch Beiträge in Kessl/Otto 2004). Sie können – und sollten – in einer nicht affirmativen Form Beispiele und Gegenentwürfe für andere, sozial ausbalancierte Weisen der Mitteilung von Anerkennung favorisieren. Beispielsweise kann es in Bezug auf xenophobisch, rechtsnational orientierte Jugendliche nicht darum gehen, die dort akzeptierten und tolerierten menschheitsfeindlichen, selbst- und fremdzerstörerischen Formen des Respekts zu duplizieren. Diesen Formen der Anerkennung sind humanere, sozial gerechtere, nicht über Stigmatisierung und Ausgrenzung gesteuerte Weisen der Herstellung von Anerkennung gegenüber zu stellen. Erfolgreiche und gelungene Soziale Arbeit baut, und hierauf zielt die Überlegung ab, auf die Kommunikation von Anerkennung als Modus ihrer Intention, Subjekte dabei zu unterstützen, autonome Lebensführungs- und Lebensgestaltungskompetenzen über bildsame Prozesse zu erobern und weiter auszugestalten.

Für die gesellschaftstheoretische Ausrichtung einer Sozialen Arbeit, die sich der Unterstützung der Subjekte bei Gewinnung oder Wiederherstellung ihrer Autonomie in der Lebensgestaltung verpflichtet fühlt, weist der Begriff der Anerkennung auf eine Verbindung zwischen dem Individuum und gesellschaftlicher Phänomene und Strukturen hin. Insbesondere vor dem Hintergrund der Beobachtung, dass sich gegenwärtig am „unteren Rand" der Gesellschaft dynamisch neue Spaltungen herausbilden und die Kontur der „klassischen" Problem- und Ungleichheitslagen verschärfen (Groh-Samberg 2005; Rieger / Leisering 2001), erhält diese Perspektive Bedeutung. Marginalisierungen und Formen der Desintegration zeigen immer deutlicher auch Formen von ausgewiesenen Exklusionen, von Ausschließungen, die sich immer noch, aber nicht mehr nur und ausschließlich über die Verfügbarkeit über geringe materielle Ressourcen bedingen, sondern die sich über „reine" Formen der Einkommensarmut hinaus oder sogar unabhängig von diesen über sozial-kulturelle Marginalisierungen beziehungsweise aufgrund des Empfindens solcher (Bude / Lantermann 2006) herstellen (Anhut / Heitmeyer 2005;

u. a. auch die Beiträge in Lessenich / Nullmeier 2006). Soziale Arbeit stellt sich aus dieser Perspektive als ein gesellschaftliches Allgemeinangebot und zugleich als eine gesellschaftlich mandatierte Ressource dar, die die Verschärfung von materiellen, kulturellen und sozialen Problemlagen bei denjenigen gesellschaftlichen Teilgruppen mittels Hilfs-, Unterstützungs- und Bildungsangebote abzufedern beauftragt ist, die unter den kapitalistischen Reproduktionsbedingungen aufgrund ihrer strukturellen Marginalisierung oder einer auch nur temporären „Prekarisierung" ihrer Lebenssituation zu leiden haben (Sauerwald et al. 2002; Heite 2008, 98 ff.).

Intention des Beitrages ist und war herauszustellen, dass die sozialpädagogischen Theoriereflexionen auf gesellschaftstheoretisches Wissen angewiesen sind. Bei allen bestehenden Unsicherheiten in Bezug auf das dabei zu favorisierende theoretische Paradigma und unter Beachtung der Grenzen, die auch gesellschaftstheoretische Perspektiven vorweisen, spricht vieles dafür, modernisierungstheoretischen Modellen eine besondere Relevanz zuzusprechen, auch weil hierüber die Dynamik gesellschaftlicher Innovationen am prägnantesten zu analysieren ist. Modernisierungstheoretische Überlegungen stellen dem sozialpädagogischen Projekt eine Folie bereit, sich empirisch abgefedert theoretisch zu rahmen, und enthalten die Kompetenz, die Handlungspraxis, die Theorie, die Qualifikationslandschaft und die Forschungskultur der Sozialen Arbeit reflexiv fortzuschreiben.

Literatur

Adorno, Th. W. (1979): Studien zum autoritären Charakter. Suhrkamp, Frankfurt / M.

– (1973): Soziologische Schriften. Suhrkamp, Frankfurt / M.

Agamben, G. (2008): Was ist ein Dispositiv? diaphanes, Zürich / Berlin

Anhut, R., Heitmeyer, W. (2005): Desintegration, Anerkennungsbilanzen und Rolle sozialer Vergleichsprozesse. In: Heitmeyer, W., Imbusch, P. (Hrsg.): Integrationspotenziale einer modernen Gesellschaft. Analysen zu gesellschaftlicher Integration und Desintegration. VS Verlag, Wiesbaden, 75–100

Beck, U. (1986): Risikogesellschaft. Auf dem Weg in eine andere Moderne. Suhrkamp, Frankfurt / M.

–, Lau, Ch. (2005): Theorie und Empirie reflexiver Modernisierung. Von der Notwendigkeit und den Schwierigkeiten, einen historischen Gesellschaftswandel innerhalb

der Moderne zu beachten und zu begreifen. Soziale Welt 56, 107–135

Berger, P. A. (1996): Individualisierung. Zwischen Statusunsicherheit und Erfahrungsvielfalt. Leske + Budrich, Opladen

–, Luckmann, Th. (1972): Die gesellschaftliche Konstruktion der Wirklichkeit. Eine Theorie der Wissenssoziologie. 3. Aufl. Klett-Cotta, Stuttgart

–, Vester, M. (1998): Alte Ungleichheiten – Neue Spaltungen. In: Berger, P. A., Vester, M. (Hrsg.): (Hrsg.): Alte Ungleichheiten – Neue Spaltungen. Westdeutscher Verlag, Opladen, 9–30

Bourdieu, P. (2005): Die verborgenen Mechanismen der Macht. VSA-Verlag, Hamburg

– (1997): Das Elend der Welt. UVK Universitätsverlag Konstanz, Konstanz

– (1985): Sozialer Raum und „Klassen". Suhrkamp, Frankfurt/M.

Bude, H., Lantermann, E.-D. (2006): Soziale Exklusion und Exklusionsempfinden. Kölner Zeitschrift für Soziologie und Sozialpsychologie 58, 233–252.

Burzan, N. (2005): Soziale Ungleichheiten. Eine Einführung in die zentralen Theorien. 2. Aufl. VS Verlag, Wiesbaden

Butler, J. (1997): Psyche der Macht. Das Subjekt der Unterwerfung. Suhrkamp, Frankfurt/M.

Durkheim, E. (1893 [1992]): Über soziale Arbeitsteilung. Studie über die Organisation höherer Gesellschaften. Suhrkamp, Frankfurt/M.

Engelke, E., Borrmann, St., Spatscheck, Ch. (2008): Theorien der Sozialen Arbeit. Eine Einführung. Lambertus, Freiburg/Br.

Foucault, M. (1991): Die Ordnung des Diskurses. Suhrkamp, Frankfurt/M.

– (1978): Dispositive der Macht. Merve, Berlin

Fromm, E. (1981): Die Auswirkungen eines triebtheoretischen Radikalismus. In: Fromm, E.: Gesamtausgabe, Band 7. Deutsche Verlags-Anstalt, Stuttgart, 113–123

Görlich, B. (1980): Der Stachel Freud. Suhrkamp, Frankfurt/M.

Goffmann, E. (1974): Das Individuum im öffentlichen Austausch. Suhrkamp, Frankfurt/M.

Gorz, A. (1980): Abschied vom Proletariat. Suhrkamp, Frankfurt/M.

Grathoff, R. (1979): Über Typik und Normalität im alltäglichen Milieu. In: Sprondel, W. M., Grathoff, R. (Hrsg.): Alfred Schütz und die Idee des Alltags in den Sozialwissenschaften. Klett-Cotta, Stuttgart, 89–107

Groh-Samberg, O. (2005): Die Aktualität der sozialen Frage – Trendanalysen sozialer Ausgrenzung 1984–2004. WSI-Mitteilungen 58, 616–623

Habermas, J. (1981): Theorie des kommunikativen Handelns, 2 Bände. Suhrkamp, Frankfurt/M.

Hamburger, F. (2008): Einführung in die Sozialpädagogik. 2. Aufl. Kohlhammer, Stuttgart

Heite, C. (2008): Soziale Arbeit im Kampf um Anerkennung. Professionalisierungstheoretische Perspektiven. Juventa, Weinheim/München

Hitzler, R., Honer, A. (1984): Lebenswelt – Milieu – Situation. Terminologische Vorschläge zur theoretischen Verständigung. Kölner Zeitschrift für Soziologie und Sozialpsychologie 36, 56–74

Honneth, A. (1992): Kampf um Anerkennung. Zur moralischen Grammatik sozialer Konflikte. Suhrkamp, Frankfurt/M.

Husserl, E. (1936 [1962]): Die Krisis der europäischen Wissenschaften und die transzendentale Phänomenologie: Eine Einleitung in die phänomenologische Philosophie. Nijhoff, Den Haag

Kessl, F., Otto, H.-U. (Hrsg.) (2004): Soziale Arbeit und Soziales Kapital. Verlag für Sozialwissenschaften, Wiesbaden

Keupp, H., Ahbe, T., Gmür, W., Höfer, R. (1999): Identitätskonstruktionen. Das Patchwork der Identitäten in der Spätmoderne. Rowohlt Taschenbuch Verlag, Reinbek b. Hamburg

Kleve, H., Wirth, J. (2009): Die Praxis der Sozialarbeitswissenschaft. Schneider, Hohengehren

Koenig, M. (2008): Wie weiter mit Émile Durkheim. Hamburger Edition, Hamburg

Krais, B., Gebauer, G. (2002): Habitus. transcript, Bielefeld

Kreckel, R. (1998): Klassentheorie am Ende der Klassengesellschaft. In: Berger, P. A., Vester, M. (Hrsg.): Alte Ungleichheiten – Neue Spaltungen. Westdeutscher Verlag, Opladen, 31–48

Leibfried, S., Leisering, L., Buhr, P., Ludwig, M., Mädje, E., Voges, W., Zwick, M. (1995): Zeit der Armut. Lebensläufe im Sozialstaat. Suhrkamp, Frankfurt/M.

Lessenich, S., Nullmeier, F. (2006): Einleitung – Deutschland zwischen Einheit und Spaltung. In: Lessenich, S., Nullmeier, F. (Hrsg.): Deutschland eine gespaltene Gesellschaft. Campus, Frankfurt/M., 7–26

Lorenzer, A. (1981): Das Konzil der Buchhalter. Suhrkamp, Frankfurt/M.

– (1977): Sprachspiel und Interaktionsformen. Suhrkamp, Frankfurt/M.

– (1972): Zur Begründung einer materialistischen Sozialisationstheorie. Suhrkamp, Frankfurt/M.

Luhmann, N. (1984): Soziale Systeme. Grundriss einer allgemeinen Theorie. Suhrkamp, Frankfurt/M.

– (1972): Funktionen und Folgen formaler Organisation. Duncker & Humblot, Berlin

Marcuse, H. (1971): Triebstruktur und Gesellschaft. Suhrkamp, Frankfurt/M.

Marx, K. (1867 [1974a]): Das Kapital, Marx Engels Werke, Band 23. Dietz, Berlin

– (1974b): Ökonomisch-philosophische Manuskripte. In: Marx, K., Engels, F. (1848 [1974]): Marx Engels Werke, Ergänzungsband 1. Dietz, Berlin, 467–588

–, Engels, F. (1848 [1974c]): Manifest der Kommunistischen Partei. Dietz, Berlin

Mead, G. H. (1968): Geist, Identität und Gesellschaft aus der Sicht des Sozialbehaviorismus. Suhrkamp, Frankfurt/M.

Miller, M. (1989): Systematisch verzerrte Legitimationsdiskurse. In: Eder, K. (Hrsg.) (1989): Klassenlage, Lebensstil und kulturelle Praxis. Suhrkamp, Frankfurt/M., 191–220

Mühlum, A. (2004) (Hrsg.): Sozialarbeitswissenschaft. Wissenschaft der sozialen Arbeit. Lambertus Verlag, Freiburg/Br.

Nussbaum, M. (1999): Gerechtigkeit oder das gute Leben. Suhrkamp, Frankfurt/M.

Oelkers, N., Otto, H.-U., Ziegler, H. (2008): Handlungsbefähigung und Wohlergehen – Der Capabilities-Ansatz als alternatives Fundament der Bildungs- und Wohlfahrtsforschung. In: Otto, H.-U., Ziegler, H. (Hrsg.): Capabilities – Handlungsbefähigung und Verwirklichungschancen in der Erziehungswissenschaft. Verlag für Sozialwissenschaften, Wiesbaden, 85–89.

Otto, H.-U., Ziegler, H. (2008): Der Capabilities-Ansatz als neue Orientierung in der Erziehungswissenschaft. In:

Otto, H.-U., Ziegler, H. (Hrsg.): Capabilities – Handlungsbefähigung und Verwirklichungschancen in der Erziehungswissenschaft. VS, Wiesbaden, 9–15

Rauschenbach, Th. (1999): Das sozialpädagogische Jahrhundert. Juventa, Weinheim / München

–, Züchner, I. (2010): Theorien der Sozialen Arbeit. In: Thole, W. (Hrsg.): Grundriss Soziale Arbeit. Ein einführendes Handbuch. 3. Aufl. VS Verlag, Wiesbaden, 151–173

Reckwitz, A. (2008): Subjekt. Einsichten. transcript, Bielefeld

Rieger, E., Leisering, S. (2001): Grundlagen der Globalisierung. Perspektiven des Wohlfahrtsstaates. Suhrkamp, Frankfurt / M.

Roth, G. (2007): Persönlichkeit, Entscheidung und Verhalten. Klett-Cotta, Stuttgart

Sarasin, P. (2008): Wie weiter mit Michel Foucault. Hamburger Edition, Hamburg

Sauerwald, G., Bauer, B., Kluge, S. (Hrsg.) (2002): Kampf um Anerkennung. Zur Grundlegung von Sozialer Arbeit als Anerkennungsarbeit. Waxmann, Münster / New York

Schoneville, H., Thole, W. (2009): Anerkennung – ein unterschätzter Begriff in der Sozialen Arbeit? Soziale Passagen 2, 133–143

Schütz, A. (1981): Theorie der Lebensformen. Suhrkamp, Frankfurt / M.

Sen, A. (2000): Ökonomie für den Menschen. Hanser, München

Simmel, G. (1890 [1989]): Über soziale Differenzierung. In: Simmel, G.: Aufsätze 1887–1890, Suhrkamp, Frankfurt / M., 109–295

Singer, W. (2002): Der Beobachter im Gehirn. Essays zur Hirnforschung. Suhrkamp, Frankfurt / M.

Sobottka, E., Saavedra, G. (2009): Die Debatte um den Begriff der Anerkennung. Soziale Passagen 2, 193–207

Thole, W. (2010): Soziale Arbeit – Praxis, Theorie, Forschung und Ausbildung. In: Thole, W. (Hrsg.): Grundriss Soziale Arbeit. 3. Aufl. VS Verlag, Wiesbaden, 17–71

– (2009): Wissenschaftliche Positionen und Konzepte Sozialer Arbeit. Versuch zum „Stand der Dinge": sozialpädagogische Theoriediskurse in der Bundesrepublik Deutschland. In: Willems, H., Rotink, G., Ferring, D., Schoos, J., Majerus, M., Ewen, N., Rodesch-Hengesch, M. A., Schmit, C. (Hrsg.): Handbuch der sozialen und erzieherischen Arbeit in Luxemburg. Saint Paul, Luxemburg, 497–521

Treibel, A. (2006): Einführung in soziologische Theorien der Gegenwart. 7. aktual. Aufl. VS Verlag, Wiesbaden

Trescher, H. G. (1979): Sozialisation und beschädigte Subjektivität. Fachbuchhandlung für Psychologie, Frankfurt / M.

Waldenfels, B. (1985): In den Netzen der Lebenswelt. Suhrkamp, Frankfurt / M.

Weber, M. (1922 [1972]): Wirtschaft und Gesellschaft. Grundriss der verstehenden Soziologie. Mohr Siebeck, Tübingen

Gesundheit und Krankheit

Von Hans Günther Homfeldt und Stephan Sting

Zum Verhältnis von Gesundheit und Sozialer Arbeit

Soziale Arbeit bezieht sich von Beginn an eng auf gesundheitliche Belange. In den sozialen Bewegungen des 19. Jahrhunderts ging es gleichermaßen um Hilfeleistungen für Arme und für Kranke. Zugleich manifestieren sich Armut und soziale Benachteiligung im Körper- und Gesundheitszustand der Betroffenen – von den Waisenkindern Pestalozzis über die Cholerakranken in den proletarischen Stadtvierteln der Frühindustrialisierung bis zur heutigen Erkenntnis der Sozialepidemiologie, dass die „gesamte Sozialstruktur einer Gesellschaft" von einer „Ungleichverteilung von Gesundheit und Krankheit" durchzogen ist (Richter / Hurrelmann 2006, 14).

Soziale Probleme und gesundheitliche Belastungen gehen Hand in Hand. Dementsprechend stellt die „Gesundheitsfürsorge" zu Beginn des 20. Jahrhunderts eine wichtige Säule in der Entwicklungsgeschichte der Sozialen Arbeit dar (Homfeldt / Sting 2006, 51). Ebenso lassen sich zahlreiche Überschneidungen zwischen dem von der Weltgesundheitsorganisation (WHO) Mitte der 1980er Jahre eingeführten Konzept der „Gesundheitsförderung" und der Sozialen Arbeit nachweisen: Franzkowiak und Wenzel haben herausgearbeitet, dass die an Ressourcenförderung, Partizipation und sozialpolitischer Aktivierung ausgerichtete Soziale Arbeit das Modell für eine positive und umfassende Gesundheitsförderung lieferte (Franzkowiak / Wenzel 2001, 720). Und Rosenbrock hat schon vor mehr als zehn Jahren bilanziert, „dass die gesundheitlich v. a. in Problemgruppen wirksamsten Maßnahmen [der Gesundheitsförderung] von Sozialarbeit und Sozialpädagogik geleistet werden" (Rosenbrock 1998, 207).

Trotz der offensichtlichen Relevanz der Sozialen Arbeit für gesundheitliche Belange rückt Gesundheit als Eckthema Sozialer Arbeit erst allmählich ins Blickfeld des disziplinären Diskurses. Neben einzelnen Professionalisierungsbestrebungen für neue gesundheitsbezogene Sozialberufe wie z. B. „Klinische Sozialarbeit" und „Gesundheitsmanagement" kann in der neueren Entwicklungsgeschichte der Sozialen Arbeit – zumindest im universitären Diskurs – von einem weitgehenden „Vergessen" ihres Gesundheitsbezugs gesprochen werden (Schröer / Sting 2006). Für dieses Vergessen lassen sich drei Gründe anführen:

1. haben die historischen Entwicklungen in der Zeit des Nationalsozialismus Bemühungen um die „öffentliche Gesundheit" im deutschsprachigen Raum nachhaltig diskreditiert, denn sie führten unter den Vorzeichen der „Eugenik" und „Rassenhygiene" zu massiven Interventionen in die Privatsphäre und das Wohlbefinden der einzelnen Individuen (Homfeldt / Sting 2006, 54 f.).

2. haben Versuche der disziplinären Selbstbeschreibung und Identitätskonstruktion in der Sozialen Arbeit und Sozialpädagogik seit den 1970er Jahren thematische Ausgrenzungen und Blindheiten mit sich gebracht (Schröer / Sting 2006, 18 f.). Da die Zuständigkeit für Gesundheit immer schon von anderen Disziplinen für sich beansprucht wurde, eignete sich dieses Feld nicht zur disziplinären Identitätsbildung.

3. Als Folge davon wurden Entwicklungen im Feld der Gesundheit, die für die Soziale Arbeit relevant sein könnten, bisher wenig zur Kenntnis genommen. Dazu zählen z. B. die Bestrebungen der WHO, ein erweitertes Gesundheitsverständnis durchzusetzen, das neben dem körperlichen auch das psychische und soziale Wohlbefinden umfasst, oder gesetzliche Veränderungen wie die Verpflichtung

Otto/Thiersch (Hg.), Handbuch Soziale Arbeit, 4. A., DOI 10.2378/ot4a.art059,

der gesetzlichen Krankenversicherungen zur „Verringerung sozial bedingter Ungleichheit von Gesundheitschancen" (Altgeld et al. 2003).

Die Zurückhaltung der Sozialen Arbeit im Feld der Gesundheit führt dazu, dass gesundheitsbezogene Aufgaben unter der Führung anderer Disziplinen bearbeitet werden (v. a. der Medizin, der Soziologie, der Ökonomie und der Psychologie). Umgekehrt wird Soziale Arbeit im gesundheitswissenschaftlichen Diskurs kaum wahrgenommen (exemplarisch Jungbauer-Gans / Hackauf 2008, 9), wodurch letztlich soziale Aspekte von Gesundheit und Krankheit vernachlässigt werden.

Die Hinwendung zu einem umfassenden Gesundheitsverständnis, die Veränderungen im Krankheitsspektrum und die enorme Bedeutung, welche der Körper und gesundheitliche Belange für die Biografie und das soziale Wohlbefinden der Subjekte haben, bieten vielfältige Entwicklungspotenziale für die Soziale Arbeit und machen es notwendig, dem Thema Gesundheit und Krankheit grundlegend Aufmerksamkeit zu schenken.

Zum Verständnis und Wandel von Gesundheit und Krankheit

Wie Gesundheit und Krankheit begrifflich zu fassen sind, ist in den einzelnen Disziplinen umstritten. Waller (2006, 9 ff.) gibt einen Einblick in ihre begriffliche Vielfalt. In einem für die Soziale Arbeit relevanten Ordnungsversuch wird unterschieden zwischen Gesundheit als Wertaussage, als Abgrenzungskonzept und als Funktionsaussage. In die erste Kategorie ist die klassische WHO-Fassung von 1948 einzuordnen. In der zweiten Auffassung geht es um eine Abgrenzung zur Krankheit und in der dritten Auffassung um Leistungsfähigkeit.

Was unter Krankheit zu verstehen ist, ist nicht weniger umstritten. So ist es sogar in der Medizin kontrovers, ob sie „einen allgemeinen Krankheitsbegriff besitzt und wenn, wie dieser zu charakterisieren ist" (Hucklenbroich 2007, 77).

In unseren Überlegungen gehen wir von einem dualen Zusammenhang von Gesundheit und Krankheit aus: Gesundheit und Krankheit stellen keine gegensätzlichen Pole dar, sondern sind auf einem Kontinuum zwischen mehr oder weniger gesund bzw. krank angesiedelt (Antonovsky 1997,

23). Zugleich sind „menschliche Krankheit wie Gesundheit nicht allein naturwissenschaftlich, sondern nur in ihren biotischen, psychischen und sozio-kulturellen Dimensionen und deren wechselseitigen Zusammenhängen unter ontogenetischem, ökologischem und historischem Aspekt zu erfassen" (Löther 2007, 118).

Unter sich wandelnden gesellschaftlichen Bedingungen sind neue Wahrscheinlichkeiten zu erkranken in den Vordergrund gerückt. Diese werden als „neue Morbidität" gefasst (Ravens-Sieberer et al. 2007, 871), die weniger durch akute Infektionskrankheiten als durch chronisch-degenerative Erkrankungen wie Herz-Kreislauf-Krankheiten, Krebs, Atemwegserkrankungen und Allergien, durch eine Zunahme psychischer Erkrankungen und durch eine neue Bedeutung die Gesundheit gefährdender Lebensstile und Verhaltensweisen charakterisiert ist. In ähnlicher Weise zeichnet sich bei Kindern und Jugendlichen eine Verschiebung von akuten Erkrankungen zu den chronischen Krankheiten ab, die in starkem Maße durch Lebensstile und Lebensweisen bedingt sind (z. B. durch spezifische Ernährung und Bewegungsmangel) (KIGGS 2007), sowie eine Verschiebung von somatischen zu seelischen Auffälligkeiten (z. B. Lernstörungen, Aufmerksamkeits- und Aktivitätsstörungen, Gewaltbereitschaft, emotionale Auffälligkeiten sowie Alkohol- und Drogenkonsum (BMFSFJ 2009, Kap. C)). Diese Tendenz wird auch in den verschiedenen aktuellen Studien des Robert Koch Instituts hervorgehoben (Beiträge zur Gesundheitsberichterstattung des Bundes 2008, 43). Beide Formen neuer Morbidität hängen mit dem Lebensverlauf und den sozioökonomischen Lebensbedingungen eng zusammen und tangieren die Leistungsfähigkeit, die Lebensqualität und die subjektive Gesundheit der Heranwachsenden nachhaltig: „Ein niedriger sozialer Status, Migrationshintergrund sowie körperliche Krankheiten und psychische Belastungen gehen mit einer verschlechterten subjektiven Gesundheit einher" (BZgA / RKI 2008, 11). Im Zusammenhang mit dem salutogenetischen Ansatz sind seit Mitte der 1980er Jahre neben gesundheitswissenschaftlichen Arbeiten zu Störungen und Risiken für die psychische Gesundheit auch die Schutzfaktoren und Ressourcen in den Blick genommen worden.

Vom pathogenetischen zum salutogenetischen Verständnis

Die Veränderungen im Krankheitsspektrum führen dazu, dass das in unserer Gesellschaft vorherrschende „biomedizinische Modell" von Gesundheit und Krankheit zunehmend hinterfragt wird. Die biomedizinische Sichtweise konzentriert sich auf körperliche Ursachen von Erkrankungen. Sie ist pathogenetisch orientiert, da sie kein positives Verständnis von Gesundheit enthält, sondern Gesundheit nur als Abwesenheit von Krankheit versteht. Sie negiert die Subjektivität des kranken Menschen, indem sie dessen Körper als passives Objekt physikalischer Prozesse begreift. Die wachsende Bedeutung chronisch-degenerativer Erkrankungen führte zur Erweiterung des engen biologischen Kausalitätsdenkens hin zu einem mehrdimensionalen, probabilistischen Denken in Risikofaktoren. Das Risikofaktorenmodell erweitert das Spektrum möglicher Krankheitsursachen um psychische und soziale Aspekte. Im Rahmen des „stress-coping-Paradigmas" sind die Patienten oder Klienten als Akteure in das Krankheitsgeschehen einbezogen worden, indem das Bewältigungshandeln und die Bewältigungsressourcen den pathogenen Faktoren gegenübergestellt wurden (Hurrelmann 2000). Im Kern bleibt das Risikofaktorenmodell jedoch pathogenetisch und expertokratisch ausgerichtet.

Versuche, ein positives, ressourcenorientiertes Verständnis von Gesundheit durchzusetzen, beginnen jenseits des medizinisch dominierten Gesundheitsdiskurses mit der Gesundheitsdefinition der WHO von 1948, in der Gesundheit als „Zustand des völligen körperlichen, seelischen und sozialen Wohlbefindens und nicht nur (als) Freisein von Krankheit und Gebrechen" bestimmt wird (Hurrelmann 2000). Die Untersuchungen von Antonovsky zur „Salutogenese" machen deutlich, dass sich Herstellung und Erhaltung von Gesundheit nicht in der Krankheitsbekämpfung und –vermeidung erschöpfen, sondern dass Prozesse der „Salutogenese" eine eigenständige Relevanz im Gesundheits- und Krankheitsgeschehen zukommt (Antonovsky 1997). Gesundheit wird zu einer aktiven, dynamischen Kategorie, auf die Handeln, Lebensweise und Lebensverhältnisse der Subjekte wesentlichen Einfluss haben. Die salutogenetische Orientierung wird im WHO-Konzept der „Gesundheitsförderung" fortentwickelt. Dieses geht von der Selbstbestimmung und Handlungsfähigkeit der Akteure im Hinblick auf ihre eigene Gesundheit aus und macht neben der Beförderung eines gesundheitsförderlichen Verhaltens und Lebensstils das Engagement für Chancengleichheit und Partizipation sowie für gesundheitsgerechte Lebensverhältnisse zum Hauptmoment einer Verbesserung der Gesundheitschancen. Neben der Krankheitsbekämpfung ist die Verbesserung der Gesundheitschancen die wichtige Aufgabe der Sozial- und Gesundheitspolitik und der Gesundheitsdienste.

Gesundheitliche Ungleichheit und ihre sozialen Determinanten

Seit Ende der 1980er Jahre hat sich die gesellschaftliche Bedeutung von Gesundheit und Krankheit aus der Nische persönlichen Mühens um Gesundsein zu einer gesellschaftlichen Herausforderung transformiert, die zwischenzeitig jedoch wieder auf eine Frage von Versorgung und ihrer Finanzierbarkeit zu schrumpfen droht. Es geht seit Beginn der 2000er Jahre „um eine monetäre Umsteuerung mit den Zielen der Privatisierung von Gesundheitsrisiken" (Hensen/Hensen 2008, 13), bei der trotz wachsender materieller Ungleichverteilung und mit ihr einhergehender gesundheitlicher Ungleichheit von allen Bürgern und Bürgerinnen mehr Eigenverantwortung im Sinne einer „investiven Aktivierungsstrategie" (Schmidt/Kolip 2007, 12) verlangt wird. In diesem Sinne droht Gesundheitsförderung „zur Privatangelegenheit kaufkräftiger KonsumentInnen" (12) zu verkommen, indem „das Verhalten und die Selbstverantwortung des Bürgers in den Mittelpunkt der gesundheitlichen Ausrichtungen rücken" (Hanses 2008b, 14). Zunehmend scheint die Feststellung aus dem Blick zu geraten, dass nicht steigender Wohlstand für alle, sondern weniger Wohlstandsunterschiede zwischen allen günstigen Einfluss auf die Gesundheit der Bevölkerung haben.

Wohlstandsunterschiede abzubauen, mindert noch nicht per se gesundheitliche Ungleichheit. Dies sollte einhergehen mit einem verbesserten Zugang zu gesundheitsförderlichen Gütern, d. h. gleichermaßen einer Verringerung der sozialen Gradienten für gesundheitliche Ungleichheit. Eine besondere Herausforderung bildet die Annäherung der Gesundheit der am stärksten Benachteiligten an die gesundheitliche Lage der gesamten Bevölkerung.

International große Resonanz haben in diesem Zusammenhang die für ein gesundes Leben konstitutiven sozialen Determinanten der Commission on Social Determinants of Health (tätig im Auftrag der WHO) gefunden. Die insgesamt zehn zentralen Determinanten wurden mit dem Ziel erarbeitet, weltweit eine gesellschaftspolitische Sensibilität für eine gesundheitsbezogene Prävention und Gesundheitsförderung zu entfalten. Es handelt sich um folgende Determinanten: soziales Gefälle, Stress, frühe Kindheit, soziale Ausgrenzung, Arbeit, Arbeitslosigkeit, soziale Unterstützung, Sucht, Lebensmittel, Verkehr. Die sozialen Determinanten schichten sich zu einer Gesundheitsbiografie auf (Graham 2008, 459), die als Erklärung für den aktuellen Gesundheitsstatus einer Person herangezogen werden kann. Gesundheitliche Ungleichheiten ergeben sich aus unterschiedlichen Belastungen und ungleichen Zugängen zu gesundheitsbezogener Prävention und Gesundheitsförderung. Dies wird nachfolgend an einigen zentralen Aspekten von Ungleichheit verdeutlicht.

Lebensverlauf: Frühe Kindheit

Die Lebensverlaufsperspektive ist in dem Maße zur Erklärung gesundheitlicher Ungleichheiten bedeutender geworden, wie gezeigt werden konnte, dass Erkrankungen im höheren Lebensalter eine lange Entstehungsgeschichte aufweisen.
„Forschungen zum Zusammenhang von Lebenslauf und sozial ungleicher Gesundheit verdeutlichen, wie eng die Beziehungen zwischen biologischen und sozialen Prozessen sind" (Power / Kuh 2008, 69). Eine medizinisch-epidemiologische Lebensverlaufsforschung beschäftigt sich einerseits mit den Belastungen für das ungeborene Kind und in der frühen Kindheit sowie ihrer sozialen Verteilung in der Bevölkerung im Sinne „kritischer Perioden" und andererseits mit einem „Kumulationsmodell", das von der Annahme chronischer Erkrankungen als Ergebnis verschiedener Belastungen über den Lebensverlauf ausgeht (Richter / Hurrelmann 2006, 21 f.). Das Modell „kritischer Perioden" (Dragano 2007, 19) richtet seine Aufmerksamkeit v. a. auf die Phase vor der Geburt und auf die frühe Kindheit. Beide sind vulnerable Zeitfenster, in denen Schädigungen im weiteren Verlauf des Lebens nur schwer

korrigierbar sind. Auffallend ist, dass frühe Risikofaktoren nicht zufällig über die Bevölkerung verteilt sind, sondern dass Kinder aus sozioökonomisch und soziokulturell benachteiligten Familien ein erhöhtes Risiko tragen, frühe Schädigungen zu erfahren und im Erwachsenenalter zu erkranken bzw. frühzeitig zu sterben.
Im Lebensverlauf zu erkranken, ist nicht nur abhängig vom Ausmaß der Risikofaktoren, sondern auch vom Ausmaß der Ressourcen und Schutzfaktoren. Schutzfaktoren erhöhen die Chance auf Gesundheit trotz gesundheitsgefährdender sozialer und biologischer Belastungen. Gesundheitsförderliche Ressourcen lassen sich in personale, familiale und soziale Widerstandsressourcen einteilen. Sie sind in gesellschaftlich privilegierten Gruppierungen stärker ausgeprägt als bei Benachteiligten. Durchsetzungsfähigkeit wie auch Handlungsmächtigkeit („agency") als Grundbedingungen zur Herausbildung eines hohen Kohärenzgefühls sind in benachteiligten Lebenslagen seltener ausgeprägt. Zu den sozialen Ressourcen ist die Eingebundenheit in stabile soziale Netzwerke und in eine damit verbundene soziale Unterstützung zu rechnen. Mit der Qualität der Eingebundenheit wächst die Fähigkeit, mit kritischen Lebensereignissen fertig zu werden.

Arbeit und Arbeitslosigkeit

Einer Erwerbsarbeit nachzugehen, ist grundsätzlich gesünder, als arbeitslos zu sein. Sind jedoch die Entscheidungsspielräume am Arbeitsplatz gering, der Stress hoch, die sozialen Beziehungen wenig unterstützend, so steigt die Wahrscheinlichkeit zu erkranken. Gesundheitsschädigende Wirkung kann bereits eine anhaltende Sorge um den Verlust des Arbeitsplatzes haben. Arbeitslosigkeit selber hat nachweislich schädigende Auswirkungen auf die Gesundheit. Epidemiologische Längsschnittstudien in unterschiedlichen westeuropäischen Ländern haben eine erhöhte Mortalität und eine hohe Morbidität von Arbeitslosen im Vergleich zu Erwerbstätigen dokumentiert (Mackenbach 2008, 282 ff.). Ein mit Arbeitslosigkeit als belastendem Lebensereignis in der Regel verbundener niedriger Sozialstatus hat aber nicht nur gesundheitsschädigende Wirkungen für die betroffene Person, sondern für eine Familie insgesamt, z. B. für Kinder im Bereich psychischer Auffälligkeiten, motorischer Entwicklungsmängel und

Übergewicht (Beiträge zur Gesundheitsberichterstattung des Bundes 2008, 20).

Grundsätzlich eröffnet Erwerbsarbeit – wenngleich auch ihre Qualität bedeutsam ist – mehr Verwirklichungschancen („capabilities") bzw. Handlungsspielräume als Arbeitslosigkeit. Mit den Verwirklichungschancen wächst das gesundheitliche Wohlergehen.

Soziale Ausgrenzung: Migration

Im deutschsprachigen Raum stellen sich Gesundheitsdienste erst allmählich auf die besonderen Anforderungen und die spezifischen Gesundheitsprobleme von Menschen mit Migrationshintergrund ein. Die Datenlage ist im Hinblick auf migrantenspezifische Gesundheitsdaten bisher noch lückenhaft und schwer zu interpretieren (RKI 2008).

Im Hinblick auf ihre gesundheitliche Situation sind Migrantinnen und Migranten spezifischen Benachteiligungen ausgesetzt, die sich in Aspekte der sozialen Ungleichheit, in migrationsspezifische Aspekte und in kulturbedingte Aspekte unterscheiden lassen. Durch Prozesse der sozialen Abwertung und „Unterschichtung" im Zielland gehören Menschen mit Migrationshintergrund im Durchschnitt einer niedrigeren sozialen Schicht an, was sich ungünstig auf den Gesundheitsstatus auswirkt. Dazu kommen besondere Probleme wie Fremdenfeindlichkeit, Diskriminierung, mangelnde soziale Anerkennung und Informationsdefizite aufgrund von unangepasster Beratung und Aufklärung. Zu den migrationsspezifischen Aspekten zählen Sprachbarrieren und Verständigungsprobleme im Zielland, erhöhte Gesundheitsrisiken durch die Unsicherheit des Rechts- und Aufenthaltsstatus und Entfremdungserscheinungen in der Familie durch den Prozess der Migration. In besonderer Weise gesundheitsbelastend wirken spezifische Ursachen und Folgen des Migrationsprozesses wie Folter und Kriegserfahrungen, die häufig Traumatisierungen nach sich ziehen (Frey 2004, 163 f.). Kulturbedingte Besonderheiten zeichnen sich in den unterschiedlichen Erwartungen von Migranten und Einheimischen im Hinblick auf die gesundheitliche Versorgung und in der Differenz der Gesundheits- und Krankheitsverständnisse ab, was zu Inanspruchnahmebarrieren, Kommunikations-

problemen und Fehleinschätzungen bei der Nutzung der Gesundheitsdienste führt (Baune et al. 2004, 95 f.).

Die gesundheitlichen Benachteiligungen werden z. T. durch die „positive Selbstselektion gesunder Personen" bei der Arbeitsmigration kompensiert („healthy migrant effect"). Zugleich sind Migrantinnen und Migranten eine höchst heterogene Gruppe, die in Abhängigkeit von ihrem rechtlichen und sozioökonomischen Status sowie ihrem kulturellen Hintergrund in unterschiedlichem Ausmaß gesundheitliche Ressourcen und Belastungen aufweist. Um Ausgrenzungen und Benachteiligungen zu vermeiden, erscheint es notwendig, migrantenspezifische Anforderungen hinsichtlich Gesundheit stärker zu berücksichtigen. Zukunftsweisende Ansätze dazu sind der Einsatz „interkultureller Gesundheitsmediatoren", auf bestimmte Migrantengruppen zugeschnittene Präventionsangebote in der Geburtsvorbereitung, in der AIDS- oder Suchtprävention oder Fortbildungen zur Erhöhung der „transkulturellen Kompetenz" in den Gesundheitsdiensten (Domenig 2004, 67 f.). Eine strukturelle Veränderung der Gesundheitsdienste zugunsten der Migrationsbevölkerung steht jedoch noch aus. Die Soziale Arbeit könnte im Bereich der Vermittlung und Koordination, der niedrigschwelligen Prävention und der inter- oder transkulturellen Fortbildung wichtige Aufgaben übernehmen.

Geschlecht

Frauen und Männer haben einen unterschiedlichen Zugang zur Gesundheit. Die Geschlechterdifferenz hat zwar in Bezug auf die Gesundheit biologische Bezüge, sie ist aber im Kern historisch konstruiert und sozial und kulturell verankert. Deshalb ist die Thematisierung der historisch entstandenen Bipolarität im Genderdiskurs und in Ansätzen zum Gender-Mainstreaming konsequent und notwendig, sofern nicht einer Biologisierung des Geschlechterverhältnisses Vorschub geleistet wird.

Alle Gesundheitsdaten vom Säugling bis ins Hochbetagtenalter weisen geschlechtsspezifische Ausprägungen aus – bis hin zur um sechs Jahre erhöhten Lebenserwartung von Frauen in entwickelten Gesellschaften. Insgesamt verhalten sich Frauen weniger gesundheitsschädigend als

Männer, kümmern sich mehr um die Gesundheit ihrer Familienangehörigen, können Krankheitssymptome eher deuten und suchen schneller einen Arzt auf als Männer. Zugleich sind sie historisch mit einem männerdominierten Körper- und Gesundheitsverständnis konfrontiert, das bis in die 1990er Jahre Frauen aus klinisch-medizinischen Studien ausschloss und frauenspezifische Gesundheitsprobleme systematisch unterschätzte. Daraus resultieren bis heute eine Reihe von Defiziten in der gesundheitlichen Versorgung von Frauen: die Beschränkung der Selbstbestimmung von Frauen im Bereich der Reproduktionsmedizin, die mangelnde Wahrnehmung der Folgen von körperlicher und sexueller Gewalt, die Nichtbeachtung frauenspezifischer Risikofaktoren für Herz-Kreislauf-Erkrankungen und Krebs, Fehl-, Unter- und Überversorgung von Frauen in der Medizin, mangelnde Geschlechtergerechtigkeit hinsichtlich der Vertretung von Frauen im Gesundheitswesen und in der Wissenschaft (Maschewsky-Schneider 2002, 493 ff.).

Die Frauengesundheitsbewegung formierte seit den 1970er Jahren einen Widerstand gegen die Enteignung und Medikalisierung des weiblichen Körpers durch die Medizin. Sie engagierte sich für ein ganzheitliches, biopsychosoziales Verständnis von Gesundheit und lieferte damit wichtige Impulse für die gesundheitspolitischen Aktivitäten der WHO. Dennoch bleibt die Frauensicht auf Gesundheit und Krankheit bis heute randständig. Deshalb werden die weitere Etablierung frauenspezifischer Gesundheitsdienste, der Ausbau der Frauengesundheitsberichterstattung, die Formulierung geschlechtergerechter Gesundheitsziele und eine geschlechtersensible gesundheitliche Versorgung im etablierten Gesundheitssystem eingefordert (Bormann 2002, 36 f.).

Im Gegensatz zur Frauengesundheit wird die Gesundheit von Jungen und Männern noch wenig thematisiert. Obwohl zahlreiche epidemiologische Daten zur Geschlechterdifferenz im Hinblick auf Gesundheit und Krankheit vorliegen, sind die Besonderheiten der Gesundheit von Männern erst in jüngerer Zeit in das Blickfeld der Forschung gelangt (Faltermaier 2005, 286). Im Unterschied zu Frauen ist die Sorge um den eigenen Körper bei Männern wesentlich weniger ausgeprägt. Männer verfügen über ein geringeres Alltagswissen in Bezug auf Gesundheit und Krankheit, nehmen selte-

ner kurative oder präventive Leistungen in Anspruch (Kolip / Koppelin 2002, 491) und neigen häufiger als Mädchen und Frauen zu Formen gesundheitlichen Risikohandelns und zu Gewalthandlungen (Kolip / Hurrelmann 2002, 19 f.).

Vor diesem Hintergrund wird in der gesundheitsbezogenen Sozialen Arbeit seit Kurzem versucht, Jungen und Männer besser zu erreichen. Eine gute Möglichkeit bietet bei Jungen die Thematisierung des Körpers, der für sie eine wichtige Ressource zur Selbstdarstellung bildet. Bei Männern ist die Erreichbarkeit am ehesten über gesundheitsförderliche Aktivitäten im Betrieb gegeben (Altgeld 2004a, 273). Altgeld plädiert für die „Entwicklung einer jungen- und männerspezifischen Gesundheitskommunikation" (282 f.) und für die „Implementation von Gender Mainstreaming als Querschnittsthema und Qualitätsmerkmal von Gesundheitsförderung und Prävention" (283 f.).

Zur Notwendigkeit einer gesundheitsbezogenen Gesamtpolitik

Zur Bekämpfung gesundheitlicher Ungleichheiten ist eine gesundheitsbezogene Gesamtpolitik vonnöten. Von einer gesundheitsbezogenen Gesamtpolitik im Sinne der Ottawa-Charta kann in Deutschland jedoch noch nicht die Rede sein. Zwar sind Gesundheit und Krankheit als gesellschaftliche Herausforderungen zunehmend in den Blick der Politik gelangt, aber weitestgehend ressortspezifisch ausgerichtet. Eine interministerielle Kooperation existiert kaum.

So fehlt es an einer Verknüpfung der Sozialgesetzbücher. Einschlägige Paragrafen – wie der §20 im SGB V – haben einerseits zwar eine hohe Relevanz für die Soziale Arbeit, sind aber noch immer wenig in deren Blick. Andererseits bezieht sich das SGB VIII kaum auf Gesundheitsförderung und gesundheitsbezogene Prävention. Zwar gibt es eine starke adressatenbezogene Überschneidung von Kinder- und Jugendpsychiatrie und Kinder- und Jugendhilfe. Die Kooperation ist jedoch oftmals immer noch schwierig. Praktiziert wird die Kooperation im Bereich der §§ 8a und 35a SGB VIII, bei Kindern psychisch bzw. chronisch kranker Eltern oder auch im Handlungsfeld der Schwangerschaftskonfliktberatung.

Systemimmanente wie auch professionell begründete Hürden aufgrund unterschiedlicher Betrachtungshorizonte schaffen nach wie vor frühzeitige Grenzen in der Zusammenarbeit. Für eine gelingende Kooperation ist nicht nur eine klare Vorstellung von den eigenen Aufgaben vonnöten, sondern auch von denjenigen des Kooperationspartners. Um die Kooperation zwischen Sozialer Arbeit, Gesundheitswesen und Behindertenhilfe zu verbessern, sind Anschlussstellen in den einschlägigen Paragrafen der Sozialgesetzbücher V, VIII und IX zu schaffen.

Gesundheitsförderung und Soziale Arbeit

Gesundheitsbezogene Prävention und Gesundheitsförderung – begriffliche Näherungen

Gesundheitsförderung und Prävention lassen sich als komplementäre Strategien zur Verbesserung und zum Erhalt von Gesundheit verstehen. Bezieht sich Gesundheitsförderung vorrangig auf Gesundheitsressourcen, so bezieht sich Prävention auf Gesundheitsrisiken. Beiden obliegt jedoch die Aufgabe, Gesundheit und die gesundheitliche Chancengleichheit einer Bevölkerung zu verbessern.

Prävention lässt sich in einer groben Annäherung als „vorbeugendes Eingreifen" beschreiben, als Verhinderung von Krankheiten und Vermeidung von gesundheitlichen Belastungen. Im Präventionsdiskurs hat sich eine dreistufige Gliederung entlang des Interventionszeitpunktes durchgesetzt – eine Differenzierung in primäre, sekundäre und tertiäre Prävention. *Primärprävention* setzt vor dem Auftreten von Auffälligkeiten und Belastungen ein und konzentriert sich auf die Förderung allgemeiner Schutzfaktoren. *Sekundärprävention* ist mit dem Auftreten erster Risikoindikatoren verknüpft und zielt auf die Reduktion von Gesundheitsrisiken in gesundheitsgefährdeten Gruppen. *Tertiärprävention* strebt – nach der Überwindung einer gesundheitlichen Problematik – die Vermeidung von Rückfällen an und ist eng mit der Rehabilitation verbunden (Homfeldt/Sting 2006, 158 f.).

Das dreiteilige Präventionsschema orientiert sich stark am biomedizinischen Behandlungs- und Krankheitsmodell, was zu einem Vorrang individualisierender, personenbezogener Zugänge in der Prävention führt. Aufgrund von Überschneidungen und Zuständigkeitsproblemen wird gegenwärtig eine Unterteilung nach Zielgruppen favorisiert, die jedoch keine Neuausrichtung der präventiven Zugänge mit sich bringt. Demnach richtet sich die „universelle Prävention" an die Allgemeinbevölkerung, während sich die „selektive Prävention" an besonders gefährdete Risikogruppen wendet und sich die „indizierte Prävention" mit Personen beschäftigt, die bereits manifeste Gesundheitsprobleme aufweisen (Franzkowiak 2006, 30).

Gesundheitsförderung ist im Gegensatz zur eher verhaltens- und personenbezogenen Prävention ursprünglich als gesundheitspolitisches Aktionsprogramm gedacht. Deshalb erscheint eine einfache Gleichsetzung oder die Verwendung von Gesundheitsförderung anstelle von Prävention wenig sinnvoll. Im Sinne einer Ressourcenaktivierung ist Gesundheitsförderung inzwischen „ein Querschnittsaspekt jeder modernen Gesundheitssicherung, dessen Ausbau nicht nur in der Prävention, sondern ebenso auch in der Kuration, in der Pflege wie in der Rehabilitation notwendig ist" (Rosenbrock/Kümpers 2006, 248). Wichtige Merkmale von Gesundheitsförderung sind das Ziel, den Menschen ein höheres Maß an Selbstbestimmung über ihre Gesundheit zu ermöglichen und der Fokus auf die Verringerung gesundheitlicher Ungleichheiten. „Den Kern von Gesundheitsförderung bildet die Analyse und Stärkung von Gesundheitsressourcen und gesundheitlichen Potentialen von Menschen, ihren Lebenswelten und den übergreifenden gesellschaftlichen Strukturen" (Franzkowiak 2006, 18). Während es auf der begrifflichen Ebene notwendig ist, zwischen Prävention und Gesundheitsförderung zu unterscheiden, um die unterschiedlichen Akzentsetzungen zu verdeutlichen, wird in der Praxis für eine Kombination von person- und strukturbezogenen Ansätzen sowie von krankheits- und ressourcenorientierten Arbeitsweisen plädiert. Im Rahmen von „Settings" wie Betrieben, Krankenhäusern, Schulen oder Gemeinden scheint ein „spezifischer Mix" von Maßnahmen zur Prävention, zur Gesundheitsbildung und zur Gesundheitsförderung den größten Gesundheitsgewinn bei den jeweiligen Zielgruppen zu versprechen.

Soziale Arbeit im Gesundheitswesen

Aufgaben der Sozialen Arbeit im Rahmen der gesundheitlichen Versorgung stellen den historisch frühesten und am breitesten ausgebauten Bereich der gesundheitsbezogenen Sozialen Arbeit dar. In den letzten Jahren hat sich für diesen Bereich ein neuer Überbegriff ausgebreitet, der aus dem angelsächsischen „clinical social work" abgeleitet ist und dessen Inhalt bis heute noch nicht eindeutig geklärt ist: die „Klinische Sozialarbeit" (Geißler-Piltz et al. 2005). Klinische Sozialarbeit umfasst zunächst die beiden klassischen Arbeitsfelder des „Sozialdienstes im Krankenhaus" und der „Sozialen Arbeit in Rehabilitationskliniken". Darüber hinaus bezeichnet die Klinische Sozialarbeit einen eigenständigen Ansatz mit neuen Aufgaben der Sozialen Arbeit in der gesundheitlichen Versorgung, welche in einer Vielzahl ambulanter, teilstationärer und stationärer Einrichtungen angesiedelt sind (→ Ansen, Klinische Sozialarbeit).

Seit den 1920er Jahren hat sich *Soziale Arbeit in Krankenhäusern* etabliert. Die Aufgaben der Sozialen Arbeit im Krankenhaus liegen in der Bearbeitung sozialer Folgeprobleme bei Krankenhauseinweisungen (z. B. im Bereich der Arbeit, des Wohnens, der Angehörigen), in der Klärung von Schnittstellenproblemen zwischen stationärer und ambulanter Versorgung und in der Bewältigung von sozialen Integrationsproblemen, die im Kontext von Krankheitsverläufen auftreten. Die Zunahme pflegebedürftiger Patienten aufgrund der demografischen Alterung der Gesellschaft und die Verlagerung des Krankheitsspektrums hin zu chronischen Erkrankungen führen dazu, dass die soziale Betreuung und Begleitung in der Krankenversorgung an Bedeutung gewinnt.

Rehabilitation hat heute die Wiederherstellung der „möglichst uneingeschränkten Teilhabe eines Menschen am sozialen Leben in Gesellschaft, Familie und Arbeit" zum Ziel (Mans 2000, 177). Soziale Arbeit ist in *Rehabilitationskliniken* zwar nicht gesetzlich vorgeschrieben, sie hat dort in der Praxis aber einen festen Platz eingenommen. Neben einzelnen sozialen, verwalterischen und organisatorischen Hilfen ist die Wiederherstellung der beruflichen Teilhabe zum Hauptaufgabenfeld der Sozialen Arbeit in der Rehabilitation geworden (Mühlum / Gödecker-Geenen 2003, 24 ff.). Die Hinwendung zu einem „ganzheitlichen Rehabilitationsbegriff" seit Mitte der 1990er Jahre betont darüber hinaus die soziale Dimension der Rehabilitation, die allerdings nach wie vor einen nachgeordneten Platz in den medizinisch dominierten Rehabilitationsprozessen einnimmt (35 f.).

Eine besondere Rolle kommt der Sozialen Arbeit seit den 1920er Jahren in der Arbeit mit gesundheitlich belasteten Personengruppen zu, die aus dem erwerbszentrierten System der Krankenversicherung und der medizinischen Versorgung herausfallen. Die Betreuung dieser Personengruppen übernimmt im heutigen Gesundheitswesen der *Öffentliche Gesundheitsdienst*. Zu seinen Zielgruppen zählen HIV-Infizierte, Suchtgefährdete und -erkrankte, Schwangere, Mütter mit Säuglingen und Kleinkindern, sozialpsychiatrisch betreute Personen und Menschen mit Migrationshintergrund (Steen 2005, 50 ff.). Die Bestrebungen der WHO im Rahmen des Aktionsprogramms „Gesundheit 21", welche die nationalen Regierungen Europas dazu anregen sollen, gesellschaftsübergreifende „Gesundheitsziele" zur sektorenübergreifenden Koordination der Gesundheitspolitik und zur Verbesserung der Gesundheitssituation der Bevölkerung festzulegen (www.gesundheitsziele.de), haben das Handlungsspektrum des Öffentlichen Gesundheitsdienstes um vielfältige Aufgaben in der Prävention und Gesundheitsförderung erweitert. Im Rahmen des Öffentlichen Gesundheitsdienstes übernimmt die Soziale Arbeit Aufgaben in der Beratung, Gesundheitshilfe, Kooperation und Vernetzung, Gesundheitsberichterstattung und Berichterstattungsplanung, Gesundheitsbildung und Ressourcenförderung. Viele der für notwendig erachteten Maßnahmen können jedoch nur punktuell und nicht flächendeckend angeboten werden, und der Öffentliche Gesundheitsdienst verkommt vielfach zu einer „wenig nachhaltigen Manövriermasse für gesundheitspolitische Legitimationsbeschaffung" (Steen 2005, 145) im Hinblick auf aktuelle und populäre Gesundheitsthemen.

Gesundheitsarbeit im Sozial- und Bildungswesen

Neben dem umgrenzten Bereich der gesundheitlichen Versorgung sind Gesundheit und Krankheit in allen Feldern der Sozialen Arbeit ein potenzielles Thema. Die Bearbeitung sozialer Probleme enthält Überschneidungen mit dem Gesundheitsbereich. Etablierte Vorgehensweisen wie Familienhilfe, Jugendarbeit oder Gemeinwesenarbeit können durch eine gesundheitsbezogene Wahrnehmung und Reflexion für die Beschäftigung mit gesundheitlichen Belangen profiliert werden. Bei einer derartigen „Gesundheitsarbeit" geht es weniger um ein neues sozialpädagogisches „Expertentum für Gesundheit" (Waller 2001, 303) als vielmehr um eine gesundheitsbezogene Sensibilität in bestehenden Handlungsfeldern und Arbeitsweisen der Sozialen Arbeit.

Ein Beispiel dafür ist die *Gemeinwesenarbeit*. Das Gemeinwesen stellt ein zentrales „Setting" dar, in dem personenbezogene und strukturelle Aspekte der Gesundheitsförderung verknüpft werden können. Die WHO-Programme „Gesunde Städte" und „Gesunde Gemeinden" versuchen, gesundheitsfördernde Projekte im Rahmen der Gemeinwesenarbeit anzuregen, wobei hierfür häufig nach dem „Regionenkonzept" vorgegangen wird. Die Projekte sind in benachteiligten Stadtregionen oder Wohngebieten angesiedelt, um sich mehrfach überlagernde Problemkonstellationen zu bearbeiten. Die Chance der Gemeinwesenorientierung besteht darin, Projekte für sozial Benachteiligte nicht als Sonderaktivitäten für sozial Benachteiligte erscheinen zu lassen, was die Gefahr der Stigmatisierung und Deklassierung in sich birgt. Stattdessen setzen sie am sozialen Nahraum und Lebensalltag der Zielgruppe an, bieten vor Ort gesundheitsrelevante Hilfen und unterstützen bei der Problemlösung in einem gesamten Stadtgebiet. Der Gesundheitsbezug ist dabei mehr oder weniger explizit: Teilweise geht es direkt um die Bereitstellung niedrigschwelliger gesundheitlicher Versorgung und teilweise geht es eher indirekt um die Bearbeitung gesundheitsrelevanter Faktoren wie Arbeitslosigkeit, Bildungsdefizite, schlechte Wohnverhältnisse, mangelhafte Infrastruktur etc. (Löns 2000)

Ein weiteres Feld der Gesundheitsarbeit bildet die *Schule*. Schule hat zunehmend ungefiltert mit gesellschaftlichen Problemlagen zu tun, zu denen von ihr Lösungen und Antworten erwartet werden. Dazu gehören auch gesundheitliche Gefährdungen wie Drogengebrauch, Gewalt, AIDS oder Rauchen. Thematisch ist die Schule mit diesen Bereichen befasst, aber aufgrund der breiten gesellschaftlichen Verankerung dieser Praxisformen und der Potenzierung von schulischen Erziehungsaufgaben gesellschaftspolitisch überfordert.

Zweifelsfrei sind Gesundheit und ihre Förderung nicht das zentrale Anliegen von Schule. Gesundheitsförderung ist jedoch ein sozialpolitisches Programm, das Schüler, Lehrkräfte wie auch Eltern darin unterstützen kann, ein biopsychosoziales Wohlbefinden im Sozialraum Schule so aufzubauen, dass Bildungsprozesse möglichst chancengleich gestaltbar sind. Dies gelingt in dem Maße, wie sich Schule selbst als Organisation zu einem gesundheitsbezogenen Erfahrungsraum entwickeln kann, der es ermöglicht, gesunde Lebens-, Lehr- und Lernformen zu initiieren und zu institutionalisieren.

Der 13. Kinder- und Jugendbericht thematisiert „Gesundheitsförderung und gesundheitsbezogene Prävention in der *Kinder- und Jugendhilfe*". Er gibt einen Überblick über die Leistungen der Kinder- und Jugendhilfe in der gesundheitsbezogenen Prävention und der Gesundheitsförderung. Im Bericht finden sich zwar viele Praxisansätze, aber nur wenige differenzierte Fachdebatten und übergreifende Gesamtdarstellungen. Während soziales, seelisches und körperliches Wohlbefinden im Sinne von Gesundheit in der Kindertagesbetreuung, in der Debatte zu den frühen Hilfen im Lichte von Förderung, Hilfe und Schutz, in den Bildungsplänen der 16 Bundesländer und auch in der Familienbildung relativ breit verankert sind, findet sich dazu in den Handlungsfeldern der Jugendarbeit, der Jugendverbandsarbeit, der stationären Erziehungshilfe, aber auch der schulbezogenen Jugendhilfe vorerst nur wenig. Insgesamt resümiert der 13. Kinder- und Jugendbericht, dass ein erheblicher konzeptioneller Klärungsbedarf in der Kinder- und Jugendhilfe bestehe (BMFSFJ 2009, 241). Eine besondere konzeptionelle Herausforderung bilden die zahlreichen implizit gesundheitsförderlichen Vorhaben, die semantisch z. B. unter Persönlichkeits- oder Identitätsbildung firmieren, die aber aus der Sicht von Gesundheitsförderung und gesundheitsbezogener Prävention als Beitrag zur Ermöglichung von Resilienz (Entwicklung von Schutzfaktoren) und Kohärenz gesehen werden können. Aufgrund des Fehlens einer kontextbezogenen begrifflichen Klärung von Gesundheit wird der Überblick über gesundheitsfördernde Aktivitäten erschwert. Sehr viel leichter hat es hier eine an Risikofaktoren orientierte Gesundheitserziehung.

Problemfelder und Zukunftsaufgaben einer gesundheitsbezogenen Sozialen Arbeit

Qualitätssicherung

Maßstab zur Qualitätsermittlung in der gesundheitsbezogenen Sozialen Arbeit sollten nicht Modelle sein, deren herausragende Merkmale Kontextfreiheit und externe Validität (Kriterium der Übertragbarkeit) sind. Nicht um standardisierte Interventionen und um absolute Belege von Wirksamkeit geht es, sondern darum, „ob die vor Ort konzipierten Interventionen dazu dienen, dem spezifischen lokalen Gesundheitsproblem entgegenzuwirken" (Wright 2006, 70). Sie erfordern sozialpädagogisches Fallverstehen, um einer Tendenz zur Formalisierung von Verfahren entgegenzuwirken, in der es einzig um Ursache-Wirkung-Zusammenhänge jenseits der alltäglichen Lebenspraxis geht. Statt auf dieser Basis kostspielige Hilfemaßnahmen zu konzipieren, die vom jeweiligen Kontext losgelöst sind, muss die Einmaligkeit von Fall und Feld Berücksichtigung finden.

Ein körperbezogener Blick der Sozialen Arbeit

Die Debatten zu Übergewicht, Sucht und Gewalt bei Kindern und Jugendlichen und die in der Sozial- wie Gesundheitspolitik diskutierten Themen zu Ernährung, Bewegung, Suchtprävention und Gewaltprävention rücken den Körper in den Mittelpunkt der Reflexion und fordern einen körperbezogenen Blick der Sozialen Arbeit heraus (Sting 2007, 102–112; Hünersdorf 2008, 27–48). Weder in der lebensweltorientierten noch in der dienstleistungsorientierten Sozialen Arbeit kommt dem Körper als soziale Realität eine grundlegende Bedeutung zu, obwohl über ihn und durch ihn sämtliche Akte sozialen Handelns vollzogen werden und in ihm soziale wie gesundheitliche Ungleichheit eingeschrieben sind. Die sozioökonomische und die kulturelle Herstellung des Körpers ist im Kontext des Aufwachsens und der damit einhergehenden gesundheitsbezogenen Entwicklungsaufgaben in der Kinder- und Jugendhilfe, im disziplinären Diskurs und in den professionellen Handlungsfeldern der Sozialen Arbeit noch nicht grundlegend rezipiert. Daraus entsteht die Gefahr, dass sich die Mitwirkung der Sozialen Arbeit in der Gesundheitsförderung auf die Rolle des Türöffners zu schwer erreichbaren Zielgruppen beschränkt, während der individualisierende und medizinisch dominierte Blick auf Gesundheitsprobleme unhinterfragt bestehen bleibt.

Dies zeigen aktuelle Ansätze zur Bewältigung von Übergewicht und Adipositas. In der Praxis dominieren Adipositasprogramme, die einem medizinischen, am BMI orientierten Zugang folgen und die Verankerung des Ernährungsverhaltens in Kontexten wie soziale Lage, Lebensalter, Biografie, Geschlecht oder regionale Struktur ignorieren. Die gesundheitsbezogene Soziale Arbeit müsste stattdessen von der Erkenntnis ausgehen, dass Übergewicht und Adipositas – z. B. bei Familien in prekären Lebensverhältnissen – eine das Setting stabilisierende Bedeutung haben können. Aus der Akteursperspektive können Adipositas und Übergewicht „soziosomatische Reaktionen" auf Statusstress und Ausgrenzungserfahrungen darstellen (v. Kardorff / Ohlbrecht 2007). Soziale Arbeit müsste dementsprechend die Beschäftigung mit dem dicken Körper mit einer generellen Verbesserung der Lebensbewältigung, der Erweiterung von Teilhabechancen und der Bereitstellung von Gelegenheiten zum Erwerb sozialer Anerkennung verknüpfen und könnte so dem Anspruch einer umfassenden Gesundheitsförderung gerecht werden.

Lebensverlauf und Orientierung an der Biografie

Da sich Risikoketten im Laufe eines Lebens bilden, die Erkrankungen wahrscheinlich machen, und ihre Dichte mit sinkendem sozioökonomischem Status zunimmt, wird sich eine gesundheitsbezogene Soziale Arbeit auf den Zusammenhang von Lebenswelt und Lebensverlauf auszurichten haben.

Fassen wir Lebensweltorientierung im Sinne von Merleau-Ponty als eine Ordnung, die nicht durch Bewusstsein geschaffen wird, sondern in der Beziehung zur Welt, so ist es naheliegend, eine solche

Beziehung als körperliche Dimension von Handeln zu sehen (Hünersdorf 2008). Ausgehend von der Erkenntnis einer lebensverlaufsbezogenen Epidemiologie – frühe Lebensereignisse wirken auf spätere Lebensphasen, aber auch die soziale Lage ist einzubeziehen – ergibt sich die Notwendigkeit einer biografischen und sozialsensitiven Orientierung in spezifischen Handlungsfeldern der Sozialen Arbeit, z. B. in Kindertagesstätten und in der stationären Erziehungshilfe. Zur biografischen und sozialsensitiven Orientierung gehört, Kinder und Jugendliche in ihren „subjektiven Selbstrepräsentationen" (Hanses 2008a, 12) wahrzunehmen und zu verstehen. So können biografische Erzählungen einen bedeutsamen Zugang zu den „Körperwelten" der Akteure schaffen, zu ihrem Verständnis von Gesundheit, zu ihren Definitionen von Welt und zu den in den eigenen Sinnwelten eingelagerten sozialen Strukturen (13). Lebensverlauf und Lebensalter als eine zeitbezogene Sinnwelt, die sich Akteure eigensinnig aneignen und im Sinne einer persönlich unverwechselbaren Strategie verarbeiten, bilden eine unerschöpfliche Fundgrube sozialpädagogischen Fallverstehens im Lichte von Gesundheit und Krankheit und von Anregungen für ein körperbezogenes biografisches Arbeiten mit Kindern und Jugendlichen.

Netzwerkbildung und interprofessionelle Kooperation

Da sich Gesundheit und Krankheit im Schnittfeld verschiedener Disziplinen und Professionen bewegen, ist eine interinstitutionelle und interprofessionelle Kooperation zwischen den Systemen der Sozialen Arbeit, des Gesundheitswesens, der Behindertenhilfe, der Rehabilitation und auch des Bildungswesens unerlässlich. Am ehesten lässt sich diese auf kommunaler Ebene anbahnen („kommunale Biotope"). In den Diensten und Einrichtungen der Kinder- und Jugendhilfe, des Gesundheitswesens (z. B. des Öffentlichen Gesundheitsdienstes), des Bildungswesens sowie der Behindertenhilfe sollten systemübergreifende Vernetzungen in gesundheitsbezogener Prävention und Gesundheitsförderung zu einem selbstverständlichen Bestandteil professioneller Tätigkeit werden.

Der politische Wille, die gesetzlichen Voraussetzungen für ein umfassendes Konzept gesundheitlichen Wohlergehens zu schaffen, ist allerdings die Basis für eine nachhaltige Verankerung von Netzwerkbildung und interprofessioneller Kooperation im Hinblick auf gesundheitliche Aufgaben.

Literatur

Altgeld, T. (2004a): Jenseits von Anti-Aging und Work-Out? Wo kann Gesundheitsförderung bei Jungen und Männern ansetzen und wie kann sie funktionieren? In: Altgeld, T. (Hrsg.), 265–286

– (Hrsg.) (2004b): Männergesundheit. Neue Herausforderungen für Gesundheitsförderung und Prävention. Juventa, Weinheim / München

–, Richter, A., Schmidt, T.-A. (2003): Können Gesundheitsförderung und Prävention Grenzen zwischen Gesundheits- und Sozialbereich überwinden? Prävention 26, 40–43

Antonovsky, A. (1997): Salutogenese. Zur Entmystifizierung der Gesundheit. dgvt, Tübingen

Baune, B.T., Zeeb, H., Kuçuk, N., Krämer, A. (2004): Gesundheitszustand und gesundheitliche Versorgung von Migranten und Deutschen im Vergleich. In: Krämer, A., Prüfer-Krämer, L. (Hrsg.): Gesundheit von Migranten. Juventa, Weinheim / München, 87–99

Beiträge zur Gesundheitsberichterstattung des Bundes (2008): Lebensphasenspezifische Gesundheit von Kindern und Jugendlichen in Deutschland. Robert Koch Institut, Berlin

Bormann, C. (2002): Frauen. In: Homfeldt, H.G., Laaser, U., Prümel-Philippsen, U., Robertz-Grossmann, B.

(Hrsg.): Studienbuch Gesundheit. Luchterhand, Neuwied / Kriftel, 29–43

Bundesministerium für Familie, Senioren, Frauen und Jugend (BMFSFJ) (2009): Dreizehnter Kinder- und Jugendbericht. Gesundheitsförderung und gesundheitsbezogene Prävention der Kinder- und Jugendhilfe. BMFSFJ, Berlin

Bundeszentrale für gesundheitliche Aufklärung (BZgA), Robert Koch Institut (RKI) (2008): Erkennen – Bewerten – Handeln. Zur Gesundheit von Kindern und Jugendlichen in Deutschland. RKI, Berlin / Köln

Domenig, D. (2004): Transkulturelle Kompetenz – eine Querschnittsaufgabe. In: Schweizerisches Rotes Kreuz (Hrsg.), 57–70

Dragano, N.(2007): Gesundheitliche Ungleichheit im Lebenslauf. Aus Politik und Zeitgeschichte 42, 18–25

Faltermaier, T. (2005): Gesundheitspsychologie. Kohlhammer, Stuttgart

Franzkowiak, P. (2006): Präventive Soziale Arbeit im Gesundheitswesen. Ernst Reinhardt Verlag, München / Basel

–, Wenzel, E. (2001): Gesundheitserziehung und Gesundheitsförderung. In: Otto, H.U., Thiersch, H. (Hrsg.):

Handbuch Sozialarbeit/Sozialpädagogik. Luchterhand, Neuwied/Kriftel, 716–722

Frey, C. (2004): Überlebende von Folter und Krieg: Eine Herausforderung an unser Sozial- und Gesundheitswesen. In: Schweizerisches Rotes Kreuz (Hrsg.), 159–180

Geißler-Piltz, B., Mühlum, A., Pauls, H. (2005): Klinische Sozialarbeit. Ernst Reinhardt Verlag, München/Basel

Graham, H. (2008): Die Bekämpfung gesundheitlicher Ungleichheiten und die Bedeutung sozialer Determinanten: Unterschiedliche Definitionsansätze und ihre politischen Konjunkturen. In: Bauer, U., Bittlingmayer, U. H., Richter, M. (Hrsg.): Health Inequalities. Determinanten und Mechanismen gesundheitlicher Ungleichheit. VS, Wiesbaden, 455–479

Hanses, A. (2008a): Biografie. In: Hanses, A., Homfeldt, H. G. (Hrsg.), 6–26

– (2008b): Zur Aktualität des Setting-Ansatzes in der Gesundheitsförderung. In: Bals, T., Hanses, A., Melzer, W. (Hrsg.) (2008): Gesundheitsförderung in pädagogischen Settings. Juventa, Weinheim/München, 11–25

–, Homfeldt, H. G. (2008) (Hrsg.): Lebensalter und Soziale Arbeit. Eine Einführung. Bd. 1. Schneider Hohengehren, Baltmannsweiler

Hensen, G., Hensen, P. (2008): Das Gesundheitswesen im Wandel sozialstaatlicher Wirklichkeiten. In: Hensen, G., Hensen, P. (Hrsg.) (2008): Gesundheitswesen und Sozialstaat. VS, Wiesbaden, 12–38

Homfeldt, H. G., Sting, S. (2006): Soziale Arbeit und Gesundheit. Eine Einführung. Ernst Reinhardt, München/Basel

Hucklenbroich, P. (2007): Krankheit – Begriffsklärung und Grundlagen einer Krankheitstheorie. EWE 18, 77–90

Hünersdorf, B. (2008): Körper/Leib. In: Hanses, A., Homfeldt, H. G. (Hrsg.), 27–48

Hurrelmann, K. (2000): Gesundheitssoziologie. Juventa, Weinheim/München

–, Kolip, P. (Hrsg.) (2002): Geschlecht, Gesundheit und Krankheit. Männer und Frauen im Vergleich. Huber, Bern

Jungbauer-Gans, M., Hackauf, H. (2008): Die Bedeutung von Gesundheitsprävention und Gesundheitsförderung für Kinder und Jugendliche. In: Hackauf, H., Jungbauer-Gans, M. (Hrsg.): Gesundheitsprävention bei Kindern und Jugendlichen. VS, Wiesbaden, 9–14

Kardorff, E. v., Ohlbrecht, H. (2007): Essstörungen im Jugendalter – eine Reaktionsform auf gesellschaftlichen Wandel. Diskurs Kindheits- und Jugendforschung 2, 155–168

KIGGS (2007): Ergebnisse des Kinder- und Jugendgesundheitssurveys (KIGGS) 2007. Bundesgesundheitsblatt – Gesundheitsforschung – Gesundheitsschutz 50. Springer, Berlin

Kolip, P., Hurrelmann, K. (2002): Geschlecht – Gesundheit – Krankheit. Eine Einführung. In: Hurrelmann, K., Kolip, P. (Hrsg.), 13–31

–, Koppelin, F. (2002): Geschlechtsspezifische Inanspruchnahme von Prävention und Krankheitsfrüherkennung. In: Hurrelmann, K., Kolip, P. (Hrsg.), 491–504

Löns, N. (2000): Gesundheitsförderung in benachteiligten Stadtgebieten. In: Sting, S., Zurhorst, G. (Hrsg.): Gesundheit und Soziale Arbeit. Juventa, Weinheim/München, 116–127

Löther, R. (2007): Theorie der Krankheit und Theorie des Gesundheitszustandes. EWE 18, 117–119

Mackenbach, J. P. (2008): Sozioökonomische gesundheitliche Ungleichheiten in Westeuropa: Von der Beschreibung über die Erklärung zur Intervention. In: Siegrist, J., Marmot, M. (Hrsg), 281–315

Mans, E. (2000): Soziale Arbeit in der psychosomatischen Rehabilitationsklinik. In: Sting, S., Zurhorst, G. (Hrsg.): Soziale Ungleichheit und Gesundheit. Huber, Bern, 141–157

Maschewsky-Schneider, U. (2002): Gender Mainstreaming im Gesundheitswesen – die Herausforderung eines Zauberwortes. Verhaltenstherapie und Psychosoziale Praxis 34, 493–503

Mühlum, A., Gödecker-Geenen, N. (2003): Soziale Arbeit in der Rehabilitation. Ernst Reinhardt Verlag, München/Basel

Power, C., Kuh, D. (2008): Die Entwicklung gesundheitlicher Ungleichheiten im Lebenslauf. In: Siegrist, J., Marmot, M. (Hrsg), 45–76

Ravens-Sieberer, U., Wille, N., Bettge, S., Erhart, M. (2007): Psychische Gesundheit von Kindern und Jugendlichen in Deutschland. Bundesgesundheitsblatt – Gesundheitsforschung – Gesundheitsschutz 50. Springer, Berlin, 871–878

Richter, M., Hurrelmann, K. (2006): Gesundheitliche Ungleichheit. Ausgangsfragen und Herausforderungen. In: Richter, M., Hurrelmann, K. (Hrsg.): Gesundheitliche Ungleichheit. VS, Wiesbaden, 11–31

Robert Koch Institut (RKI)/Statistisches Bundesamt (Hrsg.) (2008): Schwerpunktbericht der Gesundheitsberichterstattung des Bundes: Migration und Gesundheit. RKI, Berlin

Rosenbrock, R., (1998): Wa(h)re Gesundheit. In: Roeßiger, S., Merk, H. (Hrsg.): Hauptsache gesund! Gesundheitsaufklärung zwischen Disziplinierung und Emanzipation (Ausstellungskatalog). Jonas, Marburg, 202–216

–, Kümpers, S. (2006): Die Public-Health-Perspektive. Krankheit vermeiden – Gesundheit fördern. In: Wendt, C., Wolf, Ch. (Hrsg.): Soziologie der Gesundheit. VS, Wiesbaden, 241–269

Schmidt, B., Kolip, P. (2007): Gesundheit fördern – Gesundheit fordern. In: Schmidt, B., Kolip, P. (Hrsg.): Gesundheitsförderung im aktivierenden Sozialstaat. Juventa, Weinheim/München, 9–19

Schröer, W., Sting, S. (2006): Vergessene Themen der Disziplin – neue Perspektiven für die Sozialpädagogik? In: Schweppe, C., Sting, S. (Hrsg.): Sozialpädagogik im Übergang. Neue Herausforderungen für Disziplin, Profession und Ausbildung. Juventa, Weinheim/München, 17–30.

Schweizerisches Rotes Kreuz (Hrsg.) (2004): Migration – eine Herausforderung für Gesundheit und Gesundheitswesen. Departement Migration. Seismo, Zürich

Siegrist, J., Marmot, M. (Hrsg) (2008): Soziale Ungleichheit und Gesundheit. Huber, Bern

Steen, R. (2005): Soziale Arbeit im Öffentlichen Gesundheitsdienst. Ernst Reinhardt Verlag, München / Basel

Sting, S. (2007): Der Körper als Bildungsthema. In: Homfeldt, H. G. (Hrsg.): Soziale Arbeit im Aufschwung zu neuen Möglichkeiten. Schneider Hohengehren, Baltmannsweiler, 102–112

Waller, H. (2006): Gesundheitswissenschaft. Eine Einführung in Grundlagen und Praxis. 4. Aufl. Kohlhammer, Stuttgart

– (2001): Sozialepidemiologie und Sozialarbeit: Zur Bedeutung und zu den Umsetzungsmöglichkeiten sozialepidemiologischer Forschungsergebnisse in der Sozialen Arbeit. In: Mielck, A., Bloomfield, K. (Hrsg.): Sozialepidemiologie. Juventa, Weinheim / München, 301–308

Wright, M. T. (2006): Auf dem Weg zu einer theoriegeleiteten, evidenzbasierten, qualitätsgesicherten Primärprävention in Settings. Jahrbuch für kritische Medizin 43, 55–73

Gewalt und soziale Desintegration

Von Kurt Möller

Gewalt, Gewaltforschung und Soziale Arbeit

Gewalt in ihren verschiedenen Facetten gilt gegenwärtig weltweit als eines der größten und brisantesten sozialen Probleme. Dabei ist der Zusammenhang von Jugend und Gewalt ein Schlüsselthema des internationalen Gewaltdiskurses und der internationalen Gewaltforschung.

Vor allem in den letzten ein bis zwei Dekaden ist dazu eine Fülle von wissenschaftlichen Studien erschienen. Zugleich hat sich in den meisten Ländern ein z. T. breites Spektrum an gesellschaftlichen Reaktionen entwickelt, um interventiv und präventiv mit dem Problem der sog. „Jugendgewalt" umzugehen. Dabei sind prinzipiell repressive Maßnahmen, die vornehmlich durch Gesetzgebung, Polizei und Justizapparat durchgeführt werden und oft reaktionistischen Charakter haben, von Anstrengungen zu unterscheiden, in deren Mittelpunkt die langfristig angelegte Veränderung von als gewaltförderlich wahrgenommenen sozialen Infrastrukturen, interpersonalen Kommunikationsweisen und individuellen Dispositionen steht. Der Schwerpunkt Sozialer Arbeit im Umgang mit Gewalt liegt im Bereich des zuletzt genannten Typus.

Wenn allerdings schon aus nationaler Perspektive in Bezug auf ihre Aussichten, mit ihren verschiedenen Maßnahmen tatsächlich erfolgversprechend ursachenbezogene Bearbeitungen der Gewaltproblematiken vornehmen zu können, Skepsis angebracht ist, weil die Verbindungen von Forschungserkenntnissen und Praxisaktivitäten zumeist äußerst dünn und unsystematisch sind (Möller 2002), so gilt dies erst recht in internationaler Hinsicht: Es fehlt bislang an Überprüfungen des thematisch einschlägigen internationalen Forschungsstands im Hinblick auf zu ziehende Konsequenzen für Soziale Arbeit, um Potenziale internationalen Austausches und internationaler Zusammenarbeit identifizierbar zu machen.

Dennoch: Durch einen Überblick über zentrale und weitgehend konsensfähige Ergebnisse der internationalen Forschung und die Einbindung dieser Erkenntnisse in einen desintegrationstheoretischen Deutungsrahmen können – auch unter dem hier aus Platzgründen erfolgenden Verzicht auf eine nationenübergreifende kritische Darstellung der ‚Landschaft' der vorhandenen youth violence prevention and intervention approaches (Prothrow-Stith (2002); White 2002; Council of Europe 2007) – einige grundlegende Konsequenzen für erfolgversprechende Herangehensweisen Sozialer Arbeit herausgearbeitet und in einem kurzen Fazit Perspektiven für das Zusammenwirken von Forschung und Praxis Sozialer Arbeit skizziert werden.

Gewalt und Desintegration – Zentrale Ergebnisse der internationalen Forschung

Der begrenzte Rahmen dieses Beitrages erlaubt es nicht, die Erkenntnisse der internationalen sozialwissenschaftlichen Forschung über den Zusammenhang von Jugend, Gewalt und Desintegration detailliert darzulegen. Deshalb kann hier nur eine gebündelte Auswahl der wichtigsten Fakten und ihrer desintegrationstheoretischen Deutungsmöglichkeiten erfolgen. Mit dieser Einschränkung sind folgende sechs Punkte zur Gewaltakzeptanz, die hier als Sammelbegriff für Gewaltbefürwortung, eigene Gewaltbereitschaft und Gewalttätigkeit mit dem Effekt einer illegitimen physischen oder psychischen Schädigung der Integrität einer anderen Person verstanden wird, in Hinsicht auf

Otto/Thiersch (Hg.), Handbuch Soziale Arbeit, 4. A., DOI 10.2378/ot4a.art060,
© 2011 by Ernst Reinhardt, GmbH & Co KG, Verlag, München

die Generationenverteilung, das Geschlechterverhältnis, den sozio-ökonomischen Status, Migrationserfahrungen, Bildung und verschiedene Erfahrungen von Desintegration festzuhalten.

1. Der größte Teil an Gewalt in der Welt wird (und ging immer schon) nicht von Kindern und Jugendlichen, sondern von *Erwachsenen* verübt. Kinder und Jugendliche sind überproportional die Opfer einer Gewalt, die von Kriegen, sog. ethnischen Säuberungen, Hunger und von der Erwachsenengesellschaft produziertem bzw. zugelassenem Elend, Terrorismus, Vernachlässigung, Misshandlung, Missbrauch von Kindern u. ä. ausgeht (Legge 2008; Huguet / Szabó de Carvalho 2008). Die beobachtbare Fokussierung der öffentlichen und wissenschaftlichen Diskussion auf das Problem der durch Jugendliche ausgehenden Gewalt wird also den Gewichtungen dieses Problemverhaltens zwischen den Generationen nicht gerecht. Solange Gewalt vornehmlich als altersphasenspezifischer Ausdruck gravierender Anpassungsprobleme begriffen wird, können allgemeine strukturelle Probleme der Herstellung integrierender Lebensverhältnisse durch Verweise auf individuelles Fehlverhalten und subkulturelle Normabweichungen kaschiert werden (Males 1996). Desintegrationstheoretisch betrachtet zieht diese Sichtweise den Verdacht auf sich, Element eines Ablenkungsmanövers zu sein, das die Absicht verfolgt, Verantwortung einseitig der jungen Generation anzulasten und so der Diskussion über tieferliegende gesellschaftliche Probleme sowie über Notwendigkeiten darauf bezogener Veränderungen vorzubeugen. So wird auch weitgehend vermieden, die Verantwortung der Erwachsenengesellschaft und speziell ihrer Autoritäten und Eliten für die Modi des Aufwachsens bzw. der Integration der jungen Generation ins Spiel zu bringen (Cockburn 2008).

2. Sowohl bei Erwachsenen als auch bei Heranwachsenden ist bei der Zahl von Gewalttätern, mit leichten Abstrichen auch von Gewaltbefürwortern und Gewaltbereiten, ein immenser *maskuliner Überhang* zu verzeichnen. Je nach Land, Altersgruppe, Herkunftsmilieu, Delikt und ggf. weiteren moderierenden Faktoren etwas unterschiedlich gehen rd. 75–99 % gewaltsamer Angriffe von Jungen und Männern aus. Besonders stark ist ihre Dominanz bei harten Gewaltformen wie schwerer Körperverletzung und Tötungsdelikten (Junger-Tas 1994 sowie zahlreiche Beiträge in Heitmeyer / Legge 2008). Zugleich sind

Jungen und Männer allerdings auch überproportional stark Opfer von Gewalt. Der häufig ignorierte Umstand, dass Gewalt so gesehen eher ein Männlichkeits-Problem als ein Jugendproblem darstellt, könnte die Vermutung nahelegen, die Schwerpunktsetzung des Erwachsenendiskurses über Gewalt auf jugendliche Täter diene nicht zuletzt auch dem Nichthinterfragen und damit der Verfestigung geschlechtshierarchischer Verhältnisse, in denen das männliche Geschlecht die Oberhand hat. Empirisch ist nämlich gut belegt, dass männliche Gewaltakzeptanz sehr stark von Männlichkeitsvorstellungen begünstigt wird, die traditionelle Formen hegemonialer Männlichkeit (Connell 1995) bemühen und in Teilbeständen breite gesellschaftliche Akzeptanz genießen.

Desintegrationstheoretisch ist die maskuline Dominanz bei der Gewaltaffinität bislang kaum erklärt worden. Es liegt aber nahe, das hier vorliegende Integrationsdefizit als eines der „Überintegration" zu betrachten. Genauer: Die Integration ist eine partikularistische. Jungen und Männer orientieren sich innerhalb des Rahmens hegemonialer Männlichkeit an einem archaischen Muster interpersonaler Dominanz (beispielsweise repräsentiert in der Vorstellung vom „fairen Kampf Mann gegen Mann"), das für die Mehrheit zwar noch Gültigkeit als Ausweis von Mannhaftigkeit besitzt, in der modernen Gesellschaft aber weitgehend in symbolische Verhaltensweisen (Medienkonsum, Kraft- und Kampfsport, Wetttrinken etc.) und in lebensphasenspezifische Experimentierräume (z. B. das spielerisch-kindliche Sich-Balgen oder die pubertären Gerangel von Jungen) abgedrängt worden ist. Wer Gewalt auf der Sozialisationsbasis und mit der Legitimation der diesem Muster entlehnten Männlichkeitsnormen ausübt, kann sich genau über das Ausagieren dieses Musters als „echter Mann" scheinbar integriert fühlen. Mangels gleich attraktiver Alternativen lebenswerter Männlichkeit(-sorientierungen) genießt er die partikularistische Integration, die ihm darüber in der Gewalt akzeptierenden Bezugsgruppe (meist der Peers, manchmal aber auch altersübergreifender Gruppierungen männlicher Personen) geboten wird. Sie kommt dadurch zustande, dass die im Zivilisierungsprozess historisch entstandenen, gleichwohl gesellschaftlich verschwommenen Grenzen zwischen der sozialen Akzeptanz dieses Maskulinitätsmusters im Bereich der Symbol- und Spezialwelten einerseits und seiner gesamt-gesellschaftlichen Ächtung „im wirklichen Leben" andererseits nicht klar gezogen werden.

3. Der *sozioökonomische Status* ist insofern von Belang, als festgestellt werden kann, dass Gewaltakzeptanz, vor allem aber Gewalttäterschaft, vornehmlich bei Menschen verbreitet ist, die unter Verhältnissen leben, die sozial und ökonomisch vergleichsweise niedrig und ungesichert sind (World Health Organization 2002; White 2002). Gleichwohl lässt sich kein direkter Effekt auf Gewaltakzeptanz finden (Legge 2008). Insbesondere Familienverhältnisse, das Bildungs- und Wohlfahrtssystem und der Arbeitsmarkt, wohl aber auch urbane Segregation (Oberti 2008), die in der Freizeit gemachten Erfahrungen in Peergroups und anderswo (siehe unten) sowie Gelegenheitsstrukturen für die Anwendung von Gewalt (Sitzer / Heitmeyer 2008) und individuelle Dispositionen (Farrington 1996) können hier die Wahrscheinlichkeit eines Durchschlagens sozio-ökonomischer Deprivation und daraus erwachsender Frustrationspotenziale auf Gewaltakzeptanz moderieren.

Der Befund unterstreicht die Notwendigkeit eines analytischen Erklärungsmodells, das – wie die Desintegrationstheorie – neben Aspekten der individuell-funktionalen Systemintegration auch die Prozesse gesellschaftlicher und gemeinschaftlicher Sozialintegration einbezieht und die dynamische Interaktion zwischen diesen und innerhalb dieser Integrationssphären betrachten kann. Damit sind Supplementierungs-, Konsolidierungs- und Kompensationseffekte im Zusammenspiel der Integrationssphären und ihrer Elemente beobachtbar und in ihren Auswirkungen auf Gewaltakzeptanz zu identifizieren. Lösungsorientiert betrachtet wird so auch der hohe Stellenwert sowohl der Gestaltung der mikrosystemischen Verhältnisse und der spezifischen biographischen Erfahrungen darin als auch der institutionellen Regulierbarkeit des gesellschaftlichen Gewaltniveaus offengelegt.

4. Die *ethnische Herkunft* und kulturelle Einbindung sowie ein persönlicher oder von den Eltern „sozial vererbter" Migrationsstatus scheinen auf den ersten Blick die Wahrscheinlichkeit von Gewaltbefürwortung, -bereitschaft und -tätigkeit deutlich zu erhöhen (Zdun 2008; Baier / Pfeiffer 2008; Mesch et al. 2008; Hazelhurst 1995; Tonry 1997). Insbesondere die „nackten" Zahlen der Polizeilichen Kriminalstatistik liefern Argumente für Vorbehalte gegenüber „den kriminellen Ausländern" (exemplarisch für

Deutschland: Bundeskriminalamt 2007; Bundesministerium des Innern / Bundesministerium der Justiz 2006) und tragen damit zu einer öffentlichen Erörterung bei, in der fremdenfeindliche Positionen leicht Gehör finden können (Mansel 2007). Erst eine genauere Untersuchung des Zusammenhangs von Migrationserfahrung und Gewaltneigung lässt erkennen: Jugendliche Migranten befinden sich überzufällig häufig in Lebenssituationen, die auch unabhängig von der ethnisch-kulturellen Zugehörigkeit soziale Anfälligkeitskonstellationen für Gewalt beinhalten. Zu ihnen gehört vor allem: Sie wachsen häufiger als Einheimische in Familien auf, in denen Konflikte, gewaltsame Konfliktlösungen und autoritäre Erziehungsstile vorherrschen; sie nehmen oft inferiore Positionen im Bildungs- und Berufssystem ein; sie leiden überproportional unter Arbeitslosigkeit und düsteren Berufsperspektiven; sie haben im Durchschnitt größere Probleme bei der Entwicklung einer stabilen Identität als autochthone Jugendliche; sie machen stärker als jene Gebrauch von Gewalt verherrlichenden Medien; sie orientieren sich stärker an Gewalt legitimierenden und propagierenden Männlichkeitsnormen und sie pflegen eine stärkere Bindung an ihre Freunde, u. U. eben auch an delinquente (Baier / Pfeiffer 2008; Zdun 2008; Mesch et al. 2008; Möller 2010a). Dabei können Baier / Pfeiffer / Windzio für die besonders gewaltbelastete Problemgruppe der Mehrfach-Gewalttäter in Deutschland empirisch zeigen, dass Gewalt legitimierende Normvorstellungen über Männlichkeit und Ehre in diesem Geflecht die entscheidende Rolle spielen. Diese bilden sich im Rahmen eines gewaltorientierten Medienkonsums und delinquenter Peergroupbeziehungen heraus und festigen sich. Die Attraktivität dieser drei Punkte wiederum ist vor allem auf Erfahrungen mit elterlicher Gewalt zurückzuführen (Baier et al. 2006).

Aus desintegrationstheoretischer Deutungsperspektive ist das Faktum der überproportionalen Gewaltbeteiligung von jugendlichen Migranten und indigenous people damit deutlich auf die von ihnen erlittenen Integrationsdefizite in zentralen gesellschaftlichen Bereichen zurückzuführen. Die auch im Hinblick auf Gewaltbegünstigungen brisante ethnisch-kulturelle Integration partikularistischen Zuschnitts ist dabei nicht zuletzt als eine Nutzung von Sozialisationstraditionen und Gelegenheitsstrukturen zu interpretieren, deren Anziehungskraft nicht zuletzt als Folge eines tatsächlichen oder empfundenen Ausschlusses aus relevanten Integrationsbereichen der Mehrheitsgesellschaft entsteht. Bei den Gründen der Bezugnahme auf gewaltförderliche ethnisch-kulturelle Muster zeigt sich insofern Vergleichbares zur Bezugnahme auf gewaltförderliche Männlichkeitsmuster: ein Mangel an Alternativen für Gestaltungs- und Anerkennungserfahrungen im Rahmen normativ-kultureller Muster mit universalistischer Kontur.

5. *Bildung* hat eine hohe Bedeutung dafür, ob jemand Gewaltakzeptanzen aufbaut oder nicht. Nur bei oberflächlicher Betrachtung jedoch ist das Bildungsniveau im Sinne der erreichten oder angestrebten formalen Qualifikation ausschlaggebend. Eher ist anzunehmen, dass sich in den niedrigen und für Gewalt besonders anfälligen Schulformen und Bildungsgängen nicht zufällig gerade diejenigen gehäuft finden, die unter den oben aufgewiesenen Sozialisationskonstellationen leben, weil eben diese großen Einfluss auf den Lebensverlauf haben (Mills/Blossfeld 2005). Heyder konnte zudem empirisch zeigen, dass weniger ein bloßes Mehr an Bildung an sich als vielmehr Empathie und kognitive Komplexität Individuen vor menschenfeindlichen Einstellungen, die im Vorfeld von Gewaltakzeptanz zu lokalisieren sind, wie Rassismus, Fremdenfeindlichkeit oder Antisemitismus, (relativ) schützen (Heyder 2003). Derjenige, dem es gelingt, solche Fähigkeiten auch unter dafür ungünstigen Bildungsverhältnissen zu erhalten bzw. aufzubauen, zeigt sich gegenüber solchen Orientierungen in ähnlicher Weise distanziert wie Personen mit höherer Bildung. Weitere soziale Kompetenzen wie vor allem die Herstellung eines realistischen Selbstwertgefühls, Offenheit und Neugierde für Neues, Frustrations-, Ambivalenz- und Ambiguitätstoleranz, Rollendistanz, ein funktionierendes Emotions-Management, darin speziell Affekt- und Impulskontrolle, Verantwortungsübernahme und verbale Konfliktfähigkeit wirken in gleicher Richtung (Hay et al. 1996; Eisenberg et al. 2003; Möller 2001; Möller/Schuhmacher 2007). Im Rahmen desintegrationstheoretischer Analysen ist allerdings weniger der Befund als solcher bedeutsam als die Frage, wie Kompetenzdefizite bzw. umgekehrt Kompetenzfortschritte entstehen. Diesbezüglich ist anzunehmen, dass in erster Linie die Integrationsverhältnisse und hier insbesondere die sozio-emotionalen Bezüge, in denen das jeweilige Subjekt sozialisiert wird, eine Schlüsselrolle spielen: Wer in Kontexten prosozialer Beziehungsnetze sinnstiftende Erfahrungen von anerkannter Selbstwirksamkeit und persönlicher Wertschätzung macht und so Identitätssicherheit gewinnt, sieht sich nicht gezwungen, Selbstwertaufbau und Respekt zur Identitätsstabilisierung über menschenfeindliche und gewaltförmige Orientierungen zu bewerkstelligen.

6. In Verbindung mit den oben stehenden Faktoren, z.T. aber auch darüber hinaus weisend sind *weitere Desintegrationserfahrungen* anzuführen, die für Gewalt förderlich wirken. Zu den wichtigsten gehören: Gefühle der Macht- und Einflusslosigkeit im politischen Bereich, verstellte Zugänge zum Arbeits- und Konsummarkt sowie das Versagen gesellschaftlicher Institutionen, die für die Herstellung und den Erhalt von Sicherheit, Gerechtigkeit, Fairness, Solidarität, Bildung und kultureller Bedürfnisbefriedigung zuständig sind (empirische Belege bei Heitmeyer 2002; 2003; 2005; 2006; 2007; 2008; 2009; 2010).

Die Desintegrationstheorie geht davon aus, dass die subjektive Betroffenheit von diesen Faktoren wie auch die schon davor genannten Aspekte von Integrationsproblematiken in Anerkennungsbilanzen eingehen. Diese werden als letztlich ausschlaggebende Grundlage der Orientierungsbildung und Handlungsfindung des Subjekts gesehen. Bilanzierungen von Erfahrungen des Subjekts die Funktion von Orientierungs- und Handlungssteuerungen zuzuschreiben, erscheint plausibel: Gerade in der individualisierten Gesellschaft der Gegenwart, in der die Entscheidungsspielräume und -zwänge des Subjekts rapide zunehmen und letztlich die biographische Passung den Bewertungsmaßstab neuer Erlebenseindrücke im Fortlauf des Erfahrungsprozesses, den wir Leben nennen, bildet, nimmt der Stellenwert summierender Selbstreflexionen entlang den Kriterien subjektiver Stimmigkeit an Bedeutung zu.

Es erhebt sich allerdings die Frage, ob die Herausforderungen, in denen das Individuum im Lebensverlauf im Hinblick auf Orientierungsleistungen und Entscheidungsnotwendigkeiten steht, hinreichend mit dem Begriff der Anerkennungsbilanzen zu beschreiben sind. Denn Heitmeyer selbst (Sitzer/Heitmeyer 2008) geht handlungs- und sozialisationstheoretisch vom Modell des „produktiv realitätsverarbeitenden Subjekts" aus. Dieses aber „stellt das menschliche Subjekt in einen sozialen und ökologischen Kontext, der subjektiv aufgenommen und *verarbeitet* [Hervorhebung K. M.] wird, der in diesem Sinne also auf das Individuum einwirkt, aber zugleich auch immer durch das Individuum beeinflusst, verändert und *gestaltet* [Hervorhebung K. M.] wird" (Hurrelmann 1986, 64; Hurrelmann 1988). Wenn als Zielperspektive des Sozialisationsprozesses soziale Handlungsfähigkeit gilt, dann kann weder soziale Integration noch soziale Anerkennung diese erschöpfend ausfüllen. Im Spannungsfeld von Autonomie und Heteronomie sowie von Individuation und Integration vollzieht sich vielmehr ein Prozess des Aufbaus eigenständiger Identität, der einerseits unverwechselbares und selbstbestimmtes Agieren, mithin personale Identität, sicherstellen will, andererseits die Anschlussfähigkeit des Subjekts an gesellschaftliche Erfordernisse und intersubjektive Kontexte, also soziale Identität, intendiert (Goffmann 1963). Mindestens zwei weitere wichtige Faktoren bestimmen ihn mit.

1. Wird der Blickwinkel der Untersuchung solcher Prozesse nur auf die Gestaltung des Verhältnisses von Freiheit und Bindung in Feldern der Integration einjustiert, entgehen die instrumentellen Auseinandersetzungen des Subjekts mit der natürlichen und dinglichen Welt und ihre Potenziale für den Aufbau von eigenständiger Identität und damit Selbstwert der Aufmerksamkeit. Der Mensch ist aber nicht nur ein soziales Wesen, sondern – durchaus auch nach interaktionstheoretischer Auffassung – ein „implemental animal" (Mead 1938), das das Bewusstsein seiner selbst in erster Linie durch Objektumgang und dessen kooperative Einbettung erwirbt. Die „Lebensbedingungen", auf die das Subjekt im Sozialisationsprozess „einwirkt" (s. o.), sind zweifelsohne nicht allein von sozialer, sondern auch von materieller Beschaffenheit.

2. Da Persönlichkeitsentwicklung per definitionem prozessual verläuft, kommt dem Erwerb und Ausbau von individuellen Fähigkeiten ein zentraler, auch Selbstwert generierender Stellenwert zu. Neben instrumentellen sind besonders personale und soziale Kompetenzentwicklungen erforderlich, um ein autonomes, emotional stimmiges und zugleich sozial kompatibles, ja respektables Sich-Orientieren und Handeln zu ermöglichen.

Diesem Umstand kann ein Sozialisationsverständnis Rechnung tragen, das biographische Lebenstätigkeit als Prozess autonomer und gleichzeitig sozial gefederter *Lebensgestaltung* begreift. Lebensgestaltung

verfolgt aus der Perspektive des Subjekts alltagssprachlich ausgedrückt das Ziel, das eigene Leben durch aktives Handeln in den Griff zu bekommen und nicht abhängig bzw. zum Spielball fremder Mächte zu werden, gleichzeitig aber in seinem Bemühen um Lebenskontrolle nicht sozial isoliert zu bleiben, sondern sozialen Anschluss zu erhalten und Fähigkeiten zu erwerben und auszubauen, die Kontrolle und Integration sichern und zu optimieren erlauben. Deshalb sind es eher umfassende *Gestaltungsbilanzierungen* als Anerkennungsbilanzen, die biographische Weichenstellungen, u. U. eben auch in Richtung auf Gewaltakzeptanz, verantworten. Solche Gestaltungsbilanzierungen haben eine sachliche, soziale und (biographisch-)zeitliche Dimension. Sie folgen nämlich dem Bestreben des Subjekts, die gegenständliche und natürliche Umwelt zu kontrollieren, für sich eine akzeptierte Position im sozialen Gefüge zu entwickeln und dabei die persönliche Handlungs- und Erlebensfähigkeit zu erhalten und zu verbessern. Die Aspirationen können gleichwohl recht unterschiedliche Reichweiten haben. Ziel ist nicht in jedem Fall das Eröffnen und Erweitern von Handlungsoptionen, wohl aber, dass sich ein Grundgefühl, sein Leben beherrschen zu können, einstellt, aus dem – zumindest bis auf weiteres – eine argumentationsoffene und situationsflexible Deutungs-, Orientierungs-, Verhaltens- und Handlungssicherheit, mindestens aber für den Umgang mit der jeweiligen Situation eine gegen grundlegende Zweifel resistente Gewissheit bezogen werden kann. Zudem ist jedes Subjekt auf ein psychophysisches Erleben von positiver Valenz ausgerichtet. Dabei ist nicht davon auszugehen, dass Bilanzierungen zwingend vernunftgesteuert und bewusst ablaufen. Nicht nur die in der Sozialen Arbeit verbreitete (normative) Vorstellung von der „Ganzheitlichkeit" des Menschen, sondern auch neuere neurowissenschaftliche und entscheidungspsychologische Erkenntnisse lassen annehmen, dass die in Bilanzierungsprozessen zum Tragen kommende (Selbst-)Reflexivität mindestens drei Funktionsbereiche nutzt,

1. die kognitiv vorgenommene Selbstbetrachtung des Bewusstseins,
2. Empfindungen im Sinne der Zeugenschaft von korporal ablaufenden Prozessen und
3. Reflexe im Sinne nicht bewusst gesteuerter Reaktionen auf Sinneserregungen (Damasio 2005; 2003; 1999; Gigerenzer 2007).

Die das eigene Leben gestaltende Selbstthematisierung organisiert sich nicht nur entlang des Nachdenkens über die Frage „Wo stehe ich und wohin will ich?", sondern auch durch Antworten auf die – im eigentlichen Sinne sogar noch ungestellte – Frage „Was tut mir gut?" oder genauer: „Was fühlt sich gut an?". Gewalt muss also auch in seinem Charakter als sinnliche Erfahrung, als „embodied social practice" (Lyng 2004, 360) und damit als positiv erlebter Zustandsmoment des Körpers eingefangen werden. Im Kontext von Gestaltungsbilanzierungen geht es im Einzelnen darum, individuelle Handlungsweisen so zu entwickeln, dass

1. *Kontrolle* über das eigene Leben zu erleben und zu gewinnen ist,
2. *Integration* in verständigungsorientierte Kommunikations- und Kooperationskontexte erfahren werden kann und
3. die *Kompetenzen* für Realitätskontrolltätigkeiten einschließlich Integrationssicherung, also insbesondere Fähigkeiten zur Strukturierung von Erfahrungen wie u. a. *Reflexivität, Empathie, Ambivalenztoleranz, Kommunikativität, Affektkontrolle* etc., erworben, eingesetzt, gesichert und ausgebaut werden können.

Erst in einem in dieser Weise handlungstheoretisch inspirierten Modell der Gestaltungsbilanzierungen ist dann auch der Befund von Brezina (2008) vollständig deutbar, wonach eine klar Gewalt förderliche „me first attitude" aus einem Mangel an Anerkennung erwächst. Eine solche „attitude" – unter Rekurs auf Agnew – mit „autonomy" gleichzusetzen und „autonomy" selbst wiederum nur als Wunsch zu verstehen, „to be free from the control of others" (Agnew 1984, 225), übersieht den Scheincharakter vorgeblicher „autonomy" dieser Gestalt. So wird der Weg dazu verstellt, diese Schein-Autonomie als Ausdruck und Folge eines erlebten Mangels an realisierbarer autonomer Handlungskompetenz im Sinne der Fähigkeit zu produktiv-gestalterer Realitätsbearbeitung zu begreifen. Insofern wäre zu untersuchen, ob nicht Erfahrungen eines nahezu völligen oder relativen Mangels an autonomen Lebensgestaltungsmöglichkeiten hinsichtlich Lebenskontrolle, Integration und Kompetenzentwicklung, die in vom Individuum vorgenommene Gestaltungsbilanzierungen eingehen, umfassen-

der noch als Anerkennungszurückweisungen, die im Rahmen von Anerkennungsbilanzen aufscheinen, Gewaltakzeptanz zu erklären vermögen.

Konsequenzen für den gesellschaftlichen Umgang mit Gewalt und die Rolle Sozialer Arbeit

Die aufgewiesenen Befunde führen zu Schlussfolgerungen, die die bisher dominierenden Ideen und Praxen gewaltreduzierender Maßnahmen zum Teil in Frage stellen. Dies gilt zum einen für den gesellschaftlichen Umgang mit dem Gewaltproblem im Allgemeinen, zum anderen aber auch für Soziale Arbeit im Besonderen. Die wichtigsten Konsequenzen sollen aus Platzgründen in nur sieben Punkten zusammengefasst werden (vgl. weiterführender und arbeitsfeldbezogener auch Möller 2007):
1. Nachhaltiger Gewaltabbau setzt *menschenrechtspolitische Grundlegungen* voraus. Dies gilt für alle Politikfelder, in besonderer Weise aber für Innen-, Sicherheits-, Rechts- und Sozialpolitik. Menschenrechtliche Fundamente liegen in jedem Fall zumindest überall da nicht oder nur ungenügend vor, wo

a. soziale Ungleichheiten strukturell verankert sind, insbesondere aber Menschenrechtsverletzungen gegenüber bestimmten Bevölkerungsgruppen weitreichende soziale Akzeptanz besitzen (wie etwa in verschiedenen Ländern Afrikas),
b. die Zuständigkeit der staatlichen Organe für die Herstellung und den Erhalt der öffentlichen Ordnung und Sicherheit in der Bevölkerung umstritten ist (wie etwa in Palästina bzw. Israel),
c. diese Organe Instrumente eines undemokratischen Herrschaftsapparats sind, unterschiedlichen politischen Interessengruppen folgen und / oder eindeutig im Interesse, wenn nicht gar im Dienste, wirtschaftlicher Eliten agieren (Zdun 2008),
d. sie zwar als demokratische Instanzen auftreten, das staatliche Gewaltmonopol aber aufgrund eigener Schwäche gegen bewaffnete Gruppen nicht durchsetzen können,
e. sie in großen Teilen korrupt sind und mit der organisierten Kriminalität zusammenarbeiten (Huguet / Szabó de Carvalho 2008),

f. ein nationales Wohlfahrtssystems nicht oder nur unzureichend funktioniert und deshalb fundamentale Rechte auf Freiheit, Gleichbehandlung und soziale Gerechtigkeit nicht für alle Gesellschaftsmitglieder gleichermaßen garantiert werden können.

Soziale Arbeit sieht sich nach internationaler Übereinkunft ihrer wichtigsten Träger, Akteure und Ausbildungsinstitutionen explizit als Menschenrechtsprofession, die sich für die Durchsetzung der o. g. Rechte, für Integration und damit zugleich für gewaltfreie Verhältnisse einsetzt (IFSW / IASSW 2001). Sie versteht sich demnach als Unterstützerin der Interessen und Fähigkeiten von Menschen, ihr Leben in Selbstbestimmung zu gestalten. Gleichwohl stößt sie in dieser Funktion aber rasch an ihre Grenzen, wenn sie nicht auf rechts- und sicherheitspolitischen Strukturen aufbauen kann, die die Menschenrechte basal absichern und das Recht auf persönliche Integrität, vordringlich auf physische Unversehrtheit, für jedes Gesellschaftsmitglied wahren. Die Politik darf aus ihrer Verantwortung dafür nicht entlassen werden.

2. Gewaltpräventive und -interventive Maßnahmen können *gute Sozialpolitik* nicht ersetzen. Dass repressive Maßnahmen spätestens dann an ihre Grenzen stoßen, wenn es gilt, die Ursachen von Gewalthandeln zu beseitigen, ist inzwischen ebenso ein offenes Geheimnis (Council of Europe 2007; White 2002) wie die hohen Kosten, die sie mit sich bringen (Prothrow-Stith 2002). Aber auch gerade verstehende, unterstützende Strategien des Umgangs mit Gewalt, wie sie Soziale Arbeit als Element des Wohlfahrtssystems in verschiedenen Ländern der westlichen Hemisphäre verfolgt, können auf Dauer nicht als Ausfallbürgen für sozialpolitische Unterlassungen und Missstände herhalten. Vielmehr braucht Soziale Arbeit ein verlässliches sozialpolitisches Fundament, um nachhaltig Gewaltverhältnisse positiv beeinflussen zu können. Dieses Primat der Sozialpolitik gilt unabhängig von dem selbst in den Industrieländern z. T. sehr unterschiedlichen nationalen Stellenwert und Entwicklungsstand Sozialer Arbeit. Der einem neoliberalen Politikverständnis folgende, gegenwärtig in zahlreichen westlichen Ländern praktizierte Abbau von Wohlfahrtsleistungen erweist sich deshalb als geradezu kontraproduktiv: In dem Maße, in dem er erfolgt, steigt die Wahrscheinlichkeit des Auftretens von Gewalt – wie gegenwärtig z. B. in einigen ostdeutschen Regionen gut zu beobachten ist. So werden zum einen gerade jene (Re-)Integrationsbrücken eingerissen, die zu konstruieren – nicht nur aus desintegrationstheoretischer Sicht – eine zentrale Herausforderung gewaltreduzierender Maßnahmen ist. Zum anderen wird die Entwicklung alternativer Integrationsmodi zurückgeworfen, die angesichts der Erosion klassischer Integrationsweisen (wie z. B. die Integration in „Normalarbeitsverhältnisse", „Normalbiographien" und „Normalfamilien") dringend vonnöten ist, weil Segregationspraxis die Integrationsperspektive verdrängt.

Insofern aber der in westlichen Ländern, wie z. B. in Deutschland, betriebene Umbau von einem wohlfahrtsstaatlichen zu einem wohlfahrtsgesellschaftlichen System nicht allein eine Folge einer fiskalischen Krise darstellt, sondern auch normativ-kulturellen Wandlungen geschuldet ist, die die staatliche Bevormundung und Expertokratie des traditionellen Wohlfahrtssystems geißeln und mehr Partizipation der Staatsbürger „von unten" einfordern, entstehen allerdings auch Chancen, die Zusammenarbeit von Institutionen zu intensivieren, insbesondere aber auch das Verhältnis von Zivilgesellschaft und Sozialer Arbeit neu auszutarieren. Im Bereich des Umgangs mit Gewalt schlagen sich diese Chancen derart nieder, dass sowohl zivilgesellschaftliche Akteure der Erwachsenengesellschaft vor Ort als auch Jugendliche selbst sich im Rahmen von comprehensive preventive approaches mit multi-issue basis stärker einbringen können (Council of Europe 2007).

3. Das Gießkannenprinzip der Gewaltbekämpfung ist unzureichend. Auch ohne eine kritische Durchforstung entsprechender Ansätze und ihrer (jedenfalls in Europa noch viel zu selten unternommenen) Evaluationen ist zu konstatieren, dass Herangehensweisen dann ihr Ziel verfehlen müssen, wenn sie ein Aufarbeiten von Lebensgestaltungsdefiziten – und damit auch von Integrations- und Anerkennungsdefiziten – nicht systematisch betreiben und / oder das dynamische Zusammenspiel der Integrationssphären übersehen, weil sie punktuell und kurzfristig ansetzen und sich nicht *in ein breites und langfristiges Gesamtkonzept gesellschaftlicher Gewaltbearbeitung eingebunden* sehen, das gleichermaßen die Makroebene der Strukturen, die Mesoebene der Institutionen und die Mikroebene der „kleinen Lebenswelten" und der Biogra-

phie berücksichtigt. Insofern gegenwärtig in keinem Land der Erde – trotz teilweise (etwa in Deutschland) aufgelegter landesweiter Programme (www.vielfalt-tut-gut.de, www.kompetent-fuer-demokratie.de) – erkennbar ist, dass ein derart konzeptionell gesättigtes nationales „Breitband-Konzept" besteht, geschweige denn über die Ländergrenzen hinweg mehr als anlassbezogen (dies z. B. im Bereich der Fußballfanproblematik) zusammengearbeitet wird, steht eine grundlegende Revision und Neuausrichtung an. Sie schließt ein, die Instanzen, Programme und Projekte der Gewaltreduktion, z. B. in Kindergärten, Schulen und Einrichtungen der Jugendarbeit, sich stärker netzwerkartig abstimmen zu lassen. Mehr als bisher müssen aber auch Erwachsene als Zielgruppe, d. h. damit auch die Arbeitsfelder von Familien- und Elternbildung, einbezogen werden. Eine Abgrenzung und Abstimmung mit den Aufgaben der Polizei ist darüber hinaus dringend erforderlich (Möller 2010b). In ein Verbundkonzept muss aber auch schon allein aufgrund der Internationalisierung der Gewaltproblematik (z. B. grenzüberschreitende Gewaltkriminalität, länderübergreifende Zusammenarbeit von Extremisten) eine internationale Perspektive einfließen.

4. Die angebliche Sinnlosigkeit von Gewalt vor Augen zu führen, geht von falschen Prämissen aus. Ein Ansetzen, das die voranstehenden Analysen berücksichtigt, erscheint demgegenüber aussichtsreich, wenn es seinen Ausgangspunkt von einem Verständnis von Gewalt nimmt, das *Gewaltakzeptanz als Element und Ergebnis eines problematisch verlaufenden Prozesses produktiver Realitätsverarbeitung* versteht, der subjektiv im Dienste der Befriedigung des Bedürfnisses nach Lebensgestaltung steht. So wie Gewalt schon als gesellschaftliches Faktum nicht statisch existiert, sondern in sozialen Interaktionen stetig prozessiert wird, so stellt sie sich auf Seiten des Subjekts als Moment eines Biographisierungsprozesses dar, der auf der Grundlage einer Kette von situativen Selbstthematisierungen erfolgt, für die die Sedimentierungen und der je aktuelle und konkrete Ablauf der Erfahrung in der jeweiligen Biographie die entscheidenden Referenzpunkte bilden. Leben besteht sozialisationstheoretisch betrachtet aus stetig ablaufenden Akten der Realitäts(re)produktion, in denen das Erleben unter Gesichtspunkten seiner Funktionalität für Lebensgestaltung Relevanz und Sinn erhält und das Erlebte dementsprechend subjektiv bewertet und eingeordnet wird.

Diese Gestaltungsbilanzierungen müssen systematischer als bislang nicht zuletzt in ihrer milieu-, migrations- und geschlechtsspezifischen Gestalt, Funktion und Wirkung untersucht und auch entsprechend differenziert sozialarbeiterisch bearbeitet werden. Der Umstand, dass Gewaltakzeptanz in diesen Bilanzierungen geradezu die Rolle einer Sinnbeschafferin spielt, ist für sozialarbeiterische Strategien gegen Gewalt hochgradig bedeutsam. Er führt (nicht nur) ihnen vor Augen, dass weder moralische Appelle noch wohlgemeinte Aufklärungsversuche über den Sinn und Nutzen von Gewaltfreiheit oder behavioral-therapeutisierende Reaktionen zielführend sind. Stattdessen sind Konzepte der Gewaltreduktion entlang der Frage zu entwickeln, wie jener Sinn, der mittels Gewaltakzeptanz produziert wird, durch das Angebot individuell und sozial verträglicher Sinn(herstellungs)bezüge ersetzt werden kann. Dies zieht u. a. nach sich, weitaus intensiver als bisher Konzepte zu verfolgen, die – gerade bezogen auf das männliche Geschlecht – geschlechtsreflektierend vorgehen und Spezifiken ethnisch-kulturell gerahmter Orientierungen berücksichtigen.

5. Punktuelle Strategien verpuffen. Gewaltreduzierender Sozialer Arbeit, die von den obigen Prämissen ausgeht, erschließen sich vielmehr mindestens *drei zentrale Handlungsfelder*, denen jeweils bestimmte Aufgaben zuzuordnen sind:

Im Bereich der *Lebenskontrolle* gilt es vor allem, AdressatInnen dabei zu unterstützen, Orientierungsvermögen zu erwerben bzw. zu behalten, Selbstwirksamkeit und Handlungssicherheit verspüren zu können, die Beeinflussbarkeit und Planbarkeit der Lebensbedingungen zu sichern und ihre Identität soweit entwickeln und stabilisieren zu können, dass die Konsistenz, Kohärenz und Kontinuität des Selbsterlebens nicht in Frage gestellt wird.

Im Bereich der *Integration* ist vordringlich, die Wahrung der Integrität der Person des Adressaten / der Adressatin sicherzustellen, ihr Erfahrungen von Zugehörigkeit, Teilhabe und – soweit möglich – sozialem Rückhalt zu ermöglichen, Selbstwertbestätigungen zu vermitteln und dabei die Gültigkeit und Funktionalität moralischer Grundregeln wie Gerechtigkeit und Gewaltfreiheit erfahrbar zu machen.

Da im Allgemeinen Alltagserfahrungen und nicht kurzzeitpädagogische Programme orientierungsbildend wirken, muss die Entwicklung Gewalt reduzierender personaler und sozialer *Kompetenzen* als integraler Bestandteil der Aktivitäten zur Kontroll- und Integrationssicherung innerhalb der Biographisierungsprozesse und der Lebenswelten der AdressatInnen betrachtet werden.

Genau deshalb sind auch Strategien unzureichend, deren Punktualität darin besteht, Gewaltabbau nur mittels Förderungsmaßnahmen von kognitiver Reflexivität zu betreiben. So wie Gewalt selbst ganz eindeutig zu einem großen Anteil körperliche und emotionale Aspekte beinhaltet, so müssen auch pädagogisch und sozialarbeiterisch vorgenommene Distanzierungsbemühungen von Gewalt entsprechend ganzheitlich ausgerichtet sein.

6. Ein bloßes „Anti" genügt nicht. Wenn das wissenschaftliche Wissen deutlich aufzeigt, dass Kontroll-, Integrations- und Kompetenzdefizite die wesentlichen Verursachungszusammenhänge von Gewaltakzeptanz bilden und Gewalt auf diesem Hintergrund als gesellschaftlich inakzeptabler Versuch von Lebenskontrolle, Integration und Kompetenz(-ausweis) zu begreifen ist, dann zieht diese Erkenntnis für Gewalt bekämpfende Ansätze von Sozialer Arbeit (aber auch von Politik und anderer Instanzen) nach sich, genau auf diesen Feldern für und mit den Betroffenen *funktionale Äquivalente* zu entwickeln. So wenig wie bloße Repression kann deshalb ein Konzept der Belehrung von Gewaltaffinen weiterführen. Man kommt nicht umhin, für Lebens- und Sozialisationsbedingungen der jungen Generation zu sorgen, in denen Gewalt deshalb sukzessive (zumindest relativ) überflüssig wird, weil ausreichend andere Formen von Kontroll-, Integrations- und Kompetenzerleben zur Verfügung stehen.

7. Reaktionismus führt nicht weiter. Denn aus den genannten Punkten ist zu folgern, dass Soziale Arbeit gegen Gewalt solange auf verlorenem Posten steht und nur Feuerwehrfunktion hat, wie sie sich in Versuchen individuell ansetzender Korrektur von Gewaltauffälligen oder -affinen erschöpft und/oder nur anlassbezogen tätig wird. Insoweit die Ursachen von Gewalt strukturell verankert sind und in den Sphären gesellschaftlicher Interaktionen entstehen, kann die in ihrem Selbstverständnis vielfach eingeforderte ursachenbezogene Strategie Sozialer Arbeit bei der Bearbeitung sozialer Probleme in Bezug auf Gewalt nicht darauf verzichten, sich als langfristig ausgelegte *infrastrukturelle Arbeit* zu verstehen. D.h.: Neben der Arbeit am Einzelfall, der Arbeit in Gruppen sowie Aktivitäten im lokalen Gemeinwesen ist eine professionelle *Strategie politischer Einmischung* unabdingbar. Nur sie ermöglicht letztlich, dass über unmittelbare Zuständigkeiten hinaus die sozialarbeiterische Verantwortung für das Aufwachsen junger Menschen in gewaltfreien Verhältnissen eingelöst werden kann, indem die spezifischen Kompetenzen der Profession – u.a. Sozialraumperspektive, Adressatenbezug, Lebensweltorientierung und Empowermentstrategien – in Konzepte eingebracht werden, die verschiedene Institutionen, Arbeitsfelder und professionelle Zuständigkeiten integrieren.

Fazit

Gewalt ist ein Produkt von strukturellen, interaktionalen und individuellen Prozessen. Die Theorie Sozialer Desintegration bietet ein Konstrukt an, mit dessen Hilfe das Zusammenwirken dieser Prozessebenen betrachtet werden kann. Es hat nicht nur eine große Erklärungskraft in Bezug auf Gewaltphänomene, sondern stellt auch eine anregende wissenschaftliche Folie für die Entwicklung praktischer Strategien des Umgangs mit dem gesellschaftlichen Gewaltproblem zur Verfügung. Nicht zuletzt die Soziale Arbeit kann davon profitieren, bedarf sie doch einer integrierenden Betrachtungsweise, die das Zusammenspiel sozioökonomischer, politischer, kulturell-sozialisatorischer, individueller und situativer Faktoren zur Grundlage ihrer Arbeit macht (z.B. Bleiß et al. 2004; Gulbins et al. 2007).

Auch wenn aus lebensgestaltungstheoretischer Sicht Weiterentwicklungsbedarfe bestehen, kann sich Soziale Arbeit mit Hilfe des DesintegrationsAnsatzes neu und ursachenbezogener ausrichten. Sie kann sich dabei auf ihre Grundfunktion zurückbesinnen, Arbeit an sozialer Ungleichheit und Ungerechtigkeit bzw. an der Herstellung sozialer Gleichheit und Gerechtigkeit zu sein. In dem Maße wie das Konzept international verfolgt und in seiner Tragfähigkeit ausgewiesen wird, kann es Soziale Arbeit befähigen, auch über den jeweiligen nationalen Tellerrand hinauszuschauen, länderübergreifende Anschlussstellen zu finden und sich damit für Antworten auf die zunehmende Internationalisierung der Gewaltproblematik zu rüsten. Soziale Arbeit erhält durch einen entsprechenden Rekurs aber vor allem zumindest konzeptionell – wenn auch nicht immer real – einzulösende Chancen, weniger als Lückenbüßerin für anderenorts verursachte gesellschaftliche Probleme – wie hier Gewalt – und als Krankenschwester eines Systems instrumentalisiert zu werden, dessen Eliten und Autoritäten die teilweise anlassbezogen von ihnen selbst finanziell geförderte Betriebsamkeit der Sozialen Arbeit im Problembereich als Alibi für ihr Nichtstun in Hinsicht auf die Beseitigung der eigentlichen Ursachen nutzen.

Literatur

Agnew, R. (1984): Autonomy and Delinquency. Sociological Perspectives 27, 219–240

Baier, D., Pfeiffer, Chr. (2008): Desintegration and violence Among Migrant Youth in Germany. Turkish and Russian Youth Versus German Youth. In: Heitmeyer, W., Legge, S. (Hrsg.), 151–168

–, –, Windzio, M. (2006): Jugendliche mit Migrationshintergrund als Opfer und Täter. In: Heitmeyer, W., Schröttle, M. (Hrsg.): Gewalt. Beschreibungen, Analysen, Prävention. Bundeszentrale für politische Bildung, Bonn, 240–268

Bleiß, K., Möller, K., Peltz, C., Rosenbaum, D., Sonnenberg, I. (2004): Distanz(ierung) durch Integration – Neue konzeptionelle Grundlagen für aufsuchende Arbeit mit rechtsextrem bzw. menschenfeindlich orientierten Jugendlichen. Neue Praxis 6, 568–590

Brezina, T. (2008): Recognition Denial, Need for Autonomy, and Youth Violence. In: Heitmeyer, W., Legge, S. (Hrsg.), 111–128

Bundeskriminalamt (2007): Polizeiliche Kriminalstatistik 2006. Bundeskriminalamt, Wiesbaden

Bundesministerium des Innern / Bundesministerium der Justiz (2006). Zweiter Periodischer Sicherheitsbericht. Berlin

Cockburn, T. (2008): Fears of Violence Among English Young People: Disintegration Theory and British Social Policy. In: Heitmeyer, W., Legge, S. (Hrsg.), 75–92

Connell, R. W. (1995): Masculinities. Polity Press, Cambridge

Council of Europe (Hrsg.) (2007): Young People from Lower-Income Neighbourhoods. Guide to New Policy Approaches. Council of Europe Publishing, Strasbourg

Damasio, A. (2005): Descartes' Error. 10th Anniversary edition, with a new author preface. Penguin Books, New York

– (2003): Looking for Spinoza: Joy, Sorrow and the Feeling Brain. Harcourt, New York

– (1999): The Feeling of What Happens: Body and Emotion in the Making of Consciousness. Harcourt, New York

Eisenberg, N., Losoya, S., Spinrad, T. (2003): Affect and Prosocial Responding. In: Davidson, R. J., Scherer, K. R., Goldsmith, H. H. (Hrsg.): Handbook of Affective Sciences. New York

Farrington, D. (1996): The Explanation and Prevention of Youthful Offending. In: Hawkins, J. (Hrsg.): Delinquency and Crime: Current Theories. Cambridge University Press, Cambridge, 68–148

Gigerenzer, G. (2007): Gut Feelings. Penguin Books, New York

Goffman, E. (1963): Stigma. Notes on the Management of Spoiled Identity.

Gulbins, G., Möller, K., Rosenbaum, D., Stewen, I. (2007): „Denn sie wissen nicht, was sie tun?" Evaluation aufsuchender Arbeit mit rechtsextrem und menschenfeindlich orientierten Jugendlichen. Deutsche Jugend 12, 526–534

Hay, D. F., Castle, J., Jewett, J. (1996): Character Development. In: Rutter, M., Hay, D. F. (Hrsg.): Development Through Life. A Handbook for Clinicans. Oxford, 319–249

Hazelhurst, K. (Hrsg.) (1995): Perceptions of Justice. Avebury, Aldershot

Heitmeyer, W. (Hrsg.) (2002; 2003; 2005; 2006; 2007; 2008; 2009; 2010): Deutsche Zustände. Folgen 1–8. Suhrkamp, Frankfurt / M.

–, Legge, S. (2008): Youth, Violence, and Social Disintegration. New Directions for Youth Development 119. Jossey-Bass, San Francisco

Heyder, A. (2003): Bessere Bildung, bessere Menschen? Genaueres Hinsehen hilft weiter. In: Heitmeyer, W. (Hrsg.): Deutsche Zustände, Folge 2, 78–99

Huguet, C., Szabó de Carvalho, I. (2008): Violence in the Brazilian Favelas and the Role of the Police. New Directions for Youth Development 119, 93–110

Hurrelmann, K. (1988): Social Structure and Personality Development. Cambridge University Press, New York

– (1986): Einführung in die Sozialisationstheorie. Beltz, Weinheim / Basel

IFSW / IASSW (2001): International Definition of Social Work. In: www.iassw-aiets.org, 18.06.2010

Junger-Tas, J. (1994): Delinquency in Thirteen Western Countries: Some Preliminary Conclusions. In: Junger-Tas, J., Terlouw, G.-J., Klein, M. (Hrsg.): Delinquent Behavior Among Young People in the Western World: First Results of the International Self-Report Delinquency Study. Kugler Publications, Amsterdam, 371–379

Legge, S. (2008): Youth and Violence. Phenomena and International Data. In: Heitmeyer, W., Legge, S. (Hrsg.), 17–24

Lyng, St. (2004): Crime, Edgework and Corporal Transaction. Theoretical Criminology 3 / 8, 359–375

Males, M. (1996): The Scapegoat Generation: America's War on Adolescents. Common Courage Press, Monroe / ME

Mansel, J. (2007): Kriminelle Ausländer? Fremdenfeindlichkeit, Anzeigeverhalten und Kontrollpolitik in den Bundesländern. In: Heitmeyer, W. (Hrsg.): Deutsche Zustände, Folge 5, 169–191

Mead, G. H. (1938): The Philosophy of the Act. University of Chicago, Chicago

Mesch, G. S., Turjeman, H., Fishman, G. (2008): Social Identity among Immigrant Adolescents. In: Heitmeyer, W., Legge, S. (Hrsg.), 129–150

Mills, M., Blossfeld, H.-P. (2005): Globalization, Uncertainty, and the Early Life Course. A Theoretical Framework. In: Blossfeld, H.-P., Klijzing, E., Mills, M., Kurz, K. (Hrsg.): Globalization, Uncertainty and Youth in Society. Routledge, London / New York

Möller, K. (2010a): Männlichkeit, Migration und Gewalt. In: Prömper, H., Jansen, M. M., Ruffing, A., Nagel, H. (Hrsg.): Was macht Migration mit Männlichkeit? Kontexte und Erfahrungen zur Bildung und zur Sozialen Arbeit mit Migranten. Barbara Budrich, Opladen / Farmington Hills, 51–72

– (Hrsg.) (2010b): Dasselbe in grün? Aktuelle Perspektiven auf das Verhältnis von Polizei und Sozialer Arbeit. Juventa, Weinheim / München

– (2007): Soziale Arbeit gegen Menschenfeindlichkeit. Lebensgestaltung über funktionale Äquivalenzen und Kompetenzentwicklung. In: Heitmeyer, W. (Hrsg.): Deutsche Zustände, Folge 5, 294–311

– (2002): Pädagogische und sozialarbeiterische Ansätze der Stärkung von Integrationspotenzialen zur Bearbeitung von Rechtsextremismus, Fremdenfeindlichkeit und Gewalt. Erziehungs- und sozialarbeitswissenschaftliche Expertise für das BMBF zum Forschungsverbund „Stärkung von Integrationspotenzialen einer modernen Gesellschaft". Esslingen / Bielefeld

– (2001): Coole Hauer und brave Engelein. Gewaltakzeptanz und Gewaltdistanzierung im Verlauf des frühen Jugendalters. Leske + Budrich, Opladen

–, Schuhmacher, N. (2007): Rechte Glatzen. Rechtsextreme Szene- und Orientierungszusammenhänge – Einstiegs-, Verbleibs- und Ausstiegsprozesse von Skinheads. VS, Wiesbaden

Oberti, M. (2008): The French Republican Model of Integration: The Theory of Cohesion and the Practice of Exclusion. In: Heitmeyer, W., Legge, S. (Hrsg.), 55–74

Prothrow-Stith, D. (2002): Youth Violence Prevention in America. Lessons from 15 Years of Public Health Prevention Work. In: Tienda, M., Wilson, W.J. (Hrsg.): Youth in Cities. A Cross-National Perspective. University Press, Cambridge, 165–190

Sitzer, P., Heitmeyer, W. (2008): Right-Wing Extremist Violence among Adolescents in Germany. In: Heitmeyer, W., Legge, S. (Hrsg.), 169-186

Tonry, M. (1997): Ethnicity, Crime, and Immigration. In: Tonry, M. (Hrsg.): Ethnicity, Crime, and Immigration: Comparative and Cross-National Perspectives. University of Chicago Press, Chicago, 1–30

White, R. (2002): Youth Crime, Community Development, and Social Justice. In: Tienda, M., Wilson, W. J. (Hrsg.): Youth in Cities. A Cross-National Perspective. University Press, Cambridge, 138–164

World Health Organization (2002): World Report on Violence and Health. Geneva: World Health Organization;

Zdun, S. (2008): Violence in Streetculture. Cross-Cultural Comparison of Youth Groups and Criminal Gangs. In: Heitmeyer, W., Legge, S. (Hrsg.), 39–54

Grundrechte

Von Ingo Richter

Was sind Grundrechte?

Der Ansatzpunkt für die Bestimmung des Begriffs „Grundrechte" ist Art. 1 GG. Danach gibt es zwei mögliche Begriffsbestimmungen:

1. Grundrechte als Verfassungsrechte: Nach Art. 1 Abs. 3 GG sind die im Grundgesetz niedergelegten Grundrechte „unmittelbar geltendes Recht", das die Staatsorgane der Bundesrepublik, nämlich die Gesetzgebung, die vollziehende Gewalt und die Rechtsprechung, bindet.
2. Grundrechte als Menschenrechte: Nach Art. 1 Abs. 2 GG bekennt sich das Deutsche Volk zu den „unverletzlichen und unveräußerlichen Menschenrechten", die als „Grundlage jeder menschlichen Gemeinschaft, des Friedens und der Gerechtigkeit in der Welt" bezeichnet werden.

Da das Grundgesetz beide Begriffsbestimmungen nebeneinander stellt, sind sie beide gleichermaßen gültig, – jedoch mit einem charakteristischen Unterschied, der sich aus den unterschiedlichen Textfassungen ergibt. Während das Grundgesetz bei den Menschenrechten in Abs. 2 etwas dunkel und unverständlich von einem Bekenntnis des Deutschen Volkes spricht, sagt es bei den Grundrechten nach Abs. 3 klar und deutlich, dass sie geltendes Recht im Range über jedem Gesetz, Verwaltungsakt oder Gerichtsurteil sind.

Die Grundrechte als Verfassungsrechte ergeben sich aus dem Text des Grundgesetzes, und zwar nicht nur aus dem Abschnitt I, der „Die Grundrechte" überschrieben ist, sondern auch aus den weiteren Abschnitten des Grundgesetzes, wie z. B. aus Art. 38 (Wahlrecht) oder Art. 101 (Gesetzlicher Richter). Da die Grundrechte als Verfassungsrechte im Text der Verfassung niedergelegt sind, bedürfen sie der Auslegung, die den Regeln der Gesetzesaus-

legung folgt. Das ist häufig schwierig, weil die Texte z. T. sehr knapp und schwer verständlich sind. Was soll z. B. der Satz „Eigentum verpflichtet" (Art. 14 Abs. 2 Satz 1 GG) heißen? Die Parlamente, die Verwaltungen und die Gerichte sind also an die Grundrechte als Verfassungsrechte gebunden (s. o.). Was aber können die Bürgerinnen und Bürger tun, wenn diese sich nicht an die Grundrechte halten, wenn sie sich über die Bindung hinwegsetzen? Nach Art. 19 Abs. 4 GG steht in einem solchen Fall jedermann der „Rechtsweg", d. h. die Klage vor den Gerichten, offen. Im Rechtsstaat ist es nämlich die Aufgabe der Gerichte, und zwar letztlich des Bundesverfassungsgerichtes, für die Einhaltung der Grundrechte als Verfassungsrechte zu sorgen. Das Grundgesetz und die Prozessordnungen des Bundes und der Länder sehen eine Vielzahl von Klagemöglichkeiten im Falle von Grundrechtsverletzungen vor, und zwar insbesondere die sog. Verfassungsbeschwerde direkt zum Bundesverfassungsgericht nach Art. 93 Nr.4a GG.

Die Grundrechte als Menschenrechte sind älter als die Grundrechte als Verfassungsrechte, und über ihren Ursprung gibt es eine Vielzahl von Meinungen (Narr in der Vorauflage 2005). Lange Zeit stand im Mittelpunkt der Auseinandersetzungen die Frage, ob die Menschenrechte auf die amerikanische Unabhängigkeitserklärung von 1776 und die ihr vorangehenden Konflikte oder auf die französische Erklärung der Menschen- und Bürgerrechte von 1789 und damit auf die Französische Revolution zurückzuführen seien (Jellinek 1964). Unabhängig davon, ob man dementsprechend eher die religiöse oder die politische Freiheit als Ursprung der Menschenrechte ansieht; beide Erklärungen berufen sich ausdrücklich auf die natürliche Freiheit und Gleichheit aller Menschen und damit auf das Naturrecht, wie es in der europäischen Aufklärung des 18. Jahrhunderts formuliert worden ist.

Otto/Thiersch (Hg.), Handbuch Soziale Arbeit, 4. A., DOI 10.2378/ot4a.art061,

Indem das Naturrecht aber die Menschenrechte aus der Natur des Menschen ableitet, behauptet es ihre universelle Geltung, eine Begründung, die Habermas um eine utilitaristische Komponente erweitert hat:

„Grundrechte regeln … Materien von solcher Allgemeinheit, dass moralische Argumente zu ihrer Begründung hinreichen. Das sind Argumente, die begründen, warum die Gewährleistung solcher Regeln im gleichmäßigen Interesse aller Personen in ihrer Eigenschaft als Personen überhaupt liegen, warum sie also gleichermaßen gut sind für jedermann." (Habermas 1999, 223)

Gegen diesen universalistischen Geltungsanspruch der Menschenrechte richtet sich nun die kulturrelativistische Kritik, die nicht die Existenz von Menschenrechten an sich, sondern nur ihre undifferenzierte allgemeine Geltung bestreitet und eine kulturspezifische Ausprägung behauptet (An-Naim 2008; Steiner 2008) – bis hin zum Imperialismusvorwurf.

Untersucht man freilich diese Kritik im Einzelnen, so schmelzen die behaupteten kulturspezifischen Unterschiede zusammen und beschränken sich auf die Unterschiede in der Religionsfreiheit und in der Stellung von Mann und Frau (Richter 2008).

Die Grundrechte als Menschenrechte sind nun aber nicht (nur) politische Erklärungen, die auf eine lange Geschichte zurückblicken, sich auf eine philosophische Begründung berufen und sich einer weltweiten verbalen Anerkennung erfreuen können – das können sie auch! –, sondern sie beanspruchen auch – ähnlich wie die Grundrechte als Verfassungsrechte – unmittelbare Rechtsgeltung für die Bürgerinnen und Bürger, sodass sie zwischen Verbindlichkeit und Unverbindlichkeit angesiedelt sind (Vitzthum 2004, 11). Grundlage ist eine Vielzahl von internationalen Verträgen, die sämtlich von der Bundesrepublik Deutschland ratifiziert worden sind. Die wichtigsten sind: Allgemeine Erklärung der Menschenrechte durch die Vereinten Nationen (1948), Internationale Pakte über bürgerliche und politische einerseits und über wirtschaftliche, soziale und kulturelle Rechte andererseits (1966), UN-Kinderkonvention (1989). Diese Verträge binden zwar unmittelbar nur die Regierungen, die sie unterzeichnet haben; dennoch beanspruchen sie eine Geltung, die weit darüber hinausgeht. Dieser Geltungsanspruch der Grund-

rechte als Menschenrechte beruht auf unterschiedlichen Gründen: 1. Es gibt Menschenrechte, die für die Bürgerinnen und Bürger unmittelbar gelten, weil internationale Verträge dies so ausdrücklich vorsehen, wie z. B. die Europäische Menschenrechtskonvention von 1950 – nicht aber z. B. die UN-Kinderkonvention von 1989, wie viele irrtümlicherweise meinen. 2. Es gibt internationale Verträge, wie z. B. die UN-Kinderkonvention von 1989, die nur die Unterzeichnerstaaten und nicht die Bürgerinnen und Bürger unmittelbar binden, die jedoch nach der Ratifizierung und Umsetzung durch die nationalen Parlamente in den Unterzeichnerstaaten unmittelbar gelten. 3. Es gibt Grundrechte als Menschenrechte, die so grundsätzlich und so anerkannt sind, dass sie nach langer Dauer und erfolgreicher Praxis in das Völkergewohnheitsrecht übergehen, das unmittelbare Wirkung in der ganzen Welt entfaltet. Dies wird z. B. weithin vom Folterverbot behauptet. 4. Die Vereinten Nationen und ihre Unterorganisationen haben im Lauf ihrer Geschichte Instrumente und Verfahren entwickelt, die – unabhängig von ihrer formellen Geltung – den Menschenrechten zur faktischen Geltung in der ganzen Welt verhelfen sollen. Hierzu gehören z. B. Sonderkommissionen und -beauftragte, Berichtspflichten, Site-visits und Anhörungen, Monitoring u. a. M. Hieraus hat sich ein „Soft-Law" entwickelt, das für die faktische Geltung der Grundrechte als Menschenrechte eine große Bedeutung erhalten hat. Trotz dieser „Konstitutionalisierung" der Grundrechte als Menschenrechte erreichen sie jedoch auch in den westlichen Ländern nicht den Grad rechtlicher und faktischer Geltung, den die Grundrechte als Verfassungsrechte besitzen – ganz zu schweigen von ihrer Geltung in der Welt.

Man kann sogar von einer grundsätzlichen Gefährdung der Menschenrechtsentwicklung sprechen. Die Verabschiedung der Allgemeinen Erklärung der Menschenrechte im Jahre 1948 durch die Generalversammlung der Vereinten Nationen versprach nach den Schrecken des Zweiten Weltkrieges die Hoffnung auf Frieden in der ganzen Welt. Deshalb nannte die Erklärung nicht nur die traditionellen liberalen Bürgerrechte, sondern proklamierte auch wirtschaftliche, soziale und kulturelle Rechte, denn – wie die Präambel sagte – hatten die Völker der Vereinten Nationen beschlossen, durch ihren „Glauben an die grundlegenden Menschenrechte" ... „den sozialen Fortschritt und bessere Lebensbedingungen bei größerer Freiheit zu fördern."

Im „Kalten Krieg" zwischen Ost und West kam es jedoch nicht zu einer gleichmäßigen Verwirklichung der freiheitlichen und der sozialen Grundrechte. Wenn die kapitalistischen Länder nämlich auf die Verwirklichung der Freiheitsrechte im Osten drängten, wiesen die sozialistischen Länder darauf hin, dass sie in erster Linie die sozialen Menschenrechte verwirklichen, die ihren Bürgern „sozialen Fortschritt und bessere Lebensbedingungen" bringen würden. Dennoch gelang es im Jahre 1966 sowohl die bürgerlichen und politischen als auch die wirtschaftlichern, sozialen und kulturellen Menschenrechte in zwei Übereinkommen zu kodifizieren und alle Mitgliedsstaaten der UNO auf ihre Umsetzung zu verpflichten.

Inzwischen hatten neuere internationale Entwicklungen nämlich die im Grunde aus dem 19. Jahrhundert stammende Kontroverse über die Geltung der freiheitlichen und der sozialen Menschenrechte überlagert. Durch den Prozess der Entkolonialisierung waren zahllose Länder unabhängig und Mitglieder der Vereinten Nationen geworden. Sie stellten die universelle Geltung der Menschenrechte überhaupt infrage und betonten vielmehr die unterschiedlichen kulturellen und rechtlichen Traditionen der „Entwicklungsländer" und verlangten – nicht zuletzt aufgrund einer Geschichte von Imperialismus, Kolonialismus und Rassendiskriminierung – „Menschenrechte auf Entwicklung". Dieser Prozess wurde nur kurze Zeit später wiederum von der Umweltbewegung überlagert, die seit den sechziger Jahren auf die Gefährdung der Welt durch die Bedrohung der Umwelt aufmerksam machte und „Menschenrechte auf Umweltschutz" verlangte.

In diesen nun bereits sechzig Jahre dauernden vielschichtigen und konfliktreichen Prozess der Formulierung und Verwirklichung von Menschenrechten hat die Völkerrechtswissenschaft eine gewisse Systematik gebracht, indem sie von den drei Generationen der Menschenrechte spricht (Tomuschat 2003), wobei die traditionellen liberalen Bürgerrechte als die Erste Generation, die wirtschaftlichen, sozialen und kulturellen Menschenrechte als die Zweite Generation und die Rechte auf Frieden, Entwicklung und Umweltschutz als Dritte Generation der Menschenrechte bezeichnet wurden. Mit dieser Klassi-

fikation verband sich eine gewisse Entwicklungshoffnung, indem die Verwirklichung der Menschenrechte in drei Schritten gedacht wurde: Zunächst die erste, dann die zweite und letztlich dann auch die dritte Generation, sodass die vollständige Verwirklichung aller drei Generationen von Menschenrechten in einem Endzustand in Aussicht genommen wurde.

Doch diese naive Vorstellung einer linearen zunehmenden Verwirklichung der drei Generationen von Menschenrechten hat einen Bruch erlitten; Skepsis und Resignation machen sich breit. Nicht nur dass der Prozess der Entwicklung der „Dritten Welt" nicht vorankommt, nicht nur dass die Gefährdung der Umwelt bedrohlich voranschreitet; nein, sogar die weit fortgeschrittene Verwirklichung der Menschenrechte der ersten Generation ist angesichts des „Krieges gegen den Terrorismus" sogar in den westlichen Ländern gefährdet, und die weltweite Finanzkrise des Jahres 2008/09 bedroht die Verwirklichung der Menschenrechte der zweiten Generation. Es spricht deshalb einiges dafür, dass der „Kampf um die Menschenrechte" zu seinem Ausgangspunkt zurückkehrt, der Verwirklichung der Menschenrechte der ersten Generation.

Unterscheidet man die Grundrechte nicht nach ihrer Geltung, sondern nach ihren Inhalten, so lassen sie sich grob in sieben große Bereiche einteilen:

- Würde und Freiheit der Person (Menschenwürde, Entfaltungsfreiheit, Recht auf Leben, Telekommunikationsgeheimnis, Freizügigkeit, Asylrecht, Schutz vor Freiheitsentziehung, Verbot der Todesstrafe),
- Gleichheit (Gleichheit vor dem Gesetz, Gleichheit von Mann und Frau, Diskriminierungsverbot, Wahlrechtsgleichheit, Gleicher Zugang zu öffentlichen Ämtern),
- Schutz der Privatsphäre (Ehe und Familie, Wohnung),
- Persönlichkeitsentwicklung und -entfaltung (Religion, Bildung, Kunst und Wissenschaft),
- Arbeit, Soziales und Wirtschaft (Berufsfreiheit, Tarifvertragssystem, Sozialstaat, Eigentumsfreiheit),
- Kommunikation und politische Willensbildung (Meinungsfreiheit, Versammlungsfreiheit, Vereinsfreiheit, Parteienfreiheit, Wahlrecht),
- Rechtsverwirklichung (Petitionsrecht, Rechtsschutzgarantie, Gesetzlicher Richter, Faires Verfahren, Widerstandsrecht).

Die Grundrechte sollen spezifische Funktionen erfüllen. In allererster Linie sollen sie die Freiheit der Bürgerinnen und Bürger gegen Gefährdungen der Freiheit schützen. In der Geschichte der Grundrechte stand hierbei die Abwehr staatlicher Eingriffe in die Freiheit im Vordergrund. Deshalb nennt man die Grundrechte in dieser Beziehung auch Abwehrrechte. Gefahren für die Freiheit der Bürgerinnen und Bürger können nun aber nicht nur vom Staat ausgehen, sondern auch von anderen Bürgerinnen und Bürgern, von Betrieben oder von Organisationen. Deshalb bieten die Grundrechte auch gegen solche Gefährdungen der Freiheit Schutz, z. B. gegen Internationale Konzerne oder gegen Religionsgemeinschaften. Die Bürgerinnen und Bürger sollen auch die Möglichkeit haben, von ihren Grundrechten Gebrauch zu machen, denn was nützt z. B. die Freizügigkeit, wenn man sich keine Fahrkarte kaufen kann. Deshalb gehört zu den Grundrechten auch eine gewisse Garantie von Bildung, Eigentum, Einkommen und sozialer Sicherheit. Die Bürgerinnen und Bürger müssen auch die Möglichkeit haben, ihre Grundrechte gegen den Staat und gegen jedermann durchzusetzen; deshalb gewähren die Grundrechte den Rechtsschutz, und zwar vor allem durch die Gerichte.

Den Grundrechten liegt ein bestimmtes Menschenbild zugrunde, auch wenn dieses nicht vollends im Text des Grundgesetzes und der Menschenrechtsverträge zum Ausdruck gekommen ist. Es lässt sich kennzeichnen durch die Begriffe: Menschenwürdiges Leben, Selbstständigkeit (Autonomie), Freiheitlichkeit, Chancengleichheit und Gemeinschaftsgebundenheit. Martha Nussbaum hat in ihrer rechtsphilosophischen Ausarbeitung des Capabilities-Ansatzes versucht (2006; 2007), diesem Menschenbild Gestalt zu geben und die traditionellen Grenzen der Grundrechtsdogmatik zu überwinden. In diesem Handbuch zur Sozialarbeit und Sozialpädagogik werden nur diejenigen Grundrechte näher behandelt werden, die auf die Gefährdungen des Menschen in der Entwicklung und in der Gemeinschaft reagieren, Gefährdungen, denen sich auch die Sozialarbeit und die Sozialpädagogik widmen.

Lebensbewältigung

Die Grundrechte sollen gewährleisten, dass die Menschen ihr Leben bewältigen können, weil die Lebensbewältigung bei vielen Menschen gefährdet ist. Sie ist insbesondere gefährdet durch Armut, Krankheit und Behinderung, Alter, Bildungsdefizite und besondere soziale Schwierigkeiten. Viele dieser Schwierigkeiten werden durch die sozialen Versicherungssysteme aufgefangen; doch es bleibt eine Tatsache, dass es darüber hinaus nicht nur der Grundsicherung durch die Sozialhilfe, sondern der Sozialarbeit und der Sozialpädagogik zur Überwindung dieser Schwierigkeiten bedarf.

Im Internationalen Recht soll die Lebensbewältigung durch die Menschenrechte auf soziale Sicherheit, soziale Versicherung und soziale Betreuung (Art. 22 und 25 Allgemeine Erklärung der Menschenrechte von 1948 sowie Art. 9 Pakt über wirtschaftliche, soziale und kulturelle Rechte von 1966) gesichert werden. In Deutschland ist das Grundrecht auf ein menschenwürdiges Existenzminimum die Grundlage für die Sicherung der Lebensbewältigung (Papier 2008, 102). Dieses Grundrecht folgt aus Art. 1 Abs. 1, Art. 2 Abs. 1 und Art. 3 Abs. 1 GG (Menschenwürde, Persönlichkeitsentfaltung und soziale Gleichheit) in Verbindung mit dem Sozialstaatsprinzip nach Art. 20 Abs. 1 GG. Der Gesetzgeber hat das Grundrecht auf ein menschenwürdiges Existenzminimum in § 9 SGB I folgendermaßen umgesetzt:

„Wer nicht in der Lage ist, aus eigenen Kräften seinen Lebensunterhalt zu bestreiten oder in besonderen Lebenslagen sich selbst zu helfen, und auch von anderer Seite keine ausreichende Hilfe erhält, hat ein Recht auf persönliche und wirtschaftliche Hilfe, die seinem besonderen Bedarf entspricht, ihn zur Selbsthilfe befähigt, die Teilnahme am Leben der Gemeinschaft ermöglicht und die Führung eines menschenwürdigen Lebens sichert. Hierbei müssen Leistungsberechtigte nach ihren Kräften mitwirken."

Im Mittelpunkt dieses Rechtes auf persönliche und wirtschaftliche Hilfe steht das Recht auf die Hilfe zum Lebensunterhalt, das nach § 28 SGB XII grundsätzlich in Regelsätzen durch den Anspruch auf Sozialhilfe erfüllt wird. Doch das Recht auf persönliche und wirtschaftliche Hilfe geht über den Anspruch auf eine Geldleistung hinaus. Obwohl der Anspruch auf die Hilfe zum Lebensunterhalt nach § 27 SG XII auch das Recht auf Unterkunft umfasst, gibt es viele hilfebedürftige Obdachlose. Viele Menschen sind aus ganz unterschiedlichen Gründen zur Haushaltsführung nicht in der Lage und bedürfen der persönlichen Hilfe (§ 61 ff. SGB XII). Das Grundrecht auf ein menschenwürdiges Existenzminimum erschöpft sich aber nicht in den Ansprüchen auf Hilfe nach § 8 Nr. 2–7 SGB XII, sondern umfasst auch eine Bildung, die für die Lebensbewältigung erforderlich ist. Bildung ist die „Befähigung zu einer eigenständigen und eigenverantwortlichen Lebensführung in sozialer, politischer und kultureller Eingebundenheit und Verantwortung" (Bundesministerium für Familie, Senioren, Frauen und Jugend: Zwölfter Kinder- und Jugendbericht 2005), und das heißt nichts anderes als Persönlichkeitsbildung und Befähigung zur Lebensbewältigung. Wenn also rund ein Viertel der fünfzehnjährigen Schüler nach der Ersten PISA-Studie nicht die zweitunterste Kompetenzstufe im Lesen erreicht haben und deshalb zur sog. Risikogruppe gehören, da ihre Chance zu einer eigenständigen Lebensführung gefährdet ist (PISA-Konsortium 2001), dann ist ihr menschenwürdiges Existenzminimum nicht gewährleistet und ihre Grundrechte sind verletzt (Richter 2001). Die Grundrechte gewähren Hilfen zur Lebensbewältigung, aber nur unter zwei Voraussetzungen: 1. Die Hilfe ist subsidiär, d. h. wenn die Menschen sich selber helfen können oder wenn andere ihnen helfen können, dann gewähren die Grundrechte keine Ansprüche auf Hilfe. 2. Es ist immer nur Hilfe zur Selbsthilfe, d. h. die Hilfe soll die Menschen dazu befähigen, sich selber zu helfen.

Betreuung, Erziehung und Bildung von Kindern und Jugendlichen

Kinder und Jugendliche wachsen in die Gesellschaft hinein; sie werden erwachsen; sie werden sozialisiert; sie bedürfen der Betreuung, Erziehung und Bildung. Das internationale Recht hat deshalb die Rechte der Kinder und Jugendlichen in einem internationalen Vertrag, der UN-Kinderkonvention von 1989, geschützt. Für das nationale Recht ist es zunächst einmal wichtig, festzustellen dass die Grundrechte des Grundgesetzes für alle Menschen gelten, also auch für die Kinder und Jugendlichen (Richter 2009). Zu diesen Rechten gehört auch das Grundrecht auf Betreuung, Erziehung und Bildung, das in Art. 2 Abs. 1, Art. 6 Abs. 2 und Art. 12 Abs. 1 GG Ausdruck gefunden hat.

Dieses Grundrecht verpflichtet den Staat dazu, diejenigen Voraussetzungen zu schaffen, die für ein gedeihliches Aufwachsen in der Gesellschaft erforderlich sind. Dazu gehört in erster Line die Verpflichtung der Eltern zur „Pflege" der Kinder im Sinne von Art. 6 Abs. 2 GG und zur „Personensorge" nach Maßgabe der §§ 1631 ff. BGB. Das Grundrecht auf Erziehung meint, dass die Kinder und Jugendlichen verlangen können, dass Erziehung überhaupt stattfindet, dass sie nicht sich selbst überlassen bleiben. Das Grundrecht auf Bildung schließlich gibt ein Recht auf ein Bildungsminimum (s. o.), auf Zugang zu den Bildungsinstitutionen, auf Entfaltung der Individualität in den Bildungsprozessen und auf Partizipation an der Gestaltung der Bildungsgänge (Richter 2001).

Das Recht geht grundsätzlich davon aus, dass die Familien und die Schulen in der Lage sind, den Grundrechten der Kinder und Jugendlichen zu entsprechen. Die Tatsachen sprechen allerdings eine deutlich andere Sprache, weil viele Familien die Grundrechte der Kinder gar nicht oder jedenfalls nur sehr unzureichend verwirklichen, indem die Kinder vernachlässigt und häufig auch missbraucht werden. Die Grundrechte gebieten in solchen Fällen, dass der Allgemeine Soziale Dienst oder die Kinder- und Jugendhilfe dazu beitragen die Betreuungs-, Erziehungs- und Bildungsprobleme der Familien zu lösen.

Ausbildung, Beruf, Arbeit

Für die meisten Menschen ist das Einkommen aus der Erwerbsarbeit die ökonomische Grundlage der Lebensführung. Dies war die Zielvorstellung der gesellschaftlichen Organisation der westlichen Industriegesellschaften des 19. Jahrhunderts, und es gilt heute als politisches Ziel der gesellschaftlichen Organisation in der ganzen Welt. Arbeit sollte – neben der Familie – der zweite Lebensmittelpunkt der Menschen sein, die Menschen in eine betriebliche Gemeinschaft integrieren und dem Leben einen Sinn geben, und zwar insbesondere wenn sie als Beruf ausgeübt wurde. Durch eine berufliche

Ausbildung an Schulen, Hochschulen oder in den Betrieben selber sollten die Voraussetzungen für die Erfüllung dieser beiden Aufgaben gewährleistet werden.

Die Verwirklichung dieser Zielvorstellungen ist nun in der heutigen Welt gefährdet. Ihre Umsetzung in der „Dritten Welt" erweist sich trotz jahrzehntelanger Entwicklungshilfe als illusionär. Auch in der westlichen Welt und mehr noch in den Transformationsgesellschaften des Ostens erhält nur noch eine Minderheit eine berufliche Ausbildung, die eine einkommenssichernde Erwerbsarbeit begründet, und die Arbeitslosigkeit liegt in allen Ländern über 10 % und ist häufig viel höher. An die Stelle gesicherter lebenslanger einkommenssichernder und befriedigender Arbeitsverhältnisse treten – auch in der westlichen Welt – zunehmend unsichere, kurzzeitige, prekäre und frustrierende Jobs, die auch ohne berufliche Ausbildung wahrgenommen werden können.

Die Menschenrechte stammen dagegen in dieser Beziehung noch aus der Gedankenwelt des frühen 20. Jahrhunderts. Wenn es in Art. 23 Abs. 1 der Allgemeinen Erklärung der Menschenrechte von 1948 heißt:

„Jeder Mensch hat das Recht auf Arbeit, auf freie Berufswahl, auf angemessene und befriedigende Arbeitsbedingungen sowie auf Schutz gegen Arbeitslosigkeit",

so war das einmal eine große Hoffnung für die Zukunft, wirkt jedoch heute angesichts der Lebensverhältnisse in der Welt wie Hohn, zumal in den folgenden Absätzen ein gleicher, gerechter und existenzsichernder Arbeitslohn versprochen wird.

Das Grundgesetz war in dieser Beziehung zurückhaltender. Das Bundesverfassungsgericht hat freilich ein umfassendes Grundrecht der Berufsfreiheit entwickelt und dieses der Eigentumsfreiheit gleichrangig an die Seite gestellt (BVerfGE 7, 377 – Apothekenurteil). Das SGB VIII sieht deshalb in § 13 Abs. 1 zu Recht vor, dass jedem jungen Menschen zum Ausgleich sozialer Benachteiligungen und zur Überwindung individueller Beeinträchtigungen sozialpädagogische Hilfen angeboten werden sollen, die die berufliche Ausbildung, die Eingliederung in die Arbeitswelt und die soziale Integration fördern. Wenn eine Arbeitslosigkeitsversicherung das Recht auf Arbeit nicht mehr gewährleisten kann, muss das Arbeitsförderungsrecht diese Aufgabe übernehmen. Angesichts der umfassend im Recht der Arbeitsförderung institutionalisierten Versuche, die Berufsfreiheit aller Menschen durch ein Recht auf Arbeit zu gewährleisten, ist die frühere „Hilfe zur Arbeit" (§ 18 a. F. BSHG) im Zusammenhang mit der Eingliederung der Sozialhilfe in das SGB anscheinend verschwunden (Hänlein / Tennstedt 2008, 98); um insbesondere in den sog. Optionskommunen nach § 6a SGB II auf kommunaler Ebene wiederbelebt zu werden. Einem neueren internationalen Trend folgend, der die „Localisation of Human Rights" vertritt (De Feyter 2007), kann man sagen, dass die Gewährleistung der Grundrechte im Zusammenhang von Ausbildung, Arbeit und Beruf zunehmend eine kommunale Aufgabe wird (Flitner et al. 1999; Richter 2009).

Familiäres Zusammenleben

Die Pluralisierung der Familienformen hat dazu geführt, dass zwar die Mehrzahl der Menschen in Deutschland nicht in „Normalfamilien" (Eltern und Kinder) lebt, sondern dass das Zusammenleben vielfältige Formen angenommen hat (Marbach 2003, 141). Der Wert des familiären Zusammenlebens ist dennoch unbestritten, und zwar nicht nur für das Aufwachsen von Kindern und Jugendlichen, für die das familiäre Zusammenleben aus Gründen der Versorgung und der Sozialisation elementar ist, sondern auch für die Erwachsenen, für die partnerschaftliche Lebensgemeinschaften weithin die Grundlage ihrer wirtschaftlichen, sozialen, kulturellen persönlichen Existenz sind.

Die Familie hat deshalb nach Art. 16 Nr. 3 der Allgemeinen Erklärung der Menschenrechte Anspruch auf Schutz durch Gesellschaft und Staat. Die aus Art. 6 Abs. 1 GG folgenden Grundrechte beziehen sich auf die Freiheit und die Förderung von Eheschließung und Familiengründung, die Freiheit der Ehescheidung und Familienauflösung, die Freiheit und Förderung des familiären Zusammenlebens, die Freiheit zur Ausgestaltung der ehelichen und familiären Lebensgemeinschaft, insbesondere auch auf die Freiheit zur persönlichen Entfaltung in der Familie (Richter 2001). Die Grundrechte der Kinder und Jugendlichen im familiären Zusammenhang haben insbesondere in der UN-Kinderkonvention von 1989 und im Kinder- und Jugendhilfegesetz von 1990 Ausdruck gefunden. Der Gesetzgeber hat – nach jahrzehntelangen erbitterten Auseinandersetzungen – dem KJHG einen ausgesprochen familienfördernden Charakter gegeben (insbes. §§ 16 ff. und 27 ff. SGB VIII).

In der Sozialen Arbeit könnten die familienbezogenen Grundrechte in zweierlei Hinsicht bedeutsam sein, bei Partnerschaftskonflikten und für das Zusammenleben im Alter. Das Grundrecht auf das familiäre Zusammenleben umfasst nämlich auch das Recht auf Hilfe bei Partnerschaftskonflikten.

Not

Die Grundrechte sollen sowohl als Menschenrechte wie auch als Verfassungsrechte die Lebensbewältigung aller Menschen durch das „Grundrecht auf ein menschenwürdiges Existenzminimum" gewährleisten.

Der Blick in die soziale Wirklichkeit lehrt nun aber, dass es trotz der umfassenden sozialstaatlichen Sicherungssysteme viele Menschen in Not gibt. Es gibt immer noch Menschen mit „Schwellenangst" und / oder in „Armut aus Scham", die die Sozialleistungen nicht in Anspruch nehmen. Viele Menschen, und zwar insbesondere Migranten haben Informationsmängel oder verheddern sich im bürokratischen Gestrüpp und erhalten deshalb die ihnen zustehenden Leistungen nicht. Es gibt auch immer noch „Lücken im sozialen Netz", durch die Menschen hindurchfallen, z. B. in den Milieus der Drogenabhängigen und Alkoholiker, der Obdachlosen, der Asylbewerber, der Prostituierten u. a. M., ohne dass man immer sagen könnte, dass es sich wirklich um Lücken im Netz handelt. Die Grundrechte helfen bei diesen Personengruppen nicht, denn sie zwingen die Menschen nicht in den Sozialstaat, gewähren aber ein Recht auf Aufklärung, Auskunft und Beratung (§§ 13 ff. SGB I), und mit den §§ 67 ff. SGB XII (Hilfe zur Überwindung besonderer sozialer Schwierigkeiten) steht ein Auffangtatbestand für eventuelle Lücken im Netz bereit (Trenk-Hinterberger 2008, 1061).

Es gibt jedoch auch in einem entwickelten und effektiv arbeitenden Sozialstaat Menschen in Not, die zwar entweder aufgrund eigener Arbeit oder durch die sozialen Leistungen objektiv soziale Sicherheit haben, die aber subjektiv nicht dazu in

der Lage sind, ihr Leben zu bewältigen. Manchen fehlt es einfach am Selbstvertrauen. Andere haben ständig Angst. Manche haben die Lust am Leben verloren und leiden an Depressionen. Kranke und alte Menschen wollen häufig nicht weiterleben. Beziehungsprobleme begleiten die Menschen von der Geburt bis zum Tod, und Beziehungskrisen führen häufig zu schweren Notlagen. Insbesondere Jugendliche schließlich, die stark wirken und „null Bock" haben oder „schlecht drauf" sind, befinden sich manchmal in Wirklichkeit in großer seelischer Not, wobei es um erlebte Enttäuschungen oder erlittenes Unrecht gehen kann. Es stellt sich eine Grundsatzfrage: Ist in unserer Gesellschaft letztlich jeder Mensch für sich selbst verantwortlich oder gibt es ein „Grundrecht auf Hilfe in der Not", und zwar in „selbstverschuldeter" Not?

Geht man zurück bis zum Ursprung der Grundrechte in ihrer modernen Fassung, nämlich bis zur Virginia Bill of Rights von 1776, so lässt sich durchaus ein Ansatz für ein „Grundrecht auf Glück" finden:

„That all men are by nature equally free and independent, and have certain inherent rights, of which, when they enter into the state of society, they cannot, by any compact, deprive or divest their posteriority; namely the enjoyment of life and liberty, with the means of acquiring and possessing property, and pursuing and obtaining happiness and safety." (Section I)

Das Menschenbild, das diesen Grundrechteerklärungen zugrunde liegt, ist das des unabhängigen, männlichen, freien Besitzbürgers, der selber „seines Glückes Schmied" ist. Ein „Grundrecht auf Hilfe in Not" wird man aus diesen Erklärungen schwerlich herauslesen können; der Staat hat allenfalls die Aufgabe, für eine allgemeine Wohlfahrt zu sorgen. Man kann deshalb die Bedeutung der Entscheidung des Bundesverwaltungsgerichtes aus der Frühzeit der Bundesrepublik (BVerwGE 1, 159), die später vom Bundesverfassungsgericht in ständiger Rechtsprechung bestätigt und konkretisiert worden ist, gar nicht hoch genug einschätzen: Aus dem Grundgesetz folgt ein individuelles Grundrecht auf diese Wohlfahrt, bzw. auf das Existenzminimum, wie wir moderner formulieren. Dennoch:

„Das Menschenbild des Grundgesetzes ist nicht das eines isolierten souveränen Individuums; das Grundgesetz hat vielmehr die Spannung Individuum-Gemeinschaft im Sinne der Gemeinschaftsbezogenheit und Gemeinschaftsbezogenheit der Person entschieden, ohne dabei deren Eigenwert anzutasten." (BVerfGE 4, 7, 15 f.)

Bei aller „Gemeinschaftsbezogenheit" bleibt doch der einzelne für sich selbst verantwortliche Mensch mit seinem „Eigenwert" die Grundlage dieses Menschenbildes. Für ein „Grundrecht auf Hilfe" in dem Sinne, dass der einzelne Mensch, der sich in Not selber helfen könnte, aber es nicht kann oder will, bleibt bei diesem Menschenbild kein Platz. Es bleibt bei dem „Grundrecht auf eine menschenwürdige Existenz", das die Grundlage für die selbstständige Lebensbewältigung sein soll (s. o.). Capabilities in dem Sinne, wie sie Martha Nussbaum entwickelt hat, gehen deutlich weiter, wenn sie z. B. schreibt, dass ein glückliches Leben in einer guten Gesellschaft durch die Capabilities gewährleist sein sollte:

„Emotions: Being able to have attachments to things and people outside ourselves; to love those who love and care for us, to grieve in their absence; in general, to love, to grieve, to experience longing, gratitude, and justifies anger. Not having one's emotional development blighted by fear and anxiety." (Nussbaum 2006, 76 f.)

Hier wird ein Menschenbild deutlich, das über den Ansatz der individuellen Grundrechte, so wie wir sie aus der Entwicklung der Grundrechte als Verfassungsrechte und als Menschenrechte kennen, weit hinausgeht.

Prävention

Grundrechte reagieren auf Gefahren, die für die Menschen entstehen und ihre Freiheit und ihr Eigentum bedrohen, und zwar insbesondere auf Gefahren, die für die Bürgerinnen und Bürger durch staatliches Handeln entstehen. Diese Form der Prävention wird durch die Grundrechte gewährleistet. Es handelt sich jedoch um eine Form der Prävention, die die Existenz der gefährdeten Güter voraussetzt. Wie aber steht es mit Gefahren, die den Erwerb solcher Güter bedrohen, z. B. das Leben durch Abtreibung, die Gesundheit durch Behinderung, die Freiheit durch Sucht, die Bildung

durch Intelligenzdefizite, das Einkommen durch Arbeitslosigkeit, die Alterssicherung durch Ausfall- oder Fehlzeiten usw.? Gibt es auch ein „Recht auf Prävention" solcher Gefahren?

Prävention ist trotz mancher Kritik und Diskussion nach wie vor ein zentraler Begriff sozialer Arbeit; die Unterscheidung von primärer, sekundärer und tertiärer Prävention hat eine gewisse Verbreitung erfahren (Lukas 2005, 657). Dabei kann im Recht die tertiäre Prävention i. S. der Vermeidung von Rechtsgutsverletzungen als anerkannt gelten, insbesondere im Strafrecht. Auch die sekundäre Prävention i. S. der Vermeidung konkreter Gefahren ist rechtlich anerkannt, insbesondere im Polizeirecht. Die primäre Prävention dagegen, die auf die Herstellung positiver Lebensbedingungen zielt (z. B. § 1 Abs. 3 Nr. 4 SGB VIII), kann einstweilen mehr als ein rechtlicher Grundsatz angesehen werden, weniger als handlungsleitendes Recht.

Immerhin wird man im Recht für die oben genannten Fälle der Gefahrvermeidung rechtliche Instrumente finden: Im Falle der Abtreibung ein ganzes Bündel sozial- und strafrechtlicher Maßnahmen, die der Erhaltung des ungeborenen Lebens dienen sollen. Nach § 3 SGB IX genießt die Prävention im Falle drohender Behinderung Vorrang. Auch für die Prävention von Sucht, Arbeitslosigkeit, Bildungsdefiziten und Niedrigrenten hat das Recht die entsprechenden Instrumente bereitgestellt. Dennoch stellt sich die Frage, ob es ein „Grundrecht auf Prävention" gibt.

Es gibt zwei Ansatzpunkte zur Beantwortung dieser Frage: 1. Gefahrenprävention ist zweifellos eine Staatsaufgabe; 2. lässt sich eine spezialgesetzliche Verankerung dieser Staatsaufgabe nicht finden, so wird in jedem Falle das Sozialstaatsprinzip eine solche verfassungsrechtliche Grundlage abgeben, das insbesondere zur Schaffung und Erhaltung sozialer Sicherungssysteme gegen die „Wechselfälle des Lebens" verpflichtet (BVerfGE 28, 324, 348 ff.). Ein allgemeines „Grundrecht auf Prävention" ergibt sich jedoch auch aus der Synthese der verschiedenen präventionsrelevanten Grundrechte nicht. Grundsätzlich bleiben die Bürgerinnen und Bürger für die Vermeidung und Abwehr der ihnen drohenden Gefährdungen selber verantwortlich.

Sozialabbau

Schützen die Grundrechte gegen den Abbau sozialer Leistungen des Staates und der sozialen Sicherungssysteme? Sind die staatlichen Sozialleistungen verfassungsfest? Diese Frage stellt sich insbesondere in einer Zeit, in der, aus verschiedenen Gründen, Sozialleistungen gestrichen oder gekürzt und die Risikovorsorge outgesourct oder reprivatisiert wird (Hauser 2008). Bei der Beantwortung dieser Frage muss unterschieden werden zwischen den verschiedenen Arten sozialer Leistungen: 1. Beruhen die sozialen Leistungen auf sozialversicherungsrechtlichen Grundlagen, so besitzen die Sozialversicherten eine sog. Anwartschaft, die grundsätzlich den Eigentumsschutz des Art. 14 GG genießt, die also dem Grundrecht des Eigentums gleichgestellt wird. Das heißt zwar nicht, dass Sozialversicherungsleistungen nicht gekürzt werden dürfen, aber die grundrechtlich geschützte Anwartschaft begrenzt solche Kürzungen substantiell und prozedural. 2. Handelt es sich dagegen um Leistungen im Rahmen der Sozialpädagogik oder der Sozialarbeit, die keine sozialversicherungsrechtlichen Grundlagen besitzen, die also nicht auf eigenen Leistungen der Betroffenen beruhen, dann schützen die Grundrechte gegen den Leistungsabbau nur insoweit als die Leistungen selber grundrechtlich gerechtfertigt sind, so wie dies in diesem Beitrag in den vorangegangenen Abschnitten dargestellt ist. Bei der gesetzlichen Rücknahme dieser Sozialleistungen sind freilich rechtsstaatliche und grundrechtliche Grundsätze zu beachten, insbesondere das Rückwirkungsverbot, das Verhältnismäßigkeitsprinzip und der Gleichheitssatz (Papier 2008, 142 ff.).

Literatur

Alle Kommentare zum Grundgesetz sowie alle Lehrbücher des Staats- und Verfassungsrechts geben Auskunft über die Grundrechte, und zwar einschließlich ihrer menschenrechtlichen Dimensionen; die im Folgenden genannten Titel sind im Text genannt.

An-Naim, A. (2008): Regionale Ausprägungen universeller Menschenrechte. In: Richter, I. (Hrsg.): Transnationale Menschenrechte. Budrich, Opladen, 281–297

Bundesministerium für Familie, Senioren, Frauen und Jugend (Hrsg.) (2005): Zwölfter Kinder- und Jugendbericht, Bildung, Betreuung und Erziehung vor und neben der Schule. Bundesministerium für Familie, Senioren, Frauen und Jugend, München

De Feyter, K. (2007): Localising Human Rights. In: Benedek, W., De Feyter, K., Marella, F. (Hrsg.): Economic Globalisation and Human Rights. Cambridge University Press, Cambridge, 6–57

Deutsches PISA-Konsortium (Hrsg.) (2001): PISA 2000. Leske+Budrich, Opladen

Flitner, A., Petry, Ch., Richter, I. (Hrsg.) (1999): Wege aus der Ausbildungskrise. Leske + Budrich, Opladen

Habermas, J. (1999): Kants Idee des ewigen Friedens. In: Habermas, J.: Die Einbeziehung des Anderen. Suhrkamp, Frankfurt / M., 192–236

Hänlein, A., Tennstedt, F. (2008): Geschichte des Sozialrechts. In: Maydell, B. v., Ruland, F., Becker, U. (Hrsg.), 54–99

Hauser, R. (2008): Die Zukunft des Sozialstaats. In: Maydell, B. v., Ruland, F., Becker, U. (Hrsg.), 196–224

Jellinek, G. (1964): Die Erklärung der Menschen- und Bürgerrechte. In: Schnur, R.: Zur Geschichte der Erklärung der Menschenrechte. Wissenschaftliche Buchgesellschaft, Darmstadt, 1–77

Lukas, H. (2005): Prävention. In: Kreft, D., Mielenz, I., (Hrsg.): Wörterbuch Soziale Arbeit, 5. Auflage. Juventa, Weinheim, 655–659

Marbach, J. (2003): Familiale Lebensformen im Wandel. In: Bien, W., Marbach, J. (Hrsg.): Partnerschaft und Familiengründung. Leske + Budrich, Opladen, 141–187

Maydell, B. v., Ruland, F., Becker, U. (Hrsg.) (2008): Sozialrechtshandbuch. 4. Aufl. Nomos, Baden-Baden

Narr, W.-D. (2005): Menschenrechte. In: Otto, H.-U., Thiersch, H. (Hrsg.): Handbuch Sozialarbeit Sozialpädagogik. 3. Aufl. Ernst Reinhardt, München / Basel, 1186–1193

Nussbaum, M. (2007): Gerechtigkeit oder Das gute Leben. Suhrkamp, Frankfurt / M.

– (2006): Frontiers of Justice. The Belknap Press of Harvard University Press, Cambridge

Papier, H.-J. (2008): Der Einfluss des Verfassungsrechts auf das Sozialrecht. In: Maydell, B. v., Ruland, F., Becker, U. (Hrsg.), 100–147

Richter, I. (2009): Familien, Kultur, Bildung – Was leistet das Verfassungsrecht? Berliner Wissenschaftsverlag, Berlin

– (2008): Transnationale Menschenrechte. Einleitung. Budrich, Opladen

– (2001): Art. 6 und Art. 7. In: Denninger, E., Hoffmann-Riem, W., Schneider, H. P., Stein, E. (Hrsg.): Kommentar zum Grundgesetz. 3. Aufl. Luchterhand, Weinheim

Steiner, K. (2008): Menschenrechte und „Asian Values". In: Richter, I. (Hrsg.): Transnationale Menschenrechte. Budrich, Opladen, 299–319

Tomuschat, Ch. (2003): Human Rights between Idealism and Realism. Oxford University Press, Oxford

Trenk-Hinterberger, P. (2008): Sozialhilferecht. In: Maydell, B. v., Ruland, F., Becker, U. (Hrsg.), 1029–1068

Vitzthum, W. Graf (2004): Völkerrecht. 3. Auflage. De Gruyter, Berlin

Handlungskompetenz

Von Rainer Treptow

Einen Hilfeplan erstellen, ein Konzept erzieherischer Hilfen entwickeln, ein Beratungsgespräch führen, eine frühpädagogische Einrichtung leiten, einen Trauerprozess begleiten, finanzielle Mittel organisieren, verwalten, planen, ein Team bilden, ein Kind trösten: Die Aufgaben der Sozialen Arbeit könnten vielfältiger nicht sein. Sie laufen in der Erwartung zusammen, dass das entsprechende Handeln, sei es das ehrenamtlich Tätiger oder beruflich bezahlter Fachkräfte, auf kompetente Weise geschieht, also einen Qualitätsunterschied zu inkompetentem Handeln aufweist. Diese Erwartung wird mit dem Begriff der Handlungskompetenz aufgenommen.

Weiteres und engeres Verständnis

Kompetenz bezeichnet, so Weinert (2001, 27 f.):

„die bei Individuen verfügbaren oder durch sie erlernbaren kognitiven Fähigkeiten und Fertigkeiten, um bestimmte Probleme zu lösen, sowie die damit verbundenen motivationalen, volitionalen und sozialen Bereitschaften und Fähigkeiten, um die Problemlösungen in variablen Situationen erfolgreich und verantwortungsvoll nutzen zu können".

Die inzwischen durch internationale Studien ausdifferenzierte Forschungslandschaft zu Kompetenz zeigt, dass solche und ähnliche – wie die hier aus dem schulpädagogischen Kontext ausgewählte – Definitionen im Kontext des Interesses an Messbarkeit von Kompetenzveränderung und Leistungserbringung steht, Kompetenz also im Zuge der operationalen Umsetzung eines empirisch angesetzten und theoretisch entsprechend transformierten Bildungsverständnisses zum Ankerpunkt wird (Baumert et al. 2000;

Veith 2003; Erpenbeck / Rosenstiel 2007). Darin haben weder Zweckfreiheit noch Nichtmessbares einen Platz, der Kompetenzbegriff dient der engen Koppelung von Forschungsmethode und auf diese angepasste Theorie. Ob Lese-, Rechen- oder Schreibkompetenz, ob soziale, technische oder (inter-)kulturelle Kompetenz: Dem funktionalen Verständnis sind erfolgreiche Lernprozesse nur dann nachweisbar, wenn operational definierte Aufgabenstellungen auch gelöst werden.

Handlungsrationalitäten und Dilemmata

Während in Kontexten schulischer und außerschulischer Bildungsorte Lernzielkontrollen und Kompetenzoptimierung von Schülern und Lehrpersonal im Mittelpunkt steht, wird in der Sozialen Arbeit das im Zuge der Neuen Steuerung Mitte der neunziger Jahre eingeführte Qualitätsmanagement mit Leistungskontrolle und -steigerung von Mitarbeitern privater und öffentlicher Dienste verknüpft, nicht zuletzt auch der Handhabbarkeit von Beobachtungs- und Dokumentationsverpflichtung willen, die das „Wissen, was man tut" (Klatetzki 1993) an den Wissenszuwachs durch Beobachtung und Beeinflussung von Kompetenzen der Adressaten sowie an die Erstellung entsprechender Datenbestände bindet. Diesem Effektivitätsdenken, das immer schon mit der Methodisierung sozialpädagogischen Handelns einherging (Müller 1994; v. Spiegel 2004; Galuske 2007), steht das Interesse an Effizienz im Umgang mit personellen, finanziellen und sachlichen Ressourcen zur Seite. Obwohl strukturell nicht immer harmonisierbar, wird von den Fachkräften erwartet, pädagogische und administrative Kompetenz derart miteinander zu ergänzen, dass Rationalitätskonflikte

Otto/Thiersch (Hg.), Handbuch Soziale Arbeit, 4. A., DOI 10.2378/ot4a.art062,
© 2011 by Ernst Reinhardt, GmbH & Co KG, Verlag, München

zwischen ökonomisch-strategischen und pädagogisch-verständigungsorientierten Aufgaben ausgehalten und möglichst minimiert werden.

Solche und ähnliche, in der Geschichte der Sozialen Arbeit immer wieder nachgewiesenen Spannungen (Natorp 1899; Mollenhauer 1959; Sachße/Tennstedt 1998a; 1998b; 1992) entstammen der sozialpolitischen und sozialpädagogischen Konzeptionalisierung einzelner Handlungsfelder. Sie führen zu Handlungsdilemmata und Paradoxien (Böhnisch/Lösch 1973; Gildemeister 1983; Schütze 1996; Treptow 2005; 2009), die bis in die Ebene der Kompetenz durchgreifen, insofern sie der handelnden Fachkraft die Balance abverlangen, mit Unvereinbarkeiten und Ungewissheiten umgehen zu können, die sich direkt aus der Struktur pädagogischer Interaktion selber und aus dem Zusammentreffen mit organisatorischen Steuerungsimperativen ergeben (Luhmann 1973; Luhmann/Schorr 1982; Oelkers 1982). So muss beispielsweise die Kompetenz, mit knappen Ressourcen gewinnorientiert zu wirtschaften, keineswegs konfliktfrei vereinbar sein mit der Bedarfslage von Menschen, denen in erster Linie Unterstützung zu gewähren ist, deren Gewährleistung aber an letztlich sozialpolitisch bereitgestellte Finanzierungsrahmen gebunden ist (Messmer 2007). Und umgekehrt bedeutet hohe pädagogische Kompetenz nicht immer auch, mit Verwaltungsrationalität klug verfahren zu können (Bernfeld 1921/1996).

Kompetenzerwerb bei Adressaten im Lebenslauf

Zugleich beziehen sich Kompetenztheorie und -forschung auf ein über den engen Bezug zur Professionsforschung erwachsener Fachkräfte hinausgehendes Gebiet, das sich im weiteren Sinn mit dem Erwerb von grundlegenden Fähigkeiten und Fertigkeiten von Kindern, Jugendlichen und Erwachsenen befasst, und zwar nicht nur in ihrer Situation als Adressaten Sozialer Arbeit. So erwirbt und verfügt beispielsweise der „kompetente Säugling" (Dornes 1993) bereits über Dispositionen zur Bewältigung entsprechender Entwicklungsanforderungen, die im motorischen, kognitiven und emotionalen Bereich bestehen (Oerter/Montada 2006). Kompetenz entwickelt sich in Interaktion mit Bezugspersonen (z. B. Angehörige, ErzieherInnen), die diese Aufgaben

wenn nicht erspüren, so doch kennen und bedarfsangemessen interpretieren, also über frühpädagogische Kompetenzen verfügen (Liegle/Treptow 2002; Faas/Treptow 2010). In diesem Zusammenhang lässt sich der lebensgeschichtliche Erwerb von Kompetenz nach mindestens vier Seiten hin spezifizieren, insofern Problemlösungen in kulturellen, sozialen, technisch-instrumentellen und selbstreferentiellen Weltbezügen erforderlich sind (Bundesministerium für Familie, Senioren, Frauen und Jugend 2005). Als Subjektkategorie stehen Kompetenzerwerb und Kompetenzrealisierung sowohl im symbolischen Anregungsmilieu von Bildungs- und Lernorten, und zwar in der Wechselbeziehung (und Spannung) formaler, informaler und nonformaler Art wie auch in sozialen Strukturgegebenheiten, die durch wirtschaftliche, rechtliche und kulturelle Rahmenbedingungen ausgezeichnet sind.

Fachliche Verbindung von professioneller und adressatenbezogener Handlungskompetenz

Handlungskompetenz ist in Disziplin und Profession der Sozialen Arbeit seit Anfang der 1980er Jahre ein zunehmend häufig verwendeter Begriff (Müller et al. 1982; 1984; Treptow 2005; 2009; Heiner 2010). Die entsprechenden Diskurse verweisen historisch auf die klassische Frage, wie in teils widersprüchlich und spannungsreich strukturierten Handlungsfeldern fallangemessen zu handeln sei. Auch hier lassen sich die Diskurslinien teils einem weiteren, sozialisations- bzw. interaktionstheoretischen Verständnis, teils einem engen, professionstheoretischen Verständnis zuordnen. Das weitere Verständnis sieht professionelle Handlungskompetenz von Sozialpädagogen von Anfang an in Interaktion mit der Handlungskompetenz ihrer Adressaten. Es thematisiert jenen, auch von sozialpädagogischen Interventionen unabhängigen Prozess des Erwerbs von Handlungskompetenz, wie er sich im Lauf der Lebensgeschichte entwickelt (Geulen 1989), sei es beispielsweise als Fähigkeit von Eltern, Erziehungsverantwortung in Handeln zu übersetzen, als Fähigkeit von Kindern und Jugendlichen, schulischen Erwartungen zu entsprechen (schulische Kompetenz), oder als Fähigkeit zu eigenständiger kultureller Ausdruckstätigkeit und sozialer Teilhabe (soziokulturelle Kompetenz), ja sogar zu normabweichendem Handeln (Innovationskompetenz). Diese Sichtweise verdankt sich nicht nur der Berücksichtigung besonderer Entwicklungsstadien von Kompetenz, die sich in den Lebensphasen Kindheit, Jugend und Erwachsenenalter verändern (Mead 1973; Piaget 1982; Kohlberg 1974; Oerter/Montada 2006), sondern vor allem in der Einsicht, dass sowohl das Gelingen eigenständiger Lebensführung als auch die durch soziale Dienste angebotenen Interventionen in hohem Maße auf eine Einbeziehung der Handlungskompetenzen der Adressaten und ihres sozialen Umfelds angewiesen ist (z. B. Empowerment, Wendt 1991; Herriger 2006). Abgesehen von der Qualität sozialstruktureller Rahmungen ihrer Lebenswelt hängt es nicht zuletzt von der Realisierung der individuellen Handlungsressourcen der Adressaten ab – von ihrer „Ko-Produktivität" –, ob angestrebte Veränderungen in der Lebensgestaltung von langfristiger Dauer sind, und zwar gerade dann, wenn entscheidende Kompetenzen im Bereich Erziehung, Alltagsorganisation, Familienleben vorübergehend eingeschränkt sind oder gar erst neu erworben werden müssen. Schließlich wird keine professionelle Unterstützung ohne eine hinreichende Einschätzung (Fallverstehen) derjenigen Handlungskompetenzen auskommen, über die die Adressaten entweder verfügen, die ihnen fehlen oder die zu reaktivieren sind (Schrapper 2004; Müller 2008).

Auch die Unterscheidung zwischen einer eher weitgefassten Alltagskompetenz und einer eher auf berufliche Aufgaben professionell eingegrenzten Handlungskompetenz wird hier wichtig (Grunwald/Thiersch 2008). Während die Aufgabenstruktur alltäglicher Lebensführung sich auf Strukturierungs-, Koordinierungs- und Organisationsfragen in Haushalts- und Lebensführung, in Familienleben, sozialen und kulturellen Anforderungen bezieht, deren „Erledigung" aus dieser Sicht lediglich zum lebensweltlichen Hintergrundsrahmen für berufliches Handeln wird, umfasst Handlungskompetenz in einem engeren und eher professionstheoretischen Sinn die subjektiven Voraussetzungen für das spezialisierte Können von Fachkräften, das von ihrer beruflichen Position im Gefüge sozialer Dienste und Aufgaben erwartet wird. Indem der Begriff die Unterscheidung zwischen gekonntem und ungekonn-

tem Handeln markiert, verweist er auf die Erbringung der Leistung, fachliches Wissen, ethische Haltung und Zweck-Mittel-bezogenes Können zu verbinden. Dessen Inhalt und Form sind dem gesellschaftlichen Wandel unterworfen und werden durch rechtliche, sachliche und soziale Rahmenbedingungen (vor-)strukturiert (Olk/Otto 1987; Ortmann 1994). Obwohl Überschneidungen auftreten, greift fachliches Können eher auf jene in formaler Bildung und Ausbildung erworbenen Wissensbestände, Reflexionsfähigkeiten und Haltungen zurück, die für das verberuflichte Handlungsfeld in einer arbeitsteiligen Gesellschaft für erforderlich gehalten werden, alltägliche Handlungskompetenz eher auf die in informellen und nonformalen Bildungsprozessen erworbenen Fähigkeiten und Fertigkeiten. Sozialpädagogische Handlungskompetenz zeichnet sich durch die reflektierte Verbindung beider aus (Dewe et al. 1992; Dewe/Otto 1996).

Zeigt sich, dass diese engere professionsbezogene Auffassung von Handlungskompetenz die neuere Fachdiskussion überlagert, so machen insbesondere die interaktionstheoretischen Untersuchungen zum fachlichen Handeln klar, dass zwei Gründe für die Erweiterung dieses Bezugsrahmens sprechen: zum einen ist fachliches Handeln angewiesen auf die Basiskompetenzen alltäglichen Handelns, deren Erwerb biographisch weit vor der Aneignung spezialisierten Fachwissens, nämlich bereits in Kindheit und Jugend, liegt. Ohne diese bereits in familialen und informellen und formellen Kontexten der frühen Kindheit und Jugend erworbenen Grundausstattung kann die Erweiterung des Handlungsrepertoires ebenso wenig geleistet wie Statusebenen erreicht und Positionen schließlich besetzt werden, die für berufliches Handeln vorgesehen sind. Zum anderen erfordert die Bearbeitung von Lebensschwierigkeiten der Adressaten durch professionelles Handeln nicht nur eine gründliche Kenntnis alltäglicher Anforderungen spezifischer soziokultureller Milieus (Böhnisch/Schefold 1985); vielmehr verlangt sie die professionelle Fähigkeit zur interaktiven, ko-produktiven Entwicklung von Alltagskompetenzen und Problemlösungsstrategien in Zusammenarbeit mit den Adressaten selber, die sie in ihrer Lebensführung realisieren, um zu einem veränderten Umgang mit Lebensschwierigkeiten gelangen zu können (Bitzan et al. 2006).

Vom „Erfolg" professioneller Handlungskompetenz kann häufig erst dann die Rede sein, wenn sie nicht auf die Einhaltung von Handlungsregeln begrenzt wird, sondern wenn sie sich als Kompetenz zur „Einbeziehung des Anderen" (Habermas 1996), also des Arbeitsteams ebenso wie der Adressaten, in der Gestaltung ihrer Lebensbewältigung und Lebensführung bewährt. Es hat hier vor allem verständigungsorientiertes Handeln zu sein, das mit den strategischen Erfordernissen der Organisation von Rahmenbedingungen abzugleichen ist. Das bedeutet: Fehlende oder zu gering ausgebildete Alltagskompetenz von Adressaten ist, vor allem auch aus professionstheoretischer Perspektive, nicht lediglich als randständige Sorte von Handlungskompetenz, sondern als einer der Kerne dessen zu begreifen, worauf sich die spezialisierte Fachlichkeit Sozialer Arbeit kompetent zu richten hat. Sie ist das Substrat sowohl des Fallverstehens als auch der dokumentierenden Begleitung des Unterstützungsprozesses. Denn die durch sozialpädagogisches Handeln unterstützte, z. T. wieder hergestellte oder erst entwickelte Kompetenz der Adressaten zielt letztlich auf eine eigenständig veränderte Lebensführung im Horizont normativ zu bestimmender Vorstellungen vom gelingenden Leben (Thiersch 1995).

Dem engeren Kompetenzprofil fachlichen Handelns gegenüber verlangt die Aufgabenstruktur der alltäglichen Lebensführung in außerberuflichen Handlungszusammenhängen etwas anderes als die Verwirklichung bloß beruflicher Kompetenzen ab. Wenngleich manche ihrer Elemente Verwendung finden (etwa wenn Fachkenntnisse in Methodik, in Mathematik, Organisation, Gesprächsführung etc. einfließen), so bildet doch die nicht verberuflichte Handlungskompetenz ihrerseits eine oft notwendige, eigenständige Grundlage zur Lebensbewältigung, und zwar besonders dann, wenn Menschen Anschlusshandlungen weiterhin koordinieren müssen, die sich nicht aus beruflichen, sondern aus öffentlichen und privaten Aufgaben anderen Zuschnitts stellen (Teilhabe am sozialen und kulturellen Leben, Bildungs-, Erziehungs- und Familienaufgaben; Woog 1998). Diese Handlungskompetenzen können teils als Bestandteil zur gelingenden Lebensführung im Spannungsfeld von privaten und öffentlichen Anforderungen verstanden werden, teils als wichtige Ressource zur Strukturierung von Lebensentwürfen und zur Entwicklung von Unterstützungsangeboten, die z. B. im Handeln von Ehrenamtlichen und in der Kooperation mit Fachkräften wesentlich wird.

Allgemeines Regelwissen und Kompetenz im konkreten Fallbezug

Das mit Handlungskompetenz verbundene Können beweist sich in der Verwirklichung situations- und fallspezifisch angeforderter Problemlösungen durch reflexive Bearbeitung der Besonderheit des konkreten Fallbezugs. So verstanden ist unter Können die verwirklichte, in reflektierte Ziel-Mittel-Wahl und gelingende Verständigung übersetzte Kompetenz zu verstehen. Kompetenz bezeichnet das für die Verwirklichung notwendige Potenzial, das den Träger von Kompetenzen mit Möglichkeiten ausstattet, es im Lichte eines allgemeinen, fachlich anerkannten Regelwissens konkret einzelfallbezogen zu realisieren (Oevermann 1996; Hörster / Müller 1996).

Indessen wird für faktisch realisierte Kompetenz der Begriff der Performanz reserviert und meint die je besondere situations- und fallbezogene Ausprägung jener subjektiven Möglichkeiten. Im Blick auf die entsprechenden Anforderungen werden technisch-instrumentelle, kommunikativ-verständigungsorientierte sowie strategisch-kompetetive Aufgaben unterschieden (Rauschenbach / Treptow 1984). Die Art und Weise, wie diese fachlich miteinander kombiniert werden, hängt von der Verortung entsprechender Aufgabenstrukturen im organisatorischen Gefüge sozialer Dienstleistungen ab (Flösser 1994).

Handlungsstruktur zwischen Wissenschaft und Praxis

Die Grenze, die zwischen kompetentem und nichtkompetentem Handeln gezogen wird, verläuft keineswegs allein zwischen sogenannten Laien und Fachkräften; vielmehr ist sie der Gegenstand sowohl intradisziplinärer wie interdisziplinärer Beziehungen. Intradisziplinär steht in Rede, welchen „Logiken" die Bildungs- und Qualifikationsanforderungen an Fachkräfte folgen bzw. welche Verbindungs- und Vermittlungsformen entwickelt werden (können). Denn mit der Verwissenschaftlichung und Akademisierung der Ausbildung von Sozialpädagogen sowie der forschungsbasierten Aufhellung ihres Gegenstandsbereichs (z. B. über Adressaten und deren Lebenslagen, der Struktur Sozialer Dienste oder der Entwicklung sozialer Unterstützungsformen) muss die Frage nach dem kompetenten Umgang mit dem Unterschied zwischen der Handlungs- und Reflexionsstruktur der Praxis und der von Wissenschaft beantwortet werden (Moch 2006). Die Handlungskompetenz pädagogischer Fachkräfte befindet sich in der wechselseitigen Ergänzung von wissenschaftlicher begründeter Theorie und Empirie und den Herausforderungen von Praxis, von denen lediglich einige der wissenschaftlichen Thematisierung zugeordnet sind.

In einem berufs- bzw. professionstheoretischen Sinn stellt Handlungskompetenz von Fachkräften also eine Beziehung zwischen den Kompetenzbereichen und den Formen des Handelns her, die den Handlungsrahmen einer institutionellen Position auszeichnen, und den Handlungsfähigkeiten der Fachkräfte, die dort verantwortlich tätig sind – verantwortlich: d. h. im Horizont fachwissenschaftlicher und ethischer Verpflichtungen handeln. Beziehen sich diese auf sozial- und bildungspolitisch gesetztes Recht der Adressaten zur Wahrnehmung bereitgestellter Unterstützungsangebote und auf die Pflicht der Leistungsträger zur Bereitstellung, so steht umgekehrt der Auftrag zur Wahrnehmung von hoheitlichen Aufgaben, z. B. zur Sicherung des Kindeswohls und zur Intervention bei entsprechenden Belastungs- und Gefährdungslagen. Damit ist interdisziplinäre Kooperation mit und Abgrenzung von Kompetenzbereichen erforderlich.

Handlungskompetenz und methodische Angemessenheit

Ausgehend von den Anforderungen an Fachkräfte, verschiedene disziplinäre Wissens- und Methodenbestände zu kennen und eigenes Handeln entsprechend zu koordinieren, steht Handlungskompetenz in Zusammenhang mit der Frage nach der Angemessenheit von Handeln einzelner Akteure angesichts unterschiedlicher Aufgabenstellungen, Bedarfslagen und wechselnder Situationen. Was zeichnet ihre besonderen Fähigkeiten aus, wenn zugleich den Prinzipien der Bürgernähe (Teilhabe), der Fachlichkeit und der ökonomi-

schen und administrativen Vernunft entsprochen werden muss? Handlungskompetenz zu Beginn der 1980er Jahre stand noch begrifflich in Kontrast zu einem eher sozialtechnologischen Verständnis von Methodik, das fachliches Können dem flexiblen und klugen Umgang mit Wissen und Regeln einen eher starren, an bloßer Kontrollierbarkeit interessierten Anwendungsbezug entgegenhält, ein Methodenverständnis, das Handeln auf die Befolgung entsprechender vorgegebener Regeln beschränkt und unkonventionelle, flexible und nicht regelkonforme, ja innovative Gestaltungsformen weitgehend ausgeblendet hat (Treptow 2009). Der Begriff Handlungskompetenz umfasst demgegenüber keineswegs nur das methodisch geleitete Handeln sozialpädagogischer Fachkräfte (Müller 2008); er bezieht sich vielmehr auch auf das von Adressaten und Akteuren in ihren sozialräumlichen Lebenswelten und soziokulturellen Milieus (Familie, Arbeitswelt, Bildungseinrichtungen etc.) vollzogene interaktive Handeln, das sie bei der Bewältigung und Gestaltung alltäglicher Anforderungen aktualisieren und so elementare Leistungen bereitstellen, die neben den immer auch begrenzten Ressourcen, Wissensbeständen und Qualifikationen von Adressaten zu ihrem Handlungspotenzial zu zählen sind.

Dieses Verständnis von Handlungskompetenz in der Sozialen Arbeit, das von Anfang an von einem Zusammenwirken (Ko-Produktion) der unterschiedlichen Formen von Handlungskompetenz ausgeht, die zwischen Adressaten und Fachkräften aktualisiert werden, folgt gegenüber einem einseitigen, allein aus der Perspektive beruflicher bzw. professioneller Fachkräfte gewonnenen Perspektive einer interaktionstheoretischen Sicht; zum einen, weil sozialpädagogische Unterstützung in der Regel aus einer wechselseitigen Abstimmung und Aktualisierung besonders jener Handlungskompetenzen besteht, auf die die Adressaten selber auch angesichts ihres Unterstützungsbedarfs weiterhin zurückgreifen. Durch Selbstmobilisierung erbringen sie eine elementare Leistung zur eigenständigen Problembewältigung, und zwar umso mehr, als diese in ihrer alltäglichen Lebensführung auf Nachhaltigkeit angelegt und auf eine von Unterstützung tendenziell unabhängig werdenden Selbstbestimmung (Mündigkeit) zielt (Brumlik 2004); zum anderen zählt dies zu den Vorteilen, dass kaum ein

Beratungs- bzw. Hilfeplangespräch, kaum eine Form der Familienhilfe, der Mediation, der aufsuchenden Jugendarbeit oder der Arbeit mit älteren Menschen ohne eine Anamnese und Diagnose ihrer Ressourcen, also ihrer (noch) bestehenden Handlungskompetenzen, auskommt (Bitzan et al. 2006). Ohne die individuelle Einbeziehung des Anderen und seiner Kompetenzen kann auch das auf Interaktion angelegte Handeln der sozialpädagogischen Fachkraft sich nicht erfolgreich realisieren, und eben deshalb steht es in einer gewissen Abhängigkeit vom Adressatenhandeln und den darin enthaltenden Voraussetzungen.

Damit entspricht das Verständnis von Handeln und Handlung – im Unterschied zum Begriff Verhalten – theoretisch einer Auffassung, die Handeln als Ausdruck subjektiver Sinnsetzungen betrachtet (Weber 2003; Schütz 1971; 1974; Habermas 1981a; b), die allerdings auf intersubjektiv bereitgestellte Wissensbestände und Handlungsregeln zurückgreifen. Dies geschieht insbesondere, wenn es professionellen Maximen folgt bzw. folgen soll, die das kompetente Handeln vom weniger oder nicht-kompetenten unterscheidet. Im Unterschied zu tatsächlich ausgeübten, beobachtbaren Aktionen (Performanz) betont Handlungskompetenz die Ebene der individuellen Voraussetzungen für Handeln. Damit eine begründete Koordinierung zwischen individuell angeeigneten Dispositionen und Wissensbeständen sowie eine situations- und fallangemessene Auswahl überhaupt stattfinden und in Handeln transformiert werden kann, ist Kompetenz in doppelter Hinsicht eine Voraussetzung. Nicht nur

das handelnde Individuum muss über die durch reflexive Wissensaneignung gewonnenen Erfahrungen verfügen; es bedarf auch der Zuständigkeit für die jeweils spezifischen Interaktionsverhältnisse, in denen es agiert.

Kompetenzentwicklung

Kompetenzentwicklung ist nicht nur eine Aufgabe der Organisationskultur sozialer Dienste (Lau / Wolff 1982; Grunwald / Steinbacher 2007) und der Innovationsfähigkeit professioneller Kräfte, sondern auch eine der verbesserten fallangemessenen Unterstützung ihrer Adressaten. Kompetenzentwicklung in der Sozialen Arbeit ist dabei als eine Programmatik zur Veränderung einer Vielzahl von Handlungsabläufen zu verstehen, die von der thematischen und methodischen Gestaltung von Fort- und Weiterbildung über organisatorische Innovationen bis hin zum Wandel von Führungsverständnis und zur Vergewisserung und Veränderung normativer Leitbilder sozialer Einrichtungen reichen kann. Dabei werden sowohl Kompetenzerwartungen aus dem Erfahrungswissen von Fachkräften und aus den vergleichsweise externen Wissensbeständen von Wissenschaft einzubeziehen sein (Flad et al. 2008). In Fällen indessen, deren strukturelle Rahmung so ausgestattet ist, dass auch die bestentwickelte Handlungskompetenz nicht greifen kann, wird deutlich, worin eine der Grenzen dieser Subjektdimension liegt.

Literatur

Baumert, J., Klieme, E., Neubrand, M., Prenzel, M., Schiefele, U., Schneider, W., Stanat, P., Tillmann, K.-J., Weiß, M. (2000): PISA 2000. Basiskompetenzen von Schülerinnen und Schülern im internationalen Vergleich. Leske & Budrich, Opladen

Bernfeld, S. (1921 / 1996): Kinderheim Baumgarten – Bericht über einen ernsthaften Versuch mit neuer Erziehung. In: Bernfeld, S.: Sämtliche Werke. Bd. 11. Beltz, Weinheim / Basel, 9–154

Bitzan, M., Bolay, E., Thiersch, H. (Hrsg.) (2006): Die Stimme der Adressaten. Empirische Forschung über Erfahrungen von Mädchen und Jungen mit der Jugendhilfe. Juventa, München / Weinheim

Böhnisch, L., Lösch, H. (1973): Das Handlungsverständnis des Sozialarbeiters und seine institutionelle Determination. In: Otto, H.-U., Schneider, S. (Hrsg.): Gesellschaftliche Perspektiven der Sozialarbeit. Erster Halbband. Luchterhand, Neuwied / Berlin, 21–40

–, Schefold, W. (1985): Lebensbewältigung. Soziale und pädagogische Verständigungen an den Grenzen der Wohlfahrtsgesellschaft. Juventa, Weinheim / München

Bundesministerium für Familie, Senioren, Frauen und Jugend (BMFSJ) (2005): Bericht über die Lebenssituation junger Menschen und die Leistungen der Kinder- und Jugendhilfe in Deutschland. Zwölfter Kinder- und Jugendbericht. Deutscher Bundestag, Berlin

Brumlik, M. (2004): Advokatorische Ethik. Zur Legitimation pädagogischer Eingriffe. Philo, Berlin

Combe, A., Helsper, W. (Hrsg.) (1996): Pädagogische Professionalität. Untersuchungen zum Typus pädagogischen Handelns. Suhrkamp, Frankfurt/M.

Dewe, B., Ferchhoff, W., Radtke, F.-O. (Hrsg.) (1992): Erziehen als Profession. Zur Logik professionellen Handelns in pädagogischen Feldern. Leske & Budrich, Opladen

–, Otto, H.-U. (1996): Zugänge zur Sozialpädagogik. Reflexive Wissenschaftstheorie und kognitive Identität. Juventa, München/Weinheim

Dornes, M. (1993): Der kompetente Säugling. Die präverbale Entwicklung des Menschen. Fischer, Frankfurt/M.

Erpenbeck, J., Rosenstiel, Lutz v. (Hrsg.) 2007: Handbuch Kompetenzmessung. 2. Aufl. Schäffe-Poeschel, Stuttgart

Faas, S., Treptow, R. (2010): Zur Konstruktion individueller frühpädagogischer Handlungskompetenz und zur Bedeutung wissenschaftlichen Wissens. Neue Praxis 3, 164–175

Flad, C., Schneider, S., Treptow, R. (2008): Handlungskompetenz der Jugendhilfe. VS, Wiesbaden

Flösser, G. (1994): Soziale Arbeit jenseits der Bürokratie. Luchterhand, Neuwied/Darmstadt

Galuske, M. (2007): Methoden der sozialen Arbeit. Eine Einführung. 7. Aufl. Juventa, Weinheim

Geulen, D. (1989): Das vergesellschaftete Subjekt. Zur Grundlegung der Sozialisationstheorie. Suhrkamp, Frankfurt/M.

Gildemeister, R. (1983): Als Helfer überleben: Beruf und Identität in der Sozialarbeit/Sozialpädagogik. Luchterhand, Neuwied/Darmstadt

Grunwald, K., Steinbacher, E. (2007): Organisationsgestaltung und Personalführung in den Erziehungshilfen. Grundlagen und Praxismethoden. Juventa, Weinheim/München

–, Thiersch, H. (Hrsg.) (2008): Praxis Lebensweltorientierter Sozialer Arbeit. Handlungszugänge und Methoden in unterschiedlichen Arbeitsfeldern. 2. Aufl. Juventa, Weinheim/München

Habermas, J. (1996): Die Einbeziehung des Anderen. Studien zur politischen Theorie. Suhrkamp, Frankfurt a.M.

– (1981a): Theorie des kommunikativen Handelns. Bd. 1: Handlungsrationalität und gesellschaftliche Rationalität. Suhrkamp, Frankfurt/M.

– (1981b): Theorie des kommunikativen Handelns. Bd. 2: Zur Kritik der funktionalistischen Vernunft. Suhrkamp, Frankfurt/M.

Heiner, M. (2010): Kompetent handeln in der Sozialen Arbeit. Ernst Reinhardt Verlag, München/Basel

Herriger, N. (2006): Empowerment in der Sozialen Arbeit. Eine Einführung. Kohlhammer, Stuttgart

Hörster, R., Müller, B. (1996): Zur Struktur sozialpädagogischer Kompetenz. Oder: Wo bleibt das Pädagogische der Sozialpädagogik? In: Combe, A., Helsper, W. (Hrsg.), 614–648

Klatetzki, T. (1993): Wissen, was man tut. Professionalität als organisationskulturelles System. Eine ethnographische Interpretation, Bielefeld. Kritische Texte. Karin Böllert KT-Verlag, Bielefeld

Kohlberg, L. (1974): Zur kognitiven Entwicklung des Kindes. Drei Aufsätze. Suhrkamp, Frankfurt/M.

Lau, T., Wolff, S. (1982): Wer bestimmt hier eigentlich, wer kompetent ist? Eine soziologische Kritik an Modellen kompetenter Sozialarbeit. In: Müller, S., Otto, H.-U., Peter, H., Sünker, H. (Hrsg.). Bd. 1, 261–302.

Liegle, L., Treptow, R. (Hrsg.) (2002): Welten der Bildung in der Pädagogik der frühen Kindheit und in der Sozialpädagogik. Lambertus, Freiburg/Br.

Luhmann, N. (1973): Zweckbegriff und Systemrationalität. Suhrkamp, Frankfurt/M.

–, Schorr, K. E. (Hrsg.) (1982): Das Technologiedefizit der Erziehung und die Pädagogik. In: Luhmann, N., Schorr, K. E. (Hrsg.): Zwischen Technologie und Selbstreferenz. Fragen an die Pädagogik. Suhrkamp, Frankfurt/M., 11–40

Mead, G. H. (1973): Geist, Identität und Gesellschaft. 1. Aufl. Suhrkamp, Frankfurt/M.

Messmer, H. (2007): Jugendhilfe zwischen Qualität und Kosteneffizienz. VS, Wiesbaden

Moch, M. (2006): Wissen, Verstehen, Können: Kompetenzerwerb durch reflexive Praxisanleitung im Studium der Sozialen Arbeit. Neue Praxis 36, 532–544

Mollenhauer, K. (1972): Theorien zum Erziehungsprozeß. Eine Einführung in erziehungswissenschaftliche Fragestellungen. Juventa, München/Weinheim

– (1959): Die Ursprünge der Sozialpädagogik in der industriellen Gesellschaft: eine Untersuchung zur Struktur sozialpädagogischen Denkens und Handelns. Beltz, Weinheim

Müller, B. (2008): Sozialpädagogisches Können. Ein Lehrbuch zur multiperspektivischen Fallarbeit. 5. Aufl. Lambertus, Freiburg/Br.

Müller, C. W. (1994): Wie Helfen zum Beruf wurde (1883–1945). 4. Aufl. Beltz, Weinheim

Müller, S., Otto, H.-U., Peter, H., Sünker, H. (Hrsg.) (1984): Handlungskompetenz in der Sozialarbeit/Sozialpädagogik. Bd. 2: Theoretische Konzepte und gesellschaftliche Strukturen. AJZ, Bielefeld

–, –, –, – (Hrsg.) (1982): Handlungskompetenz in der Sozialarbeit/Sozialpädagogik. Bd 1: Interventionsmuster und Praxisanalysen. AJZ, Bielefeld

Natorp, P. (1899): Sozialpädagogik. Theorie der Willenserziehung auf der Grundlage der Gemeinschaft. Frommann, Stuttgart

Oelkers, J. (1982): Intention und Wirkung: Vorüberlegungen zu einer Theorie pädagogischen Handelns. In: Luhmann, N., Schorr, K. E. (Hrsg.), 139–194

Oerter, R., Montada, L. (2006): Entwicklungspsychologie. Ein Lehrbuch. Urban und Schwarzenberg, München

Oevermann, U. (1996): Theoretische Skizzen einer revidierten Theorie professionalisierten Handelns. In: Combe, A., Helsper, W. (Hrsg.), 70–275

Olk, Th., Otto, H.-U. (Hrsg.) (1987): Soziale Dienste im Wandel. Bd. 1: Helfen im Sozialstaat. Luchterhand, Neuwied

Ortmann, F. (1994): Öffentliche Verwaltung und Sozialarbeit. Lehrbuch zu Strukturen bürokratischer Aufgabenbewältigung und sozialpädagogischem Handeln der Sozialverwaltung. Juventa, München / Weinheim

Otto, H.-U. (1973): Professionalisierung und gesellschaftliche Neuorientierung – zur Transformation beruflichen Handelns in der Sozialarbeit. In: Otto, H.-U., Schneider, S. (Hrsg.): Gesellschaftliche Perspektiven der Sozialarbeit. Erster Halbband. Luchterhand, Neuwied / Berlin, 247–261

–, Coelen, Th. (Hrsg.) (2008): Grundbegriffe der Ganztagsbildung. Das Handbuch. VS, Wiesbaden

Piaget, J. (1982): Sprechen und Denken des Kindes. 5. Aufl. Schwann, Düsseldorf

Rauschenbach, T., Treptow, R. (1984): Sozialpädagogische Reflexivität und gesellschaftliche Rationalität. In: Müller, S., Otto, H.-U., Peter, H., Sünker, H. (Hrsg.). Bd. 2, 21–71

Sachße, Ch., Tennstedt, F. (1998a): Geschichte der Armenfürsorge in Deutschland. Bd. 1: Vom Spätmittelalter bis zum 1. Weltkrieg. 2. Aufl. Kohlhammer, Stuttgart

–, – (1998b): Geschichte der Armenfürsorge in Deutschland. Bd. 2: Fürsorge und Wohlfahrtspflege 1871 bis 1929. Kohlhammer, Stuttgart

–, – (1992): Geschichte der Armenfürsorge in Deutschland. Bd. 3: Der Wohlfahrtsstaat im Nationalsozialismus. Kohlhammer, Stuttgart

Schrapper, Ch. (Hrsg.) (2004): Sozialpädagogische Diagnostik und Fallverstehen in der Jugendhilfe. Anforderungen, Konzepte, Perspektiven. Juventa, München / Weinheim

Schütz, A. (1974): Der sinnhafte Aufbau der sozialen Welt. Eine Einleitung in die verstehende Soziologie. Suhrkamp, Frankfurt / M.

– (1971): Zur Methodologie der Sozialwissenschaften. Wissenschaftliche Interpretation und Alltagsverständnis menschlichen Handelns. In: Schütz, A.: Gesammelte Aufsätze. Bd. 1. Martinus Nijhoff, Den Haag, 37–76

Schütze, F. (1996): Organisationszwänge und hoheitsstaatliche Rahmenbedingungen im Sozialwesen: Ihre Auswirkung auf die Paradoxien des professionellen Handelns. In: Combe, A., Helsper, W. (Hrsg.), 183–276

Spiegel, H. v. (2004): Methodisches Handeln in der Sozialen Arbeit. Ernst Reinhardt Verlag, München / Basel

Thiersch, H. (1995): Lebenswelt und Moral. Beiträge zur moralischen Orientierung Sozialer Arbeit. Juventa, München / Weinheim

Treptow, R. (2009): Sozialpädagogisches Handeln. In: Mertens, G., Frost, U., Böhm, W., Ladenthien, V. (Hrsg.) (2009): Handbuch der Erziehungswissenschaft, Bd. III / 2: Umwelten: Sozialpädagogik / Medienpädagogik / Interkulturelle und Vergleichende Erziehungswissenschaft / Umweltpädagogik. Paderborn, Ferdinand Schöningh, 621–638

– (2005): Handlungskompetenz. In: Otto, H.-U., Thiersch, H. (Hrsg.): Handbuch Sozialarbeit / Sozialpädagogik. 3. Aufl. Ernst Reinhardt, München / Basel, 757–771

Veith, H. (2003): Kompetenzen und Lernkultur. Zur historischen Rekonstruktion moderner Bildungsleitsemantiken. Waxmann, Münster / New York / München / Berlin

Weber, M. (2003): Über einige Kategorien der verstehenden Soziologie. In: Weber, M.: Soziologie. Universalgeschichtliche Analysen. Kröner, Stuttgart, 97–150

Weinert, F. E. (2001): Vergleichende Leistungsmessung in Schulen – eine umstrittene Selbstverständlichkeit. In: Weinert, F. E. (Hrsg.): Leistungsmessungen in Schulen. Beltz, Weinheim / Basel, 17–31

Wendt, W. R. (Hrsg.) (1991): Unterstützung fallweise. Case Management in der Sozialen Arbeit. Lambertus, Freiburg / Br.

Woog, A. (1998): Soziale Arbeit in Familien. Theoretische und empirische Ansätze zur Entwicklung einer pädagogischen Handlungslehre. Juventa, München / Weinheim

Hilfe

Von Hans Gängler

Der Begriff „Hilfe" zählt zweifellos zu den gebräuchlichsten Begriffen innerhalb der Sozialpädagogik und Sozialarbeit. Etymologisch geht „Hilfe" auf das Verb „helfen" zurück, das im semantischen Umfeld von „stützen, unterstützen, fördern, beschirmen" angesiedelt ist (Kluge 2002, 405). Das Grimmsche Wörterbuch unterscheidet vor allem zwei Hauptbedeutungen, „die des beistandes, der unterstützung, und die des nutzens, der förderung; welche bedeutungen indes manigfach in einander verlaufen" (Grimm/Grimm 1877, 1323). In dieser alltagssprachlichen Bedeutung taucht der Begriff auch im sozialpädagogischen Diskurs auf. In den meisten theoretischen Konzepten der Sozialpädagogik und Sozialarbeitswissenschaft wird der Begriff „Hilfe" alltagssprachlich verwendet, etwa wenn von „Hilfe zur Selbsthilfe", „Hilfen zur Lebensbewältigung" oder ganz allgemein von „sozialen Hilfen" die Rede ist. Eine systematische Analyse des Begriffs, die ihn zu einem theoretischen Grundbegriff ausbauen würde, mithin eine allgemeine Theorie des Helfens ist vorerst nicht in Sicht. Die Herausforderungen, denen sich ein solches Unterfangen stellen müsste, sind rasch benannt: Es wäre zunächst nach außen eine Unterscheidung zu treffen zwischen sozialpädagogischer und nicht sozialpädagogischer Hilfe; nach innen zwischen professioneller und ehrenamtlicher oder Laienhilfe.

Eine intensivere Klärung des Begriffs „Hilfe" entwickelt sich erst mit der wissenschaftlichen Etablierung der Sozialpädagogik als Disziplin. Ausschlaggebend dabei ist, dass in der Neuzeit Formen des Helfens entstehen, die nicht mehr nur zufällig und spontan zustande kommen oder über kollektiv verbindliche Weltbilder und soziale Kontrollmechanismen gesteuert werden, *sondern als gesellschaftliche Aufgabe betrachtet, staatlich organisiert und von eigens dafür ausgebildetem professionellem Personal durchgeführt werden.* Diese Entwicklung ist eng verknüpft mit der Entstehung des neuzeitlichen Sozialstaats und der Ausgestaltung eigener Hilfesysteme, für die sich eine breit gefächerte Semantik entwickelt: Fürsorge, Wohlfahrtspflege, Soziale Arbeit, Sozialpädagogik u. a .m.

Im Weiteren nähern wir uns dem Begriff „Hilfe" im Kontext der Sozialpädagogik und Sozialarbeit in drei Schritten an: Im ersten Schritt wird das Augenmerk auf die Rolle der *Hilfesemantik in erziehungswissenschaftlichen Diskursen* gerichtet. Im zweiten Schritt werden einige *Theorieofferten und Diskurse, die mit dem Hilfebegriff operieren,* einer systematischen Analyse unterzogen. Im dritten Schritt wird schließlich die neuere Diskussion zur Frage, ob sich ein *gesellschaftliches Teilsystem „Soziale Hilfe"* identifizieren lässt, skizziert.

„Hilfe" und „helfen" in Erziehungswissenschaft und Sozialpädagogik

Im Rahmen erziehungswissenschaftlicher und sozialpädagogischer Reflexion hat der Begriff „Hilfe" zwar eine lange Tradition, allerdings nahm er nie den Stellenwert der Grundbegriffe „Erziehung", „Bildung" oder „Didaktik" ein – vermutlich aufgrund seiner alltagssprachlichen Universalität: „Alles Erziehen ist in irgendeinem Sinn Hilfe [doch] will man den Begriff der Hilfe […] explizieren, so zeigt sich, daß er im Sprachgebrauch eine viel zu allgemeine Bedeutung hat, um noch einen bestimmten Aspekt der Erziehungstätigkeit bezeichnen zu können" (Mollenhauer 1964, 98).

Der enge Zusammenhang von Hilfe- und Erziehungsbegriff ist allerdings spätestens seit der frühen Neuzeit offenkundig. Dies wurde vor allem durch eine veränderte Auffassung der Entstehungsbedingungen von Armut vorangetrieben. In

Otto/Thiersch (Hg.), Handbuch Soziale Arbeit, 4. A., DOI 10.2378/ot4a.art063,

der mittelalterlichen Gesellschaft wurde Armut als schicksalhaft-unausweichlich angesehen und durch klösterliche Mildtätigkeit, städtische Hospitäler und Almosengaben gemildert. Im Übergang zur Neuzeit hingegen änderte sich das Bild des Armen aufgrund unterschiedlicher Entwicklungen, wie etwa eine durch Kriege und Seuchen bedingte Zunahme der Armutspopulation, eine rationalistische Sichtweise des Menschen, ökonomische Veränderungen, den Einfluss des Protestantismus u. a. M. (Sachße/Tennstedt 1980). Armut wurde nun dem Individuum zugerechnet, d. h. im Zusammenhang mit individuellem Verschulden und Versagen diskutiert. Dies führte z. B. bei Vives dazu, dass insbesondere bei Kindern nicht nur Hilfe im Sinne von Armenfürsorge gewährt wird, sondern vielmehr Erziehungsmaßnahmen die individuellen Ursachen der Verarmung beheben sollen (vgl. Scherpner 1962). Erziehung wird Teil einer Strategie der Armenhilfe.

Spätestens im 18. Jahrhundert ist dieser Denkprozess soweit entwickelt, dass Erziehungstheorien auch als Theorien des Helfens aufgefasst werden. Pestalozzi ist der Kronzeuge dieser Verankerung des Hilfe-Motivs in der pädagogischen Reflexion (Thiersch/Rauschenbach 1984). Wobei Pestalozzi deutlich macht, dass neben eine materiell-unterstützende Hilfe für Arme und Notleidende eine erzieherisch-fördernde treten müsse. Dieser Grundgedanke einer erzieherisch möglichen Beeinflussung von Menschen zur Lösung sozialer Probleme erweiterte sich zu einer zunehmenden Pädagogisierung der Armenfürsorge und findet dann seinen systematischen Ort in der Sozialpädagogik (Münchmeier 1981). Allerdings war in der ersten Hälfte des 20. Jahrhunderts noch keineswegs klar, ob die Bearbeitung sozialer Probleme mit pädagogischen Programmen wirklich innerhalb der Erziehungswissenschaft anzusiedeln sei. Denn im Rahmen der sich ausdifferenzierenden Sozialwissenschaften begann sich auch eine eigene Fürsorgewissenschaft zu etablieren, die Fürsorge vor allem als persönliche Hilfe auffasste und damit den Erziehungsgedanken dem Hilfemotiv unterordnete (Klumker 1918; Weber 1920; Arlt 1921; Keller 1925; Salomon 1926; Polligkeit et al. 1929).

In der Weimarer Zeit begann die Erziehungswissenschaft dann allerdings, sich zunehmend der Hilfethematik zuzuwenden, angestoßen durch die Etablierung eines neuen Arbeitsfeldes, das vor al-

lem Nohl als pädagogisches beschreibt: die Jugendhilfe. Er identifiziert in der Kinder- und Jugendfürsorge, der Jugendhilfe und anderen sozialpädagogischen Arbeitsbereichen ein Grundmotiv: dasjenige der „Hilfe für die Schwachen" (Nohl 1927b/1949, 144). Damit begann sich auch eine Koppelung von „Sozialpädagogik" und „Wohlfahrtspflege" bzw. „Fürsorge" abzuzeichnen. Diese Verbindung ergab sich daher, dass es in Bezug auf die Zielgruppen von Pädagogik und Wohlfahrtspflege Überschneidungen gab: die Jugendlichen. Exemplarisch deutlich wird dies an Nohls Veröffentlichung von 1927 mit dem Titel: „Jugendwohlfahrt. Sozialpädagogische Vorträge" (Nohl 1927a). Eine ähnliche Koppelung mit dem Begriff der Fürsorge hatte Klumker in Frankfurt vorgenommen, indem er sein Institut „Forschungsinstitut für Fürsorgewesen und Sozialpädagogik" nannte. Auch Klumkers Verständnis von Sozialpädagogik war in erster Linie durch den Bezug auf Kinder und Jugendliche geprägt (Klumker 1931).

Jedoch war der Begriff „Sozialpädagogik" in den 1920er Jahren noch ausgesprochen variabel. Seine Bedeutungvielfalt reichte vom Synonym für Volkspflege, Volkserziehung und Volksbildung (Mennicke 1930) über die pädagogische Bezeichnung für Jugendhilfe und Jugendwohlfahrt bis zur Bezeichnung der außerschulischen Erziehung insgesamt (Bäumer 1929). Bevor der Begriff innerhalb der Erziehungswissenschaft während des Nationalsozialismus weitgehend zurückgedrängt werden sollte, gelang jedoch eine folgenreiche semantische Stabilisierung: Der fünfte Band des Handbuchs der Pädagogik (Nohl/Pallat 1929) sollte den Begriff innerhalb der Erziehungswissenschaft in spezifischer Weise durchsetzen. Eine Auffassung wie diejenige Gertrud Bäumers, die Sozialpädagogik als *Normalangebot* „gewisse[r] Leistungen in dem Ganzen der von Familie, Gesellschaft und Staat getragenen Bildung des Nachwuchses" (Bäumer 1929, 4) verstand, trug mit dazu bei, Sozialpädagogik als erziehungswissenschaftliche Teildisziplin mit einem spezifischen Gegenstandsbereich zu verstehen.

Letztendlich trifft man dieses Motiv bei den meisten Vertretern geisteswissenschaftlicher Pädagogik an. Spranger hatte ebenfalls einen „Trieb zur Hingabe an den anderen [...] als organisatorisches Prinzip des geistigen Lebens" (Spranger 1921, 64) identifiziert:

Der wahre Pädagoge begehre nichts anderes, „als zu helfen und emporzuheben" (198). Leicht modifiziert findet sich dieser Gedanke auch in einer von Wilhelm Flitners Begriffsbestimmungen von Erziehung: „Die Erziehung ist eine selbstlose Hilfe, die den andern instandsetzen möchte, aus eigener Kraft sein Leben zu bemeistern, indem er dabei der tiefsten Bestimmung des Menschen inne wird" (Flitner 1947, 62). Diese enge Verbindung von Hilfemotiv und Erziehungsbegriff, wie sie in der geisteswissenschaftlichen Pädagogik ausformuliert wurde, hatte allerdings im Laufe der Ausdifferenzierung einer Allgemeinen Pädagogik nicht Bestand (Krüger 2010). Zwar konzipierte noch Brezinka (1957) „Erziehung als Lebenshilfe" und Weil hielt eine Fundierung der Pädagogik für möglich durch eine Theorie helfenden Handelns, „das auf die Überwindung menschlicher Schwächen abzielt" (Weil 1972, 14). Jedoch setzte sich innerhalb der Erziehungswissenschaft mit der Binnendifferenzierung in Teildisziplinen auch eine themenbezogene Arbeitsteilung durch: das Hilfemotiv wanderte in die sich seit den 1960er Jahren zunehmend wissenschaftlich etablierende Sozialpädagogik ab.

Für die Sozialpädagogik wurde der Hilfebegriff in allen Varianten zum Anknüpfungspunkt der Selbstverständigung der Disziplin (Mühlum 1981, 34 ff.), jedoch blieb in fast allen Abhandlungen noch völlig unklar, was unter „Hilfe" denn nun eigentlich zu verstehen sei. Zwar lassen sich viele kulturgeschichtlich tradierte Formen und Motive des Helfens in der Sozialpädagogik identifizieren (Frommann 1977), folgt man jedoch Niemeyer, so hat sich in der Neuzeit der Hilfebegriff in der Pädagogik stets im Kontext eines spezifischen Problembezugs etabliert: als Reaktion auf das Armutsproblem im 18. Jahrhundert, als Reaktion auf die soziale Frage im 19. Jahrhundert und als Reaktion auf zunehmende Schwierigkeiten bei der Lebensbewältigung im 20. Jahrhundert (Niemeyer 1994). Solche Problembezüge lassen sich auch in der neueren sozialpädagogischen Diskussion um das Helfen identifizieren.

1. Seit den 1960er Jahren erschien eine Fülle von Fachliteratur, die bereits im Titel auf Hilfe Bezug nahm wie etwa „Die helfende Beziehung als Grundlage der persönlichen Hilfe" (Bang 1964), „Die persönliche Hilfe in der Sozialarbeit unserer Zeit" (Kamphuis 1965) oder „Das helfende Gespräch" (Lattke

1969), bis hin zu einer Methodengeschichte mit dem Titel „Wie Helfen zum Beruf wurde" (Müller 1982; 1988). In diesen Texten wurde Hilfe als Aufgabe und Ziel der Sozialen Arbeit aufgefasst. Das Hauptaugenmerk war ein methodisches; es ging um die *Systematisierung und Verbesserung der Techniken und Methoden des Helfens*.

2. Angestoßen durch die Rezeption soziologischer und gesellschaftskritischer Ansätze wurde Hilfe seit Mitte der 1960er Jahre auch als Form von Herrschaft diskutiert (Matthes 1973; Hollstein 1973). Dabei ging es vor allem um die Klärung der *gesellschaftlichen Funktion der Sozialpädagogik* im Kontext des staatlich organisierten Hilfehandelns. Die hier inszenierte Entlarvung des Hilfehandelns als besonders geschickte Art der staatlichen Kontrolle hatte dann entscheidende Auswirkungen auf die Verwendung des Hilfebegriffs: Als systematisch gebrauchter Begriff verschwand er so gut wie vollständig aus dem sozialpädagogischen Theoriediskurs. Neuerdings erlebt diese Diskussion vor dem Hintergrund der Auseinandersetzungen um die zukünftige Form des Sozialstaats eine Renaissance (Knopp / Münch 2007).

3. Einen dritten Themenkomplex schob die zunehmende Professionalisierung an: Die *Verberuflichung des Helfens* erfordert einerseits eine plausible ethische Begründung des Hilfehandelns (Brumlik 1992; Thiersch 1995; Stettner 2007) sowie eine Klärung des Verhältnisses von Ehrenamtlichen / Laien und Professionellen (Müller / Rauschenbach 1992).

4. Schließlich entwickelte sich eine neue Diskussion, die durch eine Reformulierung der Begriffe „Hilfe" und „Hilfsbedürftigkeit" eine *Weiterentwicklung der sozialpädagogischen Theoriebildung* anstrebte (Brumlik / Keckeisen 1976; Gängler / Rauschenbach 1986; Baecker 1994).

Zusammenfassend lässt sich festhalten,

- dass der Hilfebegriff seit der frühen Neuzeit über die Armenfürsorge mit dem Erziehungsbegriff gekoppelt wurde,
- dass die Verbindung von Hilfebegriff und Erziehungsbegriff vor allem durch den Bezug auf eine spezifische Interaktionsform möglich war: Wie bei der erzieherischen handelt es sich auch bei der helfenden Beziehung um eine asymmetrische Interaktion mit normativen Intentionen,

- dass mit der Ausdifferenzierung der Erziehungswissenschaft in Teildisziplinen der Hilfebegriff vor
  allem für die Sozialpädagogik reserviert bleibt, die
  dadurch an nicht im engeren erziehungswissenschaftlichen Kontext angesiedelte Ansätze zur Hilfethematik anschließen konnte,
- dass der Hilfebegriff als systematischer Begriff
  durch die ideologiekritischen Arbeiten der 1970er
  Jahre aus der sozialpädagogischen Theoriedebatte
  zunehmend verschwand.

Ältere Theorien des Helfens im Kontext der Sozialen Arbeit

Hilfe- und Erziehungsdiskurs waren – wie sich
zeigte – anschlussfähig. Diese Koppelung war allerdings nicht von Dauer. Als theoretisierbarer Begriff verschwand der Hilfebegriff wieder aus der
sozialpädagogischen Theoriediskussion. Dass diese
Abwendung vom Hilfebegriff gerade zu einer Zeit
stattfand, in der sich die wissenschaftliche Sozialpädagogik organisatorisch etablierte, weist darauf
hin, dass eine umstandslose Koppelung von Er-
ziehungs- und Hilfesemantik möglicherweise zu
theoretischen Schwierigkeiten führte, die aus der
Verbindung der nicht im engeren Sinne erziehungswissenschaftlichen Tradition der Wohlfahrtspflege
mit der pädagogischen Semantik herrührte. Um dies
weiter zu präzisieren, wird dieser Prozess im Folgenden anhand von vier Theorieoptionen rekonstruiert:
Herman Nohls Konzeption von Sozialpädagogik als
Verbindung von Hilfe und Erziehung, Alice Salomons Analyse der Funktion des Helfens im Kontext
der Fürsorge, Hans Scherpners Theorie der Fürsorge, die auf dem Hilfebegriff basiert *ohne* auf den
Erziehungsbegriff zu rekurrieren sowie eine knappe
Skizze der Hilfe-Herrschafts-Debatte der 1960er
und 1970er Jahre, die in letzter Konsequenz den
Hilfebegriff theoretisch desavouierte.

- Nohls Konzept von Sozialpädagogik ergab sich aus
  seiner Analyse der Wohlfahrtspflege der Weimarer
  Zeit. Dort stünden sich – so Nohl – zwei große
  Richtungen gegenüber, deren eine die Änderung
  und Höherbildung der Umwelt, die andere jedoch
  die Änderung und Höherbildung der Menschheit
  zum Ziel habe. Darunter verstand er zum einen
  materielle, zum anderen erzieherisch-bildende Hilfen. Nohl betonte, dass die materielle Hilfe in der
  Wohlfahrtspflege die primäre sei: Es gehe zuallererst um sachliche Unterstützung, Wohnung, ärztliche Hilfe, Arbeitsbeschaffung usw. Doch materielle Unterstützung allein würde dem Ziel der
  Wohlfahrtsarbeit nicht gerecht werden können:
  „persönliche Stützung und [...] Wiederaufbau des
  Menschen" (Nohl 1926a / 1949, 18). Hierzu brauche es Pädagogik, genauer: Sozialpädagogik, denn:
  „Das pädagogische Verhalten, die erzieherische
  Hingabe an den einzelnen Menschen, den ‚Menschen im Menschen', ist der feste Grund aller aufbauenden Wohlfahrtsarbeit" (Nohl 1926b / 1965,
  141). In dieser Argumentation wird deutlich, wie
  Nohl die Wohlfahrtspflege an die Erziehung ankop-
  pelt – nämlich über die erzieherisch-bildenden Hilfen der Wohlfahrtspflege. Die erzieherisch-bildenden Hilfen fasste Nohl zusammen unter dem
  Konzept der Sozialpädagogik, die in doppelter Hinsicht der allgemeinen Logik von Erziehung folge:
  Sie wurzelt zum einen im Kern in einer spezifischen
  Interaktionsform, dem erzieherischen Verhältnis
  bzw. dem „pädagogischen Bezug" (→ Colla, Liebe
  und Verantwortung), sie folgt zum anderen denselben ethischen Prinzipien, einer allgemeinen humanitären Auffassung. Unabhängig also, was der Gegenstand bzw. Inhalt der Hilfe auch sein mag, ist
  sie doch geprägt von einer spezifischen Interaktion
  zwischen Helfenden und Hilfsbedürftigen sowie
  geleitet von einem ethischen Prinzip.
- In ihrem Buch „Soziale Diagnose" (Salomon 1926)
  unterschied Salomon ebenfalls zwei Formen der
  Fürsorge (1926, 59): *„Alle Fürsorge besteht darin,
  daß man entweder einem Menschen hilft, sich in
  der gegebenen Umwelt einzuordnen, zu behaupten, zurecht zu finden – oder daß man seine Umwelt so umgestaltet, verändert, beeinflußt, daß er
  sich darin bewähren, seine Kräfte entfalten kann.
  Persönlichkeitsentwicklung durch bewußte Anpassung des Menschen an seine Umwelt – oder der
  Umwelt an die besonderen Bedürfnisse und Kräfte
  des betreffenden Menschen."* Demzufolge unterschied sie zwischen „sachlichen" und „persönlichen" Maßnahmen der Fürsorge. Salomon ging
  davon aus, dass bei der sachlichen Fürsorge bereits
  große Erfolge erzielt worden seien, insbesondere
  auch die Zahl der Einrichtungen und Gesetze für
  diese Zwecke ständig wachse, so dass es im allgemeinen viel leichter sei, hier „Erfolge zu erzielen" (60). Ganz anders jedoch bei der zweiten

Gruppe der Aufgaben, den persönlichen Maßnahmen: Hier „stehen wir noch am Anfang der Erarbeitung der Methoden" (61). Hilfe ist für Salomon ohne persönliches Engagement und einen ethischen Standpunkt undenkbar (66): *„Wahre Hilfe kann der Mensch dem Menschen nur bringen, wenn fremde Not, wenn fremdes Leid für ihn zum eignen wird, wenn es ihm im Herzen brennt. Die bessere Technik, die durchdachte Methode ist nur ein Werkzeug – als solches nützlich und unentbehrlich. Aber recht handhaben kann es nur der Mensch, dessen Tun aus einem wachen Gewissen quillt; aus dem lebendigen Glauben an eine Brüderlichkeit, der Taten wirken muß."*

- Scherpner entwarf eine Theorie der Fürsorge (Scherpner 1962), der der Hilfebegriff zugrunde lag, und die zwei Grundmotive enthielt: Hilfe ist seiner Auffassung nach eine Funktion der Gemeinschaft, also zuallererst ein soziales Phänomen – nicht etwa eine Frage der individuellen Motivation oder des Altruismus. Hilfe wurzelt in Formen des gemeinschaftlichen Zusammenlebens der Menschen in Familie, Nachbarschaft etc., wird aber dann „aufgrund der immer komplizierter werdenden Gesellschaftsverhältnisse" von staatlicher Seite planmäßig organisiert und institutionalisiert. Dabei bleibt fürsorgerische Hilfe abhängig von den jeweiligen sozial-kulturellen Gegebenheiten einer bestimmten Gesellschaftsformation. Es kann daher nach Scherpners Auffassung auch keinen „allgemeinsten Begriff der Fürsorge, der für alle Zeiten und alle Kulturen gültig wäre" (Scherpner 1933, 8), geben. Ein zweiter Grundgedanke bestand darin, dass fürsorgerische Hilfe immer persönliche und auf den Einzelfall bezogene Hilfe ist. Kern der Fürsorge ist die persönliche Beziehung von Mensch zu Mensch. Aufgrund dieser Bestimmung erwächst den Hilfeleistenden ein hohes Maß an Verantwortung; zudem sind spezifische berufliche Qualifikationen erforderlich. Scherpner unterschied wie Nohl zwei Ansatzpunkte: materielle, schwerpunktmäßig auf Armut bezogene Hilfen, sowie personenbezogene, gegen Verwahrlosung gerichtete Hilfen. Beiden gemeinsam liegt eine spezifische Beziehung zwischen Helfenden und Hilfsbedürftigen zugrunde, die von einem Ethos der Anerkennung der Individualität des Hilfsbedürftigen getragen ist.

- Den Verdacht auf einen Zusammenhang zwischen Hilfe und Herrschaft hatte früh Aloys Fischer geäußert. Er sah in der Verberuflichung des Helfens ein Strukturproblem, denn die Hilfsbedürftigen

könnten sich sagen: „Das Beamtentum der sozialen Hilfe ist eigentlich gar nicht unseretwegen da, ist gar nicht in erster Linie eine Maßnahme zu unseren Gunsten, sondern dient letztlich der Erhaltung eines Systems, das im großen ganzen erst unsere Notlage zu einer ehernen Notwendigkeit macht" (Fischer 1925, 322). Die Kritik am Eigeninteresse beruflicher Helfer verdichtete sich schließlich zur breit diskutierten „Aufdeckung" der Sozialen Arbeit als „Instanz sozialer Kontrolle" (Haferkamp/Meier 1972) Ende der 1960er Jahre, als der allzu sorglos benutzte Hilfebegriff in der Sozialen Arbeit unter Ideologieverdacht geriet (Danckwerts 1964; Vogel 1966). Demzufolge wurde die „Sozialarbeit unter kapitalistischen Produktionsbedingungen" genauer untersucht. Hollstein/Meinhold (1977, 7) kritisierten, dass Soziale Arbeit „nach wie vor auf den emotionalgefärbten pseudo-wissenschaftlich getrübten Begriff der ‚Hilfe' gebracht" werde. Weiter wurde der Sozialen Arbeit vorgeworfen, dass sie unter dem Deckmäntelchen der Hilfe in Wirklichkeit ihren eigentlichen Funktionen, nämlich Herrschaft und Kontrolle auszuüben, nachkomme (Guggenbühl-Craig 1971; Houtman 1978). Das Fazit lautete dann: „Sozialarbeit ist [...] in je spezifischer Gewichtung Hilfe und Kontrolle zugleich" (Müller 1978, 343).

Betrachtet man die vorgestellten Diskussionen um den Hilfebegriff nun im Zusammenhang, so zeigen sich jenseits der unterschiedlichen Akzentuierungen Gemeinsamkeiten. Von zentraler Bedeutung scheint *erstens* zu sein, wodurch geholfen wird, was den sachlichen Teil des Helfens ausmacht. Nohl, Salomon und Scherpner identifizieren hier zwei grundlegende Hilfeformen, die man in heutiger Terminologie als materielle und psychosoziale Hilfen bezeichnen könnte: Die Sozialpädagogik verteilt „Geld und gute Worte" (Dießenbacher 1984). Einen *zweiten* Schwerpunkt bildet die Beschäftigung mit der Frage, wie denn geholfen wird. Es geht um den Modus des Helfens. Nohl, Salomon und Scherpner betonen hier vor allem den persönlichen Bezug zwischen Helfenden und Hilfsbedürftigen, wobei Scherpner zusätzlich die Organisationsförmigkeit moderner Hilfesysteme berücksichtigt. Einen *dritten* Schwerpunkt bilden schließlich Fragen danach, unter welchen Bedingungen und mit welchen Absichten geholfen wird. Während Nohl und

Salomon hier vor allem an ein Ethos des Helfens, eine Orientierung am Ideal eines humanen Umgangs zwischen Menschen anknüpfen, sieht Scherpner, dass Hilfe kultur- und gesellschaftsabhängig ist. Die Auseinandersetzung um das Verhältnis von Hilfe und Herrschaft / Kontrolle schließlich klagt quasi anwaltlich für die Klienten der Sozialen Arbeit eine Hilfe ein, die die Bedürfnisse der Hilfsbedürftigen im Auge hat (Brumlik / Keckeisen 1976; Knopp / Münch 2007).

Inhalt, Modus und Ziel von Hilfe sind also klärungsbedürftig, wenn der Hilfebegriff als Grundbegriff der Sozialpädagogik eine Chance haben sollte. Folgenreich für die Loslösung sozialpädagogischer Theoriediskussionen vom Hilfebegriff war die Tatsache, dass diese in den älteren Theorien zusammengedachten Einzelaspekte des Helfens sich zunehmend in mehr oder weniger getrennte Diskurse aufspalteten. Dies lässt sich mit einem Blick auf die aktuelle Theoriediskussion der Sozialpädagogik verdeutlichen. Die Frage nach den Inhalten von Hilfe wird derzeit innerhalb der Sozialpädagogik unter den Stichworten *„Dienstleistung"* und *„soziale Infrastruktur"* (a) diskutiert. Fragen nach der Art und Weise, wie Hilfe geleistet wird, werden in der *Methodendiskussion* (b) verhandelt und schließlich finden Fragen nach dem Ziel von Hilfe Berücksichtigung in der zunehmenden Beschäftigung mit *ethischen Fragen* (c) der Sozialpädagogik.

a. Wenn im Rahmen der Sozialen Arbeit von Dienstleistung die Rede ist, so werden ganz allgemein zwei Formen von Dienstleistung unterschieden: die sachbezogenen und die personenbezogenen sozialen Dienstleistungen. Sachbezogene Dienstleistungen sind in der Regel auf den unmittelbaren Ver- oder Gebrauch von objektivierbaren Gegenständen und Lebensmitteln ausgerichtet oder sie haben eine die Güterproduktion ergänzende, objektivierende Funktion. Personenbezogene soziale Dienstleistungen hingegen beziehen sich auf die Person selbst, nicht nur auf deren materiellen Besitz. Sie kommen ohne ein Zutun der bedürftigen Person nicht zustande (Gängler / Rauschenbach 1986). Personenbezogene soziale Dienstleistungen zeichnen sich somit durch „eine eigentümliche Lage zwischen einer wirtschaftlich zweckrationalen Tauschbeziehung und einer kooperativ solidarischen Hilfestellung" (Gross 1983, 51) aus. Beide Formen sind Gegenstand Sozialer Arbeit: sachbe-

zogene Dienstleistungen finden sich etwa im Rahmen von Auskunfts- und Informationstätigkeiten, bei der Berechnung von Sozialhilfe aufgrund eines gesetzlich abgesicherten Anspruchs und ähnlichem. Personenbezogene soziale Dienstleistungen hingegen machen heute den größten Teil der Sozialen Arbeit aus: Beratungs-, Bildungs- und Erziehungsaufgaben mit dem Ziel der Veränderung von Personen und ihren Handlungsstrategien. Die Diskussionsvorschläge im Rahmen der Dienstleistungstheorie ermöglichen es, differenziert und abgestimmt die traditionelle Unterscheidung von materiellen und erzieherisch-bildenden Hilfen auf dem aktuellen Kenntnisstand sozialwissenschaftlicher Theoriebildung zu reformulieren und – was wichtiger ist – materielle und psychosoziale Hilfen aufeinander zu beziehen. Der zwölfte Jugendbericht fasst diese Auffassung systematisch zusammen, indem er Lebensweltorientierung, Dienstleistungsorientierung sowie Professionalität als die drei Säulen moderner Sozialer Arbeit beschreibt. Sie wirken zusammen (Bundesministerium für Familie, Senioren, Frauen und Jugend 2005, 43 ff.): *„Öffentliche Verantwortung für das Aufwachsen von Kindern und Jugendlichen bedeutet, dass alle jungen Menschen und ihre Familien eine soziale Infrastruktur vorfinden sollen, die ihren Bedürfnissen und Interessen sowie ihrem spezifischen Unterstützungs- und Förderungsbedarf entspricht. Die Schaffung einer solchen Infrastruktur setzt voraus, dass Kinder und Jugendliche als wichtigster Faktor bei der Gestaltung der Gesellschaft der Zukunft angesehen werden und nicht als Problemgruppe in der gesellschaftlichen Gegenwart. Die Kinder- und Jugendhilfe arbeitet somit im Bereich der allgemeinen Jugendpolitik."*

b. Spätestens seit den Anfängen einer Ausbildung für die Soziale Arbeit im 19. Jahrhundert zeigt sich ein Trend zur zunehmenden Strukturierung und Rationalisierung des beruflichen sozialpädagogischen Handelns. Sind die Anfänge noch ganz geprägt durch die Betonung des persönlichen Bezugs, der Intensität der helfenden Beziehung, so entwickelt sich im Laufe der Professionalisierung der Sozialen Arbeit ein immer stärker werdender Trend zu handhabbaren Interventionstechniken. Der Modus der helfenden Beziehung wird methodisch reflektiert und standardisiert – angefangen etwa von Klassikern wie der „Sozialen Diagnose" (Salomon 1926) bis hin zur „Therapeutisierung der Sozialpädagogik" in den 1970er und 1980er Jahren. Die zunehmende Verberuflichung des sozialpädagogischen Handelns hat ambivalente Konsequenzen für die helfende Beziehung: Einerseits wird eine Entpersönlichung, Anonymisierung bis hin zur Herrschaft durch Experten beklagt, andererseits werden enorme Anstrengungen zur Verbesserung des methodischen Instrumentariums der Hilfeleistungen unternommen. Um die Nachteile aufzuheben und dennoch methodisch geleitetem, strukturiertem Handeln verpflichtet zu bleiben, präferiert die zeitgenössische Theorie der sozialpädagogischen Intervention komplexe Handlungsmuster, die unter dem Stichwort „lebensweltorientierte Methoden" (Grunwald/Thiersch 2004) und als strukturierte Anleitungen des Fallverstehens (Müller 1993) konzipiert sind.

c. Man kann die Auseinandersetzung um die Funktion der Sozialpädagogik in den siebziger Jahren auch als ethische Diskussion begreifen. Das Stichwort des „doppelten Mandats" (Böhnisch/Lösch 1973) verdeutlichte diese Paradoxie der sozial Tätigen, einerseits ihren Auftraggebern (Staat, Kommune etc.) verpflichtet zu sein, andererseits Anwalt und Interessenvertretung der Hilfsbedürftigen zu sein. Diese Problematik, die Thiersch einmal als „kontrollierte Schizophrenie" bezeichnet hat (Thiersch 1986), führte seit Mitte der 1980er Jahre zu einer intensiveren Beschäftigung mit Fragen sozialpädagogischer Berufsethik (Rauschenbach/Thiersch 1987; Müller/Thiersch 1990; Brumlik 1992; Thiersch 1995). Gemeinsam bleibt diesen Diskussionen die Anerkennung der strukturellen Asymmetrie innerhalb der helfenden Beziehung sowie die Auseinandersetzung darüber, ob und wie diese Asymmetrie gegebenenfalls aufzuheben sei.

Diese jüngeren Entwicklungen lassen Konsequenzen für die sozialpädagogische Semantik insgesamt erkennen: Die Koppelung von Hilfe- und Erziehungsbegriff ermöglichte einerseits die erziehungswissenschaftliche Beschäftigung mit dem Feld der Sozialen Arbeit. Die damit mögliche wissenschaftliche Sozialpädagogik verdankte ihre semantische Eigenständigkeit stärker der Reflexion der Hilfethematik als der Erziehungsthematik. Die Spezialisierung der sozialpädagogischen Semantik auf Hilfe führte auch dazu, dass im Zuge der Ausdifferenzierung der Erziehungswis-

senschaft in Teildisziplinen der Komplex „Hilfe" aus dem Kontext der Allgemeinen Pädagogik ausgelagert wurde (Tenorth 1989). Durch die sozialwissenschaftliche Kritik am Hilfebegriff wurde dieser ebenfalls differenziert, so dass er kein einheitliches Orientierungsschema mehr bilden konnte.

Allerdings bewahrt der umgangssprachliche Gebrauch des Begriffs „Hilfe" in sozialpädagogischen Diskursen die Erinnerung an den ethisch-moralischen Aspekt der Hilfehandlung – etwa in Formulierungen wie „Hilfe zur Selbsthilfe" oder „Hilfen zur Lebensbewältigung" (Böhnisch 2004; Thiersch 2009). Der Gebrauch des Begriffs „Hilfe" repräsentiert sozusagen den normativen Kern der Sozialpädagogik – und dies um den allerdings hohen Preis, dass dieser normative Kern inhaltlich vage und unbestimmt bleibt. Die Problematik der ethischen Fundierung der Sozialen Arbeit ist durch den bloßen Gebrauch eines emphatischen Hilfebegriffs allerdings nicht gelöst. Er könnte aber die stete Erinnerung an diese Problematik gegenüber einer funktionalistisch verkürzten Dienstleistungstheorie oder einer technologisch verkürzten Methodendebatte wach halten.

Theoretische Renaissance des Hilfebegriffs? Ein Ausblick

Neuerdings kam eine intensivere Auseinandersetzung mit dem Begriff „Hilfe" im Zuge der Rezeption systemtheoretischer Ansätze in Gang. Drei Aspekte dieser Debatte, die sich hier im Einzelnen nicht detailliert nachzeichnen lässt (als Überblick Merten 2000; Wirth 2005), regten eine theoretische Renaissance des Hilfebegriffs an.

- Ein Strang dieser Debatte orientiert sich an der Frage, ob sich im Laufe der gesellschaftlichen Differenzierung ein eigenständiges Funktionssystem „Soziale Hilfe" herausgebildet hat (Baecker 1994; Weber/Hillebrandt 1999; Hillebrandt 1999; Maaß 2009). Sie greift damit Anregungen Niklas Luhmanns (1973) auf, die nur sehr zögerlich innerhalb des Theoriediskurses der Sozialen Arbeit rezipiert wurden (Gängler 2000). Es handelt sich um Bausteine zu einer gesellschaftstheoretischen Begründung der Sozialen Arbeit im Kontext einer Theorie gesellschaftlicher Differenzierung. Das

Funktionssystem „Soziale Hilfe" wird als eine Form gesellschaftlicher Kommunikation betrachtet, welche spezifische Formen von Hilfe erwartbar macht, um Exklusionsprozesse anderer Funktionssysteme im Modus stellvertretender Inklusion zu neutralisieren (Baecker 2000; Merten / Scherr 2004). Ein Anschluss an die Hilfesemantik geschieht hier aus zwei Gründen: zum einen im Rückgriff auf Luhmanns Vorschlag, Formen des Helfens im Wandel gesellschaftlicher Bedingungen zu analysieren, zum anderen weil der Hilfebegriff gerade aufgrund seines semantischen Reichtums auch auf diesem Abstraktionsniveau angesiedelt werden kann. Obgleich diese Debatte als unabgeschlossen bezeichnet werden kann, scheint sie über ein reichhaltiges theoretisches Potenzial zu verfügen.

■ Ein weiterer Kristallisationspunkt der Debatte besteht in einer theoretischen Reformulierung des helfenden Handelns. „Helfen" kann im Rahmen der systemtheoretischen Debatte nicht mehr als „einfache Intervention" quasi technisch reduziert werden, im Gegenteil: Ein kausales oder finales Verständnis des Helfens wird als systemimmanentes, kontingentes Programm interpretiert (Maaß 2009). Die Auswirkungen auf die Fragen methodischen Handelns in der Sozialen Arbeit sind hier bei weitem noch nicht geklärt. Allerdings zeichnen sich Hinweise ab (Baecker 1997; Eugster 2000), die Methoden weniger als Interaktionsverhältnisse,

sondern stärker als codegesteuerte Kommunikationsprozesse auffassen, in deren Verlauf die „Genese des Klienten" geschieht. So scheint die systemtheoretische Analyse des Helfens dessen systeminterne Funktion präziser erhellen zu können, als es auf der Basis normativ angelegter Organisationskritik möglich war. Die Ambivalenz des Helfens in der Sozialen Arbeit erweist sich so als der Beobachtung zugänglich und kommunizierbar (Wirth 2005).

■ Der am meisten umstrittene Aspekt in dieser Debatte dürfte die Frage nach dem normativen Gehalt der Hilfesemantik sein. So zeichnen sich in dieser Debatte bereits zwei Auffassungen ab: eine Position, die ethische Fragen als konstitutiv für die Theorie ansieht und sie folglich in die Theorie einbaut (Staub-Bernasconi 2007; Heiner 1995), sowie eine Position, die ethische Fragen zum Gegenstand der Beobachtung macht (Baecker 1994; 1997; Merten 1997; Wirth 2005). Die Diskrepanz, die sich hier auftut, hängt auch mit der unterschiedlichen Auffassung des Hilfebegriffs zusammen. Zum einen wird der traditionelle Hilfebegriff verwendet, der „Helfen" stets im Kontext des „Unterstützens und Verbesserns" interpretierte, zum anderen wird der Hilfebegriff im systemtheoretischen Kontext im Hinblick auf ein Kommunikationsmedium hin interpretiert. Das Irritationspotenzial von Werten (Luhmann 1997, 789 ff.) im Hinblick auf ein Funktionssystem Sozialer Hilfe harrt noch der Analyse.

Literatur

Arlt, I. v. (1921): Grundlagen der Fürsorge. Österreichischer Schulbücherverlag, Wien

Baecker, D. (2000): „Stellvertretende" Inklusion durch ein „sekundäres" Funktionssystem: Wie „sozial" ist die soziale Hilfe? In: Merten, R. (Hrsg.): Systemtheorie Sozialer Arbeit. Leske & Budrich, Opladen, 39–46

– (1997): Helfen im Kontext eines Funktionssystems. In: Vogel, H.-Ch., Kaiser, J. (Hrsg.): Neue Anforderungsprofile in der Sozialen Arbeit. Kersting, Aachen

– (1994): Soziale Hilfe als Funktionssystem der Gesellschaft. Zeitschrift für Soziologie 23, 93–110

Bang, R. (1964): Die helfende Beziehung als Grundlage der persönlichen Hilfe: Ernst Reinhardt, München / Basel

Bäumer, G. (1929): Die historischen und sozialen Voraussetzungen der Sozialpädagogik und die Entwicklung ihrer Theorie. In: Nohl, H., Pallat, L. (Hrsg.), 3–17

Bellebaum, A., Becher, H. J., Greven, M. T. (Hrsg.) (1985): Helfen und helfende Berufe als soziale Kontrolle. VS Verlag, Opladen

Böhnisch, L. (2004): Sozialpädagogik der Lebensalter. 5. Aufl. Juventa, Weinheim

–, Lösch, H. (1973): Das Handlungsverständnis des Sozialarbeiters und seine institutionelle Determination. In: Otto, H.-U., Schneider, S. (Hrsg.): Gesellschaftliche Perspektiven der Sozialarbeit. Bd. 2. Luchterhand, Neuwied / Berlin, 21–40

Bommes, M., Scherr, A. (1996): Soziale Arbeit als Exklusionsvermeidung, Inklusionsvermittlung und / oder Exklusionsverwaltung. In: Merten, R., Sommerfeld, P., Koditek, Th. (Hrsg.): Sozialarbeitswissenschaft – Kontroversen und Perspektiven. Luchterhand, Neuwied, 93–119

Brezinka, W. (1957): Erziehung als Lebenshilfe. Österreichischer Bundesverlag, Wien

Brumlik, M. (1992): Advokatorische Ethik. Böllert, Bielefeld

–, Keckeisen, W. (1976): Etwas fehlt. Zur Kritik und Bestimmung von Hilfebedürftigkeit für die Sozialpädagogik. Kriminologisches Journal 8, 241–262

Bundesministerium für Familie, Senioren, Frauen und Jugend (Hrsg.) (2005): 12. Kinder- und Jugendbericht. Bericht über die Lebenssituation junger Menschen und die Leistungen der Kinder- und Jugendhilfe in Deutschland. In: http://www.bmfsfj.de/RedaktionBMFSFJ/Abteilung5/Pdf-Anlagen/zwoelfter-kjb,property=pdf., 02.04.2010

Danckwerts, D. (1964): Organisierte freiwillige Hilfe in der modernen Gesellschaft. Verlag der Meiler, Berlin

Dießenbacher, H. (1984): Nehmen – Verteilen – Geben. Neue Praxis 14, 374–380

Eugster, R. (2000): Die Genese des Klienten. Paul Haupt, Bern / Stuttgart / Wien

Fischer, A. (1925): Die Problematik des Sozialbeamtentums. In: Fischer, A.: Leben und Werk. Bd. 3 / 4. Bayerischer Schulbuch Verlag, München, 319–349

Flitner, W. (1947): Die abendländischen Vorbilder und das Ziel der Erziehung. Küpper, Godesberg

Frommann, A. (1977): Das Gute Haus. Neue Sammlung 17, 330–335

Gängler, H. (2000): Sozialpädagogik: beobachtet. In: Merten, R. (Hrsg.): Systemtheorie Sozialer Arbeit., Leske & Budrich, Opladen, 17–25

–, Rauschenbach, Th. (1986): Sozialpädagogik in der Moderne. In: Müller, S., Otto, H.-U. (Hrsg.): Verstehen oder Kolonialisieren? 2. Aufl. Kleine, Bielefeld, 169–203

Gouldner, A. W. (1984): Reziprozität und Autonomie. Suhrkamp, Frankfurt / M.

Grimm, J., Grimm, W. (1877): Deutsches Wörterbuch. Bd. 4, 2. Teil. Salomon Hirzel, Leipzig

Gross, P. (1983): Die Verheißungen der Dienstleistungsgesellschaft. VS Verlag, Opladen

Grunwald, K., Thiersch, H. (Hrsg.) (2004): Praxis Lebensweltorientierter Sozialer Arbeit. Juventa, Weinheim

Guggenbühl-Craig, A. (1971): Macht als Gefahr beim Helfer. Karger, Basel / München

Haferkamp, H., Meier, G. (1972): Sozialarbeit als soziale Kontrolle. Kriminologisches Journal 4, 100–114

Heiner, M. (1995): Nutzen und Grenzen systemtheoretischer Modelle für eine Theorie professionellen Handelns. Neue Praxis 25, 427–441 und 525–547

Hillebrandt, F. (1999): Exklusionsindividualität. Leske & Budrich, Opladen

Hollstein, W. (1973): Hilfe und Kapital. In: Hollstein, W., Meinhold, M. (Hrsg.): Sozialarbeit unter kapitalistischen Produktionsbedingungen. Fischer, Frankfurt / M., 167–204

–, Meinhold, M. (Hrsg.) (1977): Sozialpädagogische Modelle. Fischer, Frankfurt / M.

Houtman, A. M. A. (1978): Machtaspekte in der helfenden Beziehung. Lambertus, Freiburg / Br.

Kamphuis, M. (1965): Die persönliche Hilfe in der Sozialarbeit unserer Zeit. Enke, Stuttgart

Keller, F. (1925): Caritaswissenschaft. Herder, Freiburg / Br.

Kluge, F. (2002): Etymologisches Wörterbuch der deutschen Sprache. 24. Aufl. De Gruyter, Berlin

Klumker, C. J. (1931): Kinderfürsorge und Erziehung. Archiv für angewandte Soziologie 3, 177–204

– (1918): Fürsorgewesen. Quelle & Meyer, Leipzig

Knopp, R., Münch, Th. (Hrsg.) (2007): Zurück zur Armenpolizei. Soziale Arbeit zwischen Hilfe und Kontrolle. Frank & Timme, Berlin

Krüger, H.-H. (2010): Erziehungswissenschaft und ihre Teildisziplinen. In: Krüger, H.-H., Helsper, W. (Hrsg.): Einführung in Grundbegriffe und Grundfragen der Erziehungswissenschaft. 9. Aufl. Budrich, Opladen / Farmington Hills, 321–336

Lattke, H. (1969): Das helfende Gespräch. Lambertus, Freiburg / Br.

Luhmann, N. (1997): Die Gesellschaft der Gesellschaft. Suhrkamp, Frankfurt / M.

– (1973): Formen des Helfens im Wandel gesellschaftlicher Bedingungen. In: Otto, H.-U., Schneider, S. (Hrsg.): Gesellschaftliche Perspektiven der Sozialarbeit. Band 1. Luchterhand, Neuwied, 21–43

Maaß, O. (2009): Die Soziale Arbeit als Funktionssystem der Gesellschaft. Auer, Heidelberg

Matthes, J. (1973): Sozialarbeit und soziale Kontrolle. In: Otto, H.-U., Schneider, S. (Hrsg.): Gesellschaftliche Perspektiven der Sozialarbeit. Bd. 1. Luchterhand Verlag, Neuwied, 107–128

Mennicke, C. (1930): Sozialpädagogik und Volksbildung. In: Hauptausschuß der Arbeiterwohlfahrt (Hrsg.): Lehrbuch der Wohlfahrtspflege. 2. Aufl. Verlag Hauptausschuß für Arbeiterwohlfahrt, Nürnberg, 434–468

Merten, R. (Hrsg.) (2000): Systemtheorie Sozialer Arbeit. Leske & Budrich, Opladen

– (1997): Autonomie der Sozialen Arbeit. Juventa, Weinheim / München

–, Scherr, A. (Hrsg.) (2004): Inklusion und Exklusion in der Sozialen Arbeit. VS, Wiesbaden

Mollenhauer, K. (1964): Einführung in die Sozialpädagogik. Beltz, Weinheim / Berlin

Mühlum, A. (1981): Sozialpädagogik und Sozialarbeit. Deutscher Verein, Frankfurt / M.

Müller, B. (1993): Sozialpädagogisches Können. Lambertus, Freiburg / Br.

–, Thiersch, H. (Hrsg.) (1990): Gerechtigkeit und Selbstverwirklichung. Lambertus, Freiburg / Br.

Müller, C. W. (1988): Wie Helfen zum Beruf wurde. Bd. 2. Beltz, Weinheim / Basel

– (1982): Wie Helfen zum Beruf wurde. Bd. 1. Beltz, Weinheim / Basel

Müller, S. (1978): Sozialarbeiterisches Alltagshandeln zwischen Hilfe und Kontrolle. Neue Praxis 8, 342–348

–, Rauschenbach, Th. (Hrsg.) (1992): Das soziale Ehrenamt. 2. Aufl. Juventa, Weinheim

Münchmeier, R. (1981): Zugänge zur Geschichte der Sozialarbeit. Juventa, München

Niemeyer, Ch. 1994: Hilfe. In: Lenzen, D. (Hrsg.): Erziehungswissenschaft. Rowohlt, Reinbek bei Hamburg, 159–184

Nohl, H. (1927a): Jugendwohlfahrt. Quelle & Meyer, Leipzig

– (1927b/1949): Der männliche Sozialbeamte und die Sozialpädagogik in der Wohlfahrtspflege. In: Nohl, H. (1926a/1949), 143–150

– (1926a/1949): Die geistigen Energien der Jugendwohlfahrtsarbeit. In: Nohl, H.: Pädagogik aus dreißig Jahren. Schulte-Bulmke, Frankfurt/M., 133–142

– (1926b/1965): Die Sozialpädagogik in der Wohlfahrtspflege. In: Nohl, H.: Aufgaben und Wege der Sozialpädagogik. Beltz, Weinheim, 17–19

–, Pallat, L. (Hrsg.) (1929): Handbuch der Pädagogik. Bd. V: Sozialpädagogik. Beltz, Langensalza

Polligkeit, W., Scherpner, H., Webler, H. (Hrsg.) (1929): Fürsorge als persönliche Hilfe. Heymann, Berlin

Rauschenbach, Th., Thiersch, H. (1987): Die herausgeforderte Moral. Böllert, Bielefeld

Sachße, Ch., Tennstedt, F. (1980): Geschichte der Armenfürsorge in Deutschland. Bd. 1. Kohlhammer, Stuttgart

Salomon, A. (1926): Soziale Diagnose. Berlin

Scherpner, H. (1962): Theorie der Fürsorge. Vandenhoeck & Ruprecht, Göttingen

– (1933): Fürsorge und Politik. Heymann, Berlin

Spranger, E. (1921): Lebensformen. Niemeyer, Halle

Staub-Bernasconi, S. (2007): Soziale Arbeit als Handlungswissenschaft. Haupt, Bern

Stettner, U. (2007): Kann Helfen unmoralisch sein? Grazer Universitätsverlag, Graz

Tenorth, H.-E. (1989): Deutsche Erziehungswissenschaft im frühen 20. Jahrhundert. In: Zedler, P., König, E. (Hrsg.): Rekonstruktionen pädagogischer Wissenschaftsgeschichte. Deutscher Studien Verlag, Weinheim, 117–140

Thiersch, H. (2009): Schwierige Balance. Juventa, Weinheim

– (1995): Lebenswelt und Moral. Juventa, Weinheim

– (1992): Lebensweltorientierte Soziale Arbeit. Juventa, Weinheim

– (1986): Die Erfahrung der Wirklichkeit. Juventa, Weinheim

–, Rauschenbach, Th. (1984): Sozialpädagogik/Sozialarbeit – Theorie und Entwicklung. In: Eyferth, H., Otto, H.-U., Thiersch, H. (Hrsg.): Handbuch zur Sozialarbeit/Sozialpädagogik. Luchterhand, Neuwied, 984–1016

Vogel, M. R. (1966): Die kommunale Apparatur der öffentlichen Hilfe. Enke, Stuttgart

Weber, G., Hillebrandt, F. (1999): Soziale Hilfe – Ein Teilsystem der Gesellschaft? Westdeutscher Verlag, Opladen

Weber, H. (1920): Das Lebensrecht der Wohlfahrtspflege. Baedeker, Essen

Weil, H. (1972): Helfendes Handeln. Bouvier, Bonn

Wirth, J. V. (2005): Helfen in der Moderne und Postmoderne. Auer, Heidelberg

Hilfen zur Erziehung

Von Matthias Moch

Zum Begriff

Junge Menschen, die unter belasteten familiären oder sonstigen Lebensbedingungen leiden und daher in der Entwicklung ihrer Persönlichkeit und bei der Bewältigung ihrer altersspezifischen Aufgaben deutlich beeinträchtigt sind, können durch „Hilfen zur Erziehung" Unterstützung erfahren. Wie diese Hilfen zu verstehen sind, kann unter ganz unterschiedlichen Perspektiven betrachtet werden: Unter *rechtssystematischen Gesichtspunkten* sind „Hilfen zur Erziehung" als sozialstaatliches Angebot zu verstehen, das jungen Menschen und ihren Familien offen steht, wenn eine Erziehung zum Wohle des jungen Menschen in der Familie nicht gewährleistet ist. Grundlage dieser Hilfen ist das Recht auf Erziehung, das Eltern nach Art. 6 Abs. 1 GG garantiert wird und welches in der Kinderrechtskonvention der Vereinten Nationen (Art. 18) auch als Recht des Kindes niedergelegt ist. Spezifiziert wird dieses Recht in § 1 SGB VIII, der dem jungen Menschen das Recht auf „Erziehung zu einer eigenständigen und gemeinschaftsfähigen Persönlichkeit" einräumt. „Hilfen zur Erziehung" richten sich (nach § 27, Abs. 1 SBG VIII) an diejenigen Personensorgeberechtigten, die besondere Unterstützung bei der Erziehung benötigen. Die zu gewährende Hilfe muss darüber hinaus „notwendig und geeignet" sein.

Die „Hilfen zur Erziehung" (oder „Erziehungshilfen") können jungen Menschen ab der Geburt bis zum 18. Lebensjahr, in begründeten Fallen auch darüber hinaus, höchstens aber bis zum 27. Lebensjahr zugute kommen. In der Regel beinhalten die Erziehungshilfen unterstützende, fördernde und/oder anregende Leistungen und Angebote für den jungen Menschen, zugleich jedoch auch Hilfen für die Personensorgeberechtigten in jenen Bereichen, in denen diese eine kindeswohlentsprechende Erziehung nicht gewährleisten können. Das SGB VIII benennt in den §§ 28 ff. „insbesondere" folgende Leistungen der Erziehungshilfen:

Erziehungsberatung (§ 28) zielt in ihrem Kern auf die Klärung familienbezogener Probleme sowie die Stärkung der Erziehungskompetenzen der Personensorgeberechtigten. Im Mittelpunkt stehen individuelle Entwicklungsförderung sowie die Unterstützung der Eltern-Kind-Interaktion. Die Leistungen werden in der Regel in Beratungsstellen mit unterschiedlichen Settings und Methoden angeboten (Bundeskonferenz für Erziehungsberatung 2008), können aber auch Bestandteil anderer Hilfeangebote sein. Soziale Gruppenarbeit (§ 29) soll „älteren Kindern und Jugendlichen" ermöglichen, im Rahmen von gruppenpädagogischen Angeboten Entwicklungsschwierigkeiten und Verhaltensprobleme zu überwinden. Junge Menschen können unter fachlicher Begleitung einmal bis mehrmals die Woche mit Gleichaltrigen förderliche Erfahrungen machen und Probleme gemeinsam angehen. Erziehungsbeistand und Betreuungshelfer (§ 30) sind Unterstützungsangebote, die sich in erster Linie am einzelnen Kind/Jugendlichen orientieren. Sie zielen darauf ab, das Sozialverhalten sowie das schulische Leistungsverhalten zu fördern, wobei der Verselbstständigung des jungen Menschen eine besondere Bedeutung zukommt. Sozialpädagogische Fachkräfte begleiten den jungen Menschen im Alltag und unterstützen ihn bei der Bewältigung sozialer, schulischer, beruflicher und familiärer Aufgaben. Sozialpädagogische Familienhilfe (SPFH) (§ 31) wird stunden- oder tageweise im häuslichen Umfeld der Familie erbracht und unterstützt Eltern bei der Bewältigung ihres Erziehungsalltags, bei der Lösung von Konflikten sowie im Kontakt mit Ämtern und Institutionen (Helming et al. 1999; Woog 1998). Diese Hilfeform wendet sich oft an sogenannte „Multiproblemfamilien", die in vielerlei Hinsicht Unterstützungsbedarf haben. Die Maßnahme versteht sich als Hilfe zur

Otto/Thiersch (Hg.), Handbuch Soziale Arbeit, 4. A., DOI 10.2378/ot4a.art064,
© 2011 by Ernst Reinhardt, GmbH & Co KG, Verlag, München

Selbsthilfe, bedarf der aktiven Mitarbeit der Familie und weist einen hohen Grad an Flexibilität auf. Gemäß § 32 bieten Tagesgruppen jungen Menschen eine umfassende, gruppenbezogene Förderung sozialer und schulischer Kompetenzen unter Einbeziehung der Eltern. Während das Kind / der Jugendliche unter der Woche ein verbindliches Angebot wahrnimmt, soll ihm sein Lebensmittelpunkt in der Familie durch intensive Unterstützung seines Umfeldes erhalten bleiben (Krüger et al. 2003; Spät 2001). Hilfen über Tag und Nacht außerhalb des Elternhauses erbringen zum einen Pflegefamilien (§ 33), in denen entwicklungsbeeinträchtigte junge Menschen in der Regel längerfristig untergebracht werden und dort in eine Normalfamilie integriert sind (Blandow 2004). Diese Hilfeart schließt auch Verwandtenpflege mit ein. Die meisten Pflegefamilien nehmen Kinder im Vorschulalter auf. Zum anderen erfolgen kurz-, mittel- oder langfristige Fremdunterbringungen in unterschiedlichen Erziehungsinstitutionen im Rahmen von § 34 (Heimerziehung). Hier handelt es sich um Aufenthalte in Erziehungsheimen, Jugendwohngruppen oder sonstigen betreuten Wohnformen, etwa in familienähnlichen oder einzelfallbezogenen Betreuungsformen (Freigang / Wolf 2001), die sich im Verlauf der 1990er Jahre weiter differenziert haben (Struck et al. 2003). Als häufigste Form gelten Wohngruppen mit 6 bis 10 Kindern und / oder Jugendlichen, die von professionellen Fachkräften im Schichtdienst betreut werden. Als Sonderform können langfristige Unterbringungen auch in Erziehungsstellen oder Sonderpädagogischen Pflegestellen erfolgen. Hier handelt es sich um Familien, in denen die Erziehenden eine professionelle Ausbildung haben und ihre berufliche Erziehungsarbeit in ihrer eigenen privaten Lebensgemeinschaft – meist im Zusammenleben mit eigenen Kindern – ausüben (Thurau / Völker 1995; Hamberger et al. 2001). Schließlich bietet die intensive Sozialpädagogische Einzelbetreuung (ISE; § 35) jungen Menschen individualisierte Unterstützung in der Regel in Form von 1:1-Betreuungen an. Das Spektrum reicht hier von stundenweiser Betreuung im unmittelbaren Wohnumfeld über intensive Begleitung in die Selbstständigkeit (Hekele 2005) bis hin zu längerfristigen Reise- oder Standprojekten im Ausland (Klawe / Bräuer 1998). In vielen Fällen stellt sie eine Alternative zu einer Unterbringung in der Psychiatrie oder in einer geschlossenen Einrichtung dar.

Diese im Gesetz explizierten Hilfeformen sind als Beispiele zu verstehen, die (im Unterschied zu den §§ 5,6 JWG) den Grundbestand und das Leistungsspektrum an flächendeckend verfügbaren Maßnahmenarten sichern sollen (Wiesner 2006, 417). Darüber hinaus sind andere Typen von Erziehungshilfen denkbar und angezeigt, wenn sie dem Bedarf im Einzelfall gerecht werden. Das Gesetz steht also nicht einer sozialpädagogisch begründeten Weiterentwicklung von Hilfen entgegen. Wie die neuere Entwicklung (s. u.) zeigt, werden inzwischen auch viele integrierte Hilfeformen praktiziert, die rechtlich durch § 27, Abs. 2 SGB VIII abgedeckt sind oder realisiert werden, indem mehrere der genannten (rechtlich normierten) Typen kombiniert werden. Allen Hilfen zur Erziehung ist gemeinsam, dass sie als solche keinen staatlichen Eingriff in die elterliche Erziehungsverantwortung darstellen. Je nach Hilfeart können sie jedoch mit einer Übertragung der Befugnis zur Ausübung von Angelegenheiten der Personensorge an Dritte verbunden sein (§ 1688, Abs. 2 BGB; Wiesner 2006, 390). In jedem Fall bleiben die elterlichen Rechte im Rahmen der Erziehungshilfen vorrangig. Ein Entzug der elterlichen Sorge ist nach § 1666a BGB nur zulässig, „wenn der Gefahr nicht auf andere Weise, auch nicht durch öffentliche Hilfen, begegnet werden kann."

Unter *organisatorischen Gesichtspunkten* lassen sich die Hilfen zur Erziehung als Leistungen und Angebote höchst unterschiedlicher Einrichtungen darstellen. Grundsätzlich werden sie von freien wie auch von öffentlichen Trägern der Jugendhilfe nach Maßgabe von zwischen Jugendamt und Einrichtung geschlossenen Leistungsvereinbarungen (§ 78 SGB VIII) erbracht. Rechtlich wie organisatorisch sind die Hilfen zur Erziehung in der Regel eng verknüpft mit anderen Leistungen der Jugendhilfe, etwa den Hilfen für junge Volljährige (§ 41 SGB VIII), der Eingliederungshilfe für seelisch behinderte junge Menschen (§ 35a SGB VIII) oder der Inobhutnahme (§ 42 SBG VIII). Gemeinsam mit diesen ebenfalls spezifischen, auf den Einzelfall zielenden Hilfen lassen sich die Hilfen zur Erziehung von allgemeinen, eher gemeinde- oder zielgruppenorientierten Leistungen der Kinder- und Jugendhilfe (→ Struck / Schröer, Kinder- und Jugendhilfe) wie etwa Jugendarbeit (→ Lindner, Jugendarbeit) oder Jugendsozialarbeit abgrenzen, aber auch von Maßnahmen der Familienförderung

(→ Euteneuer / Sabla / Uhlendorff, Familienpolitik, Soziale Arbeit mit Familien und Familienbildung). Die Verschränkungen zu diesen Angeboten sind vielfältig. So sollen z. B. Hilfen zur Erziehung bei Jugendlichen bei Bedarf auch Ausbildungs- und Beschäftigungsmöglichkeiten (§ 34, Satz 3) einschließen und minderjährige Mütter erhalten im Rahmen von Erziehungshilfen auch Unterstützung bei der Pflege ihres Babys (§ 27, Abs. 4). Die Zuständigkeit für die Bedarfsfeststellung und Bedarfsentsprechung im Einzelfall, für die Hilfeplanung sowie für die Finanzierung liegt bei den Jugendämtern (örtliche Ebene). Bei allen Entscheidungen (Auswahl, Gestaltung, Umfang) sind von Anfang an die Adressaten der Hilfe zur Erziehung miteinzubeziehen (§§ 5, 8, 36 SGB VIII). Was die Hilfen zur Erziehung dennoch von klassischen Dienstleistungen unterscheidet, ist der spezifische Kontext, in dem die Leistungen erbracht und in Anspruch genommen werden (Schwabe 1996): Während (1) das Jugendamt im Bedarfsfall zur Hilfegewährung verpflichtet ist, wird die Hilfe in der Regel (2) von einem freien, vom Jugendamt beauftragten Träger erbracht. Leistungsberechtigte sind (3) die Personensorgeberechtigten, während (4) der junge Mensch der Empfänger der Leistung ist. Es liegt auf der Hand, dass in dieser Konstellation in der Regel unterschiedliche, oft nicht komplementäre Interessen vorliegen, die bei der Bedarfsfeststellung wie auch bei der Leistungserbringung berücksichtigt werden müssen. Es gehört zu den genuinen Aufgabenstellungen der Hilfen zur Erziehung, in diesen Interessenkonflikten – auf dem Weg der Aushandlung – zu gemeinsam getragenen Formen der Zusammenarbeit zu kommen.

Eine *sozialpädagogische Betrachtungsweise* setzt sich von rechtlichen oder organisatorischen Definitionen insofern ab, als der Subjektstellung des jungen Menschen und seiner Eltern ein maßgebliches Gewicht bei der Bestimmung dessen zugemessen wird, was überhaupt als „Hilfe" verstanden werden soll (→ Gängler, Hilfe). Ein sozialpädagogisches Verständnis gründet immer auf der unmittelbaren Verschränkung von objektiver Lebenslage, subjektiver Lebensbewältigung und kommunikativ vermittelten Ansprüchen an die Beziehungen zwischen den Generationen (BMJFFG 1990) sowie auf wechselseitiger menschlicher Zuwendung, auf lebensweltlichem Verstehen, auf zukunftsorientierter Sorge sowie auf Respekt vor der Andersartigkeit

des Gegenübers. Folgende Aspekte sind im Einzelnen hervorzuheben:

(1) Im Rahmen der sozialstaatlichen Verfasstheit sind Erziehungshilfen als Teil jener Angebote *für alle jungen Menschen* zu verstehen, welche diesen zur Bewältigung von Lebens-, Beziehungs- und Entwicklungsproblemen in Kindheit, Jugend und jungem Erwachsenenalter zur Verfügung stehen. Die zunehmende Differenzierung, Individualisierung und Pluralisierung des Lebens junger Menschen in modernen Gesellschaften macht deutlich, dass neben Herkunftsfamilie und Schule andere Lebensbereiche für die Persönlichkeitsentwicklung von zentraler Bedeutung sind. Eine Förderung der Erziehung sowie ein Aufbau förderlicher Bedingungen für das Aufwachsen von Kindern ist eine Querschnittsaufgabe (BMFSFJ 1994). Diese Hilfen sind also nicht als Reaktion auf ein Scheitern zu verstehen, sondern bieten dort Unterstützung und Schutz, wo schwierige Lebensphasen, belastende Erlebnisse oder einschränkende Existenzbedingungen die Entwicklung einer selbstsicheren und gemeinschaftsfähigen Persönlichkeit behindern.

(2) Indem Erziehung immer eingebunden ist in ein soziales Feld, in die Familie, den Freundeskreis, und ins soziale Milieu, kommt im Erziehungsgeschehen die *gesellschaftliche Differenzierung* mit all ihren sozialen Wirkungen zum Ausdruck. In gesellschaftlich randständigen Familien, biografisch belasteten Elternhäusern und unterprivilegierten Gruppen sind die Bedingungen des Aufwachsens härter, die Chancen für den Aufbau einer positiven Identität geringer und die Ressourcen zur Überbrückung von Krisen knapper. Hilfen zur Erziehung tragen dazu bei, belastenden, gefährdenden und destabilisierenden Lebensbedingungen besondere Beachtung zu schenken sowie Benachteiligung und Ausgrenzung abzubauen. Erziehungshilfe verschafft somit gerechten Zugang zu gesellschaftlichen Ressourcen, die zur Integration junger Menschen in die Gesellschaft umso notwendiger sind, als sie unterprivilegierten Familien in anderen Bereichen des Gesellschaftslebens vorenthalten werden (Moch 1990; Thiersch 1992).

(3) Hilfen zur Erziehung zielen primär darauf ab, die *Bedingungen in der Herkunftsfamilie* zu verbessern, unter denen der junge Mensch erzogen wird. Den Bedarf in entsprechender Weise zu bestimmen, setzt voraus, dass Eltern und Kinder in ihrer Lebenswelt als Subjekte anerkannt werden, deren

eigene Konstruktionen und Sinnsetzungen als primäre Anhaltspunkte dienen, wenn sie Schwierigkeiten bewältigen und Lösungen suchen. Hilfen zur Erziehung antworten also idealerweise auf Bedarfe, die Eltern und junge Menschen für sich benennen und die in gemeinsamer Aushandlung herausgearbeitet werden (§ 37 SGB VIII). Im Gegensatz zum alten Verständnis des JWG setzen Erziehungshilfen keineswegs ein defizitäres Verhalten des jungen Menschen oder der Eltern voraus. Im Sinne eines bedarfsgerechten Angebots sind Erziehungshilfen zu verstehen als Ermöglichung von Beziehung, Entfaltung, Herausforderung und Kompetenzerweiterung für das Kind / den Jugendlichen sowie als (auch entlastende) Unterstützung der Eltern, damit diese ihre eigene Erziehungskompetenz fördern können.

(4) In Abgrenzung vom rechtlichen Verständnis von „Hilfen zur Erziehung" als Maßnahme für den Einzelfall richtet sich der sozialpädagogische Blick auch verstärkt auf die Tatsache, dass sich Wohlergehen und Verhalten des jungen Menschen im *Wechselverhältnis zwischen ihm und seiner Familie einerseits und den sozialen Kontexten seines Alltagslebens andererseits* gestalten. Insofern jede individuelle Bedarfsfestschreibung mit einer Stigmatisierungsgefahr verbunden ist, zielen integrierte Erziehungshilfen (Wolff et al. 1997) folgerichtig auf eine enge Verzahnung zwischen Regelangeboten (Kindergarten, Hort, Tagesstätte) und spezifischen personenbezogenen Hilfen. Erziehungshilfen sind insofern immer auch mit Bilden und Lernen auf das Engste verknüpft (Frommann 2008, 365). In zunehmendem Maß werden Erziehungshilfen daher auch in Konzepte von Ganztagsangeboten von Schulen integriert (→ Coelen / Otto, Ganztagsbildung). Darüber hinaus erschließen sozialraumorientierte Angebote auch die im Gemeinwesen vorhandenen, allgemein zugänglichen Ressourcen, die für die Förderung einzelner junger Menschen besonders hilfreich sein können (Früchtel et al. 2001). Damit geht die konzeptionelle Forderung einher, dass Träger von Hilfen zur Erziehung organisatorisch und fachlich vernetzte Unterstützungsangebote (im Sinne von Jugendhilfestationen; Klatetzki 1994) innerhalb eines Sozialraums zur Verfügung stellen. Damit soll zunehmend versucht werden, eine traditionell-pragmatische Trennung zwischen eher kindbezogenen Hilfen (etwa Heim, Erziehungsbeistand, So-

ziale Gruppenarbeit) und eher familienbezogene Hilfen (Sozialpädagogische Familienhilfe, Erziehungsberatung, Elternbildung) mit integrierten Arbeitsansätzen zu überwinden.

Historische Bezüge

Unterbringung, Verwahrung und Disziplinierung prägten über Jahrhunderte das Grundverständnis der Maßnahmen für „elternlose" junge Menschen. Von „Erziehungshilfen" kann erst gesprochen werden vor dem Hintergrund der Überzeugung, dass es einer am Subjekt orientierten, persönlich-fördernden Grundhaltung des Erziehenden bedarf, um „verwahrlosten" Kindern und Jugendlichen, ihren Bedürfnissen, ihren Rechten und Ressourcen gerecht zu werden. Diesen elementaren Anspruch einer von Liebe geprägten Hinwendung zum jungen Menschen erhob erstmals Johann Heinrich Pestalozzi (1746–1827) in seinen frühen Ansätzen der Fürsorgeerziehung (Pestalozzi 1775–1779/2004). Aufgegriffen wurden seine Grundsätze von Johann Hinrich Wichern (1808–1881), der als Gründer des „Rauhen Hauses" in Hamburg im Jahr 1835 das Familienprinzip in die Heimerziehung einführte (Wichern 1958/1988).

Erste sozialrechtliche Überlegungen, junge Menschen, die sich – in Form von „Betteln, Stehlen, Unzucht, Landstreichen, fortgesetztem Ungehorsam" – nicht normgerecht verhalten, durch staatlich verordnete „Erziehung" zu disziplinieren, kamen im Zuge der Strafrechtsreform in den frühen 1870er Jahren auf (Münchmeier 1999). Mit der Parole „Erziehung statt Strafe" wurde die Entwicklung eines Zwangserziehungsprogramms angestoßen, das die Fürsorgeerziehung in Anstalten in den ersten vier Jahrzehnten des 20. Jahrhunderts prägte. Auffälliges und abweichendes Verhalten junger Menschen berechtigte den Staat auch zu „korrigierenden" Eingriffen in familiäre Strukturen. Diese wurden damit begründet, weitere Verwahrlosung und weiteres Verderben zu verhüten, und in der Regel als Zwangsmaßnahmen verstanden und durchgeführt. Solchen Zwangsmaßnahmen verschloss sich auch die Sozialpädagogik nicht.

In deutlicher Abwendung von dieser interventionistischen Perspektive brachte August Aichhorn (1878–1949) in den frühen 1920er Jahren erstmals psychoanalytische Erkenntnisse in die Praxis der

Heimerziehung ein (Aichhorn 1935/1951). Er legte damit den Grundstein für die Entwicklung „therapeutischer Milieus" (Bettelheim 1999; Redl 1987; Trieschman et al. 1981) in den Erziehungshilfen.

Im Mainstream stattlicher Zwangserziehung wurden jedoch bereits in den 1920er Jahren Bemühungen deutlich, bei den Erziehungsmaßnahmen verstärkt zwischen „geeigneten" Zöglingen und „Unerziehbaren" zu differenzieren. Unter der von den Nationalsozialisten propagierten und später durchgängig praktizierten Rassenbiologie der Auslese wurde die staatlich beaufsichtigte Ersatzerziehung endgültig den rassistischen Zielen des NS-Staates untergeordnet.

Nach dem Zweiten Weltkrieg knüpfte die Praxis der Heimerziehung relativ nahtlos an die Pädagogik des Zwangs und der Disziplinierung der Weimarer Zeit an (Kuhlmann/Schrapper 2001). Bis weit über die 1960er Jahre hinaus dominierten in der Heimerziehung große kasernenartige Einrichtungen, die mit ihrer funktionalen Organisation und mit überwiegend repressiven und meist auch entwürdigenden Maßnahmen in vielerlei Hinsicht den Charakter der von Goffman (1981) beschriebenen totalen Institution trugen (Wiedemann 1996; Thiersch 1973). Vertreter von Jugendbehörden und Erziehungspersonal, aber auch Ärzte und Gutachter begegneten den jungen Menschen mit Missachtung und Schuldzuweisung. Die Behandlungsmethoden in Heimen wirkten oftmals im Sinne von sich selbst erfüllenden Prophezeiungen.

Die Bedingungen der Heimzuweisung und der Unterbringung wiesen in beiden deutschen Staaten weitgehende Symmetrien auf, auch wenn die Maßnahmen unterschiedlich gerechtfertigt wurden (Kappeler 2008). Auch in der ehemaligen DDR wurden junge Menschen mit Orientierungs- oder Verhaltensproblemen einer gemeinschaftsschädlichen Lebensweise bezichtigt und dementsprechend in Großeinrichtungen Maßnahmen zur „Kollektiverziehung" unterworfen (Mannschatz 1986; Nolte/Reich 2007). Erklärtes Ziel beider Erziehungssysteme war es, verhaltensauffällige junge Menschen durch eine straffe Tagesordnung und Arbeitsmaßnahmen zu disziplinieren bzw. im Sinne der sozialistischen Gesellschaftsordnung „umzuerziehen" (etwa Wensierski 2006). Herauszustellen ist in erster Linie die doppelte Moral, welche – unter Missachtung jeder Subjektstellung des jungen

Menschen – die Disziplinierungsmaßnahmen so selbstverständlich erscheinen ließ, dass es dafür keiner besonderen, gar pädagogisch-fachlichen Rechtfertigung bedurfte.

Im Westen entstanden in den 1960er und 1970er Jahren jedoch auch erste Alternativen zur Anstaltserziehung in der Großgruppe, die zwar vom Umfang her randständig, fachlich aber durchaus von Bedeutung waren. In München ging in erster Linie Andreas Mehringer (1975/1994) neue Wege, indem er kleinere familienähnliche und geschlechtsgemischte Gruppen im Waisenhaus einrichtete. Im Jahre 1949 gründete Hermann Gmeiner (1976) in Imst (Österreich) das erste SOS-Kinderdorf. Dort sollten elternlose und verlassene junge Menschen in einer Familie unter der Leitung einer Hausmutter im Rahmen einer Dorfgemeinschaft aus ähnlichen Familien ein neues Zuhause finden. Die Studentenunruhen im Westen Deutschlands und in Westberlin in den Jahren 1967/68 waren zwar Auslöser einer radikalen Kritik der Zustände in den Heimen und brachten langsam eine grundlegende Umstrukturierung mit sich (Schmutz 2000). Dennoch dauerten die skandalösen Zustände in der Heimerziehung noch lange an. In der Folge der „Heimrevolte" entstanden zunächst erste Wohnkollektive (Tegethoff 1984), betreute Wohngruppen und dezentralisierte Heimformen. Allmählich setzten sich auch in den meisten Großheimen Reformen durch, die auf Dezentralisierung, größere Autonomie der Gruppen, Geschlechtermischung, Öffnung der Einrichtungen ins soziale Umfeld und zunehmende Achtung individueller Bedürfnisse, Eigenschaften und Rechte abzielten (Wolf 1995). Ab Mitte der 1970er Jahre richtete sich der Blick der Jugendbehörden verstärkt auch auf Qualifikation und Betreuung von Pflegeeltern. In der Folge etablierten sich ab den 1980er Jahren mit den „Erziehungsstellen" professionelle Erziehungshilfen in privaten Lebenskontexten (Moch 2007).

Bis weit in die 1970er Jahre prägte die stationäre Unterbringung in Großheimen und in Pflegefamilien das Bild der Erziehungshilfen. Dennoch wurden bereits ab den frühen 1960er Jahren an verschiedenen Orten ambulante Betreuungsformen entwickelt, in denen junge Menschen mit sozialen oder emotionalen Problemen – oft auch straffällige Jugendliche – tagsüber betreut wurden. Lange Zeit blieben solche intensiv betreuten ambulanten Einrichtungen eher die Ausnahme. Erst

Ende der 1970er Jahre führten unterschiedliche Entwicklungen – in erster Linie aufgrund der Umstrukturierung großer Träger – dazu, dass insbesondere für Kinder und jüngere Jugendliche teilstationäre Angebote bereitgestellt wurden (Spät 2001). Viele Fremdunterbringungen brachten eine unangemessen scharfe – oft auch (zu) lange – Trennung des jungen Menschen vom Elternhaus mit sich. Näher an den Herkunftsfamilien zu arbeiten und – in vielen Fällen – die Schule in der Erziehungshilfe sinnvoll zu ergänzen, waren primäre Motive zur Einrichtung solcher Gruppen. Deren Anzahl nahm zwischen 1985 und 1990 stark zu (s. u.).

Aber auch die stationären Erziehungshilfen erfahren ab den 1980er Jahren eine verstärke Rückbesinnung auf die gemeinsame Alltagsgestaltung als integrative Gruppe. Das „gute Haus" (Frommann 2008, 171 ff., 230 ff.), in dem situative Problembewältigung, Beziehungsarbeit und Perspektiventwicklung für den jungen Menschen im Mittelpunkt stehen, gilt heute als Sinnbild gelingenden Zusammenlebens. Im Verlauf der 1980er Jahre setzten sich – ausgehend von spezifischen örtlichen Entwicklungen (Hamburg, Celle) – darüber hinaus Modelle durch, in denen Heimerziehung auch außerhalb von Gruppen – etwa als Einzelwohnen oder in Form aufsuchender Betreuung in der eigenen Wohnung – möglich wurde (Hansbauer 1999). Die im 8. Jugendbericht (BMJFFG 1990, 85–90) programmatisch herausgestellten Strukturmaximen der Kinder- und Jugendhilfe wurden zur Richtschnur für alle Organisationsformen. Demzufolge werden Hilfen zur Erziehung seit der Jahrtausendwende zunehmend im Rahmen von lokalen Netzwerken angeboten, die immer häufiger federführend von einem Schwerpunktträger organisiert und verantwortet werden („Stuttgarter Modell"; Früchtel et al. 2001). Diese Regionalisierung geht einher mit einer Öffnung einzelfallbezogener Erziehungshilfen in enger Verbindung zu niedrigschwelliger Familienbildung oder -beratung, offener Jugendarbeit, Schulsozialarbeit sowie zu Tagestätten und Horten (Wolff et al. 1997; Peters et al. 2001). In diesem Zusammenhang, jedoch auch im Rahmen der Vermeidung sowie der Vor- und Nachberatung von stationären Maßnahmen, spielen aufsuchende Familienberatung und Familienaktivierung in Form von Elterntrainings, Ressourcenerschließung und Krisenintervention eine zunehmende Rolle im Spektrum regional vernetzter Erziehungshilfen. Angesichts dieser Entwicklungen sehen sich die Träger auch einem erhöhten Bedarf an organisatorischer Flexibilität sowie der Notwendigkeit eines hochwertigen Personalmanagements gegenüber (Grunwald / Steinbacher 2007). Mit der Gesetzesnovelle des KICK (Kinder- und Jugendhilfe-Weiterentwicklungsgesetz) im Jahr 2005 rückte der Schutz von Kindern vor Gewalt und Missbrauch (Fegert 2002) und die damit verbundene Wächterfunktion des Jugendamtes wieder verstärkt in den Fokus der Fachdiskussion (ISS 2008). Erziehungshilfen (in Form von Beratung, Entlastung, Aufklärung und Opferschutz) müssen diesem Anspruch zufolge gerade auch dort wirksam werden, wo im privaten Raum der Familie Kinder und Jugendliche unter gewaltvollen und / oder vernachlässigenden Strukturen leiden.

Empirische Daten und Forschungsbefunde

Inanspruchnahme von Erziehungshilfen

Im Jahr 1991 erhielten 138 von 10.000 jungen Menschen im Alter bis 27 Jahre eine Hilfe zur Erziehung, im Jahr 2006 waren es 281, das entspricht einer Zunahme von 104 % in 15 Jahren. In dieser Zeit hat das relative Gewicht der außerfamilialen Hilfen (nach den §§ 32–35 SGB VIII) deutlich abgenommen (von 43 % auf 26 %), während der relative Umfang der innerfamilialen Hilfen (nach den §§ 28–31 SGB VIII) entsprechend an Gewicht gewonnen hat (von 57 % auf 74 %). Im Jahr 2006 erhielten insgesamt 2,8 % aller ca. 23,2 Millionen der unter 27-Jährigen eine Hilfe zur Erziehung (Statistisches Bundesamt 2008). Die Häufigkeiten einzelner Hilfearten lassen sich jedoch kaum vergleichen, bedenkt man die doch sehr unterschiedlichen Intensitäten und Aufwendungen: Die Erziehungsberatungen, die fast die Hälfte (48 %) aller Einzelmaßnahmen ausmachen, bestehen jeweils lediglich aus Einzelstunden im Gesamtverlauf von durchschnittlich 7 Monaten. Maßnahmen in Tagesgruppen werden häufig an jedem Werktag der Woche erbracht und dauerten (bei den 2006 beendeten Hilfen) durchschnittlich 24 Monate. Die stationäre Unterbringung im Heim (mit bis zu 365 Betreuungstagen) machte im Jahr 2006 zwar nur

13 % aller Hilfen aus, stellt jedoch durchaus die personell und organisatorisch aufwendigste Hilfeform dar, die zudem während einer durchschnittlichen Dauer von 26 Monaten erbracht wird (Statistisches Bundesamt 2008).

Die Inanspruchnahme einzelner Hilfearten, unterschieden nach den ihnen zugrunde liegenden Rechtsbestimmungen, lässt sich wie folgt differenzieren:

Die Sozialpädagogische Familienhilfe (SPFH) ist nicht nur – nach der Erziehungsberatung – die häufigste Hilfeart, sie hat auch seit den 1990er Jahren bei Weitem den größten Zuwachs an Einzelmaßnahmen zu verzeichnen. Aber auch die Betreuung einzelner junger Menschen (Erziehungsbeistandschaft, Betreuungshelfer und Soziale Gruppenarbeit) ist erheblich umfangreicher geworden. Hier wird deutlich, dass – aus durchaus unterschiedlichen Gründen – einer familienintegrierten Intervention zunehmend häufiger der Vorzug vor anderen Hilfearten gegeben wird. Demgegenüber hat sich die rasante Entwicklung der Maßnahmen in Tagesgruppen, wie sie in den 1980er Jahren zu beobachten war, v.a. im laufenden Jahrzehnt nicht fortgesetzt.

Bei der vollstationären Unterbringung in Heimen, Wohngruppen und ähnlichen Wohnformen ist seit 2006 ein Rückgang in der Häufigkeit der Maßnahmen zu verzeichnen, was insbesondere die unter 12-Jährigen betrifft. Im absoluten Umfang eher randständig sind die Maßnahmen der Intensiven Sozialpädagogischen Einzelbetreuung (ISE), deren relative Häufigkeit sich jedoch nahezu vervierfacht hat. Bei fast allen Hilfen außerhalb des Elternhauses hat der Anteil derjenigen Hilfen, denen im individuellen Hilfeverlauf bereits eine andere Maßnahme vorausgegangen war, in den Jahren 1991 bis 2006 erheblich zugenommen (bei Tagesgruppen von 58 % auf 72 %; bei Vollzeitpflege von 64 % auf 78 %).

Die *Geschlechterverteilung* in einzelnen Hilfearten ist durchaus unterschiedlich: Bei der Erziehungsberatung, bei der Sozialen Gruppenarbeit sowie in Tagesgruppen sind Mädchen deutlich unterrepräsentiert. Auch in der Heimerziehung sind jüngere Mädchen bedeutend seltener anzutreffen als Jungen. Der Mädchen-Anteil nimmt aber mit dem Alter erheblich zu (Daigler / Finkel 2000). In Pflegefamilien sind Mädchen und Jungen gleich häufig vertreten. Bei den (eher seltenen) Betreu-

Tab. 1: Junge Menschen mit Hilfen zur Erziehung in Deutschland in den Jahren 1991 bis 2006 je 10.000 der unter 27-Jährigen nach Hilfeart (jährlich begonnene Hilfen) sowie durchschnittliche Hilfedauer

	1991	2001	2006	Veränderung 1991–2006 in %	Veränderung 2001–2006 in %	Durchschnittliche Hilfedauer (2006 beendete Hilfen) in Monaten
Erziehungsberatung (§ 28)	59	118	134	+127	+14	7
Erziehungsbeistand / Betreuungshelfer (§ 29); Soziale Gruppenarbeit (§ 30)	8	19	23	+188	+21	12
Sozialpädagogische Familienhilfe (§ 31) (je 10.000 Familien)	14	37	59	+321	+59	16
Tagesgruppe (§ 32)	3	5	5	+67	0	24
Vollzeitpflege (§ 33)	4	4	4	0	0	51
Heimerziehung (§ 34)	9	12	11	+22	-8	26
Intensive Sozialpädagogische Einzelbetreuung (§ 35)	0,18	0,58	0,87	+322	+483	16

ungen nach § 34 SGB VIII in einer eigenen Wohnung bilden Mädchen und junge Frauen eine deutliche Mehrheit. Insgesamt fällt im Geschlechtervergleich auf, dass Mädchen erheblich länger im Elternhaus verbleiben und auch dort weniger Hilfen erhalten als Jungen (Bürger 2002). Dieser Befund ist kritisch zu betrachten angesichts der Tatsache, dass viele Mädchen, die in einschränkenden, selbstwertschädigenden und oft auch von Gewalt und Missbrauch geprägten Familienstrukturen leben, seltener als Jungen durch ihr Verhalten darauf aufmerksam machen (Finkel 2004). Vieles spricht dafür, dass Erziehungshilfen auf die Not und Bedarfe von Mädchen und jungen Frauen weniger aufmerksam reagieren, zumal von den Eltern seltener Hilfen beantragt werden. Der Anspruch auf eine bedarfsgerechte Hilfe einerseits und der Primat der elterlichen Erziehungsverantwortung sowie der „Familialisierung" von Erziehungshilfen andererseits (IGFH 2007) widersprechen einander erheblich.

Auch in Bezug auf das *Alter der Zielgruppen* von Erziehungshilfen gibt es klare Unterschiede zwischen den Hilfearten: Zielgruppe von Erziehungsberatungsstellen sind in allererster Linie Minderjährige (91 %), während in der Heimerziehung die Jugendlichen bei Weitem überwiegen (das durchschnittliche Aufnahmealter liegt bei 14 Jahren; 45 % sind bei der Aufnahme zwischen 15 und 18 Jahre alt; Baur et al. 1998, 202). Bei den ambulanten Hilfen – insbesondere bei Tagesgruppen – liegt der Schwerpunkt bei den 6- bis 12-Jährigen. Bei den 1335 im Jahr 2006 begonnenen Hilfen der ISE waren 76 % der Betroffenen zwischen 15 und 21 Jahre alt (Statistisches Bundesamt 2008, 17). Da die Hilfen in Pflegefamilien im Durchschnitt über 4 Jahre dauern, ist hier das Altersspektrum in Vergleich zu anderen Hilfen am größten.

Was die *räumliche Verteilung* verschiedener Angebote anbelangt, so bestehen innerhalb und auch zwischen den Bundesländern erhebliche Unterschiede (LWV 2002). Im Jahr 2003 kamen in den Flächenländern der Bundesrepublik auf eine stationäre Fremdunterbringung knapp 0,7 ambulante Hilfen, von der SPFH über die Erziehungsbeistandschaft bis zur Tagesgruppe. Während etwa Sachsen nahe beim Durchschnitt lag, kam in Nordrhein-Westfalen auf eine Heimunterbringung nur eine halbe teilstationäre Maßnahme, in Baden-Württemberg war das Verhältnis zwischen der Anzahl stationärer und teilstationärer Maßnahmen ausgeglichen (KVJS 2005, 24). Generell werden in den Stadtstaaten erheblich mehr teilstationäre und ambulante Erziehungshilfe-Angebote in Anspruch genommen als in den Flächenländern.

Leistungsfähigkeit von Erziehungshilfen

Über die Leistungsfähigkeit von Erziehungshilfen liegen viele Einzelbefunde vor (Überblick bei Gabriel 2001; siehe auch Müller 2006). Viele Studien sind jedoch (primär aus methodologischen Gründen) eingeschränkt aussagekräftig, was die Reichweite und die Verallgemeinerbarkeit ihrer Ergebnisse anbetrifft. Allerdings liegen drei großangelegte empirisch-vergleichende Arbeiten vor: Die Studie „Leistungen und Grenzen von Erziehungshilfen" („JULE-Studie"; Baur et al. 1998) folgt weitgehend einem qualitativen Paradigma. Ein repräsentatives Sample von 284 Akten von Erziehungshilfe-Fällen (§§ 32, 34 SGB VIII) aus unterschiedlichen Jugendämtern wurde analysiert sowie 45 Interviews mit Betroffenen wurden geführt und ausgewertet. Als eindeutig erfolgreich erwiesen sich 54 % der Maßnahmen in Wohngruppen und 64 % der Maßnahmen in Tagesgruppen. Als „in Ansätzen positiv" konnten weitere 17 % respektive 19 % der Hilfeverläufe gewertet werden. Dabei wurde nachgewiesen, dass der Anteil erfolgreich beendeter Maßnahmen größer ist, wenn vom Jugendamt und vom Maßnahmenträger fachliche Standards eingehalten werden. Des Weiteren zeigte sich deutlich, dass eine Zusammenarbeit mit den Eltern die Wahrscheinlichkeit eines Maßnahmeerfolgs erhöht. In vielen fallspezifischen Analysen zeigt die JULE-Studie, dass Aspekte wie Drogen, Gewalt und Missbrauchserfahrungen sowie das Thema Migration bei vielen (teil-)stationären Erziehungshilfe-Maßnahmen nicht die Aufmerksamkeit erfahren, die ihnen angesichts ihrer sozialisatorischen Bedeutung zukommen müsste.

Die Jugendhilfe-Effekte-Studie (JES-Studie; Schmidt et al. 2002) untersuchte insgesamt 233 Hilfeverläufe in 77 Einrichtungen im Rahmen von Maßnahmen nach den §§ 28, 30, 31, 32 und 34 SGB VIII. Die umfangreiche Untersuchung wurde nach einem klassischen Messwiederholungsdesign aufgebaut, berücksichtigt aber auch institutionelle Merkmale der Strukturqualität. Danach zeichnet sich Heimerziehung durch eine vergleichsweise große Leistungsvielfalt aus und erreicht im untersuchten Maßnahmespektrum insgesamt das größte Maß an Strukturqualität (Organisationsformen, Personal, Fachressourcen, Qualifikationen). Den höchsten Grad an Bedarfsorientierung weist die Sozialpädagogische Familienhilfe auf. Die Erziehungsbeistandschaft ist nach dieser Studie mit einer relativ geringen Strukturqualität ausgestattet, es fehlt ihr insbesondere an klinischer (diagnostisch-therapeutischer) Orientierung. Im Unterschied zu anderen Studien wurde hier auch verstärkt auf Verhaltensmerkmale und Erhebungsmethoden zurückgegriffen, wie sie in Feldern der klinischen Psychologie sowie der Kinder- und Jugendlichen-Psychiatrie Anwendung finden. Die fallbezogenen Ergebnisse weisen darauf hin, dass in Bezug auf die Problematik der jungen Menschen in stationären Gruppen sowie in der SPFH die größten Veränderungen zu verzeichnen sind – bei allerdings sehr unterschiedlichen Ausgangsniveaus. Auch die Tagesgruppe erzielt diesbezüglich gute Erfolge, fällt jedoch erstaunlicherweise gegenüber anderen Hilfen deutlich zurück, was die Veränderungen der psychosozialen Belastungen im sozialen Umfeld anbelangt (Schmidt et al. 2002, 239). Dies gelingt demgegenüber der Erziehungsberatung am besten (158), aber auch hinsichtlich der Stärkung des psychosozialen Funktionsniveaus (Bewältigungsverhalten in Familie, Schule, Gleichaltrigengruppe und Freizeit) des Kindes erweist sich die Erziehungsberatung als recht erfolgreich, ganz im Gegensatz zur Erziehungsbeistandschaft.

Die bisher umfangreichste Datenbasis zur Abschätzung der Wirkungen erzieherischer Hilfen wurde durch das Projekt WIMES („Wirkungen messen"; EREV 2008) erhoben. Auf der Grundlage der Erhebung von je 10.000 Aufnahmen und Entlassungen werden laufende Veränderungen in Bezug auf verschiedene Fallmerkmale wie etwa Versorgung im Elternhaus, Affektsteuerung, Sozialverhalten oder Problemwahrnehmung eingeschätzt. An einer Teilstichprobe von 2160 vollständigen Hilfeverläufen wurde gezeigt, dass 58 % der jungen Menschen in stationären Hilfen in mindestens einer Entwicklungsaufgabe profitierten, wohingegen 27 % keine positive Entwicklung aufwiesen (EREV 2008, 34). „In über 70 % der Fälle führen Heim-

unterbringungen zu positiven Veränderungen in der Familie" (33), hauptsächlich durch entspanntere Beziehungen zwischen Eltern und Kindern. Bei den ambulanten Hilfen zeigen sich bei 68 % der Kinder und Jugendlichen mehr oder weniger deutliche Effekte hinsichtlich erwünschter Wirkungen.

Aktuelle Diskurse

In den vergangenen Jahren haben einige herausragende Themen die Fachdebatte um Erziehungshilfen in Deutschland besonders geprägt. Beim Versuch, diese – sich vielfach überschneidenden – Diskurse zu bündeln, lassen sich folgende vier inhaltliche Schwerpunkte bilden. Damit sind zahlreiche verschiedene Einzelthemen verbunden.

(1) Mit der Umstrukturierung der Erziehungshilfen in regional vernetzte, flexibel reagierende Angebote und Hilfestellungen unterschiedlicher Intensität und Reichweite vergrößerte sich im Einzelfall zum einen das Spektrum an möglichen und auch verfügbaren Hilfen. Zum anderen stiegen die organisatorischen und fachlichen Anforderungen an bedarfsentsprechende *Hilfeplanverfahren*. Indem zunehmend anerkannt wird, dass eine – lange immer noch vorherrschende – einseitig fachlich-diagnostische Sichtweise die subjektiven Wahrnehmungs-, Aneignungs- und Bewältigungsmuster der beteiligten Eltern, Kinder und Jugendlichen vernachlässigt, werden Hilfepläne mit den Betroffenen gezielter vorbereitet, präziser gefasst und angemessener dokumentiert (Harnach-Beck 2007). Versuche mit dem aus Neuseeland stammenden Modell der „family group conference", in welchem – unter methodischer Anleitung – alle Familienmitglieder in weitgehender Eigenverantwortung Hilfevorschläge und -szenarien selbst entwickeln (Müller / Kriener 2008), ermöglichen größere Akzeptanz und konsequentere Umsetzbarkeit geplanter Hilfen. Die bisher selbstverständliche strikte Trennung von Helfer- und Klientensystem kommt als Hindernis bei der Problembestimmung in den Blick. Folgerichtig werden die Helfer selbst explizit in die Analyse von Fallkonstellationen und Lösungsbildern miteinbezogen (Ader 2006). In diesen Ansätzen kann man erste Wege erkennen, um die nach wie vor häufigen „Jugendhilfekarrieren" (14 % bis 20 %

aller Fälle) zu vermeiden, in deren Verlauf Kinder und Jugendliche drei und mehr Erziehungshilfe-Maßnahmen nacheinander durchlaufen (Hamberger 2008).

(2) Trotz des inzwischen erheblichen Spektrums an möglichen und erprobten Maßnahmen und Modellen werden viele bedürftige Kinder, Jugendliche und Familien bisher nicht oder nur höchst unzulänglich erreicht. Die erwähnten Erziehungshilfe-Karrieren, aber auch die Abbrüche von Erziehungshilfe-Maßnahmen (EREV 2008), die steigende Zahl der – fast immer von einer besonderen Notlage zeugenden – Inobhutnahmen (Dortmunder Arbeitsstelle Jugendhilfestatistik 2008, 2) sowie die Häufigkeit von Straftaten im Kindes- und Jugendalter verweisen darauf, dass die Erziehung der „Schwierigsten" (Schwabe 2001) nach wie vor und in zunehmendem Maß ein ungelöstes Problem darstellt. Die fachlichen Antworten darauf sind sehr unterschiedlich: Nachdem die (im Umfang immer schon relativ unbedeutende) Zahl der Plätze in geschlossenen Einrichtungen im Verlauf der 1980er Jahre drastisch zurückgegangen war, ist etwa seit 1996 in Deutschland wieder eine deutliche Ausweitung geschlossener Unterbringungsmöglichkeiten zu verzeichnen (Hoops / Permien 2006, 22). Während seit der Ablösung des JWG diese Maßnahmen jugendhilferechtlich nicht mehr gerechtfertigt werden können (Wiesner 2006), wird auch ihre fachliche Fragwürdigkeit erneut unterstrichen. Demgegenüber werden aber auch verstärkt sozialpädagogische Alternativen mit individuell gestalteten Wohn- und Betreuungsformen entworfen und umgesetzt, die der Eigenverantwortung und der Verhandlungsfähigkeit Jugendlicher auch in schwierigsten Lebenslagen Rechnung tragen (Rätz-Heinisch 2005). In enger Verbindung dazu ist die Diskussion um heimliche und offene Formen des Zwangs in der Heimerziehung (Schwabe / Ernst 2008) zu sehen. Zur Debatte steht insbesondere, ob, inwieweit und unter welchen Umständen physisch einschränkende Maßnahmen – wie sie in der Familienerziehung v. a. kleiner Kinder praktiziert werden – auch im Kontext von Erziehungshilfen angemessene Mittel sein können / dürfen und welche fachlichen Regeln und Maßstäbe zu entwickeln und zu beachten sind, um beobachtbare Praxis solcher einschränkender Maßnahmen aus dem Graubereich

zwischen Verheimlichung und scheinbar fachlicher Rechfertigungsversuche herauszuholen.

(3) Wenn Hilfen zur Erziehung den Lebensproblemen junger Menschen gerecht werden wollen, so müssen sie deren eigenen subjektiven Perspektiven mehr Gewicht bei der Hilfegestaltung einräumen. Entsprechend sind insbesondere die stark in das Leben eingreifenden Hilfen aufgerufen, im Sinne von § 1 SGB VIII *Partizipation* als zentrales Element und Ziel erzieherischen Handelns zu verstehen. Beteiligung kann in unterschiedlichen Formen umgesetzt werden, so etwa durch institutionalisierte Gremien und Verfahren innerhalb einer Einrichtung oder aber eingebettet in die alltäglichen Abläufe einer Gruppe. Die dabei zu gewinnenden Chancen, aber auch die zu bewältigenden Schwierigkeiten, werden vielfach diskutiert (Kriener 1999; Wolf 1999; Stork 2007).

(4) Flexibilisierung und Regionalisierung der Erziehungshilfen haben inzwischen dazu geführt, dass die *Finanzierung* der jeweiligen Maßnahmen nach sehr unterschiedlichen Modellen erfolgt (Bremeyer 2007): Leistungen werden entsprechend der jeweiligen Entgeltvereinbarung (§ 78b SGB VIII) entweder in Form von Tagesentgelten, Fachleistungsstunden, Fallpauschalen oder in Projektpauschalen abgegolten und können in sozialraumbezogene Budgets eingebunden sein. Nachdem die strukturelle und auch inhaltliche Umorientierung der Erziehungshilfen seit den 1990er Jahren wesentlich vorangekommen ist, werden ab dem Jahr 2000 verstärkt Fragen nach der *Wirksamkeit* und der *Effizienz* von Erziehungshilfen aufgeworfen. Dies hat zum einen mit der nach wie vor sehr angespannten ökonomischen Situation der öffentlichen Träger zu tun, die sich in den politischen Gremien für steigende Budgets in diesem Bereich rechtfertigen müssen. Zum anderen spielen bei Fragen nach der Wirksamkeit jedoch auch fachliche Gründe eine Rolle. Gefahren bestehen allerdings dort, wo sich Effizienzmaßstäbe primär an vorgegebenen Zielen sozialstaatlicher Problemabwicklung und Kontrolle orientieren. Denn vor dem Hintergrund zunehmender Wohlstandskontraste kann die Frage nach dem „Erfolg" einer Erziehungshilfe letztlich nur beantwortet werden, wenn einerseits die je eigenen Maßstäbe und Ziele der jungen Menschen und ihrer Familien in Bezug auf eine gelingendere Lebensbewältigung und andererseits der Anspruch gesamtgesellschaftlicher

Teilhabe der durch die Hilfen erreichten Menschen im Mittelpunkt stehen.

Internationale Perspektiven

Angesichts der zunehmenden (auch sozial-)politischen Verschränkungen zwischen den europäischen Staaten lohnt sich ein Blick auf deren Gemeinsamkeiten und Unterschiede hinsichtlich der Erziehungshilfen. In Rechnung gestellt wird, dass die Ausgangssituationen für die länderspezifischen Umstrukturierungen in der jüngeren Vergangenheit sehr unterschiedlich sind, und zwar vor dem Hintergrund tiefgreifender Traditionen. Dennoch lassen sich einige gemeinsame Trends in Europa beobachten (Ministerium für Arbeit, Soziales, Gesundheit, Familien und Frauen Rheinland-Pfalz 2007): Im Spektrum der Formen von Fremdunterbringung junger Menschen gewinnt die (teilweise professionalisierte) Pflegefamilie gegenüber dem Heim an Gewicht. Kleinere Betreuungseinheiten gewinnen an Boden und es entstehen differenziertere Formen der Hilfe, auch zunehmend in räumlicher Nähe zum Herkunftsmilieu. Die Rechte der Kinder sowie die Verantwortung der Eltern erhalten größeren Stellenwert und es wird vielerorts – im Sinne von Normalisierung – auf eine Integration von stationären und ambulanten Erziehungshilfe-Formen hingearbeitet. Dennoch unterscheiden sich die meisten europäischen Länder erheblich in ihren entsprechenden Strukturen. Wie Trede (2004, 109) (anhand von vorsichtig zu interpretierenden Daten) nachweist, deutet sich eine große Diskrepanz bei den länderspezifischen Unterbringungspraxen an: Während beispielsweise in Polen in den frühen 1990er Jahren von 1000 Gleichaltrigen elf junge Menschen fremduntergebracht waren, betrug diese Quote in Deutschland 7,4, in England 3,4 und in Spanien 2,4.

In *Großbritannien* sind in den vergangenen Jahrzehnten etliche Parallelen zur deutschen Entwicklung festzustellen, etwa was die Stärkung der Elternrechte und den Blick auf spezifische Bedarfe betrifft (Gabriel 2001). Zugleich spielen jedoch in erster Linie die Erziehung in Pflegefamilien sowie die Internatserziehung erheblich größere Rollen als in Deutschland (Kendrick 2008). Die tendenziell kürzeren Maßnahmen sind in größerem Maß zentralistisch gesteuert und eine öffentlich geförderte,

praxisbezogene Evaluationsforschung ist stark etabliert. In Bezug auf die Qualifizierung stationärer Hilfen wurde in den vergangenen Jahren ein erheblicher Nachholbedarf im Sinne eines „sozialpädagogischen" Grundverständnisses festgestellt (Peters 2008, 96 ff.).

Die Administration der Erziehungshilfen in der *Schweiz* kontrastiert zu der in Großbritannien am deutlichsten. Die Routinen und Verfahren des Zugangs zu den Hilfen sowie deren Umsetzungspraxis sind stark von den jeweiligen sozialräumlichen Gegebenheiten und Traditionen geprägt. Bezüglich der Verfahren zur Bedarfsfeststellung, Hilfeplanung, Betroffenenbeteiligung und Durchführung bestehen zwischen den Kantonen große Unterschiede (Arnold et al. 2008). Insgesamt sind die Verfahren rechtlich wenig verankert und liegen teilweise in der Verantwortung der einzelnen Gemeinden. Ein traditionell starkes Pflegekinderwesen wird ergänzt durch regionale Heimgruppen sowie durch schulbezogene Unterbringungsformen.

In *Frankreich* ist die Bedeutung der Erziehungshilfen stark von der Tatsache überlagert, dass sehr viele Kinder bereits ab dem 3. Lebensjahr in das Schulsystem integriert sind. Somit erfahren dort auch besonders gefährdete Kinder entsprechende Diagnostik und Förderung. Gesundheits-, Justiz- und Sozialsystem agierten lange Zeit mit relativ getrennten Konzepten. Infolge der Dezentralisierung in den 1980er Jahren hat das jeweilige Departement wesentlichen Einfluss auf die Durchführung und die Ausstattung von Erziehungshilfen, die primär präventiven und familienunterstützenden Charakter haben, jedoch auch regional belegte und finanzierte stationäre Hilfen umfassen (Deroide 1997).

In *Spanien* wurde die langjährige Tradition im Bereich der Adoptionen durch eine stärkere rechtliche Verankerung von Pflegeverhältnissen abgelöst (Hamburger / Höffer-Mehlmer 1992). Daneben wurden die Rahmenbedingungen für Kurzzeitunterbringungen in Familien sowie für gemeindenahe, familienergänzende Hilfen verstärkt. Heimunterbringung mit Trennung von der Herkunftsfamilie wird nur als letzte Möglichkeit in Betracht gezogen.

In den *östlichen Nachbarländern* innerhalb der Europäischen Union hat sich – im Zuge der gesamtgesellschaftlichen Umwälzungen – ab der Jahrtausendwende ein erheblicher Wandel im Verständnis und der Praxis sozialstaatlichen Handelns vollzogen, wovon auch die Erziehungshilfen betroffen sind

(Hamberger et al. 2006). Die Lebensprobleme (Armut, Bildung, Familienbeziehungen, Beschäftigung) junger Menschen werden in öffentlichen Diskursen stärker wahrgenommen. Eine moderne, einheitliche Jugendhilfe-Gesetzgebung wurde in allen Ländern geschaffen. Im Rahmen sozialstaatlicher Strukturbildungen werden auch Hilfen für junge Menschen verstärkt in gemeindenahen Diensten realisiert.

Literatur

Ader, S. (2006): Was leitet den Blick? Juventa, Weinheim / München

Aich, P. (1977): Da weitere Verwahrlosung droht … Fürsorgeerziehung und Verwaltung. 3. Aufl. Rowohlt, Reinbek

Aichhorn , A. (1935 / 1951): Verwahrloste Jugend. Die Psychoanalyse in der Fürsorgeerziehung. 3. Aufl. Huber, Bern

Arnold, C., Huwiler, K, Raulf, B., Tanner, H., Wiki, T. (2008): Pflegefamilien und Heimplatzierungen. Rüegger, Zürich

Baur, D., Finkel, M., Hamberger, M., Kühn, A. (1998): Leistungen und Grenzen von Heimerziehung. Ergebnisse einer Evaluationsstudie stationärer und teilstationärer Hilfen. Kohlhammer, Stuttgart (JULE-Studie)

Bettelheim, B. (1999): So können sie nicht leben. Die Rehabilitation emotional gestörter Kinder. Klett-Cotta, Stuttgart

Birtsch, V., Münstermann, K., Trede, W. (Hrsg.) (2001): Handbuch Erziehungshilfen. Votum, Münster

Blandow, J. (2004): Pflegekinder und ihre Familien. Juventa, Weinheim / München

Bremeyer, A. (2007): Varianten der Finanzierung von Erziehungshilfen. EREV-Schriftenreihe 48. Hannover

Bundeskonferenz für Erziehungsberatung (Hrsg.) (2008): Jahrbuch für Erziehungsberatung. Juventa, Weinheim / München

Bundesministerium für Familien, Senioren, Frauen und Jugend (BMFSFJ) (1994): Bericht über die Situation der Kinder und Jugendlichen und die Entwicklung der Jugendhilfe in den neuen Bundesländern. 9. Jugendbericht. Bonn

Bundesministerium für Jugend, Familie, Frauen und Gesundheit (BMJFFG) (1990): Bericht über Bestrebungen und Leistungen der Jugendhilfe. 8. Jugendbericht. Bonn

Bürger, U. (2002): Praxis der Hilfegewährung im Leistungskanon der erzieherischen Hilfen. Disparitäten in altersklassen- und geschlechtsspezifische Analyse. Forum Erziehungshilfen 8, 198–207

Daigler, C., Finkel, M. (2000): Mädchen und junge Frauen in Erziehungshilfen. EREV-Schriftenreihe 41,3. Hannover

Deroide, N. (1997): Soziale Arbeit in Frankreich. In: Puhl, R., Maas, U. (Hrsg.): Soziale Arbeit in Europa. Juventa, Weinheim / München, 71–90

Dortmunder Arbeitsstelle Jugendhilfestatistik (2008) (Hrsg.): Komdat Jugendhilfe 11, 3

Evangelischer Erziehungsverband (EREV) (2008): Wirkungen III. EREV-Schriftenreihe 49, 4. Hannover (Projekt WIMES)

Fegert, J. M. (2002): Sexueller Missbrauch durch Professionelle in Institutionen. Votum, Münster

Finkel, M. (2004): Selbständigkeit und etwas Glück. Juventa, Weinheim / München

Freigang, W., Wolf, K. (2001): Heimerziehungsprofile. Beltz, Weinheim / München

Frommann, A. (2008): Menschlichkeit als Methode. Talheimer, Mössingen

Früchtel, F., Lude, W., Scheffer, Th., Weißenstein, R. (Hrsg.) (2001): Umbau der Erziehungshilfe. Juventa, Weinheim / München

Gabriel, T. (2001): Forschung zur Heimerziehung. Juventa, Weinheim / München

Gmeiner, H. (1976): Die SOS-Kinderdörfer. 12. Aufl. SOS-Kinderdorf-Verlag, Innsbruck

Goffman, I. (1981): Asyle. Suhrkamp, Frankfurt / M.

Grunwald, K. , Steinbacher, E. (2007): Organisationsgestaltung und Personalführung in den Erziehungshilfen. Juventa, Weinheim / München

Hamberger, M. (2008): Erziehungshilfekarrieren. IGFH, Frankfurt / M.

–, Hardege, B., Henes, H., Krumbholz, M., Moch, M. (2001): „… das ist einfach eine richtige Familie!" IGFH, Frankfurt / M.

–, Koch, J., Peters, F., Treptow, R. (Hrsg.) (2006): Children at Risk. Kinder- und Jugendhilfe in Mittel- und Osteuropa. IGFH, Frankfurt / M.

Hamburger, F., Höffer-Mehlmer, M. (Hrsg.) (1992): Jugendhilfe in Deutschland und Spanien. Schäuble, Rheinfelden

Hansbauer, P. (1999): Traditionsbrüche in der Heimerziehung. Votum, Münster

Harnach-Beck, V. (2007): Psychosoziale Diagnostik in der Jugendhilfe. 5. Aufl. Juventa, Weinheim / München

Hekele, K. (2005): Sich am Jugendlichen orientieren. Juventa, Weinheim / München

Helming, E., Schattner, H., Blüml, H. (1999): Handbuch Sozialpädagogische Familienhilfe. 4. Aufl. Kohlhammer, Stuttgart

Hoops, S., Permien, H. (2006): „Mildere Maßnahmen sind nicht möglich!" Freiheitsentziehende Maßnahmen nach §1631b BGB in Jugendhilfe und Jugendpsychiatrie. Deutsches Jugendinstitut, München

Institut für Sozialarbeit und Sozialpädagogik (ISS) (Hrsg.) (2008): Vernachlässigte Kinder besser schützen. Ernst Reinhardt Verlag, München / Basel

Internationale Gesellschaft für erzieherische Hilfen (IGFH) (2007): Forum Erziehungshilfen. Themenheft Familialisierung (be-)trifft Mädchen 13 / 4

Internationale Gesellschaft für Heimerziehung (IGFH) (1976): Kongress. Kinder in Ersatzfamilien. IGFH, Frankfurt / M.

Kappeler, M. (2008): Heimerziehung in der Bundesrepublik Deutschland (1950–1980) und der Deutschen Demokratischen Republik. Forum Erziehungshilfen 14, 68–74

Kendrick, A. (2008): Residential Child Care. Jessica Kingsley, London / Philadelphia

Klatetzki, T. (1994): Flexible Erziehungshilfen. Votum, Münster

Klawe, W., Bräuer, W. (1998): Erlebnispädagogik zwischen Alltag und Alaska. Juventa, Weinheim / München

Kommunalverband Jugend und Soziales Baden-Württemberg (KVJS) (2005): Bericht zur Entwicklung von Jugendhilfebedarf und strukturellem Wandel. Eigenverlag, Stuttgart

Kriener, M. (1999): Beteiligung in der Jugendhilfepraxis. Sozialpädagogische Strategien zur Partizipation in Erziehungshilfen und bei Vormundschaften. Votum, Münster

Krüger, E., Lachnit, A., Maier, H.-A., Stopp, A. (2003): Hilfeform Tagesgruppen. IGFH, Frankfurt / M.

Kuhlmann, C., Schrapper, C. (2001): Zur Geschichte der Erziehungshilfen von der Armenpflege bis zu den Hilfen zur Erziehung. In: Birtsch, V., Münstermann, K., Trede, W. (Hrsg.), 282–328

Landeswohlfahrtsverband Württemberg-Hohenzollern (LWV) (2002): Bericht zur Entwicklung von Jugendhilfebedarf und sozialstrukturellem Wandel in Württemberg-Hohenzollern. Eigenverlag, Stuttgart

Mannschatz, E. (1986): Heimerziehung. 2. Aufl. Volk und Wissen, Berlin

Mehringer, A. (1975 / 1994): Heimkinder. Gesammelte Aufsätze zur Geschichte und zur Gegenwart der Heimerziehung. 4. Aufl. Ernst Reinhardt Verlag, München / Basel

Ministerium für Arbeit, Soziales, Gesundheit, Familien und Frauen Rheinland-Pfalz, Referat für Reden und Öffentlichkeitsarbeit (Hrsg.) (2007): Hilfen zur Erziehung im europäischen Vergleich. Wie wird ein Fall zum Fall? Europäische Fachtagung am 21. / 22.11.2005

Moch, M. (2007): Lebensverläufe junger Menschen in Erziehungsstellen. Zeitschrift für Kindschaftsrecht und Jugendhilfe 2, 49–55

– (1990): Familienergänzende Erziehungshilfe im Lebensfeld. Brandes und Apsel, Frankfurt / M.

Müller, J. (2006): Heimerziehung. Dr. Kovač, Hamburg

Müller, K., Kriener, M. (2008): Für mehr Partizipation. Hilfeplanung mal ganz anders. Zwischenergebnisse aus dem Modellprojekt „Implementation und Evaluation von Family-Group-Conference-Konzepten". Forum Erziehungshilfen 1, 44–48

Münchmeier, R. (1999): Geschichte der Heimerziehung. 1870–1936. In: Colla, H., Gabriel, T., Millam, S., Müller-Teusler, S., Winkler, W. (Hrsg.): Handbuch Heimerziehung und Pflegekinderwesen in Europa. Luchterhand, Neuwied / Kriftel, 141–152

Nolte, S., Reich A. (2007): Der geschlossene Jugendwerkhof Torgau / DDR. Jugendhilfe 45, 285–293

Pestalozzi, J.-H. (1775–1779 / 2004): Sozialpädagogische Schriften. Hrsg. von R. Horlacher. Pestalozzianum, Zürich

Peters, F. (2008): Hilfen zur Erziehung in europäischen Modernisierungsprozessen. IGFH, Frankfurt / M.

–, Trede, W., Winkler, M. (Hrsg.) (2001): Integrierte Erziehungshilfen. IGFH, Frankfurt / M.

Rätz-Heinisch, R. (2005): Gelingende Jugendhilfe bei „aussichtslosen Fällen". Ergon, Würzburg

Redl, F. (1987): Erziehung schwieriger Kinder. Beiträge zu einer psychotherapeutisch orientierten Pädagogik. 4. Aufl. Piper, München

Schmidt, M., Schneider, K., Hohm, E., Pickartz, A., Macsenaere, M., Petermann, F., Flosdorf, P., Hölzl, H., Knab, E. (2002): Effekte erzieherischer Hilfen und ihre Hintergründe. Kohlhammer, Stuttgart (JES-Studie)

Schmutz, E. (2000): Aus der Geschichte lernen. Analyse der Heimreform in Hessen (1968–1983). IGFH, Frankfurt / M.

Schwabe, M. (2001): Was tun mit den „Schwierigsten"? In: EREV (Hrsg.): Flexible Hilfen – quo vadis? EREV-Schriftenreihe 42. Hannover, 107–131

– (1996): Wer sind unsere Kunden? Wie definieren sich unsere Aufträge? Worin bestehen unsere Leistungen? Widersprüche 16, 11–30

–, Ernst, R. (2008): Zwang in der Heimerziehung? Ernst Reinhardt Verlag, München / Basel

Spät, K. (2001): Tagesgruppen. In: Birtsch, V., Münstermann, K., Trede, W. (Hrsg.), 572–597

Statistisches Bundesamt (2008): 16 Jahre Kinder- und Jugendhilfegesetz in Deutschland. Eigenverlag, Wiesbaden

Statistisches Bundesamt (2006–2009): Statistische Jahrbücher 2005–2008. Eigenverlag, Wiesbaden

Stork, R. (2007): Kann Heimerziehung demokratisch sein? Juventa, Weinheim / München

Struck, N., Galuske, M., Thole, W. (2003): Reform der Heimerziehung. Leske + Budrich, Opladen

Tegethoff, H.-G. (1984): Jugendwohngemeinschaften als eigenständige Einrichtungen der Jugendhilfe. Leistungen und Grenzen institutioneller Erziehung aus der Sicht der Betroffenen. Deutsches Jugendinstitut, München

Thiersch, H. (1992): Lebensweltorientierte Soziale Arbeit. Juventa, Weinheim / München

– (1973): Institution Heimerziehung. In: Bonhoeffer, M., Denninger, E., Gieseke, H., Hornstein, W., Mollenhauer, K., Quensel, S., Thiersch, H. (Hrsg.): Offensive Sozialpädagogik. Vandenhoeck und Ruprecht, Göttingen, 56–69

Thurau, H., Völker, U. (1995): Erziehungsstellen. Professionelle Erziehung in privaten Haushalten. IGFH, Frankfurt / M.

Trede, W. (2004): Heimerziehung in europäischen Ländern unter besonderer Berücksichtigung des Spannungsfeldes Hilfe-Schutz-Kontrolle. In: Homfeldt, H. G., Brandhorst, K. (Hrsg.): International vergleichende Soziale Arbeit. Schneider, Baltmannsweiler, 106–122

Trieschman, A. E., Whittaker, J. K., Brendtro L. K. (1981): Erziehung im therapeutischen Milieu – Ein Modell. 4. Aufl. Lambertus, Freiburg / Br.

Wensierski, P. (2006): Schläge im Namen des Herrn. 3. Aufl. Deutsche Verlags-Anstalt, München

Wichern, J.-H. (1958 / 1988): Sämtliche Werke. Hrsg. von P. Meinhold, G. Brakelmann. Luth.-Verl.-Haus, Berlin

Wiedemann, M. (1996): Das Podium über die Berliner Zeit. In: Frommann, A., Becker G. (Hrsg.): Martin Bonhoeffer – Sozialpädagoge und Freund unter Zeitdruck. Talheimer, Mössingen

Wiesner, R. (2006): SGB VIII. 3. Aufl. Beck, München

Wolf, K. (1999): Machtprozesse in der Heimerziehung. Votum, Münster

– (1995): Entwicklungen in der Heimerziehung. 2. Aufl. Votum, Münster

Wolff, M., Schröer, W., Möser, S. (Hrsg.) (1997): Lebensweltorientierung konkret. IGFH, Frankfurt / M.

Woog, A. (1998): Soziale Arbeit in Familien. Juventa, Weinheim / München

Individuum / Identität

Von Heiner Keupp

Im alltagssprachlichen Gebrauch scheinbar vertraute Begriffe erweisen sich bei genauerer Analyse als höchst voraussetzungsvoll und komplex. Das gilt auch für den Individuumsbegriff. Vom lateinischen Wortstamm her soll mit ihm etwas „Unteilbares" erfasst sein. In der griechischen und mittelalterlichen Philosophie ist er für das Atom verwendet worden, also für eine nicht weiter aufspaltbare Grundeinheit der Welt. Aber so wie inzwischen die Spaltbarkeit des Atoms möglich ist, so ist auch die Vorstellung, das Individuum sei etwas Letztes und nicht mehr hintergehbares, längst dekonstruiert.

Theodor Litt sieht im Zusammenhang mit dem Individuumsbegriff die „Gefahr vielfacher Begriffsverwirrung" (1926, 163). Das hat zum einen damit zu tun, dass er ungenügend von solchen Begriffen wie „Individualität", „Individualismus", „Individuation" oder „Individualisierung" abgegrenzt ist, die ihn ja alle im Wortstamm aufbewahren. Hinzu kommen andere Begriffe, wie „Subjekt" oder „Identität", die im gleichen Bedeutungsfeld für sich Sinn beanspruchen. Alle diese Begriffe thematisieren den einzelnen Menschen unter einer je spezifischen Perspektive:

„*Individualität*" bezieht sich auf das je Spezifische einer Person. Der Mensch wird als Einzelwesen in seiner einmaligen Existenz und mit unverwechselbaren Merkmalen wahrgenommen.

„*Individuation*" formuliert eine normative Vorstellung von dem aktiven Bemühen um die Herausbildung einer individuellen Besonderheit: Gewinnung einer eigen- und selbstständigen Persönlichkeit.

„*Individualismus*" drückt ebenfalls eine starke Wertung aus. In den Diskursen über die Rechte der Gemeinschaft gegenüber den Individualinteressen wird vom Individualismus den individuellen Rechten und Interessen Priorität eingeräumt. In aller Regel wird er deshalb in einer Verwandtschaft zum Egoismus gesehen und negativ konnotiert.

„*Individualisierung*" ist am präzisesten als soziologische Kategorie im Rahmen von Modernisierungstheorien bestimmt worden, und bezeichnet in aller Regel einen Prozess, „in dem die Abhängigkeit des Individuums von seiner unmittelbaren Umgebung" abnimmt (van der Loo / van Reijen 1992, 161). Traditionelle Lebensformen mit ihrem hohen Normierungsleistungen für individuelles Handeln verlieren in diesem Prozess an Bedeutung für die individuelle Lebensführung, und das einzelne Subjekt muss sich im Rahmen seiner gesellschaftlichen Ressourcen eine eigene Lebensform erarbeiten.

„*Identität*" kann als innere Selbstthematisierung des Subjekts verstanden werden, das sich Antworten auf folgende Fragen zu geben versucht: Wer bin ich? Was will ich, was kann ich sein? Wo ist mein Platz in der Gesellschaft? (Bauman 1995, 54).

Der Begriff „*Subjekt*" setzt den Einzelnen in eine Relation zur sozialen Wirklichkeit und sieht die Person als aktive Instanz der Erkenntnis und Praxis, die zielgerichtet auf die natürliche und soziale Umwelt einwirkt. Der Subjektbegriff transportiert also auch eine spezifisch normative Vorstellung von der Person: Sie setzt sich in ein gestaltendes Verhältnis zu ihrer Welt und ist nicht nur passives Produkt ihrer natürlichen und gesellschaftlichen Lebensbedingungen.

Die „Geburt" des modernen Individuums

Schon in den Sozialphilosophien von Platon und Aristoteles ist das Verhältnis von Gesellschaft und Individuum höchst unterschiedlich gedacht worden. Die „platonische" und die „aristotelische" Sichtweise der Zuordnung von Individuum und Gesellschaft, die später als Gegensatzpaar von „soziozentriertem" und „individuozentriertem Ansatz"

Otto/Thiersch (Hg.), Handbuch Soziale Arbeit, 4. A., DOI 10.2378/ot4a.art065,

bezeichnet werden, durchziehen die lange Vorgeschichte der Sozialwissenschaften. Der „platonische" oder „soziozentrierte Ansatz" geht von der Prämisse aus, dass der einzelne Mensch nur dann zu einem sozialen Wesen werden kann, wenn er von gesellschaftlichen Prägeinstanzen dazu erzogen wird. Für den „aristotelischen" oder „individuozentrierten Ansatz" ist das Individuum von Natur aus auf Gesellschaft hin angelegt. Der Mensch bringt die Befähigung zum Zusammenleben von Natur aus mit, kann Beziehungen zu anderen Menschen eingehen und auf dieser Voraussetzung aufbauend, können sich soziale Mikro- und Makrogebilde (von der Familie, über Sippen, Stämme bis zum Staat) entwickeln.

Mit dem Christentum haben sich die sozialphilosophischen Grundfragen der griechischen Klassik deutlich zugespitzt, denn es hat den Menschen in den Mittelpunkt gerückt und hat so entscheidend zu einem individuozentrierten Welt- und Menschenbild beigetragen. Die volle Entfaltung des individualisierenden Potenzials des Christentums hat sich dann erst in der protestantischen Reformation vollzogen, die sich an der Epochenschwelle zur Moderne vollzog. Das Individuum tritt voll in die Geschichte ein und definiert sich zunehmend als selbstbewusster Produzent und Herrscher gesellschaftlicher Ordnung.

Das Ende des Mittelalters und die mit der Renaissance anbrechende Neuzeit sind durch einen paradigmatischen Wendepunkt bezeichnet: Der Mensch wird als Subjekt zum Angelpunkt. In der sich etablierenden Moderne oder – in einer anderen Tradition benannt – in der entstehenden bürgerlichen Gesellschaft erkennt sich das Individuum als handelndes und begreifendes Zentrum der Welt, das nicht mehr bereit ist, sich von einer äußeren Instanz definitiv sagen zu lassen, „was die Welt im Innersten zusammenhält". Letzte Instanz von Wahrheit werden jetzt Zweifel und Gewissheit des Individuums. Nur die Erkenntnisse, die die eigene Vernunft verifizieren kann, können Sicherheit und Orientierung in der Welt garantieren. Alle Lebensmaximen, die sich auf traditionelle Autoritäten und Gewohnheiten berufen, werden prinzipiell angezweifelt. Die gemeinschaftliche Übereinkunft, die der vernunftgesteuerten Nachprüfung durch den einzelnen nicht standhält, verliert jede Legitimation.

Diese aus einem naturhaft gedachten Kosmos heraustretenden Individuen sind nicht mehr selbstverständlich miteinander verbunden, nicht mehr Teil einer Ordnung, die jedem Einzelnen seinen Platz zuwies und damit zugleich die Relation der Individuen zueinander bestimmte. Der sich jetzt individuierende Einzelne muss die Beziehungen zu den anderen Individuen regeln. Kein göttlicher Heilsplan kann mehr das geordnete Zusammenleben garantieren, es muss in vertraglicher Form ausgehandelt und vereinbart werden. Im Verhältnis zur bis dahin gültigen sozialen Ordnung stellen solche neuen Grundüberzeugungen ein revolutionäres Potenzial dar. Das sich in ihnen neu konstituierende bürgerliche Subjekt bricht prinzipiell mit den bisherigen Autoritäten (vor allem Kirche und Feudalherrschaft) und sucht sich seine neue Ordnung. In diesem Umwälzungsprozess ist auch der Ursprung der neuzeitlichen Psychologie zu sehen. Sie speist sich aus dem Bedürfnis der Bürger, „sich selbst zu finden" und nicht fremdbestimmt zu definieren. Nicht mehr die kategoriale Zugehörigkeit zu einem spezifischen Kollektiv, Stand oder „Wir" sollte dem Individuum die Antwort vorgeben dürfen, wer es denn sei. „Individuen, die sich als sich selbstbestimmende, autonome Souveräne, für sich selbst verantwortliche Verfasser ihrer eigenen Lebenswerke verstanden, wurden die zentralen Akteure auf der sozialen Bühne" (Sampson 1989, 915). Die „Freisetzung" aus den feudalen Formen des Fremdbesitzes ist Voraussetzung für die neue Besitzordnung. Das Subjekt versteht sich „als Eigentümer seiner selbst" (Macpherson 1967, 15).

Das moderne Individuum ist aber nicht nur eine „Kopfgeburt", eine neue Interpretationsfolie für einen substantiell wenig veränderten Zustand der Individuen. Wie Max Weber und vor allem Norbert Elias aufgezeigt haben, benötigte die entstehende bürgerliche Ordnung spezifische Sozialcharaktere, die sich vor allem durch eine tiefe Identifikation mit Arbeit und durch eine verinnerlichte Selbstkontrolle auszeichneten. In den Individuen wurden spezifische Motivbündel kulturell verankert, die zu einem „Wollen des Gesollten" führten. Verallgemeinernd kann man sagen, das Individuum erhält durch die jeweiligen gesellschaftlichen Verhältnisse eine innere „Zurichtung", die in seinen persönlichen Habitus eingeht und nicht nur einfach ein Mantel ist, der je nach Gelegenheit übergestreift, aber dann auch wieder abgelegt werden kann.

Die Kategorie Individuum spannt in den geläufigsten Verwendungsweisen einen Rahmen auf, in dem die Gesellschaft nicht vorkommt. Große Teile der Psychologie, der Zentraldisziplin des Individuums, sind in einem naturalistischen Missverständnis noch immer von der Annahme bestimmt, sie könnten Aussagen über das Individuum formulieren, die ahistorisch und universell gültig sind. Das ist nur für die biologisch-naturhaften Basisprozesse psychischer Funktionen möglich (z. B. über die physiologisch-anatomischen Bedingungen der Wahrnehmung), nicht aber für die qualitativ-inhaltlichen Dimensionen des Psychischen (z. B. ist Wahrnehmen immer soziales Wahrnehmen, also sinnliche Erkenntnis im Rahmen der soziokulturell geprägten Wahrnehmungskategorien). J. H. Herbart (1824 / 25), einer der Gründer der modernen Psychologie, hatte in aller Klarheit die Unsinnigkeit dieser Position benannt: „Der Mensch ist Nichts außer der Gesellschaft. Den völlig Einzelnen kennen wir gar nicht" (1883–92, VI, 20). Am eingängigsten hat Karl Marx in seiner 6. These über Feuerbach die Fiktion eines ungesellschaftlichen abstrakten Individuums benannt: „Aber das menschliche Wesen ist kein dem einzelnen Individuum innewohnendes Abstraktum. In seiner Wirklichkeit ist es das ensemble der gesellschaftlichen Verhältnisse" (Marx 1845, zit. nach 1969, 6). Eine solche Sicht hat sich längst noch nicht durchgesetzt. Vor allem Norbert Elias hat sich an vielen Stellen seines Werkes gegen die in den Sozialwissenschaften generell und vor allem in der Psychologie verbreitete Konzeption des Menschen als „homo clausus" gewandt. In diesem Modell wird zunächst das Individuum als von der Gesellschaft getrennt gedacht, also der in sich eingeschlossene Mensch, der danach aber dann doch zu dieser Gesellschaft in Beziehung gesetzt wird. Dafür werden dann so vage Konzepte wie „Wechselwirkung", „Beeinflussung" oder „soziale Faktoren" etc. bemüht. Die getrennt gedachten Größen werden nachträglich zusammenmontiert. Elias selbst und eine Reihe anderer Autoren zeigen, dass nicht nur die jeweiligen Vorstellungen vom Individuum einem historischen Konstruktionsprozess unterliegen, sondern dass das Hervortreten eines eigenständigen Individuums auf gesellschaftliche Herstellungsprozesse zurückgeführt werden muss.

Gesellschaftliche Individualisierung als Bedingung zeitgenössischer Subjektpositionierung

In den aktuellen Gesellschaftsanalysen rückt immer deutlicher der Begriff der „Individualisierung" ins Zentrum. Er formuliert einen wichtigen Trend gesellschaftlicher Veränderung. Gleichzeitig wird er oft vollständig missverstanden. Er trifft auf spezifische Formen von Vorverständnis, die zugleich Missverständnismöglichkeiten einschließen. Ulrich Beck erläutert, was der Begriff nicht meint: „nicht Atomisierung, Vereinzelung, nicht Beziehungslosigkeit des freischwebenden Individuums, auch nicht (was oft unterstellt wird) Individuation, Emanzipation, Autonomie" (1995, 304). Wenn er dies alles nicht meint, was meint der Begriff „Individualisierung" sonst? Beck unterscheidet drei Dimensionen eines gesellschaftlichen Prozesses, der die Moderne wie kein anderer prägt:

1. die „Freisetzungsdimension", die die „Herauslösung aus historisch vorgegebenen Sozialformen und -bindungen im Sinne traditionaler Herrschafts- und Versorgungszusammenhänge thematisiert;
2. die „Entzauberungsdimension", also den „Verlust von traditionalen Sicherheiten im Hinblick auf Handlungswissen, Glauben und leitende Normen" und
3. die „Kontroll- bzw. Reintegrationsdimension", die sich auf eine „neue Art der sozialen Einbindung" bezieht (Beck 1986, 206).

Die gesellschaftliche Individualisierung fördert – wie es Jürgen Habermas (1998, 126 f.) treffend formulierte – eine „zweideutige Erfahrung": „die Entbindung aus einer stärker integrierten Lebenswelt entlässt die Einzelnen in die Ambivalenz wachsender Optionsspielräume".

Die sozialwissenschaftliche Literatur, die auf diese epochale Veränderung reagiert, reproduziert noch einmal diese Ambivalenz. Da wird einerseits der individuelle Zugewinn an Entscheidungssouveränität herausgestellt. Auf der anderen Seite wird die Entkernung der Subjektgehäuse betrauert, das seine „Substanz" einbüßen würde, es ist vom „Tod des Subjekts" die Rede (Gergen 2000). In den meisten dieser besorgten Diagnosen wird unterstellt, dass die zunehmende Individualisierung zu einer Liquidation des Subjektes führt. Es wird entweder angenommen, dass das Subjekt völlig aus seiner sozialen Verankerung gerissen wird und nun hilf- und haltlos zum Treibholz gesellschaftlicher Fluten wird oder sich zu einem „ungebundenen Selbst" (Sandel 1993) entwickelt, das sich allein von seinen „egoistischen" Interessen leiten lässt und deshalb zu einem konstruktiven Beitrag sozialen Zusammenlebens unfähig ist. Hier ist von den „Ichlingen" die Rede oder – als Steigerungsform – von „neoliberalen Subjekten" (Walkerdine 2005), die einzig und allein ihren persönlichen Gewinn im Sinne haben und damit zu einem gemeinschaftsschädigenden Potenzial werden. „Unreflektierte Einzigartigkeit" (Heller 1995, 80) würde kultiviert, und es resultiere daraus das, was Agnes Heller (81) den „narzisstischen Konformisten" genannt hat.

Identität: Die kulturell kodierte Selbstaneignung des Individuums

Das Konstrukt Identität verweist auf das menschliche Grundbedürfnis nach Anerkennung und Zugehörigkeit, das gerade deshalb sich immer wieder bemerkbar macht, weil es ontologisch in der Conditio humana nicht abgesichert ist. Es soll dem anthropologisch als „Mängelwesen" bestimmbaren Subjekt eine Selbstverortung ermöglichen, liefert eine individuelle Sinnbestimmung, soll den individuellen Bedürfnissen sozial akzeptable Formen der Befriedigung eröffnen. Identität bildet ein selbstreflexives Scharnier zwischen der inneren und der äußeren Welt. Genau in dieser Funktion wird der Doppelcharakter von Identität sichtbar: Sie soll einerseits das unverwechselbar Individuelle, aber auch das soziale Akzeptable darstellbar machen. Insofern stellt sie immer eine Kompromissbildung zwischen „Eigensinn" und Anpassung dar.
Identität im psychologischen Sinne ist die Frage nach den Bedingungen der Möglichkeit für eine lebensgeschichtliche und situationsübergreifende Gleichheit in der Wahrnehmung der eigenen Person und für eine innere Einheitlichkeit trotz äußerer Wandlungen. Dieses Problem der Gleichheit in der Verschiedenheit beherrscht auch die aktuellen Identitätstheorien. Für Erik Erikson, der den durchsetzungsfähigsten Versuch zu einer psychologischen Identitätstheorie unternommen hat, besteht „das Kernproblem der Identität in der Fä-

higkeit des Ichs, angesichts des wechselnden Schicksals Gleichheit und Kontinuität aufrechtzuerhalten" (1964, 87).
Identität wird von Erikson also als ein Konstrukt entworfen, mit dem das subjektive Vertrauen in die eigene Kompetenz zur Wahrung von Kontinuität und Kohärenz formuliert wird. Dieses „Identitätsgefühl" (Bohleber 1997) oder dieser „sense of identity" (Greenwood 1994) ist die Basis für die Beantwortung der Frage: „Wer bin ich?", die in einfachster Form das Identitätsthema formuliert. So einfach diese Frage klingen mag, so eröffnet sie darüber hinaus komplexe Fragen der inneren Strukturbildung der Person.
Die Konzeption von Erikson ist in den 1980er Jahren teilweise heftig kritisiert worden. Die Kritik bezog sich vor allem auf seine Vorstellung eines kontinuierlichen Stufenmodells, dessen adäquates Durchlaufen bis zur Adoleszenz eine Identitätsplattform für das weitere Erwachsenenleben sichern würde. Das Subjekt hätte dann einen stabilen Kern ausgebildet, ein „inneres Kapital" (Erikson 1966, 107) akkumuliert, das ihm eine erfolgreiche Lebensbewältigung sichern würde. Thematisiert wurde auch die Eriksonsche Unterstellung, als würde eine problemlose Synchronisation von innerer und äußerer Welt gelingen. Die Leiden, der Schmerz und die Unterwerfung, die mit diesem Einpassungsprozess gerade auch dann, wenn er gesellschaftlich als gelungen gilt, verbunden sind, werden nicht aufgezeigt.
Das Konzept von Erikson ist offensichtlich unauflöslich mit dem Projekt der Moderne verbunden. Es überträgt auf die Identitätsthematik ein modernes Ordnungsmodell regelhaft-linearer Entwicklungsverläufe. Es unterstellt eine gesellschaftliche Kontinuität und Berechenbarkeit, in die sich die subjektive Selbstfindung verlässlich einbinden kann. Gesellschaftliche Prozesse, die mit Begriffen wie Individualisierung, Pluralisierung, Globalisierung angesprochen sind, haben das Selbstverständnis der klassischen Moderne grundlegend in Frage gestellt. Der dafür stehende Diskurs der Postmoderne hat auch die Identitätstheorie erreicht. In ihm wird ein radikaler Bruch mit allen Vorstellungen von der Möglichkeit einer stabilen und gesicherten Identität vollzogen. Es wird unterstellt, „dass jede gesicherte oder essentialistische Konzeption der Identität, die seit der Aufklärung den Kern oder das Wesen unseres

Seins zu definieren und zu begründen hatte, der Vergangenheit angehört" (Hall 1994, 181).

In der Dekonstruktion grundlegender Koordinaten modernen Selbstverständnisses sind vor allem Vorstellungen von Einheit, Kontinuität, Kohärenz, Entwicklungslogik oder Fortschritt zertrümmert worden. Begriffe wie Kontingenz, Diskontinuität, Fragmentierung, Bruch, Zerstreuung, Reflexivität oder Übergänge sollen zentrale Merkmale der Welterfahrung thematisieren. Identitätsbildung unter diesen gesellschaftlichen Signaturen wird von ihnen durch und durch bestimmt. Identität wird deshalb auch nicht mehr als Entstehung eines inneren Kerns thematisiert, sondern als ein Prozessgeschehen beständiger „alltäglicher Identitätsarbeit", als permanente Passungsarbeit zwischen inneren und äußeren Welten. Die Vorstellung von Identität als einer fortschreitenden und abschließbaren Kapitalbildung wird zunehmend abgelöst durch die Idee, dass es bei Identität um einen „Projektentwurf des eigenen Lebens" (Fend 1991, 21) geht oder um die Abfolge von Projekten, wahrscheinlich sogar um die gleichzeitige Verfolgung unterschiedlicher und teilweise widersprüchlicher Projekte.

Die aktuelle Identitätsforschung versucht, ein Verständnis von Identitätsentwicklung zu formulieren, das den gesellschaftlichen Strukturveränderungen Rechnung tragen kann. Ihren Kernbestand von Annahmen zur Identität könnte man so zusammenfassen (Keupp et al. 2006): Identität wird hier verstanden als konzeptioneller Rahmen, innerhalb dessen eine Person ihre Erfahrungen interpretiert und die jeweils die Basis bildet für aktuelle Identitätsprojekte. Die alltägliche Identitätsarbeit sucht in spezifischen Identitätsprojekten situativ stimmige Passungen im Verhältnis von inneren und äußeren Erfahrungen zu entwickeln. Durch diese Passungen soll die individuelle Handlungsfähigkeit gesichert werden. Das „Identitätsgefühl" bildet die subjektive Authentizitätserfahrung. Basale Voraussetzungen für dieses Gefühl sind soziale Anerkennung und Zugehörigkeit. Der globalisierte Kapitalismus hat das Inventar traditionsbestimmter Identitätsmuster ausgezehrt. Alltägliche Identitätsarbeit hat die Aufgabe, die Passungen, die Verknüpfungen unterschiedlicher Teilidentitäten vorzunehmen. Qualität und Ergebnis dieser Arbeit findet in einem macht-bestimmten Raum statt, der schon immer aus dem Potenzial möglicher Identitätsentwürfe spezifische erschwert bzw. andere favorisiert, nahelegt oder gar aufzwingt.

Qualität und Ergebnis der Identitätsarbeit hängen von den Ressourcen einer Person ab, von individuell-biographisch grundgelegten Kompetenzen, über die kommunikativ vermittelten Netzwerkressourcen, bis hin zu gesellschaftlich-institutionell vermittelte Ideologien und Strukturvorgaben. Die Suche nach Kohärenz in den individuellen Identitätsprojekten orientiert sich an subjektiver Stimmigkeit und Authentizität, und sie wird zugleich durch gesellschaftlich vorherrschende Narrationen geprägt, über die soziale Zugehörigkeit vermittelt wird. Die Konstruktion des individuellen Identitätskonstruktes wird von Bedürfnissen geleitet, die aus der persönlichen und gesellschaftlichen Lebenssituation gespeist sind. Insofern konstruieren sich Subjekte ihre Identität nicht in beliebiger und jederzeit revidierbaren Weise, sondern versuchen sich in dem, was ich Gefühl von Identität genannt habe, in ein „imaginäres Verhältnis zu ihren wirklichen Lebensbedingungen" zu setzen (Althusser 1973, 147). Beim Herstellen dieser Identitätskonstruktionen werden zumindest „Normalformtypisierungen" benötigt (Identifikationen), Normalitätshülsen oder Symbolisierungen von alternativen Optionen, Möglichkeitsräumen oder Utopien.

Der Identitätsbegriff vermittelt in spezifischen Verwendungsweisen – zumindest unausgesprochen – den normativen Sollzustand „gelungenen Lebens". Gerade diese Konnotation hat ihn zugleich zum Gegenstand heftiger Kritik gemacht. Er wird von kritischen Sozialwissenschaftlern wie Adorno oder Foucault als Begriff einer ideologischen Versöhnung zwischen Subjekt und Gesellschaft gesehen, als gäbe es gelingendes Leben in einer Gesellschaft, die subjektive Lebenswünsche systematisch zerstört, entfremdet und beschädigt. Auch in der feministischen Kritik wird Identität als patriarchal bestimmte Zwangsfiguration für weibliche Subjektivität kritisiert (Bilden 1997). In diesen Kritikformen wird die oft „vergessene" Anpassungs- und Unterwerfungsdimension in der Passungsarbeit zwischen Innen und Außen zum Thema und in dem Maße wie sie unausgesprochen bleibt, gibt sie dem Identitätsdiskurs eine ideologische Aufladung. Bei der Rekonstruktion der alltäglichen Identitätsarbeit müssen diese „Identitätszwänge", die aus ihnen folgenden subjektiven Verbiegungen und Beschädigungen ebenso aufgezeigt werden wie die zu gewinnende Handlungsfähigkeit.

Identitätsarbeit und Ressourcen

Die Bewältigung der Gestaltungsaufgaben, die der Individualisierungsprozess immer mehr den Subjekten überträgt, setzt ein handlungsfähiges Subjekt voraus, das den Zugang zu den notwendigen „capabilities" („Verwirklichungschancen"; Amartya Sen) hat und auch wahrnimmt. Die von Bourdieu konzipierten Kapitalsorten zeigen, welche Gestaltungsressourcen unabdingbar sind, um sich sowohl in der individuellen Lebensführung als auch im Aufbau passförmiger Netzwerke als selbstwirksam zu erleben. Coté und Levine (2002) haben in diesem Zusammenhang das Konzept des „Identitätskapitals" entwickelt. Dieses bezeichnet die Summe aller Eigenschaften bzw. Merkmale, die ein Individuum in der Interaktion mit anderen Individuen erworben bzw. zugewiesen bekommen hat. Dazu gehören soziale Ressourcen („tangible resources"), wie Kreditwürdigkeit, Mitgliedschaften, Bildungszertifikate, die sozusagen als „Passport" in andere soziale und institutionalisierte Sphären fungieren. Und es gibt „intangible resources" wie Ich-Stärke und „reflexiv-agentic-capacities", wie Kontrollüberzeugung, Selbstwertschätzung, Lebenssinn, die Fähigkeit zur Selbstverwirklichung und eine kritische Denkfähigkeit. Die Autoren nehmen an, dass die Ich-Stärke bzw. das Identitätskapital den Individuen Kräfte und Vermögen verleiht, die verschiedenen sozialen und persönlichen Hemmnisse und Chancen, auf die sie im spätmodernen Leben stoßen, verstehen und überwinden zu können. Auch Tom Schuller mit seinem Forschungsteam bei der OECD (2004) arbeitet mit dem Konzept des Identitätskapitals. Es verweist auf die Eigenschaften des Individuums, die seine Perspektiven und sein Selbstbild bestimmen. Es enthält spezifische Persönlichkeitseigenschaften, wie Ich-Stärke, Selbstachtung oder Kontrollüberzeugung. Der spezifische Blick auf die gesellschaftlich ungleich verteilten Chancen, Zugang zu solchen Kapitalien zu erwerben, liefert Erklärungen dafür, warum Individualisierung als Chance und Verhängnis zugleich thematisiert werden kann.

Identitätsarbeit als „Kampf um Anerkennung" und Zugehörigkeit

Die in den 1980er Jahren des letzten Jahrhunderts angestoßene Individualisierungstheorie entstand in einem gesellschaftlichen Arrangement, das sich seither erheblich gewandelt hat. Das gesamtgesellschaftliche Feld hat sich erheblich verändert, und das hat auch seinen Niederschlag in der Diskursarena gefunden, die sich um eine Theorie der reflexiven Modernisierung bemüht. Die positiven Erwartungen an Prozesse der Zweiten Moderne sind nicht völlig erloschen, die Wahrnehmung von Ambivalenzen ist schärfer geworden, und damit sind auch die problematischen Konsequenzen ins Aufmerksamkeitszentrum gerückt. An die Überlegungen zu Verwirklichungschancen, Ressourcen und Identitätskapital als Bedingungen für den souveränen Umgang mit individualisierten Lebensbedingungen anschließend, ist das Faktum zu konstatieren, dass eine wachsende Anzahl von Menschen und Menschengruppen marginalisiert und aus dem Alltag von Arbeit, Politik, Konsum und Zivilgesellschaft ausgeschlossen ist oder sich so erlebt. Armut ist wieder zu einem zentralen Thema geworden, Begriffe wie „Prekariat" oder „Exklusion" begegnen uns und lassen sich als Indikatoren für eine tiefgreifende gesellschaftliche Transformation lesen. Die sich immer deutlicher abzeichnende Weltwirtschaftskrise wird eher noch zu einer weiteren Zuspitzung ungleicher Lebensbedingungen führen und diese Frage noch radikalisieren. Die gesellschaftliche Ignoranz gegenüber der wachsenden Zahl ausgegrenzter Menschen, die lange Zeit auch das Bild der Sozialwissenschaften geprägt hatte, scheint angesichts der Dimensionen der sich vollziehenden Exklusion allmählich aufzubrechen. Aktuell erscheinen Bücher, in deren Titel die „Exklusion" (Kronauer 2002), die „Ausgegrenzten, „Entbehrlichen" und „Überflüssigen" (so Bude und Willisch 2006) oder die „Ausgeschlossenen" (Bude 2008) ins Zentrum gerückt werden. Zygmunt Bauman hat eines seiner letzten Bücher „Verworfenes Leben. Die Ausgegrenzten der Moderne" (2005) genannt. Wie wir der soziologischen Auslegung des Exklusionsthemas entnehmen können, entsteht hier eine gesellschaftliche Konstellation auf neuem Niveau, die dadurch ausgezeichnet ist, dass neben der objektiven Prekaritätsdiagnose eine subjektive Seite beleuchtet wird, die von Bude und Lantermann (2006) als „Exklusionsempfinden" bezeichnet wird. Im gesellschaftlichen Verhältnis von Exklusion und Inklusion machen sich Veränderungen und Umbrüche bemerkbar. Diese zeigen sich aktuell im Feld der Erwerbsarbeit, im Bereich wohlfahrtsstaatlicher Regulierung und letzten Endes im Gebiet der sozialen Beziehungen selbst. Das Zusammenspiel der drei Entwicklungen führt zu einer zugespitzten Form der Exklusion. Nach Castel (2000, 13) spaltet sich die Gesellschaft dabei unter der Wirkung dieser Schockwellen zunehmend in drei Zonen: den Zonen der Inklusion, der Gefährdung oder Verwundbarkeit und der Zone der Ausschließung oder Exklusion. Eine genaue Analyse der Zonen Verwundbarkeit und der Ausschließung ist erforderlich, um noch genauer herauszufinden, woran das Zugehörigkeitsbegehren in seiner Verwirklichung scheitern kann und die Idee der „Selbstsorge" (Lantermann et al. 2008) sich illusionär verflüchtigt.

Identitätsarbeit und soziale Gerechtigkeit

Die erste Moderne hat die Existenzrisiken der Subjekte in einem System kollektiver Daseinsvorsorge und kompensatorischer sozialstaatlicher Leistungen aufzufangen und zu bearbeiten versucht. Auch die Folgen sozialer Ungleichheit sind durch diese Systemleistungen abgefedert worden. Hier wird auch eine Grenze der Vertragsfreiheit erkennbar, die mit der sich durchsetzenden Individualisierung zu einem zentralen gesellschaftlichen Organisationsprinzip wird. Aber es ist eine Idealnorm, die sich an der Realität wachsender sozialer Ungleichheit bricht. Denn nach Robert Castel kann eine Gesellschaft „nicht ausschließlich auf einer Gesamtheit von Vertragsbeziehungen zwischen freien und gleichen Individuen aufbauen, weil sie dann all jene ausschließt, denen ihre Existenzbedingungen nicht die notwendige soziale Unabhängigkeit bieten, um gleichberechtigt an einer kontraktuellen Gesellschaftsordnung teilzunehmen" (Castel 2005, 54). Nicht jeder Akteur hat also die gleichen Möglichkeiten, seine Bindungsaspirationen zu realisieren, soziale Bezüge beizubehalten oder diese aufzukündigen.

Unter der Perspektive sozialer Gerechtigkeit entsteht in einer Gesellschaft, die auch ihre Sozialpolitik immer stärker individualisiert, eine problematische Disparität. Staatliches Handeln im Bereich der Sozialpolitik wird zunehmend unter der Perspektive einer „„aktivierenden' Wende der Sozialpolitik" (Lessenich 2008, 77) diskutiert. Damit ist einerseits der Abschied von einem „Vorsorgestaat" (Ewald 1993) gemeint, der alle Lebensrisiken in einer kollektiven Daseinsvorsorge absichert, und andererseits ist ein neuer Regierungsmodus angesprochen, in dessen Zentrum „der tendenzielle Übergang von der öffentlichen zur privaten Sicherheit, vom kollektiven zum individuellen Risikomanagement, von der Sozialversicherung zur Eigenverantwortung, von der Staatsversorgung zur Selbstsorge [steht]" (Lessenich 2008, 82). Es entsteht eine Politikform, die „nach dem Modell des Anleitens zur Selbststeuerung" (Saar 2007, 38) konstruiert ist. Die beliebte Formel von „investing in people" hat hier ihren systematischen Ort, und diese Politik unterstellt und fördert das „unternehmerische Selbst" (Bröckling 2007), das sein Leben als eine Abfolge von Projekten sieht und angeht, die mit klugem Ressourceneinsatz optimal organisiert werden müssen. Die Zukunftskommission von Bayern und Sachsen hat dieses neue Bürgerleitbild exemplarisch formuliert: „Das Leitbild der Zukunft ist das Individuum als Unternehmer seiner Arbeitskraft und Daseinsvorsorge", und das bedeutet für die Autoren: „Diese Einsicht muss geweckt, Eigeninitiative und Selbstverantwortung, also das Unternehmerische in der Gesellschaft, müssen stärker entfaltet werden" (Kommission für Zukunftsfragen Bayern – Sachsen 2007, 36). Das so konstruierte Subjekt ist für seine Gesundheit, für seine Fitness, für seine Passung in die Anforderungen der Wissensgesellschaft selbst zuständig – auch für sein Scheitern. Nicht selten erlebt sich das angeblich „selbstwirksame" unternehmerische Selbst als „unternommenes Selbst" (Freytag 2008) oder gar als „erschöpftes Selbst" (Ehrenberg 2008).

Literatur

Ahbe, T. (1997): Ressourcen – Transformation – Identität. In: Keupp, H., Höfer, R. (Hrsg.): Identitätsarbeit heute. Suhrkamp, Frankfurt/M., 207–226

Althusser, L. (1973): Marxismus und Ideologie. VSA, Berlin

Bauman, Z. (2005): Verworfenes Leben. Die Ausgegrenzten der Moderne. Hamburger Edition, Hamburg

– (1995): Zeit des Recycling: Das Vermeiden des Festgelegt-Seins. Fitneß als Ziel. Psychologie und Gesellschaftskritik 74/75, Vol. 19, 7–24

Beck, U. (1995): Vom Verschwinden der Solidarität. In: Keupp, H. (Hrsg.): Der Mensch als soziales Wesen. Piper, München, 303–308

– (1986): Risikogesellschaft. Auf dem Weg in eine andere Moderne. Suhrkamp, Frankfurt/M.

Bilden, H. (1997): Das Individuum – ein dynamisches System vielfältiger Teil-Selbste. Zur Pluralität in Individuum und Gesellschaft. In: Keupp, H., Höfer, R. (Hrsg.): Identitätsarbeit heute. Suhrkamp, Frankfurt/M., 227–250

Bohleber, W. (1997). Zur Bedeutung der neueren Säuglingsforschung für die psychoanalytische Theorie der Identität. In: Keupp, H., Höfer, R. (Hrsg.), Identitätsarbeit heute. Suhrkamp, Frankfurt/M., 93–119

Bröckling, U. (2007). Das unternehmerische Selbst; Soziologie einer Subjektivierungsform. Suhrkamp, Frankfurt/M.

Bude, H. (2008). Die Ausgeschlossenen. Das Ende vom Traum einer gerechten Gesellschaft. Hanser, München

–, Lantermann, E.-D. (2006). Soziale Exklusion und Exklusionsempfinden. Kölner Zeitschrift für Soziologie und Sozialpsychologie 2, 233–252

–, Willisch, A. (Hrsg.) (2006). Das Problem der Exklusion. Ausgegrenzte, Entbehrliche, Überflüssige. Hamburger Edition, Hamburg

Castel, R. (2005). Die Stärkung des Sozialen. Leben im neuen Wohlfahrtsstaat. Hamburger Edition, Hamburg

– (2000): Die Metamorphosen der sozialen Frage. Eine Chronik der Lohnarbeit. UVK, Konstanz

Coté, J. E., Levine, C. G. (2002): Identity Formation, Agency, and Culture. A Socialpsychological Synthesis. Lawrnce Erlbaum, Mahwah, NJ

Ehrenberg, A. (2008): Das erschöpfte Selbst. Depression und Gesellschaft in der Gegenwart. Suhrkamp, Frankfurt/M.

Elias, N. (1976): Über den Prozess der Zivilisation. Suhrkamp, Frankfurt/M.

Erikson, E. H. (1966): Identität und Lebenszyklus Frankfurt

– (1964): Einsicht und Verantwortung. Stuttgart

Ewald, F. (1993): Der Vorsorgestaat. Suhrkamp, Frankfurt/M.

Fend, H. (1991): Identitätsentwicklung in der Adoleszenz. Huber, Bern

Freytag, T. (2008): Der unternommene Mensch. Eindimensionalisierungsprozesse in der gegenwärtigen Gesellschaft. Velbrück, Weilerswist

Gergen, K. J. (2000): The Self: Death by Technology. In: Fee, D. (Hrsg.): Pathology and the Postmodern. Mental Illness as Discourse and Experience. Sage, London, 100–115

Greenwood, J. D. (1994): Realism, Identity and Emotion. Reclaiming Social Psychology. Sage, London

Habermas, J. (1998): Die postnationale Konstellation. Suhrkamp, Frankfurt

Hall, S. (1994): Rassismus und kulturelle Identität. Argument, Hamburg

Heller, A. (1995): Ist die Moderne lebensfähig? Campus, Frankfurt/M.

– (1989): The Contingent Person and the Existential Choice. The Philosophical Forum, Herbst/Winter 1989, 53–69

Herbart, J. F. (1883–1892): Sämmtliche Werke. 13 Bände. Voss, Hamburg

Keupp, H. (2000): Eine Gesellschaft der Ichlinge? SPI, München

– (1988): Auf dem Weg zur Patchwork-Identität? Verhaltenstherapie und psychosoziale Praxis 4, 425–438

–, Ahbe, T., Gmür, W. (2006): Identitätskonstruktionen. Das Patchwork der Identitäten in der Spätmoderne. Rowohlt, Hamburg

–, Höfer, R. (Hrsg.) (1997): Identitätsarbeit heute. Frankfurt/M.

–, Hohl, J. (Hrsg.) (2006): Subjektdiskurse im gesellschaftlichen Wandel: Zur Theorie des Subjekts in der Spätmoderne. Transcript, Bielefeld

Kommission für Zukunftsfragen der Freistaaten Bayern und Sachsen (Hrsg.) (1997): Erwerbstätigkeit und Arbeitslosigkeit in Deutschland. Entwicklung, Ursachen und Maßnahmen. Anlageband, Band 3: Zukunft der Arbeit sowie Entkoppelung von Erwerbsarbeit und sozialer Sicherung. Bonn

Krappmann, L. (1997): Die Identitätsproblematik nach Erikson aus einer interaktionistischen Perspektive. In: Keupp, H., Höfer, R. (Hrsg.), 66–92

Kraus, W. (1996): Das erzählte Selbst. Die narrative Konstruktion von Identität in der Spätmoderne. Centaurus, Pfaffenweiler

–, Mitzscherlich, B. (1997): Abschied vom Großprojekt. Normative Grundlagen der empirischen Identitätsforschung in der Tradition von James E. Marcia und die Notwendigkeit ihrer Reformulierung. In: Keupp, H., Höfer, R. (Hrsg.), 149–173

Kronauer, M. (2002): Exklusion. Die Gefährdung des Sozialen im hoch entwickelten Kapitalismus. Campus, Frankfurt/M.

Lantermann, E.-D., Döring-Seipel, E., Eierdanz, F. Gerhold, L. (2008): Selbstsorge in unsicheren Zeiten. Beltz PVU, Weinheim

Lessenich, S. (2008): Die Neuerfindung des Sozialen. Der Sozialstaat im flexiblen Kapitalismus. Transcript, Bielefeld

Litt, T. (1926): Erlebnis und Standpunkt. In: Oppenheimer, F., Salomon, G. (Hrsg.): Individuum und Gesellschaft. Karlsruhe, 162–172

Loo, H. van der, Reijen, W. van (1992): Modernisierung. Projekt und Paradox. Dtv, München

Macpherson, C. B. (1967): Die politische Theorie des Besitz-individualismus. Suhrkamp, Frankfurt / M.

Marx, K.: Thesen über Feuerbach (1845). MEW. Band 3. Berlin

Saar, M. (2007): Macht, Staat, Subjektivität. Foucaults Geschichte der Gouvernementalität im Werkkontext. In: Krasmann, S., Volkmer, M. (Hrsg.): Michel Foucaults, Geschichte der Gouvernementalität in den Sozialwissenschaften. Transcript, Bielefeld, 23–45

Sampson, E. E. (1989): The Challenge of Social Change for Psychology. Globalization and Psychology's Theory of the Person. American Psychologist 6, 914–921

Sandel, M. (1993): Die verfahrensrechtliche Republik und das ungebundene Selbst. In: Honneth, A. (Hrsg.): Kommunitarismus. Eine Debatte über die moralischen Grundlagen moderner Gesellschaften. Campus, Frankfurt / M., 18–35

Schuller, T., Preston, J., Hammond, C., Brassett-Grundy, A., Bynner, J. (2004): The Benefits of Learning. The Impact of Education on Health, Family Life and Social Capital. Routledge Falmer, London / New York

Sen, A. K. (1993): Capability and Well-Being. In: Nussbaum, M., Sen, A. K. (Hrsg.): The Quality of Life. New York. University Press, Oxford, 31–53

Sennett, R. (1998): Der flexible Mensch. Die Kultur des neuen Kapitalismus. Berlin Verlag, Berlin

Walkerdine, V. (Hrsg.) (2005): Neoliberal subjects. Critical Psychology 15. Lawrence & Wishart, London

Weber, M. (1963): Die protestantische Ethik und der Geist des Kapitalismus. In: Weber, M. (Hrsg.): Gesammelte Aufsätze zur Religionssoziologie I. Mohr, Tübingen

Informationstechnologien in der Sozialen Arbeit

Von Thomas Ley und Udo Seelmeyer

Die informationstechnologische Durchdringung von Lebens- und Arbeitswelten

Informationstechnologien haben in den letzten Jahrzehnten unsere Lebens- und Arbeitswelt so nachhaltig verändert wie kaum eine andere Innovation (Rosenberg 2004). Dies gilt für die wirtschaftliche Neuordnung von Produktionsformen und -weisen (Castells 2004; Schmiede 1996), den alltäglichen Medienkonsum (Projektgruppe ARD / ZDF-Multimedia 2007; für Jugendliche: Medienpädagogischer Forschungsverbund Südwest 2008) und Formen sozialer Kommunikation (Münker 2009) ebenso, wie für die Verarbeitung von Wissen (Degele 2000). Insbesondere das Internet hat sowohl neue Geschäftsmodelle (E-Commerce), als auch neue soziale Communities hervorgebracht und kann als ein weitläufiger „Informationsraum" (Boes 2005) beschrieben werden. Die wissenschaftliche Reflexion der Informatisierung postindustrieller Gesellschaften hat spätestens seit den 1970er Jahren verschiedene Diskurswellen hervorgebracht (Boes et al. 2006; Degele 2002, für die Soziale Arbeit Bolay / Kuhn 1993). So wurde die gegenwärtige Epoche bereits durch mehrere Labels und zeitdiagnostische Perspektiven beschrieben: als post-industrielle Gesellschaft, als sechster Kondratieff'scher Entwicklungszyklus der Information (Nefiodow 2006), als Informationsgesellschaft (Capurro 1995; Steinbicker 2001), Wissensgesellschaft (dazu kritisch Bittlingmeyer 2008), Netzwerkgesellschaft (Castells 2004) oder auch als digitaler Kapitalismus (Schmiede 1996, dazu kritisch Pfeiffer 2004, 16 ff.). Während die reale Wirkkraft von Informatisierung immer stärker zum Tragen kommt, nimmt allerdings die Diskussion um die gesellschaftliche Gestaltbarkeit dieser Prozesse in bemerkenswerter Weise ab (Boes / Pfeiffer 2006, 19 f.).

In der Sozialen Arbeit wurden Folgen für die Adressaten und mögliche veränderte Funktionszuschreibungen für die Institutionen Sozialer Arbeit nur vereinzelt skizziert (Scherr 2002; Homfeldt / Schulze-Krüdener 2000; schon früh: Schwendtke 1968); erforscht wurde die Transformation Sozialer Arbeit durch IT bislang kaum. Dabei ist davon auszugehen, dass die zunehmende Veränderung von Produktions- und Konsumptionsweisen in Lebens- und Arbeitswelten auch nachhaltige Konsequenzen für die Soziale Arbeit hat. Dies gilt sowohl in Bezug auf die *Anlässe*, auf die sie eine Reaktion darstellt, als auch hinsichtlich der *Formen*, in denen sie ihren Gegenstand bearbeitet.

So ergeben sich bezogen auf die Problemlagen, die Soziale Arbeit bearbeitet, neue sozial- und auch medienpädagogische Herausforderungen (Cleppien 2010; → v. Wensierski, Medien und Soziale Arbeit) – etwa im Hinblick auf Suchtgefährdungen durch Computerspiele. Zudem führt die Nutzung von Informationstechnologien zu neuen Formen sozialer Ungleichheit (,digital divide'), die zu beachten sind (→ Kutscher, Soziale Arbeit im virtuellen Raum).

Informationstechnologien sollen im Folgenden allerdings weniger als pädagogisches (oder pädagogisch problematisches) Medium, sondern vielmehr als *Arbeitsmittel und Organisationstechnologie in sozialpädagogischen Institutionen* (Baukrowitz 1996) thematisiert werden.

Technologien – im allgemeinen Sinne – lassen sich definieren als „künstlich hervorgebrachte Verfahren

Otto/Thiersch (Hg.), Handbuch Soziale Arbeit, 4. A., DOI 10.2378/ot4a.art066,

und Gebilde […], die in soziale Handlungszusammenhänge zur Steigerung ausgewählter Wirkungen eingebaut werden" (Rammert 1993, 10). Insofern fallen unter den breiten Begriff der Technologien formalisierte Verfahren wie das Manual einer evidenzbasierten Sozialen Arbeit oder eines Qualitätsmanagementsystems ebenso wie Instrumente der Hilfeplanung oder Diagnostik. *Informationstechnologie* bezeichnet dann im Speziellen eine digitalisierte Informations- und Daten*verarbeitung* (einschließlich der zu diesem Zwecke eingesetzten „technischen Basis" von Hardware und Software); Digitalisierung bezieht sich dabei nicht nur auf technische Mittel zur Vorstrukturierung arbeitsbezogener Abläufe (im „klassischen" Sinne der EDV), sondern vielmehr auch auf mediale Formen im Hinblick auf (intra- und interorganisatorische) Kommunikation.

Nutzung von Informationstechnologien in der Praxis Sozialer Arbeit

Umfang und Form des Einsatzes von IT variieren in den verschiedenen Feldern der Sozialen Arbeit und sind u. a. abhängig davon, ob eine auf Einzelfälle oder sogar Einzelleistungen bezogene Dokumentation und Abrechnung erfolgt oder ob es sich um pauschalfinanzierte Maßnahmen handelt. Mit dem IT Report Sozialwirtschaft (zuletzt: Halfar / Kreidenweis 2008; vorher EDV Handbuch Sozialwesen, Kreidenweis 1998) liegen seit einigen Jahren deskriptive Daten zur Entwicklung des Softwaremarktes in der Sozialen Arbeit und zur informationstechnologischen Durchdringung sozialpädagogischer Organisationen vor.

Ein verstärkter Einsatz von IT erfolgt in der Sozialen Arbeit ab Mitte der 1980er Jahre in Form von Fachanwendungen im Bereich der Verwaltung und finanziellen Abwicklung von Hilfen – insbesondere in der Sozialhilfe (Frommann 1987; Kantel 1990) und in der wirtschaftlichen Jugendhilfe – sowie deren statistischer Erfassung, die bspw. schon früh im Bereich der Drogenhilfe erfolgte (Schmid 2006). Diese Fachanwendungen werden ab Mitte der 1990er stärker um Funktionen im Bereich Controlling erweitert sowie zunehmend auch ergänzt um fachliche Aspekte zur Planung, Dokumentation und Evaluation von Hilfen (Kreidenweis 2004a, 48 ff.). Etwa seit der Jahrtausendwende beginnen sich umfassendere Fachanwendungen durchzusetzen, die Informationsverarbeitung und Prozessunterstützung auf der pädagogisch-fachlichen, der personal- und betriebswirtschaftlichen sowie der Management- und Steuerungs-Ebene miteinander *verknüpfen*. Heutzutage bildet insbesondere bei größeren Trägern und Komplexeinrichtungen die Integration unterschiedlichster Informationssysteme (E-Mail, Fachanwendungen, Dokumentenmanagement, Intranet, Telefonie, mobile Endgeräte, …) eine weitere Stufe der Entwicklung. Neue Technologien in den Bereichen „Enterprise-Content-Management", „Data-Mining" und „semantische Suche" bilden die Grundlage für komplexe Formen von Wissensmanagement, die auf eine Relationierung von organisational gespeicherten Informationen und beruflichem (Erfahrungs-) Wissen abzielen (Kreidenweis 2004a, Arnold et al. 2005). Bereits absehbar sind die zunehmende Integration von Fachanwendungen über Organisationsgrenzen hinweg – etwa zum Datenaustausch zwischen Kostenträgern und Leistungserbringern (auch unter dem Stichwort des E-Government: Brosch / Mehlich 2005; Brüggemeier et al. 2006) – sowie insbesondere in gesundheits- und pflegebezogenen Bereichen die Weiterentwicklung und der fortschreitende Einsatz von Telematik und „smarten Objekten", die das alltägliche Leben insbesondere älterer oder behinderter Menschen situationsabhängig unterstützen sollen. Die Entwicklung von Expertensystemen und Simulationsverfahren, die auf Arbeiten im Bereich der künstlichen Intelligenz aufsetzen (kritisch dazu Rammert 2007, 147 ff.), steckt hingegen noch ganz in den Anfängen. Ob überhaupt und wenn ja für welche konkreten Anwendungsfelder hier praxistaugliche Anwendungen geschaffen werden (können), lässt sich nicht absehen (ein erster Versuch: Herrmann 2008).

Jenseits arbeitsfeldbezogener Differenzierungen lassen sich in Anlehnung an Degele (2000, 101 ff.) hier drei Kontexte der Nutzung von IT unterscheiden, mit denen jeweils spezifische Anwendungen und Akteurskonstellationen von Klienten, Professionellen und Organisationen korrespondieren:

1. *Informationsbereitstellung und -beschaffung* in Form von Websites, Portalen oder Newslettern.
2. *Kommunikation*, etwa in arbeitsfeldbezogenen Foren und Mailinglisten von Professionellen oder Selbsthilfeinitiativen oder in der E-Mail- oder Online-basierten Beratung von Klienten (→ Kutscher, Soziale Arbeit im virtuellen Raum).
3. *Informationsverarbeitung und -produktion* in der Verknüpfung organisationaler und fachlicher Anforderungen und Prozesse etwa im Bereich der Dokumentation (z. B. mittels Office-, Buchhaltungs-, Intranet- und Fachanwendungen, Kreidenweis 2004a, 51 ff.).

IT berührt insbesondere dann den professionellen Kern Sozialer Arbeit, wenn fallbezogen und „aktenförmig" das fachliche Handeln geplant, dokumentiert und evaluiert wird oder wenn IT-gestützte Screening- und Profilingverfahren eingesetzt werden, die auf Interventionen und professionelle Inferenzen Einfluss haben können (Klatetzki 2005, 267 ff.). Deutlich wird dies bspw. in der sozialpolitischen Innovationsstrategie „Every Child matters" der britischen Regierung, die als Antwort auf spektakuläre Kindeswohlgefährdungen landesweit verpflichtend ein Assessment Tool („Common Assessment Framework"), einen Vernetzungsdienst („ContactPoint") für alle Professionellen, die am gleichen Fall arbeiten, und eine umfassende Fall-Datenbank („The Integrated Children's System", ICS), die auch die verschiedenen Anwendungen verbindet, einführte. Verschiedene Begleitforschungen weisen auf gravierende Probleme der Implementation, der technokratischen Durchführung wie auch mögliche deformierende Effekte für die professionelle Praxis hin, bspw. durch überbordende Dokumentationsaufgaben und eine zu starke Vereinheitlichung der Diagnostik („descriptive tyranny", White et al. 2009), die sich an einer lebensweltlichen Annäherung an den Fall reibt (Peckover et al. 2008, Shaw / Clayden 2009). Die Einführung von Informationssystemen in der Sozialen Arbeit wird mit unterschiedlichen Intentionen verbunden:

1. Impulsgeber gerade in frühen Phasen war häufig das organisational induzierte Bemühen um eine Rationalisierung durch *Verwaltungsvereinfachung* und -optimierung, besonders ausgeprägt im sozial-

administrativen Bereich der (wirtschaftlichen) Jugendhilfe, der Sozialhilfe wie auch der Arbeits(losen)verwaltung.
2. Die *Auswertung statistischer Daten* hingegen wird häufig auch organisationsextern durch (sozial-)politische Steuerungsbestrebungen auf kommunaler, landes- und bundespolitischer Ebene angestoßen (für die Jugendhilfe: Landes 2005, für die Drogenhilfe: Schmid 2006).
3. Während die Einführung von Fachsoftware in den frühen Phasen selten aus einem professionellen oder disziplinären Bestreben heraus erfolgte, gibt es mittlerweile – auch bedingt durch technologische Innovationen – vermehrt Modellprojekte, die den Schwerpunkt auf eine *fachliche Perspektive* legen, etwa bezogen auf Dokumentation und (zielorientierte) Hilfeplanung (Spiegel / Middendorf 2007), oder mit methodischem Fokus, bspw. auf das Case Management (Poguntke-Rauer et al. 2007).

Bilanzierend bleibt festzuhalten, dass die Intentionen für die Nutzung von IT aufgrund der Beschaffenheit des Computers als „universale Maschine" mannigfaltig sein können: die Leistungen der Informationstechnologie variieren mit den Beschreibungen seiner Aufgaben (Funken 1997). Im Sinne der Adressaten kann sie Zugänge „erleichtern" (z. B. Anonymität in der Onlineberatung), im Sinne der Professionellen kann und soll sie die Wissensbasis erweitern respektive die Dokumentation qualifizieren (im Sinne eines „computerunterstützten pädagogischen Fachhandelns" Bolay / Kuhn 1993, 209 ff.), und für die Organisationen kann sie die Wissensbasis vernetzen und das „organisationale Gedächtnis" unterstützen.

Der wissenschaftliche Diskurs

Auf disziplinärer Ebene existieren bislang erst zaghafte Ansätze, die eine in theoretischer oder empirischer Hinsicht grundlegende analytische Perspektive auf die Informatisierung Sozialer Arbeit einnehmen (so auch Bolay 2005, Jurgovsky 2002). Vereinzelt existieren empirische Fallstudien (Bolay / Kuhn 1993), Analysen zur Verhältnisbestimmung von IT und Sozialer Arbeit im Allgemeinen (Meyer 1991; Jurgovsky 2004; Peterander 2001) oder im Hinblick auf das Verhältnis von Informatisierung und professionellem Handeln (Ley / Seelmeyer 2008).

Vereinzelt gibt es Bestrebungen der Etablierung einer „Sozialinformatik", die sich dieses Gegenstands annimmt (Kreidenweis 2008; Wendt 2000). Institutionell hat sich dies zum gegenwärtigen Zeitpunkt in einigen entsprechenden Denominationen von Fachhochschul-Professuren sowie zwei Masterstudiengängen (Eichstätt, St. Gallen) niedergeschlagen. Die Sozialinformatik befasst sich nach Wendt „mit der systematischen Verarbeitung von Informationen im Sozialwesen in ihrer technischen Konzipierung, Ausführung und Evaluation, und sie geht damit verbunden den Bedingungen, Wirkungen und sozialen Begleiterscheinungen des Technologieeinsatzes nach. Kurz: die Sozialinformatik nimmt fachliche Verantwortung für den Produktionsfaktor Information im System sozialer Dienstleistungen und ihrem Umfeld wahr" (Wendt 2000, 20). Vorherrschend ist hier eine anwendungsorientierte Perspektive, die sich – unter Bezugnahme auf Inhalte aus Managementlehre und angewandter Informatik – mit Grundlagen und Fragen eines angemessenen Einsatzes von IT innerhalb von Organisationen der Sozialwirtschaft befasst. Entsprechend bearbeiten die wenigen empirisch ausgerichteten Projekte hier eher praxisnahe Fragestellungen, wie etwa die Unterstützung von Hilfeplanung durch Softwareprodukte für den ASD (Kreidenweis 2005).

Im angloamerikanischen Raum werden entsprechende anwendungsorientierte Debatten unter dem Begriff „Human Services Technology" geführt (exemplarisch Schoech 1999). Wichtige Diskurs-Orte sind die etwa alle 2–3 Jahre stattfindenden Konferenzen des internationalen Netzwerkes HUSITA (Human Service Information Technology Applications) sowie die Zeitschriften „New Technology in the Human Services" (2003 eingestellt) und „Journal of Technology in Human Services". In jüngerer Zeit findet hier auch der Begriff der „Social Work Informatics" Verwendung (Parker-Oliver/Demiris 2006). „Social Informatics" – als begriffliches Pendant zum deutschen Begriff der „Sozialinformatik" – versteht sich hingegen deutlich breiter und beschränkt sich nicht auf den Gegenstandsbereich sozialer Dienstleistungen, sondern fokussiert ganz allgemein den sozialen und gesellschaftlichen Verwendungszusammenhang informationstechnologischer Systeme (Kling 2007). Entsprechend wurde auch schon mehrfach die enge, auf Soziale Arbeit beschränkte Verwendung des Begriffes der „Sozial-

informatik" kritisiert (Jurgovsky 2004). *Kritisch-analytische Beiträge* liegen insbesondere zum Einfluss von IT auf wohlfahrtsstaatliche Unterstützungssysteme (Harlow/Webb 2003) und deren gesellschaftsanalytische Reflexion (Webb 2006; Garrett 2005) wie auch (mögliche) Auswirkungen auf professionelles Wissen und Handeln (Kreuger et. al. 2006; Parton 2006; Coleman/Harris 2008).

Analytische Elemente einer Theorie der Informatisierung Sozialer Arbeit

Da in der Theoriebildung zur Sozialen Arbeit die Reflexion der Nutzung von Informationstechnologien noch weitgehend eine Leerstelle bildet, sollen im Folgenden verschiedene Zugänge skizziert werden, die wichtige Elemente hierzu beisteuern können. Es handelt sich dabei um medientheoretische, organisationstheoretische, arbeitswissenschaftliche und techniktheoretische Ansätze, die Informationstechnologien in ihrem sozialen Anwendungszusammenhang und ihrer subjektiven Aneignung analysieren.

1. Die *medientheoretische* Perspektive fokussiert das Medium an sich, dessen Nutzer und seine kontextualisierte Rezeption (Charlton/Neumann-Braun 1992) wie auch die Medienwirkung (Bonfadelli 2004). Obwohl die Medialisierung auch arbeitsweltliche Felder stark durchdrungen hat, findet dieser Vorgang in der Medienforschung bislang kaum Beachtung (Bergmann 2006, 392): Medien werden fast durchgängig als Verbreitungs- und Konsumtionsmedien in den Blick genommen, deren Rezeption primär in der Freizeit und Privatsphäre erfolgt. Die neueren „studies of work" allerdings analysieren aus einer mikrologischen Perspektive Medien als Ressourcen professioneller Arbeit, die mediatisierten Arbeitsvollzüge und die situative Vermittlung von Subjektivität und Technik (Bergmann 2006; Heath/Knoblauch 1999; Heath/Luff 2000).

2. *Organisationstheoretische* Ansätze nähern sich auf unterschiedliche Weise dem Gegenstand:

   ▪ Aus *mikropolitischer Perspektive* werden Organisationen als politische Arenen und ihr Handeln als eines mit „begrenzter Rationalität" analysiert. Implementationen sozio-technischer Anwendungen werden dabei als kontingentes Resultat politisch-praktischen Handelns der beteiligten Akteure konzipiert (Becker et al. 1990). Im Kontext der Sozialverwaltung haben Brüggemeier et al. (2005) die unterschiedlichen Arenen (Auslöse-, Konzeptions-, Implementations- und Routinisierungsarena) mit ihren divergenten Akteurskonstellationen, den jeweiligen Machtquellen und Handlungsstrategien der Akteure, sowie ihren Kämpfen und Spielen in den Blick genommen.

- Eine *neo-institutionalistische Sichtweise* fokussiert – in Abgrenzung zu zweck-rationalen und ökonomischen Erklärungsmustern – das Verhältnis von Organisation und Institutionen. Der Begriff der Institution steht hier für eine gesellschaftliche Umwelt, die relevanten Einfluss auf das Handeln in und von Organisationen nimmt. Fasst man informationstechnologische Entwicklungen als Institutionen, so lässt sich die Implementation entsprechender „Lösungen" und die ihnen zugeschriebene „Problemlösungsfähigkeit" empirisch nicht selten als „Rationalitätsmythos" aufklären (Benders et al. 2006, für das Arbeitsamt: Bahnmüller/Faust 1992).
- Eine system- bzw. *entscheidungstheoretische Perspektive* (Schimank 1986; Broszewski 2002; Tacke 1997) richtet den Fokus auf organisatorische Entscheidungen und deren Informatisierung und verweist auf eine gestiegene Fragilität der Informationsbasis (Informatisierung als Risikoerhöhung und Verstärkung von Kontingenz) wie auch eine in erhöhtem Maße notwendige „Selektionskompetenz" für Akteure in Organisationen.

3. Das (industriesoziologische) *arbeitswissenschaftliche* Konzept der Informatisierung von Arbeit (Schmiede 1996; Baukrowitz et al. 2006; Pfeiffer 2004) begreift Informatisierung als historischen Prozess, der in immanentem Zusammenhang mit kapitalistischer Verwertungslogik steht. Hier werden mediatisierte Arbeitsvollzüge und deren subjektive Aneignung von industriellen Facharbeitern im Horizont ihres beruflichen Erfahrungswissens empirisch analysiert. Übertragen auf soziale Dienste ließen sich sozio-technische Anwendungen – in ihrer o.g. Verquickung als Arbeitsmittel und Organisationstechnologie – in den Dimensionen einer Technologisierung der Arbeitsorganisation, einer Mediatisierung der Dienstleistung und einer Virtualisierung des „professionellen Raumes" fassen (in Anlehnung an Pfeiffer 2004, 194).

4. Eine *techniktheoretische* Perspektive fragt nach der Genese von Techniken, den Folgen der Technik sowie der Relationierung von Technik und Nicht-Technik unter der Perspektive heterogener Akteur-Netzwerke und schließlich nach der Handlungsträgerschaft von Technik (zusammenfassend Rammert 2007). Für die Soziale Arbeit zugespitzt: Wie viel Wirkmächtigkeit schreiben wir der Technik in sozialpädagogischen Institutionen zu? In dieser Perspektive ist Technik ein Artefakt, das eigensinnig in den Alltag der Nutzer eingreift, ihn verändert und sie zu Handlungen provoziert.

In der Verarbeitung und Zusammenführung der hier zusammengestellten – und möglicherweise weiterer erforderlicher – Analyseansätze lassen sich Modelle entwickeln, mit denen die Nutzung von IT in der Sozialen Arbeit theoretisch beschreibbar und damit auch tiefergehend für Forschung zugänglich wird. Eine Heuristik, die Kutscher et al. (2010) entwickeln, rückt die *Nutzung* von Informationstechnologien ins Zentrum und versteht diese als Resultat einer wechselseitigen Durchdringung von Nutzer, Kontext, Gegenstand und Technik. Nutzungsweisen und Aneignungsprozesse von IT ergeben sich demnach vor dem Hintergrund

- der biographisch-individuellen wie auch sozialstrukturell-habituellen Voraussetzungen auf Seiten des Nutzers und
- der gesellschaftlichen, kulturellen, organisationalen, rechtlichen Kontexte und weiterer struktureller und sozialer Rahmungen, in denen die Nutzung situiert ist. Sodann wird bedeutsam,
- welche Gegenstände und Inhalte professioneller Sozialer Arbeit formalisiert werden und
- wie dies mit den verfügbaren bzw. eingesetzten Technologien korrespondiert (Kutscher et al. 2010).

Herausforderungen für Forschung, Ausbildung und Praxis

Die zunehmende Informatisierung Sozialer Arbeit greift nicht nur auf einer vordergründigen Ebene in fachliche Arbeitsprozesse ein, sondern führt auch zu einer Transformation professioneller Wissensformen sowie Wahrnehmungs- und

Verarbeitungsmuster, deren Tragweite noch kaum erforscht ist. Für die Forschung ergeben sich damit weitreichende Fragen:

- Wie wirken sich die eingesetzten Informationstechnologien auf die Qualität sozialpädagogischer Dienstleistungserbringung aus? Welchen Einfluss haben sie auf das Verhältnis von Professionellen und Adressaten?
- Wie und unter welchen Bedingungen lässt sich professionelles Handeln in der Sozialen Arbeit formalisieren? Wann führt dies zu einer De-Professionalisierung Sozialer Arbeit?
- Wie ist das Verhältnis von professionellem und instrumentellem Wissen unter den Vorzeichen eines „computergestützten pädagogischen Fachhandelns" (Bolay / Kuhn 1993) zu begreifen?

Schließlich stellt sich für die Soziale Arbeit die Frage, inwieweit sie an der Entwicklung von fachlichen Informationssystemen mitwirken kann und soll, um dadurch die eigene Definitionsmacht in der Softwarekonstruktion zu stärken (Peterander 2001; Jurgovsky 2002). Halfar fordert, dass die Soziale Arbeit selbst

„die Konturen, Programmlogik und Implementation der Informationstechnologie konzipieren [muss], damit eine sinnvolle Integration technischer, wirtschaftlicher und sozialer Rationalitätsmuster in den Organisationen der Sozialen Arbeit klientenorientiert gewährleistet werden kann." (Halfar 1997, 114)

Je stärker Berufsfelder der Sozialen Arbeit informatisiert werden, umso wichtiger ist es, Fachkräfte zu einem angemessenen Umgang mit und einer reflexiven Haltung zu Informationstechnologien zu befähigen. In den USA existieren bspw. von Berufsverbänden entwickelte „standards for technology in social work practice" (NASW 2005), die auf der Basis professioneller und berufsethischer Prinzipien Qualitätsstandards für die Nutzung von Informationstechnologien formulieren. Konsequenzen für die Aus- und Weiterbildung wurden hierzulande bislang erst rudimentär diskutiert und nur unsystematisch in das Studium integriert (Kirchlechner 2000; Ostermann / Trube 2002; Kreidenweis 2004b).

Da IT mittlerweile in fast allen Bereichen der Praxis Sozialer Arbeit Einzug gehalten hat, dürfte zukünftig vor allem die Tiefe der Durchdringung zunehmen. Für die weitere Entwicklung der Profession wird entscheidend sein, wie sich die Relationierung von informationstechnischer Formalisierung und professionellem Handeln gestalten wird.

Literatur

Arnold, S., Kempe, D., Schweikart, R. (2005): Berufliches Erfahrungswissen und gute pädagogische Praxis. LIT, Münster

Bahnmüller, R., Faust, M. (1992): Das automatisierte Arbeitsamt. Legitimationsprobleme, EDV-Mythos und Wirkungen des Technikeinsatzes. Campus, Frankfurt / M.

Baukrowitz, A. (1996): Informatisierung, Formalisierung und kapitalistische Produktionsweise. In: Schmiede, R. (Hrsg.), 49–77

–, Berker, T., Boes, A., Pfeiffer, S., Schmiede, R., Will, M. (2006): Informatisierung der Arbeit – Gesellschaft im Umbruch. Edition Sigma, Berlin

Becker, A., Ortmann, G., Windeler, A. (1990): Computer und Macht in Organisationen. Mikropolitische Analysen. Westdeutscher Verlag, Opladen

Benders, J., Batenburg, R., Blonk, H. van der (2006): Sticking to Standards. Technical and Other Isomorphic Pressures in Deploying ERP-Systems. Information und Management 2, 194–203

Bergmann, J. (2006): Studies of Work. In: Ayaß, R., Bergmann, J. (Hrsg.): Qualitative Methoden der Medienforschung. Rowohlt, Reinbek / Hamburg, 391–405

Bittlingmayer, U. (2005): Wissensgesellschaft" als Wille und Vorstellung. UVK, Konstanz

Boes, A. (2005): Informatisierung. In: Baethge, M., Alda, H. (Hrsg.): Berichterstattung zur sozioökonomischen Entwicklung in Deutschland – Arbeit und Lebensweisen. VS, Wiesbaden, 211–244

–, Pfeiffer, S. (2006): Informatisierung der Arbeit – Gesellschaft im Umbruch – Eine Einführung. In: Baukrowitz, A., Berker, T., Boes, A., Pfeiffer, S., Schmiede, R., Will, M. (Hrsg.): Informatisierung der Arbeit – Gesellschaft im Umbruch. Edition Sigma, Berlin, 19–34

Bolay, E. (2005): EDV und Soziale Arbeit. In: Otto, H.-U., Thiersch, H. (Hrsg.): Handbuch Sozialarbeit, Sozialpädagogik. Ernst Reinhardt Verlag, München / Basel, 339–343

–, Kuhn, A. (1993): „Wilde PC" am Arbeitsplatz. Implementation von EDV in Institutionen sozialer Arbeit durch Mitarbeiter. Westdeutscher Verlag, Opladen

Bonfadelli, H. (2004): Medienwirkungsforschung 1. Grundlagen und theoretische Perspektiven. UVK, Konstanz

Brosch, D., Mehlich, H. (2005): E-Government und virtuelle Organisation. Gabler, Wiesbaden

Brosziewski, A. (2002): Computer, Kommunikation und Kontrolle. Eine Fallstudie zum informatisierten Management. UVK, Konstanz

Brüggemeier, M., Dovifat, A., Kubisch, D. (2005): Analyse von Innovationsprozessen im Kontext von E-Government – Ein mikropolitisches Arenenmodell. Wirtschaftsinformatik 5, 347–355

–, Dovifat, A., Kubisch, D., Lenk, K., Reichard, C., Siegfried, T. (2006): Organisatorische Gestaltungspotenziale durch Electronic Government. Edition Sigma, Berlin

Capurro, R. (1995): Leben im Informationszeitalter. Akademie-Verlag, Berlin

Castells, M. (2004): Der Aufstieg der Netzwerkgesellschaft. Leske + Budrich, Opladen

Charlton, M., Neumann-Braun, K. (1992): Medienkindheit – Medienjugend. Eine Einführung in die aktuelle kommunikationswissenschaftliche Forschung. Quintessenz, München

Cleppien, G., Lerche, U. (2010): Soziale Arbeit und Medien. VS Verlag, Wiesbaden

Coleman, N., Harris, J. (2008): Calling Social Work. In: British Journal of Social Work 3, 580–599

Degele, N. (2002): Einführung in die Techniksoziologie. Fink, München

– (2000): Informiertes Wissen. Eine Wissenssoziologie der computerisierten Gesellschaft. Campus, Frankfurt / M.

Frommann, M. (Hrsg.) (1987): Dezentrale elektronische Datenverarbeitung in der sozialen Arbeit. Eigenverl. d. Dt. Vereins für Öffentl. Fürsorge, Frankfurt / M.

Funken, C. (1997): Kultivierte Interessen: Rationalisieren statt Interpretieren. In: Pfadenhauer, M. (Hrsg.): Explorationen zum Begriff des professionellen Handelns. Eigendruck, München, 21–25

Garrett, P. M. (2005): Social Work's „Electronic Turn". In: Critical Social Policy 4, 529–553

Halfar, B. (1997): Sozialinformatik unerlässlich. Blätter der Wohlfahrtspflege 6, 113–114

–, Kreidenweis, H. (2008): IT-Report für die Sozialwirtschaft 2008 / 2009. Katholische Univ., Arbeitsstelle für Sozialinformatik, Eichstätt

Harlow, E., Webb, S. A. (2003): Information and Communication Technologies in Welfare Services. Jessica Kingsley Publishers, London / Philadelphia

Heath, C., Knoblauch, H. (1999): Technologie, Interaktion und Organisation. Die Workplace Studies. Schweizerische Zeitschrift für Soziologie 2, 163–181

–, Luff, P. (2000): Technology in Action. Cambridge Univ. Press, Cambridge u. a.

Herrmann, M. (2008): Computersimulationen und sozialpädagogische Praxis. Falldarstellungen, Modellierungen und methodologische Reflexionen. VS, Wiesbaden

Homfeldt, H. G., Schulze-Krüdener, J.(2000): Wissen und Nichtwissen. Herausforderungen für Soziale Arbeit in der Wissensgesellschaft. Juventa, Weinheim / München

Jurgovsky, M. (2004): Sozioinformatik. Ein Vorschlag zur Neupositionierung der Informatik in der Sozialen Arbeit. Archiv für Wissenschaft und Praxis der sozialen Arbeit 1, 40–48

– (2002): Was ist Sozialinformatik? Neue Praxis 3, 297–303

Kantel, H.-D. (1990): Computer im Sozialamt. Klartext, Essen

Kirchlechner, B. (2000): Curriculum „Informatik der Sozialarbeit". In: Wendt, W. R. (Hrsg.), 111–133

Klatetzki, T. (2005): Professionelle Arbeit und kollegiale Organisation. In: Klatetzki, T., Tacke, V. (Hrsg.): Organisation und Profession. VS, Wiesbaden, 253–284

Kling, R. (2007): What Is Social Informatics and Why Does It Matter? The Information Society: An International Journal 4, 205–220

Kreidenweis, H. (2008): Eine neue Disziplin formiert sich. Zum Stand der Sozialinformatik in Deutschland. Blätter der Wohlfahrtspflege 1, 28–31

– (2005): Die Hilfeplanung im Spiegel ausgewählter Software Produkte. München. In: www.dji.de/bibs/209_4520_Expertise-Software.pdf, 05.04.2010

– (2004a): Sozialinformatik. Nomos, Baden-Baden

– (2004b): Sozialinformatik in der Lehre – Ein Konzept zur systematischen Verankerung in der Ausbildung. Archiv für Wissenschaft und Praxis der sozialen Arbeit 4, 102–112

– (1998): EDV-Handbuch Sozialwesen 98 / 99. Lambertus, Freiburg / Br.

Kreuger, L., Stretch, J., Kelly, M. (2006): Is Computer-Assisted EBP Generating „Fast" Practice? Journal of Evidence-Based Social Work 4, 27–38

Kutscher, N., Ley, T., Seelmeyer, U. (2010): Subjekt – Technik – Kontext. In: DFG-Graduiertenkolleg „Jugendhilfe im Wandel" (Hrsg.): Jugendhilfe im Wandel. VS, Wiesbaden

Landes, B. (2005): Handreichung zum Aufbau eines Berichtswesens in der kommunalen Kinder- und Jugendhilfe. Frankfurt. In: www.iss-ffm.de/downloads/handreichung_issaktuell405%20.pdf, 05.04.2010

Ley, T., Seelmeyer, U. (2008): Professionalism and information technology. Social Work & Society 2, 1–14

Medienpädagogischer Forschungsverbund Südwest 2008: JIM Studie 2008. Basis-Untersuchung zum Medienumgang 12–19-Jähringer. In: www.mpfs.de/fileadmin/JIM-pdf08/JIM-Studie_2008.pdf, 05.04.2010

Meyer, B. (1991): Hilfe vom Bildschirm. Computer in der sozialen Arbeit. Lambertus, Freiburg / Br.

Münker, S. (2009): Emergenz digitaler Öffentlichkeiten. Die Sozialen Medien im Web 2.0. Suhrkamp, Frankfurt / M.

National Association of Social Workers (2005): Standards for Technology in Social Work Practice. In: www.socialworkers.org/practice/standards/NASWTechnologyStandards.pdf, 05.04.2010

Nefiodow, L. (2006): Der sechste Kondratieff. Wege zur Produktivität und Vollbeschäftigung im Zeitalter der Information. Rhein-Sieg, Sankt Augustin

Ostermann, R., Trube, A. (2002): Sozialinformatik lehren – aber wie? Sozialmagazin 7–8, 66–71

Parker-Oliver, D., Demiris, G. (2006): Social Work Informatics. A New Specialty. Social Work 2, 127–134

Parton, N. (2006): Changes in the Form of Knowledge in Social Work. From the „Social" to the „Informational"? British Journal of Social Work 2, 253–269

Peckover, S., White, S., Hall, C. (2008): Making and Managing Electronic Children. E-Assessment in Child Welfare. Information, Communication & Society 3, 375–394

Peterander, F. (2001): Sozioinformatik als neuer Weg in der Sozialen Arbeit. In: König, J., Oerthel, C., Puch, H. J. (Hrsg.): Wege zur neuen Fachlichkeit. Qualitätsmanagement und Informationstechnologien – Dokumentation ConSozial 2000. R. S. Schulz, Starnberg

Pfeiffer, S. (2004): Arbeitsvermögen. Ein Schlüssel zur Analyse (reflexiver) Informatisierung. VS, Wiesbaden

Poguntke-Rauer, M., Mennemann, H., Löcherbach, P. (2007): Hilfeplanprozess und Assessment im Allgemeinen Sozialen Dienst. EDV-gestützte Sozialpädagogische Diagnostik. Nachrichtendienst des Deutschen Vereins für Öffentliche und Private Fürsorge 3, 75–84

Projektgruppe ARD / ZDF Multimedia (2007): Internet zwischen Hype, Ernüchterung und Aufbruch – 10 Jahre ARD / ZDF-Onlinestudie. In: www.ard-zdf-onlinestudie. de/fileadmin/Fachtagung/ARD_ZDF_Onlinebrosch_ re_040507.pdf, 05.04.2010

Rammert, W. (2007): Technik – Handeln – Wissen. Zu einer pragmatistischen Technik- und Sozialtheorie. VS, Wiesbaden

– (1993): Technik aus soziologischer Perspektive. Westdeutscher Verlag, Opladen

Rosenberg, R. S. (2004): The Social Impact of Computers. Elsevier Acad. Press, Amsterdam u. a.

Scherr, A. (2002): Soziale Arbeit in der Wissensgesellschaft? Sozial Extra 4, 13–17

Schimank, U. (1986): Technik, Subjektivität und Kontrolle in formalen Organisationen – eine Theorieperspektive. In:

Seltz, R., Mill, U., Hildebrandt, E. (Hrsg.): Organisation als soziales System – Kontrolle u. Kommunikationstechnologie in Arbeitsorganisationen. Edition Sigma, Berlin, 71–91

Schmid, M. (2006): Chancen und Grenzen IT-gestützter Dokumentation am Beispiel der Drogenhilfe. In: Kreidenweis, H., Ley, T. (Hrsg.): Sozialinformatik in Lehre und Forschung, 79–94. In: www.sozialinformatik.de/Fakultaeten/SWF/sozialinformatik/f_/Sozialinformatik_Lehre_ Forschung_2005.pdf, 05.04.2010

Schmiede, R. (Hrsg.) (1996): Virtuelle Arbeitswelten. Arbeit, Produktion und Subjekt in der „Informationsgesellschaft". Edition Sigma, Berlin

Schoech, D. (1999): Human Services Technology. Understanding, Designing, and Implementing Computer and Internet Applications in the Social Services. Haworth Press, New York

Schwendtke, A. (1968): Sozialarbeit und Computer. Blätter der Wohlfahrtspflege 11, 355–356

Shaw, I., Clayden, J. (2009): Technology, Evidence and Professional Practice: Reflections on the Integrated Children's System. Journal of Children's Services 4, 15–27

Spiegel, H. v., Middendorf, P.(2007): Zielorientierte Dokumentation in der Erziehungshilfe – Standards, Erfahrungen und Ergebnisse. Eigenverlag der IGfH, Frankfurt / M.

Steinbicker, J. (2001): Zur Theorie der Informationsgesellschaft. Ein Vergleich der Ansätze von Peter Drucker, Daniel Bell und Manuel Castells. Leske + Budrich, Opladen

Tacke, V. (1997): Rationalitätsverlust im Organisationswandel. Von den Waschküchen der Farbfabriken zur informatisierten Chemieindustrie. Campus, Frankfurt / M

Webb, S. A. (2006): Social Work in a Risk Society. Social and Political Perspectives. Palgrave Macmillan, Basingstoke, Hampshire

Wendt, W. R. (Hrsg.) (2000): Sozialinformatik: Stand und Perspektiven. Nomos, Baden-Baden

White, S., Hall, C., Peckover, S. (2009): The Descriptive Tyranny of the Common Assessment Framework: Technologies of Categorization and Professional Practice in Child Welfare. British Journal of Social Work 7, 1197–1217

Interkulturelle Soziale Arbeit

Von Wolfgang Nieke

Selbstvergewisserung der Sozialen Arbeit angesichts von Migration und Diversität

Der Beginn: Ausländersozialarbeit für Gastarbeiter

Soziale Arbeit hat sich von Anfang an mit besonderen Lebenslagen konfrontiert gesehen, die sich durch die Zuwanderung von Arbeitnehmern auf Zeit ergeben haben. Diese Personengruppe wurde mit dem Akzent auf den vorübergehend im Sinne eines fünfjährigen Rotationsprinzips konzipierten Aufenthalt in Westdeutschland als *Gastarbeiter* bezeichnet. Ein strukturell ähnliches Konzept wurde für *Kontingentarbeitnehmer* in der DDR eingeführt. Diese sog. *lediggehenden* Arbeitnehmer kamen ohne jede sprachliche und kulturelle Vorbereitung aus Ländern Südeuropas, später Südosteuropas und Afrikas, so dass sie unvermeidlich eine Betreuung für die Bewältigung elementarer Alltagsaufgaben benötigten. Die einstellenden Betriebe kümmerten sich darum kaum. So wurden von den großen Trägern der Sozialhilfe Sozialdienste für Gastarbeiter eingerichtet, und zwar sprachspezifisch und religionsspezifisch zwischen den Trägern aufgeteilt. Die Hilfe wurde hier zunächst nicht von fachlich ausgebildeten deutschen Sozialarbeitern geleistet, sondern von unsystematisch akquiriertem Personal, dessen einzige Kompetenz eine hinreichende Zweisprachigkeit im Deutschen und in der Herkunftssprache ihrer Klientel zu sein hatte. Daraus entwickelte sich professionsspezifisch eine spezielle *Ausländersozialarbeit*, zu der deutsche Fachkräfte nur allmählich hinzugezogen wurden. Umgekehrt gab es kaum ernsthafte Anstrengungen, den dafür gewonnenen Personenkreis, der zumeist aus der Gruppe der angeworbenen Arbeitnehmer oder der politischen Flüchtlinge aus den entsprechenden Ländern stammte, berufsbegleitend für die Aufgaben der Sozialen Arbeit auf dem gleichen Niveau zu qualifizieren, wie es für deutsche Fachkräfte – etwa durch die staatliche Anerkennung der Ausbildung an Fachhochschulen – ausnahmslos verpflichtend war.

Interkulturelle Soziale Arbeit in der sich als multikulturell verstehenden Gesellschaft

Etwa um 1980 entstand ein Diskurs in der politischen und fachlichen Öffentlichkeit, der das bisherige Rotationskonzept für gescheitert erklärte und die dauerhafte Anwesenheit der angeworbenen Arbeitnehmer sowie den ihnen stillschweigend geduldeten, nie ausdrücklich geförderten und akzeptierten Familiennachzug als Faktum zu akzeptieren vorschlug und deshalb von der Bundesrepublik Deutschland als einem Einwanderungsland sprach, was von der Politik lange Zeit abgelehnt wurde.

In der DDR wurde bis 1989 das Rotationsprinzip im Grundsatz durchgeführt und den auf Zeit eingewanderten Kontingentarbeitnehmern verboten, Ehen mit Einheimischen einzugehen, um eine Verfestigung des Aufenthaltsstatus zu vermeiden.

Damit wurden zugleich alle Versuche einer Integration als Akkulturation abgelehnt und die westdeutsche Gesellschaft als eine multikulturelle Gesellschaft konzipiert. Dabei wurde ein Diskurs aus Kanada nach Westdeutschland übernommen, und zwar indirekt, vermittelt vor allem über die Niederlande und Frankreich (Taylor 1983). Hier wurde der Eigenwert aller Kulturen betont, der jede Zwangsakkulturation von Zuwanderern verbiete. Damit wurde zunächst ein strenger und ausnahmsloser Kulturrelativismus vertreten, wie

Otto/Thiersch (Hg.), Handbuch Soziale Arbeit, 4. A., DOI 10.2378/ot4a.art067,

er auch in der Kulturanthropologie oder Ethnologie aus methodologischen Gründen selbstverständlich ist.

In der Konsequenz eines solchen Verständnisses des Verhältnisses der Mehrheit und der Minderheiten, definiert über Sprache und Kultur, wurde etwa ab 1980 in der westdeutschen Erziehungswissenschaft ein Spezialkonzept von Interkultureller Pädagogik (Auernheimer 2003; Nieke 2008) entwickelt, und zwar zunächst für die Schulpädagogik und dann für die Vorschulerziehung. Der Kern dieses Konzepts bestand in der Aufgabe, die Angehörigen der kulturellen Mehrheit und der kulturellen Minderheiten zu einem vernünftigen Zusammenleben in einer als dauerhaft multikulturell verstandenen Gesellschaft anzuregen und zu befähigen. Es ist daher von der Ausländerpädagogik zu unterscheiden, die sich um spezifische Hilfen für die Kinder der zugewanderten Arbeitnehmer bemühte.

Korrespondierend dazu gab es erste Ansätze zu einer Interkulturellen Sozialen Arbeit, die sich vor allem für die Felder der Kinder- und Jugendhilfe, die vorschulische Betreuung und Bildung und die außerschulische Jugendbildung, das gleiche Ziel setzte. Da sich ein solcher Ansatz in gleicher Weise an die Angehörigen der kulturellen Mehrheit und der kulturellen Minderheiten richtete, war nun nicht mehr die Sprachkompetenz für die Rekrutierung des Fachpersonals ausschlaggebend, sondern nun konnte das Gebot der Fachlichkeit problemlos umgesetzt werden. Da diese Aufgabenstellung Besonderheiten in sich barg, entwickelte sich auch in der Ausbildung des Fachpersonals für die Soziale Arbeit, zunächst für die Arbeitsfelder der vorschulischen Erziehung und der Jugendhilfe (Jugendberufshilfe, Heimerziehung, Betreuung unbegleiteter Flüchtlingskinder), alsbald ein spezielles Profil für Interkulturelle Soziale Arbeit, ganz entsprechend dem Entstehen der Interkulturellen Pädagogik als Querschnittsthema für Schulpädagogik, Erwachsenenbildung, Berufspädagogik und Sonderpädagogik. Das existierende Personal der Sozialdienste für Ausländer sorgte dafür, dass hier – anders als zunächst in dem Diskurs über Interkulturelle Pädagogik – von Anfang an die angemessene und gleichberechtigte Beteiligung von Angehörigen der Minderheiten mit ihrer spezifischen Kompetenz in Sprache und Kultur als Fachkräfte realisiert werden sollte.

Diese Forderung scheitert bis heute daran, dass sich zu wenige Angehörige der Zuwandererethnien für ein Studium der Sozialen Arbeit entschließen, weil die Lebenspläne der Familien für ihre Kinder zwar einen sozialen Aufstieg, auch und gerade durch ein akademisches Studium, generell vorsehen, dies jedoch nicht in einer Tätigkeit in der Sozialen Arbeit realisiert sehen.

Selbstreflexive Interkulturelle Soziale Arbeit

Entsprechend den Diskursen in der Theorie der Sozialen Arbeit über den reflexiven Habitus des Professionellen, mit dem die eigene Verstrickung in zunächst undurchschaute Affirmationen bestehender Herrschaftspraktiken zur Aufrechterhaltung einer ressourcenbezogenen sozialen Ungleichheit durch das professionelle Handeln sichtbar und kritisierbar gemacht werden soll, wurde das auch auf die Interkulturelle Soziale Arbeit angewendet. Hier lassen sich zwei Diskursstränge ausmachen, die zwar Bezüge zueinander aufweisen, aber doch jeweils theoretisch eigenständig argumentieren.

Kritik des Kulturrelativismus aus soziologischer Perspektive

Stärker und früher als im Diskurs der Interkulturellen Pädagogik wurde von Fachvertretern der Sozialen Arbeit (etwa von Hamburger, zuletzt zusammengefasst 2009) von Anfang an das Konzept des Kulturrelativismus, das der anfänglich vertretenen Zielvorstellung einer multikulturellen Gesellschaft zu Grunde lag, als kulturalistisch verkürzend kritisiert, indem an die Stelle der Perspektive auf die Kulturdifferenzen eine soziologische Sichtweise zur Aufklärung von gewollt betriebener sozialer Ungleichheit gesetzt wurde: Die Lebenslagen der Zuwanderer seien mit dem Konzept der Kulturdifferenz nicht zutreffend zu beschreiben; die Erklärungsversuche über eine Differenz der Lebenswelten und Kulturen verschleierten die tatsächlichen Ursachen, nämlich die Dominanz der Mehrheit über die Minderheit und das Bestreben der Angehörigen der Mehrheit, die Angehörigen der Minderheiten nicht zu gleichen Konditionen an den zu knappen Gütern

teilhaben zu lassen, sie also strukturell ökonomisch und sozial zu benachteiligen, um die eigenen Zugangschancen nicht zu verschlechtern.
Dieser Diskurs führte zu zwei Ausgängen: Einige
Vertreter plädierten in der Konsequenz dieser Perspektive dafür, Zuwanderer gar nicht mehr als
solche zu adressieren, sondern einfach als Bürger,
mit gleichen Rechten wie die Autochthonen, zu
sehen und zu behandeln. Das entsprach dem
Konzept der colour blindness in den USA im
Umgang mit den diskriminierten farbigen Minderheiten, den Afroamerikanern und der Hispa-
nics. Die meisten Diskursteilnehmer jedoch erkannten eine spezifische Diskriminierungslage
für die Zuwanderer, die sich nicht mit der anderer
Gruppen von Diskriminierten aus der autochthonen Mehrheit vergleichen ließ und plädierten
für spezifische Konzepte einer Interkulturellen
Sozialen Arbeit, die hier aufklärend und kom-
pensierend wirken sollte.

Kritik des Kulturrelativismus auf der Basis eines angenommenen Universalismus der Menschenrechte

Entsprechend dem Diskurs in der Interkulturellen
Pädagogik gab es auch für die Interkulturelle Soziale
Arbeit eine Kritik an der Wertgrundlage eines Kulturrelativismus in einer sich multikulturell verstehenden Gesellschaft auf der Basis eines dagegen gestellten Universalismus. Dieser wurde zumeist mit
Rückgriff auf die Universalität der Menschenrechte
begründet. Von dieser Basis aus konnten dann kulturelle Praktiken in den Zuwandererkulturen kritisiert werden, die den Menschenrechten eindeutig
zuwiderlaufen. Thematisiert wurde hier zumeist die
Ungleichbehandlung von Frauen und Mädchen gegenüber Männern und Jungen im Ermöglichen von
individuellen Lebensentwürfen und Lebensläufen.
Die dafür gegebene religiöse Begründung, etwa mit
Verweis auf entsprechende Gebote im Islam, wurde
mit dem Hinweis zurückgewiesen, dieser sei falsch
interpretiert und diene lediglich der Verschleierung
patriarchaler Herrschaftsinteressen.
Dieser Streit um Wertgrundlagen hatte für die Soziale Arbeit unmittelbare praktische Auswirkungen,
wenn das durch das KJHG formulierte Prinzip des
Kindeswohls der Anordnung des Familienober-
haupts entgegenstand. Die Sozialarbeiter mussten
sich dann entscheiden, auch gegen religiöse Be-

gründungen, das von ihnen erkannte Kindeswohl
durchzusetzen oder im Sinne einer kulturrelativis-
tischen Akzeptanz der Minderheitenkulturen darauf zu verzichten. Jedes professionelle Handeln in
einer solchen Situation war mit einer solchen Entscheidung verbunden; auch ein Nichthandeln war
eine faktische Entscheidung.
Diese Problematik ist bis heute nicht zufriedenstellend gelöst, und das gilt nicht nur für Deutschland. Denn die Menschenrechte sind nur in einer
eurozentrischen Perspektive als universal zu behaupten; die Begründungen dafür sind für Diskurspartner aus anderen Kulturkreisen inakzeptabel (dazu Nieke 2008). Andererseits ist ein strenger
Kulturrelativismus zwar erkenntnistheoretisch
möglich, nicht aber in praktischen Handlungsentscheidungen, weil hier stets unvermeidlich Position
bezogen werden muss. Lösungen können in der
Anwendung des Prinzips der situativen Geltung
von Normen liegen oder im Führen virtueller interkultureller Diskurse, welche die Geltungsgründe
für Argumente selbst in den Diskurs mit hinein-
nehmen (Nieke 2008).

Kritik des Neo-Assimilationismus

Seit dem islamistischen Terroranschlag in New
York und Washington 2001 wird das Konzept der
multikulturellen Gesellschaft weltweit und auch in
Deutschland mehrheitlich abgelehnt, wobei sich
die Ablehnung nicht nur auf den Islamismus, sondern auf den Islam insgesamt als nicht nur gewalttätig bedrohend, sondern auch menschenrechts-
feindlich bezieht.
Die Zuwanderer, vor allem aus dem islamischen
Kulturkreis, sollen auf ein verbindliches Bekenntnis zu den Grundlagen der einheimischen Kultur
als sog. „Leitkultur" verpflichtet werden.
Dieses Motiv ist aber nicht neu. Von Anfang an
begleitete den Diskurs über die multikulturelle
Gesellschaft eine Ablehnung, die stets mit der
Sorge begründet wird, die eigene kulturelle Identität werde durch die Zuwanderung von Gruppen
gefährdet, die sich nicht dauerhaft akkulturieren
wollten. Dabei wird verdächtig oft auch mit biologischen Kategorien operiert, ein Indiz auf eine
starke Nähe zu den Argumentationen der intelli-
gent auftretenden Neuen Rechte, die ohne expli-
ten Rückbezug auf Nationalsozialismus und Fa-

schismus ein sozialdarwinistisches Weltbild der Populationskonkurrenz transportieren, um damit Ausgrenzung, Relegation und Segregation der meist rassisch differierbaren Minderheiten zu fordern. Dieser Diskurs gewinnt an Schärfe, nachdem vermehrt Zuwanderer aus einem Gebiet kommen, das nach überkommenem Verständnis nicht zu Europa gehört, nämlich zunächst aus Nordafrika und der Türkei.

Da dieses Ablehnungsmotiv bis weit in die weltanschauliche Mitte der Gesellschaft reicht und auch auf dem sog. linken Spektrum anzutreffen ist, kann es nicht einfach als inakzeptabel rechtsgewirkt abgetan werden, sondern muss in den zu Grunde liegenden Ängsten ernst genommen werden.

Als Lösung dieses Problems wird nun wieder das propagiert, was vor 1980 die Antwort auf die Marginalisierung der Zuwanderer gewesen ist: forcierte Unterstützung der sozialen Integration der Migranten durch Assimilationsanforderungen. Insofern kann diese Position als Neo-Assimilationismus bezeichnet werden (Otto/Schrödter 2006).

Die bisherigen Diskurse des Neo-Assimilationismus sind davon gekennzeichnet, dass sie faktisch eine Zwangsakkulturation fordern, also eine eigene Anstrengung der Zuwanderer, ihre Herkunftskultur zu verlassen und sich der Mehrheitskultur möglichst vollständig anzupassen. Wer dies nicht mag oder kann, wird Sanktionen unterworfen, die bis zur dauerhaften Ausweisung gehen sollen (zu möglichen theoretischen und praktischen Alternativen s. Nieke 2006).

Theoretische Diskurse zum Verstehen und zur Orientierung des Handlungsfeldes einer Sozialen Arbeit für und mit MigrantInnen und einer interkulturellen Sozialen Arbeit

In der ersten Zeit der Beschäftigung mit den neu entstehenden Aufgaben für die Soziale Arbeit durch die Zuwanderung von ArbeitnehmerInnen und ihren Familien und durch Flüchtlinge standen die praktischen Probleme im Vordergrund. Sie wurden auf der Basis der bisherigen Handlungskonzepte mit ähnlichen Zielgruppen und durch intuitiv-pragmatische Strategien anzugehen versucht. Ab 1980 setzen Diskurse ein, welche die praktischen Aufgaben in übergreifende Reflexionszusammenhänge zu stellen beginnen. Darüber informieren

Eppenstein/Kiesel (2008). Hier fließen überwiegend die Positionen und Kontroversen von Diskursen über Gerechtigkeit und Wertkonflikte ein, die an anderer Stelle geführt werden, die für eine Soziale Arbeit, die sich dem Anspruch auf Berücksichtigung von Kulturspezifika stellen will, aber in besonderer Weise bedeutsam werden können.

Das beginnt mit der Übernahme angelsächsischer Konzepte zu einer antirassistischen Erziehung (sehr früh bereits Auernheimer 2003, in der ersten Auflage von 1990), weil in diesem Sprachraum die Kategorie Rasse für die alltäglichen und politischen Auseinandersetzungen zentral war und ist. In Deutschland wird das entweder auf den rechtsextremen Antisemitismus und Diskriminierungen von Afrikanern beschränkt oder über das Konzept eines Kulturrassismus auf eine interaktive und institutionelle Diskriminierung von nichtdeutscher und nichteuropäischer Kultur als Lebenswelt einschließlich der äußerlich sichtbaren Körperstilisierungen übertragen. Dabei gibt es eine Kritik an der Verwendung des deutschen Terminus „Rasse", mit dem Hinweis auf die unaufhebbare Belastung, die dieses Wort durch den Nationalsozialismus im Deutschen erhalten habe. Deshalb wird versucht, an seine Stelle den Terminus „Ethnie" aus der Ethnologie zu entlehnen und zu verwenden. In diesem Begriff werden sowohl sichtbare Körpermerkmale als auch kulturelle Elemente zu einer Wahrnehmungs- und Orientierungseinheit zusammengefasst. Die Antwort der Sozialen Arbeit auf diese gesellschaftliche Problemlage sind die Konzepte einer allgemeinbildenden antirassistischen Jugendarbeit in der außerschulischen Jugendbildung, die auch als Angebote von Trägern der Kinder- und Jugendhilfe für in der Regel zeitlich eng begrenzte schulische Projekte (etwa in Projekttagen, in denen der übliche Stundenplan außer Kraft gesetzt ist) realisiert werden.

Ebenfalls in Übernahme eines Diskurses aus dem angelsächsischen Sprachraum wird in der Frauenforschung und Behindertenpädagogik eine sog. Intersektionalität (etwa Riegraf 2009) diskutiert, und damit ist eine Überschneidung von mehreren Feldern gemeint, in denen strukturelle Diskriminierung wirkt: class, race, gender, ability, age, ethnicity. Zu den geläufigen Kategorien der Klassen- oder Schichtzugehörigkeit, der Rasse, des Geschlechts, der Behinderung und des Alters kommt hier die Ethnizität (Klinger et al. 2007) hinzu, die Fremd- und Selbstzuschreibung eines Menschen zu einer Ethnie, die durch Merkmale wie gemeinsame (Minderheits)Sprache, Religion, Orientierungssystem (Kultur), Rasse und Abstammung definiert ist. Damit lässt sich die Lebenslage von Migrantinnen genauer beschreiben als das vorher möglich war.

Vieles von dem, was in Deutschland in den sich „interkulturell" etikettierenden Ansätzen thematisiert und angestrebt wird, überdeckt sich vollständig mit dem, was im englischsprachigen Diskurs mit *ethnicity* angesprochen wird. Markanterweise fehlt der Kategorie *Kultur* das für Ethnizität wichtige Merkmal der Visibilität, der äußerlich möglichen Diskriminierbarkeit, etwa über die Schemata differenter Rassenzugehörigkeit. Der Terminus *Intersektionalität* ist allerdings etwas missverständlich, weil er semantisch auf ein Dazwischen verweist, während es dem Konzept um die verstärkende Kumulation von Effekten durch eine Überlappung von Diskriminierungsfeldern geht.

Um ein Mobilitätsmuster zu beschreiben, das über mehrere Staats- und Kulturgrenzen hinweg und hin und her verläuft, werden die Termini *Transkulturalität* und *Transnationalität* verwendet (statt anderer Pries 2008; Homfeldt et al. 2008), vermutlich weil die Wortbildungen mit *inter-* die Assoziation von binären Wanderungen zwischen jeweils nur zwei Staats- und Kulturräumen erzeugen. Diese Termini stehen in Widerspruch zu einer anderen, etablierten Begrifflichkeit von transkultureller Psychiatrie und transkultureller Pädagogik, die auf ein Verlassen der Kultursphäre verweisen, indem auf anthropologische Universalien jenseits jeder Kulturprägung geschaut wird (Nieke 2008, 171 ff.).

Was soll interkulturell sein an der Sozialen Arbeit?

Das Programm einer interkulturellen sozialen Arbeit erklärt sich nicht ohne weiteres aus sich selbst heraus. Dabei kann an eine Arbeitsaufgabe zwischen den Kulturen gedacht werden, wo sich so etwas wie Zwischenwelten gebildet haben könnten (Gemende et al. 1999; Gemende 2002). Ein genauerer Blick zeigt jedoch zumeist, dass es sich nicht um neuartige Zwischenwelten zwischen zwei oder mehr Kulturen handelt, sondern um Varia-

tionen innerhalb einer bestehenden Kultur, verstanden als Lebenswelt, und um ein Hin- und Herschalten (switching) zwischen Sprachen und Kulturen im alltäglichen Wechsel von different geprägten Sozialräumen.

Meist wird mit interkultureller sozialer Arbeit jedoch einfach die Aufgabe angesprochen, Menschen mit Migrationsgeschichte in ihrer spezifischen Lebenslage, die durch die freiwillige oder erzwungene Wanderung von einem Sprach- und Kulturraum in einen neuen zunächst ihrer Alltagskompetenz beraubt sind, Hilfen zur effektiven Bewältigung dieses Kompetenzverlustes zu geben. Das ist ein deutlich anderer Begriff von *interkulturell* als in den Ansätzen Interkultureller Pädagogik, in denen es immer um die Bearbeitung des Verhältnisses zwischen Angehörigen verschiedener Lebenswelten mit differenter Machtausstattung geht. Allerdings findet sich ein Überschneidungsbereich zwischen interkultureller sozialer Arbeit und interkultureller Pädagogik, etwa im Bereich der außerschulischen Jugendbildung gegen Rassismus und für kulturelle Toleranz (Freise 2005).

Die Zielgruppe interkultureller sozialer Arbeit hieß zunächst *Ausländer, Gastarbeiter, Migranten,* und neuerdings wird sie als *Menschen mit Migrationshintergrund* (Boos-Nünning 2009) oder *Menschen mit Migrationsgeschichte* bezeichnet. Damit sollen abwertende Konnotationen möglichst vermieden werden, und es soll dem Umstand Rechnung getragen werden, dass auch Menschen mit deutscher Staatsangehörigkeit, nämlich die sog. Aussiedler, dazu zu rechnen sind sowie in Deutschland geborene und aufgewachsene Nachkommen von Einwanderern ohne die direkte Erfahrung des Kompetenzverlustes beim Übertritt in einen anderen Sprach- und Kulturraum. Beide Bezeichnungen verfehlen jedoch das Wesentliche: Keineswegs alle Menschen mit Migrationsgeschichte gehören zur Zielgruppe interkultureller sozialer Arbeit, sondern nur ein Teil von ihnen: beispielsweise nicht Österreicher oder US-Amerikaner, sondern Türken oder Aussiedler aus Kasachstan. Die Zielgruppe für interkulturelle soziale Arbeit sind also nur solche MigrantInnen, die andauernde Probleme im Zurechtfinden im neuen Sprach- und Kulturraum und mit der Zugehörigkeit zur neuen Staatsbevölkerung haben oder von Einheimischen gemacht bekommen.

Von Anfang an durchzieht den Diskurs über interkulturelle soziale Arbeit die Frage, ob es angemessener sei, spezielle Hilfen für MigrantInnen zu konzipieren und anzubieten oder ob es ausreiche, diese Aufgabe als Querschnittsthema für alle Dienste der Sozialen Arbeit vorzusehen, was als interkulturelle Öffnung sozialer Dienste diskutiert wird (IDA 2010).

Es begann mit sprachspezifischen Ausländersozialdiensten durch großenteils fachlich unausgebildete sprachkundige MigrantInnen, und von dieser Erfahrung aus wird bis heute gefordert, dass in den sozialen Diensten für diese Zielgruppe Angehörige der Personengruppen mit entsprechenden Sprach- und Lebensweltkenntnissen tätig sein sollten. Dies gelingt nicht leicht, weil es nur wenige Angehörige der im Blick stehenden Migrantengruppen gibt, die sich für eine berufliche Tätigkeit in der Sozialen Arbeit interessieren lassen. In beiden Fällen kommt es auf interkulturelle Kompetenz oder interkulturelle Sensibilität an (Eppenstein / Kiesel 2008).

Der gegenwärtige Diskurs über interkulturelle Pädagogik orientiert sich auf eine mögliche Einordnung dieses politischen und pädagogischen Programms in *doing diversity*, also eine umfassende Berücksichtigung der Verschiedenheit von Menschen und Menschengruppen mit dem Bezugspunkt einer vollständigen Gleichwertigkeit der Differenzen. Das würde dann auch für die interkulturelle soziale Arbeit gelten (Leiprecht 2008; Kessel / Plößer 2010). Aussichtsreich erscheint auch die Neuinterpretation der interkulturellen sozialen Arbeit durch den capabilities approach (Otto / Ziegler 2008). Dieser Ansatz basiert auf Überlegungen von Sen und Nussbaum und erweitert den Grundgedanken, dass Soziale Arbeit sich an der grundsätzlichen Gleichheit der Menschen zu orientieren habe über das Konzept der Ermöglichung von Chancengerechtigkeit (alle sollen dieselben Chancen haben, gesellschaftlich begehrte Güter oder Positionen zu erreichen) oder Chancengleichheit (sie ist erreicht, wenn Angehörige aller gesellschaftlicher Lagen proportional in höhere Positionen gelangen können) hinaus in eine doppelte Denk- und Handlungsrichtung: Alle Menschen sollen befähigt werden, ihre Anlagen ungehindert entfalten zu können. Das hat eine individuelle Seite (Befähigung) und eine gesellschaftliche (Ermöglichung), und nur wenn zugleich die Befähigung und die Ermöglichung koordiniert unterstützt und installiert werden, kann dieses Ziel optimal erreicht werden.

Felder der Hilfe

Vier Felder der Hilfe lassen sich nach institutioneller Verfassung und spezifischen Anforderungen an professionelle Handlungskompetenz unterscheiden: Migrationsdienst, Flüchtlingsarbeit, Kinder- und Jugendhilfe, Altenarbeit.

Die Migrationsdienste waren zunächst sprachspezifisch organisiert, was gegenwärtig wegen der Zahl von über hundert Sprachen von Migranten nicht mehr praktikabel ist. Zumeist wird Hilfe in den Hauptsprachen angeboten, kombiniert mit einem Übersetzerdienst für die weniger frequentierten Sprachen. Hier stehen die akuten Probleme vor allem durch den ausländerrechtlich besonders geregelten Aufenthaltsstatus im Vordergrund.

Die Flüchtlingsarbeit steht vor zusätzlichen Problemen, die durch die Ungewissheit der Aufenthaltsperspektive beziehungsweise die schon angeordnete Rückführung erzeugt werden. In solchen Situationen sind auf Integration angelegte Hilfen nicht angemessen; es kommt auf die situative Stützung der oft traumatisierten Flüchtlinge an.

Die Jugendhilfe hat vier voneinander zu unterscheidende Felder:

- die frühkindliche Bildung mit früher Sprachförderung – entweder nur im Deutschen bei einem Assimilationsansatz oder eine bilinguale mit Erhalt der Familiensprache – und einem Bildungsauftrag zu Toleranz in einer sich pluralistisch verstehenden Gesellschaft, wobei dies die Kinder der einheimischen Mehrheit mit einbezieht;
- die außerschulische Jugendbildung mit einer entsprechenden Zielsetzung und hinzutretend die internationale Jugendarbeit (Thimmel 2001; Deutscher Bundesjugendring 2008);
- die Schulsozialarbeit in der Ganztagsbildung mit einem Fokus auf ethnische Gruppierungen, die in ihrer Abgrenzung Konflikte erzeugen, mit der Aufgabe von Integration als Akkulturation oder interkultureller Bildung als Vorbereitung auf eine sich als dauerhaft multikulturell verstehende Gesellschaft;
- sozialpädagogische Begleitung der Vorbereitung auf den Übergang in den Beruf im Übergangssystem durch forcierte Förderung in Deutsch und Wohlverhalten als Voraussetzungen für die Akzeptanz in der ökonomischen Sphäre des Erwerbslebens.

Schon früh wurde von Dietzel-Papakyriakou (1993; Olbermann / Dietzel-Papakyriakou 1995) auf die Besonderheiten des Altwerdens von Migranten in Deutschland aufmerksam gemacht. Inzwischen gibt es einige Ansätze für eine erforderliche spezifische Betreuung altgewordener MigrantInnen (Kaewnetara / Uske 2001; die Bibliographie der Zeitschrift *Migration und Soziale Arbeit* weist in den letzten Jahren kaum konzeptionell neuere Ansätze aus).

Funktionen der Kontrolle

Noch stärker als in anderen Feldern der Sozialen Arbeit wird bei der interkulturellen sozialen Arbeit ein starkes Ausmaß der Kontrollfunktion deutlich. Das beginnt bei der Kooperationsverpflichtung mit den Ausländerbehörden und der eingeforderten Amtshilfe bei Abschiebungen, vor allem bei zunächst geduldeten Flüchtlingen und bei jedem Kontakt mit illegalen Einwanderern und Flüchtlingen. Das widerspricht der Professionalität Sozialer Arbeit, der es danach möglich sein müsste, zum Wohle der Klienten ein Zeugnisverweigerungsrecht auszuüben.

Subtiler wirkt die Kontrollzumutung etwa bei der Arbeit mit muslimischen Mädchen und Frauen. Hier wird eine als Integration aufgefasste Akkulturationsleistung erwartet, die zu einer Entfremdung dieser Klientinnen aus ihrer Lebenswelt führen muss und auch führen soll, und dies unabhängig von der eigenen Entscheidung der Betroffenen. Die interkulturelle soziale Arbeit gerät hier in das unaufgelöste Spannungsfeld zwischen der Anerkennung einer multikulturellen Gesellschaft (Taylor 1983) und dem Neo-Assimilationismus, der hinter vielen aktuellen politischen Konzepten von Integration steckt (Nieke 2006).

Perspektiven

Derzeit lassen sich drei gesellschaftliche Entwicklungen absehen, welche die interkulturelle soziale Arbeit vor schwierige neue Aufgaben stellen könnten:

1. Eine durch katastrophische Entwicklungen in Natur und Staat vor allem in Afrika sich schnell und stark verstärkende Zuwanderung von Armutsaus-

wandernden könnte bald auch Deutschland erreichen. Da diese Einwanderer nach den rechtlichen Regelungen der Europäischen Union nicht als Arbeitskräfte oder politische Flüchtlinge legalisierbar gelten, werden diese Einwanderer – wie derzeit schon in Südeuropa – dauerhaft in einem Status der Illegalität fixiert bleiben. Sie werden soziale Hilfe benötigen, aber die Fachkräfte der Sozialen Arbeit machen sich strafbar, wenn sie diese zu geben versuchen.

2. In Europa insgesamt ist eine starke Zunahme und verstärkte Abgrenzung islamischer Parallelgesellschaften mit erhöhter Gewaltbereitschaft zu konstatieren. Damit wird der Zugang von Angeboten sozialer Arbeit vor allem für Jugendliche aus diesen in sich hoch disparaten islamischen Lebenswelten wesentlich schwieriger, und die Bereitschaft der Mehrheitsgesellschaft für eine Toleranz gegenüber diesen Lebenswelten wird schnell zurückgehen.

3. Ebenfalls in ganz Europa ist eine Zunahme vormoderner Clan-Strukturen mit totaler Inklusion der Kinder und Jugendlichen zu verzeichnen. Das betrifft nicht nur islamische Lebenswelten. Ein modernes Verständnis von Sozialer Arbeit, das sich an der Maxime der Förderung und öffentlichen Bewachung des Kindeswohls als einer Konkretisierung der universal gesetzten Menschenrechte orientiert, erfordert hier gegebenenfalls eine Intervention, um den betroffenen Kindern und Jugendlichen auch außerhalb dieser erweiterten Familienwelt Entwicklungs- und Lebenschancen aufzuzeigen und zu ermöglichen. Das aber wird von den betroffenen Meinungsführern dieser Lebenswelten als verstörender oder sogar zerstörender Eingriff in die Integrität zu akzeptierender und zu schützender Minderheitskulturen angesehen, die im Rechtssystem der Vereinten Nationen unter einen vergleichbaren Schutz gestellt worden sind wie die höchstmögliche Entfaltung des Individuums. Die *interkulturelle* soziale Arbeit wird hier mit interkultureller Sensibilität gesellschaftliche Diskurse zur Klärung dieses Wertantagonismus moderieren müssen. Dabei kommt es darauf an, auch die Geltungsbedingungen von solchen Verständigungsversuchen selbst in ihrer kulturellen Einbindung zu bedenken und nicht solche des europäisch-abendländischen Kulturkreises unreflektiert als universal vorauszusetzen. Das ist in der Praxis oft nicht leicht zu realisieren, aber auch nicht unmöglich (Beispiele in Nieke 2008).

Literatur

Auernheimer, G. (2003): Einführung in die Interkulturelle Pädagogik. 2. Aufl. Wiss. Buchges., Darmstadt

Boos-Nünning, U. (2009): Kinder und Jugendliche mit Migrationshintergrund im Post-Wohlfahrtsstaat. In: Kessl, F., Otto, H.-U. (Hrsg): Soziale Arbeit ohne Wohlfahrtsstaat? Zeitdiagnosen, Problematisierungen und Perspektiven. Juventa, Weinheim, 121–132

Deutscher Bundesjugendring (Hrsg.) (2008): Internationale Jugendarbeit. Deutscher Bundesjugendring, Berlin, Schriftenreihe Nr. 47

Dietzel-Papakyriakou, Maria (1993): Altern in der Migration. Die Arbeitsmigranten vor dem Dilemma: zurückkehren oder bleiben? Enke, Stuttgart

Eppenstein, Th., Kiesel, D. (2008): Soziale Arbeit interkulturell. Theorien – Spannungsfelder – reflexive Praxis. Kohlhammer, Stuttgart

Freise, J. (2005): Interkulturelle Soziale Arbeit. Theoretische Grundlagen – Handlungsansätze – Übungen zum Erwerb interkultureller Kompetenz. Wochenschau Verlag, Schwalbach

Gemende, M. (2002): Interkulturelle Zwischenwelten. Bewältigungsmuster des Migrationsprozesses bei MigrantInnen in den neuen Bundesländern. Juventa, Weinheim

–, Schröer, W., Sting, S. (Hrsg.) (1999): Zwischen den Kulturen. Pädagogische und sozialpädagogische Zugänge zur Interkulturalität. Juventa, Weinheim

Hamburger, F. (2009): Abschied von der Interkulturellen Pädagogik. Plädoyer für einen Wandel sozialpädagogischer Konzepte. Juventa, Weinheim

Homfeldt, H. G., Schroer, W., Schweppe, C. (Hrsg.) (2008): Soziale Arbeit und Transnationalität. Herausforderungen eines spannungsreichen Bezugs. Juventa, Weinheim

Informations- und Dokumentationszentrum für Antirassimusarbeit e. V. (2010): Interkulturelle Öffnung. In: www.IDAeV.de/interkulturelle_oeffnung.htm, 28. 03. 2010

Kaewnetara, E., Uske, H. (Hrsg.) (2001): Migration und Alter. Auf dem Weg zu einer kulturkompetenten Altenarbeit. Konzepte – Methoden – Erfahrungen. Duisburger Institut für Sprach- und Sozialforschung, Duisburg

Kessel, F., Plößer, M. (Hrsg.) (2010): Differenzierung, Normalisierung, Andersheit. Soziale Arbeit als Arbeit mit den Anderen. VS-Verlag, Wiesbaden

Klinger, C., Knapp, G.-A., Sauer, B. (2007) Achsen der Ungleichheit – zum Verhältnis von Klasse, Geschlecht und Ethnizität. Campus, Frankfurt / M.

Leiprecht, R. (2008): Diversity Education und Interkulturalität in der Sozialen Arbeit. Sozial extra 11 / 12, 15–19

Nieke, W. (2008): Interkulturelle Erziehung und Bildung. Wertorientierungen im Alltag. 3. erw. Aufl. VS-Verlag, Wiesbaden

– (2006): Anerkennung von Diversität als Alternative zwischen Multikulturalismus und Neo-Assimilationismus? In: Otto, H.-U., Schrödter, M. (Hrsg.): Soziale Arbeit in der Migrationsgesellschaft: Multikulturalismus – Neo-Assimilation – Transnationalität. Verlag Neue Praxis, Lahnstein, Sonderheft 8 der neuen praxis. Zeitschrift für Sozialarbeit, Sozialpädagogik und Sozialpolitik, 40–48

Olbermann, E., Dietzel-Papakyriakou, M. (1995): Entwicklung von Konzepten und Handlungsstrategien für die Versorgung älterwerdender und älterer Ausländer. Bundesministerium für Arbeit und Sozialordnung, Bonn: Abschlussbericht

Otto, H.-U., Schrödter, M. (Hrsg.) (2006): Soziale Arbeit in der Migrationsgesellschaft: Multikulturalismus – Neo-Assimilation – Transnationalität. Verlag Neue Praxis, Lahnstein. Sonderheft 8 der neuen praxis. Zeitschrift für Sozialarbeit, Sozialpädagogik und Sozialpolitik.

–, Ziegler, H. (Hrsg.) (2008): Capabilities. Handlungsbefähigung und Verwirklichungschancen in der Erziehungswissenschaft. VS-Verlag, Wiesbaden

Pries, L. (2008): Die Transnationalisierung der sozialen Welt. Sozialräume jenseits von Nationalgesellschaften. Suhrkamp, Frankfurt / M.

Riegraf, B. (2009): Intersektionen von Ungleichheiten und Differenzen: Kursbestimmung im Nebel zwischen Gesellschaftstheorie und politischem Gestaltungsanspruch. In: Böllert, K., Oelkers, N. (Hrsg): Frauenpolitik in Familienhand? VS-Verlag, Wiesbaden, 39–55

Taylor, Ch. (1983): Multikulturelle Gesellschaft. Suhrkamp, Frankfurt / M.

Thimmel, W. (2001): Pädagogik der internationalen Jugendarbeit. Wochenschau Verlag, Schwalbach

Treichler, A., Cyrus, N. (Hrsg.) (2004): Handbuch Soziale Arbeit in der Einwanderungsgesellschaft. Brandes und Apsel, Frankfurt

Jugend

Von Uwe Sander und Matthias D. Witte

Jugendbegriffe

Jugend als Begriff wird im alltäglichen und wissenschaftlichen Sprachgebrauch flexibel und keinesfalls einheitlich verwendet. Der Begriff kann junge Menschen zwischen 13 und 18 bzw. 21 Jahren als Personengruppe meinen, sich also auf eine *Zeitspanne der Biografie* beziehen, die „Jugend" genannt wird. Jugend kann ebenso den jeweiligen *Möglichkeitsraum der Entwicklung* (Moratorium) bezeichnen, den eine Gesellschaft der nachwachsenden Generation bietet. Jugend kann als *Erziehungsaufgabe*, als *gesellschaftliches Problem*, als *historisch entstandenes Phänomen* oder auch entwicklungspsychologisch als *Reifephase* mit spezifischen psychosozialen Entwicklungsaufgaben verstanden werden, und schließlich ist Jugend auch ein *juristischer Terminus*. In allen Fällen geht es nicht um etwas naturhaft Vorgegebenes. Obgleich heute vielen die Jugendphase wie eine Naturkonstante erscheinen mag, ist sie – entstanden in modernen Gesellschaften im 20. Jahrhundert – ein noch relativ junges Phänomen (Sander / Vollbrecht 2000). Die wissenschaftliche Beschäftigung mit Jugend im 20. Jahrhundert verweist auf die geschichtliche Relativität und gesellschaftliche Bedingtheit dessen, was wir Jugend nennen, lässt aber auch gewisse Konstitutiva eines Gleichaltrigenlebens Heranwachsender erkennen. Zu den notwendigen gesellschaftlichen Vorbedingungen einer peerorientierten und kulturell je besonderen Lebensphase Jugend gehören Institutionen (z. B. Schule), die als Kristallisationskerne von Gleichaltrigenkulturen wirken. Weiter werden Heranwachsende erst über eine zumindest eingeschränkte Freistellung von Arbeit, Familie, Ehe und Verantwortlichkeit sowie über eine gewisse Autonomie der Lebensführung zu Jugendlichen. Die Lebensphase Jugend ist einerseits auf Bildung und Vorbereitung auf den Erwachsenenstatus ausgerichtet (Bildungsmoratorium). Andererseits ist Jugend daraufhin angelegt, die lebensphasenspezifischen Möglichkeiten der Gegenwart möglichst intensiv zu nutzen, Bedürfnisse zu entfalten und Wohlbefinden zu erreichen (Freizeitmoratorium) (Reinders 2003, 2006). Jugend kann als *Schonraum* aufgefasst werden. Das bedeutet keinen Luxus des Aufwachsens, sondern umschreibt allein die Tatsache, dass sich gesellschaftlich bedingt eine Altersphase etabliert und ausdifferenziert hat, in der die Betroffenen Eigenleben und Eigenwert entwickeln können. Wenn wir neben der westlichen Kultur auch andere Kulturen ins Auge fassen, ist allerdings die Denkfigur des Moratoriums größtenteils ungeeignet, um die soziale Realität der Mehrheit der dort lebenden jungen Menschen zu begreifen (Liebel 2008). Dort betrifft es lediglich die privilegierte „höhere Bildungsjugend". Das lange Zeit als selbstverständlich geltende Jugendmodell des Moratoriums erfährt inzwischen auch in wohlhabenden Gesellschaften Einschränkungen und verliert zunehmend seine gesellschaftlichen Legitimationsgrundlagen. Mit den anwachsenden Ungewissheiten und Risiken bricht auch hier die Moratoriumsphase sozial und zeitlich-biografisch auf (Schröer 2004; Schröer / Böhnisch 2006). Die Übergänge ins Erwachsenenalter sind für viele Jugendliche nicht nur unstrukturierter, länger und unsicherer, sondern auch individuell folgenreicher geworden. „Der bisher zeitlich eng begrenzte Freiraum, in dem man sich austoben konnte, bevor man in den Arbeitsalltag eintrat, löst sich auf" (Kirchhöfer / Merkens 2004, 17), weil zunehmend arbeitsgesellschaftliche Verpflichtungen in die Lebensphase Jugend sickern. Deshalb lässt sich die Trennung zwischen einer als Vorbereitungsphase definierten Jugendzeit und den erst nach dieser „Schonfrist" auftauchenden arbeitsgesellschaftlichen Anforderungen nur bedingt aufrechterhalten.

Otto/Thiersch (Hg.), Handbuch Soziale Arbeit, 4. A., DOI 10.2378/ot4a.art068,
© 2011 by Ernst Reinhardt, GmbH & Co KG, Verlag, München

Historische Entwicklung des Konzepts Jugend

Die Existenz einer eigenwertigen Jugendphase hat bestimmte gesellschaftliche, historische und auch pädagogisch-theoretische Voraussetzungen, die etwa in den Gesellschaften des europäischen Mittelalters fehlten. Kinder erwarben damals im Rahmen einer starren Ständegesellschaft durch das Zusammenleben mit Erwachsenen die notwendigen Kenntnisse und Fertigkeiten für ihr späteres Erwachsenenleben. Sie wurden dann als Erwachsene betrachtet, wenn ihre Physis und ihr zugewiesener sozialer Status hinreichend entwickelt waren. Die gesellschaftlichen Strukturen dieser traditionellen Gesellschaft benötigten für ihre Reproduktion keine Jugendphase und unterstützten deren Ausbildung auch nicht. Altershomogene Lebensräume (wie heute die Schule) als Basis eines gesonderten Jugendlebens fehlten. Das ,Ganze Haus' (als Vorform der Familie) integrierte noch die Sphären von Arbeit, Leben und informeller Wissensvermittlung und repräsentierte in seinem funktionalen und hierarchischen Aufbau mit dem Hausvater an der Spitze die gesamtgesellschaftliche Ordnung. Somit konnten Kinder mit ihrem informell im sozialen Nahraum erworbenen Wissens- und Erfahrungsschatz direkt ins Erwachsenenalter wechseln (Ariès 2003).

Erst im 18. Jahrhundert setzt sich in Europa langsam die Jugend als eine neue und zusätzliche Phase im Lebenszyklus durch. Mehrere Umstände fördern diese Entwicklung: Zum einen werden die europäischen Gesellschaften komplexer und differenzieren immer mehr funktionale Teilsysteme aus. In diesen Sektoren – z. B. innerhalb der Bereiche Wirtschaft, Politik, Wissenschaft und Verwaltung – werden spezielle Kenntnisse benötigt, und deshalb setzt sich die allgemeine Schulpflicht allmählich durch. Im Gegenzug verliert die ehemalige Sozialform des ,Ganzen Hauses' als universelle Lebensform, Arbeitsorganisation und Erziehungsinstanz an Bedeutung. Im Bürgertum entsteht die Kernfamilie als neue Form der Lebensgemeinschaft, die sich nun erzieherisch und emotional auf die Kindererziehung konzentriert, die Schul- und Berufsausbildung jedoch an externe gesellschaftliche Bereiche abgibt. Zum anderen separiert sich die Sphäre der Arbeit: Über Manufakturen etc. entsteht eine Arbeitswelt, die nach und nach ihre Kontakte zu den übrigen Lebensbereichen verliert. So werden Kinder und Heranwachsende (zuerst aber nur in der kleinen Schicht des Bürgertums) von immer mehr Teilsektoren der Gesellschaft getrennt, erfahren dafür jedoch in der Familie eine intensivierte emotionale Aufmerksamkeit. Ihnen eröffnen sich zudem im altershomogen strukturierten Bildungssystem neue Freiräume eines eigenen Lebens unter Gleichaltrigen. Diese langsam einsetzende Autonomie des Jugendlebens wird im Bürgertum noch einmal grundsätzlich durch eine bis dahin unbekannte Distanz zur Arbeitswelt der Erwachsenen gestützt. Jugend entsteht als privilegierter Schonraum für wenige Heranwachsende, die sich ein Stück weit aus der Obhut der Familie lösen können, nicht mehr als Kinder gelten, aber auch noch nicht den Verpflichtungen und Verantwortlichkeiten der Erwachsenenwelt ausgesetzt sind. Einschränkend muss gesagt werden, dass diese Privilegien nicht nur auf die Heranwachsenden des wohlhabenden Bürgertums beschränkt sind, sondern auch innerhalb dieser Population noch einmal gesondert lediglich für männliche Jugendliche gelten. Bezeichnenderweise spricht man in dieser Zeit auch nicht vom Jugendlichen, sondern vom Jüngling. Die weiblichen Jugendlichen verbleiben noch lange Zeit unter der Kontrolle der Familie und werden von schulischer Bildung ausgeschlossen. Ihnen fehlen somit auch die informellen Freiräume des Jugendlebens, die sich um die altershomogenen Bildungsinstitutionen bilden, und ihnen werden auch kaum alternative außerfamiliale Erfahrungsspielräume gestattet. Verwiesen werden muss aber auch darauf, dass diese Grundvoraussetzungen zur Ausformung von Jugend für die Jugendlichen auf dem Land und für die Heranwachsenden des entstehenden Industrieproletariats ebenfalls nicht zutrafen. Die Jugendphase braucht zu ihrer historischen Ausbildung eine tendenzielle Freistellung von Erwerbsarbeit. Sie ruht auf der Altershomogenität des Schullebens und muss zeitweilig der Erwachsenenverantwortlichkeit und Subsistenzsicherung entbunden sein. Alle diese Grundvoraussetzungen bleiben der Masse der Heranwachsenden in Deutschland und Europa bis in die Mitte des 20. Jahrhunderts verwehrt, sodass Jugend von ihren Ursprüngen bis zum Zeitpunkt einer universellen Relevanz als Lebensphase für alle gut 200 Jahre Entwicklungszeit braucht (Mitterauer 1986; Gillis 1994).

Mit dieser historischen Genese von Jugend verbunden ist die Entwicklung eines eigenständigen kulturellen Jugendlebens, das wir heute *Jugendkulturen* nennen. Begrifflich schließt der Begriff Jugendkultur an G. A. Wyneken und die Jugenddiskussion der 1920er Jahre an und versteht Jugend im Rahmen der Kultursoziologie (R. Williams) unter dem Aspekt, inwieweit sich Einstellungen, Verhaltensweisen, Lebensentwürfe, Kommunikationsformen, Symbolbildungen, Selbstdarstellungen und Konfliktpotenziale Jugendlicher als eigenständige kulturelle Praxis auffassen lassen. In den altershomogenen sozialen jugendlichen Gruppenbeziehungen entstehen als *Gegen*entwürfe zur etablierten Erwachsenenkultur eigene, distinkte Vorstellungen über Aussehen, Lebensziele und Muster der Lebensgestaltung, weshalb in der Jugendforschung der 1970er Jahre noch von *Subkultur(en)* die Rede ist (Baacke 1972; Brake 1980). Ab den 1980er Jahren setzt sich der neutralere Begriff der Jugendkultur durch. Dieser Begriffswechsel verweist darauf, dass Jugendkulturen nicht mehr von der Opposition gegen Erwachsene leben, sondern eine eher positive Orientierungsfunktion für Heranwachsende übernehmen, der sich auch viele Erwachsene nicht entziehen können. Spätestens zu Beginn des 21. Jahrhunderts erstarkt Jugendlich-Sein zu einer universalen Habitusform, zu einem umfassenden Ideal und Lebensgefühl und löst sich tendenziell vom Lebensalter Jugend. Damit kann sich Jugend als gesamtgesellschaftliche Identifikationsfolie auch gegen den demografischen Trend behaupten, dass der Anteil junger Menschen in den modernen Industrienationen immer stärker abnimmt.

Die Einschränkung auf moderne Gesellschaften macht klar, dass Jugend und ihre Strukturentwicklung kein weltweit einheitliches Phänomen ist. So besteht etwa in den südlichen oder östlichen Schwellen- und Entwicklungsländern die Bevölkerung noch überwiegend aus jungen Menschen. Viele dieser Länder verzeichnen einen youth bulge (G. Fuller), der in Gesellschaften vorliegt, in denen die 15- bis 24-Jährigen mindestens 20 % oder die 0- bis 15-Jährigen mindestens 30 % der Gesamtpopulation ausmachen. Dies verweist darauf, dass Kinder und Jugendliche z. B. in Afrika überwiegend in durchschnittlich ‚jungen Gesellschaften‘ aufwachsen, während Kinder und Jugendliche in Deutschland, im restlichen Europa und Nordamerika vermehrt in einer Gesellschaft der Alten erwachsen werden. Der Umstand fasziniert in gewisser Weise: In den modernen Gesellschaften des beginnenden 21. Jahrhunderts dominieren quantitativ und in Unterscheidung zu allen bisherigen historischen Gesellschaftsverhältnissen die Lebensphasen Erwachsenenalter und Alter, aber den höchsten Grad an Attraktivität besitzt die Lebensphase Jugend. Dies kommt nicht zuletzt darin zum Ausdruck, dass jugendkulturelle und szenespezifische Stilelemente schnell Eingang in das Establishment finden und zum (gesamt-)gesellschaftlichen Allgemeingut werden.

Der Begriff der *Jugendszene* als eine posttraditionale Form der Gemeinschaftsbildung (Hitzler 2008) wird in der neueren Jugendforschung immer öfter herangezogen, um jugendliche Gesellungsformen zu beschreiben. Szenen können beschrieben werden als

„thematisch fokussierte kulturelle Netzwerke von (Gruppen und) Personen, die bestimmte materiale und/oder mentale Formen der kollektiven Selbststilisierung teilen und Gemeinsamkeiten an typischen Orten und zu bestimmten Zeiten interaktiv stabilisieren und weiterentwickeln" (Hitzler et al. 2001, 20).

Szenen stellen ein dynamisches, flexibles, zugleich offenes und damit auch labiles soziales Gebilde dar, welches quer zu bisherigen Gesellungsformen liegt: Zwar setzt sich die Szene zunächst aus der traditionellen Form der Gruppe segmentär zusammen, d. h. aus einer Vielzahl von Gruppen. Die Szene vernetzt jedoch – und genau das ist das eigentlich Neue an diesem Sozialgebilde – die Gruppen wiederum miteinander. So vollzieht sich die Vernetzung von Gruppen mit der immer weiteren Öffnung dieser, sodass ein wechselseitiger ‚Zugriff‘, vereinfachter Zugang und schnelle Wechsel möglich werden.

Befunde der Jugendforschung

Die Entstrukturierung und Entgrenzung der Jugendphase sowie Individualisierungs- und Subjektivierungsprozesse führen im Konzept eines rasanten sozialen Wandels zu der Frage, inwieweit der Gegenstand ‚Jugendliche(r)‘ überhaupt noch wissenschaftlich-empirisch beschreibbar ist. Außerdem ist die subjektive Realität Heranwachsender immer schwerer als ‚Jugend‘, ‚Jugendphase‘, ‚Jugendzeit‘ etc. zu erfassen und zu rekonstruieren. Die wissenschaftlich-empirische Jugendforschung kann hier helfen, zum einen durch vielfältige Daten (quantitative wie qualitative) nicht nur detailgenau, sondern auch zeitaktuell und theoretisch fundiert zentrale Elemente von ‚Jugend' abzubilden, ohne sie dem Konstrukt reifizierender Kategorisierung zu unterwerfen. Zum anderen gestatten gerade auf empirischer Ebene flexible Konzepte von Jugend, den Blick für innovative und nicht vorhersehbare Tendenzen offenzuhalten. Die klassische Definition von Jugend als einer abgrenzbaren und anscheinend universalen Stufenfolge von körperlicher, sozialer und kognitiver Entwicklung, Reifung und Identitätsbildung darf nicht verhindern, dass kontinuierlich historisch und gesellschaftlich spezifische Entwicklungsaufgaben und Selbstbestimmungsprozesse Jugendlicher als verstehbare Erfahrung sowie als subjektiv getöntes Erlebnis erforscht werden. Die regelmäßig durchgeführte Jugendstudie des Jugendwerks der Deutschen Shell übernimmt in dieser Hinsicht Vorbildfunktion (vgl. die diversen Shell-Jugendstudien seit dem Beginn der 1950er Jahre). Zu nennen sind aber auch die vielfältigen empirischen Arbeiten des Deutschen Jugendinstituts (vgl. die DJI-Jugendsurveys).

Spätestens seit den 1970er bzw. 1980er Jahren ist Jugendforschung in Deutschland auch Qualitative bzw. Narrative Sozialforschung. Mit dieser methodischen Wende, die an die klassische pädagogische und psychologische Biografieforschung (Krüger/Marotzki 2006) anknüpft, können jugendliche Gegenstandsbeschreibungen als vom Subjekt narrativ verfügt aufgefasst werden. So können die Modalitäten sozialen Wandels über die Biografierekonstruktion am ehesten auf eine die Eigenrechte des Gegenstands Jugend und Jugendforschung betonende Weise erfasst werden.

Die Forschungslandschaft zu bzw. über Jugend präsentiert sich heute sehr vielfältig und ausdifferenziert. So kann die folgende Auflistung lediglich Schlaglichter darauf werfen. Themen der Jugendforschung, die eine gewisse zeitliche Konstanz beweisen und nicht nur den Imponderabilitäten des jeweiligen Zeitgeistes unterworfen sind, können wie folgt unterschieden werden:

a. Seit den 1970er Jahren wird sehr intensiv die Durchlässigkeit der Jugendphase auf andere Altersphasen hin erforscht, also sowohl auf Kindheit als auch auf das Alter. In solchen empirischen Jugendstudien geht es z.B. darum, den Übergang zwi-

schen Kindheit und Jugendalter in biografischer Perspektive aufzuarbeiten, die Beziehung Jugendlicher zu ihrer Herkunftsfamilie abzubilden oder intergenerative Beziehungen biografisch zu rekonstruieren (Behnken/Zinnecker 2001; Grunert/Krüger 2007).

b. Die viel berufene Charakteristik der Jugend als ‚sozialkulturelle Jugenden' beruht auch auf Migrationsphänomenen, die kontinuierlich und intensiv durch die Jugendforschung behandelt werden. In dieser Disziplin werden neben quantitativen Studien besonders viele qualitative bzw. ethnografische Arbeiten unternommen, um lebensweltliche Kontexte im Mikromilieu ethnischer Hintergründe aufzuspüren. Unter dieser Themenstellung fungieren Jugendliche wie Spiegel, die gleichzeitig regionale wie auch globale Besonderheiten des Aufwachsens wiedergeben und dokumentieren (z.B. Riegel/Geisen 2007). Solche Jugendstudien reihen sich ein in die Bemühungen, sozialkulturelle Differenzen abzubilden und gehen mit ihrer Berücksichtigung struktureller Rahmenkontexte über eine reine Deskription individueller Lebensverläufe im regionalen Kontext hinaus. Das Konzept ‚Jugend' löst sich damit vom konkreten Träger und repräsentiert stattdessen regionale, ethnische und globale Zeitdiagnosen.

c. Ein klassischer Zweig der Jugendforschung war und ist weiterhin die geschlechtsspezifische Forschung, die die sozialen Geschlechtskonstruktionen und die geschlechtsspezifischen Differenzen während des Aufwachsens im Kontext intervenierender Umweltfaktoren entdecken will. In dieser Forschungstradition sollen Biografien von (meist weiblichen) Jugendlichen verdeutlichen, wie soziale Konstruktionen von Geschlecht über Erziehungs- und Sozialisationsprozesse in biografische Eigenkonstruktionen überwechseln. Mittlerweile hat dieser traditionelle Forschungsstrang viele Aspekte von Geschlechtstypiken erarbeitet (z.B. Tervooren 2006). Auch hier erweitert die Jugendforschung ihren empirischen Blick über das Schicksal der oder des einzelnen Heranwachsenden und thematisiert Geschlechtstypiken und die Stellung von Mädchen und Jungen in sozialkulturellen oder institutionellen Kontexten. Neuerdings richtet sich das Interesse der Jugendforschung in dieser Beziehung wieder stärker auf männliche Jugendliche, da diese, z.B. als ‚Bildungsverlierer', durch die komparativen Studien der empirischen Bildungsforschung problematisiert werden und anscheinend jetzt nach langen Jahren der Frauenförderung pädagogischer Unterstützung bedürfen (z. B. Koch-Priewe et al. 2009).

Ein ebenso klassisches Thema der empirischen Jugendforschung sind Prozesse des Misslingens und Scheiterns in der Adoleszenz (z. B. Witte / Sander 2006). Das betrifft etwa Jugendliche, die Probleme mit der Schule, mit der Berufsfindung, aber auch mit Eltern oder Gleichaltrigen haben bzw. allgemein die gestiegenen Anforderungen der modernen Leistungs- und Konkurrenzgesellschaft nicht befriedigend lösen können. Ähnlich wie die o. a. Friktionen im Kontext ethnischer Fremd- bzw. Selbstzuschreibungen definieren die hier angeführten Scheiternsrisiken für die Jugendlichen zentrale Probleme. Müssen doch die durch zumeist heteronome Instanzen vorgebrachten Hürden und Entwicklungsagenden der Jugendphase mit den (milieu- bzw. teilkulturell spezifischen) Selbstansprüchen Jugendlicher nach einem ‚gelungenen Leben‘ und einer ‚gelingenden Zukunft‘ in Einklang gebracht werden. Aus diesem Grund finden sich in der empirischen Jugendforschung zusehends auch gerechtigkeitsorientierte Studien zu der Frage, wie Jugendliche unter heterogenen Strukturbedingungen ihre Vorstellungen eines guten und gelungenen Lebens realisieren können (Otto / Ziegler 2008). Allgemein scheint in diesen Forschungen die Definition der ‚Jugendphase als Problem‘ auf (Griese 2007). Die Jugendphase wird darin als Entwicklungs- und Transformationsphase angesehen, in der es wesentlich darauf ankommt, Risiken und Hürden zu überwinden. Die klassische Spannweite des Forschungsfeldes reicht von Extremgruppen wie straffälligen Jugendlichen über abweichendes Verhalten Jugendlicher, ‚Heimkinder‘ bis hin zum klassischen Thema von Jugend und Armut.

d. Ein neuerer Ansatz der empirischen Jugendforschung beschäftigt sich mit Fragen der Globalisierung. Damit ist u. a. die Frage gemeint, wie und ob Jugendphänomene durch Trans- bzw. Multinationalität, das Wechselspiel globaler und lokaler Kultur oder weltwirtschaftliche Prozesse tangiert werden. In solchen Studien erscheint die Jugendphase als ein spezifischer Verarbeitungsmodus Heranwachsender, in dem globale Prozesse nicht nur als heteronome Strukturbedingungen wirken, sondern auch durch die Betroffenen als Akteure kritisch und konstruktiv aufgegriffen werden. Globalisierung bedeutet für Jugendliche, dass ihr Aufwachsen heute in allen Regionen der Welt nicht mehr nur in nationalen Grenzen stattfindet, sondern von globalen Vernetzungen ergriffen wird. Deutlich wird dabei auch, dass Globalisierung nicht gleichzusetzen ist mit weltweiter Homogenisierung. Vielmehr finden sich weltweite ökonomische, kulturelle und mediale Einflüsse im Lokalen als hybridem Sammelbecken wieder. Das zeigt sich auch im Kontext von Jugendkulturen und wird bestätigt durch die Jugendkulturforschung (Villányi et al. 2007). Weiterhin existente Differenzen stehen dabei allerdings nicht nur als sozialkulturelle Unterschiede nebeneinander, sondern bilden auch neue Strukturen sozialer Ungleichheit aus. Kann etwa das Wechselspiel lokaler und globaler Einflussnahmen auf ästhetische Vorlieben und den Modegeschmack Jugendlicher noch als weitgehend hierarchielos analysiert werden, so führen z. B. die weltweit gespannten Bildungsanforderungen – repräsentiert durch die internationalen Vergleichsstudien im Bildungssektor (vgl. diverse PISA-Studien) – in eine Konkurrenzsituation hinein, die aufgrund ungleicher Bildungschancen im nationalen wie internationalen Kontext neue Ungleichheiten produziert.

Aktuelle Herausforderungen – Jugend und Globalisierung

Die aktuellen, im Diskurs präsenten Vorstellungen von Globalisierung verbinden sich mit dem Schrecken und den Verlockungen von Grenzenlosigkeit – Raum- und Zeitgrenzen überwindend, verändert ein historisch keineswegs neues Phänomen heute die Bedingungen und Konsequenzen unseres Handelns in einer Welt, von der die Menschheit mehr weiß als jemals zuvor. Zwischenmenschliche Kommunikation hat eine tendenziell globale Reichweite angenommen. Auch Jugend lässt sich zu Beginn des 21. Jahrhunderts im Gravitationsfeld globaler Transformationsprozesse verorten und ist nicht (mehr) nationalstaatlich verfasst, sondern in ihrer globalisierten Kontextuierung zu denken. So formt einerseits Globalisierung die konstitutiven Elemente von Jugend neu, andererseits wirken Jugendkulturen als „kulturelle Produktivkraft" (Baacke 1999, 5) beschleunigend auf die mit zunehmendem Tempo stattfindenden globalen „Umbau"-Prozesse (Roth 2002). Dabei gestalten sich diese wechselseitigen Einflussnahmen keinesfalls einheitlich, sondern differieren zwischen den Ländern und sogar innerhalb der Länder selbst. Ein Vergleich struktureller Bedingungen für die Entfaltung von Jugend in verschiedenen Regionen der Welt zeigt, dass nicht ohne Weiteres von einer *globalen Jugend* gesprochen werden kann (Junge 2007). Ein differenzierter Blick ist notwendig, um das Aufwachsen unter als Globalisierung bezeichneten Prozessen sozialen Wandels betrachten zu können. So zeigt sich, dass Jugend kein ubiquitäres Phänomen ist, sondern in vielen Gesellschaften durch Zwänge ökonomischer Existenzsicherung als Lebensphase stark verkürzt oder überhaupt nicht vorhanden ist.

Zwei zentrale Bausteine der gegenwärtigen Globalisierungsdynamik sind (1.) die rasante Entwicklung im Bereich der Informations- und Kommunikationstechnologie sowie (2.) die Weltwirtschaft mit ihren globalisierten Handlungsräumen des Kapitals. Mehr denn je beeinflussen beide Parameter juvenile Lebenslagen, Orientierungen und Handlungsformen und werden zugleich durch jugendliches Handeln (mit-)geformt. Wie gestaltet sich das Aufwachsen unter den Bedingungen einer global vernetzten, hoch-technisierten und wissensbasierten Kommunikation? Wie beeinflusst eine scheinbar grenzenlose globale Ökonomie den Handlungs- und Erfahrungsraum der jungen Generation? Und schließlich (3.): Welchen Einfluss haben veränderte Kommunikationsbedingungen und eine global agierende Wirtschaft auf Bildung als zweckfreie Selbstformung des Individuums?

Jugend, Medien und Globalisierung

Die Konstitution von Jugend basiert mehr denn je auf technischen Medien, die altbekannte Raum- und Zeitgrenzen überwinden. Die rasante Entwicklung von Informations- und Kommunikationstechnologien und die damit verbundene Expansion des Internets führen dazu, dass eine Verortung von Jugend heute auf die transnationale Perspektive angewiesen ist. Jugend und Jugendkulturen sind gleichermaßen Produzenten wie Konsumenten global vernetzter Kommunikationszusammenhänge und weltweiter Informationsflüsse. Die aktuelle Medienlandschaft lässt die Erfahrungswelten und Handlungsräume Jugendlicher so groß erscheinen wie nie zuvor. Das Internet eröffnet Jugend(-kulturen) aller Couleur neben einer kaum noch zu überschauenden inhaltlichen Mannigfaltigkeit sehr vielfältige Formen des deterritorialen Agierens und weltweiten Kommunizierens. Es bietet in geradezu idealtypischer Weise eine unbegrenzte Präsentations- und Kommunikationsplattform. Jugendliche bedürfen dieser Plattform, um in der Öffentlichkeit auf sich aufmerksam zu machen. Dabei beschränkt sich die vermeintliche Adressatenliste nicht auf ein lokales Publikum. Vielmehr erweitert sich der kommunikative Radius in Echtzeit über den gesamten Globus, sodass weltweit Gleichgesinnte erreicht werden können. Das Internet fungiert als Schnittstelle zwischen Lokalität und Globalität. Während sich jugendliche Realgemeinschaften im Lokalen verorten lassen, konstituieren auf globaler Ebene virtuelle Gemeinschaften transnationale Jugendkulturen. Gerahmt durch globale wie lokale Interaktionsräume werden kurzweilige Formen juveniler Gesellung konstituiert. Diese werden beeinflusst von globalen wirtschaftlichen, sozialen und kulturellen Prozessen und bilden eigene Stilnuancen aus, die in ihren Artikulationen und Kreationen flüchtig und dynamisch sind. Die Innovationszyklen und Verfallsdaten der unterschiedlichen Formen jugendlicher Vergemeinschaftung haben sich der Schnelligkeit und Flüchtigkeit des Mediums Internet angenähert.

Die ausdifferenzierten und scheinbar unübersichtlichen virtuellen Kommunikationsräume können als erweiterte Erfahrungsräume begriffen werden, die sich Jugendliche erschließen und aneignen. Partizipation an netzwerkgestützter Kommunikation und Aneignung virtueller Räume setzen jedoch das Vorhandensein von notwendiger Technik, Zugangsmöglichkeiten und Medienkompetenz voraus. Begriffe wie online und offline stehen für den einfachen und rigorosen binären Code von null oder eins, für den systemtheoretischen Mechanismus von Inklusion und Exklusion. Die Neuen Medien sind nur „scheinbar die großen Gleichmacher" (Vogelgesang 2001, 109). Mit zunehmender Mediatisierung der Lebenswelt und aufgrund der regional- und sozial-differenziellen Nutzung der (Netz-)Medien steht vielmehr zu befürchten, dass neue soziale Verwerfungen entstehen bzw. vorhandene vertieft werden (Kutscher 2009; Kutscher/Otto 2010). Die digitale Ungleichheit im Sinne der schicht- und raumspezifischen Nutzung des Internets führt zu wachsender Benachteiligung hinsichtlich Teilhabe- und Selbstverwirklichungschancen (Zillien 2006). Das Angebunden-Sein oder eben Nicht-angebunden-Sein an mediale Netzwerke entscheidet über den Zugang zu Wissensressourcen und Partizipationschancen. Dies gilt für den einzelnen Menschen ebenso wie für ganze Städte, Staaten – und selbst für Kontinente.

Jugend und globale Märkte

Der weltweite Zyklus von Geld und Gütern wird erst durch den Konsum geschlossen. Im Kaufakt werden Jugendliche Teil einer Akteurskette der Weltwirtschaft. Der Konsum von Waren wie Kleidung, Kommunikationstechnik, Tonträgern, aber auch Süßwaren und Softgetränken ist als global erkennbare Äußerungsform zu verstehen, Ausdruck eines jugendlichen Lifestyles und zentrales Element von Jugendkulturen (Roth 2002). Jugendliche verfügen heute über mehr finanzielles Kapital als jemals zuvor und bilden früh individuelle Konsumpräferenzen aus. Marken als komplexe und universell verständliche Kommunikationsmedien spielen für das jugendliche Selbstverständnis, die Selbstpräsentation und für Integrations- und Distinktionsprozesse eine bedeutende Rolle. Marken sind meist statusbezogene Botschaften, die ohne Worte auskommen und im Fall globaler Warenzeichen weltweit verstanden werden. Globale Marken sind verallgemeinerte, deterritorialisierte Universalmedien, die über medial inszenierte internationale Superstars und weltbekannte Sporthelden Jugendliche als Konsumenten erreichen. „In Anbetracht der Verbreitung derartiger Weltmarken ist es daher keineswegs abwegig, Markensymbole mit einer Weltsprache in Verbindung zu bringen, die nahezu überall auf der Welt anschlußfähig ist und verstanden wird" (Hellmann 2003, 17). Damit erzeugen sie, oberflächlich gesehen, Redundanz und Verwechselbarkeit: Regionale Typiken und kulturelle Besonderheiten scheinen in der grenzensprengenden Konsumwelt unterzugehen und von *global brands* mit homogenem Stil kolonialisiert zu werden. Lokal reagieren Jugendliche jedoch auf den Einfluss globaler Marken und stilistischer Normierungen unterschiedlich: durch Selektion, Aneignung und Ablehnung, (Re-)Interpretation oder Transformation. Hybride kulturelle Stile entstehen, in denen Globales und Lokales zu etwas Neuem – zu einem Mix – vereint werden. Das Neue kommuniziert etwas anderes, als es die einzelnen Stile für sich tun können. Dieser kreative Prozess setzt aber gesellschaftlich legitimierte Freiräume für jugendliche und jugendkulturelle Entwicklungen voraus. Die Teilhabechancen an globalen Märkten, kulturellen und medialen Angeboten sowie wissensbasierten Kommunikationskanälen sind weltweit ungleich verteilt. Armut und Arbeitslosigkeit sind alle Lebensbereiche betreffende Probleme, denen ein großer Teil von Jugendlichen ausgesetzt ist. Von den 1,2 Milliarden jungen Menschen im Alter von 15 bis 24 Jahren, die 18 % der Weltbevölkerung ausmachen, leben über 200 Millionen von weniger als einem US-Dollar, über 500 Millionen von weniger als zwei US-Dollar am Tag (UN 2007), vor allem in Südostasien und Afrika. Diese prekären Bedingungen betreffen Ernährung, Gesundheit, Ausbildung, Obdach, Sicherheit, Mobilität, politische und kulturelle Partizipation und schließlich auch Konsum. Es wäre aber verfehlt zu glauben, dass Kinder- und Jugendarmut ausschließlich in Entwicklungs- und Schwellenländern vorzufinden sei. Unsichere Lebensbedingungen und Armut sind globale Phänomene mit unterschiedlichen Ausprägungen. Arbeitslosigkeit stellt einen zentralen Risikofaktor für Benachteiligung und Armut dar. Ordentliche Beschäftigung ist ein wichtiges Instrument der Teilhabe – nicht nur am Arbeitsmarkt. Überall auf der Welt empfinden Jugendliche es als zunehmend schwieriger, im Arbeitsmarkt Fuß zu fassen. Jugendliche stellen zwar 25 % der Weltbevölkerung im erwerbsfähigen Alter, machen aber 43,7 % der Arbeitslosen aus. Dies bedeutet, dass fast jede zweite arbeitslose Person auf der Erde 15 bis 24 Jahre alt ist (UN 2007, 238). Ein globaler Mangel an ordentlichen Beschäftigungsmöglichkeiten hat zu einer Situation geführt, in der einer von drei Jugendlichen entweder eine Arbeit sucht, jedoch nicht findet, die Arbeitssuche vollständig aufgegeben hat oder aber einer Beschäftigung nachgeht und dennoch von weniger als zwei US-Dollar pro Tag leben muss. Um diese Schwierigkeiten zu umgehen, verbleibt eine wachsende Zahl junger Menschen – wenn es ihnen denn möglich ist – für eine längere Zeit in der Ausbildung.

Jugend, Bildung und Globalisierung

Die Bedingungen von Bildung sind im Prozess der Globalisierung umwälzenden Veränderungsprozessen unterworfen. Durch jederzeit und überall verfügbare Kommunikations- und Informationsmöglichkeiten sowie den Zugriff auf einen enormen Wissensspeicher, der scheinbar auf demokratischer Grundlage allen zur Verfügung gestellt wird, verändern sich Strukturen und Bedingungen von Bildung. Gleichzeitig unterliegen Bildung und Bildungsinstitutionen mehr denn je einem globalen Marktinteressen folgenden Wettbewerb. Wie verändert der internationale Wettlauf die Gestalt von Jugend als eine von Bildung dominierte Lebensphase?

Das Verständnis von Jugend als Moratorium und Bildungsphase ist ein spezifisch westlich-europäisches Konzept, das historisch betrachtet eng mit einem europäischen Bildungsverständnis verbunden ist. In der europäisch-bildungsbürgerlichen Tradition meint Bildung die Entwicklung der „persönlichen Kultiviertheit" sowie die „Erfahrung des Lebens und die allmähliche Herausbildung der eigenen Form" (Oelkers 2008, 2). Kindheit und Jugend als Moratorium zu gestalten, ist eine Idee, die bereits in dem von Jean-Jacques Rousseau verfassten Buch ‚Émile oder über die Erziehung' (1762) zum Ausdruck kommt. Bildung als die zweckfreie Selbstformung des Individuums bedürfe eines Schonraums bzw. eines Moratoriums. Erst in der zweiten Hälfte des 20. Jahrhunderts verlässt das Jugendmoratorium – insbesondere aufgrund der Bildungsexpansion der 1960er- und 70er Jahre – „das bloße Reich der Ideengeschichte der Aufklärung und geht als reale Institution in die Sozialgeschichte der Moderne ein" (Zinnecker 2003a, 43). Seitdem hat sich in den westlichen Staaten gesamtgesellschaftlich ein Jugendmodell durchgesetzt, das Zinnecker (1991) als „Bildungsmoratorium" bezeichnet. Da die gesellschaftliche Modernisierung einen strukturell erhöhten Bedarf an Bildung erforderte, konnte sich das Bildungsmoratorium zum vorherrschenden Modus der Vergesellschaftung von Jugendlichen ausweiten. In den westlichen Gesellschaften scheinen sich die Ausgestaltung und der Zweck des Bildungsmoratoriums weit von seinen ideengeschichtlichen Grundlagen entfernt zu haben. Bereits die Bildungsreform der 1960er Jahre wurde – neben hitzig geführten Debatten um Chancengleichheit – vor dem Hintergrund ökonomischer Argumente umgesetzt. Ökonomisierung der Bildungsdiskussion und Denken in globalen Wettbewerbskategorien prägten von Beginn an die Debatte um die Bildungsexpansion. Bildung wurde als Humankapital verstanden, das gefördert werden muss, wenn Deutschland im internationalen Leistungswettbewerb nicht zurückbleiben sollte (z. B. Picht 1964; Edding 1963). Diese Einstellung zu Bildung potenziert sich seit den 1990er-Jahren vor allem durch die zunehmende Globalisierung der Weltwirtschaft. Bildung wird heute „neu gedacht, nicht mehr vor dem Hintergrund der eigenen Kultur, sondern *ökonomisch*" (Oelkers 2008, 2, Herv. i. O.). Wenn dem so ist, inwiefern wird dann auch das Jugendmoratorium mit einer Veränderung des Bildungsbegriffs im Globalisierungsprozess umgewertet? Die internationale Vermessung durch Vergleichsstudien wie PISA bildet

„zu Beginn des neuen Jahrhunderts bzw. Jahrtausends eine durch die Globalisierungsprozesse forcierte Pointe der Jugendfrage: Erzeugt eine nationale Gesellschaft mittels Jugendmoratorium konkurrenzfähiges, ökonomisch und anderweitig verwertbares Humankapital der nachfolgenden Generation (die OECD-Pisa-Frage)?" (Zinnecker 2003b, 8)

Zur gleichen Zeit wie die Ausweitung des Bildungsmoratoriums in den westlichen Gesellschaften zeichnet sich ein Prozess ab, den Friedrich Tenbruck Mitte der 1980er Jahre als „Internationalisierung der Jugend" (Tenbruck 1986, 39) bezeichnet. Er bezieht sich dabei auf die Beobachtung, dass Jugendkulturen und -bewegungen „früher ungleich und ungleichzeitig, national gesondert waren", während sich nun „die Lagen zunehmend globalisiert, die Bewegungen synchronisiert" (39) haben. Vor diesem Hintergrund ist zu diskutieren, ob sich nicht nur Jugendkulturen globalisieren (Villányi et al. 2007), sondern auch, ob sich Jugend als Bildungsphase über den Globus tendenziell ausweitet. Empirische Befunde legen die Vermutung nahe, „dass Bildung die weltgesellschaftliche Ebene erreicht hat und sich auf Weltniveau abspielt", sich „in nahezu allen Weltregionen (…) in den vergangenen fünfzig Jahren eine enorme Bildungsexpansion vollzogen" hat und der „weltweite Trend zu einer umfassenden Einbeziehung der nachwachsenden Generation in das Schulsystem" (Seitz 2002, 324) anhält. So viele Jugendliche wie nie schließen eine schulische Grundausbildung ab und machen die heutige Generation Jugendlicher zur bestausgebildeten aller Zeiten (UN 2007, 236). Die „Universalisierung der modernen Schule" (Adick 1992) geht jedoch mit „Ungleichheit in der Weltbildung" (Seitz 2002, 328) einher. Dadurch gestalten sich die Lebens- und Partizipationschancen von Jugendlichen weltweit höchst unterschiedlich aus. Die Bildungsbenachteiligung betrifft in globaler Perspektive nach wie vor Mädchen am härtesten.

Die Möglichkeiten, an der Bildung teilzuhaben, sind marktabhängig, und zwar überall auf der Welt. In jüngster Zeit ist ein globaler, auf Elitenbildung hin konzipierter Bildungsmarkt entstanden, auf dem transnationale Bildungsangebote von international agierenden, nicht-staatlichen Institutionen angeboten werden. „Transnationale Bildungsangebote werden zu großen Teilen privat finanziert, und die Zielgruppe sind sozioökonomisch privilegierte Kundinnen und Kunden" (Fürstenau 2008, 206). Für Jugendliche aus wohlsituierten Elternhäusern eröffnen sich dadurch neuartige Bildungsmöglichkeiten, welche Heranwachsenden mit geringen oder durchschnittlichen ökonomischen Ressourcen verschlossen bleiben. Transnationale Bildungsangebote am globalen Bildungsmarkt zementieren somit soziale Ungleichheit.

Aufwachsen unter den Bedingungen globaler sozialer Ungleichheit

Auch wenn sich nur wenig Gesichertes und Sicheres über die Zukunft von Jugend sagen lässt, ist eines gewiss: Globalisierung polarisiert und potenziert „in historisch einzigartiger Weise die Gegensätze zwischen Arm und Reich" (Görg 2004, 109 f.). Dies betrifft ebenso Jugendliche und insbesondere Mädchen und junge Frauen. Defizitäre und eingeschränkte Entwicklungsräume für Jugendliche begrenzen die „Selbstformung des Individuums" und limitieren damit den Zugang zu zentralen gesellschaftlichen Teilbereichen. Jugendliche müssen sich entwickeln können, damit sie zur Entwicklung ihrer Lebensumwelt, ihres Landes, ihres Erdballs beitragen können. Kurz gesagt: Jugend braucht Entwicklung und Entwicklung braucht Jugend. Die wichtigsten Handlungsfelder für eine lebenswerte Zukunft jugendlicher Generationen sind Bildung, Beschäftigung auf dem Arbeitsmarkt, finanzielle Grundsicherung und die Gleichstellung von Mädchen und jungen Frauen.

Im Bereich Bildung sind dringliche Forderungen:

- Ausbau der frühkindlichen Förderung und Entwicklung,
- unentgeltliche obligatorische Grundbildung für alle Kinder,
- Absicherung der Lernbedürfnisse von Jugendlichen, indem der Zugang zu Lernangeboten erleichtert wird,
- Gleichberechtigung der Geschlechter im gesamten Bildungsbereich und
- die allgemeingültige Forderung nach der Verbesserung der Qualität von Bildungsangeboten.

Diese ambitionierten Ziele des Weltbildungsforums Education for All in Dakar (2000) sollen die globale Bildungsungleichheit verringern und damit die (politischen) Teilhabechancen von Jugendlichen an Welt-Entwicklungsprozessen vergrößern. Um die Dakar-Ziele bis zum Jahr 2015 zu erreichen, fehlen – so schätzt die UNESCO im Weltbildungsbericht 2010 – jährlich 16 Milliarden US-Dollar. Nach wie vor besuchen etwa 72 Millionen Kinder im Grundschulalter und 71 Millionen Jugendliche weltweit keine Schule. Für Benachteiligung in der Bildung ist Armut einer der schwerwiegendsten Gründe: Weltweit leben 1,4 Milliarden Menschen mit weniger 1,20 US-Dollar pro Tag (UNESCO 2010). Die globale Verbreitung der Institution Schule (Meyer 2005) im Rahmen der Forderung einer Bildung für alle führt nur scheinbar zu einer wachsenden Chancengleichheit im Zugang zum Bildungssystem, da sie die Vererbung von Bildungsstatus aufgrund schichtbedingter Unterschiede verdeckt (Bornschier 2008, 550).

Im Zeitalter der Globalisierung steht auch die politische Bildung vor neuen Herausforderungen: Ihre primäre Aufgabe besteht darin, den Jugendlichen ein Bewusstsein von transnationaler Demokratie und weltweiten Menschenrechten, von einer ökologisch nachhaltigen und ökonomisch gerechten (Zivil-)Gesellschaft und einem demokratischen Weltbürgertum näher zu bringen. Wenn Jugendbildung (auch) als „ein Ort des unkonventionellen Denkens und Lernens, ein ‚Laboratorium für Utopien', für die Lösung von Problemen und die Gestaltung von Zukunft" (Hafeneger 1997, 35) verstanden werden kann, dann ist dieses Ideal nur denkbar, wenn die Existenz des jugendlichen Lebens im Sinne einer Sicherung der Grundbedürfnisse geschützt ist.

Literatur

Adick, C. (1992): Die Universalisierung der modernen Schule. Eine theoretische Problemskizze zur Erklärung der weltweiten Verbreitung der modernen Schule in den letzten 200 Jahren. Schöningh, Paderborn

Ariès, Ph. (2003): Geschichte der Kindheit. dtv, München

Baacke, D. (1999): Jugend und Jugendkulturen. Darstellung und Deutung. Juventa, Weinheim / München

– (1972): Jugend und Subkulturen. Juventa, München

Behnken, I., Zinnecker, J. (2001): Kinder. Kindheiten. Lebensgeschichte: Ein Handbuch. Seelze-Velber, Kallmeyer

Bornschier, V. (2008): Weltgesellschaft. Grundlegende soziale Wandlungen. Lit, Münster

Brake, M. (1980): Soziologie der jugendlichen Subkulturen: eine Einführung. Campus, Frankfurt / M.

Edding, F. (1963): Ökonomie des Bildungswesens. Lehren und Lernen als Haushalt und als Investition. Rombach, Freiburg i. Br.

Fürstenau, S. (2008): Transnationalität und Bildung. In: Homfeldt, H. G., Schröer, W., Schweppe, C. (Hrsg.) (2008): Soziale Arbeit und Transnationalität. Herausforderungen eines spannungsreichen Bezugs. Juventa, Weinheim / München, 203–218

Gillis, J. R. (1994): Geschichte der Jugend. Tradition und Wandel im Verhältnis der Altersgruppen und Generationen in Europa von der zweiten Hälfte des 18. Jahrhunderts bis zur Gegenwart. Heyne, München

Görg, C. (2004): Globalisierung. In: Bröckling, U., Krasmann, S., Lemke, T. (Hrsg.): Glossar der Gegenwart. Suhrkamp, Frankfurt / M., 105–110

Griese, H. (2007): Aktuelle Jugendforschung und klassische Jugendtheorien. Ein Modul für erziehungs- und sozialwissenschaftliche Studiengänge. Lit, Münster

Grunert, C., Krüger, H.-H. (2006): Kindheit und Kindheitsforschung in Deutschland. Forschungszugänge und Lebenslagen. Budrich, Opladen

Hafeneger, B. (1997): Geschichte der außerschulischen politischen Jugendbildung. In: Hafeneger, B. (Hrsg.): Handbuch politische Jugendbildung. Wochenschau, Schwalbach, 21–36

Hellmann, K.-U. (2003): Soziologie der Marke. Suhrkamp, Frankfurt a. M.

Hitzler, R. (2008): Brutstätten posttraditionaler Vergemeinschaftung. Über Jugendszenen. In: Hitzler, R., Honer, A., Pfadenhauer, M. (Hrsg.): Posttraditionale Gemeinschaften. Theoretische und ethnografische Erkundungen. VS, Wiesbaden, 55–72

Hitzler, R., Bucher, Th., Niederbacher, A. (2001): Leben in Szenen. Formen jugendlicher Vergemeinschaftung heute. VS, Wiesbaden

Junge, M. (2007): Globale Jugend? In: Villányi, D., Witte, M. D., Sander, U. (Hrsg.), 127–135

Kirchhöfer, D., Merkens, H. (2004): Jugendphase in der Veränderung. In: Kirchhöfer, D., Merkens, H. (Hrsg.): Das Prinzip Hoffnung. Jugend in Polen und Deutschland. Schneider Hohengehren, Baltmannsweiler, 11–23

Koch-Priewe, B., Niederbacher, A., Textor, A., Zimmermann, P. (2009): Jungen – Sorgenkinder oder Sieger? Ergebnisse einer quantitativen Studie und ihre pädagogischen Implikationen. VS, Wiesbaden

Krüger, H.-H., Marotzki, W. (2006): Erziehungswissenschaftliche Biographieforschung. VS Verlag, Opladen

Kutscher, N. (2009): Virtuelle Räume Jugendlicher – die Wirkmacht kulturellen Kapitals bei der Nutzung des Internet. In: Tully, C. (Hrsg.): Multilokalität und Vernetzung. Beiträge zur technikbasierten Gestaltung jugendlicher Sozialräume. Juventa, Weinheim / München, 157–173

Kutscher, N., Otto, H.-U. (2010): Digitale Ungleichheit – Implikationen für die Betrachtung digitaler Jugendkulturen. In: Hugger, K.-U. (Hrsg.): Digitale Jugendkulturen. VS, Wiesbaden, 73–87

Liebel, M. (2008): Jugend jenseits des Moratoriums – Ausblicke auf andere Logiken des Aufwachsens. In: Hunner-Kreisel, C., Schäfer, A., Witte, M. D. (Hrsg.): Jugend, Bildung und Globalisierung. Juventa, Weinheim / München, 45–58

Meyer, J. W. (2005): Weltkultur. Wie die westlichen Prinzipien die Welt durchdringen. Suhrkamp, Frankfurt a. M.

Mitterauer, M. (1986): Sozialgeschichte der Jugend. Suhrkamp, Frankfurt a. M.

OECD (2007): Bildung auf einen Blick. wbv, Bielefeld

Oelkers, J. (2008): Bildung neu denken. Vortrag im Rahmen der Reihe „Weiter denken. Von der Antike zur Moderne" am 2. April 2008 in der Universität Zürich. In: http://paed-services.uzh.ch/user_downloads/298/316_Bildung-Fakultaet.pdf, 05.06.2010

Otto, H.-U., Ziegler, H. (Hrsg.) (2008): Verwirklichungschancen und Befähigungsgerechtigkeit in der Erziehungswissenschaft. Zum sozial-, jugend- und bildungstheoretischen Potential des Capability Approach. VS, Wiesbaden

Picht, G. (2006): Jugendtypen zwischen Bildung und Freizeit. Theoretische Präzisierung und empirische Prüfung einer differenziellen Theorie der Adoleszenz. Waxmann, Münster

– (2003): Jugendtypen. Ansätze zu einer differentiellen Theorie der Adoleszenz. Leske + Budrich, Opladen

– (1964): Die deutsche Bildungskatastrophe. Analysen und Dokumentation. Walter, Olten / Freiburg / Br.

Reinders, H. (2006): Jugendtypen zwischen Bildung und Freizeit: Theoretische Präzisierung und empirische Prüfung einer differenziellen Theorie der Adoleszenz. Waxmann, Münster

– (2003): Jugendtypen. Ansätze zu einer differenziellen Theorie der Adoleszenz. Leske + Budrich, Opladen

Riegel, Ch., Geisen, Th. (2007): Jugend, Zugehörigkeit und Migration. Subjektpositionierung im Kontext von Jugendkultur, Ethnizitäts- und Geschlechterkonstruktionen. VS, Wiesbaden

Roth, R. (2002): Globalisierungsprozesse und Jugendkulturen. Aus Politik und Zeitgeschichte, B 5, 20–27

Sander, U., Vollbrecht, R. (Hrsg.) (2000): Jugend im 20. Jahrhundert. Sichtweisen, Orientierungen, Risiken. Luchterhand, Neuwied

Schröer, W. (2004): Befreiung aus dem Moratorium? Zur Entgrenzung von Jugend. In: Lenz, K., Schefold W., Schröer, W.: Entgrenzte Lebensbewältigung. Jugend, Geschlecht und Jugendhilfe. Juventa, Weinheim / München, 19–74

–, Böhnisch, L. (2006): Die Entgrenzung der Jugend und die sozialbiografische Bedeutung des Junge-Erwachsenen-Alters. In: Tully, C. (Hrsg.): Lernen in flexibilisierten Welten. Wie sich das Lernen der Jugend verändert. Juventa, Weinheim / München, 41–57

Seitz, K. (2002): Bildung in der Weltgesellschaft. Gesellschaftstheoretische Grundlagen globalen Lernens. Brandes & Apsel, Frankfurt / M.

Tenbruck, F. H. (1986): Jugend: Gesellschaftliche Lagen oder gesellschaftliche Versagen? In: Remschmidt, H. (Hrsg.): Jugend und Gesellschaft: Realitätsbewältigung, Krisen und Auswege. Wissenschaftliche Verlagsgesellschaft, Stuttgart, 29–44

Tervooren, A. (2006): Im Spielraum von Geschlecht und Begehren. Ethnographie der ausgehenden Kindheit. Juventa, Weinheim / München

UN (United Nations) (2007): World Youth Report 2007. Young People's Transition to Adulthood. Progress and Challenges. New York

UNESCO (2010): Weltbericht Bildung für alle 2010. In: www.unesco.de/fileadmin/medien/Dokumente/Bildung/efareport2010dt.pdf, 05.06.2010

Villányi, D., Witte, M. D., Sander, U. (Hrsg.) (2007): Globale Jugend und Jugendkulturen. Aufwachsen im Zeitalter der Globalisierung. Juventa, Weinheim / München

Vogelgesang, W. (2001): Meine Zukunft bin ich! Alltag und Lebensplanung Jugendlicher. Campus, Frankfurt / M. / New York

Witte, M. D., Sander, U. (Hrsg.) (2006): Erziehungsresistent? Problemjugendliche als besondere Herausforderung für die Jugendhilfe. Schneider Hohengehren, Baltmannsweiler

Zillien, N. (2006): Digitale Ungleichheit. Neue Technologien und alte Ungleichheiten in der Informations- und Wissensgesellschaft. VS, Wiesbaden

Zinnecker, J. (2003a): Jugend als Moratorium. Essay zur Geschichte und Bedeutung eines Forschungskonzepts. In: Reinders, H., Wild, E. (Hrsg.): Jugendzeit – Time Out? Zur Ausgestaltung des Jugendalters als Moratorium. Leske + Budrich, Opladen

– (2003b): Forschung im sozialen Feld „Jugend". Deutsche Jugend zwischen Nachkriegszeit und beschleunigter Moderne. DISKURS. Studien zu Kindheit, Jugend, Familie und Gesellschaft 1, 7–18

– (1991): Jugend als Bildungsmoratorium. In: Melzer, W. Heitmeyer, W., Liegle, L. (Hrsg.): Osteuropäische Jugend im Wandel. Juventa, Weinheim / München, 9–24

Jugendarbeit

Von Werner Lindner

Begriffsbestimmung und historischer Abriss

Jugendarbeit ist Bestandteil eines öffentlich zu gewährleistenden Sozialisations-, Erziehungs-, Freizeit- und Bildungsangebotes, welches sich neben Familie und Schule / Ausbildung / Arbeitswelt als dritte Säule öffentlicher Daseinsvorsorge konstituiert. Jugendarbeit ist als kommunale Pflichtleistung im Sozialgesetzbuch VIII / Kinder- und Jugendhilfegesetz insbesondere über die §§ 11 und 12 bestimmt. Im Kontrast zu etlichen Gebieten der Sozialen Arbeit liegt die Besonderheit der Jugendarbeit zunächst in der grundsätzlichen Abkehr von Problem- oder Defizitorientierungen (Normalisierungsaspekt) sowie in der auf Freiwilligkeit basierenden Teilnahme:

„Jugendarbeit umfasst (...) fast alles, was junge Menschen wollen oder brauchen, fast alles, was nicht-kommerzielle Akteure für Kinder und Jugendliche anbieten, fast alles, was meist nicht in der Schule vorkommt, kurz: nahezu alles, was sich als außerschulisches Themenspektrum für Kinder und Jugendliche anbietet." (Rauschenbach 2009, 185)

Die weiterhin im ersten Abschnitt des SGB VIII genannten § 13 (Jugendsozialarbeit) und § 14 (Kinder- und Jugendschutz) sind zwar partiell mit der Jugendarbeit verwoben, markieren aber gleichwohl Differenzen zu den zuvor genannten Kernregelungen.

Die Entstehung der Jugendarbeit basiert historisch auf der Konstituierung von „Jugend" als eigenständiger Bevölkerungsgruppe und besonderer Lebensphase (Roth 1983) in engem Zusammenhang mit dem Wandel zur Arbeits- und Industriegesellschaft und ist in dieser Hinsicht im 19. Jahrhundert zu verorten. Die damaligen Gesellungsformen Jugendlicher erstreckten sich von dörflichen und städtischen Spinnstuben über Vereine und Initiativen, Lehrlingsheime, Schnaps- und Konsumkasinos hin zu sportlichen, politischen und kirchlichen Aktivitäten (Thole 2000, 33 ff.; Gängler 2006). Als Aktionsfeld öffentlicher und pädagogischer Aufmerksamkeit speiste sich die Jugendarbeit zu Beginn des 20. Jahrhunderts aus zwei Quellen: Sie beruhte zum einen auf der Herausbildung einer staatlichen Jugendpflege und zum anderen auf der Entstehung autonomer Jugendbewegungen. Die staatliche Jugendpflege entstand im Gefolge der öffentlichen „Sorge" um die Jugend, die sich aus Anlass gestiegener Kriminalitätsraten wie auch aus der vor allem städtischen Wahrnehmung schulentlassener männlicher Arbeiterjugendlicher entwickelte und mit Assoziationen von öffentlicher Unruhe, Bedrohung und Verwahrlosung einherging. Die diesbezüglich zudem intendierte Schließung der „Kontrolllücke" zwischen Schulbank und Kasernentor veranlasste die Preußische Staatsregierung, den „Preußischen Zentralausschuss für Jugend- und Volksspiele" (1895) zu gründen und die Jugendpflegeerlasse von 1911 (für die männliche Jugend) und 1913 (für die weibliche Jugend) zu verabschieden. Man bemühte sich, die scheinbar verlorene Jugend wieder enger an vaterländische Gesinnung und Wehrerziehung heranzuführen: „Aufgabe der Jugendpflege ist die Mitarbeit an der Herausbildung einer frohen, körperlich leistungsfähigen, sittlich tüchtigen, von Gemeinsinn und Gottesfurcht, Heimat- und Vaterlandsliebe erfüllten Jugend" (Giesecke 1981, 48; Naudascher 1990; Krafeld 1984). Die zweite Quelle der Jugendarbeit – autonome Jugendbewegungen – entstand aus den eigenständigen Gesellungs- und Organisationsformen Jugendlicher. Diese nahmen ihre Anfänge in der Gründung des Vereins „Wandervogel" im Jahre 1901 sowie des „Vereins der Lehrlinge und jugendlichen Arbeiter Berlins" im Jahre 1904 und

Otto/Thiersch (Hg.), Handbuch Soziale Arbeit, 4. A., DOI 10.2378/ot4a.art069,

differenzierten sich im Weiteren in etliche Jugend-vereine und -verbände aus (Böhnisch / Gängler 1991).

In der Weimarer Republik erfolgten über einen nächsten Jugendpflegeerlass (1919) sowie das neue Reichsjugendwohlfahrtsgesetz (1924) weitere recht-liche und administrative Strukturierungen, die mit einer zusätzlichen Institutionalisierung, Moderni-sierung und Professionalisierung des Arbeitsfeldes einhergingen. Während sich sukzessive rund 100 Jugendverbände im „Reichsausschuss der deutschen Jugendverbände" organisierten, entwickelte sich auch die staatliche Jugendpflege quantitativ und qualitativ weiter. Neben der Etablierung von finan-ziellen Förderstrukturen und der Einrichtung viel-fältiger pädagogisch gerahmter Treffpunkte wie Schulungsstätten, kommunalen und verbandlichen Jugendheimen wuchs auch die Zahl der Kreis- und Bezirksjugendpfleger / -innen. Doch auch wenn Ju-gend und Jugendarbeit zu dieser Zeit beachtlichen Einfluss auf die öffentliche und politische Wahr-nehmung wie auch auf die damalige Sozialpädago-gik zeigten (Böhnisch / Schröer 1997), so stand das Arbeitsfeld doch stets im Schatten von Wirtschafts-krisen, Finanznöten, (Jugend-)Arbeitslosigkeit und massiven Desintegrationsnöten ihrer Zielgruppen und wurde letztlich – korrespondierend zur gesamt-politischen Systemveränderung – ab 1933 im NS-Regime zwangsweise aufgelöst und in „Hitlerju-gend" und „Bund Deutscher Mädel" transformiert. Nach 1945 erfolgte der Wiederaufbau der Jugend-arbeit gemäß den strukturierenden Eingriffen der jeweiligen Siegermächte als zunächst separierte Entwicklung in West- und Ostdeutschland. In der DDR kamen Jugend und Jugendarbeit ab 1949 vergleichsweise hohe politische Prioritäten zu. Das Arbeitsfeld wurde jedoch unter Vorgabe sowjeti-scher Vorstellungen parteistaatlich eingeordnet in das Ressort der Volksbildung, und zwar mit der Aufgabe, zur Erziehung der „allseits entwickelten sozialistischen Persönlichkeit" auf der Grundlage des Marxismus-Leninismus beizutragen (Gatze-mann 2008, 33). Die „Freie Deutsche Jugend" (FDJ) wurde als staatseinheitliche Nachfolgeorga-nisation der außerschulischen Pädagogik etabliert. Unter dem Schlagwort der Kulturarbeit wurde sie im Wesentlichen betrieben als außerschulische Freizeitarbeit, die politisch-ideologische Arbeit mit künstlerisch-kultureller Bildung und „niveau-voller" Freizeitgestaltung betrieb. Gleichwohl ent-stand im Rahmen dieser politisch-ideologischen Engführung auch unter durchaus wechselvollen politischen Wendungen (Hoffmann 1981; Ohse 2003) eine außerordentlich differenzierte und vielfältige Landschaft aus ca. 10.000 Jugendklub-häusern, selbstverwalteten und ehrenamtlich be-triebenen Jugendfreizeiteinrichtungen und Ju-gendklubzimmern, die sich noch um Kulturhäuser, Bibliotheken, Theater, Museen und diverse künst-lerisch-kulturelle Initiativen erweiterte. Dieses zu-nächst organisatorische Aufblühen und auch die damit verbundenen Wachstumsraten diverser pädagogischen Personals dürfen nicht darüber hinwegtäuschen, dass sich in der alltäglichen Ju-gendarbeit durchaus gravierende Akzeptanz- und Alkoholprobleme, Alltagsfrust und Bevormun-dung einstellten, welche die staatsideologisch vor-gegebenen Ziele strapazierten.

Die Jugendarbeit in der BRD wurde geprägt von den westlichen Alliierten, die sich nach 1945 daran machten, dem Einfluss der NS-Vergangenheit ins-besondere bei der Jugend über Maßnahmen der Umerziehung (Re-Education) entgegenzuarbeiten. Doch die Initiative der in über 300 als „German Youth Activity"-Häusern installierten Jugendzentren erlahmte rasch und folgte alsbald den Grundmus-tern westdeutscher Nachkriegsrestauration: Diese orientierte sich zunächst mangels hinreichend ak-tualisierter Leitziele wieder an Vorkriegsmustern. Die „Vergesellschaftung der Jugendarbeit" markiert insbesondere bei den Jugendverbänden eine Phase, in der sich vormaliger Eigensinn und Autonomie-ansprüche zugunsten der lediglich traditionsbewah-renden Integration in die Autorität des Bestehenden ergaben. Zugleich wurde in den 1950er Jahren erst-mals die „Offene Jugendarbeit" als bewusstes Gegen-modell zu den als geschlossen empfundenen Milieus der noch allzu traditionsgeprägten Jugendverbände eingeführt.

Trotz des vermeintlich gesellschaftlichen Still-stands übte vor allem die auf vielen Ebenen sich entfaltende „Amerikanisierung" der westdeut-schen Gesellschaft ihre zunächst noch eher laten-ten, später manifesten Einflüsse auf viele Jugend-liche aus (Maase 1992; Siegfried 2006). Dies zeigte sich etwa in der Figur der sog. „Halbstar-ken", seit den 1960er Jahren im „Teenager" sowie in ersten pop- und konsumkulturellen Moderni-sierungen bis hin zu den Studenten- und Jugend-zentrumsbewegungen und ereilte schließlich auch die Jugendarbeit. In dieser Zeit entwickelte sich das Arbeitsfeld – sicherlich mit Ungleichzeitigkeiten – weg von einer eher traditionell fürsorgerisch-bewahrpädagogischen Mentalität hin zu einem aktiv die gesellschaftlichen Strömungen aufnehmenden Aktivposten der Sozialpädagogik. Etwa im gleichen Zeitraum veröffentlichten vier Autoren (Müller et al. 1964) die für die Jugendarbeit folgenreichen Versuche einer theoretischkritischen Modernisierung:

„Der vielleicht entscheidende Grund war (…) die zunehmende Professionalisierung. Nicht die jugendlichen Teilnehmer brauchten solche Theorien, nicht die ehrenamtlichen Mitarbeiter vor Ort, wir selbst brauchten sie (…). Die Professionalisierung verlangte nach Theorie, und der Bedarf wurde noch größer, als die Profis dann auch an Hochschulen ausgebildet werden sollten. Unser Buch markiert also einen geschichtlichen Übergang (…): den Aufstieg der hauptamtlichen Jugendarbeiter und den Abstieg der ehrenamtlichen" (Giesecke 2006, 105).

Im Gefolge der außerparlamentarischen Opposition wandten sich auch Jugendliche zu Beginn der 1970er Jahre in neuer Entschiedenheit gegen die Missachtung ihrer Entfaltungsmöglichkeiten und besetzten leer stehende Gebäude, um sie zu Jugendzentren umzuwidmen (Herrenknecht et al. 1977). Die „Jugendzentrumsbewegung" organisierte sich jenseits eines Einheitlichkeit suggerierenden Bewegungsbegriffs als Assoziation vielfältiger, oft nebeneinander agierender Initiativen und Gruppen. Besetzungen, aber auch vorgelagerte Aktionen vermochten sich durch das Selbstbewusstsein aus vorherigen Konfrontationserfahrungen aufzubauen, mit dem nun die vielfach fehlenden Jugendzentren in den Städten, aber auch in ländlichen Räumen eingefordert wurden. Nach der ersten Besetzungsphase folgte der profane Alltag, der nach und nach in zähe Verhandlungen über öffentliche Zuschüsse, Fördermittel und Finanzhilfen sowie in interne Debatten über das Einlösen der Autonomie- und Selbstverwaltungsansprüche einmündete. Etliche Häuser gerieten unter den Einfluss überfordernder Problemgruppen wie Drogen- und Alkoholabhängigen oder Obdachlosen; und auch interne Widersprüche sorgten dafür, dass immer wieder Frust und Enttäuschung um sich griffen. Dennoch entstand unter oft schwierigsten Rahmenbedingungen eine Vielzahl von alternativen Aktivitäten: Arbeitslosenprojekte, Beratungsprojekte, Werkstattinitiativen, Kulturinitiativen und verschiedenste Selbsthilfegruppen, die sukzessive durch die Einstellung von Sozialarbeiter/-innen professionalisiert wurden. Auf diese Weise war die Jugendarbeit in die gesellschaftlichen Entwicklungen Westdeutschlands involviert und entwickelte ab den 1980er Jahren zahlreiche, je zeittypisch geprägte theoretische Konzepte und Handlungsansätze (z.B. kritisch-emanzipatorische, bedürfnisorientierte, erfahrungsbezogene, antikapitalistische, lebensweltorientierte, sozialraumorientierte, präventive, subjektorientierte), von denen sich jedoch keiner als hinreichend anschlussfähig erwies, um sich als Leitorientierung dauerhaft behaupten zu können (Kiesel et al. 1998).

Arbeitsfeldinterne Rahmungen und Profile

Das Arbeitsfeld Jugendarbeit teilt sich im Wesentlichen auf in seine zwei prägenden Hauptbereiche der öffentlich-kommunalen und der verbandlichen Beschaffenheit, welche zwar professionelle, konzeptionelle und methodische Gemeinsamkeiten aufweisen, aber dennoch unterschiedlichen Strukturlogiken unterliegen.

Die öffentlich-kommunale Jugendarbeit ist gekennzeichnet durch eine nicht an Mitgliedschaften gebundene, freiwillige Teilnahme ihrer Adressaten, durch hauptamtliches sozialpädagogisches Personal und eine überwiegende Verankerung in eigens bereitgestellten Freizeit-, Kommunikations- und Bildungsstätten (Jugendzentren, „Häuser der Offenen Tür"). Aufgrund dieser institutionellen Rahmung haben sich hier überwiegend sozialräumliche Arbeitskonzepte etabliert (Deinet 1999), deren Aktivitäten von der städtisch, regional oder ländlich geprägten Umgebung aus konzipiert sind und auch darauf zurückzuwirken beabsichtigen (z.B. über Vernetzungen, Kooperationen und mobile Formen). Kommunale Jugendfreizeitzentren fungieren als Fundamente einer sozialräumlichen Freizeit- und Gelegenheitsinfrastruktur. Ausgehend von einem die Einrichtung zumeist prägenden offenen, d.h. nicht funktionsgebundenen (Aufenthalts-)Bereich sollen zunächst attraktive Anlauf- und Treffpunkte bereitgestellt werden. Daran schließen sich methodische und konzeptionelle Ausdifferenzierungen

(z. B. Mädchen- und Jugendarbeit, Cliquenarbeit, gesundheitsbezogene, internationale und interkulturelle, künstlerisch-ästhetische, musik- und medienorientierte Angebote) für unterschiedliche Zielgruppen an. Ungeachtet ihres Normalisierungsaspektes ist die kommunale Jugendarbeit immer wieder von Jugendlichen aus eher sozial benachteiligten, „bildungsfernen" Milieus geprägt (Schmidt 2009, 281), die diesem Arbeitsfeld ihre spezifischen Themen und Probleme der Lebensbewältigung zur Bearbeitung aufprägen (berufliche Chancenlosigkeit, Ausgrenzung, Schul- und Ausbildungsprobleme, Migrationshintergrund, z. T. verbunden mit Gewalt- und Drogenkonflikten). Dieser Befund hat die Jugendarbeit wiederholt in die Strömung vielfältiger Präventionsansätze geleitet, deren durchaus prekäre Ambivalenzen jedoch immer wieder unterschätzt wurden (Freund / Lindner 2001).

Die verbandliche Jugendarbeit hingegen (explizit erwähnt in § 12 SGB VIII) ist gekennzeichnet durch das überwiegend selbstorganisierte und ehrenamtliche Engagement in gegenwärtig ca. 75 unterschiedlichen Jugendverbänden, welche sich durch je unterschiedliche Wertorientierungen – etwa kirchlicher, politischer, sportlicher oder ökologischer Natur – auszeichnen (Böhnisch et al. 1991). Diese Jugendverbände sind selbstständige organisatorische Einheiten, die getragen werden von einer Vielzahl freiwilliger Mitglieder, nur wenigen Hauptamtlichen und sog. Funktionären; sie sind föderal organisiert in Stadt- und Kreisjugendringen, Landesjugendringen und im Bundesjugendring. Im Mittelpunkt der praktischen Arbeit steht der pädagogische Bezug zwischen interessierten Jugendlichen und etwa gleichaltrigen Ehrenamtlichen, welche gleichermaßen und mehrheitlich demselben eher bürgerlichen bzw. einem Mittelschichtmilieu entstammen. Zentrales Medium und pädagogische Aktionsform ist die periodisch sich treffende Gruppe und die hierauf bezogene Gruppenarbeit. Daneben wird die Arbeit in Jugendverbänden bestimmt durch themenbezogene Projekte, Maßnahmen der Kinder- und Jugenderholung, Bildungsveranstaltungen, Reisen und (Ferien-)Freizeiten (Deutsches Jugendinstitut 2009). In der Zusammenschau von (notorisch verbesserungsbedürftigen) Nutzeranalysen ergeben sich Größenordnungen von ca. 30 % bis zu Spitzenwerten von ca. 60 % bis 70 % aller Kinder- und Jugendlichen, welche die Angebote der Jugendverbände wahrnehmen (Rauschenbach 2009, 188).

Jenseits der skizzierten binären Schematisierung ist das Arbeitsfeld der Jugendarbeit geprägt von Gemeinsamkeiten, die sich zunächst in den tragenden Strukturprinzipien der Offenheit für alle Themen und Interessen der Adressaten, der Selbstorganisation und der unumgänglich hieraus folgenden Partizipation (im Sinne von Selbstverantwortung, Selbstorganisation und Mitgestaltung) verorten. Dem entspricht eine offene und äußerst flexible Didaktik, die über die ausgeprägte Sensibilität für die Motive und Anliegen der Adressaten und eine dezidierte Methodenvielfalt die besondere Qualität dieses Handlungsfeldes gewährleistet. Im Rahmen der genannten Strukturprinzipien hat sich die Jugendarbeit in den letzten Jahren in vielfältigster Weise ausdifferenziert. Dies gilt für Handlungsfelder, Arbeitsweisen und Angebotsformen, Methoden und Zielsetzungen und verdeutlicht sich insbesondere in der Mannigfaltigkeit ihrer Orte: Jugend- und Freizeitzentren, Jugendkunst- und Musikschulen, Kindermuseen, Reisen und Freizeiten, Zeltlager, Straßen und Plätze, Spielmobile, Bildungsstätten, Bau- und Abenteuerspielplätze, soziokulturelle Zentren, neuerdings (Ganztags-) Schulen (Deinet / Sturzenhecker 2006).

Da sich in den letzten Jahren insbesondere ältere Kinder, „Teenies" und sog. „Lücke-Kinder" als neue Adressaten und Nutzer erwiesen haben, ist das Arbeitsfeld folglich zutreffend als Kinder- und Jugendarbeit zu bezeichnen, welches über die nachfolgend komplexe Definition charakterisiert werden kann:

„Kinder- und Jugendarbeit umfaßt alle außerschulischen und nicht ausschließlich berufsbildenden, mehr oder weniger pädagogisch gerahmten, nicht kommerziellen erlebnis- und erfahrungsbezogenen Sozialisationsfelder von freien und öffentlichen Trägern, Initiativen und Arbeitsgemeinschaften, in denen Kinder und Jugendliche ab dem Schulalter selbständig, mit Unterstützung oder in Begleitung von ehrenamtlichen und / oder beruflichen MitarbeiterInnen individuell oder in Gleichaltrigengruppen zum Zweck der Freizeit, Bildung und Erholung einmalig, sporadisch, über einen turnusmäßigen Zeitraum oder für eine längere, zusammenhängende Dauer zusammen kommen können" (Thole 2000, 112).

Diese augenscheinliche Variationsbreite wandelt sich jedoch immer wieder von einem positiven Qualitätsmerkmal bis hin zur Ungleichzeitigkeit und Diffusion, in der sich klare Konturen verwischen, wird buntscheckig und unübersichtlich. Und so scheint die Kehrseite dieser Vielfalt für die Kinder- und Jugendarbeit eine Entwicklung zu sein, die sich vielfach über periodische Neuanfänge und Umorientierungen einschreibt. Diese werden oftmals als „Krisen" artikuliert (exemplarisch Grauer 1973) und haben nach Jahren nahezu stetiger Prosperität nunmehr zu einer gesteigerten Ungewissheit im Hinblick auf Professionalitätsgrundlagen, regionale Disparitäten, Ziele, Strukturen wie auch öffentliche und jugendpolitische Reputation geführt (Lindner 2006).

Die Kinder- und Jugendarbeit befindet sich damit im Einfluss von gesellschaftlichen Entwicklungen, die etwa ab dem Jahr 2000 durch einen allgemeinen Bedeutungsverlust von „Jugend" und „Jugendlichen" gekennzeichnet sind. Auch Sozialpädagogische „Investitionen", die über punktuelle Aktionsprogramme hinausgehen, scheinen sich da zu erübrigen, wo sich „Jugend" aufgrund eigener Differenzierungsprozesse nicht mehr als einheitliche Generationsgestalt inszeniert oder über eigene gesellschaftsbezogene Artikulationen auf sich aufmerksam macht, wo Jugendliche über mediale Schematisierungen nicht mehr als Hoffnungs-, sondern allenfalls noch als Krisen- und Problemträger denunziert werden und schließlich auch aufgrund ihres demografischen Rückgangs als gesellschaftspolitisch einflussreiche Gestaltungsfaktoren aus dem Blick geraten.

Ein solcher Befund wird insbesondere durch die aktuellen empirischen Erhebungen der Kinder- und Jugendhilfestatistik gestützt (Pothmann / Thole 2005; Pothmann 2008; Pothmann 2009). Bis zum Jahr 2006 befand sich die Kinder- und Jugendarbeit im Hinblick auf ihre zentralen Indikatoren – Anzahl der Einrichtungen, Anzahl der Mitarbeiter / -innen, Anzahl der Maßnahmen – wie auch im Hinblick auf den Prozentanteil der finanziellen Aufwendungen im Rahmen der Jugendhilfe (6 %) auf durchschnittlich abgesichertem Terrain. Die Kinder- und Jugendarbeit ist – wenn auch mit gebührendem Abstand zu den Kindertagesstätten und den Erziehungshilfen – drittgrößtes Arbeitsfeld der Kinder- und Jugendhilfe. Ab 2006 jedoch deuten mehrere Indikatoren übereinstimmend auf eine spürbare Rückwärtsentwicklung, welche einen realen Bedeutungsverlust anzeigt – und zwar jenseits programmatischen Wohlwollens, demzufolge

das Arbeitsfeld zwar „nicht mehr unbedingt geschätzt, dafür aber um so mehr gebraucht" (Rauschenbach 2005, 9) würde. Wie die empirischen Daten anzeigen, sind die Anzahl der Maßnahmen und der Einrichtungen ab dem Jahr 2006 zurückgegangen. Zudem hat offenbar ein massiver Personalabbau stattgefunden, der sich mit einer schleichenden Prekarisierung der Arbeitsverhältnisse verbindet. Bezogen auf Vollzeitstellen ist das Personal der Kinder- und Jugendarbeit von 33.000 Stellen (im Jahre 1998) auf 19.800 Stellen (im Jahre 2006) und damit um ca. 40 % abgebaut worden. Im selben Zeitraum hat sich die Anzahl der Maßnahmen der Kinder- und Jugendarbeit nach Angaben des Statistischen Bundesamtes (www.destatis.de) von 128.000 im Jahre 1992 auf 89.157 im Jahre 2008 vermindert. Parallel sind die in diesem Feld Halt gebenden Strukturen heruntergewirtschaftet, angemessene Jugendhilfeplanungen vernachlässigt, Landesjugendberichte annulliert sowie eigenständige Landesjugendämter und deren Fachberatungen sukzessive aufgelöst worden. Eine solche, durch unterschiedliche Treiber kumulierende jugendpolitische Verwahrlosung drückt sich nicht zuletzt in einer zunehmenden De-Professionalisierung aus, welche sich etwa in einer anwachsenden Quote befristeter Beschäftigungsverhältnisse zeigt. Gerade in Ostdeutschland verschärft sich die Lage noch durch Mischfinanzierungen, Osttarife und 1-Euro-Jobs.

Aktuelle Herausforderungen und zukünftige Perspektiven

Zu Beginn des neuen Jahrtausends hatte die Jugendarbeit ihre Entwicklungshoffnungen auf die blamablen Ergebnisse der als Schulleistungsstudie konzipierten PISA-Ergebnisse gesetzt. In deren Gefolge war insbesondere die Aufwertung der außerschulischen Bildung angezeigt (Brenner 1999; Nörber 2006). Unter Verweis auf ihre eigenen, bis dahin kaum sonderlich beachteten Bildungstraditionen, insbesondere in den nun neu entdeckten informellen und nonformellen Bildungsleistungen, wurde ein angemessener, zukunftsweisender und zukunftssicherer Platz im Rahmen der Neusortierung des Bildungswesens reklamiert, der sich namentlich im Postulat der „Augenhöhe" an das nunmehr nachweislich mangelhafte Schulsystem adressierte. Auch wenn die Schere zwischen öffentlicher Bildungsrhetorik und realer Bildungspolitik nach wie vor besteht, die informelle bzw. nonformelle Bildung noch längst nicht das ihr zukommende Ansehen genießen, die Ambivalenzen und Widersprüche einer solchen Zielrichtung eher unterbelichtet bleiben und das eigene Kompetenzrepertoire noch Lücken offenbart, so sind doch etliche Akteure der Kinder- und Jugendarbeit ab dem Jahr 2005 in vielfältigen Projekten und unter neuartigen Leitmaximen (Ganztagsbildung, Bildungslandschaften) bemüht, sich über Kooperationen einen Platz im Gefüge gesellschaftlich anerkannter Sozialisationsorte neu zu erarbeiten (Coelen / Otto 2008). Neben der Orientierung an diesem aktualisierten Bildungsauftrag hat sich die Kinder- und Jugendarbeit im Zuge einer unter Finanzdruck verstärkt nachgefragten Legitimationssicherung in allen fachlichen Segmenten (verbandliche, mobile, kulturelle, internationale Jugendarbeit) daran gemacht, ihre eigenen Handlungsvollzüge, Ergebnisse und Wirkungen genauer zu untersuchen (Cloos et al. 2007; Lindner 2009). Die insbesondere mit Evaluationsfragen verbundenen Herausforderungen in der Präzision, der Zurechenbarkeit, der Validität und der Nachhaltigkeit ihrer Wirkungen können aber nur über neuartige Forschungsdesigns zufriedenstellend beantwortet werden. Diese Forschungs-designs müssen die Gesamtheit von relevanten Bildungs- und Kompetenzsettings untersuchen und darin auch eine Längsschnittperspektive berücksichtigen. Insgesamt hat sich die Kinder- und Jugendarbeit des neuen Stellenwerts von Forschung und Empirie für die Bestandssicherung und die Weiterentwicklung des eigenen Arbeitsfeldes vergewissert und ist dabei, diese mit der handlungspraktischen und der jugendpolitischen Ebene in lokal und regional konzisen Arrangements zu verknüpfen.

Bei alledem sind aber die Fragen der sozialen Ungleichheit, der zunehmenden Chancenlosigkeit und der Zukunftsfähigkeit für viele Kinder und Jugendliche noch kaum zureichend berücksichtigt. Wenn die Kinder- und Jugendarbeit angesichts der gesellschaftlichen Verwerfungen wie auch im Hinblick auf die anwachsenden öffentlich-finanziellen Krisenszenarien auch zur Bearbeitung sozialer Ungerechtigkeit einen Beitrag leisten will, ist sie zum einen gefragt, sich noch stärker als Experimentierfeld für jugendliche Lebensentwürfe zu profilieren und als soziale Ressource der Lebensbewältigung zur Verfügung zu stehen. Zum anderen ist Kinder- und Jugendarbeit gefordert, im Sinne einer reflexiven Re-Politisierung die Arbeit an ihrer (jugend-)politischen Akzeptanz neu aufzunehmen und zu qualifizieren.

Literatur

Böhnisch, L., Gängler, H. (Hrsg.) (1991): Handbuch Jugendverbände. Juventa, Weinheim

–, Schröer, W. (1997): Sozialpädagogik unter dem Einfluss der Jugendbewegung. In: Niemeyer, C. (Hrsg.): Grundlinien historischer Sozialpädagogik. Juventa, Weinheim, 59–70

Coelen, Th., Otto, H.-U. (Hrsg.) (2008): Grundbegriffe Ganztagsbildung. VS Verlag, Wiesbaden

Cloos, P., Müller, B., Thole, W. (2007): Die Pädagogik der Kinder- und Jugendarbeit. VS Verlag, Wiesbaden

Deinet, U. (1999): Sozialräumliche Jugendarbeit. Leske und Budrich, Opladen

–, Sturzenhecker, B. (Hrsg.) (2006): Handbuch Offene Kinder- und Jugendarbeit. 3. überarb. Aufl. VS Verlag, Wiesbaden

Deutsches Jugendinstitut (2009): DJI-Jugendverbandserhebung: Befunde zu Strukturmerkmalen und Herausforderungen. DJI, München

Freund, Th., Lindner, W. (Hrsg.) (2001): Prävention. Zur kritischen Bewertung von Präventionsansätzen in der Jugendarbeit. Leske und Budrich, Opladen

Gatzemann, A. (2008): Die Erziehung zum „neuen" Menschen im Jugendhof Torgau. LIT, Münster

Gängler, H. (2006): Die Anfänge der Offenen Kinder- und Jugendarbeit. In: Deinet, U., Sturzenhecker, B. (Hrsg.), 503–509

Giesecke, H. (2006): Kurzer Rückblick nach 40 Jahren auf meinen „Versuch 4". In: Lindner, W. (Hrsg.), 103–108

– (1981): Vom Wandervogel zur Hitlerjugend. Juventa, Weinheim

Grauer, G. (1973): Jugendfreizeitheime in der Krise. Zur Situation eines sozialpädagogischen Feldes. Beltz, Weinheim

Herrenknecht, A., Hätscher, W., Koospal, S. (1977): Träume, Hoffnungen, Kämpfe… Ein Lesebuch zur Jugendzentrumsbewegung. Verlag Jugend und Politik, Frankfurt / M.

Hoffmann, J. (1981): Jugendhilfe in der DDR. Grundlagen, Funktionen und Strukturen. Juventa, München

Kiesel, D., Scherr, A., Thole, W. (Hrsg.) (1998): Standortbestimmung Jugendarbeit. Theoretische Orientierungen und empirische Befunde. Wochenschau, Schwalbach / Ts.

Krafeld, F.-J. (1984): Geschichte der Jugendarbeit. Beltz, Weinheim

Lindner, W. (Hrsg.) (2009): Kinder- und Jugendarbeit wirkt. Aktuelle und ausgewählte Evaluationsergebnisse der Kinder- und Jugendarbeit. 2. Aufl. VS Verlag, Wiesbaden

– (Hrsg.) (2006): 1964–2004: Vierzig Jahre Kinder- und Jugendarbeit in Deutschland. Aufbruch, Aufstieg und neue Ungewissheit. VS Verlag, Wiesbaden

Maase, K. (1992): BRAVO Amerika. Junius, Hamburg

Müller, C.W., Giesecke, W., Kentler, H., Mollenhauer K. (1964): Was ist Jugendarbeit? Vier Versuche zu einer Theorie. Juventa, München

Naudascher, B. (1990): Freizeit in öffentlicher Hand. Behördliche Jugendpflege in Deutschland von 1900–1980. Bröchler, Düsseldorf

Nörber, M. (2006): Jugendarbeit und Ganztagsschule. In: Lindner, W. (Hrsg.), 207–220

Ohse, M. D. (2003): Jugend nach dem Mauerbau: Anpassung, Protest und Eigensinn. DDR 1961–1974. Links, Berlin

Rauschenbach, Th. (2009): Zukunftschance Bildung. Familie, Jugendhilfe und Schule in neuer Allianz. Juventa, Weinheim

– (2005): Jugendarbeit – Bildungsarbeit. Fünf Thesen zur Relevanz und Zukunftsfähigkeit von Jugendarbeit. ProjektArbeit 4, 7–20

Roth, L. (1983): Die Erfindung des Jugendlichen. Juventa, Weinheim

Pothmann, J. (2009): Aktuelle Daten zu Stand und Entwicklung der Kinder- und Jugendarbeit – eine empirische Analyse. In: Lindner, W. (Hrsg.), 21–36

– (2008): Vergessen in der Bildungsdebatte. KOMDat 11 / 1+2, 5–6

–, Thole, W. (2005): Zum Befinden eines „Bildungsakteurs". Beobachtungen und Analysen zur Kinder- und Jugendarbeit. Deutsche jugend 53, 68–75

Siegfried, D. (2006): Time is on my side: Konsum und Politik der westdeutschen Jugendkultur der 60er Jahre. Wallstein, Göttingen

Schmidt, H. (2009): Gewalt im Kontext der Offenen Kinder- und Jugendarbeit. Neue praxis 39, 280–292

Thole, W. (2000): Kinder- und Jugendarbeit. Eine Einführung. Juventa, Weinheim

Jugendhilfe und Strafjustiz – Jugendgerichtshilfe

Von Thomas Trenczek und Siegfried Müller

Erziehung und Strafe

Kaum ein Feld der Sozialen Arbeit wurde teilweise bis heute mit derart widersprüchlichen Aufgaben und Erwartungen konfrontiert wie die Jugendgerichtshilfe (JGH). Aus der Sicht der Strafjustiz soll sie im Strafverfahren gegen Jugendliche und Heranwachsende ermitteln, berichten und überwachen. Als *Jugendhilfe* muss sie junge Menschen durch Angebote in ihrer individuellen und sozialen Entwicklung fördern, sie betreuen und deren Ansprüche auf Entwicklung und Erziehung zu einer eigenständigen und gemeinschaftsfähigen Persönlichkeit garantieren. Das Jugendamt ist im Rahmen seiner Mitwirkung im Verfahren nach dem JGG (§ 52 SGB VIII) eingebunden in ein strafendes (Kriminal-)System und gleichzeitig Repräsentant einer helfenden Institution. Diese oft missverstandene Verknüpfung führte mitunter zu einer „verhängnisvollen Allianz" von (Straf-)Justiz und (Sozial-)Pädagogik. Historisch betrachtet ist es das Ergebnis der (vermeintlichen) Pädagogisierung des Jugendstrafrechts und dokumentiert damit zu einem guten Stück die Auseinandersetzung über das Verhältnis von Erziehung und Strafe (Müller/Trenczek 2001, 857).

Die traditionellen Aufgabenzuschreibungen an die „JGH" waren maßgeblich beeinflusst von strafjuristisch geprägten Vorstellungen über den Erziehungsgedanken im **Jugendstrafrecht**. Einerseits ist das JGG ein in den Grundlagen und Strafbarkeitsvoraussetzungen auf dem StGB aufbauendes Kontrollrecht (§ 10 StGB, §§ 1, 2 JGG). Andererseits enthält das Jugendstrafrecht Besonderheiten vor allem im Hinblick auf das Ermittlungs- und Gerichtsverfahren, die Rechtsfolgen sowie auf die Vollstreckung und den Vollzug jugendstrafrecht-

licher Sanktionen (hierzu Eisenberg 2009; Ostendorf 2009; Trenczek et al. 2008, 560 ff.). Das Jugendstrafrecht ist stärker täterorientiert als das allgemeine Strafrecht. So werden z. B. nach § 5 JGG Erziehungsmaßregeln „aus Anlass" der Straftat angeordnet, das „ob" und „wie" sollte sich in erster Linie nicht nach dem Tatunrecht, sondern ganz überwiegend nach der Person des jungen Menschen richten. Das JGG schreibt weder vor, dass überhaupt eine, noch welche Sanktion „aus Anlass" einer Straftat Jugendlicher verhängt werden soll: Es geht richtig gelesen um (Re)Integration und Verantwortungsübernahme statt Strafe.

Der **Erziehungsgedanke** war lediglich eine „Chiffre" (Pieplow 1989; Gerken/Schumann 1988; Müller 1991; Trenczek 1996, 39 ff.; Weyel 2008), nach der alles der Erziehung zugerechnet wurde, was der Abwendung des Freiheitsentzuges und damit nicht der Legitimation, sondern allein der Begrenzung staatlicher Sanktionen und Besserstellung junger Menschen diente. Es handelte sich also nur um ein rechtsdogmatisches Konstrukt, mit dem sich erzieherische Hilfen weder begründen noch legitimieren lassen. Das hinderte Wissenschaft und Praxis nicht, den Erziehungsbegriff mit repressiven Ordnungsvorstellungen zu füllen und der staatlichen Strafe selbst – unabhängig von der ihr fehlenden Einbettung in ein vertrauensvolles Beziehungsgefüge – erzieherische Funktionen zuzuschreiben („Erziehung durch Strafe"). In einem Rechtsstaat kann das Ziel der strafrechtlichen Sozialkontrolle aber nicht der „rechtschaffene" Mensch, sondern nur die Verhinderung von (weiteren) Straftaten (Legalbewährung) sein. Dies hat der Gesetzgeber durch den neu gefassten und zum 01.01.2008 in Kraft getretenen § 2 Abs. 1 JGG ausdrücklich klargestellt. *Jugendstrafrecht ist Strafrecht*, auch wenn es

Otto/Thiersch (Hg.), Handbuch Soziale Arbeit, 4. A., DOI 10.2378/ot4a.art070,

im Unterschied zum Allgemeinen Strafrecht teilweise anderen Prinzipien folgt. Das JGG gibt keine Antwort auf die von der Jugendhilfe zu klärenden Fragen nach dem erzieherischen Hilfebedarf und der geeigneten und erforderlichen Erziehungshilfe, sondern regelt die Voraussetzungen der (jugendspezifischen) Reaktion auf Straftaten.

Die im Kinder- und Jugendhilferecht (§ 1 SGB VIII) definierten Ziele der Jugendhilfe gehen weit über die des Jugendstrafrechts hinaus und müssen sich am **Kindeswohl** (d. h. hier das Wohl des jungen Menschen; zu Inhalt und Reichweite des Kindeswohl-Begriffs Jesteadt 2007 Rz. 109 ff.; Trenczek in Münder et al. 2009, Vor § 50 Rz. 2 ff.) orientieren. Es geht (anders als im Jugendstrafrecht) um die Förderung der Erziehung zu einer „eigenverantwortlichen und gemeinschaftsfähigen Persönlichkeit". Zu einer „gemeinschaftsfähigen Persönlichkeit" gehört freilich auch, dass sie demokratisch legitimierte (ggf. strafbewehrte) Normen nicht verletzt. Die Jugendhilfe ist somit auch Teil der Sozialkontrolle und insofern auf die Einhaltung der gesellschaftlichen Normen und die soziale Integration der Bürger bedacht. Die Unterschiede zwischen Strafjustiz und Jugendhilfe machen sich dabei an ihren normativ unterschiedlich definierten Zielen, in den unterschiedlichen Aufgaben, Interventionen, Mitteln und Methoden sowie Befugnissen bemerkbar.

Aufgaben der Jugendhilfe im Strafverfahren

Die Aufgaben und die Rechtsstellung des Jugendamtes sind durch einen doppelten rechtlichen Bezugsrahmen gekennzeichnet: einerseits dem SGB VIII und andererseits dem JGG (Trenczek 1996; 2007, 31 ff.). Nach § 52 SGB VIII wirkt das Jugendamt im Verfahren nach dem Jugendgerichtsgesetz mit. Das SGB VIII vermeidet bewusst den – vermeintlich eine besondere Institution nahe legenden – Begriff „Jugendgerichtshilfe" und spricht stattdessen von der „Mitwirkung der Jugendhilfe im Verfahren nach dem JGG". Schon durch die Wortwahl unterstrich der Gesetzgeber die Einbindung der *Aufgabe* „JGH" in die Jugendhilfe und wendete sich damit gegen das in Teilen der Praxis immer noch tradierte Bild der JGH als einer von der Jugendhilfe getrennten „besonderen"

Institution. Die „JGH" hat – als eine vom Jugendamt zu erfüllende Aufgabe in dieses eingebunden – keine losgelösten Befugnisse, sondern unterliegt gleichermaßen dem sozialanwaltlichen (§§ 1, 2 Abs. 1 SGB VIII) Handlungsauftrag und den allgemeinen Handlungsstandards der Jugendhilfe (Trenczek in Münder et al. 2009, § 52; Trenczek 2003a, 20 ff.). Das SGB VIII bestimmt – über die mit seiner Normierung einhergehenden Änderungen des JGG-Textes hinaus – das Verständnis von Jugend(gerichts)hilfe auch im Rahmen eines Strafverfahrens. Nach §§ 2 Abs. 3, 52 SGB VIII und § 38 Abs. 2 JGG, auf den § 52 Abs. 1 SGB VIII verweist, erfolgt die Mitwirkung des Jugendamtes allein zu dem *Zweck*, die „erzieherischen, sozialen und fürsorgerischen" Gesichtspunkte im Verfahren vor den Jugendgerichten *zur Geltung* zu bringen. Die JGH-Tätigkeit steht damit unter dem **Primat der jugendhilferechtlichen Zweckbindung**, das JGG beschreibt (lediglich) die besonderen Aufgaben und die verfahrensrechtliche Stellung der Jugendhilfe im Rahmen eines Strafverfahrens (Eisenberg 2009 § 38 JGG; Trenczek in Münder et al. 2009, § 52).

Jugendhilfe und Justiz haben im Rahmen des Strafverfahrens wesensverschiedene – für die Jugendhilfe im SGB VIII, also im Sozialrecht (!) definierte – Aufgaben wahrzunehmen. Weder JGG noch das Jugendhilferecht lassen eine „In-Dienst-Stellung" der Jugendhilfe für die Zwecke der Strafjustiz zu (BT-Dr. 11/5948, 89; Schlink 1991, 54; Trenczek 1991, 361; Wiesner 1995, 144 ff.). Jugend(gerichts)hilfe ist sozialpädagogische Hilfe (insbesondere auch „vor Gericht") für den noch in der Entwicklung befindlichen jungen Menschen. Gleichzeitig unterstützt das Jugendamt im Rahmen der interdisziplinären und Institutionen übergreifenden Kooperation auch das Gericht bei deren Entscheidungsfindung, ohne sich von seinem jugendhilferechtlichen Handlungsauftrag lösen zu dürfen. Die Unterstützungsleistung für das Gericht besteht in dem Ein- und zur Geltung bringen des sozialpädagogischen Sachverstands und dem Aufzeigen der Möglichkeiten, auf strafrechtliche Maßnahmen zugunsten von die soziale Integration fördernden Leistungen der Jugendhilfe zu verzichten. Die Mitwirkung der Jugendhilfe beschränkt sich nicht auf die Phase des strafrechtlichen Erkenntnisverfahrens, vielmehr ist „JGH" die Gesamtheit der Aktivitäten des Jugendamtes aus Anlass eines gegen eine/n Jugendliche/n bzw. Heranwachsende/n gerichteten Strafverfahrens und beinhaltet u. a.:

- Beratung des jungen Menschen sowie seiner Eltern (insb. Information über die Konsequenzen strafrechtlich relevanten Verhaltens, Aufklärung über den möglichen Verlauf und Ausgang des Verfahrens),
- die Initiierung einer außergerichtlichen Konfliktregelung (Täter-Opfer-Ausgleich) und Schadenswiedergutmachung,
- die Förderung der Diversion, insb. durch Einleitung und Durchführung sozialpädagogischer Leistungen (§ 52 Abs. 2 SGB VIII),
- die Erhebung von Daten und verstehende Darstellung von Biographie und Lebenslage (sog. „Erforschung der Persönlichkeit", § 38 Abs. 1 JGG),
- Vorbereitung auf die und ggf. Begleitung in der Gerichtsverhandlung,
- Unterstützung und Beratung von Staatsanwaltschaft und Gericht, insb. durch fachliche Stellungnahmen und Information über Leistungen der Jugendhilfe,
- Krisenintervention (insbesondere zur Haftvermeidung) sowie Organisation und Durchführung von Angeboten zur U-Haft-Vermeidung,
- Betreuung während des Freiheitsentzuges, Unterstützung bei der Haftentlassung und Wiedereingliederung,
- Kriminalprävention (Information, Beratung, Gremienarbeit),
- Öffentlichkeitsarbeit, insb. auch als Gegengewicht zur dramatisierenden Medienberichterstattung über Jugendkriminalität.

Der (z. T. noch vorherrschende) Fokus auf die früher als „klassisch" angesehenen Tätigkeitsbereiche („Erforschung" von Persönlichkeit und sozialer Umwelt, JGH-Stellungnahmen, Wahrnehmung von Gerichtsterminen; Ullrich 1982, 37) ist im Hinblick auf die vom SGB VIII geforderte Perspektive nicht mehr fachgemäß. Freilich muss das Jugendamt im Interesse des jungen Menschen (§ 2 Abs. 1 SGB VIII: soziale Anwaltsfunktion) die „erzieherischen" Gesichtspunkte im Strafverfahren zur Geltung bringen, womit es gleichzeitig auch das Gericht bei der Entscheidungsfindung unterstützt. Vorrangig ist dabei aber die Hilfe und Betreuung für in Straftaten und Strafverfahren verwickelte junge Menschen (§§ 2 Abs. 1, 52 Abs. 3 SGB VIII).

Das Jugendamt muss vor allem nach § 52 Abs. 2 SGB VIII von Amts wegen frühzeitig (d. h. insbesondere vor Anklageerhebung) prüfen, ob und wenn ja, welche Leistungen für den Jugendlichen oder jungen Volljährigen in Betracht kommen. Gerade dadurch soll dem Vorrang jugendhilferechtlicher vor jugendstrafrechtlicher Interventionen Geltung verschafft werden (Trenczek in Münder et al. 2009, § 52 Rz. 51).

JGH-Fachkräfte dürfen nicht spontan in einer Hauptverhandlung über die Gewährung von Leistungen der Jugendhilfe entscheiden. Das SGB VIII knüpft die Bewilligung, Durchführung und die Kostenerstattung von öffentlich-finanzierten Jugendhilfeleistungen stets an die fachgerechte Prüfung der Leistungsvoraussetzungen unter Mitwirkung der Betroffenen (zur sog. **Steuerungsverantwortung**, § 36a SGB VIII; hierzu Trenczek 2007, 31 ff.). Die Leistungen der Jugendhilfe sind unabhängig von der Durchführung und dem Ausgang des Strafverfahrens zu erbringen, sofern die materiellen Leistungsvoraussetzungen und geeigneten Hilfen vorliegen (Trenczek in Münder et al. 2009, § 52 Rz. 51 ff.). Es ist dann Sache der Justiz zu beurteilen, ob sich die aus der Sicht des Jugendamtes geeigneten und notwendigen Jugendhilfeleistungen dazu eignen, das Strafverfahren auszusetzen oder informell zu beenden. Das Gericht kann zwar einen Jugendlichen zu einer im JGG normierten Sanktion verurteilen. Das jugendgerichtliche Urteil legitimiert damit zwar den Eingriff in das Freiheitsrecht des Jugendlichen sowie das Recht der Sorgeberechtigten, ersetzt aber nicht die fachliche Entscheidung des Jugendamtes als Sozialleistungsbehörde (Trenczek 2007, 36 f.). „Ambulante Maßnahmen" (hierzu BAG 2000; Trenczek 1996; 2009) können wie andere Leistungen der Jugendhilfe mangels justizeigener Vollstreckungsmöglichkeit letztlich nur im Einvernehmen mit dem Jugendamt durchgeführt werden.

Soweit sich die JGH nach § 38 Abs. 2 S. 2 JGG zu den zu ergreifenden Maßnahmen äußern soll, kann es sich nicht darum handeln, das sanktionsrechtliche Instrumentarium des Jugendstrafrechts abzuarbeiten (zu Inhalt und Form der **JGH-Stellungnahmen**, Trenczek in Münder et al. 2009, vor § 50 Rn. 23; Oberloskamp et al. 2009, 88 ff.; Trenczek 2003b). Mit Nachdruck ist darauf hinzuweisen, dass es nicht Aufgabe des Jugendamtes ist, (jugend-)strafrechtliche Sanktionen vorzuschlagen. Die von der Justiz mit Verweis auf § 38 Abs. 2 Satz 2 JGG z.T. immer noch erwarteten „Sanktions-" und „Ahndungsvorschläge" (Ostendorf 2009 § 38 Rz. 17) sind Ausdruck einer unzulässigen Instrumentalisierung der Jugendhilfe und zudem vor der gerichtlichen Feststellung von Täterschaft und strafrechtlicher Verantwortlichkeit geradezu skandalös (Art. 6 Abs. 2 EMRK). Die JGH muss die Auswirkungen jugendstrafrechtlicher Sanktionen kritisch würdigen und darf im Interesse („zugunsten", § 2 Abs. 1 SGB VIII) des Wohls des jungen Menschen nur solche Interventionen vorschlagen, die dem Hilfe- und Erziehungsverständnis des Jugendhilferechts entsprechen (Trenczek in Münder et al. 2009, § 52 Rz. 39 ff.).

Die verfahrensrechtliche Stellung der Jugendgerichtshilfe im Strafverfahren

Die Fachkräfte der Jugendämter können die Gesichtspunkte der Jugendhilfe im Strafverfahren zur Geltung bringen, weil ihnen im Strafverfahren eigene prozessuale Rechte zugewiesen sind. Die vielfach geläufige Bezeichnung der JGH als „Prozessorgan eigener Art" hat allerdings mitunter die aus dem Verweis auf das JGG resultierenden Missverständnisse und seltsamen Zuschreibungen (z. B. „Prozesshilfsorgan eigener Art") verstärkt. Während sich die Aufgaben und Befugnisse des Jugendamts aus dem Sozialrecht ergeben (insbesondere SGB I, VIII und X), bestimmt sich seine prozessrechtliche Stellung im Strafverfahren aus den jeweiligen Verfahrensnormen des JGG und der StPO. Die Mitarbeiter des Jugendamts verfügen über eine Reihe unterschiedlicher Verfahrensrechte (im Einzelnen Trenczek in Münder et al. 2009, § 52 Rn. 11 ff.), u. a.:

- Informationsrechte, z. B. Mitteilung von Ort und Zeit der Hauptverhandlung (§ 50 Abs. 3 Satz 1 JGG);
- Recht auf Anwesenheit insb. in der Hauptverhandlung (§§ 50 Abs. 3 Satz 1 JGG);
- Anhörungs- und Äußerungsrechte insb. im Hinblick auf die zu ergreifenden Maßnahmen (§ 38 Abs. 2 Satz 2, Abs. 3 Satz 3 JGG);
- Verkehrs- und Kontaktrechte z. B. mit dem in Untersuchungshaft befindlichen Beschuldigten (§ 93 Abs. 3 JGG, § 148 StPO);

Das Jugendamt hat allerdings kein Akteneinsichtsrecht, kein allgemeines Fragerecht (§ 240 StPO), kein formelles (Beweis)Antragsrecht und kein Recht, selbstständig Rechtsmittel einzulegen. Dem Jugendamt fehlen damit wesentliche Verfahrensrechte gegenüber der rechtsanwaltlichen Verteidigung (§§ 137 StPO, 68 JGG) oder eines Beistandes (§ 69 JGG). Entscheidend ist, dass die sozialpädagogischen Fachkräfte die jugendhilfeorientierten Gesichtspunkte in Inhalt und Darstellung offensiv zur Geltung bringen (Müller 1992; Trenczek 2003a, 25). Viel zu häufig verzichten die Jugendamtsmitarbeiter darauf, das „Wort zu verlangen" und auf sozialpädagogische Gesichtspunkte hinzuweisen oder sich zu jugendhilferelevanten Aspekten zu äußern.

Das Mitwirkungs- und Anwesenheitsrecht der JGH korrespondiert mit der Pflicht des Gerichts, das Jugendamt so früh wie möglich „heranzuziehen" (§ 38 Abs. 3 Satz 1 u. 2 JGG). Die Entscheidung über die Anwesenheit in einer Hauptverhandlung liegt dann im pflichtgemäßen Ermessen der Fachkräfte (Trenczek in Münder et al. 2009, § 52 Rz. 45 ff.).

Sehr umstritten ist die Reichweite der Kompetenzen des Jugendamtes im Hinblick auf die Kontrolle von gerichtlichen Weisungen und Auflagen (§ 38 Abs. 2 Sätze 5–7 JGG; hierzu Trenczek in Münder et al. 2009, § 52 Rz. 48 ff.; Trenczek 2000, 88 ff.). Es gibt jedenfalls keine generelle Mitteilungspflicht der Jugendhilfe gegenüber der Strafjustiz, weder über „Zuwiderhandlungen" noch über begangene Verfehlungen oder geplante Straftaten (§ 138 StGB). Die JGH-Mitarbeiter unterliegen vielmehr dem sozialrechtlichen Datenschutz (§ 35 SGB-I, §§ 67–77 SGB-X, §§ 61 ff SGB VIII; zur Diskussion über das umstrittene Zeugnisverweigerungsrecht der JGH, Trenczek in Münder et al. 2009, § 52 Rz. 30 ff.).

Herausforderungen für die Sozialarbeit in der Jugendgerichtshilfe

Im Rahmen ihrer Mitwirkung im Strafverfahren agiert die Jugendhilfe in einem Spannungsfeld, in dem wesensmäßig verschiedene Diskurse mit eigenen Logiken und differenten Konsequenzen aufeinander treffen (**Soziale Arbeit im Zwangskontext**; hierzu z. B. Conen 2007; Kähler 2005; Plewig

2008). Der allenthalben beklagte **Rollenkonflikt** der JGH wird allerdings bis heute weit überbewertet. Sozialarbeiter geraten stets in ein Spannungsfeld unterschiedlicher Erwartungen und haben, sofern sie nicht ausschließlich vom Klienten beauftragt werden, sondern im gesellschaftlichen Auftrag und öffentlichen Dienst stehen, immer ein doppeltes Mandat. Damit unterscheiden sich die Mitarbeiter des Jugendamtes, die Aufgaben nach § 52 SGB VIII wahrnehmen, nicht von anderen (ASD-)Fachkräften im Jugendamt. Der Begriff der „Doppelagentin", mit der die JGH zuweilen bedacht wurde (Ostendorf 1991, 9), ist genauso plakativ wie falsch, suggeriert er doch das Bild eines heimatlosen Spitzels, der ohne Bindung an Recht und Gesetz seine Auftraggeber verrät.

Die sozialpädagogische Aufgabenstellung und die rechtlichen Grundlagen der JGH wurden lange Zeit weder inhaltlich noch methodisch angemessen in den Blick genommen. In Anbetracht der Unmöglichkeit, den (spätestens seit Einführung des SGB VIII nur vermeintlich) widersprüchlichen Erwartungen gleichermaßen gerecht zu werden, hatte sich die Praxis in weiten Teilen pragmatisch eingerichtet und sich auf die Vorlage von JGH-Berichten, die Wahrnehmung von Gerichtsterminen, die Äußerung von Sanktionsvorschlägen und die Umsetzung gerichtlich angeordneter Weisungen und Auflagen konzentriert. Die Praxis der JGH wurde nicht zuletzt deshalb heftig kritisiert (BMJFG BT-Dr. VI/3170, 66; zusammenfassend Trenczek 2003, 17 ff. m. w. Nw.). Aus kriminologischer Sicht wurde der JGH darüber hinaus vorgeworfen, zu einer Ausweitung der Sozialkontrolle und Strafverschärfung beizutragen; bestenfalls wurde ihr Bedeutungslosigkeit im gerichtlichen Entscheidungsprozess attestiert.

War das Verständnis der Jugendgerichtshilfe aus der Sicht der Jugendgerichtsbarkeit traditionell von einer justiznahen Aufgabenwahrnehmung geprägt, haben sich Rolle und Selbstverständnis der Jugendhilfe mittlerweile grundlegend gewandelt. Mit der Besinnung auf die inhaltlichen Ziele und methodischen Vorgehensweisen einer sozialpädagogisch orientierten Jugendhilfe und durch die Rezeption der sozialwissenschaftlichen Erkenntnisse über die Bedeutung von Straffälligkeit in der Lebensentwicklung gerade auch „mehrfach auffälliger" junger Menschen hat sich eine **Konzeption** von Jugend-(gerichts)hilfe herausgeschält, nach der eine vorrangig justizbezogene Aufgabenwahrnehmung und an Abweichung orientierte Interventionsstrategie aufgegeben wird zugunsten eines an den Alltagsproblemen der jungen Menschen orientierten sozialpädagogischen Aufgabenverständnisses (hierzu BAG-JGH 1994; Klier et al. 2002; Münder 1991; Thiem-Schräder 1989; Trenczek 1991; 1993; 2003a).

Allerdings hat die intensive Fachdiskussion noch nicht alle Teile der Praxis erreicht (hierzu ausführlich Trenczek 2003a). Die angesichts positiver Gegenbeispiele sehr ambivalente Bilanz der JGH lässt sich aber nur teilweise auf eine noch nicht hinreichend ausgeprägte fachliche Kompetenz zurückführen. Sie ist neben der teilweise überaus hohen, professionell nicht mehr handhabbaren Fallbelastung (von häufig weit über 200 Verfahren, s. u.) nicht unwesentlich auch den überzogenen Erwartungen geschuldet.

Von Seiten der Strafjustiz wird von der JGH erwartet, zur strafrechtlichen Reife eines jungen Menschen (§ 3 JGG) und zur Jugendlichkeit von Heranwachsenden (§ 105 JGG) Stellung zu nehmen, da die sozialpädagogischen Fachkräfte über entwicklungspsychologische Kenntnisse und diagnostische Kompetenzen (Schrapper 2003, 336; Uhlendorf 1997; Uhlendorf/Cinkl 2003, 343) verfügen sollten. Die Frage nach der sittlichen und geistigen Reife von Jugendlichen ist freilich diagnostisch ausgesprochen anspruchsvoll, zumal es an allgemeinverbindlichen und verlässlichen Bewertungskriterien hinsichtlich der sittlichen und geistigen Reife fehlt und methodisch eine retrospektive Rekonstruktion des Entwicklungsstandes nicht möglich ist. Auch im Hinblick auf die von § 105 JGG geforderte Einschätzung von Heranwachsenden gibt es keine verlässlichen und handhabbaren Kriterien (hierzu Trenczek 2010).

Im Hinblick auf das jugendstrafrechtliche Sanktionsinstrumentarium wird von der JGH mitunter erwartet, entsprechende Prognosen zu wagen. Allerdings ist **Jugendkriminalität** – zumindest im Bereich der Bagatell- und Alltagskriminalität – normal, ubiquitär und episodenhaft (Walter 2005, 216 ff.). Nur ein kleiner Teil der jungen Menschen (etwa 5–8 %) tritt mehrfach (mehr als vier- und fünfmal) strafrechtlich in Erscheinung, dann jedoch teilweise massiv und die Justiz wie die Jugendhilfe gleichermaßen herausfordernd. Allerdings lässt sich diese Gruppe nicht vorweg identifizieren.

Als ernüchterndes Ergebnis aller wissenschaftlichen Untersuchungen muss man festhalten, dass es keine (mitunter als „kriminogen" apostrophierten) Einzelmerkmale gibt, mit Hilfe derer bei einem jungen Beschuldigten die Vorhersage von späterer wiederholter Straffälligkeit möglich wäre (Walter 2005, 289 ff.). Ebenso wenig lässt sich der früher angenommene Zusammenhang zwischen früherer Auffälligkeit und späterer Rückfallhäufigkeit nachweisen.

Die JGH wird sich angesichts der Problemlagen und des erhöhten Betreuungsbedarfes von sozial desintegrierten jungen Menschen noch mehr aus ihrer gerichtsfunktionalen Ermittlungs- und Berichterstatterrolle lösen und sich den sozialarbeiterischen Aufgabenfeldern zuwenden müssen. Die Kapazitäten müssen zum Aufbau eines erweiterten Hilfe- und Unterstützungsangebots für sog. „mehrfach auffällige" junge Menschen in belastenden Lebenslagen und -situationen verwendet werden. Die Entwicklung infrastruktureller, gebrauchswerthaltiger Hilfen muss sich dabei an der Lebenswirklichkeit und den Krisen der jungen Menschen und nicht an den Sanktionsbedürfnissen der Justiz orientieren.

Organisation der Jugendgerichtshilfe

JGH ist eine „andere" Aufgabe der Jugendhilfe (§ 2 Abs. 3 SGB VIII), die das SGB VIII dem **Jugendamt** übertragen hat. In welcher organisatorischen Form die JGH-Aufgaben wahrgenommen werden, entscheiden die kommunalen Träger (§ 69 Abs. 1 SGB VIII) im Rahmen ihrer Organisationshoheit. Das Jugendamt hat sich dabei so zu organisieren, dass es seine Klientel auch erreicht, ohne seine spezifische Fachlichkeit zu verlieren. Optimal erscheint deshalb eine stadtteil- / bezirksorientierte Organisation der Jugendhilfe bei gleichzeitiger Aufrechterhaltung (zumindest teil-) *spezialisierter*, fachkompetenter Aufgabenwahrnehmung (Trenczek 2003a).

Freie Träger können im Rahmen der JGH auf eine lange Tradition bis auf die Anfänge der Jugendgerichtsbewegung zurückblicken (§ 42 RJGG 1923 / § 38 JGG; Müller/Trenczek 2001, 857). Das SGB VIII hat die Verantwortung eindeutig auf das Jugendamt übertragen (§ 52, 79 SGB

VIII). Nach §§ 2 Abs. 3, 76 Abs. 1, 52 können anerkannte Träger der freien Jugendhilfe (§ 75) an der Mitwirkung im jugendgerichtlichen Verfahren beteiligt oder ihnen diese Aufgaben übertragen werden. Während Aufgaben der (verfahrens)begleitenden JGH ganz überwiegend von den öffentlichen Trägern wahrgenommen werden, werden Aufgaben der nachgehenden Jugend(gerichts)hilfe (also insb. die Durchführung der „Neuen ambulanten Maßnahmen" und sozialpädagogischen Betreuungen) sehr häufig an freie Träger delegiert (BAG 2000; Trenczek 2009).

Quo vadis Jugendgerichtshilfe?

Die Frage nach der Zukunft der JGH (BMJ 1991) gründet im Wesentlichen auf eine insgesamt ambivalente Bilanz, die sich jedoch nicht primär auf die professionelle Qualität ihrer Praxis bezieht. Im Mittelpunkt steht dabei der strukturelle Widerspruch von sozialpädagogisch begründetem Helfen und kriminalpolitisch legitimiertem Strafen. Eine JGH, die immer noch „Maßnahmevorschläge" macht, die in einem hohen Maße dem justiziellen Sanktionsbedürfnis entsprechen, und die weiterhin an einem sozialisationstheoretisch obsoleten und die kriminologischen Forschungsergebnisse zur Normalität von Jugendkriminalität negierendem Defizitmodell festhält, produziert bestenfalls „erweiterte Kopien" strafjustizieller Deutungsmuster (Donzelot 1980, 110). Sie verspielt damit die Chance für sozialarbeiterisches Handeln, die ihr das SGB VIII ermöglicht und einer Neuorientierung, die sich mit der Informalisierung der strafrechtlichen Sozialkontrolle (Diversion) anbietet (hierzu Heinz 2005). Im Kontext der informellen Erledigung jugendgerichtlicher Strafverfahren ist die JGH in einer doppelten Weise herausgefordert: Zum einen durch eine entkrimininalisierende Beeinflussung des von der Staatsanwaltschaft dominierten Selektionsprozesses und zum anderen durch die Initiierung oder Vermittlung von diversionsfördernden Angeboten im Bereich der außergerichtlichen Konfliktregelung und der Wiedergutmachung (Delattre/Trenczek 2004). Diese Angebote sind konzeptionell nicht mit dem Anspruch einer Personenveränderung verbunden und eröffnen damit einen Perspektivenwechsel der JGH vom Ermitteln zum Vermitteln.

Das Normenprogramm von SGB VIII und JGG ist geradezu idealtypisch auf **Kooperation** von Fachdiensten, von Justiz und Jugendamt ausgelegt. Die JGH kann der Gefahr, sich in das „Souterrain der Justiz" (Müller/Otto 1986) abdrängen zu lassen oder gar lediglich als „Appendix des Kriminaljustizsystems" (Bettmer 1991) zu fungieren, entgehen, indem sie sich auf ihre **sozialpädagogische Fachlichkeit** als Teil der Jugendhilfe besinnt. Nach Jahren der Auseinandersetzung mit der Dominanz einer trotz gefälliger Erziehungsterminologie vielfach ungebrochen straforientierten Jugendgerichtsbarkeit

drohen aktuell die größten Gefahren durch die Ressourcenprobleme kommunaler Haushalte. Rechtsansprüche unterlaufende Anweisungen (z. B. keine Leistungen bei mehrfach straffälligen Jugendlichen oder jungen Volljährigen zu initiieren), andere verwaltungstechnische Tricks, Schwellen und Strukturen (z. B. Bestehen auf formaler Antragstellung der Eltern) sind Anzeichen einer **rechtswidrigen Leistungsverweigerung**. Eine solche Praxis mancher Jugendämter verrät die mit dem SGB VIII verfolgten Ziele und macht alle Bemühungen einer fachlichen Qualitätssicherung obsolet.

Literatur

BAG JGH in der DVJJ (1994): Jugendhilfe im Jugendstrafverfahren. Eigenverlag der DVJJ, Hannover

BAG für ambulante Maßnahmen (2000): Neue ambulante Maßnahmen, Grundlagen – Hintergründe – Praxis. Forum Verlag Godesberg, Bonn

Bettmer, F. (1991): Auswege aus der Pädagogisierungsfalle. Neue Praxis 21, 33–45

Bundesministerium der Justiz (Hrsg.) (1991): Jugendgerichtshilfe – Quo vadis? Frankfurter Symposium. Eigenverlag, Bonn

Bundesministerium für Jugend, Familie und Gesundheit (BMFJG) (Hrsg.) (1972): Dritter Jugendbericht der Bundesregierung. BT-Drucksache VI/3170

Conen, M.-L. (2007): Eigenverantwortung, Freiwilligkeit und Zwang. Zeitschrift für Jugendkriminalrecht und Jugendhilfe 4, 370–375

Delattre, G., Trenczek, T. (2004): Mediation und Täter-Opfer-Ausgleich. Spektrum der Mediation 17, 14–17

Donzelot, J. (1980): Die Ordnung der Familie. Suhrkamp, Frankfurt/M.

Eisenberg, U. (2009): Jugendgerichtsgesetz, Kommentar. 12. Aufl. Beck Juristischer Verlag, München

Gerken, J., Schumann, K. F. (1988): Ein trojanisches Pferd im Rechtsstaat. Centaurus-Verlagsgesellschaft, Pfaffenweiler, 1–10

Heinz, W. (2005): Zahlt sich Milde aus? Diversion und ihre Bedeutung für die Sanktionspraxis. Zeitschrift für Jugendkriminalrecht und Jugendhilfe 4, 166, 302

Jestaedt, M. (2007): Das Kinder- und Jugendhilferecht und das Verfassungsrecht. In: Münder, J., Wiesner, R. (Hrsg.) Kinder- und Jugendhilferecht – Handbuch. Nomos, Baden-Baden, 106–133

Kähler, H. (2005): Soziale Arbeit in Zwangskontexten. Wie unerwünschte Hilfe erfolgreich sein kann. Ernst Reinhardt Verlag, München/Basel

Klier, R., Brehmer, M., Zinke, S. (2002): Jugendhilfe in Strafverfahren – Jugendgerichtshilfe. 2. Aufl. Wallhalla, Berlin

Müller, S. (1992): Brauchen Jugendliche einen Anwalt? In: Otto, H.-U., Hirschauer, P., Thiersch, H. (Hrsg.): Zeit-Zeichen sozialer Arbeit. Luchterhand, Neuwied, 61–71

– (1991): Erziehen – Helfen – Strafen. Zur Klärung des Erziehungsbegriffs im Jugendstrafrecht aus pädagogischer Sicht. DVJJ-Journal 4, 344–351

–, Otto, H.-U. (1986): Sozialarbeit im Souterrain der Justiz. In: Müller, S., Otto, H.-U. (Hrsg.): Damit Erziehung nicht zur Strafe wird. KT-Verlag, Bielefeld, VII–XXII

–, Trenczek, T. (2001): Jugendgerichtshilfe – Jugendhilfe und Strafjustiz. In: Otto, H.-U., Thiersch, H. (Hrsg.): Handbuch der Sozialarbeit/Sozialpädagogik. 2. Aufl. Ernst Reinhardt Verlag, München/Basel, 857–873

Münder, J. (1991): Jugendgerichtshilfe als sozialpädagogische Tätigkeit. DVJJ-Journal 4, 329–335

–, Meysen, T., Trenczek, T. (2009): Frankfurter Kommentar zum SGB VIII. 6. Aufl. Nomos, Baden-Baden

Oberloskamp, H., Borg-Laufs, M., Mutke, B. (2009): Gutachtliche Stellungnahmen in der Sozialen Arbeit. 7. Aufl. Luchterhand, Köln

Ostendorf, H. (2009): Jugendgerichtsgesetz, Kommentar. 7. Aufl. Nomos, Köln

– (1991): Jugendgerichtshilfe in der Rolle der „Doppelagentin" – Chance oder programmiertes Versagen? In: BMJ (Hrsg.): Jugendgerichtshilfe – Quo vadis? Eigenverlag, Bonn, 59–67

Pieplow, L. (1989): Erziehung als Chiffre. In: Walter, M. (Hrsg.): Beiträge zur Erziehung im Jugendkriminalrecht. Heymann, Köln, 5–57

Plewig, H.-J. (2008): Im Spannungsfeld zwischen Erziehung und Strafe. Pädagogischer Umgang mit hochdelinquenten Minderjährigen. Zeitschrift für Jugendkriminalrecht und Jugendhilfe 1, 34–43

Schlink, B. (1991): Jugendgerichtshilfe zwischen Jugend- und Gerichtshilfe. In: BMJ (Hrsg.): Jugendgerichtshilfe – Quo vadis? Eigenverlag, Bonn, 51–58

Schrapper, C. (2003): Sozialpädagogische Diagnostik – Anforderungen, Konzepte, Bausteine. Zeitschrift für Jugendkriminalrecht und Jugendhilfe 4, 336–342

Thiem-Schräder, B. (1989): Normalität und Delinquenz. Sozialarbeit zwischen Resozialisierung und Nonintervention. KT-Verlag, Bielefeld

Trenczek, T. (2010): Risikoeinschätzung und psychosoziale Diagnose der Jugendhilfe (auch) im Jugendstrafverfahren. Zeitschrift für Jugendkriminalrecht und Jugendhilfe, 3/2010, S. 249–262

– (2009): Jugendstraffälligenhilfe. In: Cornel, H., Maelicke, B., Sonnen, B. R. (Hrsg.): Handbuch der Resozialisierung. 3. Aufl. Nomos, Baden-Baden, 128–147

– (2007): Jugendgerichtshilfe: Aufgaben und Steuerungsverantwortung. Zeitschrift für Jugendkriminalrecht und Jugendhilfe 1, 31–40

– (2003a): Die Mitwirkung der Jugendhilfe im Strafverfahren. Konzeption und Praxis der Jugendgerichtshilfe. Beltz Verlag, Weinheim / Basel / Berlin

– (2003b): Stellungnahmen der Jugendhilfe im Strafverfahren – Fachliche Qualitätsanforderungen und strafrechtlicher Umgang. Zeitschrift für Jugendkriminalrecht und Jugendhilfe 1, 35–40

– (2000): Rechtliche Grundlagen der Neuen Ambulanten Maßnahmen und sozialpädagogischen Hilfeangebote für straffällige Jugendliche. In: BAG NAM / DVJJ (Hrsg.): Neue ambulante Maßnahmen, Grundlagen – Hintergründe – Praxis. Forum, Bonn, 17–119

– (1996): Strafe, Erziehung oder Hilfe? Forum-Verlag Godesberg, Bonn

– (1993): Auszug aus dem Souterrain? Rechtliche Rahmenbedingungen und sozialpädagogische Handlungsansätze für die Jugendgerichtshilfe im Strafverfahren. Recht der Jugend und des Bildungswesens 41, 316–328

– (1991): Jugend(gerichts)hilfe im Umbruch. DVJJ-Journal 4, 360–368

–, Tammen, B., Behlert, W. (2008): Grundzüge des Rechts. Kapitel Strafrecht. Ernst Reinhardt Verlag, München / Basel, 516–574

Uhlendorf, U. (1997): Sozialpädagogische Diagnosen. Ein sozialpädagogisch-hermeneutisches Diagnoseverfahren für die Hilfeplanung. Juventa, Weinheim / München

–, Cinkl, C. (2003): Sozialpädagogik, Professionalität und Diagnostik. Zeitschrift für Jugendkriminalrecht und Jugendhilfe 4, 343–350

Ullrich, H. (1982): Arbeitsanleitung für Jugendgerichtshelfer. Diesterweg, Frankfurt / M.

Walter, M. (2005): Jugendkriminalität. 3. Aufl. Boorberg, Stuttgart

Weyel, F. (2008): Geschichte und Wandel des Erziehungsgedankens. Zeitschrift für Jugendkriminalrecht und Jugendhilfe 2, 132–136

Wiesner, R. (1995): Über die Indienstnahme der Jugendhilfe für das Jugendstrafrecht. In: BMJ (Hrsg.): Grundfragen des Jugendkriminalrechts und seiner Neuregelung. 2. Aufl. Eigenverlag, Bonn, 144–151

Jugendkulturen

Von Nina Metz und Birgit Richard

In der Shellstudie aus dem Jahr 2006, die sich den Lebensumständen, den Wertvorstellungen und Zukunftsorientierungen Jugendlicher über die Ergebnisse aus quantitativ, aber auch qualitativ ermittelten Umfrageergebnissen nähert, wird ein Bild der zeitgenössischen Jugend gezeichnet, in dem diese sich vor allem durch ihren Pragmatismus, ihre Zielstrebigkeit und das Bedürfnis sich in bereits bestehende soziale Strukturen möglichst bruchlos einzufügen auszeichnet.

Hervorzuheben ist diese Tendenz vor allem, weil sich mit der Idee von Jugendlichkeit und Adoleszenz für viele scheinbar wie selbstverständlich die Vorstellung von einem jugendlichen Aufbegehren gegen die Elterngeneration, dem Wunsch nach einer Etablierung alternativer und freierer Lebenszusammenhänge und die damit zusammenhängende Kritik bestehender Wertordnungen verbindet. Folgt man den Ausführungen der Studie, so sind solche gegenkulturellen Orientierungen unter zeitgenössischen Jugendlichen heute kaum mehr auszumachen. Das Verhältnis zu den Eltern erscheint freundschaftlich, die Wertorientierung zunehmend konservativ und die Formen der Freizeitgestaltung bilden diese angepasste und wenig konfliktträchtige Ausrichtung in Form von Konsum und Spaß orientierten Beschäftigungen weiterhin ab. Auf diesem Hintergrund könne, trotz des durch schwierige Berufsaussichten verdunkelten Zukunftspanoramas, „von Resignation und Ausstieg in vermeintliche jugendliche Ersatzwelten" (Jugendwerk der Deutschen Shell 2006, 15) keine Rede sein.

Jugendliche Vergemeinschaftungsformen, wie sie im Zuge des 20. Jahrhunderts angesichts ihres vermeintlichen Skandal-Charakters, bzw. ihres gesellschaftskritischen Potenzials immer größeres öffentliches Interesse auf sich zogen und besonders in den 1980er und 1990er Jahren auch in Deutschland verstärkt in das Blickfeld wissenschaftlicher Aufmerksamkeit gerieten, scheinen damit heute von einer immer kleineren Zahl jugendlicher Akteure getragen zu werden. Dennoch bleiben ihre stilistischen Insignien in der öffentlichen Wahrnehmung präsent.

Begriffsgeschichte und Forschungstradition

Der Begriff der *Jugendkultur* findet sich bereits seit den 1920er Jahren im wissenschaftlichen Diskurs. Auf dem Hintergrund literarischer und künstlerischer Bewegungen des 19. Jahrhunderts und durch die Wandervogelbewegung um die Jahrhundertwende unterstützt, nahmen der Reformpädagogik nahe stehende Forscher die Jugendkultur in ihr Begriffrepertoire auf. Dieser Begrifflichkeit lag dabei eine idealisierte Vorstellung von Jugend zu Grunde, die nicht mehr ausschließlich als eine biologische Stufe begriffen wurde, sondern als eine Lebensphase, die sich nicht nur als eine notwendige und kulturell legitimierte Übergangsphase zwischen Kindheit und Erwachsenenalter darstellte, sondern von den Reformpädagogen als kultureller Raum verstanden wurde, innerhalb dessen die Jugendlichen eine eigene Jugendsprache und spezielle Interessen entwickeln könnten, um im Rückzug in die Natur und die kameradschaftliche Gemeinschaft eine kulturreformerische Funktion zu erfüllen (Müller-Bachmann 2002, 39).

Für den us-amerikanischen Sprachraum prägte Talcott Parsons in den 1950er Jahren den Begriff der *Youth Culture*, der auch die deutsche Jugendforschung stark beeinflusste. Dabei beobachtet Parsons angesichts der verlängerten Schul- und Ausbildungszeiten der Jugendlichen und der damit zusammenhängenden länger andauernden Abhängigkeit von den Bildungsinstitutionen und

Otto/Thiersch (Hg.), Handbuch Soziale Arbeit, 4. A., DOI 10.2378/ot4a.art071,

Reglements des Elternhauses einen aus dieser Situation resultierenden Autoritäten- bzw. Generationenkonflikt (Parsons 1971, 142). Auf diesem Hintergrund bildeten sich von der *Adult Culture* abgelöste, teilautonome Jugendkulturen, *Peergroups*, die innerhalb der schulischen und universitären Institutionen zwar weitgehend von familiären und beruflichen Verpflichtungen befreit, jedoch gleichzeitig der vollständig autonomen Selbstbestimmung enthoben waren. Diese Interessengruppen gestatteten es den Heranwachsenden durch die Möglichkeiten, die ihnen eine eigene Jugendsprache, Musik und Mode bot, ihre „Interaktions- und Kulturmuster partiell selbst zu gestalten" (Müller-Bachmann 2002, 50). In diesen jugendkulturellen Gruppen würde so, so argumentiert Parsons, ein kulturell notwendiger Ablösungsprozess von der Elterngeneration vollzogen.

Angesichts dieser Thesen ist jedoch die geringe Differenziertheit des Begriffs der Jugendkultur als *Youth Culture* bzw. die eingeschränkte soziale Perspektive zu beachten, die sich lediglich auf eine us-amerikanische Mittelschichtsituation bezieht. Baacke und Ferchhoff merken in diesem Zusammenhang an, dass es auf diesem Hintergrund kaum möglich sei, der Vielzahl von Jugendkulturen gerecht zu werden, die sich aus Mitgliedern gesellschaftlich marginalisierter Milieus zusammensetzten und diese randständige soziale Position in ihren Äußerungsformen gesellschaftskritisch thematisierten (Baacke/Ferchhoff 1993, 412).

Gerade durch ein Eingehen auf soziale Spannungssituationen, die sich in solchen jugendlichen Vergemeinschaftungsformen und deren spezifischen Habitus manifestieren, zeichnen sich jedoch die Studien aus dem Hintergrund der *Chicago School* aus. Bereits in den 1920er Jahren kam es im Rahmen dieser zu einer Auseinandersetzung mit abweichendem jugendlichen Verhalten (Trasher 1927). Ohne dabei den Begriff der *Jugendkultur* bzw. der *Jugendsubkultur* zu verwenden, waren diese sog. *Gangstudien*, die in den folgenden Jahrzehnten in diesem Kontext entstanden, bestrebt sich insbesondere delinquenten Jugendgruppen und der Analyse deren gruppeninternen Wertordnungen zu widmen (Cohen 1955). Diese, so die Ergebnisse der Arbeiten, normalisierten die abweichenden Handlungen im jeweiligen Kontext der speziellen Milieus und dessen eigener normativer

Ordnung, die sich von jener, der sie umgebenden sozialen Bereiche unterscheide (Merton 1957).

Mertons Argumentation, die die jugendliche Delinquenz mit der marginalisierten sozialen Position der Jugendlichen erklärt, die es diesen erschwere, finanziellen Erfolg und persönlichen Wohlstand zu erreichen, legt bereits eine strukturelle Erklärung abweichenden Verhaltens vor, auf die im Rahmen der Studien des *CCCS Birmingham* wenige Jahrzehnte später reagiert wurde. Insbesondere die zweite Generation der Forscher des CCCS beschäftigte sich fokussiert mit jugendlichen *Subkulturen*, die anders als die delinquenten Jugendlichen der Chicagoer Gangs weniger durch ihr kriminelles Potenzial, als vor allem durch ihre Abweichung in der Stilisierung der eigenen Person auffielen. Dabei handelte es sich um Jugendkulturen aus dem Hintergrund der britischen Arbeiterklasse, deren stilistisches Aufbegehren von den Wissenschaftlern des CCCS in der Tradition des Ansatzes der Chicagoer Schule als eine Reaktion auf soziale Ungleichheit verstanden wurde.

Auf der Basis eines neo-marxistischen Ansatzes und im Rückgriff auf die Arbeiten des französischen Linguisten Roland Barthes gingen vor allem John Clarke und Dick Hebdige von der Annahme aus, dass solche jugendlichen Gruppen durch ihre inszenierte Abweichung über das symbolische Medium des Stils einen auf kultureller Ebene formulierten Dissens gegenüber der dominanten Kultur der herrschenden Klasse zum Ausdruck brächten und deuteten die jeweiligen Stilformationen in dieser Richtung (Clarke 1976; Hebdige 1979).

Trotz der starken Attraktivität dieses Ansatzes für die Auseinandersetzung mit jugendlichen Stilkulturen stieß die Subkulturtheorie des CCCS schnell auf fachinterne Kritik. Im Zuge der Weiterentwicklung und der mit dieser einhergehenden Ausdifferenzierung der jugendkulturellen Stile sowie ihrer diffusen Vermischung erschien es immer problematischer, Stilgrenzen zwischen den einzelnen jugendkulturellen Gruppen auszumachen (Farin 1998, 23). Gleichzeitig führten diese, teilweise durch die Interessen der Musikindustrie und der Medien begünstigten Vermischungstendenzen zu einem Verlust des oppositionellen und kritischen Bedeutungsgehalts der stilistischen Repräsentationen (McRobbie 1997, 192 f.).

Schließlich stellten die Grundannahmen der Thesen des CCCS, die von den jugendlichen Gruppen als Subkulturen der Arbeiterklasse ausgehen und deren Entstehen auf einen Klassenkonflikt hin deuten, heute, angesichts stark ausdifferenzierten sozialer Lebenszusammenhänge, die ein solches Klassenmodell nur schwer nachvollziehen ließen, eine äußerst problematische Ausgangslage dar (Vollbrecht 1997, 21 ff.). Ebenfalls erscheine auf diesem Hintergrund die Deutung der jugendlichen Stilkulturen als gegenkulturelle Formen, im Sinne einer Herausforderung einer kulturellen Hegemonie grundsätzlich problematisch. Angesichts einer Pluralisierung der Lebensstile innerhalb modernisierter Lebenszusammenhänge, sei es kaum möglich, einen *Mainstream* im Sinne einer allgemeinen Wertordnung auszumachen. Auf diesem Hintergrund gestalte sich der Versuch einer gegenkulturellen Äußerung, die sich komplementär einem solchen Mainstream entgegenstellt, unmöglich. Das „Gegen von Gegenkultur" (Bloedner 1999, 65) verschwinde so in einem neuen „Mainstream der Minderheiten" (Holert / Terkessidis 1997).

Jugendkulturelle Vergemeinschaftung in modernisierten Lebenszusammenhängen

Stattdessen stellen sich Jugendkulturen heute scheinbar zumeist weniger als, angesichts ihrer kulturellen „Abweichung" und des Praktizierens der jeweilig charakteristischen gemeinschaftsstiftenden Handlungen, von ihrer sozialen Umwelt abgegrenzt dar. Vielmehr bewegten sich viele Jugendliche zwischen unterschiedlichen, in ihrer Struktur weit offeneren Szenen, die sich für sie als ein zeitlich begrenztes und flexibles soziales Netzwerk darstellen. Die Diskussion um *Neue Jugendkulturen* ist deshalb eng verbunden mit einer wissenschaftlichen Auseinandersetzung, die sich, in Abgrenzung von der bis heute präsenten *Subkultur-Theorie*, um einen Terminus bemüht, der der Vielgestaltigkeit und Fluidität jugendlicher Vergemeinschaftungsformen und ihrer kulturellen Repräsentationen gerecht zu werden versucht. So wird heute dem eingeschränkteren Subkulturbegriff häufig der der *Jugendszene* entgegengestellt, welcher der stärkeren Unverbindlichkeit im Zugehörigkeitsgefühl der Jugendlichen durch ein Modell entspricht, das von einem festen Szenekern

ausgehend und zu den äußeren Rändern hin diffuser werdend, den möglichen Übergang zwischen den einzelnen jugendkulturellen Bereichen veranschaulicht (Hitzler et al. 2001, 19 ff.).

Gleichzeitig werden hier die ursprünglich als stark musikbezogen gedeuteten Formen jugendlicher Vergemeinschaftung auf unterschiedlichste Schwerpunkte des gemeinsamen Interesses hin erweitert. Jugendszenen stellten sich so auch in Form der Hackerszene oder der Beach-Volleyballer dar und stehen damit nicht mehr in der, noch im subkulturellen Paradigma stark mitschwingenden, Verpflichtung gegenüber einer gegenkulturellen Grundhaltung.

Bereits in den 1980er Jahren prägte Michel Maffesoli den Begriff der *Neo-Tribes* im Bezug auf urbane Jugendkulturen, der jedoch erst mit der englischsprachigen Übersetzung in den 1990er Jahren auf eine breitere internationale Resonanz trifft und bis heute vor allem im englischsprachigen Raum stark rezipiert wird. Auch hier steht das Motiv der eher informellen und zeitlich begrenzten Vergemeinschaftung als charakteristisches Motiv im Vordergrund, wird jedoch durch die von Maffesoli hervorgehobene Bedeutsamkeit der gemeinschaftsstiftenden Erfahrungsmomente die in einer bestimmten „Schwingung" beständen (Maffesoli 1996, 98) im Gegensatz von einem rein pragmatisch orientierten Gruppeninteresse unterschieden.

Angesichts der vorherrschenden Betonung dieser durch ihre Offenheit bestimmten und in ständiger Veränderung begriffenen Neuen Jugendkulturen im aktuellen Diskurs, stellt sich jedoch die Frage, inwiefern diese Versuche einer weiteren begrifflichen Fassung allen jugendkulturellen Vergemeinschaftungsformen gleichermaßen gerecht werden können. So ist beispielsweise mit der elektronischen Musik- und Tanzkultur des *Techno* eine Gleichzeitigkeit und Koexistenz ihrer kommerzialisierten Mainstreampräsenz und ihrer „subkulturellen", einen bestimmten Lebensstil umfassenden Ränder eingetreten, die eine lineare Abfolge dieser infrage stellt (Richard 2000).

Parallel bestehen zum anderen bis heute jugendkulturelle Gruppen, die, so argumentiert Paul Hodkinson, den Charakteristika der britischen Nachkriegs-Jugendkulturen durchaus in weiten Teilen entsprechen. Diese *subkulturelle Substanz*, durch die sich diese bis heute auszeichneten, stelle sich in einem explizit Zugehörigkeitsgefühl der

Jugendlichen zur spezifischen Gruppe und in einem deutlich erkennbaren Stilkanon derselben dar (Hodkinson 2004, 141 ff.).

Im Rückbezug auf die eingangs dargestellten Ergebnisse der Shellstudie 2006 muss jedoch hervorgehoben werden, dass sowohl die Jugendkulturen, die sinnvoll mit dem offeneren Begriff der *Jugendszene* oder des *Neo-Tribes* gefasst werden können, als auch solche, die über *subkulturelle Substanz* im Sinne Hodkinsons verfügen, heute, anders als es noch in den 1970er und 1980er Jahren (auch angesichts eines stärkeren Medieninteresses an solchen) erscheinen mochte, keinesfalls einen großen Prozentsatz aller Jugendlichen abbilden (Richard 2008b).

Dennoch prägen diese Formen jugendlicher Vergemeinschaftung durch ihre auffälligen Repräsentationen stark das öffentliche Bild zeitgenössischer Jugend. So stellen beispielsweise die *Skater* oder die *Street-Art*-Aktivisten als urbane Jugendkulturen zwei zeitgenössische, besonders durch ihre *Skills* nach außen abgegrenzte Gruppen dar, die sich durch ihre Allgegenwart im öffentlichen Raum, bzw. die Allgegenwart der durch sie gesetzten visuellen Bezugspunkte auszeichnen. Nicht zuletzt angesichts der besondere Fähigkeiten erfordernden, teilweise illegalen gruppeninternen Praktiken umfassen diese dabei jedoch nur einen verhältnismäßig geringen Prozentsatz der Jugendlichen. Andere Jugendkulturen, wie die Visual Kei-Szene erhalten durch ihre spektakulären und exotisch anmutenden Inszenierungsstrategien eine breite Öffentlichkeit.

Auch angesichts der verbindlichen Teilnahme einer zahlenmäßig geringen, jedoch in ihren stilistischen Repräsentationen äußerst kulturrelevanten Gruppe Jugendlicher, an jugendkultureller Praxis, lässt sich eine deutliche Differenz zu den wenig an fester Zugehörigkeit zu jugendkulturellen Vergemeinschaftungsformen interessierten und stärker familiär und zukunftorientiert ausgerichteten Jugendlichen ausmachen, die aktuell die statistische Mehrheit zu bilden scheinen. Dennoch finden die stilistischen Charakteristika der bewussten Verfremdung, des spielerischen Mischens und Bricolagierens von Bedeutungsträgern aus den unterschiedlichsten Kontexten, der Irritation und Provokation von Sehgewohnheiten, die diese Jugendkulturen auszeichnen, ihren Weg in die musikalischen und modischen Trends (Müller-Bach-

mann 2002, 163) und werden so auch von einer breiteren Zahl Jugendlicher als Ausdruck eines zeitgenössischen Lebensgefühls wahrgenommen, was die Mutmaßung einer besonderen Sensibilität gegenüber kulturellen Prozessen und Brüchen unterstreicht, die im Rahmen solcher jugendkultureller Stile häufig ihren Ausdruck zu finden scheinen.

Es erscheint auf diesem Hintergrund sinnvoll, sich jugendkulturellen Vergemeinschaftungsformen über die Beschäftigung mit ihren Inszenierungspraktiken zu nähern, die die jeweiligen Stilformationen prägen und konstituieren, wie im Folgenden anhand zweier Beispiele geschehen soll.

Das Motiv der Liminalität. Eine Inszenierungstradition der Verweigerung, der Entfremdung und des Eskapismus

Bereits 1969 angesichts des Auftretens der ersten Jugendkulturen im Lichte einer breiteren Öffentlichkeit beobachtet der Ethnologe Victor Turner in Anbetracht des stilistischen Ausdrucks der Hippies und Beatniks deren liminoide Inszenierungsformen (Turner 2006 (1969), 111). In der symbolischen Abkehr von Besitz, körperlicher Unversehrtheit und geschlechtsspezifischer Kennzeichnung übernehme, so Turner, die sich als liminales Subjekt inszenierende Person eine zeitlich begrenzte Rolle im Zuge eines Rituals, eines „Sozialen Dramas", die auf die weiterhin im Rahmen der alltäglichen Ordnung Verbleibenden eine verunsichernde und infragestellende Wirkung ausübe, indem sie den Statusordnungen einer Gemeinschaft ihr Gegenbild im Sinne einer „Anti-Struktur" entgegenstelle.

Im Kontext jugendkultureller Inszenierung findet sich dieses Motiv von der durch Turner formulierten strengen rituellen Ordnung abgelöst als liminoide Inszenierung. Beobachtet man jugendliche Inszenierungspraktiken sowohl in historischen jugendkulturellen Stilen als auch auf dem Hintergrund neuer Jugendkulturen, so wird deutlich, wie diese Form der Selbstdarstellung bis heute ein zentrales Motiv jugendlicher Stilisierung bleibt. Dabei ist dieses nicht speziell auf einzelne Jugendkulturen anzuwenden, sondern findet sich in dem durch Turner hervorgehobenen Motiv der inszenierten Armut und des Eskapismus im Kontext der Beatniks und Hippies der 1950er und 1960er Jahre ebenso, wie es sich später angesichts der zentralen Bedeutung des Motivs von körperlicher Versehrtheit im frühen britischen Punk der 1970er Jahre bis hin zur Hardcore-Szene der 1980er und 1990er widerspiegelt.

Inwiefern sich eine solche Form der Inszenierung auf der Basis einer Bildtradition der Abweichung, die zunächst von einer lediglich geringen Prozentzahl Jugendlicher aufgegriffen wird, schließlich in weitere Bereiche jugendkultureller Kontexte ausbreitet und nachvollzogen werden kann, kann an einer Abbildung deutlich werden, mit der das niederländische Modelabel Gsus Sindustries im Jahr 2007 auf seiner Webseite wirbt. Das betreffende Bild zeigt das Portrait eines jungen Mannes, dessen Gesichtszüge stark geschwollen und blutunterlaufen sind und dessen Nasen- und Kinnbereich von dunklen Schürfwunden bedeckt ist. Eine solche Praxis des Wundenzeigens ist eng und für die Adressaten des Werbeposters erkennbar verbunden mit der urbanen Hardcore- und Skaterkultur.

Der Idee der körperlichen Perfektion, wie sie gemeinhin in der Werbung transportiert wird, steht damit hier die körperliche Deformation, die Versehrtheit einer mit Jugend assoziierten, physischen Vollkommenheit gegenüber. Dem jugendkulturell sensibilisierten Betrachter erklärt sich die Attraktivität des Bildes scheinbar intuitiv, tatsächlich jedoch auf dem Hintergrund einer langen popkulturellen aber auch kulturgeschichtlichen Bildtradition, die das Motiv des jugendlichen, versehrten Körpers in verschiedene Kontexte transportiert und im Rahmen unterschiedlicher Inszenierungspraktiken, hier in zusätzlicher Attribution mit dem Märtyrer-Icon des Dornenkranzes, aufgreift (Metz 2008).

Angesichts einer Vielzahl aktueller jugendkultureller Inszenierungspraktiken erscheint es sinnvoll, die visuellen Strategien einer liminalen Figur, wie sie anhand der Inszenierung von körperlicher Versehrtheit oben gezeigt wurde, um das Motiv der historistischen Rückwärtsorientierung zu ergänzen. Diese mischte sich bereits in den stilistischen Konventionen der Gothics mit den symbolischen Verweisen auf Tod und Vergänglichkeit (Richard 2006, 235) und findet aktuell in Form der New Folk-Szene ihren Ausdruck in Form einer Bezugnahme auf eine viktorianische Bildwelt, die sich eng verbunden mit den Motiven von puritanischer Einfachheit, Eskapismus und religiösem Mystizismus gestaltet.

Das Motiv der Hybridität. Jugendliche Inszenierung angesichts der Techniken des Cut-Ups, des Samples und der Bricolage

Die bereits durch Dick Hebdige im Rückgriff auf Levi-Strauss benannte Vorgehensweise der Bricolage (Hebdige 1979) bildet immer noch eine der grundlegenden Stilisierungstechniken und wird im Rahmen der Stilformen Neuer Jugendkulturen sogar immer zentraler. Kulturelle Bedeutungsträger werden durch das Mischen und damit Neukontextualisieren zu hybriden kulturellen Einheiten, deren einzelne Elemente miteinander verschmelzen. Dabei wird über das ständige Neu- und Rekombinieren, durch die Techniken des *Cut-Ups*, des *Samplings* und des Seriellen, Bestehendes mit der unendlichen Anzahl seiner Alternativen konfrontiert. Für diese Praxis steht dabei die gesamte Geschichte von jugendkulturellen Stilen als Reservoir zur Verfügung.

Aktuelle jugendkulturelle Stile gestalten sich heute stark durch diese Erweiterung der Stilpalette und das Mittel der Hybridisierung im Zuge einer medialen Verbreiterung. Dies führt zur Auffrischung bereits existierender Stile durch lokale und nationale Trends, wie sie sich am Beispiel der visuellen Referenzen auf japanische Jugendkulturen, den Formen und Figuren von *Visual Kei*, der *Gothic Lolita* oder genereller der Strategie des *Cosplay* beobachten lassen.

Ein weiteres prägnantes Beispiel für eine sich über hybride Praktiken inszenierende Jugendkultur stellt die des *Emo* dar. Diese gestaltet sich als ein Hybrid aus *Hardcore*, *Punk-* und *Emocore* mit *Gothic*-Elementen und stellt eine Neuauflage der inhaltlichen Auseinandersetzung mit Tod und Suizid in jugendkulturellen Kontexten in einem veränderten visuellen Gewand dar. Eingebunden in diesen Stilkanon sind hier unter anderem Praktiken wie die des *Ritzens*, als inszenierte Selbstverletzung, bzw. das Zurschaustellen der mit dieser verbundenen Narben und Schnitte. Diese haben keinen dekorativen Charakter, wie andere Körperpraktiken, sondern verweisen, wie Anorexie oder Bulimie, auf eine Kultur autoagressiver Selbstablehnung, die parallel zu einer medialen Anti-Kultur im Netz existiert. Die Beschäftigung mit der *Emo*-Subkultur zeigt so, wie sich bis heute jugendkulturelle Nischen und Widerstandsformen der Abgrenzung entwickeln, die die Funktion erfüllen, die Ablehnung sowohl der jugendlichen Peers als auch der Vertreter der Erwachsenenkulturen zu sichern, wie es sich u. a. angesichts der Anzahl der *Haterclips* auf *YouTube* beobachten lässt (Richard 2008b). Diese Techniken der inszenierten Abweichung müssen, wie oben beschrieben, dabei beständig neu formuliert und modifiziert werden, da eine liberale Elterngeneration als Freund und Erziehungspartner (Jugendwerk der Deutschen Shell 2006) an die Jugendlichen die implizite Forderung nach neuen visuellen Abgrenzungsformen richtet. Dabei ist zu beobachten, dass die Vermarktung dieser stilistischen Neuerungen, je deutlicher diese in ihrer Abweichung erkennbar und bestimmbar werden, umso schneller vollzogen wird und diese sich so auch immer schneller auf weite Teile jugendkulturell orientierter Konsumenten ausbreiten.

Als Ausgangspunkt und Beispiel für eine totale stilistische Vermischung soll hier der *Tecktonik*-Stil näher betrachtet werden, der als Fusion verschiedener Tanz-, Musik-, und Modestile in unterschiedlichen nationalen Kontexten entwickelt wurde (Belgischer *Jumpstyle*, *Rotterdam Hardcore*, Deutscher *Techno*, *Hardtrance* und *Schranz*): Das Prinzip des *Battles* (wie es u. a. im „Ring" im Metropolis, Paris stattfindet), des *Contests* sowie die Gemeinsamkeit bestimmter *Moves* (Tanzelemente) bilden die Schnittmenge zur *HipHop* und *Drum'nBass* Kultur. Im Stilhybrid *Tecktonik* wachsen somit die scheinbar unvereinbaren jugendkulturellen Stile *Techno / Gabber* und *HipHop* zusammen, die auf gemeinsame elektronische Wurzeln zurückblicken.

Das Stilbild der *Tecktonik* Mode ist ebenfalls stark „gesampled" und damit grundlegend hybrid (siehe „Tecktonik Killer Clip" in Tabelle 1). Besonders auffällig sind hier die Styles der Männer: Sie tragen Pelz, Netzhemden, Vokuhila Frisur, SM-Accessoires sowie Emoelemente wie Streifen und sehr schmale Röhrenjeans oder sternförmig umschminkte Augen.

Der Stilhybrid umschließt und vereint somit die Elemente vorher unvereinbarer Stilkulturen: Aus dem Punk und *Gothic* entstammen Irokesenschnitte, Punk-Typographie und Schriften, Anarchiezeichen und Totenköpfe und düsteres Make-up. Hinzukommende *Visual Kei*-Elemente die im Rahmen des neuen Stils auf „Pornostyles", wie bestimmte große Sonnenbrillen, und Neon-Laser als Discoelemente der 1980er treffen. Schließlich runden aktuelle NuRave-Accessoires in schrillen Neonfarben das Bild des totalen Stilhybrids ab.

Diese neue Tanzkultur *Tecktonik* wird erst durch ihre Präsenz im Internet innerhalb der Szene bekannt und schließlich überraschend schnell durch TV-Berichte vermarktet. Trotzdem ist *Tecktonik* ein gelebter und aktiver Stil für die ganz junge Clubszene und bereichert diese um eine weitere Stil-Generation. Dabei hebt sich *Tecktonik* dadurch von seinen Vorgängern ab, dass hier der Tanzstil, nicht wie sonst die Musik, das gesamte Stilbild einer schon bestehenden Jugendkultur neu hervorbringt.

Neben den Clubs als Orten jugendkultureller Inszenierung zeigen insbesondere Clips bei *YouTube* die globale Vielfalt und Lebendigkeit der Szene: Jumpstyle wird im Online Computerspiel *WOW* getanzt und auch der Comedian Borat ist auf *Youtube* Jumpstyle tanzend zu sehen. Die Distributionswege für jugendkulturelle Stile gestalten sich damit heute sowohl über ihre materielle als auch über ihre virtuelle Präsenz, ihre Gegenwart sowohl in Clubs als auch auf den einschlägigen Plattformen des Internets.

Hybridität 2.0-Style into Community! Vernetzte Jugendkulturen

Eine zentrale Rolle im Zusammenhang mit den Formen zeitgenössischer Vergemeinschaftung Jugendlicher stellen die Möglichkeiten dar, die sich angesichts der Verfügbarkeit sog. *Neuer Medien* für die Inszenierungspraxis Jugendlicher bieten. Über diese finden sich im Internet nahezu alle Formen jugendlicher Stil-Identitäten repräsentiert. Das Internet gestaltete sich so als ein visuelles jugendkulturelles Archiv aus bewegten und stillen Bildern. Gleichzeitig fungiert es in jugendkulturellen Kontexten als entscheidender *Styleguide* und ist zum Trägermedium von Tutorials für alle visuellen Formen der Selbstdarstellung von Jugendlichen geworden. So wird das *Web 2.0* zum instantanen Beförderer und Beschleuniger neuer globaler Styles.

Tab. 1: Clipkatagorien bei You Tube Tecktonik

egoclips = Selfdesign, konforme Selbstwerbung	mediaremix found footage	doku / eventclip eigene Auf- nahmen	artclip	arty / artresponse
Karaoke	TV		medienadäquate Kunstformen	**Artistik**
Dance Tecktonik	Film – 5 second movies			cover
vlog	game	Zufall / surprise		Ausstellung / perform
sports	Musikvideo			
	Werbung			
skillzclips	fan / hater	**battleclip**	experiment/ transform	funclips
		haterdiss-flame-war	hacks	mockumentary
				tutorials
Musikkultur				
misheard lyrics				
shred				
brutal				

Jugendkultur findet damit also heute parallel sowohl auf der Straße als auch im Netz statt. Virtuelle und materielle Realität sind auf diese Weise untrennbar eng miteinander verwoben und entwickeln so visuelle Synergieeffekte. Dabei ist die zeitgenössische Jugend aber nicht im Internet „gefangen", da es die kreativen Köpfe einer jugendkulturellen Innovation angesichts der besonderen Möglichkeiten des Mediums beständig schaffen, sowohl in der virtuellen als auch in der materiellen Realität aktiv zu werden. Ihre mediale Selbstinszenierung bleibt so eng verzahnt mit der Selbstdarstellung von Stil im Sinne des klassischen *Street-Styles*.

Über ihre mediale Repräsentation im Netz formieren sich so globale *Stil-Communities*. Der Begriff der *Neuen Jugendkulturen* bezeichnet damit also auch hybride Medienjugendkulturen, deren mediale Formate schließlich in die materielle Realität transferiert werden. So kommt heute kein jugendkultureller Stil ohne Netzpräsenz oder eigene Plattformen aus. Die visuelle Selbstdarstellung als Grundbedingung jugendkultureller Vergemeinschaftung wird damit über das Medium des Internets tradiert und modifiziert. So gestalten sich vor allem die verschiedenen Bildformen der „*Egoclips*" (Richard 2008a) als ein neu gewonnenes visuelles Terrain für die Jugendkulturen, von dem die aktive Kommunikation unter den und an die jugendlichen Gemeinschaften über Bilder zeugt. Die Visualisierung der eigenen Aktivitäten und Fähigkeiten, wie die von Tanz und

Lieblingsposen, ist dabei zentral und wirkt sich erneuernd und modifizierend auf bestehende Stilformationen aus.

Die *Neuen Jugendkulturen* weiten ihren Gestaltungsrahmen auf mediale Formate aus und erzeugen so neue Visuals zu alten Stilkernen und damit eine neue Form der virtuellen *Streetcorner Societies*.

Diese stilistischen Techniken jugendlicher Selbstinszenierung im Internet sind schließlich für eine Auseinandersetzung mit zeitgenössischer kultureller Befindlichkeit zentral, da hier die gestalterischen Kompetenzen von Jugendkulturen ausgebildet werden, die die visuell-mediale Zukunft der Gesellschaft aktiv mitgestalten und prägen.

Literatur

Baacke, D., Ferchhoff, W. (1993): Jugend, Kultur und Freizeit. In: Krüger, H.-H. (Hrsg.): Handbuch der Jugendforschung. VS Verlag, Opladen, 403–446

Bloedner, D. (1999): Differenz, die einen Unterschied macht: Geschichtlicher Pfad und Abweg der Cultural Studies. In: Engelmann, J. (Hrsg.): Die kleinen Unterschiede. Der Cultural Studies-Reader. Campus, Frankfurt / M. / New York, 64–79

Clarke, J. (1776): Style. In: Hall, S., Jefferson, T.: Resistance Through Rituals. Youth Subcultures in Post-War Britain. Routledge, Chapman & Hall, Birmingham

Cohen, A. K. (1955): Delinquent Boys. The Culture of the Gang. Macmillan, Glencoe

Farin, K. (1998): Jugendkulturen zwischen Kommerz und Politik. Archiv der Jugendkultur, Bad Tölz

Hebdige, D. (1979): Subculture. The Meaning of Style. Taylor and Francin, London

Hitzler, R., Bucher, T., Niederbacher, A. (2001): Leben in Szenen. Formen jugendlicher Vergemeinschaftung heute. VS Verlag, Opladen

Hodkinson, P. (2004): The Goth Scene and (Sub)Cultural Substance. In: Bennett, A., Kahn-Harris, K. (Hrsg.): After Subculture. Critical Studies in Contemporary Youth Culture. Palgrave Macmillan, New York, 135–147

Holert, T., Terkessidis, M. (1997): Mainstream der Minderheiten. Pop in der Kontrollgesellschaft. ID Verlag, Berlin / Amsterdam

Jugendwerk der Deutschen Shell (2006) (Hrsg.): Jugend 2006. Eine pragmatische Generation unter Druck. Fischer, Opladen

Lau, J. (2005): Die Macht der Jugend. DIE ZEIT 11.08. 2005 Nr.33

Maffesoli, M. (1996): The Time of the Tribes: The Decline of Individualism in Mass Society. Sage Publications, London

McRobbie, A. (1997): Shut Up and Dance. Jugendkultur und Weiblichkeit im Wandel. In: SpoKK (Hrsg.): Kursbuch JugendKultur. Stile, Szenen und Identitäten vor der Jahrtausendwende. Bollmann, Mannheim, 243–274

Metz, N. (2008): So Fucked Up. Versehrtheit als Motiv popkultureller Inszenierung. In: Konsumguerilla. Frankfurt / M.

Merton, R. K. (1957): Social Theory and Social Structure. Fee Press of Glencoe, New York

Müller-Bachmann, E. (2002): Jugendkulturen Revisited. Musik. Und stilbezogene Vergemeinschaftungsformen (Post-)Adoleszenter im Modernisierungskontext. Münster

Parsons, T. (1971): Jugend im Gefüge der amerikanischen Gesellschaft. In: Friedburg, L. v. (Hrsg.): Jugend in der modernen Gesellschaft. Kiepenheuer & Witsch, Köln / Berlin, 131–155

Richard, B. (2008a): Art 2.0. Kunst aus der YouTube! Bildguerilla und Medienmeister. In: Richard, B., Ruhl, A. (Hrsg.): Konsumguerilla. Campus, Frankfurt / M.

– (2008b): Jugendliche Bild- und Medienwelten im Museum: coolhunters und intercool 3.0. Bildung durch Kunst und Alltag. In: Melzer, W., Tippelt, R. (Hrsg.): Kulturen der Bildung. Barbara Budrich

– (2006): Schwarzes Glück und dunkle Welle. Gotische Kultursedimente im jugendkulturellen Stil und magisches Symbolrecycling im Netz. In: Jacke, C., Kimminich, E, Schmidt, S., J.: Kulturschutt. Über das Recycling von Theorien und Kulturen. Transcript, Bielefeld, 235–256

– (2000): Art & club culture. In : Rose, S. (Hrsg.): private: // public. Conversations in Cyberspace. edition selene, Wien, 72– 82

–, Grünwald, J., Ruhl, A. (2008): Me, Myself, I: Schönheit der Gewöhnlichen. Eine Studie zu den fluiden ikonischen Kommunikationswelten bei flickr.com. In: Maase, K. (Hrsg.): Die Schönheiten des Populären. Zur Ästhetik der Massenkünste. Campus, Frankfurt / M., 114–132

Trasher, F. M. (1927): The Gang. A Study of 1313 Gangs in Chicago. University of Chicago Press, Chicago

Turner, V. W. (2006 (1967)): Das Ritual. Struktur und Antistruktur. Campus, Frankfurt / M.

Vollbrecht, R. (1997): Von Subkulturen und Lebensstilen. Jugendkulturen im Wandel. In: SpoKK (Hrsg.): Kursbuch JugendKultur. Stile, Szenen und Identitäten vor der Jahrtausendwende. Bollmann, Mannheim, 22–31

Jugendpolitik

Von Christian Lüders

Wer von Jugendpolitik spricht, suggeriert allzu leicht, dass es so etwas wie ein eigenständiges und in seinen Inhalten, Verfahren und Konturen beschreibbares, in sich stimmiges und im Prinzip realisierbares Politikfeld im Sinne einer Politik für Jugendliche gibt bzw. – normativ formuliert – geben sollte. Dies ist jedoch eine in mehrfacher Hinsicht sehr voraussetzungsvolle Prämisse, die nichtsdestoweniger wie selbstverständlich nach wie vor die entsprechenden politischen und fachlichen Debatten prägt. Als jüngstes Beispiel sei auf die Stellungnahme des Bundesjugendkuratoriums aus dem Jahr 2009 „Zur Neupositionierung von Jugendpolitik: Notwendigkeit und Stolpersteine" verwiesen. Obwohl das Kuratorium um die Vielfalt der jugendbezogenen Politikformen weiß und zumindest teilweise auch selbst anspricht, zielt es letztendlich auf einen „einheitlichen Gesamtentwurf" bzw. eine „konzeptionelle Kohärenz von Jugendpolitik" (Bundesjugendkuratorium 2009, 27 ff.) ab. Das Bundesjugendkuratorium als das zentrale jugendpolitische Beratungsorgan der Bundesregierung hat dabei vor allem die politische Arena im Blick: Es ist, wie die damalige Vorsitzende des Kuratoriums, Claudia Lücking-Michel, in ihrem Vorwort formuliert, „der Überzeugung, dass jenseits institutioneller und strategischer Grenzen eine profilierte, an der Lebenslage Jugendlicher und an den Interessen und Bedürfnissen von Jugendlichen orientierte Politik für, mit und von Jugendlichen notwendig ist" (Bundesjugendkuratorium 2009, 2). Eine derartige Politik zu fordern ist das eine; etwas ganz anderes ist es, der Frage nach den Voraussetzungen einer derart kohärenten Jugendpolitik unter den aktuellen Bedingungen der Bundesrepublik Deutschland nachzugehen. (Zu den Strukturen und Themenkonjunkturen in der DDR: Führ / Furck 1998; Helwig / Hille 2004; 2006; 2008. Allerdings bedürfte es auch an dieser Stelle genauer Differenzierungen, denn schon die Ressortzustän-digkeit des Ministeriums für Volksbildung indiziert, dass Jugendpolitik in der DDR vorrangig als ein Element der Bildungspolitik und der staatlich organisierten Jugendarbeit in Form der Freien Deutschen Jugend (FDJ) verstanden wurde – ergänzt um die fürsorgerischen Maßnahmen der Jugendhilfe.) Bei der Suche nach Antworten auf diese Frage kommt man über kurz oder lang nicht umhin, sich den beiden Wortelementen, also „Jugend" und „Politik" genauer zuzuwenden.

Die Vielfalt jugendpolitischer Perspektiven

Schon ein genauerer Blick auf den Gegenstand „Jugend" macht zwei Herausforderungen sichtbar: Ganz offensichtlich kommt *erstens* Jugend als politischer Gegenstand nicht nur als solcher vor, sondern in vielfältigen Facetten. Als Schülerinnen und Schüler sowie Studierende sind Jugendliche Gegenstand der Bildungspolitik. Als Auszubildende und sich auf dem Arbeitsmarkt Platzierende sind sie Gegenstand der Arbeitsmarkt- und Sozialpolitik. Als kranke, behinderte oder hinsichtlich ihrer Gesundheit zu fördernde Jugendliche sind sie Gegenstand der Gesundheits- und Sozialpolitik. Als Wehrdienst- bzw. Zivildienstleistende sind sie Gegenstand der Verteidigungspolitik bzw. der politischen Verantwortlichen für den Zivildienst, als delinquente Jugendliche stehen sie im Fokus sozialstaatlicher Kontrolle und der Sicherheits- und Justizpolitik. Als Jugendliche mit Migrationshintergrund sind sie Gegenstand der Integrationspolitik, als Mediennutzerinnen und -nutzer der Medien- und Jugendschutzpolitik, als ggf. werdende Eltern der Familienpolitik. Diese Liste lässt sich noch erweitern, wenn man z. B. an Jugendliche als Verkehrsteilnehmer, an junge Menschen mit unterschiedlichen Geschlechtern, als Op-

Otto/Thiersch (Hg.), Handbuch Soziale Arbeit, 4. A., DOI 10.2378/ot4a.art072,

fer von Gewalt, Vertreibung und Flucht etc. denkt. Selbstverständlich sind Jugendliche schließlich Adressatinnen und Adressaten der Jugendpolitik und der durch ihre ermöglichten Angebote – z. B. im Bereich der verschiedenen Formen von Jugendarbeit, der Hilfen zur Erziehung u. a.

Vor diesem Hintergrund ist es in einer ersten Annäherung hilfreich, zwischen expliziten und impliziten Jugendpolitiken zu unterscheiden. Als explizite Jugendpolitiken wären jene politischen Strukturen und Prozesse zu bezeichnen, die sich auch selbst und ausdrücklich als auf die Lebenslagen Jugendlicher bezogen verstehen. Demgegenüber verweist der Begriff der impliziten Jugendpolitiken auf jene politischen Strukturen und Prozesse, die die Lebenslagen Jugend zwar im hohen Maße betreffen, die sich aber nicht selbst als Jugendpolitik verstehen, sondern die sich als Moment anderer Politikfelder definieren bzw. definiert werden.

So hilfreich die Unterscheidung auch ist, macht sie es zugleich auch schwer, die Inhalte von Jugendpolitik einzugrenzen. Schon auf den ersten Blick zeigt sich, dass es immer wieder Themenkonjunkturen gibt. Ein Beispiel hierfür ist das Thema jugendliche Gewalt. Nach dem kontinuierlichen Anstieg von jugendlichen Tatverdächtigen in der polizeilichen Kriminalstatistik in der ersten Hälfte der neunziger Jahre des letzten Jahrhunderts avancierte das Thema zum Gegenstand jugendpolitischer Debatten. Was bis dahin vorrangig ein Thema der Polizei, gelegentlich auch mal der Innenpolitik und einiger weniger Fachleute aus der Kriminologie war, mutierte nun zum jugendpolitischen Topthema: Jugenddelinquenz, Kriminalität und etwas später Jugendgewalt und ihre möglichst frühzeitige Verhinderung. Mehrere Debatten im Deutschen Bundestag, u. a. aus Anlass einer Großen Anfrage durch die damalige in der Opposition befindlichen SPD-Bundestagsfraktion (Deutscher Bundestag 1997) belegen dies. Mit Beginn des neuen Jahrtausends konzentrierte sich die Diskussion zunehmend auf jugendliche Gewalttäter. Vor allem die medial breit aufbereiteten Amokläufe in Erfurt, Emsdetten und Winnenden sowie Vorfälle wie der so genannte S-Bahn-Mord im September 2009 in München beeinflussten den jugendpolitischen Blick. So ist es dann auch nicht überraschend, dass dem Thema „Jugendgewalt und Jugendkriminalität" z. B. im Koalitionsvertrag zwischen CDU/CSU und FDP für die 17. Legislaturperiode des Deutschen Bundestages ein

längerer Abschnitt im Kontext der jugendpolitischen Vorhaben gewidmet wird – neben der Bestärkung einer werteorientierten Erziehungsverantwortung, dem Bekenntnis zu einer eigenständigen Jugendpolitik, dem Jugendschutz, der Stärkung von Toleranz und demokratischem Bewusstsein, der Reform der Kinder- und Jugendhilfe, dem Thema Jugend und Medien sowie dem Sexualstrafrecht (Koalitionsvertrag 2009, 71 f.).

Entstrukturierung der Jugendphase

Ein zweites Problem wird offensichtlich, wenn man sich an die Diskussionen um die so genannte Entstrukturierung der Jugendphase, später auch als Individualisierung der Jugendphase beschrieben, erinnert (z. B. Hornstein 1984; 1985; Heitmeyer/Olk 1990). Bezug nahmen diese Diskussionen auf gesellschaftliche Entwicklungen, die die Übergänge zwischen Kindheit und Jugend einerseits und Jugend und Erwachsenenleben andererseits unscharf werden ließen. Geradezu zwangsläufig provozieren derartige Entwicklungen die Frage, von wem eigentlich die Rede sein soll, wenn von Jugendlichen als Adressatinnen und Adressaten eines eigenständigen Politikfeldes gesprochen wird. Auch wenn man – im Horizont der erwähnten Entstrukturierungsdiskussion – in einer ersten Annäherung davon ausgehen kann, dass Jugend sicherlich die Zeitspanne ab etwa 12 bis etwa 18 Jahre umfasst, so bleibt damit immer noch die Frage, was dies in Bezug auf die jeweils jüngeren und die nächsten älteren Altersgruppen bedeutet: Sind also die Lebens- und Problemlagen von Kleinkindern, Kindern und den pubertierenden Kids einerseits und von jungen Erwachsenen, also die über 18-Jährigen bis etwa 27, 28, 29 Jahre jungen Menschen, auch bzw. ggf. keine Themen der Jugendpolitik?

Man wird darauf keine eindeutigen und systematischen Antworten finden. Die Gründe hierfür lassen sich anhand von zwei aktuelleren Beispielen nachvollziehen: Lange Zeit konzentrierte sich jugendbezogene Politik auf junge Menschen bzw. noch nicht Volljährige vornehmlich außerhalb von Schule. Ein jüngeres Beispiel hierfür ist der „Nationale Aktionsplan für ein kindgerechtes Deutschland" (2005–2010) des BMFSFJ (2006; 2008). Obwohl im Titel von kindgerechtem Deutschland gesprochen wird, bezieht sich der Aktionsplan auf alle unter 18-Jährigen. Demgegenüber wird – und dies ist das zweite Beispiel – gerade in jüngerer Zeit Jugendpolitik wieder stärker auf die Altersgruppe der Jugendlichen konzentriert. Vor dem Hintergrund des hohen politischen und öffentlichen Stellenwerts, den etwa seit Beginn des Jahrtausends die frühe Bildung, der massive Ausbau der Kindertagesbetreuung und die entsprechende Familienpolitik genießen, geriet die Altersphase Jugend zunehmend ins politische Hintertreffen. Genau diese Konstellation war dann auch der Ausgangspunkt für die bereits erwähnte Stellungnahme des Bundesjugendkuratoriums – wobei die Stellungnahme sich einreiht in eine lange Liste von Arbeiten, die schon seit Längerem einerseits den Verlust der Bedeutung bzw. Nichtexistenz bzw. – etwas zurückhaltender – das Schattendasein von Jugendpolitik diagnostizieren und andererseits vielfältige Bemühungen unternehmen, hierzu alternative Perspektiven zu formulieren (zuletzt Hornstein 2009; auch Scherr 2002). Und genau vor diesem Hintergrund wird nun seit Jüngerem, z. B. in der Koalitionsvereinbarung zwischen CDU / CSU und FDP für die 17. Legislaturperiode, postuliert: „Wir stehen für eine eigenständige Jugendpolitik, eine starke Jugendhilfe und eine starke Jugendarbeit, die junge Menschen teilhaben lässt und ihre Potentiale fördert und ausbaut" (Koalitionsvertrag 2009, 70).

Selbstverständlich existieren vielfältige, gesetzlich definierte Grenzen, etwa in Form der Strafmündigkeit, der Volljährigkeit, der Zuständigkeit des SGB VIII sowie die vielfältigen Statusübergänge und die in ihnen eingewebten gesellschaftlichen Normvorstellungen. Zugleich reichen die wenigen hier angeführten Beispiele aus, um zu erkennen, dass schon die jugendpolitischen Gegenstände und Themen sowohl in Bezug auf die Ausschnitte der Lebens- und Problemlagen Jugendlicher als auch in Relation zu den angrenzenden Altersgruppen einerseits und den benachbarten Politikfeldern andererseits historisch höchst variable Felder darstellen. Genau müsste jeder, der über Jugendpolitik spricht, sogleich gefragt werden, über wen er gerade spricht.

Orte der Jugendpolitik

Noch erheblich komplizierter wird das Feld der Jugendpolitik, wenn man den Blick auf das zweite Wortelement, Politik, lenkt. Selbst wenn man die berühmte Definition von Niklas Luhmann übernimmt, derzufolge mit Politik jede Kommunikation bezeichnet werden kann, „die dazu dient, kollektiv bindende Entscheidungen durch Testen und Verdichten ihrer Konsenschancen vorzubereiten" (Luhmann 2000, 254), ist damit zwar eine erste Annäherung erreicht, aber das Feld keineswegs ausreichend beschrieben. Weil nicht nur die Gesellschaft, sondern auch andere Sozialsysteme, z. B. die Familie, zu kollektiv bindenden Entscheidungen kommen können und müssen, soll hier im Anschluss eines Vorschlages von André Kieserling zwischen Makro- und Mikropolitik unterschieden werden.

„Der Begriff der Makropolitik bezeichnet genau das, worauf der undifferenzierte Politikbegriff den Bereich des Politischen einschränken möchte, nämlich funktional die Politik der Gesellschaft und strukturell das dafür ausdifferenzierte Teilsystem. Der Begriff der Mikropolitik soll dagegen die Politik anderer sozialer Systeme bezeichnen" (Kieserling 2003, 426 f.).

Jugendpolitik in dem hier in den Blick genommenen Sinn wäre demzufolge vorrangig als ein Thema von Makropolitik zu verstehen.

Damit wäre zunächst der politische Raum – im Gegensatz zur Gesellschaft – beschrieben, noch nicht aber die Orte und Institutionen. So weist denn auch Niklas Luhmann darauf hin, dass

„die Entfaltung solcher politischer Aktivitäten […] Organisationen und Organisationsmitgliedschaften [voraussetzt], weil anders Unterstützungsbereitschaften und Gegnerschaften gar nicht registriert werden könnten und das Einwerben von Konsens ins Unbestimmbare ausfließen würde" (Luhmann 2000, 254).

Parlamente

Greift man diesen Gedanken auf und fragt nach den Organisationen im Bereich Jugendpolitik, öffnet sich ein breites, mitunter auch diffuses Feld. Im Anschluss an den Luhmannschen Hinweis liegt es zunächst nahe, an die verschiedenen politischen Gruppierungen, also allem voran die Parteien, zu denken. Kennzeichnend für diese ist, dass sie alle über jugendpolitische Gremien sowie entsprechende Sprecherinnen und Sprecher verfügen. Auf der Ebene des Deutschen Bundestages sind diese nicht selten, in der 17. Legislaturperiode (2009 bis voraussichtlich 2013) z. B. in der CDU/CSU- sowie der SPD-Bundestagsfraktion, analog zu den Ausschüssen und diese wiederum entsprechend der Ressorts zugeschnitten. Dass aber auch ganz andere Zuschnitte denkbar sind, demonstrierte in der vorangehenden Legislaturperiode die Bundestagsfraktion Bündnis 90/die Grünen. Damals widmete sich der Arbeitskreis 5 dem Themenkomplex „Wissen und Generationen". Als Themen wurden dabei benannt: Bildung, Hochschulen, Forschung, Kinder, Jugend, Familie, demografische Entwicklung und Altenpolitik, Kultur, Medien (Bündnis 90/Die Grünen 2009). Analoge Strukturen, wenn auch im Detail unterschiedlich zugeschnitten, findet man bei den Parteien auf Landes- und Kommunalebene bzw. regionaler Ebene. Es gehört allerdings zu den – bei genauer Hinsicht – verblüffenden Aspekten der Fachdiskussion um Jugendpolitik, dass diese Akteure in den politischen Parteien bislang kaum in den Blick genommen wurden.

Schon eher wird der Blick auf die Parlamente und die entsprechenden Ausschüsse, die analog zu den Ministerien organisiert sind, fokussiert. Die Geschichte der parlamentarischen Befassung mit Jugendfragen (Hornstein 1999; 2005; 2007; 2008; Münch 2006; 2007) spiegelt dabei für die Bundesrepublik Deutschland sowohl die verschiedenen jugendpolitischen Themenkonjunkturen und Schwerpunktsetzungen als auch den wechselnden Stellenwert bis hin zur Nichtbefassung wider, der jugendpolitischen Fragestellungen in den Parlamenten bislang zukam. Ein anderer verlässlicher Indikator für diese Aufmerksamkeits- und Themenkonjunkturen ist die politische Rezeption jugendbezogener Sozialberichterstattung. Auf der Bundesebene – zu Teilen auch auf Landesebene – bieten vor allem die Kinder- und Jugendberichte entsprechende Anlässe (Lüders 2007; zuletzt Deutscher Bundestag 2009; z. B. auch Bayerischer Landtag 2008); ihre politische Rezeption indiziert getreulich den schwankenden, meist eher marginalen Stellenwert jugendpolitischer Themen in der Konkurrenz zu anderen.

Stärker noch als auf den parlamentarischen Raum konzentriert sich die jugendpolitische Diskussion auf die verantwortlichen Ministerien auf Bundes- und Landesebene und – schon deutlich seltener – die zuständigen Ämter auf Landes- und Kommunalebene.

Ministerien

In Bezug auf die Ministerien bzw. die politische Administration werden dabei vorrangig jene zunächst in den Blick genommen, die qua Titel verantwortlich für Jugendpolitik zeichnen, also auf der Bundesebene seit 1994 das Bundesministerium für Familien, Senioren, Frauen und Jugend (BMFSFJ). Dabei zeigt auch die Geschichte der Zuschnitte dieses Ministeriums und seiner Bezeichnungen, dass die Jugendpolitik dabei durchaus unterschiedlich gewichtet wurde (http://www.bmfsfj.de/Kategorien/Ministerium/geschichte/). Auf der Ebene der Landesregierungen finden sich analoge Ressortzuständigkeiten – auch wenn im Einzelfall das Stichwort Jugend in keinem Ministeriumsnamen eines Landes auftaucht, wie beispielsweise in NRW, wo seit 2005 das „Ministerium für Generationen, Familie, Frauen und Integration" für weite Teile der Jugendpolitik zuständig ist.

Schon die einleitenden Hinweise, in welchen Politikfeldern die Lebens- und Problemlagen Jugendlicher thematisch auftauchen, haben allerdings angedeutet, dass es mit dem Merkmal explizite Ressortzuständigkeit in diesem Feld nicht getan ist. Konsequenterweise wird deshalb zwischen der Jugendpolitik im Sinne einer Ressortpolitik einerseits und einer ressortübergreifenden politischen Verantwortung für Jugend andererseits unterschieden. Während die einschlägigen Ressorts Jugendpolitik explizit zur Aufgabe haben, kommt den anderen auf die Altersgruppe Jugendlicher bezogenen Ressorts immer auch eine implizite jugendpolitische Bedeutung zu.

Beschreibt man in dieser Weise den jugendpolitischen Raum, stellt sich unweigerlich die Frage, wie sich denn dazu die Träger der öffentlichen und freien Jugendhilfe einerseits und die zuständigen Behörden und Ämter, z. B. im Bereich Schule, Arbeitsverwaltung, Gesundheit, Regionalplanung etc., andererseits verhalten. Um die Sachlage nicht allzu kompliziert werden zu lassen, soll hier der Blick stellvertretend auf jene Institutionen und Organisationen gelenkt werden, die ausdrücklich für den außerschulischen Bereich zuständig sind: Die öffentlichen und freien Träger der Kinder- und Jugendhilfe. Sind diese Organisationen Teil der jugendpolitischen Strukturen und damit jugendpolitische Akteure in Deutschland im oben beschriebenen Sinne?

Jugendämter

Träger der öffentlichen Jugendhilfe sind laut Gesetz „die örtlichen und überörtlichen Träger" (§ 69,1 SGB VIII). Für die Wahrnehmung der Aufgaben entsprechend SGB VIII, auch Kinder- und Jugendhilfegesetz (KJHG) genannt, „errichtet jeder örtliche Träger ein Jugendamt, jeder überörtliche Träger ein Landesjugendamt" (§ 69, 4 SGB VIII). Während die Landesjugendämter meist als untergeordnete Behörden oder als Teile der für Jugend zuständigen Ministerien auf Landesebene verfasst sind, gehören Jugendämter zu den Kommunalverwaltungen. In diesem Rahmen setzen die örtlichen Jugendämter einerseits den jugendpolitischen Willen der Kommunalparlamente um, wie sie andererseits auch häufig selbst initiativ werden und für entsprechende Entscheidungen sorgen. (Gegenwärtig gibt es knapp 600 Jugendämter und 17 Landesjugendämter in der Bundesrepublik Deutschland. Die Anzahl von 17 Landesjugendämtern resultiert aus dem historisch bedingten Umstand, dass es Nordrhein-Westfalen für das Rheinland und für Westfalen-Lippe jeweils ein eigenes Landesjugendamt gibt.) Jugendämter – sowohl auf örtlicher wie auf überörtlicher Ebene – sind aber in Deutschland keine reinen politischen Administrationen, wie sie beispielsweise die Ministerien auf Bundes- und Landesebene darstellen. Das Kinder- und Jugendhilfegesetz (SGB VIII) regelt, dass „die Aufgaben des Jugendamts durch den Jugendhilfeausschuss und durch die Verwaltung des Jugendamts wahrgenommen werden" (§ 70,1 SGB VIII). Man bezeichnet dies als die Zweigliedrigkeit der Jugendämter. Das Verhältnis der Zusammensetzung der Mitglieder eines Jugendhilfeausschusses ist im § 71 SGB VIII geregelt – wobei es im Detail Unterschiede zwischen den Regelungen in den Ländern gibt. Entscheidend ist, dass im Jugendhilfeausschuss nicht nur die Verwaltung des Jugendamtes vertreten ist, sondern ebenso Vertreterinnen und Vertreter freier Träger, erfahrene Personen aus der Kinder- und Jugendhilfe sowie Kommunalpolitikerinnen und -politiker. Der Jugendhilfeausschuss eröffnet damit nicht nur weitgehende Beteiligungsmöglichkeiten vor allem für die freien Träger, sondern stellt einen in der Kommunalverwaltung fest verankerten Ort lokaler „governance" im Jugendbereich dar (zum Konzept lokaler „governance": Benz 2004;

Schwalb / Walk 2007; zur Empirie der Jugendhilfeausschüsse: Pluto et al. 2007, 319 ff.).
Während also die Jugendämter zweifelsohne – wie auch im Übrigen die anderen für die Lebenslagen Jugendlicher hochgradig relevanten örtlichen und überörtlichen zuständigen Behörden, wie z. B. die Schulverwaltung, Arbeitsverwaltung, Gesundheitsverwaltung, Regionalplanung etc. – Momente des jugendpolitischen Raumes im oben skizzierten Sinne darstellen, stellt sich schließlich die Frage nach dem Stellenwert der freien Träger.

Freie Träger der Kinder- und Jugendhilfe

Als Träger der freien Jugendhilfe werden üblicherweise privatrechtlich verfasste Organisationen bezeichnet. Verfasst sind diese meist in Form eingetragener Vereine, mitunter auch in Form einer (gemeinnützigen) Gesellschaft mit beschränkter Haftung (GmbH) oder einer Stiftung bürgerlichen Rechts. Freie Träger können sowohl privat-gemeinnützig als auch privat-gewerblich orientiert sein. Typische Beispiele für freie Träger sind die Wohlfahrtsverbände, die Jugendverbände und ungezählte lokale Vereine, Initiativen und Einrichtungen. Darüber hinaus sind nahezu alle Träger in Fachverbänden organisiert. Zunächst läge es nahe, vor allem die freien Träger der Kinder- und Jugendhilfe und ihre Fachverbände – einer Formulierung André Kieserlings folgend – an der Peripherie des politischen Systems anzusiedeln. Sie haben „den Anspruch, Sprecher von makropolitischem Gewicht zu sein" und zielen darauf ab, „das Zentrum mit Forderungen zu konfrontieren" (Kieserling 2003, 434). Exakt in diesem Sinne wirken z. B. Stellungnahmen, Expertisen und Forderungen vonseiten der freien Träger.
Zugleich liefern die Spitzen der freien Träger, die Fachverbände, die Kommunalen Spitzenverbände, die Dachorganisationen – z. B. Landesjugendämter – u. a. immer wieder auch Anlässe zur jugendpolitischen Konsensbildung. Fachtagungen, Hearings, Gremiensitzungen, Hintergrundgespräche sind Orte und Anlässe, an denen die Politik in unterschiedlicher Form mitwirkt und deren Verläufe und Ergebnisse selbst wichtige Beiträge zur verbindlichen Entscheidungsbildung im politischen Raum leisten. Insofern sind diese Organisationen integrale Bestandteile des jugend-

politischen Raums in der Bundesrepublik Deutschland.

Bliebe noch der wenigstens kursorische Blick über den nationalen Rand hinaus: Bis auf wenige Ausnahmen wird Jugendpolitik seit Langem als nationale Politik verstanden. Ausgeblendet wird dabei, dass wesentliche Entscheidungen, die Jugendliche hierzulande betreffen, zunehmend in Brüssel und Strasbourg getroffen werden. Ergänzt werden muss der nationale Blick deshalb durch die Strukturen, Aktivitäten und Verantwortlichkeiten aufseiten der EU (als Überblick Wicke 2009).

Fazit

Vergegenwärtigt man sich die hier knapp beschriebenen Strukturen und die daraus sich ergebenden heterogenen Interessenlagen und Dynamiken, wird schon unter einer strukturellen Perspektive erahnbar, dass eine kohärente Jugendpolitik in Deutschland angesichts der gegebenen Bedingungen eher unwahrscheinlich und historisch der Ausnahmefall sein dürfte. Diese Annahme gewinnt noch an Plausibilität, wenn man den Wandel des politischen Raumes, wie er gegenwärtig u. a. anhand von Begriffen wie „Postdemokratie" (Crouch 2008) oder – um einen anderem Aspekt zu benennen – Mediokratie (Meyer 2001) diskutiert wird, näher in den Blick nimmt. Charakteristisch für die jugendpolitischen Diskussionen in Deutschland ist

eine kaum überbrückbare Diskrepanz: Auf der einen Seite stehen die Forderungen nach und die Reflexionen über die Notwendigkeiten einer umfassenden, möglichst kohärenten Jugendpolitik. In ihrer konsequentesten Ausformung münden diese in die Vorstellung einer am Verhältnis der Generationen orientierten zukunftsorientierten Gesellschaftspolitik (Hornstein 2009). Ein wichtiger Schritt in diese Richtung wäre – um eine andere Vision zu zitieren – eine

„Politik des Zusammenhanges, in der Jugendhilfepolitik, Bildungspolitik, Integrationspolitik und Gesundheitspolitik, um stellvertretend nur einige Ressorts zu nennen, nicht mehr getrennte Welten in unterschiedlichen Zuständigkeiten abbilden, sondern im wahrsten Sinne des Wortes eine ‚große Lösung' darstellen, eine einheitliche, zusammenhängende und von den Kindern und Jugendlichen her gedachte und konzipierte Politik des Aufwachsens" (Rauschenbach 2009, 13).

Auf der anderen Seite stehen eben jene vielfältigen förderalen und ressortförmigen, auf unterschiedlichen Gesetzeslogiken und Finanzierungsformen basierenden Zuständigkeiten für Jugendliche und ihre Lebenslagen sowie die dementsprechenden Interessen, Machtverhältnisse und Fachdiskurse. Will man dem in der Sache gerecht werden, empfiehlt es sich im Plural von heterogenen Jugendpolitiken in Deutschland zu sprechen.

Literatur

Bayerischer Landtag: Bericht der Enquete-Kommission des Bayerischen Landtags „Jungsein in Bayern – Zukunftsperspektiven für die kommenden Generationen" Drucksache 15/10881 vom 23.06.2008. München 2008. In: www.bayern.landtag.de/cps/rde/xchg/SID-0A033D45-07-D46BBC/www/x/-/www1/441.htm, 05.04.2010

Benz, A. (Hrsg.) (2004): Governance – Regieren in komplexen Systemen. Eine Einführung. VS-Verlag, Wiesbaden

Bundesjugendkuratorium (2009): Zur Neupositionierung von Jugendpolitik: Notwendigkeit und Stolpersteine. In: www.bundesjugendkuratorium.de/pdf/2007-2009/bjk_2009_1_stellungnahme_jugendpolitik.pdf, 05.04.2010

Bundesministerium für Familie, Senioren, Frauen und Jugend (BMFSFJ) (2008): Nationaler Aktionsplan für ein kindgerechtes Deutschland. Zwischenbericht. In: www.bmfsfj.de/bmfsfj/generator/RedaktionBMFSFJ/Abteilung5/Pdf-Anlagen/nap-zwischenbericht,pro-

perty=pdf,bereich=bmfsfj,sprache=de,rwb=true.pdf, 05.04.2010

– (2006): Nationaler Aktionsplan für ein kindgerechtes Deutschland. In: www.bmfsfj.de/bmfsfj/generator/RedaktionBMFSFJ/Broschuerenstelle/Pdf-Anlagen/nap-nationaler-aktionsplan,property=pdf,bereich=bmfsfj,sprache=de,rwb=true.pdf, 05.04.2010

Bündnis 90/Die Grünen (2009): Homepage des Arbeitskreises 5 „Wissen und Generationen". In: www.gruene-bundestag.de/cms/fraktion/dok/91/91384.arbeitskreis_5.html, 05.04.2010

Crouch, C. (2008): Postdemokratie. Suhrkamp, Frankfurt/M.

Deutscher Bundestag (2009): Mehr Chancen für gesundes Aufwachsen. 13. Kinder- und Jugendbericht der Bundesregierung BT 16/12860 vom 30.04.2009. Berlin 2009. In: http://drucksachen.bundestag.de/drucksachen/index.php, 05.04.2010

– (2007): Jugendliche in Deutschland: Perspektiven durch Zugänge, Teilhabe und Generationengerechtigkeit. Antwort der Bundesregierung auf die Große Anfrage der Abgeordneten Kai Boris Gehring, Marieluise Beck (Bremen), Volker Beck (Köln), weiterer Abgeordneter und der Fraktion Bündnis 90/Die Grünen. Berlin, Bundestagsdrucksache 16/4828 vom 23.03.2007. In: http://dip21.bundestag.de/dip21/btd/16/048/1604818.pdf, 05.04.2010

– (1997): Jugendstrafrecht und Präventionsstrategien. Antwort der Bundesregierung auf die Große Anfrage der Abgeordneten Dr. Jürgen Meyer (Ulm), Günter Graf (Friesoythe), Thomas Krüger, weiterer Abgeordneter und der Fraktion der SPD. BT-Drucksache 13/8284 vom 23.07.97. Bonn/Berlin 1997. In: http://drucksachen.bundestag.de/drucksachen/index.php, 05.04.2010

Führ, Chr., Furck, C.-L. (Hrsg.) (1998): Handbuch der deutschen Bildungsgeschichte. Bd. VI: 1945 bis zur Gegenwart. 2. Teilband: Deutsche demokratischer Republik und neue Bundesländer. C. H. Beck, München

Heitmeyer, W., Olk, Th. (Hrsg.) (1990): Individualisierung von Jugend. Gesellschaftliche Prozesse, subjektive Verarbeitungsformen, jugendpolitische Konsequenzen. Juventa, Weinheim/München

Helwig, G. (2006): Familien-, Jugend- und Altenpolitik. In: Bundesministerium für Gesundheit und Soziale Sicherung und Bundesarchiv (Hrsg.): Geschichte der Sozialpolitik in Deutschland seit 1945. Bd. 9: Deutsche Demokratische Republik 1961–1971. Politische Stabilisierung und wirtschaftliche Mobilisierung. Baden-Baden, 493–558

– (2004): Familien-, Jugend- und Altenpolitik. In: Bundesministerium für Arbeit und Soziales und Bundesarchiv (Hrsg.): Geschichte der Sozialpolitik in Deutschland seit 1945. Bd. 8: Deutsche Demokratische Republik 1949–1961. Im Zeichen des Aufbaus des Sozialismus. Baden-Baden 495–551

–, Hille, B. (2008): Familien-, Jugend- und Altenpolitik. In: Bundesministerium für Arbeit und Soziales und Bundesarchiv (Hrsg.): Geschichte der Sozialpolitik in Deutschland seit 1945. Bd. 10: Deutsche Demokratische Republik 1971–1989. Bewegung in der Sozialpolitik, Erstarrung und Niedergang. Baden-Baden, 471–540

Hornstein, W. (2009): Jugend – Gesellschaft – Politik. Plädoyer für eine zukunftsorientierte Konstruktion von Jugend und eine generationenbewusste Politik. Soziale Passagen 1, 49–71

– (2008): Jugendpolitik. In: Bundesministerium für Arbeit und Soziales und Bundesarchiv (Hrsg.): Geschichte der Sozialpolitik in Deutschland seit 1945. Bd. 6: 1974–1982 Bundesrepublik Deutschland. Neue Herausforderungen, wachsende Unsicherheit. Baden-Baden, 667–684

– (2007): Jugendpolitik. In: Bundesministerium für Arbeit und Soziales und Bundesarchiv (Hrsg.): Geschichte der Sozialpolitik in Deutschland seit 1945. Bd. 11: 1989–1994 Bundesrepublik Deutschland. Sozialpolitik im Zeichen der Vereinigung. Baden-Baden, 831–850

– (2005): Jugendpolitik. In: Bundesministerium für Gesundheit und Soziale Sicherung und Bundesarchiv (Hrsg.): Geschichte der Sozialpolitik in Deutschland seit 1945. Bd. 7: 1982–1989. Bundesrepublik Deutschland. Finanzielle Konsolidierung und institutionelle Reform. Baden–Baden, 538–553

– (2003): Was macht die Politik mit der Jugend? Über die nicht einlösbaren Versprechungen, mit denen die Politik die Jugend zu gewinnen sucht. Zeitschrift für Pädagogik 49, 870–884

– (1999): Jugendforschung und Jugendpolitik. Entwicklungen und Strukturen in der zweiten Hälfte des 20. Jahrhunderts (Materialien zur historischen Jugendforschung). Juventa, Weinheim, München

– (1985): Jugend. Strukturwandel im gesellschaftlichen Wandlungsprozess. In: Hradil, St. (Hrsg.): Sozialstruktur im Umbruch. Karl Martin Bolte zum 60. Geburtstag. Leske + Budrich, Opladen, 323–342

– (1984): Jugend: Strukturwandel und Problemlagen. In: Eyferth, H., Otto, H.-U., Thiersch, H..(Hrsg.): Handbuch Sozialarbeit/Sozialpädagogik. Luchterhand, Neuwied, 506–521

Kieserling, A. (2003): Makropolitik, Mikropolitik, Politik der Protestbewegungen. In: Nassehi, A., Schroer, M. (Hrsg.): Der Begriff des Politischen (Soziale Welt, Sonderband 14). Akademie–Verlag, Baden-Baden, 419–439

Koalitionsvertrag zwischen CDU/CSU und FDP – 17. Legislaturperiode (2009): Wachstum – Bildung – Zusammenhalt. Berlin 26.10.2009. In: www.cdu.de/doc/pdfc/091026-koalitionsvertrag-cducsu-fdp.pdf, 05.04.2010

Lüders, Chr. (2007): Was leistet wissenschaftliche Sozialberichterstattung für Fachpraxis und Politik? Das Beispiel der Kinder- und Jugendberichterstattung der Bundesregierung. In: Krüger, H.-H., Rauschenbach, Th., Sander, U. (Hrsg.): Bildungs- und Sozialberichterstattung (ZfE-Beiheft 6/06). Wiesbaden, 27–41

Luhmann, N. (2000): Die Politik der Gesellschaft. Suhrkamp, Frankfurt/M.

Meyer, Th. (2001): Mediokratie. Die Kolonisierung der Politik durch die Medien. Frankfurt/M.

Münch, U. (2007): Familien-, Jugend- und Altenpolitik. In: Bundesministerium für Arbeit und Soziales und Bundesarchiv (Hrsg.): Geschichte der Sozialpolitik in Deutschland seit 1945. Bd. 4: 1957–1966 Bundesrepublik Deutschland. Sozialpolitik im Zeichen des erreichten Wohlstandes. Baden-Baden, 549–609

– (2006): Familien-, Jugend- und Altenpolitik. In: Bundesministerium für Arbeit und Soziales und Bundesarchiv (Hrsg.): Geschichte der Sozialpolitik in Deutschland seit 1945. Bd. 5: 1966–1974 Bundesrepublik Deutschland. Eine Zeit vielfältigen Aufbruchs. Nomos, Baden-Baden 633–707

Pluto, L., Gragert, N., van Santen, E., Seckinger, M. (2007): Kinder- und Jugendhilfe im Wandel. Eine empirische Strukturanalyse. VS, München

Rauschenbach, Th. (2009): Jugendhilfe und Jugendpolitik – gestern, heute, morgen. Forum Jugendhilfe 3/2009, 5–14

Scherr, A. (2002): Staatliche Jugendpolitik. Strukturprobleme und Anforderungen an eine Politik im Interesse von Jugendlichen. In: Breit, G., Massing, P. (Hrsg.): Jugend und Politik: Jugenddebatten – Jugendforschung – Jugendpolitik. Wochenschau, Bad Schwalbach, 95–109

Schwalb, L., Walk, H. (2007): Local Governance – mehr Transparenz und Bürgernähe? VS, Wiesbaden

Wicke, H.-G. (2009): Jugend(hilfe)politische Zusammenarbeit in Europa – eine Chance für die deutsche Kinder- und Jugendhilfe. In: Arbeitsgemeinschaft für Kinder- und Jugendhilfe – AGJ (Hrsg.): Übergänge – Kinder- und Jugendhilfe in Deutschland. Vorgelegt anlässlich 60 Jahre Arbeitsgemeinschaft für Kinder- und Jugendhilfe. Berlin, 244–261

Jugendstrafvollzug

Von Joachim Walter

Begriff

Jugendstrafvollzug bezeichnet sowohl die Institution, die für den Vollzug der Jugendstrafe, das heißt Freiheitsentzug in einer dafür vorgesehenen Einrichtung (§ 17 Abs. 1 JGG) zuständig ist, also die Jugendstrafanstalt, wie auch den Prozess der Strafverbüßung.

Die Jugendstrafe stellt die einzige echte Kriminalstrafe des Jugendstrafrechts dar. Ungeachtet dessen ist bereits die Frage ihrer Verhängung vorrangig am **Erziehungsgedanken** (und nicht etwa an generalpräventiven Zielen) auszurichten (§§ 2 Abs. 1, 18 Abs. 2 JGG), erst recht der nachfolgende Vollzug. Nach geltendem Recht (§ 17 Abs. 2 JGG) und der Rechtsprechung hat Jugendstrafe außerdem **Ultima Ratio** zu sein, d.h. allerletztes Reaktionsmittel, wenn alle anderen jugendstrafrechtlichen Maßnahmen (Erziehungsmaßregeln, Zuchtmittel) sich entweder als unwirksam erwiesen haben oder von vornherein keinen Erfolg versprechen. Erhebliche Unterschiede zwischen den Gefangenenziffern der deutschen Bundesländer sowie enorme Unterschiede in der gerichtlichen Sanktionspraxis (Heinz 2008) zwischen den Ländern und auch innerhalb derselben lassen jedoch Zweifel aufkommen, ob dieser Grundsatz immer hinreichend Beachtung findet.

Rechtliche Grundlagen

Verfassungsrechtlicher Ausgangspunkt für den Jugendstrafvollzug ist das Urteil des Bundesverfassungsgerichts vom 31. Mai 2006 (NStZ 2007, 41). Weil es bis dahin eine ausreichende gesetzliche Regelung für den Vollzug der Jugendstrafe nicht gab, hat das Gericht dem Gesetzgeber aufgegeben, Gesetzesnormen aufzustellen, „die auf die besonderen Anforderungen des Vollzugs von Strafen an Jugendlichen... zugeschnitten sind". Zur Begründung und als Vorgabe für die inhaltliche Ausgestaltung des Gesetzes hält das Gericht fest:

> „Indem der Staat in diese Lebensphase durch Entzug der Freiheit eingreift, übernimmt er für die weitere Entwicklung des Betroffenen eine besondere Verantwortung. Dieser gesteigerten Verantwortung kann er nur durch eine Vollzugsgestaltung gerecht werden, die in besonderer Weise auf Förderung – vor allem auf soziales Lernen sowie die Ausbildung von Fähigkeiten und Kenntnissen, die einer künftigen beruflichen Integration dienen – gerichtet ist."

Das Urteil verpflichtet also den Jugendstrafvollzug, bei der **Entwicklung eines wirksamen Erziehungs- und Resozialisierungskonzepts** die Besonderheiten des Jugendalters zu berücksichtigen. „Der Gesetzgeber muss vorhandene Erkenntnisquellen, zu denen auch das in der Vollzugspraxis verfügbare Erfahrungswissen gehört, ausschöpfen (BVerfGE 50, 290 [334]) und sich am Stand der wissenschaftlichen Erkenntnisse orientieren (BVerfGE 98, 169 [201])." Einen theoriegeleiteten und evidenzbasierten Jugendstrafvollzug zu entwickeln ist damit die dem Gesetzgeber und der Praxis gestellte Aufgabe.

Nachdem in Folge der Föderalismusreform die Gesetzgebungskompetenz für den Jugendstrafvollzug vom Bund auf die Länder übergegangen war, haben diese die geforderten **Jugendstrafvollzugsgesetze** erlassen und überwiegend zum 01.01.2008 in Kraft gesetzt (näher Ostendorf 2009).

Anstalten, Insassen, Vollzugsformen

In Deutschland gibt es derzeit 27 selbstständige Jugendstrafanstalten. Am Stichtag 31.03.2008 verbüßten dort 6.557 Gefangene eine Jugendstrafe

Otto/Thiersch (Hg.), Handbuch Soziale Arbeit, 4. A., DOI 10.2378/ot4a.art073,

(Statistisches Bundesamt 2010; Fachserie 10, R 4). Dabei handelt es sich bei rund 96 % um junge Männer. Die wenigen jugendlichen und heranwachsenden weiblichen Gefangenen sind in besonderen Abteilungen der Frauengefängnisse untergebracht.

Die Gefangenenziffer drückt aus, wie viele Personen auf 100.000 der 15- bis 25-jährigen Altersgruppe inhaftiert sind. Diese Messziffer hat im Jahr 2006 für Deutschland 90,6 betragen, im europäischen Vergleich ein mittlerer Wert; sie variiert jedoch zwischen 55,5 für Schleswig-Holstein mit der niedrigsten und 152,9 für Sachsen-Anhalt mit der höchsten Gefangenenziffer (GIS 2009).

Bis etwa zum Jahr 2000 haben sich im Jugendvollzug der alten Bundesländer die Gefangenenziffern für Deutsche und Nichtdeutsche immer weiter auseinander entwickelt: Etwa in dem Maße, in dem einheimische Deutsche einen immer geringeren Anteil an den Insassen des Jugendstrafvollzugs stellten, nahm der Anteil von Gefangenen ohne deutschen Pass überproportional zu. Seitdem beträgt der Ausländeranteil einigermaßen stabil rund 40 %. Dabei bleibt freilich noch ein wichtiger Teil der Immigranten, nämlich die Spätaussiedler, unberücksichtigt, da sie die deutsche Staatsangehörigkeit besitzen und deshalb in der Gruppe der Deutschen enthalten sind. Im Vergleich zu den Gefangenenziffern der einheimischen Deutschen sind die Minoritäten entstammenden Gefangenen – Nichtdeutsche wie Aussiedler – im Jugendstrafvollzug der alten Bundesländer inzwischen um das 2 1 / 2- bis 3-fache **überrepräsentiert** (Dünkel 2005, 67).

Die **Gründe** für die überproportionale Inhaftierung junger Menschen mit Migrationshintergrund sind vielfältig. Sie können in deren unterschiedlichem (ggf. auch strafbarem) **Verhalten** liegen, basierend auf anderem kulturellen Hintergrund, unterschiedlicher familiärer Sozialisation und erlernten Rollenmustern sowie gemachten Diskriminierungserfahrungen, in Suchtverhalten, das nicht selten mit der migrationsspezifischen Problematik verbunden ist, insbesondere aber in den prekären sozio-ökonomischen Bedingungen, in denen die Migrantenfamilien leben. Sie können weiter gefunden werden in **unterschiedlicher Behandlung durch das Recht**. Von besonderer Bedeutung in diesem Zusammenhang sind das Ausländerrecht, das Asylverfahrensgesetz und das Haftrecht der Strafprozessordnung. Diskriminierend wirken könnte schließlich eine **unterschiedliche tatsächliche Behandlung** von Migranten durch die Gesellschaft und ihre Kontrollinstanzen. Das **Durchschnittsalter** der Jugendstrafgefangenen lag im Jahre 2008 in Baden-Württemberg ähnlich wie in anderen Bundesländern bei 19,2 Jahren; ein vergleichsweise hoher Wert, der sich daraus erklärt, dass die unter 18-jährigen Gefangenen nur etwa 20 % der Gesamtpopulation ausmachen. Trotz des hohen Altersdurchschnitts verfügt nur knapp die Hälfte der Jugendstrafgefangenen über einen **Hauptschulabschluss**. Eine **berufliche Ausbildung** vollendet haben bei Antritt der Strafe gerade einmal 3 %. Die meisten haben eine solche Ausbildung noch nicht einmal begonnen; immerhin rund 30 % haben zwar schon einmal angefangen, aber im weiteren Verlauf abgebrochen.

Bei den **Delikten**, für die die Gefangenen verurteilt sind, stellt Diebstahl (einschließlich des schweren Diebstahls) das häufigste Delikt dar. An zweiter Stelle folgt Körperverletzung, an dritter Drogendelinquenz und auf dem 4. Platz Raub. Straftaten gegen die sexuelle Selbstbestimmung oder Tötungsdelikte spielen im Jugendstrafvollzug anteilsmäßig nur eine geringe Rolle.

Unter **offenen Einrichtungen** des Strafvollzugs versteht man solche, bei denen im Gegensatz zu geschlossenen Anstalten Vorkehrungen gegen Entweichen gar nicht vorhanden oder vermindert sind. Viele dieser offenen Anstalten haben keine Umfassungsmauer; zuweilen werden einfach größere Wohnhäuser in Städten, ehemalige Kinderheime o. ä. genutzt. Zum einen Teil handelt es sich beim offenen Vollzug um Einrichtungen, in denen – von der verminderten Außensicherung und geringen Sicherheitsstufe abgesehen – ganz normaler Strafvollzug stattfindet; zum anderen Teil um sog. **Freigängerhäuser**. Die zum Freigang zugelassenen Gefangenen verlassen die Anstalt tagsüber ohne Aufsicht zur Arbeit in der Privatwirtschaft und kehren nur abends zurück.

Zurückgehend auf § 91 Abs. 3 JGG a. F. gibt es seit einigen Jahren eine weitere Vollzugsform, den **„Jugendstrafvollzug in freier Form"**: Gefangene, die bestimmte Kriterien hinsichtlich Haftdauer, Vorgeschichte und Motivation erfüllen, erhalten die Erlaubnis, ihre Strafe in einer Einrichtung der Jugendhilfe zu verbüßen und werden dorthin verlegt. Es handelt sich dabei meist um Heime, die von einem freien Träger der Jugendhilfe geführt werden. Sie kennen keine Vorkehrungen gegen Entweichungen, haben sich bereit erklärt, ausgewählte Jugendstrafgefangene aufzunehmen und sind von der Justizbehörde dafür zugelassen. Durch ein intensives, gruppenpädagogisch orientiertes Erziehungs- und Trainingsprogramm sollen die Jugendlichen gefördert und zu einem gesetzestreuen Lebenswandel befähigt werden. Am Entlassungstag kehren sie in die Jugendstrafanstalt zurück und werden von dort entlassen (www.projekt-chance.de).

Erziehung im Jugendstrafvollzug

Seit 01.01.2008 gilt als Bundesrecht der neu gefasste § 2 Abs. 1 JGG, der als Ziel des Jugendstrafrechts **Legalverhalten** bestimmt und den Erziehungsgedanken als Leitprinzip für das gesamte Jugendstrafrecht betont. Auch nach dem Urteil des Bundesverfassungsgerichts und den Jugendstrafvollzugsgesetzen der Länder soll der Verurteilte im Jugendstrafvollzug dazu **erzogen** werden, künftig ein Leben ohne Straftaten in sozialer Verantwortung zu führen. Das Ziel ist also Legalbewährung; es soll mittels erzieherischer Gestaltung des Jugendstrafvollzuges erreicht werden.

Was ist darunter zu verstehen? In negativer Abgrenzung zunächst einmal, dass im Jugendvollzug weder Unrecht vergolten noch Dritte abgeschreckt, erst recht nicht ein Exempel statuiert oder die Gefangenen drangsaliert werden sollen. Sie sollen erzogen werden – nichts anderes. Dass dabei immer auch die begangenen Straftaten zu berücksichtigen sind, versteht sich von selbst. Im Jugendvollzug geht es also nicht mehr, wie im Strafverfahren darum, Straftäter zur Verantwortung zu ziehen – das ist bereits durch das Urteil erfolgt – sondern sie zur Verantwortlichkeit zu erziehen (Streng 2008 Rz. 23).

In der Pädagogik wird Erziehung heute nahezu einmütig als **Entwicklung** im Sinne der Entfaltung der Persönlichkeit beschrieben. Dementsprechend gibt § 1 Abs. 1 SGB VIII jedem jungen Menschen in Deutschland „ein Recht auf Förderung seiner Entwicklung und auf Erziehung zu einer eigenverantwortlichen und gemeinschaftsfähigen Persönlichkeit". Ähnliche Formulierungen finden sich in den Jugendstrafvollzugsgesetzen. Dies entspricht dem in Art. 3 UN-Kinderrechtskonvention normierten „Vorrang des Kindeswohls". Dieser

Grundsatz gebietet u. a., bei jeder Entscheidung dem Wohl des Jugendlichen, also seiner gedeihlichen Entwicklung, Priorität vor anderen Belangen und Gesichtspunkten einzuräumen.

Im Hinblick auf die **Rechtsstellung** seiner Insassen bestehen allerdings nicht unerhebliche Bedenken gegen eine totale Pädagogisierung des Jugendstrafvollzugs. Insbesondere darf der Erziehungsgedanke nicht dafür instrumentalisiert werden, die Rechte und die Handlungsräume der Jugendlichen weiter einzuschränken oder sie zu stigmatisieren. Denn dazu ist er – oft bei bester Absicht – ohne Zweifel geeignet. Die gängige, aber gefährlich unbestimmte Formel „mangelnde Mitarbeit an der Erreichung des Erziehungszieles" dient nicht selten solchen Zwecken.

> „Wie alle sozialen Beziehungen können auch pädagogische Beziehungen nur gelingen, wenn die Beteiligten sich gegenseitig positiv wertschätzen, den Sinn ihres Tuns aus einem gemeinsamen Verständnis ableiten und wenn keiner den anderen nur oder vorwiegend als Objekt, sondern immer als **Subjekt** der Beziehung betrachtet." (Prim 1988, 76)

Art. 12 UN-KRK verlangt daher, dass Jugendliche in allen sie berührenden Angelegenheiten gehört werden; nicht nur, wenn eine Maßnahme sie belasten könnte oder bei Angelegenheiten von grundsätzlicher Bedeutung. Das ist auch im Jugendstrafvollzug zu garantieren.

Alle Jugendstrafvollzugsgesetze sehen die **Unterbringung** möglichst im Einzelhaftraum und in Wohngruppen (im Idealfall 8–12 Gefangene) vor. Zu diesem Konzept, das Individualisierung als Voraussetzung gezielter Förderung sowie Soziales Lernen in der Gruppe mit größtmöglichem Schutz vor Übergriffen Anderer verbindet, besteht keine wirkliche Alternative. Nach den bereits vor Jahrzehnten von der Jugendstrafvollzugskommission herausgearbeiteten Vorteilen ermöglichen kleinere Gruppen die besondere Förderung einzelner Gefangener auch über einen längeren Zeitraum. Ist die Wohngruppe größer, wächst die Gefahr, dass eine unmittelbare Kommunikation der Gruppenmitglieder nicht mehr möglich ist oder sich einzelne in die Unauffälligkeit zurückziehen.

Auf der Grundlage einer zu Beginn der Haftzeit von einem Team erfahrener Vollzugspraktiker (z. B. Psychologe, Pädagoge, Sozialarbeiter, Vollzugsbeamter) zu erarbeitenden Förderdiagnose ist unter Beteiligung des Gefangenen ein **Erziehungsplan** zu erstellen. Dieser sollte Endergebnis eines fairen Diskussions- und Aushandlungsprozesses mit dem Gefangenen sein und ggf. als schriftlich fixierte Zielvereinbarung zwischen diesem und der Anstalt abgeschlossen werden. Als richtungsweisende Planung ist er in regelmäßigen Abständen auf seine Umsetzung zu überprüfen und fortzuschreiben.

Auf einen einfachen Nenner gebracht kann man sagen, dass alles, was außerhalb des Jugendstrafvollzugs für die gedeihliche Entwicklung junger Menschen für unverzichtbar angesehen wird, gerade für Straffällige nicht entbehrlich sein kann – und das sind schulische Bildung, berufliche Ausbildung und soziales Lernen.

Im deutschen Jugendstrafvollzug findet sich ein enorm hoher Anteil an Schulversagern und Schulflüchtlingen. Schon deshalb besteht bei einer großen Anzahl von Gefangenen erheblicher **schulischer Nachholbedarf**. Allerdings erscheint Unterricht im herkömmlichen Klassenverband wenig sinnvoll, weil die Jugendlichen in diesem Kontext langjährig gescheitert sind, zum Teil auch die Konkurrenz fürchten. Notwendig sind daher eine individuelle Förderung und ein speziell auf den betreffenden Jugendlichen zugeschnittenes Lernprogramm. Dabei ist an den Begabungen und Stärken des Jugendlichen anzusetzen, um ihm (wieder) Fortschritte und Freude am Lernen zu ermöglichen. Auch muss das Lerntempo seinem Leistungsvermögen angepasst sein.

Ziel sollte eine formelle schulische Qualifikation sein, z. B. der Hauptschulabschluss, notfalls geeignete Schritte in diese Richtung. Zu erreichen ist dieses durch Ganztagesunterricht, betreute Hausaufgaben, gegenseitige Hilfe der Schüler in der Schule, keine Bindung der Lehrkräfte an Lehrpläne. Für die Struktur der Anstalt ist zu fordern, dass Schule, Unterricht und berufliche Bildung oberste Priorität genießen: Der gesamte Anstaltsalltag muss auf die Ermöglichung von Lernen ausgerichtet sein. Deshalb braucht jede Jugendstrafanstalt eine selbstständige Schule bzw. Schulabteilung, eine ausreichende Zahl Lehrer, einen Schulleiter, Schulräume und die dazugehörige sächliche Ausstattung.

Optimal wäre, wenn die Gefangenen, die auf der Grundlage hinreichender Schulbildung für eine **berufliche Ausbildung** in Betracht kommen, in einem geeigneten Beruf bis zum Ausbildungsabschluss gefördert werden könnten. Angesichts einer realen Haftdauer von durchschnittlich ca. einem Jahr wird dies jedoch oft nur dann möglich sein, wenn auf eine bereits außerhalb angefangene Ausbildung aufgebaut werden kann. Im anderen Fall sollte wenigstens mit einer qualifizierten Berufsausbildung begonnen werden. Möglicherweise kann der Gefangene in der zur Verfügung stehenden Zeit zumindest bis zur Zwischenprüfung gefördert werden. Auch ist an Förderlehrgänge kürzerer Dauer oder an aufbaufähige Kurzausbildungen zu denken wie Staplerfahrer, Schweißlehrgänge.

Um **soziales Lernen** zu stimulieren, sollte der gekonnte, gewaltfreie Umgang mit Problemen und Konflikten im Alltag der Jugendstrafanstalt erfahrbar und erlernbar sein. Das ist aber eher selten der Fall, denn das Leben im Strafvollzug ist meist total reglementiert. Übernahme von Verantwortung für sich selbst und andere wird in der „totalen Institution" des Gefängnisses, bei gleichzeitiger Vollversorgung, von den Gefangenen nicht nur nicht verlangt; sie wird ihnen sogar weitgehend unmöglich gemacht. Wie soll soziale Verantwortung gelernt werden, wenn sie im Vollzugsalltag kaum erlebt werden kann? Die Antwort ist theoretisch einfach, in der Praxis jedoch schwierig umzusetzen: Wenn der Vollzug in der Gestaltung des Alltags vom normalen Leben abweicht, so muss eben eine Angleichung des Lebens im Vollzug an die allgemeinen Lebensverhältnisse angestrebt werden. Diese „Angleichungsgrundsatz" genannte Maxime ist in den Jugendstrafvollzugsgesetzen verankert. Ihr Ziel ist die Zurückdrängung tradierter, dem Resozialisierungsziel des Strafvollzugs oft widersprechender Besonderheiten des Anstaltslebens sowie der Import von Normalität.

Wenn auch die Gestaltung des Alltags in der Anstalt das entscheidende Lernfeld ist, so gibt es darüber hinaus doch eine ganze Anzahl von speziellen Veranstaltungen, die dem sozialen Lernen dienen. Hierher gehört das **soziale Training** im engeren Sinne, innerhalb dessen die Gefangenen im Rahmen besonderer Veranstaltungen in den Themenbereichen Geld und Schulden, Rechtsfragen des Alltags, Arbeits- und Berufswelt, Freizeitgestaltung, Suchtabhängigkeit und soziale Beziehungen trainiert werden. Dazu zählt auch das in verschiedenen Spielarten angebotene Antiaggressionstraining, in dem Gefangene lernen sollen, Konflikte ohne Gewaltanwendung zu lösen.

Soziales Lernen findet ebenso statt im Rahmen des **Sports**, der im Jugendstrafvollzug schon aus Altersgründen eine wichtige Rolle spielen sollte, aber auch im Rahmen der zahlreichen anderen Freizeitangebote, seien sie musischer oder kreativer Art. Schließlich gibt es in einigen Jugendstrafanstalten besondere **sozialtherapeutische Abteilungen**, in denen junge Gewalt- und Sexualstraftäter, bei denen eine entsprechende Indikation vorliegt, von Fachleuten wie Psychotherapeuten, Sozialarbeitern usw. in Bezug auf die ihren Straftaten zugrunde liegende Symptomatik behandelt werden.

Je geschlossener die Haftsituation ist, in der sich der Jugendliche befindet, umso wichtiger sind für ihn **Beziehungen nach draußen**. Dass soziale Unterstützung durch Angehörige schon für die Bewältigung der Haftsituation eine wichtige Funktion hat, ist seit langem anerkannt. Darüber hinaus wird Außenkontakten eine kriminalprotektive Wirkung zugeschrieben. So besteht ein positiver Zusammenhang zwischen solchen Netzwerkkontakten und gesellschaftskonformen und sozial verantwortlichen Einstellungen der Gefangenen (Hosser 2001, 339). Deshalb verlangt das Bundesverfassungsgericht Besuchsmöglichkeiten für familiäre Kontakte, „die ein Mehrfaches über denen im Erwachsenenvollzug" liegen (BVerfG ZJJ 2006, 196).

Vollzugslockerungen sind von der Vollzugspraxis und der Gesetzgebung in den 1970er Jahren entwickelt worden. Man unterscheidet **Außenbeschäftigung** außerhalb der Anstalt mit oder ohne Aufsicht eines Vollzugsbeamten, den **Freigang**, was heißt, dass der Gefangene die Anstalt täglich zur Arbeit bei einem Arbeitgeber außerhalb verlässt, **Ausführung**, was Verlassen der Anstalt unter der Aufsicht eines Vollzugsbeamten bedeutet und **Ausgang**, worunter das Verlassen der Anstalt für einige Stunden ohne Aufsicht verstanden wird. Schließlich ist der **Urlaub** zu erwähnen, der bis zu 24 Tage im Jahr betragen kann, in besonderen Fällen auch mehr. Im Urlaub ist dem Gefangenen gestattet, sich nach Hause zu seinen Angehörigen oder zu sonstigen Bezugspersonen zu begeben. Für alle Vollzugslockerungen können Weisungen oder Auflagen erteilt werden.

Die Jugendstrafanstalten machen von den ihnen zu Gebote stehenden Lockerungsmöglichkeiten in sehr unterschiedlichem Maße Gebrauch, worin sich differente kriminalpolitische Strategien sowohl der einzelnen Bundesländer wie auch der Anstalten widerspiegeln dürften. So gewährte von den geschlossenen Anstalten zum Stichtag 31.01.2006 die baden-württembergische JVA Adelsheim 39 % ihrer Gefangenen Ausgang und 22,9 % Urlaub, die hamburgische Jugendstrafanstalt Hahnöversand dagegen keinen einzigen Ausgang oder Urlaub. Auch innerhalb eines einzelnen Bundeslandes waren die Unterschiede beträchtlich. In Bayern genehmigte die Jugendstrafanstalt Aichach 6,3 % ihrer Gefangenen Ausgang und ebenso vielen Urlaub, die JVA Ebrach jedoch 23,6 % Ausgang und 11 % Urlaub. Aus dem offenen Vollzug erhalten zwar die meisten Gefangenen sowohl Ausgang als auch Urlaub, jedoch auch hier mit nicht unbeträchtlichen Schwankungen von Anstalt zu Anstalt (Dünkel / Geng 2007, 78). Die teilweise zu beobachtende Zurückhaltung bei diesen positiven Sanktionen ist deshalb erstaunlich, weil die Nichtrückkehrerquote bei allen Lockerungen äußerst gering ist. Sie liegt beim Urlaub und Ausgang in der Regel unter 1 %, bezogen auf die Anzahl der gewährten Lockerungen, die jeweils missbraucht werden konnten. Straftaten während Vollzugslockerungen sind noch viel seltener (Stelly / Walter 2008).

Diese und weitere Indikatoren deuten darauf hin, dass Vollzugslockerungen grundsätzlich integrationsfördernd sind, das Anstaltsklima verbessern, Rückfall reduzierend, Kosten sparend und steuerförderlich wirken und keineswegs mit unvertretbaren Risiken für die Bevölkerung verbunden sind.

Sicherheit und Ordnung haben im Jugendstrafvollzug einen hohen Stellenwert. Denn eine auf das Ziel der Legalbewährung gerichtete Erziehungsarbeit mit internierten jungen Menschen braucht einen institutionellen **Ordnungsrahmen**, um erfolgreich arbeiten zu können. Andererseits besteht die Gefahr, dass Sicherheitsdenken alle anderen Ziele überstrahlt. Würde man die manchmal von den Aufsichtsbehörden ausgegebene Devise: „Es darf nichts passieren!" wörtlich nehmen, würde auch die Förderung der Gefangenen in ihrer Entwicklung nicht geschehen können.

Wie auch sonst im Rechtsstaat muss Gefahren vorgebeugt und müssen rechtmäßige Anordnungen durchgesetzt werden können. Der Verhinderung von Entweichung und Gewalt dienen die allgemeinen **Sicherheitsmaßnahmen** (z. B. Perimetersicherung, verschlossene Türen) sowie die nur bei Vorliegen enger Voraussetzungen zulässigen besonderen Sicherungsmaßnahmen (z. B. körperliche

Durchsuchung, Fesselung); der Rechtsdurchsetzung der **unmittelbare Zwang**. Sowohl präventiv als auch repressiv wirken sollen **Disziplinarmaßnahmen**, also Strafen wie Ausschluss von Freizeitveranstaltungen, Entzug von Gegenständen und sogar Arrest.

Wenngleich besondere Sicherheitsmaßnahmen, unmittelbarer Zwang und Disziplinarstrafen (noch) unentbehrlich erscheinen, um einen ordnungsgemäßen Jugendstrafvollzug zu gewährleisten, darf nicht vergessen werden, dass ihr eigentlicher Zweck nicht in der Repression als solcher, sondern in der Sicherung der Voraussetzungen eines auf das Vollzugsziel gerichteten, geordneten Vollzugs liegt. Insbesondere Disziplinarstrafen sind in einem Sozialisationsvollzug pädagogische Notlösungen, von denen so wenig wie möglich Gebrauch gemacht werden soll und nie Gebrauch gemacht werden muss. Zu bedenken ist außerdem, dass die Anordnung besonderer Sicherheitsmaßnahmen, die Durchführung unmittelbaren Zwangs und die Verhängung von Disziplinarmaßnahmen einen Eingriff in Grundrechte der Gefangenen darstellen. Deshalb ist der Grundsatz der **Verhältnismäßigkeit** zu beachten. Danach muss die ergriffene Maßnahme zur Abwehr von Gefahren für die Ordnung der Anstalt geeignet, erforderlich und verhältnismäßig sein. Es dürfen somit nur geeignete Maßnahmen und diese auch nur in dem unbedingt erforderlichen Umfang verhängt werden.

In Deutschland ist die Belastung der Jugendstrafgefangenen mit Disziplinarstrafen bei großen Unterschieden zwischen den Anstalten etwa dreimal so hoch wie diejenige der Gefangenen im Erwachsenenvollzug (Dünkel 1996, 128). Dies lässt befürchten, dass mancherorts der Stellenwert, der den Reaktionen auf ordnungswidriges Verhalten der jungen Gefangenen zugemessen wird, zu hoch ist, ja dass offenbar manche Mitarbeiter des Jugendstrafvollzuges glauben, Erziehung manifestiere sich in möglichst lückenlosem Abstrafen von Ordnungsverstößen.

Soziale Hilfe, Entlassung, Nachsorge

Der Übergang vom Jugendstrafvollzug in die Freiheit ist bisher nicht befriedigend gelöst. Zwar ist unstreitig, dass angesichts überwiegend kurzer Jugendstrafen und einer tatsächlichen Verweildauer

von durchschnittlich ca. 1 Jahr Entlassungsvorbereitung in den meisten Fällen vom ersten Tag der Haft an eine elementare Aufgabe der Sozialarbeit und des Gefangenen selbst ist. Denn hinsichtlich der Integrationsaussichten und der Verhinderung eines Rückfalls sind die sorgfältige **Vorbereitung der Entlassung** und die **Nachbetreuung** in den ersten Monaten danach von besonderer Bedeutung. Es geht darum, was im Vollzug an schulischer, beruflicher und sozialer Bildung erreicht wurde, nun in die Freiheit zu übertragen und dort umzusetzen. Dieser schwierige Prozess des Transfers, der Nutzbarmachung und der Wiedereingliederung bedarf der Begleitung und Unterstützung. Leider lehrt die Erfahrung, dass häufig sofort nach Entlassung aus dem Jugendstrafvollzug, der ja in mancher Hinsicht auch Schonraum ist, viele der bisher Halt gebenden Stützen wegbrechen. Deshalb kommt es auf Kontinuität sowie darauf an, dass der Gefangene nicht einfach nur an andere Institutionen abgegeben, sondern von diesen im wörtlichen wie im übertragenen Sinne in der Vollzugsanstalt abgeholt oder – noch besser – zu ihnen gebracht wird (Kerner 2003, 28). Das setzt gemeinsame Vorbereitung der Entlassung mit dem Gefangenen selbst, mit der Familie, der Bewährungshilfe, dem Jugendamt und allen anderen Beteiligten voraus. Hoffnungsvoll erscheint ein auf den einzelnen Gefangenen und seine konkrete Situation bezogenes Entlassungsmanagement, das bereits in den letzten Haftmonaten beginnt und erst einige Monate nach Entlassung endet. Personell sollte es repräsentiert sein durch einen speziell für diesen Gefangenen zuständigen **Entlassungsmanager**, der sich um den gesamten sozialen Empfangsraum kümmert und insbesondere um Unterkunft und Arbeit besorgt ist. Im Rahmen von Vollzugslockerungen sollte dabei jeder Gefangene die Möglichkeit erhalten, ggf. in Begleitung seines Entlassungsmanagers, die nötigen Besuche, Behördengänge, Vorstellungsgespräche usw. durchzuführen (Walter / Fladausch-Rödel 2008).

Rückfall nach Jugendstrafvollzug

Nach der größten deutschen Rückfalluntersuchung (Jehle et al. 2003) hat die Rückfallrate nach vollstreckter Jugendstrafe, wenn man jegliche Verurteilung in einem Beobachtungszeitraum von 4 Jahren berücksichtigt, 77,8 % betragen. Im Vergleich mit den Rückfallraten nach anderen jugendkriminal-rechtlichen Sanktionen, z. B. der zur Bewährung ausgesetzten Jugendstrafe (60 %), erscheint das sehr hoch. Zählt man jedoch nur erhebliche Ver-urteilungen, die zu erneuter Inhaftierung geführt haben, so beträgt die sog. Wiederkehrerrate nur noch 45 %.

Fraglich ist allerdings, ob man dieses unerfreuliche Ergebnis kurzerhand allein dem Jugendstrafvollzug zurechnen darf, dessen „Einwirkungszeit" im Durch-schnitt kaum mehr als ein Jahr beträgt. Straffällig-keit ist vor wie nach der Haft durch eine Vielzahl von Faktoren wie Alter, Geschlecht, soziale Lage, Bildungsstand, individuelle und familiäre Ressour-cen etc. bedingt, auf die der Jugendstrafvollzug ent-weder überhaupt keinen oder nur geringen Einfluss nehmen kann. So sind die statistisch bedeutsamsten Risikofaktoren für Straffälligkeit im Allgemeinen und Rückfall nach Strafvollzug im Besonderen nach allen kriminologischen Untersuchungen weltweit männliches Geschlecht und jugendliches Alter. Bei einem Entlassungsalter von etwa 20 Jahren für die das Bild bestimmenden männlichen Gefangenen treffen diese beiden wirkmächtigsten Faktoren zu-sammen mit einer vermutlich ebenso bedeutsamen Vorselektion durch den (vielstufigen) Ausfilterungs-prozess der Strafverfolgungsorgane, so dass von vornherein hohe Rückfallraten nach Jugendstrafvoll-zug zu erwarten sind.

Trotzdem ist es nicht gleichgültig, was im Jugend-strafvollzug mit den Insassen geschieht oder unter-lassen wird, welche Erfahrungen sie dort machen. Bei nahezu allen Forschungen über den Rückfall nach Jugendstrafvollzug wird dies aber kaum be-rücksichtigt. Registriert und gemessen wird meistens nur, wie sich jemand **nach** dem Jugendstrafvollzug im Hinblick auf seine Legalbewährung verhält.

- Wie lange Zeit er im Jugendstrafvollzug verbracht hat,
- mit welchen Delikten er hauptsächlich auffällig wurde,
- in was für einer Anstalt das gewesen ist (offen, halboffen, geschlossen),
- was mit ihm dort geschehen ist,
- welche Beziehungen er währenddessen aufrecht erhalten konnte oder eingegangen ist,
- welche Erfolge oder Misserfolge er gehabt hat, ob beispielsweise eine schulische oder berufliche Qua-lifizierung möglich war –

all dieses bleibt bei vielen Rückfalluntersuchungen außer Betracht. Gefragt wird allein, ob in einem bestimmten Zeitraum nach Entlassung aus dem Strafvollzug erneut strafbares Verhalten aufgetreten ist oder nicht. Somit wird nur gemessen, ob die Inhaftierung als solche – unabhängig von ihrem Grund, ihrer Dauer, hauptsächlich aber unabhän-gig von ihrem Inhalt – einen rückfallverhindernden Effekt gehabt hat oder nicht (Kerner 1996, 93). Und oft wird dabei unterstellt, dass alles, was nach dem Strafvollzug sich an Kriminalität ereignet, in ursächlichem Zusammenhang mit diesem steht. Als ob situative, familiäre oder ökonomische Fak-toren nunmehr bedeutungslos wären!

Auch wird selten differenziert zwischen Gefange-nen, die bestimmte vollzugliche Maßnahmen durchlaufen haben, beispielsweise eine Berufsaus-bildung, und anderen, bei denen dies nicht der Fall war. Erst recht nicht wird unterschieden zwi-schen den doch an sehr unterschiedlichen Zielen orientierten, mit differenten Programmen arbei-tenden und auch unterschiedlich ausgestatteten Anstalten. Das ist eine völlig unbefriedigende Methode, weil sie kaum Rückschlüsse auf die kausale Wirkung oder Nichtwirkung der während des Vollzuges getroffenen Maßnahmen erlaubt.

Für die Zukunft empfiehlt sich daher ein Blick auf die unterschiedlichen Rückfallraten, die sich er-geben, wenn man nach der Gestaltung des Jugend-strafvollzugs im Einzelfall differenziert. Erste solche Studien (Kerner 1996) zeigen, dass die Ausgestal-tung des Jugendstrafvollzugs offenbar Einfluss auf Rückfallraten hat. Nach bisherigen Ergebnissen wirken positiv gut strukturierte und gezielte, ver-haltens-, wissens- und trainingsorientierte Pro-gramme, nicht dagegen wenig strukturierte Ge-sprächsgruppen. Nicht empfehlenswert erscheint es dagegen, das Ziel der Rückfallverminderung gänzlich aus dem Auge zu lassen und sich mit jed-wedem Fortschritt in der Entwicklung eines Ju-gendstrafgefangenen zufrieden zu geben: Zum ei-nen gibt es zur Erreichung solcher Ziele besser geeignete Einrichtungen, insbesondere im Bereich der Jugendhilfe; zum anderen kann rechtliche Le-gitimationsgrundlage für den Jugendstrafvollzug nach der verfassungsgerichtlichen Rechtsprechung und dem JGG nur Rückfallverminderung sein.

Rechtsbehelfe

Alle vollzuglichen Entscheidungen unterliegen der gerichtlichen Kontrolle, wenn geltend gemacht werden kann, dass eine Maßnahme oder ihre Unterlassung den Gefangenen in seinen Rechten verletzt. In der Regel ist es die Jugendkammer am Landgericht, bei der ein Gefangener **Beschwerde** einlegen kann, der mit einer Entscheidung der Jugendstrafanstalt nicht einverstanden ist (§ 92 JGG).

Auch kann er sich an das Justizministerium wenden, das seiner Beschwerde u. U. abhelfen kann, indem es den Anstaltsleiter entsprechend anweist (Sachbeschwerde). Darüber hinaus gibt es die **Dienstaufsichtsbeschwerde** gegen den Anstaltsleiter. Mit ihr wird behauptet, dass dieser seine dienstlichen Pflichten verletzt habe und begehrt, dass die Aufsichtsbehörde gegen ihn Maßnahmen der Dienstaufsicht einleiten möge.

Literatur

Dünkel, F. (2005): Migration and Ethnic Minorities: Impacts on the Phenomenon of Youth Crime. The Situation in Germany. In: Queloz, N., Bütikofer Repond, F., Pittet, D., Brossard, R., Meyer-Bisch, B. (Hrsg.): Youth Crime and Juvenile Justice. The Challenge of Migration and Ethnic Diversity. Berne, (Staempfli) / Bruxelles (Bruylant), 45
– (1996): Empirische Forschung im Strafvollzug. Forum-Verlag Godesberg, Mönchengladbach
–, Geng, B. (2007): Rechtstatsächliche Befunde zum Jugendstrafvollzug in Deutschland. Forum Strafvollzug, 65–80
Greifswalder Inventar zum Strafvollzug (GIS) (2009): Gefangenenraten im Jugendvollzug. In: http://www.rsf.uni-greifswald.de/duenkel/gis/jugendvollzug/gefangenenraten.html, 8.11.2009
Heinz, W. (2008): Gleiches (Straf-)Recht = ungleiche Handhabung?(!) Kriminalpolitischer Föderalismus und seine Folgen. In: Görgen, T., Hofmann-Holland, K., Schneider, H., Stock, J. (Hrsg.): Interdisziplinäre Kriminologie. Festschrift für Arthur Kreuzer zum 70. Geburtstag, 1. Band. Verlag für Polizeiwissenschaft, Frankfurt / M.
Hosser, D. (2001): Jugendstrafe im Spannungsfeld zwischen Integration und Desintegration. Soziale Beziehungen und Haftfolgen im Jugendstrafvollzug. In: Bereswill, M., Greve, W. (Hrsg.): Forschungsthema Strafvollzug. 1. Aufl. Nomos, Baden-Baden
Jehle, J.-M., Heinz, W., Sutterer, P. (2003): Legalbewährung nach strafrechtlichen Sanktionen. Eine kommentierte Rückfallstatistik, herausgegeben vom Bundesministerium der Justiz. Forum-Verlag, Godesberg / Berlin
Kerner, H.-J. (2003): Der Übergang vom Strafvollzug in die Gesellschaft: Ein klassisches Strukturproblem für die Reintegration von Strafgefangenen. In: Bremer Institut für Kriminalpolitik (Hrsg.): Quo Vadis III. 1. Aufl. Eigenverlag Universität Bremen, Bremen, 27

– (1996): Erfolgsbeurteilung nach Strafvollzug. Ein Teil des umfassenderen Problems vergleichender kriminologischer Sanktionsforschung. In: Kerner, H.-J., Dolde, G., Mey, H.-G. (Hrsg.): Jugendstrafvollzug und Bewährung. Analysen zum Vollzugsverlauf und zur Rückfallentwicklung. Forum Verlag Godesberg / Bonn, 3
Ostendorf, H. (Hrsg.) (2009): Jugendstrafvollzugsrecht. Nomos, Baden-Baden
Prim, R. (1988): Das Bild vom Kriminellen – Ein Menschenbild für das soziale Training im Justizvollzug? Zeitschrift für Strafvollzug und Straffälligenhilfe. Gesellschaft für Fortbildung der Strafvollzugsbediensteten, Wiesbaden, 75
Statistisches Bundesamt (2010): Justizvollzug. In: http://www.destatis.de/jetspeed/portal/cms/Sites/destatis/Internet/DE/Content/Statistiken/Rechtspflege/Justizvollzug/Tabellen/Content50/Strafgefangene,templateId=renderPrint.psml, 30.04.2010
Stelly, W., Walter, J. (2008): Vollzugslockerungen im Jugendstrafvollzug – Am Beispiel der JVA Adelsheim. Monatsschrift für Kriminologie und Strafrechtsreform 4, 2008. 269–280
Streng, F. (2008): Jugendstrafrecht. 2. Aufl. C. F. Müller, Heidelberg
Walter, J. (2007): Überrepräsentation von Minderheiten im Jugendstrafvollzug. In: Strafverteidigervereinigungen, Organisationsbüro (Hrsg.): Wieviel Sicherheit braucht die Freiheit? 30. Strafverteidigertag 2006. 1. Aufl. Berlin, 187–217
–, Fladausch-Rödel, A.-I. (2008): Das Modellprojekt ISAB / BASIS in der JVA Adelsheim. In: Dünkel, F., Drenkhahn, K., Morgenstern, C. (Hrsg.): Humanisierung des Strafvollzugs – Konzepte und Praxismodelle. Schriften zum Strafvollzug, Jugendstrafrecht und zur Kriminologie, Band 33. Forum-Verlag Godesberg, Mönchengladbach, 55–63

Jugendverbände und Jugendpolitik

Von Hans Gängler

Jugendverbände gehören neben den Kommunen, den Kirchen und kleineren örtlichen Initiativgruppen zu den zentralen Trägern der Jugendarbeit in der Bundesrepublik Deutschland. Unter Jugendverbänden versteht man im Allgemeinen eine Vielzahl von Organisationen, die Angebote der Jugendarbeit auf der Basis von Freiwilligkeit und spezifischen Wertorientierungen durchführen. Abgesehen von wenigen Ausnahmen (z. B. die Pfadfinder) sind Jugendverbände an Erwachsenenorganisationen angegliedert. Ihre jeweiligen inhaltlichen und / oder weltanschaulichen Präferenzen (z. B. konfessionell, berufsständisch, gewerkschaftlich, politisch, freizeitbezogen, ökologisch) prägen ihre Angebote. Sie sind „Orte der sozialen und kulturellen Bildung, Foren der Auseinandersetzung mit Sinn- und Wertfragen, aber auch Räume der Begegnung und Geselligkeit." (Böhnisch et al. 1991a, 15)

Geschichte der Jugendverbände

Jugendverbände sind eine vergleichsweise junge Erscheinung. Erst seit gut hundert Jahren kann man davon ausgehen, dass Jugendliche ihre Freizeit in organisierten Gruppen verbringen, die durch verschiedene gesellschaftliche Gruppierungen zu Verbänden zusammengefasst werden.

Die Entstehung von Jugendorganisationen basiert dabei im Wesentlichen auf drei Voraussetzungen. Zum einen waren erst aufgrund des sich im 19. Jahrhundert entwickelnden Vereinsrechts und des aufblühenden *Vereinswesens* die Bündelungsprozesse der unterschiedlichsten gesellschaftlichen Gruppierungen, wie sie uns bei der Entwicklung der Jugendverbandsarbeit begegnen, möglich. Zum zweiten etablierte sich eine eigene Jugendphase durch die Entstehung eines *Freizeitbereichs*, der erst durch die Reduzierung der Arbeitszeit und die damit verbundene Erhöhung disponibler Zeit der erwerbstätigen Jugendlichen zustande kam. Und schließlich wurden diese Prozesse begleitet und dynamisiert durch die Entwicklung einer eigenen *Semantik* zur Codierung der Lebensphase Jugend, wie sie besonders die bürgerliche Jugendbewegung seit der Gründung des Wandervogels in reger publizistischer Tätigkeit produzierte.

Die historischen Wurzeln der heutigen Jugendverbände lassen sich daher unschwer im obrigkeitsstaatlichen Gefüge des ausgehenden Kaiserreichs identifizieren. Die organisatorische Entwicklung der Jugendverbände zeichnet sich dabei durch eine enge Verzahnung mit den jugendpolitischen Entscheidungen des Staates aus. Die ordnungspolitischen Bemühungen richteten sich vor allem auf die erwerbstätige, männliche, städtische Jugend. Dieser Aufgabe widmete sich etwa der bereits 1895 gegründete „Zentralausschuß zur Förderung der Jugend- und Volksspiele", der schätzungsweise 20 % der männlichen Jugendlichen in Preußen organisierte (Saul 1971). Mit der Gründung dieses Ausschusses lässt sich auch der Beginn der „staatlichen Jugendpflege" konstatieren. Durch die um 1900 einsetzende Wandervogelbewegung inspiriert, erweiterten sich im Lauf der Zeit die kontrollierend-disziplinierenden Zielsetzungen der Jugendpflege um jugendkulturelle und dienstleistungsbezogene Angebote, wie sich in den preußischen Erlassen von 1901, 1911 / 1913 und 1919 zunehmend dokumentiert (Gängler 1995a). In dieser Phase entwickelten sich nicht nur Grundlinien der staatlichen Förderung von Jugendverbänden sowie eine auf Ehrenamtlichkeit basierende Personalstruktur; es bildete sich darüber hinaus auch das plurale System der Jugendverbandsarbeit, indem eine Vielzahl von Erwachsenenorganisationen eigene Jugendvereinigungen gründeten.

Otto/Thiersch (Hg.), Handbuch Soziale Arbeit, 4. A., DOI 10.2378/ot4a.art074,

Während der Weimarer Republik entwickelten die Jugendverbände eine bisher nicht erreichte gesellschaftpolitische Aktivität (Böhnisch / Gängler 1991). Voraussetzung dafür war jedoch, dass es gelang, die weltanschaulich sehr unterschiedlich geprägten Jugendorganisationen – von der kirchlichen Jugend bis zur sozialistischen Jugend – innerhalb einer Dachorganisation zu vereinigen, dem „Reichsausschuß der deutschen Jugendverbände". Dieser Ausschuss vertrat die Interessen der Jugendverbände – vergleichbar dem heutigen Deutschen Bundesjugendring. In der Weimarer Zeit erreichten die Jugendverbände den höchsten auf Freiwilligkeit basierenden Organisationsgrad: knapp 50 % aller Jugendlichen zwischen 14 und 21 Jahren waren Mitglieder in Jugendorganisationen (Rauschenbach 1991). Zudem zeigte sich in den 1920er Jahren eine zunehmende Politisierung der Jugendverbände: Sie wurde zum einen hervorgerufen durch „den Kampf der Parteien um die Jugend", zum anderen aber auch dadurch, dass die junge Weimarer Demokratie Jugendfragen gegenüber vergleichsweise ambivalent eingestellt war. In diese Entwicklungsepoche fielen auch erste Ansätze einer wissenschaftlichen Beschäftigung mit Jugendverbänden. Die sich neu im akademischen Terrain etablierenden Wissenschaften – insbesondere Erziehungswissenschaft, Psychologie und Soziologie – wandten sich der Jugend(verbands)forschung zu (Dudek 1990; Böhnisch et al. 1991b).

Der Selbstanspruch nationalsozialistischer Ideologie stand einer pluralen und offenen Struktur der Jugendverbandsarbeit ablehnend gegenüber. Insofern erstaunt es nicht, dass bereits am 5. April 1933 die Geschäftsstelle des Reichsausschusses der deutschen Jugendverbände in Berlin von der Hitlerjugend gestürmt wurde. Die Jugendorganisationen wurden teils verboten (etwa die sozialistischen), teils in den Reichsausschuss integriert. Lediglich den kirchlichen Jugendorganisationen wurde noch ein kleiner Spielraum zugebilligt. Teile der in Jugendverbänden, aber auch in der Bündischen Jugend organisierten Jugend trafen sich weiter, teils heimlich, teils mit Akzenten des Widerstands (Klönne 2008). Ein Großteil der in der Jugendbewegung und in den Jugendverbänden entwickelten jugendkulturellen Elemente und Accessoires wurde von der Hitlerjugend – in ihrem Sinne modifiziert – übernommen.

Die Jahre nach Ende des Zweiten Weltkriegs kann man als eine Phase der Selbstbesinnung und Neuorientierung der Jugendverbandsarbeit bezeichnen. In Westdeutschland wurde teils an alte bündische oder kirchliche Traditionen angeknüpft, teils wurde versucht, kleine elitäre Zirkel in der Jugendverbandsarbeit zu etablieren. Bedeutsam allerdings wurde für die Zukunft der Jugendverbandsarbeit, dass hier – teils unter Anleitung und Unterstützung der Besatzungsmächte – Formen der Aus- und Weiterbildung für Jugendverbandsarbeit etabliert wurden, die sich an Methoden der (angloamerikanischen) Gruppenarbeit orientierten. Schlagworte vom „personalen Angebot" der Jugendverbände oder von deren „geistiger Mitte" machten die Runde in den Fachdiskussionen.

In Ostdeutschland entwickelte sich nach einer ersten, bis Anfang der 1950er Jahre dauernden Phase der Offenheit und Experimentierfreude eine einheitliche Staatsjugendorganisation (die Freie Deutsche Jugend), die sich – was Accessoires, Organisationsstruktur, parteipolitische Abhängigkeit oder auch die enge Verzahnung mit dem Bildungssystem anging – ganz in der Tradition der Hitlerjugend bewegte – allerdings vor dem Hintergrund einer völlig anderen ideologischen Orientierung (Zentralrat der Freien Deutschen Jugend 1956).

Ab Mitte der 1950er Jahre setzte in Westdeutschland eine intensive Diskussion über die gesellschaftliche Rolle und Funktion der Jugendverbände ein. Mit der berühmten „Grundsatzerklärung von St. Martin" im Jahre 1962 definierten die Jugendverbände ihre Rolle in der Gesellschaft neu, indem sie sich eine „ergänzende Erziehungsfunktion neben Familie und Schule" zuschrieben. Aber gerade die „vergesellschaftete Jugendarbeit" (Münchmeier 1995) barg in sich auch Widersprüche, die dann Ende der 1960er Jahre aufbrachen. Es war vor allem die Frage nach der Legitimität der normativen Orientierung eines solchen Erziehungsauftrags, um die – angestoßen durch die Studenten-, Schüler- und Lehrlingsbewegung – nach 1968 erbittert gerungen wurde.

Ab Anfang der 1970er Jahre begann ein Prozess, der das Gesicht der Jugendverbände deutlicher als viele Entwicklungen vorher verändern sollte: ein Prozess der Professionalisierung. Aufgrund des jugendpolitischen Engagements der frühen sozial-liberalen Koalition ergab sich im Laufe der

1970er Jahre für immer mehr Jugendverbände die Möglichkeit, hauptberufliche Mitarbeiterinnen und Mitarbeiter einzustellen, die aufgrund ihrer Qualifizierung (überwiegend Hochschulabschluss) neue Sichtweisen und Handlungsorientierungen in die bis dahin nahezu ausschließlich ehrenamtlich geführten Verbände einbrachten (Rauschenbach / Schilling 1995). Darüber hinaus starteten die meisten Verbände in den 1970er Jahren auch Qualifizierungsoffensiven für ihr ehrenamtliches Personal. Gruppenleiterschulungen wurden entwickelt, deren fachliches Niveau nicht selten die Qualität von einschlägigen Berufsausbildungen erreichte oder überschritt. Schließlich erhöhten auch die zunehmend komplexer werdenden Mechanismen der öffentlichen Förderung den Professionalisierungsdruck.

Die jüngste Entwicklungsphase der Jugendverbände könnte als *strukturelle Modernisierung* beschrieben werden. Zu beobachten sind dabei Prozesse, die die Binnenstruktur der Verbände selbst verändern und an gesellschaftliche Entwicklungen anpassen. Abgesehen davon, dass ein solcher Anpassungsprozess stets stattgefunden hat, scheint er nun Bereiche zu betreffen, die seit jeher zu den Kernbestandteilen der Jugendverbandsarbeit zählten (Rauschenbach 1994). Zunehmend weniger scheinen sich Jugendliche in der herkömmlichen Art und Weise – einmal wöchentlich ist Gruppenstunde – organisieren zu lassen. Viele Jugendverbände entwickeln daher – insbesondere auch in den neuen Bundesländern – Formen der offenen, teilweise selbstorganisierten und individualisierten Angebote für Jugendliche. Darüber hinaus deuten weitere Entwicklungen auf ein stärkeres Revirement jugendverbandlicher Strukturen hin: Formen der Organisations- und Personalentwicklung, des Managements oder ganz allgemein der Dienstleistungsorientierung werden in den Führungsetagen der großen Verbände wie selbstverständlich diskutiert, Projekte unter diesen Themenstellungen initiiert und umgesetzt (Gängler 1995b).

Merkmale von Jugendverbänden

Trotz der Vielfalt der seit der um 1900 entstandenen Jugendorganisationen und -verbände, ihren weltanschaulichen Unterschieden und der ausgeprägten Heterogenität in Organisationsformen und Tätigkeitsschwerpunkten, lassen sich sechs den meisten Jugendverbänden gemeinsame Merkmale ausmachen.

1. Entstehung und Erfolg der Jugendverbände seit 1900 verdanken sich nicht zuletzt der engen *Bindung an Milieus*. Jugendverbände entstanden aus den spezifischen Milieus des ausgehenden Kaiserreichs. Dabei gelang es insbesondere den konfessionellen Organisationen, Jugendliche entsprechend ihren Berufsrollen, verstärkt auch in ländlichen Regionen zu rekrutieren. Ähnlich erfolgreich, wenn auch nicht im gleichen Umfang, war die sozialistische und sozialdemokratische Jugendbewegung im Arbeitermilieu der wachsenden industriellen Zentren. Diese Milieunähe der Verbände erwies sich dabei als besonders ergiebiger Rekrutierungsfaktor, der über die Organisationsform Verband gleichzeitig wieder zur Stabilisierung der Milieus beitrug. Jugendverbände waren damit gleichzeitig Produkte und Produzenten von Milieus.

2. Ihre *Organisationsform* ist – obwohl staatlich initiiert und gefördert – eine privatrechtliche, überwiegend eine *vereinsförmige*. Sie sind daher von Anfang an auch Teil des Systems gesellschaftlicher Dienstleistungen im Sozial-, Bildungs- und Erziehungsbereich, rechtlich kodifiziert und über staatliche Mittelvergabe gebunden. Von Anbeginn an war der Jugendpflegebereich von staatlichem Interesse geprägt, blieb jedoch organisatorisch und inhaltlich den einzelnen Vereinigungen weitgehend überlassen (Naudascher 1990).

3. Ihre *Personalstruktur* war von Anfang an ganz überwiegend *ehrenamtlich* geprägt. Im Gegensatz etwa zu den Wohlfahrtsverbänden entwickelten die Jugendverbände erst vergleichsweise spät Formen der Verberuflichung. Bis heute ist Ehrenamtlichkeit ein zentrales Merkmal der Jugendverbandsarbeit geblieben, dem sowohl in Grundsatzerklärungen wie politischen Äußerungen ein hoher Stellenwert eingeräumt wird. Allerdings wandelten sich die Formen des Ehrenamts im Laufe der Zeit: Waren anfänglich die Ehrenamtlichen Erwachsene (überwiegend männlichen Geschlechts), so veränderte sich dies zunehmend unter dem Einfluss der Jugendbewegung. In den meisten Jugendorganisationen – nicht nur den „bündischen Gruppen" – kamen auch jüngere Ehrenamtliche zum Einsatz. Mit dieser Verjüngung setzte eine Differenzierung ein, die bis heute

Bestand hat: Die Verbandsfunktionen, Leitungsgremien und die meisten Führungsaufgaben bleiben den „Erwachsenen" vorbehalten, die pädagogische Tätigkeit auf der Ebene der Jugendgruppen, bei Fahrten, Zeltlagern etc. übernehmen Jugendliche und junge Erwachsene. So differenzierte sich innerhalb der Jugendverbände das politische vom sozialen Ehrenamt. Auch gab es von Beginn an Bemühungen um eine Qualifizierung der Ehrenamtlichen. Die Zentralstelle für Volkswohlfahrt, aber auch örtliche Organisationen führten Jugendpflegekurse durch (Deutsche Zentrale für Jugendfürsorge 1913, 835 ff.). Allerdings übernahmen im Laufe der Zeit mehr und mehr die Verbände selbst diese Schulungsaufgaben. Dies bot aus verbandlicher Sicht die Möglichkeit, Verbandsinhalte und Weltanschauung als Schulungsgegenstände zu vermitteln, um so die Verbandsidentität beim eigenen ehrenamtlichen Personal zu fördern.

4. Die Jugendverbände stellen eine *Institutionalisierung des Generationenverhältnisses* außerhalb von Familie, Schule und Berufsausbildung dar. Sie werden daher auch als „dritte Bildungs-" oder „vierte Sozialisationsinstanz" bezeichnet(Schefold 1972). Jugendverbände stellen damit zunächst einmal *soziale Ressourcen* dar, die unter pädagogischen (sozialisatorischen) Aspekten für Jugendliche Bedeutung bekommen. Sie bieten Kindern und Jugendlichen die Möglichkeit, eigene soziale Netze aufzubauen. Diese Möglichkeit gewinnt vor dem Hintergrund demographischer Entwicklungen eine neue Qualität. Innerhalb von Jugendgruppen können Beziehungsfähigkeiten entwickelt und erprobt werden. Die Gruppen entwickeln sich daher zunehmend zu einem Ort „institutionalisierter Ersterfahrung" (Rauschenbach 1994). Jugendverbände stellen zudem *Experimentierfelder für Lebensentwürfe* dar. Jugendliche können sich innerhalb der Verbände der Frage stellen, ob und wie sie sich für unterschiedliche Lebensentwürfe entscheiden. Es bieten sich Möglichkeiten der Diskussion, des Experiments, des Abwägens und des Integrierens verschiedener Perspektiven. Jugendverbände können für Jugendliche schließlich auch ein *Forum für kritische Auseinandersetzung* bieten. Innerhalb der Gesellschaft sind für Jugendliche kaum Orte in Sicht, in denen sie ernst genommen werden und sich in ihren Ansichten auch kritisch mit Erwachsenen und Jugendlichen auseinandersetzen können (Gängler 1991).

5. Sie entwickeln eigene pädagogische Formen und Methoden, von denen insbesondere die Arbeit mit Gruppen herausragende Bedeutung gewinnt. Die Gruppe ist nach wie vor das pädagogische Herzstück der Jugendverbandsarbeit; sie ist durch die Jugendverbände geradezu als pädagogisches Medium entdeckt worden (Böhnisch / Gängler 1991). Zu Beginn des 20. Jahrhunderts, als die staatliche Jugendpflege institutionalisiert wurde und das sozialkulturelle Potenzial der bürgerlichen Jugendbewegung an Einfluss gewann, konnte die Jugendverbandsarbeit dabei in hohem Maße auf *bereits existierende Gruppen* zurückgreifen. Diese Gruppen waren im Bereich der Jugendpflege vor allem die Schulklassen (von der ländlichen Fortbildungsschule bis zu städtischen Gymnasien) sowie die jahrgangsmäßig organisierten Jugendlichen, die sog. „Jahrgänge" in den jeweiligen Sozialmilieus (die Dorfjugend, die Arbeiterjugend in Stadtvierteln etc.). Die in der Jugendpflege Tätigen orientierten sich hierbei an den „naturwüchsigen" Gruppen wie bereits bestehenden Cliquen oder an solchen Gruppen, die durch die pädagogische Inszenierung „Schule" bereits vorgegeben waren.

6. Jugendverbände organisieren Jugendliche vornehmlich in Gesellungsformen *Gleichaltriger*. Dieses pädagogische Phänomen der Gleichaltrigenerziehung, die als organisierte Gleichaltrigenbeziehung den Kern verbandlicher Jugendarbeit ausmacht, ist ein so in keinem anderen pädagogischen Feld vorfindbares Phänomen. Die Eigentümlichkeit dieses Erziehungsverhältnisses ist nur zu verstehen vor dem Hintergrund eines sich in der Gleichaltrigenerziehung konstituierenden eigenen Erfahrungs- und Handlungsfeldes. Die pädagogische Beziehung zwischen Jugendlichen und Jugendlichen (bzw. Kindern) öffnet spezifische eigene Erfahrungsräume, die durch eine intergenerative Erziehung nicht vermittelt werden können: In ihrer alltäglichen Lebensbewältigung machen Jugendliche Erfahrungen, sammeln Wissen und erlernen Fähigkeiten und Fertigkeiten, die auch für ihre Altersgenossen, ihre Generation brauchbar und wichtig sein können. Dieses Wissen, diese Erfahrungen, Fähigkeiten und Fertigkeiten haben Jugendliche den Erwachsenen voraus. Jugendliche können diese Erfahrungen, ihre eigene Lebenspraxis anderen Jugendlichen zugänglich machen und dies in mehr oder minder institutionalisiertem Rahmen innerhalb der Jugendverbände.

Diese sechs Strukturmerkmale der Jugendverbände haben im Laufe ihrer Entwicklung zunehmend Ambivalenzen entwickelt, so dass sich heute die Frage stellt, ob es sich bei den Jugendverbänden möglicherweise um ein Übergangsphänomen handelt. Die starke Milieubindung der Jugendverbände verkehrt sich in ein zunehmendes Rekrutierungsproblem, wenn traditionelle Milieus sich aufzulösen beginnen oder zumindest ihre selbstverständliche Bindungskraft abnimmt. Die vergleichsweise hohe inhaltliche Autonomie der Verbände wird zunehmend eingeschränkt bei knapper werdenden Mitteln, so dass etwa die Politik mit Hilfe bestimmter Finanzierungstechniken (Programmfinanzierung etc.) die durch die wachsende Zahl hauptberuflicher Mitarbeiter und Mitarbeiterinnen von öffentlichen Mitteln abhängiger werdenden Jugendverbände in ihrem Sinne sozialstaatlich funktionalisieren kann. Die gewachsene Organisationsstruktur mit einem hohen Anteil ehrenamtlichen Engagements wird brüchig, wenn das Ehrenamt zunehmend an Attraktivität verliert (Rauschenbach 1994). Schließlich werden zunehmend Auflösungserscheinungen der Gruppe im Jugendverbandsbereich konstatiert. Ob dies eine Begleiterscheinung des gesellschaftlichen Individualisierungsprozesses oder als Zeichen für eine Umwandlung und Restrukturierung von Gesellungsformen zu deuten ist, wird derzeit kontrovers diskutiert. Die Prognose für die Jugendverbände lautet dann, dass sie immer weniger auf „naturwüchsige" oder bereits existierende Gruppen zurückgreifen können, sondern Gruppen erst inszenieren müssen. Dies hat entsprechende Konsequenzen für Kernbestandteile jugendverbandlicher Organisationsstrukturen: *Ehrenamtlichkeit* und *Mitgliedsstruktur*.

1. Aussagen zur quantitativen Bedeutung des Ehrenamts in Jugendverbänden sind außerordentlich schwierig, da es keine zuverlässigen empirischen Untersuchungen gibt. Schätzungen decken eine Bandbreite von 200.000 bis zu 1.000.000 ab (Düx 2000, 118), wobei die niedrigeren Zahlen in der Regel von wissenschaftlicher Seite, die höheren Zahlen von Verbandsseite stammen. Unabhängig von einer präzisen Quantifizierung der Ehrenamtlichen, weisen die Diskussionen der letzten Jahre – und insbesondere die intensivierten Bemühungen der Verbände um die Rekrutierung Ehrenamtlicher – auf fünf Strukturprobleme hin, mit

denen sich Jugendverbände auseinandersetzen müssen (Düx 2000, 133). Erstens befinden sich die Verbände in einem Rekrutierungsdilemma, da Ehrenamtliche verstärkt gewonnen werden müssen, und nicht mehr selbstverständlich „nachwachsen". Zweitens befinden sich die Verbände in einem Konkurrenzdilemma, da sie hinsichtlich der Freizeitangebote nur noch ein Veranstalter unter vielen anderen – kommerziellen und nichtkommerziellen – sind. Drittens entwickelt sich ein Gratifikationsdilemma, da ehrenamtliche Tätigkeit kaum mehr zum Nulltarif zu haben ist. Daher haben auch die Verbände in den letzten Jahren verstärkt Varianten der materiellen und symbolischen Gratifikationen entwickelt. Viertens verschärft sich das Verberuflichungsdilemma. Zunehmende Professionalisierung im Verbandsbereich, so notwendig und unverzichtbar sie hinsichtlich immer komplexer werdenden Förderungsstrukturen und anspruchsvoller pädagogischer Anforderungen auch ist, erhöht den Leistungsdruck für Ehrenamtliche, die ja in aller Regel die Vorgesetzten der Professionellen sind. Fünftens entwickelt sich aus den geschilderten Anforderungen heraus ein Qualifizierungsdilemma angesichts der gestiegenen pädagogischen, administrativen und politischen Herausforderungen. Aus diesen Gründen kommt Düx zu dem Schluss, „daß die ‚klassische' Form des Ehrenamts im Jugendverband – aus Verantwortung, Überzeugung, Pflichtgefühl und Verbandsidentifikation – als langfristiges institutionengebundenes Engagement für andere außerhalb des privaten Umfelds ohne direkte Rückerstattung und ohne spezielle Qualifikation mehr und mehr zu schwinden scheint." (Düx 2000, 135)

2. Ähnlich schwierig wie bei der Frage nach den Ehrenamtlichen gestaltet sich die Frage nach den Mitgliedern der Verbände. Auch hier kann man nicht auf zuverlässige empirische Untersuchungen zurückgreifen. Zwar wird in repräsentativen Jugenduntersuchungen (z. B. Shell-Studien) immer wieder der sog. Organisationsgrad der Jugendlichen erhoben, jedoch ist daraus kein eindeutiger Rückschluss auf Jugendverbände möglich. Wenn in der Shell-Studie 2000 von einem vergleichsweise stabilen Organisationsgrad von 42 % der Jugendlichen die Rede ist, so werden hier als Organisationen nicht nur Jugendverbände verstanden, sondern auch andere Zusammenschlüsse wie Fanclubs etc. Insofern schwanken auch die Angaben zum Orga-

nisationsgrad in Jugendverbänden zwischen knapp 20 % und über 30 % (Fischer et al. 2000).

Die zentrale Problematik dieser Diskussion besteht aber nicht eigentlich darin, wie viele Kinder und Jugendliche denn „wirklich" in Verbänden organisiert sind, sondern in der Auflösung des traditionellen Mitgliederverständnisses. Denn je nachdem, wie man den Begriff „Mitglied" definiert, erhält man entsprechend andere Zahlen. Verallgemeinernd lassen sich wenigstens vier Gruppen von Kindern und Jugendlichen unterscheiden, die Angebote der Jugendverbände nutzen: Da sind erstens die *„Konsumenten"*, die bestimmte Angebote der Verbände – ähnlich wie diejenigen anderer Dienstleistungsanbieter – entsprechend ihrem eigenen Verwertungsinteresse nutzen. Eine zweite Gruppe könnte man als „Stammkunden" bezeichnen. Sie gehen kurzfristige, engere Verbindlichkeiten mit den Verbänden ein, machen beispielsweise eine Ferienfreizeit mit, besuchen regelmäßiger Veranstaltungen der Verbände, binden sich hingegen selbst nicht an den Verband. Dies tut dann die dritte Gruppe, die Gruppe der klassischen *„Mitglieder"*. Sie identifizieren sich mit „ihrem" Verband, nehmen regelmäßig an Gruppenstunden, Treffen, Veranstaltungen o. ä. teil und entwickeln auf diese Weise eine stärkere Bindung an den Verband. Während bei den Konsumenten noch stark der Erlebnis- und Verwertungsaspekt des verbandlichen Angebots im Vordergrund steht, tritt bei den Stammkunden bereits das Interesse an der Gemeinschaft (auf Zeit) hinzu, Mitglieder schließlich orientieren sich zudem auch an den Werten und Zielen der Verbände. *Ehrenamtliche Mitarbeiter* – als vierte Gruppe – lassen sich am ehesten aus dem Kreis der Mitglieder gewinnen (Gängler 1995b). Vor diesem Hintergrund ist der traditionelle Mitgliederbegriff ungeeignet, etwas über die Reichweite der Angebote und die gesellschaftliche Wirksamkeit der Verbände auszusagen. Insbesondere jüngere Studien zur „Wirksamkeit" von Jugendverbandsarbeit (Lindner 2008) legen die Vermutung nahe, dass Jugend- und Jugendverbandsarbeit nachhaltige und positive biographische Wirkung hat (Lehmann / Mecklenburg 2006; Fauser et al. 2008b). Eine wichtige Rolle spielt hierbei offensichtlich die Tatsache, in welchem Umfang das Nutzungsverhalten der Jugendlichen tätigkeitsorientiert ist (Fauser 2008).

Jugendarbeit in Verbänden

Nach wie vor ist die Jugendgruppe der Kern verbandlicher Jugendarbeit. Daneben finden sich aber auch offene Angebote (z. B. Sommerlager, Ferienmaßnahmen, Discos) bis hin zu den auf spezifische Inhalte hin ausgerichteten und meist mittelfristig geplanten Projekten. So zeigt sich innerhalb der Jugendverbandsarbeit eine breite Palette von Arbeitsformen (Corsa 2007).

Die traditionellen Arbeitsformen entwickelten sich zu Beginn des 20. Jahrhunderts in der Jugendbewegung und wurden in den Verbänden tradiert und weiter entwickelt: Gruppenarbeit, Fahrt und Zeltlager. Die verbandlichen Jugendgruppen treffen sich in bestimmten zeitlichen Abständen – in aller Regel wöchentlich – nachmittags oder abends und bieten den Gruppenmitgliedern die Möglichkeit, mit Gleichaltrigen zusammen etwas zu unternehmen. Die Tätigkeiten und Unternehmungen lassen sich grob vier Bereichen zuordnen:

1. Geselligkeit, musische, kreative und handwerkliche Tätigkeiten,
2. Gespräche, Information, Bildung und Besinnung,
3. größere, zeitlich befristete Aktionen,
4. Öffentlichkeitsarbeit, Mitgliederwerbung.

In vielen Jugendverbänden wurden inzwischen auch zielgruppenspezifische Angebote entwickelt. Dabei lässt sich seit Jahren eine Ausweitung der Arbeit mit Kindern feststellen. In den Angeboten für Kinder geht es den Jugendverbänden vor allem darum, soziale Kontakte zu stiften und zu erhalten, den Kindern sinnliche Erlebnisse zu ermöglichen sowie zur Orientierung und Welterklärung beizutragen. Neben den bereits beschriebenen Arbeitsformen wurden auch spezielle kindgemäße Arbeitsformen entwickelt, so z. B. sozialräumliche Erkundungen, Kinderfeste und Kinderumzüge. Eine weitere zielgruppenspezifische Arbeitsform, die in den letzten Jahren an Bedeutung gewonnen hat, ist die geschlechtsspezifische Arbeit, bei der allerdings Mädchenarbeit verbreiteter ist als Jungenarbeit.

Eigene Arbeitsformen finden sich zudem in der Medien- und Kulturarbeit. Gruppenleiterinnen und -leiter werden in Fortbildungen mit dem Einsatz diverser Medien vertraut gemacht. Auch Kulturarbeit hat in den Jugendverbänden eine lange Tradition. Von öffentlich aufgeführten

Theaterstücken bis hin zu kulturellen Projekten (wie etwa einer Geschichtswerkstatt oder einem soziokulturellen Zentrum), von offenen und halboffenen Werkstätten, die schon einen Übergang zur offenen Jugendarbeit darstellen, bis hin zu Veranstaltungen wie Festivals, Theater- und Musiktreffen oder Gauklertreffen reicht inzwischen die in Jugendverbänden vorhandene Palette der Kulturarbeit.

Zur Qualifikation der ehrenamtlichen Mitarbeiterinnen und Mitarbeiter haben Jugendverbände zudem eine Vielzahl von Bildungsangeboten entwickelt: Seminare oder Tagungen, in denen sowohl sachbezogene als auch pädagogische Kenntnisse vermittelt werden. Schließlich organisieren Jugendverbände im Bereich der internationalen Jugendbegegnungen alljährlich eine Vielzahl von Austauschprogrammen.

In vielen Verbänden zeigen sich in den letzten Jahren verstärkt Tendenzen zum Übergang von der regelmäßigen Gruppenarbeit hin zur Projektarbeit. Dabei ist von besonderer Bedeutung, dass die Projektarbeit nicht sämtliche Aktivitäten der Jugendlichen überdeckt, sondern dass neben der Arbeit am Projekt noch genügend Spielraum für weitere Aktivitäten bleibt. So scheint Projektarbeit zunehmend zu einer Arbeitsform zu werden, die die überkommene Gruppenarbeit neu strukturiert: Gruppen werden auf Zeit und sachbezogen gebildet. Dazu kommt: Die immer stärker projekt- und nicht mehr tätigkeitsbezogen gewährte Förderung verlangt den Jugendverbänden ein solches Vorgehen ab.

Jugendverbände und Jugendpolitik

Jugendverbände, ihre landes- und bundesweiten Zusammenschlüsse sowie ihre Dachorganisationen bis hin zum Deutschen Bundesjugendring verstehen sich als Interessenvertretung der Kinder und Jugendlichen, als ihr jugendpolitisches Sprachrohr. Die Vertretung jugendpolitischer Interessen gegenüber Parlament, Regierung und Öffentlichkeit sieht der Deutsche Bundesjugendring als eine seiner zentralen Aufgaben an.

Da jugendpolitische Themen in den unterschiedlichsten Politikfeldern behandelt werden, aber eine einheitliche Konzeption unter kinder- und jugendpolitischen Gesichtspunkten nirgendwo in Sicht ist, besetzen die Jugendverbände hier eine seit vielen Jahren bestehende gravierende Leerstelle im politischen Sektor. Ob die jugendpolitischen Initiativen der Jugendverbände allein ausreichend wirkungsvoll sind, kann hier nicht analysiert werden. Die Verbände weisen jedoch nachdrücklich auf die Defizite einer von der „großen Politik" in aller Regel sektoral und problembezogen verhandelten Jugendpolitik hin.

Durch die bildungspolitischen Entwicklungen in der jüngeren Vergangenheit (u. a. Ausbau von Ganztagsschulen, aber auch Ausbau der Kindertageseinrichtungen) ist die Jugendarbeit insgesamt und damit auch die Jugendverbände in eine seltsame Sandwich-Position geraten, die sich sowohl auf der Ebene der Finanzierung als auch des bildungs- und jugendpolitischen Selbstanspruchs als doppelte Herausforderung erweist. Zum einen mehren sich die Anzeichen, dass die finanziellen Aufwendungen, die die Kommunen durch den Ausbau der Kindertageseinrichtungen erbringen müssen, nicht ohne Auswirkungen auf die Finanzierung der Kinder- und Jugendarbeit bleiben (Pothmann 2008). Andererseits sind Jugendverbände, die sich traditionell auch stark als Orte der Bildung und des Lernens verstanden haben, nun in der Pflicht, sich gegenüber einer sich zeitlich immer mehr ausdehnenden schulischen Organisation zu profilieren und sich als Bildungsorte eigener Qualität zu präsentieren (Züchner 2006). Ob sich in diesem Kontext ein neues Bildungsverständnis herauskristallisieren wird, das alltägliche Bildungsprozesse mit in den Blick nimmt und zu einer neuen Verzahnung der Bildungsorte führt (Rauschenbach 2009), das ist eine offene Frage.

Literatur

Böhnisch, L., Gängler, H. (1991): Jugendverbände in der Weimarer Zeit. In: Böhnisch, L., Gängler, H., Rauschenbach, T. (Hrsg.), 49–57

–, –, Rauschenbach, T. (Hrsg.) (1991a): Handbuch Jugendverbände. Juventa, Weinheim

–, –, – (1991b): Jugendverbände und Wissenschaft. In: Böhnisch, L., Gängler, H., Rauschenbach, T. (Hrsg.), 162–171

Corsa, M. (Hrsg.) (2007): Praxisentwicklung im Jugendverband. Barbara Budrich, Opladen / Farmington Hills

Deutsche Zentrale für Jugendfürsorge (Hrsg.) (1913): Handbuch für Jugendpflege. Hermann Beyer, Langensalza

Dudek, P. (1990): Jugend als Objekt der Wissenschaften. Westdeutscher Verlag, Opladen

Düx, W. (2000): Das Ehrenamt in Jugendverbänden: In: Beher, K., Liebig, R., Rauschenbach, T. (Hrsg.): Strukturwandel des Ehrenamts. Juventa, Weinheim / München, 99–142

Fauser, K. (2008): Gemeinschaft aus Sicht von Jugendlichen. Budrich, Opladen

–, Fischer, A., Münchmeier, R. (2008a): Jugendliche als Akteure im Verband. 2. Aufl. Budrich, Opladen

–, –, – (2008b): „Man muß es selbst erlebt haben…". Biographische Porträts Jugendlicher aus der Evangelischen Jugend. 2. Aufl. Budrich, Opladen

Fischer, A., Fritzsche, Y., Fuchs-Heinritz, W. (Hrsg.) (2000): Jugend 2000. 13. Shell Jugendstudie. 2 Bde. Leske & Budrich, Opladen

Gängler, H. (1995a): Staatsauftrag und Jugendreich. In: Rauschenbach, T., Sachße, C., Olk, T. (Hrsg), 175–200

– (1995b): Jugendarbeit als Dienstleistung? Neue Sammlung 35, 61–76

– (1991): Sozialisation und Erziehung in Jugendverbänden. In: Böhnisch, L., Gängler, H., Rauschenbach, T. (Hrsg.), 469–477

Klönne, A. (2008): Jugend im Dritten Reich. Die Hitlerjugend und ihre Gegner. PapyRossa Verlag, Köln

Lehmann, T., Mecklenburg, K. (2006): Jugendverbände als biographisch bedeutsame Lernorte. Schneider, Hohengehren

Lindner, W. (Hrsg.) (2008): Kinder- und Jugendarbeit wirkt. VS Verlag, Wiesbaden

Münchmeier, R. (1995): Die Vergesellschaftung von Wertgemeinschaften. In: Rauschenbach, T., Sachße, C., Olk, T. (Hrsg.), 201–227

Naudascher, B. (1990): Freizeit in öffentlicher Hand. Bröchler, Düsseldorf

Pothmann, J. (2008): Drastische Einschnitte. Amtliche Statistik signalisiert Personalabbau für Kinder- und Jugendarbeit. Jugendpolitik 2, 15–17

Rauschenbach, T. (2009): Zukunftschance Bildung. Familie, Jugendhilfe und Schule in neuer Allianz. Juventa, Weinheim / München

– (1994): Jugendverbände im Spagat. In: Deutscher Bundesjugendring (Hrsg.): Jugendverbände im Spagat. Votum, Münster 12–26

– (1991): Jugendverbände im Spiegel der Statistik. In: Böhnisch, L., Gängler, H., Rauschenbach, T. (Hrsg.), 115–131

–, Sachße, C., Olk, T. (Hrsg.) (1995): Von der Wertgemeinschaft zum Dienstleistungsunternehmen. Suhrkamp, Frankfurt / M.

–, Schilling, M. (1995): Die Dienstleistenden. In: Rauschenbach, T., Sachße, C., Olk, T. (Hrsg.), 321–355

Saul, K. (1971): Der Kampf um die Jugend zwischen Volksschule und Kaserne. Militärgeschichtliche Mitteilungen 9, 97–125

Schefold, W. (1972): Die Rolle der Jugendverbände in der Gesellschaft. Juventa, München

Zentralrat der Freien Deutschen Jugend (Hrsg.) (1956): Handbuch des FDJ-Gruppenleiters. Verlag Neues Leben, Berlin

Züchner, I. (2006): Mitwirkung und Bildungseffekte in Jugendverbänden – ein empirischer Blick. Deutsche Jugend 54, 201–209

Katastrophenhilfe und humanitäre Hilfe

Von Rainer Treptow

Katastrophenhilfe ist eine Form der akuten Nothilfe. Im Unterschied zu Kriseninterventionen bei Einzelnen oder kleinen Gruppen stellt sie Unterstützung für zahlreiche Menschen bereit, deren Lebensgrundlagen durch Großschadensereignisse auf elementare Weise beeinträchtigt sind. Die Katastrophenhilfe kommt staatlicherseits im Innern nur dann zum Einsatz, wenn der Katastrophenfall durch dafür zuständige Behörden der Landkreise und kreisfreien Städte ausgerufen wird (Ländergesetze; Bundesamt für Bevölkerungsschutz und Katastrophenhilfe 2004). Im Ausland ist zwingendermaßen mit den dort zuständigen zivilen Regierungsorganen zusammenzuarbeiten.

Ob ein Katastrophenfall vorliegt und Notfalleinsatzpläne angewendet werden, kann durchaus mit Einschätzungen von nichtstaatlicher Seite konfligieren. Großschadensereignisse hängen mit Naturphänomenen, technischem Versagen, mit Kriegen und Anschlägen zusammen. Nicht selten wirken sie wechselseitig, d. h. ein Ereignistyp löst einen anderen aus oder verstärkt diesen. Manche von Menschen verantworteten Handlungen führen zu Katastrophen auslösenden Veränderungen der Natur (Klimawandel, Intergovernmental Panel on Climate Change 2007). Umgekehrt schädigen die von Menschen nicht zu verantwortenden Naturereignisse menschliche Lebensgrundlagen und technische Einrichtungen. Indem Katastrophenhilfe auf solche Ereignisse reagiert – sich aber auch mit präventiven Maßnahmen wie Frühwarnsystemen, Evakuierungsplänen, Schutzmaßnahmen u. a. darauf einstellt (Katastrophenvorsorge, Gesellschaft für Technische Zusammenarbeit 2001; International Strategy for a Disaster Reduction 2002; United Nations 2006) – , sind ihre Interventionen abhängig von der jeweils besonderen Ausprägung, die die Katastrophen annehmen (Clausen et al. 2003; McNab 2007). Zwar scheinen sich die Zerstörungen an Leib und Leben, an Infrastruktur und Natur zu ähneln, eine genauere Bestimmung ihrer Formen macht jedoch Unterschiede sichtbar.

Formen der Katastrophe

Naturkatastrophen (von griechisch: „Katastrophe" = „Unglücksfall großen Ausmaßes, Verhängnis, Zusammenbruch") zeigen sich auf biologisch-chemische, geophysikalische, klimatische, hydrologische und meteorologische Weise (Center for Research on the Epidemiology of Disasters (CRED) 2007; Watts / Bergfeld 2008). Epidemien und Seuchen, Erdbeben und Vulkanausbrüche, Dürren und Überflutungen sowie Stürme und Extremtemperaturen sind die Formen. Technisches Versagen liegt z. B. bei Ereignissen wie Flugzeug- und Zugunglücken, bei Chemieunfällen oder bei der Reaktorschmelze von Atomkraftwerken vor. Der Anteil menschlichen Versagens am Funktionsausfall von Technik ist hier im Einzelfall zu klären, aber in Kriegen, auch Bürgerkriegen, ist er elementar. Krieg als menschliches Versagen gegenüber der Pflicht zum Frieden (Kant 1795) zielt immer auf die Schadenszufügung großer Bevölkerungsteile ab. Seine komplexe Verstrickung mit sozialen Fragen und Machtkämpfen zwischen unterschiedlichen Gruppen und Clans versetzt Katastrophenhilfe in ein riskantes politisches Umfeld – dies ist einer der Gründe, Katastrophenhilfe nicht nur als eine funktionale Hilfeform, sondern als ein Politikfeld zu definieren, worin es zu Spannungen zwischen Ethik, Politik und Recht kommen kann (Eberwein / Runge 2002; Caritas Schweiz / Caritas Luxemburg 2005; Henzschel 2006; Lieser 2007). Zugleich verweist die relativ kurzfristige Intervention nach dem Ereignis auf mittel- bis langfristige Maßnahmen zum Aufbau wirtschaftlicher und sozialer Infrastruktur.

Otto/Thiersch (Hg.), Handbuch Soziale Arbeit, 4. A., DOI 10.2378/ot4a.art075,

Katastrophenmanagement: Zeit-, Sach- und Sozialstruktur

Konfrontiert mit anfangs meist hoher Ungewissheit über Art und Ausmaß des Schadens hat ein Einsatz der Katastrophenhilfe ein komplexes Zusammenspiel von Informationsverarbeitung, Logistik und Kommunikation zu gewährleisten (Dijkzeul/Beigbeder 2003). Ihre Zeitstruktur ist durch besondere Dringlichkeit gekennzeichnet, ihre Sachstruktur durch Koordinierung von Transport und Verteilung von Hilfsgütern, von Personal sowie von medizinisch-technischem Gerät und ihre Sozialstruktur durch Zusammenarbeit zwischen lokal Betroffenen und verschiedenen Gruppen medizinischer, technischer und psychosozialer Berufe (Treptow 2007). Als Nothilfe ist die Katastrophenhilfe zugleich auf ein zeitnahes und möglichst umfassendes Lagebild über Art und Ausmaß der Schäden angewiesen, auf sozialräumlichen wie auf geografischen Überblick sowie auf Einschätzungen der verbliebenen Ressourcen und Kapazitäten in den betroffenen Regionen und der Risiken, die der Einsatz für das Hilfspersonal bedeutet. Die möglichst rasche Intervention am Ort des Geschehens erfordert räumlich die Platzierung von Hilfe-Settings in größtmöglicher Nähe zum Zentrum der Katastrophe und zugleich in größtmöglicher Sicherheit, um die Handlungskoordinierung der Rettungs- und Versorgungskräfte nicht zu gefährden. Über den Ort des Geschehens hinaus sind sozialräumliche Verwerfungen zu berücksichtigen, die sich durch Fluchtbewegungen von Bevölkerungsgruppen in für sicher gehaltene Territorien ergeben. Damit können Katastrophen weitere Folgen auslösen, denn die Aufnahme von Flüchtlingen in angrenzende Regionen ist keineswegs immer konfliktfrei, mitunter dramatisch (Young/Maxwell 2009). Dies betrifft auch die Gefährdung der Helfer in körperlicher und mentaler Hinsicht. Nicht selten riskieren sie das eigene Leben und setzen sich Belastungen aus, die traumatisierende Ausmaße annehmen können (Bengel 2004; Antares-Foundation 2006; Krampl 2007). Entsprechend notwendig ist ein Katastrophenmanagement, das bereits in der Bereithaltung von Hilfsgütern, ausgebildetem Personal und Transportmitteln auf das zukünftige Eintreten von Großschadensereignissen vorbereitet ist und im Ernstfall einen raschen zeitlichen Bedarfsausgleich organisieren kann. Damit sollten Einrich-

tungen der Katastrophenhilfe zu denjenigen zu zählen sein, die sich durch ein „hohes Maß an Zuverlässigkeit auszeichnen, sogenannte High Reliability Organizations oder kurz HROs" (Weick/Sutcliffe 2007, 7). Operationen des „Save and Rescue" (SAR) bilden einen ersten Bestandteil zeitnaher Unterstützung, um Betroffene zu bergen und medizinisch zu versorgen. Der Schutz der Betroffenen vor weiteren Folgen der Katastrophe (z. B. Nachbeben, Epidemien), ihre Unterbringung an anderen Orten und Territorien sowie die Versorgung mit Kleidern und Decken ist eine ebenso grundlegende Aufgabe wie die Versorgung mit Trinkwasser und Nahrungsmitteln. Ebenso gilt es, Hygienemaßnahmen durchzuführen, um den Wiederaufbau einer Infrastruktur zu ermöglichen, psychosoziale Unterstützung für Kinder, Jugendliche und Erwachsene zu gewährleisten und dabei kulturspezifische Regeln zu respektieren. Diese sind sowohl in der Rollenförmigkeit zwischen den Geschlechtern und Generationen als auch in Praktiken der alltäglichen Lebensweise (Ernährung, Kleidung etc.) bedeutsam (Sphere Project 2004; Munz 2007).

Zivilmilitärische Zusammenarbeit und Abgrenzungen

Der Begriff Katastrophenhilfe kann nicht auf die Arbeit ziviler Organisationen begrenzt werden, seien diese Nichtregierungsorganisationen oder nicht. Auch militärische Organisationen leisten entsprechende Hilfen, tun dies allerdings unter jenen Vorzeichen, die im Rahmen bewaffneter Konflikte gelten und eben nicht im Zeichen bedingungsloser Hilfe. Rettung und Versorgung der Zivilbevölkerung kann, aber muss nicht Aufgabe militärischer Operationen sein – es sei denn, diese haben den Auftrag zu sogenannter „humanitärer Intervention" (Wellhausen 2002) und rechtfertigen den Einsatz von Waffengewalt mit der Sicherung von Rahmenbedingungen, in deren Einflussbereich die Arbeit von Hilfsorganisationen überhaupt erst aufgenommen oder weitergeführt werden kann. Dass die dadurch erzeugte Nähe ziviler Hilfe zum Militär allerdings neue Gefährdungen für die Helfer auslösen kann, ist Gegenstand der Kritik an einer derartig begründeten zivilmilitärischen Zusammenarbeit (Verband Entwicklungspolitik deutscher Nichtregierungsorganisationen (VENRO) 2003; Rattat 2007; Böhme 2007). Damit ist die Frage nach dem Zusammenhang zwischen Katastrophenhilfe und humanitärer Hilfe – also nach Ethik – berührt.

Ethik und Politik

Katastrophenhilfe und humanitäre Hilfe zu unterscheiden, bedarf der Begründung, weil im öffentlichen Sprachgebrauch nicht selten von einer Übereinstimmung beider Hilfeformen ausgegangen wird. In einem solchen Verständnis ist alle Katastrophenhilfe zugleich humanitäre Hilfe – was indessen strittig ist, denn diese wird auch in Situationen und Regionen geleistet, die von akuten Großschadensereignissen entfernt sind –, es sei denn, man geht von einer Permanenz katastrophaler Verhältnisse aus, wie sie seit Jahrzehnten in Hunger- und Kriegsgebieten mit hohen Mortalitäts- und Verletzungsraten typisch sind. Von dieser Auffassung der Katastrophe unterscheidet sich eine andere, die ein zeitlich vergleichsweise begrenztes „verheerendes" Schadensereignis von den Phasen der Regeneration, der Stabilisierung und der lang-

fristigen Wiederherstellung öffentlichen und privaten Lebens abhebt. Dieses Ereignis ist, obwohl es sich lange angebahnt haben mag, zeitlich relativ klar abgrenzbar und wird im kulturellen Gedächtnis der Region auch als außerordentlich präsent gehalten. Es ist das Geschehen, vor dessen Eintritt ein relativ unbelastetes öffentliches Leben herrschte und nach dem eine (relativ) unbelastete Normalität angestrebt wird (z. B. vor und nach der Flut, vor und nach Tschernobyl).

So verstanden scheint es sinnvoll, zwischen Katastrophenhilfe und humanitärer Hilfe zu unterscheiden, weil damit folgende Beziehung angezeigt wird: zwischen der kurzfristigen Unterstützung in Notsituationen großen Ausmaßes und mittel- bis langfristigen Unterstützungen durch Zusammenarbeit in (Wieder-)Aufbauprojekten (Verbindung von Soforthilfe, Wiederaufbau und Entwicklung, European Union 2001; VENRO 2006; Treptow 2009). Abbildung 1 veranschaulicht den idealtypischen Verlauf, der auf zunehmende Eigenständigkeit und sinkende Abhängigkeit von Hilfeleistungen angelegt ist.

Es ist historisch gesehen keineswegs selbstverständlich, dass Katastrophenhilfe sich grundsätzlich von

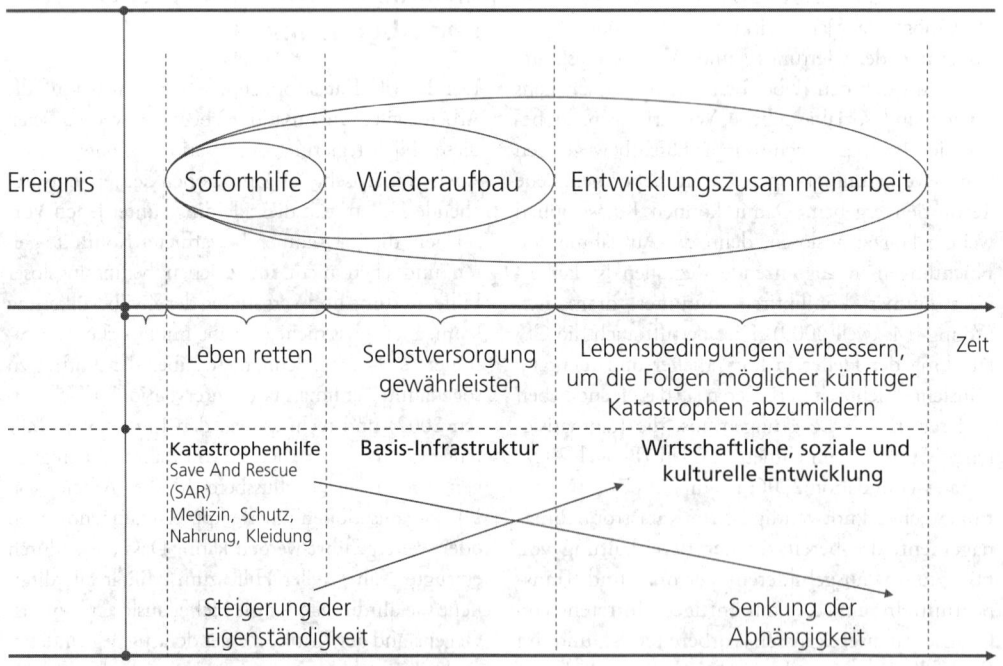

Abb. 1: Verbindung von Soforthilfe, Wiederaufbau und Entwicklung

humanitären Prinzipien leiten lässt, die prinzipiell für jeden in Not Geratenen in Absehung von Alter, Hautfarbe, Geschlecht und Religion bereitsteht. Vielmehr kann sich Katastrophenhilfe selektiv auf bestimmte Bevölkerungsgruppen beziehen und andere ausschließen, wie dies bei Einsätzen zur Versorgung von Eliten unter Benachteiligung der Zivilbevölkerung beispielsweise in Armutsgebieten der Fall war. Die Ethik humanitärer Hilfe enthält einen Grundsatz, der absolute, gleichsam weltethisch-universelle Geltung beansprucht und besagt,

„... dass jeder einzelne Mensch alleine wegen seines Menschseins ein Anrecht auf physische Unversehrtheit und damit auf Schutz vor Gewalt, Schmerz und Aggression hat. Dieses Anrecht – das ist der Kern des humanitären Hilfegedankens – existiert per se, a priori und vollkommen unabhängig von den äußeren Umständen (...). Sie ist bedingungslos, d.h. dass sie nicht nach der Gesinnung der Hilfsbedürftigen fragt" (Götze 2004, 10).

Diese „Bedingungslosigkeit" entspringt den ethischen Grundsätzen eines philanthropischen Denkens, die der Gründer des Roten Kreuzes zu Papier brachte. Der Schweizer Geschäftsmann Henri Dunant fordert 1862 in seinem Bericht über die Metzeleien zwischen österreichischen und französischen Truppen in der Schlacht von Solferino eine neutrale Instanz, die in Kriegen alle verwundeten Soldaten versorgt. Er gibt damit den Anstoß für die Genfer Konvention von 1864, die den verletzten Soldaten „ohne Unterschied der Nationalität" ein Recht auf Schutz und medizinische Behandlung zuweist (Dunant 1862/1997). Das bedeutet: Hilfsorganisationen bestehen auf Menschlichkeit, Neutralität, Unabhängigkeit und Unparteilichkeit. Auch die Helfer haben ein Recht auf Schutz: Das Symbol eines roten Kreuzes auf weißem Grund verpflichtet jede der Kriegsparteien zur Rücksicht. Im Einzelnen bedeutet das

„Menschlichkeit, d.h. das Bemühen, bei internationaler und nationaler Tätigkeit menschliches Leiden überall und jederzeit zu verhüten und zu lindern. *Unparteilichkeit*, d.h. keine Unterscheidung nach Nationalität, Rasse, Religion, sozialer Stellung oder politischer Überzeugung vorzunehmen, sondern sich einzig zu bemühen, den Menschen nach dem Maß ihrer Not zu helfen und dabei den dringendsten Fällen den Vorrang zu geben. *Neutralität*, d.h. die Enthaltung der Rotkreuz- und Rothalbmondbewegung von der Teilnahme an Feindseligkeiten wie auch, zu jeder Zeit, an politischen, rassischen, religiösen oder ideologischen Auseinandersetzungen, um sich das Vertrauen aller zu bewahren. *Unabhängigkeit*, d.h. auch wenn die Nationalen Gesellschaften den Behörden bei ihrer humanitären Tätigkeit als Hilfsgesellschaften zur Seite stehen und den jeweiligen Landesgesetzen unterworfen sind, müssen sie dennoch eine Eigenständigkeit bewahren, die ihnen gestattet, jederzeit nach den Grundsätzen der Bewegung zu handeln. Hilfe darf nicht zur Unterstützung eines politischen oder religiösen Standpunkts verwendet werden (Ziffer 3 des Code of Conduct)" (hervorgeh. im Original) (Deutsches Rotes Kreuz 2003).

Im Falle eines Krieges sind es die Genfer Konventionen von 1949, die Zusatzprotokolle von 1977, die die Pflichten der Kriegsparteien festlegen (Tomuschat 2007). Entsprechend dieser völkerrechtlichen Bestimmung, die auf der Zustimmung der UN-Mitgliedsstaaten beruht, muss humanitäre Hilfe in der Hauptsache in solchen Notsituationen zugelassen werden, die auf gewalttätige Auseinandersetzungen, auf die Wirkungen sogenannter Naturgewalten oder auf technisch bedingte Zerstörungen zurückzuführen sind. Humanitäre Hilfe bezieht sich also sowohl auf die Ausnahme extremer Katastrophen als auch auf die Normalität gewordene Aggression, z.B. in lang andauernden kriegerischen Konflikten. Sie steht damit in enger Beziehung zur Aufgabe einer langfristigen Politik der Entwicklungszusammenarbeit und der Friedenssicherung (Hennig 2007; Schneckener 2008).

Dilemmata und Kritik

Humanitäre Hilfe ist gefährdet, trotz jener ethischen Grundsätze mit militärischen Interventionen verwechselt zu werden. Daneben finden sich Dilemmata im Beziehungsdreieck von „Macht, Moral und Recht" (Eberwein/Runge 2002; Barnett/Weiss 2008). Diese Problematiken drücken sich in der Frage aus, ob humanitäre Hilfe Politik ersetzt, ob sie für kriegerische Zwecke instrumentalisiert wird und ob der Humanitarismus in der Krise sei. Die These „humanitäre Hilfe statt Politik" fasst die Skepsis zusammen, dass die Leistungen von staatlichen Organisationen und von Nichtregierungsorganisationen lediglich Ersatzhandlungen für eine fehlende, weil finanziell zu aufwendige globale Wirtschafts- und

Außenpolitik sein könnten. Die These, dass „humanitäre Hilfe für kriegerische Zwecke instrumentalisiert" wird, thematisiert die problematische Koppelung von Angriffskriegen mit gleichzeitiger Begleitung durch staatliche humanitäre Hilfe. Dies ist beispielsweise im Afghanistan geschehen, als der Abwurf von Nahrungsmitteln aus US-Flugzeugen als humanitäre Hilfe deklariert wurde. Dies löste den starken Protest von Hilfsorganisationen, insbesondere der Kirchen, aus (Misereor et al. 2003). Medico International vertritt sogar die Ansicht, dass zwar unzählige Menschen ohne humanitäre Hilfe sterben würden, aber diese Hilfe verstetige auch die Ursachen von Krieg und Verelendung (Gebauer 2003). Die Indikation, dass der Humanitarismus in der Krise sei, zielt nicht außerdem auf die Erosion des Neutralitätsgebots, auf Defizite in der Koordination und der mangelnden Professionalisierung humanitärer Hilfe (Polman 2005; Reiff 2002).

Organisationen

Katastrophenhilfe und humanitäre Hilfe spielen bislang weder in Theorie noch in Empirie Sozialer Arbeit eine bedeutende Rolle. Dabei sind es – in Deutschland – die großen und kleineren Träger aus der Liga der Freien Wohlfahrtspflege, also die Verbände der Sozialen Arbeit, die seit Jahrzehnten Hilfseinsätze in transnationalem und nationalem Maßstab organisieren. Die Logos dieser Organisationen – z. B. Diakonisches Werk, Caritas International, Deutsches Rotes Kreuz – lenken nicht nur durch qualifizierten Einsatz, sondern immer dann besonders intensive öffentliche Aufmerksamkeit auf sich, wenn um Spendengelder gebeten wird. Motiviert durch die medial vermittelten, sehr zeitnahen Berichte über Katastrophen rund um den Globus nimmt das Spendenaufkommen teilweise beträchtliche (Millionen-)Höhen an. Meist rücken Fachkräfte der Hilfsorganisationen in Koordination mit Krisenstäben des Auswärtigen Amtes sowie mit regionalen Partnerorganisationen am Ort des Geschehens aus und bringen Hilfsgüter, Spürhunde, medizinisches und technisches – mitunter schweres – Gerät. Vonseiten des Staates werden zusätzlich Mittel für humanitäre Hilfe zur Verfügung gestellt (Auswärtiges Amt 2009). In Deutschland wird diese Hilfeform durch die Katastrophenschutzgesetze der Länder flankiert, wobei der Bund mit technischer

Ausstattung und personeller Ausbildung ergänzt. Die Ständige Konferenz für Katastrophenvorsorge und Katastrophenschutz (2000, 1) versteht unter einer Katastrophe:

> „ein Geschehen, das Leben oder Gesundheit zahlreicher Menschen, erheblicher Sachwerte oder lebensnotwendige Versorgung der Bevölkerung in so ungewöhnlichem Maße gefährdet oder schädigt, dass es geboten erscheint, ein zu seiner Abwehr und Bekämpfung erforderliches Zusammenwirken von Behörden, Stellen und Organisationen unter die einheitliche Leitung der Katastrophenschutzbehörde zu stellen".

Regionale, nationale, inter- und transnationale Ebenen sind wie folgt unterscheidbar (vgl. Abb. 2). Katastrophenhilfe und humanitäre Hilfe gehören zwar formal, personell und sachlich zu jenen Trägern. Dies rechtfertigt aber nicht die Annahme, es handele sich bei Katastrophenhilfe und humanitärer Hilfe durchweg um Soziale Arbeit. Dem entsprechen weder die politischen Rahmenbedingungen noch die besondere, interprofessionelle Logik der Hilfeleistungen oder die Selbstbeschreibungen der Akteure, die für das Zusammenwirken des gesundheits- und ordnungspolitischen Auftrags tätig sind. Hinzu kommt die Tatsache, dass im Handlungsfeld nur in vergleichsweise geringem Ausmaß Sozialarbeiter(inn)en vertreten sind. In der Hauptsache sind es Berufe aus dem technischen Bereich (Technisches Hilfswerk, Minenräumdienste) sowie aus Medizin und Toxikologie (Katastrophenmediziner, Experten zur Dekontamination, Hygienefachleute). Hinzu kommen Fachkräfte für Bauwesen, Landwirtschaft und Ernährung sowie Psychologen und Notfallseelsorger. Sozialarbeiter(inn)en haben ihre Aufgabengebiete z. B. im Bereich der Betreuung von Menschen, die ihre Angehörigen verloren haben, in der gemeinwesenorientierten Krisenbewältigung und der posttraumatischen Reorganisation der alltäglichen Lebensbewältigung, mitunter auch in der direkten Krisenintervention und Trauerbegleitung.

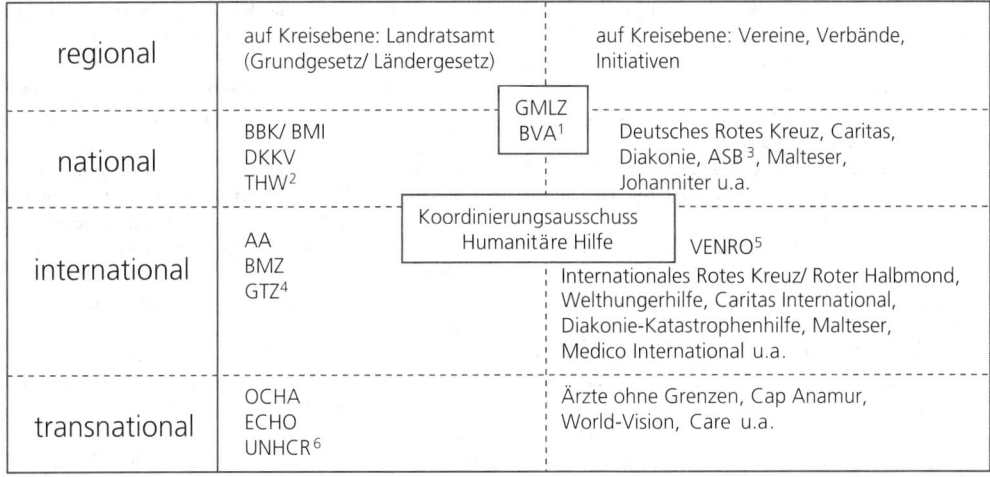

			GMLZ BVA[1]		
regional	auf Kreisebene: Landratsamt (Grundgesetz/ Ländergesetz)			auf Kreisebene: Vereine, Verbände, Initiativen	
national	BBK/ BMI DKKV THW[2]			Deutsches Rotes Kreuz, Caritas, Diakonie, ASB[3], Malteser, Johanniter u.a.	
international	AA BMZ GTZ[4]	Koordinierungsausschuss Humanitäre Hilfe		VENRO[5] Internationales Rotes Kreuz/ Roter Halbmond, Welthungerhilfe, Caritas International, Diakonie-Katastrophenhilfe, Malteser, Medico International u.a.	
transnational	OCHA ECHO UNHCR[6]			Ärzte ohne Grenzen, Cap Anamur, World-Vision, Care u.a.	

[1] GMLZ: Gemeinsames Lagezentrum von Bund und Ländern
BVA: Zentralstelle für Zivilschutz im Bundesverwaltungsamt
[2] BKK: Bundesamt für Bevölkerungs- schutz und Katastrophenhilfe
BMI: Bundesministerium des Inneren
DKKV: Deutsches Komitee für Katastrophenvorsorge
THW: Bundesanstalt Technisches Hilfswerk

[3] ASB: Arbeitersamariterbund
[4] AA: Auswärtiges Amt
BMZ: Bundesministerium für wirtschaft- liche Zusammenarbeit und Entwicklung
GTZ: Gesellschaft für technische Zusammenarbeit
[5] VENRO: Verband Entwicklungspolitik deutscher Nichtregierungs- organisationen

[6] OCHA: UN Office für Coordination of Humanitarian Affairs
ECHO: EU Humanitarian Aid Office
UNHCR: UN High Commissioner for Refugees

Abb. 2: Organisationen der Katastrophenhilfe auf unterschiedlichen Ebenen

Qualitätsstandards

Eine teilweise Neuorganisation von Einrichtungen der Katastrophenhilfe, der parallel dazu vorgenommene Ausbau von Organen der inneren Sicherheit, die in nationalstaatlichem und internationalem Maßstab tätig sind, findet in vielen Ländern statt oder ist bereits abgeschlossen.

Inzwischen haben sich eine Reihe wichtiger Nichtregierungsorganisationen auf eine Charta Humanitärer Hilfe geeinigt, in der Mindeststandards für die Zusammenarbeit mit betroffenen Bewohnern bei der Versorgung mit Wasser, Hygiene, Nahrung und bei der Gesundheitsversorgung festgelegt werden (Sphere Project 2004). Mit der Weltkonferenz für humanitäre Studien 2009 kommt erstmalig ein Verständigungsprozess zum Ausdruck, der als Herausbildung einer „Humanitären Welt" verstanden werden kann (Walker / Maxwell 2009; World Conference of Humanitarian Studies 2009). Fragen der Professionalisierung (Roth 2008) und der Koordinierung von Forschung – etwa im Rahmen des Overseas Development Institute (ODI) – stehen weiterhin auf der Agenda (McCord 2009).

Literatur

Antares-Foundation (2006): Managing Stress in Humanitarian Workers. Guidelines for Good Practice. Antares Foundation, Amsterdam

Auswärtiges Amt (2009): Themen humanitärer Hilfe. In: www.auswaertiges-amt.de/diplo/de/Aussenpolitik/Themen/HumanitaereHilfe/Uebersicht.html, 21.09.2009

Barnett, M., Weiss, T. G. (Hrsg.) (2008): Humanitarianism in Question. Politics, Power, Ethics. Cornell University Press, New York

Bengel, J. (Hrsg.) (2004): Psychologie in Notfallmedizin und Rettungsdienst. Springer, Berlin / Heidelberg

Böhme, R. (2007): Innere Einsätze der Streitkräfte beim Katastrophenschutz im Frieden. Dr. Kovacz, Hamburg

Bundesamt für Bevölkerungsschutz und Katastrophenhilfe (Hrsg.) (2004): Gesetz über die Einrichtung des Bundesamtes für Bevölkerungsschutz und Katastrophenhilfe (BBKG). Bundesanzeiger Verlagsgesellschaft, Köln

Caritas Schweiz, Caritas Luxemburg (2005): Hilfe in Not. Politische Spannungsfelder der Humanitären Hilfe. Caritas Schweiz und Luxemburg, Luzern / Luxemburg

Center for Research on the Epidemiology of Disasters (CRED) (2007): Annual Disaster Statistical Review. The Numbers and Trends. In: www.cred.be, 21.09.2009

Clausen, L., Geenen, E., Macamo, E. (Hrsg.) (2003): Entsetzliche soziale Prozesse. Theorie und Empirie der Katastrophen. LIT, Münster

Deutsches Rotes Kreuz (2003): Positionspapier des DRK zur zivil-militärischen Zusammenarbeit. Deutsches Rotes Kreuz, Berlin

Dijkzeul, D., Beigbeder, Y. (Hrsg.) (2003): Rethinking International Organizations: Pathologies and Promise. Berghahn Books, Oxford / New York

Dunant, H. (1862 / 1997): Eine Erinnerung an Solferino. Österreichiches Rotes Kreuz, Wien

Eberwein, W.-D., Runge, P. (Hrsg.) (2002): Humanitäre Hilfe statt Politik? Neue Herausforderungen für ein altes Politikfeld. LIT, Münster

European Union (2001): Communication from the Commission to the Council and the European Parliament of 23 April 2001 Entitled „Linking Relief, Rehabilitation and Development – An assessment". In: europa.eu/legislation_summaries/humanitarian_aid/r10002_en.htm, 25.11.2009

Gebauer, T. (2003): Kritische Nothilfe. Als müsse die Rettung erst noch erdacht werden. Grundlegende Gedanken zu einer Neubestimmung humanitärer Hilfe. In: www.medico-international.de/projekte/nothilfe/rettung.asp, 04.10.2005

Gesellschaft für Technische Zusammenarbeit (GTZ) (2001): Katastrophenvorsorge. Arbeitskonzept. GTZ, Eschborn

Götze, C. (2004): Humanitäre Hilfe. Das Dilemma der Hilfsorganisationen. In: Landeszentrale für politische Bildung Baden-Württemberg (Hrsg.): Der Bürger im Staat 4, 210–216

Hennig, O. (2007): Krisenprävention, Konfliktlösung, Friedenskonsolidierung: der deutsche Ansatz. In: Treptow, R. (Hrsg.), 163–176

Henzschel, Th. (2006): Internationale Humanitäre Hilfe – Bestimmungsfaktoren eines Politikfeldes unter besonderer Berücksichtigung der Bundesrepublik Deutschland. Books on Demand, Norderstedt

Intergovernmental Panel on Climate Change (IPCC) (2007): Climate Change 2007: Synthesis Report. Cambridge University Press, Cambridge

International Strategy for a Disaster Reduction (ISDR) (2002): Living with Risk. A Global Review of Desaster Reduction Initiatives. ISDR Secretariat, United Nations, Genf

Kant, I. (1795): Zum ewigen Frieden. Ein philosophischer Entwurf. Friedrich Nicolovius, Königsberg

Krampl, M. (2007): Einsatzkräfte im Stress. Auswirkungen von traumatischen Belastungen im Dienst. Asanger, Kröning

Lieser, J. (2007): Zwischen Macht und Moral. Humanitäre Hilfe der Nichtregierungsorganisationen. In: Treptow, R. (Hrsg.), 40–56

McCord, A. (2009): Social Protection: A Global Imperative. In: Overseas Development Institute (ODI), Opinion 129. In: www.odi.org.uk/resources/details.asp?id=3271& title=social-protection-g-20-global-financial-crisis, 21.09.2009

McNab, Ch. (2007): Die größten Katastrophen der Welt. Bassermann, München

Misereor, Brot für die Welt, Evangelischer Entwicklungsdienst (EED) (2003): Gemeinsame Stellungnahme von Misereor, Brot für die Welt und EED. Evangelische Kirche in Deutschland, Hannover

Munz, R. (2007): Im Zentrum der Katastrophe. Was es wirklich bedeutet, vor Ort zu helfen. Campus, New York / Frankfurt / M.

Polman, L. (2005): Der Hilfe-Supermarkt. Humanitäre Organisationen, Geschäft, Medien und Kriegsparteien. Lettre International 69, 25–32

Rattat, E. (2007): Möglichkeiten und Grenzen der Zusammenarbeit der deutschen Streitkräfte mit nichtstaatlichen Organisationen bei Friedensmissionen. In: Treptow, R. (Hrsg.), 57–70

Reiff, D. (2002): A Bed for the Night. Humanitarianism in Crisis. Vintage Books, London

Roth, S. (2008): Krisen-Bildung. Aus- und Weiterbildung von KriseninterventionshelferInnen. Dr. Kovacz, Hamburg

Schneckener, U. (2008): Adressing Fragile Statehood: Dilemmas and Strategies of International Statebuildung. In: Rittberger, V., Fischer, M. (Hrsg.): Strategies for Peace. Contributions of International Organizations, States, and Non-State Actors. Barbara Budrich, Opladen, 193–219

Sphere Project (2004): Humanitarian Charter and Minimum Standards in Disaster Response. Practical Action, Rugby / Warwickshire

Ständige Konferenz für Katastrophenvorsorge und Katastrophenschutz (Hrsg.) (2000): Katastrophenschutz in Gesetzen der Länder. Vergleichende Darstellung. Eigenverlag, Köln

Tomuschat, Ch. (Hrsg.) (2007): Völkerrecht. 4. Aufl. Nomos, München

Treptow, R. (2009): Questions of Professionalisation. Linking Relief, Rehabilitation and Development (Draft): World Conference of Humanitarian Studies (WCHS). Panel 46. Groningen

– (2008): Rezension zu: Krampl, M. (2007). In: www.socialnet.de/rezensionen/5564.php, 21.09.2009

– (Hrsg.) (2007): Katastrophenhilfe und Humanitäre Hilfe. Ernst Reinhardt, München / Basel

United Nations (UN) (2006): Global Survey of Early Warning Systems. An Assessment of Capacity, Gaps and Opportunities. Building a Comprehensive Global Early Warning System for All Natural Hazards. Secretary-General of the United Nations, Genf

Verband Entwicklungspolitik deutscher Nichtregierungsorganisationen (VENRO) (2006): Linking Relief, Rehabilitation and Development. Ansätze und Förderinstrumente zur Verbesserung des Übergangs von Nothilfe, Wiederaufbau und Entwicklungszusammenarbeit. VENRO, Bonn

– (Hrsg.) (2003): VENRO-Positionspapier: Streitkräfte als humanitäre Helfer? VENRO, Bonn

Walker, P., Maxwell, D. (2009): Shaping the Humanitarian World. Routledge, New York / Manchester

Watts, C., Bergfeld, Ch. (2008): Naturkatastrophen: Tsunamis, Hurrikane, Erdbeben, Vulkanausbrüche. Bassermann, München

Weick, K. E., Sutcliffe, K. M. (2007): Managing the Unexpected. Jossey-Bass, San Francisco

Wellhausen, M. (2002): Humanitäre Intervention. Problem der Anerkennung des Rechtsinstituts unter besonderer Berücksichtigung des Kosovo-Konflikts. Nomos, Baden-Baden

World Conference of Humanitarian Studies (WCHS) (2009): Papers & Abstracts, Groningen Congres Bureau

Young, H., Maxwell, D. (2009): Targeting in Complex Emergencies: Darfur Case Study. Feinstein International Center, Boston. In: wikis.uit.tufts.edu/confluence/download/attachments/24908400/TCE_Darfur.pdf?version=1, 21.09.2009

Kinder- und Jugendhilfe

Von Norbert Struck und Wolfgang Schröer

Die Kinder- und Jugendhilfe ist ein sozialer Dienstleistungsbereich, der sich sowohl auf eine öffentliche Infrastruktur zur Pflege, Erziehung und Bildung von Kindern und Jugendlichen als auch auf Interventionsaufgaben und das sog. „Wächteramt des Staates" bezieht (insgesamt im Überblick zu Kinder- und Jugendhilfe: Schröer et al. 2002; Jordan 2005; Rätz-Heinisch et al. 2009). Historisch schließt die Kinder- und Jugendhilfe entsprechend an zwei Aufgabengebiete an: Die Jugendfürsorge und Jugendpflege. 1922 wurde die Kinder- und Jugendhilfe erstmals umfassend im Reichsjugendwohlfahrtsgesetz gesetzlich geregelt. Seit 1990 regelt das Kinder- und Jugendhilfegesetz (KJHG), insbesondere sein Kern, das Achte Sozialgesetzbuch (SGB VIII) die Leistungen und Aufgaben. Das SGB VIII / KJHG versteht sich heute primär als Dienstleistungsgesetz, das sowohl das allgemein gefasste Recht auf Förderung der Entwicklung und Erziehung der Heranwachsenden herausstellt als auch gerechte Lebensbedingungen für alle Kinder, Heranwachsenden und ihre Familien ermöglichen soll. Dabei sind „die unterschiedlichen Lebenslagen von Mädchen und Jungen zu berücksichtigen, Benachteiligungen abzubauen und die Gleichberechtigung von Mädchen und Jungen zu fördern" (§ 9). Als soziales Dienstleistungsgesetz beinhaltet das Kinder- und Jugendhilfegesetz vielfältige Formen der Beteiligung und Mitbestimmung von Kindern, Jugendlichen und Familien. Für die professionelle und disziplinäre Sozialpädagogik hat die Kinder- und Jugendhilfe in Geschichte und Gegenwart eine besondere Bedeutung, da die fachlichen Diskussionen immer wieder reflexiv an Entwicklungen in diesem sozialen Dienstleistungsbereich zurück gebunden werden.

Kinder- und Jugendhilfe – eine geschichtlicher Rückblick

Die Geschichte der Kinder- und Jugendhilfe ist eng mit der Geschichte der Kindheit und Jugend und der Entwicklung der sozialen Bedingungen des Aufwachsens in modernen Gesellschaften verbunden. Es ist eine Geschichte von Kontrollmaßnahmen, der Sozialdisziplinierung, der Ausübung von Macht gegenüber Kindern, Jugendlichen und Familien, aber ebenfalls von sozialen und pädagogischen Reformbemühungen, um die Lebensverhältnisse von Kindern, Jugendlichen und Familien zu verbessern. Zudem wäre die Kinder- und Jugendhilfe in Deutschland, wie wir sie gegenwärtig kennen, auch ohne den Sozialstaat und die Geschichte der Sozial-, Familien- und Bildungspolitik insgesamt nicht denkbar (Hornstein 2007).

In der Geschichtsschreibung liegt bis heute ein deutlicher Schwerpunkt auf der Jugendfürsorge – also den Interventionen, die in unterschiedlichen Formen zu Erziehungsmaßregelungen führten. Auffällig ist in diesem Zusammenhang, dass die historischen Entwicklungen der Organisationsformen und die Leistungen von Persönlichkeiten und sozialen Gruppen verhältnismäßig gut dokumentiert sind. Es gibt allerdings wenige historische Untersuchungen aus der Perspektive von Kindern, Jugendlichen und Familien, deren Leben durch diese Einrichtungen beeinflusst wurden. Selten wurde somit herausgearbeitet, was die Interventionen und Maßnahmen für die Kinder und Jugendlichen in ihrem Alltag bedeuten. In Bezug auf die institutionelle Entwicklung wird einerseits darauf hingewiesen, dass z. B. bereits im Vormärz (um 1830) Freimaurer sozialpädagogische Institutionen im Rahmen von Sonntagsschulen unter Verweis auf die sich verändernde erzieherische Funktionsfähigkeit von Familie und Schule (Gedrath 2003) gründeten. Als ein Entwicklungs-

Otto/Thiersch (Hg.), Handbuch Soziale Arbeit, 4. A., DOI 10.2378/ot4a.art076,

kern der Heimerziehung wird auch die Gründung des Rauhen Hauses bei Hamburg (1833) durch J. H. Wichern (1808–1881) angesehen (Kunstreich 1995; Niemeyer 1997; 1998). Vor allem wird aber der Zeitraum ab ca. 1878 bis zum Beginn der Weimarer Republik als die Gründerphase der öffentlichen Jugendhilfe bezeichnet (Peukert 1986). 1878 wird hier als Einschnitt genannt, da in Preußen in diesem Jahr das Gesetz betreffend der Unterbringung verwahrloster Kinder erlassen wurde. Dieses Gesetz regelte erstmals die Zwangserziehung Minderjähriger bis zum 12. Lebensjahr. Am 1. April 1901 trat dann das Preußische Fürsorgeerziehungsgesetz (Gesetz über die Fürsorge-Erziehung Minderjähriger) vom 2. Juli 1900 in Kraft, das u. a. mit den rechtlichen Veränderungen des Bürgerlichen Gesetzbuches begründet wurde. Doch die Veränderungen ab den 1870er Jahren sind mit diesen Gesetzesinitiativen keineswegs ausreichend zusammengefasst (Uhlendorff 2000), denn die Entwicklung der Kinder- und Jugendfürsorge knüpfte in ihrer Ausgestaltung und in ihren zentralen Leitbildern einerseits auch an soziale und organisationale Reformperspektiven an, wie sie sich in den Städten und Kommunen bereits im 19. Jahrhundert herausgebildet und zum Ende des Jahrhunderts zu einer Ausdifferenzierung aus der Armenfürsorge geführt hatten. Andererseits ist sie auch durch Entwicklungen in der sog. Jugendpflege und die Regulation der Jugendbewegung geprägt. So gab das Reichsjugendwohlfahrtsgesetz (RJWG) vom 09.07.1922, mit reduziertem Gehalt wirksam ab 1. April 1924, den beiden Armen der Jugendwohlfahrt – der Jugendfürsorge und der Jugendpflege – eine einheitliche Rechts- und Verwaltungsgrundlage.
Mit dem RJWG wurde zum ersten Mal in Deutschland die Erziehungsaufgabe der Eltern und im Besonderen das Recht des Kindes auf Erziehung einheitlich rechtlich verankert. Jedoch bedeutete diese Formel nicht, dass der insbesondere zu Beginn des Jahrhunderts diskutierte Vorschlag eines „allgemeinen Jugendrechtes" sich durchsetzen konnte. Es wurde somit kein „Rechtssystems für den gesellschaftlichen Teilbereich Jugend" verabschiedet, das „durchaus vergleichbar mit der Entwicklung des Arbeitsrechts zur Regelung der Rechtsposition des Arbeitnehmers gegenüber Betrieb und Staat" gewesen wäre. Wirklichkeit wurde ein „Jugendhilferecht, das den Maßnahmen von Erziehungsinstitutionen eine gesetzliche Grundlage geben sollte" (Hering/

Münchmeier 2000, 132 f.). Betrachtet man somit in der historischen Rückschau das RJWG, so war es – wie Detlev Peukert es herausgearbeitet hat – letztlich ein „Jugendamtsgesetz" (Peukert 1986, 137). Insgesamt konnte das als Reformwerk geplante Gesetz in den Jahren bis 1933 aufgrund der Aufhebung wesentlicher Bestimmungen, aber auch wegen der weiter wachsenden innenpolitischen Widersprüche nicht umgesetzt werden (Gräser 1995).
Für die Kinder- und Jugendhilfe bedeutet dann die Zeit des Nationalsozialismus vor allem eine veränderte Rechtspraxis: „Inhaltlich war die Entwicklung nationalsozialistischer Jugendhilfe vor allem durch die zunehmende Überlagerung mit rassenhygienischem Gedankengut und die Indienstnahme für erbgesundheitliche ‚Aufartungs'-Programme charakterisiert" (Sachße/Tennstedt 1992, 166). Verändert wurde entsprechend der nationalsozialistischen Ideologie die Aufgabenstruktur des Jugendamtes. Mit dem Gesetz zur Vereinheitlichung des Gesundheitswesens vom 3. Juli 1934 wurden z. B. diesem „die Aufgaben der Mütter- und Säuglingsberatung" entzogen und indem der Hitler-Jugend der Führungsanspruch über „die gesamte deutsche Jugend" übertragen wurde, „wurde zugleich jede eigenständige Jugendpflege der Jugendämter obsolet" (Sachße/Tennstedt 1992, 156). Die Aufgaben der Jugendämter beschränkten sich zusehends auf „hoheitliche Eingriffe", die wiederum durch die Nationalsozialistische Volkswohlfahrt überprüft wurden (161). 1940 wurde zudem für die sog. „Schwerst-" und „Unerziehbaren" das Jugendschutzlager Moringen und 1942 für Mädchen das Jugendschutzlager Uckermark eingerichtet. „Spätestens ab 1942 wies die Gestapo auch mit Schutzhaft belegte minderjährige Gefangene in die Jugendschutzlager ein. Wie in den großen Konzentrationslagern befanden sich gleichzeitig Schutz- und Vorbeugungshäftlinge in den Jugendschutzlagern" (Ayaß 1995, 182). Ein Erlass des Reichsinnenministers vom 26. April 1944 regelte endgültig die Einweisung der Jugendlichen, die unter militärischem Drill und ohne Rechte in Lagern untergebracht wurden (Schrapper 1993).
Erst nach den Wahlen zum ersten Bundestag 1949 konnte wiederum eine eigene Jugendpolitik des Bundes einsetzen. So gab es 1953 eine Ergänzung im RJWG, in der letztlich der status quo von 1922/24 bei stabileren politischen, durch die Besatzungsmächte garantierten, Verhältnissen wieder

hergestellt wurde. Große Erwartungen wurden dagegen an die zweite Nachkriegsnovelle des RJWG im Jahr 1961 gerichtet. Aus dem Reichsjugendwohlfahrtsgesetz, das in erster Linie als „Eingriffsrecht" in die Familien gesehen wurde, sollte ein soziales Leistungsgesetz werden, durch das die Familien in ihrer Erziehungsleistung unterstützt werden (Hasenclever 1978; Jordan / Münder 1987). Die Novelle, die als „Gesetz für Jugendwohlfahrt" (JWG) verkündet wurde, konnte die erhoffte grundlegende Umwandlung des Jugendhilferechts in ein Leistungsgesetz nicht leisten. Die rechtliche Basis der Kinder- und Jugendhilfe in Deutschland war seit 1922 / 24 wesentlich durch ein Gesetz geprägt, das noch „völlig durch seine Herkunft aus dem Polizeirecht (Pflegekinderschutz) und dem Strafrecht (Fürsorgeerziehung) und durch obrigkeitliche Vorstellung einer eingreifenden Verwaltung" (Bundesministerium für Jugend, Familie und Gesundheit 1972, 31) bestimmt war. Als Ergebnis und Bilanz jahrzehntelanger Diskussionen wurde dann das Kinder- und Jugendhilfegesetz (SGB VIII / KJHG) im Jahr 1990 als komplette Neufassung des Jugendwohlfahrtsgesetzes (JWG) verabschiedet.

Kinder- und Jugendhilfe als differenzierter Dienstleistungssektor

In Artikel 20 des Grundgesetzes der Bundesrepublik Deutschland heißt es: „Die Bundesrepublik Deutschland ist ein demokratischer und sozialer Bundesstaat." Entsprechend diesem Sozialstaatsprinzip, das als Staatsziel verstanden wird, verfügt jeder Bürger und jede Bürgerin über Rechte auf soziale Sicherung. Zu den Systemen der Sozialen Sicherung gehört auch der Bereich der heutigen Kinder- und Jugendhilfe (ausführlich zum Folgenden: Rätz-Heinisch et al. 2009). Darum stellt sich die Kinder- und Jugendhilfe als sozialstaatlicher Dienstleistungssektor dar, der ein ausdifferenziertes Versorgungssystem im Sinne der Prävention und Intervention zur Verfügung stellt. Zudem ist die Kinder- und Jugendhilfe kommunal verfasst. Das Jugendamt hat die Gesamtverantwortung für die kommunale Kinder- und Jugendhilfe und ist mit der Verwaltung und dem Jugendhilfeausschuss bundesrechtlich zweigliedrig organisiert. Durch

die Föderalismusreform von 2006 (AGJ 2006) wurden allerdings den Ländern Möglichkeiten abweichender Regelungen gegeben, von denen im Hinblick auf die Zweigliedrigkeit bisher nur das Land Baden-Württemberg Gebrauch gemacht hat (§§ 41 und 44 des Gesetzes zur Weiterentwicklung der Verwaltungsstrukturreform in Baden-Württemberg vom 01.10.2008, das am 21.10.2008 im GBl. Baden-Württemberg verkündet worden ist).

Jeder Bürger und jede Bürgerin hat ein Recht auf die Betreuung der Kinder, aber auch, wenn ein begründeter Bedarf vorliegt, auf Hilfe in Erziehungsfragen und bei Erziehungsproblemen. Der Bundesgesetzgeber gibt dabei allein einen Rahmen für die unterschiedlichen Gestaltungsverfahren der Kinder- und Jugendhilfe vor, die sich sowohl auf die individuellen Hilfen als auch auf die öffentliche Gewährleistung in kommunaler Gesamtverantwortung beziehen. Diese Verfahren erfordern sozialpädagogisch begründete methodische Ansätze, aber auch ein professionelles Selbstverständnis, das sich an einer beteiligungsfördernden Grundhaltung festmacht. Ausgangspunkt und Gestaltungsprinzip der Verfahren der Kinder- und Jugendhilfe ist dabei die Beteiligung, d. h. die Mitwirkung und Mitbestimmung von Kindern, Jugendlichen und Familien sowie die partnerschaftliche Zusammenarbeit in der Aushandlung zwischen allen Beteiligten.

Die Aufgaben, die in den Bereich der heutigen Kinder- und Jugendhilfe fallen, lassen sich in fünf große Bereiche unterteilen.

- Jugendarbeit, Jugendsozialarbeit, erzieherischer Kinder- und Jugendschutz (§§ 11–15 SGB VIII / KJHG)
- Förderung der Erziehung in der Familie (§§ 16–21 SGB VIII / KJHG)
- Förderung von Kindern in Tageseinrichtungen und Tagespflege (§§ 22–26 SGB VIII / KJHG)
- Hilfen zur Erziehung, Eingliederungshilfe für seelisch behinderte Kinder und Jugendliche, Hilfe für junge Volljährige (§§ 27–41 SGB VIII / KJHG)
- Andere Aufgaben (§§ 42–60 SGB VIII / KJHG)

Die aufgeführten Aufgabenbereiche verfolgen gemäß § 1 Abs. 3 SGB VIII folgende Ziele:

- *Förderung* von jungen Menschen in ihrer Entwicklung und Vermeidung bzw. Abbau von Benachteiligungen,

- *Beratung und Unterstützung* von Eltern und anderen Erziehungsberechtigten in Erziehungsfragen,
- *Schutz* von Kindern und Jugendlichen vor Gefahren für ihr eigenes Wohl,
- *Erhalt bzw. Schaffung* von positiven Lebensbedingungen für junge Menschen und ihre Familien sowie eine kinder- und familienfreundliche Umwelt.

Insgesamt kann aus einer rechtlichen Perspektive zwischen individuellen Rechtsansprüchen auf Leistungen der Kinder- und Jugendhilfe wie bspw. den Hilfen zur Erziehung, Leistungsansprüchen der öffentlichen Gewährleistung wie bspw. der Familienbildung sowie den staatlichen hoheitlichen Aufgaben wie bspw. der Inobhutnahme unterschieden werden. Aus einer fachlichen Perspektive haben die oben aufgeführten Leistungsbereiche einerseits einen regelversorgenden und damit eher präventivfördernden Charakter, d. h. sie gehören zur Grundausstattung einer Region. Andererseits sind darin aber auch intervenierende Funktionen der Kinder- und Jugendhilfe zur Abwehr von Gefährdungen und im Interesse des Wohls von Kindern und Jugendlichen enthalten.

Strukturen der Kinder- und Jugendhilfe

„Die Kinder- und Jugendhilfe ist gekennzeichnet durch die Vielfalt von Trägern unterschiedlicher Wertorientierungen und die Vielfalt von Inhalten, Methoden und Arbeitsformen." – So heißt es in § 3 Abs. 1 SGB VIII / KJHG. Grundlegend zu unterscheiden sind dabei die öffentlichen und die freien Träger, die in einem vielgestaltigen Netz von Bezügen die Leistungen der Kinder- und Jugendhilfe erbringen und ihre anderen Aufgaben wahrnehmen. Dabei hat die öffentliche Jugendhilfe „die Selbständigkeit der freien Jugendhilfe in Zielsetzung und Durchführung ihrer Aufgaben sowie in der Gestaltung ihrer Organisationsstruktur zu achten" (§ 4 Abs. 1 SGB VIII / KJHG). Die grundlegende Zuständigkeit für Leistungen und Aufgaben der Kinder- und Jugendhilfe liegt auf der örtlichen Ebene (§ 85 Abs. 1 SGB VIII / KJHG). Zentral seitens der öffentlichen Träger ist dabei das – zweigliedrige – Jugendamt (§ 69 Abs. 3 SGB VIII / KJHG). Neben den Beziehungen zu den einzelnen Trägern gibt es dabei eine Kooperation

mit deren Zusammenschlüssen – insbesondere den Verbänden der freien Wohlfahrtspflege (örtliche Ligen) und den Jugendverbänden (Stadt-(Kreis-) Jugendringen), die sich auch in der Kooperation im Jugendhilfeausschuss niederschlägt.

Auf Landesebene gibt es auf Seiten der öffentlichen Träger zum einen die überörtlichen Träger der Jugendhilfe (zweigliedrige Landesjugendämter), deren Zuständigkeiten abschließend in § 85 Abs. 2 SGB VIII / KJHG beschrieben werden und die Länder (Oberste Landesjugendbehörden), deren Aufgaben in § 82 SGB VIII / KJHG ganz allgemein beschrieben werden. Auch auf Landesebene finden sich Zusammenschlüsse von Trägerorganisationen z. B. in den Landesligen der freien Wohlfahrtspflege und den Landesjugendringen, sowie landesweite Fachorganisationen, für deren Förderung die Länder eigene Instrumente (z. B. Landesjugendpläne) geschaffen haben.

Die Aufgaben des Bundes sind in § 83 Abs. 1 SGB VIII / KJHG nur allgemein beschrieben. Konkret gefordert sind vom Bund die Einberufung eines Bundesjugendkuratoriums (§ 83 Abs. 2) und die Erstellung von Jugendberichten (§ 84 SGB VIII). Da jeder 3. Bericht einen „Überblick über die Gesamtsituation der Jugendhilfe" vermitteln soll, wird der kommende 14. Kinder- und Jugendbericht wieder ein solcher Gesamtbericht sein. Darüber hinaus fördert der Bund Projekte von bundesweiter Bedeutung und die bundeszentrale Infrastruktur der Kinder- und Jugendhilfe durch den Kinder- und Jugendplan des Bundes. Wohlfahrtsverbände, Jugendverbände, bundesweite Fachorganisationen und Institutionen zur Fachkräftequalifizierung sowie öffentliche Träger sind bundesweit in der Arbeitsgemeinschaft für Kinder- und Jugendhilfe – AGJ – zusammengeschlossen.

Aktuelle Herausforderungen in den Aufgabenfeldern der Kinder- und Jugendhilfe

Neben den allgemeinen fachlichen und sozialpolitischen gibt es auch spezifische aktuelle Herausforderungen in den einzelnen Handlungsfeldern der Kinder- und Jugendhilfe, die im Folgenden nur grob gekennzeichnet werden können.

Im Hinblick auf das Arbeitsfeld Jugendarbeit, Jugendsozialarbeit, erzieherischer Kinder- und

Jugendschutz sind zentrale Aufgaben die Neubestimmung der Aufgaben der Jugendsozialarbeit
im Anschluss an notwendige Veränderungen des
SGB II (Aufhebung des Sondersanktionsrechts gegen junge Menschen) und die Entwicklung neuer
Unterstützungsformen junger Menschen beim
Übergang ins Erwachsenenalter.

Die Kinder- und Jugendarbeit in Einrichtungen
und Verbänden steht in den letzen Jahren stark in
Gefahr, aufgrund fehlender prägnanter Rechtsansprüche zurückgebaut zu werden. Sie muss sich
auch im Hinblick auf den Ausbau der Ganztagsbetreuung an Schulen neu konzeptionell und organisatorisch behaupten. Insgesamt stellt sich in diesem Handlungsfeld am deutlichsten die Gefahr
einer stärkeren Fokussierung der Kinder- und Jugendhilfe auf Hilfen für Kinder bei gleichzeitiger
Verdrängung der Handlungsnotwendigkeiten und
Bedürfnisse von Jugendlichen und jungen Erwachsenen dar.

Das Handlungsfeld Förderung der Erziehung in
der Familie hat – trotz seiner sozialisatorischen
Bedeutung – bisher kaum eine Förderung erhalten,
die seinen Aufgaben entspricht. Über die Debatten
zur frühen Förderung von Kindern in ihren Familien müssten hier mehr Handlungsformen mit
klaren Rechtsansprüchen ausgestaltet werden.

Im Hinblick auf das Handlungsfeld Förderung von
Kindern in Tageseinrichtungen und Kindertagespflege liegt derzeit die große Aufgabe der westlichen Bundesländer im Ausbau bedarfsgerechter
Förderangebote für Kinder unter 3 Jahren, auf die
ab dem 01.08.2013 ein Rechtsanspruch besteht
(§ 24 SGB VIII / KJHG). Angesichts der derzeitigen Verarbeitungsformen der Wirtschafts- und Finanzkrise wird es vor allem darauf ankommen, die
gesellschaftspolitischen Investitionsnotwendigkei-
ten diesbezüglich anzuerkennen und umzusetzen
und das hierzu nötige Fachpersonal zu qualifizieren. Im Hinblick auf die Kindertagespflege sind
erste dringend notwendige Schritte zur Weiterentwicklung durch das Kinder-Förderungs-Gesetz
(KiFöG) getan worden. Sie muss aber weiterentwickelt werden zu einem differenzierten System
von Hilfen aus zivilem Engagement und Professionalität.

Das Handlungsfeld Hilfe zur Erziehung, Eingliederungshilfe für seelisch behinderte Kinder und
Jugendliche, Hilfe für junge Volljährige sieht sich
vor einer Reihe von Herausforderungen. Neben
den schon lange diskutierten Notwendigkeiten einer stärkeren Partizipationsorientierung und Flexibilisierung lebensweltbezogener Hilfen wird es vor
allem auch die kommende Debatte über eine Neu-
begründung der Zuständigkeit für junge Menschen
mit Behinderungen im Rahmen der Kinder- und
Jugendhilfe sein, die konzeptionelle, personelle
und organisatorische Herausforderungen mit sich
bringt. Die Debatten über notwenige Entschädi-
gungen ehemaliger Heimkinder der 1940er bis
1970er Jahre sollten auch den Effekt haben, die
Praxen geschlossener Unterbringung von Kindern
und Jugendlichen wieder neu zu hinterfragen.

Handlungsfeldübergreifend werden sich Versuche
fortsetzen (und abzuwehren sein), profitabel verwertbare Teilbereiche aus der Kinder- und Jugendhilfe dem Verwertungsinteresse profitorientierter
Träger verfügbar zu machen. Seit längerer Zeit
schon laufen Vorarbeiten zu einer Neuordnung des
Rechts der örtlichen Zuständigkeiten im SGB
VIII / KJHG, die demnächst hoffentlich auch ihren
Weg in den öffentlichen Diskurs finden werden.

Lebenslage Kindheit und Jugend

Für die heutige Kinder- und Jugendhilfe ist zentral,
dass sich das Bild von der Kindheit und Jugend
aufgefächert hat (Bock 2002). Vor einhundert Jahren waren es die männlich-dominierten nationalistischen Herrschaftsverhältnisse, durch die der
männliche Jugendliche zum Prototyp der Jugend
wurde. So wurden bis weit in das 20. Jahrhundert
auch die Lebensbedingungen der Mädchen und
jungen Frauen sowie von jungen Menschen mit
Migrationshintergrund immer wieder aus der Brille
eines männlich-fixierten nationalistischen Jugend-
bildes betrachtet und bewertet. Ansätze in der
Kinder- und Jugendhilfe, die explizit auf Gleichberechtigung ausgerichtet sind und sich gegen die
sozialen Benachteiligungen von Mädchen und
jungen Frauen (Bitzan / Daigler 2001) sowie gegen
Rassismus gegenüber Kindern und Jugendlichen
mit Migrationshintergrund (Hamburger 2007)
positionieren, gab es zwar in der Geschichte der
Kinder- und Jugendhilfe auch schon früher, sie
konnten sich aber erst in den vergangenen dreißig
Jahren stärker durchsetzen. Heute hat die Kinder-
und Jugendhilfe insgesamt von Kindheiten und
Jugenden auszugehen (Münchmeier 2001).

Dies zeigt auch die zeitliche Ausdehnung der Lebensphase, die als Kindheit und Jugend bezeichnet wird, und von der Geburt bis weit in das dritte Lebensjahrzehnt hineinreicht. Die Jugendforschung weist darauf hin, dass für einen großen Teil der Jugend die Integration in den Erwerbsarbeitssektor nach hinten verlagert und sich die Jugendphase entsprechend ausgedehnt hat. Im Kinder- und Jugendhilfegesetz wird das Erreichen des 27. Lebensjahres als Endpunkt gesetzt, doch im Lebensalltag ist der Übergang von der Jugend ins Erwachsenenalter fließend geworden. Es ist für viele Jugendliche ein unübersichtlicher Übergang, der jeweils stark durch die sozialen und biographischen Handlungsspielräume geprägt ist und für den eine Verlaufsprognose nur schwer gegeben werden kann. Insgesamt kann „von einer neuen Form des Übergangs" in das Erwachsenenalter ausgegangen werden, „deren bestimmende Merkmale ihre Offenheit und Ungewissheit sind" (Walther 2000, 59).

Die Herausforderung besteht gegenwärtig darin, eine Perspektive zu entwickeln, die an den Potenzialen von Kindern und Jugendlichen in ihrer biographischen Unterschiedlichkeit anknüpft (Leiprecht 2008) und gleichzeitig gegen soziale Benachteiligung eintritt. Es gilt somit die Heterogenität von Kindheiten und Jugenden wahrzunehmen und z. B. einem Zugang der Diversität zu folgen, in dem Kinder und Jugendliche mit Migrationshintergrund oder Mädchen und junge Frauen nicht einfach aufgrund eines Merkmals stigmatisiert werden. Denn in der Perspektive der Diversität steht nicht der ethnische Unterschied, die interkulturelle Besonderheit oder Differenz zwischen den Geschlechtern im Vordergrund der Betrachtung. Die Verschiedenheit an sich als Strukturelement von Kindheit und Jugend in der heutigen Gesellschaft wird zum Ausgangspunkt der Kinder- und Jugendhilfe.

Die politische und pädagogische Herausforderung wird also nicht in einem Merkmal von einzelnen Kindern und Jugendlichen gesehen (z. B. ausländischer Jugendlicher), das sich zum Stigma entwickeln kann, sondern es wird zuerst nach den sozialen Kontexten des Aufwachsens gefragt – soziale Ungleichheit und Ausgrenzung, Teilhabemöglichkeiten im Stadtteil, Berufs- und Bildungschancen – und dann erst danach, wie darin der Migrationshintergrund oder das Geschlecht eine bestimmte Rolle spielen. Dies bedeutet nun nicht, dass unterschiedliche Herkünfte oder kulturelle Zugehörigkeiten geleugnet werden, sie werden vielmehr vorausgesetzt. Es wird anerkannt, dass die Lebensverhältnisse von Kindern und Jugendlichen diesbezüglich different und plural sind. Damit erhält die Kinder- und Jugendhilfe auch einen anderen Blick auf die Dimensionen und Bezüge sozialer Ungleichheit. Es kann gesehen werden, dass es soziale Benachteiligungen und Zugangsverwehrungen sind, die z. B. Jugendliche mit Migrationshintergrund, aber auch andere Kinder und Jugendliche in bestimmten Lebenslagen betreffen. Denn es ist nicht nur die zeitliche Ausdehnung sowie die Pluralisierung, die die Lebenslage Kindheit und Jugend heute prägen, sondern vor allem die soziale Ungleichheit. Dies wird besonders im Problem der Kinder- und Jugendarmut (Butterwegge et al. 2005; AGJ 2009) deutlich. Nachgewiesen wurde der naheliegende Zusammenhang, dass Kinder von Armutsphänomenen in besonderer Weise betroffen sind, da Armutsphänomene von einer Generation an die nächste weitergegeben werden. Hinzu kommt, dass insbesondere Jugendliche mit schlechten Bildungsabschlüssen wenige Chancen auf dem Arbeitsmarkt und vielfach lediglich Chancen auf prekäre Arbeitsverhältnisse haben.

Insgesamt haben Kinder nicht nur „innerhalb der Familie eine schlechtere Wohlfahrtsposition als die übrigen Familienmitglieder" (Joos 2001, 221), sie erfahren auch spezifische Selbstwerteinbußen über ihre Gleichaltrigenwelt. Joos sieht im alltäglichen Prozess der Herausbildung des kindlichen Wohlbefindens eine „wesentliche Differenz zwischen Kindern und Erwachsenen. Sie geht davon aus, dass Vergleiche mit anderen Personen den Bewertungsprozess der Kinder stärker beeinflussen als bei Erwachsenen, da eigene Bewertungsstandards bei Kindern noch nicht so stark ausgeprägt sind" (Joos 2001, 220).

Es ist das alltägliche Bewältigungserleben (Böhnisch 1997) von Armut, in dem sich ganz unterschiedliche Mängelgefühle – als gefühlte Selbstwerteinbuße und erfahrener Mangel an sozialer Anerkennung – entfalten. Deshalb empfiehlt es sich für die Kinder- und Jugendhilfe, dass sie erst einmal eine sozialpolitische Abklärung vornimmt: Welche Spielräume haben eigentlich Kinder und Jugendliche, ihre Interessen jenseits von Familie und Schule in die Gesellschaft einzubringen, wie erleben die Kinder und Jugendlichen ihre Situation alltäglich? Damit wird das Konzept Lebenslage auch für die regionale Kinder- und Jugendhilfe relevant. Es öffnet nicht nur den Blick für die Ressourcen, die Kinder in zentralen Lebensbereichen wie Familie, Schule und Freizeit haben, sondern genauso für das alltägliche Bewältigungserleben und die gesellschaftliche Akzeptanz, die Kinder und Jugendliche erwarten können.

Sozialpädagogische Fachlichkeit: Lebensbewältigung und Lebensweltorientierung

Die Ausgestaltung und Entwicklung der Kinder- und Jugendhilfe ist auf einen fachlichen und wissenschaftlichen Diskurs angewiesen. Dieser Diskurs hat sich im 20. Jahrhundert zunehmend etabliert und war eng mit der Entstehung und Professionalisierung der sozialpädagogischen Ausbildungsgänge verbunden. Zu Beginn des 20. Jahrhunderts wurde darüber gestritten, warum eine Kinder- und Jugendhilfe in modernen Gesellschaften überhaupt notwendig ist. Bis heute werden dabei in kritischer und konstruktiver Distanz zu den politischen Gestaltungsträgern und Institutionen der Kinder- und Jugendhilfe neue theoretische und praktische Perspektiven für die Kinder- und Jugendhilfe entwickelt. Zentrale Zugänge dieser neuen Fachlichkeit sind die Lebensbewältigung sowie Lebensweltorientierung. Grundlegend stellt sich dabei bis heute die Herausforderung für die Kinder- und Jugendhilfe, wie die sozialen Teilhabe- und Partizipationsmöglichkeiten der Kinder und Jugendlichen verbessert werden können.

Ein sozialpädagogischer Zugang zur Kinder- und Jugendhilfe richtet den Blick darum vor allem auf die Beschaffenheit der Lebenslage, in der die Kinder und Jugendlichen sich befinden und sucht nach stabilisierenden und unterstützenden Veränderungsmöglichkeiten. Es ist eine sozialisatorische Perspektive, die davon ausgeht, dass die Bedingungen der sozialen und gesellschaftlichen Umwelt entscheidenden Einfluss auf die Entwicklungs- und Bildungsprozesse haben. Welche Zukunftsvorstellungen ein Kind und ein junger Mensch entwickelt, wie sie ihr oder er sein Leben gestaltet, welche Wert- und Moralvorstellungen vertreten werden und welche tatsächlich real gegebenen Entfaltungs-

räume vorhanden sind, hängt entsprechend maßgeblich von den Handlungsspielräumen ab, wie sie in der Lebenslage gegeben sind.

Böhnisch und Schefold haben in diesem Zusammenhang bereits in den 1980er Jahren herausgearbeitet, dass sich die Lebenslagen vieler Kinder und Jugendlichen in unserer Gesellschaft durch begrenzte Handlungsspielräume und die Nichtanerkennung von Bedürfnissen der Kinder und Jugendlichen auszeichnen (Böhnisch / Schefold 1985). Viele Kinder und Jugendlichen erleben einen Bewältigungsdruck, jenseits von sozialen Sicherheiten. Entsprechend sind die sozialen Handlungsspielräume von Kindern und Jugendlichen in unserer Gesellschaft sozial ungerecht und weiterhin geschlechtlich strukturiert. So werden Jungen und Mädchen unterschiedliche soziale Handlungsspielräume eröffnet und in ihren Bedürfnissen unterschiedlich anerkannt.

Dabei lassen sich in der Lebensbewältigung von Kindern und Jugendlichen drei Bedürfnisstrukturen herausstellen (Böhnisch 2008):

- das Verlangen nach einem stabilen *Selbstwert*,
- nach sozialer *Anerkennung* und
- nach der Erfahrung von *Selbstwirksamkeit* (aus dem Gefühl, etwas zu bewirken und seine Handlungen kontrollieren zu können).

Kinder und Jugendliche suchen soziale Räume und Sorgebeziehungen in ihrer Lebensbewältigung, um Selbstwert, soziale Anerkennung und Selbstwirksamkeit zu erfahren. In diesem Zusammenhang kann zwischen einfacher und erweiterter Handlungsfähigkeit unterschieden werden. Erstere ist auf individuelles Durchkommen, ein reines „Über-die-Runden-Kommen" zentriert, letztere weist darüber hinaus. Sie lässt eine individuelle und soziale Bildungsperspektive in der Biographie, auch das Interesse an Anderen und an der sozialen Umgebung erkennen.

In einem sozialpädagogischen Verständnis stellt sich darum die Frage, wie die Lebenslage der Kinder und Jugendlichen pädagogisch und sozialpolitisch mitgestaltet werden kann: Sozialpädagogik verfolgt dabei zuallererst das Ziel, Lebensbedingungen zu schaffen, welche den Individuen nicht bloß existentielle Sicherheit geben, sondern Entwicklungs- und Bildungsmöglichkeiten eröffnen, die schließlich zu einem selbstbestimmten Leben führen. Es geht darum, eine erweiterte Lebensbewältigung für Kinder und Jugendliche zu ermöglichen, in der sie nicht um die Sicherung ihrer Handlungsfähigkeit bangen müssen und ihren Alltag als ein alltägliches „Über-die-Runden-kommen" erleben, sondern sich in der Gestaltung sozialer Zusammenhänge erfahren können. „Sozialpädagogik will somit in ihrem eigenen Selbstverständnis helfen, dass die Individuen ihre Rolle als Opfer von Verhältnissen überwinden und ihre Lebensbedingungen als Subjekte selbst ausfüllen. […] Dazu sucht sie Lebensräume zu eröffnen" (Winkler 1988, 265). Darum bedarf es sozial abgesicherter und damit überdauernder sozialer Sorge, Erziehungs- und Bildungsumwelten sowie -beziehungen für die Kinder und Jugendlichen, in denen sich Strukturen zur Selbstwertschöpfung, Erlangung von Anerkennung und Entwicklung sozial gerichteter Selbstwirksamkeit herausbilden können.

Vor diesem Hintergrund gerieten seit den 1970er Jahren vor allem die Institutionen des Aufwachsens in die Kritik. Die Kinder und Jugendlichen würden nicht als Akteure ihrer alltäglichen Lebensbewältigung wahrgenommen, die einen Anspruch auf Selbstbestimmung haben. Der Alltag wurde dabei als die Sphäre des Erlebens und Handelns, als Ereignisbereich des täglichen Lebens, als jedermann verfügbare Wissensform den Zweckwelten der Institutionen gegenüber gestellt (Thiersch 1992). In der Folge dieser Grundstimmung entwickelte sich in den 1980er Jahren der Diskurs um die sog. lebensweltorientierte Kinder- und Jugendhilfe. Kinder- und Jugendhilfe sollte nicht mehr von den Logiken der Institutionen und den damit verbundenen autoritären Strukturen entworfen werden, sondern von den alltäglichen Lebenswelten der Kinder und Jugendlichen ausgehen. Der Ansatz einer lebensweltorientierten Kinder- und Jugendhilfe prägte auch den (1990) veröffentlichten Achten Jugendbericht der Bundesregierung. Die darin dargelegten Strukturmaximen haben seither die Diskussionen der Kinder- und Jugendhilfe maßgeblich beeinflusst:

- Prävention
- Dezentralisierung und Regionalisierung
- Alltagsorientierung in den institutionellen Settings
- Integration – Normalisierung
- Partizipation (Bundesministerium für Jugend, Familie, Frauen und Gesundheit 1990, 85 ff.)

Der achte Kinder- und Jugendbericht hat diese Bedeutung auch darum erhalten, da er fast zeitgleich mit dem neuen SGB VIII / KJHG veröffentlicht und vielfach als Umsetzungsprogramm dieses Gesetzes gelesen wurde. Mit der Lebensweltorientierung als Grundrichtung der Kinder- und Jugendhilfe ging es um die Abkehr von einer institutionenorientierten Eingriffsmentalität in die Familien. Die Haltung der pädagogischen Fachkräfte sollte stattdessen von dem Grundgedanken der demokratischen Beteiligung der Kinder und Jugendlichen sowie der Familien getragen sein.

Kinder- und Jugendhilfe – europäische Herausforderungen

Gleichzeitig befindet sich die Kinder- und Jugendhilfe in einem neuen internationalen Klima. Viele Veränderungen in der Sozialpolitik und in der Kinder- und Jugendhilfe sind nur vor dem Hintergrund europäischer und internationaler Entwicklungen zu verstehen. Ein einheitliches Bild einer europäischen Kinder- und Jugendhilfe ist angesichts der sozialen, kulturellen und politischen Eigenarten der europäischen National- und Sozialstaaten zwar nicht in Sicht. Dennoch findet gegenwärtig ein Prozess statt, in dem ausgehandelt wird, wie die europäische Verantwortung für das Aufwachsen der Kinder und Jugendlichen zukünftig gestaltet werden soll.

Für die pädagogischen Fachkräfte in der Kinder- und Jugendhilfe erscheint es grundlegend, die öffentliche Verantwortung gegenüber den Kindern und Jugendlichen im Kontext der unterschiedlichen Wohlfahrtsregimes zu begreifen, wie sie für die unterschiedlichen Regionen in Europa charakteristisch sind. Unter Wohlfahrtsregimes werden die jeweils nationalspezifischen, historisch gewordenen Entwicklungskontexte sozialstaatlicher Institutionen und Einrichtungen – wie z. B. der Kinder- und Jugendhilfe – verstanden, die das je besondere sozialpolitische und sozialpädagogische Verständnis öffentlicher Verantwortung für die Lebenslagen in den nationalen Gesellschaften prägen. Dazu gehören auch die unterschiedlichen Traditionen und Begriffe im Umgang mit Kindern und Jugendlichen, mit Familien, sozialer Ungleichheit und sozialen Konflikten: Die Lebenslagen von

Kindern, Jugendlichen und jungen Erwachsenen lassen sich z. B., so Walther (2002, 1149)

„entlang dieses Modells dahingehend unterscheiden, ob Jugendliche (vor allem ab 18 Jahren) eher als individuelle BürgerInnen (in den liberalen und vor allem sozialdemokratischen Wohlfahrtsstaaten) gelten oder eher als Noch-Nicht-Erwachsene, denen auf den normalbiographischen Weg geholfen werden muss (in den konservativen Wohlfahrtsstaaten)."

Ausgehend von dieser Perspektive sollte es eine Aufgabe der Kinder- und Jugendhilfe in Europa sein, einen differenzierten Blick für die Unterschiede und Gemeinsamkeiten herauszubilden (Treptow 2002). So könnte ein gegenseitiges Lernen im Prozess des Vergleichens entstehen (Brandthorst / Homfeldt 2004; Lorenz 2005). In diesem Sinn könnte man z. B. die unterschiedliche Wahrnehmung der öffentlichen Verantwortung gegenüber Kindern und Jugendlichen in den jeweiligen Ländern thematisieren. Dies geht letztlich aber nur, wenn überregionale und länderübergreifende Netzwerke der Kinder- und Jugendhilfe auf unterschiedlichen Ebenen weiter ausgebaut werden (Stein / Munro 2008), wie sie z. B. in unterschiedlichen Austauschprogrammen und Regionen seit Jahren bestehen.

Diese durchaus optimistische Perspektive des gegenseitigen Lernens in der europäischen Entwicklung sollte allerdings nicht verkennen, dass im Mittelpunkt des europäischen Einigungsprozesses die ökonomische Entwicklung und die Schaffung eines gemeinsamen Wirtschaftsraumes stehen. So dominieren gegenwärtig Einschätzungen, dass sich die soziale Ausgestaltung der Europäischen Union in einer Krise befinde, da ökonomische Strategien zur Verbesserung der europäischen Wettbewerbsfähigkeit die sozialen und zivilgesellschaftlichen Programme an den Rand drängen (Bieling / Deppe 2001). Es erscheint die Prognose

plausibel, dass man nicht auf einen „europäischen Sozialstaat" warten kann (Bauer 1992), sondern dass das Augenmerk bei der europäischen Sozialentwicklung auf die Gestaltung des neuen „welfare-mix" zwischen sozialstaatlichen, ökonomischen und zivilgesellschaftlichen Maßnahmen zu richten ist.

Darum hat auch die Kinder- und Jugendhilfe nicht nur in den jeweiligen Ländern, sondern auch im europäischen Kontext – um so mehr – die Aufgabe, die öffentliche Verantwortung für das Aufwachsen von Kindern und Jugendlichen sowie die zivilgesellschaftliche Perspektive zu stärken. Sie hat nach Ansatzpunkten zu suchen, wie die Rechte der Kinder und Jugendlichen und die sog. civil society in Europa gestärkt werden können. Über diesen europäischen Tellerrand hinaus gilt es aber auch, den Blick für andere transnationale Kontexte zu öffnen. Jeder und jedem sind die Zahlen über die weltweite Kinder- und Jugendarmut und das Ringen um das alltägliche Überleben vieler Kinder und Jugendlichen bewusst. Dieser Kampf ums Überleben ist der sozial konkrete Anknüpfungspunkt für eine Kinder- und Jugendhilfe, die sich transnational an Weltgerechtigkeit orientieren möchte (Jordan 2004).

Es ist in diesem Zusammenhang aber auch darauf hinzuweisen, dass die Kinder- und Jugendhilfe erst dann glaubwürdig – über das Symbolische hinaus – für transnationale Rechte eintreten kann, wenn es ihr im eigenen Land gelingt, diese entsprechend umzusetzen. Ein „Nationaler Aktionsplan für ein kindergerechtes Deutschland 2005–2010" (NAP) enthält entsprechende Ziele zur Umsetzung der Kinderrechte. Im NAP heißt es z. B. im Hinblick auf Beteiligungsrechte: „Kinder und Jugendliche haben ein Recht auf Beteiligung. Sie müssen die Möglichkeit haben, ihre Interessen, Wünsche, Hoffnungen, Ängste und Probleme überall dort einzubringen, wo es um ihre Belange geht" (Bundesministerium für Familie, Senioren, Frauen und Jugend 2006, 50).

Literatur

AGJ – Arbeitsgemeinschaft für Kinder- und Jugendhilfe (Hrsg.) (2009): Übergänge – Kinder- und Jugendhilfe in Deutschland. Berlin
– (Hrsg.) (2008): Reader Jugendhilfe. Berlin
– (Hrsg.) (2006): Auswirkungen der Föderalismusreform auf die Kinder- und Jugendhilfe. Berlin

Ayaß, W. (1995): „Asoziale" im Nationalsozialismus. Stuttgart, Klett-Cotta
Bauer, R. (1992) (Hrsg.): Sozialpolitik in deutscher und europäischer Sicht. Deutscher Studienverlag, Weinheim
Bieling, H.-J., Deppe, F. (2001): Die demokratische Frage im Zeitalter des „neuen Konstitutionalismus". In: Gourd, A.,

Noetzel, T. (Hrsg.): Zukunft der Demokratie in Deutschland. Leske & Budrich, Opladen, 452–469

Bitzan, M., Daigler, C. (2001): Eigensinn und Einmischung. Einführung in Grundlagen und Perspektiven parteilicher Mädchenarbeit. Juventa, Weinheim / München

Bock, K. (2002): Die Kinder- und Jugendhilfe. In: Thole, W. (Hrsg.): Grundriss Soziale Arbeit. Leske & Budrich, Opladen, 299–315

Böhnisch, L. (2008): Sozialpädagogik der Lebensalter. Juventa, Weinheim / München

– (1997): Sozialpädagogik der Lebensalter. Juventa, Weinheim / München

–, Schefold, W. (1985): Lebensbewältigung: soziale und pädagogische Verständigungen an den Grenzen der Wohlfahrtsgesellschaft. Juventa, Weinheim / München

Brandhorst, K., Homfeldt, H. G. (Hrsg.) (2004): International vergleichende Soziale Arbeit. Schneider, Hohengehren

Bundesministerium für Familie, Senioren, Frauen und Jugend (Hrsg.) (2006): Nationaler Aktionsplan für ein kindergerechtes Deutschland 2005–2010. In: http://www.bmfsfj.de/RedaktionBMFSFJ/Broschuerenstelle/Pdf-Anlagen/nap-nationaler-aktionsplan,property=pdf,bereich=bmfsfj,sprache=de,rwb=true.pdf, 26.06.2010

Bundesministerium für Jugend, Familie, Frauen und Gesundheit (Hrsg.) (1990): Achter Kinder- und Jugendbericht. Bericht über Bestrebungen und Leistungen der Jugendhilfe. Bonn

– (Hrsg.) (1972): Dritter Jugendbericht. Aufgaben und Wirksamkeit der Jugendämter in der Bundesrepublik Deutschland. Bonn

Butterwegge, Ch., Klundt, M., Belke-Zeng, M. (2005): Kinderarmut in Ost- und Westdeutschland. VS Verlag für Sozialwissenschaften, Wiesbaden

Gedrath, V. (2003): Vergessene Traditionen der Sozialpädagogik. Votum, Weinheim / Basel / Berlin

Gräser, M. (1995): Der blockierte Wohlfahrtsstaat: Unterschichtjugend und Jugendfürsorge in der Weimarer Republik. Vandenhoeck & Ruprecht, Göttingen

Hamburger, F. (2007): Einführung in die Sozialpädagogik. Kohlhammer, Stuttgart

Hasenclever, Ch. (1978): Jugendhilfe und Jugendgesetzgebung seit 1900. Vandenhoeck & Ruprecht, Göttingen

Hering, S., Münchmeier, R. (2000): Geschichte der sozialen Arbeit. Juventa, Weinheim / München

Hornstein, W. (2007): Jugendpolitik. In: Geschichte der Sozialpolitik in Deutschland. Bd. 11. Nomos, Baden-Baden, 831–850

Joos, M. (2001): Die soziale Lage der Kinder. Juventa, Weinheim / München

Jordan, B. (2004): Soziale Rechte, Migration und Soziale Arbeit. In: Treichler, A., Cyrus, N. (Hrsg.): Handbuch Soziale Arbeit in der Einwanderungsgesellschaft. Brandes und Apsel, Frankfurt / M.

Jordan, E. (2005): Kinder- und Jugendhilfe. Einführung in Geschichte und Handlungsfelder, Organisationsformen und gesellschaftliche Problemlagen. Mit Beiträgen von Johannes Münder und Ursula Peukert. 2. Aufl. Juventa, Weinheim / München

–, Münder, J. (1987): Pädagogische Arbeit in Jugendschutzstellen: Anlässe, Ursachen, Rechtsfragen, Perspektiven, praktische Beispiele. Luchterhand, Neuwied

Kunstreich, T. (1995): Grundkurs Soziale Arbeit: sieben Blicke auf Geschichte und Gegenwart Sozialer Arbeit. Kleine, Bielefeld

Leiprecht, R. (2008): Eine diversitätsbewusste und subjektorientierte Sozialpädagogik. neue praxis 38, 427–439

Lorenz, W. (2005): Nation State, Welfare State and Social Work. Dissertation. Dresden

Münchmeier, R. (2001): Strukturwandel der Jugendphase. In: Fülbier, P., Münchmeier, R. (Hrsg.): Handbuch Jugendsozialarbeit. Geschichte, Grundlagen, Konzepte, Handlungsfelder, Organisation. Votum, Münster, 101–113

Niemeyer, Ch. (1998): Klassiker der Sozialpädagogik. Juventa, Weinheim / München

– (1997): Die Schlacht um die Jugendwohlfahrt oder Intention und Wirkung Wicherns. In: Niemeyer, Ch., Schröer, W., Böhnisch, L. (Hrsg): Grundlinien Historischer Sozialpädagogik. Traditionsbezüge, Reflexionen und übergangene Sozialdiskurse. Juventa, Weinheim / München, 71–94

Peukert, D. J. K. (1986): Grenzen der Sozialdisziplinierung. Köln. Bund

Rätz-Heinisch, R., Schröer, W., Wolff, M. (2009): Lehrbuch Kinder- und Jugendhilfe. Grundlagen, Handlungsfelder, Strukturen und Perspektiven. Juventa, Weinheim / München

Sachße, Ch., Tennstedt, F. (1992): Der Wohlfahrtsstaat im Nationalsozialismus. Geschichte der Armenfürsorge in Deutschland, Bd. 3. Kohlhammer, Stuttgart / Berlin / Köln

Schrapper, Ch. (1993): Hans Muthesius. Votum, Münster

Schröer, W., Struck, N., Wolff, M. (2002): Handbuch Kinder- und Jugendhilfe. Juventa, Weinheim / München

Stein, M., Munro, E. (2008): Young People's Transition to Adulthood. Kingsley Publisher, Oxford

Thiersch, H. (1992): Lebensweltorientierte Soziale Arbeit. Aufgaben der Praxis im sozialen Wandel. Juventa, Weinheim / München

Treptow, R. (2002): International vergleichende Sozialpädagogik. Eine Aufgabe zwischen Projektkooperation und Grundlagenforschung. In: Thole, W.: Grundriss Soziale Arbeit. Leske & Budrich, Opladen, 897–910

Uhlendorf, U. (2003): Geschichte des Jugendamtes. Beltz Votum, Weinheim / Basel / Berlin

– (2000): Auf der Suche nach einem Verhältnis von Öffentlich und Privat. Jugendfürsorgeleitbilder im Wilhelminischen Reich. neue praxis 30, 155–166

Wabnitz, R. J. (2009): Vom KJHG zum Kinderförderungsgesetz. Arbeitsgemeinschaft für Kinder- und Jugendhilfe (AGJ), Berlin

Walther, A. (2002): „Benachteiligte Jugendliche": Widersprüche eines sozialpolitischen Deutungsmusters: Anmerkungen aus einer europäisch-vergleichenden Perspektive. Soziale Welt: Zeitschrift für sozialwissenschaftliche Forschung und Praxis 53, 87–106

– (2000): Spielräume im Übergang in die Arbeit. Juventa, Weinheim / München

Winkler, M. (1988): Eine Theorie der Sozialpädagogik. Klett-Cotta, Stuttgart

Kindertagesbetreuung – Frühpädagogik

Von Renate Thiersch

Die Kindertagesbetreuung in Deutschland hat sich im ersten Jahrzehnt dieses Jahrhunderts durch vielfältige Impulse entscheidend verändert. Die Institutionen, in denen Kindergarten- und Kleinkinder betreut werden, wurden (in Westdeutschland) erheblich ausgebaut; der frühen Bildung wird ein hoher Stellenwert zugemessen. Neue Erwartungen werden an den gesamten Bereich gestellt, nicht zuletzt hinsichtlich der Verbesserung der Bildungschancen von sozial benachteiligten Kindern. Das Selbstverständnis und die Professionalität der pädagogischen Fachkräfte haben sich verändert, Studiengänge für Frühpädagogik werden an vielen Hochschulen eingerichtet, frühpädagogische Forschung etabliert sich.

Diese Expansion hat ihren Grund in der Koinzidenz spezifischer gesellschaftspolitischer, ökonomischer, bildungs- und familienpolitischer Entwicklungen mit pädagogischen Reformkonzepten und neurobiologischen Forschungsergebnissen. Für die Frühpädagogik bieten sich dadurch Chancen und Herausforderungen in der Entwicklung von Wissenschaft und Praxis, es ergeben sich aber auch Widersprüche und problematische Tendenzen.

Die gegenwärtige Situation wird im Folgenden zunächst in ihren Rahmenbedingungen und ihren veränderten Funktionsbestimmungen dargestellt, dann verdeutlicht ein Blick auf die historischen Entwicklungslinien die Besonderheiten der deutschen Kindertagesbetreuung, gerade auch im europäischen Vergleich. Schließlich werden einige relevante Aspekte aus dem komplexen Themengeflecht näher betrachtet: der Bildungsauftrag im Kontext der didaktisch-methodischen Ansätze, die Effektivitätserwartungen in Bezug auf den Ausgleich sozialer Benachteiligung und die Kooperationsaufgaben mit den Eltern, im Sozialraum und mit der Schule.

Zur Bestimmung der gegenwärtigen Situation

Strukturelle und institutionelle Vorgaben und die Expansion der Kindertagesbetreuung

Der Bereich der Kindertagesbetreuung gehört in Deutschland traditionellerweise zum System der Jugendhilfe und nicht zum Bildungssystem. Die gesetzlichen Grundlagen sind im Sozialgesetzbuch VIII (Kinder- und Jugendhilfegesetz) festgelegt. Dort wird als Auftrag der Kindertagesbetreuung formuliert, dass „die Entwicklung des Kindes zu einer eigenverantwortlichen und gemeinschaftsfähigen Persönlichkeit" gefördert werden solle (§ 22 SGB VIII, Abs. 2), die Formel „Erziehung, Bildung und Betreuung" (§ 22, Abs. 3) umschreibt ein komplexes Aufgabenbündel, wobei „sich das Angebot [...] pädagogisch und organisatorisch an den Bedürfnissen der Kinder und ihrer Familien orientieren" soll. (§ 22a, Abs. 3) Die Kindertagesbetreuung umfasst Tageseinrichtungen und Kindertagespflege; zu beiden Bereichen können hier nur einige Hinweise gegeben werden.

In Kindertageseinrichtungen werden die Kinder von Fachkräften in Gruppen betreut. Die Bezeichnungen für diese Einrichtungen richteten sich traditionell nach dem Alter der Kinder („Kindergarten" für Kinder von 3 Jahren bis zum Schuleintritt, „Krippen" für Kinder unter 3 Jahren, („Schüler-)Horte" für Schulkinder). Daneben gibt es auch andere Bezeichnungen, z.B. Kindertagesstätte (Kita) und Kinderhaus. Gegenwärtig diversifizieren sich die Betreuungsformen, die Bezeichnungen haben ihren Aussagegehalt in Bezug auf Alterszusammensetzung, Betreuungsformen und -zeiten, Gruppenstrukturen oder pädagogische Arbeitsansätze verloren. So sind

Otto/Thiersch (Hg.), Handbuch Soziale Arbeit, 4. A., DOI 10.2378/ot4a.art077,
© 2011 by Ernst Reinhardt, GmbH & Co KG, Verlag, München

etwa aus den klassischen Kindergärten für Kinder von 3 bis 6 Jahren mit Vor- und Nachmittagsöffnungszeiten fast überall Einrichtungen mit flexiblen Betreuungsangeboten geworden, die sich zudem auch für 2-Jährige öffnen. Da der Oberbegriff „Kindertageseinrichtungen" recht sperrig ist, wird im folgenden Text aus Gründen der Lesbarkeit als zusammenfassende Bezeichnung für die verschiedenen Einrichtungen auch der Begriff „Kindergarten" verwendet.

Die Expansion der Kindertagesbetreuung ist eindrucksvoll. Die Daten sind inzwischen gut erschlossen, z. B. durch die Dortmunder Arbeitsstelle Kinder- und Jugendhilfestatistik (Rauschenbach / Schilling 2009), hier müssen einige Eckdaten genügen. Für alle Kinder von drei Jahren bis zum Schuleintritt besteht seit 1996 ein Rechtsanspruch auf den Besuch einer Tageseinrichtung, dadurch wurde der laufende Ausbau der Kindergärten in Westdeutschland erheblich beschleunigt. Im Jahr 2008 besuchten 92 % der Kinder dieser Altersgruppe eine Kindertageseinrichtung (Statist. Bundesamt 2009), während es 1990 erst 69 % waren (BMFSFJ 1998, 200). Im Gegensatz dazu gab es in den neuen Bundesländern eine Vollversorgung in Form von Ganztagsbetreuung. Die Betreuungsangebote in Westdeutschland wurden nicht nur zahlenmäßig erweitert, sondern auch zeitlich ausgedehnt und flexibler gestaltet, allerdings bestehen erhebliche regionale Unterschiede (Bock-Famulla / Große-Wöhrmann 2010).

Für Kinder unter 3 Jahren war das Betreuungsangebot in Westdeutschland gering (1990 für 1,8 % der Kinder), während es in Ostdeutschland gut ausgebaut war (1990: 54,2 %) (BMFSFJ 1998, 200). Seit Beginn der 2000er Jahre aber wurde auch in Westdeutschland eine besser ausgebaute Kleinkindversorgung gefordert und der Ausbau durch Bundesgesetze (Tagesbetreuungs-Ausbau-Gesetz (TAG, 2004) Kinder- und Jugendhilfeweiterentwicklungsgesetz (KICK, 2005)) vorangetrieben. 2008 besuchten 17,8 % der Kinder unter 3 Jahren eine Kindertageseinrichtung (12 % der Kinder in Westdeutschland, 42 % in Ostdeutschland), gleichzeitig wurde durch das Kinderförderungsgesetz (KiföG, 2008) ein Rechtsanspruch auf einen Betreuungsplatz für Kinder unter 3 Jahren beschlossen, zu dessen Realisierung bis 2013 Betreuungsplätze für 35 % der Kinder dieser Altersgruppe geschaffen werden müssen.

Allerdings wird der Ausbau durch einen gravierenden Mangel an dafür qualifizierten Fachkräften gebremst.

Auch die Betreuung von Schulkindern in Schülerhorten und in altersgemischten Gruppen der Kindertageseinrichtungen ist expandiert; allerdings ist seit dem Ausbau der Ganztagsbetreuung in den Grundschulen die Zukunft der Hortbetreuung ungewiss (Diskowski 2009), wobei die Gefahr besteht, dass das umfangreiche Handlungswissen dieses Arbeitsfeldes verloren geht. (→ Coelen / Otto, Ganztagsbildung)

Als Alternative zu den Kindertageseinrichtungen wurde die Kindertagespflege entwickelt. Tagesmütter und -väter betreuen die Kinder im eigenen Haushalt; dadurch entsteht eine familienähnliche, flexible Betreuungsform, die vor allem für Kleinkinder als geeignet ansehen wird. Tageseltern haben überwiegend keine pädagogische Ausbildung, sondern nur eine Kurzqualifikation, da sie relativ gering entlohnt werden. 2005 wurde sie im KJHG als gleichberechtigter Teil der Kindertagesbetreuung anerkannt (Diller et al. 2005). Im Jahre 2007 wurden 12 % der insgesamt betreuten Kinder in Kindertagespflege betreut. Bis 2013 sollen etwa 30 % der verfügbaren Plätze für Kinder unter 3 Jahren in Form von Tagespflege angeboten werden. Kindertagespflegeplätze sind für die öffentliche Hand ein kostengünstiges Instrument zur Bedarfsdeckung.

Gegenwärtige Funktionsbestimmung: Vereinbarkeit von Familie und Beruf und frühe Bildung

Für den Ausbau des Kindertagesbetreuungssystems lassen sich ganz allgemein zwei Motive identifizieren: das Bildungsmotiv und das Vereinbarkeitsmotiv (Reyer 1987; siehe auch das Kapitel zur geschichtlichen Entwicklung der Kindertagesbetreuung in diesem Artikel). Das *Vereinbarkeitsmotiv* (auch: Betreuungsmotiv oder Haushaltsmotiv), zielt darauf ab, die Erwachsenen (vor allem die Mütter) von den Aufgaben der Kinderbetreuung zu entlasten, um ihnen die Vereinbarkeit von Familie und Beruf zu ermöglichen. Dieses Motiv ist bereits seit dem Ausbau der öffentlichen Kleinkinderziehung zu Beginn des 19. Jahrhunderts wirksam; seit den 1990er Jahren in Westdeutschland ist es zu einem starken Motor für den Ausbau der Kindertagesbetreuung geworden. Im Zuge der Frauenemanzipation hat sich der Anspruch der Frauen auf gleichberechtigte Teilnahme an Bildung, Erwerbsleben und Politik durchgesetzt und sich mit dem Bedarf der Wirtschaft an qualifizierten (weiblichen) Arbeitskräften verbunden. Im europäischen Vergleich wird der Modernisierungsrückstand beim Ausbau der Kindertagesbetreuung in Westdeutschland besonders deutlich. Das Vereinbarkeitsmotiv als Ausbaumotiv wird auch darin deutlich, dass der Rechtsanspruch auf einen Kindergartenplatz für alle Kinder ab dem vollendeten 3. Lebensjahr (§ 218a SGB VIII, 1996 in Kraft getreten) als flankierende Maßnahme für das Schwangeren- und Familienhilfegesetz zur Prävention von Schwangerschaftsabbrüchen eingeführt wurde.

Ein gut ausgebautes Betreuungsangebot wird für Familien darüber hinaus wichtig, weil sie in der modernen Gesellschaft besonders belastet sind durch die Strukturveränderungen und hohen Anforderung der Erwerbsarbeit, aber auch durch gesellschaftliche Verwerfungen und neue Rollenmuster, durch den Verlust traditioneller sozialer Netze und die Zwänge der Konsumgesellschaft. Hinzu kommen Verunsicherungen in Bezug auf das Erziehungshandeln und die neuen Bildungsansprüche.

Das *Bildungsmotiv* bezieht sich auf den Bildungsanspruch des Kindes; auch dieses Motiv ist seit Beginn der Kindertagesbetreuung wirksam. Gegenwärtig wird es durch die allgemeine pädagogischen Bildungsdiskussionen (Oelkers / Otto 2006; Thiersch 2008), vor allem aber durch die Erkenntnisse der Bildungsforschung in der Folge der PISA-Studien stark gemacht und durch die Hirnforschung mit ihrer Betonung der frühen Lernpotenziale unterstützt. Den Kindertageseinrichtungen wird seit etwa 2000 verstärkt ein Bildungsauftrag zugesprochen; in allen Bundesländern wurden seither Bildungspläne für die Kindertageseinrichtungen erarbeitet und unbeschadet ihrer generellen Zugehörigkeit zur Jugendhilfe sind Einrichtungen für Kinder von 3 Jahren bis zum Schuleintritt in vielen Bundesländern den Kultusministerien zugeordnet.

Für das Bildungsmotiv wird nicht nur mit der Bildungsfähigkeit der Kinder argumentiert, sondern auch mit (sozial-)politischen Notwendigkeiten. In der Wissensgesellschaft ist eine umfassende, früh einsetzende Qualifizierung der nachwachsenden Generation notwendig. Die demografische Entwicklung bzw. die sinkende Geburtenrate lässt Kinder zum knappen, kostbaren Gut werden. Die möglichst hohe Qualifikation der nachwachsenden Generation wird als Garant der gesellschaftlichen Zukunft gesehen. Im Horizont von Demokratie und Demokratisierung wird von der Kindertagesbetreuung erwartet, dass sie einen Ausgleich in gegebenen Unterprivilegierungen leistet und hier vor allem Kinder auch aus sozial benachteiligten Familien und Kinder mit Migrationshintergrund fördert.

Für die Kindertagesbetreuung, ebenso aber auch für die Frühpädagogik, ergeben sich aus den familienpolitisch motivierten Betreuungsaufgaben, dem neuen (oder: neu akzentuierten) Bild vom Kind und den Einsichten in sein Lernverhalten sowie aus den gesellschaftlichen Erwartungen an frühe Qualifizierung und Kompensation von Benachteiligung vielfältige inhaltliche und organisationelle Ausbau- und Weiterentwicklungsimpulse. Diese Entwicklung bedeutet für die Kinder und ihre Familien eine Veränderung ihrer Lebenswelten und eine Intensivierung ihrer Vergesellschaftung. Schon seit Jahren gehört der Besuch einer Kindertageseinrichtung für Kinder vor dem Schuleintritt zur Normalbiografie eines Kindes; die Bezeichnung „Kindergartenkind" hat sich für die Altersstufe der 3- bis 6-Jährigen eingebürgert. Als Auswirkung dieser zunehmenden Institutionalisierung von kindlichen Lebenswelten lässt sich eine Defamilialisierung konstatieren, durch die sich das Verhältnis von privater und öffentlicher Erziehung entscheidend verändert. Diese Entwicklung wird als Teil des Modernisierungsprozesses der Industriegesellschaften verstanden. Gerade deshalb aber ist es notwendig, die Interessen und die Eigensinnigkeit der Kinder und des privaten Lebens genauer wahrzunehmen. Von da aus müssen die eingefahrenen Handlungsmuster in den Institutionen und die Rahmenvorgaben der Bildungsbürokratie kritisch hinterfragt werden (Jung 2009).

Die geschichtliche Entwicklung der Kindertagesbetreuung in Deutschland und ihr europäischer Kontext

Die deutsche Entwicklung weist sehr eigene Entwicklungslinien auf, die sie von anderen europäischen Ländern unterscheidet; zur umfassenden Darstellung Erning et al. (1987), Konrad (2004) und Reyer (2006).

Die Anfänge aus Bildungsidee und Betreuungsbedarf

Die beiden oben angeführten Motive, das Vereinbarkeits- und das Bildungsmotiv, wurden ursprünglich im historischen Kontext zur Erklärung der Entstehungszusammenhänge der Kindertagesbetreuung entwickelt. Zur Beförderung der Bildung von Kindern gab es in den aufklärerischen 1750er Jahren erste Gemeinschaftseinrichtungen; hier wurden die Kinder aus bildungsbewussten Familien in elementaren Fertigkeiten unterwiesen (Erning et al. 1987; Thiersch 1999). Aber erst ein Jahrhundert später entwickelte Friedrich Fröbel mit dem Konzept des „Kindergartens" eine Bildungseinrichtung für kleine Kinder aus dem Geist einer idealistisch-romantischen Bildungsidee. In seinem Konzept war die frühkindliche Bildung Teil eines Gesamtentwurfs einer „Menschenerziehung" (Fröbel 1951 / 1826); er betonte vor allem die Bedeutung des Spieles für die Entfaltung der kindlichen Fähigkeiten, ebenso aber Aspekte der Familienbildung und die Notwendigkeit von Ausbildung der Kindergärtnerinnen. Der Kindergarten verbreitete sich als familienergänzende Einrichtung für die Kinder des Bürgertums bis zum Ende des 19. Jahrhunderts in Deutschland und gab darüber hinaus der europäischen Entwicklung wesentliche Impulse, sodass heute das Wort und auch das Konzept „Kindergarten" im internationalen Sprachraum weit verbreitet sind. Eine andere Wurzel der Kindertageseinrichtungen kann in den seit etwa 1800 eingerichteten Kinderbewahranstalten bzw. Kleinkinderschulen gesehen werden; in ihnen stand der Betreuungsbedarf und damit das Vereinbarkeitsmotiv im Vordergrund. Im Zuge der Industrialisierung wurde das Elend der Arbeiterkinder, deren Mütter arbeiten gehen mussten,

deutlich sichtbar. Als Maßnahme der Armenfürsorge gründeten wohltätige Adlige, BürgerInnen und Geistliche Kinderbetreuungseinrichtungen, um den Müttern die außerhäusliche Erwerbsarbeit zu ermöglichen und die Not der Arbeiterfamilien zu lindern. In den Einrichtungen wurde den Kindern in relativ streng geordnetem Unterricht eine ihrem Stand angemessene Bildung – im damaligen Verständnis vor allem auch religiöse Bildung – vermittelt. Seit Mitte des 19. Jahrhunderts wurden auch die ersten Krippen für Kleinkinder gegründet, außerdem wurde für Schulkinder eine Betreuung vor und nach dem Unterricht eingerichtet.

So bestanden seit ca. 1850 nebeneinander Kindergärten, die als Erziehungs- und Bildungsangebot die bürgerliche Familienerziehung ergänzten, und Ganztagseinrichtungen, die als Unterstützung und Notlösung für bedürftige Familien mit arbeitenden Müttern fungierten. Die Kindertageseinrichtungen verstanden sich als – allerdings relativ eigenständiger – Teilbereich der Sozialpädagogik. Ihr Verhältnis zur Institution Schule war überwiegend durch Abgrenzung bestimmt, auch wenn Reyer zeigen kann, dass es von beiden Seiten immer auch Phasen der Annäherung gab (Reyer 2006). Auf der Reichsschulkonferenz 1920 stand die Zuordnung der Kindergärten zum Schulwesen zur Diskussion, die Entscheidung fiel aber zugunsten des Verbleibs bei der Jugendhilfe. Das dort geltende Subsidiaritätsprinzip bestimmte den Vorrang der freien Träger vor den kommunalen und damit die Trägervielfalt. Die Erziehung der Kinder vor dem Schulalter blieb im allgemeinen Verständnis zuallererst Aufgabe der Familie, die öffentliche Erziehungszuständigkeit war nachrangig und ein eigenständiger Bildungsauftrag bestand für den Kindergarten nicht. In der Zeit der nationalsozialistischen Diktatur drang die herrschende Ideologie mit autoritärem Geist, mit Rassenlehre und Führerkult auch in den Kindergarten ein (Konrad 2004, 176).

Unterschiedliche Entwicklungen in beiden deutschen Staaten nach 1945

Nach 1945 entwickelte sich die Kindertagesbetreuung in beiden deutschen Staaten sehr unterschiedlich; die Unterschiede haben bis heute Auswirkungen. Zum sozialistischen Gesellschaftsbild der DDR gehörte das Recht aller Bürger auf Arbeit, und das bedeutete Erwerbsarbeit auch für Frauen. Kinderbetreuung – in ihrer Bildungsfunktion (für die sozialistische Gesellschaft) ebenso wie in ihrer Vereinbarkeitsfunktion – wurde als öffentliche Aufgabe gesehen und staatlich organisiert. Die Kindergärten waren Ganztagseinrichtungen, sie gehörten zum Bildungswesen und standen in enger Verbindung mit der Schule (Höltershinken et al. 1997). Auch die Kleinkindbetreuung wurde umfassend ausgebaut. Über die Auswirkung der kollektiven Erziehung kleiner Kinder wird bis heute diskutiert.

Nach der deutschen Vereinigung wurde die Tagesbetreuung in den neuen Bundesländern reformiert und nach westdeutschem Vorbild vollkommen umstrukturiert. Im Nachhinein lässt sich konstatieren, dass die Chance für eine gemeinsame Reform der Tagesbetreuung in Ost- und Westdeutschland damals nicht genutzt wurde (Neumann 1997). Angesichts der demografischen und finanziellen Entwicklung in den neuen Bundesländern wurden hier Kindergartenplätze zurückgefahren.

In Westdeutschland knüpfte man organisatorisch und inhaltlich an die Strukturen der Weimarer Republik an und setzte in der Familienpolitik auf die Hausfrauen-Familie als Normalfall; erst in den 1960er Jahren erhielt die westdeutsche Kindertagesbetreuung entscheidende neue Impulse durch die erste Bildungsreformbewegung. Entscheidend war die damals neue Vorstellung von Begabung als Ergebnis von Anregung und Förderung (Roth 1966) und eine autoritätskritische Gesellschaftstheorie (Mollenhauer 1968). Kognitive Frühförderung, antiautoritäre Erziehung und kompensatorische Erziehung markierten die sehr unterschiedlichen Positionen im „Streit um die Vorschulerziehung" (Flitner 1967). Mit der Forderung nach Einschulung der 5-Jährigen und der Einrichtung von Vorklassen und Eingangsstufen begann eine neue Diskussion über das Verhältnis von Kindergarten und Schule; letztlich blieb allerdings nur die formelle Zuordnung des Kindergartens als „Elementarbereich des Bildungswesens" (Deutscher Bildungsrat 1970), ohne dass die überkommenen Strukturen und Zuordnungen sich veränderten. In den Kindergärten aber entwickelten sich mit der Ausbreitung des Situationsansatzes neue Formen der pädagogischen Arbeit.

In den 1970er Jahren wurden auch die Weichen für die Betreuung der Kleinkinder neu gestellt. Aus der berechtigten Kritik an den schlecht ausgestatteten Krippen entstanden die von Eltern (vor allem der Frauenbewegung) selbst organisierten Kinderläden bzw. Elterninitiativ-Gruppen und die Tagesmütter-Betreuung; allmählich wurden auch die Arbeit und die Ausstattung der Krippen verbessert.

Die Ausbildung der „Kindergärtnerinnen" wurde 1967 neu geordnet, der Anteil unausgebildeter Kräfte in den Einrichtungen (1974: 69 %) wurde sukzessive verringert (Rauschenbach et al. 1995). Die nun als „Erzieherinnen" bezeichneten Fachkräfte wurden in Fachschulen für Sozialpädagogik ausgebildet (Thiersch et al. 1999). Sie waren allerdings an der gleichzeitig sich vollziehenden Akademisierung anderer pädagogischer Berufe (Grundschullehrer, Sozialarbeiter und Sozialpädagogen) nicht beteiligt. Für einen reinen Frauenberuf, der pädagogische Arbeit mit kleinen Kindern leistete, erschien eine akademische Ausbildung bis weit in die 2000er Jahre hinein nicht als notwendig

Deutsche Kindertagesbetreuung im europäischen Kontext

Im europäischen Kontext zeigt das gegenwärtige deutsche Kinderbetreuungswesen Besonderheiten durch seine Verankerung im Bereich der Jugendhilfe und seine Distanz zur Schule sowie durch ein formal niedriges Niveau der Ausbildung der Fachkräfte. Der Vergleich im Einzelnen aber ist schwierig (Fthenakis 2008), die Kinderbetreuungssysteme der europäischen Länder sind sehr heterogen. So wird neben der sozialpädagogischen Orientierung (z. B. in Deutschland) eine schulpädagogische Ausrichtung mit unterrichtsähnlichen Elementen (z. B. in Frankreich) und ein frühpädagogisches Profil (in Skandinavien) beschrieben (Oberhuemer / Ulich 1997; OECD 2006).

Positiv wird im europäischen Vergleich der deutsche Ansatz mit seiner engen Verbindung von Betreuung, Bildung und Erziehung bewertet (OECD 2004), und zwar gerade gegenüber Ländern, die Elemente formaler Bildung mit Betreuung auf sehr niedrigem Niveau kombinieren. Insgesamt aber bleibt die (west-)deutsche Kindertagesbetreuung mit ihrem sehr geringen Angebot an Plätzen für Kleinkinder und in der Ganztagsbetreuung von Kindergarten- und Schulkindern hinter den Anforderungen der Europäischen Union zurück, die der Vereinbarkeit von Familie und Beruf, als Bestandteil der europäischen Wachstums- und Beschäftigungsstrategie, eine große Bedeutung zumisst. Weiter moniert der OECD-Bericht das zu geringe Niveau der deutschen Ausbildung und eine geringe gesellschaftliche Wertschätzung und Bezahlung für das Betreuungspersonal; hier verbessert sich die Bilanz durch die seit 2004 etablierten akademischen Studiengänge. Hier wird auch die von der OECD angemahnte Forschung im Bereich von Kindertagesbetreuung und Frühpädagogik aufgebaut.

Bildungsbegriff, Bildungspläne und didaktische Zugänge

Die gegenwärtigen Veränderungen der pädagogischen Arbeit in den Kindergärten und ihres methodisch-didaktischen Bewusstseins können nur vor dem Hintergrund der Entwicklungen in den letzten 40 Jahren und der traditionellen pädagogischen Konzepte verstanden werden.

Traditionelle konzeptionelle Orientierungen

Seit den 1970er Jahren wurde die pädagogische Arbeit in den Kindergärten durch den Situationsansatz bestimmt (Zimmer 1985; Colberg-Schrader et al. 1991). Dieser Ansatz stellte das Arbeiten mit einem offenen Curriculum und die Priorität des sozialen Lernens auf der Grundlage von Analysen der Lebenssituation der Kinder (Situationsanalysen) in den Mittelpunkt. „Die ‚Situationsorientierung' (hat) dem deutschen Kindergarten [...] ein einheitliches konzeptuelles Dach gegeben" (Roßbach et al. 2008, 124). Insgesamt arbeiteten die Erzieherinnen sehr eigenständig; das freie Spiel der Kinder hatte einen hohen Stellenwert, es war allerdings weitgehend von der Fröbelschen Tradition abgelöst. Neben dem Situationsansatz waren auch andere Konzeptionen in den Kindergärten vertreten, wie die Montessori-Pädagogik, die Waldorfpädagogik und die zunehmend rezipierte Reggio-Pädagogik. Weit verbreitet hatte sich auch das Praxis-Konzept der Offenen Arbeit, bei der die herkömmlichen Gruppenstrukturen aufgelöst werden. Dezidiert nicht übernommen wurden die

schulorientierte Arbeit der École Maternelle in Frankreich, sie entsprach mit ihrem geschlossenen Curriculum und der großen Bedeutung von Schulvorbereitung nicht dem spezifischen Selbstverständnis deutscher Frühpädagogik.

Das Selbstverständnis der pädagogischen Arbeit in den deutschen Kindergärten war geprägt durch die Wertschätzung der Kinder und ihrer Familien und das Verständnis des Kindergartens als Lebenswelt und Lernort. Hier hatten die Kinder die Möglichkeit, ihre Persönlichkeit zu entfalten, zu spielen, sich als Junge und Mädchen zu erfahren und zu erproben, Gruppenerfahrungen zu machen und ihre Umwelt zu erkunden. Die pädagogische Arbeit war im Kontext eines sozialpädagogisch geprägten Selbstverständnisses primär über den Begriff „Erziehung" definiert, „Bildung" wurde als kognitive Bildung verstanden und der Schule als dem „Bildungswesen" zugeordnet. Für den Kindergarten spielte das Erleben elementarer demokratischer Umgangsformen und sozialer Werte eine große Rolle, ebenso wie die Wertschätzung von Kindern mit Migrationshintergrund und die interkulturelle Erziehung. Durch diese Ausrichtung hat der Kindergarten gewiss viel auch zur Integration der zugewanderten Familien beigetragen. Die Prinzipien dieser Arbeit stehen auch in der neueren Entwicklung nicht zur Diskussion. Die konzeptionelle Orientierung ist allerdings bei weitem nicht überall zufriedenstellend umgesetzt worden; in der Folgezeit wurden vielfältige Defizite in Theorie und Praxis der Kindergartenarbeit aufgezeigt; die Kritik am Situationsansatz wurde seit Mitte der 1990er Jahre in Fachkreisen formuliert (Laewen et al. 1997; Elschenbroich 2002), dabei wurde die relative Unverbindlichkeit in Bezug auf die methodisch-didaktische Ausgestaltung, das Fehlen einer entwicklungspsychologischen und anthropologischen Fundierung und einer empirischen Überprüfung moniert, ebenso wurde die Vernachlässigung von kognitiven Herausforderungen kritisiert. Die Kritik am Situationsansatz, aber auch am Kindergarten insgesamt, bediente sich der für den Kindergarten ganz neuen Zugangsweise des Qualitätsmanagements; es wurden unterschiedliche Konzepte zur Qualitätskontrolle entwickelt (Tietze et al. 1997; Kronberger Kreis 1998); die inzwischen sehr ausgedehnte Qualitätsforschung wird allerdings gegenwärtig aus der Perspektive der Kindheitsforschung kritisiert (→ Honig, Kindheit).

Gleichzeitig wurden die ErzieherInnen aufgefordert (seit 2005 verpflichtet), ihre pädagogische Arbeit in der Einrichtung in einer Konzeption darzustellen.

Als mit der Pisa-Studie in Deutschland eine allgemeine, öffentliche Bildungsdebatte eröffnet wurde, verstärkte sich die Kritik an der Pädagogik des Kindergartens. Das schlechte Abschneiden der deutschen Schüler wurde mit durchaus überraschender Beweisführung auch auf das Versagen des Kindergartens zurückgeführt. Aber der Kindergarten war herausgefordert, sich in der Bildungsdebatte zu positionieren und seine Praxis zu überprüfen.

Zum Bildungsbegriff in der Frühpädagogik

Im Kontext der „neuen" Bildungsreform hat die Frühpädagogik eigene Bildungskonzepte entwickelt und ein neues Bild vom Kind entworfen (Schäfer 2003; Laewen / Andres 2002), das gerade auch das kleine Kind als eigenaktiven Lerner mit imponierenden Entwicklungs- und Aneignungsleistungen sieht. Das Kind wird als „Forscher" bezeichnet, der seine Umwelt erkundet; Bildung wird als selbsttätige „Aneignung von Welt" verstanden (Liegle 2002). Die Erkenntnisse der Säuglings- und Hirnforschung zur Lernfähigkeit kleiner Kinder (Spitzer 2002) stützen diese Sichtweise. Unterschiede in den Bildungsauffassungen zeigen sich in der Frage, ob das Kind als eigenständiger Konstrukteur agiert oder vielmehr als Ko-Konstrukteur im Zusammenwirken mit den Erwachsenen (z. B. mit Eltern und professionellen Pädagogen), d. h. in der Frage, ob und in welcher Weise die Erwachsenen auf die Selbstbildungsprozesse einwirken können und sollen. Eine umfassende Bildungskonzeption für die Arbeit im Kindergarten wurde eingefordert (z. B. im 12. Kinder- und Jugendbericht, BMFSFJ 2005).

In der Debatte um die Bildungsziele geht es einerseits um Vorstellungen von der eigenverantwortlichen, gemeinschaftsfähigen und kritischen Persönlichkeit, andererseits aber vor allem um die Anforderungen der modernen, unübersichtlichen, technisierten Umwelt, zu deren Bewältigung die Kinder über möglichst viel Wissen und Fähigkeiten verfügen müssen. Diese Anforderungen geraten allerdings auch unter Verdacht, in erster Linie auf die Bewährungschancen in der Leistungsgesellschaft und die Verwertbarkeit für eine inhumane Konkurrenzgesellschaft abzuzielen. Kinder geraten durch dieses Bildungsverständnis unter bedrohlichen Leistungsdruck.

Bildungspläne und didaktische Orientierungen

Eine inhaltliche Bestimmung der pädagogischen Arbeit leisten die seit 2003 in allen 16 Bundesländern erarbeiteten Erziehungs- und Bildungspläne für die Kindertageseinrichtungen (Diskowski 2008). Diese von verschiedenen Wissenschaftler-Gruppen im Auftrag der Kultusministerien erarbeiteten Pläne sind keine „Lehrpläne" im engeren Sinne, sondern lassen den Fachkräften durchaus Gestaltungsräume für ihre Arbeit. In der deutschen Frühpädagogik sind Bildungspläne etwas Ungewohntes; die Akzeptanz durch die Fachkräfte stellte sich erst allmählich ein. Den Plänen liegen sehr unterschiedliche Bildungskonzepte zugrunde, sie beziehen sich auf sehr unterschiedliche Altersstufen und sie sind in ihrer äußeren Gestalt ebenso verschieden wie in ihrer Funktion. Während einige als Rahmenrichtlinien konzipiert sind (die durch Handbücher ergänzt werden), enthalten andere ausführliche konzeptionelle Darstellungen und Ausführungsvorschläge für die Fachkräfte. Unterschiedlich sind auch die Investitionen der Länder für die Implementierung ihrer jeweiligen Pläne.

Alle 16 Bildungspläne aber beziehen sich auf die Grundidee vom Kind als eigenaktiven Lerner und identifizieren verschiedene Lernbereiche (mit sehr unterschiedlicher Benennung und Ausdifferenzierung) für die Arbeit mit den Kindern. Zwar wird in allen Plänen auf das Spiel als selbstgesteuerte Aktivitäts- und Aneignungsform der Kinder Bezug genommen, doch die Herausforderung der Pläne liegt wesentlich in der Erweiterung der inhaltlichen Aspekte (z. B. Literacy, mathematische und naturwissenschaftliche Bildung).

Parallel zur Entwicklung der Bildungspläne wird an einer elementarpädagogischen Didaktik gearbeitet, die nach dem Verständnis der Bildungsprozesse der Kinder, nach den Bildungszielen und nach der Intervention durch die Erwachsenen und die Gestaltung der pädagogischen Arbeit fragt. Die Frühpädagogik nimmt dazu gegenwärtig Beiträge aus sehr verschiedenen Bereichen auf.

So wird etwa die Bedeutung von Bindung für frühpädagogische Bildungsprozesse von der Bindungsforschung eingebracht, während die Bedeutung von non-formalen Lernprozessen und Alltagsbildung sowie von sozialen Bedingungen des Wissenserwerbs von der Bildungstheorie thematisiert wird. Die Aneignungsprozesse von Kindern, etwa als entwicklungsbezogener oder domänenspezifischer Wissenserwerb, werden in Kooperation mit der Entwicklungspsychologie und der Lernforschung untersucht. Über die Gestaltung von Anregung, Unterstützung und Förderung von Entwicklungs- und Bildungsprozessen der Kinder wird in neuen didaktischen und methodischen Diskursen reflektiert. Materialien und fachdidaktische Ansätze, z. B. für den Bereich der Sprachförderung und der mathematischen Bildung, werden aus unterschiedlichen Bildungs- und Entwicklungskontexten entwickelt, auch in Zusammenarbeit mit der Grundschuldidaktik. Insbesondere für Kinder mit Migrationshintergrund, die die deutsche Sprache als Bildungssprache erwerben müssen, sind Konzepte für die Vermittlung von Deutsch als Zweitsprache wichtig. Dabei wurde allerdings zunächst in die Entwicklung von (sehr unterschiedlichen) Instrumenten zur Sprachstandserhebung investiert (Fried 2007), inzwischen liegen aber auch verschiedene detailliert ausgearbeitete Sprachförderkonzepte vor (z. B. Reich 2009).

Angesichts dieser spezialisierten Zugänge wird die Entwicklung einer eigenständigen Elementardidaktik besonders wichtig, die das fächerspezifische Denken zu einem umfassenden methodischen Konzept von Kindergartenpädagogik zusammenfasst. In der Praxis der Fachkräfte in den Kindergärten überlagern sich gegenwärtig tradierte Konzepte mit aktuellen methodischen Ansätzen. Während die einen vor allem die eigenaktiven Lernprozesse der Kinder wertschätzen und fördern, betonen andere die Bedeutung von Vorgaben und Fördermaßnahmen der Erwachsenen; bisweilen werden beide Positionen als Gegensätze aufgefasst. Zudem konnte König (2008) in Videoanalysen des Kindergartenalltags zeigen, dass ErzieherInnen in ihren Interaktionen mit den Kindern überwiegend auf die Bewältigung des Alltags konzentriert sind und dass Bildungsprozesse der Kinder durch die Interaktionen eher selten angeregt werden (König 2008).

Bedeutsam erscheint hier der Ansatz des Infans-Instituts (Laewen / Andres 2002), der betont, wie wichtig es ist, „die Welt" in sehr vielfältigen Erscheinungsformen in den Kindergarten hineinzuholen. So sind nicht nur Natur und kindliche Umgebung Anlass für Bildungserfahrungen, sondern auch die Erwachsenenwelt wird durch klassische Musik, Literatur und Kunst, durch Architekturdarstellungen und anderen Formen der Hochkultur repräsentiert und den Kindern für ihre Auseinandersetzungen zur Verfügung gestellt. Das Konzept betont, dass Erwachsene Kindern auch ihre Themen „zumuten" dürfen – ohne dass die Kinder aber mit Lernforderungen unter Druck gesetzt werden.

In allen Bildungsplänen wird die Beobachtung der Kinder als wichtiges Element der pädagogischen Arbeit neu akzentuiert; dafür werden sehr unterschiedliche Instrumente von der standardisierten Beobachtung verschiedener Kompetenzen mit Sprachstandserhebungen oder dem Beller-Bogen (Beller / Beller 2009) bis zu freier Beobachtung eingeführt.

Beobachtung wird in den Bildungsplänen als Mittel zur Feststellung von Entwicklungsdefiziten und zur Identifizierung von Kindern mit besonderem Förderbedarf beschrieben, die Dokumentation der Entwicklungsverläufe kann als Basis für Elterngespräche dienen. Beobachtung und entsprechende Dokumentation sind aber auch eine wichtige Grundlage für Planung und Gestaltung pädagogischen Handelns und spezifischer Fördermaßnahmen, ebenso wie für die Reflexion der pädagogischen Arbeit im Team, und – in Form von Portfolios – auch für die Reflexion mit den Kindern und ihren Eltern. In diesem Zusammenhang soll das Beobachtungsverfahren der Bildungs- und Lerngeschichten (Leu 2008) erwähnt werden, das in besonderem Maße auf die individuelle Ausdrucksmöglichkeit und die Persönlichkeit des einzelnen Kindes konzentriert ist und von da aus auf einen intensiven Dialog zwischen Erzieherin und Kind zielt.

Bildungsaufgaben für Kinder unter 3

Der Ausbau der Kleinkindbetreuung erweist sich nicht nur als quantitative, sondern auch als qualitative Herausforderung. Wenn die institutionelle Betreuung sehr kleiner Kinder pädagogisch verantwortbar sein soll, braucht sie eine gute personelle Ausstattung und Konzepte, die die pflegerischen Aufgaben ebenso ernst nehmen wie die spezifischen Bedürfnisse der z.T. noch sehr kleinen Kinder, etwa nach emotionaler Sicherheit und Bindung, und die diese Aspekte mit den oben skizzierten Grundsätzen der Bildungsarbeit verbinden. Es geht also bei der Arbeit mit den Kleinkindern in Tageseinrichtungen und Tagespflege vorrangig um den Respekt gegenüber der Persönlichkeit des Kindes, um die Ermöglichung von Eigentätigkeit und von elementaren Erfahrungen sowie um die intensive Interaktion mit anderen Kindern und Erwachsenen. Entwürfe dafür wurden z.B. von der Bertelsmann-Stiftung (2009) vorgelegt; Anregungen dafür werden z.B. aus der Pikler-Pädagogik aufgenommen (Tardos et al. 2002). Für die Arbeit mit Kleinkindern ist im Übrigen eine intensive Zusammenarbeit mit den Eltern wichtig. Bisher mangelt es an Fachkräften, die für die Arbeit mit dieser Altersstufe ausgebildet sind, was angesichts der Expansion der Kleinkindbetreuung besonders prekär ist.

Über die Qualifizierung der Fachkräfte für den gesamten Bereich der Kindertagesbetreuung, vor allem aber für den Kindergarten, wird schon seit 1975 kritisch diskutiert, diese Diskussion wird seit 2000 – im Zuge der Bildungsdebatte und mit Blick auf das europäische Ausland – verstärkt geführt; moniert wird, dass das Ausbildungsniveau der ErzieherInnen auf Fachschulebene den Anforderungen nicht entspricht (Thiersch et al. 1999; Diller/Rauschenbach 2006). Die Anforderungen der Bildungsförderung insgesamt, vor allem die Sprachförderung von Kindern mit Migrationshintergrund, aber auch die Zusammenarbeit mit Eltern und Schule erfordern andere Qualifikationen. Auf die Professionalisierung der Fachkräfte kann in diesem Artikel nicht eingegangen werden (→ Rauschenbach/Züchner, Berufs- und Professionsgeschichte der Sozialen Arbeit), wichtig ist aber der Hinweis, dass die Entstehung der neuen akademischen Studiengänge an Fachhochschulen, Universitäten und Pädagogischen Hochschulen seit 2004 und das Projekt „Profis in Kitas" (PiK) der Robert-Bosch-Stiftung (2008) wesentlich zu einem Entwicklungsschub im Bereich der Forschung und der didaktischen Entwicklung in der Frühpädagogik beigetragen haben (Fröhlich-Gildhoff et al. 2009).

Effektivitätserwartungen

Der Kindergarten steht gegenwärtig unter großem gesellschaftlichem und fachlichem Erwartungsdruck. Erwartet wird, dass der Kindergartenbesuch sich positiv auf die Schulleistungen in der Grundschule auswirkt, vor allem bei sozial benachteiligten Kindern und bei Kindern mit Migrationshintergrund.

Als Antwort auf die Frage nach der generell förderlichen Wirkung des Kindergartenbesuchs lassen sich zwei miteinander verbundene Faktoren nennen: Wenn Kinder relativ früh (ab 2 Jahren) in den Kindergarten gehen und dieser Kindergarten eine hohe pädagogische Qualität hat, wirkt sich das förderlich auf die kognitiv-leistungsbezogene Entwicklung der Kinder aus (Roßbach et al. 2008; Tietze et al. 2005; Textor o.J.). Für Einrichtungen mit geringer pädagogischer Qualität konnte eine fördernde Wirkung nicht nachgewiesen werden. Der Qualität der pädagogischen Arbeit in den Kindergärten und insbesondere der Interaktion zwischen Fachkräften und Kindern kommt damit eine große Bedeutung zu. Hier ist, wie oben schon dargestellt, noch viel Entwicklungsarbeit zu leisten.

Neben der allgemein förderlichen Wirkung wird vom Besuch eines Kindergartens vor allem eine kompensatorische Wirkung für sozial benachteiligte Kindern erwartet. Dabei geht es um Kinder aus bildungsfernen Familien und um Kinder mit Migrationshintergrund, deren bildungsbezogene und schulsprachliche Fähigkeiten in den Familien nicht in ausreichendem Maße gefördert werden. Wenn, wie Forschungen aus verschiedenen Zusammenhängen belegen, die Familie die bei weitem wirksamste Sozialisationsinstanz in der Kindheit ist (z.B. Tietze et al. 2005), dann stellt sich die unter sozial- und bildungspolitischen Aspekten besonders brisante Frage, ob mit dem Besuch eines Kindergartens kompensatorische Wirkungen verbunden sind. Zwar fehlen in Deutschland spezifische Untersuchungen dazu, doch der Rückgriff auf angloamerikanische Forschungen fördert Ergebnisse zutage, die nur sehr vorsichtigen Optimismus zulassen: „Während aufwändige – und damit teure – Interventionsmodelle auf deutlich positive Auswirkungen verweisen, zeigen sich in Untersuchungen von Regeleinrichtungen solche Effekte nicht durchgängig" (Roßbach et al. 2008, 153).

Die Sprachförderung hat angesichts des großen Anteils von Kindern mit Migrationshintergrund für die kompensatorische Wirkung eine zentrale Bedeutung. Hier wird es darum gehen, Forschungen nicht nur über spezielle Programme, sondern über eine effektive Sprachförderung als Teil einer umfassenden, guten pädagogischen Arbeit und über deren flächendeckende Implementierung voranzutreiben. Es wird also ebenso um die Identifikation von wirklich effektiven Sprachförderkonzepten wie um die wirksame Qualifizierung der Fachkräfte gehen.

Insgesamt lässt sich konstatieren, dass die deutsche Frühpädagogik noch nicht über ein breites Spektrum von Arbeitsansätzen zum Ausgleich früher Benachteiligungen verfügt. Solche Ansätze beziehen sich nicht nur auf spezifische Fördermaßnahmen, sondern verlangen auch Konzepte für eine umfassende pädagogische Förderung dieser Kinder durch einen entsprechend gestalteten Kindergartenalltag und Maßnahmen und Programme zur Unterstützung familiärer Bildungsprozesse.

Frühpädagogik kann ihre kompensatorische Aufgabe keinesfalls allein leisten. Kompensatorische Erziehung muss vielmehr als längerfristiges und komplexes Projekt gesehen werden, an dem die Eltern sowie andere Agenten im Sozialraum und die Schule beteiligt sind, das aber für seine nachhaltige Wirksamkeit auf eine entsprechende Familien- und Sozialpolitik angewiesen ist. In diesem Zusammenhang muss auch die Forderung nach Beitragsfreiheit für den Kindergarten als Instrument der Verbesserung der Chancengerechtigkeit erwähnt werden. In einigen Bundesländern ist derzeit bereits das letzte Kindergartenjahr beitragsfrei.

In der öffentlichen Diskussion müssen die z.T. vollmundig formulierten Erwartungen an die kompensatorische Wirkung frühpädagogischer Maßnahmen auf ein realistisches Maß zurückgefahren werden und es muss deutlich werden, dass der Kindergarten nicht allein nach der Auswirkung auf die Schulleistungen beurteilt werden kann.

Kooperationsaufgaben des Kindergartens

Für die Wirksamkeit des Kindergartens ist im Übrigen nicht nur die inhaltliche Arbeit relevant, sondern auch die Zusammenarbeit mit den Eltern und im Sozialraum sowie die Kooperation mit der Schule. Diese Aspekte der sozialen Einbettung des Kindergartens, die jeweils in ganz eigenen Diskussionszusammenhängen verhandelt werden, können hier nur knapp skizziert werden.

Die Zusammenarbeit mit den Eltern und im Sozialraum

Für Kindergärten sind die Eltern – das wurde oben bereits angesprochen – wichtige Kooperationspartner (§ 22a KJHG, Abs. 2.1). Auch Eltern sehen sich als Kooperationspartner der Kindergärten, sie haben heute hohe Erwartungen an die Flexibilität der Betreuungsangebote, aber auch an die Möglichkeit der Mitwirkung bei der Ausgestaltung der pädagogischen Rahmenbedingungen ihrer Einrichtung; ihre Mitsprache ist durch den Elternbeirat gewährleistet. Forschungen zur Zusammenarbeit zwischen ErzieherInnen und Eltern zeigen in beiden Gruppen unterschiedliche Erwartungen und unterschiedliche „Modi der Zusammenarbeit" (Thiersch 2006, 95 f.; Herrmann 2007).

Hier können sich auch Konflikte zwischen Eltern und ErzieherInnen ergeben; wenn z.B. Eltern aus Sorge um die Zukunftsfähigkeit ihrer Kinder überzogene Lernanforderungen stellen, oder wenn ErzieherInnen Positionen vertreten, die im Gegensatz zu den Elterninteressen stehen.

Konzepte für die Zusammenarbeit firmieren unter dem Titel „Erziehungspartnerschaft" (Textor 2000), sie basieren auf der Anerkennung der Eltern als kompetente, interessierte und wirksame Partner und auf der Akzeptanz des kulturellen und sozialen Hintergrunds der Familien. Darüber hinaus werden für Eltern mit besonderem Unterstützungsbedarf spezifische Elternprojekte entwickelt, die sie auch in der häuslichen Erziehung stärken. Allerdings erweist es sich als schwierig, gerade bildungsferne und sozial benachteiligte Familien zu erreichen.

Obwohl die Zusammenarbeit mit den Eltern als bedeutsam angesehen wird, wird ihre Wirksamkeit bisher in Evaluationsstudien nicht untersucht. Vorliegende Evaluationen konzentrieren sich auf die inhaltliche Arbeit im Kindergarten und fragen nach den Ergebnissen auf der Ebene von kognitiven Leistungen. Es wäre aber wichtig, unterschiedliche Formen der Zusammenarbeit von Fachkräften und Eltern auf ihre Wirkungen ebenso hinsichtlich kognitiv-leistungsbezogener wie sozial-emotionaler und kompensatorischer Effekte zu untersuchen.

Über die Zusammenarbeit mit den Eltern hinaus wird von den Kindergärten eine Zusammenarbeit „mit anderen kinder- und familienbezogenen Institutionen und Initiativen im Gemeinwesen" (§ 22a SGB VIII, Abs. 2.2.) gefordert. Eine solche Zusammenarbeit wird in vielen Einrichtungen bereits praktiziert. Eine besonders intensive Kooperation wird neuerdings im Konzept der Familienzentren realisiert, in denen die Zusammenarbeit mit den Eltern verbunden wird mit besonderen Angeboten für Kinder und Eltern, vor allem aber mit der Kooperation mit anderen Bildungseinrichtungen und mit sozialen und medizinischen Diensten im Sozialraum, die z. T. auch in die Einrichtung hineingeholt werden. In verschiedenen Bundesländern werden solche Familienzentren durch entsprechende Programme gefördert (MGFFI NRW o. J.). Das Modell der Early Excellence Centres aus Großbritannien steht Pate für weitere Modelleinrichtungen (Hebenstreit-Müller / Lepenies 2007). Ein solches umfassendes Arbeitsverständnis führt dann auch zur Zusammenarbeit mit Verbänden der ethnischen Communities und der Religionen, um auch die Eltern, die anders nicht erreichbar sind, früh für die Bedeutung von Entwicklung und Bildung ihrer Kinder zu sensibilisieren.

Darüber hinaus werden auf kommunaler oder regionaler Ebene Netzwerke für ein verbessertes Zusammenwirken der Träger von Kindergärten und Schulen mit Sozialen Diensten und dem Jugendamt sowie mit anderen für die Bildungs- und Entwicklungsprozesse von Kindern relevanten Institutionen organisiert. Solche kommunalen Netzwerke (Bertelsmann-Stiftung 2008) erschließen neue Ressourcen und vermindern Reibungsflächen zwischen bisher einander unvertrauten Agenten der kommunalen und regionalen Sozial- und Bildungspolitik. Mit solchem kommunalen Bildungsmanagement entstehen Bildungslandschaften mit träger- und ressortübergreifender Zusammenarbeit, die die Chance auf abgestimmte Entwicklungen und umfassende Nutzung der verfügbaren Ressourcen bietet.

Der Blick für die unterschiedlichen sozialen Bedingungen der Einrichtungen und die unterschiedlichen Lebensbedingungen der Kinder und ihrer Familien kann durch eine sozialräumliche Perspektive geschärft werden (Thiersch 2002). Für eine Kita in einem sozialen Brennpunkt ergeben sich andere Prioritäten als in einem Mittelschicht-Kindergarten am Stadtrand. Den Fachkräften stellen sich spezifisch unterschiedliche Probleme, die Ressourcen der Familien und des sozialen Umfelds sind sehr verschieden. Auch wenn die Fachkräfte sich bemühen, diese Ressourcen zu nutzen, ist die Arbeit in Einrichtungen mit einem hohen Anteil sozial benachteiligter Familien schwieriger und verlangt einen größeren Aufwand. Ausstattung und Personalschlüssel müssten nach den Verhältnissen im Sozialraum bemessen werden, es müssten spezifische Aus- und Fortbildungen und spezielle Unterstützungsstrukturen geboten werden.

Die Kooperation mit der Schule

Einen besonderen Stellenwert hat in der gegenwärtigen Diskussion die Kooperation des Kindergartens mit der Schule; die gegenwärtige Diskussion dazu bezieht sich auf die Gestaltung des Übergangs und auf die Anschlussfähigkeit der Lernprozesse. Das Verhältnis von Kindergarten und Schule in Deutschland ist aus der Geschichte heraus eher distanziert. Es wird immer wieder beklagt, dass ErzieherInnen und LehrerInnen nicht genug voneinander wissen. Beide Institutionen gehören unterschiedlichen Systemen an, sie haben unterschiedliche Strukturen und ein je spezifisches Selbstverständnis; ihre Fachkräfte werden sehr unterschiedlich ausgebildet. Den Kindergärten mit ihrer Betonung des sozialen Lernens steht die Lernkultur der Schule mit der Betonung kognitiver Elemente gegenüber, und in beiden Institutionen werden Effektivitätskontrolle bzw. Benotung sehr unterschiedlich gewichtet. Die gegenseitige Akzeptanz wird durch unterschiedliche Arbeitsansätze in der pädagogischen Arbeit, durch verschiedene Ausbildungen und durch je spezifische Arbeitszeitregelungen ebenso erschwert wie durch die unterschiedliche Bezahlung. Doch finden gegenwärtig in beiden Institutionen Veränderungsprozesse statt, die eine Annäherung erleichtern: Die größere Autonomie der Schulen, jahrgangsübergreifende Klassen und Elemente von individualisiertem Arbeiten sowie die Entwicklung zu Ganztagsschulen verändern die Schule, während die Bildungsdebatte, die Vorgaben der Bildungspläne und die

Frage nach der Effektivität der pädagogischen Arbeit den Kindergarten verändern.

Der Übergang vom Kindergarten in die Schule wird als besondere Herausforderung für die Kinder beschrieben. In Deutschland war eine eher späte Einschulung üblich; gegenwärtig aber verlegen die meisten Bundesländer den Einschulungstermin vor, sodass die Kinder beim Schuleintritt im Durchschnitt immer jünger sein werden. Die Transitionstheorie weist auf die Rollenveränderungen hin, die bei den Kindern, aber auch bei den Eltern zur Umorganisation ihrer Selbstdefinition führen ((Niesel 2004). Der Übergang wird nicht selten als krisenhaft erlebt. Faust (2008, 10) merkt allerdings an, dass vor allem ängstliche und unsichere Kinder auf den Übergang mit Verhaltensproblemen reagieren. Der Kindergarten ist also gefordert, diese Kinder intensiver zu fördern und vorzubereiten.

Ein Zusammenwirken von LehrerIn und ErzieherIn ist inzwischen bei Fragen von Einschulung bzw. Zurückstellung weitgehend üblich, ebenso gehören Besuche der Kindergartenkinder zum Kennenlernen der Schule und gemeinsame Projekte von Kindergarten- und Schulkindern sowie Abschieds- und Aufnahme-Rituale zum Programm der Kooperation von Kindergarten und Schule. Vor allem von schulischer Seite wird oft gefordert, dass der Kindergarten die Kinder besser auf die Schule vorbereitet solle. Die Kinder sollten bereits im Kindergarten mit schulischen Arbeitsformen bekannt gemacht und durch Übungen von Vorläuferfähigkeiten besser auf den Erwerb der in der Schule geforderten Kompetenzen vorbereitet werden, etwa im Bereich der Sprache oder der Mathematik (Roßbach et al. 2008; Hacker 2008). Modellprojekte für eine intensivere inhaltliche Zusammenarbeit werden z. B. in Bayern (Projekt KidZ) und in Baden-Württemberg („Bildungshaus 3 bis 10") durchgeführt.

Dagegen sieht Liegle (2008) die Gefahr einer Verschulung des Kindergartens; er plädiert für einen eigenständigen Bildungsauftrag des Kindergartens, der die entwicklungsangemessene individuelle Förderung der Kinder in „selbsttätigen, spielerischen und erkundenden Lernprozessen" realisiert (109). Die Zusammenarbeit von Kindergarten und Schule ist dadurch erschwert, dass beide Institutionen mit ihrer jeweils internen Weiterentwicklung (wie sie oben skizziert wurde) beschäftigt sind; eine Vermittlung der beiden unterschiedlichen Ansätze in einem Kooperationskonzept erscheint deshalb als besonders aufwändige und zeitintensive Herausforderung.

Resümee

Die Frühpädagogik und das ihr zugeordnete Arbeitsfeld der Kindertagesbetreuung sind seit etwa zehn Jahren in einer stürmischen Expansion in verschiedenen Richtungen begriffen; auch im Vergleich mit anderen Bereichen des Bildungswesens und der Sozialpädagogik ist hier besonders Vieles in Bewegung geraten.

Die sichtbarste Ebene der Expansion ist der Ausbau der Plätze in Kindertageseinrichtungen und Kindertagespflege, zunächst für die Altersgruppe der Kindergartenkinder, dann für die der Kleinkinder; diese Expansion ist verbunden mit einer Expansion des Personals und des Finanzbedarfs. Eine zweite Ebene der Expansion ergibt sich durch die Ausarbeitung des frühpädagogischen Bildungsverständnisses; mit den Bildungsplänen erfolgte eine inhaltliche Erweiterung um Bereiche, die traditionell im deutschen Kindergarten wenig repräsentiert waren, wie Literacy, Naturwissenschaft und Technik. Neue Arbeitsansätze und Theoriebereiche erschlossen sich dabei durch die Erweiterung der methodisch-didaktischen Reflexion und die stärkere Einbeziehung von Bezugswissenschaften wie Bindungstheorie, Entwicklungspsychologie, Bildungstheorie, Lerntheorie und Hirnforschung. Auf einer dritten Ebene findet eine Expansion der Frühpädagogik durch die Ausweitung der Arbeitsformen und Kooperationen statt, zum einen durch die Flexibilisierung der Betreuungsangebote, zum anderen durch eine intensivere Zusammenarbeit mit den Eltern, durch neue Formen der Vernetzung mit sozialen Diensten und kommunalen Netzwerken sowie durch intensive Formen der Kooperation mit der Grundschule. Schließlich realisiert sich die Expansion auf einer vierten Ebene in der Einführung neuer akademischer Studiengänge, durch die die Frühpädagogik einen Professionalisierungsschub und eine erhebliche Ausweitung der Forschung erfährt.

In dieser quantitativen, inhaltlichen, institutionellen und professionalisierungsbezogenen Expansion liegt für die Frühpädagogik die Chance, ihre Konzepte und ihre Arbeitsweisen umfassend weiterzuentwickeln. Dabei stellt sich die Aufgabe, die verschiedenen Stränge der Expansionen zu integrieren, die Ansätze miteinander zu vermitteln und ein eigenständiges professions- und disziplinbezogenes Selbstverständnis zu entwickeln. Dabei wird sowohl das Verhältnis zu den Bezugswissenschaften zu klären sein als auch das Verhältnis zu den benachbarten Bereichen der Sozialpädagogik und der Schulpädagogik.

Die Expansion des Kindergartens und Frühpädagogik war bisher allerdings nicht verbunden mit einer Konsolidierung der Rahmenbedingungen, wie sie für die in den Einrichtungen gestellten Aufgaben notwendig wäre. Die Diskrepanz zwischen den gesellschaftlichen Erwartungen und den pädagogischen Arbeitsmöglichkeiten ist groß und trotz des vielfältigen, starken Engagements in Praxis und Wissenschaft bleiben bedrückende Defizite. Verbesserungen werden immer wieder eingefordert (z. B. Viernickel / Schwarz 2009), sie betreffen sowohl die Reduktion des Personalschlüssels wie die Anhebung der Bezahlung und den Ausbau der Unterstützungssysteme für die Fachkräfte in Form von Fachberatung. Die Umstrukturierung der Ausbildung, die schon lange gefordert wurde, wird an vielen Stellen realisiert; die Qualifizierung der vorhandenen Fachkräfte durch Weiterbildung entspricht weithin noch nicht den gestellten Anforderungen; die wissenschaftliche Vermessung dieses Feldes hat gerade erst begonnen (Projekt WIFF am DJI: Diller 2010).

Die weitere Entwicklung der Frühpädagogik hängt allerdings in hohem Maße davon ab, ob das öffentliche Interesse an der Frühpädagogik erhalten bleibt bzw. ob die gesellschaftliche Motivations- und Finanzlage weiterhin eine Entwicklung einer Frühpädagogik ermöglicht, die den quantitativen Ausbau mit qualitativen Arbeitsstandards verbinden kann und die die je eigenen Interessen der Adressaten, also der Kinder und ihrer Familien, berücksichtigt: Die Lebensäußerungen der Kinder und ihre Entwicklungsmöglichkeiten müssen in ihrem Eigensinn sehr ernst genommen, sie müssen auch gegen die Interessen und den Sog einer Konkurrenzgesellschaft und die Funktionalisierung des Kindergartens in ihrem Horizont verteidigt werden. Die Interessen von Kindern und Familien müssen neu vermittelt werden mit den Funktionen, die sich aus dem Vereinbarungs- und dem Bildungsmotiv ergeben, und Bildungsaufgaben müssen auch als kompensatorische Aufgaben im Horizont einer demokratischen Gesellschaft ernst genommen werden.

Literatur

Beller, E. K., Beller, S. (2009): Kuno Bellers Entwicklungstabelle. 8. Aufl. Eigenverlag, Berlin

Bertelsmann Stiftung (Hrsg.) (2008): Kommunale Netzwerke für Kinder. Verlag Bertelsmann Stiftung, Gütersloh

–, Staatsinstitut für Frühpädagogik (Hrsg.) (2009): Wach, neugierig, klug – Kompetente Erwachsene für Kinder unter 3. Medienpaket. Verlag Bertelsmann Stiftung, Gütersloh

Bock-Famulla, K., Große-Wöhrmann, K. (2010): Länderreport Frühkindliche Bildungssysteme 2009. Verlag Bertelsmann-Stiftung, Gütersloh

Bundesministerium für Familie, Frauen, Senioren und Jugend (BMFSFJ) (Hrsg.) (2005): Zwölfter Kinder- und Jugendbericht. In: www.bmfsfj.de/RedaktionBMFSFJ/Abteilung5/Pdf-Anlagen/zwoelfter-kjb,property=pdf.pdf, 04.06.2010

– (BMFSFJ) (Hrsg.) (1998): Zehnter Kinder- und Jugendbericht. Bonn

Colberg-Schrader, H., Krug, M., Pelzer, S. (1991): Soziales Lernen im Kindergarten. Kösel, München

Deutscher Bildungsrat (Hrsg.) (1970): Strukturplan für das Bildungswesen. Klett, Stuttgart

Diller, A. (2010): Projekt: Weiterbildungsinitiative Frühpädagogische Fachkräfte (WiFF). In: www.dji.de/cgi-bin/projekte/output.php?projekt=857, 04.06.2010

–, Jurczyk, K., Rauschenbach, Th. (Hrsg.) (2005): Tagespflege zwischen Markt und Familie. DJI-Verlag, München

–, Rauschenbach, Th., (Hrsg.) (2006): Reform oder Ende der Erzieherinnenausbildung? DJI-Verlag, München

Diskowski, D. (2009): Spricht eigentlich noch jemand über den Hort…? KiTa NRW, 230–233

– Bildungspläne für Kindertagesstätten – ein neues und noch unbegriffenes Steuerungsinstrument. Zeitschrift für Erziehungswissenschaft Sonderheft 11, 47–61

Eschenbroich, D. (2002): Weltwissen der Siebenjährigen. Antje Kunstmann, München

Erning, G., Neumann, K., Reyer, J. (1987): Geschichte des Kindergartens. 2 Bde. Lambertus, Freiburg / Br.

Faust, G. (2008): Übergänge gestalten – Übergänge bewältigen. In: Thole, W., Roßbach, H.-G., Fölling-Albers, M., Tippelt, R. (Hrsg.), 225–240

Flitner, A. (1967): Der Streit um die Vorschulerziehung. Zeitschrift für Pädagogik 13, 515–538

Fried, L. (2007): Sprachstandserhebungsverfahren für Kindergartenkinder und Schulanfänger in Politik und Pädagogik. In: Schöler, H., Welling, A. (Hrsg.): Sonderpädagogik der Sprache. Hogrefe, Göttingen, 665–683

Fröbel, F. (1951/1826): Die Menschenerziehung, Ausgewählte Schriften, Band 2. Stuttgart

Fröhlich-Gildhoff, K., Nentwig-Gesemann I,. Haderlein, R. (Hrsg.) (2008+2009): Forschung in der Frühpädagogik I+II. FEL Verlag, Freiburg/Br.

Fthenakis, W. E. (2008): Bildung von Anfang an: Bildungskonzepte für Kinder unter sechs Jahren aus internationaler und nationaler Perspektive. In: Hoppe, M., Schack, A. (Hrsg.): Rohstoff Bildung: Lebenslang lernen. Dr. Curt Haefner Verlag, Heidelberg, 135–166

Hacker, H. (2008): Bildungswege vom Kindergarten zur Grundschule. Klinkhardt, Bad Heilbrunn

Hebenstreit-Müller, S., Lepenies, A. (Hrsg.) (2007): Early Excellence: Der positive Blick auf Kinder, Eltern und Erzieherinnen. Dohrmann, Berlin

Herrmann, I. (2007): Der Kindergarten aus der Sicht der Eltern. Shaker, Aachen

Höltershinken, D., Hoffmann, H., Prüfer, G. (1997): Kindergarten und Kindergärtnerinnen in der DDR. 2 Bde., Luchterhand, Berlin/Neuwied/Kriftel/Ts

Jung, P. (2009): Kindertageseinrichtungen zwischen pädagogischer Ordnung und den Ordnungen der Kinder. VS Verlag, Wiesbaden

König, A. (2008): Interaktionsprozesse zwischen ErzieherInnen und Kindern. VS Verlag, Wiesbaden

Konrad, F.-M. (2004): Der Kindergarten. Seine Geschichte von den Anfängen bis zur Gegenwart. Lambertus, Freiburg/Br.

Kronberger Kreis für Qualitätsentwicklung in Kindertageseinrichtungen (Hrsg.) (1998): Wie Kindertagesstätten besser werden. Kallmeyer, Seelze-Velber

Laewen, H.-J., Andres, B. (2002): Bildung und Erziehung in der frühen Kindheit. Cornelsen Scriptor, Berlin

–, Neumann, K., Zimmer, J. (Hrsg.) (1997): Der Situationsansatz – Vergangenheit und Zukunft. Kallmeyer, Seelze-Velber

Leu, H. R. (2008): Beobachtung von Bildungs- und Lernprozessen in der frühpädagogischen Praxis. In: Thole, W., Roßbach, H.-G., Fölling-Albers, M., Tippelt, R. (Hrsg.): Bildung und Kindheit. Barbara Budrich, Opladen, 165–179

Liegle, L. (2008): Erziehung als Aufforderung zur Bildung. In: Thole, W., Roßbach, H.-G., Fölling-Albers, M., Tippelt, R. (Hrsg.), 85–113

– (2002): Über die besonderen Strukturmerkmale frühkindlicher Bildungsprozesse. In: Liegle, L., Treptow, R. (Hrsg.): Welten der Bildung in der Pädagogik der frühen Kindheit und in der Sozialpädagogik. Lambertus, Freiburg, 51–64

Ministerium für Generationen, Familien, Frauen und Integration NRW (MGFFI) (o. J.): Familienzentren in NRW. Neue Zukunftsperspektiven für Kinder und Eltern. In: www.nordrheinwestfalendirekt.de/broschuerenservice/download/70309/familienzentren_in_nrw_neue_zukunftsperspektiven.pdf, 04.06.2010

Mollenhauer, K. (1968): Erziehung und Emanzipation. Polemische Skizzen. Juventa, Weinheim

Neumann, K. (1997): Verpaßte Gelegenheiten? Zur Entwicklung der Pädagogik der frühen Kindheit im Prozess der Wiedervereinigung. In: Laewen, H.-J., Neumann, K., Zimmer, J. (Hrsg.), 15–26

Niesel, R. (2004): Einschulung. Der Übergang vom Kindergarten in die Grundschule. In: Schumacher, E. (Hrsg.): ,Übergänge' in Bildung und Ausbildung – pädagogische, subjektive und gesellschaftliche Relevanzen. Klinkhardt, Bad Heilbrunn, 89–101

Oberhuemer, P., Ulich, M. (1997): Kinderbetreuung in Europa. Beltz, Weinheim/Basel

OECD (Hrsg.) (2006): Starting Strong II. Early Childhood Education and Care. In: www.oecd.org/dataoecd/14/32/37425999.pdf, 04.06.2010

– (Hrsg.) (2004): Die Politik der frühkindlichen Betreuung, Bildung und Erziehung in der Bundesrepublik Deutschland. In: www.bmfsfj.de/bmfsfj/generator/Redaktion BMFSFJ/Pressestelle/Pdf-Anlagen/oecd-kurzfassung-kinderbetreuung,property=pdf.pdf, 04.06.2010

Oelkers, J., Otto, H.-U. (Hrsg.) (2006): Zeitgemäße Bildung. Herausforderungen für Erziehungswissenschaft und Bildungsforschung. Ernst Reinhardt Verlag, München

Rauschenbach, Th., Beher, K., Knauer, D. (1995): Die Erzieherin. Ausbildung und Arbeitsmarkt. Juventa, Weinheim

–, Schilling, M. (2009): Demografie und frühe Kindheit. Prognosen zum Platzbedarf in der Kindertagesbetreuung. ZfPäd 55, 17–36

Reich, H. H. (2009): Zweisprachige Kinder. Sprachenaneignung und sprachliche Fortschritte im Kindergartenalter. Waxmann, Münster

Reyer, J. (2006): Einführung in die Geschichte des Kindergartens und der Grundschule. Klinkhardt, Bad Heilbrunn

– (1987): Kindheit zwischen privat-familialer Lebenswelt und öffentlich veranstalteter Kleinkinderziehung. In: Erning, G., Neumann, K., Reyer, J. (Hrsg.), 232–284

Robert-Bosch-Stiftung (Hrsg.) (2008): PiK – Profis in Kitas. Programm zur Professionalisierung von Frühpädagogen in Deutschland. In: www.profis-in-kitas.de, 04.06.2010

Roßbach, H.-G., Kuczniok, K., Kuger, S. (2008): Auswirkungen eines Kindergartenbesuchs auf den kognitiv-leistungsbezogenen Entwicklungsstand von Kindern. Zeitschrift für Erziehungswissenschaft Sonderheft 11, 139–158

Roth, H. (1966): Pädagogische Anthropologie. Bd 1: Bildsamkeit und Bestimmung. Hermann Schroedel, Hannover

Schäfer, G. E. (Hrsg.) (2003): Bildung beginnt mit der Geburt. Beltz, Weinheim/Basel

Spitzer, M. (2002): Lernen. Gehirnforschung und die Schule des Lebens. Spectrum Akademischer Verlag, Heidelberg

Statistisches Bundesamt Deutschland (2009): Kinder- und Jugendhilfestatistiken – Tagesbetreuung für Kinder am 01.03.2009. In: https://www-ec.destatis.de/csp/shop/sfg/bpm.html.cms.cBroker.cls?cmspath=struktur,vollanzeige.csp&ID=1024858, 04.06.2010

Tardos, A., Valentin, L., Valentin, L. (Hrsg.) (2002): Miteinander vertraut werden. Erfahrungen und Gedanken zur Pflege von Säuglingen und Kleinkindern. 3. Aufl. Arbor Verlag, Freiburg

Textor, M. R. (o. J.): Forschungsergebnisse zur Effektivität frühkindlicher Bildung: EPPE, REPEY und SPEEL. In: www.kindergartenpaedagogik.de/1615.html, 04.06.2010

– (2000): Kooperation mit den Eltern. Erziehungspartnerschaft von Familie und Kindertagesstätte. Don Bosco, München

Thiersch, H. (2008): Bildung als Projekt der Moderne. In: Coelen, Th., Otto, H.-U. (Hrsg.): Grundbegriffe Ganztagsbildung. Das Handbuch. VS Verlag, Wiesbaden

Thiersch, R. (2006): Familie und Kindertageseinrichtung. In: Bauer, P., Brunner, E. J. (Hrsg.): Elternpädagogik: Von der Elternarbeit zur Erziehungspartnerschaft. Lambertus, Freiburg / Br., 80–105

– (2002): Sozialräumliche Aspekte von Bildungsprozessen – Sozialraumorientierung als Aufgabe für Kindertagesein-richtungen. In: Liegle, L., Treptow, R. (Hrsg.): Welten der Bildung in der Pädagogik der frühen Kindheit und in der Sozialpädagogik. Lambertus, Freiburg, 242–257

– (1999): Auch Goethe ging in den Kindergarten. Theorie und Praxis der Sozialpädagogik (TPS), 51–53

–, Höltershinken, D., Neumann, K. (Hrsg.) (1999): Die Ausbildung der Erzieherinnen. Juventa, Weinheim

Tietze, W., Roßbach, H.-G., Grenner, K. (2005): Kinder von 4 bis 8 Jahren: Zur Qualität der Erziehung und Bildung in Kindergarten, Grundschule und Familie. Beltz, Weinheim / Basel

–, Schuster, K.-M., Roßbach, H.-G. (1997): Kindergarten-Einschätz-Skala. Luchterhand, Neuwied

Viernickel, S., Schwarz, S. (2009): Expertise: Schlüssel zu guter Bildung, Erziehung und Betreuung. In: www.gew.de/Binaries/Binary47887/expertise_gute_betreuung_web.pdf, 04.06.2010

Zimmer, J. (1985): Der Situationsansatz als Bezugsrahmen der Kindergartenreform. In: Zimmer, J., Krüger, A. (Hrsg.): Erziehung in früher Kindheit. Enzyklopädie Erziehungswissenschaft, Bd. 6. Klett-Cotta, Stuttgart, 21–38

Kindheit

Von Michael-Sebastian Honig

Das Kind ist eine pädagogische Idee. Pädagogisch ist sie, weil sie auf einer Unterscheidung zwischen Kindern und Erwachsenen beruht (Nemitz 1996). Diese Unterscheidung wurde nicht erfunden, auch nicht von Rousseau (dem die Entdeckung der Kindheit häufig zugeschrieben wird), sondern bildete sich im 18. Jahrhundert als Diskurs über die Natur des Kindes heraus (Amberg 2004). Es dauerte bis ins 19. Jahrhundert, dass sich dieser Diskurs gegen die Gleichsetzung von Kindern mit *Kindern Gottes* durchsetzte (Oelkers 2002). Seither wird die Unterscheidung entwicklungstheoretisch gefasst. Konzepte wie Bildsamkeit und Verwundbarkeit formulieren die Natur des Kindes in einer pädagogischen Anthropologie (Benner 1999).

Die Idee des Kindes dreht sich um Gegenwart und Zukunft, Wirklichkeit und Möglichkeit, Natur und Vernunft (Rustemeyer 2003). Das Kind steht für eine bessere Zukunft und die Erinnerung an eine vorgeblich bessere Vergangenheit: Es ist Projekt, Utopie oder Mythos (Berg 2004). Die Kindheit ist eine Fortschrittsidee; in diesem Sinne ist das Kind eine Idee der Moderne. Die Frage, *was ein Kind ist*, lässt sich indes nicht mehr beantworten (Jenks 1982/1992a, 10), seit die Zukunft der Neulinge nicht mehr durch ihre Herkunft determiniert ist. Die Bestimmung des Kindes ist unbekannt – *das* ist Rousseaus Entdeckung (Benner 1999, 5). Daher ist fraglich, ob man über Kinder und Kindheit überhaupt unabhängig von Erziehungsidealen sprechen kann (Oelkers 2003, 121). Sie unterliegen einem historischen Wandel, der Veränderungen der Interessen an Kindern indiziert (Oelkers 2003, 126f.). Entsprechend führt die Maxime der „Kindgemäßheit" ins Nichts; konsequent geredet: Die pädagogische Idee des Kindes referiert nicht auf empirische Kinder (Luhmann 1991, 25). Sie ist – systemtheoretisch gesprochen – das Medium der Erziehung, das heißt: *Das Kind* ist eine Semantik für pädagogische Zwecke; sie steckt den Horizont ab, in dem sich Erziehung als Pädagogik selbst beobachten kann; in diesem Sinne verlangt die Natur des Kindes nicht nach Erziehung, sondern macht sie erst möglich.

Diese These bildet den Ausgangspunkt der folgenden Argumentation. Sie untersucht die Frage, in welcher Weise die Kindheit ein Thema der Sozialpädagogik ist. Wie gewinnt sie Zugang zu empirischen Kindern?

Zunächst assoziiert man „Sozialpädagogik" ja mit „Jugend". Der Eindruck, die Sozialpädagogik habe Kinder lange weniger beachtet als Jugendliche (Andresen/Diehm 2006a) täuscht aber. In ihm drückt sich ein spezifisches Verständnis von Sozialpädagogik aus, das sich in den 1920er Jahren formiert und seither durchgesetzt hat. Es gewinnt seinen Begriff des Kindes aus den professionellen Mustern institutionalisierter Erziehung jenseits von Familie und Schule. Die jugendbezogene Bereichspädagogik, die sich um Sozialdisziplinierung und Jugendbewegung herum konstituiert und die Kindheit der Familie zugewiesen hat, kennt Kinder nur, soweit sie sich selbst als reflexive Instanz der Erziehungsfürsorge versteht (Honig 2008, 331). Seit den 1920er Jahren haben sich die Zuständigkeitsbereiche der Sozialpädagogik aber so erweitert, dass sich die Sozialpädagogik als „Soziale Arbeit" neu definieren musste. Soll dies nicht nur ein Sammelbegriff für ein breites und durchaus offenes Spektrum von Handlungsfeldern sein, muss auch das überlieferte bereichspädagogische Disziplinverständnis überprüft und die Frage nach dem „Sozialen" in der Pädagogik gestellt werden (Grubenmann/Oelkers 2009; Honig 2001b; Kessl/Ziegler 2008; Mollenhauer 1998; Reyer 2002). Diese Frage hat nicht allein gegenstandsbezogene, sondern auch methodologische Implikationen. Als Bereichspädagogik schreibt sich Sozialpädagogik ge-

Otto/Thiersch (Hg.), Handbuch Soziale Arbeit, 4. A., DOI 10.2378/ot4a.art078,

sellschaftliche Wirksamkeit zu, begreift jedoch nicht ihre Erkenntniszugänge als eine Form der Vergesellschaftung. Die Frage nach der Kindheit als Thema der Sozialpädagogik ist mithin eine Variante der Frage, wie die Sozialpädagogik ihren Gegenstandsbereich konstruiert.

Diese Frage soll im Folgenden indes weniger methodologisch (Honig 2008) als gegenstandsbezogen untersucht werden. Im Lichte der Ausgangsthese betrachtet kann sich ein sozialpädagogischer Kindheitsbegriff nicht unmittelbar auf die Wirklichkeit der Kinder beziehen. Allerdings besteht die Herausforderung darin, nicht auf der Ebene der Ideen und Diskurse über Kinder und Kindheit stehen zu bleiben, sondern diese Konstruktionen als Formen der Hervorbringung, genauer: der pädagogischen Institutionalisierung von Kindheit zu begreifen.

- Der *erste Schritt* der Argumentation ist gleichsam ein methodologisches Prolegomenon. Um die Thematisierung von Kindern und Kindheit als einen Prozess der Gegenstandskonstitution fassen zu können, bedarf es nämlich einer Differenzierung von Beobachterpositionen. Zu diesem Zweck führe ich eine unübliche Unterscheidung zwischen Sozialpädagogik und Sozialer Arbeit ein, die Sozialpädagogik als Gesichtspunkt bestimmt, unter dem die Praktiken der Sozialen Arbeit beobachtet werden. Dies erlaubt, den Ansatz der Untersuchung zu präzisieren. Sie geht von der Frage aus, wie sich die professionellen Handlungsfelder Sozialer Arbeit des Umstands vergewissern, dass sie es mit „Kindern" zu tun haben und in welcher Weise sie mit „Kindern" umzugehen haben.
- Im *zweiten Schritt* werden Artikel in aktuellen Lexika und Handbüchern der Sozialpädagogik und der Sozialen Arbeit zu den Stichworten „Kinder" und „Kindheit" daraufhin durchgesehen, *wie* die Sozialpädagogik / Soziale Arbeit Kinder und Kindheit kennt (und damit zugleich: wie das Verhältnis von Sozialpädagogik und Sozialer Arbeit gehandhabt wird). Die vorfindliche Konstellation der Positionen wird im Lichte der leitenden Fragestellung kritisch gewürdigt.
- Der *dritte Schritt* der Argumentation knüpft an die Ausgangsfrage an, wie sich Soziale Arbeit vergewissert, mit „Kindern" zu tun zu haben, und greift die Unterscheidung zwischen Sozialpädagogik und Sozialer Arbeit wieder auf. „Kindheit" wird

als eine Semantik bestimmt, die es der Sozialen Arbeit erlaubt, ihre Bearbeitung von Kindern als kindgerecht auszuweisen. Das Kind der Sozialen Arbeit, so die These, ist das elternlose Kind, das Kind als Waise.
- Der abschließende *Ausblick* greift auf die Problemstellung des Beitrags zurück und resümiert den Gedankengang. Die Einsicht in die Unbestimmtheit der Bestimmung des Kindes lenkt die Aufmerksamkeit auf die sozialen und epistemischen Praktiken seiner Vergegenständlichung. Die Antwort lautet also: Die Sozialpädagogik gewinnt ihren Begriff des Kindes durch eine Forschung, welche die Praktiken der pädagogischen Institutionalisierung von Kindheit zum Thema macht. Diese Antwort ist nicht auf einen vorgängigen Begriff des Kindes festgelegt, weil sie auf die Beobachtung performativer Kindheitsbegriffe abhebt. Gegenstandstheoretisch wird es dadurch möglich, einem soziokulturellen Wandel Rechnung zu tragen, in dem die Kindheit ihre scheinbar unzweideutige, in den Termini pädagogischer Anthropologie fixierbare Bedeutung verliert.

Sozialpädagogik als Forschungszugang

Das Kind ist eine pädagogische Idee; diese Idee ist indes auch ein konstitutives Element der Wirklichkeit von Kindern, der Kindheit als sozialer Tatsache. Um diesen Zusammenhang epistemischer Voraussetzungen und institutioneller Praktiken fassen zu können, bedarf es einer „Objektivierung der Objektivierung" (Neumann 2008, 123 ff.). Um sie zu ermöglichen, führe ich eine Unterscheidung zwischen Sozialpädagogik und Sozialer Arbeit ein.

Als *Soziale Arbeit* soll ein Organisationsbereich moderner Gesellschaften gelten, der sich als professionelles Handlungsfeld manifestiert. Der Ausdruck „Soziale Arbeit" steht für institutionalisierte Praktiken der Behandlung – in diesem Zusammenhang: – von Kindern. Die Praktiken Sozialer Arbeit können unter zahlreichen disziplinären Blickwinkeln betrachtet und auf sehr unterschiedliche gegenständlich-thematische Aspekte hin analysiert und beschrieben werden. Die Adressierung von Kindern durch Soziale Arbeit ergibt sich aus ihrer sozialadministrativen Zuständigkeit für diese Altersgruppe der

Bevölkerung und ist gesetzlich geregelt. Soziale Arbeit behandelt sie aber zugleich *als* Kinder, das heißt: Indem sie sie erzieht, betreut, schützt etc. vergegenständlicht sie sie als *Kinder*. Dabei greift sie auf mehr oder minder artikulierte Kindheitskonzepte zurück, die Sozialer Arbeit eine Regulation ihres Bezugs auf Kinder erlauben.

Im Unterschied dazu formuliert *Sozialpädagogik* einen Gesichtspunkt (Mollenhauer 1998, 320), der zu beobachten erlaubt, *wie* Soziale Arbeit Kinder *als* Kinder identifiziert. Ob der sozialpädagogische Gesichtspunkt der einzige ist, der für die Adressierung von Kindern durch Soziale Arbeit relevant ist, kann hier offen bleiben. Entscheidend ist, dass Sozialpädagogik einen Zugang zur Sozialen Arbeit repräsentiert; Sozialpädagogik wird als *Sozioepistemologie Sozialer Arbeit* verstanden (Neumann 2008). Sie beobachtet die Soziale Arbeit bei der Adressierung von Kindern und fragt nach der sozialen Logik ihrer Vergegenständlichung, statt sie vorauszusetzen. Als „Objektivierung der Objektivierung" weiß sich der sozialpädagogische Gesichtspunkt selbst verwoben in den Gegenstand der Beobachtung; das markiert die Differenz zu den Selbstbeschreibungen der Sozialen Arbeit. Anders als die geläufigen professionstheoretischen, deontologischen, handlungstheoretischen oder gesellschaftstheoretischen Entwürfe zu einer Theorie der Sozialpädagogik / Sozialen Arbeit wird Sozialpädagogik mithin methodologisch, als Forschungszugang verstanden.

Was weiß die Sozialpädagogik / Soziale Arbeit über Kinder und Kindheit?

Wie werden Kinder bzw. Kindheit in der Sozialpädagogik / Sozialen Arbeit thematisch? Bei der Beantwortung dieser Frage stütze ich mich auf Lexika und Handbücher, weil sie als autoritative Quelle für den *state of the art* einer wissenschaftlichen Disziplin oder eines Fachgebiets gelten können.

Das erste Handbuch zur Sozialarbeit / Sozialpädagogik von 1987 (Eyferth et al. 1987) enthielt einen viel beachteten Artikel von Andreas Flitner zum Stichwort „Kindheit" (Flitner 1987). Flitner entwickelt darin eine kindzentrierte Auffassung der Kindheit, die ihre Überzeugungskraft in einer sensiblen Phänomenologie kindlicher Lebensäuße-

rungen gewinnt. Er versteht Kindheit in erster Linie als „die eigene Wirklichkeit der Kinder [...], die sich allen Interessen und allen Vereinnahmungen immer wieder entzieht" (Flitner 1987, 624). Das individuelle Kind äußert seine Besonderheit *als* Kind, sein Wesen gleichsam, in seiner Kindlichkeit. Flitners Beitrag artikuliert ein reformpädagogisch inspiriertes Bild vom Kind, ohne das die Erziehungsreformen seit den 1970er Jahren nicht denkbar gewesen wären. Er ist von Autoren wie Ludwig Liegle und Franz-Michael Konrad weitergeführt worden (zuletzt Konrad / Schultheis 2008; Liegle 2006). Obwohl Flitner die Kindheit als ein historisches Phänomen begreift, basiert seine Position auf einer pädagogischen Anthropologie, die eine Gegenüberstellung von Kind und Gesellschaft impliziert und Kinder gleichsam als gefährdete Spezies sieht. Sozialpädagogik / Soziale Arbeit wird die Aufgabe eines „Anwalts des Kindes" zugewiesen. In der zweiten, völlig überarbeiteten Auflage (Otto / Thiersch 2001) tritt ein Beitrag zum Stichwort „Kinder" an die Stelle des Textes von Flitner (Nauck / Joos 2001). Autoren sind Bernhard Nauck und Magdalena Joos, zwei Soziologen, die Kinder als Bevölkerungsgruppe portraitieren und damit einen neuen Gegenstandsbegriff in den Kontext der Sozialpädagogik und der Sozialen Arbeit einbringen. War bei Flitner das einzelne Kind in der Besonderheit seiner Lebensäußerungen und seiner Weltaneignung der Inbegriff eines pädagogischen Kindheitsbegriffs, so bringen Nauck und Joos die Sozialität der Kindheit als demografische Kategorie und institutionalisierte Lebensphase zur Geltung. Mit der Unterscheidung zwischen Kindern, Kindheit, Kindschaft und Kindsein bieten sie eine konzeptuelle Systematisierung an (Nauck / Joos 2001, 927 f.), die es im Kontext von Sozialer Arbeit / Sozialpädagogik erstmals erlaubt, die Kindheit als ein soziales Phänomen zu differenzieren.

Das Handbuch „Grundriss Soziale Arbeit" (Thole 2002) vertritt eine ausgeprägt professionsorientierte Sichtweise. Daher gibt es dort keine Kinder, sondern Mädchen, denen als Adressatinnen einer geschlechtersensiblen Sozialen Arbeit ein eigener Artikel gewidmet wird (Brückner 2002). Auch in der Neuausgabe des „Wörterbuchs Soziale Arbeit" (Kreft / Mielenz 2005) wird der Kindheitsbegriff berufsfeldspezifisch vor-definiert. In den 1990er Jahren hatte sich dieses Berufsfeld grundlegend geändert. Kinder und Kindheit waren vom Rand ins

Zentrum der Sozialen Arbeit gerückt. Das Anfang des Jahrzehnts in Kraft tretende Jugendhilfegesetz wurde ausdrücklich *Kinder- und* Jugendhilfegesetz genannt und bezog Kinder als eigenständige Adressatengruppe Sozialer Arbeit in seinen Regelungsbereich ein; 1992 ratifizierte die Bundesrepublik die UN-Kinderrechtskonvention. Der Fünfte Familienbericht von 1994 gab dem Familienbegriff eine kindzentrierte Fassung und setzte die Konzepte des „Humanvermögens" und der „strukturellen Rücksichtslosigkeit" in Umlauf – beide hatten ein nachhaltiges familien- und sozialpolitisches Echo. Der Zehnte Kinder- und Jugendbericht von 1998 war ein Nationaler Kinderbericht (Honig 2001a); mit der Vision einer „Kultur des Aufwachsens" entwarf er ein neues Handlungsfeld für die Soziale Arbeit. Armut von Kindern, Partizipation und Kinderpolitik, der quantitative Ausbau und die pädagogische Qualifizierung der Kindertagesbetreuung und in jüngerer Zeit die Prävention von Kindeswohlgefährdungen sind Stichworte, mit denen sich Aufgaben einer Sozialen Arbeit mit Kindern markieren lassen. Diese Veränderungen seit den 1990er Jahren greift das „Wörterbuch Soziale Arbeit" in einer großen Zahl feldspezifischer Stichworte auf – von Kindergeld, Kinderhort, Kinderkrippe und Kinderschutz bis hin zum Kindesrecht –, aber anders als der „Grundriss Soziale Arbeit" enthält es auch einen ausführlichen Beitrag zum Stichwort „Kindheit" (Hornstein/Thole 2005), übrigens auch einen gesonderten Artikel zur frühen Kindheit (Liegle 2005).

Im letzten Abschnitt ihres Beitrags weisen die Autoren Walter Hornstein und Werner Thole auf die Entwicklung der einstigen Erziehungsfürsorge der 1920er Jahre zur sozialen Infrastruktur einer eigenständigen, sich mit dem gesellschaftlichen Wandel verändernden Lebensphase Kindheit und Jugend hin und lenken damit die Aufmerksamkeit auf die Bedeutung der Sozialen Arbeit für die soziale Organisation der Kindheit (eingehender Andresen 2002, 26 ff.). Das Konzept der Lebensphase spielt eine interessante Rolle für die sozialpädagogische Identifizierung von Kindern und Kindheit. Einerseits prozessiert es die Unterscheidung von Kindern und Erwachsenen, indem es an die vertrauten Assoziationen von Kindheit und Entwicklung anknüpft, andererseits aber vermittelt es auch die Vorstellung eines sozialen Sachverhalts, der über Phänomene individuellen Kind-

seins hinausgeht und öffnet den Kindheitsbegriff damit für die Denkmöglichkeit, dass der Übergang vom Kind zum Erwachsenen anders als diachron strukturiert ist, wie es der Ausdruck „Lebensphase Kindheit" nahelegt. In einem ersten Anlauf hatte Lothar Böhnisch in seiner „Sozialpädagogik des Kindes- und Jugendalters" von 1992 (Böhnisch 1992) dem Lebensphasen-Konzept einen genuin sozialpädagogischen Gehalt zu geben versucht, indem er die Kindheit als sozialräumlich verfasste Kinder-Öffentlichkeit konzeptualisierte, die das Spannungsfeld Lebensbewältigung/Sozialintegration kollektiv bearbeitete (Böhnisch 1992, 147 ff.). Allerdings spricht Böhnisch hier von „Kids", also von 9- bis 14-Jährigen, rückt die Lebensphase Kindheit also in die Nähe der Jugendphase. Später analysiert er in seiner „Sozialpädagogik der Lebensalter" (Böhnisch 1997) die Kindheit als Lebensphase, indem er biografie- und sozialtheoretische Deutungsmuster in einer Theorie innovativer individueller Ausbalancierung von anerkannten Zielen und non-konformen individuellen Wegen („Lebensbewältigung") zusammenführt. Böhnisch rezipiert das Anomie-Konzept Mertons, um dem Umstand Rechnung zu tragen, dass die Einbettung individueller Muster gelebten Kindseins in Kindheit als Element der Sozialstruktur selbst problematisch geworden ist. Kindheit ist weder als distinkte Entwicklungsphase noch als Inbegriff individuellen Kindseins hinreichend zu fassen – das ist die Intuition, die den neueren sozialpädagogischen Diskurs über Kinder und Kindheit zusammenhält.

Die Debatte um die Thematisierung von Kindern und Kindheit in der Sozialpädagogik/Sozialen Arbeit kommt allerdings erst mit der Rezeption der nordischen und angelsächsischen Kindheitssoziologie (grundlegend Jenks 1982/1992b; Qvortrup 1985; Thorne 1987) richtig in Schwung (Andresen/Diehm 2006b; Honig 1999). Diese wird von Sozialpädagogik und Sozialer Arbeit mittlerweile relativ breit zur Kenntnis genommen und verarbeitet (etwa Bamler et al. 2010; Luber/Hungerland 2008; Stickelmann/Frühauf 2003; Zitelmann 2001). Die Rezeption setzte allerdings mit einem Abwehrreflex ein: Die kindheitssoziologische Rede von der Kindheit als Konstrukt und vom Kind als Akteur wurde als „anti-pädagogisch" qualifiziert und trifft vielfach heute noch auf zum Teil wütende (Göppel 1997), zum Teil herablassende

(Winkler 2006) Reaktionen. Sie nehmen wie selbstverständlich eine Anthropologie des gelingenden Aufwachsens als Erkenntnismuster eines pädagogischen Kindheitsbegriffs bzw. als entsprechende *sozial*pädagogische Variante das Konzept der Gefährdung in Anspruch.

Fruchtbar für einen sozialpädagogischen Begriff des Kindes und der Kindheit wird die Debatte dort, wo sie an der vertrauten Vorstellung von der Kindheit als Lebensphase anknüpft, um sie weiterzuführen. Die Schlüsselbegriffe dieser produktiven Wendung sind die Konzepte „Kindheitsmoratorium" und „generationale Ordnung". Das Kindheitsmoratorium stellt als Programm und Norm ein Ensemble pädagogischer Sorgeverhältnisse dar, in denen die Älteren für die Jüngeren eine stellvertretende Inklusion in das gesellschaftliche System übernehmen (Zinnecker 1997; 2000). Zu diesem Ensemble gehören nicht nur Familie und Schule, sondern auch die Erziehungsfürsorge.

Jürgen Zinnecker hatte schon in den 1970er Jahren den Wandel des Kindheitsmoratoriums empirisch untersucht (Zinnecker 1979). Sabine Andresens Artikel „Kindheit" (Andresen 2002) im „Handbuch Kinder- und Jugendhilfe" (Schröer et al. 2002) zieht eine Zwischenbilanz der Diskussion und focussiert sie mit der Frage nach der Einheit der Differenz von Gleichheit der Kinder als Menschen und ihrer Besonderheit als Kindern. Damit knüpft Andresen an die traditionsreiche Frage nach der Natur des Kindes an, mit der die Kindheit als pädagogische Aufgabe konstituiert wird. Sie gibt ihr aber eine neue Wendung, indem sie unter Bezug auf die angelsächsische Kindheitssoziologie Gleichheit und Besonderheit von Kindern als Momente der sozialen Organisation von Kindheit, der Kindheit als generationaler Ordnung (zuerst: Alanen 1992) bestimmt.

Das Konzept der generationalen Ordnung verspricht einen Anschluss an den Generationenbegriff, der für die pädagogische Klassik zentral ist und in der gegenwärtigen sozialpolitischen Diskussion eine große Bedeutung hat (Honig 1996; Liebau/Wulf 1996). Seine Rezeption in der Sozialpädagogik dokumentiert ein Sammelband von Cornelia Schweppe (2002). Bedeutsam für einen sozialpädagogischen Kindheitsbegriff ist das Konzept der generationalen Ordnung aber nicht so sehr wegen seiner Anschlussfähigkeit, sondern wegen seiner methodologischen Implikationen. Die generationale Ordnung ist eine relationale Ordnung, das heißt: Sie setzt Generationen nicht allein in ein (äußeres) Verhältnis zueinander, sondern *stiftet* sie erst *als* Generationen („interne" Generationenbeziehungen, vgl. Alanen 2005, 76 f.). Ähnliches gilt für das Konzept des pädagogischen Moratoriums. Es konstituiert die Kindheit und bezeichnet zugleich den institutionellen Rahmen für die Erziehung. Das Kindheitsmoratorium ist eine soziale *und* kognitive Organisation der Erwachsenen/Kind-Differenz (Nemitz 2001). Es schafft damit die zugleich epistemische und historische Bedingung der Möglichkeit, Kinder *als Kinder beobachtbar* zu machen. In dieser erkenntnisbezogenen Fassung lässt sich mit dem Generationenbegriff Flitners Problemstellung, ob wir die Wirklichkeit der Kinder überhaupt erreichen können (auch Berg 2004), umkehren: Lässt sich außerhalb von generationalen Ordnungen überhaupt sinnvoll von „Kindern" sprechen? Die Frage wird höchst relevant, wenn man Zinneckers materialreich unterfütterte These untersuchen will, dass sich die Kindheit von einem pädagogischen zu einem ausdifferenzierten kulturellen Moratorium wandelt, in dem Familie und Schule Konkurrenz durch Medien und Konsummarkt erhalten (Zinnecker 2004). Die Auseinandersetzung mit dieser Frage markiert die Schwelle, jenseits derer ein sozialpädagogischer Begriff vom Kind nicht anthropologisch, sondern empirisch – durch Forschung – bestimmt werden muss.

Was also weiß die Sozialpädagogik/Soziale Arbeit über das Kind? Der Durchgang durch die Lexika und Handbücher lässt gleichsam zwei Kinder hervortreten: Ein Kind, das anthropologisch bestimmt wird und gleichsam vor und gegenüber der Gesellschaft existiert, und ein Kind als Adressaten, das in den Handlungsfeldern der Sozialen Arbeit zum Thema wird. Dass beide miteinander verknüpft sein könnten, wird indes nicht erwogen. Zugleich ist ein politisch-administrativer Zugriff auf die Kindheit festzustellen, der die gesellschaftliche Position von Kindern tangiert; er wird im Diskurs der Sozialpädagogik/Sozialen Arbeit im Kontext eines Spannungsverhältnisses von öffentlicher und privater Verantwortung für Kinder aufgegriffen. In diesem Kontext lässt sich die Logik differenzieller Zugriffe auf Kinder unverändert pädagogisch deuten. Was ein Kind ist, wird immer noch vorausgesetzt, wenn sich die inhaltlichen Bestimmungen auch verändert haben.

Was ist die Alternative? Mit der Rezeption der sozialwissenschaftlichen Kindheitsforschung eröffnet sich ein Zugang zur *pädagogischen Konstituierung* des Kindes.

Das Kind als Waise

Die Rezeption der Kindheitssoziologie hat zu einer Selbst-Aufklärung der Sozialpädagogik/Sozialen Arbeit über ihre Kindheitskonstrukte beigetragen. Aber sie bleibt gewissermaßen auf halbem Wege stehen und scheint sogar hinter die Einsichten der pädagogischen Anthropologie zurückzufallen, wenn sie die Thematisierung von Kindern und Kindheit lediglich als „Konstruktionen" versteht und auf Kindheitsdiskurse verkürzt. Die Soziologie der Kindheit ist aber nicht eine Soziologie der Kindheitsdiskurse, sondern eine Wissenschaft vom Kind als einer sozialen Tatsache (Honig 2009). Die Rezeption der Kindheitssoziologie in der Sozialpädagogik/Sozialen Arbeit konfrontiert die Sozialpädagogik also wieder mit der Frage nach dem Sozialen in der Pädagogik und stellt sie als Frage nach dem Kind in der Sozialpädagogik.

In ihrem Beitrag zum „Handwörterbuch Erziehungswissenschaft" schlägt Helga Kelle vor, die „Repräsentationen gelebter Kindheit [...] daraufhin zu befragen, wie sie den Zugriff auf die Erfahrungen der Kinder organisieren und welche Bilder heutigen Kinderlebens sie erzeugen" (Kelle 2009a, 464). Dieser Vorschlag verspricht, die Rezeption der internationalen *childhood studies* entscheidend zu vertiefen. Er versteht die kulturellen Repräsentationen der Kindheit nicht lediglich als „Konstrukte", sondern als institutionalisierte Praktiken, die Kindheit als soziale Tatsache ebenso sehr darstellen wie hervorbringen. Eine sozialpädagogische Thematisierung von Kindern und Kindheit darf hinter diesen methodologischen Standard nicht zurückfallen. Er bedeutet allerdings nichts weniger, als dass der sozialpädagogische Blick auf Kinder und Kindheit kein pädagogischer Blick ist, sondern die Pädagogisierung der Kinder durch die Praktiken Sozialer Arbeit beobachtet und darzustellen erlaubt. Pädagogisierung ist ein Modus der Institutionalisierung, der auf eine pädagogische Idee des Kindes zurückgreift. Auf welchen impliziten Begriff vom Kind greifen die Praktiken der Pädagogisierung in der Sozialen Arbeit zurück? Die These lautet: Sie begreifen das

Kind als Waisen. Diese These hat eine methodologische und eine gegenstandsbezogene Dimension. Die Elternlosigkeit des Kindes der Sozialen Arbeit ist kein Zivilstand, sondern ein Erkenntnismuster, das die Aufgaben und die „Kindgemäßheit" Sozialer Arbeit begründet. Die Konstituierung von Kindheit durch Soziale Arbeit kann im Prinzip jede Form annehmen. Ein wesentliches Ergebnis der Analysen von Kindheitsdiskursen lautet ja, dass „Kindheit" ein kulturelles Muster ist, welches auf ein spezifisches psychisch-organisches Substrat nicht angewiesen ist, sondern sich seiner als Referenz bedient.

Aber die These hat auch eine gegenstandsbezogene Dimension. Sie beinhaltet eine Aussage über die historische Systematik der Pädagogisierung der frühen Lebensphase (Honig 2010). Für die Soziale Arbeit sind Kinder als Adressaten und die Kindheit als ein Problem relevant, für das eine öffentliche Verantwortung übernommen werden muss. „Wohl des Kindes" lautet die Maxime stellvertretender Inklusion, mit der sich die Soziale Arbeit als Institution des Kindheitsmoratoriums legitimiert, weil sich in ihr ein generalisiertes Interesse an Kindern artikuliert. Einerseits muss es vor seinen Eltern geschützt bzw. trotz seiner Herkunft gefördert werden, andererseits müssen seine *agency* und Selbstorganisationsfähigkeit anerkannt und seine Rechte gewahrt werden. Schon Gertrud Bäumers viel zitierte Formulierung über die Zuständigkeit der Sozialpädagogik bezog sich auf eine direkte Beziehung zwischen dem staatlich wahrgenommenen Recht der Gesellschaft auf fähigen Nachwuchs und dem Recht der Kinder auf Erziehung. Die gesetzlich verankerte Priorität der Familie sei „rein praktischer Natur" (Bäumer 1929, 9). Damit formuliert sie eine bereichspädagogische Logik Sozialer Arbeit. Diese praktiziert in ihren Einrichtungen und Maßnahmen einen Begriff des Kindes als Waisen, der dem familialen Begriff des Kindes als Erben und dem Kind als Schüler komplementär zugeordnet ist. Historisch verweist sie u.a. auf die Schlüsselbedeutung des Vormundschaftswesens für die Herausbildung der Sozialen Arbeit (Sachße 1986). Zwischen „Stanser Brief" und „Kinderheim Baumgarten" reflektiert sie sich als Substitut, ja: Gegenentwurf zur Herkunftsfamilie oder als Ermöglichung einer selbstorganisierten Gemeinschaft elternloser Kinder. Dabei kann die Elternlosigkeit durchaus unterschiedliche Gründe haben, von unterschiedlicher Dauer sein, unterschiedliche Formen annehmen und entsprechend unterschiedliche Formen der generalisierten Sorge erfordern. Kindertageseinrichtungen beispielsweise sind eine Antwort auf eine strukturelle (*care crisis*, Daly / Lewis 2000), wenn auch temporäre Elternlosigkeit. Im Kontext wohlfahrtsstaatlicher Vergesellschaftung steht die Figur des Waisen für die Komplementarität von Individualisierung und Institutionalisierung des Kindes (Zeiher 2009). Die moderne Waise ist nicht mehr arm und mittellos, sondern ein Rechtsträger, der nicht nur Anspruch auf Schutz und Fürsorge, sondern auch auf gesellschaftliche Teilhabe hat (Honig 2005; Sünker / Swiderek 2010) und ein Humanvermögen repräsentiert. Für den Sozialinvestitionsstaat des Lissabon-Prozesses ist das Kind ein öffentliches Gut (Olk 2007; Ostner 2009). Mit der Varianz von Kindheitskonstrukten variieren die pädagogischen Praktiken. In der bildungs- und sozialpolitischen Reform institutioneller Kleinkinderziehung beispielsweise mischt sich ein Verständnis von Bildung, das auf Selbstorganisation setzt, mit einem, das damit Schulvorbereitung meint (dazu Joos 2002; 2006; Konrad 2009).

Ausblick: Vom sozialpädagogischen Gesichtspunkt zur Praxeologie der Kindheit

In diesem Artikel ging es um die Kindheit als Thema der Sozialpädagogik bzw. der Sozialen Arbeit. Wie erfährt sie, was sie über Kinder weiß?

Das ist eine Frage sozialpädagogischer Forschung. Von der Sozialen Arbeit kann sie nicht beantwortet werden, weil ihre Begriffe vom Kind performativ sind, das heißt: Soziale Arbeit lernt die Kinder kennen, indem sie ihren institutionellen Auftrag erfüllt. Auf Unterscheidungen von Kindern und Erwachsenen und eine „Natur des Kindes" rekurriert sie, um Erwartungen an ihre Funktionsweise zu entsprechen (oder ihnen zu widersprechen). Gegenwärtig augenfälligstes Beispiel ist die konzeptionelle Reform und administrative Expansion der Tageseinrichtungen für Kinder. Unter Verweis auf wohlverstandene Interessen der Kinder (Konrad 2009, 8 ff. zur Widersprüchlichkeit der dabei herangezogenen Kindheitsbilder) vollzieht sie eine Pädagogisierung nicht-pädagogischer (arbeitsmarkt-, bevölkerungs-, gleichstellungspolitischer) Erwartungen an Tages-

einrichtungen für Kinder und verändert damit Alltag, Erfahrungswelt und sozialen Status von Kindern nachhaltig.

Die pädagogische Idee des Kindes stand immer schon in Konkurrenz zu anderen Kindheitskonzepten. Moderne Kindheit entwickelte sich „mit der staatlichen Verschulung [...], mit dem Status von Kindern als Kunden und dem Durchsetzen kommerzieller Interessen, mit den Freiheiten des Konsums und den konträren Maximen, Kinder in ihrer Natur und Begabung ernst zu nehmen, mit dem ständigen Umbau der Erfahrung und so dem Ende der Idee der pädagogischen Ausrüstung" (Oelkers 2003, 127). Das macht die Identifizierung von „Kindern" durch einen Rekurs auf eine pädagogische Idee des Kindes dem Grunde nach ungewiss. Das pädagogische Moratorium taugt nicht zum Leitkonzept, unter dem sich die heutige Kindheit begreifen lässt, sondern ist lediglich eine Dimension unter anderen, die für die Kindheit als ein soziales und kulturelles Phänomen kennzeichnend sind (Zinnecker 2004, 296 f.). Die Konstituierung von Kindheit als ein Kollektiv differenzieller Zeitgenossenschaft (Hengst 2004) jenseits der Relationalität generationaler Ordnungen lässt sich ebenso belegen wie eine wohlfahrtsstaatliche Homogenisierung und Stabilisierung des modernen Kindheitsmusters und seiner Strukturelemente „Institutionalisierte Altershierarchie", „Scholarisierung", „De-Kommodifizierung" und „Familialisierung" (Mierendorff 2010). Der Wohlfahrtsstaat macht „integrale Generationenpolitik" (Lüscher 2007), er organisiert generationale Ordnungen in einem Horizont, der persongebundene Generationenbeziehungen überschreitet.

Mit dem Wandel von Kindheit verändern sich die Kriterien der Identifizierung von Kindern als Kinder, das heißt: ihre Beobachtbarkeit. Daher hat ein Untersuchungsansatz, der eine pädagogische Idee vom Kind nicht voraussetzt, sondern die Praxis von Kindheitskonzepten analysiert, ein großes empirisches Potenzial. Aus dem sozialpädagogischen Gesichtspunkt wird so eine Forschungsstrategie. Sozialpädagogische Kindheitsforschung versichert sich ihres Gegenstandes, indem sie sich der Praktiken seiner Vergegenständlichung gewahr wird. Sie macht die Praktiken der Sozialen Arbeit zum Thema und untersucht sie als Praktiken der Institutionalisierung von Kindheit. Forschungsgegenstand sind nicht die Kinder, sondern die institutionellen Praktiken der Hervorbringung von Kindheit („*doing generation*", Kelle 2005). Empirische sozialpädagogische Forschung zeigt der Sozialen Arbeit, wie sie das praktisch tut, wie sie Kinder behandelt und dabei auf Kindheitskonzepte rekurriert. Helga Kelle und ihre Mitarbeiterinnen haben diese Praktiken am Beispiel von Kindervorsorgeuntersuchungen (Kelle 2009b), Petra Jung hat sie am Beispiel von

Tageseinrichtungen für Kinder analysiert (Jung 2009). Johanna Mierendorff untersucht diese Praktiken als sozialadministrative Regulative (Mierendorff 2010). Diese Analysen nehmen keinen substanziellen Begriff des Kindes in Anspruch, sondern sie focussieren die Verfahren des Umgangs, die Kinder als Kinder adressieren und Kindheit institutionalisieren.

Literatur

Alanen, L. (1992): Modern Childhood? Exploring the „Child Question" in Sociology. University of Jyväskylä

– (2005): Kindheit als generationales Konzept. In: Hengst, H., Zeiher, H. (Hrsg.): Kindheit soziologisch. VS Verlag, Wiesbaden, 65–82

Amberg, L. (2004): Wissenswerte Kindheit. Zur Konstruktion von Kindheit in deutschsprachigen Enzyklopädien des 18. Jahrhunderts. Peter Lang, Bern

Andresen, S. (2002): Kindheit. In: Schröer, W., Struck, N., Wolff, M. (Hrsg.), 15–38

–, Diehm, I. (2006a): Einführung. In: Andresen, S., Diehm, I. (Hrsg.), 9–21

–, – (Hrsg.) (2006b): Kinder, Kindheiten, Konstruktionen. Erziehungswissenschaftliche Perspektiven und sozialpädagogische Verortungen. VS Verlag, Wiesbaden

Bamler, V., Werner, J., Wustmann, C. (2010): Lehrbuch Kindheitsforschung. Grundlagen, Zugänge, Methoden. Juventa, Weinheim / München

Bäumer, G. (1929): Die historischen und sozialen Voraussetzungen der Sozialpädagogik und die Entwicklung ihrer Theorie. In: Nohl, H., Pallat, L. (Hrsg.): Handbuch der Pädagogik. Fünfter Band: Sozialpädagogik. Beltz, Langensalza, 3–26

Benner, D. (1999): Der Begriff moderner Kindheit bei Rousseau, im Philanthropismus und in der deutschen Klassik. Zeitschrift für Pädagogik 45, 1–18

Berg, C. (2004): Kind / Kindheit. In: Benner, D., Oelkers, J. (Hrsg.): Historisches Wörterbuch der Pädagogik. Beltz, Weinheim / Basel, 497–517

Böhnisch, L. (1997): Sozialpädagogik der Lebensalter. Eine Einführung. Juventa, Weinheim / München

– (1992): Sozialpädagogik des Kindes- und Jugendalters. Eine Einführung. Juventa, Weinheim / München

Brückner, M. (2002): Soziale Arbeit mit Frauen und Mädchen: Auf der Suche nach neuen Wegen. In: Thole, W. (Hrsg.), 367–375

Daly, M., Lewis, J. (2000): The Concept of Social Care and the Analysis of Contemporary Welfare States. British Journal of Sociology 51, 281–298

Eyferth, H., Otto, H.-U., Thiersch, H. (Hrsg.) (1987): Handbuch zur Sozialarbeit / Sozialpädagogik. Eine systematische Darstellung für Wissenschaft, Studium und Praxis. Luchterhand, Neuwied / Darmstadt

Flitner, A. (1987): Kindheit. In: Eyferth, H., Otto, H.-U., Thiersch, H. (Hrsg.), 624–635

Göppel, R. (1997): Kinder als „kleine Erwachsene"? Wider das Verschwinden der Kindheit in der modernen Kindheitsforschung. Neue Sammlung 37, 357–376

Grubenmann, B., Oelkers, J. (Hrsg.) (2009): Das Soziale in der Pädagogik: Zürcher Festgabe für Reinhard Fatke. Klinkhardt, Bad Heilbrunn

Hengst, H. (2009): Generationale Ordnungen sind nicht alles. Über kollektive Identität und Erfahrungskonstitution heute. In: Honig, M.-S. (Hrsg.): Ordnungen der Kindheit. Problemstellungen und Perspektiven der Kindheitsforschung. Juventa, Weinheim / München, 53–77

– (2004): Differentielle Zeitgenossenschaft. In: Geulen, D., Veith, H. (Hrsg.): Sozialisationstheorie interdisziplinär. Aktuelle Perspektiven. Lucius & Lucius, Stuttgart, 273–291

– (1998): Kinderarbeit revisited. Zeitschrift für Soziologie der Erziehung und Sozialisation 18, 25–37

– (1996): Kinder an die Macht! Der Rückzug des Marktes aus dem Kindheitsprojekt der Moderne. In: Zeiher, H., Büchner, P., Zinnecker, J. (Hrsg.): Kinder als Außenseiter? Umbrüche in der gesellschaftlichen Wahrnehmung von Kindern und Kindheit. Juventa, Weinheim / München, 117–134

Honig, M.-S. (2010): Geschichte der Kindheit im „Jahrhundert des Kindes". In: Krüger, H.-H., Grunert, C. (Hrsg.): Handbuch Kindheits- und Jugendforschung. 2. Aufl. VS Verlag, Wiesbaden, 335–358

– (2009): Das Kind der Kindheitsforschung. Gegenstandskonstitution in den *childhood studies*. In: Honig, M.-S. (Hrsg.): Ordnungen der Kindheit. Problemstellungen und Perspektiven der Kindheitsforschung. Juventa, Weinheim / München, 25–51

– (2008): Das Kind der Sozialpädagogik. In: Weigand, G., Böschen, M., Schulz-Gade, H. (Hrsg.): Allgemeines und Differenzielles im pädagogischen Denken und Handeln. Ergon, Würzburg, 329–344

– (2005): Kinderpolitik. In: Otto, H.-U., Thiersch, H. (Hrsg.): Handbuch Sozialarbeit / Sozialpädagogik. 3. Aufl. Ernst Reinhardt, München / Basel, 936–963

– (2001a): Soziale Frage, Frauenfrage – Kinderfrage? Dokumente der politischen Sozialberichterstattung über Kinder.

Eine vergleichende Lektüre. Sozialwissenschaftliche Literatur Rundschau 24, 59–83

– (2001b): Sozialpädagogik. In: Brinkmann, W. (Hrsg.): Differentielle Pädagogik. Auer, Donauwörth, 274–295

– (1999): Entwurf einer Theorie der Kindheit. Suhrkamp, Frankfurt/M.

– (1996): Wem gehört das Kind? Kindheit als generationale Ordnung. In: Liebau, E., Wulf, C. (Hrsg.), 201–221

Hornstein, W., Thole, W. (2005): Kindheit. In: Kreft, D., Mielenz, I. (Hrsg.), 529–533

Jenks, C. (1982/1992a): Constituting the Child. In: Jenks, C. (Hrsg.), 9–24

– (Hrsg.) (1982/1992b): The Sociology of Childhood. Essential Readings. Gregg Revivals, Aldershot

Joos, M. (2006): De-Familialisierung und Sozialpädagogisierung. Eine Rekonstruktion der Kindheitsbilder und politischen Leitideen des Zehnten und Elften Kinder- und Jugendberichts. In: Andresen, S., Diehm, I. (Hrsg.), 109–134

– (2002): Childcare zwischen Dienstleistung und Bildungsanforderungen. Zeitschrift für Soziologie der Erziehung und Sozialisation 22, 229–246

Jung, P. (2009): Kindertageseinrichtungen zwischen pädagogischer Ordnung und den Ordnungen der Kinder. VS Verlag, Wiesbaden

Kelle, H. (2009a): Kindheit. In: Andresen, S., Casale, R., Gabriel, T., Horlacher, R., Larcher Klee, S., Oelkers, J. (Hrsg.): Handwörterbuch Erziehungswissenschaft. Beltz, Weinheim/Basel, 464–477

– (2009b): Kindliche Entwicklung und die Prävention von Entwicklungsstörungen. Die frühe Kindheit im Fokus der *childhood studies*. In: Honig, M.-S. (Hrsg.): Ordnungen der Kindheit. Problemstellungen und Perspektiven der Kindheitsforschung. Juventa, Weinheim/München, 79–102

– (2005): Die Differenzierung der Generationen als kulturelle Praxis. In: Hengst, H., Zeiher, H. (Hrsg.): Kindheit soziologisch. VS Verlag, Wiesbaden, 83–108

Kessl, F., Ziegler, H. (2008): Gesellschaft/„das Soziale". In: Hanses, A., Homfeldt, H.-G. (Hrsg.): Lebensalter und Soziale Arbeit. Schneider Hohengehren, Baltmannsweiler, 93–112

Konrad, F.-M. (2009): Instruktion oder Konstruktion? Zu einem Widerspruch des Postmodernismus in den internationalen frühpädagogischen Diskursen. Zeitschrift für Sozialpädagogik 7, 2–22

–, Schultheis, K. (2008): Kindheit. Eine pädagogische Einführung. Kohlhammer, Stuttgart

Kreft, D., Mielenz, I. (Hrsg.) (2005): Wörterbuch Soziale Arbeit. Aufgaben, Praxisfelder, Begriffe und Methoden der Sozialarbeit und Sozialpädagogik. 5. Aufl. Juventa, Weinheim/München

Liebau, E., Wulf, C. (Hrsg.) (1996): Generation. Versuche über eine pädagogisch-anthropologische Grundbedingung. Deutscher Studien Verlag, Weinheim

Liegle, L. (2006): Bildung und Erziehung in früher Kindheit. Kohlhammer, Stuttgart

– (2005): Frühkindliche Entwicklung, Erziehung und Bildung. In: Kreft, D., Mielenz, I. (Hrsg.), 329–332

Luber, E., Hungerland, B. (Hrsg.) (2008): Angewandte Kindheitswissenschaften. Eine Einführung für Studium und Praxis. Juventa, Weinheim/München

Luhmann, N. (1991): Das Kind als Medium der Erziehung. Zeitschrift für Pädagogik 37, 19–40

Lüscher, K. (2007): Kinder- und Jugendpolitik im Kontext einer integralen Generationenpolitik. Soziale Sicherheit 4, 193–197

Mierendorff, J. (2010): Kindheit und Wohlfahrtsstaat. Entstehung, Wandel und Kontinuität des Musters moderner Kindheit. Juventa, Weinheim/München

Mollenhauer, K. (1998): Was heißt „Sozialpädagogik". Mit einem aktuellen Nachtrag. In: Thole, W., Galuske, M., Gängler, H. (Hrsg.): KlassikerInnen der Sozialen Arbeit. Sozialpädagogische Texte aus zwei Jahrhunderten – Ein Lesebuch. Luchterhand, Neuwied/Kriftel, 307–322

Nauck, B., Joos, M. (2001): Kinder. In: Otto, H.-U., Thiersch, H. (Hrsg.): Handbuch Sozialarbeit/Sozialpädagogik. 2. Aufl. Luchterhand, Neuwied/Kriftel, 927–935

Nemitz, R. (2001): Frauen/Männer, Kinder/Erwachsene. In: Lutz, H., Wenning, N. (Hrsg.): Unterschiedlich verschieden. Differenz in der Erziehungswissenschaft. Leske + Budrich, Opladen, 179–196

– (1996): Kinder und Erwachsene. Zur Kritik der pädagogischen Differenz. Argument-Verlag, Berlin/Hamburg

Neumann, S. (2008): Kritik der sozialpädagogischen Vernunft. Velbrück, Weilerswist

Oelkers, J. (2003): Die pädagogische Erfindung des Kindes. In: Metzger, S., Rapp, W. (Hrsg.): Homo inveniens. Heuristik und Anthropologie am Modell der Rhetorik. G. Narr Verlag, Tübingen, 107–127

– (2002): Die Natur des Kindes *vor* und *neben* Rousseau. Zeitschrift für pädagogische Historiographie 8, 19–27

Olk, T. (2007): Kinder im „Sozialinvestitionsstaat". Zeitschrift für Soziologie der Erziehung und Sozialisation 27, 43–57

Ostner, I. (2009): „Auf den Anfang kommt es an" – Anmerkungen zur „Europäisierung" des Aufwachsens kleiner Kinder. Recht der Jugend und des Bildungswesens 57, 44–62

Otto, H.-U., Thiersch, H. (Hrsg.) (2005): Handbuch Sozialarbeit/Sozialpädagogik. 3. Aufl. Ernst Reinhardt, München/Basel

–, – (2001): Handbuch Sozialarbeit/Sozialpädagogik. 2. Aufl. Luchterhand, Neuwied/Kriftel

Qvortrup, J. (1985): Placing Children in the Division of Labour. In: Close, P., Collins, R. (Hrsg.): Family and Economy in Modern Society. Basingstoke, Macmillan, 129–145

Reyer, J. (2002): Kleine Geschichte der Sozialpädagogik. Individuum und Gemeinschaft in der Pädagogik der Moderne. Schneider Hohengehren, Baltmannsweiler

Rustemeyer, D. (2003): Kontingenzen pädagogischen Wissens. In: Helsper, W., Hörster, R., Kade, J. (Hrsg.): Ungewissheit. Pädagogische Felder im Modernisierungsprozess. Velbrück, Weilerswist, 73–91

Sachße, C. (1986): Mütterlichkeit als Beruf. Sozialarbeit, Sozialreform und Frauenbewegung 1871–1929. Suhrkamp, Frankfurt / M.

Schröer, W., Struck, N., Wolff, M. (Hrsg.) (2002): Handbuch Kinder- und Jugendhilfe. Juventa, Weinheim / München

Schweppe, C. (Hrsg.) (2002): Generation und Sozialpädagogik. Theoriebildung, öffentliche und familiale Generationenverhältnisse, Arbeitsfelder. Juventa, Weinheim / München

Stickelmann, B., Frühauf, H.-P. (Hrsg.) (2003): Kindheit und sozialpädagogisches Handeln. Auswirkungen der Kindheitsforschung. Juventa, Weinheim / München

Sünker, H., Swiderek, T. (2010): Kinder: Politik und Kinderpolitik. In: Krüger, H.-H., Grunert, C. (Hrsg.): Handbuch Kindheits- und Jugendforschung. VS Verlag, Wiesbaden, 789–804

Thole, W. (Hrsg.) (2002): Grundriss Soziale Arbeit. Ein einführendes Handbuch. Leske + Budrich, Opladen

Thorne, B. (1987): Re-Visioning Women and Social Change: Where are the Children? Gender and Society 1, 85–109

Winkler, M. (2006): Weder Hexen noch Heilige – Bemerkungen zum Verhältnis von Pädagogik und der neueren soziologischen Kindheitsforschung. In: Andresen, S., Diehm, I. (Hrsg.), 83–105

Zeiher, H. (2009): Ambivalenzen und Widersprüche der Institutionalisierung von Kindheit. In: Honig, M.-S. (Hrsg.): Ordnungen der Kindheit. Problemstellungen und Perspektiven der Kindheitsforschung. Juventa, Weinheim / München, 103–126

Zinnecker, J. (2004): Konkurrierende Modelle von Kindheit in der Moderne – Mögliche Konsequenzen für das Selbstverständnis von Kindheits- und Sozialisationsforschung. In: Geulen, D., Veith, H. (Hrsg.): Sozialisationstheorie – interdisziplinär. Aktuelle Perspektiven. Lucius & Lucius, Stuttgart, 293–316

– (2000): Kindheit und Jugend als pädagogische Moratorien. Zur Zivilisationsgeschichte der jüngeren Generation im 20. Jahrhundert. Zeitschrift für Pädagogik, 42. Beiheft, 36–68

– (1997): Sorgende Beziehungen zwischen Generationen im Lebensverlauf. Vorschläge zur Novellierung des pädagogischen Codes. In: Lenzen, D., Luhmann, N. (Hrsg.): Bildung und Weiterbildung im Erziehungssystem. Lebenslauf und Humanontogenese als Medium und Form. Suhrkamp, Frankfurt / M., 199–227

– (1979): Straßensozialisation. Zeitschrift für Pädagogik 25, 727–746

Zitelmann, M. (2001): Kindeswohl und Kindeswille im Spannungsfeld von Pädagogik und Recht. Votum, Münster

Kindschaftsrecht

Von Rüdiger Ernst

Allgemeines

Das Kindschaftsrecht ist neben dem Eherecht, dem (nur Minderjährige betreffenden) Recht der Vormundschaft und dem (nur Volljährige betreffenden) Betreuungsrecht eines der großen Themen des Familienrechts im *Bürgerlichen Gesetzbuch (BGB)*. Das BGB selbst verwendet den Begriff des Kindschaftsrechts nicht; es handelt sich um einen von der Rechtswissenschaft entwickelten Terminus. Danach gehören zum Kindschaftsrecht insbesondere die Regelungen

- der Verwandtschaft und Abstammung,
- der elterlichen Sorge und des Umgangs,
- der Adoption (Annahme als Kind) und
- des Unterhaltsrechts (vgl. Schwab 2009, X–XIII; Schlüter 2009, XIV–XVII).

Anders formuliert regelt das Kindschaftsrecht alle Fragen der *Eltern-Kind-Beziehung* (Dethloff 2009, § 9 B). Der Begriff der Kindschaftssachen in § 151 FamFG deckt sich nur teilweise mit dem des Kindschaftsrechts. Dabei hat sich das Unterhaltsrecht zu einer komplexen Spezialmaterie entwickelt, deren auch nur ansatzweise vollständige Darstellung den vorliegenden Rahmen sprengen würde; insoweit muss auf Spezialliteratur verwiesen werden (zur Einführung etwa: Münder/Ernst 2009, Kap. 7 und 8; als Nachschlagewerk: Eschenbruch/Klinkhammer 2009).

Das BGB behandelt das Kindschaftsrecht in seinem „Buch 4. Familienrecht" im Abschnitt 2. unter der Überschrift „Verwandtschaft" in den §§ 1589–1772. Während das SGB VIII in seinem § 7 Abs. 1 Nr. 1 bestimmt, dass „Kind" grundsätzlich nur ist, wer noch nicht 14 Jahre alt ist, ist der Begriff des Kindes im Sinne der Vorschriften des BGB *altersunabhängig*. „Kind" im Sinne des BGB bezeichnet – ebenso wie „Mutter", „Vater" und „Eltern" – eine funktionale Zuordnung, nämlich Sohn oder Tochter einer bestimmten Frau bzw. eines bestimmten Mannes zu sein. So kann beispielsweise auch ein volljähriges „Kind" Unterhaltszahlungen nach den §§ 1601 ff. BGB von seinen Eltern verlangen (soweit die weiteren gesetzlichen Voraussetzungen vorliegen). Meint das Familienrecht ausnahmsweise nur das unter 18-jährige oder unter 14-jährige Kind, spricht es von dem „minderjährigen Kind" (§ 1612a Abs. 1 BGB oder § 1626 Abs. 1 Satz 1 BGB jeweils i. V. m. § 2 BGB) bzw. von „dem Kind, das noch nicht 14 Jahre alt ist" (§ 1596 Abs. 2 Satz 1 BGB).

Große Bedeutung für das Kindschaftsrecht des BGB haben Art. 6 GG sowie Art. 8 EMRK. Außerdem finden sich Vorschriften für die Eltern-Kind-Beziehung in sog. Nebengesetzen, etwa im Gesetz über die religiöse Kindererziehung (RelKErzG), in § 9 LPartG und – wegen wichtiger Übergangsvorschriften – in Art. 224 EGBGB sowie im Gesetz über die rechtliche Stellung der nichtehelichen Kinder (NEhelG).

Bedeutung für die Soziale Arbeit

Überall, wo die Soziale Arbeit mit Minderjährigen und deren Rechtsstellung zu tun hat, kann das Kindschaftsrecht relevant werden. Zentrale Bedeutung hat das Kindschaftsrecht des BGB für die *Kinder- und Jugendhilfe*. Das Kinder- und Jugendhilferecht des SGB VIII und das Kindschaftsrecht haben – trotz teilweise unterschiedlicher Terminologie – vielfältige Bezüge zueinander. Zentraler Bezugspunkt beider Materien ist das Wohl des Kindes. Unter der verfassungsrechtlichen Vorgabe der Primärzuständigkeit der Eltern für Pflege und Erziehung der Kinder (Art. 6 Abs. 2 Satz 1 GG; § 1 Abs. 2 Satz 1 SGB VIII) lässt sich sagen, dass das

Otto/Thiersch (Hg.), Handbuch Soziale Arbeit, 4. A., DOI 10.2378/ot4a.art079,

Kinder- und Jugendhilferecht das zivilrechtliche Kindschaftsrecht voraussetzt, sichert und ergänzt. Einige Beispiele seien genannt: Die §§ 2 Abs. 3 Nr. 12, 59 SGB VIII befassen sich mit der *Beurkundung* von abstammungsrechtlichen Erklärungen und Sorgeerklärungen, die §§ 2 Abs. 3 Nrn. 7 und 9, 52a, 53, 60 SGB VIII mit Vaterschaftsfeststellung und Unterhaltsansprüchen sowie der Beurkundung von Unterhaltspflichten – und setzen damit die Kenntnis der entsprechenden BGB-Vorschriften voraus. § 7 Nr. 5 SGB VIII nimmt für die Definition des Personensorgeberechtigten ausdrücklich Bezug auf die Personensorge nach den Vorschriften des BGB. Die §§ 17 Abs. 3 und 18 SGB VIII knüpfen mit der *Beratung* der Eltern im Fall von Trennung und Scheidung bei der Entwicklung eines Konzepts für die Wahrnehmung der elterlichen Sorge sowie der Beratung bei der Ausübung der Personensorge, der Geltendmachung von Unterhaltsansprüchen und über die Abgabe einer Sorgeerklärung sowie bei der Ausübung des Umgangsrechts u. a. an die §§ 1628, 1671, 1684, 1685, 1687 BGB an. § 8a Abs. 3 Satz 1 SGB VIII *(Schutzauftrag des Jugendamts bei Kindeswohlgefährdung)* bestimmt, dass das Jugendamt das Familiengericht anzurufen hat, wenn es dessen Tätigwerden für erforderlich hält; wann das Familiengericht wie tätig werden kann und muss, ergibt sich aus den §§ 1666, 1666a BGB. Schließlich befassen sich die §§ 2 Abs. 3 Nr. 6, 50 SGB VIII mit der *Mitwirkung im Verfahren vor den Familiengerichten* (Sorge- und Umgangsrechtsverfahren) und die §§ 2 Abs. 3 Nr. 7, 51 SGB VIII mit Adoptionsverfahren – das materielle Recht dazu findet sich jeweils im BGB.

Verwandtschaft und Abstammung (Vaterschaft / Mutterschaft)

Die Rechtsordnung knüpft an die *Verwandtschaft* zweier Personen miteinander mannigfache *Rechtsfolgen*, insbesondere Rechte und Pflichten (Ernst 1993, 1 f.). Diese können privatrechtlicher oder öffentlich-rechtlicher Natur sein. Zu ihnen zählen insbesondere der Name (§§ 1616 ff. BGB) und die Staatsangehörigkeit (§ 4 Abs. 1 StAG) des Kindes, Unterhaltspflichten (§§ 1601 ff. BGB), die elterliche Sorge (§§ 1626, 1626a BGB), Erb- und Pflichtteilsrechte (§§ 1924, 2303 BGB), das Eheverbot wegen Verwandtschaft in gerader Linie (§ 1307

BGB) oder Zeugnisverweigerungsrechte im Zivil- und Strafprozess (§ 383 Abs. 1 Nr. 3 ZPO, § 52 Abs. 1 Nr. 3 StPO). Wenn eine Rechtsordnung an die Verwandtschaft solcherlei Folgen knüpft, muss sie auch definieren, wann zwei Personen miteinander verwandt sind. Dies tut das BGB in seinem § 1589: Personen, deren eine von der anderen abstammt, sind in gerade Linie miteinander verwandt (Bsp.: Großmutter – Vater – Sohn). Personen, die nicht in gerader Linie verwandt sind, aber von derselben dritten Person abstammen, sind in der Seitenlinie verwandt (Bsp.: Geschwister). Rechtliche und faktische (biologisch-genetische) Elternschaft können auseinander fallen (dazu prägnant: Schwab, Rdnr. 516).

Praktisch im Vordergrund steht die Frage der *Vaterschaft*. Welcher Mann ist im Rechtssinne der Vater des Kindes? Bringt eine verheiratete Frau (während bestehender Ehe) ein Kind zur Welt, wird diesem automatisch (kraft Gesetzes) der Ehemann als Vater zugeordnet (§ 1592 Nr. 1 BGB). Dabei ist es zunächst unbeachtlich, ob der Ehemann das Kind tatsächlich gezeugt hat, also biologisch-genetisch der Erzeuger / Vater des Kindes ist. Bringt demgegenüber eine nicht verheiratete (ledige oder geschiedene) Frau ein Kind zur Welt, hat dieses zunächst (rechtlich gesehen) keinen Vater – eine Zuordnung eines bestimmten Mannes kraft Gesetzes erfolgt in diesem Fall nicht. Das gleiche gilt, wenn eine verwitwete Frau mehr als zehn Monate (genauer: 300 Tage) nach dem Tod ihres Mannes ein Kind bekommt (§ 1593 Satz 1 BGB). In diesen Fällen muss erst jemand tätig werden, um dem Kind einen Vater zu verschaffen. Dabei gibt es – vereinfacht ausgedrückt – folgende zwei Möglichkeiten: Entweder ein Mann erkennt die Vaterschaft freiwillig förmlich an und die Mutter des Kindes stimmt dem zu (§§ 1592 Nr. 2, 1595 Abs. 1, 1597 Abs. 1 BGB); dabei kommt es wiederum nicht darauf an, ob der anerkennende Mann das Kind tatsächlich gezeugt hat, also biologisch-genetisch der Erzeuger / Vater des Kindes ist. Oder aber – wenn es an der freiwilligen Anerkennung des Mannes oder der Zustimmung der Mutter fehlt – das Familiengericht stellt in einem Abstammungsverfahren (§§ 169 ff. FamFG) auf Antrag und ggfs. nach Anhörung von Zeugen und / oder Einholung eines Sachverständigengutachtens durch Beschluss die Vaterschaft eines Mannes für das Kind fest (§ 1600d BGB). Hinsichtlich der freiwilligen Anerkennung sind insbesondere folgende Einzelheiten praktisch bedeutsam: Eine Anerkennung der Vaterschaft ist nicht wirksam, solange die Vaterschaft eines anderen Mannes besteht (§ 1594 Abs. 2 BGB); das Kind kann also nicht gleichzeitig mehrere Väter haben. Die Anerkennung des Mannes und die Zustimmung der Mutter müssen öffentlich beurkundet werden (§ 1597 Abs. 1 BGB); diese öffentliche Beurkundung kann durch ein Jugendamt (§ 59 Abs. 1 Satz 1 Nr. 1 SGB VIII), einen Notar (§ 20 BNotO), ein Standesamt (§ 44 PStG), durch das Amtsgericht (§ 62 Nr. 1 BeurkG) oder das Gericht, bei dem das Abstammungsverfahren anhängig ist (§ 180 Satz 1 FamFG), erfolgen. Die Anerkennung ist schon vor der Geburt des Kindes zulässig (§ 1594 Abs. 4 BGB). Besonderheiten gelten, wenn der anerkennende Mann oder die zustimmende Mutter geschäftsunfähig oder in der Geschäftsfähigkeit beschränkt sind (§ 1596 i. V. m. §§ 104 Nr. 2, 106, 2 BGB) sowie dann, wenn der Mutter die elterliche Sorge für die Zustimmung nicht zusteht (§ 1595 Abs. 2 BGB).

Einen Sonderfall regelt § 1599 Abs. 2 BGB. Vereinfacht ausgedrückt geht es um die Kinder, die während eines – sich mitunter über mehrere Jahre hin erstreckenden – Scheidungsverfahrens geboren werden und deren biologisch-genetischer Vater in aller Regel nicht der (Noch-)Ehemann der Mutter ist. Um in solchen Konstellationen eine Korrektur der Vater-Kind-Zuordnung durch ein aufwändiges gerichtliches Vaterschaftsanfechtungsverfahren (s. u.) zu vermeiden, kann der neue Lebensgefährte der Mutter (schon vor der Geburt des Kindes) die Vaterschaft anerkennen; wenn sodann die Mutter und ihr (Noch-)Ehemann zustimmen (daher auch „Dreier-Erklärung" genannt), ist mit Auflösung der Ehe (durch den rechtskräftigen Scheidungsbeschluss) automatisch der Anerkennende rechtlicher Vater des Kindes.

Da es – wie dargelegt – weder für die Zuordnung des Ehemannes als Vater des Kindes (§ 1592 Nr. 1 BGB) noch für die freiwillige Anerkennung (§ 1592 Nr. 2 BGB) darauf ankommt, ob der Mann das Kind tatsächlich gezeugt hat, sind diese originären Zuordnungen unter Umständen zu korrigieren. Dies geschieht (nur) auf Antrag im Rahmen eines familiengerichtlichen *Vaterschaftsanfechtungsverfahrens* (§ 1599 Abs. 1 BGB, § 169 Nr. 4 FamFG). Berechtigt, vor dem Familiengericht die Vaterschaft

anzufechten, sind gemäß § 1600 Abs. 1 BGB der Scheinvater (Nr. 1), die Mutter (Nr. 3) und das Kind (Nr. 4) sowie – unter bestimmten weiteren Voraussetzungen – der Mann, der vorgibt das Kind gezeugt zu haben (Nr. 2; eingefügt infolge der Entscheidung des BVerfG NJW 2003, 2151), und der Staat (durch eine bestimmte Behörde: Nr. 5; eingefügt durch das Vaterschaftsanfechtungsergänzungsgesetz vom 13. März 2008). Im Falle der Nr. 2 (Anfechtung der Vaterschaft durch den „Erzeuger / biologisch-genetischen Vater") muss das Gericht vorab prüfen, ob zwischen dem Scheinvater und dem Kind eine sog. sozial-familiäre Beziehung besteht; § 1600 Abs. 2 BGB. Wenn dies der Fall ist, der Scheinvater also tatsächlich Verantwortung für das Kind trägt (§ 1600 Abs. 4 BGB), ist die Anfechtung durch den – außerhalb der Familie stehenden – Erzeuger / biologisch-genetischen Vater ausgeschlossen. Die gleiche Voraussetzung (keine sozial-familiäre Beziehung zwischen Scheinvater und Kind) gilt, wenn die staatliche Behörde eine Vaterschaft anficht, durch deren Anerkennung die rechtlichen Voraussetzungen für die erlaubte Einreise oder den erlaubten Aufenthalt des Kindes oder eines Elternteils geschaffen wurden (§ 1600 Abs. 3 und 6 BGB); es handelt sich um Fälle, in denen die Mutter und der anerkennende Mann das liberale System der Vaterschaftsanerkennung missbrauchen, um Vorteile nach dem Aufenthaltsgesetz zu erschleichen. Damit der Status eines Kindes nicht endlos unsicher ist, setzt eine gerichtliche Vaterschaftsanfechtung – durch welchen Anfechtungsberechtigten auch immer – voraus, dass die in § 1600b BGB (sehr differenziert) geregelten Fristen eingehalten werden.

Derjenige rechtliche Vater, der sich unsicher ist, ob das Kind auch tatsächlich (biologisch-genetisch) von ihm abstammt, kann entweder die Vaterschaft anfechten (s. o.) oder – gleichsam als mildere Maßnahme – sich zunächst durch ein privates Abstammungsgutachten („Vaterschaftstest") Gewissheit verschaffen (*Vaterschaftsklärung*). Da eigenmächtig oder gar heimlich durch den rechtlichen Vater eingeholte Vaterschaftstests unzulässig sind, gewährt § 1598a BGB ihm ein Recht auf Einwilligung in die genetische Abstammungsuntersuchung und auf Duldung der Entnahme einer genetischen Probe. Werden Einwilligung und / oder Duldung (etwa von der Mutter des Kindes) nicht freiwillig erteilt, kann der rechtliche Vater eine familiengerichtliche Anordnung beantragen (§ 1598a Abs. 2 BGB; eingefügt durch das Vaterschaftsklärungsgesetz vom 26. März 2008).

§ 1591 BGB bestimmt, dass Mutter eines Kindes die Frau ist, die es geboren hat (und nicht etwa die, von der die Eizelle stammt). Die Vorschrift hat geringe praktische Bedeutung. Zwar ist nach § 1 Abs. 1 EmbryonenschutzG die Eispende verboten; einer klarstellenden Regelung der *Mutterschaft* bedurfte es jedoch für die Fälle, in denen gegen das Verbot verstoßen wurde oder die Eispende im Ausland erfolgte (BT-Drucksache 13/4899, 82 f.).

Wird die Feststellung der Vaterschaft, die Anfechtung der Vaterschaft, die Ersetzung der Einwilligung in eine genetische Abstammungsuntersuchung (ggfs. mit Anordnung der Duldung einer Probeentnahme) oder die Feststellung des (Nicht-) Bestehens eines Mutter-Kind-Verhältnisses beantragt, gelten für das familiengerichtliche Verfahren die Bestimmungen der §§ 169–185 FamFG.

Verwandtschaft durch Adoption (Annahme als Kind)

Ein Verwandtschaftsverhältnis kann außer durch Abstammung auch im Wege der Annahme als Kind (Adoption) begründet werden. Sowohl minderjährige als auch volljährige Personen können adoptiert werden. Die Adoption Volljähriger soll hier außer Betracht bleiben.

Die Adoption ist in den §§ 1741 ff. BGB geregelt. Wer nicht verheiratet ist, kann ein Kind nur allein (und insbesondere nicht gemeinsam mit einem Lebensgefährten) annehmen. Ein Ehepaar dagegen kann ein Kind grundsätzlich nur gemeinschaftlich annehmen. Einen Sonderfall stellt die sog. Stiefkindadoption dar (§ 1741 Abs. 2 Satz 3 BGB). Generell ist eine Adoption nur zulässig, wenn sie dem Wohl des (zu adoptierenden) Kindes dient und wenn zu erwarten ist, dass zwischen dem bzw. den Annehmenden (also den künftigen Adoptiveltern) und dem Kind ein Eltern-Kind-Verhältnis entsteht. Zur Eignung der Annehmenden gehört, dass sie bereit und fähig sind, für das Kind zu sorgen und es zu erziehen. Zwar kennt das Gesetz nur ein Mindestalter der Annehmenden (vgl. § 1743 BGB) und kein Höchstalter. Allerdings ist es das gesetzgeberische Ziel, dass durch die Adoption eine soziale Elternschaft entsteht, also die Annehmen-

den Fürsorge und Erziehung so leisten, wie es natürliche Eltern typischerweise tun; dem kann ein zu großer Altersabstand zwischen Annehmenden und Kind entgegenstehen. § 1747 Abs. 1 Satz 1 BGB verlangt, dass die Eltern des Kindes in die Adoption einwilligen; diese Voraussetzung besteht auch dann, wenn die Eltern nicht Inhaber der elterlichen Sorge sind. Ferner ist die Einwilligung des Kindes selbst erforderlich. Ist das Kind geschäftsunfähig (weil noch nicht sieben Jahre alt; § 104 Nr. 1 BGB), kann nur der gesetzliche Vertreter des Kindes die Einwilligung erteilen. Der Adoptionsantrag muss notariell beurkundet werden; über den Antrag entscheidet das Familiengericht durch Beschluss (§ 1752 BGB; § 197 FamFG). Die Adoption soll erst ausgesprochen werden, wenn die Annehmenden das Kind eine angemessene Zeit in Pflege gehabt haben (Probezeit; § 1744 BGB). Das gerichtliche Verfahren der Adoption richtet sich nach den §§ 186–199 FamFG. Insbesondere hat das Familiengericht nach § 189 FamFG eine fachliche Äußerung der Adoptionsvermittlungsstelle (vgl. § 2 AdVermiG), die das Kind vermittelt hat, einzuholen, ob das Kind und die Familie des Annehmenden für die Annahme geeignet sind. Zur Wahrung der Kindesinteressen hat das Familiengericht ggfs. einen Verfahrensbeistand zu bestellen (§ 191 FamFG); ferner sind das Kind und die weiteren Beteiligten sowie das Jugendamt anzuhören (§§ 192–195 FamFG).

Mit der Adoption erlangt das (adoptierte) Kind die gleiche rechtliche Stellung zu den (Adoptiv-)Eltern wie es sie im Falle der Abstammung hätte (§ 1754 BGB). Die Verwandtschaftsverhältnisse des Kindes zu den bisherigen Verwandten erlöschen (§ 1755 BGB). Das Kind erhält als Geburtsnamen den Familiennamen des Annehmenden bzw. den Ehenamen des Adoptivelternpaares (§ 1757 BGB).

Rechtsbeziehungen zwischen Eltern und Kind im Allgemeinen

Welchen **Nachnamen** (Geburtsnamen) erhält das Kind? Sind die Eltern verheiratet und führen sie einen Ehenamen, so erhält das Kind diesen als Geburtsnamen (§ 1616 BGB). Führen die Eltern keinen Ehenamen und sind sie gemeinsam sorgeberechtigt (s. u.), bestimmen sie durch Erklärung gegenüber dem Standesamt den Geburtsnamen des Kindes; treffen sie eine solche Bestimmung innerhalb eines Monats nach Geburt des Kindes nicht, überträgt das Familiengericht das Bestimmungsrecht auf einen Elternteil (§ 1617 BGB). Führen die Eltern keinen Ehenamen und steht die elterliche Sorge nur einem Elternteil zu, erhält das Kind dessen Namen als Geburtsnamen. In diesem Fall kann der allein sorgeberechtigte Elternteil dem Kind durch Erklärung gegenüber dem Standesamt den Namen des anderen Elternteils erteilen; Voraussetzung ist die Einwilligung des anderen Elternteils und – wenn es das fünfte Lebensjahr vollendet hat – des Kindes (§ 1617a BGB).

Eltern und Kinder sind einander Beistand und Rücksicht schuldig; § 1618a BGB.

Elterliche Sorge

Die Eltern haben die Pflicht und das Recht, für das minderjährige Kind zu sorgen (elterliche Sorge); § 1626 Abs. 1 BGB.

Wer ist Inhaber der elterlichen Sorge? Wenn Vater und Mutter des Kindes miteinander verheiratet sind, steht ihnen die elterliche Sorge gemeinsam zu. Dies hat der Gesetzgeber zwar nicht ausdrücklich geregelt; es ist aber in den §§ 1626 und 1626a BGB vorausgesetzt. Die gemeinsame Sorge müssen die Eltern in eigener Verantwortung und in gegenseitigem Einvernehmen zum Wohle des Kindes ausüben; bei Meinungsverschiedenheiten müssen sie versuchen, sich zu einigen (§ 1627 BGB). Sind Vater und Mutter des Kindes dagegen nicht miteinander verheiratet, ist die Rechtslage komplizierter. Wenn die Eltern in dieser Situation nichts weiter veranlassen, steht der Mutter die Alleinsorge zu (§ 1626a Abs. 2 BGB). Nur wenn Vater und Mutter sich einig sind, können sie die gemeinsame Sorge übernehmen; sie müssen dazu – was auch schon vor der Geburt des Kindes möglich ist – (z. B. beim Jugendamt) eine förmliche Sorgeerklärung abgeben (§§ 1626a Abs. 1 Nr. 1, 1626b Abs. 2, 1626d Abs. 1 BGB). Möchte der Vater die Sorge gemeinsam mit der Mutter ausüben, will diese aber keine Sorgeerklärung abgeben und also die Sorge allein ausüben, hat der Vater – von besonders gelagerten Ausnahmesituationen abgesehen – nach den Bestimmungen des BGB dagegen keine rechtliche Handhabe. Das BVerfG hat diese Regelung kürzlich für verfassungswidrig erklärt (BVerfG, NJW

2010, 3008 ff.). Der EGMR sieht darin einen Verstoß gegen die Menschenrechte der Väter aus Art. 14 EMRK i. V. mit Art. 8 EMRK (EGMR NJW 2010, 501–504). Der Gesetzgeber muss nun eine andere Lösung finden und die §§ 1626a ff. BGB ändern.

Was bedeutet elterliche Sorge im Einzelnen? Die elterliche Sorge umfasst die Sorge für die Person des Kindes *(Personensorge)* und das Vermögen des Kindes *(Vermögenssorge)*. Diese umfassende Sorgepflicht enthält Förderungspflichten (hinsichtlich der körperlichen, geistigen, seelischen, sozialen und wirtschaftlichen Interessen des Kindes) und Bestimmungsbefugnisse im Sinne der §§ 1629, 1632 BGB (Festlegung, wo das Kind seinen Aufenthalt hat; Entscheidung, wer mit Umgang mit dem Kind hat; gesetzliche Vertretung des Kindes). Die Personensorge betrifft alle Betreuungsaufgaben, die sich nicht als bloße Vermögensverwaltung darstellen. Beispiele: Bestimmung des Vornamens, Sorge für das leibliche Wohl und die Gesundheit des Kindes, religiöse Erziehung, Beaufsichtigung des Kindes. Zur Vermögenssorge gehören die Erhaltung, Vermehrung und Verwendung des Kindesvermögens in dessen Interesse. Sowohl die Personen- als auch die Vermögenssorge äußern sich in tatsächlichem wie rechtlichem Handeln für das Kind. Allgemeine Richtschnur bei der Ausübung der elterlichen Sorge ist das Kindeswohl (vgl. §§ 1626 Abs. 3, 1666 Abs. 1; auch § 1631a BGB). Es geht bei der Ausübung der Elternsorge primär nicht um die Eigeninteressen der Eltern. Die Eltern sind verpflichtet, ihr Sorgeverhalten so auszuüben, dass der Integrität und der Entfaltung des Kindes am besten gedient ist. Bei der Pflege und Erziehung müssen die Eltern die wachsende Fähigkeit und das wachsende Bedürfnis des Kindes zu selbstständigem verantwortungsbewusstem Handeln berücksichtigen (§ 1626 Abs. 2 Satz 1 BGB). Kinder haben ein Recht auf gewaltfreie Erziehung; körperliche Bestrafungen, seelische Verletzungen und andere entwürdigende Maßnahmen sind unzulässig (§ 1631 Abs. 2 BGB) Das Gesetz stellt ferner eine Reihe von Regeln für die Vermögensverwaltung durch die Eltern auf, z. B. § 1642 BGB. Bestimmte nachteilige, riskante oder besonders wichtige Rechtsgeschäfte, die die Eltern für das Kind vornehmen, bedürfen der Genehmigung des Familiengerichts; § 1643 BGB. Ist das minderjährige Kind verheiratet, gilt § 1633 BGB.

Wie ist die Rechtslage bei *Trennung oder Scheidung* der gemeinsam sorgeberechtigten Eltern? Wenn die Eltern nichts weiter veranlassen, bleiben sie über ihre Trennung oder Scheidung hinaus Inhaber der gemeinsamen Sorge. Allerdings geht mit der nicht nur vorübergehenden Trennung der Eltern die Befugnis zur alleinigen Entscheidung in Angelegenheiten des täglichen Lebens (z.B. Anmeldung zum Nachhilfeunterricht) auf denjenigen Elternteil über, bei dem sich das Kind mit Einwilligung des anderen Elternteils (oder aufgrund einer gerichtlichen Entscheidung) gewöhnlich aufhält. Nur in Angelegenheiten, deren Regelung für das Kind von erheblicher Bedeutung ist (z.B. Schulwahl, riskante Heilbehandlungen), ist das gegenseitige Einvernehmen der Eltern erforderlich; § 1687 Abs. 1 BGB. Jeder Elternteil kann beim Familiengericht die Übertragung der alleinigen Sorge (oder eines Teils davon: etwa des Aufenthaltsbestimmungsrechts) auf sich beantragen (§ 1671 Abs. 1 BGB). Das Familiengericht hat dem Antrag stattzugeben, wenn entweder der andere Elternteil zustimmt oder wenn zu erwarten ist, dass die Aufhebung der gemeinsamen Sorge und die Übertragung auf den Antragsteller dem Wohl des Kindes am besten entspricht (doppelte Prognose); § 1671 Abs. 2 BGB. Hierfür hat die Rechtsprechung Kriterien herausgebildet: Erziehungsfähigkeit, Förderungsgrundsatz, Bindungstoleranz, Kontinuitätsgrundsatz, Bindungen des Kindes, Wille des Kindes. Das Gericht hat jeweils sämtliche Umstände des Einzelfalles zu ermitteln. Dabei gelten für das Verfahren vor dem Familiengericht die §§ 151 ff. FamFG (insbesondere: persönliche Anhörung des Kindes und der Eltern, Hinwirken des Gerichts auf eine einvernehmliche Lösung, Bestellung eines Verfahrensbeistands für das Kind, Mitwirkung des Jugendamts, Sachverständigengutachten; siehe auch: zu § 163 FamFG, wonach das Gericht anordnen kann, dass der Gutachtenauftrag auch auf die Herstellung des Einvernehmens zwischen den Beteiligten hinwirken soll: Ernst 2009a, 345 ff.). Häufig ist die gerichtliche Auseinandersetzung der Eltern um die Alleinsorge oder gemeinsame Sorge ein Streit um Prinzipien. Umso wichtiger ist es für die beteiligten Professionen (Richter, Rechtsanwälte, Verfahrensbeistände, Jugendämter), die konkreten Sachfragen in den Vordergrund zu rücken (wo soll das Kind seinen Lebensmittelpunkt haben, welche Schule soll es besuchen, zu welchen Zeiten soll es Umgang mit dem anderen Elternteil haben; ausführlicher dazu: Ernst 2009b, 77 ff.).

Aus Anlass der Trennung der Eltern kommt es vielfach zum Streit über den *Umgang mit dem Kind*. Rechtlich ist der Umgang mit dem Kind strikt von der Frage nach dem Sorgerecht zu trennen. Beim Sorgerecht geht es um die Frage, wer die Entscheidungen in Bezug auf Pflege und Erziehung des Kindes (z.B. Aufenthalt, Schule, Gesundheit) treffen darf (und muss). Das Thema Umgang betrifft dagegen die Frage, ob und wann Personen, bei denen sich das Kind nicht gewöhnlich aufhält, das Kind sehen und mit ihm Kontakt haben dürfen. Die Grundentscheidung des Gesetzes lautet: Zum Wohl des Kindes gehört in der Regel der Umgang mit beiden Elternteilen und mit anderen Personen, zu denen das Kind Bindungen besitzt, wenn deren Aufrechterhaltung für die Entwicklung des Kindes förderlich sind (§ 1626 Abs. 3 BGB). Im Einzelnen: Das Kind hat das Recht auf Umgang mit jedem Elternteil; jeder Elternteil ist zum Umgang mit dem Kind verpflichtet und berechtigt (§ 1684 Abs. 1 BGB). Großeltern und Geschwister haben ein Recht auf Umgang mit dem Kind, wenn dieser dem Wohl des Kindes dient; gleiches gilt für enge Bezugspersonen des Kindes, wenn diese für das Kind tatsächliche Verantwortung tragen oder getragen haben (sozial-familiäre Beziehung); § 1685 BGB. Auch für den Streit um das Umgangsrecht gelten für das Familiengericht die §§ 151 ff. FamFG (s.o.).

Wie verhält es sich mit der elterlichen Sorge beim *Tod eines Elternteils*? Stand die elterliche Sorge den Eltern gemeinsam zu, erhält der überlebende Elternteil die alleinige Sorge (§ 1680 Abs. 1 BGB). Stirbt der Elternteil, dem die elterliche Sorge nach § 1671 BGB übertragen worden war, hat das Familiengericht dem überlebenden Elternteil die elterliche Sorge zu übertragen, wenn dies dem Wohl des Kindes nicht widerspricht (§ 1680 Abs. 2 Satz 1 BGB). Hatte die Mutter nach § 1626a Abs. 2 BGB die alleinige Sorge inne, hat nach ihrem Tod das Familiengericht die Sorge dem Vater zu übertragen, wenn dies dem Wohl des Kindes dient (§ 1680 Abs. 2 Satz 2 BGB).

Bei der Erziehung sind nicht immer nur die rechtlich zuständigen Eltern tätig. Stiefeltern und neue Partner können in unterschiedlicher Weise an der Erziehung beteiligt sein. Das Gesetz regelt deren Rechte nicht systematisch, sondern punktuell an verschiedenen Stellen des Gesetzes. Der Ehegatte des allein sorgeberechtigten Elternteils, der nicht Elternteil des Kindes ist, hat – ebenso wie der eingetragene gleichgeschlechtliche Lebenspartner des allein sorgeberechtigten Elternteils – im Einvernehmen mit dem sorgeberechtigten Elternteil die Befugnis zur Mitentscheidung in Angelegenheiten des täglichen Lebens des Kindes (§ 1687b BGB, § 9 LPartG). Lebt ein Kind gemeinsam mit einem Elternteil und einem Stiefelternteil (Ehegatte oder eingetragener Lebenspartner des Elternteils) zusammen und stirbt dieser Elternteil, so kann das Familiengericht die Wegnahme des Kindes durch den anderen Elternteil verhindern (sog. Verbleibensanordnung; § 1682 BGB).

Pflege und Erziehung der Kinder sind zunächst keine staatlichen Aufgaben, sondern gemäß Art. 6 Abs. 2 Satz 1 GG das natürliche Recht der Eltern (s. o.). Damit garantiert die Verfassung den Vorrang der Eltern, ihre Eigenständigkeit und Selbstverantwortlichkeit bei der Pflege und Erziehung ihrer Kinder. Das Grundgesetz belässt es jedoch nicht bei dieser Aussage, sondern bestimmt im selben Satz: Pflege und Erziehung der Kinder sind eine *den Eltern obliegende Pflicht*. Darüber, ob die Eltern dieser Pflicht nachkommen, hat die staatliche Gemeinschaft zu wachen (sog. staatliches Wächteramt, Art. 6 Abs. 2 Satz 2 GG). Das Grundrecht der Eltern ist pflichtgebunden, es wird ihnen im Wesentlichen als treuhänderisches Recht, also als Recht im Interesse des Kindes, eingeräumt. Das Elternrecht dem Kind gegenüber findet seine Rechtfertigung darin, dass das Kind des Schutzes und der Hilfe bedarf, damit es sich zu einer eigenverantwortlichen Persönlichkeit innerhalb der sozialen Gemeinschaft entwickeln kann, wie sie dem Menschenbild des GG entspricht. Hinzu kommt, dass jedes Kind eigene Menschenwürde (Art. 1 Abs. 1 GG) und nach Art. 2 Abs. 1 GG ein Grundrecht auf eine möglichst ungehinderte Entfaltung seiner eigenen Persönlichkeit hat. Daraus und aus Art. 6 Abs. 2 Satz 1 GG leitet das Bundesverfassungsgericht neuerdings ein *Grundrecht des Kindes auf Pflege und Erziehung* durch seine Eltern im Interesse seiner Persönlichkeitsentwicklung ab (BVerfGE 121, 69–108). Für den Staat ergibt sich aus alledem eine entsprechende Schutzpflicht gegenüber den Kindern. Der Gesetzgeber hat in Umsetzung dieses Verfassungsauftrages in erster Linie die Jugendämter und Familiengerichte mit der Aufgabe des Kindesschutzes betraut. Dabei hat er die staatliche Schutzpflicht gemäß dem Grundsatz der Verhältnismäßigkeit so ausgestaltet, dass primär die Eltern bei der Abwehr von Gefahren für das Kindeswohl unterstützt werden müssen, die Kinder aber – falls erforderlich auch ohne Beteiligung der Eltern oder sogar gegen deren Willen – vor Gefahren für ihr Wohl zu schützen sind. Für die Jugendämter ist dies im SGB VIII (Kinder- und Jugendhilfe) geregelt. Das Jugendamt muss den Eltern Hilfen anbieten. Sind die Eltern trotz der vom Jugendamt angebotenen Unterstützung nicht bereit oder nicht in der Lage, die Gefährdung des Kindeswohls abzuwenden oder an der Abwendung der Gefährdung mitzuwirken, darf das Jugendamt im Regelfall nicht selbst in die Rechtsposition der Eltern eingreifen (Ausnahme: Inobhutnahme gemäß §§ 8a Abs. 3 Satz 2, 42 SGB VIII). Vielmehr muss das Jugendamt dann das Familiengericht anrufen. Das Familiengericht kann Schutzmaßnahmen gegen den Willen der Eltern erzwingen. Die Kompetenzen des Familiengerichts ergeben sich aus dem BGB. Wird das körperliche, geistige oder seelische Wohl des Kindes oder sein Vermögen gefährdet und sind die Eltern nicht gewillt oder nicht in der Lage, die Gefahr abzuwenden, so hat das Familiengericht die Maßnahmen zu treffen, die zur Abwendung der Gefahr erforderlich sind; § 1666 Abs. 1 BGB. Hält das Jugendamt das Tätigwerden des Familiengerichts für erforderlich, so hat es das Gericht anzurufen; dies gilt auch, wenn die Personensorgeberechtigten oder die Erziehungsberechtigten nicht bereit oder in der Lage sind, bei der Abschätzung des Gefährdungsrisikos mitzuwirken. Besteht eine dringende Gefahr und kann die Entscheidung des Gerichts nicht abgewartet werden, so ist das Jugendamt verpflichtet, das Kind oder den Jugendlichen in Obhut zu nehmen; § 8a Abs. 3 SGB VIII. Mit seinen Maßnahmen sorgt das Familiengericht dafür, dass das Jugendamt dem Kind die erforderlichen und geeigneten Hilfen zukommen lassen kann, dass also ein Hilfeprozess fortgesetzt werden oder überhaupt erst in Gang kommen kann. Insofern befinden sich Jugendamt und Familiengericht in einer Verantwortungsgemeinschaft für das Kindeswohl. Die in § 1666 Abs. 1 BGB genannten Voraussetzungen werden von den Gerichten näher definiert. Dabei weichen die Formulierungen der einzelnen Gerichte teilweise voneinander ab, weisen jedoch einen gemeinsamen Kern auf. Gefährdung des Kindeswohls ist danach die begründete Besorgnis, dass bei Nichteingreifen des Gerichts das Wohl des Kindes nachhaltig und schwerwiegend beeinträchtigt wird oder (anders formuliert) eine gegenwärtige, in einem solchen Maße vorhandene Gefahr, dass sich bei der weiteren Entwicklung des Kindes eine erhebliche Schädigung mit ziemlicher Sicherheit voraussehen lässt. Ob tatsächlich eine Kindeswohlgefährdung vorliegt, lässt sich nur unter Berücksichtigung der besonderen Umstände eines jeden Einzelfalles feststellen.

Einige Beispiele zur Veranschaulichung: körperliche Misshandlung des Kindes; Beschneidung von Mädchen; sexueller Missbrauch; mangelnde Pflege der Kinder, so dass weitgehende Verwahrlosung droht; häusliche Gewalterlebnisse; nachhaltige schwere Ernährungsfehler; Uneinsichtigkeit bei der Befolgung ärztlich angeordneter Medikamentierung; Nichtbeachtung der Selbstständigkeitsinteressen eines fast volljährigen Kindes; mangelnder Spielraum heranwachsender Töchter, um sich mit der westlichen Lebensweise auseinanderzusetzen; Schule und Ausbildung: übertriebener Ehrgeiz der Eltern oder (umgekehrt) Nachlässigkeit gegenüber deutlicher Begabung des Kindes; Abhalten des Kindes vom Besuch der Schule; fortgesetzte Schulversäumnisse des Kindes; Anhalten des Kindes zum Betteln oder zu anderen Straftaten; Duldung des Herumtreibens; mangelnde Förderung des Spracherwerbs, so dass das Kind bei der Einschulung mit hoher Wahrscheinlichkeit dem Unterricht nicht hinreichend folgen können wird; Delinquenz des Kindes.

Das Familiengericht muss bei der Auswahl der zu treffenden Maßnahme den *Grundsatz der Verhältnismäßigkeit* beachten. Die anzuordnende Maßnahme muss geeignet und erforderlich sein, um die Situation des Kindes zu verbessern. Es muss der geringste Eingriff in das elterliche Sorgerecht gewählt werden. Allerdings bedeutet dies nicht, dass das Gericht zunächst alle milderen Maßnahmen gleichsam durchprobieren darf, wenn feststeht, dass diese nicht ausreichen. Eine besondere Ausprägung hat der Grundsatz der Verhältnismäßigkeit in § 1666a BGB gefunden. Eine Trennung des Kindes von der elterlichen Familie ist nur zulässig, wenn der Gefahr für das Kind nicht auf andere Weise, insbesondere nicht durch öffentliche Hilfen, begegnet werden kann. Insbesondere kommen folgende Maßnahmen in Betracht (gemäß § 1666 Abs. 3 BGB in der seit dem 12. Juli 2008 geltenden Fassung):

1. Gebote, öffentliche Hilfen wie zum Beispiel Leistungen der Kinder- und Jugendhilfe und der Gesundheitsfürsorge in Anspruch zu nehmen;
2. Gebote, für die Einhaltung der Schulpflicht zu sorgen;
3. Verbote, vorübergehend oder auf unbestimmte Zeit die Familienwohnung oder eine andere Wohnung zu nutzen, sich in einem bestimmten Umkreis der Wohnung aufzuhalten oder zu bestimmende andere Orte aufzusuchen, an denen sich das Kind regelmäßig aufhält;
4. Verbote, Verbindung zum Kind aufzunehmen oder ein Zusammentreffen mit dem Kind herbeizuführen;
5. die Ersetzung von Erklärungen des Inhabers der elterlichen Sorge;
6. die teilweise oder vollständige Entziehung der elterlichen Sorge.

Entgegen einem verbreiteten Missverständnis kommen familiengerichtliche Maßnahmen also nicht erst dann in Betracht, wenn das Kind aus der Familie herausgenommen werden muss. Vielmehr wird häufig eine deutlich frühere Einschaltung des Familiengerichts angezeigt sein, weil auf diese Weise mit geringeren Eingriffen in das elterliche Sorgerecht dem Kind effektiver geholfen werden kann.

Pflegefamilie

Die Erziehung Minderjähriger außerhalb des Elternhauses bei dritten Personen (in anderen Familien oder Einrichtungen) ist im Kindschaftsrecht nur punktuell geregelt. Geben die Eltern das Kind für längere Zeit in Familienpflege, so kann das Familiengericht auf Antrag der Eltern oder der Pflegeperson Angelegenheiten der elterlichen Sorge auf die Pflegeperson übertragen. Auch ohne Tätigwerden des Familiengerichts ist die Pflegeperson – kraft Gesetzes – berechtigt, in Angelegenheiten des täglichen Lebens zu entscheiden und den Inhaber der elterlichen Sorge insoweit zu vertreten; § 1688 BGB (vgl. Ernst / Höflich 2008, 170 ff.). Wollen die Eltern das Kind von den Pflegeeltern wegnehmen, kommt wiederum eine Verbleibensanordnung des Familiengerichts in Betracht – allerdings nur, wenn und solange das Kindeswohl durch die Wegnahme gefährdet würde; § 1632 Abs. 4 BGB. Auf diese Weise soll das Kind davor geschützt werden, zur Unzeit aus der Pflegefamilie herausgenommen zu werden.

Fälle mit Auslandsberührung (Internationales Kindschaftsrecht)

Hat ein kindschaftsrechtlicher Sachverhalt Verbindung zu einem ausländischen Staat (etwa weil das Kind nicht die deutsche Staatsangehörigkeit hat oder sich im Ausland aufhält), ist vorab zu prüfen, ob überhaupt deutsches Kindschaftsrecht (oder aber das Kindschaftsrecht eines anderen Staates) anzuwenden ist. Mit dieser Frage befasst sich das sog. Internationale Kindschaftsrecht. Es handelt sich dabei – ebenso wie beim Unterhaltsrecht – um eine Spezialmaterie, derentwegen auf weiterführende Literatur verwiesen werden muss (zur Einführung etwa: Münder/Ernst 2009, Kap. 2.2, 10.5, 12.6, 13.5, 14.5 und 16.4).

Literatur

Dethloff, N. (2009): Familienrecht, 29. Aufl. C. H. Beck, München

Ernst, R. (2009a): Der Sachverständige in Kindschaftssachen nach neuem Recht. In: Familie – Partnerschaft – Recht (FPR), 345–348

– (2009b): Risiken und Nebenwirkungen einer Rechtsnorm – Thesen de lege ferenda zu § 1671 BGB –. In: Müller-Magdeburg, C. (Hrsg.): Verändertes Denken – zum Wohle der Kinder. Festschrift für Jürgen Rudolph. Nomos, Baden-Baden, 77–81

– (1993): Die Vater-Kind-Zuordnung aufgrund der Ehe der Mutter. Peter Lang, Frankfurt/M.

–, Höflich, P. (2008): Rechtliche Grundlagen. In: Schwabe, M.: Zwang in der Heimerziehung. Ernst Reinhardt Verlag, München/Basel, 170–195

Eschenbruch, K., Klinkhammer, F. (Hrsg.) (2009): Der Unterhaltsprozess. Praxishandbuch des materiellen und prozessualen Unterhaltsrechts. 5. Aufl. Wolters Kluwer, Köln

Münder, J., Ernst, R. (2009): Familienrecht – eine sozialwissenschaftlich orientierte Darstellung. 6. Aufl. Wolters Kluwer, Köln

Schlüter, W. (2009): BGB – Familienrecht. 13. Aufl. C. F. Müller, Heidelberg

Schwab, D. (2009): Familienrecht. 17. Aufl. C. H. Beck, München

Klasse, Schicht, Milieu

Von Michael Vester

Gesellschaften teilen sich in große Gruppen, die sich voneinander durch ungleiche Macht, Funktionen, Chancen und Praxisformen unterscheiden. Sie bilden einen gegliederten Zusammenhang, in dem sie voneinander „funktional" abhängig und zugleich einander über- und untergeordnet sind. Je nach Art dieser Gliederung werden die Gruppen verschieden, als Kaste, Stand, Klasse, Schicht oder Milieu, bezeichnet. Kasten- und Ständegliederungen sind relativ statisch, Klassen- und Schichtgliederungen verändern sich historisch aufgrund widersprüchlicher innerer und äußerer Dynamiken. Damit verändern sich auch die Teilungen nach Geschlecht, Ethnie, Alter usw., die sich mit den gesellschaftlichen Teilungen überschneiden und verbinden. Den sozialen Teilungen entsprechen Unterschiede in der Lebensweise, der Weltsicht, der Mentalitäten und der Praxisformen. Die in Wissenschaft und Gesellschaft benutzten Bezeichnungen und Konzepte dieser Teilungen haben vielfältige und kontroverse Bedeutungen, die den verschiedenen Perspektiven der jeweiligen Akteure und ebenso der Sozialwissenschaften entsprechen.

Von der ständischen Gesellschaft zur industriellen Klassengesellschaft

Der Begriff der sozialen Klasse, der zuerst in der Antike für Zwecke der Steuererhebung benutzt wurde, wird heute vor allem für Gesellschaften verwendet, die auf kapitalistische Marktwirtschaften gegründet sind. In Europa hat er seit dem Ausgang des 18. Jh. nach und nach die Begriffe „Stand", „Rang" und „Ordnung" ersetzt. Dies war insbesondere eine Folge der politischen Revolution in Frankreich und der industriellen Revolution in England. Während des Übergangs zur Demokratie und zum modernen Industriekapitalismus wurden die herrschenden Stände, Klerus und Adel (gegründet auf ererbte Rangstellungen), durch den „Dritten Stand" (gegründet auf den individuellen Gewerbefleiß) herausgefordert, der sich auf seine produktive Funktion in der gesellschaftlichen Arbeitsteilung berief. Seit dem Anfang des 19. Jh. trat innerhalb dieser „produktiven Klasse" (Saint-Simon) eine neue soziale Teilung in den Vordergrund: der Gegensatz zwischen industriellen Kapitalisten und Lohnarbeitern. Daraus ergab sich das Konzept der Teilung in drei grundlegende soziale Klassen: die alten Oberklasse der landbesitzenden Aristokratie (die von ihrer Grundrente lebte), der neuen „Mittelklasse" (Engels) der industriellen Bourgeoisie (die von ihren Kapitalerträgen lebte) und die Lohnarbeiter oder das Proletariat (das von seiner manuellen Arbeit lebte).

Das Konzept der drei Klassen und ihrer Definition durch Marktbeziehungen wurde von politischen Ökonomen wie Ricardo (1817) näher ausgearbeitet. Es war eng mit den sozialen und politischen Konflikten des 19. Jh. verknüpft und beherrschte daher von Marx bis zu Weber die Debatten. In den Diskussionen waren hauptsächlich zwei Lager zu unterscheiden. Ihre Differenzen bestanden nicht darin, ob es in der neuen, industriekapitalistischen Ordnung Klassen gebe, sondern darin, was sie bewirken und tun. Sozialistische und linke Theorien nahmen an, dass aus den Widersprüchen und Konflikten der kapitalistischen Klassengesellschaft schließlich eine neue, nachkapitalistische Gesellschaftsordnung entstehen würde. Bürgerliche und liberale Theorien nahmen dagegen an, dass dies bei einer richtigen institutionellen Organisation zu vermeiden sei. – Über das „Wie" dieser Entwicklungen waren allerdings sowohl das liberale wie das sozialistische Lager in eine evolutionistische und eine interventionistische Theorierichtung tief gespalten.

Otto/Thiersch (Hg.), Handbuch Soziale Arbeit, 4. A., DOI 10.2378/ot4a.art080,

Die evolutionistischen Theorien verstanden die gesellschaftliche Entwicklung als Folge ökonomischer Naturgesetze. Im liberalen Lager behauptete die sich auf Adam Smith berufende Laissez-faire-Richtung, wenn man in diese Gesetze nicht eingreife, sondern ihnen freien Lauf lasse, würden die Klassengegensätze durch eine allgemeine Verbreitung des Wohlstands ausgeglichen. Im sozialistischen Lager nahm die sich auf Marx berufende staatssozialistische Doktrin an, dass sich gerade durch das Laissez-faire die Klassenverhältnisse so polarisieren würden, dass eine politische Revolution, gefolgt von der Einführung des Sozialismus durch den Staat, unvermeidlich würde.

Die interventionistischen Theorien bestritten nicht das mächtige Wirken ökonomischer Akteure und Gesetzmäßigkeiten, beharrten aber darauf, dass das Handeln der gesellschaftlichen Gruppen und des Staates daraus nicht „abgeleitet" werden, sondern in sie gestaltend eingreifen könnte. Gegen den Zeitgeist evolutionistischer Automatismen entwarf die entstehende klassische Soziologie, für die neben Weber und Durkheim durchaus auch Marx steht, eine eigene „Theorie der Praxis" oder „Theorie des sozialen Handelns", mit der die aktive Rolle und die Handlungslogiken gesellschaftlicher und politischer Gruppen und Institutionen herausgearbeitet werden konnte. Kontrovers blieb aber, ob damit die kapitalistischen Klassengegensätze überwunden oder nur abgemildert werden sollten oder konnten.

Der soziale bürgerliche Liberalismus bis zum Ersten Weltkrieg, für den besonders Weber steht, engagierte sich für die Ersetzung autokratischer Regime durch die repräsentative Demokratie, für den Abbau ständischer Privilegierungen durch gleiche soziale und politische Wettbewerbschancen und für die Korrektur marktwirtschaftlicher Schieflagen durch staatliche Sozialpolitik und aktive Gewerkschaften. Im Gegensatz zu Weber ging Marx davon aus, dass die bürgerlich-kapitalistische Gesellschaft neue Klassenwidersprüche enthalte, die im Kapitalismus nicht zu lösen seien und aus denen sich die objektive Möglichkeit einer nachkapitalistischen, demokratischeren Gesellschaft entwickeln könne, einer „Assoziation, worin die freie Entwicklung eines jeden die Bedingung für die freie Entwicklung aller ist" (Marx / Engels 1848 / 1959, 482). Im Gegensatz

zu den Staatssozialisten bestand er aber darauf, dass diese Entwicklung über soziale Gegenbewegungen und Gegeninstitutionen schon im Schoße der kapitalistischen Gesellschaft beginnen sollte.

Marx: Klassenpolarisierung oder Gegenmachtentwicklung

Auf Karl Marx werden zwei Konzepte der Entwicklung sozialer Klassen zurückgeführt. Das *mechanistische Modell*, das im „offiziellen" Parteimarxismus entstand, geht von der *Zwangsläufigkeit* einer ökonomischen Polarisierung und politischen Revolution aus. Fast alle Klassen- und Schichtungstheorien haben ihr Profil durch Abgrenzung von diesem antagonistischen Klassenmodell des Marxismus gewonnen. Dabei bleibt unbeachtet, dass Marx in seinen politischen Schriften und historisch-empirischen Analysen ein *heuristisches* Klassenkonzept entwickelt (Vester 2008), nach der die Arbeiterklasse nicht nur durch die kapitalistischen Herrschaftsbedingungen erzeugt wird, sondern sich durch Kampf, organisierten Zusammenschluss und institutionelle Gegenmachtentwicklung schon im Schoße der alten Gesellschaft selbst erzeugt.

(1) Das Modell des „offiziellen Marxismus", das soziales Handeln als direkte „Widerspiegelung" aus der Ökonomie „ableitet", nimmt eine mechanische Abfolge von antagonistischer Klassenpolarisierung, Krise, Verelendung, Empörung, Eroberung der Staatsmacht und Umgestaltung der Gesellschaft von oben an. Das Modell, das sich zur Rechtfertigung der Führungs- oder Herrschaftsrolle einer Partei eignet, stützt sich auf die einseitige Auswahl von Textstellen von Marx und Engels, die sich auf eine ganz besondere historische Situation beziehen, die Zuspitzung der englischen Klassenkonflikte in den 1840er Jahren, als das Bürgertum das Arbeiterwahlrecht und Sozialreformen noch rigoros ablehnte.

(2) In der Gesamtheit seiner Analysen versteht Marx die sozialen Klassen in größerer historischer Perspektive. Er nahm an, dass die Konstituierung der Arbeiterklasse einem ähnlichen historischen Entwicklungsmuster folgen würde wie die der bürgerlichen Klasse. Deren Emanzipationsprozess sei kein automatischer ökonomischer, sondern auch ein aktiver politischer Prozess gewesen, in dem über Jahr-

hunderte mühsam einerseits die neuen Produktivkräfte entwickelt und andererseits das institutionelle „Gegengewicht" von „sich selbst verwaltenden Assoziationen", „Stadtgemeinden" und schließlich des „modernen Repräsentativstaats" erkämpft werden mussten (Marx 1847/1959), 181; Marx/Engels 1848/1959, 464). Ähnlich könne auch der Weg zu einer nachkapitalistischen Gesellschaft aussehen. Der Widerspruch zwischen Produktivkräften und Produktionsverhältnissen, d.h. zwischen zunehmend vergesellschafteter Arbeit und bleibend privater kapitalistischer Aneignung, werde in einer sehr langen und mit großen Anstrengungen verbundenen Entwicklung über den Kapitalismus hinaustreiben, wenn die „bereits erworbenen Produktivkräfte und die geltenden gesellschaftlichen Einrichtungen nicht mehr nebeneinander bestehen können" (Marx 1847/1959, 181).

Wie diese Perspektive konkret umgesetzt werden konnte, haben Marx und Engels nach 1850 entwickelt, als Wirtschaft und Arbeiterbewegungen ihren großen Aufschwung nahmen. Diese erkämpften vor allem in England starke Gewerkschaften, erfolgreiche Genossenschaften, die Arbeitszeitverkürzung und Erweiterungen des Wahlrechts und erhoben im Pariser Kommuneaufstand von 1871 die Selbstverwaltung der Betriebe und Gemeinden und ihre nationale Föderation zum Programm. Das Prinzip der Selbstverwaltung sollte zwei Gefahren entgegenwirken, die beide Autoren am französischen und amerikanischen Beispiel vernichtend kritisiert hatten: der alles erstickenden Staatsbürokratie und der Gefahr einer neuen Herrschaft der eigenen Funktionäre. Selbst Schulen sollten nicht von Staat oder Kirche, sondern „durch das Volk" verwaltet werden.

Aufgrund dieser Entwicklungen hat Engels (1892/1963, 265–281) schließlich die katastrophische Krisentheorie und die antagonistische Klassen- und Verelendungstheorie zurückgenommen. In dem unerhörten industriellen Aufschwung nach 1850 sei durch Parlamentsreformen und ökonomische Verbesserungen die Arbeiterlage besonders in den großen Industriezweigen angehoben worden, während sie in anderen Industriezweigen ungeschützt geblieben sei. Die Wirtschaftskrisen hätten nicht mehr die Gestalt eines katastrophischen „Zusammenbruchs", doch habe nach 1870 eine langjährige „drückende Stagnation" eingesetzt, da England sein Industriemonopol infolge

des Aufstiegs neuer Industrieländer verloren habe. Dies sei der Grund für den Aufschwung neuer Bewegungen prekarisierter Arbeiter. Insgesamt macht Engels weder einen ‚revolutionären' noch einen ‚reformistischen' Weg zum Dogma, sondern hält eine Pluralität von Entwicklungswegen für sinnvoll, die nach Phasen und Land verschieden sein können. Das Konzept der Verelendung wird durch das Konzept der Prekarität, der unsicheren Lage, ersetzt.

(3) Der Gegensatz zwischen den staatssozialistischen und den bewegungssozialistischen Klassenkonzepten entspricht den gegensätzlichen Paradigmen einer „materialistischen" und einer „praxeologischen" Theorie. Marx (1845/1981) hat schon 1845 in den Thesen über Feuerbach ein Paradigma gefordert, das quer zu der Alternative von Idealismus und „anschauendem Materialismus" liegt, indem es von der „sinnlich-menschlichen Tätigkeit, Praxis" ausgeht. Zentral wurde für Marx die Beobachtung einer Dialektik zwischen der menschlichen Tätigkeit und den von ihr geschaffenen Resultaten, die sich zu die Menschen beherrschenden Mächten verselbständigen, aber durch neue Praxis immer wieder in Frage gestellt werden. Die „Praxistheorie" fasst die Menschen nicht als eigenschaftslose „Träger" von ökonomischen Strukturtrends, sondern als Akteure mit historisch gewordenen, eigenständigen Identitäten und aktiven Handlungsstrategien auf.

Marx und Engels verstanden ihre Theoriebildung als heuristische Suchbewegung. Sie forderten, „nach den existierenden empirischen Daten" an der „wirklichen Bewegung" die „verschiedenen Entwicklungsformen zu analysieren und deren innres Band aufzuspüren", und verwahrten sich dagegen, Textstellen von ihnen, die nur eine „summarische Zusammenfassung" komplexer historischer Analysen sein sollten, wie eine „Konstruktion a priori", „Doktrin" oder „Prophezeiung" zu behandeln (Marx/Engels 1845–46/1973, 29; 35; Marx 1867/1962, 27); Marx 1875/1972, 11). Statt Ableitungen fordern sie die *Differenzierung der Handlungsebenen*. Engels kritisierte die dogmatische Neigung, politische Entwicklungen als „Überbau" aus dem ökonomischen „Unterbau" „abzuleiten" und die „relative Selbstständigkeit" und „Eigenbewegung" der Kräfte des politischen Feldes zu ignorieren, die an der realen historischen Entwicklung „im einzelnen untersucht" werden müssten (Engels 1890/1967 a/b/c: 436f.; 463;

490). Zur Differenzierung der Handlungsfelder gehörte auch, dass die *sozio-kulturelle Identität* der Menschen auch bei gemeinsamer sozialer Lage nach geschichtlichem Erfahrungshintergrund verschieden sein kann. So verwiesen sie auf die grundsätzlich verschiedenen politischen „Standpunkte", durch die sich die „kleinbürgerlichen" Arbeiter, das „Lumpenproletariat" und die modernen Fraktionen der Lohnarbeiter voneinander abhoben (Marx / Engels 1848 / 1959, 465; 471–73; Marx 1864 / 1962). Später ergänzten sie ihre ökonomischen Analysen durch die Rezeption historischer und ethnologischer Forschungen, um die Vorläufer demokratischer Selbstverwaltung und (entgegen ihrer früheren These, dass der Kapitalismus alle Bindungen auflöse) die Möglichkeit ihrer Wiederkehr zu studieren.

Die Logik, nach der Klassen entstehen, hat Marx schon 1847 am Beispiel der englischen Gewerkschaftsbewegung herausgearbeitet (Marx 1847 / 1959, 175–182). Danach wird die Arbeiterklasse nicht nur durch ihre Klassenlage als eigentumslose Lohnarbeiter erzeugt, sie erzeugt sich auch in Kämpfen „als Klasse für sich selbst". Politisch wird ihr Kampf, weil die institutionellen Sicherungen des Koalitions-, Tarif- und Arbeitsrechts erkämpft werden müssen. Für Marx erzeugt und gestaltet also Praxis (und nicht einfach kognitives Lernen) eigenständige und ‚objektive' soziale und institutionelle Realitäten. Im Modell des „offiziellen Marxismus" wird diese Textstelle zu der Formel, dass durch die Ausbeutung die Arbeiter von der „Klasse an sich" (der Ausdruck findet sich nirgends in den Werken von Marx und Engels) zur „Klasse für sich" werden. Durch die suggestive hegelianisierende Rhetorik entsteht der Eindruck, die Menschen seien „an sich" schon eine Klasse und müssten es nur noch einsehen, die Selbsterzeugung durch Praxis und Assoziationsbildung kommt nicht mehr vor.

Weber: Ein Mehrebenenansatz der Handlungslogiken

Max Webers Eintreten für eine ideale, chancengleiche und sozial ausgeglichene bürgerliche Gesellschaft entsprach sein Interesse an einem begrifflichen Instrumentarium, mit dem die Mechanismen der Privilegierung und die Unterschiede der ökonomischen, sozialen, kulturellen und politischen Handlungsebenen und Handlungslogiken herausgearbeitet werden konnten. Mit diesem Mehrebenenansatz wollte Weber die Dimensionen der Klassenpraxis in die Soziologie zurückholen, die der „offizielle Marxismus" vernachlässigt hatte.

(1) *Klassen, Stände und Parteien* werden von Weber als Phänomene der „Machtverteilung innerhalb einer Gemeinschaft" verstanden (1921 / 1972, 531–540; Bendix / Lipset 1953 / 1966, 6–28; Grusky 2008). Damit sind drei Handlungsebenen des gesellschaftlichen Machtgefüges zu unterscheiden, die verschiedenen Logiken folgen und nicht auseinander abgeleitet werden können (Weber 1921 / 1972, 531; 539): „Klassen" haben ihre Heimat in der „Wirtschaftsordnung" (die nach der „Art der Verteilung und Verwendung ökonomischer Güter und Leistungen" organisiert ist) und „Stände" in der „sozialen Ordnung" (die nach der Art der Verteilung der sozialen ‚Ehre' zwischen typischen Gruppen organisiert ist). Von diesen Ordnungen aus beeinflussen sie einander gegenseitig sowie die Rechtsordnung, durch die sie wiederum beeinflusst werden. „Politische Parteien" sind primär in der „Sphäre der Macht" zu Hause und in ihrem Handeln auf „soziale ‚Macht'", d. h. „Einfluss auf ein Gemeinschaftshandeln" ausgerichtet. Das „‚parteimäßige' Gemeinschaftshandeln" ist „stets auf ein planvoll erstrebtes Ziel gerichtet" und enthält daher „stets eine Vergesellschaftung", im Gegensatz zum Gemeinschaftshandeln der Klassen und Stände, auf das dies „nicht notwendig" zutrifft (539).

Weber untersucht im einzelnen die Logiken des politischen Gemeinschaftshandelns in seiner Soziologie der Herrschaft (541–968) und die Logiken des klassen- und ständemäßigen Handelns in den Abschnitten zur Klassensoziologie (117–180; 531–540), zu den ethnischen Gemeinschaftsbeziehungen (234–244) und zur Religionssoziologie (245–381).

Klassen und Stände definiert Weber, nach seiner zweischrittigen Methode, zunächst als „reine Typen" oder „Idealtypen", um diese danach als Maßstäbe der empirischen Analyse anzuwenden. Indem er mit dieser Methode aus den Momenten der „geschichtlichen Wirklichkeit" den „historischen Begriff" erst „allmählich komponiert" (Weber 1905 / 1988, 30), gelangt er zu dem Ergebnis, dass die moderne Gesellschaft zwar auf sozialen

Klassen beruht, dass deren Stellung aber auf dem Wirken nicht allein der „nackten" ökonomischen Marktgesetze, sondern auch der Praktiken ständischer Privilegiensicherung beruht.

(2) *Besitzklassen, Erwerbsklassen und soziale Klassen:* Weber definiert „Klassen" (Weber 1921 / 1972, 177) idealtypisch als Gruppen, die sich in „einer gleichen Klassenlage" befinden und daher gleiche oder ähnliche „typische Interessenlagen" haben. „Klassenlage" wird dabei, ähnlich wie im Konzept der „Lebenslage" bei Engels (1845 / 1970), breit definiert und auf die *Gesamtheit der Lebensverhältnisse* bezogen. Die ökonomische Machtstellung hängt damit nicht allein von der ökonomischen Marktstellung (bzw. Stellung zu den Produktionsmitteln) ab, sondern auch von der Machtstellung im gesellschaftlichen und im politischen Feld. – Weber unterscheidet drei Arten von „Klassenkategorien": Besitzklassen, Erwerbsklassen und soziale Klassen.

Der Begriff Besitzklasse dient eher der Abgrenzung. Er ist ein Sammelbegriff für andere Gesellschaftsordnungen, die sich in positiv privilegierte („Rentner") und negativ privilegierte Gruppen teilen wie z. B. in Sklavenbesitzer und Sklaven, Bodenrentner und Bauern bzw. Deklassierte, Gläubiger und Schuldner. Die „reine Besitzklassengliederung ist nicht ‚dynamisch', sie führt nicht notwendig zu Klassenkämpfen und Klassenrevolutionen". Mit dieser Abgrenzung folgt Weber der bürgerlichen Tradition, die die „müßigen" früheren herrschenden Klassen verpönt und die kapitalistischen Unternehmer als arbeitende, „produktive Klasse" legitimiert.

Die moderne Konstellation bezeichnet Weber mit den Begriffen „Erwerbsklasse" und „soziale Klasse" aus zwei verschiedenen Perspektiven. Das Konzept der Erwerbsklasse geht von den engeren ökonomischen Berufsgruppen aus: den positiv privilegierten Unternehmern und freien Berufen und den negativ privilegierten Arbeitern (unterschieden in gelernte, angelernte und ungelernte Arbeiter) und dazwischen „als ‚Mittelklassen' die selbstständigen Bauern und Handwerker" sowie sehr oft öffentliche und private Beamte und Arbeiter mit ausnahmsweise „monopolistischen Qualitäten". Das Konzept der sozialen Klasse meint das gleiche Spektrum von Gruppen, bezieht aber zusätzlich die lebensweltlichen und ständischen Distinktionsmechanismen ein, zu denen auch die Erfahrungen

des sozialen Abstiegs (in die ungelernte Arbeiterschaft) und Aufstiegs (besonders in die Fachintelligenz) gehören. Die „soziale Klasse" steht dem „Stand" „am nächsten" (Weber 1921 / 1972, 180) und kommt Durkheims Begriff des sozialen Milieus nahe.

Weber betont, dass die Praxisformen nicht vollständig durch die ökonomische Lage vorherbestimmt sind, sondern sich relativ eigenständig entwickeln: Gemeinsame Klassenlagen stellen keine zwingende, sondern „nur eine mögliche (und häufige) Grundlage eines Gemeinschaftshandelns dar", und der gleichen Interessenlager können ganz verschiedene Handlungsweisen folgen (177; 531–533).

(3) *Ständische Mechanismen: Konvention und Recht:* Nach Weber spielen die ständischen Mechanismen der Statussicherung nicht nur in den historischen ständischen Gesellschaften, sondern auch in modernen Klassengesellschaften eine wichtige Rolle. *„Stände"* definiert Weber durch „ständische Lagen" (179 f.), d. h. die „positive oder negative" Verteilung der Ehre und der „Privilegierung in der sozialen Schätzung". Der Zusammenhalt wird durch die Zugehörigkeit zu bestimmten Berufsständen und ihrer Erziehung und zu den gleichen Heirats- und Verkehrskreisen gesichert. Die soziale Stellung gegenüber anderen Gruppen wird durch zwei Mechanismen, „Konvention" und „Recht", gesichert (16–20; 187–194; 531–540; 676 f.). Konventionen der „Lebensführung", des „Sichverhaltens", des Geschmacks, der „Stilisierung" des Lebens regeln Zugehörigkeit, Distanz und Exklusivität. Das Recht dient der institutionellen Privilegierung bestimmter biographischer Chancen. Beide dienen der „Schließung" gegenüber Neuzugängen und der „Monopolisierung" spezifischer materieller und nichtmaterieller Güter und Chancen und gestalten auch das Bildungssystem, indem sie die soziale Selektion nach Erziehungsidealen, Typen der Lebensführung, Schultypen, berufsberechtigenden Prüfungen usw. organisieren.

Stände entstammen den historischen ständischen oder feudalen Gesellschaftsordnungen und wurden „oft ihrem Schwerpunkt nach" durch die „Besitzklassen" dieser Gesellschaften gebildet (180). Doch auch in modernen, demokratischen Gesellschaften wirken „mit außerordentlicher Regelmäßigkeit", die gleichen Mechanismen „ständischer' Bildungen" (535; 539). Als Beispiel nennt Weber die Vereinigten Staaten, wo die Erwerbsklassen eine „,ständische' Gliederung" auf der Basis konventioneller Lebensführung, ständischer Schließungen der Verkehrs- und Heiratskreise und der „Monopolisierung" materieller und nichtmaterieller Güter und Chancen einschließlich der höheren Bildung entwickeln.

Im Gegensatz zu der ursprünglichen Annahme von Marx (1848 / 1959, 464 f.), dass der Kapitalismus die ständischen Bande auflöse und nur das „nackte Interesse" übrig lasse, betont Weber die hartnäckige Wiederkehr ständischer Praxis. Einzig in technisch-ökonomischen Übergangszeiten schiebe sich befristet die „nackte" ökonomische Klassenlage „in den Vordergrund"; die Rückkehr zu stabilen ökonomischen Verhältnissen und die Verlangsamung der ökonomischen Umschichtungsprozesse führe jedoch alsbald wieder „zum Aufwachsen ‚ständischer' Bildungen" und restituiert „die soziale ‚Ehre' wieder in ihrer Bedeutung" (Weber 1921 / 1972, 539).

(4) *Lebensstil, Lebensführung und Habitus:* Im Kapitel über ethnische Gemeinschaftsbeziehungen betont Weber die Bedeutung der „Anziehungs- oder Abstoßungsempfindung" zwischen sozialen Gruppen, die nicht nur über „ästhetisch auffällige Unterschiede des nach außen hervortretenden Habitus", sondern „durchaus gleichberechtigt" auch durch die „wirklich starken Differenzen der ökonomischen Lebensführung" vermittelt sind – beispielsweise „Unterschiede der typischen Kleidung, der typischen Wohn- und Ernährungsweise" und ebenso „der üblichen Art der Arbeitsteilung zwischen den Geschlechtern" (236; 238 f.).

Den historischen Abriss über „Stände, Klassen und Religion" (285–314), der als mentalitätssoziologische Pionierarbeit zum Hauptbezugstext für die Theorie des Klassenhabitus von Bourdieu (1971 / 2000) geworden ist, skizziert Weber vergleichend Berufsethos und -erfahrung eines umfassenden sozialen Spektrums (Bauern, Kriegadel, Beamte, kaufmännisches und kapitalistisches Bürgertum, Kleinbürger, Handwerker, Sklaven, Proletarier, autodidaktische Intelligenz, deklassierte Intellektuelle) und setzt dieses in Beziehung zu den verschiedenen Formen von Religiosität. Im Ergebnis stellt er zwar keine „eindeutige ökonomische Bedingtheit" oder „Determiniertheit" bestimmter Glaubensformen fest, räumt aber ein, dass eine gemeinsame ökonomische Lage eine nicht unerheb-

liche Chance oder Wahrscheinlichkeit solchen typischen sozio-kulturellen Verhaltens mit sich bringt (Weber 1921 / 1972, 293).

Insgesamt füllt Weber, ähnlich wie Durkheim und Veblen, die von Marx weitgehend gelassene Lücke bei der Untersuchung klassenspezifischer Kultur-, Kultus-, Habitus- und Praxisformen. Einflussreich blieben auch die operationalisierungsfähigen Konzepte der „sozialen Klasse" (das zusammen mit den Konzepten des Habitus und der ständischen Praktiken, besonders von Bourdieu (1979 / 1982) weiterentwickelt wurde) und der „Erwerbsklasse" (das über Dahrendorf, Goldthorpe und Müller zum heute dominierenden ökonomischen Klassenkonzept geworden ist). Allerdings wird in Goldthorpes Konzept die Logik des sozialen Handelns nach der Rational-Choice-Theorie aus der sozialen Stellung abgeleitet und nicht nach der verstehenden Praxishermeneutik des Weberschen Mehr-Ebenen-Ansatzes eigens analysiert.

Durkheim: Milieus als Beziehungs- und Moralzusammenhang

Emile Durkheims Untersuchungen waren motiviert durch Probleme der stürmischen Industrialisierung um 1900 – das Vordringen kapitalistischer Konkurrenz- und Herrschaftsverhältnisse, die Auflösung sozialer und moralischer Zusammenhänge und den Kampf der Arbeiterbewegungen um Koalitions- und Wahlrecht. Sein Engagement äußerte sich in der Entwicklung einer Soziologie, die die soziale Arbeitsteilung, Kohäsion und Solidarität sowie die politische und wirtschaftliche Demokratisierung in die Mitte rückte und die Analyse der Arbeitsteilung und den „ethnological turn" von Marx systematisch weiterführte. Er begründete die Soziologie der Vorstellungen („Repräsentationen") und des Habitus und führte das Konzept des sozialen Milieus als zentrales Konzept in die Soziologie ein.

Durkheim (1895 / 1961; 1893 / 1902 / 1988) gibt dem Milieukonzept eine relativ strenge Bestimmung. Das „soziale Milieu" bezeichnet gesellschaftliche Zusammenhänge, deren Zusammenhalt (Kohäsion) untereinander und Abgrenzung voneinander auf zwei Arten von sozialen Bindungen beruht, nämlich (1) auf spezifischen objektiven sozialen Beziehungen und (2) auf einer daran anknüpfenden gemeinsamen *kulturellen* Identität, insbesondere moralischen Verhaltensregeln.

(1) Im *Beziehungszusammenhang* der Milieus nehmen die Einzelnen differenzierte soziale Stellungen ein. Unterschieden werden drei Arten von Milieus (Durkheim 1893 / 1902 / 1988, 245), die sich geschichtlich nacheinander entwickelt haben und heute überlagern. (a) Das *familiale Milieu* geht auf die Stammesgesellschaften zurück und organisiert nach dem Status in den Familien- und Verwandtschaftsbeziehungen insbesondere die Stellungen nach Geschlecht, Alter, Abstammungslinie, Verwandtschaftsgrad usw. (b) Mit der Gründung der antiken Stadtgesellschaften traten neben die alten Blutsbande die „sozialen Bande" *(liens sociaux)* der Arbeitsteilung in den *beruflichen Milieus.* Sie schuf die „organische Solidarität" der Gesellschaft, die darauf beruht, dass ihre Glieder aufgrund ihrer funktionalen Spezialisierung voneinander abhängig sind wie die Organe eines Körpers. (c) Durch die Dynamik der Arbeitsteilung erweiterten sich nach und nach die *territorialen Milieus,* die politischen Gemeinden, zu staatlichen und übernationalen Zusammenhängen. Mit der Ausdehnung der Arbeitsteilung über lokale Grenzen haben die Berufsmilieus auch ihre traditionellen ständischen Schranken immer mehr überwunden. Damit wurde deren innere Organisation, die den Bürgerinnen und Bürgern und ihren Assoziationen ihren unterschiedlichen politischen und rechtlichen Status zuweist, zu weiteren, vor allem demokratischen Entwicklungen herausgefordert.

(2) Ein nachhaltiger Zusammenhalt entsteht erst, wenn ein *moralischer Zusammenhang* hinzukommt. Dieser entsteht, weil Individuen, die sich durch ähnliche Ideen, Interessen, Gefühle und Beschäftigungen von der übrigen Gesellschaft unterscheiden, sich üblicherweise voneinander angezogen fühlen und zu Gruppen zusammenfinden, die allmählich ein gemeinsames Korpus moralischer Regeln entwickeln, mit dem sie ihre Identität von der anderer Gruppen abgrenzen (Durkheim 1893 / 1902 / 1988, 55 f.) und den sie in einem eigenen moralischen Habitus (44) verinnerlichen. Ein Beispiel sind die beruflichen Korporationen mit ihren gemeinsamen Moral-, Ausbildungs-, Kult-, Gemeinschafts- und Solidaritätsformen (53). – Auch in anderen Schriften arbeitet Durkheim an empirischem Material heraus, dass den äußeren gesellschaftlichen

Verhältnissen und Teilungen in der Regel auch innere Vorstellungen („Repräsentationen") entsprechen, die kategorial von ähnlichen Einteilungen ausgehen.

Dieses Milieukonzept stellt Durkheim dem wirtschaftsliberalen Konzept Herbert Spencers gegenüber, das den sozialen Zusammenhalt aus wirtschaftlichen Tauschinteressen unabhängiger Individuen erklärt. Nach Durkheim entsteht Individualität überhaupt erst aus der inneren Differenzierung der beruflichen Milieus. Diese sind Grundeinheiten der Gesellschaft, die sich im Prozess der Arbeitsteilung herausbilden und aus eigenem Antrieb in ihrer Interaktion den sozialen Zusammenhalt und die Moral, die Arbeitsteilung und die funktionale Spezialisierung hervorbringen und dadurch auch die intellektuelle Kompetenz und die Reflexivität des Individuums erhöhen (55 f.; 474 f.). Durkheim rechtfertigt also mit der Betonung der Mechanismen sozialen Zusammenhalts keineswegs die Einschränkung der individuellen Freiheiten. Die Praxis der Milieus vergegenständlicht sich zwar auch in materiellen Objekten, in Rechts- und Moralnormen und in kulturellen Produkten, die als beharrende Kräfte wirken. Doch ihre „überragende Bedeutung" haben die sozialen Milieus als „lebendige Kraft" und aktiver, „bestimmender Faktor der kollektiven Entwicklung"; ohne den „Begriff des sozialen Milieus" ist daher „die Soziologie in die Unmöglichkeit versetzt, irgendwelche Kausalbeziehungen festzustellen" (Durkheim 1895 / 1961, 195–198).

Durkheim will also mit dem Milieubegriff den Klassen- oder Schichtbegriff nicht ersetzen. Er versteht die beruflichen Milieus als soziale Grundeinheiten, die alle funktional notwendig sind und die daher von sich aus keine Unterschiede im Machtrang begründen. Stände, Kasten und Klassen sind demgegenüber historische Spezialformen, die entstehen, wenn berufliche Milieus in bestimmte Herrschaftsordnungen eingefügt werden. Durkheim hatte besonders die kapitalistische Fabrikindustrie vor Augen, die die von sich aus auf „Konsensus" und „Solidarität" beruhenden Arbeitsteilung durch eine „erzwungene Arbeitsteilung" ersetzte, in der „die Funktionen derart verteilt sind, dass sie dem Individuum nicht genügend Raum zum Handeln bieten". Wenn das „abgestimmte Verhältnis zwischen den Fähigkeiten der Individuen und der Art der ihnen zugewiesenen Tätigkeit gestört" werde, seien „krank-

hafte" gesellschaftliche Entwicklungen, „schmerzhafte Reibungen" und „Klassenkämpfe" die Folge
(Durkheim 1893/1902/1988, 443–446; 459;
459). Als politische Lösung schlug Durkheim eine
auf die selbstverwalteten Berufsmilieus gegründete
Wirtschaftsdemokratie vor (42–51). Die soziale Lösung sah er in der Stärkung der der Milieus als integrative Kraft, die der sozialen Desintegration oder
Anomie im Industriekapitalismus entgegenwirkt
(227; 436f., 474; 479f.).
In der Soziologie ist dieses für Durkheim zentrale
Konzept lange an den Rand gedrängt worden. Parsons hat die funktionale Arbeitsteilung der Berufsmilieus in seine nach 1950 lange sehr einflussreiche
strukturell-funktionale Theorie der sozialen
Schichtung aufgenommen, die einseitig den Aspekt
des harmonischen funktionalen Ineinandergreifens
der Akteure hervorhob und den Aspekt der Klassenherrschaft, der nach dem Zeitgeist der 1950er
Jahre mit der Ideologie des Parteimarxismus identifiziert wurde, nicht zur Kenntnis nahm.
Zu einer breiten Wiederaufnahme des Milieu-
konzepts kam es erst in den 1980er Jahren, als
Ergänzung zu den herkömmlichen Klassen- und
Schichtkonzepten, die primär an die ökonomische Gliederung der Sozialstruktur anknüpfen,
durch eine ganzheitliche, vieldimensionale Orientierung an der sozialen Praxis. 1983 wurde das
Konzept von Hradil wieder in die Soziologie eingeführt. Ähnliche Konzepte wurden seit den
1960er Jahren entwickelt: für die Analyse der
Kultur von Klassenmilieus (Williams, Thompson,
Bourdieu, Vester u. a.), von parteipolitischen Milieus (Lepsius, Lösche/Walter, von Oertzen u. a.)
und seit 1980 von Konsum- und Lebensstilmi-
lieus (Ueltzhöffer, Flaig u. a.).

Von der polarisierten zur wohlfahrtsstaatlich regulierten Klassengesellschaft

Die Entwicklungen, die Marx, Weber und Durkheim beschäftigt hatten, kulminierten zu Beginn des
20. Jahrhunderts in schweren sozialstrukturellen
Verwerfungen und weltweiten politischen Krisen
und Kriegsperioden. Starke Konzentrationsbewe-
gungen des Kapitals und soziale Deklassierungs-
bewegungen der Mittel- und Arbeiterschichten
überschnitten sich mit neuen Differenzierungen

und Auffächerungen der Berufs- und Erwerbsstruk-
turen. Mit der Veränderung der Lebensweisen, Kon-
sumgewohnheiten und Lebensstile wuchsen auch
die „horizontalen" Spannungen zwischen traditio-
nelleren und moderneren Milieus. Zugleich verschärften sich die Konflikte um die Frage, mit welchen staatlichen Eingriffen die Wirtschafts- und
Sozialstrukturen reguliert und geordnet werden sollten. Die bürgerliche und die sozialdemokratische
Mitte wurden durch die neue politisch-weltanschauliche Polarisierung zwischen kommunistischen und
faschistischen Bewegungen und Staaten herausgefordert und entwickelten schließlich verschiedene
Varianten des modernen Wohlfahrtsstaats, die bis in
die 1970er Jahre zur dominanten Lösung wurden.

Geiger: Ein Paradigma der pluralen Klassenschichtung

Angesichts dieser vielgestaltigen Veränderungen sahen die einen die These der Klassenpolarisierung,
andere die These der Klassenauflösung und wieder
andere die Perspektive einer Klassendifferenzierung
bestätigt. Mit Hilfe des von Theodor Geiger entwickelten Paradigmas der pluralen Klassenschich-
tung lassen sich diese Erscheinungen jedoch als
Momente eines zusammenhängenden Prozesses verstehen.
Geiger wendete als Erster die differenzierenden
Klassenkonzepte, die Weber, Durkheim und der
historische Marx gefordert hatten, zusammenhängend auf eine konkrete historische Periode an und
bewährte sie damit auch empirisch und theoriebildend. Er benutzt dabei den Begriff der *sozialen
Schicht* an Stelle des Begriffs der sozialen Klasse,
um Verwechslungen mit dem doktrinären antagonistischen Klassenbegriff des „politischen Marxismus" vorzubeugen. In seinen Analysen verwendet
Geiger das Schichtkonzept jedoch im Sinne des
differenzierenden Klassenkonzeptes. Er entwickelte
das erste Gesamtbild des deutschen Klassengefüges,
indem er die zahlreichen Berufsgruppen der deutschen Berufszählung von 1925 systematisch zu
fünf großen, fein in sich differenzierten Klassen
und Klassenfraktionen ordnete und mit einem
ebenfalls fein differenzierten empirischen Gesamtbild der Typen der „Mentalitäten" bzw. des „Habitus" (er benutzt beide Begriffe austauschbar) verband (Geiger 1932). In einer zweiten großen

Untersuchung analysierte er die Dynamik der komplexen Strukturverschiebungen im sozialen Gesamtgefüge vom Ende des 19. Jahrhunderts bis in die 1940er Jahre (1949). Dabei bezog er insbesondere den Wohlfahrtsstaat ein.

Viele vereinfachende Klassenkonzepte und auch die notorisch wiederkehrenden Thesen vom „Ende der Klassen" beruhen darauf, dass sie wichtige Dimensionen der Klassenstrukturierung nicht unterscheiden. Zur Unterscheidung dieser Handlungsdimensionen verwendet Geiger vier Schlüsselkonzepte einer differenzierenden Klassenanalyse (Geißler 1985). Es handelt sich um (1) die Unterscheidungen von Mentalität und Ideologie, (2) die Pluralität der historischen Produktionsweisen, (3) die horizontale und die vertikale Arbeitsteilung und (4) die relative Unabhängigkeit des gesellschaftlichen und des politischen Handlungsfeldes gegenüber der Ökonomie. Mit Hilfe dieser begrifflichen Unterscheidungen kommt er zu dem Ergebnis, dass die Pluralisierung des sozialen Gefüges nicht, wie viele Intellektuelle annahmen, ein Zeichen der Auflösung, sondern ein Zeichen der historischen Weiterentwicklung der Klassenteilungen ist. Er verwirft vor allem die vulgärmarxistische These der Vereinheitlichung der Arbeiterklasse: „Das Märchen von der Uniformität des Proletariats ist längst aufgegeben, ohne dass es deshalb nötig wäre, das Vorhandensein einer proletarischen Klasse als Sozialgebilde zu bezweifeln" (Geiger 1932, 14).

(1) *Die Differenz von Mentalität und Ideologie:* Die Tatsache, dass Arbeiter sich ideologisch und parteipolitisch verschieden orientieren, ist kein Beweis für das Fehlen einer konsistenten Klassenmentalität. Der Typus der „Mentalität" oder des „Habitus" entspricht durchaus weitgehend der Klassenlage, er kann sich aber

„in verschiedene Doktrinärideologien auslegen [...] Der Grad des Deckungsverhältnisses zwischen Lage und Ideologie ist sehr viel geringer, als zwischen Lage und Mentalität [...] Proletarisches Klassenbewusstsein ist Mentalität – Kommunistisches Manifest und Parteiprogramme sind Ideologie. [...] Lebenshaltung, Gewohnheiten des Konsums und der sonstigen Lebensgestaltung, Freizeitverwendung, Lesegeschmack, Formen des Familienlebens und der Geselligkeit – tausend Einzelheiten des Alltagslebens bilden im Ensemble den *Typ des Lebensduktus* und dieser ist Ausdruck der *Mentalität"* (78–80).

(2) *Die Pluralität gleichzeitig angewendeter Produktionsweisen:* Die zweite Unterscheidung richtet sich gegen die vulgärmarxistische These der „Proletarisierung" und „Verelendung", nach der die kapitalistischen und proletarischen Kerne der Gesellschaft „als Pol und Gegenpol in einem magnetischen Feld" (1949, 52) fungieren, welche die Mittelschicht in Lohnarbeiter verwandeln und das Proletariat verelenden lassen. Geiger weist darauf hin, dass sich entwickelnde Gesellschaften in Wirklichkeit oft „plural" geschichtet sind, d. h., sich aus älteren ständischen, modernen klassengesellschaftlichen und zukunftswichtigen neuen Elementen der Schichtdifferenzierungen zusammensetzen (37–73). In ihr „werden Reste der ständischen Schichtung in der Klassengesellschaft bewahrt sein, und diese wird vielleicht schon die Keime einer abermals neuen Schichtungsstruktur in sich entwickelt haben" (153). Mit der Annahme, ein neuer Strukturzustand löse einen alten nicht plötzlich ab, sondern müsse sich in ihm „vorbereitet haben und aus ihm hervorwachsen" (52), knüpft Geiger direkt an Marx' Theorie der historischen Produktionsweisen an. Zusätzlich stellt Geiger (1932, 84–105) fest, dass die hohe Beharrungskraft solcher Formationen zu „sozialgeschichtlichen Verwerfungen" führen kann, wie sie sich am Fortwirken von Elementen der mittelalterlich-ständischen Kultur und Wirtschaftsweise im alten bäuerlichen und gewerblichen Mittelstand zeigen und bei Teilen des „neuen Mittelstands" der Angestellten und Beamten, das diese besonders anfällig für die ständisch-autoritäre Nazi-Propaganda machte.

(3) *Horizontale und vertikale Dynamiken der Arbeitsteilung:* Wichtige „Trennungslinien" (1949, 87) entstanden seit dem Ende des 19. Jahrhunderts durch zwei Differenzierungen der *beruflichen Arbeitsteilung*: durch die (horizontale) funktionale Differenzierung und durch die (vertikale) Differenzierung der Berufsqualifikationen. Horizontal differenzierte sich die Berufsgliederung durch das Wachstum technischer und organisatorischer Aufgaben in Großunternehmen und Staat. Dadurch wuchs das Heer der *Angestellten* und *Beamten* (75 f.), die sich nach ihrer krisenfesten Stellung, Funktion, Lebensweise und Mentalität wie auch politisch von der Arbeiterklasse abgrenzten (75–83). Quer dazu wuchsen die Trennungslinien des „Qualifikationsranges" (83). Alle abhängig Arbeitenden, Arbeiter wie Angestellte, teilten sich in ungelernte Gruppen in proletarischen

Lagen der Unsicherheit, die durch Schematisierung der Arbeit „immer leichter auswechselbar" wurden (87), und den mit den verfeinerten Produktionsmethoden und Maschinerien zunehmenden Anteil „hochqualifizierter Arbeitskräfte" (88; 168–171), die „eine Art besonderer Mittelschicht neben den kleineren, gewerblichen Selbständigen" bildeten. „Man bezeichnet dann die besitzende Mittelschicht als ‚den alten‘, die Lohnempfänger mit höherer Leistungsqualifikation als ‚den neuen Mittelstand‘" (87). Auch die verbleibenden Angehörigen des alten Mittelstands wurden nicht proletarisiert, da vielen seit der Jahrhundertwende die Umstellung auf dezentrale Technologien (Elektromotor) möglich wurde, auf neue Nachfragen (langlebige Konsumgüter und „Mechanisierung des Alltags"), neue Funktionsteilungen mit Großbetrieben (Verkauf und Reparatur) und von den Standesverbänden erkämpfte staatliche Protektion (98–102).

(4) *Die relative Unabhängigkeit des gesellschaftlichen und des politischen Handlungsfeldes gegenüber der Ökonomie:* Den sozialen Unterschieden, die von den ersten drei Bedingungen vergrößert werden, kann der Wohlfahrtsstaat entgegenwirken, der in Skandinavien und Großbritannien seit der Weltwirtschaftskrise mit den Mitteln der politischen Demokratie geschaffen wurde, um die frühere Unsicherheit und Not der Arbeiterexistenz abzumildern (72 f.; 184). Neben den Wirkungen des Sozialstaats, der Sozialversicherung, der progressiven Steuersätze und der „Zugänglichmachung höherer Ausbildungsmöglichkeiten für alle" diskutiert Geiger vor allem die „Institutionalisierung des Klassenantagonismus", d. h. das Aushandlungssystems zwischen Unternehmern und Gewerkschaften, das erhebliche Einkommensbesserungen auch für gering Qualifizierte und Versachlichungen der sozialen Konflikte ermöglicht. Die Klassenlage hängt damit nicht mehr allein von der ökonomischen Stellung ab. Denn was die Lage der Arbeiter so „prekär" macht, ist nicht die „wirtschaftliche Unselbständigkeit" an sich, sondern „die ewige Unsicherheit, in der er lebt", so dass Krankheit, Arbeitslosigkeit, Alter und Invalidität „gleichbedeutend mit äußerster Armut" sind (1949, 84 f.).

Allerdings rechnete Geiger, entsprechend der damals diskutierten These einer „Revolution der Manager" (196), damit, dass die lenkende staatliche „die herrschende Gesellschaftsschicht der Zukunft" würde, ob wir sie nun „Bürokratie" oder „Herrschaft der Experten" (218–220) nennen. Dahin „drängt uns die demokratische Staatsform, die den breiten Massen der Nichtbesitzenden das Übergewicht sichert" (214). Eine Rückkehr zur unregulierten Wirtschaft sei „den Wünschen der breiten Massen zuwider" und nur möglich durch „eine völlige Kursänderung der internationalen Wirtschaftspolitik" (195).

Sozialstrukturelle Verschiebungen seit den 1920er Jahren

Mit Hilfe der differenzierenden Klassentheorie lassen sich die vielfältigen und in den Diskussionen seit den 1920er Jahren oft dramatisierten Veränderungen als vier Strukturverschiebungen der mittleren, oberen, proletarischen und bäuerlichen Schichten zusammenfassen.

(1) In den 1920er Jahren sorgte die Abnahme des *„alten Mittelstands"* der Kleineigentümer für Unruhe. Entgegen marxistischen Prognosen stiegen jedoch viele nicht in das Proletariat ab, sondern modernisierten sich oder wechselten horizontal in den „neuen Mittelstand" der Angestellten. Diejenigen, die abstiegen, entwickelten kein proletarisches Klassenbewusstsein, sondern behielten die ständische Mentalität ihrer Herkunft bei und wechselten zunehmend von den konservativen zu rechtsextremen Parteien.

(2) Nach 1930 nahmen die Kontroversen über neue Fraktionierungen der *oberen bürgerlichen Klassen* zu. Mit der Kapitalkonzentration hatten die privaten Unternehmer ihre beherrschende Rolle an die wachsenden Aktiengesellschaften verloren. Diese differenzierten sich funktional in die Klassenfraktionen des Besitzes (das Aktionärskapital) und der Kontrolle (die leitenden Angestellten bzw. „Manager"). Dem Aktionärskapital wurde das kurzfristige Spekulationsdenken angelastet, das mit dem Börsenkrach von 1929 die Weltwirtschaftskrise ausgelöst hatte. Die Macht verschob sich zur den eher langfristig kalkulierenden Managern. Viele nahmen an, der Kapitalismus werde nun verschwinden, weil die „Herrschaft der Manager" sowohl in kapitalistischen wie kommunistischen Ländern die alte herrschende Klasse privater Unternehmer ersetze. Andere sahen darin lediglich eine horizontale „Umstellung" des oberen Bürgertums auf neue

„Erbregeln", vom Erben von Privatunternehmen auf das Erwerben von höherer Bildung, die zum Überwechseln der jüngeren Generation auf leitende Positionen in Kapitalgesellschaften oder Staatsbehörden berechtigte. Zusammen mit den freien Berufen bildeten sie eine neue Oberschicht, die nicht mehr als Besitzbürgertum, sondern als „Klasse des höheren Dienstes" („upper service class") bezeichnet wurde (Goldthorpe).

(3) Die dritte große Veränderung war die *Entproletarisierung*, das Aufrücken der Mehrheit der Arbeiterklasse in Standards der sozialen Sicherheit, die vorher der Mitte vorbehalten gewesen waren. Dies wurde nach 1940 in allen kapitalistischen Ländern durch verschiedene (sozialdemokratische, liberale und konservative) Varianten des vorher schon in Skandinavien und den USA angebahnten Wohlfahrtsstaates verwirklicht. Getragen wurde diese Politik von „korporativen", d. h. zwischen Unternehmerverbänden, Gewerkschaften und anderen organisierten Interessen ausgehandelten, Arrangements, die die sozialen und politischen Risiken des Laissez-faire-Kapitalismus durch eine langfristige wirtschaftliche und soziale Stabilisierung überwinden sollten.

(4) Nach 1950 entstand zusätzlich eine *modernere Mittelstandspolitik*. Sie verteidigte nicht mehr nur den bisherigen ständischen Status der kleineren Eigentümer. Angesichts wachsender internationaler Konkurrenz förderte sie auch, besonders im Agrarsektor, Umstellungen auf eine technisierte Produktion. Zugleich flankierte sie die beschleunigten horizontalen Umstellungen der dadurch freigesetzten Agrarbevölkerung auf Berufe in den wachsenden Industrie- und Dienstleistungssektoren.

Die soziale Gliederung befand sich im Übergang. Es war daher kein Zufall, dass seit den 1930er Jahren der alte Klassenbegriff entweder differenzierend (statt polarisierend) benutzt oder ganz durch den Schichtbegriff ersetzt wurde. Strittig blieb aber, ob die Klassengesellschaft sich damit auflöste oder nur auf ‚höherer Stufe' reproduzierte.

„Entproletarisierung" und „Enttraditionalisierung" im Wohlfahrtsstaat

Der demokratische Wohlfahrtsstaat und die Institutionalisierung der Klassenkonflikte setzten nach 1945 in den kapitalistischen Ländern und nicht zuletzt der Bundesrepublik die Energien eines zunächst unerwarteten Aufschwungs der wirtschaftlichen, alltagskulturellen und politischen Entwicklungen frei. Die staatlichen Politiken waren keine „Planwirtschaft", sondern Regulierungen. Durch internationale Währungspolitik und wirtschaftliche Zusammenschlüsse flankierten sie die Risiken der internationalen Konkurrenz und eines steigenden Wirtschaftswachstums. Wachstum und Exportkonkurrenz beschleunigten wiederum die erheblichen vertikalen und horizontalen Strukturverschiebungen (Tab. 1 und 2), die hier nur durch einige grobe Indikatoren veranschaulicht werden (Rudzio 2003, 439).

Viele Millionen Menschen mussten sich auf neue Berufsfelder und -ausbildungen umstellen. Die Risiken dieser Umstellung wurden wirtschafts- und sozialpolitisch flankiert. Dies geschah vor allem durch von den Interessenverbänden erkämpfte wirtschafts- und sozialpolitische Kompromisse.

Tab. 1: Vertikale Statusverschiebungen

Vertikale Statusverschiebungen: Erwerbstätige nach Stellung im Beruf	BRD 1950	BRD 1970	DDR 1990	BRD 2001
a. Selbstständige	15,9	10,1	4,6 %	9,9 %
b. Mithelfende Familienangehörige	15,6 %	6,5 %	(in Selbstständigen enthalten)	1,2 %
c. Angestellte d. Beamte	15,5 % 4,2 %	29,3 % 7,3 %	(in Arbeitern enthalten) (in Arbeitern enthalten)	50,2 % 6,1 %
e. Arbeiter	48,6 %	46,8 %	95,3 %	32,6 %

Tab. 2: Horizontale Sektorverschiebungen

Horizontale Sektorverschiebungen: Erwerbstätige nach Sektoren	BRD 1950	BRD 1970	DDR 1990	BRD 2001
a. Land- und Forstwirtschaft	24,6 %	8,5 %	10,8 %	2,6 %
b. Handel und Verkehr	14,3 %	17,5 %	17,7 %	23,2 %
c. Dienstleistungen und Staat	18,4 %	25,2 %	24,5 %	41,9 %
d. Produzierendes Gewerbe	42,6 %	48,8 %	47,0 %	32,4 %

Dabei ging es nicht nur um direkte staatliche Maßnahmen wie Stützungen, Umstellungshilfen und Öffnungen des Bildungs- und Ausbildungssystems, sondern auch um die Delegation von Zuständigkeiten der Sozialpolitik an die Wohlfahrtsverbände und an die wirtschaftlichen Interessenverbände der Bauern, der Freiberufler und nicht zuletzt – in Gestalt des „institutionalisierten Klassenkonfliktes" (Geiger 1949, Dahrendorf 1957) – an die Unternehmerverbände und Gewerkschaften. So wurden bereits unter den konservativen Regierungen Adenauers vor allem von der Metall- und Bergarbeiterschaft die Rechte der Mitbestimmung, der Betriebsräte, der Arbeitszeit und der Lohnfortzahlung für Kranke erstreikt und ausgehandelt.

(1) Die Folgen der Besitzkonzentration bei den *großen Unternehmen* wurden zweifach kompensiert: für die Arbeitnehmer durch eine gewisse Machtumverteilung innerhalb der Unternehmen (Betriebsräte, Mitbestimmung, individuelle Arbeitnehmerrechte usw.) und für die Kinder der größeren und kleineren Unternehmer durch die (staatlich flankierte) horizontale Umstellung auf Berufspositionen mit ähnlicher Rangstufe (in leitenden oder mittleren Angestelltenberufen).

(2) Der konservativ-ständische *alte Mittelstand* der kleinen Bauern, Kaufleute und Handwerker schrumpfte stark und modernisierte gleichzeitig seine Produktionsweisen. Die Erwerbstätigen der Land- und Forstwirtschaft (Tab. 2, a.) verringerten sich von 1950 bis 1970 drastisch (von 24,6 % auf 10,8 %) und später etwas langsamer (auf 2,6 %). Sowohl die Zahl der Betriebe wie auch die der mithelfenden Familienangehörigen nahm stark ab (Tab. 1, b.), eine Folge der Produktivitätssteigerung durch Mechanisierung, Chemisierung und später der Elektronisierung.

(3) Der *neue Mittelstand* der Angestellten und Beamten verwandelte sich in eine *arbeitnehmerische Mittelschicht*, von einer eher privilegierten Minderheit (von ca. 20 %) zur Mehrheitsgruppe der Arbeitnehmer (von ca. 56 %) (Tab. 1, c. / d.). Dieser Wandel überschnitt sich weitgehend mit der Verdoppelung der Dienstleistungen von ca. 33 % auf ca. 65 % (Tab. 3, c.), die ebenso mit Modernisierungen der Produktionsweisen verbunden war. Neben die Teilgruppen mit traditionellem, (mittel-)ständischem Abgrenzungsverhalten nach unten trat eine Mehrheit mit einem eher arbeitnehmerischem Bewusstsein der Interessen gegenüber den Unternehmen und Staat.

(4) Für die Mehrheit der Arbeiter schwanden die alten Merkmale der „Proletarität", d. h. der unsicheren Beschäftigung, der sozialen Rechtlosigkeit und der eher geringen Fachqualifikation. Die wachsende Nachfrage nach Industriegütern ließ die bereits hohe Industriebeschäftigung bis 1970 nochmals ansteigen (von 42,6 % auf 48,8 %) (Tab. 2, d., vgl. Tab. 1, e.). Durch erkämpfte Rechte, hohes Fachkönnen und relative soziale Sicherheit erlangten sie ihrerseits soziale und kulturelle Standards der sozialen „Mitte". (Erst nach 1970 sank ihr Anteil wieder, aufgrund neuer Produktivitätssteigerungen (auf 32,6 %).

(5) Die *unterprivilegierten Milieus* nahmen zwar an den Besserstellungen durch das Recht und das Sozialversicherungssystem teil, nicht jedoch an der Anhebung des Fach- und Bildungsstandards. Sie gelangten erstmals in sichere Normalarbeitsverhältnisse, jedoch in gering qualifizierten und hoch belastenden Tätigkeiten, z. B. am Fließband, im Bergbau und in bestimmten Dienstleistungen.

Insgesamt bauten sich sowohl die ständisch-kleinbürgerlichen Strukturen als auch die schroffen Klassenspaltungen zwischen Kapital und Arbeit ab. Diese Sicherungen und die Einkommens- und Konsumexpansion beförderten die *Integration des Mittelstands und der Arbeiterklasse*, von denen seit der Industrialisierung so viel soziale und politische Unruhe ausgegangen war. Bis 1970 aber „enttraditionalisierte" sich die Klassengesellschaft. Während die herkömmlichen, eher gering qualifizierten Agrar- und Industrieberufe radikal schrumpften, wuchs die Mitte der modernen Facharbeiter und qualifizierten Angestellten mit mittleren Standards des Konsums, der sozialen Sicherheit, der Bildungsbeteiligung und der Berufsqualifikation. Für andere Bereiche beschleunigten sich, wie die beiden Tabellen zeigen, die Dynamiken nach 1970 so, dass sie neue Konflikte um die Weiterentwicklung der Institutionen auslösten.

Dazu trug nicht zuletzt die neue soziale Unruhe in der nachfolgenden Generation bei, die sich seit den 1960er Jahren in neuen Protestbewegungen und in der Ablösung konservativer und rechter Regierungen, die mit dem amerikanischen Präsidenten Kennedy begann, äußerte.

Der westdeutsche Entwicklungspfad teilte nicht die Modernisierungshemmnisse der DDR-Gesellschaft, die in der Übernahme des altindustriellen Stahlmodells von der Sowjetunion und in der staatsbürokratischen Blockierung der Produktivkräfte begründet lagen (Vester et al. 1995). Andererseits gab es trotz allem etwas Gemeinsames: Die DDR war eine *arbeiterliche Gesellschaft* (Engler 1999, 173). In beiden Gesellschaften war, wenn auch unter verschiedenen politischen Regulierungsformen, die Arbeiterklasse in die Mitte aufgerückt, deren sichere soziale Standards zuvor mindestens teilweise dem alten und dem neuen Mittelstand vorbehalten gewesen waren.

Aufbruch zu einem erweiterten Wohlfahrtsstaat

Die in den Wohlfahrtsstaaten geförderte Steigerung von Produktivitäts-, Lebens- und Kulturstandards führte entgegen den Erwartungen vieler schließlich doch nicht zur zufriedenen Anpassung, sondern zu neuen ökonomischen, kulturellen und politischen Widersprüchen.

Zunächst hatten einflussreiche Theoretiker angesichts des wirtschaftlichen und sozialen Aufschwungs angenommen, der Kapitalismus sei nun dauerhaft krisenfest. Konservative Soziologen sprachen, wie Helmut Schelsky, vom Verschwinden der Klassengrenzen in einer „nivellierten Mittelstandsgesell-

schaft" oder stellten, wie Talcott Parsons, die Gesellschaft als harmonisches Gefüge einer funktionalen Arbeitsteilung dar, in dem jeder den durch seine Fähigkeiten verdienten Platz erhielt und die daher nicht durch Klassengegensätze gestört wurde. Die empirische Forschung entwickelte hierarchische Modelle eines dreifachen Schichtindikators (Einkommens-, Ausbildungs- und Berufsrang). Subjektive Schichtungstheorien reduzierten soziale Unterschiede auf erfragte Prestigestufen. Linke Autoren wie Herbert Marcuse (1964/1967) vermissten die Polarisierung der Klassen und beklagten die „Verbürgerlichung" der Arbeiterklasse, die den Verlockungen des Wohlstandskonsums und ideologischer Manipulation erlegen sei. Liberale „Konflikttheoretiker" wie Ralf Dahrendorf (1957) gingen zwar vom Fortbestehen der Klassengegensätze aus, betonten aber, dass diese nicht durch Formen der Selbstverwaltung abgeschafft, sondern nur durch das Aushandlungssystem des „institutionalisierten Klassenkonflikts" reguliert und durch den Bildungsaufstieg als allgemeines „Bürgerrecht", durch das jeder eine Chance hätte, durchlässig gemacht werden können.

Alle diese Theorien der Klassenintegration gingen noch von der klassischen Industriegesellschaft aus und hatten noch keinen Blick für die neuen Differenzierungen und Widersprüche der Gesellschaft. Ihre Erklärungsmodelle definierten die Arbeiterklasse wesentlich noch durch ihre Defizite an Macht, Einkommen und Bildung und nicht durch ihre Kompetenzen als ökonomische und gesellschaftliche Produktivkräfte. In Wirklichkeit reichten nach 1970 in den kapitalistischen Ländern die Institutionen der neuen Produktionsverhältnisse nicht mehr aus, die von ihnen selbst entfesselten Dynamiken integrierend zu organisieren. Die durch die Arbeiterinteressen erweiterte Kooperation der großen Interessengruppen und die neue internationale Kooperation der hoch entwickelten Länder hatten die Energien einer beschleunigten wissenschaftlich-technischen Revolution und Bildungsexpansion freigesetzt. Mit den besseren Produktivitäts-, Lebens- und Bildungsstandards entstanden seit dem Ende der 1960er Jahre neue Ungleichgewichte. Sie drückten sich im Strukturwandel der Arbeitsbeziehungen und der Alltagskultur aus und in der Wiederkehr von wirtschaftlicher Stagnation und Massenarbeitslosigkeit.

Die durch ihre institutionalisierte Form verdeckten Arbeitskonflikte kehrten in vielen Ländern in Gestalt von betrieblichen Bewegungen für Arbeiterkontrolle und neuen gewerkschaftlichen Tarifkämpfen wieder. Empirische Untersuchungen bestätigten, dass die „Wohlstandsarbeiter" nicht ver(klein)bürgerlicht waren, sondern noch ein Arbeitnehmerbewusstsein hatten, nur war es rationaler, reformistischer (Goldthorpe et al. 1968/1970–71); Kern/Schumann 1970). Serge Mallet (1963/1972) regte mit seiner Untersuchung über die technische Intelligenz als „neue Arbeiterklasse" breite Forschungen und Debatten in West und auch Ost über die neue technisch-industrielle Revolution aus. Diese verbanden sich mit den Forschungen und Diskussionen über Arbeiterselbstverwaltung, Mitbestimmung am Arbeitsplatz und eine zunehmende arbeitnehmerische Interessenorientierung bei den Angestellten (u. a. von Oertzen 1963; 1965; Kern/Schumann 1982; 1984). Insgesamt war die „Entproletarisierung" nicht rückwärts, auf eine ‚kleinbürgerliche' oder ‚mittelständische' Einordnung in Autoritätshierarchien gerichtet. Vielmehr wurde, nach dem Prinzip „Leistung gegen Teilhabe", für die Bereitschaft zu hoher Arbeitsleistung eine wachsende Teilhabe an den sozialen Chancen verlangt.

Parallel tauchten neue soziale Spannungen zwischen den alten Milieus und den wachsenden neuen Milieus auf, die weiterführenden, sog. „postmaterialistischen" Themen. Diese Ziele wurden in den 1960er Jahren zuerst von den internationalen jugendlichen Protestbewegungen der „neuen Linken" gegen Atomrüstung, Rassismus und autoritäre Institutionen und für eine „partizipatorische Demokratie" thematisiert, trafen sich aber bald mit einer breiten Veränderung der Alltagskultur. Diese führten seit 1960, als John F. Kennedys zum Präsidenten der USA gewählt wurde, in vielen Ländern auch zur Abwahl autoritär-konservativer Regierungen. Dass der Aufbruch von den ‚Kindern der Wohlstandsgesellschaft' ausging, war nicht aus ökonomischer Ausbeutung zu erklären, sondern aus einem *Erfahrungsbruch* zwischen den Generationen. Nach der Erfahrung der jüngeren Generation entstand mit dem wachsenden gesellschaftlichen Reichtum die objektive Möglichkeit für erweiterte, autonomere Lebensperspektiven, die Elterngeneration hielt dagegen an den disziplinierenden und autoritären Lebensstilen, Politikformen und Institutionen fest, die sie in der Gesellschaft des Mangels, der Repression und der sozialen Unsicherheit erworben hatte (Vester 1971). Damit lösten sich – im Gegensatz zur Individualisierungsthese von Beck (1983) – die Klassenmilieus nicht auf, aber sie modernisierten und differenzierten sich in den Jugendsubkulturen der Wohlstandsgesellschaft durch Elemente von Selbst- und Mitbestimmung (Clarke et al. 1977/1979).

In gewisser Hinsicht waren die neuen sozialen Bewegungen die Avantgarde einer Weiterentwicklung des Wohlfahrtsstaates „nach unten" – durch eine „partizipatorische Demokratie" (Kaufman), Selbst- und Mitbestimmung der Arbeitnehmer an der Betriebsbasis, der Frauen in Familie, Beruf und Politik, der Kinder und Jugendlichen in den Familien und Bildungseinrichtungen, durch die Gleichstellung der (in Deutschland neuen) ausländischen Zuwanderer und anderer Minderheiten, durch Abrüstung und ökologische Verantwortung und eine tolerantere, kulturell vielfältigere Politik, die mit „Postmaterialismus", „Bürgergesellschaft" oder „Zivilgesellschaft" umschrieben wird.

Diese Ziele fanden wachsende Resonanz in der Gesellschaft. In Deutschland führte die gemeinsame Opposition gegen die autoritären Institutionen der Ära Adenauer die alten und die neuen benachteiligten Milieus zusammen. 1969 wurde von ihnen der Sozialdemokrat Willy Brandt mit einem liberalen Koalitionspartner an die Macht gebracht. Er versuchte, den konservativen Wohlfahrtsstaat durch den Kompromiss zwischen den alten und den neuen sozialen Bewegungen und der reformbereiten Bildungsschichten zu erweitern und dies auch durch die Normalisierung der Beziehungen mit dem Osten außenpolitisch absichern. In der Regierungserklärung nach dem großen Wahlsieg von 1972 verkündete Brandt diese Erweiterung als „Arbeitnehmergesellschaft", die die Macht des „großen Geldes" zurückdränge, im Sinne des skandinavisch-sozialdemokratischen Modells des Wohlfahrtsstaates.

Die Transformation der Klassenkonstellationen im internationalen Wettbewerb

Die kapitalistischen Wohlfahrtsstaaten standen zu Beginn der 1970er Jahre am Anfang einer neuen „langen Welle" von widersprüchlichen und konfliktreichen Entwicklungen. In der Bundesrepublik konnten die unter der sozialliberalen Regierung erstrebten Erweiterungen des Wohlfahrtsstaats nicht hinreichend institutionalisiert werden. Ökonomische Probleme und politische Konflikte sorgten dafür, dass die Klassenfraktion des Finanzmarktkapitals ihre Politiken nach und nach wieder durchsetzen konnte. Die Angehörigen der alternativen neuen Milieus und der sozialliberalen Intelligenz, die für die Ausweitung der sozialen Teilhabe und der Machtumverteilung nach unten eintraten, waren hauptsächlich in den Feldern der Alltagskultur und der politischen Meinungsbildung dominant geworden. Vom ökonomischen Feld aus wurde ihr Einfluss nach und nach wieder zurückgedrängt – bis sich, als Folge der von der neoliberalen Politik erzeugten Krisenerscheinungen, die nationalen und internationalen Konstellationen erneut zugunsten keynesianisch-wohlfahrtsstaatlicher Orientierungen verschoben.

Das Problem der Stagnation: dynamische Produktivkräfte – bremsende Institutionen

Schon seit Ende der 1960er Jahre hatten sich die Erscheinungen eines allgemeinen Wachstums- und Beschäftigungsrückgangs gemehrt. Nun sollte diese – schon von Keynes vorhergesagte – relative Stagnation der hochentwickelten kapitalistischen Ökonomien nicht mehr durch Stärkung der Inlandsnachfrage, also der Arbeitseinkommen und der Staatsausgaben, kompensiert werden, sondern durch Stärkung der Exportnachfrage. Über eine Deregulierung der Lohn- und Sozialpolitik sollten die Stückkosten des Exports gesenkt werden. Die deutschen Exportbooms wurden mit einer Abwärtsspirale sinkender Einkommens- und Sozialstandards bezahlt (Zinn 2002).

Durch die neoliberale Politik geriet die Dynamik der Produktivkräfte zunehmend in Widerspruch zu ihrer institutionellen Organisation. Dem ,Gasgeben' in der Reichtumsproduktion stand das ,Bremsen' in der Reichtumsverteilung gegenüber (Tab. 3). Dies erzeugte erhebliche Reibungsverluste und Strukturveränderungen der bisher um eine breite Mitte zentrierten Wohlfahrtsgesellschaft.

Zum einen motivierte der zunehmende Druck der internationalen Konkurrenz eine beachtliche Vermehrung des gesellschaftlichen Reichtums (Tab. 3, f.) besonders über den enorm wachsenden Export (Tab. 3, e.). Die Konkurrenz beschleunigte den Wettlauf um die Erhöhung der Arbeitsproduktivität durch bessere Fachqualifikationen und neue

Tab. 3: Indikatoren gebremster Dynamik

Indikatoren gebremster Dynamik	BRD 1950	BRD 1970	DDR 1990	BRD 2001
a. Erwerbspersonen (% der Bevölkerung)	45,9 %	44,2 %	54,8 %	50,8 %
b. Deutsche Studierende	0,1 Mio	0,4 Mio	0,1 Mio	1,9 Mio
c. Dienstleistungen / Industrie (% der Erwerbstätigen)	32,7 / 42,6 %	42,7 / 48,8 %	42,2 / 47,0 %	65,1 / 32,4 %
d. Frauenanteil an Erwerbstätigen	35,7 %	35,9 %	48,9 %	44,0 %
e. Ausfuhr (% des BSP/2001 % des BIP)	8,5 %	18,5 %	keine Ang.	35,0 %
f. Bruttosozialprodukt (bis 1990 in DM)	98,1 Mrd	675,7 Mrd	210,6 Mrd	2.071 Mrd
g. Unselbstständige Einkommen (% des BIP)	58,4 %	68,0 %	keine Ang.	54,1 %
h. Arbeitslose (% der Erwerbspersonen)	7,2 %	0,6 %	7,1 %	9,4 %

Technologien, und diese wiederum verstärkte drei große Verschiebungen in der Berufsstruktur:

- die Zunahme des Bildungskapitals, der höheren Berufsqualifikationen und Bildungsabschlüsse (Tab. 3, b.) – Stichwort „Kompetenzrevolution";
- die Expansion der Dienstleistungsberufe auf Kosten der Industrieberufe (Tab. 3, c.) – Stichwort „Tertiarisierung";
- das Wachstum der Erwerbstätigkeit von Frauen (Tab. 3, d.) – Stichwort „Feminisierung".

Zum anderen führte der Konkurrenzdruck zur zunehmend ungleichen Verteilung des wachsenden Reichtums. Wie in den 1950er/60er Jahren wurden von den Menschen erhebliche Umstellungen auf neue Ausbildungen, Berufe und Lebensweisen verlangt. Doch deren Risiken wurden jetzt nicht mehr wohlfahrtsstaatlich flankiert. Die Senkung der Stückkosten, die den internationalen Wettbewerbsvorsprung sichern sollte, erfolgte nicht allein durch qualitative Produktivitätssteigerungen. Im Interesse des „shareholder value" und mit Hinweis auf die steigende Arbeitslosigkeit (3.h.) wurden Unternehmen und Staat dazu genötigt, nach und nach Politiken der Senkung bzw. Bremsung der Lohn- und Sozialkosten (3.g.) und eines straffen disziplinierenden Leistungsdrucks zu entwickeln.

Diese Maßnahmen ließen die Polarisierungen der sozialen Lagen von „positiv privilegierten" und „negativ privilegierten" Klassen (Weber) und die soziale Unsicherheit („Prekarität") der großen arbeitnehmerischen Mitte schrittweise zurückkehren. Zudem wurden, besonders in Deutschland, die drei Dynamiken der Produktivkräfte gebremst. Die Zahl der Erwerbstätigen im Hochqualifikations- und im Tertiärbereich und die Einkommen der Frauen liegen deutlich unter dem internationalen Durchschnitt (siehe dazu auch das Kapitel „Ökonomische Erwerbsklassen: drei gebremste Dynamiken").

Alternative Pfade des kapitalistischen Wohlfahrtsstaats

Gösta Esping-Andersen (1993; 1998) hat Geigers Theorie der politischen Intervention in die Klassenbeziehungen weiterentwickelt. Er unterscheidet mindestens drei „Entwicklungspfade" des wohl-

fahrtsstaatlichen Kapitalismus. Nach seiner „institutionellen Schichtungstheorie" (1993, 2) hängen die Klassenverhältnisse nicht nur von den „nackten" ökonomischen Marktinteressen ab, sondern auch von den historischen Kämpfen und Kompromissen der großen gesellschaftlichen Gruppen. Diese historischen „Pfade" sind auf vier Handlungsebenen institutionell verfestigt: (1) in den Institutionen des Staates, (2) im tarifpolitischen Konflikt- und Aushandlungssystem, (3) im Modell der Familie und der geschlechtlichen Arbeitsteilung und (4) in den Teilhabe- und Mitwirkungsrechten der Bürgerinnen und Bürger (Marshall 1950/1989). Sie unterscheiden sich danach, ob ihre Politiken eine polarisierte, eine in der Mitte integrierte oder eine hierarchisch gestufte Gesellschaftsordnung begünstigen.

(a) Der *sozialdemokratische Pfad*, der aus den vergleichsweise egalitären Traditionen Skandinaviens entstand, erstrebt insbesondere die Anhebung der unteren Schichten auf die individuellen Lebenschancen der modernen Mittelschichten und die Gleichstellung der Frauen. Er bietet eine steuerfinanzierte staatliche Vorsorge und, als Alternative zu Prekarität oder Erwerbslosigkeit, mehr Arbeitsplätze, auch für Frauen, auf den mittleren Rangstufen der Gesundheits-, Bildungs- und Sozialdienstleistungen.

(b) Der *konservative Pfad* geht auf die korporativen Traditionen des kontinentalen Westeuropa zurück, die sich vom Laissez-faire-Kapitalismus abgrenzen. In Deutschland wurden die Grundzüge des Modells vor allem im Klassenkompromiss des Bismarckschen „Sozialversicherungsstaates" institutionalisiert. Er beruht auf einem Arrangement zwischen ständischen Interessen (Besitzstands- und Statussicherung), marktwirtschaftlichen Interessen (Leistungsdifferenzierung) und sozialintegrativen Interessen (sozialer Ausgleich). Die soziale Ungleichheit wird durch die Sicherung des bisherigen Platzes (der Gesellschafts-, Geschlechts- und Altersklassen) abgefedert in einer Hierarchie gestufter Rechte und Pflichten. Die Weiterentwicklung der 1950er Jahre sanktioniert wirtschaftspolitisch die Sicherung einer großen Mitte von Arbeitnehmern und Kleineigentümern, familienpolitisch das patriarchalische Alleinverdienermodell und sozialpolitisch die Vorsorge nicht durch Privatversicherungen oder Steuermittel, sondern nach dem Sozialversicherungsprinzip, d.h. auf Gegenseitigkeit mit einer Komponente des sozialen Ausgleichs.

Entgegen wirtschaftsliberalen Vorhaltungen handelt es sich also nicht um ein protektionistisches Modell.

Dass dann im deutschen Wohlfahrtsstaat die Sicherung einer großen arbeitnehmerischen Mitte erfolgreich war, ist durch das „industrielle Produktionsmodell" ermöglicht worden, das die internationale Vorrangstellung der deutschen Exportwirtschaft begründet hat. Sie beruhte auf einer hochwertigen Produktionsleistung, allerdings mit Fachkräften, deren hohe Arbeitsleistung vor allem auf der mittleren Ebene der Berufs- und Allgemeinbildung eingestuft und bezahlt wurde. Bis in die 1990er Jahre konnte der begrenzte Aufstieg durch gute und sichere Arbeitsplätze schmackhaft gemacht werden.

(c) Der *liberale Pfad* der angelsächsischen Länder knüpft an die radikale liberale Laissez-faire Politik an, die die starken sozialen Polarisierungen und Konfrontationen während der industriellen Revolution herbeigeführt hatte. Deren neoliberale Neuauflage verstärkte, durch Deregulierung und staatliche Sparpolitik, vertikale Polarisierungen. Im Interesse der bürgerlichen Mittel- und Oberschichten setzt er auf individuelle Konkurrenz um sozialen Aufstieg und Abstieg, dessen Risiken nicht von der Gesellschaft, sondern durch private Selbstvorsorge abgesichert werden sollen. Diejenigen, die nicht mithalten können, werden auf staatliche Minimalsicherungen bzw. Beschäftigungen im expandierenden Niedriglohnsektor verwiesen.

Die Rückwendung der ersten beiden Wohlfahrtsstaatsmodelle zu wirtschaftsliberalen Politiken bagann bald nach Brandts Wahl zum Kanzler als Gegenbewegung zu dem neu entstandenen gesellschaftspolitischen Lager, das auf eine Erweiterung der demokratischen Entscheidungsbefugnisse, eine im Alltag beginnende „postmaterielle" oder „partizipatorische" Demokratie drängte. Sein „antiautoritärer" Impetus war nicht allein moralisch, sondern auch in den sozialen und beruflichen Strukturverschiebungen begründet. Hier standen sich die traditionellen und die wachsenden modernen Berufsgruppen gegenüber. Wie Walter Müller (1998b) am Wahlverhalten der oberen Berufsgruppen nachgewiesen hat, neigen die traditionellen „Klassenfraktionen" der „administrativen Dienstklasse", denen es um die Einordnung in vorgegebene Autoritätshierarchien geht, mehr zum schwarz-gelben Parteienspektrum und die wachsenden moderneren Berufsgruppen der technischen Experten und Humandienstleistungen, die an mehr Autonomie auch am Arbeitsplatz interessiert sind, mehr zum rot-grünen Parteienspektrum.

Diesen Interessengegensätzen entsprechend entzündeten sich die Konflikte bereits um 1970 besonders an zwei Feldern der staatlichen Politik, der Finanz- und Bildungspolitik. Deren Ausweitung tangierte die Vorrechte von zwei „Fraktionen" der oberen Milieus: der konservativen Fraktion des Bildungsbürgertums, die in den Meinungskampagnen im Bildungsbereich (gegen Gesamtschulen, Mitbestimmung an den Universitäten usw.) mobilisiert wurde, und der liberalen Fraktion der vermögenden und gut verdienenden Oberschicht, die für die Senkung der Steuern, Arbeitseinkommen und Wohlfahrtsausgaben eintrat. Ihre Mobilisierung trug nicht unwesentlich zu den Wahlsiegen von Reagan in den USA (1979), Thatcher in Großbritannien (1980) und Kohl in der Bundesrepublik (1982) bei. Insbesondere Erstere beschleunigten die Deregulierung des internationalen Währungs- und Finanzsystems, durch die die Länder des konservativen und des sozialdemokratischen Pfadmodells zur neoliberalen Wende ihrer Haushalts- und Gesellschaftspolitiken genötigt wurden.

Ökonomische Erwerbsklassen: drei gebremste Dynamiken

Unter den Verhältnissen des Wohlfahrtsstaates hatte die enorme Zunahme der Höherqualifikation, der Tertiarisierung und der weiblichen Erwerbstätigkeit dazu beigetragen, die steile Pyramide der Ungleichheit durch eine ausgeglichenere Sozialstruktur mit einer breiten Mitte zu ersetzen. Mit dem Abbau des Wohlfahrtsstaats wirken dem seit dem Ausgang der 1970er Jahre Kräfte einer neuen Polarisierung in ein soziales Oben und Unten entgegen. Diese haben die dreifache Dynamik der Produktivkräfte nicht umkehren, aber doch bremsen können. Diese Entwicklung lässt sich empirisch an den räumlichen Verschiebungen im Gesamtgefüge der ökonomischen Erwerbsklassen ablesen, das hier nach dem Raummodell von Oesch (2006) dargestellt ist (Tab. 4). Eine Längsschnittanalyse anhand der repräsentativen Daten des Deutschen Sozioökonomischen Panels (GSOEP) erlaubte eine nähere quantitative Bestimmung der Strukturverschiebungen von 1990 bis 2007 (Vester et al. 2009).

Mit dem Raummodell können auch die Erwerbstätigen der bisherigen heterogenen Großkategorie
der Dienstleistungen (mit 65 % der Erwerbstätigen, Tab. 3) aufgeteilt und homogeneren Teilgruppen (den Managementberufen, den technischen
Experten und den interpersonellen Dienstleistungen) zugeordnet werden. Dadurch wird sichtbar,
dass es einen Trend zu einer „postindustriellen
Dienstleistungsgesellschaft" (Bell 1973 / 1985)
nicht gibt, in der die Industrie bedeutungslos wird
und die belastende, entfremdete und fremdbestimmte abhängige Arbeit und die Klassengegensätze verschwinden. Die Daten bestätigen die drei
Strukturverschiebungen, aber nicht als lineare
„Trends", die geradlinig in die Zukunft verlängert
werden können, sondern als Entwicklungen, die
aufgrund der Konfliktstruktur der Gesellschaft widersprüchlicher verlaufen, in Deutschland sogar
deutlich gebremster als in Vergleichsländern, die
anderen „Pfaden" der Wirtschafts- und Sozialpolitik folgen.

1. *Höherqualifikation:* Die Daten zeigen eine nach-
    haltige, wenn auch gebremste vertikale Bewegung
    in Richtung höherer Qualifikationen, der nur be-
    dingt ein Trend zur Niedrigqualifikation gegen-
    übersteht. (a) Die akademischen Professionen ha-
    ben sich von 15,6 % auf 22,2 % und (b) die
    fachgeschulten Semiprofessionen von 21,5 % auf
    24,9 % vermehrt. (c) Die Erwerbstätigen mit Fach-
    lehre haben sich von 38,0 auf 31,1 % und (d) die
    an- und ungelernten Erwerbstätigen von 27,4 %
    auf 21,9 % verringert.

    Wie die Daten zeigen, hatte diese Qualifikations-
    verteilung schon 1990 nicht mehr die Form einer
    Pyramide mit einer schmalen Spitze hoher und ei-
    ner breiten Basis geringerer Qualifikationen, son-
    dern die einer Orange, in der die beiden mittleren
    Stufen zusammen etwa 60 % einnahmen. Seitdem
    hat sich die breite Mitte der „Orange" ein Stück
    weit nach oben verschoben. Man spricht von einem
    „polarisierten upgrading", weil die Beschäftigung
    in den mittleren Berufsgruppen stärker zurück-
    gegangen ist als in den unteren. Im internationalen
    Vergleich (Tab. 5) lagen in der BRD um 2000 die
    technischen Professionen trotz Wachstums mit
    4,5 % noch um 1,4 % bzw. 1,5 % hinter Schweden
    und der Schweiz, die technischen Semiprofessio-
    nen, die sich sogar auf 4,9 % verringert hatten,

ebenfalls. Die Daten sind im Einklang mit dem auch
von Unternehmerseite beklagten „Fachkräfteman-
gel", u.a. ein Folge des ständisch segmentierten
deutschen Bildungssystems.

2. *Tertiarisierung:* Im Zusammenhang mit diesen Ent-
    wicklungen wirkt eine anhaltende horizontale Klas-
    sendifferenzierung von der Industrie zu den organi-
    satorischen und mehr noch den interpersonellen
    Dienstleistungen. Die technisch-industriellen Berufe
    sind erheblich, von 42,6 % auf 32,3 %, geschrumpft.
    Prozentual tauchen die freigesetzten 10,3 % in den
    Dienstleistungssektoren wieder auf.

a. Trotz erheblicher Abnahme ist der Sektor der *tech-
    nisch-industriellen Berufe* mit 32,3 % der Erwerbs-
    tätigen immer noch der größte der drei Sektoren in
    der BRD und größer als in den Vergleichsländern.
    Auch die Facharbeiter und Fachhandwerker sind
    trotz Rückgangs von 20,8 % auf 13,2 % noch die
    größte der 17 Erwerbsklassen in Deutschland und
    auch zwischen 4,8 % und 8,3 % größer als in den
    Vergleichsländern. Das industrialistisch-facharbei-
    terische deutsche Produktionsmodell behält also
    seinen Vorsprung, aber nähert sich in den Beschäf-
    tigtenzahlen ein Stück weit an die internationale
    „Normalität" an.

b. Bei den organisatorischen Berufen, d.h. den öf-
    fentlichen und privaten Management- und Verwal-
    tungs-, Finanz-, Vermarktungs- und Rechtsberufen
    war das Wachstum mit nur 2,7 % moderat und auf
    die beiden oberen Stufen konzentriert.

c. Dagegen sind die interpersonellen Dienstleistun-
    gen von 23,6 % auf 27,9 % (+ 4,3 %) gewachsen
    und der einzige Sektor, in dem nicht nur die obe-
    ren Gruppen zunehmen. Das größte Gewicht hat
    die Teilgruppe der (eher öffentlichen) Human-
    dienstleistungen (Forschungs-, Bildungs-, Kultur-,
    Gesundheits-, Pflege-, Sozial- und Ordnungs-
    berufe), die für die gesamtgesellschaftliche Ent-
    wicklung und Integration langfristig besonders
    wichtig ist. Im internationalen Vergleich bilden
    die Humandienstleistungen die größten Expansi-
    onspotenziale des Arbeitsmarktes. Sie sind aber
    in der BRD nur in stark gebremstem Umfang ge-
    wachsen und lagen 2000 mit 26,9 % um 6,2 %
    unter Schweden. Die chronische Unterfinanzie-
    rung durch den Staat drückt die Beschäftigten-
    zahl und die Qualität der Humandienstleistungen
    herab. Ein Ausbau der zukunftswichtigen Human-
    dienstleistungen könnte dagegen, als wichtiger

Tab. 4: Verschiebungen der Berufsstruktur der BRD 1990–2007 nach dem Modell von Oesch

Verschiebungen der Berufsstruktur der BRD 1990–2007 nach dem Modell von Oesch (1 % = ca. 0,4 Millionen Erwerbstätige)					
	Arbeitnehmer	Arbeitnehmer	Arbeitnehmer	Selbstständige	
Qualifikationsrang (nach am Arbeitsplatz erforderlichem Ausbildungsabschluss)	**Interpersonelle Arbeitslogik** (Bildungs-, Gesundheits-, Kultur-, Sozial-, Ordnungs-, Pflege-, Verkaufs-, Gastronomie-, Haushalts- und Schönheitsberufe)	**Technische Arbeitslogik** (Ingenieur-, Chemie-, Informatik-, Elektro-, Architektur-, Mechanik-, Agrarberufe)	**Organisatorische Arbeitslogik** (Verwaltungs-, Finanz-, Rechts-, Vermarktungs-, Büro-, Lager- und Botenberufe)	**Selbstständige Arbeitslogik**	
	Sektor insgesamt: 23,6 % → 27,9 % (+4,3 %)	Sektor – insgesamt: 44,8 % → 33,3 % (– 11,5 %) – ohne Landwirtschaft: 42,6 % → 32,3 % (– 10,3 %)	Sektor insgesamt: 24,9 % → 27,6 % (+2,7 %)	Sektor insgesamt: 6,7 % → 11,3 %	
Akademische Professionen (Hochschulstudium)	Soziokulturelle Experten	Technische Experten	Oberes Management	Freie Berufe	Große und mittlere Unternehmen
15,6 % → 22,2 % (+6,6 %)	3,8 % → 4,9 % (+1,1 %)	4,4 % → 5,7 % (+1,3 %)	6,1 % → 7,9 % (+1,8 %)	0,9 % → 3,0 %	0,4 % → 0,7 %
Semiprofessionen (höhere Fachausbildung/Kleingewerbe)	Soziokulturelle Semiprofessionen	Technische Semiprofessionen	Unteres Management	Kleingewerbe mit Beschäftigten	
21,5 % → 24,9 % (+3,4 %)	5,0 % → 9,1 % (+4,1 %)	6,0 % → 4,8 % (–1,2 %)	7,3 % → 8,3 % (+1,0 %)	3,7 % → 2,7 %	
Lehrberufe (Fachlehre/Kleingewerbe)	Qualifizierte Dienstleistende	Qualifizierte Facharbeiter und Fachhandwerker	Qualifizierte Büroangestellte	Kleingewerbe ohne Beschäftigte	
38,0 % → 31,1 % (–6,9 %)	4,0 % → 4,6 % (+0,6 %)	20,8 % → 13,2 % (–7,6 %)	8,5 % → 8,4 % (–0,1 %)	4,7 % → 4,9 %	
An- und Ungelernte (gering Qualifizierte)	Gering qualifizierte Dienstleistende	Produktion und Transport / Land und Forstwirtschaft	Gering qualifizierte Büroangestellte	./.	
27,4 % → 21,9 % (–5,5 %)	10,8 % → 9,3 % (–1,5 %)	11,4 % → 8,6 % (–2,8 %) / 2,2 % → 1,0 % (–1,2 %)	3,0 % → 3,0 % (+0,0 %)		

Hebel einer staatlichen Investitions- und Beschäftigungspolitik, die von der Industrie Freigesetzten
auffangen.

3. *Feminisierung:* Durch parallele Dynamiken des
„Wertewandels" und des Erwerbssystems hat die
Beteiligung der Frauen an der Erwerbsarbeit und
an der Bildungsexpansion erheblich zugenommen.
Von 1970 bis 2001 ist in der BRD der Anteil der
Frauen an den Erwerbstätigen von 35,7 % auf
44,0 % gestiegen (Tab. 3). Der internationale Vergleich der Frauenanteile zeigt noch eine krasse geschlechtliche Segmentierung des Arbeitsmarktes
und geringere Aufstiegschancen der Frauen (Tab.
6). Diese Ungleichheiten sind im deutschen „Alleinverdienermodell" der Familie stärker ausgeprägt als im schwedischen „Doppelverdien-
ermodell", das den Frauen mit dem Ausbau der
Gesundheits-, Bildungs- und Sozialdienstleistungen mehr Arbeitsplätze und Weiterbildungsauf-
stiege anbietet. Länder mit dem konservativen „Al-
leinverdiener-Modell" entlasten erwerbstätige
Frauen weniger und haben daher niedrigere Geburtenraten. In Deutschland wachsen allerdings

mit der Expansion der höher qualifizierten Berufe
und der Humandienstleistungen (Tab. 4) ebenfalls
die Berufsgruppen, in denen vergleichsweise höhere Frauenanteile beschäftigt werden, wenn auch
in gebremstem Umfang (Tab. 5).

Bourdieu: Soziale Klassenmilieus als Akteure

Um die Zunahme von Bildung, Autonomiestreben
und Partizipationsansprüchen in der Alltagskultur
besser erfassen zu können, haben sich die Sozialwissenschaften seit den 1970er Jahren zunehmend den
kulturellen Veränderungen und insbesondere den
Lebensstilen und Alltagsmilieus und den Differenzierungen nach Geschlecht, Alter und Ethnie zugewandt. Einige Autoren interpretierten diesen „cultural turn" als Überwindung der Einflüsse von
Ökonomie und Klassenzugehörigkeit durch eine
völlig autonome, „individualisierte" Wahl der Lebensstile und als „Ende" der Klassenteilungen (Beck

Tab. 5: Wirtschaftssektoren im internationalen Vergleich

Wirtschaftssektoren im internationalen Vergleich (BRD 2000 / Schweden 2000 / Schweiz 1999 / Vereinigtes Königreich 1999)								
Größe der Sektoren	Interpersonelle Dienstleistungen				Technisch-industrielle Berufe			
	D	S	CH	UK	D	S	CH	UK
Sektorgrößen insgesamt (Frauen-anteil)	26,9 % (61 %)	33,1 % (71 %)	26,1 % (53 %)	25,7 % (65 %)	36,1 % (15 %)	30,2 % (19 %)	31,1 % (18 %)	27,3 % (17 %)
Differenz Deutsch-lands zu Schweden (Differenz im Frauenanteil)	Interpersonelle Dienstleistungen −6,2 % (− 10 %)				Technisch-industrielle Berufe 5,9 % (−4 %)			
Zusammensetzung der Sektoren	Interpersonelle Dienstleistungen				Technisch-industrielle Berufe			
	D	S	CH	UK	D	S	CH	UK
1. Professionen (Frauenanteil)	4,8 % (51 %)	5,1 % (51 %)	6,2 % (36 %)	4,4 % (58 %)	4,5 % (14 %)	5,9 % (25 %)	6,0 % (8 %)	3,8 % (16 %)
2. Semiprofessionen (Frauenanteil)	6,7 % (75 %)	7,9 % (80 %)	6,9 % (63 %)	5,9 % (80 %)	4,9 % (27 %)	6,0 % (28 %)	5,5 % (21 %)	3,6 % (35 %)
3. Lehrberufe (Frauenanteil)	4,3 % (47 %)	9,4 % (74 %)	3,7 % (50 %)	6,1 % (54 %)	13,1 % (6 %)	8,6 % (9 %)	9,7 % (7 %)	9,9 % (7 %)
4. An- und Un-gelernte (Frauen-anteil)	11,1 % (62 %)	10,8 % (73 %)	9,3 % (57 %)	9,3 % (67 %)	12,0 % (20 %)	9,0 % (18 %)	8,5 % (31 %)	9,3 % (67 %)

1983; 1986). Andere verstanden ihn als Ergänzung der vereinfachenden ökonomischen Klassentheorien durch die fehlenden Dimensionen (Bourdieu 1979/1982; Hradil 1987; Sünker 1989; Vester et al. 2001; Solga et al. 2009).

Das Konzept der *ökonomischen Erwerbsklasse* (nach Weber) wurde dadurch insbesondere für die Analyse des ökonomischen Handlungsfelds nicht nutzlos. Das Konzept der *sozialen Klasse* oder des *Klassenmilieus* (nach Weber, Durkheim und Bourdieu) wollte zusätzlich die anderen Handlungsfelder einbeziehen, lag also quer zu dem akademischen Schulenstreit zwischen „objektivistischen" und „subjektivistischen" Richtungen. Bourdieu definiert soziale Klassen nicht über „Merkmale", sondern über „Relationen", die Praxis sozialer Beziehungen. Die Klassenzugehörigkeit beruht, wie Bourdieu (1983) am Bürgertum darlegt, auf der Teilnahme am praktischen Beziehungszusammenhang des Klassenmilieus, über den dem Einzelnen nicht nur ökonomisches Kapital vererbt, sondern auch sein Kapital an sozialen Beziehungen und, über die subtilen Interaktionen der Sozialisation, die Grundzüge eines bestimmten Habitus vermittelt werden.

Der Habitus, die ganze innere und äußere Haltung, bildet das „einheitsstiftende" Prinzip aller Praxisäußerungen, d. h. der Art des Geschmacks, der Umgangsformen, der Körperlichkeit, der sozialen Klassifikationsschemata und der moralischen Bewertungen. Es handelt sich nicht um ein aus intellektualistischer Sicht vermutetes

„System universeller Formen und Kategorien, sondern um *inkorporierte Schemata*, die im Verlauf der kollektiven Geschichte ausgebildet und vom Individuum in der je eigenen Geschichte erworben, sowohl *in praxi wie für die Praxis* funktionieren […], die aus der objektiven Trennung von ‚Klassen' hervorgegangen (Alters-, Geschlechts-, Gesellschaftsklassen), jenseits von Bewusstsein und diskursivem Denken arbeiten." (Bourdieu 1982, 729 f.)

In den Verhaltensmustern des Habitus sind die biographischen *Strategien der Reproduktion der Klassenstellung*, d. h. bestimmte Bildungs- und Berufswege, angelegt (227 ff.). Dabei ist die Reproduktion der allgemeinen gesellschaftlichen Stellung wichtiger als die der engeren beruflichen Stellung. So wählte das Bürgertum in den 1950er Jahren, als es weniger Privatunternehmen zu vererben gab, die „Umstellungsstrategie" des Erwerbens von höherer Bildung, die für das Überwechseln in standesgemäße Managementberufe erforderlich war (Bourdieu/Passeron 1964/2007; Bourdieu 1979/1982, 227 ff.).

Um allgemeiner darstellen zu können, dass sich soziale Klassen durch Umstellungen auf modernere Bedingungen in neue Klassenfraktionen ausdifferenzieren, entwickelte Bourdieu (1979/1982, 212 f.) das innovative Konzept des *mehrdimensionalen sozialen Raums*. In diesem bildet er neben der vertikalen Stufung auch die horizontale Differenzierung ab, die mit der Zunahme des kulturellen Kapitals bei den jüngeren Klassenfraktionen verbunden ist. Bourdieu kann damit, wie vor ihm nur Geiger (1932), als erste Ebene des Raums den „Raum der sozialen Positionen" mit allen Berufsfeldern darstellen. Parallel entwickelt er als zweite Ebene den vollständigen „Raum der Lebensstile" als eine typologisch aufgefächerte „Landkarte". Indem er beide Landkarten mittels statistischer Korrespondenzanalysen aufeinander bezieht, stellt er eine ähnliche Logik („Homologie") fest: den Berufsfeldern entsprechen sehr weitgehend, wenn auch nicht vollständig, die Stilpräferenzen.

Damit können aber nicht alle Handlungslogiken widerspruchsfrei aus der ökonomisch-beruflichen Klassengliederung ‚abgeleitet' werden. Sie entwickeln – nach Bourdieus Theorem der „relativen Autonomie" der Felder – erhebliche eigene Dynamiken und Differenzierungen: (a) Bourdieu sieht eine Homologie nur für die Felder der Alltagserfahrung und nicht für den „politischen Raum" (Bourdieu 1982, 707). Die Teilungen nach parteipolitischen Lagern folgen den besonderen Logiken des politischen Feldes und geben daher die sozialen Klassenteilungen nur in einer „systematischen Verzerrung" wider. (b) Bourdieu blendet die anderen sozialen Teilungen nicht aus, sondern interpretiert sie als mit der gesellschaftlichen Klassengliederung verflochtene Momente ungleicher Machtverteilung. Die Klassen unterscheiden sich durch verschiedene, teils repressive und teils eher partnerschaftliche Arrangements der Geschlechter, Altersgruppen und ethnischen Gruppen. (c) Nicht zuletzt dokumentiert Bourdieu (212 f.) für alle sozialen Klassen horizontale Verschiebungen zu modernen Berufen, die mehr Spezialisierung und Bildungskapital erfordern und mit weniger restriktiven Lebensstilen einhergehen. Der soziale Raum ist für Bourdieu somit nicht statisch, sondern ein „hodologischer Raum", ein Raum der biographischen Wege und strukturellen Bewegungen.

Von Interpreten, die diese vieldimensionalen Differenzierungen nicht beachten, wird Bourdieu als Apologet eines „ökonomischen Determinismus" bzw. einer statischen Reproduktion von Klassenherrschaft missverstanden. Das hat auch damit zu tun, dass Bourdieu selber nur einen Teil der Möglichkeiten seines differenzierenden Paradigmas für empirische Untersuchung genutzt hat. Die „Feinen Unterschiede" sollten beispielsweise die Mechanismen der Reproduktion sozialer Klassen in Frankreich untersuchen und konzentrierten sich daher in den Stichproben und Methoden auf die bürgerlichen und die an sie angepassten kleinbürgerlichen Klassen (629; 786 f.), mit dem Forschungsergebnis, dass die Modernisierung ihrer Berufe und Stile nicht zur Infragestellung der Hegemonie der oberen Klasse führte (599–584).

Bourdieus innovativen Konzepte entwickelten jedoch eine enorme Fruchtbarkeit, als sie in späteren Studien anderer Autoren dazu genutzt wurden, die Differenzierung der Volksmilieus in verschiedenen Ländern systematischer zu untersuchen, insbesondere in den Niederlanden (Rupp 1995), in der Schweiz (Karrer 1998), in Norwegens Ölhauptstadt Stavanger (Rosenlund 2000), in Großbritannien (Savage et al. 2005) und der Bundesrepublik (Vester et al. 2001). Alle diese Untersuchungen analysierten die Auffächerung der Arbeitnehmermilieus im Zusammenhang mit der Zunahme des kulturellen Kapitals, die erst nach Bourdieus eigenen Erhebungen in den 1960er Jahren ihre große Dynamik entfaltete.

Große Befragungen mit generationenvergleichenden Interviews haben einen „intergenerationellen Habitus- und Mentalitätswandel" bestätigt (Vester et al. 2001, 211–369). Dabei wurden, entgegen der Individualisierungsthese (Beck 1983; 1986), die Grundmuster des Herkunftshabitus beibehalten, aber aufgrund neuer Erfahrungen durch Elemente der Autonomie und Partizipation, die sie vom restriktiven Pflicht- oder Gehorsamsethos der Eltern abgrenzten, modernisiert. Durch die Überschneidung von vertikaler Klassenstufung und horizontalen Auffächerungen hat sich die Gestalt einer „pluralisierten Klassengesellschaft" (Vester et al. 2001, 135–149) herausgebildet. Die anschlie-

ßend auf der Grundlage repräsentativer Befragungen entwickelte „Gesamtlandkarte" der deutschen Milieus zeigte – bei einer Vielfalt individueller Varianten – eine klare Gliederung in drei vertikale Klassenstufen, die in sich horizontal aufgefächert waren (27–57).

Vertikal heben sich nach oben immer noch die oberen bürgerlichen und kleinbürgerlichen Milieus (ca. 20 %) mit privilegierten Lebens- und Bildungsstandards und distinktiven Stil- und Führungsansprüchen ab. Die große arbeitnehmerische Mittelschicht darunter (ca. 68 %), in mittleren Lebens- und Bildungsstandards, findet ihre Identität in einem gesicherten, „respektablen" sozialen Status und grenzt sich dadurch nach oben und nach unten ab. Die negativ privilegierte „Unterschicht" (ca. 12 %) ist mit ihren niedrigen Bildungs- und Sicherheitsstandards stärker auf Strategien der Gelegenheitsnutzung und der Anlehnung an Stärkere verwiesen. Die ständischen Abgrenzungen von „privilegierten", „respektablen" und „unterprivilegierten" Milieus unterscheidet sich von dem liberalen Bild einer durchlässigen Gesellschaft mit gleichen Konkurrenzchancen und auch von dem vulgärmarxistischen Modell eines Klassendualismus zwischen Kapital und Arbeit. Allerdings hat sich diese vertikale Ordnung durch erhebliche horizontale Bewegungen zum linken Pol des sozialen Raums, mit moderneren Berufen und Ausbildungen und autonomie- und partizipationsorientierten Mentalitäten, differenziert.

Alle Milieus und Milieufraktionen grenzen sich auch heute noch durch spezifische berufliche und soziale Lagen und im Habitus verkörperter Identitäten und Strategien voneinander ab. Von einem „Ende", einer „Auflösung" oder „Fragmentierung" der sozialen Klassen kann nicht die Rede sein. Jedes Milieu hat sich mit einem Repertoire konsistenter Strategien auf die aktive Bewältigung seiner besonderen Lage gleichsam „spezialisiert". Auch die These eines allgemeinen Rückfalls in egoistische Haltungen individueller Vorteilnahme oder passiver Versorgung durch den Staat entbehrt der Grundlage. Die Vorstellungen von einer gerechten sozialen Ordnung unterscheiden sich zwar nach konservativen, modernen und unterprivilegierten Varianten. Sie haben jedoch einen gemeinsamen Nenner in den Mustern der Gegenseitigkeit, die im Alltagsleben und in den langen Erfahrungen mit dem Sozialstaat Praxis sind. Dem entsprechen eine hohe, kulturell und habituell verankerte Sensibilität für Statusverluste und Leistungsgerechtigkeit und Verpönung von Privilegierungen und nicht zuletzt ein ausgeprägtes Bewusstsein der eigenen Rechte, Interessen und Ansprüche gegenüber Unternehmen und Staat. – Das Problem liegt eher in der politischen Umsetzung dieser Erfahrungen und Haltungen.

Prekarisierung, Exklusion und soziale Gerechtigkeit

Der neoliberale Pfadwechsel, der den Sozialstaat als verwöhnende Hängematte darstellte und die sozialen Ungleichheiten als Anreiz für Leistungssteigerungen wieder herstellen wollte, hat die gewohnten Lebensweisen und Gerechtigkeitsvorstellungen der Milieus in drei Dimensionen herausgefordert (Vester 2006b, 259). Die Politik des „*Sparens*" hat die gewohnten materiellen Lebensstandards in Frage gestellt durch Zumutungen der Prekarität und Exklusion verstärkt. Die Politiken der *Flexibilisierung* und Verunsicherung greifen in die Qualität der Lebensweise sowie die Umgangs- und Organisationsformen des alltäglichen Arbeitens und Lebens ein und schränken die Gestaltungsfreiheiten ein. Davon werden zunehmend auch Menschen in den gesicherten Lagen, in der Zone der „Integration" (Castel 1995 / 2000), betroffen. Schließlich wird das Prinzip einer fairen Verteilung der Vorteile und Lasten durch eine zunehmende *Asymmetrie* zwischen privilegierten und minder privilegierten sozialen Gruppen in Frage gestellt.

(1) Die *sozialen Schieflagen* bewirken dabei weniger eine soziale Zweiteilung als eine Dreiteilung, die der ständischen Stufung der Gesellschaft entspricht: gesteigerte Privilegierung der oberen Schichten, Zunahme der sozialen Unsicherheit („Prekarität") in der früher stabil gesicherten Arbeitnehmermitte und Zunahme der Ausschließung („Exklusion") vom Wohlstand nicht nur in den unterprivilegierten, sondern auch in den geringer qualifizierten Arbeitnehmergruppen der Mitte (Hübinger 1996; Castel 1995 / 2000). Dies wird exemplarisch verdeutlicht (a) von der Prekarisierung der Einkommensverteilung und (b) von der Bremsung der Bildungschancen.

(a) In der *Einkommensverteilung* hatte sich, nach repräsentativen Daten des Deutschen Instituts für Wirtschaftsforschung (DIW), schon 2005 eine Teilung in drei soziale Großlagen herausgebildet (Groh-Samberg 2007, 179):

- Nur noch 45,9 % lebten in eher dauerhaft gesichertem Wohlstand, mit 131,8 % des mittleren Einkommens.
- 26,1 % lebten in instabilem Wohlstand (89,0 % d. m. Eink.). Die Gruppe hat kontinuierlich und etwa in dem Maße abgenommen, wie die verfestigte Armut zunahm.
- 28 % waren von den allgemeinen Standards des Wohlstands und der sozialen Sicherheit ausgeschlossen. Unter diesen lebten 9,5 % temporär oder in Teilbereichen der Lebensführung in Armut (mit ca. 68 % d. m. Eink.), 10,1 % direkt an oder unter der Armutsgrenze (60 % d. m. Eink.) und 8,4 % in verfestigter Armut (43,1 % d. m. Eink.).

In diese Armutsschichten, die nach 1990 stetig gewachsen sind, abzusinken, ist durchaus ein Klassenrisiko. Es trifft vor allem die gering qualifizierten Arbeiter und Angestellten und unter diesen besonders Migranten, Alleinerziehende und Familien mit mehr als zwei Kindern.

Die Arbeitnehmer der Mitte sind weniger vom Abstieg in die Armut als von relativem Abstieg in weniger sichere („prekäre") Lagen der Knappheit bedroht, darunter auch Menschen mit guter Fachausbildung, die in die (nach den Angaben des Sachverständigenrats von 2008) auf 38 % der Beschäftigten gewachsenen Sektoren „atypischer Arbeitsverhältnisse", also Niedriglohn, Leiharbeit, befristete Beschäftigung, Teilzeitarbeit usw., abgedrängt sind. Inzwischen diagnostiziert das DIW auch eine „schrumpfende Mittelschicht":

„Die Schicht der Bezieher mittlerer Einkommen [...] ging von 62 % im Jahr 2000 auf 54 % im Jahr 2006 zurück. Entsprechend gestiegen ist der Bevölkerungsanteil an den Rändern der Einkommensverteilung, wobei [...] die Abwärtsmobilität stärker ausgeprägt war." (Grabka / Frick 2008, 101)

(b) *Bremsung der Bildungschancen.* Das segregierende Schulsystem konserviert eine ständische Chancenordnung, die die Kinder nach ihrer Herkunft in das dreistufige System der Schulen und der fachlichen Berufswege „einsortiert" (Müller 1998a; Vester 2006a). Die Herkunftsfamilie bedingt bereits bei der Formierung des individuellen Habitus Bildungsvorsprünge, die vom Bildungssystem kaum ausgeglichen werden. In den gering qualifizierten Arbeitnehmermilieus verfestigt sich die „Bildungsarmut" (Allmendinger). Von den einstigen „bildungsfernen" Volksmilieus ist immer noch die eine Hälfte „bildungsfern" und schließt allenfalls die Hauptschule ab. 22 % bis 23 % der Jugendlichen beherrschen die Schlüsselkompetenz des Lesens nicht richtig und bleiben damit auf ungelernte Berufe oder Erwerbslosigkeit festgelegt (PISA-Konsortium Deutschland 2004, 105). Schon ihrer Zahl nach reicht diese Gruppe der Bildungsarmen erheblich in die Arbeitnehmermitte hinein. Die fachqualifizierten Arbeitnehmermilieus, die andere Hälfte der einstigen „Bildungsfernen", sind „ausgebremst" (Klemm) bzw. weitgehend auf die mittlere Qualifikationsebene „umgelenkt" (Müller) worden. Obwohl ausgesprochen bildungsaktiv, haben sie nur zu einem Drittel das Gymnasium erreicht; die Mehrheit wird auf die Realschule gelenkt (Vester 2006a).

Insgesamt treffen die Schieflagen sowohl der Einkommensverteilung wie der Bildungschancen die qualifizierte Mitte anders als die gering qualifizierten unteren Schichten. In der Mitte, die ihre Anliegen aktiver vertreten kann, rühren sich inzwischen eine aktivere gewerkschaftliche Gegenwehr und wachsende Bewegungen zur Ersetzung des dreigliedrigen Schulsystems durch Gesamtschulen. Doch wie kann die soziale Unzufriedenheit in Politik umgesetzt werden?

(2) *Soziale Gerechtigkeit und politisches Feld.* Die Thesen vom Ende bzw. vom Bedeutungsverlust der sozialen Klassen werden häufig damit begründet, dass Angehörige der bürgerlichen Oberschichten – vielleicht „zunehmend" – auch links, Angehörige der Arbeitnehmerschichten auch bürgerlich wählen, dass sich Klassenzugehörigkeit und Wahlverhalten also „entkoppeln". Es ist in der Tat zutreffend, dass die vertikalen Klassenteilungen sich nicht *direkt* in die politischen Lagerbildungen übersetzen. Doch dies war schon immer der Fall. Das Feld der *politischen Kämpfe*, in dem die oberen Schichten privilegierte Handlungschancen haben, stellt eine andere Handlungsebene dar als das Feld des *Alltagslebens* (Bourdieu 1979 / 1982, 620–726). In der Politik gelten eigene Regeln des Machtkampfes, der institutionellen Organisation und des intellektuellen Diskurses. Dafür werden Spezialisten gebraucht, die in den oberen Klassen häufiger zu finden sind. Daher bilden sich meist politische Koalitionen heraus, in denen Teilgruppen der Volksmilieus mit Teilfraktionen der oberen Milieus zusammengehen. (Eine Ausnahme bildet die Gewerkschaftsbewegung, die ihre Führungsgruppen aus der Arbeiterintelligenz rekrutiert.)

Die politischen Lager sind in der Regel in größeren historischen Konflikten als Kampfallianzen entstanden, die sich später in den Köpfen, Gewohnheiten und Institutionen verfestigt haben (Lepsius 1966 / 1993). Zu der historischen Teilung in liberale und konservative, protestantische und katholische, sozialistische und bürgerliche, konservative und rechtspopulistische Lager ist als wichtigste Neuentwicklung aus den Konflikten um „1968" das „postmaterialistisch-radikaldemokratische" Lager, das weit über die „grüne" Partei hinausgeht, hinzugekommen. An der populären These, dass sich diese Lagergliederungen nun doch in einen individualisierten Wählermarkt aufgelöst hätten, trifft nur soviel zu, dass die Parteianhänger heute nicht mehr so formell wie früher durch Institutionen, Vereine und Pressemedien wie auch die Kirchen und die Gewerkschaften an die Lager gebunden sind. Mit den äußeren Einbindungen sind aber die verinnerlichten Ordnungsvorstellungen der Lager keineswegs verschwunden. Repräsentative Untersuchungen (Vester et al. 2001) bestätigen, dass die deutsche Bevölkerung sich nach wie vor an den klassischen Modellen der sozialen Ordnung orientiert (Tab. 6). Die Lagerpräferenzen haben Schwerpunkte in bestimmten Klassenmilieus, aber sie verteilen sich auch über verschiedene benachbarte Milieus. Die verschiedenen Ordnungskonzepte ergeben eine (auch von Meinungsumfragen bestätigte) Mehrheit von mehr als 80 % für einen Wohlfahrtsstaat in seinen konservativen und sozialdemokratischen Varianten. Die Solidaritätsmodelle in den Arbeitnehmermilieus der Mitte überwiegen mit 49 %. Sie können sich mit dem hierarchischen Fürsorgemodell von Teilen der Führungskräftemilieus (11 %) verbinden. Die enttäuscht-autoritären Modernisierungsverlierer in den kleinbürgerlichen und unterprivilegierten Milieus (27 %) könnten durch eine Politik sozialer Mindestgarantien ins Boot geholt und dem Rechtspopulismus abspenstig gemacht werden. Die „postmaterialistischen" Radikaldemokraten (11 %) könnten interessiert werden durch eine partizipatorische Gestaltung des Wohlfahrtsstaates und den Ausbau der Humandienstleistungen, in denen viele von ihnen beschäftigt sind.

Wie die Wahlergebnisse zeigen, gehören diese politischen Ordnungs- und Gerechtigkeitsvorstellungen zu den dauerhaften Verhaltensdispositionen. Die Volksparteien brauchen verschiedene Flügel, um diese verschiedenen Wählerklientelen ansprechen zu können. Doch in ihnen haben nach 1990 neoliberale Fraktionierungen die Vorherrschaft gewonnen. Dies hat bei einer Mehrheit, wie Umfragen bestätigen, zur „politischen Verdrossenheit" geführt. Erhebliche Wählerpotenziale sind von den Volksparteien zu den kleinen Parteien bzw. der Gruppe der Nichtwähler abgewandert. Dies hat zu einer „Krise der politischen Repräsentation" beigetragen (Vester et al. 2001, 116 ff.). Es gab dazu auch kritische Diskurse, aber diese haben erst seit der 2008 ausgelösten finanzkapitalistischen Krise wieder an Gewicht gewonnen.

Zukunftsszenarien: Pfadalternativen in der Weltgesellschaft

Das neoliberale Versprechen, durch das freie Spiel der Marktkräfte die Entwicklung der Produktivkräfte freizusetzen, hat sich nicht erfüllt. Das von den Stagnationstendenzen ausgelöste Wettrennen um die „Exportweltmeisterschaft" hat sich zum Teufelskreis entwickelt. Je mehr durch exportfördernde Kostensenkungen die Inlandsnachfrage gedämpft wurde, desto mehr wurde die Gesamtnachfrage vom Export abhängig. Durch enorme gewinnfördernde Steuer- und Kostensenkungen stiegen nicht nur die sozialen, sondern auch die ökonomischen Kosten der gesteigerten Exportorientierung. Die Disparitäten zwischen Ländern, die zu viel und die zu wenig exportierten, nahmen ebenso zu wie die Schwäche der heruntergesparten Inlandsnachfrage.

Ende 2008 erreichte diese Entwicklung ihren Kulminations- und möglichen Wendepunkt. Die Spekulationsblase des Finanzmarktkapitals, die die Stagnationstendenzen überspielen sollte, wurde so aufgebläht, dass sie zum dritten internationalen Börsenzusammenbruch seit den 1970er Jahren führte. Die Krise konnte nicht mehr „ausgesessen" werden wie ihre beiden Vorgänger. Denn die internationale Konstellation hatte sich wesentlich verändert. Zum einen hat die Finanzkrise in der BRD die Nachfrage nach Industriegütern aus den USA und den anderen verschuldeten Volkswirtschaften um bis zu 30 % einbrechen lassen. Zum anderen hat die konkurrierende Wirtschaftskraft der neuen großen Industrieländer in Asien und Lateinamerika erheblich zugenommen. Sie stabilisieren zwar den deutschen Export durch ihre Nachfrage vor allem im Maschinen- und Anlagenbau,

Tab. 6: Soziale Ordnungsmodelle der gesellschaftspolitischen Lager in der BRD

Vertikale Zuordnung	Gesellschaftspolitisches Lager *Modell der sozialen Ordnung*	Größe	Milieuschwerpunkt (mit angrenzenden Milieuteilen)
Elitemodelle (ca. 25 %)	Radikaldemokratisches Lager *Postmaterialistisch-liberales Elitemodell*	ca. 11 %	Höhere Bildungsmilieus
	Traditionell-konservatives Lager *Konservatives Fürsorgemodell*	ca. 14 %	Höhere und mittlere Führungskräftemilieus
Solidaritätsmodelle (ca. 49 %)	Gemäßigt-konservatives Lager *Konservatives Solidaritätsmodell*	ca. 18 %	Kleinbürgerliche Arbeitnehmermilieus
	Sozialintegratives Lager *Postmaterialistisch-solidarisches Modell*	ca. 13 %	Autonomieorientierte Arbeitnehmermilieus
	Skeptisch-distanziertes Lager *Solidarität auf Gegenseitigkeit*	ca. 18 %	Autonomieorientierte Arbeitnehmermilieus
Protektionistische Modelle (ca. 27 %)	Enttäuscht-autoritäres Lager *Populismus / Schutz vor (ausländischer) Konkurrenz*	ca. 27 %	Kleinbürgerliche und unterprivilegierte Arbeitnehmermilieus

machen aber dem deutschen Export zunehmend selber Konkurrenz. Die Bundesrepublik steht daher unter Druck, ihr hochexpansives Exportmodell maßvoller zu gestalten und zum Ausgleich die Inlandsnachfrage, also Sozialstaatsausgaben, Arbeitseinkommen und die Dienstleistungen, wieder zu erhöhen. Das stützt die Kräfte eines Pfadwechsels zu einem modernisierten ökologischen und wohlfahrtsstatlichen Modell.

Der Druck zu einem neuen Pfadwechsel kommt aber auch daher, dass die internationale Konkurrenz nicht mehr allein zwischen den hochentwickelten Ländern (in denen der neoliberale Pfad den konservativen und den sozialdemokratischen dominierte), sondern vor allem mit den neuen Industrieländern stattfindet. Diese organisieren ihre inneren und äußeren Beziehungen nach anderen Modellen, teils staatsprotektionistisch-modernisierungsaktiv, wie z. B. China, und teils nach dem sozialdemokratisch-keynesianischen Regulierungsmodell, zu dem besonders lateinamerikanische Länder übergegangen sind. Beide Pfadvarianten sind, besser als das marktliberale Laissez-faire, für Länder angemessen, die durch die Probleme einer extremen inneren Armut und Bildungsarmut, einer zu steigernden Inlandsnachfrage und wachsender ökologischer Fortschrittsfolgen herausgefordert sind.

Literatur

Beck, U. (1986): Risikogesellschaft., Suhrkamp, Frankfurt / M.

– (1983): Jenseits von Klasse und Stand? In: Kreckel, R. (Hrsg.): Soziale Ungleichheiten. Schwartz, Göttingen, 35–74

Bell, D. (1973/1985): Die Nachindustrielle Gesellschaft. Campus, Frankfurt / New York

Bendix, R., Lipset, S. M. (Hrsg.) (1953/1966): Class, Status, and Power. Routledge & Kegan Paul, London

Bourdieu, P. (1971/2000): Das religiöse Feld. UVK, Konstanz

– (1983): Ökonomisches Kapital, Kulturelles Kapital, Soziales Kapital. In: Kreckel, R. (Hrsg.): Soziale Ungleichheiten. Schwartz, Göttingen, 183–198

– (1979/1982): Die feinen Unterschiede. Suhrkamp, Frankfurt / M.

–, Passeron, J.-Cl. (1964/2007): Die Erben. Studenten, Bildung und Kultur. UVK, Konstanz

Castel, R. (1995/2000): Die Metamorphose der sozialen Frage. UVK, Konstanz

Clarke, J., Corrigan, P., Garber, J., Hall, St., Hebdige, D., Jefferson, T., McCron, R., McRobbie, J., Murdock, G., Parker, H., Roberts, B. (1977/1979): Jugendkultur als Widerstand. Syndikat, Frankfurt / M.

Dahrendorf, R. (1957): Soziale Klassen und Klassenkonflikt in der industriellen Gesellschaft. Enke, Stuttgart

Durkheim, E. (1893/1902/1988): Über soziale Arbeitsteilung. Suhrkamp, Frankfurt / M.

– (1894-95/1961): Regeln der soziologischen Methode. Luchterhand, Neuwied

Engels, Fr. (1845/1970): Die Lage der arbeitenden Klasse in England. In: Marx-Engels-Werke. Bd. 2. Dietz, Berlin, 227–506

– (1890/1967 a/b/c): Brief an C. Schmidt v. 5.8.1890; Brief an J. Bloch v. 21.9.1890; Brief an C. Schmidt v. 27.10.1890. In: Marx-Engels-Werke. Bd. 37. Dietz, Berlin

– (1892/1963): Vorwort zur englischen Neuauflage „Die Lage der arbeitenden Klasse in England". In: Marx-Engels-Werke. Bd. 22. Dietz, Berlin, 265–278

Engler, W. (1999): Die Ostdeutschen. Aufbau, Berlin

Esping-Andersen, G. (1998): Die drei Welten des Wohlfahrtskapitalismus. In: Lessenich, St., Ostner, I. (Hrsg.): Welten des Wohlfahrtskapitalismus. Campus, Frankfurt / M. / New York, 19–56

– (Hrsg.) (1993): Changing Classes. Sage, London

Geiger, Th. (1949): Die Klassengesellschaft im Schmelztiegel. Kiepenheuer, Köln / Hagen

– (1932): Die soziale Schichtung des deutschen Volkes. Enke, Stuttgart

Geißler, R. (1985): Die Schichtungssoziologie von Theodor Geiger. Kölner Zeitschrift für Soziologie und Sozialpsychologie 3, 387–410

Goldthorpe, J.H., Lockwood, D., Bechhofer, F., Platt, J. (1968/1970–71): Der „wohlhabende" Arbeiter in England. 3 Bde. Goldmann, München

Grabka, M.M., Frick, J.R. (2008): Schrumpfende Mittelschicht – Anzeichen einer dauerhaften Polarisierung der verfügbaren Einkommen? Wochenbericht des DIW Berlin, 10/2008, 101–108

Groh-Samberg, O. (2007): Armut in Deutschland verfestigt sich. Wochenbericht des DIW Berlin 12, 177–182

Grusky, D. B., Manwai, C.K., Szelényi, S. (Hrsg.) (2008): Social Stratification: Class, Race and Gender in Sociological Perception. 3. Aufl. Westview Press, Boulder

Hradil, St. (1987): Sozialstrukturanalyse in einer fortgeschrittenen Gesellschaft. Von Klassen und Schichten zu Lagen und Milieus. Leske + Budrich, Opladen

Hübinger, W. (1996): Prekärer Wohlstand. Lambertus, Freiburg / Br.

Karrer, D. (1998): Die Last des Unterschieds. Biographie, Lebensführung und Habitus von Arbeitern und Angestellten im Vergleich. Westdeutscher Verlag, Opladen / Wiesbaden

Kaufman, A. S. (1960): Human nature and participatory democracy. In: Friedrich, C. (Hrsg.): Nomos. Yearbook of the American Society of Political and Legal Philosophy. III. Responsibility. The Liberal Arts Press, New York, 266–289.

Kern, H., Schumann, M. (1984): Das Ende der Arbeitsteilung. Beck, München

–, – (1982): Arbeit und Sozialcharakter: Alte und neue Konturen. Vortrag auf dem 21. Deutschen Soziologentag, SOFI-Mitteilungen, Nr. 7

–, – (1970): Industriearbeit und Arbeiterbewusstsein. EVA, Frankfurt / M.

Lepsius, M. R. (1966 / 1993): Parteiensystem und Sozialstruktur. In: Lepsius, M. R.: Demokratie in Deutschland, Vandenhoek & Ruprecht, Göttingen, 25–50

Mallet, S. (1963 / 1972): Die neue Arbeiterklasse. Luchterhand, Neuwied / Berlin

Marcuse, H. (1964 / 1967): Der eindimensionale Mensch, Luchterhand, Neuwied / Berlin

Marshall, TH. H. (1950 / 1989): Citizenship and Social Class. Cambridge University Press, Cambridge

Marx, K. (1845 / 1981): Thesen über Feuerbach. In: Marx-Engels Werke. Bd. 3. Dietz, Berlin, 533–535

Marx, K. (1875 / 1972): Kritik des Gothaer Programms. In: Marx-Engels-Werke. Bd. 19. Dietz, Berlin, 11–32

– (1864 / 1962): Inauguraladresse der Internationalen Arbeiterassoziation. In: Marx-Engels-Werke. Bd. 16. Dietz, Berlin, 5–13

– (1867 / 1962): Das Kapital. Bd. 1. Marx-Engels-Werke. Bd. 23. Dietz, Berlin

– (1847 / 1959): Das Elend der Philosophie. In: Marx-Engels-Werke. Bd. 4. Dietz, Berlin, 63–182

–, Engels, Fr. (1848 / 1973): Manifest der Kommunistischen Partei. In: Marx-Engels-Werke. Bd. 4. Dietz, Berlin, 457–493

–, – (1845–46 / 1959): Die deutsche Ideologie. In: Marx-Engels-Werke. Bd. 3. Dietz, Berlin

Müller, W. (1998a): Erwartete und unerwartete Folgen der Bildungsexpansion. Kölner Zeitschrift für Soziologie und Sozialpsychologie. Sonderheft 38, 81–112

– (1998b): Klassenstruktur und Parteiensystem. Zum Wandel der Klassenspaltung im Wahlverhalten. Kölner Zeitschrift für Soziologie und Sozialpsychologie 1 / 50, 3–46

Oesch, D. (2006): Redrawing the Class Map. Basingstoke, Palgrave Macmillan

Oertzen, P. v. (1965): Analyse der Mitbestimmung – ein Diskussionsbeitrag. Hrsg. v. ‚Arbeit und Leben' Niedersachsen. Eigendruck, Hannover

– (1963): Betriebsräte in der Novemberrevolution. Droste, Düsseldorf

PISA-Konsortium Deutschland (2004): PISA '03. Bildungsstand der Jugendlichen in Deutschland – Ergebnisse des zweiten internationalen Vergleichs. Waxmann, Münster

Rosenlund, L. (2000): Social Structures and Cultural Changes: Applying Pierre Bourdieu's Approach and Analytical Framework. Doctoral Dissertation. Stavanger University College

Rudzio, W. (2003): Das politische System der Bundesrepublik Deutschland. 6. Aufl. Leske + Budrich, Opladen

Rupp, J. C. C. (1995): Les classes populaires dans un espace social à deux dimensions. In: Actes de Recherche en Sciences Sociales 109, Oct. 1995, 93 -98

Savage, M., Gayo-Cal, M., Warde, A., Tampubolon, G. (2005): Cultural Capital in the UK: A Preliminary Report Using Correspondence Analysis. CRESC, Manchester

Solga, H., Powell, J., Berger, P. A. (Hrsg.) (2009): Soziale Ungleichheit. Klassische Texte zur Sozialstrukturanalyse. Campus, Frankfurt / M. / New York

Sünker, H. (1989): Bildung, Alltag und Subjektivität. Deutscher Studien Verlag, Weinheim

Vester, M. (2009): Ende oder Wandel der Klassengesellschaft? In: Loccumer Initiative (Hrsg.): Zur Funktion des linken Intellektuellen – heute. In memoriam Peter von Oertzen. Offizin, Hannover, 127–179

– (2008): Klasse an sich / für sich. In: Haug, W. F. v., Haug, F., Jehle, P. (Hrsg.): Historisch-kritisches Wörterbuch des Marxismus. Bd. 7 / I. Argument, Berlin, 736–775

– (2006a): Die ständische Kanalisierung der Bildungschancen. In: Georg, W. (Hrsg.): Soziale Ungleichheit im Bildungssystem. UVK, Konstanz, 13–54

– (2006b): Der Kampf um soziale Gerechtigkeit. In: Bude, H., Willisch, A. (Hrsg.): Das Problem der Exklusion. Suhrkamp, Frankfurt / M., 243–293

– (1971): Solidarisierung als historischer Lernprozess. In: Kerbs, D. (Hrsg.) (1971): Die hedonistische Linke. Beiträge zur Subkultur-Debatte. Luchterhand, Neuwied / Berlin, 143–198

–, Gardemin, D., Groh-Samberg, O. (2009): Zwischenergebnisse der Berufsfeldanalyse nach Oesch auf der Grundlage des Sozioökonomischen Panels (SOEP) 1990-2007, Hannover [Forschungsbericht]

–, Hofmann, M., Zierke, I. (Hrsg.) (1995): Soziale Milieus in Ostdeutschland. Bund, Köln

–, Oertzen, P. v., Geiling, H., Hermann, T., Müller, D. (2001): Soziale Milieus im gesellschaftlichen Strukturwandel. Suhrkamp, Frankfurt / M.

Weber, M. (1905 / 1988): Die protestantische Ethik und der Geist des Kapitalismus. In: Weber, M.: Ges. Aufsätze zur Religionssoziologie I. Mohr, Tübingen, 17–206

Weber, M. (1921 / 1972): Wirtschaft und Gesellschaft. Mohr, Tübingen

Zinn, K. G. (2002): Wie Reichtum Armut schafft. PapyRossa, Köln

Klinische Sozialarbeit

Von Harald Ansen

Die Klinische Sozialarbeit (Clinical Social Work) ist ein in den USA verbreiteter Ansatz der fallbezogenen Sozialen Arbeit, deren Ursprünge in der Sozialen Einzelhilfe liegen. Seit etwa Mitte der 1990er Jahre wird die Klinische Sozialarbeit in der deutschen Fachdiskussion systematisch rezipiert. Mittlerweile wurden erste Master-Studiengänge in Klinischer Sozialarbeit eingerichtet. Der amerikanische Ansatz kann allerdings aufgrund unterschiedlicher Rahmenbedingungen nicht vollständig auf die Soziale Arbeit in Deutschland übertragen werden.

Angesichts eines veränderten Krankheitspanoramas, in dem chronische Erkrankungen und sozial ungleich verteilte Krankheitsrisiken dominieren, gerät das ärztlich-pflegerisch geprägte Gesundheitswesen zunehmend an seine Grenzen. Die Beiträge der Klinischen Sozialarbeit werden für eine problemangemessene Behandlung immer bedeutsamer. In der Weiterentwicklung der Klinischen Sozialarbeit kommt es darauf an, die teilweise unverbundenen Behandlungsbeiträge der Sozialen Arbeit im Gesundheitswesen zu systematisieren.

Begriff und Konzept der Klinischen Sozialarbeit

Die Entwicklung der Klinischen Sozialarbeit in den USA seit den 1960er Jahren ist eine Reaktion auf die politisch ausgerichtete Sozialreformorientierung der Sozialen Arbeit jener Zeit, die zu einer Gegenbewegung durch die in der Einzelhilfe verankerten Case Worker geführt hat. 1971 wurde die „National Federation of Societies for Clinical Social Work" gegründet, 1973 erschien die erste Ausgabe der Zeitschrift „Clinical Social Work Journal". Seit 1978 wird die Klinische Sozialarbeit von der „National Association of Social Workers" (NASW) als eine spezielle Richtung der Sozialen Arbeit an-

erkannt. Es wurden Ausbildungsrichtlinien verabschiedet, die den Zugang zur Klinischen Sozialarbeit regeln. Heute zählen Klinische Sozialarbeiter zur größten Gruppe der Sozialarbeiter in den USA (Pauls 2004, 13).

Das zentrale Ziel der Klinischen Sozialarbeit besteht darin, die durch Krankheit oder Behinderung gefährdete psychosoziale Funktionsfähigkeit von Individuen, Familien und kleinen Gruppen durch interaktive sowie unmittelbar personenorientierte Arbeitsformen zu erhalten und zu fördern. Personen werden in der Perspektive der Klinischen Sozialarbeit in ihrer jeweiligen Situation wahrgenommen (Person-in-Environment-Sichtweise). Dieser Zugang wird in der Sozialen Arbeit von Germain und Gitterman unter einer ökologischen Perspektive theoretisch und praktisch im „Life Model" bearbeitet. Im Mittelpunkt stehen die Wechselwirkungen von Person und Umwelt, welche positiv, negativ oder neutral sein können. Je nach Ausgangslage kommt es darauf an, Personen zu befähigen, Erwartungen und Anforderungen der Umwelt zu erfüllen, die sozialen und materiellen Bedingungen auf die Besonderheiten einer Person abzustimmen oder Person und Umwelt gleichermaßen so zu reorganisieren, dass ein ausgeglichenes Verhältnis entsteht (Germain/Gitterman 1999, 9 f.).

Die Arbeitsansätze der Klinischen Sozialarbeit umfassen in der amerikanischen Tradition v. a. Psychotherapie, Beratung, advokatorische Arbeitsformen, Case Management, Mediation und Evaluation sowie Forschung (Dorfman 1996, 49). In der Klinischen Sozialarbeit stehen die sozialen und psychischen Aspekte von Gesundheit und Krankheit im Mittelpunkt der theoretischen und praktischen Ansätze (Geißler-Piltz et al. 2005, 13). Mit der psychosozialen Orientierung der Klinischen Sozialarbeit werden Traditionen fortgesetzt, die von Florence Hollis mit ihrem Entwurf der Sozialen Ein-

Otto/Thiersch (Hg.), Handbuch Soziale Arbeit, 4. A., DOI 10.2378/ot4a.art081,

zelhilfe als psychosoziale Behandlung und von Francis J. Turner mit seinem Ansatz einer Psychosozialen Therapie entwickelt wurden.

Die Soziale Arbeit hat im Gesundheitswesen eine lange Geschichte – insofern ist das Anliegen der Klinischen Sozialarbeit nicht neu. In der historischen Betrachtung von Gesundheit und Krankheit müssen soziale Fragen der Ernährung, der Wohnverhältnisse, der Kleidung, der Körperhygiene und der Arbeitsbedingungen berücksichtigt werden (Homfeldt / Sting 2006, 37). Die angesprochenen Zusammenhänge wurden im 19. Jahrhundert und frühen 20. Jahrhundert unter dem Dach der Sozialhygiene zusammengefasst. Maßnahmen, die der Verbesserung der materiellen Lebensgrundlagen dienten, brachten große Erfolge in der Bekämpfung von Cholera-Epidemien und Tuberkulose (Hering / Münchmeier 2007, 56 f.). Die Gesundheitsfürsorge ging allerdings weit über interaktive Hilfen hinaus. Sie umfasste auch die Sanierung sanitärer Einrichtungen, den Wohnungsbau und die Verbesserung der Arbeitsbedingungen (Sachße 2003, 23). Die Klinische Sozialarbeit mit ihren unmittelbaren Behandlungsbeiträgen bei Krankheit und Behinderung repräsentiert insofern nur einen Ausschnitt der gesundheitsbezogenen Sozialen Arbeit.

Klinische Sozialarbeit und Krankheit

Im Sinne der Gesetzlichen Krankenversicherung erfordert eine Krankheit, die durch einen regelwidrigen Körper- oder Geisteszustand bedingt ist, eine Heilbehandlung (Bundesministerium für Arbeit und Soziales 2008, 135). Die Krankenversorgung umfasst Diagnose, Behandlung, Nachsorge und Rehabilitation sowie Pflege. Die Beiträge der Klinischen Sozialarbeit beziehen sich auf diese Behandlungsbausteine. Im Rahmen der Klinischen Sozialarbeit werden Patienten darin unterstützt, die persönlichen, sozialen, wirtschaftlichen und beruflichen Konsequenzen einer Erkrankung zu bewältigen. Die folgenden Dimensionen einer Krankheit sind für die Entwicklung diagnostischer und interventionsbezogener Konzepte der Klinischen Sozialarbeit besonders bedeutsam:

Bei einer **akuten** und damit heilbaren Erkrankung steht die ärztliche Behandlung im Vordergrund. Mögliche Aufgaben der Klinischen Sozialarbeit bestehen in der Erschließung sozialer Sicherungsleistungen und der Organisation von Leistungen zur Rehabilitation oder zur Sicherung der häuslichen Versorgung bei vorübergehendem Unterstützungsbedarf. Diese Aufgaben entsprechen der traditionellen Sozialarbeit im Gesundheitswesen. Darüber hinaus kann es auch darum gehen, Patienten zur aktiven Mitarbeit in der Behandlung und der Rehabilitation zu motivieren, um optimale Ergebnisse zu erzielen.

Die Anforderungen an die Klinische Sozialarbeit bei einer **chronischen Erkrankung** sind umfangreicher. Etwa drei Viertel aller Erkrankungen – darunter v. a. Herz-Kreislauf-Erkrankungen, Beschwerden des Muskel- und Skelettsystems, Stoffwechselerkrankungen, bösartige Neubildungen und psychische Störungen – verlaufen heute chronisch (Rosenbrock / Gerlinger 2006, 41). Betroffene müssen v. a. lernen, mit dem teilweise unberechenbaren Verlauf der Krankheit umzugehen, ihren Alltag im erforderlichen Umfang auf die Krankheit abzustimmen, sich auf ein verzweigtes Versorgungssystem einzulassen und auch wirtschaftliche Probleme zu kompensieren (Ansen et al. 2004, 14 f.). Unter den Theorien und Konzepten der Sozialen Arbeit sind die Überlegungen zur Lebensbewältigung von Böhnisch für Hilfen bei der Bewältigung der akuten und der chronischen Dimensionen von Erkrankungen besonders ertragreich. Die Erfahrung des Selbstwertverlusts, der sozialen Orientierungslosigkeit und des fehlenden sozialen Rückhalts sowie eine lückenhafte soziale Integration erschweren die Lebensbewältigung (Böhnisch 2005, 1119 f.). Bei komplexen und langfristig verlaufenden Erkrankungen sind sämtliche Bereiche der Lebensbewältigung für das klinische Handeln der Sozialen Arbeit relevant.

Unabhängig davon, ob eine akute oder eine chronische Erkrankung vorliegt, reagieren Patienten subjektiv unterschiedlich. Die Bandbreite reicht von extremen Ängsten bei einer gut behandelbaren Erkrankung bis zur Ausblendung einer bedrohlichen Krankheit. Die persönliche Reaktion auf eine Diagnose prägt die Bereitschaft zur Mitwirkung in der Behandlung und zur möglicherweise erforderlichen Umstellung von Lebensgewohnheiten (Ansen 2008, 54). Um die **subjektive Dimension** einer Erkrankung tiefreichend zu verstehen, ist die Lebensweltorientierte Soziale Arbeit nach Thiersch besonders instruktiv (Grunwald / Thiersch 2005, 1136 f.). Im Sinne der Lebensweltorientierung unterbricht Krankheit alltägliche Routinen und typische Abläufe. Damit wird die Handlungsfähigkeit im Alltag unterbrochen und krisenhafte Zuspitzungen, die über das hinausgehen, was unmittelbar mit einer Erkrankung verbunden ist, können auftreten. Auch das Erleben von Raum, Zeit und Beziehungen wird durch eine einschneidende Erkrankung verändert. So wird z. B. hinsichtlich des Zeiterlebens die Zukunft als bedrohlich erlebt, Beziehungen werden u. U. von Misstrauen begleitet und der Raum wird bei bestehenden Mobilitätseinbußen als unterstimulierend wahrgenommen. Diese subjektiven Reaktionen belasten den Verlauf einer Erkrankung zusätzlich.

Die **soziale Dimension** der Krankheit wird durch ungleiche Gesundheitschancen geprägt. Sozialepidemiologische Studien bestätigen, dass ein niedriger sozialökonomischer Status – gemessen an Bildung, Einkommen und beruflicher Position – das Krankheits- und vorzeitige Sterberisiko signifikant erhöht (Siegrist / Marmot 2008). Ursächlich verantwortlich sind dafür im Wesentlichen ungünstige Wohn- und Arbeitsbedingungen, gesundheitsbelastende Lebensstile und Zugangsbarrieren im Gesundheitswesen. Verschiedene Erklärungsansätze werden herangezogen, um die Ausdehnung der sozialen Ungleichheit auf die gesundheitliche Ungleichheit zu rekonstruieren. Hierzu zählen soziale Selektionsprozesse, wonach Krankheit zu Armut führt, ebenso wie die Kausalitätsannahme – Armut begünstigt die Entstehung von Krankheit – und psychosoziale Modelle, in denen die Stress- und Bewältigungsforschung eine zentrale Rolle spielt (Richter / Hurrelmann 2006, 17 f.). In den theoretischen Zugängen zur Sozialen Arbeit werden die mit der sozialen Dimension der Erkrankung verbundenen Fragen von Staub-Bernasconi aufgegriffen (Staub-Bernasconi 2007, 271 f.). Nach ihrem Verständnis umfassen soziale Probleme, die den Gegenstand der Sozialen Arbeit bilden, auch Ausstattungsmängel auf der körperlichen Ebene. Krankheit führt unter ungünstigen Voraussetzungen zu individueller Ohnmacht, welche Menschen daran hindert, ihre Interessen durchzusetzen, und zu struktureller Ohnmacht durch Diskriminierung und Stigmatisierung. Auch aus diesem Zusammenhang resultieren zentrale Herausforderungen für die Klinische Sozialarbeit.

Methodik der Klinischen Sozialarbeit

Die Klinische Sozialarbeit ist keine neue Methode der Sozialen Arbeit, vielmehr werden unter klinischen Aspekten klientenorientierte Methoden kombiniert. In der englischsprachigen Fachliteratur dominieren zielgruppen- oder arbeitsfeldbezogene methodische Hinweise. Überwiegend werden Zielgruppen wie psychisch kranke Menschen, alte Menschen oder Opfer von Gewalterfahrungen in den Mittelpunkt der klinisch-sozialarbeiterischen Betrachtung gestellt oder es werden Arbeitsfelder der Klinischen Sozialarbeit wie das Allgemeinkrankenhaus, die Psychiatrie oder die Suchtkrankenhilfe beschrieben. Auch in den einschlägigen deutschsprachigen Publikationen ist eine grundlegende Methodensystematik noch nicht zu erkennen. Vielfach werden Methoden wie Beratung, Psychotherapie und Soziotherapie oder Case Management nebeneinandergestellt. Aus den Veröffentlichungen über Klinische Sozialarbeit lassen sich allerdings folgende elementare klinische Kompetenzen der Sozialen Arbeit ableiten. Diese sollten bei den Bemühungen um eine zielgruppenübergreifende und arbeitsfeldübergreifende Systematik zur Kennzeichnung der Behandlungsbeiträge der Sozialen Arbeit berücksichtigt werden. Bei der Auswahl der klinischen Kompetenzen wurde schwerpunktmäßig auf genuine Ansätze der Sozialen Arbeit zurückgegriffen.

Diagnostik und Hilfeplanung

In der klinisch-sozialarbeiterischen Diagnostik werden Aspekte der sozialen Sicherung, der sozialen Unterstützung und der persönlichen Förderung aufgegriffen. Vorhandene Ressourcen und Probleme werden gleichermaßen prozessbegleitend berücksichtigt. Entscheidend für das Gelingen der Diagnostik und der Interventionen ist die Mitwirkung der Klientel, die v. a. durch eine anerkennende, wertschätzende und verständigungsorientierte Arbeitsbeziehung erreicht wird (Heiner 2007, 458 f.).

Hinsichtlich der sozialen Sicherung spielen Fragen eines ausreichenden Einkommens durch die Erschließung von Sozialleistungen, die Klärung von Wohnungsfragen einschließlich möglicher Wohnalternativen bei krankheitsbedingten bleibenden Beeinträchtigungen und Möglichkeiten der beruflichen Teilhabe eine wesentliche Rolle. In Bezug auf die soziale Unterstützung werden die formellen Netze wie gesundheitliche, rehabilitative, pflegerische oder soziale Dienste und Einrichtungen beleuchtet. Hinzu kommt die Analyse der informellen sozialen Unterstützung durch Familie, Freunde, Nachbarn, Bekannte oder Selbsthilfegruppen. Zur Erfassung eines persönlichen Unterstützungsbedarfs werden die vorhandenen Möglichkeiten der Krankheitsbewältigung und der lebenspraktischen Autonomie untersucht.

Auf der Grundlage einer zusammenfassenden Beurteilung, die im Konsens mit den betroffenen Menschen erfolgt, werden Ziele entwickelt, die den klinisch-sozialarbeiterischen Interventionen ihre Richtung geben. Ziele entfalten mit ihren Zukunftsvorstellungen eine motivierende Wirkung. In der Hilfeplanung werden Wirkungs-, Teil- und Handlungsziele unterschieden. *Wirkungsziele* beschreiben das angestrebte Ergebnis der Interventionen, mit *Teilzielen* werden einzelne Schritte auf diesem Weg zeitlich differenziert, während *Handlungsziele* konkrete Vorgehensweisen und die Aufgaben der daran beteiligten Personen einschließlich der Klientel benennen (v. Spiegel 2008, 138). Ein Beispiel: Das Wirkungsziel in der Hilfe für einen Tumorpatienten besteht darin, zum Ausgangsniveau vor Ausbruch der Erkrankung zurückzukehren. Teilziele sind u. a. die Durchführung einer Anschlussrehabilitation, eine gestufte Rückkehr in den Arbeitsprozess und die Reduzierung familiärer Belastungen. Handlungsziele bestehen darin, die Finanzierung der Rehabilitationsmaßnahme zu klären, Familiengespräche zu führen und den Arbeitgeber in die Planungen einzubeziehen.

Interventionen im Bereich der Sozialen Sicherung

Eine ausreichende soziale Sicherung in den Bereichen Einkommen, Wohnen und Arbeit hat für krankheitsbelastete Menschen eine stressreduzierende Wirkung. Erst wenn diese existenziellen Probleme gelöst sind, können weitergehende Interventionen realisiert werden.

Zu den klinisch-sozialarbeiterischen Kompetenzen zählt ein sachverständiger Umgang mit der Sozial-

verwaltung. Erforderlich sind Kenntnisse über Sozialleistungen und die sachlichen, örtlichen und instanzlichen Zuständigkeiten (Bossong 2004, 50). Die sozialadministrativen Arbeitsformen sind Voraussetzung dafür, einzelfallbezogene Leistungen in komplexen Antragsverfahren zu realisieren und die Klientel angemessen zu informieren. Dabei werden die Vorkenntnisse und die Verstehensmöglichkeiten der auf Unterstützung angewiesenen Menschen ausdrücklich gewürdigt (Ansen 2008, 63). Interventionen zur sozialen Sicherung im Rahmen der Klinischen Sozialarbeit setzen einen handlungsfähigen Überblick über das verzweigte System der Sozialleistungen ebenso voraus wie die Fähigkeit, für die Klientel sogenannte Dolmetscherdienste zu übernehmen und antragsbegründende Gutachten zu erstellen.

Interventionen zur Förderung der sozialen Unterstützung

In der Netzwerkforschung werden primäre Netze, die von Familienangehörigen, Freunden, Bekannten, Nachbarn und Kollegen gebildet werden, von sekundären Netzen, die aus formellen Institutionen mit ihren Professionellen bestehen, unterschieden (Bullinger / Nowak 1998, 68 f.).

Die gesundheitsfördernde Wirkung *primärer sozialer Netze* ist breit belegt. Soziale Unterstützung manifestiert sich v. a. in praktischer Hilfe, materieller Unterstützung, emotionalem Beistand, kognitiven Impulsen und informierenden Hinweisen über Hilfe- und Bewältigungsmöglichkeiten bei bestehenden Problemen. Tragfähige soziale Netze reduzieren nachweislich die Morbidität und vorzeitige Mortalität. In der Medizinsoziologie werden vier Hypothesen erörtert, welche die positiven Effekte der sozialen Netze erklären. Die *Neutralisierungshypothese* verweist darauf, dass Belastungen abgefedert und die Coping-Strategien intensiviert werden; nach der *Präventionshypothese* werden gesundheitliche Probleme verhindert; die *Direkthypothese* betont den positiven Einfluss auf Gesundheit und Krankheitsverlauf; die *Bewältigungshypothese* verweist darauf, dass eingetretene Erkrankungen wirksamer und schneller überwunden werden (Borgetto / Kälble 2007, 62 f.). Allerdings ist nicht jedes soziale Netz konstruktiv. Beziehungen werden zu einer Belastung, wenn die

Unterstützung z. B. entmündigend erfolgt, Erwartungen enttäuscht werden oder Beziehungen durch übertriebene Einengung oder Vernachlässigung negative Wirkungen entfalten (Dehmel 2008, 28). In der Klinischen Sozialarbeit wird die Förderung der sozialen Unterstützung in primären Netzen im Wesentlichen in drei Bereichen realisiert. Zum einen werden Selbsthilfegruppen im Gesundheitswesen unterstützt, die zentrale psychosoziale Hilfen für die Alltagsbewältigung bereitstellen. Elemente der *Sozialen Gruppenarbeit* werden eingesetzt, um Selbsthilfegruppen zu initiieren und zu stabilisieren. Ein weiteres Feld ist die *Angehörigenarbeit*. Durch Informationen über die Krankheit und Hilfemöglichkeiten wird die Bereitschaft der Angehörigen gestärkt, erkrankte Familienmitglieder zu begleiten. Die Aktivitäten der Klinischen Sozialarbeit umfassen hierbei die Moderation von Gesprächen, die Organisation ergänzender Hilfen und konkrete Unterstützung in Krisenzeiten (Ansen 2008, 64 f.). Ein dritter Bereich tangiert die Analyse und den gezielten *Ausbau von persönlichen sozialen Netzen* auf der Grundlage einer Netzwerkdiagnostik und die Befähigung der Klientel, Kontakte mit anderen Menschen aufzunehmen und reziprok zu gestalten (Strauss 2004, 408 f.).

Geht es darum, *sekundäre Netze* aufzubauen und zu stabilisieren, wird in der Klinischen Sozialarbeit auf methodische Elemente des Case Managements zurückgegriffen. Case Management ist bei komplexen Problemen indiziert, die einen koordinierten Einsatz unterschiedlicher Hilfeformen erfordern. Das Case Management in der Klinischen Sozialarbeit strebt eine reibungslose Zusammenarbeit medizinischer, sozialer und pflegerischer Dienste an (Wendt 2001, 134). Kennzeichnend für das Case Management ist v. a. ein umfassend aufgebauter Hilfeplan, in dem einzelne erforderliche Maßnahmen erfasst, Aufgaben verteilt, einzelne Schritte terminlich und mit Zuständigkeiten aufeinander abgestimmt werden. Die sukzessive Umsetzung wird durch den Case Manager gesteuert und kontrolliert (Neuffer 2009). Angesichts der aus klinisch-sozialarbeiterischer Sicht vielschichtigen Implikationen v. a. schwerer Erkrankungen zählen die methodischen Instrumente des Case Managements zum Standardrepertoire der Klinischen Sozialarbeit.

Interventionen zur persönlichen Unterstützung

Neben erschließenden und organisierenden Tätigkeiten nehmen unmittelbare Formen der Unterstützung in der Klinischen Sozialarbeit einen breiten Raum ein, wobei hier zwischen der unmittelbaren Krankheitsbewältigung und dem längerfristigen Aufbau von Kompetenzen unterschieden wird.

In der Unterstützung zur Krankheitsbewältigung durch die Soziale Arbeit sind Hilfen zur persönlichen Akzeptanz einer Erkrankung, zur Aufrechterhaltung des Selbstwertgefühls und der sozialen Beziehungen sowie zur Anpassung von Lebensgewohnheiten, womit der Krankheitsverlauf beeinflusst werden kann, ausschlaggebend (Miesek-Schneider 2002, 44). Einen geeigneten theoretischen Hintergrund für diese Form der Hilfe findet die Klinische Sozialarbeit in der Salutogenese. Für die Bewältigung von Krankheiten ist danach ein Kohärenzgefühl förderlich, das dann entsteht, wenn Patienten ihre Krankheit besser verstehen, sie Handlungsmöglichkeiten zur Beeinflussung ihrer Erkrankung erkennen und es für sie bedeutsam ist, sich für das eigene Leben zu engagieren und sich nicht aufzugeben und zu verzweifeln (Antonovski 1997, 34 f.). Aus diesen Zusammenhängen ergibt sich, dass die Klientel der Klinischen Sozialarbeit auf Informationen über ihre Erkrankung angewiesen ist. Daneben ist es erforderlich, sich mit ihrer Lebenswelt – also der Beurteilung ihrer Beziehungen, ihres zeitlichen Erlebens und ihrer Umgebung – auseinanderzusetzen.

Kommt es zu einer Krise, in der die Betroffenen mit ihren verfügbaren Bewältigungsmöglichkeiten überfordert sind und spezifische Risiken auftreten, sind intensivere Formen der Unterstützung gefragt. Auf der Grundlage einer helfenden Beziehung werden Ängste, auch Suizidgedanken, angesprochen, die unterschiedlichen Selbsthilfemöglichkeiten und die Unterstützung im persönlichen Umfeld eruiert und bei Bedarf auch institutionelle Hilfen organisiert (Kunz et al. 2007). In der Quintessenz geht es in der helfenden Beziehung darum, durch eine vertrauliche und akzeptierende Grundhaltung gegenüber der Klientel die Bereitschaft zur Selbsthilfe und zur persönlichen Weiterentwicklung zu fördern (Galuske 2007, 77 f.). Exemplarisch dafür ist der Ansatz von Biestek. Zu den Grundsätzen einer helfenden Beziehung zählt er einen individualisierenden Umgang, in dem der Einzelfall gewürdigt wird; die Ermutigung, Gefühle auszudrücken ohne Angst vor Verurteilung, um Spannungen zu reduzieren; eine kontrollierte gefühlsmäßige Anteilnahme durch den Sozialarbeiter; eine nichtrichtende Haltung, in der moralisierende Reaktionen konsequent vermieden werden; und die Achtung der Selbstbestimmung des Klienten (Biestek 1970, 31 f.).

Weitergehend besteht das Ziel der Klinischen Sozialarbeit darin, Kompetenzen zu vermitteln. Für die methodische Gestaltung dieses Prozesses sind pädagogische Überlegungen relevant. Unabhängig vom Lebensalter und auch davon, in welcher Lage sich ein Mensch befindet, bleibt die Fähigkeit zur Bildsamkeit und zur Selbsttätigkeit erhalten (Benner 2001, 71 f.). Dieses Postulat gilt auch für krankheitsbelastete Menschen. Vor diesem Hintergrund gewinnen Ansätze der Patientenedukation besondere Bedeutung. Hierbei kommt es darauf an, Informationen und Wissen so zu vermitteln, dass daraus neue Handlungsmöglichkeiten entstehen. Themen sind der individuelle Umgang mit Krankheit, Konsequenzen für den privaten und beruflichen Alltag oder die Veränderung von gesundheitsbelastenden Lebensstilen. Lernen im Sinne der Veränderung von Wissen, Verhalten, Handeln und Erleben setzt bedeutsame Erfahrungen und Interaktionen voraus (Gerspach 2000, 190). Wenn in der Klinischen Sozialarbeit signifikante Begegnungen gestaltet und für den Patienten persönlich bedeutsame Themen aufgegriffen werden, baut dies erweiterte Fähigkeiten auf.

Eine weitere Form der Unterstützung liegt in der bewussten Gestaltung des Milieus, in dem ein Mensch lebt. Durch die stimulierende Gestaltung der Wohnumgebung werden Menschen in ihrer Entwicklung gefördert und herausgefordert. Sie finden in pädagogisch gestalteten Wohnformen auch Lernanregungen und Möglichkeiten des Rückzugs sowie einen Raum, um mit neuen Verhaltensweisen zu experimentieren. In der Sozialen Arbeit wird dieser pädagogische Zugang als Ortshandeln bezeichnet (Winkler 1988, 263 f.). Das therapeutische Milieu in der Sozialpsychiatrie oder die Wohngemeinschaft für demenziell erkrankte Menschen sind zwei Beispiele für milieubezogenes klinisches Handeln in der Sozialen Arbeit.

Eine weitere Vorgehensweise zur Förderung lebenspraktischer Fähigkeiten besteht in der unmittelbaren Übung und Anleitung. Mit der Klientel können z. B. Freizeitaktivitäten organisiert werden, die sie anschließend in eigener Regie durchführen, es können belastende Situationen im Alltag gemeinsam bewältigt werden, wobei der Sozialarbeiter als Modell fungiert, das bei einer angemessenen lerntheoretischen Ausrichtung (Bodenmann et al. 2004, 228 f.) vom Klienten bei anderer Gelegenheit eigenständig nachgeahmt wird. Darüber hinaus sind konkrete Verhaltensinstruktionen, etwa für den Umgang mit Kollegen oder Nachbarn, sowie detaillierte Handlungsanleitungen vorstellbar, die im Alltag umgesetzt und anschließend gemeinsam evaluiert werden.

Ausblick

Die Klinische Sozialarbeit hat eine methodenintegrative Bedeutung für die Soziale Arbeit im Gesundheitswesen. Zukünftig wird es verstärkt darauf ankommen, die sozialarbeiterische Ausrichtung der Klinischen Sozialarbeit zu intensivieren. Eine Analyse des Stellenwerts der Sozialen Arbeit im Gesundheitswesen auf der Grundlage der Sozialgesetzgebung und der sozialmedizinischen Forschungen führt hier ebenso weiter wie eine Auswertung der Methoden der Sozialen Arbeit unter Behandlungsgesichtspunkten. In entsprechenden empirischen Arbeiten müsste sowohl die quantitative Repräsentanz der Sozialen Arbeit im Gesundheitswesen wie auch die explizite konzeptionelle Berücksichtigung sozialarbeiterischer Themen in Behandlungsarrangements ermittelt werden. Auf dieser Grundlage ließen sich Anforderungen für die Ausbildung in Klinischer Sozialarbeit in grundlegenden Studiengängen und in postgradualen Weiterbildungen formulieren. Wegen der breiten Bedeutung gesundheitsbezogener Themen in der Sozialen Arbeit, auch in Arbeitsfeldern außerhalb des Gesundheitswesens, sollte die Klinische Sozialarbeit ein fester Bestandteil des Studiums der Sozialen Arbeit sein. Das schließt Spezialisierungen für Arbeitsfelder mit besonderen Anforderungen wie die Suchtkrankenhilfe oder die Psychiatrie keinesfalls aus.

Literatur

Ansen, H. (2008): Soziale Beratung in der Klinischen Sozialarbeit und ihr spezieller Behandlungsbeitrag bei Krankheit. In: Ortmann, K., Röh, D. (Hrsg.), 51–71

–, Gödecker-Geenen, N., Nau, H. (2004): Soziale Arbeit im Krankenhaus. Ernst Reinhardt, München / Basel

Antonovski, A. (1997): Salutogenese. DGVT, Tübingen

Benner, D. (2001): Allgemeine Pädagogik. Juventa, Weinheim / München

Biestek, F. (1970): Die helfende Beziehung. Lambertus, Freiburg / Br.

Bodenmann, G., Perrez, M., Schär, M., Trepp, A. (2004): Klassische Lerntheorien. Huber, Bern

Böhnisch, L. (2005): Lebensbewältigung. In: Otto, H.-U., Thiersch, H. (Hrsg.), 1119–1122

Borgetto, B., Kälble, K. (2007): Medizinsoziologie. Juventa, Weinheim / München

Bossong, H. (2004): Sozialverwaltung. Juventa, Weinheim / München

Bullinger, H., Nowak, J. (1998): Soziale Netzwerkarbeit. Lambertus, Freiburg / Br.

Bundesministerium für Arbeit und Soziales (BMAS) (Hrsg.) (2008): Sozialrecht 2008. BW Bildung und Wissen, Nürnberg

Dehmel, S. (2008): Klinische Sozialarbeit als professionelle Soziale Unterstützung. In: Ortmann, K., Röh, D. (Hrsg.), 17–35

Dorfman, R. A. (1996): Clinical Social Work. Bruner / Mazel, New York

Galuske, M. (2007): Methoden der Sozialen Arbeit. Juventa, Weinheim / München

Geißler–Piltz, B., Mühlum, A., Pauls, H. (2005): Klinische Sozialarbeit. Ernst Reinhardt Verlag, München / Basel

Germain, C. B., Gitterman, A. (1999): Praktische Sozialarbeit. Enke, Stuttgart

Gerspach, M. (2000): Einführung in pädagogisches Denken und Handeln. Kohlhammer, Stuttgart

Grunwald, K., Thiersch, H. (2005): Lebensweltorientierung. In: Otto, H.-U.,, Thiersch, H. (Hrsg.), 1136–1149

Heiner, M. (2007): Soziale Arbeit als Beruf. Ernst Reinhardt Verlag, München / Basel

Hering, S., Münchmeier, R. (2007): Geschichte der Sozialen Arbeit. Juventa, Weinheim / München

Hollis, F. (1971): Soziale Einzelhilfe als psychosoziale Behandlung. Lambertus, Freiburg / Br.

Homfeldt, H. G., Sting, S. (2006): Soziale Arbeit und Gesundheit. Ernst Reinhardt Verlag, München / Basel

Kunz, S., Scheuermann, U., Schürmann, I. (2007): Krisenintervention. Juventa, Weinheim / München

Miesek-Schneider, K. (2002): Psychosoziale Aspekte von Kranksein und Krankheitsbewältigung. In: Schwarzer, W. (Hrsg.): Lehrbuch der Sozialmedizin. Borgmann, Dortmund, 31–55

Neuffer, M. (2009): Case Management. Juventa, Weinheim / Müchen

Ortmann, K., Röh, D. (Hrsg.) (2008): Klinische Sozialarbeit. Lambertus, Freiburg / Br.

Otto, H.-U., Thiersch, H. (Hrsg.) (2005): Handbuch Sozialarbeit / Sozialpädagogik. Ernst Reinhardt Verlag, München / Basel

Pauls, H. (2004): Klinische Sozialarbeit. Grundlagen und Methoden psychosozialer Behandlung. Juventa, Weinheim / München

Richter, M., Hurrelmann, K. (2006): Gesundheitliche Ungleichheit. In: Richter, M., Hurrelmann, K. (Hrsg.): Gesundheitliche Ungleichheit. VS, Wiesbaden, 11–33

Rosenbrock, R., Gerlinger, Th. (2006): Gesundheitspolitik. Huber, Bern

Sachße, C. (2003): Mütterlichkeit als Beruf. Votum, Münster

Siegrist, J., Marmot, M. (Hrsg.) (2008): Soziale Ungleichheit und Gesundheit. Huber, Bern

Spiegel, H. v. (2008): Methodisches Handeln in der Sozialen Arbeit. Ernst Reinhardt Verlag, Basel

Staub-Bernasconi, S. (2007): Soziale Arbeit als Handlungswissenschaft. Haupt, Bern

Strauss, F. (2004): Netzwerk und Beratung. In: Nestmann, F., Engel, F., Sickendiek, U. (Hrsg.): Handbuch Beratung. Bd. 2. DGVT, Tübingen, 407–419

Turner, F. J. (1988): Psychosocial Therapy. In: Dorfmann, R. A. (Hrsg.) (1988): Paradigms of Clinical Social Work. Bruner / Mazel, New York, 106–123

Wendt, W. R. (2001): Case Management im Sozial- und Gesundheitswesen. Lambertus, Freiburg / Br.

Winkler, M. (1988): Eine Theorie der Sozialpädagogik. Klett-Cotta, Stuttgart

Kommunale Sozialarbeit

Von Peter Marquard

Soziale Arbeit in der Kommune

Für die Kommunalpolitik ist ein politisch brisantes Spannungsverhältnis zwischen den umfassenden Ansprüchen an lokales Handeln und den vielfältigen Vorgaben für eben diese unmittelbare Erfahrungsebene charakteristisch. Zentral für den sozialpolitischen Alltag sind die Auseinandersetzungen zwischen Bundes- und Landesgesetzgeber sowie den kommunalen Leistungsbringern (Bronke 2004, 133 ff.; Prigge / Schwarzer 2007, 3 ff.): Der bundesdeutsche Föderalismus ist Ausdruck unterschiedlicher Lebenslagen und Traditionen sowie entsprechend differenzierter sozio-ökonomischer Bedingungen in den Regionen. Dem entspricht ein wirtschaftlicher, kultureller und sozialer *Polyzentrismus*, weshalb ein bundesstaatlicher Umbau des Sozialstaates konkurriert mit regionalen und lokalen Konzepten und Kompetenzen.

Soziale Dienste sind an die Interessen und Bedürfnisse der NutzerInnen gebunden und haben einen am Sozialstaatsgebot des Grundgesetzes (Artikel 20, 28) auszurichtenden Gestaltungsauftrag. Der Bund setzt dafür Normen und Standards, die Kommunen nehmen ihren Gestaltungsspielraum – auch angesichts einer oft unzureichenden Finanzausstattung – sehr unterschiedlich wahr: Das Ziel der „Gleichwertigkeit bzw. Einheitlichkeit der Lebensverhältnisse im Bundesgebiet" (Artikel 72, Abs. 2, 106, Abs. 3 GG) wird inzwischen mit einer neuen Interpretation des Subsidiaritätsprinzips verbunden und mit dem Primat der Aktivierung, was dann auch bedeutet, „dass Eigenverantwortung und Selbstaktivierung nicht nur erwartet, sondern auch gefordert und (falls notwendig: mit Zwang) durchgesetzt wird" (DV 2007, 14). Das Prinzip „Fördern und Fordern" wird auf das Individualverhältnis bezogen und scheint gleichermaßen angewandt zu werden auf

das Verhältnis der drei staatlichen Ebenen Bund – Länder – Kommunen. Kommunalisierung sozialer Aufgaben zielt dann auf eine Verantwortungsverlagerung bisher gesamtstaatlich zu realisierender Strategien auf die kommunale Ebene, womit soziale Diversität nicht nur hingenommen, sondern bewusst als notwendige Differenzierung eingeplant ist (vgl. für die Jugendhilfe z. B. Diskussion zum „disorganisierten Wohlfahrtskapitalismus" in Pluto et al. 2007, 281 f.). So gewinnt die These an Plausibilität, wonach es eine Neudefinition von (vermehrter) Hilfebedürftigkeit als Folge spektakulärer Fälle von Kindeswohlgefährdung mit den daraus begründeten (neuen) Verfahren zum Kinderschutz gibt infolge eines aktuellen gesellschaftspolitischen Interesses an einer umfassenden Förderung von Kindern und Familien (Investition in „Humankapital", Olk 2007): In einem Dreiklang von Fördern – Fordern – Kontrollieren wird ein vielgestaltiger Ausbau (!) staatlicher Sozialleistungen (für Kinder) betrieben. In dessen Logik liegen auch ein vermehrtes Angebot und die entsprechende Inanspruchnahme von Erziehungshilfen. (Man denke an: Erhöhung des Kindergeldes; eigenständige Regelsätze für Minderjährige in der Grundsicherung; Ausbau der Kinderbetreuung und Beitragsfreiheit; „verpflichtende" Sprachstandstests; Ganztagsschule; Gesundheitsförderung und verpflichtende Vorsorgeuntersuchungen; „Erziehungsweisungen" des Familiengerichts; verpflichtende Hausbesuche der Sozialen Dienste.) Gleichzeitig häufen sich die empirischen Befunde für eine wachsende Kluft zwischen Kindern durch eine Zunahme der Armut und deren Auswirkungen: Bis zu 40 Prozent der deutschen Kinder in Ein-Eltern-Familien wachsen in relativer Armut auf – und bleiben oft über lange Phasen ihrer Kindheit arm. Bei rund 15 Prozent der jungen

Otto/Thiersch (Hg.), Handbuch Soziale Arbeit, 4. A., DOI 10.2378/ot4a.art082,
© 2011 by Ernst Reinhardt, GmbH & Co KG, Verlag, München

Menschen unter 18 Jahren sind gesundheitliche Gefährdungen festzustellen. Das Bildungssystem ist stark sozial selektiv und es verlassen rund ein Sechstel der Heranwachsenden mit Migrationshintergrund die Schule ohne Abschluss. Objektive Belege für materielle Armut und Benachteiligung – und damit „Hilfsbedürftigkeit" – einer relevanten Gruppe von Kindern und Jugendlichen sind also nicht (mehr) zu übersehen.

Eine an den Interessen und Bedürfnissen der NutzerInnen orientierte Aufgabenstellung Sozialer Dienste bleibt trotz und gerade angesichts einer differenzierten Neudefinition des Staatsziels der Einheitlichkeit der Lebensverhältnisse gleichermaßen an der rechtsstaatlichen Idee der Freiheit, der demokratischen Idee der Gleichheit und der sozialstaatlichen Idee der Gerechtigkeit zugunsten der BürgerInnen und ihrer Selbsthilfechancen auszurichten. Perspektivisch ist eine wesentliche kommunalpolitische Strategie darin zu sehen, Aufgaben und Handlungslogiken der Sozialen Dienste nicht auf die ordnungsgemäße Erbringung sozialstaatlicher Leistungen zu verkürzen, sondern stärker den Zusammenhang von bürgerschaftlichem Engagement und Sozialer Sicherung – im weiteren, alltagspraktisch-lebensweltlichen Sinne von Kommunikation, Förderung, Erziehung, Bildung, Betreuung, Pflege usw. – herzustellen. Eine solche (kommunitaristische) Wende zielt auf einen öffentlichen Diskurs über die (Neu)Verteilung von Rechten und Pflichten zwischen Staat, intermediären Organisationen und BürgerInnen mit der Perspektive einer Demokratisierung von Sozialpolitik. Dieser Zielsetzung bleiben Prozesse der Neuorganisation Sozialer Dienste verpflichtet.

Im Rekurs auf die Debatte Ende der 1970er Jahre (vgl. Müller 1980; Mielenz 1981) ist zunächst zu erinnern an ein gewandeltes Funktionsverständnis von „Sozialer Arbeit in der Kommune". Dabei kann – heute – kommunale Sozialpolitik nicht handlungsorientierend analysiert werden als abgeleitete Politik, die auf zentralstaatliche Aufgaben der Aufrechterhaltung und Sicherung von Produktionsverhältnissen reduziert wäre. Olk/Otto (1981, 100) propagierten bereits früh eine sich neu konstituierende „Sozialarbeitspolitik", die „unter der Leitidee einer sozialen Kommunalpolitik die unverbunden nebeneinander her bestehenden Teilpolitiken auf örtlicher Ebene auf das umfassende Ziel der qualitativen Verbesserung sozialer Chan-

cen aller Bevölkerungsgruppen" verpflichten will. Dieser Bedeutungszuwachs der Kommune als Steuerungsebene geschieht auf der Grundlage, dass immer mehr Funktionen der Sozialpolitik hier realisiert werden sollen, um die Steuerungsdefizite zentralistischer Bürokratien zu kompensieren. Gleichzeitig sieht sich die Soziale Arbeit herausgefordert, ihre Problemperspektive auf den gesamten Steuerungs- und Leistungszusammenhang in der Kommune zu richten.

Bevor eine integrierende, politische Strategie einer solchen *Sozialarbeitspolitik* begründet wird, soll zunächst auf die diversen Konzepte einer kommunalen Sozialarbeit (im Überblick Bronke 2004, 21 ff.) sowie die damit verbundenen Varianten von Dezentralisierung und Gemeinwesenarbeit hingewiesen werden. Über die Phasen einer Neuorganisation Sozialer Dienste und die Einführung neuer Steuerungsinstrumente (NSM) hinaus ist dann auf eine Regionalisierungsstrategie zu verweisen. Dies erfolgt auf der Basis kritischer Anmerkungen zur Funktionalisierung einer Sozialraumdebatte und möglicher Perspektiven für eine Sozialraumorientierung als fachlichem Arbeitsprinzip und Grundlage einer Demokratisierung Sozialer Arbeit (Marquard 2006). Entwicklungstendenzen der (allgemeinen) Sozialen Dienste im Jugendamt und dessen Funktion insgesamt dienen als ein Praxisbeispiel für aktuelle Strategien einer organisierten Sozialen Arbeit in der Kommune. Diese analytischen und konzeptionellen Überlegungen werden abschließend in je einem Abschnitt zu Sozialarbeitspolitik und zu kommunalen Aushandlungsprozessen erörtert.

Es wird von der optimistischen These ausgegangen, dass neue Impulse für eine partizipativ-demokratische Reformstrategie zumindest auf der kommunalen Ebene an solidarischen Konzepten der Subsidiarität anknüpfen und mit dem Ausbau der lokalen Selbstverwaltung verbunden werden (können). Demokratie beruht nicht auf Konsens, sondern auf dem zivilen Umgang mit Dissens. „Demokratische Rationalität" (Dewe/Otto 2005) kann hier genutzt werden sowohl für eine öffentlich-politische als auch für eine fachlich-soziale Praxis. Damit würden emanzipatorische Elemente einer progressiven Sozialarbeit den Weg weisen für eine dialogische Politik (Giddens 1997). Die Ungewissheiten einer „reflexiven Moderne" verlangen nach einer entsprechenden Offenheit sozialpädagogischer Konzepte. Denn auch deren Leistungsfähigkeit und Legitimität muss für die NutzerInnen immer wieder (neu) begründet, praktisch im Alltag erhalten und in der Wirksamkeit (Wiedererlangung der Selbstständigkeit) verbessert werden: Dies erfordert eine Stärkung der wissenschaftlich-reflexiven Kompetenz der Professionellen.

Strategien kommunaler Sozialarbeit

Olk/Otto (1985, 12) konstatierten in diesem Zusammenhang reformpolitische Überlegungen zur Effektivierung institutionell verfasster Sozialpolitik und gleichzeitig die Etablierung von Selbstorganisation und Eigenarbeit als „Vorläufer einer anti-institutionalisierten Form der Vergesellschaftung" – und damit nicht nur als persönliche Verarbeitung ökonomischer oder gesellschaftlicher Benachteiligung. Eine solche politische Analyse verweist auf die Bedeutung einer Kommunalisierung Sozialer Arbeit und auf „Grundfragen der Handlungsorientierung", wie sie als „gesellschaftliche Perspektiven der Sozialarbeit" bereits seit Ende der 1970er Jahre diskutiert wurden. Anschlussfähig wird eine alte und neu aufgenommene Debatte um „Gemeinwesenarbeit" (zu ihrer „Geschichte" vgl. Wendt 1989), die als Orientierung für das Alltagshandeln einhergeht mit einer Renaissance des sozialen Raums. Die Alltags- und Lebensweltorientierung (Thiersch 2000; BMJFFG 1990), die „Einmischungsstrategie" (Mielenz 1981), strategische Überlegungen zu „Lokale Sozialpolitik und Selbsthilfe" (Olk/Otto 1985), gemeinwesenorientiertes Handeln als Arbeitsprinzip (Oelschlägel 2005) und entsprechende Überlegungen zur „Dienstleistungsorientierung" (KGSt 1994; 9. Jugendbericht 1994) sowie zu einer adäquaten Steuerung (KGSt 1994) unterstreichen die Perspektive eines solchermaßen ressourcenorientierten Empowermentmodells, das wiederum nur im konkreten Sozialraum in einem demokratischen Aushandlungsprozess realisiert werden kann (umfassende Grundlagendiskussion bei Kessl et al. 2005a). Soziale Arbeit in der Kommune als regionalisiertes Arbeitskonzept kann in der Kombination persönlicher und wirtschaftlicher Hilfen am wirksamsten Unterstützungsarrangements unter Berücksichtigung von Problemen und Ressourcen aller Beteiligten entwickeln. Hierin liegt die Innovation der

Neuorganisation Sozialer Dienste für eine weitere Demokratisierung und Revitalisierung des Gemeinwesens und die Aktivierung der Bürgergesellschaft (Bronke 2004, 135 ff.).

Eine personenbezogene, soziale Dienstleistungsarbeit ist nur in Verbindung mit nachhaltigen Strategien der Demokratisierung des öffentlichen und persönlichen Lebens zu realisieren. Mit Bezug auf aktuelle Konzepte zu Zivilgesellschaft, bürgerschaftlichem Engagement und die Konzeption der Subjekte als NutzerInnen ist das Paradigma der Demokratisierung als Kompetenzanforderung inhaltlich zu fokussieren als

- Sicherung zivilgesellschaftlicher Bürgerrechte in der Lebenswelt,
- politische Mitgestaltung des wohlfahrtsstaatlichen Sozialleistungssystems,
- gesellschaftliche Teilhabe und persönliche Beteiligung an und in den Institutionen und Sozialen Diensten,
- reflexives, rationalitätsstiftendes Prinzip der Gestaltung professioneller Standards und damit eben auch als
- kontrafaktische Prämisse und fachliche Ressource im Handlungsvollzug zwischen NutzerIn und Professionellen.

Neuorganisation Sozialer Dienste

Staatliche (Sozial)Politik kümmert sich vor allem um die Sicherung der Reproduktion in den Bereichen Sozialisation, Gesundheit, Wohnen, Qualifikation, subsidiäre Daseinssicherung (Überblick zu Strukturen der Sozialen Dienste und Entwicklung der Sozialleistungsquote bei Wienand 2006). „Verstaatlichung" zielt hier auf den Ausgleich des Funktionsverlustes familiärer Sozialisations- und Versorgungspotenzen (Kindergarten, Pflege); Re-Privatisierungsstrategien überantworten die Problembearbeitung wieder der Eigendynamik gesellschaftlicher Entwicklungen. In Verbindung mit wiederkehrenden ökonomischen Krisen ist auf eine Dezentralisierung sozialpolitischer Kompetenzen als Erhöhung von (individueller, gruppen- und quartiersbezogener) Autonomie bei gleichzeitiger Ausweitung sozialer Kontrolle zu verweisen; bei solchen Reformvorschlägen geht es immer auch um die Abwälzung von Kosten. So wurde die Problemlösungskapazität von Dezentralisierungsstrategien zunächst als organisationspolitische Lösung aus Sicht von Sozialadministrationen auf folgende Dimensionen bezogen: Kostendruck, Stabilisierung von Problemgruppen, Arbeits- und Laienrollen in sozialen Diensten, Legitimationsanforderungen. Neben einer „Kontrollfunktion" könnte das in solchen Dezentralisierungsstrategien angelegte Expansionspotenzial die intendierten Rationalisierungseffekte allerdings dann zunichte machen, wenn die strukturell stärkere Situationsnähe dezentraler Dienste Anspruchsniveaus, die zu disziplinieren sie konzipiert sind, gleichzeitig antreiben.

Müller/Otto (1980) skizzierten auf diesem Hintergrund eine Positionen zur Neuordnung Sozialer Dienste als „Professionalisierungsstrategie", die als gesellschaftspolitisch reflektierte „neue Fachlichkeit" wesentlich auf eine „administrative" Selbstbegrenzung und Problemlösungskompetenzen der Betroffenen setzt. Grundlegendes Ziel adressatenorientierter Handlungsmuster ist der Abbau jener bürokratischen Organisationsstrukturen, die problemadäquaten Interventionsstrategien entgegenstehen. Es geht sowohl um die Erweiterung von Handlungsspielräumen für personenbezogene und materielle Dienstleistungen als auch um die Eröffnung anderer Zugänge bzw. die Beteiligung der NutzerInnen über andere Mechanismen als die der Defizitzuschreibung; ansonsten setzt sich entgegen einer Strategie der Aktivierung von Selbsthilfe durch Formen der Stigmatisierung der Betroffenen oder gar der Diskriminierung ganzer Wohnbereiche immer wieder ein Mechanismus von Abhängigkeit und Fürsorge durch.

Die klassischen Organisationsstrukturen der bürokratischen Herrschaftsausübung mittels ordnungsbehördlicher Eingriffsverwaltung (z.B. Grundsicherung) verlieren weiterhin an Wirksamkeit gegenüber den gestaltenden, zwecksetzenden und sich selbst programmierenden Administrationen (z.B. personenbezogene Soziale Dienste). Eine Neuorganisation Sozialer Dienste, die nicht auf dieser Grundlage mit einer inhaltlichen Neubestimmung verbunden ist, ändert an den Begrenzungen und der mangelhaften Funktionalität ihrer organisatorischen Verfasstheit nichts.

„Mit der Öffnung der Organisation gegenüber der Umwelt zur Erhöhung der administrativen Steuerungsfähigkeit verändern sich auch die Rationalitätskriterien staatlichen Handelns: sie verlagern sich von der Binnenstruktur bürokratischer Handlungsmuster auf die Frage nach der Systemfunktionalität eben dieser Interventionsstrategien." (Müller/Otto 1980, 20)

Im weiteren Ausbau personenbezogener Sozialer Dienste nimmt die Bedeutung einer *produktiven Interaktion* von Profis und NutzerInnen zu. Lebensweltbezug, situationsnahe Arbeitsformen sind gebunden an die Anpassung und Umformung bürokratischer Handlungs- und Entscheidungsprämissen; Aushandlungsprozesse mit den NutzerInnen sind produktive Bedingungen, weil Interventionen und Angebote nach ihrem Gebrauchswert beurteilt werden. Diese Aushandlungsprozesse führen zu – auch widersprüchlichen – Anforderungen, die die Sozialverwaltung nicht immer befriedigen kann; andererseits sind nur so handlungsrelevante Informationen zugänglich, um auf komplexe und dynamische Umweltanforderungen noch angemessen reagieren zu können.

Verwaltungsmodernisierung

Die im Konzept der neuen Steuerung (NSM) wesentliche Forderung nach einer neuen Verhältnisbestimmung der Aufgaben von Verwaltung und Politik konnte in vielen Kommunen nicht umgesetzt werden.

„Ebenso war das Verhältnis zu den Bürgerinnen und Bürgern auf das Kundenverhältnis reduziert worden, ihre Rolle als kommunale Akteure wurde nicht gesehen. Der deutsche Reformweg zeichnete sich insgesamt ... durch eine starke Binnenorientierung, durch eine Umsetzung lediglich verwaltungsinterner Maßnahmen aus." (Bronke 2004, 78)

Mit Verweis auf die fehlenden Mittel in den öffentlichen Haushalten werden betriebswirtschaftliche Instrumente der Verwaltungsmodernisierung favorisiert, nicht aber grundlegende Innovationen der Leistungsgestaltung angestoßen. Eine strategische Kooperation von Politik, Bürgerschaft und Mitarbeiterschaft, angesichts der aktuellen Modernisierungsumbrüche die Bedingungen für neue Lebensweisen zu gestalten, findet man hierzulande kaum.

Eine – bisher – „halbierte" Modernisierung Sozialer Arbeit manifestiert sich mit Bezug auf ein neoliberales Paradigma in einer Übernahme betriebswirtschaftlicher Vokabeln in Verbindung mit Strategien der Reorganisation, in denen alte Entwicklungslinien zum Beispiel der Dezentralisierung und der Gemeinwesenarbeit im Sinne der neuen Effizienzkriterien in einer Art „Managementkonzept" scheinbar modern und statusfördernd reformuliert werden. Eine angemessene Professionalisierung „als zweite Hälfte der Modernisierung der Sozialen Arbeit" setzt dem entgegen eine konzeptionelle und organisatorische Innovation zunächst der Ausbildungsformen voraus, in deren Ergebnis ein Beruf mit eigenständiger Kompetenz und eigenen Leitungspositionen als selbstverständliche Bedingung für die gesellschaftliche Achtung einer professionellen Definitionsmacht konstituiert würde.

Angesichts der Prozesse reflexiver gesellschaftlicher Modernisierung und ihrer Herausforderungen für das Individuum kann eine völlig neue Durchdringung des Beziehungsverhältnisses Professionelle – NutzerInnen im Erbringungsverhältnis sozialer Dienstleistung auf der alltagspraktischen Umsetzungsebene neue produktive Potenziale eröffnen. Die Erweiterung gesellschaftlicher und individueller Handlungsoptionen und Teilhabechancen ist jenseits einer völlig unklaren, unterkomplexen „Integrationsstrategie" und unter Überwindung technokratischer, therapeutischer, interventionistischer Ansätze nur demokratisch-professionell zu konzipieren. Eine so begründete demokratische Rationalität sieht die NutzerInnen sozialer Dienstleistungen als unverzichtbare Ko-ProduzentInnen im Zusammenhang einer neuen Konzeption von (personenbezogener, sozialer) Dienstleistungsarbeit. Wenn die Problem- und Bedarfsangemessenheit sowie die subjektive Zufriedenheit der BürgerInnen zum Maßstab der Qualität öffentlicher Dienstleistungen werden, bietet das Kundenparadigma jedenfalls auch eine wesentliche Demokratisierungsperspektive. Soziales Engagement wird nicht in Kategorien von Geld bewertet, sondern verlangt nach Teilhabe an Macht, Information und Arbeitsstrukturen: Lebensweltbezug, situationsnahe Arbeitsformen sind gebunden an die Anpassung bürokratischer Handlungs- und Entwicklungsprämissen.

In eine solche Konzeption eingebettet ist Verwaltungsmodernisierung kein radikaler Systemwechsel, sondern gekennzeichnet durch die Überprüfung und Nutzung von Gestaltungs-, Veränderungs- und Einsparpotenzialen innerhalb des traditionellen bürokratisch-kameralistischen Steuerungssystems. So kann die sogenannte Produktdefinition als Leistungsbeschreibung auch bei der Herstellung von Kostentransparenz hilfreich sein. So können Organisations- und Personalentwicklungsprozesse wieder für die Neuorganisation in der Jugend- und Sozialhilfe genutzt werden, die in ihren Kernpunkten (wie z. B. mit dezentralen Dienststrukturen) seit Anfang der 1970er Jahre bekannt sind. Eine richtig angewandte Budgetierung stützt dabei z. B. in Verbindung mit einem fachlich ausgerichteten Kontraktmanagement den Prozess der Integration und Dezentralisierung von Fach- und Ressourcenverantwortung. Solche Strategien der Qualitätssicherung sind innerhalb des traditionellen Systems mit dem Rechtsrahmen des SGB XII und des SGB VIII grundsätzlich vereinbar (Kreft 2001). Schließlich sind inzwischen die fachlichen Standards einer zeitgemäß handelnden Praxis sowohl wissenschaftlich wie auch gesetzlich abgesichert (BMFSFJ 2002). Es ist eine Frage der (politischen) Definitionsmacht, ob Jugendhilfe und Soziale Arbeit insgesamt vor Ort Objekt oder Subjekt der Verwaltungsreform sind.

Die Diskussion über neue Steuerungsinstrumente lässt sich nicht von der Diskussion über fachliche Standards trennen (u. a. am Beispiel der Strukturen in der Kinder- und Jugendhilfe Bissinger et al. 2002). Es bleibt vielmehr eine Verständigung über fachliche, strukturelle und finanzielle Bedingungen für die Qualität und Quantität des Angebots – vor Ort, im Stadtteil – erforderlich. Ein entsprechender Prozess kann zu einem Kontraktmanagement führen, das wiederum die – politische – Definition von klaren Zielen voraussetzt. Sozialberichterstattung und Sozialplanung haben dabei eine wesentliche Funktion zur zielorientierten Wirkungsanalyse der fachlichen und stadtteilbezogenen Systeme der Sozialen Dienste. Ein differenziertes Berichtswesen mit bereichsspezifischen Statistiken, Darstellung des Ressourceneinsatzes im Verhältnis zu Ergebnissen und Wirkungen unter Einbeziehung der Haushaltsdaten ist eine Voraussetzung gerade für die Steuerung der fachlichen und finanziellen Ressourcen in einem Konzept der Regionalisierung (Sozialraumorientierung). Durch die Integration von Fach- und Ressourcenverantwortung bekommen Controlling in der Sozialen Arbeit, Sozial- und Jugendhilfeplanung und Sozialberichterstattung einen Bedeutungszuwachs (Bronke 2004, 51 ff.). Solche Prozesse gehören zur Professionalität in der Sozialen Arbeit und ein Fachcontrolling muss deshalb auch die Evaluation mit der Mitarbeiterschaft und den NutzerInnen einbeziehen. Sozialraumorientierte Arbeitsweisen und Organisationsstrukturen (Regionalisierung) bieten in ihrer integrierten Form mit Aufgaben-, Organisations- und Ressourcenverantwortung vor Ort eine viel bessere Chance für die Gestaltung und Analyse wirksamer Prozesse. Bedingung dafür ist dann allerdings auch die Verlagerung der Verantwortung aller Kompetenzen in haushaltsmäßiger, personeller und organisatorischer Hinsicht in das Quartier, soweit nicht zwingende Gründe für eine zentrale Wahrnehmung gegeben sind.

Raumkonzepte und Aneignung

NutzerInnen und Soziale Dienste (inter)agieren real auf der örtlichen Ebene. Chancen und Risiken der Verwaltungsreform sind deshalb auch abhängig vom bürokratischen wie vom alltagspraktischen „Zugriff" auf den „sozialen Raum" der Subjekte. Raum ist als relationaler Begriff von konkret physischen wie sozialen Lokalisierungen und Positionierungen zu konzipieren. Ein Ort wird als sozial bestimmter Handlungskontext aufgefasst und nicht auf seine Materialität reduziert, er bietet unterschiedlichen Individuen unterschiedliche Optionen und vermittelt differenzierte Regeln zur Aufrechterhaltung sozialer Praktiken. Dann sind die vielfältigen materiellen und sozialen Beziehungen der Individuen, die sich im Rahmen einer umfassenden auch technisch unterstützten Mobilität ihre je eigenen „Räume" selbst suchen, zu respektieren und handlungsleitend aufzunehmen. Sozialraumorientierung wird auch kritisiert als neue politische Strategie zur Realisierung eines möglichst hohen öffentlichen Sicherheitsstandards und zur Verbesserung der Lebensbedingungen in einzelnen Wohnarealen. Mit einer solchen Engführung als „sozialräumliche Präventionsprogramme" würden aktuelle sozialräumliche

Konzepte tatsächlich Gefahr laufen, Marginalisierungsprozesse nicht überwinden und Teilhabemöglichkeiten der BewohnerInnen nicht ermöglichen zu können, sondern sogar räumliche Segregationsprozesse dezidiert zu fixieren (Löw / Sturm 2005, 31 ff. zu „Raumsoziologie"; zu einem raumtheoretisch verankerten Konzept Sozialer Arbeit Kessl / Maurer 2005b, 111 ff.).

Kritisch zu beachten bleibt – angesichts lebenspraktischer Netzwerke und Mobilitätsstrukturen – die Differenz zwischen territorial (geografisch) bestimmten Sozialräumen zu solchen von den Akteuren selbst bestimmten „sozialen Grenzen". Damit sich Netzwerke konstituieren können, ist der soziokulturelle Hintergrund ebenso wie die konkrete räumliche Umgebung in professionellen Handlungsstrategien zu berücksichtigen. Nahraumorientierung ist ein wesentlicher Aspekt der fachlich wie konzeptionell-strategischen Neuausrichtung Sozialer Arbeit seit den 1980er Jahren. Dabei darf sozialraumorientierte Soziale Arbeit (vgl. im Überblick DV 2007) nicht auf eine Funktion im Konzept der Stadtentwicklungsprogramme reduziert werden. Die Analyse der Aneignung von Räumen und der Ausbildung von sozialem Kapital muss die territorialen, geografischen Bindungen der AkteurInnen aufnehmen, Handlungskonzepte müssen zugleich die sozialen Interessen der Subjekte als Bezugspunkt haben – und dürfen den Sozialraum nicht auf eine Verwaltungs- oder Versorgungseinheit reduzieren. Es ist zu prüfen, wie sich die operativen Ansätze einer Sozialraumorientierung ihrer manageriellen Inanspruchnahme im Sinne einer Minimierung der öffentlichen Opportunitätskosten und effizienten Steuerung von Mitteln zur Befriedung sozial benachteiligter Quartiere entziehen können, damit das Paradigma von Beteiligung und Teilhabe nicht zu einer „Selbstverwaltung der Not" degeneriert. Zahlreiche Einwände gegen eindimensional definierte Sozialraumtheorien benennen berechtigte Kritikpunkte. Die Gefahren des Missbrauchs neuer Strategien der interdisziplinären und integrativen Kooperation im Feld einer (neuen) Stadt(teil)entwicklungspolitik und einer gemeinwesenbezogenen sozialen Dienstleistungsarbeit begründen jedoch keine generelle Ablehnung von Sozialraumorientierung als einer wesentlichen Handlungsebene Sozialer Kommunalpolitik: „Sie bildet kein Zauber-Instrument zum Abbau gesellschaftlich verursachter Ungleichheit und Benachteiligung. (Sozial-)Politische Leitziele, Macht- und Mehrheitsfragen ersetzt Sozialraumorientierung natürlich nicht" (Krummacher et al. 2003, 12).

Der Sozialraum muss somit als komplexes Gebilde betrachtet werden. Menschen haben eine Adresse und – zumeist – eine Wohnung. Hier ist ein Ausgangs- und hauptsächlicher Bezugspunkt für ihre Lebensweise gegeben, sie realisieren – zunächst – hier ihren Lebensstil so wie sie gleichzeitig – mit ihren je individuellen Mitteln – Einfluss auf die Gestaltung des Quartiers nehmen: Sie eignen sich ihre materielle und soziale Umwelt an bzw. entwickeln alltagstaugliche Bewältigungsstrategien – sie konstruieren ihr „soziales Quartier". Soziale Arbeit muss die Differenz zwischen sozialem, erlebten Raum und physisch anzueignendem Raum sowohl organisatorisch (Demokratisierung / Regionalisierung) als auch fachlich-professionell (Sozialraumorientierung / Dienstleistungsorientierung) anerkennen und in ihre Handlungsstrategien integrieren. Dafür sind kleinräumige, quartiersbezogene Sozialstrukturanalysen und einrichtungsbezogene Informationen erforderlich, die lebensweltbezogene Aspekte ebenso einbeziehen wie eine „Geografie des Sozialraumes". Eine solche Konzeption ermöglicht eine neue Qualität der Teilhabe und Beteiligung der Individuen und Gruppen. Gleichzeitig bietet sie Grundlagen für die Bündelung kommunaler Ressourcen und eine vernetzte Stabilisierung wie Entwicklung belasteter Quartiere und weist damit strukturell über einen individualisierenden Ansatz der Defizitzuschreibung hinaus.

Bearbeitungsstrategien in den Strukturen von Jugendämtern

Jugendämter als sozialpädagogisch wirkende Ämter haben die Gesamtverantwortung für die allgemeine Förderung und individuellen Hilfen im Rahmen der Kinder- und Jugendhilfe (SGB VIII). Die „Einheit der Jugendhilfe" (gleichnamiger Sammelband der AGJ 1998) wird repräsentiert durch den Gestaltungsauftrag aller Akteure und die Sicherung einer sozialen Infrastruktur, die Ganzheitlichkeit und den allgemeinen Förderauftrag für Angebote und Hilfen, den Lebenswelt- und Sozialraumbezug sowie die Unterstützung von Interessensvertretung

und Teilhabe. Diesen Handlungsmaximen entsprechen die organisatorische Verfasstheit des Jugendamtes und die Partnerschaft öffentlicher und freier Träger ebenso wie die Anforderungen an eine Verwaltungsmodernisierung.

Jugendämter sind als Kinder der ersten Deutschen Republik, flächendeckend mit dem Reichsjugendwohlfahrtsgesetz von 1923, mit ihrer Aufgabenstellung ein Gemischtwarenladen und haben eine Sonderstellung in der kommunalen Selbstverwaltung: „Die Geschichte des Jugendamtes ist die Geschichte der Erfindung einer sozialpädagogischen Behörde" (Müller 1994, 13). Soziale Arbeit bezieht sich als personenbezogene Sach- und Dienstleistung in diesem Rahmen auf Sozialpolitik, Jugendpolitik und Bildungspolitik: „So gesehen ist Sozialpädagogik eine Zusammenfassung von vergesellschafteten Sozialisationsleistungen. So gesehen ist das Jugendamt in der Tat oder wenigstens im Prinzip ein sozialpädagogisch und sozialpolitisch wirkendes Amt" (Müller 1994, 18). Die erste große Befragung von Jugendämtern in der Bundesrepublik zeigte 1957 schon eine Vielfalt in der Aufgabenwahrnehmung, in der organisatorischen Struktur, der Personalausstattung und Finanzkraft. Unter Einbeziehung neuer Entwicklungen wie z. B. der Verwaltungsmodernisierung zeigt das Jugendamt auch 50 Jahre später eine erhebliche Heterogenität von Entwicklungsdynamiken (Pluto et al. 2007). Es gibt nicht „die" (öffentliche) Jugendhilfe – weder bezogen auf Dienste und Angebote des öffentlichen Trägers noch im Hinblick auf Strukturen der Organisation, Angebote und Kooperation zwischen öffentlichem und freien Trägern. Es gibt auch nicht „das" Jugendamt (Müller 1994, 122 ff.; Pluto et al. 2007, 32 ff.). Kommunale Selbstverwaltung und örtliche Praxis suchen nach günstigen Handlungsbedingungen, die hier weder empirisch nachgezeichnet noch allgemeingültig definiert werden können. Das „moderne Jugendamt" wird auf der Grundlage des SGB VIII / KJHG gedacht als Handlungsgrundlage für soziale Dienstleistung und demokratische Teilhabe!

Der gesellschaftliche Auftrag der Jugendhilfe ist nicht auf die Sicherung individueller Rechtsansprüche (z. B. Kindergartenplatz, Hilfen zur Erziehung) und allgemeine Förderung (z. B. Angebote der Jugendarbeit, der Jugendsozialarbeit, des erzieherischen Jugendschutzes) sowie die Gewährleistungsverpflichtung zum Vorhalten einer jugendhilfegerechten Infrastruktur beschränkt, sondern er basiert auf einem Verständnis der allgemeinen Förderung von Kindern und Jugendlichen: Jugendhilfe ist eine Einheit von allgemeiner Förderung und individueller Hilfe. Mit dem SGB VIII werden Selbsthilfe, Sozialraumorientierung und Beteiligung weiter normiert: Kinder- und Jugendhilfe soll eine familienfreundliche Umwelt schaffen; sie soll verschiedene Formen der Selbsthilfe stärken; Kinder und Jugendliche sind an allen sie betreffenden Entscheidungen zu beteiligen; die Gleichberechtigung von Mädchen und Jungen ist zu fördern; Jugendarbeit soll zur Selbstbestimmung befähigen; in Tageseinrichtungen soll die Entwicklung des Kindes zu einer eigenverantwortlichen und gemeinschaftsfähigen Persönlichkeit gefördert werden; für die Hilfen zur Erziehung soll das engere soziale Umfeld einbezogen werden; bei einer finanziellen Förderung soll die Orientierung an den Interessen der Betroffenen und deren Einflussnahme bevorzugt werden; die Planung soll Wünsche, Bedürfnisse und Interessen ermitteln und helfen, Kontakte im sozialen Umfeld zu erhalten.

Aus den Strukturmaximen der Prävention, Dezentralisierung, Alltagsorientierung, Integration und Partizipation sind Handlungsprinzipien einer offensiven Kinder- und Jugendhilfe abgeleitet (Kinder- und Jugendberichte der Bundesregierung), die die fachliche Entwicklung prägen sollen: präventives Handeln, Lebensweltorientierung, Beteiligung und Freiwilligkeit, Existenzsicherung und Alltagsbewältigung sowie Einmischung. Diese zentralen Grundsätze sind sowohl Steuerungsinstrumente als auch Beurteilungskriterien für die Praxis Sozialer Dienste. Erst auf einer solchen Grundlage sind Steuerungsverfahren und Steuerungsverantwortung für einzelne Leistungsbereiche nach fachlichen, organisatorischen und fiskalischen Erfordernissen auszugestalten. Das SGB VIII normiert Leistungsansprüche und dafür erforderliche Leistungsangebote sowie entsprechende Verfahren, innerhalb und mittels derer Leistungen und Infrastruktur zustande kommen. Verfahren als Steuerungselemente werden auf drei Ebenen konstituiert:

- auf der individuellen Ebene der Definition und Ausgestaltung angemessener Förderangebote und Hilfen (z. B. Hilfeplanung) und im Umgang mit Informationen (Datenschutz),

- auf der Ebene der einrichtungsbezogenen Angebotsgestaltung (z. B. Leistungsvereinbarung),
- auf der infrastrukturellen Ebene der Definition einer erforderlichen und angemessenen Ausstattung mit Einrichtungen und Diensten (z. B. Jugendhilfeplanung).

Für die Leistungsfähigkeit und Wirksamkeit wie auch für die Steuerung Sozialer Arbeit in der Kommune ist natürlich die Personalausstattung bezogen auf die – individuelle – Professionalität (Aus-, Fort- und Weiterbildung; Supervision; Coaching) wie auch die – von der Organisation zu verantwortende – Personalwirtschaft (Auswahl; Anzahl; Entlohnung; Personalentwicklung und -pflege) maßgeblich. Für die Anforderungen an die Personalausstattung gibt es oft nur aus dem praktischen Vollzug abgeleitete Erfahrungswerte. Insbesondere bei der Definition neuer Aufgaben, der Aufgabenausweitung im Rahmen schon bestehender Aufträge und bezogen auf die Einführung neuer Techniken wird immer wieder über Rationalisierungspotenziale einerseits und die Bewertungsmaßstäbe für zusätzliche Stellenanforderungen andererseits kritisch diskutiert. Kaum berücksichtigt werden oft personelle Engpässe aufgrund von Abwesenheit von Stammkräften (aus sehr unterschiedlichen Gründen) sowie als Folge personalwirtschaftlicher Maßnahmen (Einsatz von leistungsgeminderten Personen, Wiederbesetzungssperren und komplexe Besetzungsverfahren).

Qualitative und quantitative Verfahren zur Personalbedarfsmessung für Soziale Dienste sind in den letzten Jahren für verschiedene Handlungsfelder mit ganz unterschiedlichen Methoden bearbeitet worden. Anlass war häufig eine aktuelle Diskussion zu den Bedingungen der Kindeswohlsicherung vor Ort. Referenzwerte zur Beurteilung von qualitativen und quantitativen Leistungszielen aus verschiedenen, jeweils vergleichbaren Kommunen liegen nur sehr begrenzt vor. Bisherige Ansätze zur Berechnung von Personalkapazitäten für den ASD bezogen sich zumeist auf Einwohnerzahlen und klientenbezogene Fallzahlen pro Fachkraft; ergänzt wird dies ggf. durch die Berücksichtigung von Sozialindikatoren sowie einzelner Qualitätsstandards für die Bearbeitung (z. B. im Rahmen der Hilfeplanung, Dokumentation etc.). In einer anderen Variante wurden ausgehend von einer differenzierten Prozessanalyse für die Ambulanten Sozialdienste Vorschläge für Prozessabläufe und damit Standards entwickelt; dabei ließ man sich von gesetzlichen Vorgaben, fachlichen Erkenntnissen sowie organisationsbezogenen Notwendigkeiten leiten (INSO 2007).

Die Erfassung und Berechnung von Personalbedarfen und die angemessene Nutzung von (zum Teil selbst entwickelten personalwirtschaftlichen) Referenzsystemen sollte eingebunden werden in diverse Maßnahmen der Personalwirtschaft und Personalentwicklung. Die quantitative Ermittlung von Personalbedarfen setzt natürlich die Auseinandersetzung mit fachlichen Standards voraus, woraus sich wiederum Anforderungen an die Qualifizierung der Mitarbeiterschaft sowie die Gestaltung der Aufbau- und Ablauforganisation ergeben (können). Die Bedeutung dezentraler Strukturen und Arbeitsweisen für die Qualität und den erforderlichen Personaleinsatz ist einzuschätzen. Dazu gehört auch die Netzwerkarbeit im Sozialraum. Fragen der Führungskultur mit ihren zahlreichen Aspekten zu Verfahrensweisen (z. B. Zielvereinbarungen, Delegationsprinzipien usw.) und zur Arbeits- und Umgangsweise (Wertschätzung, Vertrauen, Kontrolle usw.) sind wesentlich für die Erfassung des qualitativen Personalbedarfs ebenso wie letztlich auch für die quantitative Bemessung.

Perspektiven einer Sozialarbeitspolitik

Soziale Arbeit und speziell die Jugendhilfe verfügen mit ihren Strukturmaximen im Kontext der Lebenswertorientierung über adäquate Optionen für eine Aktivierung und Nutzung der Ressourcen des Gemeinwesens (BMJFFG 1990, 86 ff.). Dafür ist Transparenz in der Kooperation, Koordination und Planung aller Dienste, Angebote und Maßnahmen wesentlich und die Teilhabe der NutzerInnen gefordert. Die Entwicklung der Leistungen muss zudem in der Region offen und für alle zugänglich erfolgen. Schließlich muss es zwischen freien Trägern und der Kommune klare Absprachen, eine gemeinsame Planung mit nachvollziehbaren Standards und entsprechender Überprüfung geben. Soll sich Partizipation in Lebensweltorientierung und Transparenz realisieren, müssen sowohl öffentliche als auch freie Träger ihre unterschiedlichen Funktionen in Bezug auf Planung

und Entwicklung, Beratung, Controlling und Bewilligung / Prüfung / Verwaltung offen legen. Dafür ist nun eine komplexe Kommunikationskultur erforderlich und sogar „Streitkultur verstanden als die Fähigkeit, die jeweils eigenen Standpunkte zu behaupten und sich doch in offen ausgetragenen Unterschiedlichkeiten und Konflikten zu verständigen" (BMJFFG 1990, 201).

Eine darauf ausgerichtete Politik müsste die Gegebenheiten für eine Regionalisierung bzw. einen Sozialraumbezug politischer und sozialer Strategien fördern: Es werden lokale „Umsetzungsbedingungen" unterstützt, ohne die angestrebten Ergebnisse vorab zentral-administrativ zu definieren. Sowohl in der Administration als auch bei Kooperationsbeziehungen mit Dritten wird die Entwicklung eines „aktiven Vertrauens" gefördert. Den NutzerInnen bzw. Betroffenen wird ausdrücklich Autonomie gewährt; für diese Autonomie werden Ressourcen – auch materielle Güter – bereitgestellt. Der Informationsfluss von unten nach oben und die Anerkennung von Autonomie erfordern dezentrale Entscheidungsstrukturen. Eine Neudefinition der politischen Macht zur Aufrechterhaltung der Autorität der Zentralgewalt (auf der jeweiligen Ebene) im Kontext einer vermehrten Legitimität durch Dezentralisierung erscheint notwendig. „Aktives Vertrauen verlangt die vermehrte (Sichtbarkeit) sozialer Beziehungen, trägt aber auch seinerseits aktiv dazu bei, diese Sichtbarkeit zu steigern." (Giddens 1997, 136)

Die Zielsetzung lautet, angesichts der „hergestellten Unsicherheiten" moderner Gesellschaften einen integrierten, demokratischen Prozess Sozialer Arbeit zur Verbesserung und Angleichung von Lebenschancen zu organisieren. Problemlagen / Lebenslagen (Böhnisch / Schefold 1985) sollen – als subjektive Lebensäußerung / individuelle Biografie in der objektiven Schnittstelle von individueller und gesellschaftlicher Reproduktion bzw. sozio-ökonomischer und sozial-räumlicher Lebenswelt – in den Kontext ihrer strukturell-gesellschaftlichen Verursachungszusammenhänge gestellt und systematisch auf die verschiedenen Ebenen von Bearbeitungsstrategien einer strukturorientierten Sozialarbeit / Sozialpädagogik bezogen werden. Einzubeziehen sind dann: die normative Ebene (Recht, Leistungsgesetze), die materielle Ebene (Geld, Einrichtungen), die methodische Ebene (professionelle Dienste,

Empowerment, Selbsthilfe) und die politische Ebene (Selbstorganisation, demokratische Teilhabe). „Auf dieser Weise ergänzen sich kommunale Sozialpolitik und Sozialarbeitspolitik im Kontext anderer örtlicher Politiken unter der Zielsetzung der sozialen Ausgestaltung lokaler Lebensbedingungen zur sozialen Kommunalpolitik." (Olk / Otto 1981, 118)

Eine substanzielle Verbesserung der Produktivität und Qualität Sozialer Dienste kann schließlich nur durch die Stärkung der Nachfrageseite in der Sozialen Arbeit erreicht werden; dafür ist ein systematischer Wechsel von den institutionellen und organisatorischen Perspektiven hin zur Perspektive der NutzerInnen notwendig. Damit beruht der Erfolg Sozialer Dienste als sozialstaatliche Veranstaltung zentral auf der bürgerrechtlichen Absicherung der Partizipation der nachfragenden Subjekte – sowohl hinsichtlich der Bedürfnisadäquatheit als auch für die Effizienz und Effektivität sozialer Dienste (Schaarschuch 1996, 20). Es bleibt fortwährend zu begründen, welchen Beitrag wohnortnahe Dienste und Einrichtungen hier leisten (können), wenn sie sich öffnen und so ein Erproben demokratischer Strukturen und gleichzeitig ein Einwirken auf andere Politikbereiche möglich machen. Gefordert ist dafür sowohl die Vernetzung von Planungsprozessen als auch das Angebot neuer Kooperationsformen für die BürgerInnen. Vor allem eine sozialraumbezogene Organisation Sozialer Dienste wird am ehesten an der Eigenverantwortung und den produktiven Ressourcen der Menschen anknüpfen (Marquard 2004).

Dies macht eine immer wieder stattfindende Rückbindung professioneller Praxis an die Rechte und Interessen der NutzerInnen der Sozialen Dienste und an die gesellschaftlichen Prozesse, auf die sich ihre Intervention bezieht, notwendig. Damit ist die Differenz markiert zwischen dem Wissen und dem Kontext seiner Nutzung: Der oder die Professionelle muss die Spannung zwischen Wissen und Nichtwissen handelnd bewältigen – ist doch die dem Laien / Betroffenen und dem / der Professionellen zugemutete Handlungskompetenz nicht (immer) identisch mit routinisierten Wissenskomponenten (Dewe / Otto 2005, 1414). Professionelles Handeln soll Umsetzungsstrategien für eine Fachlichkeit integrieren, die Interaktionen gestalten sowie Ressourcen fördern und nutzen will, die methodisch auf die Kontextualität von Problemen

und Lösungsmöglichkeiten bzw. Umgangsweisen sowie die Kulturalisierung als Förderung der Identifikation mit der eigenen Alltagskultur setzt.

Dies verweist auf eine politische Dimension, „demokratische Rationalität als Steuerungselemente moderner personenbezogener Dienstleistungstätigkeit" (Dewe / Otto 2005) zu etablieren. Besonders in personenbezogenen sozialen Dienstleistungsberufen ist ein bisher tradiertes Verständnis von Professionalisierung nicht der eindeutige Weg zur Realisierung von Rationalitätsstandards. Professionelles Handeln basiert jedoch immer auf – nicht jedermann zugänglichem, wissenschaftlichem – Wissen und entsprechend spezifischen Methoden; es zielt in der Regel auf die (Wieder-)Herstellung oder Durchsetzung zentraler gesellschaftlicher Werte. Es gilt, die Differenz zwischen dem prinzipiellen Anspruch professionellen Wissens auf rationale Problemlösungen und dem faktischen, in die situativen Aushandlungsprozesse eingelassenen Arbeitswissen bewusst zu bearbeiten. Gleichermaßen bleibt die Differenz zwischen den generalisierten Problemlösungsangeboten und den lebenspraktischen Perspektiven der Betroffenen. Wesentliches Ziel derartiger AdressatInnen-orientierter Handlungsmuster ist der Abbau jener bürokratischen Organisationsstrukturen, die problemadäquaten Handlungsstrategien entgegenstehen.

Grundlegend bleibt dafür eine professionelle Ebene, die Reflexivität und demokratische Rationalität, Handlungsprinzipien einer auf die Mobilisierung von Ressourcen zielenden Fachlichkeit und ein auf Teilhabe aller zielendes sozialpolitisches Engagement für eine solidarische Gesellschaft begründet und fördert. Sozialraumbezug und kommunikative Aushandlungsprozesse beschreiben dann wesentliche Instrumente der umsetzungsbezogenen Arbeitsebene. Fachliche Prinzipien beziehen sich auf Lebensweltorientierung und damit auf Gemeinwesenbezug, Aktivierung und Beteiligung der NutzerInnen, Sozialberichterstattung und beteiligungsorientierte Sozialplanung, Ko-Produktion sowie lokale Demokratie. Auf der Ebene der Organisation geht es um eine zielgerichtete, fachlich angeleitete Optimierung der Aufbau- und Ablauforganisation im Kontext einer professionstheoretisch begründeten Organisationsentwicklung; es geht um (neue) Steuerungsinstrumente (Ressourcenverantwortung, Controlling) und damit um die fachliche / örtliche / materielle

Zuständigkeit für die operative Steuerung. Dazu gehört die Personalwirtschaft und Personalentwicklung (als strategische Leitungsaufgabe) ebenso wie die Budgetverantwortung.

Eine so angelegte Professionalisierungsdiskussion zielt auf die Rekonstruktion eines reflexiven Handlungstypus. Dabei wird die *Potenzialität* der professionellen Handlungsqualitäten in der Sozialarbeit / Sozialpädagogik in den Mittelpunkt der Analyse gerückt. So lautet eine erste Definition: Professionalität materialisiert sich in einer spezifischen Qualität sozialpädagogischer Handlungspraxis, die eine Erhöhung von Handlungsoptionen, Chancenvervielfältigung und die Steigerung von Partizipations- und Zugangsmöglichkeiten auf Seiten der Klienten zur Folge hat (Dewe / Otto 2005, 1400).

Kommunalpolitische Aushandlungsprozesse

In einem permanenten Aushandlungsprozess zur Qualität und Quantität der je örtlichen sozialen Infrastruktur ist die Kommune als *politischer Sozialraum* ein greifbares, gestaltbares Gebilde. Dabei müssen sich die ProtagonistInnen von Professionalität und sozialpolitischer Fachlichkeit immer auch mit den VertreterInnen anderer Interessen auseinandersetzen: Auch fachlich überzeugende Prinzipien und begründete Handlungsstrategien für die Jugendpolitik und Soziale Dienste insgesamt bedürfen vor Ort sowohl der Akzeptanz bei den – potenziellen – NutzerInnen wie ebenso der politischen und materiellen Unterstützung durch die – der regelmäßigen (Wieder)wahl unterworfenen – politischen Gremien. Anders gewendet geht es um das *Beziehungsgefüge* von Individuen / NutzerInnen zur Politik / Öffentlichkeit und zu den Sozialen Diensten / Verwaltung und damit um demokratische Legitimation, professionelle (personenbezogene soziale) Dienstleistungsarbeit und die Bereitstellung wie Begründung der erforderlichen Ressourcen für die Soziale Arbeit. Eingebunden in die aktuelle fachpolitische Debatte um Ziele, Standards und professionelle Anforderungen einer modernen Sozialen Arbeit wird deutlich, dass das Beziehungsgefüge zwischen Individuen (NutzerInnen) – Bürgerschaft (Politik) – Sozialen Diensten (Jugendamt) gerade auf der kommunalpolitischen Ebene als eminent

politischer Aushandlungsprozess zwischen prinzipiell berechtigten, konkurrierenden Interessen zu begreifen ist und gleichermaßen unter machtpolitischen Gesichtspunkten interpretiert bzw. gestaltet werden muss!

Zu einer Umsetzung im Gemeinwesen gehören unter anderem öffentliche Foren der Auseinandersetzung über Ziele, Inhalte und Methoden in Form von Armutskonferenzen, Arbeitsmarktkonferenzen, Sozialgipfel usw.; diese könnten insbesondere von VertreterInnen von Wohlfahrtsverbänden, Gewerkschaften, Kirchen, Hochschulen und betroffenen Initiativen getragen und gestaltet werden. Insgesamt können mindestens drei Ebenen identifiziert werden, um eine solche Öffnung und Demokratisierung institutionalisierter Prozesse voranzubringen: Auf der kommunalen Ebene gibt es die politischen und sozialpolitischen Aushandlungs- und Entscheidungsstrukturen; dann gibt es die Verfahren in Institutionen und Einrichtungen; schließlich geht es um den Status der NutzerInnen in der Interaktion mit Professionellen (Schaarschuch 1996, 24 ff.). Eine sozialräumliche Regionalisierung bleibt dafür ein wesentliches Arbeitsprinzip, das die Integration verschiedener Bedingungen bzw. Ziele zulässt oder gar fördert: Eigenverantwortlichkeit, Selbsthilfe, Selbstorganisation, Teilhabe; reflexive Kommunikation und dialogische Politik; Professionalität, Ganzheitlichkeit, Normalisierung; Bürgerfreundlichkeit, Verwaltungsmodernisierung und Effizienz.

Entscheidend für eine Modernisierung des Sozialstaates im Interesse von Kindern und Jugendlichen, Familien und Menschen in benachteiligten bzw. benachteiligenden Lebenslagen ist ein Perspektivenwechsel, der die bisherige Beschränkung der Debatten und Bemühungen auf die Reform der Sozialversicherungssysteme aufgibt. Dabei bleibt gleichfalls eine auf den Kinderschutz, die – real zu Beginn des 21. Jahrhunderts nicht wirklich gestiegene – Jugendkriminalität oder andere Phänomene bzw. sogenannte Problemgruppen verkürzte oder beschränkte Debatte grundsätzlich unterkomplex und nährt (so) die Illusion, wesentliche Versäumnisse bei der Gestaltung positiver Bedingungen für das Aufwachsen durch immer umfassendere Kontrollmechanismen und Repression für die Mehrheitsgesellschaft erträglich gestalten zu können. In den Vordergrund rücken muss die stärkere politische Gestaltung und Absicherung der sozialen Infrastruktur für alle (potenziellen) NutzerInnen einschließlich der Nutzung und des Ausbaus verschiedener Formen der Selbstorganisation und Interessensvertretung: Auftrag ist also die Gestaltung gedeihlicher Bedingungen für ein „Aufwachsen in öffentlicher Verantwortung" (BMFSFJ 2002). Es geht um die selbstverständliche Erreichbarkeit professioneller Dienste im Alltag, damit *Prävention* durch allgemeine Förderung und Hilfe bei der Bewältigung schwieriger Lebenslagen möglich wird – ohne vorherige Diskriminierungsprozeduren und Defizitzuschreibungen als (rechtliche) Voraussetzung für eine Leistungsgewährung. Damit geht es auch um die Gestaltung von Rahmenbedingungen (die Bedingung für die Möglichkeit) zur Befähigung der Nutzung eigener Kompetenzen. Und im konkreten gesellschaftlichen Gefüge eines Gemeinwesens geht es damit schließlich ebenso um die Mobilisierung und eigen-sinnige Nutzung von bürgerschaftlichem Engagement.

Die mit dem Begriff der *reflexiven Modernisierung* zusammengefassten gesellschaftlichen Umbruchprozesse erfordern tatsächlich enorme Umstellungen auch in der Organisation unseres (kommunalen) Gemeinwesens. Soziale Arbeit kann auf eine lange Tradition entsprechender Konzepte zurückgreifen; selbstkritisch und politisch bleibt nach den Ursachen für die bisher mangelhafte Umsetzung zu fragen. Gleichzeitig kann jedoch selbstbewusst und pragmatisch festgestellt werden, dass Soziale Dienste fachlich und organisatorisch über moderne Konzepte verfügen, die für eine solidarische sozialstaatliche Reform anschlussfähig sind. Die Kritik an politischen Mechanismen, Forderungen nach Verwaltungsmodernisierung und Beteiligung der Bürgerschaft lassen sich als Ausdruck einer gesteigerten sozialen Reflexivität verstehen. In diesem Kontext bleibt Demokratie nicht (nur) ein Mittel der Interessenvertretung, sondern wird (auch) zu einem Verfahren zur Schaffung eines öffentlichen Forums, in dem durch dialogische Aushandlung in persönlicher und sozialer Verantwortung statt durch Rückgriff auf Macht die Konflikte (zumindest) geregelt werden (Giddens 1997). In einer kritischen Analyse dieser Entwicklungsoption bleibt allerdings auch die staatliche Instrumentalisierung des Konzepts vom „Fördern und Fordern" als Ausdruck einer neuen Art von Sozialstaatlichkeit im Sinne einer Neubestimmung von Subsidiarität und Solidarität im Spannungsverhältnis der staatlichen Absicherung von Lebensrisiken, sozialer Fürsorge und öffentlicher Kontrolle privater Lebensführung kritisch zu prüfen.

Eine hier geforderte und begründete – umfassende, verschiedene Politik- und Gesellschaftsbereiche betreffende – Infrastruktur in Form von Diensten, Einrichtungen und öffentlichen „Gelegenheiten" muss und kann nur vor Ort in den Kommunen gestaltet werden; ihre Konzipierung und Finanzierung bleibt allerdings eine gesamtgesellschaftliche Aufgabe!

Literatur

Arbeitsgemeinschaft für Jugendhilfe (AGJ) (Hrsg.) (1998): Einheit der Jugendhilfe. 50 Jahre Arbeitsgemeinschaft für Jugendhilfe. Eigenverlag, Bonn

Bissinger, S., Böllert, K., Liebig, R., Lüders, C., Marquard, P., Rauschenbach, T. (2002): Grundlagen der Kinder- und Jugendhilfe. Strukturanalysen zu fachlichen Eckwerten, Organisation, Finanzen und Personal. In: BM für Familie, Senioren, Frauen und Jugend (Hrsg.), Band 1, 9–104

Böhnisch, L., Schefold, W. (1985): Lebensbewältigung. Soziale und pädagogische Verständigungen an den Grenzen der Wohlfahrtsgesellschaft. Juventa, Weinheim

Bronke, K. (2004): Die Organisation der kommunalen Sozialen Dienste. Verlag Universität Bremen / Akademie für Arbeit und Politik, Bremen

BM für Familie, Senioren, Frauen und Jugend (BMFSFJ) (Hrsg.) (2002): Elfter Kinder- und Jugendbericht. Eigenverlag, Berlin

– (Hrsg.) (1994): Neunter Jugendbericht. Eigenverlag, Bonn

– (Hrsg.) (1990): Achter Jugendbericht. Eigenverlag, Bonn

Deutscher Verein (DV) (Hrsg.) (2007): Sozialraumorientierung – ein ganzheitlicher Ansatz. Eigenverlag, Berlin

Dewe, B., Otto, H.-U. (2005): Profession. In: Otto, H.-U., Thiersch, H. (Hrsg.) (2005): Handbuch Sozialarbeit / Sozialpädagogik. Ernst Reinhardt, München / Basel, 1399–1423

Giddens, A. (1997): Jenseits von Links und Rechts. Frankfurt / M.

INSO (Institut für Sozialplanung und Organisationsentwicklung e. V.) (Hrsg.) (2007): Untersuchung zur Erreichung der quantitativen und qualitativen Leistungsziele der Ambulanten Sozialen Dienste in den Sozialzentren der Stadtgemeinde Bremen. Eigenverlag, Essen

Kessl, F., Reutlinger, Ch., Maurer, S., Frey, O. (Hrsg.) (2005a): Handbuch Sozialraum. VS, Wiesbaden

–, Maurer, S. (2005b): Soziale Arbeit. In: Kessl, F., Reutlinger, Ch., Maurer, S., Frey, O. (Hrsg.), 111–128

Kommunale Gemeinschaftsstelle (KGSt) (Hrsg.) (1994): Outputorientierte Steuerung der Jugendhilfe. Band 9. Köln

Kreft, D. (2001): Vom Ende fachlicher und rechtlicher Beliebigkeit in der Kinder- und Jugendhilfe. neue praxis 5, 437–443

Krummacher, M., Kulbach, R., Waltz, V., Wohlfahrt, N. (2003): Soziale Stadt – Sozialraumentwicklung – Quartiersmanagement. VS, Wiesbaden

Löw, M., Sturm, G. (2005): Raumsoziologie. In: Kessl, F., Reutlinger, Ch., Maurer, S., Frey, O. (Hrsg.), 31–48

Marquard, P. (2006): Tagungsdokumentation „Sozialräumliche, quartiersbezogene Organisationsstrukturen und Handlungsstrategien im Verhältnis zu zentralen Strukturen und deren kommunaler Aushandlungsprozess" 23.–24.05.06 in Berlin. In: www.eundc.de/pdf/49012.pdf#search=‚sozialraeumliche %20quartiersbezogene'., 01.04.2010

– (2004): Sozialraumorientierung und Demokratisierung – Gesellschaftspoltische, fachliche und organisatorische Umsetzungsbedingungen für ein altes, neues Arbeitsprinzip. Nachrichtendienst des Deutschen Vereins (NDV) 4, 117–124

Mielenz, I. (1981): Die Strategie der Einmischung – Soziale Arbeit zwischen Selbsthilfe und kommunaler Politik. neue praxis Sonderheft 6, 57–67

Müller, S., Otto, H.-U. (1980): Gesellschaftliche Bedingungen und Funktionsprobleme der Organisation sozialer Arbeit im Kontext staatlichen Handelns. neue praxis Sonderheft 5, 5–29

Müller, C. W. (1994): JugendAmt – Geschichte und Aufgabe einer reformpädagogischen Einrichtung. Beltz, Weinheim / Basel

Oelschlägel, D. (2005): Gemeinwesenarbeit. In: Otto, H.-U., Thiersch, H. (Hrsg.), 361–367

Olk, Th. (2007): Kinder im „Sozialinvestitionsstaat". Zeitschrift für Soziologie der Erziehung und Sozialisation 1, 43–57

–, Otto, H.-U. (1985): Gesellschaftliche Perspektiven der Sozialarbeit 4. Lokale Sozialpolitik und Selbsthilfe. Luchterhand, Neuwied

–, – (1981): Wertewandel und Sozialarbeit – Entwicklungsperspektiven kommunaler Sozialarbeitspolitik. neue praxis 2, 99–146

Pluto, L., Gragert, N., Santen, E. van, Seckinger, M. (2007): Kinder- und Jugendhilfe im Wandel. Eine empirische Strukturanalyse. DJI Verlag, München

Prigge, R., Schwarzer, Th. (2007): Lokale Sozialpolitik in Bremen und Hannover. Ein Bericht über die vergleichende Analyse der Steuerung von Leistungen großstädtischer Sozialpolitik. SachBuch Verlag Kellner, Bremen

Schaarschuch, A. (1996): Der Staat, der Markt, der Kunde und das Geld …? Öffnung und Demokratisierung – Alternativen zur Ökonomisierung sozialer Dienste. In: Flösser, G., Otto, H.-U. (Hrsg.): Neue Steuerungsmodelle für die Jugendhilfe. Luchterhand, Neuwied, 12–32

Thiersch, H. (2000): Lebensweltorientierung in der Sozialen Arbeit – als radikalisierendes Programm. In: Müller, S., Sünker, H., Olk, Th., Böllert, K. (Hrsg.): Soziale Arbeit. Gesellschaftliche Bedingungen und professionelle Perspektiven. Luchterhand, Neuwied / Kriftel, 529–545

Wendt, W. R. (1989): Gemeinwesenarbeit. In: Ebbe, K.: Milieuarbeit: Grundlage präventiver Sozialarbeit im lokalen Gemeinwesen. Kleine Verlag, Stuttgart, 1–34

Wienand, M. (2006): Sozialsystem und soziale Arbeit in der Bundesrepublik Deutschland. Verlag Deutscher Verein für öffentliche und private Fürsorge, Berlin

Körper – Leib – Soziale Arbeit

Von Bettina Hünersdorf

Einleitung

Als Stichworte tauchen in den einschlägigen Handbüchern der Sozialen Arbeit die Begriffe Körper und Leib noch wenig auf. In der lebensweltorientierten Sozialpädagogik, bei der aufgrund ihrer phänomenologischen Tradition ein Bezug auf den Leib wahrscheinlich wäre, findet keine explizite Auseinandersetzung mit diesem Thema statt (Hünersdorf 1999). In der Systemtheorie spielt der Körper aufgrund der Fokussierung auf den Kommunikationsbegriff ebenfalls eine untergeordnete Rolle (Weinbach 2004, 69). Einzig und allein in der an Bourdieu, Foucault und Butler anschließenden poststrukturalistischen Theoriebildung der Sozialen Arbeit bzw. Pädagogik gewinnt der Körper Relevanz (Tervooren 2006).

Diese „Verdrängung" des Körpers aus den theoretischen Diskursen der Sozialen Arbeit steht im Missverhältnis zu der Tatsache, dass der Körper heute als gefährdet wahrgenommen und aus diesem Grunde durch „Techniken der individuellen Selbstvergewisserung und Problemlösung" (Rittner 1999, 107; Preuss-Lausitz 2003, 18; Baur / Miethling 1991, 174) in den Blick gerät. Das Gefühl der Verantwortlichkeit für den eigenen Körper wird in allen Altersgruppen als das wichtigste Moment des Körperkonzepts dargestellt (Kluge et al. 1999, 61). Die Wahrnehmung der Gefährdung hat einen Aufforderungscharakter, etwas aktiv zu tun, indem etwas Positives – eben die Fitness, der Spaß und die Gesundheit – der Verletzlichkeit des Körpers entgegengesetzt wird (Rittner 1999, 109). Dabei geht es aber nicht nur um den energetischen, sondern zugleich auch um den symbolischen Körper. Denn das körperorientierte Verhalten trägt zur Individualisierung bei, indem der Fitness-, Gesundheits- und Schönheitsboom als „Artikulations-, Gesittungs- und Gesellungsform" (Frohmann 2003, 147) des „performing self" verstanden wird.

In den folgenden Ausführungen sollen zunächst die grundlegenden Begriffe wie Körper und Leib dargestellt werden. Danach wird die Vergesellschaftung des Körpers sowohl im Hinblick auf die soziale (Wissen und Macht) als auch auf die zeitliche Dimension (Körperkarriere) näher in den Blick genommen. Abschließend wird auf die Bedeutung des Körpers bei der empirischen Fundierung der Sozialen Arbeit näher eingegangen.

Begriffliches: Körper und Leib

Die Differenzierung zwischen Körper und Leib findet nur in der deutschen Sprache ihren Ausdruck. Frankenberg weist darauf hin, dass im englischen Sprachgebrauch Begriffe wie „lived body" und insbesondere „flesh" und „incarnate body" gebraucht werden, um die leibliche Dimension auszudrücken (Frankenberg 1990, 355).

Mit dem Körper steht häufig die Körperbeherrschung im Vordergrund, wie sie u.a. von Elias (1995) in seinem Werk „Über den Prozeß der Zivilisation" beschrieben wurde. Soziale und soziomaterielle Strukturen legen eine bestimmte Form der Körperbeherrschung nahe (Rumpf 2007, 5 f.), die einen jeweils spezifischen Zugang zur Welt eröffnet und andere verschließt. Häufig ist bei der Thematisierung des Körpers eine Differenzierung zwischen einer Körperkultur und einer Kultur des Körpers (9) zu beobachten. Während die Körperkultur die Wirklichkeit des Körpers in seinen positiven wie negativen, in seinen kulturellen sowie kultischen Ausformungen beschreibt, wird die Kultur des Körpers, welche in diesem Zusammenhang häufig mit Leib bezeichnet wird, dem entgegengesetzt.

Otto/Thiersch (Hg.), Handbuch Soziale Arbeit, 4. A., DOI 10.2378/ot4a.art083,

In der phänomenologischen Tradition wird der Leib im Sinne des „lived body" verstanden, der zwischen Bewusstsein und Welt vermittelt. Im Vorwort zur „Phänomenologie der Wahrnehmung" bringt Boehm dieses zum Ausdruck: „Der Leib ist schlechthin unser Gesichtspunkt zur Welt […] ohne den wir, nicht mehr weltzugehörig, überhaupt nichts zu sehen vermöchten, und damit zugleich der phänomenale Bereich dafür, daß wir Gesichtspunkte einnehmen müssen, um was auch immer zu sein" (Boehm 1996, V). Der Leib ist demnach die Selbstvorfindlichkeit des Ichs, hinter die es nicht zurück kann (Waldenfels 1980, 39).

In „Das Sichtbare und das Unsichtbare" betont Merleau-Ponty, dass der Leib einerseits Voraussetzung für die Wahrnehmung ist, dass er aber andererseits im Augenblick der Wahrnehmung verschwindet. „Mich berühren, sich sehen bedeutet, von sich selbst einen solchen spiegelhaften Extrakt zu erhalten" (Merleau-Ponty 1986, 322). Auf diesem Hintergrund kann gesagt werden, dass wir bewusst sind, weil wir beweglich sind und umgekehrt: „Wir sind beweglich, weil wir bewusst sind" (Merleau-Ponty 1973, 79). Es handelt sich somit um eine polymorphe Struktur von „leib-situativer Kontext".

Milz und Ots betonen die Notwendigkeit, sowohl die Möglichkeit des Körper-Habens und die damit einhergehenden institutionellen Erwartungen, als auch die des Leib-Seins in den Blick zu nehmen. Sie plädieren im Sinne Plessners (1981, 381 ff.) dafür, von der Doppelexistenz auszugehen (Milz / Ots 1999, 159; Kubitza 2005; Gugutzer 2004).

Körperdisziplinierung: die Bedeutung von Wissen und Macht im Kontext von Gesundheit

Foucault beschreibt in seinen genealogischen Untersuchungen, wie seit dem 18. Jahrhundert – insbesondere im 19. Jahrhundert – der Körper in der Gesellschaft in einer quasimedizinischen Weise geschützt werden muss. Die Produktion von effektiven Instrumenten, um Wissen zu akkumulieren und zu formieren (Methoden der Beobachtung, Dokumentation, Untersuchungen, Kontrollapparate), trägt dazu bei, dass der Körper in einen Wissensapparat mündet (Foucault 1980, 102), der Grundlage für seine disziplinierende Kontrolle

wird. Das Individuum „with his identity and characteristics, is the product of a relation of power exercised over bodies, multiplicities, movements, desires, forces" (74). Während mit der Disziplin das Objekt Körper bzw. der Körper-Mensch korrespondiert, „entspricht den Regulierungen der Bio-Macht das Objekt der Bevölkerung […]. Sind die Machteffekte in einem Fall individualisierend, so sind sie im anderen Fall massenkonstituierend" (Biebricher 2005, 302 f.). Die zwei Seiten einer politischen Rationalität richten sich „auf Kontrolle des einzelnen lebenden Körpers und das Leben der gesamten Bevölkerung" (303).

Diese Form der Körperdisziplinierung zeigt sich insbesondere im Kontext von Gesundheit, in dem es um die gesellschaftliche Erwartung der Selbstdisziplinierung in Bezug auf „Risikoverhaltensweisen" wie Ernährung, Bewegung etc. geht. Darüber hinaus spielt Körperdisziplinierung im Zusammenhang mit der Kindeswohlgefährdung durch (sexuellen) Missbrauch eine größere Bedeutung. Hier bezieht sich die Körperdisziplinierung auf das Verhältnis zum Anderen.

Die Gesundheit ist eines der Themen mit massenkonstituierendem Charakter. Kickbusch führt aus, dass die Allgegenwärtigkeit der Gesundheit in der modernen Gesellschaft nicht mehr nur Ergebnis anderer gesellschaftlicher Prozesse ist, sondern eine Eigendynamik entwickelt hat (Kickbusch 2006). Der Fokus liegt auf einem allumfassenden, jeden einbeziehenden Sicherheitsparadigma (Frehsee 2001, 58). Aus dieser Perspektive erscheint Krankheit als Zeichen für das Versäumnis, sich selbstverantwortlich um seine Gesundheit zu sorgen (Dollinger 2006, 185). Die individualisierenden Zuschreibungsprozesse von Verantwortung gehen mit der Disziplinierungsarbeit einher (Schmidt-Semisch 2007).

Der zentrale Bezugspunkt für die Allgegenwärtigkeit von Gesundheit bildet die Prävention von Risikoverhaltensweisen. Die Forderung, sich gesund zu verhalten und selbst für die Gesundheit verantwortlich zu sein, wie sie sich aktuell in der Ernährungskampagne „In Form – Deutschlands Initiative für gesunde Ernährung und mehr Bewegung" zeigt, wirkt angesichts der sozialepidemiologischen Ergebnisse als eine Sisyphusarbeit. Das Subjekt taucht in solchen Programmen in der „Doppelbewegung von Unterwerfung und Subjektwerdung auf: als produziertes und zugleich aktives, Macht ausübendes und zur Selbstführung fähiges Subjekt" (Pieper / Rodriguez 2003, 8), obwohl die Lebensbedingungen zu über 50 % für die Lebensdauer verantwortlich sind (Marmot 1996, 413; Schrijvers et al. 1999; Stronks et al. 1996). Die bekannten, selbst zu verantwortenden gesundheitsrelevanten Verhaltensweisen sind hingegen nur für ca. ein Viertel der Sterblichkeit relevant (Siegrist 1999, 106). Es handelt sich sozusagen um einen Pareto-Effekt, bei dem das Individuum nur mit einem sehr hohen Energieaufwand potenziell ca. 20 % des Effekts erreichen kann. Gesundheitsriskante Verhaltensexzesse können unter diesen Umständen auch als Widerstand gegen eine „medikalisierte" Vorstellung von Essen, Alkoholkonsum, etc. betrachtet werden (Rose 2005; Sting 1999).

Bei Jugendlichen beeinflusst der sozioökonomische Hintergrund das Gesundheitsverhalten, indem die finanzielle Sicherheit die Wahrscheinlichkeit des Gesundheitsverhaltens steigert. Auf das Risikoverhalten bezogen kann dieser Zusammenhang nur bei manchen Risikoverhaltensweisen wie z. B. beim Essen, nicht hingegen bei Drogen, Alkohol etc. festgestellt werden (Currie et al. 2008). Deswegen ist gerade bei Jugendlichen die entwicklungsbezogene Funktion des Risikoverhaltens zu berücksichtigen (Sting 1999, 493). Der Jugendliche steht vor der Herausforderung, sich mit den „auffallenden" organischen Veränderungen auseinanderzusetzen (Baur / Miethling 1991, 173; Prendergast 1992, 1). Diese kulturelle Transformation des biologischen Ereignisses wird insbesondere für Mädchen virulent. Wenn Mädchen in dieser Zeit eine höhere, insbesondere psychosoziale Beschwerdelast zeigen (Kolip 1997, 238), während Jungen durch Risikoverhalten zu vermehrter Unfallgefahr tendieren, ist dieses als „doing gender" in der Jugendkultur zu verstehen (Kolip 1997, 271). Die Form des Embodiment ist eine diskursive und eine materielle Praktik, die den Körper durch die performative Darstellung im Sinne einer „kulturellen Sexualisierung" (Kelle 2003, 74) materiell prägt.

In der Jugendphase gelten das Ausprobieren des eigenen Körpers, Grenzerfahrungen oder die Suche nach Anerkennung durch Extremverhalten als wichtige Bestandteile jugendkultureller Lebensstilbildung und individueller Selbstbildung (Homfeldt / Sting 2006, 141). Entgegen der öffentlichen und sozialpolitischen Problematisierung des Risikoverhaltens wird im Kontext der Sozialen Arbeit

darauf hingewiesen, dass bei wenigen Jugendlichen das auf Gesundheit bezogene Extremverhalten aus langfristiger Perspektive problematisch ist (Currie et al. 2008). Nur wenn kritische Lebensereignisse den Lebenslauf bestimmt haben (Kolip 1997, 265), besteht die Gefahr, dass riskantes Gesundheitsverhalten in der Jugend zur Konditionierung der Körperkarriere als Krankheitskarriere beiträgt. Der sich riskant verhaltene Jugendliche macht etwas aus der Erfahrung des riskierten Körpers und der riskierte Körper macht aber auch etwas mit ihm. Das Leiden ist als Schnittpunkt in der Genese der Wandlungen lokalisierbar (v. Weizäcker 1986, 184 f.).

Durch biografische Reflexion werden in der Sozialen Arbeit die doppelte Gegebenheit des Körpers – als objektiver Körper und als gelebter Körper – zur Kenntnis genommen und die Widerstände gegenüber den an den Körper gerichteten gesundheitsbezogenen Erwartungen thematisiert. Krankheit und gesundheitsriskantes Verhalten werden im Hinblick auf die ihr zugrunde liegenden Gestaltungskräfte unter Berücksichtigung der strukturellen und lebensweltbezogenen Rahmenbedingungen und den damit einhergehenden Möglichkeiten und Beschränkungen in den Blick genommen (Sting 1999; Hünersdorf 2002, 243).

Der gesellschaftlich erwartete Umgang mit Risikoverhaltensweisen strukturiert nicht nur das Selbstverhältnis als Disziplinierung, sondern auch das Verhältnis zum anderen. Der in den Medien zu Recht geführte Diskurs über (physische) Gewalt in Generationen- und Geschlechterverhältnissen fördert diese Entwicklung. Angesichts der Häufigkeit von Gewalterfahrungen in Familien (5–34 % der Mädchen und 2–11 % der Jungen werden sexuell ausgebeutet und 5–15 % der Kinder werden massiv körperlich misshandelt (Seith 2009)) werden die Grenzen der privaten Sorge deutlicher gesehen, sodass öffentliche Erziehung gefordert ist (Rose 2005). In der öffentlichen Erziehung wird vor dem Hintergrund der hohen Wahrscheinlichkeit der Reinszenierung der sexuellen Gewalterfahrung (Conen 2004, 11) gefordert, dass eine sexuelle Ausbeutung der Kinder und Jugendlichen verhindert werden muss. Dabei besteht eine gewisse Ambivalenz: Einerseits wird Berührung als etwas für die kindliche Entwicklung Bedeutsames wahrgenommen (Piper / Stronach 2008, 1 ff.). Andererseits gilt es als riskant, Kinder zu berühren. Die Gefahr sexueller Ausbeutung trägt in der öffentlichen Erziehung potenziell dazu bei, dass Erwachsene sich von Kindern distanzieren und sich einer ständigen Kontrolle unterwerfen. Damit geht einher, dass die Bedürfnisse der Kinder, berührt zu werden, potenziell nicht erfüllt werden. Die Einführung von Richtlinien wie „man" sich zu verhalten hat, ist dabei wenig hilfreich.

„Any attempt to legislate in advance for what will and will not count as ‚moral' conduct undercuts the interpretive procedures that people use to ‚read off' morals and intentions from behaviour. Touch policing disables the socio-cultural ressources that people would otherwise have mobilised in order to deal with these issues on a case-by-case basis". (146)

Problematisch ist es, Berührung zu unterbinden und sich auf ein Risikomanagement einzulassen, welches das eigene persönliche Risiko, schuldig zu sein, durch Einhaltung von Standards zu minimieren versucht. Vielmehr sollte der leib-situative Kontext herangezogen werden, der erkennen lässt, ob jemand übergriffig gewesen ist oder nicht.

Körperkarrieren

Körper/Leib spielt im Kontext des Lebenslaufs eine zentrale Rolle. In seiner organischen Entwicklung ist der Körper jedem in „gewisse[m] Grad ‚auferlegt'" (Baur/Miethling 1991, 171). Organische Reifungs- und Alterungsprozesse sind gegeben. Das körperliche Erscheinungsbild ist nicht beliebig manipulierbar. Dennoch kann festgestellt werden, dass auch die biogenetische Prädisposition durchaus von gesellschaftlichen Entwicklungen und institutionellen Erwartungen abhängig ist. So ist der Alterungsprozess durch die Veränderung der Lebens- und Arbeitsverhältnisse sowie durch die medizinischen Möglichkeiten einerseits deutlich nach hinten versetzt worden. Andererseits tritt die Menarche bei den Mädchen immer früher ein (Fend 1995, 5).

In dem Moment, in dem körperliche Alterungsprozesse in Erscheinung treten, können diese im Umgang mit dem Körper auf unterschiedliche Weise „realisiert" werden (Baur/Miethling 1991, 165). Die dabei entstehende Körperkarriere ist weder eine rein soziale noch eine individuelle Konstruktion. „Der Habitus produziert als Produkt der Geschichte individuelle und kollektive Praktiken, also Geschichte von den von der Geschichte erzeugten Schemata; er gewährleistet die aktive Präsenz früherer Erfahrungen" (Bourdieu 1993, 101). Der Habitus ist in einem sozialen Feld situiert und durch dieses begrenzt. Der Habitus determiniert nicht, schränkt aber Freiheit durch Konditionierung ein. Es besteht zwar die Möglichkeit, habituell vorstrukturierte Schemata zu erweitern, aber diese bilden dennoch einen Rahmen, der nicht grundsätzlich infrage gestellt werden kann.

Altersunterschiede werden bei den Kindern nicht vorausgesetzt und entsprechend zugeschrieben, sondern erst interaktiv bzw. diskursiv hergestellt. Kinder stellen Altersunterschiede interaktiv her, indem Ältere die Schutzbedürftigkeit der jüngeren Kinder anerkennen, diese sich aber gegenüber den Älteren ehrfürchtig zeigen müssen (Kelle 1997, 161). Werden entsprechende Verhaltensregeln nicht eingehalten, ist mit moralischer Empörung zu rechnen. Dadurch werden Altersunterschiede normativ aufgeladen und Maßstäbe für die Altersangemessenheit von Selbstdarstellungen entwickelt.

Darüber hinaus wird im institutionellen Kontext auf der diskursiven Ebene die „Altersstaffelung als Entwicklungsaufgabe begriffen" (163), indem bestimmte Privilegien den Älteren zugeschrieben werden, die für die Jüngeren als anstrebenswert gelten. Dadurch entsteht eine Idealisierung der höheren Klassen, welche durch die Institutionen des Kindergartens und der Schule mittels der Zuteilung von Privilegien belohnt werden. Es werden also Anreize für Kinder geschaffen, sich weiterzuentwickeln, um zu den Größeren gehören zu wollen, sodass sich ein komplexes Generationenverhältnis reproduziert.

Diese Anreize werden in der Peerculture modelliert. „Im Verlauf des Aufwachsens und vor allem am Ende der Kindheit und der beginnenden Adoleszenz [können] die gesellschaftlichen und kulturellen Codes, die dem Lebensalter angemessen zu sein scheinen, verhältnismäßig schnell abwechseln" (Tervooren 2006, 211). Durch Kleidung, Schminke, aber auch durch Bewegungen und die Auswahl von Personen und Räumen können Kinder sich zu männlich oder weiblich wirkenden Jugendlichen stilisieren und zugleich ihre Position im sozialen Feld bestimmen. Kinder und Jugendliche nehmen die Körperstilisierung untereinander wahr und üben durch „Spiele" und Rituale das ein, woran sie sich orientieren, um zu dem zu werden, der / die sie sein möchten (Tervooren 2006). Während sich bei Kindern dies meist in Fantasien abspielt und als Schauspiel getrennt vom Alltagsleben erkennbar ist, verschwindet bei Jugendlichen die Diskrepanz zwischen dem, was ist und dem, wie es sein soll. Denn durch die körperbezogene ästhetische Jugendkultur (Frohmann 2003) wird der Alltag selbst zunehmend als Schaubühne wahrgenommen, auf welcher experimentiert wird. Die inkorporierte Praxis sozialer Erwartungen wird verflüssigt und der Leib wird „als generatives Prinzip sozialen Eigensinns" (Hanses 2003, 30) sichtbar. Diesem kommt eine besondere Rolle als Ausgangspunkt der Neu- und Umstrukturierung zu (Jäger 2004).

Die empirische Fundierung des sozialpädagogischen professionellen Handelns

Während die ethnografischen Untersuchungen in der Kindheitsforschung das „doing gender", das „doing generation" etc. in den Blick nehmen und je nach Perspektive stärker die *Re*produktion von Kultur oder die Re*produktion* von Strukturen beto-

nen, werden z. B. in der Sozialpädagogik die performativen Praktiken professionellen Handelns von Sozialpädagog(inn)en in der Jugendarbeit untersucht. Ausgangspunkt ist die sozialpädagogische Arena als Handlungsraum, der performativ hergestellt wird (Müller et al. 2005, 6; Cloos et al. 2007). „Es ist ein offener Raum, in dem performativ festgelegt wird, nach welchen Regeln dieser aufgeführt wird" (Müller et al. 2005, 6). Dabei spielen Fragen nach Zugehörigkeit eine zentrale Rolle. Sozialpädagog(inn)en müssen sich vor diesem Hintergrund einerseits ihrem Publikum, d. h. den Jugendlichen, ähneln, andererseits aber auch eine gewisse Distanz bewahren. Durch die ethnografischen Forschungen wird gezeigt, wie diese paradoxe Handlungsaufforderung von den Sozialpädagog(inn)en durch körperliche Gestik und Mimik und sprachliche Äußerungen in den Arbeitsbeziehungen gestaltet wird. „Mit den hiermit verbundenen ethnographischen Aufschlüssen der performativen pädagogischen Vollzüge werden zeitliche, räumliche, materielle und personelle Spielräume sichtbar, die nicht unmittelbar mit den gewünschten pädagogischen Intentionen kompatibel erscheinen" (Wulf / Zirfas 2007, 11).

Literatur

Baur, J., Miethling, W. D. (1991): Die Körperkarriere im Lebenslauf. Zeitschrift für Soziologie der Erziehung und Sozialisation (ZSE) 11, 165–188

Biebricher, T. (2005): Selbstkritik der Moderne. Foucault und Habermas im Vergleich. Campus, Frankfurt / M.

Boehm, R. (1966): Vorrede des Übersetzers. In: Merleau-Ponty, V–XX

Bourdieu, P. (1993): Entwurf einer Theorie der Praxis auf der ethnologischen Grundlage der kabylischen Gesellschaft. Suhrkamp, Frankfurt / M.

Cloos, P., Köngeter, S., Müller, B., Thole, W. (2007): Die Pädagogik der Kinder- und Jungenarbeit. VS, Wiesbaden

Conen, M.-L. (2004): Sexueller Mißbrauch durch MitarbeiterInnen in sozialpädagogischen Einrichtungen. Jugendhilfe 42, 11–22

Currie, C., Nic Gabhainn, S., Godeau, E., Roberts, C., Smith, R., Currie, D., Pickett, W., Richter, M., Morgan, A., Barnekow Rasmussen, V. (Hrsg.) (2008): Inequalities in Young People's Health. Health Behaviour in School-Aged Children (HBSC). International Report from the 2005 / 2006 Survey. WHO Regional Office Europe, Kopenhagen

Dollinger, B. (2006): Salutogenese. Macht über die eigene Gesundheit? In: Dollinger, B., Raithel, J.(Hrsg.): Aktivie-

rende Sozialpädagogik. Ein kritisches Glossar. VS, Wiesbaden, 173–190

Elias, N. (1995): Über den Prozeß der Zivilisation. Soziogenetische und psychogenetische Untersuchungen. Bd. 1: Wandlungen des Verhaltens in den weltlichen Oberschichten des Abendlandes. Suhrkamp, Frankfurt / M.

Fend, H. (1995): Jugend – Risikoentwicklungen und pädagogische Handlungsmöglichkeiten. Berichte des Fachbereichs I, Pädagogische Psychologie. Zürich. In: commonweb.unifr.ch/artsdean/pub/gestens/f/as/files/4655/12539_130346.pdf, 21.10.2009

Foucault, M. (1980): Power / Knowledge: Selected Interviews and Other Writings, 1972–1977. Hrsg. v. C. Gordon. Pantheon, New York

Frankenberg, R. (1990): Review Article „Disease, Literature and the Body in the Era of AIDS – a Preliminary Exploration". Sociology of Health and Illness 12, 351–360

Frehsee, D. (2001): Korrumpierung der Jugendarbeit durch Kriminalprävention. Prävention als Leitprinzip der Sicherheitsgesellschaft. In: Freund, T., Lindner, W. (Hrsg.), 51–67

Freund, T., Lindner, W. (Hrsg.) (2001): Prävention. Leske + Budrich, Opladen

Frohmann, M. (2003): Aspekte einer körperbezogenen Jugendsoziologie. Jugend – Körper – Mode. In: Mansel, J., Griese, H., Scherr, A. (Hrsg.): Theoriedefizite der Jugendforschung. Standortbestimmung und Perspektiven. Juventa, Weinheim / München, 144–156

Gugutzer, R. (2004): Zur Mehrdimensionalität des entnaturalisierten Körpers. Transcript, Bielefeld

Häffner, H. (Hrsg.) (1999): Gesundheit – unser höchstes Gut? Springer, Berlin

Hanses, A. (2003): Biographie und sozialpädagogische Forschung. In: Schweppe, C. (Hrsg.): Qualitative Forschung in der Sozialpädagogik. Leske + Budrich, Opladen, 19–42

Hengst, H., Kelle, H. (Hrsg): Kinder – Körper, Identitäten. Theoretische und empirische Annäherungen an kulturelle Praxis und sozialen Wandel. Juventa, Weinheim / München

Homfeldt, H.G. (Hrsg.) (1999): „Sozialer Brennpunkt" Körper. Körpertheoretische und -praktische Grundlagen der Sozialen Arbeit. Schneider Hohengehren, Baltmannsweiler

–, Prümel-Philippsen, U., Roberts-Grossmann, B. (Hrsg.) (2002): Studienbuch Gesundheit. Soziale Differenz – Strategien – Wissenschaftliche Diskussionen. Luchterhand, Neuwied

–, Sting, S. (2006): Soziale Arbeit und Gesundheit. Eine Einführung. Ernst Reinhardt Verlag, München / Basel

Hünersdorf, B. (2002): Soziale Arbeit und Gesundheit. In: Homfeldt, H.-G., Prümel-Philippsen, U., Roberts-Grossmann, B. (Hrsg.), 229–250

– (1999): Die Vernachlässigung des Körpers in der lebensweltorientierten Sozialpädagogik. In: Homfeldt, H.-G. (Hrsg), 97–103

Jäger, U. (2004): Leibhaftiges „Geschlecht". Eine phänomenologische Spurensuche. Ulrike Helmer, Königsstein / Ts.

Kelle, H. (2003): Kinder, Körper und Geschlecht. In: Hengst, H., Kelle, H. (Hrsg.), 73–94

– (1997): „Wir und die anderen". Die interaktive Herstellung von Schulklassen durch Kinder. In: Hirschauer, S., Amann, K. (Hrsg.): Die Befremdung der eigenen Kultur. Suhrkamp, Frankfurt / M., 138–167

Kickbusch, I. (2006): Die Gesundheitsgesellschaft. Megatrends der Gesundheit und deren Konsequenzen für Politik und Gesellschaft. Verlag für Gesundheitsförderung, Gamburg

Kluge, N., Hippchen, G., Fischinger, E. (1999): Körper und Schönheit als soziale Leitbilder. Ergebnisse einer Repräsentativerhebung in West- und Ostdeutschland. Peter Lang, Frankfurt / M.

Kolip, P. (1997): Geschlecht und Gesundheit im Jugendalter. Die Konstruktion von Geschlechtlichkeit über somatische Kulturen. Leske + Budrich, Opladen

Kubitza, T. (2005): Identität, Verkörperung, Bildung. Pädagogische Perspektiven der Philosophischen Anthropologie Helmuth Plessners. transcript, Bielefeld

Marmot, M. (1996): Das gesellschaftliche Muster von Gesundheit und Krankheit. In: Kaiser, G., Siegrist, L., Rosenfeld, E., Wetzel-Vandai, K. (Hrsg.): Die Zukunft der Medizin – Neue Wege zur Gesundheit. Campus, Frankfurt / M., 392–413

Merleau-Ponty, M. (1986): Das Sichtbare und das Unsichtbare. Walter de Gruyter, Berlin

– (1973): Vorlesungen I. Schrift für die Kandidatur am College de France, Lob der Philosophie, Vorlesungszusammenfassungen. Walter de Gruyter, Berlin

– (1966): Phänomenologie der Wahrnehmung. Walter de Gruyter, Berlin

Milz, H., Ots, T. (1999): Leiberfahrung versus Körperdisziplinierung. In: Homfeldt, H.-G. (Hrsg), 104–116

Müller, B., Thole, W., Cloos, P., Köngeter, S. (2005): Konstitutionsbedingungen und Dynamik (Performanz) sozialpädagogischen Handelns in der Kinder- und Jugendarbeit. Zwischenbericht des DFG-Forschungsprojektes. Kassel / Hildesheim

Nassehi, A., Nollmann, G. (Hrsg.) (2004): Bourdieu und Luhmann. Ein Theorievergleich. Suhrkamp, Frankfurt / M.

Pieper, M., Rodriguez, E.G. (2003): Einleitung. In: Pieper, M., Rodriguez, E.G. (Hrsg.): Gouvernementalität: Ein sozialwissenschaftliches Konzept im Anschluss an Foucault. Campus, Frankfurt / M., 7–21

Piper, H., Stronach, I. (2008): Don't touch. The Educational Story of a Panic. Routledge, London

Plessner, H. (1981): Die Stufen des Organischen und der Mensch. Einleitung in die philosophische Anthropologie. Gesammelte Schriften Bd. IV. Suhrkamp, Frankfurt / M.

Prendergast, S. (1992): This Is the Time to Grow up: Girls' Experiences of Menstruation in School. Cambridge, The Health Promotion Trust

Preuss-Lausitz, U. (2003): Kinderkörper zwischen Selbstkonstruktion und ambivalenten Modernitätsanforderungen. In: Hengst, H., Kelle, H. (Hrsg.), 15–32

Rittner, V. (1999): Körper und Identität: Zum Wandel des individuellen Selbstbeschreibungsvokabulars in der Erlebnisgesellschaft. In: Homfeldt, H.-G. (Hrsg.), 104–116

Rose, L. (2005): „Überfressene" Kinder – Nachdenklichkeiten zur Ernährungs- und Gesundheitserziehung. Neue Praxis 35, 19–34

Rumpf, H. (2007): Leibeserziehung? Über die menschliche Sinnlichkeit und ihre pädagogische Domestikation. Forum Erziehungshilfen 13, 4–26

Schmidt-Semisch, H. (2007): Gesundheitsförderung als soziale Kontrolle oder: Ausschliessungsprozesse (noch) jenseits des Strafrechts. Kriminologisches Journal 32, 14–25

Schrijvers, C.T., Stronks, K., van de Mheen H.D., Mackenbach J.P. (1999): Explaining Educational Differences in Mortality: the Role of Behavioral and Material Factors. American Journal of Public Health 89, 535–540

Seith, C. (2009): Gewalt: Ursachen von Gewalt in der Erziehung, Formen der Gewalt und Möglichkeiten der Prävention. In: Andresen, S., Casale, R., Gabriel, T., Horlacher, R., Larcher Klee, S., Oelkers, J. (Hrsg.): Handwörterbuch Erziehungswissenschaft. Beltz, Weinheim, 379–394

Siegrist, H. (1999): Soziale Perspektiven von Gesundheit und Krankheit. In: Häffner, H. (Hrsg.), 105–114

Sting, S. (1999): Suchtprävention als Bildungsaufgabe. Neue Praxis 29, 490–499

Stronks, K., van de Mheen, H., Looman, C. W. N., Mackenbach, J. P. (1996): Behavioural and Structural Factors in the Explanation of Socio-Economic Inequalities in Health: an Empirical Analysis. Sociology of Health and Illness 18, 653–674

Tervooren, A. (2006): Im Spielraum von Geschlecht und Begehren. Ethnographie der ausgehenden Kindheit. Juventa, Weinheim / München

Waldenfels, B. (1980): Der Spielraum des Verhaltens. Suhrkamp, Frankfurt / M.

Weinbach, C. (2004): … und gemeinsam zeugen sie geistige Kinder: Erotische Phantasien um Niklas Luhmann und Pierre Bourdieu. In: Nassehi, A., Nollmann, G. (Hrsg), 57–84

Weizäcker, V. v. (1986): Der Gestaltkreis. Theorie der Einheit von Wahrnehmen und Bewegen. 5. unveränderte Aufl. Thieme, Stuttgart

Wulf, C., Zirfas, J. (2007): Performative Pädagogik und performative Bildungstheorien. In: Wulf, C., Zirfas, J. (Hrsg.): Pädagogik des Performativen. Theorien, Methoden, Perspektiven. Beltz, Weinheim, 7–12

Kriminalität, Kriminologie

Von Hans-Jürgen Kerner und Elmar G. M. Weitekamp

Kriminalität als Wirklichkeit und als Konstrukt

Für den Alltagsverstand ist die Annahme selbstverständlich, dass es Kriminalität „gibt". Im alltäglichen Betrieb der Wissenschaften, die sich mit Abweichung und Kontrolle beschäftigen – insbesondere in der Kriminologie – wird diese Annahme weitgehend geteilt, jedenfalls im Allgemeinen nicht grundsätzlich problematisiert. Keine Person, Praxis, Politik oder Wissenschaft könnte es sich um den Preis des Verlustes der Handlungsfähigkeit erlauben, ständig und explizit über die Voraussetzungen des Handelns und die Grundlagen des Arbeitsfeldes Rechenschaft ablegen zu wollen. Insofern ist die Annahme einer „wirklichen" Kriminalität üblich und nachvollziehbar. Klassisch orientierte Texte, und vor allem Lehrbücher zur Kriminologie, legen weithin diese Annahme den je deskriptiv oder kritisch-analytisch ausgestalteten phänomenologischen Darlegungen zur Kriminalitätslage zugrunde (Schwind 2010). Jedoch erübrigt dies zur Weiterentwicklung des wissenschaftlichen Fundaments der Beschäftigung mit Kriminalität und ihrer Kontrolle nicht die Notwendigkeit einer grundlegenden Vergewisserung über die Stimmigkeit, Konsistenz und nachhaltige Tragfähigkeit der leitenden Begriffe und der damit verbundenen Theorien (Theorieüberblick bei Lamnek 2007 und 2008). Bei der „Kriminalität", mit der sich die vielfältigen Richtungen der „Kriminologie" beschäftigen und dabei mitunter andere disziplinäre Bezeichnungen bevorzugen (Kriminalpsychologie, Kriminalsoziologie etc.), auch wenn es um Kernbereiche geht, kommt ergänzend hinzu, dass vor allem in den sozialwissenschaftlichen Ausprägungen des Faches die Hypothese oder sogar feste These gängig ist, es handele sich hier um einen ganz besonders problematischen Begriffskandidaten, vor allem deshalb, weil determinierende – will sagen die wissenschaftliche Präzision gefährdende bis verzerrende – Einflüsse von Macht und Herrschaft viel direkter als anderswo zur Geltung kämen (Sack 1968, Sack / König 1968; Lüdemann / Ohlemacher 2002; Eifler 2009; Peters 2009). Dies ist als Grundüberlegung nicht nur nicht von der Hand zu weisen, sondern vielmehr zentral für einen wissenschaftlich seriösen Umgang mit der Materie. Jedoch zeigt bereits ein knapper vergleichender Blick auf andere Lebenswelten bzw. auf andere gesellschaftlich-wirtschaftlich-staatliche Bereiche, mit denen sich (auch) Sozialwissenschaften befassen, dass auch dort das Problem der Definitionsherrschaft besteht, sodass sich der scheinbar solitäre Stand von *Kriminalität* relativiert.

Moderne Rechtssysteme verwenden den Begriff Kriminalität in der Regel nicht. Es ist dort vielmehr von Straftaten oder, enger gewendet, von Verbrechen und Vergehen die Rede (zum Begriffsvokabular in der Strafrechtsdogmatik Jescheck / Weigend 1996). Strafverfolgungsbehörden (in Deutschland) führen amtlich auch keine genau so bezeichnete „*Kriminalitäts-Statistik*". Das Bundeskriminalamt nennt seine Jahresbände, mit denen die Ergebnisse der polizeilichen Ermittlung von Taten und Tatverdächtigen bundesweit veröffentlicht werden, „Polizeiliche *Kriminal*statistik" (Bundeskriminalamt 2009). Das Statistische Bundesamt, das die Ergebnisse des justiziellen Umgangs mit Beschuldigten und Verurteilten in Deutschland dokumentiert, veröffentlicht in seiner Fachserie „Rechtspflege" ebenfalls offiziell nichts über Kriminalität, sondern führt eine Geschäftsanfall- und Erledigungsstatistik über die „Staatsanwaltschaften" sowie die „Strafgerichte". Die Befunde zum strafgerichtlichen Vorgehen gegen Beschuldigte (Abgeurteilte, Verurteilte, Sanktionierte) werden in einer „Strafverfolgungsstatistik" nachgewiesen. Zum Straf- und Maßregelvollzug informiert die „Strafvollzugsstatistik", und die Befunde

Otto/Thiersch (Hg.), Handbuch Soziale Arbeit, 4. A., DOI 10.2378/ot4a.art084,

zu den Unterstellungen von Probanden unter Hilfe und Aufsicht von Bewährungshelfern werden in der „Bewährungshilfestatistik" dargelegt (zu einem integrierenden Gesamtüberblick BMI / BMJ 2006).

Kriminalität ist also bis heute *kein eindeutiger Begriff* oder gar *einheitlich festgelegter* Fachterminus, selbst in den Wissenschaften nicht (Kunz 2008 und, mit europäischer Perspektive, Killias 2002). Etymologisch liegt die Wurzel im lateinischen Begriff des „crimen" verborgen. Als *Crimen* wurde im römischen Recht dasjenige Unrecht gekennzeichnet, das öffentlich geahndet wurde, also zur Sanktionierung vor den das Imperium Romanum repräsentierenden Richter zu bringen war. Davon wurde das *Delictum* unterschieden als das nur die „Privaten", die direkt beteiligten Menschen, betreffende zivilrechtliche Unrecht. Anfänge des später so bezeichneten staatlichen Strafanspruchs sind also schon hier in alter Zeit deutlich zu erkennen. In der „Constitutio Criminalis Carolina" (CCC) von 1532, dem ersten übergreifenden und für Jahrhunderte bedeutsam gebliebenen Kriminalgesetzbuch des Heiligen Römischen Reichs Deutscher Nation, meinten die „Criminalia" – die *Kriminalsachen* – noch eine Mischung von den beiden heute weitestgehend getrennten Bereichen des materiellen Strafrechts einerseits (im Zentrum das Strafgesetzbuch, StGB) und des formellen oder Strafverfahrensrechts andererseits (im Zentrum die Strafprozessordung, StPO, und das Gerichtsverfassungsgesetz, GVG). Im verdeutschten Titel wurde „crimen" oder „criminal" gar nicht angesprochen. Vielmehr trug die CCC den Titel „Peinliche Gerichtsordnung Kaiser Karls V.". Dennoch war in der Substanz klar, dass hier nicht mehr Gleiche über Gleiche (etwa wie in einem urtümlichen germanischen Thing) verhandelten und richteten, sondern zentralisierende Mächte und Herrschaften ihren die Bürger überspielenden Regulierungsanspruch geltend machten (historische Analysen bei Schmidt 1947 / 1965; Schröder 1986; Radbruch / Gwinner 1951 / 1990).

Im Begriff der „Kriminalität" schwingt nach allem schon immer ein hintergründiger machttheoretischer Aspekt mit. In der alltäglichen Gesprächssituation von Menschen, in der Berichterstattung und im kritischen Diskurs der Medien, in den Verlautbarungen der Strafverfolgungsorgane (namentlich im Bereich der Innenverwaltung und spezifisch der Polizei) sowie in den Debatten und Vorhaben der Kriminalpolitik kommt Derartiges – fast möchte man sagen: natürlicherweise – regelmäßig nicht zu Geltung. Vielmehr wird „Kriminalität" eher generalisierend verwendet, manchmal eher neutral für die Gesamtheit der bekannt gewordenen Straftaten, aber oft doch eher verbunden mit dem Gestus der Sorge, der Beunruhigung oder auch der Empörung über bestimmte Arten von Straftaten oder Gruppen von Straftätern. Zu den klassischen und in steten Wellen an die Spitze öffentlicher Rede tretenden spezifischen Verkörperungen dieser Kriminalität gehören die Jugendkriminalität, die Sexualkriminalität und die organisierte Kriminalität (einführender Überblick bei Bannenberg / Rössner 2005; speziell zur Jugendkriminalität Walter 2005). Dass es sie als sozusagen greifbare Phänomene „gibt", gilt als völlig selbstverständlich, und mithin konzentrieren sich die Vorschläge, Diskussionen und Debatten gleich auf die, wie es meist heißt, „Bekämpfung" oder deren Intensivierung. In den USA ziehen die Bundes- und Landesregierungen gar bevorzugt den buchstäblich martialischen Begriff des Krieges heran (war on crime, war on drugs, allerdings, um dies nicht zu übersehen, gelegentlich auch war on poverty).

Gemäß alltäglicher Wahrnehmung gehört Kriminalität zu den von Menschen (mit-)verursachten Realitäten des Lebens, im Allgemeinen unerwünscht und mit negativen Konnotationen bedacht, aber doch als unvermeidliches Faktum zu betrachten. Zu solchen Realitäten gehören beispielsweise auch Arbeitslosigkeit, Armut, Krankheit oder Krieg. Diese Beispiele werden hier nicht zufällig herangezogen. Vielmehr teilen sie mit der Kriminalität ein paar interessante Eigentümlichkeiten. Sie imponieren nämlich, vereinfacht gesagt, als Teil der stammesgeschichtlichen Entwicklung der Menschheit – von den urtümlichen Kleingruppen der Jäger und Sammler über kleine Proto-Staaten bis zur Ausprägung des uns heute weithin geläufigen postindustriellen bzw. spätmodernen Wohlfahrtsstaates. Das verleiht den Realitäten die Aura von Naturgegebenheit und einer jedenfalls grundsätzlichen Unveränderlichkeit bzw. Resistenz gegen alle Versuche ihrer „Abschaffung". Folgerichtig geht die dominante Auffassung dann auch davon aus, dass dies auch künftig so sein werde. Was aus dieser Perspektive möglich sein mag im Gefolge des sozialen (und nicht zu vergessen: technischen) Fortschritts, ist die Eindämmung des Umfangs oder der Auswirkungen der Phänomene, namentlich auf der persönlichen Ebene die Verminderung von materiellen Schäden, Eigentumsverlust, Vermögensverlust, Tod und körperlichen Verletzungen, Gesundheitsbeeinträchtigungen, sozialem Elend und psychischem Leid.

An der Armut exemplifiziert: Wenn es Armut „an sich" gibt, gibt es in allen Gesellschaften mit unterschiedlicher Verteilung von Eigentum und Vermögen eben auch Arme und Reiche. Wer aber ist „wirklich arm" und verdient (so die frühere Lösung) Unterstützung durch Almosen und andere barmherzige Werke oder (so die heutige Lösung) hat einen Rechtsanspruch auf Sozialhilfe in der einen oder anderen bürokratischen Variante? Wo wird die Grenze gezogen? Gibt es eine allgemein verbindliche, gesetzlich abgesicherte Abgrenzung oder nur vage politische Vorgaben? Und wenn es an sich eine klare Abgrenzung gibt: Sind die zur Umsetzung des Gesetzes-Sinns erlassenen Verwaltungsverordnungen handhabbar und zugleich so auslegungsfest konstruiert, dass jeder Antragsteller / Bittsteller in Nord und Süd oder Ost und West strukturell dieselbe Chance hat, amtlich als arm anerkannt zu werden?

Parallel an der Krankheit exemplifiziert: Wenn es Krankheit „an sich" gibt, gibt es in allen Gesellschaften mit unterschiedlichen persönlichen und sächlichen Ressourcen der Menschen eben auch Kranke und Gesunde. Wer aber ist „wirklich krank" und nicht etwa nur jemand, der einmal, wie es so schön anschaulich heißt, nur „krankgeschrieben" werden möchte, weil er es im Beruf / an der Arbeitsstelle vorübergehend nicht mehr aushält oder für ein paar Tage einfach etwas anderes geplant hat? Oder wie steht es mit dem Opfer eines fahrlässig verursachten Verkehrsunfalls oder eines Streits zwischen Fremden? Ist die Verletzung wirklich so schwerwiegend und in ihren Folgen anhaltend, dass der / die Betroffene auf Dauer ohne finanzielle Hilfe seitens der Krankenkasse bzw. ohne Pflege durch spezialisierte Dienste nicht auskommt? Oder bildet er / sie sich das in einer sich selbst verstärkenden Autodynamik immer stärker nur ein, sodass der von der Rentenversicherungsanstalt eingesetzte Arzt zur Diagnose eines eingebildet Kranken gelangt (verbreitet als „Rentenneurose" bekannt)? Sind Alkoholabhängige willensschwache oder sonst ihr Leben nicht im Griff habende Menschen (also Alkoholiker) oder von einem Krankheitsprozess befallen (also Alko-

holkranke), welcher Ansprüche auf professionelle Behandlung und spezielle Kuren nach Kriterien der öffentlichen oder privaten Krankenversicherung begründet? Beim Alkohol, der dominanten westlichen Alltagsdroge, ist der Prozess der Umwertung sehr weit vorangeschritten. Bei den illegalen Drogen wird es ersichtlich im Vergleich noch sehr lange bis zu einem vergleichbaren Endresultat dauern; selbst die Unterscheidung nach „weichen" Drogen (typisch Cannabis oder Marihuana) und nach „harten" Drogen (typisch Kokain und Heroin) hat sich bislang weder gesellschaftlich noch gar rechtlich voll als angemessen etabliert.

Schließlich weiß jedermann intuitiv, dass Armut „viele Gesichter" hat, von der kurzfristigen Not bis zur langfristigen sozialen Ausgrenzung (auch in Wohlfahrtsstaaten) oder sogar zur existenziellen Gefahrenlage (Gefahr des Verhungerns auch in vielen Staaten und Gesellschaften der Gegenwart), verbunden mit mühsamer, aber doch am Ende erfolgreicher Arbeitssuche eines Hauptschulabsolventen oder mit der strukturellen Perspektive dauerhafter Arbeitslosigkeit älterer „Freigesetzter" ohne qualifizierte Ausbildung und Berufsbildung. Man könnte die Problematisierung an dieser Stelle gleich auf den genannten anderen Bereich übertragen: Was ist „Arbeitslosigkeit" und wer ist „wirklich arbeitslos"? Doch stehe das aus Platzgründen dahin. Krankheiten gibt es zuhauf, und dass sie ein extremes Spektrum beanspruchen, ist jedermann evident: Was vereint, um nur Beispiele zu nennen, einen akuten Schnupfen mit einer chronischen Allergie und diese mit einem Herzinfarkt und diesen mit einem Lungenkrebs?

Arbeitslosigkeit, Armut, Krankheit und Kriminalität gehören, zusammenfassend charakterisiert, zur Klasse abstrahierender und generalisierender Sammelbegriffe mit zugleich metaphorischem Gehalt. Erkenntnistheoretisch gewendet stellen sie *Konstrukte* dar. Sie haben *als solche* keinen *ontologischen Gehalt*. Manchmal wird in der kriminologischen Diskussion das Argument vorgebracht, klassische Kriminologen (vor allem der sog. täterorientierten Spezies) würden „Kriminalität" (etwa) wie einen „Stein" betrachten, dem bestimmte „Eigenschaften" genuin innewohnten. Abgesehen davon, dass man die leicht boshafte erkenntnistheoretische Gegenfrage stellen könnte, woher die kritischen Diskutanten denn so genau und in jedem Fall verbindlich wüssten, was ein „Stein" sei: Zuzugeben ist, dass (auch) Forscher unter dem Eindruck der (auch sinnlichen) Evidenz von konkreten Handlungen, die strafbar sind, und konkreten Menschen, die als direkte Urheber von solchen Straftaten imponieren, in die Gefahr geraten können, das „Gemachte" zu vergessen. Die auch juristischem Denken geläufige Formel, dass das einzig Gemeinsame an den verschiedensten Arten von Straftaten „das Gesetz" sei – also nach kontinentaleuropäischer Tradition genauer gesagt: der Bruch von gesetzlich fixierten Normen –, vermag zur heilsamen Distanz gegenüber der Eindrucks- oder Überzeugungskraft des Phänomenologischen beitragen.

Ontologisch fassbar sind nur konkrete Geschehnisse. In der realen Welt geht es um einzelne Menschen oder um Gruppen. Sie hungern oder haben kein Geld, um sich angemessen gegen Witterungsunbilden schützende Kleidung kaufen zu können. Sie leiden unter hohem Fieber oder haben sich ein Bein gebrochen, das dringend versorgt und geschient werden muss. Sie bekommen als Gruppe nach einer Flucht nach dem Trinken an einer verschmutzten Wasserstelle plötzlich Brechdurchfall und sind vom Tode bedroht, wenn dieser nicht schnellstens geheilt werden kann. Einzelne Menschen oder Gruppen haben einen guten Beruf und denken, bis ins Alter dort sicher aufgehoben zu sein und werden gelegentlich wie aus heiterem Himmel durch den Bankrott der Firma arbeitslos oder aufgrund von Modernisierungsmaßnahmen, die auf Rationalisierung durch Maschinen statt Menschen setzen, entlassen bzw. – wie die moderne verschleiernde Sprachregelung es sagt – „freigesetzt". Sie werden von einem überzeugend auftretenden Mitmenschen zu einer Investition überredet und verlieren am Ende ihr ganzes Vermögen. Sie fühlen sich an ihrer Heimstatt sicher und müssen erleben, dass diese nach ihrer Rückkehr von einem kurzen Ausflug zerstört oder dass alles Wertvolle entwendet wurde. Sie sehen sich unvermutet einer Gruppe von anderen gegenüber, die sie bedrohen und mit Werkzeugen oder Waffen verletzen. Sie wähnen sich an einem Waldrand in der Sonne sicher, schlafen ein und werden von einer sexuellen Gewalttat wehrlos überrascht.

Sinnhaftigkeit und zugleich unvermeidbare Unschärfe eines jeglichen Kriminalitätsbegriffs

Solche Beispiele könnten beliebig erweitert oder vervielfältigt werden. In der Seinswirklichkeit haben sie auf den ersten Blick wenig bis nichts gemeinsam. Es gibt aber doch eine Gemeinsamkeit, die es erlaubt, vielleicht sogar nahe legt, sie unter einen Sammelbegriff bzw. Oberbegriff zu subsumieren, wie unscharf dessen Grenzen auch immer sein mögen. Ein jeglicher solcher Begriff ist, analytisch betrachtet, „gemacht" und damit „gewillkürt". Insofern der Begriff sich aber jeweils auf die Grunddimensionen der Verständigung von Menschen mit Menschen über die für unsere Welt wesentlichen Grunddimensionen der „conditio humana" bezieht, kann er doch nicht beliebig oder auf Dauer ohne Widerstand und Widerspruch „willkürlich" (etwa zu Zwecken der Herrschaft) manipuliert werden. Es geht um intersubjektiv als distinkt von anderen Phänomenen vermittelbare, durch Geschichte und Kultur sowie tradierte Erfahrung gefestigte „Sinn-Einheiten" der sozialen Existenz von Menschen und der Menschheit (Scheerer / Hess 1997, 83 ff.; Hess / Stehr 1987, 18 ff.). Im Kern spiegelt sich Altüberkommenes wider. Daher erbringen beispielsweise auch Umfragen über die Vorstellungen in der Bevölkerung über „wirkliche Kriminalität" meist überraschend strukturell ähnliche Antworten quer durch die verschiedenen Gruppen oder Schichten. Vordringlich assoziiert werden bis heute die im Zentrum unserer Angstbesetzung oder sogar unseres konkreteren persönlichen Furchterlebens stehenden Nahraumdelikte bzw. Intimraumdelikte Mord und Totschlag, Vergewaltigung, Körperverletzung, Raub und Einbruchsdiebstahl. Was die befragten Menschen damit *genau* meinen, kann in Randbereichen merklich variieren. Es kommt hinzu: Wie eine *Strafrecht*sordnung solche Handlungen in Gesetzen oder in richterlichen Präjudizien für einen jeweiligen Staat im Detail festlegt, muss und wird in der Regel nicht mit dem Vorstellungsbild der Befragten exakt übereinstimmen – schon in der Gegenwart nicht und erst recht nicht bei grenzüberschreitenden Befragungen und Rechtsvergleichen, auch wenn von Wechselwirkungen auszugehen ist. Das macht deutlich, dass auch dieser sogenannte Kernbereich von Kriminalität *keine* ewig *fixe* oder unveränderliche „*Substanz*" hat. Wir können nur, dies aber immerhin, davon ausgehen, dass die vorherrschenden Vorstellungsbilder große Überschneidungsbereiche haben. Bei kriminologischen Analysen registrierter Kriminalität darf man infolgedessen, um nur einen Aspekt hervorzuheben, nicht am Wortlaut einer strafrechtlichen Norm hängen bleiben, sondern muss sich fragen, ob eventuell mehrere gesetzlich bzw. rechtsdogmatisch voneinander geschiedene Deliktsformen empirisch zusammengefasst betrachtet werden müssen. Im Bereich des „Raubes" wären dies nach deutschem Strafrecht die Kategorien des „räuberischen Diebstahls" und der „räuberischen Erpressung", bei denen das Gesetz schon selbst, wenn es um die Strafe geht, auf den Raub zurückverweist.

Lässt sich im Extremfall denken, dass sowohl konkrete Menschen als auch Rechtssysteme von einer Bedrohung durch Phänomene ausgehen, die sie entsprechend definieren, die aber „tatsächlich" keinerlei Substrat haben, welches eine wenigstens annähernde Übereinstimmung von Begriff und Wirklichkeit feststellbar macht? Aktuelle Beispiele sind jedenfalls in spätmodernen Staaten und Gesellschaften absolute Mangelware. Historisch sei an das (verbreitet) mit der Todesstrafe bedrohte, unseren Vorfahren bis ins 18. Jahrhundert hinein als höchst real und wirkmächtig vertraute und in Gesetzen wie der oben genannten CCC von 1532 definierte Verbrechen des Schadenszaubers bzw. der Hexerei erinnert.

Moderne Rechtssysteme wie dasjenige der Bundesrepublik Deutschland tragen durch verschiedene Mechanismen dazu bei, dass die Konturen eines als substanziell unterfüttert zu verstehenden und von der Alltagserfahrung nachvollziehbaren Kriminalitätsbegriffs zerfasern – um nicht zu sagen: aktiv verwischt werden (Albrecht 2005). Exemplarisch können zwei dieser Mechanismen auf der Ebene der Gesetzgebung herausgegriffen werden. Auf der einen Seite geht es um das Problem der sogenannten Überkriminalisierung. Dabei werden neue Tatbestände in das Strafgesetzbuch (StGB) eingeführt, bestehende Tatbestände durch neue Absätze ergänzt oder Absätze werden durch weitere Untergliederungen mit zusätzlichen Varianten versehen. In allen Fällen kann man füglich diskutieren, ob diejenigen Kriterien, die qualitativ als wesentlich für die Konstituierung von „echtem" Kriminalunrecht betrachtet werden, erfüllt sind: nämlich Sozialschädlichkeit und sozialethische Verwerflichkeit. Zudem besteht eine starke Tendenz dahin gehend,

dass an neue Spezialgesetze zur Regelung einzelner Bereiche im Staats-, Wirtschafts- oder Gesellschaftsgefüge einfach Straftatbestände „angehängt" werden, mit denen der Staat die Bedeutung der jeweiligen Materie vor allem symbolisch und zunächst scheinbar recht kostenneutral hervorheben kann. Ob solche Kriminalisierung reale Folgen zeitigt, hängt von vielen Faktoren ab, unter anderem davon, ob jemand Privates sich aufgerufen fühlt, Anzeige zu erstatten oder ob Verfolgungsinstitutionen von Amts wegen ermitteln möchten bzw. bei privaten Hinweisen geneigt sind, näher nachzuforschen (Eisenberg 2005; Meier 2007). Auf der anderen Seite geht es um die Ausweitung des Verwaltungsunrechts oder Ordnungsunrechts, zentral repräsentiert durch das Ordnungswidrigkeitengesetz (OWiG), auf das viele Spezialgesetze verweisen. Manche vordem strafrechtlich geregelten Materien werden nicht wirklich „entkriminalisiert", also ganz dem Zivilrecht oder anderen Rechtsgebieten überlassen, sondern lediglich „entpönalisiert", also aus dem Strafrecht herausgenommen und ins OWi-Recht verlagert. Noch häufiger kommt es vor, dass ähnliche Verhaltensweisen sowohl – in leichteren Formen – als Ordnungswidrigkeiten als auch – in schwereren Formen – als Straftaten konzipiert werden. Und, praktisch gewendet: Die „Geldbußen", die einem Betroffenen im OWi-Verfahren auferlegt werden, mögen im Einzelfall deutlich höher ausfallen als die „Geldstrafen", die er in einem Strafverfahren als Angeklagter zu erwarten hätte.

Die insgesamt wachsende Menge von Verfahren, die auf die Verfolgungsinstitutionen zukommen, führt schließlich dazu, dass sich Ausweichmechanismen entwickeln. Man könnte auch sagen: sich fast naturwüchsig entwickeln müssen, mithilfe derer der Kriminalitätsbegriff formell zwar als Leitidee aufrechterhalten werden kann, material aber weiter entkonturiert wird. Nicht nur in Deutschland, sondern in den meisten spätmodernen Staaten dominieren zwei Grundmechanismen: Auf der einen Seite wird viel-hunderttausendfach *folgenloses* Absehen von der Verfolgung durch die Staatsanwaltschaften bzw. Einstellung von Verfahren durch die Gerichte praktiziert, orientiert an einem im Lauf der Jahrzehnte schrittweise ausgedehnten Begriff der „Geringfügigkeit" (zentral § 153 StPO und in Jugendsachen § 45 Abs. 1 JGG). Darin manifestiert sich eine *faktische Entkriminalisierung* im Verfahren bzw. durch Verfahren. Auf der anderen Seite werden, ebenfalls noch hunderttausendfach, Beschuldigte nicht mehr förmlich angeklagt und nach einer öffentlichen Gerichtsverhandlung für schuldig erklärt und bestraft, sondern, kriminologisch betrachtet, einer *alternativen strafrechtlichen Sanktionierung* unterzogen. Rechtlich eingestuft handelt es sich ebenfalls um ein Absehen von der Verfolgung oder eine Einstellung des Verfahrens, aber eben *mit* Folgen, d. h. unter „Auflagen" (zentral § 153a StPO) bzw. in Jugendsachen im formlosen Erziehungsverfahren bzw. Diversionsverfahren unter Bezug auf vorgängige Erziehungsregelungen (§ 45 Abs. 2 JGG) oder unter Ergreifung eigener justizieller erzieherischer Maßnahmen (§ 45 Abs. 3 sowie § 47 JGG). Zu diesen Auflagen / Maßnahmen gehört, an die Geldstrafe erinnernd, die Zahlung eines Geldbetrags an die Staatskasse. Es gehören aber auch dazu – (potenziell) sozial integrative Leistungen symbolisierend – die Teilnahme an einem sozialen Trainingskurs, die Wiedergutmachung des Schadens, gemeinnützige Arbeit und das ernsthafte Bemühen, einen Ausgleich mit dem Verletzten zu erreichen (Täter-Opfer-Ausgleich; erste umfassende Bestandsaufnahme bei Dölling et al. 1998).

Schon lange hatte sich, die als vom Staat dominiert betrachtete Einstellung des Verfahrens ergänzend sowie von Rechtsprechung und Literatur kontrovers eingestuft, das Phänomen des Verhandelns, um nicht zu sagen: des Aushandelns des Verfahrensausgangs bzw. der Sanktionierung in der Praxis eingebürgert, wie es in der angloamerikanischen Prozesswirklichkeit schon immer bekannt war und dort auch wegen des Verständnisses der Beteiligten als „Parteien" eines Streits strukturell nicht widersprüchlich erscheinen muss (dazu schon früh Schumann 1977). Sozusagen geborene Mitspieler sind auf der ersten Stufe die Staatsanwaltschaft und die Verteidigung (in Abstimmung mit den Mandanten), auf späteren Stufen ggf. auch das Gericht. Vielfältige Interessen und Motivationen spielen hier mit hinein. Aufseiten von Angeklagten etwa das Interesse, eine öffentliche Bloßstellung in einer Hauptverhandlung zu vermeiden. Aufseiten von Staatsanwaltschaft und Gericht etwa das Interesse, langwierige und Ressourcen bindende Hauptverfahren mit Hauptverhandlungen und Rechtsmittelverfahren zu vermeiden, verbunden mit dem Interesse, den Beschuldigten in einem substanziel-

len Sinne mit Strafe belegen zu können. Seit Herbst 2009 hat dieses gelegentlich als „konsensuales Verfahren" bezeichnete Vorgehen offiziellen Charakter bekommen, indem durch ein Gesetz ergänzende Regelungen über die „Verständigung" unter den Beteiligten in die Strafprozessordnung eingeführt worden sind (zentral § 257 c StPO; aktuelle prozessrechtliche Analyse dazu bei Meyer-Goßner 2009).

Nur ein Teil solcher Reaktionen taucht noch in den Rechtspflegestatistiken auf. Auch daher erklärt sich die langfristig wachsende „Lücke" zwischen den Zahlen der amtlich registrierten Tatverdächtigen, die in der Polizeilichen Kriminalstatistik (PKS) ausgewiesen werden, und der durch Strafgerichte Verurteilten, die in der Strafverfolgungsstatistik ausgewiesen werden. Die durch die Polizei und die Strafjustiz hergestellten „Kriminalitätsbilder" – bezogen auf „Täter" – fallen also scheinbar immer weiter auseinander. Dies ist vor allem bei Analysen zur Jugendkriminalität zu beachten (dazu, auch unter Dunkelfeldaspekten, Boers / Reinecke 2007). Der Kundige kann sie freilich durch Berücksichtigung der Verfahrenserledigungen außerhalb einer Hauptverhandlung sozusagen strukturell wieder nahe zueinander führen. Alles in allem wird man der Gesamtentwicklung der „Herstellung" von offiziell behandelter Kriminalität in theoretischer Sicht am besten dadurch makrokriminologisch gerecht werden können, dass man die Kriminalität als ein dynamisches Wechselspiel von gesetzlicher Kriminalisierung und faktischer differenzieller Entkriminalisierung in den Blick (und in die Forschung) nimmt.

Kriminologie als Wissenschaft von der Kriminalität und ihrer Kontrolle

Die Kriminologie kann sich – wie nach dem vorstehend Gesagten und vielem Weiteren evident erscheinen dürfte, das aus Platzgründen ausgelassen werden muss – ihren Gegenstand nicht vom Strafrecht dergestalt bestimmen oder vorgeben lassen, dass sie einerseits alles das und andererseits eben auch nur das als „Kriminalität" akzeptiert, was nach der gerade gültigen Gesetzeslage und ihrer gerade herrschenden Interpretation in Lehre und Rechtsprechung sowie ihrer davon ggf. noch einmal abweichenden Umsetzung in der bzw. durch die Praxis als konkret strafbar betrachtet und als strafbar auch verfolgt und sanktioniert wird. Auch nach einer eher konservativen Umschreibung des Feldes der wissenschaftlichen Kriminologie gehört vielmehr eben genau das Gefüge der Herstellung und Darstellung – zudem im zeitlichen und kulturellen und gesellschaftlichen Vergleich – unbedingt zur Bestimmung des Gegenstands von Theorie und Empirie dazu. Die Kriminologie kann und sollte an den geltenden Kriminalitätsbegriff anknüpfen (Bock 2007; Göppinger 2008). Die Analyse gerade seiner Wandlungen kann – von anderen Erkenntnissen einmal abgesehen – sinnvoll dazu beitragen, differenzierte Erkenntnisse über die (wandelbare) Realität der Phänomene in der Wirklichkeit, worauf mit dem Konzept Kriminalität abgezielt wird, zu gewinnen. Die Einschätzung darf als allgemein akzeptiert gelten, dass die Suche nach einer Art „natürlichem Verbrechen" (im Gefolge der Überlegungen des italienischen Kriminologen Garofalo im 19. Jahrhundert) vergeblich bleiben muss, dass es also keinen ontologisch sicheren Grund gibt für die wissenschaftliche Erforschung von „Lebensrealitäten" besonders schädigenden Verhaltens und von Prozessen, deren „Kriminalisierung" oder auch wieder „Entkriminalisierung" sowie unterschiedlichen Erledigungsverfahren und deren möglicher positiver Wirkung auf die Betroffenen oder im Gegenteil sogar möglicher Problemverschärfung (Dittmann / Jehle 2003; Kerner 1998, 141 ff.; Stelly et al. 1998, 310 ff.). Verschiedene Richtungen in der Kriminologie unterscheiden sich dann – auf der nächsten Stufe der Definition des Gegenstandsbereichs – in der unterschiedlich ausgeprägten Bereitschaft, der „Lebensrealität" von „Taten" und „Tätern" eigenes konstitutives Gewicht diesseits aller amtlichen Definitionen jedenfalls grundsätzlich zuzuerkennen. In jüngeren Jahren gewinnt die Berücksichtigung von Werten bzw. Werthaltungen international an Gewicht (Hermann 2003). In den Extremen stehen sich, vereinfacht formuliert, „täterorientierte" und „instanzenorientierte" kriminologische Richtungen gegenüber, teilweise mitdeterminiert durch die ursprünglichen Orientierungen der kriminologisch Tätigen aus ihren jeweiligen Herkunftsdisziplinen. Alte grundsätzliche Streitfragen aus dem 20. Jahrhundert haben sich streckenweise entschärft, zumal sie für viele der Forschungsfelder, die sich nach und nach entwickelt haben, vor allem international (dazu umfassend Schneider 2007 und 2009), nicht mehr so zentral in der Substanz und auch symbolisch bedeutsam sind wie im Gefolge einer Tradition, die durch die Formel vom „Anlage-Umwelt-Streit" gekennzeichnet war. Die Notwendigkeit, in Theorie wie Empirie sich selbst und anderen gegenüber so klar und intelligibel wie intersubjektiv nachvollziehbar explizit darzulegen, was beim Verwenden von Begriffen wie „Kriminalität" oder „Kriminalisierung" oder „Täter" oder „Etikettierung" usw. *konkret gemeint* ist bzw. welche Phänomene oder Prozesse oder Interaktionen oder Lebensgeschichten oder Sanktionskarrieren *in Abgrenzung zu anderen Phänomenen* etc. herausgearbeitet werden sollen, bleibt unabhängig davon ein Desiderat erster Ordnung. In einer interdisziplinären Wissenschaft wie der Kriminologie ist die Gefahr stets groß, dass sowohl fundamentale Unterschiede zwischen Positionen verkannt als auch Kontroversen nicht als Scheingefechte erkannt werden, und dies beide Male aus demselben Grund heraus: dass die hinter denselben „Worten" stehenden abweichenden „Begriffe" von den Gegenständen verdeckt bleiben.

Als brauchbaren *Ausgangspunkt* für eine Umschreibung des Feldes, gegenwärtig gekennzeichnet durch eine international bemerkenswerte dynamische Ausdifferenzierung der kriminologischen Forschungsfragen, die eine eigene Darstellung erfordern würden, kann man nach wie vor die von Kaiser in seinem Lehrbuch (1996, 1) entwickelte Begriffsbestimmung der Kriminologie als Wissenschaft verwenden. Danach ist sie

„die geordnete Gesamtheit des Erfahrungswissens über das Verbrechen, den Rechtsbrecher, die negativ soziale Auffälligkeit und über die Kontrolle dieses Verhaltens. Ihr Wissenschaftsgebiet lässt sich mit den drei Grundbegriffen Verbrechen, Verbrecher und Verbrechenskontrolle treffend kennzeichnen. Ihnen sind auch Opferbelange und Verbrechensverhütung zugeordnet".

Literatur

Albrecht, P. A. (2005): Kriminologie. Eine Grundlegung zum Strafrecht. 3. Aufl. Beck, München

Bannenberg, B., Rössner, D. (2005): Kriminalität in Deutschland. Beck, München

Bock, M. (2007): Kriminologie. 3. Aufl. Vahlen, München

Boers, K., Reinecke, J. (Hrsg.) (2007): Delinquenz im Jugendalter. Waxmann, Münster

Bundeskriminalamt (Hrsg.) (2009): Polizeiliche Kriminalstatistik 2008. Bundesrepublik Deutschland. Wiesbaden

BMI (Bundesministerium des Inneren), BMJ (Bundesministerium der Justiz) (Hrsg.) (2006): Zweiter Periodischer Sicherheitsbericht. Berlin

Dittmann, V., Jehle, J.-M. (Hrsg.) (2003): Kriminologie zwischen Grundlagenwissenschaften und Praxis. Forum, Mönchengladbach

Dölling, D., Bannenberg, B., Hartmann, A., Hassemer, E., Heinz, W., Henninger, S., Kerner, H.-J., Klaus, T., Rössner, D., Stroezel, H., Uhlmann, P., Walter, M., Wandrey, M., Weitekamp, E. G. M. (Hrsg.) (1998): Täter-Opfer-Ausgleich in Deutschland. Bestandsaufnahme und Perspektiven. Forum Godesberg, Bonn

Eifler, St. (2009): Kriminalsoziologie. 2. Aufl. Transcript, Bielefeld

Eisenberg, U. (2005): Kriminologie. 6. Aufl. Beck, München

Göppinger, H. (2008): Kriminologie. 6. Aufl. Beck, München

Hermann, D. (2003): Werte und Kriminalität. Konzeption einer allgemeinen Kriminalitätstheorie. Westdtsch. Verlag, Wiesbaden

Hess, H., Stehr, J. (1987): Die ursprüngliche Erfindung des Verbrechens. Kriminologisches Journal, 2. Beiheft Kriminologie und Geschichte, 18–56

Jescheck, H.-H., Weigend, Th. (1996): Lehrbuch des Strafrechts. Allgemeiner Teil. 5. Aufl. Duncker & Humblot, Berlin

Kaiser, G. (1996): Kriminologie. Ein Lehrbuch. 3. Aufl. Müller Jur., Heidelberg

Kerner, H.-J. (1998): Vom Ende des Rückfalls. In: Albrecht, G., Dünkel, F., Kerner, H.-J., Kürzinger, J., Schöch, H., Sessar, K., Villmow, B. (Hrsg.): Internationale Perspektiven in Strafrecht und Kriminologie. Duncker und Humblot, Berlin, 141–176

Killias, M. (2002): Grundriss der Kriminologie, eine europäische Perspektive. Stämpfli, Bern

Kunz, K.-L. (2008): Kriminologie, eine Grundlegung. 5. Aufl. Haupt, Bern / Stuttgart / Wien

Kürzinger, J. (2005): Kriminologie. 3. Aufl. Boorberg, Stuttgart / Dresden

Lamnek, S. (2007): Theorien abweichenden Verhaltens I: Klassische Ansätze. Eine Einführung für Soziologen, Psychologen, Juristen, Journalisten und Sozialarbeiter. 8. Aufl. Fink, Paderborn

Lamnek, S. (2008): Theorien Abweichenden Verhaltens II. Moderne Ansätze. 3. Aufl. Fink, Paderborn

Lüdemann, Ch., Ohlemacher, Th. (2002): Soziologie der Kriminalität. Juventa, Weinheim / München

Meier, B.-D. (2007): Kriminologie. 3. Aufl. Beck, München

Meyer-Goßner, L. (2009): Gesetz zur Regelung der Verständigung im Strafverfahren. Ergänzungsheft zur 52. Aufl. des Kommentars zu Strafprozessordnung. Beck, München

Peters, H. (2009): Devianz und Soziale Kontrolle. 3. Aufl. Juventa, Weinheim / München

Radbruch, G., Gwinner, H. (1951 / 1990): Geschichte des Verbrechens. Eichborn, Frankfurt / M.

Sack, F. (1968): Neue Perspektiven der Krimonologie. In: Sack, F., König, R. (Hrsg.), Kriminalsoziologie. Akademische Verlagsgesellschaft, Frankfurt / M., 431–475

Scheerer, S., Hess, H. (1997): Was ist Kriminalität? Kriminologisches Journal 29, 83–155

Schmidt, E. (1947 / 1965): Einführung in die Geschichte der deutschen Strafrechtspflege. 3. Aufl. Vandenhoeck & Ruprecht, Göttingen

Schneider, H. J. (Hrsg.) (2009): Internationales Handbuch der Kriminologie. Band 2: Besondere Probleme der Kriminologie. De Gruyter, Berlin

– (2007): Internationales Handbuch der Kriminologie. Band 1: Grundlagen der Kriminologie. De Gruyter, Berlin

Schröder, Ch. (Hrsg.) (1986): Die Carolina. Die Peinliche Gerichtsordnung Kaiser Karls V. von 1532. Wissensch. Buchgesellschaft, Darmstadt

Schumann, K.-F. (1977): Der Handel mit der Gerechtigkeit. Suhrkamp, Frankfurt / M.

Schwind, H.-D. (2010): Kriminologie. Eine praxisorientierte Einführung mit Beispielen. 20. Aufl. Kriminalistik, Heidelberg

Stelly, W., Thomas, J., Kerner, H.-J., Weitekamp, E. G. M. (1998): Kontinuität und Diskontinuität sozialer Auffälligkeiten im Lebenslauf. MschrKrim 81, 104–122

Thomas, J., Stelly, W., Kerner, H.-J., Weitekamp, E. G. M (1998): Familie und Delinquenz. KZfSS 50, 310–326

Walter, M. (2005): Jugendkriminalität. 3. Aufl. Boorberg, Stuttgart / Dresden

Kulturelle Bildung

Von Max Fuchs

Rahmenbedingungen und Diskurse im Überblick

Spätestens seit den achtziger Jahren des letzten Jahrhunderts rückt Kultur und damit die Kulturpolitik ins Zentrum des politischen Interesses. Man sprach von „neuen Freunden" der Kultur – und meinte damit neben der bislang eher kulturabstinenten Politik vor allem die Wirtschaft. Interessanterweise ergab sich diese neue Konjunktur des Kulturellen erst über ein Jahrzehnt nach den lebendigen Debatten im Deutschen Städtetag, im Europa-Rat und in der UNESCO (Fuchs 1998a).

Diese seither andauernde Konjunktur des Kulturellen ist eine entscheidende Rahmenbedingung für die gleichzeitig zu beobachtende Konjunktur kultureller Bildung in den verschiedenen Politikfeldern (Kultur-, Jugend-, Sozial-, Bildungspolitik).

In der Kulturpolitik entdecken auch solche Einrichtungen der Hochkultur die Notwendigkeit kultureller Bildung, die sie über Jahrzehnte vernachlässigt haben. Zum Teil sieht man hier in „kultureller Bildung" eine Möglichkeit, das Problem des ausbleibenden jungen Publikums zu lösen (Fuchs et al. 2005). In der Jugendpolitik profitiert kulturelle Bildung von der Wiederentdeckung des Bildungsbegriffs als zentralem jugendpolitischen Begriff im Rahmen der PISA-Debatte. Und in der Schulpolitik geraten zwar alle Nicht-PISA-Fächer in die Defensive, doch führt ein Unbehagen an einer eher technokratisch geführten Schulreformdebatte immer häufiger dazu, in Kunst und Kultur geeignete Medien der Schulentwicklung zu sehen. So gibt es zurzeit durchaus widersprüchliche Entwicklungen. Damit ergibt sich zugleich eine neue Etappe in dem traditionsreichen Diskurs über das Verhältnis von Kultur- und Sozialarbeit, über die verschiedenen Professionalitäten und Einrichtungsprofile. Dabei spielt nicht mehr das frühere Spannungsverhältnis etwa zwischen sozialer Kulturarbeit und kultureller Sozialarbeit die entscheidende Rolle. Es geht vielmehr – in Hinblick auf Kinder und Jugendliche – darum, zwischen Jugend-, Kultur- und Schulpolitik (und damit zwischen Jugend- und Kultureinrichtungen und der Schule sowie auf der Ebene der Fachkräfte zwischen den jeweiligen pädagogischen und künstlerischen Professionen) ein neues Kooperationsverhältnis zu entwickeln.

Eine weitere Rahmenbedingung des Diskurses über kulturelle Bildung ist das nunmehr auch von konservativen Parteien akzeptierte Faktum, dass Deutschland ein Einwanderungsland, dass die deutsche Gesellschaft auf Dauer eine multiethnische Gesellschaft geworden ist. Diese Entwicklung hat zwar auch entschieden eine politische, ökonomische und soziale Dimension. Doch liegt es auf der Hand, dass die kulturelle Dimension der Frage nach vernünftigen Formen des Zusammenlebens eine wichtige Rolle spielt, so dass „Interkulturalität" zu einem zentralen Thema in der kulturellen Bildungsarbeit geworden ist (Institut für Kulturpolitik 2007).

In Hinblick auf die demographische Entwicklung ergibt sich die Herausforderung, dass immer mehr Menschen für eine wachsende Zeitspanne eine sinnvolle Beschäftigung suchen, so dass es auch im Bereich der Altenarbeit zu einer gewissen Konjunktur kultureller Bildungsangebote kommt (de Groote / Nebauer 2008).

Die bislang skizzierten Trends in Politik und Praxis produzieren einen gewissen Handlungsdruck, so dass sich die Frage nach einer geeigneten Unterscheidung auf der Ebene der zuständigen Wissenschaften stellt. Denn in Praxis und Politik hat sich „kulturelle Bildung" als eine pragmatische Sammelbezeichnung für unterschiedliche Aktivitäten in verschiedenen Arbeits- und Politikfeldern herauskristallisiert (Zacharias 2001; Deutscher Bundestag 2008, Kap. 6).

Otto/Thiersch (Hg.), Handbuch Soziale Arbeit, 4. A., DOI 10.2378/ot4a.art085,

Unter „kultureller Bildung" versteht man einen praktischen Umgang mit Künsten und Medien sowie mit Artefakten und Prozessen der Alltagskultur in der Jugendarbeit ganz so, wie es der Kinder- und Jugendplan des Bundes in Anschluss an § 11 KJHG formuliert. Somit wird „kulturelle Bildung" zu einem jugendpolitischen Begriff. Da es zahlreiche Angebote kultureller Bildung auch für andere Zielgruppen (Kinder, Senioren etc.) gibt, wird „kulturelle Bildung" auch in den zugeordneten Diskurs- und Politikfeldern zu einem „einheimischen Begriff". Gleichzeitig verstehen sich die künstlerischen Schulfächer und die außerunterrichtlichen Kulturaktivitäten in der Schule als Teile einer umfassenden kulturellen Bildungsarbeit, so dass „kulturelle Bildung" auch schulpädagogisch verstanden wird. Und schließlich ist – wie oben gezeigt – „kulturelle Bildung" ein Begriff in der Kulturpolitik. Es gibt große und kleine Anfragen im Deutschen Bundestag, es gab die Enquête-Kommission „Kultur in Deutschland", es gibt die „Konzeption kulturelle Bildung" des Deutschen Kulturrates, des Dachverbandes der Künstler- und Kulturorganisationen in Deutschland, die alle mit großer Selbstverständlichkeit diesen Begriff verwenden. Auch international spricht man von „cultural education", was im Deutschen mit „kultureller Bildung" wiedergegeben wird (dies gilt etwa für die UNESCO oder den Europarat; Wimmer 2006). Diese Vielzahl an bereichsspezifischen Nutzungsformen schafft ein weites Feld von Definitions- und Deutungsmöglichkeiten für „kulturelle Bildung". Sie bringt jedoch das Problem mit sich, dass diese feldspezifischen Annäherungen nicht identisch sind, es vielmehr unterschiedliche professionelle Zugangsweisen gibt, die stark von fachspezifischen Traditionen und Kontexten sowie von jeweiligen pädagogischen Verständnisweisen abhängen: „Kulturelle Bildung" in der Jugendpolitik geht (möglicherweise) von einem anderen Verständnis von Subjektivität, Bildung oder Kunst und ihrer Vermittlung aus als bei einer kulturpolitischen oder schulbezogenen Verwendung.

Die Schwierigkeit mit diesem Begriff wird zudem noch dadurch erhöht, dass es eine Reihe weiterer, vergleichbarer Begriffe gibt wie etwa ästhetische Bildung oder Erziehung, künstlerische Bildung, musische oder musisch-kulturelle Bildung, soziokulturelle Bildung, Kulturarbeit etc. (Oehrens 1993). Dabei lassen sich zwar möglicherweise auf der theoretischen Ebene sinnvolle Abgrenzungen

zwischen den Begriffen entwickeln. Doch respektiert die Praxis eine solche Theoriearbeit eher selten. Hier findet man dieselben Projekte, die mit verschiedenen Begriffen beschrieben werden, ebenso wie unterschiedliche Projekte, für die dieselbe Begrifflichkeit genutzt wird. Zum Teil hängen verwendete Begrifflichkeiten von trägerspezifischen Traditionen ab. So ist trotz der „offiziellen" Absage an den Begriff des Musischen in den 1970er Jahren der Begriff der „musischen Bildung" in einzelnen Kontexten immer noch gebräuchlich. Es gibt sogar Ansätze für die Rehabilitation dieses Begriffs (Maiwald 1991). „Kulturarbeit" wiederum hat eine starke Tradition in Organisationen der Arbeiterbewegung. „Soziokulturelle Bildung" ist stark mit einem kulturpolitischen Paradigma verbunden, das in den 1970er Jahren entstanden ist. Das z.T. neue Interesse im Kunstbereich an Fragen der Bildung führt dazu, dass KünstlerInnen sich stärker in entsprechenden Projekten engagieren, aber oft ihr Anliegen eher in Begriffen wie „ästhetische" oder „künstlerische Bildung" aufgehoben fühlen. Eine weitere Komplexität entsteht dadurch, dass es neben den politikfeldbezogenen Ansätzen auch spartenspezifische Ansätze gibt. So kann man pragmatisch zwar „kulturelle Bildung" als Sammelbegriff für die verschiedensten Angebote quer durch verschiedene Trägergruppen, Politikfelder und Arbeitsformen verstehen: Letztlich entsteht bei den Fachkräften die berufliche Identität jedoch eher durch einen Bezug zu ihrem eigenen fachlichen Schwerpunkt: Musik, Tanz, Theater etc. Demzufolge ist dann auch eher von musikalischer, theatraler etc. Bildung die Rede bzw. man versteht seine Tätigkeit (wie es oft bei Künstlern der Fall ist) überhaupt nicht als Bildungsarbeit.

Bei all diesen Debatten kann man trotz dieser gegenseitigen Abgrenzungen zumindest versuchen, theoretische und praktische Gemeinsamkeiten herauszufinden. Dies geschieht auf unterschiedlichen Ebenen. So sind viele Diskurspartner direkt oder indirekt über jeweilige Fachorganisationen in den beiden Dachverbänden Bundesvereinigung Kulturelle Kinder- und Jugendbildung (BKJ) und Deutscher Kulturrat (DKR) zusammengeschlossen.

Im Folgenden soll zunächst durch einige Hinweise auf historische Verläufe versucht werden, die Konturen dieses Konzeptes zu verdeutlichen. In einem weiteren Abschnitt wird dann gezeigt, wie eine pädagogisch nutzbare Theoretisierung erfolgen könnte.

Historische Anmerkungen

Aufgrund der Heterogenität der Kontexte, in denen heute der Begriff der kulturellen Bildung verwendet wird, gibt es auch eine ganze Reihe unterschiedlicher Traditionslinien (Zacharias 2001, Kap. 4; Nachtwey 1987; Treptow 1993). Eine umfassende Geschichte der kulturellen bzw. künstlerisch-ästhetischen Bildung wurde noch nicht geschrieben. Sie hätte geistesgeschichtliche Entwicklungen (Franke 2000) ebenso zu berücksichtigen wie soziokulturelle, politische und institutionelle Entwicklungen. Im Kontext der Entwicklung der Jugendarbeit ist insbesondere die Jugendbewegung zu berücksichtigen. Diese war Teil umfassender Reformbewegungen (Frauen-, Arbeiter-, Kunsterzieher-, Monte-Veritas- etc. -bewegung), die sich mit den negativen Folgen der Industrialisierung und der Durchsetzung des Industrie-Kapitalismus auseinandersetzten. Musik, Spiel und Tanz waren wichtige Ausdrucks- und Protestformen. Dies gilt sowohl für die bürgerliche Jugendbewegung (z. B. Wandervogel), es gilt aber auch für proletarische Bewegungen (Kramer 1987). Die ästhetisch-kulturelle Dimension jugendlicher Alltagsgestaltung wurde über die Jahrzehnte hinweg immer wieder untersucht, aufgegriffen und bot – nach der Etablierung einer offiziellen Jugendpolitik – immer wieder Anknüpfungspunkte für einen pädagogischen Zugriff. Die ästhetisch-kulturelle Dimension wurde dabei seit der Weimarer Zeit durch das Konzept der musischen Bildung eingeholt. Dieses ist der Vorläufer des heutigen Konzeptes der kulturellen Bildung.

Der Bedarf, nicht weiter „musische Bildung" für einen pädagogisch angeleiteten Umgang mit den Künsten zu verwenden, ergab sich aus der Ideologiekritik der späten 1960er Jahre, als man in einer kritischen Aufarbeitung der Tradition sehr deutlich die politische Verführbarkeit, die implizit in der Praxis und Theorie der musischen Bildung angelegt war, herausarbeitete. Eine zweite Entwicklungslinie ist die Tradition der künstlerischen Schulfächer, die sich – nach einer Zeit eher getrennter Diskurse von schulischer und außerschulischer Pädagogik – nunmehr im Zuge der Durchsetzung der Ganztagsschule in ein Gesamtkonzept kultureller Bildung einordnen. Eine dritte Entwicklungslinie ist der Paradigmenwechsel in der Jugendforschung hin zu einer Jugendkulturforschung und generell die Wiederkehr der kulturellen Dimension in der Soziologie. Zwar gibt es eine lange Tradition der Beschäftigung mit Jugendkulturen, doch hat es nach den Vorarbeiten der Birminghamer Jugendstudien mit den Shell-Jugendstudien einen auch für die Kulturpädagogik wichtigen Neuimpuls von der Jugend- zur Jugendkulturforschung in den 1980er Jahren gegeben.

Eine vierte Entwicklungslinie betrifft die kulturpolitischen Debatten seit den späten 1960er Jahren. Angeregt durch entsprechende Debatten im Europa-Rat und in der UNESCO fand ein Paradigmenwechsel weg von einem Verständnis von Kulturpolitik als bloßer Kulturpflege hin zu einem Verständnis von Kulturpolitik als aktiver Gesellschaftspolitik statt. Die Positionspapiere des Deutschen Städtetages formulierten ein Konzept von Kulturpolitik als kultureller Bildungspolitik. Parallel dazu versuchte man eine Ausweitung des traditionellen bildungsbürgerlichen Kulturpublikums auf andere Bevölkerungsgruppen. In diesem Kontext einer „Soziokultur" entstanden neue Orte der Kultur und der kulturellen Bildung, u. a. Jugendkunstschulen, eine Ausdehnung der Museumspädagogik, soziokulturelle Zentren, Kultur- und Medienwerkstätten.

Gleichzeitig tauschte man den Begriff der „musischen Bildung" durch „kulturelle Bildung" sowohl in einflussreichen Förderinstrumenten (etwa dem Bundesjugendplan) als auch in der Selbstbezeichnung der Fachorganisationen aus. Es war damit eine bewusste Abkehr von der musischen Tradition verbunden, etwa in Hinblick auf die Öffnung künstlerischer Inhalte auch zu populären Ausdrucksformen (Jazz, Pop, Rock), aber auch in Hinblick auf eine soziologisch sensibilisierte Beschreibung der Arbeit. In diese Zeit fällt auch die (vermeintliche) Neuschöpfung einer „Kulturpädagogik". Zu den etablierten pädagogischen Arbeitsfeldern der Musikpädagogik und Kunsterziehung gesellten sich nunmehr neue Disziplinen wie Spielpädagogik, Museumspädagogik, Medienpädagogik, Theaterpädagogik. Zum großen Teil entwickelte sich diese Ausdifferenzierung außerhalb von Hochschulen, etwa rund um entsprechende Angebote überregionaler Fortbildungseinrichtungen. Dann wurden nach der Gründung der Fachhochschulen Anfang der 1970er Jahre zahlreiche Professuren(„auditive" und „visuelle Kommunikation") in den neuen sozialpädagogischen Studiengängen eingerichtet, die die obligatorischen „musischen Kurse" in der Ausbildung an den Höheren Fachschulen für Sozialpädagogik (die etwa in der „Musischen Bildungsstätte" in Remscheid stattfanden) ablösten. Eine neue Kulturpädagogik wurde gefordert, weil man nicht nur die Trennung in einzelne Sparten aufheben wollte, sondern weil man auch gegen die etablierte Schulpädagogik das emanzipatorische Potenzial ästhetisch-kreativer Gestaltung nutzbar machen wollte.

Eine besondere Rolle haben in den Debatten über kulturelle Bildung stets die Künste gespielt. Diese spielen auch eine entscheidende Rolle bei den Abgrenzungen von kultureller Bildung von ästhetischer oder künstlerischer Bildung.

So finden sich unter den entsprechenden Labels heute Ansätze, die rein kunstimmanent diskutieren, ebenso wie solche, die Künste in ihrer sozialen Wirksamkeit verstehen. Eine weitere Traditionslinie in der kulturellen Bildung ist allerdings ausgesprochen kunstdistanziert, wobei man bei den Künsten hierbei an den etablierten Kunstbetrieb denkt. Um dies zu vermeiden, spielte – fast als Gegenbegriff zu den Künsten – das Ästhetische die zentrale Rolle. Es geht hierbei um „aisthesis", also um sinnliche Wahrnehmung, wobei die Künste lediglich als ein Spezialbereich einer solchen aisthesis verstanden werden. Kulturelle Bildung im heutigen Verständnis hat gegenüber einer eher enger verstandenen künstlerischen Bildung eindeutig eine soziale und zum Teil politische Komponente. Denn es geht hierbei nicht darum, an den etablierten Kunstbetrieb heranzuführen, sondern kreative Eigenaktivitäten der Menschen zu stärken – durchaus mit dem klassischen Ziel der Emanzipation und des Empowerments.

Begriffserklärungen und theoretische Grundlagen

Von dem Begriff der kulturellen Bildung wurden bislang unterschiedliche Dimensionen vorgestellt: In seiner historischen Genese spielt eine Rolle, dass man in den siebziger Jahren des letzten Jahrhunderts einen Alternativbegriff benötigt hat, der den unter Ideologieverdacht geratenen Begriff der musischen Bildung ablösen konnte. Diese Namensänderung war zum Teil ein administrativer Akt innerhalb des Bundesjugendplans. Die Namensänderung war aber

auch verbunden mit Veränderungen im konzeptionellen Grundverständnis. Denn man nahm zugleich die seinerzeit verbreitete gesellschaftskritischen Debatten mit auf: Emanzipation wurde auch zu einem Leitbegriff der außerschulischen kulturellen Jugendbildung. Die seit einigen Jahren verwendete Definition des Programms „Kulturelle Bildung" im Kinder- und Jugendplan des Bundes (KJP), dem Nachfolger des BJP als zentralem jugendpolitischem Förderinstrument des Bundes, lautet (Bundesministerium für Familie, Frauen, Senioren und Jugend 2009, 786):

„Kulturelle Bildung der Jugend soll jungen Menschen eine Teilhabe am kulturellen Leben der Gesellschaft erschließen. Sie soll zu differenziertem Umgang mit Kunst und Kultur befähigen und zu einem gestalterisch-ästhetischen Handeln, insbesondere in den Bereichen Musik, Tanz, Spiel, Theater, Literatur, Bildende Kunst, Architektur, Film, Fotografie, Video, Tontechnik anregen."

Diese definitorische Bestimmung aus einem administrativen, förderpolitisch hochrelevanten Text ist in mehrfacher Hinsicht aufschlussreich: Sie ist im Trägerbereich selbst entwickelt worden und wurde vom Ministerium übernommen. Die additive Aufzählung von Arbeitsfeldern (Sparten) schließt – entgegen der früheren musischen Bildung – technische Medien ausdrücklich mit ein. Sie verwendet den Teilhabebegriff. Die KJP-Definition erfasst zudem beide Aspekte: Die kompetente Nutzung vorhandener Ausdrucksformen und die Ermutigung und Befähigung zu eigenem kreativen Handeln. Zudem ist die Benennung der Arbeitsfelder als offene Aufzählung angelegt. So sind etwa in den letzten Jahren Spielmobile, Zirkuspädagogik und Kindermuseen als nunmehr etablierte Bereiche dazugekommen. Damit werden wichtige Elemente der definitorischen Bestimmung in dem ersten umfassenden Konzeptentwurf, dem „Ergänzungsplan musisch-kulturelle Bildung" des Bildungsgesamtplanes aus dem Jahr 1977 (Bund-Länder-Kommission 1977), aufgenommen.

Die zunächst administrativ-pragmatische Zugangsweise zu dem Begriff ist zudem verbunden mit theoretischen Reflexionen. Schon 1992 sprach Eckart Liebau von einer „Kultivierung des Alltags" und einem „neuen pädagogischen Interesse an Kultur" (Liebau 1992, 105 ff.). In seinem

Handbuch Pädagogische Grundbegriffe führt Dieter Lenzen (1989, Bd. 1) Kulturpädagogik als Fachrichtung der Erziehungswissenschaft (neben etwa Freizeit-, Medien- oder Umweltpädagogik) auf.

Geht man davon aus, dass (Allgemeine) Kulturpädagogik quasi eine Sammelbezeichnung für (spezielle) Kulturpädagogiken (wie Theater-, Tanz- etc. -pädagogik) und demzufolge „kulturelle Bildung" ein Oberbegriff für die spartenbezogenen Bildungsbegriffe ist, stellt sich die Frage, ob es eine eigenständige Begründungsmöglichkeit für ein derartiges Konzept von kultureller Bildung gibt.

Das Grundproblem bei dem Versuch einer systematischen Herangehensweise an den Begriff der „kulturellen Bildung" besteht drin, dass er zwei der komplexesten Begriffe der deutschen Sprache zusammenfasst, die zudem über weite Strecken dieselbe Geschichte haben und synonym verwendet wurden (Bollenbeck 1994). Bei der Vielzahl von Kulturbegriffen (Fuchs 2008a) ist es hilfreich, die Komplexität so zu reduzieren, dass man fünf Typen von Kulturbegriffen unterscheidet: einen anthropologischen Kulturbegriff (Kultur als das vom Menschen Gemachte), einen ethnologischen Kulturbegriff (Kultur als Art und Weise, wie der Mensch lebt und arbeitet), einen soziologischen Kulturbegriff (Kultur als spezifisches Subsystem und/oder als die symbolisch vermittelte Dimension der gesellschaftlichen Werte), einen „emphatischen" (normativen) Kulturbegriff, der das Ziel der Selbstbefreiung des Menschen formuliert, und den nach wie vor vorzufindenden engen Kulturbegriff (Kultur als Kunst). So vorbereitet ließe sich eine „Theorie" skizzieren wie folgt:

Ein erster (anthropologischer) Schritt geht zurück zu den Ursprüngen der Menschwerdung (Fuchs 1998b). Helmut Plessner (1976) ist als Biologe und Philosoph mit seiner Anthropologie eine geeignete Bezugsperson. Das Geheimnis der Menschwerdung ist bei ihm wesentlich in der „exzentrischen Positionalität" begründet: Der Mensch ist ab einem gewissen Entwicklungsstadium in der Lage, aus der Selbstverständlichkeit seines Lebens, „aus seiner Mitte" herauszutreten und sich selbst aus dieser exzentrischen Position heraus zum Gegenstand von Betrachtungen zu machen. Reflexivität als äußerst leistungsfähige Zugangsweise zu sich selbst im Kontext seiner Lebensbedingungen wird somit möglich. Be-

wusstheit entsteht und somit die Möglichkeit, ein selbstgestaltetes Leben zu führen. Diese neu gewonnene „Freiheit" von instinktgesteuerten Lebensprozessen wird allerdings zur Pflicht. Menschliches Leben als bewusstes Verhältnis zu sich, seiner Umwelt, seiner Zukunft und Vergangenheit wird im komplementären Verhältnis von Welt- und Selbstgestaltung erkennbar. Offensichtlich ist mit dieser Formulierung eine klassische Definition von „Bildung" gegeben. Die Rede von „Bildung als Lebenskompetenz" (Münchmeier et al. 2002) ist nichts anderes als das Weiterdenken eines anthropologischen Grundtatbestands.

In diesem bewussten Überlebensprozess entwickeln sich im Menschen unterschiedliche „Energien des Geistes", um die Welt (und sich selbst) zu erfassen. Ernst Cassirer (1990) nennt die so entstandenen Weltzugangsweisen „symbolische Formen", und er gibt gleich einen ganzen Katalog solcher Werkzeuge bzw. Medien an: Sprache, Mythos und Religion, Wirtschaft, Wissenschaft und Technik, Politik und nicht zuletzt die Kunst. Die Gesamtheit dieser symbolischen Formen nennt er „Kultur". Ist Bildung gelebte Lebensbewältigung – im Sinne Cassirers: mit dem Ziel einer wachsenden Selbstbefreiung des Menschen –, dann ist dies nur über einen souveränen Umgang mit diesen symbolischen Formen möglich.

Auf dieser allgemeinen Ebene ist damit ein Kanon der Lebensbewältigung formuliert, ist die Unterstützung, die der Mensch zu dessen Aneignung braucht, „Kulturpädagogik" in einem weiten Sinn. Kulturpädagogik im heutigen (engeren) Sinne greift allerdings nur einzelne symbolische Formen (Sprache, Kunst) heraus.

Ein zweiter Schritt führt in die Gegenwart entwickelter moderner Gesellschaften: Wie ist selbstgesteuertes Leben unter heutigen Bedingungen möglich, welche Unterstützungsleistungen braucht der Mensch, um dieses zu realisieren, und worin besteht der Beitrag der Kulturpädagogik? Leben in der modernen Gesellschaft ist Leben in einer Klassengesellschaft, und hat es daher mit ungleichen Chancen zu tun, hat es damit zu tun, dass subtile Mechanismen den Einzelnen im sozialen Raum so verorten, dass er die dahinterstehenden Machtstrategien der Unterdrückung überhaupt nicht mehr wahrnimmt? Ein wichtiges Mittel einer solchen „Gewalt" ist die ästhetische Praxis, so Pierre Bourdieu (1987).

Kulturpädagogik, die „kulturelle Bildung für alle" zum Ziele hat, hätte in dieser soziologischen Theorie angesichts des ehernen Gesetzes des Strukturerhalts der Gesellschaft gerade durch Kunst und Kultur wenig Chancen. Allerdings setzt der Politiker und Pädagoge Bourdieu – durchaus in einem Gegensatz zu dem Soziologen Bourdieu – auf die verändernde Kraft der Bildung. Es gilt, die strukturkonservative Kraft ästhetischer Sozialisationsprozesse zu brechen: durch Vermittlung ästhetischer Codes als Teil der Gewinnung von kulturellem Kapital.

Eine solche („Kultur-")Pädagogik wird zu einer mächtigen Kraft der Emanzipation, indem sie Souveränität im Umgang mit dem wichtigsten Werkzeug der Machterhaltungsstrategie, der alltäglichen ästhetischen Praxis, vermittelt (Liebau 1986).

Die Kulturpädagogik (im heutigen, eingeengten Sinne) kann bei aller Notwendigkeit ihrer Begrenzung die weite Perspektive einbeziehen, die der humanistische Kulturbegriff verlangt. Ihre spezifischen Weltzugangsweisen, insbesondere die Künste, nehmen stets das Ganze in den Blick, freilich – wie Cassirer es sagt – unter einem spezifischen Brechungswinkel. Das derart entstehende ästhetische Selbst- und Weltverhältnis kann durch kein anderes ersetzt werden, gehört zur Vollständigkeit des Lebens, kann aber wiederum keine andere Weltzugangsweise – etwa die der Wissenschaften – ersetzen.

Eine derartige Kulturpädagogik braucht daher den anthropologischen und den soziologischen Kulturbegriff nicht zu scheuen. Allerdings ergibt sich hieraus eine Verpflichtung: Nämlich Verengungen, wie sie im Kulturbereich und speziell in der Musischen Bildung mit z.T. verheerenden politischen Folgen stattgefunden haben, zu vermeiden (Lepenies 2006). „Bildung" als individuelle Disposition, sein Leben entsprechend der „Auftragstellung" der Anthropogenese bewusst zu führen, wird so als komplementärer Begriff zu „Kultur" verstehbar. „Kulturelle Bildung" ist zwar – philologisch betrachtet – eine wenig gelungene Wortschöpfung, weil sie letztlich nur eine Verdopplung desselben Tatbestandes ist: Sowohl als Theorie – als auch als Praxisfeld ist der Begriff und sein Umgang jedoch ausgesprochen lebendig. Vor diesem theoretischen Grundgerüst werden weitere, für die heutige kulturelle Bildungsarbeit wichtige Prinzipien verständlich:

- Kulturelle Bildung ist Selbstbildung.
- Kulturelle Bildung ist nur zu vertreten als Bildung für alle.
- Kulturelle Bildung versteht sich als ganzheitliche Bildung, die alle Dimensionen der Persönlichkeit einbezieht.
- Kulturelle Bildungsarbeit setzt an den Stärken der Menschen an.

Diese bildungstheoretische Perspektive hat Folgen für das in der kulturellen Bildungsarbeit verwendete Konzept von Kunst. Auch in Hinblick auf die Künste muss man mit einer Vielzahl von Theorien und Konzepten rechnen (Barck et al. 2000). Die unterschiedlichen Kunstauffassungen führen zu einem jeweils unterschiedlichen pädagogischen Konzept. Man kann sich leicht vorstellen, dass Positionen einer rigiden Kunstautonomie sich schwerer mit der Akzeptanz einer pädagogischen Wirksamkeit der Künste tun als Auffassungen, die an einem Sozialbezug der Künste deren Kunstcharakter festmachen. Dass es in der Geschichte der Künste erhebliche Hoffnungen in ihre humanisierende Kraft gegeben hat, diskutiert kritisch Ehrenspeck (1998). Für die Zwecke der kulturellen Bildungsarbeit dürfte die Auffassung der Ästhetikerin (Gethmann-Siefert 1995) tragfähig sein, die die „kulturelle Aufgabe der Kunst [...] im Bereich der Humanisierung der Natur [...] zum Zweck der Einrichtung des Menschen in einer [...] ihm gemäßen Welt" sieht (268).

Orte und Angebote kultureller Bildung

Kulturelle Bildung kann sich in jedem Lebensalter entwickeln. Sie entwickelt sich formal, non-formal und informell. Angebote gibt es dabei von Einrichtungen in öffentlicher Trägerschaft, freien und gemeinnützigen und von kommerziellen Trägern. Es gibt Trägerbereiche, die auf kulturelle Bildung spezialisiert sind. Kulturelle Bildungsangebote finden jedoch auch quer durch alle Trägerbereiche statt. Kulturelle Bildungsangebote finden zudem in unterschiedlichen Politikfeldern (z.B. Kultur-, Jugend-, Schul- etc. -politik) statt.

Berufsgruppen in der kulturellen Bildungsarbeit sind ebenfalls heterogen: KünstlerInnen aller Sparten, PädagogInnen, insbesondere LehrerInnen,

HandwerkerInnen sowie andere, etwa kaufmännische Berufsgruppen. Die Anstellungsverhältnisse der pädagogisch-künstlerischen Anleitung reichen von gut dotierten Beamten- oder Angestelltenverhältnissen über Teilzeit-, Honorar- und Werkverträge bis zu ehrenamtlichen Tätigkeiten. Prekäre Arbeitsverhältnisse sind keine Seltenheit. Es gibt Projekte, Kurse, Unterrichtsstunden, es gibt eine freiwillige oder Pflichtteilnahme, es gibt zensierte und unzensierte Angebote. Es gibt die Möglichkeit zu Produktion oder Rezeption, es gibt Einzelunterricht, Gruppenarbeit oder Großgruppen. Es gibt curricular geordnete und völlig frei gestaltete Angebote. Man sieht, dass in einer jeden Dimension (Ort, Zeit, Dauer, Kontext, Anleitung, Zielstellung etc.) eine große Heterogenität möglich ist. Eine empirische Erfassung dieser Vielfalt ist ein Desiderat (Deutscher Bundestag 2008). Dies gilt selbst dann, wenn man sich auf einzelne Lebensaltersgruppen oder auf einzelne Bundesländer beschränkt. So fällt der vermutlich am besten erfasste Bereich, nämlich die kulturelle Kinder- und Jugendbildung, zwischen die Jugendhilfe- und Kulturstatistik. Ohne Anspruch auf Vollständigkeit sollen einige Hinweise gegeben werden:

Kulturelle Bildung und ästhetisches Lernen in der Früherziehung: Durch PISA angestoßen spielt seit einigen Jahren der Bildungsauftrag auch in der Frühpädagogik eine größere Rolle als früher. Im Bereich der kulturellen Bildung gibt es dabei eine lange Tradition etwa im Bereich der musikalischen Früherziehung von Musikschulen. Ein Grundproblem besteht dabei in der Qualifikation der ErzieherInnen (Bockhorst 2006; Baer 2007).

Kulturelle Jugendbildung: Aufgrund des im KJHG erweiterten § 11, der kulturelle Bildung explizit als mögliche Form der Jugendarbeit aufführt, hat diese einen anerkannten Stammplatz in der Jugendhilfe. Die Trägerstruktur ist ausdifferenziert, die Angebote – auch im internationalen Vergleich – sind flächendeckend. In der Schule stehen die künstlerischen Fächer national und international in der Gefahr der Marginalisierung (Bamford 2006). Darstellendes Spiel ist als drittes Kunstfach noch nicht in allen Bundesländern anerkannt. Daneben gibt es Initiativen, Baukultur, Tanz oder Kino stärker als bisher in der Schule zu verankern. International erhält kulturelle Jugendbildung innerhalb und außerhalb der Schule Rückenwind durch die UNESCO, die 2006 eine erste Weltkonferenz zur

künstlerischen Bildung durchgeführt und eine „Roadmap" verabschiedet hat. Vertreter künstlerischer Fächer beklagen einen hohen Stundenausfall und einen großen Anteil fachfremd erteilten Unterrichts. Seit der Einführung der Ganztagsschule, die zukünftig als Regelschule gelten muss, wird in der Zusammenarbeit von Schule mit Künstlern sowie mit kultur- und kulturpädagogischen Einrichtungen eine gute Chance zur Verbesserung der Situation gesehen. Es wurden Kriterien für eine gelingende Kooperation erarbeitet. Zudem gibt es Initiativen zur Entwicklung von Schulen mit einem kulturellen Profil (www.kultur-macht-schule.de). Neu ist das Konzept kommunaler Bildungspartnerschaften, bei denen – oft vom jeweiligen Land unterstützt – Kommunen eine systematische Vernetzung der unterschiedlichen Bildungsorte anstreben (Deutscher Städtetag 2007).

Ein besonderer Schwerpunkt ergibt sich aus der Tatsache, dass die Zugangsmöglichkeiten zu Angeboten kultureller Bildung stark von sozial-kulturellen Faktoren abhängen, so dass das Recht auf Teilhabe gefährdet erscheint (Maedler 2008).

Kulturelle Erwachsenenbildung spielt – etwa bei der hier zentralen Infrastruktur der Volkshochschulen – immer schon eine wichtige Rolle. Allerdings besteht das Problem, dass sich die Förderung über Weiterbildungsgesetze der Länder zunehmend nur noch auf im engeren Sinne als berufs- und arbeitsmarktrelevant verstandene Angebote bezieht. Kulturelle Bildung steht hier unter einem erheblichen Legitimationsdruck.

Kulturelle Bildung im Alter dürfte ein Konjunkturthema der Zukunft sein (de Groote / Nebauer 2008). Wenn die Lebenserwartung der Menschen wächst und die Zeit nach dem Ende der Berufstätigkeit (soweit eine solche stattgefunden hat) immer länger wird, steigt der Bedarf an sinnerfüllenden Betätigungen. Es entsteht in diesem Feld eine Vielzahl von Angeboten, wobei bislang die infrastrukturellen Rahmenbedingungen etwa im Vergleich zur Jugendarbeit sehr viel schlechter sind.

Neben diesem sehr kursorischen Durchgang durch die verschiedenen Altersstufen machte es Sinn, Angebote kultureller Bildung sowohl im Hinblick auf regionale Aspekte (ländliche oder städtische Kulturarbeit) oder in Hinblick auf besondere Zielgruppen (Jungen- und Mädchenarbeit, Menschen mit Migrationshintergrund, Probleme der Gewalt, Menschen mit Behinderung, Strafgefangene etc.)

zu betrachten. Zu all diesen Kategorien gibt es gute Beispiele dafür, dass Angebote kultureller Bildung mit Erfolg eingesetzt werden können.

Fachliche und politische Perspektiven

Der vorliegende Text geht davon aus, dass zurzeit im Bereich der kulturellen Bildung in nahezu allen Einsatzfeldern eine dynamische Entwicklung, z.T. sogar ein struktureller Wandel stattfindet. Etwas pauschal geht es bei der behaupteten dynamischen Entwicklung bei den Kindern und Jugendlichen um einen strukturellen Wandel, bei den Erwachsenen geht es um Bestandssicherung und bei der Gruppe der Älteren geht es um Wachstum. Alle Entwicklungsdynamiken haben dabei eine theoretisch-wissenschaftliche, eine konzeptionelle und praktische und eine politische Dimension. Im Folgenden soll dies in Hinblick auf die kulturelle Kinder- und Jugendbildung konkretisiert werden, da die Entwicklung hier am komplexesten ist.

Wie die erste UNESCO-Weltkonferenz zur kulturellen Bildung im Jahre 2006 in Lissabon gezeigt hat, führt PISA weltweit zu Marginalisierungstendenzen in der kulturellen Bildung (Bamford 2006). Neben einer politisch gewollten Favorisierung der drei PISA-Fächer hängt dies auch damit zusammen, dass bei aller Kritik, die an der Methodologie von PISA inzwischen geübt wird, mit dieser Flächenevaluation Standards bei der Überprüfung der Wirksamkeit von Pädagogik gesetzt werden, die nur in wenigen Arbeitsfeldern erreicht wird. Ein Schwerpunkt der fachlichen und politischen Debatten der nächsten Jahre wird daher die (Überprüfung der) Wirksamkeit kultureller Angebote sein. Politisch ist dieses Problem bedeutsam, da es in der politischen Legitimation eine entscheidende Rolle spielt. Fachlich ist es bedeutsam, weil damit sowohl Fragen der Qualifizierung der Fachkräfte (und damit der Aus- und Fortbildungsbereich und berufspolitische Erwägungen) als auch Fragen einer kulturpädagogischen Grundlagenforschung angesprochen sind.

Den ersten großen Schub bei der Frage nach der Wirksamkeit ergab sich im Zuge der Einführung des Neuen Steuerungsmodells in der öffentlichen Verwaltung, das sehr früh bei Kultureinrichtungen angewandt und später auch in der Jugendhilfe dis-

kutiert wurde (Bundesvereinigung Kulturelle Jugendbildung 1996). Ein Aspekt dieses neuen Verwaltungsparadigmas war Evaluation. Diese bezog sich in einem weiten Verständnis sowohl auf Wirkungen einer künstlerisch-ästhetischen Praxis auf einzelne Jugendliche, sie bezog sich auf Einrichtungen und auf ganze Politikfelder und Förderprogramme. In Hinblick auf die Wirksamkeit einer spezifischen kulturpädagogischen Arbeitsform, der Musik, waren die so genannten Bastian-Studien von Bedeutung (Bastian 2000). „Mozart macht schlau" war das stark popularisierte Ergebnis. Mittlerweile ist das Evaluationsthema auch von großem internationalem Interesse.

Ein zweites Problemfeld ist die Erfassung von persönlichen Entwicklungen bei einzelnen Jugendlichen während eines Kulturprojektes. Hier ist – auch international – der Kompetenznachweis Kultur der Bundesvereinigung Kulturelle Kinder- und Jugendbildung ein anerkanntes Beispiel (www. kompetenznachweiskultur.de). Dieser Kompetenznachweis ist ein Bildungspass im Rahmen eines Portfolio-Ansatzes. Es geht um eine gemeinsam mit den Jugendlichen durchgeführte, methodisch gesteuerte Reflexion über Entwicklungsfortschritte, die von entsprechend qualifizierten Fachkräften durchgeführt wird. Dieses Instrument ist inzwischen mehrfach positiv fremdevaluiert und in abgewandelter Form auch auf den internationalen Jugendaustausch übertragen worden. Erfasst werden – neben Fortschritten im Bereich der entsprechenden künstlerischen Kompetenzen – vor allem Schlüsselkompetenzen. Entstanden ist dieser Ansatz parallel zu einem umfassenden OECD-Projekt „Selection and Description of Key-Competences" (Rychen / Salganik 2001). Inzwischen wird das Instrument zunehmend auch an Schulen eingesetzt, vor allem bei der Qualifizierung von LehrerInnen.

Ein Feld, das besonderer Forschungen bedarf, ist die Klärung möglicher Wirkungen. Yvonne Ehrenspeck (1998) hat sich kritisch mit allzu vollmundigen Wirkungszuschreibungen eines Umgangs mit Kunst und Kultur auseinandergesetzt. In einer Studie aus dem Jahre 1995 (Fuchs / Liebald 1995) konnten seinerzeit 90 (weitgehend unbelegte) Wirkungsbehauptungen zusammengestellt werden. Inzwischen gibt es einzelne Forschungen in diesem Bereich. Allerdings werden in der Praxis (und im politischen Legitimationsgeschäft) oft undifferenzierte und pauschale Wirkungsbehauptungen aufgestellt. Ein Problem besteht hierbei in der Frage, ob tatsächlich ein Umgang (z. B.) mit Musik in der Freizeit, in selbstorganisierten Bands, in der Musikschule oder im schulischen Musikunterricht dieselben Wirkungen hat. Es wird daher darauf ankommen, in Zukunft sehr genau die Wirkungsfrage in unterschiedlichen pädagogischen Settings zu erforschen.

Zwei weitere praktische und theoretische Probleme seien benannt. Zum einen geht es um die Entwicklung regionaler oder kommunaler Bildungslandschaften. Kommunen gehen dazu über, Jugendhilfe-, Kultur- und Schulentwicklungsplanung gemeinsam zu betreiben. Probleme ergeben sich hierbei dadurch, dass unterschiedliche Professionalitäten, unterschiedliche arbeitsfeldspezifische Handlungslogiken und Sichtweisen zusammenkommen. Diese Zusammenarbeit betrifft dabei nicht nur einzelne Personen: Es sollen vielmehr Institutionen zusammenarbeiten, die völlig unterschiedliche Traditionen und Organisationskulturen haben. Ein weiteres wichtiges Problem ist die Schule selbst. Die Ganztagsschule wird sich gravierend auf die bisherige außerschulische Pädagogik auswirken. Inzwischen wurden bereits erste landesweite Förderprogramme in der Kulturarbeit an die Bedingung einer Zusammenarbeit mit der Schule geknüpft. In dieser Situation werden sich – erzwungenermaßen – die kulturpädagogischen Organisationen verändern.

Insbesondere wird für den außerschulischen Bereich in Theorie und Praxis die Institution Schule interessant. Erste Ansätze einer Einmischung in eine Entwicklung von Schulen in Richtung „Kulturschule" gibt es bereits, mittlerweile sogar mit Unterstützung jeweiliger Landesregierungen. Hier stellt sich für die Zukunft ein Forschungs- und Entwicklungsbedarf, der eine neue Qualität in der Zusammenarbeit von Sozial-, Kultur- und Schulpädagogik erforderlich macht (Hill et al. 2008; Kelb 2007; Braun et al. 2010).

Literatur

Baer, U. (Hrsg.) (2007): Entdecken, gestalten, verstehen – kreative Bausteine für die kulturelle Bildung in Kita, Hort und Grundschule. Ökotopia, Münster

–, Fuchs, M. (Hrsg.) (1993): Arbeitsformen und Methoden in der Kulturpädagogik. Expertise Nr. 5 zum Jugendkulturbericht NRW. LKD, Unna

Bamford, A. (2006): The Wow Factor. Global Research Compendium of the Impact of Arts in Education. Waxmann, Münster / New York

Barck, K., Fontius, M., Schlenstedt, D., Steinwachs, B., Wolfzettel, F. (Hrsg.) (2000): Ästhetische Grundbegriffe. Historisches Wörterbuch in sieben Bänden. Metzler, Stuttgart / Weimar

Bastian, H. G. (2000): Musik(erziehung) und ihre Wirkung. Eine Langzeitstudie an Berliner Grundschulen. Schott, Mainz

Benner, D., Oelkers, J. (Hrsg.) (2004): Historisches Wörterbuch der Pädagogik. Beltz, Weinheim / Basel

Bockhorst, H. (Hrsg.) (2006): Kinder brauchen Spiel und Kunst. Kopaed, München

Bollenbeck, G. (1994): Bildung und Kultur. Glanz und Elend eines deutschen Deutungsmusters. Insel, München

Bourdieu, P. (1987): Die feinen Unterschiede. Kritik der gesellschaftlichen Urteilskraft. Suhrkamp, Frankfurt / M.

Braun, T., Fuchs, M., Kelb, V. (2010): Wege zur Kulturschule. Kopaed, München

Bundesministerium für Familie, Senioren, Frauen und Jugend (2009): Kinder- und Jugendplan des Bundes, Richtlinien. In: http://www.bmfsfj.de/BMFSFJ/kinder-und-jugend,did=3520.html, 23.02.2010

Bundesvereinigung Kulturelle Jugendbildung (Hrsg.) (1996): Das Neue Steuerungsmodell. Auswirkungen auf freie Träger. BKJ, Remscheid

Bund-Länder-Kommission für Bildungsplanung und Forschungsförderung (BLK) (1977): Musisch-kulturelle Bildung. Ergänzungsplan zum Bildungsgesamtplan. 2 Bde. Klett, Stuttgart

Cassirer, E. (1990): Versuch über den Menschen. Einführung in eine Philosophie der Kultur. Fischer, Frankfurt / M.

Deutscher Bundestag (Hrsg.) (2008): „Kultur in Deutschland" Schlussbericht der Enquête-Kommission des Deutschen Bundestages. ConBrioVerlagsgesellschaft, Regensburg

Deutscher Städtetag (2007): Aachener Erklärung des Deutschen Städtetages vom 22. / 23.11.2007. In: http://ec. europa.eu/education/migration/germany9_de.pdf, 23.02. 2010

Ehrenspeck, Y. (1998): Versprechungen des Ästhetischen. Die Entstehung eines modernen Bildungsprojekts. Leske & Budrich, Opladen / Wiesbaden

Franke, U. (2000): Bildung / Erziehung, ästhetische. In: Barck, K., Fontius, M., Schlenstedt, D., Steinwachs, B., Wolfzettel, F. (Hrsg.) (2000), Bd. 1, 696–727

Fuchs, M. (2008a): Kultur macht Sinn. VS, Wiesbaden

– (2008b): Kulturelle Bildung. Theorie und Praxis. Kopaed, München

– (1998a): Kulturpolitik als gesellschaftliche Aufgabe. Eine Einführung in Theorie, Geschichte, Praxis. Westdeutscher Verlag, Opladen/Wiesbaden

– (1998b): Mensch und Kultur. Anthropologische Grundlagen von Kulturarbeit und Kulturpolitik. Westdeutscher Verlag, Opladen/Wiesbaden

– (1994): Kultur lernen. Eine Einführung in die Allgemeine Kulturpädagogik. Schriftenreihe der Bundesvereinigung Kulturelle Jugendbildung, Remscheid

–, Liebald, Chr. (Hrsg.) (1995): Wozu Kulturarbeit? Wirkungen von Kunst und Kulturpolitik und ihre Evaluierung. Schriftenreihe der Bundesvereinigung Kulturelle Jugendbildung, Remscheid

–, Schulz, G., Zimmermann, O. (2005): Kulturelle Bildung in der Bildungsreformdiskussion – Konzeption Kulturelle Bildung III. Conbrio, Regensburg

Gethmann-Siefert, A. (1995): Einführung in die Ästhetik. Fink, München

Groote, K. de, Neubauer, F. (Hrsg.) (2008): Kulturelle Bildung im Alter. Eine Bestandsaufnahme kultureller Bildungsangebote für Ältere in Deutschland. Kopaed, München

Helmer, K. (2004): Kultur. In: Benner, D., Oelkers, J. (Hrsg.) (2004): Historisches Wörterbuch der Pädagogik. Beltz, Weinheim/Basel, 527–547

Hill, B., Biburger, T., Wenzlik, A. (Hrsg.) (2008): Lernkultur und kulturelle Bildung. Kopaed, München

Institut für Kulturpolitik der Kulturpolitischen Gesellschaft (Hrsg.) (2007): Beheimatung durch Kultur. Kulturorte als Lernorte interkultureller Kompetenz. Klartext, Essen

Kelb, V. (Hrsg.) (2007): Kultur macht Schule. Innovative Bildungsallianzen – Neue Lernqualitäten. Kopaed, München

Kramer, D. (1987): Theorien zur historischen Arbeiterkultur. vag, Marburg

Lenzen, D. (1989) (Hrsg.): Pädagogische Grundbegriffe. Rowohlt, Reinbek

Lepenies, W. (2006): Kultur und Politik. Hanser, München

Liebau, E. (1992): Kultivierung des Alltags. Juventa, Weinheim

– (1986): Gesellschaftliches Subjekt und Erziehung. Juventa, Weinheim

Maedler, J. (Hrsg.) (2008): TeileHabeNichtse. Chancengerechtigkeit und kulturelle Bildung. Kopaed, München

Maiwald, R. (1991): Der Begriff des Musischen und seine Verwendung in der Pädagogik. Die Blaue Eule, Essen

Münchmeier, R., Otto, H.-U., Rabe-Kleberg, U. (Herausgeber im Auftrag des Bundesjugendkuratoriums) (2002): Bildung und Lebenskompetenz. Kinder- und Jugendhilfe vor neuen Aufgaben. Leske & Budrich, Opladen

Nachtwey, R. (1987): Pflege, Wildwuchs, Bricolage. Ästhetik in der kulturellen Jugendarbeit. Leske & Budrich, Opladen

Oehrens, E.-M. (1993): Ziele und Begriffe in der Kulturpädagogik. In: Baer, U., Fuchs, M. (Hrsg.) (1993), 21–52

Otto, H.-U., Oelkers, J. (Hrsg.) (2006): Zeitgemäße Bildung. Herausforderung für Erziehungswissenschaft und Bildungspolitik. Ernst Reinhardt Verlag, München/Basel

Plessner, H. (1976): Die Frage nach der Conditio humana. Suhrkamp, Frankfurt/M.

Ricken, N. (2006): Die Ordnung der Bildung. Beiträge zu einer Genealogie der Bildung. VS, Wiesbaden

Rihm, Th. (2008): Teilhabe an Schule. VS, Wiesbaden

Rychen, D.R., Salganik, L.H. (2001): Defining and Selecting Key Competencies. Hogrefe und Huber, Seattle/Toronto/Bern/Göttingen

Tenbruck, F.H. (1996): Perspektiven der Kultursoziologie. Gesammelte Aufsätze. Westdeutscher Verlag, Opladen

Treptow, R. (1993): Bewegung als Erlebnis und Gestaltung. Zum Wandel jugendlicher Selbstbehauptung und Prinzipien moderner Jugendkulturarbeit. Juventa, Weinheim/München

Wimmer, M. (2006): Promoting Cultural Education in Europe. A Contribution to Participation, Innovation and Quality. Pre-Conference-Reader for the European Conference. Graz

Winkler, M. (2004): Sozialpädagogik. In: Benner, D., Oelkers, J. (Hrsg.), 903–928

Zacharias, W. (2001): Einführung in die Kulturpädagogik. Leske & Budrich, Opladen

Kulturtheorien

Von Regina Klein

Theorie und Praxis der Sozialarbeit / -pädagogik stand von jeher in einem engen Verweisungszusammenhang mit *Kultur* (Mollenhauer 2001). Dieser Verweisungszusammenhang ist real- und wissenschaftshistorischen Bedingungen unterworfen, erscheint mal explizit, mal implizit, mal als Spannungs- mal als Kooperationsverhältnis oder geht sogar zur Gänze ineinander auf. Nach einer Skizzierung der komplexen Bedeutungsvarianten traditionaler Kulturbegriffe folgen wir den wichtigsten *Cultural Turns*, die gegenwärtig in einem *praxistheoretischen* Knotenpunkt zusammenlaufen und eine „Totalperspektive ‚Kultur'" eröffnen: „Jeder Gegenstand der Geistes- und Sozialwissenschaften kann und soll nun als kulturelles Phänomen rekonstruiert werden [...]" (Reckwitz 2004, 1), so auch das Feld der Sozialen Arbeit, wie jeweils an exemplarischen Bezugspunkten gezeigt wird. Davon ausgehend werden anhand der sich aus den *Turns* heraus konstituierenden Theorieprogramme, den *Studies*, potenzielle Ansätze für Theorie- und Praxisentwicklung Sozialer Arbeit diskutiert.

Kultur – Bedeutungsvarianten und -dimensionen

Der Begriff „Kultur" ist äußerst vieldeutig und kein eindeutig zu identifizierender Gegenstand, den gar eine spezifisch eingegrenzte kulturwissenschaftliche Fachdisziplin als konstitutiven Gegenstand für sich reklamieren kann (Reckwitz 2004, 1). Diese Vieldeutigkeit, die er mit ihm verwandten sozialwissenschaftlichen Begriffen wie Gesellschaft oder auch Bildung teilt, birgt für eine sozialpädagogisch / -arbeiterisch unterlegte Betrachtung Vor- und Nachteile. Die Vorteile liegen in der nahezu unbegrenzten Möglichkeit, kulturelle Begrifflich-

keiten auf Theorie- und Praxisfelder der Sozialen Arbeit anzuwenden. Die Nachteile liegen in dem darin eingelagerten Scheitern, auch nur annähernd eine systematische Ordnung und Orientierung zu erarbeiten. In diesem Spannungsfeld zwischen *alles oder nichts* bewegt sich auch die nachfolgende Bedeutungssuche.

Von jeher gehört zur Kulturbestimmung die Auseinandersetzung mit dem, was *nicht* dazugehört, ihr entgegensteht oder Widerstand leistet. So wird übergreifend seit der Antike der Gegensatz *Natur / Kultur* diskutiert – einer Natur, die von Menschenhand kultiviert wird. Durch von außen eingreifende Pflege soll die Saat der Äcker aufgehen und Früchte tragen. Ausgehend davon wird der Begriff Kultur (cultura agri) im metaphorischen Sinne auf die Pflege des Geistes und der Seele übertragen (cultura animi) und steht für die Gesamtheit all derjenigen Leistungen des Menschen, die seine bloße Natur fortentwickeln. Etymologisch stammt der Begriff *Kultur* von lat. colere ab, dessen Grundbedeutung sowohl „sich bewegen" als auch „sich befinden an" ist. Schon darin ist der Doppelcharakter des Kulturbegriffs angelegt, nicht nur den Prozess, sondern zugleich dessen Ergebnis zu bezeichnen. Begriffsgeschichtlich werden vier Bedeutungsfelder unterschieden: bebauen, bewohnen, pflegen und ehren. All diese finden wir in geläufigen deutschsprachigen Wortverbindungen wieder: von der Bakterienkultur über die Kulturtasche zur Kulturrevolution und dem Starkult. Auch wissenschaftstheoretisch lassen sich laut Reckwitz (2006) vier übergreifende Bedeutungsvarianten des Kulturbegriffs ausmachen: eine *normative*, eine *totalitätsorientierte*, eine *differenzierungstheoretische* sowie eine *bedeutungs- und wissensorientierte* Variante.

Der *normative* Kulturbegriff (Reckwitz 2006, 70 f.) nimmt Ciceros Idee der *cultura animi* auf

Otto/Thiersch (Hg.), Handbuch Soziale Arbeit, 4. A., DOI 10.2378/ot4a.art086,

und zentriert sich auf die Bearbeitung, Veredelung und Verfeinerung eines „barbarischen" Naturzustandes. Er bildet sich im Kontext der Aufklärung aus und setzt, wie in Kants Kulturkonzeption deutlich, dem „status naturalis" einen vervollkommneten, überindividuell und kollektiv gültigen „status culturalis" entgegen. Damit beginnt eine bis heute reichende wertbezogene und normierende Begriffstradition. Kultur in diesem Sinne ist eng an den Begriff der *Zivilisation* gekoppelt und nur durch aktive Anstrengungen der verbessernden, dem Ideal der autonomen Rationalität und universellen Moralität verpflichteten, Kultur*bildung* zu erreichen. Das *normative* Kulturverständnis setzt sich exemplarisch in Sigmunds Freuds Konzeption des Unbehagens (in) der Kultur, sowie in Alfred Webers und Georg Simmels kultursoziologischen Ansätzen fort, wobei die normierende Wertung verbunden wird mit einer gegenüber den gesellschaftlichen Modernisierungstendenzen tendenziell skeptischen Zivilisationskritik. Die unauflösbare Aufladung des Kulturbegriffs mit universalistischen Wertmaßstäben führt dazu, dass bestimmten *Lebensformen*, damit Menschen, Gruppen, Nationen oder Völkern ein Mehr oder Weniger an Kultur und / oder Zivilisation zugesprochen oder gar ganz abgesprochen wird. Gekoppelt an die (moderne) Idee der Gestaltbarkeit und des Fortschreitens zu einem vermeintlich Besseren werden Überlegenheitsansprüche bestimmter Gruppierungen gegenüber beharrender Unkultiviertheit, damit Abweichung, Fremdheit und Alterität – von der dritten Welt über MigrantInnen zu verhaltenskreativen Kindern – legitimiert. Zivilisierung (Elias 1997), Disziplinierung (Foucault 1976), Kolonialisierung von Subjekt- und Lebenswelten (Müller / Otto 1984), Standardisierung von Mindest-, Regel- und Maximalbildung (Klein 2010) sind die im sozialen Feld zu verzeichnenden Konsequenzen des normierenden Kulturbegriffs.

Der sich im 18. Jahrhundert herauskristallisierende *totalitätsorientierte* Kulturbegriff weitet die kollektivistische Komponente des *normativen* Kulturbegriffs zu einem *holistischeren* Verständnis aus. Kultur in dieser Perspektive ist keine sich abhebende Lebensform, sondern die alles umfassende Lebensweise eines Kollektivs (Reckwitz 2006, 72 f.). Einer geht die Vorstellung von Kultur als ein geschlossenes Ganzes, dessen Abgrenzungen der territorialen, ethnischen und sprachlichen Ausdehnung eines Kollektivs entsprechen. Sie wurde von Johann Gottfried Herder entwickelt und mit dem Bild aufeinander treffender und sich abstoßender Kugeln treffend veranschaulicht. Im 19. Jahrhundert wurde das *totalitätsorientierte* Kulturverständnis u. a. von Arnold Gehlen und der sich damals etablierenden Kulturanthropologie aufgenommen, verdeutlicht in der paradigmatischen „Urdefinition" Edward B. Taylors, die Kultur als komplexes Fundament einer klar abgrenzbaren Gruppe bestimmt, welches Wissen, Glauben, Kunst, Moral sowie deren Gewohnheiten und Bräuche umfasst. Kultur im Singular wird zwangsläufig zu Kulturen im Plural – zu festumrissenen, substantiellen Territorien, in die Menschen mit ihren Lebensformen verortet, demnach auch in- oder exkludiert werden können. Aktuell wird dafür in kritischer Absicht der Begriff des *Container-Paradigmas* benutzt. Der *totalitätsorientierten* Auffassung zugeordnet ist eine *kulturrelativistische* Perspektive, welche die Gleichwertigkeit und Eigenspezifik von Kulturen *betont*, dabei aber die georteten Differenzen dazwischen *überbetont*. Interne Differenzen im in sich geschlossenen Kulturcontainer selbst werden übersehen oder homogenisiert. Beispielsweise der, auch in Bereichen der interkulturellen kompetenzorientierten sozialen Arbeit geläufige, Rekurs auf ethnienspezifische *Kulturstandards* oder *Kulturdimensionen* folgt den exkludierenden, totalitätsorientierten Prämissen. Die Gefahr besteht, dass dadurch Stereotypenbildung und nationalistische Verengungen forciert werden bis hin zu weltpolitischen Feindbildproduktionen nach dem Modell eines „Kampfes der Kulturen" (Huntington 2002).

Der sich in der Mitte des 20. Jahrhunderts etablierende *differenzierungstheoretische* Kulturbegriff dagegen wählt den entgegengesetzten Weg der Eingrenzung und potenziert wiederum eher die tendenziell hegemoniale Aufladung der *normativen* Kulturvariante. Kultur ist nur noch das, was diesen Namen verdient – einem gesellschaftlichen Teilsystem vorbehalten, in dem die „Produktion, Verteilung und Verwaltung von Weltdeutungen intellektueller, künstlerischer, ästhetischer, religiöser Art in institutionalisierter Form stattfindet" (Reckwitz 2006, 79). Darunter fallen die Arbeiten der Frankfurter Schule zur ökonomischen Vereinnahmung von Kultur durch die Kulturindustrie, in denen Kultur zur Ware degeneriert. Die inhärente Logik dieser kritischen Kulturtheorie folgt einer Dichotomisierung in eine ästhetisch-emanzipatorische Hochkultur und eine verdinglichend-standardisierende Massenkultur. Mit Talcott Parsons strukturfunktionalistischem Gesellschaftsmodell, das Kultur, verstanden als ein funktionales Teilsystem, eine normative Steuerungskompetenz über die gesellschaftliche Praxis zuspricht, geht der *differenzierungstheoretische* Kulturbegriff nahezu in sämtliche Gesellschaftsanalysen ein. Zum einen eröffnet der *differenzierungstheoretische* Kulturbegriff den gesellschaftskritischen Diskurs um die Effekte der Massenkultur und um die Zusammenhänge von Kultur- und Herrschaftsformen. Zum anderen festigt er den Abstand zwischen bürgerlich-elitären kulturellen Kapitalformen und den profanen als nicht-kultiviert eingestuften Alltagspraxen. Für den Kontext der Sozialen Arbeit forciert diese Einengung auf Hochkultur oder ein funktionales Teilsystem eine Marginalisierung kultureller Aspekte in Theorie und Praxis auf zweierlei Weise: 1. Die AdressatInnen Sozialer Arbeit verkörpern explizit das kulturferne und -defizitäre Milieu, denen der Zugang zur Hochkultur verschlossen ist. 2. Kulturarbeit und -bildung erhalten entsprechend im Interventionsrepertoire der Sozialen Arbeit einen nachrangigen Status, dem alltagssichernde, -stabilisierende, „profane" Maßnahmen immer vorauszugehen haben oder die als Bildungsprivileg einem exklusiven sozialen Klientel vorbehalten sind (Treptow 2005, 1115). Dies spiegelt sich in der (Fach)Hochschulausbildung wider, die Kulturarbeit auf die Kompetenz in ästhetisch-künstlerischen Fertigkeiten reduziert (Thole 2005, 1107). Mit der postmodernen Entgrenzung der Künste und der damit einhergehenden Re-Definition von Ästhetisierung als umfassende Ästhetisierung alltäglicher Lebensstile und Konsumkulturen wird jedoch die *differenzierungstheoretische* Grenzziehung wieder zunehmend verlassen und nähert sich dem *bedeutungs- und wissensorientierten Kulturbegriff.* Dieser entfernt sich wiederum von der normativ-hierarchisierenden Sichtweise, gewinnt eine holistische Perspektive zurück und hebt die grundlegende sozial eingebettete Sinnkonstitution des Kulturellen hervor: „Kultur erscheint vielmehr nun als jener Komplex von Sinnsystemen oder […] von ‚symbolischen Ordnungen', mit denen die Handelnden ihre Wirklichkeit

als bedeutungsvoll erschaffen und die in Form von Wissensordnungen ihr Handeln ermöglichen" (Reckwitz 2006, 84 f.). Die *bedeutungs- und wissensorientierte* Perspektive ist in ihren Grundzügen symbolorientiert und baut entscheidend auf Ernst Cassirers Kulturdefinition auf, in der Kultur als symbolische Ordnung begriffen wird, die der Mensch als „animal symbolicum" in verstehender Aneignung und bildender Gestaltung sinnzuweisend und bedeutungsstiftend mitkonstituiert. Weitere Impulse liefern vier bedeutsame philosophische Denkrichtungen des letzten Jahrhunderts: die phänomenologisch-hermeneutische, die semiotisch-strukturalistische, die pragmatische und die wittgensteinsche Sprachphilosophie, wobei sich der phänomenologisch-hermeneutische und der strukturalistische Strang als besonders einflussreich für die Ausdifferenzierung sozialwissenschaftlicher Kulturtheorien zeigen. Ohne unbedingt explizit Kultur als Erkenntnisgegenstand zu proklamieren, weisen sie trotz aller Unterschiede in die gemeinsame Richtung einer Neuorientierung auf Symbole, Sprache und Zeichen (Reckwitz 2006, 39) und einer damit einhergehenden Neubewertung der sinnkonstituierenden Prozesse von Symbolisierung, Diskursivität und Repräsentation (Bachmann-Medick 2006, 13). Der *bedeutungs- und wissensorientierte* Kulturbegriff bildet die Grundlage des in den 1960er und 1970er Jahren einsetzenden *Cultural Turns* und der sich daraus entwickelnden *Studies.*

(Cultural) Turns: Leittheorien, -kategorien und -instrumente

Der sog. *Cultural Turn* tritt im Schlepptau des *Linguistic Turns* auf und markiert eine Wende, die sich quer durch alle Disziplinen der Geistes-, Sozial- und Humanwissenschaften zieht und eine grundsätzliche Umorientierung auf Kultur anstößt (Bachmann-Medick 2006, 7). Dabei bilden die beteiligten Kulturtheorien keineswegs lineare Sequenzen eines einheitlichen Theoriefortschritts oder einheitlichen Paradigmenwechsels aus. Bestenfalls handelt es sich um vielschichtige Prozesse der „Theorietransformation" (Reckwitz 2006) innerhalb und außerhalb des sich dabei konzeptuell verschiebenden und zunehmend entgrenzenden kulturtheoretischen Feldes. Im Zuge dessen werden kulturwissenschaftliche Wahrnehmungseinstellungen, Analyseinstrumente, Kategorien, Vokabular und Konzepte in die Leitvorstellungen anderer Disziplinen „übersetzt" (Bachmann-Medick 2006, 18 f.). Die Folge ist eine expandierende kulturwissenschaftlich geprägte Perspektivierung von Frage-, Analyse- und Theoriehorizonten in verschiedensten Fächern. Der *Cultural Turn* setzt sich aus wechselnden „Unterturns" zusammen, die richtungsweisende transdisziplinäre „Wenden" in die Wege leiten. Kennzeichen solcher Wenden ist der „qualitative Sprung" von lediglich beschreibenden zu operativen Begriffen: „wenn der Forschungsfokus nicht mehr nur neue Erkenntnis*objekte* ausweist, sondern selbst zum Erkenntnis*mittel* und –*medium* wird" (Bachmann-Medick 2006, 16).

Interpretative Turn – Kultur als Text

Der *Interpretative Turn* knüpft an den *bedeutungs- und wissensorientierten* Kulturbegriff an und versteht Kultur als „selbstgesponnenes Bedeutungsgewebe", das es wie ein Text zu lesen gilt. Maßgeblich angestoßen durch die Arbeiten des Kulturanthropologen Clifford Geertz wird die *Textmetapher* zur Leitkategorie. Geertz (1987, 259) zufolge besteht Kultur „aus einem Ensemble von Texten, die ihrerseits wieder Ensembles sind, und der Ethnologe bemüht sich, sie über die Schultern derjenigen, für die sie eigentlich gedacht sind, zu lesen". Entgegen der strukturalistischen Verselbstständigung des Sprachsystems richtet sich der Fokus auf Sprache als einen gemeinsamen sozialen Akt. Dieser Fokus erfordert eine *Erkenntnishaltung*, die den Globalblick auf Kulturen verlässt, „the native´s point of view" einnimmt und die ethnographische Teilhabe des Forschenden voraussetzt: „Was wird aus dem *Verstehen*, wenn das *Einfühlen* entfällt?" lautet die entsprechende methodische Leitfrage (1987, 290). Da die Bedeutungen von Symbolen allein aus ihrem kulturellen Kontext abzulesen sind, ist *Kontextualisierung* in Form von „dichten Beschreibungen" eine weitere methodische *Leitmetapher*. Dieser Terminus bezieht sich sowohl auf den Beobachtermodus, in dem der Ethnologe seinen Subjekten gegenübertritt als auch auf den Narrationsmodus, in dem er seine Einzelergebnisse verdichtend generalisiert. Zusammen-

fassend ist festzuhalten, dass der *Interpretative Turn* sowohl die Kulturwissenschaft selbst zu einer Neubestimmung ihrer Gegenstände gedrängt als auch erhebliche grenzüberschreitende, transdisziplinäre Impulse gegeben hat. In Diskursen der Sozialen Arbeit sind seine Spuren u. a. in Konzepten der Lebenswelt der AdressatInnen und deren forschungsmethodologischen Rekonstruktion zu finden. Die *interpretativ-textuellen Leitlinien* sollten jedoch nicht unkritisiert bleiben und werden mit dem *Reflexive Turn* eingeleitet.

Reflexive Turn – Kultur als Repräsentationskritik

Ausgehend von der „Writing-Culture-Debatte" (Clifford / Marcus 1986) um die dicht beschreibende „Position des privilegierten Beobachters, der im Rücken der Anderen mehr und besser sieht" (Schiffauer 2004, 509), wird vor allem die, durch ihn bestimmte, *Repräsentationspraxis* in Frage gestellt, die sich anmaßt autorisiert, authentisch und unzweifelhaft objektiv „für" oder „über" den „Anderen" zu sprechen (Berg / Fuchs 1993, 72). Kritisiert wird vor allem, dass erst in der *Niederschrift* eine Kultur hervorgebracht wird; dass nicht offen gelegt wird, wie die Forschenden zu ihrer Auslegung kommen; dass widersprüchliche Stimmen einer Kultur unter dem Zwang der Kohärenz ausgeblendet werden; dass nicht-textualisierte Überschüsse wie Geräusche, Gerüche, Sinneswahrnehmungen ausgeblendet werden; dass unklar bleibt, wie die beobachteten AkteurInnen ihren kulturellen Text verfassen, schreiben, ausradieren oder neu füllen und letztlich der Prozess- und Produktionscharakter sozialen Handelns im Dunkeln verbleibt (Ackermann 2004, 146). Die „Krise der ethnographischen Repräsentation" (Berg / Fuchs 1993) geht in ihrer Wirkung weit über die Kulturwissenschaft hinaus und führt zu einer Kritik an der normierenden Repräsentationspraxis und infolgedessen an normativ-universalistischen Gegenstandsbestimmungen in den gesamten Sozial- und Gesellschaftswissenschaften. Der *Reflexive Turn* öffnet den Blick für eine kritische, *selbstreflexive* Revision der Traditionen, Konventionen und Methoden, die bei der Konstruktion wissenschaftlicher „Wahrheiten" über Andere, dem *Othering*, eine unübersehbare, aber meist verdrängte Rolle spielen. *Othe-*

ring wird zu einem „Kampfbegriff", der den *projektiven* Charakter und die Verstrickung von Forschung in globale *Machtsymmetrien* und *-diskurse* anprangert (Schiffauer 2004, 508). Wiewohl der *Reflexive Turn* weniger Leitkategorien als Kritik, weniger methodische oder inhaltliche Neufokussierungen als Dekonstruktion liefert, sind seine reflexiven, repräsentationskritischen Anstöße in vielfältiger Weise auch in sozialpädagogische Theorie und Praxis eingesickert. Letztlich nimmt er die moderne Reflexivitätssteigerung in die disziplinären Wissensproduktionen auf und hinterfragt vereindeutigende, alteritätsstabilisierende Universalitäts- und Rationalitätsansprüche. Offenheit, Irritabilität und selbstreflexive Positionierung werden zu entscheidenden Erkenntnisinstrumenten in der Forschung und zu methodischen Schlüsselkompetenzen in der Praxis Sozialer Arbeit.

Performative Turn – Kultur als Darstellung

In unmittelbarem zeitlichem und inhaltlichem Zusammenhang mit der repräsentationskritischen Richtungsänderung steht das Aufkommen des *Performative Turns*. Mit der richtungsweisenden Leitvorstellung *Kultur als Performanz* werden die im *Reflexiven Turn* deutlich angemahnten Dimensionen der dynamischen Prozessualität des kulturellen Bedeutungsgewebes und deren performative Überschüsse eingeholt. Ausgehend von den Arbeiten Victor Turners rückt ein deutlicher Handlungs- und Ereignisbezug ins Blickfeld, der darauf zielt, den pragmatischen Prozess der Symbolisierung selbst zu erfassen und „die Symbole gewissermaßen in Bewegung einzufangen" (Turner 1989, 33). Soziales Drama, Ritual und Liminalität werden zu neuen kulturwissenschaftlichen Leitkategorien und zu wegbereitenden Analysemodellen. Der Terminus des *sozialen Dramas* bezeichnet eine idealtypische Ablaufform von Krisen- und Konfliktbewältigungsprozessen „auf allen Ebenen der Sozialorganisation, vom Staat bis zur Familie" (Turner 1989, 144). *Rituale* sind konstitutive Elemente der sozialen Dramen. Sie fungieren als Handlungssysteme der Differenzbearbeitung und als transformative Inszenierungsmedien symbolischen Handelns, in denen Symbole ausgebildet und verändert werden. Mit

Ritualen werden Übergänge von einem Zustand in einen anderen geregelt, das können gesellschaftliche wie individuelle Statusänderungen, Krisen- oder Konfliktsituationen sein. *Liminalität* beschreibt in dieser idealtypischen Ablaufform die symbolträchtige Grenz- und Schwellenphase, an der „die Vergangenheit für kurze Zeit negiert, aufgehoben oder beseitigt ist, die Zukunft aber noch nicht begonnen hat – einen Augenblick reiner Potentialität, in dem gleichsam alles im Gleichgewicht zittert" (Turner 1989, 69). *Liminalität*, die Erfahrungs- und Handlungsform des „betwixt und between", aufgeladen mit dem Vermögen zu Reflexion und Innovation vorgegebener Verhältnisse (Bachmann-Medick 2006, 116), wird zu einem transdisziplinären Schlüsselbegriff. Denn auch der *Performative Turn* hinterlässt Spuren über die Kulturwissenschaften hinaus. Die Analyse des Konstrukt- und Ausgestaltungscharakters kultureller Praktiken wird zur neuen transdisziplinären Herausforderung und mit ihr die Auseinandersetzung um Materialität, Medialität, Inszenierung und Transgression symbolischer Ordnungen. Vor dem Hintergrund performativer Erkenntnisinstrumente werden neue Analyse- und Diskussionshorizonte für Formen der Tradierung, der Veränderung institutioneller, interaktioneller und individueller Verhältnisse, der Initiierung von Prozessen der Integration, der Vergemeinschaftung wie Exklusion auch in pädagogischen Zusammenhängen erschlossen (Wulf/Zirfas 2007).

Postcolonial Turn – Kultur als Differenz

Der in den 1980er Jahren eintretende *Postcolonial Turn* verstärkt die repräsentationskritische Perspektive um eine politisch-programmatische Kanonkritik an der eurozentrischen imperialen Wissensordnung und ihrem universalisierenden Herrschaftsdiskurs *über* nichtwestliche Kulturen der Welt. Koloniale Macht wird auch nach Ende der Kolonialisation ausgeübt, jedoch nicht nur ökonomisch oder politisch, sondern auch diskursiv, so die grundlegende Maxime des *postkolonialen* Blickwechsels. Said (1978) entlarvt die „Figur des kolonialisierten Anderen" als westliche Erfindung. Zum einen fungiert sie als Negativfolie zur Bildung der eigenen westlich-weißen Identität und zum anderen prägt sie die Selbstdefinition der kolonialisierten Ethnien in entscheidender Weise. Die eingeläutete „Krise der Repräsentation" changiert in Folge zu einer „Krise der *Identität*" und mit dieser zu einer fundamentalen Kritik an der westlich-metaphysischen Logik, die sich auf Ursprung, Einheit, Essenz, Wesen, Stabilität und Kontinuität beruhende, vereindeutigende Identitätskonstruktionen stützt (Bachmann-Medick 2006, 206). So gesehen haben Schwarze eine Hautfarbe, Ausländer eine ethnische Identität, Frauen ein Geschlecht, Homosexuelle eine Sexualität, Afrika eine koloniale Vergangenheit und KlientInnen der Sozialen Arbeit ein abweichendes Verhalten – aber Weiße, Inländer, Männer, Heterosexuelle, die EU und „Normalos" dadurch auch. Diese „eurozentrischen Konstruktionen" vollziehen sich durch Rückgriff auf polarisierende, binäre Denkformationen, die zu antagonistischen Spaltungen führen und asymmetrische Hierarchieformen verankern, welche die aufgeführten Konstrukte Schwarz / Weiß, Mehrheit / Minderheit, Mann / Frau, Selbst / Anderer, Norm / Abweichung wie ein Riss durchziehen. Der *postkoloniale* Diskurs jedoch verfährt in einem gänzlich anderen Denkmodus, der sich durch eine zwischenkategoriale, sich ständig auf dem „artikulatorischen Abgrund" befindlichenden Erkenntnishaltung auszeichnet. Der Fokus wechselt dabei von Identitätsmomenten zu Alteritätsmomenten, denn kulturelle Identitätsarbeit, geprägt durch Entortung, Dezentrierung und Diskontinuität ist nicht mehr und nicht weniger als eine flüchtig-fluide Fixierung translokaler, transhistorischer und transindividueller Ambivalenzen in „Äußerungsräumen der Differenz", die sich zwischenräumlich (de)platzieren. Homi K. Bhabha (2000), einer der führenden postkolonialistischen Vertreter, entwickelt dafür leitkategorisch die Metapher des *dritten kulturellen Raums*, in der *Identitäten*, ob personaler, kollektiver oder diskursiver Art, im beständigen Spiel der Differenzen, der Überlagerungen und Überbrückungen, Vernetzungen eine unbestimmte Artikulationsform suchend (er)finden. Diese Verhandlung inkommensurabler Differenzen schafft eine Spannung, deren Stärke in der Verletzung der bedeutungskonstituierenden *Raum*grenze des *dritten kulturellen Raumes* liegt – dem beyond (darüber hinausgehend) als Moment der Grenzüberschreitung der dominanten, vorfindlichen kulturellen Definitionen. Die intellektuelle Dekolonisation

und Dekonstruktion essentialistischer Substanzkategorien ermöglicht dadurch ein konzeptuelles Remapping der wissenschaftlichen Landkarten (Bachmann-Medick 2006, 200 f.). Monolithische Differenzkategorien wie race, class, nation, subject werden reformuliert, wenn die „Verortung von Kultur" (Bhabha 2000) nicht in festen tradierten Identitätsschubladen verstaubt, sondern auf Veränderungsspielräume in liminalen, entgrenzten Zwischenpositionen zurückgeführt wird: „Dieser zwischenräumliche Übergang zwischen festen Identifikationen eröffnet die Möglichkeit einer kulturellen Hybridität, in der es einen Platz für Differenz ohne eine übernommene oder verordnete Hierarchie gibt" (Bhabha 2000, 5). *Hybridität*, als wichtiger Leitbegriff postkolonialer Debatten, bezieht sich dabei nicht auf biologisch determinierte, gemischte „rassische" Zusammensetzung von Bevölkerungen, sondern auf die kulturelle Logik der *Übersetzung* als Querschnitt zwischen differenten Bedeutungen. Er fungiert in der Multikulturalismusdebatte als dekonstruierendes Gegenkonzept zur Postulierung einer Leitkultur und deren Begleitbegriffe, wie Akkulturation, Assimiliation und Integration (Bachmann-Medick 2006, 198). *Hybrid* ist alles, was aus einer Vermischung von Traditionslinien, von Symbolen, Signifikanten und Praxen entsteht und durch Formen der aktiven Aneignung und produktiven Verarbeitung zustande kommt. *Hybridität* als immer schon dazwischen liegender *dritter Denk-, Erfahrungs-* und *Handlungsraum* zeigt sich nicht nur zwischen *mehreren* Kulturen (Interkulturalität), sondern als innere Differenzierung *einer* Kultur (Multikulturalität) und letztlich der *internen* Zerrissenheit der Subjekte selbst: als Differenz zwischen dem sprechenden und dem gesprochenen Subjekt. Postkoloniale Reflexionsinstrumente spiegeln sich wider in aktuellen Auseinandersetzungen zu wirkmächtigen Grundannahmen des Sozialen, wie Alterität, Fremdheit, Abweichung und Exklusion. Vorgängig implizit wirkende Standards zu Konstruktionen von Identität, Norm und Inklusion werden zunehmend hinterfragt und durch alternative Konzepte wie *Mehrfachzugehörigkeit* (Mecheril 2003) oder *Zwischenwelten* (Gemende 2002) ersetzt.

Practical Turn – Kultur als Praxis

Im *Practical Turn* bündeln sich aktuell die gebahnten Wege in einen praxistheoretischen Knotenpunkt, dessen gemeinsame Perspektive in der Bestimmung von *Kultur als Praxis* liegt. „*Doing culture* steht als Sammelbegriff für das ‚Dickicht' der pragmatischen Verwendungsweisen von Kultur: *doing gender, doing knowledge, doing identity* oder *doing ethnicity* sind nur einige von zahlreichen Beispielen" (Hörning/Reuter 2004, 10). Die zugrunde liegende Praxisperspektive richtet sich gegen vereinseitigende und verkürzende Auffassungen von Kultur als Ensemble lesbarer Texte, kollektiv geronnener Sinnstrukturen, symbolisch objektivierter Codes oder semiotisch tragender Zeichensysteme und gibt sich nicht mit verschiedenen Lesarten desselben zufrieden, sondern impliziert, dass „sich Kultur nur in ihren Verarbeitungsformen wirklich ‚dingfest', d. h. sichtbar, aufzeigbar, nachvollziehbar machen lässt" (Hörning 2004, 139). Als kleinste Analyseeinheit wählen kulturpraxeologische Ansätze *soziale Praktiken*, denn in Praxistheorien gewinnt die Person erst in den Spielräumen sozialer Praxis ein Verständnis von sich und der Welt, dort macht sie Erfahrungen, erlangt ein implizites, im weiteren Verlauf oft nicht weiter hinterfragtes, körperlich eingelagertes Wissen, „was geht und was nicht geht" (Hirschauer 2004, 78). Sie machen den „praktischen Sinn" (Bourdieu 1993) und das „praktische Bewusstsein" (Giddens 1995) aus. *Soziale Praktiken* sind grundlegende Bausteine kultureller Ordnungen und konfigurieren über historische Rezeptions- und Produktionstechniken, verknüpft mit den dabei aktiv herausgebildeten Zeit- und Raumregimes, spezifische kulturelle Institutionen, wie *Praktiken* körperlicher Hygiene, familiären Zusammenlebens, bürokratischen Verwaltens, ökonomischen Dienstleistens, ethischen Orientierens oder wissenschaftlichen Theoretisierens:

„Soziale Praktiken können dabei eine intersubjektive Struktur haben, das heißt mehrere körperlich mentale ‚Träger' voraussetzen, sie können jedoch auch ‚interobjektiv' (Latour) strukturiert sein und materiale Artefakte voraussetzen oder schließlich im Sinne der ‚Techniken des Selbst' (Foucault) eine auf einen einzelnen Träger bezogene Struktur hinweisen." (Reckwitz 2004, 18)

Zwangsläufig rückt die Vermittlung zwischen der individuellen Intentionalität und der gesellschaftlichen Bedingtheit sozialer Praxis in das Zentrum praxeologischer Ansätze. Als prominente *Leitkategorie* dafür wird das Konzept des *Habitus* (Bourdieu 1993, 7 f.) herangezogen, ein Vermittlungsbegriff par excellence, der als „strukturierte und strukturierende Struktur" sowohl erklärt, wie die Kultur in den Menschen kommt als auch, was dieser in aktiver Aneignung damit macht. Denn habitualisierte Praktiken sind immer beides: Wiederholung und Neuerschließung, Tradierung und Innovation und eine (dis)kontinuierliche Mischung von Routine und Reflexion, die den Menschen befähigt, aus einem nahezu unendlichen Möglichkeitsrepertoire durch handelndes Zusammenwirken soziale Ordnungslinien (wieder) her zu stellen. *Praktiken* sind notwendigerweise auf zwei Träger verwiesen: auf den Körper als materialisierte Schnittstelle zwischen Natur und Kultur und auf materiale Artefakte wie Dinge, Werkzeuge, Anlagen und mediale Technologien, die sich gegenwärtig immer dichter zwischen Mensch und Maschine stellen und dadurch die Grenzen zwischen dem natürlich Gegebenen und dem künstlich Kultivierten zunehmend verwischen. Damit erhält der *Körper* als Produkt und Produzent gesellschaftlicher Strukturen und mit ihm *Körpertechniken* einen zentralen Forschungsstatus. Infolgedessen verlassen auch unbewusste bis unverständliche und fremde *(Dis)positionen* einer Kultur ihren Status als Störquelle und können in ihrem erkenntnisgenerierenden Potenzial anerkannt werden. Die Leitkategorien, der sich aus den skizzierten *Turns* herauskristallisierenden praxeologischen „Theoriefamilie" (Reckwitz 2006) mit ihrem Fokus auf kulturelle *Dynamik*, *Differenz* und *Kontingenz* werden vor allem über die sich daraus entwickelnden, nachfolgend skizzierten *Studies* in die Disziplin der Sozialen Arbeit hineingetragen.

(Cultural) Studies: Leittheorien, -kategorien und -instrumente

Begleitet werden die Turns von einem ansteigenden Durchlässigwerden der Disziplingrenzen, die zur Etablierung *transdisziplinärer* Theorie- und Forschungsprogramme, den sog. *Studies*, führt – im Zentrum des zunehmend entgrenzten kulturtheoretischen Feldes die *Cultural Studies*, an seinen Rändern etliche neuere Richtungen. Diese nehmen für sich in Anspruch, ausgehend von kulturwissenschaftlichen Theoriebezügen gesamtgesellschaftliche Erklärungs- und Analyseinstrumente bereitzustellen (Moebius 2009, 162). Im Folgenden werden für die Soziale Arbeit zentrale Studies mit ihren Leittheorien, -kategorien und -instrumenten skizziert. Ihre Gemeinsamkeit liegt in der praxistheoretischen Familienähnlichkeit, der Anknüpfung an poststrukturalistische Theorien und letztlich in der transdisziplinären *Übersetzungsarbeit*, die sich sowohl diskursiv durch neue Zeitschriftenreihen als auch curricular in der Hochschullandschaft zunehmend institutionalisiert – mit der Tendenz, in Form von neuen Studiengängen auf Master- und Bachelorniveau, von Modulen und Weiterbildungsangeboten, die Ausbildung und damit das Professionsprofil der Sozialen Arbeit weiter zu entwickeln (*www.idis.uni-koeln.de*).

Die *Cultural Studies* sind ein interdisziplinäres Theorie- und Forschungsprojekt, das in England Mitte der 1960er mit der Gründung des Birmingham Centre for Contemporary Cultural Studies beginnt. Ihre Anfänge sind als postmarxistische Antwort auf fehlende Theorielinien zwischen Basis und Überbau zu verstehen. Die Vertreter der *Cultural Studies* wählen für die Forschungslücke den Begriff „Kultur", die für sie mehr ist als ein bloßer Reflex ökonomischer Beziehungen. Basis ist ein holistischer Kulturbegriff, der Kultur als „whole way of life" fasst. „Culture is ordinary" lautet die programmatische Definition und lenkt den Fokus weg von der hegemonialen Hochkultur auf minoritäre, subkulturelle Praktiken des kleinen Mannes auf der Straße. Die *Cultural Studies* liegen quer zu universitären Standarddisziplinen wie Soziologie, Geschichts-, Politik-, Kunst- oder Literaturwissenschaft und entziehen sich dadurch einer einheitlichen, stringenten Definition. Sie greifen auf unterschiedliche, der Besonderheit des Untersuchungsgegenstandes geschuldete Theorien und Methoden zurück, so dass der Forschungsprozess einer experimentellen *Bricolage* ähnelt. Trotz dieses multiplen Designs lassen sich Schlüsselbegriffe wie *Kreativität*, *Macht* und *Identität* ausmachen. Mit den Arbeiten zu jugendlichen Subkulturen verstärkt sich die auf Alltagskreativität der Subjekte ausgerichtete Perspektive. Jugendkultur und deren symbolische Stilmittel wurden als Versuche interpretiert, der dominanten Kultur Raum abzugewinnen und den persönlichen und gruppengebundenen Handlungsspielraum zu vergrößern. Der Schwerpunkt der *Cultural Studies* verlagert sich in den folgenden Jahren immer mehr auf die Perspektive der produktiv-kreativen Aneignung und der „Kunst des Eigensinns" (Winter 2001), der sich gegen den Gemeinsinn stellt und subversiv vorhandene Kulturmuster von unten sukzessiv verändert. *Bricolagen* aus dem poststrukturalistischen Theoriegebäude dekonstruieren zunehmend kulturelle Identitätsdiskurse und decken ihre hegemonialen Verflechtungen auf. Kultur wird als eine *Arena umkämpfter Bedeutungen* definiert. In Arbeiten zur Medienrezeption wird gezeigt, wie das Publikum den medial vermittelten Sinnrahmen gegen den Strich liest und durch eigen- wie widerständige Lesarten alternative kulturelle Bedeutungen mitaktiv herstellt. Populäre Kultur aus dieser Sicht ist Kontingenzkultur, die einen kreativen Möglichkeitsraum der Selbstermächtigung eröffnet (Moebius 2009, 191). Stewart Hall, eine Schlüsselfigur der Cultural Studies, entwirft auf der Hintergrundfolie der Derridaschen Differenzkonzeption eine *politische Praxistheorie* mit interventionistischem Charakter (Moebius 2009, 193). *Artikulation* wird durch ihn zu einer entscheidenden Leitkategorie der *Cultural Studies*, welche die alltagspraktischen Verknüpfungen differenter Elemente zu „Einheiten der Differenz" erfasst und *kontingente* Nahtstellen beschreibt, an denen Identitäten flüchtig-fluid, beweglich und tendenziell unabgeschlossen, für einen kurzen Moment fixiert, im nächsten Moment jedoch wieder neu verknüpft und re-artikuliert werden (Hall 2000). Diese „positive" Sicht auf Differenzen, die durch „Aufschub und Verzögerung" im Gleiten der Signifikanten Raum schaffen für eine prozesshafte und probeweise Artikulation von Identitätspolitiken, teilt Hall mit postkolonialen Theorien. Eine weitere Gemeinsamkeit ist der Rückgriff auf die Leitkategorie der *Hybridität* (Hall 2004, 208 f.) und den damit induzierten Blick auf *übersetzende* Formen der Gegenmacht, Selbstermächtigung und Handlungsfähigkeit. Vor allem haben die positiv konnotierten Perspektiven auf Selbstermächtigung (Agency, Empowerment, Aktivierung, Capability) Eingang in Diskurse der Sozialen Arbeit gefunden, ebenso wie der interventionistische, politische Zugang. Angesichts der Diskussion um die Ökonomisierung des Sozialen wird aktuell die Debatte um „Cultural Studies als Politik" wieder verstärkt geführt: „[…] it makes visible the contested character of the social itself – revealing the struggles over how people and populations are to be ordered, classified and improved" (Clarke 2009, 233). Anleihen aus der Werkzeugkiste der Cultural Studies finden sich in allen nachfolgend genannten, randplatzierten und dadurch grenzüberschreitenden *Studies*.

Vor allem in den *Gouvernemental Studies* wird der Diskurs um Kultur als ein von Macht geprägter Zusammenhang konsequent im Rückbezug auf die Arbeiten Michel Foucaults zur Machtanalytik weitergeführt. Die *Gouvernemental Studies* sind eine sich zunächst im angelsächsischen, seit 2000 auch im deutschsprachigen Raum etablierende Forschungsrichtung, die auf eine gouvernementalitätsanalytische Betrachtung der aktuellen Formen zielt, „durch die in unserer Kultur Menschen zu Subjekten gemacht werden" (Foucault 1987, 243). Dem Gouvernementalitätskonzept obliegt eine „Scharnierfunktion", die eine Analyse der *Wechselwirkung* zwischen Kultur und Subjekt, in Foucaults Begrifflichkeit zwischen *Herrschaftstechniken* und *Selbsttechniken* ermöglicht. Die gegenwärtigen Gouvernementalitätsstrategien (auf der Subjekt- und Kulturebene) sind durch einen *Risikodiskurs* vorstrukturiert, der die Berechenbarkeit der sich dynamisch vervielfachenden Modernisierungsrisiken sucht. Charakteristikum der neoliberalen „Regierung der Risiken" ist die Verlagerung der Verantwortung für den Umgang mit gesellschaftlichen Risiken wie Arbeitslosigkeit, Armut, Krankheit, Marginalisierung aus dem Bereich der wohlfahrtsstaatlichen, kollektiven Fürsorge in den Zuständigkeitsbereich privatisierter Vorsorge und individualisierter *Selbstsorge* (Lemke et. al. 2000, 22). Scheinbar emanzipatorische und auf Autonomie basierende Paradigmen der Aktivierung der sozialen AkteurInnen durch Programme des bürgerschaftlichen Engagements, des Empowerments, der Gesundheitsvorsorge und der informierten Entscheidung werden ihrer prekären Komplizenschaft mit entsichernden, marktwirtschaftlichen, profitmaximierenden, effizienzsteigernden Regierungstechnologien überführt. *Gouvernementalitätsstudien* in der Sozialen Arbeit zielen auf eine kritische Analytik der *Ökonomisierung* und der *Regierung des Sozialen*; der eigenen Rolle bei der (Mit)Konstitution sozialer (Herrschafts)Strukturen und neoliberaler Programmierungstechniken; der (Trans)Formation moderner Subjektivierungsweisen und der (Mit)Herstellung neuer, marktgängiger, herrschaftskonformer Inklusions- und Exklusionspraktiken (Anhorn et al. 2007). Dabei formulieren sie den Anspruch, „die eigene […] Kultur in die Falle zu locken" (Kessl 2006, 70) und „die Kunst nicht dermaßen regiert zu werden" (Maurer / Weber 2006) als alternatives *Möglichkeitsfeld* in vorstrukturierten Macht- und Wissensräumen freizulegen.

Eine topographische Dimension auf Kulturen ist auch vorherrschendes Kennzeichen der *Spatial Studies*, einer Forschungsrichtung, welche die postmodernen Verschiebungen mit einer Neubewertung des *Raumbegriffs* beantwortet. *Raum* als Leitkategorie wird wie Kultur seiner physischterritorialen, materiell-essentialistischen und substanziell-dinglichen Containerform beraubt. An deren Stelle treten relationale, dynamische und sozialhistorische Perspektiven, die *Raum* als Bedingung und Effekt kultureller Praktiken sehen: ein *Hybrid* aus materiellen Bedingungen und sozialer Nutzung (Löw 2001, 121). Der Auflösung des Raumes durch die fortschreitenden globalen Prozesse der Entbettung, Entortung und Entgrenzung wird mit der Wiederkehr einer differenzierten Raumbestimmung begegnet. Soziokulturelle Prozesse werden rückgebettet, lokalisiert, situiert und verräumlicht, so auch in Theorie und Praxis der Sozialen Arbeit, wie die aktuelle Konjunktur der Sozialraumorientierung in sozialpolitischen, sozialgeographischen und sozialpädagogischen Programmatiken mit ihren durchaus kontroversen Diskussionen um die „Territorialisierung des Sozialen" zeigt (Kessl et. al. 2005).

Die im Kontext der Sozialen Arbeit neue Weichen stellenden *Science*, *Queer* und *Disability Studies* legen ihren kulturanalytischen Schwerpunkt auf die radikale In-Fragestellung der klassischen Natur / Kultur-Binarität. In den *Science Studies* bezeichnen neue Leitkategorien, wie *Aktant*, *Quasiobjekt* (Latour 1998) oder *Cyborg* (1995) diejenigen Phänomene, die nicht Natur und auch nicht Kultur sind, sondern grenzverwischende, auf und unter die (Haut) Oberfläche gerückte *hybride Artefakte* darstellen. Im Fokus steht das netzwerkartige Ineinandergreifen, das sich zwischenkategorial ergibt, wenn Natürlichkeit, Materialität und Stofflichkeit auf der einen Seite und Artifizialität, Fabrikation und Diskursivität auf der anderen Seite zusammentreffen. Sozialpädagogisch brisant wird vor allem die disziplinäre Positionierung zu bio- und nanotechnologischen Modifizierungen (Kultivierungen) eines wie auch immer gefährdeten oder abweichenden Subjekts über neue Modelle des Body- und Neuroenhancements, durch die von außen optimierend auf Körper und Psyche eingewirkt werden kann – und zwar im lebenslangen Modus, von der Zeugung bis zum Tod.

Die *Queer Studies* verhandeln entlang der Binarität zwischen sozialem Geschlecht (gender) und biologischem Geschlecht (sex), zwischen Hetero- und Homosexualität, ähnliche kulturelle Dilemmata. Sie dekonstruieren in konsequenter Reflexion des *Otherings* die naturhaft wirkende Zwei-Geschlechter-Ordnung als diskursives Hegemonialprodukt einer heteronormativen Dominanzkultur. *Sexualität* verlässt das Private und lanciert zu einer machtanalytischen, herrschaftskritischen Leitkategorie der *queeren* Perspektive, die ebenso wie Geschlecht, Rasse, und Klasse als Kategorie sozialer, politischer und ökonomischer Strukturierung fungiert (Czollek et. al. 2009). *Heteronormativität* strukturiert Institutionen, wie Ehe, Familie, Recht, Verwaltung und auch Soziale Arbeit in entscheidender Weise vor, schreibt sich darüber in Geschlechter- und Gesellschaftsverhältnisse, in Subjektivierungsweisen, Alltags- und Professionspraktiken ein.

Analog steht in den *Disability Studies* die Dichotomisierung von biologisch-körperlicher Schädigung (impairment)und sozialer Behinderung (disability) im Zentrum der kritischen Analyse mit dem Ziel, kulturwissenschaftliche Lücken im Behindertendiskurs zu füllen und dessen Einschluss in Spezialdiskurse der Rehabilitationswissenschaft, der Heil- und Sonderpädagogik transdisziplinär aufzuheben (Waldschmidt / Schneider 2007). Mechanismen der soziokulturellen (Re)Produktion des „Sonderfalls *Behinderung*" durch medizinische, juristische, sozialpolitische, pädagogische und mediale Definitionspraktiken werden ebenso einer Reflexion unterzogen wie alltägliche und professionell ausgeübte Inklusions- und Exklusionspraktiken an „Menschen mit besonderen Bedürfnissen".

Im Kontext der Sozialen Arbeit leisten die genannten *Studies* einen wesentlichen Beitrag zur Reflexion der (Mit)Täterschaft bei der Produktion ihres eigenen Klientels und damit ihrer eigenen professionellen Legitimierung. Aktivierende, optimierende, queere und behinderte Subjektivierungen als Konstrukte kultureller Produktion zu begreifen bedeutet, das Projekt der Sozialen Arbeit selbst als konstitutiven Bestandteil der kulturellen Produktion dieser Identitätszuschreibungen aufzufassen. Im repräsentationskritischen, selbstreflexiven und sich potenziell selbst dekonstruierenden Blick liegt das eigentliche politische und pragmatische Potenzial der skizzierten *Studies* für die Soziale Arbeit. Durch den durchgängig vorhandenen differenzorientierten und machtanalytischen Blick verliert *Kultur* ihre soziale, ökonomische und politische Ortlosigkeit. Sie wird aus dem geschützten Gehäuse ästhetischer Bildungspolitiken herausgeholt, lebensweltlich kontextualisiert und dynamisiert sich zu einem umkämpften Konglomerat diskursiver und praktischer Problem- und Konfliktlagen, in dem Menschen, Dinge, Symbole, Ordnungen ge-, um-, rück- oder verbildet werden; ein ungenau abgestecktes Terrain, in dem diese reingelassen, raus-, rum- oder weggeschickt werden – nicht zuletzt von ProtagonistInnen der Sozialen Arbeit.

Translationale Grenzarbeit

Was zeigt uns der Gang durch die wechselhafte Geschichte des *Kulturbegriffs* und begleitender kulturtheoretischer Strömungen? *Kultur* wurzelt ebenso wie andere *Selbstverständigungsbegriffe* – Identität, Person, Subjekt, Gesellschaft, Nation – in historisch gerahmten Wirklichkeitsverständnissen und Deutungsschemata von Realität, die sie wiederum wechselwirkend operativ verändert. Auch die skizzierten *Turns* und *Studies* sind eine Begleiterscheinung realhistorischer Umwälzungen, die mit den Stichworten *Globalisierung* (Diffusion westlicher Lebens-, Markt- und Konsumformen) und *Technologisierung* (bio- und nanotechnologische Transformationen von Natur- und Körperverhältnissen) umschrieben werden kann (Reckwitz 2006, 726 f.). Wie diese bringen die *Turns* die traditionale, auf vereindeutigende, binäre Prinzipien beruhende, kulturelle Ordnung der Dinge grundlegend durcheinander. Ein standardisiertes oder standardisierbares Tableau von Kulturtheorien, aus denen praktische Anwendungen linear und evidenzbasiert ableitbar sind, ist daher nicht aufstellbar. Leider, so das erste festzuhaltende Resultat, das sich auf den damit einhergehenden Verlust bezieht. Doch, so das zweite festzuhaltende Resultat, der Gewinn ist beträchtlich und in seinen Folgen noch nicht absehbar. Er liegt in der Formierung einer *anderen*, die traditionale binäre Logik verlassenden Denkordnung und Erkenntnishaltung, die sich verstärkt im wissenschaftlichen Diskurs über die *Studies* institutionalisiert. Die *Turns* bahnten jeder für sich Wege den fundamentalen *Leitantagonismus* Natur / Kultur und sich daran anschließende binäre Setzungen wie: wild / zivilisiert, Individualismus / Kollektivismus, Hochkultur / Populärkultur, System / Lebenswelt, Heterogenität / Homogenität, essentialistisch / prozessual, Eigenes / Fremdes, Erkenntnisobjekt / Erkenntnissubjekt, Materialität / Bedeutung mit ihren tradierten asymmetrischen Inklusions- / Exklusionsmarkern zu verlassen und neue Antworten auf die Fragen nach den Bedingungen kultureller (Un)Ordnung zu ermöglichen. Durch den machtanalytischen, differenz- und kontingenzorientierten Fokus auf *kulturelle Praxis* rücken mit den *Studies* schließlich die offenen, relationalen, prozesshaften, sich überlappenden, überschneidenden *hybriden* Verflechtungserscheinungen *zwischen* den genannten Polen in den Vordergrund. Das Analyse- und Methodenvokabular dieser *darüber hinausgehenden* Denkbewegungen zentriert sich um den Begriff *Übersetzung (translation)* als „neuer pragmatischer Grundbegriff der Sozial- und Kulturwissenschaften" (Bachmann-Medick 2006, 138). *Übersetzung* heißt „etwas von einem Ort zu einem anderen Platz bringen" und *übersetzt* werden nicht nur Worte von einer fremden Sprache in die eigene, sondern Denkweisen, Weltbilder, Konstruktionen, Praktiken, Lebensformen, sogar Menschen und nicht zuletzt Wissen, wie aktuell die Etablierung *trans*disziplinärer Studiengänge und Qualifikationsmodule zeigt. Dabei unterstellt der *Übersetzungsbegriff* nicht unbedingt einen glatten, unbeschadeten *Transfer* dieser „Güter", sondern legt den *Raum* des Hin- und Herübersetzens selbst frei mit allen seinen fehlgeschlagenen Versuchen, Einbrüchen, Widerfahrnissen und Beschädigungen. Diese werden jedoch nicht negiert, diffamiert, ausgegrenzt oder exkommuniziert, sondern in ihrem Potenzial besonders für die *Transformation* dessen, was übersetzt wird, gewürdigt. Die *Übersetzungsperspektive* macht Raum für die *hybriden* Momente der Ungewissheit, der Unentscheidbarkeit, des Widerspruchs, der Subversivität, die in binärlogischen Differenzkonstruktionen zum Verschwinden gebracht werden – entweder durch Nivellierung oder durch Ausgrenzung von Differenzen. Als Modell für eine *trans*disziplinäre Theorie- und Praxisbildung der Sozialen Arbeit ermöglicht die *Übersetzungsperspektive* solche Grenz-, Zwischen-, Übergangs- und Kontakträume in ihren *hybriden* Überlappungen und kontingenten Vermischungen produktiv zu machen auf der Spur des dazwischen liegenden, tendenziell unverfügbaren und nicht-assimilierbaren kulturellen Restpotenzials. Doch bisher bleiben *translationale* Denkherausforderungen zur disziplinären (Selbst)Reflexion über materiellstrukturelle wie symbolisch-diskursive *Ver-ortung* sozialarbeiterischer Theorie- und Praxisbildung eher in dem Import von Leitcodes stecken, werden bei Übernahme durch einen dauerhaft fixierten sozialpädagogischen Blick tendenziell gebrochen und damit ihres differenz- und kontingenzorientierten, grenzüberschreitenden Reservoirs entledigt (Neumann / Sandermann 2009). Der offensichtlichste Gewinn der *Turns* und *Studies* liegt in der Einsicht in das *hybride* In-, Neben- und Übereinander kultureller Formen und der dadurch implizierten radikal *anderen* Perspektive auf differenz- und kontingenz-*aushaltende* Grenzräume. Diese ermöglichen eine (Re)Strukturierung materieller und symbolischer „(Human) Ressourcen" jenseits nivellierender Inklusions- und abspaltender Exklusionspraktiken, aber unter der Bedingung fortwährender *Grenzarbeit*. Soziale Arbeit als Theorie- und Praxisprojekt ist aus dieser Perspektive eine „Grenzgängerin" (Kessl et al. 2005), die ihr Selbstverständnis stets auf der prekären Fluchtlinie exzentrischer Positionalität stehend (Brumlik 2006, 63) interventionistisch vermittelnd erfährt.

Literatur

Ackermann, A. (2004): Das Eigene und das Fremde: Hybridität, Vielfalt und Kulturtransfers. In: Jaeger, F., Rüsen, J. (Hrsg.): Handbuch der Kulturwissenschaften. Bd. 3 Themen und Tendenzen. J. B. Metzler, Stuttgart / Weimar, 139–154

Anhorn, R., Bettinger, F., Stehr, J. (Hrsg.) (2007): Foucaults Machtanalytik und Soziale Arbeit. Eine kritische Einführung und Bestandsaufnahme. VS, Wiesbaden

Bachmann-Medick, D. (2006): Cultural Turns. Neuorientierungen in den Kulturwissenschaften. Rowohlt, Hamburg

Berg, E., Fuchs, M. (1993): Kultur, soziale Praxis, Text. Die Krise der ethnographischen Repräsentation. Suhrkamp, Frankfurt / M.

Bhabha, H.K. (2000): Die Verortung der Kultur. Stauffenburg, Tübingen

Bourdieu, P. (1993): Sozialer Sinn. Kritik der theoretischen Vernunft. Suhrkamp, Frankfurt / M.

Brumlik, M. (2006): „Kultur" ist das Thema. Pädagogik als kritische Kulturwissenschaft. Zeitschrift für Pädagogik 52, 60–68

Clarke, J. (2009): The Contribution of Cultural Studies for Theory an Empirical Research in Social Work. In: Melzer, W., Tippelt, R. (Hrsg.): Kulturen der Bildung. Barbara Budrich, Opladen / Farmington Hill, 227–235

Clifford, J., Marcus, E. (Hrsg.) (1986): Writing Culture. The Poetics and Politics of Ethnography. Berkeley, Los Angeles / London

Czollek, L.C., Perko, G., Weinbach, H. (2009): Lehrbuch Gender und Queer. Grundlagen. Methoden. Praxisfelder. Juventa, Weinheim / München

Elias, N. (1997): Über den Prozess der Zivilisation. 2 Bde. Suhrkamp, Frankfurt / M.

Foucault, M. (1987): Das Subjekt und die Macht. In: Dreyfus, H.L., Rabinow, P. (Hrsg.): Jenseits von Strukturalismus und Hermeneutik. Suhrkamp, Frankfurt / M., 243–261

– (1976): Überwachen und. Die Geburt des Gefängnisses. Suhrkamp, Frankfurt / M.

Geertz, C. (1987): Dichte Beschreibung. Beiträge zum Verstehen kultureller Systeme. Suhrkamp, Frankfurt / M.

Gemende, M. (2002): Interkulturelle Zwischenwelten. Juventa, Weinheim / München

Giddens, A. (1995): Die Konstitution der Gesellschaft. Grundzüge einer Theorie der Strukturierung. Campus, Frankfurt / M. / New York

Hall, S. (2004): Ideologie, Identität. Repräsentation. Ausgewählte Schriften 4. Argument, Hamburg

– (2000): Cultural Studies. Ein politisches Theorieprojekt. Ausgewählte Schriften 3. Argument, Hamburg

Haraway, D. (1995): Die Neuerfindung der Natur. Campus, Frankfurt / M. / New York

Hirschauer, S. (2004): Praktiken und ihre Körper. Über die materielle Partizipation des Tuns. In: Hörning, K.H., Reuter, J. (Hrsg.): Doing Culture. Neue Positionen zum Verhältnis von Kultur und sozialer Praxis. Transcript, Bielefeld, 73–91

Hörning, K.H. (2004): Kultur als Praxis. In: Jaeger, F., Liebsch, B. (Hrsg): Handbuch der Kulturwissenschaften. Bd. 1: Grundlagen und Schlüsselbegriffe. J.B. Metzler, Stuttgart / Weimar, 139–151

–, Reuter, J. (Hrsg.) (2004): Doing Culture: Kultur als Praxis. In: Hörning, K.H., Reuter, J. (Hrsg.): Doing Culture. Neue Positionen zum Verhältnis von Kultur und sozialer Praxis. Transcript, Bielefeld, 9–15

Huntington, S.P. (2002): Kampf der Kulturen. Die Neugestaltung der Weltpolitik im 21. Jahrhundert. Goldmann, München

Kessl, F. (2006): Soziale Arbeit als Regierung – eine machtanalytische Perspektive. In: Weber, S.M., Maurer, S. (Hrsg.): Gouvernementalität und Erziehungswissenschaft. Wissen – Macht – Transformation. VS, Wiesbaden, 63–75

–, Reutlinger, C., Maurer, S., Frey, O. (Hrsg.) (2005): Handbuch Sozialraum. VS, Wiesbaden

Klein, R. (2010): Fest-Stellungen: Zur Entsorgung von Reflexivität. In: Klein, R., Dungs, S. (Hrsg.): Standardisierung der Bildung. VS, Wiesbaden, 29–54

Latour, B. (1998): Wir sind nie modern gewesen. Suhrkamp, Frankfurt / M.

Lemke, T., Krasmann, S., Bröckling, U. (Hrsg) (2000): Gouvernementalität, Neoliberalismus und Selbsttechnologien. Eine Einleitung. In: Bröckling, U., Krasmann, S., Lemke, T. (Hrsg.): Gouvernementalität der Gegenwart. Studien zur Ökonomisierung des Sozialen. Suhrkamp, Frankfurt / M., 7–40

Löw, M. (2001): Raumsoziologie. Suhrkamp, Frankfurt / M.

Maurer, S., Weber, S.M. (2006): Die Kunst, nicht dermaßen regiert zu werden. Gouvernementalität als Perspektive für die Erziehungswissenschaft. In: Weber, S.M., Maurer, S. (Hrsg.): Gouvernementalität und Erziehungswissenschaft. Wissen – Macht – Transformation. VS, Wiesbaden, 9–36

Mecheril, P. (2003): Prekäre Verhältnisse. Über natio-ethno-kulturelle (Mehrfach-) Zugehörigkeit. Waxmann, Münster

Moebius, S. (2009): Kultur. Transcript, Bielefeld

Mollenhauer, K. (2001): Kultur. In: Lenzen, D. (Hrsg.): Pädagogische Grundbegriffe. 6.Aufl. Rowohlt, Hamburg, 900–909

Müller, S., Otto, H.-U. (1984): Verstehen oder Kolonialisieren. Grundprobleme sozialpädagogischen Handelns und Forschens. Kleine, Bielefeld

Neumann, S., Sandermann, P. (Hrsg.) (2009): Kultur und Bildung. Neue Fluchtpunkte für die sozialpädagogische Forschung. VS, Wiesbaden

Reckwitz, A. (2006): Die Transformation der Kulturtheorien. Zur Entwicklung eines Theorieprogramms. Velbrück, Weilerswist

– (2004): Die Kontingenzperspektive der ‚Kultur'. Kulturbegriffe, Kulturtheorien und das kulturwissenschaftliche Forschungsprogramm. In: Jaeger, F., Rüsen, J. (Hrsg): Handbuch der Kulturwissenschaften, Bd. 3: Themen und Tendenzen. J.B. Metzler, Stuttgart / Weimar, 1–20

Said, E. (1978): Orientalism. Vintage, New York

Schiffauer, W. (2004): Der cultural turn in der Ethnologie und der Kulturanthropologie. In: Jaeger, F., Straub, J. (Hrsg.): Handbuch der Kulturwissenschaften. Bd. 2: Paradigmen und Disziplinen. J.B. Metzler, Stuttgart / Weimar, 502–517

Thole, W. (2005): Kulturarbeit. In: Otto, H.-U., Thiersch, H. (Hrsg.): Handbuch Sozialarbeit / Sozialpädagogik. 3. Aufl. Ernst Reinhardt, München / Basel, 1098–1109

Treptow, R. (2005): Kulturtheorien. In: Otto, H.-U., Thiersch, H. (Hrsg.): Handbuch Sozialarbeit / Sozialpädagogik. 3.Aufl. Ernst Reinhardt, München / Basel, 1110–1118

Turner, V. (1989): Vom Ritual zum Theater. Der Ernst des menschlichen Spiels. Campus, Frankfurt / M. / New York

Waldschmidt, A., Schneider, W. (Hrsg.) (2007): Disability Studies, Kultursoziologie und Soziologie der Behinderung. Erkundungen in einem neuen Forschungsfeld. Transcript, Bielefeld

Winter, R. (2001): Die Kunst des Eigensinns. Cultural Studies als Kritik der Macht. Velbrück Wissenschaft, Weilerswist

Wulf, C., Zirfas, J. (Hrsg.) (2007): Die Pädagogik des Performativen. Theorien. Methoden. Perspektiven. Beltz, Weinheim / Basel

Lebensweltorientierung

Von Klaus Grunwald und Hans Thiersch

Das Konzept Lebensweltorientierte Soziale Arbeit oder Alltagsorientierung der Sozialen Arbeit – im Folgenden werden die Begriffe synonym gebraucht – verbindet eine spezifische Sicht auf die AdressatInnen mit einem von ihr inspirierten Selbstverständnis und Arbeitskonzept der Sozialen Arbeit. Es ist seit den 1970er Jahren in der damaligen Bundesrepublik ausgearbeitet worden und seitdem zu einem gewichtigen, aber nicht unumstrittenen Faktor in der disziplinär-theoretischen und praktischen Entwicklung der Sozialen Arbeit geworden. Angesichts vorliegender ausführlicher Darstellungen (Thiersch 1986; 1992; 2002; Bitzan et al. 2006; Grunwald/Thiersch 2008; 2009; 2010; Thiersch et al. 2010; siehe dazu auch Engelke et al. 2008; Füssenhäuser 2005; Niemeyer 1998) beschränkt sich das Folgende darauf, Prinzipien des Ansatzes zu skizzieren und sie auch im Horizont kritischer Einwände und notwendiger Weiterentwicklungen zu pointieren.

Lebensweltorientierte Soziale Arbeit sieht die AdressatInnen in ihrem Leben bestimmt durch die Auseinandersetzungen mit ihren alltäglichen Lebensverhältnissen. Sie sieht die AdressatInnen in ihren Problemen und Ressourcen, in ihren Freiheiten und Einschränkungen; sie sieht sie – vor dem Hintergrund der materiellen und politischen Bedingungen – in ihren Anstrengungen, Raum, Zeit und soziale Beziehungen zu gestalten. Die AdressatInnen sind aus dieser Perspektive eingebunden in vielfältige Widersprüche zwischen verfügbaren Ressourcen und problematisch belastenden Lebensarrangements, zwischen gekonnten und ungekonnten Bewältigungsleistungen, Resignation und Hoffnung, Borniertheit des Alltags und Aufbegehren gegen diese Borniertheiten.

Lebensweltorientierte Soziale Arbeit agiert in diesen Widersprüchen, indem sie die lebensweltlichen Potenziale der AdressatInnen zu stärken, ihre Defizite zu überwinden und Optionen freizusetzen sucht, also im Medium des Alltags einen gelingenderen Alltag zu ermöglichen und zu erleichtern sucht. Sie nutzt im Horizont der demokratischen Realisierung sozialer Gerechtigkeit ihre institutionellen und professionellen Möglichkeiten, damit Menschen auf der Basis ihrer eigenen Kompetenzen in gerechteren Verhältnissen und möglichst selbstbestimmt leben können.

In seinem Ausgang von der alltäglichen Lebenswelt und ihren Problemen, die sie in ihrer eigenen Dignität sieht, unterscheidet sich das Konzept der Lebensweltorientierung von anderen methodischen Ansätzen der Sozialen Arbeit ebenso wie von anderen Zugängen zu sozialen und psychischen Phänomenen im Rahmen von Therapieformen, Medizin oder Sozialpolitik. Auch wenn Lebensweltorientierung vielfältig durchlässig zu ihnen ist, werden im Konzept der Lebensweltorientierten Sozialen Arbeit die sich stellenden Aufgaben aus der Perspektive der Chancen und Risiken einer lebensweltlichen Bewältigung gesehen.

Entstehung und historisch-gesellschaftlicher Hintergrund

Das Konzept Lebensweltorientierte Soziale Arbeit hat den Anspruch, den generellen Aufgaben Sozialer Arbeit, also der Vermittlung von Individuum und Gesellschaft in den Grundstrukturen des helfenden, erziehenden und bildenden Handelns, gerecht zu werden, und ist geprägt durch den Widerspruch von Hilfe und Kontrolle, von Freisetzung und Disziplinierung. Es konkretisiert diese Strukturen in der Antwort auf gegebene historische und gesellschaftliche Herausforderungen in ihren spezifischen Macht- und Definitionskonstellationen und Interessenkämpfen. Das Konzept Lebenswelt-

Otto/Thiersch (Hg.), Handbuch Soziale Arbeit, 4. A., DOI 10.2378/ot4a.art087,

orientierte Soziale Arbeit sieht keinen Gegensatz zwischen den allgemeinen Aufgaben Sozialer Arbeit und ihren Strukturen auf der einen Seite und deren Bestimmung im Horizont gesellschaftlicher und sozialer Konkretisierung auf der anderen Seite. Es insistiert darauf, dass Strukturmuster ohne Konkretisierung leer, Konkretisierungen aber, die nicht auf Strukturmuster bezogen sind, blind bleiben, um ein Diktum Kants abzuwandeln.

Diese gesellschaftlich-sozialen Konstellationen lassen sich auf zwei Ebenen rekonstruieren, einer ersten zeitgeschichtlichen und einer zweiten, auf generelle Entwicklungen der Moderne bezogenen.

In den 1960er und 1970er Jahren war die Soziale Arbeit bestimmt durch eine expandierende und sich spezialisierende Fachlichkeit und eine radikale, sich totalisierende politische Funktionsbestimmung der Sozialen Arbeit als Agent des Kapitals. Gegen diese Entwicklungen hat sich das Konzept lebensweltlich orientierter Sozialer Arbeit entwickelt, im Insistieren auf alltägliche Lebenserfahrungen und Kompetenzen bei den AdressatInnen ebenso wie in der Sozialen Arbeit. Es versucht dabei die Unhintergehbarkeit von Fachlichkeit festzuhalten und mit der Gefahr zu vermitteln, dass in ihr die Alltagserfahrungen der AdressatInnen kolonialisierend übergangen werden; es insistiert auf der politischen Bedingtheit der gesellschaftlichen Verhältnisse und der Sozialen Arbeit, vermittelt sie aber mit den Chancen konkreter Veränderungen. Formeln wie „Kritik und Handeln" oder „Schwierige Balance" versuchen, diese Position zu fassen.

Diese Situation aber ist geprägt durch gesellschaftliche Entwicklungen, die generell für die demokratische Industriegesellschaft der Moderne charakteristisch sind. Sie ist bestimmt durch das neuzeitliche Projekt sozialer Gerechtigkeit, das den Zusammenhang von Gerechtigkeit und Gleichheit im Medium von Verteilungs- und Zugangsgerechtigkeit sieht und neben der Durchsetzung der formalen Gerechtigkeit in Bezug auf Recht und politische Partizipation auch die Gestaltung von Lebensverhältnissen als gesellschaftliche Aufgabe versteht. Es gilt, Ungleichheiten in den realen Lebensverhältnissen abzubauen. Neben den Zugängen z. B. der Sozialpolitik, der Gesundheitspolitik und der Bildungspolitik wird Soziale Arbeit zuständig für die Gestaltung von Strukturen, Ressourcen und Kompetenzen in der alltäglichen Lebenswelt.

Das Konzept Lebensweltorientierte Soziale Arbeit konkretisiert diese Aufgabe, indem es sie in den Kontext der allgemeinen Entdeckung der Bedeutung von Alltag und Lebenswelt stellt, die für das vorige Jahrhundert charakteristisch war. Gegenüber der erstarkenden Macht rational-technologisch bestimmter Produktions-, Verwaltungs- und Lebensformen wurde Lebenswelt als basale Voraussetzung allen auch gesellschaftlichen Lebens und als protestative Gegenwehr immer bedeutsamer, wie dies in der Entgegensetzung von Lebenswelt und System und dem Theorem von der Kolonialisierung der Lebenswelt von Habermas (1981) auf den Begriff gebracht wurde.

Gestaltung und Probleme der alltäglichen Lebenswelt waren in der Arbeiterbewegung im Kampf gegen Entfremdung und für bessere Lebensbedingungen zum Thema geworden, sie waren ebenso Thema in der Frauenbewegung, die die Bedeutung von Care entdeckte. Parallel dazu hatte die Philosophie die allgemeine Dignität der Frage nach den Lebensverhältnissen in ihrer subjektiven und situativen Bedeutung sowie in der Zeitlichkeit der Sorge und des Besorgens im Alltag analysiert. Die Dramen des Alltags wurden immer mehr zum Gegenstand literarischer Darstellungen bis in die heutige Flut von Biografien und Autobiografien. Lebensweltorientierte Soziale Arbeit entspricht diesen Strömungen der Zeit und versteht die Profilierung ihrer Aufgaben vor diesem Hintergrund.

Seit den 1970er Jahren wird die Frage nach dem Alltag zunehmend hineingerissen in die Strukturen der Moderne im Zeichen der Pluralisierung der Lebenslagen, der Individualisierung der Lebensführung und der Unübersichtlichkeit der Lebensverhältnisse. Alltag wird in sich widersprüchlich und brüchig; Traditionen der Orientierung verlieren ihre Gestaltungskraft. Die Rede vom Alltag wird Indiz dieser Krise. Unterstützungen und Hilfen im Alltag werden zunehmend dringlicher und deshalb ausgebaut; sie werden vergesellschaftet, also in institutionell organisierter Form entwickelt und realisiert. Das Konzept Lebensweltorientierte Soziale Arbeit versteht sich als ein Versuch, die gesellschaftlich fälligen und fachlich gestalteten Unterstützungen für ihre AdressatInnen in den widersprüchlichen, brüchigen und anstrengenden Bewältigungsaufgaben alltäglicher Lebensverhältnisse im Horizont des Anspruchs auf ein gerechteres und gelingenderes Leben zu ermöglichen und zu realisieren.

In dieser Intention kann das Konzept Lebensweltorientierte Soziale Arbeit vielfältige Ansätze aus der
sozialpädagogischen und sozialarbeiterischen Praxis des vorigen Jahrhunderts aufnehmen – also z. B.
das Prinzip eines Anfangs da, wo Gruppen und
Menschen stehen, Konzepte einer gemeinwesen-
oder settlement-orientierten Arbeit, Konzepte der
Jugend- und Arbeiterforschung, ebenso aber Ansätze der Reformpädagogik, des pädagogischen
Programms einer Arbeit im Alltag der gegebenen
Verhältnisse (Nohl 1949) oder des politisch inspirierten exemplarischen Lernens (Freire 1971; Negt
2002). Diese Ansätze aber werden im Konzept Lebensweltorientierter Sozialer Arbeit im Zeichen einer realistischen und kritischen Neuorientierung
der Erziehungs- und Sozialwissenschaft der
1960 / 1970er Jahre gesellschafts- und sozialwissenschaftlich reinterpretiert; sie können so in einem
weiteren Horizont nachträglich fundiert und vor
allem weiterentwickelt werden.
Das Konzept Lebensweltorientierter Sozialer Arbeit
(zum Folgenden Grunwald / Thiersch 2008, 17 ff.)
verbindet die hermeneutische Tradition zur Rekonstruktion von Verstehen und Verständnis mit der
interaktionistisch-phänomenologischen Tradition
der Analyse der Grundstrukturen des Sozialen in der
Spannung von Welt und Ich (Mead 1934) und mit
den spezifischen Analysen alltäglich lebensweltlicher
Lebens- und Wissensformen (Schütz 1971 / 1972;
Berger / Luckmann 1977; Goffman 2001). Diese
Ansätze verbinden sich wiederum mit einer kritischen Alltagstheorie, die Alltag als Spannungsverhältnis versteht, also die Borniertheit und Zweideutigkeit gegebener Alltagsverhältnisse mit den in
ihnen liegenden Möglichkeiten einer gelingenderen
Praxis konfrontiert (Kosik 1967; Bourdieu 2008).
Analysen zur gegebenen Gesellschaftssituation konkretisieren diese Spannung als den gegenwärtigen
Widerspruch von lebensweltlichen Verhältnissen
und rational systemischen Gesellschaftsstrukturen
und rekonstruieren ihre Machtverhältnisse, Risiken
und Unübersichtlichkeiten (Habermas 1985; Beck
1986; Rauschenbach / Gängler 1992).
Im Zusammenspiel dieser Zugänge kann Lebensweltorientierte Soziale Arbeit verstanden werden
als pragmatisches Konzept, das sich fundiert im
kritisch und gesellschaftlich reformulierten Interaktionismus. Die Entwicklung dieses Konzepts
korrespondiert mit Diskursen und Entwicklungen
ebenso in anderen Bereichen der Erziehungswis-

senschaft (z. B. der Schul-, Behinderten- und Re-
habilitationspädagogik) wie in der Gemeinde- und
Sozialpsychiatrie und Sozialpsychologie oder der
kritischen Kriminologie. Vor dem Hintergrund
dieser Diskurse entwirft Lebensweltorientierte Soziale Arbeit ihr eigenes Konzept zur Rekonstruktion gegenwärtiger Lebenswelt und lebensweltlicher Bewältigungsmuster.

Lebenswelt

Diese spezifische Rekonstruktion der Lebenswelt
lässt sich auf drei Ebenen bestimmen.
Lebenswelt ist – zum Ersten – ein beschreibendes,
phänomenologisch orientiertes Konzept, in dem
Lebensbewältigung als allgemeines Verhältnis des
Menschen zur Wirklichkeit und die Realisierung
dieses Verhältnisses in konkreten Lebensfeldern
voneinander unterschieden werden können. Der
Mensch wird nicht abstrakt als Individuum gesehen, sondern in einer Wirklichkeit, in der er sich
immer schon vorfindet. In subjektiven Deutungs-
und Handlungsstrategien, in Anpassungen, Ver-
wandlungen und Verweigerungen, pragmatisch
und in Routinen und Ritualen entlastet, sucht er
die Situationen zu bewältigen, in denen er sich vorfindet; er bildet sich darin sein Bild einer in der
Erfahrung verbürgten Wirklichkeit und seiner
Identität. Die Situationen sind in Raum, Zeit, sozialen Bezügen und kulturellen Deutungsmustern
bestimmt.
Dieser Modus der Lebensbewältigung verliert in
der Offenheit und Brüchigkeit heutiger Lebensstrukturen seine Selbstverständlichkeit, er wird in
sich widersprüchlich. Pragmatik und Routinen
sind elementare Voraussetzung von Lebensbewältigung, aber sie gelten nun nicht mehr unhinterfragt,
sie müssen gewählt und begründet werden. Erfahrungen und Gestaltungsaufgaben in Raum und
Zeit sind herausgefordert, Verlässlichkeit und Offenheit miteinander zu vermitteln. Ebenso müssen
soziale Beziehungen Selbstverständlichkeiten sowie
gewählte und inszenierte Arrangements miteinander verbinden.
Lebensweltliche Bewältigungsmuster repräsentieren sich in unterschiedlichen Lebensräumen oder
Lebensfeldern, also z. B. in der Familie, der Arbeit,
der Jugendgruppe oder der Öffentlichkeit. Indem
Menschen durch diese verschiedenen Lebensfelder

und die zwischen ihnen liegenden Spannungen und Widersprüche hindurchgehen, ergibt sich die Arbeit an der Biografie, die Biografizität. Bei ihr geht es um Strategien der Selbsterfahrung und Selbstinszenierung, um Souveränität und Kompensation, auch um Blockaden, Verletzungen und Traumatisierungen.

Das Konzept Lebenswelt ist – zum Zweiten – ein historisch-soziales Konzept. Lebensweltliche Erfahrungen und Lebensfelder sind gleichsam die Bühne, auf der sich Gesetze und Strukturen gesellschaftlicher Verhältnisse im konkreten Alltag und in seinen Bewältigungsmustern repräsentieren und gelebt werden. Lebenswelt kann nicht nur in filigran-subtilen Analysen lebensweltlicher Bewältigungsmuster rekonstruiert werden. Es geht um das Doppelspiel von Vorder- und Hintergrund, von lebensweltlichen Bewältigungsmustern und sozialen und gesellschaftlichen Strukturen, die sich in den Bewältigungsaufgaben repräsentieren. Diese Verbindung von phänomenologischer Analyse und Gesellschaftsanalyse ist charakteristisch für die spezifische Sicht des Konzepts der Lebensweltorientierten Sozialen Arbeit auf Alltag und Lebenswelt.

Das Konzept Lebenswelt ist – zum Dritten – ein kritisch normatives Konzept. Es versteht lebensweltliche Verhältnisse und die dahinterliegenden gesellschaftlichen Strukturen in der Spannung von Gegebenem und Möglichem. Lebensweltliche Bewältigungsmuster und Lebenswelten werden verstanden als Ausdruck der Erfahrung eines zentralen Widerspruchs und des Kampfes in diesem Widerspruch. Lebensbewältigung ist (auch) durch Machtverhältnisse, gegenseitige Unterdrückungen, durch Konflikte und Kämpfe um Anerkennung bestimmt (Bitzan 2000). Die „Pseudokonkretheit" (Kosik 1967) von Lebenswelt ist angelegt auf eine „Destruktion" im Namen der in ihr auch angelegten Entwürfe, Erwartungen und Hoffnungen für einen gelingenderen Alltag. Gegenüber der philosophisch und erkenntnistheoretisch immer wieder eingeforderten rigiden Trennung von Sein und Sollen insistiert das Konzept Lebenswelt darauf, dass im Gegebenen das Bessere, Mögliche angelegt ist; Hunger – so Ernst Bloch (2001) – ist der Trieb im menschlichen Leben und in der Geschichte.

Lebensweltorientierte Soziale Arbeit

Auf diese Sicht von Lebenswelt beziehen sich Selbstverständnis und Organisations- und Handlungskonzepte der Lebensweltorientierten Sozialen Arbeit. In der Verbindung des spezifischen Verständnisses von Lebenswelt mit dem Konzept der Lebensweltorientierten Sozialen Arbeit liegt ein zentrales Charakteristikum des Konzepts. Problematisch ist es, wenn sich Darstellung und Diskussion des Konzepts nur einschränkend entweder auf die spezifische Rekonstruktion von Lebenswelt *oder* auf die Lebensweltorientierte Soziale Arbeit beziehen. Professionelle und institutionelle Ressourcen nutzend, sucht Lebensweltorientierte Soziale Arbeit die in der Widersprüchlichkeit lebensweltlicher Erfahrung angelegten Optionen für einen gelingenderen Alltag im Horizont sozialer Gerechtigkeit zu stärken. Soziale Arbeit – so Franz Hamburger (2008) – hat Teil an der Lebenswelt und transzendiert sie zugleich.

Dieser enge Bezug von Lebenswelt und Lebensweltorientierung (im Folgenden als Synonym verwendet für Lebensweltorientierte Soziale Arbeit) wird, wenn er theoretisch oder in der Praxis aufgegriffen wird, immer wieder missverstanden. Jenseits des Selbstverständnisses des Konzepts Lebensweltorientierte Soziale Arbeit wird ihm simplifizierend unterstellt, dass es lebensweltliche Aktivitäten nur aufgreife und insofern wiederhole, was in der Lebenswelt sowieso schon geschehe, dass Soziale Arbeit also – pointierter formuliert – sich hier ihrer Professionalität und ihres Auftrags entschlage. Die Nichtunterscheidung von Lebenswelt und Lebensweltorientierung ist auch innerhalb der Praxis der Sozialen Arbeit verbreitet. Auch wenn sich SozialarbeiterInnen ihrer Praxis sicher sind, tun sie sich immer wieder schwer, das eigene Profil und den eigenen Wert ihrer fachlichen Arbeit gegenüber alltäglicher Unterstützung auszuweisen, wie sie auch Nicht-Professionelle erbringen. Dies Missverständnis mag zwar naheliegen bei einem Konzept, das den Ausgang aller sozialpädagogischen Arbeit in den Erfahrungen und Selbstdeutungen von Lebenswelt betont und dies gegenüber den professionellen und gesellschaftlichen Konstellationen anfangs, sicher auch um den Neuansatz deutlich zu machen, forciert hat, es verfehlt aber den spezifischen Charakter des Konzepts.

Die Vermittlung von Teilhabe an der Lebenswelt und Transzendieren der Lebenswelt repräsentiert sich im Konzept Lebensweltorientierung in spezifischer Weise, nämlich in einer Spannung von Respekt und Anerkennung für die gegebenen lebensweltlichen Verhältnisse der AdressatInnen auf der einen Seite und der Eröffnung von Chancen, Notwendigkeiten, Zumutungen und Provokationen (Destruktionen) zu einem gelingenderen Alltag auf der anderen Seite. Diese Spannung löst sich nicht immer und glatt auf; sie in ihrer Gegensätzlichkeit auszuhalten und trotzdem produktiv zu nutzen, ohne einen der Pole zu verkürzen, ist eine zentrale und immer wieder herausfordernde Aufgabe für die Profession der Sozialen Arbeit.

Der Respekt vor den Erfahrungen und Bewältigungsleistungen in der Lebenswelt konkretisiert sich im Konzept Lebensweltorientierte Soziale Arbeit in unterschiedlichen Aspekten. Respekt macht zunächst achtsam für die vor aller institutionellen und professionellen, grundsätzlich absichtsvollen Pädagogik liegenden Erfahrungen in Familie, Alters- bzw. Peergruppen, Vereinen sowie Öffentlichkeit und führt zu vielfältigen Formen, sich in der professionellen Arbeit nicht nur auf sie zu beziehen, sondern sie in ihren Potenzialen und in ihrer Selbstzuständigkeit zu unterstützen.

Respekt vor Erfahrungen und Bewältigungsleistungen in der Lebenswelt stützt vor allem auf ein spezifisches Verständnis von auffälligem, abweichendem Verhalten. Auch da, wo es unglücklich für die Einzelnen ebenso wie für das Umfeld und die Gesellschaft unerträglich ist, ist es Ergebnis von Bewältigungsanstrengungen. Erst der Respekt vor diesen und das Sich-Einlassen auf sie schaffen die Voraussetzungen zur Arbeit an möglichen Neuorientierungen. Lebensweltorientierte Arbeit antwortet nicht – wie oft fälschlich für Soziale Arbeit formuliert wird – mit „Lösungen" auf „Probleme", sondern auf Lösungen, die aus der Sicht verschiedener Beteiligter unbefriedigend sind, mit dem Vorschlag von besseren. Respekt vor der Lebenswelt meint außerdem die Fähigkeit und den Mut, Anderes, Unverständliches und Fremdes auch stehen lassen zu können und sich im Sinn von Alltagsbewältigung auf pragmatische Arrangements im gemeinsamen Handeln zu beschränken.

Schließlich: Indem Lebensweltorientierte Soziale Arbeit die Bewältigungsleistungen in der Situation betont, akzentuiert sie die Gegenwart in ihrem Eigenwert und relativiert damit die für die traditionelle Pädagogik und Soziale Arbeit immer wieder dominante charakteristische Orientierung an Zielen im Horizont von Zukunft. Sie entkräftet damit die so oft benutzte Attitüde des „Jetzt noch nicht, aber später" und die von daher begründete Unselbstständigkeit von AdressatInnen, wie sie z. B. Menschen mit Behinderung in die Rolle von abhängigen, auf Leitung verwiesenen Kindern gedrängt hat (und teilweise sicherlich noch drängt). Diese Akzentuierung des Hier und Jetzt der Bewältigungsaufgaben liegt parallel zur Neufassung eines allgemeinen Erziehungskonzepts (Winkler 2006) und dem Wandel von der Erziehungs- zur Beziehungsfamilie oder dem neuen Verständnis von Kindheit und Jugend in ihrer Gegenwart und der Bewältigung ihrer Entwicklungsaufgaben (Böhnisch 2008).

Transzendieren von Lebenswelt und Alltag meint, in der Widersprüchlichkeit der Lebenswelt, in den Ressourcen und Potenzialen, in den Unzulänglichkeiten und Borniertheiten, in den Erwartungen und Hoffnungen Optionen zu einem gelingenderen Leben im Namen sozialer Gerechtigkeit freizusetzen. Lebensweltorientierung sucht Ansätze für neue Anfänge (Hörster / Müller 1996). Sie motiviert zum Aufbruch, zur Veränderung und zu neuen Lernprozessen und stützt die Entwicklung von Räumen und Kompetenzen in der Benutzung ihres fachlichen, methodischen Repertoires. Sie entwirft gangbare Schritte im Horizont einer offenen Planung und agiert darin in stellvertretender Verantwortung (Brumlik 1992; Frommann 1987).

Dies setzt Lebensweltorientierung bei und mit den AdressatInnen durch, auch gegen die Selbstverständlichkeit eingefahrener Lebensmuster in ihrem Alltag, gegen einen unglücklichen Stolz, mit den Verhältnissen in eigener Zuständigkeit zu Rande zu kommen, und gegen die Verstricktheit in die vielfältigen Formen von unglücklichem und festgefahrenem Verhalten. Wer lernt, der leidet, wie der Prediger Salomon schon formulierte. Solches Transzendieren von Lebenswelt und Alltag ist aber riskant; es ist darin gefährdet, bei und trotz aller Anerkennung der AdressatInnen das strukturell asymmetrische pädagogische Arrangement zu unangemessener Fürsorglichkeit oder Leitung zu nutzen, wie es in der Tradition immer wieder als Disziplinierung und „fürsorgliche Belagerung" im

Namen herrschender Moral und der Anpassung an sie praktiziert worden ist.

Lebensweltorientierte Soziale Arbeit vermittelt Anerkennung und Transzendieren in ihrer Spannung im Medium von Verhandlung. Verhandeln meint die prinzipielle wechselseitige Anerkennung miteinander agierender PartnerInnen. Solche wechselseitige Anerkennung ist nicht selbstverständlich, sondern muss oft mühsam hergestellt werden: im Aufbau von Vertrauen und im Erweis von Nützlichkeiten, oft aber auch darin, dass AdressatInnen erst die Möglichkeit finden, ihre Position gegen die eigenen Ängste, Resignationen und Apathien und gegen den oft unvermeidlichen „Vorlauf" der PädagogInnen zu artikulieren.

Das Postulat solcher Verhandlung wird – analog zu dem oben benannten Nichtverständnis von Lebensweltorientierung – immer wieder dahingehend missverstanden, dass in ihr entweder nur bestehende Schwierigkeiten bestätigt oder diese harmonisierend zerredet und zugedeckt werden. Verhandlung aber verlangt als Vermittlung von Anerkennung und Zumutung immer auch Deutlichkeit in der pädagogischen Position, beinhaltet also – in der Konkretisierung der Destruktion von Alltag und Lebenswelt – auch Konflikt, Streit und Auseinandersetzung um die Realisierung von Optionen und um die Verbindlichkeiten eines gemeinsamen verträglichen Lebens.

Die Vermittlung von Anerkennung und Transzendieren steht im Horizont der Lebensweltorientierten Sozialen Arbeit wie alles pädagogisch fachliche Handeln grundsätzlich in einer Vermittlung von Nähe und Distanz (Dörr / Müller 2006). Das ist angesichts des besonderen Gewichts von Anerkennung und Alltagsnähe prekär, gerade auch in der Praxis eines institutionell wenig gesicherten, gleichsam ausgesetzten Arbeitens in der Lebenswelt z. B. von Familien und Gruppen. Im Konkreten ist es bestimmt als strukturierte Offenheit, als eine Vermittlung von verlässlichen, methodisch geklärten und den Prozess strukturierenden Zugängen und offener Wachsamkeit für die situative und individuelle Konstellation, für die prinzipielle Ungewissheit, in der alles pädagogische Handeln immer und in der heutigen Situation der Entgrenzung besonders steht. Professionalität ist nur als reflexive möglich. Sie braucht flankierende Sicherungen, die gemeinsame Verhandlung mit den AdressatInnen muss einhergehen mit regelmäßigen Selbst-

und / oder Fremdevaluationen, mit kollegialen Abklärungen der Selbstkontrolle und dem Mut zur Institutionalisierung von (Fremd-)Kontrollen und Beschwerdemöglichkeiten.

Die Philosophie einer Lebensweltorientierten Sozialen Arbeit konkretisiert sich in Struktur- und Handlungsmaximen, wie sie im 8. Jugendbericht (BMJFFG 1990) formuliert sind und seitdem auch in Varianten diskutiert werden. Auf lebensweltliche Erfahrungen als Bezugspunkte der Sozialen Arbeit verweisen dabei die Strukturmaximen der Prävention, der Alltagsnähe und der Regionalisierung, die der Integration und Partizipation verweisen auf die sozialethische, demokratische Dimension der Arbeit in den Lebensverhältnissen; sie werden sozialpolitisch und organisationell ergänzt durch die Maximen der Einmischung und der Vernetzung. Diese Handlungs- und Strukturmaximen müssen immer im Zusammenhang gesehen und angewendet werden. An ihnen orientieren sich Kritik und Gestaltung des Umgangs zwischen SozialpädagogInnen und ihren AdressatInnen ebenso wie Prinzipien der institutionell-organisationellen Gestaltung der unterschiedlichen Arbeitsarrangements.

Das Gefüge sozialpädagogischer Maßnahmen und Zugänge wird vom Prinzip der Nähe zur Lebenswelt der AdressatInnen her entworfen. Maßnahmen, die die lebensweltlichen Ressourcen in ihrem Eigensinn, also gleichsam im Feld, stützen und entwickeln, haben Priorität vor denen, die eigene, pädagogische und / oder unterstützende Arrangements – z. B. in der Heimerziehung, der Alten- oder der Behindertenhilfe – schaffen und darin die vorhandene Lebenswelt ersetzen. Aktivitäten in der Familie, in der jeweiligen Kultur und ihren Szenen sowie in den Sozialräumen werden ausgebaut. Die Schaffung von Netzen sowie von nur beratenden und die gegebenen Verhältnisse in Begleitung unterstützenden Hilfen stehen im Mittelpunkt. In der Kinder- und Jugendhilfe beispielsweise wird der ASD in seiner Zuständigkeit für allgemeine Hilfen vor aller Spezialisierung als zentrales Steuerungsorgan gesehen. Im Horizont von Flexibilisierung und Integration werden je angemessene Hilfskonzepte entworfen.

Die Handlungs- und Strukturmaximen haben für die einzelnen Arbeitsfelder und Arrangements jeweils unterschiedliche Bedeutungen und müssen gesondert für die einzelnen Felder und Arrangements entworfen und realisiert werden (Grunwald / Thiersch

2008). So geht es z. B. in der Sozialpädagogischen Familienhilfe darum, im Alltag der Familie diesen Alltag zu stabilisieren und in ihm die Ressourcen zu stärken, die für alle ein verlässliches und attraktives Leben möglich machen. In Beratungen geht es darum, die Angebote im Alltag der Region zugänglich zu machen und Zugänge nicht nur zu institutionellen, sondern gerade auch zu lebensweltlichen Ressourcen zu erschließen. Die Hilfen zur Erziehung stellen sich als Gefüge sehr unterschiedlicher Hilfen dar zwischen dem Leben in einer Wohngruppe, einer Tagesgruppe, einer Wohngemeinschaft oder in der intensiven Einzelfallhilfe. In diesen verschiedenen Arrangements der Heimerziehung – oder in Zwischenformen – geht es um die Vermittlung eines entlasteten Raums, der Chancen zur Erfahrung und Bearbeitung von Schwierigkeiten und Ängsten und zum allmählichen Aufbau neuer Perspektiven bietet; Elternarbeit und die Nutzung regionaler lebensweltlicher Ressourcen spielen hier eine wichtige Rolle. In der Behindertenarbeit sucht man – im Zeichen von Integration und Inklusion – die Ressourcen eines „normalen Lebens" zu nutzen und zu stärken, und in der Altenarbeit geht es um den Erhalt der Stabilität eines gewohnten, aber tragfähigen Alltagsarrangements. Sozialräumlich orientierte Gemeinwesenarbeit sucht ein professionell-institutionelles Angebotssystem in und für die Region zu inszenieren und zu vernetzen, vor allem aber Bezüge und Kooperationen zu den gegebenen lebensweltlichen Angeboten der Nachbarschaft, der Vereine und der Bürgerinitiativen herzustellen. Eine belastbare regionale Infrastruktur als Kultur des Sozialen ist die dahinter liegende Vision.

Perspektiven

Das Konzept Lebensweltorientierte Soziale Arbeit hat sich als Antwort auf die Herausforderungen der Moderne entwickelt. Tiefgreifende Entwicklungen und Verwerfungen in den letzten Jahren wie die Globalisierung, das wieder erstarkte Primat des Ökonomischen in einem radikalen Kapitalismus und dem mit ihm einhergehenden Neoliberalismus, die Technisierung und Digitalisierung von Produktion und Konsum und die Forcierung von Enttraditionalisierung, Pluralisierung der Lebenslagen und Individualisierung der Lebensgestaltung lassen sich unter dem Titel einer zweiten Moderne

fassen. Die sozialen Probleme verschärfen sich, es bilden sich neue Zonen von Gewinnern und Verlierern, von Verunsicherung und Exklusion in der Gesellschaft, und die Brüchigkeit der Gesellschaftsstrukturen und Alltagsverhältnisse intensiviert sich im Zeichen von Entgrenzung. Das Konzept Lebensweltorientierung sieht sich zur Ausschärfung seines Ansatzes und seiner Maximen und zu einer neuen Platzierung in Theorie- und Praxisentwicklungen innerhalb der Sozialen Arbeit genötigt. Es sieht sich provoziert, auf seinem prinzipiellen, demokratisch sozialstaatlichen Auftrag gerade in seiner spezifischen Praxis der Hilfen zur Lebensbewältigung zu insistieren und sein darin begründetes Selbstverständnis sowie seine fachliche Identität zu profilieren. Nötig ist für Profession und Disziplin ein offensives Bewusstsein von der Notwendigkeit und Dignität der Sozialen Arbeit.

Das Konzept Lebensweltorientierte Soziale Arbeit versteht sich als praktische Wissenschaft analog zur hermeneutisch-pragmatischen Erziehungswissenschaft und der Wissenschaft der Sozialen Arbeit (Thiersch 1978, 16 ff.). Prinzipielle Einwände gegen dieses Wissenschaftskonzept werden gerade gegen das Konzept Lebensweltorientierung dezidiert vorgebracht, da es in seiner ausdrücklichen Orientierung an der Lebenswelt der Eigenheit von Wissenschaft nicht gerecht werden könne. Es sei eine ungute Mixtur, ein hölzernes Eisen, es erfülle weder die Ansprüche der Theorie noch die der Praxis und diene eher der Befriedung der Szene, indem Theorie sich als nützlich erfahre und Praxis Legitimationsmuster fände (Prange 2003; Neumann/Sandermann 2009). Gegen solche Kritik insistiert das Konzept auf der Möglichkeit und Notwendigkeit, dass Theorie und Praxis im Interesse an einer gleichen „Sache" miteinander verbunden sind und sich wechselseitig spiegeln, ergänzen, provozieren und kritisieren, indem sie in solcher Relationierung zueinander ihrer je eigenen Logik folgen.

Lebensweltorientierte Soziale Arbeit sieht die zunehmenden Spaltungen und Brüchigkeiten der Verhältnisse und die strapaziös werdenden Bewältigungsleistungen, die notwendig sind, in diesen Verhältnissen zu Rande zu kommen (Böhnisch et al. 2005). Angesichts der neuen Räume der Verunsicherung und Exklusion, der Entstrukturierung der Sozialräume und der individuellen, unübersichtlichen und riskanten Bewältigungsaufgaben verlieren traditionelle Bindungen ihre Kraft, wachsen Überforderungen und verbinden sich mit psychisch-psychiatrischen Belastungen. Orientierungslosigkeit, depressive Ziellosigkeit und ziellose Gewalttätigkeiten nehmen zu. In dieser Situation braucht es zum einen Skandalisierung und Einmischung in Politik. Es braucht zum anderen anspruchsvolle Unterstützungskonzepte, die – kasuistisch in ethnografischen und biografischen Zugängen fundiert – in einer offenen und fantasievollen Weiterentwicklung des flexiblen Hilfsangebots realisiert werden müssen. Zugleich und gegenläufig aber gewinnen in den neuen Offenheiten alltäglich verlässliche Erfahrungen und darin auszuhandelnde Verbindlichkeiten ein neues Gewicht. Die Frage nach der Belastbarkeit von Beziehungen stellt sich neu, ebenso wie die nach der Aneignung und Gestaltung von verlässlichen Verhältnissen, in denen Menschen leben können. Die Bedeutung von überschaubaren Räumen und Milieus muss neu bestimmt werden.

Lebensweltorientierung sieht die Ganzheitlichkeit dieser Erfahrungen und bricht sich an den Differenzierungen, die die Szene der Hilfs-, Unterstützungs- und Lernangebote repräsentiert. Um in der Lebenswelt der AdressatInnen sinnvoll agieren zu können, muss dieses Gefüge als Zusammenhang in der Lebenswelt gesehen und zu einer neuen Kultur des Sozialen entwickelt werden. Integration der Hilfen, Koordination, Kooperation und Vernetzung sind für die soziale und pädagogische Arbeit noch lange nicht ausgereizt, weil sie gegen die Macht der gewachsenen Spezialisierungen und Abgrenzungen in und zwischen Organisationen und je nach professionellem Status stehen.

Dabei gilt es, den Organisationen der Sozialen Arbeit besondere Aufmerksamkeit und Energie zu widmen und das in ihnen arbeitende Personal professionell zu leiten, um eine sinnvolle, an qualitativen Standards ausgewiesene und reflexive Wahrnehmung der Fachaufgaben zu ermöglichen. Organisationsgestaltung und Personalführung dürfen aus lebensweltorientierter Sicht nicht im Gegensatz zur fachlichen Arbeit stehen. Sie sind notwendige Grundlagen, wenn und insoweit sie der unmittelbaren Arbeit dienen (Grunwald/Steinbacher 2007). Hier ist das Konzept des Entwicklungsorientierten Managements in Weiterführung verschiedener organisationstheoretischer Zugänge, insbesondere dem der lernenden Organisation, hilf-

reich (Grunwald 2009). Professionalität in der Leitung sozialer Einrichtungen und Dienste erweist sich in diesen Zugängen als permanentes Ausbalancieren der die Arbeit bestimmenden Spannungsfelder, besonders – aus der Sicht des Entwicklungsorientierten Managements – des Gegensatzes zwischen Flexibilisierung und Stabilisierung (Grunwald 2011).

Integration, Kooperation und Organisationsgestaltung beziehen sich nicht nur auf Organisationen in der Sozialen Arbeit, sondern ebenso auch auf die anderen in der Lebenswelt agierenden Institutionen, vor allem auf die Schule (Ganztagsschule/Ganztagsbildung) und die Ausbildung/Arbeitsverwaltung, ebenso aber auch auf Medizin und Psychiatrie, auf Polizei und Justiz. Das Konzept Lebensweltorientierung in der Dimension des erfahrenen Raumes und das Prinzip der Regionalisierung in der Spannung von erfahrenem Lebensraum und Verwaltungsraum werden in Konzepten der Sozialraumorientierung konkretisiert und weiterführend akzentuiert. Zudem werden im Konzept Diversity die in der Lebensweltorientierung angelegten, aber nicht intensiver verfolgten Fragen des Nebeneinanders verschiedener Lebenswelten in ihrer Eigensinnigkeit und ihrem Anderssein, in ihren Konflikten, Ausgrenzungen und Stigmatisierungen rekonstruiert und auf neue Konzepte einer Integration bzw. Inklusion bezogen, die auch durch die ihren Alltag bestimmenden sozialen Probleme und das pragmatische Miteinander in den alltäglichen Bewältigungsaufgaben geprägt sind.

Schließlich: Ein neues Bildungsverständnis betont das Zusammenspiel der verschiedenen Lern- und Bildungszugänge als informelles, nonformelles und formalisiertes Lernen und bietet der Sozialen Arbeit für einen großen Bereich ihrer Aufgaben einen spezifischen und eigenen Ort in der Bildungslandschaft (Thiersch 2008). Neben den eingefahrenen und dominanten Bildungsansprüchen des schulisch organisierten Lernens kann gerade auch die Lebensweltorientierung im Interesse einer Erweiterung und Neukonzeption der Bildungslandschaft ihren spezifischen Zugang zur Geltung bringen. Wichtig sind hier das Wissen von Armut, Unzulänglichkeit und Brüchigkeit heutiger Lebenswelten und die Anerkennung des auch widerborstigen Eigensinns der alltäglichen Bewältigungs- und Lernleistungen (dazu auch Rauschenbach 2009), vor allem aber das breite Repertoire heutiger Hilfen zur Lebensbewältigung im Ausgang der Hilfen in der Lebenswelt (Grunwald/Thiersch 2008). Vor diesem Horizont gewinnt der als informelles Lernen eher allgemein gefasste Bereich Struktur.

Diesen Ansätzen der Reformulierung, Profilierung und Erweiterung des Konzepts Lebensweltorientierung stehen – wie derzeit der Sozialen Arbeit insgesamt – die gesellschaftlichen Tendenzen des primär ökonomisch realisierten Neoliberalismus entgegen. Soziale Gerechtigkeit und im besonderen Zugangsgerechtigkeit in den Lebensverhältnissen werden primär als Belastung einer auf Leistung und Konkurrenz angewiesenen Gesellschaft verstanden und zunehmend eingeschränkt, ja zurückgenommen. Es zählen die Kompetenzen als Humankapital, soziale Probleme werden dethematisiert und privatisiert. Dagegen insistiert Lebensweltorientierung auf Gerechtigkeit im Alltag für alle und auf den im Horizont des Sozialstaates dazu nötigen lebensweltorientierten Gewährleistungen. Lebensweltorientierte Soziale Arbeit setzt auf die Eigensinnigkeit der Unterstützung des Menschen als „Werk seiner selbst" – mit Pestalozzi geredet –, auf Zeit und die bisweilen nötigen Umwege (Thiersch 1978, 22 ff.). Sie tut dies umso entschiedener, als neuere Tendenzen die Soziale Arbeit unterhalb ihres Auftrags, für alle das Recht auf und die Möglichkeit von Erziehung und Bildung in humanen Verhältnissen und ein Leben in Würde zu befördern, eher auf Sicherungs- und Kontrollinteressen beschränken. Sie geben die schwierigen, aufwendigen und spannungsreichen Anstrengungen zur Orientierung in unserer verunsicherten offenen Gesellschaft als unangemessene Nachgiebigkeit aus und wollen sie durch simplifizierte Programme zur Disziplinierung, Anpassung und durch Kontrollauflagen ersetzen.

Zur Legitimation und Kompensation solcher Strategien wird dann gerade auch Lebensweltorientierung in Anspruch genommen: In Fortsetzung des alten Missverständnisses, nach dem es im Konzept Lebensweltorientierte Soziale Arbeit nur um Anerkennung von Alltag und Bewältigungsleistung gehe, werden die Fragen nach den realen Ressourcen zu ihrer Realisierung und den Notwendigkeiten einer institutionell-professionellen Hilfe und deren sozialpolitischer Fundierung neoliberal unterschlagen und gegen eine individuell moralisierende Erwartung der Selbstkontrolle und -behauptung ausgespielt. Es gilt, solcher Instrumentalisierung und Enteignung des Konzepts der Lebensweltorientierung zu wehren sowie ihre Positionen und den protestativen Kern des Konzepts zu verdeutlichen.

Literatur

Beck, U. (1986): Risikogesellschaft. Auf dem Weg in eine andere Moderne. Suhrkamp, Frankfurt

Berger, P., Luckmann, Th. (1977): Die gesellschaftliche Konstruktion der Wirklichkeit. 5. Aufl. Fischer, Frankfurt

Bitzan, M. (2000): Konflikt und Eigensinn. Die Lebensweltorientierung repolitisieren. Neue Praxis 30, 335–346

–, Bolay, E., Thiersch, H. (2006): Im Gegebenen das Mögliche suchen. Ein Gespräch mit Hans Thiersch zur Frage: Was ist kritische Soziale Arbeit? Widersprüche 26, 63–73

Bloch, E. (2001): Das Prinzip Hoffnung, 3 Bde. 6. Aufl. Suhrkamp, Frankfurt

BMJFFG – Bundesministerium für Jugend, Familie, Frauen und Gesundheit (Hrsg.) (1990): Achter Jugendbericht. Bundesminister für Jugend, Familie, Frauen und Gesundheit, Bonn

Böhnisch, L. (2008): Sozialpädagogik der Lebensalter. Eine Einführung. 5., überarbeitete Aufl. Juventa, Weinheim/München

–, Schröer, W., Thiersch, H. (2005): Sozialpädagogisches Denken. Wege zu einer Neubestimmung. Juventa, Weinheim/München

Bourdieu, P. (2008): Sozialer Sinn. Kritik der theoretischen Vernunft. Nachdruck Suhrkamp, Frankfurt

Brumlik, M. (1992): Advokatorische Ethik. Karin Böllert KT-Verlag, Bielefeld

Dörr, M., Müller, B. (Hrsg.) (2006): Nähe und Distanz. Ein Spannungsfeld pädagogischer Professionalität. Juventa, Weinheim/München

Engelke, E., Borrmann, S., Spatscheck, C. (2008): Theorien der Sozialen Arbeit: Eine Einführung. 4., überarbeitete und erweiterte Aufl. Lambertus, Freiburg

Freire, P. (1971): Pädagogik der Unterdrückten. Bildung als Praxis der Freiheit. Kreuz, Stuttgart

Frommann, A. (1987): Da-Sein in Stellvertretung. Eigenverlag IgfH, Frankfurt/M.

Füssenhäuser, C. (2005): Werkgeschichte(n) der Sozialpädagogik: Klaus Mollenhauer – Hans Thiersch – Hans-Uwe Otto. Der Beitrag der ersten Generation nach 1945 zur universitären Sozialpädagogik. Schneider Hohengehren, Baltmannsweiler

Goffman, E. (2001): Stigma. Über Techniken der Bewältigung beschädigter Identität. 15. Aufl. Suhrkamp, Frankfurt/M.

Grunwald, K. (2011): Entwicklungsorientiertes Management als Konzept für Organisationsgestaltung und Personalmanagement in Einrichtungen der Sozialwirtschaft. In: Wöhrle, A. (Hrsg.): Konzepte des Sozialmanagements. Ziel, Augsburg (im Erscheinen)

– (2009): Zum Management von Einrichtungen der Sozialen Arbeit aus organisationssoziologischer Perspektive. In: Grunwald, K. (Hrsg.): Vom Sozialmanagement zum Management des Sozialen? Eine Bestandsaufnahme. Schneider Hohengehren, Baltmannsweiler, 85–138

–, Steinbacher, E. (2007): Organisationsgestaltung und Personalführung in den Erziehungshilfen. Grundlagen und Praxismethoden. Juventa, Weinheim / München

–, Thiersch, H. (2010): Das Konzept Lebensweltorientierte Soziale Arbeit. In: Bock, K., Miethe, I. (Hrsg.): Handbuch Qualitative Methoden in der Sozialen Arbeit. Barbara Budrich, Opladen, 101–112

–, – (2009): The Concept of the „Lifeworld Orientation" for Social Work and Social Care. Journal of Social Work Practice 23, 131–146

–, – (Hrsg.) (2008): Praxis Lebensweltorientierter Sozialer Arbeit. Handlungszugänge und Methoden in unterschiedlichen Arbeitsfeldern. 2. Aufl. Juventa, Weinheim / München

Habermas, J. (1985): Die neue Unübersichtlichkeit. Suhrkamp, Frankfurt / M.

– (1981): Theorie des kommunikativen Handelns. Zwei Bände. Suhrkamp, Frankfurt

Hamburger, F. (2008): Einführung in die Sozialpädagogik. 2., überarbeitete Aufl. Kohlhammer, Stuttgart

Hörster, R., Müller, B. (1996): Zur Struktur sozialpädagogischer Kompetenz. In: Combe, A., Helsper, W. (Hrsg.): Pädagogische Professionalität. Suhrkamp, Frankfurt, 614–648

Kosik, K. (1967): Die Dialektik des Konkreten. Suhrkamp, Frankfurt / M.

Mead, G. H. (1934): Geist, Identität und Gesellschaft. Mit einer Einleitung herausgegeben von C. W. Morris. Suhrkamp, Frankfurt / M.

Negt, O. (2002): Kindheit und Schule in einer Welt der Umbrüche. Steidl, Göttingen

Neumann, S., Sandermann, P. (Hrsg.) (2009): Kultur und Bildung. Neue Fluchtpunkte für die sozialpädagogische Forschung? VS, Wiesbaden

Niemeyer, Chr. (1998): Klassiker der Sozialpädagogik. Eine Einführung in die Theoriegeschichte einer Wissenschaft. Juventa, Weinheim / München

Nohl, H. (1949): Pädagogik aus dreißig Jahren. Schulte-Bulmke, Frankfurt / M.

Prange, K. (2003): „Alltag" und „Lebenswelt" im pädagogischen Diskurs. Zur aporetischen Struktur der lebensweltorientierten Pädagogik. Zeitschrift für Sozialpädagogik 1, 296–314

Rauschenbach, Th. (2009): Zukunftschance Bildung. Familie, Jugendhilfe und Schule in neuer Allianz. Unter Mitarb. v. Stefan Borrmann u. Ivo Züchner. Juventa, Weinheim / München

–, Gängler, H. (Hrsg.) (1992): Soziale Arbeit und Erziehung in der Risikogesellschaft. Luchterhand, Neuwied

Schütz, A. (1971 / 1972): Gesammelte Aufsätze. 3 Bände. Nijhoff, Den Haag

Thiersch, H. (2008): Epilog. In: Coelen, Th., Otto, H.-U. (Hrsg.): Grundbegriffe Ganztagsbildung. VS, Wiesbaden, 977–983

– (2003): 25 Jahre alltagsorientierte Soziale Arbeit – Erinnerung und Aufgabe. Zeitschrift für Sozialpädagogik 1, 114–130

– (2002): Positionsbestimmungen der Sozialen Arbeit. Gesellschaftspolitik, Theorie und Ausbildung. Juventa, Weinheim / München

– (1992): Lebensweltorientierte Soziale Arbeit. Aufgaben der Praxis im sozialen Wandel. Juventa, Weinheim / München

– (1986): Die Erfahrung der Wirklichkeit. Perspektiven einer alltagsorientierten Sozialpädagogik. Juventa, Weinheim / München

– (1978): Die hermeneutisch-pragmatische Tradition der Erziehungswissenschaft. In: Thiersch, H., Ruprecht, H., Herrmann, U. (Hrsg.): Die Entwicklung der Erziehungswissenschaft. Juventa, München, 11–108

–, Grunwald, K., Köngeter, S. (2010): Lebensweltorientierte Soziale Arbeit. In: Thole, W. (Hrsg.): Grundriss Soziale Arbeit. Ein einführendes Handbuch, 3., Aufl. VS, Opladen, 175–196

Winkler, M. (2006): Kritik der Pädagogik. Der Sinn der Erziehung. Kohlhammer, Stuttgart

Lebenswissenschaften und Biotechnologie im Kontext Sozialer Arbeit

Von Eric Mührel und Susanne Dungs

Die entscheidenden drei Fragestellungen hinsichtlich der Lebenswissenschaften und der Biotechnologie im Kontext Sozialer Arbeit sind erstens die nach der Art und Weise der Einbindung der Lebenswissenschaften in eine humane und demokratische Lebens*kultur*, zweitens ob und wie die gern beanspruchte Referenz des Humanismus angesichts der rasanten biotechnischen Entwicklungen noch Geltung beanspruchen kann und drittens nach dem Beitrag der Sozialen Arbeit für eine solche gelingende Einbindung.

Wie lassen sich die Lebenswissenschaften und die ihnen zugeordnete Biotechnologie mit ihren vielseitigen Heilsversprechen, von der Ausmerzung bisher unheilbarer Krankheiten bis hin zu einer alle Wünsche des körperlichen Designs erfüllenden Medizin oder auch der Lösung aller Nahrungsprobleme der Welt mittels gentechnisch veränderter Lebensmittel, in die humane Gestaltung und Pflege der menschlichen Handlungsbereiche und Handlungsweisen eingliedern? Das Maß einer solchen Kultur ist das allgemein menschliche wie individuelle Glück, die sich letztlich beide als unbestimmbar erweisen. Grundlage hierfür ist die Selbstbestimmung des einzelnen Menschen hinsichtlich der Wahl einer ihm gemäßen Lebensführung und nicht eine erzwungene Lebensgestaltung, die sich an dogmatischen wissenschaftlich-technologischen Vorgaben ausrichtet. Letzteres aber könnte durch die Lebenswissenschaften indiziert sein, wenn neue biotechnologische Möglichkeiten bezüglich der Eingriffe in die komplexe „Natur" des Menschen und seiner Lebensweisen als gesellschaftlicher Imperativ gesetzt werden, der zudem unerwünschte Nebenwirkungen mit sich führen kann. Ein Beispiel hierfür ist die Betonung der Eigenverantwortung für den Umgang mit genetischen Risiken oder auch die sich aus der Pränataldiagnostik ergebenden Möglichkeiten der Selektion behinderter Menschen. Im Mittelpunkt dieser drei Fragestellungen steht somit das Problem der Ermöglichung und Gefährdung gelingenden Lebens durch biowissenschaftlichen Fortschritt.

Die Aktualität dieser Fragestellungen und die Brisanz der Problemhorizonte weisen auf die Notwendigkeit einer kritischen Auseinandersetzung mit den Entwicklungen in den Lebenswissenschaften und in der Biotechnologie aus der Perspektive der Sozialen Arbeit hin. Bisher wird diese Debatte aber nur marginal geführt. Eine erste grundlegende Studie zu der Thematik legten in jüngster Zeit Susanne Dungs, Uwe Gerber und Eric Mührel mit einem Sammelband zum Thema „Biotechnologie in den Kontexten der Sozial- und Gesundheitsberufe" (2009) vor.

Im Folgenden werden zunächst die Begriffe Lebenswissenschaften und Biotechnologie erklärt. Darauf folgt eine Beschreibung der Technikentwicklungen im Kontext der Biotechnologie. Anschließend werden die sozialen Folgewirkungen dieser Entwicklungen, die damit verbundene Infragestellung der humanen Lebenskultur und die sich durch diese Entwicklungen ergebenden Aufgaben der Sozialen Arbeit thematisiert.

Lebenswissenschaften und Biotechnologie

Der Begriff Lebenswissenschaften ist dem englischen Begriff Life Sciences entlehnt. Sciences als Wissenschaften beziehen sich in der Absetzung zu den Humanities als (Geistes-)Wissenschaften vom Menschen eher auf natur- und sozialwissenschaftliche

Otto/Thiersch (Hg.), Handbuch Soziale Arbeit, 4. A., DOI 10.2378/ot4a.art088,

Forschung. Es verwundert daher kaum, dass die im wissenschaftlichen Kontext noch nicht eindeutig definierten Lebenswissenschaften nach einer Beschreibung der UNESCO „die Disziplinen Biochemie, Bioinformatik, Biologie, Biomedizin, Biophysik, Bio- und Gentechnologie, Umweltmanagement und Umwelttechnik" umfassen (UNESCO 2008). Nach einer Darstellung des Bundesministeriums für Bildung und Forschung (BMBF) umfassen die Lebenswissenschaften die Gesundheitsforschung, die biomedizinische Forschung, die Biotechnologie sowie Ethik und Recht (BMBF 2008). Anhand dieser Definitionen wird deutlich, dass sich unter dem Label *Lebenswissenschaften* Grundlagenwissenschaften wie Angewandte Wissenschaften mit einer spezifischen Perspektive auf das Leben – den Bios – subsumieren lassen. Die Biotechnologie ist demnach eine auf Anwendung bezogene Lebenswissenschaft, die die grundlegenden Erkenntnisse zu einer technischen Umsetzung weiterführen soll. Im Rahmen einer vorläufigen Kritik der so zu verstehenden Lebenswissenschaften ist zu hinterfragen, ob eine sehr spezifisch naturwissenschaftliche Perspektive auf das Leben und den Bios nicht immer auch eine verkürzte ist. Denn Leben umfasst in seinen Grundbedeutungen des Zustands, der Tätigkeit und der Dauer auch immer Perspektiven eines Selbst- und Weltverständnisses und der Sinn- und Weltdeutungen, wie sie vor allem philosophische, theologische und politisch-soziale Lebens*verständnisse* generieren. Eine Reduktion des Verständnisses von Leben im naturwissenschaftlichen Sinne ist daher eine letztlich unhaltbare Verkürzung (Toellner 1980). Selbst eine Einbeziehung der Ethik in die Lebenswissenschaften stellt eher ein Indiz einer solchen Reduktion dar, da die Ethik zum einen als praktische Philosophie ohne Rückbezug auf andere philosophische Fachgebiete wie die Anthropologie oder die Ontologie gar nicht aus sich selbst heraus bestehen kann. Zum anderen soll die Ethik dem zunehmenden Verlust der grundlegenden Leitunterscheidungen von Natur und Kultur, gesund und krank, Leben und Tod, Mensch und Maschine Einhalt gebieten und Prinzipien der Orientierung bereitstellen. Dient Ethik dann aber nicht eher als eine die Bevölkerung *beruhigende Verzierung* von Technikentwicklungen, die – während noch über Lebensschutz und Forschungsfreiheit debattiert wird – durch mächtige und bemächtigende monetäre Interessen immer weiter vorangetrieben werden? Von dieser vorläufigen Kritik aus drängt sich eine Diskussion der Sozialen Arbeit, z. B. im Sinne einer Lebensweltorientierung (Thiersch 2005) und einer Hermeneutik der Lebensweisen (Mührel 2008), mit den Lebenswissenschaften geradezu auf.

Technikentwicklungen

Der menschliche Körper ist ins Zentrum dessen gerückt, was Michel Foucault die „Biopolitik" genannt hat. Der gegenwärtige Diskurs der „Biopolitik" untersucht, wie der biowissenschaftliche Technologieschub einen erweiterten Zugriff auf menschliche Lebensprozesse erlaubt und dabei auch den Begriff des Lebens verändert. Hierher gehören Technologien der Gendiagnostik, der Reproduktionsmedizin, der Transplantationsmedizin, der Regenerativen Medizin (Stammzellforschung), der Pränatal- und Präimplantationsdiagnostik und die Visualisierungstechniken der Hirnforschung und der Computertomographie. Die biotechnologischen Innovationen brechen mit unserer traditionellen Vorstellung vom menschlichen Körper. Der Körper gilt immer mehr als molekulare Software, die gelesen und umgeschrieben werden kann (Lemke 2007). Er wird in digitale Einzelinformationen zerlegt und soll optimiert werden. Drei dieser Technikentwicklungen sollen im Folgenden anhand von Beispielen kurz skizziert werden: das Neuro-Enhancement, die Prädiktive Gendiagnostik und die Regenerative Medizin. Innerhalb dieser drei Bereiche zeigt sich deutlich, dass mit der Fokussierung auf die biomedizinische Ausstattung des Menschen, verschmolzen mit der ökonomischen Orientierung, eine „wesentliche Verengung und Verschiebung der Wahrnehmungsstruktur gesellschaftlicher Risiken" angelegt ist, die sich als eine „Biologisierung der sozialen Kontexte des Lebens" fassen lässt (Feuerstein / Kollek 2001).

Seit Mitte der 1980er Jahre wird verbunden mit dem Ideal des flexiblen Menschen (Sennett 1998) ein ganzes Bündel an Erwartungen gleichzeitig an den Menschen gerichtet. Er soll flexibel, mobil, leistungsbereit und eigenverantwortlich sein, sich ständig fortbilden und lebenslang lernen und sich körperlich durch Fitness, Jugendlichkeit und Schlankheit auszeichnen. Neben der Schönheitschirurgie, dem Functional Food und dem Doping im Leistungssport rücken hier Mittel zur Verbesserung des Denkens, der Aufmerksamkeit und der Stimmung ins Zentrum, das sog. *Neuro-Enhancement*. Bislang wurde davon ausgegangen, dass zum Neuro-Enhancement geeignete Medikamente (wie das ADHS-Medikament Ritalin oder das Antidepressivum Prozac) nur wirklich Kranken verabreicht werden sollten. Tatsächlich aber werden diese Mittel inzwischen dauerhaft von vielen Menschen eingenommen, um sich fitter und leistungsfähiger zu machen und um soziale Stresssituationen besser und kompetenter bewältigen zu können. Das Kriterium für die sog. Aufmerksamkeitsdefizit-Hyperaktivitätsstörung (ADHS) ist auch bei Kindern vor allem auf schulleistungsbezogene Störungen konzentriert. In einer Gesellschaft, die alles nach Effizienz und Nützlichkeit bewertet, steht ein Kind stärker als früher in der Gefahr, aus dem enger werdenden Leistungsrahmen heraus zu fallen, so dass das *Mind-Doping* von Eltern wie von Kindern als probates Mittel ergriffen wird, um sich den steigenden Anforderungen anzupassen. Die Pharmaindustrie sieht in diesem bedenklichen Trend hingegen einen großen Absatzmarkt. Bei Erwachsenen wie bei Kindern gilt es, das Augenmerk auf latente Zwangsmechanismen zu richten, die die Anwendung solcher Mittel zur gängigen Praxis werden lassen, da Individuen, die z. B. im Arbeits- oder Schulalltag auf ein Mind-Doping verzichten wollen, in der Gefahr stehen, mit ihren gedopten KollegInnen nicht mehr mithalten zu können. Zum genetischen Vorteil tritt hier ein medikamentöser hinzu, so dass die Leitunterscheidung von Kultur und Natur auch über diese Form des psychischen Enhancements durchlöchert wird (Schöne-Seifert et al. 2008). Der gesellschaftlich offensichtlich immer unverzichtbarer werdende Kurs der selbsttechnologischen *Arbeit an sich selbst* wird durch chemische Mittel unterstützt. Wenn sich der Mensch zunehmend einer solchen umfassenden Selbstoptimierung unterstellt, könnte er sich selbst seiner Freiheit berauben, weil diese immer auch das Imperfekt-sein-Dürfen einschließt (Sandel 2008).

Zur Kultur der Selbstverbesserung gehört weiter die *Regenerative Medizin*. Das Ziel der Forschung mit embryonalen bzw. mit adulten Stammzellen richtet sich auf die Herstellung regenerativer Zellsysteme für Zell- und Gewebeersatz (z. B. im Gehirn etwa bei Alzheimer oder Parkinson). Weitere Forschungsfelder sind die Leber, die Haut, die Knochen. Wenn es gelingen sollte, solche Zellsysteme zu züchten (Tissue Engeneering), ist der Weg für eine regenerative Medizin bereitet. Regeneration bezieht sich auf das Phänomen, dass bei Amphibien amputierte Glieder nachwachsen können. Tissue Engeneering kann definiert werden als ein interdisziplinäres Feld, in dem Prinzipien der Ingenieurwissenschaften mit denen der Life Sciences verbunden werden. Ging es früher um die Konstruktion nicht-biologischer Substitute, so soll nun biologischer Organersatz erzeugt werden. Die medizinische Modellierung der Ausstattung des Menschen spielt hier neben der Heilung und Neuzüchtung beschädigter Organe mit den Ideen der Vervollkommnung und Unsterblichkeit.

Gendiagnostische Verfahren gewannen seit Mitte des 20. Jh. an Bedeutung und erreichen seit der Gesamtsequenzierung des menschlichen Genoms im Juni 2000 einen neuen Höhepunkt. Die daraus resultierenden Möglichkeiten biotechnologischer Interventionen, wie Gendiagnostik und Pränatal- und Präimplantationsdiagnostik, begründen den Anspruch, die körperliche Existenz des Menschen umfassend erfassen, kontrollieren und korrigieren zu können, so dass sich die Anwendung genetischer Tests inzwischen auf alle Existenzphasen des menschlichen Lebens ausgedehnt hat. In den letzten Jahren wurden daraus hervorgehend verschiedene Techniken zur Untersuchung der Disposition für erbliche Erkrankungen entwickelt. Es gibt eine große Zahl von (vor allem monogenen) Erkrankungen, die erst im Laufe des Lebens manifest werden und daher prädiktiv prognostizierbar sind. Die *Prädiktive Gendiagnostik* bedeutet die Untersuchung eines gesunden Menschen auf genetische Anlagen hin, die für eine spätere Erkrankung disponieren könnten. Sie hat zum einen eine unmittelbare medizinische Relevanz, wenn es um grundsätzlich behandel- oder verhinderbare Krankheiten geht (z. B. manche erbliche Krebserkrankungen) oder wenn es sich um Dispositionen für Erkrankungen handelt, die zwar nicht geheilt werden können, deren Verlauf aber über eine veränderte Lebensführung der Betroffenen positiv beeinflusst werden kann (z. B. bei der Hämochromatose). Eine nur mittelbare medizinische und zunächst nicht therapeutische Bedeutung haben hingegen prädiktive Diagnosen, die nur mit einer gewissen Wahrscheinlichkeit das Auftreten einer Erkrankung voraussagen können (der Vorhersagewert kann je nach Erkrankung zwischen 5 und 100 % schwanken; bei Chorea Huntington z. B. beträgt er nahezu 100 %, bei familiärem Brustkrebs liegt er nur wenig über dem durchschnittlichen Risiko der Bevölkerung). Hinzu kommen Möglichkeiten der Abstammungstests (z. B. Vaterschaftstests anhand von Haar- und Speichelproben) und diverse Verfahren innerhalb der Kriminalistik (sog. genetischer Fingerabdruck). Die genetische Diagnostik vermag zur Beruhigung beizutragen, wenn sich ein negatives Ergebnis herausstellt. Sie erfordert hingegen eine neue Entscheidung, wenn positive Dispositionen, d. h. Abweichungen von der Norm, festgestellt werden.

Die genetische Diagnostik verstärkt den gesellschaftlichen Trend zur Risikofaktorenmedizin. Gesundsein und Sich-gesund-Fühlen treten immer mehr als Ergebnisse eines aktiven, informierten und eigenverantwortlichen Umgangs mit dem eigenen Körper in Erscheinung. Gesundheit ist fortschreitend weniger ein Phänomen der Gabe, die auch das Unerbetene einschließt, sondern Produkt eines hochkomplexen Prozesses der Selbstkontrolle und Selbstoptimierung, der voraussichtlich bei weitem nicht von allen wird bewältigt werden können.

Soziale Folgewirkungen

Die sozialen Folgewirkungen der beschriebenen Technikentwicklung beziehen sich vornehmlich auf die Vertiefung bestehender Desintegrationslinien in der Gesellschaft (Mührel 2006) wie etwa Arm – Reich, Gesund – Krank oder Jung – Alt, mit denen sich Soziale Arbeit seit ihren professionellen Anfängen in jeweiligen Modernisierungsprozessen auseinandersetzt. Bestehende soziale Ungerechtigkeiten werden verschärft, wenn z. B. biotechnologische Produkte und Dienstleistungen zur Gesundheitserhaltung und -prävention entweder lediglich einem bestimmten Teil der Gesellschaft zur Verfügung stehen oder aber der Zwang zum *Enhancement* (Optimierung) universal wird. Eine besondere Bedeutung kommt dabei der Verknüpfung von biotechnologischer Entwicklung und gleichzeitiger Ökonomisierung der Gesellschaft zu (Dungs 2009). Unter dem dogmatischen Diktat der Eigenverantwortung (Mührel 2005) werden dabei Lebensrisiken entsolidarisiert, naturalisiert und privatisiert. Nicht mehr die Gesellschaft übernimmt Verantwortung für ihre einzelnen Mitglieder hinsichtlich der Absicherung von gesundheitlichen, sozialen und auch wirtschaftlichen Lebensrisiken, sondern der einzelne Bürger soll nun Verantwortung für diese Risiken übernehmen, um die Gesellschaft insgesamt zu entlasten. Unter biotechnologischem Vorzeichen werden Menschen nun aber nicht nur für ihre Lebensführung verantwortlich gemacht, sondern auch für ihren Bios, den genetischen Lebensrahmen bzw. dessen Perfektionierung. Im Zuge dieser „neuen Eugenik" (Reyer 2003) wird nicht mehr oder kaum noch gefragt, ob die Gesellschaft ihren Mitgliedern die notwendigen wirtschaftlichen und sozialen Ressourcen für eine reflektierte Lebens- und Selbstgestaltung, etwa über Erziehung, Bildung und wirtschaftliche Grundsicherung, ausreichend zur Verfügung stellt.

Die genannten sozialen Folgewirkungen provozieren die Einmischung der Sozialen Arbeit in sozialpolitische Debatten und Entscheidungsfindungsprozesse. Dabei ist sie einer innovativen Gesellschaftskritik verpflichtet, die auf die Bereitstellung grundlegender und ausreichender Ressourcen für alle Gesellschaftsmitglieder hinsichtlich einer selbstbestimmten Lebensführung zielt. Die biotechnologische Entwicklung wird hierbei zu einer weiteren Herausforderung für die Soziale Arbeit. Diese Entwicklung betrifft aber nicht nur bestimmte Bevölkerungskreise über die Verschärfung sozialer Desintegrationslinien, sondern die Mitglieder westlicher Gesellschaften insgesamt, da sie zudem unmittelbare Auswirkungen auf das menschliche Selbst- und Weltverhältnis und damit jegliche humane Lebenskultur hat.

Lebenswissenschaften und Lebenskultur

Wie in der Einleitung schon angemerkt, ist die entscheidende Fragestellung bezüglich der Innovationen durch die Lebenswissenschaften die individuelle und gesellschaftliche Bewältigung der gesteigerten biotechnischen Möglichkeiten im Fortbestand einer humanen und demokratischen Lebenskultur. Menschen waren und sind andauernd im Rahmen der Technisierung ihrer Lebenswelten (Blumenberg 1981) gefordert, die sich in diesem Prozess aufbauende und immer wiederkehrende Differenz von

Mensch und technisierter Welt in ihr Selbstverständnis und ihre Lebenskonzepte, und somit in ihr Handeln, sinnvoll zu integrieren, damit sie sich in der menschlichen Gesamtpraxis fortdauernd bewähren können. Dieser Technisierung der Lebenswelt folgt nun aber die Technisierung des Lebens selbst, worauf die Lebenswissenschaften und die Biotechnologie schon in ihren Begriffen hinweisen. Damit wird eine entscheidende Entgrenzung des Menschen hervorgerufen. Die Lebenswissenschaften, und darin vor allem die Biotechnologien mit ihren Eingriffen in den Menschen, fordern eine neue Selbstbeschreibung des Menschen in einer sich gleichzeitig wandelnden Lebenskultur. Der Förderung einer solchen Lebenskultur diente seit ihren Anfängen in der Antike die philosophische Lebenskunst. Sie zielt bis in die heutige Zeit auf die Kunstfertigkeit, die griechische *techne* im ursprünglichen Sinne, das eigene Leben in den jeweiligen Lebensumständen gelingend und sogar vielleicht glücklich zu gestalten. Moderne Vertreter einer derartigen Lebenskunst (Schmid 2004, 2007; Capurro 1995) greifen daher auf antike Ursprünge wie bei Marc Aurel (2004) zurück, teils auch in ihrer *Erneuerung* im Rahmen der von Michel Foucault beschriebenen *Technologien des Selbst* und einer Ästhetik der Existenz (2007). Der Vorwurf, es handle sich bei Konzepten der Lebenskunst um individualistische und egoistische Formen der Selbstgestaltung bei gleichzeitiger Ausblendung gesellschaftlicher wie politischer und biopolitischer Fragestellungen, ist zumindest teilweise damit zu entkräften, dass schon die antiken Konzeptionen nie alleine ein individuelles Glück des Lebens anvisierten, sondern immer auf der Grundlage einer Beschreibung des allgemein-menschlichen Glücks basierten. Spätestens heute, in einer *globalisierten* Welt, wird deutlich, dass die Möglichkeiten einer Lebenskunst nur dann überzeugend individuell und gesellschaftlich umgesetzt werden können, wenn gleichzeitig doch am besten alle Menschen über die wirtschaftlichen und sozialen Möglichkeiten und eine Bildung verfügen, die einer solchen förderlich sind. Lebenskunst als Teil einer Lebenskultur ist daher überzeugend nur im Rahmen einer demokratischen und humanen Gesellschaftsordnung und Lebensform möglich.

Die Einbindung der biotechnisch indizierten Möglichkeiten der Selbstgestaltung in eine derartige Lebenskultur bezieht sich somit auf zwei Ebenen. Einerseits gilt es auf der individuellen Ebene zu klären, wie diese Möglichkeiten der Gestaltung des Bios sinnvoll in die eigene Lebensführung und -gestaltung einzubeziehen sind. Dienen diese einer Erweiterung und Vertiefung der Lebenskunst oder nur einem unreflektierten Selbstkult bzw. einem oberflächlichen Selbstdesign? Auf der gesellschaftlichen Ebene ist darauf hinzuwirken, dass diese Möglichkeiten gerecht verteilt zur Verfügung gestellt werden, damit eine biotechnisch erweiterte Selbstbestimmung jedes einzelnen ermöglicht wird. Damit einher geht die Forderung, dass die Entwicklung der Lebenswissenschaften nicht zu einem gesellschaftlich akzeptierten, biotechnisch dominierten Menschenbild führt. Eine demokratische und humane Lebenskultur sowie darin eingebundene Konzepte der Lebenskunst basieren auf einer Offenheit des Menschenbildes und des Schutzes der Lebenswelten vor – lebenswissenschaftlicher – Technokratisierung (Dungs et al. 2009). Denn der Technokrat glaubt an einen Humanismus, nach dem das gelingende Leben biotechnologisch herbeigeführt werden kann. Durch das zunehmende Vermögen der Biotechnologie, das Menschliche in eine molekulare Software zu transformieren, wird die Rede von „dem Menschen" nachhaltig sabotiert (Gamm 2009).

Aufgaben Sozialer Arbeit

Die Förderung gelingenden Lebens als Zielsetzung einer Lebenskunst im Rahmen einer um lebenswissenschaftliche und dabei besonders biotechnologische Möglichkeiten erweiterten humanen und demokratischen Lebenskultur ist perspektivisch eine zentrale Aufgabe Sozialer Arbeit. Hierzu gehören unter anderem die sozialpädagogisch orientierte *Genetische Beratung* hinsichtlich des Umgangs mit genetischen Risiken (Schäfer 2009), die klinische Sozialarbeit (Schaub 2008) und die Straffälligenhilfe, die sich mit einer evtl. lebenswissenschaftlich – insbesondere sozialbiologisch – dominierten Kriminologie auseinandersetzen werden wird. Soziale Arbeit fördert in ihrer Lebensweltorientierung grundlegend das möglichst gelingende Leben ihrer Klienten und Adressatinnen. Sie unterstützt über die Hermeneutik der Lebensweisen und die darauf aufbauenden sozialpädagogischen Methoden deren Kompetenzen hinsichtlich ihrer Gestaltung in den jeweiligen Lebensumständen (Mührel 2008). Einer solchen Förderung der Lebenskunst ihrer Adressatinnen, auch im Sinne eines *Handwerks* als Kunstfertigkeit (Winkler 2009), entspricht auf der gesellschafts- und sozialpolitischen Ebene das Eintreten für eine Lebenskultur der grundlegenden gegenseitigen Anerkennung (Dungs 2006) und einer demokratischen Lebensform (C. Müller 2005). Beides zielt auf die Förderung der Partizipation aller Mitglieder der (Welt-)Gesellschaft an einer solchen Lebenskultur. Die Teilhabe an biotechnologischen Möglichkeiten der Lebens- und Selbstgestaltung muss dabei sozialpolitisch garantiert sein. Zudem hat die Theoriebildung in der Sozialpädagogik und der Sozialarbeitswissenschaft die disziplinäre Auseinandersetzung mit den Lebenswissenschaften zu suchen und aufzunehmen (Mührel 2009). Auch in dieser Auseinandersetzung wird die Bewahrung einer humanen und demokratischen Lebenskultur auf der Grundlage eines offenen Menschenbildes entscheidend sein, damit einer Technokratisierung der Lebenswelt im Zusammenhang mit einer biotechnologischen Perfektionierung des Menschen entgegen gewirkt werden kann.

Literatur

Aurel, M. (2004): Wege zu sich selbst. 3. Aufl. Patmos, Düsseldorf

Blumenberg, H. (1981): Lebenswelt und Technisierung unter Aspekten der Phänomenologie. In: Blumenberg, H.: Wirklichkeiten, in denen wir leben. Reclam, Stuttgart, 7–54

Bundesministerium für Bildung und Forschung (BMBF) (2008): Lebenswissenschaften. In: http://www.bmbf.de/de/1237.php, 05.03.2010

Capurro, R. (1995): Leben im Informationszeitalter. Akademie Verlag, Berlin.

Dungs, S. (2009): Soziale Arbeit zwischen aktivierender Sozialpolitik und determinierender Biopolitik. Einsprüche gegen die fortschreitende Zergliederung des Menschen. In: Dungs, S., Gerber, U., Mührel, E. (Hrsg.): Biotechnologie in den Kontexten der Sozial- und Gesundheitsberufe. Professionelle Praxen – Disziplinäre Nachbarschaften – Gesellschaftliche Leitbilder. Lang, Frankfurt / M., 35–62

– (2006): Anerkennen des Anderen im Zeitalter der Mediatisierung. Sozialphilosophische und sozialarbeitswissenschaftliche Studien im Ausgang von Hegel, Lévinas, Butler, Žižek. Lit, Frankfurt / M.

–, Gerber, U., Mührel, E. (Hrsg.) (2009): Biotechnologie in den Kontexten der Sozial- und Gesundheitsberufe. Professionelle Praxen – Disziplinäre Nachbarschaften – Gesellschaftliche Leitbilder. Lang, Frankfurt / M.

Feuerstein, G., Kollek, R. (2001): Vom genetischen Wissen zum sozialen Risiko: Gendiagnostik als Instrument der Biopolitik. Aus Politik und Zeitgeschichte. Beilage zur Wochenzeitung „Das Parlament" 27, 26–33

Foucault, M. (2007): Ästhetik der Existenz. Schriften zur Lebenskunst, Suhrkamp, Frankfurt / M.

Gamm, G. (2009): Im Zeitalter der Extreme. Eine Geschichte philosophischen Denkens im 20. Jahrhundert. Primus Verlag, Darmstadt.

Lemke, Th. (2007): Biopolitik zur Einführung. Junius Verlag, Hamburg

Mührel, E. (2009): „Was ich liebte." Epilog zur Bestimmung der Sozialpädagogik. In: Mührel, E., Birgmeier, B. (Hrsg.): Theorien der Sozialpädagogik – ein Theorie-Dilemma? VS Verlag für Sozialwissenschaften, Wiesbaden, 185–199

– (2008): Verstehen und Achten. Philosophische Reflexionen zur professionellen Haltung in der Sozialen Arbeit. 2. Aufl. Die Blaue Eule, Essen

– (2006): Sozialpädagogik und gesellschaftliche Partizipation: pädagogisch reflektierte und organisierte Sozialisation. Soziale Arbeit 3, 100–104

– (2005): Eigenverantwortung – Anmerkungen zur Ambivalenz einer neuen Kultur des Sozialen. neue praxis 6, 676–681

Müller, C. (2005): Sozialpädagogik als Erziehung zur Demokratie. Ein problemgeschichtlicher Theorieentwurf. Klinkhardt, Bad Heilbrunn

Reyer, J. (2003): Eugenik und Pädagogik. Erziehungswissenschaft in einer eugenisierten Gesellschaft. Juventa, Weinheim

Sandel, M. J. (2008): Plädoyer gegen die Perfektion. Ethik im Zeitalter der genetischen Technik. University Press, Berlin

Schäfer, D. (2009): Genetische Beratung bei erblichem Brust- und Eierstockkrebs. In: Dungs, S., Gerber, U., Mührel, E. (Hrsg.): Biotechnologie in den Kontexten der Sozial- und Gesundheitsberufe. Professionelle Praxen – Disziplinäre Nachbarschaften – Gesellschaftliche Leitbilder. Lang, Frankfurt / M., 63–83

Schaub, H.-A. (2008): Klinische Sozialarbeit. Ausgewählte Theorien, Methoden und Arbeitsfelder in Praxis und Forschung, V&R unipress, Göttingen

Schmid, W. (2007): Philosophie der Lebenskunst. Eine Grundlegung. 10. Aufl. Suhrkamp, Frankfurt / M.

– (2004): Mit sich selbst befreundet sein. Von der Lebenskunst im Umgang mit sich selbst. 3. Aufl. Suhrkamp, Frankfurt / M.

Schöne-Seifert, B., Ach, J. S., Opolka, U., Talbot, D. (Hrsg.) (2008): Neuro-Enhancement. Ethik vor neuen Herausforderungen. Mentis, Paderborn

Sennett, R. (1998): Der flexible Mensch. Die Kultur des neuen Kapitalismus. Berlin Verlag, Berlin

Thiersch, H. (2005): Lebensweltorientierte Soziale Arbeit. Aufgaben der Praxis im sozialen Wandel. 6. Aufl. Juventa, Weinheim

Toellner, R. (1980): Leben. In: Historisches Wörterbuch der Philosophie, Bd 5. Wissenschaftliche Buchgesellschaft, Darmstadt, 97–103

UNESCO (2008): Definition Lebenswissenschaften. In: http://www.unesco.de/lebenswissenschaften, 05.03.2010

Winkler, M. (2009): Theorie und Praxis revisited. Oder: Sozialpädagogik als Handwerk betrachtet. In: Mührel, E., Birgmeier, B. (Hrsg.): Theorien der Sozialpädagogik – ein Theorie-Dilemma? VS Verlag für Sozialwissenschaften, Wiesbaden, 307–332

Leistung

Von Wolfgang Maaser

Leistung wird im Alltagsbewusstsein zumeist als Grund für entsprechende „Belohnungen" angeführt. Besonders in einer durch Erwerbsarbeit geprägten Gesellschaft werden soziale Ungleichheiten durch den Verweis auf Differenzen in der Leistungsbereitschaft und der Leistungsfähigkeit gerechtfertigt (Burzan 2004, 33 f.). Einkommensunterschiede gelten dabei als notwendige Anreize. Das sozio-ökonomische Panel (Berger 2005, 8 f.) dokumentiert, dass knapp zwei Drittel der Befragten diese Auffassung vertreten. Gleichzeitig plädieren mehr als 80 % für die Einschränkung einer allumfassenden leistungsgesellschaftlichen Orientierung.

Begriff

Die Naturwissenschaften definieren Leistung als den Quotienten aus Arbeit / Energie und Zeit, d. h. als eine Verhältnisbestimmung von Arbeitsaufwand und dazu benötigter Zeit. Ein anthropologischer Begriff versteht unter Leistung hingegen das Ausmaß der Entfaltung spezifisch menschlicher Fähigkeiten, das Personen zielorientiert erreichen und verwirklichen.

In der antiken Philosophie ist dieses Verständnis im Begriff der Meisterschaft, Tüchtigkeit, Vollkommenheit o. Ä. (griech.: aretē, lat.: virtus) impliziert. Der Mensch verfügt über spezifische Vermögen und Anlagen, deren Entfaltung er verfolgt und anstrebt. Dabei kommt es vor allem auf die Entfaltung derjenigen Fähigkeiten an, durch die er sich vom Tier unterscheidet. In der bestmöglichen Entwicklung und Vervollkommnung dieser Anlagen verwirklicht er das seinem Wesen entsprechende Menschsein und seine ihm damit eingestifteten Leistungsmöglichkeiten.

Die Antike ging von einer klaren Hierarchie menschlicher Fähigkeiten aus: Theoretische Vermögen waren den praktischen übergeordnet, sinnliche Vermögen galten diesen beiden gegenüber als nachrangig. Die Entfaltung des Denkens wurde daher als wertvoller, d. h. als erstrebenswerter eingeschätzt als die Entfaltung der Lust. Die Ziele sah man als durch die Natur dem Menschen objektiv vorgegeben an. An diesen vorgegebenen Zielen (und damit ontologischen Gütekriterien) sollte sich die maximale Entfaltung der menschlichen Fähigkeiten orientieren. Die antike Philosophie setzt folglich in der Entfaltung der Anlagen klare Prioritäten. Als die oberste und die entscheidende zentrale Fähigkeit menschlichen Lebens gilt das Denken. Das höchste Ziel der Denkleistung besteht im denkenden Betrachten der ersten Ursachen und Gründe (Aristoteles 1978, 982b; 1072a ff.) sowie der zielgerichteten Prozesse (Entelechie, Teleologie; Aristoteles 1978, 1049b–1051a), die der Natur eingestiftet sind. An zweiter Stelle steht die Fähigkeit, sich als freier Bürger in die praktische Politik einzubringen (Aristoteles 1983, X 6–9). Die Leistung besteht hier in einem praktischen Handeln, das auf das Gemeinwohl des Gemeinwesens abzielt (Böckenförde 2002). Theoretisches Philosophenleben und praktische Politik stellen somit die zwei zentralen Bereiche dar, in denen sich diese priorisierten Vermögen zielgerichtet verwirklichen. Leistung bedeutet demnach die Entfaltung dieser spezifisch menschlichen Anlagen zu ihrer Bestform. Sie ist als die optimale Verwirklichung des menschlichen Seins und seiner ihm eingestifteten Potenziale zu verstehen. Damit unterscheidet sich die menschliche Leistung grundsätzlich von der der Dinge. Die Tüchtigkeit oder Leistung der Dinge ist von ihrer Funktion her bestimmt. So besteht z. B. die Leistung des Messers – wozu es eigentlich da ist – im optimalen Schneiden (Platon 1990, Pol. 353a). Demgegenüber ergeben sich die dem

Otto/Thiersch (Hg.), Handbuch Soziale Arbeit, 4. A., DOI 10.2378/ot4a.art089,
© 2011 by Ernst Reinhardt, GmbH & Co KG, Verlag, München

Menschen angemessenen Leistungen aus anthropologischen Wesensbestimmungen und der Entfaltung ihrer Potenziale, vor allem aus dem *Vermögen*, zu denken und zu handeln.

In der Antike fand die Verwirklichung der Vermögen in überschaubaren Lebensformen und Kontexten statt. Diese Rahmenbedingungen erleichterten eine Bewertung der menschlichen Leistung. Die maximale theoretische Leistung bestand im Denken der ewigen Strukturen der Welt und ihres Grundes, die bestmögliche praktische Leistung in der vorbehaltlosen Hingabe an eine gemeinwohlorientierte, politische Praxis. Beide Ziele waren Ideale, die in der Praxis nur selten erreicht wurden. Ihre Verwirklichung geschieht zumeist nur annäherungsweise und beinhaltet folglich komparative Dimensionen. Menschen vergleichen sich im Prozess der zielgerichteten Verwirklichung ihrer Anlagen miteinander und bewerten unausweichlich ihre Realisierungsgrade, d. h. die entsprechende Leistung. Immer gibt es gelingende, bessere oder weniger gelingende oder schlechtere Verwirklichungen, gute oder schlechte Praxisbeispiele. Das subjektive Erleben dieser komparativen Dimension ist mit Affekten verbunden. Insgesamt kommt es darauf an, sich die richtigen praktischen Verwirklichungsmuster anzueignen und sie zu verstetigen. Der antike Begriff der Tüchtigkeit und seine konstitutive Verbindung zu spezifisch menschlichen *Vermögen*, kontextuellen *Zielen* (Gütekriterien) sowie *spezifischen Bereichen* verweist bereits auf die zentralen Strukturaspekte, die sich später in der Entfaltung des neuzeitlichen Leistungsbegriffs in vielfältiger Weise transformieren.

Problemdimensionen des Leistungsbegriffs

Die neuzeitlichen Modifikationen des antiken Leistungsbegriffs verdanken sich dem veränderten und sich pluralisierenden Verständnis der drei Strukturelemente Vermögen, Ziele und Bereiche. Wesentlichen Anteil daran besitzt die ab der Neuzeit stattfindende reale *Vervielfältigung der Bereiche*, in denen sich menschliches Leben vollzieht. Die neuzeitliche und moderne Gesellschaft bringt nach und nach eine Vielfalt unterschiedlicher, sozial konstruierter Kontexte hervor. Durch gesellschaftliche Differenzierungen entstehen neue Bereiche,

die schwerlich einem einzigen, vorgegebenen natürlichen Ziel bzw. Gütekriterium unterworfen werden können. Infolgedessen entstehen unterschiedliche kontextuelle Ziele, die zunehmend als von Menschen gemachte erkannt und begriffen werden. Ziele gelten damit immer weniger als natürlich, sondern als verhandlungsfähig, der politischen Verständigung zugängig und konsensuell festlegbar.

Die vielfältigen Bereiche wie Wirtschaft, Schule, Staat, Familie, Gesellschaft verfolgen zielgerichtet und bereichspezifisch unterschiedliche Systemlogiken und tangieren, beeinflussen oder dominieren auch die jeweils anderen Bereiche. Dies erschwert sowohl eine grundlegende wie auch bereichsspezifische Bestimmung der Leistung. Da sich die Eigendynamik und der Eigensinn der Kontexte auch losgelöst von den subjektiven Absichten und Zielen der beteiligten Subjekte her verstehen lassen, fokussiert sich das Verständnis auf die jeweilige Funktion des Bereichs. Die Bereichsfunktion bleibt allerdings an die Entfaltung und Entwicklung unterschiedlicher, menschlicher Vermögen zurückgebunden und damit an die Frage gekoppelt, ob die durch das System vorgegebene Funktionalität mit der Entfaltung eines menschlichen Vermögens und seiner Zielhaftigkeit zusammenstimmt oder es verformt. Ein angemessenes und kritisches Verständnis von Leistung kann daher nur im Hinblick auf die Dienstfunktion des jeweiligen Bereichs für das gesamte menschliche Leben und unter Rückgriff auf die als Wert erachteten menschlichen Entfaltungspotenziale und deren diskursiv festgelegten Ziele gewonnen werden.

Das Bereichs- und Zielverständnis menschlicher Tüchtigkeit veränderte sich seit der Neuzeit nachhaltig. Obwohl auch die christlichen Traditionen die antike Hierarchie innerhalb der menschlichen Vermögen (Denken vor Handeln, vor Sinnlichkeit und Lust) bejahten und unterstützten, pluralisierte sich in der Neuzeit das Verständnis der Vielfalt und die Bewertung unterschiedlicher Vermögen. Für J. S. Mill galt die Vervollkommnung geistiger Vermögen im Bildungsprozess als entscheidend. Aber bereits er musste sich gegen andersartige Auffassungen abgrenzen, wenn er konstatierte: „Besser ein unzufriedener Mensch als ein zufriedenes Schwein; besser ein unzufriedener Sokrates als ein zufriedener Narr" (Mill 1885, 18). Hier deutet sich bereits die sich wandelnde

Bewertung im Verständnis der Vermögen an, die auch für das Verständnis von Leistung nachhaltige Bedeutung besitzt. Denn die Leistung verweist stets auf die Bewertung und die Hierarchie der Fähigkeiten, auf die Unterscheidung von edlen und als weniger edel erachteten Vermögen zurück, wenn es zu entscheiden gilt, welche menschlichen Potenziale zur vollen Entfaltung und Leistung gebracht werden sollen. Insgesamt verkomplizieren die Pluralität der Bereiche, ihre kontextuell unterschiedlichen Ziele sowie die pluralen Bewertungen unterschiedlicher menschlicher Vermögen die Entwicklung von Gütekriterien der Leistung. Die meisten Ziele erweisen sich nicht als natürlich vorgegeben, sondern als sozial konstruiert. Ziele, die als Orientierung für Gütekriterien dienen, erweisen sich damit als verhandelbar. Was ein kontextuelles Leistungskriterium ist, in welchem Sinne es zur Entfaltung des gesamten menschlichen Lebens beiträgt und in welcher Beziehung die einzelnen Bereiche zueinander stehen, wird in kollektiven Aushandlungsprozessen und politischen Entscheidungen festgelegt. In diesen Vorgang gehen sowohl politische, ökonomische als auch kulturelle, anthropologische wie ethische Dimensionen ein. Die Dominanz von gesellschaftlichen Situationsdefinitionen und Interpretationen besitzt daher erheblichen Einfluss auf die Bestimmung der Leistung. Welche „Fähigkeiten und Eigenschaften und welche Verhaltensweisen und Aktivitäten anerkannt und gesellschaftlich honoriert werden, wer als „Leistungsträger" gilt und wer nicht, unterliegt sozialen Definitions- und Wandlungsprozessen und ist Gegenstand gesellschaftlicher Auseinandersetzungen" (Menz 2009, 10).

Leistung und Bildung

Der Humboldtsche Bildungsbegriff des 19. Jahrhunderts nahm den antiken Grundgedanken der Vervollkommnung menschlicher Vermögen auf und führte ihn weiter.

„Der wahre Zweck des Menschen, nicht der, welchen die wechselnde Neigung, sondern welche die ewig unveränderliche Vernunft ihm vorschreibt, ist die höchste und proportionierlichste Bildung seiner Kräfte zu einem Ganzen." (Humboldt 1968, 106)

Die dem Menschen angemessene Höchstleistung besteht demnach in der maximalen Entwicklung der dem menschlichen Wesen eingestifteten Anlagen und ihrem optimalen Inbeziehungsetzen. In der Entfaltung der allgemeinen und individuellen Vermögen entwickelt sich die Selbstzwecklichkeit des Menschen in einem Prozess lebenslanger Bildung (Humboldt 1964, 217). Dieses Konzept der Persönlichkeitsentwicklung sieht folgerichtig von einem konkreten Anwendungsbezug, seiner Verwertbarkeit im Beruf und den darin erforderlichen kontextuellen Leistungsstandards ab. Bildung wird nun als Anregung, Entfaltung und Vervollkommnung menschlicher Anlagen begriffen, deren Ziel die sich selbstbestimmende Individualität ist. Dem Wort Bildung haftet „seither das Moment der Selbständigkeit, also des Sich-Bildens der Persönlichkeit" an (Hentig 2007, 39). Bei dieser allseitigen, generalistischen Entfaltung der Anlagen steht die selbstzweckliche Prozesshaftigkeit im Kontrast zur gesellschaftlichen Verwertbarkeit.

Gleichzeitig hat Humboldt jedoch klar vor Augen, dass die allgemeine Bildung als Leistung sich individuell entfaltender Begabungen auch eine übergreifende Bedeutung für andere Bereiche, vor allem für die Leistungsfähigkeit im Beruf besitzt:

„Jeder ist offenbar nur dann ein guter Handwerker, Kaufmann, Soldat und Geschäftsmann, wenn er an sich und ohne Hinsicht auf seinen besonderen Beruf ein guter, anständiger, seinem Stande nach aufgeklärter Mensch und Bürger ist. Gibt ihm der [allgemeinbildende] Schulunterricht, was hierfür erforderlich ist, so erwirbt er die besondere Fähigkeit seines Berufs nachher so leicht und behält immer die Freiheit, wie im Leben so oft geschieht, von einem zum anderen überzugehen." (Humboldt 1964, 218)

Die volle Entfaltung der individuellen Vermögen, d.h. die maximale Entfaltung des menschlichen Wesens, wirkt sich konstruktiv auf die bereichsspezifische Leistung im Beruf aus. Im 19. Jahrhundert forciert dieser Zusammenhang von Bildung und beruflicher Leistung den Anspruch des Bildungsbürgertums, berufliche Leistungen zum Kriterium des sozialen Aufstiegs zu erklären, und unterstützt damit die Abschaffung der Ständegesellschaft. Das berufliche Leistungsprinzip löst das Geburtsprinzip und das Senioritätsprinzip ab; bürgerliche Tüchtigkeit wird wichtiger als Herkunft und Alter. Zusammen mit den geltend gemachten

Verdienstchancen und eingebettet in die These der universalen Bildungsfähigkeit jedes Menschen trägt der berufliche Leistungsgedanke zur Emanzipation des Bürgertums bei. Die Leistungsidee steht hier im Dienste allgemeiner, sich universalisierender Entfaltungs- und Verwirklichungschancen der Menschen.

Heutzutage soll die Schule einerseits in der Tradition des Humboldtschen Ideals die Allgemeinbildung verfolgen, andererseits arbeitet sie mit Leistungsbewertungen, die vor dem Hintergrund des fundamentalen Bildungsbegriffs der kritischen Reflexion bedürfen. Die im Humboldtschen Bildungsideal angestrebten Prozesse der Selbstbildung entziehen sich als geistige Prozesse weitgehend einem ergebnisorientierten Leistungsbegriff; hier ist in erster Linie der Weg das Ziel. Ab den 1960er Jahren führte die Kritik an der Verengung auf materiale Bildungsinhalte – Wissen, das Schüler lernen müssen – zur Wiederbelebung, Erweiterung und Transformation des Humboldtschen Bildungsbegriffs (Klafki 1964). Das klassische Bildungsideal wurde reformuliert: Selbstbestimmungs-, Mitbestimmungs- und Solidaritätsfähigkeit sowie Urteils- und Gestaltungsfähigkeit rückten als zu entwickelnde Vermögen in den Mittelpunkt pädagogischer Ziele. Im schulischen Kontext erfuhr das konkurrenzorientierte Leistungsprinzip daher Kritik. Dagegen zogen kooperative Dimensionen der Leistungserstellung die Aufmerksamkeit auf sich. Die Prozessorientierung im Leistungsverständnis gewann an Bedeutung, die bloße Ergebnisorientierung wurde relativiert. Die 1960er Jahre akzentuierten die gesamtgesellschaftliche Bedeutung von Bildungsprozessen.

Leistung und Humankapital

Während Humboldt die Wirkung der Bildung auf die Leistungsfähigkeit im Beruf im Blick hatte, liegt umgekehrt auch ein Blick aus wirtschaftlicher Perspektive auf die Bildung nahe. Die ökonomische Theorie nimmt den Zusammenhang zwischen der Bildung und der Leistungsfähigkeit der Arbeitskräfte sowie der betrieblichen Produktivität in den Blick.

„Education helped to increase the productive capacity of workers in the same way as the purchase of new machi-

nery or other forms of physical capital increased the productive capacity of a factory or other enterprise." (Woodhall 1995, 21)

Bildung erscheint daher in den sich daran anschließenden Theorietraditionen eher als Werkzeug für die Wirtschaft.

Gary Becker u. a. (Becker 1993; Schultz 1986) entwickeln die von Adam Smith (1723–1790) entfaltete wirtschaftliche Perspektive zu einer Theorie des Humankapitals. Ihre Theorie analysiert die Wirkung immaterieller Bildungsprozesse auf die Arbeitsproduktivität. Die in Bildungsprozessen erworbenen Wissensbestände, die Fähigkeiten, der Erfindungsreichtum und die Kreativität werden im Hinblick auf ihre betriebswirtschaftliche und volkswirtschaftliche Leistungsfähigkeit betrachtet und bewertet. Was leistet Bildung zur Steigerung des Unternehmensgewinns, zur Steigerung der Arbeitsproduktivität und zum internationalen Wettbewerb? Der arbeitende Mensch und seine vielfältigen Vermögen tragen zum langfristigen Unternehmenserfolg bei.

Der Humankapitalansatz überträgt gleichzeitig die ökonomische Betrachtungsweise auf alle Bereiche der Gesellschaft. Die Ausweitung dieser Theorie auf alle Lebensbereiche – ihr nicht abwertend gemeinter sog. ökonomischer Imperialismus (Pies / Leschke 1998) – bezieht sich nicht bloß auf die zentralen materiellen Ressourcen. Das Konzept versteht sich vielmehr als eine Art universal anwendbare Theorie zur Erklärung und zum Verstehen menschlichen Verhaltens, die die Verhaltensweisen und Verhaltensmodi aller menschlichen Bereiche ökonomisch durchdenkt. Gegenstand ist das *durchschnittliche* Verhalten der Menschen; grundlegende anthropologische Wesensbestimmungen werden dabei scheinbar nicht geltend gemacht (sog. Als-ob-Anthropologie).

Die Erklärungsreichweite ähnelt der Theorie des Homo oeconomicus (Brieskorn / Wallacher 1998), die durchschnittliche, für wirtschaftliche Interaktionen bedeutsame Verhaltensanreize verdeutlicht. Die Humankapitaltheorie entwickelt diesen Ansatz jedoch weiter und radikalisiert ihn: Der Mensch geht nicht nur rationale, für ihn günstige Vereinbarungen ein, sondern er versteht sein gesamtes Verhalten als Input, in dem er seine knappen Ressourcen, insbesondere seine Zeit, möglichst effizient einsetzt. Sein Ziel ist ein Höchstmaß an Befriedigung. Er verfolgt stets mit knappen Mitteln konkurrierende Ziele. Nicht nur im Bereich der Wirtschaft, sondern in allen Lebenssphären verfolgt er seine individuelle Nutzenmaximierung. Die Formen der Befriedigung sind für den zunächst deskriptiven Anspruch der Theorie irrelevant. Als Erklärungsmodell billigt sie jedem die Maximierung der Befriedigung zu, „so *wie er sie sieht* […] ob er nun egoistisch, altruistisch, loyal, boshaft oder masochistisch ist" (Becker 1996, 22). Ähnlich wie in Homo-oeconomicus-Theorien wird die nutzenmaximierende Handlungsorientierung der Menschen am effektivsten durch einen Markt koordiniert. Folglich gibt es einen Heiratsmarkt, einen Bildungsmarkt etc. …, auf denen die Menschen ihre subjektiven Wünsche koordinieren und befriedigen. Die Humankapitaltheorie trägt damit die strittige Annahme vom Markt als einen hinreichenden, allumfassenden und leistungsfähigen Koordinierungsmechanismus in alle gesellschaftlichen Bereiche ein und überträgt sie auf menschliche Handlungen überhaupt.

Ähnlich wie die Homo-oeconomicus-Theorie geht die Humankapitaltheorie davon aus, dass Menschen sich durch rationale Entscheidungen steuern. Im Beispiel: Das Rauchen und die mangelnde Bewegung werden als Ergebnis einer Entscheidung – bzw. vieler kleiner Entscheidungen – verstanden; ein Mensch raucht und bewegt sich deshalb nicht, „weil die zu gewinnende Lebensspanne für ihn die Kosten des Verzichts auf das Rauchen oder der intensiven Arbeit nicht aufwiegt" (Becker 1993, 9). In derartigen Souveränitätsunterstellungen verliert die Theorie offensichtlich den Kontakt zur Komplexität des durchschnittlichen Verhaltens, das sie zu erklären beansprucht. Die ökonomische Sicht der vielfältigen menschlichen Vermögen als Humankapital, die angenommene Leistungsfähigkeit des Marktes und der Reduktionismus der pragmatisch-empirischen Anthropologie führen insgesamt dazu, den Koordinierungsmechanismus Markt und seine Leistungskriterien in alle Lebensbereiche hineinzutragen. Die reduktionistische Beschreibung des Faktischen wird damit unversehens zur normativen Handlungsempfehlung für die Politik und entfaltet normative Kraft.

„Der ökonomische Ansatz identifiziert sie [die Menschen, Anm. v. W. M.] immer schon als jene nutzenmaximierende Marktsubjekte, zu denen sie erst gemacht werden und sich selbst machen sollen." (Bröckling 2007, 90)

Probleme, die die Marktsteuerung selbst hervorbringt, werden als Probleme wahrgenommen, die nur deshalb entstehen, weil es noch keinen allumfassenden effektiven Markt in den unterschiedlichen Bereichen gibt. In Gestaltungsfragen entwickelt sich der zunächst deskriptive Charakter der Theorie unversehens zur realitätsgemäßen Sollensvorstellung.

Die Humankapitaltheorie liefert Kriterien für die ökonomische Verwertbarkeit wirtschaftsfremder Prozesslogiken und lässt die organisatorische Implementierung wirtschaftlicher Leistungskriterien in andere Bereiche als folgerichtig erscheinen. Im Ergebnis wird der Eigensinn anderer Lebenssphären dem Primat einer allumfassenden ökonomischen Handlungslogik unter- und nachgeordnet. Dies besitzt nachhaltige Folgen für das Leistungsverständnis insgesamt, da die Unterordnung auch für kontextspezifische Leistungskriterien und Ziele gilt. Bereichsspezifische Leistungskriterien spielen dann nur noch eine untergeordnete Rolle. Damit transformieren sich die drei leistungsdefinierenden Strukturelemente (Vermögen, Bereich, Ziel) und das gesamte Leistungsverständnis: Die menschlichen Vermögen, die klassischen Hierarchiekonzeptionen und die prioritätensetzenden Zuordnungen der Vermögen werden auf die empirischen Wünsche des Durchschnitts reduziert. Evaluative Aussagen darüber, welche menschlichen Fähigkeiten eine Entfaltung und Entwicklung verdienen und welche nicht, entfallen. Ob der Mensch es vorzieht, im Sinne von Mill (s. o.) ein zufriedenes Schwein oder ein unzufriedener Sokrates zu sein, lässt sich daher nicht entscheiden und bleibt der privaten Orientierung des Einzelnen überlassen, die er vertragstheoretisch mit anderen abgleichen muss. Wenn es jedoch keinen Konsens mehr über entfaltungswürdige und zur optimalen Entfaltung zu bringende Vermögen gibt, können aus der Logik dieses Ansatzes heraus keine eigenwertigen Ziele und Gütekriterien mehr entwickelt und in entsprechenden Bereichen als spezifische Leistungsparameter geltend gemacht werden. Als kleinster gemeinsamer Nenner erweisen sich dann die Leistungskriterien der ökonomischen Effizienz und Effektivität. Denn Markt und Nutzenmaximierung gelten als realitätsgemäße, dem – zuvor in der Anthropologie entwickelten – „Wesen" des Menschen entsprechende Gestaltungsprinzipien aller Lebensbereiche.

Staatliche Interventionen und Rahmenbedingungen erscheinen vor diesem Hintergrund als Effizienzhindernisse. Dabei gehört es zu den zentralen normativen Staatsaufgaben, den Eigensinn unterschiedlicher gesellschaftlicher Teilbereiche und ihre spezifischen Prozesslogiken zu erhalten. Rahmensetzungen sollen die jeweiligen Bereiche mit entsprechenden Entfaltungsmöglichkeiten und Fähigkeiten in ihrer Eigentümlichkeit ermöglichen, fördern und bewahren (Walzer 1994): Die Familie und ihre Verwirklichungsmuster sollen nicht bloßen ökonomischen Zwängen unterworfen sein und durch sie verformt werden; Bildung und Ausbildung sollen nicht von ökonomisch determinierten Zugangsmöglichkeiten abhängig sein; in rechtlichen Verfahren soll das Urteil unter Absehung der Person, ihres gesellschaftlichen Standes und ihres Reichtums erfolgen etc. Die politisch gesteuerte Aufrechterhaltung derartiger Systemgrenzen beinhaltet die Ermöglichung kontextspezifischer Ziele und Leistungsstandards sowie eine bereichsorientierte Entfaltung unterschiedlicher Vermögen. Dies impliziert auch die Steuerung des differenzierten Zusammenspiels und der notwendigen Spannungen zwischen unterschiedlichen Sphären, ohne dass es zu einseitigen Dominanzen kommt. Demgegenüber verwischt die schleichende Übernahme oder eine allseitig propagierte Anwendung wirtschaftlicher Leistungskriterien die Differenzierung in unterschiedliche Bereiche. Wenn die für die jeweiligen Bereiche notwendige Ressourcenzuweisung von diesen Leistungskriterien abhängig gemacht wird, werden auf lange Sicht die Eigenlogiken dem Marktmechanismus unterworfen. In der Folge entwickeln sich alternative kulturelle Leitvorstellungen, die das Grundmuster des Homo oeconomicus zur zentralen anthropologischen Vorstellung eines Arbeitskraftunternehmers bzw. zum unternehmerischen Selbst (Bröckling 2007; Pongratz/Voß 2003) weiterentwickeln. Transformiert in reformpolitische Leitbilder (Maaser 2009) gelten sie als erstrebenswerte Aneignungsmuster für gelingendes Leben und werden damit zu Subjektivierungsformen, die sich Menschen zu eigen machen. Der Unternehmer wird zum Leistungsvorbild aller Lebensbereiche. Eine solche kulturelle Leitvorstellung fördert insgesamt die allseitige Implementierung wirtschaftlicher Leistungskriterien und zwingt Organisationen, darauf zu reagieren. Sie sind permanent damit beschäftigt, ihre kontextspezifischen Leistungskriterien mit wirtschaftlichen Leistungskriterien abzugleichen, zu synthetisieren oder sich ihnen zu unterwerfen. Besonders die bereichsspezifische Professionalität ist hier herausgefordert, ihren fachlich begründeten Leistungs- und Qualitätsbegriff sowie ihre normative Zielvorstellung zu explizieren, zu vertreten und öffentlich geltend zu machen.

Leistung, Arbeit und Gerechtigkeit

Alltagsvorstellungen von Leistung hängen eng mit dem Begriff der Arbeit und des Verdienstes zusammen. Bereits dies verweist auf die Dominanz wirtschaftlicher Dimensionen im heutigen Leistungsverständnis. Der allgemeine Sprachgebrauch versteht „arbeiten" als „etwas herstellen", „etwas erreichen" und „etwas leisten" (Kocka 2008). In der Antike war der Begriff der Leistung (siehe unter „Begriff") nicht mit dem Arbeiten verknüpft. Arbeit als Herstellung spielte nur eine sehr untergeordnete Rolle und galt als Tätigkeit der Unfreien (Arendt 2008, 100 f.). Sie wurde daher nicht mit den für das menschliche Leben zentral erachteten Fähigkeiten verknüpft. Es galt vor allem, die theoretischen Anlagen und die politisch-praktischen Fähigkeiten zur Höchstform zu entwickeln.

Gegenüber diesen Fähigkeiten gewann die Arbeit erst ab der frühen Neuzeit für die Entfaltung menschlicher Vermögen eine zentralere, auf lange Sicht übergeordnete Bedeutung. Das Besondere des menschlichen Seins und seine Überlegenheit zeigte sich nun in der zweckorientierten, praktischen Bearbeitung der Natur. Die hierarchische Ordnung von zweckfreiem, theoretischem Leben (vita contemplativa) und praktisch orientiertem Handeln (vita activa) kehrte sich um (367 ff.) Infolgedessen erfuhr das Ideal theoretischer Selbstverwirklichung eine Relativierung. Die Verwirklichung des menschlichen Wesens fokussierte sich zunehmend auf die praktische Entfaltung menschlicher Fähigkeiten und die Bearbeitung der Natur. Arbeit entwickelte sich zum Medium der Selbstverwirklichung und der Befreiung, zur „Bedingung des Stoffwechsels" (Marx 1975, 198) von Mensch und Natur. Die zentrale Umwertung im Verständnis menschlicher Vermögen besitzt für den Leistungsbegriff maßgebliche Bedeutung. Denn diese praktische Form der Verwirklichung menschlichen Seins galt nicht nur als Beitrag zur Zivilität, sondern auch und vor allem als Quelle von Eigentum und Reichtum. Je extensiver die Entfaltung menschlicher Vermögen durch Arbeit, d. h. je größer die Arbeitsleistung ist, umso mehr verfügt der Mensch über Eigentum und Reichtum. Diese ursprünglich als Veredelungsakt der Natur gedachte Praxis entwickelte sich zur zentralen Begründungsfigur des Eigentumsverständnisses (Überblick bei Horn 2003, 126 ff.). Die Person, die naturrechtlich über sich selbst als Eigentum verfügt (self-ownership), verwirklicht ihr praktisches Vermögen durch Bearbeitung der Natur und macht durch diese Leistung das Bearbeitete zum Eigentum der Person.

Im Lichte derartiger Arbeitswerttheorien erschienen unter den Bedingungen des 19. Jahrhunderts zum einen die eigentumslosen Lohnarbeiter als von den Eigentümern um ihre Leistung betrogen und um den von ihnen geschaffenen Wert ausgebeutet. Zum anderen trug aber die Ausbildung einer ökonomischen Sphäre, in der die Leistung durch Arbeit, vor allem im Beruf und seinen spezifischen Leistungskriterien dominierte, in Verbindung mit politischen Emanzipationsideen zum Aufstieg des Bürgertums bei. Leistung im Beruf wurde für Teile der Bevölkerung zur Aufstiegschance, legitimierte den Verdienst und die Mehrung des Reichtums. Soziale Ungleichheit erschien aus dieser Perspektive als Ergebnis unterschiedlicher Leistungsfähigkeit.

Die mit dem Leistungsprinzip verbundenen Emanzipationschancen einerseits und seine Gestalt als Organisationsprinzip konkurrenzorientierter Wirtschaft andererseits standen im Mittelpunkt der Kontroversen der 1960er Jahre. Berücksichtigt man diese Doppelgesichtigkeit nicht, so

„wird aus dem Gleichheit gewährenden Leistungsgedanken ein Legitimationsprinzip, das gesellschaftliche Ungleichheit rechtfertigt. Es verbindet sich mit dem Konkurrenzprinzip, das die Besserstellung des Überlegenen begründet [...]. Diese Rechtfertigung aber erweist sich als bloßer Schein; denn die Behauptung, im Leistungsprinzip läge ein objektives Kriterium für solche Ungleichbehandlung vor, lässt sich nicht verifizieren" (Huber 1990, 731).

Den einen gelten Leistungsgesellschaften als „die Gesellschaften, die sich wirtschaftlich rascher entwickeln" (McClelland 1966, 109). Soziologische Untersuchungen machen demgegenüber in kritischer Absicht geltend, dass die Komplexität des Arbeitsprozesses keine persönliche Zuschreibung des entstandenen Arbeitsresultats und damit keine individuelle Zurechnung und Leistung mehr erlauben (Offe 1970, 151). Infolgedessen wird das Leistungsprinzip als Selektionsmechanismus kritisiert, das den Status der Individuen in zentraler Weise bestimmt, entsprechende Zugangsmöglichkeiten regelt und letztlich „nach Maßgabe ihres Beitrags zur Produktionssteigerung sortiert" (162). Herbert Marcuse gibt seiner Kritik eine psychoanalytische Fassung (Marcuse 1971): Während Sigmund Freud das Lustprinzip durch kulturell notwendigen Triebverzicht mit dem Realitätsprinzip abgleicht, sieht er angesichts der für überwunden erachteten Lebensnot und des gegenwärtigen Standes der Versorgung (Marcuse 1971, 109) das Leistungsprinzip für überholt an und rehabilitiert das Lustprinzip.

Insgesamt überwiegen in den 1960er Jahren die kritischen Stimmen. Sie kritisieren das Leistungsprinzip als ökonomische, die gesamte Gesellschaft durchdringende Kategorie. Andere betonen weiterhin die emanzipativen Chancen, die in der individuellen Leistungserbringung stecken. Selbst diese abwägenden Verteidiger der Leistungsgesellschaft kritisierten allerdings

„die Groteske des Abitursnotendurchschnitts bis auf wenige Zehntel hinter dem Komma, die einen pädagogisch nicht zu verantwortenden und für die Berufsqualifikation unsinnigen Leistungsdruck auf junge Menschen erzeugt" (Lenk 1976, 8).

Sie betonen die notwendige „Vermischtheit mit anderen Zuteilungsprinzipien" und die „unvermeidliche Heterogenität der Leistungskriterien" (14). Damit machen sie „aus Gründen sozialer Gerechtigkeit" (18) weitere normative Kriterien geltend, die einerseits die Totalität des Leistungsprinzips einhegen und andererseits für bereichsspezifische Leistungskriterien plädieren.

Durch die Kritik des Leistungsbegriffs verstärkte sich die Einsicht, dass sich die Verfügungsgewalt über Eigentum und seine Legitimation im Prozess der sich ausdifferenzierenden sozialen Ungleichheiten nicht als rechtfertigungsfähig erweist. Eigentumsrechte erweisen sich als soziale Konstruktion (Horn 2003, 130). Ihr Nutzen muss nachvollziehbar sein und bleibt unter dem Gesichtspunkt der Gleichheit stets rechtfertigungsbedürftig und an die Zustimmung der Menschen gebunden, da „die Zufälligkeiten der natürlichen Begabung und der gesellschaftlichen Verhältnisse" (Rawls 1979, 32) noch keine hinreichenden Gründe darstellen. Die Bewertung und der Verdienst der Arbeitsleistung werden zunehmend als Ergebnis gesellschaftlicher Vereinbarung begriffen. Da Leistung eine Kooperationsgemeinschaft und die unausweichliche Zusammenarbeit in der Leistungserstellung zur Grundlage hat, gewinnen die gemeinsam erbrachte Wertschöpfung und ihre faire Verteilung bzw. Umverteilung zentrale Bedeutung. Aufgrund der gemeinsamen Leistungserbringung wird die faire Verteilung der Ergebnisse zum Gegenstand der Gerechtigkeitstheorie. Da sich alle erwerbstätig Arbeitenden an der gesamtgesellschaftlich erbrachten, ökonomischen Leistungserstellung beteiligen, gilt Umverteilung als Teil der Leistungsgerechtigkeit.

Die Engführung der Arbeit auf die Erwerbsarbeit lenkt die Aufmerksamkeit auch auf andere Leistungen, die gleichfalls für eine arbeitsteilige Kooperationsgemeinschaft bedeutsam sind. So kommen beispielsweise bereichsspezifische Leistungen in Familie und Kindererziehung in den Blick, die dann mit entsprechenden Versorgungsansprüchen in die gesamtgesellschaftliche Leistungsrechnung einbezogen werden müssen. Unter dem Gesichtspunkt einer Kooperationsgemeinschaft erscheinen die unterschiedlichen systemspezifischen Leistungen mit ihren je eigenen Gütekriterien als unterschiedliche Leistungen zum Gesamten.

Die meisten Gerechtigkeitstheorien begreifen die Eigentumsrechte und die Vermehrung von Reichtum als Elemente eines unvermeidlichen Anreizsystems einer funktionierenden Wirtschaft. Die darauf basierenden Leistungsprozesse bleiben allerdings an den Gesamtnutzen zurückgebunden, der sich unter dem Gesichtspunkt der Gleichheit am Nutzen für die am stärksten Benachteiligten messen lassen muss (Rawls 1979; 1992; Koller 1994). Die wirtschaftliche Leistungserbringung und ihre kompetitiven Dimensionen werden auf diese Weise in die Idee einer kooperativen Leistungsgesellschaft eingezeichnet.

Verteilungsgerechtigkeit als Konsequenz kooperativer Leistungserstellung verweist jedoch auch auf die Befähigungsgerechtigkeit (Nussbaum 1999;

Dabrock 2008). Befähigung meint die Förderung von Anlagen, Fähigkeiten und zu erlernenden Kompetenzen, die für eine Wahrnehmung von Chancen nachhaltige Bedeutung besitzen. Sie beeinflusst nicht nur die Möglichkeiten, formale Bildungschancen überhaupt nutzen zu können, sondern die gesamte Palette menschlicher Leistungsfähigkeit. Gesellschaftspolitisch getragene Befähigungsprozesse stellen daher einen Beitrag zur Weckung und Förderung der Leistungsfähigkeit dar. Befähigungsgerechtigkeit zielt auf nachhaltige Förderung und Entfaltung der Vermögen aller und damit auf eine allgemeine, den individuellen Potenzialen entsprechende Leistungsbefähigung. Effektive Chancengleichheit (Dworkin 1981) bedeutet, über reale Möglichkeiten zu verfügen, seine Anlagen und Fähigkeiten zu entfalten und im Rahmen der Kooperationsgemeinschaft zur vollen Entfaltung / Leistung bringen zu können. Aus dieser Perspektive untersucht der Capability-Approach der Sozialen Arbeit (Otto / Ziegler 2008) die realen Verwirklichungschancen der Menschen und fragt nach den hierfür notwendigen Ressourcen und Erziehungsprozessen.

Leistung und Religion

Die christliche Tradition griff zunächst den Sachgehalt der Unterscheidung von „vita activa" und „vita contemplativa" (siehe das Kapitel „Leistung, Arbeit und Gerechtigkeit") auf, interpretierte ihn theologisch und verlieh damit dieser Differenzierung nachhaltig eine wirkungsgeschichtliche Bedeutung: Das mönchische Leben („vita contemplativa") galt dem Leben der Laien („vita activa") als übergeordnet. Vervollkommnung kann demnach nur gelingen, wenn die natürlichen Vermögen und Anlagen des Menschen mit Hilfe der durch die Kirche vermittelten göttlichen Gnadengaben weitergeführt und im Glauben vollendet werden. Damit wurde das antike Verständnis der Verwirklichung menschlicher Vermögen grundlegend in Frage gestellt und verändert. Vor allem der Aktivitätsimpuls, das intellektuelle Vervollkommnungspathos und das Autarkieideal antiker Philosophie erfuhren hierdurch entscheidende Modifikationen.

Im 16. Jahrhundert entzündete sich der Konflikt zwischen der katholischen Kirche und der Refor mation daran, ob im Verhältnis zu Gott Leistungs- gesichtspunkte wie religiöse Praktiken und gute Taten von Seiten des Menschen geltend gemacht werden dürfen. Der Protestantismus lehnt mora- lisch-religiöse Leistungen im Verhältnis zu Gott („gute Werke") und ihre Monetarisierung (Ablass- wesen) als menschliche Selbstrechtfertigung ab (Maurer 1999). Er sieht darin einen Versuch, die Souveränität Gottes für einen selbstbezüglichen, religiös motivierten Hochmut zu instrumentalisie- ren. Infolgedessen wird auch die traditionelle und symbolische Überordnung der sog. Stände der Kir- che (Bischof, Mönch, Nonne, Priester) als beson- ders berufene Lebensformen abgelehnt und der weltliche Beruf allgemein aufgewertet. Der Beruf wurde insgesamt zum Bewährungsfeld christlichen Lebens und zur zentralen Verantwortungsrolle gottgemäßen Lebens.

Max Weber nahm vor allem die kulturellen Prä- gungen von Religion und ihre Auswirkung auf die Leistung bzw. Leistungsbereitschaft in den Blick (2006). Hier zog besonders der Protestantismus und seine Bedeutung für die Entstehung des früh- neuzeitlichen Kapitalismus die Aufmerksamkeit auf sich. Nach Weber besitzt das protestantische Berufs- und Leistungsethos in seiner calvinistischen Prägung einen wesentlichen Einfluss auf die wirt- schaftliche Entwicklung. Wirtschaftlicher und be- ruflicher Erfolg wurde angesichts der als unbe- rechenbar erachteten Vorausbestimmungen Gottes zur sekundären Vergewisserung.

Christlich geprägte Lebensformen, die einerseits auf Genuss ihres Gewinns verzichten, sich aus theologischen Gründen andererseits aber einem erfolgsorientierten Arbeitsethos verpflichtet wissen (innerweltliche Askese), förderten indirekt die ra- tionale Lebensführung und ihre Effektivität. Auch religiöse Traditionen prägten somit das kulturelle Leistungsverständnis der Neuzeit und Moderne und förderten die Leistungsmotivationen der Men- schen.

Literatur

Arendt, H.(2008): Vita activa oder Vom tätigen Leben. 7.Aufl. Piper, München

Aristoteles (1983): Nikomachische Ethik. Akademie, Berlin
– (1978): Metaphysik. Reclam, Stuttgart

Becker, G. S. (1996): Familie, Gesellschaft und Politik – die ökonomische Perspektive. Mohr, Tübingen
– (1993): Der ökonomische Ansatz zur Erklärung menschli- chen Verhaltens. Mohr, Tübingen

Berger, P. A. (2005): Deutsche Ungleichheiten. In: Aus Politik und Zeitgeschichte 37, 7–15

Blankenburg, W. (1980): Leistungsprinzip. In: Ritter, J. Gründer, K., Gabriel, G., Kranz, M (Hrsg.): Historisches Wörterbuch der Philosophie. Bd. 5. WBG, Darmstadt, 220–224

Böckenförde, E.-W. (2002): Gemeinwohlvorstellungen bei Klassikern der Rechts- und Staatsphilosophie. In: Münk- ler, H., Fischer, K. (Hrsg.) Konkretisierung und Realisie- rung öffentlicher Interessen. Akademie, Berlin, 43–65

Brieskorn, N., Wallacher, J. (Hrsg.) (1998): Homo oeocono- micus: Der Mensch der Zukunft? Kohlhammer, Stuttgart

Bröckling, U. (2008): Gouvernementalität und Biopolitik, 2.Aufl. VS, Wiesbaden
– (2007): Das unternehmerische Selbst. Soziologie einer Sub- jektivierungsform. Suhrkamp, Frankfurt/M.
– (2000): Lemke, T., Krassmann, S.: Gouvernementalität der Gegenwart. Studien zur Ökonomisierung des Sozialen. Suhrkamp, Frankfurt/M.

Burzan, N. (2004): Soziale Ungleichheit. Eine Einführung in zentrale Theorien. VS, Wiesbaden

Dabrock, P. (2008) Befähigungsgerechtigkeit als Ermögli- chung gesellschaftlicher Inklusion. In: Otto, H.-U., Zieg- ler, H. (Hrsg.), 17–53

Dröge, K., Marrs, K., Menz, W. (Hrsg.) (2008): Rückkehr der Leistungsfrage. Leistung in Arbeit, Unternehmen und Gesellschaft. Sigma, Berlin

Dworkin, R. (1981): What is Equality? Part 2: Equality of Resources. In: Marshall, C. (Hrsg.): Philosophy and Public Affairs. Princeton University Press, 185–243

Eisenstadt, S. N. (1971): Die protestantische Ethik und der Geist des Kapitalismus. Westdeutscher Verlag, Opladen

Hentig, H. v. (2007): Bildung. Ein Essay. 7.Aufl. Beltz, Weinheim

Horn, C. (2003): Einführung in die Politische Philosophie. Wissenschaftliche Buchgesellschaft, Darmstadt

Huber, W. (1990): Leistung. In: Müller, G. (Hrsg.): Theolo- gische Realenzyklopädie. Bd. 20. De Gruyter, Berlin, 729–733

Humboldt, W. v. (1968): Ideen zu einem Versuch, die Gren- zen der Wirksamkeit des Staates zu bestimmen. In: Hum- boldt, W. v.: Werke in fünf Bänden. Bd. 1. De Gruyter, Berlin, 97–245
– (1964) Werke in fünf Bänden. In: Humboldt, W. v.: Schrif- ten zur Politik und zum Bildungswesen. Bd. 4. Wissen- schaftliche Buchgesellschaft, Darmstadt

Joerges, B. (1980): Leistung. In: Ritter, J., Gründer, K., Ga- briel, G. (Hrsg.): Historisches Wörterbuch der Philoso- phie. Bd. 5. Wissenschaftliche Buchgesellschaft, Darm- stadt, 215–220

Klafki, W. (1964): Das pädagogische Problem des Elementaren und die Theorie der kategorialen Bildung. 4. Aufl. Beltz, Weinheim

Kocka, J., (2008): Art. Arbeit. In: Gosepath, S., Hinsch, W., Rössler, B. (Hrsg.): Handbuch der Politischen Philosophie und Sozialphilosophie. Bd. 1. De Gruyter, Berlin, 49–55

Koller, P. (1994): Soziale Güter und soziale Gerechtigkeit, In: Koch, J.-H., Seelmann, K. (Hrsg.): Theorien der Gerechtigkeit. Franz Steiner, Stuttgart, 79–104

Lenk, H. (1976): Sozialphilosophie des Leistungshandelns. Kohlhammer, Stuttgart

Maaser, W. (2009): Reformpolitische Leitbilder des Engagementbegriffs: Systematisch-historische Dimensionen. In: Olk, T., Klein, A., Hartnuß, B. (Hrsg.): Engagementpolitik. Die Entwicklung der Zivilgesellschaft als politische Aufgabe. VS, Wiesbaden, 151–171

Marcuse, H. (1971): Triebstruktur und Gesellschaft. Ein philosophischer Beitrag zu Sigmund Freud. Suhrkamp, Frankfurt/M.

Marx, K. (1975): Das Kapital. Kritik der politischen Ökonomie. Bd. 1. Dietz Verlag, Berlin

Maurer, E.(1999): Luther. Herder, Freiburg/Br.

McClelland, D. C.(1966): Die Leistungsgesellschaft. Psychologische Analyse der Voraussetzungen wirtschaftlicher Entwicklung. Kohlhammer, Stuttgart

Menz, W. (2009): Die Legitimität des Marktregimes. Leistungs- und Gerechtigkeitsorientierung in neuen Formen betrieblicher Leistungspolitik. VS, Wiesbaden

Mill, J. S. (1985): Utilitarismus. Reclam, Stuttgart

Neckel, S. (2002): Ehrgeiz, Reputation und Bewährung. Zur Theoriegeschichte einer Theorie des Erfolgs. In: Burkart, G., Wolf, J. (Hrsg.): Lebenszeiten. Erkundungen zur Soziologie der Generationen. VS, Opladen, 103–117

– , Dröge, K., Somm, I.(2008): Das umkämpfte Leistungsprinzip. Deutungskonflikte um die Legitimation sozialer Ungleichheit. In: Dröge, K., Marrs, K., Menz, W.(Hrsg.): Rückkehr der Leistungsfrage. Leistung in Arbeit, Unternehmen und Gesellschaft. Sigma, Berlin, 41–58

–, –, – (2004): Welche Leistung, welche Leistungsgerechtigkeit? Soziologische Konzepte, normative Fragen und einige empirische Befunde. In: Berger, P.A., Schmidt, V. H. (Hrsg.): Welche Gleichheit, welche Ungleichheit? VS, Wiesbaden, 139–164

Nussbaum, M. C. (1999): Gerechtigkeit oder Das gute Leben. Suhrkamp, Frankfurt/M.

Offe, C. (1970): Leistungsprinzip und industrielle Arbeit. Mechanismen der Statusverteilung in Arbeitsorganisationen der industriellen Leistungsgesellschaft. Europäische Verlagsanstalt, Frankfurt

Otto, H.-U., Ziegler, H. (Hrsg.) (2008): Capabilities – Handlungsbefähigung und Verwirklichungschancen in der Erziehungswissenschaft. VS, Wiesbaden

Pies, I. ,Leschke, M. (Hrsg.) (1998): Gary Beckers ökonomischer Imperialismus. Mohr Siebeck, Tübingen

Platon (1990): Politeia. In: Platon: Werke. Bd. 4., hg. v. G. Eigler, Darmstadt

Pongratz, H. J., Voß, G. (2003): Arbeitskraftunternehmer: Erwerbsorientierungen in entgrenzten Arbeitsformen. Sigma, Berlin

Rawls, J. (1979): Theorie der Gerechtigkeit. Suhrkamp, Frankfurt/M.

– (1992): Die Idee des politischen Liberalismus. Aufsätze 1978–1989. Suhrkamp, Frankfurt/M.

Schluchter, W. (1988): Religion und Lebensführung. Suhrkamp, Frankfurt/M.

Schultz, T. (1986): In Menschen investieren. Die Ökonomik der Bevölkerungsqualität. Mohr Siebeck, Tübingen

Walzer, M.(1994): Sphären der Gerechtigkeit. Ein Plädoyer für Pluralität und Gleichheit. Campus, Frankfurt/M.

Weber, M. (2006): Die protestantische Ethik und der Geist des Kapitalismus. 2. Aufl. Beck, München

Woodhall, M. (1995): Human Capital Concepts. In: George Psacharopoulos (Hrsg.): Economics of Education: Research and Studies. Pergamon Press, Oxford

Lernen

Von Günter L. Huber

Einleitung

Ein neugeborener Mensch ist mit den Reflexen und Ausdrucksformen ausgestattet, die er benötigt um in einer auf ihn ausgerichteten Umwelt überleben zu können. Damit aus dem Neugeborenen ein erwachsener Mensch wird, der sich in einer Vielzahl verschiedenartiger Umwelten zurechtfinden und sie umgekehrt auch nach seinen Bedürfnissen und Wünschen beeinflussen kann, muss sich bei ihm mehr verändern als man mit den Mechanismen der Prägung durch die Umwelt oder Reifung von Anlagen erklären kann. Das komplexe Wechselspiel von Erbanlagen, Umwelteinflüssen und aktiver, autonomer Organisation der Umwelt durch den sich entwickelnden Menschen führt zu relativ dauerhaften Veränderungen, die wir als Lernen bezeichnen. Lernen zu können, aber auch lernen zu müssen ist nach einer anthropologischen Grundannahme ein wesentliches Merkmal des Menschen (Bollnow 1965).

Lange wurden konträre Positionen vertreten, wonach entweder die genetische Ausstattung (nature) der Individuen oder aber die Ergebnisse äußerer Einwirkungen (nurture) auf die Individuen zur Erklärung von Lernen ausreichend erschienen. Pädagogisch folgenreich waren insbesondere Versuche, den relativen Anteil von Anlage- und Umweltbedingungen an den Veränderungen im Lebenslauf zu bestimmen (z. B. Bloom 1964), fruchtbar geworden sind allerdings erst Ansätze, die von einer dynamischen Wechselwirkung von Anlage und Umwelt ausgehen (z. B. Anastasi 1958; Cronbach 1957). Insbesondere bereitete diese Denkrichtung den Weg für Überlegungen zum Verhältnis interner Regulationsprozesse der Lerner und externer Steuerungseinflüsse aus dem Erziehungsumfeld, d. h. für Überlegungen vor allem darüber, wie Lernschwierigkeiten erklärt werden können, was an einem Menschen überhaupt und wie lange pädagogisch veränderbar ist, welche Rückkopplungseffekte sich aus früheren Person-Umwelt-Interaktionen für spätere ergeben und wie stabil solche Effekte sind. Auch wenn in dieser Diskussion die subjektive Bereitschaft der zu Erziehenden und ihre objektive Fähigkeit zu selbstverantwortlicher Veränderung immer wieder thematisiert wurden, haben häufig mehr der „output", d. h. die objektiv messbaren Effekte pädagogischer Einwirkungen und die Frage der Machbarkeit solcher Effekte interessiert.

Lernen: Produktperspektive versus Prozessperspektive

Der Begriff „Lernen" wird üblicherweise verwendet, wenn man feststellt, dass jemand mehr oder anderes weiß oder kann als früher. Das können Vokabeln, Formeln, historische Zusammenhänge, Rad fahren, die Bedienung eines Mobiltelefons, Strategien der Gesprächsführung, Kontrolle von Ärger usw., eben all die Vielzahl von Kenntnissen und Fertigkeiten sein, die ein Mensch sich im Lauf seines Lebens aneignet – und das keinesfalls nur in dazu arrangierten Unterrichts- oder Trainingssituationen. Gemeinsam ist diesem Gebrauch von „Lernen", dass er an zumindest grundsätzlich beobachtbaren, registrierbaren Veränderungen des Menschen festgemacht ist. Nach der klassischen Definition von Hilgard und Bower (1981, 11) ist Lernen die Veränderung im Verhalten oder Verhaltenspotenzial eines Menschen in einer bestimmten Situation, die durch wiederholte Erfahrungen dieses Menschen in dieser Situation hervorgerufen wurde und die nicht durch angebotene Reaktionstendenzen, Reifung oder momentane Zustände (Müdigkeit, Trunkenheit, Triebzustände usw.) erklärt werden kann. Was sich verändert ist sehr vielgestaltig: mo-

Otto/Thiersch (Hg.), Handbuch Soziale Arbeit, 4. A., DOI 10.2378/ot4a.art090,
© 2011 by Ernst Reinhardt, GmbH & Co KG, Verlag, München

torisches, verbales, kognitives, soziales, emotional-motivationales Verhalten oder Verhaltensdispositionen können Produkte des Lernens sein.

Aus pädagogischer Sicht interessieren zwar die Produkte „wiederholter Erfahrungen" als Ziel und Kriterien pädagogischer Maßnahmen sehr, doch möchte man in der Pädagogik nicht nur registrieren, was sich dabei ergeben hat, sondern man möchte erwünschte Ergebnisse optimieren, unerwünschte Ergebnisse aber möglichst verhindern. Dazu aber müsste man erklären können, wie durch das pädagogische Einwirken die beobachteten Ergebnisse zustande gekommen sind. Oder anders ausgedrückt: Die interessante Frage ist, durch welche Prozesse der pädagogische „Input" und der als Lernprodukt registrierbare „Output" miteinander verknüpft sind. Auf die Frage, welchen Sinn es dann macht, in großem Umfang lediglich Lernergebnisse zu messen und zu vergleichen, kann hier nur hingewiesen werden.

Damit tritt der Prozessaspekt des Lernbegriffs in den Vordergrund. Was tut jemand, der lernt? *Wie* macht jemand die entscheidenden Erfahrungen, die zu den potenziell beobachtbaren Veränderungen führen? Was man dabei von außen beobachten kann, ist nicht immer sehr aufschlussreich. Am meisten sieht man noch, wenn Sportler Bewegungsabläufe trainieren. Was aber, wenn sie sich das optimale Bewegungsmuster in einer Videoaufzeichnung anschauen oder wenn sie mental trainieren, d. h. sich detailliert vorstellen, wie sie sich optimal bewegen müssen? Was sind die entscheidenden Lernprozesse von Studenten, die in einer Vorlesung sitzen und sich Notizen machen? Lernen Schüler etwas, wenn sie in einer Kleingruppe zusammen über eine Aufgabe diskutieren? Was sollen ihre Lehrer oder Trainer folgern und was empfehlen, wenn nach einer solchen für alle äußerlich vergleichbaren Situation die Ergebnisse unterschiedlich ausfallen? Für pädagogisches Handeln ist also bedeutsam, die Prozesse zu kennen, die in Lernsituationen bei den Lernenden ablaufen oder ablaufen sollten. Außerdem muss man über die Bedingungen Bescheid wissen, die man bereitstellen kann, um genau diese Prozesse wahrscheinlich zu machen. Dieses Wissen lässt sich unter Rückgriff auf Theorien des Lernens erarbeiten.

Allerdings hat sich die Lernforschung in streng naturwissenschaftlicher Ausrichtung lange nur auf die Aspekte beschränkt, die Dritten, also Lernfor-

schern, Eltern, Lehrern von außen zugänglich sind, d. h. auf alles, was beim Lernen beobachtbar, registrierbar und messbar ist. Die aktuellen neurophysiologischen Forschungen behalten diese Perspektive grundsätzlich bei, konzentrieren sich aber auf das, was im Organismus beim Lernen abläuft und heute vor allem mit bildgebenden Verfahren sichtbar gemacht werden kann. In einer Verschränkung der Produkt- und der Prozessperspektive wird untersucht, wie Erfahrungen mit der Umwelt im organischen Substrat verarbeitet und gespeichert werden, sowie später wieder abgerufen werden können. Dabei erhält die alte Metapher der Einprägung von „Engrammen" neue Bedeutung: Man nimmt heute an, Lernen bestehe in „Veränderungen der Erregungsübertragung zwischen Nervenzellen im Sinne einer erhöhten Evozierbarkeit der dem Lerninhalt entsprechenden Erregungsmuster, an denen jeweils eine Vielzahl von Nervenzellen beteiligt ist", wobei es auch zur Veränderung des organischen Substrats, insbesondere zur Neubildung von Dendriten und Synapsen kommen kann (Seitelberger 1995, 73).

Neben den Außensichten auf die Verhaltensoberfläche und auf die Tiefenstruktur des organischen Substrats tritt bei der Untersuchung menschlichen Lernens als dritte Perspektive die Innensicht der lernenden Personen auf. Was erleben Menschen, was geht ihnen alles durch den Kopf, was empfinden sie, wenn sie lernen? Warum interessieren sie manche Bereiche oder Fertigkeiten, andere aber nicht? Wie begründen sie ihr Vorgehen, worauf führen sie Fehler zurück? Diese Fragen, denen man schon in den Anfängen der psychologischen Forschung mit der Methode der Introspektion nachgegangen ist, werden heute mit dem Instrumentarium der qualitativen Forschung verstärkt wieder aufgegriffen. Die Antworten erschließen Zugänge zu subjektiven Prozessen, die für die pädagogische Einflussnahme und die Gestaltung von Lernsituationen höchst bedeutsam sind.

Erklärungen des Lernens durch Assoziationsmechanismen

Die frühen Theorien des Lernens stellen Annahmen darüber dar, wie die beobachtbaren Produkte des Lernens, also Verhaltensänderungen, auf Einflüsse aus der Umwelt zurückgeführt werden können. Was in der Person dabei vor sich geht, ist nicht objektiv registrierbar und messbar, weshalb man die Person selbst als „black box" behandelte, auf die „Stimuli" einwirken und die darauf mit „Responses" antwortet. Entsprechende Theorien beschäftigen sich vor allem mit funktionalen Analysen (Skinner 1963); es wird nach den äußeren Bedingungen gesucht, von denen ein bestimmtes Verhalten abhängt, das Verhalten wird als Funktion dieser Bedingungen erklärt. In den Gesetzen solcher Theorien werden die Zusammenhänge zwischen äußeren Bedingungen und individuellem Verhalten erfasst.

Die Tatsache, dass Lernen in diesen Theorien nach mechanistischen Regeln abläuft, die überwiegend in Lernexperimenten mit Tieren entwickelt und erprobt wurden, hat in der Pädagogik große Vorbehalte ausgelöst. Die Erklärungsansätze stoßen an ihre Grenzen, wenn man damit autonomes, selbstbestimmtes Lernen begründen möchte, doch darf man nicht übersehen, dass auch beim Menschen elementare Lernprozesse nach den Assoziationsgesetzen dieser Theorien ablaufen, gelegentlich auch als unerwünschte und unbemerkte Nebenwirkung pädagogischer Maßnahmen.

Drei Verknüpfungsmuster wurden besonders erforscht: 1. die Substitution des Stimulus in einer vorhandenen S-R-Verknüpfung, 2. die direkte Koppelung von S und R sowie 3. die Veränderung der Wahrscheinlichkeit eines bestimmten Verhaltens aufgrund der dem Verhalten folgenden Änderungen in der Umwelt, also veränderter Stimulation (Abb. 1).

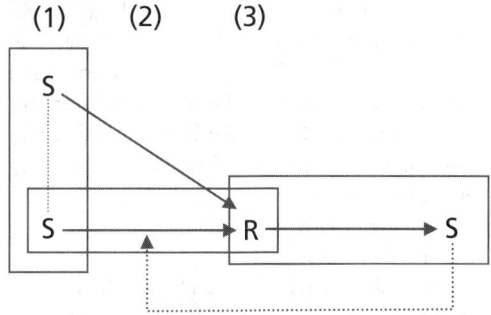

Abb. 1: Lernen durch Stimulus-Response-Verknüpfungen

Klassisches Konditionieren durch Stimulus-Substitution:

Der Organismus verfügt über zahlreiche Reflexe, mit denen er sich rasch auf die Verhältnisse in der Umwelt einstellen kann. Viele dieser S-R-Zusammenhänge sind angeboren; der Organismus ist so gebaut, dass bestimmte Stimulierungen, z.B. ein Schmerzreiz, ganz bestimmte Reaktionen auslösen, z.B. Muskelkontraktion um der Einwirkung zu entkommen. Solche natürlichen, unkonditionierten Reflexe können durch Erfahrung verändert werden.

Der russische Physiologe Pawlow beobachtete an seinen Versuchs-Hunden, dass sie bereits Speichel absonderten, ehe sie Futter ins Maul bekamen. Er ließ nun auf seine Versuchstiere neben dem natürlichen oder unkonditionierten Stimulus „Futter" einen beliebigen anderen Stimulus einwirken, z.B. das Läuten einer Klingel. Nach mehrfacher Wiederholung der Koppelung beider Stimuli wurde die Speichelsekretion allein durch das Klingeln ausgelöst. Der unkonditionierte Stimulus „Futter" kann also im Reflexgeschehen durch den konditionierten weitgehend ersetzt werden (Pawlow 1960).

Mit der Theorie des klassischen Konditionierens lässt sich nicht erklären, wie neue Reaktionen auftreten, aber der Erwerb neuer Auslöser für vorhandene Reaktionen. Die Furchtreaktion, aber auch andere emotionale Reaktionen, wie Zufriedenheit, Wohlbehagen, Entspanntheit können konditioniert werden. In der Erziehung gibt es viele Beispiele dafür, wie zunächst neutrale Stimuli, etwa Mathematikaufgaben, die zusammen mit Anspannung, Stress oder gar Furcht auslösenden Stimuli auftraten, bald allein Stress oder Furcht erregen. Beim Menschen können nicht nur einfache, physikalisch definierbare Ereignisse wie Geräusche oder Lichtsignale mit den bereits vorhandenen Auslösern einer Reaktion gekoppelt werden, sondern auch Wörter, bestimmte Objekte (z.B. Nationalflagge, kultische Symbole, Spinnen, Schlangen), Berührungen usw. ersetzen nach mehrfacher Koppelung unkonditionierte Stimuli und lösen ähnliche Reaktionen wie diese aus.

Kontiguitätstheorie: Lernen durch Koppelung von Stimulus und Reaktion

In der Lerntheorie von Guthrie (1959) ist das Assoziationsprinzip allein Grundlage für Verhaltensänderungen. Jeder Stimulus, der in dem Zeitraum auf ein Lebewesen einwirkt, in dem es gerade ein bestimmtes Verhalten ausübt, kann später Auslöser dieses Verhaltens werden. Diese Kontiguität ist zwar notwendig, sie reicht aber nicht hin, um Lernen zu stiften. Oder anders: Es wird nicht automatisch jeder beliebige Stimulus mit jeder beliebigen Response gekoppelt. Die Aufmerksamkeit des Individuums ist nur auf einige der vielen Stimuli gerichtet, die sein Verhalten begleiten; nur was das Individuum während seines Verhaltens bemerkt, kann als Stimulus wirken. Der Bereich der Verhaltensweisen, die mit Stimuli verknüpft werden könnten, ist ebenfalls beschränkt, und zwar durch das gerade ablaufende Verhalten selbst.

Daraus folgt, dass man nur das lernt, was man tut: Ein Schüler oder Student, der sich während eines Vortrages nur umfangreiche Notizen macht, wird lernen, rasch aufzuschreiben, was er hört – eben das, wozu der Vortrag ihn angeregt hat. Umgekehrt folgt Vergessen dem gleichen Assoziationsgesetz: Wenn die Stimuli, die bisher ein bestimmtes Verhalten auslösten, nun auftreten während die Person gerade etwas anderes tut, kommt eine neue S-R-Verknüpfung zustande.

Stimuli werden also immer mit den Responses verknüpft, die das Individuum während der Einwirkung des Stimulus ausführt. Wie bringt man jemanden dazu, ein neues Verhalten zu zeigen, damit dieses Verhalten mit einem Stimulus verknüpft werden kann, der später dieses neue Verhalten auslösen soll?

Operantes Konditionieren: Koppelung von Verhalten und Verhaltenskonsequenzen

Thorndike (1913 / 1964) formulierte im „Gesetz des Effekts", dass jene Verhaltensweisen mit größerer Wahrscheinlichkeit wiederholt werden, die zu positiven Konsequenzen für eine Person führen, beispielsweise zu Belohnung oder Lob. Positiv oder befriedigend ist ein auf das Verhalten folgender Zustand, wenn die Person ihn nicht zu vermeiden oder sogar herbeizuführen oder aufrecht zu erhalten versucht.

Es geht also nicht um eine mechanische Auslösung von Verhalten durch Stimuli im Sinne von Ursache-Wirkungs-Verknüpfungen, sondern um die Wirkungen des Verhaltens auf die Umwelt. Diesen Aspekt griff Skinner (1963) auf und untersuchte, wie Verhalten und Veränderung der Umwelt funktional zusammenhängen, insbesondere wie die Konsequenzen eines Verhaltens in den Organismus „rückgekoppelt" werden. „Lernen" bedeutet hier, dass die Konsequenzen des Verhaltens es wahrscheinlicher machen, dass dieses Verhalten künftig wieder ausgeführt wird.

Das Rückkoppeln wird bei Skinner als *Verstärkung* bezeichnet. Ein nachfolgender Stimulus kann für das vorausgehende Verhalten verstärkend wirken. Oder anders: Ein dem Verhalten folgender Stimulus kann ein *Verstärker* sein und die Wahrscheinlichkeit für das Wiederauftreten des vorausgegangenen Verhaltens erhöhen. Dieses Erklärungskonstrukt wirft zwei zentrale pädagogische Fragen auf, nämlich zum einen, welche Stimuli als Verstärker wirken sowie zum anderen, ob und wie man beeinflussen kann, dass jenes Verhalten auftritt, das man anschließend verstärken möchte.

Was die Verstärker betrifft, unterscheidet Skinner nach der Art der Einflussnahme positive und negative Verstärker: Die ersten erhöhen die Wahrscheinlichkeit eines zuvor geäußerten Verhaltens, wenn sie nachfolgend der Situation hinzugefügt werden, die zweiten wenn sie nach dem Verhalten aus der Lernsituation weggenommen werden. Lob oder Punkte für gute Leistungen zu vergeben, wären positive Verstärker, Strafandrohungen für schlechte Leistungen wegfallen zu lassen, wäre negative Verstärkung. Die Adjektive „positiv" und „negativ" dürfen nicht als Bewertung missverstanden werden; es geht um die Richtung der Maßnahmen. Werden positive Verstärker wieder weggenommen, wird ebenso gestraft wie bei der Realisierung negativer Verstärker.

Zum Problem des Erwerbs neuer Verhaltensweisen ist zunächst auch mit der Theorie des operanten Konditionierens nur erklärbar, wie in einer bestimmten Situation eine bereits verfügbare Verhaltensweise hohe Wahrscheinlichkeit für das Wiederauftreten erhält, eben durch den Verstärkungsmechanismus. Wie aber lernt man Auto fahren oder die Fläche eines Rechtecks berechnen, wenn man bisher nicht über entsprechendes Verhalten verfügte? Man bedient sich dazu einer Technik, die Skinner Verhaltensformung nennt. Dabei werden zwei Prinzipien angewandt: Man verstärkt schon die *allmähliche Annäherung* an das Zielverhalten und man steigert die Bedingungen für die Verstärkung immer mehr, d. h. es wird *differentiell verstärkt*. Dadurch erreicht man, dass die weniger vollkommenen Verhaltensweisen auslöschen, weil sie im weiteren Verlauf unverstärkt bleiben.

Erklärungen des Lernens durch kognitive Prozesse

Kognitive Theorien des Lernens versuchen aufzuklären, aufgrund welcher subjektiven Bedingungen die Lernenden ihr Verhalten ändern. Grundsätzlich kann auch menschliches Verhalten durch äußere Kontiguitäten relativ dauerhaft verändert werden, doch muss man zunächst einmal berücksichtigen, dass nicht alles, was in der Situation als Stimulus gegeben ist, von den Lernenden auch beachtet wird. Menschen verarbeiten die Information aus ihrer Umwelt aktiv. Dabei spielen ihre Erfahrungen, d. h. ihr Wissen um die Situation, ihre Erwartungen, ihre Wertungen eine wichtige Rolle. Weiter sind Änderungen des beobachtbaren Verhaltens nur Beweisstücke dafür, dass Lernen stattgefunden hat. Gerade wichtige menschliche Lernprozesse, etwa Einsicht in einen Zusammenhang gewinnen, positive oder negative Gefühle für oder gegen jemanden entwickeln usw., können aber auch zunächst ohne äußerlich beobachtbare Verhaltensänderungen ablaufen. Wir müssen beim Lernen daher zwischen Prozessen der *Aneignung* und der *Anwendung* unterscheiden.

Die sozial-kognitive Lerntheorie von Bandura (1976) geht entsprechend von der Annahme aus, dass man sich Verhalten symbolisch durch innere Verarbeitung von Information über Verhaltensmöglichkeiten aneignet, ehe man es ausführt. Dabei spielt die Beobachtung von anderen Personen, die das gewünschte Verhalten bereits ausführen können, die entscheidende Rolle. Am Verhaltensmodell kann wahrgenommen werden, wie und in welcher Reihenfolge Verhaltenskomponenten verknüpft werden müssen und welche Konsequenzen

dann eintreten. Lernen ist unter diesem Aspekt ein *sozialer Prozess*. Nun gilt aber für soziale Einflüsse wie für andere Einwirkungen von außen auch, dass wir sie nicht einfach abbildhaft übernehmen, sondern dass wir die in ihnen enthaltene Information auswählen, deuten, ordnen, mit unseren Erfahrungen verknüpfen. Dies ist der *kognitive Aspekt* des Lernens. Die sozial-kognitive Theorie erklärt Lernen als ständiges Wechselspiel von sozialen Einflüssen, kognitiven Prozessen und natürlich auch Auswirkungen des eigenen Verhaltens.

Bandura hat für den Ablauf des Beobachtungslernens vier miteinander verbundene Teilprozesse postuliert: die Aneignung fordert Aufmerksamkeit auf ein für die Person bedeutsames Modell und Speicherung seiner bedeutsamen Verhaltensweisen, die Anwendung setzt motorische Reproduktion des Verhaltens und Motivation voraus. Die Aufmerksamkeit des Beobachters ist abhängig von Merkmalen des Modells und des Beobachters selbst. Bevorzugt beobachtet werden jene Handlungen, die funktionalen Wert haben, d. h. mit denen das Modell erfolgreich verwirklicht, was man als seine Handlungsziele annimmt oder weiß. Auch die Darbietungsform (reales Verhalten, Mediendarbietung, verbale Beschreibung) spielt eine wichtige Rolle. Bandura weist darauf hin, dass über den Bildschirm dargebotenes Modellverhalten so viel Aufmerksamkeit auf sich zieht, dass die Zuschauer sich ganz nebenbei sehr viel davon aneignen, auch ohne ausdrückliche Lernabsicht. Für die Medienpädagogik und insbesondere ihre Position zur Mediengewalt stellt diese Theorie einen wichtigen Ausgangspunkt dar.

Damit später die gespeicherte Information abgerufen und genutzt wird, müssen die zur Anwendung notwendigen Teilfertigkeiten verfügbar sein. Allerdings werden keineswegs alle beobachteten und gespeicherten Verhaltensmöglichkeiten realisiert. Richtung, Form und Intensität des aktualisierten Verhaltens werden mitbestimmt durch Erwartungen über den Wert der Situationsänderung, die auf das Verhalten folgen wird. Genau das versteht man unter „Motivation für ein bestimmtes Handeln" (Thomae 1965). Nach der sozial-kognitiven Lerntheorie entstehen motivierende Erwartungen durch Rückmeldungen aus der Umwelt auf das eigene Verhalten (externe Verstärkung), durch Beobachtung der Rückmeldungen, die ein Modell für sein Verhalten aus der

Umwelt erhält (stellvertretende Verstärkung) und durch eigene bewertende Stellungnahmen („War das gut!" „Schon wieder nichts!") zum eigenen Verhalten (Selbstverstärkung).

Erklärungen des Lernens durch konstruktive Prozesse

Schon Thorndike (1913/1964) hatte in seinem Gesetz der Zusammengehörigkeit postuliert, dass Responses für die Lernenden zur Stimulussituation „gehören" müssen, damit sie durch nachfolgende Stimuli verstärkt werden können. Im kognitiven Aspekt der sozial-kognitiven Lerntheorie wird festgestellt, dass Beobachter nicht auf beliebige Modelle und Verhaltensweisen achten, sondern subjektiv auswählen (s. o.). Wie ist zu erklären, dass man nur bestimmte Zusammenhänge wahrnimmt, erwartet, speichert?

Diese Erklärung leistet die Auffassung vom Lernen als einem *aktiven Prozess* des Lernenden. Die Umwelt wird nicht einfach kognitiv abgebildet, sondern die Person vermittelt in einem selbstregulatorischen Prozess zwischen ihren bereits verfügbaren Erfahrungsstrukturen und den neuartigen Bedingungen, denen sie gegenübersteht. Mit Piaget (1947) unterscheiden wir zwei komplementäre Prozesse jeder informationsverarbeitenden Aktivität: Der Mensch versucht bei seiner Orientierung und seinen Handlungen in der Welt auszubalancieren zwischen der Strukturierung der neuen Information gemäß bereits vorhandenen Mustern (Assimilation) und der Anpassung seiner kognitiven Schemata an die neuartigen Erfahrungen (Akkommodation).

Außerdem ist bei diesen konstruktiven Prozessen zu berücksichtigen, dass zwar die Umwelt auf die Lernenden einwirkt, jedoch die Lernenden durch ihre neuartigen Handlungen umgekehrt die Umwelt nach eigenen Absichten verändern können. Person und Umwelt stehen in einer Wechselbeziehung. Durch seine Lernprozesse wird der Mensch von *konkreten äußeren Stimuli* immer unabhängiger.

Shuell (1986) hat die pädagogisch bedeutsamen Aspekte konstruktivistischer Erklärungen des Lernens in fünf Punkten zusammengefasst: Lernen, bei ihm vorzugsweise der Wissenserwerb, ist ein aktiver, selbst-regulierter, konstruktiver, situ-

ierter und sozialer Prozess. Im Begriff des situierten Lernens wird erfasst, dass die Teilprozesse der Aneignung und Anwendung neuer Kenntnisse in der Lernsituation zusammenfallen sollten. Gefordert wird die „Kontextualisierung" (Jonassen et al. 1993), d. h. das „Einfügen" von Lernprozessen in spezifische Situationen, die es ermöglichen, sich Wissen in konkreten Handlungskontexten anzueignen.

Erklärung des Lernens als sozio-historischer Prozess

Wie andere kognitive Prozesse auch ist das Lernen keine ausschließlich individuelle Leistung, sondern schließt soziale Prozesse mit ein. Wygotski (1964) hat in seinem sozio-historischen Ansatz berücksichtigt, dass die mentalen Funktionen des Menschen im sozialen Austausch entstehen und zu verstehen sind. Dabei geht es nicht nur darum, Lernen als Interaktion von Erziehern und zu Erziehenden oder als Austausch zwischen den Mitgliedern von Kleingruppen zu untersuchen, vielmehr wird Lernen im Kontext umfassender sozialer Institutionen und kultureller Voraussetzungen erforscht.

Wygotski formulierte als axiomatische Position, die „psychologische Natur des Menschen" repräsentiere „das Aggregat internalisierter sozialer Beziehungen [...], die für das Individuum zu Funktionen geworden sind und zu Formen seiner individuellen Struktur" (nach Wertsch 1985, 58). Auch um Lernen zu erklären, muss man also zuerst herausfinden, „wie die individuelle Reaktion aus den Formen des Gemeinschaftslebens hervorgeht" (nach Wertsch 1985, 59). Wygotski bestreitet nicht, dass Individuen auf der Basis ihrer eigenen kognitiven Prozesse am sozialen Geschehen beteiligt sind und auch eingreifen können. Aus dieser Tatsache allein erschien es ihm jedoch unmöglich, soziale Prozesse zu erklären.

Als zentrales Element für Lernen hat Wygotski das „allgemeine genetischen Gesetz der kulturellen Entwicklung" (nach Wertsch 1985, 60 f.) eingeführt. Danach tritt in der Entwicklung von Kindern jede Funktion zuerst als „interpsychologische Kategorie" zwischen Menschen auf, danach erst als „intrapsychologische Kategorie". Natürlich werden im Prozess der Verinnerlichung oder Internalisation die primär sozial-interaktiven Kategorien auch individuell verändert, nicht einfach abgebildet. Am deutlichsten hat Wygotski den Zusammenhang zwischen inter- und intrapsychologischen Funktionen im Konzept der „Zone der nächsten Entwicklung" formuliert. Diese Zone ist definiert durch den Abstand im Schwierigkeitsniveau von Aufgaben, die Kinder selbstständig lösen können, und Aufgaben, die sie erst mit Unterstützung durch einen Erwachsenen bewältigen können. In der Zusammenarbeit mit dem Kind können Erwachsene die Lösung demonstrieren, anleitende Fragen stellen oder in die ersten Schritte zur Lösung einführen (Rieber / Carton 1987, 209).

Gallimore und Tharp (1992, 187) haben den Lern- und Entwicklungsfortschritt durch Interventionen in der Zone der nächsten Entwicklung mit einem vierstufigen Schema beschrieben, in dem auch der Zusammenhang von sozialer Kontrolle und Selbstkontrolle gut zum Ausdruck kommt. Dieses Schema erscheint auch als Modell des Lehrens geeignet, da es aufzeigt, wo Leistung unterstützt werden muss, damit Lerner ihre Entwicklungspotenz optimal entfalten können. Wichtige Umsetzungen des sozio-historischen Ansatzes für das Lehren und Lernen wurden von Lave und Wenger (1991) in der Beschreibung von „Praxisgemeinschaften" sowie von Rogoff (1995) mit sozialen Prozessen der „teilnehmenden Aneignung", der „geleiteten Teilnahme" und des „Lehrlingsverhältnisses" vorgelegt. Die optimale Situation, in der Überlegungen zur Anregung von Lernmotivation überflüssig werden, ist die legitime Teilhabe an einer sozialen Gemeinschaft, eben der „community of practice" (Lave / Wenger 1991), in der die zu erwerbenden Kenntnisse und Fertigkeiten Teil der alltäglichen Praxis sind. Darüber hinaus werden in solchen sozialen Kontexten auch die Denkmuster, Überzeugungen und Werthaltungen der Gemeinschaft gelernt (Mandl / Reinmann-Rothmeier 1995).

Zusammenfassend ist festzuhalten, dass unterschiedliche Erklärungen des Lernens unterschiedliche Perspektiven bei der Analyse der Vorgänge beim Lernen einnehmen. Diese Perspektiven betonen jeweils andere Aspekte des menschlichen Lernens. Mit der Betonung des Einflusses von außen wird untersucht, wie Lernende sich als Rezipienten von Einflüssen verhalten. Bei Einnahme der Innenperspektive erscheinen die Lernenden als Konstrukteure ihrer eigenen Erfahrungen. Die soziale Perspektive schließlich sieht die Lernenden als Beteiligte in Interaktionsprozessen, entweder als Beobachter von Modellverhalten (Bandura) oder als Partner in gemeinsamen Handlungszusammenhängen (Wygotski).

Die Rolle der Lernenden

In der Wechselbeziehung von Lernenden und Lernumwelt wurden die Lernenden oben als aktive, selbst-regulierte, konstruktive Individuen beschrieben. Ihre aktive Rolle in Lernprozessen ist im Konstrukt der Motivation zum Lernen einerseits, im Konstrukt der Selbstregulation des Lernhandelns andererseits explizit formuliert.

Aktivität der Lernenden

Die Betonung der Aktivität von Lernenden als notwendige Bedingung erscheint trivial, wenn nicht sogar tautologisch. Lernen muss jeder selbst, man kann nicht für andere lernen. Warum aber findet man „Lernen" seit Jahrzehnten in der erziehungswissenschaftlichen Literatur immer wieder als zusätzlich „aktiv" gekennzeichnet?

Man kann darin eine notwendige Reaktion auf eine lange Tradition schwerwiegender Missverständnisse oder sogar absichtlichen Missbrauchs dessen sehen, was menschliches Lernen im Kern ausmacht. So wurde gegen Piagets konstruktivistische Perspektive des Lernens der Vorwurf erhoben, dass sich daraus kaum Ansätze zur Entwicklung differenzierter Lehrstrategien ergäben. Tatsächlich folgen nur zwei Unterrichtsprinzipien: 1. Biete neue Information nicht einfache zur Rezeption, sondern konfrontiere Lerner mit den kontroversen Aspekten; und 2. sorge dafür, dass Lerner die Möglichkeit erhalten, sich neuen Wissensbereichen spontan und eigenständig anzunähern (Flammer 1998). Diese Position scheint für die lehrerzentrierte Instruktionstradition des Unterrichtens und Lernens keine Herausforderungen zu bieten. Nun muss gute Instruktion nicht notwendigerweise ein Nachteil sein – wenn die Kriterien guten Lehrens gleichzeitig Indikatoren qualifizierten Lernens wären. Eine Zusammenfassung von Analysen der Erziehungsreformen (in den USA) seit den frühen 1960er Jahren kommt zum Schluss, dass „jede dieser Reformbewegungen auf Instruktionstheorien beruhte, nach denen Schüler eher eine reaktive als eine proaktive Rolle spielen." (Zimmerman 1989, 3)

Motivation der Lernenden

Damit man lernen kann, muss man aktiv sein. Tatsächlich bedarf es nicht immer einer spezifischen Ausrichtung auf ein bestimmtes Ziel, damit Verhaltensänderungen in Gang kommen. Die bloße Tatsache, dass der Organismus aktiv ist, genügt als Voraussetzung für Lernprozesse – wenn auch nicht sehr wirksame. Wie und warum man sich an bestimmten Zielen orientiert, in welcher Form und wie intensiv man dann vorgeht hängt jedoch von vielen weiteren Bedingungen ab. In dieser engeren Definition ist Motivation entscheidend dafür, wie das Ergebnis des Lernens ausfallen wird. Drei Gruppen von Bedingungen wurden in der Diskussion des Motivationskonstrukts unterschieden.

Verhaltenssteuerung durch Bedürfnisse und Triebe: In älteren Motivationsmodellen unterliegen Lernende bestimmten „Schubkräften", nämlich Bedürfnissen des Organismus oder Trieben, die ihr Verhalten auf bestimmte Ziele lenken. Um Mangelzustände zu beheben oder Schädigungen zu vermeiden, eignet sich ein Lebewesen neue Verhaltensweisen an. Neben primären Bedürfnissen gibt es sekundäre, die selbst Ergebnisse von Lernen sind, z. B. Bedürfnisse nach Rausch- oder „Genuss"-Giften. Auch bei den Trieben muss man zwischen primären und sekundären unterscheiden. Letztere bezeichnet man meist nicht als Triebe, sondern unspezifisch einfach als Motive. Dazu gehören viele Formen der Furcht, die Tendenz, sich selbst bestimmte Leistungsziele zu setzen (Leistungsmotiv), das Streben nach Dominanz über andere usw. Primäre und sekundäre Bedürfnisse bzw. Triebe werden selbst immer wieder durch Lernprozesse überformt und aufgefächert.

Besonders wenn man Lernen auf zeitlich weit entfernte Ziele hin mit Hilfe des „Schubes" von Bedürfnissen und Trieben zu erklären versucht, kommt man in Schwierigkeiten. Warum erlernt ein Mensch denn gerade den einen und keinen anderen Beruf? Man muss viele zusätzliche erworbene Triebe anführen, um dies zu begründen. Auch die Behauptung, jedes beobachtbare Verhalten entspringe einem eigenen Bedürfnis oder einem eigenen Trieb führt nicht weiter, denn mit der Beliebigkeit solcher Behauptungen schwindet ihr Erklärungswert.

Verhaltenssteuerung durch Anreize: Die Vielfalt von Lernmotivationen lässt sich ohne verkrampfte Konstruktionen erfassen, wenn man auch „Zugkräfte" für die Verhaltenssteuerung verantwortlich macht. Lernen richtet sich nach dieser Sichtweise auf bestimmte Ziele, weil von ihnen ein Anreiz ausgeht. Damit Anreize überhaupt wirksam werden, muss der Organismus aktiv sein. Bestimmte Kenntnisse und Fertigkeiten werden zu Lernzielen, weil sie positive oder negative Anreizqualität haben. Dies ist keine Unterscheidung zwischen einer „Innen"- und einer „Außen"-Motivation. Motiviert ist immer das Individuum selbst. Ein Stimulus ist nicht der Anreiz, er reizt lediglich ein Individuum mit ganz bestimmten Erfahrungen zu Verhaltensänderungen.

Die Frage ist nur, wie Stimuli ihren Anreizcharakter erhalten. Einige Motivationstheorien erklären den Anreiz von Objekten damit, dass diese selbst – wie die Nahrung – triebreduzierend wirken oder dass sie mit triebbefriedigenden Objekten in Zusammenhang stehen. In vielen Fällen scheinen vorausgegangene Lernprozesse für den Anreizcharakter von Stimuli verantwortlich zu sein, allerdings nicht nur über den Mechanismus der Bedürfnisbefriedigung und Triebreduktion.

Verhaltenssteuerung durch Erwartungen und Bewertungen: Ein dritter Ansatz geht davon aus, dass Lebewesen in ihrer Umwelt Erfahrungen machen, diese Erfahrungen speichern und sich die Speicherinhalte bei späteren Umweltereignissen wieder zunutze machen. Die Erwartungen, was auf bestimmte Stimuli und auf bestimmtes Verhalten in der Umwelt folgt und die Bewertungen dieser Konsequenzen greifen gemeinsam in die Steuerung des Verhaltens ein. Nach Bolles (1972, 405) wirken die Erwartungen und Bewertungen multiplikativ zusammen. Erhält einer der Faktoren den Wert Null, entfällt natürlich die Motivation für diesen Erwartungs-Bewertungs-Zusammenhang. Wenn beispielsweise ein Schüler zwar erwartet, dass ein bestimmter Lerninhalt und die dazu nötige Lernarbeit zu meistern wären, das dabei zu erzielende Wissen ihm aber nichts bedeutet, wird er sich auch nicht anstrengen.

Besonders die Ausrichtung des Verhaltens auf ein ganz bestimmtes von mehreren Zielen wird mit der Motivation durch Erwartungen gut erfasst. Interessant an diesem Modell ist der Zusammenhang von Erfahrungen, die zur Erwartung von Konsequenzen des eigenen Verhaltens führen, die dann wieder die Zielsetzung beeinflussen. Solche Zielsetzungen für die eigene Leistung nannte Hoppe (1930) das Anspruchsniveau. Allerdings wird das Anspruchsniveau nicht nur durch erwartete Verhaltenskonsequenzen, sondern auch durch die Bewertung dieser Konsequenzen bestimmt. Aus dem Vergleich von Anspruchsniveau, d. h. Zielsetzung für künftiges Verhalten, und den Konsequenzen des vorausgegangenen Verhaltens erhält man Hinweise auf die allgemeine *Leistungsmotivation* einer Person. Darunter versteht man eine Tendenz, entweder mit sich selbst in Wetteifer zu treten und sich immer etwas höhere Ziele als die bereits erreichten zu setzen, oder aber mit der Zielsetzung so zurückzuhalten, dass keine Misserfolge des Verhaltens verbucht werden müssen (Heckhausen 1965).

Allerdings stellt sich auch die Frage, ob Erwartungen und Bewertungen beliebiges Ausmaß annehmen dürfen, um Lernen günstig zu beeinflussen. Tatsächlich sind sowohl sehr geringe wie sehr hohe Motivation ungünstige Bedingungen für das Lernen. Bei zu geringer Motivation wird das Lernen an den Hindernissen auf dem Weg zum Ziel scheitern. Zu hohe Leistungsmotivation wird zum Leistungsdruck. Die optimale, d. h. die für das Lernen günstigste Motivationsstärke liegt irgendwo zwischen den Extremen. Die Beziehung zwischen Lernerfolg und Motivationsstärke ist demnach umgekehrt U-förmig. Welche Motivationsstärke zum wirkungsvollsten Lernen führt, hängt aber auch von den Schwierigkeiten der Lernaufgabe ab. Je *schwieriger* die Lernaufgabe, desto *niedriger* liegt das Motivationsoptimum. Diese Zusammenhänge wurden bereits 1908 von Yerkes und Dodson in einem nach ihnen benannten Gesetz festgehalten (Broadhurst 1959).

Selbstregulation der Lernenden

Unter diesem Blickwinkel betrachtet stellt selbstreguliertes Lernen eine ungeheure Herausforderung für die Lernorganisation dar. Die Probleme ebenso wie die Ergebnisse des selbstregulierten Lernens erhalten noch mehr Gewicht, wenn wir unsere Perspektive etwas erweitern und nicht nur nach Lerneffekten im Sinne von Noten, Testwerten, Leistungsdurchschnitten etc. fragen. In allen Ländern besteht Übereinstimmung über eine Kernmenge curricularer Anforderungen, die „Basics" des Unterrichts. Die Annahme grundlegender Anforderungen impliziert, dass auf dieses Fundament noch etwas aufgebaut werden soll – und dass qualifiziertes Lernen sich auf etwas mehr erstreckt als auf Schulleistung im engen Sinn. Das übergeordnete Ziel aller Erziehungseinflüsse ist es, langfristig überflüssig zu werden. Schulen sind daher mit einer paradoxen Aufgabe konfrontiert. Sie sollen zum einen die Aufmerksamkeit ihrer Schüler auf jene Fragen lenken, für die das Curriculum klare und vorbereitete Antworten bereit hält und die Schüler ein Repertoire an Wissen und Fertigkeiten erwerben, das im Curriculum vorgeschrieben ist. Gleichzeitig und ebenfalls grundsätzlich im Curriculum als übergeordnete Zielbereiche festgelegt, sollen Schulen ihre Schüler auf die einzige Invariante des Lebens in der modernen – und mehr noch der post-modernen – Welt vorbereiten, nämlich auf permanente Veränderungen. Unterricht muss Schüler dafür interessieren, selbstständig neue Fragen zu stellen und darauf unabhängig von äußerer Unterstützung angemessene Antworten zu finden. Neugier, Interesse, Flexibilität, Anpassungsfähigkeit, metakognitive Fertigkeiten, Selbstregulation sind nur einige der Schlüsselbegriffe, in denen diese übergeordneten Zielbereiche angesprochen werden. In den Worten des Curriculums müssen Schulen das Lernen des Lernens fördern, d. h. eine Bereitschaft für lebenslanges Lernen sowie die Fähigkeiten zur Selbstregulation von Lernprozessen und zu selbstverantwortlichem Handeln. Das Dilemma besteht darin, wie man jemanden so anleitet, dass diese Leitung überflüssig wird. Das Problem der merkwürdigen und beständigen Kombination von „Selbstregulation" und „Lernen" in erziehungswissenschaftlichen Diskussionen mag also zunächst wie eine nachlässige tautologische Formulierung erscheinen, stellt sich aber als notwendiger Pleonasmus im Diskurs über Erziehung und Unterricht heraus.

Mit zunehmender Komplexität der Aufgaben, die nicht individuell bewältigt werden können, ergibt sich das Dilemma, dass individuelles Wissen und individuelle Fertigkeiten für die Auseinandersetzung mit diesen Aufgaben unerlässlich sind, aber die Individuen auch Kompetenzen benötigen, ihre Ressourcen auszutauschen, miteinander zu teilen und ihre Bemühungen als Mitglieder aufgabenorientierter Gruppen wechselseitig zu unterstützen. Selbstregulation als Ziel und Mittel des Lernens darf daher nicht isoliert vom sozialen Kontext des Lernens in Schulen oder des Arbeitens in Teams gesehen werden. Trotz zunehmender Forderung nach Teamfertigkeiten werden allerdings Unterricht, Bewerten von Lernergebnissen und Rückmeldung der Ergebnisse primär auf der Grundlage eines Modells des individuellen Lerners organisiert.

Individuelle Unterschiede

Wenn beim Lernen die Selbstregulation der Lernenden gefördert wird, werden Unterschiede der individuellen Lernvoraussetzungen deutlich, insbesondere unterschiedliches Leistungsniveau, Lerntempo, Bedürfnis nach Strukturierung und Interesse. Schätzungen gehen davon aus, dass sich die Lerngeschwindigkeiten der Lernenden um den Faktor 5–8 unterscheiden, d.h. wenn der schnellste Lernende eine Aufgabe in 10 Minuten bewältigt, benötigt der langsamste 50–80 Minuten. Man muss folgern, dass beim traditionellen Unterricht, der für ein durchschnittliches Lerntempo geplant ist, ein Teil der Lernenden überfordert und ein anderer Teil unterfordert wird – mit problematischen Konsequenzen für beide (Huber / Huber 2004).
Wird Lernen als aktiver, selbst-regulierter, konstruktiver, situierter und sozialer Prozess organisiert, können individuelle Differenzen so ausgeglichen werden, dass sie nicht zum Problem für alle Beteiligten werden. Allerdings hat sich dabei gezeigt, dass nun wiederum die Anregungen und Möglichkeiten solcher Lernarrangements für manche Lernenden eher eine Belastung darstellen. Insbesondere wenn es darum geht, sich in sozialer Interaktion mit widersprüchlichen Sichtweisen anderer Lernender auseinanderzusetzen, treten nicht nur die von Johnson und Johnson (1994) postulierten motivierenden Effekte kontroverser Standpunkte auf. Vielmehr werden manche Lernende durch Widersprüche eher verunsichert; sie ziehen sich dann aus Diskussionen zurück oder beharren starr auf ihren verfügbaren Meinungen. Daher muss man fragen, welchen Grad an All-

gemeingültigkeit pädagogisch-didaktische Modelle beanspruchen können, die generell von der Lust der Lerner und Lernerinnen ausgehen, selbstständig Neues zu erkunden.
Nach dem Konstrukt der Ungewissheitstoleranz (Sorrentino et al. 1992) gilt, dass manche Personen besonders durch Situationen motiviert werden, in denen sie selbstständig Neues erkunden können, während andere dann besonders motiviert sind, wenn die Aufgabe gut strukturiert ist und keine Zweifel und Ungewissheit aufkommen lässt. Auch für die unterschiedliche Ungewissheitstoleranz beim Lernen müssen also didaktische Lösungen gesucht werden.

Die Rolle der Lernumwelt

Im Konzept der „Lernumwelt" wird Lernen unter ökologischer Perspektive analysiert. Dabei geht es, wie Wolf (2001) auch historisch herausarbeitet, nicht nur darum, Einflüsse von Materie, Raum und Zeit auf das Lernen zu berücksichtigen, sondern äußere Lernbedingungen und innerpsychische Lernvoraussetzungen zu verknüpfen. Dies wirft zwei grundsätzliche Fragen auf:
Wie kann man Lernumwelten pädagogisch-didaktisch so gestalten, dass die Komplexität der realen Welt nicht unangemessen reduziert wird und wie muss diese Umwelt beschaffen sein, dass Lernprozesse ermöglicht werden, die den oben skizzierten Kriterien genügen?
Viele Pädagogen und Psychologen sehen in der „Kontextualisierung" (s.o.) von Lernprozessen in spezifische Situationen oder konkrete Handlungskontexte mit ihrer Vielzahl möglicher Handlungsperspektiven ein elementares Merkmal geeigneter Lernumwelten, da so die Motivation angeregt wird, sich auf Neues einzulassen. Besonders durch den intensiven sozialen Austausch in solchen Lernsituationen generieren und erfahren die Lernenden viele unterschiedliche Ideen und Vorschläge zum gemeinsamen Vorgehen. Diese Vielfalt trägt dazu bei, die „epistemische Neugier" der Lernenden zu provozieren. Aus den Theorien von Berlyne (1960), Wygotski (1964), Piaget (1972) und Weiner (1972) ergibt sich die zentrale Botschaft: Wenn wir Ambiguität oder Widersprüche erleben, werden wir alle dazu angeregt, den Sachverhalt zu klären und uns Einsicht zu erarbeiten.

Im Abschnitt über individuelle Unterschiede wurde oben aber darauf hingewiesen, dass nicht alle Menschen ambivalente Situationen als Herausforderungen für Lernaktivitäten wertschätzen. Vielmehr ist nach dem Konstrukt der Ungewissheitstoleranz bei der Gestaltung von Lernumgebungen eine Wechselwirkung zwischen der Komplexität der äußeren Lernsituation und der individuellen Ungewissheitsorientierung der Lernenden zu erwarten.

In empirischen Studien (Huber / Roth 1999) zeigte sich, dass insbesondere kooperative Lernsituationen, in denen die Mitglieder von Kleingruppen eine Vielzahl an Vorschlägen, Sichtweisen und Ideen produzieren, ungewissheitsorientierte Lernende eher zur Auseinandersetzung mit den anderen in der Gruppe und deren Gedanken aktivieren.

Gewissheitsorientierte Lernende wurden dagegen eher zum Durchsetzen ihrer Sichtweisen gegen die anderen angeregt. Unter Leistungsaspekten bemerkenswert ist, dass ungewissheitsorientierte Lernende in kooperativen Situationen mehr lernten als in traditionellem Unterricht, während gewissheitsorientierte Lernende in Situationen des sozialen Austauschs sich schlechter fühlten und schlechtere Leistungen erzielten (Huber et al. 1992).

Bei der Konstruktion von Lernumwelten muss also die unterschiedliche individuelle Ungewissheitstoleranz berücksichtigt werden. Man darf nicht nur auf das unterschiedliche Leistungsniveau oder das Lerntempo der Lernenden Rücksicht nehmen (s. o.), sondern auch auf das unterschiedliche Bedürfnis nach Strukturierung. Dazu kann man Lernenden mit geringerer Ungewissheitstoleranz mehr Hilfestellungen geben und Strukturangebote machen. Kempas (1994) zeigte, dass auch für erwachsene Lerner Möglichkeiten und Vorteile von Lehrangeboten bestehen, die auf die Interaktion von Lernsituation und individueller Ungewissheitstoleranz eingehen.

Lernschwierigkeiten

Die Studien zu Wechselwirkungen zwischen Bedingungen der Lernumwelt und individuellen Lernvoraussetzungen zeigen, dass es die „beste" Lernumwelt für alle Lernenden nicht gibt. Man muss immer damit rechnen, dass manche Lernenden in einer jeweils gegeben Lernsituation Schwierigkeiten haben. Man schreibt ihnen Lernschwie-rigkeiten zu, wenn sie gemäß der verbindlichen Normen für ihre Lernleistungen unterhalb eines tolerierbaren Schwankungsbereichs bleiben (Zielinski 1998).

Die Gründe dafür werden je nach Erklärungsansatz in der Persönlichkeit der Lernenden (z. B. Entwicklungsstand, Intelligenz, Motivation, Selbstwert), in der Familie (z. B. Bildungserwartungen, soziale und affektive Distanz, Familien„kultur"), im schulischen Interaktionsklima (z. B. Erwartungshaltungen der Lehrer, soziale Position in der Lerngruppe) und in generellen soziokulturellen Bedingungen (z. B. Verhältnis von Bildungs- und Beschäftigungssystem) sowie in spezifischen Verknüpfungen dieser Faktoren gesehen. Defizitmodelle erklären Lernschwierigkeiten durch die Verbindung von personalen und familialen Bedingungen, etwa durch mangelnde Entwicklungsförderung im Elternhaus u. a. aufgrund ökonomischer Deprivation der Familie. Differenzmodelle sehen das Verhältnis von familialen und schulischen Einflüssen, meist Unterschiede von Sozialisationsbedingungen in der Familie von denen der Schule als Ursache. Soziostrukturelle Modelle erklären die Entstehung von Lernschwierigkeiten mit schulischen und soziokulturellen Bedingungen, beispielsweise aufgrund geringer Möglichkeiten, in der gegebenen Lernumwelt subjektiv bedeutsame und für den Selbstwert förderliche Lernerfahrungen zu machen.

Entsprechend setzen Präventions- und Interventionsmaßnahmen an der Person der Lernenden, an den Differenzen zwischen familialem Bezugs- und schulischem Anspruchssystem oder an fehlenden Möglichkeiten des selbstbestimmt-bedeutungsvollen Lernens an. In personbezogenen Interventionen wird versucht, durch spezielle Förder- und Trainingsmaßnahmen die an den geltenden Anforderungen gemessen defizitären Charakteristika der Lernenden positiv zu beeinflussen. Eher schulzentrierte Interventionen nach dem Differenzmodell zielen darauf ab, Stigmatisierungsprozesse der Lernenden aufgrund von Diskrepanzen zwischen ihren subjektiven und den institutionell festgelegten Definitionen kritischer Situationen zu verhindern, so dass die Verfestigung eines negativen Selbstkonzepts vermieden wird. Soziostrukturelle Interventionen versuchen die Lernumwelt so zu gestalten, dass Person und Umwelt tatsächlich in Wechselwirkung treten können, d. h. die Lernenden ihren Voraussetzungen entsprechende Explorationsmöglichkeiten finden und auch selbst ihre Lernumwelt strukturieren können. Generell gilt, dass man von einem dynamischen Zusammenwirken der Bedingungen von Lernschwierigkeiten ausgehen muss. Dies bedeutet, dass Änderungen an einem Ansatzpunkt, insbesondere bei personzentrierten Interventionen, auch Veränderungen im gesamten System der Zusammenhänge auslösen. Interventionen dürfen also nicht auf die einzelnen Lernenden mit ihren Schwierigkeiten fixiert gesehen werden, sondern müssen immer die relevanten Person-Umwelt-Interaktionen erfassen, sonst bleibt ihre Wirksamkeit begrenzt oder sie lösen sogar unerwartete Nebenwirkungen aus.

Schlussbemerkung

Jeder Lernende ist ein Individuum mit subjektiven Erfahrungen, Wünschen, Strategien, kognitiven Strukturen, Emotionen, Ideen. Daher wird jeder Lernende das, was er in einer Lernsituation erfährt, nach seinen Vorerfahrungen interpretieren und verstehen, d.h. die neuen Inhalte und Erfahrungen mit seinen subjektiven Konzepten verknüpfen. Die Lernumwelt setzt also einen ständigen intra-personalen Austausch zwischen den Strukturen des Lehrangebots und den verfügbaren kognitiven Strukturen der Lernenden in Gang. Außerdem laufen in den sozialen Lerngruppen inter-personale Interaktionen ab zwischen den Lernenden und den Lernenden und Lehrenden – mit dem Effekt, dass jeder neue Gedanke die Unterschiede und Ungewissheiten im Lernprozess unterstreicht. Im didaktischen Prinzip des „dialogischen Lernens" haben die Schweizer Pädagogen Ruf und Gallin (1998) diese Zusammenhänge für das Lehren und Lernen systematisiert.

Wenn man den Grundgedanken akzeptiert, dass „die kulturelle Unterschiedlichkeit eine reiche und vielfältige Welt schafft, die das Spiel der Möglichkeiten erweitert und die menschlichen Fähigkeiten und Werte fördert" (UNESCO 2005), erscheint eine methodische Homogenisierung der Prozesse menschlichen Lernens wenig angezeigt. Vor allem darf man nicht Lernende und deren Ideen jenseits der auf einen fiktiven Durchschnitt abgestellten Lehr-/Lernplanung ausgrenzen. Das Spiel der Möglichkeiten im sozialen Austausch hat Wygotski (1964) als zentralen Prozess des ständigen Wechsels zwischen Phasen der Interiorisation dessen, was einem in der physischen und sozialen Umwelt begegnet, und Phasen der Exteriorisation der subjektiven Konstruktionen im Medium der Sprache beschrieben. Er verweist damit auf die Wechselprozesse zwischen simultanen kognitiven Strukturen und sequentiellen linguistischen Prozessen beim Lernen. Wygotskis Metapher für diese Wechselwirkungen ist eindrucksvoll: Er spricht von der Kondensation der Eindrücke in einer Wolke, deren Inhalt sich langsam als Regen niederschlägt. In jedem Lernprozess müssen die Lernenden ihr Wissen neu strukturieren – für den Austausch mit den anderen müssen sie ihre Gedanken als sprachliche Sequenz strukturieren. Um zu verstehen, was sie erleben und was die anderen dazu sagen, müssen sie die Inhalte simultan an die verfügbaren Strukturen anknüpfen. Dieser ständige Wechselprozess führt zu Klärungen und Modifikationen – und in diesem Sinne ist der Dialog das wesentliche Medium des Lernens.

Literatur

Anastasi, A. (1958): Differential Psychology. The Macmillan Company, New York

Bandura, A. (1976): Lernen am Modell. Ansätze zu einer sozial-kognitiven Lerntheorie. Klett, Stuttgart

Berlyne, D.E. (1960): Conflict, Arousal, and Curiosity. McGraw-Hill, New York

Bloom, B.S. (1964): Stability and Change in Human Characteristics. Wiley, New York

Bolles, R.C. (1972): Reinforcement, Expectancy, and Learning. Psychological Review 79, 394–409

Bollnow, O.F. (1965): Die anthropologische Betrachtungsweise in der Pädagogik. Neue Deutsche Schule, Essen

Broadhurst, P.L. (1959): The Interaction of Task Difficulty and Motivation: The Yerkes-Dodson Law Revived. Acta Psychologica 16, 321–338.

Cronbach, L.J. (1957): The Two Disciplines of Psychology. American Psychologist 12, 671–684

Flammer, A. (1998): Entwicklungstheorien. Huber, Bern

Gallimore, R., Tharp, R. (1992): Teaching Mind in Society: Teaching, Schooling, and Literate Discourse. In: Moll, L. (Hrsg.): Vygotsky and Education. Instructional Implications and Applications of Sociohistorical Psychology. Cambridge University Press, Cambridge (MA), 175–205

Guthrie, E. R. (1959): Association by Contiguity. In: Koch, S. (Hrsg.): Psychology: A study of a Science, Study I, Vol. 2. McGraw-Hill, New York, 158–195

Heckhausen, H. (1965): Leistungsmotivation. In: Thomae, H. (Hrsg.): Handbuch der Psychologie. Band II. Hogrefe, Göttingen, 602–702

Hilgard, E. R., Bower, G. H. (1981): Theorien des Lernens I. Klett, Stuttgart

Hoppe, F. (1930): Erfolg und Misserfolg. Psychologische Forschung 14, 1–62

Huber, A. A., Huber, G. L. (2004): Gestaltung von Lernumgebungen. In: Huber, A. A. (Hrsg.): Kooperatives Lernen – Kein Problem. Effektive Methoden der Partner- und Gruppenarbeit. Klett Schulbuchverlag, Leipzig, 110–131

Huber, G. L., Roth, J. H. W. (1999): Finden oder suchen? Lehren und Lernen in Zeiten der Ungewißheit. Ingeborg Huber Verlag, Schwangau

–, Sorrentino, R. M., Davidson, M. A., Eppler, R., Roth, J. W. H. (1992): Uncertainty Orientation and Cooperative Learning: Individual Differences Within and Across Cultures. Learning and Individual Differences 4, 1–24

Johnson, D. W., Johnson, R. T. (1994): Structuring Academic Controversy. In: Sharan, S. (Hrsg.): Handbook of Cooperative Learning Methods. Greenwood Press Westport, 66–81

Jonassen, D. h., Mayes, T., McAleese, R. (1993): A Manifest for Constructivist Approaches to Uses of Technology in Higher Education. In: Duffy, T. M., Lowyck, J., Jonassen, D. h. (Hrsg.): Designing Environments for Constructive Learning. Springer, Berlin, 231–247

Kempas, G. (1994): Lehren lernen. Auswirkungen interindividueller Differenzen auf die Lernprozesse Lehrender. Universität Tübingen (unveröff. Dissertation)

Lave, J., Wenger, E. (1991): Situated learning. Legitimate Peripheral Participation. Cambridge University Press, Cambridge

Mandl, H., Reinmann-Rothmeier, G. (1995): Unterrichten und Lernumgebungen gestalten. In: Forschungsbericht Nr. 60 des Instituts für Pädagogische Psychologie und Empirische Pädagogik der Ludwig-Maximilians-Universität. Universität München

Pawlow, I. P. (1960): Conditioned reflexes. Dover, New York

Piaget, J. (1972): The Principles of Genetic Psychology. Routledge & Kegan Paul, London

Piaget, J. (1947): Psychologie der Intelligenz. Rascher, Zürich

Rieber, R. W., Carton, A. S. (Hrsg.) (1987): The collected works of L. S. Vygotsky. Plenum Press, New York

Rogoff, B. (1995): Observing Sociocultural Activity on Three Planes. Participatory Appropriation, Guided Participation, and Apprenticeship. In: Wertsch, J. V., del Rio, P., Alvarez, A. (Hrsg.): Sociocultural Studies. History, Action and Mediation. Cambridge University Press, Cambridge, 139–164

Ruf, U., Gallin, P. (1998): Dialogisches Lernen in Sprache und Mathematik. Band 1: Austausch zwischen Ungleichen. Grundzüge einer interaktiven und fächerübergreifenden Didaktik. Kallmeyersche Verlagsbuchhandlung, Seelze-Velber

Seitelberger, F. (1995): Das Gehirn des Menschen. In: Oeser, E., Seitelberger, F. (Hrsg.): Gehirn, Bewusstsein und Erkenntnis, 2. Aufl. Wissenschaftliche Buchgesellschaft, Darmstadt, 23–106

Shuell, T. J. (1986): Cognitive Conceptions of Learning. Review of Educational Research 56, 411–436

Skinner, B. F. (1963): Science and Human Behavior. 10. Aufl. The Free Press, New York

Sorrentino, R. M., Roney, C. J. R., Hanna, S. E. (1992): Uncertainty Orientation. In: Smith, C. P. (Hrsg.): Motivation and Personality. Handbook of Thematic Analysis. University Press, Cambridge / MA, 428–439

Thomae, H. (1965): Die Bedeutung des Motivationsbegriffs, In: Thomae, H. (Hrsg.): Handbuch der Psychologie. Band II. Hogrefe, Göttingen, 415–464

Thorndike, E. (1913 / 1964): Educational Psychology: The Psychology of Learning. Teachers College Press, New York

UNESCO (2005): Convención Sobre la Protección y Promoción de la Diversidad de las Expresiones Culturales. Paris, 20 de octubre de 2005. In: http://unesdoc.unesco.org/images/0014/001429/142919s.pdf, 12.11.09

Weiner, B. (1972): Attribution Theory, Achievement Motivation and the Educational Process. Review of Educational Research 42, 203–215

Wertsch, J. V. (1985): Vygotsky and the Social Formation of Mind. University Press, Cambridge (MA)

Wolf, B. (2001): Lernumwelt / Ökologische Perspektive. In: Rost, D. h. (Hrsg.): Handwörterbuch Pädagogische Psychologie. Beltz PVU, Weinheim, 429–434

Wygotski, L. S. (1964): Denken und Sprechen. Akademie-Verlag, Berlin

Zielinski, W. (1998): Lernschwierigkeiten. Ursachen – Diagnostik – Intervention. Kohlhammer, Stuttgart

Zimmerman, B. J. (1989): Models of Self-Regulated Learning and Academic Achievement. In: Zimmerman, B. J., Schunk, D. h. (Hrsg.): Self-Regulated Learning and Academic Achievement: Theory, Research and Practice. Springer, New York, 1–25

Liebe und Verantwortung

Von Herbert E. Colla

Der pädagogische Diskurs liebt die Liebe heute nicht mehr, analysiert Uhle (2007) und entfaltet die These, dass pädagogische Diskurse über Liebe in Bezug auf die öffentliche Erziehung „eher Abwehr und bezogen auf familiale Erziehung eher Gefährdungsdiskurse" darstellen (Seichter 2007). In Diskursen zum sozialpädagogischen Handeln werden „[…] Fragen der emotionalen Fundierung sozialpädagogischen Handelns" (Thiersch et al. 2006) hinsichtlich ihrer Funktionalität eher vernachlässigt und nicht als eine wichtige personale Dimension des sozialpädagogischen Könnens (Colla et al. 1999) bewertet (hierzu: Tetzer 2009; Meyer 2009). Brumlik (2006) stellt fest, dass der Begriff der Liebe im Verdacht steht, ein Überbleibsel romantischer, vielleicht auch reformpädagogischer oder karitativer Bemühungen zu sein, das den Anschluss an die Modernisierung und damit einhergehender Professionalisierung verpasst hat. Brumlik versucht die Liebe als eine (pädagogische) Tugend zu rehabilitieren. Ausgehend vom Neuen Testament, im Anschluss an Fromm (1979), definiert er (2005) die Liebe als ein aktives Handeln, also nicht nur als ein Gefühl, und ordnet ihre Maßstäbe der neo-aristotelischen Theorie des gelungenen Lebens zu (Nussbaum 2002). Es verwundert, dass Liebe als „Deutungsmuster von Pädagogik" (Uhle / Gaus 2009) randständig angewandt wird, zumal die Nachbardisziplinen sich eindeutig mit der Liebe auseinandersetzen. Die Soziologie analysiert Liebe als Aussage über die Gesellschaft – beschreibt Aspekte von unterschiedlicher Qualität der Kommunikation. Als Gegengewicht zur bloßen Zweckrationalität und zur formalisierten, affekt-neutralen Beziehung wird Liebe als eine der intimsten und für den Einzelnen zentrale Sozialform, oft verbunden mit Fragen der Sehnsucht nach Identität, Glück oder Wahrheit gesehen. Liebe als ein zentraler Aspekt des Intimsystems

(Fuchs 1999) soll die massive Anonymisierung und damit einhergehende mögliche Kontaktgestörtheit und Fremdheitserfahrung im Alltag aufheben. Liebe hat als kulturelles Programm gleichzeitig eine Orientierungs- und Steuerungsfunktion, dokumentiert damit auch einen Wandel von Gefühlsstrukturen, Brüchen bisher gelebter Traditionen, aber auch von Veränderungen von kognitiver Welt- und Selbstwahrnehmung, sie sucht Verbindlichkeit als Grundlage von Gemeinsamkeit, vielleicht auch spiritueller Geborgenheit des Einzelnen (Luhmann 1982). Der Medienwissenschaftler Faulstich (2000, 2007) definiert Freundschaft als ein spezifisches Konzept von Liebe. Es ist eine dynamisch, personal-emotionale, nicht sexuelle Beziehung. Freundschaft zwischen Erwachsenen wird geprägt durch Freiwilligkeit, Reziprozität, Selbstoffenbarung und Gleichheit. „Ihre Funktionen lassen sich heute vor allem auf einem personalen Bedeutungshorizont beschreiben, ergänzt durch die Einsicht in ihre soziale Konditionierung, gemäß gesellschaftlichem Wandel allgemein" (Faulstich; Nötzoldt-Linden 1994). Implizit enthalten die kanonischen soziologischen Theorien der Moderne, wenn schon nicht eine voll ausgereifte Theorie der Emotionen, so doch zumindest eine Reihe von Bezügen zu einzelnen Emotionen: Angst, Liebe, Ehrgeiz, Gleichgültigkeit, Schuld – diese Emotionen sind in den meisten historischen und soziologischen Konzepten präsent, in denen es um Brüche geht, die die moderne Ära herbeigeführt haben (Illouz 2007). Liebe kann schließlich aber auch als eine nicht-kognitive Form einer kommunikativen Praxis, als personal-emotionale Bindung beschrieben werden (Burkart / Hahn 1998; Koppetsch 2005). Die Qualität eines speziellen Interaktionsverhältnisses und seine Bedeutung für eine Beratung oder Psychotherapie ist Gegenstand von Therapieforschung (Grawe 2000). Rogers (1957) sieht

Otto/Thiersch (Hg.), Handbuch Soziale Arbeit, 4. A., DOI 10.2378/ot4a.art091,
© 2011 by Ernst Reinhardt, GmbH & Co KG, Verlag, München

in ihr die notwendige und hinreichende Vorbedingung für die Wirksamkeit einer therapeutischen Intervention. „In allen sozialen Berufen ist die eigene Persönlichkeit das wichtigste Instrument; die Grenzen ihrer Belastbarkeit und Flexibilität sind zugleich die Grenzen unseres Handelns" (Schmidbauer 1992). Das Vertrauen in die Person des Therapeuten gilt als wichtiger „support factor", neben „learning factors" und den „action factors" in einem Therapieprozess.

Die Bindungstheorie postuliert, dass enge affektive Bindungen einzugehen ein universelles menschliches Bedürfnis ist. Dabei wird unter Bindung ein lang andauerndes affektives Band zu „ganz bestimmten Personen, die nicht ohne weiteres auswechselbar sind", (Seiffge-Krenke 2004) verstanden. Die Hirnforschung weiß um die Bedeutung sozialer Beziehungen (Hüther 2002). Liebe gilt als Form sozialer Erfahrung, ohne die sich das Gehirn nicht adäquat entwickeln kann. Die neuronalen Verhaltensmuster, die der Mensch in der frühkindlichen Entwicklung erlernt und in seinem Hirn gleichsam gebahnt hat, schaffen sein Verlangen, geliebt und anerkannt zu werden, befähigen ihn erst dazu, etwas anderes als sich selbst lieben zu können. Für Fuchs (2009) ist das Gehirn ein soziales Organ und ist für die Reifung auf zwischenmenschliche Beziehungen angewiesen.

Formen der Liebe, die bislang als abweichend und als Perversion stigmatisiert (z. B. Bi- und Homosexualität, sexuelle Transidentitäten) wurden, werden jetzt in einen Normalitätsdiskurs gestellt, der in seinem Zusammenhang allerdings nur unzureichend rezipiert wird (Giddens 1993; Foucault 1978).

Eine Renaissance der Gefühle lässt sich auch in der Literatur aufzeigen. In der Literatur der sechziger und siebziger Jahre des 20. Jahrhunderts wurde über Sexualität geschrieben, in den achtziger Jahren über die Liebe. Mit der Entdramatisierung der Sexualität geht eine Entwicklung vom Trieb zum „designenten" Verlangen einher. Es entsteht sowohl eine Wiederbelebung des Diskurses über bürgerliche Liebesvorstellungen als auch eine Enttraditionalisierung, d. h. eine Freisetzung des sexuellen Verhaltens und der sexuellen Moral aus der traditionellen Ordnung und den Vorschriften in diesen Diskurs. Die traditionelle Moral wird durch die „Aushandlungsmoral" im Sinne einer Diskursethik abgelöst. Die sexuelle

Selbstbestimmung der Frauen und die Genderequalisation der Sexualität ist ein Schwerpunktthema schreibender Frauen (Greis 1991).

Liebe in all ihren Varianten und Deutungsmustern, z. B. Eigenliebe als Voraussetzung für Partnerliebe, Elternliebe, Freundschaft, ist auch in der Trivialliteratur ein marktgängiges, weil vermarktbares Dauerthema und wird widersprüchlich konzipiert. Sie erscheint entweder als distanzierte Übergabe oder als ein völliges sich Verlieren im Anderen bis hin zu Selbststilisierung, Rausch oder Passion. Im Fernsehen, insbesondere in den Talk-Shows des Privatfernsehens, findet eine Daueraktualisierung der Sexualität statt (Runkel 2003). Oft wird dabei die Intim- und Privatsphäre aufgehoben unter dem Signet, es ginge um „Wahrheit", die „Wa(h)re Liebe". Im Internet lässt sich die gesuchte sexuelle Selbstverwirklichung scheinbar realisieren, besonders jene, die als unmoralisch, verboten oder krankmachend gilt. „Gefährliche Liebschaften" können folglich durch Affären in virtuellen Räumen gelöst werden. Die Videospielindustrie hat ihrerseits Sex und Romantik entdeckt. Im virtuellen Themenpark können die Spieler per Instant-Messengers oder Webcam kommunizieren und den „Sexmodus" wechseln, bei dem sie auf einer Skala von „sexy" (verschmust) bis zu „freak" (enthemmt) ihre gefühlte Erregung bestimmen und dann im Menü verschiedene Praktiken auswählen können. Die Entfremdung wird weitergehen. Der Mensch bleibt dann mit sich selbst alleine. Auf Zärtlichkeit kann in dieser Logik verzichtet werden.

Der pädagogische Diskurs und seine Probleme mit der Liebe

Gegenläufig zu dieser allgemeinen Tendenz – so habe ich einleitend festgestellt – sind für die Pädagogik und Sozialpädagogik starke Emotionen wie sinnliche Liebe oder geistige Haltungen wie eine „bedingungslose" Freundschaft zur sozialpädagogischen Klientel in Beschreibungen von sozialpädagogisch verantworteten Beziehungen nicht (mehr) zu finden. Liebe ordnet man, wenn sie überhaupt thematisiert wird, der pädagogischen Teildisziplin Sexualpädagogik zu. Die Auseinandersetzung reduziert sich dann schwerpunktmäßig auf die Pubertät, betont die Bedeutung der

Entdeckung und des Umgangs mit dem eigenen Körper und mit dem des Anderen für die Herausbildung eines Körper-Selbst und einer Geschlechtsidentität. Hinweise auf gesundes Leben werden gegeben. Die sexuelle Dimension von Liebe bleibt dagegen unreflektiert. Nicht selten wird pädagogische Liebe in einer verkürzten Diskussion mit Pädophilie gleichgesetzt. Pädophilie ist aber gekennzeichnet durch die sexuelle Präferenz für vor- und frühpubertäre Kinder. Dabei geht es um eine besondere, oft ausschließliche (sexuelle) Erregung durch Kinder, die sowohl homo- als auch heterosexuell orientiert sein kann. In der internationalen Klassifikation psychischer Störungen (ICD-10, F65.4) wird sie als Störung der Sexualpräferenz diagnostiziert (Hartmann 1999; Dilling et al. 2005). Zu den Abwehr- und Gefährdungsdiskursen in sozialpädagogischen Kontexten gehören nicht nur der Verdacht, sondern auch die Realität Missbrauchshandlungen, systematischer Ausnutzung, Unterdrückung und Beschämung durch eine vorgebliche Liebe der professionell Erziehenden gegenüber den ihnen Anvertrauten in Ausnutzung ihrer Machtbefugnisse.

Die Heimerziehung der 1950–1980er Jahre weist in Untersuchungen und autobiographischen Berichten der jungen Menschen nach, dass in autoritärer Zeit in totalen Institutionen sich die Selbstverständnissicherung zurückzog auf einen „Verwahr- und Reparaturbetrieb" mit der Folge, dass sich einzelne Gruppen oder ganze Einrichtungen als „Orte der Lieblosigkeit" (Kuhlmann 2008) darstellten. Nicht selten war dies in der Bundesrepublik und im westlichen Europa auch in jenen Einrichtungen der Fall, die sich der christlichen Liebestätigkeit verpflichtet fühlten. Die Möglichkeit eines Lebens im Wissen um Liebe wurde nicht wahrgenommen, der neutestamentarische Begriff von der göttlich-gnadenhaften Agape war abhandengekommen oder scheiterte z. B. an den autoritären Strukturen starrer Hierarchien, Schichtdienst oder mangelnder Ausbildung des Personals. Vergleichbare Kritik scheint auch noch heute im Bereich einiger Praxen der Altenarbeit und Altenpflege angebracht zu sein.

Die Bedeutung der personalen Dimension

Kasuistische Aussagen rekonstruieren die Bedeutung des Besonderen in den Jugendhilfeverläufen und der nachinstitutionellen Lebensgeschichte der jungen Menschen. „Die Erfahrung der Wirklichkeit" (Thiersch 1986) aber ist nur bedingt verallgemeinerbar. Nachgängige Rekonstruktionsversuche sind in der Regel durch innere Prozesse wie Ängste oder Hoffnungen gestaltet: Mitteilungen können überzeugend und damit authentisch wirken, obwohl sie in dem Moment vielleicht nur Formen der Selbststilisierung eines widersprüchlichen, fragmentarischen und als verwirrend empfundenen Erlebnisprozesses darstellen (Behnisch 2005). Sie beinhalten möglicherweise auch die Verkennung erlebter pädagogischer Beziehungen, um das spätere, in der Biographie sich dokumentierende Scheitern zu kompensieren. Aus der subjektiven Beurteilung der erfahrenen Hilfe durch konkrete Personen und aus ihrer Authentizität lässt sich jedoch eine Vielzahl von Einzelaspekten für die Gestaltung von Hilfeprozessen gewinnen (Thiersch et al. 2006). Hier berichten junge Menschen, die sich in ihrer Biographie mit den Angeboten von Jugendhilfe auseinandergesetzt haben – wenn sie denn überhaupt nach diesen Erfahrungen befragt werden –, in ihren Selbstzeugnissen überwiegend von der Bedeutung intersubjektiver Beziehungen, die für sie stets mehr als bloße Zweck-Mittel-Relationen waren. Sie thematisieren die Bedeutung von gelebter und erfahrener verlässlicher pädagogischer Beziehung als Besonderheit von sozialen Beziehungen mit Erwachsenen und ihrer aufmerksamen Zuwendung. Dies war für sie gerade dann von besonderer Bedeutung, wenn ihre bisherige Lebenswelt mit ihren spezifischen Sozialisationspraxen durch sprach- und emotionsarme Interaktionssysteme der Solidarbeziehungen (Familie, Verwandtschaft, Zugehörigkeit zu sozialen Gruppen) gestaltet wurde. Sie benötigen Sicherheit und Zeit, um ihre früheren Beziehungs- und Konflikterfahrungen prozesshaft aufzulösen und ihre starren Muster der Abwehr und des Selbstschutzes aufzugeben. Sie sprechen über gelungene, aber auch über gescheiterte personenbezogene pädagogische Anerkennungsverhältnisse, die mehr waren als bloß verbal vermitteltes Normen-

und Handlungswissen, vielmehr begegneten sie einer gelebten geistig-emotionalen pädagogischen Haltung. Die so erlebten Interaktionserfahrungen und Alltagspraktiken waren für sie oft ein notwendiger Orientierungspunkt in Situationen aktueller Krisenbewältigung und legten „verschüttete" Potenziale der jungen Menschen frei, stärkten das „Selbst"-Bewusstsein und trugen zur fortlaufenden Identitäts(um)bildung bei. Die jungen Menschen erlebten die Pädagogen in der Verantwortung ihrer Praxen als konkrete Personen mit jeweils eigener Expressivität und Wirkung im pädagogischen Umgang und in seinem ihm innewohnenden Balanceakt von Nähe und Distanz (Gehres 1997; Colla 1999; Dörr / Müller 2007). Sie erfuhren eine fehlerfreundliche Liebe und Verantwortungsbereitschaft, Toleranz, ein Arbeitsbündnis. Das methodische Handeln in der Sozialarbeit / Sozialpädagogik ist kein technischer Vorgang, vielmehr basiert es auf einer theoriegeleiteten Qualifikation, aber auch auf der persönlichen Einsatzbereitschaft und Haltung sowie auf dem Charisma des Erziehenden. Der Verlauf einer pädagogischen Situation bleibt offen. Diese Begrenzung erhöht die Pflicht, situationsangemessen verantwortlich vorzugehen, erfordert ein individuelles, oft nicht artikulierbares intuitives Wissen (tacit-knowledge), das an eine habituelle Orientierung durch die Bildungsbiographie des Erziehers anknüpft. Im gelingenden Fall kommt es zu einer hermeneutischen Kompetenz des Fallverstehens, in ihr vereint sich das wissenschaftliche Wissen, die pragmatische Kompetenz und die sittlich-moralische Kompetenz (Wimmer / Masschelein 1996). Ansen (2009) insistiert darauf, dass der Anwender einer Methode mit seinen persönlichen Anteilen unhintergehbar bleibt, Elemente der persönlichen Beziehung tragen dazu bei, den rat- und hilfesuchenden Menschen Sicherheit und Entwicklungsanregungen zu geben. In der Beziehungsgestaltung geht es aber auch um inhaltliche Aspekte, damit die Beziehung nicht zum Selbstzweck aufläuft. Die fast immer personengebundene Leistung der Sozialpädagogik / Sozialarbeit ist geprägt durch immaterielle Ressourcen: Menschen, Gespräche, Zeit und Zuwendung (Rauschenbach 1999).

Der pädagogische Bezug

Die noch heute aktuelle Idee des Pädagogischen Bezugs für einen verantworteten professionellen Umgang – als Synonyme werden „pädagogischer Umgang", „erzieherisches Verhältnis", „personaler Bezug", "Bildungsgemeinschaft", „pädagogische Beziehung" in der Sozialpädagogik verwandt – stammt von Herman Nohl. Für ihn galt der pädagogische Bezug als Bildungsförderung, die erst durch eine angemessene und belastbare Beziehung der auf Unterstützung angewiesenen Menschen zum Pädagogen ihre umfassende Wirkung entfalten kann. „Die Grundlage für die Erziehung ist also das leidenschaftliche Verhältnis eines reifen Menschen zu einem werdenden Menschen, und zwar um seiner Selbst willen, dass er zu seinem Leben und seiner Form komme" (1933). Für Nohl liegt die Fundierung des pädagogischen Bezugs in der hebenden, nicht in der begehrenden Liebe, dies in Verbindung mit Fürsorge, Respekt, Wissen und Verantwortung. Er wehrt sich gegen eine homoerotische Interpretation seines Ansatzes (leidenschaftliches Verhältnis), wie in der wilhelminischen Öffentlichkeit ist für ihn eine mann-männliche Beziehung abartig, politisch und sozial schädlich; es ist für ihn ein sexueller Missbrauch. Er grenzt sich damit eindeutig gegen Blüher (1912) ab, der die Homoerotik als sublimierte Sexualität als eine Triebkraft des Wandervogel-Männerbundes deutete. Für Nohl ist dies eine Fehldeutung des pädagogischen Bezuges. Die von Nohl intendierte pädagogische Liebe lässt sich gut mit der analogen Definition von Frankfurt (2005) wiedergeben: Die Liebe zu einer Person schließt im Wesentlichen vier notwendige Momente ein, sie besteht „aus einer interessenfreien Sorge um das Wohl oder Gedeihen der geliebten Person", seine Liebe ist „unausweichlich persönlich", denn die Person wird „einzig um ihrer Selbst willen geliebt". Der Liebende „identifiziert sich mit dem geliebten Wesen". Schließlich stellt Frankfurt fest, dass die Liebe den Willen bindet (Seichter 2007).
Eine Variante des pädagogischen Verhältnisses, also ein Arbeitsbündnis auf Zeit, entwickelt Bonhoeffer. Er beschreibt die dialektisch-spannungsreiche Dialogstruktur einer interpersonalen Beziehung in einem Jugendhilfesetting:

„Sie – die Kinder – brauchen einen harmlosen, nicht pädagogischen Umgang, der unmerklich stützt, der sie bereit macht, sich helfen zu lassen, ein Stück mitzugehen, zu verzichten, sich zu kontrollieren. Sie brauchen Erwachsene, die sich einlassen, die riskieren, sich herumschlagen, verwundbar sind, Fehler machen, ratlos werden, neu beginnen oder aufgeben." (Bonhoeffer 1965)

Dieser Ansatz weiß um die Fragilität der in der Praxis erarbeiteten Deutungsmuster und Vermittlungsprozesse und ist geprägt durch die Anerkennung der Gleichwertigkeit und das Ernstnehmen der Interaktionspartner, vor allem durch ein unbedingtes Vertrauen in (unterschiedliche) Fähigkeiten junger Menschen. Längerfristige, belastbare Beziehungen zeichnen sich durch ein mit der Zeit entwickeltes Muster an Gegenseitigkeit aus, beinhalten Prozesse des Bindens und Lösens, aber auch der Umdeutung und Neuorientierung.

Der pädagogische Takt

Nohl sieht im pädagogischen Takt ein notwendiges Korrektiv zur pädagogischen Liebe. Der Begriff wurde 1802 von Herbart eingeführt als eine Handlungsweise, die sich zunächst von einem Gefühl und weniger von rationalen Überlegungen leiten lässt. Der Handelnde ist in konkreten Situationen einem Handlungsdruck unterworfen, der oft ein Abwägen wissenschaftlicher, rationaler Überlegungen zeitlich nicht zulässt. Der pädagogische Takt als Organon der praktischen Vernunft beinhaltet ein Wissen um die Komplexität der Aufgabe, macht sensibel für die Situation und differenziert das Verhalten in ihr, er vermittelt gleichzeitig Handlungssicherheit. Tetzer (2009) verweist für die Entwicklung des pädagogischen Taktes, will er kein bloßer „Schlendrian" (Herbart 1802/1982) sein, auf das Zusammenwirken von zwei sich wechselseitig ergänzenden Aspekten: einmal die jeweils situationsspezifische Erfahrung in pädagogischen Kontexten und zweitens die durch wissenschaftliche Theorien geleitete Reflexion. Die Euphorie kommunikativer Methoden soll nicht zu erdrückenden Umarmungen werden; der Pädagoge hat auch die Eigenständigkeit und Eigensinnigkeit, die Unverständlichkeit und Undurchsichtigkeit jener Subjekte anzuerkennen, die im pädagogischen Umgang aufeinandertreffen, und an deren Entschlüsselung und Sichtbarmachung zu arbeiten. Die notwendige Distanz ist wichtig, um den Verführungen „zu klammernden, okkupierenden Beziehungen" bzw. „zu Macht und Bemächtigung" entgegenzuwirken, die in pädagogischen Arbeitsbündnissen auftreten können (Thiersch et al. 2006). Nohl betont, dass der pädagogische Bezug noch nicht beinhaltet, dass der junge Mensch in allem dem Pädagogen folgen oder zustimmen wird.

Vertrauen

Für die besondere Erziehungsform des pädagogischen Bezugs ist das Vertrauen des Educanden zum Erzieher eine grundlegende Bedingung (Nohl/Pallat 1933). Die Asymmetrie im pädagogischen Bezug sowie die nicht technologisch zu realisierenden Aufgaben sozialpädagogischen Handelns übertragen der Person des Erziehers eine weitreichende, allerdings nicht vollständige, Verantwortung für die Alltagsbewältigung des jungen Menschen. Entsprechend dem Uno-Actu-Prinzip bleibt der professionelle Sozialpädagoge auf die Mitarbeit seines Adressaten angewiesen. Vergleichbares formuliert zugleich Buber in seiner „Pädagogik des Dialogs" (1953):

„In der Sphäre des Vertrauens tritt an die Stelle jenes Widerstandes gegen das Erzogenwerden ein eigentümlicher Vorgang: Der Zögling nimmt den Erzieher als Person an. Er fühlt, dass er diesem Menschen vertrauen darf, dass dieser Mensch nicht ein Geschäft mit ihm betreibt, sondern an seinem Leben teilnimmt, dass dieser Mensch ihn bestätigt, ehe er ihn beeinflussen will."

Über das Vertrauen aber können Verstehen und sich Einlassen erfolgen.
Luhmann (2000) formuliert: „Wo es Vertrauen gibt, gibt es mehr Möglichkeiten des Erlebens und Handelns, steigt die Komplexität des sozialen Systems, also die Zahl der Möglichkeiten, die es mit seiner Struktur vereinbaren kann, weil im Vertrauen eine wirksamere Form der Reduktion von Komplexität zur Verfügung steht." Schweer (1996) benennt folgende Merkmale: Vertrauenshandlungen sind immer für die an der Interaktion beteiligten Partner risikoreiche, auf die Zukunft bezogene Handlungen. Für den Adressaten des

pädagogischen Bezuges bedeutet das, dass er im erwarteten und zugemuteten Selbsttätigkeitsprozess an die Richtigkeit von Grundsätzen glaubt, die er noch nicht kennt, die aber sein zukünftiges Verhalten im Alltag steuern sollen. Das Vertrauen kann durch den Verzicht auf Kontrolle missbraucht werden. Das Vertrauen ist reziprok angelegt, und es bedarf der Zeit, es muss sich im pädagogischen Umgang etablieren, die Atmosphäre der Einrichtung wird den Aufbau und die Entwicklung des Verhaltens mitbeeinflussen, z. B. inwieweit Diskretion möglich ist. Dafür haben die Pädagogen Verantwortung zu übernehmen. Der Anfangskontakt ist geprägt durch das Erfahrungsgut des Klienten und seiner Sozialisation und ob die Grundeinstellung zum Interaktionspartner Sympathie aufkommen lässt. Biographische Hintergründe können eine Annahme eines Vertrauensverhältnisses erschweren, wenn z. B. unaufgearbeitete psychische oder psychiatrische Störungen oder manifestes Suchtverhalten vorliegen. Der Sozialpädagoge muss damit rechnen, dass die den pädagogischen Bezug prägende Liebe oder Haltung wiederholt infrage gestellt wird, bis es zu einer offenen Kommunikation kommt. Als Konstitution für Vertrauen gilt u. a. die Konsistenz des Verhaltens des Pädagogen und dass er seine Versprechen einhält. Er soll den Klienten gegenüber seine Kompetenzen im Alltag

und in der sozialarbeiterischen Praxis erfahrbar machen können, dazu gehört dann auch die Fähigkeit zur Strukturierung von Verhältnissen und zu vermitteln in Konflikten. „Wo ich vertraue, handele ich selbst besser, wo mir vertraut wird, fühle ich mich gebunden und bekomme Kräfte über mein Maß" (Nohl / Pallat 1933).

Ausblick

Liebe lässt sich nicht durch einen einzigen Aspekt oder ein einziges Merkmal abschließend erklären, vielleicht aber durch eine Mehrzahl von Merkmalen, dies dann in einer einzigartigen Mischung. Vielleicht ist dem Phänomen Liebe wissenschaftlich nicht abschließend beizukommen. Liebe ereignet sich in Begegnungen, weniger geplant, eher spontan, sie „widerfährt" dem Menschen. Dennoch gilt für die sozialpädagogisch verantwortete Praxis: das Einfühlen durch ein Nachdenken zu justieren. Gefühle sollen kritisch akzeptiert und kultiviert werden. Professionelle werden sich fragen müssen: Wie können wir verantwortet pädagogische Liebe in unsere Praxen einbringen? Die Ausbildung hat die Frage zu beantworten: Wie lässt sich für die professionelle Gestaltung pädagogische Liebe lehren und lernen?

Literatur

Ansen, H. (2009): Beziehung als Methode in der Sozialen Arbeit – ein Widerspruch in sich? Soziale Arbeit 10, 381–389

Behnisch, M. (2005): Pädagogische Beziehung. Zur Funktion und Verwendungslogik eines Topos der Jugendhilfe. Ergon, Würzburg

Blüher, H. (1912): Die deutsche Wandervogelbewegung als erotisches Phänomen. Lichtenrade, Berlin

Bonhoeffer, M. (1965): Das Haus auf der Hufe. In: Neue Sammlung. Band 5, 64–76

Brumlik, M. (2006): Freundschaft und Glück. In: Dörpinghaus, A., Helmer, K. (Hrsg.): Ethos – Bildung – Argumentation. Königshausen und Neumann, Würzburg, 83–99

– (2005): Zu einer Theorie der Liebe. In: Plewig, H. J., Richter, H. (Hrsg.): Dialogisches Verstehen. Lang, Frankfurt / M., 29–42

Buber, M. (1953): Reden über Erziehung. Schneider, Heidelberg

Burkart, G., Hahn, K. (Hrsg.) (1998): Liebe am Ende des 20. Jahrhunderts. Leske & Budrich, Opladen

Colla, H. E., Gabriel, T., Milham, S., Müller-Teusler, S., Winkler, M.: (Hrsg.) (1999): Handbuch Heimerziehung und Pflegekinderwesen in Europa. Handbook Residential and Foster Care in Europe. Luchterhand, Neuwied

Dilling, H., Mombour, W., Schmidt, M. H. (Hrsg.) (2005): Internationale Klassifikation psychischer Störungen. ICD-10 Kapitel V (F); klinisch-diagnostische Leitlinien. 5., durchges. und erg. Aufl. Huber, Bern

Dörr, M., Müller, B. (2007): Nähe und Distanz. Ein Spannungsfeld pädagogischer Professionalität. 2. Aufl. Juventa, Weinheim

Faulstich, W. (2007): Was heißt Freundschaft? Anatomie einer Beziehung aus kulturwissenschaftlicher Sicht. In: Faulstich, W. (Hrsg.): Beziehungskulturen. Fink, München, 58–70

– (2000): Medienkulturen. Fink, München

Foucault, M. (1978): Dispositive der Macht. Über Sexualität, Wissen und Wahrheit. Dt. Ausg. Merve, Berlin

Frankfurt, H. G. (2005): Gründe der Liebe. Aus dem amerikan. von Hartmann, M. Suhrkamp, Frankfurt / M.

Fromm, E., Eichel, G. (1979): Die Kunst des Liebens. Dt. Orig.-Ausg. Ullstein, Frankfurt/M.

Fuchs, P. (1999): Liebe, Sex und solche Sachen. Zur Konstruktion moderner Intimsysteme. UVK, Konstanz

Fuchs, T. (2009): Das Gehirn – ein Beziehungsorgan. Eine phänomenologisch-ökologische Konzeption. 2., überarb. Auflage. Kohlhammer, Stuttgart

Gehres, W. (1997): Das zweite Zuhause. Leske & Budrich, Opladen

Giddens, A. (1993): Wandel der Intimität. Dt. Erstausg. Fischer, Frankfurt/M.

Grawe, K. (2000): Psychologische Therapie. Hogrefe, Göttingen

Greis, J. (1991): Drama Liebe. Zur Entstehungsgeschichte der modernen Liebe im Drama des 18. Jahrhunderts. 1989. Metzler, Stuttgart

Grundmann, M. (2006): Sozialisation. Skizze einer allgemeinen Theorie. UVK, Konstanz

Hartmann, U. (1999): Paraphilien. In: Bauer, M., Lamprecht, F., Machleidt, W. (Hrsg.): Psychiatrie, Psychosomatik, Psychotherapie. 6. Aufl. Thieme, Stuttgart, 197–202

Herbart, J. F. (1802/1982): Kleinere pädagogische Schriften 2., unveränd. Auflage. Klett-Cotta, Stuttgart

Hüther, G. (2002): Bedienungsanleitung für ein menschliches Gehirn. Vandenhoeck & Ruprecht, Göttingen

Illouz, E. (2007): Gefühle in Zeiten des Kapitalismus. Suhrkamp, Frankfurt/M.

Koppetsch, C. (2005): Liebesökonomie. Ambivalenzen moderner Paarbeziehungen. WestEnd 2, 96–118

Kuhlmann, C. (2008): „So erzieht man keinen Menschen." VS, Wiesbaden

Luhmann, N. (2000): Vertrauen. Ein Mechanismus der Reduktion sozialer Komplexität. Lucius & Lucius, Stuttgart

– (1982): Liebe als Passion. Zur Codierung von Intimität. Suhrkamp, Frankfurt/M.

Meyer, C. (2009): Freunde sind Fremde, die sich finden. Liebe und Freundschaft im Generationenverhältnis in der Sozialen Arbeit. In: Meyer, C., Tetzer, M., Rensch, K. (Hrsg.), 53–74

–, Tetzer, M., Rensch, K. (Hrsg.) (2009): Liebe und Freundschaft in der Sozialpädagogik. Personale Dimension professionellen Handelns. VS, Wiesbaden

Nohl, H., Pallat, L. (Hrsg.) (1933): Handbuch der Pädagogik. Beltz, Langensalza

Nötzoldt-Linden, U. (1994): Freundschaft. Westdeutscher Verlag, Opladen

Nussbaum, M. C. (2002): Konstruktion der Liebe, des Begehrens und der Fürsorge. Drei philosophische Aufsätze. Reclam, Stuttgart

Rauschenbach, T. (1999): Das sozialpädagogische Jahrhundert. Juventa, Weinheim

Rogers, C. R. (1957): The Necessary and Sufficent Conditions of Therapeutic Personality Change. In: Journal of Consulting Psychology. Band 21, 95–103

Runkel, G. (2003): Die Sexualität in der Gesellschaft. Lit, Münster

Schmidbauer, W. (1992): Hilflose Helfer : über die seelische Problematik der helfenden Berufe. Rowohlt, Reinbeck

Schweer, M. K. W. (1996): Vertrauen in der pädagogischen Beziehung. Huber, Bern

Seichter, S. (2007): Pädagogische Liebe. Erfindung, Blütezeit, Verschwinden eines pädagogischen Deutungsmusters. Schöningh, Paderborn

Seiffge-Krenke, I. (2004): Psychotherapie und Entwicklungspsychologie. Beziehungen: Herausforderungen, Ressourcen, Risiken. Springer, Berlin

Tetzer, M. (2009): Zum Verhältnis von Emotionalität und Rationalität in der Sozialpädagogik. In: Meyer, C., Tetzer, M., Rensch, K. (Hrsg.), 103–120

Thiersch, H. (2009): Schwierige Balance. Über Grenzen, Gefühle und berufsbiografische Erfahrungen. Juventa, Weinheim

– (1986): Die Erfahrung der Wirklichkeit. Juventa, Weinheim/München

–, Bitzan, M., Bolay, E. (Hrsg.) (2006): Die Stimme der Adressaten. Empirische Forschung über Erfahrungen von Mädchen und Jungen mit der Jugendhilfe. Juventa Weinheim

Uhle, R., Bilstein, J. (Hrsg.) (2007): Liebe. Zur Anthropologie einer Grundbedingung pädagogischen Handelns. Athena, Oberhausen

–, Gaus, D. (2009): „Liebe" oder „Nähe" als Erziehungsmittel. Mehr als ein semantisches Problem! In: Meyer, C., Tetzer, M., Rensch, K. (Hrsg.), 23–44

Wimmer, M., Masschelein, J. (Hrsg.) (1996): Alterität, Pluralität, Gerechtigkeit. Randgänge der Pädagogik. Academia, Sankt Augustin

Managerialismus

Von Hans-Uwe Otto und Holger Ziegler

Managerialismus als Glaubenssystem

In seiner Analyse zu veränderten Formen der Regierung des Sozialen hebt der australische Soziologe Pat O'Malley (2009, 8) hervor, dass jene neuen Governanceformen, die er als „fortgeschrittener Liberalismus" („advanced liberalism") beschreibt, im hohen Maße auf „an array of calculative and more abstract technologies, including budget disciplines, audit and accountancy" aufbaue. Diese Technologien würden von Professionellen und anderen Vertretern des öffentlichen Dienstes verlangen, ihr „esoterisches" Wissen in eine Sprache von Kosten und Nutzen zu übersetzen „that can be given an accounting value, and made ‚transparent' to scrutiny. […Thus] the authority of experts is determined not by their own professional criteria, but by the play of the market".

Dieses Programm des „fortgeschrittenen Liberalismus" ist in vielerlei Hinsicht deckungsgleich mit jener Ausformung der so genannten „Neuen Steuerungsmodelle" im öffentlichen Sektor, die in der internationalen Debatte als Managerialismus beschrieben wird.

Der Begriff des Managerialismus hat nichts mit Management per se bzw. damit zu tun, dass eine in Organisationen verortete professionelle Soziale Arbeit verwaltet wird und verwaltet werden muss. Soziale Arbeit findet in Organisationen statt. In diesen Organisationen ist es das Management, das professionelle Soziale Arbeit ermöglicht und koordiniert (Grunwald/Steinbacher 2007). Eine vorherrschende Form des Managements im öffentlichen Sektor im Wohlfahrtsstaat war lange Zeit die „konditional-programmierte" hierarchische bürokratische Verwaltung. Es war ein wesentlicher Anspruch der Neuen Steuerungsmodelle, diese Form der Verwaltung zurückzudrängen. In einem gewissen Sinn war es der Managerialismus, der insbesondere seit den 1990er Jahren ideologisch und teilweise auch praktisch an die Stelle der Wohlfahrtsbürokratie und des mit ihm verbundenen „bureau-professionalism" gerückt ist (Gerwitz et al. 1995; Otto/Ziegler 2006).

Auch wenn der Managerialismus auf Konzepte und Instrumente der Managementtheorie bzw. Managementlehre zurückgreift – zum Arsenal gehören etwa die flächendeckend verbreiteten Instrumente des Kontraktmanagements, der dezentralen Ressourcenverantwortung, der Kosten- und Leistungsrechnung, der Budgetierung und des Controlling – unterscheidet sich der Managerialismus von der Managementtheorie in der Form, dass die Managementtheorie zunächst „neutrale" analytische Werkzeuge liefert, während der Managerialismus diese Werkzeuge sozialtechnologisch appliziert und dabei sichtbar Glaubensbekenntnisse an normative Rationalitätsmythen (Meyer/Rowan 1977) formuliert. Vor diesem Hintergrund ist plausibel, wenn in der internationalen Literatur unter Managerialismus weniger verwaltungswissenschaftlich fundierte Techniken, sondern vielmehr ein politisches und moralisches Programm verstanden wird. Der Managerialismus ist dann vor allem ein Bündel von Glaubenssätzen, Orientierungen und Praktiken (Pollitt 1993; Clarke et al. 2000). Basierend auf den Glauben an die Gestaltungskraft des Managements und die der Dreifaltigkeit „managers, markets and measurement" (Ferlie/Steane 2002, 1461) stellt der Managerialimus eine spezifische, ideologische Form der Anwendung von Instrumenten der Managementlehre dar (Grey 1996; Davies/Ryan 2006), in dessen Mittelpunkt die (ungeprüfte) Annahme steht, dass weniger eine Steigerung der Professionalität der Fachkräfte, sondern vielmehr ein systematischer Einsatz der überlegenen Techniken des Managements eine effektive und nachhaltige Lösung drängender ökonomischer und

Otto/Thiersch (Hg.), Handbuch Soziale Arbeit, 4. A., DOI 10.2378/ot4a.art092,

sozialer Probleme eröffnet: Der „Fall" stellt sich in erster Linie als Problem eines sachgerechten Managements dar (Buestrich et al. 2008), welches als eine „Panazee für Probleme des Regierens und Organisierens" (Vogel 2007, 166) erscheint. Dies gilt zumindest sofern es dem Management gelingt, Organisationen dazu zu bringen, „schlank, dezentralisiert und innovativ, flexibel und lernfähig [zu werden], wenn sich die Gegebenheiten verändern" (Osborne/Gaebler 1997, 15). Das effektive Regieren und Problemlösen gelingt diesen neuen Formen öffentlicher Einrichtungen dadurch, dass sie „auf Wettbewerb, Wahlmöglichkeit für den Kunden und andere nichtbürokratische Mechanismen [setzen], um zu kreativen und effektiven Lösungen zu gelangen" (Osborne/Gaebler 1997, 15).

Kontrollierende und ermöglichende Formen des Managements

Die Funktionen von Verwaltung bzw. Management mit Blick auf die Arbeit von Professionellen werden häufig in kontrollierende und ermöglichende Funktionen unterteilt (Gibbs 2000). Christof Beckmann et al. haben zwischen manageriellen und nicht-manageriellen Formen der Verwaltung entlang dieser allgemeinen Hauptfunktionen des Managements unterschieden. Die nicht-managerielle Verwaltung der Sozialen Arbeit basiere „auf ermächtigenden Formen der Formalisierung. Das wäre die Voraussetzung eines Managements, bei dem Fragen des ‚wieviel wovon?', ‚von wem?', ‚in welcher Zeit?', ‚zu welchem Preis?', ‚bei welchen Risiken für die Organisation?', Fragen nach der Positionierung einer Organisation auf dem Markt, ihrer Reputation und ihren Ressourcen (Schnurr 2005, 240) sich nicht vom sozialpädagogischen Kerngeschäft ablösen, sondern das Management sich vielmehr darin erschöpft die Rahmenbedingungen professionellen Handelns zu gewährleisten" (Beckmann et al. 2006, 6). Demgegenüber zeichnen sich managerielle Formen der Verwaltung Sozialer Arbeit „durch den Versuch aus, neue Zwecke in soziale Organisationen zu implementieren und das Handeln der Fachkräfte daraufhin auszurichten. Ein managerielles Management versucht sowohl, die Ziele neu zu definieren als auch die Bedingungen daraufhin auszurichten" (Beckmann et al. 2006, 6). Friedbert Rüb (2003, 265) spricht

diesbezüglich von einem „Primat der funktionalen Rationalität", die „mit einer verstärkten Inanspruchnahme des Individuums für übergeordnete Organisationsziele identisch ist". Dabei ist der Prozess der „Inwettbewerbsetzung" (Marketization) mit dem Ziel der Erzeugung einer „optimalen Produktions- bzw. Fertigungstiefe" des öffentlichen Sektors ein wichtiges Element des Managerialismus (Blocher 2006). Gerade im Kontext der Implementation wettbewerblicher Elemente – denen aus managerialistischer Perspektive eine generelle Überlegenheit gegenüber professionellen und bürokratischen Organisationsprinzipien zugeschrieben werden (vgl. Clarke/Newman 1997; Pollitt 1993; Rüb 2003) – laufe die Redefinition der Organisationsziele durch das managerielle Management letztlich auf das Qualitätskriterium der „Bewährung auf dem Sozialmarkt" (Beckmann et al. 2006, 6) hinaus. Diese Bewährung bedeutet vor allem, dass öffentliche Dienstleistungen „mit Blick auf die Arbeitsorganisation effizienter, hinsichtlich des Preis-Leistungs-Verhältnisses ökonomischer und mit Blick auf die gesellschaftlichen Wirkungen effektiver erbracht werden" sollen (Lange 2008, 239). Von „Managerialismus" sprechen Beckmann et al. (2006) wenn diese Zwecke gegenüber früheren Zwecken der Organisation dominant werden. Anders formuliert lässt sich Managerialismus als eine Form der Organisation betrachten, in der sozialer Fortschritt und das was eine qualitativ hochwertige Soziale Arbeit auszeichnet, mit einer Steigerung einer primär durch ökonomische Parameter bestimmten Produktivität gleichgesetzt wird, die durch die Anwendung „hoch entwickelter" Technologien und Steuerungsinstrumente – insbesondere durch aus dem Privatsektor entnommene Managementmethoden und eine Verpflichtung bzw. „Disziplinierung" der Fachkräfte auf die (durch das Management selbst bestimmte) Produktivitätsideale der Organisation – gewährleistet werden soll. Zwar können die pädagogischen Professionellen auch unter manageriell-wettbewerblichen Bedingungen „keinen Profit erwirtschaften, aber sie müssen ihre Leistungen unter den Bedingungen des permanenten Leistungsvergleichs (*benchmarking*) erbringen" (Beckmann et al. 2006, 6). Die Neudefinitionen der Organisationsziele wirken auch auf die Beurteilung der Bedeutung und des Inhalts von Professionalität im Prozess der Erbringung von Sozial- und Humandienstleistungen. Vor dem Hintergrund einer wettbewerblichen Neuausrichtung des Sozialsektors (vgl. Buestrich et al. 2008) wird dem Management die Verantwortung und die Gestaltungsmacht gegeben, in einer verlässlichen und nachprüfbaren Weise jene Wirtschaftlichkeit, Effizienz und Effektivität zu erreichen, die den professionell dominierten Wohlfahrtsbürokratien abgesprochen wird (Braye 2005).

Erweiterte Handlungsspielräume des Management – „The Freedom to Manage"

Ein kennzeichnender Aspekt des managerialistischen Programms ist die Flexibilisierung und Erweiterung des Handlungs- und Entscheidungsspielraums der Managements. Dies geschieht in Form eines tendenziellen Rückbaus der staatlichen, hierarchischen Detailregulierung zugunsten einer administrativen Selbststeuerung (nicht zuletzt mit Blick auf die Mittelverwendung und Auftragsvergabe) und dezentralisierten Ergebnisverantwortung je einzelner Verwaltungseinheiten, die als rational und autonom entscheidende Akteure in Erscheinung treten. Diese Einheiten sollen weniger einer Prozess-, sondern vielmehr einer Ergebniskontrolle unterworfen werden. Der Handlungs- und Entscheidungsspielraum der dabei erweitert wird, ist nicht der der pädagogischen Professionellen, sondern der des Führungspersonals der Verwaltungseinheiten. Dabei gewinnen ManagerInnen als „Organisationsprofis [...] an Bedeutung und werden zur herrschenden Klasse [in öffentlichen Organisationen, die ...] ihre Legitimität aus dem Anspruch [zieht], als einzige Gruppe für das Gesamtwohl und die übergeordnete Systemrationalität der Organisation zu stehen" (Meyer 2009, 136 f.). Die Erweiterung des Handlungs- und Entscheidungsspielraums der neuen Klasse der Organisationsprofis schlägt sich vor allem in der Stärkung ihrer exekutiven Autorität bzw. ihres „right to manage" wieder. Wie es Kirkpatrick et al. (2005, 65 f.; Kirkpatrick 2009) formulieren: „Instead of acting as the passive custodians of services controlled by front line staff, they should determine policy goals and actively seek to implement them. [...] As such, it is through the agency of managers rather than professionals that services needed to be delivered". Gleichwohl sind die erweiterten Kompetenz- und Verantwortungszuweisungen auf Seiten des Managements nur organisationsintern Ausweis des Vertrauens in die Entscheidungs- und Führungsleistungen des Führungspersonals („freedom to manage"). Zugleich werden „neue Instrumente der Effektivitäts- und Effizienzkontrolle in alle zentralen Ablaufprozesse" (Rüb 2003, 265) etabliert. Das wesentliche Merkmal des Managerialismus ist eine zentrale strategische Kontrolle der Kernaufgaben insbesondere in Form von Zielvorgaben, während die operativen Entscheidungen und die Mittel zum Erreichen dieser Ziele an das Management delegiert werden. Die Sicherstellung der Zielerreichung soll dabei durch unterschiedliche Formen des Monitoring und Controlling sichergestellt werden.

Drei Kernelemente des Managerialismus

Eine Reihe von Analysen heben insbesondere drei – teilweise widersprüchliche – Elemente des Managerialismus hervor: Ein ökonomisches (Buestrich et al. 2008), ein zivilgesellschaftlich bzw. sozialraumorientiertes und ein effizienz-orientiertes Element (Lowndes 1997).

Das ökonomische bzw. marktbasierte, auf Kostentransparenz und -senkung zielende Element umfasst neben einer verstärkten Ausschreibung öffentlicher Leistungen sowie der Etablierung von (Quasi-)Märkten und ökonomischen Anreizen innerhalb der Organisation vor allem eine Verbetriebswirtschaftlichung in Form einer Abkehr von einer Regelsteuerung zugunsten einer finalen Steuerung dar, die den wesentlichen Hintergrund von unterschiedlichen Formen des Kontraktmanagements, Produktbudgetierungen etc. bildet, welche mit modernisierten Formen des Rechnungswesens verkoppelt werden (Buestrich et al. 2008; Harms / Reichard 2003).

Das zivilgesellschaftliche bzw. sozialraumorientierte Moment – in das auf ideologischer Ebene anti-etatistische und gegen das „big government" des traditionellen Sozialstaats gerichtete Impulse eingebettet sind – betont zum einen die Bedeutung von Netzwerken und Kooperationen um Kosten zu sparen, Leistungsfähigkeiten durch Synergieeffekte zu erhöhen und die organisationale Flexibilität zu erhöhen. Die dabei thematisch werdenden Sozialraumbudgets lassen sich als systematische Erweiterung des Kontraktmanagements verstehen (Dahme et al. 2005). Ein weiterer Aspekt besteht – im Sinne einer „neuen" Verantwortungsteilung von Staat, Markt und Gesellschaft – in einer (delegierenden) Indienstnahme der (lokalen) Zivilgesellschaft als (Ko-)Produzent öffentlicher Güter bzw. in der „Aktivierung" von Ressourcen ‚im Sozialraum' wobei die Zielgrößen dieses Engagements und seiner Aktivierung typischerweise nicht zivilgesellschaftlich, sondern zentral festgelegt werden (Dahme / Wohlfahrt 2007; Kessl et al. 2006).

Das effektivitätsorientierte Moment bzw. die Sicherstellung von „Value for Money" ist schließlich die gegenwärtig wohl zentralste Dimension des Managerialismus. Wie Christoph M. Schmidt (2010) argumentiert findet sich durchaus eine Verbindung zwischen dem zivilgesellschaftlichen und dem effizienzorientierten bzw. evidenzbasierten Moment. So seien „die Träger der sozialen Dienste mittlerweile mit der Frage konfrontiert, ob ihre Finanzierungsgrundlagen durch den stetigen Nachweis der Qualität ihrer Arbeit gerechtfertigt werden können. Diese Verpflichtung zum Nachweis erwächst auch aus dem mittlerweile weitgehend akzeptierten Konzept eines ‚aktivierenden' Sozialstaats, der die Aufforderung zur Übernahme stärkerer Eigenverantwortung durch seine Bürger mit seiner eigenen effektiven Leistungserbringung kombinieren muss, wenn er glaubwürdig bleiben will". Das effektivitätsorientierte Moment des Managerialismus weist auf das organisationale Ziel der Sicherstellung einer Output- und Outcome-Qualität hin, das in Form von Outcome-Zielen und -kennzahlen konkretisiert wird. Vor allem im englischsprachigen Raum hat sich – unter der Prämisse eines rationalen Management-by-measurement (Noordegraaf / Abma 2003) – eine wirkungsorientierte Form der Finanzierung durchgesetzt, die die Bereitstellung von Budgets am nachgewiesenen Outcome orientiert. Schon alleine weil die „Regierungstechnik der Performanz-Kontrolle […] in hohem Maße auf kontinuierliche Informationen (‚monitoring') und auf eine solide Wissensbasis angewiesen [ist]" (Radtke 2003, 119) verbindet sich Effizienzorientierung mit der Idee einer „evidenzbasierten Praxis". Diese basiert auf der Vorstellung, dass aus Evaluationen messbare, objektive und unmittelbar praxisrelevante Wissensbestände über die wirksamsten und effizientesten Hand-

lungsprogramme zu ziehen seien, die es in Form einer wirkungsorientierten Steuerung umzusetzen gelte (Albus et al. 2010; Otto et al. 2007; 2010; Otto / Ziegler 2006). Diese Idee mündet in eine Form des Managerialismus die Steve Harrison et al. als wissenschaftlich-bürokratisches Organisationsmodell beschrieben haben. Damit beschreiben Harrison et al. eine organisationale Stuktur, die zwar auf wissenschaftlichen Evaluationsergebnissen rekurriert aber dieses Wissen „aus der Strukturlogik der Professionssysteme heraus[nimmt] und in organisatorischen Regelsystemen der Qualitätssicherung verortet" (Ferchhoff 2009, 75). Wissenschaftlich sei dieses Modell insofern, „that it draws on the accumulated evidence of large-scale research, and ‚bureaucratic' in the sense that it translates the output of such research into a particular species of bureaucratic rule […] for application in […] organisations" (Harrison et al. 2002, 7).

Da – im Gegensatz zu einer bloßen Kostenreduktion und Leistungskürzung – eine Steigerung von Effizienz und Effektivität bei der Lösung sozialer Probleme das gegenwärtig zentrale Versprechen des managerialistischen Managements ist, wird die weitere Ananlyse des Managerialismus insbesondere das effizienzorientierte Moment in den Blick nehmen.

Managerialismus im „Regulierungsstaat" und der „Audit Society"

Der Managerialismus lässt sich als das Verwaltungsprogramm einer veränderten Governance verstehen, die in der Politikwissenschaft als eine Wende vom „Leistungs-" zum „Regulierungsstaat" (Grande 1997) beschrieben worden ist und in der Bundesrepublik vor allem unter dem Label des „aktivierenden Sozialstaats" firmiert. Die wesentliche Idee des Regulierungsstaats besteht in der Priorisierung der Selbstregulierung (zivil-)gesellschaftlicher Kräfte und dezentraler Verwaltungseinheiten vor einer (zentral-)staatlichen Aufgabenübernahme, wobei der Staat sich stärker auf die Lenkungs-, Steuerungs-, Koordinierungs- und Prüfungsleistungen konzentriert. Wie es Otto Schily 2000 formuliert geht es um einen Staat und eine Verwaltung „die mehr leistet und weniger kostet". Solche Verschiebung der staatlichen Governance hat u. a. der vor allem ökonomisch argumentierende Policy-Forscher Giandomenico Majone (1993; 1996) bereits Mitte der 1990er Jahre europaweit rekonstruiert. Majone argumentiert, die Sozialpolitik in europäischen Gesellschaften würde traditionell auf einem Dreiklang von „redistributiven", „makroökonomisch stabilisierenden" und „regulativen" Kerndimensionen aufbauen. Das Verhältnis dieser Dimensionen habe sich seit den 1980er Jahren verschoben. Dabei seien die umverteilenden und absichernden Gestaltungsformen als eigenständige sozialpolitische Kernbereiche weitgehend verdrängt und den Imperativen eines produktivistischen „Regulatory State" untergeordnet worden. Die regulativen Momente der Sozialpolitik richten sich vor allem auf die Erhöhung der Produktivität durch die Korrekturen von „Marktversagen". Für die Sozialpolitik des „Regulatory State" sei eine primär verhaltensnormierende über Anreize und Sanktionen erfolgende Gestaltung des Wohlfahrtsarrangements charakteristisch, die im Vergleich zur sozialpolitischen Logik des klassischen Wohlfahrtsstaats einen dünneren eigenständigen Leistungscharakter aufweise. In diesem Sinne verweist die Entwicklung hin zu einem Regulierungsstaat auf Prozesse der Zentralisierung strategischer Kontrolle – insbesondere der Kontrolle über die Ausgaben – bei gleichzeitiger Abgabe taktischer Verantwortung (Muetzelfeldt 2000; White 2000). Die Schwerpunktsetzungen liegen auf Lenkungs-, Koordinierungs- und Prüfungsaufgaben, Weisungen und Setzungen von Standards sowie auf anreizbasierten Finanzierungssystemen für Leistungen, die (quasi) marktförmig oder zivilgesellschaftlich erbracht werden sollen. Ein wesentlicher Aspekt dabei ist die Trennung von öffentlichen Käufern und privaten Anbietern von Leistungen (Purchaser-/Provider-Split), die in der Sprache der neuen Institutionenökonomik auf ein Prinzipal-Agent Verhältnis hinauslaufen (Pratt/Zeckhauser 1985). Der wesentliche Gedanke besteht darin, dass der Purchaser als Prinzipal Aufgaben und Entscheidungskompetenzen auf einen Agenten bzw. Provider überträgt, der – so die Hoffnung – diese Aufgaben effektiver erfüllen kann als der Prinzipal selbst. Dabei besteht zum einen die Möglichkeit, dass der Prinzipal auf die Verlässlichkeit, Qualität, Effektivität und Effizienz der Arbeit des Agenten vertraut. Wenn der Prinzipal aber damit rechnen muss, dass der Agent Informationsvorsprünge und Verhaltens-

spielräume zu seinen Gunsten ausnutzt, geht es darum, ein Arrangement von Anreizen zu etablieren, die den Agenten dazu bewegen, im Interesse des Prinzipals zu agieren. Ein wesentlicher Aspekt dieses Anreizarrangements besteht darin, die diskretionären Verhaltensspielräume des Agenten durch Überwachungs- und Kontrollmechanismen zu beschränken. Wesentliche Instrumente des Versuchs Steuerhoheit zu gewinnen und ein zielbezogenes Prinzipal-Agent-Verhältnis im Arrangement des ‚regulatory state' herzustellen, bestehen u. a. in einer Dezentralisierung von Produkt- und Budgetverantwortung, einem Arsenal von Methoden der Kosten- und Leistungserfassung sowie Versuchen der Steuerung über Kontrakte, „S.M.A.R.T." (spezifisch, messbar, attraktiv, realisierbar, terminiert), definierten Zielvereinbarungen mit klaren „Performance-Indikatoren" sowie ergebnisorientierten Finanzierungen und Verfahren, die den Übergang von einer „neutralen" Prüfung von Qualitätsstandards zu einer aktiven und direkten Lenkung und Steuerung der Praxis markieren (Buestrich et al. 2008; Koschorke 2004). Wie es Majone (1993) formuliert, formieren sich die regulativen Maßnahmen zu einer „Politik der Effizienz", deren wesentliche Kennzeichen eine Output-Legitimation darstellen. Das Ergebnis sei ein dezentralisiertes, marktorientiertes, wie es im modernen Klassiker zur neuen Governance formuliert wird, „catalytic government", in dem sich der regulative Staat eher auf das „Steuern" als auf das „Rudern" konzentriert (Osborne/Gabler 1997). Diese Form der Steuerung setzt die Durchsetzung von Analyse- und Kontrollsystemen voraus, auf deren Basis die Leistungen der unmittelbar wohlfahrtsproduzierenden Einheiten (als Agent) durch den Prinzipal systematisch beobachtet, quantifiziert und geprüft werden können.

Das bahnbrechende Werk von Michael Power (1997) zur Entstehung einer „Audit Society" widmet sich genau dieser Entwicklung administrativer Kontrollinstrumente. Die These lautet pointiert formuliert, dass die (Wohlfahrts-)Gesellschaft des 21. Jahrhunderts im bislang nicht gekannten Ausmaß eine Prüfungs-, Kontroll- bzw. Revisionsgesellschaft darstelle, deren zentrales Charakteristikum darin bestehe, dass öffentliche Leistungen in – bürokratischen und ggf. durchaus kosten- und zeitintensiven – quantifizierenden Verfahren (qualitäts-)geprüft werden. Diese Prüfungsorientierung bringe es mit sich, dass sich die Leistungen selbst – bei Strafe des ökonomischen Untergangs im Effizienz- und Qualitätswettbewerb – an den notwendig normativen Checklisten der Prüfer anpassen. Oder anders formuliert: Die Prüfung prüft weniger, ob die Leistungen gute Qualität haben, sondern Leistungen haben gute Qualität, wenn sie den Prüfkriterien entsprechen. Die Folge dieser Konstellation sei, wie es Albrecht Koschorke (2004, 151) formuliert, ein „Aggregatszustand betriebsamer Konformität" bzw. – wie Bernd Dewe (2005, 12) befürchtet – „eine sukzessive Ersetzung des professionellen Modus einer fall-logischen Anwendung von Wissen und Fähigkeiten durch regelbasierte, formalisierte Arbeitsroutinen" – sowie eine Bedeutungszunahme von kontrollierbaren und standardisierbaren Formalzielen zu Ungunsten von sozialethischen, advokatorischen und zivilgesellschaftlichen Sachzielen (Vogel 2007, 163; Dahme et al. 2005).

Powers zentrales Argument lautet, dass Gesellschaften spezifische Konstellationen von Vertrauen, Risiko und Kontrolle im Sinne von Rechenschaft (accountability) aufweisen. Was sich im Sinne einer Audit Society verändere sei die Wahrnehmung von Risiken und die Inspektionsziele im Umgang mit diesen Risiken. Sofern nun das Risikoempfinden in einer Gesellschaft ansteige und Vertrauen gleichzeitig schwindet, „nehmen die Kontrollaktivitäten in dieser Gesellschaft zwingend zu, um ein neues Gleichgewicht zu erreichen" (Schenker-Wicki 2008). Diese internen und externen Kontrollaktivitäten nehmen die Form von Audits, Zertifizierungssystemen, Evaluationen und anderen Prüfverfahren an, die sich auf Gegenstände beziehen, die insbesondere über Kennzahlen und anderen Standardisierungsformen dokumentierbar, messbar und vergleichbar gemacht werden. Diesen Kontroll- bzw. Regulationsaktivitäten korrespondiert die Dokumentations- und Rechenschaftspflicht (Accountability) auf der Ebene der auditierten Organisationen. Genau dies ist nach Power das Kennzeichen einer „Audit Society". Der Managerialismus ist die Form des Managements, die der Audit Society am stärksten entspricht. Ein für die professionelle Konstitution Sozialer Arbeit kaum zu unterschätzender Aspekt hängt mit dem Umstand zusammen, dass die Audits des Erfolgs einer Organisation sich in aller Regel auf Messgrößen beziehen, die in numerischer Form abgebildet wer-

den können. Dies mag zwar dem pragmatischen Grund geschuldet sein, dass „lediglich" qualitativ fassbare Kriterien deutlich schwieriger – und ggf. unmöglich – in eine gleichermaßen kardinal messbare und vergleichbare Form gebracht werden können. Sofern Powers These zutrifft, dass sich in Audit Societies eine Gleichsetzung von Messbarkeit und politischer Relevanz findet, hat der managerielle Fokus auf quantifizierbare Größen zur Folge, dass bestimmte, gerade auch professionstheoretisch wie -ethisch zentrale Qualitätsaspekte alleine deshalb an Relevanz verlieren, weil sich nur mit exorbitantem Aufwand – und ggf. auch gar keine – quantitativen Daten über sie erheben lassen (Bonvin/Rosenstein 2010). Die für die Soziale Arbeit vor diesem Hintergrund wohl zentrale Frage mit Blick auf die Bedeutung des Managerialismus hat die Professionssoziologin Julia Evetts (2006, 528) wie folgt gestellt: „[To] what extent [are] trust relationships between practitioners and clients [...] being replaced by organizational forms of regulation such as hierarchy, bureaucracy, managerialism, target-setting, accountability and market forms of customer relations?"

Managerialismus und Professionalismus

Im Kontext der Entwicklung hin zu einem ‚regulatory state' lässt sich der Managerialismus als Versuch einer Ersetzung der für den Sozialstaat der Bundesrepublik bislang kennzeichnenden Form der Steuerung des sozialen Sektors verstehen. Die nicht nur wegen ihrer Effizienz- und Effektivitätsdefizite, sondern auch ob ihrer bürokratischen Formierungen und Normierungs- und Kontrollfunktionen kritisierte Steuerung des Wohlfahrtsstaates bediente sich vornehmlich der Kombination einer legalistisch ausgerichteten, konditional programmierten, im Wesentlichen hierarchisch strukturierten (Wohlfahrts-)Bürokratie und der Professionalität der Erbringer der Dienstleistungen (Rüb 2003). Angesichts der vermeintlichen Nicht-Normierbarkeit sowie einer mangelnden Standardisierbarkeit und Rationalisierbarkeit personenbezogener Dienstleistungen schien sich Professionalität gerade an den Grenzen der Steuerungsmöglichkeiten durch Recht „als funktional äquivalente" Steuerungsform in einem besonderen Maße anzubieten (Kaufmann 2005, 126). Wie Rüb ausführt, galt die „Professionalität der Dienstleister [...] verkoppelt mit einer staatlich regulierten Ausbildung [...] für eine rationale und effektive Steuerung der sozialen Dienstleistungen [als] ausreichend. Andere Steuerungsinstrumente wurden nicht als notwendig betrachtet, über hierarchische Bürokratie und Professionalismus konnte der bundesrepublikanische Wohlfahrtsstaat seine funktionalen Aufgaben erfolgreich abwickeln" (Rüb 2003, 259). Dass Professionalität zu einer wesentlichen Steuerungsform im sozialen Sektor werden kann ist jedoch von bestimmten Bedingungen abhängig (dazu: Garland / Sparks 2000). So betont etwa Magali Larson (1977, 38), dass ein zentrales Merkmal eines erfolgreichen Professionalisierungsprojekts das Erreichen eines „monopoly of credibility with the public" sei. Dieses Monopol „restricts the control by outside agencies over the actual ethicality of the transaction of professional services". Anders formuliert ist die Autonomie einer Profession im Wesentlichen auf *Vertrauen* (Schimank 2005) fundiert, genauer, einem auf Wissens- und Kompetenzzuschreibung basierenden Vertrauen (Pfadenhauer 2006; Otto / Ziegler 2006; Wagenblass 2004). Die Betonung von Professionalität zur Steuerung der unbestimmten, nicht-routinisierbaren Arbeitsaufgaben des „People Processing" findet vor diesem Hintergrund ein wesentliches Fundament im öffentlichen Vertrauen darauf, dass (insbesondere wissenschaftlich ausgebildete) Professionelle über ein besonderes Wissen und die Fähigkeit verfügen, nicht nur für die unmittelbaren AdressatInnen, sondern auch für das Wohlfahrtssystem selbst angemessene Problemlösungsoptionen bereit zu stellen (Dewe / Otto 2010). Dieses Vertrauen und das damit korrespondierende Ausmaß an Autonomie der Professionellen bzw. der Entscheidungs- und Ermessenspielraum der ihnen zugestanden wird, lässt sich mit Blick auf zwei zentrale Elemente von Professionalität konkretisieren, die nur schwer zu kontrollieren und extern zu steuern sind. Im Anschluss an Elliot Freidson lassen sich diese beiden Elemente wie folgt benennen: Auf einer primär kognitiven Ebene geht es um „a body of knowledge and skill which is officially recognized as one based on abstract concepts and theories and requiring the exercise of considerable discretion" (Freidson 2001, 180). Auf einer kulturellen Ebene besteht das

zweite wesentliche Element des Professionalismus in einer „ideology serving some transcendent value and asserting greater devotion to doing good work than to economic reward" (Freidson 2001, 180). Das Ausmaß, in dem WohlfahrtspraktikerInnen als Professionelle auftreten können, ist demnach von dem Ausmaß abhängig, in dem ihnen zugeschrieben wird, fachlich kompetent, reflexiv, effektiv und zugleich professionsethisch nicht den eigenen Interessen, sondern „der Sache", sprich Gerechtigkeitsprinzipien und dem Gemeinwohl, verpflichtet zu sein. Erst wenn dies der Fall ist, erscheint es rational und angemessen, den Professionellen einen breiten Entscheidungs- und Ermessensspielraum einzuräumen, d. h. im Sozialsektor breite Teile der Produktion personenbezogener sozialer Dienstleistungen Professionellen zu überlassen, um ihnen die Befugnis einzuräumen, auf Basis eigener fachlicher Kriterien – die nicht extern, sondern durch kollegiale Selbstkontrolle kontrolliert werden – weitgehend selbst zu bestimmen, *wer* ihre KlientInnen sind, *warum* sie ihre KlientInnen sind und *wie* mit ihnen umzugehen sei (dazu Dean 2003; LeGrand 2003; Otto / Ziegler 2006) – oder, wie es Evetts (2006, 527) formuliert, „externally imposed rules governing work are minimized in ideal-typical professional work". Vor diesem Hintergrund hat in der internationalen Debatte die These Beachtung gefunden, dass die neue, managerielle Steuerung nicht in erster Line das Produkt einer rationalen Anpassung an veränderte Realitäten und „Sachzwänge" ist bzw. eine Reaktion auf „fundamental changes in economics and societies" (OECD 1995, 3) darstellt. Wäre dies der Fall, wäre die Debatte um den Managerialismus alleine deswegen schnell beendet, weil die empirischen Ergebnisse mit Blick auf die Überlegenheits- und Rationalitätsversprechungen des Managerialimus ambivalent bis ernüchternd sind (Ebinger / Schmitt 2010; Verhoest et al. 2004; mit Blick auf wirkungsorientierte Finanzierungssysteme in den HzE Albus et al. 2010). So konstatieren etwa Tom Christensen und Per Lægreid (2006, 27) „The official raison d'être for autonomous agencies is that structural separation, more managerial autonomy, and managerial accountability for results will improve performance and efficiency. In practice, however, this has not been a general finding." Wesentlich für die Durchsetzung des manageriellen Managements scheint vielmehr eine Veränderung auf einer politisch-kulturellen Ebene zu sein: Die Dominanz des Managerialismus ist vor allem das Produkt veränderter Annahmen über Kompetenzen und Motivationen der Erbringer sozialer Dienste (Dean 2003; LeGrand 2003; Otto et al. 2007) und einer Delegitimierung des Konkurrenzprogramms zum Managerialismus: dem Professionalismus. So lautet ein verbreiteter professionssoziologischer Befund, dass das Fundament des Professionalismus, nämlich der Glaube an bzw. das Vertrauen in das besondere Wissen, die besondere Kompetenz und ethische Ausrichtung der Professionellen in den letzten Jahrzehnten nachhaltig erschüttert worden ist (Dean 2003; Pfadenhauer 2006; Stichweh 2005). Thomas Klatetzki (2005, 279) spricht von einer „Schwächung der kulturellen Autorität der Professionellen". So werden die für den Prinzipal kaum kontrollierbaren Modi der Organisation durch professionelle Agenten dem generellen Verdacht ausgesetzt „unaccountable, inefficient and self-interested" (Kirkpatrick / Ackroyd 2003; Dean 2003) zu sein. Dabei erscheint gerade die Ermessens- und die Entscheidungsfreiheit als Kernaspekt von Professionalität als zentrales Steuerungsproblem. Sie würde dazu führen, dass „unzuverlässige" („unreliable") Professionelle – als besonders „schwierige" Organisationsmitglieder – nach ihren ideographischen (oder, wie es O'Malley 2009 formuliert, „esoterischen") Kriterien über die Allokation der (beschränkten) Wohlfahrtsbudgets und die Art und Ausrichtung ihrer Verwendung entscheiden. Gegenüber der Professionalität stellt sich der Managerialismus als alternative Steuerungsform dar, die dem Prinzipal erweiterte Möglichkeiten der Kontrolle des Risikos opportunistischen Verhaltens erlaubt. Vor diesem Hintergrund ist das möglicherweise zentralste Legitimationsmoment des Managerialismus vor allem *negativ* bestimmbar. Es lautet „Misstrauen in professionelle Selbststeuerung" (Schimank 2005, 151). Die Schwächung der Profession, so argumentiert etwa Uwe Schimank, sei es, „um die sich beim ‚new public management' alles dreht, auch wenn dieses Ziel nirgends explizit formuliert ist". Ein entscheidendes Element der Substitution der professionellen durch eine managerielle Steuerung besteht darin, dass das Vertrauen in die professionelle Selbststeuerung durch Zielvereinbarungen, Richtlinien und Zertifizierungssysteme und vor allem durch ein (dezentralisiertes) System von Kontrollketten sowie Evaluations- und

Auditprozessen ersetzt wird, die auf quantifizierbare – und insofern intersubjektiv nachvollziehbare bzw. unmittelbar prüfbare – Kriterien (insbesondere Kenzahlen) rekurrieren (Power 1997). Eine Gemeinsamkeit der manageriellen Instrumente besteht darin, dass sie einen funktionalen Ersatz für das Vertrauen in die Professionellen und Substitute für professionelle Autonomie darstellen: „Sie reduzieren Komplexität, können Erwartungen kanalisieren und Risiken sowie Störfaktoren identifizierbar und kalkulierbar machen. Diese Instrumente und formalisierten Vorgaben werden dabei zunehmend genau dort eingesetzt, wo es um die Kernaktivität der Professionen, nämlich um die Realitäts- bzw. Problem- und Falldefinition geht" (Otto et al. 2007). Denn die im Kontext des Managerialismus institutionalisierten Prozeduren – Michael Power spricht von „Rituals of Verification" – sollen keinesfalls nur als eine Informationsquelle „autonomer" professionelle Entscheidung fungieren. Vielmehr dienen sie dazu, die Aktivitäten der Professionellen zu legitimieren und letztlich auch zu kontrollieren. So treffen, wie es Wilfried Ferchhoff (2009, 75) formuliert, die „tendenziell unbestimmbaren, nicht standardisierbaren und nicht routinisierbaren professionellen Verfahrensweisen der Diagnose, des kognitiven Schlussfolgerns und der Behandlung […] auf professionsabstinente, formalisierte und vordefinierte bürokratisierte Kategorien. Vorgegebene Qualitätsstandards, Verfahrensweisen, Richtgrößen, Verfahrensvorschriften, Effizienzerfordernisse können die professionellen Kernkompetenzen bspw. die Kunst des (Be-)Urteilens angesichts von Mehrdeutigkeiten und Deutungsalternativen unterminieren". Über die Kontrolle der Inhalte professionellen Handelns hinaus geben managerialistische Methoden auch „neue Zeitstrukturen vor: Leistungsindikatoren werden regelmäßig gemessen, Geschäftsberichte werden gelegt, Projekte mit einer spezifischen Zeitstruktur gestartet, Budgetierungsperioden geben den Takt vor" (Meyer 2009, 137). In diesem Sinne scheint der Managerialismus auf eine Situation hinauszulaufen, die der französische Soziologe Robert Castel in seiner Auseinandersetzung mit einer veränderten, risikokalkulatorischen Form der Prävention bereits in den 1980er Jahren vorweggenommen hat: „Der Praktiker vor Ort tritt nun als bloßer Helfer des Verwaltungsbeamten in Erscheinung, den er auf der Basis dieser diagnostisch-gutachterlichen Tätigkeit [… gemeint sind standardisierte Diagnosen und Assessments der KlientInnen] mit Informationen versorgt. […] Der direkte Zusammenhang zwischen dem Umstand, Kenntnisse über ein Individuum zu besitzen, und der Möglichkeit, es zu behandeln, ist zerstört. Die Praktiker […] kontrollieren nicht mehr den Gebrauch der Daten, die sie produzieren. Der Verwaltungsfachmann ist der wirkliche ‚Macher'" (Castel 1983, 67).

Damit ist nicht zu bestreiten, dass auch eine professionelle Organisation auf ein funktionierendes Management angewiesen ist und die Stukturierungs- und Kontrollaspekte des Managements unumgänglich sind, um operative Risiken reduzieren und die Produktivität der Wohlfahrtsproduktion erhöhen zu können. Das Problem des Managerialismus besteht in seiner Tendenz zum „regulatorischen Overkill" und einer Institutionalisierung des Misstrauens gegenüber dem diskretionären Entscheidens- und Verhaltensspielraum der Professionellen. Ist, wie es Andrea Schenker-Wicki (2008, 3) formuliert, die Prüfungssystematik des Managements „darauf ausgerichtet, dass sich hinter jeder Tätigkeit ein opportunistischer Agent verbergen kann, steigen die Kontrollkosten ins Unermessliche". Diese Informations- und Kontrollkosten sind alles andere als produktiv, sondern entsprechen ziemlich genau dem, was Marx als tote Kosten, als „faux frais der Produktion" beschrieben hat. Die Ideologie, gesellschaftliche Probleme nicht durch professionelle Qualität, sondern *vor allem* durch überlegene Managementtechniken lösen zu können, übersieht eine einfache, nicht wegzufilibusternde, materialistische Wahrheit: Die Kuh wird nicht vom Wiegen fett.

Literatur

Albus, St., Greschke, H., Klingler, B., Messmer, H., Micheel, H.-G., Otto, H.-U., Polutta, A. (2010): Wirkungsorientierte Jugendhilfe. Waxmann, Münster

Beckmann, C., Otto, H.-U., Schaarschuch, A., Schrödter, M. (2006): Qualität und Wirkung in der Sozialpädagogischen Familienhilfe. Vorläufige Ergebnisse des DFG-Projektes „Dienstleistungsqualität". Universität Bielefeld / Universität Wuppertal, Bielefeld / Wuppertal

Blocher, M. (2006): „Marketization" – ein Arrangement zur Bestimmung der optimalen Leistungstiefe für öffentliche Inhousebetriebe? In: Birkholz, K., Maas, C., Maravic, P. v., Siebart, P. (Hrsg.): Public Management – eine neue Generation in Wissenschaft und Praxis. Universitätsverlag Potsdam, Potsdam

Bonvin, J.-M., Rosenstein, E. (2010): Jenseits evidenzbasierter Steuerungsmodelle: Kognitive Rahmen und ihre normativen Implikationen in der Governance sozialer Integration. In: Otto, H.-U., Polutta, A., Ziegler, H. (Hrsg.): What Works – Welches Wissen braucht die Soziale Arbeit? Budrich, Opladen / Farmington Hills

Braye, S. (2005): Management in Social Work. In: Davies, M. (Hrsg.): The Blackwell Encyclopaedia of Social Work. Blackwell, Oxford

Buestrich, M., Burmester, M., Dahme, H.-J., Wohlfahrt, N. (2008): Die Ökonomisierung sozialer Dienste und sozialer Arbeit. Entwicklung – theoretische Grundlagen – Wirkungen. Schneider, Baltmannsweiler

Castel R. (1983): Von der Gefährlichkeit zum Risiko. In: Wambach, M. M. (Hrsg.): Der Mensch als Risiko. Zur Logik von Prävention und Früherkennung. Suhrkamp, Frankfurt / M.

Christensen, T., Lægreid, P. (2006): Agencification and Regulatory Reforms. In: Christensen, T., Lægreid, P. (Hrsg.): Autonomy and Regulation. Coping with Agencies in the Modern State. Edward Elgar, Cheltenham

Clarke, J., Gerwitz, S., McLaughlin, E. (Hrsg.) (2000): New Managerialism, New Welfare? Sage, London

–, Newman, J. (1997): The Managerial State. Sage, London

Dahme, H.-J., Kühnlein, G., Wohlfahrt, N. (2005): Zwischen Wettbewerb und Subsidiarität. Wohlfahrtsverbände unterwegs in die Sozialwirtschaft. Sigma, Berlin

–, Wohlfahrt, N. (2007): Aporien staatlicher Aktivierungsstrategien. Engagementpolitik im Kontext von Wettbewerb, Sozialinvestition und instrumenteller Governance. Forschungsjournal Neue Soziale Bewegungen 2, 27–39

Davies, J., Ryan, M. (2006): Management Services and New Managerialism. Management Services 2, 28–30

Dean, H. (2003): The Third Way and Social Welfare: The Myth of Post-Emotionalism. Social Policy and Administration 7, 679–708

Dewe, B. (2005): Der Professionalitätsanspruch der Erwachsenenbildung im Spannungsfeld zwischen Managerialismus, evidenzbasierter Praxis und Teilnehmerverpflichtung. Report 4, 9–18

–, Otto, H.-U. (2010): Reflexive Sozialpädagogik. Grundstrukturen eines neuen Typs dienstleistungsorientierten Professionshandelns. In: Thole, W. (Hrsg.): Grundriss Soziale Arbeit. Ein einführendes Handbuch. 3. Aufl. VS Verlag, Wiesbaden, 197–217

Ebinger, F., Schmitt, C. (2010): Alles eine Frage des Managements? Wie Autonomierechte die Handlungsfreiheit des administrativen Führungspersonals beeinflussen. Politische Vierteljahrsschrift 1, 69–93

Evetts, J. (2006): Trust and Professionalism: Challenges and Occupational Changes. Current Sociology 4, 515–531

Ferchhoff, W. (2009): Prozesse der Professionalisierung in historischer und gegenwartsorientierter Perspektive. In: Birgmeier, B., Mührel, E. (Hrsg.):Die Sozialarbeitswissenschaft und ihre Theorie(n) – Positionen, Kontroversen, Perspektiven. VS Verlag, Wiesbaden

Ferlie, E., Steane, P. (2002): Changing Developments in NPM. International Journal of Public Administration 12, 1459–1469

Freidson, E. (2001): Professionalism. The Third Logic. Blackwell, Cambridge

Garland, D., Sparks, R. (2000): Criminology, Social Theory and the Challenge of Our Times. In: Garland, D., Sparks, R. (Hrsg.): Criminology and Social Theory. Oxford University Press, Oxford

Gerwitz, S., Ball, S., Bowe, R. (1995): Markets, Choice and Equity in Education. Open University Press, Buckingham

Gibbs, A. (2000): New Managerialism. In: Davies, M. (Hrsg.): The Blackwell Encyclopaedia of Social Work. Blackwell, Oxford

Grande, E. (1997): Vom produzierenden zum regulierenden Staat: Möglichkeiten und Grenzen von Regulierung bei Privatisierung. In: König, K., Benz, A. (Hrsg.): Privatisierung und staatliche Regulierung. Nomos, Baden-Baden

Grey, C. (1996): Towards a Critique of Managerialism. Journal of Management Studies 5, 591–611

Grunwald, K., Steinbacher, E. (2007): Organisationsgestaltung und Personalführung in den Erziehungshilfen. Grundlagen und Praxismethoden. Juventa, Weinheim

Harms, J., Reichard, C. (2003): Ökonomisierung des öffentlichen Sektors – eine Einführung. In: Harms, J., Reichard, C. (Hrsg.): Die Ökonomisierung des öffentlichen Sektors: Instrumente und Trends. Nomos, Baden-Baden

Harrison, S., Moran, M., Wood, B. (2002): Policy Emergence and Policy Convergence: The Case of ‚Scientific-Bureaucratic Medicine ‚in the United States and United Kingdom. British Journal of Politics and International Relations 1, 1–24

Kaufmann, F.-X. (2005): Sozialpolitik und Sozialstaat. Soziologische Analysen . VS Verlag, Wiesbaden

Kessl, F., Landhäußer, S., Ziegler, H. (2006): Sozialraum. In: Dollinger, B., Raithel, J. (Hrsg.): Aktivierende Sozialpädagogik – ein kritisches Glossar. VS Verlag, Wiesbaden

Kirkpatrick, I. (2009): Taking Stock of the New Managerialism in English Social Services. Social Work & Society 2. In: http://www.socwork.net/2006/1/series/professionalism/kirkpatrick, 23.07.2010

–, Ackroyd S. (2003): Transforming the Professional Archetype? The New Managerialism in UK Social Services. Public Management Review 5, 511–531

–, –, Walker, R. (2005): The New Managerialism and Public Service Professions. Palgrave, London

Klatetzki, Th. (2005): Professionelle Arbeit und kollegiale Organisation. In: Klatetzki, Th., Tacke, V. (Hrsg.): Organisation und Profession. VS Verlag, Wiesbaden

Koschorke, A. (2004): Wissenschaftsbetrieb als Wissenschaftsvernichtung. In: Kimmich, D., Thumfart, A. (Hrsg.): Universität ohne Zukunft? Suhrkamp, Frankfurt / M.

Lange, S. (2008): New Public Management und die Governance der Universitäten. Der moderne Staat. Zeitschrift für Public Policy, Recht und Management 1, 237–250

Larson, M. (1977): The Rise of Professionalism: A Sociological Analysis. University of California Press

Le Grand, J. (2003): From Knight to Knave and from Pawn to Queen: Motivation and agency in public policy. Oxford University Press, Oxford

Lowndes, V. (1997): Change in Public Service Management: New Institutions and New Managerial Regimes. Local Government Studies 2, 42–66

Majone, G. (1996): Regulating Europe. Routledge, London

– (1993): Wann ist Policy-Deliberation wichtig? In: Héritier, A. (Hrsg.): Policy-Analyse. Kritik und Neuorientierung. (PVS-Sonderheft 24). Westdeutscher Verlag, Opladen

Meyer, J., Rowan, B. (1977): Institutionalized Organizations: Formal Structure as Myth and Ceremony. American Journal of Sociology 83, 340–363

Meyer, M. (2009): Wie viel Wirtschaft verträgt die Zivilgesellschaft? Über Möglichkeiten und Grenzen wirtschaftlicher Rationalität in NPOs. In: Bode, I., Evers, A., Klein, A. (Hrsg.): Bürgergesellschaft als Projekt. VS Verlag, Wiesbaden

Muetzelfeldt, M. (2000): Profession und Neues Management in den Sozialen Diensten. Die Auswirkungen der Organisationsformen auf die Klienten. Widersprüche 77, 45–62

Noordegraaf, M., Abma, T. (2003): Management by Measurement? Public Management Practices amidst Ambiguity. Public Administration 4, 853–871

OECD (1995): Governance in Transition. Public Management Reforms in OECD Countries. OECD, Paris

O'Malley, P. (2009): Genealogy, Systematisation and Resistance in ‚Advanced Liberalism‘. Sydney Law School. University of Sydney. Legal Studies Research Paper No. 09/121. University of Sydney, Sydney

Osborne, D., Gaebler, T. (1997): Der innovative Staat. Mit Unternehmergeist zur Verwaltung Der Zukunft. Gabler, Wiesbaden

Otto, H.-U., Albus, S., Polutta, A., Schrödter, M., Ziegler, H. (2007): What Works? Expertise zum aktuellen Diskurs um Ergebnisse und Wirkungen im Feld der Sozialpädagogik und Sozialarbeit – Literaturvergleich nationaler und internationaler Diskussionen. AGJ, Berlin

–, Polutta, A., Ziegler, H. (Hrsg.) (2010): What Works – Welches Wissen braucht die Soziale Arbeit? Budrich, Opladen / Farmington Hills

–, Ziegler, H. (2006): Managerielle Wirkungsorientierung und der demokratische Nutzwert professioneller Sozialer Arbeit. In: Badawia, T., Luckas, H., Müller, H. (Hrsg.): Das Soziale gestalten. VS Verlag, Wiesbaden

Pfadenhauer, M. (2006): Crisis or Decline? Problems of Legitimation and Loss of Trust in Modern Professionalism. Current Sociology 7, 565–578

Pollitt, C. (1993): Managerialism and the Public Services. Blackwell, Oxford

Power, M. (1997): The Audit Society: Rituals of Verification. Oxford University Press, Oxford

Pratt, J. W., Zeckhauser, R. J. (1985): Prinzipals and Agents: The Structure of Business. Harvard Business School Press, Boston

Radtke, F.-O. (2003): Die Erziehungswissenschaft der OECD – Aussichten auf die neue Performanz-Kultur. Erziehungswissenschaft 27, 109–136

Rüb, F. (2003): Vom Wohlfahrtsstaat zum ‚manageriellen Staat‘? Zum Wandel des Verhältnisses von Markt und Staat in der deutschen Sozialpolitik. Politische Vierteljahresschrift, Sonderheft 34, 256–299

Schenker-Wicki, A. (2008): Auswege aus der Audit Society: staatliche Kontrolle versus kollektive Selbstbindung. In: Hirszowicz, C., Lautenschlager, P., Nöldeke, M. (Hrsg.): Die ISB-Jahre mit Ruedi Volkart und Hans Geiger: Auf den Wogen von Banking und Finance. University of Zürich, Zürich

Schily, O. (2000): Staatsmodernisierung und Verwaltungsreform: Praxis, Pläne und Perspektiven. Stabsabteilung der Friedrich-Ebert-Stiftung, FES-Ananlyse Verwaltungspolitik. FES, Bonn

Schimank, U. (2005): Die akademische Profession und die Universitäten. „New Public Management" und eine drohende Entprofessionalisierung. In: Klatetzki, T., Tacke, V. (Hrsg.): Organisation und Profession. VS Verlag, Wiesbaden

Schmidt, C. M. (2010): Grundlagen evidenzbasierter Politikgestaltung bei sozialen Dienstleistungen In: Otto, H.-U., Polutta, A., Ziegler, H. (Hrsg.): What Works – Welches Wissen braucht die Soziale Arbeit? Budrich, Opladen / Farmington Hills

Schnurr, S. (2005): Managerielle Deprofessionalisierung? neue praxis 3, 238–242

Stichweh, R. (2005): Wissen und die Professionen in einer Organisationsgesellschaft. In: Klatetzki, Th., Tacke, V. (Hrsg.): Organisation und Profession. VS Verlag, Wiesbaden

Verhoest K., Peters, G., Bouckaert, G., Verschuere, B. (2004): The Study of Organisational Autonomy: A Conceptual Review. Public Administration and Development 24, 101–118

Vogel, R. (2007): Ökonomisierung des Öffentlichen? New Public Management in Theorie und Praxis der Verwaltung. In Jansen, S., Priddat, B., Stehr, N. (Hrsg.): Die Zukunft des Öffentlichen. VS Verlag, Wiesbaden

Wagenblass, S. (2004): Vertrauen in der Sozialen Arbeit. Juventa, Weinheim

White, V. (2000): Profession und Management. Über Zwecke, Ziele und Mittel in der Sozialen Arbeit. Widersprüche 77, 9–27

Mediation als Konflikthilfe

Von Angelika Iser und Michael Wandrey

Soziale Arbeit als gesellschaftliche Konfliktvermittlung

Soziale Arbeit als erziehungs- und sozialwissenschaftliche Profession und Disziplin zielt auf die Realisierung von Gerechtigkeit als sozialer Gerechtigkeit (Grunwald/Thiersch 2004, 16). Mit dem daraus resultierenden Auftrag, intermediär zwischen Individuen/Gruppen und der Gesellschaft zu vermitteln, um Integration und gerechtere Verhältnisse zu ermöglichen, wird Soziale Arbeit dabei gleichermaßen als gesellschaftliche Konfliktarbeit und individuelle Konflikthilfe aufgefasst und beschrieben (vgl. Hamburger 2003; Heiner 2004; Herrmann 2006).

Diskutiert man das Verhältnis von Sozialer Arbeit und Konflikt, kommt ein Spannungsfeld in den Blick, bei dem es jeweils um gesellschaftliche Zuständigkeitsfragen Sozialer Arbeit geht. Zum einen geht es im disziplinären Diskurs um die Funktionsbestimmung Sozialer Arbeit: Ist sie ein spezieller Akteur für soziale Probleme (z. B. Staub-Bernasconi) oder besteht in einer Gesellschaft, in der Lebensgestaltung durch Modernisierungsprozesse zunehmend prekär wird und dabei Konfliktlinien verdeckt und Benachteiligungen individualisiert werden, eine generelle Zuständigkeit, Lebensbewältigung über generelle Hilfen und Angebote zu fördern (z. B. Thiersch)?

Eher professionsbezogen stellt sich zum Zweiten die Frage, welches konzeptionelle und methodische Handeln einer kritischen, subjektorientierten Sozialen Arbeit entsprechen kann. Kann es ein vermittelndes, integrierendes Handeln sein (z. B. mediative Ansätze, s. u.) oder führt dies zur Befriedung durch Individualisierung und durch professionell manifestierte Verdeckungszusammenhänge, die erst durch eine konfliktorientierte, aufdeckende und parteiliche Arbeit überwunden werden können (z. B. Bitzan/Klöck 1993)?

Hinter beiden Diskursen steht die Frage nach dem kritischen politischen Auftrag der Sozialen Arbeit und nach ihrer permanent notwendigen Repolitisierung, weil Soziale Arbeit als der Politik nachgeordnete Instanz leicht funktionalisierbar ist. In diesem Spannungsfeld sind Konflikte für das professionelle Handeln der Sozialen Arbeit auf mindestens vier Ebenen zentral:

1. Soziale Arbeit als im Wesentlichen kommunikativer Prozess zielt auf Veränderung von Verhältnissen und Verhalten. Durch ihren Rahmenauftrag ist sie unhintergehbar zwischen Hilfe und Kontrolle angesiedelt, weshalb sie u. a. auch gekonnt konfrontativ und konfliktfreudig agieren können muss – in Bezug auf Institutionen wie auf Personen.

2. Soziale Arbeit trifft in der Praxis meist auf konfliktreiche Verhältnisse, mit denen sie konstruktiv umgehen muss. Dabei lassen sich ihre Prozesse nicht einfach „steuern", weil es um die Veränderung von und durch Menschen und/oder Institutionen geht. Die Prozesse unterliegen notwendig dem Technologiedefizit, weshalb sie notgedrungen *kommunikativ gestaltet*, ausgehandelt, überprüft und in ihrer Qualität entwickelt werden müssen.

3. In diesem Rahmen bildet die Vermittlung des gesellschaftlichen Konflikts einen Kern der Funktionsbestimmung Sozialer Arbeit. Soziale Arbeit muss zwischen politisch und gesetzlich bestimmten „Normalvorgaben und -erwartungen" und Menschen, die (aus welchen Gründen auch immer) von diesen Normalitätsvorstellungen ausgeschlossen werden oder ihnen nicht entsprechen, vermitteln.

4. Auch in ihren internen Kooperationen und Arbeitsvollzügen ist Soziale Arbeit auf gelingende Kommunikation angewiesen. Weil unterschiedliche Vorstellungen, Erfahrungen, Erwartungen und Ziele bestehen, sind auch hier Vermittlung und Konfliktarbeit wesentlich.

Otto/Thiersch (Hg.), Handbuch Soziale Arbeit, 4. A., DOI 10.2378/ot4a.art093,
© 2011 by Ernst Reinhardt, GmbH & Co KG, Verlag, München

In der Sozialen Arbeit hat die personenbezogene Konflikthilfe die Autonomie der Lebenspraxis zum Ziel, d. h. die Unterstützung einer eigenverantwortlichen, selbstbestimmten Lebensführung der Klient(inn)en durch „Hilfe zur Selbsthilfe" und durch Institutionenkritik.

Konflikt – Begriff und Theorie

Konflikt kommt von confligere (lat. zusammenstoßen) und kann als intrapsychischer Konflikt (innerer Widerstreit zwischen Gefühlen, Verhaltenstendenzen oder Normen) oder als sozialer Konflikt auftreten. Im Fokus der Zuständigkeit Sozialer Arbeit stehen *soziale Konflikte* zwischen Personen und / oder Gruppen, die im Wissen um und im kompetenten Umgang mit dem Zusammenspiel von individuellen, interaktionellen, strukturellen und kulturellen Konfliktauslösern bearbeitet werden müssen. In der Literatur findet sich zunehmend Glasls Definition sozialer Konflikte als

„eine Interaktion – zwischen Aktoren (Einzelnen, Gruppen, Organisationen usw.)

- wobei wenigstens ein Aktor
- Unvereinbarkeiten im Denken / Vorstellen / Wahrnehmen
- und / oder Fühlen und / oder Wollen
- mit dem anderen Aktor (anderen Aktoren) in der Art erlebt,
- dass im Realisieren eine Beeinträchtigung
- durch einen anderen Aktor (die anderen Aktoren) erfolge" (1990, 14 f.).

Somit besteht ein sozialer Konflikt bereits, wenn mindestens *einer* der Beteiligten sich durch einen anderen in der Umsetzung seiner Handlungsvollzüge behindert oder beeinträchtig sieht und entsprechend darauf reagiert (z. B. mit Überzeugungs- und Bekehrungsversuchen). *Kein* Konflikt besteht, wenn das „Nicht-Verwirklichen der eigenen Gedanken, Gefühle und / oder Intentionen" keiner anderen Partei zugeschrieben wird oder nur unterschiedliche Meinungen, Interessen oder Werthaltungen, Denk- und Vorstellungsinhalte bestehen (15). *Konflikttheoretisch* betrachtet weisen Konflikte einen Doppelcharakter auf. Zunächst zeigen sie Reflekti-

ons- und Veränderungsbedarf an: Die bisher entwickelten Routinen und Absprachen reichen nicht mehr aus, um eine veränderte Situation zu bewältigen. Konflikte können daher wichtige Klärungs-, Lern- und Entwicklungsprozesse ermöglichen und damit konstruktive Wirkung entfalten. Werden sie aber – ähnlich wie Angst – nicht als Hinweis verstanden, situationsadäquat zu reagieren, können Konflikte zunehmend destruktiv wirken und eine Eskalationsdynamik entfalten, aus der man sich nicht mehr ohne fremde Hilfe befreien kann. Aus dieser Sicht wird die Frage zentral, wie mit Konflikten konstruktiv umgegangen werden kann.

Nach Schwarz gibt es für Konfliktbetroffene sechs *Grundmuster der Konfliktlösung*, die dazu führen, „daß die Handlungsfähigkeit von beiden (oder im Extremfall nur von einem) nicht weiter beeinträchtigt wird". Diese Grundmuster ordnet er als Stufenfolge einer Höherentwicklung im Konfliktumgang an und versteht sie als Lernprozess in der Geschichte der Zivilisationsentwicklung ebenso wie von einzelnen Individuen und Gruppen, „manchmal sogar bei ein und demselben Konflikt" (1995, 215). Dabei nimmt die „Flucht" den untersten Platz ein, gefolgt von der „Vernichtung" des Gegners, der eigenen „Unterordnung", der „Delegation", indem die Entscheidung über einen Konflikt an eine höhere Instanz delegiert wird (Religion, Werte oder Normen), dem „Kompromiss" und schließlich dem „Konsens" als höchste Entwicklungsstufe der Konfliktlösung. Dabei sind Rückfälle jederzeit möglich (Schwarz 1995, 216 ff.). In der Literatur finden sich vielfältige weitere Modelle für unterschiedliche Konfliktstile (z. B. Berkel 1984).

Noch größer ist die Zahl der Versuche, Konflikte zu typisieren und zu systematisieren (Glasl 1990, 47 ff.). Eine umfassende Systematik ist „schwierig, weil die Autoren von sehr unterschiedlichen wissenschaftlichen Disziplinen aus denken und handeln" und es keine anerkannte, alle umfassende Wissenschaftstheorie gibt (47).

Die Unterscheidung zwischen unterschiedlichen Konflikt(typ)en ist eine Voraussetzung für einen differenzierten Konfliktumgang. Trotz aller Vielfalt der Autor(inn)en teilen sie die Überzeugung, dass unterschiedliche Konfliktursachen, -verläufe, und -erscheinungsformen sowie Eigenschaften von Konfliktparteien auch unterschiedliche Konfliktumgangsformen erfordern. Die implizite oder explizite

Konfliktsystematik fließt i.d.R. direkt in die Konfliktanalyse und die Theorien zur -intervention mit ein.

Das im deutschsprachigen Raum am häufigsten rezipierte Modell der Konflikttypen, Basismechanismen und Eskalationsstufen von Glasl stellt hierbei sowohl eine differenzierte Theorie Sozialer Konflikte als auch ein Instrumentarium der Konfliktdiagnose dar (1990). Für eine Interventionsvorbereitung im Feld der Sozialen Arbeit wird es durch Wandreys (2004) Diagnosemodell des sog. „Konfliktwürfels" konkretisiert, das hilft, die Mehrdimensionalität zwischenmenschlicher Konflikte systematisch zu betrachten. Hierbei wird zur Betrachtung des *Konfliktausmaßes* das Eskalationsstufenmodell von Glasl herangezogen. Zweitens wird mit dem *Konfliktumfeld* nach dem Kontext des Konflikts geschaut. *Konfliktinhalte* werden drittens nach Verhandlungs-, Klärungs- und Würdigungsthemen unterschieden. Mit der *Konfliktgestalt* als vierter Perspektive wird das systemische Zusammenspiel der Konfliktparteien beleuchtet. Um ausgehend von der Situation und den Ressourcen für die Konfliktbearbeitung ein passendes Verfahren der Konfliktintervention zu ermitteln, ergänzt Iser (2008, 441 ff.) Glasls Eskalationsstufen im Modell der „Verfahrens-, Situations- und Konfliktdiagnose" durch die Analyse der Ebenen, auf denen interveniert wird (Person, Beziehung, Struktur und/oder Kulturen) und durch Fragen zur von den Konfliktbetroffenen zugelassenen Interventionstiefe (Wer ist zur Konfliktklärung bereit? Wie viel Zeit wird für die Konfliktklärung investiert? Auf welchen Ebenen darf interveniert werden? Welche grundlegenden Werte bestehen?). Dies ermöglicht es, eine situationsadäquate Verfahrenswahl zu treffen.

Zusammenfassend kann festgehalten werden, dass es zentral von der Umgangsweise mit Konflikten abhängt, ob sie produktiv nutzbar werden können oder aber destruktiv wirken. Zur konstruktiven Wendung trägt laut der skizzierten Positionen bei, wenn statt einer Wettbewerbssituation eine kooperative Situation besteht oder geschaffen wird, wenn Lösungen vorwiegend durch Aushandlung und nicht durch Macht oder Regeln gefunden werden und wenn bei der Aushandlung eine gemeinsame Problemlösung stattfindet, so dass sie für alle Beteiligten auch Vorteile ermöglicht („win-win"-Lösungen). Notwendig scheint weiterhin zu sein, dass

eine geregelte Entscheidungsfindung ermöglicht wird und Differenzen nicht harmonisiert, sondern als Unterschiede wahrgenommen und in ihrer Berechtigung für die andere Seite „übersetzt" werden.

Soziale Arbeit als personenbezogene Konflikthilfe – Ansätze, Arbeitsfelder und Methodik

Konflikte sind in den Tätigkeitsfeldern der Sozialen Arbeit nahezu allgegenwärtig. Sie stellen eine Aufgabe in allen Bereichen der Hilfen zur Erziehung ebenso dar, wie (oft auf breiterer Ebene) in der Gemeinwesenarbeit. Kinder- und Jugendarbeit, Jugendsozialarbeit, die Arbeit in Kindertagesstätten aber auch die in der Suchtberatung, mit psychisch Kranken oder Obdachlosen fordern einen kompetenten Umgang mit Konflikten als notwendiger und häufig sogar zentraler Schlüsselkompetenz von den Fachkräften der Sozialen Arbeit ab. Das methodische Spektrum Sozialer Arbeit reicht hierbei von beratenden über vermittelnde bis hin zu konfrontierenden Handlungsansätzen.

Die häufigste Form der Konflikthilfe in der Sozialen Arbeit stellt die *psychosoziale (Einzel-)Beratung* von Menschen in Konfliktsituationen dar. Ursprünglich in therapeutischen Arbeitskontexten entwickelt sind hier v.a. die methodischen Ansätze der Klärungshilfe (Thomann/Schulz von Thun 1988) sowie der lösungsorientierten Beratung (de Shazer 1988) in der Praxis weit verbreitet. Die hierbei angewandten Gesprächsführungsmethoden und -techniken zählen mittlerweile in allen Feldern der Einzelfallhilfe nahezu selbstverständlich zum Handlungsrepertoire Sozialer Arbeit, so dass auf diese hier nicht weiter eingegangen wird (s. weiterführend → Nestmann/Sieckendiek, Beratung; Schneider/Heidenreich, Therapie und Soziale Arbeit). Angesichts ihrer seit 1995 zunehmend erfolgten gesetzlichen Verankerung und Verbreitung in der Praxis Sozialer Arbeit wird hier v.a. auf die *Mediation* als aktuell bedeutsamsten Handlungsansatz personenbezogener Konflikthilfe eingegangen.

Vermittlung und Mediation als Konflikthilfe

Internationale und interdisziplinäre Entwicklungslinien

Ausgehend von den USA stellt sich seit den 1970er Jahren die zunehmende Verbreitung von Ansätzen der Konfliktvermittlung als Alternative zum Rechtsstreit (engl. ADR – Alternative Dispute Resolutions) v. a. als eine interdisziplinäre und internationale Entwicklung dar, wobei sich als wichtigster methodischer Ansatz die *Mediation* etabliert. In Deutschland gerät dieser Ansatz seit Mitte der 1980er Jahre in den Fokus und wird zunächst in Form des Täter-Opfer-Ausgleichs im Jugendstrafrecht (ab 1985) und dann der Scheidungsmediation (ab 1988) an zwei wichtigen Schnittstellen von Justiz und Sozialer Arbeit modellhaft erprobt. Im April 2008 hat das Europäische Parlament eine Mediationsrichtlinie verabschiedet, deren Ziel es ist, aktiv den Einsatz der Mediation zu fördern und für ein ausgewogenes Verhältnis zwischen Mediation und Gerichtsverfahren zu sorgen. Das Bundesministerium der Justiz hat eine Expertenkommission eingesetzt, welche aktuell die Vorarbeiten für ein deutsches Mediationsgesetz leistet.

Für die Entwicklung der Mediation in Deutschland ist zu konstatieren, dass sich die Soziale Arbeit als das Tätigkeitsfeld mit dem breitesten Anwendungsspektrum und der bei weitem häufigsten Anwendung von Mediation darstellt. Mediation setzt sich hier zunehmend durch, weil es den Konfliktbeteiligten ermöglicht, autonom über die eigenen Belange zu entscheiden, indem sie bei der Konfliktaushandlung durch Vermittlung und Gesprächsführung unterstützt werden. Diese Eigenschaft als partizipatives, respektvoll an den Betroffenen orientiertes Verfahren führt u. a. dazu, dass Mediation auch zunehmend zur Klärung von Mitarbeiterkonflikten und zur Mitarbeiterführung eingesetzt wird, auch in Kombination mit oder als Ergänzung zur Supervision (Iser 2008).

Mediation als Methode im Kontext Sozialer Arbeit

Von den gleichen kommunikationstheoretischen Grundlagen ausgehend wie die beratenden Ansätze (s. o.), beschreibt Mediation ein Verfahren zur Vermittlung in Streitfällen durch sich allparteilich verhaltende (oft professionelle) Dritte, die von allen Konfliktparteien als Vermittler akzeptiert werden. Die vermittelnden Mediator(inn)en fällen hierbei kein (Schieds-)Urteil, sondern unterstützen die Konfliktparteien dabei, einvernehmliche Regelungen zum beiderseitigen Vorteil zu finden. Sie übernehmen die Verantwortung für die Gestaltung des Verhandlungsprozesses, während die Verantwortung für das Ergebnis bei den Konfliktparteien verbleibt.

Mediation hat damit eine große inhaltliche Nähe zu den Handlungsmaximen Sozialer Arbeit. Da zudem – zumindest im Erleben vieler Fachkräfte – die Konflikthaftigkeit in den Handlungsfeldern der Sozialen Arbeit stetig zunimmt, beschert dies der Mediation hohe Aufmerksamkeit und Attraktivität gerade auch innerhalb der Sozialen Arbeit. Beginnend mit den ersten Modellversuchen hat die Mediation in Deutschland daher rasch Eingang in zahlreiche Arbeitsfelder der Sozialen Arbeit gefunden, z. B. als

- Familienmediation, v. a. bei Eltern-, Sorgerechts- und Scheidungskonflikten,
- Schulmediation, v. a. in Form der Einrichtung und Begleitung von Schüler-Steitschlichter-Programmen sowie der Konfliktmoderation in Klassen,
- Gemeinwesen- und Stadtteilmediation, v. a. im interkulturellen Kontext und bei Nachbarschaftskonflikten,
- Mediation im Kontext betrieblicher Sozialarbeit, v. a. bei Team-, Arbeitsplatz- und Mitarbeiterkonflikten,
- Mediation in und zwischen Organisationen, v. a. bei Ziel- und Planungskonflikten zwischen Kooperationspartnern, Einrichtungen oder Abteilungen,
- Mediation nach Straftaten, v. a. in der Form des Täter-Opfer-Ausgleichs.

Im Vergleich zu den ebenfalls zahlreich entstandenen spezialisierten Mediationsangeboten privater Dienstleister ist Mediation im Kontext Sozialer Arbeit hierbei oftmals dadurch gekennzeichnet, dass

- ein breites Spektrum unterschiedlicher Konfliktkonstellationen zunächst unspezifisch bei den gerade erreichbaren Vor-Ort-Strukturen Sozialer Arbeit anlandet,
- die Inanspruchnahme aus einem zunächst noch
  undifferenzierten Problemdruck heraus und mit
  der Erwartung parteilicher Unterstützung geschieht,
- sich Konfliktparteien oftmals in Multiproblemlagen
  befinden, in denen vor, neben und nach einer Mediation weitergehende individuelle Unterstützungsleistungen erforderlich sind,
- Soziale Arbeit mit vergleichsweise hocheskalierten
  Konflikten konfrontiert ist, zu deren Merkmalen es
  gehört, dass eine Vermittlungslösung von den Konfliktparteien oftmals nicht mehr für möglich gehalten wird und nur auf dem Wege proaktiver Intervention von außen in den Fokus geraten kann – und
  damit
- oftmals erhebliche Machtunterschiede zwischen
  den Konfliktparteien bestehen, so dass nur durch
  Einsatz von Empowermentstrategien die Voraussetzungen für eine Mediation geschaffen werden
  können,
- es sich häufig um – teilweise langanhaltende und
  hocheskalierte – Beziehungskonflikte handelt, die
  mit starken Emotionen und psychischen Beeinträchtigungen bis hin zu Traumatisierungen verbunden sein können, die dann ggf. die Vermittlung
  weitergehender therapeutischer Hilfen erforderlich
  machen,
- das Spannungsfeld zwischen Hilfe und Kontrolle
  durch die Mediation nicht aufgehoben ist.

Individuelles Fallverstehen und fachliches Handeln
auf der Basis sorgfältiger Auftrags- und Rollenklärung sowie am Fall begründete, nachvollziehbare
Arbeitshypothesen sind daher unabdingbare Voraussetzungen für einen fachgerechten Einsatz von
Mediation in der Sozialen Arbeit.

Inzwischen besteht ein breiter Erfahrungsschatz
mit Mediation in den verschiedenen Feldern der
Sozialen Arbeit, der eine Systematik der Mediation
und weiterer Konfliktinterventionsformen als sozialpädagogische Interventionen ermöglicht. Der
Anfang dafür findet sich bei Franz Herrmann, der
„dem Phänomen ‚Konflikt' einen systematischen
Ort in der Sozialen Arbeit zu geben" versucht, indem er den „spezifischen Zugang Sozialer Arbeit zu
Konflikten näher [bestimmt], auch in Abgrenzung
zu anderen Professionen wie JuristInnen, Polizis-

tInnen, TherapeutInnen, mit denen Fachkräfte aus
der Sozialen Arbeit häufig kooperieren müssen"
(2006, 12).

Dennoch ist im Verhältnis zur praktischen Relevanz Sozialer Arbeit für Mediation die originär sozialpädagogisch verfasste Literatur zur Mediation
(mit Ausnahme des Täter-Opfer-Ausgleichs) noch
eher schmal. Es dominieren Praxisberichte, während es nur wenige Anschlüsse zwischen der Diskussion von Mediation auf der einen und Theorien
der Sozialen Arbeit auf der anderen Seite gibt, wie
bei Kleve (2002), Wandrey (2004), Herrmann
(2006) und Iser (2008), die den spezifischen Zugang Sozialer Arbeit zur Mediation und den Beitrag von Mediation zu Professionalisierung und
Qualitätsentwicklung bestimmen.

Eine ausdifferenzierte Systematik fehlt bisher noch,
in der die Anwendungsbereiche der Mediation in
den Feldern der Sozialen Arbeit in den Anforderungen und Grenzen beleuchtet werden. Dabei
stellt sich zugleich ein Begriffs- und ein systematisches Problem, das sich in zwei kontroversen Positionen in der Literatur wie in der Praxis spiegelt: ist
es besser, eine enge Begrifflichkeit von Mediation
in Abgrenzung zu anderen Konfliktregelungsfor-
men zu wählen (z. B. Herrmann 2006) oder Mediation fallorientiert zu modifizieren und anzupassen, unter Ausweitung des Mediationsverständnisses?
Das Spektrum an Mediationskonzepten erstreckt
sich von interesse- und ergebnisorientierten (Fisher
et al. 2002) über sog. transformative Mediationen,
bei denen es stärker um einen Zuwachs an Kon-
fliktkompetenz bei den Konfliktbeteiligten geht
(z. B. Montada / Kals 2001), bis hin zu konfrontativen Formen (Formen der Mediation s. Glasl 2003,
115). Um der Vielfalt an Konzepten und der in der
Sozialen Arbeit notwendigen Fallorientierung zu
begegnen, verwenden wir daher im Weiteren den
umfassenderen Begriff der Konflikthilfe.

Wichtige Beiträge Sozialer Arbeit zur Professionalisierung der Konflikthilfe

Den ersten und zugleich zentralen Beitrag, den
Soziale Arbeit für die professionelle Gestaltung
von Konflikthilfe leisten kann, ist ihr Verständnis
der reflexiven Professionalität und die langjährige
Diskussion und Erfahrung dieser fallbezogenen

Form professionellen Handelns, das sich durch die permanente (hermeneutisch-interpretative) Verschränkung von systematisch entwickeltem wissenschaftlichen Wissen mit der situativen Analyse und Deutung des je gegebenen Praxisproblems auszeichnet. Reflexive Professionalität birgt in sich (mindestens) zwei unauflösbare Paradoxien, die es auszuhalten und als Ressource zu nutzen gilt, um der Komplexität von Konflikthilfeprozessen adäquat begegnen zu können. Das ist zum einen die Notwendigkeit, Fallverstehen und Theorie bei Anerkennung ihrer unhintergehbaren Widersprüchlichkeit gleichzeitig anzuwenden und zu nutzen. Es ist zum zweiten das Paradox, als Professionelle Empowerment, Partizipation und Selbstverantwortlichkeit zu stärken und zu fördern (z. B. Pelikan 1999). Für beide Aspekte wird Reflexivität zum zentralen Faktor für Professionalität (z. B. Steinbacher 2004).

Eng damit verbunden ist die Grundfigur der „stellvertretenden Deutung" als professionellem Handeln, das sich lebenslagenhermeneutisch und eben nicht nur expertokratisch geriert und damit ein Modell v. a. für das Handeln als Mediatorin sein kann. Über diese eingeführte Grundfigur der stellvertretenden Deutung als quasi „kontrollierter Gestaltung" eines gegebenen und bewussten Ungleichheitsverhältnisses aber geht die sozialpädagogische Diskussion und Reflexion der Grenzen von stellvertretender Deutung hinaus. Gerade im Kontext von Konflikthilfe – und daraus erwachsenden neuen Methoden der Konfliktregelung, die die Entscheidungsmacht bei den betroffenen Personen belassen, – gewinnt die Figur der Mäeutik neuen Raum, indem die Menschen darin unterstützt werden, zu ihren eigenen Entscheidungen und Lösungen zu finden (z. B. Pelikan 1999).

Auch die Erfahrung im reflektierten Umgang mit der Doppelfunktion von Hilfe und Kontrolle ist (als immanente Aufgabe) eine Stärke Sozialer Arbeit. Diese Kompetenz ist dort existentiell, wo die Freiwilligkeit des Zugangs zur Konflikthilfe nicht mehr gegeben ist.

Soziale Arbeit als Mittlerin zwischen Individuen und Gesellschaft ist durch ihren Doppelauftrag von Hilfe und Kontrolle i. d. R. auf vielen Ebenen mit dem Auftrag der Mehrparteilichkeit und des Ausgleiches betraut. Neben der Reflexion der eigenen professionellen Rolle und Macht ist dem sozialpädagogischen Diskurs auch die Reflexion von Ungleichheitsverhältnissen und Machtgefällen zwischen Nutzer(inne)n Sozialer Arbeit eine vertraute Sichtweise. Hierdurch bestehen für die Mediation auf einer sehr breiten Ebene Anschlussmöglichkeiten an Konzepte und Theorien Sozialer Arbeit (ausführlicher Iser 2008, 112 ff.).

In diesem Sinne eine ideologiekritische und reflexive Position und Handlungsform zu finden und zu wahren, stellt eine Daueraufgabe Sozialer Arbeit als Konflikthilfe dar.

Literatur

Berkel, K. (1984): Konfliktforschung und Konfliktbewältigung. Ein organisationspsychologischer Ansatz. Duncker + Humblot, Berlin

Besemer, C. (1999): Mediation – Vermittlung in Konflikten. 6. Aufl. Stiftung Gewaltfreies Leben, Königsfeld

Bitzan, M. (2000): Konflikt und Eigensinn. Die Lebensweltorientierung repolitisieren. Neue Praxis 30, 335–346

–, Klöck, T. (1993): „Wer streitet denn mit Aschenputtel?" Konfliktorientierung und Geschlechterdifferenz. AG SPAK, München

Fisher, R., Ury, W., Patton, B. (2002): Das Harvard-Konzept. Sachgerecht verhandeln – erfolgreich verhandeln. Campus, Frankfurt / M.

Glasl, F. (2003): Das Anwendungsspektrum unterschiedlicher Mediationsformen. Ein kontingenztheoretisches Modell. In: Metha, G., Rückert, K. (Hrsg.): Mediation und Demokratie. Neue Wege des Konfliktmanagements in größeren Organisationen. Carl Auer, Heidelberg, 102–119

– (1990): Konfliktmanagement. Ein Handbuch für Führungskräfte, Beraterinnen und Berater. Haupt, Bern

Grunwald, K., Thiersch, H. (Hrsg.) (2004): Praxis Lebensweltorientierter Sozialer Arbeit. Juventa, Weinheim / München, 13–39

Hamburger, F. (2003): Einführung in die Sozialpädagogik. Kohlhammer, Stuttgart

Heiner, M. (2004): Professionalität in der Sozialen Arbeit. Theoretische Konzepte, Modelle und empirische Perspektiven. Kohlhammer, Stuttgart

Herrmann, F. (2006): Konfliktarbeit. Theorie und Methodik Sozialer Arbeit in Konflikten. VS, Wiesbaden

Iser, A. (2008): Supervision und Mediation in der Sozialen Arbeit. Eine Studie zur Klärung von Mitarbeiterkonflikten. dgvt, Tübingen

Kleve, H. (2002): Mediation – Eine systemische Methode Sozialer Arbeit. In: Pfeifer-Schaupp, U. (Hrsg.): Systemische Praxis. Modelle, Konzepte, Perspektiven. Lambertus, Freiburg / Br., 156–176

Montada, L., Kals, E. (2001): Mediation. Lehrbuch für Psychologen und Juristen. Beltz-PVU, Weinheim

Pelikan, C. (1999): Das demokratische Potential der Mediation oder: Die Last der Wiederaneignung der Konflikte. In: Klammer, G., Geissler, P. (Hrsg.): Mediation. Einblicke in Theorie und Praxis professioneller Konfliktregelung. Falter, Wien, 51–61

Schwarz, G. (1995): Konfliktmanagement. Sechs Grundmodelle der Konfliktlösung. 2. Aufl. Gabler, Wiesbaden

Shazer, S. de (1988): Der Dreh. Überraschende Wendungen und Lösungen in der Kurzzeittherapie. Carl-Auer, New York

Steinbacher, E. (2004): Bürgerschaftliches Engagement in Wohlfahrtsverbänden. Dt. Universitäts-Verlag, Wiesbaden

Thomann, C., Schulz von Thun, F. (1988): Klärungshilfe. Rororo, Hamburg

Wandrey, M. (2004): Analyse von Teamkonflikten – Fallverstehen in der Mediation. In: Heiner, M. (Hrsg.): Diagnostik und Diagnosen in der Sozialen Arbeit – ein Handbuch. Eigenverlag des Dt. Vereins für Öffentliche und Private Fürsorge, Berlin, 344–362

Medien und Soziale Arbeit

Von Hans-Jürgen von Wensierski

Einen konstitutiven Zusammenhang zwischen Sozialer Arbeit und Medien, Medientheorie oder Medienpädagogik gibt es nicht. Im Zuge einer forcierten und umfassenden Mediatisierung der Lebenswelten, insbesondere von Kindern und Jugendlichen, und auf dem Hintergrund der steigenden Bedeutung technischer, audiovisueller und onlinegestützter Medien in pädagogischen Handlungsfeldern kommt allerdings den Medien, insbesondere den „Neuen Medien" auch eine wachsende Bedeutung innerhalb der Sozialen Arbeit zu. Ein systematischer wissenschaftlicher Diskurs über den Zusammenhang von Medien und Sozialer Arbeit lässt sich indes nicht nachzeichnen. Ein einziger Sammelband widmet sich bisher diesem Themenkomplex (Cleppien / Lerche 2010). Ein Strukturwandel sozialarbeiterischer Arbeitsfelder durch Informationstechnologien ist – anders als im Bankensektor – nicht in Sicht, auch wenn einzelne Autoren in der Online-Beratung ein zukunftsweisendes Segment sehen (Gehrmann 2010). Die Einführung spezifischer Software für Diagnostikaufgaben oder Sozialadministration steht noch ganz am Anfang oder beschränkt sich weitgehend auf das Sozialmanagement. Eine eigenständige Theoriebildung über mediale Dimensionen Sozialer Arbeit gibt es ebenso wenig wie eine spezifische sozialpädagogische Mediendidaktik. Medien und Soziale Arbeit – das ist vor allem die Frage nach der Bedeutung von Mediensozialisation, Medienpädagogik und Medienbildung im Kontext der Zielgruppen und Handlungsfelder der Sozialen Arbeit.

Medien, Kommunikation und Mediengesellschaft

Medien werden sowohl alltagssprachlich als auch im Kontext der Medienpädagogik gemeinhin als Gruppenbegriff für die Gesamtheit instrumenteller oder technischer Informations- und Kommunikationsmittel verstanden. Das umfasst die traditionellen Schrift- und Bildmedien ebenso wie die modernen technischen, audiovisuellen Massenmedien. Industrialisierung und der technologische Fortschritt im Bereich der elektrischen, elektronischen und später dann digitalisierten Medienkanäle und Medieninhalte sorgten seit dem 19. Jahrhundert sukzessive für eine Aufhebung der örtlichen und zeitlichen Beschränkungen menschlicher Kommunikation. Das Internet erweist sich vor diesem Hintergrund als vorläufiger Endpunkt einer umfassenden Globalisierung sozialer Kommunikation und zugleich als absehbare Vollendung einer technischen Synthese aller bis dato verfügbaren technischen Medien, Medienformate und Medieninhalte. Der historische Quantensprung dieser medialen Revolution besteht nicht nur in der universellen und alltagspraktischen Verfügbarkeit weltweiter Kommunikationen für jeden Bürger, sondern tendenziell auch in der individuellen und weitgehend schrankenlosen Erreichbarkeit eines großen Teils des (öffentlichen) wissenschaftlichen, kulturellen und sozialen Menschheitswissens für jedes einzelne Individuum. Die Erweiterung der Kommunikationsmöglichkeiten für die Individuen wirkt gewissermaßen in beide Richtungen – nach innen wie nach außen. Zum einen wird Kommunikation in Realzeit rund um den Erdball zum selbstverständlichen Bestandteil der Alltagserfahrung; zum anderen wirkt der Einfluss dieser grenzenlosen Kommunikationsfähigkeit auch auf die intimste und

Otto/Thiersch (Hg.), Handbuch Soziale Arbeit, 4. A., DOI 10.2378/ot4a.art094,

privateste Situation des Individuums zurück. Per Handy, GPS und Notebook ist jeder jederzeit und überall für jeden Anderen erreichbar – und damit auch kontrollierbar.

Die Leistungsfähigkeit neuer technischer Multimedia-Systeme scheint dabei auch die kulturelle Hegemonie einer neuen globalisierten audiovisuellen Unterhaltungskultur anzukündigen, die manchen Medientheoretiker bereits das „Ende der Gutenberggalaxis" (McLuhan 1968; Bolz 2008) – also den möglichen Niedergang einer fünfhundertjährigen Buchkultur – einläuten lässt: der Sieg des emotionalen Bildes über die vernunftbetonte Anstrengung des besseren Arguments.

Der rasante Wandel im Kontext der modernen Informationstechnologien verändert so nicht nur die Kommunikationsmöglichkeiten der Individuen sondern auch die soziale Struktur ihrer Kommunikations- und Beziehungssysteme und bedingt eine Anpassung der gesellschaftlichen Teilsysteme in Kultur, Wirtschaft, Politik und Recht an die grundlegend veränderten Strukturmerkmale einer entwickelten Informations-, Medien- und Wissensgesellschaft. Aus pädagogischer Perspektive stellt sich dieser technologische und kulturgeschichtliche Prozess indes als Frage nach den Fähigkeiten des Individuums, die Möglichkeiten, Chancen, aber auch Risiken dieses sozialen und kulturellen Wandels selbstbestimmt, eigenverantwortlich und kreativ nutzen und bewältigen zu können. Für die Soziale Arbeit entsteht daraus die Frage nach den möglichen sozialen Ungleichheiten, den individuellen Entwicklungschancen und sozialen Problemen, die möglicherweise mit einem so umfassenden Wandel zu einer hochtechnologischen Mediengesellschaft und einer „Lebenswelt am Draht" verbunden sind. Kritisch muss konstatiert werden, dass weder die Medienpädagogik noch die Soziale Arbeit bisher diese Fragen sozialer Ungleichheiten und sozialer Probleme als Funktion mediatisierter Lebenswelten systematisch bearbeitet haben.

In besonderer Weise stellt sich im Verlauf dieses kulturgeschichtlichen Wandels die Perspektive auf die Freiheits- und Bürgerrechte des Individuums neu dar. Auch hier wiederum in zwei Richtungen: Als Frage des Zugangs- und Verfügungsrechts über vorhandene Medienkanäle und Medieninhalte werden zum einen traditionell selbstverständliche Rechtsgüter der Persönlichkeitsrechte, des Urheber-

rechtsschutzes oder der Reichweite und Grenzen einer Privat- und Intimsphäre völlig neu thematisiert und problematisiert. Zum anderen induziert die tendenzielle Zweigleisigkeit der modernen onlinegestützten Informations- und Kommunikationstechnologien auch eine zugespitzte Debatte um Datenschutz und den Schutz des Individuums, seiner sozialen Netze und kulturellen Objektivationen vor der (potenziell) allgegenwärtigen Kontrollinstanz des Staates, aber auch neuer subtiler Überwachungstechnologien von Wirtschaft und Industrie. Im Rahmen neuer Formen staatlicher Kontrolle und Zensur erweist sich das globalisierte Informations- und Kommunikationsnetz des Internets zugleich als kritischer bürgerrechtlicher Stachel für die Bestimmung demokratischer Strukturen und individueller Freiheitsrechte innerhalb einer Gesellschaft.

Medienpädagogik und Sozialpädagogik

Die Sozialpädagogik war an diesem gesellschaftlichen Diskurs über die sozialen und kulturellen Folgen moderner Massenmedien in gewisser Weise von Anfang an beteiligt, allerdings eher indirekt über die Herausbildung der Medienpädagogik und die Bedeutung des Jugendmedienschutzes für die Jugendhilfe, insbesondere im Kontext der außerschulischen Jugendarbeit und Jugendbildung. Die Medienpädagogik erweist sich unter dieser Perspektive bis in die Gegenwart als eines der methodischen und gegenstandsbezogenen Praxiskonzepte der Jugendarbeit und Jugendbildung.

Die Entstehung und Entwicklung der Medienpädagogik in Deutschland ist eng verbunden mit der Entwicklung und dem Einfluss einer medienkritischen und kulturpessimistischen Jugendschutzbewegung, die sich seit Anfang des 20. Jahrhunderts als Reaktion auf die Entstehung neuer Massenmedien (Trivialliteratur, Kino) herausgebildet hatte. Im Spannungsfeld zwischen einer neuen jugendschützerischen Kontrollstruktur (Jugendschutzgesetze) und einer reformpädagogisch inspirierten Bewahrpädagogik entwickelte sich ein früher medienpädagogischer Diskurs, der vor allem auf die Vermeidung massenmedialer Einflüsse im Kindes- und Jugendalter zielte. Im Nationalsozialismus kehrte sich dies gewissermaßen in sein Gegenteil um: auf der Basis einer medientechnischen Modernisierung (Rundfunk, Film) wurden Massenmedien jetzt systematisch für die ideologische Propaganda des Regimes eingesetzt. Ein pädagogischer Solitär blieb in diesem Umfeld der 1920er / 30er Jahre die Konzeption einer medienpädagogischen „Seherziehung" durch Adolf Reichwein, der ein methodisches und didaktisches Konzept zur pädagogischen Arbeit mit Film entwickelte (Reichwein 1938).

Nach dem Zweiten Weltkrieg setzte sich in einer restaurativen Phase die Dominanz aus jugendschützerischer Kontrollstruktur und bewahrpädagogischer Medienpädagogik fort. Merkmal der „bewahrpädagogischen" Position war zu Beginn des Jahrhunderts und später in den 1950er Jahren eine kulturpessimistische Deutung des kulturellen und technologischen Wandels in der Gesellschaft. Die Strategie dieser bewahrpädagogischen Medienerziehung ist bis heute zweigleisig.

Zum einen setzte sie auf die Kontrolle der Medien. Als Konsequenz aus der medienpolitischen Zensur des NS-Staates traten neben die einschlägigen Jugendschutzgesetze (GJS; JschÖG), deren Kontrolle vor allem durch die Jugendämter gewährleistet wurde, neue medienpädagogische Kontrollinstanzen: etwa die FSK (Freiwillige Selbstkontrolle Kino) und die Bundesprüfstelle für jugendgefährdende Schriften, die ebenfalls vor allem auf Antrag der Jugendämter aktiv wurde. Der Jugendmedienschutz entwickelte sich in der Folge zu einem der zentralen kulturkritischen Akteure im Bereich der neuartigen mediatisierten und kommerzialisierten jugendlichen Lebenswelten (Sander et al. 2008; Stumpf 2009).

Zum anderen zielt der bewahrpädagogische Ansatz auf eine erzieherische Kultivierung und Selbstkontrolle der Mediennutzung durch die Jugendlichen. Hier setzte die Aufgabe einer schulischen und außerschulischen Medienerziehung an. Während ältere Ansätze der Bewahrpädagogik vor allem Abstinenz gegenüber den Massenmedien postulierten, setzen die Vertreter der sog. Keilhacker-Schule von den 1950er bis in die 1970er Jahre auf die erzieherische Aktivierung einer kritischen Wachsamkeit gegenüber den Gefahren der Massenmedien. Die darauf aufbauende Medienarbeit war vor allem auf den „erzieherisch wertvollen" Film gerichtet und wurde bis in die 1980er Jahre hinein zu einem der zentralen medienpädagogischen Instrumente der offenen Kinder- und Jugendarbeit (Schorb 2008).

Handlungsorientierte Medienpädagogik

Wenngleich auch heute noch vereinzelt jugendschützerische Positionen im Sinne einer bewahrpädagogischen Tradition feststellbar sind, so hat doch seit den 1970er Jahren ein weit reichender Perspektivenwechsel stattgefunden, der sich im Anschluss an ideologie- und kulturkritische Analysen und Medientheorien der 1960er Jahre unter dem Stichwort „handlungsorientierte Medienpädagogik" zusammenfassen lässt, ein handlungstheoretisch und interaktionistisch ausgerichtetes Konzept (Baacke 1973). Die handlungsorientierte Medienpädagogik versteht den Umgang mit Medien als interpretative und gestaltende Auseinandersetzung mit der sozialen Wirklichkeit im Rahmen von medienvermittelten Interaktionen (Baacke 2007).

Im Zentrum handlungsorientierter Medienpädagogik steht der Begriff der Medienkompetenz als zentrale analytische, aber auch programmatische und normative Kategorie (Schell et al. 1999; Groeben / Hurrelmann 2002; Herzig et al. 2010). Während die analytischen Dimensionen des Begriffs auf Chomskys linguistische Universalgrammatik sowie Habermas' Theorie einer „Kommunikativen Kompetenz" zurückgehen und von Baacke (1973) für die Kommunikations- und Medienforschung fruchtbar gemacht wurden, entwickelt er sich in der Folge innerhalb der Medienpädagogik zunehmend zu einer normativen, pädagogischen Leitkategorie. Aus dem immer schon kommunikativ kompetenten Individuum der Handlungstheorien wird innerhalb der Erziehungswissenschaft gleichsam das medienpädagogisch kompetenzbedürftige Subjekt. Der Preis für diese programmatische Erschließung neuer pädagogischer Handlungsfelder ist die sukzessive analytische und konzeptionelle Trennung des Begriffs Medienkompetenz vom umfassenderen Begriff der kommunikativen Kompetenz zum einen und dem Begriff der Bildung zum anderen. Worin sich Medienkompetenz von einer allgemeinen kommunikativen Kompetenz unterscheiden soll und warum eine solche kommunikative Kompetenz nicht durch eine allgemeine Bildung des sprachfähigen, literarisch und musisch gebildeten, kritisch-reflexiven Individuums kultiviert werden kann, bleibt die Medienpädagogik letztlich bis heute schuldig.

Unter dem Leitbegriff der Medienkompetenz entwickelt sich die Medienpädagogik denn auch seit den 1970er Jahren weniger zu einer Pädagogik medialer Kommunikation, als zu einer Pädagogik für technisch audio-visuelle Medien. Forschungen und pädagogische Konzepte zu Literalität und Lesesozialisation bleiben im Kontext der Medienpädagogik eher exklusive Nischenthemen (Groeben / Hurrelmann 2002; 2004; Bertschi-Kaufmann / Rosebrock 2009).

Die Medienpädagogik zielt insofern auf die Entwicklung, den Ausbau und die Sicherung der Medienkompetenzen von Kindern und Jugendlichen, um diese in die Lage zu versetzen, in ihrem Medienalltag zu selbstbestimmten, kritischen, aktiven und kreativen Mitgestaltern ihrer mediatisierten Lebenswelt zu werden. Dabei geht es darum, die Medien und ihre Möglichkeiten für die eigenen Interessen, Bedürfnisse und biographischen Pläne nutzbar machen zu können.

Zur Operationalisierung des analytischen Begriffs Medienkompetenz werden in der Regel verschiedene Kompetenzdimensionen unterschieden, denen jeweils unterschiedliche pädagogische und didaktische Aufgabenstellungen entsprechen. Je nach Konzept werden zwischen drei (Pöttinger), vier (Baacke, Schorb) oder sieben (Groeben) Dimensionen der Medienkompetenz unterschieden. Baacke (2007) als Nestor der handlungsorientierten Medienpädagogik differenziert Medienkritik, Medienkunde, Medien-Nutzung sowie Medien-Gestaltung.

Medienkritik zielt auf die kritisch-reflexive Analyse der Medien, Medieninhalte, des Mediensystems und der Mediengesellschaft sowie auf die Fragen der Medienethik. Die Dimension der *Medienkunde* bezieht sich auf die kognitiven, alltagspraktischen Wissensbestände und instrumentellen Fertigkeiten im Umgang mit technischen Medien. Die *Mediennutzung* zielt auf die Handlungskompetenzen einer souveränen, selbstreflexiven und kritischen Auswahl und Nutzung des Medienangebots in der alltäglichen Lebenswelt. *Mediengestaltung* umfasst die aktive Planung, Gestaltung und Durchführung von Medienprodukten und -projekten (z. B. Filme, Hörspiele, Blogs usw.). Pädagogisch geht es dabei um die Initiierung von Differenzerfahrung, etwa im experimentellen Durchbrechen konventioneller ästhetischer Formen und Sehgewohnheiten oder im Experimentieren mit eigenständigen Ausdrucksformen.

Der Vergleich der konkurrierenden Konzepte von Medienkompetenz innerhalb der Medienpädagogik (Schell et al. 1999) macht zum auf eine gewisse Beliebigkeit der Dimensionierungen aufmerksam, zum anderen werden aber auch gemeinsame Schnittstellen sichtbar: Medienkompetenz wird keineswegs vorrangig als instrumentelles Verfügungswissen im Umgang mit Medien konzipiert. Stattdessen fließen in die Konzepte der Medienkompetenz unterschiedliche Ebenen der Analyse- und Reflexionsfähigkeit, des ethischen und ästhetischen Urteilsvermögens, der ästhetischen Praxis und kreativer Handlungsfähigkeit in der Auseinandersetzung mit der Medienwelt ein.

Diese Dimensionen machen aber auch deutlich, dass Medienkompetenz letztlich immer eingebettet bleibt in einen umfassenderen Bildungsprozess. Die Fähigkeiten zur Selbstreflexion, zur kognitiven Analyse von Lernprozessen und Wissensstrukturen, zur kritischen Auseinandersetzung mit Kultur und Gesellschaft und das Vermögen, einen eigenen kreativen und unverwechselbaren Beitrag dazu beizusteuern, beschreiben eben immer auch allgemeine Bildungskompetenzen und sind keineswegs auf die Medienwelt beschränkt.

Die Frage nach dem Verhältnis von Medienkompetenz und Bildung hat denn auch bisweilen zu pointierten Kritiken an einer spezialisierten Medienpädagogik geführt. Für Hartmut von Hentig ist Medienkompetenz keineswegs eine Schlüsselkompetenz für die Informations- und Mediengesellschaft (v. Hentig 2002). Eher scheint ihm der Begriff ein Teil des Problems als seiner Lösung zu sein. Bildung ist für ihn nicht auf einen einzelnen technischen Gegenstand eng bezogen und Medienbildung letztlich immer noch Bildung. Bildung meint dabei immer die Bildung für das Leben im Gesamtkontext von Kultur und Gesellschaft. Medienkompetenz setzt für v. Hentig deshalb nicht in erster Linie den kritischen und souveränen Umgang mit Medien voraus, sondern „die Befähigung zum Leben in der technischen Zivilisation mit dem Anspruch unserer Kultur." (v. Hentig 2002, 196) Bei v. Hentig bleibt die pädagogische Beschäftigung mit Medien und Neuen Medien stets konstitutiv an alle sonstigen Bildungsprozesse gekoppelt. Eine separate Medienkompetenz als herausragender Zielmarke von Bildung erscheint unter einer solchen Perspektive eher vernachlässigbar.

Medienbildung und Mediensozialisation

Die Kritik an dem zunehmend diffusen analytischen und methodischen Status des Begriffs Medienkompetenz hat auch innerhalb der Medienpädagogik in den letzten Jahren zu einer stärkeren Orientierung am Konzept einer Medienbildung geführt. Der Begriff Medienbildung beschreibt eher eine offene Prozesskategorie als eine Zielmarke pädagogischen Handelns und konstituiert sich „im Schnittfeld bildungstheoretischer, medientheoretischer und kulturtheoretischer" Konzepte (Marotzki / Jörissen 2008, 100). Ein ausgearbeitetes, explizit bildungstheoretisches Konzept findet sich bisher aber nur bei Marotzki (Jörissen / Marotzki 2009). Auf der Basis einer „strukturalen Bildungstheorie" entwickelt er im Anschluss an modernisierungstheoretische Analysen zur Medien- und Wissensgesellschaft ein Medienbildungskonzept, das insbesondere auf die beiden Dimensionen Artikulation und mediale soziale Arenen setzt. Artikulation, das umfasst die Aspekte der neuartigen medialen Kommunikations- und Teilhabeformen, die sich den Individuen in den umfassend mediatisierten gesellschaftlichen Diskursen bieten. Die mediatisierten sozialen Arenen verweisen demgegenüber auf die neuen sozialen Strukturen, Beziehungs- und Vergemeinschaftungsformen und medialen Öffentlichkeiten, die sich insbesondere durch das Internet, Handys, Twitter konstituieren und die „eine immer größere Bedeutung für die Bildungs- und Subjektivierungsprozesse" der Individuen einnehmen (Marotzki / Jörissen 2008, 103). Stärker als der Begriff der Medienkompetenz lässt der Begriff Medienbildung erkennen, dass die Auseinandersetzung mit Medien und Medieninhalten, sowie die Auseinandersetzung mit der eigenen Lebenswelt über Medien und mediengestützte Kommunikation stets ein unauflösbarer Teil der Persönlichkeitsbildung und des Bildungsprozesses eines Individuums sind. Medienbildung stützt sich immer auf „Bildung als reflektiertem Selbst- und Weltverhältnis" (Marotzki / Jörissen 2008, 100). Jenseits dieses bildungstheoretischen Konzepts von Marotzki / Jörissen lässt sich im Kontext der Medienpädagogik allerdings häufiger eine eher pragmatische Verwendung des Begriffs Medienbildung finden. Medienbildung erscheint dann vor allem als Sammelbegriff für die verschiedenen Handlungskonzepte der Medienpädagogik und ersetzt den älteren Begriff der „Medienerziehung": im Sinne von medienpädagogischen Bildungsangeboten. Medienkompetenz wird dann nicht mehr als Ziel medienpädagogischer Arbeit betrachtet, sondern als notwendige Voraussetzung auf dem Weg zur Medienbildung – eine „kulturelle Ressource" (Bachmair 2010, 18) für die reflexive Auseinandersetzung des souveränen Individuums mit einer hochmodernen Medien- und Wissensgesellschaft. Die Medien erscheinen dann vor allem als Katalysatoren für neue und komplexere Kommunikationsformen, oder aber sie fungieren als Gatekeeper zu neuen, erweiterten Sozialwelten oder kulturellen Räumen. Sie helfen „im Prozess der Aneignung von Kulturprodukten" (Bachmair 2010, 22).

Mit dem Perspektivenwechsel in Richtung Medienbildung erweiterte die Medienpädagogik ihr programmatisches Handlungsfeld nicht nur in Richtung allgemeiner Bildungsprozesse, sie reagierte offenbar – ähnlich wie das Handlungsfeld der Kinder- und Jugendarbeit – auch auf den Trend der nationalen Bildungsdebatten, die Ergebnisse des Bildungsmonitorings und den damit einhergehenden Markt der einschlägigen Bildungsprogramme – vor allem im Bereich der Ganztagsbildung, aber auch im Bereich der frühkindlichen Bildung. Für das bis dato vor allem außerschulische Feld der freien medienpädagogischen Träger bedeutete diese Entwicklung auch eine programmatische Annäherung an die Institution Schule. Ausdruck dieser Entwicklung ist etwa die Einrichtung von medienpädagogischen Rahmenplänen, die in verschiedenen Bundesländern (z. B. Thüringen, Mecklenburg-Vorpommern u. a.) für eine neuartige schulische Medienbildung verabschiedet wurden. Methodisch-didaktisch geht mit dieser Entwicklung allerdings auch eine zunehmende Curricularisierung der medienpädagogischen Arbeit einher. War die medienpädagogische Didaktik bisher vor allem durch projektorientierte Formen geprägt, die eher an den kreativen, prozess- und animationsorientierten, auch experimentellen Formen einer kulturellen Praxis ausgerichtet waren, wie sie auch in der Kunst- und Kulturpädagogik dominieren, so wird mit zunehmender pädagogischer Nähe zur Schule doch auch der Ruf nach einschlägigen „Bildungsstandards für die Medienbildung" lauter. Unterscheiden lassen sich hier etwa das „Zürcher Standardmodell" von Moser, der Paderborner Ansatz von Tulodziecki oder das amerikanische NCA-

Programm (National Communication Association). Ein Vorteil dieser Bildungsstandards liegt gewiss in ihrer empirischen Operationalisierbarkeit (Tulodziecki 2010).

Für die Soziale Arbeit sind Medien darüber hinaus insbesondere als Sozialisationsinstanz in den Aufwachsprozessen von Kindern und Jugendlichen relevant. Mediensozialisation umfasst im biographischen Verlauf die Gesamtheit aller intendierten (pädagogischen) und nicht-intendierten (funktionalen, strukturellen) sozialen Situationen, Handlungen und Prozesse, in denen sich ein Kind oder Jugendlicher im Kontext seiner Sozialisationsinstanzen mit den Strukturen, Kommunikations- und Interaktionsformen, den Anforderungen, Erwartungen und Handlungsmöglichkeiten einer mediatisierten Lebenswelt und Gesellschaft auseinandersetzt (Vollbrecht / Wegener 2010).

Die umfassende Mediatisierung der kindlichen und jugendlichen Lebenswelten beschreibt dabei nicht nur den Grad der Versorgung mit einer sich stetig wandelnden Medientechnik und auch nicht nur den Aspekt eines zunehmenden Zeitbudgets, das Kinder für den Umgang mit Medien aufbringen. Die Mediatisierung von Kindheit und Jugend ist vielmehr einer der zentralen Indikatoren für einen grundlegenden soziokulturellen Strukturwandel dieser beiden Lebensphasen seit den 1950er Jahren, wobei sich vier zentrale Funktionen unterscheiden lassen, in denen Medien für Jugendliche Bedeutung erlangen.

- Medien als Ausdruck einer kommerzialisierten Freizeit
- Medien als Instrumente zur Ausbildung eines kulturellen Habitus
- Medien als Kommunikationsmedien für jugendliche Beziehungen und Netzwerke
- Medien als Informations- und Wissensmedien im Bildungsprozess

Die Mediatisierung der Kindheit folgt dabei immer etwas phasenverschoben dem Wandel des Jugendalters.

Im Selbstverständnis einer lebensweltorientierten Sozialen Arbeit kommt hier der Kinder- und Jugendhilfe neben ihrer Bildungsfunktion insbesondere die Aufgabe zu, im Rahmen von Kindheits- und Jugendpolitik sowie des Jugendmedienschutzes

offensiv auf die Gestaltung mediatisierter Lebenswelten und eines kind- und jugendgerechten Mediensystems einzuwirken (Cleppien / Lerche 2010).

Medien und soziale Ungleichheit

Die Frage des Zusammenhangs von sozialer Ungleichheit und Medien scheint mir insgesamt im medienwissenschaftlichen Diskurs eher vernachlässigt (Charlton 1997; Niesyto 2010, 381). International wird dieser Aspekt unter dem Begriff Digital Divide (Digitale Spaltung) diskutiert (Iske et al. 2007). Bereits 2000 hatten Kubicek / Welling auf die soziale Differenzierung beim Zugang und bei der Nutzung von Online-Medien hingewiesen. Die damaligen Befunde über die ungleiche Verteilung der Internetnutzung nach Alter, Geschlecht, Bildung müssen heute indes relativiert werden. Von einer digitalen Spaltung zwischen sozialen Milieus, Klassen, Bildungsgruppen oder Geschlechtern kann in Deutschland wohl keine Rede sein. Lediglich zwischen den Generationen und Altersgruppen zeigen sich nach wie vor deutliche Unterschiede: Die ältere Generation hat einen geringeren Zugang und nutzt das Internet auch weniger. Die Gründe dafür liegen aber wohl nicht in einer sozialen Segregation oder in digitalen Schließungstendenzen, sondern vermutlich in der geringeren Funktionalität der Online-Medien für Ältere, sowie in einer größeren Schwellenangst gegenüber neuen komplexen technischen und medialen Systemen. Im Unterschied zu der tendenziellen Vollversorgung mit schnellen Internetanschlüssen in der Bundesrepublik stellt sich die Frage einer digitalen Kluft im internationalen Vergleich anders dar (Castells 2005, 261 ff.).

Die These von der digital divide ist in gewisser Weise die Aktualisierung einer älteren Hypothese zu medienspezifischen Ungleichheiten, die knowledge gap-These (Wissensklufthypothese), die von Tichenor u. a. bereits 1970 formuliert worden war. Die These basiert auf der Annahme, dass unter den Bedingungen sozialer Ungleichheiten die Wissensaneignung per medialer Informationssysteme letztlich die bildungshöheren Gruppen bevorzuge. In einer Gesellschaft, deren Verteilungs- und Statussysteme verstärkt über Bildungskapital definiert seien, perpetuieren die Zugangsprivilegien zu medialen Wissenssystemen so eine wachsende Kluft zwischen den sozialen Gruppen. In der empirischen Forschung stellt sich die Überprüfung der These allerdings als ein komplexes soziologisches, psychologisches und pädagogisches Forschungsprogramm (Bonfadelli 1994) dar. Im Ergebnis erweisen sich die konstatierten Ungleichheiten weniger als medienspezifisches Problem, denn als klassisches Thema sozialer Ungleichheitsstrukturen in der Gesellschaft mit ihren komplexen Auswirkungen auf Sozialisation, Bildung, kulturellen Habitus, biographische Lebensentwürfe, Teilhabechancen, Persönlichkeitsstrukturen usw.

Auf der Basis der Konzepte und Begriffe der sozialen Ungleichheitsforschung werden dann allerdings auch Unterschiede in der Mediennutzung, der Medienbildung sowie in den distinkten kulturellen Habitus im Medienhandeln sichtbar. So markiert die Differenz zwischen audiovisuellen Unterhaltungsmedien (z. B. Fernsehen) zum einen und den informations- und wissensbezogenen Printmedien (Zeitungen, Bücher) zum anderen nach wie vor eine kulturelle Kluft zwischen verschiedenen Bildungsmilieus, die sich letztlich auch im multi-medialen Amalgam des Internets fortsetzt. Bildungsferne Mediennutzer favorisieren stärker die Unterhaltungsfunktionen, bildungsorientierte User interessieren sich eher für die Informations- und Wissenssysteme des Internets. Die empirischen Studien belegen mithin die Fundierung des Medienhandelns in den soziokulturellen, lebensweltlichen und vor allem familiären Herkunftsmilieus. Kutscher (2010, 157 ff.) resümiert diese sozialen Schließungstendenzen auch in den virtuellen Beteiligungsformen des Internets und des Web 2.0 (→ Kutscher, Soziale Arbeit im virtuellen Raum). Für die Medienpädagogik wie für die Soziale Arbeit folgt daraus, für die eigene Medienarbeit und Medienbildung die Reproduktion und die Auswirkungen sozialer Ungleichheiten im Rahmen der Mediensozialisation und der Ausbildung eines kulturellen Habitus stärker als bisher zu reflektieren. Ein signifikanter Abbau dieser Ungleichheitsstrukturen wird aber wohl allein mit medienpädagogischen Mitteln nicht möglich sein. Nimmt man die empirischen Befunde ernst, dann ist nicht Medienbildung die dringendste Aufgabe zur Verbesserung der kulturellen und kommunikativen Teilhabechancen und der Chancengerechtigkeit in der Mediengesellschaft und im Internet, sondern Bildung insgesamt.

Medien und soziale Probleme?

Der „jugendschützerische Blick", der den Diskurs um die modernen technischen Massenmedien von Beginn an geprägt hat, war stets auch gekennzeichnet durch die Sorge um eine existenzielle Überforderung des Individuums im Umgang mit Medien und Technik. Seinen Ausdruck fand dieser zutiefst romantische Technikskeptizismus bereits Anfang des 20. Jahrhunderts in der Metapher von der „Reizüberflutung": auf der Basis eines mechanistischen Reiz-Reaktionsmodells erschien das Individuum hier willenlos der Reizkaskade medialer Dauerberieselung ausgeliefert, die seinen kognitiven und affektiven Haushalt hoffnungslos überfordere. Auch wenn dieses Modell heute medienwissenschaftlich nicht mehr haltbar ist, prägt es doch nach wie vor den populärwissenschaftlichen und publizistischen Diskurs über die Wirkung von Medien, etwa auf Kinder und Jugendliche, wie eine Recherche bei google belegt.

Die sozialwissenschaftliche und therapeutisierte Weiterentwicklung dieses Prototyps bildet die Figur des Mediensüchtigen. Bereits in den 1960er Jahren diskutiert eine Unesco-Studie die These von der „Fernsehsucht" als „moderne Kinderkrankheit". Seither werden alle neuen technischen audiovisuellen Medien im öffentlichen Diskurs, teilweise auch in den medienwissenschaftlichen Fachdiskursen immer wieder unter Suchtverdacht gestellt: Videofilme, Computer, Computerspiele, Internet usw. Die aktuellen Suchtvarianten beziehen sich auf die Online-Sucht, die sich etwa in Online-Communitys wie facebook, second life u. ä. manifestiere (Schorr 2009).

Mit der Erfindung des Personal-Computers in den 1980er Jahren wurde ein weiterer romantischer Mythos aus dem Industriezeitalter des 19. Jahrhunderts auf ebenso populäre wie kulturwissenschaftliche Weise wiederbelebt und fortan für das informations- und medientechnologische Zeitalter fruchtbar gemacht – der Maschinenmensch. Weizenbaum hatte – ganz in der Tradition kulturwissenschaftlicher „Apokalyptiker" (Eco) – bereits 1978 auf die Figur des „zwanghaften Programmierers" aufmerksam gemacht. Waren die frühen Androiden-Automaten des 18. und 19. Jahrhunderts noch eine spielerische Utopie von der semi-göttlichen Schöpfungskraft moderner Technik, so kehrt die Metapher vom Mensch-Maschine-Interface dieses Bild um. Der Computer und seine binäre Logik stehen unter dem Verdacht, den Menschen, seine Identität und seine sozialen Beziehungen nach ihrem mechanistischen Vorbild zu deformieren (Bammé et al. 1983; Turkle 1986). Die poststrukturalistischen Medientheorien von Baudrillard, Virilio oder Flusser lieferten insbesondere in den 1980er und 1990er Jahren den philosophischen und epistemologischen Überbau für diese Schreckensszenarien, auch für die Annahme einer potenziellen Ununterscheidbarkeit von sozialer Realität und virtueller Medienwelt angesichts der Simulakren der postmodernen Mediengesellschaft. Während Eurich (1985) in Anlehnung an die kulturpessimistische Medientheorie von Postman (1983) den Computer für die Zerstörung des Kindseins verantwortlich machte, bleibt die Figur des mechanistisch konditionierten Jugendlichen vor Bildschirm und Joystick ein bis heute weit verbreiteter, medial und jugendschützerisch gepflegter Alltagsmythos. In seiner Extremvariante kulminiert er zum Typus des gewalttätigen, exzessiv computerspielenden Amokläufers, wie er etwa im Zusammenhang mit den Amokläufen von Erfurt, Winnenden oder Emsdetten diskutiert wurde. So führte der Amoklauf von Robert Steinhäuser (Erfurt) im Jahr 2002 zu einer grundlegenden Reform und Verschärfung des gesetzlichen Jugendmedienschutzes am 1.4.2003.

Der empirischen Medienforschung hielten diese populistischen Zerrbilder des modernen Mediennutzers indes nie stand. Die tägliche Fernsehdauer von Jugendlichen betrug im Jahr 2008 durchschnittlich 120 Minuten (MPFS 2008), etwa soviel wie im Jahr 1998 (Gerhards/Klingler 2001, 65). Als Vielseher werden in der Medienforschung Zuschauer mit mehr als täglich drei Stunden Fernsehnutzung bezeichnet. Die verschiedenen, teilweise älteren Studien weisen den typischen Vielseher als ältere Person, häufig Rentner, mit eher einfacher Bildung und tendenziell aus sozial schwächeren Milieus aus (Bonfadelli 2004, 171 ff.). Fernsehsucht gibt es zwar als klinisches Bild, aber kaum als statistisch signifikante Größe (Bonfadelli 177 ff.). In Bezug auf die Internet- und Computerspielnutzung stellt sich die Situation ähnlich dar. Das Internet hat als sozial und kulturell verallgemeinertes, veralltäglichtes Medium bei Jugendlichen mit dem Fernsehen gleich gezogen. Die Nutzungsdauer liegt gegenwärtig laut Selbstauskunft ebenfalls bei rund zwei Stunden täglich (MPFS 2008, 47). Der Anteil der Vielnutzer liegt beim Internet höher; allerdings ist die alltagspraktische Funktion des Internets gegenüber dem Fernsehen auch wesentlich vielschichtiger – es dient vielen auch für Schule, Studium oder Beruf. Der Rückschluss von der Nutzungsdauer auf ein soziales Problem erscheint somit nicht plausibel. Der Drogen- und Suchtbericht der Bundesregierung schätzt – ohne Quellennachweis – bundesweit etwa 3–7 % süchtige Internetnutzer (Drogenbeauftragte 2009, 88), Six (2007) geht von unter 5 % aus. Meixner und Jerusalem finden in einer nicht-repräsentativen Schülerstudie unter 16-Jährigen insgesamt 1,4 %, die als Internetsüchtige klassifiziert werden (Meixner 2009). Die Addressierung einer ausgeprägten oder exzessiven Nutzung als psychopathologisches Phänomen bleibt aber auch im klinischen Fachdiskurs umstritten (Schorr 2009, 340 ff.; Demmel 2007). Insgesamt fällt auf, dass die Debatte zur klinischen Beschreibung, Klassifikation und Systematisierung von Online-Suchtbildern wesentlich umfangreicher und differenzierter ausfällt als der empirisch-repräsentative Nachweis solcher Internet-Psychopathologien.

Insbesondere ein kausaler Nachweis über die süchtig machende Wirkung des Internets steht nach wie vor aus. Diese Ambivalenz in den empirischen Befunden lässt sich auch für die Computerspiele konstatieren. Die Befunde über den angeblichen Realitätsverlust und die Sucht nach einem „virtuellen Ich" bei Computer- oder Online-Rollenspielern (etwa: World of Warcraft) basieren vor allem auf ideologiekritischen Deduktionen aus den Symbolwelten der Spieleszenarien. Empirisch bleibt es demgegenüber lediglich bei dem Befund einer kleinen Gruppe von zeitintensiven Spielern, die ihre Freizeit weitgehend für Computerspiele verwenden. Fritz fordert denn auch die soziale Akzeptanz solcher Freizeitaktivitäten und den Verzicht auf eine Stigmatisierung als „pathologisch" (Fritz 2010, 276). Schorr weist darauf hin, dass angesichts der unsicheren Datenlage zunächst empirisch geklärt werden müsse, inwieweit exzessive und verhaltensauffällige Mediennutzungsmuster als „mögliche Begleiterscheinungen" vorliegender „psychischer Störungen im Kindes- und Jugendalter" erklärt werden können (Schorr 2009, 342).

Medien und Gewalt

Die Vermutung eines kausalen Zusammenhangs von Medien und Gewalt gehört zu den klassischen Stereotypen innerhalb der sozialwissenschaftlichen und pädagogischen Medienforschungsdebatte (Kunczik / Zipfel 2006). Ein wesentlicher Teil des Jugendmedienschutzes ist – neben dem Pornographieverdacht – insbesondere auf den Verdacht einer gewaltfördernden Wirkung von Medienformaten und Medieninhalten gerichtet. Neben diesem Verdacht der Gewaltförderung steht mit Blick auf kindliche und jugendliche Mediennutzer insbesondere auch die Sorge vor einer emotionalen und psychosozialen Überforderung bzw. einer „sozialethischen Desorientierung" (www.bundespruefstelle.de) durch exzessive Gewaltdarstellungen in Medien im Vordergrund.

Unstrittig ist innerhalb dieser Debatte der langjährige Trend zu mehr Gewaltdarstellungen im Fernsehen, im Kino und auf Videos, in Computerspielen und in den Online-Angeboten des Internets. Dabei nimmt nicht nur die Quantität zu, es lässt sich auch eine weitgehende Enttabuisierung in der audiovisuellen Darstellung von fiktiven und realen Gewaltexzessen sowie in dem Grad an Brutalität der entsprechenden Gewalthandlungen konstatieren. Im Kino gehören hyperreale Gewaltdarstellungen – etwa im sog. Splatterfilm – seit vielen Jahren zum Standard des einschlägigen Horror- und Actiongenres. In den Computerspielen dominieren in vielen Fan-Szenen die Ego-Shooter-Spiele (z. B. Counter Strike), bei denen der Spieler die Rolle des militärisch hochgerüsteten Kombattanten einnimmt und das Spielszenario vor allem auf die symbolische Tötung des Gegners ausgerichtet ist. Im Medienverbund aus Internet und Handy kursieren seit Jahren reale Hinrichtungs- und Enthauptungsvideos aus islamistischen Szenen auf den Schulhöfen. Dem Gesetzgeber und Jugendmedienschutz gelingen in dieser Situation nur mehr Domestizierungsbemühungen der kommerziellen und öffentlich gehandelten Medienprodukte: Öffentliche und private TV-Anstalten, das Kino und die Computerspieleindustrie unterliegen verschiedenen, mehr oder minder wirksamen Kontroll- oder Selbstkontrollinstanzen – etwa mit gestaffelten Altersfreigaben für die Produkte. Der für jedes Kind heute unproblematische Zugang zu internationalen Produkten über das Internet ist davon aber bisher ebensowenig erfasst wie der graue Markt von Schwarzlizenzen, fileshare-Produkten oder der peer-to-peer-Tausch in den Jugendszenen.

In der öffentlichen, medialen und medienpolitischen Debatte erfährt dieser Befund der allgegenwärtigen Gewaltmedien unisono eine entschiedene Ablehnung und Ächtung. Allerdings können sich diese Positionen kaum auf eine evidenzbasierte Medienwirkungsforschung stützen. Bonfadelli spricht denn auch von „übersteigerten Ängsten" aus Unwissenheit und von der Sündenbockfunktion der Medien im öffentlichen Diskurs (Bonfadelli 2004, 250). Notwendig wäre in der öffentlichen und pädagogischen Diskussion über Gewalt in den Medien eine analytische Differenzierung zwischen einem empirisch argumentierenden Medienwirkungsansatz und einer medienethischen Diskussion.

Aus den Möglichkeiten der gegenwärtigen empirischen Medienwirkungsforschung lassen sich wohl keine stichhaltigen wissenschaftlich fundierten Argumente gegen Gewalt in Medien und Jugendmedien ziehen (Bonfadelli 2004; Kunczik / Zipfel 2006). Eine medienethische Pädagogik müsste demgegenüber an dem Aspekt der Menschenwürde und der Verantwortung gegenüber der kommerziellen oder ideologischen Ausbeutung realen Leids und der Affirmation gewaltfördernder Strukturen in bestimmten Gewaltmedien ansetzen (Hausmanninger / Bohrmann 2002). Für Theunert folgt aus dem gängigen „reduktionistischen Gewaltbegriff" eine notwendige Erweiterung der medienpädagogischen Konzepte. Nur im Kontext einer umfassenden gesellschaftlichen Kontextualisierung des Gewaltbegriffs lasse sich auch Mediengewalt mit Jugendlichen angemessen thematisieren (Theunert 2000).

Verbreitet sind sowohl innerhalb des medialen, populärwissenschaftlichen Diskurses als auch im Kontext der Medienpädagogik die Reproduktion teilweise jahrzehntealter theoretischer Wirkungshypothesen: Die Habitualisierungshypothese, die Suggestionstheorie, die Stimulationshypothese, die Kultivierungstheorie oder die Katharsistheorie gehören zum gängigen Kanon der Medienwirkungsdebatte zum Thema Gewalt. Eine empirisch eindeutige und widerspruchsfreie Evidenz als Erklärungsansätze zu medialen Gewaltwirkungen lässt sich all diesen Thesen aber wohl nicht zusprechen (Bonfadelli 2004). Aktuelle und komplexere empirische Studien zur Mediengewalt vermögen durchaus Effekte des medialen Gewaltkonsums auf die Rezipienten nachzuweisen (Grimm 1999; Kunczik / Zipfel 2006). Allerdings bleiben diese Nachweise überwiegend auf Laborsituationen beschränkt, sie belegen auch dort eher quantitativ nachrangige Wirkungen und beschränken sich weitgehend auf kurzfristiges Erregungspotenzial. Dabei ergeben sich auch keine Hinweise, dass das Aktivierungspotenzial und die höhere Gewaltfrequenz etwa in Computerspielen größere Aggressivität oder Gewaltbereitschaft bei Jugendlichen induzieren würde als etwa in Filmen (Kunczik / Zipfel 2008, 452). Die empirische Medienwirkungsforschung hat sich unter dem Eindruck dieser bescheidenen Befunde denn auch weitgehend von der Annahme starker und monokausaler Zusammenhänge von Mediennutzung und Gewaltbereitschaft verabschiedet. An ihre Stelle tritt heute die Annahme, dass Medieneinflüsse allenfalls im Kontext spezifischer benachteiligter, problembelasteter, gewaltgeprägter oder bereits pathogener Lebenslagen oder Persönlichkeitsstrukturen als zusätzliche Verstärker oder Leitbilder auf die Ausformung von Aggression und Gewalt wirken könnten (Bonfadelli 2004, 273 f.; Kunczik / Zipfel 2008, 452).

Medien und Soziale Arbeit – ein Fazit

Die Analyse des Zusammenhangs von Medien und Sozialer Arbeit belegt eine mehr oder weniger klar definierte programmatische Schnittmenge zwischen beiden Bereichen: Es ist vor allem die Sozialpädagogik, die im Kontext ihrer außerschulischen Kinder- und Jugendbildung mit medienpädagogischen Aufgabenstellungen, Themen und Methoden befasst ist – als außerschulische Medienbildung. Die Entwicklung des einschlägigen Fachdiskurses zeigt, dass hier innerhalb der Medienbildung Neuorientierungen sinnvoll scheinen: Sowohl die weit reichende Fokussierung auf informationstechnologische Medien, als auch die nach wie vor starke Orientierung am Medienkompetenzbegriff können nicht mehr so recht überzeugen. Warum sich Medienbildung von kultureller Bildung oder von einer allgemeinen Bildungsarbeit, die sich für Kommunikationsprozesse insgesamt interessiert, unterscheiden sollte, ist unklarer denn

je. Gerade, wenn die Neuen Medien die medialen Erfahrungsbereiche jedes Einzelnen um eine globale Perspektive erweitern, bedarf es einer jungen Generation, die über die notwendige Bildung verfügt, diese neuartigen Chancen und Herausforderungen sozial, kulturell, politisch, sprachlich zu ergreifen und zu bewältigen.

Auf dieser Basis wird auch die Frage sozialer Ungleichheit wieder interessant, aber nicht als digitale Spaltung der Gesellschaft, sondern als zunehmende Kluft zwischen einer gut ausgebildeten Wissenselite und einer Zerstreuung suchenden prekären Schicht von bildungsfernen Milieus. Insbesondere die jungen Migranten erscheinen hier als bedeutsame Zielgruppe: Zum einen nutzen gerade sie die Chancen und Möglichkeiten, die das „Globale Dorf" zwischen Satelliten-TV, Voice-over-IP, Skype und Internet bietet, um Kontakt zu halten zu ihren familiären Herkunftskulturen und Herkunftsländern. Zum anderen sind vor allem sie immer noch durch ein Bildungssystem benachteiligt, das ihnen Verwirklichungschancen versagt (Auernheimer 2009). Die Probleme der jungen Migranten sind aber nicht durch Medienbildung zu lösen, sondern durch eine erfolgreichere Integration und Partizipation im Bildungssystem.

Das Spannungsverhältnis von Medien und Bildung macht auf einen weiteren Aspekt aufmerksam: Bildung ist nach wie vor überwiegend auf Sprache angewiesen und Bildungsmedien sind auch nach dem Ende der Gutenberggalaxis vorrangig Schriftmedien. Nur eine kleine Gruppe der Medienpädagogen und Medienforscher interessiert sich aber für Fragen der Literalität, der Lesesozialisation oder für Sprach- und Lesekompetenzen von Kindern und Jugendlichen. Für den Abbau von Bildungsbenachteiligungen als auch für den Ausbau sozialer und kultureller Reflexivität scheint mir dies ungleich zentraler als die pädagogische Arbeit mit Medientechnik.

Die Neuen Medien haben der Unterhaltungstechnologie als auch den globalen Kommunikationskanälen eine neue audiovisuelle und multimediale Dimension verliehen. Ein Ende der Schriftkultur haben sie, nach allem, was wir heute sehen, dabei nicht eingeleitet. Gleichwohl – die Zukunft des gedruckten Buchs scheint gegenwärtig offen, aber nicht, weil es durch Foto-Blogs oder Youtube infrage gestellt würde, sondern weil auch die weltweite Schriftkultur Eingang findet in die elektronischen Datenbanken, E-Books und digitalen Bibliotheken. Es wird die zentrale Aufgabe aller Bildungsarbeit bleiben, Kinder und Jugendliche für eine solche sprachlich-literarische Enkulturation und Sozialisation zu gewinnen und zu motivieren. Und wenn ein Multimediaverbund aus Buchverlagen, Filmindustrie und Computerspielindustrie dabei helfen kann – umso besser. Dass

Literalität aber bisher einen wesentlichen Aspekt außerschulischer Bildungsarbeit für Kinder und Jugendliche ausmachen würde, kann man wohl nicht ohne weiteres sagen. Insofern erweist sich der Zusammenhang von Medien und Sozialer Arbeit zu guter Letzt als Wiederbegegnung mit einer klassischen Gretchenfrage: Wie hält es die Soziale Arbeit mit der Bildung?

Literatur

Arnold, P., Kilian, L., Thillosen, A., Zimmer, G. (2004): E-Learning. Handbuch für Hochschulen und Bildungszentren. Didaktik, Organisation, Qualität. Bw Verlag, Nürnberg

Auernheimer, G (Hrsg.) (2009): Schieflagen im Bildungssystem. Die Benachteiligung der Migrantenkinder. 3. Aufl. VS, Wiesbaden

Baacke, D. (2007): Medienpädagogik. Nachdruck. Tübingen

– (1993): Jugend und Jugendkulturen. Darstellung und Deutung. 2. Aufl. (5. Aufl. 2007). Juventa, Weinheim / München

– (1973): Kommunikation und Kompetenz. Grundlegung einer Didaktik der Kommunikation und Medien. Juventa, München

–, Ferchhoff, W. (1993): Jugend und Kultur. In: Krüger, H. H. (Hrsg.): Handbuch der Jugendforschung. 2. Aufl. Leske und Budrich, Opladen, 403–445

Bachmair, B. (2010): Einleitung: Medien und Bildung im dramatischen kulturellen Wandel. In: Herzig, B., Meister, D. M., Moser, H., Niesyto, H. (Hrsg.): Jahrbuch Medienpädagogik. Medienkompetenz und Web 2.0, Bd. 8. VS, Wiesbaden, 9–30

Bammé, A., Feuerstein, G., Genth, R., Holling, E., Kahle, R. Kempin, P. (1983): Maschinen-Menschen, Mensch-Maschinen. Grundrisse einer sozialen Beziehung. Rowohlt, Reinbek b. Hamburg

Bertschi-Kaufmann, A., Rosebrock, C. (2009): Literalität. Bildungsaufgabe und Forschungsfeld. Juventa, Weinheim / München

Bieber, C., Eifert, M., Groß, T., Lamla, J. (Hrsg.) (2009): Soziale Netze in der digitalen Welt. Das Internet zwischen egalitärer Teilhabe und ökonomischer Macht. Campus, Frankfurt / M. / New York

Bolz, N. (2008): Am Ende der Gutenberggalaxis. Die neuen Kommunikationsverhältnisse. Fink, München

Bonfadelli, H. (2004): Medienwirkungsforschung II. Anwendungen in Politik, Wirtschaft und Kultur. UVK, Konstanz

– (1994): Die Wissenskluft-Perspektive. Massenmedien und gesellschaftliche Information. UVK, Konstanz

Bundesprüfstelle für jugendgefährdende Medien. In: www.bundespruefstelle.de, 23.05.2010

Castells, M. (2005): Die Internet Galaxie. Internet, Wirtschaft und Gesellschaft. VS, Wiesbaden

Charlton, M. (1997): Rezeptionsforschung als Aufgabe einer interdisziplinären Medienwissenschaft. In: Charlton, M., Schneider, S. (Hrsg.): Rezeptionsforschung. Leske und Budrich, Opladen, 16–39

Cleppien, G., Lerche, U. (Hrsg.) (2010): Soziale Arbeit und Medien. Leske und Budrich, Opladen

Decker, M. (2005): Jugendschutz und Neue Medien. Grundfragen des Jugendmedienschutzes in den Bereichen Bildschirmspiele und Internet. Waxmann, Münster / New York / München / Berlin

Demmel, R. (2007): Internetsucht – gibt es das wirklich? In: Sternberg, T., Dabrowski, M. (Hrsg.): Internet: Realität und Virtualität. Dialogverlag, Münster, 105–116

Drogenbeauftragte der Bundesregierung (Hrsg.) (2009): Drogen- und Suchtbericht. Berlin

Eurich, C. (1985): Computerkinder. Rowohlt, Hamburg

Fritz, J. (2010): Computerspiele – Spielesozialisation. In: Vollbrecht, R., Wegener, C. (Hrsg.): Handbuch Mediensozialisation. VS, Wiesbaden, 269–277

Gehrmann, H.-J. (2010): Onlineberatung – eine Herausforderung für die Soziale Arbeit. In: Cleppien, G., Lerche, U. (Hrsg.): Soziale Arbeit und Medien. VS, Wiesbaden, 105–115

Gerhards, M., Klingler, W. (2001): Jugend und Medien: Fernsehen bleibt dominierend. media perspektiven 2 / 2001, 65–74

Grimm, J. (1999): Fernsehgewalt. Zuwendungsattraktivität, Erregungsverläufe, Sozialer Effekt. VS, Wiesbaden

Groeben, N., Hurrelmann, B. (2004): Lesesozialisation in der Mediengesellschaft. Ein Forschungsüberblick. Juventa, Weinheim / München

–, – (Hrsg.) (2002): Medienkompetenz. Voraussetzungen, Dimensionen, Funktionen. Juventa, Weinheim / München

Hausmanninger, T., Bohrmann, T. (Hrsg.) (2002): Mediale Gewalt. Interdisziplinäre und ethische Perspektiven. UTB, München

Hentig, H. v. (2002): Der technischen Zivilisation gewachsen bleiben. Nachdenken über die Neuen Medien und das gar nicht mehr allmähliche Verschwinden der Wirklichkeit. Beltz, München

Herzig, B., Meister, D., Moser, H., Niesyto, H. (Hrsg.) (2010): Jahrbuch Medienpädagogik. Medienkompetenz und Web 2.0, Bd. 8. VS, Wiesbaden

Hörisch, J. (2004): Eine Geschichte der Medien. Von der Oblate zur CD-Rom. Frankfurt/M.

Iske, S., Klein, A., Kutscher, N., Otto, H.-U. (Hrsg.) (2007): Grenzenlose Cyberwelt? Zum Verhältnis digitaler Ungleichheit und neuen Bildungszugängen für Jugendliche. VS, Wiesbaden

Medienpädagogischer Forschungsverbund Südwest (MPFS) (Hrsg.) (2008): JIM-Studie. Jugend, Information, (Multi-) Media. Basisstudie zum Medienumgang 12- bis 19-Jähriger in Deutschland. Eigenverlag,Stuttgart

Jörissen, B., Marotzki, W. (2009): Medienbildung – Eine Einführung. Theorie – Methoden – Analysen. VS, Wiesbaden

Kubicek, H., Welling, S. (2000): Vor einer digitalen Spaltung in Deutschland? Annäherung an ein verdecktes Problem von wirtschafts- und gesellschaftspolitischer Brisanz. Medien- & Kommunikationswissenschaft 48, 497–517

Kunczik, M., Zipfel, A. (2008): Gewaltdarstellungen. In: Sander, U., Gross, F. v., Hugger, K.-U. (Hrsg.): Handbuch Medienpädagogik. VS, Wiesbaden, 449–453

–, – (2006): Gewalt und Medien. Ein Studienhandbuch. UTB, Köln

Kutscher, N. (2010): Digitale Ungleichheit. Soziale Ungleichheit in der Mediennutzung. In: Cleppien, G.; Lerche, U. (Hrsg.): Soziale Arbeit und Medien. VS, Opladen, 153–164

Marotzki, W., Jörissen, B. (2008): Medienbildung. In: Sander, U., Gross, F. v., Hugger, K.-U. (Hrsg.): Handbuch Medienpädagogik. VS, Wiesbaden, 100–109

McLuhan, M. (1968): Die Gutenberg-Galaxis: Das Ende des Buchzeitalters. Econ, Düsseldorf/Wien

Meixner, S. (2009): Stress und Sucht im Internet. Vortrag gehalten auf dem 3. Sommersymposium 2009 der AHG Klinik Schweriner See am 1. Juli 2009 in Lübstorf. Unveröff. Manuskript

Moser, H. (2010): Einführung in die Medienpädagogik. Aufwachsen im Medienzeitalter. VS, Wiesbaden

Niesyto, H. (2010): Soziale Ungleichheit. In: Vollbrecht, R., Wegener, C.(Hrsg.): Handbuch Mediensozialisation. VS, Wiesbaden, 380–387

Otto, H.-U., Kutscher, N., Klein, A., Iske, S. (2004): Soziale Ungleichheit im virtuellen Raum: Wie nutzen Jugendliche das Internet? Erste Ergebnisse einer empirischen Untersuchung zu Online-Nutzungsdifferenzen und Aneignungsstrukturen von Jugendlichen. Bielefeld

Postman, N. (1983): Das Verschwinden der Kindheit. Fischer, Frankfurt/M.

Reichwein, A. (1938): Film in der Landschule. Stuttgart

Sander, U., Gross, F. v., Hugger, K.-U. (Hrsg.) (2008): Handbuch Medienpädagogik. VS, Wiesbaden

Schell, F., Stolzenburg, E., Theunert, H. (1999): Medienkompetenz. Grundlagen und pädagogisches Handeln. KoPäd, München

Schorb, B. (2008): Die medienpädagogische Position von Martin Keilhacker. In: Sander, U., Gross, F. v., Hugger, K.-U. (Hrsg.): Handbuch Medienpädagogik. VS, Wiesbaden, 51–60

Schorr, A.(2009): Neue Gefahren: Onlinesucht – Exzessive Internetnutzung, die psychisch krank macht. In: Schorr, A. (Hrsg.): Jugendmedienforschung. Forschungsprogramme, Synopse, Perspektiven. VS, Wiesbaden, 337–390

Six, U. (2007): Exzessive und pathologische Mediennutzung. In: Six, U., Gleich, U., Gimmler, R. (Hrsg.): Kommunikationspsychologie – Medienpsychologie. Beltz, Weinheim, 356–371

Stumpf, R. (2009): Jugendschutz oder Geschmackszensur? Die Indizierung von Medien nach dem Jugendschutzgesetz. Duncker & Humblot, Berlin

Theunert, H. (2000): Gewalt in den Medien – Gewalt in der Realität. Gesellschaftliche Zusammenhänge und pädagogisches Handeln. KoPäd, München

Tichenor, P., Donohue, G.A., Olien, C.N. (1970): Mass Media Flow and Differential Growth in Knowledge. Public Opinion Quarterly 34, 159–170

Tulodziecki, G. (2010): Standards für die Medienbildung als eine Grundlage für die empirische Erfassung von Medienkompetenz-Niveaus. In: Herzig, B., Meister, D.M., Moser, H., Niesyto, H. (Hrsg.): Jahrbuch Medienpädagogik 8. Medienkompetenz und Web 2.0, Bd.8. VS, Wiesbaden, 81–101

Turkle, S. (1986): Die Wunschmaschine. Der Computer als zweites Ich. Rowohlt, Reinbek b. Hamburg

Vollbrecht, R., Wegener, C. (Hrsg.) (2010): Handbuch Mediensozialisation. VS, Wiesbaden

Weizenbaum, J. (1978): Die Macht der Computer und die Ohnmacht der Vernunft. Suhrkamp, Frankfurt/M.

Methoden der Sozialen Arbeit

Von Michael Galuske

Einleitung

Aus soziologischer Perspektive ist ein Beruf in Abgrenzung zur unspezifischeren „Arbeit" „die Form,
in der inhaltlich besondere Fähigkeiten als Ware
angeboten werden" (Beck et al. 1980, 37). Demnach steigt die Chance eines Bündels an Fähigkeiten, Fertigkeiten und Einstellungen, zum Beruf
oder gar zum „gehobenen Beruf" (Gildemeister
1996, 443), d. h. zur Profession zu werden, wenn
„dieses Arbeitsvermögen Fähigkeiten enthält, die
dringend nötig und unverzichtbar sind, ferner selten, schwer zugänglich oder schwer ersetzbar, damit vor Konkurrenz möglichst geschützt und darüber hinaus an möglichst vielen verschiedenen
Arbeitsplätzen einsetzbar" (Beck et al. 1980, 39)
ist. Zum Beruf oder gar zur Profession wird ein
„Tätigkeitsbündel" folglich nur dann geadelt, wenn
es über originelle, monopolisierbare und (wie auch
immer) wirksame Problemlösungen verfügt, die
am Markt gefragt sind. Elementarer Bestandteil
dieses exklusiven Berufswissens und -könnens ist
die Verfügung über ausgewiesene fachliche Vorgehensweisen bzw. Methoden der Problemlösung,
die im Rahmen einer Ausbildung erworben werden
und die das berufliche Handeln systematisch vom
„Laienhandeln" unterscheiden. Wendt (1990, 235)
betont in diesem Sinne:

„Methodische Kompetenz und Verberuflichung gehören
zusammen. Solange wenigstens in der Arbeitsgesellschaft
einen Beruf haben heißt, für bestimmte Erwerbstätigkeiten qualifiziert zu sein, bedeutet er, über Verfahren zu verfügen, mit denen sich ein Produkt herstellen oder eine
Dienstleistung erbringen lässt."

Die Etablierung der sozialen Einzel(fall)hilfe, der
sozialen Gruppenarbeit und der Gemeinwesenarbeit
war insofern nicht weniger als der Geburtshelfer der
Verberuflichung und Professionalisierung der Sozialen Arbeit (Gildemeister 1996, 444).
Angesichts dieser zentralen Bedeutung der Handlungsmethoden für die Verberuflichung und Professionalisierung der Sozialen Arbeit überrascht es
auf den ersten Blick, dass die Geschichte der Sozialen Arbeit begleitet wird von Klagen über den fachlich wenig befriedigenden Stand der Methodendiskussion. So identifizierte schon Alice Salomon
(1926, 7), dass die „Ausbildung der Sozialbeamten"
an der „Kargheit der Mittel" kranke, da sie „noch
viel zu sehr auf die Erwerbung von Wissen und zu
wenig auf die Erarbeitung von brauchbaren Ar-
beitsmethoden eingestellt" sei. 70 Jahre später fällt
das Urteil von C. W. Müller (1998, 27) kaum er-
freulicher aus:

„Weil unsere Zunft es in den letzten zwei Jahrzehnten
versäumt hat, Fragen der Methodenentwicklung und der
Methodenlehre ernst zu nehmen und weiterzuentwickeln,
stehen wir heute den vielfältigen Versuchen, Soziale Arbeit zu deprofessionalisieren und den Sozialstaat zurück-
zubauen, beklagenswert hilflos gegenüber."

Und in der Tat ist das Verhältnis der Sozialen Arbeit zu ihren Methoden nicht ungebrochen. Dies
belegt die Geschichte der klassischen Methoden
der Sozialen Arbeit und ihrer Fundamentalkritik in
den 1970er Jahren ebenso wie der Umstand, dass
die Methodenfrage auf der akademischen Agenda
über lange Jahre eher auf den hinteren Rängen zu
finden war – wenn überhaupt. Ein Hintergrund
dieser weitgehenden Abstinenz ist dem Umstand
zuzurechnen, dass mit der Methodenfrage in der
Sozialen Arbeit nicht nur Hoffnungen, sondern
auch Befürchtungen verbunden sind. Janusz
Korczak (1992, 14) etwa verweist auf die seiner
Meinung nach den Methoden innewohnende Gefahr einer routinisierten Verkürzung pädagogischer

Otto/Thiersch (Hg.), Handbuch Soziale Arbeit, 4. A., DOI 10.2378/ot4a.art095,
© 2011 by Ernst Reinhardt, GmbH & Co KG, Verlag, München

Komplexität, einer Technologisierung des pädagogischen Bezuges. „Routine erwirbt ein gleichgültiger Wille, der auf der Suche nach Methoden und Methödchen ist, um die Arbeit zu erleichtern, zu vereinfachen, zu mechanisieren, um zur Arbeits- und Energieeinsparung den für sich bequemsten Weg zu finden." Die Kritik Korczaks verweist in modernen Begriffen gesprochen darauf, dass einer auf Technikbeherrschung verkürzten Methodenverwendung notwendig der „sozialpädagogische Blick" abhanden kommt, jene auf die Bedingungen des Einzelfalls ausgerichtete, fachlich fundierte, gleichwohl offene Suchhaltung gegenüber dem biographischen Eigensinn, den „Besonderheiten" der Klienten und ihrer Lebenslage, den Eigenheiten ihrer Lebenswelten und ihrer sozialen Netzwerke. In diesem Sinne stand die Methodendebatte vor allem im wissenschaftlichen Diskurs lange unter dem Vorbehalt, „dass die Methoden und die dunklen Seiten der Sozialen Arbeit nahe beisammen liegen" (Winkler 1995, 135).

Spätestens seit den 1990er Jahren hat sich die Auseinandersetzung mit den Handlungsmethoden der Sozialen Arbeit allerdings von den hinteren Rängen der Fachdiskussion verabschiedet, was sich an einer Vielzahl einführender Lehrbücher (v. Spiegel 2004; Stimmer 2006; Michel-Schwartze 2007; Galuske 2009) ebenso ablesen lässt, wie an der Konjunktur immer neuer Programme, Konzepte, Methoden und Techniken. Vorab ist es allerdings notwendig, auf den Methodenbegriff und die Rahmenbedingungen methodischen Handelns in der Sozialen Arbeit einzugehen, da diese die Möglichkeiten und Grenzen methodischen Handelns in spezifischer Weise akzentuieren.

Der Methodenbegriff in der Fachdiskussion

Der Begriff Methode stammt vom griechischen „methodos" (der Weg) und wird allgemein als das „planmäßige Verfahren zur Erreichung eines bestimmten Ziels" (Die Zeit 2005, Bd. 9, 525) definiert. Wenn von Methoden der Sozialen Arbeit die Rede ist, so geht es folglich um die planvollen, strukturierten und zielorientierten Aspekte professionellen Handelns in den Praxisfeldern der Sozialpädagogik und Sozialarbeit.

Allerdings wird der Methodenbegriff in der Sozialen Arbeit nicht einheitlich verwendet. E. J. Krauß (2006, 119) ist zu folgen, wenn er feststellt, „dass in der Sozialen Arbeit erstens weder über den Methodenbegriff noch zweitens über einen Methodenkanon Konsens besteht: Was die einen als Technik, im Beratungsgespräch, klassifizieren, gilt den anderen bereits als Methode." D. Kreft und C. W. Müller (2008, 135) sprechen mit vergleichbarer Begründung von einer „blühenden Begriffslandschaft". K. A. Geißler und M. Hege (1995, 22 ff.) haben den bislang tragfähigsten Versuch unternommen, ein begriffliches Instrumentarium zu schärfen, das den unauflösbaren Zusammenhang von Ausgangslagen, Zielen, Rahmenbedingungen, Settings und Mitteln in sozialpädagogischen Handlungssituationen betont. Sie unterscheiden zwischen Konzept, Methode und Technik: Unter Konzept verstehen die Autoren „ein Handlungsmodell, in welchem die Ziele, die Inhalte, die Methoden und die Verfahren in einen sinnhaften Zusammenhang gebracht sind. Dieser Sinn stellt sich im Ausweis der Begründung und Rechtfertigung dar" (Geißler/Hege 1995, 23). Methoden wären nach dem Verständnis von Geißler/Hege einem Konzept unterzuordnen. „Methoden sind – formal betrachtet – (konstitutive) Teilaspekte von Konzepten. Die Methode ist ein vorausgedachter Plan der Vorgehensweise" (Geißler/Hege 1995, 24). Wenn von Methoden die Rede ist, so geht es demnach um die konzeptionell eingebettete und begründete Planung des professionellen Vorgehens. Verfahren und Techniken als drittes Element einer Handlungslehre wären schließlich „Einzelelemente von Methoden. (…) Methoden und Techniken unterscheiden sich nach dem Grad ihrer Komplexität" (Geißler/Hege 1995, 29).

Die von Geißler/Hege vorgenommene Differenzierung ist in erster Linie eine analytische, die den Blick für die Zusammenhänge von Konzepten, Methoden und Techniken schärft. Michel-Schwartze (2007, 12) hat zu Recht darauf hingewiesen, dass die genaue Unterscheidung z. B. zwischen Konzept und Methoden nicht immer leicht ist, gleichwohl plädiert sie für einen „erweiterten Methodenbegriff, der den Übergang… an den Schnittstellen ggfs. auch als Schnittmengen toleriert."

Auf diesem Hintergrund kann man den Methodenbegriff wie folgt fassen: Methoden der Sozialen

Arbeit thematisieren jene Aspekte im Rahmen sozialpädagogischer / sozialarbeiterischer Konzepte, die auf eine planvolle, nachvollziehbare und damit kontrollierte Gestaltung von Hilfeprozessen abzielen und die daraufhin zu überprüfen sind, inwieweit sie dem Gegenstand, den gesellschaftlichen Rahmenbedingungen, den Interventionszielen, den Erfordernissen des Arbeitsfeldes, der Institutionen, der Situation sowie – vorrangig – den beteiligten Personen gerecht werden.

Rahmenbedingungen methodischen Handelns in der Sozialen Arbeit

Methodisches Handeln in der Sozialen Arbeit vollzieht sich unter Rahmenbedingungen, die durch spezifische Anforderungen und Widersprüche gekennzeichnet sind. Fasst man die wesentlichen Befunde der einschlägigen Fachdiskussion zusammen, so lässt sich die Soziale Arbeit in Abgrenzung zu anderen Professionen durch vier Merkmale verdichtet charakterisieren (Galuske 2009, 36 ff.).

- Als erstes Merkmal ist die Allzuständigkeit zu nennen, d. h. alles was das (Alltags-)Leben an Problemen hergibt, kann zum Gegenstand sozialpädagogischer Intervention werden. In der Tat lässt sich zeigen, dass in der Entwicklung der Sozialen Arbeit sowohl auf der Makroebene der Arbeitsfelder wie auch auf der Mikroebene der alltäglichen Intervention eine Ausweitung von Themen, Gegenständen und Problemen stattgefunden hat. Haushaltsmanagement, berufliche Integration, Schulprobleme, fehlender Wohnraum, Zukunftsplanung, Suchtprobleme, materielle Unterversorgung, Sinnfragen, Erziehungs- und Beziehungsprobleme – kurz: kein Alltagsproblem, das nicht zum Gegenstand Sozialer Arbeit werden kann, insofern (a) die „gewachsenen" Ressourcen des sozialen Bedarfsausgleichs nicht ausreichen, die „Problemlage" aus eigener Kraft zu bewältigen und (b) das Problem im öffentlichen und politischen Diskurs als bearbeitungswürdiges Problem wahrgenommen und anerkannt wird.
- Das zweite Merkmal der Sozialen Arbeit ist ihre Alltagsorientierung. Der Alltag gibt den Rahmen und die Regeln der Fallbearbeitung vor, da die Soziale Arbeit typischerweise alltagsnah agiert. Insofern

„ähnelt das, was Sozialarbeiter tun, auch den alltäglichen Handlungen von Laien, von Nachbarn, Müttern und Freunden" (Meinhold 1988, 70). Daraus resultiert für die Soziale Arbeit die Schwierigkeit, „Kompetenzansprüche in Bezug auf Probleme durchzusetzen, die solche des täglichen Lebens sind und damit einer kulturell vermittelten Lebenspraxis. Für ein Laienpublikum ist es schwer einsehbar, daß es hier besonderer Fähigkeiten oder besonderer ‚Experten' bedarf. Die Wissensbasis eines solchen Expertentums ist für die Öffentlichkeit nicht durchschaubar. Und entsprechend ist das öffentliche Ansehen des Berufs geringer als das des Arztes oder des Rechtsanwalts" (Gildemeister 1995, 30).
- Das dritte Merkmal Sozialer Arbeit ist insbesondere von der Dienstleistungstheorie (Olk / Otto 2003) herausgearbeitet worden, nämlich der Status des Klienten als Co-Produzent. Personenbezogene soziale Dienstleistungen sind demnach u. a. durch das Uno-actu-Prinzip gekennzeichnet. *„So kann – im Unterschied zur materiellen Sachgüterproduktion – der Produzent der persönlichen Dienstleistung nicht autonom über die Faktoreneinsätze disponieren, denn der Produktionsfaktor Klient ist gleichsam ‚extern' und muß von Leistung zu Leistung neu mobilisiert werden. Dieser externe Produktionsfaktor bleibt auch ‚Eigentum' des Klienten, er kann in der Regel nicht gezwungen werden, sich physisch oder psychisch an der Leistungserbringung zu beteiligen. Deshalb ist die Qualität der Leistung in hohem Maße mitbedingt durch die Kooperationswilligkeit des Klienten, aber auch seine Kooperationsfähigkeit. Verbesserung der Erbringung persönlicher Dienstleistungen heißt also immer auch Verbesserung der Kooperation zwischen Produzent und Klient."* (Badura / Gross 1976, 69) Für die Methodenfrage ist in diesem Zusammenhang die auf dem Hintergrund der Systemtheorie vertretene These vom Technologiedefizit des Erziehungssystems von besonderer Bedeutung. Der Kern der These vom Technologiedefizit besagt, dass erzieherisches Handeln nicht über Technologien verfügen kann, mit denen es möglich ist, dass ein (personales) System ein anderes (personales) System durch gezielte Intervention sicher von einem Zustand A in einen vorher definierten Zustand B transformiert (Luhmann / Schorr 1982). Die Ursachen hierfür liegen u. a. in der operationalen Geschlossenheit von Systemen, d. h. Systeme sind selbst-

referentiell und handeln primär im Interesse ihrer eigenen Bestandswahrung und Reproduktion. Komplexe soziale Systeme wie Verbände, Organisationen und Subjekte sind auch deshalb nicht steuerbar, weil ihnen in ihrer Komplexität eine ganze Bandbreite an Verarbeitungs- und Reaktionsmustern zur Verfügung stehen und vorab nicht zu eruieren ist, wie sie auf Anregungen von außen reagieren. Reaktionen von Subjekten sind kontingent, d. h. sie wählen aus einer Palette von Reaktionsmöglichkeiten eine aus, könnten aber genauso gut auch eine andere Reaktion bevorzugen. *„Ob die Interventionen von SozialarbeiterInnen, die diese auswählten, da sie ihnen bezüglich der zu lösenden sozialen Probleme als hilfreich und adäquat erschienen, auch in der gleichen Weise von den KlientInnen aufgenommen werden, ist beispielsweise in höchstem Maße unsicher. Schließlich produzieren sozialarbeiterische Interventionen Komplexität, d. h. sie erzeugen einen Spielraum möglicher Reaktionsweisen der KlientInnen. Dass die SozialarbeiterInnen gerade jene Reaktionen von den KlientInnen erwarten, die dann tatsächlich (sozialarbeiterisch) beobachtet werden können, ist ebenfalls unsicher. Paradox formuliert: Sicher ist einzig und allein die Unsicherheit."* (Kleve 1996, 248) Positiv gewendet verweist die Co-Produktivität sozialer Dienstleistungen auf den Umstand, dass Erfolge in sozialpädagogischen Interventionen nur in Arbeitsbündnissen mit den Klienten zu erzielen sind. Sozialpädagogische Interventionen müssen darum in besonderer Weise sowohl die Partizipation der KlientInnen am Hilfeprozess sicherstellen, als auch die Autonomie der Lebenspraxis der KlientInnen respektieren. Da diese Autonomie zur Bewältigung von Problemen in primären Lebensbereichen jedoch häufig beschädigt ist und die Wiedererlangung von Selbststeuerungsfähigkeit zentrales Ziel der Dienstleistungsarbeit ist, versteckt sich hier ein professionelles Grunddilemma aller „helfenden Berufe": „Die Wahrung der Autonomie der Lebenspraxis durch einen Eingriff in die Autonomie der Lebensvollzüge ist das Dilemma aller sozialer Dienstleistungsarbeit" (Gildemeister 1992, 213).

- Mit diesem Grunddilemma steht auch das letzte hier anzusprechende Merkmal der Handlungsbedingungen Sozialer Arbeit in Verbindung, die „starke Abhängigkeit von staatlicher Steuerung und direkter Einbindung in bürokratische Organisationen" (Gildemeister 1995, 30). Soziale Arbeit ist gekennzeichnet durch ihre intermediäre Rolle zwischen System und Lebenswelt (Rauschenbach 1999), insofern agiert sozialpädagogisches Handeln immer im Spannungsfeld von Hilfe für die betroffenen Subjekte und Kontrolle gesellschaftlicher Normalitätsstandards („doppeltes Mandat").

Aus diesen besonderen Handlungsbedingungen resultieren Konsequenzen für das methodische Handeln in der Sozialen Arbeit, die hier nur stichwortartig angedeutet werden sollen:

a. Angesichts der Vielzahl von Lebenslagen, Arbeitsfeldern und Problemen ist die Suche nach einem „Patentrezept" für alle beruflichen Aufgaben der Sozialen Arbeit weder hilfreich noch sinnvoll. Oder wie es E. J. Krauß (2006, 121) formuliert: „Es gibt keine Methode, die sich zur Bearbeitung aller Probleme der sozialberuflichen Praxis eignet. Deshalb ist für jede Methode zu bestimmen, welche Probleme mit ihr erkannt und bearbeitet werden können und für die Zusammenarbeit mit welchen Personen(-gruppen) sie geeignet ist."

b. Methodisches Handeln innerhalb der Sozialen Arbeit muss sich am Kriterium der Alltagsnähe und Alltagstauglichkeit bewähren und messen lassen. Zugleich kann methodisches Handeln, will es der Vielfalt des Alltags gerecht werden, nicht als starres Instrument verstanden werden. Hans Thiersch (1993, 24) betont in diesem Sinne in besonderem Maße die situative Offenheit sozialpädagogischer Methoden: *„Methode, die zweifelsohne ein schematisierend-ordnendes Moment im Handeln ist, scheint im Widerspruch zu stehen zur situativen Offenheit lebensweltorientierten Handelns. Dieser Widerspruch aber löst sich auf, wenn Methode als Grundmuster verstanden wird, das in unterschiedlichen Aufgaben unterschiedlich akzentuiert und konkretisiert wird, indem aber immer das Moment der Strukturierung instrumentell für die Situation realisiert wird."*

c. Aus der Perspektive der Klienten ist einer der wesentlichen Gründe, warum methodisches Handeln unverzichtbar ist, die Tatsache, dass Soziale Arbeit immer im Spannungsfeld von Hilfe und Kontrolle agiert. Wenn sie sich nicht darauf verlassen will, dass gut gemeint gleich gut getan ist, so bedarf es der Kontrolle der beabsichtigten und unbeabsichtigten (Neben-)Wirkungen des beruflich-professionellen Handelns.

Die klassischen Methoden und ihre Kritik

Sucht man heute in einschlägigen Lexika, Handbüchern und Einführungswerken die entsprechenden Passagen zur Geschichte der Methodendiskussion in der Sozialen Arbeit, so stößt man unweigerlich auf das klassische Dreigestirn von sozialer Einzel(fall)hilfe, sozialer Gruppenarbeit und Gemeinwesenarbeit (zum Überblick C. W. Müller 1988; 1992; Galuske 2009).

Die soziale Einzel(fall)hilfe ist die älteste Methode der Sozialen Arbeit, wobei unter dem Begriff eine Anzahl an methodischen Ansätzen verstanden wird, die die helfende Beziehung zwischen Sozialarbeiter und Klient in den Mittelpunkt des professionellen Interesses stellen. In Deutschland erstmals von Alice Salomon in ihrer Schrift „Soziale Diagnose" (1926) vorgestellt, setzten sich die verschiedenen, häufig durch die differenten Spielarten der Psychoanalyse inspirierten Schulen der sozialen Einzel(fall)hilfe in Deutschland erst in der Nachkriegszeit durch und bestimmten insbesondere in den 1960er Jahren die methodische Ausbildung und Arbeit der Sozialdienste (Neuffer 1990).

Den Kerngedanken der sozialen Einzel(fall)hilfe formuliert Smalley (1977, 93): „Durch die Methode der Sozialen Einzelhilfe wird ein Klient veranlasst, sich über einen Beziehungsprozess, im Wesentlichen mit einer Person, zu seinem eigenen und dem allgemeinen sozialen Wohl einer sozialen Hilfe zu bedienen." Im Zentrum des Hilfeprozesses steht in allen Varianten der Einzelfallhilfe die persönliche Beziehung zwischen Hilfesuchendem und Helfer als Medium der Veränderung.

Kerngedanke der unterschiedlichen Ansätze sozialer Gruppenarbeit, der zweiten klassischen Methode der Sozialen Arbeit, ist es hingegen, die Gruppe als Ort und Medium der Intervention durch einen geschulten Experten als Leiter zu nutzen mit dem Ziel der Steigerung der „sozialen Funktionsfähigkeit" (Konopka 1971, 35). Sie gewann in Deutschland ab den 1960er Jahren an Bedeutung und speist sich gleichermaßen aus den Erfahrungen der Jugendbewegung, der Reformpädagogik wie der Kleingruppenforschung. Die unterschiedlichen Ansätze der sozialen Gruppenarbeit integrieren Wissensbestände der Kleingruppenforschung und Prinzipien und Techniken der Gruppenleitung und Gesprächsführung.

Als letzte klassische Methode der Sozialen Arbeit ist die Gemeinwesenarbeit zu nennen, die ihren Interventionsfokus in den sozialen Netzwerken findet. Die unterschiedlichen Varianten von der wohlfahrtsstaatlichen über die integrative bis zur aggressiven Gemeinwesenarbeit (Karas / Hinte 1978) integrieren diverse Verfahren der sozialen Netzwerkforschung, der Kontaktaufnahme, der Bürgerbeteiligung etc., um die Ressourcen des jeweiligen Sozialraumes zu aktivieren und zur Lösung sozialer Problemlagen zu nutzen. In den Konzepten der Sozialraumorientierung oder des Quartiersmanagements finden sich aktuell Grundgedanken der Gemeinwesenarbeit aufgehoben.

Während die Gemeinwesenarbeit sich immer mehr als Arbeitsprinzip etablierte, gerieten soziale Einzel(fall)hilfe und soziale Gruppenarbeit in den 1970er Jahren ins Kreuzfeuer der Kritik der sich nun auch akademisch entfaltenden Disziplin Soziale Arbeit. Neben einer fehlenden theoretischen Fundierung wurde den sozialpädagogischen Methoden insbesondere die Individualisierung sozialer Problemlagen, eine darin eingelagerte Pathologisierung ihrer Klienten und eine damit unmittelbar verbundene Entlastung der Gesellschaft von strukturellen Lösungen sozialer Probleme angelastet. Der individualisierende Zugriff der Sozialen Arbeit bewirkt die „Aufrechterhaltung des bestehenden, repressiven, autoritären Gesellschaftssystems, die Mängel unserer Gesellschaftsordnung werden verschleiert und kaschiert" (Karberg 1973, 147).

Die Methodenkritik trug zu einem gesellschaftstheoretisch und sozialwissenschaftlich aufgeklärten Verständnis der Handlungsbedingungen und Handlungsgrenzen der Sozialen Arbeit bei. Gleichwohl ließ sie in ihrer Zuspitzung keinen Raum mehr für einen nüchternen Blick auf die unbestreitbaren Leistungen von sozialer Einzel(fall)hilfe und sozialer Gruppenarbeit, ihren Beitrag zur Professionalisierung, zur Durchsetzung eines planvollen und (selbst-)reflexiven Berufsverständnisses und nicht zuletzt – dies gilt insbesondere für die soziale Gruppenarbeit – zur Demokratisierung der deutschen Nachkriegsgesellschaft (C. W. Müller 1988; 1992).

Die Kritik der klassischen Methoden hinterließ spürbare Leerstellen, weil die mit der Methodenfrage verbundenen Professionalisierungsinteressen ebenso weiter Bestand hatten, wie der berechtigte Wunsch der Praktiker nach Entlastung durch erprobte Vorgehensweisen. Von der Methodenkritik mit Methodenskepsis ausgestattet, nötigte die Komplexität der Alltagsanforderung die Sozialarbeiter zur Suche nach methodischer Hilfe, Unterstützung und Entlastung, die sie weniger im etablierten Ausbildungssektor, als vielmehr im Markt der Fort- und Weiterbildung fanden. Dabei ist der Methodenmarkt – zumindest bis Anfang der 1990er Jahre – in weiten Teilen ein Importmarkt. Importiert wurden und werden Methoden aus anderen Ländern (vorrangig den USA) und vor allem aus anderen Disziplinen (vorrangig der Psychologie und Psychotherapie). Ohne das Anregungspotenzial von Importen in Abrede zu stellen, sind solche Importstrategien, insofern sie nicht die zumeist höchst unterschiedlichen Rahmenbedingungen berücksichtigen, durchaus problematisch. C.W. Müller (1981, 106) hat auf diesen Umstand hingewiesen: „Rezeptionen haben häufig die fatale Nebenwirkung, daß sie die Momentaufnahmen einer langen, historischen Entwicklung punktuell auf eine andere gesellschaftliche und kulturelle Situation übertragen und damit von ihrer geschichtlichen Vernunft abschneiden."

Zwischen Lebensweltorientierung und Aktivierung – Trends der Methodendiskussion seit den 1990er Jahren

Nach einer längeren „Flaute" hat die Methodendiskussion spätestens gegen Ende der 1990er Jahre wieder an „Fahrt" aufgenommen und eine mittlerweile kaum mehr zu überschauende Vielfalt an Techniken, Methoden und Konzepten auf den Markt geworfen. Zum Überblick lassen sich aktuell im Hinblick auf ihre Nähe und Distanz zum konkreten Hilfeprozess drei Gruppen von Methoden unterscheiden (Galuske 2009, 160 ff.):

- Die direkt interventionsbezogenen Konzepte und Methoden beziehen sich auf solche Ansätze, die direkt und unmittelbar den Hilfeprozess zwischen Sozialarbeiter und Klient strukturieren. Sie lassen sich nochmals unterteilen in (a) einzel- und primärgruppenbezogene Methoden (z. B. soziale Einzelfallhilfe, klientenzentrierte Beratung, sozialpädagogische

Beratung, Mediation, sozialpädagogische Diagnostik, Familie im Mittelpunkt, systemische Ansätze der Beratung und Familienarbeit, Case Management) und (b) in eher gruppen- und sozialraumbezogene Methoden (z. B. soziale Gruppenarbeit, Themenzentrierte Interaktion, Streetwork, akzeptierende Arbeit mit „Problemgruppen", Gemeinwesenarbeit, Quartiersmanagement, Sozialraumorientierung, soziale Netzwerkarbeit), wobei die Grenze zwischen beiden Formen im Gefolge einer voranschreitenden Methodenintegration immer fließender wird.
- Die indirekt interventionsbezogenen Konzepte und Methoden dienen in erster Linie der Reflexion des Hilfeprozesses, wirken aber nicht unmittelbar strukturierend auf diesen ein. Dazu gehören z. B. die Supervision, das Coaching und die Selbstevaluation.
- Die struktur- und organisationsbezogenen Konzepte und Methoden wirken sich mittelbar auf den konkreten Hilfeprozess aus, indem sie auf die Strukturen und institutionellen Rahmenbedingungen zielen. Zu dieser, seit den 1990er Jahren immer bedeutsameren Gruppe an Methoden, gehören z. B. die Organisationsentwicklung, das Qualitätsmanagement, das Fundraising, mithin dem betriebswirtschaftlichen Sektor entlehnte Handlungsmodelle, aber auch der große Bereich der Methoden der Sozialplanung.

Die oben angedeutete Vielfalt der Methodenentwicklung seit den 1990er Jahren ist – in der hier gebotenen Kürze – durch zwei Megatrends geprägt: a) die Entwicklung eines lebensweltorientierten Verständnisses Sozialer Arbeit und b) die zeitgleiche aktivierende Modernisierung des Sozialstaates, auf die im Folgenden näher eingegangen werden soll.

Lebensweltorientierung als fachlicher Impuls der Methodenentwicklung

Der erste Megatrend ist das Ergebnis der sozialpädagogischen Fachdiskussion und Theorieentwicklung: der eng mit dem Namen Hans Thiersch verbundene Ansatz der Lebensweltorientierung. Der Alltag der Menschen ist „erfahrene Wirklichkeit", wobei die „erfahrene Wirklichkeit geprägt [ist, M. G.] durch gesellschaftliche Strukturen und subjektiv bestimmte Handlungsmuster" (Grunwald / Thiersch 2005, 1139). Die Lebenswelt ist insofern gekennzeichnet „durch Ungleichheiten in den Ressourcen, in unterschiedlichen Deutungs- und Handlungsmustern wie durch Widersprüchlichkeiten, wie sie sich im Zeichen zunehmender Pluralisierung und Individualisierung von Lebensverhältnissen und im Zeichen der neuen Vergesellschaftungsansätze abspielen" (Grunwald / Thiersch 2005, 1140). Ziel der Sozialen Arbeit ist es, den Klienten zu einem gelingenderen Alltag zu verhelfen, indem sie im Arbeitsbündnis mit dem Klienten Borniertheiten des Alltags kenntlich macht, Handlungsalternativen erarbeitet, Ressourcen erschließt und Bedarfslagen sozialpolitisch artikuliert. Spätestens mit den vom 8. Jugendbericht formulierten Strukturmaximen einer lebensweltorientierten Kinder- und Jugendhilfe (Prävention, Integration, Dezentralisierung, Alltagsorientierung und Partizipation) konnte sich der Begriff der Lebensweltorientierung zur identitätsstiftenden Chiffre in fast allen Feldern der Sozialen Arbeit entwickeln. Auch in der Methodendiskussion entfaltete sich das Anregungspotenzial der Alltags- und Lebensweltorientierung:

- So wurden unter dem Stichwort Niedrigschwelligkeit (Jungblut 1993) zunächst in der Drogenarbeit, später auch in anderen Feldern der Sozialen Arbeit, Fragen der Zugänglichkeit von Einrichtungen und Hilfeleistungen im Alltag diskutiert, sowohl aus organisatorischer (Öffnungszeiten, Erreichbarkeit, Bedürfnislagen der Klienten etc.) wie normativer Perspektive (Welche Bedingungen knüpfen sich an die Gewährung von Unterstützung?).
- Mit der Methode der Straßensozialarbeit, oder allgemeiner gesprochen mit den unterschiedlichen Formen aufsuchender, mobiler Sozialarbeit mit zumeist randständigen Zielgruppen, etablierten sich methodische Zugänge, die die Hilfen unmittelbar in den Alltag der Zielgruppe brachten und eine neue Form des Einlassens auf die Lebenslagen und alltagsweltlichen Arrangements der Klienten notwendig machten (Krafeld 2004). In diesem Zusammenhang ist die Entwicklung akzeptierender Ansätze mit problematischen Zielgruppen (Drogenabhängige, Fußballfans, gewaltbereite und / oder rechtsradikale Jugendliche, Straßenkinder etc.) hervorzuheben (Krafeld et al. 1993).

- Lebenswelt- und alltagsnahe Soziale Arbeit verlangt nach ganzheitlichen Zugängen des Verstehens von biographischen Verläufen in sozialräumlichen Bezügen, nach neuen, methodisch gesicherten Formen lebenswelthermeneutischer Sensibilität. In diesem Kontext sind etwa Versuche einer rekonstruktiven Sozialpädagogik (Jakob / von Wensierski 1997) zu verorten, die die Erkenntnisse und Erfahrungen der qualitativen Sozialforschung für die Ausbildung und Alltagspraxis von Sozialarbeiterinnen zu nutzen versuchen.
- Die Karriere des Begriffs der Sozialraumorientierung (Kessl et al. 2005) schließlich dokumentiert die gesteigerte Sensibilität der Sozialen Arbeit für die formellen und informellen Netzwerke der Menschen in ihren regionalen Bezügen, ihren Stärken und Schwächen, ihren Ressourcen und ihren Defiziten.

All diese Beispiele belegen eine fachlich motivierte Weiterentwicklung des Handlungsrepertoires der Sozialen Arbeit hin zu mehr Alltags- und damit auch Klientennähe – und allen damit zusammenhängenden Problemen. Etwa zeitgleich gewinnt allerdings ein zweiter, fachlich externer Faktor Einfluss auf die Rahmenbedingungen Sozialer Arbeit und ihre Methoden, der die Erträge der innerfachlichen Weiterentwicklung zwar z. T. begrifflich aufgreift, aber auch in wesentlichen Teilen überlagert und konterkariert, weshalb auf diesen Aspekt etwas ausführlicher eingegangen wird.

Ökonomisierung der Sozialen Arbeit

Damit ist der zweite Megatrend angesprochen, der die Methodendiskussion massiv beeinflusst: der aktivierende Umbau des Sozialstaates im Gefolge von Arbeitsmarktkrise, neoliberaler Modernisierungspolitik und Finanznot der öffentlichen Haushalte (zum Überblick Galuske 2002; 2008). Auf der Suche nach Lösungen hat sich international das Modell des aktivierenden Staates durchgesetzt (Dahme / Wohlfahrt 2005). Darunter verstehen Stephan von Bandemer und Josef Hilbert (1998, 29) einen Staat, „der zwar an einer umfassenden öffentlichen Verantwortung für gesellschaftliche Aufgaben festhält, jedoch nicht alle Leistungen selbst erbringen muss. Seine Aufgabe ist vielmehr, die Gesellschaft einschließlich der Beschäftigten des öffentlichen Dienstes zu aktivieren, zu fordern und zu fördern, sich selbst als Problemlöser zu engagieren." Durch mehr marktförmige, konkurrenzorientierte Steuerungsformen (statt staatlicher Regulation) und mehr Selbstverantwortung der Betroffenen (verstanden als Fähigkeit und unbedingte Bereitschaft zur Teilhabe am Arbeitsmarkt) sollen die sozialstaatlichen Leistungen effektiver und effizienter gestaltet werden.

Die hier nur stichwortartig angedeuteten Entwicklungen sind für die Soziale Arbeit in zwei zentralen Punkten folgenreich:

- Auf der Ebene der Organisation und Finanzierung Sozialer Arbeit werden die etablierten korporatistischen Strukturen des Sozialsektors durch Konkurrenz, kosten- und leistungsorientierte Auftrags- und Mittelvergabe und die Öffnung für privatgewerbliche Anbieter in Richtung auf ein inszeniertes Marktmodell verändert. Wettbewerb und Konkurrenz sollen die Anbieter sozialer Dienstleistungen vor allem zu mehr Kostenbewusstsein und Effizienz motivieren. Dies führt zu einem Prozess der Ökonomisierung der Sozialen Arbeit und ihrer Denk- und Handlungsformen.

- Auf der Ebene der Ziele und Inhalte wird Soziale Arbeit eingeschworen auf die Programmatik des aktivierenden Sozialstaates, der sich nicht an der umfassenden Förderung „gelingenderen Alltags" orientiert, sondern die Arbeitsfähigkeit als Kern von Selbstständigkeit im flexiblen Kapitalismus in den Mittelpunkt stellt. Soziale Arbeit soll präventiv, fördernd und fordernd, kurativ, kontrollierend und sanktionierend die Anerkennung dieses Normalitätsmusters sichern und den Einzelnen in seiner Konkurrenzfähigkeit am Arbeitsmarkt stärken – perspektivisch von Kindesbeinen an. In diesem Kontext erleben wir unter anderem eine Rückkehr der fürsorglichen Belagerung als methodisches Prinzip.

Welche Konsequenzen diese Aspekte für die Methodendiskussion in der Sozialen Arbeit mit sich bringen, soll im Folgenden beispielhaft illustriert und diskutiert werden.

Konsequenzen der Ökonomisierung für die Methodenentwicklung

Ökonomisierung ist die Chiffre für „einen Prozess der betriebswirtschaftlichen Umstrukturierung bzw. Neusteuerung der Institutionen der Kinder- und Jugendhilfe. Der zentrale Fokus dieses Ökonomisierungsprozesses gilt einer Reduzierung des Einsatzes der Mittel und zielt auf eine Privatisierung des Feldes" (Kessl 2002, 1117). Die Logik der Ökonomisierung des Sektors sozialer Dienstleistungsproduktion folgt dem Credo des aktivierenden Staates, dass die auf Konkurrenz angelegten Mechanismen des freien Marktes zu einer effektiveren Produktion führen als die als statisch diskreditierten Instrumente staatlich-bürokratischer Steuerung. Folglich wird allen Feldern, Trägern und Akteuren das „Heilmittel" der Vermarktlichung verschrieben. Die Instrumente, mit denen die marktorientierte Aktivierung der Sozialen Arbeit inszeniert wurde und wird, sind unter den Begriffen Verwaltungsmodernisierung bzw. Neue Steuerung bekannt, und die einschlägigen Werkzeuge wie das Kontraktmanagement, Benchmarking, Budgetierung oder Qualitätsmanagement prägen den Alltag in allen Arbeitsfeldern der Sozialen Arbeit und haben als Anforderung an die Anbieter sozialer Dienstleistungen mittlerweile Eingang in alle Sozialgesetze gefunden (z. B. SGB VIII § 78 b + c; SGB XII § 75).

An drei Beispielen soll veranschaulicht werden, welcher Logik die Konzepte, Methoden und Techniken der Ökonomisierung folgen: a) der psychosozialen (Neo-)Diagnostik, b) der Qualitätssicherung und c) der Wirkungsorientierung.

a) Das neue Modell der Steuerung der sozialen Dienstleistungsproduktion basiert auf der Annahme, dass es mit genügend Wissen um den Einzelfall einerseits und der spezifischen Wirksamkeit unterschiedlicher Hilfen andererseits möglich ist, Hilfeprozesse kalkulierbarer und beherrschbarer zu gestalten. Dies dient sowohl dem Klienten, dem passgenau(er) geholfen wird, als auch der Effizienzsteigerung der Hilfen und damit den belasteten Sozialkassen. In der Logik dieses Modells kommt notwendigerweise der genauen Eingangsanalyse des Einzelfalls eine Schlüsselrolle zu. Nur wenn eine verlässliche Bestandsaufnahme und Bewertung am Beginn des Hilfeprozesses steht, ist eine rational gestaltete Unterstützung überhaupt denkbar und möglich, wobei diese Annahme von zwei Voraussetzungen ausgeht: a) es müssen klare Kriterien und Instrumente zu ihrer Erfassung vorhanden sein, die eine verlässliche Diagnose ermöglichen sowie b) dem Hilfesystem stehen Instrumente zur Verfügung, die als Reaktion auf die Diagnose erfolgreiche Hilfe ermöglichen. Dies ist der Hintergrund des in den letzten Jahren beobachtbaren psychosozialen Diagnostikbooms in der Sozialen Arbeit, von der (sprachlichen) Frühförderung über die Arbeitslosenförderung und Berufshilfe bis hin zu den Erziehungshilfen.

Neuere Ansätze einer psychosozialen Diagnostik im Bereich der Sozialen Arbeit (zum Überblick Heiner 2004), wie etwa die Diagnosetabellen des Bayerischen Landesjugendamtes (Hillmeier 2004), sind gekennzeichnet durch eine standardisierende Reduktion von Komplexität. Mit Hilfe von Fragebögen sollen diagnostisch für wichtig erachtete Aspekte erfasst werden, die den SozialarbeiterInnen ein zielgenau(er)es Urteil über den „Fall" erlauben und damit die Grundlage für eine passgenaue Hilfe liefern.

Der Neodiagnostik-Boom in der Sozialen Arbeit ist ebenso nahe liegend wie überraschend. Nahe liegend ist er, weil ohne eine Technisierung des Hilfeprozesses schon an dieser Schwelle die Logik der Rationalisierung des Hilfeprozesses nicht aufrecht zu erhalten wäre. Überraschend ist der Boom, weil die Soziale Arbeit die Problematik von Diagnosen bereits ausgiebig diskutiert hat und zu einer eher kritischen Haltung gelangte. Demnach sind Diagnosen einige strukturelle Merkmale zu eigen, die aus Sicht der Sozialen Arbeit durchaus problematisch sind. In diagnostischen Prozessen geht es demnach immer um „die Rekonstruktion der Entstehung eines Defizits / einer Störung in einem Individuum, die implizite Prüfung auf Zuständigkeit, die Beteiligung der so als hilfsbedürftig Diagnostizierten ist nur insoweit wichtig, als deren Deutungsmuster Anregungen oder Material zur Interpretation bieten" (Kunstreich et al. 2004, 29). Diagnosen sind mithin nicht nur in der Regel defizitorientiert, auch ist der Prozess der Diagnose ein asymmetrischer: Ein Fachmann fällt auf der Basis seines Fachwissens ein Urteil, das für den Betroffenen folgenreich ist. Dieses Modell mag in der Medizin funktionieren, für die Soziale Arbeit taugt es nicht. Hier geht es in der Regel nicht um ein isolierbares Problem,

dem in erster Linie technisch angemessen zu begegnen ist. Gegenstand der Sozialen Arbeit sind zumeist das gesamte Leben, die Lebensplanung, Lebenslagen, Alltagsroutinen, Ängste, Konflikte, fehlende Ressourcen, Emotionen. Oder in den Worten B. Müllers (1992, 110): „Sozialpädagogik ist nun mal eher eine ‚Natursportart' als eine ‚Hallensportart', sie findet primär im Alltagskontext der Klienten selbst und nicht im professionellen Setting statt." Und gerade weil es eben in der Sozialen Arbeit nicht nur um die Fakten geht, sondern mehr noch um die Deutungen und Verarbeitungsmuster von biographischen Erfahrungen und Lebenslagen, ist eine Vorstellung von Diagnostik, die allein oder vorrangig auf das fachmännische Urteil des Sozialarbeiters setzt, nicht nur unsinnig, sondern gefährlich, wie Burkhard Müller (1991, 57) dies am Beispiel der Psychiatrie aufgezeigt hat. In der Sozialen Arbeit hatte sich deshalb ein Verständnis durchgesetzt, das die dialogische Aushandlung des Gegenstandes der Hilfe zum Ausgangspunkt nahm – institutionalisiert etwa in Form der Hilfeplankonferenzen in den Erziehungshilfen. Die Diagnosetabellen des bayerischen Landesjugendamtes und strukturell ähnliche Instrumente setzen nun, der neuen Logik des Sozialmarktes folgend, wieder deutlich stärker auf das Expertenurteil. Die Technisierung des Urteilsprozesses durch Diagnosetabellen, Merklisten, Testverfahren u. ä. mag dabei den Anschein der Professionalisierung erhöhen, der strukturellen Probleme einer Diagnostik, die das ganze Leben des Klienten, seine Sichtweisen, Denk- und Deutungsmuster in den Blick nehmen muss, entgeht sie aber ebenso wenig wie der Frage, ob denn ihre Diagnosen auch kausal mit entsprechenden Hilfeangeboten in Verbindung gebracht werden können.

b) In der Logik des Konkurrenz- bzw. Marktmodells müssen die Leistungen der Anbieter sozialer Dienstleistungen miteinander vergleichbar sein. Dazu ist es notwendig, die Leistungserbringung transparent und erfassbar zu gestalten, wozu unter anderem die Instrumente der Qualitätssicherung und Qualitätsentwicklung dienen, die in allen Feldern der Sozialen Arbeit von der Kindertagesbetreuung bis zur Altenarbeit den Alltag der Praxis durchdrungen haben. Sie sollen gewährleisten, dass die Klienten (und die Geldgeber) bestimmte Leistungen erwarten können, die als wirkungsvoll und angemessen angesehen werden. Die Instrumente sind darüber hinaus von besonderer Bedeutung für die Inszenierung von Wettbewerb, denn erst wenn Qualitäten sichtbar und messbar werden, können Angebote einzelner Wettbewerber miteinander verglichen werden. Insofern nimmt die Bestimmung und Kontrolle der Qualität sozialer Dienstleistungen eine zentrale Rolle im Modell des Kontraktmanagements ein.

Um die Qualität sozialpädagogischer Angebote zu erfassen und zu kontrollieren, sind im Feld der Sozialen Arbeit in den letzten Jahren verschiedenste Vorgehensweisen erprobt und implementiert worden, die im weitesten Sinne unter dem Begriff des Qualitätsmanagements zusammengefasst werden können. Qualitätsmanagement umfasst „alle Tätigkeiten der Gesamtführungsaufgabe, welche die Qualitätspolitik, Ziele und Verantwortungen festlegen, sowie diese durch Mittel der Qualitätsplanung, Qualitätslenkung, Qualitätssicherung und Qualitätsverbesserung im Rahmen des Qualitätsmanagementsystems verwirklichen" (Burmeister / Lehnerer 1996, 19). Qualitätssicherung zielt dabei in erster Linie darauf ab, „den Kunden gegenüber zu dokumentieren, dass das Unternehmen Qualitätsanforderungen festgelegt hat und diese in rationeller Weise erfüllt" (von Bandemer 1998, 370). Insofern sind nicht so sehr die Ergebnisse und Wirkungen von Dienstleistungen Gegenstand, sondern vielmehr die transparente Darlegung der Bemühungen um ein bestimmtes, vorher definiertes Verfahren der Produktion. Diese garantierten Verfahrensschritte und -standards werden in einem Qualitätshandbuch dokumentiert, das jeder Anbieter, der sich nach DIN ISO zertifizieren lassen will, nach bestimmten Regeln zu erstellen hat. Die praktischen Konsequenzen des Qualitätsbooms in der Sozialen Arbeit sind bekannt. Kaum eine soziale Einrichtung, die nicht Leitbilder entwickelt, Produkte definiert, Qualitätshandbücher verfasst, Qualitätssicherungsbögen ausfüllen lässt usw.

Die flächige Ausbreitung der betriebswirtschaftlichen Instrumente des Qualitätsmanagements geschah dabei trotz deutlicher Vorbehalte der Fachdiskussion. So ist etwa hinsichtlich der Angebote der Sozialen Arbeit keineswegs eindeutig, wer eigentlich der Kunde ist, dessen Bedarf befriedigt werden soll. Auch wird angemerkt, dass die Konzentration auf messbare Indikatoren die Gefahr in sich birgt, dass genau jene Aspekte sozialpädagogischen Handelns, die zwar den Kern des fachlichen Selbstverständnisses ausmachen, aber nicht unmittelbar messbar sind, wie z. B. Beziehungsqualität, lebenswelthermeneutische Sensibilität, sozialpolitische Expertise etc. sukzessive an Bedeutung und Raum verlieren (Thole / Cloos 2000, 558). Die Definition dessen, was die Qualität sozialer Dienstleistungen ausmachen könnte, wird so immer mehr aus fachlichen Legitimationszusammenhängen gelöst und sukzessive dem Diktat eines technizistisch verkürzten Effizienz- und Effektivitätsdenkens geopfert.

c) Nach Auffassung von Polutta (2006, 267) ist der dritte methodische Aspekt, der Diskurs um Wirkungsorientierung sozialpädagogischer Angebote, als eine Weiterentwicklung und „Fortführung des Qualitätsdiskurses in der Jugendhilfe [zu verstehen, M. G.], die – folgt man dem klassischen Donabedian'schen Dreischritt von Struktur-, Prozess- und Ergebnisqualität – nun den Aspekt der Ergebnisse in den Mittelpunkt rückt." Holger Ziegler (2006, 264) fasst den Kerngedanken wie folgt zusammen:

„Verfahren, die die Wirkungen Sozialer Arbeit den Zufällen und Vorlieben der SozialarbeiterInnen entziehen und stattdessen ‚evidenz-basiert' ein Höchstmaß an Effektivität und Effizienz der sozialpädagogischen Interventionen ermöglichen sollen, basieren in der Regel auf empirisch identifizierbaren Risikofaktoren. Diese stellen die vermeintlich (einzige) ‚valide' Entscheidungsgrundlage einer evidenz-basierten Sozialen Arbeit dar. Wenn dabei von den erwiesenermaßen effektivsten Interventionen die Rede ist, geht es um jene standardisierbaren Handlungsprogramme, die die je risikogruppenclusterspezifisch höchste statistisch messbare Wirkungswahrscheinlichkeit ausweisen."

Im Sinne eines medizinischen Wirkungsnachweises (Welche Therapie hat bei welcher Erkrankung die höchste Heilungschance?) soll ermittelt werden, welches pädagogische Setting bei welchem sozialen Problem die statistisch betrachtet höchste Erfolgswahrscheinlichkeit aufweist.

Unabhängig davon, dass damit der alte Grundsatz der Sozialen Arbeit „Behandle ungleiche Wesen ungleich" (Salomon 1926, 61) zugunsten einer statistischen Erfolgswahrscheinlichkeit verabschiedet wird, vollendet sich hier die „managerielle Steuerungsphantasie" des neuen Denkens. „Die Idee einer evidenzbasierten Vorgehensweise besteht … darin, AdressatInnen einem standardisierten diagnostischen ‚actuary assessment' zu unterziehen, um ein ‚Risikoprofil' zu erstellen. Dieses dient dann als ‚objektive' Grundlage für die Zuführung des Falls zu dem profilspezifisch erwiesenermaßen effektivsten bzw. effizientesten Programm." (Ziegler 2006, 265)

Die Rückkehr der fürsorglichen Belagerung

Der aktivierende Umbau des Sozialstaates nach den Prinzipien „mehr Markt" und „mehr Eigeninitiative" hat dazu geführt, dass sich die Zonen der Unsicherheit in der Gesellschaft ausgebreitet haben, nicht zuletzt deshalb, weil moderne Gesellschaften immer weitere Kreise der Gesellschaft zur Produktion gesellschaftlichen Reichtums nicht mehr benötigen. Zygmunt Bauman (2005, 59) spricht drastisch von der „Produktion menschlichen Abfalls" als „Nebenhandlung des wirtschaftlichen Fortschritts" und für Ulrich Beck (2005, 49) werden die „wahrhaft Benachteiligten … schlicht nicht mehr gebraucht, sie müssen nicht einmal mehr wie früher ausgebeutet werden." Betrachtet man nun, wie die modernisierten Arbeitsgesellschaften mit dem wachsenden Problem der Unsicherheit umgehen, so zeichnet sich mit Garland (2008) gesprochen eine neue „Kultur der Kontrolle" ab, die nach Wacquant (2009) dadurch gekennzeichnet ist, dass nicht mehr soziale Unsicherheit und Armut bekämpft werden, sondern die Armen oder von Ausgrenzung Bedrohten werden kontrolliert und sanktioniert.

Wie der aktivierende Staat mit gesellschaftlicher Unsicherheit umgeht, lässt sich in Deutschland idealtypisch an der Einführung der Grundsicherung für Arbeitssuchende (Burkhardt / Enggruber 2005) – im Volksmund Hartz IV genannt – veranschaulichen, die aus methodischer Sicht deshalb interessant ist, weil sich in der Figur des Fallmanagers die Gestalt des „neuen Sozialarbeiters" abzeichnet, wie ihn sich der aktivierende Staat vorstellt.

Grundgedanke der neuen Strategie des „Förderns und Forderns" in der Arbeits- und Sozialverwaltung ist, dass ein Fallmanager mit den Betroffenen nach einer eingehenden Abklärung der biographischen und motivationalen Voraussetzungen (in Neusprech: Profiling und Assessment genannt) eine Einordnung in Fallgruppen (Marktkunde,

Beratungskunde, Betreuungskunde) vornimmt und mit dem einzelnen Klienten verbindliche Wiedereingliederungspläne in den Arbeitsmarkt erstellt, deren Einhaltung er begleitet und überwacht. Als methodisches Rüstzeug für die nun zum Fallmanager ernannten Fachberater des Arbeitsamtes griff man auf das Case Management zurück (Galuske 2009, 196 ff.), einer Methode, die Ende der 1970er Jahre in den USA als Reaktion auf die für die USA typische Zersplitterung sozialer Unterstützungssysteme und den zunehmenden Druck zur kostengünstigen und effizienten Produktion sozialer Dienstleistungen entwickelt wurde.

Im Kern liegt die Leistung des Case Managements „in der Herstellung, Überprüfung, Bewertung und Instandhaltung eines unterstützenden wie kontrollierenden Koordinatensystems zur Gewährleistung individueller Entwicklungsmöglichkeiten" (Hansen 2005, 109). Nicht mehr die „helfende Beziehung" zum Klienten ist Zentrum und Medium der Hilfe, sondern das Arrangement eines verbindlichen und überwachten Netzes an Unterstützungsleistungen. In Deutschland wird das Case Management seit den 1980er Jahren stärker diskutiert, wobei die Rezeption zunächst vorwiegend auf die Bereiche Gesundheitswesen und Pflege beschränkt blieb. In den 1990er Jahren verbreitete sich der Ansatz in immer mehr Arbeitsfeldern, um schließlich zu Beginn des 21. Jahrhunderts durch die Reform der Arbeits- und Sozialverwaltung endgültig in das Zentrum der fachlichen Methodendiskussion zu rücken. Mittlerweile steht Case Management häufig synonym für Einzelfallhilfe und erscheint in der Fachdiskussion „als eine Art Aladins Wunderlampe, deren Geist jedem, der daran reibt, Wünsche zu erfüllen scheint: Die Soziale Arbeit wird effektiv, effizient, berechenbar, transparent, professionalisiert, kundenorientiert" (Hansen 2005, 108).

Betrachtet man nun die Rezeption des Case Managements in der Arbeits- und Sozialverwaltung, so fällt auf, dass von den in der Methodenliteratur betonten Maximen der Freiwilligkeit und Zieloffenheit der Hilfen nichts übrig bleibt, und das obwohl das Fachkonzept der Bundesagentur für Arbeit unter Beteiligung der Deutschen Gesellschaft für Care und Case Management entstand. So kann von Ergebnisoffenheit im Sinne einer umfassenden Orientierung an der gelingenderen Lebensbewältigung der Menschen keine Rede sein.

Die Aktivierungsprogrammatik des Fallmanagements in der Arbeits- und Sozialverwaltung kennt ausschließlich das Ziel der Förderung der Arbeitsmarktgängigkeit durch Motivation, Training, Bildung – freiwillig oder unter Sanktionsdruck. Andere Lebensprobleme werden bestenfalls als Hürden auf dem Weg in den Arbeitsmarkt wahr- und in Angriff genommen. Auch Freiwilligkeit ist kein Merkmal der Betreuung durch den Fallmanager, ist die aktive Mitarbeit des Klienten doch verpflichtend, andernfalls drohen Sanktionen in Form von Leistungskürzungen und Sperrzeiten. Ist etwa der Klient etwa nicht einverstanden mit Vereinbarungen des Eingliederungsvertrages, so kann der Fallmanager diesen ohne Zustimmung des Klienten als Verwaltungsakt schlicht erlassen (Galuske 2007).

Die Soziale Arbeit scheint hier ohne großes Lamento zu einem neuen / alten autoritären Hilfeverständnis zurückzukehren, das die fürsorgliche Belagerung zum methodischen Prinzip erklärt. Der fachliche Boom des Case Managements offenbart nach Hansen allerdings ein „tiefgreifendes Glaubwürdigkeitsproblem" der Sozialen Arbeit, „wenn sie einerseits neoliberale Tendenzen in der Sozialpolitik kategorisch als Beiträge zur Demontage des Sozialstaats wertet, sich andererseits aber neoliberaler Instrumentarien wie des Care / Case Managements bedient und diese in ihre Professionalisierungsstrategien einbaut" (Hansen 2005, 120).

Methodenentwicklung in der Sozialen Arbeit im Kontext aktivierender Sozialstaatsmodernisierung – ein professionelles Abstiegsprojekt?

Derzeit deutet nichts darauf hin, dass die beschriebenen Aspekte der Ökonomisierung und Paternalisierung der Denk- und Handlungsmuster der Sozialen Arbeit in absehbarer Zeit an Bedeutung und Dominanz verlieren würden. Im Gegenteil: Studien belegen, dass der Umbau des Sozialsektors zu einem Sozialmarkt bereits nachhaltige Folgen in den Organisationen der Sozialen Arbeit nach sich gezogen hat (Dahme et al. 2005).

Zu Beginn des Beitrags wurde darauf hingewiesen, dass die Entwicklung von Handlungsmethoden immer eng verknüpft war mit dem Projekt der Ver-

beruflichung und Professionalisierung der Sozialen Arbeit. Insofern könnte man den in den letzten Jahren zweifelsohne zu verzeichnenden technologischen Zugewinn als Indiz für einen weiteren Aufstieg der Sozialen Arbeit auf der Professionalisierungsleiter interpretieren. Dem widersprechen allerdings eher gegenläufige Tendenzen auf dem Arbeitsmarkt für Soziale Berufe, die Dahme et al. (2007, 23) wie folgt resümieren:

„Die Handlungsvollzüge der Profession, die sich bislang durch relative Klientenautonomie auszeichneten, wurden administrativ überformt und die Professionen sehen sich mit organisatorischen wie aber auch mit Vorgaben für die konkreten Arbeitserledigungen konfrontiert. In der Literatur wird dieser Wandel als Re-Taylorisierung der Arbeitsvollzüge in den sozialarbeitsbasierten Diensten beschrieben. Ein dem sozialen Dienstleistungssektor bislang unbekanntes Mikromanagement (Steuerung von Handlungsvollzügen) verändert auch die Interaktionslogik bzw. die Professionslogik in den sozialen Diensten. In Folge dieser Entwicklungen ist seit einiger Zeit im Hinblick auf die Personalpolitik im Sozialbereich von einem ‚dramatischen Entwertungsprozess' der Profession die Rede."

Es deutet sich ein nachhaltiger Ausdifferenzierungsprozess zwischen jenen an, die die Handbücher, Diagnosetabellen und Produktkataloge entwickeln – eine vergleichsweise anspruchsvolle Aufgabe, die mit besseren Arbeitsbedingungen und höherer Entlohnung honoriert werden dürfte – und einer großen Masse an „ausführenden Sozialarbeitern", die die Vorgaben schlicht abarbeiten und für die eine qualifizierte Ausbildung ebenso wenig zwangsläufig Voraussetzung sein muss, wie die Festanstellung die Regel sein wird. Holger Ziegler (2006, 264) hat dies am Beispiel der wirkungsorientierten Steuerung veranschaulicht:

„Die Verfahren einer evidenz-basierten Sozialen Arbeit sind in der Regel eng mit neo-manageriellen Steuerungsfantasien verknüpft. Die Annahme, dass damit die Professionalität Sozialer Arbeit gestärkt werde, erscheint indes reichlich naiv. Praktisch wird der Stellenwert des ‚Steuerungsmodus' ‚Professionalität' eher zurückgedrängt. Professionalität verweist nämlich auf weitgehend selbstbestimmtes, jedenfalls gerade nicht auf ein fremdbestimmtes Handeln, das Leitlinien, Manuale und andere Direktiven befolgt."

Man könnte es sich einfach machen und darauf hinweisen, dass die messianischen Steuerungsphantasien der Vertreter einer ökonomisierten Sozialen Arbeit sich an einer alten methodischen Erkenntnis brechen werden, die Erika Hoffmann (1963, 98) schon in den 1960er Jahren formuliert hat. Demnach „gibt [es, M. G.] keine Methode, die das Wagnis der pädagogischen Situation vorweg abnehmen könnte." Diese professionelle Bescheidenheit trägt u. a. der Tatsache Rechnung, dass es Sozialarbeiter in der Regel mit Ambiguitätsproblemen zu tun haben.

„Wenn ein Phänomen ein hohes Maß an Ambiguität, d. h. nicht Eindeutigkeit aufweist, existieren zwangsläufig weite Interpretationsräume. Überall dort wo Interpretationsräume existieren, sind aber strenge Messverfahren eher wenig tauglich, wenn es darum gehen soll Praxis ‚anzuleiten'. Die Annahme, man könne schwierige politische und moralische Fragen auf eine technische Angelegenheit angewandter Wissenschaft reduzieren, ist nicht neutral, sondern durch und durch ideologisch." (Ziegler 2006, 266)

Die Methodenentwicklung der letzten Jahre verfolgt in weiten Teilen allerdings genau die Absicht einer Sozialtechnologisierung der sozialpädagogischen Praxis. Was derzeit passiert, ist die „Integration sozialpädagogischer Definitions- und Handlungsvollzüge in ökonomisch-technologisch dominierte Zugänge" (Böhnisch et al.

2005, 236). War Sozialtechnologie in den Fachdiskussionen der Sozialen Arbeit in den 1970er und 1980er Jahren eine kritische Chiffre, um auf die Gefahr einer entpolitisierten, weitgehend auf Verhaltenstechnologien reduzierten „Fachlichkeit" aufmerksam zu machen, so gilt sie zu Beginn des 21. Jahrhunderts scheinbar als erstrebenswert und zielführend (Meerkamp 2007). Notwendiger denn je ist deshalb die wissenschaftliche Reflexion methodischen Handelns in professionellen Kontexten, um Wirkungen und Nebenwirkungen sozialpädagogischen Handelns sichtbarer zu machen und zur Diskussion zu stellen, denn die Methodenfrage ist zu wichtig, um sie anderen Disziplinen oder der Pragmatik des Alltagsgeschäfts zu überlassen. Wissenschaftliche Reflexion methodischen Handelns meint dabei zweierlei: erstens die Theoretisierung der Methodenfrage in der Sozialen Arbeit, d. h. ihrer Berücksichtigung in theoretischen Entwürfen ebenso wie der explizite Rekurs auf theoretische Erkenntnisse im Rahmen der Methodenentwicklung sowie zweitens die verstärkte empirische Erforschung methodischen Handelns in der Alltagspraxis Sozialer Arbeit. Eine in diesem Sinne wissenschaftlich fundierte Methodendebatte könnte jenseits einer historischen Reminiszenz an überkommene Methodengläubigkeit und jenseits praxeologischer Technologisierungsinteressen einen Beitrag liefern zu einer reflexiven Professionalisierung Sozialer Arbeit, auch in schwierigen Zeiten.

Literatur

Badura, B., Gross, P. (1976): Sozialpolitische Perspektiven. Piper, München

Bandemer, S. v. (1998): Qualitätsmanagement. In: Blanke, B., Bandemer, S. v., Nullmeier, F., Wewer, G. (Hrsg.), 369–379

–, Hilbert, J. (1998): Vom expandierenden zum aktivierenden Staat. In: Blanke, B., Bandemer, S. v., Nullmeier, F., Wewer, G. (Hrsg.), 25–32

Bauman, Z. (2005): Verworfenes Leben. Hamburger Edition, Hamburg

Beck, U. (2005): Was zur Wahl steht. Frankfurt / M.

–, Brater, M., Daheim, H. (1980): Soziologie der Arbeit und der Berufe. Reinbek b. H.

Blanke, B., Bandemer, S. v., Nullmeier, F., Wewer, G. (Hrsg.) (1998): Handbuch zur Verwaltungsreform. VS, Opladen

Böhnisch, L., Schröer, W., Thiersch, H. (2005): Sozialpädagogisches Denken. Wege zu einer Neubestimmung. Juventa, Weinheim / München

Bröckling, U. (2000): Totale Mobilmachung. Menschenführung im Qualitäts- und Selbstmanagement. In: Bröckling, U., Krasmann, S., Lemke, T. (Hrsg.): Gouvernementalität der Gegenwart. Suhrkamp, Frankfurt / M., 131–167

Burkhardt, H., Enggruber, R. (Hrsg.) (2005): Soziale Dienstleistungen am Arbeitsmarkt. Juventa, Weinheim / München

Burmeister, J., Lehnerer, C. (1996): Qualitätsmanagement in der Jugendverbandsarbeit. BfFSFJ (Hrsg.): Materialien zur Qualitätssicherung in der Kinder- und Jugendhilfe, Bonn

Dahme, H.-J., Kühnlein, G., Wohlfahrt, N. (2005): Zwischen Wettbewerb und Subsidiarität. Edition sigma, Berlin

–, Trube, A., Wohlfahrt, N. (Hrsg.) (2007): Arbeit in Sozialen Diensten: flexibel und schlecht bezahlt? Schneider, Baltmannsweiler

–, Wohlfahrt, N. (Hrsg.) (2005): Aktivierende Soziale Arbeit. Schneider, Baltmannsweiler

Die Zeit (Hrsg.) (2005): Das Lexikon in 20 Bänden. Zeitverlag, Hamburg

Galuske, M. (2009): Methoden der Sozialen Arbeit. 8. Aufl. Juventa, Weinheim / München

– (2008): Fürsorgliche Aktivierung – Anmerkungen zu Gegenwart und Zukunft Sozialer Arbeit im aktivierenden Staat. In: Bütow, B., Chassé, K. A., Hirt, R. (Hrsg.): Soziale Arbeit nach dem Sozialpädagogischen Jahrhundert. Budrich, Opladen / Farmington Hills, 9–28

– (2007): Case Management und aktivierender Sozialstaat. Soziale Arbeit 11–12, 409–417

– (2002): Flexible Sozialpädagogik. Juventa, Weinheim / München

Garland, D. (2008): Kultur der Kontrolle. Campus, Frankfurt / New York

Geißler, K. A., Hege, M. (1995): Konzepte sozialpädagogischen Handelns. 7. Aufl. Juventa, Weinheim / München

Gildemeister, R. (1996): Professionalisierung. In: Kreft, D., Mielenz, I. (Hrsg.): Wörterbuch Soziale Arbeit. 4. Aufl. Juventa, Weinheim / Basel, 443–445

– (1995): Kunstlehren des Fallverstehens als Grundlage der Professionalisierung sozialer Arbeit? In: Langhanky, M. (Hrsg.): Verständigungsprozesse der Sozialen Arbeit. Hamburg, 26–37

– (1992): Neuere Aspekte der Professionalisierungsdebatte. neue praxis 3, 207–219

Grunwald, K., Thiersch, H. (2005): Lebensweltorientierung. In: Otto, H.-U., Thiersch, H. (Hrsg.): Handbuch Sozialarbeit / Sozialpädagogik. Ernst Reinhardt Verlag, München / Basel, 1136–1148

Hansen, E. (2005): Das Case / Care Management. Anmerkungen zu einer importierten Methode. neue praxis 2, 107–125

Heiner, M. (Hrsg.) (2004): Diagnostik und Diagnosen in der Sozialen Arbeit. Lambertus, Berlin

Hillmeier, H. (2004): Sozialpädagogische Diagnose. Eine Arbeitshilfe des Bayerischen Landesjugendamtes. In: Heiner, M. (Hrsg.), 203–217

Hoffmann, E. (1963): Über die sozialpädagogischen Methoden. In: Besser, L., Hoffmann, E. (Hrsg.): Die Herausforderung des Pädagogen durch die heutige Zeit. Quelle & Meyer, Heidelberg, 80–99

Jakob, G., Wensierski, H.-J. v. (Hrsg.) (1997): Rekonstruktive Sozialpädagogik. Juventa, Weinheim / München

Jungblut, H. J. (1993): Niedrigschwelligkeit. In: Rauschenbach, T., Ortmann, F., Karsten, M.-E. (Hrsg.), 93–112

Karas, F., Hinte, W. (1978): Grundprogramm Gemeinwesenarbeit. Jugenddienst, Wuppertal

Karberg, W. (1973): Soziale Einzelfallhilfe – Methode als Beeinflussungsinstrument. In: Otto, H.-U., Schneider, S. (Hrsg.): Gesellschaftliche Perspektiven der Sozialarbeit, Bd. 2. Luchterhand, Neuwied / Berlin, 147–167

Kessl, F. (2002): Ökonomisierung. In: Schröer, W., Struck, N., Wolff, M. (Hrsg.): Handbuch Kinder- und Jugendhilfe. Juventa, Weinheim / München, 1113–1128

–, Reutlinger, Ch., Maurer, S., Frey, O. (Hrsg.) (2005): Handbuch Sozialraum. VS, Wiesbaden

Kleve, H. (1996): Soziale Arbeit als wissenschaftliche Praxis und als praktische Wissenschaft. neue praxis 3, 245–252

Konopka, G. (1971): Soziale Gruppenarbeit: ein helfender Prozess. 3. Aufl. Beltz, Weinheim / Berlin / Basel

Korczak, J. (1992): Verteidigt die Kinder! 5. Aufl. Gütersloher Verlagshaus, Gütersloh

Krafeld, F. J. (2004): Grundlagen und Methoden aufsuchender Jugendarbeit. VS, Wiesbaden

–, Möller, K., Müller, A. (1993): Jugendarbeit in rechten Szenen. Edition Temmen, Bremen

Krauß, E. J. (2006): Methoden der Sozialen Arbeit – Stellenwert, Überblick und Entwicklungstendenzen. In: Galuske, M., Thole, W. (Hrsg.): Vom Fall zum Management. VS, Wiesbaden, 119–132

Kreft, D., Müller, C. W. (2008): Konzepte, Methoden, Verfahren und Techniken in der Sozialen Arbeit. Theorie und Praxis der Sozialen Arbeit 2, 134–143

Kunstreich, T., Langhanky, M., Lindenberg, M., May, M. (2004): Dialog statt Diagnose. In: Heiner, M. (Hrsg.), 26–39

Luhmann, N., Schorr, K. E. (1982): Das Technologiedefizit der Erziehung und die Pädagogik. In: Luhmann, N., Schorr, K. E. (Hrsg.): Zwischen Technologie und Selbstreferenz. Suhrkamp, Frankfurt / M., 11–40

Meerkamp, R. (2007): Der Sozialtechniker in der Sozialen Arbeit. Soziale Arbeit 1, 12–22

Meinhold, M. (1988): Intervention in der Sozialarbeit. In: Hörmann, G., Nestmann, F. (Hrsg.): Handbuch der psychosozialen Intervention. VS, Opladen, 70–80

Michel-Schwartze, B. (Hrsg.) (2007): Methodenbuch Soziale Arbeit. VS, Wiesbaden

Müller, B. (1992): Sozialpädagogik als Wissenschaft und als Handwerk. In: Vahsen, F. G. (Hrsg.): Paradigmenwechsel in der Sozialpädagogik. KT-Verlag, Bielefeld, 105–123

– (1991): Die Last der großen Hoffnung. 2. Aufl. Juventa, Weinheim / München

Müller, C. W. (1998): Methodenlehre als Beitrag zur Professionalisierung in der Sozialen Arbeit. In: Mrochen, S., Bertold, E., Hesse, A. (Hrsg.): Standortbestimmung sozialpädagogischer und sozialarbeiterischer Methoden. Deutscher Studien Verlag, Weinheim, 16–27

– (1992): Wie Helfen zum Beruf wurde. Band 2, 2. Aufl. Beltz, Weinheim / Basel

– (1988): Wie Helfen zum Beruf wurde. Band 1, 2. Aufl. Beltz, Weinheim / Basel

– (1981): Einführende Lehrbücher in die Methoden der sozialen Arbeit. Literatur Rundschau 5+6, 105–112

Neuffer, M. (1990): Die Kunst des Helfens. Beltz, Weinheim / Basel

Olk, T. (1986): Abschied vom Experten. Juventa, Weinheim / München

–, Otto, H.-U. (Hrsg.) (2003): Soziale Arbeit als Dienstleistung. Grundlagen, Entwürfe und Modelle. Luchterhand, Neuwied / Kriftel

Polutta, A. (2006): Der Blick auf pädagogische Effekte und wissenschaftliche Evidenz. Forum Erziehungshilfe 5 / 2006, 267–272

Rauschenbach, T. (1999): Das sozialpädagogische Jahrhundert. Juventa, Weinheim / München

–, Ortmann, F., Karsten, M.-E (Hrsg.) (1993): Der sozialpädagogische Blick. Juventa, Weinheim / München

Salomon, A. (1926): Soziale Diagnose. Heymann Berlin

Smalley, R. E. (1977): Die funktionelle Methode als Grundlage der Sozialen Einzelhilfe-Praxis. In: Roberts, R. W., Nee, R. H. (Hrsg.): Konzepte der Sozialen Einzelhilfe. Lambertus, Freiburg, 91–143

Spiegel, H. v. (2004): Methodisches Handeln in der Sozialen Arbeit. Ernst Reinhardt Verlag, München / Basel

Stimmer, F. (2006): Grundlagen des methodischen Handelns in der Sozialen Arbeit. 2. Aufl. Kohlhammer, Stuttgart

Thiersch, H. (1993): Strukturierte Offenheit. Zur Methodenfrage einer lebensweltorientierten Sozialen Arbeit, In: Rauschenbach, T., Ortmann, F., Karsten, M.-E. (Hrsg.), 11–28

Thole, W., Cloos, P. (2000): Soziale Arbeit als professionelle Dienstleistung. In: Müller, S. Sünker, H., Olk, T. (Hrsg.): Soziale Arbeit. Gesellschaftliche Bedingungen und professionelle Perspektiven. Luchterhand, Neuwied, 547–568

Wacquant, L. (2009): Bestrafen der Armen. Zur neoliberalen Regierung der sozialen Unsicherheit. Budrich, Opladen / Farmington Hills

Wendt, W. R. (1990): Geschichte der sozialen Arbeit. 3. Aufl. Enke, Stuttgart

Winkler, M. (1995): Vom Ende der Methode – Eine Skizze zur Entwicklung der Sozialen Arbeit. In: Proksch, R. (Hrsg.): Entwicklungen in der sozialen Arbeit. Roderer, Regensburg, 123–141

Ziegler, H. (2006): What works? Probleme einer Wirkungsorientierung in der Sozialen Arbeit. Forum Erziehungshilfe 5, 262–266

Migration

Von Franz Hamburger

Das Handwörterbuch der Wohlfahrtspflege von 1924 befasst sich mit *Einwanderung* und definiert mit normativer Klarheit:

„Einwanderung. Nach Analogie der Begriffsbestimmung Auswanderung versteht man unter E. die Zuwanderung in ein Staatsgebiet zu dem Zwecke, sich in diesem dauernd oder für längere Zeit niederzulassen. Ist das E.sland das Mutterland des Einwanderers oder seiner Vorfahren, so pflegt man von Rückwanderung zu sprechen.

Die E. liefert dem E.slande Arbeitskräfte und Kapital. Oft ermöglicht erst eine starke E. die Erschließung und Besiedlung eines Landes und ist für dieses besonders dann von größtem Nutzen, wenn es sich um hochwertiges Einwanderermaterial handelt. Die E. ist von schädlichen Folgen begleitet, wenn die Einwanderer qualitativ minderwertig sind (Verbrecher, Krüppel, Idioten, Mittellose) und das Proletariat vergrößern oder wenn sie wegen ihrer Rasse und Kulturstufe, oder weil sie den einheimischen Arbeitern Konkurrenz machen und auf die Löhne drücken, als unerwünschtes Element in den Augen der eingeborenen Bevölkerung gelten.

Erleichterung der E. für notwendige Arbeitskräfte, Schutz des E.slandes vor unerwünschten Elementen und Schutz der einheimischen Arbeiter vor der Konkurrenz lohndrückender Einwanderer sind dem gemäß die Hauptgesichtspunkte der E.spolitik." (Karstedt 1924, 115)

Die 1924 noch in einem Handbuch enthaltene blanke Instrumentalität ist sprachlich heute weiterhin im Alltagsbewusstsein präsent, ihre Prämissen bilden weiterhin die Prinzipien der Migrationspolitik. Die wissenschaftliche Betrachtung ist dagegen an der Erkenntnis allgemeiner Strukturen des Migrationsprozesses interessiert und das praktisch-pädagogische Interesse richtet sich auf die Beschaffenheit des Einzelfalls.

Für Deutschland gilt dabei in besonderer Weise, dass seine Geschichte, Gegenwart und Zukunft nur verstanden werden können, wenn Einwanderung und Auswanderung gleichermaßen berücksichtigt werden. Geografische Lage und gesellschaftliche Entwicklung haben in einer langen Tradition Aus-, Durch- und Einwanderungsprozesse hervorgebracht. Die Aufhebung des Ost-West-Konflikts und damit verbunden der Blockierung von Migration durch Mauer und „Eiserner Vorhang" in der Mitte Europas hat wiederum zu einer neuen Migrationslage geführt. In den wenigen Jahrzehnten der Nachkriegsgeschichte haben ganz unterschiedliche Konstellationen – Flucht und Vertreibung, Anwerbung von Gastarbeitern, Aussiedlung und Umsiedlung sowie Flucht vor Bürgerkrieg und Unterdrückung – zu jeweils verschiedenen Formen der Einwanderung geführt. Auswanderung und insbesondere Rückwanderung sind dabei nicht verschwunden, was insgesamt zu einer beachtlichen Fluktuation der Wohnbevölkerung in Deutschland geführt hat. Im Vordergrund der zwangsläufigen Kontroversen um die Beurteilung und Gestaltung der Migration steht allerdings die Frage der Einwanderung und welche Schlussfolgerungen aus dem sozialen Sachverhalt der Einwanderung gezogen werden. Soll sich Deutschland als Einwanderungsland begreifen, sollen die Ausländer Bürger dieses Landes werden? Hat Deutschland eine multikulturelle Gesellschaft oder soll es sich als ethnisch homogener Nationalstaat begreifen? Die Auseinandersetzung über diese Fragen ist zu einem gesellschaftspolitischen Grundkonflikt geworden, der von rassistischem Hass auf alles Fremde ebenso bestimmt wird wie von emphatischer Ausländerfreundlichkeit und „kulinarischem Multikulturalismus".

Otto/Thiersch (Hg.), Handbuch Soziale Arbeit, 4. A., DOI 10.2378/ot4a.art096,
© 2011 by Ernst Reinhardt, GmbH & Co KG, Verlag, München

Begriffsbeschreibung

Migration ist eine allgemeine Sammelbezeichnung für den Umstand, dass Personen für einen längeren oder unbegrenzten Zeitraum einen früheren Wohnort verlassen haben und in der Gegenwart in einem anderen Land als ihrem Herkunftsland leben. Die Verwendung des Begriffs *Migranten* schließt deutlich die Wohnortveränderung innerhalb eines Staates aus und bezieht sich auf den inter-nationalen Charakter von Migration. Die allgemeinste Kategorie zur Bezeichnung der Veränderung der *Verortung* von Menschen ist der Begriff der *Mobilität*. Er wird vor allem in der Demografie und Geografie verwendet und schließt die räumliche wie die soziale Bewegung / Veränderung von Individuen und Kollektiven ein.

Eine Differenzierung des Mobilitätsbegriffs wird vorgenommen im Hinblick auf die Dauer der Veränderung (von alltäglicher Zirkulation bis zur endgültigen Auswanderung) und die Distanz, die durch Mobilität überwunden wird (regional bis interkontinental). (Hamburger et al. 1997). Der soziologische Migrationsbegriff nimmt diese Aspekte auf: „Wir verstehen also unter Wanderung zunächst die Ausführung einer räumlichen Bewegung, die einen vorübergehenden oder permanenten Wechsel des Wohnsitzes bedingt, eine Veränderung der Position also im physischen und im ‚sozialen Raum‘." In einer Perspektivenerweiterung rückt die Veränderung der sozialen Beziehungen von Migranten, aber auch der sozialen Struktur des Auswanderungs- und des Einwanderungskontextes in den Mittelpunkt der Aufmerksamkeit. (Albrecht 1972, 23). Im Begriff der Migration sind also die Dimensionen Raum, Zeit und Sozialität in spezifischer Weise enthalten (Düwell 2006 und Han 2005).

Für das Verständnis des individuellen Sinnzusammenhangs wie auch der sozialen Bedeutung von Migration ist zunächst der Wanderungsgrund von Bedeutung. Während man begrifflich relativ klar zwischen erzwungener und freiwilliger Wanderung unterscheiden kann, ist die Wirklichkeit der Migrationsursachen auf einem Kontinuum zwischen den Polen *gewaltsam erzwungener Wanderung* und *freiwilliger Mobilität* verteilt. Im Hinblick auf das Aspirationsniveau wird zwischen *Superordinationsabsicht* (z. B. Eroberungsfeldzüge, Aufbau von Produktionsstandorten in anderen Ländern u. ä.) und

Subordinationsbereitschaft (Gast- und Saisonarbeiter) unterschieden (Esser 1980).

Der weitere Verlauf des Migrationsprozesses hängt auch davon ab, ob das Handeln des Migranten auf die Erreichung bestimmter Migrationsziele ausgerichtet ist, oder ob er sich nur an den Gelegenheiten, die sich ihm bieten, orientiert. Hat er feststehende Ziele im Herkunftsland im Auge, beispielsweise in der Sozialstruktur des Auswanderungslandes einen höheren Rang zu erreichen, wird er sich auch im Einwanderungsland ganz auf dieses Ziel konzentrieren und vor allem mit Personen Kontakt halten, die ähnliche Aspirationen haben. Strebt er jedoch Ziele eher im Einwanderungskontext an, wird sein Handeln stärker auf Veränderung, beispielsweise der Art des familialen Zusammenlebens und der Erziehungsvorstellungen ausgerichtet sein. Der – u. U. starke – Wandel dieser Ziele gehört allerdings auch zum Wanderungsprozess hinzu.

Die Handlungsmotive von Migranten sind mit den Migrationsursachen verknüpft. Eine erste Gruppe stellen Kriege und Naturkatastrophen wie Überschwemmungen und Erdbeben dar. Hierzu gehören auch Hungersnöte und die Zerstörung der natürlichen Lebensgrundlagen; in diesen Fällen verbinden sich Veränderungen der Natur und menschliche Aktivitäten. Migration zielt hier auf das nackte Überleben, auf die Sicherung der minimalen Lebensbedingungen.

Eine zweite Gruppe von Migrationsursachen bilden wirtschaftliche Not, Arbeitslosigkeit und materielle Verelendung. Zwar sind diese Lebenslagen in der Welt weit verbreitet, führen jedoch erst dann zur Migration, wenn sie mit dem Gefühl der Hoffnungslosigkeit verbunden sind, die eigene Lage im Heimatland / am bisherigen Wohnort ändern zu können. Auch muss die Hoffnung oder Vermutung bestehen, irgendwo anders oder an einem bestimmten Ort die entbehrten Existenzgrundlagen finden zu können. Das Spektrum in dieser Gruppe reicht von *Armutsflüchtlingen* bis hin zu *Arbeitsmigranten*, die der *relativen Armut* ihrer Herkunftsregion entfliehen oder sich als Arbeitskräfte anwerben lassen, um so die Lebenslage ihrer Familien verbessern zu können.

Flüchtlinge aus Gründen politischer und religiöser Verfolgung bilden die dritte Gruppe. Für diese Notlage wurde schon bei den Hethitern im 2. Jahrtausend vor Christus die Institution des

Asyls entwickelt, um Schutz vor solchen Arten der Verfolgung zu gewähren. Das Asylrecht hat also eine lange Tradition und ist die menschliche Reaktion auf die Möglichkeit und Realität des Machtmissbrauchs. Mit der Erklärung der Allgemeinen Menschenrechte durch die Vereinten Nationen 1948 und die Verabschiedung der Genfer Flüchtlingskonvention von 1951 ist dieses Asylrecht universal anerkannt und abgesichert worden.

Der vierte Typus von Migration beruht auf sozialen Gründen. Hierzu gehört sowohl die Familienzusammenführung bei ursprünglich individueller Wanderung als auch Migration zur Verbesserung der sozialen, wirtschaftlichen oder beruflichen Situation. Hierunter fällt auch jener Teil der Arbeitsmigration, der nicht von blanker Not verursacht ist, sondern dem sozialen Aufstieg dient.

Einer fünften Gruppe können die Migranten zugerechnet werden, die aus ganz individuellen Motiven, persönlichen Gründen ihren Wohnort wechseln. Motive wie Neugier und Abenteuerlust finden sich hier ebenso wie das Bestreben, langweiliger Alltäglichkeit, beruflicher Routine oder einem engen sozialen Lebenskontext zu entkommen. (Wessel et al. 1993; Düwell 2006). Zu ergänzen sind Formen wie Sklaverei oder Eroberungsfeldzüge.

Arbeitsmigranten – Aussiedler – Flüchtlinge

In der Bundesrepublik Deutschland werden drei Gruppen von Migranten besonders wahrgenommen: Arbeitsmigranten, Aussiedler und Flüchtlinge. Flüchtlinge und Arbeitsmigranten sind der Gruppe „Ausländer" zuzuordnen, Aussiedler werden nach ihrer Einwanderung eingebürgert. Die umfassendste Kategorie zur statistischen Erfassung dieser verschiedenen Personengruppen ist die Bezeichnung „Menschen mit Migrationshintergrund" (MmH). Insgesamt leben 2005 15,3 Mio. MmH in Deutschland. 68 % haben als Deutsche oder Ausländer eigene Migrationserfahrung, 32 % stammen von Migranten ab. Von den 82,5 Mio. Menschen in Deutschland sind 81 % Deutsche ohne und 10 % Deutsche mit Migrationshintergrund, 9 % sind Ausländer. Insgesamt lebten in der Bundesrepublik Deutschland Ende 2006 ca. 6,75 Mio. Ausländer, die ca. 9 % der Gesamtbevölkerung ausmachen.

Drei Viertel der Ausländer stammen aus den Mittelmeerländern, zwei Drittel leben seit mehr als zehn Jahren in Deutschland, vier Fünftel ihrer Kinder sind hier geboren. Diese größte Gruppe der Migranten kam einmal durch Anwerbung als „Gastarbeiter" nach Deutschland; Familienzusammenführung und ständige Zu- und Abwanderung (insbesondere im Rahmen der Europäischen Union) haben die Zusammensetzung dieses Bevölkerungsteils modifiziert, ihre soziale Lage hat sich insgesamt kaum verändert.

Die Gruppe der Arbeitsmigranten ist durchaus heterogen zusammengesetzt. Die EU-Mitgliedschaft sichert für einen Teil Aufenthalts- und Arbeitsrechte. Wieder andere Gruppen werden durch bilaterale Vereinbarungen in verschiedenen Lebensdimensionen (Aufenthaltsrecht, Sozialversicherung, Arbeitserlaubnis u. ä.) differenziert behandelt. Das Zuwanderungsgesetz von 2005 hat das Instrumentarium der Regulierung von Migration sowohl im Sinne von Abwehr als auch zur Zuwanderung verfeinert und neue Aufenthaltstitel geschaffen.

Zwischen 1955, dem Jahr der ersten Anwerbevereinbarung mit Italien, und 1973, dem Jahr des Anwerbestopps nach der Ölkrise, sind 15 Mio. Personen ein- und 11 Mio. abgewandert. Nach einer Phase der gezielten Anwerbung von Arbeitskräften ist eine Phase der Familienzusammenführung eingetreten, nach 1989 hat die unregulierte und teilweise illegale Zuwanderung von Arbeitskräften zugenommen. In Vereinbarungen mit osteuropäischen Ländern wurden neue Formen von Arbeitsmigration rechtlich vereinbart (Saisonarbeiter, Gastarbeitnehmer, Werkvertragsarbeitnehmer). Diese Regelungen, die Freizügigkeit innerhalb der Europäischen Union, Familienzusammenführung und arbeitsmarktorientierte Sonderregelungen (z. B. Greencard) führen zu ständiger Arbeitsmigration.

Die Aussiedler sind nach der amtlichen Definition keine Ausländer, sondern

„deutsche Staatsangehörige oder Volkszugehörige, die vor dem 8. 5. 1945 ihren Wohnsitz in den zur Zeit unter fremder Verwaltung stehenden deutschen Ostgebieten, bzw. in Polen, der Sowjetunion, der Tschechoslowakei, Ungarn, Rumänien, Jugoslawien, Danzig, Estland, Lettland, Litauen, Bulgarien, Albanien oder China gehabt und diese Länder nach Abschluss der allgemeinen Vertreibungsmaßnahmen verlassen haben oder verlassen." (Bundesvertriebenen- und Flüchtlingsgesetz)

In den vier Jahren zwischen 1988 und 1991 sind ca. 1,2 Mio. Aussiedler in die Bundesrepublik eingewandert. Auch gegen sie wurden „Eindämmungsmaßnahmen" ergriffen, jedoch erhalten sie Eingliederungshilfen und die Einbürgerung als Rechtsanspruch. Durch die Reduzierung der Eingliederungshilfen, durch Hilfen zum Verbleib in den Ländern der früheren Sowjetunion und durch Steuerung über die deutschen Botschaften ist die Zuwanderung jährlich zurückgegangen; von knapp 400.000 im Jahr 1990 über 95.000 in 2000 auf 7.747 in 2006 (Bundestagsdrucksache 16/7705, 40).

Die dritte Gruppe der Migranten sind Flüchtlinge. Die politische Diskussion über das Asylrecht, die seit Anfang der 1980er Jahre in Deutschland intensiv geführt wurde und Anfang der 1990er Jahre erheblich eskalierte, hat diese Gruppe in das Zentrum öffentlicher Aufmerksamkeit gerückt. Mit der Grundgesetzänderung vom 28.6.1993 wurde dieser Prozess vorläufig abgeschlossen; die tiefgreifende Änderung des Asylrechts hat eine völlig neue Situation geschaffen. Im Jahr 1992 haben ca. 438.191 Personen einen Antrag auf Gewährung von Asyl in Deutschland gestellt; 2000 waren es 78.564 und im Jahr 2006 21.029. Aussiedler- und Asylbewerberzuwanderung sind also historische Phänomene gewesen, wobei Fluchtbedingungen immer wieder neu entstehen. Asylbewerber sind jene Flüchtlinge, die aufgrund des Art. 16 des Grundgesetzes Asyl beantragen, weil sie politisch verfolgt sind. Es lassen sich fünf Gruppen unterscheiden:

- Asylbewerber, über deren Antrag noch nicht entschieden ist.
- Diejenigen, über deren Antrag positiv entschieden wurde. Sie leben als *anerkannte Flüchtlinge* mit einem relativ sicheren Rechtsstatus in Deutschland (Anerkennungsquote 0,8 % im Jahr 2006).
- Diejenigen, deren Antrag zwar abgelehnt wurde, die aber aus politischen, rechtlichen oder humanitären Gründen nicht in ihre Heimatländer abgeschoben wurden (weil ihnen z.B. Tod oder Folter droht), *De-facto-Flüchtlinge* genannt (Anerkennungsquote 2006: 5,6 %).
- *Kontingentflüchtlinge*, die – wie die vietnamesischen „Boat People" – als Gruppe aufgenommen wurden. Hinzu kommen Zuwanderergruppen, für die – wie für Juden aus Russland – besondere Regelungen getroffen werden (2006: 1.079 Personen).
- *Bürgerkriegsflüchtlinge*, deren Aufenthalt durch das Ausländerrecht eigenständig geregelt ist (zu den Daten vgl. Bundestagsdrucksache 16/7705).

Die Einteilung der Ausländer/Migranten kann noch um einige Gruppen ergänzt werden, die aus einer systematischen Perspektive relevant sind: ausländische Studierende mit kurzem oder längerem Aufenthalt, Touristen und Geschäftsreisende, Stationierungsstreitkräfte und Diplomaten. Insbesondere ausländische Studierende können als qualifizierte Arbeitskräfte seit dem Zuwanderungsgesetz 2005 auf Dauer in Deutschland bleiben.

Migrationstheorie

Der Gegenstandsbereich von Migrationstheorien wird durch den Begriff der Migration zu anderen Fragestellungen hin abgegrenzt und zugleich intern strukturiert. Das Interesse der Theorie richtet sich auf die Gründe der Auswanderung, auf den Prozess der Migration und auf die Folgen der Einwanderung. Die Analyseebene der Migrationsforschung kann dabei das wandernde Individuum, die wandernde Gruppe oder die Wanderungsbewegung größerer Kollektive sein. Die Analyse der Wanderungsgründe wie der -folgen lässt sich allerdings nur durchführen, wenn neben den Migranten selbst die Strukturen des Auswanderungskontextes und die Strukturen der Einwanderungssituation berücksichtigt werden. Migrationstheorie hat also die Gesamtheit der Aus- und Einwanderungsgesellschaft in den Blick zu nehmen. Dies bedeutet, dass auch für die Analyse des Wanderungsprozesses die Relation von Ein- und Auswanderungsländern insgesamt betrachtet werden muss (Düwell 2006; Han 2005; Treibel 2008).

Die allgemeinste Fragestellung der Migrationstheorie ist die nach der Verteilung von Migration auf die Epochen der menschlichen Geschichte. Zu allen Epochen der menschlichen Geschichte gehören typische Formen der Migration, vom kleinräumigen Herumziehen über Völkerwanderungen, Verschleppung von Sklaven und Massenbesiedlungen bis hin zur modernen Arbeitskräftemobilität und Land-Stadt-Wanderung (zu Europa vgl. Bade 2000).

Ein Modell für den Gesamtzusammenhang der Wanderung ist die Klassifikation von *Push- und Pull-Faktoren* und ihr Zusammenspiel. Auf der einen Seite werden die Gründe für Migration erfasst (*Push*), auf der anderen Seite werden die Gründe für die Attraktivität eines Ziellandes der Migration zusammengestellt (*Pull*).

Diese Analyse lässt sich auf der Ebene des individuellen oder kollektiven Bewusstseins der Migranten durchführen und beantwortet die Fragen, wie Migranten ihre Lebensbedingungen wahrnehmen, wie sie die Chancen einer Migration beurteilen, wie sie die Informationen über das Zielland oder über stattgefundene Migration (möglicherweise von früheren Migranten aus ihrem sozialen Umfeld) verarbeiten usw. Die Analyse kann auch durchgeführt werden auf der Ebene objektiver Bedingungen im Auswanderungskontext (wirtschaftliche Lage, Position der Migranten, gesetzliche und politische Regelungen) und im Zielland (wirtschaftliche Entwicklung, Arbeitsplatzangebot, Siedlungsgebiete, staatliche Regelungen zum rechtlichen Status der Migranten, zur Regulierung der Migration und zur sozialen Versorgung usw.). Als dritte Ebene der Analyse – der Verknüpfung von objektiven und subjektiven Bedingungen – sind die Entscheidungsprozesse bei potenziellen Migranten und die Dynamik eines „Wanderungsstroms" zu betrachten. Von dessen Verlauf gehen viele verstärkende Impulse aus, wenn über Erfolge der Migration berichtet wird, während Berichte über das Scheitern von Auswanderung den Prozess abbremsen. Diese Eigendynamik hat eine große Bedeutung für das Verständnis bestimmter Abläufe (z. B. „Goldrausch").

Das Grundmodell von Push und Pull wird in den Theorien zur Arbeitsmigration näher bestimmt. Diese Theorien präzisieren (und reduzieren dabei entscheidend) die Wanderungsursachen im Hinblick auf ökonomische Kalküle der Einkommenssteigerung oder -sicherung durch Migration und die Attraktivität von Zielländern im Hinblick auf die Arbeitskräftenachfrage. Der „Faktor Arbeit" orientiert sich an den besten Lohnbedingungen und migriert, der „Faktor Kapital" fragt so lange Arbeitskräfte nach, wie sie produktiv für den Unternehmenszweck sind. Migration lässt sich in diesem ökonomischen Modell als „optimale Allokation des Faktors Arbeit" beschreiben, als regionaler Bedarfsausgleich mit ökonomischen Vorteilen für alle Betroffenen. Das Problem ist dabei, dass die Annahmen der Theorien über „Faktormobilität und Arbeitskräfteoptimum" immer nur für einen

bestimmten Betrieb oder Produktionssektor und einen bestimmten kurzen Zeitraum gelten.

Auf der Seite der Arbeitskräftenachfrage gibt es jedoch viele Alternativen, von der Rationalisierung der Produktion bis hin zu Kapital-, Waren- und Dienstleistungsexport. Die Mobilität dieser drei Faktoren ist neben dem der Arbeit gerade durch die europäische Integration und die Verflechtung der Weltwirtschaft enorm gewachsen. Die Arbeitsmigration läuft dabei vielfach der flexiblen Kapitalmobilität hinterher. Der zeitliche Rhythmus der produktiven Verwertung von Arbeitskräften hat gleichzeitig eine andere Einteilung (Sequenzierung) als die Arbeitsbiografie von Migranten: Sie werden häufig zu einem bestimmten Zeitpunkt gebraucht und je nach Konjunkturverlauf nach kürzerer oder längerer Beschäftigungszeit wieder entlassen. Dann müssen sie entweder wieder migrieren, auf erneute Beschäftigung warten, von Sozialleistungen leben oder das Ersparte aufbrauchen und damit die Wanderungsziele aufgeben.

Die materiellen und sozialen Kosten der Migration, die Bindungen an den Herkunftskontext, die Unsicherheit des Migrationserfolgs und ähnliche Umstände machen deutlich, dass das Menschenbild des „Homo oeconomicus" unzutreffend ist. Zwischen einem ökonomischen Migrationsimpuls und der tatsächlichen Migration kommen also individuelle, soziale, kulturelle und historische Bedingungen differenzierend zum Tragen. Als solche „Differenzierungskriterien" zeigen die empirischen Untersuchungen vor allem folgende Merkmale auf: Alter (damit verbunden Familienstand, Berufsstatus, soziale Einbindung, erreichte soziale Sicherheit, Generationen- oder andere Konflikte), Geschlecht, Bildungsgrad, Persönlichkeitsmerkmale. Neben den individuellen Bedingungen sind vor allem die objektiven und wahrgenommenen Kosten der Migration und Remigration sowie die Wanderungsdistanzen bedeutsam.

Auch in der „politischen Ökonomie" des Imperialismus werden weniger die individuellen Kalküle betrachtet als vielmehr das Wirken von allgemeinen Mechanismen und Strukturen. Die Dominanz des Profitprinzips und die Ungleichheit der Märkte führen dazu, dass Arbeitsmigranten als „industrielle Reservearmee" ganz den Verwertungsbedingungen des Kapitals unterworfen werden. Im Krisenzyklus der wirtschaftlichen Entwicklung werden sie angezogen oder ausgestoßen, ihre Reproduktionskosten werden der Herkunftsgesellschaft oder dem Sozialsystem des Einwanderungslandes aufgebürdet (Harbach 1976).

Eine produktive Wendung haben die ökonomischen Theorien durch die allgemeine Theorie von *Zentrum-Peripherie-Beziehungen* erhalten. Die Verhältnisse in und zwischen Gesellschaften werden dabei rekonstruiert in einem Modell konzentrischer Kreise, die sich um einen Mittelpunkt von ökonomischer, politischer und militärischer Macht legen. Die Gruppen – oder im internationalen Raum: die Länder – mit geringen Chancen, auf den Gang der gesellschaftlichen Entwicklung und Entscheidungen Einfluss zu nehmen, bilden die Peripherie. Migration kann nun als eine konkrete Form der Beziehung zwischen Zentrum und Peripherie verstanden werden. Wenn das Zentrum Arbeitskräfte benötigt, werden sie angeworben bzw. wird Migration durch Einwanderungsregelungen zugelassen; wenn das Zentrum keine Arbeitskräfte benötigt, werden die Migranten an den Rand der Gesellschaft gedrängt, ihr Aufenthalt wird befristet und schließlich beendet. Die Peripherie hat dann die potenziellen Migranten so lange „aufzubewahren", bis sie wieder gebraucht werden (Harbach 1976; Nuscheler 1995).

Auch in der Systemtheorie der Migration wird Ungleichheit systematisch als Migrationsbedingung erfasst. Dies gilt insbesondere für die Theorie, die von Hoffmann-Nowotny (1973) entwickelt wurde. Betrachtet man Gesellschaften als Beispiel für Systeme, dann sind ihre zentralen Merkmalsdimensionen durch *Macht* und *Prestige* bestimmt. Dabei wird die Macht durch das Prestige legitimiert. Ein Gleichgewicht würde in Gesellschaften dann bestehen, wenn das Ausmaß der Macht, mit der die verschiedenen Positionen ausgestattet sind, genau mit dem Prestige verbunden wäre, das die jeweilige Macht an Legitimation benötigt. Typisch aber ist, dass Macht und Prestige auseinanderfallen, was Dynamik in Gang setzt.

Migration verstärkt das ihr zugrunde liegende Ungleichgewicht zwischen den Ländern. Das machthaltige System importiert sich Prestige, das schwächere System verliert auch noch von seinem Prestige. Im Einwanderungsland findet Spannungsausgleich auf einem höheren, im Auswanderungsland auf einem tieferen Niveau statt. Wie im Auswanderungsland auch, werden im Einwanderungsland nicht alle

Spannungen reduziert, im Gegenteil. Ein Teil der Peripherie, nämlich der Unterschicht, erfährt durch die Migration einen sozialen Aufstieg, denn die Migranten nehmen die Arbeitsplätze am unteren Rand der Beschäftigungs- und Gesellschaftspyramide ein. Es findet eine *Unterschichtung* statt. Doch tritt die Mobilität nicht für alle ein, ein Teil der einheimischen (*autochthonen*) Bevölkerung sieht sich auf der gleichen sozialen Stufe wie die Migranten platziert. Für sie wird die Betonung ihrer Rechte als Staatsangehörige und ihrer Privilegien als Mitglieder des *angestammten Volkes* zu einem wichtigen Element ihres Selbstbewusstseins (*Nationalismus*). Sie unterstützen die politischen Praktiken, den Zugang zu den Gütern und begehrten Positionen in der Gesellschaft nicht mehr nach modernen Kriterien (Leistung ohne Ansehen der Herkunft), sondern nach *feudalen* Zuordnungsregeln zu steuern (beispielsweise Vorrang für Deutsche bei der Besetzung von Arbeitsplätzen). Durch diese Diskriminierung erfolgt eine *Sperrung von Statuslinien* für Migranten oder bestimmte Gruppen von ihnen, der Gesamtprozess kann als *neofeudale Absetzung* charakterisiert werden. Diese Struktur braucht freilich nicht auf die Unterschicht beschränkt zu sein. Bei lang anhaltenden Krisen durch Arbeitslosigkeit in verschiedenen Schichten, bei Verarmung von Gruppen, differenziert über verschiedene Niveaus, bei Anwachsen von sozialer Ungleichheit, die politisch verstärkt werden kann, verteilt sich der neofeudale Mechanismus nationalistischer Selbstverständnisse und Schuldzuschreibungen an Migranten über die ganze Gesellschaft, Rassismus breitet sich aus (Terkessidis 2004).

An den allgemeinen Migrationstheorien wurde in Deutschland (und der Schweiz) besonders in den 1970er Jahren gearbeitet. Dieses Jahrzehnt war von der sozialwissenschaftlichen *Entdeckung der Einwanderung* bestimmt. Dies erforderte eine theoretische Neuorientierung, nachdem in den 1960er Jahren insbesondere arbeitsmarktbezogene Theorien im Vordergrund gestanden hatten. Der Abschluss der Anwerbung von Arbeitskräften und die Veränderung der weiteren Zuwanderung hin zur Familienzusammenführung in ganz Mitteleuropa veränderte auch die europäische wissenschaftliche Diskussion über Migration. Die Rezeption der amerikanischen Migrationstheorie war sowohl aufgrund ihres Entwicklungsstands als auch ihrer Themenstellung (Einwanderungsprozess) naheliegend. In den 1980er

Jahren hat sich die Forschung dann eher empirischen Fragen zugewandt; zugleich wurde im Lichte neuer gesellschaftspolitischer Optionen (Zurückweisung *germanisierender* Integrationskonzepte, *multikulturelle* Gesellschaft) die Theorieentwicklung der 1970er Jahre kritisch reflektiert. Die Abwehr der Migration im Verlauf der 1980er Jahre und schließlich die Gewalt gegen Ausländer in den 1990er Jahren lenkten die Aufmerksamkeit auf neue Themen, nämlich Fremdenfeindlichkeit und Rassismus. Damit wiederum ist eine Hegemonie psychologischer Erklärungsmodelle verbunden, insoweit die ökonomischen und politischen Bedingungen dieser Phänomene aus dem Blick geraten. Die Auseinandersetzung um die Bedeutung bestimmter Theorien ist also Teil des gesellschaftlichen Konflikts bei der Bewältigung von Migrationsfolgen.

Dies gilt auch für das Konzept der *Transmigration*, die einen Teil von Transnationalität ausmacht (Pries 2008). Aus verschiedenen Quellen, insbesondere der Migration, gespeist entstehen transnationale soziale Räume, die zwar verankert sind in den Strukturen der Nationalgesellschaften, aber eigenständige ökonomische, soziale, politische und kulturelle Strukturen ausbilden. Migration ist nicht nur als eine einmalige Mobilität von A nach B zu verstehen, sondern es lassen sich auch Pendelmigration, Mehrfachmigration, Rückwanderung und Weiterwanderung beobachten. Die Bildung globaler Märkte schließt den Arbeitsmarkt und seine höher qualifizierten Gruppen ein. Unter dem Gesichtspunkt von Transmigration erhalten die sozialen Beziehungen und die kulturellen Bindungen in der ethnischen Kolonie eine besondere Bedeutung. Im Falle von Illegalisierung der Migranten, rassistischer Diskriminierung und restriktiver Regulierung der Migration werden diese Ressourcen lebenswichtig; Konzepte der *Integration* verlieren an Bedeutung.

Migration und Ausländerpolitik

Die Migration in Deutschland hat nach 1945 in typischen Formen und Phasen stattgefunden (Bade 2000; Meier-Braun 2002; Flam 2007):
(1) Nach dem Zweiten Weltkrieg und als dessen Folge flohen zwölf Millionen Menschen aus dem früheren Ostdeutschland in die DDR und die BRD. Die Integration der Vertriebenen verlief im Alltagsleben durchaus konfliktreich, war aber nicht mit einer prinzipiellen Neudefinition des staatlichen und ethnischen Selbstverständnisses der „deutschen" Gesellschaft verbunden. Allerdings ist aus der Perspektive heutiger Problemlagen in Erinnerung zu rufen, dass Regionen relativer konfessioneller Homogenität oder Segmentierung durch die Nachkriegswanderung aufgelöst wurden; die seitdem erreichte konfessionelle Pluralisierung und Mischung der Religionen ist ein bedeutsames Merkmal multikultureller Gesellschaften.

(2) Die Anwerbung und dauerhafte Beschäftigung von Gastarbeitern seit Mitte der 1950er Jahre ist der zweite Migrationsschub, den die Bundesrepublik selbst in Gang gesetzt hat. Während es in der Bundesrepublik eine Million Arbeitslose gab, wurde 1955 die erste Anwerbevereinbarung mit Italien geschlossen; bereits damals hat also nicht ein volkswirtschaftliches Gesamtkalkül den Bedarf an ausländischen Arbeitskräften geweckt, sondern die Nachfrage einzelner Sektoren der Wirtschaft und Regionen.

(3) Bis 1973 schien dann der Bedarf an Arbeitskräften unbegrenzt zu wachsen, bevor die zweite Wirtschaftskrise eine neue Migrationsphase einleitete: die Zeit der Familienzusammenführung und des Strukturwandels der ausländischen Wohnbevölkerung. Dieser Zeitraum findet seinen Abschluss mit den Jahren 1981/82, in denen eine restriktive Ausländerpolitik einsetzt und eine neue Migrationsepoche beginnt.

(4) Die Epoche der 1980er Jahre ist charakterisiert durch sehr widersprüchliche Entwicklungstendenzen:

a. Begrenzungs- und Rückkehrförderungspolitik treten zunehmend in Widerspruch zu faktischen Einwanderungsprozessen;

b. neue Formen der Migration (illegale Anwerbung und Beschäftigung, Aussiedlung, Flüchtlingsbewegungen) entstehen;

c. der Prozess der europäischen Integration schreitet voran und ist mit einem Verlust traditioneller Steuerungsinstrumente zur Abwehr von Migration verbunden;

d. die Integration der Bundesrepublik in den Weltmarkt entwickelt eine rasante Dynamik; dabei wird es immer schwieriger, den Markt der Dienstleistungen und der Arbeit abzuschotten, will man nicht den ökonomischen Prozess stören;

e. die Gleichzeitigkeit von Arbeitslosigkeit und spezifischen Bedarfen in Teilbereichen hält Migration in Gang und erzeugt zunehmend sozialstrukturelle Spannungen.

(5) Die vorletzte Phase der Migrationsgeschichte setzt am Ende der 1980er Jahre ein und ist durch die Einwanderung von Aussiedlern und Asylsuchenden bestimmt, mehr jedoch von einer heftigen politischen Diskussion über den „Missbrauch" des Asylrechts und den Vorstellungen, diesen Missbrauch zu beenden. Seit dem 1. Juli 1993 gilt – nach der Änderung des Grundgesetzes – ein neues Asylrecht, das die Abwehr von Asylbewerbern an den Grenzen erlaubt und deshalb zu einer erheblichen Reduktion der Zahl der registrierten Flüchtlinge führt. Gleichzeitig nimmt die illegale Einwanderung zu, deren Größenordnungen allerdings nur geschätzt werden.
Neben der durch Arbeitslosigkeit im Norden Deutschlands hervorgerufenen Nord-Süd-Binnenmigration entwickelt sich seit 1989 und nach 1991 forciert eine Ost-West-Wanderung, die perspektivisch – verbunden mit einem starken Geburtenrückgang – zu einer Verringerung der Bevölkerung in Ostdeutschland führt. Es überrascht nicht, dass seit der deutschen Einigung die Gewalt gegen Fremde als Ausdruck dieser gesellschaftlichen Konfliktlage (starke Disparitäten zwischen Ost und West, aktive Ethnisierung der Politik, Herausbildung einer Armutsbevölkerung, hohe Arbeitslosigkeit bei aktiver Einwanderungspolitik) erheblich zunimmt.
(6) Mit der rot-grünen Koalition ab 1998 beginnt eine neue Politik, die die Einwanderung politisch-praktisch gestalten will durch die Erleichterung der Einbürgerung, Änderung des Staatsangehörigkeitsrechts und Ermöglichung von je spezifischer Zuwanderung nach den Bedürfnissen des Arbeitsmarkts. Gleichzeitig wird das Instrumentarium der Abwehr (Abschiebung, Ausreisegefängnisse, Grenzkontrollen u. ä.) erweitert.
Die Ausländerpolitik zielte zunächst darauf ab, ausländische Arbeitnehmer ohne ihre Familienangehörigen befristet anzuwerben und sie direkt in den Produktionsprozess einzugliedern. Die mit der Ausländerbeschäftigung verbundenen sozialen Probleme wurden zwar zur Kenntnis genommen, jedoch als nicht besonders bedeutsam eingeschätzt, weil die jeweiligen Bundesregierungen von einer

begrenzten Verweildauer ausgingen bzw. sich von der Vorstellung leiten ließen, dass der Ausländerbestand personell durch Rotation ausgewechselt werden würde. Eine gezielte Sozialpolitik erschien unter diesen Voraussetzungen nicht erforderlich. Staatliche und kommunale Maßnahmen orientierten sich ausschließlich an arbeitsmarktpolitischen Erfordernissen und zielten auf eine möglichst billige Unterbringung der ausländischen Arbeitnehmer. Integrationsmaßnahmen (z. B. Sprachvermittlung, schulische und berufsbildende Maßnahmen usw.) folgten arbeitsmarktpolitischem Bedarf und beschränkten sich auf die Lösung individueller Orientierungsprobleme durch „Integrationsberatung". Die ausländerpolitischen Konzeptionen zielten darauf ab, durch ausländerrechtliche Bestimmungen (Aufenthaltsrecht, Arbeitserlaubnis usw.) die staatliche Dispositionsbefugnis über die Ausländer aufrechtzuerhalten, um bei konjunkturellen Schwankungen entsprechend agieren zu können und die sozialen Folgekosten der Ausländerbeschäftigung zu minimieren (Dohse 1981).
Die problematischste Annahme dieses Politikansatzes ist, dass die drei Ziele (Begrenzung, Rückkehr und Integration) gleichzeitig erreicht werden können. Tatsächlich konnte keines dieser Ziele erreicht werden; insoweit ist die Ausländerpolitik der Bundesrepublik gescheitert. Dies ist auf die innere Widersprüchlichkeit der Ausländerpolitik zurückzuführen: Eine tatsächliche Integrationspolitik wurde nicht eingeleitet, sie würde die Rückkehroptionen verringern; die Zuzugsbegrenzung ist kontraproduktiv für Integration, und Rückkehrförderung wirkt sich ebenfalls negativ auf die Integration aus.
Das Konzept der Bundesregierung im ersten Jahrzehnt des 21. Jahrhunderts zielt auf *Prozesse der Integration* ab, weil es den Einwanderungsprozess als sozialen Sachverhalt nicht vollständig negieren kann. Es impliziert aber die vollständige Assimilation der Zugewanderten, weil es die Staatsangehörigkeit erst nach einer ausdrücklichen Prüfung verleihen will. Wer trotz Einwanderungsprozess seinen Status als Ausländer behauptet, hat mit einer weitgehenden Randstellung in der Gesellschaft zu rechnen. Die Marginalisierung der Ausländer ist in diesem Konzept eine „produktive" Funktion, weil auf diese Gruppe aggressive Phantasien delegiert werden können (Sündenbockfunktion). Die Regelung im Zuwanderungsgesetz 2005, dass Eltern, die ihre Kinder

„zum Hass erziehen", ausgewiesen werden sollen, exemplifiziert dieses Konzept.

Eine zweite Konzeption geht davon aus, dass die Bundesrepublik nicht nur im Sozialen ein Einwanderungsland geworden ist, sondern dass dieser Sachverhalt auch rechtlich und gesellschaftspolitisch zu vollziehen ist. Die Eingliederung der Migranten soll auf die rechtliche Gleichstellung hin orientiert werden, die durchaus mit einer langfristigen Assimilation verbunden ist. In einer kurz- und mittelfristigen Perspektive ist dieses Konzept jedoch toleranter und nimmt auch eine verstärkte Pluralisierung der Gesellschaft in Kauf. Mit der sozialrechtlichen Gleichstellung der „Gastarbeiter" war diese Konzeptlinie schon eingeleitet worden.

Schließlich wird unter dem Schlagwort von der *multikulturellen Gesellschaft* ein drittes Konzept diskutiert, das über die bisherigen hinausgehen soll. Es richtet sich vor allem gegen die Homogenitätsvorstellung der Gesellschaft („Deutschland als Staat der Deutschen") des ersten Konzepts; die Vorstellung von Multikulturalität ist dabei eher eine Negation von völkischen Ordnungsvorstellungen als eine eigenständige Vorstellung einer bestimmten Gesellschaft. Positiv hebt dieses Konzept hervor, dass niemand wegen seiner kulturellen und religiösen Herkunft diskriminiert werden soll. Insoweit knüpft es an die grundlegenden Menschenrechte, wie sie auch im Grundgesetz formuliert sind, an. Die Änderung des Staatsangehörigkeitsrechts im Jahr 2000 liegt auf dieser Konzeptlinie.

An die Stelle nationalistischer Gewissheiten sollen neue Überzeugungen treten: dass Zugehörigkeit sich durch langfristige Anwesenheit ergebe, Staatsbürgerschaft aus dem Bekenntnis zur demokratischen Verfassung resultiere, dass der Rechtsstatus der Gesellschaftsmitglieder auf den Menschenrechten und nicht der Volkszugehörigkeit beruhe. Wichtiges Argument für das Konzept der multikulturellen Gesellschaft ist, dass die angesichts der „fremden" Migranten behauptete Homogenität eine scheinbare war und ist. Alle modernen Gesellschaften sind stark multikulturell von ihrer Entstehung her, im Hinblick auf soziale Schichten, religiöse und kirchliche Traditionen, politische und subkulturelle Milieus, Lebensstile und Wertorientierungen. Richtet man die Aufmerksamkeit auf die Differenzen innerhalb der Aufnahmegesellschaft und auf die Gemeinsamkeiten von bestimmten Teilen der Migranten und der Einheimischen, dann verschwinden die in der *ethnozentrischen Perspektive* wahrgenommenen Grenzziehungen. Kulturelle Besonderheiten werden zu einem Element in der alltäglich erfahrbaren Struktur der sozialen Welt. Die Bildungsbenachteiligung der Migrantenkinder kann eher auf ihre Schichtzugehörigkeit und auf ihre Diskriminierung zurückgeführt werden als auf ethno-kulturelle Differenz. Insofern geht es nicht um die Multikulturalität moderner Gesellschaften, sondern um deren demokratische Verfassung.

Soziale Probleme im Migrationsprozess

Migranten werden selten vorbehaltlos akzeptiert und gastlich aufgenommen. Auch dort, wo sie die ökonomischen Probleme einer Gesellschaft bearbeiten helfen, werden sie als „notwendiges Übel" betrachtet, und es wird ihnen so lange Aufenthalt gewährt, wie es gerade nötig ist. Auch wenn Migranten sich in Einwanderer „verwandeln", steht das „Ausländerproblem", das „Flüchtlingsproblem" im Vordergrund. Der strukturelle Hintergrund dieser Problemdefinition ist die Verteilung von Kosten und Nutzen der Migration. Den Nutzen haben diejenigen, die Arbeitsmigranten beschäftigen, die Kosten werden weitgehend auf die Allgemeinheit abgewälzt. Dabei tragen Arbeitsmigranten, solange sie in den Arbeitsmarkt integriert sind, zur Finanzierung der sozialen Sicherungssysteme der Allgemeinheit bei, wie sich für Deutschland zeigen lässt (Barabas et al. 1992).

Konflikte entstehen in modernen Gesellschaften u. a. im Bildungssystem, weil dort über zentrale soziale Chancen entschieden wird. Die Schule ist als Institution in die basalen gesellschaftlichen Prozesse der Bestimmung der Außengrenzen der Gesellschaft und ihrer Ungleichheitsstruktur eingebunden. Wer legitimerweise zu einer Gesellschaft gehört und ob er „oben" oder „unten" platziert wird, das entscheidet sich vor allem in der Schule. Konkret steht die Schule im Konflikt zwischen dem Recht aller Kinder auf Bildung und der pädagogischen Norm der Förderung von Benachteiligten auf der einen Seite, der Abwehr von als illegitim angesehenen Ansprüchen von Migranten und der Sicherung von Interessen der jeweiligen einheimischen Bevölkerung auf der anderen Seite.

In diesem Horizont sind die Maßnahmen zur Beschulung von Migrantenkindern zu analysieren. (Nieke 2000; Hamburger et al. 2005; Gogolin / Krüger-Potratz 2006; Nohl 2006). In der gegenwärtigen Situation dient die monokulturelle Schule der Durchsetzung von Interessen der autochthonen Bevölkerung gegen die Aufstiegsaspirationen der eingewanderten Gruppen. Würde nämlich Zweisprachigkeit als kultureller Wert allgemein anerkannt werden, dann wären die Migrantenkinder generell den einsprachigen einheimischen Kindern (zumindest aus der gleichen sozialen Schicht wie die Migrantenkinder) überlegen.

Migranten gehören aus strukturellen und konjunkturellen Gründen zur Armutsbevölkerung. Erst in diesem Zusammenhang, nämlich der sozio-ökonomischen Marginalisierung im Aufnahmeland, besteht die Gefahr einer sozial-kulturellen Randstellung. Marginalisierungsprozesse ergeben sich nämlich nicht unmittelbar aus dem Faktum Migration, diese ist eher eine Problemlösung für strukturelle Spannungslagen. Resultiert nach der Migration aus sozialstrukturellen Bedingungen dagegen eine Unterschichtung und verbindet sich diese mit sozio-ökonomischer Marginalisierung (die sich in den Quoten der Arbeitslosigkeit und des Sozialhilfebezugs ausdrückt), dann ist auch mit sozio-kulturellen Marginalisierungsprozessen zu rechnen. Diese setzen umso früher ein, je bedeutsamer eine Institution oder eine Dimension sozialer Integration für die Unterschichtung bzw. für die Abwehr von Aufstiegsprozessen der Immigranten ist. Für das Bildungssystem, das für soziale Mobilität zentral ist, verweisen die Misserfolgsquoten der Migrantenkinder und die Raten der Sonderschulüberweisung auf eine „erfolgreiche" Abwehr von Aufstiegsaspirationen (Radtke 1995); ähnlich können die Kriminalisierungsraten bei ausländischen Jugendlichen interpretiert werden – als Abwehr von Teilhabebedürfnissen und -ansprüchen. Dass Migration allein nicht und nicht unmittelbar zu Marginalisierung führt, ist an der erfolgreichen Integration von Migrantengruppen zu erkennen, deren Aufnahme zielstrebig gefördert wird (z. B. Aussiedler) oder die sich beruflich in der mittleren oder oberen Schicht der Gesamtbevölkerung platzieren können.

In der Migrationsforschung wird in diesem Zusammenhang die Rolle der Ethnisierung diskutiert.

Unter *Ethnisierung* wird die Verschiebung der Wahrnehmungsperspektive verstanden: Während ausländische Arbeitskräfte zunächst unter dem Gesichtspunkt wahrgenommen werden, dass sie bestimmte Arbeitsplätze einnehmen, rückt nun die Betonung ihrer nationalen oder ethnischen Herkunft in den Vordergrund. Die „moderne" Wahrnehmung sieht nur mehr oder weniger funktionierende Arbeitskräfte, die ethnisierte Perspektive dagegen erkennt den „bedrohlichen", „fremden" Türken oder Italiener usw. Die Ethnisierung schafft Distanz und sichert die Privilegien der einheimischen Bevölkerung; politisch gesehen erleichtert sie die Regulierung der Arbeitsmigration. Die Ethnisierung ist jedoch auch möglich als Selbst-Ethnisierung. Für den Migranten und seine Selbstdefinition erhält die Herkunft eine besondere Bedeutung, einmal weil sie ihn erfahrbar von der übrigen Sozialwelt trennt, weil sie ihm im Kontakt mit anderen Migranten Gelegenheit zur Selbstvergewisserung gibt und weil er sich im Rückzug auf diese „Identität" gegen Kränkungen und Diskriminierungen schützen kann (bzw. schützen muss). Zentrales Element der Ethnisierung durch die Aufnahmegesellschaft ist die Abwertung der Herkunftskultur des Migranten. Wenn ökonomische Platzierung und kulturelle Abwertung in der gleichen Richtung wirken, ist Marginalisierung ein zwangsläufiges Ergebnis.

Die Abwehr von Migranten ist schließlich das bedeutendste soziale Problem im Migrationsprozess. Die Reaktion auf Migranten, die häufig als „Fremde" definiert werden, ist in allen Gesellschaften stark ambivalent: Auf der einen Seite gibt es überall Formen der Gastfreundschaft und der Unterstützung, die häufig kulturell oder religiös abgesichert sind oder waren. Auf der anderen Seite gibt es die Ablehnung, die bis zur Vertreibung reichen kann. Die Ablehnung von Migranten ist weniger das Problem einer individuellen Einstellung als vielmehr ein sozialer Sachverhalt, der durch gesellschaftliches Wissen fundiert ist.

Die problematische Grenzziehung beruht auf der lebensnotwendigen Differenzierung der Wahrnehmung, die mit Typisierungen und Erwartungserwartungen Orientierung vermittelt. Die soziale Funktion von Vorurteilen verkehrt sich vom Lebensdienlichen in die Abwehr des Fremden (Estel 1983). In unterschiedlicher Weise werden die dabei beobachtbaren Phänomene als Ethnozentrismus,

Ausländerfeindlichkeit bzw. -feindschaft, Xeno-
phobie und Rassismus definiert und analysiert
(Bielefeld 1992). Im Sündenbockmechanismus
greifen dann psychische Dispositionen und politische Herrschaft in einer gesellschaftlichen Praxis
ineinander.

Soziale Arbeit im Migrationsprozess

Die Diskussion über Migration und ihre Folgen
hat im Bereich von Erziehung und sozialer Arbeit
vor allem den Kulturbegriff verwendet. Die Warnungen beispielsweise vor einer „Ethnisierung der
Arbeitsmigrantenfrage" und Kulturalisierung von
sozialen Problemen wurden schon früh formuliert
(z. B. Meillassoux 1980; vgl. auch Bukow / Llayora
1988; Dittrich / Radtke 1990), blieben jedoch
weitgehend folgenlos. Inzwischen ist die multikulturelle Gesellschaft vor allem mit interkulturel-
lem Lernen beschäftigt, interkulturelle Kompetenzen sollen der sozialen Arbeit neue konzeptionelle
Ressourcen zuführen. Die Perspektiven von Integration und Assimilation wurden – oft moralisie-
rend – kritisiert und als Anpassungsmechanismus
diskreditiert (Auernheimer 2003; Freise 2005;
Otto / Schrödter 2006; Treichler / Cyrus 2004).
Die Konzentration auf Kultur übersieht aber das
zweite Grundelement von Gesellschaft, nämlich die
Struktur. In dieser Dimension sind die materiellen
Ressourcen der Gesellschaft verteilt und drückt sich
das durch Macht differenzierte Positionssystem der
Gesellschaft aus. Die Teilhabe in dieser Dimension
kann als Integration erfasst werden. In der Dimension der Kultur ist dagegen das Symbolsystem einer
Gesellschaft enthalten; in ihr ist zugleich das Wissen
der Gesellschaft über sich und die Welt verteilt. Anteil am Wissen erhält das Individuum durch Assimilation, dabei fällt ihm auch ein bestimmter Rang in
der Prestigedimension der Kultur zu.
Die Fixierung auf Interkulturalität in Konzepten
der Pädagogik und Sozialarbeit bringt die Gefahr
mit sich, dass die strukturelle Dimension aus dem
Blick gerät und eine soziale Benachteiligung und
Diskriminierung in Termini der Kulturdifferenz
interpretiert wird. Die Folge ist: Selbst in einer
differenzierten und materialreichen Publikation
„Soziale Arbeit interkulturell" (Eppenstein / Kiesel
2008) kommt das Wort „Armut" nicht vor.

Migration zielt auf die Teilhabe am ökonomischen,
sozialen und kulturellen Kapital ab. Für die Sozialarbeit und Sozialpolitik gibt es spezifische Ansatzpunkte, um durch soziale Sicherung, soziale Dienste
und Integration in Interaktionsstrukturen sowie
durch kulturelle Anerkennung die Lage der Migranten zu verbessern. Gelingt auf Dauer eine Integration in die Arbeitsgesellschaft, dann kann zumindest
die materielle Armut latent gehalten werden. Bei un-
stetiger Beschäftigung, Krankheit, Alter und Invalidität droht jedoch prinzipiell Armut, weil der Status
des Lohnarbeiters immer die Möglichkeit der Armut
impliziert. Durch weitere Einschränkungen (der
politischen und anderer Rechte) wird die Wahrscheinlichkeit, als Migrant (wieder) arm zu werden,
systematisch erhöht.
Die Orientierung an der Vermeidung von Armut,
wie die Fixierung auf die Begründungen zu Hilfe
und Beratung für die Migranten generell, lässt nun
sehr leicht ein einseitiges Bild des Migranten entstehen. Er erscheint in diesem Diskurs sehr schnell
als „armes Opfer der Verhältnisse". Dies mag im
Einzelfall einmal zutreffen, ist aber systematisch
falsch. Der Migrant ist auch aktiver Akteur und
verfolgt wie alle Individuen seine Interessen. Durch
Migration gibt es nicht nur Verluste, sondern auch
Gewinne. Systemisch betrachtet macht Migration
auch arm, aber in der Migrationsbiografie gibt
es – bei Integration in Normalarbeitsverhältnisse
und ihre sozialen Sicherungssysteme – relative materielle Besserstellung, soziale Integration und kulturelle Selbstbestimmung. Eine ähnliche Doppelperspektive ist auch für die Betrachtung des Themas
„Migration und Sozialisation" angebracht. Das
Aufwachsen der sogenannten Zweiten Generation
wird allzu oft nur unter dem Belastungs- und
„Identitäts-Diffusions"-Blickwinkel behandelt, der
Kompetenzzuwachs durch das Aufwachsen in zwei
Kulturen wird jedoch übersehen. Migranten haben
Zugang zu spezifischen Ressourcen. Soziale Arbeit
mit ihnen muss auf diese ebenso zurückgreifen wie
sie sie bei der Bewältigung besonderer Belastungen
unterstützt (Hamburger 2009).
Um für diese Aufgabe gerüstet zu sein, bedarf es einer spezifischen operativen Struktur. Hinz-Rommel
(1994) hat diese Struktur ausgearbeitet und begründet, wobei weniger die Etikettierung als „interkulturelle Kompetenz" ins Gewicht fällt, als die breite
Orientierung an individuellen Kompetenzen, an der
Arbeitsweise von Teams und Organisationen sowie

den Aufgaben der Aus- und Fortbildung. Gerade wenn man das breite Problemlagen- und Aufgabenspektrum der Migrationsdienste betrachtet (Hamburger 2009) sowie die Vielseitigkeit der tatsächlichen Tätigkeitsprofile berücksichtigt, kann man sagen, dass die interkulturelle Kompetenz ein besonderes Element in einem selbstverständlichen und allgemeingültigen Qualifikationsrahmen ausmacht. Der kurze Weg in eine Obdachlosensiedlung ist für den Sozialarbeiter und die Sozialpädagogin jeden-

falls kulturell eine mindestens genauso weite Reise wie der Flug nach Sizilien oder Hanoi.

Die Geschichte der Sozialarbeit ist eine Geschichte der Arbeit mit Migranten. Die Soziale Arbeit aber hat – weil sie dies vergessen hat – noch nicht einmal ein angemessenes Verständnis ihrer selbst entwickelt. Mit dem Hinweis auf Jane Addams' Hull House soll dies wieder in Erinnerung gebracht werden.

Literatur

Albrecht, G. (1972): Soziologie der geographischen Mobilität. Enke, Stuttgart

Auernheimer, G. (2003): Einführung in die interkulturelle Pädagogik. 3. neu bearbeitete und erweiterte Aufl. Wissenschaftliche Buchgesellschaft, Darmstadt

Bade, K. J. (2000): Europa in Bewegung. Migration vom späten 18. Jahrhundert bis zur Gegenwart. C. H. Beck, München

– (Hrsg.) (1993): Deutsche im Ausland – Fremde in Deutschland. Migration in Geschichte und Gegenwart. 3. Aufl. Bertelsmann-Club, Gütersloh

Barabas, G., Gieseck, A., Heilemann, U., Loeffelholz, H. D. v. (1992): Gesamtwirtschaftliche Effekte der Zuwanderung 1988 bis 1991. RWI-Mitteilungen 43, 133–154

Bielefeld, U. (Hrsg.) (1992): Das Eigene und das Fremde. Neuer Rassismus in der alten Welt? 2. Aufl. Junius, Hamburg

Bukow, W.-D., Llayora, R. (1998): Mitbürger aus der Fremde. Soziogenese ethnischer Minoritäten. Leske + Budrich, Opladen

Dittrich, E. J., Radtke, F.-O. (1990) (Hrsg.): Ethnizität, Wissenschaft und Minderheiten. Westdeutscher Verlag, Opladen

Dohse, K. (1981): Ausländische Arbeiter und bürgerlicher Staat. Genese und Funktion von staatlicher Ausländerpolitik und Ausländerrecht. Vom Kaiserreich bis zur Bundesrepublik Deutschland. Hain, Königstein

Düwell, F. (2006): Europäische und internationale Migration. Einführung in historische, soziologische und politische Analysen. Lit, Hamburg / Münster

Eppenstein, Th., Kiesel, D. (2008): Soziale Arbeit interkulturell. Kohlhammer, Stuttgart

Esser, H. (1980): Aspekte der Wanderungssoziologie. Assimilation und Integration von Wanderern, ethnischen Gruppen und Minderheiten. Eine handlungstheoretische Analyse. Luchterhand, Darmstadt

Estel, B. (1983): Soziale Vorurteile und Soziale Urteile. Westdeutscher Verlag, Opladen

Filsinger, D. (1992): Ausländer im kommunalen Handlungskontext. Verlag für Wiss. und Bildung, Berlin

Flam, H. (2007): Migranten in Deutschland. Statistiken – Fakten – Diskurse. UVK-Verlagsgesellschaft, Konstanz

Freise, J. (2005): Interkulturelle Soziale Arbeit. Wochenschau Verlag, Schwalbach / Ts.

Gogolin, I., Krüger-Potratz, M. (2006): Einführung in die Interkulturelle Pädagogik. Barbara Budrich, Opladen / Farmington Hills

Hamburger, F. (2009): Abschied von der Interkulturellen Pädagogik. Juventa, Weinheim / München

– (1994): Pädagogik der Einwanderungsgesellschaft. Cooperative, Frankfurt / M.

–, Badawia, T., Hummrich, M. (Hrsg.) (2005): Migration und Bildung. VS Verl. für Sozialwissenschaften, Wiesbaden

–, Koepf, Th., Müller, H., Nell, W. (1997): Migration. Geschichte(n), Formen, Perspektiven. Wochenschau Verlag, Schwalbach / Ts.

Han, P. (2005): Soziologie der Migration. 2. Aufl. Lucius und Lucius, Stuttgart

Harbach, H. (1976): Internationale Schichtung und Arbeitsmigration. Rowohlt, Reinbek bei Hamburg

Hinz-Rommel, W. (1994): Interkulturelle Kompetenz. Ein neues Anforderungsprofil für die soziale Arbeit. Waxmann, Münster / New York

Hoffmann-Nowotny, H. J. (1973): Soziologie des Fremdarbeiterproblems. Eine theoretische und empirische Studie am Beispiel der Schweiz. Enke, Stuttgart

Karstedt, O. (Hrsg.) (1924): Handwörterbuch der Wohlfahrtspflege. C. Heymann, Berlin

Meier-Braun, K.-H. (2002): Deutschland, Einwanderungsland. Suhrkamp, Frankfurt / M.

Meillassoux, C. (1980): Gegen eine Ethnologie der Arbeitsimmigration in Westeuropa. In: Blaschke, J., Greussing, K. (Hrsg.): „Dritte Welt" in Europa: Probleme der Arbeitsimmigration. Syndikat, Frankfurt / M., 53–59

Nieke, W. (2000): Interkulturelle Erziehung und Bildung. 2. Aufl. Leske + Budrich, Opladen

Nohl, A. M. (2006): Konzepte Interkultureller Pädagogik. Klinkhardt, Bad Heilbrunn

Nuscheler, F. (1995): Internationale Migration. Flucht und Asyl. Leske + Budrich, Opladen

Otto, H.-U., Schrödter, M. (Hrsg.) (2006): Soziale Arbeit in der Migrationsgesellschaft. neue praxis, Sonderheft 8

Pries, L. (2008): Die Transnationalisierung der sozialen Welt. Suhrkamp, Frankfurt / M.

Radtke, F.-O. (1995): Interkulturelle Erziehung. Über die Gefahren eines pädagogisch halbierten Anti-Rassismus. Zeitschrift für Pädagogik 41, 853–864

Terkessidis, M. (2004): Die Banalität des Rassismus. Migranten zweiter Generation entwickeln eine neue Perspektive. Transcript, Bielefeld

Treibel, A. (2008): Migration in modernen Gesellschaften. Soziale Folgen von Einwanderung und Gastarbeit. 4. Aufl. Juventa, Weinheim / München

Treichler, A., Cyrus, N. (Hrsg.) (2004): Handbuch Soziale Arbeit in der Einwanderungsgesellschaft. Brandes und Apsel, Frankfurt / M.

Wessel, K.-F., Naumann, F., Lehmann, M. (Hrsg.) (1993): Migration. Kleine, Bielefeld

Mobile Jugendarbeit

Von Siegfried Keppeler und Walther Specht

Mobile Jugendarbeit – ein globales Konzept der Lebenswelt- und Sozialraumorientierung

Die globale Situation von Kindern und Jugendlichen, die in ihren jeweiligen Gesellschaften von Ausgrenzung und Nicht-Teilhabe betroffen sind oder gar auf der Straße leben müssen, hat weltweit dramatische Züge angenommen. Nach den aktuellsten Schätzungen von UNICEF (2007) gibt es derzeit ca. 120 Millionen Kinder, deren Lebenslage durch die Verweigerung fundamentaler Menschenrechte wie Nahrung, Obdach, Bildung und Versorgung gekennzeichnet ist. Mindestens 100 Millionen Kinder leben und arbeiten auf der Straße. *Ende 2003 gab es in 93 untersuchten Entwicklungsländern 143 Millionen Waisen unter 18 Jahren.* Auch in Deutschland gibt es junge Menschen, die von sozialer Ausgrenzung bedroht oder betroffen sind. Ein sozialpädagogisches Konzept, das sich diesen Problemen stellt, ist die Mobile Jugendarbeit. Sie praktiziert als Handlungsfeld Sozialer Arbeit Streetwork, Einzelfallhilfe, Gruppenarbeit und Gemeinwesenarbeit. Sie will die jungen „hard to reach" Menschen oder „unreachable" in schwierigen Lebenslagen erreichen und unterstützen. Die Mobile Jugendarbeit basiert auf der Maxime: Wenn die „schwer Erreichbaren" nicht zu uns kommen, gehen wir zu ihnen, notfalls sogar auf die Straße. So begann und beginnt Streetwork fast überall auf der Welt. Doch dies reicht nicht aus. Hinzu kommen muss eine wirksame und nachhaltige Verbesserung der Lebenslage von Straßenkindern und gefährdeten Jugendlichen in ihrem jeweiligen Sozialraum. Die „Unerreichbaren" erreichen, heißt für Jugend- und Sozialarbeiter, sich seelisch verletzten und ausgegrenzten, aber auch misstrauischen und aggressiven Kindern und Jugendlichen professionell zuzuwenden. In der Mobilen Jugendarbeit Tätige bieten dieser Zielgruppe kurz-, mittel- und längerfristige Unterstützung und kritische Solidarität an. Mit dem Interesse an den Lebenswelten der jeweiligen Adressaten verbindet sich die Mobile Jugendarbeit mit der Tradition einer lebensweltorientierten Jugendhilfe, wie sie von Thiersch ausgearbeitet wurde (Thiersch 2006).

Zu den historischen Wurzeln des Konzepts

Der 1967 in Stuttgart erstmals in der Bundesrepublik praktizierte Ansatz der Mobilen Jugendarbeit hat seine historischen und konzeptionellen Vorläufer in Österreich (Wilfert 1959; 1962), der Schweiz (Bernasconi 1962) und vor allem in den USA (Thrasher 1926; Miller 1957; New York City Youth Board 1960; Spergel 1966). Lange bevor sich die deutsche Jugendforschung der Cliquen angenommen hat, wurden in den USA die Gangs, insbesondere die Jugendgangs, untersucht. Bereits in den 1920er Jahren stellten sich Chicagoer Sozialwissenschaftler und Sozialarbeiter dem Problem von überwiegend in Gruppenkontexten auftretender Jugendkriminalität in bestimmten, geografisch abgrenzbaren Gebieten und entwickelten erste Lösungsversuche durch den Einsatz von „area-worker" oder „detached worker" (Miller 1957, 406). Die jeweils angestellten Jugend- oder Sozialarbeiter waren für ein bestimmtes Problemgebiet zuständig und gingen losgelöst (detached) von ihrer Institution selbst auch auf die Straße oder an andere Trefforte der Jugendlichen, um dort präsent zu sein, zu beraten und zu vermitteln. Über die Chancen zur Veränderung und Restabilisierung eines im Kontext seiner Bezugsgruppe delinquent handelnden Jugendlichen zeichnete Thrasher schon 1926 (Thrasher 1926, 346) für mögliche Jugendhilfemaßnahmen zwei alternative

Otto/Thiersch (Hg.), Handbuch Soziale Arbeit, 4. A., DOI 10.2378/ot4a.art097,
© 2011 by Ernst Reinhardt, GmbH & Co KG, Verlag, München

Wege auf: Der Jugendliche muss entweder vollkommen dem Einfluss der Streetgang entzogen werden oder es muss mit der ganzen Gruppe gearbeitet werden. Thrasher wirft den Jugendhilfeinstanzen vor, dass sie fast ausschließlich den ersten und meist erfolglosen Weg gewählt und den zweiten größtenteils ignoriert hätten. Dem zweiten Weg folgte ein mehr lebensfeldbezogener und gemeinwesenorientierter Ansatz (Shaw 1929), auf den sich auch Mobile Jugendarbeit bezieht (Specht 1979, 38).

Die Rezeption der amerikanischen Handlungsansätze führte dazu, dass Begriff und Inhalt von Streetwork in den 1960er Jahren auch in Europa aufgegriffen wurden. Sie fanden jedoch im Gesamtangebot von Jugend- und Sozialarbeit zunächst nur eine relativ schwache Resonanz. Dies änderte sich, als offenkundig wurde, dass nur mit der Hereinnahme aufsuchender und niederschwelliger Ansätze in die Jugend- und Beratungsarbeit insbesondere diejenigen Jugendlichen oder Klienten erreicht werden, die Unterstützung und Hilfe am dringendsten brauchten (Specht 1969; Kraußlach et al. 1976). Der Begriff Mobile Jugendarbeit wurde von Willi Erl eingeführt, der dazu schon 1965 in den USA beim Besuch von Streetwork-Programmen zur Betreuung jugendlicher Banden angeregt wurde (Erl 1971, 81).

Nach dem Zweiten Weltkrieg war es in Holland und Deutschland die Gemeinwesenarbeit, deren zentrales Anliegen es war, die Menschen in ihrer Lebenswelt zu aktivieren: „Sie sollen zu Subjekten politisch aktiven Handelns und Lernens werden und zunehmend Kontrolle über ihre Lebensverhältnisse gewinnen" (Oelschlägel 1997, 37). Davon ging vor allem ab den 1970er Jahren ein wichtiger Impuls für die Entwicklung Mobiler Jugendarbeit aus. In den rasch wachsenden Neubau- und Hochhaussiedlungen zeigten sich enorme Verwerfungen und Konflikte aufgrund fehlender oder mangelhafter sozialer Infrastruktur, die insbesondere bei Jugendlichen ihren Ausdruck fanden in Gewalt, Vandalismus und Bandenbildung (Specht 1979). Mit dem Bezug auf das Gemeinwesen macht Mobile Jugendarbeit deutlich, dass es nicht allein damit getan ist, ein neues professionelles Hilfeangebot aufsuchender Arbeit einzurichten, sondern dass die Bürger und Bürgerinnen dazu motiviert und dabei unterstützt werden müssen, selbst zur sozialen Integration junger Menschen im Wohnquartier beizutragen (Hinte et al. 2001).

Eine weitere Entwicklungslinie Mobiler Jugendarbeit liegt in der Auseinandersetzung mit Konzepten Offener Jugendarbeit. Die große Ausbauphase Offener Jugendarbeit vollzog sich in den 1970er Jahren. An einigen Orten entstanden Konflikte zwischen Jugendlichen und den Einrichtungen Offener Jugendarbeit, die besonders schwierige und schwer im Haus auszuhaltende Gruppen mit Hausverbot belegten und aus dem Jugendhausalltag mit dem Argument ausgrenzten, dass offene Jugendarbeit für alle da sein müsse. Offene Jugendarbeit verstand sich in dieser Phase als primär standortgebundene und auf die einzelnen Häuser fixierte Arbeit (Böhnisch/Münchmeier 1987). Diesem Konzept, das auch mit dem Begriff der „Komm-Struktur" bezeichnet wurde, stand Mobile Jugendarbeit als ein Konzept mit ausgesprochener „Geh-Struktur" gegenüber. Dies sollte der Begriff „mobil" signalisieren: jene Orte aufzusuchen, an denen sich Jugendliche tatsächlich aufhalten – „mobil sein". Indem sich die Mobile Jugendarbeit herausbildete, wurde eine Ausdifferenzierung im Bereich Offener Jugendarbeit erreicht. Über die Jahre hinweg entwickelte sich eine Art Arbeitsteilung, die der Logik sich ergänzender Angebotsformen in enger Vernetzung und gegenseitiger Abstimmung folgte. Mobile Jugendarbeit steht für ein lebensweltorientiertes, niedrigschwelliges und bedarfsgerechtes Angebot, das sich hinsichtlich Zeiten, Orten und Methoden der Arbeit flexibel auf die Bedürfnisse der Adressatinnen und Adressaten einlässt. Als Arbeitsprinzipien Mobiler Jugendarbeit werden besonders die Aspekte Freiwilligkeit hinsichtlich der Art und des Umfangs des Kontakts sowie die Akzeptanz und das Verständnis für die Lebenssituation Jugendlicher genannt. Parteilichkeit im Sinne einer Interessenvertretungs- und Lobbyfunktion von Jugendlichen und das Bemühen um Transparenz – bezogen auf die Absichten, Möglichkeiten und Grenzen das Handeln der Mitarbeiter(innen) – sind weitere Qualitätsmerkmale Mobiler Jugendarbeit (LAG Baden-Württemberg 2005). Zur Weiterentwicklung des Handlungsfeldes, zur Herausbildung von Standards und zur jugendpolitischen Vertretung bildeten sich ab 1990 Landesarbeitsgemeinschaften, die sich 1997 zur Bundesarbeitsgemeinschaft Streetwork/Mobile Jugendarbeit zusammenschlossen (BAG 2007; LAG Baden-Württemberg 2005; LAK Sachsen 2007; Gillich 2004; 2005; 2006; 2007; 2008; Dölker/Gillich 2009).

Eckpunkte konzeptioneller Ausrichtung Mobiler Jugendarbeit

Streetwork

Streetwork ist als Methode nicht auf die Arbeit mit Jugendlichen beschränkt. Das breite Einsatzspektrum zeigt eine Publikation zur aufsuchenden Arbeit, in der Streetwork in der Hausbesetzerszene, in der Arbeit mit rechten Jugendlichen, Fußballfans, in der Drogenszene, in der Arbeit mit Prostituierten ebenso dargestellt wird wie in der Wohnungslosenhilfe (Becker / Simon 1995). In diesem Sinne beschreibt Streetwork eine spezifische Zugangsform aufsuchender und nachgehender Arbeit, wobei sich der Zugang nicht auf die Straße begrenzt. Deshalb scheint uns auch der Begriff Straßensozialarbeit sowohl untauglich für die Beschreibung des komplexen Geschehens aufsuchender Arbeit wie auch für die Methode Streetwork im umfassenderen Konzept Mobiler Jugendarbeit (Keppeler 1997). Streetwork bedeutet, dass die Mitarbeiter(innen) auf Jugendliche auf öffentlichen Plätzen zugehen, mit ihnen in Parks, auf Schulhöfen, in Einkaufszentren, Kneipen, Diskotheken, Spielhallen oder Bahnhöfen Kontakt suchen. Eine besondere Spannung besteht darin, dass Notlagen, Konfliktszenarien und Problemhypothesen hinsichtlich der jungen Menschen im öffentlichen Raum für die Auswahl der Kontakte handlungsleitend sind, weil gewissermaßen ein Hilfebedarf unterstellt wird, und damit eine „Defizitperspektive den Blick für das Empowerment verdeckt" und die Stärken und positiven Fähigkeiten der Adressaten übersehen werden (Dölker 2009, 103).

In der Mobilen Jugendarbeit wird Streetwork in hauptsächlich zwei Formen umgesetzt: Die erste Form stellt ein city- oder szenenzentriertes Streetwork-Konzept dar. Bei dieser Variante liegt der Schwerpunkt auf einzelfall- oder szenenbezogenen Kontakten und weniger auf Gemeinwesenorientierung. Der Schwerpunkt im Rahmen Mobiler Jugendarbeit liegt auf der zweiten Form der Streetwork, dem stadtteilbezogenen Streetwork-Konzept. Hierbei stellt Streetwork die Möglichkeit dar, zu Jugendlichen im Stadtteil Kontakt aufzunehmen, Kontakt zu halten und sich über Entwicklungen im jeweiligen Stadtquartier kontinuierlich einen Überblick zu verschaffen. Diese Form der Beziehungsaufnahme setzt darauf, dass über die Kontakte und Gespräche die Basis für weitergehende Unterstützungsprozesse gestaltet wird (Keppeler 1989; Wolfer 2007). Auch wenn es schwer vorstellbar erscheint, wie mit äußerst misstrauischen, als ‚aggressiv' stigmatisierten oder drogenabhängigen Jugendlichen Kontakte zustande kommen und danach vertrauensvolle und belastbare Beziehungen entstehen sollen, gestaltet sich die Situation der Kontaktaufnahme zumeist nicht schwierig.

„Für das Einlösen des sozialarbeiterischen Hilfeversprechens ist dagegen viel entscheidender, welche Handlungen der Street Worker der Kontaktaufnahme folgen lassen kann. Vertrauen als die Grundlage der Mobilen Jugendarbeit entsteht nur, wenn der einzelne Jugendliche oder seine für ihn höchst bedeutsame Bezugsgruppe (Peers, Clique, street gang oder rechtsorientierte Bezugsgruppe) die Handlungen des Street Workers als vertrauenswürdig erfährt und interpretiert." (Specht 1989, 301)

Mobile Jugendarbeiter finden nicht nur Kontakte zu Jugendlichen, sondern auch Kontakt zu Kontrolleuren des öffentlichen Raums: der Polizei und Mitarbeitern des Ordnungsamtes. Der öffentliche Raum ist immer schon ein Ort, an dem unterschiedliche Interessen aufeinanderprallen. Verlierer des Machtkampfs sind Arme, Prostituierte, Obdachlose, Drogenabhängige und jugendliche Gruppierungen (Simon 2001, 8 ff.). Um den öffentlichen Raum von störenden Gruppen frei zu halten, wird diese ordnungspolitische Forderung auch mithilfe der Polizei durchgesetzt. Sehr häufig hat die Polizei die Aufgabe, Treffpunkte zu beruhigen, Cliquen aus dem öffentlichen Raum zu entfernen und für Sicherheit zu sorgen. Dass dies nicht Aufgabe Mobiler Jugendarbeit ist, muss nicht nur im Kontakt mit der Polizei verdeutlicht werden (Grohmann 2009). Aufgaben, Rollen und Verfahrensweisen Mobiler Jugendarbeit im öffentlichen Raum gilt es z. B. auch Mitarbeitenden von Ordnungsämtern gegenüber zu erläutern und zu behaupten. Dies gilt auch dann, wenn Pädagog(inn)en als Streetworker(innen) bei Events in Wochenendszenen eingesetzt werden. Wochenendszenen sind Ansammlungen von Jugendlichen bzw. Gruppen von Jugendlichen, die sich vor allem am Wochenende im öffentlichen Raum zusammenfinden, z. B. in den attraktiven Innenstadtkernen (Hitzler et al. 2001). Im Unterschied zu eindeutigen Szenen im Bereich von Sucht, Wohnungslosigkeit, HIV oder Fans lassen sich diese Gruppen keiner bekannten sozialen Problematik zuordnen.

„Auch der Versuch, diese Jugendlichen anhand der bekannten jugendkulturellen Stile zu identifizieren würde scheitern, beziehungsweise wäre nur sehr bedingt tauglich, da es sich um eine diffuse Zielgruppe ohne eindeutigen subjektbezogenen Problemzusammenhang, ohne eindeutige Klassenlage und mit heterogener und wechselnder jugendkultureller Orientierung handelt." (Müller/Willms 2005, 139)

Hitzler macht darauf aufmerksam, dass Szenen eine Art Gesinnungsgemeinschaften darstellen. Nicht die gemeinsamen Lebenslagen sind die Grundlage, sondern „Leidenschaften und Neigungen", „verführerische Angebote", außeralltägliche Erlebnisse, die im Rahmen von Events realisiert werden (Hitzler et al. 2001, 20). Zum Szenengänger gehört, dass es Möglichkeiten gibt, sich selbst in Szene zu setzen. Die Inszenierung dient dazu, entweder innerhalb der Szenenmitglieder oder durch Zuschauer von außen wahrgenommen zu werden. Im Unterschied zu Peergroups und festen Cliquen scheinen Szenen Prozesse der Vergemeinschaftung zunehmend als „Vehikel zur Befriedigung von Individualbedürfnissen" im Kontext sozialer Anerkennung zu inszenieren. Müller und Willms machen darauf aufmerksam, dass bei der Behauptung der Eigenständigkeit des Arbeitsfeldes angesichts des kommunalen Ordnungsdiskurses die Gefahr bestehe, professionelle gegen legitimatorische Handlungslogiken einzutauschen. Eine Antwort auf die diffuse Ziel- und Aufgabendefinitionen Mobiler Jugendarbeit durch Politik, Wirtschaft und Verwaltung sei es, auf mehreren Ebenen anzusetzen:

„Sie umfassen die konkrete, unmittelbare Hilfe ebenso wie die Unterstützung von Subjektwerdung und Identitätsbildung sowie die im gesellschaftlichen Kontext zu verortende Verbesserung des sozialen Klimas." (Müller/Willms 2005, 157)

Während bei Eventszenen für die Pädagog(inn)en die Problematik besteht, mit zumeist unbekannten Menschen aus einer Region konfrontiert zu sein, gehen andere Konzepte der Frage nach, wie die Neuen Medien genutzt werden könnten, um zu jungen Menschen enger und kontinuierlicher Kon-

takt zu halten und die räumlich-zeitlichen Barrieren partiell zu überwinden: virtuelle Jugendarbeit, virtuelle Streetwork oder Internet-Streetwork. Mobile Jugendarbeit greift dabei das Phänomen auf, dass Jugendliche Gemeinschaftsportale und Online-Kontaktnetzwerke (Social Networks) nutzen, um untereinander zu kommunizieren, sich sozial zu vernetzen sowie Fotos, kurze Videoclips und anderes Datenmaterial auszutauschen. Die Nutzung sozialer Netzwerke wie Facebook oder MySpace gehört bei vielen Jugendlichen zum Alltag (Ahrens 2009). Einige Einrichtungen Mobiler Jugendarbeit greifen diese Tatsache in ihrer Arbeit auf, indem sogenannte virtuelle Streetworker ins Netz gehen. Sie tun dies nicht nur in aufklärerischer Weise, um Jugendliche zu sensibilisieren für das Veröffentlichen privater Informationen im World Wide Web und sie vor den Gefahren allzu freizügiger Datenpreisgabe zu warnen, sondern auch, um darüber Kontakt zu halten zu jenen Jugendlichen, mit denen im Rahmen Mobiler Jugendarbeit bereits schon Kontakte und Beziehungen geknüpft wurden. Diese können auf virtuellem Wege vertieft und in schwierigen Lebenssituationen vonseiten der Jugendlichen aktualisiert werden. Realisiert wird dies, indem zu den gängigsten Online-Kontaktnetzwerken und -Portalen Nutzerprofile angelegt werden, über welche Jugendliche die Möglichkeit haben, sich auszutauschen und die Mitarbeiter(innen) nach Bedarf online zu kontaktieren. Auch wenn der Begriff „Internet-Streetwork" dem Gegenstand nicht ganz angemessen erscheint, zeigen sich mit dieser medialen Beratungsvariante Chancen, Kontakte zu jenen Jugendlichen zu vertiefen, die weniger den öffentlichen Raum als vielmehr den eigenen PC als virtuellen Kontaktraum nutzen.

Einzelfallhilfe und Vernetzung

In der einzelfallbezogenen Arbeit begreifen sich Mobile Jugendarbeiter(innen) zunächst für alle Themen und Probleme zuständig, die von Jugendlichen an sie herangetragen werden und bearbeiten diese im Kontext eines alltagsorientierten Beratungsverständnisses (Thiersch 1977). Dies ist eine Konsequenz aus der Erfahrung, dass sich Jugendliche nur dann anvertrauen, wenn Vertrauen vorhanden ist und wenn sich Gelegenheiten dazu bieten. Im Kontakt mit jungen Menschen werden Mobile Jugendarbeiter(innen) mit einer Vielzahl von Themen konfrontiert: Familie, Schule, Ausbildung, Clique, Arbeit und Arbeitslosigkeit, legaler und illegaler Drogenkonsum, Schuldenregulierung, Sexualität und AIDS-Bedrohung. Hinzu kommt der für delinquent handelnde, kranke oder drogenabhängige Jugendliche besonders bedeutsame Bereich des Umgangs mit Behörden, Ärzten, Kliniken, Kostenträgern, Polizei und Justiz, Gefängnissen und Opfern. Welche der Themen bearbeitet werden, ob dies die Mobile Jugendarbeiter(in) alleine macht oder andere Fachkräfte hinzugezogen werden, wird im Einzelfall im weiteren Beratungsprozess und nach Maßgabe der Wünsche der Jugendlichen geklärt. Erforderlich ist dazu ein gut ausgebautes Kooperationsnetzwerk, das die unterschiedlichen Institutionen und Helfergruppen umspannt. Die persönliche Beratung schließt sowohl Krisenintervention als auch längerfristige Beratungsprozesse ein, wobei Konzepte systemischer Beratung und lösungsorientierter Arbeitsansätze zunehmend an Bedeutung gewinnen (Küchler 2007). Sind für die einzelnen Jugendlichen einflussreiche andere Jugendliche, Freunde oder eine Clique vorhanden, werden diese als wichtige Netzwerkpartner in den Hilfeprozess integriert. Denn cliquenbezogene Kontakte sind für Jugendliche wichtig, auch bezogen auf die Bewältigung ihrer Lebenssituation. Jugendliche erfahren Hilfestellung, beraten sich gegenseitig und übernehmen untereinander eine Art Wegweiserfunktion (Kaestner 2003).

Mobile Jugendarbeit als gruppenbezogene Intervention und peergruppenbezogenes Selbsthilfekonzept

Angesichts wachsender Individualisierung und des zunehmenden Orientierungsverlusts Jugendlicher wird Cliquen die Funktion einer häufig „überlebens-wichtigen, zentralen Sozialisationsinstanz" (Ferchhoff 1990, 72) zugeschrieben. War Cliquenzugehörigkeit noch bis in die 1970er Jahre Vorbereitungsphase für Erwachsenenrollen und hatte die Funktion zwischen „traditionellen und modernen Wertesystemen zu vermitteln" (27), so sind Cliquen heute Orte jugendlicher Selbstorganisation, Selbstfindung und Lebensbewältigung.

„Heute geht es um eine immer mehr auf sich gestellte (Über-) Lebensarbeit, um eine prinzipiell offene und entsprechend verunsicherte Orientierungssuche nach Wegen und Möglichkeiten gelingender Lebensbewältigung." (Krafeld 1992, 37 f.)

Das Ausleben jugendkulturellen Eigensinns in der Clique hat häufig territoriale Dimensionen. Jugendliche und vor allem Jungen besetzen öffentliche Räume, nutzen sie um und begreifen sie als Bühne für cliquenbezogene Aneignungsprozesse (Becker et al. 1984; Böhnisch / Münchmeier 1990). Territorialverhalten ermöglicht Cliquen Machtdemonstrationen und verschafft ihnen Anerkennung und Identität. Dass dabei oft auch Gewalt im Spiel ist und Jugendliche sich menschenverachtend verhalten, macht es für Sozialpädagog(inn)en schwierig, zu ihnen einen verstehenden Zugang zu finden. Dazu gehört auch, dass sich Jugendliche selbst neu erfahren können, an neue zu bewältigende Aufgaben herangeführt werden und in für sie neuen Settings und Kontexten handeln können. Dies wird realisiert im Rahmen von erlebnis-, sport- oder freizeitpädagogischen Angeboten ebenso wie durch systematische Gruppenarbeit in eigens dafür angemieteten Räumen (Häberlein / Klenk 1997).

Mobile Jugendarbeit als gemeinwesenbezogenes Handlungskonzept

Da Integration und Ausgrenzung, Akzeptanz und Ablehnung, Problementstehung und Problemlösung immer im unmittelbaren Umfeld von jungen Menschen stattfinden, legt Mobile Jugendarbeit einen Schwerpunkt auf die Gemeinwesenbezogenheit der Arbeit. Konflikte zwischen jungen Menschen und Erwachsenen, zwischen Cliquen und Einzelhändlern sollen im Stadtteil thematisiert und dort soll gemeinsam nach Lösungen gesucht werden.

„Mobile Jugendarbeit betont die Wahrnehmung von Bewohnerinteressen und die Veränderung von sozial-ökologischen Lebensbedingungen. Hierbei spielt das Moment der gemeinde- bzw. stadtteilöffentlichen Behelligung, Mobilisierung und Beteiligung der Bewohner an Problemlösungsstrategien eine zentrale Rolle." (Specht 1987, 25)

Mit der Präsenz im Gemeinwesen durch ein Büro als Anlaufstelle im Stadtteil und Cliquenräumen wird die Voraussetzung dafür geschaffen, mit Bürgern in Kontakt zu kommen. Über die Arbeit mit Jugendlichen und Familien hinaus sind alle Bewohnergruppen im Stadtteil oder in der Gemeinde Adressat zielgerichteter Aktionen, die dazu beitragen können, das soziale Klima im Gemeinwesen zu verbessern oder zu Formen produktiver Bewältigung sozialer oder politischer Konflikte zu gelangen. Dazu gehört auch, dass auf der örtlichen Ebene bestehende Angebote im Sinne eines institutionellen Netzwerks zusammengeführt und dafür notwendige Gremienstrukturen geschaffen werden, wie z.B. Stadtteilarbeitskreise. Und: dass für die unterschiedlichen Gruppen im Wohnquartier nach geeigneten Beteiligungsformen gesucht wird und insbesondere benachteiligte Jugendliche durch Beteiligung auch Möglichkeiten der Teilhabe und Teilnahme eröffnet wird (Gillich et al. 2009, 42 f.).

Mobile Jugendarbeit an der Schnittstelle zu anderen Handlungsfeldern und Systemen

Während Mobile Jugendarbeit mit der für sie typischen Integration von aufsuchenden, einzelfall- und gruppenbezogenen Handlungselementen und ihrer Gemeinwesenverankerung in den 1980er und 1990er Jahren ein eigenständiges und unverwechselbares Profil besaß, zeigen sich seit der Jahrtausendwende, vor dem Hintergrund der mit dem Begriff der Sozialraumorientierung verbundenen Entwicklungen in den Jugendämtern, den ambulanten Erziehungshilfen und auch in der Offenen Jugendarbeit, Veränderungstendenzen. Eine sozialräumliche Ausrichtung der Jugendarbeit bedeutet beispielsweise, dass die Fixierung auf Räume wie Jugendtreffs und Jugendhäuser teilweise aufgegeben wird und relevante Aufenthaltsorte junger Menschen auch außerhalb der Einrichtungen an Bedeutung gewinnen. Damit kommen auch öffentliche Räume als Aneignungsmedium von Kindern und Jugendlichen für die Offene Jugendarbeit in den Blick (Deinet/Krisch 2002; Deinet 2005). Die Hilfen zur Erziehung (Wolff 1999; Peters/Koch 2004) und die Allgemeinen Sozialen Dienste der Jugendämter (Früchtel et al. 2001; Hinte/Treeß 2006) nahmen die Idee einer sozial-

räumlichen Ausrichtung in ihrer Arbeit auf, strukturierten teilweise sehr grundsätzlich ihre Organisationen um, richteten sie an sozialräumlichen Gliederungsstrukturen aus, verfolgten Konzepte der Ressourcenorientierung und setzten stärker auf eine engere Koproduktion der Hilfen mit freien Trägern. Die Bildung von Sozialraumteams, von Sozialraumbudgets, die stärkere räumliche Präsenz der Dienste in den Sozialräumen und die sogenannte „fallunspezifische" Arbeit führten dazu, dass sowohl Soziale Dienste als auch Einrichtungen der Hilfen zur Erziehung lokal als Kooperationspartner stärker in den Blick kamen. Mit dem Bemühen anderer, sozialräumliche Dimensionen in der Arbeit stärker zu berücksichtigen, verliert Mobile Jugendarbeit in gewisser Weise ihr Alleinstellungsmerkmal. Damit ergibt sich jedoch auch die Chance zur fallbezogenen Vernetzung und zur strukturbezogenen Aktivierung von Ressourcen, Diensten und Einrichtungen, die bisher gemeinwesenbezogenen Prozessen eher reserviert gegenüberstanden. Im städtischen Raum werden sozialraumbezogene Arbeitskreise installiert bzw. weiterentwickelt, die nicht nur zielgruppenspezifische Fragen bearbeiten, sondern stadtteilstrukturelle Themen aufgreifen. In Flächenlandkreisen ist die Umsetzung schwieriger, da die geografischen Sozialraumausschnitte unvergleichlich größer sind und die Sozialarbeiterdichte weit geringer ist. Dies führt hier aber häufig dazu, dass neue Kooperationspartner in den Blick kommen, die bisher in der Arbeit noch nicht miteinbezogen wurden – insbesondere auch Vereine, Kirchen und zivilgesellschaftliche Kräfte.

Der Einbezug von Bildungsträgern wie Schulen, Einrichtungen der Familienbildung und Kinderbetreuungseinrichtungen lassen das Netzwerk wachsen. Kritisch wird eingewandt, dass mit der Vernetzungsdynamik die Profile der einzelnen Einrichtungen zunehmend verschwimmen, fast jeder alles macht und sich für alles zuständig fühlt. Dies führte auch dazu, dass z.B. aufsuchende Arbeit in einzelnen Sozialräumen sowohl von der Mobilen Jugendarbeit als auch von der Offenen Jugendarbeit, der Suchtberatung oder der aufsuchenden Jugendberufshilfe erfolgt. In diesem Kontext werden enge Abstimmungen und Absprachen hinsichtlich der Aufgabenschwerpunkte und der zielgruppenspezifischen Ausrichtung immer notwendiger.

Wirkungsorientierung in der Mobilen Jugendarbeit

Mobile Jugendarbeit bemüht sich verstärkt, den Diskurs um ihre Wirkung durch Formen der Datenerhebung und Evaluation ihrer Arbeit aufzugreifen. In einem Überblick über die empirische Forschung von 1998 bis 2008 (Buschmann 2009) werden Forschungsthemen benannt, auf die sich die empirischen Studien bezogen: Streetwork versus Mobile Jugendarbeit (Krebs 2004), Zielgruppenstudien (Bodenmüller, / Piepel 2003), Studien zu Arbeitsformen (LAG Baden-Württemberg 2005), Bedarfen, Bedürfnissen, Leistungen (Tossmann et al. 2007) und zur Delinquenzreduktion (Wittmann / Kampermann 2008). Wittmann und Kampermann erforschten insbesondere die Wirkung Mobiler Jugendarbeit hinsichtlich der Reduktion von Jugenddelinquenz und betonen als Ergebnis eine tendenzielle Ablösung und Reduktion von Jugenddelinquenz. Ebenfalls für Stuttgart haben Stumpp und Üstünsöz-Beurer eine qualitativ und quantitativ angelegte Studie durchgeführt, nach der die Befragten eine besonders nachhaltige Wirkung insbesondere für ihre Persönlichkeitsentwicklung (implizite Effekte) und die berufliche Integration (explizite Effekte) sehen. Beide Aspekte werden in engem Zusammenhang gesehen: Dank der Mobilen Jugendarbeit haben die Jugendlichen mehr Selbstvertrauen, sind konfliktfähiger, haben eine größere Selbstwirksamkeitserwartung und ein größeres Selbstwertgefühl (Stumpp et al. 2009).

Mobile Jugendarbeit im internationalen Diskurs

1983 begann mit dem ersten Symposium zur Mobilen Jugendarbeit am Institut für Erziehungswissenschaft der Universität Tübingen der internationale Diskurs zum Konzept der Mobilen Jugendarbeit. 1992 nahm die International Society for Mobile Youth Work (ISMO) dieses Anliegen auf und verstärkte zum einen den fachlichen Austausch innerhalb des wiedervereinigten Deutschlands, indem sich der Verein im Rahmen des von der Bundesregierung 1991 in den fünf neuen Bundesländern aufgelegten AGAG-Programms besonders im Land Sachsen aktiv am Aufbau von Projekten der Mobilen Jugendarbeit beteiligte. Zum anderen wurden die bis zu diesem Zeitpunkt vorliegenden nationalen und internationalen Wissensbestände zu diesem Integrationskonzept der Jugendsozialarbeit für junge Menschen mit besonderen sozialen Schwierigkeiten auf nationaler und internationaler Ebene im Rahmen weiterer Symposien breiter diskutiert. Beim 5. Symposium 1995 in Santiago de Chile standen auf der Tagesordnung: heftige lateinamerikanische Kontroversen zur Kooperation von Sozialarbeit und Polizei, die Kritik am Verhalten der Polizei selbst gegenüber Straßenkindern („Todesschwadronen") und Kritik an der totalen Institution als Lösungskonzept für Straßenkinder. Kontakte des Diakonischen Werks der Evangelischen Kirche Deutschlands zur russisch-orthodoxen Kirche öffneten für ISMO ab 1992 viele Türen in russische Einrichtungen, Soziale Dienste und totale Institutionen. Dies galt sowohl für kirchliche als auch für staatliche Einrichtungen.

Das Interesse an dieser zwischenzeitlich international weiterentwickelten Konzeption unter staatlichen, freien und kirchlichen Trägern war so groß, dass im Jahre 2003 ein weiteres Symposium auf dem afrikanischen Kontinent stattfand. Als ein Ergebnis dieser internationalen Konferenz stellte sich für Kenia – aber auch für viele andere afrikanische Länder – ein vergleichsweise ähnlich starker Bedarf nach Qualifikation in Mobiler Jugendarbeit wie in Osteuropa heraus.

Literatur

Ahrens, D. (2009): Jenseits medialer Orientierungslosigkeit. Das Verhältnis von Medien, Jugend und Raum. In: Tully, C. (Hrsg.), 27–40

BAG (Bundesarbeitsgemeinschaft) Streetwork / Mobile Jugendarbeit (2007): Fachliche Standards der BAG Streetwork / Mobile Jugendarbeit. In: www.bundes-arbeitsgemeinschaft-streetwork-mobilejugendarbeit.de, 17.04.2010

Becker, G., Simon, T. (Hrsg.) (1995): Handbuch aufsuchende Jugend- und Sozialarbeit. Theoretische Grundlagen, Arbeitsfelder, Praxishilfen. Juventa, Weinheim / München

Becker, H., Eigenbrodt, J., May, M. (1984): Pfadfinderheim, Teestube, Straßenleben. Jugendliche Cliquen und ihre Sozialräume. Extra Buch, Frankfurt / M.

Bernasconi, S. (1962): Vom „Eckensteher" zum aktiven Gruppenmitglied: Die soziale Gruppenarbeit als methodisches Hilfsmittel zur Erfassung des Straßenjugendlichen. Schriftenreihe der Schweizerischen Vereinigung Sozialarbeitender 14, Bern

Bodenmüller, M., Piepel, G. (2003): Streetwork und Überlebenshilfe. Entwicklungsprozesse von Jugendlichen aus Straßenszenen. Beltz, Weinheim / Berlin / Basel

Böhnisch, L., Münchmeier, R. (1990): Pädagogik des Jugendraums. Zur Begründung und Praxis einer sozialräumlichen Jugendpädagogik. Juventa, Weinheim / München

–, – (1987): Wozu Jugendarbeit? Juventa, Weinheim / München

Buschmann, M. (2009): Das Wissen zur Kinder- und Jugendarbeit. Die empirische Forschung 1998 bis 2008. Ein kommentierter Überblick über die Praxis. Arbeitskreis G5, Neuss

Deinet, U. (Hrsg.) (2005): Sozialräumliche Jugendarbeit. Grundlagen, Methoden und Praxiskonzepte. VS, Opladen

–, Krisch, R. (2002): Der sozialräumliche Blick der Jugendarbeit. Methoden und Bausteine zur Konzeptentwicklung und Qualifizierung. VS, Wiesbaden

Dölker, F. (2009): „Da könnte ja jeder kommen […]!" Streetworker als Profis ohne Eigenschaften? In: Dölker, F., Gillich, S. (Hrsg.), 100–113

–, Gillich, S. (Hrsg.) (2009): Streetwork im Widerspruch. Handeln im Spannungsfeld von Kriminalisierung und Prävention. Triga, Gelnhausen

Erl, W. (1971): Jugendarbeit im Experiment. Katzmann, Tübingen

Ferchhoff, W. (1990): Jugendkulturen im 20. Jh. von den sozialmilieuspezifischen Jugendsubkulturen zu den individualitätsbezogenen Jugendkulturen. Lang, Frankfurt a. M.

Früchtel, F., Lude, W., Scheffer, T., Weißenstein, R. (Hrsg.) (2001): Umbau der Erziehungshilfe: Von den Anstrengungen, den Erfolgen und den Schwierigkeiten bei der Umsetzung fachlicher Ziele in Stuttgart. Juventa, Weinheim / München

Gillich, S. (Hrsg.) (2008): Bei Ausgrenzung Streetwork. Handlungsmöglichkeiten und Wirkungen. Triga, Gelnhausen

– (2007): Streetwork konkret. Standards und Qualitätsentwicklung. Triga, Gelnhausen

– (2006): Professionelles Handeln auf der Straße. Praxisbuch Streetworker und Mobile Jugendarbeit. Triga, Gelnhausen

– (2005): Ausgegrenzt und abgeschoben. Streetwork als Chance. Triga, Gelnhausen

– (2004): Profile von Streetwork und Mobiler Jugendarbeit. Triga, Gelnhausen

–, Küchler, T., Wolfer, D. (2009): Sozialraumorientierung in Streetwork und Mobiler Jugendarbeit. In: Dölker, F., Gillich, S. (Hrsg.), 39–99

Grohmann, G. (2009): Zur Zusammenarbeit Mobiler Jugendarbeit und Polizei – Voraussetzungen und Grenzen. In: Dölker, F., Gillich, S. (Hrsg.), 124–145

Häberlein, V., Klenk, B. (1997): Führen oder wachsen lassen. Einige Aspekte zu Gruppenarbeit in der Mobilen Jugendarbeit in Stuttgart. In: LAG Baden-Württemberg (Hrsg.), 124–132

Hinte, W., Lüttringhaus, M., Oelschlägel, D. (2001): Grundlagen und Standards der Gemeinwesenarbeit: Ein Reader für Studium, Lehre und Praxis. Votum, Münster

–, Treeß, H. (Hrsg.) (2006): Sozialraumorientierung in der Jugendhilfe. Theoretische Grundlagen, Handlungsprinzipien und Praxisbeispiele einer kooperativ-integrativen Pädagogik. Juventa, Weinheim / München

Hitzler, R., Bucher, T., Niederbacher, A. (2001): Leben in Szenen. Juvenile Kulturen unter den Bedingungen der Spätmoderne. Leske + Budrich, Opladen

ISMO (International Society for Mobile Youth Work) (Hrsg.) (1999): Straßenkinder und Mobile Jugendarbeit. Tagungs-Reader 7. Symposium St. Petersburg

Kaestner, M. (2003). Peer-Education – ein sozialpädagogischer Arbeitsansatz. In: Nörber, M. (Hrsg.), 50–64

Keppeler, S. (1997): Mobile Jugendarbeit in Baden-Württemberg. In: LAG Baden-Württemberg (Hrsg.), 19–44

– (1989): Grundsätzliche Überlegungen zu Streetwork in der Jugendarbeit und Jugendhilfe In: Steffan, W. (Hrsg.), 15–30

Krafeld, F. J. (1992): Cliquenorientierte Jugendarbeit, Grundlagen und Handlungsansätze. Juventa, Weinheim / München

Kraußlach, J., Düwer, W., Fellberg, G. (1976): Aggressive Jugendliche. Jugendarbeit zwischen Kneipe und Knast. Juventa, München

Krebs, W. (2004): Was machen Streetwork und Mobile Jugendarbeit? Eine empirische Untersuchung im Auftrag der Bundesarbeitsgemeinschaft Streetwork / Mobile Jugendarbeit. Triga, Gelnhausen

Kreft, D., Lukas, H. (Hrsg.) (1989): Perspektivenwandel der Jugendhilfe. Bd. 2: Expertentexte Neue Handlungsfelder in der Jugendhilfe. Institut für soziale und kulturelle Arbeit, Nürnberg

Küchler, T. (2007): Kurz und gut und Spaß dabei! Systemisch-lösungsorientierte Konzepte im Kontext der Einzelfallhilfe in den Arbeitsfeldern Streetwork und Mobile Jugendarbeit. In: Gillich, S. (Hrsg.), 129–159

LAG Baden-Württemberg (Landesarbeitsgemeinschaft Mobile Jugendarbeit Baden-Württemberg e. V.) (Hrsg.) (2005): Was leistet Mobile Jugendarbeit? Ein Portrait Mobiler Jugendarbeit in Baden-Württemberg. Stuttgart

– (Hrsg.) (1997): Praxishandbuch Mobile Jugendarbeit. Luchterhand, Neuwied

LAK Sachsen (Landesarbeitskreis Mobile Jugendarbeit Sachsen) (2007): Fachliche Standards Mobile Jugendarbeit / Streetwork in Sachsen. In: www.mja-sachsen.de/mja-sachsen/material/lak_standards_2007.pdf, 14.07.2010

Miller, W. B. (1957): The impact of a community Group Work Program on delinquent corner groups. Social Services Review 31, 390–406

Müller, E., Willms, B. (2005): Strukturelle Probleme der Straßensozialarbeit im Kontakt mit Jugendlichen in Wochenendszenen. In: Gillich, S. (Hrsg.), 138–163

New York City Youth Board (1960): Reaching the Fighting Gang. New York City Youth Board, New York

Nörber, M. (Hrsg.) (2003): Peer-Education. Bildung und Erziehung von Gleichaltrigen durch Gleichaltrige. Votum, Münster

Oelschlägel, D. (1997): Der Auftrag ist die Gestaltung von Lebensverhältnissen. Blätter der Wohlfahrtspflege 144, 37–40

Peters, F., Koch, J. (Hrsg.) (2004): Integrierte erzieherische Hilfen. Flexibilität, Integration und Sozialraumbezug in der Jugendhilfe. Juventa, Weinheim / München

Shaw, C. (1929): Delinquency Areas. The University of Chicago Press, Chicago

Simon, T. (2001): Wem gehört der öffentliche Raum? Zum Umgang mit Armen und Randgruppen in Deutschlands Städten. Leske + Budrich, Opladen

Specht, W. (1989): Mobile Jugendarbeit. In: Kreft, D., Lukas, H. (Hrsg.), 299–316

– (1987): Die gefährliche Straße. Jugendkonflikte und Stadtteilarbeit. Böllert KT, Bielefeld

– (1979): Jugendkriminalität und Mobile Jugendarbeit. Ein stadtteilbezogenes Konzept von Street Work. Luchterhand, Neuwied / Darmstadt

– (1969): Neue Aufgaben der Diakonie in einer Stadtrandsiedlung. Schatten und Licht 3, Evangelische Gesellschaft Stuttgart, Stuttgart

Spergel, J. A. (1966): Street gang work. Theory and practice. Addison-Wesley, Reading MA

Steffan, W. (Hrsg.) (1989): Straßensozialarbeit. Eine Methode für heiße Praxisfelder. Beltz, Weinheim / Basel

Stumpp, G., Üstünsöz-Beurer, D., Walter, S., Beulich, F., Bolay, E. (2009): Wirkungseffekte Mobiler Jugendarbeit in Stuttgart (WIMO). Eine empirische Studie. Universität Tübingen

Thiersch, H. (2006): Die Erfahrung der Wirklichkeit. Perspektiven einer alltagsorientierten Sozialpädagogik. 2. Aufl. Juventa, Weinheim / München

– (1977): Kritik und Handeln. Interaktionistische Aspekte der Sozialpädagogik. Luchterhand, Neuwied

Thrasher, F. (1926): The Gang. A study of 1,313 gangs in Chicago. University of Chicago Press, Chicago

Tossmann, P., Tensil, M.-D., Jonas, B. (2007): Evaluation der Streetwork und der mobilen Jugendarbeit in Berlin. Ergebnisbericht. Peter Lang, Berlin

Tully, C. (Hrsg.) (2009): Multilokalität und Vernetzung. Beiträge zur technikbasierten Gestaltung jugendlicher Sozialräume. Juventa, Weinheim / München, 27–40

UNICEF (2007): UNICEF-Jahresbericht. Zur Situation der Kinder in der Welt 2006. In: http://www.unicef.de/3163. html, 14.07.2010

Wilfert, O. (1962): Gefährdete Jugend. Die Sozialarbeit im Wandel der Sozialbeziehungen und Erlebnisinhalte der letzten Generation. Springer, Wien

– (1959): Jugend-„Gangs“. Entstehung, Struktur und Behandlungsmöglichkeit der Komplizengemeinschaft Jugendlicher. Springer, Wien

Wittmann, M., Kampermann, K. (2008): Mobile Jugendarbeit: Konzept und Verwirklichung. Eine Analyse am Beispiel der Mobilen Jugendarbeit Stuttgart, mit besonderem Blick auf die Sicht der Adressatinnen und Adressaten. Universitätsbibliothek Tübingen. In: tobias-lib.uni-tuebingen. de/volltexte/2008/3667/, 17.04.2010

Wolfer, D. (2007): Haltung, Qualität und Standards bei Streetwork und Mobiler Jugendarbeit. In: Gillich, S. (Hrsg.), 50–83

Wolff, M. (1999): Integrierte Erziehungshilfen. Eine exemplarische Studie über neue Konzepte in der Jugendhilfe. Juventa, Weinheim / München

Moral und Soziale Arbeit

Von Hans Thiersch

Soziale Arbeit ist moralisch fundiert; sie agiert im Anspruch sozialer Gerechtigkeit, um denen, die in besonderen Schwierigkeiten leben, in ihrer Lebensbewältigung beizustehen und zu einem besseren, zu einem „gelingenderen" Leben zu helfen. Diese Feststellung scheint selbstverständlich; aber was heißt gelingenderes Leben in der heutigen gesellschaftlichen Situation? Die Frage führt in der Sozialen Arbeit – und damit in der Gesellschaft, in der Soziale Arbeit agiert – in ein unübersichtliches und widersprüchliches Gelände.

Soziale Arbeit – so heißt es – sei in ihren moralischen Ansprüchen oft unklar und verwickelt in schier endlose Prozesse des Aushandelns, sie sei ineffektiv und benütze das Konzept sozialer Gerechtigkeit, auf das sie sich beruft, um bei ihren AdressatInnen Ansprüche und eine soziale Konsumhaltung zu erzeugen. Sie folge damit einer Ideologie des nachgehenden Verstehens und der Verwöhnung, einer „Kuschelpädagogik", und vernachlässige ihre elementare moralische Aufgabe des Wächteramts, des Schutzes von Kindern und Heranwachsenden. – Daneben aber intensiviert sich die Diskussion über die Menschenrechte als Fundament der Sozialen Arbeit und über die Berufsethik; moralische Ansprüche werden zunehmend in das Leitbild sozialer Einrichtungen aufgenommen.

Mit diesen Kontroversen ist Soziale Arbeit hineingerissen in die derzeitige allgemeine Diskussion über Moral. Die einen beklagen den Verfall der öffentlichen Moral; moralische Kampagnen versuchen das Bewusstsein moralischer Zuständigkeit bei Eltern, aber ebenso bei Bürgern zu wecken; moralische Skandale beherrschen immer wieder die öffentliche Diskussion. Andere weisen moralische Begründungen zurück, es gebe Sachgesetze, denen man folgen müsse, Moral sei nicht handlungsbestimmend, von ihr zu reden, lenke nur von den eigentlichen Strukturproblemen ab. – In der Politik

avanciert soziale Gerechtigkeit zu einem zentralen Thema; die Auseinandersetzung zwischen Moralprinzipien der Leistungsgerechtigkeit und der sozialen Gerechtigkeit gewinnen an dramatischer Schärfe. In neuen Lebensdomänen – in den Medien, in den technischen Möglichkeiten der Medizin, in der Ökologie – werden Diskussionen über ihre moralischen Grundsätze wichtig, Ethikräte werden eingerichtet. – So liegen Diskurse zur Notwendigkeit und zur Irrelevanz moralischer Fragen neben denen nach unterschiedlichen moralischen Orientierungen. Skandale, Panik und Kampagnen okkupieren die öffentliche Diskussion und stehen neben der intensiven und angestrengten Diskussion um neue moralische Fundierungen. – Die Situation ist offen, ich sehe sie im Kontext eines Gesellschaftsverständnisses, das unter dem Titel einer zweiten Moderne Unübersichtlichkeit und Entgrenzungen ebenso rekonstruiert, wie neue Verteilungen von Chancen und Verlusten in den Produktions- und Lebensstrukturen analysiert und neue Verelendungen, Exklusionen und Spaltungen aufdeckt. Die moralische Szene ist Ausdruck von neuen Ungerechtigkeiten und Verstörungen, von Suchbewegungen, Zumutungen und Aufgaben; Moral ist nicht mehr selbstverständlich gegeben, Prinzipien und Verfahren müssen für unterschiedliche Gesellschafts- und Lebensfelder und Aufgaben neu begründet, ausgehandelt und erkämpft werden. Dies gilt ebenso für die moralische Diskussion der Sozialen Arbeit; auch sie sieht sich in Suchbewegungen vor neue Aufgaben gestellt.

Diese Fragen sind Gegenstand der Berufsethik, wie sie sich in der Szene in unterschiedlichen Moralkodizes repräsentiert (Bohmeyer / Kurzke-Maasmeier 2007). Sie verhandeln ebenso die Fragen nach der gesellschaftlichen Funktion der Sozialen Arbeit, wie die nach den Zielen, die sie in der Arbeit mit und für die AdressatInnen zu erreichen sucht, und

Otto/Thiersch (Hg.), Handbuch Soziale Arbeit, 4. A., DOI 10.2378/ot4a.art098,

den spezifischen Anforderungen, die sich für die professionellen SozialarbeiterInnen stellen.

Diese Fragen werden in den Berufskodizes – dem Charakter dieser Gattung gemäß – als Ansprüche für eine Selbstverpflichtung der Sozialen Arbeit in Setzungen postulativ formuliert; ich will darauf im Folgenden nicht näher eingehen und stattdessen versuchen, die Offenheit und Widersprüchlichkeit der Diskussion zu verfolgen. Die Diskussion ist differenziert und breit (Dungs et al. 2006; Lob-Hüdepohl 2007). Hier kann es nur darum gehen, einen Rahmen zu skizzieren, in dem vielleicht der Zusammenhang der unterschiedlichen Aspekte deutlich werden kann.

Unterscheidungen

Dazu braucht es zunächst grundsätzliche Überlegungen, um Strukturen zu markieren, vor denen dann die heutigen Unübersichtlichkeiten deutlich gemacht und eingeschätzt werden können. Solche Überlegungen aber müssen in diesem Rahmen knapp bleiben; philosophisch ausholende Fragen z. B. nach der Begründung von Moral können hier nicht verfolgt werden; ich beschränke mich auf einige – unerlaubt unbegründete und undifferenzierte – Setzungen und Unterscheidungen, auf die ich für die folgende Erörterung sozialpädagogischer Probleme nicht verzichten kann.

In der allgemeinen Diskussion werden häufig Moral und Ethik unterschieden. Moral meine das konkrete Handeln, Ethik seine Reflexion. Diesen Unterschied will ich im Folgenden nicht benützen, da die Grenzen zwischen beiden Diskursen seit je fließend sind und in unserer so unübersichtlichen und widersprüchlichen Situation sich zunehmend verwischen. Und: Moral bezieht sich auf unterschiedliche Dimensionen, auf den unmittelbaren Umgang zwischen Menschen – die Ich-Du-Beziehungen – aber ebenso auf die Struktur von Institutionen, die sich auch als geronnene Moral verstehen lassen. Und schließlich: Moral ist historisch bestimmt; zwar gibt es offenkundig einige elementare allgemeine Prinzipien – die goldene Regel (Was Du nicht willst, das man Dir tu, das füg auch keinem anderen zu!), das Gastrecht, die Ächtung direkter Gewalt im unmittelbaren Umgang; diese aber repräsentieren sich in unterschiedlichen Zeiten und Kulturen unterschiedlich. Die goldene Regel galt

bis weit in die Neuzeit hinein für Sklaven ebenso wenig wie für Frauen und Kinder.

In Bezug auf die Struktur des moralischen Handelns müssen die Fragen nach Normen von denen nach dem moralischen Handeln unterschieden werden. Normen und Werte geben die inhaltlichen Orientierungen in dem, was in der Gesellschaft als gut gelten und als böse unterbunden werden soll. Sie sind – so habe ich gerade konstatiert – historisch und kulturell bestimmt, sie müssen vor allem aber jeweils im Zusammenhang mit den das Leben der Gesellschaft insgesamt bestimmenden Bedingungen der materiellen, sozialen und kulturellen (symbolischen) Ressourcen gesehen werden; Normen und Werte sind gleichsam ein Aspekt in der Ordnung der gesellschaftlichen Verhältnisse. Von „der" Gesellschaft und „der" Moral zu reden, ist aber vereinfachend falsch. Gesellschaft gliedert sich in Zonen oder Gruppen, in denen sich Strukturen und Moral unterschiedlich profiliert darstellen. Gesellschaft zeigt sich immer als ein Geflecht von Moralen. Da gesellschaftliche Gruppen in der Regel im Muster von Unter- und Überordnung, also hierarchisch zueinander stehen, ist das Geflecht der Moralen immer auch Repräsentation von Macht und Unterordnung, von Moral und Gegenmoral. Im Namen von Moral können Herrschaftsstrukturen bestätigt, verfestigt und verdeckt werden, Moral kann ebenso Widerstand gegen Herrschaftsstrukturen leisten und so zu einer neuen Ordnung im Geflecht der Moralen führen.

Im moralischen Handeln erfährt der Mensch sich als zuständig für die Einhaltung und Realisierungen der Normen und Werte vor sich selbst und vor den anderen. Er muss sich im Handeln entscheiden, er erfährt sich als verantwortlich, er kann genügen oder versagen und schuldig werden. Dieser Anspruch des Menschen an Freiheit und Selbstzuständigkeit wird als unbedingt erfahren; es ist der Kern seiner Würde als Mensch; dieser Anspruch bestimmt auch das alltägliche Handeln, in dem Menschen sich wechselseitig als zuständig für ihr Handeln nehmen und zur Verantwortung ziehen: Sie haben darin ihren Stolz, ihre Ehre. Da moralisches Handeln aber immer auf die historische und kulturelle Bedingtheit der verfügbaren Normen und Werte bezogen ist, ergibt sich ein charakteristisches Dilemma: Die Relativität der Normen bietet die Möglichkeit, sich im Handeln aus der Selbstzuständigkeit herauszureden, sich und andere nur als durch die Verhältnisse bedingt zu sehen. Umgekehrt aber kann die Unbedingtheit im Handeln gegen die Bedingtheit der Normen immunisieren und deren gesellschaftliche Bedingtheit ausblenden, ja verleugnen. Wird aber dieser Zusammenhang nicht gesehen, bleibt das Verständnis von Moral verkürzt. Menschen nur in der Unbedingtheit ihrer moralischen Selbstzuständigkeit zu sehen und zu fordern, ist für den Alltag und in manchen politischen Diskursen charakteristisch, das will ich im Folgenden als Moralisieren bezeichnen.

Gesellschaften reagieren auf die Nichteinhaltung von Normen – je nachdem, ob es sich um Unvermögen, Unwillen, Widerstand oder Gleichgültigkeit handelt – mit einem Repertoire, das solidarische Unterstützung, pädagogisch erzieliche Maßnahmen, justiziell strafende Sanktionen oder medizinische Therapien und – schließlich – Gleichgültigkeit und Ausstoßung umfasst. In unserer arbeitsteilig differenzierten Gesellschaft reicht das Spektrum von Alltagspraktiken der Solidarität und der Erziehung über vielfältige Formen institutionalisierter solidarischer Hilfen – in Kirchen, Genossenschaften und Selbsthilfegruppen – bis zu den institutionell-professionell ausgebauten Systemen der Erziehung, der Sozialpolitik, der Medizin, der Justiz und der Sozialen Arbeit. In diesen unterschiedlichen Bereichen gelten unterschiedliche Akzentuierungen von moralischen Orientierungen. Der Alltag ist – formelhaft abgekürzt – geprägt von der Erwartung gegenseitiger Verantwortlichkeit und von Hilfen in der Unmittelbarkeit von Not, da wo man sich kennt oder betroffen erfährt. Institutionen dagegen agieren – wiederum verkürzt formuliert – im Modus einer gleichsam prinzipiellen Zuständigkeit, die sich durch die jeweilige Aufgabe bestimmt und als Berufsethos konkretisiert wird, die Medizin z. B. im hippokratischen Eid, die Justiz im Gebot der Sicherung der geltenden Normen im Zeichen von Gerechtigkeit.

Der Kampf um die Soziale Arbeit

Soziale Arbeit ist ihrem spezifischen Berufsethos verpflichtet. Es hat sich im Kontext des modernen Projekts Soziale Gerechtigkeit ausgebildet, in dem Gerechtigkeit in der Trias von Freiheit, Gleichheit und Brüderlichkeit auf Gleichheit bezogen ist. Dieses Projekt realisiert sich in Etappen. Es hat sich

zum einen in den Phasen der Gleichheit vor dem Gesetz, der (formalen) politischen Gleichheit und der Gleichheit in den zumindest elementaren Lebensressourcen (Marshall 1992) durchgesetzt. Es bestimmt zum anderen die Stufen der Geschichte der Emanzipation – der Leibeigenen, der unteren Klassen, der Arbeiter, der Frauen, der Kinder, der Fremden –, wie sie im Medium eines „wesenswidrigen Kompromisses" zwischen den Interessen des Kapitals und den sozialen Interessen (Heimann 1980) den Demokratisierungsprozess der modernen Gesellschaft prägt. In diese Entwicklungen ist die Entstehung der Sozialen Arbeit verwoben. Nach den vielfältigen Ansätzen in der Aufklärung, in der Arbeiterbewegung, in der Frauenbewegung und in den Solidargemeinschaften wird Gerechtigkeit in Bezug auf Gleichheit in den Lebensverhältnissen und im verallgemeinerten Prinzip der Solidarität als allgemeine Zuständigkeit der Gesellschaft verstanden. Dies versucht der Sozialstaat in seiner allgemeinen Intention zu realisieren. In ihm ergeben sich die spezifischen Aufgaben der Sozialen Arbeit in der Unterstützung und allgemeinen sozialen Bildung für Heranwachsende und Familien in besonders belastenden Verhältnissen und am Rand der Gesellschaft. Ihr Ziel ist es, dazu zu helfen, dass das Recht aller Menschen auf ein Leben in Würde und das Recht aller Kinder auf Schutz und auf Erziehung und Bildung zu einem verantwortlichen Leben in förderlichen Verhältnissen eingelöst wird.

Dieses Selbstverständnis der Sozialen Arbeit hat sich in der Demokratisierungsgeschichte der Moderne nur in Kämpfen und gegen Widerstände durchgesetzt. Die Praxis der sozialen Unterstützungen war im Mainstream bestimmt durch eine Moral der Anpassung an die herrschenden Normen, die ungleiche Gesellschaftsverhältnisse stützen und die denen gegenüber, die mit ihnen nicht zurande kommen konnten oder die in der Gesellschaft fremd waren, mit jener besonderen Härte durchgesetzt wurden, durch die sich Herrschaft und Normalität immer schon ihrer Macht vergewissert haben. Disziplin und Einordnung – durch Jahrhunderte hindurch oft penetrant religiös verklärt – waren das Ziel; das galt in der Armenfürsorge und Arbeitserziehung, das galt z. B. in Pflegeverhältnissen und in Fürsorgeheimen bis in die späte Mitte des vorigen Jahrhunderts. Das galt ebenso für den Auf- und Ausbau der Jugendarbeit, die die in der Industrialisierung freigesetzte Jugend pazifizieren sollte. Wenn diese Tendenzen inzwischen auch sehr zurückgedrängt sind, so bleiben sie doch im Untergrund latent und können wieder aktiviert werden.

Gegen das Prinzip gesellschaftlich garantierter sozialer Hilfen im Zeichen sozialer Gerechtigkeit bestanden von Anfang an Zweifel und Einwände des Liberalismus, der das Prinzip der Freiheit als Selbstzuständigkeit des Menschen für seine Verhältnisse gefährdet sah durch die Ansprüche sozialer Gerechtigkeit. Diese Position ist in sehr unterschiedlichen Auslegungen artikuliert worden. Humboldt (1792) formulierte gegen den Feudalismus im Zug der Emanzipation des Bürgertums, dass der Staat den Menschen ihre Verantwortung nicht abnehmen dürfe. Malthus (1977) argumentierte bevölkerungspolitisch, indem er in einer unterstützenden Sozialpolitik nur Anreize zur Vermehrung von Menschen sah, die sich in der Gesellschaft nicht selbst behaupten können. Im Namen der Würde des Menschen, der für sein eigenes Leben in Aufbrüchen und Risiken zuständig ist, geißelte Nietzsche eine Gerechtigkeit, die Menschen in Schwächen und Notlagen unterstützt und so die, die mit dem Leben nicht zurande kommen, ermutigt, Ressourcen der Starken und Mutigen für sich zu beanspruchen: Der Sozialstaat erscheint als Repräsentation des Ressentiments. In unserem Jahrhundert argumentiert Gilder (1981), dass die Sozialpolitik erst jene sozialen Probleme schaffe, die sie zu beheben sich vorgenommen habe, und analysiert Schelsky (1987), dass der Sozialstaat den betreuten, also unmündigen Menschen hervorbringe. Nicht die sozialen Probleme – so ließe sich pointieren – seien das Problem, sondern ein soziales Unterstützungssystem, in dem der Staat Verpflichtungen übernehme, die überflüssig, ja gefährlich seien, weil er sich dadurch selbst schwäche.

Parallel zu diesen prinzipiellen Einwänden bildet sich im 19. Jahrhundert eine andere grundsätzliche Position aus, die den Menschen primär biologisch bestimmt und durch Erbanlagen oder Rassenzugehörigkeit determiniert sieht; gesellschaftlich agierende und soziale Hilfe gilt als ineffektiv, ja schädlich (Reyer 1991). Dies führte dann auch in der Sozialen Arbeit zu rassistischen Ansätzen, zur eugenisch orientierten Gesundheitspolitik, zur Entwicklung der Kategorie des lebensunwerten Lebens und zur Praxis der Vernichtung.

Gegen diese Tendenzen und im Kampf der Weltanschauungen und Moralen unter den begünstigenden Bedingungen des „goldenen Zeitalters des Kapitalismus" (Hobsbawm 1998) hat sich das Prinzip der Sozialen Gerechtigkeit durchgesetzt und den Ausbau des demokratischen Sozialstaates und darin der Sozialen Arbeit bestimmt.

Ihre spezifische Moral, die – so habe ich sie gerade beschrieben – dem Recht aller auf ein Leben in Würde und auf Erziehung und Bildung zu einem verantwortlichen Leben verpflichtet ist, muss näher konkretisiert werden. Sie ist geprägt durch einen eigenen Zugang zu Problemen und Problemlösungen. Sie ist zunächst parteilich für die Lebenserfahrungen und -probleme ihrer AdressatInnen und schafft ihnen einen Raum und Zugänge zu ihren Lern- und Entwicklungsmöglichkeiten. Sie akzeptiert und respektiert – mit Nohl geredet – zunächst die Probleme, die Menschen in ihrer Lebenswelt und mit sich haben, und vertritt sie vor und gegenüber anderen Institutionen und öffentlichen und gesellschaftlichen Interessen und deren Problemsicht und -lösungen. Vom Primat dieser Parteilichkeit aus ist sie zunächst den Möglichkeiten der AdressatInnen verpflichtet, die sie aus ihren Potenzialen heraus haben, ebenso aber den Erwartungen, die für gesellschaftliches Leben konstitutiv sind. Soziale Arbeit lässt sich auf die Gegebenheiten ein, um sie zu „transzendieren" (Hamburger 2003), sie lässt sich ein und öffnet Optionen, sie vermittelt Perspektiven und Respekt mit Zumutungen und Notwendigkeiten. Sie agiert darin im Prinzip einer advokatorischen Ethik (Brumlik 2004; Frommann 2008), also in einem gleichsam vorweggenommenen Interesse der AdressatInnen in den Aufgaben, in denen diese ihre Interessen selber (noch) nicht wahrnehmen können. Dieses Prinzip ist prekär, es verlangt immer neue und heikle Balancen, die doch oft widersprüchlich bleiben.

Die Moral der Sozialen Arbeit wird realisiert in organisationell-professionellen Konstellationen. Darin nutzt sie die Möglichkeiten eines strukturierten und distanzierten Agierens, um wissenschafts- und erfahrungsgestützt Hilfe und Unterstützung zu bieten und die Befangenheiten, Zufälligkeiten und den alltagscharakteristischen moralisierenden Umgang anzugehen: Jenseits der Hilfe in alltäglicher und gruppenspezifischer Solidarität und jenseits des Musters von Hilfe und Dankbarkeit sucht sie den Eigensinnigkeiten der Bewältigungsmuster ihrer AdressatInnen und ihrer Lern- und Entwicklungsmöglichkeiten in neuen Räumen, freieren Erfahrungen und tragfähigen Beziehungen gerecht zu werden. Dieser Wechsel zum Hilfemuster der Fachlichkeit kann in der Weiterentwicklung des Bildes vom Barmherzigen Samariter (Müller 1988; Rauschenbach 1986; 1994) pointiert werden: Für den, der unter die Räuber gefallen ist, fühlt sich zwar zunächst der barmherzige Samariter in der unmittelbaren Betroffenheit der Situation zuständig, dann aber ist es der Wirt, an den der Samariter die Hilfe delegiert, und der sich, in seinem Beruf ausgewiesen, gegen Geld des Hilflosen annimmt.

Diesen Ansatz praktiziert Soziale Arbeit in der gegenwärtigen Szene sozialer Unterstützungen. Darin aber steht ihre Moral des institutionell-professionellen Angebots in Gefahr, die Moral der lebensweltlichen Zuständigkeit für Hilfen und Unterstützungen zu entwerten (Thiersch 1995; 2009). Man könnte pointiert fragen, ob es nicht verantwortungslos ist, sich in Schwierigkeiten z. B. an die Familie oder Freunde zu wenden und ausgewiesene Angebote der Professionellen nicht in Anspruch zu nehmen. Anders formuliert: Führt die Existenz der institutionell professionellen Hilfen und der zuständigen Fachleute nicht zur Entsolidarisierung im Alltag?

Das aber widerspricht der Aufgabenbestimmung der Sozialen Arbeit. Sie ist im Subsidiaritätsprinzip auf Hilfen in Situationen bezogen, in denen die Selbstzuständigkeit im Miteinander der Menschen nicht ausreicht. Ihr moralischer Auftrag ist es, soziale Gerechtigkeit über die alltäglichen Selbstzuständigkeiten hinaus zu befördern. Ihre Programme sind ausgelegt in Hinblick auf Kompensationen zum Alltag, also im Privaten und im Sozialraum. Zudem sind sie in weiten Bereichen, in der Jugendarbeit, in Pflegeverhältnissen und in der Stadtteilarbeit als Verbundsystem organisiert und auf Kooperationen mit Akteuren im Alltag angewiesen. Deren Potenziale gewinnen in jüngster Zeit an Gewicht, in Betroffenengruppen, in Selbsthilfeinitiativen und Projekten des bürgerschaftlichen Engagements. Selbstbewusstsein und -anspruch von Bürgern in den eigenen Problemwahrnehmungen und –lösungen wachsen im Zug der Demokratisierung – und werden auch gestützt durch die Erreichbarkeit und Diffundierung des Wissens in der Wissensgesellschaft.

Professionelle Arbeit und Bürgerbewusstsein erstarken in der neueren Entwicklung gleichsam parallel und stehen in ihrer Gegensätzlichkeit in Spannung zueinander. Vor diesem Hintergrund muss Soziale Arbeit ihren moralischen Auftrag der professionell-institutionellen Hilfen als Agent sozialer Gerechtigkeit neu auslegen und ausdrücklich als gleichsam relationalen Auftrag ausweisen und ihn in neuen Formen eines offenen Miteinanders in der Bürgergesellschaft im gleichberechtigten Umgang in der Unterschiedlichkeit der Moralen praktizieren.

Diese Grundstrukturen der Moral der Sozialen Arbeit gelten – das ist die Prämisse dieser Darstellung – auch für die Gegenwart einer zweiten Moderne; sie müssen aber in den Gegensätzlichkeiten und Offenheiten unserer Zeit, wie ich sie eingangs markiert habe, neu ausgelegt, pointiert und weiter entwickelt werden, denn sie gelten nicht mehr unhinterfragt und gleichsam selbstverständlich, sie müssen in unserer unübersichtlichen und widersprüchlichen Situation begründet werden. Sie gelten nur, insoweit sie in Argumenten – und in fundierenden und begründeten Traditionen – ausgewiesen und legitimiert sind. Zygmunt Baumann (1995) hat die Situation auf den Begriff gebracht, wenn er konstatiert, dass erst in unserer zweiten Moderne der Mensch in seine Freiheit gesetzt sei, erstmals in seiner Geschichte müsse er, ganz auf sich gestellt, verantworten, was gelten soll. Moral kann – dies ist die Konsequenz – nur ausgehandelt werden, und das kann nur in offenen Erwägungen geschehen. Ich habe dafür den Titel einer moralisch inspirierten Kasuistik vorgeschlagen (Thiersch 1995). Konkrete Konstellationen müssen im Horizont allgemeiner Orientierungen ausgehandelt werden, moralische Fragen können also weder nur aus Prinzipien abgeleitet noch in der Unmittelbarkeit situativer Offenheit geklärt werden, sie sind verwiesen auf das Spiel von Orientierung und Konkretisierung, von Grundmustern und situativer Gestaltung, auf ein Spiel, das nicht bruchlos aufgeht, sondern sich im Medium eines „Doing Ethics" in gegenseitigen Spiegelungen, Brechungen und Provokationen entwickeln und nur in einem Prozess zu Verbindlichkeiten für die jeweilige Aufgabe kommen kann. Solche moralisch inspirierte Kasuistik konkretisiert sich im institutionell-professionellen Kontext in einer spezifischen, gleichsam dreifachen Brechung: Die allgemeine Orientierung muss sich ebenso auf die situativen

Gegebenheiten wie auf die verfügbaren wissenschaftlich gestützten und in reflektierten Erfahrungen gewachsenen Deutungs- und Handlungsmuster beziehen. Moralisch inspirierte Kasuistik meint dieses Muster der Verhandlung als allgemeines Prinzip, es gilt also nicht nur – wie es oft benutzt wird – für den konkreten Umgang, z. B. für die Fallverhandlung; es muss weiter in den unterschiedlichen Dimensionen von Moral unterschiedlich konkretisiert werden, also anders in der Politik, im Umgang zwischen Menschen und in Institutionen.

Soziale Gerechtigkeit

Soziale Arbeit ist fundiert im modernen Projekt sozialer Gerechtigkeit. Die für dieses Konzept charakteristische Verbindung von Gerechtigkeit und Gleichheit wird in der neuesten Diskussion entschieden problematisiert. Die die Entstehung des Sozialstaates von Anfang begleitende – oben schon skizzierte – Gegenströmung des Liberalismus gewinnt im Zeichen des technisch zunehmend anspruchsvollen, globalisierten Wirtschaftswettbewerbs und des erstarkenden Primats der Ökonomie und des Neokapitalismus neues Gewicht. Soziale Probleme und die Zuständigkeit des Staates für soziale Probleme werden dethematisiert und Hilfs- und Lösungsmöglichkeiten zugleich privatisiert. Im Muster des aktivierenden Sozialstaates und seines Primats des Forderns vor dem Fördern wird der Mensch verstanden als Regisseur seiner Verhältnisse, er solle sich in ihnen beweisen als Leistungssubjekt, als Humankapital. Damit diese Erwartungen eingelöst werden, brauche es Appelle und Forderungen z. B. an Familien, Heranwachsende und im Gemeinwesen; neue Instrumente der Kontrolle und Strafe seien überfällig, vor allem da, wo Probleme sich ballen. Die Forderung nach sozialer Gerechtigkeit hemme die in diesem Spiel der Selbstbehauptung notwendigen Anstrengungen und Konkurrenzen, sie sei kontraproduktiv; der Sozialstaat müsse in seinen Leistungen zurückgenommen werden, damit Raum bleibt, in dem Menschen sich bewähren. Die Zuständigkeit für Gerechtigkeit läge nicht primär beim Staat, sondern müsse den Einzelnen zugewiesen werden. Dieser neoliberale Ansatz verbindet sich mit anthropologischen Begründungen. Unterschiede zwischen den Menschen sind gegeben und müssen genutzt werden, damit die Tüchtigen, d. h. die Elite der Leistungsträger, sich durchsetzen und die ihnen zukommende Führungsrolle in den Herausforderungen unserer Zeit übernehmen können. Dieser Ansatz kommt unter dem provozierenden Titel einer „Krüppelpädagogik" (Sloterdijk 2009) auf seinen Begriff: Menschen, gerade auch, wenn ihnen natürliche Ressourcen fehlen, beweisen, zu welchen Hochleistungen sie fähig sind, wenn sie sich herausgefordert wissen, ihr Leben selbst in die Hand zu nehmen.

Gegen diese Trennung von Gerechtigkeit und Gleichheit und das sie stützende Moralisieren wehrt sich eine neue Fundierung des Grundmusters der Sozialen Arbeit in der offensiven Diskussion und Politik sozialer Gerechtigkeit. Soziale Arbeit sieht sie fundiert in den Menschen- und Kinderrechten als Menschenrechtsprofession (Staub-Bernasconi 2007). Das in diesem Rahmen zentrale Paradigma des *Capability Approach* (Otto / Ziegler 2008) insistiert darauf, dass Ressourcen und Fähigkeiten, *Capabilities*, geschaffen werden, die Menschen instand setzen, ihre Grundbedürfnisse und ihre in der Gesellschaft gegebenen und ihnen zustehenden Partizipationschancen wahrzunehmen. Das Konzept der Zugangsgerechtigkeit (Böhnisch et al. 2005) weist, in historischen uns sozialen Konstellationen konkretisiert, in die gleiche Richtung der unaufhebbaren Verbindung von Verhältnissen und Verhaltensmustern, von Voraussetzungen für die Erfüllung moralischer Ansprüche. Diese Konzepte entlarven das – neoliberale – Moralisieren und seinen unabgesicherten Appell an die Zuständigkeit der Individuen in den gegebenen neuen Verteilungen von Gewinn und Verlust und den neuen Zonen von Verelendung, Armut und Exklusion als zynische Überforderung, hinter der sich der Unwillen zu gesellschaftlich struktureller Veränderungen rechtfertigt und versteckt.

Soziale Gerechtigkeit – so verstanden – steht in Gefahr, nur allgemein zu bleiben und zu wenig handlungsstrukturierende, den Kampf gegen Ungerechtigkeiten vorantreibende Kraft zu entfalten. Deshalb plädiert Staub-Bernasconi (2007; siehe auch Sklar 1997) dafür, Soziale Arbeit als Menschenrechtsprofession in der Sinnfälligkeit erfahrener Nöte und erfahrenen Unrechts zu begründen. Hier seien die Menschen in ihrer unmittelbaren Erfahrung getroffen, hier entstünden ebenso Empörung wie der

Wille zu neuen Verhältnissen. So notwendig und motivierend ein solcher Zugang ist, so ist die Frage nach einer positiven Darstellung von Gerechtigkeit als Kriterium, um Unrecht als Unrecht wahrzunehmen, damit nicht erledigt.

Diese positive Bestimmung von Gerechtigkeit aber muss differenziert werden. Das bisher verfolgte Verständnis von Gerechtigkeit im Horizont von Gleichheit wird als unbefriedigend kritisiert (Miller 2008). Gerechtigkeit müsse in unterschiedliche Gerechtigkeitskonzepte unterschieden werden. Eine Form von Gerechtigkeit bestehe auf der unbedingten Gleichheit aller vor dem Gesetz, eine andere Form verstehe Gerechtigkeit als Fürsorge, in der jedem in seiner spezifischen Bedürftigkeit das ihm individuell Angemessene zukomme und eine wieder andere Gerechtigkeit honoriere, realisiert vor allem im Arbeitsleben, Menschen nach ihren Leistungen. Der generelle Bezug auf Gleichheit – so die Maxime – müsse relativiert werden, damit Menschen in den unterschiedlichen Lebensbereichen die ihnen jeweils zukommende Gerechtigkeit erfahren. Die Unterscheidung in unterschiedliche Domänen von Gerechtigkeit erscheint sinnvoll, für die Pädagogik ist die Differenzierung von Gerechtigkeit als Gleichheit und Unterschiedlichkeit in der Gerechtigkeit schon immer diskutiert worden (Flitner 1987). Problematisch aber ist es, wenn in diesen Differenzierungen der Impetus des neuzeitlichen Projekts sozialer Gerechtigkeit in seiner Verbindung von Gerechtigkeit und Gleichheit unterschlagen wird, wie er sich als vorantreibende Kraft in den Emanzipationsbewegungen repräsentiert und sich in allen Domänen von Gerechtigkeit repräsentiert. Gerechtigkeit als Fürsorge in Situationen der Bedürftigkeit muss immer auch im Kontext des Anspruchs auf Gleichheit in Ressourcen und Gestaltungsmöglichkeiten gesehen werden; die derzeitige Diskussion zu Erziehungs- und Bildungsaufgaben, zu den Lebensansprüchen von Behinderten oder zu den Skandalen und Defiziten in der Altenpflege haben hier ihren Grund.

Erweiterungen im Konzept von Gerechtigkeit werden auch in anderen neueren Konzepten thematisiert. Sennett (2002) konstruiert eine Spannung von Gleichheit und Respekt; angesichts der zwischen Menschen gegebenen, unaufhebbaren Unterschiedlichkeiten z. B. in der natürlichen Ausstattung oder auch in Schicksalserfahrungen brauche es zweierlei: Respekt, der die Menschen in allen Unterschiedlichkeiten in ihrer Würde als Mensch anerkenne, und den Kampf um Gleichheit. Diese Vermittlung der Gleichheitsansprüche mit dem Respekt vor der Anerkennung der Unterschiedlichkeit der Menschen bestimmt in verallgemeinerter Form auch den derzeitigen Diversity-Diskurs (Prengel 1995; Leiprecht 2010). Er öffnet den Blick für die Vielfältigkeit der gegebenen Unterschiedlichkeiten in Ethnie, Geschlecht, Religion und Lebenslagen und insistiert darauf, dass der Anspruch auf Gleichheit in elementaren Rechten und Lebensansprüchen einher geht mit der Anerkennung des gleichen Rechts aller auf ihre jeweilige Verschiedenheit.

Die Fragen nach Gerechtigkeit zielen darauf, dass Soziale Arbeit Räume und Ressourcen schafft, damit sich Gleichheiten im Horizont von Emanzipation, Capabilities, Respekt, Fürsorglichkeit und Anerkennung in den Unterschiedlichkeiten in der Lebensgestaltung entfalten können. Hier realisiert sich moralisch inspirierte Kasuistik als politisch moralischer Kampf, wie er – neben dem allgemeinen gesellschaftspolitischen Engagement – im Konzept der Einmischung formuliert ist, die die sozialpädagogische Fachexpertise offensiv in Politik und Öffentlichkeit vertritt.

Moralische Orientierungen im Umgang in der Sozialen Arbeit

Moralische Orientierungen werden in der Arbeit mit AdressatInnen im Prozess des kasuistisch strukturierten Handelns als Zielorientierung für die Hilfen konkretisiert. Moralisches Handeln bedeutet, dass der Mensch für sich selbst zuständig ist, dass er sich verantwortlich erfährt für das, was er tut oder lässt. Diese Zuständigkeit aber ist – so hat sich ergeben – eingebettet in Strukturen, durch sie bestimmt ist. In dieser Spannung von Zuständigkeit und Bedingtheit muss die moralische Orientierung im Handeln bestimmt werden. Die Verantwortlichkeit kann überbetont, ja verabsolutiert werden, so wie ich es oben für den Kontext des Liberalismus und Neoliberalismus beschrieben und als zynisch charakterisiert, aber allgemeiner auch für die Alltagserfahrungen beschrieben habe. Im Alltag wollen Menschen sich als der Situation gewachsen beweisen. Arbeitslos Gewordene suchen nicht selten die Schuld bei sich, ebenso wie etwa

Familien mit suchtbelasteten oder behinderten Kindern oder wie Menschen, die mit schrecklichen Krankheiten konfrontiert werden; die Nichtnutzung von Ressourcen kann auch in dieser moralischen Selbstüberforderung ihren Grund haben, indem sie zu Scham und Rückzug in sich selbst führt. Umgekehrt aber können die Macht der Verhältnisse und das Wissen um die Bedingtheit dazu führen, dass die Fähigkeit des Menschen, in den Verhältnissen für sich verantwortlich zu sein, erdrückt oder entmutigt wird. Gegen eingefahrene Gewohnheiten, gegen Resignation und Apathie, ebenso aber gegen die Verwirrtheit und Ermüdung in den heutigen Unübersichtlichkeiten müssen Menschen in ihrem Willen und in ihren Fähigkeiten zur Verantwortung gestärkt werden. Darauf zielen Konzepte der Motivation ebenso wie des Empowerment. Darauf zielen aber auch Konzepte des Aufdeckens und der Konfrontation in den härteren Konstellationen, in denen Menschen ihre Selbstzuständigkeit verstecken und eigene problematische Lebensstrategien und Verfehlungen vor sich und anderen in Neutralisierungstechniken und Strategien des Stigma-Managements kaschieren. Im Täter-Opfer-Ausgleich z. B. wird der Täter genötigt, sich in der unmittelbaren Auseinandersetzung mit seinem Opfer, mit dem Faktum dessen was er getan hat, zu konfrontieren. Wie problematisch solche Arrangements in der Kasuistik zwischen Konfrontation, Zumutung und Stärkung sein können, macht die Diskussion z. B. um die unterschiedlichen Arrangements des Anti-Aggressions-Trainings deutlich.

Verantwortung für sich und vor anderen für das eigene Tun muss für die heutigen Verhältnisse in ihrer Widersprüchlichkeit und Offenheit näher bestimmt werden als Versuch einer Balance, sich auf Offenheit, auf das Risiko eines offenen Lebensentwurfs, einzulassen und – zum anderen – sich auf jene Verbindlichkeiten festzulegen, in denen Leben allein gestaltet werden kann. Diese Balance verlangt ebenso eine Selbstsicherheit, die Offenheiten aushalten kann, wie den Willen zu Begründungen vor sich und anderen. Eine solche Balance braucht Raum, auch für Umwege und Probeläufe, für das notwendig aufwendige, immer neue Spiel von Entscheidungen und Festlegungen. Dieser Raum muss eingeklagt und gesichert werden gegenüber vielfältigen Verführungen, sich dieser komplexen Aufwendigkeit zu entziehen und durch die einfacheren

Orientierungen an unbedingtem Gehorsam und strenger Disziplin zu ersetzen, um sich so unter den heutigen anspruchsvollen Konstellationen von Selbstzuständigkeit gleichsam hinwegzuducken (Brumlik 2007).

Moralisches Verhalten entwickelt sich nicht allein aus Einsicht; es wird in Phasen der moralischen Entwicklung gelernt, in Erfahrungen, Auseinandersetzungen und an Beispielen und Vorbildern. Brumlik (2002) insistiert darauf, dass Verhaltensmuster sich in Tugenden habitualisieren und reinterpretiert ihren traditionellen Kanon für die Notwendigkeiten der Demokratie.

Parallel dazu wird zunehmend eine Erweiterung der Zielorientierungen in der Sozialen Arbeit auch in anderen Kontexten erörtert. War Verantwortung in sozialpädagogischen Konzepten vor allem auf die Fähigkeit, sich in sozialen Konflikten zu behaupten, und auf Aufklärung und Engagements im Feld von Gesellschaft und Politik hin ausgelegt, so darf dies nicht zurückgenommen werden, wenn neuerdings daneben betont wird, dass Verantwortung als Zuständigkeit des Menschen für sein Leben sich auch auf ein reicheres Feld von Aufgaben beziehen müsse. Das Konzept des gelingenderen Alltags, wie es in der lebensweltorientierten Sozialen Arbeit entwickelt wurde, verweist auf Aufgaben des Besorgens der alltäglichen Lebenswelt und der Gestaltung nicht nur der sozialen Beziehungen, sondern ebenso der räumlichen und zeitlichen Bezüge (Grunwald/Thiersch 2008). Weiter ausholend beruft sich der Capability Approach auf Grundbedürfnisse und Befähigungen, wie sie im Rückgriff auf Aristoteles von Nussbaum oder Sen rekonstruiert werden (Otto/Ziegler 2008) und wie sie wohl in Analogie gesehen werden können zu den von Fromm (1989) entwickelten Grundbedürfnissen nach Nähe, Geborgenheit, Selbsttätigkeit, Phantasie, Kreativität und Sinn. Eine solche Erweiterung im Horizont eines gelingenden Lebens wird z. B. in Konzepten der ästhetischen Bildung, aber auch der Abenteuerpädagogik entworfen, vor allem aber ist es im Konzept einer allgemeinen Bildung angelegt, wenn sie im Anschluss an die klassische Tradition verstanden wird (Tenorth 1997; Otto/Rauschenbach 2008; Thiersch 2008). Bildung meint – neben ihrem elementar sozialpolitischen Impuls einer allgemeinen Bildung als Medium sozialer Gerechtigkeit – die Auseinandersetzung des Menschen mit der Welt, in der er sich in allen seinen Fähigkeiten des Fühlens, Wahrnehmens, Denkens und Gestaltens ausbildet und so seine Identität findet, oder, wie es bei Humboldt empathisch hieß, zum Kunstwerk seiner selbst wird. Mit diesen Ansätzen verbindet sich schließlich die im antiken Konzept des Guten Lebens fundierte Diskussion zur Strebensethik (Volz 2003; Kerstin / Langbehn 2007)) und die Frage nach Glück und – ausgreifender und fundierter – nach Sinn, danach also, wofür und worauf hin es sich zu leben lohnt. Die Frage verführt zu leeren Allgemeinheiten, muss also im Sinn einer moralisch inspirierten Kasuistik auf konkrete Erfahrungen und Aufgaben hin bestimmt werden. Das damit gestellte Problem der Lebenskunst, wie es bei Alice Salomon (1926) vorgegeben war und neuerdings von der Philosophie des späten Foucault aus breit erörtert wird (Foucault 2007; Schmid 1998; Kerstin / Langbehn 2007), wird sicher in der Diskussion der nächsten Zeit an Bedeutung gewinnen.

Professionalität

Die Frage nach der Moral der Sozialen Arbeit zielt auf die Moral des sozialpädagogischen Handelns im Umgang zwischen SozialpädagogInnen und AdressatInnen, ebenso aber auch auf die Moral in sozialpädagogischen Institutionen. Soziapädagogisches Handeln ist professionelles Handeln. Dies gilt es zunächst zu betonen, weil es immer noch auch in der caritativen Tradition gesehen wird, nach der die Professionellen auch um Gottes und um ihrer selbst willen handeln, wenn sie anderen helfen. „Mein Lohn ist, dass ich darf", hieß es früher. Ansprüche an übliche Entlohnung und Arbeitsbedingungen wurden und werden von da aus unterlaufen.
Professionelles Handeln bedeutet Handeln in der Distanz des Berufs, wissenschaftlich fundiert, in Programmen und methodisch ausgewiesen strukturiert, zur Transparenz verpflichtet, ausweisbar und einklagbar. Die Frage nach der Moral solcher Professionalität zielt zunächst auf die Verpflichtung zu diesen Handlungsstandards als Voraussetzung für den freieren Blick, der dem anderen in seinen Verhältnissen und Möglichkeiten gerecht werden kann.
Professionelles sozialpädagogisches Handeln realisiert das Muster des pädagogischen und helfenden Handelns. Dieses Muster ist strukturell asym-

metrisch; der, der hat, gibt dem, der nicht hat; der, dem Erfahrungen und Kompetenzen fehlen, ist angewiesen darauf, dass sie ihm vermittelt werden. Diese Asymmetrie ist im wechselseitigen Verwiesensein von Menschen aufeinander ebenso wie in der Generationalität des menschlichen Lebens begründet; sie wird in historischen und sozialen Konstellationen unterschiedlich realisiert. Die hier liegenden Aufgaben und Probleme werden neuerdings auch im weiteren Diskurs zum Paternalismus erörtert (Stettner 2007) und vor allem im Kontext der im Genderdiskurs geprägten Fragen nach Care, Sorge, Besorgen und Hilfe (Brückner 2003).
In unserer Gegenwart wird Hilfe im Muster von Solidarität praktiziert, Hilfsbedürftige werden nicht primär in ihren Defiziten gesehen, sondern in ihren Rechten, Ressourcen, Kompetenzen und in ihren Anstrengungen und Leistungen der Lebensbewältigung. Kinder und Heranwachsende werden als Subjekte ihrer eigenständigen Entwicklung und ihrer Selbstbildung verstanden. Diese Entwicklungen bestimmen die der Tradition gegenüber neuen Formen des helfenden und pädagogischen Umgangs, sie sind noch längst nicht durchgehend realisiert. Der Macht der Tradition gegenüber sind Minimierung und Einebnung der Asymmetrie notwendig. Daneben aber gilt, dass darin die prinzipielle Struktur von Hilfe und Erziehung und ihre Aufgabe des Transzendierens nicht aufgehoben ist. Es braucht neu ausgelegte Unterscheidungen. Pädagogisches Handeln wird im Medium von Verhandlung praktiziert. Die Anerkennung der anderen in der Zuständigkeit für sich selbst aber ist verbunden mit den Herausforderungen, die aus Lebenskonstellationen und pädagogischen Aufgaben stammen. In diesen Vermittlungen von Eingehen, Respektieren und Veränderung, Lernen und Umlernen agiert Soziale Arbeit in der Aufnahme und Reinterpretation der alten pädagogischen Formel von Gegenwirken, Unterstützen und vor allem und primär Fördern (Flitner 1982). In dieser Vermittlung ist die Soziale Arbeit ebenso auf die konkreten jeweiligen Konstellationen bezogen wie prinzipiell ausweis- und begründungsbedürftig, so wie es die Figur der stellvertretenden Verantwortung verlangt.
Sozialpädagogisches Handeln folgt einem spezifischen Muster von Professionalität, in dem – so in der Übernahme der von Oevermann für therapeutisches Handeln entwickelten Grundfigur – spezi-

fisch professionell strukturierte Deutungsmuster mit offenen, in der Person und Situation liegenden Handlungsmustern verbunden sind (Köngeter 2010). Als Frage nach dem Verhältnis von Professionalität und Authentizität, von Distanz und Nähe wird diese Konstellation in der Sozialpädagogik verhandelt, sie wird vor allem in ihren vielfältigen und unterschiedlichen Aufgaben und Arbeitsvollzügen – der Beratung, der Ressourcenarbeit, der Planung, des Miteinanderlebens, des Unterstützens und der Erziehung und Bildung –, in ihren Facetten rekonstruiert. – Darin hat sich das Verhältnis von Professionalität und Authentizität in unserer Zeit in charakteristischer Weise verschoben; Authentizität gewinnt an Gewicht. Die Unübersichtlichkeit und Offenheit nämlich der gesellschaftlichen Verhältnisse entwerten allgemeine Regeln und Vorgaben und verlangen eine besondere Beglaubigung durch die Person.

Das spezifische sozialpädagogische Handlungsmuster kann nur im Medium von Reflexion praktiziert werden. Reflexives Handeln als Kritik und Selbstkritik ist eine elementare Konkretisierung von Professionalität. Der Pädagoge muss sich der in seiner Aufgabe und seiner Person liegenden Risiken zur Bemächtigung des anderen, zur Beschämung, zur „fürsorglichen Belagerung" bewusst sein. Bernfeld (1967) formuliert für den Umgang des Pädagogen mit dem Kind, dass ihm immer drei Kinder begegnen: das, das ihm gegenüber steht, das, das er früher selbst war, und das, das er selbst hätte werden mögen; darin werden beispielhaft die Dimensionen von Projektionen und Okkupationen deutlich, die der Pädagoge in sich kritisch aufheben muss, um dem Eigensinn des anderen gerecht werden zu können. Sozialpädagogisches Handeln braucht die Institutionalisierung solcher Kritik und Selbstkritik und dazu die Sicherung durch kollegiale Beratung, Supervision und Evaluation, vor allem aber auch durch Fort- und Weiterbildung. Es braucht zudem eine Kultur der Fehlersensibilität, Fehlerkontrolle und des Lernens aus Fehlern. Solche Selbst- und Fremdkontrollen müssen einhergehen mit der Institutionalisierung von Mitbestimmungs- und Gestaltungsrechten der AdressatInnen, gestützt durch Beschwerderechte. Schließlich: So unverzichtbar solche Instrumente der Sicherung der Professionalität des Handelns sind, sie können und dürfen nicht darüber hinwegtäuschen, dass professionelles Handeln – wie alles

Handeln und Handeln in der heutigen gesellschaftlichen Situation zumal – in der Offenheit von Verantwortung steht, also im Willen zum rechten Handeln und im Risiko des Gelingens und Scheiterns und von Schuld.

Sozialpädagogische Moral realisiert sich in Institutionen. Analog zu den gerade skizzierten Problemen im Kontext der Professionalisierung geht es auch hier zunächst um die mit dem Faktum der Institutionalisierung gegebene Moral der Verlässlichkeit von Regeln, Zugängen und Vollzügen, damit AdressatInnen und MitarbeiterInnen in einem erkennbaren und gesicherten Rahmen von Möglichkeiten, aber auch von Grenzen agieren können. Sozialpädagogische Institutionen aber unterliegen, wie professionelles Handeln und alle Institutionen, der aller Fachlichkeit und allen Organisationen immanenten Tendenz, als ein eigenes, in sich geschlossenes System selbstreferentiell zu agieren. Diese Tendenz intensiviert sich in der derzeitigen, allgemeinen gesellschaftlichen Entwicklung zur zunehmenden Verfachlichung unseres Lebens; sie konkretisiert sich für die Soziale Arbeit in den Programmen zur organisationellen, oft betriebswirtschaftlich bestimmten Neuorganisation, zu Qualitätsmanagement und Effektivitätsmessung, die zunehmend Raum beanspruchen. So unhintergehbar Transparenz und Instrumente zu ihrer Realisierung in einer modernen Institutionskultur sind, so braucht es doch gegen die zunehmend nur technologisch begründeten Konzepte den insistierenden Bezug auf Theorie und Moral der Sozialen Arbeit. In der neueren Diskussion (Klatetzki 1998; Grunwald / Steinbacher 2007; Grunwald 2009) geht es darum, organisationelle Möglichkeiten zu entwerfen, damit die Soziale Arbeit nicht nur Raum für Aushandlungsprozesse zwischen neuen gesellschaftlichen Anforderungen, AdressatInnen und SozialarbeiterInnen findet, sondern auch intern Arrangements schafft, um Zuständigkeit und Verantwortung der SozialarbeiterInnen für ihre Arbeit zu stützen und zu fördern. Solche neueren Modelle müssen vor allem auch bezogen werden auf das weite und immer wieder unübersichtliche Feld der unterschiedlichen Institutionen der Sozialen Arbeit, die in ihrer Spezialisierung so oft neben- und gegeneinander agieren und immer wieder als System einer organisierten Verantwortungslosigkeit erfahren werden. Es braucht den Willen zur Kooperation und damit zur Relationierung der eigenen Arbeit (Köngeter 2010).

Literatur

Baumann, Z. (1995): Postmoderne Ethik. Hamburger Edition, Hamburg

Bernfeld, S. (1967): Sisyphos oder Die Grenzen der Erziehung. Suhrkamp, Frankfurt / M.

Bohmeyer, A., Kurzke-Maasmeier, S. (2007): Ethikkodizes und ethische Deliberationsprozesse in der Sozialen Arbeit. In: Lob-Hüdepohl, A., Lesch, W. (Hrsg.): Ethik Sozialer Arbeit. Ein Handbuch. Schöningh, Paderborn / München / Wien, 162–179

Böhnisch, L., Schröer, W., Thiersch, H. (2005): Sozialpädagogisches Denken. Wege zu einer Neubestimmung. Juventa, Weinheim / München

Brückner, M. (2003): Care: Zum gesellschaftlichen Umgang mit zwischenmenschlicher Abhängigkeit und Sorgetätigkeiten. neue praxis 2, 7–23

Brumlik, M. (Hrsg.) (2007): Vom Missbrauch der Disziplin. Antworten der Wissenschaft auf Bernhard Bueb. Beltz, Weinheim / Basel

– (2004): Advokatorische Ethik. Suhrkamp, Frankfurt / M.

– (2002): Bildung und Glück. Versuch einer Theorie der Tugenden. Philo & Philo FineArts / Europäische Verlagsanstalt, Berlin / Wien

Dungs, S., Gerber, U., Schmidt, H., Zitt, R. (2006): Soziale Arbeit und Ethik im 21. Jahrhundert. Ein Handbuch. Evangelische Verlagsanstalt, Leipzig

Flitner, A. (1987): Für das Leben – Oder für die Schule? Pädagogische und politische Essays. Beltz, Weinheim / Basel

– (1982): Konrad, sprach die Frau Mama. Über Erziehung und Nichterziehung. 2. Aufl. Pieper, Berlin

Foucault, M. (2007): Ästhetik der Existenz: Schriften zur Lebenskunst. Suhrkamp, Frankfurt / M.

Fromm, E. (1989): Aggressionstheorie. Gesamtausgabe. Band VII. dtv, München

Frommann, A. (2008): Menschlichkeit als Methode. Sozialpädagogische und biografische Texte. Talheimer Verlag, Mössingen

Gilder, G. (1981): Reichtum und Armut. Severin und Siedler, Berlin

Grunwald, K. (2009): Zum Management von Einrichtungen der Sozialen Arbeit unter organisationssoziologischer Perspektive. In: Grunwald, K. (Hrsg.) (2009): Vom Sozialmanagement zum Management des Sozialen? Eine Bestandsaufnahme. Schneider Verlag Hohengehren, Baltmannsweiler, 85–138

–, Steinbacher, E. (2007): Organisationsgestaltung und Personalführung in den Erziehungshilfen. Grundlagen und Praxismethoden. Juventa, Weinheim / München

–, Thiersch, H. (2008): Das Konzept Lebensweltorientierte Soziale Arbeit. In: Grunwald, K., Thiersch, H. (Hrsg.): Praxis der Lebensweltorientierten Sozialen Arbeit. 2. Auflage, Juventa, Weinheim / München, 13–39

Hamburger, F. (2003): Einführung in die Sozialpädagogik. Kohlhammer, Stuttgart

Heimann, E. (1980): Soziale Theorie des Kapitalismus (1929). Suhrkamp, Frankfurt / M.

Hobsbawm, E. (1998): Das Zeitalter der Extreme. dtv, München

Humboldt, W. v. (1792): Ideen zu einem Versuch, die Grenzen der Wirksamkeit des Staates zu bestimmen. In: Flitner, A., Giel, K. (Hrsg.) (1960): Wilhelm von Humboldt. Schriften zur Anthropologie und Geschichte. Werke in fünf Bänden. Band 1. J. G. Cotta'sche Buchhandlung, Stuttgart, 56–233

Kerstin, W., Langbehn, C. (2007): Kritik der Lebenskunst, Suhrkamp. Frankfurt / M.

Klatetzki, T. (1998): Qualitäten der Organisation. In: Merchel, J. (Hrsg): Qualität in der Jugendhilfe. Votum, Münster, 61–75

Köngeter, S. (2010): Relationale Professionalität. Schneider Verlag, Baltmannsweiler

Leiprecht, R. (2010): Diversitätsbewusste Soziale Arbeit. Wochenschauverlag, Schwalbach / Ts.

Lob-Hüdepohl, A. (2007): Berufliche Soziale Arbeit und die ethische Reflexion ihrer Beziehungs- und Organisationsformen. In: Lob-Hüdepohl, A., Lesch, W. (Hrsg.), 113–161

–, Lesch, W. (Hrsg.): Ethik Sozialer Arbeit. Schöningh, Paderborn / München / Wien

Malthus, Th. R. (1977): Das Bevölkerungsgesetz. dtv, München

Marshall, T. H. (1992): Bürgerrecht und soziale Klasse. Suhrkamp, Frankfurt / M.

Miller, D. (2008): Grundsätze sozialer Gerechtigkeit. Campus Verlag, Frankfurt / M. / New York

Müller, C. W. (1988): Wie helfen zum Beruf wurde. Beltz, Weinheim / Basel

Nietzsche, F. (1956): Werke in drei Bänden. Hanser, München

Nohl, H. (1949): Pädagogik aus dreißig Jahren. Suhrkamp, Frankfurt / M.

Nussbaum, M. C. (1999): Gerechtigkeit oder Das gute Leben. Suhrkamp, Frankfurt / M.

Otto, H.-U., Rauschenbach, T. (2008): Die andere Seite der Bildung. Zum Verhältnis von formellen und informellen Bildungsprozessen. 2. Aufl. VS Verlag, Wiesbaden

–, Ziegler, H. (Hrsg.) (2008): Verwirklichungschancen und Befähigungsgerechtigkeit in der Erziehungswissenschaft. Zum sozial-, jugend- und bildungstheoretischen Potential des Capability Approach. VS Verlag, Wiesbaden

Prengel, A. (1995): Pädagogik der Vielfalt. Verschiedenheit und Gleichberechtigung in interkultureller, feministischer und integrativer Pädagogik. Westdeutscher Verlag, Opladen

Rauschenbach, T. (1994): Inszenierte Solidarität: Soziale Arbeit in der Risikogesellschaft. In: Beck, U., Beck-Gernsheim, E. (Hrsg.): Riskante Freiheiten. Individualisierung in modernen Gesellschaften. 2. Aufl. Suhrkamp, Frankfurt / M., 89–111

– (1986): Bezahlte Nächstenliebe. Sozialpädagogik 28, 206–218

Reyer, J. (1991): Alte Eugenik und Wohlfahrtspflege. Entwertung und Funktionalisierung der Fürsorge vom Ende des 19. Jahrhunderts bis zur Gegenwart. Lambertus, Freiburg / Br.

Salomon, A. (1926): Frauenemanzipation und soziale Verantwortung. In: Feustel, A. (Hrsg.) (2004): Ausgewählte Schriften Band 3. Wolters Kluwer, Neuwied, 300–314

Schelsky, H. (1987): Der selbstständige Mensch und der betreute Mensch. Politische Schriften und Kommentare. Ullstein, Frankfurt / M. / Berlin

Schmid, W. (1998): Philosophie der Lebenskunst. Suhrkamp, Frankfurt / M.

Sen, A. (2002): Ökonomie für den Menschen. Wege zu Gerechtigkeit und Solidarität in der Marktwirtschaft. dtv, München

Sennet, R. (2002): Respekt im Zeitalter der Ungleichheit. Berlin Verlag, Berlin

Sklar, J. N. (1997): Über Ungerechtigkeit: Erkundungen zu einem moralischen Gefühl. Suhrkamp, Frankfurt / M.

Sloterdijk, P. (2009): Du musst dein Leben ändern. Suhrkamp, Frankfurt / M.

Staub-Bernasconi, S. (2007): Soziale Arbeit. Dienstleistung oder Menschenrechtsprofession? Zum Selbstverständnis Sozialer Arbeit in Deutschland mit einem Seitenblick auf die internationale Diskussionslandschaft. In: Lob-Hüdepohl, A., Lesch, W. (Hrsg.), 20–53

Stettner, U. (2007): Kann helfen unmoralisch sein? Der Paternalismus als ethisches Problem in der sozialen Arbeit, seine Begründung und Rechtfertigung. Leykam, Graz

Tenorth, H.-E. (1997): Bildung – Thematisierungsformen und Verwendungsweisen in der Erziehungswissenschaft. Zeitschrift für Pädagogik 43, 969–984

Thiersch, H. (2009): Schwierige Balance. Über Grenzen, Gefühle und berufsbiografische Erfahrungen. Juventa, Weinheim / München

– (2008): Bildung als Projekt der Moderne. In Coelen, T., Otto, H.-U. (Hrsg.): Grundbegriffe Ganztagsbildung. Ein Handbuch. VS Verlag, Wiesbaden, 977–983

– (1995): Lebenswelt und Moral. Beiträge zur moralischen Orientierung Sozialer Arbeit. Juventa, Weinheim / München

Volz, F.-R. (2003): Gelingen und Gerechtigkeit. Bausteine zu einer Ethik professioneller Sozialer Arbeit. Zeitschrift für Sozialpädagogik 1, 45–59

Moralerziehung

Von Micha Brumlik

Problemgeschichte

Die Frage, ob und wie Menschen dazu bewogen werden können, sich an übergreifenden Regeln des Zusammenlebens zu orientieren, ist so alt wie die Existenz von Hochkulturen. Ein schon in der fünften Dynastie (etwa 2350 v. Chr.) des Alten Ägypten entstandenes Lehrgedicht setzt auf körperliche Züchtigung ebenso wie auf Belohnung durch ein gelungenes Leben für regelkonformes Verhalten (Brunner 1998, 127 f.). Auch die biblischen Schriften, namentlich das im sechsten Jahrhundert vor der Zeitrechnung entstandene Deuteronomium sowie die etwas später kodifizierten Weisheitsschriften stellen nicht nur Forderungen – etwa in Form der Zehn Gebote (Exodus 20,2-17) – und Verheißungen, sondern empfehlen darüber hinaus differenzierte Lernprozesse (Jesus Sirach 6, 18-37). Explizit wird die Frage nach der Lehr- und Lernbarkeit richtigen Handelns jedoch erst in den philosophischen Entwürfen der griechischen Polis seit dem fünften Jahrhundert vor der christlichen Zeitrechnung verhandelt. Die Frage nach dem richtigen Handeln und dem Sinn des Lebens wird von dem Athener Bürger Sokrates im freien Gespräch mit der Jugend in aporetischen, nach Maßgabe der Hebammenkunst geführten Dialogen mit dem Ziel eines selbst verantworteten und stets zu erforschenden Lebens geführt (Platon 1990a, 57). Sokrates' Schüler Platon reflektierte die sokratische Praxis in der Frage, ob Tugend überhaupt lehrbar sei (Platon 1990b, 508 f.), und legte zudem in seiner Schrift über den Staat (Platon 1990c) eine umfassende Theorie moralischen Wissens und moralischen Lernens vor. Demnach ist den Menschen das wahre moralische Wissen grundsätzlich angeboren, während es in der Erziehung darauf ankommt, dass die bereits Wissenden durch Abstraktion von aller sinnlichen Ablenkung und eine auf gerechten Strukturen beruhende Lebensführung die nachfolgenden Generationen an ihren Einsichten teilhaben lassen. Aristoteles präzisiert die Theorie moralischer Erziehung, indem er neben die ausdrückliche Belehrungspraxis auf die prägende Rolle von Gesetzen, Vorbildern und insbesondere Gewohnheiten hinweist (Aristoteles 1972, 303 f.).

Das in der Zeit der Aufklärung die – von der Antike beeinflusste – mittelalterliche Philosophie ablösende, moderne Denken zeichnet sich zunächst durch gegensätzliche anthropologische Paradigmen aus. Während Thomas Hobbes von einem von Natur aus auf Selbsterhaltung, Eigeninteresse und Furcht beruhenden Bild des Menschen ausgeht (Hobbes 1976), postuliert Jean-Jacques Rousseau eine von Natur gesellig und egalitär lebende Menschheit, deren moralisches Wissen durch ungerechte Institutionen und Strukturen beeinträchtigt wurde (Rousseau 1993). Aus diesen unterschiedlichen Annahmen resultieren einander entgegengesetzte Erziehungskonzepte. Während für Hobbes im Zentrum einer angemessenen Moralerziehung die Mechanismen des Erzielens von Einsicht durch Überredung und des Hinweisens auf erwartbare Übel standen, setzte Rousseau auf die Kraft vom Zwang der Konvention befreiter, spontaner mütterlicher Gefühle bzw. auf republikanische Lebensformen und Begeisterung (Rousseau 1993, 111). Die auf Rousseau folgende Philosophie der Aufklärung, vor allem die Lehre Kants, sah in der Erziehung nicht nur die einzige Handlungsform, die überhaupt Angehörige der Gattung zu Menschen bilden könne, sondern in der praktischen oder moralischen Erziehung (im Unterschied zur physischen) jene Aufgabe, damit der Mensch „wie ein freihandelndes Wesen leben könne" (Kant 1970b, 752). Dabei ist sich Kant stets bewusst, dass das Problem der empirischen Feststellbarkeit von Handlungsfreiheit und damit moralischer Bildung kaum lösbar ist (Kant 1956, 321).

Otto/Thiersch (Hg.), Handbuch Soziale Arbeit, 4. A., DOI 10.2378/ot4a.art099,
© 2011 by Ernst Reinhardt, GmbH & Co KG, Verlag, München

Moralskeptische Autoren wie Friedrich Nietzsche und Sigmund Freud schließlich betrachten moralische Verhaltensweisen und Einstellungen unter nicht-moralischen, funktionalen Gesichtspunkten. Moral wird entweder als ein von Ressentiments gespeistes, vitale Impulse einschränkendes Verhaltensmuster (Nietzsche 1988) oder als psychische Instanz um des sozialen Zusammenlebens willen notwendiger Triebeinschränkung betrachtet (Freud 1976). In dieser Perspektive erweist sich moralische Erziehung vor allem als Einübung in den Verzicht. Emile Durkheim entwickelt endlich eine soziologische Theorie der Moralerziehung, nach der Moralität ein den individuellen Charakter bildendes System von Verhaltensregeln darstellt, das auf einem nicht auf selbstsüchtige Interessen reduzierbaren Wunsch nach Gemeinschaftlichkeit und Regelhaftigkeit beruht (Durkheim 1984). Mit den Überlegungen von Freud und Nietzsche sowie Durkheim sind die sozialwissenschaftlich zu entfaltenden Ausgangspositionen für jede Theorie moralischer Erziehung festgelegt: Sollte sie auf Förderung vorgegebener prosozialer Neigungen oder eher auf die Unterdrückung und kulturelle Überformung selbstsüchtiger Interessen setzen?

Theorien der Moral

Schon Immanuel Kant unterscheidet bei der Behandlung der Moral zwischen einer „Metaphysik der Sitten" und einer „Anthropologie der Moral" (Kant 1956, 321) und zielt damit auf die Notwendigkeit und Legitimität zweier einander ergänzender Perspektiven. Moral lässt sich einmal intern, d. h. danach, welches die kriterialen Voraussetzungen zur Auszeichnung moralischer Handlungen sein sollen, sowie extern, d. h. danach, welches die sozialen Funktionen und Folgen moralischen Argumentierens und moralisch begründeten Handelns sind, beurteilen. Die Erläuterung des „moralischen Standpunkts" (Baier 1974) ist von der Erklärung als moralisch geltender Verhaltensweisen zu unterscheiden. Für eine Theorie der moralischen Erziehung ist sowohl die normative Frage, woraufhin wie zu bilden sei, als auch die Frage nach den faktischen individuellen und gesellschaftlichen Voraussetzungen gelingender Erziehungsprozesse zu klären.

Bei der Klärung des „moralischen Standpunktes" unterscheidet die systematische Debatte zwischen deontologischen und teleologischen, zwischen Pflicht- und Güterethiken. Während deontologische Theorien moralisches Handeln in dem begründen wollen, was auf jeden Fall zu tun oder wie für jeden Menschen unbedingt und unter allen Umständen zu handeln ist – eine Tradition, die im Wesentlichen auf Kant zurückgeht –, fragen teleologische Güterethiken nach dem Gut, um dessentwillen Menschen handeln sollen. Eine entsprechende Moral wird darauf zielen, dass möglichst vielen Menschen möglichst viele Anteile an diesen Gütern zukommen. Moralische Handlungen sind dann jene, die der Erreichung dieses Ziels zuträglich oder nützlich sind. Diese oft als Utilitarismus bezeichnete Position geht auf die englischen Philosophen J. Bentham und J. S. Mill zurück. Moral im engeren Sinne erweist sich damit als ein System von auf Gerechtigkeitsprinzipien beruhenden pflichtgemäßen Handlungsnormen. Deontologische Theorien unterscheiden sich von teleologischen Theorien dadurch, dass sie den verpflichtenden Charakter dieser Handlungsempfehlungen nicht aus der Bedeutsamkeit persönlicher oder sozialer Güter, sondern aus als unbedingt angenommenen, weil in allen Formen moralischen Argumentierens je schon vorausgesetzten Konsistenzbedingungen begründen. Kant versteht unter dem „kategorischen Imperativ" eine Empfehlung, nur solche Handlungen zuzulassen, deren Ziele widerspruchsfrei verallgemeinerbar sind (Kant 1970b).

Schließlich wird seit einigen Jahren eine dritte Variante interner Moraltheorien erörtert, die nicht auf Gerechtigkeits-, sondern auf Persönlichkeitsprinzipien und nicht auf Handlungs-, sondern auf Charakternormen, auf Haltungen setzten. Im Rückbezug auf die antiken, vor allem die aristotelischen Ethiken sehen Theorien der Tugenden Moral darin, einen durch exzellente Eigenschaften ausgestatteten Charakter auszubilden und ggf. entsprechend handeln zu lassen (O'Neill 1996).

Alle Varianten „interner" Moraltheorien müssen – vor allem unter dem Gesichtspunkt moralischer Erziehung – empirisch erfassbare Korrelate, die die faktische Möglichkeit moralischen Handelns darlegen, aufweisen können. Neuere Moraltheorien versuchen daher, die noch von Kant vermerkte Kluft zwischen „metaphysischen" Prinzipien und „anthropologischen" Voraussetzungen zu schließen.

Während sich utilitaristische Moralen auf die naturalistischen Theorien einer evolutionären Ethik (Neumann et al. 1999) beziehen können, begründen neuere deontologische Theorien ihren Anspruch durch Verweis auf sprachlich-kommunikative Verfasstheit menschlicher Existenz (Habermas 1983). Moralen wechselseitiger Achtung schließlich (Tugendhat 1993) stellen die menschliche Fähigkeit zu reaktiven moralischen Gefühlen und zur wohlwollenden wechselseitigen Akzeptanz („Anerkennung") von Menschen in den Mittelpunkt.

Dabei verweist die evolutionäre Ethik auf den Umstand, dass moralische Verhaltensweisen, so sie sich denn in menschlichen Gesellschaften stabilisiert haben, eine die Individuen und ihre Nachkommen bevorteilende Funktion gehabt haben müssen. Moral erscheint so als prosoziale, meist die Individuen und ihre mehr oder minder fern stehenden Verwandten bevorteilende Verhaltensbereitschaft.

Demgegenüber verweist die Transzendentalpragmatik auf den Umstand, dass menschliches Handeln sich in sprachlichen Formen vollzieht und dass jede sprachliche Verständigung über Sprechakte wie Behaupten und Fragen bereits minimale Pflichten der sozialen Interaktion beinhaltet. Eine Moral wechselseitiger Achtung kann demgegenüber darauf verweisen, dass in faktisch vorfindlichen Affekten wie Empörung, Mitleid, Groll, Schuld und Scham bewertende Stellungnahmen zu Zuständen oder Handlungen zum Ausdruck kommen. Für eine Theorie moralischer Erziehung erwächst daraus die sozialisationstheoretische Frage, unter welchen Umständen und in welchem Ausmaß sich Interessen, moralisches Wissen und moralische Gefühle ausbilden und schließlich motivationale Funktion übernehmen können. Da aber sowohl die Regeln sprachlicher Interaktion als auch basale Affekte von Achtung, Scham und Schuld gleichermaßen moralanaloge Vorformen und – bei den Primaten – Parallelbildungen aufweisen und mithin als Ergebnisse evolutionärer Entwicklung angesehen werden können, lässt sich kein zwingender Gegensatz zwischen einer systematischen Moralphilosophie von innen und einer funktionalen Moraltheorie von „außen" behaupten (Hauser 2006; de Waal 2008). Neue Befunde der Hirnforschung, zumal zu den Spiegelneuronen, belegen zudem, dass Mitleid und Empathie tatsächlich organismisch-evolutionär angelegt sind und damit die sozialdarwinistische Variante der Evolutions-

psychologie als widerlegt gelten darf (Rizzolatti / Sinigaglia 2008).

Aus einer dem Naturalismus systematisch entgegengesetzten Perspektive hat sich aber auch gezeigt, dass eine an „durchschnittlichen" menschlichen Individuen orientierte Theorie der Gerechtigkeit auf eine unbegründete und unreflektierte und also ungerechte, systematische Benachteiligung all jener Menschen und auch nichtmenschlichen Wesen hinausläuft, die – obwohl der diskursiven Argumentationsfähigkeit und der ihr korrespondierenden Verhaltensweisen nicht fähig, – gleichwohl fähig sind, zu leiden (Feder Kittay / Feder 2002; Nussbaum 2006).

Moralische Sozialisation

Sozialisation bezeichnet jenen (lebenslangen) Prozess, in dem Angehörige der Gattung zu handlungsfähigen Mitgliedern menschlicher Gemeinschaften werden und in aktiver Interaktion mit ihrer Umwelt jene Dispositionen und Kompetenzen erwerben, die es ihnen ermöglichen, den jeweiligen gesellschaftlichen Erwartungen und Anforderungen mehr oder minder zu entsprechen. Im Unterschied zu „Erziehung" und „Bildung" muss „Sozialisation" weder ein von anderen gewollter, bewusst angestrebter Prozess noch eine selbstreflexive, vom Individuum selbst vollzogene Handlung sein. Sozialisation hängt weder von menschlichen Absichten noch ausschließlich von menschlichen Handlungen ab – auch sachliche Umwelten können sozialisieren. Theorien moralischer Sozialisation wollen erklären, wie und mit welchen Auswirkungen Individuen jene Kompetenzen, jenes Wissen und jene Motivation erwerben, die sie dazu befähigen, die Regeln zu verstehen, zu beurteilen und gemäß ihrer zu handeln, die in gegebenen Gesellschaften das repräsentieren, was als „gut" und „gerecht" gilt. Dann umschreibt das Prädikat „gerecht" einen Verteilungsmodus, während sich das Prädikat „gut" auf Präferenzen von materiellen und ideellen Gütern bezieht.

Theorien moralischer Sozialisation finden sich grundsätzlich in drei theoretischen Paradigmata der Psychoanalyse, der Lerntheorien sowie des genetischen Strukturalismus. Hinzu kommen – ohne bereits paradigmatische Reife erlangt zu haben – pragmatistische und sozioaffektive Überlegungen. In der materialen Theoriebildung ist zudem mit Überschneidungen paradigmatischer Art zu rechnen. Während die Psychoanalyse vor allem Prozesse der Gewissensbildung untersucht, interessieren sich die Lerntheorien für moralkonformes Verhalten und der genetische Strukturalismus für die Ausbildung moralischen Urteilsvermögens. Der Pragmatismus stellt die interaktiven Voraussetzungen moralgeleiteten Handelns ins Zentrum seiner Überlegungen, während der sozio-affektive Ansatz stärker als andere Ansätze auch phylogenetische Faktoren berücksichtigt.

Psychoanalyse

Die klassische Psychoanalyse nach Sigmund Freud sieht in der Moral eine Kulturleistung, die auf der Unterdrückung und Sublimierung jener natürlich vorgegebenen selbstsüchtigen Triebe beruht, die ein angstfreies, anthropologisch notwendiges, aber keineswegs immer akzeptiertes Zusammenleben der Menschen beeinträchtigen (Freud 1976). Diese Unterdrückung und Sublimierung erläutert Freud psychologisch als Prozess der Gewissensentwicklung, die sich psychoanalytisch als Prozess der Herausbildung des „Über-Ichs" erweist. Das „Über-Ich" gilt als die zweite jener drei von der Psychoanalyse postulierten Instanzen, die die psychischen Funktionen regeln: Während die Instanz des „Es" die durch ein Amalgam somatischer Impulse und kulturell vermittelter Wünsche entstandenen „Triebe" repräsentiert, obliegt dem Ich die Aufgabe, durch kognitive Realitätsprüfung dem jeweiligen Individuum eine optimale Balance zwischen verspürten Trieben und „Über-Ich-Versagungen" zu ermöglichen. Das Über-Ich als versagende Stimme des Gewissens erweist sich als Abkömmling eines unbewusst übernommenen Verbots (Freud 1972a). Freuds Theorie postuliert für die frühe, männliche Kindheit eine trianguläre Konstellation zwischen dem etwa drei- bis vierjährigen Knaben, seiner Mutter und seinem Vater. Demnach wünscht der Knabe den sexuellen Kontakt mit seiner Mutter sowie den Tod des Vaters und realisiert gleichzeitig mit seinem Begehren die Angst vor dem von ihm als Konkurrenten angesehenen Vater, der ihn, seiner kindlichen Meinung nach, zur Strafe kastrieren will. Aus Angst vor dieser antizipierten Strafe leistet der Knabe Triebverzicht, übernimmt dabei über den Mechanismus der Identifikation mit dem Aggressor ein unbewusstes, verallgemeinerbares Schema des Verbots sowie ein generalisiertes, nun von der Mutter gelöstes Begehren für das weibliche Geschlecht (Freud 1972b).

Freuds Hypothese wie seine ganze Theorie wurde sowohl aus wissenschaftstheoretischen (Grünbaum 1988), methodologischen (Grawe et al. 1993), kulturanthropologischen (Parsons 1969) und geschlechts-theoretischen (Bassin 1995) Perspektiven bestritten. Die Psychoanalyse hat diese Kritik ihrerseits aufgenommen (Mertens 1995). Fragen der theoretischen Plausibilität, der empirischen Validierung sowie der behaupteten Universalität in kultureller und geschlechts-theoretischer Sicht öffnen freilich den Weg zu einer strukturtheoretischen Lesart, die konkretistische Missverständnisse hinter sich lässt. Demnach bilden sich wesentliche Einstellungen des Kindes über richtig und falsch, über erlaubt und verboten im Interaktionsfeld zweier hochaffektiv besetzter Bezugspersonen aus, die komplementäre Geschlechtsrollen einnehmen und zudem das generationelle Gefälle zwischen Kindern und Erwachsenen unterstreichen (Parsons / Bales 1955).

Dass das Phänomen des Gewissens mit Ängsten ebenso verbunden ist wie mit bisweilen von den Individuen nicht durchschauten Wünschen nach Strafen und Bestraftwerden, nach Beschuldigungen und Schuldempfindungen sind Erfahrungen, die andere Theorien als die Psychoanalyse nicht zureichend erklären können (Schneider 1983). Neuere, durch empirische Forschungen gestützte Theorien des Narzissmus verweisen im Gegensatz zum klassischen Modell Freuds auf schon präverbal entstehende moralische Gefühle, die als Vorläufer des moralischen Bewusstseins gewertet werden (Emde 1991a, 1991b). Demnach beruht die Fähigkeit zum moralischen Wissen auf der Fähigkeit zur Empathie, die ontogenetisch der ödipalen Krise vorausgeht. Dass dabei schon frühe Gefühle des Verpflichtetseins auf ein vor allem zwischen Mutter und Kind bestehendes Reziprozitätsschema verweisen, trägt der unaufhebbaren Intersubjektivität in der Frühsozialisation Rechnung (Benjamin 1988).

Lerntheorie

Die klassischen und weiterentwickelten Lerntheorien stellen die durch Belohnung oder Bestrafung motivierte Übernahme bzw. Nachahmung von Verhaltensweisen und Verhaltensmustern als bedeutsam erfahrener Personen ins Zentrum ihrer Überlegungen. Die Internalisierung (Aronfreed 1971) entsprechender Verhaltensmuster über Prozesse der Identifikation (Bandura 1971) soll zur Gewissensbildung führen. Dabei scheint die empirische Forschung für den Bereich prosozialen Verhaltens innerhalb dieses Paradigmas die höhere Effizienz von Belohnungen gegenüber Bestrafungen sowie von explizit verbalen Erläuterungen des Verhaltens gegenüber spontan ablaufendem Verhalten erwiesen zu haben (Durkin 1995, 469). Der letzte Stand der Theorie will das Verhältnis von moralischem Argumentieren und moralischem Verhalten durch ein Modell selbstregulatorischer Mechanismen erklären. Im je empirisch zu klärenden Wechselspiel externer, sozialer und interner, selbstreaktiver Kontrollen wird prosoziales Verhalten vor allem deshalb vollzogen, weil es eine positive Sanktionierung des jeweiligen Selbst zur Folge hat. Dabei spielen sowohl die Reaktionen anderer als insbesondere die wahrgenommene Fähigkeit, selbst positiv sanktionierte Handlungen vollziehen zu können, die entscheidende Rolle (Bandura 1991, 68 f.). Die grundlegende Problematik lerntheoretischer Ansätze liegt in dem durch das behavioristische Paradigma notwendigerweise vorgegebenen, weitgehenden Verzicht auf die Untersuchung moralischen Wissens. An dessen Stelle tritt die Untersuchung „prosozialen Verhaltens", ohne dass damit bereits geklärt ist, ob moralisches Handeln und prosoziales Verhalten miteinander identisch sind. Solange moralisches Handeln als ein aus ausweisbaren Gründen vollzogenes Tun oder Unterlassen verstanden wird, reduziert eine Theorie „prosozialen Verhaltens" das Konstrukt der Moral. Andererseits behauptet die Lerntheorie, dass die Konzentration auf moralisches Wissen dem Phänomen moralischen Verhaltens nicht gerecht werden könne (69).

Der genetische Strukturalismus

Konstruktivistische Sozialisationstheorie

Der genetische Strukturalismus beruht auf den theoretischen Einsichten des Biologen und Epistemologen Jean Piaget, der Intelligenz und Erkenntnisfähigkeit weder als angeborene Disposition noch als Ergebnis passiven Erfahrungslernens verstand, sondern als Ergebnis eines aktiven, auf den biologischen Mechanismen von Akkomodation und Assimilation beruhenden Austauschprozesses der Individuen mit ihrer sachlichen und personalen Umwelt (Piaget 1947, 1983; Kesselring 1988), und ist damit einer konstruktivistischen Sozialisationsforschung verpflichtet (Grundmann 1999). Die während derartiger Sozialisationsprozesse entstehenden kognitiven Schemata dienen der Bewältigung instrumenteller Aufgaben wie sozialer Koordination und beinhalten damit Wissensbestände über Regelhaftigkeiten der sachlichen und Regeln der sozialen Umwelt. In Auseinandersetzung mit und empirischer Überprüfung von Emile Durkheims (Durkheim 1984) an der Institution der Schule orientierter Theorie der Bildung zur Autonomie durch Autorität postulierte Piaget eine „Soziologie der Kindheit", die sich vor allem für die von kindlichen Gleichaltrigengruppen ohne Einwirkung Erwachsener gefundenen Regeln des Spiels interessierte. Piaget fand zwei Formen der Akzeptanz von Regeln, die er als heteronome und autonome Moral bezeichnet. Die Welt der kindlichen Moral kennt damit Regeln, die von Erwachsenen aufgenötigt werden und Regeln, die sich durch eine gleichberechtigte Kooperation ergeben. In Auseinandersetzung und Zuspitzung von Durkheims Theorie gesellschaftlicher Solidarität kommt Piaget zu dem Schluss, dass vollkommene moralische Autonomie der Individuen nur durch gleichberechtigte Kooperation möglich sei (Piaget 1973, 400).

Die von Piaget nicht weitergeführte Untersuchung der Entwicklung moralischen Wissens wurde in der Folge von Lawrence Kohlberg aufgenommen und entfaltet (Kohlberg 1995; Garz 1996).

Die Entwicklung des moralischen Urteilsvermögens

Kohlberg hat in seinem breitgefächerten Werk eine Entwicklungspsychologie des moralischen Urteilsvermögens begründet, die das moralische Urteilsvermögen als eine sich in irreversiblen ganzheitlichen Stufen entfaltende kognitive Kompetenz darstellt, die einer rekonstruierbaren Entwicklungslogik folgt und durch gezielte Stimulation gefördert werden kann. Die Ausprägung des theoretisch begründeten Konstrukts der Urteilskompetenz lässt sich durch die Konfrontation der Probanden mit moralischen Dilemmata valide messen (Colby / Kohlberg 1987). Somit unterscheidet sich Kohlbergs Ansatz von anderen Formen der Moralpsychologie dadurch, dass er das Hauptaugenmerk nicht auf die jeweiligen Inhalte des moralischen Urteils, sondern auf dessen Begründungsmodi richtet. Zudem ist das Programm in Kenntnis des Umstandes vorangetrieben worden, dass moralisches Wissen und Urteilsvermögen keineswegs auf allen Stufen die gewichtigsten Faktoren moralischer Motivation sind.

Kohlberg und seine Schule operieren typologisch mit drei übergreifenden Stufen des moralischen Urteilsvermögens bei der Klärung der Begriffe „gut" oder „gerecht", die sich alle an der jeweiligen Stellung der Urteilenden zu den normativen Üblichkeiten ihrer Umgebung bemessen. Demnach begründet eine Person ihre Präferenzen präkonventionell, wenn sie mit Hinweis auf Abwehr individueller Schäden bzw. Mehrung gemeinsamen Nutzens argumentiert; sie urteilt konventionell, wenn sie auf das verweist, was entweder in ihrem engeren Lebenszusammenhang oder nach Maßgabe gesetzter Normen in ihrer sozialen Gemeinschaft gilt. Personen urteilen postkonventionell, wenn sie zum Maßstab ihres Urteilens komplexe Konzepte oder Intuitionen rechts- oder moralphilosophischer Art wie die Vertragstheorie, den Utilitarismus, die Bergpredigt oder den kategorischen Imperativ bemühen kann.

Dieser Theorieansatz ließ eine Reihe von Fragen offen, die die einschlägige Forschung und Theorienentwicklung bis heute beschäftigt: Welcher Art ist das Verhältnis von Urteilen und Handeln, von moralischem Wissen und moralischen Gefühlen, von kognitiven und affektiven Faktoren beim Verstehen moralischer Sachverhalte? Stellt die Kompetenz zum moralischen Urteilen eine kognitive Kompetenz mit eigener Semantik dar, die letzten Endes der allgemeinen Entwicklung kognitiver Fähigkeiten im Sinne Piagets folgt, oder ist sie der strukturierte und mit einer eigenen Semantik versehene Ausdruck bestimmter Typen sozialer Beziehungen? Im Sinne der letzten Vermutung hat der Entwicklungspsychologe Selman (1984) eine ebenfalls kognitivistische Entwicklungspsychologie interpersonalen Verstehens vorgelegt, in der Schritt für Schritt immer reichere Konzepte von Individualität und Subjektivität erworben werden: von der Einsicht in die Differenz von inneren Zuständen und äußeren Handlungen, zur Einsicht in die Beobachtbarkeit der eigenen Handlungen und der Einsicht in die Stabilität von Charakterzügen, bis zur Erkenntnis der Wandelbarkeit dieser Eigenschaften bei sich selbst und anderen. Der Mechanismus, um den es dabei geht, ist die soziale Perspektivenübernahme, also die Fähigkeit von Menschen, tentativ die Sichtweisen und Gefühle anderer bei sich zu realisieren (Selman 1984).

Die von Kohlberg behaupteten Stufen des moralischen Urteils lassen sich dann als geronnene Haltungen darstellen, die vom schlichten Egozentrismus, der sich moralisch als Egoismus äußert, über den Gruppenkonformismus, der als Konventionalismus erscheint, bis zu einer allseitigen Reziprozität, die ihren moralischen Ausdruck im Postkonventionalismus findet. Damit erweist sich die Fähigkeit der Individuen, sich auf die Perspektiven anderer in kognitiver und affektiver Hinsicht einzulassen, d.h. Empathie zu entwickeln, als entscheidender Faktor. Die Interaktion zwischen Gleichaltrigen, zumal von Freundschaften (Keller 1996; Fend 1999), der in den neueren Interaktionstheorien immer größere Bedeutung zugemessen wird, übergeht freilich die noch immer zentrale Thematik der sozialisatorischen Interaktion zwischen Kindern und Erwachsenen, zumal zwischen Kindern und Eltern.

Moralische Gefühle und sozialer Kontext

Die vertiefte empirische Untersuchung der Entwicklung des moralischen Urteilsvermögens hat freilich gezeigt, dass Kohlbergs Theorie einer vorgebenden präkonventionellen Stufe nicht haltbar ist. Auch kleine Kinder verfügen über ein mindestens konventionell ausgeprägtes moralisches Wissen, haben aber größere Schwierigkeiten als durchschnittliche Jugendliche und Erwachsene, dieses Wissen mit entsprechenden Handlungsmotiven zu verbinden (Nunner-Winkler 1998).

Die Auseinandersetzung über Carol Gilligans These von einer strukturell andersartigen, vor allem bei Angehörigen des weiblichen Geschlechts vorfindlichen Moral der Fürsorge (Gilligan 1984; Pauer-Studer 1996) hat – bei allen kontroversen Einschätzungen (Horster 1998) – die Bedeutung moralischer Gefühle (Montada 1993) und geglückter Sozialbeziehungen wie Freundschaften (Damon 1990) für die psychische Entwicklung (Youniss 1994) hervorgehoben. Dabei steht in entwicklungspsychologischer Perspektive (Harris 1992) die Integration fundamentaler, z.T. phylogenetisch überkommener Bewertungsschemata (Kagan 1987) in das kognitiv und interaktiv aufgebaute Empathie- und Urteilsvermögen im Zentrum (Macdonald 1988). Die nachweislichen Beziehungen von Empathie, moralischen Gefühlen und Urteilsvermögen (Hoffmann 1991) sowie die zusätzliche Berücksichtigung der sozialen Kontexte der Urteilsentwicklung (Turiel et al. 1991) haben die oftmals rigide und kognitivistisch verengt gesehene Entwicklungslogik des moralischen Urteils relativiert.

Ulrich Oevermann (1977) legt eine weniger handlungs- denn strukturtheoretisch begründete Theorie sozialisatorischer Interaktionen vor. Sie seien unabhängig von den Motiven, Dispositionen und Intentionen der beteiligten Personen als objektive Struktur eines Sinnzusammenhanges konstituiert. Oevermann entschlüsselt im Rahmen dieser Theorie sozialisatorische Interaktionen in der Familie nach Maßgabe der Freudschen Lehre von der ödipalen Krise als eine den Individuen nicht jederzeit zugängliche Handlungsmatrix, die die Funktion vorgreifender Deutung gesellschaftlicher Sachverhalte gegenüber den Sozialisanden erfüllt. Die Asymmetrie der Eltern-Kind-Beziehung erzeugt auf der Basis affektiver Bindung und einer im Prinzip nicht aufkündbaren Beziehung das Paradox sozialisatorischer Interaktion, dass ein universalistisches, in Begriffen des Allgemeinen denkfähiges Bewusstsein und autonom handlungsfähiges Subjekt im Kontext konkret partikularistischer, diffuser und affektiv strukturierter Sozialbeziehungen hervorgebracht wird (388).

Das postulierte autonom handlungsfähige Subjekt verweist nicht nur auf eine Theorie der Interaktionskompetenz (Flavell 1975; Edelstein / Habermas 1984), sondern auch auf eine normative Theorie der moralischen Person. Moralische Personen aber sind nicht nur dazu in der Lage, Fragen nach Recht und Gerechtigkeit reflexiv zu klären, sondern auch handelnd und praktisch zu beantworten. Empirisch arbeitende, auf Entwicklungsprozesse bezogene Interaktionstheorien zielen auf genau jene Bedingungen, die Individuen dazu bringen, moralische Motivationen auszubilden. Moralische Motivation aber und die Fähigkeit, sich kompetent und autonom gegenüber anderen Menschen und strukturell verzerrten Interaktionsbezügen zu verhalten, ergänzen einander (Edelstein et al. 1993). Endlich zeigt sich, dass bei der Erklärung missglückter moralischer Sozialisation, zumal in politischer Hinsicht, strukturgenetische und psychoanalytische Theorien überzeugend integrierbar sind. Partikularistische Moralen koinzidieren dagegen mit autoritären Einstellungen (Hopf / Hopf 1997).

Moralische Erziehung

Eine Theorie moralischer Erziehung wird die von der umfangreichen Theorie und Empirie moralischer Sozialisation vorgelegten Ergebnisse sowohl zur Rekonstruktion klassischer Modelle moralischer Bildung als auch zur Konzeption eigener Entwürfe aufnehmen. Schon die Reformpädagogik in ihren unterschiedlichen Spielarten hat – vor allem in den politisch bewussten Entwürfen A.S. Makarenkos (Makarenko 1959), John Deweys (Dewey 1964; Westbrook 1991; Suhr 1994), Jane Addams (1902; 1907) und Janusz Korczaks (Lifton 1991, 180) – den internen Zusammenhang von Gewissensbildung, Verantwortungsübernahme, wechselseitigem Respekt, gleichberechtigter Arbeitsteilung und demokratischer Willensbildung der Sache nach bereits praktiziert. In den von Kohlberg und seiner Schule auf der Basis von Deweys Modellen und der eigenen Theorie der Urteilsentwicklung entwickelten „Just communities" (Power et al. 1989; Brumlik 1998; Sutter et al. 1998) sind diese Ansätze wissenschaftlich weiterentwickelt worden.

Demgegenüber hat die bereits von Aristoteles (1972, 231–308) erkannte motivationale und wertbildende Bedeutung der Freundschaft (Friedman 1997; Baader et al. 2008) kaum und die Liebe ob ihres vermeintlichen Individualismus in Theorien moralischer Bildung – im Unterschied zu

Theorien familialer Sozialisation – überhaupt keinen Eingang gefunden. Ob eine auf der Basis gehaltvoller Individualbeziehungen, moralischer Affekte und phylogenetischer Dispositionen erneuerte

Theorie der Tugenden einen Beitrag zur moralischen Erziehung liefern kann, ist strittig (Brumlik 1999a, 1999b; Nussbaum 2001).

Literatur

Addams, J. (1907): Twenty Years at Hull House. Macmillan, New York

– (1902): Democracy and Social Ethics. Macmillan, New York

Aristoteles (1972): Die nikomachische Ethik. DTV, München

Aronfreed, J. (1971): The Concept of Internalization. In: Goslin, D.A. (Hrsg.): Handbook of Socialization Theory and Research. Rand Mc Nally, Chicago, 263–324

Baader, M.S., Bilstein, J., Wulf, Ch. (Hrsg.) (2008): Die Kultur der Freundschaft. Beltz, Weinheim/Basel

Baier, K. (1974): Der moralische Standpunkt. In: Grewendorf, G., Meggle, G. (Hrsg.): Seminar: Sprache und Ethik – Zur Entwicklung der Metaethik. Suhrkamp, Frankfurt/M., 285–316

Bandura, A. (1991): Social Cognitive Theory of Moral Thought and Action. In: Kurtines, W.M., Gewirtz, J.L. (Hrsg.): Handbook of Moral Behavior and Development. Erlbaum, Hillsdale/New York, 45–104

– (1971): Social-Learning Theory of Identificatory Processes. In: Goslin, D.A. (Hrsg.): Handbook of Socialzation Theory and Research. Rand Mc Nally, Chicago, 213–262

Bassin, D. (1995): Jenseits von er und sie. In: Benjamin, J. (Hrsg.): Unbestimmte Grenzen. Fischer, Frankfurt/M., 93–126

Benjamin, J. (1988): Die Fesseln der Liebe. Fischer, Frankfurt/M.

Brumlik, M. (1999a): Ethik der Tugend und Soziobiologie – eine realistische Perspektive. In: Schalliess, M., Wachlin, K.D. (Hrsg.): Biotechnologie und Gentechnik. Springer, Heidelberg/Berlin/New York, 39–54

– (1999b): Moralisches Gefühl und Tugend – Elemente einer pädagogischen Ethik. Hessische Blätter für Volksbildung 49, 72–78

– (1998): Just Community! – a Social Cognitive Research Project in the Penal System. European Journal of Social Work 1, 339–346

Brunner, H. (Hrsg.) (1998): Die Lehre des Ptahhotep. Die Weisheitsbücher der Ägypter. Artemis, Zürich/München, 104–129

Colby, A., Kohlberg, L. (1987): The Measurement of Moral Judgement I. University Press, Cambridge

Damon, W. (1990): Die soziale Welt des Kindes. Suhrkamp, Frankfurt/M.

De Waal, F. (2008):Primaten und Philosophen. Wie die Evolution die Moral hervorbrachte. Hanser, München

Dewey, J. (1964): Demokratie und Erziehung. Westermann, Braunschweig

Durkheim, E. (1984): Erziehung, Moral und Gesellschaft. Suhrkamp, Frankfurt/M.

Durkin, K. (1995): Developmental Social Psychology. Blackwell Publishers, Cambridge

Edelstein, W., Habermas, J. (Hrsg.) (1984): Soziale Interaktion und soziales Verstehen. Suhrkamp, Frankfurt/M.

–, Nunner-Winkler, G., Noam, G. (Hrsg.) (1993): Moral und Person. Suhrkamp, Frankfurt/M.

Emde, R. (1991a): Die endliche und die unendliche Entwicklung. Psyche, Jg. 45, 745–779

– (1991b): Die endliche und die unendliche Entwicklung II. Psyche 45, 890–913

Feder Kittay E., Feder, E.K. (Hrsg.) (2002): The Subject of Care. Feminist Perspectives on Dependency. University Press, Oxford

Fend, H. (1999): Eltern und Freunde. Huber, Bern

Flavell, J. (1975): Rollenübernahme und Kommunikation bei Kindern. Beltz, Weinheim/Basel

Freud, S. (1976): Das Unbehagen in der Kultur. In: Freud, S.: Gesammelte Werke. Band XIV. Fischer, Frankfurt/M., 419–506

– (1972a): Das Ich und das Es. In: Freud, S.: Gesammelte Werke. Band XIII. Fischer, Frankfurt/M., 235–290

– (1972b): Der Untergang des Ödipuskomplexes. In: Freud, S.: Gesammelte Werke. Band XIII. Fischer, Frankfurt/M., 393–402

Friedman, M. (1997): Freundschaft und moralisches Wachstum. Deutsche Zeitschrift für Philosophie 2, Jg. 45, 235–248

Garz, D. (1996): Lawrence Kohlberg zur Einführung. Junius, Hamburg

Gilligan, C. (1984): Die andere Stimme. Piper, München

Grawe, K., Donati, R., Bernauer, F. (1993): Psychotherapie im Wandel. Hogrefe, Göttingen

Grünbaum, A. (1988): Die Grundlagen der Psychoanalyse – Eine philosophische Kritik. Reclam, Stuttgart

Grundmann, M. (Hrsg.) (1999): Konstruktivistische Sozialisationsforschung. Suhrkamp, Frankfurt/M.

Habermas, J. (1983): Moralbewußtsein und kommunikatives Handeln, 127–206

Harris, P.L. (1992): Das Kind und die Gefühle – Wie sich das Verständnis für die anderen Menschen entwickelt. Huber, Bern

Hauser, M.D. (2006): Moral Minds. How Nature Designed our Universal Sense of Right and Wrong. Ecco, New York

Hobbes, T. (1976): Leviathan. Reclam, Stuttgart

Hoffmann, M.L. (1991): Empathy, Social Cognition and Moral action. In: Kurtines, W.M., Gewirtz, J.L. (Hrsg.):

Handbook of Moral Behavior and Development, Vol. 1. Erlbaum, Hillsdale / New York, 275–302

Hopf C., Hopf, W. (1997): Familie, Persönlichkeit, Politik. Juventa, Weinheim / München

Horster, D. (Hrsg.) (1998): Weibliche Moral – ein Mythos? Suhrkamp, Frankfurt / M.

Kagan, J. (1987): Die Natur des Kindes. Piper, München / Zürich

Kant, I. (1970a): Kritik der praktischen Vernunft. In: Kant, I.: Werke. Band 6. WBG, Darmstadt, 107–302

– (1970b): Über Pädagogik. In: Kant, I.: Werke. Band 10. WBG, Darmstadt, 695–761

– (1956): Die Metaphysik der Sitten. In: Kant, I.: Werke. Band 7. WBG, Darmstadt, 309–634

Keller, M. (1996): Moralische Sensibilität – Entwicklung in Freundschaft und Familie. Beltz-PVU, Weinheim

Kesselring, T. (1988): Jean Piaget. Beck, München

Kohlberg, L. (1995): Die Psychologie der Moralentwicklung. Suhrkamp, Frankfurt / M.

Lifton, B. (1991): Der König der Kinder – Das Leben von Janusz Korczak. Klett-Cotta, Stuttgart

Macdonald, K. B. (Hrsg.) (1988): Sociobiological Perspectives on Human Development. Springer, New York

Makarenko, A. S. (1959): Ein pädagogisches Poem. Volk und Wissen, Berlin

Mertens, W. (1995): Psychoanalyse auf dem Prüfstand. 2. Aufl. Quintessenz, Berlin / München

Montada, L. (1993): Moralische Gefühle. In: Edelstein, W., Nunner-Winkler, G., Noam, G. (Hrsg.), 259–277

Neumann, D., Schöppe, A., Treml, A. K. (Hrsg.) (1999): Die Natur der Moral – Evolutionäre Ethik und Erziehung. Hirzel, Stuttgart / Leipzig

Nietzsche, F. (1988): Die Genealogie der Moral. In: Colli, G., Montinari, M. (Hrsg.): Kritische Studienausgabe. Band 5. De Gruyter, München / Berlin / New York, 247–412

Nunner-Winkler, G. (1998): Zum Verständnis von Moral – Entwicklungen in der Kindheit. In: Weinert, F. E. (Hrsg.): Entwicklung im Kindesalter. Beltz-PVU, Weinheim, 133–152

Nussbaum, M. C. (2006): Frontiers of Justice. Disability, Nationality, Species Membership. University Press, Harvard

– (2001): Upheavals of Thought. The Intelligence of Emotions. University Press, Cambridge

O'Neill, O. (1996): Tugend und Gerechtigkeit. Akademie Verlag, Berlin

Oevermann, U. (1977): Beobachtungen zur Struktur der sozialisatorischen Interaktion. In: Auwärter, M., Kirsch, E., Schröter, K. (Hrsg.): Kommunikation, Interaktion, Identität. Suhrkamp, Frankfurt / M., 371–403

Parsons, A. (1969): Besitzt der Ödipuskomplex eine universelle Gültigkeit? In: Muensterberger, W. (Hrsg.): Der Mensch und seine Kultur – Psychoanalytische Ethnologie nach ‚Totem und Tabu". Kindler, München, 206–260

Parsons, T., Bales, R. F. (1955): Family, Socialization and Interaction Process. Free Press, New York

Pauer-Studer, H. (1996): Das Andere der Gerechtigkeit – Moraltheorie im Kontext der Geschlechterdifferenz. Akademie Verlag, Berlin

Piaget, J. (1983): Piagets Theory. In: Mussen, P. H. (Hrsg.): Handbook of Child Psychology, Vol. l. Wiley, New York, 103–128

– (1973): Das moralische Urteil beim Kinde. Suhrkamp, Frankfurt / M.

– (1947): Psychologie der Intelligenz. Zürich

Platon (1990a): Des Sokrates Apologie. In: Platon: Werke. Band 2. WBG, Darmstadt, 2–69

– (1990b): Menon. In: Platon: Werke. Band 2. WBG, Darmstadt, 506–599

– (1990c): Politeia. In: Platon: Werke. Band 4. WBG, Darmstadt, 249–275

Power, F. C., Higgins, A., Kohlberg, L. (1989): Lawrence Kohlbergs Approach to Moral Education. Columbia University Press, New York

Rizzolatti, G., Sinigaglia C. (2008): Empathie und Spiegelneurone. Die biologische Basis des Mitgefühls. Suhrkamp, Frankfurt / M.

Rousseau, J.-J. (1993): Emile. Reclam, Stuttgart

Schneider, H. J. (1983): Psychoanalytische Kriminologie. In: Schneider, H. J.: Kindlers Psychologie des 20. Jahrhunderts. Kriminalität und abweichendes Verhalten. Band 1. Beltz, Weinheim, 104–130

Selman, R. (1984): Die Entwicklung des sozialen Verstehens. Suhrkamp, Frankfurt / M.

Suhr, M. (1994): John Dewey zur Einführung. Junius, Hamburg

Sutter, H., Baader, M., Weyers, S. (1998): „Demokratische Gemeinschaft" im Strafvollzug. Neue Praxis 4, 383–400

Tugendhat, E. (1993): Vorlesungen über Ethik. Suhrkamp, Frankfurt / M.

Turiel, E., Smetana, J. G., Killen, M. (1991): Social Contexts in Social Cognitive Development. In: Kurtines, W. M., Gewirtz, J. L. (Hrsg.): Handbook of Moral Behavior and Development. Vol. 2. Erlbaum, Hillsdale / New York, 307–332

Westbrook, R. B. (1991): John Dewey and American Democracy. Cornell University Press, Ithaca / London

Youniss, J. (1994): Soziale Konstruktion und psychische Entwicklung. Suhrkamp, Frankfurt / M.

Nationalsozialismus

Von Armin Nolzen und Heinz Sünker

„Volksgemeinschaft"

Bei einer gesellschaftsgeschichtlichen Betrachtungsweise des Nationalsozialismus geht es in erster Linie um zwei Fragen: Mittels welcher Herrschaftsmechanismen gelang es Adolf Hitler und seinen Anhängern nach der Machtübernahme am 30. Januar 1933, im Deutschen Reich eine Diktatur zu etablieren, diese seit 1938/39 auf militärischem Weg auf halb Europa auszudehnen sowie die besetzten Länder mit einer beispiellosen Vernichtungspolitik zu überziehen? Welchen Anteil hatte die deutsche Bevölkerung an diesem doppelten Prozess der Konsolidierung und „kumulativen Radikalisierung" (Mommsen 1976, 785–790) des NS-Regimes? Die ältere Ansicht, wonach der Terror das zentrale Herrschaftsmittel gewesen sei, ist in den letzten Jahren relativiert worden (Kershaw 1999). Kontrastiv dazu haben einige Autoren die zunehmende Akzeptanz des NS-Regimes durch die Bevölkerung herausgestellt (Mallmann/Paul 1989–1995a; Gellately 1993, 2002). Selbst bei der Analyse der Verfolgungs- und Vernichtungspolitik steht mittlerweile die gesellschaftliche Verankerung im Zentrum des Interesses. Dies lässt sich etwa anhand der Debatte um die Bedeutung der Denunziationen für die Geheime Staatspolizei (Gestapo) und andere Verfolgungsinstanzen zeigen (Mallmann/Paul 1995b, 2000; kritisch Dörner 1998; Johnson 2001; Nelles et al. 2002), aber auch an einschlägigen Studien über die materielle Bereicherung der Bevölkerung an den „Arisierungen" (Bajohr 1997, 2000). Schließlich wurden in den letzten Jahren die Beteiligung „ganz normaler Männer" an den Massenmorden während des Angriffskrieges gegen die Sowjetunion 1941/42 (Browning 1993; Paul 2002; Welzer 2005) und die Verbreitung des Wissens über den Holocaust erörtert (Johnson/Reuband 2005; Bajohr/Pohl 2006; Longerich 2006).

Die innere Stabilität des NS-Regimes ist unter Begriffen wie „Experiment in plebiszitärer Diktatur" (Broszat 1994, 176), „Zustimmungsdiktatur" (Aly 2003, 246; Forschungsstelle 2005) und „Gefälligkeitsdiktatur" (Aly 2005, 36) subsumiert worden. Diese sind umstritten geblieben, weil sie nur einen Ausschnitt der NS-Politik umfassen und sich nicht zur gesellschaftsgeschichtlichen Analyse eignen. Als übergreifendes Konzept, das viele der älteren Ansätze zu bündeln verspricht, zeichnet sich der Begriff „Volksgemeinschaft" ab. In den 1970er Jahren fast ausschließlich als ideologisch-propagandistisches Konstrukt behandelt, wird das Projekt „Volksgemeinschaft" mittlerweile stärker auf seine Realitätsmächtigkeit hin untersucht (Wildt 2007, 2008; früher Otto/Sünker 1989, 1991). Dabei haben sich insgesamt drei Herangehensweisen herauskristallisiert: Erstens wird „Volksgemeinschaft" als „gedachte Ordnung" des Nationalsozialismus, zweitens als permanente Praxis von Inklusion und Exklusion sowie drittens als soziale Realität interpretiert, letzteres unter starker Betonung der vermeintlichen Transformation der Klassenverhältnisse mit der Tendenz zur Egalisierung (Süß/Süß 2008, 79 f.; allgemein Bajohr/Wildt 2009). Die bislang unerfüllte Forderung nach einer Zusammenschau der nationalsozialistischen Sozial-, Gesundheits- und Rassenpolitik mit der Verfolgung und Vernichtung der europäischen Juden durch das NS-Regime droht darüber in Vergessenheit zu geraten (Aly/Roth 1984, 112; Aly 1995, 375). Für den Holocaust hat Saul Friedländer (1998, 2006, 2007, 7–28) eindrucksvoll die Reichweite einer solchen integrierten Geschichte demonstriert, in der Täter, Opfer und Zuschauer im gleichen Untersuchungsrahmen abgehandelt werden. Allerdings fehlt es noch immer an Versuchen, die Analyse der anderen genannten Politikfelder damit zu

Otto/Thiersch (Hg.), Handbuch Soziale Arbeit, 4. A., DOI 10.2378/ot4a.art100,
© 2011 by Ernst Reinhardt, GmbH & Co KG, Verlag, München

verzahnen. Eine Gesellschaftsgeschichte des NS-Staates (zum Konzept Wehler 1987–2008) ist ein Desiderat der Forschung geblieben.

Eine zusammenfassende Darstellung der Geschichte Sozialer Arbeit im „Dritten Reich" liegt bisher ebensowenig vor. Dies hat zum einen professionsgeschichtliche Gründe, ist Soziale Arbeit doch ein vergleichsweise neuer Begriff, der aus unterschiedlichsten Traditionslinien wie klassischer Fürsorge- und Wohlfahrtspolitik, Sozial- und Reformpädagogik sowie Jugendhilfe entstand (Merten 1998, 11–30; Kreft / Mielenz 2008, 756–761). Zum anderen gibt es nur wenige, von Vertretern des Faches verfasste Studien über die Ausdifferenzierung Sozialer Arbeit in kapitalistischen Industriegesellschaften (Bommes 1999; Rauschenbach 1999; Müller 2006; Hering / Münchmeier 2007). Insofern ist die Geschichte Sozialer Arbeit größtenteils eine Domäne der Historiker geblieben. Diese begreifen sie jedoch meistens als Bestandteil der Entstehung moderner Sozialstaatlichkeit und pflegen einen eher etatistischen Zugriff. Ein zentrales Kennzeichen Sozialer Arbeit, die psychosoziale Intervention oder face-to-face Arbeit, bleibt dabei in der Regel auf der Strecke. Eine moderne Professionsgeschichte muss jedoch die institutionelle beziehungsweise organisatorische Entwicklung Sozialer Arbeit und den Faktor individueller Hilfe am Menschen in einem gemeinsamen Rahmen behandeln (Schnurr 1997).

Im Folgenden wird eine synoptische Zusammenschau der neueren Forschungen zur Sozialen Arbeit in der NS-Zeit versucht. Sie orientiert sich an einer Reformulierung der beiden eingangs genannten Leitfragen, die in den letzten Jahren die historische Forschung zum Nationalsozialismus dominiert haben. Es geht zum einen um den Stellenwert, den Soziale Arbeit, ihre Institutionen und Organisationen innerhalb des NS-Herrschaftssystems besaßen. Zum anderen ist von Interesse, welchen Anteil diejenigen Personen, die im weitesten Sinne in der Profession tätig waren, an der Aufrechterhaltung des NS-Regimes hatten. Zu diesem Zwecke werden drei Felder Sozialer Arbeit in den Blick genommen, die sich nicht schematisch voneinander trennen lassen: die Sozial- und Arbeiterpolitik, die Familien- und Gesundheitspolitik sowie die Wohlfahrtspolitik und Fürsorge. Den Abschluss bilden ein kurzes Resümee und ein Ausblick auf weitere Perspektiven der Forschung.

Sozial- und Arbeiterpolitik zwischen Lockung und Zwang

Für die Etablierung des NS-Herrschaftssystems war es von entscheidender Bedeutung, die im Deutschen Reich bestehende Klassengesellschaft zu überwinden und in eine „Volksgemeinschaft" zu transformieren. Der britische Historiker Timothy W. Mason hat gezeigt, dass sich die in diesem Zusammenhang entfalteten Aktivitäten auf insgesamt vier Politikfelder erstreckten: Erstens die Unterwerfung der Arbeiterschaft durch schiere Gewalt, zweitens die aus dem angeblichen „Dolchstoß" vom 9. November 1918 resultierende Bereitwilligkeit des NS-Regimes, der Bevölkerung sozialpolitische Vergünstigungen zu gewähren, drittens die Neutralisierung von potenziellem Widerstand durch gezielte Spaltung der Arbeiterschaft und viertens die Integration ihrer zur Mitarbeit bereiten Gruppen ins NS-Herrschaftssystem (Mason 1982, 18; kritisch Schneider 1999, 1081 ff.). In der Forschung sind diese vier Aspekte als Nebeneinander von Lockung und Zwang bezeichnet worden (Kranig 1983), obwohl sich in diesem Schlagwort die komplexen Beziehungsmuster zwischen Herrschern und Beherrschten im NS-Staat kaum zureichend widerspiegeln. Jedoch wird man im Gegensatz zur älteren Forschung (Broszat et al. 1977–1984) heute von vielfältigen Amalgamierungsprozessen nicht zuletzt zwischen der Arbeiterschaft auf der einen und dem NS-Regime auf der anderen Seite ausgehen müssen. Im Zweiten Weltkrieg wurde die Dichotomie zwischen Staat und Gesellschaft, zwischen NS-Regime und Bevölkerung, immer weiter aufgeweicht (Echternkamp 2004, 2005).

Der Terror des NS-Regimes gegen die Arbeiterbewegung begann nach dem 30. Januar 1933 mit Demonstrations- und Presseverboten und eskalierte, nachdem Mitte Februar 1933 25.000 Angehörige von Sturmabteilung (SA), Schutzstaffel (SS) und Stahlhelm als Hilfspolizisten in die preußische Polizei übernommen worden waren. Bis Ende April 1933 verschleppten SA- und SS-Angehörige 45.000 Menschen und misshandelten sie teils bestialisch (Drobisch / Wieland 1993, 33–75). Viele Opfer wurden im neu errichteten Konzentrationslager Dachau inhaftiert, das bald zum Modell für weitere Einrichtungen dieser Art avancierte (Orth 2002, 27–31), 30.000 Häftlinge kamen in die Justizvollzugsanstalten (Wachsmann 2006, 443).

1933 wurden im Deutschen Reich insgesamt 300.000 Personen aus politischen Gründen verfolgt, meist Sozialdemokraten und Kommunisten, 100 davon sogar auf offener Straße ermordet. Hinzu kamen 65.000 Personen, die im gleichen Zeitraum ins Exil gingen. Viele kommunistische Reichstagsabgeordnete wurden verhaftet, die Freien Gewerkschaften durch eine propagandistisch herausgestellte Aktion am 2. Mai 1933 zerschlagen. Damit war der Terror gegen den sog. Marxismus noch nicht an sein Ende gelangt. In den nächsten Jahren trocknete das NS-Regime systematisch die kommunistischen und sozialdemokratischen Mikromilieus aus, indem es die Familienangehörigen von politisch Verfolgten nachgerade in „Sippenhaft" nahm (Mason 1982, 41 f.; Mallmann / Paul 1995a, 408 f.). Die Kommunen entzogen Angehörigen von sog. Schutzhäftlingen aus Eigeninitiative Fürsorgeleistungen, obwohl sich das Reichsinnenministerium explizit gegen ein solches Vorgehen ausgesprochen hatte (Herrmann 1992, 118). Oftmals wurde die gesamte Familie eines politisch Verfolgten einfach als „asozial" deklariert, ihre Kinder wurden in Erziehungs- und Pflegeheime eingewiesen und den Eltern das Sorgerecht entzogen. Dies war besonders immer dann der Fall, wenn beide Eltern über einen längeren Zeitraum inhaftiert waren. Die Gestapo forderte Frauen ostentativ zur Scheidung von ihren Ehemännern auf, und viele Kinder wurden von Klassenkameraden und Lehrern schikaniert. Die zuständigen Behörden entzogen den Angehörigen Renten, auf die eigentlich Anspruch bestanden hätte. Viele Familien politisch Verfolgter standen unter ständiger Beobachtung und sollten durch eine gezielte Mischung aus ökonomischer Existenzvernichtung sowie körperlichen und seelischen Schikanen gefügig gemacht werden (Nelles et al. 2003, 2005).

Die sozialen Vergünstigungen für die Arbeiterschaft als das zweite, von Mason eingangs genannte Feld hingen mit der Lohn- und Tarifpolitik des NS-Staates zusammen, die der staatlichen Arbeits- und Wirtschaftverwaltung oblag. Die Grundlage der NS-Arbeitsverfassung waren das „Gesetz über die Treuhänder der Arbeit" vom 19. Mai 1933 und das „Gesetz über die Ordnung der nationalen Arbeit" vom 20. Januar 1934 (Frese 1991, 36–250). Die neu eingesetzten Treuhänder der Arbeit, die dem Reichsarbeitsministerium unterstanden, sollten die Bedingungen für den Abschluss von Ar-

beitsverträgen regeln, die Einhaltung der geltenden Tarifordnungen überwachen und für die „Erhaltung des Arbeitsfriedens" im Betrieb sorgen, wobei sie mit der Gestapo kooperierten (Roth 2000, 10–53). Die Festlegung der Löhne wurde mit dem „Arbeitsordnungsgesetz" in die Betriebe verlagert und war Aufgabe des „Betriebsführers". Die Lohnunterschiede zwischen und innerhalb der einzelnen Branchen nahmen daraufhin deutlich zu (Hachtmann 1989). Die Löhne in der Rüstungsindustrie, vor allen Dingen in Metall verarbeitenden Betrieben, wuchsen ungleich stärker als in den Branchen der Konsumgüterindustrie oder in der Landwirtschaft. Die individuelle Leistungsentlohnung, die der NS-Staat propagierte, führte zur innerbetrieblichen Lohndifferenzierung, und gefördert wurde diese nicht zuletzt durch die Zerschlagung der Interessenvertretung der Arbeiterschaft. Seither wurden Lohnverbesserungen vor allem individuell erzielt, zum Beispiel durch Drohung mit Arbeitsplatzwechsel. Auf diese Weise erreichten einzelne Gruppen von Arbeitern betriebliche und nicht-monetäre Lohnersatzleistungen, die schließlich zu erheblichen Lohndisparitäten in ein und demselben Betrieb führten.

Die Spaltung der Arbeiterschaft, also Masons drittes Feld der Sozial- und Arbeiterpolitik des NS-Regimes, war wohl auch ein Effekt dieses Übergangs zur individuellen Leistungsentlohnung. Generell resultierte sie allerdings weniger aus einer bewussten Herrschaftsstrategie, sondern mehr aus den Begleiterscheinungen der forcierten Rüstung, die 1933 begonnen hatte (Tooze 2007, 19–92). In deren Gefolge kam es zu einer beispiellosen Transformation des Arbeitsmarkts wie auch der sozialen Zusammensetzung der Arbeiterschaft. Der Vierjahresplan vom Oktober 1936 und die Hinwendung zur Autarkiepolitik beschleunigten diesen Prozess. Bis Kriegsbeginn veränderten sich die Beschäftigtenverhältnisse in den einzelnen Sektoren der Wirtschaft grundlegend. So büßte die Landwirtschaft mehr als ein Fünftel ihrer Arbeitskräfte ein (Corni / Gies 1997, 280–298). Ähnliches galt für die Nahrungsmittel-, die Textil- und die Bekleidungsindustrie, wohingegen die chemische Industrie im gleichen Zeitraum einen Zuwachs von 28 % und der Maschinenbau sogar von 48 % an Beschäftigten verzeichnete (Bajohr 2009). Hinzu kam eine starke Binnenwanderung von Arbeitskräften, besonders nach Mitteldeutschland, wo sich signifikante Teile der neu entstandenen Flugzeugindustrie ansiedelten und die dortigen Braunkohle- und Kautschukreserven zu Treibstoff hydriert wurden. Auch der Anteil der Frauen an der Industriearbeiterschaft wuchs an, obwohl das NS-Regime erst versucht hatte, sie auf ihre Rolle als Hausfrau und Mutter zu beschränken (Hachtmann 1993, 334–341).

Ein weiterer Effekt der NS-Autarkiepolitik war der Mangel an Arbeitskräften, der eine verschärfte Lenkung des „Arbeitseinsatzes" erforderte. Daher ging das NS-Regime mit dem Angriff auf Polen am 1. September 1939 zur Zwangsrekrutierung von ausländischen Arbeitskräften über. Mit jedem weiteren militärischen Expansionsschritt gerieten neue Gruppen von Zwangsarbeitern ins Visier der NS-Arbeitsverwaltung. 1944 waren mehr als acht Millionen ausländische Arbeitskräfte aus 25 Nationen im Deutschen Reich tätig (Herbert 1985; Spoerer 2001). Zu deren Disziplinierung hatte das NS-Regime bald ein Sonderrecht etabliert, das für jede Nationalität unterschiedliche Formen von Unterbringung, Ernährung und, soweit man davon überhaupt sprechen kann, „Arbeitsschutzbestimmungen" vorsah, gepaart mit teilweise drakonischen Strafen für „Sabotage", „Arbeitsbummelei" und „geschlechtlichem Umgang" mit Deutschen. Zwangsarbeiter, die wegen miserabler Arbeitsbedingungen aus den Betrieben flohen oder aufgrund körperlicher Erschöpfung ihr Soll nicht erfüllten, wurden in Arbeitserziehungslager eingeliefert, in denen sie unter erbärmlichen Bedingungen ihr weiteres Dasein fristeten (Lotfi 2000). Mehr als 400.000 Personen wurden in diesen Lagern, die oft in der Nähe großer Industriebetriebe lagen, inhaftiert. Durch den „Arbeitseinsatz" ausländischer Arbeitskräfte entstand sowohl in den industriellen Betrieben als auch in der Landwirtschaft eine rassistische Hierarchie, an deren Spitze die deutschen Arbeiter standen. Deren Solidarität mit den Zwangsarbeitern war zumeist äußerst begrenzt. Sie konzentrierten sich stattdessen auf das eigene Überleben.

Terror, soziale Vergünstigungen durch Lohnpolitik und die Differenzierung innerhalb der Arbeiterschaft trugen zweifellos nicht unwesentlich zu deren Integration in das NS-Regime bei. Um diesen vierten, von Mason beschriebenen Prozess verstehen zu können, muss jedoch die Rolle der Deutschen Arbeitsfront (DAF) berücksichtigt werden, die am 10. Mai 1933 als Nachfolgerin der „gleich-

geschalteten" Gewerkschaften aus der Taufe gehoben worden war. Die DAF, die zunächst keine Kompetenzen in den Betrieben besessen hatte, entwickelte sich schnell zur Einheitsorganisation für alle deutschen Beschäftigten. Zu Kriegsbeginn zählte sie fast 25 Millionen Mitglieder, darunter knapp 45.000 hauptamtliche und mehr als zwei Millionen ehrenamtliche Funktionäre (Hachtmann 2005). Auf der Leitungsebene war die DAF bürgerlich geprägt, wohingegen in den unteren Ämtern das Kleinbürgertum in Gestalt von Selbstständigen und Angestellten dominierte. Facharbeiter, gelernte und ungelernte Arbeiter waren in der Regel nur als einfache Mitglieder tätig oder mit nachrangigen ehrenamtlichen Aufgaben betraut. Vor allen Dingen durch die illegale Beschlagnahme des Gewerkschaftsvermögens und durch die Mitgliedsbeiträge – die daraus resultierenden Einnahmen waren in den beiden letzten Vorkriegsjahren höher als die Ausgaben des Reichshaushaltes – wurde die DAF zu einem riesenhaften Wirtschaftsunternehmen, dessen Bedeutung der Großindustrie in nichts nachstand.

Erklärtes Ziel der DAF war es, die Betriebspolitik zu monopolisieren und die staatliche Dominanz in diesem Feld zu brechen. Zu diesem Zwecke schuf sie eine Vielzahl an Nebenorganisationen, die auf eine quasi-gewerkschaftliche Weise in die Betriebspolitik interferierten. Dazu zählten das Amt „Schönheit der Arbeit", das vorgab, sich um die Verbesserung der Arbeitsbedingungen zu kümmern, oder aber die entsprechenden Abteilungen, die sich um Berufsbildung und Berufserziehung bemühten (Frese 1991, 251–448). Ein weiterer Schwerpunkt war die betriebliche Fürsorge, die unter der Bezeichnung „Soziale Betriebsarbeit" firmierte. Sie lag größtenteils auf den Schultern von Frauen, weil sie als ganzheitliche „Familienpolitik" konzipiert war und primär auf weibliche „Gefolgschaftsmitglieder" zielte (Sachse 1987, 1990). Diese „Betriebspflegerinnen" wurden später summarisch als „Volkspflegerinnen" bezeichnet und bekleideten in Personalunion die entsprechenden Ämter im Gesundheits- und Fürsorgeapparat des NS-Regimes.

Zum Paradepferd der DAF-Arbeit entwickelte sich die NS-Gemeinschaft „Kraft durch Freude" (KdF), die im Herbst 1933 nach italienischem Vorbild gegründet worden war. Sie verstand sich selbst als eine Art Freizeitorganisation für DAF-Angehörige und organisierte unzählige, von der NS-Propaganda weidlich ausgeschlachtete Reisen. In der Vorkriegszeit verreisten im Jahresdurchschnitt mehr als zehn Millionen Deutsche mit KdF. Jedoch hielten sich nur knapp eine Million Urlauber sieben Tage oder länger in ihren Feriendomizilen auf, und eine verschwindend geringe Minderheit kam in den Genuss einer Schiffsreise nach Norwegen, Italien und Madeira. In aller Regel beschränkte sich KdF auf Wochenendausflüge (Buchholz 1976). Dennoch darf die Integrationsleistung dieser Organisation nicht unterschätzt werden. Offenbar bewirkte sie unter vielen Deutschen so etwas wie eine gefühlte Partizipation und soziale Mobilität. Dieser Befund kann für die gesamte DAF verallgemeinert werden. Deren Bedeutung lag nicht so sehr in einer egalitären Angleichung der Klassenverhältnisse, sondern in der Bereitstellung sozialer Vergünstigungen, die nur sog. arischen Deutschen zu Gute kamen. Die Integration der Arbeiter in das NS-Regime war die eine, der Ausschluss von Juden, „jüdischen Mischlingen" und anderen „objektiven Gegnern" die andere Seite dieser Politik der DAF.

Rassen- und Gesundheitspolitik

Ein zweiter Schwerpunkt, auf den sich die vom NS-Regime praktizierte Politik der „Volksgemeinschaft" erstreckte, war die Rassen- und Gesundheitspolitik. Dieses relativ junge Politikfeld erfuhr sofort nach der Machtübernahme eine beispiellose Expansion, die sowohl die staatliche Gesundheitsbürokratie als auch das Gesundheitswesen der NSDAP betraf. Ein wichtiger Katalysator dieses Prozesses war das „Gesetz zur Verhütung erbkranken Nachwuchses" vom 14. Juli 1933 und die darin verfügte Zwangssterilisation sog. Erbkranker, zu deren Durchführung die Medizinalverwaltung erweitert werden musste (Fleiter 2006, 57–121). Im Deutschen Reich wurden bis 1944/45 mindestens 350.000 Personen zwangssterilisiert, je zur Hälfte Männer wie Frauen (Bock 1986; Gannsmüller 1987, 45). Die Sterilisationen verliefen arbeitsteilig: Ärzte, Fürsorgerinnen oder Hebammen lieferten Erkenntnisse, die sie während ihrer Tätigkeiten gewonnen hatten, an die „Erbgesundheitskartei", die zehn Millionen Einträge umfasste und der „erbbiologischen" Bestandsaufnahme diente

(Ley 2004; Lisner 2006, 250–279. Diese Kartei erfasste Personen, die für eine Zwangssterilisation in Frage kamen, aber auch Antragsteller von Leistungen wie „Ehestandsdarlehen" oder „Kinderbeihilfe", die auf ihre „biologische Würdigkeit" überprüft werden mussten. Die Sterilisationen selbst wurden schließlich durch Amtsärzte vorgenommen (Vossen 2001, 236–262, 416–452).
Eine grundlegende Neuordnung erfuhr nach 1933 auch das öffentliche Gesundheitswesen (Sachße/Tennstedt 1992, 97–110). Durch das „Gesetz zur Vereinheitlichung des Gesundheitswesens", das zum 1. April 1935 in Kraft trat, erhielt die Gesundheitsabteilung im Reichsministerium des Innern Zugriff auf die Mittel- und Unterbehörden der inneren Medizinalverwaltung. Zu deren Aufgaben zählten nun die Sicherstellung der medizinischen Versorgung durch einen flächendeckenden öffentlichen Gesundheitsdienst und die Arzneimittelversorgung, die Bekämpfung ansteckender Krankheiten sowie die Aufsicht über die Kranken-, Heil- und Pflegeanstalten und die verschiedenen Heilberufe (Süß 2003, 43–52). Die Abteilung IV für Volksgesundheit im Reichsministerium des Innern entwickelte sich nunmehr zur zentralen gesundheitspolitischen Lenkungsinstanz, die auch noch die Krankenversicherung beaufsichtigte, nicht jedoch die ärztliche Standespolitik, für welche die 1936 ins Leben gerufene Reichsärztekammer zuständig blieb. Die Abteilung IV, in der 1933 lediglich sieben Beamte im höheren Medizinaldienst tätig gewesen waren, wuchs 1942 auf 50 Beamte in 40 Referaten an. Zugleich stiegen auch die Aufwendungen für das öffentliche Gesundheitswesen im Haushalt des Reichsministeriums des Innern. Lagen sie im Jahre 1933 noch bei 1,2 Millionen, so verzwanzigfachten sie sich bis 1942 auf 24,1 Millionen Reichsmark. Eine ähnliche Expansion lässt sich bei den approbierten Ärzten beobachten, deren Zahl sich zwischen 1933 und 1943 auf 73.500 verdoppelte (Süß 2003, 432, 436).
Neben der staatlichen Gesundheitsbürokratie waren unzählige Dienststellen der NSDAP mit „Volksgesundheit" im weitesten Sinne befasst (zur Struktur der NSDAP Nolzen 2004, 99–111). Dies unterstreicht die herausgehobene ideologische Bedeutung, die dieses Politikfeld, das sich an der Schnittstelle zwischen „Rassenhygiene", Eugenik und „Bevölkerungspolitik" befand, in der NS-Zeit

besaß (Kappeler 2000). Zu den „volksgesundheit-lich" tätigen Parteiorganen zählten das Hauptamt für Volksgesundheit und der ihm unterstellte Nationalsozialistische Deutsche Ärztebund (NSDÄB), dem 1942 etwa 42.000 Ärzte angehörten (Kater 2000), die DAF, die die betriebliche „Gesundheitsführung" beherrschte (Süß 2003, 69–72, 254–268), die Nationalsozialistische Volkswohlfahrt (NSV), die mit fast 14 Millionen Mitgliedern zu Kriegsbeginn der zweitgrößte angeschlossene Verband der NSDAP war (Hansen 1991, 288–325), die Hitler-Jugend (HJ), die zu diesem Zeitpunkt fast neun Millionen männliche und weibliche Jugendliche umfasste (Buddrus 2003, 903–950), sowie die eher locker organisierten NS-Schwesternschaften, die 1942 in den neuen NS-Reichsbund Deutscher Schwestern überführt wurden, dem 56.000 Schwestern angehörten (Breiding 1998, 177–198). Diese Organisationen wandten sich einerseits an ihre eigene Klientel, um die jeweiligen Imperative der „Volksgesundheit" durchzusetzen, zielten andererseits aber auch auf spezifische Gruppen außerhalb ihrer Apparate. Am deutlichsten lässt sich dies am Medizinapparat der SS zeigen, dessen ursprüngliche Aufgabe die rassenpolitisch motivierte, die gesamte Familie jedes SS-Angehörigen umfassende Etablierung einer „Sippengemeinschaft" war (Schwarz 1997). Seit 1938/39 übernahmen SS-Ärzte die rassenhygienische Selektion von einer halben Million „Volksdeutscher", die sich in Lagern im Deutschen Reich aufhielten und in den neu eroberten Ostgebieten zur Ansiedlung kommen sollten (Heinemann 2003). Schließlich beteiligte sich der SS-Medizinapparat auch am Massenmord an den europäischen Juden (Klee 1986; Hahn 2008).

Dass Gesundheits-, Rassen- und Vernichtungspolitik im NS-Regime Hand in Hand gingen, wurde auch aus Hitlers auf den 1. September 1939 zurückdatierten „Euthanasiebefehl" deutlich, mit dem er den Chef der Kanzlei des Führers Philipp Bouhler und den damaligen Oberarzt der Berliner Universitätsklinik Dr. Karl Brandt (Schmidt 2009) persönlich dazu ermächtigte, „unheilbar Kranken" den „Gnadentod" zu „gewähren". Zu diesem Zweck gründete Bouhler eine geheime Behörde, deren Sitz in der Berliner Tiergartenstraße 4 lag. Die erste Welle der sog. Aktion T 4 lief bis zum Sommer 1941 und wurde nach den öffentlichen Protesten des Münsteraner Bischof Clemens Au-

gust Graf von Galen vorübergehend gestoppt (Süß 2003, 127–151). Bis zu diesem Zeitpunkt waren in speziellen Tötungsanstalten wie Hadamar oder Grafeneck fast 70.000 Personen, in der Regel geistig und körperlich Behinderte, darunter viele Kinder, ermordet worden (Klee 1983; Aly 1989; Friedlander 2002). Nach kurzer Unterbrechung wurde die „Euthanasie" jedoch weitergeführt. Die zweite Welle, die im Sommer 1942 begann, brachte einen intensiveren Zugriff auf die Heil- und Pflegeanstalten mit sich, bei der die Provinzialverwaltungen, denen diese Einrichtungen auf regionaler Ebene unterstanden, eine besondere Rolle spielten (Sandner 2003; Scheffczyck 2008). Gemeinsam mit den Anstaltsdirektoren suchten diese Verwaltungsträger im Spannungsfeld von psychiatriepolitischen Entscheidungen, allgemeinen Funktionspostulaten des NS-Gesundheitssystems und der Eskalation des alliierten Luftkrieges gegen das Deutsche Reich nach adäquaten Lösungen, um dem Problem zunehmender gesundheitspolitischer Ressourcenverknappung zu begegnen. Die Ermordung „Unproduktiver" schien ihnen dabei ein gangbarer Weg zu sein. Der zweiten Phase der „Euthanasie" fielen daraufhin zwischen 72.000 und 117.000 Psychiatriepatienten zum Opfer (Süß 2003, 310–369).

Gesundheit war im NS-Staat ein knappes Gut, und dies zeigte sich vor allen Dingen unter den Bedingungen des Zweiten Weltkrieges. Zwischen 1939 und 1945 nahmen in der deutschen Bevölkerung mangel- und erschöpfungsbedingte, nicht-tödliche Krankheiten zu, wobei sich eine zunehmende Differenzierung des Krankheitsrisikos nach Alter, Wohnort und Geschlecht ergab (Süß 2003, 381–416). Zugleich kam es zu fortgesetzten Krisen medizinischer Versorgung. Diese wurde zu einem Mangelgut, das sich in den vom Bombenkrieg beeinträchtigten Großstädten besonders bemerkbar machte. Dieser wiederum führte zur zunehmenden Dezentralisierung gesundheitspolitischer Entscheidungsprozesse. Es waren in erster Linie regionale und kommunale Gesundheitsbehörden, welche chronisch Kranke oder Insassen von Altersheimen systematisch aus ihren Zuständigkeitsbereichen abschoben und sie in provisorisch eingerichteten Hilfsunterkünften ohne ausreichende medizinische Versorgung unterbrachten (Irmak 2002; Schlegel-Voss 2005). Im Zweiten Weltkrieg entwickelte sich die Verwertbarkeit im Produktionsprozess zum

Richtmaß gesundheitspolitischer Chancenverteilung und es kam zu einer schleichenden Hierarchisierung der Kranken durch Prioritätensetzungen bei der Verteilung von Gesundheitsleistungen. An der Spitze standen Soldaten und Rekonvaleszenten, die als „wehrfähig" galten und denen alle nur erdenkliche medizinische Hilfe zuteil wurde, teilweise auf Kosten der zivilen Kranken. Danach kamen potenziell „produktive" Arbeiter, die sukzessive die für die Kriegswirtschaft verzichtbaren Kräfte, Alterskranke, Sieche und Psychiatriepatienten beiseite schoben. Am Ende der Hierarchie standen wiederum die Zwangsarbeiter, deren Gesundheitsversorgung nur in Ausnahmefällen gewährleistet war. Der seit 1942/43 zu beobachtende Verdrängungsprozess bei der Verteilung von gesundheitspolitischen Leistungen schloss die bewusste Ermordung von Anstaltspatienten und den Tod vieler anderer „Unproduktiver" ein.

Es wäre nun aber verfehlt, die vernichtungspolitische Praxis der NS-Gesundheitspolitik lediglich als Folge von kriegsinduzierten systemischen Zwängen oder der durch die Regimespitze vorgegebenen Richtungsentscheidungen zu deuten. Vielmehr sind weder die „Euthanasie" noch die übrigen gesundheitspolitischen Prioritätensetzungen ohne jenes arbeitsteilige Zusammenspiel zwischen Zentrale und Peripherie, das sich im „Dritten Reich" Bahn brach (Gruner 1997, 2000, 2002), zu verstehen. Die Akteure des Gesundheitssystems, die Medizinalbeamten, Anstalts- und Krankenhausdirektoren, Ärztinnen und Ärzte und Gesundheitsfürsorgerinnen und Hebammen, spielten dabei eine wichtige Rolle und besaßen Entscheidungsspielräume, die ihnen unter „normalen" Umständen nicht oder nur in einem eingeschränkten Maße zugekommen wären. Viele gesundheitspolitische Akteure befanden sich durchaus mit der rassenhygienischen Zielsetzung des NS-Staates in Einklang und hatten keine Probleme damit, sich an vernichtungspolitischen Maßnahmen zu beteiligen, ja, diese aktiv zu forcieren. Offenbar war die NS-Ideologie auch unter den Berufsangehörigen des Gesundheitssystems weit verbreitet. Soziale Hilfe vollzog sich hier zum guten Teil als kontinuierliche Angleichung an die weltanschaulichen Vorgaben des NS-Regimes.

Von der Wohlfahrtspolitik zur „Volkspflege"

Vom Bereich der Gesundheitspolitik schwer zu trennen ist die öffentliche Fürsorge, die sich seit dem Beginn des 19. Jahrhunderts ausdifferenziert hatte. In der Endphase der Weimarer Republik vollzog sich dann, so konkurrierende Interpretationen, ein schleichender Umbau des demokratischen zum autoritären Wohlfahrtsstaat (Sachße/Tennstedt 1992, 18–45; als kommunales Beispiel Rudloff 1998), der durch den NS-Staat beschleunigt und radikalisiert wurde, beziehungsweise die „faschistische Aufhebung von Wohlfahrtsstaatlichkeit" (Sünker 1994). Das augenfälligste Beispiel dieses Prozesses war der Ausschluss der Juden (Gruner 2002) und sog. Gegner aus der öffentlichen Fürsorge, der im Frühjahr 1933 einsetzte. Als entscheidendes Instrument zur Durchsetzung nationalsozialistischer Vorstellungen im Bereich der öffentlichen Fürsorge erwies sich jedoch die NSV, die Hitler am 3. Mai 1933 als die parteiamtliche Organisation anerkannte, die für alle Fragen der Volkswohlfahrt und Fürsorge verantwortlich sein sollte. Ihr Vorsitzender Erich Hilgenfeldt hatte „für die Auflösung aller privaten Wohlfahrtseinrichtungen Sorge zu tragen, sowie die Führung des Caritasverbandes und der Inneren Mission in die Hand zu nehmen" (Vorländer 1988, 198). Es oblag der NSV also, die freie Wohlfahrtspflege „gleichzuschalten", die maßgeblich durch die beiden Konfessionen und Organisationen der Arbeiterbewegung getragen wurde. Dabei profitierte sie zum einen vom polizeilichen Verbot der Arbeiterwohlfahrt und der Roten Hilfe (Eifert 1993; Hering/Schilde 2003), zum anderen von der staatlichen Anerkennung von Innerer Mission, Caritas, Deutschem Roten Kreuz (DRK) und NSV als den vier einzigen Spitzenverbänden der freien Wohlfahrtspflege (Vorländer 1988, 23). Schließlich schloss die NSV Arbeitsabkommen mit diesen Spitzenorganisationen, die formal selbstständig blieben oder – wie das DRK (Morgenbrod/Merkenich 2008) – unter den Einfluss der SS gerieten. Parallel zur „Gleichschaltung" konzentrierte sich die NSV auf den Aufbau ihres Apparates, der bis 1935/36 abgeschlossen war. An der Spitze stand das von Hilgenfeldt geleitete Hauptamt für Volkswohlfahrt, das eine Reichsleitungs-Dienststelle der NSDAP war. Der Struktur dieses Hauptamtes, die sich auf der regionalen, bezirklichen und lokalen Ebene in den Gauen, Kreisen und Ortsgruppen reproduzierte, lässt sich bereits entnehmen, in welche Tätigkeitsbereiche die NSV bis dahin expandiert hatte (Zimmermann 1938, 65–78; Hansen 1991, 372, 374). Es bestand aus dem Amt Wohlfahrtspflege und Jugendhilfe, das alle Fragen der Kooperation mit kommunalen Behörden und Verbänden der freien Wohlfahrtspflege behandelte und dem Amt Anstalts- und Sonderfürsorge, dem beispielsweise der Bahnhofsdienst, die Fürsorge für Strafentlassene, die „Betreuung" der Rückwanderer aus dem Ausland, die Hilfe für Körperbehinderte, Schwerhörige, Gehörlose, Taubstumme und Blinde, die Alters-, Obdachlosen- und Trinkerfürsorge und die Rauschgift- und Seuchenbekämpfung oblagen. Das Amt für Jugendhilfe übernahm Aufgaben bei der Schutzaufsicht, Fürsorgeerziehung und Ermittlungshilfe und kooperierte mit Polizeibehörden und Justiz. Schließlich bearbeitete das Amt für Familienhilfe und Wohnungsfürsorge sämtliche Angelegenheiten des „Hilfswerks Mutter und Kind", einer Art Vorzeigeprojekt der NSV. Das „Hilfswerk Mutter und Kind" gewährte kinderreichen Familien, aber auch allein erziehenden Müttern Arbeitsplatz- und Wohnungshilfe, medizinische Unterstützung und bot Kinderbetreuung an. Die Hilfsmaßnahmen konnten auf Antrag von (werdenden) Müttern, Behörden und Einzelpersonen gewährt werden und setzten eine amtsärztliche Untersuchung der Mutter sowie eine Prüfung ihrer wirtschaftlichen Verhältnisse voraus (Vorländer 1988, 261; Zolling 1986, 198–223). Leistungen waren also an einen positiven „Rassewert" gebunden. Die Zahl betreuter Mütter stieg von 175.000 im Jahre 1935 auf mehr als 500.000 im Jahre 1941 an. Im gleichen Zeitraum verdreifachte sich der Besuch der Hilfsstellen auf 10,3 Millionen Personen. 1941 gab es fast 30.000 „Hilfsstellen Mutter und Kind" mit mehr als 8.000 Ärzten (Hammerschmidt 1999, 593). Eine noch stärkere Expansion verzeichneten die Kindertagesstätten der NSV, die sich von 1.061 Anfang 1936 auf 16.149 Ende Dezember 1942 verfünfzehnfachten (Hansen 1991, 170). Darin zeigt sich die hohe Bedeutung, die die NSV der „familienpolitischen" Arbeit zumaß. Diese Tätigkeiten waren eindeutig ideologisch ausgerichtet. Hilfeleistungen kamen nur „rassisch wertvollen" Müttern und Kindern zugute (zusammenfassend Pine 1997, 8–116).

Die bedeutendste Sonderaufgabe der NSV war das 1933 ins Leben gerufene „Winterhilfswerk" (WHW), an dem sich auch andere Gliederungen und angeschlossene Verbände der NSDAP sowie Caritas, Innere Mission und DRK beteiligten (Auts 2001, 209–335). Zum WHW gehörte die jährlich im gesamten Deutschen Reich abgehaltene Sammlung, die aus Sach- und Geldspenden bestand, und die „Betreuung" von Hilfsbedürftigen, die am 1. Oktober eines jeden Jahres einsetzte und mit dem 31. März im darauf folgenden Jahr endete. Spenden wurden bei allen „Volksgenossen" und bei „jüdischen Mischlingen" gesammelt, nicht aber bei Juden. Die Sammlungen verliefen teilweise sehr aggressiv. Dabei bedrängten die WHW-Mitarbeiter unwillige Spender oftmals körperlich und veröffentlichten Namenslisten, in denen sie als „Volksschädlinge" diffamiert wurden. Während des WHW fanden einmal im Monat „Eintopfsonntage" statt, bei denen Gaststätten dazu verpflichtet wurden, verbilligte Eintopfgerichte anzubieten und mindestens ein Viertel des Ertrages zu spenden. Mit den Leistungen des WHW waren „erzieherische Maßnahmen zu verbinden" (Vorländer 1988, 246 f.), und deren Empfänger wählte man nach „politischen" Gesichtspunkten aus. Ausländer wurden „ohne Rücksicht auf Rasse und Nationalität [unterstützt], wenn sie sich durch ihre Haltung und Einstellung gegenüber dem Deutschen Reiche einer Unterstützung [als] würdig" erwiesen. Von 1933 / 34 bis 1942 / 43 verfünffachten sich die Einnahmen des WHW von 358 Millionen auf 1,6 Milliarden Reichsmark; zugleich schrumpfte die Zahl der „Betreuten" aber von 16,6 auf 5,3 Millionen Menschen (Hammerschmidt 1999, 566, 594 f.). Die WHW-Einnahmen wurden zu einem Teil sofort an Hilfsbedürftige ausgezahlt, denen im Jahresdurchschnitt 300 Millionen Reichsmark zukamen. Den größten Anteil verleibte sich jedoch das „Hilfswerk Mutter und Kind" der NSV ein, dem 1942 / 43 fast 1,2 Milliarden Reichsmark aus den WHW-Mitteln zur Verfügung gestellt wurden. Das WHW, das eigentlich die öffentliche Fürsorge ergänzen sollte, entwickelte sich also unter der Hand zum Instrument der Finanzierung für rassenhygienische Leistungen der NSV.

Das WHW bildete den Ausgangspunkt für signifikante institutionelle Verschiebungen zwischen den einzelnen freien Wohlfahrtsträgern. Diese lassen sich auf der Ebene des Personalbestandes und des quantitativen Verhältnisses der Fürsorgeein-richtungen festmachen (dazu die Tabellen bei Hammerschmidt 1999, 570–593). Mitarbeiter-bestand und Einrichtungen in geschlossener, offe-ner und halboffener Fürsorge von Caritas und In-nerer Mission blieben zwischen 1928 und 1941/42 nahezu identisch. Demgegenüber stieg die Zahl der hauptamtlichen Mitarbeiter in der NSV ex-orbitant an, und zwar von 5.706 im Jahre 1934 auf 122.280 im Jahre 1941, was in etwa dem ehren-amtlichen Mitarbeiterbestand des Caritasverbandes entsprach. Dessen Zahl wuchs in der NSV von 317.000 im Jahre 1934 auf fast 1,2 Millionen im Jahre 1942 an, was im Wesentlichen eine Folge des auf ehrenamtlicher Basis abgehaltenen WHW war. Schließlich stampfte die NSV eine schier unüber-sehbare Zahl eigener Fürsorgeeinrichtungen aus dem Boden. Allein im Bereich der halboffenen Fürsorge steigerte sie ihre Plätze von 42.443 im Jahre 1935 auf fast 700.000 im Jahre 1941. Ein großer Teil dieser Expansion der NSV ging auf Kosten der öffentlichen Fürsorge, deren Anteil an Barleistungen und unterstützten Personen zurück-ging (Hammerschmidt 1999, 566 f.). Es kam zu einer kontinuierlichen Umschichtung von Leis-tungen und Einrichtungen zur NSV, an der die innere Verwaltung ein gewisses Interesse besaß, weil es sie von einiger Arbeit entlastete.

Obwohl der Stellenwert der NSV immer weiter wuchs, war sie innerhalb des NS-Fürsorgeapparates alles andere als allmächtig. Die öffentliche Fürsorge blieb weiter bestehen und behielt in einigen Poli-tikfeldern Vorrechte. Generell bildete sich in der nationalsozialistischen „Volkspflege" eine arbeits-teilige Struktur heraus, bei der beispielsweise die Gesundheitsfürsorge eher eine staatliche, andere Bereiche der Fürsorge hingegen eine Angelegenheit der NSV und anderer NSDAP-Organisationen blieben. Ein Beispiel für diese Arbeitsteilung war die Jugendpolitik, deren Instrumentarien seit dem späten Kaiserreich größtenteils dieselben geblieben waren und sich im Wesentlichen gegen die städti-sche Arbeiterjugend richteten (Peukert 1986; Steinacker 2007). Dabei gingen Jugendpflege, Ju-gendfürsorge und Fürsorgeerziehung eine enge Symbiose ein, wenngleich diese drei Instrumenta-rien nach eigenen Logiken operierten und auf ei-genständige administrative Strukturen zurückgrei-fen konnten. Das Jahr 1933 markierte keine grundlegende Zäsur, sondern brachte lediglich eine

Intensivierung des staatlich-polizeilichen Zugriffs auf die Jugend mit sich. Jedoch luden sich die Kon-zepte der Jugendpolitik sofort rassistisch auf, und die „Ausmerze" sog. Minderwertiger rückte ins Zentrum (Kuhlmann 1989). In der Errichtung von Jugendkonzentrationslagern zu Beginn des Krieges erreichte diese Entwicklung ihren vorläu-figen Höhepunkt. Gemeinsam mit innerer Ver-waltung, Kriminalpolizei und Gestapo schalteten sich jetzt NSV und HJ immer weiter in die repres-sive NS-Jugendpolitik ein (zur HJ Buddrus 2003, 368–503). Die NSV übernahm viele ehemals kon-fessionell getragene Jugendeinrichtungen, wodurch sich die Jugendpolitik des NS-Staates weiter radi-kalisierte.

Mit der Eskalation des alliierten Luftkrieges gegen das Deutsche Reich 1940/41 (Groehler 1991; Lemke 2005) wuchs die Bedeutung der NSV weiter. Jetzt schalteten einige kommunale Verwaltungen in Großstädten die NSV in die Soforthilfe nach Luft-angriffen ein oder planten mit ihr solche Maßnah-men im Voraus. An der im September 1940 anlau-fenden „Erweiterten Kinderlandverschickung" war die NSV ebenfalls beteiligt, indem sie die unter 10-Jährigen in Aufnahmefamilien vermittelte (Kock 1997). Im weiteren Kriegsverlauf entwickelte sich daraus die vorsorgliche und nachträgliche „Evakuie-rung" spezifischer Personen aus luftkriegsgefähr-deten Städten, die im NS-Staat unter dem Stichwort „Umquartierung" firmierte. Bis 1944/45 waren acht Millionen Menschen davon betroffen. Die Hilfe der NSV nach Luftangriffen weitete sich zu-nehmend aus. Sie brachte Obdachlose unter, stellte Sonderverpflegungen bereit, erfasste schwangere Frauen und fahndete nach vermissten Kindern, ver-suchte die Massenflucht aus den Städten zu verhin-dern und setzte Gebäude, Liegenschaften und Kin-dertagesstätten instand, die durch Luftangriffe beschädigt worden waren. Dabei profitierte die NSV auch von den Beschlagnahmungen von Klöstern durch die Gestapo und von der Entmietung und Deportation von Juden, denn deren Gebäude und Wohnungen wurden zur Unterbringung von Bom-benopfern genutzt und das „arisierte" Mobiliar unter ihnen verteilt. Unter den Bedingungen des Luft-krieges gab es keine Hilfsmaßnahme, die der NSV nicht oblegen hätte.

Die Forschung zur Fürsorgepolitik im Allgemeinen und zur NSV im Speziellen ist bisher davon aus-gegangen, dass „der Wert des Hilfsbedürftigen für die Volksgemeinschaft" (Schleicher 1939, 27 f.) im „Dritten Reich" zum alleinigen Maßstab einer Fürsorgemaßnahme gemacht worden sei. Diese Position, die auch der Selbstdarstellung des NS-Regimes entsprach, vertreten beispielsweise Christoph Sachße und Florian Tennstedt, die der NSV eine rigide rassistische Fürsorgepolitik attestieren. Demnach habe die NSV ihre Leistungen nur biologisch „Hochwertigen" zur Verfügung gestellt und stets „als Gratifikation für völkisches Wohlverhalten" verstanden (Sachße/Tennstedt 1992, 120). Eine zweite Forschungsrichtung zur Geschichte der NSV (Vorländer 1988; Hansen 1991) betont zwar ebenfalls diese rassistische Komponente, sieht die Aktivitäten der NSV allerdings nicht ausschließlich davon bestimmt. Vielmehr habe die NSV polypenartig auf alle Bereiche der Fürsorge ausgegriffen und unter ihrem Stichwort eines „Sozialismus der Tat" reale soziale Integrationsleistungen erbracht. Beide Positionen schließen einander jedoch nicht aus, wenn man den Funktionswandel der NSV während des Zweiten Weltkrieges berücksichtigt. Sie war zugleich hochgradig ideologisch und konnte auch, zumal unter den Bedingungen des Luftkriegs, pragmatisch agieren. Nicht umsonst genoss die NSV auch nach dem Zusammenbruch des NS-Staates am 8. Mai 1945 bei großen Teilen der deutschen Bevölkerung noch immer ein gewisses Ansehen. Radikaler Brückenkopf des „völkischen" Wohlfahrtsstaates sowie flexible Fürsorgeorganisation, darin lag das Janusgesicht der NSV. Für die innere Stabilisierung des NS-Regimes war sie, zumal unter Kriegsbedingungen, unverzichtbar.

Ergebnisse und Perspektiven

Betrachtet man die Geschichte der Sozialen Arbeit während der NS-Zeit, so fallen insgesamt fünf Entwicklungslinien auf. Erstens vollzog sich eine sukzessive Ideologisierung der Konzepte psycho-sozialer Intervention, die in erster Linie aus den Bestandteilen der nationalsozialistischen „Weltanschauungspolitik" resultierte, zumindest innerhalb der bürgerlich-nationalistischen Bevölkerungsmehrheit im Deutschen Reich aber auch hochgradig anschlussfähig war. Zweitens dehnten sich die staatlichen Interventionen, in erster Linie bei Berufs- und Gesundheitsfürsorge, immer weiter aus und die Soziale Arbeit wuchs als Profession

sowohl institutionell wie personell in einem vorher nie gekannten Ausmaß. Drittens differenzierte sich im Bereich der NSDAP eine Unzahl neuer Fürsorgebürokratien aus, die zum einen ihrer teilweise mehrere Millionen umfassenden Klientel ein ganzes Bündel an sozialen Vergünstigungen ermöglichten, zum anderen personell wie institutionell mit der staatlichen Fürsorge amalgamierten. Viertens stieg die NSV aufgrund ihrer „Gleichschaltung" der freien Wohlfahrtspflege, der militärischen Expansionspolitik des NS-Regimes und der Eskalation des alliierten Luftkrieges gegen das Deutsche Reich zur beherrschenden Instanz der Fürsorgepolitik auf, die den Spielraum der verbliebenen freien Träger wie der Caritas und der Inneren Mission, aber auch der parteiamtlichen Bürokratien wie der DAF und der HJ weiter einschränkte. Daraus entstand schließlich fünftens ein Wohlfahrtskorporatismus mit den staatlichen Institutionen und der NSV als dominanten Organisationen. Inwieweit diese Situation einer weiteren Verschmelzung staatlicher und parteiamtlicher Institutionen Vorschub leistete, scheint auf dem jetzigen Forschungsstand nicht ausgemacht zu sein. Einiges spricht jedoch dafür, dass die staatliche Fürsorge und die NSV bis zum Zusammenbruch des NS-Regimes als distinkte Einheiten bestehen blieben. Welche Perspektiven ergeben sich aus dem Gesagten für zukünftige Forschungen zur Sozialen Arbeit im NS-Staat? Auf dem jetzigen Stand scheint es nur schwer möglich, die eingangs gestellten Fragen zu beantworten, welche Rolle die Institutionen Sozialer Arbeit für die Stabilisierung des NS-Regimes spielten und welchen Anteil die Profession insgesamt daran hatte. Das wohl wichtigste Desiderat ist die quantifizierende Analyse des Sektors Sozialer Arbeit, die jedoch durch die weit verbreiteten Personalunionen zwischen staatlichem und parteiamtlichem Fürsorgeapparat auf der einen sowie NSV, DAF und HJ auf der anderen Seite erschwert wird. In diesem Rahmen muss im Übrigen auch der Stellenwert von Frauen für die Soziale Arbeit im „Dritten Reich" genauer ausgelotet werden, als dies bisher der Fall war. Offensichtlich kam es unter den Bedingungen des Zweiten Weltkrieges und der zunehmenden Einberufung von Männern zur Wehrmacht zu einer weitgehenden Feminisierung dieses Sektors, der ohnehin schon stärker durch weibliche Arbeit geprägt war als andere Politikfelder des NS-Staates. Zu untersuchen sein wird, ob diese Frauen (wie übrigens auch die in der Sozialen Arbeit tätigen Männer) umstandslos unter einem Begriff von „Täterschaft" zu subsumieren sind, wozu die neue Forschung tendiert (Lehnert 2003; Kompisch 2008, 100–154). Hier bedarf es einer stärkeren Differenzierung oder Gradualisierung von Täterschaft, die im Konzept der weiblichen Handlungsräume mittlerweile seit einigen Jahren existiert (Heinsohn et al. 1997; Steinbacher 2007).

Ein weiteres Problem der Forschung liegt in der Frage des methodischen Zugriffs. Das NS-Regime war durch eine zunehmende Verschmelzung unterschiedlicher Politikfelder gekennzeichnet, die sich pars pro toto auch innerhalb der Sozialen Arbeit beobachten lässt. Es ist zwar weiterhin notwendig, deren Institutionen in den Blick zu nehmen, wenn man die Profession analysiert. Zusätzlich bedarf es jedoch einer stärkeren Verzahnung sowohl mit anderen Politikfeldern als auch zwischen den einzelnen Bereichen Sozialer Arbeit, um zu einer integrierten Geschichte zu gelangen (als Beispiel Peukert 1982). Soziale Arbeit war eine zentrale Praxis, in der sich „Volksgemeinschaft" tagtäglich konkretisierte. Inklusion und Exklusion gingen dabei, wie bei Propaganda, Gewalt und Mobilisierung, Hand in Hand. Um diesen Prozess zu analysieren, scheint das Konzept „Volksgemeinschaft", das sowohl Inklusion und Exklusion thematisiert

als auch Soziale Arbeit mit den anderen Politikfeldern zu verzahnen in der Lage ist, viel versprechend zu sein. Dabei wird auch die Frage nach dem allgemeinen Stellenwert von Sozialer Arbeit innerhalb der bürgerlich-kapitalistischen Gesellschaftsordnung neu zu stellen sein. Weil die meisten Historiker inzwischen von einem gleitenden Übergang zwischen Weimarer Republik und NS-Staat ausgehen, sind Vergleiche demokratischer mit undemokratischen Gesellschaften in Zukunft nicht mehr undenkbar. Jedenfalls hat schon Theodor W. Adorno in seinem viel zitierten Radiovortrag „Was bedeutet Aufarbeitung der Vergangenheit?" von 1959 eine solche Perspektive zumindest angedeutet, indem er die soziale Praxis des NS-Herrschaftssystems folgendermaßen auf den Punkt brachte: „Die vielberufene Integration, die organisatorische Verdichtung des gesellschaftlichen Netzes, das alles einfing, gewährte auch Schutz gegen die universale Angst, durch die Maschen durchzufallen und abzusinken. Ungezählten schien die Kälte des entfremdeten Zustands abgeschafft durch die wie immer auch manipulierte und angedrehte Wärme des Miteinander; die Volksgemeinschaft der Unfreien und Ungleichen war zugleich auch Erfüllung eines alten, freilich von alters her bösen Bürgertraums" (Adorno 1986, 562).

Literatur

Adorno, T. W. (1986): Gesammelte Schriften. Band 10: Kulturkritik und Gesellschaft I/II. Suhrkamp, Frankfurt/M.
Aly, G. (2005): Hitlers Volksstaat. Raub, Rassenkrieg und nationaler Sozialismus. Fischer, Frankfurt/M.
– (2003): Rasse und Klasse. Nachforschungen zum deutschen Wesen. Fischer, Frankfurt/M.
– (1995): „Endlösung". Völkerverschiebung und der Mord an den europäischen Juden. Fischer, Frankfurt/M.
– (1989) (Hrsg.): Aktion T 4 1938–1945. Die „Euthanasie"-Zentrale in der Tiergartenstr. 4. 2. Aufl. Edition Hentrich, Berlin
–, Roth, K.-H. (1984): Die restlose Erfassung. Volkszählen, Identifizieren, Aussondern im Nationalsozialismus. Rotbuch, Berlin
Auts, R. (2001): Opferstock und Sammelbüchse. Die Spendenkampagnen der freien Wohlfahrtspflege vom Ersten Weltkrieg bis in die sechziger Jahre. Schöningh, Paderborn/München/Wien/Zürich
Bajohr, F. (2009): Dynamik und Disparität. Die nationalsozialistische Rüstungsmobilisierung und die „Volksgemeinschaft". In: Bajohr, F., Wildt, M. (Hrsg.), 78–93

– (2000): Verfolgung aus gesellschaftsgeschichtlicher Perspektive. Die wirtschaftliche Existenzvernichtung der Juden und die deutsche Gesellschaft. Geschichte und Gesellschaft 26, 629–652
– (1997): „Arisierung" in Hamburg. Die Verdrängung der jüdischen Unternehmer 1933–1945. Christians, Hamburg
–, Pohl, D. (2006): Der Holocaust als offenes Geheimnis. Die Deutschen, die NS-Führung und die Alliierten. C. H. Beck, München
–, Wildt, M. (Hrsg.) (2009): Volksgemeinschaft. Neue Forschungen zur Gesellschaft des Nationalsozialismus. Fischer, Frankfurt/M.
Bock, G. (1986): Zwangssterilisation im Nationalsozialismus: Studien zur Rassenpolitik und Frauenpolitik. Westdeutscher Verlag, Opladen
Bommes, M. (1999): Migration und nationaler Wohlfahrtsstaat. Ein differenzierungstheoretischer Entwurf. VS Verlag, Opladen/Wiesbaden
Breiding, B. (1998): Die Braunen Schwestern. Ideologie, Struktur, Funktion einer nationalsozialistischen Elite. Steiner, Stuttgart

Broszat, M. (1994): Die Machtergreifung: Der Aufstieg der NSDAP und die Zerstörung der Weimarer Republik. 5. Aufl. dtv, München

–, Fröhlich, E., Grossmann, A., Mehringer, H., Wiesemann, F. (Hrsg.) (1977–1984): Bayern in der NS-Zeit. 6 Bde. Oldenbourg, München / Wien

Browning, C. (1993): Ganz normale Männer. Das Reserve-Polizeibataillon 101 und die „Endlösung" in Polen. Rowohlt, Reinbek bei Hamburg

Buchholz, W. (1976): Die nationalsozialistische Gemeinschaft „Kraft durch Freude". Freizeitgestaltung und Arbeiterschaft im Dritten Reich. Phil. Diss., München

Buddrus, M. (2003): Totale Erziehung für den totalen Krieg. Hitlerjugend und nationalsozialistische Jugendpolitik. Saur, München

Corni, G., Gies, H. (1997): Brot – Butter – Kanonen. Die Ernährungswirtschaft in Deutschland unter der Diktatur Hitlers. Akademie Verlag, Berlin

Dörner, B. (1998): „Heimtücke": Das Gesetz als Waffe. Kontrolle, Abschreckung und Verfolgung in Deutschland 1933–1945. Schöningh, Paderborn / München / Wien / Zürich

Drobisch, K., Wieland, G. (1993): System der NS-Konzentrationslager 1933–1939. Akademie Verlag, Berlin

Echternkamp, J. (2005): Das Deutsche Reich und der Zweite Weltkrieg. Bd. 9: Die deutsche Kriegsgesellschaft 1939 bis 1945. Halbbd. 2: Ausbeutung, Deutungen, Ausgrenzung. DVA, München

– (Hrsg.) (2004): Das Deutsche Reich und der Zweite Weltkrieg. Bd. 9: Die deutsche Kriegsgesellschaft 1939 bis 1945. Halbbd. 1: Politisierung, Vernichtung, Überleben. DVA, München

Eifert, C. (1993): Frauenpolitik und Wohlfahrtspflege. Die Geschichte der sozialdemokratischen „Arbeiterwohlfahrt". Campus, Frankfurt / M. / New York

Fleiter, R. (2006): Stadtverwaltung im Dritten Reich. Verfolgungspolitik auf kommunaler Ebene am Beispiel Hannovers. Hahnsche Buchhandlung, Hannover

Forschungsstelle für Zeitgeschichte in Hamburg (Hrsg.) (2005): Hamburg im „Dritten Reich". Wallstein, Göttingen

Frese, M. (1991): Betriebspolitik im „Dritten Reich". Deutsche Arbeitsfront, Unternehmer und Staatsbürokratie in der westdeutschen Großindustrie 1933–1939. Schöningh, Paderborn

Friedlander, H. (2002): Der Weg zum NS-Genozid. Von der Euthanasie zur Endlösung. Berlin Verlag, Berlin

Friedländer, S. (2007): Den Holocaust beschreiben. Auf dem Weg zu einer integrierten Geschichte. Wallstein, Göttingen

– (1998, 2006): Das Dritte Reich und die Juden. 2 Bde. C. H. Beck, München

Ganssmüller, C. (1987): Die Erbgesundheitspolitik des Dritten Reiches. Planung, Durchführung und Durchsetzung. Böhlau, Köln / Wien / Weimar

Gellately, R. (2002): Hingeschaut und weggesehen. Hitler und sein Volk. DVA, Stuttgart / München

– (1993): Die Gestapo und die deutsche Gesellschaft. Die Durchsetzung der Rassenpolitik 1933–1945. Schöningh, Paderborn / München / Wien / Zürich

Groehler, O. (1991): Bombenkrieg gegen Deutschland. Akademie Verlag, Berlin

Gruner, W. (2002): Öffentliche Wohlfahrt und Judenverfolgung. Wechselwirkungen lokaler und zentraler Politik im NS-Staat (1933–1942). Oldenbourg, München

– (2000): Die NS-Judenverfolgung und die Kommunen. Zur wechselseitigen Dynamisierung von zentraler und lokaler Politik 1933–1941. Vierteljahrshefte für Zeitgeschichte 48, 75–126

– (1997): Die öffentliche Fürsorge und die deutschen Juden 1933–1942. Zur antijüdischen Politik der Städte, des Deutschen Gemeindetages und des Reichsinnenministeriums. Zeitschrift für Geschichtswissenschaft 45, 597–616

Hachtmann, R. (2005): Chaos und Ineffizienz in der Deutschen Arbeitsfront. Ein Evaluierungsbericht aus dem Jahr 1936. Vierteljahrshefte für Zeitgeschichte 53, 43–78

– (1993): Industriearbeiterinnen in der deutschen Kriegswirtschaft 1936 bis 1944 / 45. Geschichte und Gesellschaft 19, 332–366

– (1989): Industriearbeit im „Dritten Reich". Untersuchungen zu den Lohn- und Arbeitsbedingungen in Deutschland 1933–1945. Vandenhoeck und Ruprecht, Göttingen

Hahn, J. (2008): Grawitz / Genzken / Gebhardt. Drei Karrieren im Sanitätsdienst der SS. Klemm und Oelschläger, Münster

Hammerschmidt, P. (1999): Die Wohlfahrtsverbände im NS-Staat. Die NSV und die konfessionellen Verbände Caritas und Innere Mission im Gefüge der Wohlfahrtspflege des Nationalsozialismus. Leske und Budrich, Opladen

Hansen, E. (1991): Wohlfahrtspolitik im NS-Staat. Motivation, Konflikte und Machtstrukturen im „Sozialismus der Tat" des Dritten Reiches. Maro, Augsburg

Heinemann, I. (2003): „Rasse, Siedlung, deutsches Blut". Das Rasse- und Siedlungshauptamt der SS und die rassenpolitische Neuordnung Europas. Wallstein, Göttingen

Heinsohn, K., Vogel, B., Weckel, U. (Hrsg.) (1997): Zwischen Karriere und Verfolgung. Handlungsräume von Frauen im nationalsozialistischen Deutschland. Campus, Frankfurt / M. / New York

Herbert, U. (1985): Fremdarbeiter. Politik und Praxis des „Ausländer-Einsatzes" in der Kriegswirtschaft des Dritten Reiches. Dietz, Berlin / Bonn

Hering, S., Münchmeier, R. (2007): Geschichte der Sozialen Arbeit. Eine Einführung. 4. Aufl. Juventa, Weinheim / München

–, Schilde, K. (2003): Die Rote Hilfe. Die Geschichte der internationalen kommunistischen „Wohlfahrtsorganisation" und ihrer sozialen Aktivitäten in Deutschland (1921–1941). Leske und Budrich, Opladen

Herrmann, V. (1992): Vom Arbeitsmarkt zum Arbeitseinsatz. Zur Geschichte der Reichsanstalt für Arbeitsvermittlung und Arbeitslosenversicherung 1929 bis 1939. Peter Lang, Frankfurt / M. / Berlin / New York / Paris / Wien

Irmak, K. H. (2002): Der Sieche. Alte Menschen und die stationäre Altenhilfe in Deutschland 1924–1961. Klartext, Essen

Johnson, E. A. (2001): Der nationalsozialistische Terror. Gestapo, Juden und gewöhnliche Deutsche. Siedler, Berlin

–, Reuband, K.-H. (2005): What we knew. Terror, Mass Murder, and Everyday Life in Nazi Germany. An Oral History. University Press, Cambridge

Kappeler, M. (2000): Der schreckliche Traum vom vollkommenen Menschen. Rassenhygiene und Eugenik in der Sozialen Arbeit. Schüren, Marburg

Kater, M. H. (2000): Ärzte als Hitlers Helfer. Europa Verlag, Hamburg

Kershaw, I. (1999): Der NS-Staat. Geschichtsinterpretationen und Kontroversen im Überblick. Vollst. überarb. und erw. Neuausgabe. Rowohlt, Reinbek bei Hamburg

Klee, E. (1986): Was sie taten – was sie wurden: Ärzte, Juristen und andere Beteiligte am Kranken- oder Judenmord. Fischer, Frankfurt / M.

– (1983): „Euthanasie" im NS-Staat. Die „Vernichtung lebensunwerten Lebens". Fischer, Frankfurt / M.

Kock, G. (1997): „Der Führer sorgt für unsere Kinder… ". Die Kinderlandverschickung im Zweiten Weltkrieg. Schöningh, Paderborn / München / Wien / Zürich

Kompisch, K. (2008): Täterinnen. Frauen im Nationalsozialismus. Böhlau, Köln / Weimar / Wien

Kranig, A. (1983): Lockung und Zwang. Zur Arbeitsverfassung im „Dritten Reich". DVA, Stuttgart

Kreft, D., Mielenz, I. (Hrsg.) (2008): Wörterbuch Soziale Arbeit. Aufgaben, Praxisfelder, Begriffe und Methoden der Sozialarbeit und Sozialpädagogik. 6. überarb. u. aktual. Aufl. Juventa, Weinheim / München

Kuhlmann, C. (1989): Erbkrank oder erziehbar? Jugendhilfe als Vorsorge und Aussonderung in der Fürsorgeerziehung in Westfalen von 1933–1945. Juventa, Weinheim / München

Lehnert, E. (2003): Die Beteiligung von Fürsorgerinnen an der Bildung der Kategorie „minderwertig" im Nationalsozialismus. Öffentliche Fürsorgerinnen in Berlin und Hamburg im Spannungsfeld von Auslese und „Ausmerze". Mabuse, Frankfurt / M.

Lemke, B. (2005): Luftschutz in Großbritannien und Deutschland 1923 bis 1939. Zivile Kriegsvorbereitungen als Ausdruck der staats- und gesellschaftspolitischen Grundlagen von Demokratie und Diktatur. Oldenbourg, München

Ley, A. (2004): Zwangssterilisation und Ärzteschaft. Hintergründe und Ziele ärztlichen Handelns 1935–1945. Campus, Frankfurt / M. / New York

Lisner, W. (2006): „Hüterinnen der Nation". Hebammen im Nationalsozialismus. Campus, Frankfurt / M. / New York

Longerich, P. (2006): „Davon haben wir nichts gewusst!" Die Deutschen und die Judenverfolgung 1933–1945. Siedler, München

Lotfi, G. (2000): KZ der Gestapo. Arbeitserziehungslager im Dritten Reich. DVA, Stuttgart / München

Mallmann, Paul, G. (Hrsg.) (2000): Die Gestapo im Zweiten Weltkrieg. „Heimatfront" und besetztes Europa. WBG, Darmstadt

–, – (Hrsg.) (1995b): Die Gestapo. Mythos und Realität. WBG, Darmstadt

–, – (1989–1995a): Widerstand und Verweigerung im Saarland, 1935–1945. 3 Bde. Dietz, Bonn

Mason, T. W. (1982): Die Bändigung der Arbeiterklasse im nationalsozialistischen Deutschland. Eine Einleitung. In: Sachse, C., Siegel, T., Spode, H., Spohn, W. (Hrsg.): Angst, Belohnung, Zucht und Ordnung. Herrschaftsmechanismen im Nationalsozialismus. Westdeutscher Verlag, Opladen, 11–53

– (1975): Arbeiterklasse und Volksgemeinschaft. Dokumente und Materialien zur deutschen Arbeiterpolitik 1936–1939. Westdeutscher Verlag, Opladen

Merten, R. (Hrsg.) (1998): Sozialarbeit, Sozialpädagogik, Soziale Arbeit. Begriffsbestimmungen in einem unübersichtlichen Feld. Lambertus, Freiburg

Mommsen, H. (1976): Der Nationalsozialismus. Kumulative Radikalisierung und Selbstzerstörung des Regimes. In: Meyers Enzyklopädisches Lexikon. Bd. 16. 9. Aufl. Bibliographisches Institut, Mannheim / Wien / Zürich, 785–790

Morgenbrod, B., Merkenich, S. (2008): Das Deutsche Rote Kreuz unter der NS-Diktatur 1933–1945. Schöningh, Paderborn / München / Wien / Zürich

Müller, W. C. (2006): Wie helfen zum Beruf wurde. Eine Methodengeschichte der Sozialen Arbeit. 4. erw. u. aktual. Aufl. Juventa, Weinheim / München

Nelles, D., Nolzen, A., Sünker, H. (2005): Sequentielle Traumatisierung. Die Lebensbedingungen der Kinder von politisch Verfolgten des NS-Regimes. In: Hansen-Schaberg, I., Müller, U. (Hrsg.): „Ethik der Erinnerung" in der Praxis. Zur Vermittlung von Verfolgungs- und Exilerfahrungen. Arco, Wuppertal, 200–219

–, Rübner, H., Sünker, H. (2003): Die „Kinder des Widerstands". Lebensbedingungen und Sozialisation der Kinder von politisch und religiös Verfolgten des NS-Regimes. Neue Praxis. Zeitschrift für Sozialarbeit, Sozialpädagogik und Sozialpolitik 33, 341–357

–, –, – (2002): Organisation des Terrors im Nationalsozialismus. Neuere Untersuchungen zum Verhältnis von Gestapo, Bürokratie und Bevölkerung. Sozialwissenschaftliche Literaturrundschau 25, H. 45, 5–27

Nolzen, A. (2004): Die NSDAP, der Krieg und die deutsche Gesellschaft. In: Echternkamp, J. (Hrsg.), 99–193

Orth, K. (2002): Das System der nationalsozialistischen Konzentrationslager. Eine politische Organisationsgeschichte. Pendo, München / Zürich

Otto, H.-U., Sünker, H. (1991): Politische Formierung und soziale Erziehung im Nationalsozialismus. Suhrkamp, Frankfurt / M.

–, – (1989): Soziale Arbeit und Faschismus. Suhrkamp, Frankfurt / M.

Paul, G. (Hrsg.) (2002): Die Täter der Shoah. Fanatische Nationalsozialisten oder ganz normale Deutsche? Wallstein, Göttingen

Peukert, D. (1986): Grenzen der Sozialdisziplinierung. Aufstieg und Krise der deutschen Jugendfürsorge 1878 bis 1932. Bund-Verlag, Köln

– (1982): Volksgenossen und Gemeinschaftsfremde. Ausmerze und Aufbegehren unter dem Nationalsozialismus. Bund-Verlag, Köln

Pine, L. (1997): Nazi Family Policy, 1933–1945. Berg Publishers, Oxford / New York

Rauschenbach, T. (1999): Das sozialpädagogische Jahrhundert. Analysen zur Entwicklung Sozialer Arbeit in der Moderne. Juventa, Weinheim / München

Roth, K.-H. (2000): Facetten des Terrors. Der Geheimdienst der „Deutschen Arbeitsfront" und die Zerstörung der Arbeiterbewegung 1933–1938. Edition Temmen, Bremen

Rudloff, W. (1998): Die Wohlfahrtsstadt. Kommunale Ernährungs-, Fürsorge- und Wohlfahrtpolitik am Beispiel Münchens 1910–1933. Vandenhoeck und Ruprecht, Göttingen

Sachse, C. (1990): Siemens, der Nationalsozialismus und die moderne Familie. Eine Untersuchung zur sozialen Rationalisierung in Deutschland im 20. Jahrhundert. Rasch und Röhring, Hamburg

– (1987): Betriebliche Sozialpolitik als Familienpolitik in der Weimarer Republik und im Nationalsozialismus. Mit einer Fallstudie über die Firma Siemens, Berlin. Hamburger Institut für Sozialforschung, Hamburg

Sachße, C., Tennstedt, F. (1992): Geschichte der Armenfürsorge in Deutschland, Bd. 3: Der Wohlfahrtsstaat im Nationalsozialismus. W. Kohlhammer, Stuttgart / Berlin / Köln

Sandner, P. (2003): Verwaltung des Krankenmordes. Der Bezirksverband Nassau im Nationalsozialismus. Psychosozial-Verlag, Gießen

Scheffczyk, F. (2008): Der Provinzialverband der preußischen Provinz Brandenburg 1933–1945. Regionale Leistungs- und Lenkungsverwaltung im Nationalsozialismus. Niemeyer, Tübingen

Schlegel-Voss, L.-C. (2005): Alter in der „Volksgemeinschaft". Zur Lebenslage der älteren Generation im Nationalsozialismus. Duncker & Humblot, Berlin

Schleicher, R. (1939): Die Wandlung der Wohlfahrtspflege durch den Nationalsozialismus. Diss. Heidelberg

Schmidt, U. (2009): Hitlers Arzt. Karl Brandt. Medizin und Macht im Dritten Reich. Aufbau Verlag, Berlin

Schneider, M. (1999): Unterm Hakenkreuz. Arbeiter und Arbeiterbewegung 1933 bis 1939. Dietz, Bonn

Schnurr, S. (1997): Sozialpädagogen im Nationalsozialismus. Eine Fallstudie zur sozialpädagogischen Bewegung im Übergang zum NS-Staat. Juventa, Weinheim / München

Schwarz, G. (1997): Eine Frau an seiner Seite. Ehefrauen in der „SS-Sippengemeinschaft". Hamburger Edition, Hamburg

Spoerer, M. (2001): Zwangsarbeit unter dem Hakenkreuz. Ausländische Zivilarbeiter, Kriegsgefangene und Häftlinge im Deutschen Reich und im besetzten Europa 1939–1945. DVA, Stuttgart / München

Steinacker, S. (2007): Der Staat als Erzieher. Jugendpolitik und Jugendfürsorge im Rheinland vom Kaiserreich bis zum Ende des Nazismus. Ibidem, Stuttgart

Steinbacher, S. (Hrsg.) (2007): „Volksgenossinnen". Frauen in der NS-Volksgemeinschaft. Wallstein, Göttingen

Sünker, H. (1994): Sozialpolitik und „Volkspflege": Zur faschistischen Aufhebung von Wohlfahrtsstaatlichkeit. In: Tel Aviver Jahrbuch für deutsche Geschichte XIII, 79–92

Süß, D., Süß, W. (2008): „Volksgemeinschaft" und Vernichtungskrieg. Gesellschaft im nationalsozialistischen Deutschland. In: Süß, D., Süß, W. (Hrsg.): Das „Dritte Reich". Eine Einführung. Siedler, München, 79–100

Süß, W. (2003): Der „Volkskörper" im Krieg. Gesundheitspolitik, Gesundheitsverhältnisse und Krankenmord im nationalsozialistischen Deutschland 1939–1945. Oldenbourg, München

Tooze, A. (2007): Ökonomie der Zerstörung. Die Geschichte der Wirtschaft im Nationalsozialismus. Siedler, München

Vorländer, H. (1988): Die NSV. Darstellung und Dokumentation einer nationalsozialistischen Organisation. Boldt, Boppard am Rhein

Vossen, J. (2001): Gesundheitsämter im Nationalsozialismus. Rassenhygiene und offene Gesundheitsfürsorge in Westfalen 1900–1950. Klartext, Essen

Wachsmann, N. (2006): Gefangen unter Hitler. Justizterror und Strafvollzug im NS-Staat. Siedler, München

Wehler, H.-U. (1987–2008): Deutsche Gesellschaftsgeschichte 1700–1990. 5 Bde. C. H. Beck, München

Welzer, H. (2005): Täter. Wie aus ganz normalen Menschen Massenmörder werden. Fischer, Frankfurt / M.

Wildt, M. (2008): Geschichte des Nationalsozialismus. UTB, Göttingen

– (2007): Volksgemeinschaft als Selbstermächtigung. Gewalt gegen Juden in der deutschen Provinz 1919 bis 1939. Hamburger Edition, Hamburg

Zimmermann, J. F. (1938): Die NS-Volkswohlfahrt und das Winterhilfswerk des Deutschen Volkes als die vom Hauptamt für Volkswohlfahrt der Reichsleitung der NSDAP betreuten Sozialgemeinschaften des Dritten Reiches. Diss. Würzburg

Zolling, P. (1986): Zwischen Integration und Segregation. Sozialpolitik im „Dritten Reich" am Beispiel der „Nationalsozialistischen Volkswohlfahrt" (NSV) in Hamburg. Peter Lang, Frankfurt / M. / Bern / New York / Paris

Neue Religiösität und Spiritualität

Von Heinz Streib

Wenn Religion seit einiger Zeit wieder verstärkt auf Interesse stößt, richtet sich die Aufmerksamkeit nicht allein auf institutionell gebundene Formen oder Events wie Weltjugend- oder Kirchentage, sondern auch auf neue, eher ungebundene und populäre Ausdrucksgestalten von Religiosität. Spirituell zu sein oder nach Spiritualität zu suchen ist nicht mehr peinlich. Im Gegenteil: Nicht nur in den USA, sondern auch hierzulande hat Spiritualität als Selbstbezeichnung einen beachtlichen Attraktivitätsschub erfahren, wie empirische Untersuchungen zeigen. Von Interesse sind freilich auch religiöse Organisationen und Gruppen, die man vormals als Sekten bezeichnet hat und inzwischen, weniger abwertend, „New Religious Movements" (NRM) nennt. Allerdings scheint die Attraktivität der NRM nachgelassen zu haben. Beide Typen von de-institutionalisierter Religiosität sind hier in dem Sammelbegriff „Neue Religiosität" zusammengefasst. Dies weist auf Gemeinsamkeiten, kann und soll jedoch Unterschiede und Gegensätze nicht verschleiern.

Neue Religiosität: Phänomenbeschreibungen und empirische Untersuchung

New Religious Movements (NRM)

Wir beginnen mit den „älteren" Formen „neuer" Religiosität. Bereits ein Blick in Nachschlagewerke (Partridge 2004, Baer / Gasper et al. 2005) kann einen Eindruck davon vermitteln, wie schwierig die Eingrenzung des Phänomenbereichs und eine Klassifikation der immensen Anzahl von Gruppierungen und Gemeinschaften ist. Die lexikalische Kategorisierung lehnt sich meist an die Wurzeln der NRM in den Weltreligionen an und unterscheidet etwa 1) Sondergemeinschaften im Bereich oder Umfeld der christlichen Kirchen, 2) buddhistisch, hinduistisch, indigen oder indianisch inspirierte Gruppen, 3) Gruppen in den weltlichen Kulturkreisen, die der Esoterik, dem New Age oder den alternativen Lebenshilfen zugeordnet werden. Dabei ist ein nur ungefährer Konsens zu erkennen, was als „neue" Religion gelten soll: Religionswissenschaftler wie Hutter (2004) verlegen die Entstehungszeit neuer religiöser Gemeinschaften in unserem Kulturraum in die Mitte des 19. Jahrhunderts und rechnen z. B. Mormonen, die Neuapostolische Kirche und die Zeugen Jehovas dazu. Aus eher pragmatischen Gesichtspunkten schlägt Barker (1989, 1999) vor, besonders diejenigen Strömungen als NRM zu bezeichnen, die nach 1945 in ihrer gegenwärtigen Gestalt aufgetreten sind. Noch etwas unschärfer ist Chryssides' (1999) Angabe, dass NRM „sufficiently recent" sein sollen; doch setzt dann auch seine Beschreibung mit Zeugen Jehovas und Mormonen als „new Christian NRM" ein, um dann das gesamte Spektrum neuer christlicher, buddhistischer, hinduistischer, heidnischer, New-Age-orientierter Gruppierungen bis hin zum „Human Potential Movement" zu diskutieren.

Die Anzahl der Gruppen und Organisationen, die zu den NRM zu rechnen sind, lässt sich nur grob schätzen. Wenn man vom eben genannten ungefähren Konsens ausgeht und sowohl „ältere" kirchenähnlich organisierte religiöse Gemeinschaften christlichen Ursprungs als auch New-Age- und Psychogruppen den NRM zurechnet, sind Schätzungen von etwa 2.000 verschiedenen neureligiösen Gruppen in Europa und über 10.000 weltweit (Barker 1999) vermutlich kaum zu hoch gegriffen. Schwierig ist es auch, einigermaßen verlässliche Zahlen der Größe von neu-religiösen

Otto/Thiersch (Hg.), Handbuch Soziale Arbeit, 4. A., DOI 10.2378/ot4a.art155,

Gruppierungen zu erhalten: Der Religionswissenschaftliche Medien- und Informationsdienst e. V. (REMID) in Marburg ist zwar auf seiner Website um die jeweils aktuell verfügbaren Zahlen für Deutschland bemüht, muss jedoch teilweise auch auf die Angaben der Organisationen selbst zurückgreifen, die nicht selten schon dadurch übertrieben sind, weil Dekonvertiten („Aussteiger") nicht abgezogen werden und teilweise Doppelmitgliedschaften bestehen (Barker 1999).

Empirische Forschung im Bereich der NRM besteht aus einer kaum zu übersehenden Vielfalt von eher ethnologisch vorgehenden Einzelstudien zu den religiösen Gemeinschaften und Gruppen sowie aus eher biografisch-rekonstruktiv und religionspsychologisch orientierten Fallstudien zu Konvertiten und Dekonvertiten (exemplarisch: Streib 1998a; Streib / Hood et al. 2009; Namini / Murken 2009)

Betroffen sind nicht nur Jugendliche. Die Rede von den sogenannten „neuen Jugendreligionen" geht vor allem auf ein Buch von Haack (1974) zurück, das große Verbreitung gefunden hat. Demzufolge sollen als Jugendreligionen – im Unterschied zu den von den christlichen Kirchen dissidierenden Jugend*sekten* – solche Gruppierungen bezeichnet werden, die nicht-christlich und überwiegend fernöstlich inspiriert sind, von einem „heiligen Meister" geführt werden, sich als „gerettete Familie" formieren und ein „rettendes Prinzip" für die Menschheit besitzen. Der Begriff Jugendreligion unterstellt eine besondere Anziehungskraft dieser Gruppen auf Jugendliche. Dies kann kritisiert werden, vor allem weil dadurch als Verführung der Jugend inkriminiert wird, was ebenso die Erwachsenen betrifft. Auch sind die damals jugendreligiös Bewegten, so sie denn dabei geblieben sind, inzwischen im höheren Lebensalter. Dennoch wird genau zu beobachten sein, ob sich Jugendliche, besonders wenn ihnen Unübersichtlichkeit und Orientierungsverlust, Leistungsdruck und Chancenlosigkeit über den Kopf wachsen, NRM zuwenden, von denen sie sich Halt und Identität in einer festen, vielleicht totalen, Gemeinschaft versprechen, oder ob sie andere Alternativen finden.

Populäre Religion

In deutlichem Unterschied zur Skizzierung der religiösen Landschaft als Konkurrenzfeld fest organisierter religiöser Institutionen und Gemeinschaften zeichnen jüngere Veröffentlichungen ein anderes Bild neuer Religiosität: das Bild einer „fluiden Religion" (Lüddeckens / Walthert 2010), die aufgrund des Bedeutungsverlusts totaler Gemeinschaften in einer Diffundierung in unverbindlichere Formen religiöser Zugehörigkeit besteht. Wenn jedoch Religiosität nicht mehr in fester Zugehörigkeit und exklusiver ritueller Observanz besteht, sondern sich weiter und radikaler individualisiert, mutiert solch neue Religiosität zum Patchwork-Gesamtkunstwerk des je einzelnen religiösen Individuums. Neue Religiosität kann dann leichter populär werden.

In diesem Sinn ist Knoblauchs (2009; 2010) Begriff von „populärer Religion" zu verstehen. Knoblauch sieht die gegenwärtigen populären Ausdruckgestalten des Religiösen zwar vorbereitet in einer bereits Jahrzehnte zuvor einsetzenden Renaissance des Religiösen in unserer Kultur, wozu nach seiner Einteilung neben institutionsnahen Bewegungen wie fundamentalistische, charismatische und evangelikale Erweckungen auch New Age, Esoterik und Okkultismus gehören. Diese bereits sehr weiten und unscharfen Sammelbegriffe werden im Begriff der „populären Religion" noch weiter (und unschärfer): Knoblauch fasst darunter ein immenses Spektrum an Strömungen und Praktiken, die von Neopaganismus, Schamanismus, Geistheilung, Yoga, Ayurveda, Astrologie, Tarotkartenlegen bis zu New Thought, Bioenergetik, Human-Potential-Bewegung und spirituellen Therapieverfahren reichen. Somit werden das in Mode gekommene Wandern auf dem Jakobsweg, die Begleitung durch Engel im Alltag, „Unterhaltungen" mit Geistern, Hoffnung auf ein neues ganzheitlich-harmonisches Zeitalter, ebenso wie spirituelle Alternativmedizin und vieles mehr zu Beispielen für Ausdrucksgestalten einer neuen Religiosität, die als populäre Religion in der Öffentlichkeit und auch in der Wissenschaft zunehmend Beachtung erfährt.

Diese neue populäre Religion ist nicht mehr an Kirchen oder an Versammlungsräume charismatischer Prediger oder Gurus gebunden, sondern wird individuell gepflegt, als Klient in einer Praxis oder bei einem Workshop gesucht, findet, in neuer soziologischer Begrifflichkeit (Gebhardt 2002, 2010), eventisiert oder in Szenen, etwa im Internet, vernetzt statt. Offensichtlich haben nicht allein die Kirchen als die etablierten Akteure im religiösen Feld Konkurrenz durch die gut organisierten und inzwischen größtenteils bereits traditionell zu nennenden religiösen Sondergemeinschaften bekommen; vielmehr ist allen Varianten organisierter Religion zusammen Konkurrenz entstanden durch eine Vielfalt von unorganisierten neureligiösen Szenen und individuellen Stilrichtungen, die sich der Popularisierung neuer Religiosität verdanken.

Zum individualisierten und unorganisierten Charakter dieser Sorte neuer Religiosität passt auch die Annahme, dass sie durch die verstärkte Thematisierung in den Medien Auftrieb erhält. Die Vermittlung und Verbreitung durch allenthalben präsente Medien, voran Fernsehen und Internet, könnte auch plausibilisieren, warum Jugendliche, selbst jüngere, hiervon nicht ausgenommen sind. Die neue Religiosität als Jugendphänomen zu charakterisieren und abzutun wäre allerdings heute ebenso verkehrt, wie es zur Zeit der damals sogenannten Jugendreligionen gewesen ist; damals wie heute sind nicht die Jugendlichen die primären Akteure und Adressaten der vielfältigen Formen neuer Religiosität, sondern Menschen im frühen und mittleren Erwachsenenalter. Doch sind nach wie vor Jugendliche mit dabei.

Empirische Studien zur populären Religion sind zahlreich von Knoblauch (2009) zusammengetragen, sie überschneiden sich jedoch zu einem erheblichen Teil mit den zahlreichen Studien zur Spiritualität, die im folgenden Abschnitt vorgestellt werden; und Knoblauch selbst (2009, 119) findet Spiritualität den „passenderen Ausdruck, nicht nur, weil er weiter ist als das New Age, sondern auch, weil er die christlichen erfahrungsorientierten Bewegungen mit einbezieht".

„Spirituelle Revolution" – auch in Deutschland?

Buchtitel wie „Spiritual, But Not Religious" (Fuller 2001), „The Spirituality Revolution" (Tacey 2004) oder „The Spiritual Revolution" (Heelas/Woodhead et al. 2005) bringen ein neues Etikett in die Diskussion, unter dem weite Teile der gegenwärtigen populären neuen Religiosität ge-

fasst werden. Die Selbstbezeichnung „spirituell" hat eine enorme Konjunktur erfahren, besonders in den USA. Für die USA liegen einigermaßen verlässliche empirische Daten vor. Besonders markant sind die Selbsteinschätzungen als „spiritual, but not religious" oder „more religious than spiritual", die binnen zweier Jahrzehnte von ca. 20% auf ca. 30% gestiegen sind. Marler und Hadaway (2002) haben für die USA Ergebnisse aus einer Reihe von Studien zusammengestellt, aus denen sich im Vergleich Hinweise darauf ergeben, dass sich zwischen 18% und 20% der Menschen in den USA als „spiritual, but not religious" bezeichnen. Ergebnisse der International-Social-Survey-Programme (ISSP), Religion III, in der 2008 erstmals mit vier Fragen nach der spirituellen Selbsteinschätzung gefragt wurde, zeigen Zustimmungen zu dem Satz „I don't follow a religion, but consider myself to be a spiritual person interested in the sacred or the supernatural" von 24% der Befragten in den USA. Differenzierte und etwas höhere Werte ergeben sich aus eigenen Berechnungen der Daten des Religionsmonitors (Bertelsmann 2008): 25,9% der Protestanten, 33,3% der Katholiken, 39,0% Mitglieder anderer Religionsgemeinschaften und 47,8% ohne Religionszugehörigkeit sind als „mehr spirituell als religiös" zu identifizieren.

Als Ergebnis eines rein quantitativ-kulturvergleichenden Vorgehens dokumentieren Houtman und Aupers (2007) einen Trend zu einer „post-Christian spirituality" in zwei Jahrzehnten in den meisten der 14 Länder, für die sie die immense Datenbasis der World Value Survey (N=61.352) ausgewertet haben. Auf der Grundlage von Fragen zum Gottesbild (nicht-personales Gottesbild bzw. eine Art von Geist oder Lebenskraft etc.), New-Age-Präferenz und Ablehnung traditionaler christlicher Glaubensinhalte, aber zugleich Ablehnung von säkularem Rationalismus zeigt diese Re-Analyse einen klaren Trend in den meisten der untersuchten Länder.

Heelas und Woodhead (Heelas/Woodhead et al. 2005) dokumentieren für eine mit einem ethnologischen Methodenmix längsschnittlich untersuchte Kleinstadt in England einen enormen Zuwachs an esoterischen, New-Age-orientierten und alternativmedizinischen Angeboten und ebenso der spirituellen Orientierungen der Bewohner. Mit dieser Studie aus England rückt die spirituelle Revolution (wenn es denn eine ist) näher auf Deutschland zu. Speziell zur spirituellen Lage in Deutschland liegen erste Ergebnisse aus jüngerer Zeit vor: Hier war es der Religionsmonitor (Bertelsmann 2008), der zum ersten Mal für Deutschland außer einer Self-Rating Scale für Religiosität eine solche für Spiritualität ins Instrument aufgenommen hat. Die daraus errechneten Werte für diejenigen, die sich als „mehr spirituell als religiös" einschätzen, sind mit 10,1 % Protestanten, 8,7 % Katholiken, 5,3 % Mitgliedern in „Freikirchen" und 16,7 % Mitgliedern in anderen christlichen Gemeinschaften (Orthodoxe Kirche, charismatische Gruppen) erstaunlich. Wir können demnach für ca. 10 % von Mitgliedern in religiösen Gemeinschaften aller Art und auch für Konfessionslose in Deutschland annehmen, dass sie sich mit Spiritualität eher identifizieren als mit Religion.

Die ISSP-Daten für 2008 liegen mit etwa 11,5 % „spirituell, aber nicht religiösen" Antworten nur leicht höher, weisen aber gerade für die Konfessionslosen einen deutlich höheren Anteil von 14,2 % aus. Letzteres, dass Konfessionslose höhere Präferenzen für Spiritualität aufweisen, ist nur für diejenigen überraschend, die von der Annahme ausgehen, dass Menschen ohne Mitgliedschaft in einer religiösen Organisation keine Religion haben können. Aus der Altersverteilung der Identifikation mit Spiritualität ist aus den ISSP-2008-Daten erkennbar, dass 18- bis 20-Jährige niedrigere Zustimmungen (12,9 % dieser Altersgruppe) verzeichnen als die 25- bis 30-Jährigen, die mit 18,1 % höher liegen, und dass die Zustimmungskurve bis zu den 40-Jährigen hoch bleibt, um dann wieder zu sinken. Aufgrund dieser Ergebnisse kann nicht auf Spiritualität als Jugendphänomen geschlossen werden.

Die Ergebnisse aus eigener Forschung fügen sich in das Bild der großen Surveys gut ein und ergänzen dieses. Die Bielefelder kulturvergleichende Studie über Dekonversion wurde 2005 abgeschlossen und hat mit einer quantitativen Samplegröße von $N=1.196$ und 99 narrativen und Faith-Development-Interviews Dekonvertiten in Deutschland und den USA, die sich aus einer großen Vielfalt von religiösen Gemeinschaften und Gruppen gelöst haben, vergleichend untersucht. In unserem Fragebogen wurde u. a. auch die Frage nach der Selbsteinschätzung als „spirituell" gestellt. Als „mehr spirituell als religiös" bezeichnen sich 18,3 %

der Mitglieder in religiösen Gemeinschaften in Deutschland. Diese Werte liegen deutlich höher als die im Religionsmonitor oder in der ISSP erhobenen. Die Differenz kann größtenteils damit erklärt werden, dass wir keine Konfessionslosen, sondern nur Mitglieder in Religionsgemeinschaften und darunter überrepräsentativ Mitglieder in NRM in unserem Sample haben. Für Mitglieder in den großen Kirchen beträgt der Anteil der „mehr spirituellen" Menschen 13,2 %, ist also vergleichbar. Die Überraschung unserer Studie sind jedoch die Dekonvertiten, die sich in Deutschland zu 36,5 % als „mehr spirituell als religiös" zu erkennen geben. Man kann dies zu einem Teil damit erklären, dass die Identifikation mit dem Etikett „religiös" einem Menschen weniger leicht fällt, der sich vor nicht allzu langer Zeit von einer religiösen Gemeinschaft gelöst hat, und sich für viele Dekonvertiten Spiritualität als Alternative anbietet, sofern sie der religiösen Welt nicht ganz den Rücken gekehrt haben.

Im Bezug auf Spiritualität als Selbstbezeichnung allerdings bleiben viele Fragen offen, allen voran die nach der Semantik von Spiritualität in unterschiedlichen Milieus und Kulturen. In einem christlichen Kloster, einer buddhistischen Gruppe, einem neoschamanischen Workshop oder in einem esoterischen Internet-Blog wird vermutlich jeweils eine andere Semantik von Spiritualität vorherrschen. Man kann auch nicht davon ausgehen, dass Spiritualität in den USA dieselbe Bedeutung wie in Europa hat. Auch stellt sich die Frage, ob Spiritualität nicht für viele Menschen so etwas wie die Wahl des kleineren Übels ist, weil sie sich mit institutionalisierter Religion nicht (mehr) identifizieren können.

Insgesamt also wäre die Rede von einer spirituellen Revolution in Deutschland überzogen. Und es ist nicht ausgeschlossen, dass eine genauere semantische Untersuchung in der Vielfalt der subjektiven Konnotationen auch solche Varianten identifiziert, die nicht ins Profil von Esoterik und New Age passen. Aber so viel kann als hinreichend gesichert gelten: In der religiösen Landschaft auch der Bundesrepublik Deutschland hat eine Veränderung stattgefunden; neue Religiosität, die sich selbst mit dem Etikett Spiritualität identifiziert, hat Marktanteile und Attraktivität im religiösen Feld erreicht, die nicht länger ignoriert werden können.

Konzeptionelle Ansätze und Klärungsnotwendigkeiten

Die aufgezeigten Veränderungen, die mit der Verbreitung neuer Religiosität einhergehen, erfordern neues Nachdenken über den Begriff von Religion und das Bild des religiösen Feldes. Diese Theorieaspekte sind notwendig, wenn das Phänomen „neue Religiosität" nicht als Religion zweiter Klasse oder schlicht als Aberglaube abgetan werden soll.

Bemerkungen zum Religionsbegriff

Besonders geeignet für die Interpretation neuer Religiosität ist ein Religionsbegriff, der nicht-substantiell ist, sondern Religion an Strukturen und Interaktionsmustern festmacht. Matthes (1992) beschreibt Religion als ein interpretatives Phänomen und geht davon aus, dass spezifische Erfahrungen mit Rückgriff auf eine vorhandene „kulturelle Programmatik" in der Selbstreflexion des Subjekts als religiös begriffen und symbolisiert werden. Diese Bestimmung von Religion als diskursives Phänomen legt Religion also nicht substantiell fest, sondern öffnet Religion als einen Möglichkeitsraum, wobei aus der inneren Programmatik der Tradition kontextuell immer neue Ableitungen und Interpretationen generiert werden können, sodass Religion nicht auf konventionelle Sprachmuster festgelegt werden kann (Streib / Gennerich 2010). Eine „Neuerfindung des Religiösen als Rekomposition ihrer Elemente" (Knoblauch 2009, 26) ist in diesem Religionsbegriff denkbar.

Damit ein solcher, struktureller Religionsbegriff nicht unterbestimmt bleibt, weil die *Art* der Erfahrungen, die nach religiöser Interpretation verlangen, und die Bedeutung oder Zentralität der religiösen Interpretation weitgehend offen bleiben, sollen weitere strukturelle Charakteristika von Religion hinzugenommen werden. Die erste Ergänzung ist Luckmanns (1991) Konzept der Transzendierung und Transzendenzerfahrungen. Mit einem Religionsbegriff, der auf Erfahrungen der Transzendierung des Alltags aufbaut, ist konzeptuelle Prägnanz gewonnen, aber es bleibt die prinzipielle Weite des Religionsbegriffs erhalten, die neue Formen von Religiosität in den Blick bekommt, die von bisherigen Religionsbegriffen ignoriert oder ausgegrenzt werden mussten.

Eine weitere – ebenfalls strukturelle – Näherbestimmung des Religionsbegriffs ist notwendig, um die Zentralität, das Gewicht der Bedeutung, der Erfahrungen und ihrer Interpretation im Lichte kultureller Programmatiken zu bestimmen: Tillichs (1957, 1; 105) Rede von dem, „was uns unbedingt angeht" (im englischen Original „ultimate concern"). Im Kontext einer Vielfalt von Erfahrungen der Transzendierung des Alltags und ihrer eventuell religiösen Interpretation, die uns mehr oder weniger stark angehen, gibt es solche, die uns ganz besonders angehen, die lebensbestimmend und identitätsbildend werden. Für Tillich ist das religiös, was uns nicht nur wichtig ist, sondern was uns unbedingt angeht. Diese religionsphilosophisch-strukturelle Bestimmung des Religiösen trägt dem Charakter der Religiosität Rechnung, dass sie zwar an Erfahrungen im Alltag entstehen kann, aber im jeweiligen religiösen Interpretationsprozess mit letzten Begründungen versehen und zur ultimativen Verpflichtung für den Einzelnen wird. Zugleich jedoch wird die Öffnung der Perspektive für prinzipiell alle Anliegen des Menschen festgehalten, die zum „ultimate concern" werden, inklusive rein weltlich-immanenter Anliegen wie „Human Potential" oder ökologische Unversehrtheit.

Schließlich stellt sich im Kontext neuer Religiosität das Problem der Verhältnisbestimmung von Religion und Magie (Heimbrock / Streib 1994). Sehr viele neureligiöse Glaubensinhalte und Praktiken sind oder erscheinen als magisch. Auch hier kann Tillichs Perspektive entscheidend weiterhelfen, weil hier Magie nicht a priori aus dem Bereich der Religion ausgegrenzt oder verteufelt wird, sondern als „ältere Schwester" der Religion erscheint (Streib 2010), die in vielen Alltagssituationen wie therapeutischen, rhetorischen oder pädagogischen Beziehungen, aber auch in bestimmten religiösen Ritualen eine Rolle spielt, dann jedoch problematisch wird, wenn Manipulation ins Spiel kommt (Streib 1996). Daraus ergibt sich eine prinzipielle Weite und Offenheit für magische Dimensionen in der neuen Religion, aber auch klare Kriterien dafür, wann – im Namen der Religion und zugleich im Namen der Freiheit des Menschen – protestiert und entzaubert werden muss.

De-Institutionalisierung von Religion

Neue Religiosität ist ein Ergebnis der De-Institutionalisierung von Religion (Streib 2007). Man kann von einem „Nachlassen der normativen Integrationskraft der christlichen Groß-Kirchen" (Feige 2010, 917) sprechen oder, mit Kaufmann (1989, 86) davon, dass es Religion im Sinne einer Instanz oder eines zentralen Ideenkomplexes, die alle einstigen Funktionen von Religion „in und für die Mehrzahl der Zeitgenossen plausibler Weise zugleich zu erfüllen" in der Lage wären, nicht mehr gibt. Institutionalisierte Religion in diesem allumfassenden Sinn ist in unserem Kulturkreis in die Krise bzw. in die Nische geraten.

Religion, die sich dem oben entfalteten weiten Religionsbegriff entsprechend Transzendenzerfahrungen verdankt, ist jedoch nicht verschwunden, vielmehr aus der Institution in die Privatsphäre verlagert, und somit weitgehend „unsichtbar" geworden (Luckmann 1991). Man kann dennoch ein Weiterbestehen von „Bedürfnissen nach nicht-rationalen und technologisch nicht determinierten, vielmehr auf Transzendenz ausgerichteten Modi der Verarbeitung des Erlebens von Kontingenz" erkennen (Feige 2010, 917). Nur sucht diese sich eher jenseits der Kirchen ihre Ausdrucksgestalten, die jedes Individuum selbst wählen kann – und wählen muss (Berger 1979). Die neue Religiosität der spirituell orientierten, wie auch die neue Religiosität derer, die in einer neureligiösen Gruppe Halt suchen, und selbst Formen neuer Religiosität, die im Kontext der Kirchen ein Zuhause finden, folgen dem Muster der de-institutionalisierten Religionswahl und -bricolage.

Veränderung im religiösen Feld

Die neue Religiosität erfordert neue Überlegungen zur Konstruktion des religiösen Feldes. Denn mit der neuen Religiosität haben die etablierten Anbieter oder Akteure im religiösen Feld, nach Weber (1921), Troeltsch (1912) und Bourdieu (1971a; 1971b) die großen Kirchen und traditionellen Sekten, Konkurrenz bekommen. Allerdings scheint es sich hier eher um eine „leise Konkurrenz" zu handeln, die sich von etablierten Akteuren darin unterscheidet, dass nicht die akkumulierten Ressourcen von Institutionen (Tradition, Personal und ökonomisches Kapital) im Wettbewerb um Anhänger ausgespielt werden können; vielmehr sind dies individualisierte und okkasionelle Prozesse des Suchens und Findens von Heil(ung) für das eigene Selbst und für die Welt, die die traditionelle Dynamik zwischen Priestern und Laien unterlaufen, indem jeder Einzelne zum Akteur wird oder werden kann.

Diese Erkenntnis ist nicht ganz neu: Bereits Weber und Bourdieu haben eine dritte Gruppe von idealtypischen Akteuren im religiösen Feld gesehen: die Magier. Interessant und produktiv für die gegenwärtige Diskussion um neue Religiosität und Spiritualität ist Troeltschs (1911; 1912) Identifizierung dieser dritten Gruppe von Akteuren mit der (christlichen) Mystik. Troeltsch bezeichnet die Mystik als „spirituelle Religion", die sich dem Bestehen auf eine direkte, innerliche und gegenwärtige religiöse Erfahrung verdankt und sich in Ekstase, Visionen und frommer Innerlichkeit manifestiert. Bestimmte Formen der Mystik, so weist Troeltsch bereits für die Geschichte der Mystik in Europa nach, entwickelten eine Feindschaft gegenüber der kirchlich verfassten Religion. Man kann, an Troeltsch anschließend, jedoch nicht nur im Rückblick auf die Geschichte der Religion, sondern im Blick auf die Gegenwart durchaus von Mystik und Spiritualität als de-institutionalisierte Ausdrucksgestalten von Religion oder mit Parsons (1999) von „unchurched mysticism" sprechen. Das religiöse Feld ist, darin besteht die Dynamik eines Feldes, in stetem Wandel. Es muss demnach erweitert und an die gegenwärtige Religiosität angepasst werden (Streib/Hood 2010). Die neue Religiosität ist Teil des religiösen Feldes, gehört allerdings in einen eigenen Bereich, den man das Segment unorganisierter Religion nennen kann.

Kriterien aus religionspsychologischer Sicht und Beratungsbedarf

Wenn wir abschließend von der deskriptiven und konzeptionellen Annäherung an das Phänomen der neuen Religiosität weiterschreiten zu Fragen ihrer Bewertung und Einschätzung des Beratungsbedarfs, soll eine streitbar diskutierte Frage im Vordergrund stehen: Ist bei Kontakt zu bzw. Mitgliedschaft in neureligiösen Gruppen der Verlust von

Autonomie, ja eine Art von Gehirnwäsche, zu befürchten? Muss also vor der neuen Religiosität gewarnt werden? Neue Religiosität als Mitgliedschaft in NRM kann, so wird behauptet, mit der Gefahr psychopathologischer Veränderung der Persönlichkeit, zumindest mit der Gefahr psychischer Abhängigkeit (Klosinski 1996a, 1996b) einhergehen. Besonders in den USA wurden darüber heftige Kontroversen geführt. Nicht allein Warnungen vor den Gefahren der neureligiösen Gruppen, sondern klare Anweisungen für die Befreiung bzw. Deprogrammierung von Menschen, die in einer Art Gehirnwäsche von neuen Religionen vereinnahmt worden seien, sind in der sogenannten Anti-Kultbewegung in den USA publiziert und teilweise auch in Deutschland erschienen (Hassan 1993; Singer / Lalich 1997). Zahlreiche Kollegen aus der Religionspsychologie und Religionssoziologie haben sich kritisch mit der These von der Gehirnwäsche in NRM auseinandergesetzt, ihre Unwissenschaftlichkeit erwiesen und in Erklärungen der American Psychological Association festgestellt (Dokumente und Beiträge in: Melton / Introvigne 2000; Zablocki 2001).

Eine verwandte Kontroverse ist die um die psychische Gesundheit von Mitgliedern in NRM. Richardson (1978; 1985; 1992; 1995; 2000; Richardson / Introvigne 2007), einer der Pioniere in der Erforschung, Bewertung und juristischen Einschätzung von NRM, fasst zusammen (1995, 164): „Thus, it seems time to admit that participation in the new religions is similar to that of participation in other, more 'normal' religious groups." Entsprechend fassen Lilliston und Shepherd (1999, 128) aus einer beachtlichen Anzahl empirischer Studien zu den Folgen der Mitgliedschaft in NRM zusammen:

„(S)everal well-constructed, systematic studies of current members of a variety of New Religious Movements present data that converge towards a clear conclusion of absence of any unusual degree of psychopathology among these members. This conclusion contrasts greatly with the conclusion of critics who rely on anecdotal data provided by ex-members in therapy and by their families. [...] However, these cases fall far from the central tendency of all groups surveyed, thus leading to the general conclusion that good mental health is typical among adult members in all these studies."

Ein ähnlich moderierendes Fazit zu Gewalt und Manipulation und zu den biografischen Voraussetzungen und Folgen einer NRM-Mitgliedschaft wurde auch für die von der Enquête-Kommission sogenannten Sekten und Psychogruppen des 13. Deutschen Bundestags eingeladene Biografieforschung, zu der ich die Untersuchung über Mitglieder und Dekonvertiten im Umfeld christlich-fundamentalistischer Gruppen beigetragen habe (Streib 1998a, Streib 1998b), gezogen:

„In welcher Weise individuelle Problemlagen und Lebensthemen bearbeitet werden, liegt weniger an der Verfaßtheit der Milieus und Gruppen als vielmehr am Passungsverhältnis zwischen Individuen und Gruppen. [...] Manipulative Vereinnahmungsversuche gingen nicht über das Maß hinaus, wie es in vergleichbaren Konfliktsituationen des sozialen Alltags üblich ist." (Deutscher Bundestag, Enquête-Kommission „Sogenannte Sekten und Psychogruppen" 1998, 22)

Die teilweise erhebliche Fluktuation in NRM, die auf individuelle Kräfte zu Ausstieg und Emanzipation hinweisen, und die sorgfältige biografisch-rekonstruktive Analyse von Interviews mit Aussteigern sprechen gegen die These von einer psychischen Gefährlichkeit der NRM. Außer Krisen sind auch Transformation und Ich-Stärkung im Kontext von NRM zu beobachten.

Auf ähnlicher Linie liegen auch die Ergebnisse unserer bereits erwähnten Dekonversionsstudie (Streib / Hood et al. 2009). Die Analyse von 99 Interviews mit Dekonvertiten hat zwar gezeigt, dass insgesamt 16 – und daraus neun Aussteiger aus NRM – professionelle Hilfe in Beratungsstellen oder Therapieeinrichtungen in Anspruch genommen haben. Aber alle haben die Krise überwunden und bei einigen ist ein post-traumatisches psychisches Wachstum erkennbar. Insgesamt sehen wir für unsere 99 Probanden die These widerlegt, dass Dekonvertiten einen außergewöhnlichen Bedarf an therapeutischer Hilfe benötigen, der über das hinausgehen würde, was in Situationen von Trennung und Verlust im Allgemeinen zu erwarten ist (231).

Aus diesen zahlreichen Ergebnissen psychologischer und biografisch-rekonstruktiver Forschung ergibt sich eine Ent-Dramatisierung der Sicht auf Konversion und Zugehörigkeit zu NRM-Gruppen. Gleichwohl bleibt für die Beratung ggf. viel zu tun, besonders bei Dekonvertiten aus „High-Tension Groups". Psychische Beratung und Begleitung bei der Aufarbeitung der Trennung von einer Gemeinschaft, die für Jahre oder Jahrzehnte Heimat gewesen ist, und die Trauerarbeit angesichts des Verlusts von Bezugspersonen oder einer angehimmelten und alles bestimmenden Vaterfigur stehen im Vordergrund. Aber gelegentlich sind es auch abgebrochene Bildungswege oder finanzielle Probleme, die professionelle Hilfe notwendig machen.

All diese Probleme und Kontroversen scheinen nicht oder nur eingeschränkt für diejenigen Ausdruckgestalten neuer Religiosität zu bestehen, für die es keine festen Organisationen gibt, sondern die ein eher fluides und sporadisches Netzwerk bilden. Die Gefahren liegen hier ganz anders: Es sind dies magische Manipulation, Umgehung des autonomen Entscheidungszentrums der Person, konkretistisches Denken und Selbstverurteilung bei Krankheit, Misserfolg und Schicksalsschlägen. Hier könnte auf die positive Seite des ansonsten eher schillernden Begriffs Spiritualität verwiesen werden: dass damit zuallererst auf eigene innere Erfahrungen, auf *mystische* Erfahrungen rekurriert wird. Und diese Erfahrungen entziehen sich der Verfügbarkeit, sind stets auf dem Weg und tragen so bei zur Entzauberung der Welt.

Literatur

Baer, H., Gasper, H., Müller, J., Sinabell, J. (Hrsg.) (2005): Lexikon neureligiöser Gruppen, Szenen und Weltanschauungen. Herder, Freiburg / Br.

Barker, E. (1999): New Religious Movements: Their Incidence and Significance. In: Wilson, B. R., Cresswell, J. (Hrsg.), 15–31

– (1989): New Religious Movements: A Practical Introduction. Her Majesty's Stationary Office, London

Berger, P. L. (1979): The Heretical Imperative. Contemporary Possibilities of Religious Affirmation. Doubleday, New York

Bertelsmann, S. (2008): Religionsmonitor. In: www.religionsmonitor.de, 06.06.2010

Bourdieu, P. (1971a): Eine Interpretation der Religion nach Max Weber. In: Das religiöse Feld. Texte zur Ökonomie des Heilsgeschehens. Universitätsverlag Konstanz 2000, Konstanz, 11–37

– (1971b): Genese und Struktur des religiösen Feldes. In: Das religiöse Feld. Texte zur Ökonomie des Heilsgeschehens. Universitätsverlag Konstanz 2000, Konstanz, 39–110

Chryssides, G. D. (1999): Exploring New Religions. Cassell, London

Deutscher Bundestag, Enquête-Kommission „Sogenannte Sekten und Psychogruppen" (Hrsg.) (1998): Neue religiöse und ideologische Gemeinschaften und Psychogruppen. Forschungsprojekte und Gutachten der Enquête-Kommission „Sogenannte Sekten und Psychogruppen". Hoheneck-Verlag, Hamm

Feige, A. (2010): Jugend und Religion. In: Krüger, H.-H., Grunert, C. (Hrsg.): Handbuch der Kindheits- und Jugendforschung. 2. Aufl. VS Verlag, Wiesbaden, 917–931

Fuller, R. C. (2001): Spiritual, But Not Religious: Understanding Unchurched America. Oxford UP, Oxford / New York

Gebhardt, W. (2010): Flüchtige Gemeinschaften: Eine kleine Theorie situativer Event-Vergemeinschaftung. In: Lüddeckens, D., Walthert, R. (Hrsg.), 175–188

– (2002): Signaturen der religiösen Gegenwartskultur. Die Verszenung der Kirchen und die Eventisierung der Religion. In: Isenberg, W. (Hrsg.): Orte für den Glauben. Die zukünftige Gestalt des Christentums in der säkularen Welt. Bensberg, Bergisch Gladbach, 9–23

Haack, F. W. (1974): Die neuen Jugendreligionen. Evangelischer Presseverband für Bayern, München

Hassan, S. (1993): Ausbruch aus dem Bann der Sekten. Rowohlt, Reinbek

Heelas, P., Woodhead, L., Seel, B., Szerszynski, B., Tusting, K. (2005): The Spiritual Revolution: Why Religion Is Giving Way to Spirituality. Blackwell, Oxford

Heimbrock, H.-G., Streib, H. (Hrsg.) (1994): Magie – Katastrophenreligion und Kritik des Glaubens. Eine theologische und religionstheoretische Kontroverse um die Kraft des Wortes. Kok, Kampen

Houtman, D., Aupers, S. (2007): The Spiritual Turn and the Decline of Tradition: The Spread of Post-Christian Spirituality in 14 Western Countries, 1981–2000. Journal for the Scientific Study of Religion 46, 305–320

Hutter, M. (2004): Neue Religionen. In: Grabner-Haider, A., Prenner, K. (Hrsg.): Religionen und Kulturen der Erde. Ein Handbuch. Böhlau Verlag, Wien, 288–299

Kaufmann, F.-X. (1989): Religion und Modernität. J. C. B. Mohr (Paul Siebeck), Tübingen

Klosinski, G. (1996a): Pathogene Erscheinungsformen fundamentalistisch-rigoristischer Abhängigkeitsverhältnisse. Politische Studien 47, 94–108

– (1996b): Psychokulte. Was Sekten für Jugendliche so attraktiv macht. C. H. Beck, München

Knoblauch, H. (2010): Vom New Age zur populären Spiritualität. In: Lüddeckens, D., Walthert, R. (Hrsg.), 149–174

– (2009): Populäre Religion: Auf dem Weg in eine spirituelle Gesellschaft. Campus, Frankfurt / M.

Lilliston, L., Shepherd, G. (1999): New Religious Movements and Mental Health. In: Wilson, B. R., Cresswell, J. (Hrsg.), 123–139

Luckmann, T. (1991): Die unsichtbare Religion. Suhrkamp, Frankfurt / M.

Lüddeckens, D., Walthert, R. (Hrsg.) (2010): Fluide Religion: Neue religiöse Bewegungen im Wandel. Theoretische und empirische Systematisierungen. transcript, Bielefeld

Marler, P. L., Hadaway, C. K. (2002): ‚Being Religious‘ or ‚Being Spiritual‘ in America: A Zero-Sum Proposition? Journal for the Scientific Study of Religion 41, 289–300

Matthes, J. (1992): Auf der Suche nach dem ‚Religiösen‘. Reflexionen zu Theorie und Empirie religionssoziologischer Forschung. Sociologia Internationalis 2, 129–142

Melton, J. G., Introvigne, M. (Hrsg.) (2000): Gehirnwäsche und Sekten – Interdisziplinäre Annäherungen. Diagonal, Marburg

Namini, S., Murken, S. (2009): Self-chosen Involvement in New Religious Movements (NRMs): Well-being and Mental Health from a Longitudinal Perspective. Mental Health, Religion & Culture 12, 561–585

Parsons, W. B. (1999): The Enigma of the Oceanic Feeling: Revisioning the Psychoanalytic Theory of Mysticism. Oxford University Press, New York

Partridge, C. (Hrsg.) (2004): Encyclopedia of New Religions: New Religious Movements, Sects and Alternative Spiritualities. Lion Publishing PLC, Oxford

Richardson, J. T. (2000): Behauptungen zu Gehirnwäsche und Minderheitenreligionen außerhalb der Vereinigten Staaten: Kulturelle Verbreitung eines fragwürdigen Konzepts im gesetzlichen Bereich. In: Melton, J. G., Introvigne, M. (Hrsg.): Gehirnwäsche und Sekten – Interdisziplinäre Annäherungen. Diagonal, Marburg, 199–226

– (1995): Clinical and Personality Assessment of Participants in New Religions. The International Journal for the Psychology of Religion 5, 145–170

– (1992): Mental Health of Cult Consumers: Legal and Scientific Controversy. In: Schumaker, J. F. (Hrsg.): Religion and Mental Health. Oxford UP, New York, 233–244

– (1985): Psychological and Psychiatric Studies on New Religious Movements. In: Brown, L. B. (Hrsg.): Advances in the Psychology of Religion. Pergamon Press, Oxford, 209–223

– (Hrsg.) (1978): Conversion Careers: In and Out of the New Religions. Sage Publications, Beverly Hills

Richardson, J. T., Introvigne, M. (2007): New Religious Movements, Countermovements, Moral Panics, and the Media. In: Bromley, D. G. (Hrsg.): Teaching New Religious Movements. Oxford University Press, New York, 91–111

Singer, M., Lalich, J. (1997): Sekten. Wie Menschen ihre Freiheit verlieren und wiedergewinnen können. Auer, Heidelberg

Streib, H. (2010): Religion and Her Older Sister: Interpretation of Magic in Tillich's Work with Respect to Recent Discourses in Psychology. In: Grau, K., Haigis, P., Nord, I. (Hrsg.): Tillich Preview 2010. Lit Verlag, Münster, 5–24

– (2007): Religious Praxis: De-Institutionalized? Theoretical and Empirical Considerations. In: Streib, H. (Hrsg.): Religion Inside and Outside Traditional Institutions. Brill, Leiden, 147–174

– (1998a): Milieus und Organisationen christlich-fundamentalistischer Prägung. In: Deutscher Bundestag, Enquête-Kommission „Sogenannte Sekten und Psychogruppen“ (Hrsg.) (1998), 107–157

– (1998b): Teilprojekt „Biographieverläufe in christlich-fundamentalistischen Milieus und Gruppen“. In: Deutscher Bundestag, Enquête-Kommission „Sogenannte Sekten und Psychogruppen“ (Hrsg.): Endbericht der Enquête-Kommission „Sogenannte Sekten und Psychogruppen“. Neue religiöse und ideologische Gemeinschaften und Psychogruppen in der Bundesrepublik Deutschland. Deutscher Bundestag, Bonn, 416–430

– (1996): Entzauberung der Okkultfaszination. Magisches Denken und Handeln in der Adoleszenz als Herausforderung an die Praktische Theologie. Kok Pharos, Kampen

–, Gennerich, C. (2010): Jugend und Religion. Juventa, Weinheim

–, Hood, R. W. (2010): Modeling the Religious Field: Religion, Spirituality, Mysticism and Related World Views. CIRRuS Working Papers Nr. 9, Bielefeld

–, Hood, R. W., Keller, B., Csöff, R.-M., Silver, C. (2009): Deconversion. Qualitative and Quantitative Results from Cross-Cultural Research in Germany and the United States of America. Vandenhoeck & Ruprecht, Göttingen

Tacey, D. (2004): The Spirituality Revolution. The Emergence of Contemporary Spirituality. Brunner-Routledge, Andover

Tillich, P. (1957): Dynamics of Faith. Harper & Row, New York

Troeltsch, E. (1912): Die Soziallehren der christlichen Kirchen und Gruppen. J. C. B. Mohr (Paul Siebeck), Tübingen

– (1911): Das stoisch-christliche Naturrecht und das moderne profane Naturrecht. Verhandlungen des Ersten Deutschen Soziologentages vom 19–22. Oktober 1910 in Frankfurt / M.. J. C. B. Mohr (Paul Siebeck), Tübingen, 166–214

Weber, M. (1921 / 2001): Religiöse Gemeinschaften. In: Max Weber Gesamtausgabe, Abt I, Schriften und Reden, Bd. 22-2: Wirtschaft und Gesellschaft. Die Wirtschaft und die gesellschaftlichen Ordnungen und Mächte. J. C. B. Mohr (Paul Siebeck), Tübingen, 121–448

Wilson, B. R., Cresswell, J. (Hrsg.): New Religious Movements: Challenges and Responses. Routledge, New York

Zablocki, B. (Hrsg.) (2001): Misunderstanding Cults: Searching for Objectivity in a Controversial Field. University of Toronto Press, Toronto

Neurobiologie

Von Manfred Spitzer

Bis vor wenigen Jahren war die Schnittmenge der Themengebiete Neurobiologie einerseits und Sozialarbeit bzw. Sozialpädagogik andererseits praktisch noch leer. Ein Artikel über das Eine im Handbuch über das Andere reflektiert damit zunächst die Tatsache, dass sich dies geändert hat, und verlangt einleitend nach einer Begründung. Diese liegt zunächst darin, dass Phänomene und Fragestellungen des Sozialen seit einigen Jahren auch mit neurowissenschaftlichen Methoden erforscht werden. Im anglo-amerikanischen Sprachraum hat sich hierfür längst der Begriff der *Social Neuroscience* (Cacioppo et al. 2002; 2006; Cacioppo / Berntson 2004; Gallese et al. 2004; Harmon-Jones / Winkileman 2007; Harmon-Jones / Beer 2009; Spitzer 2008; 2004a) etabliert (Abb. 1). Zudem hat sich herumgesprochen, dass die alten Grabenkämpfe zwischen Natur- und Geisteswissenschaft im 21. Jahrhundert nicht mehr zeitgemäß sind. Die „Deutungshoheit" hat ganz einfach derjenige, der zur Lösung eines Problems etwas Interessantes, Neues, Wichtiges, Unerwartetes oder Handlungsrelevantes beitragen kann. Nicht selten sind es dabei die interdisziplinären Ansätze, die neue Einsichten liefern: so etwa die Arbeit des Diplom-Mathematikers Michael Kosfeld vom Züricher Institut für empirische *Wirtschafts*forschung zu den *sozialpsychologischen* Auswirkungen eines aus der *Gynäkologie* bekannten Hormons: Oxytocin ändert das Vertrauen von Menschen (Kosfeld et al. 2005). Selbst in systematischer Hinsicht ergeben sich Gemeinsamkeiten zwischen Neurobiologie und Sozialpädagogik: Für den Pädagogen Hartmut von Hentig (2010) ist Pädagogik immer auch Sozialpädagogik; er hat prägende Jahre in den USA verbracht, und die Angelsachsen sprechen von *Education*, unterscheiden also nicht zwischen Erziehung und Bildung. Das menschliche Gehirn auch nicht!

Abb. 1: Soziale Neurowissenschaft als Schnittmenge von Sozialarbeit/-pädagogik und Neurobiologie

Das Gehirn lernt immer

Es gehört sicherlich zu den wichtigsten Erkenntnissen der vergangenen zwei Jahrzehnte, dass sich unser Gehirn dauernd nach Maßgabe unserer Erfahrungen ändert. Lernen findet damit immer statt, wenn im Gehirn Prozesse des Erlebens, Fühlens, Denkens, Entscheidens und Handelns ablaufen (Spitzer 2002). Man spricht von Neuroplastizität, sofern man nicht den psychologischen Vorgang des Lernens, sondern den neurobiologischen Vorgang der Veränderung der Verbindungstärke zwischen Nervenzellen (Synapsen) meint. Über diese Verbindungen laufen die elektrischen Impulse (Aktionspotenziale), die letztlich die zentralnervöse Informationsverarbeitung ausmachen. Die Anzahl dieser Verbindungen liegt in der Größenordnung von einer Million Milliarden (10^{15}), womit deutlich wird, wie groß die Speichermöglichkeiten des menschlichen Gehirns sind.

Anhand einzelner Erlebnisse werden dabei *nicht* Einzelheiten gespeichert, sondern allgemeine Regeln

Otto/Thiersch (Hg.), Handbuch Soziale Arbeit, 4. A., DOI 10.2378/ot4a.art101,
© 2011 by Ernst Reinhardt, GmbH & Co KG, Verlag, München

und Zusammenhänge, Fertigkeiten, Fähigkeiten, Einstellungen und Haltungen. Im Vorschulalter wird viel gespielt, und sehr vieles (nicht nur Laufen und Sprechen) wird genau durch und im Spiel allgemein gelernt. Auch in der Schule ist das Lernen nicht grundsätzlich anders: Das Gehirn lernt nach wie vor immer, unterscheidet nicht zwischen Schulzeit und Freizeit, sondern baut in sich allgemeine Regeln anhand einzelner Erfahrungen auf. Die Gehirnforschung lehrt uns, dass das Allgemeine an Beispielen gelernt wird und gerade nicht durch das Auswendiglernen von Regeln. Ein Mensch lernt auf diese Weise Laufen und Sprechen, Rücksichtnahme und Fairness, „Bitte" und „Danke", Teilhabe an seiner Gruppe und Selbstbestimmung, Singen im Chor und ein Solo „gegen" den Chor; Lesen, Schreiben, Rechnen, Latein und die binomischen Formeln; Flora und Fauna, die chemischen Elemente, das Archimedische Prinzip, die gewalttätige Geschichte und die Vorteile der Gewaltenteilung. Wenn es glückt, greifen dabei Schulzeit und Freizeit sinnvoll ineinander: Beim Fußball- oder Geigenspiel lernt ein Kind, dass Übung seine Fähigkeit verbessert, und bei einem Geigenvorspiel oder einem Turnier lernt es, eine Situation zu bestehen, in der es „darauf ankommt". Wer beides gelernt hat – das Lernen und das Bestehen – wird Anforderungssituationen erfolgreicher bestehen, völlig unabhängig davon, ob es um Latein oder Mathematik, eine Bewerbung oder eine Bewertung (etwa im Rahmen eines Handlungsdilemmas) geht.

Die Beispiele machen deutlich, dass dieses *implizite* Lernen (wie es auch genannt wird, um es vom *expliziten* Lernen von Fakten zu unterscheiden) vor allem auch den sozialen Bereich betrifft. Einstellungen, Gewohnheiten, Haltungen, Verhaltensnormen, Rollen und nicht zuletzt *Werte* werden nicht anders gelernt als das Sprechen: anhand von Beispielen, die selbst aktiv erlebt oder beobachtet werden.

Das soziale Gehirn

Primaten lebten im Laufe ihrer Evolution in Gruppen zunehmender Größe, für deren reibungsloses Funktionieren *als Gruppe* ganz offensichtlich bestimmte Anpassungsvorgänge im Gehirn sorgten, die Funktionen und Mechanismen von Sozialverhalten betreffen. Zu den wahrscheinlich bekanntesten dieser Mechanismen zählen wahrscheinlich die sogenannten *Spiegelneuronen*, die man korrekter als Imitationsneuronen bezeichnen müsste. Entdeckt wurden sie durch italienische Wissenschaftler aus Parma im motorischen System bei Affen (Gallese et al. 1996; Rizzolatti / Sinigaglia 2008). Manche Neuronen, die eigentlich für die Planung komplexer Bewegungen zuständig sind, werden nicht nur beim Ausführen dieser Bewegungen aktiv, sondern auch beim Wahrnehmen der gleichen Bewegung bei einem anderen. Dieser Andere ist normalerweise ein anderes Individuum der gleichen Art. Entdeckt wurde das ganze aber bei einem Affen, der nach Weintrauben greifen konnte und der einen Menschen (den Versuchsleiter) sah, wie dieser nach den Trauben griff. „Die Beobachtung einer Handlung ruft beim Betrachter die automatische Simulation der gleichen Handlung hervor. Dieser Mechanismus erlaubt auf implizite Weise das Verständnis der Handlung eines anderen" erläutern Gallese und Buccino (2010, 44) dieses Phänomen.

Wie Experimente (Umiltà et al. 2001) zeigten, vermitteln Spiegelneuronen die Bedeutung einer Handlung und nicht einfach nur deren äußerlichen visuellen Eindruck. Zudem können Spiegelneuronen auch die akustische Modalität betreffen, also z. B. aktiv sein, wenn der Affe *hört*, dass jemand nach einem Schlüsselbund greift (Kohler et al. 2002). Rizzolatti und Graighero (2004) nennen aufgrund ihrer Studien einen Anteil von 33 % somatosensorischer, 11 % visueller und 56 % bimodaler (somatosensorisch und visuell) Neuronen an allen untersuchten Spiegelneuronen. Es scheint also, als würde mindestens die Hälfte dieser Neuronen Handlungen auf einer abstrakten Ebene kodieren.

Auch im menschlichen Gehirn ließen sich Spiegelneuronen mittels bildgebender Verfahren wie der *funktionellen Resonanztomografie* (fMRT) nachweisen (Buccino et al. 2001). Deren Aktivität ist nicht auf die Hand beschränkt, sondern auch auf Aktionen (bzw. deren Beobachtung) von Mund oder Fuß. Man konnte zudem zeigen (Buccino et al. 2004a), dass deren Aktivierung mit dem Verständnis der Handlung, deren Einordnung bzw. Bedeutung zusammenhängt: Beobachten Menschen einen Hund oder einen anderen Menschen bei der Nahrungsaufnahme, werden jeweils Spiegelneuronen aktiviert, die „eigentlich" für Mundmotorik zuständig sind. Wird dagegen eine kommunikative Bewegung des Mundes (Sprechen, Bellen) beobachtet, dann führt nur die Beobachtung des Menschen zur Aktivierung. Es geht also nicht um die Simulation der bloßen Bewegung, sondern um die Simulation der *Handlung*.

Vor dem Hintergrund der oben festgestellten Tatsache des permanenten impliziten *Lernens* durch Erfahrung ist der Befund, dass die Aktivierung der Spiegelneuronen beim Menschen von der Erfahrung mit der entsprechenden Handlung abhängig ist: Eine fMRT-Studie an Menschen mit Erfahrungen entweder im klassischen Ballett-Tanz oder in einem brasilianischen Kampftanz mit afrikanischen Wurzeln, dem Capoeira, zeigte jeweils eine stärkere Aktivierung der Spiegelneuronen der Tänzer beim Betrachten des Tanzes, auf den sie jeweils spezialisiert waren (Calvo-Merino et al. 2005). Lernen Menschen eine komplexe motorische Fähigkeit durch Nachahmen, sind ebenfalls Spiegelneuronen im Spiel (Buccino et al. 2004b).

Nicht nur Aktionen, sondern auch Wahrnehmungen und *Emotionen* können von bestimmten Neuronen repräsentiert werden, unabhängig davon, ob sie (subjektiv) bei sich selbst oder (objektiv) bei anderen erlebt werden. Sehe ich beispielsweise, wie mein Partner *Schmerzen* erleidet, dann werden diejenigen Bereiche in meinem Gehirn aktiv, welche für die negative affektive Komponente meiner eigenen Schmerzen zuständig sind (Singer et al. 2004). Ganz ähnlich verhält es sich beim *Ekel*, der entweder in mir steckt oder von mir bei einem anderen wahrgenommen wird (Wicker et al. 2003).

Die *Schadenfreude* ist eine soziale Emotion par excellence, und an ihr lässt sich besonders eindrucksvoll verdeutlichen, wie sich ein Phänomen durch die vertiefte neurobiologische Aufklärung seiner Mechanismen besser erschließt (Spitzer 2003; 2004b). Man spielte zunächst eine Art Vertrauensspiel (in der Literatur als „Gefangenendilemma" bekannt), bei dem Spieler Nr. 1 einem zweiten Spieler entweder vertrauen kann oder nicht (Singer et al. 2006). Vertraut er ihm, dann wird Spieler Nr. 2 dieses Vertrauen entweder rechtfertigen und sich fair verhalten oder er wird dieses Vertrauen missbrauchen. Menschen möchten fair behandelt werden und mögen daher auch faire Mitspieler; unfaire mögen sie nicht. Insgesamt 32 Versuchspersonen (16 Männer und 16 Frauen) lagen nun im Magnetresonanztomografen (MRT) und wurden von einem zweiten Spieler entweder fair oder unfair behandelt.

Um Empathie zu erzeugen, ging man wie folgt vor: Ein elektrischer Reiz wurde auf dem Handrücken der rechten Hand gesetzt, wobei bereits vor dem Experiment die Stromstärken bestimmt wurden, die für eine schmerzhafte Stimulation notwendig waren. Mit Hilfe von Spiegeln konnte die Versuchsperson die rechten Hände der beiden Mitspieler sowie die eigene rechte Hand sehen. Die im Scanner liegende Versuchsperson sah zunächst einen Hinweisreiz, der anzeigte, ob entweder sie selbst oder der faire Mitspieler bzw. der unfaire Mitspieler einen leichten, nicht schmerzhaften elektrischen Reiz oder einen schmerzhaften elektrischen Reiz verabfolgt bekommen würde. Sechs Sekunden nach diesem Hinweisreiz wurde ein kleiner Kreis gezeigt, der den Beginn der elektrischen Stimulation sowie die Art der Stimulation und deren Empfänger anzeigte. Während der gesamten Empathie-Test-Phase gab es jeweils zehn solche Versuchsdurchgänge für die sechs Bedingungen (schmerzhaft versus nicht schmerzhaft, bei den drei Personen). Die beiden Mitspieler waren jeweils vom gleichen Geschlecht, es gab aber alle vier möglichen Kombinationen im Hinblick auf das Geschlecht der Versuchsperson im Scanner und das Geschlecht der Mitspieler.

Nach der MRT wurden die Versuchspersonen mittels Fragebogen noch zu ihrer Einstellung gegenüber den beiden Mitspielern gefragt, unter anderem danach, wie sie diese mochten und ob sie Rachegefühle ihnen gegenüber hatten. Sowohl die Männer als auch die Frauen schätzten die kooperierenden Mitspieler als fairer, angenehmer, mehr gemocht und attraktiver ein.

Dieses experimentelle Design erlaubte es, zunächst einmal zu replizieren, dass im Gehirn einer Versuchsperson eigene Schmerzen in einem „Schmerznetzwerk" verarbeitet werden, in das die Areale „Insel" und „anteriorer Gyrus cinguli" eingebunden sind (Abb. 2). Die Aktivierung des anterioren Gyrus cinguli war bei den Frauen signifikant, bei den Männern nur grenzwertig (schematisiert nach Daten aus Singer et al. 2006, Fig. 2a, b). Ausmaß der Aktivierung (rechts) der Insel ist beidseits bei Männern (schwarze Säulen) und Frauen (weiße Säulen), hervorgerufen durch die Wahrnehmung, dass ein fairer oder unfairer Mitspieler Schmerzen hat (Daten zusammengefasst für beide Hemisphären aus Singer et al, 2006, Fig. 2c, d). Die gleichen Bereiche zeigen sich ebenfalls aktiviert, wenn der Spieler eine unbekannte, faire Person Schmerzen erleben sieht. Gegenüber unfairen Mitspielern empfanden die Versuchspersonen weniger Empathie und entsprechend war ihr Schmerznetzwerk (neurobiologische Daten aus dem MRT) weniger aktiv, wenn sie sahen, wie der Mitspieler Schmerzen empfand.

Dieser Unterschied war bei Männern deutlicher als bei Frauen. Dies war keineswegs der einzige Unterschied zwischen Männern und Frauen, denn ein Vergleich von Arealen, die bei Belohnung und positiven Emotionen aktiviert sind, zeigte bei Männern, nicht jedoch bei Frauen, eine stärkere Aktivierung, wenn sie sahen, wie ein Mitspieler, der sie zuvor unfair behandelt hatte, Schmerzen empfand, verglichen mit der Beobachtung eines fairen Mitspielers, der Schmerzen empfand. Männer erwiesen sich als schadenfreudiger, was zu Rachsucht im Fragebogen passte. Die Autoren kommentieren ihre Ergebnisse wie folgt (Singer et al. 2006, 467; Übersetzung durch den Autor):

„Unsere Daten liefern neurobiologische Hinweise dazu, wie Fairness in sozialen Interaktionen die emotionalen Beziehungen zwischen Menschen beeinflusst. Unsere Ergebnisse zeigen, dass Kooperation diese emotionalen Beziehungen fördert, egoistisches Verhalten hingegen, das anderen schadet, schwächt diese emotionalen Beziehungen (zumindest bei Männern), so dass empathische Reaktionen im Gehirn gemindert werden oder völlig verschwinden."

Möglicherweise sind Männer in diesen Dingen sensibler, weil es ihnen aufgrund ihrer physischen Statur und größeren Körperkraft eher möglich ist, tatsächliche Bestrafungen vorzunehmen. Singer beschließt ihre Arbeit entsprechend mit dem Satz: „[...] diese Daten könnten auf die besondere Rolle von Männern bei der Aufrechterhaltung von Gerechtigkeit und Bestrafung von Normverletzungen in menschlichen Gesellschaften hinweisen" (Singer et al. 2006 468; Übersetzung durch den Autor).

Normen und ihre Einhaltung

Eine etwa zur gleichen Zeit publizierte Studie an Affen stützt diese Vermutung (Flack et al. 2006). Untersucht wurde die Auswirkungen der An- bzw. Abwesenheit einer Art „Polizei" auf das Leben in der Gemeinschaft bei den sogenannten Schweinsaffen (*Macaca nemestrina*), einer Primatenart aus der Unterordnung der Altweltaffen, die in Gruppen von 50 und mehr Tieren leben. Zunächst wurde eine große Gruppe von 84 Affen für geraume Zeit beobachtet, um die Hierarchie in der Gruppe kennen zu lernen. Es wurde deutlich, dass drei starke männliche Tiere an der Spitze der Gruppenhierarchie standen und bei Konflikten zwischen anderen Gruppenmitgliedern oft Streit schlichteten (ohne zu kämpfen, ihre bloße Anwesenheit genügte). Im Rahmen eines Experiments wurden dann diese drei „Polizisten" aus der Gruppe entfernt, was zur Folge hatte, dass sich das Leben in der Gruppe deutlich änderte: Die Zahl gewalttäti-

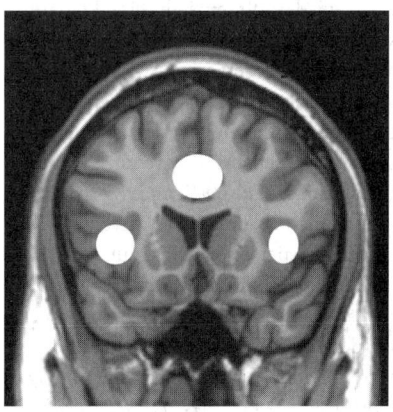
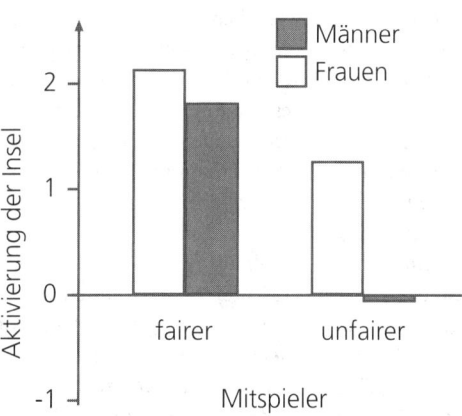

Abb. 2: Gehirnschnitt (links) mit schematisiert dargestellter Aktivierung des Schmerznetzwerkes durch das Beobachten, wie ein fairer bzw. unfairer Mitspieler selbst Schmerzen empfindet

ger Auseinandersetzungen zwischen Mitgliedern der Gruppe nahm zu, der Zusammenhalt in der Gruppe dagegen ab: Es bildeten sich Grüppchen (Cliquen), das soziale Netzwerk zerfaserte und gemeinschaftliche Aktivitäten – gegenseitiges Lausen, Miteinander-Spielen und Zusammensitzen – nahmen ab.

Auch bei den Affen muss also die Polizei selbstbewusst auftreten, sodass ihre Autorität nicht angezweifelt wird und damit handgreifliche Auseinandersetzungen erst gar nicht entstehen. Wenn dies aber der Fall ist, dann ist allen Mitgliedern der Gemeinschaft klar, dass Konflikte nicht eskalieren. Wenn dies wiederum der Fall ist, fällt es ihnen leichter, miteinander Umgang zu haben. Sind Interaktionen zwischen den Mitgliedern der Gruppe dadurch erst einmal wahrscheinlicher, werden kooperative Austauschsituationen, soziales Lernen und damit die Voraussetzungen von „Kultur" überhaupt erst geschaffen. Natürlich überleben auch die Kleinen besser, wenn das Aggressionsniveau der Gruppe insgesamt niedrig gehalten wird.

Damit beschränkt sich die Auswirkung der „Polizisten" in der Affengesellschaft keineswegs nur auf das Schlichten von Streit. Durch ihre Anwesenheit wird vielmehr eine ganze Reihe sozialer Funktionen überhaupt erst ermöglicht, welche die Gesellschaft als Ganze „sozialer" und damit lebenswerter (aber auch effektiver, im Sinne von größerer evolutionärer Fitness) macht. Weil Fairness auch für das Verhalten von Affen eine Rolle spielt (Brosnan / De Waal 2003), wäre damit ein bedeutsamer Mechanismus für die Entstehung und Aufrechterhaltung größerer sozialer Verbände identifiziert: Die männlichen Individuen erleben Fairness bzw. die Bestrafung von unfair handelnden Zeitgenossen als emotional positiv, und bestrafen abweichendes Verhalten, wenn es sein muss, sogar auf eigene Kosten. In zivilisierten Gesellschaften gibt es dafür die Polizei, deren Existenz indirekt bewirkt, dass wir Freunde und Helfer haben.

In einer eigenen Studie zum Einhalten sozialer Normen (Spitzer et al. 2007) bei Androhung von Bestrafung (Fehr / Gächter 2002) konnten wir zeigen, dass diese komplexe geistige Leistung vom Zusammenspiel mehrerer Bereiche der Gehirnrinde abhängt, zu denen nicht zuletzt der orbitofrontale Kortex gehört, der aus einer Reihe von Studien mit der Repräsentation und Verarbeitung von Werten befasst ist.

Vertrauen

Vertrauen hält eine Gemeinschaft zusammen, ist sozialer Kitt, der dafür sorgt, dass wir unseren Alltag bewältigen können. Was auch immer zwei oder mehr Menschen gemeinsam vorhaben, setzt gegenseitiges Vertrauen voraus. Tony Blair hat seine Wähler im Hinblick auf einen Kriegsgrund belogen, und die Wahlen am 5. Mai 2005 im Vereinigten Königreich haben gezeigt, was es heißt, Vertrauen zu verspielen. Wir vertrauen im Alltag nicht nur anderen Menschen, sondern auch gesellschaftlichen Institutionen bzw. deren Vertretern. Wir vertrauen der Polizei und der Bundeswehr, den Ärzten und den Richtern, nicht aber den Managern und schon gar nicht den Politikern. Das haben wir mit den Engländern gemeinsam.

Soziologen haben darauf hingewiesen, dass Vertrauen umso wichtiger wird, je komplizierter eine Gemeinschaft ist. Vertrauen reduziert Komplexität, ist soziales Kapital, das in Gesellschaften mehr oder weniger vorhanden ist und das mit Wirtschaftswachstum und mit Lebensqualität in Verbindung gebracht wird (Fukuyama 1995). Vertrauen ist, ebenso wie Wahrnehmungen, Gedanken und Gefühle, eine Leistung des Gehirns. (Spitzer 2005)

Um die Entstehung von Vertrauen neurobiologisch zu untersuchen, führten in einer Studie jeweils zwei Personen gleichzeitig in zwei MR-Scannern liegend und miteinander wirtschaftliche Transaktionen aus, bei denen es um Vertrauen ging: Der eine investierte, der andere konnte als Treuhänder einen Teil der Gewinne zurücküberweisen. Oder auch nicht (King-Casas et al. 2005).

Geschieht dies wiederholt, entsteht eine Dynamik: Der Investor wird zunächst vorsichtig investieren. Erhält er mehr als investiert zurück, lohnt sich die Investition also für ihn, wird er beim nächsten Mal mehr investieren. Dann wird der Treuhänder auch dazu neigen, entsprechend mehr zurückzuüberweisen etc. Es kann sich also *gegenseitiges* Vertrauen aufbauen (oder nicht!), und die Analyse des Verhaltens der Versuchspersonen zeigte zunächst, dass sie nach der einfachen Formel *Wie du mir, so ich dir* handelten.

Die Analyse der Daten aus dem MR ergab Folgendes: Beim Treuhänder zeigte sich in einer einzigen Gehirnregion (dem Kopf des *Nucleus caudatus* beidseits) eine signifikante Aktivierung sofern er dem Investor vertraute. Weitere Analysen zeigten, dass dieser Bereich des Treuhänder-Gehirns zu Anfang des Spiels auf die Investition *reagiert*, d. h. *nach* der Bekanntgabe der Investition aktiv wird. Gegen Ende des Spiels *agiert* die gleiche Gehirnregion jedoch bereits *vor* der Bekanntgabe der Investition.

Dies zeigt weder, dass Vertrauen im Gehirn sitzt (wo sonst? Man wusste das schon vorher!), noch dass man seinem Nucleus caudatus vertrauen soll (wie manche Pressekommentare zu dieser recht spektakulären Studie meinten). Es geht vielmehr um die Aufklärung der Frage, wie Menschen miteinander umgehen und damit – im wahrsten Sinne des Wortes – um Aufklärung (Spitzer 2010). Schließlich sollte ein besseres Verständnis der Mechanismen der Entstehung von Vertrauen dazu beitragen können, das Ausmaß an Vertrauen in unserer Gesellschaft zu steigern. Hierbei geht es – wohlgemerkt *nicht* um Manipulation, sondern um ein verbessertes Verständnis der Rahmenbedingungen. Wer weiß, dass ein Pflänzchen Wasser braucht, um zu wachsen, wird es gießen, wenn er will, dass es wächst. Er manipuliert es damit aber ebenso wenig, wie er Menschen manipuliert, deren Vertrauen er dadurch gewinnt, dass er es rechtfertigt. Denn es sind gute Taten und deren verlässliche Vorhersagbarkeit, die Vertrauen hervorrufen. Wie dies geschieht, vermag die Neurobiologie vielleicht gut zu verdeutlichen. Nicht mehr, aber auch nicht weniger!

Rassenvorurteile

Dass es bei sozialer Neurowissenschaft um weit mehr geht als um ein „Zentrum", in dem man eine Aktivierung bei dieser oder jener geistigen bzw. sozialen Leistung nachweisen kann, zeigt eine Untersuchung von Richeson und Mitarbeitern (2003) zu Rassenvorurteilen sehr klar, denn nicht so sehr die beteiligten *Strukturen* (also ein „Rassismus-Zentrum"; Anonymus 2003) machen diese Studie so interessant, sondern die gefundenen *Mechanismen*. Sie sei deswegen kurz dargestellt.

„Haben Sie etwas gegen Schwarze?" – Wer so fragt, wird in der Regel Antworten wie „Nein", „Nein, wo denken Sie hin" oder „Nein, ich doch nicht" erhalten, insbesondere, wenn er sich in den USA befindet, wo man sehr genau auf *Political Correctness* achtet. Vorurteile gegenüber Schwarzen, Ro-

ten, Gelben, Alten, Jungen, Behinderten, Spaniern, Vietnamesen, Frauen oder irgendeiner anderen gesellschaftlichen Gruppe werden dort ebenso streng geahndet, wie sie faktisch bestehen (die Rasse bestimmt in den USA das Einkommen in ähnlicher Weise wie die soziale Herkunft, das Alter oder das Geschlecht der Person).

Wer also die Vorurteile einer Person wissenschaftlich untersuchen möchte, kann dies nicht einfach durch Befragung tun. Diese Einsicht hatte schon Sigmund Freud vor gut einhundert Jahren, und sie bewog ihn dazu, weniger darauf zu achten, was die Leute bewusst sagen, sondern darauf, was sie unbewusst von sich geben: Seine noch heute sehr lesenswerte *Psychopathologie des Alltagslebens* (Freud 1904) ist voll von Beispielen, in denen Menschen etwas Bestimmtes nicht sagen wollen und es dann dennoch durch ihre (Sprach-)Handlungen verraten.

Bei der Untersuchung von Vorurteilen macht man sich bis heute *unbewusste Assoziationen* zu nutze, d. h. die bekannte Tatsache erfahrungsabhängiger Informationen in Form neuronaler Verknüpfungen speichernder Netzwerke. Bei Vorgabe des Wortes „kalt" denken die meisten Menschen an „heiß", weil im Gehirn letztlich Spuren regelhafter Zusammenhänge der Umgebung (dazu zählt auch die Sprachumgebung) repräsentiert sind, also gleichsam die Statistik des Input (Lany / Safran 2010). Nun zeichnen sich Antonyme dadurch aus, dass sie die gleiche sprachliche Umgebung besitzen (das Haus ist groß / klein; die Suppe ist heiß / kalt; das Auto fährt langsam / schnell; etc), weswegen Gegensätze in unseren Köpfen von allen begrifflichen Relationen am stärksten miteinander verknüpft sind.

Der *Implicite Association Test* (IAT) dient zur Messung von Vorurteilen, d. h. von automatischen assoziativen Verbindungen im Gehirn einer Person, mit Hilfe einer einfachen Versuchsanordnung (Abb. 3). Der Proband sitzt vor einem Bildschirm, sieht Wörter und muss durch das Drücken eines von zwei Knöpfen auf die Wörter reagieren: links drücken bei positiven Wörtern und solchen, die einen in der weißen Bevölkerung häufigen Vornamen darstellen; rechts drücken bei negativen Wörtern und einem in der schwarzen Bevölkerung häufigen Vornamen.

In der anderen Bedingung drücken sie links bei positiven Wörtern und einem „schwarzen" Vornamen sowie rechts bei negativen Wörtern und einem „weißen" Vornamen. Diese Bedingung ist für praktisch alle Menschen – einschließlich übrigens der Mehrheit der schwarzen Bevölkerung – schwerer als die andere, denn wir sind es gewohnt, weiße Menschen positiver zu betrachten als schwarze, *auch wenn wir dies nicht wahrhaben wollen* und uns bewusst gegen solche Vorurteile wehren. Die Gesellschaft einschließlich der Medien hat uns mit genügend Erfahrungen versorgt, die in uns entsprechende Spuren hinterlassen haben. Auch wenn wir diese bewusst ablehnen, sind sie deswegen noch lange nicht verschwunden. Die Spuren sind vielmehr noch immer da, und man kann sie durch Tests wie den IAT nachweisen. Der Unterschied in den Reaktionszeiten und Fehlern unter der Bedingung „weiß-positiv/schwarz-negativ" und der Bedingung „schwarz-positiv/weiß-negativ" zeigt das Ausmaß automatischer Reaktionstendenzen einer Person an und lässt

sich damit als ein Maß für deren unbewusste Vorurteile gegenüber Schwarzen verwenden.

Nachdem die Versuchspersonen diesen Test hinter sich hatten, wurden sie jeweils von einem schwarzen Versuchsleiter gebeten, das System der Bruderschaften sowie die Profile der unterschiedlichen Volksgruppen (Rassen) an ihrer Universität zu diskutieren. Eine andere Gruppe diskutierte diese Fragen dagegen mit einem weißhäutigen Versuchsleiter.

Danach wiederum mussten die Versuchspersonen den bekannten *Stroop-Farbwort-Farbe-Benennungs-Test* durchführen. Bei diesem auf den Amerikaner John Ridley Stroop (1935) zurückgehenden Test muss die Versuchsperson die Farbe von Wörtern benennen, bei denen es sich um Farbwörter handelt, die in der falschen Farbe gedruckt sind. Das Wort „Rot" ist also beispielsweise in grüner Farbe

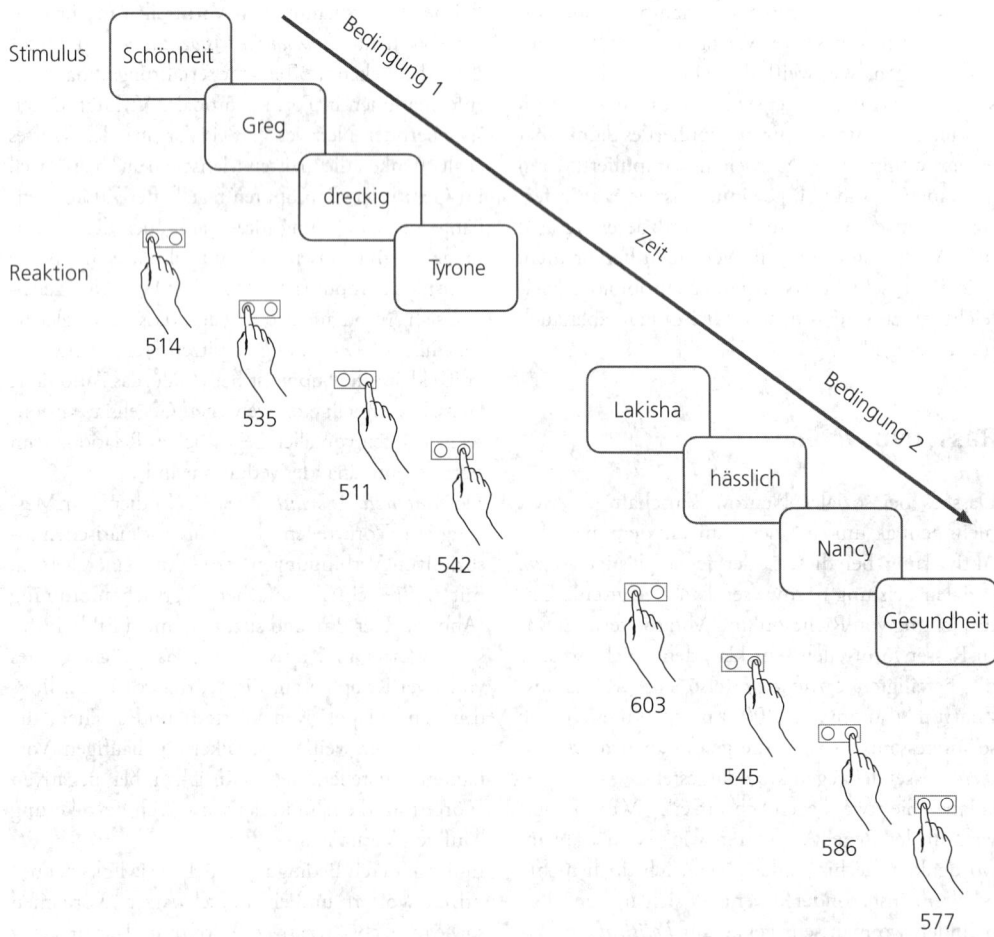

Abb. 3: Schematische Darstellung der Aufgabe (IAT) zur Messung impliziter Assoziationen (nach Gehring et al. 2003)

gedruckt und es soll die Farbe, also „Grün", benannt werden. Dieser Test misst, wie gut man dazu in der Lage ist, eine automatische Reaktion entlang eingeschliffener Spuren (eben das Lesen eines Wortes) zu unterdrücken und stattdessen willentlich eine andere weniger naheliegende Reaktion auszuführen. Er bestimmt daher das Ausmaß an *kognitiver Kontrolle*, die eine Person zu leisten im Stande ist. Dafür braucht jede Person einen gewissen mentalen Aufwand, was recht ermüdend sein kann. Andererseits ist die Kapazität zu solchem Aufwand begrenzt, weswegen man im *Stroop-Test* schlechter ist, wenn man zugleich noch etwas Anderes tun muss (*Dual-Task*-Aufgabe).

Wird also beispielsweise kognitive Kontrolle im Umgang mit einem schwarzen Versuchsleiter benötigt, dann steht sie nicht mehr für den Stroop-Test zur Verfügung. Je mehr rassistische Vorurteile jemand hat und je mehr er sich beim Umgang mit dem schwarzen Versuchsleiter „am Riemen reißen" muss, um seine Vorurteile im Zaun zu halten, desto

schlechter sollte er daher im Stroop-Test direkt danach abschneiden: Er hat seine Kontroll-Ressourcen schon auf das Zähmen seiner Vorurteile (d. h. seiner automatischen Reaktionstendenzen) verwendet. Genau so war es auch: Die Korrelation zwischen dem IAT-Wert (als Maß für die Stärke der Vorurteile einer Person) und der Stroop-Interferenz betrug 0,67 (p < 0,01). Wer nach dem Test der Vorurteile mit einem weißen Versuchsleiter über Bruderschaften und Rassenprofile diskutierte, zeigte hingegen keine solche Abhängigkeit der Leistung im Stroop-Test von der Stärke der Vorurteile: Man kann dies als Indiz dafür werten, dass diese Versuchspersonen sich (beim Umgang mit einem weißhäutigen Menschen) nicht kontrollieren mussten und daher die Ressourcen ihrer kognitiven Kontrolle (man könnte auch sagen: ihren Grips) ganz auf den Stroop-Test verwenden konnten.

Innerhalb von zwei Wochen nach dem beschriebenen Experiment wurde bei allen Probanden eine Untersuchung mittels fMRT durchgeführt, deren

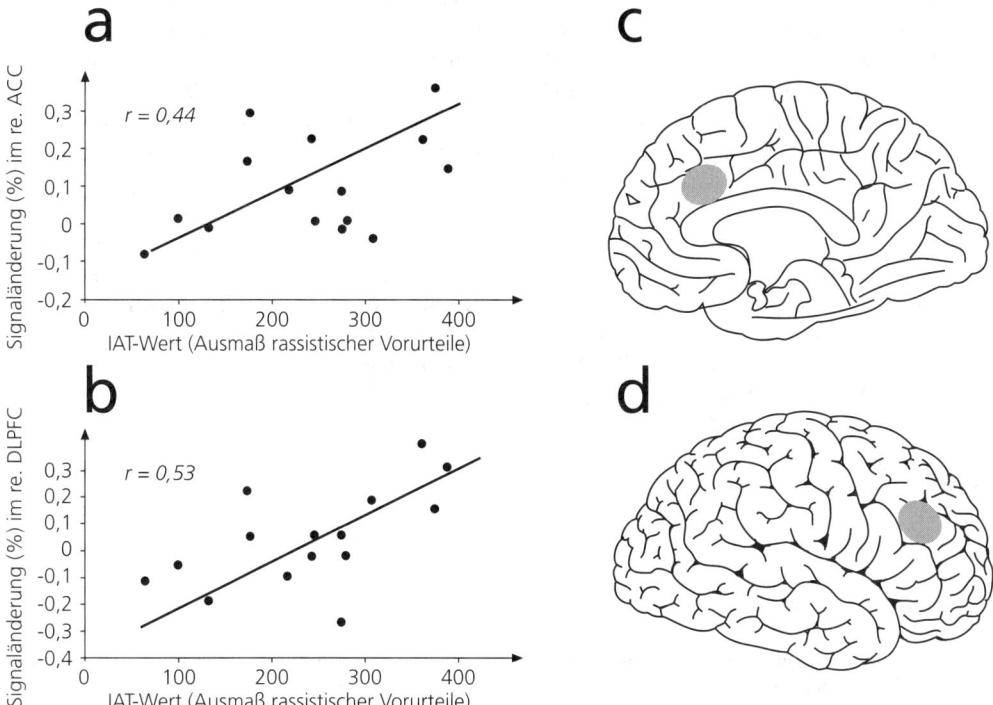

Abb. 4: Abb. 4: (a) Aktivierung beim Betrachten schwarzer versus weißer Gesichter im mittleren Gyrus des dorsolateralen präfrontalen Kortex und im vorderen rechten Gyrus cinguli. (b) Korrelation der rassenbezogenen Vorurteile (IAT) und der Aktivierung des rechten anterioren Gyrus cinguli (r = 0,44; p = 0,05) sowie (c) des rechten mittleren frontalen Gyrus (r = 0,53; p < 0,05). Es fanden sich keine weiteren signifikanten Korrelationen (nach Richeson et al. 2003).

Zusammenhang mit dem vorstehenden Experiment für die Probanden nicht ersichtlich war. Sie betrachteten im MR-Tomographen die Gesichter dunkelhäutiger („schwarzer") und hellhäutiger („weißer") Menschen. Untersuchte man nun, wo im Gehirn beim Betrachten schwarzer Gesichter mehr Aktivierung vorlag als beim Betrachten weißer Gesichter, so zeigten sich diejenigen Areale, die mit kognitiver Kontrolle in Verbindung gebracht werden (Abb. 4a).

Von besonderer Bedeutung war die Tatsache, dass diese Bereiche der kognitiven Kontrolle umso stärker aktiv waren, je größer die (zuvor mittels IAT gemessenen) Vorurteile waren (Abb. 4b, c). Zudem war die Aktivität in diesen Bereichen während der Darbietung schwarzer Gesichter mit der Interferenz im Stroop-Test korreliert, und schließlich ergab eine Regressionsanalyse, dass die Aktivität des mittleren präfrontalen Gyrus den Effekt des IAT vermittelte. Dies wiederum stützt die Hypothese, dass die in diesem Bereich des Frontalhirns gelegenen Ressourcen der Unterdrückung unerwünschter automatischer Reaktionen (d.h. der Unterdrückung von Vorurteilen) erschöpflich sind und das schlechte Abschneiden im Stroop-Test nach Interaktion mit einem schwarzen Versuchsleiter bewirkten. Daher sei noch einmal betont, dass die Effekte nur gefunden wurden, wenn die Versuchsperson nach der Messung der Vorurteile mit einem schwarzen Versuchsleiter diskutierte. Die Autoren resümieren wie folgt:

„Die gegenwärtigen Resultate zeigen daher an, dass der vorgeschlagene Mechanismus für den Einfluss von Rassenvorurteilen auf die Hemmungsleistung [falscher Antworten] nach dem Zusammentreffen von Vertretern unterschiedlicher Rassen nicht auf soziale Interaktionen zwischen Vertretern gleicher Rasse generalisiert" (Richeson et al. 2003, 1325; Übersetzung durch den Autor).

Diese Interpretation der Daten ist nicht zwingend (Gehring et al. 2003). Man konnte jedoch in dieser Studie erstmals zentralnervöse Mechanismen und Prozesse identifizieren, mit denen sich die Effekte von Vorurteilen auf spezifische soziale Denkprozesse studieren lassen (Richeson / Shelton 2003).

Ausblick

In einer Zeit, in der Aufklärung mehr Not tut denn je, in der sich die westliche Welt an Kriege vor ihrer Haustür ebenso gewöhnt hat wie der Rest der Welt schon immer und in der rassenbezogene Vorurteile im Zuge der Globalisierung (und der Angst aller davor) eher wieder auf dem Vormarsch sind, kann empirischen Studien zur Neurobiologie sozialer Denk- und Verhaltensweisen nicht genug Beachtung geschenkt und nicht genug Förderung zuteil werden. Ob die Menschheit das 21. Jahrhundert überlebt, wird nicht so sehr davon abhängen, ob die Physiker eine allgemeine Theorie der Materie hervorbringen werden, sondern vielmehr davon, ob Sozialwissenschaftler eine naturwissenschaftlich fundierte, robuste und praxisrelevante Theorie des Menschseins hervorbringen werden, die es uns erlaubt, besser miteinander umzugehen, als wir dies bislang taten (Spitzer 2004). Die Umsetzung und Anwendung solcher Erkenntnisse durch die Sozialarbeit wird viel *translationale Forschung* erfordern (Spitzer 2009). Nur sie gewährleistet, dass grundlagenwissenschaftliche Erkenntnisse in die tägliche Lebenspraxis, die neben allgemeinen Regeln auch immer die Kunst von deren Anwendung voraussetzt, eingehen.

Literatur

Anonymus (2003): Scanning the Social Brain (Editorial). Nature Neuroscience 6, 1239
Brosnan, S.F., Waal, F.B.M. de (2003): Monkeys Reject Unequal Pay. Nature 425, 297–299
Buccino, G. , Binkofski, F., Fink, G., Fadiga, L., Fogassi, L., Gallese, V., Seitz, R.J., Zilles, K., Rizzolatti, G., Freund, H.-J. (2001): Action Observation Activates Premotor and Parietal Areas in a Somatotopic Manner: An fMRI Study. European Journal of Neuroscience 13, 400–404
–, Lui, F., Canessa, N., Patteri, I., Lagravinese, G., Benuzzi, F., Carlo, A., Porro, C.A., Rizzolatti, G. (2004a): Neural Circuits Involved in the Recognition of Actions Performed By Nonconspecifics: An fMRI Study. Journal of Cognitive Neuroscience 16, 114–126

–, Vogt, S., Ritzl, A., Fink, G. R., Zilles, K., Freund, H.-J., Rizzolatti, G. (2004b): Neural Circuits Underlying Imitation Learning of Hand Actions. Neuron 42, 323–334

Cacioppo, J. T., Berntson, G. G. (Hrsg) (2004): Social Neuroscience: Key Readings. Psychology Press, New York

–, –, Adolphs, R., Carter, C. S., Davidson, R. J., McClintock, M. K., McEwen, B. S., Meaney, M. J., Schacter, D. L., Sternberg, E. M., Suomi, S. S., Taylor, S. E. (Hrsg.) (2002): Foundations in Social Neuroscience. MIT Press, Cambridge, MA

–, Visser, P. S., Pickett, C. L. (Hrsg.) (2006): Social Neuroscience. People Thinking About Thinking People. MIT Press, Cambridge, MA

Calvo-Merino, B., Glaser, D. E., Grèzes, J., Passingham, R. E., Haggard, P. (2005): Action Observation and Acquired Motor Skills: An fMRI Study with Expert Dancers. Cerebral Cortex 15, 1243–1249

Fehr, E., Gächter, S. (2002): Altruistic Punishment in Humans. Nature 415, 137–140

Flack, J. C., Girvan, M., Waal, F. B. M. de, Krakauer, D. C. (2006): Policing Stabilizes Construction of Social Niches in Primates. Nature 439, 426–429

Freud, S. (1904): Zur Psychopathologie des Alltagslebens. Fischer, Frankfurt / M.

Fukuyama, F. (1995): Trust: The Social Virtues and the Creation of Prosperity. Free Press, New York

Gallese, V., Buccino, G. (2010): Wir und die anderen. Von den Spiegelneuronen zum Mitgefühl. In: Spitzer, M., Bertram, W. (Hrsg.): Hirnforschung für Neu(ro)gierige. Schattauer, Stuttgart, 43–59

–, Fadiga, L., Fogassi, L., Rizzolati, G. (1996): Action Recognition in the Premotor Cortex. Brain 119, 593–609

–, Keysers, C., Rizzolatti, G. (2004): A Unifying View of the Basis of Social Cognition. Trends in Cognitive Sciences 8, 396–403

Gehring, W. J., Karpinski, A., Hilton, J. L. (2003): Thinking About Interracial Interactions. Nature Neuroscience 6, 1241–1243

Harmon-Jones, E., Beer, J. S. (Hrsg.) (2009): Methods in Social Neuroscience. Guilford Press, New York

–, Winkieman, P. (Hrsg.) (2007): Social Neuroscience: Integrating Biological and Psychological Explanations of Social Behavior. Guilford Press, New York

Hentig, H. v. (2010): Das Ethos der Erziehung. Was ist an ihr elementar? Vortrag auf Einladung des Kultusministeriums Baden-Württemberg, gehalten am 26.1.2010 im Neuen Schloss, Stuttgart

King-Casas, B., Tomlin, D., Anen, C., Camerer, C. F., Quartz, S. R., Montague, R. (2005): Getting to Know You: Reputation and Trust in a Two-person Economic Exchange. Science 308, 78–83

Kohler, E., Keysers, C., Umiltà, M. A., Fogassi, L., Gallese, V., Rizzolatti, G. (2002): Hearing Sounds, Understanding Actions: Action Representation in Mirror Neurons. Science 297, 846–848

Kosfeld, M., Heinrichs, M., Zak, P. J., Fischbacher, U., Fehr, E. (2005): Oxytocin Increases Trust in Humans. Nature 435, 673–676

Lany, J., Safran, J. R. (2010): From Statistics to Meaning: Infants' Acquisition of Lexical Categories. Psychological Science 20, 1–8

Richeson, J. A., Baird, A. A., Gordon, H. L., Heatherton, T. F., Wyland, C. L., Trawalter, S., Shelton, J. N. (2003): An fMRI Investigation of the Impact of Interracial Contact on Executive Function. Nature Neuroscience 6, 1323–1328

–, Shelton, J. N. (2003): When Prejudice Does Not Pay. Effects of Interracial Contact on Executive Function. Psychological Science 14, 287–290

Rizzolatti, G., Craighero, L. (2004): The Mirror Neuron System. Ann. Rev. Neurosci 27, 162–192

–, Sinigaglia, C. (2008): Empathie und Spiegelneurone: Die biologische Basis des Mitgefühls. Suhrkamp, Frankfurt / M.

Singer, T., Seymour, B., O'Doherty, J., Kaube, H., Dolan, R. J., Frith, C. D. (2004): Empathy for Pain Involves the Affective But Not Sensory Components of Pain. Science 303, 1157–1162

–, –, –, Stephan, K. E., Dolan, R. J., Frith, C. D. (2006): Empathic Neural Responses Are Modulated By the Perceived Fairness of Others. Nature 439, 466–469

Spitzer, M. (2010): Aufklärung 2.0. Schattauer, Stuttgart

– (2009): Aus Wissen wird Handlung: Medizin als Modell translationaler Forschung (Editorial). Nervenheilkunde 28, 257–258

– (2008): Decade of the Mind. Philos Ethics Humanit Med 3, 7

– (2005): Vertrauen in Norwegen, in zwei Scannern und im Nucleas caudatus. Nervenheilkunde 24, 417–422

– (2004): Selbstbestimmen. Gehirnforschung und die Frage: Was sollen wir tun? Spektrum Akademischer Verlag, Heidelberg

– (2004a): Soziale Neurowissenschaft. Zur kognitiven Neurowissenschaft sozialer Prozesse oder warum Vorurteile dumm machen. Nervenheilkunde 23, 1–4

– (2004b): Rache ist süß? Zur Neurobiologie von Bestrafungshandlungen. Nervenheilkunde 23, 549–550

– (2003): Neuroökonomie. Nervenheilkunde 22, 325–327

– (2002): Lernen: Gehirnforschung und die Schule des Lebens. Spektrum Akademischer Verlag, Heidelberg

–, Fischbacher, U., Herrnberger, B., Grön, G., Fehr, E. (2007): The Neural Signature of Social Norm Compliance. Neuron 56, 185–196

Stroop, J. R. (1935): Studies of Interference in Serial Verbal Reactions. Journal of Experimental Psychology 18, 643–662

Umiltà, M. A., Kohler, E., Gallese, V., Fogassi, L., Fadiga, L., Keysers, C., Rizzolatti, G. (2001): „I Know What You Are Doing": A Neurophysiological Study. Neuron 32, 91–101

Wicker, B., Keysers, C., Plailly, J., Royet, J. P., Gallese, V., Rizzolatti, G. (2003): Both of Us Disgusted in My Insula: The Common Neural Basis of Seeing and Feeling Disgust. Neuron 40, 655–664

Normalität und Normalisierung

Von Udo Seelmeyer und Nadia Kutscher

Mit den Begriffen „Normalität" und „Normalisierung" verbinden sich analytische und programmatische Ideen, die unter dieser Terminologie spätestens seit den 1980er Jahren in Theorie und Praxis Sozialer Arbeit prägende Bedeutung erlangt haben. Der Begriff „Normalisierung" findet dabei auf unterschiedlichen Ebenen Verwendung. Er beschreibt (a) in *pädagogisch-konzeptioneller* Hinsicht eine möglichst nicht-stigmatisierende, alltags- und lebensweltorientierte Ausgestaltung von Angeboten und Maßnahmen (für die Integrationspädagogik: Schildmann 2004), (b) in *disziplinärer* Hinsicht die Deutung eines Entwicklungsmusters der Etablierung von Sozialer Arbeit als Wissenschaft und Profession durch Prozesse der quantitativen Expansion, der funktionalen Erweiterung hin zu allgemeinen Bildungs- und Sozialisationsaufgaben und einer damit verbundenen sozialen Entgrenzung ihrer Klientel (Lüders/Winkler 1992; kritisch: Seelmeyer 2008a) und (c) in *funktionaler* Hinsicht die Bearbeitung von Abweichungen im Spannungsverhältnis von Individuum und Gesellschaft. Letzterer funktionaler Begriff von „Normalisierung" liegt den folgenden Überlegungen zu Grunde.

Normalität – Theorien und Begriffsgeschichte

Während die Bezugnahme auf Normalität zunächst durch alltagsweltliche Vorstellungen geprägt war, fand in den vergangenen Jahren eine theoretische Aufarbeitung dieses in der Theorie Sozialer Arbeit mittlerweile als zentrale Kategorie verankerten Begriffsfeldes statt. Ausgehend von einem begriffs- und theoriegeschichtlichen Zugang lassen sich ein weiter und ein enger Normalitätsbegriff unterscheiden (Link et al. 2003, 8). Der *„weite Normalitätsbegriff"* speist sich u. a. aus den Ideen des Symbolischen Interaktionismus, der Ethnomethodologie, der Wissenssoziologie sowie der Phänomenologie (zur philosophischen Grundlegung des Begriffs: Rolf 1999; Waldenfels 2008). Die Gemeinsamkeit der Zugänge liegt darin, dass Normalität *nicht* auf gesellschaftliche Verhältnisse rekurriert. Mikrosoziologische Zugänge etwa erklären den Prozess der Herstellung von Normalität auf der Ebene von Interaktionen: Normalität ist dann das, was Individuen in ihren Interaktionen als normal behandeln. Sie bildet einen gemeinsamen Orientierungshintergrund, der im Sinne konjunktiver Erfahrung (Mannheim) fraglos gegeben ist. Die Konstitutionsmechanismen von Normalität unterscheiden sich dann nicht von Prozessen der Genese von Normativität oder Normen.

Im Gegensatz dazu zeichnet sich der *„enge Normalitätsbegriff"* durch eine deutliche Abgrenzung zur Normativität aus (diskursgeschichtlich dazu: Link 1999, 190). Während im Normativen der Verbindlichkeitscharakter einer sozialen, juristischen, ethischen oder moralischen Norm in den Vordergrund tritt (Lautmann 1969), der auf der Basis einer Wertsetzung legitimiert wird, orientiert sich der enge Normalitätsbegriff an statistischen Verteilungen und analysiert „Normalität" auf einer strukturellen und funktionalen Ebene. Wurzeln dieses Normalitätsbegriffs liegen insbesondere im medizinisch-biologischen Diskurs des frühen 19. Jahrhunderts: Gegen die dichotome Trennung von Gesundheit und Krankheit gerichtet wird die Vorstellung eines Kontinuums entwickelt, innerhalb dessen Normalität und Anormalität miteinander verbunden sind. Damit wird eine spezifisch moderne Sichtweise auf Normalität begründet (Foucault 2006; Link 1999, 203; Canguilhem 1974). In seinem Ursprung ist der Terminus „normal" eng verknüpft mit der Idee von „Normung" und „Normierung" im Sinne einer Standardisierung, die auf das Erreichen statistikbezogener

Otto/Thiersch (Hg.), Handbuch Soziale Arbeit, 4. A., DOI 10.2378/ot4a.art102,

Durchschnittlichkeit zielt. Ein solcher um Normierung kreisender Diskurs entfaltete sich in verschiedenen Feldern, wie dem Militär, dem Gesundheitswesen oder dem Schulwesen ab Mitte des 18. Jahrhunderts (Sohn / Mehrtens 1999).

Normalität in diesem engeren Sinne bezieht sich auf beobachtbare Durchschnitte und Normalverteilungen in einer als Referenzgruppe dienenden (Teil-)Bevölkerung und setzt ein allgemein zugängliches Wissen über die Ausprägungen und Verteilungen jeweiliger Merkmale und Handlungsweisen voraus. Entsprechend wird sie erst mit Erreichen eines bestimmten gesellschaftlichen Entwicklungsstands möglich. Nach Link (1999, 75 ff.) lassen sich zwei polare, aber nicht voneinander trennbare Strategien eines solchen „Normalismus" analytisch unterscheiden: eine „*protonormalistische*", die in der Koppelung mit normativen Vorstellungen vergleichsweise rigide und dauerhafte Grenzziehungen des „Normalen" vornimmt (starre und enge Normalitätszone) und eine „*flexibel-normalistische*", die die Normalitätsgrenzen möglichst weit zieht, sich dynamisch entwickeln lässt und zu den Rändern hin keine scharfen Konturen aufweist (dynamische und maximal expandierte Normalitätszone). Normalität kennzeichnet hier einen spezifischen (Selbst-)Regulationsmechanismus moderner Gesellschaften.

Zum Verhältnis von Normalität und Normativität in Theorien Sozialer Arbeit

In den frühen Theorieentwürfen zur Sozialen Arbeit in der ersten Hälfte des 20. Jahrhunderts findet sich noch kein Verweis auf einen solchen Normalitätsbegriff. Vielmehr bildet hier die affirmative Bezugnahme auf tradierte Normen und damit ein explizit (und oft ausschließlich) normativer Begründungszusammenhang die Grundlage für die Bestimmung Sozialer Arbeit. Diese erfolgt im Falle der *geisteswissenschaftlichen Tradition* „vermittels einer hermeneutischen Explikation des gelebten Ethos der kulturellen Bezugsgemeinschaft", im Falle der *Caritas- und Diakoniewissenschaften* „auf der Basis einer dogmatisch fundierten christlichen Ethik" oder im Falle der *Fürsorgetheorie* Scherpners über einen gesellschaftspolitisch aufgeladenen Gemeinschaftsbegriff (Oelkers et al. 2008, 235).

Mit der sozialwissenschaftlichen Wende wurde solchen normativen Erklärungs- und Begründungsmustern für wissenschaftliche Theorien die Legitimation entzogen. Besonders vehement kritisieren Autoren in der Tradition von kritischer Theorie und (neo-)marxistischen Ansätzen die normativen Fundierungen Sozialer Arbeit in ihrer Funktionalität für Herrschaft und Kapitalismus. Implizit argumentieren sie dabei aber ebenfalls normativ: Selbstbestimmung und Emanzipation des Individuums treten hier an die Stelle der traditionellen Werte. Gleichzeitig erfolgt eine erste – eher implizite – Thematisierung von Normalität mit der Fokussierung auf „Abweichung" als antonymen Pol – etwa in der Bezugnahme auf soziologische Theorien abweichenden Verhaltens (→ Böhnisch, Abweichendes Verhalten), Theorien sozialer Kontrolle (→ Flösser / Wohlgemuth, Soziale Kontrolle) oder den „Labeling Approach". Wesentlich war dabei die Betonung des disziplinierenden und kontrollierenden Gehaltes Sozialer Arbeit im Sinne einer herrschaftsförmigen Anpassung des Individuums an gesellschaftlich vorgegebene Normen und Normalitätsvorstellungen. Erst seit den 1980er Jahren rekurrieren Theoriebeiträge zunehmend auch explizit auf das Konzept der Normalität als – zum Teil zentralen – Bezugspunkt für eine funktionale Bestimmung Sozialer Arbeit. Aber nicht Normalität als solche, sondern nur bestimmte Normalitäten werden hier zu Grunde gelegt – in der Regel ohne die Begründungszusammenhänge für eine solche Auswahl zu reflektieren. Durch diese Selektivität erfährt die Bezugnahme auf Normalität hier eine normative Aufladung, die nicht expliziert, sondern vielmehr verschleiert wird.

Normalisierung im Kontext struktur-funktionaler Zugänge

Erstmals begrifflich ins Zentrum gestellt wird Normalität in der Bestimmung von Sozialer Arbeit als „Normalisierungsarbeit" (Olk 1986), verstanden als Dienstleistungshandeln, dem eine „formbeschützende" Teilfunktion zugeschrieben wird, die sich auf basale Bestandteile eines sozialen Systems bezieht. Diese auf die Absicherung von Normalität zielende Schutzfunktion lasse sich – so Offe (1987) – nur als Vermittlungsleistung zwischen individuellem Fall und allgemeiner Norm realisieren. Entsprechend ziele Soziale Arbeit nicht zwangsläufig auf die Anpassung aller Gesellschaftsmitglieder an die herrschenden Normalitätsstandards, sondern vielmehr auf die „Einregulierung eines akzeptablen Verhältnisses von konformen und abweichenden Verhaltensweisen" (Olk 1986, 13). Den Bezugsrahmen hierfür bildeten „in erster Linie sozialpolitisch bedeutsame Normierungen, wie sie etwa in dem so genannten ‚Normalarbeitsverhältnis' und dem damit korrespondierenden Modell der bürgerlichen Kleinfamilie hervortreten" (Seelmeyer 2008b, 300). Böhnisch / Schefold (1985) sahen aber auch in der indirekten Teilhabe an Produktion und Konsum über Versorgungsleistungen im Wohlfahrtsstaat eine Form der (sekundären) Normalität, mit der – so die Hoffnung – sich Soziale Arbeit aus ihrer sozial- und ordnungspolitischen Instrumentalisierung lösen könne (Böhnisch 1996, 413). In der frühen Rezeption modernisierungstheoretischer Gesellschaftsanalysen wiederum wurden Prozesse der Pluralisierung und Enttraditionalisierung als „Auflösung von Normalität" (Rauschenbach 1992) (über-)interpretiert und damit verbunden die Abkehr von einer Orientierung an „Norm" und „Abweichung" eingeleitet.

Diese Theorieansätze des späten 20. Jahrhunderts realisieren noch keine tragfähige Konzeptualisierung von Normalität als kategorialem Bezugspunkt für Soziale Arbeit (Bettmer 2005, 6), da sie keine „objektiven", d. h. rational begründbaren Orientierungsmaßstäbe als Anhaltspunkt für das Normalisierungshandeln heranziehen. Modernisierungstheoretische Analysen, die die Auflösung sozialer Normen wie auch von Normalität proklamieren und damit auch eine darauf ausgerichtete kontrollierende Anpassung des Individuums als hinfällig betrachten, werden durch empirische und theoretische Gegenwartsanalysen (Bourdieu 1982; Vester 2001) infrage gestellt. Schließlich gilt für alle Ansätze, dass Normalität häufig in einem Atemzug bzw. sogar synonym mit dem Begriffsfeld des „Normativen" benutzt (beispielhaft: Olk 1986, 13) und damit an vielen Stellen als theoretische Kategorie unterkomplex behandelt wird, auch wenn Versatzstücke eines differenzierten Normalitätsverständnisses durchaus vorhanden sind (beispielhaft: Böhnisch 1996).

Normalisierung im Kontext von Gouvernementalitäts-Analysen

Während im oben dargestellten Normalitätsbegriff ein gesellschaftlich-normativer Bezugspunkt als vorgängig gesetzt wird, stellen Analysen im Kontext der Governmentality Studies in der Regel gerade ein nichtnormatives, auf statistischen „Tatsachen" beruhendes Konzept von Normalität in den Mittelpunkt. Da für moderne Gesellschaften die Pluralisierung sozialer Wirklichkeiten ein zentrales Merkmal darstellt, können „über die Herstellung gesellschaftlicher ‚Normalität' heterogene Wirklichkeitskonstruktionen so aufeinander bezogen werden, dass diese im Rahmen einer komplexen und offenen Struktur relativ stabile Ordnungsmuster bilden und damit soziale Ordnung herstellen" (Bublitz 2003, 151). „Normalisierung" trägt hier bei zur „Konstitution des Sozialen durch die Einführung von Verfahren der Standardisierung und Quantifizierung, von Normierungs- und Skalierungsverfahren in den Bereich sozialer Wirklichkeiten. [...] Sie bildet eine allgemeine Matrix, auf der die Leitdifferenz von Norm und Abweichung nach Maßgabe eines artifiziellen Rasters von Klassifikationen abgetragen wird" (Bublitz 2003, 151 f.). Mit der Orientierung an solchen deskriptiv-statistischen Normen können sich Individuen zugleich im Sinne einer dynamischen Stabilisierungsstrategie den wechselnden und z. T. exponentiellen Entwicklungstendenzen moderner Gesellschaften flexibler anpassen als dies mit der Orientierung an starren, ethisch-moralischen Normen möglich wäre (Foucault 2006, 98; Hark 1999; Stehr 2007).

Die Reflexion auf Normalisierung als gouvernementalen Modus Sozialer Arbeit ist seit einigen Jahren Teil einer Debatte innerhalb der Sozialen Arbeit (Anhorn et al. 2007; Behnisch 2007; Kessl 2005; Seelmeyer 2008a; 2008b), die u. a. gekennzeichnet ist von der Frage, inwiefern sich hierin eine grundlegende Tradition Sozialer Arbeit als Regierung von Subjekten abbildet. Sie ist eingebettet in eine sozialpolitische Entwicklung hin zum aktivierenden Sozialstaat, die eine grundlegende Modifikation der bisherigen Parallelität von normierenden und normativen Prinzipien hin zu einer stärkeren Ausprägung der Normierung zur Folge hat (Kessl / Otto 2009, 12 ff.). Diese „neo-soziale" (Kessl / Otto 2003; Lessenich

2003) Ausrichtung des Wohlfahrtsstaats ist gekennzeichnet durch die Aktivierung von Eigenverantwortung und individueller Risikovorsorge, eine Rhetorik der individuellen Freiheit, eine Orientierung an alternativen Arbeitsformen und Grundsicherungssystemen und insgesamt eine damit verbundene Realisierung von individualisierenden Normierungsprogrammen (Kessl / Otto 2009, 14 f.). Die am Ideal von Selbstständigkeit orientierten Leitvorstellungen sozialpolitischer Steuerung gehen einher mit einer Transformation des traditionellen Selbstverständnisses von Profession und Organisationen Sozialer Arbeit und drücken sich auch in entsprechenden normativen Erwartungen an die Klienten aus, Risiken eigenverantwortlich zu minimieren (Maaser 2006). Dabei ist Soziale Arbeit nicht nur „Betroffene", sondern auch selbst „– aktivierungspädagogische – Akteurin im Prozess der Deregulierung und Flexibilisierung" (Kessl / Otto 2010).

Michel Foucault betrachtet in seinen Gouvernementalitäts-Studien Normierung als Machtdispositiv in historischem Zusammenhang mit Diskursen einer ökonomischen Regulation, welche auf den Erhalt bzw. die Erhöhung von Produktivität zielt (Foucault 2006, 58 ff.). Im Anschluss an Foucault lassen sich eine disziplinierende und regulierende Normalisierung bzw. besser: *Normalisierung* und „*Normierung*" (Foucault 1976, 236) unterscheiden: Normalisierung zielt – orientiert an juridoformen, normativen Setzungen – mit Techniken der Disziplinierung auf das Individuum und dessen Ausschließung, Normierung hingegen auf Unterwerfung unter eine normalistische Norm über Techniken einer bevölkerungsbezogenen, eher „indirekten" Regulierung (Hark 1999). Diese Abgrenzung von disziplinierenden und regulierenden Formen ist bei Foucault jedoch nicht eindeutig bestimmt, disziplinierende und regulierende Zugänge bedingen sich vielmehr ge-

Tab. 1: Normalisierung und Normierung

	Normalisierung	Normierung
Akteursbegriff	„Social Man"	„homo oeconomicus", Rational-Choice-Akteur
zielt auf …	Einzelne/konkrete Subjekte „Gesellschaft" als Ganzes	„Raum"/„Bevölkerung"/Statistische Einheiten (z. B. „Risikogruppen") → Sektoriell
Bezugspunkt	Explizite Normativität, Präetablierte Idealnorm, religiös/ethisch-moralisch/wertgebunden statisch	Normalität als ex-post ermittelter statistischer Durchschnitt, Ökonomisch-rational (Effizienz), wissenschaftlich-technisch-empirisch abgeleitet dynamisch
Leitdifferenz	Erlaubt/verboten bzw. erwünscht/nicht erwünscht	normal/abweichend (jeweils im Verhältnis zu einer statistischen Durchschnittsnorm)
Wahrnehmungsmodus	Abweichung von Verhaltens-/Erwartungsnorm, Bewertung	statistische Auffälligkeit, Messung
(Interventions-)Modus	Persönlichkeits- und/oder statusverändernder Eingriff, Sanktion	Selbsttechnologien/Selbstregierung, alltägliche Praxen
Ziel	Richtiges Verhalten erzeugen/Abweichung verhindern	Produktivität befördern, Herstellung/Überprüfung von Lebenstüchtigkeit
Konsequenz	Ermöglichung gesellschaftlicher Teilhabe	Ermöglichung der effizienten Funktionsfähigkeit des Gesamten (ggf. um den Preis der Exklusion einzelner)

genseitig. Fluide Übergänge zwischen diesen Normalisierungsweisen finden sich ebenso in Programmen und Handlungskontexten Sozialer Arbeit, beispielsweise in den Prinzipien von Aktivierung bzw. der Erziehung zu Selbstregierung in pädagogischen Zusammenhängen. So werden statistisch konstruierte Durchschnittsmaße als Orientierungsnorm verwendet, die wiederum Anlass für disziplinierende Maßnahmen sein können. Die – mittelbare oder unmittelbare – Disziplinierungserfahrung von AdressatInnen führt wiederum zu einer höheren „compliance" selbstregierender Verhaltensweisen mit dem Ziel, Disziplinierung und Sanktionierung zu vermeiden. Entsprechend funktionieren etwa Steuerungsmechanismen im Bereich der Arbeitsförderung (Arbeitslosengeld II) oder auch die Kontrolle bei Kindeswohlgefährdung.

Diese beiden Aspekte – Normalisierung (orientiert an einem Normativitätsbezug) und Normierung (orientiert an Verteilungsphänomenen) – können auf der Basis vorliegender Entwürfe (Seelmeyer 2008a, 184f.; Foucault 2006, 87ff.) als grundlegende Modi sozialstaatlichen Handelns idealtypisch systematisiert werden (Tabelle 1).

Somit kann Soziale Arbeit als Feld der Realisierung sowohl von Normalisierung als auch von Normierung analysiert werden, wobei es sich eben um eine analytische Trennung handelt und sich empirisch immer Mischformen finden, so dass wir im Folgenden für den übergreifenden Zusammenhang auch weiterhin den Terminus „Normalisierung" verwenden werden.

Erscheinungsformen von Normalisierung im professionellen Handeln

In der Praxis Sozialer Arbeit können Aspekte der Normalisierung hinsichtlich (1) der Definition bzw. Konstruktion der Phänomene, auf die Soziale Arbeit hin handelt, und (2) der ihr zu Grunde liegenden Interventionslogiken rekonstruiert werden.

(1) Damit innerhalb der statistisch orientierten Normierungslogik ein Problem bearbeitet werden kann, wird es durch Homogenisierung und Kontinuierung identifiziert bzw. konstruiert, durch Messung quantifiziert und damit für den Einsatz

von Statistik und Durchschnittmessung als normalistische Norm zugänglich. Diese umfasst ebenso eine Toleranzzone zwischen spezifischen Grenzen und stellt den Ausgangspunkt einer normalisierenden Intervention dar (Link 1999, 133, 339ff.). So wird im Kontext Früher Hilfen z.B. vielfach die Basisnormalität „angemessenes Erziehungsverhalten" gesetzt und anhand von „objektiven" Kriterien die Abweichung von dieser Normalität im Kontext u.a. von Risikoscreenings zur Früherkennung von Problemlagen durch die Berechnung von Gefährdungs-Schwellenwerten gemessen. Risikofaktoren dienen hier der Einschätzung einer statistisch erhöhten Wahrscheinlichkeit des Eintreffens negativer Ereignisse im Verhältnis zu einer durchschnittlich erwartbaren bzw. herzustellenden „Normalquote" (Hensen / Schone 2009; Kutscher 2008).

Sozialraumbezogene Programme können ebenfalls als normalisierende Interventionen gelesen werden: im Territorialisierungsansatz teilen sie Subjekte ein in Risikogruppen, deren Verhaltensweisen beobachtet werden, um „passgenaue" Interventionen umzusetzen (Kessl / Krasmann 2005, 241) – dabei kann bereits das „Nichts-Tun" als Risiko und Auffälligkeit Anlass zum Handeln geben: der „In-Aktive" wird zum „Prototyp des Abweichlers in einem ,aktivierenden Staat'" (Ziegler 2005, 116).

(2) Die Logiken, nach denen im Kontext von Normierungsstrategien interveniert wird, sind durchaus anschlussfähig an pädagogische Prinzipien (Rieger-Ladich 2004; Lüders 2007), geht es doch um das Arrangieren, Beeinflussen oder Befördern von bestimmten Lebensführungsweisen, die auf die Aneignung von Selbsttechnologien zielen – z.B. in der Kinder- und Jugendhilfe bei Erziehungstrainings für Eltern oder Verhaltenstrainings für Kinder. Als Prinzip liegt hier eine Verhaltenssteuerung zu Grunde, die Bedingungsfaktoren außerhalb der Subjekte systematisch ausblendet bzw. nicht bearbeitet. Im Kontext der Kindeswohldebatte erfolgt Subjektivierung durch die Responsibilisierung von Eltern, d.h. die Verlagerung und Aktivierung von Verantwortung auf Seiten der Eltern und die Fokussierung auf die Notwendigkeit der Aneignung von „Erziehungskompetenzen" als Risiko minimierende Intervention (Oelkers 2009; Kutscher 2008).

Ausblick

Normalisierung steht in der Sozialen Arbeit als Modus und Bezugspunkt in theoretisch-analytischer und programmatisch-handlungsbezogener Hinsicht somit sowohl in einer gewissen Kontinuität (hinsichtlich ihrer Thematisierung in der Sozialen Arbeit) als auch in einer Diskontinuität (verbunden mit sozialstaatlichen Wandlungsprozessen) gesellschaftlicher, sozialpolitischer und sozialpädagogisch-disziplinärer Diskurse. Im Vergleich der strukturfunktionalistischen und gouvernementalen Idee von Normalisierung wird deutlich, dass beide einen Bezug auf eine disziplinierende Rolle Sozialer Arbeit beinhalten: während jedoch in der strukturfunktionalen Deutung eine (zwar diffuse) Vorstellung von eindeutigen Interessen und konkreten Akteuren besteht, stellen sich die Formen der Disziplinierung in der gouvernementalen Deutung indirekter, als mittelbare Beeinflussung von Rahmenbedingungen dar. Aber auch diese regulierende Form der Normierung ist als „normalistische Norm" durch einen (normativen) Bezug auf statistisch-empirische „Tatsachen" geprägt und erfährt durch die Einbettung in managerielle sozialpolitische Rahmenbedingungen eine auf Ökonomie und Effizienz (Foucault 2006, 98 ff.) hin ausgerichtete Prägung. Der Bezug auf „Normalverhältnisse" und die Subjektivierung von Lebensführungsverantwortung können sogar eine moralisierende Dimension beinhalten, wenn – z. B. im Kontext der Underclass-Debatte – rationale Lebensführung als Normalität und abweichendes Verhalten als Verstoß gegen das Gemeinwesen thematisiert wird.

Vor diesem Hintergrund ist Soziale Arbeit in der *Reflexion von Praxis* sowie in der *empirischen Forschung* und der *Theoriebildung* gefordert, sich mit Mechanismen der Normalisierung bzw. Normierung auseinanderzusetzen. Aufzuklären ist hier insbesondere, *welche* Normalität *wie* hergestellt und *womit* begründet wird.

Für die *Profession* gewinnt die Analyse und Reflexion von Programmen, an denen Soziale Arbeit mitwirkt, sowie von impliziter und expliziter Normativität im professionellen Handeln – auch im Verhältnis zu institutionellen und sozialstaatlichen Interessen – an Bedeutung. Effektivierungs- und damit verbundene Standardisierungstendenzen in professionellen Handlungskontexten werfen die Frage auf, inwiefern Prozesse, die auf Verfahren der Normierung basieren, einer Deprofessionalisierung Sozialer Arbeit Vorschub leisten. Dies wird insbesondere deutlich, sofern fallbezogene Entscheidungsprozesse, die auf professionellen Einschätzungen beruhen, aufgrund einer unterstellten Nicht-Objektivität und Nichtmessbarkeit zunehmend an Anerkennung verlieren und eine unreflektierte Standardisierung professionellen Handelns erfolgt (Otto / Schnurr 2000, 16).

Forschungsbedarf besteht hinsichtlich empirischer Rekonstruktionen der Herstellung von „Normalitäten" durch Verfahren und Institutionen innerhalb der Sozialen Arbeit (als „Spezialdiskurs"), sowie der für die Soziale Arbeit relevanten Elementar- und Alltags- sowie Inter-Diskurse und der sich darüber insgesamt konstituierenden für die Soziale Arbeit bedeutsamen Normalfelder (zur Definition dieser Grundbegriffe: Behnisch 2007, 46 f.). Die Erforschung von Prozessen der normalistischen Subjektivierungs- und Regierungsweisen bzw. der Selbst-Adjustierung von Individuen in den für Soziale Arbeit relevanten Bereichen kann Erkenntnisse im Hinblick auf alternative Handlungsoptionen Sozialer Arbeit ermöglichen. Darüber hinaus geht es auch um die Rekonstruktion von Orientierungswissen für (sozialpädagogisches) Handeln von Professionellen im Sinne normativer und normalistischer Bezugspunkte.

Für die *Theoriebildung ergibt sich die Aufgabe, Konstitutions- und Wirkmechanismen von Normalität zu analysieren und dabei auch über implizite normative Gehalte von Normalitätsbezügen in der Sozialen Arbeit aufzuklären.* Die für die Praxis konstitutive normative Orientierung wirft zwangsläufig aber auch für die als Handlungswissenschaft zu verstehende Disziplin Sozialer Arbeit die Frage nach ihrer normativen Orientierung und Grundlegung auf (Oelkers et al. 2008). Es zeigt sich, dass die mit der Normalisierungsidee verbundene scheinbare „Ent-Normativierung" disziplinäre Diskurse für eine implizite normative Füllung von Begriffen öffnet, die auch gegen ein sozialpädagogisches Selbstverständnis gewendet werden kann. Beispiele hierfür sind ökonomisch-konsumeristische Interpretationen eines rein deskriptiv hergeleiteten Dienstleistungsbegriffs (kritisch: Kutscher 2002, 218 ff.) oder die Orientierung an evidenzbasierter Praxis, bei der die Ausrichtung an einer empirischen Wissensbasis mit einer Effizienzorientierung verknüpft wird (kritisch: Otto et al. 2009). Als mögliche Antwort auf dieses Normativitätsproblem wird derzeit ein auf den gerechtigkeitstheoretischen Konzepten von Rawls, Senn und Nussbaum basierender Befähigungsansatz, bzw. Capability Approach diskutiert (→ Böllert / Otto / Schrödter / Ziegler, Gerechtigkeit). Neben einer solchen disziplinären Selbstvergewisserung kann die Theorie der Sozialen Arbeit mit einem differenzierten analytischen Be-

griff und Verständnis von Normalität und einer davon angeleiteten Analyse der Prozesse ihrer Herstellung einen wichtigen Beitrag zur Reflexion und Aufklärung Sozialer Arbeit unabhängig von Handlungskontexten, aber auch angesichts spezifischer problematischer Konstellationen der gegenwärtigen Praxis leisten.

Literatur

Anhorn, R., Bettinger, F., Stehr, J. (Hrsg.) (2007): Foucaults Machtanalytik und Soziale Arbeit. Eine kritische Einführung und Bestandsaufnahme. VS-Verlag, Wiesbaden

Behnisch, M. (2007): Sozialpädagogik und Normalität oder: Vom (unsicheren) Leben in der Kurvenlandschaft. In: Sozialwissenschaftliche Literaturrundschau 52, 43–59

Bettmer, F. (2005): Abweichung und Normalität. In: Otto, H.-U., Thiersch, H. (Hrsg.): Handbuch Sozialarbeit / Sozialpädagogik. Ernst Reinhardt, München / Basel, 1–6

Böhnisch, L. (1996): Normalität. In: Kreft, D., Mielenz, I. (Hrsg.): Wörterbuch Soziale Arbeit. Juventa, Weinheim / Basel, 413–415

–, Schefold, W. (1985): Lebensbewältigung. Soziale und pädagogische Verständigungen an den Grenzen der Wohlfahrtsgesellschaft. Juventa, Weinheim

Bourdieu, P. (1982): Die feinen Unterschiede. Suhrkamp, Frankfurt / M.

Bröckling, U., Krassmann, S., Lemke, Th. (Hrsg.)(2000): Gouvernementalität der Gegenwart. Studien zur Ökonomisierung des Sozialen. Suhrkamp, Frankfurt / M.

Bublitz, H. (2003): Diskurs und Habitus. Zentrale Kategorien der Herstellung gesellschaftlicher Normalität. In: Link, J., Loer, Th., Neuendorff, H. (Hrsg.), 151–162

Canguilhem, G. (1974): Das Normale und das Pathologische. Hanser, München

Foucault, M. (2006): Sicherheit, Territorium, Bevölkerung. Geschichte der Gouvernementalität I. Suhrkamp, Frankfurt / M.

– (2000): Die Gouvernementalität. In: Bröckling, U., Krassmann, S., Lemke, Th. (Hrsg.), 41–68

– (1976): Mikrophysik der Macht. Über Strafjustiz, Psychatrie und Medizin. Merve, Berlin

Hark, S. (1999): Deviante Subjekte. Normalisierung und Subjektformierung. In: Sohn, W., Mehrtens, H. (Hrsg.), 65–84

Hensen, G., Schone, R. (2009): Familien als Risiko? Zur funktionalen Kategorisierung von „Risikofamilien" in der Jugendhilfe. Neue Praxis Sonderheft 9: Neue Familialität als Herausforderung der Jugendhilfe, 149–159

Jantzen, W. (2001): Vernunft – Natur – Normalität. Bemerkungen zur Kritik der relationalen Vernunft. In: Schildmann, U. (Hrsg.): Normalität, Behinderung und Geschlecht. Leske & Budrich, Opladen, 77–94

Kessl, F. (2006): Soziale Arbeit als Regierung. In: Weber, S., Maurer, S. (Hrsg.): Gouvernementalität und Erziehungswissenschaft. VS-Verlag, Wiesbaden, 63–77

– (2005): Der Gebrauch der eigenen Kräfte: Eine Gouvernementalität sozialer Arbeit. Juventa, Weinheim / München

–, Krassmann, S. (2005): Sozialpolitische Programmierungen. In: Kessl, F., Reutlinger, C., Maurer, S., Frey, O. (Hrsg.): Handbuch Sozialraum. Wiesbaden, 227–245

–, Otto, H.-U. (2010): „Soziale Arbeit". In: Albrecht, G., Groenemeyer, A. (Hrsg.): Handbuch soziale Probleme (i. E)

–, – (2009): Soziale Arbeit ohne Wohlfahrtsstaat? Zeitdiagnosen, Problematisierungen und Perspektiven. Juventa, Weinheim / München

–, – (2003): Gouvernementalität und Soziale Arbeit. Kontrolle und Selbstführung von Akteuren und Einrichtungen. Sozial Extra 27, 15–16

–, Plößer, M. (Hrsg.) (2010): Differenzierung, Normalisierung, Andersheit. Soziale Arbeit als Arbeit mit den Anderen. VS Verlag, Wiesbaden

Kutscher, N. (2008): Prävention unter Druck. Sozial Extra 1, 38–41

– (2002): Moralische Begründungsstrukturen professionellen Handelns in der Sozialen Arbeit: eine empirische Untersuchung zu normativen Deutungs- und Orientierungsmustern in der Jugendhilfe. Dissertationsschrift. In: http://bieson.ub.uni-bielefeld.de/volltexte/2003/406/index.html, 15.05.2010

Lautmann, R. (1969): Wert und Norm. Begriffsanalysen für die Soziologie. Westdeutscher Verlag, Köln

Lemke, Th. (1997): Eine Kritik der politischen Vernunft. Foucaults Analyse der modernen Gouvernementalität. Argument-Verlag, Berlin / Hamburg

–, Krassmann, S., Bröckling, U. (2000): Gouvernementalität, Neoliberalismus und Selbsttechnologien. In: Bröckling, U., Krassmann, S., Lemke, Th. (Hrsg.), 7–40

Lessenich, S. (2003): Soziale Subjektivität: die neue Regierung der Gesellschaft. Mittelweg 36, 80–93

Link, J. (1999): Versuch über den Normalismus: wie Normalität produziert wird. 2., aktual. u. erw. Aufl., Westdeutscher Verlag, Opladen / Wiesbaden

–, Loer, Th., Neuendorff, H. (2003): Zur Einleitung: „Normalität" im Diskursnetz soziologischer Begriffe. In: Link, J., Loer, Th., Neuendorff, H. (Hrsg.): „Normalität" im

Diskursnetz soziologischer Begriffe. Synchron Wissenschaftsverlag der Autoren, Heidelberg, 7–20

Lüders, J. (2007): Soziale Arbeit und „Bildung". Ein foucaultscher Blick auf ein umstrittenes Konzept. In: Anhorn, R., Bettinger, F., Stehr, J. (Hrsg.), 185–199

Lüders, C., Winkler, M. (1992): Sozialpädagogik – auf dem Weg zu ihrer Normalität. Zur Einführung in den Themenschwerpunkt. Zeitschrift für Pädagogik 38, 359–370

Maaser, W. (2006): Aktivierung der Verantwortung: Vom Wohlfahrtsstaat zur Wohlfahrtsgesellschaft. In: Heidbrink, L., Hirsch, A. (Hrsg.): Verantwortung in der Zivilgesellschaft, Campus: Frankfurt / M. / New York, 61–84

Oelkers, N. (2009): Aktivierung von Elternverantwortung im Kontext der Kindeswohldebatte. Neue Praxis Sonderheft 9: Neue Familialität als Herausforderung der Jugendhilfe, 139–148

–, Steckmann, U., Ziegler, H. (2008): Normativität in der Sozialen Arbeit. In: Ahrens, J., Beer, R., Bittlingmayer, U. H., Gerdes, J. (Hrsg.): Beschreiben und / oder Bewerten I. Normativität in sozialwissenschaftlichen Forschungsfeldern. LIT-Verlag, Berlin, 231–256

Offe, C. (1987): Das Wachstum der Dienstleistungsarbeit: Vier soziologische Erklärungsansätze. In: Olk, Th., Otto, H.-U. (Hrsg.): Soziale Dienste im Wandel. Band 1. Helfen im Sozialstaat. Leske & Budrich, Neuwied / Darmstadt, 171–198

Olk, T. (1986): Abschied vom Experten. Sozialarbeit auf dem Weg zu einer alternativen Professionalität. Juventa, Weinheim / München

Otto, H.-U., Polutta, A., Ziegler, H. (Hrsg.) (2009): Evidence-based Practice – Modernising the Knowledge Base of Social Work? Barbara Budrich Verlag, Opladen / Farmington Hills

–, Scherr, A., Ziegler, H. (2010): Wieviel und welche Normativität benötigt die Soziale Arbeit? Neue Praxis 2, 137–163

–, Schnurr, S. (Hrsg.) (2000): Privatisierung und Wettbewerb in der Jugendhilfe. Luchterhand, Neuwied

Rauschenbach, Th. (1992): Soziale Arbeit und soziales Risiko. In: Rauschenbach, Th., Gängler, H. (Hrsg.): Soziale Arbeit und Erziehung in der Risikogesellschaft. Luchterhand, Neuwied / Kriftel / Berlin, 25–60

Rieger-Ladich, M. (2004): Unterwerfung und Überschreitung: Michel Foucaults Theorie der Subjektivierung. In: Ricken, N., Rieger-Ladich, M. (Hrsg.): Michel Foucault: Pädagogische Lektüren. VS-Verlag, Wiesbaden, 203–223

Rolf, Th. (1999): Normalität. Ein philosophischer Grundbegriff des 20. Jahrhunderts. Fink, München

Scherr, A. (Hrsg.) (2006): Soziologische Basics. Eine Einführung für Pädagogen und Pädagoginnen. VS-Verlag, Wiesbaden

Schildmann, U. (2004): Normalismusforschung über Behinderung und Geschlecht. VS-Verlag, Wiesbaden

Seelmeyer, U. (2008a): Das Ende der Normalisierung? Soziale Arbeit zwischen Normativität und Normalität. Juventa, Weinheim / München

– (2008b): Normalität und Normativität. Bezugspunkte Sozialer Arbeit im Strudel wohlfahrtsstaatlicher Transformation. In: Bielefelder Arbeitsgruppe 8 (Hrsg.): Soziale Arbeit in Gesellschaft. VS-Verlag, Wiesbaden, 299–305

Sohn, W., Mehrtens, H. (Hrsg.) (1999): Normalität und Abweichung. Studien zur Theorie und Geschichte der Normalisierungsgesellschaft. Westdeutscher Verlag, Opladen / Wiesbaden

Stehr, J. (2007): Normierungs- und Normalisierungsschübe – Zur Aktualität des Foucaultschen Disziplinbegriffs. In: Anhorn, R., Bettinger, F., Stehr, J. (Hrsg.), 29–40

– (2006): Normalität und Abweichung. In: Scherr, A. (Hrsg.), 130–134

Vester, M., von Oertzen, P., Geiling, H., Hermann, T., Müller, D. (2001): Soziale Milieus im gesellschaftlichen Strukturwandel. Suhrkamp, Frankfurt / M.

Waldenfels, B. (2008): Grenzen der Normalisierung: Studien zur Phänomenologie des Fremden 2. Suhrkamp, Frankfurt / M.

Ziegler, H. (2006): Prävention und soziale Kontrolle. In: Scherr, A. (Hrsg.): Soziologische Basics. Eine Einführung für Pädagogen und Pädagoginnen. VS-Verlag, Wiesbaden, 146–153

– (2005): Abweichung und Ordnung. Die Figuration sozialpädagogischer Präventionsstrategien. In: Thole, W. et al. (Hrsg.): Soziale Arbeit im öffentlichen Raum. VS-Verlag, Wiesbaden, 113–122

Öffentlichkeit(en)

Von Franz Hamburger

Die Wissenschaften von der Öffentlichkeit

Die Wissenschaften von der Öffentlichkeit befassen sich mit der Gesamtheit der menschlichen Kommunikation und orientieren sich dabei an Grundbegriffen wie Medien, Kommunikation und Publizität. Das Modell der *Kommunikationswissenschaft* (Beck 2007) geht von einer Grundlegung menschlichen Handelns durch Verständigung aus und versteht diesen Prozess als Austausch von Bedeutungen durch Zeichen, Symbole, Signale, Informationen. Zur Differenzierung des allgemeinen und umfassenden Begriffs von Kommunikation ist die Unterscheidung zwischen interpersonaler und Medien-Kommunikation zentral, wobei die Zwischenform der medial vermittelten interpersonalen Kommunikation mit Handy und Internet große Bedeutung hat. Mit der Medien-Kommunikation findet der Übergang in die öffentliche Kommunikation der Publizität statt.

Der *medienwissenschaftliche Zugang* (Leonhard et al. 1999) ist ähnlich fundamental angelegt, wobei der Medienbegriff differenziert wird. In der systemtheoretischen Variante (Luhmann 1988) sind Medien „symbolisch generalisierte Kommunikationsmedien", über die die Systemsteuerung operiert wird. Bei Herbert Marshall McLuhan (1995) bestimmen Medien, die Träger der menschlichen Kommunikation insgesamt sind, die jeweilige historische Gesellschaftsformation. Kommunikations- und publizistikwissenschaftlich werden Medien präziser eingegrenzt und unter dem Gesichtspunkt der Ermöglichung von Kommunikation betrachtet. Medientheoretisch wird Eigenlogik, materiell-technische Gestalt und gesellschaftliche Organisation und Institution der Medien in den Mittelpunkt der Analyse gestellt.

Im Konzept der *Kommunikations-* und *Medienwissenschaften* (Stöber 2008) werden die beiden „Teilfächer" unter dem Gesichtspunkt der „menschlichen Kommunikation und des sozialen Mediengebrauchs" zusammengefasst (10). Als Grundbegriffe für das gemeinsame Feld der Teilfächer gelten *Botschaft*, die als *Information* oder *Kommunikat* in Erscheinung tritt, und die Struktur von Sender und *Empfänger*, *Sprecher* und *Hörer*, *Kommunikator* und *Rezipient* u. a. Das Spezifische der menschlichen Kommunikation ist der Austausch von Bedeutungen, die symbolisiert von den Medien „getragen" werden. Öffentlichkeit ist in diesem Kontext ein Forum, „auf dem Kommunikation stattfindet und Medien benutzt werden" (Stöber 2008, 11).

Die *Publizistikwissenschaft* wird historisch in der Zeitungswissenschaft verortet, die sich mit dem Entstehen weiterer Massenmedien entsprechend ausgeweitet hat. Zwar wird die PW kommunikationstheoretisch fundiert, aber ihr Zentrum bleibt die Publizistik als „das öffentliche Miteinander-in-Beziehung-Treten von Menschen mittels originärer Kommunikationsformen und / oder technischer Medien zur Herstellung von Verständigung über Aktuelles in Zeit und Gesellschaft" (Pürer 1993, 19).

Die Dynamik und Ausweitung der Zeitungswissenschaft hin zu einer Wissenschaft der öffentlichen Kommunikation, mit der sich im Verlauf des 20. Jahrhunderts zunehmend die Sozialwissenschaften befassen, hat auch zur Ausweitung des Begriffs geführt. Die Publizistik- und Kommunikationswissenschaft wird als „transdisziplinäres Fach" verstanden, das den Gesamtgegenstand der „öffentlichen Kommunikation" nur noch als „Integrationswissenschaft" begreifen kann mit einer hohen Ausdifferenzierung der Untersuchungsgegenstände, -ebenen und -methoden (Bonfadelli / Jarren 2001).

Otto/Thiersch (Hg.), Handbuch Soziale Arbeit, 4. A., DOI 10.2378/ot4a.art103,
© 2011 by Ernst Reinhardt, GmbH & Co KG, Verlag, München

Aus der Perspektive der Sozialen Arbeit verweisen die verschiedenen wissenschaftlichen Zugänge darauf, dass sie selbst ganz und gar ein kommunikatives Subsystem ist, der Übergang von geschützter Kommunikation zur öffentlichen Kommunikation die zentrale Systemmarkierung darstellt und die Funktion der Sozialen Arbeit immer wieder in der Öffentlichkeit definiert wird. Die beruflich erbrachte Kommunikation bleibt in der Regel nichtöffentlich, kann aber nur in besonderen Fällen (Drogenberatung) gegen öffentliche Kontrolle gesichert werden. Soziale Arbeit kann also nicht der privaten Kommunikation zugeordnet werden, denn diese kann üblicherweise nicht veröffentlicht werden. Die nicht-öffentliche Kommunikation in der Sozialen Arbeit steht zur Disposition der Öffentlichkeit bzw. öffentlich-institutionellen Überprüfung. Die Dichotomie von „Soziale Arbeit *und* Öffentlichkeit" lässt sich also auflösen, und Soziale Arbeit als Gesamtheit wird zu einem kommunikations- und publizistikwissenschaftlich zu analysierenden Feld.

Der Begriff Öffentlichkeit

Während es in den Kommunikationswissenschaften eine differenzierte Diskussion zu den Begriffen der Öffentlichkeit, der öffentlichen Meinung und der Publizität gibt, konzentrierte sich die sozialpädagogische Rezeption stark auf den gesellschafts- und geltungstheoretischen Begriff der Öffentlichkeit, wie ihn Jürgen Habermas entwickelt hat (Habermas 1962/1990; Richter 2005). Erst mit der Akzentverlagerung in der sozialpädagogischen Debatte hin zur dienstleistungstheoretischen Vermarktlichung in den 1990er Jahren sind Managementkonzepte, die die Öffentlichkeit unter dem Gesichtspunkt von *Social Sponsoring*, *Public Relation* und *Corporate Design* wahrnehmen, in den Vordergrund getreten. Seitdem wird vorrangig von Öffentlichkeitsarbeit gesprochen; die beiden Entwicklungslinien sind noch bei Puhl (2004) repräsentiert.

„Öffentlich" und „privat" sind entgegen gesetzte Bezeichnungen von gesellschaftlichen Sphären, die aufeinander bezogen sind. Die Privatheit unterliegt der Kontrolle des autonomen Individuums, dessen Privatheit durch den Rechtsstatus im demokratischen Staat geschützt wird. Die Tätigkeit des Staa-

tes dagegen ist öffentlich, um die politischen, sozialen und Freiheitsrechte des Bürgers zu garantieren. Dabei beruft sich der Staat auch auf die Notwendigkeit, eine „öffentliche Ordnung" zu sichern. Mit dem Entstehen der bürgerlichen Gesellschaft haben die Bürger eine gegen die repräsentative Öffentlichkeit des feudalen Staats gerichtete Gegenöffentlichkeit entwickelt, mit der vor allem der Anspruch demokratischer Meinungsbildung verknüpft wurde. Die Entwicklung der Medien stand zunächst im Dienste dieser Gegenöffentlichkeit; als Massenmedien strukturieren sie sich dann zunehmend in einem Markt und folgen dessen Logik. Dieser „Strukturwandel der Öffentlichkeit" (Habermas 1962/1990) lässt die Hoffnung auf demokratische öffentliche Meinungsbildung verblassen, denn auch die öffentliche Beteiligung der „Zivilgesellschaft" unterwirft sich als Öffentlichkeitsarbeit den strategischen Notwendigkeiten eines vermachteten Kampfs um öffentliche Aufmerksamkeit. Während sich Staat und Markt mit ihren Steuerungsmedien Macht und Geld systemisch verselbständigen, kann sich das kommunikative Interesse der Lebenswelt der privat-autonomen Bürger durchaus mit bestimmten Auffassungen in einer pluralistischen öffentlichen Meinungsbildung identifizieren und kommunikative Handlungslogiken in die Vermittlung von privater und öffentlicher Kommunikation lancieren.

Aus der in der „Theorie des kommunikativen Handelns" (Habermas 1995) entwickelten Entgegensetzung von Eigensinn der Lebenswelt und Verselbständigung der Systemprozesse kann in Bezug auf Öffentlichkeit die These abgeleitet werden, dass die in ihr beobachteten Abläufe prinzipiell ambivalent sind, also sowohl der Durchsetzung von Macht dienen als auch demokratische Meinungsbildung zum Ausdruck bringen können. Denn an der öffentlichen Meinungsbildung beteiligen sich die Institutionen und Organisationen der pluralen Zivilgesellschaft und der Bürger.

An der Idee der Gegenöffentlichkeit, selbst an Konzepten einer „proletarischen" Öffentlichkeit (Negt/Kluge 1972), hatten sich die „Sprecher" der Sozialen Arbeit vor allem deshalb beteiligt, weil sie sich von ihr eine Umwertung ihres Klientel und eine Aufwertung ihrer Tätigkeit versprechen konnten. Die Gegenöffentlichkeit sozialer Bewegungen war und ist der Ort, an dem soziale Rechte und sozialpolitische Versprechen eingeklagt werden und die Nutzer der Sozialen Dienste als Rechtsträger und nicht als „Sozialschmarotzer" definiert werden. In Kategorien der „öffentlichen Ordnung" dagegen kann sich aber das dominante Modell der „zugestandenen" Sozialleistungen als „Almosen" durchsetzen.

Während das Habermas'sche Modell der Öffentlichkeit an einer historischen Konstellation erarbeitet wurde und er die Gegenwart von Massenmedienöffentlichkeit kritisch sieht, geht das „Arenamodell" von Öffentlichkeit von der Existenz eines eigenen gesellschaftlichen Subsystems aus, in dem sich Publikum und Kommunikatoren gegenüberstehen.

Das Konzept der Öffentlichkeit im Sinne einer Arena von Sprechern und Publikum versteht sich im Unterschied zu dem Habermas'schen Öffentlichkeitsbegriff als deskriptiv-analytisches Modell (Gerhards / Neidhardt 1991). Dieses „Arenamodell" ist als Mehrebenenmodell konzipiert und differenziert diese Ebenen nach den Kriterien der Reichweite und des Zugangs. Die *Encounter-Öffentlichkeit* als Kommunikation zwischen wenigen Personen an beliebigen Orten hat eine geringe Reichweite und ist für jedermann leicht erreichbar. Die Ebene der *Versammlungsöffentlichkeit* hat eine mittlere Reichweite und setzt für den Zugang zumindest ein gewisses Interesse voraus. Die *Massenmedien* bestimmen die dritte und „allgemeine" Ebene in dem Sinne, dass die Reichweite sehr groß und gleichzeitig ein Einfluss nehmender Zugang sehr schwer ist.

Diese Differenzierung lässt sich, bezogen auf das Feld der Sozialen Arbeit, in der Weise übertragen, dass der Öffentlichkeit, in der man sich umstandslos treffen kann, die Öffentlichkeit von Einrichtungen entspricht, die explizit offen sind und mit dieser Offenheit werben. Der Versammlungsöffentlichkeit entspricht die der Verbände, Organisationen und Zusammenschlüsse von Personen und Einrichtungen der Sozialen Arbeit; und zur Öffentlichkeit der massenmedialen Arena haben in der Regel nur legitimierte und potente Sprecher Zugang. Die Massenmedien selbst haben aber den Zugriff auf alle Ebenen der Sozialen Arbeit, insbesondere können sie die Lebenswelten ihrer Adressaten durchleuchten und skandalisieren, und sie können entscheiden, was sie aus der Einrichtungsöffentlichkeit in die Schweinwerfer der großen Arena stellen. Dem ist die Soziale Arbeit in der

Regel ausgesetzt. Da wo sie etwas zu verbergen hat (z. B. Gewalt in Heimen), übt der massenmediale Zugriff demokratische Kontrolle aus. Und zugleich können die Medien rigide das Feld der Sozialen Arbeit gegen die Interessen ihrer Nutzer begrenzen und die Nutzer selbst stigmatisieren. Die Ambivalenz ist nicht hintergehbar.

Die Soziale Arbeit in der Öffentlichkeit

Die empirische Forschung zur Darstellung der Sozialen Arbeit in der Öffentlichkeit ist nach wie vor marginal (Hamburger 2005; Puhl 2002; 2004; Hamburger / Otto 1999), das Bild der SozialarbeiterInnen / SozialpädagogInnen ist seit Skiba (1972) nicht mehr untersucht; dies gilt auch für andere pädagogische Berufe wie den des Lehrers (Tenorth 2007). Die Praxis der Sozialen Arbeit steht weitgehend im Licht der kommunalen / regionalen Öffentlichkeit; sie wird als Ausdruck eines fürsorglichen Gemeinwesens dargestellt. Mit ihr kann man Werbung betreiben und politische Anerkennung erwerben. Dies kommt den Sozial-Sponsoring-Konzepten der Unternehmenskommunikation entgegen. Dies gilt auch für das öffentliche Bild der Wohlfahrtsorganisationen und ihr Interesse bei der Spendenwerbung. Sie werden aber auch kritisch beobachtet, und was in den Medien als Fehlverhalten erscheint, wird deutlich angeprangert. Fälle von Missbrauch oder Gewalt in sozialen Einrichtungen werden sensibel wahrgenommen und deutlich kritisiert. Da soziale Tätigkeit und Altruismus hohe Anerkennung genießen, werden Organisationen, die solche Leistungen *beruflich* erbringen und deshalb solche Anerkennung nur eingeschränkt genießen, gerade im Falle von Versagen zum Objekt von Medienkampagnen.

Dies gilt insbesondere für Fälle, in denen Kinder das Opfer von Gewalt und Vernachlässigung werden – insbesondere in Einrichtungen, aber auch wenn die Hilfsorganisationen die Kinder nicht schützen konnten. Seit dem Fall „Kevin" im Oktober 2006 (Hoppensack 2008) solche Berichte große Resonanz gefunden haben, kommen Themen auf die Titelseiten der Zeitungen und in die *Talkshows* des Fernsehens, die vorher in den „Nachrichten aus der Unterwelt" abgehandelt worden waren. Während hierbei beispielsweise die Praxis der Jugendämter als Zurückhaltung gegenüber den gewalttätigen Familien skandalisiert wird, inszenieren Eltern, deren Kinder von Jugendämtern in Obhut genommen wurden oder denen von Gerichten das Sorgerecht entzogen wurde, gegenläufige Öffentlichkeitskampagnen gegen einen „übergriffigen" Staat. Die Folgen solcher Kampagnen sind nicht untersucht (Prescher 2007) und schwerer einzuschätzen als die der Kampagnen über straffällige Ausländer, „Monsterkids", „Sozialschmarotzer" und andere Nutzer der Sozialen Arbeit (Winkler 1999b; Cremer-Schäfer 2000). In den Massenmedien erregt Aufmerksamkeit, was Nachrichtenwert hat und in die Konstruktionsinteressen der Medien („Nachrichtenfaktoren") sich einfügt (Beck 2007, 167f.). Fälle aus der Sozialen Arbeit, die im Kontext von Gewalt, Konflikt, Spannung, Emotionalität liegen und hohe Grade von Personalisierung aufweisen („Florida-Rolf"; es handelte sich um einen Mann, der Sozialleistungen – auf ärztlichen Rat hin – in Florida bezog, Rolf hieß und den BILD monatelang als typischen „Sozialschmarotzer" darstellte) eignen sich sehr gut für Berichte, in denen sich Politik und Medien selbst als Akteure auf eine moralisch anerkannte Position in der Arena der Öffentlichkeit stellen können. Angesichts der Ambivalenz der Kampagnen ist es jedenfalls zu einfach, die Unfähigkeit der Sozialen Arbeit, selbst Kampagnen inszenieren zu können (Simon 2005), zu beklagen.

Die Wirkungen jeder Art von Kampagne ist prinzipiell nicht eindeutig zu bestimmen, weil jeweils nicht-intendierte Folgen auftreten; beispielsweise können Kampagnen gegen jugendliche Gewalttäter auch Mitleid erregen oder zur Suche nach den Bedingungen für solches Handeln in den Lebensumständen motivieren, und Spendenkampagnen, die mit dem „Kindchenschema" arbeiten, können problematische Kinderbilder erzeugen oder verfestigen. Die Wirkungen von Massenmedien können nicht beliebig gesteuert werden. Die Analyse ihrer Wirkungen bedarf der Integration in einen systematischen Zusammenhang (Schetsche 2000).

Noch weniger als die Darstellung der Sozialen Arbeit in der Öffentlichkeit ist die Mediennutzung ihrer typischen Nutzer untersucht.

In den Medien-Nutzer-Typologien erscheinen die Adressaten der Sozialen Arbeit als diejenigen, die von der „digitalen Spaltung" der Mediengesellschaft besonders betroffen sind. Sie konsumieren als sozial und ökonomisch Benachteiligte besonders intensiv und passiv das Medienangebot, insbesondere das Fernsehen. Die Typologie nennt sie die „Häuslichen" und die „Zurückgezogenen" (Stang 2008, 585). Insbesondere für Armut kann der Mechanismus eines sich-selbst-verstärkenden Reduktionismus behauptet werden: Armut schämt sich und verfügt nicht über die Ressourcen, um sich für ein öffentliches Auftreten attraktiv darzustellen. Im privatisierten Medienkonsum findet insbesondere die Konfrontation mit den Medienbildern der Armut statt. Diese verstärken die Selbstabwertung und Selbstisolation der Armen und stabilisieren ihre Passivität.

Eine vergleichbare Dynamik lässt sich für sozial eher isolierte männliche Jugendliche behaupten im Hinblick auf ihren Konsum medialer Gewalt. Mediengewalt suggeriert die Möglichkeit, Macht zu haben und Gewalt auszuüben, wodurch die Isolation und erfahrene Marginalität fiktional überwunden werden kann. Nur in dieser sehr spezifischen Konstellation scheinen Mediengewalt und Jugendgewalt in einem Zusammenhang zu stehen, der gerne – gerade medial – skandalisiert wird (Stickelmann 1996; Kunczik et al. 1993).

Die Öffentlichkeit wird, nachdem die Leuchtkraft einer sehr hohen Erwartung an emanzipatorische Öffentlichkeit verblasst ist, als Feld der Öffentlichkeitsarbeit thematisiert. Sie wird dabei gelegentlich mit neuer Emphase propagiert. Schürmann beispielsweise (2004) konzipiert Öffentlichkeitsarbeit als „offensive und nachvollziehbare Informationspolitik", die auf den Erkenntnissen der Unternehmenskommunikation (früher: Public Relation) aufbaut und dann möglich ist, wenn alle selbstkritischen Zweifel der Sozialen Arbeit aufgelöst sind. Strategische Botschaften setzen Ambivalenzfreiheit voraus und versprechen das Fließen neuer Geldquellen für eine modernisierte Soziale Arbeit (Markert 1995). Andere AutorInnen gehen behutsamer und differenzierter an das Thema Öffentlichkeitsarbeit heran und plädieren für Professionalität (Puhl 2004). Die Ratgeberliteratur hat sich erheblich ausgebreitet (GEP 2004) und teilweise arbeitsfeldspezifisch ausdifferenziert (Lüttecke 2004).

Ermöglichung von Öffentlichkeit

Wie das Kaninchen auf die Schlange starren sozialpädagogische Öffentlichkeitsreflexionen vielfach
auf die „große" Öffentlichkeit der Massenmedien.
Der Zugang zu ihnen erscheint, gerade auch in den
Konzepten für Kampagnen, verlockend und attraktiv, ist es doch ein Zugang zur Macht.
Doch schon die bürgerliche Öffentlichkeit der autonomen Bürger, die räsonierend der Staatsmacht
entgegentraten, wurde durch kleine und exklusive
Gruppen realisiert. Erst die Massenmedien schufen
jene umfassende Öffentlichkeit, an der alle – passiv – teilnehmen konnten. *Dieser* Strukturwandel
(zur Kritik an Habermas: Pöttker 2001; Beck 2007,
98 ff.) zwang zur Revision des Modells einer einzigen bestimmten Ebene von Öffentlichkeit und
zur Differenzierung in Encounter-, Themen- und
Medienöffentlichkeit (Beck 2007, 106). Mit dieser
Differenzierung werden auch für die Soziale Arbeit
Anschlussmöglichkeiten zu Teilöffentlichkeiten
sichtbar, in denen sie Voraussetzungs- und Kom-
mentierungsverhältnisse (Kade / Nolda 2002) herstellen kann. Damit ist der Umstand gemeint, dass
pädagogisches Handeln generell auf die Ermöglichung von Bildung als die Fähigkeit zum Vernunft-
gebrauch in jeder Form von Öffentlichkeit abzielt,
wobei die Öffentlichkeiten gleichzeitig dieses pädagogische Handeln ermöglichen und begrenzen.
Ebenso wird der Austausch zwischen den Sozialräumen der Sozialen Arbeit und den Öffentlichkeiten als Wechselverhältnis verstanden, in dem
sowohl Öffentlichkeitsarbeit als Selbstbehauptung
des Sozialen und Öffentlichkeit als Kritik der Praxis der sozialen Arbeit sich aufeinander beziehen.
Auch in Bezug auf Öffentlichkeit als einer bestimmten Form des Sozialen ist Sozialpädagogik
mit den Bildungsvoraussetzungen der Öffentlichkeit und den öffentlichen Bedingungen der Bildung – um die Formel von Paul Natorp zu variieren – befasst (Winkler 1999a; 2006, 25 ff.).
Dieses Wechselverhältnis wird angesichts des Umstands einer „durchgreifende[n] Pädagogisierung
der massenmedialen Kommunikation" (Kade /
Nolda 2002, 40) besonders brisant. Denn die Nutzer der Sozialen Arbeit finden im Fernsehen immer
schon hinreichend viele pädagogische Formate für
alle ihre Lebensfragen, sei es in den halbfiktionalen
Lebensberatungs-, Erziehungsberatungs-, Schuld-
nerberatungssendungen oder in den nachmittägli-

chen Unterhaltungsprogrammen zur Lebensführung oder in Dokumentationen, die das Abscheuli-
che und das Erstrebenswerte, den „maßlos
fordernden" und den bescheidenen Armen beispielsweise technisch perfekt vorführen.
Der Sozialarbeiter und die Sozialpädagogin werden
in ihrer kommunikativen Praxis nicht nur mit den
Lerneffekten dieser Sendungen bei ihren Klienten
konfrontiert, sie werden auch an den idealisierten
Gestalten der medialen Sozialarbeit gemessen. Ihr
eigenes Handlungsmodell gerät in die Krise, können sie sich doch nicht an den medialen Effekten
orientieren. Versuchen sie nämlich, der medialen
Präsentation nur ihre „Fachlichkeit" entgegenzuhalten (Lindner 2004), dann begeben sie sich in
eine Anspruchsspirale der „Eigentlichkeit der richtigen Sozialarbeit".
Ihr Handeln wird in jedem Fall um eine Reflexi-
onsschleife als Auseinandersetzung mit den medialen Modellen erweitert und spielt sich in der
konkreten Situation als auch in der medial konstruierten Wirklichkeit gleichzeitig ab. Damit leisten sie zugleich einen Beitrag zum Lernen ihrer
Klienten, sich selbst in ihrer je konkreten öffentlichen Konstellation verhalten zu können.
Eine Besonderheit des *Edutainment* ist die Verwischung der Unterscheidung privat / öffentlich.
Die *Soaps* brauchen das scheinbar Private, um einen Pranger errichten zu können; dem Zuschauer
soll ein Einblick in verborgene Welten geboten
werden. Dem Medienkonsumenten wird die Entstrukturierung der Lebenswelt als Modell angeboten und damit das Ende der Autonomie verkündet.
Denn selbst als Fiktion ist Privatheit Bedingung für
deren Möglichkeit.

Zusammenfassung

Dem Kampf um Anerkennung geht der Kampf um
Aufmerksamkeit voraus. In einer durch Kommunikation konstituierten Gesellschaft ist Öffentlichkeit die Produktionsebene des Sozialen geworden.
Nicht eine materielle oder soziale Realität wird in
den Medien ans Licht der Öffentlichkeit gebracht,
sondern die Öffentlichkeit konstruiert, was als real
gelten soll. Die normative Kraft der Konstruktion
ist so bedeutsam, dass die Suche nach öffentlicher
Aufmerksamkeit vor allem für die Funktionsbereiche, die von öffentlicher Alimentierung abhängig

sind – wie die Soziale Arbeit – zu einer zentralen Aufgabe wird. Zugleich ist die Öffentlichkeit der Ort, an dem immer schon definiert wird, was die Soziale Arbeit zu tun hat und was ihr zusteht.

Als Institution des Sozialen ist ihr deshalb der Begriff der Öffentlichkeit als einer gesellschaftstheoretischen Kategorie so bedeutsam, weil sie erwartet, dass auf einer allgemeinen Ebene einer lebensweltlichen kommunikativen Vernunft demokratische Geltungsansprüche geklärt werden um Teilhabe. Davon erwartet sie Förderung.

Als Institution der Systemintegration wird der Sozialen Arbeit und ihren Klienten in derselben Öffentlichkeit ihre Aufgabe vordefiniert, und im Konfliktfall wird ihr Systemversagen – sei es, Problemfälle zu verhindern, sei es, sie zu beseitigen – thematisiert. Im Bewusstsein dieses Widerspruchs kann sich professionelle Öffentlichkeitsarbeit entfalten. Sie wird Teil eines umfassenden Prozesses der „Medialisierung", der als Anpassung aller Teilsysteme an die Funktionslogik und die Erfolgsbedingungen der Massenmedien verstanden werden kann. Nur wenn die Soziale Arbeit dabei aber den Eigensinn des Sozialpädagogischen behaupten kann, geht sie in der Medialisierung nicht auf.

Schließlich legt die Reflexion über die Grenze von Öffentlichem und Privatem eine kommunikative Grundproblematik der Sozialen Arbeit offen: Sie ist eine übergriffige Disziplin. In der „Anstalt", im Heim, aber auch in der Sozialpädagogischen Familienhilfe und in der Tagesgruppe schafft sie eine quasi öffentliche Privatheit der geschützten Kommunikation und eine quasi private Öffentlichkeit der staatlich jederzeit kontrollierbaren Beziehungsarbeit. Während das Setting der Beratung und der Pflegefamilie relativ geschlossen bleibt, so ist es doch Tätigkeit in öffentlicher Verantwortung – im doppelten Wortsinn: veröffentlichbar und im Rahmen der Öffentlichen Ordnung. Die „kleinen" Öffentlichkeiten jedoch sind gegen Zugriffe nicht prinzipiell geschützt. Doch ist das Dilemma nur die eine Seite; die andere Seite bringt die Chance, zu öffentlichem Leben zu erziehen, zum Ausdruck.

Literatur

Beck, K. (2007): Kommunikationswissenschaft. UVK, Konstanz

Bonfadelli, H., Jarren, O. (2001): Publizistik- und Kommunikationswissenschaft – ein transdisziplinäres Fach. In: Bonfadelli, H., Jarren, O. (Hrsg.): Einführung in die Publizistikwissenschaft. Haupt, Bern/Stuttgart/Wien, 3–14

Cremer-Schäfer, H. (2000): Sie klauen, schlagen, rauben. Wie in Massenmedien „Kinderkriminalität" zu einer Bedrohung gemacht wird und wer weshalb und mit welchen Folgen daran mitarbeitet. In: Barz, H. (Hrsg.): Pädagogische Dramatisierungsgewinne. Jugendgewalt, Analphabetismus, Sektengefahr. Johann-Wolfgang-Goethe-Universität, Frankfurt/M., 81–108

GEP – Gemeinschaftswerk der Evangelischen Publizistik e.V. (2004): Öffentlichkeitsarbeit für Non-Profit-Organisationen. Gabler, Wiesbaden

Gerhards, J., Neidhardt, F. (1991): Öffentlichkeit. In: Müller-Doohm, S., Neumann-Braun, K. (Hrsg.): Öffentlichkeit, Kultur, Massenkommunikation. Beiträge zur Medien- und Kommunikationssoziologie. BIS, Oldenburg, 31–89

Habermas, J. (1995): Theorie des kommunikativen Handelns. Suhrkamp, Frankfurt/M.

– (1962/1990): Strukturwandel der Öffentlichkeit. Suhrkamp, Frankfurt/M.

Hamburger, F. (2005): Soziale Arbeit und Öffentlichkeit. In: Thole, W. (Hrsg.): Grundriss Soziale Arbeit. 2. Aufl. VS Verlag, Wiesbaden, 761–784

–, Otto, H.-U. (1999): Sozialpädagogik und Öffentlichkeit. Juventa, Weinheim/München

Hoppensack, C. (2008): Kevins Tod – Ein Fallbeispiel für missratene Kindeswohlsicherung. In: Institut für Sozialarbeit und Sozialpädagogik e.V. (Hrsg.): Vernachlässigte Kinder besser schützen. Ernst Reinhardt, München/Basel, 129–149

Kade, J., Nolda, S. (2002): Erziehungswissenschaft im Diskurs medialer Öffentlichkeiten. In: Otto, H.-U., Rauschenbach, T., Vogel, P. (Hrsg.): Erziehungswissenschaft: Politik und Gesellschaft. Leske & Budrich, Opladen, 29–42

Kunczik, M., Bleh, W., Maritzen, S. (1993): Audiovisuelle Gewalt und ihre Auswirkungen auf Kinder und Jugendliche. Medienpsychologie 5, 3–19

Leonhard, J.-F., Ludwig, H.-W., Schwarze, D., Strabner, E. (1999): Medienwissenschaft. Gruyter, Berlin/New York

Lindner, W. (2004): Jugendarbeit Goes Trash-TV. Deutsche Jugend 6, Jg. 52, 251–261

Luhmann, N. (1988): Soziale Systeme. Suhrkamp, Frankfurt/M.

Lüttecke, H. (2004): Presse- und Öffentlichkeitsarbeit im Krankenhaus. Kohlhammer, Stuttgart

Markert, A. (1995): Soziale Arbeit und Öffentlichkeit. Sozialmagazin 12, Jg. 20, 22–26

McLuhan, M. (1995): Die Gutenberg-Galaxis. Addison-Wesley, Bonn

Negt, O., Kluge, A. (1972): Öffentlichkeit und Erfahrung. Zur Organisationsanalyse von bürgerlicher und proletarischer Öffentlichkeit. Suhrkamp, Frankfurt / M.

Pöttker, H. (2001): Öffentlichkeit als gesellschaftliche Aufgabe. In: Pöttker, H. (Hrsg.): Öffentlichkeit als gesellschaftlicher Auftrag. UVK, Konstanz, 9–31

Prescher, K. (2007): Professionalisierung von Sozialkampagnen. VDM, Saarbrücken

Puhl, R. (2004): Klappern gehört zum Handwerk. Funktion und Perspektive von Öffentlichkeitsarbeit in der Sozialen Arbeit. Juventa, Weinheim / München

– (2002): Die Hassliebe. Vom schwierigen Verhältnis der Sozialen Arbeit zur Öffentlichkeit – und umgekehrt. Sozialmagazin 7 / 8, Jg. 27, 16–23

Pürer, H. (1993): Einführung in die Publizistikwissenschaft. Ölschläger, München

Richter, H. (2005): Öffentlichkeit. In: Otto, H.-U., Thiersch, H. (Hrsg.): Handbuch Sozialarbeit-Sozialpädagogik. Ernst Reinhardt, München / Basel, 1301–1307

Schetsche, M. (2000): Wissenssoziologie sozialer Probleme. Grundlegung einer relativistischen Problemtheorie. VS Verlag, Wiesbaden

Schürmann, E. (2004): Öffentlichkeitsarbeit für soziale Organisationen. Praxishandbuch für Strategien und Aktionen. Juventa, Weinheim / München

Simon, T. (2005): Schlecht verortet: Warum das Soziale nicht (mehr) kampagnenfähig und für die Medien nur wenig attraktiv ist. Sozial extra 2 / 3, Jg. 29, 28–29

Skiba, E.-G. (1972): Zum Fremdbild des Sozialarbeiters. In: Otto, H.-U., Schneider, S. (Hrsg.): Gesellschaftliche Perspektiven der Sozialarbeit / Sozialpädagogik. Band 2. Luchterhand, Neuwied / Darmstadt, 223–246

Stang, R. (2008): Armut und Öffentlichkeit. In: Huster, E.-U., Boeckh, J., Mogge-Grotjahn, H. (Hrsg.): Handbuch Armut und Soziale Ausgrenzung. VS Verlag, Wiesbaden, 577–588

Stickelmann, B. (1996): Zur Einführung: Gegen-Gewalt-Jugendarbeit? Grundlagen einer sozialpädagogischen Reflexion. In: Stickelmann, B. (Hrsg.): Zuschlagen oder Zuhören. Jugendarbeit mit gewaltorientierten Jugendlichen. Juventa, Weinheim / München, 7–54

Stöber, R. (2008): Kommunikations- und Medienwissenschaften. Eine Einführung. Beck, München

Tenorth, H.-E. (2007): „Lehrer sind keine Deppen". Pädagogisch-professionelle Arbeit in der Wahrnehmung der Öffentlichkeit. In: Casale, R., Horlacher, R. (Hrsg.): Bildung und Öffentlichkeit. Beltz, Weinheim / Basel, 220–236

Winkler, M. (2006): Kritik der Pädagogik. Kohlhammer, Stuttgart

– (1999a): Die Last der guten Worte. In: Hamburger, F., Otto, H.-U. (Hrsg.): Sozialpädagogik und Öffentlichkeit. Juventa, Weinheim / München, 61–77

– (1999b): Mehmet – Jugend in der Öffentlichkeit. In: Krause, H.-U. (Hrsg.): Das Bild der Jugendhilfe in den Medien. IGFH, Frankfurt / M., 43–71

Organisation und Organisationsgestaltung

Von Klaus Grunwald

Die Dienstleistungen der Sozial- und Gesundheitswirtschaft werden überwiegend in Organisationen erbracht. Insofern stellen Organisationen und ihre Verfasstheit eine wesentliche Rahmenbedingung für fachliches Handeln in der Sozialen Arbeit dar. Professionelles Handeln bedarf einerseits der Sicherung und Förderung durch Organisationen, gleichzeitig wird die Dienstleistungserbringung in der Sozialen Arbeit stark geprägt durch die formalen und informellen Seiten von Organisationen, durch Strukturen und Kulturen, durch Fragen der Mikropolitik, des Wandels in und von Organisationen sowie die vielfältigen Wechselwirkungen zwischen Organisation und Gesellschaft. Organisationen und ihre Gestaltung sind damit ein wichtiges Thema für Profession und Disziplin der Sozialen Arbeit.

Vor diesem Hintergrund werden in diesem Beitrag zunächst verschiedene Organisationsbegriffe und ihre theoretischen Implikationen beschrieben, um dann knapp einige (neuere) Konzepte der Organisationssoziologie zu benennen, die die heutige Sicht auf Organisationen stark beeinflussen. Der Schwerpunkt liegt auf Grundfragen des Organisierens, die die vorab beschriebenen organisationssoziologischen Konzepte aufgreifen und hinsichtlich Möglichkeiten und Grenzen der Organisationsgestaltung konkretisieren. Ein Ausblick rundet die Ausführungen ab.

Vorab zu klären ist jedoch der *Bezug zwischen Organisation und Management* als zwei Kernbegriffe, die engstens miteinander verwoben sind (ausführlich Grunwald / Steinbacher 2007, 14 ff.). In Abgrenzung von *Management im institutionalen Sinn* – alle Personen oder Personengruppen, die Managementaufgaben wahrnehmen sowie ihre Tätigkeiten und Rollen – bezieht sich *Management im funktionalen Sinn* auf alle Aufgaben, Prozesse und Funktionen, die für die Steuerung und Leitung arbeitsteiliger Organisationen nötig sind. Unter Management oder Führung im funktionalen Sinn wird sowohl allgemein die Leitung und Steuerung von ganzen Unternehmen *(Unternehmensführung)* als auch in einem engeren Sinn die Beeinflussung und Steuerung von Personen *(Personalführung)* verstanden. Die Unternehmensführung ist bestrebt, auf die Organisation als Ganzes steuernd einzuwirken, weswegen sie – wie in diesem Text – auch als *Organisationsgestaltung* bezeichnet wird. Organisationsgestaltung und Personalführung sind sowohl in ihrer begrifflichen Fassung als auch ihrer Realisierung in der Praxis eng aufeinander bezogen, wobei der Schwerpunkt dieses Beitrages auf Organisation und Organisationsgestaltung liegt.

Organisationsbegriffe und ihre disziplinären Implikationen

Das Phänomen der Organisation wird in der neueren Organisationslehre höchst unterschiedlich beschrieben und erklärt, je nachdem, welcher organisationstheoretische Ansatz zugrunde gelegt wird. Eine mögliche und durchaus prominente *Differenzierung der Vielfalt der vorliegenden organisationstheoretischen Ansätze* wird von Schreyögg (2008, 25 ff.) vorgenommen, wobei gegliedert wird in die klassische Organisationstheorie (Bürokratie-Ansatz, Administrativer Ansatz, Arbeitswissenschaftlicher Ansatz), die neoklassische Organisationstheorie (Human-Relations-Ansatz und Anreiz-Beitrags-Theorie) und das eher inkonsistente Ensemble moderner Ansätze, zu denen dann so unterschiedliche Organisationtheorien wie Human-Ressourcen-Ansatz, Strukturalistischer Ansatz, Organisatorische Entscheidungsforschung, Mikroökonomische Organisationsanalyse, Systemtheoretische Ansätze und Theorieansätze der Postmoderne gezählt wer-

Otto/Thiersch (Hg.), Handbuch Soziale Arbeit, 4. A., DOI 10.2378/ot4a.art104,

den (29 ff.; 2004, 1070 ff.). Diese Ansätze der klassischen, neoklassischen und modernen Organisationstheorie mit ihren spezifischen Blickwinkeln, die hier aus Platzgründen nicht weiter entfaltet werden können, konkretisieren sich in unterschiedlichen Organisationsbegriffen, dem prozessorientierten, instrumentellen und institutionellen Organisationsbegriff (Bea / Göbel 2006, 2 ff.; Vahs 2007, 16 ff.; Balog 2008, 276 ff.; Türk 2008, 338 ff. unterscheidet ähnlich zwischen den Dimensionen der „Ordnung", des „Gebildes" und der „Vergemeinschaftung"). Da diese drei Betrachtungsweisen von Organisationen die Entwicklungen und Akzente der neueren Organisationslehre erkennbar widerspiegeln, sollen sie im Folgenden genauer erläutert werden.

Der *tätigkeits- oder prozessorientierte Begriff* im Sinne von „organisieren" bezieht sich auf den Prozess einer zielorientierten Strukturierung von Ganzheiten, die von bestimmten Personen vorgenommen wird: Ein Unternehmen *wird* organisiert. Bei diesem „Prozess des Entwerfens einer Handlungsordnung" (Türk 1992, 1633) wird den Organisationsmitgliedern durch die Leitungsebene eine verbindliche Ordnung vorgegeben, die die „Organisatoren" vorher rational und zielorientiert entworfen haben, während die Organisationsmitglieder – das wird vorausgesetzt – diese Vorgaben vollständig übernehmen und sich insofern fremdorganisieren lassen. Diese Prämisse wird jedoch seit den Hawthorne-Studien massiv in Zweifel gezogen; vorgegebene formale Regeln werden in der Praxis vielfältig unterlaufen und durch eigene Regeln teils ergänzt, teils ersetzt. Angesichts dieser Relativierung der formalen Ordnung durch informale organisationale Regeln wird der prozessorientierte Organisationsbegriff in der neueren Organisationssoziologie ausgeweitet im Sinne eines allgemeinen Prozesses der Entstehung von Ordnung. Dieser Prozess der Entstehung von Ordnung schließt neben den traditionellen Mechanismen der Fremdorganisation auch Elemente der Selbstorganisation durch die Organisationsmitglieder und die selbsttätige Entstehung von Ordnung ein (Göbel 2004). Damit werden auch explizit Fragen des Organisationslernens angesprochen, die gerade in der aktuellen Situation der Sozialen Arbeit von eminenter Bedeutung sind (Grunwald 2001, 185 ff.).

Der *instrumentelle Organisationsbegriff* bezeichnet das Ergebnis des Prozesses des Organisierens: Eine Organisation *hat* eine Struktur und eine Ordnung, die den Rahmen für alle Tätigkeiten in der Organisation abgibt. Ein Beispiel für diese basalen Ordnungen sind verschiedene Formen der Aufbauorganisation, wie sie in einem Organigramm bzw. in Stellenbeschreibungen festgehalten werden, oder unterschiedlichste Regelungen von Prozessen und Strukturen in einem einrichtungsinternen Qualitätsmanagement (Grunwald / Steinbacher 2007, 54 ff.; Grunwald 2008b). Eine Organisation ist in diesem Verständnis, das letztlich ebenfalls auf der Grundlage des traditionellen Konzepts der Fremdorganisation beruht, „ein bewusst geschaffenes Instrument zur Erreichung der Unternehmensziele", welches insbesondere „die Aufgabenteilung (Spezialisierung), die Abstimmung zwischen den Teilaufgaben (Koordination), die Übertragung von Entscheidungsbefugnissen (Delegation) und die Über- und Unterordnung (Konfiguration) verbindlich festlegt" (Bea / Göbel 2006, 5; Wöhe / Döring 2008, 113). Der Fokus dieser in der (deutschen) Betriebswirtschaftslehre bis heute stark vertretenen Sichtweise (Grunwald 2009b, 89) liegt auf der Wirtschaftlichkeit und sachlichen Logik der Aufgaben- und Funktionsteilung, womit Prozesse der Organisations- und Personalentwicklung in den Hintergrund rücken können (Preisendörfer 2005, 79). So wird im Standardwerk von Wöhe und Döring der Begriff der Organisation auch heute noch schlicht folgendermaßen definiert (2008, 113):

„Unter Organisation versteht man das Bemühen der Unternehmensleitung, den komplexen Prozess betrieblicher Leistungserstellung und Leistungsverwertung so zu strukturieren, dass die Effizienzverluste auf der Ausführungsebene minimiert werden."

Der *institutionelle Organisationsbegriff* nimmt dagegen das ganze System als Institution in den Blick. Unter einer Institution wird dabei ein System von Regeln und Normen verstanden, das in seiner Verbindlichkeit sozial akzeptiert ist und eine gewisse Stabilität aufweist. Bei dieser Betrachtungsweise geht es nicht um formale Strukturen des Unternehmens, sondern um das gesamte soziale Gebilde mit formalen *und* informalen Elementen: Ein Unternehmen *ist* eine Organisation. Die *Merkmale einer Organisation im institutionellen Sinne* sind vor allem die spezifische

Zweckorientierung, die geregelte Arbeitsteilung und die konstanten Grenzen, wobei alle drei Merkmale hinsichtlich ihrer Implikationen überprüft und gegebenenfalls modifiziert werden müssen (Schreyögg 2008, 9 ff.; Preisendörfer 2005, 58 ff.):

- Bei der *spezifischen Zweckorientierung* ist zu berücksichtigen, dass die Zwecke der Organisation sich nicht unbedingt mit den persönlichen Zwecken der Organisationsmitglieder decken müssen; oft gibt es nur partielle Überlappungen in den Zwecken und / oder die Mitglieder begreifen die Erfüllung der Zwecke des Unternehmens utilitaristisch als Umsetzung persönlicher Zwecke. Außerdem betont die neuere Organisationslehre, dass Organisationen in aller Regel nicht durch einen einzigen Zweck oder durch einen konsistenten, in sich stimmigen Aufbau von Zwecken geprägt sind, sondern häufig mehrere Ziele verfolgen, die sich durchaus (partiell) widersprechen können (Kieser / Walgenbach 2007, 7 f.). Das bedeutet, dass es im Führungsalltag von großer Wichtigkeit ist, die unterschiedlichen Zielsetzungen der einzelnen MitarbeiterInnen, Arbeitsbereiche und Stakeholder aufeinander abzustimmen im Sinne einer Wahrnehmung der Verschiedenheit unterschiedlicher Positionen und einer Vermittlung derselben.
- Die *geregelte Arbeitsteilung* meint die Aufteilungen und Verknüpfungen von Aufgaben, die durch Regeln, Organigramme, Stellenbeschreibungen usw. als Erwartungsmuster formalisiert werden (Vahs 2007, 50 ff.). Diese Verknüpfungen sind sicht- und damit auch diskutierbar zu machen. Sie werden auch als formale Organisationsstrukturen bezeichnet (Kieser / Walgenbach 2007, 17 ff.).
- Beim Merkmal der *konstanten Grenzen* geht es um die Unterscheidung zwischen der organisationalen „Innenwelt" und der sie umgebenden „Außenwelt". Die Grenze zwischen Organisation und Umwelt ist das Produkt eines absichtsvollen Prozesses, wobei sich die Grenzen verschieben können. Ohne eine Grenzziehung zur Umwelt kann keine Organisation existieren, aber in der Frage, wie offen, durchlässig oder geschlossen organisationale Grenzen sind, gehen die organisationstheoretischen Positionen weit auseinander. Mit der Grenzziehung verbunden ist die Existenz von identifizierbaren Organisationsmitgliedern, die sich dadurch auszeichnen, dass sie zumindest prinzipiell den oben genannten Erwartungsmustern des Unternehmens entsprechen und formal Mitglied sind. Die Mitgliedschaft bedeutet aber nicht, dass alle Handlungen den Erwartungsmustern der Organisation folgen; vielmehr spielen persönliche Zwecke hier eine nicht zu übersehende Rolle (12).

Der *institutionelle Organisationsbegriff* mit seinen drei Merkmalen – spezifische Zweckorientierung, geregelte Arbeitsteilung und konstante Grenzen – verlässt also in seinen Weiterentwicklungen die ursprünglich rationalistische Beschränkung auf die Organisationsstruktur und die formale Ordnung, weswegen er hier auch so ausführlich beschrieben wird. Er richtet sein Augenmerk auf die gesamte Organisation, „das ganze soziale Gebilde, die geplante Ordnung und die ungeplanten Prozesse, die Funktionen, aber auch die Dysfunktionen organisierter Arbeitsabläufe, die Entstehung und die Veränderung von Strukturen, die Ziele und ihre Widersprüche" (Schreyögg 2008, 10).

Zusammenfassend lässt sich festhalten, dass jeder der drei Organisationsbegriffe eine eigene Perspektive auf das Phänomen Organisation entfaltet, die spezifische Erkenntnisse ermöglicht: Während sich der prozessorientierte Begriff auf die Prozesse einer zielorientierten Strukturierung von Ganzheiten bezieht, bezeichnet der instrumentelle Organisationsbegriff das Ergebnis des Prozesses des „Organisierens" im Sinne einer bestimmten Struktur und Ordnung. Auch wenn diese Sichtweise im Lichte der neueren Organisationslehre deutlich relativiert wird, hat sie – wie beispielsweise das Spannungsfeld von organisationalem Lernen und organisationalen Strukturen verdeutlicht – nach wie vor ihre Berechtigung. Die Betonung liegt heute allerdings zunehmend auf dem institutionellen Organisationsbegriff, der seinen Blick auf das ganze System als Institution richtet; hier geht es nicht mehr um den Entstehungsprozess oder das Ergebnis von Strukturierungsbemühungen, sondern um das gesamte soziale Gebilde mit seinen formalen und informalen Elementen, mit den Merkmalen spezifische Zweckorientierung, geregelte Arbeitsteilung und konstante Grenzen bzw. identifizierbare Organisationsmitglieder. Diese drei Organisationsbegriffe sind insofern als sich nicht ausschließende, sondern gegenseitig ergänzende Blickwinkel auf den Gegenstand „Organisation" zu begreifen (Türk 2008, 340), die jeweils auf unterschiedliche disziplinäre Wurzeln zwischen Betriebswirtschafts-lehre, Organisationssoziologie und -psychologie Bezug nehmen.

Neuere Konzepte der Organisationssoziologie

Hintergrund insbesondere für den institutionellen Organisationsbegriff sind die *neueren Forschungsper-spektiven der Organisationssoziologie* (Grunwald 2008a; Kieser/Walgenbach 2007; Kieser/Ebers 2006). Sie grenzen sich ab von den bisherigen An-sätzen der Organisations- und Managementtheorie, und zwar sowohl von den klassischen Organisations- und Managementansätzen als auch von den moder-neren Konzepten (Steinmann/Schreyögg 2005, 43 ff.). Eine zentrale Argumentationslinie der neue-ren organisationssoziologischen Theoriediskussion besteht in der Ausdifferenzierung konzeptioneller Varianten zur Erklärung und Veränderung von „Or-ganisiertheit" als „Merkmal kollektiven Handelns" (Türk 1992, 1633). Hier lassen sich zunächst *ratio-nalistische und naturalistische Konzeptionen* unter-scheiden, die in einem polaren Verhältnis zueinander stehen: „Rationalistische Konzeptionen behaupten eine bewusste, zweckbezogene Planung und Imple-mentation von Organisationsstrukturen; naturalisti-sche Konzeptionen setzen dem die These von der sozialen Evolution jeweiliger Organisiertheit [...] entgegen" (1634; Preisendörfer 2005, 95 ff.). Damit nehmen die neueren soziologischen Forschungsper-spektiven unter der Überschrift der „natürlichen Konzeptionen" ausdrücklich natürliche, emergente Prozesse und Strukturen in den Blick und distanzie-ren sich von dem immer noch häufig vorfindbaren rationalistischen, mechanistischen Steuerungsver-ständnis der traditionellen Organisations- und Ma-nagementansätze (Schreyögg 2008, 339 ff.). Zu er-gänzen sind diese naturalistischen Blickwinkel durch Organisationskonzeptionen, die Organisationen als offene Systeme begreifen; hier sind vor allem die Organisationsökologie und der soziologische Neo-Institutionalismus zu nennen (Preisendörfer 2005, 130 ff.; Türk 2004). Einige zentrale „natürliche Kon-zeptionen", die teilweise erheblich beeinflusst wer-den durch umweltbezogene, offene Ansätze, werden nun etwas näher beschrieben in Form von organisa-tionssoziologischen Konzepten zu den Themen Po-litik in und von Organisationen (1), Organisations-

kultur (2), Wandel von Organisationen (3) sowie Organisationsgesellschaft (4) (ausführlich zum Fol-genden Grunwald 2009b, 95 ff.; eine andere Diffe-renzierung schlägt vor Preisendörfer 2005, 19).

Die Auseinandersetzung mit dem Thema *(Mikro-) Politik in und von Organisation*en hebt hervor, dass sich Entscheidungsprozesse in sozialen Einrichtun-gen und Diensten nicht auf „wertfreie" oder „ratio-nale" Begründungen und Argumente zurückziehen können, die das Geschehen in Organisationen unter dem Gesichtspunkt des Verstandes (der Ratio) se-hen. Entscheidungsprozesse müssen vielmehr den politischen Charakter von Entscheidungen reflektie-ren und miteinbeziehen (Küpper/Ortmann 1992; Neuberger 2006; Matys 2006). Im Mittelpunkt ei-ner politikorientierten Perspektive steht weder das Management mit seinen Steuerungsbemühungen noch die Organisation als zweckrational bestimmtes, statisch strukturiertes Gebilde, sondern vielmehr die politisch-soziale „Arena" (Küpper/Ortmann 1992, 7). In dieser „Arena" wird nicht von vorgegebenen Normen, Strukturen und Prozessen (Abläufen) in und von Organisationen ausgegangen, sondern ers-tere werden in ihren Entstehungszusammenhängen analysiert. Dabei werden sie als Ergebnisse sozialer Handlungen von Subjekten aufgefasst, als Resultate von interessengeleiteten Aushandlungen mit jeweils nur begrenzt gültigen Kompromissen und Konflikt-lösungen. Organisationsstrukturen sind aus dieser Perspektive keine statischen Gebilde, sondern Be-dingungen, Objekte und Ressourcen von politischen Prozessen, oder anders „Strategien jeweils herrschen-der Koalitionen" (Türk 1992, 1645). Entscheidungen in Organisationen sind also auch ein Produkt von mehr oder weniger transparenten Machtstrukturen sowie von formellen und informellen Aushandlungs-prozessen. Dies gilt nicht nur für Entscheidungs- und Aushandlungsprozesse *in* Organisationen, son-dern genauso auch für Auseinandersetzungen *zwischen* verschiedenen sozialen Institutionen. Zu betonen ist dabei, dass Mikropolitik „nicht dem Machiavellismus oder der subversiven Selbstsucht der Akteure geschuldet" ist, sondern vielmehr „her-vorgerufen [ist] durch die unerfüllbaren Diktate der Ordnung" und insofern einen „Schatten der Ord-nung" in und von Organisationen darstellt (Neu-berger 2006, IV).

Das zweite wichtige Thema der neueren Organisati-onssoziologie ist das der *Organisations- oder Unter-nehmenskultur*. Sie lässt sich verstehen als „das implizite Bewusstsein eines Unternehmens, das sich aus dem Verhalten der Organisationsmitglieder ergibt und das über akzeptierte Normen sowie internalisierte Werte dieses Verhalten beeinflusst" (Scholz 2007, 1831; Sackmann 2002, 24 ff.). Damit bezeichnet eine Organisationskultur ein Sinn und Orientierung stiftendes, sozial konstruiertes, oft unbewusstes, selbstverständliches und kollektives Phänomen, welches das Handeln in einer Organisation prägt und bis zu einem gewissen Grad vereinheitlicht. Der Aufbau oder die Struktur einer Organisationskultur lässt sich anhand eines ursprünglich von E. H. Schein entwickelten Drei-Ebenen-Modells erklären, das Basisannahmen, Normen/Standards und das Symbolsystem einer Organisation unterscheidet und das auch als detailliertes Analyse- und Diagnoseinstrument verstanden werden kann (Scholz 2007, 1833; Steinmann/Schreyögg 2005, 707 ff.). Im Zentrum des Konzepts der Organisationskultur stehen damit die Kritik an bislang immer noch dominierenden rationalistischen Konzepten sowie die Betonung der Bedeutung organisationaler Lebenswelten und der Rehumanisierung der Organisations- und Managementtheorie (Türk 1992, 1643; Sackmann 2002). In Bezug auf die grundlegende Frage, inwieweit eine Organisationskultur überhaupt zielgerichtet beeinflussbar ist, können drei Positionen differenziert werden: die Perspektive der Kulturingenieure, der Kulturalisten und der Kurskorrektur (Schreyögg 2008, 389 ff.; Sackmann 2002, 156 ff.). Von zentraler Bedeutung ist hier, die Grenzen der Veränderbarkeit von Organisationskulturen als die Grenzen organisationalen Wandels zu reflektieren (Grunwald 2008a; 2009b, 99 ff.). Wenn auch Organisationskulturen nicht instrumentalisierbar sind, so sind sie doch offen für soziokulturelle Lernprozesse und dadurch auch in gewisser Weise veränderbar und entwicklungsfähig.

Eine weitere zentrale Perspektive der neueren Organisationssoziologie hebt hervor, dass Organisationen nicht oder nur in Ansätzen auf Dauer stabil, sondern vielmehr *als dynamische Gebilde permanent in Bewegung* sind. Dieser Zugang nimmt neben der Gestaltung des geplanten organisationalen Wandels auch die Frage in den Blick, wie Organisationen sich von selbst verändern (Türk 1992, 1641f; Luhmann 2005). Gegenstand sind mittelfristige Prozesse des Organisationswandels in einer fortdauernden Gesellschaftsformation. Hier sind *Konzepte der Entwicklung, der Selektion und des Lernens* zu

nennen, wobei insbesondere Konzepte des organisationalen Lernens erhebliche Potenziale für eine sozialwissenschaftlich reflektierte Gestaltung von Organisationen beinhalten (ausführlich Grunwald 2009b, 104 ff.; Grunwald 2011). In allen drei Ansätzen wird – das ist die grundlegende Gemeinsamkeit – von natürlichen, emergenten organisationalen Veränderungs- und Wandlungsprozessen ausgegangen, womit die einseitige Betonung von rationaler Konstruier- und Planbarkeit bei Veränderungsprozessen in Zweifel gezogen wird.

Organisationslernen – als ein wichtiger Zugang der Dynamisierung der Organisationstheorie – meint einen erfahrungsbezogenen Prozess, in dem vorhandenes Wissen (bewusst) genutzt, neues Wissen aufgenommen und in der organisationalen Wissensbasis verankert oder bestehendes Wissen paradigmatisch weiterentwickelt wird, um es für zukünftige Problemlösungen zu organisieren. Damit

„wird die Vorstellung, dass Organisationen durch ihre Kognitionen ein spezifisches Wissen aufbauen, zu einem entscheidenden Fixpunkt für eine Theorie des organisatorischen Lernens, und die Fähigkeit einer Organisation, dieses Wissen zu entwickeln, zur Leitidee für den Begriff der organisationalen Lernfähigkeit und damit zugleich für den Begriff des organisatorischen Wandels." (Schreyögg 2008, 440; Grunwald 2001, 185 ff.)

Lernmodelle sind untrennbar verbunden mit der prozessorientierten Gestaltung von Organisationskulturen im Sinne einer Förderung von Lernprozessen, der Gestattung von Experimenten und einem Abbau von Hemmnissen für Interpretationen, Prozesse des Verlernens und Lerntransfers. Sie sind eine wesentliche Grundlage für das Konzept des Entwicklungsorientierten Managements (Grunwald 2001; 2011).

In den letzten Jahren wurde schließlich die *Verbindung von Organisation und Gesellschaft* in dem Begriff der „Organisationsgesellschaft" in den Blick genommen (Ortmann et al. 1997; Jäger/Schimank 2005). Ein wesentlicher Hintergrund für diese Betrachtungsweise liegt darin, dass in der Organisationstheorie „Macht, Herrschaft und ökonomische Zwänge nur eine [...] unterbelichtete Rolle spielen" (Ortmann et al. 1997, 15). Der Begriff der „Organisationsgesellschaft" verweist zunächst darauf, dass die gesellschaftlichen Teilsysteme und die Lebenswelt in vielfältiger Hinsicht mit Organisationen verbunden und von ihnen durchdrungen sind: Seien es Schulen, Hochschulen, staatliche Verwaltungen, Kirchen, politische Verbände, Parteien usw. – sie alle sind Organisationen, die unterschiedliche gesellschaftliche Teilsysteme in starkem Maße prägen. Die moderne Gesellschaft ist als Organisationsgesellschaft beschreibbar (Schimank 2005; Preisendörfer 2005, 153 ff.). Preisendörfer kleidet dies in die Frage: „Welche gesellschaftlichen Konsequenzen haben Organisationen?" und fordert die Organisationssoziologie auf, sich damit zu befassen, „auch praktische und praxisnahe Ideen für eine (hoffentlich) ‚bessere Welt' zu entwickeln" (Preisendörfer 2005, 24 f.). Gemeint ist aber auch die entgegengesetzte Perspektive: Es ist nicht nur die Gesellschaft geprägt von unterschiedlichsten Organisationen, sondern letztere sind auch eng verknüpft mit gesellschaftlichen Werten und Strukturen. Die Rede von der „Organisationsgesellschaft" hebt also hervor, dass beide Elemente untrennbar miteinander verwoben und wechselseitig voneinander abhängig sind: „Organisation und moderne Gesellschaft" stehen „in einem Verhältnis rekursiver Konstitution zueinander"; Organisationen „produzieren und reproduzieren" genau die „gesellschaftlichen Strukturen und Institutionen, denen sie unterliegen" (Ortmann et al. 1997, 19). Insofern geht es um die „Berücksichtigung dieser gesellschaftlichen und institutionellen Einbettung und Rückwirkung von Organisationen – einschließlich ihrer Bedingtheit durch und ihres Einflusses auf die ökonomischen Systemzusammenhänge" (20).

Grundfragen der Organisationsgestaltung

Das zweckrationale Organisationsverständnis, das eng mit dem prozessorientierten und dem instrumentellen Organisationsbegriff verbunden ist, lässt sich aus Sicht der neueren Organisationssoziologie begründet kritisieren (ausführlich Grunwald 2006; 2009b, 92 ff.): Rationalität ist – so zugespitzt Baecker (1994, 93 f.) –

„weder das Fundament aller Organisation noch ein Resultat von Organisation. Statt dessen handelt es sich um eine problematische Beobachtungsformel, die systematisch unterbelichtet, dass Organisation ohne Ambivalenz handlungsunfähig und ohne Irrationalität motivationsunfähig wäre".

Die *Kritik an einem steuerungsoptimistischen Organisations- und Managementverständnis* geht einher mit einer gesteigerten Aufmerksamkeit gegenüber impliziten oder emergenten Prozessen und Strukturen in Organisationen. Gemeint sind damit „ganz generell Handlungsmuster, die sich in Organisationen entwickeln und außerhalb oder neben den Erwartungsbahnen der formalen Struktur bewegen" (Schreyögg 2008, 341). Von emergenten Phänomenen kann gesprochen werden, „wenn sie sich auf keine einzelne Intention (Ausgangsziel) zurückführen lassen […] und wenn das Ergebnis nicht vorhersagbar ist, weil sich die das Ergebnis bestimmende Struktur erst im Laufe des Prozesses entwickelt […]" (Schreyögg 2008, 341). Grundsätzlich wird davon ausgegangen, dass emergente Phänomene lediglich partiell steuerbar sind: Sie entziehen sich nicht jeglicher Beeinflussung durch Organisationsmitglieder oder Außenstehende, sind aber auch nicht im engeren Sinne steuerbar. Es gibt vielmehr eine Vielzahl von Paradoxien und Dilemmata in Organisationen, die für die Analyse von Organisationen wie auch für die Organisationsgestaltung zu berücksichtigen sind (Grunwald 2006). Insofern kann man mit Baecker davon ausgehen, dass die Bedeutung von Rationalität für Organisationen zumindest überschätzt wird.

Die sehr fundamentale Kritik der neueren Organisationssoziologie am zweckrationalen Organisationsverständnis sollte aber nicht dazu führen, jegliche Steuerungsbemühungen in Organisationen ad absurdum zu führen. Wenn Management kurz gefasst als zielorientierte Gestaltung von Organisationen verstanden werden kann, so ist im Folgenden zu klären, welche *Grundfragen der Organisationsgestaltung* und damit des Managements zu formulieren sind. Deswegen werden im Folgenden vor dem Hintergrund der neueren Konzepte der Organisationssoziologie zentrale Fragestellungen der Organisationsgestaltung im Sinne von Grundfragen des Organisierens dargestellt, die für alle Organisationen und insofern auch für Einrichtungen der Sozialwirtschaft Geltung beanspruchen (Schreyögg / Werder 2004b, 976). Wichtig ist dabei, dass ein solches Verständnis von Management als Organisationsgestaltung nicht vereinfachend die Steuerung von Handlungen in den Mittelpunkt stellt, sondern den Schwerpunkt auf den prozessualen Aspekt der Entwicklung von organisationaler Ordnung, sprich auf Grundfragen des „Organisierens", legt. Damit wird die dargestellte Kritik der neueren Organisationssoziologie an einem instrumentellen Organisationsverständnis aufgenommen und produktiv mit dem institutionellen Organisationsbegriff verbunden.

Zentrale Fragestellungen des Organisierens, die im Folgenden dargestellt werden, sind (1) die bewusste Gestaltung der Interaktion zwischen Organisation und Umwelt, (2) die Berücksichtigung informaler Regeln, (3) die Beachtung des Spannungsfelds zwischen Fremd- und Selbstorganisation, (4) die Vermittlung von Organisationsstrukturen und Verhalten von MitarbeiterInnen in diesen Strukturen sowie (5) die nachhaltige Gestaltung von Veränderungsprozessen (Schreyögg 2008; Werder 2004b; zu Konsequenzen für die Praxis Grunwald 2009b, 115–130).

Die erste Grundfrage einer organisationssoziologisch reflektierten Organisationsgestaltung und damit eines sozialwissenschaftlich aufgeklärten (Sozial-)Managements ist die *bewusste Gestaltung der Beziehungen zwischen Organisation und Umwelt*. Dieses Merkmal einer Organisation ist der Ausgangspunkt dafür, den Bezug zwischen dem System der Organisation und ihrer Umwelt (oder besser den unterschiedlichen Umwelten) permanent neu herzustellen und zu reflektieren. Die Organisation muss immer wieder prüfen, welche Veränderungen sich in ihrer Umwelt vollziehen und welche Konsequenzen diese Veränderungen für die eigene interne Organisationsgestaltung nach sich ziehen. Das bedeutet, dass auch Einrichtungen der Sozialen Arbeit ein Sensorium für Prozesse des Wandels in der Umwelt und die daraus resultierenden Anforderungen für die interne Organisationsgestaltung entwickeln und pflegen müssen.

Die Auseinandersetzung mit Fragen der Leitung und der Organisationsgestaltung darf insofern nicht bei einer innerorganisatorischen Betrachtungsweise stehen bleiben, um sich nicht den vorhandenen Spezialisierungen der Einrichtungen, den damit verbundenen Trägeregoismen und der Versäulung der Hilfestrukturen unterzuordnen. Vielmehr ist – das meint die Formel „vom Sozialmanagement zum Management des Sozialen" – die Überschreitung der eigenen Grenzen der Organisation im Interesse einer sozialpolitischen Akzentuierung wichtig (Flösser/Otto 1992; Grunwald 2009a). Notwendig ist eine reflektierte Gestaltung

der Beziehungen zu den zentralen Anspruchsgruppen (Stakeholdern) der Einrichtung.

Eine besondere Herausforderung für die Organisationsgestaltung und Personalführung in sozialen Einrichtungen besteht dabei darin, dass Organisationen der Sozialen Arbeit unterschiedlichen Stakeholdern im Sinne von „Betroffene(n) und interessierte(n) Beteiligte(n)" (Evers et al. 2002, 32) und ihren jeweiligen Interessen gerecht werden müssen. Diese unterschiedlichen Interessen der Anspruchsgruppen spiegeln wieder, dass soziale Dienstleistungen zunehmend in „wohlfahrtspluralistischen Arrangements" (Evers/Olk 1996) zwischen staatlichen Leistungen, Selbsthilfe der AdressatInnen, familiärer Unterstützung, freiwilligem sozialem Engagement (Grunwald/Steinbacher 2009; Roß 2009) und professionellen Leistungen von öffentlichen, frei-gemeinnützigen und privaten Diensten erbracht werden. Damit können Dienste und Einrichtungen der Sozialen Arbeit in aller Regel nicht nur der wettbewerbsorientierten Handlungslogik des Marktes folgen, sondern müssen als „hybride Organisationsformen" (Evers et al. 2002, 20 ff.; Klie/Roß 2007) genauso der hierarchisch-legalistischen Steuerungslogik des Staates und der auf Solidarität bauenden Logik des dritten Sektors entsprechen. Eine wesentliche Aufgabe in der bewussten Gestaltung der Beziehungen zwischen Organisation und Umwelt besteht also darin, die Erwartungen unterschiedlichster Stakeholder mit den dahinterstehenden Logiken von Markt, Staat und drittem Sektor zu berücksichtigen und produktiv zu verarbeiten.

Die *Berücksichtigung von informalen Regeln und Aspekten* in einer sozialen Organisation als zweite Grundfrage der Organisationsgestaltung verweist darauf, dass informale Regeln eine wichtige Funktion für die Stabilität der Organisation und die Qualität von Leistungsprozessen haben. So ist nicht nur die formale Struktur einer Organisation, sondern genauso auch die informale Kultur für den Erfolg oder Misserfolg von Organisationen entscheidend. Hervorzuheben ist, dass informale Prozesse (z. B. Organisationslernen) und Dimensionen (z. B. Organisationskultur) notwendige Ergänzungen und Korrektive der formalen Strukturen von Organisationen darstellen, ohne diese aber überflüssig machen zu können. Kulturgestaltung im Sinne einer fachlichen und humanen Pflege und Prägung der Kultur einer sozialwirtschaftlichen

Einrichtung ist eine Kernaufgabe des Sozialmanagements. Sie hat zu berücksichtigen, dass die eigene Organisation nicht nur für die AdressatInnen, sondern auch für die MitarbeiterInnen eine wichtige Lebenswelt darstellt, die es menschlich und produktiv zu gestalten gilt.

Die dritte Grundfrage der Organisationsgestaltung und damit des Managements bezieht sich auf die *Beachtung des Spannungsfelds zwischen Fremd- und Selbstorganisation in sozialen Einrichtungen*: Es gibt in Organisationen nicht nur eine „Fremdsteuerung" von außen (Umwelt) oder oben (Hierarchie), sondern es existieren auch Prozesse der Selbstorganisation, die ausgesprochen wichtig für die Erreichung der Organisationsziele sind (Göbel 2004). Das Konzept der Selbstorganisation hebt hervor, dass Ordnung in Organisationen aus spontanen Interaktionen der Systemelemente entsteht und damit letztlich nicht nur ungeplant, sondern in ihrer Ausformung auch unvorhersehbar ist. Die Logik des „Organisierens" ist so gesehen nicht primär Ergebnis von bewusster Planung, sondern entwickelt sich erst im Laufe des Prozesses des Organisierens (Weick 1998; Sanders / Kianty 2006, 241 ff.). Anders formuliert: Einrichtungen der Sozialwirtschaft als soziale Systeme sind maßgeblich durch autonome und selbst organisierte Prozesse (z. B. die Kommunikation und Kooperation im Team) geprägt, die bei der alltäglichen Organisationsgestaltung grundsätzlich zu berücksichtigen sind. Dabei können etliche der vom Management angestoßenen Maßnahmen zur Förderung der Selbstorganisation eine Bedrohung für die in der Organisation bereits vorhandenen Formen der Selbstorganisation darstellen.

Die *Vermittlung von Organisationsstrukturen und dem Verhalten der Organisationsmitglieder in diesen Strukturen* stellt die vierte Grundfrage der Organisationsgestaltung dar. Sie war im instrumentellen Verständnis von Organisation in aller Regel kein Problem, weil hier implizit davon ausgegangen wurde, dass die Mitglieder den mit formalen Regeln verbundenen Erwartungen nicht nur zu folgen haben, sondern diesen auch tatsächlich nachkommen. Diese Voraussetzung ist aber wirklichkeitsfremd. In Organisationen werden keineswegs alle formalen Regeln befolgt und – was wesentlich wichtiger ist – oft sind nicht einmal die formalen Regeln diejenigen, die primär über Erfolg und Misserfolg, über Existenz oder Scheitern entschei-

den. Vor diesem Hintergrund legt die institutionelle Perspektive auf Organisation ihr Augenmerk vermehrt auf Prozesse der Motivation: Für die Erhaltung und Weiterentwicklung einer Organisation ist ein autonomes, engagiertes Verhalten der MitarbeiterInnen unabdingbar, jenseits aller vorschriftsgemäßen Regelerfüllung. Damit steht der Prozess des Organisierens vor der Anforderung, nicht primär das Verhalten der MitarbeiterInnen durch entsprechende formale Vorgaben zu lenken, sondern vielmehr einen Rahmen zu schaffen, in dem sie sich eigenverantwortlich an der Bearbeitung von organisationalen Problemen beteiligen können (Comelli / Rosenstiel 2009).

Die Frage der Vermittlung von Strukturen und Verhalten in Organisationen wird ebenfalls thematisiert im Konzept der Governance (Benz 2004a; Benz et al. 2007; Matys 2006, 156 ff.), genauer der *„Organizational Governance"*. Letztere

„beinhaltet intra- und interorganisatorische institutionelle Arrangements, die im weitesten Sinne der Steuerung des Verhaltens von Organisationsmitgliedern dienen. Zentrale Elemente dieser institutionellen Steuerungsstrukturen sind Mechanismen, die sowohl die Partizipation von Organisationsmitgliedern und externen Anspruchsgruppen an der Zielbildung festlegen als auch die Allokation der Ressourcenkontrolle sowie die Implementation der Organisationsziele bestimmen" (Schneider 2004, 189 f.; Jäger / Schimank 2005, 221 ff.).

Diese „intraorganisatorische Governance" fragt insofern danach, „wie Organisationen die Interdependenzbewältigung auf der Mesoebene leisten, also vor allem eine hinreichende Fügsamkeit ihrer Mitglieder mit den Organisationszielen herstellen" (Schimank 2007, 200).

Sie ist zu unterscheiden von einem gesellschaftsbezogenen Fokus auf Organisationen, wie er bereits unter der Überschrift „Organisationsgesellschaft" beschrieben wurde; hier lässt sich fragen, „welchen Beitrag Organisationen zur gesellschaftlichen Interdependenzbewältigung leisten, also vor allem zur Abstimmung zwischen den verschiedenen Teilsystemen der modernen Gesellschaft" (200). Diese Differenzierung zwischen einer intraorganisatorischen und einer gesellschaftsbezogenen Governance bezieht sich damit einerseits auf die Frage, welche Muster einer Bewältigung gegenseitiger Abhängigkeiten in

Organisationen zwischen Strukturen und Personen identifiziert werden können, andererseits auf die Frage, welche Muster der Interdependenzbewältigung in Bezug auf gesellschaftliche Fragen Organisationen selbst darstellen (200).

Im Rahmen der Debatte um Governance in Organisationen erhält die Frage nach adäquaten Regelsystemen immer größere Bedeutung, wie sich auch an zahlreichen Veröffentlichungen zu diesem Thema ablesen lässt. Diese unter der Überschrift *Corporate Governance* geführte Diskussion richtet sich „vor allem auf eine Organisation der Beziehungen zwischen Unternehmensleitung und Aktionären mit dem Ziel einer Steigerung ökonomischer Effizienz" (Benz 2004b, 25) und „markiert eines der gegenwärtig meist diskutierten Managementthemen" (Werder 2004a, 160; Bachert 2006; Eberle 2007). Corporate Governance „bezeichnet in einer Kurzformel den rechtlichen und faktischen Ordnungsrahmen für die Leitung und Überwachung eines Unternehmens", wobei auch „Fragen der (rechtlichen und faktischen) Einbindung des Unternehmens in sein Umfeld" miteingeschlossen sind (Werder 2004a, 160 f.). In dieser Ausweitung geht Corporate Governance deutlich über die am Beginn dieses Abschnitts stehende Grundfrage der Vermittlung von Strukturen und Verhalten in Organisationen hinaus.

Als letzte Kernaufgabe der Organisationsgestaltung und des Managements ist die *Berücksichtigung der Wandelnotwendigkeiten* zu nennen, die sich zunehmend dramatisch auch für soziale Dienste und Einrichtungen stellt. Hier ist zu unterscheiden zwischen einer kontinuierlichen Berücksichtigung dieser Wandelnotwendigkeiten im Rahmen eines Managements des organisationalen Wandels (Grunwald 2001, 207 ff.) und dem Konzept der Organisationsentwicklung (129 ff.; 2005).

Der Begriff der *Organisationsentwicklung* (OE) bezeichnet ursprünglich eine spezifische Form des geplanten Wandels von Organisationen, die vor allem dadurch gekennzeichnet ist, dass sie sich auf sozialwissenschaftliche und sozialphilosophische Grundlagen stützt. OE im sozialwissenschaftlichen Sinn meint einen geplanten, längerfristigen Wandel, dessen Bezugspunkt letztlich auf der Ebene der gesamten Organisation liegt. Dieser Veränderungsprozess hat nicht nur eine Steigerung der Produktivität der Organisation zum Ziel, sondern auch eine Verbesserung ihrer Problemlösekapazität sowie der Lebensqualität ihrer Mitglieder. Der Wandel ist partizipativ gestaltet und bezieht sich auf die Veränderung von Personen wie der sie umgebenden Situationen und Strukturen. OE lässt sich also vorläufig bestimmen über den Objektbereich (Organisation bzw. Teile derselben), die doppelte Zielsetzung (Stärkung der Produktivität, Lernfähigkeit, Flexibilität und Innovationsbereitschaft der Organisation sowie Selbstverwirklichung und Autonomie der MitarbeiterInnen) und die Methodik (am Modell der Aktionsforschung orientierter geplanter organisatorischer Wandel, der Personen und Situationen bzw. Strukturen in den Veränderungsprozess integriert) (Gebert 2004, 601 f.). Dieses „klassische" Konzept der OE ist zumindest idealtypisch von der herkömmlichen Tradition der betriebswirtschaftlichen Unternehmensberatung abzugrenzen, die eher auf betriebswirtschaftliche Modelle der Organisationsplanung, der Reorganisation, der Wirtschaftsberatung oder der Managemententwicklung (Management Development) zurückgreift (Grunwald 2001, 130 f.). Die Bedingungen für den Erfolg von Prozessen der Organisationsentwicklung / -beratung sind dabei vielschichtig (zusammenfassend 181 ff.).

Organisationsentwicklung in ihrer ursprünglichen Form stellt eine projektbezogene, im Prinzip temporär begrenzte Intervention dar, die aber eine wichtige Grundlage bildet für ein *Management des organisationalen Wandels*, das sich kontinuierlich auseinandersetzt mit den vielfältigen Entwicklungen in der relevanten Umwelt und in der Organisation selber, die die Einrichtungen immer wieder neu mit erheblichen Herausforderungen konfrontieren. Da diese Probleme in der Regel nicht durch einmalige Aktionen gelöst werden können, ist eine permanente Auseinandersetzung mit ihnen notwendig, ohne dass sich damit aber Projekte der Organisationsentwicklung erübrigen würden.

Vor diesem Hintergrund ist *der Prozess des Organisierens als kontinuierlicher Weg der Veränderung* von Strukturen (z. B. Aufbaustrukturen), Prozessen, Wissensbeständen, Kultur(en) und anderem mehr zu verstehen – das ist die fünfte Grundaufgabe der Organisationsgestaltung. Die verschiedenen Einflusskräfte in Organisationen müssen genau wie die unterschiedlichen Interessen, denen die Organisation von außen ausgesetzt ist, im Prozess des Organisierens immer wieder neu berücksichtigt und aufgenommen werden. Das Ziel ist nicht (mehr) die Erarbeitung oder Aufrechterhaltung einer permanenten und stabilen Ordnung, sondern die bewusste Gestaltung organisationalen Wandels. Dementsprechend sind Einrichtungen der Sozialen Arbeit nicht als statische, sondern – im Sinne eines Entwicklungsorientierten Managements (Grunwald 2010) – als prozessorientierte Gebilde zu verstehen, die fähig sind, Verhaltensmöglichkeiten aufzubauen und bereit zu halten für zukünftige, noch nicht vorhersagbare und damit unbestimmbare Entwicklungen in der Umwelt und in der eigenen Organisation. Der „Ausgangspunkt der Organisationsgestaltung" im Konzept des Entwicklungsorientierten Managements ist „der durch wachsende Umweltkomplexität sprunghaft steigende Bedarf an Systementwicklung zur Sicherung der Problemlösungsfähigkeit von Organisationen" (Klimecki 2004, 919). Diesem Bedarf muss auch das Management sozialwirtschaftlicher Unternehmen gerecht werden, ohne die Grenzen eines gesteuerten Organisationswandels zu übersehen (Rosenstiel/Comelli 2003; Wöhrle 2002).

Ausblick

Organisationsgestaltung in der Sozialen Arbeit darf sich nicht mit sozialtechnologischen Ansätzen der Organisationslehre zufrieden geben, sondern muss zentrale Erkenntnisse der neueren Organisationssoziologie und -psychologie und auf ihnen aufbauend die genannten Grundfragen des Organisierens realisieren (Grunwald 2006; 2008a). Nur eine differenzierte Sicht auf den Gegenstand „Organisation" ermöglicht die Berücksichtigung der Komplexität, die sozialwirtschaftliche Organisationen und ihr Umfeld prägt. Schnelle und einfache Analyse- und Gestaltungszugänge, die häufig einem schlichten Steuerungsverständnis folgen, werden der Komplexität des Feldes, des Bedarfs der KlientInnen und der Dienste und Einrichtungen der Sozialen Arbeit nicht gerecht.

Entscheidend ist hier, die Reflexion über Organisationen und ihre Verfasstheit sowie die Optionen und Grenzen der Organisationsgestaltung nicht abzukoppeln von fachlichen Fragen der Sozialen Arbeit und ihren Implikationen in Bezug auf die Leitung sozialer Einrichtungen, wie sie in unterschiedlichsten theoretischen Konzepten entworfen wurden (beispielsweise im Konzept der Lebensweltorientierten Sozialen Arbeit, Grunwald/Thiersch 2008). Die Fachlichkeit der konkreten sozialpädagogischen Arbeit sowie ihre rechtliche Fundierung sind neben ökonomischen Fragen wichtige Bezugsgrößen, die im Rahmen von Organisationsgestaltung und Personalführung in und von sozialwirtschaftlichen Unternehmen sowohl auf konzeptioneller als auch auf praxisbezogener Ebene zu berücksichtigen sind (Grunwald/Steinbacher 2007, 49 ff.; → Grunwald, Sozialwirtschaft).

Organisationsgestaltung in und von Diensten und Einrichtungen der Sozialen Arbeit bedarf grundsätzlich einer kontinuierlichen Ausbalancierung zwischen Prozess- und Ergebnisorientierung sowie einer Ausgewogenheit zwischen Person-, Kultur-, Strategie- und Strukturorientierung im Prozess des Organisierens. Zunehmend wichtiger und differenziert diskutiert im „Spannungsfeld von Wirtschafts- und Unternehmensethik" werden überdies Fragen der Ethik in Organisationen (Streck 2006; Blickle 2004). Anzustreben ist damit – gerade unter Berücksichtigung organisationstheoretischer Erkenntnisse – ein dezidiert sozialwissenschaftliches Verständnis von Organisation und Organisationsgestaltung in sozialwirtschaftlichen Unternehmen, das Fach- und Organisationsfragen angemessen berücksichtigt.

Literatur

Bachert, R. (Hrsg.) (2006): Corporate Governance in Nonprofit-Unternehmen. WRS, München

Baecker, D. (1994): Postheroisches Management. Ein Vademecum. Merve, Berlin

Balog, A. (2008): Organisationsbegriff und Organisationstheorien. In: Balog, A., Schülein, J. A. (Hrsg.): Soziologie, eine multiparadigmatische Wissenschaft. Erkenntnisnotwendigkeit oder Übergangsstadium? VS, Wiesbaden, 263–290

Bea, F. X., Göbel, E. (2006): Organisation. 3., neu bearbeitete Aufl. Lucius & Lucius, Stuttgart

Benz, A. (Hrsg.) (2004a): Governance – Regieren in komplexen Regelsystemen. Eine Einführung. VS, Wiesbaden

– (2004b): Einleitung: Governance – Modebegriff oder nützliches sozialwissenschaftliches Konzept? In: Benz, A. (Hrsg.), 11–28

–, Lütz, S., Schimank, U., Simonis, G. (Hrsg.) (2007): Handbuch Governance. Theoretische Grundlagen und empirische Anwendungsfelder. VS, Wiesbaden

Blickle, G. (2004): Zur Ethik der Arbeit in Organisationen. In: Schuler, H. (Hrsg.): Lehrbuch Organisationspsychologie. 3., vollständig überarbeitete und erweiterte Aufl. Hans Huber, Bern, 143–154

Comelli, G., Rosenstiel, L. v. (2009): Führung durch Motivation. Mitarbeiter für Unternehmensziele gewinnen. 4., erweiterte und überarbeitete Aufl. Vahlen, München

Eberle, D. (2007): Corporate Governance. In: Benz, A., Lütz, S., Schimank, U., Simonis, G. (Hrsg.), 378–389

Evers, A., Olk, Th. (1996): Wohlfahrtspluralismus – Analytische und normativ-politische Dimensionen eines Leitbegriffs. In: Evers, A., Olk, Th. (Hrsg.): Wohlfahrtspluralismus. Vom Wohlfahrtsstaat zur Wohlfahrtsgesellschaft. Westdeutscher Verlag, Opladen, 9–60

–, Rauch, U., Stitz, U. (2002): Von öffentlichen Einrichtungen zu sozialen Unternehmen. Hybride Organisationsformen im Bereich sozialer Dienstleistungen. Edition Sigma, Berlin

Flösser, G., Otto, H.-U. (1992): Sozialmanagement oder Management des Sozialen? In: Flösser, G., Otto, H.-U. (Hrsg.): Sozialmanagement oder Management des Sozialen? KT, Bielefeld, 7–18

Gebert, D. (2004): Organisationsentwicklung. In: Schuler, H. (Hrsg.): Lehrbuch Organisationspsychologie. 3., vollständig überarbeitete und ergänzte Aufl. Hans Huber, Bern, 601–616

Göbel, E. (2004): Selbstorganisation. In: Schreyögg, G., Werder, A. v. (Hrsg.), 1312–1318

Grunwald, K. (2011): Entwicklungsorientiertes Management als Konzept für Organisationsgestaltung und Personalmanagement in Einrichtungen der Sozialwirtschaft. In: Wöhrle, A. (Hrsg.): Theorie des Sozialmanagements. Ziel, München (im Erscheinen)

– (2009a): Vom Sozialmanagement zum Management des Sozialen? Eine Bestandsaufnahme. Schneider Hohengehren, Baltmannsweiler

– (2009b): Zum Management von Einrichtungen der Sozialen Arbeit unter organisationssoziologischer Perspektive. In: Grunwald, K. (Hrsg.), 85–138

– (2008a): Manageriale Organisationsgestaltung im Kontext einer Lebensweltorientierten Sozialen Arbeit. In: Grunwald, K., Thiersch, H. (Hrsg.), 375–402

– (2008b): Qualitätsentwicklung als Herausforderung eines professionellen sozialpädagogischen Handelns im Kontext einer Lebensweltorientierten Sozialen Arbeit. In: Grunwald, K., Thiersch, H. (Hrsg.), 467–483

– (2006): Management von Dilemmata und Paradoxien in Organisationen der Sozialen Arbeit. neue praxis 36, 186–201

– (2005): Organisationsentwicklung und -beratung. In: Otto, H.-U., Thiersch, H. (Hrsg.): Handbuch Sozialarbeit / Sozialpädagogik. 3. Aufl. Ernst Reinhardt, München / Basel, 1312–1329

– (2001): Neugestaltung der freien Wohlfahrtspflege. Management des organisationalen Wandels und die Ziele der Sozialen Arbeit. Juventa, Weinheim / München

–, Steinbacher, E. (2009): Ehrenamt und freiwilliges Engagement. In: Arnold, U., Maelicke, B. (Hrsg.): Lehrbuch der Sozialwirtschaft. Nomos, Baden-Baden, 614–640

–, – (2007): Organisationsgestaltung und Personalführung in den Erziehungshilfen. Grundlagen und Praxismethoden. Juventa, Weinheim / München

–, Thiersch, H. (Hrsg.) (2008): Praxis Lebensweltorientierter Sozialer Arbeit. 2. Aufl. Juventa, Weinheim / München

Jäger, W., Schimank, U. (Hrsg.) (2005): Organisationsgesellschaft. Facetten und Perspektiven. VS, Wiesbaden

Kieser, A., Ebers, M. (Hrsg.) (2006): Organisationstheorien. 6., erweiterte Aufl. Kohlhammer, Stuttgart

–, Walgenbach, P. (2007): Organisation. 5., überarb. Aufl. Schäffer-Poeschel, Stuttgart

Klie, T., Roß, P.-S. (2007): Welfare Mix. Wunschbild, Trugbild oder die Zukunft der Sozialen Arbeit. In: Klie, T., Roß, P.-S. (Hrsg.): Sozialarbeitswissenschaft und angewandte Forschung in der Sozialen Arbeit. Festschrift zum 65. Geburtstag von Prof. Dr. Konrad Maier. FEL, Freiburg / Br., 12–28

Klimecki, G. (2004): Motivationsorientierte Organisationsmodelle. In: Schreyögg, G., Werder, A. v. (Hrsg.), 915–922

Küpper, W., Ortmann, G. (Hrsg.) (1992): Mikropolitik. Rationalität, Macht und Spiele in Organisationen. 2., durchgesehene Aufl. Westdeutscher Verlag, Opladen

Luhmann, N. (2005): Struktureller Wandel. Die Poesie der Reformen und die Realität der Evolution. In: Jäger, W., Schimank, U. (Hrsg.), 409–450

Matys, Th. (2006): Macht, Kontrolle und Entscheidungen in Organisationen. Eine Einführung in organisationale Mikro-, Meso- und Makropolitik. VS, Wiesbaden

Neuberger, O. (2006): Mikropolitik und Moral in Organisationen. 2., völlig neu bearb. Aufl. Lucius & Lucius, Stuttgart

Ortmann, G., Sydow, J., Türk, K. (1997): Organisation, Strukturation, Gesellschaft. Die Rückkehr der Gesellschaft in die Organisationstheorie. In: Ortmann, G., Sydow, J., Türk, K. (Hrsg.): Theorien der Organisation. Die Rückkehr der Gesellschaft. Westdeutscher Verlag, Opladen, 15–34

Preisendörfer, P. (2005): Organisationssoziologie. Grundlagen, Theorien und Problemstellungen. VS, Wiesbaden

Rosenstiel, L. v., Comelli, G. (2003): Führung zwischen Stabilität und Wandel. Vahlen, München

Roß, P.-S. (2009): Förderung bürgerschaftlichen Engagements in der Bürgerkommune. Sozialarbeitswissenschaftliche Reflexion der baden-württembergischen Engagementförderung (Manuskript; Dissertation Universität Tübingen). Tübingen

Sackmann, S. (2002): Unternehmenskultur. Erkennen – Entwickeln – Verändern. Luchterhand, Neuwied

Sanders, K., Kianty, A. (2006): Organisationstheorien. Eine Einführung. VS, Wiesbaden

Schimank, U. (2007): Organisationstheorien. In: Benz, A., Lütz, S., Schimank, U., Simonis, G. (Hrsg.), 200–211

– (2005): Organisationsgesellschaft. In: Jäger, W., Schimank, U. (Hrsg.), 19–50

Schneider, V. (2004): Organizational Governance – Governance in Organisationen. In: Benz, A. (Hrsg.), 173–192

Scholz, C. (2007): Unternehmenskultur. In: Köhler, R., Küpper, H.-U., Pfingsten, A. (Hrsg.): Handwörterbuch der Betriebswirtschaft. 6., vollständig neu gestaltete Aufl. Schäffer-Poeschel, Stuttgart, 1831–1840

Schreyögg, G. (2008): Organisation. Grundlagen moderner Organisationsgestaltung. 5., vollständig überarbeitete und erweiterte Aufl. Gabler, Wiesbaden

– (2004): Organisationstheorie. In: Schreyögg, G., Werder, A. v. (Hrsg.), 1069–1088

–, Werder, A. v. (Hrsg.) (2004a): Handwörterbuch der Unternehmensführung und Organisation. 4., völlig neu bearbeitete Aufl. Schäffer-Poeschel, Stuttgart

–, – (2004b): Organisation. In: Schreyögg, G., Werder, A. v. (Hrsg.), 966–977

Steinmann, H., Schreyögg, G. (2005): Management. Grundlagen der Unternehmensführung. Konzepte – Funktionen – Fallstudien. 6., vollständig überarbeitete Aufl. Gabler, Wiesbaden

Streck, M. (2006): Organisationsethik im Spannungsfeld von Wirtschafts- und Unternehmensethik. Herbert Utz, München

Türk, K. (2008): Organisation. In: Baur, N., Korte, H., Löw, M., Schroer, M. (Hrsg.): Handbuch Soziologie. VS, Wiesbaden

– (2004): Neoinstitutionalistische Ansätze. In: Schreyögg, G., Werder, A. v. (Hrsg.), 923–931

– (1992): Organisationssoziologie. In: Frese, E. (Hrsg.): Handwörterbuch der Organisation. 3. Aufl. Schäffer-Poeschel, Stuttgart, 1633–1648

Vahs, D. (2007): Organisation. Einführung in die Organisationstheorie und -praxis. 6., überarbeitete und erweiterte Aufl. Schäffer-Poeschel, Stuttgart

Weick, K. (1998): Der Prozeß des Organisierens. Suhrkamp, Frankfurt/M.

Werder, A. v. (2004a): Corporate Governance (Unternehmensverfassung). In: Schreyögg, G., Werder, A. v. (Hrsg.), 160–170

– (2004b): Organisatorische Gestaltung (Organization Design). In: Schreyögg, G., Werder, A. v. (Hrsg.), 1088–1101

Wöhe, G., Döring, U. (2008): Einführung in die Allgemeine Betriebswirtschaftslehre. 23., vollständig neu bearbeitete Aufl. Vahlen, München

Wöhrle, A. (2002): Change Management. Organisationen zwischen Hamsterlaufrad und Kulturwandel. Ziel, Augsburg

Pädagogische Alternativen

Von Bernd Dollinger

Einleitung

Die Rede von „pädagogischen Alternativen" wirft ein weites Themenfeld auf. Da es sich nicht um tradierte Fachterminologie handelt, muss man sich einen vorsichtigen Weg in ein offenes Gelände bahnen. Dies wird erschwert, da zum einen nicht geklärt ist, was „pädagogisch" bedeutet, da die Referenz der Erziehung – und auch der Bildung – nicht als gut konturierte Handlungs- und Wissensbeschreibung gelten kann (Oelkers 1985). Es können sehr unterschiedliche Sachverhalte als „pädagogisch" qualifiziert werden, so dass es zur Frage des Blickwinkels wird, wann eine *pädagogische* Alternative vorliegt und wann nicht. Zum anderen sind *Alternativen* nicht aus sich heraus verständlich, es handelt sich um einen relationalen Begriff. Alternativen stehen in Bezug zu etwas, da sie als Optionen im Vergleich zu bisher verfolgten oder anderweitig möglichen Handlungsmustern auftreten. Dies kann sich auf innerpädagogische wie auch auf außerpädagogische Entwürfe beziehen: Stellt man einerseits die heterogenen Strömungen in Pädagogik und Erziehungswissenschaft in Rechnung (Kron 1999; Tschamler 1996), so existieren vielfältige Vorgaben, die miteinander in Konkurrenz stehen und als alternative Orientierungen innerhalb pädagogischer Felder gelten können. Systemtheoretische bestehen neben empirischen, diskurstheoretischen oder postmodernen Pädagogiken usw. Zudem können, über einzelne Strömungen hinaus, unterschiedliche pädagogische Semantiken und Haltungen favorisiert werden, wie beispielsweise die zeitlich variierende Bevorzugung von „Erziehung" gegenüber „Bildung" (Winkler 2001) oder die Stilisierung einer konfrontativ-disziplinierenden in Abhebung von einer akzeptierenden Pädagogik illustrieren (Bröcher 2005; Plewig 2007 / 08).

Andererseits können einzelne pädagogische Vorgaben zu außerpädagogischen Verfahrensweisen in Beziehung gesetzt werden. Erziehung kann als Gegenprinzip zu Strafe, Unterrichtung, Therapie, finanzieller Unterstützung, Indifferenz oder anderem postuliert werden. In diesem Fall müssen die betreffenden Alternativen zweifach legitimiert werden: innerhalb und außerhalb pädagogischer Diskurse. So können z. B. Interventionen gegen Armut unternommen werden, die statt ökonomischer Transferleistungen auf sozialpädagogische Methoden rekurrieren. Damit wird in einem ersten – durchaus klärungsbedürftigen – Schritt postuliert, Armut sei vorrangig ein Problem von Subjektqualitäten. Kann dies erfolgreich durchgesetzt werden, dann wäre in einem zweiten Schritt zu bestimmen, welche Art von Erziehung damit eingefordert wird. Zur Begründung wäre auf spezifische Entwürfe zu rekurrieren, die gegen andere zu behaupten wären, denn es verbliebe ein Spektrum von kontrollierend-fordernden bis zu unterstützenden Maßnahmen, die jeweils mit öffentlichen Entscheidungsträgern abzustimmen wären.

Dies veranschaulicht, wie voraussetzungsvoll und in welch hohem Maße abhängig von zugeschriebener Akzeptanz es ist, Erziehung als eine Alternative zu präsentieren. Pädagogische Alternativen zeichnen sich teilweise durch eine emphatische Selbstpräsentation aus, um sich legitimieren zu können; es gerät leicht in Vergessenheit, dass in diesem Prozess nicht nur rational über verhandlungsfähige soziale Verfahrensformen entschieden wird. Vielmehr konkurrieren mit den Alternativen jeweils divergente Welt- und Gesellschaftsbilder und Anthropologien. Es ist für die weitere Auseinandersetzung deshalb nötig, zunächst Prämissen des Denkens in Alternativen zu erörtern. Auf dieser Grundlage kann auf die Sozialpädagogik eingegangen werden, für die es nicht nur prinzipiell,

Otto/Thiersch (Hg.), Handbuch Soziale Arbeit, 4. A., DOI 10.2378/ot4a.art105,

sondern auch vor dem Hintergrund historischen Wissens notwendig ist, Alternativkonstruktionen zu reflektieren. Die Ausführungen werden dann exemplarisch konkretisiert. Überlegungen zu Problemen des Denkens in Alternativen stehen am Ende.

Voraussetzungen

Von Alternativen zu sprechen, ist nur auf der Grundlage besonderer Vorbedingungen möglich. Émile Durkheim (1897/1983) machte auf die sozialwissenschaftliche Relevanz der Möglichkeit aufmerksam, Alternativen denken zu können. Exit-Optionen, so stellte er fest, konfrontieren mit einer Entscheidungsmöglichkeit und -notwendigkeit. Soziale und moralische Bindungen werden nicht mehr als per se verpflichtende Orientierungen erlebt, wenn alternative Handlungsausrichtungen denkbar und potenziell begründungsfähig sind. Soziale Integration kann in der Folge nur über den Weg subjektiver Sinnkonstruktionen und die Zustimmung des Einzelnen vollzogen werden. Er tritt als entscheidungsfähiges Individuum auf, das sich in Prozesse sozialer Ordnungsbildung einbringt und dabei Handlungsspielräume in Anspruch nimmt. Dies ist für die Stabilität der Gesellschaft nicht risikolos, denn mit dem Bewusstsein um die Möglichkeit, anders als im tradierten Sinne zu handeln, treten die objektive Geltung sozialer Normen und ihre subjektive Bindungswirkung mit tendenziell offenem Ausgang auseinander und sie müssen wieder aufeinander bezogen werden. „Worauf es ankommt, ist", wie Durkheim (1897/1983, 313, Fn. 23) für diesen gesellschaftlichen Zustand diagnostizierte, „nämlich nicht das bloße Bestehen der Normen, sondern ihre innere Anerkennung durch das Gewissen." Selbst eine übermächtige soziale Ordnung wird an individuelle Sinnstrukturen und Subjektqualitäten gebunden und bleibt von ihnen abhängig.

Durkheim versuchte dieses Problem im Dienste der Aufrechterhaltung geregelter Integrationsverhältnisse zu lösen, und zwar als normative Aufgabe wie auch als Theorieproblem. Er wies dazu auf den Verpflichtungscharakter des Sozialen hin. Während liberale Sozialtheoretiker mit der Autonomie des Einzelnen auf an sich gegebene alternative Handlungsoptionen abstell(t)en, um von der individuel-

len Entscheidungspraxis ausgehend soziale Bindungen einer bürgerlichen Gesellschaft zu erklären (aus historischer Sicht Gall 1997; Langewiesche 1988; Winkler 1979), rück(t)en sozialmoralische Modelle der Gesellschaftstheorie wie dasjenige Durkheims die maßgebliche Bedeutung überindividueller, allgemein verpflichtender Wertbindungen in den Vordergrund. Entsprechend unterschiedlich und weltanschauungsabhängig ist die Bewertung von Alternativen: (Neo-)Liberale Theoretiker gehen von einer weiten Spannbreite von Handlungsalternativen aus, die im Zuge ihrer Realisierung zu sozialen Ordnungsgefügen und zu kollektiv wirksamen Entscheidungsfolgen aggregiert werden; politisch realisierte Strukturbedingungen erscheinen vorrangig als unerwünschte Beschränkungen rationaler Wahlhandlungen (zur Diskussion Butterwegge et al. 2008). Demgegenüber ist in der Tradition Durkheims angelegt, Alternativen von einem begrenzten ordnungstheoretischen Bezugsrahmen aus zu konzipieren: Ein solidarmoralischer Konsens wird als Garant gesellschaftlicher Stabilität und subjektiver Handlungsausrichtung vorausgesetzt.

Vor allem die zweitgenannte Position geriet in den vergangenen Jahrzehnten unter wachsenden Legitimationsdruck. Von verschiedenen Seiten aus wird darauf aufmerksam gemacht, dass „Erfahrungen der Differenz und Kontingenz von Sinnsystemen sich gesteigert und radikalisiert haben und offenbar nicht mehr stillgelegt werden können" (Reckwitz 2006, 659; grundlegend s. a. Luhmann 2001). Unabhängig von der Frage, in welchem Maße dies gegen kommunitaristische und neokonservative Revitalisierungsversuche empirisch bestätigt werden kann, verweisen zeitdiagnostische Referenzen auf die Universalisierung von Kontingenzerfahrungen und damit auf die Erosion als alternativlos geltender Moral-, Lebens- und Wissensbereiche. Moralische Integrationsformen können ihnen zufolge höchstens noch kommunikativ ausgehandelt (Bergmann/Luckmann 1999), aber nicht mehr als gesamtgesellschaftliche Steuerungsgröße vorausgesetzt werden. Ein wachsendes Bewusstsein um die stets auch anders mögliche Organisation sozialen und subjektiven Lebens habe, so Reckwitz (2006, 45), den Boden für einen „cultural turn" der Sozialwissenschaften bereitet, in dessen Folge von essentialistischen Sozialtheorien zunehmend Abstand genommen werde. In diesem kulturellen und wissenschaftlichen Kontext wird es plausibel, von Kontingenz als basaler Existenzvoraussetzung auszugehen, wie dies insbesondere in der neueren konstruktivistischen Systemtheorie (Luhmann 1997), in postmodernen Theorien (Lyotard 1986; Welsch 1988) und in poststrukturalistischen Entwürfen (Derrida 1983; Foucault 1991) verfolgt wird. Die Wahrnehmung von grundlegenden Alternativen des Handelns, Wissens und Erkennens wird zu einem überzeugenden Theorieaxiom. Kontingenz wird nicht mehr als Bedrohung der Möglichkeit sozialer Integration, sondern als unhintergehbare Voraussetzung sozialer und subjektiver Erfahrung und ihrer Theoretisierung verstanden. Von ihr ausgehend wird nach der Möglichkeit der Vermittlung von Partikularität und Universalität und der in ihr prozessierten Herausbildung hegemonialer Denkweisen gefragt (Butler et al. 2000; Laclau 2007).

Die Rede von „pädagogischen Alternativen" bedarf diesbezüglich einer Spezifizierung. In ihrem Fall wird Kontingenz zugelassen, aber auch relativiert: „Pädagogische Alternativen" setzen voraus, dass anderes Handeln möglich ist, und sie konstituieren damit einen sinnhaften Orientierungsrahmen, in dem dieses Handeln situiert ist. Sie reproduzieren einerseits ein Bewusstsein um die Unabgeschlossenheit sozialer Verhältnisse und Prozesse, da sie nachzuweisen suchen, dass aktuelle Arrangements veränderungs- und verbesserungsfähig sind. Die Gegenwart soll unter Rekurs auf Wahlentscheidungen in einen positiveren zukünftigen Zustand transformiert werden. Zunächst erscheint dies wie das Zugeständnis grundlegender Kontingenz. Bei genauerer Betrachtung müssen Alternativen als *pädagogische* allerdings, andererseits, anerkennungsfähig sein, d. h., sie müssen an gemeinsam geteilte Standards sozialen Lebens appellieren und diese reproduzieren. Die Alternativen stehen unter dem Zwang, sich auszuweisen, und hierzu verwenden sie normative Legitimationsmuster. Sie nehmen Bezug auf Werte und Moralvorstellungen, um z. B. einzuklagen, es sei besser, pädagogisch und nicht ordnungsstaatlich gegen soziale Probleme vorzugehen. Dies kann argumentativ nur eingebracht werden, wenn Kontingenz unter Verweis auf ethische Standards sozialen Lebens beschränkt wird: Es darf nicht legitim erscheinen, gegen soziale Probleme nicht-pädagogisch zu intervenieren, sondern ein Problemgehalt soll normativ anerkannt und mit

pädagogischen Bearbeitungsmöglichkeiten assoziiert werden. Pädagogische Alternativen stehen demnach in einer mittleren Stellung zwischen den oben idealtypisch differenzierten Ordnungsentwürfen: Sie lassen Kontingenz zu und beschränken sie gleichzeitig auf Prämissen konsensueller Orientierungen, auf die sie angewiesen sind. Alternativen verweisen folglich auf „Funktionen", und diese „müssen gesellschaftlich akzeptiert, verfassungsmäßig und ethisch vertretbar sein, und wir brauchen Belege, zumindest plausible Argumente, dass diese Funktionen auch mit den Alternativen zu erfüllen sind" (Cornel 2008, 55).

Wer Alternativen fordert, bleibt demnach auf Prämissen der Erfüllung sozialer Erfordernisse bezogen und führt in sie Reformmotive ein. Auf der Grundlage dieses Spiels mit Kontingenz und ihrer strategischen Unterdrückung ergeben sich fünf Charakteristika (sozial-)pädagogischer Alternativen:

- **Zeitliche Rahmung:** Es macht nur Sinn, von Alternativen zu sprechen, wenn sie prinzipiell realisierungsfähig erscheinen und eine Verbesserung nach sich ziehen. Zukunft wird teleologisch als Option verbesserungsfähiger Gegenwart eingebracht, so dass eine optimistische Projektion auftritt: Man kann handeln und soll es tun, um positive Entwicklungen in Gang zu setzen oder zu fördern.

- **Wertungsabhängigkeit:** Eine bessere Zukunft ist nur möglich vor dem Hintergrund einer negativ bewerteten Vergangenheit und eines durch sie begründeten Entscheidungszwangs in der Gegenwart. Es muss entschieden und gehandelt werden, da die Zukunft riskiert ist und droht, genauso negativ oder noch negativer zu werden, als es der Vergangenheit zugeschrieben wird. Angesichts derartiger Bewertungen sind Alternativdiskurse häufig emphatisch angelegt und mit normativer Überschussqualität ausgestattet, sie verweisen auf das Geschäft von „Moralunternehmern" (Becker 1981).

- **Verweisungszusammenhang:** Um sich zu begründen, weisen Alternativen über sich hinaus. Sie sind in komplexe Strukturen eingebunden, aus denen sie ihren Sinn beziehen. Alternativen werden erst durch Differenz möglich, während sie als bloße Signifikate bedeutungslos bleiben. In einem Netz an Signifikanten, d. h. an Sinn zuweisenden Zusammenhängen, positionieren sie sich gegen andere Verfahrensweisen, übernehmen aber – auch

wenn ihre Zweckbestimmung über reine funktionale Äquivalenz hinausgeht – deren Zielorientierung.

- **Pragmatische Orientierung:** Alternativen zielen in erster Linie auf Mittel der Zielerreichung,
nicht der Zielreflexion oder der grundlegenden Kritik. Alternativen präsentieren sich als konsensuell
anschlussfähige Arten der Bewältigung relevanter
Problemlagen. Akteure und Institutionen, die Alternativen realisieren, stehen deshalb in der Gefahr,
heteronome Zielvorgaben zu inkorporieren, wenn
eine eigenständige Auseinandersetzung ausbleibt.
Falls bestimmte Ziele durch pädagogische Mittel
erreicht werden können, heißt dies nicht, dass die
Ziele als solche pädagogisch relevant und anstrebenswert sind.
- **Referenzen / Strukturprinzipien:** Pädagogische
und insbesondere sozialpädagogische Alternativen
verweisen in der Regel auf Subjektzustände und
ihre Veränderbarkeit in sozialen und infrastrukturellen Lebenszusammenhängen (Winkler 1988;
Dollinger 2008). Es wird bewusst gemacht, dass
Subjektivität vielfältigen Einflüssen unterliegt und
nur kontextualisiert betrachtet und gefördert werden kann. Diese Perspektiven und Wissensstrukturen werden durch die (Sozial)Pädagogik diskursiv
präsent gehalten und reproduziert.

Alternativen sind darauf angewiesen, dass diese
Charakteristika im Einzelfall öffentlich anerkannt
werden und (sozial-)staatliche Unterstützung finden. Ihre formale Legitimierung und der Prozess
ihrer Etablierung können deshalb mit Mitteln der
Problemtheorie und -soziologie analysiert werden
(Peters 2002; Schetsche 2000). Wird dieser Vorgang in Richtung einer Institutionalisierung erfolgreich durchlaufen, dann werden Alternativen
auf Dauer gestellt und mit den organisationalen,
personalen, rechtlichen, ökonomischen und ideologischen Ressourcen ausgestattet, die sie längerfristig überlebensfähig machen. Damit allerdings
gehen sie in „normale" Versorgungsstrukturen
über und verlieren ihren innovativen, tendenziell
ephemeren Charakter des Alternativen. Es bleiben
die Möglichkeiten dauerhafter Marginalität oder
des Auflösens entweder durch erfolgreiche oder
durch erfolglose Institutionalisierung. Wie dies
im Einzelnen verläuft, ist jeweils empirisch zu betrachten. Am Beispiel der Sozialpädagogik ist auf
einen erfolgreich vollzogenen, historischen Prozess der Etablierung von Strategien und Maßnahmen pädagogischer Problembearbeitung zu
verweisen.

Sozialpädagogik als historisch etablierte Alternative

Die Sozialpädagogik kann als Disziplin und Profession im wechselhaften Verlauf ihrer historischen
Entwicklung als Institutionalisierung und Ausdifferenzierung pädagogischer Alternativkonstruktionen betrachtet werden. Je nach gewähltem Ausgangspunkt und Blickwinkel kommen dabei andere
Wissens- und Handlungszusammenhänge in Betracht. Aus professions- und arbeitsfeldbezogener
Perspektive wird von einer „‚Pädagogisierung' der
Armut" (Münchmeier 1981, 65) gesprochen. Armut wurde sukzessive unter den präventiv ausgerichteten Referenzen der Bildung und Erziehung
thematisch. In der Kinder- und Jugendhilfe wurden theologisch begründete, medizinische oder
fürsorgewissenschaftliche Annäherungen relativiert
und perspektivisch durch sozialpädagogische Methoden und Haltungen substituiert (Gräser 1995;
Peukert 1986; Sachße / Tennstedt 1988, 99 ff.). Ein
anderes Bild ergibt sich bei einer disziplinären Betrachtung der Sozialpädagogik, die aus pädagogischen Diskurszusammenhängen heraus und in
Auseinandersetzung mit ihnen entstanden ist
(Dollinger 2006), wobei stets auch außerpädagogische Semantiken und Vorstellungen in die Dis-
kurshorizonte einflossen. Am eindrücklichsten be-
zeugen dies die historischen Diskussionen um die
„soziale Frage" und die konträren Haltungen zu
ihrer pädagogischen Bearbeitungsfähigkeit. Ein
frühes Zeugnis für die agonale Struktur dieses Diskurses gibt Diesterweg (1836 / 1890) in der ersten
seiner „Lebensfragen der Zivilisation", in der er
seine Zeitgenossen dazu motivieren wollte, das
pauperistische Elend nicht als gottgewolltes Unglück, als hinzunehmendes Schicksal, als Schuld
der Einzelnen oder aus sonstigen Gründen indifferent hinzunehmen. Es ging ihm darum, lokal verortete, soziale Reformen unter Beteiligung einer
veränderten Erziehungspraxis einzubringen. Diesterweg verdeutlicht damit die Kontingenz des Umgangs mit Pauperismus und sozialer Frage, letztlich
mit sozialen Problemen überhaupt: Es ist lediglich
eine Option, auf pädagogische Alternativen zu

rekurrieren, und sie zu begründen gelingt nur durch Überzeugungsarbeit. Diesterweg unternahm sie, indem er auf die Veränderbarkeit des Sozialen, drängenden Handlungsbedarf und strukturelle Ursachen von Armut hinwies. Es ist dabei naheliegend, dass in dieser Linie von pädagogischer Seite aus festgestellt wurde, die soziale Frage sei „in erster Linie eine pädagogische Frage" (Trüper 1890, 233). Insofern Vergleichbares auch von anderer Seite aus konstatiert wurde – prominent etwa durch Gustav Schmoller (1864/1865) –, wird deutlich, dass diese Position auch außerhalb der Pädagogik anschlussfähig war und eine sozial ausgerichtete Pädagogik bei der Reflexion und Bearbeitung der sozialen Frage als maßgeblicher Akteur gelten konnte. Sozialpädagogik konnte als pädagogische Alternative der Beantwortung der sozialen Frage ausgewiesen werden, musste aber permanent um ihren Status ringen. Andere Problemzurechnungen blieben denkbar (zu einer Differenzierung z.B. schon Buß 1843, VIII). Die soziale Frage war überaus komplex angelegt und keiner einfachen Antwort zugänglich (Kaufmann 2003; Pankoke 1970). Außerdem konnte ihre Pädagogisierung als Verengung erscheinen, wenn durch sie strukturelle Problemursachen aus dem Blick gerieten.

Die damit angesprochenen Auseinandersetzungen um „legitime" Problemdeutungen sozialer Prozesse dauern bis heute. Beispielsweise wirft eine Sozialpolitik, die auf die Aktivierung von Leistungsbeziehern und damit auf sozialpädagogisch unmittelbar anschlussfähige Problemdefinitionen abstellt, unmittelbar die Frage auf, ob und wie die Sozialpädagogik diese Problemsichten teilen und übernehmen kann (Dahme et al. 2003; Dollinger/Raithel 2006). Es kommt zu einer Neujustierung der Zuständigkeiten von Sozialpolitik und Sozialpädagogik, vor deren Hintergrund nach neuen Formen sozialpädagogischer Selbstvergewisserung gefragt wird (Böhnisch et al. 2005). Angesichts dieser Kontinuität von Diskussionen um Möglichkeiten von Sozialpädagogik ist sie als eine pädagogische Alternative zu betrachten, über deren Status stets neu verhandelt wird. Ihre Institutionalisierung als disziplinäre und professionelle Praxis ist zwar längst erreicht (Rauschenbach 1999; Züchner 2007), aber Zuständigkeiten und zeitgenössische Orientierungen müssen jeweils neu bestimmt und begründet werden. Wie dies im Einzelnen zu verste-

hen ist, soll nachfolgend exemplarisch durch den Bezug auf reformpädagogische Diskussionen verdeutlicht werden.

Reformpädagogische Alternativkonstruktionen

Reformpädagogik ist ein besonders einprägsames Beispiel für den hier verfolgten Zusammenhang. Einschlägig ist sie u.a., weil keine allgemeingültige Definition in Anspruch genommen werden kann, um Reformpädagogik zu bestimmen, so dass es legitimationsabhängig ist, wenn auf sie als besondere pädagogische Alternative Bezug genommen wird. Annäherungen, die Reformpädagogik als eine einmalige Epoche erörtern, die am Ende des 19. Jahrhunderts auf der Grundlage kulturkritischer Artikulationen einsetzt und etwa das erste Drittel des 20. Jahrhunderts geprägt habe (Röhrs 2001; Scheibe 1994), wurden immer nachhaltiger kritisiert (insbes. Oelkers 2005). Es lassen sich Kontinuitäten reformpädagogischer Motivlagen und Semantiken nachweisen, die z.B. auch im häufig kritisierten Herbartianismus einschlägig waren (Coriand/Winkler 1998; Coriand 2003). Zudem ist es fraglich, ob angesichts sehr unterschiedlicher einzelner Reformansätze und -anliegen tatsächlich eine Einheit „der" Reformpädagogik angenommen werden kann. Dennoch wurde von Protagonisten und Historiographen dargestellt, es handle sich um einen grundlegenden Neuansatz von Pädagogik, so dass eine erfolgreiche (Selbst-)Stilisierung erfolgte, durch die ein deutlicher Gegensatz zu tradierten pädagogischen (und z.T. nicht-pädagogischen) Verfahrensformen und Denkweisen artikuliert wurde. Auch wenn die neuere Forschung dieses Anliegen relativiert hat, war es den reformpädagogischen Protagonisten und den später an sie anschließenden Interpreten wichtig, die betreffenden Haltungen als Kontrast zu früheren Pädagogiken und Handlungsweisen darzustellen. Dazu war es förderlich, Polarisierungen vorzunehmen; es wurde programmatisch von einer „alten" und einer „neuen" Erziehung, von Unterrichtung versus „echter" Erziehung, von Schematisierung versus einem „ganzheitlichen" Interesse am Kind gesprochen. Diese Orientierung an einer „Pädagogik vom Kinde aus" wurde als Kern reformpädagogischer Entwürfe im genannten Zeitraum geltend gemacht. Durch sie habe eine Perspektive Anerkennung gefunden, die sich insbesondere gegen eine didaktisch-methodisch verengte Unterrichtungspädagogik gestellt habe.

Unter diese Einheitskonstruktion wurden und werden neben verschiedenartigen schulbezogenen Reformansätzen auch Bestrebungen einer Reform der Fürsorgeerziehung und der Betreuung jugendlicher Gefangener subsumiert („sozialpädagogische Bewegung"; Herrmann 1956; Röhrs 2001, 300 ff.). Den Vertretern der „sozialpädagogischen Bewegung" der Weimarer Zeit war daran gelegen, einen Gegensatz zu tradierten Formen des Umgangs mit sozial auffälligen Heranwachsenden in den Vordergrund zu stellen, um sich in den Auseinandersetzungen der Zeit als eigenständige Alternative zu positionieren. Erich Weniger (1927, 261) etwa führte aus, man finde „mehrere Formen von Fürsorgeerziehung [...], die sich feindlich gegenüberstehen und abweichende Mittel vertreten", und benannte fünf unterschiedliche Motivgruppen, die mit eigenständigen Interventionsarten verbunden waren: „die konfessionelle, die staatliche, die der Heilpädagogik, der Jugendbewegung und schließlich die der pädagogischen Theorie". Vorherrschend im Praxisfeld der Fürsorgeerziehung war die konfessionelle Tradition, und pädagogische Aspirationen lagen in zuweilen deutlichem Konflikt mit ihr (Niemeyer/Schröer 2003). Wie Weniger erwartungsgemäß ausführte, konnte die Pädagogik beanspruchen, als integrative Orientierung zu gelten, so dass in der Fürsorgeerziehung „der *allgemeine* Erziehungsweg *zuerst* zu beschreiten" (Weniger 1927, 347) sei. Gemäß Bondy (1925, 16) galt dies auch für Jugendgefängnisse, denn sie seien grundlegend nach pädagogischen Gesichtspunkten zu organisieren. Zusammen mit Walter Herrmann hatte Bondy 1921 einen Reformversuch im Jugendstrafvollzug unternommen, mit dem er, so Röhrs (2001, 303), „eine sinnvolle praktische Gestaltung" des 1923 erlassenen Reichsjugendgerichtsgesetzes (RJGG) unternahm. Verstärkt bereits seit Ende des 19. und zu Beginn des 20. Jahrhunderts waren Forderungen von Strafrechtsreformern in Richtung einer erzieherischen Sonderbehandlung jugendlicher Delinquenter laut geworden. Die Bestrafung Jugendlicher sei nur Symptombehandlung, denn ausschlaggebend für deren hohe Kriminalitätsraten seien Erziehungsprobleme (Polligkeit 1905, 7). Strafzufügung, so

Polligkeit, ergebe bei vorliegender Unfähigkeit des Einzelnen, Gesetze zu befolgen, wenig Sinn. Wenn eine Besserung des Jugendlichen durch Strafe nicht zu erwarten sei, dann sei es angezeigt, Erziehung – im besten Falle bereits präventiv – als Alternative zu Strafe zu wählen (Polligkeit 1905, 19), und hierzu forderte Polligkeit die Einrichtung eines Reichserziehungsgesetzes. Auch Franz von Liszt (1905/1969, 40) merkte an, harte Strafen führten nicht etwa zu einer Abschreckung oder Besserung des Täters, sondern zu erhöhten Rückfallzahlen. Deshalb müsse der „erziehliche Charakter der Anhaltung [...] in den Vordergrund treten" (Liszt 1905/1969, 41). Mit der Verabschiedung und dem Inkrafttreten des RJGG wurde schließlich ein erziehungsorientierter, spezialpräventiver Umgang mit Delinquenten festgeschrieben (im Einzelnen Laubenthal/Baier 2006, 11 ff.; Oberwittler 2000; Schüler-Springorum 2007). Das RJGG fungierte als eigenständiges jugendbezogenes Gesetz neben dem Reichsjugendwohlfahrtsgesetz (RJWG) von 1922/24. Inwieweit mit dem RJGG allerdings eine „echte" Alternative zur tradierten Bestrafungspraxis beabsichtigt war, ist fraglich. Intendiert war eine autoritäre Einwirkung, die auf Gehorsam und Einfügung abstellte, was durch die Chiffre „Erziehung" kaum überdeckt wurde (Weyel 2008). Demgegenüber blieben (und bleiben) pädagogische Reflexionen dem Jugendstrafrecht äußerlich (Cornel 2010). Es verwundert in diesem Kontext wenig, dass Versuche wie die von Curt Bondy und Walter Herrmann, die auf pädagogisch-gemeinschaftsorientierte Interventionen abstellten, recht bald endeten. Dieses frühe Ableben ist charakteristisch; auch andere Alternativentwürfe endeten bald, u. a. Karl Wilkers (1921/1989) von 1917 bis 1920 unternommene Bemühung, im „Lindenhof" in Berlin-Lichtenberg die „Fürsorgeerziehung als Lebensschulung" zu reformieren.

Mit Recht verweist Röhrs (2001, 306) auf „einen Hauptgrund für das Scheitern des Lindenhofs": die z. T. rüde Ablehnung bürokratischer Belange. Die Versuche, durch pädagogische Reformen Alternativen zu eingefahrenen Handlungsmustern zu realisieren, mussten sich in konflikthaften Auseinandersetzungen bewähren (Niemeyer 2005, 189 ff.), aber dies gelang kaum. Vorrangig wurde auf eine Kontrastierung der zeitgenössischen Praxis Wert gelegt, womit weder vorausgehende Reformentwürfe ernst genommen wurden, noch bedacht wurde, wie die Institutionalisierung der eigenen guten Absichten möglich zu machen war.

Hilfreich für die „sozialpädagogische Bewegung" war es in den Diskussionen, sich als Teil einer umfassenderen Reformbewegung zu verstehen. Herman Nohl assistierte, indem er eine Einheit von Reformpädagogik theoretisierte (Nohl 1933–35 / 1963) und sie historisch anreicherte (Nohl 1970). Dies trug dazu bei, Reformpädagogik in der sozial- / pädagogischen Historiographie als eine eigenständige Erscheinung festzuschreiben. Allerdings korrespondierte dieser Deutung eine Überzeichnung des programmatischen Anspruchs auf eine neuartige Praxis, und der Originalitätsanspruch war einer Auseinandersetzung mit möglicherweise bestehenden Schattenseiten der emphatischen Hinwendung zum „ganzen Menschen" nicht förderlich. Diesbezüglich ist in Rechnung zu stellen, dass den reformpädagogischen Alternativkonstruktionen systematische Probleme eingeschrieben waren: Der Ambition einer neuen Pädagogik entsprach eine irrationalistische Tendenz (Schonig 1973), die eine nüchterne Diskussion erschwerte. Auch gegen-liberale Haltungen (Oelkers 1991), Normalisierungsforderungen (Hofer 2001) oder rassenhygienisch motivierte Hoffnungen auf einen „neuen Menschen" wie bei Ellen Key (1903) blieben bei der Beschäftigung mit „der" Reformpädagogik teilweise ausgeblendet. Dies zeigt, dass eine genaue Analyse pädagogischer Alternativentwürfe zwingend erforderlich ist, auch im Falle der „sozialpädagogischen Bewegung", die zwar eine Hinwendung an die Subjektivität des Einzelnen forderte und freiheitliche Erziehungsmaßnahmen einzusetzen bestrebt war. Die Kehrseite dieser Hinwendung lag allerdings nicht nur in der Problematik des Umgangs mit den Heranwachsenden, die dem Alternativprojekt nicht gewachsen zu sein schienen, denn der Zuwendung zu den pädagogisch „Aktivierbaren" entsprach teilweise eine Ausgrenzung der angeblich nicht oder nur schwer Erziehbaren (Peukert 1986). Sie bestand auch in der fehlenden Fähigkeit, sich mit gegebenen Strukturen konstruktiv auseinanderzusetzen. Man kann die „sozialpädagogische Bewegung" der Weimarer Republik deshalb als eine Alternativkonstruktion verstehen, die den Bereich des Innovativen zu Lasten des Raums strapazierte, der die Alternative möglich machte: Rechtliche Handlungssicherheiten, organisationale Rahmenstrukturen und professionelle

Orientierungen erlauben erst die Dauerhaftigkeit der jeweiligen Praxis. Genau gegen diese Vorgaben waren die Reformforderungen jedoch ausgerichtet.

Dies illustriert einen von pädagogischen Alternativkonzepten zu leistenden Balanceakt. Sie sind in ihrem Bezug auf Subjekte und soziale Lebensorte nicht standardisierbar oder technologisch planbar. Dennoch benötigen sie, um wirksam zu werden, eine grundlegende Sicherheit der Handlungsvoraussetzungen, die mit Strukturierungen und Institutionalisierungen verbunden sind. Pointiert ausgedrückt müssen Professionalität und ihre organisationale Ermöglichung und Rahmung zusammen gedacht werden (Klatetzki / Tacke 2005). Verlieren sich Alternativen in einem Nimbus des Innovativen, so verschleiern sie ihre kontextuellen Möglichkeitsbedingungen und werden entweder illusionär oder, wie Skiera (2003, 263) mit Blick auf Steiners Grundlegung der Waldorfpädagogik anführt, sie folgen im Extremfall einem weltanschaulichen „Totalitarismus". Akzeptieren sie hingegen weitgehend die faktischen Gegebenheiten, so wirken sie „realistisch", aber nahezu normalisiert und kaum originär; sie gehen in Normalverfahren auf und übernehmen deren Orientierungen und Vorgaben. In diesem Spannungsfeld operieren Entwürfe pädagogischer Alternativen.

Aus sozialpädagogischer Sicht aufschlussreich ist diesbezüglich die Schulpädagogik. Sie ist an einer hochgradig formalisierten Form von Erziehung und Unterricht ausgerichtet und gibt Gelegenheit, sozialpädagogische Alternativen mit jeweils eigenständigen Praxisformen und Bildungsverständnissen zu realisieren. In jüngerer Vergangenheit erfuhr dies nach Anregung durch politische Initiativen erneute Aktualität; die seit längerer Zeit bestehenden Anbindungen und Kooperationen der beiden Institutionen (Homfeldt 2004; Mörschner 1988) wurden revitalisiert und neu ausgehandelt. Grundlegend ist hierfür die Annahme, die Schule müsse, wie der zwölfte Kinder- und Jugendbericht formuliert, ein „Ort umfassender Gelegenheiten und vielfältiger Anregungen für Bildung werden" (Bundesministerium für Familie, Senioren, Frauen und Jugend (BMFSFJ) 2005, 41). Intendiert sei u. a. „eine grundlegende pädagogische Reform der Schule mit einer Rhythmisierung des Tagesablaufs und der Einbeziehung alternativer Lernformen" (42). In diesem Sinne tritt die Kinder- und Jugendhilfe als Alternative zur etablierten Schulpraxis und Unterrichtsgestaltung auf, um eine Reform von Bildungsrealisationen in verschiedener Hinsicht zu ermöglichen. Wie dies im Einzelnen konkretisiert wird, unterscheidet sich bislang erheblich nach jeweils regional gegebenen Voraussetzungen, Ressourcen und Projektzielen (im Überblick Hartnuß / Maykus 2004; Henschel et al. 2008; Olk 2005). Grundlegend ist dabei das Risiko zu bedenken, dass die sozialpädagogischen Alternativansätze tendenziell gefährdet sind, von der Schulpädagogik vereinnahmt zu werden. Dies erfolgt, wenn sie die organisatorisch hochgradig kristallisierten schulischen Verfahrenslogiken übernehmen und der Dominanz des schulischen Bildungsbegriffs keine wirkmächtigen eigenständigen Impulse entgegensetzen können (Bitzan 2008; Winkler, M. 2006). Jugendhilfe verbliebe dann als Fremdkörper in der Schule, ohne eigene Perspektiven nachhaltig einbringen zu können.

Trotz der zahlreichen vergangenen und aktuellen schulbezogenen Reformansätze (Benner / Kemper 2001–2004; Röhrs 1986; 2001; Seyfarth-Stubenrauch / Skiera 1996; Skiera 2003) ist es zumindest bislang noch nicht gelungen, einen sozialen Bildungsbegriff nachhaltig zu verankern. Aktuell bezieht sich diese Diskussion aus sozialpädagogischer Sicht insbesondere auf die Referenz der Ganztagsschule (Beutel 2005; Edelstein 2008; Coelen / Otto 2008). Es wird zu sehen sein, inwieweit hier – zumal vor dem Hintergrund schulpädagogischer Zurückweisungen (Walter / Leschinsky 2008) – ein modifiziertes Bildungsverständnis etabliert werden kann. Der genannte Balanceakt muss auch hier geleistet werden: Sozialpädagogik kann sich als „echte" Alternative darstellen, aber sie gerät dann in die Position einer dauerhaften Außenseiterin. Oder sie kann sich auf die schulischen Prozesse und Strukturen einlassen, womit sie möglicherweise einige ihrer Defizite beheben kann, aber damit tendenziell fremdbestimmt wird und grundlegendere Veränderungen eventuell unnötig erscheinen lässt.

Resümee

Oben wurde betont, wie voraussetzungsvoll es ist, pädagogische Alternativen zu fordern und zu realisieren. Die exemplarischen Darstellungen zeigen die Komplexität und Fallstricke, die bei Alternativkonstruktionen jeweils genau zu analysieren sind. Abschließend sei darauf hingewiesen, welche allgemeinen Probleme sie mit sich bringen. Dies geschieht nicht, um sie zu diffamieren, aber man muss sich die Logik des Denkens in Alternativen bewusst machen, um verantwortungsvolle Alternativen einbringen zu können. Ein wichtiger Punkt betrifft die Simulierung eindeutiger Entscheidungs- und Handlungsmöglichkeiten. Sie werden in Alternativdiskursen auf wünschenswerte zukünftige Zustände projiziert, die durch die Förderung von Erziehung und Bildung erreichbar zu sein scheinen. Beides, vorab bestimmbare Handlungsfolgen und distinkte Handlungsorientierungen, sind allerdings unsicher:

Erstens lassen Interventionen in komplexe Systeme nicht unmittelbar identifizierbare Resultate erwarten. Hierauf weisen unterschiedliche Theorievarianten hin; insbesondere aus systemtheoretischer Sicht wird betont, dass bei sozialen Interventionen Interferenzen und systemintern eigenständige Verarbeitungsleistungen in Rechnung zu stellen sind (Willke 2005). Eine Fortschrittsideologie, wie sie Alternativkonstruktionen implizit auszeichnet, wird dadurch fraglich. Wenn Eingriffe in soziale Lebensformen unerwartete und möglicherweise unerwünschte Folgen zeitigen, sind Alternativen kaum zu legitimieren. Auf diesen Vertrauensverlust der „Metaerzählung" des Fortschritts weist aus Sicht der Postmoderne Lyotard (1986) hin und verdeutlicht, dass das Denken in Alternativen dazu tendiert, unglaubwürdig zu werden. Die teilweise an Lyotard anschließenden neueren kulturtheoretischen und poststrukturalistischen Varianten bestärkten dies, da sie ihren Ausgangspunkt von Kontingenzunterstellungen nehmen (Münker / Roesler 2000; Reckwitz 2006). Dies führt die Sozialpädagogik in eine prekäre Situation. Sie ist als pädagogische Alternative legitimierungsabhängig und muss darauf insistieren, die von ihr angemahnten Ziele erreichen zu können. Abgesehen von den prinzipiell unsicheren Erfolgsaussichten pädagogischer Maßnahmen scheinen die Voraussetzungen für die Gewährung entsprechenden Vertrauenskredits angesichts hohen Kontingenzbewusstseins prekär. Zweitens kann die Rede von pädagogischen Alternativen außer Acht geraten lassen, dass Erziehung und Bildung kaum in „Reinform" auftreten. Sie sind politisch gehaltvoll und kulturell, gesellschaftlich und / oder ökonomisch geprägt. An die Stelle scheinbar klarer Alternativen der Steuerung sozialer Prozesse treten damit Mischungsverhältnisse, wie sie die neuere Governance-Diskussion betont (Benz 2004; Benz et al. 2007). Pädagogische Arrangements können nicht ohne Weiteres als eigenständige Praxis- und Wissensformen abgegrenzt werden, sondern sie besitzen unklare Konturen, die derzeit noch weiter zu diffundieren scheinen (Heise 2002; differenzierend Seelmeyer 2008). Vor diesem Hintergrund können Projektionen von Alternativen anschlussfähig sein, da sie klare Orientierungsmöglichkeiten vorgeben, wo diese faktisch illusionär sind. Sie folgen einer „Dualitätsmetaphysik" (Ballauff / Schaller 1973, 38), die attraktiv sein kann, aber der Komplexität des durch Erziehung adressierten sozialen Lebens und subjektiven Bewusstseins vermag dies kaum gerecht zu werden. Alternativkonstruktionen machen es sich deshalb teilweise zu leicht, wenn sie dichotome Wahrnehmungsraster vorschreiben (ganzheitliche Erziehung oder Unterrichtung, Erziehung oder Strafe, Kultur oder Zivilisation, Gemeinschaft oder Singularisierung, Autonomie oder Fremdbestimmung usw.). Es wäre der Realität angemessener, zu erkennen, dass Erziehung sich eines Kontroll- und Strafcharakters nie gänzlich entziehen kann, dass auch gemeinschaftlich und ganzheitlich angelegte Erziehungsprogramme mit sozialem Ausschluss und Selektionen verbunden sind und Autonomie stets von heteronomen Zugriffen durchsetzt ist. Pädagogische Reflexion muss demnach hinter die Logik der Konstitution von oppositionalen Denkmustern mit ihrer Funktion der Platzanweisung legitimen Denkens gelangen (Balzer 2004; Masschelein 2003). Sie muss davon ausgehen, dass sich Alternativprojektionen ihre eigene Realität schaffen, die sie handlungsgerecht einteilen, um sich als „progressive" Option zu empfehlen (Biesta 2004, 38 ff.). Letztlich ist nur dann in fundierter Weise von pädagogischen Alternativen zu sprechen, wenn diese Implikationen und die faktische Komplexität psychosozialer Lebensverhältnisse Berücksichtigung finden.

Literatur

Ballauff, T., Schaller, K. (1973): Pädagogik. Eine Geschichte der Bildung und Erziehung. Band 3: 19. / 20. Jahrhundert. Alber, Freiburg / München

Balzer, N. (2004): Von den Schwierigkeiten, nicht oppositional zu denken. Linien der Foucault-Rezeption in der deutschsprachigen Erziehungswissenschaft. In: Ricken, N., Rieger-Ladich, M. (Hrsg.): Michel Foucault: Pädagogische Lektüren. VS Verlag, Wiesbaden, 15–35

Becker, H. S. (1981): Außenseiter. Zur Soziologie abweichenden Verhaltens. Fischer Taschenbuch Verlag, Frankfurt / M.

Benner, D., Kemper, H. (2001–2004): Theorie und Geschichte der Reformpädagogik. 3 Teile. Beltz, Weinheim / Basel

Benz, A. (2004): Governance – Regieren in komplexen Regelsystemen. VS Verlag, Wiesbaden

–, Lütz, S., Schimank, U., Simonis, G. (Hrsg.) (2007): Handbuch Governance. VS Verlag, Wiesbaden

Bergmann, J., Luckmann, T. (Hrsg.) (1999): Kommunikative Konstruktion von Moral. Band 1: Struktur und Dynamik moralischer Kommunikation. Westdt. Verlag, Opladen

Beutel, S.-I. (2005): Reformschulen als Ganztagsschulen. In: Sachverständigenkommission Zwölfter Kinder- und Jugendbericht (Hrsg.): Kooperationen zwischen Jugendhilfe und Schule. Band 4. Verlag Dt. Jugendinstitut, München, 101–167

Biesta, G. (2004): Education after Deconstruction. In: Marshall, J. D. (Hrsg.): Poststructuralism, Philosophy, Pedagogy. Kluwer Academic Publ., Dordrecht / Norwell, 27–42

Bitzan, M. (2008): Wem nützt die Kooperation von Jugendarbeit und Schule? In: Henschel, A., Krüger, R., Schmitt, C., Stange, W. (Hrsg.), 491–506

Böhnisch, L., Schröer, W., Thiersch, H. (2005): Sozialpädagogisches Denken. Wege zu einer Neubestimmung. Juventa, Weinheim / München

Bondy, C. (1925): Pädagogische Probleme im Jugend-Strafvollzug. Bensheimer, Mannheim

Bröcher, J. (2005): „Ab in den Trainingsraum!" Zur Kritik der „neuen" Disziplinierungspädagogik. Päd Forum 3, Jg. 24, 139–145

Bundesministerium für Familie, Senioren, Frauen und Jugend (BMFSFJ) (2005): Zwölfter Kinder- und Jugendbericht. Stellungnahme der Bundesregierung und Bericht über die Lebenssituation junger Menschen und die Leistungen der Kinder- und Jugendhilfe in Deutschland. BMFSFJ, Berlin

Buß, F. J. (1843): Vorwort des Herausgebers. In: Gérando, J. M. d.: Die öffentliche Armenpflege. Erster Theil. J. F. Steinkopf, Stuttgart, V–XLII

Butler, J., Laclau, E., Zizek, S. (Hrsg.) (2000): Contingency, Hegemony, Universality. Verso, London

Butterwegge, C., Lösch, B., Ptak, R. (Hrsg.) (2008): Kritik des Neoliberalismus. 2. Aufl. VS Verlag, Wiesbaden

Coelen, T., Otto, H.-U. (Hrsg.) (2008): Grundbegriffe Ganztagsbildung. VS Verlag, Wiesbaden

Coriand, R. (Hrsg.) (2003): Herbartianische Konzepte der Lehrerbildung. Klinkhardt, Bad Heilbrunn

–, Winkler, M. (Hrsg.) (1998): Der Herbartianismus – die vergessene Wissenschaftsgeschichte. Dt. Studien Verlag, Weinheim

Cornel, H. (2010): Der Erziehungsgedanke im Jugendstrafrecht: Historische Entwicklungen. In: Dollinger, B., Schmidt-Semisch, H. (Hrsg.): Handbuch Jugendkriminalität. VS Verlag, Wiesbaden, 455–473

– (2008): Alternativen zum Gefängnis zwischen Alibi, Reformpolitik und realem Abolitionismus. Kriminologisches Journal 1, Jg. 40, 54–66

Dahme, H.-J., Otto, H.-U., Trube, A., Wohlfahrt, N. (2003): Soziale Arbeit für den aktivierenden Staat. Leske & Budrich, Opladen

Derrida, J. (1983): Grammatologie. Suhrkamp, Frankfurt / M.

Diesterweg, F. A. W. (1836 / 1890): Die Lebensfrage der Zivilisation I. Über die Erziehung der unteren Klassen der menschlichen Gesellschaft. In: Diesterweg, F. A. W.: Ausgewählte Schriften. 2. Aufl. Diesterweg, Frankfurt / M., 171–221

Dollinger, B. (2008): Reflexive Sozialpädagogik. Struktur und Wandel sozialpädagogischen Wissens. VS Verlag, Wiesbaden

– (2006): Die Pädagogik der sozialen Frage. (Sozial-)Pädagogische Theorie vom Beginn des 19. Jahrhunderts bis zum Ende der Weimarer Republik. VS Verlag, Wiesbaden

–, Raithel, J. (Hrsg.) (2006): Aktivierende Sozialpädagogik. VS Verlag, Wiesbaden

Durkheim, É. (1897 / 1983): Der Selbstmord. Suhrkamp, Frankfurt / M.

Edelstein, W. (2008): Ganztagsschule: ein entwicklungspädagogischer Systemwechsel? In: Henschel, A., Krüger, R., Schmitt, C., Stange, W. (Hrsg.), 83–93

Foucault, M. (1991): Die Ordnung des Diskurses. Fischer, Frankfurt / M.

Gall, L. (Hrsg.) (1997): Bürgertum und bürgerlich-liberale Bewegung in Mitteleuropa seit dem 18. Jahrhundert. Oldenbourg, München

Gräser, M. (1995): Der blockierte Wohlfahrtsstaat. Vandenhoeck & Ruprecht, Göttingen

Hartnuß, B., Maykus, S. (Hrsg.) (2004): Handbuch Kooperation von Jugendhilfe und Schule. Eigenverlag des dt. Vereins für öffentl. und priv. Fürsorge, Berlin

Heise, M. (2002): Entgrenzung des Pädagogischen – empirische Annäherung an ein Konstrukt. In: Merkens, H., Rauschenbach, T., Weishaupt, H. (Hrsg.): Datenreport Erziehungswissenschaft 2. Budrich, Opladen, 113–123

Henschel, A., Krüger, R., Schmitt, C., Stange, W. (Hrsg.) (2008): Jugendhilfe und Schule. Handbuch für eine gelingende Kooperation. VS Verlag, Wiesbaden

Herrmann, G. (1956): Die sozialpädagogische Bewegung der zwanziger Jahre. Beltz, Weinheim / Berlin

Hofer, C. (2001): Die pädagogische Anthropologie Maria Montessoris – oder: Die Erziehung zum neuen Menschen. Ergon-Verlag, Würzburg

Homfeldt, H.-G. (2004): Historische Aspekte zum Verhältnis von Jugendhilfe und Schule. In: Hartnuß, B., Maykus, S. (Hrsg.), 41–68

Kaufmann, F.-X. (2003): Sozialpolitisches Denken. Suhrkamp, Frankfurt / M.

Key, E. (1903): Das Jahrhundert des Kindes. 4. Aufl. Fischer, Berlin

Klatetzki, T., Tacke, V. (Hrsg.) (2005): Organisation und Profession. VS Verlag, Wiesbaden

Kron, F. W. (1999): Wissenschaftstheorie für Pädagogen. Ernst Reinhardt, München / Basel

Laclau, E. (2007): Emanzipation und Differenz. Turia & Kant, Wien

Langewiesche, D. (1988): Liberalismus in Deutschland. Suhrkamp, Frankfurt / M.

Laubenthal, K., Baier, H. (2006): Jugendstrafrecht. Springer, Berlin / Heidelberg

Liszt, F. v. (1905 / 1969): Strafrecht und Jugendkriminalität. In: Simonsohn, B. (Hrsg.): Jugendkriminalität, Strafjustiz und Sozialpädagogik. Suhrkamp, Frankfurt / M., 38–42

Luhmann, N. (2001): Vorbemerkungen zu einer Theorie sozialer Systeme. In: Luhmann, N.: Aufsätze und Reden. Reclam, Stuttgart, 7–30

– (1997): Die Gesellschaft der Gesellschaft. Zwei Bände. Suhrkamp, Frankfurt / M.

Lyotard, J.-F. (1986): Das postmoderne Wissen: ein Bericht. Böhlau, Graz / Wien

Masschelein, J. (2003): Trivialisierung von Kritik. Kritische Erziehungswissenschaft weiterdenken. Zeitschrift für Pädagogik 46, Beiheft, 124–141

Mörschner, M. (1988): Sozialpädagogik und Schule. Zur Entwicklung ihrer Beziehung. Ernst Reinhardt, München / Basel

Münchmeier, R. (1981): Zugänge zur Geschichte der Sozialarbeit. Juventa, München

Münker, S., Roesler, A. (2000): Poststrukturalismus. Metzler, Stuttgart

Niemeyer, C. (2005): Klassiker der Sozialpädagogik. 2. Aufl. Juventa, Weinheim / München

–, Schröer, W. (2003): Der Sozialpädagogikbegriff im Zeitschriftendiskurs der Weimarer Epoche. In: Niemeyer, C.: Sozialpädagogik als Wissenschaft und Profession. Grundlagen, Kontroversen, Perspektiven. Juventa, Weinheim / München, 50–78

Nohl, H. (1970): Die Deutsche Bewegung. Vandenhoeck Ruprecht, Göttingen

– (1933–35 / 1963) Die pädagogische Bewegung in Deutschland und ihre Theorie. 6. Aufl. Schulte-Bulmke, Frankfurt / M.

Oberwittler, D. (2000): Von der Strafe zur Erziehung? Jugendkriminalpolitik in England und Deutschland (1850–1920). Campus-Verlag, Frankfurt / M.

Oelkers, J. (2005): Reformpädagogik. Eine kritische Dogmengeschichte. 4. Aufl. Juventa, Weinheim / München

– (1991): Erziehung und Gemeinschaft. In: Berg, C., Ellger-Rüttgart, S. (Hrsg.): „Du bist nichts, Dein Volk ist alles." Dt. Studien Verlag, Weinheim, 22–45

– (1985): Erziehen und Unterrichten. Wiss. Buchgesellschaft, Darmstadt

Olk, T. (2005): Kooperation zwischen Jugendhilfe und Schule. In: Sachverständigenkommission Zwölfter Kinder- und Jugendbericht (Hrsg.): Kooperationen zwischen Jugendhilfe und Schule. Band 4. Verlag Dt. Jugendinstitut, München, 9–100.

Pankoke, E. (1970): Sociale Bewegung – Sociale Frage – Sociale Politik. Klett, Stuttgart

Peters, H. (2002): Soziale Probleme und soziale Kontrolle. Westdt. Verlag, Opladen

Peukert, D. J. K. (1986): Grenzen der Sozialdisziplinierung. Bund-Verlag, Köln

Plewig, H.-J. (2007 / 08): Neue deutsche Härte – Die „Konfrontative Pädagogik" auf dem Prüfstand. Zeitschrift für Jugendkriminalrecht und Jugendhilfe 18, 363–369 (Teil 1); 19, 52–59 (Teil 2)

Polligkeit, W. (1905): Strafrechtsreform und Jugendfürsorge. Beyer, Langensalza

Rauschenbach, T. (1999): Das sozialpädagogische Jahrhundert. Juventa, Weinheim / München

Reckwitz, A. (2006): Die Transformation der Kulturtheorien. 2. Aufl. Velbrück Wiss., Weilerswist

Röhrs, H. (2001): Die Reformpädagogik. Ursprung und Verlauf unter internationalem Aspekt. 6. Aufl. Beltz, Weinheim / Basel

– (Hrsg.) (1986): Die Schulen der Reformpädagogik heute. Handbuch reformpädagogischer Schulideen und Schulwirklichkeit. Schwann, Düsseldorf

Sachße, C., Tennstedt, F. (1988): Geschichte der Armenfürsorge in Deutschland. Band 2: Fürsorge und Wohlfahrtspflege 1871 bis 1929. Kohlhammer, Stuttgart / Berlin / Köln / Mainz

Scheibe, W. (1994): Die reformpädagogische Bewegung 1900–1932. Eine einführende Darstellung. 10. Aufl. Beltz, Weinheim / Basel

Schetsche, M. (2000): Wissenssoziologie sozialer Probleme. Westdt. Verlag, Wiesbaden

Schmoller, G. (1864 / 65): Die Arbeiterfrage. Preußische Jahrbücher. 14. Band, 393–424; 523–547. 15. Band, 32–63

Schonig, B. (1973): Irrationalismus als pädagogische Tradition. Die Darstellung der Reformpädagogik in der pädagogischen Geschichtsschreibung. Beltz, Weinheim / Basel

Schüler-Springorum, H. (2007): Jugendstrafrecht in Deutschland: Geschichte und Zukunftsperspektiven. Archiv für Wissenschaft und Praxis der sozialen Arbeit 38, 6–12

Seelmeyer, U. (2008): Das Ende der Normalisierung? Soziale Arbeit zwischen Normativität und Normalität. Juventa, Weinheim / München

Seyfarth-Stubenrauch, M., Skiera, E. (Hrsg.) (1996): Reformpädagogik und Schulreform in Europa. Grundlagen, Geschichte, Aktualität. Zwei Bände. Schneider Hohengehren, Baltmannsweiler

Skiera, E. (2003): Reformpädagogik in Geschichte und Gegenwart. Oldenbourg, München / Wien

Trüper, J. (1890): Erziehung und Gesellschaft. Jahrbuch des Vereins für wissenschaftliche Pädagogik 22, 193–270

Tschamler, H. (1996): Wissenschaftstheorie. Eine Einführung für Pädagogen. 3. Aufl. Klinkhardt, Bad Heilbrunn

Walter, P., Leschinsky, A. (2008): Überschätzte Helfer? Erwartungen an die Sozialpädagogik in der Schule. Zeitschrift für Pädagogik 54, 396–415

Welsch, W. (1988): Unsere postmoderne Moderne. VCH, Acta Humaniora, Weinheim

Weniger, E. (1927): Die Gegensätze in der modernen Fürsorgeerziehung. Die Erziehung 2, 261–276; 342–353

Weyel, F. H. (2008): Geschichte und Wandel des Erziehungsgedankens. Zeitschrift für Jugendkriminalrecht und Jugendhilfe 2, Jg. 19, 132–136

Wilker, K. (1921 / 1989): Der Lindenhof. Fürsorgeerziehung als Lebensschulung. Dipa-Verlag, Frankfurt / M.

Willke, H. (2005): Systemtheorie. Band 2: Interventionstheorie. 4. Aufl. Lucius & Lucius, Stuttgart

Winkler, H. A. (1979): Liberalismus und Antiliberalismus. Studien zur politischen Sozialgeschichte des 19. und 20. Jahrhunderts. Vandenhoeck Ruprecht, Göttingen

Winkler, M. (2006): Die ich rief, die Geister, werd ich nun nicht los. SozialExtra 29, 51

– (2001): Bildung und Erziehung. In: Otto, H.-U., Thiersch, H. (Hrsg.): Handbuch Sozialarbeit / Sozialpädagogik. 2. Aufl. Luchterhand, Neuwied / Kriftel, 169–182

– (1988): Eine Theorie der Sozialpädagogik. Über Erziehung als Rekonstruktion der Subjektivität. Klett-Cotta, Stuttgart

Züchner, I. (2007): Aufstieg im Schatten des Wohlfahrtsstaates. Juventa, Weinheim

Pädagogischer Bezug

Von Christian Niemeyer

Der Pädagogische Bezug ist von Herman Nohl (1879–1960) in der Weimarer Epoche ins Zentrum der Debatte gerückt worden. Zur Vorgeschichte gehört Nohls Dissertation und die hier gewürdigte dialogisch angelegte sokratische Methode (Miller 2002, 49 ff.). Der Sache nach darf der Pädagogische Bezug als wohl wichtigster Beleg für die Zurechenbarkeit Nohls zur Reformpädagogik gelesen werden. Als zentraler Referenztext für dieses so zu verortende, von Nohl auch im privaten Umgang gepflegte (Klika 2000), theoretisch aber fraglos nur schwach durchgearbeitete Konzept (Miller 2002, 302 ff.), das in Analogie zum zeitgleich (im August 1925) vorgetragenen „dialogischen" (erzieherischen) Verhältnis Martin Bubers (1878–1965) zu sehen ist (vgl. etwa Klafki 1964), gilt ein im Juni 1926 gehaltener (erstmals 1927 gedruckter) Vortrag Nohls, der eine im September 1924 angedeutete und im März 1926 weiter entwickelte Thematik auf den Punkt bringt. 1924 ging es Nohl, in Gegenstellung zu der in der konfessionellen Fürsorgeerziehung um sich greifenden Tendenz zur Ausgrenzung erziehungsschwieriger „Psychopathen" (Niemeyer 2010, 161 f.), um eine neue, durch Freud wie Adler belehrte Verwahrlosungstheorie und deren „andere Faktoren" (als „Milieu und Anlage"): „das Erlebnis, die Situation [...] und den pädagogischen Bezug." (Nohl 1924, 102) Mit dem letztgenannten, damals noch ungewöhnlichen Ausdruck wollte Nohl im Bewusstsein seiner Hörer jene große „Umdrehung" vorantreiben, „die auch in der Psychologie und Psychiatrie von der rein naturwissenschaftlichen Einstellung zu der neuen ‚verstehenden' Betrachtungsweise geführt hat" (Nohl 1924, 103), und dies in der Absicht, Verwahrlosung als Niederschlag eines unzulänglich gestalteten Pädagogischen Bezuges zu deuten (auch Göppel 1989, 256 f.). Von hier aus wird die Pointe des Vortrags verständlich. Nohl

sprach sich nämlich, unter Berufung auf die diesbezügliche Kritik an der (konfessionellen) Gefängnispädagogik durch Curt Bondy (1925, 52 f.), gegen die Orientierung an „äußere[r] Regel, Disziplin, Ordnung und Schema" (Nohl 1924, 110) aus. Und er forderte seine Hörer (zumeist Praktiker aus der konfessionellen Fürsorgeerziehungspraxis) dazu auf, mit Hilfe der „personalen Bindung – dieser Übertragung im Sinne der Psychoanalytiker – zu den überpersönlichen Werten zu führen" (Nohl 1924, 111). Im März 1926 ließ Nohl dem ein geradezu leidenschaftliches Plädoyer für „leidenschaftsloses Verstehen" folgen, das „nur im Verkehr mit dem einzelnen Kinde [erwächst], in einer immer erneuten persönlichen Empirie" (Nohl 1926a, 56 f.). Und im Juni 1926, in jenem Referenztext, zielte Nohl schließlich, nun gleichsam zum dritten Mal „unter Berücksichtigung der Erfahrungen von Freud und Adler", darauf, „das letzte Geheimnis der pädagogischen Arbeit" zu begründen: eben „de[n] *richtige[n] pädagogische[n] Bezug"*, die durch „Liebe und Haltung auf der einen Seite, Vertrauen, Achtung und ein Gefühl eigener Bedürftigkeit [...] auf der anderen" erzeugbare *„Bindung* des Zöglings an den Erzieher" (Nohl 1926b, 74).
Damit aber nicht genug: Einige Jahre später (1933) definierte Nohl, nun stärker auf den Bildungsaspekt eingehend, den Pädagogischen Bezug als das „leidenschaftliche Verhältnis eines reifen Menschen zu einem werdenden Menschen, und zwar um seiner selbst willen, daß er zu seinem Leben und seiner Form komme" (Nohl 1949b, 134). In diesem Sinne ist der Pädagogische Bezug für Nohl „Grundlage der [lies: aller; d. Verf.] Erziehung" (Nohl 1949b, 134; 1948, 282), die insoweit auch bspw. für die Schulpädagogik Bedeutung hat und dem Lehrer eine wahre („hebende") pädagogische Liebe abnötigt, also etwa seinen Beitrag zu einer „wirkliche[n] Gemeinschaft, wo dem Gefühl der einen

Otto/Thiersch (Hg.), Handbuch Soziale Arbeit, 4. A., DOI 10.2378/ot4a.art106,

Seite das entsprechende auf der andern gegenübersteht" (Nohl 1949b, 135). Dies gilt jedenfalls für die Schule dem (reformpädagogischen) Ideal nach, dort also, „wo sie echt pädagogisch sein will" und dem Lehrer mithin der Auftrag der „Individualisierung" obliege, „die jeder Regung [der Jugend; d. Verf.] liebevoll nachgeht" und aus der heraus sich die Opposition denen gegenüber von selbst versteht, die „mit männlicher Geste wieder die alte Lernschule, den Zwang und sogar die Prügelstrafe empfehlen" (Nohl 1930 / 1931, 86). Nach 1945 verstärkte Nohl diese schulpädagogische Relevanz des Pädagogischen Bezugs noch, dies allerdings unter Verweis darauf, der Lehrer könne nicht mehr als „der einzige Bezugspunkt" gelten, „auf den alle Aufmerksamkeit der Schüler gerichtet" sei, vielmehr komme auch die – seit der Jugendbewegung neu ins Zentrum gerückte – „soziale Gruppe" (Nohl 1952 / 1967, 88) in Betracht.

Ungeachtet des insoweit nachvollziehbaren Interesses von Schulpädagogen am Pädagogischen Bezug (vgl. etwa die Beiträge in Schnitzer 1983) war es vor allem die Sozialpädagogik, der Nohl dieses Konzept als gleichsam unverzichtbar nahe zu legen suchte. Dies erklärt sich, im Blick auf die Theorie dieser Disziplin und deren Geschichte, aus zumindest drei Gründen:

- Nohl war an einer disziplinären Engführung insbesondere des von Paul Natorp (1854–1924) überlieferten „weiten", auch Sozial- und Vergesellschaftungsreform ermöglichenden Sozialpädagogikbegriffs gelegen (Niemeyer 2010, 109 f.), und dabei erfüllte ein praxisrelevantes, für die Zwecke der Jugendhilfe nutzbares Handlungskonzept – wie es der Pädagogische Bezug fraglos ist – gute Dienste.

- Nohl sah sich mit seinem Sozialpädagogikverständnis herausgefordert durch in der Weimarer Epoche anhebenden Versuche der Begründung einer eigenständigen Fürsorgewissenschaft, und dabei konnte es nur von Vorteil sein, dass der Letzteren Leitkonzept der „helfenden Beziehung" übersetzbar scheint in die Rede vom Pädagogischen Bezug, sprich: dass „die erziehende und die helfende Beziehung im Grunde genommen denselben Charakter aufweisen" (Gängler 2003, 341).

- Nohl wollte mit dem Pädagogischen Bezug die Überlegenheit des sozialpädagogischen Zugriffs in Konkurrenz zu dem damals in der Fürsorgeerziehung herrschenden, vor allem durch Johann Hinrich Wichern (1808–1881) gestifteten Paradigma in der Tradition der evangelischen Rettungshausbewegung deutlich machen. (Niemeyer 2010, 56 f.)

Der letztgenannte Punkt sei im Folgenden etwas genauer erläutert. Auszugehen ist dabei von Nohls Versuch, die mit der Rede vom Pädagogischen Bezug gemeinte Forderung nach „Umdrehung in der Verwahrlosten-Pädagogik, die nun in dem Zögling nicht mehr den Gegner sieht, der niedergeworfen werden muß, damit er sich in die soziale Ordnung einfüge, sondern den in Schwierigkeiten Befangenen, den man zu Hilfe kommt" (Nohl 1926b, 73), auch mittels der Formulierung zu illustrieren: „Die alte Erziehung ging aus von den Schwierigkeiten, die das Kind *macht*, die neue von denen, die das Kind *hat*" (Nohl 1926b, 78). Denn auch wenn Nohl hier keinen diesbezüglichen Hinweis gibt, greift man wohl nicht fehl in der Annahme, diesen – im Kreise von Nohls Schülern rasch zur „Kultformel" (vgl. etwa Siegel 1981: Rückumschlag) aufgestiegenen – Satz als einen gegen die „Verwahrlosten-Pädagogik" in Gestalt der auf Wichern zurückführbaren konfessionellen Fürsorgeerziehungspraxis jener Epoche gerichteten zu lesen, die zumal im Zusammenhang der wenig später Furore machenden „Heimskandale" in der Tat den Eindruck erweckte, sie zeuge eher für „alte" denn „neue" Erziehung, stünde also der im Pädagogischen Bezug sich aussprechenden Forderung nach Modernisierung und Verfachlichung entgegen (Niemeyer 2010, 171 f.).

Man kann aber wohl noch einen Schritt weitergehen: Nohls 1926er Formulierung liest sich fast als antipodisch zu der folgenden Formulierung Wicherns: „Die deutschen Rettungsanstalten [...] gehören einer Kette von Instituten an, die [...] darin übereinkommen, daß sie es mit einer Jugend zu tun haben, deren Erziehung aus irgendwelchen Ursachen besondere Schwierigkeiten macht und die ohne solche besondere Hilfe auch die Gesellschaft mit Gefahr bedrohen würde" (Wichern 1868 / 1956, 147). Wie leicht erkennbar, ist der Fokus hier ein jenem Nohls diametral entgegenstehender: Primär geht es um pädagogische Intervention zwecks Schutz der Gesellschaft, nicht aber etwa der (inneren) Not des Jugendlichen wegen – ein Unterschied, der durchaus die Abhebung einer „alten" (jener Wicherns) von einer „neuen" (jener Nohls) Erziehung erlaubt, ebenso wie die Qualifizierung der Letzteren mittels des Hinweises, dass es bei der Arbeit in der Logik des Pädagogischen Bezugs um die Schwierigkeiten gehen müsse, „die das Kind *hat.*"

Des Weiteren könnte Nohl mit seiner „Kultformel" angespielt haben auf Johann Friedrich Herbarts (1776–1841) Satz: „Hier müssen zuerst die Fehler, welche der Zögling macht, von denen unterschieden werden, die er hat" (1835 / 1841 / 1887, 129). Auch hier handelt es sich um eine durchaus prominente Formulierung, die sich im Kapitel „Von einzelnen Fehlern" findet, das folgenreich wurde insbesondere in der vom Herbartianer Ludwig Strümpell 1890 vorgelegten „Lehre von den Fehlern der Kinder" (Schönberger 2008, 101 ff.), aber auch in der berühmten Reinschen Encyklopädie, hier in dem einschlägigen Stichwortartikel (Siegert 1897) sowie in den weiteren (insgesamt über achtzig) Artikeln des nämlichen Verfassers, eines (herbartianischen) Lehrers aus Leipzig. Als weiterer Autor dieser Enzyklopädie – u. a. mit Beiträgen zu „Kinderfehlern" wie „Frechheit, Genußsucht und Lüge" – ist der Lehrer Johannes Trüper (1855–1921) zu nennen, der entscheidende Impulse für die Theorie und Praxis der sog. Pädagogischen Pathologie gab (Göppel 1989, 141 ff.). Noch in der 1910 veröffentlichten vierten Auflage des dieses Forschungsgebiet begründenden Standardwerks von Ludwig von Strümpell (1812–1899) ruht der Fokus auf „Kinderfehlern", auch solchen „aus einem unedlen Beweggrund" (Strümpell / Spitzner 1910, 169), die – so konnte man 1913 in einem katholischen Lexikon nachlesen – dem Erzieher dazu Anlass gäben, „diese willensschwachen Kinder zur Disziplinierung ihres krankhaften Wesens anzuregen" (Weigl 1913, 1247).

Dies war ein durchaus fragwürdiger „Forschungsstand", wenn man bedenkt, dass der Philantrop Christian Gotthilf Salzmann (1744–1811) als sehr viel zentraleres Desiderat eher das Gegenteil, also die Lehre von den „Erzieherfehlern" ausgelobt hatte, etwa indem er, als eine Art (Selbst-)Auftrag für die pädagogische Arbeit in der von ihm gegründeten Erziehungsanstalt in Schnepfenthal, den Satz aufstellte: „Von allen Fehlern und Untugenden seiner Zöglinge muß der Erzieher den Grund in sich suchen" (Salzmann 1806 / 1887, 41). Bezieht man dies mit ein, ebenso wie die als Fortführung dieses Grundsatzes lesbar zu machenden Über-

legungen des Psychoanalytikers Oskar Pfister (1928 / 1929) – unter der Rubrik „Elternfehler" (Niemeyer 2008, 8 f.) – scheint Nohls „Kultformel" also ganz offenkundig dieser dann in der psychoanalytischen Bewegung der 1920er fortgeführten Richtung zurechenbar und gegen jene von Herbart eröffnete Linie Strümpells gerichtet gewesen zu sein.

Davon bleibt unberührt, dass zumal der frühe Herbart durchaus der Vorgeschichte des Pädagogischen Bezugs zugerechnet werden darf (Hertz 1932, 18 ff.; Schwenk 1989, 1567). Auch darf (Stichwort Salzmann) nicht irritieren, dass man, in dieser Logik gedacht, auch einen letztlich noch ins 18. Jahrhundert (der Aufklärung) verweisenden Pädagogen als Vorläufer der Theorie des Pädagogischen Bezuges geltend zu machen hätte, zumal Nohl nur für den Begriff selbst Urheberrecht beansprucht hat, nicht aber für die Sache: sie (so trug er 1933 nach) wurzele „in den natürlichen Lebensbezügen der Menschen", im „Vater- und Muttersein, Schwester-, Bruder-, Tante- und Onkelsein, aber auch noch in dem Großvatersein und nicht zuletzt in der Erotik", ziele „auf ein jeweils verschiedenes Alter, die Mutter auf das Kleinkind, der Vater auf den 12 jährigen, die Erotik auf das Jugendalter" – und erlaube letztlich eine Typologie der „große[n] Pädagogen", also etwa die Benennung Salzmanns „für den männlich-väterlichen Typus" oder die Pestalozzis „für den mütterlichen" (Nohl 1949b, 134). Die hinter dieser Überlegung verborgene Denkfigur einer gleichsam biologisch begründeten pädagogischen Eignung von Frauen speziell für Frühpädagogik ist in mehrfacher Hinsicht ideologieverdächtig (Rendtorff 2000). Dessen ungeachtet war es tatsächlich vor allem Johann Heinrich Pestalozzi (1746–1827) – nicht umsonst ein Zeitgenosse Salzmanns –, bei dem Nohl die Idee des Pädagogischen Bezuges zur Anerkennung gebracht fand und dem er nachrühmte, „der erste in der Geschichte der Pädagogik" (Nohl 1927b, 78) gewesen zu sein, der diese Grundlage nicht nur der sozialpädagogischen, sondern „jeder pädagogischen Arbeit" (Nohl 1927b, 73) anerkannt habe (auch Thöny-Schwyn 1996). Ob des Attributs „der erste" könnte man hier zwar noch auf Jean-Jacques Rousseau (1712–1778) hinweisen (Kron 1971, 67 ff.), auch auf den Philantropen Ernst Christian Trapp (1745–1818) und sein – gleichsam als Vorwegnahme von Salzmanns „Erzieherfehler" zu lesendes – Wort: „Daß wir die Kinder so wenig kennen, kömmt, ausser der Ursache, daß wir uns keine Mühe darum geben, auch daher, daß sie sich und ihre Handlungen und ihre Bewegursachen aus Furcht vor uns verbergen" (Trapp 1780/1977, 69). In der Hauptsache freilich hat Nohl Recht, dies vor allem im Blick auf Pestalozzis „Stanser Brief" (1799), der „das Urphänomen des pädagogischen Genies in jener unmittelbaren Beziehung zu den Kindern [zeigt], wie keine andere Schrift" (Nohl 1927b, 80). Dies gilt etwa dort, wo Pestalozzi versichert, seinen Kindern in Stans „alles in allem" gewesen zu sein, und zwar „von Morgen bis Abend" (1799/1807/2006, 89). Gedacht haben dürfte Nohl aber wohl auch, ausgehend von seiner Formulierung, wonach für den, der von Pädagogik rede, die Gewinnung des Pädagogischen Bezugs „seine erste Aufgabe" sei, „ohne die alles übrige vergeblich bleibt" (Nohl 1926b, 75) an den folgenden, fast gleichsinnigen Beschluss Pestalozzis: „Vor allem aus wollte und musste ich also das Zutrauen der Kinder [...] zu gewinnen suchen", dann „erwartete ich zuversichtlich alles Übrige von selbst" (1799/1807/2006, 88). In die nämliche Richtung weist Pestalozzis Resümee, er habe eigentlich durch seinen Stanser Versuch beweisen wollen, „dass die Vorzüge, die die häusliche Erziehung hat, von der öffentlichen müssen nachgeahmt werden, und dass die letztere nur durch die Nachahmung der Erstern für das Menschengeschlecht einen Werth hat" (1799/1807/2006, 88). Es ist dieser Hintergrund, auf den hin auch Pestalozzis Strafbegriff bezogen werden muss. Denn seine Unterscheidung zwischen Vater- und Mutterstrafen einerseits sowie Lehrerstrafen andererseits spiegelt deutlich eine weitere Differenz zwischen privater und öffentlicher Erziehung und hält, an eben diesem Beispiel, die Überlegenheit ersterer fest. Lehrerstrafen und mithin Strafen im Rahmen öffentlicher Erziehung stellten sich für Pestalozzi nämlich deswegen (im Erleben der gestraften Kinder) als schlimmer dar im Vergleich zu Vater- und Mutterstrafen, weil sie in der Regel nicht durch andere, pädagogisch gehaltvolle Phasen des Zusammenlebens in ihrer negativen Dramatik abgeschwächt wurden. Auch Pestalozzis Versuch, die Kinder in Stans „zusammenzuschmelzen in dem einfachen Geist einer großen Haushaltung" (1799/1807/2006, 95), reflektiert auf die – pädagogisch folgenreiche – Differenz beider Institutionalisierungsvarianten. Denn

ob man diesen Versuch nun für den Ursprung von Gemeinschaftserziehung halten will oder für den des Familienprinzips in der Heimerziehung – wichtig ist, dass Pestalozzi damit einen Gesichtspunkt einbrachte, mit dessen Hilfe sich die Vorzüge der privaten für die öffentliche Erziehung nutzbar machen ließen. Denn in der privaten Erziehung – und der Ausdruck „Familienprinzip" zeigt das ja bereits – ist der Geschwisterzusammenhang als Zusammenhang von Miterziehern natürlich sehr viel leichter zu aktivieren. Und daraus zu lernen, war der Auftrag, den Pestalozzi der öffentlichen Erziehung stellte.

Dass dies Folgen hatte, zeigt nicht nur das Beispiel Nohl, sondern auch der Fall Berthold Otto (1859–1933). Denn seine Hauslehrerschule und sein Gesamtunterrichtskonzept rang wohl am konsequentesten um das – der öffentlichen Erziehung gegenüber feindliche – Erbe Pestalozzis und insoweit auch um so etwas wie den Pädagogischen Bezug, und dies getragen von der Hoffnung, „dass, wie der Chirurg vom Blut, so auch der Pädagoge dereinst von den Tränen gequälter und geängstigter Kinder befreit sein [...] wird" (Otto 1897/2008, 104). Denken könnte man auch an Hermann Lietz (1868–1919), der in der 2. Auflage der Reinschen Encyklopädie einen Artikel mit dem Titel „Verkehr zwischen Erzieher und Zögling" (Lietz 1909) beisteuerte, in welchem der Sache nach die 1926er Forderung Nohls nach einem Pädagogischen Bezug vorweggenommen wurde. Der Erwähnung bedarf schließlich noch der Freud-Schüler Siegfried Bernfeld (1892–1953) und dessen im Kinderheim Baumgarten (1921/1996) angestellter Versuch mit „neuer Erziehung". Hierzu gehörte vor allem, die Erzieher im Interesse der Kontrolle ihrer Gegenübertragungen zu mahnen, sich zu ihrer eigenen Kindheit in ein klares Verhältnis zu setzen, „um nicht sich selbst in den anderen bestrafen, verurteilen, erziehen, d. h. verdrängen zu wollen" (Bernfeld 1921/1996, 50). Einige Jahre später weigerte sich Bernfeld in seinem „Sisyphos" (1925/1973) ganz bewusst, groß über die „Konstitution" (Bernfeld 1925/1973, 143) des Kindes – und insoweit über dessen angebliche Schwer- oder Unerziehbarkeit – zu debattieren, um ersatzweise seinen Feldzug zu führen gegen die Grenze der Erziehung, „die durch die seelischen Tatsachen im Erzieher gegeben ist" (Bernfeld 1925/1973, 142). „Die Folgsamkeit des Kindes", so musste wenig später der noch an Anlage/Milieu-Kategorien gewöhnte Leser der „Zeitschrift für Kinderforschung" aus Bernfelds Feder erfahren, wird verweigert oder gewährt „aus Motiven der aktuellen Liebessituation", die Familie jedenfalls sei „ein komplizierter Bau gegenseitiger Liebes- (Haß-) beziehungen" (Bernfeld 1927, 370). Damit war unter der Hand ein neues Forschungsthema markiert, ohne das alte aufzugeben.

1929 setzte auch auf Seiten der Psychopathenfürsorge eine in diese Richtung weisende Nachdenklichkeit ein, etwa in Gestalt der Bemerkung, die Fehlentwicklung eines Jugendlichen sei als „Symptom" anzusehen, beispielsweise dafür, „daß der Erzieher nicht an die Tiefen der jugendlichen Persönlichkeit herangedrungen ist" (v. der Leyen 1929, 150 f.). Mit dieser Wiederkehr der Lehre von den Erzieherfehlern im neuen Gewand wurde indirekt die Triftigkeit des von Nohl im Grundzug schon 1924 propagierten Prinzips eingeräumt, wonach es nicht um die Schwierigkeiten zu gehen habe, die ein Zögling „mache", sondern um die, die er „habe".

Die weitere Entwicklung – insbesondere das Interregnum des „Dritten Reichs" betreffend, das dem Pädagogischen Bezug alles andere als günstig war – ist hier nicht mehr nachzuzeichnen. Es muss die zusammenfassende These genügen, dass der Pädagogische Bezug für die Theorie der Sozialpädagogik, aber auch für ihre Praxis von besonderer Wichtigkeit ist. Letzteres zeigt sich im Blick insbesondere auf Fälle von Ausgrenzungen aus der Heimerziehung (Niemeyer 1999a; 1999b), aber auch aus der Schule (wie im Fall des Erfurter Amokläufers Robert Steinhäuser (Niemeyer 2003, 204 ff.), aber wohl auch im Fall des Amokläufers Tim Kretschmer aus Winnenden vom 11. März 2009: Fast immer lassen sich diese Fälle mit der Unfähigkeit von Erziehern (auch Lehrern, Eltern, Mitschülern) erklären, einen Pädagogischen Bezug auch gegenüber schwierigen oder als schwierig erlebten Jugendlichen aufzubauen und auf Dauer zu stellen. Zumal wenn man die augenfällige Renaissance des „Kinderfehler"-Paradigmas in populären Erziehungsratgebern bedenkt, mit dem Effekt, dass die „Dialektik von Bindung und Bildung" (Thiersch 2007, 180) bzw. „das feinfühlige Eingehen auf die Bedürfnisse [...] des Kindes" (Göppel 2009, 120) offenbar (auch in der öffentlichen Meinung) außer Kurs geraten sind, kommt dem Päd-

agogischen Bezug nach wie vor eine überragende Bedeutung zu für die (familiale) Erziehung, aber auch im Ausbildungszusammenhang. Letzteres gilt vor allem vor dem Hintergrund der neuerlichen Hinweise auf die Bedeutung der Ergebnisse der psychoanalytischen, aber auch der verhaltensbiologischen Bindungsforschung für eine fachlich ausgewiesene Gestaltung des beruflichen Alltags in Einrichtungen der Sozialpädagogik, etwa in Pflegefamilien (Schleiffer 2006), aber auch in der Krippenbetreuung (Niemeyer 2008). Die im Frühjahr 2010 aufgebrochene Debatte um sexuellen Missbrauch selbst in Einrichtungen, die sich – wie die Odenwaldschule – dem reformpädagogischen Erbe und insoweit auch dem Konzept des Pädagogischen Bezuges verpflichtet fühlen, mahnt dazu, im Ausbildungszusammenhang nicht nur für Nähe zu werben, sondern deutlicher als bisher auch für die Gefahren von Distanzverlust zu sensibilisieren.

Nachzutragen bleibt im Blick auf die Rezeptionsgeschichte (vgl. u. a. Bartels 1968, 188 ff.; Xochellis 1974, 92 ff.; Klika 2000, 53 ff.; Behnisch 2005, 16 ff.): Der Pädagogische Bezug und die mit ihm zum Ausdruck gebrachte hohe Wertschätzung personengebundener (pädagogischer) Liebe, Autorität und Verantwortung traf in der westdeutschen Nachkriegspädagogik zunächst durchaus auf Interesse, etwa im Soge teils desaströser Untersuchungsbefunde im Blick auf autoritäres Lehrerverhalten (Kron 1971, 11 ff.), aber auch im Zuge der Debatte um Bildungskatastrophe und Begabungsförderung (vgl. etwa Bartels 1968, 190), wo Heinrich Roths frühe, auf Nietzsche zurückgehende Einsicht Platz griff, Begabung sei „so etwas wie Begaben, eine Gabe verleihen, Erweckung von außen, Aufwecken" (Roth 1952, 395). Andererseits aber sorgte die Studentenbewegung und das Plädoyer für anti-autoritäre Erziehung (Xochellis 1974, 68 ff.), schließlich aber auch die weitergehende Versozialwissenschaftlichung der Wissensgrundlagen der Disziplin für heftige Kritik am Pädagogischen Bezug, bei nicht minder heftiger Gegenkritik, etwa unter den Vorzeichen von „Politismus und Szientismus" (Menze 1978, 299). Die Kritik, etwa jene grundlegende, sozialisationstheoretisch angelegte, das Empirieverdikt der geisteswissenschaftlichen Pädagogik geißelnde Wolfgang Brezinkas mit dem Ergebnis, der Pädagogische Bezug sei „ganz unzulänglich [...], um die komplizierten Bedingungen zu kennzeichnen, von denen der

Erfolg der Erziehung abhängt" (1962, 15), aber auch die eher auf Teilaspekte zielende Kritik, etwa derart, dass der Pädagogische Bezug nur für das „Kinder- und Vorreifealter" gelte, nicht aber für das „Jugendalter" (Klafki 1962, 363) bzw. dass es (hier) „gruppendynamischer Techniken bedarf und nicht einer provinziellen Zuwendungs- und Begegnungsideologie des Erziehers, um private Kümmernisse zu stillen" (Gamm 1970, 29), führte zu einigen (weiteren) Gegenkonzepten, die als zeitgemäßer und sozialwissenschaftlich anschlussfähiger eingeschätzt wurden. Dazu gehört das Modell kommunikativer und emanzipatorischer Didaktik, mit der „Klassengruppe [...] als organisierende und grundlegende Kategorie" (Schäfer / Schaller 1971, 123). Ein anderes, für die Sozialpädagogik belangreiches Beispiel gibt die Karriere der Vokabel „Interaktion" (Kron 1986), für die auch Klaus Mollenhauer (1977) Interesse zeigte, ebenso wie für das Konzept der „Beratung", das er unter den Vorzeichen von „Aufklärung (Bewußtmachung)" (1964, 296) an die Stelle des Pädagogischen Bezuges treten lassen wollte, zusammen mit der (durch den Sozialisationsbegriff belehrten) Forderung nach „Veränderung der Erziehungsbedingungen" (1964, 291). Dem korrespondiert Mollenhauers spätere Kritik an Nohl, „de[n] soziologischen Gedanken Schleiermachers, dass sich im Erziehungshandeln zwei Generationen – nicht nur als Alters-, sondern auch als soziale Gruppen – gegenüberstehen, aufgegeben" zu haben, womit die „Partner des pädagogischen Handelns" nicht mehr „im gesellschaftlich-historischen Kontext" (1972, 19 f.) bestimmbar seien. Damit hatte sich Mollenhauer zugleich den Zugang zu seinem eigenen Verständnis des Erziehungsprozesses gebahnt: Nicht dieser dyadisch begriffene Pädagogische Bezug war das, was ihn fortan interessierte, sondern das „pädagogische Feld" (1972, 18) in seiner gesellschaftlichen Bestimmtheit und pädagogischen Bestimmbarkeit, auch die (herrschaftsfreie) Kommunikation und

der Diskurs. Indes: Mollenhauer und die weitere Wendung, die er nahm, ist auch ein gutes Beispiel dafür, dass es zwar möglich ist, mit „ideologiekritischen Positionen und Analysen [...] auf unvernünftiges pädagogisches Handeln hinzuweisen, nicht aber vernünftiges pädagogisches Handeln zu begründen" (Mollenhauer 1980, 99). Zumal vor diesem Hintergrund ist die Beiseitesetzung des Pädagogischen Bezugs in einem neueren einschlägigen Handbuch mit dem Argument, dieses Konzept sei „stark normativ aufgeladen" (Lenz / Nestmann 2009, 17), wenig weiterführend im Vergleich etwa zu der Renaissance des Pädagogischen Bezugs in zentralen Handlungsfeldern der Kinder- und Jugendhilfe (vgl. etwa Böhnisch 1996; Hafeneger 1998; Colla 1999; Bimschas / Schröder 2003; Behnisch 2004). Wichtig scheint auch jene Variante, die sich bei Hans Thiersch finden lässt: „Lebensweltorientierte Jugendhilfe", so lesen wir da beispielsweise, wolle „in Analogie zu Nohl [...] Menschen primär in den Schwierigkeiten helfen, die sie mit sich selbst und für sich selbst haben, nicht aber in denen, die andere mit ihnen haben" (Thiersch 1992, 24). Dies ist eine Denkfigur, die den Sozialpädagogen an seine pädagogische Verantwortung und an seine Verpflichtung erinnert, sich seiner pädagogischen Aufgabe wegen auch mit seiner eigenen Biographie – sei es qua Erstausbildung, sei es qua Supervision – und speziell mit dem auseinanderzusetzen, was ihn hindert, das zu tun, was von ihm aus Gründen der Fachlichkeit und insoweit der Professionalität zu fordern ist. Über diese Thematik wird man in Zukunft neu nachzudenken und zu forschen haben, sinnvoller Weise unter Konzentration auf das, was als Substrat dem Pädagogischen Bezug zu Grunde liegt: nämlich persönliche, vor allem aber natürlich – so der neuere, vom Konzept Nohls hin zur Sache weisende Sprachgebrauch – „pädagogische Beziehungen" (Brozio 1995; Giesecke 1997, 231 ff.; Behnisch 2005).

Literatur

Bartels, K. (1968): Die Pädagogik Herman Nohls. Beltz, Weinheim / Berlin

Barth, G., Henseler, J. (Hrsg.) (2008): Berthold Otto. Pädagogische, psychologische und politische Schriften. Schneider Hohengehren, Baltmannsweiler

Behnisch, M. (2005): Pädagogische Beziehung. Zur Funktion und Verwendungslogik eines Topos der Jugendhilfe. Ergon, Würzburg

– (2004): Die Koalition aus Theoriedefizit und „fehlendem Selbstbezug". Überlegungen zur pädagogischen Beziehung am Beispiel der Jungenarbeit. Zeitschrift für Sozialpädagogik 2, 161–179

Bernfeld, S. (1927): Die Formen der Disziplin in Erziehungsanstalten. Zeitschrift für Kinderforschung 33, 367–390

– (1925 / 1973): Sisyphos oder die Grenzen der Erziehung. Suhrkamp, Frankfurt / M.

– (1921 / 1996): Kinderheim Baumgarten. Bericht über einen ernsthaften Versuch mit neuer Erziehung. In: Herrmann, U. (Hrsg.): Siegfried Bernfeld – Sämtliche Werke Bd. 11. Sozialpädagogik. Beltz, Weinheim, 9–156

Bimschas, B., Schröder, A. (2003): Beziehungen in der Jugendarbeit. Westdeutscher Verlag, Opladen

Böhnisch, L. (1996): Zur Wiedergewinnung des „pädagogischen Bezuges" in der Jugendhilfe. In: Grunwald, K., Ortmann, F., Rauschenbach, Th., Treptow, R. (Hrsg.), 233–237

Bondy, C. (1925): Pädagogische Probleme im Jugend-Strafvollzug. J. Bensheimer, Mannheim / Berlin / Leipzig

Brezinka, W. (1962): Erziehung für die Welt von morgen. Neue Sammlung 2, 1–21

Brozio, P. (1995): Vom pädagogischen Bezug zur pädagogischen Beziehung. Soziologische Grundlagen einer Erziehungstheorie. Ergon, Würzburg

Colla, H. E. (1999): Personale Dimension des (sozial-) pädagogischen Könnens – der pädagogische Bezug. In: Colla, H. E., Gabriel, T. H., Millham, S., Müller-Teusler, S., Winkler, M. (Hrsg.), 341–362

–, Gabriel, Th., Millham, S., Müller-Teusler, S., Winkler, M. (Hrsg.) (1999): Handbuch Heimerziehung und Pflegekinderwesen in Europa. Luchterhand, Neuwied / Kriftel

Gamm, H.-J. (1970): Kritische Schule. Eine Streitschrift für die Emanzipation von Lehrern und Schülern. List, München

Gängler, H. (2003): Die „ganze Ausdehnung der Pädagogik wahrnehmen". Zu Herman Nohls Auffassung vom Verhältnis zwischen Sozialpädagogik und Erziehungswissenschaft. Neue Sammlung 43, 331–345

Giesecke, H. (1997): Die pädagogische Beziehung. Pädagogische Professionalität und die Emanzipation des Kindes. Juventa, Weinheim / München

Göppel, R. (2009): Von der Tyrannei der Erziehungsratgeber. Oder: Die Abschaffung der Sachlichkeit. Zeitschrift für Sozialpädagogik 7, 114–130

– (1989): „Der Friedrich, der Friedrich…" Das Bild des „schwierigen Kindes" in der Pädagogik des 19. und 20. Jahrhunderts. Königshausen & Neumann, Würzburg

Grunwald, K., Ortmann, F., Rauschenbach, Th., Treptow, R. (Hrsg.) (1996): Alltag, Nichtalltägliches und die Lebenswelt. Juventa, Weinheim / München

Hafeneger, B. (1998): Der pädagogische Bezug. In: Kiesel, D., Scherr, A., Thole, W. (Hrsg.): Standortbestimmung Jugendarbeit. Wochenschau, Schalbach / Ts., 104–126

Hager, F., Tröhler, D. (Hrsg.) (1996): Pestalozzi – wirkungsgeschichtliche Aspekte. Haupt, Bern

Herbart, J. F. (1835 / 1841 / 1887): Umriß pädagogischer Vorlesungen. In: Kehrbach, K., Flügel, O. (Hrsg.): Johann Friedrich Herbart – Sämtliche Werke. Band 10. Hermann Beyer & Söhne, Langensalza, 65–196

Hertz, H. (1932): Die Theorie des pädagogischen Bezuges. Beltz, Berlin / Leipzig

Klafki, W. (1964): Dialog und Dialektik in der gegenwärtigen Erziehungswissenschaft. Zeitschrift für Pädagogik 10, 513–537

– (1962): Engagement und Reflexion im Bildungsprozeß. Zeitschrift für Pädagogik 8, 345–374

Klika, D. (2000): Herman Nohl. Sein „Pädagogischer Bezug" in Theorie, Biographie und Handlungspraxis. Böhlau, Köln / Weimar / Wien

Kluge, N. (Hrsg.) (1973): Das pädagogische Verhältnis. Wissenschaftliche Buchgesellschaft, Darmstadt

Kron, F. W. (1986): Vom pädagogischen Bezug zur pädagogischen Interaktion. Pädagogische Rundschau 40, 554–558

– (1971): Theorie des erzieherischen Verhältnisses. Klinkhardt, Bad Heilbrunn

Lee, J.-S. (1989): Der Pädagogische Bezug. Eine systematische Rekonstruktion der Theorie des pädagogischen Bezugs bei H. Nohl unter besonderer Berücksichtigung der Kritiken und neuerer Ansätze. Haag + Herchen, Frankfurt / M.

Lenz, K., Nestmann, F. (2009): Persönliche Beziehungen – eine Einleitung. In: Lenz, K., Nestmann, F. (Hrsg.): Handbuch Persönliche Beziehungen. Juventa, Weinheim / München, 9–28

Lenzen, D. (Hrsg.) (1989): Pädagogische Grundbegriffe. Bd. 2. Rowohlt, Reinbek b. Hamburg

– (Hrsg.) (1980): Pädagogik und Alltag. Klett, Stuttgart

Leyen, R., v. der (1929): Psychopathenerziehung. In: Nohl, H., Pallat, L. (Hrsg.): Handbuch der Pädagogik. Bd. 5. Julius Beltz, Langensalza, 149–164

Lietz, H. (1909): Verkehr zwischen Erzieher und Zögling. In: Rein, W. (Hrsg.), 601–605

Menze, C. (1978): Kritik und Metakritik des pädagogischen Bezugs. Pädagogische Rundschau 32, 288–299

Miller, D. (2002): Herman Nohls „Theorie" des pädagogischen Bezugs. Eine Werkanalyse. Peter Lang, Bern / Berlin / Bruxelles / Frankfurt / M. / New York / Oxford / Wien

Mollenhauer, K. (1980): Einige erziehungswissenschaftliche Probleme im Zusammenhang der Erforschung von „Alltagswelten Jugendlicher". In: Lenzen, D. (Hrsg.), 97–111

– (1977): Interaktion und Organisation in pädagogischen Feldern. Zeitschrift für Pädagogik, 13. Beiheft, 39–57

– (1972): Theorien zum Erziehungsprozeß. Juventa, München

– (1964): Sozialpädagogik. In: Groothoff, H. (Hrsg.): Pädagogik. Fischer, Frankfurt/M., 288–296

Niemeyer, C. (2010): Klassiker der Sozialpädagogik. Einführung in die Theoriegeschichte einer Wissenschaft. 3. Aufl. Juventa, Weinheim/München

– (2008):„Die Mutter-Kind-Bindung leidet nicht." Kritische Anmerkungen zum aktuellen Krippendiskurs aus historischer und sozialpädagogischer Perspektive. Zeitschrift für Sozialpädagogik 6, 2–32

– (2003): Sozialpädagogik als Wissenschaft und Profession. Grundlagen, Kontroversen, Perspektiven. Juventa, Weinheim/München

– (1999a): Robert stört. Sozialpädagogische Kasuistik eines Kindes, das Schwierigkeiten macht, weil es welche hat. In: Niemeyer, C. (Hrsg.), 188–208

– (1999b): Markus stört. Sozialpädagogische Kasuistik von Ausgrenzungsprozessen auf attributstheoretischer Grundlage. In: Niemeyer, C. (Hrsg.), 159–187

– (Hrsg.) (1999c): Theorie und Praxis der Sozialpädagogik. Votum, Münster

Nohl, H. (1952/1967): Erziehung als Lebenshilfe. In: Offermann, J. (Hrsg.), 86–93

– (Hrsg.) (1949a): Pädagogik aus dreißig Jahren. Schulte-Bulmke, Frankfurt/M.

– (1949b): Die pädagogische Bewegung in Deutschland und ihre Theorie. 3. Aufl. Schulte-Bulmke, Frankfurt/M.

– (1948): Vom Wesen der Erziehung. In: Nohl, H. (Hrsg.) (1949a), 279–289

– (1930/1931): Die Polarität in der Didaktik. In: Nohl, H. (Hrsg.) (1949a), 86–97

– (Hrsg.) (1929): Pädagogische Aufsätze. Julius Beltz, Langensalza

– (Hrsg.) (1927a): Jugendwohlfahrt. Sozialpädagogische Vorträge. Quelle & Meyer, Leipzig

– (1927b): Gedanken zur Pestalozzifeier. In: Nohl, H. (Hrsg.) (1929), 70–80

– (1926a): Zum psychologischen Verständnis der Tat des Jugendlichen. In: Nohl, H. (Hrsg.) (1927a), 55–70

– (1926b): Gedanken für die Erziehungstätigkeit des Einzelnen mit besonderer Berücksichtigung der Erfahrungen von Freud und Adler. In: Nohl, H. (Hrsg.) (1927a), 71–84

– (1924): Die Pädagogik der Verwahrlosten. In: Nohl, H. (Hrsg.) (1927a), 101–112

Offermann, J. (1967) (Hrsg.): Herman Nohl. Ausgewählte pädagogische Abhandlungen. Schöningh, Paderborn

Otto, B. (1897/2008): Die Schulreform im 20. Jahrhundert (1897). In: Barth, G., Henseler, J. (Hrsg.), 103–118

Pestalozzi, J.H. (1799/1807/2006): Pestalozzi und seine Anstalt in Stans. Ausgewählte Werke – Studienausgabe, Bd. 2. Pestalozzianum, Zürich, 81–108

Pfister, O. (1928/29): Elternfehler. Zeitschrift für Psychoanalytische Pädagogik III, 172–184, 205–213, 251–261

Rein, W. (Hrsg.) (1909): Encyklopädisches Handbuch der Pädagogik. 9. Bd. 2. Aufl. Hermann Beyer & Söhne, Langensalza

– (Hrsg.) (1897): Encyklopädisches Handbuch der Pädagogik. 4. Bd. Hermann Beyer & Söhne, Langensalza

Rendtorff, B. (2000): Pädagogischer Bezug und Geschlechterverhältnis. Pädagogische Rundschau 54, 703–722

Roth, H. (1952): Begabung und Begaben. Über das Problem der Umwelt in der Begabungsentfaltung. Die Sammlung 7, 395–407

Salzmann, Chr. G. (1806/1887): Ameisenbüchlein oder Anweisung zu einer vernünftigen Erziehung der Erzieher. In: Pädagogische Schriften. Erster Teil. Hrsg. v. E. Wagner. Schulbuchhandlung, Langensalza, 33–120

Schäfer, K.-H., Schaller, K. (1971): Kritische Erziehungswissenschaft und kommunikative Didaktik. Quelle & Heyer, Heidelberg

Schleiffer, R. (2006): Die Pflegefamilie: eine sichere Basis? Über Bindungsbeziehungen in Pflegefamilien. Zeitschrift für Sozialpädagogik 4, 227–252

Schnitzer, A. (Hrsg.) (1983): Der pädagogische Bezug – Grundprobleme schulischer Erziehung. Oldenbourg, München

Schönberger, I. (2008): Kindernaturen und Kinderfehler. Der Entwurf einer pädagogischen Pathologie des Herbartianers Ludwig Strümpell. In: Schröer, W., Hering, S. (Hrsg.), 101–115

Schröer, W., Hering, S. (Hrsg.) (2008): Sorge um die Kinder. Beiträge zur Geschichte von Kindheit, Kindergarten und Kinderfürsorge. Juventa, Weinheim/München

Schwenk, B. (1989): Verhältnis, pädagogisches. In: Lenzen, D. (Hrsg.), 1566–1572

Siegel, E. (1981): Dafür und dagegen. Ein Leben für die Sozialpädagogik. Radius, Stuttgart

Siegert, G. (1897): Kinderfehler. In: Rein, W. (Hrsg.), 60–64

Strümpell, L., Spitzner, A. (1910): Die Pädagogische Pathologie oder Die Lehre von den Fehlern der Kinder. 4. Aufl. E. Ungleich, Leipzig

Thiersch, H. (2007): Die Verführung rigider Verkürzungen. Zur Attraktivität von Bernhard Bueb: Lob der Disziplin. Neue Praxis 37, 177–189

– (1992): Lebensweltorientierte Soziale Arbeit. Juventa, Weinheim/München

Thöny-Schwyn, G. (1996): Pestalozzis Wirkung in Nohls Theorie des pädagogischen Bezugs. In: Hager, F., Tröhler, D. (Hrsg.), 253–263

Trapp, E. Chr. (1780/1977): Versuch einer Pädagogik. (Reprint) Schöningh, Paderborn

Weigl, F. (1913): Fehler der Kinder. In: Roloff, E. M. (Hrsg.): Lexikon der Pädagogik. Erster Band. Herder, Freiburg / Br., 1245–1248

Wichern, J. H. (1868 / 1956): Rettungsanstalten als Erziehungshäuser in Deutschland. Ausgewählte Schriften Bd. 2. Mohn, Gütersloh, 147–336

Xochellis, P. (1974): Erziehung am Wendepunkt? Grundstrukturen des „pädagogischen Bezuges" in heutiger Sicht. Ehrenwirth, München

Partizipation

Von Stefan Schnurr

Partizipation ist ein konstitutives Merkmal demokratischer Gesellschafts-, Staats- und Herrschaftsformen. In seiner überwiegenden Verwendung im gegenwärtigen Sprachgebrauch bezeichnet der Begriff die *Teilnahme* der Bürgerinnen und Bürger an politischen Beratungen und Entscheidungen, seltener die *Teilhabe* an gesellschaftlicher Macht, Reichtum, Wohlstand, Freiheit und Sicherheit (Rödel et al. 1989, 181). Die grundlegenden Rechte und Pflichten der Akteure und Institutionen eines Staates oder Sozialverbandes zur Partizipation an Prozessen und Ergebnissen der politischen Willensbildung und Entscheidungsfindung sind in den Verfassungen geregelt. In demokratischen Gesellschaften beschränkt sich die Ausübung von Partizipation freilich nicht auf das politische System und dessen auf Beratung, Aushandlung und Entscheidungsproduktion spezialisierte Institutionen, sondern greift vermittelt durch Politik und Recht auf andere Funktionssysteme über. Sektorenspezifische Mitwirkungs- und Partizipationsrechte sind in den Rechtsmaterien des Wirtschafts-, Bildungs-, Verwaltungs- und Sozialsystems geregelt und finden sich u. a. im Staats-, Arbeits-, Sozial- und Verwaltungsrecht. In den Sozialwissenschaften kommt dem Begriff Partizipation eine wichtige Rolle im Kontext normativer Bestimmungen und / oder empirischer (vergleichender) Analysen von Demokratie(n) zu; er wird aber zunehmend auch im Kontext einer generalisierenden Unterscheidung von Leistungs- und Publikumsrollen oder von Entscheidern und Betroffenen verwendet, so insbesondere in dienstleistungstheoretischen (s. u.), sowie in risiko- und rechtssoziologischen Argumentationen (z. B. Luhmann, 1991; Bora 1999).

In der Sozialen Arbeit wird Partizipation zunächst im Zusammenhang mit Strategien der Sozialplanung (Bürgerbeteiligung) verwendet. In den 1990er Jahren erweitert sich die Verwendung auf das Thema der Klienten- bzw. Nutzerpartizipation. Besondere Aufmerksamkeit erfährt seitdem vor allem die Partizipation von Kindern und Jugendlichen im Gemeinwesen und in der Kinder- und Jugendhilfe. Marksteine und Verstärker dieser Entwicklung waren das Inkrafttreten des Kinder- und Jugendhilfegesetzes 1990 / 1991, die Aufnahme des Partizipationsbegriffs in den Katalog der Strukturmaximen einer „lebensweltorientierte(n) Jugendhilfe" im Achten Jugendbericht (BMJFFG 1990; Thiersch 1992) und die UN-Kinderrechtskonvention. Der Begriff Partizipation wird in der Sozialen Arbeit heute vorwiegend auf folgende Sachverhalte angewandt: (a) die Beteiligung von (potenziellen) Klienten / Nutzern an Entscheidungen über Angebots- und Leistungsstrukturen, an Entscheidungen über Bedarfe und Leistungen im individuellen Betroffenheitsfall und an Entscheidungen in Prozessen der Leistungserbringung; (b) die Ausübung von Wahlfreiheit in Bezug auf unterschiedliche Spezifikationen von Leistungen (Typ, Leistungserbringer, Fachkräfte, Bezugspersonen) durch die Klienten. Wo in der Sozialen Arbeit von Partizipation die Rede ist, wird (explizit oder implizit) das Verhältnis von Klienten und Sozialarbeitenden, von Nutzern und Leistungserbringern und – soweit Soziale Arbeit öffentlich finanziert und (lokal-) staatlich reguliert ist – von Bürgern und Staat thematisch. Die wissenschaftlichen und konzeptionellen Diskussionen beziehen sich überwiegend auf die Fragen, ob, wie, in welchem Umfang und hinsichtlich welcher Aspekte Klienten auf die Gestaltung von Leistungen und deren Erbringungskontexte aktiv Einfluss nehmen und an den damit zusammenhängenden Entscheidungen beteiligt werden (sollen); wie dies zu begründen ist, an welche Voraussetzungen dies gebunden ist und welche Effekte und Wirkungen mit verschiedenen Erscheinungsformen von (fehlender) Partizipation verbunden sind.

Otto/Thiersch (Hg.), Handbuch Soziale Arbeit, 4. A., DOI 10.2378/ot4a.art107,
© 2011 by Ernst Reinhardt, GmbH & Co KG, Verlag, München

Begründungen von Partizipation

Hinsichtlich der Begründung von Partizipation lassen sich demokratietheoretische, dienstleistungstheoretische und pädagogische bzw. bildungstheoretische Argumentationen unterscheiden.

Aus *demokratietheoretischer* Perspektive ist Partizipation ein Moment der konstitutionell verbürgten Freiheit und Gleichheit aller sowie der Anerkennung von Pluralität und offenem Widerstreit der Interessen als unhintergehbare Errungenschaften demokratischer Gesellschaften. Strittig sind innerhalb des Spektrums demokratietheoretischer Positionen (Schmidt 2010) weniger die Begründungen als die Funktionsbestimmungen und die als funktional angesehene Reichweite von Partizipation. In liberalen Demokratietheorien wie Max Webers herrschaftssoziologischem Entwurf oder der Schumpeterschen Demokratielehre kommt Partizipation vor allem als Voraussetzung legitimer Herrschaft und als Strukturkomponente im Wettbewerb um Positionen und Gefolgschaften in den Blick, wobei den Prinzipien der Konkurrenz, der Nutzenmaximierung und der Repräsentation von Interessen rationalisierende Wirkungen zugeschrieben werden (Schmidt 2010). „Partizipatorische" Demokratietheorien (Pateman 1970) begreifen Partizipation weniger als Voraussetzung rationaler und legitimer Herrschaft, denn als Modus politischer und sozialer Integration (Frankenberg 1997, 148). Sie teilen die Prämisse, dass das Modell der Repräsentativdemokratie einer schrittweisen Substituierung durch mehr oder weniger organisierte Formen einer direkten Beteiligung möglichst vieler an der politischen Beratung, Willensbildung und Entscheidung bedarf und dass die Bürger zu einer erweiterten Beteiligung grundsätzlich fähig, oder doch zu befähigen seien (Schmidt 2010). Eine Erweiterung von Partizipationsmöglichkeiten biete die Chance einer „self-transformation" (Warren 1992, 11; 1993, 209) zum verantwortungsbewussten Staatsbürger: Je mehr die Bürger über die öffentlichen Angelegenheiten im freien Austausch der Argumente beraten und konsensfähige Positionen erarbeiten, desto eher erweitern sie auch ihre Fähigkeiten, Konflikte gemeinwohlverträglich zu bewältigen und kompetent zu entscheiden; gleichzeitig steige damit ihre Identifikation mit dem Gemeinwesen und ihre Bereitschaft, sich dafür zu engagieren; damit konstituiere praktizierte Partizi-

pation im eigentlichen Sinne erst die Freiheit und das demokratische Gemeinwesen (Barber 1994; Schmidt 2010). In seiner diskurstheoretisch begründeten Konzeption eines deliberativen Demokratiemodells setzt sich Habermas (1994; 1996) von solchen republikanischen wie auch von liberalen Demokratiemodellen ab: „Die Diskurstheorie nimmt Elemente beider Seiten auf und integriert sie im Begriff einer idealen Prozedur für Beratung und Beschlussfassung", die rückgebunden ist an „Diskursregeln und Argumentationsformen (…), die ihren normativen Gehalt der Geltungsbasis verständigungsorientierten Handelns, letztlich der Struktur sprachlicher Kommunikation entlehnen" (Habermas 1996, 285 f.). Nicht die Substitution der repräsentativen Formen durch immer mehr unmittelbar partizipative Formen der Beratung und Entscheidungsfindung ist die Leitidee dieses Modells, sondern das Zusammenspiel zwischen „öffentlicher Meinungsbildung, institutionalisierten Wahlentscheidungen und legislativen Beschlüssen"; dieses soll gewährleisten, dass „die kommunikativ erzeugte Macht über die Gesetzgebung in administrativ verwendbare Macht umgeformt werden kann" (Habermas 1994, 362 f.). Protagonisten eines radikalen Demokratiemodells weisen mit Blick auf den Wertepluralismus die universalistisch fundierten diskurstheoretischen Prämissen des deliberativen Demokratiemodells und die Idee eines „Konsens ohne Exklusion" zurück und betrachten gerade die „agonistische Konfrontation" und die Anerkennung des Konflikts als Existenzbedingung der Demokratie: „Zuviel Betonung auf Konsens und Zurückweisung von Konfrontation führt zu Apathie und Entfremdung von politischer Partizipation" (Mouffe 2008, 104 f.).

Bezugspunkt der *dienstleistungstheoretischen* Begründungen von Partizipation ist die sozialwissenschaftliche Dienstleistungstheorie, die ihre Einsichten sowohl aus einer Betrachtung der gesellschaftlichen Funktionen von Dienstleistungen (Makroebene) als auch aus einer Betrachtung der „Interaktion zwischen Dienstleistungsproduzent und -konsument in der Phase der unmittelbaren Erbringung personenbezogener Dienstleistungen" (Mikroebene) bezieht und folgende Strukturmerkmale herausgearbeitet hat: (a) Personenbezogene Dienstleistungen sind gekennzeichnet durch „fliessende Übergänge zwischen ‚Arbeit' und ‚Interaktion'" (Olk et al. 2003, XII). Beziehungen und

Interaktionen zwischen den Beteiligten, in der Regel also zwischen Professionellen und Klienten, können als operativer Kern der Dienstleistungsarbeit bestimmt werden Olk 1986, 149; Hasenfeld 2010, 21). Beziehungen und Interaktionen sind nicht nur der primäre Modus der Intervention in den vielfältigen Beratungs-, Unterstützungs- und Bildungssettings der Sozialen Arbeit, sondern auch die primäre Ausgangs- und Operationsbasis zum Austausch von Informationen im Kontext der Deutung und Aushandlung von Bedarfslagen und Leistungsansprüchen und zur fortlaufenden Reflexion und Bewertung der Schritte der Leistungserbringung. Die Präsenz der Klienten ist somit eine Mindestbedingung. (b) Personenbezogene Dienstleistungen werden „uno actu" (Herder-Dorneich / Kötz 1972, 18) erbracht: Produktion und Konsumtion fallen in einem Akt zusammen. Indem personenbezogene Dienstleistungen darauf zielen, Veränderungen des Zustands zu bewirken, in dem sich der Klient befindet (Verfügung über Ressourcen, Kompetenzen, psychosoziale Befindlichkeit, subjektive Erleidenszustände etc.) ist es eine strukturell begründete Mindestbedingung, dass der Nutzer im Erbringungsprozess „mitwirkt" – der Nutzer ist schließlich selbst der „Ort", an dem sich die intendierten Wirkungen erfüllen sollen (Schaarschuch 1998, 85 f.). Damit wird der Klient zu einem „aktiven Konsumenten" (Gartner / Riessman 1978), oder „Co-Produzenten" (Badura / Gross 1976; Gross / Badura 1977); Dienstleistungen lassen sich somit als „klientengesteuerte" Tätigkeiten betrachten (Olk 1994; Olk et al. 2003). In einer konsumtionstheoretischen Lesart „aus der Perspektive der nachfragenden Subjekte" hat Schaarschuch (1999, 553; 2003) die Konsumtion der Dienstleistung durch den Nutzer als Akt der (Re-)Produktion des Nutzers vermittels der Dienstleistung rekonstruiert und daraus ein normativ-kritisches Modell abgeleitet, in dem der Nutzer die Rolle des Produzenten, der Professionelle hingegen die Rolle des Co-Produzenten einnimmt. (c) Hinsichtlich ihrer gesellschaftlichen Funktion (Makroebene) wurde gezeigt, dass Dienstleistungstätigkeiten im weitesten Sinne auf die Bewachung und Reproduktion von Normalzuständen und Normalverläufen ausgerichtet sind (Berger / Offe 1980). Diese sind „(wenigstens) durch Erwartungen Dritter sozial konstituiert (...). Durch Dienstleistungsarbeit muß stets zwischen der Respektierung und Bestätigung der Besonderheit, Individualität und Variabilität der Lebensverhältnisse und Bedürfnisse von Patienten, Kunden, Adressaten etc. einerseits sowie der Gewährleistung von Zuständen, die bestimmten allgemeinen Regeln und Kriterien, Ordnungs- und Wertvorstellungen andererseits, vermittelt werden" und zwar so, dass beiden Seiten zu ihrem Recht verholfen wird (Olk 1994, 14). Nicht die Ausrichtung des Falls an einer abstrakten Norm, sondern Vermittlung zwischen Fall und Bezugsnorm ist die Optimierungsregel. Vor dem Hintergrund dieser Strukturmerkmale ist die Partizipation und Mitwirkung der Klienten / Nutzer eine Strukturvoraussetzung und Erfolgsbedingung personenbezogener sozialer Dienstleistungen (Olk 1986; 1994; Flösser 1994; Schaarschuch 1998; 1999; 2003; Olk et al. 2003). „Nutzerpartizipation" wird zu einer erfolgs- und effizienzkritischen Größe und zwar sowohl auf der Ebene der Planung und Gestaltung des bereitzustellenden Leistungsangebots (Ebene der Sozialpolitik) als auch auf der Ebene der unmittelbaren Erbringung durch die Angehörigen von Dienstleistungsprofessionen (Ebene der Sozialarbeiter / Klient-Beziehung und der Organisation, in die sie eingebettet ist). *Erstens* beeinflusst die Partizipation in der Gestalt aktiver Mitwirkung / Ko-Produktion des Klienten die Ergebnisse und Wirkungen personenbezogener Dienstleistungen in erheblichem Masse mit. *Zweitens* dienen Partizipation und Beteiligung der Abstimmung von Nachfrage und Angebot: werden Situationen und Strukturen geschaffen, in denen die Nachfrageseite ihre Interessens-, Bedarfs- und Bedürfnislagen artikuliert, erhält die Angebotsseite jene Informationen, die sie braucht, um *responsive* Leistungstypen und Leistungszuschnitte bereitzustellen und diese im Prozess ihrer Erbringung auf die je individuellen und situativen Erfordernisse und Interessenlagen abzustimmen. Im Bereich der Sozialen Dienste können partizipative Strukturen somit *drittens* das Fehlen von Rückkopplungsmechanismen kompensieren, die in Marktbeziehungen üblicherweise vorhanden sind: weil der Kostenträger die Leistungen nicht selbst konsumiert, hat er nur ein begrenztes Wissen über deren Angemessenheit und Wirksamkeit und kann folglich deren Qualität nur eingeschränkt beurteilen und steuern (Olk et al. 2003, XXII). (Nutzer-)Partizipation lässt sich vor diesem Hintergrund auch als funktionale Komponente in Strategien der Qualitätsentwicklung und Evaluation begründen.

Zum einen lassen sich Qualität und Wirksamkeit von personenbezogenen sozialen Dienstleistungen ohne Einbezug der Sichtweisen der Klienten / Nutzer nicht zuverlässig beurteilen. Zum anderen tragen partizipative Strategien der Qualitätsentwicklung und Evaluation dazu bei, dass diejenigen Dimensionen einer Leistung bzw. von Qualität erfasst werden, die aus Sicht der Nutzer relevant sind (Petersen / Piel 1998; Shaw 1999; Blandow et al. 1999; Seckinger 2000; Hansbauer / Kriener 2000; Schaarschuch / Schnurr 2004). Solche Begründungen einer erweiterten Einbeziehung bzw. Beteiligung der Nutzer, die an demokratie- und dienstleistungstheoretische Positionen anknüpfen und den *Bürgerstatus* der Klienten / Nutzer in den Mittelpunkt stellen sind von konsumeristischen Begründungsvarianten zu unterscheiden, die an Konzepte der Marktwirtschaft anknüpfen und dem Klienten / Nutzer die Rolle eines *Kunden* zuweisen. In der konsumeristischen Lesart sollen Klienten erweiterte Möglichkeiten erhalten, auf einer Art Markt zwischen unterschiedlichen Anbietern und unterschiedlichen Spezifikationen von Diensten auszuwählen (choice) und in die Beurteilung und Leistungsmessung stärker einbezogen werden (Feedback-Funktion). Dabei bleibt jedoch die Steuerungsrolle bei der Anbieterseite, die auf der Basis von Nutzerinformationen ihre Machtressourcen erweitert; die Einbeziehung der Klienten / Nutzer dient dann eher einer Regulation der Klienten / Nutzer als einer Verschiebung der Machtasymmetrie zu Gunsten der Nachfrageseite (Beresford / Croft 1992; Beresford 2002). Reichweite und Zwecksetzungen von Partizipation lassen sich vor diesem Hintergrund als bedeutsame Dimensionen zur Beurteilung von Ansätzen einer erweiterten Klienten / Nutzer-Partizipation bestimmen. Wistow / Barnes unterscheiden Ansätze, „which seek to improve the quality of services by making them more sensitive or responsive to the needs and preferences of those who use them" von Ansätzen, „which seek to empower users in decision-making about the design, management, delivery and review of services" (1993, 285; Forbes / Sashidharan 1997; Braye 2000).

Pädagogische und *bildungstheoretische* Begründungen von Partizipation gehen davon aus, dass die für eine aktive Teilnahme am öffentlichen und politischen Leben erforderlichen Kompetenzen und Kenntnisse nicht naturwüchsig gegeben sind und leiten daraus die Notwendigkeit ab, Gelegenheiten zu schaffen, in denen partizipative Fähigkeiten und Handlungsstile angeeignet und das dafür erforderliche Wissen erworben werden können. Dabei focussieren sie primär auf Kinder und Jugendliche und ihre Partizipationsgelegenheiten in Gemeinwesen, Schule und Kinder- und Jugendhilfe. Mit Blick auf die Kinder- und Jugendhilfe lässt sich Partizipation folgendermaßen begründen: sollen Kindern und Jugendlichen Chancen zum Erwerb von Handlungsfähigkeit und zur Selbstverwirklichung eröffnet werden, dann sind Sozialbeziehungen und Lebensorte so zu gestalten, dass sie Selbstbildungsprozesse fördern und die Entwicklung von Kindern und Jugendlichen zu einer konflikt- und politikfähigen Persönlichkeit aktiv unterstützen; dazu aber ist es erforderlich, demokratische Prinzipien und Formen der Entscheidungsbeteiligung in Alltagssituationen der Kinder- und Jugendhilfe und ihrer Organisationen zu verankern und zu praktizieren. Pädagogische Begründungen von Partizipation können sich u. a. auf folgende Theoriebezüge stützen: das Konzept der *civic education* sowie den Kommunikationsbegriff von Dewey (2004; 1995; Himmelmann 2007; Biesta 2009); die Konzeption des pädagogischen Ortshandelns von Winkler (2001), die advokatorische Ethik und den Begriff der „kontrafaktischen Unterstellung von Mündigkeit" von Brumlik (2003) sowie Kohlbergs „just community"-Konzeption (Kohlberg 1986; 1995; Sutter et al. 1998; Sutter 2003). Jüngere politikdidaktische Konzepte zur „Demokratie-Kompetenz" (Himmelmann / Lange 2005) haben ihren Gegenstandsbereich entlang der Formel von der Demokratie als Herrschafts-, Gesellschafts- und Lebensform (Himmelmann 2007) ebenfalls auf das Thema der „Alltagsdemokratie" erweitert und im Anschluss an das Theoriekonzept der Selbstbildung für eine stärkere Orientierung an realen Partizipationserfahrungen plädiert (Edelstein 2005). Damit zeichnet sich eine Annäherung an die in der Sozialen Arbeit vorherrschenden Begründungsfiguren ab, wobei Unterschiede gleichwohl erkennbar bleiben. Edelstein hat (mit Blick auf die Schule) die Konzeption einer „Demokratiepädagogik" vorgeschlagen, der es um die „verantwortliche Beteiligung und deliberative Entscheidungsfindung unter pädagogisch modulierten Bedingungen" (Edelstein 2005, 212) geht; Sturzenhecker (2008, 707 ff.) plädiert unter dem Begriff „Demokratiebildung" für eine „demokratische Strukturierung der … Bildungsbedingungen" durch institutionalisierte (verfasste) Entscheidungs- und Beteiligungsrechte.

Generell bearbeiten pädagogische Begründungen für Partizipation das doppelte Dilemma, dass einerseits die für Partizipation und Entscheidungsbeteiligung erforderlichen Kompetenzen nicht vorausgesetzt, aber ohne Partizipationserfahrung auch nicht angeeignet werden können, während andererseits der Einbau von Beteiligungsgelegenheiten in pädagogischen Kontexten, obwohl er in pädagogischer Absicht erfolgt, auch das pädagogisch Begründete politisch zur Disposition stellt und zu einem Gegenstand der Deliberation macht. Begründungen, Konzeptionen und Praxen von Partizipation in (sozial-) pädagogischen Institutionen haben somit zwei grundlegende Probleme zu reflektieren: das Problem der gleichzeitigen Verwiesenheit auf Pädagogik und Politik als differente Relevanzsysteme und das Problem der Machtasymmetrie zwischen Pädagogen und Educanden; außerdem müssen sie sich dazu positionieren, dass die Spielräume zur Gestaltung (sozial-) pädagogischer Institutionen und Organisationen durch externe Vorgaben begrenzt werden (Winkler 2000; Bettmer 2008). Handlungskonzepte können u. a. unter dem Gesichtspunkt beurteilt werden, in welchem Maße Partizipationsgelegenheiten primär in pädagogischer Absicht und „zum Zwecke der Übung" inszeniert werden bzw. in welchem Maße diese in Berechtigungsstrukturen eingebettet sind, die weder (durch Leistungen und Kompetenzbeweise) erworben werden müssen, noch bei Erwartungsabweichungen revidiert werden, weil sie als Ausdruck der Anerkennung der Heranwachsenden als Rechtssubjekte gewährleistet sind (Knauer / Sturzenhecker 2005).

Demokratietheoretische, dienstleistungstheoretische und *bildungstheoretische* Begründungen der Partizipation von Klienten / Nutzern in der Sozialen Arbeit lassen sich im Sinne einer wechselseitigen argumentativen Stützung miteinander verbinden. Setzt man die öffentlich verantwortete Bereitstellung und Finanzierung sozialer Dienste und Leistungen als konstitutives (da freiheitsverbürgendes, Rödel et al. 1989, 182) Element demokratischer Gesellschaften voraus, und geht man gleichzeitig davon aus, dass (a) die Ansprüche an diese unhintergehbar heterogen und divergent sind und dass weiter (b)

die Fragen gerechter Ressourcenverteilung wie auch die Fragen der programmatischen Ausrichtung stets politischen Gehalts sind und politisch umstritten sein werden, so lässt sich daraus das Postulat ableiten, den Bürgern erweiterte Möglichkeiten und Rechte zur Einflussnahme und Mitwirkung an Entscheidungen einzuräumen – sowohl im Hinblick auf Fragen der Programm- und Versorgungsstruktur als auch im Hinblick auf die Bestimmung von Bedarfen und Leistungen im individuellen Betroffenheitsfall und in den Prozessen der Leistungserbringung (Croft / Beresford 1993; BMFSFJ 1994, 584, 586; Schaarschuch 1996; 1998; 1999; Olk et al. 2003). Eine Verankerung von Partizipationsrechten in den Angeboten (bzw. Erbringungskontexten) der Sozialen Arbeit dient dem Ziel einer „Demokratisierung der Demokratie" (Offe 2003) in dreifacher Hinsicht: sie erweitert die Freiheits- und Entscheidungsbefugnisse der Bürger in formaler und substantieller Hinsicht; sie bietet Individuen Bildungsgelegenheiten und fördert deren Fähigkeit zur Ausübung individueller bürgerlicher Rechte sowie zur Beteiligung an politischen Entscheidungen; sie trägt zur Herstellung bzw. Stabilisierung der sozialen, kognitiven und moralischen Ressourcen der Demokratie als *Kollektivgut* bei (Ziegler 2003, 763; Preuss 2003). Soziale Arbeit ist vor diesem Hintergrund auch als „Staatsbürgerqualifikationsarbeit" bestimmt worden (Schaarschuch 1996, 865). Müller (2005, 284 ff.) hat darauf hingewiesen, dass solche Argumentationsfiguren – einschließlich des mit ihnen oft verknüpften Postulats einer Repolitisierung der Sozialen Arbeit – in der Tradition der frühen Klassiker der Sozialpädagogik als Bürgererziehung (Mager, Natorp) stehen.

Normative Bestimmungen von Partizipation

Wichtige Dimensionen zur Bestimmung von Partizipation und zur kritischen Analyse partizipativer Strukturen und Praxen sind Grade, Reichweite, Formen und Gegenstände von Partizipation. Eine prominente Gruppe von Versuchen, Partizipation inhaltlich zu bestimmen und von Formen einer Schein-Partizipation abzugrenzen sind die Stufenmodelle. Sie nehmen ihren Ausgangspunkt in der Prämisse einer Machtasymmetrie zwischen Entscheidern und Betroffenen und ordnen idealtypische Zustände und Verfahren der Macht*verteilung* in einer Stufenleiter an. Am bekanntesten ist Arnsteins „ladder of citizen participation", die aus acht Stufen besteht, die in drei Gruppen zusammengefasst sind (Arnstein 1969, 217, 222, übersetzt):

I. Nicht- Beteiligung:
    1. Manipulation,
    2. Therapie
II. Stufen der Schein-Beteiligung:
    3. Information,
    4. Konsultationen / Beratung / Anhörung,
    5. Beschwichtigung
III: Stufen einer Verortung der Macht bei den Bürgern („Citizen power"):
    6. Partnerschaft (Beteiligung in Aushandlungssystemen),
    7. Übertragung von Macht an die Bürger (Bürger besitzen selektive Entscheidungskompetenzen für bestimmte Planungsabschnitte / Programme),
    8. Kontrolle durch Bürger

Hart (1997) hat zur Unterscheidung von Formen der Beteiligung von Kindern ebenfalls ein Stufenmodell vorgeschlagen, das verschiedentlich adaptiert wurde. Es unterscheidet zwischen

1. Fremdbestimmung
2. Dekoration
3. Alibi-Teilnahme
4. zugewiesen, aber informiert
5. konsultiert und informiert
6. von Erwachsenen initiiert und Entscheidungen mit Kindern geteilt
7. von Kindern initiiert und durchgeführt
8. von Kindern initiiert und Entscheidungen mit Erwachsenen geteilt

(Stange et al. 2008; Fatke 2007; Schröder 1995, 29).

Mit Blick auf die Struktur von Machtverhältnissen und Kontrollrechten in Entscheidungssituationen der Sozialen Arbeit haben Blandow et al. (1999:58) ein weiteres Stufenmodell entwickelt. Es besteht aus sieben Konstellationen zweier Parteien in einer Entscheidungssituation. Ihre relative Entscheidungsmacht wird u. a. durch Anhörungspflichten und Vetorechte modelliert:

1. A entscheidet autonom (ohne weitere Verpflichtungen gegenüber B)
2. A entscheidet autonom, hat aber eine Anhörungspflicht gegenüber B
3. A entscheidet, B hat ein Vetorecht
4. A und B müssen der Entscheidung zustimmen
5. B entscheidet, A hat ein Vetorecht
6. B entscheidet autonom, hat aber eine Anhörungsverpflichtung gegenüber A
7. B entscheidet autonom (ohne weitere Verpflichtungen gegenüber A)

Unter den Begriff Partizipation fassen die Autoren jene Formen der Verteilung von Mitwirkungsrechten, die zwischen den Stufen (2) und (6) angesiedelt sind. Für eine kritische Analyse von Methoden und Verfahren der (Nutzer-)Partizipation und ihrer Anwendung in Praxissituationen können solche Stufenmodelle einen wichtigen Beitrag leisten, dies um so mehr, als sie die Aufmerksamkeit auf die oft subtilen Machtbeziehungen öffnen, die zweifellos auch in jenen Situationen präsent bleiben, in denen Partizipation praktiziert wird (Herrmann 1995, 145 ff.; Kessl 2006). *Formen* von Partizipation sind unterschieden worden „nach der Art der Beteiligung (direkt – indirekt)" und „nach der Frage, ob die jeweilige Beteiligungsform verfaßt ist, oder nicht" (Buse / Nelles 1975, 81, H. i. O.). Auf der Basis dieser Ordnungskriterien sind folgende Grundformen unterschieden werden: (1) Verfasste und indirekte Formen, (2) Verfasste und direkte Formen, (3) Nicht-verfasste und direkte Formen, (4) Nicht-verfasste und indirekte Formen (mit Bezug auf Sozialplanung Hofmann et al. 1986, 1157; auf Kinder- und Jugendhilfe BMFSFJ 2002, 198). Mit Blick auf die Partizipation von Kindern und Jugendlichen in den Institutionen und Organisationen des politischen Systems und des Bildungs- und Sozialsystems unterscheiden Stange et al. (2008) folgende Modelle der Beteiligung:

1. Offene Formen (Foren und Versammlungen)
2. Repräsentative Formen (Kinder- und Jugendvertretungen)
3. Projektorientierte Formen
4. Beteiligung an Institutionen der Erwachsenenwelt und
5. Punktuelle Beteiligung, sowie das Wahlrecht

(Stange / Tiemann 1999).

Die *Gegenstände*, über die entschieden wird, bilden ein weiteres Kriterium der Unterscheidung von Partizipationsstrukturen und -praxen; so macht es z. B. einen Unterschied, ob Jugendliche in einer Einrichtung der Heimerziehung an Entscheidungen über die Gestaltung eines Gruppenraumes oder über die Wahl ihres Bezugserziehers entscheiden (Blandow et al. 1999). Eine weitere Gruppe von Ansätzen einer normativen Definition von Partizipation bestimmt Strukturmerkmale und Qualitätseigenschaften bzw. Qualitätsparameter von Partizipation (Braye 2000; Stange et al. 2008). Mit Blick auf die Partizipation von Kindern und Jugendlichen in (sozial-)pädagogischen Organisationen nennen Knauer / Sturzenhecker (2005) als Anhaltspunkte für *Struktur*qualität: die Verankerung von Beteiligungsrechten sowie von transparenten Zugängen zu Entscheidungs- und Thematisierungsprozessen; Transparenz hinsichtlich der Gegenstände und Reichweite von Partizipation; Ressourcen in der Verfügungsgewalt der Entscheidungsbeteiligten (Zeit, Geld, Raum, Assistenz); gleicher und offener Zugang zu Informationen. Als Anhaltspunkte für *Prozess*qualität nennen sie u. a. symmetrische Kommunikation, Unterstützung bei der Artikulation von Interessen und Bedürfnissen sowie Ergebnisoffenheit.

Partizipation in der Kinder- und Jugendhilfe

Das deutsche Kinder- und Jugendhilfesystem kann als ein Handlungsfeld der Sozialen Arbeit gelten, in dem die Partizipations*rechte* vergleichsweise stark verankert sind. Das Kinder- und Jugendhilfegesetz SGB VIII verpflichtet die öffentlichen Jugendhilfeträger darauf, Kinder und Jugendliche „entsprechend ihrem Entwicklungsstand an allen sie betreffenden Entscheidungen der öffentlichen Jugendhilfe zu beteiligen" (§ 8). Die Leistungsberechtigten haben das Recht, zwischen Einrichtungen und Diensten verschiedener Träger zu wählen (§ 5). Die „Wünsche, Bedürfnisse und Interessen der jungen Menschen und der Personensorgeberechtigten" sind auch bei der Planung der Angebote zu berücksichtigen (§ 80). Auch bei der Abklärung des Risikos einer Kindeswohlgefährdung „sind die Personensorgeberechtigten sowie das Kind oder der Jugendliche einzubeziehen, soweit hierdurch der

wirksame Schutz des Kindes oder des Jugendlichen nicht infrage gestellt wird" (§ 8a). Eine Erweiterung und Konkretisierung erfahren diese Vorschriften in den Bestimmungen in § 36 (Mitwirkung, Hilfeplan), welche bei der Entscheidung über Hilfen zur Erziehung (u. a. Erziehung außerhalb der Familie) und Eingliederungshilfen für seelisch behinderte Kinder und Jugendliche wirksam werden: die Personensorgeberechtigten und das Kind oder der Jugendliche sind vor der Entscheidung zu beraten und bei der Auswahl einer Einrichtung oder Pflegestelle zu beteiligen; ihrer Wahl bzw. ihren Wünschen ist zu entsprechen, sofern dies nicht mit unverhältnismäßigen Mehrkosten verbunden sind. Weiter formuliert § 36 die Verpflichtung zum Zusammenwirken mehrerer Fachkräfte (Teamentscheidung), zur Aufstellung eines Hilfeplans unter Beteiligung der Personensorgeberechtigten und des Kindes / Jugendlichen, sowie zur fortlaufenden Prüfung der Eignung und Notwendigkeit der im Hilfeplan bestimmten Leistungen bis hin zur Beendigung der Hilfe. Das Gesetz konstituiert damit einen Rahmen, in dem Fachkräfte der Sozialen Arbeit und Klienten / Nutzer (Kinder, Jugendliche, Personensorgeberechtigte) in einen Interaktionsprozess eintreten, in dem sie ihre jeweiligen Sichtweisen, Relevanzen und Erwartungen bezüglich „Problemen" und „Lösungen" einbringen und zu einer rechtlich verbindlichen Entscheidung verarbeiten. Die praktische Umsetzung liegt in der Verantwortung des öffentlichen Jugendhilfeträgers bzw. der zuständigen Soziarbeiter / Sozialpädagogen. Innerhalb dieses Rahmens haben sich unterschiedliche Vorgehensweisen und Handlungsstile – zwischen Expertokratie, Paternalismus und Partizipation – herausgebildet. Empirische Studien zur Praxis des Hilfeplanverfahrens (Messmer 2004) zeigen die „fehlende Wahrnehmung und Berücksichtigung der kindlichen und jugendlichen Perspektive" (Pluto 2007, 171), zeichnen das Bild einer dualen Strukturierung in eine Ebene der fachlichen Falldeutungen und Bearbeitungsempfehlungen und eine davon abgetrennte Ebene der „Kooperation mit den Betroffenen (Urban 2004, 188) und decken gesprächsanalytisch auf, dass eine Teilnahme der Klienten / Nutzer an den *Interaktionen* dieses Gruppen-Entscheidungsfindungsprozesses nicht notwendig mit einer Beteiligung an *Entscheidungen* verbunden sein muss (Hitzler / Messmer 2010). Darüber hinaus wird sichtbar, wie

Partizipation durch zeitliche und finanzielle Restriktionen behindert bzw. durch strukturelle Rahmenbedingungen gefördert werden kann (Pluto 2007). Das Hilfeplanverfahren kann als Beispiel dafür betrachtet werden, dass die realen Partizipationschancen individueller Nutzer auch unter der Voraussetzung einer formalrechtlichen Verankerung und der Institutionalisierung eines Verfahrens durch die professionellen Handlungskompetenzen und -stile sowie durch Konventionen und Entscheidungskulturen auf der Ebene der Organisation modelliert bzw. begrenzt werden. Kontrastierend dazu konnte die „beteiligungsfördernde Gestaltung von Hilfeplangesprächen" neben „Partizipationsrechten der Kinder und Jugendlichen im pädagogischen Alltag" als zwei von zehn empirisch gesicherten Wirkfaktoren der Kinder- und Jugendhilfe bestimmt werden, wobei letztere die Kooperations-

bereitschaft der Kinder und Jugendlichen stärker positiv beeinflussen als erstere (Albus et al. 2009, 55 ff.).

Diese Befunde weisen über die Kinder- und Jugendhilfe hinaus und zeigen Entwicklungschancen wie auch -aufgaben an. Für eine Etablierung und Fortentwicklung partizipativer Strukturen und einer Kultur der Partizipation (Hansbauer 2001; Stork 2007) in der Sozialen Arbeit bedarf es nicht nur einer Verbesserung der Rechtsstellung von Nutzern, (die eine Einführung von *verfahrensbezogenen* Rechten, sowie Beschwerde- und Vetorechten einzuschließen hätte), sondern gleichermaßen einer Verankerung von Partizipation in den Organisationen der Leistungserbringer, in den Konzeptionen sozialarbeiterischer / sozialpädagogischer Professionalität und in den Handlungsstilen der Praktiker.

Literatur

Albus, St., Greschke, H., Klingler, B., Messmer, H., Micheel, H.-G., Otto, H.-U., Polutta, A. (2009): Elemente wirkungsorientierter Jugendhilfe und ihre Wirkungsweisen: Erkenntnisse der wissenschaftlichen Evaluation des Bundesmodellprogramms. In: ISA Planung und Entwicklung (Hrsg.): Wirkungsorientierte Jugendhilfe, Band 09, Praxishilfe zur wirkungsorientierten Qualifizierung der Hilfen zur Erziehung, Münster, 24–60

Arnstein, S.R. (1969): A Ladder of Citizen Participation. Journal of the American Institute of Planner 35, 216–224

Badura, B., Gross, P. (1976): Sozialpolitische Perspektiven. Piper, München

Barber, B. (1994): Starke Demokratie. Rotbuch, Hamburg

Beresford, P. (2002): User Involvement in Research and Evaluation: Liberation or Regulation? Social Policy and Society 1, 95–105

–, Croft, S. (1992): The Politics of Participation. Critical Social Policy 35, 20–44

Berger, J., Offe, C. (1980): Die Entwicklungsdynamik des Dienstleistungssektors. Leviathan, 41–75

Bettmer, F. (2008): Partizipation. In: Coelen, Th., Otto, H.-U. (Hrsg.): Grundbegriffe Ganztagsbildung. VS Verlag für Sozialwissenschaften, 213–221

Biesta, G. (2009): Pragmatism's Contribution to Understanding Learning-in-Context. In: Edwards, R., Biesta, G., Thorpe, M. (Hrsg.): Rethinking Contexts for Learning and Teaching. Routledge, New York, 61–73

Blandow, J., Gintzel, U., Hansbauer, P. (1999): Partizipation als Qualitätsmerkmal in der Heimerziehung. Votum, Münster

Bora, A.(1999): Differenzierung und Inklusion. Nomos, Baden-Baden

Braye, S. (2000): Participation and Involvement in Social Care. In: Kemshall, H., Littlechild, R.: User Involvement and Participation in Social Care. Research Informing Practice, 9–28

Brumlik, M. (2003): Advokatorische Ethik. Zur Legitimation pädagogischer Eingriffe, 2. Aufl., Philo, Berlin Wien

BMJFFG Bundesministerium für Jugend, Familie, Frauen und Gesundheit (Hrsg.) (1990): Achter Jugendbericht. Bonn

BMFSFJ Bundesministerium für Familie, Senioren, Frauen und Jugend (Hrsg.)(2002): Elfter Kinder- und Jugendbericht. Eigenverlag, Bonn

– (1994): Neunter Jugendbericht. Eigenverlag, Bonn

Buse, M.J., Nelles, W. (1975): Formen und Bedingungen der Partizipation im politisch / administrativen Bereich. In: Alemann, U. (Hrsg.): Partizipation-Demokratisierung-Mitbestimmung. Westdeutscher Verlag, Opladen, 41–111

Croft, S., Beresford, P. (1993): Partizipation und Politik. Neue Praxis 23, 439–458

Dewey, J. (2004) Demokratie und Erziehung: Eine Einleitung in die philosophische Pädagogik. hrsg. und mit einem Nachwort versehen von Jürgen Oelkers, 2. Aufl. Beltz, Weinheim

– (1995): Erfahrung und Natur, Suhrkamp, Frankfurt / M.

Edelstein, W. (2005): Überlegungen zur Demokratiepädagogik. In: Himmelmann, G., Lange, D. (Hrsg.), 208–226

Fatke, R. (2007): Kinder- und Jugendpartizipation im wissenschaftlichen Diskurs. In: Bertelsmann Stiftung (Hrsg.): Kinder- und Jugendbeteiligung in Deutschland. Entwicklungsstand und Handlungsansätze. Bertelsmann Stiftung, Gütersloh, 19–38

Flösser, G. (1994): Soziale Arbeit jenseits der Bürokratie. Luchterhand, Neuwied

Forbes, J., Sashidharan, S. P. (1997): User Involvement in Services. The British Journal of Social Work 27, 481–498

Frankenberg, G. (1997): Die Verfassung der Republik. Suhrkamp, Frankfurt / M.

Gartner, A., Riessman, F. (1978): Der aktive Konsument in der Dienstleistungsgesellschaft. Suhrkamp, Frankfurt / M.

Griffiths, R. (1988): Does the Public Service Serve? Public Administration 66, 145–204

Gross, P., Badura, B. (1977): Sozialpolitik und soziale Dienste. In: Von Ferber, C. v., Kaufmann, F. X. (Hrsg.): Soziologie und Sozialpolitik. Sonderheft 19 der Kölner Zeitschrift für Soziologie und Sozialpsychologie, 361–385

Habermas, J. (1996): Die Einbeziehung des Anderen. Suhrkamp, Frankfurt / M.

– (1994): Faktizität und Geltung. Suhrkamp, Frankfurt / M.

Hansbauer, P. (2001): Partizipative Strukturen und eine Kultur der Partizipation in der Heimerziehung. Forum Erziehungshilfen 7, 9–14

–, Kriener, M. (2000): Soziale Aspekte der Dienstleistungsqualität in der Heimerziehung. Neue Praxis 30, 245–270

Hart, R. A. (1997): Children's Participation. Earthscan Publ., London

Hasenfeld, Y. (Hrsg.) (2010): Human Services as Complex Organizations, Sage, Thousand Oaks et al.

Heidenescher, M. (1999): Die Beobachtung des Risikos. Duncker & Humblot, Berlin

Herder-Dorneich, P., Kötz, W. (1972): Zur Dienstleistungsökonomik. Duncker & Humblot, Berlin

Herrmann, F. (1995): „Gelingende Partizipation" als kollektiver Prozess. In: Bolay, E., Herrmann, F. (1995): Jugendhilfeplanung als politischer Prozess. Kriftel, Luchterhand, 143–189

Himmelmann, G. (2007): Demokratie Lernen,. 3. Aufl., Wochenschau, Schwalbach / Ts.

–, Lange, D. (Hrsg.) (2005): Demokratiekompetenz, VS Verlag, Wiesbaden

Hitzler, S., Messmer, H. (2010): Group Decision-Making in Child Welfare and the Pursuit of Participation, Qualitative Social Work 9, 205–226

Hofmann, H.-J., Jordan, E., Wirbals H. (1986): Betroffenen- und Bürgerbeteiligung. In: Feldmann, U. (Hrsg.): Handbuch der örtlichen Sozialplanung. Schriften des DV, Frankfurt / M., 1131–1195

Kessl, F. (2006): Soziale Arbeit als Regierung – eine machtanalytische Perspektive. In: Weber, S., Maurer, S. (Hrsg.) Gouvernementalität und Erziehungswissenschaft. Wissen – Macht – Transformation. VS Verlag, Wiesbaden, 63–76

Knauer, R., Sturzenhecker, B. (2005): Partizipation im Jugendalter. In: Hafeneger, B., Jansen, M. J., Niebling, T. (Hrsg.): Kinder- und Jugendpartizipation. Im Spannungsfeld von Interessen und Akteuren. Budrich, Opladen, 63–94

Kohlberg, L. (1995): Die Psychologie der Moralentwicklung. Suhrkamp, Frankfurt / M.

– (1986): Der „Just Community"-Ansatz der Moralerziehung in Theorie und Praxis. In: Oser, F., Fatke, R., Höffe, O. (Hrsg.): Transformationen und Entwicklung. Suhrkamp, Frankfurt / M.

Luhmann, N. (1991): Soziologie des Risikos. De Gruyter, Berlin

Messmer, H. (2004): Hilfeplanung. Hilfeplanung als reflexives Modernisierungskonzept. Sozialwissenschaftliche Literaturrundschau 27, 73–93

Mouffe, Ch. (2008): Das Demokratische Paradox. Turia und Kant, Wien

Müller, C. (2005): Sozialpädagogik als Erziehung zur Demokratie. Klinkhardt, Bad Heilbrunn

Offe, C. (Hrsg.) (2003): Demokratisierung der Demokratie. Campus, Frankfurt / M. / New York

Olk, Th. (1994): Jugendhilfe als Dienstleistung. Widersprüche, 53, 11–33

– (1986): Abschied vom Experten. Juventa, München

–, Otto, H.-U., Backhaus-Maul, H. (2003): Soziale Arbeit als Dienstleistung – Zur analytischen und empirischen Leistungsfähigkeit eines theoretischen Konzepts, In: Olk, Th., Otto, H.-U. (Hrsg.): Soziale Arbeit als Dienstleistung. Luchterhand, München, IX–LXXII

Pateman, C. (1970): Participation and Democratic Theory, Cambridge Univ. Press, London

Petersen, K., Piel, C. (1998): Client Participation as an Instrument of Quality Assurance in Social Work. In: Flösser, G., Otto, H.-U. (Hrsg.): Towards More Democracy in Social Services. Berlin, 383–394

Pluto, L. (2007): Partizipation in den Hilfen zur Erziehung. Eine empirische Studie. Verl. Deutsches Jugendinstitut, München

Preuss, U. K. (2003): Die Bedeutung kognitiver und moralischer Lernfähigkeit für die Demokratie, In: Offe, C. (Hrsg.), 259–280

Rödel, U., Frankenberg, G., Dubiel, H.(1989): Die demokratische Frage. Suhrkamp, Frankfurt / M.

Schaarschuch, A. (2003): Die Privilegierung des Nutzers. Zur theoretischen Begründung sozialer Dienstleistung, In: Olk, Th., Otto, H.-U. (Hrsg.): Soziale Arbeit als Dienstleistung. Grundlegungen, Entwürfe und Modelle. Luchterhand, München / Unterschleißheim, 150–169

– (1999): Theoretische Grundelemente Sozialer Arbeit als Dienstleistung. Neue Praxis 29, 543–560

– (1998): Theoretische Grundelemente Sozialer Arbeit als Dienstleistung, Bielefeld (Habilitationsschrift)

– (1996): Soziale Arbeit in guter Gesellschaft? Gesellschaftliche Modernisierung und die „Normalisierung" der Sozialpädagogik. Zeitschrift für Pädagogik, 42, 853–869

–, Schnurr, St. (2004): Konflikte um Qualität – Zur theoretischen Grundlegung eines relationalen Qualitätsbegriffs. In: Otto, H.-U., Beckmann, Ch., Richter, M. Schrödter, M. (Hrsg.): Qualität in der Sozialen Arbeit – Soziale Dienste zwischen Nutzerinteresse und Kostenkontrolle. VS Verlag für Sozialwissenschaften, Wiesbaden, 309–323

Schmidt, M. G. (2010): Demokratietheorien. 5. Aufl. VS Verl. für Sozialwissenschaften, Wiesbaden

Schröder, R. (1995): Kinder reden mit! – Beteiligung an Politik, Stadtplanung und -gestaltung. Beltz, Weinheim

Seckinger, M. (2000): Qualität durch Partizipation und Empowerment. Einmischung in die Qualitätsdebatte. Dgvt-Verlag, Tübingen

Shaw, I. (1999): Qualitative Evaluation. Sage, London

Stange, W., Meinhold-Henschel, S., Schack, St. (2008): Mitwirkung (er)leben. Handbuch zur Durchführung von Beteiligungsprojekten mit Kindern und Jugendlichen. Bertelsmann, Gütersloh

–, Tiemann, D. (1999): Alltagsdemokratie und Partizipation. In: Glinka, H.-J., Neuberger, Ch., Schorn, B. (Hrsg.): Kulturelle und politische Partizipation von Kindern. DJI-Verlag, München, 211–231

Stork, R. (2007): Kann Heimerziehung demokratisch sein? Juventa, Weinheim / München

Sturzenhecker, B. (2008): Demokratiebildung in der Jugendarbeit. In: Coelen, Th. Otto, H.-U. (Hrsg.): Grundbegriffe Ganztagsbildung. VS Verlag, 704–713

Sutter, H. (2003): Die sozialisatorische Relevanz des Alltäglichen in einem demokratischen Vollzug. In: Schweppe, C. (Hrsg.): Qualitative Forschung in der Sozialpädagogik. Leske und Budrich, 245–277

–, Baader, M., Weyers, S. (1998): Die „Demokratische Gemeinschaft" als Ort sozialen und moralischen Lernens. Neue Praxis 28, 383–400

Thiersch, H.(1992): Lebensweltorientierte Jugendhilfe. In: Thiersch, H.: Lebensweltorientierte soziale Arbeit. Juventa, Weinheim, 13–40

Urban, U. (2004): Profesionelles Handeln zwischen Hilfe und Kontrolle. Sozialpädagogische Entscheidungsfindung in der Hilfeplanung. Juventa, Weinheim / München

Warren, M. E. (1993): Can Participatory Democracy Produce Better Selfes? Political Psychology 14, 209–234

– (1992): Democratic Theory and Self-Transformation. American Political Science Review 86, 8–23

Winkler, M. (2001): Auf dem Weg zu einer Theorie der Erziehungshilfen. In: Birtsch, V., Münstermann, K., Trede, W. (Hrsg.): Handbuch Erziehungshilfen. Votum, Münster, 236–281

– (2000): Diesseits der Macht. Partizipation in „Hilfen zur Erziehung" – Annäherungen an ein komplexes Problem. Neue Sammlung 40, 187–209

Wistow, G., Barnes, M. (1993): User Involvement in Community Care. Public Administration 71, 279–299

Ziegler, H. (2003): Jugendhilfe als Prävention : Die Refiguration sozialer Hilfe und Herrschaft in fortgeschritten liberalen Gesellschaftsformationen. In: http://bieson.ub.uni-bielefeld.de/volltexte/2004/533/, 15.05.10

Pflege

Von Katharina Gröning und Yvette Lietzau

Demografischer Wandel und Pflegebedürftigkeit

Laut amtlicher Pflegestatistik (2007) sind im Sinne des Pflegeversicherungsgesetzes (SGB XI) 2,25 Mio. Menschen pflegebedürftig. Nach demografischen Prognosen wird damit gerechnet, dass in den Jahren zwischen 2045 und 2050 der Anteil der Menschen über 50 Jahre, sowie der Anteil der Hochaltrigen in der Bevölkerung am höchsten sein wird, weil dann die geburtenstarken Jahrgänge der späten 1960er Jahre das hohe Alter erreichen werden. Die Familie ist immer noch die zentrale Institution für die soziale Integration sowie die emotionale und instrumentelle Unterstützung älterer Menschen (BMFSFJ 2002, 193), denn es werden 70 % der Pflegebedürftigen zu Hause versorgt. Von diesen werden wiederum ca. 75 % allein von ihren Angehörigen versorgt, die mehrheitlich Frauen sind (ca. 80 %). In einer Untersuchung zur Leistungsentwicklung konstatiert Simon (2003, 18), dass 2001 von den Leistungsempfängern der Stufe II im ambulanten Bereich immerhin 68 % Pflegegeld bezogen haben und nur ca. 12 % erhielten Sachleistungen. Bei Pflegestufe III erhalten von den Leistungsempfängern 59 % Pflegegeld und nur 11 % werden hier durch Dienste versorgt. Und 2001 erhielten sogar von den Härtefällen noch 36 % Kombinationsleistungen, sind also hauptsächlich in der Familie versorgt worden. Weiterhin ist die Pflegebereitschaft in Familien sehr hoch. Nach Fuchs (1998) sind 89,5 % der befragten Frauen und 82,7 % der befragten Männer zur Pflege bereit. Bei Schütze (1995) sind es 40 % der befragten Söhne und 79 % der befragten Töchter. Allerdings zeichnen sich Tendenzen der Veränderung ab, denn der Anteil der durch ambulante Pflegedienste versorgten Personen und der Anteil der im Heim gepflegten Personen steigen (Simon

2003). Vor allem die schwerstpflegebedürftigen Menschen werden immer mehr in Pflegeheimen versorgt, eine Tendenz, die Naegele zu Beginn der Pflegeversicherung vorausgesehen hat (Naegele / Schmidt 1993a; Statistisches Bundesamt 2008, 4).

Für die Zukunft wird davon ausgegangen, dass vor allem das „familiale Pflegepotenzial erodieren wird". Die Ursache wird in der Dynamik moderner Gesellschaften selbst verortet und gilt als unumkehrbar. Die Sicherstellung der pflegerischen Versorgung ist deshalb ein zentrales sozialpolitisches Anliegen der eingeführten Pflegeversicherung als SGB XI gewesen.

Entwicklungslinien der Pflegeversicherung

1974 benannte das Kuratorium Deutsche Altershilfe (KDA) die Pflegebedürftigkeit als ein „allgemeines Lebensrisiko" und anschließend sind die ersten Diskussionen um Pflege im Alter nachzuzeichnen. Dies wird als die Problemformulierungsphase bezeichnet (Skuban 2000). Es begann die Diskussion, wie die älteren Pflegebedürftigen aus einer Abhängigkeit von Sozialhilfegeldern herauszubekommen seien. Ab den 1980er Jahren wird die Phase der „Agenda-Gestaltung" terminiert, da die ersten Entwürfe geschrieben wurden und die Diskussion sich hin zu einer finanzpolitischen entwickelt hat. Erwähnenswert ist die bayrische Lösung von 1986, die innerhalb der gesetzlichen Krankenversicherung (GKV) einen Bereich der sozialen Absicherung vorsah. Zu diesem Modell gab es einen Konsens auf Länderebene, aber dies scheiterte auf der bundespolitischen Ebene. Stattdessen wurde 1988 das Gesundheitsreformgesetz verabschiedet, dessen wichtigster Bestandteil

Otto/Thiersch (Hg.), Handbuch Soziale Arbeit, 4. A., DOI 10.2378/ot4a.art108,

eine Bezahlung der Leistungen bei häuslicher Pflege innerhalb der GKV war. Die Zeit von 1990 bis 1995 wird als die „Politikformulierungsphase" bezeichnet. Die Diskussion wurde bestimmt von parteipolitischen Erwägungen, aber auch von ordnungspolitischen. Blüm empfahl 1990 die Einführung der eigenständigen Pflegeversicherung als ein neues Moment zur Sicherstellung der Pflegelandschaft.

Die Debatten zur Entwicklung der Pflegeversicherung lassen sich in zwei Bereiche splitten, die finanzpolitischen und die inhaltlichen Erwägungen. Die finanzpolitischen Überlegungen drehten sich um die Finanzierbarkeit der Leistungen, ob diese über ein steuerfinanziertes Modell (wie die Sozialhilfe) oder über ein Beitragssatzmodell (wie die GKV) bezahlt werden sollen. Die inhaltlichen Erwägungen wurden sehr eng angelehnt an die bisherigen Krankheitsbilder, die eine Pflege notwendig machen. Wichtig war, dass die Leistungen objektiv beschreibbar und bewertbar sind sowie als eine finanzierbare Leistung beschrieben werden konnten (Lehr / Wilbers 1994; Allemeyer 1994; Kukla 1995; Evers 1995). Das Gesetz zur sozialen Absicherung des Risikos der Pflegebedürftigkeit wurde im Mai 1994 verabschiedet und seit dem 1.1.1995 besteht eine Versicherungs- und Beitragspflicht, seit April 1995 bestehen Leistungen bei häuslicher, seit Juli 1996 Leistungen bei stationärer Pflege.

Profil und Struktur der Pflegeversicherung

Durch die Fokussierung auf die finanziellen Aspekte wurden wichtige Fragen des Gesetzes der öffentlichen Aufmerksamkeit entzogen, so zum Beispiel die Frage der Qualität und der Qualitätsmessung der Pflege, die Handlungsmaßstäbe der neu eingerichteten Pflegekassen und nicht zuletzt der Umgang mit dem rehabilitativen Potenzial der Pflegebedürftigen (Lehr / Wilbers 1994, 135). 1994 verfassten die Spitzenverbände der Pflegekassen Richtlinien über die Abgrenzung der Merkmale der Pflegebedürftigkeit sowie zum Verfahren der Feststellung der Pflegebedürftigkeit. Mit dieser Definition der pflegerischen Leistungen wurde das Problem der Qualität der Pflege zu einem zentralen Punkt in den Diskussionen. Zu dieser Zeit war nicht bekannt, so Priester, wie viele Einrichtungen

zur häuslichen Versorgung pflegebedürftiger Menschen es gäbe, wie viele Pflegekräfte dort arbeiteten, unter welchen Bedingungen und welche Qualität dort erbracht würde. Niemand kenne den Bedarf an häuslicher Pflege, da eine kontinuierliche Gesundheits- und Pflegeberichterstattung bisher fehle. Weiterhin würde das SGB XI die Leistungserbringer mit einer Reihe von bis dato unbekannten normativen Rahmenbedingungen konfrontieren. Das Gesundheitssystem sei kaum bedarfsgerecht zu nennen. Es herrsche „Wildwuchs" bei den Versorgungsstrukturen und eine große Intransparenz (Priester 1994; 1995, 31).

Dieses Defizit wurde im Rahmen eines neuen Paradigmas gelöst. Es sollte nicht mehr über staatliche Planung die Verbesserung der Pflegeinfrastruktur und der Qualität der Leistung gewährleistet werden, sondern über den Wettbewerb. Die Marktöffnung hat im Bereich der ambulanten Pflege zu Beginn des SGB XI dazu geführt, dass alle Pflegedienste, die die formalen Bedingungen der Zulassung erfüllten, zum Pflegemarkt zugelassen worden sind. In den Jahren 1995 bis 1997 entstand so ein harter Wettbewerb, der deutlich von Verdrängung gekennzeichnet war und die professionellen und caritativen Kulturen bei der Mehrheit der Pflegedienste massiv verändert hat. Klie (1995, 81) betont, dass in dieser ersten Phase deutlich ein Überangebot an Pflegediensten vorgesehen worden ist und sich Wettbewerb entwickeln konnte. Die Vorrangstellung des Non-Profit-Sektors, d. h. der caritativen diakonischen Einrichtungen, wurde bewusst zerbrochen. Ihnen waren bereits in den 1980er Jahren „Kartellstrukturen" (Olk 1994) vorgeworfen worden, weil sie aufgrund von Subventionen und Absprachen den Markt von sozialen und pflegerischen Dienstleistungen quasi beherrscht hätten. Vor allem der Wettbewerb zwischen den privaten Anbietern und den traditionellen Sozialstationen galt hinsichtlich Kosten und Qualität als vorteilhaft (Klie 1995, 81).

Ein wichtiges Merkmal der Pflegeversicherung ist die Abkehr vom Selbstkostendeckungsprinzip. Dieses Prinzip wird ersetzt durch Prinzipien einer leistungsgerechten Vergütung sowie prospektiver Pflegesätze. Ziel war es, mehr unternehmerische Freiheit der Leistungserbringer und mehr Leistungsgerechtigkeit gerade im stationären Bereich zu verankern. Das SGB XI grenzt die Leistungen scharf ein (Klie 2000,72). Weitergehende als unmittelbar notwendige alltägliche Unterstützungsleistungen sind nicht vorgesehen. Mit den Pflegesätzen sollen alle für die Versorgung notwendigen Pflegeleistungen abgegolten sein. Unterkunft und Verpflegung muss der Pflegebedürftige selbst tragen. Kann er dies nicht, bleiben die Sozialhilfeträger zuständig. Auch im Extremfall, also im Kontext von Sterbeprozessen oder bei akuten Erkrankungen, werden weitergehende Pflegeleistungen nicht gewährt (Klie 2000, 73).

Als zweites besonderes Strukturmerkmal der Pflegeversicherung kann die besondere Stellung der Pflegekasse gelten. So wird im SGB XI zwar zum einen die pflegerische Versorgung der Bevölkerung als gesamtgesellschaftliche Aufgabe definiert (SGB XI § 8. Abs 1 zit. n. Priester 1994/95, 31), wo Länder, Kommunen, Pflegeeinrichtungen und Pflegekassen gemeinsame Verantwortung für eine leistungsfähige, regional gegliederte, ortsnahe, aufeinander abgestimmte ambulante und stationäre Versorgung tragen, die Sicherstellung der Pflege (§ 12 SGB XI) liegt aber bei den Pflegekassen. Damit erhält der finanzielle Träger der Gesundheitsleistung auch die Verantwortung für die Rahmenbedingungen der Leistungserbringung. Der Gesetzgeber definiert den Sicherstellungsauftrag für die Pflegekassen so, dass sie eine bedarfsgerechte und gleichmäßige, dem allgemein anerkannten Stand medizinischer und pflegerischer Erkenntnis entsprechende, pflegerische Versorgung der Versicherten zu gewährleisten hätten (§ 69, nach Priester 1994/95, 31). Mängel in der pflegerischen Versorgungsstruktur sind zu beseitigen und gemeinsam mit den weiteren Akteuren im Pflegesektor muss die Pflegekasse zum Ausbau und zur Weiterentwicklung der notwendigen Versorgungsstrukturen beitragen (§ 8 Abs. 2).

Als eine der wichtigsten Intentionen des SGB XI gilt die Unabhängigkeit von der Sozialhilfe. Der sich seit den 1980er Jahren abzeichnende demografische Strukturwandel (Naegele/Tews 1993b) hatte vor allem in den Kommunen zu Protesten hinsichtlich der Belastung der Sozialhilfe geführt. Allerdings zeigt Allemeyer (1994, 315 f.) auf, dass mit der Definition der Leistungsstufen ca. eine halbe Million Menschen nicht erfasst würden. Personen, die nur einen gelegentlichen Hilfebedarf hätten, die nur pflegerische oder nur hauswirtschaftliche Hilfe benötigten oder die nicht in das Konzept der verrichtungsorientierten Definition von Pflegebedürftigkeit passten, verblieben in der Sozialhilfe.

Der Pflegebedürftigkeitsbegriff

Der Begriff der Pflegebedürftigkeit wird im § 14 SGB XI geregelt und beschreibt, dass jemand pflegebedürftig ist, wenn er wegen körperlicher, geistiger oder seelischer Erkrankungen und Einschränkungen nicht mehr in der Lage ist, den täglichen, d. h. den „gewöhnlichen und regelmäßig wiederkehrenden Verrichtungen im Alltag" nachzukommen, z. B. sich selbst zu pflegen und eine Wohnung zu bewirtschaften. Das SGB XI formuliert dabei einen verrichtungsorientierten Pflegebedürftigkeitsbegriff, d. h. nicht Schmerzen, die Schwere der Krankheit, der nahende Tod oder Belastungen, die unmittelbar aus der Krankheit entstehen, werden für die Pflegebedürftigkeit geprüft oder sind für die Gewährung von Leistungen ausschlaggebend, sondern allein die potenzielle Fähigkeit alltägliche Verrichtungen durchzuführen. Im § 14 Abs. 3 SGB XI wird beschrieben, dass jemand pflegebedürftig ist, wenn er für diese alltäglichen Verrichtungen Unterstützung benötigt, sie vollständig von einer dritten Person übernommen werden müssen oder nur unter Anleitung oder Mithilfe zu bewältigen sind. Die gewöhnlichen und regelmäßig wiederkehrenden Verrichtungen sind dabei: Hilfe bei der Körperpflege, der Ernährung, der Mobilität und der hauswirtschaftlichen Versorgung.

Seit Beginn ist an dem engen, alltagsfernen und kommunikationslosen Pflegebegriff deutliche Kritik geübt worden. Kommunikation und seelische Unterstützung war durch den verrichtungsorientierten Pflegebegriff aus dem Gesetz quasi externalisiert worden. Eine andere Dimension der Kritik war, dass die Formulierungen im SGB XI unscharf, weit gefasst und allgemein gehalten seien, sodass sie auch die Demenz umfassten, gleichzeitig würde in Absatz 4 des § 14 SGB XI eine Einschränkung auf die rein körperliche und hauswirtschaftliche Versorgung gemacht. Konsequenz war, dass die psychosoziale Betreuung ausgeklammert wurde und bei der Einstufung durch den Medizinischen Dienst der Kassen (MDK) keine Berücksichtigung fand. Die Einengung des Pflegebegriffes auf die Bereiche Körperpflege, Ernährung, Bewegung und Hauswirtschaft ist von allen Fachvertretern kritisiert und eine Reform angemahnt worden (BMG 2009, 11). Neben diesen Vorwürfen muss angemerkt werden, dass der Pflegebegriff von der Lebensphase des Alters und der Hochaltrigkeit abstrahiert und hier nicht differenziert. Abschiedlichkeit, Todesnähe, würdiges Sterben und Schließen des Lebenskreislaufes sind diesem Pflegebegriff fremd. Aus diesem Grund steht er, um mit Honneth zu argumentieren, in einer gewissen Spannung zur menschlichen Würde.

Die Leistungen

Im Mittelpunkt der Pflegeversicherung stehen Leistungen, die die Pflegekassen zu übernehmen haben. Diese sind Dienst-, Sach- und Geldleistungen für den Bedarf an Grundpflege und hauswirtschaftlicher Versorgung (§ 4, Abs. 1). Anspruchsberechtigt sind nur solche Personen, die wegen einer körperlichen, geistigen oder seelischen Krankheit oder Behinderung für die gewöhnlichen und regelmäßig wiederkehrenden Verrichtungen im Ablauf des täglichen Lebens auf Dauer, voraussichtlich aber für mindestens sechs Monate, in erheblichem oder höherem Maße der Hilfe bedürfen (§ 12, Abs. 1 / § 13).

Drei Pflegestufen bestimmen dabei den Zugang zur Pflegeversicherung (Allemeyer 1994, 315): Pflegestufe 1 liegt vor, wenn erhebliche Pflegebedürftigkeit gegeben ist und wenn der Pflegebedürftige bei der Körperpflege, der Ernährung oder der Mobilität bei wenigstens zwei Verrichtungen aus einem oder mehreren Bereichen mindestens einmal täglich und zusätzlich mehrfach in der Woche der hauswirtschaftlichen Hilfe bedarf. Der Pflegebedarf wird dabei auf 90 Minuten täglich, der hauswirtschaftliche Bedarf auf acht Stunden wöchentlich gesetzt. Bei schwerer Pflegebedürftigkeit (Pflegestufe 2) muss die Hilfe dreimal täglich nötig sein, während bei schwerster Pflegebedürftigkeit (Pflegestufe 3) eine Pflege rund um die Uhr, auch nachts vorausgesetzt wird. Das SGB XI unterscheidet zwischen Pflegegeld, Pflegesachleistungen und Kombinationsleistungen sowie zwischen ambulanter und vollstationärer Pflege. Pflegegeld wird für die Leistungen der pflegenden Angehörigen gezahlt, Pflegeleistungen für die professionellen Dienste. Seit dem 1.7.2008 haben sich die Sätze sowohl für das Pflegegeld als auch für die Sachleistungen erhöht und diese sollen weiter angehoben und ab 2015 dynamisiert werden (BMG 2008). Auch bei der „Verhinderungspflege" erhöhen sich die Leistungen. Ist eine Pflegeperson vorübergehend wegen Krankheit oder Urlaub an der Pflege gehindert, übernimmt die Pflegeversicherung die Kosten einer Ersatzpflege für bis zu vier Wochen. Die Leistungen für Menschen mit „erheblich eingeschränkter Alltagskompetenz" (sog. Pflegestufe 0) sind auch angehoben worden und in stationären Einrichtungen kann eine Assistenzkraft für die Betreuung eingestellt werden. Die Leistungen für die stationäre Pflege bleiben zunächst unverändert.

Pflegeversicherung und Demenz

In der BRD sind 1,1 Mio. Menschen demenzkrank und es wird damit gerechnet, dass ihr Anteil bis 2030 auf 1,7 Mio. ansteigen wird. In der Pflegeversicherung sind diese Menschen benachteiligt, da der somatische und funktionale Pflegebegriff die Besonderheiten und Bedürfnisse dieser Gruppe ausklammert. Auch die Berücksichtigung der Menschen mit eingeschränkter Alltagskompetenz ist nur ein Einstieg in die Lösung der Probleme. Zwei Faktoren können als Ursache für die strukturelle Nichtberücksichtigung gelten. Erstens lag es in der Absicht des Gesetzgebers, mit der Einführung der Pflegeversicherung deren Leistungen so zu begrenzen, dass sie kalkulierbar blieben. Eine Berücksichtigung des tatsächlichen Zeitbedarfs hätte dazu geführt, dass Menschen mit Demenz in die Pflegestufe 3 eingestuft werden müssten. Ein zweiter Grund liegt in der medizinischen Deutung der Krankheit, die die Alltagskompetenz nur am Rande berücksichtigt; ebenso lässt sich Demenz nicht als funktionaler und begrenzter Ausfall von Kompetenzen beschreiben, sondern als umfassende Regression der Gesamtperson. Psychoanalytische, bindungstheoretische, anerkennungstheoretische und hermeneutische Wissensbestände sind für die Versorgung wichtiger als die medizinischen Methoden und Erkenntnisse, die hier versagen und eine eigene Stressquelle darstellen.

Wirkungen des Pflegeversicherungsgesetzes: Bewohnerstrukturwandel in der stationären Pflege

Heimbewohner hatten gegenüber der Gruppe der gleichaltrigen Nicht-Heimbewohner immer eine besondere Lebenslage und spezifische Merkmale. Verwitwete, Ledige und Geschiedene sind im Heim deutlich überrepräsentiert und das soziale Netzwerk der Heimbewohner ist geringer. 76 % der in Heimen lebenden sind Frauen. Diese sind zum Großteil verwitwet und können nicht so leicht auf familiäre Pflege zurückgreifen. Die Heime verfügten bis vor wenigen Jahren weder über die Qualifikation des Personals noch über entsprechende Konzepte und über therapeutische Hilfeleistungen, häufig nicht einmal über die Bereitschaft, demenziell erkrankte Menschen zu betreuen. Sie reagierten auf den Bewohnerstrukturwandel mit Fixierung und Medikation. Die Pflegeversicherung hat die Tendenz des Bewohnerstrukturwandels zugespitzt und dynamisiert. Das Durchschnittsalter der Heimbewohner ist seit der Pflegeversicherung angestiegen und hat sich auf knapp unter 85 Jahre eingependelt. Hinzu kommt eine nur noch kurze Lebenserwartung im Heim, die im Schnitt unter zwei Jahren liegt. In Heimen leben mehr alte Menschen vor allem mit den Pflegestufen 2 und 3. Die Kehrseite des Beschlusses ambulant vor stationär ist, dass Pflege zu Hause und somit der Heimübergang hinausgezogen werden, der Heimeintritt weniger antizipiert und vorausschauend geplant ist, sondern sich als Notlösung einer oftmals kritischen Lebenssituation des Pflegebedürftigen (nicht sichergestellte Pflege), aber auch der Hauptpflegeperson und letztlich der gesamten Familie darstellt. Altenheime übernehmen unter diesem Aspekt die Funktion einer „sozialpflegerischen Feuerwehr". Vor allem ist jedoch hervorzuheben, dass neben diesen Veränderungen die betriebswirtschaftliche Rationalisierung der Heime dazu geführt hat, dass die Heime in erhebliche Qualitätsdilemmata geraten sind.

Die Qualitätsdebatte und das Qualitätssicherungsgesetz

Eine Zivilisierung des Pflegemarktes haben sich die Befürworter von der Regelung der Qualität versprochen. § 80 SGB XI regelt die Verpflichtung der ambulanten und stationären Dienste zur Qualität. Die pflegepolitischen Akteure werden hier in die Pflicht genommen, gemeinsam und einheitlich Grundsätze und Maßstäbe für die Qualität und Qualitätssicherung der ambulanten und stationären Pflege sowie für das Verfahren zur Durchführung von Qualitätsprüfungen festzulegen (§ 80 Abs. 1). Klie (1995, 81) merkte an, dass die Qualitätssicherungsregelungen aus dem Bereich des Krankenhauses übernommen worden sind. Wer sich an der Qualitätssicherung nicht beteiligt, hat keinen Zugang zum Markt. Priester (1994 / 95) beschreibt, dass sich an mehreren Stellen des SGB XI unspezifisch und teilweise widersprüchlich Hinweise auf die Qualität befinden.

Es gilt weiterhin die Verpflichtung der Pflegedienste zur Erbringung von Pflege-, Versorgungs- und Betreuungsleistungen, die dem allgemeinen Stand pflegerisch-medizinischer Erkenntnisse entsprechen muss, wobei Inhalt und Organisation der Leistungen so sein müssen, dass sie eine humane und aktivierende Pflege unter Achtung der Menschenwürde gewährleisten (§ 11 Abs. 1). In diesem Kontext sind auch die kommunikativen Bedürfnisse der Pflegebedürftigen zu berücksichtigen (§ 28 Abs. 4).

Der Rahmen von Qualität und Wettbewerb hat direkt nach der Einführung des SGB XI in den stationären Einrichtungen, in Teilen auch bei den ambulanten Diensten, zu einem Abbau von Fachkräften und einem Einsatz von pflegerischen Hilfskräften geführt, da das SGB XI nur einen minimalen Einsatz von dreijährig ausgebildeten examinierten Fachkräften sowohl für den ambulanten wie auch für den stationären Bereich vorgesehen hat. So haben die Leistungsanbieter argumentiert, dass Fachpersonal angesichts der niedrigen Pflegesätze zu teuer sei (Care Konkret, 2000). Festgestellte Missstände haben dann zu Überlegungen geführt, die Problematik der stationären Versorgung noch stärker in den Marktkontext zu stellen, die Verbraucherrechte der Heimbewohner zu stärken und die Qualität zu standardisieren. Obwohl aufgrund des Bewohnerstrukturwandels in den Heimen der Anteil an Fachkräften wieder aufgebaut wurde, gilt in der BRD ein Pflegenotstand. Der große Kostendruck in der stationären Pflege führt unter den jetzigen Wettbewerbsbedingungen zu einer deutlichen Rationalisierung der betrieblichen Strukturen. Küchen, Wäschereien, Reinigungsdienste sind heute zumeist ausgelagert, was wiederum eine enge und genau abgestimmte Ablaufplanung nach sich zieht. Der Zeitstress und der Druck der betrieblichen Abläufe dominieren heute das Pflegeheim.

Das Prinzip des Wettbewerbs war von der Mehrheit der Heimträger zunächst begrüßt worden (KDA / DZA 1994), führte aber nach den ersten Erfahrungen zu einer deutlichen Ernüchterung. Das Bundesgesundheitsministerium stellte 2000 in einem Eckpunktepapier zum Pflegequalitätssicherungsgesetz (PQsG) fest, dass Mängel in der Pflege gerade in stationären Einrichtungen ein Eingreifen des Gesetzgebers unumgänglich machen. Dabei ging es um ein Vorantreiben des Qualitätsprozesses in den Pflegeheimen, vor allem hinsichtlich der Standardisierung der einzelnen Pflegeleistungen und ihrer Überprüfung durch den MDK im Rahmen von Begutachtungen. Gleichzeitig war der Gesetzgeber überzeugt, dass man die Qualität der Heime nicht mit Gewalt „in die Heime hineinprüfen kann". Der vermehrte Dokumentationsaufwand, die umfangreiche Pflegeplanung schienen trotz regelmäßiger Prüfung durch den MDK nicht geeignet zu sein, Pflegequalität zu gewährleisten. Der Staat begann, sich aus der Verantwortung zu ziehen und die Aufgaben von Kontrolle und Qualitätsprozess zu delegieren. Das Ziel des PQsG war, die Pflegeselbstverwaltung zu stärken. Die Sicherung und Weiterentwicklung der Pflegequalität, eine verbesserte Kooperation von Heimaufsicht mit der Pflegeselbstverwaltung und die Stärkung der Verbraucherrechte sollten durch die Qualitätsmanagementprozesse in den Einrichtungen selbst und in Form von unabhängigen Zertifizierungen befördert werden. Seit 2000 sind Zertifizierungsprozesse in Pflegeheimen zumeist nach DIN-ISO-Norm die Regel. Seit Juli 2008 gelten neue Qualitätsvereinbarungen, wonach die Prüfungen geändert wurden, unangemeldet erfolgen müssen und die Ergebnisse der Prüfungen veröffentlicht werden (§ 115 Abs. 1a SGB XI). Gleichwohl

bleibt der Konflikt bestehen. Sind die Qualitätsprobleme der Heime, wie Dehydrierung der Bewohner, Unterernährung und die daraus resultierenden Probleme Ausdruck schlecht angepasster Organisationsstrukturen und lassen diese sich durch mehr Qualität beheben? Oder ist, wie die Mitarbeiter in Heimen (Henke / Piechotta 2004) klagen, eine Synchronisierung der Zeitstrukturen zwischen den Zeitvorgaben der Organisation und dem Zeitbewusstsein der Bewohner nicht mehr zu leisten (Gröning 2008). Fehlende Zeit und ein gewisser Zeitantagonismus in der Pflege prägen heute das moderne Pflegeheim und seine Qualitätsprobleme.

Die häusliche Pflege

Im Zusammenhang mit empirischen Arbeiten zur Zukunft der Pflege in der Familie stehen der Modernisierungsdiskurs und die Annahme über ein „Verschwinden der Solidarität" (Beck 1993) an erster Stelle. Angenommen wird, dass familiale Pflegepotenziale aus „Modernisierungsgründen erodieren". Die traditionellen Familienstrukturen lösten sich auf, damit gingen familiale Unterstützungsoptionen verloren und vor allem die Frauen würden in ihrer Bereitschaft nachlassen, in die Helferrolle zu wechseln (BMFSFJ 2002, 194). Eine zweite wichtige Debatte, die das Bild von der häuslichen Pflege prägt, ist die Stress- und Belastungsdebatte. Diese hat im Rahmen der häuslichen Pflege eine besondere Bedeutung (Urlaub 1988; Seubert 1993; Schneekloth et al. 1996; Fischer 1995). Für die hohe Bedeutung der Stress- und Belastungsforschung sind zwei Faktoren verantwortlich: erstens das Bild, das von den pflegenden Familien gesellschaftlich entstanden ist und welches vor allem auf Bedenken der Professionellen und ihrer Verbände gegen den Vorrang der häuslichen Pflege eingebracht worden ist. Dabei ging es auch um den Markt für die ambulanten Dienste, um deren Pflegeverständnis, Leitbild und Strategie. Zweitens stellt die Stress- und Belastungsforschung innerhalb der psychologischen Forschungen einen eigenen Ansatz dar. Ähnlich wie bei der Bedeutung des Modernisierungsdiskurses ist eine gewisse Deduktion als Problem zu nennen, denn die Stress- und Belastungsforschung lässt das Anerkennungsproblem der familialen Altenfürsorge innerhalb wie außerhalb der Familien, die innerfamiliale Gerechtigkeit, die Alltagskontexte und das Problem der mangelnden Aushandlung in Familien unberührt. Allerdings steht diese Forschung in einem Zusammenhang zu einem dritten Diskurs, der zunehmend bedeutend wird: dem therapeutischen Diskurs. Da Stress und Belastung auch in der häuslichen Pflege nicht als objektiv, sondern subjektiv gebrochen gelten, werden Forschungen zum persönlichen Verhältnis, zum Charakter der Beziehung zu den alten Eltern und zur Frage von Ablösung aus dem Elternhaus bearbeitet. Insbesondere wird angenommen, dass das Belastungserleben von frühen, nicht aufgelösten Bindungen zwischen Pflegeperson und Pflegebedürftigem herrührt.

Diese Tendenz, Konflikte und Belastungen nun zunehmend in der inneren Realität der Pflegepersonen zu verorten, hat zu einer Beförderung des therapeutischen Blicks auf die familiale Pflege geführt und setzt die gestörte Beziehung zum theoretischen Ausgangspunkt. Erkenntnisse der systemischen Familientherapie werden auf die familiale Altenfürsorge übertragen. So findet Fuchs (2000, 54) es hilfreich, die Ursachen für Konflikte in der häuslichen Pflege nicht „monokausal" zu erklären. Die Familie sei vergleichbar mit einem Mobile: Wenn ein Teil des Systems sich verändere, gerate alles in Bewegung. Sodann werden alle Erkenntnisse, Konzepte und Ansätze der systemischen Familienforschung für die familiale Altenfürsorge übertragen: Rollenumkehr, Parentifizierung, Koalitionsbildung, Sündenbock, Ausstoßung etc. Mit den Begriffen der Rollenumkehr und der Parentifizierung werden zudem der Ausbeutungscharakter der Beziehung und die kindliche Abhängigkeit in den Vordergrund gerückt. Die Pflegebereitschaft basiere oft auf ungelösten kindlichen Abhängigkeitsbedürfnissen oder aus dem Wunsch, von den Eltern wenigsten im Alter akzeptiert zu werden (Geister 2002, 12).

Familiale Pflege ist nicht, wie die Pflegeversicherung mit ihrem Grundsatz von der neuen Kultur des Helfens angenommen hat, ein familiales Solidaritätsprojekt, sondern ein familiendynamischer Prozess der Polarisierung von Aufgaben und Rollen, der innerfamilialen Isolation und zunehmenden Alleinverantwortlichkeit der Pflegenden, des Anerkennungsdefizits auch innerhalb der Familie, der Sprachlosigkeit und Konflikthaftigkeit. Dieser Prozess vollzieht sich langsam und hängt auch damit zusammen, dass alte Angehörige, insbesondere Demente, so besitzergreifend und chaotisch sind, dass sie den pflegenden Angehörigen kaum Luft lassen und ständiger Beaufsichtigung bedürfen. Pflege als Prozess der Totalisierung ist immer abhängig von den jeweiligen psychischen Dispositionen der Familienmitglieder und den in der Familie herrschenden Denkweisen und Überzeugungen. Diese können offen / verdeckt, bewusst / unbewusst, latent / manifest sein. Das klassische und häufigste Pflegearrangement ist die alleinverantwortliche Tochter, Ehefrau, Schwiegertochter etc. Pflege wird innerfamilial als etwas verstanden, was die Frauen angeht und auf die Frauen beschränkt ist. Diese Definition begünstigt Prozesse des Sprachverlustes in der Familie in der Weise, dass das Problem polarisiert erscheint: Pflege ja oder nein, entweder zu den Bedingungen des klassischen Arrangements oder Umzug ins Heim. Schwierig wird es, wenn die Polarisierung der Geschlechterrollen und Aufgaben sich so entwickeln, dass die Familie quasi gespalten wird in einen Teil, der sein „modernes" und d. h. heute sein individualisiertes, auf Selbstverwirklichung basierendes Leben führt, und einen Teil, der sich um die solidarischen Aufgaben und mitmenschlichen ethischen Verpflichtungen kümmert. In dem Maße, wie Pflege so angelegt und buchstabiert ist, wird sie aber umgekehrt ihre moralische Legitimation einbüßen.

Minderjährige Kinder sind in den familialen Pflegearrangements in der Rolle der CopflegerInnen in einer Minderheit. Meist wird den Kindern in der Familie aber ein Anspruch auf Zuwendung und (mütterliche) Fürsorge zugesprochen, sodass Kinder am häufigsten die Rolle der Rivalen des alten Menschen innehaben. Wenn durch die Pflege eines alten Menschen nicht alle ihre Rollen verändern, sondern nur von der Frau in der Familie erwartet wird, dass sie Pflege, Familie und gegebenenfalls noch Beruf vereinbaren kann, sind Belastungskrisen unausweichlich.

Geschwister treten in der Familiendynamik manchmal als Unterstützer auf, manchmal gilt, wer erbt muss pflegen, das heißt, dass jene Familie, die im Haus der alten Eltern mit wohnt, die Pflege übernimmt, und die Geschwister aus der Herkunftsfamilie der pflegenden Familie dieser die Pflege allein überlassen. Wichtig ist aber, dass die Auswahl der Pflegeperson nicht abhängig von der

Abstammungsbeziehung ist, sondern vorwiegend vom Geschlecht. Empirisch heißt das: Es pflegen wesentlich mehr Schwiegertöchter als -söhne. Insofern heißt Reflexion der Familiendynamik vor allem Reflexion der Rolle der Frau am biografischen Ort der Lebensmitte im Rahmen der Pflege der alten Generation.

In den letzten Jahren ist der Anteil der Männer, die pflegen, zum einen durch die zunehmende Bedeutung der Ehepartnerpflege, zum anderen durch die Pluralisierung der Lebensformen angestiegen, und liegt heute bei ca. 25%. Studien zu männlichen Pflegepersonen heben das Problem der Vereinbarkeit von Pflege und Beruf besonders hervor, da Männer sowohl biografisch wie auch täglich die Verpflichtungen der Pflege mit dem Beruf kombinieren müssen und im Falle eines Antagonismus von Pflege und Beruf dem Beruf deutlicher den Vorzug geben. Diese Studien verweisen auf die Notwendigkeit einer größeren Geschlechtersensibilität bei der Beratung und Gestaltung häuslicher Pflegearrangements; vor allem muss das in den Köpfen der Helfer vorherrschende Bild der traditionellen Familienkultur einer Differenzierung und Individualisierung Platz machen.

Die aufscheinenden Projektionen auf die Familie haben nicht nur die Familien selbst ideologisch verzerrt und polarisiert wiedergegeben, sie haben auch die Belastungen durch die häusliche Pflege verzerrt und so die Entwicklung von Hilfeangeboten erschwert. Noch immer erscheint die Familie entweder als opferbereit, traditionell und sperrig gegenüber den öffentlich angebotenen Hilfen, oder sie erscheint als von Emanzipationswünschen der Frauen und entsprechenden Delegationen und Entpflichtungen dominiert oder auch als missbrauchend und vernachlässigend. Dabei herrschen die Vorstellungen, dass die Opferbereiten keine Hilfe annehmen wollen, die Delegierenden die Verantwortung auf Personen des grauen Pflegemarktes abwälzen und die Vernachlässigenden keine Versorgungskapazitäten haben und das Geld für sich verbrauchen, vor.

Blenkner (1965) hat den wichtigen Begriff der *filialen Reife* (*Filial Maturity*) geprägt. Töchter und Söhne zwischen 40 und 50 Jahren erlebten eine besondere Krise, weil die Kräfte der Eltern nachlassen und diese mehr und mehr auf die Unterstützung ihrer Kinder angewiesen seien. Auf die filiale Krise folgt die Phase der filialen Reife, während der sich die Kinder um die alten Eltern kümmerten und gleichzeitig auf das eigene Alter vorbereiteten. Blenkner hat das Altwerden der Eltern auch als eine Entwicklungsaufgabe beider Generationen beschrieben – die Generation, die alt wird und ihre Abhängigkeit von ihren Kindern akzeptieren lernen muss, und die Generation der Kinder, die sich mit der Verantwortung für die alten Eltern als Teil des eigenen Lebens auseinandersetzen muss.

Schütze und Lang (1992) folgern aus der Normalisierung der „Verantwortung für die alten Eltern", dass sich in der Zivilgesellschaft eine Art Kultur der familialen Altenfürsorge als moderne Kultur, also zunehmend in relativer Unabhängigkeit vom Erbe entwickeln wird. Die These ist, dass sich diese Kultur auch bei getrennten Wohnungen „multilokal" entwickelt. Lange wurde aus der Tatsache der getrennten Haushalte abgeleitet, dass die Familie zerfallen würde. Seit 2000 ist nach Untersuchungen über die vielfältigen Unterstützungskreisläufe in Familien auch bei getrennten Haushalten von einer multilokalen Großfamilie die Rede. Damit hat die Rede vom Zerfall der Familie, dem Ende der Solidarität und dem Zusammenbrechen der familialen Altenfürsorge in der Moderne kräftige Gegenargumente bekommen.

Die Haltung der filialen Reife lässt sich in die Lebensphase der Verantwortung für die alten Eltern übersetzen. Wenn sich die Phase der Verantwortung nicht als Wiederholung einer früheren kindlichen Abhängigkeit institutionalisieren soll, dann gehört zur filialen Reife ein komplexer Lernprozess: zum Beispiel die Auseinandersetzung mit dem psychischen Erbe der Eltern (Gröning et al. 2003), Respekt vor den Lebensentscheidungen sowohl der Eltern wie auch der Kinder und die Kultivierung von Grenzen im Generationenverhältnis. Die Fürsorge für die alten Eltern ist vor allem in Einklang zu bringen mit der Selbstsorge. Dass die Fürsorge für die alten Eltern nicht der Tradition und Abstammungslinie anheim gegeben wird, macht eine neue ethische Buchstabierung der häuslichen Pflege nötig. Im Mittelpunkt eines modernen Pflegeentwurfs steht die Idee der Gerechtigkeit sich selbst gegenüber sowie zwischen den Geschlechtern und Generationen. Es gibt in modernen Gesellschaften keine „heilige Schuld", es gibt aber sehr wohl die Fürsorge für die alten Eltern als Tugend – als filiale Reife.

Literatur

Allemeyer, J. (1994): Die Pflegeversicherung. Eine Analyse ihrer Leistungsstrukturen und ihrer Auswirkungen auf die Pflegebedürftigen. Altenpflege 5, 315–320

Beck, U. (1993): Vom Verschwinden der Solidarität. Süddeutsche Zeitung, 14./15.02.1993

Blenkner, M. (1965): Social Work and Family Relationships in Later Life with Some Thoughts on Filial Maturity. In: Shanas, E., Streib, G. F. (Hrsg.): Social Structure and Family: Generational Relations. Englewood, Cliffs/NJ, Prentice Hall, 46–59

Bundesministerium für Familie, Senioren, Frauen und Jugend (BMFSFJ) (2002): Vierter Bericht zur Lage der älteren Generation in der Bundesrepublik Deutschland. Risiken, Lebensqualität und Versorgung Hochaltriger unter besonderer Berücksichtigung der demenziellen Erkrankungen. BMFSFJ, Berlin. In: http://www.bmfsfj.de/Kategorien/Publikationen/Publikationen,did=5362.html, 03.05.2010

Bundesministerium für Gesundheit (BMG) (Hrsg.) (2009): Bericht des Beirates zur Überprüfung des Pflegebedürftigkeitsbegriffs. Berlin

– (Hrsg.) (2008): Gut zu wissen – das Wichtigste zur Pflegereform 2008. Berlin

Care Konkret (2000): Scheidepunkt PQsG: Zu viel oder zu wenig Kontrolle. Care Konkret, 18.08.2000

Deutsches Zentrum für Altersfragen (DZA), Kuratorium Deutsche Altershilfe (KDA) (1994): Heimkonzepte der Zukunft. Beiträge zur Gerontologie und Altenarbeit Bd. 79. DZA, Berlin

Evers, A. (1995): Die Pflegeversicherung – ein mixtum compositum im Prozess der politischen Umsetzung. Sozialer Fortschritt 2, 23–28

Fischer, G. (1995): Die Situation über 60 Jahre alter Ehefrauen mit einem pflegebedürftigen Ehemann. Schlußbericht zum Forschungsprojekt an der med. Hochschule Hannover. Schriftenreihe Bd. 49. BMSFSJ, Stuttgart/Berlin/Köln

Fuchs, S. (2000): Arbeitshilfen für die Bildungsarbeit mit pflegenden Angehörigen. Kunz, Hagen

– (1998): Ressourcen für die Pflegebereitschaft im häuslichen Bereich. Pflegebereitschaft von Personen, die selbst nicht pflegen. Gesundheitswesen 60, 392–398

Geister, Ch. (2002): „Von da an wußte ich, dass ich Verantwortung gegenüber meiner Mutter hatte". Transition von der Tochter zur pflegenden Tochter. Diss. Bielefeld

Gröning, K. (2008): Zeitantagonismus in der Altenhilfe und die Bedeutung für eine betriebliche Personalpolitik für Ältere – Überlegungen zur Stärkung älterer Mitarbeiter(innen) und zur alternsgerechten Arbeitsplatzgestaltung. Vortrag 10/2008 beim Diakonischen Werk Rheinland, unveröff. Manuskript

–, Kunstmann, A. C., Rensing, E. (2003): In guten wie in schlechten Tagen. Mabuse, Frankfurt/M.

Henke, H., Piechotta, G. (Hrsg.) (2004): Brennpunkt Pflege. Mabuse, Frankfurt/M.

Honneth, A. (1992): Der Kampf um Anerkennung. Suhrkamp, Frankfurt/M.

Kuratorium Deutsche Altershilfe (KDA) (Hrsg.) (2000): Reformen für mehr Qualität. Schwerpunkte des Referentenentwurfs zum Pflegequalitätssicherungsgesetz. Pro Alter 2, 46–52

Klie, T. (2000): Leistungen und Entgelte in vollstationären Einrichtungen. Das Konzept der Pflegeversicherung und seine Implementationsprobleme. In: Igl, G., Klie, T. (Hrsg.): Pflegeversicherung auf dem Prüfstand. Analysen und Perspektiven zum Vergütungs- und Leistungserbringungsrecht bei stationären Pflegeeinrichtungen. Vincentz-Verlag, Hannover, 67–107

– (1995): Die Zivilisierung des Pflegemarktes. Grundsätze und Maßstäbe zur Qualitätssicherung nach § 80 SGB XI. Häusliche Pflege 2, 81–85

Kukla, G. (1995): „Pflegeversicherung". In: IKK-Bundesverband (Hrsg.): Die Krankenversicherung (KrV), April/Mai 1995. Erich-Schmidt Verlag, Berlin/Bielefeld/München, 116–118

Lehr, U., Wilbers, J. (1994): Pflegeversicherung – jetzt kommt es auf die Umsetzung an. In: IKK-Bundesverband (Hrsg): Die Krankenversicherung (KrV), Mai/Juni 1994. Erich-Schmidt Verlag, Berlin/Bielefeld/München

Naegele, G., Schmidt (1993a): Zukünftige Schwerpunkte kommunalpolitischen Handelns in Altenpolitik und Altenarbeit auf dem Hintergrund des demografischen und soziostrukturellen Wandels des Alters. In: Kühnert, S., Naegele, G. (Hrsg.): Perspektiven moderner Altenpolitik und Altenarbeit. Dortmunder Beiträge zur angewandten Gerontologie. Bd. 1. Vincentz-Verlag, Hannover, 1–26

–, Tews, H.-P. (1993b) (Hrsg.): Lebenslagen im Strukturwandel des Alters. VS Verlag, Opladen

Olk, T. (1994): Jugendhilfe als Dienstleistung. Vom öffentlichen Gewährleistungsauftrag zur Marktorientierung. Widersprüche 14, 11–33

Priester, Klaus (1994/1995): Wie Bedarfsgerechtigkeit und Qualitätssicherung in der ambulanten Pflege verwirklicht werden sollen. Mabuse 93, 31–33

Schneekloth, U., Potthoff, P., Piekara, R., Rosenbladt, B. (1996): Hilfe und Pflegebedürftige in privaten Haushalten. Endbericht für das BMFSFJ, Bd. 111.2. BMFSFJ, Stuttgart/Berlin/Köln

Schütze, Y. (1995): Ethische Aspekte von Familien- und Generationsbeziehungen. Zeitschrift für Gerontopsychologie und -psychiatrie 1–2, 31–38

–, Lang, F. (1992): Verantwortung für alte Eltern – eine neue Phase im Lebenslauf. Familie und Recht 6, 336–341.

Seubert, H. (1993): Zu Lasten der Frauen. Benachteiligung von Frauen durch die Pflege alter Eltern. Zentaurus, Pfaffenweiler

Simon, M. (2003): Pflegeversicherung und Pflegebedürftigkeit. Eine Analyse der Leistungsentwicklung in den Jahren 1997–2001. Veröffentlichungsreihe der evangelischen Fachhochschule, Hannover

Skuban, Ralph (2000): Die Pflegeversicherung. Eine kritische Betrachtung. Deutscher Universitätsverlag, Wiesbaden

Statistisches Bundesamt (2008): Pflegestatistik 2007 – Pflege im Rahmen der Pflegeversicherung – Deutschlandergebnisse. In: http://www.inqa.de/Inqa/Redaktion/TIKs/Gesund-Pflegen/PDF/pflegestatistik-2007,property=pdf,bereich=inqa,sprache=de,rwb=true.pdf, 12.01.2010

Urlaub, K. H. (1988): Krisen und Überforderungsstrukturen in häuslichen Pflegesituationen. Dt. Parität. Wohlfahrtsverb., Landesverband Nordrhein-Westfalen, Abt. Altenhilfe. Eigenverlag des DDPW, Wuppertal

Planung und Planungstheorie

Von Franz Herrmann

Zum Begriff

Unter Planung wird im Allgemeinen die gedankliche Vorwegnahme von Handlungsschritten und Mitteln verstanden, die zur Erreichung eines ausgewählten Ziels erforderlich erscheinen. In einem umfassenderen Sinn meint Planung

„den geistigen, dann auch organisatorisch und institutionell ausgeformten Vorgang, durch Abschätzungen, Entwürfe und Entscheidungen festzulegen, auf welchen Wegen, mit welchen Schritten, in welcher zeitlichen und organisatorischen Abfolge, unter welchen Rahmenbedingungen und schließlich mit welchen Kosten und Folgen ein Ziel erreichbar erscheint" (Meyers Lexikon online 2009).

Bei diesen Abschätzungs- und Entscheidungsprozessen wird Wissen aus der Vergangenheit (alltägliche Erfahrungen, empirisches Wissen etc.) genutzt, um Verbindungen zwischen dem Ziel und den zur Verfügung stehenden Mitteln herzustellen. Für Planung ist also ein Denken in Ziel-Mittel-Zusammenhängen zentral (Ortmann 2005). Wie verlässlich in einem Handlungsbereich allerdings geplant werden kann, hängt maßgeblich davon ab, inwieweit hier gesichertes Wissen über relevante Ursache-Wirkungs- bzw. Ziel-Mittel-Zusammenhänge vorliegt und inwiefern die so ermittelten, zielorientierten Handlungen im konkreten Kontext auch umgesetzt werden können.

Durch Planung wird also versucht, Künftiges vorherzusehen und den Weg dahin möglichst zweckrational zu gestalten. Hierbei ist Planung allerdings in doppelter Weise mit dem Problem „Ungewissheit" konfrontiert: Einerseits soll Planung ja zur Reduktion von Unsicherheit bei der Gestaltung von Zukunft dienen, andererseits steht Planung selbst vor der Unsicherheit, ob und inwiefern die eigenen geplanten Handlungen bei ihrer Umsetzung zur Erreichung des ausgewählten Ziels beitragen werden. „Die doppelte Konfrontation mit Ungewissheit hat zur Folge, dass die angestrebte Rationalität des Handelns sich in erster Linie auf die Intention und weniger auf eine weitgehende Voraussagbarkeit von Wirkungen beziehen kann" (Merchel 2005, 1364).

Planung in der Sozialen Arbeit

Das Problem des Umgangs mit Ungewissheit stellt sich in besonderem Maße, wenn Planung im Bereich der Sozialen Arbeit stattfindet:

- Zum einen findet sich das Thema „Ungewissheit" hier in der *Handlungsstruktur* Sozialer Arbeit, die durch ein „strukturelles Technologiedefizit" (Luhmann / Schorr 1982) gekennzeichnet ist: D.h., aufgrund der strukturellen Komplexität sozialer Prozesse ist es nicht möglich, hier generalisierbare Methoden zu entwickeln, die im *Einzelfall* zu vorhersagbaren Wirkungen führen: „Selbst wenn sich ein gewünschtes Ergebnis (eine Wirkung) einstellt, lässt sich nicht mit Sicherheit sagen, ob sich dieses Ergebnis *aufgrund* einer Intervention oder *trotz* dieser eingestellt hat" (v. Spiegel 2004, 42 f.; Herv. i. O.). Bei empirischen Analysen der Wirkungen von Interventionen können zwar Wahrscheinlichkeitszusammenhänge ermittelt werden, eine Handlungssicherheit im Einzelfall ist nicht erreichbar. Ein zweiter Unsicherheitsfaktor besteht darin, dass personenbezogene soziale Dienstleistungen in der Sozialen Arbeit „uno actu" erbracht werden: D.h., Fachkräfte können ihre Angebote nicht „vorproduzieren", sondern erbringen ihre Dienstleistungen in Ko-Produktion mit den NutzerInnen. Fachkräfte können deshalb ihre Interventionen nicht

Otto/Thiersch (Hg.), Handbuch Soziale Arbeit, 4. A., DOI 10.2378/ot4a.art109,

einseitig planen und umsetzen, sondern müssen sich in einen Verständigungsprozess mit den NutzerInnen begeben.

- Zum anderen findet Planung in der Sozialen Arbeit in einem *institutionellen Feld* statt, in dem Akteure mit unterschiedlichen Interessen und Machtressourcen miteinander konkurrieren (z. B. EntscheidungsträgerInnen aus Politik und Verwaltung, VertreterInnen freier Träger, Fachkräfte aus der Sozialen Arbeit, AdressatInnen) und durch ihre Interaktionen und Strategien nur begrenzt berechenbare Prozesse auslösen, die sich sowohl auf die Gestaltung und Durchführung von Planungen wie auch auf die Umsetzung von Planungsergebnissen auswirken (z. B. Herrmann 1998, 49 ff.).

Planung in der Sozialen Arbeit ist deshalb kein linearer Prozess der Erreichung zuvor festgelegter Ziele, sie muss vielmehr als reflexiver, zirkulärer, auf kontinuierlicher Evaluation aufbauender Prozess konzipiert werden, in dem es um eine Suche nach „Passung" zwischen den Intentionen der PlanerInnen und anderer relevanter Akteure im jeweiligen planerischen Kontext geht. Planung wird hier gestaltet in der Spannung zwischen zwei widersprüchlichen Tendenzen:

„Einerseits dem Wissen um die begrenzte gezielte Beeinflussbarkeit sozialer Prozesse und der Erkenntnis, dass soziale Wirklichkeit durch noch so viel und differenzierte Planungsinstrumente letztlich nicht ‚in den Griff' zu bekommen ist, und andererseits dem Bemühen, das vorhandene Wissen über Wahrscheinlichkeits-Zusammenhänge und die Reflexion über wahrgenommene soziale Vorgänge zu nutzen für eine intentionale Gestaltung sozialer Verhältnisse" (Merchel 2005, 1365).

Planerisches Handeln als eigenständiger Handlungsmodus findet sich in der Sozialen Arbeit auf drei verschiedenen Ebenen (v. Spiegel 2004, 119 ff.):

- Auf der **kommunalen Planungsebene** geht es um Prozesse der Sozialplanung im Dialog mit politischen EntscheidungsträgerInnen bei der Gestaltung einer angemessenen sozialen Infrastruktur. Planung hat hier strategischen Charakter und fällt in den Zuständigkeitsbereich der kommunalen Sozialpolitik. Hier werden Verfahren der fachlichen und fachpolitischen Willensbildung umgesetzt, bei

denen Erhebungen und Bewertungen zur Angemessenheit der vorhandenen Leistungsangebote für bestimmte Personengruppen (z. B. Kinder, Jugendliche, Familien, alte oder behinderte Menschen) bzw. zur künftigen Gestaltung der Infrastruktur im jeweiligen Bereich erarbeitet werden (Deutscher Verein 1986). Aufgrund der Planungsverpflichtung im SGB VIII ist besonders im Bereich der Kinder- und Jugendhilfe seit 1990 sowohl die konzeptionelle Entwicklung als auch die praktische Umsetzung der Infrastrukturplanung deutlich fortgeschritten (z. B. Pluto et al. 2007). Auch in anderen Arbeitsfeldern gibt es Beiträge zur Infrastrukturplanung (für den Bereich der Altenplanung z. B. Bertelsmannstiftung 2008, VSOP 2008; für die Behindertenhilfe z. B. Kemper 1998), eine breitere praktische Verankerung und konzeptionelle Debatte steht hier allerdings noch aus.

- Im Zentrum der **organisationsbezogenen Handlungsebene** stehen die „*Überprüfung und Strukturierung von Prozessen in Organisationen mit dem Ziel einer effektiven und effizienten Gestaltung des Organisationsrahmens, innerhalb dessen die Vorgänge Sozialer Arbeit stattfinden; organisationsbezogene Planungsaktivitäten werden insbesondere angesprochen im Kontext von Sozialmanagement und Organisationsentwicklung*" (Merchel 2005, 1366). Neben dem Nachweis fachlicher Kompetenz werden Institutionen seit geraumer verstärkt Zeit mit Kriterien betriebswirtschaftlicher Rationalität und der Frage nach der Effizienz ihrer Arbeit konfrontiert. Damit stellt sich die Herausforderung, wie diese im Spannungsfeld von Fachlichkeit und Wirtschaftlichkeit kompetent agieren und ihre Strukturen und Handlungsabläufe angemessen weiterentwickeln können. Hierzu gibt es in der Sozialen Arbeit eine Reihe von Methoden und Instrumenten mit unterschiedlichem Fokus: auf die Planung, Entwicklung und Überprüfung des *fachlichen Profils* einer Organisation im Rahmen ihres gesetzlichen Auftrages, sozialräumlichen Kontextes und den vorhandenen Ressourcen zielen z. B. Formen der *Qualitäts- bzw. Konzeptionsentwicklung* (z. B. Merchel 2004; v. Spiegel 2004, 202 ff.). Konzeptionen haben eine Funktion nach Innen, indem sie den Fachkräften eine systematische Abstimmung und Überprüfung ihrer Arbeit ermöglichen, aber auch nach außen im Sinne eines Leistungsversprechens der Einrichtung gegenüber Zielgruppen und Geldgebern. Für die Überwachung der wirtschaftlichen Seite einer Organisation sind z. B. Instrumente des *Controllings* zuständig. Controlling meint ein Steuerungs- und Koordinationskonzept zur Unterstützung der Leitung einer Organisation bei der zielorientierten Planung und Umsetzung ihrer Aktivitäten. Hierzu werden Steuerungsinstrumente konzipiert, Daten gesammelt und analysiert, um Entscheidungsprozesse der Leitung zu unterstützen (z. B. Weber / Schäffer 2008).

■ Auf der **individuellen Handlungsebene** geht es um die systematische Erfassung des Hilfebedarfs im Einzelfall und die Entwicklung hierauf bezogener Ziele und Handlungsstrategien im Sinne einer *Hilfeplanung*. Ähnlich wie bei der Jugendhilfeplanung hat auch hier das KJHG einen wesentlichen Impuls zur Entwicklung des Planungshandelns auf der individuellen Ebene gesetzt. In § 36 SGB VIII wurde eine gesetzliche Grundlage geschaffen, in der der öffentliche Träger verpflichtet wird, im Rahmen der Gewährung von Hilfen zur Erziehung einen Hilfeplan mit den Hilfe-AdressatInnen zu erstellen. Dieser dokumentiert den Hilfebedarf, die notwendigen Schritte zur Durchführung der Hilfe, die Erwartungen der Beteiligten, formuliert zeitliche Perspektiven der Hilfe und regelt Modalitäten bei der Überprüfung, ob die Hilfe weiterhin geeignet und notwendig ist (v. Spiegel 2004, 179 ff.). Das im KJHG formulierte Modell der einzelfallbezogenen Hilfeplanung wird mittlerweile auch bei der Eingliederungshilfe für behinderte Menschen (§ 58 SGB XII) oder bei der Überwindung besonderer sozialer Schwierigkeiten (§ 68 SGB XII), wie z. B. Obdachlosigkeit, genutzt. Sie findet sich auch im Fall- bzw. Case-Management, durch das Hilfebedürftige mit multiplen Belastungen eine geplante und auf ihre individuelle Lage zugeschnittene Unterstützung in Form eines abgestimmten Maßnahmepakets erhalten sollen (z. B. Neuffer 2007). Diese Methode wird vor allem im Gesundheitswesen und – in umstrittener Form – bei der Betreuung und Arbeitsmarktintegration der ALG-II-EmpfängerInnen eingesetzt.

Diese drei Ebenen des Planungshandelns in der Sozialen Arbeit stehen nicht isoliert, sondern sind über unterschiedliche Linien miteinander verflochten: Erkenntnisse über Bedarf und Wirkungen individueller Hilfeprozesse fließen z. B. in die Infrastrukturplanung ein, die Ausgestaltung einer lokalen Hilfe-Infrastruktur hat wiederum Einfluss

auf die Möglichkeiten der Hilfeplanung im Einzelfall. Durch Erhebungen und Bewertungen im Rahmen der Infrastrukturplanung werden Stärken, Schwächen und Weiterentwicklungsbedarf einer Hilfelandschaft erkennbar, die in den einzelnen Organisationen wiederum als Ausgangspunkte für Prozesse der Qualitäts- und Konzeptionsentwicklung genutzt werden können. Außerdem werden im Rahmen einer Infrastrukturplanung politische Willensbildungsprozesse über die künftige Gestaltung einer sozialen Infrastruktur angestoßen und strategische Ziele formuliert, die als Orientierungspunkte für die Planungen einzelner Träger und Organisationen dienen können. „Planung bedeutet also auch, die drei skizzierten Planungsebenen in ihren Bezügen zu denken und die Wechselwirkungen strategisch zu reflektieren" (Merchel 2005, 1367).

Neben diesen drei Ebenen, auf denen Planung als *eigenständige* Handlungs- und Reflexionsform konzipiert wird, findet sich das Handlungselement Planung auch als Bestandteil von Modellen methodischen Handelns in der Sozialen Arbeit (z. B. v. Spiegel 2004). Methodisches Handeln meint kein neues Bündel von Methoden oder Techniken, sondern ein „Set aus Analyse-, Planungs- und Reflexionsstrategien" (v. Spiegel 2004, 119), die helfen sollen, komplexe Situationen und Fallkonstellationen zu verstehen sowie den Prozess der Informationssammlung, Deutung, Zielentwicklung und Handlungsplanung zu strukturieren. So wird versucht, der notwendigen Offenheit und Flexibilität der Handlungsvollzüge in der Sozialen Arbeit gerecht zu werden, gleichzeitig aber Beliebigkeit zu verhindern, indem eine Strukturiertheit des Handelns sowie Orientierung an fachlichen und ethischen Prinzipien gewährleistet wird.

Im Folgenden wird lediglich auf eine Ebene der Planung in der Sozialen Arbeit ausführlich eingegangen: die Infrastrukturplanung am Beispiel der Jugendhilfeplanung. In anderen Beiträgen dieses Buches werden sowohl Aspekte der individuellen Hilfeplanung (Care- und Case-Management; Hilfen zur Erziehung) als auch der organisationsbezogenen Planung (Organisationsbezogene Methoden; Organisation und Organisationsentwicklung; Sozialmanagement) aufgegriffen und vertieft.

Infrastrukturplanung am Beispiel der Jugendhilfeplanung

Der Planungsgedanke in der Jugendhilfe hat bis zu seiner Verankerung als Pflichtaufgabe für die der Träger der öffentlichen Jugendhilfe durch das Kinder- und Jugendhilfegesetz (KJHG) am 1.1.1991 eine wechselhafte und spannungsreiche Geschichte erlebt. Nach einer Phase der Planungsabstinenz bis ca. Mitte der 60er Jahre wurde Planung von der Politik als „wesentliches Instrument einer auf soziale Gerechtigkeit ausgerichteten Reformpolitik" (Merchel 1994, 13) entdeckt. Die erste Planungseuphorie verflog allerdings rasch, nachdem klar wurde, dass die hohen Erfolgserwartungen an das Instrument Planung – zumindest über die damals praktizierten Verfahren – nicht eingelöst wurden. Ab Ende der 1970er Jahre war deshalb eine allgemeine Ernüchterung und Skepsis in der Theoriebildung zu beobachten. Auch in der Praxis nahmen die fachlichen Zweifel am Nutzen von Planung zu, ferner verknappte der Rückgang des wirtschaftlichen Wachstums die im öffentlichen Sektor für Veränderungen zur Verfügung stehenden finanziellen Mittel.

Zwar beinhaltete bereits das Jugendwohlfahrtsgesetz (JWG) in § 7 eine Aufforderung an die Jugendämter zu einem planvollen Zusammenwirken von öffentlicher und freier Jugendhilfe, dennoch hat sich das Gestaltungsinstrument Jugendhilfeplanung erst mit Inkrafttreten der gesetzlichen Verpflichtung im SGB VIII wirklich in der Praxis durchgesetzt: Jugendhilfeplanung wird hier in § 79 Abs. 1 als Pflichtaufgabe in der Gesamtverantwortung des jeweiligen Trägers der öffentlichen Jugendhilfe verankert. Dieser hat darauf zu achten, dass vor Ort ein bedarfsgerechtes Jugendhilfeangebot zur Verfügung steht, das gemäß § 79 Abs. 2 SGB VIII bestimmten fachlichen Kriterien genügen muss:

„Die Träger der öffentlichen Jugendhilfe sollen gewährleisten, dass die zur Erfüllung der Aufgaben nach diesem Buch erforderlichen und geeigneten Einrichtungen, Dienste und Veranstaltungen den verschiedenen Grundrichtungen der Erziehung entsprechend rechtzeitig und ausreichend zur Verfügung stehen."

Mit den unbestimmten Rechtsbegriffen „erforderlich", „geeignet", „rechtzeitig" und „ausreichend"

sind – wenn auch relativ vage und aushandlungsbedürftige – Orientierungspunkte für die Jugendhilfeplanung benannt, die bei der Bewertung und Weiterentwicklung der örtlichen Infrastruktur zu berücksichtigen sind. Aufgaben, allgemeine Ziele, Beteiligungs- und Abstimmungsvorgaben der Planung werden in § 80 SGB VIII weiter konkretisiert. Eine Untersuchung des Deutschen Jugendinstitutes belegt die mittlerweile hohe quantitative Verbreitung der Jugendhilfeplanung in Kommunen und Landkreisen nachhaltig (Pluto et al. 2007, 442 ff.): 93 % der Jugendämter verfügten im Jahr 2004 nach eigenen Angaben über aktuelle Jugendhilfepläne, allerdings gab es nur in 9 % der befragten Jugendamtsbezirke Gesamtplanungen, die Querbezüge zwischen verschiedenen Feldern der Jugendhilfe im Sinne einer integrierten Planung ermöglichen würden. Ferner zeigen die Daten, dass den Planungen „bisher noch kein einheitliches Planungsverständnis zu Grunde" liegt (Pluto et al. 2007, 474).

Wirft man einen Blick auf die *Erwartungen* an Jugendhilfeplanung, so lassen sich – vereinfachend gesprochen – zwei gegensätzliche Positionen finden:

„Die Position der eher sozialtechnokratisch ausgerichteten Steuerungsoptimisten, die mit verfeinerten und zielgerichtet angewandten sozialwissenschaftlichen Methoden eine relativ zielgenaue Steuerungswirkung zu erreichen glauben, und die Position der Steuerungsskeptiker, die angesichts des hohen Grades an Autonomie und Selbststeuerungsaktivitäten der einzelnen Organisationen den Steuerungsbeitrag von Planung stärker in der Irritation der Funktionsweise von Systemen, im Anstoßen und Ermöglichen von Reflexivität sehen." (Merchel 2005, 1367)

Diese Polarität zeigt sich auch bei den theoretischen Konzepten von Planung, die die Diskussion seit Mitte der 60er Jahre geprägt haben. Es gibt hier eine beständige fachliche Kontroverse zwischen zwei Richtungen: dem *wissenschaftlich-technologischen* und dem *kommunikativ-partizipativen* Paradigma:

Wissenschaftlich-technologische Planungskonzepte gehen von der Möglichkeit aus, zu objektiv gesicherten Kenntnissen über das jeweilige soziale Feld, die bestehenden Probleme und die erforderlichen Maßnahmen zu gelangen. Die zu klärenden Zusammenhänge über Handlungserfordernisse, Ziele und Maßnahmen können zumindest grob über wissenschaftliche Verfahren ermittelt werden. Unter dieses Planungs-Paradigma fallen z. B. der sogenannte *bedarfsorientierte* Ansatz (Beneke et al. 1975), der versucht, planerischen Bedarf quasi objektiv messbar zu machen, der *sozialökologische* Ansatz von Bourgett et al. (1977), der stark auf sozialen Indikatoren zur Charakterisierung von Lebensverhältnissen basiert, sowie die Konzepte *Outputorientierter Steuerung der Jugendhilfe* der Kommunalen Gemeinschaftsstelle (z. B. KGSt 1994, 1996 und 1998).

Kommunikativ-partizipative Planungskonzepte gehen dagegen von einer Vielzahl nicht objektivierbarer, im Grunde politischer Auswahl-, Interpretations- und Entscheidungsprozesse in Planungsvorgängen aus, die sich nur kommunikativ, unter Beteiligung der Entscheidungsbetroffenen, sinnvoll gestalten lassen. Wissenschaftliche Daten und Erhebungsinstrumente haben hier nur einen begrenzten Stellenwert und dienen primär zur Qualifizierung der örtlichen Diskussions- und Entscheidungsprozesse. Unter dieses Planungs-Paradigma fallen z. B. der Ansatz von Scharpf (1973), der Planung als primär politischen Prozess begreift, der bedürfnisorientierte Ansatz von Ortmann (z. B. 1983) sowie die Konzepte kommunikativer Planung von Jordan / Schone (1992 und 1998), Merchel (1992; 1994), Gläss / Herrmann (1994), Bolay / Herrmann (1995), Herrmann (1998), Kilb (2000) bzw. Ansätze, die Geschlechterthemen sowie die gesellschaftliche Geschlechterhierarchie und ihre Auswirkungen in der Jugendhilfe in den Mittelpunkt des Interesses stellen (z. B. Bitzan / Funk 1995; SPI 1999).

Planungsansätze und Verfahren

In der Praxis sind vor allem die folgenden Planungsansätze zur Strukturierung des Vorgehens verbreitet:

- **Bereichsorientierter Ansatz:** Ausgangspunkt sind hier die verschiedenen Arbeitsfelder der Jugendhilfe (Kindertagesbetreuung, Jugendarbeit, verschiedene Formen der Beratung, Hilfen zur Erziehung etc.), die einzeln oder in Kombination untersucht werden. In der Regel erfolgt hier zuerst eine Bestandsaufnahme der Angebote und Einrichtungen sowie eine Bewertung des Bestandes im Hinblick auf rechtliche und fachliche Anforderungen bzw. die Bedürfnisse der Zielgruppen. Auf dieser Basis werden dann Vorschläge zur quantitativen bzw. qualitativen Umgestaltung der Angebote und Einrichtungen vor Ort entwickelt. Planung geht hier additiv nach einer Art Baukastenprinzip vor, in dem nach und nach die verschiedenen Arbeitsfelder abgearbeitet werden. In der Praxis ist dieses Vorgehen am weitesten verbreitet. Die Untersuchung des DJI zeigt, dass nur 9 % der Jugendämter über eine Gesamtplanung verfügen, die meisten arbeiten bereichsorientiert mit Schwerpunkten bei Kindertagesstätten (91 %), Jugendarbeit (79 %), Hilfen zur Erziehung (72 %) und Beratungsstellen (52 %) (Pluto et al. 2007, 343).

- **Sozialraumorientierter Ansatz:** Ausgangspunkt sind hier abgrenzbare räumliche Gebiete (Stadtteile, Wohngebiete etc.), die einer sozialräumlichen Analyse im Hinblick auf soziale Merkmale und Bedürfnisse der BewohnerInnen, Wohn- und Lebensqualität, Belastungsfaktoren, Hilfebedarfe, Nutzung sozialstaatlicher Leistungen, Ressourcen etc. unterzogen werden. Auf dieser Basis sollen dann Hilfe- und Unterstützungsangebote möglichst passgenau auf die Lebenssituation der BewohnerInnen zugeschnitten und auch bereichsübergreifend abgestimmt werden. Genutzt werden Planungen dieses Typs auch, um die Problembelastung verschiedener Sozialräume vergleichbar zu machen und so Kriterien für eine angemessene Verteilung von Jugendhilferessourcen zu gewinnen. In vielen größeren Städten ist außerdem ein Trend zur Verbindung von Jugendhilfeplanung mit übergreifenden Fragestellungen der sozialen Stadtentwicklung zu beobachten, wie sie im Zusammenhang mit der Lokalen Agenda 21 oder der Bund-Länder-Gemeinschaftsinitiative „Soziale Stadt" thematisiert werden. Im Programm „Soziale Stadt" geht es um die Entwicklung interdisziplinärer Handlungskonzepte zwischen Sozialer Arbeit, Sozialplanung, Ökonomie und Architektur für Stadtteile, die z. B. aufgrund von Segregationsprozessen ins soziale Abseits zu rutschen drohen (z. B. www.sozialestadt.de). Jugendhilfeplanung ist in solch komplexen Programmen nicht nur mit ihren Methodenkenntnissen zu Partizipation, Aushandlungsprozessen oder sozialwissenschaftlichen Erhebungen gefragt, sondern muss auch ihren „Einmischungsauftrag" im Sinne der

Bedürfnisse und Interessen von Kindern, Jugendlichen und Familien wahrnehmen. Die DJI-Befragung zeigt allerdings, dass sozialraumorientierte Ansätze zwar mittlerweile bei 72 % der Jugendämter verbreitet sind, in der Praxis darunter häufig aber nur eine Einteilung in kleinräumige Planungsgebiete und die Durchführung quantitativer Sozialraumanalysen verstanden wird (Pluto et al. 2007, 361 f.).

- *Zielgruppenorientierter Ansatz:* Bezugspunkt sind hier die Bedürfnisse bzw. Problemlagen bestimmter Zielgruppen der Jugendhilfe, für die vor Ort ein besonderer Handlungsbedarf angenommen wird (z. B. Alleinerziehende; Jugendliche, die beim Übergang zwischen Schule und Beruf besondere Schwierigkeiten haben). Typisches Vorgehen ist hier eine Passungsanalyse zwischen vorhandenen Angeboten und Bedürfnissen / Problemlagen der ausgewählten Zielgruppen, aus der dann Konsequenzen für die Veränderung von Angeboten und Einrichtungen gezogen werden.

Bedarfsermittlung als zentrale Aufgabe

Kernaufgabe aller Ansätze von Jugendhilfeplanung ist die Bedarfsbestimmung, d. h. eine Ermittlung des jeweiligen Handlungsbedarfs zur Bewältigung sozialer oder organisatorischer Probleme innerhalb der Jugendhilfe sowie die Bestimmung der erforderlichen Handlungskonzepte. Die Aufgabe der Bedarfsbestimmung kann in fünf Arbeitsschritte differenziert werden (Herrmann 1998):

- Auswahl der planungsrelevanten Frage- oder Problemstellung
- Festlegung des passenden Planungskonzepts
- Ermittlung der „Wissensbasis", die zur Klärung der ausgewählten Problemstellung für erforderlich gehalten wird
- Interpretation und Gewichtung dieser Wissensbasis durch die beteiligten Akteure
- „Übersetzung" des hierdurch gewonnenen allgemeinen Bedarfs in soziale Dienste, Angebote, institutionelle Konzepte etc.

1. und 2. Auswahl der Themenstellung und Festlegung des Planungskonzepts: In den ersten beiden Schritten geht es um die Entscheidung, welche Themen und Probleme für wichtig genug erachtet werden, planerisch bearbeitet zu werden. Außerdem geht es darum, welcher Planungsansatz, welche Ziele, Organisationsform, zeitlichen und personellen Rahmenbedingungen festgelegt werden, bzw. wie die Einbeziehung der politischen EntscheidungsträgerInnen, der freien Träger der Jugendhilfe und der betroffenen Kinder, Jugendlichen und Familien in den Prozess erfolgt.

3. Ermittlung der Wissensbasis: Sozialwissenschaftliche Erhebungs-, Analyse- und Bewertungsverfahren spielen primär bei der Ermittlung der erforderlichen Wissensbasis eine Rolle, bei der verschiedene Einflussgrößen zu berücksichtigen sind. Die wichtigsten der *bedarfsrelevanten Einflussgrößen* sind:

- Bedürfnisse und Interessen der im ausgewählten Themenkontext betroffenen Kinder, Jugendlichen bzw. Familien;
- Lebensbedingungen und Problemlagen dieser Zielgruppen;
- örtlicher Bestand an Einrichtungen und Angeboten;
- Wissen und Veränderungsideen der örtlichen, im Kontext der Problemstellung tätigen haupt- und ehrenamtlichen Fachkräfte;
- rechtliche Vorgaben zur Gestaltung der institutionellen Strukturen und Angebote;
- Erkenntnisse der Fachdiskussion zum Thema, die auf die jeweilige örtliche Situation übertragbar sind.

Die Informationen und Daten zu den vier erstgenannten Einflussgrößen werden in der Regel über eine planerische Bestandsaufnahme ermittelt: Hierzu wird eine Bestandsaufnahme der relevanten Einrichtungen und Angebote mittels Fragebogen, ExpertInnengesprächen, Sekundäranalysen vorhandener Daten etc. vorgenommen. Sie soll Auskunft geben über Umfang, Art, Arbeitsformen, Verteilung und Qualität der vorhandenen Angebote. Außerdem wird über sozialstrukturelle Analysen, Befragungen von Zielgruppen und ExpertInnen etc. eine Erfassung der Lebensverhältnisse, Bedürfnisse und Problemlagen der jeweiligen Zielgruppen vorgenommen, um Anhaltspunkte über die Qualität und Passung zwischen Angebot und Bedarf zu gewinnen.

Eine genauere Betrachtung dieser Einflussgrößen zeigt, dass eine exakte, quasi „objektivierbare Wissensbasis" planerisch nicht zu ermitteln ist: Denn selbst in vermeintlich objektivierbaren Tätigkeiten (Bedürfnisermittlung, Bestandsaufnahme etc.) kommen je nach Methodenwahl und inhaltlichem Fokus unterschiedliche Perspektiven und Ausschnitte der Realität zutage. Ferner ist keine der Größen (quantitativ) exakt zu bestimmen, einige unterliegen ständigen Veränderungen. Außerdem kann die Relevanz der einzelnen Größen unterschiedlich gewichtet werden und können die Ergebnisse im Kontext einzelner Größen durchaus im Widerspruch zu anderen stehen.

4. Interpretation und Gewichtung der Wissensbasis: Aufgrund der Vieldeutigkeit der Informationen zu den bedarfsrelevanten Einflussgrößen ist es erforderlich, sie mit den relevanten Akteuren vor Ort (öffentlicher und freie Träger, politische EntscheidungsträgerInnen, andere Lobbyorganisationen, NutzerInnen von Angeboten etc.) einem Prozess der Gewichtung und Interpretation zu unterziehen und so den weiteren Umgang mit der Wissensbasis festzulegen. Spätestens hier wird der *politische Charakter von Jugendhilfeplanung* deutlich sichtbar: Denn hier treffen Akteure mit höchst unterschiedlichen Wertpräferenzen, Interessen, Ressourcen, Einflussmöglichkeiten und Strategien aufeinander, auch werden in der Regel bestimmte Akteursgruppen von diesen Bewertungsvorgängen ausgeschlossen. Außerdem bestimmt die jeweilige „politische Konjunktur" eines Themas (d. h. seine Dringlichkeit und Brisanz in den Augen der EntscheidungsträgerInnen) die Ergebnisse des Aushandlungsprozesses nachhaltig. Aufgrund dieser Asymmetrien und Exklusionsprozesse traditioneller Interpretations- und Entscheidungsverfahren ist eine demokratisch-partizipative Öffnung der Bedarfsermittlung insbesondere für die Planungsbetroffenen (Zielgruppen der Jugendhilfe, Fachkräfte) unumgänglich.

5. Übersetzung des allgemeinen Bedarfs in Angebote der Jugendhilfe: Das Ergebnis des Aushandlungsprozesses im vorigen Schritt muss abschließend konkretisiert und übersetzt werden in Angebote, Konzepte, Förderprogramme und andere institutionelle oder personelle Bedingungen in der Jugendhilfe. Da in der Praxis die finanziellen Mittel für die Umsetzung von Planungsempfehlungen knapp sind, erfolgt hier meist eine Prioritätenfestlegung, bei der zeitliche, räumliche und fachliche Rangfolgen für die Umsetzung festgelegt werden. Das Kernproblem in solchen Entscheidungsvorgängen liegt darin,

„Nicht-Vergleichbares vergleichbar zu machen [...] Es muss entschieden werden, ob der Ausbau sozialpädagogischer Familienhilfe wichtiger ist als die Intensivierung von Familienbildung oder als Angebote der mobilen Jugendarbeit, ob ein Tageseltern-Projekt im Stadtteil X eine höhere Priorität erhalten soll als ein Mädchenarbeitsprojekt in der offenen Jugendarbeit des Stadtteils Y etc." (Merchel 1994, 143 f.).

Auch hier hängen die Ergebnisse solcher Entscheidungen stark von der Zusammensetzung der beteiligten Akteure und deren Kriterien ab.

Der Prozess der Bedarfsermittlung kann *zusammenfassend* charakterisiert werden als Eingrenzung und Aushandlung von Bedürfnissen, Rechten, Interessen und Sachinformationen zu einem Problem in der Jugendhilfe auf das „aufgrund politischer Entscheidungen für erforderlich und gleichzeitig machbar Gehaltene" (Merchel 1992, 102) und als Übersetzung dieses Bedarfs in Formen sozialer Dienste. Wissenschaftlich-technologische Planungsansätze (s. o.) werden in ihrer Vernachlässigung der notwendigen Verständigungs- und Aushandlungsprozesse sowie der politischen Dimension sozialer Planung den fachlichen Spezifika der Bedarfsermittlung nicht ausreichend gerecht.

Das Problem der Umsetzung von Planungsergebnissen

Im Gegensatz zu wissenschaftlichen Expertisen oder Formen der Sozialberichterstattung geht der Gestaltungsauftrag von Jugendhilfeplanung über die Produktion methodisch abgesicherter Ergebnisse und Handlungsempfehlungen hinaus und muss auch die Frage der Umsetzung ins Kalkül ziehen. Diese Aufgabe ist heikel, da PlanerInnen bei der Umsetzung von Planungsergebnissen auf eine gelingende Kooperation mit einer Reihe von Akteuren angewiesen sind. Hindernisse sind vor allem in vier Bereichen zu erwarten:

- *Begrenzte rechtliche Verbindlichkeit von Planungsergebnissen:* Die Ergebnisse einer Jugendhilfeplanung sind zuerst lediglich fachliche und jugendpolitische Willenserklärungen. „Welche Verbindlichkeit diese Willenserklärung bekommt, ist abhängig davon, welche Gremien über Ergebnisse der Jugendhilfeplanung beschließen" (Münder et al. 1998, 615) und wie verbindlich sich diese Gremien an ihre Beschlüsse gebunden fühlen.

- *Finanzkraft der öffentlichen Haushalte:* Eine weitere Grenze für die Umsetzung von Planungsergebnissen bildet die Finanzkraft des jeweiligen öffentlichen Trägers. Allerdings ist zu beachten, dass es hier auch um politische Verteilungsfragen geht (also z. B. wie viel der Jugendhilfe im Vergleich zu anderen Ressorts zugestanden wird). Zudem zeigen Untersuchungen, dass eine vermeintliche Finanzknappheit von EntscheidungsträgerInnen auch als Alibi benutzt werden kann, „wenn es darum geht, unerwünschte, den eigenen professionellen Interessen zuwiderlaufende oder die eigenen Handlungsdomänen bedrohende Planungsvorhaben abzuwehren" (Floerecke 1990, 204).
- *Machtverhältnisse, Interessen und Interessengegensätze im planerischen Feld:* „In der Praxis ist zu beobachten, dass bei heiklen oder kontroversen Planungsergebnissen, die grundlegendere Veränderungen vor Ort fordern, manchmal der Status Quo im gemeinsamen Konsens zwischen Politik, öffentlicher Verwaltung und Trägern wider besseren fachlichen Wissens nicht angetastet wird, um unliebsame Querelen zu vermeiden und momentane ‚Besitzstände' nicht zu gefährden." (Gläss / Herrmann 1994, 164)
- *Widerstände in Organisationen gegen Veränderung:* Ein Kennzeichen von Organisationen ist ihr strukturelles Beharrungsvermögen (Türk 1989), das Innovation und Veränderung nur unter bestimmten Bedingungen möglich macht. Denn jede Veränderung bedeutet eine mehr oder weniger große Störung der eingespielten Handlungsabläufe und der Handlungsspielräume der davon betroffenen Organisationsmitglieder. Veränderungen gegen den Willen der Betroffenen durchsetzen zu wollen, heißt auch, eine Fülle offener oder verdeckter Widerstände zu mobilisieren, die Innovationsprozesse zumindest gefährden.

Hohe Anforderungen an Planungsfachkräfte

Jugendhilfeplanung zeigt sich so in ihrer Konzipierung, Realisierung und Ergebnisumsetzung als komplexe, mit vielen Unsicherheiten behaftete, „strategische Balancearbeit" (Herrmann 1998, 153). Für diese Balancearbeit brauchen Planungs-

fachkräfte eigentlich eine starke und stabile Position in den Kommunalverwaltungen, die in der Realität nur selten gegeben ist. Vielmehr zeigt die Praxis, dass PlanerInnen häufig

- *auf strukturell unsicheren Positionen agieren:* Planung soll institutionelle Routinen irritieren, ist aber von anderen Organisationen oder Abteilungen abhängig bzw. auf deren Kooperationsbereitschaft angewiesen; PlanerInnen brauchen dringend Freiräume für eigenständiges Handeln im Sinne der Balancearbeit, sind aber häufig nur ZuarbeiterInnen für Leitungspersonen.
- *über zu geringe Personalressourcen verfügen:* Die DJI-Untersuchung belegt, dass Personal, das nur mit Planungsaufgaben betraut ist, nur in etwas über der Hälfte der Jugendämter zur Verfügung steht. 59 % der Jugendämter gehen davon aus, dass das vorhandene Personal nicht ausreicht, um die Aufgaben von Jugendhilfeplanung zu erfüllen (Pluto et al. 2007, 373).

Darüber hinaus wird eine „allmähliche, aber deutlich zutage tretende Komplexitätserweiterung im Hinblick an die Anforderungen an Jugendhilfeplanung" (Merchel 2006, 200) erkennbar, die sich z. B. an immer stärkeren Verbindungen zwischen Jugendhilfe und Bildungsbereich zeigt (z. B. in der Diskussion um Kommunale Bildungslandschaften; Deutscher Verein 2007) bis zu Forderungen nach einer integrierten Jugendhilfe- und Schulentwicklungsplanung (§ 7 Abs. 3 des Kinder- und Jugendförderungsgesetzes in Nordrhein-Westfalen). Weitere Aspekte der zunehmenden Komplexität werden auch in den folgenden Entwicklungstrends sichtbar.

Entwicklungstrends in der Jugendhilfeplanung

Jugendhilfeplanung ist der zentrale Ort der Steuerung bei der Gestaltung der kommunalen Infrastruktur der Jugendhilfe. Durch ihre Aufgaben liegt dieser Ort im Schnittpunkt

- unterschiedlicher Akteursgruppen und ihrer divergierenden Interessen sowie
- gesellschaftlicher Veränderungen und ihren Auswirkungen vor Ort (hierzu gehören so unterschied-

liche Aspekte wie z. B. Veränderungen in den gesetzlichen Aufträgen; geringere finanzielle Spielräume der öffentlichen Hand; Debatten um die Weiterentwicklung des Sozialstaates; Veränderungen in den Lebensbedingungen der Menschen vor Ort).

Neben diesem „instabilen Ort" steckt im Instrument Planung – wie beschrieben – eine strukturelle Ambivalenz in ihrem Handlungsauftrag: die Aufgabe einer Reduzierung der Ungewissheit von Zukunft bei gleichzeitig struktureller Begrenztheit dieser Aufgabe.

Aus dieser Orts- und Auftragsbestimmung wird deutlich, dass Planung mit einer Reihe von *strukturellen* Widersprüchen, Spannungsfeldern und Konfliktpotenzialen konfrontiert ist, die je nach aktuellen Entwicklungen im Zuständigkeitsgebiet oder dem größeren gesellschaftlichen Kontext immer wieder neue Ausprägungen erhalten und – als strukturelle Elemente – auch auf künftige Entwicklungsperspektiven verweisen. Einige dieser Spannungsfelder sollen zum Abschluss skizziert und an aktuellen Beispielen illustriert werden (auch Merchel 2006, 198 ff.):

- *Planung zwischen fachlichen Erfordernissen und finanziellen Restriktionen:* Durch ihren gesetzlichen Auftrag muss Planung sowohl die fachliche Qualität der Infrastruktur wie auch die finanziellen Zielsetzungen der politisch Verantwortlichen im Blick halten. Ein Blick auf die Entwicklungen der letzten zwei Jahrzehnte zeigt, wie PlanerInnen einerseits mit einer Fülle von Innovationsimpulsen in den Arbeitsfeldern der Jugendhilfe umgehen mussten (z. B. Flexibilisierung der Hilfen zur Erziehung; sozialraumorientierte Ausrichtung der Jugendhilfe; Ausbau und verstärkte Bildungsorientierung im Bereich der Kindertagesbetreuung; stärkere Verknüpfung der Angebote von Jugendhilfe und Schule). Auf der fiskalischen Seite war Planung im Gefolge von Verwaltungsmodernisierung verstärkt gefordert, durch eine betriebswirtschaftliche Profilierung und verbesserte Steuerungsinstrumente zu einer höheren Effizienz der Jugendhilfe beizutragen: Die Debatten um mehr Outputorientierung, um die Definition sozialer Dienstleistungen in Form von „Produkten" im Kontext der sog. Neuen Steuerungsmodelle (z. B. KGSt 1994 und 1996), die zunehmende Verbreitung von Control-

linginstrumenten oder die Einführung von Leistungs- und Entgeltvereinbarungen (§§ 78 a–g SGB VIII) gehören in diesen Zusammenhang.

- *Planung zwischen sozialwissenschaftlicher Analyse, fachlicher Bewertung und politischem Prozess:* Eine grundlegende Herausforderung in Planungsprozessen besteht in der Kombination von Empirie, fachlicher Reflexion und Positionierung, Kommunikation sowie der Mitgestaltung eines politischen Prozesses. Hierbei müssen im Handeln ständig Abwägungen gemacht und Kompromisse gesucht werden zwischen wissenschaftlicher Genauigkeit und praktischer Nützlichkeit, zwischen dem fachlich Wünschenswertem und dem vor Ort Realisierbarem, zwischen Neutralität und inhaltlicher Positionierung bzw. politischer Einmischung. Diese Balancearbeit ist anstrengend und beinhaltet immer wieder Risiken des Scheiterns. Aus diesem Grund wird in Theorie und Praxis regelmäßig versucht, dieses Spannungsfeld mit neuen Konzepten oder Instrumenten zu entschärfen bzw. die Komplexität durch Ausklammerung bestimmter Anforderungen zu reduzieren: Hierzu gehören auf der wissenschaftlichen Ebene z. B. Forderungen und Methoden einer verbesserten Datengrundlage von Jugendhilfeplanung in Form erweiterter Sozialberichterstattung (einige der Beiträge in Maykus 2006; BMFSFJ 2002). Solche Instrumente können sicherlich die empirischen Grundlagen der Planung verbessern und Diskussionen vor Ort qualifizieren, jedoch besteht die Gefahr, „die Berichterstattung schon für das Eigentliche der Planung zu halten und mit dem Verweis auf Sozialberichte dem mühsamen Bewerten des Handelns von Trägern und Einrichtungen auszuweichen" (Merchel 2006, 199). Derartigen Verzicht auf eine kritische fachliche Bewertung von Einrichtungen findet man nicht selten in der Planungspraxis, teilweise um den damit verbundenen Konflikten aus dem Weg zu gehen, teilweise aufgrund der gesetzlich zugestandenen Spielräume der freien Träger bei der Ausgestaltung ihrer Leistungen (§ 4 SGB VIII).

- *Erwartungen an Planung zwischen Steuerungsoptimismus und -skepsis:* Die Geschichte der Planungsmodelle und -theorien zeigt kontinuierliche Kontroversen zwischen zwei polaren Positionen (Steuerungsoptimisten und -skeptikern) um eine Deutungshoheit. Dass diese Kontroverse nicht dauerhaft von einer Seite entschieden werden kann, liegt an den beschriebenen strukturellen

Ambivalenzen von Planung, die immer wieder zu neuen Weiterentwicklungsbemühungen Anlass geben: Der großen Debatte um und Verbreitung von kommunikativen Planungsverfahren in den 1990er Jahren z. B. folgte ein starker Trend in Richtung Verwaltungsmodernisierung und betriebswirtschaftliche Profilierung Sozialer Arbeit. Im Moment beschäftigen Fragen nach der Qualität und Wirkungsorientierung die Jugendhilfeplanung. Auch hier zeigen sich wieder konkurrierende Positionen, die entweder das Qualitätsthema unter der Perspektive einer Verbesserung von Reflexivität und Fachlichkeit angehen (z. B. Merchel 2004) oder eine Verbesserung von Steuerung in den Mittelpunkt stellen (z. B. das Modellprogramm „Wirkungsorientierte Jugendhilfe" des Bundesministerium für Familie, Senioren, Frauen und Jugend seit 2006). Eine ähnliche Polarität der Beiträge spiegelt im Moment auch die Debatte um eine „Evidenzbasierte Soziale Arbeit" wieder (z. B. Sommerfeld / Hüttemann 2007), die ebenfalls bereits die Jugendhilfeplanung beschäftigt.

- *Planung zwischen Steuerungserwartungen von oben und Partizipationserfordernissen von unten:* Auffällig ist, dass die meisten Forderungen und Beiträge aus Wissenschaft und Praxis der letzten Jahre vor allem auf neue wissenschaftliche bzw. steuerungstechnische Herausforderungen und eine Verbesserung der Wissensbasis von Planung zielen. Herausforderungen im Hinblick auf die *kommunikative Dimension von Planung* werden angesichts der Steuerungserwartungen aus Politik und öffentlicher Verwaltung und der meist knappen Personalausstattung vor Ort leicht vergessen. Gemeint sind hier vor allem Fragen der Beteiligung von freien Trägern und AdressatInnen der Jugendhilfe an der Planung. Es ist davon auszugehen, dass *freie Träger* – auch aufgrund der klaren Vorgaben in § 80 Abs. 3 SGB VIII – mittlerweile fast überall ausreichend an Planungsprozessen beteiligt werden. Allerdings zeigen sich Probleme in der Praxis z. B. daran, „dass in beteiligungsorientierten Planungsgruppen sich sehr schnell eine konsensorientierte Dynamik herausbildet, bei der der Konsens in einer Weise zum Zielpunkt wird, dass divergierende Auffassungen und Konflikte kaum angemessen bearbeitet werden" (Merchel 2006, 200). Auch *Kinder, Jugendliche und Eltern* werden mittlerweile quantitativ stärker an Planungen beteiligt. Nach der Untersuchung des DJI taten dies

74 % der Jugendämter bei Kindern und Jugendlichen, und 52 % der Ämter bei Eltern (Pluto et al. 2007, 366 ff.). Über die qualitative Dimension dieser Beteiligung ist aber wenig bekannt. Aus der wissenschaftlichen Diskussion und Beteiligungspraxis weiß man, wie schwierig und voraussetzungsvoll es ist, „gelingende Partizipation" insbesondere bei AdressatInnen von Planungen zu ermöglichen (z. B. Herrmann 1998; 2004). Gelingende Partizipation realisiert sich am ehesten in offenen, von den Beteiligten gestaltbaren Settings, die ihnen angemessene Artikulationsräume zur Verfügung stellten und „kollektive Lernprozesse" ermöglichen: Im Rahmen eines gemeinsamen, (teilweise) ergebnisoffenen Prozesses müssen die Beteiligten neue Denkweisen, Fähigkeiten und Beziehungen erproben bzw. erlernen. Kollektives Lernen ist aber nur begrenzt planbar und steuerbar, manchmal konfliktreich und irritierend für die Beteiligten und mit diesen Charakteristika nur schwer kompatibel mit den Zeit- und Ablauflogiken in öffentlichen Verwaltungen und politischen Entscheidungsprozessen. Die wenigen Ergebnisse der DJI-Untersuchung zur qualitativen Dimension der AdressatInnenbeteiligung zeigen, dass hier in der weit überwiegenden Mehrzahl „geschlossene" und selektive Beteiligungsformen benutzt wurden, die vor allem mit Verwaltungs- und Politiklogiken kompatibel sind, aber lebensweltlichen Erfordernissen nur begrenzt entsprechen und kollektive Lernprozesse in der Regel nicht ermöglichen: Bei Kindern und Jugendlichen wurde überwiegend mit Umfragen bzw. Fragebogen gearbeitet, offenere, projektförmige Methoden nur in einem Drittel der Fälle eingesetzt (Pluto et al. 2007, 368). Eltern wurden vor allem bei Themen wie Kindertagesbetreuung (64 %) und der Gestaltung von Spielplätzen (40 %) direkt beteiligt, bei Themen wie Familienbildung, Beratung, Gestaltung erzieherischer Hilfen lag die Beteiligung nur jeweils bei ca. 15 % (Pluto et al. 2007, 370).

Angesichts dieser strukturellen Spannungsfelder wird Planung in der Jugendhilfe vermutlich auch künftig eine anspruchsvolle Balancearbeit bleiben, die in mehrfacher Hinsicht mit einem „strukturierten Umgang mit Ungewissheit" zu tun hat. Darin hat sie im Grunde viele Ähnlichkeiten mit dem professionellen Handeln in anderen Feldern der Sozialen Arbeit (vgl. die Ausführungen zur beruflichen Handlungsstruktur und erforderlichen Handlungskompetenzen bei v. Spiegel 2004), ist hier aber noch vielschichtiger und komplexer, weil häufig Bezüge zwischen mehreren Handlungsebenen (Infrastruktur, Organisation und Einzelfall) beachtet werden müssen.

Literatur

Beneke, E., Müller, M., Siepe, A. (1975): Planung in der Jugendhilfe. Grundlagen eines bedarfsorientierten Planungsansatzes. Cornelsen Scriptor, Kronberg im Taunus

Bertelsmann Stiftung (Hrsg.) (2008): Sozialplanung für Senioren, Gütersloh

Bitzan, M., Funk, H. (1995): Geschlechterdifferenzierung als Qualifizierung der Jugendhilfeplanung. In: Bolay, E., Herrmann, F. (Hrsg.), 71–123

BMFSFJ (Bundesministerium für Familie, Senioren, Frauen und Jugend) (Hrsg.) (2002): Elfter Kinder- und Jugendbericht. Berlin

Bolay, E., Herrmann, F. (1995) (Hrsg.): Jugendhilfeplanung als politischer Prozess. Beiträge zu einer Theorie sozialer Planung im kommunalen Raum. Luchterhand, Neuwied / Kriftel / Berlin

Bourgett, J., Preusser, N., Völel, R. (1977): Jugendhilfe und kommunale Sozialplanung. Eine sozialökologische Studie. Beltz, Weinheim / Basel

Deutscher Verein (Deutscher Verein für öffentliche und private Fürsorge) (2007): Diskussionspapier des deutschen Vereins zum Aufbau kommunaler Bildungslandschaften. Frankfurt / M.

– (1986): Handbuch der örtlichen Sozialplanung. Kohlhammer, Frankfurt / M.

Floerecke, P. (1990): Warum Jugendhilfeplanung so oft scheitert. Jugendwohl 71, 202–213

Gläss, H., Herrmann, F. (1994): Strategien der Jugendhilfeplanung. Theoretische und methodische Grundlagen für die Praxis. Juventa, Weinheim / München

Grunwald, K., Thiersch, H. (Hrsg.) (2004): Praxis lebensweltorientierter Sozialer Arbeit. Juventa, Weinheim / München

Herrmann, F. (2004): Planung und Lebensweltorientierung. In: Grunwald, K., Thiersch, H. (Hrsg.), 333–346

– (1998): Jugendhilfeplanung als Balanceakt. Umgang mit Widersprüchen, Konflikten und begrenzter Rationalität. Luchterhand, Neuwied / Kriftel / Berlin

Jordan, E., Schone, R. (1998) (Hrsg.): Handbuch Jugendhilfeplanung. Grundlagen, Bausteine, Materialien. Juventa, Münster

– (1992): Jugendhilfeplanung – Aber wie ? Eine Arbeitshilfe für die Praxis. Votum, Münster

Kemper, P. (1998): Steuerung und Entwicklung kommunaler Teilhilfesysteme für Menschen mit Behinderungen – planungstheoretische Aspekte und praktische Umsetzung. Nachrichtendienst des Deutschen Vereins für öffentliche und private Fürsorge 78, 208–213

KGSt (Kommunale Gemeinschaftsstelle für Verwaltungsvereinfachung) (2000): Strategisches Management IV: Fachbereichsstrategien am Beispiel der Jugendhilfe. Bericht 11 / 2000. Köln

– (1998): Kontraktmanagement zwischen öffentlichen und freien Trägern der Jugendhilfe. Bericht 12 / 98. Köln

– (1996): Integrierte Fach- und Ressourcenplanung in der Jugendhilfe. Bericht 3 / 96. Köln

– (1994): Outputorientierte Steuerung in der Jugendhilfe. Bericht 9 / 94. Köln

Kilb, R. (2000): Jugendhilfeplanung – ein kreatives Missverständnis? Budrich, Opladen

Kreft, D., Mielenz, I. (Hrsg.) (2005): Wörterbuch Soziale Arbeit. 5. Aufl. Lambertus, Weinheim / München

Luhmann, N., Schorr, K.-E. (1982): Das Technologiedefizit in der Pädagogik. In: Luhmann, N., Schorr, K.-E. (Hrsg.): Zwischen Technologie und Selbstreferenz. Suhrkamp, Frankfurt / M., 11–40

Maykus, S. (Hrsg.) (2006): Herausforderung Jugendhilfeplanung. Juventa, Weinheim / München

Merchel, J. (2006): Jugendhilfeplanung als Instrument kommunaler Infrastrukturpolitik? Anmerkungen zu Spannungsfeldern und Perspektiven infrastrukturbezogenen Planungshandelns in der Jugendhilfe. In: Maykus, S. (Hrsg.): Herausforderung Jugendhilfeplanung. Standortbestimmung, Entwicklungsoptionen und Gestaltungsperspektiven in der Praxis. Juventa, Weinheim / München, 191–208

– (2005): Planung. In: Otto, H.-U., Thiersch, H. (Hrsg.), 1364–1374

– (2004): Qualitätsmanagement in der Sozialen Arbeit. 2. Aufl. Juventa, Weinheim / München

– (1994): Kooperative Jugendhilfeplanung. Eine Einführung. Leske & Budrich, Opladen

– (1992): Jugendhilfeplanung als kommunikativer Prozeß. Neue Praxis 22, 93–106

Meyers Lexikon online 2009: Planung. In: http://lexikon.meyers.de, 20.02.2009

Münder, J., Jordan, E., Kreft, D. (1998): Frankfurter Lehr- und Praxiskommentar zum KJHG / SGB VIII. Votum, Münster

Neuffer, M. (2007): Case Management. Soziale Arbeit mit Einzelnen und Familien. 3. Aufl. Juventa, Weinheim

Ortmann, F. (2005): Sozialplanung. In: Kreft, D., Mielenz, I. (Hrsg.), 852–855

– (1983): Bedürfnis und Planung in sozialen Bereichen. VS, Opladen

Otto, H.-U., Thiersch, H. (Hrsg.) (2005): Handbuch Sozialarbeit / Sozialpädagogik. 3. Aufl. Ernst Reinhardt, München / Basel

Pluto, L., Gragert, N., Santen, E. van, Seckinger, M. (2007): Kinder- und Jugendhilfe im Wandel. Eine empirische Strukturanalyse. Verlag Deutsches Jugendinstitut, München

Scharpf, F. (1973): Planung als politischer Prozess. Aufsätze zur Theorie der planenden Demokratie. Suhrkamp, Frankfurt

Sommerfeld, P., Hüttemann, M. (2007): Evidenzbasierte Soziale Arbeit. Nutzung von Forschung in der Praxis. Schneider Hohengehren, Baltmannsweiler

SPI (Sozialpädagogisches Institut Berlin – Bundesmodell „Mädchen in der Jugendhilfe") (1999) (Hrsg.): Neue Maßstäbe. Mädchen in der Jugendhilfeplanung. Berlin

Spiegel, H. v. (2004): Methodisches Handeln in der Soziale Arbeit. Ernst Reinhardt, München / Basel

Türk, K. (1989): Neue Entwicklungen in der Organisationsforschung. Ein Trend Report. Ferdinand Enke, Stuttgart

VSOP (Verein für Sozialplanung) 2008: Kommunale Gestaltung der Altenhilfe und Pflege – Ein Steuerungskonzept für kommunale Altenhilfe- und Pflegestrategien (Diskussionspapier des Vereins für Sozialplanung e. V. im VSOP Rundbrief Juni 2008)

Weber, J., Schäffer, U. (2008): Einführung in das Controlling. 12. Aufl. Schaeffer Poeschel, Stuttgart

Politikberatung

Von Günter Rieger

Die Disziplin und die Profession der Sozialen Arbeit begreifen Politikberatung als Teil des politischen Auftrags Sozialer Arbeit. Allerdings ist in der Theoriedebatte umstritten, ob und wie dieser politische Auftrag zu rechtfertigen ist und welchen Umfang er ggf. hat (Lallinger / Rieger 2007; Merten 2001a). Während am einen Ende des Spektrums davon ausgegangen wird, dass Soziale Arbeit weitreichende politische Funktionen von der Politikberatung über die advokatorische Interessenvertretung bis zum (politischen) Empowerment und zur politischen Bildung hat, mithin „Politik als Hilfe" (Rieger 2006; 2007) zu verstehen ist, tritt man am anderen Ende des Spektrums insbesondere dem Anspruch auf ein politisches Mandat Sozialer Arbeit vehement entgegen. Gleichwohl erkennen auch die Gegner eines weitreichenden politischen Auftrags Politikberatung als Teil des Arbeitsauftrags einer „normalisierten" Profession an (Merten 2001a). Auftrag, Pflicht und Wille zur Politikberatung entspringen dann dem selbstverständlichen Anspruch einer jeden Profession, Politik aufgrund ihrer bevorzugten, herausragenden Expertise in einem bestimmten Feld zu beraten. Diese Form der Politikberatung durch die Akteure der Sozialen Arbeit (die Einrichtungen, Träger und Verbände) ist politisch gewollt und findet sich als gesetzlicher Auftrag von den einschlägigen Paragrafen des SGB VIII / KJHG (§ 1, Abs. 3, Nr. 4; § 71; § 78) bis zu den Sozialplanungsvorschriften im Baugesetzbuch (Kusche / Krüger 2001, 17 f.). Im Folgenden gilt es, Politikberatung politikwissenschaftlich einzuordnen, den sozialarbeitspolitischen Bedarf an Politikberatung herauszuarbeiten, sie als Methode zu skizzieren und ihre Umsetzung durch Disziplin und Profession Sozialer Arbeit darzustellen, um schließlich auf den Nachholbedarf in Forschung und Lehre zur Politikberatung zu verweisen.

Politikwissenschaftliche Einordnung

Politikberatung dient der Information, Aufklärung oder Irritation der Politik (ihrer Akteure wie Institutionen) durch andere gesellschaftliche Akteure (insbesondere des Wissenschaftssystems, der Interessenverbände etc.) mit Blick auf gesellschaftliche Veränderungen und Problemlagen, dem daraus resultierenden politischen Regelungsbedarf sowie auf mögliche Lösungsansätze und deren Wirkungen wie Nebenwirkungen. Stets geht es darum, politische Akteure und Institutionen mit wissenschaftsgestützten und / oder praxisrelevanten Informationen und Erkenntnissen zu versorgen, über die das politische System nicht oder nur unzureichend verfügt. Zu unterscheiden sind dabei drei Dimensionen der Politikberatung: (1) „Fachwissenschaftliche Beratung für Politikfelder (policy advice)", (2) „Prozess- und Strategieberatung für Politik und Politiker (political consulting)" sowie (3) „Beratung für die praktische Umsetzung in Organisationen (public management consulting)" (Schattenmann / Steuber 2006, 548 ff.). *Policy advice* (1) zielt auf die Erkenntnis und Vermittlung von Problemlagen, die darauf bezogene Entwicklung von Problemlösungen und die Evaluation politischer Programme. Dagegen bezeichnet *political consulting* (2) jene Formen der Politikberatung, die sich auf die Durchsetzung politischer Inhalte, auf Machtgewinn und Machterhalt sowie die Vermittlung und Legitimierung von Politik beziehen. Wie sind Wahlen zu gewinnen, Kampagnen zu führen, Interessen durchzusetzen? Schließlich beschäftigt sich *public management consulting* (3) mit der Implementierung von Politik. Hier geht es – wie sich im Zusammenhang der kommunalen Reformstrategien der Neuen Steuerung bzw. des New Public Management gezeigt hat – wesentlich um Fragen der Organisationsgestaltung.

Otto/Thiersch (Hg.), Handbuch Soziale Arbeit, 4. A., DOI 10.2378/ot4a.art110,
© 2011 by Ernst Reinhardt, GmbH & Co KG, Verlag, München

Traditionell unterscheidet die Politikwissenschaft mit Jürgen Habermas (1969) und Klaus Lompe (1966/1972) drei Modelle zum Verhältnis von Politik und externen Beratern (Wissenschaft, Praxis): das technokratische (1), das dezisionistische (2) und das pragmatische Modell (3). Alle drei Modelle gehen von der grundlegenden Annahme eines Vermittlungs- bzw. Übersetzungsproblems zwischen „den ‚zwei Welten' der Handlungssysteme" (Lompe 2006, 26) Politik und Wissenschaft aus. Beide funktionieren nach je eigenen Logiken, was zu Kommunikationsproblemen und gegenseitigem Missverstehen führt. Während das Wissenschaftssystem (entscheidungsentlastet) der Wahrheitssuche verpflichtet und auf Erkenntnisgewinn gerichtet ist, prägen die Politik Macht, Interessenkonflikte und Entscheidungsnotwendigkeiten:

(1) Im technokratischen Modell wird das Vermittlungsproblem zugunsten eines Vorrangs des wissenschaftlichen bzw. fachlichen Sachverstands aufgelöst. Die Politik soll sich bei diesem Entscheidungsmodell an den Vorgaben der externen (wissenschaftlichen) Berater orientieren. Unterstellt wird eine durch Wissenschaft erkennbare Sachgesetzlichkeit, der sich Politik vernünftigerweise weder entziehen sollte noch kann.

(2) Dagegen geht das dezisionistische Modell davon aus, dass bei allen politischen Entscheidungen letzten Endes die politische Logik des Machterhalts und Interessenausgleichs dominiert. Die Wissenschaft gilt in diesem Modell als Lieferant wertfreier Erkenntnis. Der Politik allein steht das Recht der Wertung zu. Dies gilt unabhängig davon, ob die Beratungsleistung als rationale Informationsquelle genützt und zur Verbesserung des Politikergebnisses eingesetzt wird oder ob Politikberatung überwiegend instrumentalisiert wird. Letzteres geschieht, wenn in Auftrag gegebene Beratungsleistungen wesentlich dazu dienen, bereits getroffene Entscheidungen zu legitimieren oder um durch einen Beratungsauftrag Zeit zu gewinnen und eine Entscheidung auf die lange Bank zu schieben.

(3) Schließlich begreift das pragmatische Modell Politikberatung als kommunikativen Prozess, in dessen Verlauf Politik, Wissenschaft und Praxis einen wechselseitigen Lernprozess durchlaufen. Während die Politik Einblick in Umfang wie Begrenztheit wissenschaftlicher wie fachlicher Erkenntnisse erhält, müssen Wissenschaftler wie Praktiker in der Logik der Politik das Vorhandensein vielfältiger divergierender Interessen und die damit verbundenen Problematiken der Durchsetzbarkeit von Politiken erkennen.

Die beiden erstgenannten Entscheidungsmodelle scheinen angesichts der Komplexität gegenwärtiger Verhältnisse wenig angemessen. Weder hat die Politik die Souveränität, um wissenschaftlichen und fachlichen Sachverstand gänzlich zu unterdrücken bzw. zu instrumentalisieren, noch kann irgendeine Wissenschaft für sich in Anspruch nehmen, letzte unbezweifelbare Gewissheit bieten zu können, die dann von der Politik nur durchgesetzt werden müsste. „Die Auffassung, dass die Wissenschaft Wissen produzieren könnte, das im politischen System nur anzuwenden wäre, ja angewendet werden muß, wenn man rational handeln will, wird kaum noch vertreten" (Luhmann 2002, 393). Politikberatung wird vielmehr als gegenseitige Beeinflussung oder „wechselseitige Irritation" (394) verstanden. Politik erwartet von Politikberatung heute deshalb zunehmend, dass neben der fachwissenschaftlichen Expertise auch Fragen der Durchsetzbarkeit und Umsetzbarkeit von Politiken berücksichtigt werden. Sie muss über die Fachkompetenz hinaus über fundierte Kenntnisse zu politischen Prozessen verfügen und sollte Reaktionen der Öffentlichkeit angemessen berücksichtigen *(public affairs management)*.

Der sozialarbeitspolitische Bedarf

Mit der steigenden Komplexität gesellschaftlicher Verhältnisse (Individualisierung, Pluralisierung, Wertewandel etc.), der wachsenden Tiefe sozialstaatlicher Regelungen und Interventionen (Verrechtlichung, Verwissenschaftlichung, Professionalisierung etc.) sowie der zunehmenden Unübersichtlichkeit sozialstaatlicher Leistungs- und Trägerstrukturen wächst aufseiten der politischen Entscheidungsträger und Institutionen der Beratungsbedarf. Es gilt, wissenschaftliches Wissen heranzuziehen und auf Praxiserfahrungen zu hören, um ebenso angemessene wie effiziente und effektive sozialstaatliche Leistungen zu gestalten, durchzusetzen und unerwünschte Nebeneffekte *(unintended side effects)* zu vermeiden. Umgekehrt ist für die Soziale Arbeit (ihre Einrichtungen und

Verbände ebenso wie für die auf sie verwiesenen Klienten) der mithilfe von Politikberatung ausgeübte gestalterische Einfluss auf Politik von existenzieller Bedeutung, weil die Soziale Arbeit in ihren Ressourcen und Handlungsspielräumen wesentlich von politischen Entscheidungen abhängig ist. Sie hat ein vitales Interesse an der Fachlichkeit wie Praxistauglichkeit politischer Entscheidungen.

Politikberatung mit Blick auf die Soziale Arbeit insgesamt zu fassen, ist allerdings ein äußerst schwieriges Unterfangen, weil es ein einheitliches Politikfeld mit klar abgrenzbaren politischen Problemlagen und Inhalten *(policy)*, einer mit Blick auf Institutionen und paradigmatische Grundannahmen einheitlichen Form *(polity)* sowie für den ganzen Bereich zuständige Akteure und identifizierbare politische Prozesse *(politics)* nicht gibt. Eher muss man den angesprochenen Bereich als ein loses, durch eine gemeinsame Problemdefinition abgestecktes „Metapolitikfeld" begreifen: „Social welfare policy concerns those interrelated, but not necessarily logically consistent, principles, guidelines, and procedures designed to deal with the problem of dependency in our society" (Popple / Leighninger 2010, 27). Erkennbar und abgrenzbar sind auf dem Feld der Sozialarbeitspolitik spezifische (Teil-)Politikfelder – Altenhilfepolitik, Armutspolitik, Behindertenpolitik, Drogenpolitik, Fremdplatzierungspolitik (Knuth 2008), Jugendhilfepolitik, Wohnsitzlosenpolitik etc. – mit je spezifischem Regelungsbedarf und institutioneller Formung sowie Verflechtung der politischen Ebenen und eigenen Akteuren und Netzwerken. Daraus wiederum ergeben sich spezifische Beratungserfordernisse und je eigene Beratungsstrukturen und Beratungsprozesse.

Politikberatung als Methode

Politikberatung ist methodisches politisches Handeln. Sie erfolgt typischerweise in mehreren aufeinander abgestimmten Schritten, nämlich (1) der Initialphase, in welcher der Kontakt angebahnt und der Beratungsbedarf festgelegt wird, (2) der Planungsphase, in der Ziele und Methoden geklärt sowie der finanzielle Rahmen abgesteckt werden, (3) der Analysephase, in der Daten erhoben und ausgewertet werden sowie (4) der Präsentation der Ergebnisse und Empfehlungen. Die Umsetzung der Beratungsergebnisse gehört in der Regel nicht mehr zur wissenschaftlichen Politikberatung. Hier nimmt Politikberatung stärker die Form der Organisations-, Implementations- bzw. Prozessberatung an *(political und public management consulting)*. In jedem Fall sollte Politikberatung die entsprechenden Implementationsprozesse aber für das eigene Lernen mit Blick auf den Beratungserfolg beobachten. Generell gilt, Politikberatung muss (1) wissenschaftlichen Standards genügen, (2) in der Präsentation klar, verständlich und knapp sein und schließlich (3) die spezifische Logik politischen Handelns berücksichtigen.

Formen, Adressaten und Orte der Politikberatung sind vielfältig. Sie erfolgt mündlich in Ad-hoc-Kontakten, Beratungsgesprächen und Präsentationen, bedient sich aber auch schriftlicher Stellungnahmen oder Gutachten. Sie klärt punktuelle Fragestellungen und findet in komplexen Planungs- und Forschungsprozessen statt (z. B. Jugendhilfeplanung; Sozialberichterstattung: Nationaler Armuts- und Reichtumsbericht, Familienberichte, Kinder- und Jugendbericht etc.). Politikberatung kann durch die politischen Entscheidungsträger beauftragt oder im Sinne einer Strategie aktiver Einmischung von den Akteuren Sozialer Arbeit (Experten, Einrichtungen, Verbände, Stiftungen, Selbsthilfevereinigungen etc.) selbst initiiert sein. Sie läuft über informelle wie formelle Kontakte zu den Entscheidungsträgern (Gemeinderäte, Abgeordnete, Regierungsmitglieder etc.) und jenen, die Entscheidungen vorbereiten (Sachbearbeiter, Abteilungsleiter in den Verwaltungen, Referenten in den Ministerien etc.). Politikberatung richtet sich sowohl an einzelne Politiker als auch an Institutionen und deren Gremien. Dabei sind Expertenanhörungen (z. B. Ausschuss-Hearings im Bundestag) und die institutionalisierte Mitwirkung der Experten (mit Sitz und Stimme) in entsprechenden Gremien mögliche Varianten (Jugendhilfeausschuss, Beiräte, Hartz-, Rürup-, Süßmuth-Kommission, Sachverständigenräte, Bundesjugendkuratorium, Enquete-Kommissionen (Demografischer Wandel, Bürgerschaftliches Engagement etc.)). Schließlich ist auf Tagungen, Konferenzen und andere Formen organisierter Dialoge – insbesondere auf kommunaler Ebene (Zukunftswerkstätten, Bürgergutachten, Planungszellen etc.) – zu verweisen (Dienel 2005). Hier verlässt Politikberatung den Kreis der Experten und öffnet sich im Sinne einer „partizipativen Politikberatung" (Martinsen 2006, 138–151) für eine betroffene Öffentlichkeit.

Umsetzung durch Disziplin und Profession Sozialer Arbeit

Im Bereich Sozialpolitik / Soziale Arbeit erfolgt Politikberatung einerseits (1) durch das Wissenschaftssystem (Disziplin) und andererseits durch (2) die Praxis Sozialer Arbeit (Profession).

(1) Wissenschaftliche Politikberatung erfolgt für die Themenfelder Sozialer Arbeit (a) durch die an die entsprechenden Fachbereiche angegliederten Forschungsinstitute der Universitäten und Fachhochschulen und (b) durch hochschulunabhängige Institute Sozialer Arbeit. Als bekannteste Institute sind zu nennen: das Deutsche Jugendinstitut e. V. (DJI) in München; das Institut für Sozialarbeit und Sozialpädagogik e. V. (ISS) in Frankfurt a. M.; das Institut für Soziale Arbeit e. V. (ISA) in Münster; das Institut des Rauen Hauses für Soziale Praxis gGmbH (isp) in Hamburg; das Institut für soziale und kulturelle Arbeit GmbH (ISKA) in Nürnberg; das Institut für Sozialpädagogische Forschung Mainz e. V. (ism); das Institut für stadtteilbezogene Soziale Arbeit und Beratung (ISSAB) in Essen und das Sozialpädagogische Institut Berlin – Walter May – Gemeinnützige Stiftung (SPI) (Hansbauer 2002, 938 f.). Die Institute sind sowohl mit Beratung und Entwicklung sozialarbeiterischer Praxis sowie Weiterbildung als auch mit Politikberatung befasst. Sie finanzieren sich wesentlich über die von (Bundes- und Landes-) Ministerien, Kommunen und freien Trägern erteilten Forschungsaufträge. Ihr

„Einfluss (…) auf fachliche Entwicklungen und ihre Bedeutung als Motor von Praxisentwicklung wird (…) verständlich vor dem Hintergrund ihrer (sozialen) Nähe zu den politisch-administrativen ‚Machtzentren' auf Landes- und Bundesebene (ggf. auch kommunaler Ebene) und der Bereitschaft der Institute, ihr Wissen zur Bearbeitung von Problemstellungen in Politik und Verwaltung einzubringen" (943).

Wissenschaftliche Politikberatung will Grundlagen- und Orientierungswissen vermitteln, Innovationen fördern, Reformvorhaben unterstützen und evalu-

ieren. Die fachwissenschaftliche Beratung durch die Wissenschaft von der Sozialen Arbeit ist dabei stets mit der Problematik konfrontiert, dass sie der Politik nicht interesselos Daten, Informationen und Erkenntnisse anbietet, sondern dass ihr Erkenntnis- und Forschungsinteresse als Praxiswissenschaft immer schon primär auf Anwendung ihres Wissens in der Praxis gerichtet ist. Der wissenschaftlichen Politikberatung kann die Beachtung, Umsetzung oder Anwendung der von ihr erkannten Problemzusammenhänge und entsprechender Lösungsmodelle nicht gleichgültig sein. Ihre Stellungnahmen und Gutachten müssen den in der *scientific community* anerkannten Standards wissenschaftlichen Arbeitens und empirischen Forschens folgen und sind doch zugleich wertgebunden, indem sie auf die Menschen- und Bürgerrechte als Orientierungsrahmen Sozialer Arbeit verpflichtet sind (Rieger 2009). Die Rolle des Politikberaters gestaltet sich hier im Spannungsfeld des Wissenschaftlers einerseits und des Advokaten für eine bessere Gesellschaft im Sinne sozialer Gerechtigkeit, menschenrechtlicher bzw. bürgerlicher Gleichheit und Inklusion andererseits.

(2) Politikberatung im Feld der Sozialarbeitspolitik erfolgt des Weiteren durch die Praxis / Profession Sozialer Arbeit wie durch die Betroffenen selbst. Geleistet wird sie hier durch freie Träger der Sozialen Arbeit wie durch Selbsthilfevereinigungen auf kommunaler Ebene, auf Landes-, Bundes- und Europaebene (Experten in eigener Sache). Verbände wie Einrichtungen Sozialer Arbeit und Betroffenenorganisationen sind „Träger von Sachverstand" und bilden Expertenpools (Mai 2006, 269f, 271 f.). Grundsätzlich gilt es auch hier zu berücksichtigen, dass die Akteure und ihre Netzwerke je nach sozialarbeitspolitischem (Teil-)Politikfeld – Altenhilfepolitik, Armutspolitik, Behindertenpolitik, Drogenpolitik, Jugendhilfepolitik, Wohnungslosenpolitik etc. – erheblich differieren. Je spezifische Fachverbände, Träger und Einrichtungen und deren Zusammenschlüsse sowie Bundes- und Landesarbeitsgemeinschaften (BAG / LAG) spielen eine Rolle und auch die Bedeutung der Selbstvertretung der Betroffenen ist höchst unterschiedlich ausgeprägt. Während z. B. im Bereich der Drogen- oder Armutspolitik Selbsthilfevereinigungen eine geringe Rolle spielen, sind sie im Bereich der Behindertenpolitik ausgesprochen vital und durchaus einflussreich. Eine besondere Bedeutung haben die Wohlfahrtsverbände mit ihren

Fachreferaten und Fachverbänden sowie deren verbandsübergreifende Zusammenschlüsse (LIGA, BAGFW, DV etc.). Diese sind von der Politik gefragte Experten und verfügen über unmittelbaren Zugang zu politischen Entscheidungsträgern in den Verwaltungen, Ministerien und Parlamenten.

Im Bereich praxisgestützter Politikberatung sind Politikberatung und Lobbying kaum voneinander zu trennen (Kleinfeld et al. 2007; Leif / Speth 2006; Lösche 2006). Dabei scheinen sie bei oberflächlicher Betrachtung zunächst nicht zusammenzupassen. Wird Politikberatung im Allgemeinen mit neutraler, wissenschaftlicher Information und Aufklärung assoziiert, so ist Lobbying eine

„Chiffre für sämtliche Formen der direkten, informellen, überwiegend öffentlich nicht unmittelbar beobachtbaren Versuche von Vertretern gesellschaftlicher Interessen, auf die Akteure des politischen Entscheidungsprozesses einzuwirken, um kurz-, mittel- oder langfristig Politikergebnisse in ihrem Sinne zu verändern" (Wehrmann 2007, 40).

Die Verbände zielen vorrangig darauf ab, die eigenen und advokatorisch vertretenen Interessen in den politischen Prozess einzubringen und die Entscheidungsfindung zu beeinflussen. Dieses Lobbying hat aber stets auch politikberatenden Charakter. Einerseits, weil durch Lobbyarbeit der Informationsbedarf der Politik hinsichtlich der Positionen, Möglichkeiten und Probleme der Träger und Einrichtungen Sozialer Arbeit befriedigt wird und schwer organisierbare Klienteninteressen Eingang in den politischen Prozess finden. Andererseits, weil Lobbyarbeit, wenn sie unter den gegenwärtigen gesellschaftlichen wie politischen Verhältnissen Erfolg haben will, immer auch als rationale Politikberatung gestaltet werden muss. Das für eine Einflussnahme notwendige Beziehungsgeflecht und wechselseitige Vertrauen kann nur durch zuverlässige relevante Informationen zu Problemlagen und Problemlösungen erzeugt werden. Insbesondere „schwache Interessen" (Willems / Winter 2000) müssen in Ermangelung anderer Machtressourcen (Geld, Zwangsmittel wie z. B. Streik) auf die Überzeugungskraft wissenschaftlich gestützter empirischer wie normativer Argumentation bauen. Für ein erfolgreiches Soziallobbying geht es gerade nicht darum, „den Gesprächs- und Verhandlungspartner zu überrumpeln oder ihn gar mit Geld

oder anderen Vergünstigungen gefügig zu machen" – was den Sozialverbänden und Selbsthilfeorganisationen mangels Ressourcen ohnehin kaum möglich wäre –, „sondern es geht um Überzeugen, Argumentieren, Informieren, Kooperieren und Koordinieren, kurz: Es geht um solide, kompetente, inhaltsreiche Politikberatung" (Lösche 2006, 339). Selbstverständlich gehören neben dem Überzeugen auch das Verhandeln und die Ausübung von (öffentlichem) Druck zum (Sozial-)Lobbying. Aber generell sind „Informationen, Kompetenz, Expertise, Glaubwürdigkeit, Zuverlässigkeit (und) politische Erfahrung" die wichtigsten Voraussetzungen für ein erfolgreiches Lobbying. Politikberatung gehört mithin zum Leistungsspektrum sozialer Organisationen und ist unverzichtbarer Bestandteil ihrer advokatorischen Rolle. Die Fähigkeit zur Politikberatung ist wesentlicher Teil der Politikfähigkeit Sozialer Arbeit.

Politikberatung als Element des Soziallobbying bezieht sich dabei auf alle Phasen des *policy cycles* – von der Problemformulierung über das Agenda Setting zur Politikformulierung sowie der Implementierung von Politik bis zu ihrer Evaluierung. Sie berücksichtigt alle Ebenen von Politik, von der Kommune über die Landes- und Bundespolitik bis hin zur Europäischen Union (Rieger 2008). Schließlich sucht sich Politikberatung als Element des Soziallobbying ihre Adressaten dort, wo sie ihre größte Wirkung entfalten kann. Entscheidend ist, dass Daten und Erfahrungen systematisch gesammelt und ausgewertet werden und darüber hinaus die entsprechenden Erkenntnisse in den Organisationen (in Tagungen und über Arbeitsgemeinschaften, Fachgruppen und Referate) weitergegeben und akkumuliert werden, damit sie dorthin gelangen, wo politische Einflussnahme gefragt und möglich ist.

Daraus folgt dann aber auch, dass Einrichtungen, Verbände und Initiativen Sozialer Arbeit als politische Akteure selbst Adressaten von Politikberatung (i. S. von *political consulting*) sein könnten und sollten. Diese „Politikerberatung" (Cassel 2004) als „political consulting" zielt dann weniger auf den Politikinhalt (*policy*) als auf eine Beratung mit Blick auf Politikfähigkeit. Hier geht darum, wie im politischen Prozess (*politics*) die eigenen Interessen wirksam durchzusetzen sind (Lobbying, Machtanalyse, Strategie-, Kampagnenplanung, Öffentlichkeitsarbeit, soziale Aktionen, Hintergrundgespräche etc.). Gerade in Zeiten knapper Kassen erscheint es wichtig, die Einflussnahme auf politische Entscheidungen zu professionalisieren. Soziale Arbeit braucht mehr Wissen, wie sie ihre eigenen und advokatorisch vertretenen Interessen auf den unterschiedlichen Ebenen politischer Entscheidung – EU, Bund, Land, Kommune – einbringen und durchsetzen kann.

Nachholbedarf in Forschung und Lehre

Während die Soziale Arbeit in den letzten Jahren in den Bereichen der Methodenentwicklung und des Sozialmanagements einen erheblichen Professionalisierungsschub erfahren hat, kann dies bislang für ihre advokatorischen und politikberatenden Funktionen nicht festgestellt werden. Erst allmählich beginnt in Deutschland ein Diskurs zur „Professionalisierung der Anwaltschaft" (Manderscheid

2005) und des Politikmachens in der Sozialen Arbeit (Rieger 2006; 2007). Dieses Defizit spiegelt sich in einem Mangel an Forschungsarbeiten auf dem Feld der Sozialarbeitspolitik und einer entsprechenden Vernachlässigung des Themas in der Lehre wieder. In den USA lassen sich dagegen zahlreiche einschlägige Masterstudiengänge ausmachen, die im Sinne von „professional schools" Weiterqualifizierung im Bereich des „policy making" für Soziale Arbeit anbieten. Außerdem sind dort einschlägige Lehrbücher zu Politikanalyse wie Politikmachen in der Sozialen Arbeit vorhanden (Popple / Leighniger 2010; Meenaghan et al. 2004). In Deutschland hingegen sucht man beides bislang vergebens. Entsprechend wurde Politikberatung durch die Soziale Arbeit bisher weder im Rahmen des sich rasant entwickelnden Forschungszweigs Politikberatung innerhalb der Politikwissenschaft ausreichend berücksichtigt, noch treibt Soziale Arbeit als Disziplin Forschung und Lehre in diesem Bereich angemessen voran.

Literatur

Bogner, A., Torgersen, H. (Hrsg.) (2005): Wozu Experten? Ambivalenzen der Beziehung von Wissenschaft und Politik. VS, Wiesbaden

Bröchler, S., Schützeichel, R. (Hrsg.) (2008): Politikberatung. Ein Handbuch für Studierende und Wissenschaftler. UTB / Lucius + Lucius, Stuttgart

Cassel, S. (2004): Politikberatung und Politikerberatung. Eine institutionenökonomische Analyse der wissenschaftlichen Beratung der Wirtschaftspolitik. Haupt, Bern

Dagger, S., Greiner, C., Leinert, K., Meiß, N., Menzel, A. (Hrsg.) (2004): Politikberatung in Deutschland. Praxis und Perspektiven. VS, Wiesbaden

Dienel, P.C. (Hrsg.) (2005): Die Befreiung der Politik. VS, Wiesbaden

Falk, S., Rehfeld, D., Römmele, A., Thunert, M. (Hrsg.) (2006): Handbuch Politikberatung. VS, Wiesbaden

–, Römmele, A. (2009): Der Markt für Politikberatung. VS, Wiesbaden

Habermas, J. (1969): Verwissenschaftlichte Politik und öffentliche Meinung. In: Habermas, J. (Hrsg.): Technik und Wissenschaft als Ideologie. Suhrkamp, Frankfurt / M., 120–145

Hansbauer, P. (2002): Sozialpädagogische Institute und ihre Funktion. In: Thole, W. (Hrsg.): Grundriss Soziale Arbeit. Leske + Budrich, Opladen, 937–946

Heidelberger Akademie der Wissenschaften (Hrsg.) (2006): Politikberatung in Deutschland. VS, Wiesbaden

Kleinfeld, R., Zimmer, A., Willems, U. (Hrsg.) (2007): Lobbying. Strukturen, Akteure, Strategien. VS, Wiesbaden

Knuth, N. (2008): Fremdplatzierungspolitiken. Das System der stationären Jugendhilfe im deutsch-englischen Vergleich. Juventa, Weinheim / München

Kusche, C., Krüger, R. (2001): Sozialarbeit muss sich endlich zu ihrem politischen Mandat bekennen! In: Merten, R. (Hrsg.), 15–25

Lallinger, M., Rieger, G. (Hrsg.) (2007): Politisierung Sozialer Arbeit. Engagiert und professionell. Akademie der Diözese, Rottenburg / Stuttgart

Leif, T., Speth, R. (Hrsg.) (2006): Die fünfte Gewalt. Lobbyismus in Deutschland. VS, Wiesbaden

Lompe, K. (2006): Traditionelle Modelle der Politikberatung. In: Falk, S., Rehfeld, D., Römmele, A., Thunert, M. (Hrsg.), 25–34

– (1966/72): Wissenschaftliche Beratung der Politik. Ein Beitrag zur Theorie anwendender Sozialwissenschaften. Otto Schwartz & Co., Göttingen

Lösche, P. (2006): Lobbyismus als spezifische Form der Politikberatung. In: Falk, S., Rehfeld, D., Römmele, A., Thunert, M. (Hrsg.), 334–342

Luhmann, N. (2002): Die Politik der Gesellschaft. Suhrkamp, Frankfurt / M.

Mai, M. (2006): Verbände und Politikberatung. In: Falk, S., Rehfeld, D., Römmele, A., Thunert, M. (Hrsg.), 268–274

Manderscheid, H. (2005): Die notwendige Professionalisierung der Anwaltsfunktion der Wohlfahrtsverbände. In: Kirchlicher Herausgeberkreis Jahrbuch Gerechtigkeit (Hrsg.): Armes reiches Deutschland. Jahrbuch Gerechtigkeit I. Suhrkamp, Frankfurt / M., 120–126

Mardorf, S. (2006): Konzepte und Methoden von Sozialberichterstattung. Eine Analyse kommunaler Armuts- und Sozialberichte. VS, Wiesbaden

Martinsen, R. (2006): Partizipative Politikberatung – der Bürger als Experte. In: Falk, S., Rehfeld, D., Römmele, A., Thunert, M. (Hrsg.), 138–151

Maykus, S. (2006): Herausforderung Jugendhilfeplanung. Juventa, Weinheim / München

Meenaghan, T. M., Kilty, K. M., McNutt, J. G. (2004): Social Policy Analysis and Practice. Lyceum, Chicago

Merten, R. (2001a): Politisches Mandat als (Selbst-)Missverständnis des professionellen Auftrags Sozialer Arbeit. In: Merten, R. (Hrsg.), 89–100

– (Hrsg.) (2001b): Hat die Soziale Arbeit ein politisches Mandat? Positionen zu einem strittigen Thema. Leske + Budrich, Opladen

Murswiek, A. (Hrsg.) (1994): Regieren und Politikberatung. Westdeutscher Verlag, Opladen

Popple, P. R., Leighninger, L. (2010): The Policy-Based Profession. An Introduction to Social Welfare Policy for Social Workers. 5. Aufl. Allyn and Bacon, Boston

Rieger, G. (2009): Sozialarbeitspolitik. Aktive Bürgerschaft und Gerechtigkeit. In: Mühlum, A., Rieger, G. (Hrsg.): Soziale Arbeit in Wissenschaft und Praxis. Festschrift für Wolf Rainer Wendt. Jacobs, Lage, 228–241

– (2008): Herausforderung Europa. Professionell und vernetzt – die wohlfahrtsverbandliche Soziallobby. Blätter der Wohlfahrtspflege 155, 107–111

– (2007): Politisierung als professionelle Herausforderung. In: Lallinger, M., Rieger , G. (Hrsg.), 85–108

– (2006): Weniger Staat, mehr Politik. Soziale Arbeit als politischer Unternehmer. Blätter der Wohlfahrtspflege 153, 90–93

Schattenmann, M., Steuber, S. (2006): Aus- und Fortbildung für Politikberatung. In: Falk, S., Rehfeld, D., Römmele, A., Thunert, M. (Hrsg.), 546–559

Thunert, M. (2001): Politikberatung in der Bundesrepublik Deutschland seit 1949. In: Willems, U. (Hrsg.): Demokratie und Politik in der Bundesrepublik 1949–1999. Leske + Budrich, Opladen, 223–242

Wehrmann, I. (2007): Lobbying in Deutschland – Begriff und Trends. In: Kleinfeld, R., Zimmer, A., Willems, U. (Hrsg.), 36–64

Willems, U., Winter, T. v. (Hrsg.) (2000): Politische Repräsentation schwacher Interessen. Leske + Budrich, Opladen

Politische Bildung

Von Bernhard Claußen

Begriff und Sachverhalt: Politische Bildung als Besonderheit herrschaftsbezogenen Lernens

Lebenslange *Sozialisation* als kollektiv bedeutsame subjektive Verarbeitung widersprüchlicher Realität und realer Widersprüche in gesellschaftlichen Kontexten schließt *politisches Lernen* als Genese von Anpassung, Indifferenz, Resistenz und Autonomie gegenüber sozialen Zwängen, Machtverhältnissen oder Freiheitsgraden im Gemeinwesen ein. Dieses trägt zur Konstituierung, Verfestigung und Veränderung der Persönlichkeit bei und erstreckt sich auf den Erwerb, die Differenzierung und den Transfer von Wissen, Affekten, Haltungen und Aktionsfähigkeiten zur intra- wie interpersonalen, innergesellschaftlichen und zwischenstaatlichen *Herrschaftsausübung* im Allgemeinen. Im Besonderen bezieht es sich auf die *Verdichtung* der Herrschaftsausübung *in komplexen Ordnungssystemen* aus Normen, Institutionen, Verfahren und Vorgängen der interessengebunden-konflikthaften Regulation öffentlicher Angelegenheiten vor dem Hintergrund sozio-ökonomischer, historisch-kultureller und technisch-ökologischer Konstellationen, Koordinaten und Herausforderungen.

Vorfindlich seit Anbeginn menschlicher Sozialgebilde, gewinnt politisches Lernen *zunehmende Bedeutung* mit der Entstehung, Differenzierung und Krisen- oder Aporienanfälligkeit moderner Staatswesen. Spätestens mit dem Aufkommen, der Konsolidierung, der Tradierung und den Wandlungserfordernissen *konstitutioneller Demokratien* – in einer vielschichtigen Weltgesellschaft mit inner- und transnationalen Problemen bei der Gewährleistung der Bedingungen für ein würdevolles (Über-)Leben – wird *Politische Bildung als Faktor der Systemeffizienz und -veränderung* unverzichtbar.

Sie ist aufgrund ihrer Intentionalität mit Ausrichtung der Kultivierung der staatsbürgerlichen Persönlichkeit auf Mündigkeit oder gar Emanzipation eine normativ-originäre Spezifikation politischen Lernens. In reflektierter Programmatik, nicht aber immer im gemeinhin geläufigen Begriffsgebrauch unterschieden von bloßer Information, Instruktion oder Verhaltensübung, v. a. im Gegensatz zu politischer Manipulation, Propaganda und Indoktrination, impliziert Politische Bildung in praktischer Absicht eine *intransitive Auseinandersetzung* mit den zentralen Grund- und Zeitfragen des Politischen unter Einschluss geltender Systemmerkmale und ebenso denkbarer wie als nötig sich erweisender Modalitäten einer Systemtransformation. Politische Bildung als *Prozess und Veranstaltung* bezeichnet damit sowohl einen *kritischen Habitus* des reflexiven Menschseins, der aufgrund vorhandener individueller Dispositionen und Potenzen in Eigenaktivität gewonnen wird, als auch einen dafür förderlichen sozialen *Zusammenhang* der Bereitstellung, Organisation, Variation, Anerkennung, Geltendmachung und Prüfung entsprechend geeigneter Lernprozesse und Lernorte mit didaktisch-methodischen Hilfestellungen von Sachkundigen.

Problemgenese und historische Modifikation basaler Aufgaben: Politische Bildung im gesellschaftlichen Wandel

Im lebensweltlichen Alltag der Menschen dominieren, v. a. wegen der Nötigung zur materiellen wie ideellen Reproduktion und meist eher negativ-entmutigender Erfahrungen der Abhängigkeit von Herrschaft, seit jeher *trivialisierte Sozialisationsmuster*, die den Eigentümlichkeiten Politischer

Otto/Thiersch (Hg.), Handbuch Soziale Arbeit, 4. A., DOI 10.2378/ot4a.art111,
© 2011 by Ernst Reinhardt, GmbH & Co KG, Verlag, München

Bildung nicht oder nur rudimentär genügen und darum vorwiegend zur Seite der mitläuferhaften oder apathischen *Anpassung* an Unzulänglichkeiten der Demokratie und der in ihrem Rahmen sowie der ihr in abträglicher Weise erfolgenden Steuerungsvorgänge ausschlagen. *Institutionalisierung* Politischer Bildung als fachlich-sachliche und fächerübergreifend professionalisierte Besonderheit in schulischen und außerschulischen Einrichtungen mit staatlicher und privater Trägerschaft, als Element konventioneller wie unkonventioneller politischer Organisationen sowie als Aspekt oder Akzent der Sozialarbeit und des verzweigten Kulturschaffens ist eine *wesentliche Voraussetzung* für die Kompensation von politikbezogenen Wissens- und Erlebnisdefiziten, für die Aufarbeitung der Unvollständigkeit oder Fragwürdigkeit individueller Einstellungen und zwischenmenschlicher Differenzen in politischen (Streit-)Fragen sowie für eine Korrektur von Fehlurteilen, Beziehungsverlusten, Stereotypien und Animositäten zur Politik mit ihren Aufgaben, Erscheinungen, Wesenseigenschaften, Funktionen, Folgen und veränderungsbedeutsamen Dynamiken auf kommunaler, regionaler, nationaler und internationaler Ebene.

Die *fundamentalen Merkmale und Erfordernisse* einer in diesem Sinne unverwechselbar anspruchsvollen Politischen Bildung wurden allerdings hierzulande in den autoritär verfassten und verfahrenden staatsbürgerkundlichen Einrichtungen und Veranstaltungen zu Zeiten des Kaiserreichs und der Weimarer Republik durch falsch verstandene Erziehung patriotisch-obrigkeitlicher oder formaldemokratisch bleibender Art *unterlaufen und verfehlt.* Noch mehr wurden sie im faschistischen NS-Erziehungsstaat durch eine omnipräsente nationalistisch-chauvinistische, rassistische und führerzentriert-irrationale Verführungs- und Dressurpädagogik *ins totale Gegenteil verkehrt.* Auch *nach dem Zweiten Weltkrieg* ist in den beiden deutschen Staaten trotz erheblicher Anstrengungen als Nachgang zu vordergründig gebliebener Reeducation im Geiste des Antifaschismus vollwertige Politische Bildung *höchstens ansatzweise und zeitweilig* etabliert worden, weil die ihr gewidmeten Anstrengungen in den Ost-West-Konflikt und die Systemkonkurrenz mit ihren militaristischen Auswüchsen verwickelt waren und entsprechend ideologisch aufgeladen wurden. Die wohlbegründete sozialistische Grundorientierung in der *DDR* ist dabei letztlich in allen

Entwicklungsphasen durch eine autoritäre Instrumentalisierung für einen anti-westlichen und anti-kapitalistischen Fundamentalismus im Interesse der Staatsführung und Blockzugehörigkeit aufgerieben worden, während die Ausrichtung in der *BRD* gekennzeichnet war durch Verengungen der bürgerlichen Demokratie und antikommunistische Idealisierungen der mehr unternehmerfreien als hinreichend sozialen Marktwirtschaft unter dem Primat eines ausufernden Kapitalismus.

Insofern reproduzieren sich mit den Brechungen durch reale politisch-gesellschaftliche Kräfteverhältnisse in den zur Politischen Bildung oft mehr nur gerechneten als tatsächlich führenden offiziellen Bemühungen zentrale Umstände welthistorischer Aktualität ebenso wie nationaler Zeitgeist und dessen materielles Substrat, sind aber übergreifende objektive Bedarfe an einer vernünftigen und adäquat zu nennenden Bewältigung der gravierenden Existenzprobleme der Menschen und einer um ihretwillen nötigen Veränderung der sozio-ökonomischen und politisch-kulturellen Ordnung unterrepräsentiert. Es sind denn auch in den staatlich und von politischen Organisationen verantworteten Veranstaltungen die Infrastrukturen, Inhaltsbestimmungen und Praktiken Politischer Bildung in der früheren wie derzeitigen BRD, wenn auch weitaus moderater und offener als in Diktaturen jeglichen Typs, immer wieder für Zwecke der generellen und partikularen Loyalitäts-, Akzeptanz- und Unterstützungsbeschaffung für die herrschende Ordnung und deren Regelwerk oder/und spezielle Programme und Aktionen der Gestaltung hierarchisierter Lebensverhältnisse benutzt worden.

Durch die damit gegebene *Parteilichkeit* mehr für die faktisch geltende als für die normative politische Verfassung und ihr nützende Privilegierte oder Konzepte hat *Affirmation* von Herrschaft und ihrer systemischen Ausprägungen wiederkehrend ein legalistisches Übergewicht erlangt. Bei ihm leitet Mündigkeit höchstens leerformelhaft und funktionalistisch die Absicht, wohingegen Emanzipation – als Befreiung aus Vorurteilen und Ideologien, als Distanz zu den Machtverhältnissen und ihrem Bodensatz sowie als Erlangung und Erweiterung von Selbstverfügungsfähigkeit für persönliche Autonomie und basale Partizipation an den Geschicken des Gemeinwesens – weitgehend (bis zur Deklaration als Verfassungsfeindlichkeit) verdrängt oder (durch Fixierung auf die Teilnahme an Wahlen und bürgergesellschaftliche Entlastung des Staates) beschränkt wird. Die *Abfolge* von unterschiedlichen Maßgaben und Maßnahmen spiegelt, meist mit zeitlicher Verzögerung, die *Konturen des systeminhärenten sozialen Wandels* und passt die Inhalte wie Mechanismen des politischen Lernens lediglich an die aufkommenden und laufenden *Phasen der ihnen genügenden einfachen Modernisierung* an. Das geschieht, ohne die darin liegenden Dilemmata zugunsten der Vorbereitung auf die Erarbeitung eines grundlegend besseren Systems von Werteprioritäten, Handlungsoptionen, Verfahren und Institutionen für die Durchsetzung verallgemeinerungsfähiger Interessen in der nach Kriterien der sozialen, kulturellen und ökologischen Verträglichkeit im Gerechtigkeitsmaßstab gebotenen Weise perspektivengewinnend zu problematisieren.

Politische Bildung als für die legitimen Belange der Betroffenen und die Fortschrittspotenzen in der Bevölkerung *parteinehmende* gesellschaftskritische, demokratisierungsorientierte, subversive und solidaritätsverpflichtete *(Selbst-)Aufklärung und Selbstbefähigung der Menschen* findet ihren Ort oder ihre Unterstützung am ehesten außerhalb der Fremdverfügung durch herrschende Kreise in pädagogischen und andragogischen Einrichtungen und Aktivitäten oppositioneller Organisationen, Bewegungen und Initiativen oder Selbsthilfemaßnahmen. Sogar dort wird sie aber eingeschränkt in ihrer Reichweite und Intensität, weil ihre Absichten, Prozeduren und Verwertungsinteressen verwoben sind in strategische Zwecke und taktische Kalküle im Prozess der in der massenmedialen Kommunikation obendrein verzerrten gesellschaftlichen Auseinandersetzungen. Seit der Prädominanz der primär wirtschaftlich untersetzten und sich auswirkenden *Globalisierung* als Risikozivilisation und zumal im Rahmen *neo-liberalistischer* Depotenzierungen von Demokratie sowie von Rechts- und Sozialstaatlichkeit gerät Politische Bildung mehrfach in eine schon früher im Kapitalismus aufgebaute *Ökonomismusfalle*: Erstens ist für ihre offizielle Handhabung eine Entpolitisierung der Themen und Effekte zugunsten einer opportunistischen Vorbereitung auf die Konsumenten-, Berufs- oder Arbeitslosenrolle vorgesehen. Zweitens wird die Wahrnehmung ihrer Aufgaben zunehmend privatisiert und kommerziell interessierten Anbietern übereignet. Drittens wird die Teilhabe an ihr zu einer Angelegenheit individueller Nachfrage und Organisation. Darüber droht sie völlig diffus, zweckentfremdet und paralysiert zu werden, gerade dadurch aber erst recht einseitige Affirmationsfunktionen zu erfüllen. Schließlich wird sie der allgemein um sich greifenden Umfunktionierung pädagogischer und andragogischer Bemühungen anheimgegeben und gleichgemacht, welche Selbstentfaltung und Selbstaktivität in einer *Vermarktung von Subjekten ohne Subjektivität* durch gefällige Selbstpräsentation und Selbstdisziplinierung für Zwecke der ökonomischen Verwertung auflöst sowie die partizipative Staatsbürgerlichkeit und Wünsche nach Umverteilung des Reichtums zu Störgrößen degradiert.

Theoriekonzepte und Forschungsbefunde: Politische Bildung im Fokus von Wissenschaft und Politik

Die *Wirklichkeit* der Politischen Bildung ist hauptsächlich nicht durch menschenrechtlich, historisch, gesellschaftsprogressiv und lerntheoretisch gebotene Anforderungen geprägt, sondern von bildungspolitischen Zwecksetzungen, die ihrerseits ökonomischen Utilitarismen folgen, sich aber genehmer Begründungen, Anregungen und Begleitungen aus der Wissenschaft als Rationalitätsfolien und Rechtfertigungshilfen bedienen. Der – meist schuldidaktisch ausgerichtete, aber Impulse der außerschulischen Jugend- und Erwachsenenbildung aufgreifende wie befruchtende – *Mainstream im Theoriediskurs* über Politische Bildung gewinnt dadurch willkommenen praktischen Einfluss und wird zugleich infolge seiner mangelhaft reflektierten, jedoch gern gepflegten oder gesuchten Nähe zur Macht als vermeintlicher Ausweis gesellschaftlicher Nützlichkeit intellektuell korrumpiert.

Anfänglich waren in der BRD *pragmatisch-geisteswissenschaftliche Grundierungen* erziehungsphilosophischer Art und mit konservativem Grundkonsens maßgeblich, die sich gemäß den zeitgeschichtlichen Entwicklungsstadien (Wiederaufbau, Wirtschaftswunder, Konsolidierung der Spielregel-Demokratie, Verarbeitung aufkommender Anfechtungen und Ungereimtheiten) nacheinander und mit bis heute anzutreffenden Überlappungen in Grundfiguren einer Partnerschaftslehre, Totalitarismusimmunisierung, einsichtenorientierten und behavioristischen Institutionenkunde sowie funktionalistischen Konfliktlehre und Immanenzkritik ausdrückten. Den staatlicherseits forcierten und bedienten *Rationalitätsbedarfen der entfalteten kapitalistischen Industriegesellschaft* folgten ab Mitte der 1960er Jahre ausgeklügelte sozialwissenschaftliche Begründungs- und Argumentationsfolien für Ziele, Lerngegenstände und Methoden, denen ihrerseits eine meist am Instrumentalismus strukturierte Wissenschaftsorientierung eigen wurde. In ihrem Kontext wurden auch Nachholbedarfe bei der Perzeption gesellschaftskritischer, gar explizit marxistischer Ansätze des Umgangs mit Politik, Wirtschaft, Gesellschaft und Kultur befriedigt, deren praktische Konsequenz für eine kurze Zeit mancherorten in Versuche einer phasenweise durch den Ausbau von Demokratie und Sozialstaatlichkeit im Rahmen anwachsenden allgemeinen Wohlstands begünstigten emanzipatorischen Politischen Bildung mündete. Während Letztere inzwischen aus der Praxis längst schon wieder weitgehend eliminiert ist, aber immerhin in den theoretischen Grundlagen vielschichtiger Konzeptentwicklung wenigstens von Außenseitern noch mit einem materialistisch-systemkritischen Wissenschaftsverständnis fortgeschrieben und andauernd aktualisiert wird, sind seit dem anschließenden *Hegemoniegewinn des Neo-Konservatismus* ab Mitte der 1970er Jahre und seinen Ausläufen oder Flankierungen im *Neo-Liberalismus* seit Beginn der 1990er Jahre affirmative Grundströmungen zwar bis zur Unübersichtlichkeit auspluralisiert, jedoch infolge fehlender, vermiedener oder verdrängter Fundamentalkontroversen monopolistisch in den vermeintlichen *Normalismus* positivistischer Empirie (mit Abbildung von Realitätspartikeln als normative Faktizität) und idealistischer Produktion von Konzeptversatz-Partikularismen (für die pragmatisch-technische Anleitung von Unterricht) mit geradezu penetranter Systemtreue integriert.

Nunmehr dominieren parallele *Varianten* vordergründig modernisierter Institutionenkunde, sekundärtugendhafter Moralerziehung, neonationalistischer Patriotisierung nach Leitkulturvorbild, technisierter Parlamentspädagogik und reflexionsarmer Handlungsorientierungen individualisierender oder perspektivenvergleichender Subjektivismuszentrierung mit Edutainmentcharakter.

Durch sie werden überkommene *Grundmuster einer stoff- oder verhaltensorientierten Unterrichtsarbeit* wiederbelebt, jedoch eine tief greifende kritische Beschäftigung mit den gravierenden Herausforderungen der Gegenwartsepoche und ihren Implikationen für eine radikale Erneuerung der nationalen wie globalen politischen Ordnung samt ihrer objektiven Bedingungen in den sozioökonomischen Lebensverhältnissen verabsäumt. Kleinformatige *qualitative Unterrichtsforschung* dient dabei als Illustrationsmaterial zur Demonstration der Praktikabilität von Planungsbeispielen und als Quelle einer Pseudotheoretisierung aus der Praxis für die Praxis, ohne wenigstens dem Falsifikationsprinzip gediegener Empirie verpflichtet zu sein, nicht aber als Anlass für eine fundierte Mängel- und Selbstkritik.

Sofern mit obendrein vorhandener *quantitativer Wirkungsforschung* durchaus immer wieder gravierende Defizite der Politischen Bildung bei Heranwachsenden wie Erwachsenen und somit enorme Effizienzlücken bei der üblichen politikbezogenen Vermittlung von Wissen, Fertigkeiten, Gefühlsdispositionen sowie Handlungsmotiven und -fähigkeiten nachgewiesen werden, wird dies entweder als Indikator für die Untauglichkeit der (jedoch gar nicht praktizierten) Modalitäten der Emanzipationsorientierung oder zum Anlass der Einforderung eines (freilich wiederum systemimmanent angelegten) *fachdidaktischen Paradigmenwechsels* genommen. Für dessen Implementation sind neuerdings *zwei Varianten* im bildungspolitisch ebenso emphatisch-vehement geforderten wie selektiv-inkonsistent perzipierten Angebot:

Zum einen setzen materialreich ausgestattete und pilotartig für erprobt gehaltene Modelle einer *‚Demokratiepädagogik'* auf ein Training einzelner Verhaltensweisen für die quasi-simulative Handhabung von Partizipationsregeln und -fertigkeiten in der (vorwiegend schulischen) Lebenswelt und den ihr nahen artifiziellen Gebilden für altersgruppeninterne demokratische Sandkastenspiele ohne Problematisierung von Systemzusammenhängen und basalen Dilemmata der Politik. Zum anderen dienen aufwendig inszenierte Lernumgebungen einer individualisierenden *‚neuen Lernkultur'*, die mit weitgehender Inhaltsbeliebigkeit unter Forcierung der Benutzung neuer Informations- und Kommunikationstechnologien darauf zielt, dass Lernende mithilfe lediglich moderierender Lehrkräfte subjektiv konstruierte Schemata über Politik eigenständig entwickeln und modifizieren, nicht aber sich an gegebenen Sachverhaltszusammenhängen und dazu vorliegenden wissenschaftlichen Aussagenkomplexen abarbeiten. In beiden Fällen wird ausdrücklich mit den in der emanzipatorischen Politischen Bildung bekannten und bewährten Prinzipien kategorialen und exemplarischen Lernens als kollektiver Arbeitsprozess und als diskursive kognitive Bewältigung von Lernaufgaben, die auf bedeutsam-allgemeinen Erkenntnis-, Handlungs- und Ordnungsproblemen gründen, gebrochen.

Praxis als intendierte und unvermiedene Erfahrung: Politische Bildung unter variablen Realitätsbedingungen

Substitution gehaltreich-vollwertiger Politischer Bildung durch ‚Demokratiepädagogik' oder / und ‚neue Lernkultur' verlängert mit einer Abstinenz gegenüber den existenziellen Schwierigkeiten (v. a. von Benachteiligten und Außenseitern) der Gesellschaft in der Alltagssozialisation ohnehin schon stattfindende *defensive Lernprozesse*, die sich als *stagnative oder regressive Verarbeitung* von politischen Antinomien, Diskrepanzen, Antagonismen, Ambivalenzen sowie Heterogenitäts-, Konflikt- und Krisenformationen niederschlagen. Die ihnen eigentümliche Mischung aus Substanzverlust, Sinnentleerung oder -verschiebung, Subjektivierung und Entpersönlichung des Lernens führt in eine beschäftigungstherapeutisch anmutende und durch andauernde Virtualisierungen gesteigerte Politikferne, die angesichts der erwarteten Selbstdisziplinierung indes nur scheinbar paradox ist, aber durch Verlagerung auf betriebswirtschaftliche, ehrenamtliche oder mikrosoziale Aktivitäten verstärkt wird.

Mögen damit vordergründige Adressatenbedürfnisse befriedigt (oder bloß suggeriert) werden, ist die Prosperität von Individuum und Gesellschaft weiterhin gefährdet. Denn es unterbleibt *offensives Lernen* mit Aussicht auf eine *progressive Daseinsdeutung und -bewältigung* in solidarischen Prozessen folgenreicher Systemkritik zugunsten der Geltendmachung und Erweiterung von Selbstverfügung nach verallgemeinerbaren Interessen. Das gilt erst recht, weil ‚Demokratiepädagogik' und ‚neue Lernkultur' die behauptete Offenheit durch Anbindung an verbindliche Bildungsstandards formalistisch untergraben, deren Überprüfung auf dem Umweg über strikte Outputorientierung Konformismuserwartungen und vermittels dieser Grundbestandteile einer fragwürdigen Political Correctness indoktrinieren. Darin finden die Bedürfnisse des Establishments Berücksichtigung, nicht aber die Kontroversität der Lerngegenstände und der Einschätzung der in ihnen repräsentierten objektiven Seinsumstände oder die differente Interessenlage der am Lernprozess Beteiligten.

Politische Bildung ist daher dringend wieder in *emanzipatorischer Perspektive* auf eine interaktive Vermittlung zwischen Subjekt und System zu konzentrieren. Gelingen kann dies durch eine eingehende, auf differenziertes Bewusstsein und Standpunktsicherheit zielende Beschäftigung mit Schlüsselproblemen im Zentrum und Umfeld friedensrelevanter sozialer Gerechtigkeit, materialer Demokratie und ökologischer Verantwortung, deren *sinnelementare Durcharbeitung* den Zusammenhang von existenziell bedeutsamen Herausforderungen als öffentliche Angelegenheiten, Institutionen und Verfahren ihrer Regulation sowie vielfältiger Prämissen, Optionen und Bedürfnisse der Gewährleistung eines würdevollen (Über-)Lebens entschlüsselt. Erst auf ihrer Grundlage können die Betroffenen sich aufgeschlossen machen für eine dezidierte Kritik sowie die Anmahnung, Entdeckung und Begehung von alternativen Entwicklungspfaden der Zivilisation. Dafür kommt es darauf an, unterschiedliche Medien souverän zu nutzen und variable Kommunikationsweisen zu pflegen, v. a. jedoch in verständigungsorientierten Diskursen Persönlichkeitskräfte in konflikttauglicher Identität zu generieren und komplexe politische Sachverhalte mit humanen Zukunftsperspektiven zu klären. Die Klientel der Sozialarbeit stellt dabei eine eigentümliche, in sich vielfältige Adressatengruppe dar, die auf besondere Anknüpfungsmöglichkeiten und Handlungsbedarfe verweist, ist aber vor Entmündigung dadurch zu schützen, dass auch für sie die Unteilbarkeit der Ansprüche und Prinzipien emanzipatorischer Politischer Bildung gilt und nicht etwa in mildtätig gemeinten Schmalspurkonzepten aufgelöst wird.

Dynamik sozialer Probleme und ihre pädagogische Relevanz: Zukunft der Politischen Bildung

Die *Auslegung Sozialer Arbeit als Sozialpädagogik* trägt der Notwendigkeit eines Primats der *Hilfe zur Selbsthilfe* sowie einer *Mitwirkung der Menschen* an der Lösung der sie betreffenden existenziellen Probleme Rechnung. Schließt sie in ihre breite Palette eigensinniger und eigenwertiger Modalitäten emanzipatorische Politische Bildung ein, zielt dies auf *doppelte Politisierung*. Damit geht es zunächst darum, dass sich subjektiv und subkulturell in prekären materiellen Lebensverhältnissen oder psychischen Belastungen und Störungen niederschlagende Dilemmata nicht indifferent oder als individuelles Versagen oder als Schicksal gedeutet werden, sondern mit ihrer Grundierung in sozialen Konstellationen im Zuständigkeitsbereich der Politik transparent werden. Des weiteren geht es darum, dass über die akute Sicherung der materiellen Reproduktion und über therapeutische Stabilisierung der den Charakter und die Interaktionen im Gemeinwesen prägenden Seelenkräfte hinaus eine substanzielle Beteiligung – nicht nur an der Entscheidung und Ausgestaltung der dafür nötigen Operationen, sondern auch an einer Umgestaltung der staatlichen und privaten Regulationssysteme zugunsten einer Verbesserung von wohlfahrtlicher Fürsorge und einer künftigen Vermeidung insbesondere von sozialen Verwerfungen, Subjektschädigungen, Verarmungstrends, Ausgrenzungen und geistig-moralischer Verwahrlosung – vorbereitet und erprobt wird.

Wenn dabei von *Eigeninitiative* die Rede ist, darf nicht die Förderung einer individualistisch-egomanischen Problemlösung durch Selbstvermarktung und Verzicht auf Solidargemeinschaften gemeint sein, sondern allein die demokratisierungsrelevante Förderung von Subjektpotenzen zur Entdeckung und Durchdringung von Problemformationen, zur Teilhabe an kommunikativer Verständigung sowie zur kreativen Gewinnung eines destruktionsfreien Lebensentwurfs und von Verhandlungskompetenz im Interessenausgleich mit anderen. Dafür sind Freiräume der *Selbstorganisation* von Politischer Bildung ebenso vorzusehen wie eine *Öffnung herkömmlicher Einrichtungen* der Schulen, Akademien, Jugendfreizeit- oder Beratungsstätten. Künftighin zu erwartende Zunahme und Ausdifferenzierung von unabdingbar zu lösenden sozialen Problemen (unter Randständigen wie immer mehr auch unter Wohlstandsbürgern) als *bearbeitungsbedürftige Ausdrucksformen der Reflexivität der Moderne* anstelle der Berechtigung einer fortwährenden Oberflächenmodernisierung des Lernens liefert dafür etliche Gründe und Anlässe.

Gerade deshalb ist von den besonderen Bedarfen der Sozialarbeit und ihrer Ansprechpartner aus darauf hinzuwirken, dass *Politische Bildung jenseits von Staat und Markt* – als Veranstaltung öffentlich-rechtlicher Organe und zivilgesellschaftlicher Bewegungen oder Initiativen neben den traditionellen Stiftungen – eine gesellschaftliche Aufwertung erfährt, um deren Unterstützung willen freilich die bleibende Verantwortung der öffentlichen Hand und nötige Wertabschöpfungen in der Wirtschaft nicht zu dispensieren sind. Im Übrigen ist zu verdeutlichen und aufzugreifen, dass und inwiefern in den Problemlagen Ausgegrenzter und in den Kapazitäten ihrer intuitiv oder durch aufgeklärtes Bewusstsein fundierten Gegenwehr wie Selbstverwaltung *Potenziale* für eine kosmopolitisch-interkulturell zu präzisierende Politische Bildung schlechthin sowie für eine Regeneration der (reflexiven Neubestimmung der) Bedürfnisse, Modalitäten und Verantwortungsbereiche menschlichen Zusammenlebens liegen. Der *Vernetzung* zwischen verschiedenen pädagogischen und sozialpolitischen Instanzen sowie der *Intensivierung* ihrer Leistungen mit einer aufgabenbewussten Fokussierung von Zielen, Inhalten und Verfahren der Politischen Bildung auf vorrangig zu bearbeitende Fragwürdigkeiten des dynamischen sozialen Wandels und seine unvermiedenen oder erstrebenswerten Folgen sind damit einige markante Wege gewiesen.

Die Ausführungen beziehen sich als kritische Synopse und zuspitzende Weiterführung auf die Essenzen der abschließend benannten Literatur. Aufgrund der damit gegebenen Darstellungslogik entfallen einzelaspekthafte Hinweise und Zuordnungen. – Die vom Verfasser ausdrücklich bevorzugte Textfassung nach den ‚alten‘ Regeln der deutschen Rechtschreibung wurde im Interesse einer einheitlichen Gestaltung aller Beiträge des vorliegenden Handbuchs von Herausgeber- und Verlagsseite gemäß den ‚neuen‘ Usancen transformiert.

Literatur

Behrens, H., Motte, J. (Hrsg.) (2006): Politische Bildung in der Einwanderungsgesellschaft. Zugänge – Konzepte – Erfahrungen. Wochenschau, Schwalbach

Brand, U., Lösch, B., Thimmel, S. (Hrsg.) (2007): ABC der Alternativen. Von ‚Ästhetik des Widerstands' bis ‚Ziviler Ungehorsam'. VSA, Hamburg

Claußen, B. (2006): Sozialarbeit und Sozialpädagogik als Politikum in gesellschaftlicher Verantwortung. Kontexte und Perspektiven für die Vernetzung von solidaritätspflichtigen Institutionen. Gilde Soziale Arbeit, Hamburg

– (2001): Plädoyer für problemorientierte Politische Bildung im Interesse menschenwürdigen Überlebens durch materiale Demokratie, soziale Gerechtigkeit und ökologische Verantwortung: Überlegungen zu einer theoretischen Plattform. Rosa-Luxemburg-Stiftung, Berlin

– (1997): Politische Bildung. Lernen für die ökologische Demokratie. Primus / Wissenschaftliche Buchgesellschaft, Darmstadt

–, Geißler, R. (Hrsg.) (1996): Die Politisierung des Menschen. Instanzen der politischen Sozialisation. Leske & Budrich, Opladen

–, Wellie, B. (Hrsg.) (1995): Bewältigungen. Politik und Politische Bildung im vereinigten Deutschland. Sonderausg. Krämer, Hamburg

Dorgeloh, S., Höck, D., Waldmann, K. (Hrsg.) (2003): Alles bleibt anders. Politische Jugendbildung in Ostdeutschland – Ansprüche, Wirkungen, Alternativen. Wochenschau, Schwalbach

Glaß C. (2002): Politische Bildung am Ende? Exemplarische Erfahrungen aus drei Maßnahmen der Jugendsozialarbeit / Jugendberufshilfe in Ostdeutschland. Kovač, Hamburg

Komitee für Grundrechte und Demokratie (Hrsg.) (2004): Eine Politik sozialer Menschenrechte in Zeiten von Verarmung und Repression. Komitee für Grundrechte und Demokratie, Köln

Lambrecht, L., Lösch, B., Paech, N. (Hrsg.) (2006): Hegemoniale Weltpolitik und die Krise des Staates. Lang, Frankfurt a. M.

Lange, D., Bähr, A., Stöter, J. (2010): Monitor politische Bildung. Daten zur Lage der politischen Bildung in der Bundesrepublik Deutschland. Wochenschau, Schwalbach

Mathes, H. (2002): Priorität Politische Bildung. Sprockhöveler Werkstatt. VSA, Hamburg

Mende, J., Müller, S. (Hrsg.) (2009): Emanzipation in der politischen Bildung. Theorien – Konzepte – Möglichkeiten. Wochenschau, Schwalbach

Mickel, W. W., Zitzlaff, D. (Hrsg.) (1988): Handbuch zur politischen Bildung. Leske & Budrich, Opladen

Moegling, K., Steffens, G. (2004): Im Mainstream der Politikdidaktik – beschauliche Innenansichten. Polis, 4 / 3, 19–21

Müller, C. (2005): Sozialpädagogik als Erziehung zur Demokratie. Ein problemgeschichtlicher Theorieentwurf. Klinkhardt, Bad Heilbrunn

Negt, O. (2010): Der politische Mensch. Demokratie als Lebensform. Steidl, Göttingen

Pankau, U. (1991): Gedanken zur politischen Bildung (auch) in der Sozialarbeit / Sozialpädagogik. In: Franke, K. (Hrsg.): Demokratie lernen in Berlin. Leske & Budrich, Opladen, 183–188

Plewig, H.-J. (1981): Abweichendes Verhalten und politisches Lernen als Gegenstand der Sozialpädagogik. In: Claußen, B. (Hrsg.): Politische Sozialisation in Theorie und Praxis. Beiträge zu einem demokratienotwendigen Lernfeld. Reinhardt, München / Basel, 181–200

Rudolf, K., Zeller-Rudolf, M. (2004): Politische Bildung – gefragte Dienstleisterin für Bürger und Unternehmen. Bertelsmann, Bielefeld

Sander, W. (Hrsg.) (2005): Handbuch politische Bildung. 3. Aufl. Wochenschau, Schwalbach

Schneider, G., Jelich, F.-J. (Hrsg.) (2002): Netze und lose Fäden. Politische Bildung gegen gesellschaftliche Desintegration. Wochenschau, Schwalbach

Schröder, A., Balzter, N., Schroedter, Th. (2004): Politische Jugendbildung auf dem Prüfstand. Ergebnisse einer bundesweiten Evaluation. Juventa, Weinheim

Schulze, D. G., Berghahn, S., Wolf, F. O. (Hrsg.) (2006): Politisierung und Ent-Politisierung als performative Praxis. Westfälisches Dampfboot, Münster

Steffens, G. (Hrsg.) (2007): Politische und ökonomische Bildung in Zeiten der Globalisierung. Westfälisches Dampfboot, Münster

Sünker, H. (2003): Politik, Bildung und soziale Gerechtigkeit. Perspektiven für eine demokratische Gesellschaft. Lang, Frankfurt a. M.

–, Swiderek, Th. (2010): Forschungslagen, politische Praxis und Perspektiven politischer Bildung in Deutschland. Hans-Böckler-Stiftung, Düsseldorf

Vorholt, U. (2003): Institutionen politischer Bildung in Deutschland. Eine systematisierende Übersicht. Lang, Frankfurt a. M.

Weißeno, G., Hufer, K.-P., Kuhn, H.-W., Massing, P., Richter, D. (Hrsg.) (2007): Wörterbuch Politische Bildung. Wochenschau, Schwalbach

Posttraditionale Vergemeinschaftung

Von Wilfried Ferchhoff

In diesem Beitrag geht es darum, holzschnittartig die Genese und im historischen Verlauf den sozialen und kulturellen Wandel zu rekonstruieren, den jugendliche Gesellungs-, Erlebnis-, Vergemeinschaftungsformen und Gleichaltrigengruppen in Europa erfahren haben. Vor dem Hintergrund rapider ökonomisch-technologischer, medialer und gesellschaftlicher Entwicklungen sowie im Medium von Globalisierungsprozessen wird analytisch herausgearbeitet, dass das historisch vorherrschende jugendkulturelle Territorialprinzip, der hohe Grad an Ritualisierung und der Konformitätsdruck in nahezu allen Lebensbereichen und die tendenziell engen jugendlichen Bindungs-, Erfahrungs- und Lebensräume im Laufe historisch gesellschaftlicher Wandlungsprozesse immer mehr aufgeweicht wurden. Stattdessen rückten vor allem auch *delokalisierende* Tendenzen und informelle Elemente von Erlebnissen, Gesellungen, Gleichaltrigengruppen sowie posttraditionale, eventorientierte Jugendkulturen, -gemeinschaften und -szenen ins Blickfeld, wie wohl lokale Jugendkulturen (vgl. zum historischen Wandel von den sozialmilieuspezifisch grundierten lokalen Jugend*sub*kulturen zu den offenen, kontingenten individualitätsbezogenen Jugendkulturen: Ferchhoff 2007a) nach wie vor real nicht zuletzt in städtischen Arealen Orte, Plätze, Straßenräume etc. einnehmen, besetzen und gegenüber anderen Jugendgruppen verteidigen (Vorüberlegungen hierzu: Ferchhoff 2009, 192 ff.; Ferchhoff / Hugger 2010, 89 ff.). Die *delokalisierenden* Tendenzen jugendkultureller Gemeinschaften reichen historisch in Zeiten hinein, in denen – zunächst zögerlich massenwirksame – translokale kulturelle Events sich durchsetzten und die sog. Neuen Medien und insbesondere die Online-Medien, paradigmatisch das Internet noch gar nicht vorhanden waren und demnach noch keine Rolle spielen konnten. Die Übergänge zu den heutigen *delokalisierenden Massenevents und zu den netzbasierten, virtuellen jugendkulturellen Gemeinschaften* scheinen kontinuierlicher und fließender zu sein, als die aktuellen Debatten und Diskurse zu den Vergemeinschaftungen der kulturellen Massenevents und zu den ganz neuen *virtuellen (Jugend-) Gemeinschaften* oftmals suggerieren. In diesem Kontext werden zumindest implizit sowohl die – nicht immer unproblematisch verwendete, zuweilen pathetisch oder gar mystifizierend bzw. romantisierend aufgeladene – geistes- und sozialwissenschaftliche Gemeinschaftsmetapher sowie die heutigen posttraditionalen, tendenziell individualisierten Formen der jugendlichen Gesellung resp. der Gemeinschaftsbildung, namentlich der sog. Jugendszenen mitreflektiert, die im alltäglichen Sprachgebrauch auch von Jugendlichen treffsicher erfahrungsadäquat so genannt werden. Zuweilen spricht man etwa im Hinblick auf den Beziehungsstatus in den sozialen Netzwerken der virtuellen Gruppenwelten auch von *schwachen Bindungen* der *New Kids on the Blog* in den *Social Communities* – bspw. bei *Facebook, Myspace, Twitter, StudiVZ oder SchülerVZ* –, die ihrerseits sehr wohl eine positive soziale Funktion haben und die Nutzer mit neuen Perspektiven und Deutungshorizonten versorgen können, die der enge Freundeskreis in der Offline-Welt alleine so nicht (mehr) bieten kann.

Historische Entwicklungen von Gleichaltrigengruppen

Die europäischen Stadtgesellschaften des späten Mittelalters und der Renaissance neigten strukturell dazu, direkte interaktive Gruppenbildung vornehmlich unter männlichen Gleichaltrigen zu fördern und weiterzuentwickeln (Rossiaud 1994, 29).

Otto/Thiersch (Hg.), Handbuch Soziale Arbeit, 4. A., DOI 10.2378/ot4a.art112,

Und im Rahmen des Besuchs nicht lokaler, auswärtiger Schulen bildeten wandernde Scholaren wie die wandernden Studenten und Handwerksgesellen Beispiele jugendlicher Gruppierungen (Hermsen 1998, 133). Altersheterogenität war vorherrschend sowohl in den zumeist sich gegen die vorherrschenden Werte und Normen der bestehenden Ordnung auflehnenden mittelalterlichen Jugendbanden, die in der Regel aus Lehrlingen und Gesellen desselben Handwerks oder verwandter Berufe stammten (aber auch Raufereien mit Gesellen anderer Handwerkszweige oder mit anderen Jugendgruppen waren an der Tagesordnung), als auch bei den fahrenden Klerikerscholaren und den oftmals gefürchteten studentischen Wanderscholaren, die mit allerlei Initiationsriten, Brauchtum, bestimmten Varianten des Rügebrauchtums in Gestalt landsmannschaftlich geprägter Verbindungen und Gemeinschaften vor allem durch ausgedehnte Zechgelage, Zechprellerei und „wilde Wirtshausschlägereien" einhergingen (Lundt 1996, 111). In den studentischen, exklusiven männerspezifischen Gemeinschaften gab es – analog zu den Verbänden der Handwerksgesellen – im Innenleben der Gemeinschaft viele ausgeprägte Aufnahmerituale und Initiationsriten. Es fehlte allerdings das sog. ritualisierte Werbebrauchtum. Die Beziehungen zu Mädchen „blieben in der Studentenschaft durch Jahrhunderte ein besonders prekärer Problembereich" (Mitterauer 1986, 203).

In den ländlich-dörflichen Strukturen lebten im europäischen Mittelalter 85–90% der gesamten Bevölkerung. Von zentraler Bedeutung für das mittelalterliche Jugendleben auf dem Lande waren bis in die industrialisierte Neuzeit hinein speziell die männlich geprägten Junggesellenverbände oder Burschenschaften für das jugendliche Gemeinschaftsleben, die sowohl militärisch-politische, gesellschaftlich-kulturelle, sittliche und religiöse und kultaffine Funktionen besaßen und im territorialen und lokalen Rahmen bei der Ausrichtung von Festzyklen und Brauchtümern im Jahreskreis, von Dorf- und Familienfesten wie „Neujahrs- und Maifeiern, der Fastnacht, dem Johannisfest, der Dorfkirmes und dem Erntedankfest" im Spannungsfeld der Geschlechter – etwa was das ritualisierte Werbebrauchtum der Geschlechterbeziehungen und die Sexualität anging – „regulierend und normalisierend" (Hermsen 1998, 129) mitwirkten. Obgleich bei den Festen, Spielen und beim Tanzen alle Einwohner des Dorfes beteiligt waren, konnte im Rahmen dieser Brauchtümer und Feste spezifisches Jugendleben mit Rangordnungen, mit Hierarchien und mit spezifischen Aufnahmeritualen (Körperkraft, sportliche Leistungen, Gewandtheit, Scharfsinn, Virtuosität, Anziehungskraft und Erfolg bei Mädchen etc.) – freilich getrennt nach Geschlechterrollen – inszeniert werden. Markante gesellige Treffpunkte der unverheirateten Jugendlichen auf dem Lande waren neben den erwähnten Festivitäten insbesondere der zum Tanze und zur Brautwerbung einladende Dorfanger und vor allem im Winter die sich zumindest tendenziell der strengen Kontrolle mindestens der männlichen Erwachsenen entziehende und gleichsam Brautwerbung betreibende Spinnstube – ein hausgemeinschaftlicher Arbeits-, Geselligkeits- und Sozialraum insbesondere für Mädchen und Frauen (Hermsen 1998, 128). Die Jugendgeselligkeit der Spinnstuben, in denen zuweilen auch Burschen ausgeschlossen wurden, kann, gleichwohl sie nicht als autonome jugendliche Veranstaltung angesehen werden konnte, dennoch als alte Vorstufe der weiblichen Gemeinschaftsform der informellen Jugendgruppe charakterisiert werden (Mitterauer 1986, 192).

Ein weiterer Typus traditionaler städtischer Jugendgruppen waren im 19. und 20. Jahrhundert territorial bezogene Gemeinschaftsformen von Jugendlichen der städtischen Unterschichten, während die Jugendlichen der Oberschicht „mehr an der Stadtgemeinde als Ganzer orientiert" waren (Hermsen 1998, 194). Solche räumlich-quartiersbezogenen Jugendgruppen waren in der Regel kurzlebiger und nicht so stark wie die ländlichen Burschenschaften in die festgefügten Organisationsformen der Erwachsenenwelt integriert. Sie waren über den räumlichen Bezug (Rummelplätze, Parks, Plätze, Straßenzüge, Quartiere), über Symbole, Zeichen, Körperkraft, Mut, Geschicklichkeit und Rangordnung identitätsstiftend. Deren männlichkeitsspezifische Lebensformen und Lebensstile lassen sich historisch bis weit ins Mittelalter zurück verfolgen. Aus der Perspektive des Bürgertums wurden sie zumeist in Terminologien gefasst, die deren kultur- und normabweichenden, zuweilen auch devianten und Gefährlichkeit anzeigenden, als *Subkulturen*, als Cliquen oder noch drastischer: als *gangs*, als *Straßenbanden* usw. mit zuweilen martialischen Selbstbezeichnungen und Identifikationssymbolen in die Zone der Kriminalität gerückt wurden.

In bestimmten Restvarianten haben sich diese älteren Territorialstrukturen vornehmlich in den informellen Jugendgruppen und in den Jugend(sub-) kulturen bis in die Gegenwart erhalten, gleichwohl das Territorialprinzip im gemeinschaftlichen Gruppenbezug spätestens seit der Mitte des 20. Jahrhunderts aufgeweicht worden ist: Die zunehmende regionale Mobilisierung und Motorisierung, der Verlust der Straße, die Angleichungstendenzen von männlichen und weiblichen Jugendlichen, die Veränderung der Kommunikationsstrukturen, die *Internationalisierung/Globalisierung*, die Medialisierung und *Digitalisierung* der *kleinen Lebenswelten* und die *virtuellen Gemeinschaften* haben unter anderem dazu geführt, dass ein Bedeutungsrückgang, teilweise auch -verlust betont territorial bezogener Sozialformen und damit auch ein Bedeutungsrückgang von umfassenden multifunktionalen Jugendgemeinschaften mit hochgradig formalisiertem und ritualisiertem Gruppenleben stattgefunden hat, der nahezu alle Lebensbereiche, also die gesamte Lebenswelt der Jugendlichen durchdrang (Mitterauer 1986, 211 f.).

Bis weit in die Neuzeit hinein war es in vielen – und nicht nur in schulischen – Lebensbereichen ganz selbstverständlich, dass oftmals das Prinzip der Altersheterogenität im Rahmen von Jugendgruppen vorherrschte. Gleichaltrigkeit war seinerzeit allenfalls in engen Grenzen ein Prinzip der Gesellung. Für die Entstehung der Gleichaltrigengruppen im engeren Sinne des Wortes war sicherlich die Entwicklung und Ausbildung der modernen Jahrgangsklassen im 19. Jahrhundert in Europa in den neuzeitlichen Schulen besonders bedeutsam. Die Struktur der Jahrgangsklasse beeinflusste in der Folgezeit nicht nur die innerschulischen Sozialbeziehungen, sondern vor allem auch die außerschulischen Gruppenbildungsprozesse. Aber erst mit der Ausweitung des Schulbesuchs und der sich immer weiter ausdehnenden Verschulung der Jugendphase „schließen immer mehr Jugendliche ihre Kontakte auf dieser Ebene der Altersgleichen" (Mitterauer 1986, 154 f.). Und spätestens seit Mitte des 20. Jahrhunderts lebt und lernt man allemal mindestens außerhalb der partikularen, eher affektiv emotionalen familiären Sozialbeziehungen und jenseits der eher universalen, weithin versachlichten Arbeitsbeziehungen (gleichwohl auch die schulischen Erziehungswerte analog zur Arbeitswelt eher universal, an Leistungen orientiert sind)

in der Regel mit anderen Jugendlichen. Große Gruppen Jugendlicher verbleiben heute im Zuge der Ausweitung des Schul- und Hochschulbesuchs (das Prinzip der Altershomogenität gilt freilich auch in den verschiedenen Jugendverbänden und Jugendvereinen, die ihrerseits allerdings in den letzten Jahren erhebliche Einbußen an Mitgliedern und Bindekräften zu verzeichnen hatten) einen längeren Zeitraum in einer Gesellschaft der Altersgleichen und erleben (abgesehen von der insgesamt verkleinerten Familienstruktur) die Integration in altersheterogene Gruppen, etwa in der Arbeitswelt, lebensalterspezifisch gesehen zu einem immer späteren Zeitpunkt. Jungsein vollzieht sich so gesehen, wenn man einmal vom gewollten oder aber auch erzwungenen Alleinsein absieht, meistens im Anschluss an innerschulische und ausbildungsbezogene Sozialbeziehungen in informellen Freundschaften, Gleichaltrigengruppen, Jugendkulturen, Cliquen oder Szenen.

Gleichaltrigengruppen / Peers eröffnen mittlerweile vielen Jugendlichen in sozialkultureller Hinsicht kompetente Teilnahme- und Selbstverwirklichungschancen ohne formelle Organisationsformen und Verwaltungsstrukturen, ohne Antragsformulare, ohne Monatsbeiträge und ohne Mitgliedsbücher etc., und dies bei zunehmender individualisierter Wahlfreiheit, zuweilen immer noch – wie in den historischen Vorläufergestalten – mit strengen Aufnahmeritualen. Gegenwärtige Jugendkulturen und Jugendszenen sind nur in dem Sinne *entritualisiert*, dass sie meistens ohne Fahnen, Wimpel, Wappen und Trachten auskommen, obgleich andere jugendkulturell sichtbare und (für Fremde, nicht Eingeweihte) weniger sichtbare Embleme, Symbole oder Stile (Mode, Kleidung, Medien, Musik, Frisur, Accessoires, Habitus usw.) außerordentlich wichtig sein können. Dennoch besitzen sie nicht selten auch ohne gesatzte Normierungen für die komplexe Persönlichkeits- respektive patchworkorientierte Identitätsentwicklung von Jugendlichen eine starke sozialisatorische Prägekraft. Dieser patchworkaffine Identitätsprozess ist zweifelsohne noch bedeutsamer in den heutigen internetbasierten kommunikativen Möglichkeitsräumen der multiplen und zugleich kohärenten Identitätskonstruktionen der digitalen Welten (Körperlosigkeit, Anonymität und Textbasiertheit von Chats, private Homepages mit authentischen und nicht-authentischen Präsentationen; Online-Rollenspiele, in denen Spieler in verschiedene Rollen und in verschiedene Parallelwelten – auch als Avatare in virtuellen 3D-Simulationen im Web 2.0 / Second Life – schlüpfen können).

Im Kontext eines generellen Trends zu einem Ausgleich der Geschlechterrollen erobern sich immer mehr Mädchen jenseits nach wie vor in einigen Jugend(sub-)kulturen vorhandener jungenspezifischer Dominanz über informelle Jugendgruppen jugendspezifische, selbstgewählte, selbstaktive und selbstsozialisatorische Freiräume (schon ansatzweise in den alternativen Hippie-Kulturen der 1960er und 1970er, bei den Punks in den 1970er und 1980er, in der Gothic-Szene in den 1990er, in den Techno-Gemeinschaften ebenfalls der 1990er und neuerdings vornehmlich in den Emo-Szenen der 2000er Jahre). Diese waren ihnen zuvor weder beim – meistens unter weiblicher Kontrolle stehenden – innerhäuslichen Treffen vom historischen, eine tendenziell eigene weibliche Gattung repräsentiernden Typus der Spinnstuben als Arbeits- und Geselligkeitsorte (das gegenseitige Kennenlernen umfasste sehr viele Varianten: arbeiten, singen, essen, trinken, spielen und tanzen) im 17., 18. und 19. Jahrhundert noch in den außerhäuslichen, eindeutig machistisch – und zumindest in den historisch älteren Varianten eindeutig territorial – geprägten städtischen Jugend- und Cliquenkulturen (Wandervogelgruppen, bündische Jugendkulturen, Arbeiterjugendkulturen, Wilde Cliquen, Halbstarke, Teds, Rocker, Mods, Heavy-, Satan-, Death-, Black-Metals, Skinheads, Hip-Hopper usw.) des 20. Jahrhunderts in diesem Ausmaß gewährt worden. Diese Optionen und Freiräume standen ihnen auch im Kontext obligatorischer (Zwangs-)Mitgliedschaften in der Staatsjugend (BDM oder FDJ) oder in den verschiedenen, eher auf Freiwilligkeit setzenden, teilweise mit universellen, lebensumfassenden Ansprüchen aufwartenden Organisationen der Verbandsjugend (wie etwa die Jugendverbände der Arbeiter- und Gewerkschaftsbewegung, der politischen Parteien, die konfessionellen Jugendverbände) sowie in der teilweise nur mit partikularen bzw. partiellen Zwecken ausgestatteten Vereinsjugend (wie bspw. die Sportjugend, DLRG-Jugend, Feuerwehrjugend usw.) nicht zur Verfügung.

Immerhin hat sich im historischen Verlauf die Bedeutung auch von Vereinen und Verbänden im Zusammenhang des jugendlichen Gruppen- und Gemeinschaftsleben gewandelt. Die Tendenz ging von einer stark bindenden, konformen und lebensumspannenden, multifunktionalen Lebenssinngemeinschaft, mit wenig Spielraum für individuelles Handeln zu einem eher lockeren Gefüge von flexiblen, teilweise ästhetisierenden Netzwerken, zu einer partiellen, partikularen, begrenzten, eher lebensstil- und erlebnisorientierten, eher labilen, nicht immer sach- und zweckgebundenen *Bindung auf Zeit* mit wenig formalisierten Verbindlichkeiten, Gewissheiten und Kontakten. Selbst im heutigen, die subjektbezogenen Handlungsspielräume erweiternden Rahmen der Familie, Schule, Erwerbsarbeit, Vereinsstruktur und Jugendverband sind die autonomen, selbstsozialisatorischen Räume begrenzter als in den informellen, posttraditionalen Jugend- und Gleichaltrigengruppen.

Weibliche Gleichaltrigengruppen erobern seit einigen Jahrzehnten zunehmend auch ohne männliche Begleitung öffentliche Räume, die ehemals nur Jungengruppen vorbehalten waren. Mädchen, beste Freundinnen und gleichaltrige Mädchengruppen können sich heute oftmals im Anschluss an innerhäusliche Treffpunkte in eigenen Kinder- und Jugendzimmern, wo sie sich nicht selten wechselseitig schminkend, anziehend und gemeinsam Kultfilme-, -serien und -videos sehend auf die außerhäuslichen Freizeit-, Shopping- und Partykulturen einstimmen und vorbereiten, einander in Lokalen, Boutiquen, Kinos, Spielhallen, Discotheken, Clubs etc. oder im Rahmen von kulturellen Massenevents treffen.

Neben den Erfahrungen und Erlebnissen der Geborgenheit, Wärme, Sicherheit, Zusammengehörigkeit und Solidarität mit Gleichaltrigen (in reinen Mädchengruppen sind diese stärker ausgeprägt als in den gemischten Gruppen und reinen Jungengruppen) dürfen aber auch die möglichen Abhängigkeiten von bestimmten einflussreichen Mitgliedern (es gibt aber i. d. R. keine festen Anführer mehr), die jeweiligen Rivalitäten zwischen einzelnen Mitgliedern und schließlich die mögliche „Tyrannei der Peers" (etwa bei permanenter Abweisung, Aussperrung, Ausgrenzung, Mobbing, Cyber-Mobbing) nicht unerwähnt bleiben. Immerhin: In Gleichaltrigengruppen werden die Positions- und Hierarchieprobleme der Über- und Unterordnung häufig nach anderen Kriterien, Voraussetzungen und Ritualen geregelt, manchmal auch ausgehandelt, als in formellen Gruppenbeziehungen, die weniger frei gewählt werden können. Diverse Mutproben haben oftmals einen zentralen Stellenwert.

Jugendliche Gemeinschaften – Gleichaltrigengruppen – Jugend(sub-)kulturen und Jugendszenen

In der einschlägigen sozialwissenschaftlichen Forschung werden die rekonstruierten de-lokalisierenden gesellschaftlichen Veränderungen der traditionellen jugendlichen Gesellungsformen als eher informelle, posttraditionale, interaktive Teilzeitgesellungen und Gesinnungsgemeinschaften, die in Erweiterung und Ergänzung zum konventionellen strukturfunktionalistisch geprägten soziologischen Verständnis der Peer-Groups ebenso wie zu den heutigen gesellschaftlichen Prozessen der Individualisierung nicht mehr nur auf gemeinsame Lebenslagen beruhen müssen. Szenen liegen quer zu den traditionellen Gesellungsformen wie auch zu den großen gesellschaftlichen Institutionen und Organisationen. Szenen schließen sich immer weniger im nachbarschaftlichen Rahmen zusammen, und haben häufig keinen Bezug zu Jugendverbänden, Sportvereinen oder Kirchengemeinden. Sie sind vor allem, so etwa die Dortmunder Jugendszeneforscher (bspw. Hitzler et al. 2001; Hitzler 2008, 55 ff.): Gesinnungsgemeinschaften, thematisch fokussierte Gruppennetzwerke und labile Gebilde. Sie sind dynamisch, ständig in Bewegung, haben offene Ränder. Sie sind interaktive und partikulare Teilzeit-Gesellungsformen mit unterschiedlichen Reichweiten und vororganisierten Erfahrungsräumen. Sie sind relativ unstrukturiert. Dennoch orientieren sich Szenegänger durchaus an bestimmten Organisationseliten und Szenepromotoren, dem sog. Szenekern, der szenetypische Erlebnisse und Events bereitstellt. Szenetypische posttraditionale Eigenschaften und Gesellungsformen findet man inzwischen auch vermehrt in herkömmlichen Gemeinschaften und Freundschaften. Szenen sind so gesehen situative Wärmespender, auch altersspezifisch nicht nur homogen, wiewohl hier jugendliche Gesellungsformen von Peer-Groups vorhanden sind und ein jugendliches Ver

ständnis oder adäquater: ein *jugendlicher Habitus* bzw. eine *juvenile Gesinnung* (Hitzler 2008, 67) auch bei Nicht-Mehr-Jugendlichen und jungen Erwachsenen vorliegt. Dennoch: die Altershomogenität der Gleichaltrigengruppen wird im Medium dieses Szene-Verständnisses aufgeweicht. Szeneorientierte Gleichaltrigengruppen bzw. Jugendkulturen sind in der Regel auf freiwilliger und eigenständiger Basis entstanden. Ihre Struktureigengenschaften sind nicht lokal begrenzt, sie sind netzwerkorientiert, tendenziell weltumspannend und ohne intensive Internetnutzung der Beteiligten kaum noch vorstellbar. Sie weisen einen vergleichsweise geringen Grad an Stabilität auf, was Dauer, Konsistenz und Zugehörigkeit angeht, obgleich massive Abgrenzungstendenzen / Exklusion nach außen sowie Einigelungen / Zugehörigkeiten / Inklusion nach innen in bestimmten, den gesellschaftlichen (post-)modernen Entwicklungsprozessen der Szenen zuwiderlaufenden traditionalen Gemeinschaften und Gruppierungen manchmal zu einer Art verschwörerischen oder sehr engen *episodalen Schicksalsgemeinschaft* (Bohnsack et al. 1995, 27) führen kann. Dies trifft – freilich jenseits szeneaffiner posttraditionaler Vergemeinschaftungen – vornehmlich auf rigide Fan-Orientierungen in Sport- und Musikbereichen (Hooligans, Ultras usw., auf nahezu alle Varianten der Metaller), auf (neo-)religiöse Gemeinschaften im Christentum und im Islam, auf manche Skinhead-Orientierungen und auf alle rechtsradikalen Milieus zu. Heutige Freundschaften und vor allem noch dezidierter: heutige informelle Gleichaltrigengruppen in posttraditionalen Gemeinschaften / Szenen, die durch persönliche Optionen aufgrund des Prinzips zunehmender Wahlfreiheit gebildet und auch wieder abgewählt werden können und deren Mitglieder sich der tendenziell *fluiden kollektiven Existenz* stets vergewissern müssen, entscheiden u. a. etwa in den heutigen komplexen, vielfältigen jugendlichen Medienwelten vornehmlich darüber, welcher Musikstil wie, welches Musikgenre wie, welche PrintMedien wie, welche Audiomedien wie, welche audiovisuellen Medien wie, welche Fernsehformate wie, welche Filme wie, welche Videos wie, welche Handynutzung wie (telefonieren, Photos schießen, SMS mit verschiedenen, Stimmungen anzeigenden, Smileys schreiben etc.), welche Spiele (Konsolen, Internet) wie, welche Internetportale wie präferiert und genutzt werden.

Globalisierung, Gleichaltrigengruppe und neue digitale Welten

Hinzu kommt, dass in historischer Perspektive die verschiedenen ländlichen und städtischen Jugendgruppen neben ihrer Einbettung in die beschriebenen institutionalisierten und ritualisierten Vergesellschaftungsmodi vornehmlich in engen regionalen, territorialen Horizonten agierten. Veränderte Lebens- und Kommunikationsbedingungen haben die Lebenshorizonte von vielen Jugendlichen erweitert und zu überregionalen und vornehmlich auch zu internationalen globalen Gemeinsamkeiten von Lebens-, Konsum-, Medien-, Musikstilen und Jugendgruppen geführt. Im historischen Verlauf haben Entregionalisierungsprozesse nicht zuletzt durch viele Erweiterungen neuer direkter und indirekter Kommunikationsmöglichkeiten stattgefunden. „Für die Überwindung der auf die eigene Gemeinde zentrierten Identität traditionaler ländlicher Jugendgruppen waren sicher schon die Eisenbahn und das Fahrrad von Bedeutung. Im Vergleich dazu hat aber die Entregionalisierung in den letzten Jahrzehnten vollkommen andere Dimensionen erreicht" (Mitterauer 1986, 250). In den mehr als 25 Jahren, seitdem diese Diagnosen gestellt wurden, hat sich das Tempo dieser Entwicklung noch deutlich beschleunigt. Vor dem Hintergrund ausgeweiteter Freizeit, größerer Mobilität qua Motorisierung, erhöhten Lebensstandards und vor allem auch vor dem Hintergrund der ausgeweiteten und ausdifferenzierten indirekten, medial-digitalen Jugendkommunikation sind Jugendtourismus, Jugendreisen und Jugendtreffs zum Teil geschlechts-, zum Teil auch milieuübergreifend zu einem individualisierten Massenphänomen geworden. Direkte Teilnahme und Teilhabe an den eventorientierten Ereignissen an den Wallfahrtsorten und Kultstätten der Jugendgruppenkulturen (nationale und internationale Open-Air-Konzerte, Medien-, Musik-, Sport- und Modefestivals, Weltkirchentage, politische und kulturelle Protestfestivals etc.) sind im Lichte vieler Globalisierungsprozesse, die sowohl homogene als auch heterogene Züge aufweisen können (vgl. zu den vielen mögliche Facetten Ferchhoff 2007a; 2007b; 2011) leicht erreichbar geworden. Die Ausbildung überregionaler, teilweise auch entterritorialisierter Gruppenkulturen wäre freilich ohne die

alltägliche Verdichtung der Raum- und Zeitstrukturen, ohne Veränderung und Ausdifferenzierung der verkehrs- und kommunikationstechnologischen Entwicklungen – nicht zuletzt auch in den Bereichen: Waren, Kulturen, Zeichen, Symbole, Bilder und Massenmedien – nicht denkbar (Mitterauer 1986, 250). Die Wirkungen von speziellen Print-Medien, wie etwa das ausdifferenzierte Genre der Jugendzeitschriften, aber auch die Wirkungen durch Kino, Radio und Schallplatte in der *ersten* Hälfte des 20. Jahrhunderts scheinen im Vergleich zu der Intensität des Einflusses der Medien auf die Jugend von den 1950er Jahren bis ins 21. Jahrhundert noch relativ bescheiden.

In den letzten fünfzig Jahren ist es in der medien- und jugendkulturellen Arena zu einer Ausdifferenzierung von nicht nur medienfokussierten Jugendgemeinschaften gekommen, bspw. im Medium bestimmter technologischer, massen- und musikkultureller Innovationen, bestimmter Freizeit-, Tanz- und Musikorte wie Diskotheken und Clubs, bestimmter Musikstile, bestimmter Kino- und Videofilme, bestimmter Konsolen- und Videospiele, Comics, Fernsehserien – in der jüngeren Vergangenheit auch im Medium der verschiedenen Verwendungsmöglichkeiten von MP3-Player, (internetbasiertem) Handy, Computer und Internet. Beispielsweise ist der PC im Jahre 2009 das meistbenutzte Gerät, wenn Jugendliche Musik hören. Gefolgt vom MP3-Player, während Radio, CDs, Musik TV zu diesem Zweck in den Hintergrund treten. Ein Leben ohne Handy, ohne iPod, ohne Twittern und ohne Internet scheint für heutige Jugendliche nicht möglich – dagegen müssen sogar (zuweilen) Freundschaften zurücktreten.

Zu erwähnen sind in diesem Zusammenhang einer sog. *„webciety"*, ein Kunstwort aus *web* und *society*, neue partizipatorische, trendsetzende, netzbasierte Kommunikations-, Austausch-, Beziehungs- und Vergemeinschaftungsformen in Blogs, Wikis, Chats und Foren, bei YouTube, in Online-Netzwerken, die nicht nur im Medium eines – sicherlich auch nicht gänzlich zu leugnenden und wenig reflexiv werdenden – virtuellen Exhibitionismus entstanden sind. So gesehen entstanden – analog zur sog. realen Welt – eine Vielzahl und Pluralisierung von virtuellen Räumen in *mittelbaren-unmittelbaren* Internetgemeinschaften, die durchaus – in Kombination mit traditionellen, bekannte Personen einschließenden unmittelbaren *„Face-to-face-*

Beziehungen", Freundschaften, Gemeinschaften und posttraditionalen Szenen – als Anknüpfungspunkte für wiederum neue Gemeinschaftsformen verstanden werden können.

Kinder und Jugendliche wachsen inzwischen in und mit den digitalen Medienwelten wie selbstverständlich auf. Für diese jugendlichen Nutzer ist konsequenterweise der Begriff „digital natives" geprägt worden, der darauf hindeuten soll, dass in den heutigen jüngeren Alterskohorten mit dem frühen und selbstverständlichen Aufwachsen in den digitalen Medienwelten auch – gegenüber anderen Alterskohorten – quasi-natürliche, einverleibte Zugangs-, Umgangs- und Ausdrucksformen zu diesen scheinbar unendlichen virtuellen Parallelwelten vorhanden sind.

Die Jugendkulturen und Jugendszenen der *digital natives* können dabei wichtige bindungskompensatorische Funktionen übernehmen, ihnen das Eintauchen in andere, auch virtuelle (Lebens-)Welten und soziale Netzwerke der Geselligkeit und Freundschaften sowie Selbstbestimmungen ermöglichen und diese inszenieren, indem sie sich in Teilbereichen der häufig übermächtigen direkten sozialen Kontrolle durch Institutionen und Pädagogisierungen verschiedenster Art (z. B. Elternhaus, Schule), also den – manchmal als unzumutbar erlebten – Lebenszwängen des Alltags entziehen, obwohl zumeist eine emotionale Tiefenbindung an das Elternhaus bestehen bleibt. Immerhin hat sich in den letzten Jahren die Besiedlung der Freundeszentralen durch das Internet – etwa qua *Facebook*, *Myspace*, *schülerVZ*, *studiVZ*, *meinVZ*, *StayFriends* und *wer-kennt-wen* – enorm beschleunigt. In diesen neuartigen Freundesnetzen können sich die jugendlichen Mitglieder permanent online treffen – vielfach mit denjenigen Gruppen und Freunden, die sie auch schon aus der Offline-Welt kennen, um sich noch enger und dauerpräsent zusammenzuschließen (Boyd 2009). Dadurch ist eine autonome Jugendkultur entstanden in dem Sinne, dass die eigenen Jugendgemeinschaften den ratlosen Eltern und Pädagogen entzogen werden – eine garantiert erwachsenenfreie Zone.

Virtuelle Gruppenwelten und die geisteswissenschaftlich-pädagogische bzw. sozialwissenschaftliche Gemeinschaftsmetapher

Gruppenphänomene im Internet werden seit Anfang der 1990er Jahre mit der Entstehung von Online-Communities bzw. virtuellen Gemeinschaften in Zusammenhang gebracht und empirisch wie theoretisch untersucht (vgl. etwa Döring 2003; Thiedeke 2007), wenngleich sich dieser Diskurs bisher kaum mit digitalen jugendkulturellen Gesellungsformen auseinandergesetzt hat. Online-Communities sind *soziale Gefüge, die die Suche nach Geselligkeit und Informationen sowie ein Gefühl der Zugehörigkeit und Identität* neben der Offline-nun auch in der Online-Welt ermöglichen. Dieses Verständnis grenzt sich von solchen Vorstellungen ab, die in den Communities ein ausschließlich durch gegenseitige Hilfe und soziale Nähe gekennzeichnetes soziales Miteinander vorherrschen sehen, das in der modernen Gesellschaft schon längst verloren geglaubt wurde. In diesem Sinne muss noch Howard Rheingold (1993) verstanden werden, der als einer der ersten und entschiedensten Verfechter für die Entstehung einer neuen Form von Gemeinschaft im Netz gilt. Virtuelle Gemeinschaften sind für ihn die Folge eines wachsenden Bedürfnisses nach Gemeinschaft, das die Menschen weltweit entwickeln, weil in der „wirklichen Welt" die Räume für ungezwungenes soziales Miteinander immer mehr verschwinden. Die Online Communities sieht er als Brücke zu fremden Kulturen an, die jetzt nicht mehr unbedingt von Angesicht zu Angesicht besucht werden müssen, damit man sie kennen lernt. Auch eine virtuelle Begegnung könne dies jetzt ermöglichen, wenngleich Face-to-Face-Kommunikation und direkte Treffen dadurch nicht ersetzt werden.

Folgt man diesem Gedanken im Hinblick auf die Frage nach jugendkultureller Gesellung im Internet weiter, würde dies bedeuten, dass durch die virtuell geknüpften Bekanntschaften sowie Freundschaften und die spezifische Art und Weise, in der sich die Jugendlichen über computervermittelte Kommunikation (CvK) gegenwärtig miteinander austauschen, völlig neue Erfahrungshorizonte erschlossen werden könnten, die sich von früheren

Formen der Wirklichkeitserfahrung – medial vor allem durch Fernsehen und Telefon beeinflusst – unterscheiden. Rheingold (1993) definiert virtuelle Gemeinschaften als *elektronische Netzwerke interaktiver Kommunikation, die von einem gemeinsam geteilten Interesse oder einem gemeinsamen Zweck bestimmt werden.* Dabei kann auch die virtuelle (und auch die direkte interaktive) Kommunikation selbst zum Ziel werden. Deutlich wird aber auch, dass zahlreiche Thesen zur Entstehung von Online-Communities – Rheingolds eingeschlossen – ein auch sonst häufig anzutreffendes allzu idyllisches Bild von Gemeinschaft, wenn nicht ausdrücklich von posttraditionalen Szene-Gemeinschaften die Rede ist, als dichter, abgegrenzter und dorfähnlicher Form des sozialen Miteinanders vertreten, geprägt durch Nähe, Unterstützung und Zugehörigkeit. Die Existenz solcher sozialer Formationen ist aber wohl selbst für Agrargesellschaften, zumindest aber für entwickelte Industrie- und Dienstleistungsgesellschaften zu bezweifeln. Nicht zuletzt spiegelt sich auf diese Weise noch das klassische traditionelle Verständnis des sozialen Miteinanders als *Gemeinschaft* oder als *Vergemeinschaftung – affektuelles* bzw. *traditionelles Handeln –* (in Abgrenzung zu *Gesellschaft* bzw. *Vergesellschaftung* als *wertrationales* oder *zweckrationales Handeln*) wider, wie es vor allem in den soziologischen Theorieansätzen von Ferdinand Tönnies (1887) und Max Weber deutlich wurde.

Tönnies' und Webers Vorstellungen von Gemeinschaft und Gesellschaft waren sozial-evolutionär angelegt. Die historische Entwicklung ging demnach von der Gemeinschaft zur Gesellschaft. In diesem Sinne wurde Gemeinschaft tendenziell zum *Krisenbegriff*, von der historischen Gesellungsform Gemeinschaft, die das Gewachsene, Organische und Tradierte betonte, etwa der naturwüchsigen Familiengemeinschaft, über die Freisetzung des Individuums (im Lichte eines strukturellen Individualismus) zur mechanisierten (mechanischen) Gesellschaft. Für Tönnies und Weber wurde Gesellschaft in Verbindung zur Entwicklung der modernen Gesellschaft gebracht, die Max Weber vor allem als Rationalisierung, Entzauberung und Bürokratisierung gekennzeichnet hatte (Knoblauch 2009, 76). So gesehen schien es entwicklungsgemäß kein Zurück zu naturwüchsigen traditionalen Gemeinschaften zu geben. Wenn überhaupt schien nur eine neue Gemeinschaftsform möglich zu sein

(Reyer / Henseler 2000, 5) – entweder Restauration oder Neuentwurf. Alle Gemeinschaftsbegriffe, ob restaurative oder progressive, waren aber reaktiv angelegt. Sie reagierten auf die Aufweichung von Traditionalität und somit auf Integrationsprobleme der modernen Welt. Auch die heute vieldiskutierten posttraditionalen Gemeinschaften in allen ihren verschiedenen Erscheinungsformen besitzen durchaus – analog zu den traditionellen Funktionen eingelebter Milieus – sozialintegrative Wirkungen für die Beteiligten. Auch sie sind in gewisser Weise Antworten auf gesellschaftliche Wandlungsprozesse – nunmehr der modernen Gesellschaft. So unterschiedliche Etikettierungen und Metaphern wie reflexive Moderne, flüchtige Moderne, zweite Moderne, Nachmoderne, Spätmoderne, Postmoderne, eventorientierte Erlebnisgesellschaft und Multioptionsgesellschaft beziehen sich auf diesen gesellschaftsdiagnostischen Hintergrund. Immerhin deuten die posttraditionalen Gemeinschaften darauf hin, dass sich Gesellungsformen und -modalitäten der Vergemeinschaftung und Vergesellschaftung im Sinne einer Aufweichung klassischer traditionaler Gesellungen und Hinwendung zu einer Verszenung der Gesellschaft geändert haben.

Die von Tönnies historisch charakterisierte naturwüchsige Gesellungsform Gemeinschaft, die in der Moderne nicht mehr so ohne weiteres zu haben war, wurde bspw. von Eduard Spranger zur Kulturgemeinschaft, zu einer Lebensform erhoben (Spranger 1924, 171 ff.). Und diese Lebensform sah Spranger in der organische Gemeinschaften hervorbringenden Jugendbewegung Anfang des 20. Jahrhunderts. In dieser Jugendbewegung entfalteten sich, so Spranger, Gemeinschaftserlebnis und Gemeinschaftskultur (Spranger 1928, 146), die die Rechte des Individuums einem „übergeordneten Ganzen" unterstellten, während Gemeinschaft, die aufgrund von aufklärerischen Ideen, namentlich von Vertrag, Liberalismus und Rationalismus zustande kam und mündige Subjekte voraussetzte, bloß mechanisch sei.

Das organische Ineinanderwachsen im Gemeinschaftserlebnis verlangte nach Spranger „nicht Gleichheit der Glieder, sondern nur die Berührung im Tiefsten: im Willen zur Reinheit, Wahrheit, Echtheit des Innern, und in der Bejahung des Willens zum echten Wert" (Spranger 1928, 163). Bei Spranger deutete sich schon etwas an, was historisch ein wenig später bspw. bei Herman

Nohl – in einem Drei-Stufen-Modell im Kontext der „wahren Bestimmung der Jugendbewegung" eines vorfaschistischen Gedankenguts der Volksgemeinschaft – weitergeführt wurde: Von der *individuellen Persönlichkeit* in der ersten Phase über die Gemeinschaft als *lebendige Beziehung* von Mensch zu Mensch (Nohl 1963) bis hin zum *Dienst als Hingabe* an etwas objektiv Übergeordnetes, namentlich die Volksgemeinschaft, die Nation. An die Stelle des unmittelbaren interaktiven pädagogischen Bezugs trat der Kreis junger Menschen um den Fahnenmast, und mit dem begleitenden Liedgut und dem Hissen der Fahne spürte man die metaphysische Wirklichkeit von Fahnenmast und Volksgemeinschaft.

Es bleibt festzuhalten: Die zuweilen naive Verwendung des traditionellen Gemeinschaftsbegriffs für soziale Prozesse bzw. Gesellungsformen (nicht nur) von Jugendlichen im Netz ist kritisch zu hinterfragen, weil er neben historisch mythenbildenden Konnotationen auch noch ortsgebundene bzw. nationalstaatliche bzw. kulturell fest abgesteckte Räume betont, wogegen sich *Räume* aufgrund von Globalisierungsprozessen heute immer mehr *entgrenzt* darstellen. Mit Virtualisierung wird zumeist ein Phänomen im World Wide Web beschrieben, das einen eigenen Typus von virtueller Gemeinschaft hervorbringen, gleichzeitig aber auch bestehende Gemeinschaften erfassen und verändern soll. Das medienvermittelte Erleben und der medienver-mittelte Erfahrungsbezug (Mediatisierung von Welt und Lebenswelt) sollen neben Merkmalen der Deterritorialität und Translokalität gesellschaftliche Prozesse der Individualisierung, Globalisierung und Ökonomisierung charakteristisch für das Entstehen posttraditionaler Gemeinschaften sein. Ein weiteres relevantes Merkmal für das Attribut Posttraditionalität wird darin gesehen, dass die Zugehörigkeit nicht aus Tradition resultiert, sondern auf einer tendenziell freiwilligen Entscheidung beruht. Diskurse zu diesen komplexen gesellschaftlichen Wandlungsprozessen und Lebensverhältnissen (traditionale Gemeinschaften im Rahmen traditioneller Gesellschaften, posttraditionale Gemeinschaften im Medium von Deterritorialität und Virtualität im Kontext (post-)moderner Gesellschaften) werden vor allem geführt: (Hitzler / Pfadenhauer 2001; Gebhardt et al. 2000; Hitzler et al. 2009). Demgegenüber lassen sich jugendkulturelle Gemeinschaften in der Online-Welt – ebenso wie in der Offline-Welt – kaum mehr als traditionale, hierarchisch strukturierte, relativ homogene und dicht verbundene Gruppen charakterisieren, sondern adäquater als eher informelle, soziale *Netzwerke* interpersoneller Beziehungen. Aus dieser Perspektive stellen sie sich als weit offene strukturierte dar, weil der Blick sowohl auf die heterogene Teilnehmerstruktur in internetbasierten Diskussionsgruppen als auch auf die spezifischen sozialen Verbindungen in ihnen genauer erfasst werden kann.

Literatur

Bohnsack, R., Loos, P., Schäffer, B., Städtler, K., Wild, B. (1995): Die Suche nach Gemeinsamkeit und die Gewalt der Gruppe. Hooligans, Musikgruppen und andere Jugendcliquen. Leske & Budrich, Opladen

Boyd, D. (2009): Friendship. In: Mizuko, I., Baumer, S., Bittanti, M., Boyd, D., Cody, R., Herr-Stephenson, B., Horst, H. A., Lange, P. G., Mahendran, D., Martinez, K. Z., Pascoe, C. J., Perkel, D., Robinson, L., Sims, C., Tripp, L.: Hanging Out, Messing Around, Geeking Out: Living and Learning with New Media. MIT Press, Cambridge

Döring, N. (2003): Sozialpsychologie des Internet. Hogrefe, Göttingen u. a.

Ferchhoff, W. (2011): Jugend und Jugendkulturen im 21. Jahrhundert. 2. Aufl., VS Verlag, Wiesbaden

– (2009): Mediensozialisation in Gleichaltrigengruppen. In: Vollbrecht, R., Wegener, C. (Hrsg.): Handbuch Mediensozialisation. VS Verlag, Wiesbaden, 192–200

– (2007a): Jugend und Jugendkulturen im 21. Jahrhundert. VS Verlag, Wiesbaden

– (2007b): Geschichte globaler Jugend und Jugendkulturen. In: Villanyi, D., Witte, M. D., Sander, U. (Hrsg.): Globale Jugend und Jugendkulturen. Aufwachsen im Zeitalter der Globalisierung. Juventa, Weinheim / München, 25–54

–, Hugger, K.-U. (2010): Zur Genese und zum Bedeutungswandel von Gleichaltrigengruppen. Lokale, de-lokalisierende und virtuelle Tendenzen. In: Hugger, K.-U. (Hrsg.): Digitale Jugendkulturen. VS Verlag, Wiesbaden, 89–101

Gebhardt, W., Hitzler, R., Pfadenhauer, M. (Hrsg.) (2000): Events. Soziologie des Außergewöhnlichen. Leske & Budrich, Opladen

Hermsen, E. (1998): Jugendleben im Hoch- und Spätmittelalter. In: Horn, K.-P., Christes, J., Parmentier, M. (Hrsg.): Jugend in der Vormoderne. Annäherungen an ein bildungshistorisches Thema. Böhlau, Köln / Weimar / Berlin, 111–140

Hitzler, R. (2008): Brutstätten posttraditionaler Vergemeinschaftung. Über Jugendszenen. In: Hitzler, R., Honer, A.,
Pfadenhauer, M. (Hrsg.), 55–72

–, Bucher, Th., Niederbacher, A. (2001): Leben in Szenen.
Formen jugendlicher Vergemeinschaftung heute. Leske &
Budrich, Opladen

–, Honer, A., Pfadenhauer, M. (Hrsg.) (2009): Posttraditionale Gemeinschaften. Theoretische und ethnographische
Erkundungen. VS, Wiesbaden

–, Pfadenhauer, M. (Hrsg.) (2001): Techno-Soziologie. Erkundungen einer Jugendkultur. Leske & Budrich, Opladen

Knoblauch, H. (2009): Kommunikationsgemeinschaften.
Überlegungen zur kommunikativen Konstruktion einer
Sozialform. In: Hitzler, R., Honer, A., Pfadenhauer, M.
(Hrsg.), 73–88

Lundt, B. (1996): Zur Entstehung der Universität als Män-
nerwelt. In: Kleinau, E., Opitz, C. (Hrsg.): Geschichte der
Mädchen- und Frauenbildung, Bd. 1: Vom Mittelalter bis
zur Aufklärung. Campus, Frankfurt / M. / New York, 103–
118

Mitterauer, M. (1986): Sozialgeschichte der Jugend. Suhrkamp, Frankfurt / M.

Nohl, H. (1963): Die pädagogische Bewegung in Deutschland und ihre Theorie. 6. Aufl. Schulte-Bulmke, Frankfurt / M.

Reyer, J., Henseler, J. (Hrsg.): (2000): Zur Einleitung: Die
Wiederentdeckung von „Gemeinschaft" für die Historio-
graphie der Sozialpädagogik. In: Reyer, J., Henseler, J.
(Hrsg.): Sozialpädagogik und Gemeinschaft. Schneider
Hohengehren, Baltmannsweiler, 1–21

Rheingold, H. (1993): The Virtual Community. Reading

Rossiaud, J. (1994): Dame Venus: Prostitution im Mittelalter.
Beck, München

Spranger, E. (1928): Die drei Motive der Schulreform (1921).
In: Spranger, E.: Kultur und Erziehung, Gesammelte pädagogische Aufsätze. 4. Aufl. Leipzig, 142–164

– (1924): Lebensformen. Geisteswissenschaftliche Psychologie und Ethik der Persönlichkeit. 4. Aufl. Halle / Saale

Thiedeke, U. (2007): Trust, but test! Das Vertrauen in virtuellen Gemeinschaften. UVK, Konstanz

Tönnies, F. (1887): Gemeinschaft und Gesellschaft. Grundbegriff der reinen Soziologie. Wissenschaftliche Buchgesellschaft, Leipzig (Reprint) Darmstadt

Prävention und Intervention

Von Karin Böllert

Begriffliche Klärungen

Im allgemeinen Sprachgebrauch hat sich im Anschluss an eine zeitliche Differenzierung des Präventionsbegriffes von Caplan (1964) eine Definition von Prävention als „vorbeugendes Eingreifen" durchgesetzt. Intervention meint dagegen nachgehende Eingriffe gegenüber bereits manifesten Störungen. Diese Unterscheidung geht auf eine Differenzierung von primärer, sekundärer und tertiärer Prävention zurück. Unter tertiärer Prävention werden demnach solche Maßnahmen verstanden, die der Besserung, Nacherziehung und der Resozialisierung mit dem Zweck dienen, zukünftige Normverstöße zu vermeiden. Die kritische Auseinandersetzung mit dieser Definition einer tertiären Prävention hat allerdings dazu beigetragen, dass in diesem Zusammenhang nicht von präventiven Maßnahmen ausgegangen wird, sondern in den Fällen, in denen bereits vorhandene Problemlagen bzw. auf normabweichendes Verhalten reagiert wird, der Gebrauch des Interventionsbegriffes nahe gelegt wird. In Abgrenzung hierzu richten sich sekundäre Präventionsmaßnahmen an solche Personengruppen, deren normabweichendes Verhalten noch nicht manifest ist. Frühzeitig beratende, behandelnde und betreuende Angebote sollen die Verfestigung abweichenden Verhaltens verhindern. Aufklärung, Anleitung und Beratung sind schließlich die zentralen Angebotsformen der primären Prävention. Ihre Leistungen sollen dazu befähigen, potenziell abweichendes Verhalten ohne die Zuhilfenahme von Angeboten staatlicher Instanzen bewältigen zu können. Prävention in diesem Sinne ist dann die Vermeidung von Normabweichung; im Unterschied hierzu umfasst Intervention die Bearbeitung von Normabweichungen. Gemeinsam ist präventiven und interventionistischen Maßnahmen, dass beide durch die Annahme geprägt sind, dass es verallgemeinerbare, gesellschaftlich anerkannte Vorstellungen davon gibt, was konformes bzw. abweichendes Verhalten ist. Der gesellschaftlich anerkannte Normenkontext, in den hinein vorbeugend integriert bzw. reaktiv wiederhergestellt werden soll, wird nicht problematisiert und gilt insofern als unhinterfragte Zielkategorie sowohl präventiver als auch interventionistischer Strategien. Das, was Prävention und Intervention in dieser Perspektive dann letztendlich nur noch voneinander unterscheidet, ist der Zeitpunkt, zu dem entsprechende Angebote und Maßnahmen umgesetzt werden. Prävention ist in diesem Sinne eine rechtzeitige Intervention; unterschieden werden müsste folgerichtig zwischen reaktiven und präventiven Interventionen. Ähnlich wie bereits der Prophylaxebegriff als Zusammenfassung aller Maßnahmen zur Verhinderung der Entwicklung gesellschaftlich unerwünschter Persönlichkeitsstrukturen definiert worden ist, gilt Prävention somit als Bezeichnung jener gesellschaftlich organisierter Maßnahmen, die die Konformität der Gesellschaftsmitglieder mit Verhaltenserwartungen des sozialen Systems sichern und dementsprechend das Auftreten normabweichender Verhaltensweisen verhindern sollen (Herriger 1986).

Neben der zeitlichen Differenzierung von Prävention existieren solche Konzeptualisierungen, die bei den jeweiligen Bezugsebenen präventiver Strategien ansetzen und strukturbezogene und personenbezogene Präventionsstrategien (Herriger 1986) bzw. institutionelle und personelle Prävention (Vobruda 1983) voneinander unterscheiden. Vor diesem Hintergrund sind strukturbezogene Präventionsstrategien durch Verursachungszentrierung charakterisiert. Ihre Ansatzpunkte sind restriktive soziale Lebenslagen als relativ konstante Rahmenbedingungen für die Produktion sozialer Auffälligkeiten. Ihre Ziel-

Otto/Thiersch (Hg.), Handbuch Soziale Arbeit, 4. A., DOI 10.2378/ot4a.art113,

setzung besteht von daher in der Verbesserung dieser Lebenslagen durch die Herstellung von kulturellen, ökonomischen und ökologischen Ressourcen. Personenbezogene Präventionsstrategien sind dagegen durch ihre Verhaltenszentrierung gekennzeichnet, pädagogisch-therapeutische Angebotsformen bezwecken dementsprechend die Verhinderung von Verhaltensauffälligkeiten. Personelle Prävention ist schließlich die dominante Interventionsebene behördlichen Handelns, während die institutionelle Prävention wesentlich in den Aufgabenbereich zentralstaatlicher Politik fällt. Damit wird letztendlich eine Dichotomisierung des Präventionskonzeptes vorgenommen, die zwar auf der einen Seite die strukturellen Grenzen sozialpädagogischen Handelns berücksichtigt, auf der anderen Seite aber eine mögliche Komplementarität dieser beiden Präventionsstrategien nicht erfassen kann.

Schließlich sind aus dem Gesundheitsbereich schon seit längerem Differenzierungen von universaler, selektiver und indizierter Prävention bekannt (Gordon 1983). Universale Prävention zielt dabei auf die Gesamtbevölkerung und die Senkung der Zahl von Neuerkrankungen. Selektive Prävention geht von gut belegten Risikofaktoren und -bedingungen aus und will die Auftretenswahrscheinlichkeit von Krankheiten bzw. Störungen bei Risikogruppen verringern. Indizierte Prävention zielt schließlich auf Personen mit manifesten Problemen, bei denen Komorbidität vermieden werden soll (BMFSFJ 2009, 51).

Fasst man die bislang vorliegenden Definitionsversuche des Interventions- und des Präventionsbegriffes insgesamt zusammen, so kann festgehalten werden, dass beide bis heute inhaltlich unbestimmt geblieben sind und eine eindeutige Systematik vermissen lassen.

Zur Attraktivität von Prävention

Trotz der genannten Schwächen bisheriger Präventionsvorstellungen hat der Präventionsbegriff seine Attraktivität für die Soziale Arbeit nicht verloren. Er gilt nach wie vor als Synonym für eine erhöhte Problemadäquanz und eine gesteigerte Effektivität sozialer Dienstleistungen. Dies hat mit dazu beigetragen, die Zuständigkeit von Prävention und ihre Maßnahmenbreite enorm zu vergrößern.

Nicht nur der Einzelfall, sondern das ihn umgebende Milieu, das Gemeinwesen, schließlich alle Lebensbereiche sollen im Mittelpunkt einer präventiven Problembearbeitung stehen. Folgende Veränderungen werden u. a. angestrebt: Mit der Integration von Einrichtungen in Stadtteilen und der Dezentralisierung sozialer Dienste sollen die Schwellenängste von sozial benachteiligten Personengruppen abgebaut werden. Zugleich verspricht man sich hiervon eine bessere Kenntnis der Lebensbedingungen der Betroffenen. Die Kooperation mit anderen Institutionen erfolgt mit dem Ziel, einerseits die Kontakte sowohl für Fachkräfte als auch für die Klientel überschaubarer zu gestalten. Andererseits soll hierüber eine frühzeitige Problemwahrnehmung ermöglicht werden. Prävention als neue professionelle Perspektive soll dementsprechend vorrangig durch institutionelle Veränderungen erzielt werden (Trabant / Wurr 1989), womit allerdings die Annahme einhergeht, dass v. a. administrative Veränderungen präventive Wirkungen unterschiedlicher Problembearbeitungsstrategien erzielen können. Eine Sichtweise schließlich, mit der Prävention nahezu all das umfassen soll, was als Umorientierung, Veränderung und Innovation im Bereich der Sozialen Arbeit gilt, leistet außerdem einer Tendenz Vorschub, die unter dem Motto »Prävention statt Intervention« letztendlich nicht mehr klären kann, für welche Problembereiche und Aufgabenstellungen präventive oder interventionistische Strategien die angemessenen Reaktionsweisen bedeuten (Otto 1991). Unberücksichtigt bleibt weiterhin, dass gängige Präventionsvorstellungen schon früh dahingehend problematisiert worden sind, dass sie der Gefahr unterliegen können, zu einer technokratischen Rekonstruktion potenzieller Risikogruppen beizutragen (Castel 1983) und zu einer Verstärkung der Fremdbestimmung von Lebensläufen zu führen (Schulz / Wambach 1983). Die kleinräumige Ausrichtung entsprechender Präventionsstrategien, ihre Betonung der Förderung von Empowerment und ihre Orientierung an lokalen Gemeinschaften kann vor diesem Hintergrund immer auch Ausdruck einer zunehmenden Kontrolle sozialer Räume und Beziehungsmuster sowie einer wachsenden Verlagerung der Verantwortung für die Bewältigung sozialer Risiken und Probleme auf die Betroffenen selbst sein. Prävention bewirkt in dieser Perspektive dann eher eine Verstärkung sozialer Ungleichheiten und schränkt Freiheitsräume einer eigenverantwortlichen Lebenspraxis der Adressaten und Adressatinnen ein (Ziegler 2001).

Wenn trotz zahlreicher kritischer Einwände vor allem der Achte Jugendbericht (BMJFG 1990) weiterhin an der Forderung nach Prävention festgehalten und Prävention als eine Strukturmaxime der Kinder- und Jugendhilfe beschrieben hat, so deshalb, weil in dem Verhältnis von sozialem Anspruch der Sozialen Arbeit und ihrer kontrollierenden Normalisierungsfunktion eine neue Gewichtung vorgenommen werden sollte. Bezugnehmend auf die Anforderungen des gesellschaftlichen Modernisierungsprozesses wird ein Präventionsverständnis formuliert, das ausdrücklich darauf hinweist, dass Angebote und Maßnahmen der Jugendhilfe im Kontext von Prävention nicht unter dem Gesichtspunkt von Verhütung von Schwierigkeiten bzw. als (Wieder-)Herstellung von *Normalität* zu verstehen sind. Primäre Prävention wird in diesem Zusammenhang definiert als Orientierung auf lebenswerte, stabile Verhältnisse, sekundäre Prävention meint demgegenüber vorbeugende Hilfen in Situationen, die belastend sind und sich zu Krisen auswachsen können. Beiden Ansatzpunkten ist der Anspruch gemeinsam, den Widerspruch Sozialer Arbeit in ihrer Institutionalisierung zwischen Sozialstaatpostulat und Sozialdisziplinierung so zu bewältigen, dass präventive Leistungsprofile tatsächlich möglich werden.

Um eine Überdehnung des Präventionsbegriffes bzw. eine entsprechende Begriffsentgrenzung zu vermeiden, entwickelt der 13. Kinder- und Jugendbericht (BMFSFJ 2009, 51 ff.) die Definition einer gesundheitsbezogenen Prävention, mit der alle Formen von Praxishandeln bezeichnet werden, die auf die Vermeidung bzw. frühzeitige Linderung gesundheitlicher Belastungen bzw. Krankheiten abzielen. Wesentlich ist in diesem Kontext, dass ein nachvollziehbarer Zusammenhang zwischen dem praktischen Handeln und dem anvisierten Ziel der Vermeidung gesundheitlicher Beeinträchtigungen zumindest mittelbar begründbar ist, was präventive Strategien in den Kontext der Debatte über evidence-based-praxis mit all ihren Herausforderungen und Ambivalenzen verortet (Schrödter / Ziegler 2007; Otto et al. 2008). Prävention in diesem Verständnis setzt somit voraus, dass mit hinreichender Sicherheit nicht nur zukünftige Entwicklungen vorhergesagt werden können, sondern auch Mittel zu deren Beeinflussung bekannt sind. Darüber hinausgehend ist zentral, dass ein Konsens darüber besteht, dass die erwartbaren Entwicklungen unerwünscht und deshalb zu vermeiden sind, was wiederum auf die implizite Normativität präventiver Ansätze verweist (Homfeldt / Sting 2006).

Prävention und Individualisierung

In einer modernisierungstheoretischen Begründung des Präventionsbegriffes wird davon ausgegangen, dass angesichts der Komplexität gesellschaftlicher Rahmenbedingungen der Sozialen Arbeit und insbesondere im Hinblick auf die veränderten Lebensbedingungen ihrer Klientel sowohl die gängigen Interventions- als auch die üblichen Präventionsmuster revidiert werden müssen (Böllert 1992). Eine perspektivische Konzeptualisierung präventiver und interventionistischer Maßnahmen hat dabei zunächst darauf Bezug zu nehmen, dass sich aufgrund gesellschaftlicher Modernisierungsprozesse die Lebensentwürfe der AdressatInnen und ihre Beziehungsmuster vervielfältigen. In einer Risikogesellschaft können und müssen Lebensentwürfe immer häufiger ohne Rückgriff auf tradierte Vorbilder entwickelt und ausgehandelt werden (Beck 1986). Von daher sind subjektive Biographien immer weniger das Resultat ausschließlich klassen- und schichtspezifischer Zugehörigkeiten, stattdessen müssen sie vor dem Hintergrund weitreichender Individualisierungsprozesse verstärkt als Ergebnis eigener Entscheidungen interpretiert werden. Folge dieser gesellschaftlichen Modernisierungsprozesse ist, dass Individuen ihre soziale Integration in einem erheblichen Umfang selbst zu bewerkstelligen haben. Das hat weitreichende Konsequenzen sowohl für die Soziale Arbeit selbst als auch für ein ihr zugrundeliegendes Präventionsverständnis: Verallgemeinerbare Normalitätsentwürfe verlieren zu Gunsten einer Ausdifferenzierung unterschiedlichster Lebensentwürfe zunehmend mehr an Bedeutung. Für präventive und interventionistische Maßnahmen folgt daraus, dass sie nicht mehr länger auf der Grundlage durchgängig definierbarer Normalitätsentwürfe institutionalisiert werden können. Prävention als Verhinderung von Normabweichung und Intervention als deren Bearbeitung werden in diesem Kontext tendenziell obsolet.

Gleichzeitig muss festgehalten werden, dass die Individualisierung von Lebensentwürfen und Lebensläufen keineswegs voraussetzungslos ist. Sie stellt sowohl hohe Anforderungen an die einzelnen Individuen als auch an die Ausgestaltung ihrer Lebensbedingungen. Einerseits können gesellschaftliche Freisetzungsprozesse als ein Zugewinn an individuellen Gestaltungsmöglichkeiten begriffen werden, andererseits sind aber die Zugangsvoraussetzungen zu diesen Gestaltungsmöglichkeiten ungleich verteilt. So sind materielle und soziale Ressourcen für die Teilhabe am Individualisierungsprozess unerlässlich, wenn selbstbestimmt entwickelte Lebensentwürfe tatsächlich eine Realisierungschance haben sollen. Von einer ebenso großen Bedeutung sind zudem individuelle Kompetenzen und Fähigkeiten, die den Einzelnen erst dazu in die Lage versetzen, selbstbestimmte Lebensentwürfe entwickeln zu können. Vor diesem Hintergrund macht ein konträres Verständnis von Prävention und Intervention schließlich keinen Sinn. Vielmehr sind die entsprechenden Angebotsformen als ein Kontinuum unterschiedlicher, situativ jeweils zu spezifizierender Maßnahmen der Sozialen Arbeit zu verstehen. Das heißt, dass immer wieder neu reflektiert werden muss, inwieweit auf Seiten der Adressaten und Adressatinnen Sozialer Arbeit bereits von selbstbestimmten Lebensentwürfen ausgegangen werden kann und in welchem Umfang Soziale Arbeit dann die Grundlagen für ihre Umsetzung zur Verfügung zu stellen hat. In diesem Sinne heißt Prävention dann, strukturelle und kontextuelle Möglichkeiten und Voraussetzungen dafür zu schaffen, dass selbstbestimmte Lebensentwürfe tatsächlich realisiert werden können. Scheitern die Adressaten und Adressatinnen von Sozialer Arbeit dagegen bei dem Versuch, eigenständige Lebensentwürfe zu entwickeln, stellt sich die Frage, welche unterstützenden Leistungen erforderlich sind, durch die ihnen entsprechende Kompetenzen vermittelt werden können. Intervention gewährleistet somit, dass die Adressaten und Adressatinnen der Sozialen Arbeit in die Lage versetzt werden, selbstverantwortete Lebensentwürfe zu begründen. Das, was Prävention und Intervention dann voneinander unterscheidet, sind die Ansatzpunkte ihrer jeweiligen Maßnahmen. Prävention umfasst solche strukturbezogenen Angebote, die über die Gestaltung von Lebensbedingungen individuelle Partizipationsmöglichkeiten

beeinflussen. Intervention meint dagegen solche personenbezogenen sozialen Hilfen, die über die Befähigung des Einzelnen Gestaltungsspielräume eröffnen (Böllert 1995; 1996). Offen bleiben muss bei diesem Präventionsverständnis allerdings, über welche Möglichkeiten Soziale Arbeit verfügt, solche Angebote auch zu institutionalisieren und welche Methoden sie entwickelt hat oder aber entwickeln muss, die präventiven Wirkungen ihrer Maßnahmen zu analysieren.

Ambivalenzen von Prävention

In dem Maße, wie vor allem in der Kinder- und Jugendhilfe präventive Angebote in den letzten Jahren eine enorme Konjunktur erleben, in dem Maße mehren sich die Stimmen, die vor einer Entgrenzung und Segmentierung von Prävention warnen. Hintergrund dieser skeptischen Einschätzungen ist eine in der Praxis der Kinder- und Jugendhilfe und hier insbesondere in der Jugendarbeit zu beobachtende Tendenz, den Präventionsgedanken als Legitimationsfolie und als Begründungszusammenhang für immer mehr Angebote und Aktivitäten auszuweiten, ohne dabei inhaltlich zu klären, welche Ziele mit einer präventiven Ausrichtung verfolgt werden oder welcher Präventionsbegriff den entsprechenden Maßnahmen zu Grunde gelegt wird. Kritisiert wird in dem Kontext einer solchen Präventionsrhetorik ein damit einhergehender genereller Gefährdungsverdacht gegenüber allen Kindern und Jugendlichen, ein präventives Misstrauen, dass auf einem defizitären Kinder- und Jugendbild basiert und Prävention auf die symbolische Befriedigung öffentlicher Sicherheitsbedürfnisse verkürzt (Lindner / Freund 2001). Nicht die Adressaten und Adressantinnen der Kinder- und Jugendhilfe werden in dieser Perspektive vor Risiken und Gefahren geschützt, vielmehr gilt es, präventiv den von ihnen ausgehenden Gefahren und Risiken für andere entgegen zu wirken. Als typische Merkmale dieser Entwicklung können zum einen Präventionsprogramme gelten, die im Anschluss an öffentlich wahrgenommene, d. h. bereits manifest gewordene Problemlagen bzw. Auffälligkeiten junger Menschen verabschiedet worden sind. Zum anderen ist zu beobachten, dass einzelne Symptome ungeachtet ihrer vielschichtigen Problemursachen in speziellen, singulären Präventionsmaßnahmen abgearbeitet werden. Des Weiteren sieht sich die Kinder- und Jugendarbeit immer mehr präventiven Parallelstrukturen gegenüber – oder lässt sich in diese einbinden, die z. B. in Form von Präventionsbeauftragten und Präventionsräten genuine Jugendhilfeaufgaben kriminalpräventiv überformen. Kinder- und Jugendhilfe wird dabei immer zu einer Institution, die vornehmlich jugendliche Devianz verhindern soll und dabei Gefahr läuft, ihren eigentlichen Auftrag der Gestaltung positiver und förderlicher Lebensverhältnissen aus dem Blick zu verlieren (Lindner / Freund 2001). Angesichts solcher Entwicklungstendenzen ist die Frage zu stellen, was Prävention heute noch zu leisten vermag (Lüders 1995). Es ist somit zunächst zu klären, bezogen auf welche Risiken und Gefährdungen mit welcher Zielperspektive präventiv gehandelt werden soll.

Vor allem im Kontext der kritischen Kriminologie ist in diesem Zusammenhang immer wieder darauf aufmerksam gemacht worden, dass soziale Präventionslogiken mit ihrem Ziel der Disziplinierung und sozialen Kontrolle eine normierende Normalisierung von Differenz implizieren, die als (Re-)Integration Persönlichkeitsveränderung an vorab definierte und durchgesetzte sog. Normalzustände verfolgt (Ziegler 2006). Daraus wird dann zwar kein generelles Plädoyer gegen Prävention geschlussfolgert, aber auf die Gefahren der Entwicklung einer technokratische Sicherheit versprechenden Präventionsgesellschaft aufmerksam gemacht (Strasser / van den Brink 2005). Hält man stattdessen aber daran fest, dass all umfassende Sicherheit weder möglich noch wünschenswert ist und an deren Stelle das Ernstnehmen der Unsicherheit gegenüber zukünftigen Ereignissen tritt, dann gilt es, den vermeintlichen Aufregungsschäden und nicht nur der Kriminalität vorzubeugen (Mensching 2005).

Eine solche Gegenstandsbestimmung von Prävention setzt dabei aber voraus, dass die Betroffenen selbst in entsprechende Definitionsprozesse eingebunden sind und präventive Angebote ihre selbstbestimmten Sichtweisen, Wahrnehmungen und Einschätzungen angemessen widerspiegeln. Schließlich müssen auch die Grenzen von Prävention eindeutig markiert werden und dies sowohl in Bezug auf die ihr immanenten Gefahren einer Ausdehnung sozialer Kontrollmechanismen als auch in Hinblick auf die eingeschränkten Wirkungen und Effekte, die Soziale Arbeit mit ihren präventiven Angeboten bewirken kann. Letztendlich wird es darauf ankommen, Prävention wieder zu dem werden zu lassen, was sie war: zu *einem* Strukturmerkmal Sozialer Arbeit, nicht aber zu ihrem ausschließlichen.

Gelingt dies nicht, dann läuft Soziale Arbeit Gefahr, Teil jener neoliberalen Tendenzen zu werden, die in einem Sozialinvestitionsstaat (Olk 2009) unter dem Deckmantel von Prävention die Privatisierung von Verantwortung fordern. Gemeinsames Merkmal entsprechender Aktivierungsstrategien ist nämlich ihre Fokussierung auf Prävention: „Prävention wird wichtiger denn je, aber sie wird zunehmend zur Sache der Individuen, die gehalten sind, sich selbst ökonomisch zu regieren. Wer sich als unternehmerisches Selbst behaupten will, tut gut daran, rechtzeitig ins eigene Humankapital zu investieren" (Bröckling 2004, 214). Im Postwohlfahrtsstaat wird die schon klassische Gegenüberstellung von struktureller versus personaler Prävention bzw. von Verhältnis- versus Verhaltensprävention einseitig aufgegeben zu Gunsten einer Perspektive, mit der nicht mehr der Schutz des Einzelnen vor strukturell verursachten Problemen im Mittelpunkt steht, sondern der Schutz der sozialstaatlichen Gemeinschaft vor vorgeblich ungerechtfertigten Forderungen des Einzelnen (Dollinger 2006). Vor diesem Hintergrund ist dann die Perspektive von weniger Prävention die Beibehaltung gesellschaftlich verantworteter sozialer Sicherheit durch Intervention.

Literatur

Beck, U. (1986): Risikogesellschaft. Suhrkamp, Frankfurt / M.

Böllert, K. (1996): Prävention. In: Kreft, D., Mielenz, I. (Hrsg.): Wörterbuch Sozialer Arbeit. Beltz, Weinheim

– (1995): Zwischen Intervention und Prävention. Eine an-

dere Funktionsbestimmung Sozialer Arbeit. Luchterhand, Neuwied

– (1992): Prävention statt Intervention. Eine andere Funktionsbestimmung sozialer Arbeit. In: Otto, H. U., Hirschauer, P., Thiersch, H. (Hrsg.): Zeit-Zeichen sozialer

Arbeit. Entwürfe einer neuen Praxis. Luchterhand, Neuwied, 155–164

Bröckling, U. (2004): Prävention. In: Bröckling, U., Krasmann, S., Lemke, T. (Hrsg.): Glossar der Gegenwart.
Suhrkamp, Frankfurt/M., 210–215

BMFSFJ (Hrsg.) (2009): 13. Kinder- und Jugendbericht. Eigenverlag, Berlin

BMJFG (Hrsg.) (1990): Achter Jugendbericht. Eigenverlag,
Bonn

Caplan, G. (1964): Principles of Preventive Psychiatry. Basic
Books, London/New York

Castel, R. (1983): Von der Gefährlichkeit zum Risiko. In:
Wambach, M.M. (Hrsg.) (1983): Der Mensch als Risiko.
Suhrkamp, Frankfurt/M., 51–74

Dollinger, B. (2006): Prävention. Untendierte Nebenfolgen
guter Absichten. In: Dollinger, B., Raithel, J. (Hrsg.): Aktivierende Sozialpädagogik. Ein kritisches Glossar, Wiesbaden, VS-Verlag, 145–153

Gordon, R.S. (1983): An Operational Classification of
Disease Prevention. Public Health Reports, 98, 107–109

Herriger, N. (1986): Präventives Handeln und soziale Praxis.
Juventa, Weinheim/München

Homfeldt, H.G., Sting, S. (2006): Soziale Arbeit und Gesundheit – Eine Einführung. Ernst Reinhardt Verlag,
München/Basel

Mensching, A. (2005): Ist Vorbeugen besser als Heilen? Aus
Politik und Zeitgeschichte 46, 17–23

Lindner, W., Freund, Th. (2001): Prävention Zur kritischen
Bewertung von Präventionsansätzen in der Jugendarbeit.
Leske und Budrich, Opladen

Lüders, Chr. (1995): Prävention in der Jugendhilfe. Alte Probleme und neue Herausforderungen. Diskurs 1, 42–49

Olk, T. (2009): Transformationen im deutschen Sozialstaatsmodell. Der „Sozialinvestitionsstaat" und seine Auswirkungen auf die Soziale Arbeit. In: Kessl, F., Otto, H.-U.
(Hrsg.): Soziale Arbeit ohne Wohlfahrtsstaat? Zeitdiagnosen, Problematisierungen und Perspektiven. Juventa,
Weinheim/München, 23–34

Otto, H.-U. (2008): Zum aktuellen Diskurs um Ergebnisse
und Wirkungen im Feld der Sozialpädagogik und Sozialarbeit – Literaturvergleich nationaler und internationaler
Diskussionen. Expertise im Auftrag der Arbeitsgemeinschaft für Kinder- und Jugendhilfe. Berlin

– (1991): Sozialarbeit zwischen Routine und Innovation. De
Gryter, Berlin/New York

Schrödter, M., Ziegler, H. (2007): Was wirkt in der Kinder-
und Jugendhilfe. Internationaler Überblick und Entwurf
eines Indikatorensystems von Verwirklichungschancen.
Wirkungsorientierte Jugendhilfe Band 2. Münster

Schulz, Chr., Wambach, M.M. (1983): Vorbemerkungen.
In: Wambach, M.M., (Hrsg.) (1983): Der Mensch als Risiko. Suhrkamp, Frankfurt/M., 7–12

Strasser, H., van den Brink, H. (2005): Auf dem Weg in die
Präventionsgesellschaft. Aus Politik und Zeitgeschichte 46,
3–7

Trabandt, H., Wurr, R. (1989): Prävention in der sozialen
Arbeit. Leske und Budrich, Opladen

Vobruda, G. (1983): Prävention durch Selbstkontrolle. In:
Wambach, M.M. (Hrsg.) (1983): Der Mensch als Risiko.
Suhrkamp, Frankfurt/M., 29–50

Wambach, M.M. (Hrsg.) (1983): Der Mensch als Risiko.
Suhrkamp, Frankfurt/M.

Ziegler, H. (2006): Prävention und soziale Kontrolle. In:
Scherr, A. (Hrsg.): Soziologische Basics. Eine Einführung
für Pädagogen und Pädagoginnen. VS-Verlag, Wiesbaden,
146–153

– (2001): Prävention – Vom Formen der Guten zum Lenken
der Freien. Widersprüche 79, 7–24

Profession

Von Bernd Dewe und Hans-Uwe Otto

Problemstellung

Mit dem Terminus „Profession" samt verwandter auf Handlung und Kompetenz bezogener oder auf den sozialen Prozess der Hervorbringung und Etablierung besonderer gesellschaftlicher Zuständigkeiten zielender Begriffe – wie „Professionalität" und „Professionalisierung" – ist ein Schlüsselwort aus dem modernen sozialwissenschaftlichen Diskurs benannt. Besonders in der Sozialen Arbeit ist Professionalisierung zu einem Dauerthema geworden. Zieht man die US-amerikanische Professionalisierungsdiskussion mit ins Kalkül, so zeigt sich, dass die Professionalisierungsfrage bereits seit den Anfängen des letzten Jahrhunderts gestellt wurde. Seit A. Flexners Essay „Is Social Work a Profession?" (1915) sind ebenso facettenreich wie kontrovers bis in die Gegenwart hinein Professionalisierungsnotwendigkeiten wie auch Professionalisierungsmöglichkeiten Sozialer Arbeit sondiert worden. Zweifelsfrei haben diese Entwicklungen den deutschen Professionalisierungsdiskurs zur Sozialarbeit / Sozialpädagogik entscheidend beeinflusst. Hierzulande sind spätestens seit der Proklamierung des Zieles einer umfassenden Professionalisierung Ende der 1960er Jahre (Otto / Utermann 1971) die Erörterungen über das Berufsbild und den Status der Sozialarbeiter / Sozialpädagogen, vor allem aber über die Chancen der wissenschaftlichen Fundierung der Ausbildung nicht abgerissen.

Die in den 1970er Jahren in der Regel normativ verstandenen, statusorientierten Merkmalsansätze, die sog. „attributes of a profession", traten in dem Maße in den Hintergrund, wie es in der Folgezeit zu einer theoretischen Fundierung des Professionskonzepts mittels machttheoretischer, strukturfunktionalistischer, interaktionistischer und systemtheoretischer Forschungsansätze kam: Mit der Rezeption zentraler sozialwissenschaftlicher Leittheorien wie der Parson'schen struktur-funktionalistischen Professionstheorie (Parsons 1951 / 2005), der neoweberianischen professionsbezogenen Machttheorie (Daheim 1992) und der an H. Becker oder Strauss orientierten interaktionistischen Theorie der Professionalisierungsvorgänge (Schütze 1992) war eine Differenzierung und zugleich eine Empirisierung der Debatten zu beobachten.

Es hat sich mittlerweile eine eigenständige Professionsforschung in der Sozialarbeit / Sozialpädagogik etabliert. Ein Ergebnis dieser Forschung ist, genauer zu unterscheiden zwischen einer Zentrierung des wissenschaftlichen Interesses

a. auf *Profession* als einer besonderen Berufsform der Gesellschaft, die die soziale Makroebene betrifft,

b. auf *Professionalisierung* als berufsgruppenspezifischem sozialen Handlungsprozess, der den ambivalenten Verlauf der Etablierung von Professionen thematisiert und

c. auf die Spezifik eines nicht-technologisierbaren Aggregatzustandes beruflichen Handelns, also auf die *Professionalität* von Sozialarbeitern im Sinne eines habitualisierten, szenisch-situativ zum Ausdruck kommenden Agierens unter typischerweise sowohl hochkomplexen wie auch paradoxen Handlungsanforderungen

Die fundamentalen Differenzen zwischen gesellschaftstheoretisch informierten wie auch systemtheoretischen Betrachtungen der „Form" Profession zur Bearbeitung von Inklusionsproblemen in speziellen Funktionssystemen und handlungstheoretisch orientierter Professionsforschung (Wissen, Können, Ethik, Solidarität, Gerechtigkeit, Professionen als Institutionalisierung der Relationierung von Urteilsformen) wurden erst in den letzten Jahren deutlicher erkannt und in den aktuellen pro-

Otto/Thiersch (Hg.), Handbuch Soziale Arbeit, 4. A., DOI 10.2378/ot4a.art114,

fessionalisierungstheoretischen Diskussionen zum weiteren Gegenstand von empirischer Forschung und fachlicher Erörterungen gemacht.

Historische Wandlungen

Zunächst gilt es zur historischen Herausbildung des professionellen Handlungstyps an folgenden Zusammenhang zu erinnern:

Zu Beginn der Entwicklung moderner Gesellschaften hat sich mit dem Typus des Professionellen ein Handlungsmuster durchgesetzt, in dem eine praktische Verwendung von im weiteren Sinne humanwissenschaftlichem Wissen organisiert ist. Auf der Grundlage einer im Berufsethos etablierten Gemeinwohlorientierung hat sich ein Habitus herausgebildet, der das Engagement für die Klientel mit einer distanzierten Einstellung zum Gegenstand und Wissen beruflichen Handelns verbindet. Professionen sind innerhalb des Berufssystems exklusive Tätigkeiten, weil sie zunächst praktisches Handeln unter dem Anspruch von „Erklärung" (Hartmann 1968) betreiben. Ausgehend von den klassischen Professionen, wie sie die Humboldtsche Universität hervorbrachte, haben Professionen in modernen Gesellschaften die zentrale Funktion einer stellvertretenden Interpretation gesamtgesellschaftlich verbindlicher Interpretationen von Rechtsnormen, Moralvorstellungen, Wahrheit, Gerechtigkeit, Glück, Gesundheit oder Intelligenz übernommen.

Dabei handelt es sich stets um professionelle Interventionen in die Lebenspraxis, die an den Stellen eintreten, wo es darum geht, eine öffentliche Kontrolle der privaten Einhaltung von gesellschaftlich zentralen Werten zu sichern bzw. die Deutung brüchig gewordener sozialer Wertsysteme zu ermöglichen. Es sind dies durchweg solche Werte, deren öffentliche Kontrolle als Verfahren zugleich in die Privatsphäre eingreifen muss, ohne ihr dabei den Charakter des Privaten zu nehmen und sie zum Teil der Öffentlichkeit zu machen; Kritik ist hier zwar sozial erwünscht, soll aber zugleich sozial kontrolliert werden. So gesehen liegt z. B. die Funktion etwa der ärztlichen Arbeit nicht nur in der Erhaltung und Wiederherstellung von Gesundheit und Arbeitskraft. Sie ist auch wesentlich von der Aufgabe bestimmt, in einer intimen Untersuchung den Gesundheitszustand des Patienten festzustellen

und diesen in einer Form zu dokumentieren, auf die dann öffentlich Ansprüche auf Freistellung von Arbeitsmarkt und Militärdienst, auf Leistungen des Versorgungssystems oder auf Zuerkennung eines spezifischen Grades von Verantwortlichkeit innerhalb des Rechtssystems zu gründen sind (1968).

Professionen sind daher Instanzen einer Begründung von Entscheidungen der Lebenspraxis. Ihre Interventionen lassen sich immer dort feststellen, wo das lebenspraktische Handlungssubjekt bei der Begründung seiner Entscheidungen im interpretierenden Einholen der Wirklichkeit vor Herausforderungen gestellt ist, denen es über Selbstreflexion nicht immer gerecht werden kann, für die alltägliche Interaktionsformen und Gespräche als klärende Instanzen versagen oder wo dem Laien das Recht der Interpretation nicht zugestanden wird (z. B. Verteidigung im Strafprozess). In diesen Situationen geraten die Handlungssubjekte in ein „problematisches Verhältnis" (Oevermann 1980) zu ihren eigenen Entscheidungen, das heißt, sie sind nicht mehr in der Lage, die für ein Weiterhandeln erforderliche Begründung einer Entscheidung zu leisten; sie können das unbekannte Ereignis, das die Entscheidung herausfordert, nicht mehr auf der Folie ihres bekannten Alltagswissens deuten.

Professionen sind insofern Instanzen angewandter Wissenschaft als sie angeleitet nach den Kriterien eines wissenschaftlichen Erklärungswissens Begründungen für lebenspraktische Entscheidungen liefern. Wichtig ist allerdings, dass es sich hier stets um die Bearbeitung von konkreten Entscheidungen einzelner Handlungssubjekte handelt, denen der Professionelle in einer Face-to-Face-Interaktion in beratenden oder therapeutischen Kontexten gegenübertritt. Dieses advokatorische Verhältnis erfordert eine Kompetenz des Professionellen dafür, Verstehensprozesse interaktionell zu gestalten, um dem lebenspraktisch Betroffenen einen Erkenntnisprozess zu aufgeklärteren Begründungen seiner Entscheidungen zu ermöglichen.

Rückblickend betrachtet, setzte die Verberuflichung der Sozialen Arbeit im Kontext der Wandlung der Wohlfahrtspflege zu einem Teilbereich der personenbezogenen sozialen Dienstleistungen ein. Seit ihren Ursprüngen weist die Verberuflichungs- und Professionalisierungsbewegung im Bereich der Sozialen Arbeit eine starke Abhängigkeit von staatlicher Regulierung und öffentlicher

Finanzierung auf und fügt sich schon dieses historischen Umstands willen kaum dem Entwicklungsmodell der klassischen Professionen (Münchmeier 1999; Niemeyer 1999). Auf die strukturelle Besonderheit, dass professionalisiertes Handeln im Kontext der Sozialen Arbeit bislang im Wesentlichen in staatlichen und sogenannten „freien", d. h. hier subsidiarisierten Dienstleistungsorganisationen verausgabt wird, ist verschiedentlich hingewiesen worden (Luhmann 1973; Bommes / Scherr 2000). Doch besteht eine Bedingung für die Verberuflichung von personenbezogenen Dienstleistungen nach dem klassischen Modell der Professionalisierung historisch gesehen darin, dass sie sich innerhalb einer Gesellschaft mit relativ geringer Staatätigkeit in dem jeweiligen Funktionsbereich vollzieht (u. a. Apel et al. 1999). Eine weitere fördernde Bedingung für die gesellschaftliche Konstitution von wissensorientierten Berufen ist in einem hohen und prägenden kognitiven Einfluss der institutionalisierten Wissenschaft auf die weitere Gesellschaft zu sehen, d. h. also in einem konfliktfreien Verhältnis zwischen Wissenschaftsentwicklung und allgemeiner gesellschaftlicher Entwicklung.

„Unter diesen Bedingungen baut die Elite eines Berufs einen Verband und eine Ausbildungsstätte auf und versucht, mit langen Ausbildungszeiten den Marktzugang zu kontrollieren. Sie propagiert flankierend eine Ideologie der gesellschaftlichen Verantwortlichkeit, die wegen der Distanz zur Mehrwertproduktion bzw. Universalität der Dienstleistung den Schein für sich hat. Im Prozeß der Etablierung ist die Profession auf die Verbindung zur herrschenden Klasse angewiesen; aber auch nach der Etablierung handeln die professionals nicht klassenneutral: Sie sind traditional oder technokratisch orientiert, was sich zugunsten der bestehenden Machtverhältnisse auswirkt." (Daheim 1992, 63; vgl. auch Lundgreen 1992; 1999; Heidenreich 1999)

Eine technokratische Orientierung bedeutet hier, dass durch die Steuerung gesellschaftlicher Handlungs- und Meinungsbildungsprozesse das Spektrum möglicher Deutungen auf ein mit der gegebenen Institutionenstruktur konformes Maß eingeschränkt wird. Das systematische Wissen kann aber nur dann für soziales Handeln sinnhaft und regulativ werden, wenn es über Vermittlungsprozesse einsichtig, d. h., wenn es für die Adressaten erfahrbar und für Regeln und Entwürfe ihres Handelns verwendbar, gemacht werden kann (schon Fischer 1925; Wagner 1998). Solche Vermittlungsprozesse hat es schon auf einer frühbürgerlichen Entwicklungsstufe gegeben und sie sind idealtypisch festgehalten im Begriff der Profession (Stichweh 1996). Mitglieder von Professionen besaßen stets die Reputation, mit ihrem Fachwissen über die exklusive Fähigkeit zu verfügen, mit der man die Angemessenheit von sozialen Situationen und einzelnen Entscheidungen bewerten kann. Ausgestattet mit dem gesellschaftlichen Mandat, in die Privatsphäre anderer einzugreifen bzw. für die Öffentlichkeit verbindliche Deutungen zu erbringen, haben Professionsmitglieder im Umgang mit Menschen und Symbolen eine wesentliche Funktion im System gesellschaftlicher Herrschaft inne. Dies gilt der sozialen Funktion nach sowohl für die vormodernen Zauberer, Medizinmänner, Schamanen usw. als auch für die Berufe der Priester, Rechtsanwälte, Ärzte, Psychologen, Schriftsteller und Wissenschaftler, auch wenn sich die hier jeweils zugrunde gelegten Wissenssysteme kaum noch miteinander vergleichen lassen. Die Verwaltung solchen Wissens ist für die Stabilität von gesellschaftlicher Herrschaft so lange nicht problematisch, wie die soziale Organisation der Profession, der Berufsverband oder selbstverwaltete Kammern, eine konsensuale Anwendung von Wissen und Verfahren überwacht. Auch wenn „kompetente Kritik" an den Bedingungen gesellschaftlicher Herrschaft historisch häufig insbesondere von Vertretern der Professionen geübt wurde, so war die Mehrheit der Professionsmitglieder aufgrund ihrer innerprofessionellen Sozialisation und ihrer berufsständischen Organisierung doch zumeist so eng mit den herrschenden Interessen verbunden, dass professionelle Deutungen normalerweise hinreichend affirmativ blieben. Historisch betrachtet folgt daraus:

„Professions entstanden danach zugleich mit der Wirtschaftsgesellschaft: Spezialisiertes Wissen wurde vermarktbares Eigentum. Professionalisierung ist der kollektive Versuch der Besitzer dieses Wissens, die entsprechenden Märkte zu kontrollieren. Gleichzeitig ist es ein ‚Mittelschichtprojekt', wegen des Versuchs, durch Arbeit, nicht durch Sacheigentum, sozialen Status zu gewinnen, was mit Autonomie bei und Selbstverwirklichung in der Arbeit verbunden ist." (Daheim 1992, 23)

Weingart (1981) hat nun darauf hingewiesen, dass in Gesellschaftssystemen mit einer stärkeren Tradition zentralistischer Verwaltungsbürokratien und / oder extensiver staatlicher Regulierungen die Professionen nie eine besonders hohe Autonomie genossen und politische Kontrolle der und Eingriffe in die professionelle(n) Selbstregulierung nicht als ungewöhnlich galten. Die Gegenwart und Tradition eines „starken Staates" und die sich daraus hierzulande ergebende, die Professionalisierungsabsichten in Richtung auf professionelle Autonomie konterkarierende Bedeutung sind bei der Rezeption der amerikanischen Professionalisierungssoziologie in ihren konkret-historischen Auswirkungen für Verberuflichungsprozesse der sozialen Arbeit jedoch nicht adäquat eingeschätzt worden. So ist nicht zuletzt unter dem Gesichtspunkt der staatlichen Kontrolle und der damaligen Tendenz einer zunehmenden Durchstaatlichung aller gesellschaftlichen Sphären mit Kairat (1969) davon auszugehen, dass Begrifflichkeit und klassisches Entwicklungsmuster professionalisierten Handelns angesichts der neuen Problemlagen im quartären Sektor und ausgehend von der Handlungsproblematik der unmittelbar personenbezogenen, modernen sozialen Dienstleistungsberufe (Japp 1986; Olk / Otto 2003) als obsolet zu betrachten sind. Deshalb scheint es notwendig, ein theoretisches Konzept zu finden, in dem *gegenwärtiges* professionelles Handeln interpretierbar ist. Die historische Überholtheit des klassischen Professionalisierungsmusters konstatieren bekanntlich schon Weber (1972) und – bezogen auf die dort vollzogene Hypostasierung der Wissensdimension professionellen Handelns – Rüschemeyer (1972).

Somit erscheint es plausibel, dass die auf tatsächliche Professionalisierungsmöglichkeiten der Sozialarbeit / Sozialpädagogik gerichtete gesellschaftstheoretische Analyse darauf abzielt, zunächst das „institutionalisierte und formalisierte Arbeitskraftmuster" (Daheim 1992) des Sozialarbeiters bzw. des Sozialpädagogen theoretisch *und* empirisch konkret zu bestimmen. Die in diesem Zusammenhang den sozialpädagogischen Diskurs dominierende neuere systemtheoretische Diskussion, die sachlogisch und gesellschaftstheoretisch die Frage nach der Professionalisierung sozialer Arbeit berührt, verheißt zwar eine systematische Klärung der aktuellen Problematik sozialarbeiterischer In-

terventionspraxis als Dienstleistungstätigkeit in der modernen Gesellschaft, kann aber bisher noch keinen gezielten Bezug zu den handlungstheoretischen Prämissen einer reflexiven Professionalität berufspraktischen Handelns im sozialen Dienstleistungssektor herstellen (Merten 1997). Unter dem Gesichtspunkt der Funktionalität von Sozial- und Systemintegration wird seit einigen Jahren im Rahmen des systemtheoretischen Diskurses die Frage sehr kontrovers und zurzeit noch mit offenem Ausgang erörtert, inwieweit Soziale Arbeit im Kontext von Exklusions- und Inklusionsverfahren ein eigenständiges soziales Subsystem und in der Folge eine klassische Profession konstituieren kann oder ob sie in subordinierter, abgeleiteter Form Funktionselemente für andere soziale Subsysteme realisiert. Der Hinweis Stichwehs „Professionalisierung [sei] nur ein bestimmtes Lösungsmuster für spezifische Probleme in einigen Funktionssystemen" (1996, 57) der Gesellschaft, wirft hier zum einen die Frage auf, ob von einem eigenständigen Funktionssystem hinsichtlich der Sozialen Arbeit gesprochen werden kann (Merten 1997; 2000) oder nicht (Bommes / Scherr 1996; 2000) und zum anderen das Problem, inwieweit das konventionelle Konzept der Professionalisierung für die Soziale Arbeit überhaupt als ein zukunftsträchtiges Lösungsmuster zu bewerten ist. Vor diesem Hintergrund erscheint die Antwort auf die erwähnte Frage noch offen und die systematische Klärung der Problematik sozialarbeiterischer / sozialpädagogischer Interventionspraxis als organisierte Hilfe im Sozialstaat unter den Bedingungen der modernen, funktional differenzierten Gesellschaft bei Weitem noch nicht abgeschlossen. Die Bestimmung der Funktion Sozialer Arbeit als Exklusionsvermeidung, Inklusionsvermittlung oder Exklusionsverwaltung markiert den gegenwärtigen Stand der Debatte. Angestoßen wurde diese durch Luhmanns theoriearchitektonisch wesentlich beeinflusste Diskussion durch Beiträge Stichwehs (1996) und Baeckers (1994) zur Funktionalität sozialer Arbeit in der Moderne. Von den in dieser Debatte kontrovers erscheinenden Standpunkten setzt sich die hier favorisierte handlungsstrukturelle Perspektive (hierzu: Dewe / Otto 1996b; Dewe 2000) ab.

Die neue Professionalisierungsdiskussion

Seit einigen Jahren zeichnet sich eine neue Professionalisierungsdiskussion (Dewe et al. 1992; Combe/Helsper 1996; Becker-Lenz 2005) ab, die nicht mehr die sozialen Schwierigkeiten der Verberuflichung, sondern die Strukturprobleme sozialpädagogischen Handelns ins Zentrum der Aufmerksamkeit rückt. Das zentrale Thema ist nun die *Qualität der Zuständigkeit* und keineswegs die vermeintliche oder tatsächliche *Exklusivität* der *Zuständigkeit*, wie es die essentialistische Denkart wollte. Die neue Professionalisierungsdiskussion lässt die legitimations- und standespolitische Debatte (Soziale Arbeit als „Aufstiegsprojekt") hinter sich und überwindet auch die technologische Perspektive der Effektivierung und Rationalisierung sozialpädagogischer Prozesse (Alisch/Rössner 1980; Imker 1982), obgleich seit Ende der 1990er Jahre sozialpolitisch die Tendenz zu einer ökonomistischen Reduktion der erreichten Standards professioneller Praxis in den sozialen Berufen auf ausschließlich an Wirtschaftlichkeitskriterien orientiertes Vorgehen nach der Logik des Marktes zu beobachten ist. Die im Kern technokratische, vornehmlich effizienz- und leistungsorientierte Debatte um „Qualität" bzw. „Qualitätssicherung" (Kritik bei Dewe/Galiläer 2000) droht die Systematisierungsbestrebungen in der Diskussion um die Professionalisierung der sozialen Arbeit zu überlagern. Die neue Professionalisierungsdiskussion in der Sozialen Arbeit basiert demgegenüber auf der Einsicht, dass heute statische Macht- und Zuständigkeitskonzepte beruflichen Handelns stagnieren und die Handlungschancen der Individuen steigerbar erscheinen, wenn moderne Wissensgesellschaften dem Einzelnen erweiterte Handlungsmöglichkeiten bieten. Sie zielt folglich auf die Rekonstruktion eines *reflexiven Handlungstypus* im Kontext professioneller Aktion (Dewe/Otto 1996a). So nähert sich die Analyse und Theoriebildung den Binnenstrukturen und der Logik sozialpädagogischen Handelns im Spannungsfeld von allgemeiner Wissensapplikation und Fallverstehen. Der moderne Professionsbegriff liegt bildlich gesprochen quer zu den tradierten Typologien. Indem er die *Potenzialität* der professionellen Handlungsqualitäten in der Sozialen Arbeit in den Mittelpunkt der Analyse rückt, beruht seine Stärke in einem neuen Bezugspunkt. Zudem werden jetzt Fragen nach der Professionalisierungsbedürftigkeit bestimmter Tätigkeiten im sozialen Dienstleistungsbereich sowie nach der Professionalisierbarkeit solcher Tätigkeiten unter den *gegebenen institutionellen Rahmenbedingungen* empirisch überprüft (u. a. Otto 1991). Aus der Sicht der neuen Professionstheorie fällt auf, dass die reale Problematik professioneller Orientierung sich in der stark standespolitisch inspirierten Debatte der 1970er, 1980er Jahre deutlich in der Art und Weise ihrer wissenschaftlichen Thematisierung niederschlug. Die professionalisierungstheoretische Diskussion um die Bedingungen und Möglichkeiten einer „professionellen Handlungskompetenz" (Müller et al. 1984) sowie der Professionalisierung der „helfenden Berufe", die damit in Zusammenhang gebrachte Kritik der zunehmenden Expertisierung und Szientifizierung des Alltagslebens, aber auch die Forderung nach De- oder gar Entprofessionalisierung, Rehabilitierung von Laienkompetenzen und Selbsthilfe (Müller-Kohlenberg 1996) trugen in der Vergangenheit weder zu der notwendigen Klärung des Professionsbegriffs noch zu der Frage nach den Voraussetzungen der Professionalisierbarkeit bestimmter beruflicher Tätigkeiten bei, im Gegenteil: Sie waren in weiten Teilen eher konfus und missverständlich und in politisch-praktischer Hinsicht stark legitimationsbedürftig (Haupert 1995; Gildemeister 1992).

Sozialarbeit/Sozialpädagogik zwischen Profession und Organisation

Ein weiterer Mangel der schon seit Anfang der 1970er Jahre vor dem geistigen Hintergrund der primär struktur-funktionalistischen Literatur über die Herausbildung und Etablierung von „professions" und zumeist sehr apologetisch geführten Diskussion liegt darin, dass der Verberuflichungsprozess von Sozialarbeitern zwar als Professionalisierung gedeutet wurde, aber dieser in wesentlichen Hinsichten wie vornehmlich der der beruflichen Unabhängigkeit von bürokratisch strukturierten Organisationen und ihrer materiellen Sicherung nur wenig ähnelte. Dieses negative Ergebnis war theoriestrategisch jedoch dem zugrunde gelegten konventionellen Professionsbegriff und seiner geradezu dogmatischen Verwendungsweise geschuldet. Veranlasst wurde diese Vorgehensweise durch eine schematische Übernahme der US-amerikanischen Befunde bezüglich der sogenannten „semi-professions". Hier fanden Bemühungen statt, zu einer genaueren Gewichtung bürokratischer, professionell autonomer und marktorientierter Anteile am beruflichen Handeln (Sorensen / Sorensen 1974) von Sozialarbeitern zu kommen. In diesem Zusammenhang gewann das von Austin (1978), Toren (1972) und Etzioni (1969) entwickelte Konzept der „semi-professions" eine zeitweilige und relative Bedeutung, was seine mögliche Erklärungskraft für berufliche Handlungsvollzüge im Bereich von amtlichen, behördlichen und verwaltenden Organisationen anbelangte (Blau / Scott 1971; Böhnisch / Lösch 1973; Groddeck 1994; Granosik 2000).

Ein Manko der Diskussion um die Semiprofessionen bestand nun darin, dass hier die aufschlussreichen Prozesse der „Schneidung" der sozialarbeiterischen Berufsrollen, der Aushandlung der Arbeitsteilung in den sozialbürokratischen Organisationen konzeptionell *eben nicht* erfasst wurden. Um diesen Mängeln zu entgehen, aber die vermeintliche Erklärungskraft des klassischen Professionalisierungskonzeptes zu bewahren, ist in der Sozialarbeit / Sozialpädagogik der Versuch unternommen worden, sich vorsichtig an professionalisierungstheoretischen Ansätzen aus dem Kontext der Chicagoer Schule (Hughes 1958; 1963) und mehr noch an neueren makro-soziologischen Diskussionen des symbolischen Interaktionismus zu orientieren (Schütze 1992). Damit tritt neben die eindeutig vorherrschende struktur-funktionalistische Perspektive zur Soziologie der Professionen, die sich in erster Linie mit „der Mechanik des Zusammenhaltes und der Aufgliederung von Sozialstrukturen (und / oder sozialen Organisationen) von gegebenen Professionen befasst" (Bucher / Strauss 1972), ein interaktionstheoretischer Bezugsrahmen in die Debatte (Schütze 1996; 2000). Gegenüber struktur-funktionalistischen Positionen wird dabei zudem der Aushandlungsprozess von sich professionalisierenden Berufspositionsinhabern hervorgehoben, indem prozesshaftdynamische Interaktionen, wie beispielsweise zwischen – wahrscheinlich mit sehr unterschiedlichen Interessen ausgestatteten – Positionsinhabern einer Profession, aber auch zwischen Positions-

inhabern verschiedener Professionen, Berufsverbänden und Professionellen, Laien und Professionellen usw., in der Regel aus biographischer Perspektive untersucht werden (Helsper et al. 2000). Das „Prozess-Modell" zur Analyse von Professionen (Bucher / Strauss 1972) löst die soziale Determiniertheit des Rollen-Norm- und Erwartungshandelns auf und fokussiert stattdessen nicht nur Bereiche der Unterdeterminiertheit professionellen Handelns, sondern segmentiert eine Art professionelle „Mindest-Struktur", die ihrerseits aber nicht sui generis existiert, sondern vielmehr ständig neu ausgehandelt wird und somit auch ständigen Veränderungen unterliegt. Die handlungstheoretische Position dynamisiert gleichzeitig die Entstehung und Existenz solcher vielschichtig und -fältig ablaufenden Vorgänge einerseits als nicht ein für allemal abzugrenzende Segmente der Gesamtheit der Profession und andererseits als „soziale Bewegungen innerhalb der Profession" (1972, 218). Diese Position übersieht tendenziell die Dimension der Legitimität dieses Handelns, wohingegen die Parsons'sche Professionalisierungstheorie den legitimationsideologischen Charakter von Teilen des Selbstverständnisses der „professions" schlicht für bare Münze nimmt. Es zeigt sich, dass der Inhalt und die Orientierung konkreter Professionalisierungsprozesse theoretisch als aufschlussreicher zu betrachten sind als der jeweils erreichte Grad der Professionalisierung als solcher. Professionstheoretisch interessant ist die Frage nach Inhalt und Struktur sozialarbeiterischen Handelns deshalb, weil Sozialarbeiter typischerweise mindestens zwei differenten Handlungslogiken zugleich unterworfen sind. Sie agieren häufig im administrativ-rechtspflegerischen Bereich der sozialen Kontrolle bzw. sozialpolitischen Interventionen sowie im Bereich der beratenden, bildenden und therapeutischen Interventionen (Dewe 1983; Dewe et al. 1992). Juristische und hermeneutische Handlungslogiken stoßen dabei gewissermaßen aufeinander. Bei letzterer steht die Respektierung der Autonomie der Lebenspraxis der Klienten im Mittelpunkt sozialarbeiterischen Handelns. Im administrativ-bürokratischen Bereich der rechtspflegerischen Praxis der sozialen Kontrolle geht es hingegen darum, eine öffentlich festgestellte und begründete Nicht-Aufgabe der Autonomie durch erfolgreiche Normenverletzung zu destruieren, sie jedoch auf der Ebene des Normensystems zu restituieren. Beides gleichzeitig zu tun, zeichnet Sozialarbeitshandeln aus (Nölke 2000).

Es kann gezeigt werden, dass im sozialarbeiterischen Handeln auch in institutionellen Kontexten, die teilweise Zwangscharakter aufweisen, Kommunikationsbeziehungen aufgebaut werden können, die erweiterte Optionen für die Realisierung der Autonomie des Klienten eröffnen. Möglicherweise ist es gerade das Spezifische des sozialarbeiterischen Handelns in institutionellen und sozialen Settings, in denen sich Ungleichheit repräsentiert, diese Ungleichheitsverhältnisse kontrafaktisch aufzubrechen, indem es dem Klienten Autonomie zumutet und die dafür erforderlichen Ressourcen in diesen Verhältnissen mitentwickelt.

Professionalisiertes Handeln im Kontext der Gesellschaft

Im Folgenden werden die zentralen professionalisierungstheoretischen Positionen und Konzepte, die auch den sozialpädagogischen Diskurs nachhaltig beeinflusst haben, hinsichtlich ihrer zentralen Implikationen knapp rekonstruiert und bezüglich ihrer Begrenzungen oder perspektivischen Stärken einer Beurteilung unterzogen. Begreift man die Existenz von „Professionen" sowohl als Strukturmerkmal und Spezifikum moderner Marktgesellschaften als auch als Institutionalisierung eines bestimmten wissenschaftsbasierten Handlungsmusters für die Bearbeitung von Aufgaben der Personenveränderung, stellt sich die Frage, was denn die Logik professioneller Intervention ausmacht (Sarfatti-Larson 1977; Abbott 1988; Freidson 1988). Ohne die Schwierigkeiten zu reproduzieren, die sich im Umgang mit dem Professionsbegriff ergeben, wenn man versucht, eine eindeutige „Definition" des Begriffs und eine brauchbare Bestimmung seines Anwendungsbereiches vorzunehmen, soll hier als zentrales Strukturprinzip professionalisierten Handelns der Umgang mit Personen und Symbolen gelten, also: ein personenbezogenes, kommunikativem Handeln verpflichtetes stellvertretendes Agieren auf der Basis und unter Anwendung eines relativ abstrakten, Laien nicht zugänglichen Sonderwissensbestandes sowie einer praktisch erworbenen hermeneutischen Fähigkeit der Rekonstruktion von Problemen defizitären Handlungssinns. Ziel professioneller Inter-

vention ist es, über eine sozial legitimierte sowie institutionalisierte Kompetenz eine „bessere" Problemwahrnehmung und in deren Folge eine (Verhaltens-)Veränderung bei den Klienten herbeizuführen. Das hier mögliche Spektrum von Verhaltensänderung ist allerdings sehr breit: von der Übernahme einzelner Handlungsorientierungen bei Handlungsregeldefiziten bis hin zu tiefgreifenden „Resozialisierungsprozessen". Dieses „Operieren" ist typischerweise auf komplexe, prinzipiell ganzheitlich zu betrachtende soziale (also nicht technische) Problemfälle bezogen, die sich wegen ihrer situativen Dichte, Kontextabhängigkeit, Spezifität usw. grundsätzlich nicht standardisieren lassen. Prägnant lässt sich dieses Strukturprinzip auch als Einheit von „Wissensbasis" und „Fallverstehen" kennzeichnen. Hier wird das professionelle Handeln zudem als „stellvertretendes" Handeln bezeichnet, weil nahezu sämtliche Dienstleistungen, die vom professionellen Komplex (Parsons 1978) erbracht werden, sich faktisch auf Probleme beziehen, die ursprünglicher- bzw. normalerweise in primären Lebensbereichen bearbeitet und „gelöst" bzw. bewältigt werden. Versucht man zum Zwecke der Präzisierung eine wissenssoziologische Funktionsbestimmung professionellen Handelns hinzuzuziehen, so fällt auf, dass Professionen in Bezug auf ausgegrenzte bzw. ausgrenzbare soziale Handlungsprobleme ein gewissermaßen „legitimes Wissen" für deren Deutung und aus ihr abgeleitete Lösungen verwalten: Das heißt, für spezifische Handlungsprobleme wie Gesundheit, psychische Normalität, Rechtsprobleme, Erziehung und soziale Abweichung sind in der Gesellschaft spezialisierte Wissensbestände definiert, die festlegen, wie diese Handlungsprobleme kognitiv in sozial verbindlicher Weise zu bearbeiten sind. Kognitive Verarbeitung meint hier, in welcher Begrifflichkeit ein zu bearbeitendes Handlungsproblem wahrzunehmen und zu beschreiben ist, welche Verfahren zu seiner Erklärung oder Analyse zulässig sind und schließlich drittens, welche Regeln und Techniken zur Lösung des Problems gewählt werden dürfen. Der Typ der wissensbegründeten Berufe weist historisch betrachtet einige besondere Spezifika auf: Er verfügt ursprünglich über ein Quasi-Monopol, d. h. spezialisiertes Wissen, zu dem Laien nur über ausgedehnte Ausbildungsprozesse Zugang haben. Die Zugangsbedingungen werden ebenfalls von der Profession

kontrolliert. In Abhängigkeit von der jeweiligen sozialen und politischen Kultur wird diese Kontrolle öffentlich sanktioniert bzw. legitimiert, so dass die Grenzen zwischen Professionen und laienhaftem Publikum klar gezogen sind und die Professionen innerhalb der Gesellschaft Privilegien besitzen, so vor allem das der Selbstverwaltung und Autonomie. Darüber hinaus schließlich bestimmt die klassische Profession über die besonderen Dienstleistungen die Beziehungen zu ihrer Klientel. Die „old-established-professions" waren in hohem Maße unabhängig, und es war typisch für sie, dass sie die Relevanzkriterien internalisierten, unter denen sie praktisch operierten. Infolgedessen tendierten sie dazu, sich von ihren jeweiligen Bezugsgruppen in der Gesellschaft, d. h. ihren Adressaten, zu isolieren. Diese Isolierung oder relative Unabhängigkeit erklärt zugleich ihre hochgradige Spezialisierung und die daraus folgende „Effizienz" und „funktionale Autorität" (Hartmann 1968). Theoriegeschichtlich bezeichnet auf dieser Ebene „Professionalisierung" den Prozess, durch den in einer bestimmten historischen Phase der Modernisierung es bestimmten Berufsgruppen gelang, für die Ausübung ihrer Tätigkeit sich ein (staatlich) lizensiertes Kompetenzmonopol und in der Folge eine Berufsdomäne zu sichern. Ihre mittels eines nicht jedermann zugänglichen (wissenschaftlichen) Wissens sowie spezifischer Methoden zu vollziehende Tätigkeit bezieht sich in der Regel auf die Durchsetzung und Erhaltung zentraler gesellschaftlicher Werte wie Gesundheit, Gerechtigkeit, Sozialkonsens, Normalität der Persönlichkeit oder Bildung. Umso mehr bedarf die professionelle Autonomie, d. h. das Fehlen einer unmittelbaren sozialen Kontrolle der professionellen Tätigkeit, der öffentlichen Legitimation (Abbott 1981; Burrage/Torstendahl 1990). Die Position der organisierten und abgesicherten Autonomie der Professionen, zu der auch ihr Monopol bei der „Arbeit an Menschen" und ihr besonderer Platz in der gesellschaftlichen Sozialstruktur gehören, erlaubt es den Professionsmitgliedern, einen wichtigen Teil der sozial konstruierten Welt zu gestalten.
In der struktur-funktionalistischen Professionstheorie wird unterstellt, dass sich die anerkannten Professionen die Legitimation historisch durch „Erfolge" gesichert haben: Es ist ihnen gelungen, Klienten und Öffentlichkeit zu überzeugen, dass nur sie ihre spezifische Tätigkeit kompetent aus-

üben können und nur die Profession selbst die Standards dieser Kompetenz festlegen kann. Das Ausschalten konkurrierender Berufsgruppen und das Fehlen einer Außenkontrolle der professionellen Tätigkeit ist, abgesehen vom Erfolg als Legitimationskriterium, zusätzlich legitimiert durch die Verpflichtung der Profession zur Selbstkontrolle. Die professionelle Ethik, die jeder Anwärter in seiner langen Ausbildung internalisieren soll, kollegiale Supervision und Konsultation sind als Elemente dieses Selbstkontrollsystems gedacht. Jedoch hat die kritische Diskussion des struktur-funktionalistischen Professionalisierungsmodells die makrotheoretischen Schwächen und folglich auch weitreichende neue Probleme für die sozialwissenschaftliche Forschung formuliert:

„Zunächst handelt es sich hier um eine idealtypische Konstruktion, die nicht hinreichend zwischen verschiedenen Expertenberufen unterscheidet; [Jedoch] wichtiger ist, daß dieses funktionalistische Modell zwei elementare Anforderungen funktionaler Analyse vernachlässigt. Es sagt erstens wenig oder nichts darüber, was geschieht, wenn eine Berufsgruppe die Bedingungen des „Quasi-Vertrages" nicht erfüllt. Mit anderen Worten: Die Mechanismen der Selbstregulierung werden nicht problematisch gemacht. Es gibt jedoch keinerlei empirische Grundlage für die Annahme, daß Autonomie, Ansehen und Einkommen proportional mit der Intensität beruflicher Ideale, der Effizienz der Selbstkontrolle und der Integrität des beruflichen Verhaltens variieren. Vielmehr liegt als plausiblere Arbeitshypothese nahe, daß die materiellen und immateriellen Privilegien der verschiedenen Berufe ein Ausdruck der Machtressourcen der jeweiligen Berufsgruppe sind, unter denen der geglaubte Anspruch auf ein moralisches Dienstleistungsideal allerdings oft eine nicht unwichtige Rolle spielt." (Rüschemeyer 1981, 108)

Kritiker der strukturfunktionalistischen Sichtweise von Professionalisierungsvorgängen wie Freidson (1988) verstehen die Professionen als jene verberuflichten Tätigkeiten, denen es gelungen ist, sich Autonomie von Anforderungen anderer und ein Monopol auf eine bestimmte Dienstleistung unter bestimmten sozial-historischen Umständen zu sichern.
Die relevanten Dimensionen, die in der konventionellen Professionalisierungstheorie hervorgehoben wurden, um die bewegende Kraft hinter Professionalisierungsvorgängen identifizieren zu können, sind:

1. Initiierungsversuche des Professionalisierungsprozesses durch die (organisierten) *Inhaber einer Berufsposition* oder aber durch die Leistung der jeweiligen Arbeitsorganisation (Toren 1972);
2. wurde der Ausgangspunkt der Professionalisierung in einem *ungelösten Problem der Praxis* oder einem vorhandenen Problemlösungsangebot, das auf eine Anwendung drängt (Kairat 1969), gesehen;
3. wurde ein primäres handlungsleitendes Interesse der Professionellen identifiziert in der Form einer a) *Dienstleistung für die Gesellschaft*, b) einer gewissen *Liebe zum Beruf* oder c) in einem *gezielten Interesse an der Gegenleistung* der Organisation (Wilensky 1972).

Die hier skizzierten Grundzüge und Annahmen des traditionellen und des funktionalistischen Modells der Professionalisierung machen deutlich, dass hier eindeutig erscheinende, jedoch höchst problematische Antworten auf die aufgeworfenen Fragen gegeben werden: Die klassischen Professionen entstehen – so die Quintessenz – erstens auf Grund eines Prozesses, dessen Initiator sie selbst sind. Zweitens wird der Ausgangspunkt in einem gesellschaftlichen Problem mit Zentralwertbezug gesehen, für das die Professionellen eine Lösung anbieten und drittens wird in diesem Modell unterstellt, dass diese Problemlösung aus einer Dienstgesinnung gegenüber der Gesellschaft erbracht wird und nicht aus instrumentellen Gründen. Übersehen wird hier aber, dass einerseits Friktionen im Gesellschaftssystem zunehmend Probleme produzieren, die in der Form von „professional personal services" typische Gegenstände von professionalisiertem Handeln sind, andererseits aber dieselbe gesellschaftliche Entwicklung, in erster Linie die ihr immanenten technokratischen Tendenzen, der Bearbeitung dieser Probleme durch die klassischen Professionen den Boden zunehmend entziehen und in der Folge technokratische Bearbeitungsformen ins Kraut schießen lässt. Des Weiteren lassen sich aus einer affirmativen Perspektive Konkurrenzprozesse, „professionelle Kriege" (Abbott 1988), Marktschließungsprozesse und Ausgrenzungen unter den Professionen (Collins 1990) nicht plausibel erklären. Parsons (1968) überwindet in seinen professionstheoretischen Betrachtungen derartige Affirmationen und geht – hier Max Weber folgend – davon aus, dass der historische Prozess der Professionalisierung

und somit auch die gesellschaftliche Institutionalisierung einer Problemlösungsstruktur in Form von Experten-Laien-Beziehungen nahezu identisch ist mit dem Rationalisierungsprozess als solchem. Mit dieser These ist im Kern die Kontrollstruktur professionellen Handelns angesprochen. Professionelles Handeln operiert mit wissenschaftlich oder anders begründeten Regeln gegenüber einer individualisierten Klientel, wobei Begründungskontexte für professionelle Regeln neben wissenschaftlichen Theorien auch Kunstlehren, Systeme von Rechtsnormen und religiöse Moralsysteme sein können. Klassische Professionen haben – strukturell betrachtet – die Aufgabe, eine Sinninterpretation bzw. Wertregulierung gesellschaftlich sicherzustellen, die den jeweiligen Interessen politischer Herrschaft angemessen ist. Für professionalisiertes Handeln ist das Problem sozialer Integration gegenüber dem der Aufklärung vorrangig. Sie sichern insofern soziale Herrschaft, als instrumentelle Problemverarbeitung immer mit deutender Rechtfertigung von Handlungszwängen und partikularen Interessen verknüpft ist. Empirisch wie theoretisch aufschließbar wird dieser Zusammenhang, wenn man die Frage nach der Verwendung sowie Transformation professionellen Wissens in konkretes Problemlösungswissen thematisiert (Dewe 2000). Professionelle reorganisieren verallgemeinert gesprochen das Verhalten der Klienten in Hinsicht auf rationalere Handlungstypen. Parsons (1980) sieht ihre Funktion darin, die Differenz von Normativem und Faktischem im Sozialsystem zu überbrücken. Professionen sind in diesem Zusammenhang auch als Institutionen der Wertrealisierung zu sehen (Stichweh 1980). Sie sind an der rationalen Kontrolle des „Irrationalen" interessiert. Rationalität bleibt jedoch stets Handlungsrationalität. Der Parson'sche Rationalitätsbegriff löst sich von psychologischen, jedoch nicht von seinen handlungsbezogenen Implikaten. Der konstitutive Zusammenhang von Rationalität und handlungsbezogenem Wissen steht in Parsons' Analyse der Professionen im Mittelpunkt. Kognitive Rationalität als Komponente des sozialen Handelns wird nun durch die Orientierung an kognitiven Werten und Standards und durch den an diesen ausgerichteten Umgang mit gesellschaftlichem Wissen bestimmt (1980). Zentral ist ihre nicht-instrumentelle, Handlungssinn deutende bzw. auslegende und in der Folge wert- und sinnkorrigierende Dimension. Rationales Handeln dieser Art orientiert sich also an Wissen und stützt sich dabei auf kognitive Standards (Brunkhorst 1992). Für die Wissenschaft nun ist naheliegend, sich selbst als höchsten Fall von Rationalität zu nehmen und dann im Rationalitätsbegriff ihre eigene Rationalität auf die übrige Gesellschaft zu projizieren (Ben-David 1976). Der professionell Handelnde ist in diesem idealtypischen Konzept „Vermittlungsinstanz" zwischen sozialkulturellen und individuellen Wirklichkeitsinterpretationen und Werten. Hier zeigt sich, dass professionelle Tätigkeiten nicht mehr als untergeordnete Form ökonomischen Handelns begriffen werden. Es wird konstatiert, dass die Professionen in modernen Gesellschaften eine relativ eigenständige Handlungsstruktur ausgebildet haben (Marshall 1939; Parsons 1978). Professionelles Handeln ist – so betrachtet – nicht primär „selbstorientiert", sondern qua kollektiver Orientierung auf die Einhaltung von gesellschaftlichen und institutionellen Sinnstrukturen (Werten) sowie auf die Korrektur defizitären Handlungssinns gerichtet und erst sekundär effizienzorientiert an Tauschwert und Gewinnmaximierung gebunden. Wertrationalität bzw. Rationalität als institutionalisiertes Wertmuster zu thematisieren, hat allerdings zur Folge, dass diese Art von Rationalität als gesellschaftliches Strukturprinzip im Sinne eines Modus der Selbstbeziehung des Gesellschaftssystems verstanden werden muss (Brunkhorst 1992). In dieser Sichtweise benutzen Gesellschaftssysteme rationale Werte und Normen als Kontrollstandards, um Handlungszusammenhänge in Richtung auf Konformität mit institutionalisierter Rationalität zu lenken.

Professionelles Handeln begründet sich in der Folge als Durchsetzung eines gesellschaftlichen Entwicklungspfades der Rationalität. Mit dem Expertenhandeln sind stets auch Arrangements sozialer Kontrolle qua Verfügung über exklusive gesellschaftliche Interpretationsrechte impliziert. Die funktionalistische Erklärung professionellen Handelns wird allerdings dann brüchig, wenn es um die Beantwortung der Frage geht, weshalb aus der Perspektive einer Rationalisierung „soziale Kontrolle" überhaupt zum Problem wird und aufgrund welcher gesellschaftlichen Zusammenhänge professionelles Handeln als Durchsetzung von Herrschaft gegenüber einer individualisierten Klientel auf der Grundlage begründeter Regelsysteme verstanden werden muss. In der funktionalistischen Analyse bleibt offensichtlich unberücksichtigt, dass „Experten" für soziale Handlungsprobleme ihre Legitimation auf eine generalisierte Akzeptanz hierarchisch strukturierter Organisationen stützen, an deren Macht sie partizipieren. In Absetzung von den vorgestellten affirmativen und / oder normativen Fassungen des Professionalisierungsproblems hätte demgegenüber eine zeitgemäße Analyse die Verknüpfung des professionellen Handelns mit den Grundstrukturen der aufkommenden Wissensgesellschaft herauszuarbeiten. Eine derartige Analyse hätte zugleich der Versuchung zu widerstehen, die Problematik des professionellen Handelns zu vereinseitigen: weder im Sinne einer Renaissance des Konzepts der „old-established-professions" noch in Richtung auf eine Ineinssetzung von Professionalität / Professionswissen mit bügerschaftlichem bzw. ehrenamtlichem Handeln samt dem hier typischen Erfahrungswissen. Als Wissensbasis im Sinne eines modernen Professionswissens könnte folglich also nur solches Wissen gelten, welches zwar nach wissenschaftlichen und im Praxiszusammenhang des Klienten / Adressaten selbst enthaltenen Rationalitätsgründen und Relevanzkriterien erzeugt ist, aber deren bisherigen Aktionsradius transzendiert.

Literatur

Abbott, A. (1988): The System of Professions. An Essay on the Division of Expert Labour. University Of Chicago Press, Chicago / London

– (1981): Status and Status Strain in the Professions. American Journal of Sociology 86, 819–835

Alisch, L.-M., Rössner, L. (Hrsg.) (1980): Zentrale Aspekte der Soziotherapie. Braunschweiger Studien zur Erziehungs- und Sozialarbeitswissenschaft. Bd. 2. Rössner, Braunschweig

Apel, H. J., Horn, K.-P., Lundgreen P., Sandfuchs, U. (Hrsg.) (1999): Professionalisierung pädagogischer Berufe im historischen Prozeß. Klinkhardt, Bad Heilbrunn

Austin, M. J. (1978): Professionals and Paraprofessionals. Human Sciences Press, New York

Baecker, D. (1994): Soziale Hilfe als Funktionssystem der Gesellschaft. Zeitschrift für Soziologie 23, 93–110

Becker-Lenz, R. (2005): Das Arbeitsbündnis als Fundament professionellen Handelns. Aspekte des Strukturdilemmas von Hilfe und Kontrolle in der Sozialen Arbeit. In: Pfadenhauer, M. (Hrsg.): Professionelles Handeln. VS, Wiesbaden, 87–104

Ben-David, J. (1976): Science as a Profession and Scientific Professionalism. In: Loubser, J. J., Baum, V., Effrat, A., Lidz, M. (Hrsg.): Exploration in General Theory in Social Science. The Free Press, New York

Blau, P., Scott, W. R. (1971): Professionelle und bürokratische Orientierung in formalen Organisationen – dargestellt am Beispiel der Sozialarbeiter. In: Otto, H.-U., Utermann, K. (Hrsg.), 125–139

Böhnisch, L., Lösch, H. (1973): Das Handlungsverständnis des Sozialarbeiters und seine institutionelle Determination. In: Otto, H.-U., Schneider, S. (Hrsg.): Gesellschaftliche Perspektiven der Sozialarbeit. Bd. 2. Luchterhand, Neuwied / Berlin

Bommes, M., Scherr, A. (2000): Soziologie der Sozialen Arbeit. Eine Einführung in Formen und Funktionen organisierter Hilfe. Juventa, Weinheim / München

–, – (1996): Soziale Arbeit als Exklusionsvermeidung, Inklusionsvermittlung und / oder Exklusionsverwaltung. Neue Praxis 2, 107–122

Brunkhorst, H. (1992): Professionalität, Kollektivitätsorientierung und formale Wertrationalität. Zum Strukturproblem professionellen Handelns aus kommunikationstheoretischer Perspektive. In: Dewe, B., Ferchhoff, W., Radtke, F.-O. (Hrsg.), 49–69

Bucher, R., Strauss, A. (1972): Wandlungsprozesse in Professionen. In: Luckmann, T., Sprondel, W.M. (Hrsg.): Berufssoziologie. Kiepenheuer & Witsch, Köln, 182–197

Burrage, M., Torstendahl, R. (Hrsg.) (1990): Professions in Theory and History. Sage, London

Collins, R. (1990): Market Closure and the Conflict Theory of the Professions. In: Burrage, M., Thorstendahl, R. (Hrsg.): The Formation of Professions: Knowledge, State, and Strategy. Sage, London / New Dehli, 24–33

Combe, A., Helsper, W. (Hrsg.) (1996): Pädagogische Professionalität. Untersuchungen zum Typus pädagogischen Handelns. Suhrkamp, Frankfurt / M.

Daheim, H. (1992): Zum Stand der Professionssoziologie. In: Dewe, B., Ferchhoff, W., Radtke, F.-O. (Hrsg.), 21–35

Dewe, B. (2000): Handbuch der Erwachsenenbildung. Votum, Münster

– (1983): Bildungsprozesse zwischen Aufklärung und Kompetenzaneignung. Bildungs- und professionstheoretische Überlegungen. Neue Praxis 3, 240–261

–, Ferchhoff, W., Radtke, F.-O. (Hrsg.) (1992): Erziehen als Profession. Zur Logik professionellen Handelns in pädagogischen Feldern. Suhrkamp, Opladen

–, Galiläer, L. (2000): Qualitätsentwicklung in den pädagogischen Feldern. In: Otto, H.-U., Rauschenbach, Th., Vogel, P. (Hrsg.): Erziehungswissenschaft – Profession – Praxis. Bd. 3. Leske + Budrich, Opladen

–, Otto, H.-U. (2002): Reflexive Sozialpädagogik. Grundstrukturen eines neuen Typs dienstleistungsorientierten Professionshandelns. In: Thole, W., Bock, K. (Hrsg.): Grundriss soziale Arbeit. Ein einführendes Handbuch. Leske + Budrich, Opladen, 179–198

–, – (1996a): Zugänge zur Sozialpädagogik. Reflexive Wissenschaftstheorie und kognitive Identität. Juventa, Weinheim / München

–, – (1996b): Sozialpädagogik – Über ihren Status als Disziplin und Profession. Thematische Differenzierungen, vergleichendes Beziehungsdenken und angemessene Vermittlungsformen. Neue Praxis 1, 3–16

Etzioni, A. (Hrsg.) (1969): The Semi-Professions and Their Organizations. New York

Fischer, A. (1925): Die Problematik des Sozialbeamtentums. In: Fischer, A.: Leben und Werk. Bd. 3 / 4. Deutscher Verlag für Jugend und Volk, Stuttgart

Flexner, A. (1915): Is Social Work a Profession? Scool and Society 1, 901–911

Freidson, E. (1988): Professional Powers. A Study of the Institutionalisation of Formal Knowledge. University of Chicago Press, Chicago

Gildemeister, R. (1992): Neuere Aspekte der Professionsdebatte. Soziale Arbeit zwischen immanenten Kunstlehren des Fallverstehens und Strategien kollektiver Statusverbesserung. Neue Praxis 3, 207–219

Granosik, M. (2000): Professionalität und Handlungsschemata der Sozialarbeit am Beispiel Polens. ZBBS 1, 97–130

Groddeck, N. (1994): Expansion, Qualifizierungsfalle und unterentwickelte Fachkultur. In: Groddeck, N., Schumann, M. (Hrsg.): Modernisierung Sozialer Arbeit durch Methodenentwicklung und -reflexion. Lambertus, Freiburg / Br., 26–40

Hartmann, H. (1968): Arbeit, Beruf, Profession. Soziale Welt 2, 193–216

Haupert, B. (1995): Vom Interventionismus zur Professionalität. Programmatische Überlegungen zur Gegenstandsbestimmung der Sozialen Arbeit als Wissenschaft, Profession und Praxis. Neue Praxis 1, 32–55

Heidenreich, M. (1999): Berufskonstruktion und Professionalisierung. Erträge der soziologischen Forschung. In: Apel, H. J., Horn, K.-P., Lundgreen P., Sandfuchs, U. (Hrsg.): Professionalisierung pädagogischer Berufe im historischen Prozeß. Julius Klinkhardt, Bad Heilbrunn

Helsper, W., Krüger, H.-H., Rabe-Kleberg, U. (2000): Professionstheorie, Professions- und Biographieforschung – Einführung in den Themenschwerpunkt. ZBBS 1, 5–19

Hughes, E. Ch. (1963): Professions. Daedalus 1, 655–668

– (1958): Men and their Work. Free Press, Glencoe / Illinois

Imker, H. (Hrsg.) (1982): Probleme beruflichen Handelns des Sozialarbeiters. Eigenverlag des Lehrstuhls für Sozialarbeit und Sozialpädagogik an der Technischen Universität Braunschweig, Braunschweig

Japp, K. P. (1986): Wie psychosoziale Dienste organisiert werden. Campus, Frankfurt / New York

Kairat, H. (1969): „Professions" oder freie Berufe. Berlin

Luhmann, N. (1973): Formen des Helfens im Wandel gesellschaftlicher Bedingungen. In: Otto, H.-U., Schneider, S.

(Hrsg.): Gesellschaftliche Bedingungen der Sozialarbeit. Luchterhand, Neuwied

Lundgreen, P. (1999): Berufskonstruktion und Professionalisierung in historischer Perspektive. In: Apel, H. J., Horn, K.-P., Lundgreen P., Sandfuchs, U. (Hrsg.): Professionalisierung pädagogischer Berufe im historischen Prozeß. Julius Klinkhardt, Bad Heilbrunn

– (1992): Akademiker und „Professionen" in Deutschland. Historische Zeitschrift 4, 657–670

Marshall, T. H. (1939): The Recent History of Professionalism in Relation to Social Stucture and Social Policy. Canadian Journal of Economics and Political Science 3, 325–340

Merten, R. (Hrsg.) (2000): Systemtheorie Sozialer Arbeit. Neue Ansätze und veränderte Perspektiven. Leske + Budrich, Opladen

– (1997): Autonomie der Sozialen Arbeit: Zur Funktionsbestimmung als Disziplin und Profession. Juventa, Weinheim

Müller, S., Otto, H.-U., Sünker, H. (Hrsg.) (1984): Handlungskompetenz in der Sozialarbeit / Sozialpädagogik. Bd. 1 / 2. AJZ, Bielefeld

Müller-Kohlenberg, H. (1996): Laienkompetenz im psychosozialen Bereich: Beratung – Erziehung – Therapie. Leske + Budrich, Opladen

Münchmeier, R. (1999): Professionalisierung der Sozialpädagogik in der Weimarer Republik. In: Apel, H. J., Horn, P.-K., Lundgreen, P., Sandfuchs, U. (Hrsg.), 347–362

– (1981): Zugänge zur Geschichte der Sozialarbeit. Juventa, Weinheim / München

Niemeyer, Ch. (1999): Sozialpädagogik als Männerberuf. In: Apel, H. J., Horn, K.-P., Lundgreen P., Sandfuchs, U. (Hrsg.)

Nölke, E. (2000): Biographie und Profession in sozialarbeiterischen, rechtspflegerischen und künstlerischen Arbeitsfeldern. ZBBS 1, 21–48

Oevermann, U. (1996): Theoretische Skizze einer revidierten Theorie professionalisierten Handelns. In: Combe, A., Helsper, W. (Hrsg.): Pädagogische Professionalität. Untersuchungen zum Typus pädagogischen Handelns. Suhrkamp, Frankfurt / M., 70–182

– (1980): Hermeneutische Methodologie und die Logik professionalisierten Handeln. Ist eine nicht-technokratische Anwendung sozialwissenschaftlicher Wissensbestände möglich? Referat auf dem 20. Soziologentag, Bremen

Olk, T., Otto, H.-U. (Hrsg.) (2003): Soziale Arbeit als Dienstleistung: Grundlegungen, Entwürfe und Modelle. Luchterhand, Neuwied / Kriftel

Otto, H.-U. (1991): Sozialarbeit zwischen Routine und Innovation: Professionelles Handeln in Sozialadministrationen. De Gruyter, Berlin / New York

–, Utermann, K. (Hrsg.) (1971): Sozialarbeit als Beruf. Auf dem Weg zur Professionalisierung? Juventa, München

Parsons, T. (1980): Sozialstruktur und die symbolischen Tauschmedien. In: Jensen, St. (Hrsg.): Zur Theorie der sozialen Interaktionsmedien. Westdeutscher Verlag, Opladen, 229–259

– (1978): Research with Human Subjects and the „Professional Complex". In: Parsons, T.: Action Theory and the Human Condition. Free Press, New York

– (1968): „Professions". In: International Encyclopedia of the Social Science. Bd 12, 536–547

Parsons, T. (1951 / 2005): The Social System. Routledge & Kegan Paul, London

Rüschemeyer, D. (1981): Professionalisierung – Theoretische Probleme für die vergleichende Geschichtsforschung. Geschichte und Gesellschaft 6

– (1972): Ärzte und Anwälte: Bemerkungen zur Theorie der Professionen. In: Luckmann, Th., Sprondel, W. M. (Hrsg.): Berufssoziologie. Kiepenheuer & Witsch, Köln, 168–181

Sarfatti-Larson, M. S.(1977): The Rise of Professionalism. A Sociological Analysis. University of California Press, Berkley / Los Angeles / London

Schütze, F. (2000): Professionelle Paradoxien in der Arbeit. ZBBS 1, 130–178

– (1996): Organisationszwänge und hoheitsstaatliche Rahmenbedingungen im Sozialwesen: Ihre Auswirkungen auf die Paradoxien des professionellen Handelns. In: Combe, A., Helsper, W. (Hrsg.), 183–273

– (1992): Sozialarbeit als „bescheidene Profession". In: Dewe, B., Ferchhoff, W., Radtke, F.-O. (Hrsg.), 91–121

Sorensen, J. E., Sorensen, T. L. (1974): The Conflict of Professionals in Bureaucratic Organizations. Administrative Science Quaterly 1, 98–106

Stichweh, R. (1996): Professionen in einer funktional differenzierten Gesellschaft. In: Combe, A., Helsper, W.

– (1980): Rationalität bei Parsons. Zeitschrift für Soziologie 9, 54–78

Toren, N. (1972): Social Work: The Case of a Semi-Profession. Sage, Beverly Hills / London

Wagner, H.-J. (1998): Eine Theorie pädagogischer Professionalität. Beltz, Weinheim

Weber, G. (1972): Sozialarbeit zwischen Arbeit und Profession. Ein berufssoziologischer Versuch. Soziale Welt 23, 432–446

Weingart, P. (1981): Wissenschaft im Konflikt zur Gesellschaft. Zur De-Institutionalisierung der Wissenschaft. In: Kruedner, J. von / Schubert, K. von (Hrsg.): Technikfolgen und sozialer Wandel. Zur politischen Steuerbarkeit der Technik. Köln

– (1979): De-Institutionalisierung der Gesellschaft oder Verlust der Subjektivität. In: Heigl-Evers, A. (Hrsg.): Die Psychologie des 20. Jahrhunderts. Lewin und die Folgen. Bd. VIII. Kindler, Zürich, 559–567

Wilensky, H. L. (1972): Jeder Beruf eine Profession? In: Luckmann, T., Sprondel, W. M. (Hrsg.): Berufssoziologie. Kiepenheuer & Witsch, Köln, 198–215

Professionalität

Von Bernd Dewe und Hans-Uwe Otto

Problemstellung

Professionalität und Profession stehen begrifflich für unterschiedliche Phasen der Institutionalisierung und Akademisierung der Sozialen Arbeit, die ihren Ausdruck in Veränderungen im theoretischen Diskurs der Professionsforschung finden. Im Zuge der analytischen Wendung der Professionstheorie kam ein verstärktes Interesse an einer struktur- und handlungstheoretischen Betrachtung sozialarbeiterischen Handelns auf.

Diese strukturtheoretische Betrachtungsweise professionellen Handelns legt eine Abkehr von der bisher favorisierten Normativität und eine Hinwendung zu empirischen Untersuchungsstrategien nahe, mit denen beschrieben werden kann, wie unter gegebenen institutionellen Rahmenbedingungen und in einem bestimmten historischen Kontext eine Berufsgruppe mit den komplexen Anforderungen umgeht und welche typischen Handlungsmuster sie zur Bewältigung der beruflichen Situation ausgebildet hat. Auf dem Wege zu einer aufgabenspezifischen reflexiven Theorie der Professionalität (Dewe / Otto 2010) scheint es sinnvoll zu sein, auf Differenz gegenüber den klassischen Professionen zu setzen und das Besondere des modernen professionellen Handlungsmodus in sozialen Dienstleistungsberufen zu rekonstruieren.

Eine derartige reflexionsbezogene Perspektive lenkt das theoretische Interesse auf folgende drei Aspekte:

1. auf den Aspekt der Handlungslogik professionalisierter sozialer Berufspraxis,
2. auf den Aspekt des Wissens und Könnens der Akteure in Handlungsfeldern der Sozialen Arbeit,
3. auf den Aspekt der Bedeutung von Reflexivität für die Bewältigung professioneller Aufgaben.

Damit tritt die Frage nach der „Professionalität" in den Vordergrund.

Zunächst muss festgestellt werden, dass sich über „Professionalität" als einem eigenständigen Thema wissenschaftlicher Analyse erst in jüngster Zeit differenziert forschen und disputieren lässt (Combe / Helsper 2002; Köngeter 2009). Dabei weist dieser Disput interessanterweise eher Konnotationen auf zu Konzepten der analytischen Handlungstheorie (z. B. Neuweg 2000), der Wissensforschung (vgl. Dewe 2007), der Debatte um Kompetenz sowie ihrem Komplementärbegriff, der Performanz (vgl. Knoblauch 2010) als Beziehungen zur hergebrachten berufssoziologischen Debatte und den struktur-funktionalistisch dominierten Professionstheorien der 1960er bis 1980er Jahre.

Zur Differenzierung der Diskussion

Nach der Verabschiedung von Theoriekonzepten, die sich auf die sog. „old established professions" als möglichem Maßstab für die Professionsentwicklung der Sozialen Arbeit bezogen, haben sich Diskurse ausdifferenziert, die weitgehend unabhängig voneinander geführt werden.

Ein Ergebnis der mittlerweile eigenständigen Forschung zur Professionalität im Handeln von Sozialarbeitern besteht darin, genauer zu unterscheiden zwischen einer Konzentration des wissenschaftlichen Interesses:

1. auf den Nucleus von *Profession* als spezifische „Form" (Kurtz 2005) gesellschaftlichen bzw. sozialen Handelns, die ein definiertes Funktionssystem betreut, d. h. die gesellschaftliche Makroebene bzw. das Gesellschaftssystem betreffend,
2. auf den Fokus der *Professionalisierung* als individuellen und gesellschaftlichen Aushandlungs- und

Otto/Thiersch (Hg.), Handbuch Soziale Arbeit, 4. A., DOI 10.2378/ot4a.art115,

Durchsetzungsprozess und die damit verbundenen Marktschließungsstrategien (Schütze 1992), der somit den Verlauf der biographischen Etablierung von Professionalisierungsvorgängen betrifft (Pfadenhauer 2005) und

3. auf die besonderen, in der Regel habitualisierten Befähigungen und das „spezifische Vermögen" beruflich handelnder „Wissensarbeiter" im Umgang mit Menschen, also auf die *Professionalität* von Sozialarbeitern im Sinne eines szenisch-situativen Handelns unter bisweilen paradoxen Handlungsanforderungen (Dewe/Wagner 2006; Nittel 2001) – in Relation zu Status, Prestige, Beschäftigungskonstitution und Form des „institutionalisierten Arbeitskraftmusters." (Stock 2005, 127)

Auch außerhalb der Sozialen Arbeit hat die allgemeine soziologische Professionstheorie einen thematischen Wandel vollzogen: Nicht nur in der von Ulrich Oevermann reformulierten „Theorie professionalisierten Handelns" (1996), sondern auch in der für die deutsche Diskussion nach wie vor Orientierung gebenden angelsächsischen Professionstheorie sind in den letzten Jahren nach der Verabschiedung attributionstheoretischer bzw. indikatorischer Konzepte (Dewe et. al. 1986) mittels Fragen nach dem professionellen Wissen („the knowlegde base question": Elzinga 1990), nach den Folgen des Umstandes, dass professionalisiertes Handeln stets unter hochgradigen „Ungewissheitsbedingungen" (Abbott 1988) erbracht wird, sowie mit Fragen nach der spezifischen „Logik" des Handelns (Freidson 2001) neue Forschungsschwerpunkte etabliert worden. „Professional competencies" spielen dabei eine nicht zu unterschätzende Rolle.

In Folge dieser analytischen Ausdifferenzierung der Professionalisierungsdiskussion gewann der Begriff der Professionalität seine eigene Qualität. Neben Problemen die spezifische Struktur professioneller Praxis und die Könnerschaft „von Berufs wegen" (Fischer 1925) im Spannungsfeld von deklarativem und prozeduralem Wissen betreffend, genießt die Frage nach der Bedeutung von Reflexivität für die Bewältigung professioneller Aufgaben unter den Bedingungen von gesteigertem Begründungszwang und situativ hohem Handlungsdruck besondere Aufmerksamkeit. Kurzum: Reflexivität im Kontext professionellen Handelns ist zu einem bedeutenden Schlüsselwort geworden.

Von dieser Position aus öffnet sich der Blick für das, was immer schon die berufliche Handlungssituation ausmacht, wenn diese Dynamik auch durch Rituale und Routinen (Bommes et al. 1996) bisweilen unter Kontrolle zu halten versucht wird: die Tatsache nämlich, dass die Aushandlung von Lebenspraktischen, stets auch politischen „Bedeutungen" der Kern professioneller Interaktion ist (Mezirow 1997). Dieser Prozess ist nicht nur auf der unmittelbaren Interaktionsebene, sondern auch auf der Organisationsebene (Peter 2010), insbesondere durch administrative, planende, disponierende Tätigkeiten, durch Themenselektion, Exklusion/Inklusion – um nur einiges zu nennen – gekennzeichnet.

Professionalität materialisiert sich gewissermaßen in einer spezifischen Qualität sozialpädagogischer Handlungspraxis, die eine Erhöhung von Handlungsoptionen, Chancenvervielfältigung und die Steigerung von Partizipations- und Zugangsmöglichkeiten aufseiten der Klienten zur Folge hat. Reflexive, wissenschaftsbasierte Professionalität findet ihren Ausdruck sowohl in analytischen als auch in prozesssteuernden Kapazitäten des Handelnden, dessen Autonomie stets situativ in der Bearbeitung des „Falles" konstituiert bzw. realisiert wird.

Im aktuellen Diskurs wird Professionalität als ausgezeichneter Strukturort der Relationierung von Theorie und Praxis bzw. differenter Urteilsformen betrachtet (Dewe/Otto 2010). Die Professionalisierungsdiskussion dringt in den Mikrobereich sozialpädagogischen Handelns vor, in dem es darum geht, die Wissensbasis einer spezifisch pädagogischen Kompetenz zu ermitteln. Ihr eröffnet sich damit die Möglichkeit, jenseits von Sozialtechnologie und Aufklärungspathos die faktischen Strukturprobleme sozialpädagogischen Handelns zu thematisieren.

Der Fallbegriff in der professionellen Sozialen Arbeit

Rückblickend betrachtet lassen sich im Professionalisierungsdiskurs seit den 1980er Jahren – bezogen auf die Rekonstruktion der professionellen Handlungslogik – zwei konkurrierende Kriterien für Professionalität ausmachen. Das eine ist der bereits erwähnte Status eines wissenschaftlichen Experten, das zweite ist die auf konkrete Fälle bezogene

Deutungs- und Handlungskompetenz des professionellen Praktikers. Zwar ist der Professionelle in der Regel ein wissenschaftlich ausgebildeter Praktiker, aber Professionalität, die sich auf Expertentum beschränkt, unterliegt der Gefahr der Szientifizierung und Technokratisierung der Beziehung zum Klienten. Für professionalisiertes Handeln ist nicht wissenschaftsbasierte Kompetenz als solche konstitutiv, sondern vielmehr die jeweils situativ aufzubringende Fähigkeit und Bereitschaft, einen lebenspraktischen Problemfall kommunikativ auszulegen, indem soziale Verursachungen rekonstruiert werden, um dem Klienten aufgeklärte Begründungen für selbst zu verantwortende lebenspraktische Entscheidungen anzubieten und subjektive Handlungsmöglichkeiten zu steigern. Betont man wie etwa Oevermann (1996; 1997) dieses zweite Kriterium, dann agiert der professionelle Praktiker zwar im Rahmen eines auf „kognitive Rationalität" gegründeten Wissens, doch ist dabei seine hermeneutische Kompetenz das „Medium", in dem Ersteres überhaupt problemorientiert wirksam werden kann, ohne die – im Grenzfall lediglich kontrafaktisch zu unterstellende – Autonomie des lebenspraktischen Entscheidungshandelns des Klienten aufzuheben. In jeder professionellen Handlungssituation ist unweigerlich der Widerspruch zwischen Theorieverstehen und „hermeneutischem Fallverstehen" (Oevermann 1997) auszuhalten. Nach Oevermann (1996) lassen sich die Unterschiede und Gemeinsamkeiten zwischen pädagogischen und nicht-pädagogischen Professionen nur erkennen, wenn die Frage nach der Professionalisierung auf einer abstrakten Stufe professionellen Handelns angesiedelt und zugleich auf die materiale Problemstellung der pädagogischen Tätigkeit bezogen wird. Dann – so die These Oevermanns – zeige sich die für pädagogisches Handeln konstitutive Bedeutung der Interaktion, die über bloße Wissens- und Normenvermittlung hinausgehe (vgl. Oevermann 1997).

Für uns liegt ein entscheidender Anknüpfungspunkt in der Oevermannschen Theorie in der Betonung des Erzeugungszusammenhangs des Neuen (auch eines neuen Wissens / Handelns) in der Interaktion mit dem Klienten. Dies umfasst die Metamorphose des Wissens in der Aushandlung; die Aushandlung selbst muss als reflexive Emergenzebene betrachtet werden, die situativ, individuell angemessene und wirksame (im pragmatischen Sinne) Deutungen und Handlungsweisen hervorbringt.

Es geht somit in der professionellen sozialpädagogischen Interaktion stets um die Wiederherstellung bzw. Vermittlung einer Kompetenz, die der Klient bereits unterschwellig besitzt bzw. schon einmal inne hatte. In einer so verstandenen professionalisierten Tätigkeit sind partikularistische und affektive Handlungselemente verbunden mit Interaktionselementen, die universalistisch und spezifisch orientiert sind. Für kompetentes professionelles Handeln ist „die hermeneutische Kompetenz des Verstehens eines ‚Falles' also etwa … eines Rechtsproblems oder eines Sinnproblems ‚in der Sprache des Falles selbst' (konstitutiv)" (Burkart 1982, 58). Die hier in Rede stehende professionelle Handlungskompetenz ist folglich „nicht auf Wissen, Techniken und normative Orientierungen beschränkt" (58), sondern sie thematisiert in der Figur des professionalisierten Handelns die prekäre Nahtstelle von „gesellschaftlichem Wertsystem und Individuum" genau dort, wo „Konflikte im Wertbereich auftauchen" (58). Die erwähnte kommunikative Kompetenz des Professionellen impliziert mithin ein deutendes Verstehen, welches im krassen Gegensatz zu technisch inspirierten Vorstellungen eines Transfers von erprobten Lösungen steht sowie zu Konzepten unmittelbarer Übersetzung von Alltagskompetenz in Expertise. Strukturale und hermeneutisch orientierte Professionalisierungstheorien (u.a. Wagner 1998) heben die professionelle Aufgabe hervor, die Notempfindungen und Hilfestellungen der Klienten im Rahmen von deren Plausibilitäten zu interpretieren und auf Grund solcher Interpretationen in Kommunikation mit ihnen „richtige", d.h. stets auch emotional ertragbare Begründungen für praktische Bewältigungsstrategien zu entwickeln. Dies erfordere eine situative Öffnung der Sozialen Arbeit, nicht um den Alltag ihrer Klienten zu reproduzieren, sondern vielmehr um die Blockierungszusammenhänge des Alltags als solche zu erkennen und Handlungsalternativen aufzuzeigen. Im Gegensatz zu Konzeptionen, die den Fallbegriff im Sinne einer klinischen Einzelfallorientierung (Oevermann 1999) verstehen, wird hier der Fallbegriff im Sinne einer rekonstruktiven sozialwissenschaftlichen Kategorie (Luhmann 1993) benutzt. Insofern sind Falldarstellung, -geschichte, -bericht und -rekonstruktion nicht auf die jeweilige Person (eines Klienten) in ihrer individuellen Existenz, also nicht auf den Einzelfall als solchen bezogen, sondern orientieren sich im

Gegensatz zur klassischen casework an den sozialen Kontexten und Konstellationen, unter denen Individuen leben, und nimmt in dieser Perspektive Familien, sonstige Primärgruppen, Organisationen wie Schulen, Betriebe, Kliniken etc. in den Blick. Die Beantwortung der beiden Fragen „Was ist der Fall?" und „Was steckt dahinter?" (Luhmann 1993, 245) in der Handlungspraxis Sozialer Arbeit ist stets auf die Verpflichtung zur *Kontextualisierung* (Dewe / Otto 1996b) verwiesen. Insofern geht professionelle Soziale Arbeit in ihren Falldeutungen über die intrapersonalen, individualspezifischen und partikularen Orientierungen des einzelnen Klienten hinaus.

Die bereits erwähnte Unterscheidung zwischen dem „Experten" und dem „Laien" liegt im Kern darin, dass es sich in der Kommunikation zwischen beiden stets um Handlungssituationen dreht, in denen die zugemutete Handlungskompetenz *nicht* identisch ist mit der *routinisierten Wissenskomponente*, d. h., dass der Professionelle die Spannung zwischen Wissen und Nichtwissen handelnd bewältigen muss. Professionelles Handeln beinhaltet systematisch stets Kompetenzanteile, die über die Wissenskomponente hinausgehen. Auf den damit verbundenen Vorgang der *Relationierung* wird noch eingegangen (auch Köngeter 2009). Hierbei gilt, dass der Fallbezug professioneller Sozialer Arbeit nur solche Fälle umfasst – unabhängig davon, ob es sich um mikrologische, dialogisch strukturierte Interaktionskontexte, lebensweltliche Krisen, sozialbiographische Verläufe oder kommunale Strukturprobleme handelt –, die vorgefallen sind und sich insofern einer professionellen Rekonstruktion und Kontextualisierung im gesellschaftlichen Zusammenhang erst öffnen.

Soziale Arbeit als moderne Dienstleistungsprofession

Bereits Marshall (1939) reflektierte einen sozialen Prozess, der dadurch gekennzeichnet ist, dass professionelle soziale Dienstleistungen zunehmend an Relevanz gewinnen, wobei diese professionalisierten, personenbezogenen sozialen Dienstleistungstätigkeiten einer eigenen Handlungslogik folgen. Diese zunehmende Bedeutung der professionalisierten Handlungsstruktur bezieht, so Marshall, Unterstützung aus der wachsenden Nachfrage nach bildungsqualifizierten Dienstleistungen, der Entwicklung neuer Dienstleistungsberufe sowie aus dem Umstand, dass der Anteil unmittelbar marktabhängiger Arbeitstätigkeit ständig rückläufig ist. Sah Parsons (1968; 1978) den Gegensatz von utilitaristischem marktorientiertem erwerbswirtschaftlichem Arbeitshandeln und den neu aufkommenden Dienstleistungstätigkeiten als eher gering an und betrachtete die professionelle Handlungsstruktur lediglich als Ausdruck differenter institutioneller Arrangements, so ging Marshall davon aus, dass der Gegensatz von utilitaristischem Arbeitshandeln und professionellem Dienstleistungshandeln als Ausdruck einer neuartigen gesellschaftlichen Entwicklung zu werten sei. Auf wirtschaftliches Gewinnstreben abzielendes ökonomisches Handeln einerseits und professionelles, personenbezogenes, fallorientiertes Dienstleistungshandeln andererseits werden hier als Phänomene gegensätzlicher Motivation betrachtet. Bei den Professionen handelt es sich bei näherer Betrachtung um eine spezifische Form wissenschaftsbasierter, kommunikativer Hilfe und Intervention, die typischerweise die institutionalisierten Ausprägungen *Beratung*, *Bildung* und *Therapie* annehmen kann (Dewe / Schaeffer 2006). Professionalisiertes Handeln als eine Form kommunikativer Hilfe bietet Antworten auf im alltäglichen Interaktionsfluss nicht behebbare Regeldefizite an und hält soziale Unterstützungsleistungen für die Bewältigung problematisch gewordener, aber auch prinzipiell bedrohter subjektiver Wirklichkeit bereit. Professionelle Interventionen sind darauf spezialisiert, an konkreten Handlungsproblemen akut gewordene Deutungsbedürfnisse und Handlungsprobleme ihrer Klienten etwa bezüglich ihres Erziehungsverhaltens, ihrer Rechtsauffassung, ihrer Gesundheitsvorstellungen etc. kontextspezifisch zu bearbeiten.

Damit ist die gegenüber utilitaristischem Arbeitshandeln wie auch bürokratischem Verwaltungshandeln alternative Handlungsstruktur angesprochen, die im stärkeren Maße Eigenschaften wie Deutungs- und Kommunikationskompetenz, hermeneutisches Fallverstehen und Empathie einschließt.

„Die Tätigkeiten des Lehrens, Heilens, Planens, Organisierens, Vermittelns, Kontrollierens, [...] Beratens usw. – oder allgemeiner gesprochen: Die Abwehr, Absorption und ‚Verarbeitung' von Risiken und Normalitätsabweichungen ist zwar auf der einen Seite durchaus lohnabhängige, in private oder öffentliche Betriebe einbezogene Erwerbsarbeit, wie die unmittelbar produzierende Arbeit auch, sie unterscheidet sich aber von dieser weithin dadurch, daß – wegen der Inhomogenität und Diskontinuität der von ihr zu erledigenden ‚Fälle' – eine technische Produktionsfunktion häufig nicht [...] normierbar und zum Kontrollkriterium des Arbeitsvollzugs zu erheben ist; und sie unterscheidet sich zweitens dadurch, daß ein eindeutiges und unstrittiges ‚Wirtschaftlichkeitskriterium' [...] nicht zur Verfügung steht, und zwar deshalb nicht, weil zahlreiche öffentliche wie auch organisationsintern erbrachte Dienstleistungen allenfalls konkreten ‚Nutzen', aber keine monetären ‚Erträge' erbringen. Deshalb fehlen Maßstäbe für die quantitative und komparative Erfassung dieses Nutzens, und Maßstäbe für den Umfang des zu befriedigenden Bedarfs fehlen schon deswegen, weil dieser – am deutlichsten im Falle professioneller Dienstleistungen – selbst auf der Angebotsseite definiert wird und weil im übrigen sehr häufig die Bedarfsstandards sich mit dem wahrgenommenen Angebot nach oben verschieben. Was also die technische Rationalität der Dienstleistungsarbeit angeht, so muss ihre Nicht-Normierbarkeit durch Eigenschaften wie Interaktionskompetenz, Verantwortungsbewusstsein, Empathie und kasuistisch erworbene Erfahrung ersetzt werden; an die Stelle versagender ökonomisch-strategischer Rationalitätsmaßstäbe treten konventionelle, politisch-diskretionäre oder im Konsens der Professionsangehörigen gewonnene Bedarfs- und Nutzenkalküle." (2006)

In dieser Tendenz zeigt sich die Wiederkehr einer bis dato aus dem Bereich utilitaristischen Arbeitshandelns erfolgreich verdrängten normgeleiteten materialen Rationalität, die in den Dienstleistungsberufen als sehr enge Verschränkung von Arbeit und Interaktion verkörpert (Habermas 1968). Die spezifische Kategorie beruflichen Handelns, die für die erwähnte Form von Handlungsrationalität konstitutiv ist, nämlich das professionelle Handeln, ist mit dem Erbringen von Begründungsleistungen befasst. Es handelt sich um Tätigkeiten, die in den neuen Dienstleistungsprofessionen im sogenannten quartären Sektor ihren Ort haben.
Die typische „Ungewissheitssituation" in Arbeitsaufgaben ist das eigentliche Arbeitsfeld moderner Dienstleistungsprofessionen. Es zeigt sich, dass professionelles Handeln hinfällig würde, wenn Möglichkeiten einer routinemäßigen Bewältigung von in der jeweiligen Handlungssituation liegen-

den Ungewissheiten gegeben wären. In diesem Zusammenhang betont Nilson (1979) abermals die Differenz zwischen bürokratischer und professioneller Problembearbeitung im Kontext der neuen Dienstleistungsberufe und macht auf das spezifische Handlungsproblem professioneller Problembearbeitung aufmerksam, was darin besteht, prinzipiell unter der Bedingung von „Ungewissheit" zu handeln. Somit legitimiert sich die Kompetenz des professionalisiert Handelnden nur in der konkreten – sowohl spezifisch wie auch diffus strukturierten – Interaktionssituation mit seinen Adressaten. Dies schließt ein, dass nur im situativen Handlungsvollzug die professionelle Befähigung generiert werden muss bzw. sich nur dort erweisen kann. Hieran wird deutlich, dass der nur idealtypisch rekonstruierbare „Maßstab" für die jeweilige Angemessenheit professionalisierten Handelns darin zu sehen ist, wieweit eine professionelle Unterstützung der Lebenspraxis die – zumindest – kontrafaktisch gesetzte Autonomie des Handelns aufseiten des Adressaten praktisch fördert bzw. wiederherstellt. Die hier nachgezeichnete Professionsforschung sowie die Rekonstruktion und Kritik der auf die „old-established-professions" bezogenen Professionstheorien konnten zeigen, dass zentrale Schwierigkeiten, die sich in der Lebenspraxis von Klienten stellen und an der professionellen Unterstützung durch Beratung und Unterstützung ins Spiel kommen, sich stets dann ergeben, wenn die zu treffenden oder getroffenen lebenspraktischen Entscheidungen aus der Sicht der Adressaten nicht mehr „subjektiv" begründet und autonom vollzogen werden können. Professionelle sozialpädagogische Unterstützung für die Lebenspraxis ist nicht aufgebbar, doch stellt sich angesichts der notwendigen Relativierung der Gültigkeit des klassischen Professionalisierungskonzeptes und der Zurückweisung expertokratischer Ansätze die Frage, worin die Spezifik professionellen Wissens und Könnens besteht.

Reflexive Professionalität in der Wissensgesellschaft

Es ist deutlich geworden, dass besonders in den unmittelbar personenbezogenen sozialen Dienstleistungsberufen die hergebrachten Professionalisierungskonzepte keineswegs einen linearen Weg zur

Sicherung von Rationalitätsstandards im berufs-praktischen Handeln verbürgen, wie ihn konventionelle Professionalisierungsprotagonisten vor Augen haben. Dieser Sachverhalt spiegelt sich u. a. in der Differenz zwischen dem *prinzipiellen Anspruch professionellen Wissens* auf rationale Problemlösungen im sozialen Dienstleistungsbereich und dem *faktischen*, in die situativen Aushandlungsprozesse zwischen Professionellen und ihrer Klientel eingelassenen *Arbeitswissen*. Diese Differenz zwischen generalisierten Problemlösungsangeboten der helfenden Berufe und den lebenspraktischen Perspektiven der Betroffenen, die häufig Unzufriedenheit mit den angebotenen Leistungen offenbaren, ist unter den Bedingungen konventioneller Handlungsmuster systematisch unüberbrückbar.

Kernelement einer reflexiven Professionalität ist das, was *demokratische Rationalität* – im Gegensatz zu bloß wirtschaftlicher oder verabsolutierter kognitiver Rationalität – genannt werden kann (Dewe / Otto 1996a). Die gegenwärtige steuerungstheoretische Debatte über Organisationen im „Dritten Sektor" zwischen Markt und Staat ist darüber hinaus wegen des Verzichts auf die kritische Auseinandersetzung mit dem professionellen Selbstverständnis der im personenbezogenen Dienstleistungssektor beruflich Handelnden als verkürzt zu betrachten. Aus systematischer Sicht scheint eine optimale Abstimmung der Handlungsperspektive darin zu liegen, dass statt einer unbestimmt bleibenden „Klientenorientierung" die Notwendigkeit zur politischen Partizipation der Klienten bei der Herstellung der Dienstleistung sowie die professionelle Selbstreflexion des Handelns wahrgenommen wird. Eine relative Autonomie der professionellen Tätigkeit bei Sicherstellung einer diesbezüglichen Mindeststruktur im demokratisch-rationalitätstheoretischen Verständnis erfordert eine immer wieder stattfindende Rückbindung professioneller Praxis an die Rechte und Interessen der Klienten der Dienstleistungsangebote und an die gesellschaftlichen Prozesse, auf die sich ihre Intervention bezieht. In der Professionsforschung wird dieser Zusammenhang seit einigen Jahren unter den Stichworten „Verlust der Glaubwürdigkeit und Überzeugungskraft des Experten" diskutiert (etwa Hitzler et al. 1994) und veranlasst zu einer Kritik an dem bisherigen Konzept kognitiv-bürokratischer Rationalität der Professionen mit ihrer Vorstellung von einer „funk-

tionalen Autorität" (Dewe / Otto 1996a). In der Folge scheint eine, aber nicht hinreichende Notwendigkeit darin zu bestehen, die Anwendung von wissenschaftlich strukturierten Problemdeutungen im professionellen Handeln über gezieltes und effektiveres „Anknüpfen" an den Erfahrungen, Meinungen und Wünschen der Klienten künftig in mehr sozial akzeptierter Weise möglich werden zu lassen. Der angesprochene Zusammenhang findet aber erst einen angemessenen Ausdruck in der Bemühung, wissenschaftlich basierte Deutungen der Professionellen in den sozialen unmittelbar personenbezogenen Dienstleistungsberufen jenseits rein betriebswirtschaftlicher Kosten-Nutzen-Vorstellungen gezielt mit dem Problem der demokratisch-partizipatorischen Rückbeziehung professionellen Wissens auf das Handlungswissen der Klienten zu konfrontieren. Die Klienten Sozialer Arbeit haben sich inzwischen von reinen Weisungs- und Ratschlagskonsumenten zu „klugen" Nutzern von (widersprüchlichen) Experten und Dienstleistungen gewandelt. In professionstheoretischer Perspektive geht es zukünftig vor allen Dingen um die Entwicklung eines partizipatorisch-demokratisch korrigierten Professionsverständnisses (z. B. öffentliche Kontrolle als soziales Bürgerrecht) angesichts der gegenwärtig immer lauter werdenden Forderungen nach einer Effektivierung rigider ökonomischer Nutzenkalküle des beruflichen Handelns im sozialen Dienstleistungssektor. In diesem Prozess begreift sich der reflexiv gewordene Professionelle als ein „relational" Handelnder, eine Sozialfigur, die einerseits in Relation zum Klienten steht, die aber andererseits im Zweifelsfall auch in Relation zum Entscheidungsträger steht. Im Hinblick auf auch als politisch definierbare Interaktionskonstellationen (Beck 1993) gewinnt dieser Professionelle dadurch im Idealfall die Position eines „Dritten", der etwas anderes ist als nur ein Spezialist, welcher typischerweise eben davon lebt, bestimmte, begrenzte Problemlösungen besser als andere zu beherrschen.

Die Aufnahme professionskritischer und demokratietheoretischer Argumente in die gegenwärtige Diskussion eröffnet aber eine Fülle von Perspektiven: Angezielt wird in diesem Zusammenhang eine demokratisch legitimierte, reflexive Professionalität als tatsächlich relevante Voraussetzung für mehr Effektivität und Qualität der personalisierten sozialen Dienstleistung. Dies setzt professionelle

Sozialberufler als „reflexive Modernisierer" (Lash 1996) voraus – und zwar in allen dienstleistungsrelevanten gesellschaftlichen Handlungsfeldern. Eine damit gemeinte, vom traditionellen Ballast freigesetzte Professionalität müsste sich dadurch auszeichnen, dass sie neben und im Zweifelsfall quer zu den professionell verwalteten Beständen an instrumentellem Wissen und Methoden auch reflexive Wissensbestände, welche die situativen Lebensumstände, die Interessenlage der Klienten, Existenz oder gar Verlust kommunikativer Bindungen, soziale Vernetzungen und die Politikfähigkeit ihrer Aktionen thematisiert, aktiviert, anerkennt und einbindet. Es geht dabei um die Etablierung dieser *strukturellen Teilhaberechte* der Klienten, um zukünftig die qualitative Entwicklung der Leistungen und Angebote in den sozialen bzw. psychosozialen Dienstleistungsberufen zu gewährleisten. So verstanden zwingt die demokratische Rationalität zur Balance zwischen den vorfindlichen wirtschaftlichen, politischen und lebenspraktischen Interessen und der in der kognitiven Systematik enthaltenen Ahnung von einem übergreifenden „Allgemeinen", das sich als konsensfähiges Transformationsprogramm der Gesellschaft auf lange Sicht zu verkörpern hätte. Folglich ist eine Parteilichkeit des professionellen Handelns unverzichtbar im Sinne einer basalen situations- und klientenbezogenen Begründungskompetenz basierend auf der Fähigkeit des reflexiven Umgangs mit wissenschaftlich gewonnenen Einsichten in *strukturell* bedingte soziale Ungleichheiten.

Ein unseres Erachtens erfolgversprechender Weg besteht darin, „Professionswissen" auf dem Wege der Rekonstruktion der spezifischen Strukturlogik professionellen Handelns einer genaueren Bestimmung zuzuführen. Professionelles Wissen wird in dieser Konzeption als ein *eigenständiger Bereich* aufgefasst zwischen praktischem Handlungswissen, mit dem es den permanenten Entscheidungsdruck teilt, und dem systematischen Wissenschaftswissen, mit dem es einem gesteigerten Begründungszwang unterliegt. Im professionellen Handeln begegnen sich wissenschaftliches und praktisches Handlungswissen und machen die *Professionalität* zu einem *Bezugspunkt*, an dem potenziell jene oben skizzierte *Kontextualisierung und Relationierung beider Wissenstypen* stattfindet. Aus dieser Kennzeichnung professionalisierten Handelns ergibt sich zwingend, dass sich seine Realisierung nur

außerhalb des Bereichs deduktiver Theorieanwendung und Technologisierung, aber auch nur jenseits bürokratischer Handlungsmaximen vollziehen kann. Professionalität wird als Voraussetzung für das Hervorbringen einer besonderen Handlungsstruktur verstanden, die es ermöglicht, in der Alltagspraxis auftretende Handlungsprobleme aus der Distanz stellvertretend für den alltagspraktisch Handelnden wissenschaftlich reflektiert zu deuten und zu bearbeiten. Die Logik professionellen Handelns besteht entgegen jeweils unterschiedlich begründeter Vermittlungsvorstellungen bei Oevermann (1996) und Stichweh (1992) nicht in der Vermittlung von Theorie und Praxis oder personalen und sachlichen Faktoren, sondern in der *systematischen Relationierung von Urteilsformen*. Konstitutiv für die Handlungslogik des professionellen Praktikers ist die gleichzeitige Verpflichtung auf beide Urteilsformen (reflexives Wissensverständnis und situative / sozialkontextbezogene Angemessenheit), ohne eine zu präferieren, nicht aber das Zusammenzwingen zweier Wissenskomponenten unter einem Einheitspostulat. Moderne Dienstleistungsprofessionen bilden eine *Institutionalisierungspraxis* der Relationierung von Urteilsformen, in der professionelle Deutungen praktisch-kommunikativ in die alltägliche Organisation des Handelns (und hier auftretender Handlungs- und Entscheidungsprobleme) fallbezogen kontextualisiert werden. Lag der konventionellen Professionalisierungstheorie noch das Bild von relativ unabhängig nebeneinander existierenden Wissensformen (wissenschaftliches Ausbildungswissen in Gestalt von Erklärungs-, Deutungs- und Problemlösungswissen, berufliches Erfahrungs-, Methoden- und Regelwissen und auf Kommunikation bezogenes Alltagswissen) zugrunde, die bei additiver Zusammenfügung oder „Vermittlung" gleichsam automatisch den Kern dessen ergeben, was man als Professionswissen bezeichnen könnte, so hat die neuere Professionsforschung (u. a. Böhm et al. 1989; Dewe / Radtke 1993) das Professionswissen als *nicht unmittelbar* vom Wissenschaftswissen *abgeleitetes* Wissen kategorial als Bestandteil des praktischen Handlungswissens im Sinne eines *Könnens* verortet. Das Handlungswissen der sozialpädagogischen Profession behauptet gleichsam seinen Eigensinn. Die Differenz von Können und Wissen ist gerade der Sozialen Arbeit nicht unbekannt. Professionswissen steht dabei an der Seite der Praxis, die einerseits zu

Entscheidungen zwingt und andererseits durch Reflexion zu richtigen Maßnahmen verhilft. Man erwirbt es zuallererst auf dem Wege des berufsförmigen Vollzugs dieser Tätigkeiten im Sinne der Routinisierung und Habitualisierung, d. h. durch Eintritt in eine kollektiv gültig gemachte Praxis als Verfahren. Jeder in der Sozialen Arbeit professionell zu bearbeitende Fall ist zwingend *anders* bzw. neu zu kontextualisieren, das zugrunde liegende Verfahren – als Reflexionszusammenhang – ist aber stets das gleiche. Mittels Fallrekonstruktion und wissenschaftlicher Reflexion wird der Alltag des Klienten bzw. ein Problemzusammenhang gewissermaßen dekomponiert, wobei im Prozess der Relationierung von Wissens- und Urteilsformen das „Neue" in Gestalt einer handhabbaren und lebbaren Problembearbeitung / -lösung gemeinsam hervorgebracht wird. *Darin besteht das „Konstruktionsprinzip" reflexiver Professionalität.* Genau hier liegen auch die Grenzen unmittelbaren Wissenstransfers, der der Logik der tradierten substantialistischen Professionalisierungsvorstellungen folgt. Die eingangs angesprochene Prozesskompetenz im professionellen Handeln zielt demgegenüber auf Wissensverwendung und Reflexionspraxis qua Verfahren. Sofern Professionalität in der Relationierung zweier differenter Wissens- und Handlungssphären aufgeht, wozu wiederum Distanz vonnöten ist, bezeichnet (Selbst-)Reflexivität im Sinne der Steigerung des Handlungswissens zum jederzeit verfügbaren Wissen darüber, was man tut, eine zentrale Komponente in der professionellen Arbeit von Sozialarbeitern und Sozialpädagogen. Es zeigt sich, dass der Weg zu einer ebenso akademisch anspruchsvollen wie ideologiearmen, qualitativ-empirisch grundgelegten Debatte über professionelles Handeln in der Praxis der Sozialen Arbeit noch nicht an sein Ende gekommen ist. Doch sind mit dem Theorem der demokratischen Rationalität und dem Verfahren der Relationierung von Wissens- und Urteilsformen die Grundstrukturen eines neuen Typs unmittelbar personenbezogenen, dienstleistungsorientierten Professionshandelns rekonstruiert. Als Ergebnis der vorgestellten Analyse der professionellen Handlungsbedingungen und -anforderungen in der Sozialen Arbeit zeigt sich, dass sich die Konturen einer reflexionsbasierten Professionalität abzeichnen, die im Folgenden einer Spezifizierung unterzogen wird.

Perspektiven eines reflexiven Professionalitätsverständnisses

Eine zukünftig aussichtsreiche Position lässt sich unseres Erachtens nach nur in einer reflexiven Professionalität erblicken, die den genetischen Zusammenhang zwischen beruflicher Identitätskonstitution, Krise und professionellem Handeln als Strukturmerkmal einer sich auch – und jetzt erst recht – professionalisierungstheoretisch rekonstruierten gesellschaftlichen Praxis berücksichtigt.

Reflexivität wird hier als Grundcharakteristikum professioneller Handlungskompetenz verstanden. Doch die Problematik besteht darin, dass diese Erkenntnis als solche in Gefahr steht, zu kurz zu greifen.

In bereits vorliegenden Arbeiten (Dewe 2009; Dewe / Otto 2010) haben wir betont, dass dem Können des Professionellen Reflexivität situativ abverlangt wird, wobei die berufliche Selbstreflexion als wesentlicher Bestandteil professionellen Handelns zu werten ist.

Dieser strukturelle Tatbestand ist schärfer profilierend vom allgemeinen Reflexivitätsjargon abzugrenzen. Dies bedeutet zunächst, von folgender Differenzierung auszugehen. Reflexivität äußert sich auf zwei Ebenen sozialen Handelns:

1. Reflexivität als Personenmerkmal, d.h. als Steigerungsformel im Sinne einer Reflexivität als confession-culture (also einer Bekenntnisstruktur bzw. einer berufsbiographischen Selbstvergewisserung), und
2. Reflexivität als organisatorische Struktur, d.h. als Verfügbarkeit dessen, was der einzelne pädagogisch Handelnde sich in eben diesem beruflichen Handeln zuschreibt, aber mit der Schaffung organisatorischer Strukturen korrespondiert (Klatetzki / Tacke 2005).

In einer sehr instruktiven Studie zum Thema Professionalität und der Rolle von Reflexivität hat Gensicke (1998) darauf aufmerksam gemacht, dass professionelles Handeln sich

„in einem sozialen Handlungsraum vollzieht, der die Kompetenzen des Professionellen den gesteigerten Notwendigkeiten der Relativierung und Relationierung der eigenen Handlungsorientierung aussetzt. Das Wissen des Sozialarbeiters muss seine Robustheit an einer sozialen

Topik beweisen, die die reflexive *Steigerung des verfügbaren Handlungswissens* zunächst jedem Adressaten der
Sozialarbeit [H. d. V.] als kulturelle Selbstverständlichkeit
abverlangt." (107)

Konstitutiv erscheint für unser professionstheo-
retisches Konzept der Sachverhalt, dass es sich
gleichsam um eine *„Reflexivität zweiter Ordnung"*
handelt: mit anderen Worten, um das unentbehrlich reflexive professionelle Können des Sozialarbeiters als beruflich Handelnder in einer funktional differenzierten reflexiven Lebenspraxis. Wir
haben verschiedentlich darauf hingewiesen, dass
sich in der von Beck et al. (2007) thematisierten
reflexiven Modernisierung und ihren Anforderungen an jedermann das Reflexivitätspotenzial von
beruflich Handelnden in der Sozialen Arbeit noch
nicht erschöpft.
Als reflexiv könnte aber Professionalität gelten, die
sich über die Konstitutionsbedingungen des beruflichen Handlungskontextes und in ihm wiederum
relevanten Logiken vergewissert, welche eine Bipolarität von Referenzsystemen und dem Bezug-
nehmen auf disparate Rationalitäten mit sich
bringt. Dies auch deshalb, da professionelles Handeln sich in strukturellen Koppelungen bewegt,
welche wiederum in verstärktem Maße Phänomenen von Modernisierungsprozessen geschuldet sind
und im Zuge einer reflexiven Moderne zu Problemen zweiter Ordnung werden (Beck 1993; Beck et
al. 2007). Die reflexive Professionalität würde
dergestalt im Modus der Beobachtung zweiter
Ordnung operieren, in dem sie sich über die lebenspraktischen Beobachtungen reflexive Beobachtungen verschafft und durch eine Reflexionsstei-
gerung in Form einer bewussten Selbstbegrenzung
relationierend zwischen Wahrheit (Regelanwen-
dung) und Angemessenheit (Fallverstehen) changiert.
Professionstheoretisch betrachtet gibt es nicht bloß
eine Form richtigen Handelns, sondern es geht um
die situativ angemessene Partizipation an gesell-
schaftlich-historisch je verfügbaren bzw. durchsetz-
baren Bildungsmöglichkeiten. In der Sozialen Arbeit ist erfolgreiches Handeln also an das Vermögen
gebunden, Wissen fallspezifisch und in je besonderen Kontexten zu mobilisieren, zu generieren und
differente Wissensinhalte und Wissensformen relational aufeinander zu beziehen. Es ist weiter an die
organisationsstrukturell verankerte Befähigung ge-

bunden, in Interaktionen mit den Adressaten eine
Verständigung zu erzielen und zu klären, was aus
der Sicht der Adressaten eine angemessene Unterstützung ihrer Lebensinteressen sein könnte (Albus
et al. 2010).
Die besondere professionelle Handlungslogik, die
in diesem Kontext wirksam wird, generiert ein professionelles Wissen, das seinerseits eine *aufgaben-
spezifische Reflexivität* zum funktional notwendigen
Bestandteil hat. In die symbolische Reproduktion
substantieller Lebensweltzusammenhänge wird in
der Perspektive subjektiver Erfahrungs- und Inter-
pretationsmuster der kontinuierliche Vollzug einer
mitlaufenden Selbstbeobachtung eingelassen (Gensicke 1998).
Zusammenfassend lässt sich feststellen: Professionalität materialisiert sich im Fallbezug als ein nur
situativ herstellbarer Aggregatzustand sozialen
Handelns und weist drei Qualitätsmodi auf.

1. Den analytischen Qualitätsmodus, *Relationierung*
   genannt: Er verweist auf den generellen Handlungsbezug, der als professionelle Rationalität das
   wissenschaftliche Wissen, das berufspraktische
   Können und die alltagspraktischen Erfahrungen
   systematisch in Relation setzt. Während wissenschaftliches Wissen der Logik der Überprüfbarkeit,
   größtmöglicher Objektivität und Wahrheit unterliegt, ist berufspraktisches und Alltagswissen hier
   der Logik der Praktikabilität, des Erfolgs bzw. einer
   interessen- und ressourcenbedingter Angemessenheit verpflichtet (Peters 2010). Eine weitere Ebene
   in der Anwendung des Prinzips der Relationierung
   besteht in einem dialogischen Austausch zwischen
   professionellem Wissen und klientelen Erfahrungs-
   und Deutungswissen im Rahmen fallbezogener Ar-
   beitsroutine.
2. Den systematischen Qualitätsmodus, *Reflexivität*
   genannt: Reflexivität als methodische Anwen-
   dungsdimension eines fallspezifischen Relationie-
   rens gibt in dieser Hinsicht Auskunft über den erreichten bzw. erreichbaren Grad von Professionalität,
   die als flüchtiger Aggregatzustand immer erneut
   herzustellen ist. Über ein approximatives Wirklich-
   keitsmodell im Rahmen eines teilhabesichernden
   Diskurses zeigt sich in dem jeweiligen Problemzusammenhang die Qualität einer stellvertretenden
   Bearbeitung als Ausweis von neuen Handlungsmöglichkeiten (Emergenz) in Verbindung mit Auto-
   nomiegewinn und Selbstentfaltungsmöglichkeiten

der Klienten. Hierbei geht es auch immer um den Abgleich interessen- und ressourcenbedingter Angemessenheit mit dem Klientel. Reflexivität als nicht standardisierbare, nicht-technisierbare Rationalierungsleistung in einem je spezifischen Handlungsvollzug erfordert daher eine hohe fachliche, methodische und soziale Kompetenz.

3. Den strukturellen bzw. gesellschaftsstrukturbezogenen Qualitätsmodus, *demokratische Rationalität* genannt: Demokratische Rationalität als struktureller Qualitätsmodus ist ein Wirkmechanismus, der sich mit einem politischen Mandat der Professionalität verbindet. Im Mittelpunkt stehen dabei gemeinwesenverändernde bzw. gesellschaftskritische Entwicklungspotenziale im Fallbezug des Klientels in ihrer Korrespondenz zu den gegebenen

bzw. nicht gegebenen gesellschaftlichen Verwirklichungschancen für die Reproduktion des eigenen Lebens und einer dafür notwendigen Handlungsbefähigung sowie Potenziale von gerechtigkeitstheoretischen Einforderungen in den materiellen, kulturellen und politisch-partizipativen Lebensgrundlagen.

Eine derart rekonstruierte Logik reflexiver Professionalität erscheint uns geeignet, angesichts der gegenwärtigen gesellschaftlichen Widrigkeiten und sozialen Begrenzungen einem konsequenten professionellen Handeln und einem damit korrespondierenden Berufsverständnis von Sozialer Arbeit eine Gasse zu bahnen.

Literatur

Abbott, A. (1988): The System of Professions. An Essay on the Division of Expert Labour. University of Chicago Press, Chicago / London

Albus, S., Greschke, H., Klingler, B., Messmer, H., Micheel, H.-G., Otto, H.-U., POlutta, A. (2010): Wirkungsorientierte Jugendhilfe. Abschlussbericht des Bundesmodellprogramms „Qualifizierung der Hilfen zur Erziehung durch wirkungsorientierte Ausgestaltung der Leistungs-, Entgelt- und Qualitätsvereinbarungen nach §§ 78 a ff. SGB VII". Waxmann, Münster

Beck, U. (1993): Die Erfindung des Politischen. Suhrkamp, Frankfurt / M.

–, Giddens, A., Lash, S. (2007): Reflexive Modernisierung. Eine Kontroverse. Suhrkamp, Frankfurt / M.

Böhm, W., Mühlbach, M., Otto, H.-U. (1989): Zur Rationalität der Wissensverwendung im Kontext behördlicher Sozialarbeit. In: Beck, U., Bonß, W. (Hrsg.): Weder Sozialtechnologie noch Aufklärung. Suhrkamp, Frankfurt / M., 226–247

Bommes, M, Dewe, B. Radtke, F.-O. (1996): Sozialwissenschaften und Lehramt. Der Umgang mit sozialwissenschaftlichen Theorieangeboten in der Lehrerausbildung, Leske und Budrich, Opladen

Burkart, G. (1982): Strukturtheoretische Vorüberlegungen zur Analyse universitärer Sozialisationsprozesse. Kölner Zeitschrift für Soziologie und Sozialpsychologie 4, 444–468

Combe, A., Helsper, W. (2002): Professionalität. In: Otto, H.-U., Rauschenbach, T., Vogel, P. (Hrsg.): Erziehungswissenschaft: Professionalität und Kompetenz. 3. Band. Leske und Budrich, Opladen, 29–48

Dewe, B. (2009): Reflexive Sozialarbeit im Spannungsfeld von evidenzbasierter Praxis und demokratischer Rationalität – Plädoyer für die handlungslogische Entfaltung reflexiver Professionalität. In: Becker-Lenz, R., Busse, S., Eh-

lert, G., Müller, S. (Hrsg.) Professionalität in der Sozialen Arbeit. Standpunkte, Kontroversen, Perspektiven. 2. Aufl. VS, Wiesbaden, 89–109

– (2007): Reflexive Professionalität als Perspektive moderner Sozialarbeit. Sozialarbeit in Österreich (SiÖ). Zeitschrift für Soziale Arbeit, Bildung und Politik 2, 22–27

–, Ferchhoff, W., Peters, F., Stüwe, G. (1986): Professionalisierung – Kritik – Deutung. Soziale Dienste zwischen Verwissenschaftlichung und Wohlfahrtsstaatskrise. Institut für Sozialarbeit und Sozialpädagogik, Frankfurt / M.

–, Otto, H.-U. (2010): Reflexive Sozialpädagogik. Grundstrukturen eines neuen Typs dienstleistungsorientierten Professionshandelns. In: Thole, W. (Hrsg.): Grundriss Soziale Arbeit. Ein einführendes Handbuch. 2. Aufl. VS, Wiesbaden, 179–198

–, – (1996a): Zugänge zur Sozialpädagogik. reflexive Wissenschaftstheorie und kognitive Identität. Transcript, Weinheim / München

–, – (1996b): Sozialpädagogik – Über ihren Status als Disziplin und Profession. Thematische Differenzierungen, vergleichendes Beziehungsdenken und angemessene Vermittlungsformen. neue praxis 1, 3–16

–, Radtke, F.-O. (1993): Stellenwert und Funktion der Sozialwissenschaften bei der Innovation des Bildungssystem. Philosophische Fakultät, Institut für Pädagogik, Halle

–, Schaeffer, D. (2006): Zur Interventionslogik von Beratung in Differenz zu Information, Aufklärung und Therapie. In: Schaeffer, D. (Hrsg.): Lehrbuch Patientenberatung. Huber, Bern, 131–156

–, Wagner, H.-J. (2006): Professionalität und Identität in der Pädagogik. In: Rapold, M. (Hrsg.): Pädagogische Kompetenz, Identität und Professionalität. Schneider Verlag Hohengehren, Baltmannsweiler, 51–76

Elzinga, A. (1990): The Knowledge Aspect of Professionalization. In: Torstendahl, R., Burrage, M. (Hrsg.): The Formation of Professions, Knowledge, State and Strategy. Sage, London

Fischer, A. (1925): Die Problematik des Sozialbeamtentums. In: Fischer, A.: Leben und Werk. Bd. 3 / 4. Deutscher Verlag für Jugend und Volk, Stuttgart

Freidson, E. (2001): Professionalism: The Third Logic. Polity Press, Cambridge

Gensicke, D. (1998): Individualität und Bildungsprozesse. Zum Konzept pädagogischer Professionalität aus der Perspektive universitärer Lehre. Dissertation

Habermas, J. (1968): Arbeit und Interaktion. Bemerkungen zu Hegels „Jenenser Philosophie des Geistes". In: Habermas, J. (Hrsg.): Technik und Wissenschaft als „Ideologie". Suhrkamp, Frankfurt / M., 9–47

Hitzler, R., Honer, A., Maeder, Ch. (Hrsg.) (1994): Expertenwissen: Die institutionalisierte Kompetenz zur Konstruktion der Wirklichkeit. Westdeutscher Verlag, Leverkusen / Opladen

Klatetzki, T., Tacke, V. (Hrsg.) (2005): Organisation und Profession. VS, Wiesbaden

Knoblauch, H. (2010): Von der Kompetenz zur Performanz. Wissenssoziologische Aspekte der Kompetenz. In: Kurtz, T., Pfadenhauer, M. (Hrsg.): Soziologie der Kompetenz. VS, Wiesbaden, 237–256

Köngeter, S. (2009): Relationale Professionalität. Eine empirische Studie zu Arbeitsbeziehungen mit Eltern in den Erziehungshilfen. Schneider Verlag Hohengehren, Baltmannsweiler

Kurtz, T. (2005): Die Berufsform der Gesellschaft. Velbrück, Weilerswist

Lash, S. (1996): Reflexivität und ihre Doppeldeutungen. In: Beck, U., Giddens, A., Lash, S. (Hrsg.): Reflexive Modernisierung. Suhrkamp, Frankfurt / M., 195–287

Luhmann, N. (1993): „Was ist der Fall?" und „Was steckt dahinter?" Die zwei Soziologien und die Gesellschaftstheorie. Zeitschrift für Soziologie 4 / 22, 245–260

Marshall, T. H. (1939): The Recent History of Professionalism in Relation to Social Stucture and Social Policy. Canadian Journal of Economics and Political Science 3, 325–340

Mezirow, J. (1997): Transformative Erwachsenenbildung. Schneider Verlag Hohengehren, Baltmannsweiler

Neuweg, H. (2000): Wissen – Können – Reflexion: Ausgewählte Verhältnisbestimmungen. Studienverlag, Innsbruck

Nilson, L. B. (1979): An Application of the Occupational „Uncertainty Principle" to the Professions. Social Problems 5, 570–581

Nittel, D. (2001): Das kulturelle und das kommunikative Gedächtnis der Erwachsenenbildung: Disziplin versus Berufskultur. Einführung in das Thema. Hessische Blätter für Volksbildung 1, 1–7

Oevermann, U. (1999): Der professionalisierungstheoretische Ansatz des Teilprojekts „Struktur und Genese professionalisierter Praxis als Ort der stellvertretenden Krisenbewältigung", seine Stellung im Rahmenthema des Forschungskollegs und sein Verhältnis zur historischen Forschung über die Entstehung der Professionen im 19. und 20. Jahrhundert. Unveröff. Manuskript, Frankfurt

– (1997): Die Architektonik einer revidierten Professionalisierungstheorie und die Professionalisierung rechtspflegerischen Handelns. In: Wernet, A. (Hrsg.): Professioneller Habitus im Recht. Untersuchungen zur Professionalisierungsbedürftigkeit der Strafrechtspflege und zum Professionshabitus von Strafverteidigern. Edition Sigma, Berlin, 7–19

– (1996): Theoretische Skizze einer revidierten Theorie professionalisierten Handelns. In: Combe, A., Helsper, W. (Hrsg.): Pädagogische Professionalität. Untersuchungen zum Typus pädagogischen Handelns. Suhrkamp, Frankfurt / M., 70–182

– (1999): Der professionalisierungstheoretische Ansatz des Teilprojekts „Struktur und Genese professionalisierter Praxis als Ortes der stellvertretenden Krisenbewältigung", seine Stellung im Rahmenthema des Forschungskollegs und sein Verhältnis zur historischen Forschung über die Entstehung der Professionen im 19. Und 20. Jahrhundert. Unveröffentlichtes Manuskript. Frankfurt / M.

Parsons, T. (1978): Research with Human Subjects and the „Professional Complex". In: Parsons, T. (Hrsg.): Action Theory and the Human Condition. Free Press, New York, 35–65

– (1968): „Professions". International Encyclopedia of the Social Science. Bd. 12. Free Press, New York, 536–547

Peter, C. (2010): Neo-Institutionalismus und Soziale Arbeit. Zeitschrift für Sozialpädagogik 2, 156–168

Peters, R. (2010): Professionalität und Handlungsethos. In: Hof, C., Ludwig, J., Schäffer, B. (Hrsg.): Professionalität zwischen Praxis, Politik und Disziplin. Schneider Verlag Hohengehren, Baltmannsweiler, 74–85

Pfadenhauer, M. (Hrsg.) (2005): Professionelles Handeln. VS, Wiesbaden

Pfadenhauer, M. (2003): Professionalität: Eine wissenssoziologische Rekonstruktion institutionalisierter Kompetenzdarstellungskompetenz. Leske und Budrich, Opladen

Schütze, F. (1992): Sozialarbeit als „bescheidene Profession". In: Dewe, B., Ferchhoff, W., Radtke, F.-O. (Hrsg.): Erziehen als Profession. Zur Logik professionellen Handelns in pädagogischen Feldern. Leske + Budrich, Opladen, 132–170

Stichweh, R. (1992): Professionalisierung, Ausdifferenzierung, Inklusion. In: Dewe, B., Ferchhoff, W., Radtke, F.-O. (Hrsg.): Erziehen als Profession, Leske + Budrich, Opladen, 36–48

Stock, M. (2005): Arbeiter, Unternehmer, Professioneller: Zur sozialen Konstruktion von Beschäftigung in der Moderne. VS, Wiesbaden

Wagner, H.-J. (1998): Eine Theorie pädagogischer Professionalität. Juventa, Weinheim

Psychiatrie und Jugendhilfe

Von Reinmar du Bois und Henning Ide-Schwarz

Einführung und Übersicht

Mit steigender Tendenz stellen sich Notlagen bei Kindern und Jugendlichen so dar, dass sie nur im Zusammenwirken von Jugendhilfe und Kinder- und Jugendpsychiatrie angemessen versorgt werden können. Frequenz und Intensität der Kooperationen haben sich in den 1990er Jahren nach einer Studie in Rheinland-Pfalz von 15 auf 30% aller Jugendhilfefälle annähernd verdoppelt (Kalter 2004a). Die Zusammenarbeit ereignet sich synchron oder sukzessiv, auf dem Wege der gegenseitigen Zuweisung oder im unmittelbaren gemeinsamen Handeln, in Beratungsprozessen, ad hoc in Fallkonferenzen oder in turnusmäßigen Kooperations- und Konsultationsgesprächen. Bei sozial und psychisch komplex auffälligen Jugendlichen muss sich die Kooperation auch in Form eines Krisenmanagements bewähren (Berliner Senatsverwaltung für Gesundheit, Soziales und Verbraucherschutz, Senatsverwaltung für Bildung, Jugend und Sport 2003; Fritsch 2006; Kalter 2004b). Die Modalitäten und Verfahrenswege der Kooperation sind in zahlreichen Arbeitspapieren und Manualen regional und auf Länderebene formuliert worden (Darius et al. 2001; Berliner Senatsverwaltung für Gesundheit, Soziales und Verbraucherschutz, Senatsverwaltung für Bildung, Jugend und Sport 2003; Jugend- und Gesundheitsministerkonferenz 1992; Hessisches Ministerium für Arbeit, Familie und Gesundheit 2002).

Die historischen Voraussetzungen und grundlegenden Merkmale und Risiken der Kooperation (Lempp 2006; Jungmann 2004) sind bereits zwischen 1980 und 1995 gut beschrieben worden und haben ihre Aktualität bewahrt. Dies gilt auch für den Umstand, dass in beiden Systemen durch die Multiprofessionalität umfassender Sachverstand über das jeweils andere System verankert ist, so dass zum einen pädagogische, zum anderen therapeutische Denkmuster und Kompetenzen übernommen und dem jeweils anderen Partner spiegelbildlich entgegen gehalten werden können (du Bois/Ide-Schwarz 2005). Ob eine stärkere Abgrenzung der Systeme gegeneinander für die Kooperation und für die Einhaltung verbindlicher Absprachen besser geeignet wäre oder ob auch die Vermischung der Kompetenzen und die Einmischung in die Kompetenz des anderen produktiv zu werten sind, wird kontrovers diskutiert (Averbeck/Hermans 2008; Tornow 2006).

Neu ist, dass sich das Arbeitsbündnis von Jugendhilfe und Psychiatrie nun auch im Rahmen der Prävention und Früherkennung bei Kindern hoch belasteter Familien bewähren soll, die noch keine psychischen Auffälligkeiten aufweisen. Die kinderpsychiatrische Forschung, weniger die Praxis, hat dieses Gebiet für sich entdeckt (Fegert/Ziegenhain et al. 2008; Klitzing 2009). Die Jugendhilfe hat aufgrund der verschärften Anforderungen des Kinderschutzes (§ 8a SGB VIII) ein hohes Eigeninteresse, ein solches Bündnis mit der Psychiatrie einzugehen. Neu ist weiterhin der verstärkte Ausbau klinischer Einrichtungen zur Suchtbehandlung von Jugendlichen, wobei das Verhältnis zu vergleichbaren bereits etablierten Einrichtungen der Jugendhilfe neu zu bestimmen ist (Fegert/Schepker 2009). Viele Beispiele konstruktiver Zusammenarbeit dürfen nicht darüber hinwegtäuschen, dass zwischen den Systemen stets ein Kompetenzgefälle (Tornow 2006) droht, weil der überwiegende Teil der Expertise auf Seiten der Psychiatrie liegt, der überwiegende Teil der ausgeübten Praxis und der Finanzierung jedoch bei der Jugendhilfe. Die Psychiatrie muss ihre eigene zwar exklusive, ansonsten aber schwache und anfechtbare Position selbstkritisch durchschauen und den Dialog mit der Jugendhilfe unbedingt auf Augenhöhe führen. Im

Otto/Thiersch (Hg.), Handbuch Soziale Arbeit, 4. A., DOI 10.2378/ot4a.art116,

§ 35a SGB VIII ist die Jugendhilfe seit dessen Inkrafttreten 1995 verpflichtet, sich des Sachverstands der Psychiatrie zu bedienen, um den Kreis der Anspruchberechtigten abstecken zu können. Nachdem die Psychiatrie sich an den neuen weit gefassten Begriff der „seelischen Behinderung" gewöhnt hat, kann sie diesen Auftrag relativ routiniert erledigen. (Fegert / Roosen-Runge et al. 2008). Als schwieriger hat es sich für die Jugendämter erwiesen, passgenaue therapeutische Hilfen zu identifizieren, die gemäß § 35a SGB VIII auch tatsächlich der sozialen Eingliederung dienen und nicht in den Bestand anderer Systeme eingreifen. Auf der einen Seite gilt es, Eingliederungshilfen gegen den Bildungs- und Förderauftrag der Schule abzugrenzen (z. B. Legasthenieförderung, Entwicklungsförderung und Frühförderung und Angebote der Förderschulen). Auf der anderen Seite stehen therapeutische Angebote, die durch die Krankenkassen finanziert werden könnten und sollten (zum Beispiel Therapieverfahren zum ADHS und sog. Lerntherapie).

Bei manifesten psychischen Erkrankungen sind nach erfolgter psychiatrischer Behandlung qualifizierte, oft auch stationäre Anschlussmaßnahmen gefragt. Teilweise wurden in der Vergangenheit nachsorgende Institutionen und Dienste von Jugendhilfe und Psychiatrie gemeinsam aufgebaut, teilweise wurde die psychiatrische Spezialisierung bestimmter Heime vorangetrieben. Der Prozess der Verständigung darauf, wie konkret die soziale Versorgung psychisch auffälliger Jugendlicher aussehen soll, ist durch die moderne Flexibilisierung und Sozialraumorientierung der Hilfen und durch die Favorisierung individuell gestalteter ambulanter Einzelbetreuungen in eine neue Phase eingetreten (Boomgarden 2001; Stiefel 2002, 57 ff.; Hinte 2006, 14 f.; Spatscheck 2008, 33). Die Schnittstelle der Jugendpsychiatrie mit der Jugendhilfe hat hierbei ihre vormals scharfen Konturen verloren und muss neu überdacht werden. Gerade dieser Themenkomplex soll aufgrund seiner Aktualität im weiteren Verlauf des Artikels genauer beleuchtet werden.

Das Dilemma niederschwelliger Angebote

Das sozialpädagogische Konzept der „Sozialraumorientierung" hat gewisse überraschende Ähnlichkeiten mit milieutherapeutischen Ansätzen in der stationären Kinder- und Jugendpsychiatrie. Während sich in den Jugendämtern vielerorts neue Arbeitsgruppen formiert haben, welche die alleinige Versorgungsverantwortung für ein überschaubares Gebiet übernehmen und so eine bessere „Partizipation" der Betroffenen und eine Vernetzung der unterschiedlichen Helfer und Institutionen erreichen, sowie verlustreiche Zuständigkeitswechsel und Beziehungsabbrüche vermeiden wollen („Maßanzüge", Stiefel 2002, 57) verfolgt auch die Milieutherapie das Ziel, sich der Lebenswelt der Patienten bestmöglich anzuschmiegen, die Kinder und Jugendlichen in ihrer alltäglichen vertrauten Lebenswelt „abzuholen" und nicht von dieser zu entfremden oder zumindest eine alltagsorientierte Normalität, die durch die Erkrankung verloren gegangen ist, so gut wie möglich wieder herzustellen.

Angesichts dieser augenscheinlichen Ähnlichkeit mit sozialpädagogischen Angeboten kann freilich in Vergessenheit geraten, dass der Eintritt in eine klinisch psychotherapeutische Behandlung andererseits über eine hohe Schwelle führt und hohe Verbindlichkeit sowie empfindliche Einschnitte in den gewohnten Alltag verlangt. Wichtige therapeutische Ziele können nur über spezifische Wirkungen entfaltet werden, die über informelle Angebote im Sozialraum hinaus reichen.

Eine derart hohe Eintrittsschwelle kommt in der Jugendhilfe nirgends vor. Gerade die hochschwelligen Elemente einer stationären Psychotherapie wecken Ängste und Irritationen, teils auch Verärgerung bei den Betroffenen und bei den sie begleitenden Fachleuten. Was spontan wie eine Schikane erscheinen mag, ist dem hohen Problemdruck und nicht zuletzt den Erwartungen der Betroffenen geschuldet, der Patient möge sich mit Hilfe der Therapie aus einer sehr schwierigen Lage befreien. Die therapeutische Erfahrung bestätigt, dass – würde man die Eintrittsvoraussetzungen in die Klinik erleichtern – zwar die anfängliche Mitwirkungsbereitschaft anstiege, nicht aber das Durchhaltevermögen. Die Bereitschaft zur eigenverantwortlichen Mitwirkung würde alsbald einbrechen.

Typisches Beispiel für diese Dynamik ist der Fall von Eltern, die, nachdem ihr verhaltensauffälliges Kind aus mehreren Schulen disziplinarisch verwiesen wurde, „eigentlich nur einen Platz in der Klinikschule" suchen, und die Belastungsfaktoren, die den Verhaltensstörungen zu Grunde liegen, ausblenden. Eine unkritische Übernahme solcher Adressatenwünsche verbietet sich von selbst. Die Eltern haben sich zu fragen, welchen Preis sie für eine Therapie zu zahlen bereit wären, die das Kind aus der Rolle des Symptomträgers befreien könnte, etwa wenn sich die Therapie auch den familiären Beziehungsstörungen zuwenden müsste.

Aktivierung, Partizipation, Kontrakt

Im aktuellen Diskurs zwischen Jugendhilfe und Klinik übt die Formel von der Partizipation, hier als Aneignung sozialer Lebensräume begriffen, eine hohe Faszination aus. Mit der Reform des Jugendhilferechts und der Einführung der Hilfeplanung nach § 36 SGB VIII, mehr noch mit der Stellung der „Kontraktgespräche" in den sozialraumorientierten Erziehungshilfen wird der Absprache und prozessbegleitenden Überprüfung von Arbeitsbündnissen eine herausgehobene Stellung beigemessen.

In der Therapielandschaft findet sich ein Pendant, das sowohl von versierten Therapeuten wie auch von betriebswirtschaftlich denkenden Kostenträgern vorbehaltlos favorisiert wird: „Therapieplanung und Behandlungsvertrag". Jugendhilfe wie Psychiatrie liegen auf gleicher Wellenlänge, wenn sie die Betroffenen zur engagierten Mitwirkung anhalten und transparent verhandelte Ziele verfolgen. An diesem Prozess müssen sich die Eltern regelmäßig und verbindlich beteiligen. Dieser Konsens zerreißt in Notfällen und extremen Grenzsituationen, in denen die Helfer nicht weiter wissen. Notfälle diktieren einen Zeitplan, der die oft zeitaufwändige Partizipation unmöglich macht. Gerade besonders engagierte Helfer erwarten unter Zeitdruck, bei eigener Überforderung und bei Ratlosigkeit sofortige „Hilfen" des klinischen Systems. Diese werden im aktuellen Jargon als „Dienstleistung" verhandelt. Inhaltlich soll die Klinik nun aber Dinge tun, die eigentlich nicht zeitgemäß sind. Das Scheitern eines progressiven

Konzepts, das die Jugendhilfe normalerweise für sich beansprucht, provoziert die Forderung nach einer altmodischen Reaktion des anderen Systems. Konflikte ergeben sich, wenn die Klinik ihrerseits nicht bereit ist, „altmodisch" zu reagieren.

Das Gleiche gilt umgekehrt: Verwundert würden sich Sozialpädagogen die Augen reiben, wenn sie von der Psychiatrie aufgefordert würden, einen Patienten, weil dieser eine stationäre Therapie scheitern lässt, sofort und ohne Rückfragen in eine stationäre Erziehungshilfe überzuleiten – gewissermaßen im Stil der alten entmündigenden und stigmatisierenden „Fürsorge". In Wirklichkeit dürfte die Jugendhilfe dem Therapieabbrecher zunächst kaum mehr als eine kurze Inobhutnahme anbieten, jedenfalls nicht ohne vorherige Auftragsklärung und Hilfeplanung.

Analog hierzu kann der Partner in der Jugendhilfe – zum Zwecke der Klärung von Suizidalität, Streunen und Frühverwahrlosung – keine sofortige stationäre Therapie im Stile einer ärztlichen „Verordnung" erwarten, weder freiwillig noch unter „Zwang". Zunächst wird das klinische System kaum mehr als eine kurze Intervention anbieten. Der Übergang in eine stationäre oder teilstationäre Therapie wäre das Ergebnis der Einigung auf einen Behandlungsvertrag – gegebenenfalls nach unvermeidlicher Wartezeit.

Auf beiden Seiten bleibt also festzuhalten, dass subjektiv erlebte Notfälle und das Scheitern einer einverständlichen Hilfe oder freiwilligen Therapie nicht automatisch die Erwartung wecken dürfen, das andere System müsse sofort das Ruder übernehmen. Erst recht darf das andere System nicht unter Druck gesetzt werden, die Prinzipien der Partizipation über Bord zu werfen. Auch in der Stunde Null nach einem Scheitern muss jede neue Hilfe – respektive jeder Therapieansatz – neu ausgehandelt werden, auch wenn dieser Prozess Zeit benötigt und Kräfte bindet.

Generalisierung versus Spezialisierung

Die zunehmende Zersplitterung und Spezialisierung der sozialpädagogischen und therapeutischen Hilfelandschaft hat für Hilfesuchende wie Helfer gleichermaßen verwirrende Ausmaße angenommen. Manchmal ist die Rede von der

„Beratungsberatung", also der notwendigen fachlichen Unterstützung allein bei der Suche nach geeigneten Hilfen. Zudem geht mit jeder Spezialisierung, die nicht durch eine koordinierende Rahmenstruktur und übergeordnete Gesamtverantwortung aufgefangen wird, eine Ausgrenzung von besonders schwierigen und belasteten Klienten einher! Solche Prozesse lassen sich in der Erziehungshilfe-Landschaft ebenso erkennen wie im Gesundheitswesen und werden in beiden Systemen kritisch gesehen.

Beide Systeme streben in der Begegnung von Hilfesuchendem und Helfer nach stimmigen Aushandlungsprozessen mit möglichst geringen Schwellenängsten und früh einsetzender Hilfe. Kafkaeske Situationen, in denen Hilfesuchende ständig mit Fachleuten konfrontiert werden, die erklären, für dieses und jenes „nicht zuständig" zu sein, können so vermieden werden.

Die Generalisierung und Individualisierung der Hilfen stößt freilich im Umgang mit psychisch erkrankten Klienten an empfindliche Grenzen. Psychopathologische Auffälligkeiten belasten nicht nur die Betroffenen, sondern prägen die Beziehung zu ihren Helfern. Niederschwellige Hilfestrukturen machen die Helfer vulnerabel. Neben einer empathisch-einfühlenden Haltung müssen Helfer, die mit psychisch Kranken zu tun haben, stets auch kritische Distanz wahren.

Selbstverletzendes Verhalten der Klienten wühlt die Helfer auf und stachelt sie zu gesteigertem Engagement an. Die vermeintliche Eindeutigkeit, Selbstverletzungen seien ein Symptom, das die Betroffenen mit fremder Unterstützung schnellstmöglich überwinden möchten, ist trügerisch. Nur aus der kritischen professionellen Distanz heraus können Helfer durchschauen, welche unterschwelligen Erwartungen und Sehnsüchte die Selbstverletzer mit ihrem Verhalten verfolgen und wie sehr jede helfende Einmischung diesem Ziel insgeheim zuwider läuft. So muss die oft zugrunde liegende Autonomiekrise durchschaut werden. Hinzu kommt das Dilemma der Selbstverletzer, dass sie, bevor sie ihr Symptom überwinden können, eine alternative Bewältigungsstrategie benötigen.

Solche psychotherapeutischen Einsichten lassen sich in der Jugendhilfe nutzbar machen. In einem generalistischen Team könnten Berufserfahrung und geeignete Reflexionsstrukturen der Gefahr zu großer Naivität entgegenwirken. Generalisten soll-

ten folglich jene „Profis" sein, die über die größte Berufserfahrung verfügen und teamstrukturell besonders gut vernetzt sind.

Es wäre verhängnisvoll wenn „generalistische" Konzepte darauf hinausliefen, vermehrt ehrenamtliche Helfer oder Nachbarschaftshelfer ins Spiel zu bringen. Hierdurch würden sich die Missverständnisse im Umgang mit den allgegenwärtigen psychischen Störungen und pathologischen Beziehungen im Sozialraum nur noch stärker aufschaukeln.

Prävention

Im Kooperationsgeschehen zwischen Erziehungshilfe und Psychiatrie ist das Thema Prävention gerade neu entdeckt worden, zunächst freilich im Bereich der psychiatrischen Forschung. In der Jugendhilfe ist die sozialpräventive Wirkung sozialräumlicher Ansätze unbestritten und macht vielleicht sogar deren größte Stärke aus – etwa in Form eines „fallübergreifenden" und „fallunspezifischen" Engagements für einen Stadtteil mit dessen bevölkerungsstrukturellen und städtebaulichen Tücken und Schattenstrukturen. Sozialräumliche Erziehungshilfen werden auf eine möglichst frühe Intervention ausgerichtet. Der Regelfall sieht Erstanfragen vor, die bisher ohne eine nennenswerte Vorgeschichte professioneller Hilfen ausgekommen sind. Es handelt sich also um Personen, die in sozialer Hinsicht noch durchaus handlungsfähig sind und bei denen alle Hilfen behutsam an den Bedürfnisse der Betroffenen zu orientieren sind.

In der Praxis der Kinder- und Jugendpsychiatrie ist der Regelfall hingegen, dass die Patienten erst zur Kenntnis gebracht werden, wenn mehrere gescheiterte professionelle Interventionen vorangegangen sind. Erst recht in einer stationären Behandlung kann bereits ein umfassendes Bild von den fallspezifischen Problemen gewonnen werden. Die klinischen Behandlungsteams haben zum Zeitpunkt der Überleitung in die Jugendhilfe die Tücken des Falles und seine Dynamik in monatelanger Beziehungsarbeit ausgeleuchtet und klare Vorstellungen über sinnvolle Anschlussmaßnahmen erarbeitet. Nun aber kollidieren sie mit der Geschäftsordnung einer Erziehungshilfestation oder eines „Stadtteilteams", welche vorsieht, dass der Hilfebedarf in „ergebnisoffenen" Diskussionen nochmals geprüft wird (Stiefel 2002, 60). Diese Diskussionen werden bisweilen so geführt, als handele es sich um Erstanfragen.

Ressourcenorientierung im Sozialraum

Aus kinder- und jugendpsychiatrischer Sicht empfiehlt sich im Anschluss an die stationäre Behandlung eines psychisch kranken Kindes oft eine vollstationäre Erziehungshilfe in einer therapeutisch besonders qualifizierten Einrichtung. Diese liegt bedauerlicher Weise meist außerhalb des zuständigen Sozialraumes. Aus Sicht der Erziehungshilfen wird hingegen eine flexible Erziehungshilfe – eine Kombination gruppenpädagogischer Angebote mit zugehenden ambulanten Hilfen für die Familie – bevorzugt. Diese soll die Stärken von Familie und Umfeld aufgreifen und die Familie durch gezielte Interventionen stabilisieren.

Unter ressourcenorientierter Perspektive steht der Vorschlag der Klinik in einem dürftigen Licht. Er bedient das Vorurteil, die Kinder- und Jugendpsychiatrie sei unverändert „defizitorientiert", traue dem Patienten kaum Selbstverantwortung zu und sehe in den Familien nur deren Schwächen. Die Klinik wolle „auf Nummer sicher" gehen, Rückfälle vermeiden und ein quasi stationäres Angebot fortschreiben. In der Tat können sich die Kliniker in bestimmten Fällen zur weiteren Stabilisierung und zum Schutz vor Rückfällen nur einen großen räumlichen Abstand vom Herkunftsmilieu vorstellen.

Abkehr vom ressourcenorientierten Denken praktiziert die Kinder- und Jugendpsychiatrie auch bei psychisch kranken Eltern. Sozialpsychiatrische Dienste in der Erwachsenenpsychiatrie hingegen sehen Chancen gelegentlich darin, psychisch Kranke durch Betonung ihrer Elternrolle zu aktivieren. Sie werten das Kind dabei gewissermaßen als Ressource. Die Kinder- und Jugendpsychiatrie hingegen sieht die Gefahr, dass ein Kind durch psychisch kranke Eltern vernachlässigt oder psychisch traumatisiert werden könnte.

Deutlich werden soll hier, dass mit dem Schlagwort „Ressourcenorientierung" zunächst nur die Komplexität der Betrachtung erhöht wird, nicht jedoch schon die bessere Qualität einer Lösung erreicht ist. Betrachtet werden müssen vor allem die konkreten Strukturen, in denen Ressourcenorientierung heute ausgehandelt und umgesetzt, also professionell „gelebt" werden. In der Praxis sozialräumlicher Erziehungshilfen, d. h. in „Erziehungshilfestationen", „Kinder- und Familienzentren" und „Stadtteilteams" wird die Betrachtung der Ressourcen naturgemäß häufiger handlungsleitend als in der Praxis psychiatrischer Kliniken.

Regionalisierung

Das Anliegen der Regionalisierung bleibt auch in der psychiatrischen Versorgung von Kindern und Jugendlichen eminent wichtig, stößt hier allerdings an Grenzen, weil die Zahlen speziell zu versorgender Jugendlicher – auf eine einzelne Region bezogen – zu gering sind. Spezialeinrichtungen für psychiatrische Patienten orientieren sich aufgrund der geringen Fallzahlen unweigerlich an einem überregionalen Bedarf und liegen außerhalb des zuständigen Sozialraumes. In einer strikt nach Sozialräumen ausgerichteten Planung stellt sich daher die Frage, in welchem Umfang Spezialisierungen überhaupt noch zulässig sind und ob, wenn man sich der Spezialisierung wieder nähert, Verbundlösungen aus mehreren Sozialräumen geschaffen werden müssen, damit sie wirtschaftlich überlebensfähig sind.

Ambulant vor stationär

In der psychiatrischen Krankenversorgung und in der Jugendhilfe haben ambulante Hilfen gegenüber stationären Hilfen den Vorrang. Die ambulante Jugendhilfe will sich an unterschiedliche Lebenswelten ihrer Nutzer möglichst gut anschmiegen. Vorhandene Ressourcen sollen in die Hilfen angemessen einfließen können. Der ergänzende Bedarf soll flexibel von Fall zu Fall ausgehandelt und eingeflochten werden. Die Erziehungshilfe will nicht mehr auf das fest gefügte Spektrum der Hilfen zurückgreifen, das im SGB VIII ausgewiesen ist. Die „Versäulung" der Trägerlandschaft soll überwunden werden. Es werden Mischformen angestrebt. Mit großer Aufmerksamkeit werden diese Entwicklungen von den medizinischen Partnern zur Kenntnis genommen und in ihren positiven und negativen Auswirkungen beobachtet. Positiv wird gesehen, dass nunmehr ambulante Hilfen mit sparsam dosierten gruppenpädagogischen oder teilstationären Elementen kombiniert werden können.

Dies kommt beispielsweise autistischen Patienten zugute, die in keine existierende Einrichtung passen und eigentlich auch keine Veränderung ihrer Lebensverhältnisse gebrauchen können. Sie profitieren von der Möglichkeit intensiver aufsuchender Hilfen und von der Möglichkeit, diese individuell nach ihren Bedürfnissen zu gestalten.

Problematisch wird die Hilfeplanung bei Familien, die keine aufsuchenden Hilfen zulassen oder Familien, die es nicht erlauben, dass die Kinder überhaupt eine eigene Entwicklung bekommen. Hier bewähren sich nach wie vor „unkaputtbare" Institutionen, gewissermaßen als Rettungsinseln, auf denen die Kinder zusätzliche Lebensmittelpunkte ausbilden und die für schwer belastete Kinder sogar als Beheimatung dienen können.

Der Systemwechsel der Erziehungshilfen bringt mit sich, dass institutionalisierte stationäre oder teilstationäre Angebote in größerer Zahl geopfert werden. Damit verliert die Psychiatrie eingeübte professionelle Kooperationspartner, die ihr in der Vergangenheit besonders schwierige Patienten abnehmen konnten. Viele Patienten der Psychiatrie profitieren natürlich davon, dass sie nach ihrer Entlassung nicht sogleich in spezielle und eventuell stigmatisierende Spezialangebote verbracht werden, sondern vorbehaltlos im gleichen sozialen Netz aufgenommen werden, das allen dient. Negative Folgen und Verzerrungen dieser Gleichbehandlung treten aber zutage, wenn nach dem Gebot des geringsten möglichen Ressourceneinsatzes selbst bei schwersten Störungsbildern ambulante Hilfen immer vor stationäre gesetzt werden und zuerst das Scheitern der ambulanten Hilfe abgewartet wird (Fegert / Roosen-Runge et al. 2008, 180). Damit würde sich der Vorteil der Entstigmatisierung für besonders belastete Kinder und Jugendliche in das erneute Risiko ihrer Verwahrlosung verwandeln.

Folgerungen

Was immer von den positiven und negativen Auswirkungen der sozialräumlichen Orientierung auf die Kooperation zu halten ist, bleibt auch bei optimistischer Bewertung übrig, dass beide Seiten in schwierigen Fällen an die Grenzen ihrer Möglichkeiten gelangen, egal ob man ambulant niederschwellige oder stationär hochschwellige Angebote favorisiert, egal ob die aktuelle Hilfelandschaft durch flexible Ansätze oder aber durch fest gefügte Institutionen geprägt ist.

In aussichtsloser Lage bewährt sich eine vertrauensvolle Kooperation, in der sich die Partner nicht gegenseitig die Verantwortung für das Scheitern zuschieben, sondern sich zugute halten, dass jeder sein Möglichstes getan hat. Ein guter Konsens besteht auch darin, in bestimmten Fällen auf beiden Seiten nur noch minimale Hilfen anzubieten und für ein solches „qualifiziertes Nichts-Tun" die gemeinsame Verantwortung zu tragen (du Bois 2005).

Elemente einer gelungenen Kooperation

In einer reformierten sozialräumlich aufgebauten und flexiblen Erziehungshilfelandschaft, in der feste Strukturen aufgebrochen und etablierte institutionalisierte Angebote aufgegeben wurden, muss auch die Zusammenarbeit mit der Kinder- und Jugendpsychiatrie neu verhandelt und aufgebaut werden. Auf der Wunschliste können zunächst nur Elemente einer Zusammenarbeit stehen, keine fertigen Konzepte. Wichtige Punkte auf dieser Wunschliste sind:

- paritätisch besetzte Gremien zum Aufbau allgemeiner Kooperationsstrukturen in einer bestimmten Region und regelmäßige Gesprächsplattformen zur Erörterung allfälliger Probleme der Zusammenarbeit,
- Fallkonferenzen zur Erarbeitung des gemeinsamen Fallverstehens (siehe auch Tab. 1) und zu Festlegung einer sinnvollen Aufgabenteilung im konkreten Einzelfall,
- speziell auf psychisch auffällige Klienten ausgelegte Dienste und Einrichtungen der Erziehungshilfe. Diese benötigen:
- gegenseitige Hospitationen und gemeinsame Weiterbildungsprogramme für die Mitarbeiter in Psychiatrie und Erziehungshilfe,
- institutionelle Supervisionen durch die Psychiatrie,
- Konsultationen für die Klienten eines Dienstes bzw. einer Institution in regelmäßigem Turnus in den psychiatrischen Institutsambulanzen.

Tab. 1: Entscheidungskriterien und Qualitätsmerkmale in der Kooperation von Psychiatrie und Erziehungshilfen

Psychiatrische und psychothera-peutische Entscheidungskriterien	Qualitätsmerkmale geeigneter sozialpädagogischer Hilfen
– Ambivalente Beziehungen zur Herkunfts-familie – Manipulative Familiensysteme – Loyalitätskonflikte – Misstrauisch-verschlossene Familien-systeme	– Zurückhaltung bei Hilfen, die als Konkurrenz zur Familie erlebt werden (= neue Beheimatung) – Professionalität und innere Distanz zum Klienten – Familienhilfe und andere aufsuchende Dienste – Fortlaufende Supervision der Helfer
– Kontaktstörungen (autistisches Spektrum) – Ich-strukturelle Störungen (schizophrenes Spektrum)	– Kleine, überschaubare Gruppen – Möglichkeit der Ausbildung von Nischen und Rück-zugsmöglichkeiten – Möglichkeit, den Patienten ggf. vor sozialen An-forderungen zu schützen – Reizarmut – Einzelbetreuung und zusätzliche Orientierungshilfen – Schnittstelle zur Psychiatrie muss gut ausgebaut sein
– Sozialphobie (Schulphobie)	– Wohnen und pädagogische Angebote müssen eng verknüpft sein mit einem schulischen Angebot in räumlicher Nähe – Evtl. muss sanfter Druck ausgeübt werden können – freiheitseinschränkende Maßnahmen zum Erreichen einer Trennung von der Familie müssen denkbar/vorstellbar sein
– Intellektuelle Einschränkungen	– Ländliche anstatt städtische Wohnmöglichkeiten – Lern- und Erfahrungsmöglichkeiten im praktischen Bereich, geeignete Schule, geeignete Ausbildungs-möglichkeiten unmittelbar vor Ort – Geborgenheit, Schutz vor Überforderung – Einer Gefahr der Ausgrenzung durch Position als schwächstes Glied einer Gruppe muss begegnet werden können
– Familiäre Erfahrungsdefizite – Kinder psychisch kranker Eltern – Soziale und familiäre Deprivation	– Geborgenheit, familienähnliches Betreuungsumfeld – Ergänzende Bindungsangebote – Kontinuität, Verfügbarkeit von Beziehungen auf Abruf, Anlaufstationen (Feuermelder bei Krisen)
– Störungen des Sozialverhaltens – Reaktive Bindungsstörungen – Expansives und/oder aggressives Verhalten – Verwahrlosung	– Verbindlichkeit (von Regeln, Strukturen und Kon-sequenzen) hat Vorrang gegenüber familiärer Geborgenheit – Freiheitseinschränkende Maßnahmen müssen eventuell erwogen werden – Unverkrampftes Verhältnis bezüglich der Eingriffs-möglichkeiten der Justiz – Einerseits: Hilfen mit hohem Einsatz – Andererseits: Verzicht auf Hilfen (d. h. allmählicher Rückzug aus allen Hilfen bei Erfolglosigkeit)

Gemeinsames Fallverstehen

Das Herzstück jeder gelungenen Zusammenarbeit zwischen Erziehungshilfe und Jugendpsychiatrie sind Fallkonferenzen, die möglichst frühzeitig, d. h. vor Beginn der Hilfen oder früh im Verlauf klinischer Behandlungen abgehalten werden (Ader / Schrapper 2002; Ader 2004). Die Kliniker steuern ihre Erkenntnisse über den Patienten bei, die Sozialpädagogen vergleichen diese mit dem Repertoire verfügbarer Hilfen oder entwickeln individu-

elle Lösungen. Gemeinsames Fallverstehen ist nicht das Synonym für einen fertigen Hilfeplan, sondern gibt zunächst eine Richtung vor und beschreibt den Zeitplan sowie wichtige qualifizierende Merkmale für die nachfolgenden Schritte. Die abschließende Tabelle (Tab. 1) gibt ausgewählte Beispiele für immer wieder vorkommende Entscheidungskriterien und Qualitätsmerkmale der Zusammenarbeit, wenn diese mit besonders komplexen Verhaltensstörungen bei Kindern und Jugendlichen konfrontiert ist.

Literatur

Ader, S. (2004): „Besonders schwierige" Kinder: Unverstanden und instrumentalisiert. In: Fegert, J., Schrapper, C. (Hrsg.): Handbuch Jugendhilfe – Jugendpsychiatrie: Interdisziplinäre Kooperation. Juventa, Weinheim / München, 437–447

–, Schrapper, C. (2002): Wie aus Kindern in Schwierigkeiten „schwierige Fälle" werden. Forum Erziehungshilfen 8, 27–34

Averbeck, B., Hermans B. E. (2008): Vom Wagnis der Kooperation zwischen Jugendhilfe und Kinder- und Jugendpsychiatrie. Zeitschrift für systemische Therapie und Beratung 26, 187–193

Berliner Senatsverwaltung für Gesundheit, Soziales und Verbraucherschutz, Senatsverwaltung für Bildung, Jugend und Sport (2003): Kooperation von Kinder- und Jugendpsychiatrie, Jugendhilfe und Schule. In: www.berlin.de/ imperia/md/content/sen-jugend/jugendhilfeleistungen/ hilfen_zur_erziehung/kooperation_psychiatrie_jugendhilfe_schule.pdf?start&ts=1237555, Berlin, 01.10.2009

Boomgarden, T. (Hrsg.) (2001): Flexible Erziehungshilfen im Sozialraum. Theoretische Grundlagen und praktische Erfahrungen. Votum, Münster

Darius, S., Hellwig, I., Schrapper, C. (2001): Krisenintervention und Kooperation als Aufgabe von Jugendhilfe und Jugendpsychiatrie in Rheinland-Pfalz. Institut für sozialpädagogische Forschung, Mainz

du Bois, R. (2005): Über das Zusammenspiel von klinischer Versorgung und Jugendhilfe – am Beispiel „schwieriger" Patienten. In: du Bois, R., Resch, F. (Hrsg.): Klinische Psychotherapie des Jugendalters. Kohlhammer, Stuttgart, 528–543

–, Ide-Schwarz, H. (2005): Psychiatrie und Jugendhilfe. In: Thiersch, H., Otto, H.-U. (Hrsg.): Handbuch Sozialarbeit, Sozialpädagogik. Ernst Reinhardt, München / Basel, 1424–1434

Fegert, J., Roosen-Runge, G., Thoms, E., Kirsch, U., Kölch, M., Meysen T. (2008): Stellungnahme zur Eingliederungshilfe nach § 35a SGB VIII der Kommission Jugendhilfe der kinder- und jugendpsychiatrischen Fachgesellschaften. Das Jugendamt 81, 177–192

–, Schepker, R. (2009): Alle oder keiner? Zur Bedarfslage und den Zuständigkeiten für jugendliche Suchtkranke im Sozialrecht. Das Jugendamt 82, 60–67

–, Ziegenhain, A., Schöllhorn, A. (2008): Guter Start ins Kinderleben. Modellprojekt BW, Rheinland-Pfalz, Bayern, Thüringen. In: www.fruehehilfen.de, 01.10.2009

Felsenweg-Institut (2009): Landesprojekt Netzwerke für Kinderschutz – „Pro Kind Sachsen". In: www.stiftung-pro-kind.de, 01.10.2009

Fritsch, K. (2006): Kooperation von Jugendhilfe und Polizei mit der Kinder- und Jugendpsychiatrie. In: Stiftung Sozialpädagogisches Institut Berlin (Hrsg.): Infoblatt Nr. 38. SPI, Berlin

Hessisches Ministerium für Arbeit, Familie und Gesundheit (Hrsg.) (2002): Kooperation als Aufgabe zwischen Jugendhilfe und Psychiatrie in Hessen. In: www.hessen.de/irj/ HSM_Internet?cid=8261509161c0e7855c9e827af65e1fc c, 01.10.2009

Hinte, W. (2006): Geschichte, Quellen und Prinzipien des Fachkonzepts „Sozialraumorientierung". In: Budde, W., Früchtel, F., Hinte, W. (Hrsg.): Handbuch Sozialraumorientierung – Wege zu einer veränderten Praxis. VS, Wiesbaden, 7–23

Jugend- und Gesundheitsministerkonferenz (1992): Jugendhilfe und Kinder- und Jugendpsychiatrie. Gemeinsames Positionspapier der Jugendministerkonferenz und Gesundheitsministerkonferenz vom 21.6.1991. Praxis der Kinderpsychologie und Kinderpsychiatrie 41, 106–109

Jungmann, J. (2004): Gemeinsame Fehler bei der Kooperation von Jugendhilfe und Kinder- und Jugendpsychiatrie, Psychotherapie. In: Fegert, J., Schrapper, C.: Handbuch Jugendhilfe / Jugendpsychiatrie. Juventa, Weinheim / München, 571–575

Kalter, B. (2004a): Krisenintervention und Kooperation von Jugendhilfe und Jugendpsychiatrie. Ergebnisse einer Auftragsforschung in Rheinland-Pfalz. In: Schrapper, C. (Hrsg.): Sozialpädagogische Forschungspraxis –Positionen, Projekte, Perspektiven. Juventa, Weinheim / München, 39–50

– (2004b): „Verhindert Prävention Intervention?". Ergebnisse einer Voruntersuchung zum Evaluationsprojekt

EPSO. In: Schrapper, C. (Hrsg.): Sozialpädagogische Forschungspraxis – Positionen, Projekte, Perspektiven. Juventa, Weinheim / München, 141–161

–, Schrapper, C. (Hrsg.) (2006): Was leistet Sozialraumorientierung? Konzepte und Effekte wirksamer Jugend- und Erziehungshilfe. Juventa, Weinheim / München

–, – (2003): Jugendhilfe und Jugendpsychiatrie – Konkurrenz oder Kooperation. In: Weber, M., Eggemann-Dann, H. W., Schilling, H. (Hrsg.): Beratung bei Konflikten. Juventa, Weinheim / München, 217–228

Klitzing, K. v. (2009): Netzwerke für Kinderschutz. Tagung: Blackbox – Kooperation zwischen Kinder- und Jugendpsychiatrie und Jugendhilfe. Klinik für Kinder- und Jugendpsychiatrie, Park Krankenhaus, Leipzig, 14. Mai 2009 (unveröffentlicht)

Kofferbaum, J. T. (2009): Kooperation zwischen einer stationären Jugendhilfeeinrichtung mit der Kinder- und Jugendpsychiatrie. Tagung: Blackbox – Kooperation zwischen Kinder- und Jugendpsychiatrie und Jugendhilfe. Klinik für Kinder- und Jugendpsychiatrie, Park Krankenhaus, Leipzig, 14. Mai 2009 (unveröffentlicht)

Köttgen, C. (Hrsg.) (2007): Ausgegrenzt und mittendrin. Jugendliche zwischen Erziehung, Therapie und Strafe. IGfH, Frankfurt / M.

Lempp, R. (2006): Die seelische Behinderung bei Kindern und Jugendlichen als Aufgabe der Jugendhilfe. § 35a SGB VIII. Boorberg, Stuttgart

– (1991): Therapie und Pädagogik in der Kinder- und Jugendpsychiatrie. In: Lehmkuhl, U. (Hrsg.): Therapeutische Aspekte und Möglichkeiten in der Kinder- und Jugendpsychiatrie. Springer, Berlin, 58–64

Schrapper, C., Kalter, B. (2001): Jugendhilfe und Jugendpsychiatrie. In: Arbeitsgemeinschaft für Jugendhilfe (Hrsg.): 10. AGJ-Gespräch: Schwierigkeiten und Chancen im Verhältnis von Psychiatrie und Jugendhilfe. Arbeitsgemeinschaft für Jugendhilfe, Berlin, 33–47

Spatscheck, C. (2008): Methoden der Sozialraum- und Lebensweltanalyse im Kontext der Theorie- und Methodendiskussion der Sozialen Arbeit. In: Deinet, U. (Hrsg.): Methodenbuch Sozialraum. VS, Wiesbaden, 33–43

Stiefel, M.-L. (2002): Reform der Erziehungshilfen in Stuttgart. In: Merten, R. (Hrsg): Sozialraumorientierung. Juventa, Weinheim / München, 55–67

Tornow, H. (2006): Wieso und wozu braucht die Kinder- und Jugendhilfe die Kinder- und Jugendpsychiatrie. Referat auf dem EREV Forum Jugendhilfe und Psychiatrie in Eisenach. In: www.erev.de/dscontent/Download-/?level=-Skripte_2006, 26.02.2009

Psychoanalytische Pädagogik

Von Margret Dörr

Die Psychoanalytische Pädagogik nimmt die Bedingungen und Strukturen pädagogischer Beziehungen in einer besonderen Weise in den Blick. Sie richtet ihr Augenmerk sowohl auf die Einflüsse der Person des / der Erziehers / Erzieherin im unmittelbaren Erziehungsgeschehen, wie auch auf die Bedeutung gesellschaftlicher und institutioneller Rahmungen für Erziehungs- und Bildungsprozesse. Dabei betrachtet sie Bildung nicht als identisch mit der Aneignung von Wissen und dem Erwerb von Lernkompetenz, sondern umfassender als eine aktive Auseinandersetzung des (werdenden) Subjekts mit der Welt, dem Selbst und den Mitmenschen im Kontext gesellschaftlicher Widersprüche.

Ausgehend von der Psychoanalyse steht auch in ihrer Theorie die Annahme eines „ubiquitären dynamischen Unbewussten" im Zentrum. Diese besagt, dass sich Menschen beständig mit Erlebnisinhalten konfrontiert sehen, die sie unbewusst als sehr bedrohlich erleben und die sie deshalb aktiv, mit Hilfe verschiedener Formen von unbewussten Abwehr- und Sicherungsaktivitäten, vom Bereich des bewusst Wahrnehmbaren fernzuhalten versuchen (Datler 2003). Mit dieser Prämisse erweitert die Psychoanalytische Pädagogik das pädagogisch bedeutsame Wahrnehmungsfeld über den Bereich rational kontrollierten oder begründbaren Denkens und Handelns hinaus auf den Bereich der emotionalen Wahrnehmungen in der Pädagogik. In enger Anlehnung an die Psychoanalyse hält die Psychoanalytische Pädagogik Emotionen für kognitiv, also für erkenntnisgewinnend und nicht nur für Epiphänomene menschlichen Denkens und Handelns, die ignoriert werden könnten (Schäfer 2003, 83 ff.).

Diese Perspektive verlangt eine differenzierte Auseinandersetzung mit jenen Dimensionen von innerpsychischen Prozessen, Beziehungen, Entwicklungen und Institutionalisierungen, die der bewussten Reflexion und Kontrolle nicht oder nur schwer zugänglich sind. Zugleich verweisen die genannten Dimensionen darauf, dass die Annahme eines „ubiquitären dynamischen Unbewussten" keineswegs nur auf der Ebene unmittelbarer pädagogischer Interaktionen zur Geltung kommt, sondern auch auf der Ebene der Herstellung von strukturierenden Bedingungen *für* solche Interaktionen (Dörr / Müller 2006). Die Wirkung des Unbewussten betrifft nämlich auch den Handlungsrahmen, die organisationspädagogische Seite: Jede organisierte Erziehung erfährt ihre Grenze durch das Spannungsfeld zwischen der Struktur und Dynamik von pädagogischen Institutionen, Gruppen und den Intentionen der Pädagogik. Die Psychoanalyse beschäftigt sich folglich nicht nur mit psychopathologischen Phänomenen, ihren Bedeutungen und der klinischen Behandlung jener Menschen die daran leiden. „Der Gebrauch der Analyse zur Therapie der Neurosen ist nur eine ihrer Anwendungen; vielleicht wird die Zukunft zeigen, dass sie nicht die wichtigste ist" (Freud 1926, 339).

Freud und die Pädagogik

Auch wenn für Freud die Psychoanalyse und die Pädagogik getrennte Wissenschaftsbereiche darstellen, so waren die beiden Disziplinen bei ihm doch von Anfang an eng aufeinander bezogen. Obgleich er sich nie als Pädagoge verstanden hat, war er davon überzeugt, dass die psychoanalytischen Erkenntnisse von außerordentlicher Relevanz für die Erziehungswissenschaft seien. So äußert er sich kritisch zu der (gewollt-blinden) Unwissenheit der PädagogInnen bezüglich der infantilen Sexualität und der Umgestaltungen in der Pubertät und führt die Unfähigkeit der ErzieherInnen, sich in das

Otto/Thiersch (Hg.), Handbuch Soziale Arbeit, 4. A., DOI 10.2378/ot4a.art117,

Kind einzufühlen, auf die Verdrängung der eigenen Kindheitserfahrungen zurück (Freud 1905). Gleichlaufend stehen seine Überlegungen zur Erziehung im engen Zusammenhang mit einer ausdrücklichen Gesellschafts- bzw. Kulturkritik. Dabei behauptet Freud (1927, 140) keineswegs (naiv), es gäbe eine Kultur, die den Menschen keinen Triebverzicht abverlangen würde. Aber es geht ihm im Rahmen seiner Auseinandersetzung zwischen Trieb und Kultur, zwischen Subjekt und Gesellschaft immer auch um die Kritik an der ihn umgebenden Gesellschaft: Erziehung findet im Dienste der Mächtigen statt, die die Triebunterdrückung der Schwachen für ihre Zwecke funktionalisieren.

So sieht Freud (1939, 507) das grundsätzliche Dilemma jeglicher Pädagogik darin:

„Die Erziehung hat also ihren Weg zu suchen zwischen der Scylla des Gewährenlassens und der Charybdis des Versagens. Wenn die Aufgabe überhaupt nicht unlösbar ist, muß ein Optimum für die Erziehung aufzufinden sein, wie sie am meisten leisten und am wenigsten schaden kann. Wenn sie das Optimum findet und ihre Aufgabe in idealer Weise löst, dann kann sie hoffen, den einen Faktor in der Ätiologie der Erkrankung, den Einfluß der akzidentellen Kindheitstraumen, auszulöschen."

Freud wies der Psychoanalyse den Status einer Hilfswissenschaft für die Pädagogik zu: Ihr wesentlicher Beitrag liegt in der Aufklärung der ErzieherInnen, wodurch Chancen zur Umgestaltung der Erziehungspraxis eröffnet werden: die Erziehungsarbeit ist (Freud 1925, 565)

„etwas sui generis (…) das nicht mit psychoanalytischer Beeinflussung verwechselt und nicht durch sie ersetzt werden kann. Die Psychoanalyse des Kindes kann von der Erziehung als Hilfsmittel herangezogen werden. Aber sie ist nicht dazu geeignet, an ihre Stelle zu treten."

Pioniere der Psychoanalytischen Pädagogik

Die ersten Vertreter einer Psychoanalytischen Pädagogik ließen sich von der Freudschen Zuversicht leiten, durch die Aufklärung der Psychoanalyse zu einer Neurosenprophylaxe der Menschen beitragen zu können. Hierbei handelte es sich noch nicht um eine eigenständige Wissenschaftsdisziplin, sondern

die Akteure zählten zu einer psychoanalytischen Bewegung um Freud bzw. waren Mitglieder der ersten psychoanalytischen Vereinigung. Um nur an einige zu erinnern: Alfred Adler, August Aichhorn, Erik Homburger Erikson, Hans Zulliger, Siegfried Bernfeld, Wera Schmidt, Dorothy Burlingham, Oskar Pfister, Fritz Redl, Rudolf Ekstein, Bruno Bettelheim. Von ihnen wurde vor allem der Aspekt der Aufklärung über das Trieb- und Affektgeschehen als die zentrale pädagogische Forderung in den Mittelpunkt gestellt. Parallel dazu behielten sie sich – nicht zuletzt durch ihre Arbeit mit Heimkindern, „Verwahrlosten" und sozial Ausgegrenzten – einen Zugang offen zu der von Freud charakterisierten Unvollkommenheit bisher entwickelter Kulturformen, in denen ihre Zielgruppen lebten und sich zurechtfinden mussten. Insofern verknüpften die Psychoanalytischen PädagogInnen der Weimarer Zeit ihren Kampf gegen eine repressive Gesellschaft mit einem Kampf für die sexuelle Aufklärung (Niemeyer 2006, 108). Entsprechend konstatierte Füchtner (1978, 194), dass die Psychoanalytische Pädagogik ihre „Blütezeit" zwischen 1918 und 1938 erlebte und sich in vielfältige psychoanalytisch-pädagogische Institutionen manifestierte: Siegfried Bernfeld gründete 1919 das „Kinderheim Baumgarten"; in Wien engagierten sich in den 1920er Jahren neben August Aichhorn auch Hermine Hug-Hellmuth, Anna Freud oder Fritz Redl in Bereichen der Erziehungsberatung und organisierten Kurse für Pädagogen; Wera Schmidt betreute nach psychoanalytischen Grundsätzen fünfjährige Kinder in einem Moskauer „Kinderheim-Laboratorium"; in Wien errichtete die Amerikanerin Dorothy Burlingham eine psychoanalytisch-pädagogische Versuchsschule („Burlingham-Rosenfeldschule", 1927–1932); und 1926 wurde die Zeitschrift für Psychoanalytische Pädagogik gegründet. Es war diese Gruppe der Psychoanalytischen PädagogInnen, die auf die Psychoanalyse der damaligen Zeit eine große Wirkkraft entfaltete.

Insbesondere Bernfeld formulierte wesentliche Inhalte der Psychoanalytischen Pädagogik. Er sprach sich nicht nur für eine grundlegende Veränderung der Erziehungsinstitutionen aus, sondern radikalisierte – in Konsequenz seiner marxistischen Einstellung – Freuds Gesellschaftskritik und baute dabei zielstrebig eine Brücke zur Soziologie, ohne die Analyseebenen der Disziplinen zu vermischen. Schon damals zeigte Bernfeld (1925/1967) anschaulich Mechanismen der „gesellschaftlichen Produktion von Unbewusstheit" (Erdheim 1984) auf und die damit einhergehende Tabuisierung der institutionalisierten Erziehungsformen, in denen Macht und Herrschaft verschleiert werden.

Bernfelds Grundthesen haben auch für die derzeitige neoliberal kapitalistische Gesellschaft keineswegs an Brisanz verloren:

1. Jeder Erzieher scheitere an seiner eigenen Erziehungsideologie: dem Glauben, es gebe einen Handlungsspielraum pädagogischer Autonomie außerhalb gesellschaftlicher Machtfaktoren.
2. Jeder Erzieher sei Opfer der gesellschaftlichen Zurichtung seiner Triebwünsche, und deswegen reproduziere er unbewusst das, was ihm selbst durch Erziehung angetan wurde, und nur die Psychoanalyse könne diesen verhängnisvollen Zusammenhang überwinden, indem sie ihn bewusst mache (Wagner-Winterhager 1988, 116).
3. Jede Erziehung hat mit der Selbsttätigkeit des Kindes zu rechnen, damit verbunden ist die Begrenzung jeglicher Erziehung durch die Anerkennung der Eigen- bzw. Besonderheiten des Kindes.

Ein weiterer bedeutsamer früher Vertreter der Psychoanalytischen Pädagogik ist sicherlich Aichhorn. Er beschäftigte sich vor allem mit der Frage nach dem Ursprung und der Behandlung bzw. dem Umgang mit aggressiv-destruktivem Verhalten. In seinem 1925 erschienenen Buch „Verwahrloste Jugend" stellte er seine Behandlungsmethode mit hochaggressiven Heranwachsenden vor, die geprägt war von Milde und Gewährenlassen. Seine Grundidee war, dass die Jugendlichen mit ihren extrem lieblosen Kindheitserfahrungen, koste es was es wolle, eine positive Kontrasterfahrung mit den ErzieherInnen machen, diese als verlässliche, freundliche und jede Provokation aushaltende Erwachsene erfahren können müssten, damit sich an ihrem Weltbild und ihren in den Körper eingeschriebenen Verhaltensmustern etwas verändern kann (Göppel 2002, 12–16). Das (selbst-)schädigende Verhalten könne, so Aichhorn, erst dann aufgegeben werden, wenn es zu einem Bündnis zwischen PädagogInnen und Kindern gekommen ist. Auch ihm ging es darum, Zugang zu den unbewussten Bedeutungen der manifesten Schwierigkeiten von Kindern und Jugendlichen zu finden und dabei die äußeren Bedingungen ihres Aufwachsens so zu verändern, dass sie sich als förderlich für die weitere Entwicklung der Kinder und Jugendlichen auswirken konnten.

Ebenso ging es Erik Homburger Erikson – wenngleich in differenter Weise zu Aichhorn – um ein vertieftes Verständnis rätselhaft anmutender Verhaltensweisen sowie konflikthafter Entwicklungsprozesse von Kindern und Jugendlichen (Homburger 1930). Er legte seinen Fokus auf die Versprachlichung unangenehmer (aggressiver) Affekte, die es den Kindern und Jugendlichen ermöglichen soll, sich besser im Dickicht eigener und fremder Gefühle zurechtzufinden. Insofern sieht er in der Freudschen Idee von der „heilenden Macht des Von-sich-Wissens", den genuinen Beitrag der Psychoanalyse zur Erziehungswissenschaft (Göppel 2002, 25 ff.).

Im pädagogischen Nachdenken im Kontext der Schule über den Umgang mit „schwierigen Schülern" entwickelte in der Schweiz Hans Zulliger sein Prinzip der „pädagogischen Analyse" (Zulliger 1961). Damit stellte er das ubiquitäre Phänomen der Übertragung in seiner essentiellen Bedeutung für pädagogische Beziehungen in den Vordergrund. In enger Analogie zum psychoanalytischen Setting beschrieb er die Aufgabe der PädagogInnen, eine positive Übertragungsbeziehung der Schüler zum Lehrer als Führer herzustellen und sich dem Kind als Hilfs-Ich anzubieten, um dem Schüler zur Aufrichtung eines Ich-Ideals zu verhelfen.

Die Kinderanalyse stellt wohl bis heute noch den erfolgreichsten Zweig der Psychoanalytischen Pädagogik dar. Diesen Rang hat sie in den Anfängen vor allem den Arbeiten von Anna Freud (1968/2003) zu verdanken, die in ihren Überlegungen dem Sachverhalt Rechnung trug, dass die Entwicklung von Kindern noch nicht abgeschlossen sei und daher die Erinnerungsarbeit – wie sie in der klinischen Psychoanalyse mit Erwachsenen entwickelt war – nicht den hohen Stellenwert einnehmen konnte, ja sogar schädlich sein könne. Stattdessen betonte sie pädagogische Maßnahmen und unterstrich die ichstützende und ichstärkende Funktion der KinderanalytikerIn für die Kinder. Damit hielt sie konsequent an der von Sigmund Freud vehement vertretenen Differenz zwischen „Nacherziehung" für die Neurosenbehandlung und einer erzieherischen Praxis eines noch unfertigen Subjekts fest: Das analytische Setting ist nicht auf die Beziehungsform ErzieherIn-Kind zu übertragen.

Durch das Aufkommen des Nationalsozialismus in Europa wurden die meisten der VertreterInnen der Psychoanalyse wie der Psychoanalytischen Pädagogik in die Emigration gezwungen. Auch das Erscheinen der Zeitschrift Psychoanalytische Pädagogik wurde 1937 eingestellt.

Es ist wohl insbesondere Rudolf Ekstein, Bruno Bettelheim, Fritz Redl und Ernst Federn zu verdanken, dass die Psychoanalytische Pädagogik / Psychoanalytische Sozialarbeit überhaupt während dieser Zeit vor allem in den USA lebendig gehalten wurde (Kaufhold 2001). Das Nachfolgeorgan in den USA „The Psychoanalytic Study of Child" war aber fast ausschließlich kindertherapeutisch ausgerichtet, so dass sich diese Orientierung eher als Ausdruck der sowieso seit den späten 1920er Jahren in den USA begonnenen Medizinalisierung der Psychoanalyse lesen lässt. In deren Folge wurde sie auf das Anwendungsgebiet der therapeutischen Behandlung von psychisch Kranken reduziert. So geriet die Psychoanalyse – dauerhaft wirkmächtig – in eine Position, die dem Ansinnen seines Schöpfers deutlich entgegenstand, und die er nicht müde wurde zu betonen: „Wir halten es nämlich gar nicht für wünschenswert, dass die Psychoanalyse von der Medizin verschluckt werde." (Freud 1926, 338)

Zur Wiederentdeckung der Psychoanalytischen Pädagogik nach dem 2. Weltkrieg

In den sechziger und siebziger Jahren des vergangenen Jahrhunderts rebellierte eine aktive Minderheit der nach dem zweiten Weltkrieg aufgewachsenen Generation in Westdeutschland gegen das Beschweigen der Hitlerdiktatur und des Holocaust sowie gegen antidemokratische Tendenzen, als deren Ausdruck die Notstandsgesetze galten. Dabei entdeckten sie den „Freudomarxismus" der 1920er und 1930er Jahre und nutzten die gesellschaftskritischen Positionen der Psychoanalytischen Pädagogik aus der Weimarer Zeit für ihre Argumentation gegen eine konservative triebfeindliche Erziehungspraxis sowie für eine Erziehungsutopie. Nur einige wenige PsychoanalytikerInnen begrüßten die Raubdrucke von Bernfeld, Fenichel, Schmid, Reich

etc., die auf die Sackgasse der Psychoanalyse durch die „Anpassung der psychoanalytisch geschulten Ärzte und Psychologen an die naturwissenschaftlich orientierte Medizin und Psychologie" (Dahmer 2002) hinwiesen.

Gleichwohl setzten sich im Zuge dieser Protestbewegung wichtige Einsichten der Psychoanalyse in der (Kleinkind-)Erziehung durch: die tolerante Haltung in der Sauberkeitserziehung, die enorme Bedeutung der frühen Mutter-Kind-Beziehung einschließlich der Bedeutsamkeit von Übergangsobjekten bei der Bewältigung von Verlust- und Trennungsängsten (Winnicott 1976) sowie das Konzept des Urvertrauens (Erikson 1988).

Aber in der neuen Bewegung der „Antiautoritären Erziehung" wurde auch der „Mythos" (Körner 1980) der Neurosenprophylaxe wiederbelebt und dies in einer eher unheilvollen Weise, vor der Freud selber noch zu warnen wusste: die Verwechslung der „Nacherziehung" in der Neurosenbehandlung mit der Erziehung des noch „unfertigen" Kindes. Eine – Beziehung zerstörende – Deutungspraxis (wilde Deutungen) setzte ein, mit der klinische Begriffe der Psychoanalyse in stigmatisierender Weise in die pädagogische Praxis einzogen, wodurch das emanzipatorische Potenzial der Psychoanalyse geradezu pervertiert wurde (Treppenhauer 1979). Diese medicozentristische Orientierung am therapeutischen Ideal der passiv-wohlwollenden, abstinenten Haltung musste aber in der Pädagogik sowohl an den Entwicklungsbedürfnissen der Kinder als auch an den Gegebenheiten ihrer Settings scheitern (Bittner 1972, 54 ff.). So entstand eine pädagogische Theorie und Praxis, die die regrediente psychoanalytische Therapie zu einer progredienten Pädagogik umformen wollte: Das Kind sollte ohne die triebfeindlichen Zwänge der spätbürgerlichen Gesellschaft aufwachsen, sollte den traumatischen Einflüssen einer „schwarzen Pädagogik" (Miller 1979; Braunmühl 1975 / 2006) entgehen, um sich zu einem mündigen, freien, demokratischen Bürger heranzubilden. Neben der mehr als überfälligen Kritik an den gewaltförmigen Zumutungen der (auch) institutionell verfassten Erziehungspraxis der 1960er und 1970er Jahre (Heimkampagne, Aufbau von Kinderschutzzentren), geriet hierbei eine konzeptionelle Entwicklung von Freud nicht nur aus dem Blick, sondern sie wurde geradezu als reaktionär angeprangert und zurückgewiesen (u. a. Miller 1979): Freud hatte bereits 1897 seine erste Angsttheorie und damit seine Traumatheorie seelischer Erkrankungen durch eine „Theorie des unbewussten Konflikts" ersetzt. Mit dieser Wendung machte er – neben der „praktischen" Realität – die „psychische" Realität zum Gegenstand der Psychoanalyse (1914, 56): Psychisch wirksam ist nicht das objektive Geschehen an sich, sondern die subjektive Wirklichkeit als die psychisch verarbeitete Objektivität. Damit maß er der vom Subjekt „gedeuteten" Realität einen entscheidenden Einfluss auf die Ätiologie der Neurosen bei (Körner 2009), ohne freilich die ungleich verteilten kulturellen Zumutungen für die Subjekte zu ignorieren.

Gleichwohl, bei allen Irrwegen der „antiautoritären Erziehung" ist es

„ein Verdienst der viel gescholtenen 1968er Generation, eine auf begründete Weise gestützte pädagogische Praxis verwirklichen zu wollen, gegenüber einer Beliebigkeit und Nachlässigkeit sowie gegenüber einer Inanspruchnahme von Erziehung durch gesellschaftliche Kontrollmächte." (Winkler 2006, 15)

Auf das neu erwachte gesellschaftliche Interesse an der Psychoanalyse reagierte – mit nachhaltigem Einfluss auf die derzeitige Psychoanalytische Pädagogik – der Soziologe, Psychiater und Psychoanalytiker Alfred Lorenzer. Ihm wird auch gegenwärtig der Rang eingeräumt, ein „inspirierender Vordenker interdisziplinärer Diskurse der heutigen Psychoanalyse" zu sein (Leuzinger-Bohleber 2002, 24). In seinen metatheoretischen Schriften ging es Lorenzer vor allem darum, die Reduktion der Psychoanalyse auf eine Psychotechnik rückgängig zu machen und sie als eine Sozialwissenschaft zu entfalten, ohne die körperliche Basis zu unterschlagen. In seiner *materialistischen Sozialisationstheorie* (1972) hebt er das psychoanalytische Subjektkonzept auf die Stufe einer Theorie der sozialisatorischen Aneignung innerer Natur, die vermittelt ist mit den Prozessen gesellschaftlicher Auseinandersetzung mit äußerer Natur. Die Interaktionen, die die Persönlichkeitsstruktur von der Mutter-Kind-Beziehung an formen, sind also stets eingebettet in die gesellschaftliche Praxis, gleichwohl realisiert sich in ihnen immer auch die eigenständige Logik des entsprechenden institutionellen Sozialisationsfeldes (Familie, Schule, Kirche, Peergroup usw.). Mit der zentralen Kategorie *Interaktionsform*, da-

mit bezeichnet er den intrapsychischen Niederschlag durchlebter Objektbeziehungen, verknüpft Lorenzer Gesellschaftsanalyse und Sozialisations- sowie Kulturtheorie miteinander und erneuert so auch den Freudomarxismus der dreißiger Jahre (Dahmer 2002).

Des Weiteren beantwort er die – auch für die Psychoanalytische Pädagogik – wesentliche Frage, was für eine Wissenschaft die Psychoanalyse und welches ihre spezifische Verfahrensweise sei: Bei der Psychoanalyse handelt es sich um eine Hermeneutik eigener Art, eine „Tiefenhermeneutik" und der „Hauptweg des psychoanalytischen Verstehens" ist das „szenische Verstehen" (Lorenzer 1970, 114). Dies ist eine Verstehensart die sich „mit den Vorstellungen des Subjekts" „beschäftigt", „und zwar so, dass es die Vorstellung als Realisierung von Beziehungen, als Inszenierung der Interaktionsmuster ansieht" (Lorenzer 1970, 108). Hierzu zählt auch der geschärfte Blick auf leibliche Spontanphänomene, der dem sprachlich-diskursiven Deuten fremden Verhaltens vorausgeht (Lorenzer 1988).

Seine differenzierten (meta)theoretischen Reflexionen zur Begründung der Psychoanalyse als Sozialwissenschaft inspirierte zahlreiche ErziehungswissenschaftlerInnen, dieses Verständnis für die Theorie und Praxis der Pädagogik fruchtbar zu machen (u. a. Leber 1972; Reiser 1972; Trescher 1979).

Zu einem ersten überregionalen fachwissenschaftlichen Austausch der Akteure kam es auf dem Kongress der Deutschen Gesellschaft für Erziehungswissenschaft (DGfE), der 1984 in Kiel stattfand. Im Rahmen dieses Kongresses organisierten und leiteten Günther Bittner und Christopf Ertle (1985) ein Symposium mit dem Titel „Psychoanalyse – Grundlagenwissenschaft für die Pädagogik?" Im Zuge der streitbaren, anregenden und gewinnbringenden Diskussionen entwickelte sich die Idee zur Einrichtung einer Kommission „Psychoanalytische Pädagogik" in der DGfE (zur Gründungsgeschichte – Datler et al. 1994, 134).

Bis heute haben VertreterInnen der Psychoanalytischen Pädagogik ihre erziehungswissenschaftlichen Reflexionen auf zahlreiche Erziehungs- und psychosoziale Praxisbereiche bezogen. So ist das derzeitige Bild der Psychoanalytischen Pädagogik vielstimmig. Die Positionen reichen vom Konzept einer „Handlungswissenschaft Psychoanalytische Pädagogik" (Trescher 1993) bis zum Entwurf einer kritischen Kooperation (Winterhager-Schmid

1992; Fatke 1985; Müller 1990), welche jede Art von Verschmelzung – aus differenten Gründen – einer Psychoanalyse und Pädagogik ausschließt (vgl. hierzu den ausführlichen Systematisierungsversuch der Streitpunkte bei Figdor 1993).

Psychoanalytische Pädagogik im Kontext einer kritischen Kulturtheorie

PädagogInnen stehen als „Kulturvermittler" (Müller 2009) besonders vor der Aufgabe, die Kinder und Jugendlichen in eine Kultur einzuführen, die diverse Arten von Unrecht, Leid und Zerstörung mehr oder weniger schweigend duldet, die in ihrem Kampf gegen die Übermacht der Natur, gegen die Hinfälligkeit des Körpers sowie die Unzulänglichkeiten der sozialen Einrichtungen, die unser Zusammenleben regeln sollen (Freud 1930, 87), eine technizistische Fortschrittsbewältigung betreiben, die Freud kritisch mit dem Bild des „Prothesengottes" anschaulich machte.

Standen zu Freuds Zeiten angstmachende Triebunterdrückung und die daraus folgenden Aggressionen und Schuldgefühle im Mittelpunkt, so muss die Analyse der heutigen Kultur neue Zumutungen und Belastungen der Subjekte – von Kindheit an über den Prozess des Heranwachsens bis zum Alter – feststellen. Grenzenlose Mobilität, Individualismus, Erfolgsdruck und Pluralisierung der Lebensentwürfe haben unmittelbar pädagogische Relevanz, auch deshalb,

> „weil die Klientel von ‚Pädagogik als Lebenslaufwissenschaft' (Lenzen 2004) längst nicht bei Kindern und Jugendlichen stehen bleibt, sondern auch immer mehr die Betreuung und Begleitung Erwachsener und älterer Menschen zum Gegenstand hat. Von daher ergeben sich viele Aspekte und Inspirationen, wie mit dem Leiden, dem Altern und der Hinfälligkeit anders, vielleicht heilsamer, umgegangen werden kann." (Aigner/Dörr 2009, 10)

Insofern fordern die vielfältigen Felder in denen Psychoanalytische Pädagogik sich abspielt – also die nicht in den vier Wänden eines Behandlungszimmers abgeschirmten Situationen, sondern die Lebensräume der betroffenen Individuen – ein Nachdenken und eine Analyse der Lebensumstände

und des „sozialen Orts" unmittelbar heraus. Inzwischen hat die Begriffsfigur „sozialer Ort" (Bernfeld 1929/1974) in der Psychoanalytischen Pädagogik den Rang einer Schlüsselkategorie. Sie stellt das Gelenkstück dar, mit der die Frage nach dem Zusammenhang zwischen der sozioökonomischen Struktur der Gesellschaft, den Prozessen der Symbolbildung als kulturelle Manifestationen sowie der psychischen Strukturbildung von Individuen im Blick bleiben soll: Der *soziale Ort* bezeichnet demnach ein dem Menschen Äußeres, aber er bleibt dem Einzelnen nicht äußerlich, sondern wandert in die Psyche des Subjekts ein, hat Teil an dessen Strukturbildung und wirkt in Form sozialer Handlungen, kultureller Deutungsmuster, wiederum auf vorgängig bestehende soziale Verhältnisse ein (Dörr 1996). Es ist der soziale Ort, der über die wünschbare Bandbreite der Herstellung und Unterstützung biographischer Wahlmöglichkeiten entscheidet (Müller 1993). Damit werden die realen und konkreten Lebensumstände in den Vordergrund gerückt, in denen ein Subjekt lebt: Der soziale Ort stellt mögliche Alternativen zur Verarbeitung entwicklungstypischer Konflikte bereit, wie er auch entwicklungsspezifische Konfliktbewältigungsformen allererst erzwingt.

Im Zentrum auch der derzeitigen Psychoanalytischen Pädagogik steht somit die Aufklärung der *Bedingungen* pädagogischer Prozesse und pädagogischen Handelns. Sowohl in ihrer konkreten Arbeit mit Kindern, Heranwachsenden, Menschen in Schwierigkeiten als auch in ihrer Hinterfragung der ihre AdressatInnen kennzeichnenden gesellschaftlichen Lebensbedingungen kann Psychoanalytische Pädagogik auf die Beachtung der sozialen Dynamiken nicht verzichten, wenn sie förderliche Rahmenbedingungen für Entwicklung (mit)herstellen will (Müller 1993). Dazu werden pädagogische Situationen in einer Weise betrachtet, die offen ist für unterschwellige, nicht offensichtliche Bedeutungsgehalte der jeweiligen Situation, die sensibel ist für verdeckte, symbolisch eingekleidete Mitteilungen der beteiligten Personen und die schließlich die Aufmerksamkeit auch bewusst darauf richtet, was durch all dies an Emotionen und Phantasien bei den ErzieherInnen selbst ausgelöst wird (Bittner 1996).

Konzepte und Methodik Psychoanalytischer Pädagogik

„Tatsächlich ist das unerhört Neue an der Psychoanalyse nicht die psychoanalytische Theorie, sondern der methodologische Standpunkt, daß die Hauptaufgabe der Verhaltenswissenschaft die Analyse der Auffassung des Menschen von sich selber sei." (Devereux 1967, 25)

Gegenstand der Psychoanalytischen Pädagogik sind dynamische Beziehungsgeschehen, folglich lässt sich ihre Methode nicht auf ein bestimmtes Verfahren reduzieren, ist nicht planbar, sondern muss aus einem reichhaltigen Inventar verschiedenster Tätigkeitsmodi stets neu komponiert werden (Figdor 1993, 85). Psychoanalytische PädagogInnen in actu müssen daher immer wieder neu um Antworten ringen auf die Frage, wie es gelingen kann, die jeweilige pädagogische Situation professionell zu strukturieren und zu einem „fördernden Dialog" (Leber 1983) zu gestalten. Wesentlich hierzu ist die Gestaltung eines Lebensortes, der eine pädagogische Atmosphäre bietet, in der biographische bzw. persönliche Eigenschaften ausgebildet werden, um ein Leben in Selbstbestimmung künftig zu ermöglichen. Für das professionelle Selbstverständnis heißt das: „Sich abarbeiten an den Außenmächten, die als objektiv fördernde oder belastende Umwelt, wie auch in den subjektiv-lebensweltlichen Selbstdeutungen mit am Verhandlungstisch sitzen" (Dörr/Müller 2006, 12). Denn

„die pädagogischen Bemühungen der Erziehenden werden immer wieder zunichte gemacht, so dass sie ohnmächtig und depotenziert zurückbleiben.... Die Erziehenden müssen es hinnehmen, dass sie häufig nur den narzisstischen Bedürfnissen der Kinder und Jugendlichen dienen sollen.... In einer solchen Situation muss fast zwangsläufig der Wunsch entstehen, der eigenen Ohnmacht zu entgehen, indem man die Verhältnisse machtvoll umkehrt. Es ist mehr als naheliegend, dass Impulse entstehen, den eigenen Willen gewaltsam gegen den der Kinder und Jugendlichen durchzusetzen." (Ahrbeck 1997, 39–57)

Dennoch, zu glauben, allein ein Wissen um diese Mechanismen von Übertragung und Gegenübertragung, von Abwehr und Gegenabwehr etc. würde schon ausreichen um ihre Zwangsläufigkeit zu durchbrechen, wäre mindestens naiv, wenn nicht gar unheilvoll. Denn dieses hieße, beides zu unterschätzen: die Macht des Unbewussten und die Macht des Institutionellen (Freyberg, v./Wolff 2005).

So wird die Methodik einer selbstreflexiven Vergewisserung hinsichtlich der pädagogisch-professionellen Aufgabe, der eigenen Person „als Werkzeug" gewahr zu werden, aber sie nicht zu Lasten der AdressatInnen manipulativ zu missbrauchen, durch psychoanalytische Konzepte, die auch für außeranalytische Beziehungsverläufe Gültigkeit haben, äußerst bereichert. Die Tragfähigkeit psychoanalytisch-pädagogischer Professionalität erweist sich allemal – neben der Kenntnis von Theorieelementen – durch die Kunst, die Beziehungsdimension im jeweiligen (lebensweltlichen) professionellen Interaktionsgeschehen (tiefen)hermeneutisch zu erfassen und mittels einer hinreichenden Fähigkeit zur Mentalisierung (Fonagy et al. 2004) in die weitere Beziehungsgestaltung aufzunehmen. Die Ausübung dieser Kunst durch die Professionellen wird möglich durch ein „Oszillieren zwischen Nähe und Distanz, zwischen unmittelbarer Teilhabe und distanzierender Reflexion des gemeinsamen Beziehungsgeschehens" (Trescher 1985, 187). Hierbei ist die methodische Sicherung dieser Pendelbewegung ein unverzichtbarer Faktor professioneller Feldentwicklung. Psychoanalytisch-pädagogisches Verstehen benötigt einen eigenen Ort, insofern gehören Supervision, Balint-Gruppen, Fortbildungen u. ä. zum Kernbestandteil in den Handlungsbereichen der Pädagogik. Zudem hat es die Psychoanalytische Pädagogik sehr oft mit Gruppen zu tun, so dass der Analyse von Gruppenprozessen ein hoher Rang beigemessen wird.

Dass pädagogisches Handeln grundsätzlich „bisubjektives Handeln" (Winkler 1990) ist, die Adressatin den Status einer „aktiven (Co-) Produzentin" (Gross 1983) hat und die Professionelle immer Teil der Situation ist, auf die sie reagieren soll, wird in der Pädagogik zunehmend allgemein akzeptiert. Aber allererst können folgende psychoanalytische Konzepte die notwendige Tiefendimension eröffnen, die zur „Analyse der Auffassung des Menschen (der Professionellen, M.D.) von sich selber" (Devereux 1967), sowie zur Entzifferung konflikthafter Szenen mit AdressatInnen in ihrer Lebenswelt erforderlich sind:

- *„Übertragung und Gegenübertragung"*: „Gegen-übertragung ist der durch die Übertragung des an-deren spezifisch aktualisierte Anteil eigener Über-tragungsbereitschaften" (Muck 1978, 217) und kann – bewusst wahrgenommen – als Zugang zu den inneren Konflikten der AdressatInnen genutzt werden.
- *„Wiederholungszwang"*: bezeichnet den unbe-wussten Prozess, mit dem das Subjekt ehemals schmerzhafte, peinliche und / oder traumatische Er-lebnisse, zum eigenen psychischen Überleben, aus der bewussten symbolischen Kommunikation aus-schließen musste (Verdrängung / Sprachzerstörung, Lorenzer 1970). Die so verstümmelten Erlebnis-figuren wiederholen sich aber (reiz-reaktiv) in den Interaktionen mit aktuellen Beziehungsfiguren. Das Subjekt bringt sich und sein Gegenüber schein-bar aktiv in ähnliche unangenehme Situationen und wiederholt so alte Erfahrungen ohne sich des Vorbilds zu erinnern.
- *„Szenisches Verstehen"*: bezeichnet die besondere Hermeneutik – die Tiefenhermeneutik – der Psy-choanalyse. Damit ist das Verstehen eines beson-deren Verhältnisses gemeint und zwar das zwi-schen den Beteiligten in der sozialen Situation. Das szenische Verstehen bedient sich zwangsläufig auch des logischen und psychologischen Verste-hens, geht aber darüber hinaus, da es zum Ziel hat, die aus der Kommunikation ausgeschlossenen Pra-xisfiguren (durch Aufspaltung des Sprachspiels: Verdrängung) zu rekonstruieren und darüber die beschädigte Lebenspraxis des leidenden Subjektes aufzuheben. Dies geschieht über ein emotionales Sich-einlassen der Professionellen auf die gemein-sam hergestellten Interaktionen (Szenen), die Pro-duktion von Assoziationen und Irritationen über die Situation mittels einer Haltung der gleichschwe-benden Aufmerksamkeit, sowie die Wahrnehmung und Deutung von Strukturübereinstimmungen zwi-schen den verschiedenen lebenspraktischen Sze-nen (Lorenzer 1970; Würker 2007).
- *„Containment"*: (Bion 1963 / 1992) bedeutet, dass sich die Mutter (Professionelle) zur Verfügung stellt, um *„die noch nicht bewussten und (noch) unintegrierbaren Affekte und Empfindungen des Säuglings (z. B. Wut und Angst) eine Zeitlang in sich zu bewahren, in sich stellvertretend zu verarbeiten, um so das Kind vor einem Überflutetwerden von seinen Affekten zu schützen und ihm ein Gefühl der Kontinuität seiner Existenz in Beziehung zu sei-*

ner Umwelt zu ermöglichen." (Trescher / Finger-Trescher 1992, 94). Die Erfahrung hinreichenden Containments befähigt das Subjekt, selbst ein hal-tender, abschließender Container zu sein.
- *„Mentalisierung"*: (Fonagy et al. 2004) formuliert ein integratives Verständnis von Affektregulierung, wodurch das komplexe Zusammenspiel von Kogni-tion und Affekt besser verständlich wird. Hierzu zählt 1. die Fähigkeit, über eigene und fremde mentale Zustände nachzudenken, ohne dass diese unmittelbar mit Handlungen verbunden sein müs-sen; 2. sich selbst und wichtige Bezugspersonen als durch Bedürfnisse und Wünsche motiviert und durch Erwartungen und Überzeugungen beein-flusst wahrzunehmen; 3. Hypothesen über mentale Zustände oder Motive anderer Personen zu bilden und die Affekte anderer zu entschlüsseln; 4. sich empathisch in die Affektwelt anderer Menschen hineinzuversetzen und die Welt aus deren Perspek-tive zu betrachten (Empathie); 5. die erlebten Af-fekte zum psychischen und körperlichen Selbstver-ständnis zu nutzen (affektives Selbstverständnis) und 6. die erlebten Affekte zum Situationsver-ständnis zu nutzen (Wöller 2006, 76; Hirblinger 2009).
- *„Triangulierung"*: als Entwicklungskonzept be-zeichnet es die sukzessive Entstehung und Ver-innerlichung von drei ganzen, d. h. ambivalenten Objektbeziehungen im Verlauf des ersten Lebens-jahres. Dabei handelt es sich in der Regel (aber nicht zwangsläufig) um die Beziehung des Kindes zur Mutter und zum Vater sowie um die Beziehung der Eltern zueinander. Alle drei Beziehungen wer-den vom Kind nicht nur erlebt, sondern in Verbin-dung mit den sie begleitenden Phantasien auch in-trapsychisch abgebildet. So konstituiert sich eine innere triangulierende Beziehungsstruktur. Vor die-sem – meist konflikthaften – Hintergrund werden auch andere Beziehungen erlebt und gestaltet. Be-deutungsvoll ist in der Pädagogik daher die Diffe-renzierung von realen und beobachtbaren Inter-aktionen auf der einen und intrapsychischen Repräsentationen von bedeutsamen Bezugsper-sonen und Beziehungen auf der anderen Seite (Schon 2000, 723).
- *„Übergangsraum" / „potenial space"*: Nach Winni-cott (1976) übernimmt das „Übergangsobjekt" (Puppe, Stofftier etc.) für das kleine Kind eine Entwicklungsfunktion, da es dazu verhilft, den Schmerz der Trennung von der Mutter zu ver-

arbeiten. Der Übergangsraum gilt der Psychoanalytischen Pädagogik als eine Metapher für einen Zwischenbereich der menschlichen Erfahrung zwischen drinnen und draußen, als ein Raum zwischen Illusion und Wirklichkeit und stellt geradewegs ein Medium der Entwicklung dar. Er repräsentiert einerseits den Eintritt in das Symbolische, aber er verkörpert zugleich den Ort des Spiels, der Kreativität, der Imagination und stellt so den Bereich der subjektiv erfahrenen Widersprüche dar. Im Möglichkeitsraum vermag das Individuum beides zu leisten, für einen Moment sich den Zwängen der entfremdenden Anforderungen zu entledigen und Spontaneität reflexiv werden zu lassen (Borst 2003).

Diese Konzepte reflektieren auf unterschiedlichen Ebenen, dass Psychoanalytische Pädagogik ihren Fokus nicht auf die Person des Gegenübers, sondern auf die Interaktion zwischen AdressatIn und PädagogIn in den jeweiligen Organisationsstrukturen hat.

Aufbauend auf diesen Prämissen wird der Rang von sichernden äußeren Rahmenbedingungen immer wieder betont, der gegeben sein muss, damit pädagogische Praxis im Setting überhaupt möglich werden kann. Leider unterlaufen aber allzu häufig die systemischen Bedingungen des Settings (unreflektiert) ein professionelles pädagogisches Handeln (Hirblinger 2001, 33): Übertragung/Gegenübertragung bilden mit Interessenkollisionen und Machtstrukturen oft schwer durchschaubare Gemengelagen. Und doch ist es der äußere Rahmen, der die Herstellung eines geschützten (inneren) Beziehungsrahmens mit ermöglicht. Eines inneren Rahmens, der eine „Objektverwendung" der PädagogInnen auf eine für den Beziehungs- und Entwicklungsprozess förderliche Weise eröffnet. Nun ist im pädagogischen Setting ein „Kampf um den Rahmen" (Körner 1996) nicht nur unvermeidlich, sondern zugleich der Ort und die „Affektstätte" (Bernfeld 1921/1974) wo Arbeitsbündnisse gelingen oder scheitern. Und doch ist der Konflikt um den Rahmen (Körner 1996) nicht einfach als Störung abzutun, deren Beseitigung die eigentliche pädagogische Arbeit erst ermöglicht. PädagogInnen haben nicht nur mit einer Widerständigkeit ihres Gegenübers zu rechnen, sondern Räume (mit)bereit zu stellen, die Chancen für ein „Nein-Sagen" der AdressatInnen allererst eröffnen: Die Wider-

ständigkeit von Kindern und Jugendlichen bei der Einhaltung von Rahmungen ist in der Regel als authentischer Ausdruck ihrer Individuierung, als notwendige Auseinandersetzung mit der älteren Generation zu lesen. Dabei ist weder aus dem Blick zu verlieren, was die Sachproblematik erfordert, noch, dass Rahmenverletzungen auch als begründeter Ausdruck des Protests gegen unzumutbare Missachtungserfahrungen oder ungebührliche äußere Rahmenstrukturen zu begreifen sind, die es möglichst (gemeinsam) aufzuheben gilt. Aufgabe der Pädagogin ist es, vermittels ihres habitualisierten Wissens, eine Vor-Leistung zu erbringen (Dörr 1996). Diese besteht zum einen darin, dass sie den Kindern und Jugendlichen einen Möglichkeitsraum für die Auseinandersetzung mit sich selbst und dem Sozialen anbietet. Und dies schließt ausdrücklich die Bereitstellung von Chancen für persönliche Auseinandersetzung und Identifikationsmöglichkeiten mit ihr als Erwachsene ein (King 2006). Die Aufgabe besteht zum anderen darin, dass sie das im jeweils konkreten Interaktionsprozess Erscheinende, also die konkrete Gestaltung der aktuellen Beziehung mit dem dazugehörigen Subtext von Bedeutungen, immer auch im Zusammenhang sieht mit den Beeinflussungen durch die kindlichen Erfahrungen als subjektive Niederschläge der jeweiligen Lebensgeschichten (also der Übertragungen aufgrund der inneren Realität der Kinder). Zur basalen Bestimmung von pädagogischen Settings gehört das Containment ebenso wie die Aktivierung und Unterstützung von Mentalisierungsprozessen, die zum Gelingen eines Arbeitsbündnisses beitragen: Im pädagogischen Interaktionsgeschehen sind nämlich auch die bisher „ungebundenen" Affekte und/oder „falsch verknüpften Wünsche" der Kinder (Bernfeld 1929/1974, 200) wahrzunehmen und durch stellvertretende Symbolisierung (symbolische Handlungen) zu strukturieren. Aus entwicklungspsychologischer Perspektive kommt der Affektregulation, d.h. der sich entwickelnden Fähigkeit des Subjekts, Zugang zu den eigenen Affekten zu haben, ohne diesen ausgeliefert zu sein – eine Schlüsselrolle in der Subjektentwicklung zu. Affektbildung, Stärkung von Objektbeziehungen, Symbolbildungs- und Handlungsfähigkeit des Kindes stellen für die psychoanalytische Pädagogik eine Einheit dar.

Schon für Bernfeld besteht Pädagogik bekanntlich in der unhintergehbaren Antinomie zwischen ErzieherIn und Kind. Darin liegt für ihn der Zwang, die Struktur einer Begegnung zweier Menschen als triadische Konstellation zu begreifen. Nach ihm kann ein Dialog, ein zwischenmenschlicher Austausch – gleich ob verbal oder durch praktisches Tun – nur gelingen, wenn im Zuge des zwischenmenschlichen Austausches eine Korrelation von Differenzierung und Integration erfolgt, durch welche ein Sachverhalt ebenso hergestellt wie erkannt wird (Dörr 2002, 151). Dies ist nur im Hinblick auf ein Drittes, also bezogen auf einen gemeinsamen Gesichtspunkt möglich. Erst die Anerkennung einer gemeinsam erzeugten dritten Dimension kann eine Beziehungsbildung – und damit die Chance auf korrigierende Wahrnehmungs-, Beziehungs- und Handlungsschemata – eröffnen. Dies geht einher mit der Beachtung der grundsätzlich triangulären Konstellation von Arbeitsbündnissen, ohne die unhintergehbaren Grenzen jeder professionellen Praxis auszublenden, die in mehrfacher Hinsicht als eine Praxis unter Ungewissheitsstrukturen charakterisiert bleiben muss (Wimmer 1996, 425 f.).

In diesem gemeinsamen Prozess ist eine weitere Spannung eingelagert, denn Erziehung ist ein generationales Verhältnis, dem eine besondere intergenerationale Ambivalenz eigen ist (King 2006; Winterhager-Schmid 2000): Hierbei geht es nämlich um die Infragestellung des Eigenen durch die Bildungs- und Individuationsprozesse des generationell Anderen und um die Anforderung, diese Infragestellung auszuhalten. Der Sachverhalt, dass sich zwischen dem, was eine ältere Generation will und tut und dem, was sich bei einer jüngeren Generation bildet, unausweichlich Brüche zeigen, ist ein Strukturmerkmal für pädagogische Beziehungen. Bildungsprozesse der Heranwachsenden sind mit Individuation verbunden und diese Prozesse sind auf eine ermöglichende, generative Haltung seitens der Erziehenden angewiesen (King 2006, 63).

Ausblick

Im Unterschied zur üblichen Psychologie lag die Besonderheit der Freudschen Psychoanalyse von Anfang an nicht nur in der Betonung der Triebe, der Sexualität und des Unbewussten, sondern zugleich darin, das Individuum im Zusammenhang seiner Lebensgeschichte und der hierfür bedeut-

samen sozialen Beziehungen zu begreifen. Daran hält die derzeitige Psychoanalytische Pädagogik fest und rückt die AdressatInnen „als Subjekte ihrer Lebensgeschichte mit ihren je individuellen Bedürfnissen, Problemen und Erwartungen in den Vordergrund" (Fatke / Hornstein 1987, 591).

Aber unaufhörlich stellt die Psychoanalyse uns PädagogInnen durch ihre sozialwissenschaftliche Fundierung vor die Tatsache, dass Menschen zwar an der widersprüchlichen, entfremdenden und repressiven Form der Vergesellschaftung leiden, wenn nicht gar erkranken, sie diese aber dennoch durch eigene Handlungen unaufhörlich reproduzieren. Individuelles Leid wie psychosoziales Elend haben ihre Ursachen, wie Freud sagt, in erster Linie in „der Unzulänglichkeit der Einrichtungen, welche die Beziehungen der Menschen zueinander in Familie, Staat und Gesellschaft regeln" (Freud 1930, 217). Solange wir aber gemeinsam diese Kulturformen nicht verändert haben, muss uns die Arbeit der PädagogInnen wie Sisyphusarbeit erscheinen, sie werden weiterhin einen „unmöglichen Beruf" (Freud 1925) ausüben und müssen dabei der unhintergehbaren Grenzen jeglicher Pädagogik gewahr bleiben, um das, was sie tun können, von dem, was sie nicht tun können, unterscheiden zu lernen.

Gleichwohl, Kinder und Jugendliche müssen – darauf hat Freud in seinen kulturtheoretischen Reflexionen hingewiesen – auch auf die unhintergehbare Übermacht der Natur, auf die Hinfälligkeit des Körpers und auf die Unzulänglichkeit der sozialen Einrichtungen, die unser Zusammenleben regeln (sollen) durch erzieherische Verhältnisse und Beziehungen vorbereitet werden. Hierbei geht es um die Erfahrungen von Grenzen und deren illusionslosen Anerkennung. So kann Erziehung nicht allein Anweisungen zum Glücklichsein enthalten, sie sollte vor allem Mittel bereitstellen, mit deren Hilfe unvermeidbares Leid – etwa den Tod eines geliebten Angehörigen – bewältigt werden kann. Freud insistiert darauf, dass Menschen auch einsehen sollten, dass Schwäche und Hilflosigkeit durch Größen- und Rachephantasien nicht aus der Welt zu schaffen sind. Er benennt stattdessen die irdische Solidarität als Voraussetzung kreativer Lösungen angesichts des Unbehagens (Freud 1927). Sie ist es, durch die Spielraum für Subjektivität neu geschaffen wird oder werden könnte. So könnte das beständige Unbehagen der psychoanalytischen PädagogIn, ausgelöst durch ihr Wissen, in ein unzulängliches System eingespannt zu sein, dazu motivieren, die psychoanalytisch-pädagogische Praxis durch eine soziale und politische zu ergänzen.

Literatur

Ahrbeck, B. (1997): Konflikt und Vermeidung – Psychoanalytische Überlegungen zu aktuellen Erziehungsfragen. Luchterhand, Berlin / Neuwied

Aigner, J. Ch., Dörr, M. (2009): Einleitung. Die psychoanalytische Pädagogik vor dem Unbehagen in der Kultur. In: Dörr, M., Aigner, J. Ch. (Hrsg.): Das neue Unbehagen in der Kultur und seine Bedeutung für die psychoanalytische Pädagogik. Vandenhoeck & Ruprecht, Göttingen, 1–25

Bernfeld, S. (1929 / 1974): Der soziale Ort und seine Bedeutung für Neurose, Verwahrlosung und Pädagogik. In: Werder, L. v. , Wolff, R. (Hrsg.): Antiautoritäre Erziehung. Bd. 1. Ullstein, Frankfurt / M., 198–211

– (1925 / 1967): „Sisyphos oder die Grenzen der Erziehung". Suhrkamp, Frankfurt / M.

– (1921 / 1974): Kinderheim Baumgarten. In: Werder, L. v, Wolff, R. (Hrsg.): Antiautoritäre Erziehung. Bd. 1. Ullstein, Frankfurt / M., 94–191

Bion, W. R. (1963 / 1992): Elemente der Psychoanalyse. Suhrkamp, Frankfurt / M.

Bittner, G. (1996): Kinder in die Welt, die Welt in die Kinder setzen. Eine Einführung in die pädagogische Aufgabe. Kohlhammer, Stuttgart / Berlin / Köln

– (1972): Psychoanalyse und soziale Erziehung. Juventa, München

Borst, E. (2003): Anerkennung des Anderen und das Problem des Unterschieds. Schneider Hohengehren, Baltmannsweiler

Braunmühl, E. v. (1975 / 2006): Antipädagogik. Neuaufl. Tologo, Leipzig

Dahmer, H. (2002): Regression einer kritischen Theorie. Schicksale der „Psychoanalytischen Bewegung". In: jour fixe initiative berlin (Hrsg.): Geschichte nach Auschwitz. Unrast Verlag, Münster, 143–163

Datler, W. (2003): Erleben, Beschreiben, Verstehen: Vom Nachdenken über Gefühle im Dienst der Entfaltung von pädagogischer Professionalität. In: Dörr, M., Göppel, R. (Hrsg.): Bildung der Gefühle. Psychosozial Verlag, Gießen, 241–264

–, Fatke, R., Winterhager-Schmid, L. (1994): Zur Institutionalisierung der Psychoanalytischen Pädagogik in den 80er und 90er Jahren. In: Datler, W., Finger-Trescher, U., Büttner, Ch. (Hrsg.): Jahrbuch für Psychoanalytische Pädagogik, Bd. 6. Matthias-Grünewald-Verlag, Mainz, 132–161

Devereux, G. (1967): Angst und Methode in den Verhaltenswissenschaften. Hausen, München

Dörr, M. (2002): Zur triangulären Struktur des „Arbeitsbündnisses" einer klinischen Praxis Sozialer Arbeit. In: Dörr, M. (Hrsg): Klinische Sozialarbeit – eine notwendige Kontroverse. Schneider Hohengehren, Baltmannsweiler, 143–163

– (1996): Beziehungsarbeit. Zur Fragwürdigkeit eines Modebegriffs in der psychosozialen Praxis. Brandes & Apsel, Frankfurt / M.

–, Müller, B. (Hrsg.) (2006): Einleitung. In: Dörr, M., Müller, B. (Hrsg.): Nähe und Distanz. Ein Spannungsfeld pädagogischer Professionalität. Juventa, Weinheim / München, 7–27

Erdheim, M. (1984): Die gesellschaftliche Produktion von Unbewußtheit. Suhrkamp, Frankfurt / M.

Erikson, E. H. (1988): Der vollständige Lebenszyklus. Suhrkamp, Frankfurt / M.

Fatke, R. (1985): „Krümel vom Tisch der Reichen?" Über das Verhältnis von Pädagogik und Psychoanalyse aus pädagogischer Sicht. In: Bittner, G., Ertle, Ch. (Hrsg.): Pädagogik und Psychoanalyse. Beiträge zur Geschichte, Theorie und Praxis einer interdisziplinären Kooperation. Königshausen und Neumann, Würzburg, 47–60

–, Hornstein, W. (1987): Sozialpädagogik – Entwicklung, Tendenzen und Probleme. Zeitschrift für Pädagogik 33, 582–598

Figdor, H. (1993): Wissenschaftstheoretische Grundlagen der Psychoanalytischen Pädagogik. In: Muck, M., Trescher, H.-G. (Hrsg.): Grundlagen der psychoanalytischen Pädagogik. Matthias-Grünewald-Verlag, Mainz, 63–99

Fonagy, P., Gergely, G., Jurist, E. L., Target, M. (2004): Affektregulierung, Mentalisierung und die Entwicklung des Selbst. Klett-Cotta, Stuttgart

Freud, A. (1968 / 2003): Wege und Irrwege in der Kinderentwicklung. 7. Aufl. Klett-Cotta, Stuttgart

Freud, S. (1939): Der Mann Moses und die monotheistische Religion. Studienausgabe Bd. IX. Fischer, Frankfurt / M., 455–581

– (1930): Das Unbehagen in der Kultur. Studienausgabe, Bd. IX. Fischer, Frankfurt / M., 191–270

– (1927): Die Zukunft einer Illusion. Studienausgabe, Bd. IX. Fischer, Frankfurt / M., 135–189

– (1926): Die Frage der Laienanalyse. Studienausgabe Ergänzungsband. Fischer, Frankfurt / M., 271–341

– (1925): Geleitwort zu August Aichhorn, Verwahrloste Jugend. Wien. GW Bd. XIV. Fischer, Frankfurt / M., 565–567

– (1914): Zur Geschichte der psychoanalytischen Bewegung. GW 10. Fischer, Frankfurt / M., 43–113

– (1905): Drei Abhandlungen zur Sexualtheorie. Studienausgabe Bd. 5, 37–145. Fischer, Frankfurt / M.

Freyberg, T. v., Wolff, A. (Hrsg.) (2005): Konfliktgeschichten nicht beschulbarer Jugendlicher. Brandes & Apsel, Frankfurt / M.

Füchtner, H. (1978): Psychoanalytische Pädagogik. Über das Verschwinden einer Wissenschaft und die Folgen. Psyche 32, 193–210

Göppel, R. (2002): „Wenn ich hasse, habe ich keine Angst mehr…". Psychoanalytisch-pädagogische Beiträge zum Verständnis problematischer Entwicklungsverläufe und schwieriger Erziehungssituationen. Auer Verlag, Donauwörth

Gross, P. (1983): Die Verheißungen der Dienstleistungsgesellschaft. Soziale Befreiung oder Sozialherrschaft. Juventa, Opladen

Hirblinger, H. (2009): Überich-Fixierung und Störung der Mentalisierungsfähigkeit in pädagogischen Praxisfeldern. In: Dörr, M., Aigner, J. Ch. (Hrsg.): Das neue Unbehagen in der Kultur und seine Bedeutung für die psychoanalytische Pädagogik. Vandenhoeck & Ruprecht, Göttingen, 141–158

– (2001): Einführung in die psychoanalytische Pädagogik der Schule. Konigshausen & Neumann, Würzburg

Homburger, E. (1930): Die Zukunft der Aufklärung und die Psychoanalyse. Zeitschrift für Psychoanalytische Pädagogik 4, 201–216

Kaufhold, R. (2001): Bettelheim, Ekstein, Federn: Impulse für die psychoanalytisch-pädagogische Bewegung. Psychosozial-Verlag, Gießen

King, V. (2006): Pädagogische Generativität: Nähe, Distanz und Ambivalenz in professionellen Generationenbeziehungen. In: Dörr, M., Müller, B. (Hrsg.): Nähe und Distanz. Ein Spannungsfeld pädagogischer Professionalität. Juventa, Weinheim / München, 59–72

Körner, J. (2009): Das psychoanalytische Unbehagen in der Kultur – Symptom und Remedium der spätbürgerlichen Gesellschaft? In: Dörr, M., Aigner, J. Ch. (Hrsg.): Das neue Unbehagen in der Kultur und seine Bedeutung für die psychoanalytische Pädagogik. Vandenhoeck & Ruprecht, Göttingen, 230–240

– (1996): Zum Verhältnis pädagogischen und therapeutischen Handelns. In: Combe, A. Helsper, W. (Hrsg.): Pädagogische Professionalität. Untersuchungen zum Typus pädagogischen Handelns. Suhrkamp, Frankfurt / M., 780–809

– (1980): Über das Verhältnis von Psychoanalyse und Pädagogik. Psyche 34, 769–789

Leber, A. (Hrsg.) (1983): Reproduktion der frühen Erfahrung. Psychoanalytisches Verständnis alltäglicher und nicht alltäglicher Lebenssituationen. Fachbuchhandlung Psychologie, Frankfurt / M.

– (1972): Psychoanalytische Reflexion – ein Weg zur Selbstbestimmung in Pädagogik und Sozialarbeit. In: Leber, A., Reiser, H. (Hrsg.): Sozialpädagogik, Psychoanalyse und Sozialkritik. Perspektiven Sozialer Berufe. Luchterhand, Neuwied / Berlin

Lenzen, D. (2004): Orientierung Erziehungswissenschaft. Was sie kann, was sie will. Rowohlt, Reinbek

Leuzinger-Bohleber, M. (2002): Alfred Lorenzer – inspirierender Vordenker interdisziplinärer Diskurse der heutigen Psychoanalyse. In: Lorenzer, 21–44

Lorenzer, A. (2002): Die Sprache, der Sinn und das Unbewusste. Psychoanalytisches Grundverständnis und Neurowissenschaften. Hrsg. von Ulrike Prokop. Klett Cotta, Stuttgart

– (1988): „Hermeneutik des Leibes" Über die Naturwissenschaftlichkeit der Psychoanalyse. Merkur 42, 838–852

– (1972): Zur Begründung einer materialistischen Sozialisationstheorie. Suhrkamp, Frankfurt / M.

– (1970): Sprachzerstörung und Rekonstruktion. Suhrkamp, Frankfurt / M.

Miller, A. (1979): Das Drama des begabten Kindes. Suhrkamp, Frankfurt / M.

Muck, M. (1978): Psychoanalytische Überlegungen zur Struktur menschlicher Beziehungen. Psyche 32, 211–228

Müller, B. (2009): Das pädagogische „Unbehagen in der Kultur". Anmerkungen zur Wirkungsgeschichte eines Konzepts. In: Dörr, M., Aigner, J. Ch. (Hrsg.): Das neue Unbehagen in der Kultur und seine Bedeutung für die psychoanalytische Pädagogik. Vandenhoeck & Ruprecht, Göttingen, 185–205

– (1993): Gesellschaftliche und soziale Bedingungen: Die Bedeutung des „sozialen Ortes" für die Psychoanalytische Pädagogik. In: Muck, M., Trescher, H.-G. (Hrsg.): Grundlagen der psychoanalytischen Pädagogik. Matthias-Grünewald-Verlag, Mainz, 130–147

– (1990): „Pädagogisch angewandte Psychoanalyse" oder „Psychoanalytische Pädagogik" – eine Kontroverse. In: Trescher, H.-G., Büttner, Ch. (Hrsg): Jahrbuch für psychoanalytische Pädagogik 2. Matthias-Grünewald-Verlag, Mainz, 149–163

Niemeyer, Ch. (2006): Sozialpädagogik zwischen sexueller und sozialer Frage. Zur fortdauernden Ambivalenz eines Grundkonflikts. In: Dörr, M., Müller, B. (Hrsg.), 97–111

Reiser, H. (1972): Zur Praxis der psychoanalytischen Erziehung in der Sonderschule. In: Leber, A., Reiser, H. (Hrsg.): Sozialpädagogik, Psychoanalyse und Sozialkritik. Perspektiven Sozialer Berufe. Luchterhand, Neuwied / Berlin

Schäfer, G. E. (2003): Die Bedeutung emotionaler und kognitiver Dimensionen bei frühkindlichen Bildungsprozessen. In: Dörr, M., Göppel, R. (Hrsg.): Bildung der Gefühle. Psychosozial Verlag, Gießen, 77–90

Schon, L. (2000): Triangulierung. In: Mertens, W., Waldvogel, B. (Hrsg.): Handbuch psychoanalytischer Grundbegriffe. Kohlhammer, Stuttgart

Treppenhauer, A. (1979): Psychopathologie oder abweichendes Verhalten? In: Keupp, H. (Hrsg.): Normalität und Abweichung. Fortsetzung einer notwendigen Kontroverse. Urban und Schwarzenberg, München / Wien / Baltimore, 167–197

Trescher, H.-G. (1993): Handlungstheoretische Aspekte der Psychoanalytischen Pädagogik. In: Muck, M., Trescher, H.-G. (Hrsg.): Grundlagen der psychoanalytischen Pädagogik. Matthias-Grünewald-Verlag, Mainz, 167–201

– (1985): Theorie und Praxis der psychoanalytischen Pädagogik. Campus, Frankfurt / M.

– (1979): Sozialisation und beschädigte Subjektivität. Fachbuchhandlung für Psychologie. Frankfurt / M.

–, Finger-Trescher, U. (1992): Setting und Holding-Function. Über den Zusammenhang von äußerer Struktur und innerer Strukturbildung. In: Finger-Trescher, U., Trescher, H.-G. (Hrsg.): Aggression und Wachstum. Matthias-Grünewald-Verlag, Mainz

Wagner-Winterhager, L. (1988): Psychoanalytische Pädagogik in ihren Anfängen. Neue Praxis 18, 111–119

Wimmer, M. (1996): Zerfall des Allgemeinen – Wiederkehr des Singulären. Pädagogische Professionalität und der Wert des Wissens. In: Combe, A., Helsper, W. (Hrsg.): Pädagogische Professionalität. Untersuchungen zum Typus pädagogischen Handelns. Suhrkamp, Frankfurt/M., 404–447

Winkler, M. (2006): Kritik der Pädagogik. Der Sinn der Erziehung. Kohlhammer, Stuttgart

– (1990): Great Expectations. Vorsicht Annäherung an das Ethikproblem der Sozialpädagogik. In: Müller, B., Thiersch, H.: Gerechtigkeit und Selbstverwirklichung. Lambertus, Freiburg/Br., 26–48

Winnicott, D.W. (1976): Übergangsobjekte und Übertragungsphänomene. In: Winnicott, D.: Von der Kinderheilkunde zur Psychoanalyse. Kindler, München, 293–311

Winterhager-Schmid, L. (2000): „Groß" und „klein" – Zur Bedeutung der Erfahrung mit Generationendifferenz im Prozeß des Aufwachsens. In: Winterhager-Schmid, L. (Hrsg.): Erfahrungen mit Generationendifferenz. Juventa, Weinheim, 15–37

– (1992): „Wählerische Liebe" – Plädoyer für ein kooperatives Verhältnis von Pädagogik, Psychoanalyse und Erziehungswissenschaft. In: Trescher, H.-G., Büttner, Ch., Datler, W. (Hrsg.): Jahrbuch für Psychoanalytische Pädagogik 4. Matthias-Grünewald-Verlag, Mainz, 52–65

Wöller, W. (2006): Trauma und Persönlichkeitsstörung. Psychodynamisch-integrative Therapie. Schattauer, Stuttgart/New York

Würker, A. (2007): Lehrerbildung und Szenisches Verstehen. Professionalisierung durch psychoanalytisch orientierte Selbstreflexion. Schneider Hohengehren, Baltmannsweiler

Zulliger, H. (1961): Horde, Bande, Gemeinschaft. Eine sozialpsychologisch-pädagogische Untersuchung. Ernst Klett, Stuttgart

Qualität

Von Heinz-Jürgen Dahme und Norbert Wohlfahrt

Vorbemerkung

Qualitätsdiskurse sind der Sozialen Arbeit nichts Fremdes. Kontroversen über „gute" oder fachlich angemessene Sozialarbeit und Sozialpädagogik wie über Auswirkungen der Arbeit auf Klienten und Gesellschaft, gehören zur Fachlichkeit der sich professionalisierenden Sozialen Arbeit. Der Sache nach sind Qualitätsdiskurse immer schon Bestandteile einer reflexiven Disziplin und Profession. Dem Begriff nach ist das Thema Qualität in der Sozialen Arbeit jedoch neueren Datums und auf engste verbunden mit dem dominant werdenden *New Public Management* (NPM) in Öffentlicher Verwaltung und Sozialen Diensten. Das Qualitätskonzept des NPM wiederum lässt sich zurückführen auf Unternehmenspraktiken und daraus abgeleiteten Managementansätzen, die in der Wirtschaft seit Ende der 1970er Jahre entwickelt wurden und seitdem durch die akademische Betriebswirtschaftlehre, international agierende Unternehmensberatungen und sonstige Akteure zur „neuen ideologischen Konfiguration" des Kapitalismus geworden sind (Boltanski / Chiapello 2003, 89 ff.). Seit Beginn der 1990er Jahre hat diese neue managementbasierte Ideologie massiv an Einfluss gewonnen und dient seitdem nicht nur als Blueprint für binnenorganisatorische und interorganisatorische Restrukturierungsprozesse in der globalisierten Wirtschaft, sondern dominiert auch die Reformdebatten in der Öffentlichen Verwaltung und den Sozialen Diensten.

Diese Ideologie ist mittlerweile zur Grundlage der in allen OECD-Staaten beobachtbaren Wohlfahrtsstaatsreformen geworden (Dingeldey / Rothgang 2009) und jede sozialpolitische Modernisierungsagenda verspricht, neben der Effizienzsteigerung staatlichen Handelns gleichzeitig auch eine Qualitätsverbesserung staatlicher Leistungen für die Bürgerinnen und Bürger. Diese Entwicklung ist treffend als „Managerialismus" beschrieben worden (Pollitt 1993; Clarke / Newman 1997; Rüb 2004). Seitdem stehen die Qualitätsdiskurse in der Sozialen Arbeit in einem neuen, erweiterten Kontext und sind nicht mehr nur als disziplin- und professionsinterne Fachlichkeitsdiskurse zur Verbesserung und Professionalisierung der Sozialen Arbeit zu lesen.

Von der Qualitätskontrolle zum Qualitätsmanagement in Wirtschaft und Verwaltung

Seit den auf Frederick Winslow Taylor zurück datierbaren Ansätzen eines Scientific Management gibt es in der Industrie systematische Versuche zur Sicherung von Qualität in der Güterproduktion. Aber erst die Entwicklung von Verfahren der *Qualitätskontrolle* mittels Methoden der angewandten Statistik und geeigneter Stichprobenverfahren sowie deren erfolgreiche Implementierung in der US-amerikanischen Kriegswirtschaft während des Zweiten Weltkrieges ließen die Verfahren der Qualitätskontrolle zu einem auch von der übrigen Industrie akzeptierten Verfahren werden. In Deutschland fanden Methoden der statistischen Qualitätskontrolle erst in den Nachkriegsjahrzehnten Eingang in die Wirtschaft; eine breite Anwendung war jedoch nicht möglich, da es an qualifiziertem Personal für den Einsatz solcher Methoden mangelte. Bis in die 1970er Jahre gab es mehrere Ansätze, die statistische Qualitätskontrolle zu institutionalisieren und zu professionalisieren, was erst mit der Gründung der „Deutschen Gesellschaft für Qualität" (1968) und der Gründung des „Ausschusses Qualitätssicherung und angewandte Statistik" im „Deutschen Institut für Normung e. V." (DIN) 1972 gelang. Verfahren der

Otto/Thiersch (Hg.), Handbuch Soziale Arbeit, 4. A., DOI 10.2378/ot4a.art118,
© 2011 by Ernst Reinhardt, GmbH & Co KG, Verlag, München

Qualitätskontrolle und Qualitätssicherung haben aber nur zögerlich Akzeptanz in der Wirtschaft gefunden, da die Verbände der Großindustrie solche Verfahren lange Zeit als Eingriff in die unternehmerische Freiheit ablehnten, weil sie dadurch eine Standardisierung des Handelns des Managements befürchteten (Walgenbach / Beck 2000).

Die Wende hin zu umfassenden, größeren Qualitätsmanagementsystemen – und damit zur Durchsetzung eines managerialistischen Qualitätsbegriffs – wurde Ende der 1980er Jahre auch durch die Verbreitung von zwei neuen Managementansätzen in der Großindustrie befördert: dem Lean Management (LM) und dem Total Quality Management (TQM). Beide Ansätze weisen einige grundlegende Gemeinsamkeiten auf, da beide Qualität als Folge eines prozessorientierten Managements und einer strikten Kundenorientierung verstehen (Kopperger 1996). Eine Studie des MIT über die höhere Produktivität der japanischen Automobilindustrie (Womack et al. 1990) entfachte zu Beginn der 1990er Jahre eine seitdem andauernde Diskussion über die Generierung von Effizienzeffekten durch die Implementierung schlanker, prozess- und kundenorientierter Management- und Produktionsmethoden, die mittlerweile neben dem industriellen Fertigungs- und Dienstleistungsbereich auch die Öffentliche Verwaltung und soziale Einrichtungen erreicht hat. Mittels der Konzepte des LM und TQM sollen Unternehmen und Verwaltungen, aber auch die Zulieferstrukturen von Unternehmen wettbewerbsfähig gemacht werden. LM und TQM gehen davon aus, dass tayloristische Strukturen (wie Fließbandproduktion, Hierarchien, Anweisungsorientierung, Kontrolle, zergliederte Arbeitsprozesse) in Unternehmen und Verwaltungen Effizienz hemmend wirken und deshalb qualitäts- und kundenorientiert restrukturiert werden müssen und dass Unternehmen deshalb eine umfassende Qualitätspolitik betreiben sollten, die alle Organisationsebenen, einschließlich der Managementebene, umfassen. Organisationen, die diesem *one best way* nicht folgen, seien langfristig nicht markttauglich, wurde von Unternehmensberatungen verbreitet.

Der Einzug des Qualitätsmanagements in Wirtschaft, Verwaltung und Sozialbetrieben hat das ältere expertenfokussierte Qualitätsdenken auf Betriebsebene stark zurückgedrängt, denn Qualität im Sinne von LM oder TQM ist Folge einer systemischen, total auf Qualität fokussierten Restrukturierung von Arbeitsprozessen, in denen vor allem schlanke Arbeitsprozesse, motivierte Mitarbeiter, Kunden und Zulieferer eine zentrale Bedeutung haben. Vor allem die Betonung der Kundenperspektive, die Orientierung am Kunden und seinen Erwartungen an Güter und Dienstleistungen, sorgt dafür, dass ingenieurszentrierte expertokratische, professionelle oder paternalistische Qualitätsdefinitionen in den Hintergrund treten (Oppen 1995; Bauer 1996; Hansen 1997). Der neue Qualitätsbegriff beinhaltet – nicht nur auf die Soziale Arbeit bezogen – eine Kampfansage des Managerialismus an Experten und Professionen.

Qualitätsmanagement in den Sozialen Diensten als Auftrag des Sozialgesetzgebers

Die 1990er Jahre kann man rückblickend – auf Deutschland bezogen – als das Jahrzehnt der Durchsetzung der managerialistischen Ideologie in Staat und Verwaltung betrachten. Die in diesem Jahrzehnt erfolgte Schaffung eines wettbewerblichen Ordnungsrahmens für den sozialen Dienstleistungssektor und das Zurückdrängen des alten bundesrepublikanischen Korporatismus war ohne öffentliche Proteste und Konflikte möglich, weil sich das neue System des organisierten Wettbewerbs im öffentlichen Sektor (Naschold 1995; Wegener 2002) durch das wirtschaftswissenschaftlich abgeleitete Versprechen, die Sozialkosten senken zu können, wie durch die Aussicht auf qualitativ bessere Leistungen selbst legitimierte. Dass Kundenorientierung und Qualitätsversprechen Teile einer Ideologie darstellen, wurde meist übersehen. Diese Ideologie ist auch Teil der effizienzpolitischen Wohlfahrtsstaatsreform und ihrer Modernisierungsagenda und auf diesem Weg Bestandteil der neueren Sozialgesetzgebung geworden. Die Sozialgesetzgebung hat das Qualitätsmanagement – und damit das ideologische Versprechen auf qualitativ gute soziale Dienstleistungen – schrittweise als Aufgabe aller Sozialen Dienste kodifiziert und die öffentlichen Kostenträger als Gewährleister und Kontrollinstanz der Qualitätsproduktion in den Sozialen Diensten positioniert.

Seit gut zehn Jahren sind alle Leistungserbringer im sozialen Dienstleistungssektor gehalten, mit den Kostenträgern Qualitätsvereinbarungen abzuschließen und sie haben die Pflicht, Qualität in ihren Einrichtungen zu sichern und weiter zu entwickeln. Die Qualitätsvereinbarungen sind in einer Vielzahl von Sozialgesetzen Bestandteil der vom Sozialgesetzgeber eingeführten wettbewerblichen Finanzierungsregeln, die statt der alten retrospektiven (am Kostendeckungsprinzip orientierten) Entgelte nun (in fast allen Arbeitsfeldern) prospektive Entgelte vorsehen, die die sozialen Betriebe zu mehr Wirtschaftlichkeit, Marktorientierung sowie letztlich zu einem Qualitätswettbewerb anhalten sollen.

Das von den Sozialen Diensten erwartete Qualitätsmanagement variiert in den verschiedenen Sozialgesetzbüchern stark und wird mit Begriffen wie Qualitätssicherung, Qualitätsprüfung und Qualitätsentwicklung beschrieben. § 78b SGB VIII bspw. sieht vor, dass neben Leistungs- und Entgeltvereinbarungen auch eine Vereinbarung über Qualitätsentwicklung in den Einrichtungen abzuschließen ist, die die „Grundsätze und Maßstäbe für die Bewertung der Qualität der Leistungsangebote" enthält und ferner Auskunft gibt „über geeignete Maßnahmen zu ihrer Gewährleistung". Im Gegensatz dazu kennt das Sozialhilferecht (§ 75 SGB XII, auch schon im späteren BSHG der 1990er Jahre enthaltene) Prüfverfahren zur Feststellung von Wirtschaftlichkeit und Qualität der Leistungen. Der Kostenträger ist hier berechtigt zu prüfen, in welcher Form der Leistungserbringer die Produktion von Qualität in seinen Einrichtungen und Betrieben organisiert und gewährleistet. Da in der Sozialhilfe in den Kommunen (das sind vor allem die großen Arbeitsbereiche der Behinderten-, Psychischkranken-, Alten- und Wohnungslosenhilfe) – ähnlich der Kinder- und Jugendhilfe – eine Vielzahl heterogener Träger tätig sind, hat der Sozialgesetzgeber darauf verzichtet vorzuschreiben, mit welchem Verfahren und mittels welcher Qualitätstechnologie die Qualitätspolitik in den Einrichtungen zu organisieren ist.

Scheinbar ähnlich umschreibt § 20 SGB IX (Rehabilitation und Teilhabe behinderter Menschen) die Aufgabe der Qualitätssicherung in den Einrichtungen: „Die Rehabilitationsträger (…) vereinbaren gemeinsame Empfehlungen zur Sicherung und Weiterentwicklung der Qualität der Leistungen, insbesondere zur barrierefreien Leistungserbringung, sowie für die Durchführung vergleichender Qualitätsanalysen als Grundlage für ein effektives Qualitätsmanagement der Leistungserbringer." Gefordert wird auch, dass der Leistungsträger in seinem „Qualitätsmanagement" „durch zielgerichtete und systematische Verfahren und Maßnahmen die Qualität der Versorgung gewährleistet und kontinuierlich verbessert." Rehabilitationsträger im Sinne des Gesetzes (§ 6 SGB IX) sind vor allem Gesetzliche Krankenkassen, Renten- und Unfallversicherung, Bundesagentur für Arbeit sowie Träger der Sozial- und Jugendhilfe. Neu ist hier, dass nicht der Leistungsträger oder die Leistungserbringer allein die Qualitätsstandards festlegen, sondern dass diese vom gesamten Kreis der Leistungsträger vereinbart werden.

Das SGB III (Arbeitsförderung) formuliert schärfere Anforderungen an die Leistungserbringer (hier: von Weiterbildungs- und Qualifizierungsmaßnahmen), da das Gesetz schon stark vom Geist des NPM beeinflusst ist und dementsprechend die Agentur für Arbeit (AA) als Auftraggeber und die Leistungserbringer als Auftragnehmer sieht. Neu ist hier, dass Leistungserbringer nur sein kann, wer bei Bewerbung von Leistungsausschreibungen den Nachweis erbringt, dass er „die erforderliche Leistungsfähigkeit besitzt" und „ein System zur Sicherung der Qualität anwendet" (§ 84, 209 SGB III). Die Agenturen verfügen über weitgehende Befugnisse der Qualitätsprüfung gegenüber ihren Leistungserbringern, die bspw. das Sozialhilfe- und Jugendrecht in dem Umfang nicht kennt.

Detaillierter werden die Qualitätsvorgaben im SGB V (Gesetzliche Krankenversicherung): neben der überall bekannten Pflicht, nachweisen zu müssen, dass Maßnahmen der Qualitätssicherung und -entwicklung bestehen, müssen für die vertragszahnärztliche und die vertragsärztliche Versorgung wie für den Krankenhaus- und den Rehabilitationsbereich zwischen einer Reihe vom Gesetzgeber genannter Akteure Maßnahmen der Qualitätssicherung vereinbart werden. Zur Förderung der Qualitätssicherung in der Medizin sind vor allem strukturierte Behandlungsprogramme bei chronischen Erkrankungen (§ 137 f. SGB V) vorgesehen, die im Sinne der evidenzbasierten Medizin Behandlungsabläufe standardisieren, eine umfassende Dokumentation beinhalten und einer regelmäßigen Evaluation unterzogen werden.

Zusammenfassend lässt sich zu den zahlreichen sozialrechtlichen Regelungen über Qualität in den sozialen und medizinischen Diensten feststellen: Qualitätsproduktion im sozialen Dienstleistungssektor ist ein vom Kostenträger gesteuerter Prozess, der dazu führt, dass größere Träger (Sozialbetriebe) sich über Zertifizierungsverfahren Leistungsfähigkeit bescheinigen lassen. Durch Zertifizierungsverfahren wird gewöhnlich sichergestellt, dass Sozialbetriebe auch die Kundenperspektive in ihre Qualitätspolitik internalisieren, da die Evaluation der Leistungserbringung zwingend vorgeschrieben ist. Im Leistungsbereich des SGB III führen die gesetzlichen Vorgaben aber dazu, dass angesichts der strikten Vorgaben nur noch große und leistungsstarke Träger als Leistungserbringer infrage kommen und kleinere Leistungserbringer – das lässt sich empirisch beobachten – sich entweder zu Bieterkonsortien zusammenschließen oder sich vom Markt zurückziehen müssen. In Leistungsbereichen wie der Sozial- und Jugendhilfe, in der traditionell auch eine Vielzahl kleinerer, regional verankerter Träger tätig sind, fallen die Qualitätsvorgaben und die Qualitätsprüfungen seitens des Kostenträgers weicher aus, so dass in diesen Arbeitsbereichen nicht ausschließlich Zertifizierungsverfahren zur Anwendung kommen, sondern auch andere (weichere) Techniken des Qualitätsmanagements seitens der Leistungserbringer eingesetzt werden (Merchel 2000; 2004). Expertenzentrierte Verfahren der Qualitätssicherung sind im deutschen Sozialrecht aber immer noch präsent, da Qualitätsverfahren zwar diskursiv, aber primär durch die Leistungsträger und Leistungserbringer ausgehandelt werden. Die Verankerung von evidenzbasierten Ansätzen der Qualitätssteuerung in der Medizin stellt sogar eine Renaissance expertokratischer Qualitätsansätze dar, die ihren Schatten auch schon in der Sozialen Arbeit werfen (Hüttemann 2006).

Die Technologie des Qualitätsmanagements

Avedis Donabedian veröffentlichte 1966 seine auf dem amerikanischen Gesundheitswesen basierenden Überlegungen zur Umsetzung von Qualität in der Sozialen Arbeit. Er definierte Qualität innerhalb des Gesundheitswesens als: „Grad der Über-einstimmung zwischen den Zeilen des Gesundheitswesens und der wirklich geleisteten Versorgung." Zur Differenzierung des Qualitätsbegriffes entwickelte Donabedian die drei Kategorien: *Structure* (Struktur- bzw. Potenzial), *Process* (Prozess- bzw. Durchführung) und *Outcome* (Ergebnis bzw. Produkt). Die drei von diesen Begriffen beschriebenen Qualitätsdimensionen (Oppen 1995, 36) findet man seitdem in den meisten Qualitätsmanagementsystemen wieder. Nach Donabedian bezieht sich *Strukturqualität* auf die sachlichen (z. B. bauliche und technische Ausstattung), organisatorischen (Arbeitskonzepte) und personellen (Personalbestand, Aus- und Weiterbildungsstand des Personals) Rahmenbedingungen einer Organisation. *Prozessqualität* bezieht sich auf die Art und Weise wie Leistungen erbracht werden (z. B. Durchführung einer Beratung, medizinischen Versorgung, anliegenorientierte Fallarbeit, Interaktionsmuster zwischen Leistungserbringer und Klient, Transparenz von Verfahren und Handlungsweisen). *Ergebnisqualität* wird anhand des feststellbaren Ausmaßes von Veränderungen bei Patienten oder Klienten gemessen (und umfasst Sachverhalte wie: Richtigkeit, Rechtmäßigkeit und Vollständigkeit der Leistung, Nachvollziehbarkeit und Kontrollmöglichkeit der Leistung, Schnelligkeit der Erledigung, Datenschutz und Vernetzung des Leistungsangebotes). Über die seit den 1980er Jahren intensiv geführte und politisierte Qualitätsdiskussion wurde der Ansatz nach Donabedian inzwischen in alle Bereiche der Sozialen Arbeit adaptiert.

Hauptschwierigkeit dabei war, dass Donabedian davon ausgeht, dass zwischen den drei Kategorien immer ein kausaler Zusammenhang besteht. Dies würde bedeuten, verbessert man die strukturelle Qualität bzw. Rahmenbedingungen, so verbessert sich automatisch auch das Ergebnis. Dies würde im Rahmen der Sozialen Beratung bedeuten, dass die Beratung durch den Sozialarbeiter automatisch umso besser wird, je besser er mit materiellen Ressourcen ausgestattet ist. Gelegentlich werden die drei Kategorien Donabedians in der Sozialen Arbeit auch noch durch eine vierte Dimension ergänzt, die *Konzeptqualität*. Konzepte beschreiben gewöhnlich die Ziele und die Mittel zur Zielerreichung und fungieren in sozialen Einrichtungen häufig als Leitbild, in dem Fragen wie: Was, Wozu, Für wen, Wie und Womit geklärt werden. Um

Qualitätsmanagement erfolgreich in der Einrichtung einzuführen, ist es erforderlich, dieses in einzelnen Schritten zu tun, da eine Umgestaltung von Einrichtungen und Arbeitsprozessen gut vorbereitet und strukturiert sein muss.

Die Technologie des Qualitätsmanagements kann sich verschiedener Techniken bedienen. Der Sozialgesetzgeber nimmt darauf Rücksicht, wenn er nicht zwingend vorschreibt, welche Technik im Einzelnen vom Leistungserbringer zur Qualitätssicherung und -entwicklung anzuwenden ist. Einige der zentralen Techniken des Qualitätsmanagements sollen im Folgenden (ohne Anspruch auf Vollständigkeit) mit Blick auf die Soziale Arbeit kurz skizziert werden (Merchel 2000 u. 2004; Boeßenecker et al. 2003):

Zertifizierung nach DIN EN ISO 9000 ff.: Die International Standard Organization hat 1987 erstmals, aufbauend auf britischen Normen, die Normenreihe ISO 9000-9004 entwickelt. Die Normen sind mehrfach überarbeitet worden, um sie praxistauglich zu halten. In der Industrie sind diese Normen sehr verbreitet, aber auch in den (größeren) Sozialbetrieben haben diese Normen mittlerweile Eingang gefunden. Die letzte Überarbeitung der Normenreihe fand 2008 statt. Während ISO 9000 die allgemeinen Grundlagen und Begriffe des Qualitätsmanagements mit Rückgriff auf Edward Deming und den sog. Demingkreis (14 Führungspflichten zur Verbesserung der Qualität) definiert, präzisiert ISO 9001 die Anforderungen, die ein Qualitätsmanagementsystem zu erfüllen hat. Die acht ISO Grundsätze des Qualitätsmanagements, die mittlerweile stark von den Grundsätzen des TQM beeinflusst sind, lauten: Kundenorientierung, Verantwortlichkeit der Führung, Einbeziehung der beteiligten Personen, Prozessorientierter Ansatz, Systemorientierter Managementansatz, Kontinuierliche Verbesserung, Sachbezogener Entscheidungsfindungsansatz, Lieferantenbeziehungen zum gegenseitigen Nutzen. Ziel der ISO Normen ist die Zertifizierung, die ein Unternehmen als qualitätsorientiert ausweist. Da die Normenreihe auch für Dienstleistungsunternehmen geeignet sein soll, wird Qualität seit kurzem als „die Gesamtheit von Eigenschaften und Merkmalen eines Produkts oder einer Dienstleistung, die sich auf deren Eignung zur Erfüllung festgelegter oder vorausgesetzter Erfordernisse beziehen", definiert. Gemäß dem TQM steht der Kunde im Mittel-punkt und die Leitung hat die Pflicht zur ständigen Verbesserung der Qualität. Daraus ergeben sich eine Reihe von Aufgaben, die in einem Handbuch mit Verfahrensanleitung zu dokumentieren sind: die Führung entwickelt eine Qualitätspolitik mit messbaren Qualitätszielen, für die Zielerreichung werden Mittel zur Verfügung gestellt, deren Verbrauch zu dokumentieren ist, das Qualitätsmanagement ist auf allen Ebenen zu evaluieren, bei kundenbezogenen Prozessen müssen die Kundenforderungen erhoben, ausgewertet und dokumentiert werden usw. Qualitätsmanagement nach ISO 9000 ff. ist vor allem zahlenbasierte Messung, Analyse und die datenbasierte Entwicklung von Verbesserungsschritten, die wiederum quantitativ auszuweisen sind.

Das EFQM-Modell für Exzellenz: Das Modell der European Foundation of Quality Management basiert ebenfalls wie das ISO Verfahren auf Prinzipien des TQM. EFQM ist ein Modell für einen selbst gesteuerten Qualitätsentwicklungsprozess in Unternehmen, an dessen Ende nicht die Zertifizierung steht. Unternehmen, die Entwicklungsprozesse nach EFQM implemetieren, können sich bei der European Foundation (Sitz in Brüssel und 1988 von 14 europäischen Großunternehmen gegründet) um den European Quality Award bewerben, der jährlich verliehen wird. Der Preis soll einem europäischen Qualitätswettbewerb dienen und europäische Unternehmen im globalisierten Wettbewerb unterstützen. Seit 1996 werden auch ein Qualitätspreis für Öffentliche Verwaltungen und ein Preis für kleinere und mittlere Unternehmen vergeben. Nationale Ausscheidungsverfahren sind der Preisvergabe vorgeschaltet. Mittlerweile gibt es auch eine deutsche Variante dieses Modells, den Ludwig-Erhard-Preis, den die Deutsche Gesellschaft für Qualität und der Verein deutscher Ingenieure ausloben. Die dem europäischen Preis zugrunde liegende Qualitätsphilosophie folgt Grundprinzipien wie: Kontinuierliche Verbesserung, Kunden- und Mitarbeiterorientierung, Fehlerprävention (do it right the first time) und erklärt Qualitätsentwicklung zur Aufgabe aller in einem Unternehmen (quality is everybodys job). EFQM versteht sich als eine Folie, die Unternehmen Hilfestellung bei der Einführung und Weiterentwicklung eines Qualitätsmanagements gibt.

Evaluation: Im Rahmen des Qualitätsmanagements kann Evaluation vielfältige Aufgaben übernehmen:

sie kann der Mitarbeiterbefragung dienen, ebenso der Feststellung von Kundenzufriedenheit, ein Instrument des Beschwerdemanagements darstellen, sie kann auch Prozessabläufe ermitteln wie auch Input-Output-Vergleiche durchführen. Evaluation kann als eine Technik des Qualitätsmanagements betrachtet werden, was sie in kleineren sozialen Einrichtungen häufig auch ist, sie kann aber auch Bestandteil einer andern systematischen Technik sein, bspw. Bestandteil von zertifizierten Systemen des Qualitätsmanagements. Evaluation kann in Form von externer oder interner Evaluationen durchgeführt werden. Wenn man keine organisationsfremden Personen oder Instanzen mit Evaluationsaufgaben beauftragen will, kann eine Organisation diese Vorhaben auch hausintern organisieren und sich selbst evaluieren. Interne Evaluation meint, dass eine Organisation oder Abteilung in eigener Verantwortung und auf der Basis des vorhandenen know-how versucht, möglichst objektiv Evaluationsaufgaben durchzuführen. Evaluationssubjekt und -objekt sind eindeutig zu unterscheiden. Wenn interne Evaluation zur Selbstevaluation wird (vgl. Heiner 1988; 1996), was in kleinen, sozialen Einrichtungen häufig eine angemessene Form des Qualitätsmanagements darstellen kann, ist diese Trennlinie nicht aufrecht zu erhalten. Sozialarbeiter / innen und Sozialpädagogen / innen übernehmen dann evaluative Aufgaben und werden zu Begutachtern ihres eigenen beruflichen Handelns, was zwar die Objektivität der Ergebnisse einer Selbstevaluation beeinträchtigen, aber andererseits die Akzeptanz der Ergebnisse im Team auch erhöhen kann. Kollegiale wie individuelle Selbstevaluation (als Vorstufe einer späteren kollegialen Auseinandersetzung mit der Fachlichkeit im Team) können als Technik des Qualitätsmanagements Anwendung finden, wenn der Sozialgesetzgeber dies zulässt und der Kostenträger (bspw. in der Kinder- und Jugendhilfe) diese Form der Qualitätssicherung und -entwicklung akzeptiert.

Benchmarking ist – ähnlich der Evaluation – kein fertiges Qualitätsmanagementsystem, sondern eine auf ein Ziel fokussierte Technik zum Einstieg in die Qualitätsdebatte in Einrichtungen und Betrieben. In der Betriebswirtschaftslehre wird Benchmarking als ein systematischer und kontinuierlicher Prozess beschrieben, in dem Unternehmen ihre Produkte, Herstellungsprozesse und Technologien mit denen des stärksten Konkurrenten am Markt vergleichen

(Marktführer), als ein Instrument zur Einschätzung der eigenen Leistungsfähigkeit. Benchmarking besteht u. a. aus einer Stärken-Schwächen-Analyse des eigenen Unternehmens, der Analyse des Handlungsbedarfs, der Ermittlung des Best-Practice-Unternehmens und der Ursachen dafür, der Entwicklung von eigenen Lernschritten sowie einer daraus abgeleiteten Ziel- und Umsetzungsplanung. Benchmarkingprozesse können auch die eigene Organisation betreffen (internes Benchmarking), indem die Leistungen einzelner Standorte, Abteilungen und / oder Mitarbeiter / innen verglichen werden. In sozialen Diensten sind interne Benchmarkings üblich, wenn es darum geht, im Rahmen eines Qualitätsmanagements Standards für das Handeln derjenigen zu entwickeln, die im gleichen Arbeitsfeld tätig sind. Solche Standards können sich am Durchschnitt oder am Besten orientieren. Die Standardentwicklung kann kostenorientiert, genauso gut aber auch kundenorientiert geschehen. Die Entwicklung von Standards in der Sozialen Arbeit auf der Grundlage von Benchmarking kann sich nicht immer am Marktführer orientieren, sondern muss vor allem auch mit Blick auf die der Einrichtung zur Verfügung stehenden Ressourcen vorgenommen werden (bspw. Geld, Anzahl und Qualifikation des vorhandenen Personals).

Die Technologie des Qualitätsmanagements in der Sozialen Arbeit verfügt über einen mittlerweile schon recht großen Instrumentenkoffer. Große Träger haben mittlerweile schon eigene verbandsinterne Systeme des Qualitätsmanagements entwickelt, bspw. die AWO ihr QM Tandem-Modell. Es gibt auch branchenbezogene Zertifizierungsverfahren, besonders im Krankenhausbereich, da hier der Sozialgesetzgeber verbindliche Maßnahmen zur Qualitätssicherung und -weiterentwicklung vorsieht. Im Krankenhausbereich gibt es bspw. das KTQ (Kooperation für Transparenz und Qualität im Gesundheitswesen), das QMK (Qualitätsmodell Krankenhaus) oder das ökumenische Qualitätsmodell pCC, das von einer Zertifizierungsgesellschaft betrieben wird, in der sich Verbände katholischer und evangelischer Krankenhausbetreiber zusammen mit der Deutschen Gesellschaft für Zertifizierung von Managementsystemen (DQS) zusammengeschlossen haben. Erste Ansätze brancheneigener Qualitätssysteme gibt es auch im Bereich der Kindergärten oder der Wohnstätten für behinderte Menschen (Boeßenecker et al. 2003). Die mit einer rigorosen Qualitätspolitik verbundene Unterordnung aller Strukturen und Prozesse in Sozialbetrieben unter die Handlungslogik des TQM, der ISO Normen oder den Prinzipien des EFQM-Modells kommt einem Formwandel Sozialer Dienste gleich. Hier stellt sich die Frage, welche Auswirkungen das auf soziale Dienstleistungen hat, die rein ökonomisch betrachtet, immer schon unter besonderen Bedingungen produziert wurden. Das soll im Folgenden kurz erörtert werden.

Besonderheiten der Qualität sozialer Dienstleistungen

Soziale Dienstleistungen sind Unikate, weil sie für jeden Nachfrager unmittelbar neu erstellt werden („Individualität" bzw. „Singularität"). Aus den jeweils einzigartigen, in genau derselben Form nicht vollständig reproduzierbaren Produktionsbedingungen ergeben sich wiederum unterschiedliche Ergebnisqualitäten. Dies erschwert eine Standardisierung und behindert damit die Vergleichbarkeit von sozialen Dienstleistungen. Die der Standardisierbarkeit zu Grunde liegende Objektivierung der Dienstleistung gestaltet sich dabei umso schwieriger, je intensiver der Nachfrager als externer, „subjektiver" Faktor in den Prozess der Dienstleistungserstellung eingebunden ist. Standardisierung fällt umso leichter, je höher die messbaren Sachleistungsanteile in Form von materiellen, d. h. objektiv quantifizierbaren Arbeitsanteilen ausfallen, was bspw. die stärker „handwerklich" orientierte Kranken- und Altenpflege kennzeichnet. Es ist von daher nicht verwunderlich, dass die unternehmerische Durchdringung des Sozial- und Gesundheitswesens insbesondere in der Reorganisation der stationären Versorgung in den Krankenhäusern ihren Anfang genommen hat (Stichwort: Fallpauschalensystem, vgl. Thiele 2003) und das gesamte Gesundheitswesen diesbezüglich theoretisch (Haubrock / Schär 2006) wie praktisch eine Vorreiterrolle einnimmt. Das Objekt der Dienstleistung ist stets ein externer Faktor. Dieser Faktor befindet sich in aller Regel außerhalb der vollständigen Beeinflussbarkeit durch den Leistungsanbieter, womit der Prozess der Dienstleistungserstellung durch die Integrationsfähigkeit des externen Faktors mitbestimmt wird. Durch die Integration des externen

Faktors wird somit auch direkt Einfluss auf das Dienstleistungsergebnis genommen. Zugleich ist der externe Faktor – anders als bei der Produktion von Sachgütern – als ein notwendiger Produktionsfaktor anzusehen, der aber nicht frei am Markt verfügbar ist. Zudem bedingt seine Integration, dass nicht nur der Dienstleistungserbringer auf ihn einwirkt, sondern auch umgekehrt, dass der externe Faktor auf die Dienstleistungsanbieter einwirkt. Bei personenbezogenen Dienstleistungen hängt der Erfolg der Dienstleistungserstellung deshalb davon ab, wie sich die wechselseitige Beziehung zwischen Leistungserbringer und Nachfrager gestaltet und in welcher Form und in welchem Umfang sie sich aktiv beeinflussen lässt.

Aus der Gleichzeitigkeit von Produktion und Konsum ergibt sich folglich, dass der Nutzer / Empfänger – insbesondere bei sozialen Dienstleistungen, die direkt an der Person des Nachfragers (face-to-face) erbracht werden – möglichst freiwillig mitwirkt, also sich aktiv in den Erstellungsprozess einbringt („compliance"). Weil es der Integration externer Faktoren bedarf, erfordern alle personenbezogenen Dienstleistungen eine Interaktion von Leistungsgeber und Leistungsnehmer, der damit zugleich den Status des Produzenten und des Konsumenten („Prosument") einnimmt. Die Intensität dieser Interaktion ist unter anderem davon abhängig, ob und in welchem Umfang eine Teilnahme des Leistungsnehmers am Leistungsprozess erforderlich ist (Rück 2000, 227). Die Qualität des Dienstleistungsergebnisses hängt deshalb maßgeblich ab vom „Mitwirkungsgrad", der „Eindringtiefe" oder der „Integrationsintensität".

Schlussbemerkung: Sozialpolitische Konsequenzen der Qualitätsdiskussion

Soziale Dienstleistungen, wenn sie der Logik des Qualitätsmanagements folgend ausgestaltet würden, müssten – das suggeriert die Qualitätspolitik der Leistungserbringer – aus Wünschen der Kunden entspringen, deren Präferenzen widerspiegeln. Soziale Dienstleistungen sind aber – auf ihr Wesen hin betrachtet – staatlich gesetzt. Sie entspringen ihrem Grunde und ihrer spezifischen Ausgestaltung nach einer souveränen sozialstaatlichen Zwecksetzung. Der Staat führt keine Kundenbefragungen durch, der Kunde ist nicht der Souverän, was er im Marktgeschehen übrigens auch nie ist. Sozialstaatliche Leistungen, insbesondere soziale Dienstleistungen, sind in ihrem Umfang und in ihrer Ausgestaltung Folge des vorherrschenden Sozialstaatsmodells, mal mehr fordernd, mal mehr fördernd. Die Wünsche und Interessen der durch den Sozialstaat „Begünstigten" werden nicht analog der Kundenorientierung im Rahmen einer regulären, rein marktlich vermittelten Dienstleistungsbeziehung ermittelt und dann zum Ausgangspunkt oder Maßstab staatlichen Handelns. Die Bezeichnung der Arbeit in den sozialen Diensten als Dienstleistung, die Beschreibung dieser staatlich organisierten und verursachten Handlungen mit ökonomischen Begriffen, ist im Ansatz schon unzulässig, da die Adressaten dieser Leistungen auch keine Nachfrager sind, ebenso sind die Träger sozialer Dienste oder Einrichtungen keine Anbieter auf einem freien Markt, eher staatlich lizenzierte Helfer. Die sog. Nachfrager wollen zum einen diese Leistungen überhaupt nicht, wenn es sich um kontrollierende oder disziplinierende Eingriffe handelt, oder Hilfsbedürftige verfügen überhaupt nicht über die entsprechende Zahlungsfähigkeit, weshalb die Nachfrage nach diesen Leistungen überwiegend oder ausschließlich staatlich gestiftet ist. Kundenwünsche können aus sachlichen Gründen nicht berücksichtigt werden, da Art und Umfang aller sozialstaatlichen Leistungen in zwölf Sozialgesetzbüchern bis ins Detail gesetzlich geregelt, also vorab schon fest stehen und kodifiziert sind. – Qualitätsmanagement in sozialen Diensten, in einem staatlich regulierten Bereich, auch wenn er sich selbst neuerdings mit Markt- und Wettbewerbskategorien beschreibt, stößt an objektive Grenzen und erscheint vielfach lediglich als ideologische Beigabe zur effizienzorientierten Leistungssteuerung.

Bezieht man den Begriff der Qualität auf die Güter und Dienstleistungen, die in einer Gesellschaft produziert werden, dann kommt man zunächst um die Feststellung nicht herum, dass der Produktions- und Reproduktionsprozess einer Gesellschaft nicht damit bestimmt ist, dass in ihm produziert und konsumiert wird. Entscheidend ist vielmehr, wie die Gesellschaften sich der Natur bemächtigen, Güter für ihre Lebensnotwendigkeiten und darüber Hinausgehendes produzieren und wie sie ihre Produkte sich gesellschaftlich aneignen und verteilen. In der kapitalistischen Marktwirtschaft werden Güter nicht deshalb produziert, weil sie gebraucht werden, sondern Unternehmen stellen Güter nur dann her, wenn sich mit ihrem Verkauf Geld verdienen lässt. Diese Zwecksetzung beherrscht den gesamten materiellen Reproduktionsprozess (Arbeit, Arbeitszeit, Umgang mit natürlichen Ressourcen) und wird nicht zuletzt an der Qualität der produzierten Güter selbst und ihrer Konsumtion deutlich. Karl Marx hat in seiner Analyse der Ware herausgearbeitet, dass es sich bei dieser um ein Ding mit einer „Doppelnatur" handelt: sie ist einerseits Gebrauchswert, andererseits Tauschwert, Produkt abstrakter Arbeit, und nur wenn eine hergestellte Ware ihren Preis auf dem Markt erzielt, weiß man, ob und wie viel Wert ein produziertes Gut enthält. Marx benutzt hierfür den Begriff der gesellschaftlich notwendigen Arbeit: Waren realisieren in der Konkurrenz gegen andere ihren Preis, bringen ihrem Eigentümer Geld ein und damit den universellen Zugriff auf den vorhandenen Reichtum der Gesellschaft.

Betrachtet man diesen Tatbestand unter dem Gesichtspunkt der Qualität, dann erweist sich die Qualität einer Sache als abhängig von den Konkurrenzbedingungen im jeweiligen Waren produzierenden Sektor und dem darin eingeschlossenen Tatbestand, dass nur wenn es gelingt, eine zahlungsfähige Nachfrage auf ein Produkt oder eine Dienstleistung zu ziehen, eine Qualität festgestellt werden kann. Der Warenproduzent ist also ständig darum bemüht seine „Waren zu verbessern und Waren in besserer Qualität zu liefern als die Konkurrenz" (Bröckling 2007, 216) und die Nachfrageentscheidungen der Kunden / Konsumenten entscheiden darüber, ob ein Qualitätssiegel ausgestellt werden kann oder nicht. Selbst ausgefeilte Produkte, in denen jede Menge menschlicher Arbeit steckt, sind wertlos, wenn sie keinen Käufer finden.

Schon dieser Tatbestand verweist darauf, dass die Qualitätsdiskussion im Bereich sozialer Dienstleistungen vor dem Hintergrund sozialpolitischer Entscheidungen gesehen werden muss, in denen unternehmerisches Handeln, Kundenorientierung und die Beschäftigung mit Qualitätssicherungs- und Qualitätsmanagementmaßnahmen für die sozialen Dienstleister zur Notwendigkeit gemacht wurden. Dies geschah also nicht ganz freiwillig und zuweilen gegen die Widerstände der Dienstleister, denn einige von ihnen hatten lange Zeit – auf der Basis einer relativ gesicherten staatlich gestifteten zahlungsfähigen Nachfrage – die Qualität ihrer Dienstleistungen anders als ökonomisch definiert (zumeist im Rahmen ihres werteorientierten sozialen Engagements).

Hintergrund der sozialpolitischen Überlegungen, die zur Aufwertung und Konjunktur des Qualitätsbegriffs im sozialen Dienstleistungssektor führten, waren Überlegungen, durch die Einführung von Markt- und Wettbewerbskonstellationen die Effizienz sozialer Dienste zu steigern und damit einerseits Kostenentlastungen der öffentlichen Haushalte herbeizuführen und andererseits die Steuerung durch Dritte erbrachter Dienstleistungen durch die Kostenträger zu optimieren. Es ist aber nicht zu verkennen, dass im Sinne der kapitalistischen Logik der Warenproduktion die Einführung eines umfassenden Qualitätsdiskurses auch der Zwecksetzung dient, bislang über sozialstaatliche Entscheidungen hergestellte Transfers stärker an das Vorhandensein einer zahlungsfähigen Nachfrage zu binden. Insofern ist die Aufwertung des Kundenbegriffs ein Indiz dafür, dass auch der Sozialsektor beginnt, sich in einen Bereich zu verwandeln, in dem mittels Dienstleistungsproduktion in Geld messbare Überschüsse generiert werden (sollen). Die Bedeutung des Qualitätsdiskurses sollte deshalb gerade mit Blick auf ihre sozialpolitischen Konsequenzen nicht unterschätzt werden.

Literatur

Bauer, R. (1996): „Hier geht es um Menschen, dort um Gegenstände". Über Dienstleistungen, Qualität und Qualitätssicherung. Zur Begriffssystematik und zur politisch-ökonomischen Erklärung der gegenwärtigen Entwicklungslinien sozialer Dienstleistungen in der Bundesrepublik. Widersprüche 61, 11–49

Blanke, B., Bandemer, S. v., Nullmeier, F., Wewer, G. (Hrsg.) (2005): Handbuch zur Verwaltungsreform. 3. Aufl. VS, Wiesbaden

Boeßenecker, K.-H., Vilian, M., Biebricher, M., Buckley, A. (Hrsg.) (2003): Qualitätskonzepte in der Sozialen Arbeit. Juventa, Weinheim

Boltanski, L., Chiapello. E. (2003): Der neue Geist des Kapitalismus. UvK, Konstanz

Bröckling, U. (2007): Das unternehmerische Selbst. Soziologie einer Subjektivierungsform. Suhrkamp, Frankfurt / M.

Clarke, J., Newman, J. (1997): The Managerial State. Power, Politics and Ideologies in the Remaking of Social Welfare. Sage, London

Dahme, H.-J., Kühnlein, G., Wohlfahrt, N. (2005): Zwischen Wettbewerb und Subsidiarität. Wohlfahrtsverbände unterwegs in die Sozialwirtschaft. Edition Sigma, Berlin

–, Wohlfahrt, N. (2005): Verwaltungsmodernisierung. In: Kreft, D., Mielenz, I. (Hrsg.). Wörterbuch Soziale Arbeit. Juventa, Weinheim, 995–999

Dingeldey, I., Rothgang, H. (Hrsg.) (2009): Governance of Welfare State Reform. A Cross National and Cross Sectoral Comparison of Policy and Politics. Edward Elgar, Cheltenham / UK

Hansen, E. (1997): Qualitätsaspekte Sozialer Dienstleistungen zwischen Professionlisierung und Konsumentenorientierung. Qualitätsdiskurse in Großbritannien und Deutschland. Zeitschrift für Sozialreform 43, 1–28

Haubrock, M., Schär, W. (2006): Betriebswirtschaft und Management im Krankenhaus. Huber, Bern

Heiner, M. (Hrsg.) (1996): Qualitätsentwicklung durch Evaluation. Lambertus, Freiburg / Br.

– (Hrsg.)(1988): Selbstevaluation in der sozialen Arbeit. Fallbeispiele zur Dokumentation und Reflexion beruflichen Handelns. Lambertus, Freiburg / Br.

Hellstern, G. M., Wollmann, H. (1984): Evaluierung und Evaluierungsforschung – ein Entwicklungsbericht. In: Hellstern, G. M., Wollmann, H. (Hrsg.). Handbuch zur Evaluierungsforschung. Bd. 1. Westdeutscher Verlag, Opladen, 17–93

Hüttemann, M. (2006): Evidence-based Practice – ein Beitrag zur Professionalisierung Sozialer Arbeit? neue praxis 2, 156–167

Kopperger, G. (1996): Total Quality Management und Lean Management als Grundlage zur Entwicklung von Leistungsverwaltungen. In: Bayerische Verwaltungsschule (Hrsg.): Modernes Verwaltungsmanagement. Stuttgart, 48–64

Merchel, J. (2004): Qualitätsmanagement in der Sozialen Arbeit. Juventa, Weinheim

– (Hrsg.)(2000): Qualitätsentwicklung in Einrichtungen und Diensten der Erziehungshilfe. Igfh, Frankfurt / M.

Naschold, F. (1995): Ergebnissteuerung, Wettbewerb, Qualitätspolitik. Entwicklungspfade des öffentlichen Sektor in Europa. Edition Sigma, Berlin

Oppen, M. (1995): Qualitätsmanagement. Edition Sigma, Berlin

Pollitt, C. (1993): Managerialism and the Public Services. 2nd ed. Basil Blackwell, Oxford

Rüb, F. W. (2004): Vom Wohlfahrtsstaat zum „manageriellen Staat"? Zum Wandel des Verhältnisses von Markt und Staat in der deutschen Sozialpolitik. In: Czada, R., Zintel, R. (Hrsg.): Politik und Markt. VS, Wiesbaden, 256–299

Rück, H. R. G. (2000): Dienstleistungen in der ökonomischen Theorie. VS, Wiesbaden

Schedler, K., Proeller, I. (2003): New Public Management. Haupt, Bern

Thiele, G. (Hrsg.) (2003): Einführung der DRGs in Deutschland. Hüthig, Heidelberg

Voß, G., Pongratz, H. J. (1998): Der Arbeitskraftunternehmer. Die neue Grundform der Ware Arbeitskraft? Kölner Zeitschrift für Soziologie und Sozialpsychologie 50, 131–158

Walgenbach, P., Beck, N. (2000): Von statistischer Qualitätskontrolle über Qualitätssicherungssysteme hin zum Total Quality Management. Die Institutionalisierung eines neuen Managementkonzepts. Soziale Welt 51, 325–353

Wegener, A. (2002): Die Gestaltung kommunalen Wettbewerbs. Strategien in den USA, Großbritannien und Neuseeland. Edition Sigma, Berlin

Wollmann, H. (2004): Leistungsmessung („performance measurement") in Politik und Verwaltung. Phasen, Typen und Ansätze im internationalen Vergleich. In: Kuhlmann, S., Bogumil, J., Wollmann, H. (Hrsg.): Leistungsmessung und -vergleich in Politik und Verwaltung. Konzepte und Praxis. VS, Wiesbaden, 22–46

Womack, J., Jones, D., Ross, D. (1990): The Machine that Changed the World. The Story of Lean Production. Harper Paperbacks, New York

Qualitative Forschung

Von Karin Bock und Ingrid Miethe

Qualitative Forschungen haben in der Sozialen Arbeit eine lange Tradition. Gleichwohl hat sich die Soziale Arbeit lange Zeit nicht als genuin „forschende Disziplin" (Schweppe/Thole 2005) verstanden, sondern konzentrierte sich stark auf ideengeschichtliche, psychologisch orientierte und/oder gesellschaftspolitische Diskurse, die auf der Grundlage von Forschungsergebnissen theoretische Einsichten und Deutungen produzierten. Die Gründe hierfür sind vielschichtig: Die Etablierung der „Sozialpädagogik" an den Universitäten gelang nur schwerfällig im Kontext der geisteswissenschaftlichen Theorietradition zu Beginn des 20. Jahrhunderts. Getrennt wurde hier zunächst relativ strikt nach „ideengeschichtlicher" sozialpädagogischer Theorie – angesiedelt an den Universitäten – und einer eher „praktisch" orientierten Sozialarbeit, die an die Fachhochschulen verwiesen wurde (Müller 2006). Zwar wurde diese Haltung von den ProtagonistInnen Sozialer Arbeit nie recht ernst genommen, dennoch hat sie sich in dieser Form in die Geschichte Sozialer Arbeit, genauer: Sozialpädagogik/Sozialarbeit eingraviert. Forschung, verstanden als eher quantitativ-positivistische Forschung, war kaum kompatibel mit der hermeneutischen Sicht auf die Welt, die die Hintergrundfolie geisteswissenschaftlicher Theorietradition bildete (Winkler 2010).

Erst im Zuge der sog. „realistischen Wende", die 1967 mit dem Aufruf von Heinrich Roth und Hans Thiersch hin zu einer stärkeren Orientierung an empirischen Forschungsmethoden für die tatsächlichen Fragestellungen von Erziehung in die Geschichte der Erziehungswissenschaft eingegangen ist, kam es in der Folge innerhalb der Erziehungswissenschaft insgesamt zu einer stärkeren Orientierung an qualitativen und quantitativen Forschungsmethoden und -ergebnissen (Roth/Thiersch 1967).

Ein ähnliches Schicksal widerfuhr einer aus der Sozialarbeit kommenden Forschungstradition. Obwohl (spätestens) seit dem 19. Jahrhundert in größerem Umfang sozialarbeiterisch relevante Forschungen durchgeführt wurden (Hoff 2010), blieb diese Tradition bis in die jüngste Zeit hinein weitestgehend unbeachtet. Diese mangelnde Rezeption der sog. Sozialarbeitsforschung (die sich explizit als Forschungstradition der Sozial*arbeit* versteht) ist nicht zuletzt darin begründet, dass die entsprechenden Ausbildungsgänge in Deutschland an Fachhochschulen angebunden wurden, die sich zunächst (öffentlich) als berufsqualifizierend verstanden. Genuine Forschung wurde nicht explizit als Teil ihres Auftrags definiert, obgleich viele Forschungen aus den Fachhochschulen hervorgegangen sind. Vielmehr wurde das Verhältnis von Forschung und Praxis lange Zeit als Gegensatz betrachtet, eigene Traditionen und internationale Weiterentwicklungen sowohl auf Seiten der Sozialpädagogik wie auf Seiten der Sozialarbeit ignorierend. Hinzu kommen die Kämpfe, die Sozialpädagogik wie Sozialarbeit mit der Rezeption ihrer KlassikerInnen ausgestanden haben: bis zu Beginn der 1990er Jahre war nicht klar, ob – und wenn ja, wie sich die Soziale Arbeit insgesamt zu ihren weitverzweigten und nicht immer willkommenen Wurzeln verhalten sollte.

Das Verständnis für die eigenen sozialpädagogischen wie sozialarbeiterischen Forschungs-, Theorie- und Klassikertraditionen, die sich nicht mehr konkurrierend als Forschung-Theorie-Disziplin-Praxis-Professions-Konflikt verstehen, hat sich jedoch in den letzten Jahren erheblich verändert. Zwar benötigte die Forschung in der Sozialen Arbeit relativ lange, um überhaupt als wichtiger Bestandteil für die eigene professionelle Praxis wie disziplinäre Weiterentwicklung verstanden zu werden. Doch seit den 1970er und 1980er Jahren kam

Otto/Thiersch (Hg.), Handbuch Soziale Arbeit, 4. A., DOI 10.2378/ot4a.art119,

es zu einem erheblichen Aufschwung sozialpädagogischer Forschungsbemühungen (Schweppe / Thole 2005) und auch an den Fachhochschulen existiert inzwischen eine beträchtliche Anzahl an Forschungsprojekten, die als solche wahrgenommen werden (die Auswertung von Projekten an Fachhochschulen in Maier 1999).

Gegenwärtig wird Forschung als wichtige Voraussetzung für die Weiterentwicklung der Disziplin wie der Profession Sozialer Arbeit verstanden. Davon legen nicht nur die in den letzten Jahren zu diesem Themenbereich erschienenen Sammelbände (z.B. Rauschenbach / Thole 1998; Schweppe 2003; Otto et al. 2003; Schrapper 2004; Schweppe / Thole 2005; Giebeler et al. 2007; Miethe et al. 2007) und ein „Handbuch Qualitative Methoden in der Sozialen Arbeit" (Bock / Miethe 2010) deutliches Zeugnis ab. Vielmehr findet diese methodologisch und methodisch fundierte, wissenschaftlich-empirische Ausrichtung der Sozialen Arbeit auch ihren Niederschlag in neuen Publikationsreihen (z.B. die seit 2006 erscheinende Buchreihe „Rekonstruktive Forschung in der Sozialen Arbeit" oder die 2009 neu konzipierte Zeitschrift „Soziale Passagen") und einschlägigen Lehrbüchern (etwa Schweppe 2003; Steinert / Thiele 2008). Inzwischen hat sich die Situation qualitativer Forschung(smethoden) in der Sozialen Arbeit grundlegend verändert: Denn die Zahl der qualitativen Studien, die sich mit sozialpädagogisch oder sozialarbeiterisch relevanten Fragestellungen beschäftigen, ist inzwischen unübersehbar groß geworden, so dass ein Gesamtüberblick schwer zu leisten ist.

Im Folgenden soll deshalb die Entwicklung qualitativer Forschungsmethoden und -fragen in der Sozialen Arbeit überblicksartig dargestellt werden, d.h. ohne Anspruch auf Vollständigkeit, aber mit aktuellen Trends und Tendenzen. Dafür werden in einem ersten Teil die wesentlichen historischen Wurzeln einer qualitativen Forschung in der Sozialen Arbeit nachgezeichnet. Danach wird in einem zweiten Teil aus einer theoretischen Perspektive die Bedeutung qualitativer Methoden für die Soziale Arbeit dargestellt. Und abschließend wird ein Überblick über aktuelle Entwicklungen und das verwendete Theorie- und Methodeninstrumentarium gegeben.

Empirische Traditionen qualitativer Forschung in der Sozialen Arbeit

Im Wesentlichen lassen sich für die Soziale Arbeit drei relevante empirische Traditionen benennen: (a) Traditionen aus der Chicagoer Schule, (b) Traditionen aus der Sozialarbeit und Wohlfahrtspflege und (c) Traditionen aus der Jugendforschung.

a) Traditionen aus der Chicagoer Schule

Die Forschungstradition der Chicagoer Schule hat für qualitative Forschung insgesamt eine immense Bedeutung (z.B. Bulmer 1984; Riemann 2003; Bohnsack 2005; Schütze 1994; Chapoulie 2004). Für die empirisch-qualitative Forschung in der Sozialen Arbeit bestehen hier jedoch ganz spezifische und gleichsam besondere Bezüge (Schütze 1994). Unter innovativen Rückbesinnungen wurden diese Bezüge als „rekonstruktive Sozialpädagogik" (Jakob / v. Wensierski 1997) oder als „rekonstruktive Sozialarbeitsforschung" (Giebeler et al. 2007; Miethe et al. 2007) aufgegriffen und weiterentwickelt. Der zentrale Bezugspunkt wird in diesem Diskursstrang v.a. durch methodische und methodologische Nähe begründet. Qualitative Forschungsmethoden, wie sie in der Chicagoer Schule bzw. in deren Weiterentwicklung Anwendung fanden, sind besonders gut an die klassisch-empirischen Fragestellungen Sozialer Arbeit anschlussfähig, da diese Verfahren der Fallförmigkeit Sozialer Arbeit gerecht werden und das Nachzeichnen subjektiven Sinnes ermöglichen.

Allerdings wurde der Rückgriff auf die Forschungstraditionen der Chicagoer Schule zumeist als Bekenntnis zu soziologischer Forschung interpretiert, da sie als Wurzeln der mikrosoziologischen empirischen Sozialforschung und als Quelle des interpretativen Paradigmas insgesamt rezipiert worden sind (bspw. Schütze 1987). Diese Forschungstradition stellt jedoch weit weniger einen „Import" aus der Soziologie dar, als dies in der Regel rezipiert wird. So handelt es sich bei den Chicagoer Feldstudien eher um Arbeiten, „die sich von Anfang an durch eine Sensibilität für die besondere Lebenssituation und die Leidensprozesse von randständigen Gesellschaftsmitgliedern" (Riemann 2003, 27 f.) auszeichneten.

Es wurden hier ganz direkt Themen aufgegriffen, die in das Zentrum der Sozialen Arbeit verweisen, etwa Probleme von Aussiedlern (Thomas / Znaniecki 1958 bzw. 1918–1920), Rassenunruhen (Chicago Commission 1922), die Situation von Wander- und Gelegenheitsarbeitern (Anderson 1923 / 2002), Studien zu städtischen oder ethnischen Ghettos (Wirth 1928; Zorbaugh 1929) und zu Jugendgangs (Shaw 1929; Thrasher 1928 / 1963), zudem wurden Themen wie Selbstmord (Cavan 1928) oder organisierte Kriminalität (Landesco 1929) in den Mittelpunkt der Untersuchungen gestellt.

Auch wenn diese Studien heute zumeist als klassische us-amerikanische Studien der Soziologie gehandelt werden, ist die Abgrenzung doch nicht ganz so eindeutig: Zwar haben sich diese Studien selbst als soziologische Untersuchungen verstanden, was vor allem auch damit zusammenhängt, dass Robert E. Park als einer der Betreuer dieser Studien großen Wert darauf legte, dass sich die Soziologie als Wissenschaft von der praxisorientierten Sozialen Arbeit der frühen 1920er Jahre abgrenzte. De facto erfüllten die frühen Studien der Chicagoer Schule diesen Anspruch aber nur begrenzt. Zum einen wurden die ersten Studien teilweise in enger Kooperation mit oder sogar im Auftrag von Praxiseinrichtungen der Sozialen Arbeit durchgeführt (Carey 1975, 4) bzw. waren einige Studierende sogar bei solchen Organisationen angestellt (Platt 1994, 62). Doch auch wenn Park seine Studierenden dazu aufforderte, „first-hand observation" durchzuführen (Bulmer 1984, 97), wurde in zahlreichen Studien nicht unbedingt nur auf selbst erhobenes Material zurückgegriffen; vielmehr bezogen sie durchaus Daten ein (z.T. in erheblichem Ausmaß), die etwa in Einrichtungen der Sozialen Arbeit von anderen gesammelt worden waren (Platt 1994, 61 ff.). Darüber hinaus verfügen diese Studien durchaus auch noch über eine praxeologische Ausrichtung bis hin zu konkreten Handlungsanweisungen für die Soziale Arbeit bzw. die Sozialpolitik (Schütze 1987, 528; Miethe 2007, 13 ff.). Aus diesem Blickwinkel können somit diese frühen Studien also auch durchaus als KlassikerInnen einer us-amerikanischen Forschungstradition in der Sozialen Arbeit verstanden werden.

Ferner wird bei der Rezeption der Chicago-Studien zumeist übersehen, dass diese Forschungstradition nicht „aus dem Nichts" kam, sondern sowohl thematisch als auch methodisch in nicht unerheblichem Maße an Forschungen anknüpfte, die von SozialreformerInnen und SozialarbeiterInnen außerhalb der universitären Forschung durchgeführt wurden (etwa Platt 1994; Bulmer et al. 1991; Deegan 1988; Miethe 2010). Die bekannteste Studie ist hier die 1895 erschiene Aufsatzsammlung Hull-House Maps & Papers (Residents of Hull-House 2007). Diese Studie enthält Karten, die die Herkunft und Lebenssituation der im Bezirk lebenden Menschen darstellen, sowie zehn von verschiedenen Hull-House-Mitarbeiterinnen verfasste Aufsätze, die u. a. auf qualitative Daten zurückgreifen. Auch bestanden Ende des 19. / Anfang des 20. Jahrhunderts ausgesprochen enge Kontakte zwischen dem Hull House und dem Department of Sociology der Universität Chicago und die Forschungsergebnisse von Hull-House-Mitarbeiterinnen wurden in dem renommierten American Journal of Sociology publiziert. Die Universitäts-Soziologie entstand sozusagen „mitten in der Hochburg der amerikanischen sozialen Arbeit und Pädagogik" (Meyer-Renschhausen 1994, 21). Doch diese Studien erfuhren bei Weitem nicht die Rezeption, die ihrer Bedeutung entsprochen hätte, so dass heute diese Verbindung zur Forschungstradition der Chicagoer Schule weitestgehend vergessen ist (ausführlich Miethe 2010).

Vor dem Hintergrund dieser Vorgeschichte kann die Chicagoer Schule im doppelten Sinne als eine „Wiege einer rekonstruktiven Forschung in der Sozialen Arbeit" (Miethe 2007) verstanden werden: Denn einerseits besteht der Bezug über den Rückgriff auf die dort entwickelten methodischen und methodologischen Prämissen und Methoden, die über den „Umweg" der Soziologie Eingang in die Soziale Arbeit fanden. Andererseits ist die Vorgeschichte und der Beginn der Chicagoer Schule direkt mit der Sozialen Arbeit und den dort entstandenen empirischen Studien verbunden.

b) Traditionen aus der Sozialarbeit und Wohlfahrtspflege

Auch in Deutschland gehen die Forschungsbemühungen im Rahmen der Sozialen Arbeit bis ins 19. Jahrhundert zurück, die sich in wiederum drei Traditionslinien zusammenfassen lassen (hierzu und im Folgenden ausführlich: Hoff 2010):

Unter „Sozialreportagen und frühe ethnographische Studien im Kontext einer religiös motivierten Wohlfahrtspflege und des sozialpolitischen Engagements bürgerlicher Frauen und Männer" zählt Hoff neben frühen Studien, wie die 1832 erschiene Studie von Johann Hinrich Wichern zu „Hamburg geheimes und wahres Volksleben" (Wichern 1958, 33 ff.) vor allem aber auch private Forschungsaktivitäten bürgerlicher Frauen und Männern zu (Industrie)arbeiter(inne)n. Die bekanntesten Studien sind hier etwa die des evangelischen Pfarrers Paul Göhre (1891 / 1906) „Drei Monate Fabrikarbeiter und Handwerksbursche" oder die Untersuchung der Schriftstellerin und Nationalökonomin Minna Wettstein-Adelt (1893) „Dreieinhalb Monate Fabrikarbeiterin". Diese „wallraffartigen Sozialreportagen" (Meyer-Renschhausen 2004, 1) arbeiten mit der „Methode der verdeckten Beobachtung": Pfarrer und / oder Sozialreformerinnen, die die Untersuchungen durchführten, arbeiteten für einen begrenzten Zeitraum inkognito in einzelnen Fabriken oder suchten dauernden Kontakt mit wandernden Handwerksgesellen. Im Unterschied zu den im us-amerikanischen Hull House entstandenen Arbeiten sind diese Forschungen in Deutschland mitunter nicht ganz frei von moralisch-religiösen Bewertungen und missionarischen Ambitionen, weshalb sie nach den gegenwärtigen Kriterien qualitativer Sozialforschung nur begrenzt als Forschung verstanden werden können.

Im Rahmen des 1872 gegründeten *Vereins für Sozialpolitik* nehmen Fragebogenuntersuchungen, Sozialenqueten und sonstige Studien mit qualitativen Zugängen einen zentralen Stellenwert ein. Die in diesem Zeitraum noch junge statistische Wissenschaft, auf die man sich zunächst berief, war nicht allein in der Lage, die benötigten Informationen über soziale Zusammenhänge zur Verfügung zu stellen (Sachße 1986, 7; Hoff 2010), so dass hier eine innovative Methodik entworfen wurde. Insbesondere Forscherinnen, die mit der Frauenbewegung eng verbunden waren, entwickelten innovative Impulse für die Verknüpfung von bestehenden Methoden der Enqueten mit ethnographischen und verstehenden Zugängen. Ihre empirischen Untersuchungen waren meist der Arbeiterinnenfrage gewidmet und in ihrer wissenschaftlichen Arbeit wurden sie nicht selten von Nationalökonomen gefördert (z. B. Gnauck-Kühne 1896; Baum 1906; Bernays 1910; Kempf 1911). Rückblickend lässt sich festhalten, dass sich hier sogar das Verhältnis umkehrte: Denn durch diese Studien, die um die Jahrhundertwende entstanden sind, wurde die Methodenentwicklung innerhalb der institutionalisierten empirischen Sozialforschung von der Sozialarbeit vorangetrieben (Hoff 2010).

Unter dem Stichwort der Fallstudien und Familienmonographien im Kontext institutionalisierter Sozialarbeit können schließlich solche Untersuchungen gefasst werden, wie sie im Rahmen der 1925 eröffneten „Akademie für soziale und pädagogische Frauenarbeit in Berlin" vorgelegt worden sind: Im Zeitraum von 1930 bis 1933 entstanden hier 13 empirische Studien in Themenfeldern der Sozialen Arbeit, in denen auf ein breites Methodenspektrum zurückgegriffen wurde (Hoff 2010). Während einige dieser Studien eher „klassisch" standardisierte Fragebögen und Aktenanalyse verwendeten, wurden in anderen neue und innovative qualitative Methoden entwickelt, wie z. B. Zeitverwendungsbögen in der Studie von Baum / Westerkamp (1931) oder Lehrlingsaufsätze in der Studie von Krolzig (1930). Meuter (1932) arbeitete neben Sonderfragebögen mit einer sehr differenzierten Form von Typologie – ein zu dieser Zeit durchaus neuer und innovativer Ansatz. Aus heutiger Sicht lässt sich konstatieren, dass diese Studien nicht mehr nur als Wurzel qualitativer Forschung Sozialer Arbeit gelesen werden können, sondern darüber hinaus (sozusagen als Form institutionalisierter Forschung in der Sozialen Arbeit) einen wichtigen Meilenstein in der Entwicklung von Profession und Disziplin darstellen. Denn einerseits wird hiermit (empirisch-qualitative) Forschung zum festen Bestandteil von Sozialer Arbeit und unverzichtbare Voraussetzung für die Praxis, andererseits wird gleichsam eine „Disziplinentwicklung eingeläutet, indem Sozialarbeit nicht nur Praxis beobachtet, sondern durch Forschung zur eigenen Theorieentwicklung beiträgt" (Hoff 2010). – Diesen Traditionen aus der Wohlfahrtspflege war letztlich ein ähnliches Schicksal beschieden, wie auch den Studien um Hull House: Sie gerieten in weiten Teilen in Vergessenheit und wurden im Theoriediskurs der Sozialen Arbeit allenfalls partiell aufgegriffen. Damit blieben auch lange Zeit historische Wurzeln verschüttet, die einen wichtigen Beitrag zur Identitätsbildung von Disziplin wie Profession hätten leisten können.

c) Traditionen aus der Jugendforschung

Dagegen wurden die Forschungstraditionen aus der Jugendforschung relativ häufig rezipiert. Allerdings wurden auch hier die spezifischen Berührungspunkte und Schnittstellen zur Sozialen Arbeit nie systematisch in den Blick genommen (Krüger/Grunert 2009; Krüger/Siebholz 2010; Böhnisch 1998). Die ersten Versuche, eine moderne, empirisch orientierte wissenschaftliche Pädagogik in Deutschland zu begründen, gingen von den Hallenser Professoren Ernst Christian Trapp und August Hermann Niemeyer zum Ende des 18. Jahrhunderts aus. Sie betonten vor allem die grundlegende Bedeutung biographischer und ethnographischer Ansätze für eine Theorie und Praxis der Erziehung und sahen in der Sammlung und Auswertung von Autobiographien und der Beobachtung von Heranwachsenden die empirischen Grundlagen pädagogischen Denkens begründet (Krüger 2000). Eine neue Blütezeit erlebte die Jugendforschung dann zu Beginn des 20. Jahrhunderts durch die Gründung einer Vielzahl von Forschungsinstituten, die sich mit den Lebenslagen von Kindern und Jugendlichen beschäftigten. Hier wurden neben experimentellen Methoden zunehmend auch qualitativen Forschungsmethoden eingesetzt (Krüger 2000). Zu den wohl berühmtesten Institutsgründungen zählten das von Ernst Meumann gegründete und später von William Stern weitergeführte Hamburger Institut für Jugendkunde sowie das von Karl und Charlotte Bühler geleitete Wiener Institut für Kindheits- und Jugendforschung: Im Zentrum standen hier biographische und ethnographische Methoden, mit denen eine empirisch orientierte Kindheits- und Jugendforschung neu begründet wurde, in die auch (sozial)pädagogische Fragestellungen integriert waren (zusammenfassend Dudek 1990). Neben den institutionellen Formen einer wissenschaftlichen Beschäftigung mit Kindheit und Jugend gab es in dieser Zeit auch zahlreiche ForscherInnen, die auf diesem Gebiet arbeiteten. So setzte sich etwa Siegfried Bernfeld unter anderem mit der Frage nach angemessenen Methoden in der Jugendforschung auseinander: Tagebücher, Briefe, Gedichte und Zeichnungen, ergänzt um eine systematische Beobachtung jugendlichen Gemeinschaftslebens stellten für Bernfeld geeignete Datenquellen dar, um Einblicke in das „Innenleben von Jugendlichen" zu erhalten (Grunert 2002; Krüger/Siebholz 2010). Solche Forschungszugänge wurden jedoch durch den Machtantritt der Nationalsozialisten jäh beendet.

Nach 1945 lässt sich innerhalb der Jugendforschung zunächst eine stärkere Hinwendung zu quantifizierenden Forschungsansätzen beobachten; erst im Zuge sozialphänomenologischer und symbolisch-interaktionistischer Theorietraditionen und -diskurse in der Soziologie und vor allem auch in der inzwischen sozialwissenschaftlich orientierten Erziehungswissenschaft setzte seit Mitte der 1970er Jahre ein systematischer Perspektivwechsel hin zu qualitativen und fallbezogenen Methoden ein (Krüger 2000). So entstand in den letzten Jahrzehnten eine Vielzahl qualitativer Studien, die mindestens für die Soziale Arbeit relevant bzw. direkt in dieser Theorie- und Forschungstradition angesiedelt sind (für einen Überblick Krüger/Siebholz 2010).

Die Bedeutung qualitativer Forschung(smethoden) für die Soziale Arbeit

In den aktuellen Forschungen der Sozialen Arbeit dominieren qualitative Forschungsansätze. Dies lässt sich darauf zurückführen, dass qualitative Methoden eine besondere Nähe zur Grundintention Sozialer Arbeit aufweisen (z. B. Schütze 1994; Jakob/v. Wensierski 1997; Rauschenbach/Thole 1998; Miethe 2009). Diese Nähe besteht auf nahezu allen Ebenen und verweist auf genuine Forschungsfragen im Kontext Sozialer Arbeit, die in den Begriffen Fremdverstehen, Fallbezug und Lebens- bzw. Sozialraumbezug zusammengetragen werden können:

Fallbezug: Zum einen erfolgte eine starke Orientierung an qualitativen Methoden (Schütze 1994; Kraimer 2000; Haupert/Kraimer 1991), da diese der „fallförmigen Strukturiertheit der Sozialen Arbeit" am ehesten gerecht werden und „gleichsam eine fallrekonstruktive Theoriebildung" provozieren (Kraimer 2000, 37). Entsprechend stellen fallrekonstruktive Verfahren unterschiedlichster methodischer Schulen (hilfreich die Aufstellung in Kraimer 2007, 39) auch einen zentralen Ansatz in der Forschung zur Sozialen Arbeit dar (z. B. die Beiträge in Giebeler et al. 2007). Durch die in den letzten Jahren zu beobachtende stärkere Ausrichtung von Teilen der Biografieforschung auf den Mehrgenerationenzusammenhang ist nicht nur eine komplexere, historische und gesellschaftliche Perspektive auf den Einzelfall möglich, sondern auch eine potenzielle Anschlussfähigkeit an die für die Soziale Arbeit zentralen systemischen Diskurse gegeben, auf deren Methodenrepertoire (z. B. Genogrammanalysen) teilweise sogar direkt zurückgegriffen wird (Hildenbrand 2010).

Fremdverstehen: Zum anderen ermöglichen bzw. erfordern qualitative Methoden eine Haltung des Fremdverstehens. Dies ist eine (professionelle) Grundhaltung, die sehr gut an die Soziale Arbeit anschlussfähig ist, da auch die Problembestände der Sozialen Arbeit „der Gesellschaft und den Fachkräften in der Sozialen Arbeit prinzipiell fremd" sind und auch die Betroffenen „ihre Problemlagen kaum oder gar nicht" durchschauen (Schütze 1994, 189). Qualitative Methoden ermöglichen hier eine „systematische Fremdheitshaltung gegenüber der sozialen Realität", die auf Verstehen abzielt und die eine prinzipielle Phänomenoffenheit und eine verfremdende Perspektive auf die zu erkundenden Phänomene eröffnet. Fremdverstehen ist somit einer der Wege, das So-Geworden-Sein von Menschen im Verlauf seiner Entstehung nachvollziehen zu können, d. h. in seiner eigenen Logik zu rekonstruieren. Mit dieser Haltung ist auch die sog. „Suspendierung der moralischen Einstellung" (Bohnsack 2005, 121) verbunden; mit der die Frage aufgeworfen wird, inwieweit eigene Ansprüche und Werthaltungen zugunsten der AdressatInnen Sozialer Arbeit zurückgestellt werden müssen und sollten.

Lebenswelt- und Sozialraumbezug: Erinnern wir uns an die eingangs skizzierten, nunmehr „klassischen" Studien im Kontext der Sozialen Arbeit, dann wird dort ein sehr weit gefasster Fallbezug deutlich. Denn ein „Fall" war und ist in dieser Forschungstradition keineswegs nur eine Person oder Familie, sondern kann genauso eine Einrichtung, eine Straße, ein Ghetto, ein Stadtbezirk oder eine Stadt sein. Doch wie auch immer ein „Fall" in den Forschungsbezügen jeweils definiert wird – gesichert ist, dass er nie isoliert, sondern als Teil eines gesellschaftlichen Gesamtgefüges betrachtet wird bzw. werden muss. In der Sprache der Sozialen Arbeit: Der jeweilige Fall muss immer im Kontext der jeweiligen Lebenswelt und innerhalb des relevanten

Sozialraumes betrachtet werden. Denn es geht um ein Verständnis von „Verhaltensweisen in Lebensverhältnissen", die allzu oft von der Gesellschaft und auch der Forschung verleugnet oder ausgeblendet werden.

Dieser „traditionelle(n) Affinität zu tendenziell eher rekonstruktiven bzw. qualitativen methodischen Verfahren" (Rauschenbach / Thole 1998, 22) ist es wohl zu verdanken, dass qualitative Methoden im Bereich der Sozialen Arbeit (im Unterschied zu anderen Disziplinen) relativ schnell – wenn auch nicht immer unbedingt strategisch geplant und historisch informiert – ein anerkannter Teil der Forschungskultur wurden. Allerdings implizierten die Gründe, die eindeutig für eine Hinwendung zu qualitativen Methoden sprachen, gleichsam spezifische Schwierigkeiten, durch die die Entwicklung einer fundierten Forschungskultur in der Sozialen Arbeit auch erschwert wurde, so dass diese Affinität wohl eher einer „janusköpfigen Liebe" glich (Miethe / Bock 2010).

Soziale Arbeit begreift sich bis heute in ihrem Selbstverständnis als angewandte Wissenschaft bzw. als Handlungswissenschaft (Rauschenbach / Thole 1998, 22; Schrapper 2004, 18). Damit verbunden ist vielfach der Anspruch, dass Forschungsergebnisse (auch) von der Praxis genutzt und forschungsrelevante Fragestellungen aus den Bedarfen der Profession abgeleitet werden können. So führt etwa Hans-Jürgen von Wensierski aus, dass es geradezu die Spezifik einer verstehenden sozialpädagogischen Forschung sei, „Forschung und Forschungsmethoden nicht nur zur wissenschaftlichen Erkenntnisgewinnung einzusetzen, sondern diese Erkenntnisse auch an die sozialpädagogische Praxis und das sozialpädagogische Handeln zurückzubinden: als Evaluations- und Reflexionsinstrument, als Handlungsanleitung oder als Entwicklungs-, Planungs- und Innovationsinstrument" (v. Wensierski 1997, 113). Doch auch wenn sich die Soziale Arbeit als Wissenschaftsdisziplin von einem „allzu naiv gedachten Anwendungsmodus wissenschaftlicher Erkenntnisse in der Praxis" (Jakob / v. Wensierski 1997, 14) verabschiedet hat, bewegt sich die Forschung im Bereich der Sozialen Arbeit insgesamt doch nach wie vor im Spannungsfeld von Disziplin und Profession. Damit verbunden ist auch die forschungsmethodische Ausrichtung, „möglichst nahe am Ort des Geschehens, möglichst nahe an den beteiligten

Akteuren" (Rauschenbach / Thole 1998, 22) untersuchen zu wollen. Dies ließ sich am besten umsetzen durch methodische Ansätze, die durch eine
enge Verbindung zwischen Praxis und Forschung
gekennzeichnet waren (etwa: Verfahren der Akti-
ons-, Praxis- und Handlungsforschung oder der
Begleit- und Evaluationsforschung) bzw. in direkten Kontakt mit den Untersuchten gingen (wie
z. B. Interviews oder Beobachtungen) (Rauschenbach / Thole 1998).

Durch diese frühe, im theoretischen und praktischen Anspruch begründete Ausrichtung auf qualitative Methoden blieben der Sozialen Arbeit weitgehend unfruchtbare „Grabenkämpfe" zwischen
„Qualis" und „Quantis" erspart. Die Kehrseite dieser Ausrichtung ist allerdings, dass diese Ausrichtung bzw. vor allem der dieser Ausrichtung zugrunde liegende Ansatz der Nähe zur Praxis auch
dazu führte, dass Forschung und Wissenschaft nicht
immer klar voneinander unterschieden wurden.
Damit war nicht nur die „Gefahr einer endlosen
Entgrenzung dessen, was Forschung sein kann und
soll" (Lüders 1998, 118) verbunden, sondern auch
die Gefahr, die gegensätzlichen Logiken von Forschung und Praxis nicht immer deutlich zu differenzieren bzw. in dieser Differenz konsequent
wahrzunehmen. Verwischen sich etwa die Grenzen
zwischen einem Praxisentwicklungsprojekt, einer
Praxisberatung und wissenschaftlicher Forschung
und geht damit einher, dass sich derartige Projekte
nicht mehr zwingend an den Kriterien qualitativer
Sozialforschung orientieren und weder in Erhebung
noch Auswertung die üblichen methodischen Standards bedienen, dann bleibt hier fraglich, ob so produzierte Forschungsergebnisse noch als Forschung
im engeren Sinn verstanden werden können.

Festzuhalten bleibt: Es sind weniger die qualitativen Forschungsmethoden selbst, die zu dieser Entgrenzung führen. Auch innerhalb der Forschung
Sozialer Arbeit ist es möglich, hochwertige qualitative Forschung zu produzieren, die „den Blick auf
die methodischen Standards sozialwissenschaftlicher Forschung freigeben und die Frage nach der
sozialpädagogischen Relevanz von Forschungsergebnissen in das Spannungsfeld zwischen theoretischen Rahmenkonzept, Fragestellung bzw. den
heuristischen Kategorien verlagern" (Lüders 1998,
128). Das Problem ist wohl nach wie vor im Selbstverständnis der Disziplin Sozialer Arbeit begründet, denn ein mitunter zu beobachtender eher laxer

Umgang mit forschungsmethodischen Standards
wurde durch drei Aspekte befördert:

1. Ein Grund liegt im Selbstverständnis Sozialer Ar-
    beit (vgl. oben), für und mit den Adressat(inn)en
    tätig zu werden. Dadurch wurde immer wieder
    eine Vermischung von Wissenschaft und Praxis
    befördert. Dies gilt insbesondere auch für die For-
    schungen in den (stark politisch ausgerichteten)
    1970er Jahren, in denen wesentliche Grundsteine
    für die Soziale Arbeit als Wissenschaftsdisziplin
    gelegt wurden. Oftmals wurde hier der politische
    Anspruch über die Frage nach methodischen
    Standards und intersubjektiv nachprüfbaren For-
    schungsergebnissen gestellt zugunsten einer dy-
    namischen, eng mit der Profession Sozialer Arbeit
    verwobenen Forschung. Jedoch stellen Praxis und
    Forschung „je eigene Sphären und soziale Ord-
    nungen" (Hamburger 2005, 47) dar, die jeweils
    unterschiedlichen Geltungsansprüchen unterlie-
    gen und damit nur sehr begrenzt kompatibel sind.

2. Die Alltagsnähe qualitativer Sozialforschung sug-
    geriert, dass ihre Methoden relativ einfach und
    ohne spezielle Ausbildung anzuwenden seien (im
    Unterschied zu quantitativen Verfahren, die „kom-
    pliziertes Rechnen" erfordern). Dies führt (bis
    heute) immer wieder dazu, dass sich „Forschende"
    ohne ausreichende Kenntnisse über Standards und
    Probleme der Datenerhebung und -auswertung
    bzw. der methodologischen Grundlagen und Be-
    gründungen ins Feld begeben. Die häufige Kritik
    an der „Subjektivität" und „Willkürlichkeit" quali-
    tativer Forschung basiert leider oft genug darauf,
    dass (nicht nur in der Sozialen Arbeit) immer wie-
    der Studien entstehen, die den Standards qualita-
    tiver Forschung nicht genügen.

3. Durch die disziplinäre Logik Sozialer Arbeit rangiert
    „häufig das Thema und der Gegenstand vor der
    Methode" (Rauschenbach / Thole 1998, 15). Auch
    wenn hier durchaus und gerade die Chance be-
    gründet ist, dass ein „thematisch-gegenstandsan-
    gemessener Blick" (Rauschenbach / Thole 1998,
    15) möglich wird, birgt er doch auch die Gefahr,
    dass methodische und methodologische Fragen als
    eher randständig betrachtet und nicht angemes-
    sen berücksichtigt werden. Dies findet letztlich sei-
    nen Niederschlag in der Qualität der Forschungs-
    ergebnisse und führt immer wieder dazu, alte / neue
    Angriffsflächen im interdisziplinären Diskurs zu
    produzieren.

Aktuelle Entwicklungen qualitativer Forschung

In den letzten Jahren hat sich die qualitative Forschungslandschaft grundlegend verändert: Zahlreiche qualitative Studien wurden vorgelegt, die teilweise höchsten Ansprüchen und Gütekriterien qualitativer Sozialforschung gerecht werden und es entwickelt sich eine neue, innovative Zusammenarbeit empirischer Ansätze, die sowohl qualitative und quantitative Methoden miteinander kombinieren, wie auch die verschiedensten Möglichkeiten der Triangulation anwenden. Qualitative Forschungen finden wir heute in allen Bereichen der Sozialen Arbeit von Forschungen in der Kinder- und Jugendhilfe, über speziellere Themen wie Wohnungslosenhilfe, Drogenarbeit, Altenarbeit bis hin zur Klinischen Sozialarbeit (vgl. die Beiträge in Bock/Miethe 2010). Auch wenn empirische Forschung im Kontext der Sozialen Arbeit nach wie vor noch kein „grundsätzlicher, systematisch strukturierter Teil der disziplinären Auseinandersetzung" ist (Schweppe/Thole 2005, 8), greifen diese Studien auf das gesamte Methodenspektrum der qualitativen Sozialforschung zurück, wobei seit einigen Jahren eine verstärkte Orientierung am interpretativen Paradigma festzustellen ist (Jakob 1997, 150). Doch die Vielzahl der in den letzten Jahren erschienenen Studien eröffnet nicht nur eine sich breit und variantenreich entwickelnde Forschungslandschaft, sondern sie macht es schwer, eine klare Systematisierung vorzunehmen. Zunehmend überschneiden sich die Forschungsbereiche und relevante Studien finden zunehmend auch in den Nachbardisziplinen einen neuen Ort, genauso wie immer wieder auch Forschung aus den Nachbardisziplinen rezipiert wird, so diese auch Anregungen für die Soziale Arbeit implizieren. Durch neue Forschungsfelder und -themen wird auch eine neue Unübersichtlichkeit (mit)produziert.

1999 hat Werner Thole eine Differenzierung der verschiedenen Forschungsbereiche in der Sozialen Arbeit vorgeschlagen: Damals unterschied er genuin sozialpädagogische Forschung, sozialwissenschaftliche Forschungen mit sozialpädagogischer Relevanz und verdeckte sozialpädagogische Forschung (Thole 1999). Inzwischen wurde eine etwas anders gelagerte Einteilung in den Diskurs eingeführt (Miethe 2007; Völter 2008; Miethe/Bock 2010). Im Hinblick auf das Erkenntnisinteresse und die damit verbundene theoretische und methodische Grundlogik lassen sich demnach im Kern drei verschiedene Anwendungen qualitativer Forschungsmethoden in der Sozialen Arbeit differenzieren: (a) eine sozialwissenschaftliche Forschung, zu der sowohl eine planungs- und anwendungsorientierte Praxis- und Handlungsforschung als auch eine analytische und grundlagentheoretische Sozialforschung gezählt werden können; (b) die Anwendung qualitativer Methoden als Methoden der professionellen Praxis Sozialer Arbeit selbst und (c) (ethnografisch inspirierte) Methoden der Selbstreflexion und Selbstbeforschung in Ausbildung und Praxis. Diese drei Anwendungsbereiche sollen wenigstens knapp vorgestellt werden (ausführlich Miethe 2007; Völter 2008):

Forschung in der Sozialen Arbeit als sozialwissenschaftliche Forschung

Der Bereich der sozialwissenschaftlichen Forschung ist inzwischen ausgesprochen ausdifferenziert und bezieht sich auf alle Arbeitsfelder der Sozialen Arbeit, zu denen Studien im Bereich der Kinder- und Jugendhilfe, Familien- und Altenhilfe, Armuts- und Randgruppenforschung, Mädchen- und Frauenforschung genauso zählen wie Studien, die sich z.B. mit Fragen der Professionalisierung oder mit der Untersuchung von Organisationen der Sozialen Arbeit beschäftigen (hilfreich als Überblick: Jakob 1997). In dieser Forschungsrichtung existieren keine Methoden, die als genuin sozialpädagogische oder sozialarbeiterische bezeichnet werden könnten (auch Maier 1999, 54), vielmehr wird auf Erhebungs- und Auswertungsverfahren zurückgegriffen, wie sie zumeist innerhalb der Soziologie entwickelt wurden. Dazu zählen v.a. das von Fritz Schütze und seinen Mitarbeitern entwickelte narrationsanalytische Verfahren (hierfür bspw. Riemann 2000; Bock 2000; Schlabs 2007), das von Oevermann erarbeitete Konzept der Objektiven Hermeneutik (etwa Kraimer 1994; 2007; Oevermann 2001); das von Ralf Bohnsack entwickelte Verfahren der dokumentarischen Interpretation (z.B. Streblow 2005; Kutscher 2003; Kubisch 2008), die Methode der hermeneutischen Fallrekonstruktion nach Rosenthal (etwa Köttig 2004; Loch 2006; Schulze 2006) ebenso wie inhaltsanalytische (etwa Gahleitner 2005) und ethnomethodologische Verfahren (etwa Messmer 2007; Bock 2009). Zu einer sozialpädagogischen bzw. sozialarbeiterischen Forschung werden diese Studien also weniger durch die verwendeten Erhebungs- und Auswertungsverfahren als vielmehr durch das jeweils spezifische Erkenntnisinteresse, den „sozialpädagogischen Blick", der als systematisierende Forschungsfragestellung zugrunde gelegt wird bzw. durch die Kontextualisierung der Ergebnisse innerhalb des Fachdiskurses. Dagegen spielen die noch in den 1970er Jahren häufig zum Einsatz kommenden Ansätze der Aktions- und Handlungsforschung heute nur noch eine randständige Rolle (Jakob 1997; Hering 2010).

Sozialwissenschaftliche Forschung in der Sozialen Arbeit umfasst zwei Bereiche, die sich differenzieren lassen in die stärker auf die Handlungspraxis bezogenen verschiedenen Formen von Evaluations-, Begleit-, Handlungs- und Verwendungsforschung und in eine Grundlagenforschung, die auf komplexere Verfahren zurückgreift und auch Themen untersucht, die nicht auf den ersten Blick als praxisrelevant erscheinen. Zielrichtung dieser Forschung – und darin unterscheidet sie sich von den beiden im Folgenden dargestellten Bereichen – ist ein *theoretisches* Erkenntnisinteresse, sei dies nun im Sinne einer gegenstandsbezogenen Theoriebildung oder aber im Versuch der Anschlussfähigkeit an spezifische formale Theorien. Genauer: Das Hauptinteresse liegt nicht darin, unmittelbar praxisrelevant verwertbar zu sein und den Untersuchten einen Nutzen aus der Forschung zu ermöglichen, sondern Ziel ist es, einen Beitrag zum wissenschaftlichen Diskurs zu leisten. Letztlich ist eine Professionalisierung und Verwissenschaftlichung der Sozialen Arbeit konstitutiv damit verbunden, dass diese Disziplin ihre eigene Forschung und auch ihre eigene Grundlagenforschung durchführt. Der Ausbau dieses Bereichs befördert somit unmittelbar die disziplinäre und professionelle Weiterentwicklung der Sozialen Arbeit (auch Otto et al. 2003).

Qualitative Forschungsmethoden als Methoden der professionellen Praxis

Im Unterschied zu den sozialwissenschaftlichen Studien, deren Fokus auf einem theoretischen Erkenntnisinteresse basiert, erfolgt im Bereich qualitativer Forschungsmethoden als Methoden der professionellen Praxis eine Ausrichtung auf die konkrete *Handlungspraxis*. Qualitative Forschungsmethoden werden hier so modifiziert, dass sie für die konkrete Handlungspraxis nutzbar gemacht werden und führen so zu einer Erweiterung des bisherigen (Handlungs)methodenspektrums. Zwar bleibt hier die Grundlogik des qualitativen Forschens erhalten (z. B. die sequenzielle Interpretation, die offenen Erzählstimuli oder aber die Grundlogik von Fallrekonstruktionen; ausführlich Völter 2008), doch diese Verfahren werden so abgekürzt, dass sie auch unter dem Zeitdruck der Praxis als Methoden der Diagnostik und Intervention anwendbar sind. Gleichwohl reduziert sich dieser Bereich nicht auf sog. „Abkürzungsstrategien" (Schütze 1994, 280 ff.), sondern hier haben sich gerade in der Kombination unterschiedlicher Herangehensweisen eigenständige, neue Verfahren entwickelt.

Auch wenn sich dieser Bereich erst in jüngster Zeit systematisch zu entwickeln und auszudifferenzieren beginnt, existieren inzwischen doch genügend Ansätze in dieser Richtung, die es rechtfertigen, diesem Bereich künftig größere Aufmerksamkeit zu schenken. In einem etwas engeren Verständnis von Forschung (Lüders 1998, 119 ff.) wird dieser Bereich nicht in erster Linie als genuine Forschung, sondern vielmehr als forschungsorientierte Handlungspraxis betrachtet. Doch vielleicht liegt gerade hier, im Grenzbereich zwischen Forschung / Theorie und Praxis / Politik, eine spezifische Chance für die Weiterentwicklung der Praxis und damit auch der Disziplin Sozialer Arbeit. Denn auch wenn Theorie und Praxis grundsätzlich verschiedene Sphären bzw. Spannungsfelder darstellen, die nicht ohne Weiteres vermischt werden können und grundsätzlich verschiedenen Logiken folgen (Mollenhauer 1998; Hamburger 2005), evoziert die Forschungspraxis eine eigene Logik: Hier lässt es sich teilweise nicht vermeiden, immer wieder durch empirische Studien das Feld mit zu verändern; ebenso wie gerade aus dieser Vermischung ausgesprochen innovative Fragestellungen und Forschungsansätze entstehen können (Miethe 2007). Das zeigt sich nicht nur in gegenwärtigen handlungsorientierten Forschungsanstrengungen, sondern geht auch klar aus der Tradition der forschenden Sozialarbeit hervor. Wichtig ist allerdings, die Bereiche klar zu beschreiben, die jeweiligen Logiken zu verdeutlichen und den Einsatz auf diejenigen Bereiche zu beschränken, für die sie auch entwickelt wurden. So kann aufgezeigt werden, wie Forschungsmethoden konkrete Handlungspraxis beeinflussen können und gleichsam lassen sich die Grenzen zwischen diesen beiden Bereichen definieren.

Qualitative Methoden als Methoden der Selbstreflexion und Selbstbeforschung

Letztlich finden qualitative Forschungsmethoden in der Ausbildung der Sozialen Arbeit Anwendung. Die damit verbundene Zielstellung ist eine doppelte: Hier geht es in erster Linie darum, Forschungsmethoden zunächst einmal kennen zu lernen, um auf diese Weise einen kritischen Blick auf empirische Studien entwickeln zu können und daran anschließend in die Lage versetzt zu werden, kleine Forschungsprojekte durchzuführen. Dieser (eher als klassische Methodenausbildung zu bezeichnende) Bereich beinhaltet jedoch nur einen geringen Teil des darin liegenden Potenzials. Sehr viel wichtiger gerade auch für die Praxis der Sozialen Arbeit ist derjenige Bereich, der inzwischen unter dem Begriff des „forschenden Lernens" Eingang in den Fachdiskurs gefunden hat. Denn in diesem Bereich geht es nicht nur bzw. nicht in erster Linie um die Vermittlung von Forschungsmethodik, sondern diese werden hier zu didaktischen Modellen, um die eigene Praxis kritisch reflektieren, verstehen und Handlungsalternativen überlegen zu können (Riemann 2009).

Im Unterschied zu den beiden zuvor beschriebenen Bereichen geht es also bei den qualitativen Forschungsmethoden als Selbstreflexion und Selbstbeforschung weniger darum, ein für die Praxis unmittelbar handlungsrelevantes Instrumentarium zu entwickeln oder zu wissenschaftlich interessanten Ergebnissen zu kommen. Sondern hier geht es um die Entwicklung eines professionellen Habitus, durch und mit dem eine forschende Haltung als professionelle Grundhaltung in die Praxis der Sozialen Arbeit übernommen wird. Das heißt, die Zielrichtung dieses Bereiches liegt in der *Entwicklung eines professionellen Habitus* – und dies sowohl für angehende ForscherInnen als auch für angehende PraktikerInnen in der Sozialen Arbeit.

Stellten Rauschenbach und Thole noch im Jahr 1998 fest, dass „eine eigenständige Debatte zu sozialpädagogischen, oder besser: zu sozialpädagogisch relevanten Forschungsmethoden, zu fachlich vertretbaren Forschungsdesigns und zu gegenstandsangemessenen Forschungszugängen (…) bislang nicht auszumachen" sei (Rauschenbach/Thole 1998, 15), hat sich diese Situation inzwischen verändert: Qualitative Forschung(smethoden) haben innerhalb der Disziplin einen festen Platz erobert und einen breiten Diskurs entfacht. Hiermit wird darauf verwiesen, wie wichtig empirische Theorietraditionen für eine „forschende Disziplin" Soziale Arbeit ist, die sich ihrer Wurzeln in ihrem ganzen Ausmaß bewusst wird. Und vielleicht eröffnet die Rückbesinnung auf fast vergessene empirische Zugänge der Sozialarbeit wie der Sozialpädagogik den innovativen Neuanfang einer empirisch informierten wie theoretisch fundierten Sozialen Arbeit, die sich ihrer „vergessenen Zusammenhänge" wieder stärker bewusst wird.

Literatur

Anderson, N. (1923/2002): The Hobo. The Sociology of the Homeless Man. In: Löschper, G., Meuser, M. (Hrsg.): Disziplinäre Orientierungen III: Qualitative Kriminologie, Bd.3 (1) (2002): Forum Qualitative Sozialforschung. In: http://www.qualitative-research.net/index.php/fqs/issue/view/23, 29.05.09

Baum, M. (1906): Drei Klassen von Lohnarbeiterinnen in Industrie und Handel der Stadt Karlsruhe. Braunsche Hofbuchdruckerei, Karlsruhe

–, Westerkamp, A. (1931): Rhythmus des Familienlebens. Deutsche Akademie für soziale und pädagogische Frauenberufe, Berlin

Bernays, M. (1910): Auslese und Anpassung der Arbeiterschaft der geschlossenen Großindustrie. Duncker und Humblot, Leipzig

Bock, K. (2009): Kinderalltag-Kinderwelten. Barbara Budrich, Opladen/Farmington Hills

– (2000): Politische Sozialisation in der Drei-Generationen-Familie. Leske + Budrich, Opladen

–, Miethe, I. (Hrsg.) (2010): Handbuch Qualitative Methoden in der Sozialen Arbeit. Barbara Budrich, Opladen/Farmington Hills

Böhnisch, L. (1998): Sozialpädagogische Sozialforschung. In: Rauschenbach, Th., Thole, W. (Hrsg.): Sozialpädagogische Forschung. Juventa, Weinheim/München, 97–111

Bohnsack, R. (2005): „Social Worlds" und „Natural Histories". Zeitschrift für qualitative Bildungs-, Beratungs- und Sozialforschung (ZBBS) 1, 105–127

Bulmer, M. (1984): The Chicago School of Sociology: Institutionalization, Diversity, and the Rise of Sociological Research. University of Chicago Press, Chicago

–, Bales, K., Sklar, K. K. (Hrsg.) (1991): The Social Survey 1880–1940. Cambridge University Press, Cambridge

Carey, J. T. (1975): Sociology and Public Affairs. The Chicago School. Vol. 16. Sage Library of Social Research. Beverly Hills / London

Cavan, R. S. (1928): Suicide. University of Chicago Press, Chicago

Chapoulie, J.-M. (2004): Using the History of the Chicago Tradition of Sociology for Empirical Research. The Annals of the American Academy of Political and Social Science 596, 157–167

Chicago Commission of Race Relations (1922): The Negro in Chicago: A Study of Race Relations and a Race Riot. University of Chicago Press, Chicago

Deegan, M. J. (1988): Jane Addams and the Men of the Chicago School, 1892–1918. Transaction Publ., New Brunswick / Oxford

Dudek, P. (1990): Jugend als Objekt der Wissenschaft. VS Verlag, Opladen

Gahleitner, S. B. (2005): Doppelt hinschauen. In: Mayring, P., Gläser-Zikuda, M. (Hrsg.): Die Praxis der Qualitativen Inhaltsanalyse. UTB, Weinheim, 151–161

Giebeler, C., Fischer, W., Goblirsch, M., Miethe, I., Riemann, G. (Hrsg.) (2007): Fallverstehen und Fallstudien. Interdisziplinäre Beiträge zur rekonstruktiven Sozialarbeitsforschung. Budrich, Opladen

Gnauck-Kühne, E. (1896): Die Lage der Arbeiterinnen in der Berliner Papierwaren-Industrie. Duncker und Humblot, Leipzig

Göhre, P. (1891 / 1906): Drei Monate Fabrikarbeiter und Handwerksbursche. Gütersloher Verlagshaus Mohn, Gütersloh

Grunert, C. (2002): Methoden und Ergebnisse der qualitativen Kindheits- und Jugendforschung. In: Krüger, H.-H., Grunert, C. (Hrsg.): Handbuch Kindheits- und Jugendforschung. VS Verlag, Opladen, 225–248

Hamburger, F. (2005): Forschung und Praxis. In: Schweppe, C., Thole, W. (Hrsg.): Sozialpädagogik als forschende Disziplin. Juventa, Weinheim / München, 35–48

Haupert, B., Kraimer, K. (1991): Die disziplinäre Heimatlosigkeit der Sozialpädagogik / Sozialarbeit. neue praxis 2, 106–121

Hering, S. (2010): Aktionsforschung. In: Bock, K., Miethe, I. (Hrsg.), 269–276

Hildenbrand, B. (2010): Familienrekonstruktion. In: Bock, K., Miethe, I. (Hrsg.), 240–246

Hoff, W. (2010): Traditionen der Sozialarbeit. In: Bock, K., Miethe, I. (Hrsg.), 75–87

Jakob, G. (1997): Sozialpädagogische Forschung. In: Jakob, G. Wensierski, H.-J. v. (Hrsg.), 125–160

–, Wensierski, H.-J. v. (Hrsg.) (1997): Rekonstruktive Sozialpädagogik. Juventa, Weinheim / München

Kempf, R. (1911): Das Leben der jungen Fabrikmädchen in München. Duncker und Humblot, Leipzig

Köttig, M. (2004): Lebensgeschichten rechtsextrem orientierter Mädchen und junger Frauen. Psychosozial Verlag, Gießen

Kraimer, K. (2007): „Form & Stoff" der Fallrekonstruktion. In: Giebeler, C., Fischer, W., Goblirsch, M., Miethe, I., Riemann, G. (Hrsg) Fallverstehen und Fallstudien. Barbara Budrich, Opladen / Farmington Hills, 35–51

– (2000): Die Fallrekonstruktion – Bezüge, Konzepte, Perspektiven. In: Kraimer, K. (Hrsg.): Die Fallrekonstruktion. Suhrkamp, Frankfurt / M., 23–57

– (1994): Die Welt als Text: Zum Projekt einer hermeneutisch-rekonstruktiven Sozialwissenschaft In: Garz, D., Kraimer, K. (Hrsg.): Die Welt als Text. Suhrkamp, Frankfurt / M., 7–22

Krolzig, G. (1930): Der Jugendliche in der Großstadtfamilie. Deutsche Akademie für soziale und pädagogische Frauenberufe, Berlin

Krüger, H.-H. (2000): Stichwort: Qualitative Forschung in der Erziehungswissenschaft. Zeitschrift für Erziehungswissenschaft 3, 323–342

–, Grunert, C. (2009): Geschichte und Perspektiven der Kindheits- und Jugendforschung. In: Krüger, H.-H., Grunert, C. (Hrsg.): Handbuch Kindheits- und Jugendforschung. 2. Aufl. VS Verlag, Wiesbaden, 11–40

–, Siebholz, S. (2010): Traditionen aus der Jugendforschung. In: Bock, K., Miethe, I. (Hrsg.), 88–97

Kubisch, S. (2008): Habituelle Konstruktion sozialer Differenz. VS Verlag, Wiesbaden

Kutscher, N. (2003): Moralische Begründungsstrukturen professionellen Handelns in der Sozialen Arbeit: eine empirische Untersuchung zu normativen Deutungs- und Orientierungsmustern in der Jugendhilfe. Dissertation. Bielefeld. In: http://bieson.ub.uni-bielefeld.de/volltexte/2003/406, 28.05.09

Landesco, J. (1929): Organized Crime in Chicago. Part III of The Illinois Crime Survey 1929. Chicago University Press, Chicago

Loch, U. (2006): Sexualisierte Gewalt in Kriegs- und Nachkriegskindheiten. Budrich, Opladen

Lüders, Ch. (1998): Sozialpädagogische Forschung – was ist das? In: Rauschenbach, Th., Thole, W. (Hrsg.): Sozialpädagogische Forschung. Juventa, Weinheim / München, 113–132

Maier, K. (Hrsg.) (1999): Forschung an Fachhochschulen für Soziale Arbeit. FEL-Verlag, Freiburg i. Br.

Messmer, H. (2007): Jugendhilfe zwischen Qualität und Kosteneffizienz. VS Verlag, Wiesbaden

Meuter, H. (1932): Heimlosigkeit und Familienleben. Deutsche Akademie für soziale und pädagogische Frauenberufe, Eberswalde b. Berlin

Meyer-Renschhausen, E. (2004): Unter dem Müll der Acker – Community Gardens in New York City. Helmer, Königstein i. T.

– (1994): Soziologie, soziale Arbeit und Frauenbewegung – eine Art Familiengeschichte. Feministische Studien 1, 18–32

Miethe, I. (2010): Die „Chicagoer Schule": Die Beziehungen zur Sozialen Arbeit und die Bedeutung für die rekonstruktive Forschung. In: Bock, K., Miethe, I. (Hrsg.), 65–74

– (2009): Forschungsethik. In: Friebertshäuser, B., Prengel, A. (Hrsg.): Handbuch qualitative Methoden in der Erziehungswissenschaft. Juventa, Weinheim, 929–939

– (2007): Rekonstruktion und Intervention. Zur Geschichte und Funktion eines schwierigen und innovativen Verhältnisses. In: Miethe, Fischer, Giebeler, Goblirsch, Riemann (Hrsg.), 9–33

–, Bock, K. (2010): Einleitung. In: Bock, K., Miethe, I. (Hrsg.), 9–19

–, Fischer, W., Giebeler, C., Goblirsch, M., Riemann, G. (Hrsg.) (2007): Rekonstruktion und Intervention. Band 4. Budrich, Opladen

Mollenhauer, K. (1998): „Sozialpädagogische" Forschung. Eine thematisch-theoretische Skizze. In: Rauschenbach, T, Thole, W. (Hrsg.), 29–46

Müller, C. W. (2006): Wie Helfen zum Beruf wurde. 4. Aufl. Juventa, Weinheim

Oevermann, U. (2001): Strukturprobleme supervisorischer Praxis: eine objektiv hermeneutische Sequenzanalyse zur Überprüfung der Professionalisierungstheorie. Humanities Online, Frankfurt / M.

Otto, H.-U., Oelerich, G., Micheel, H.-G. (Hrsg.) (2003): Empirische Forschung und Soziale Arbeit. Ernst Reinhardt, München / Basel

Platt, J. (1994): The Chicago School and Firsthand Data. History of the Human Sciences 7, 57–80

Rauschenbach, T., Thole, W. (Hrsg.) (1998): Sozialpädagogische Forschung. Juventa, Weinheim / München

Residents of Hull-House (Hrsg.) (2007): Hull-House Maps and Papers. University of Illinois Press, Chicago

Riemann, G. (2009): Der Beitrag interaktionistischer Fallanalysen professionellen Handelns zur sozialwissenschaftlichen Fundierung und Selbstkritik der Sozialen Arbeit. In: Becker-Lenz, R., Busse, S., Ehlert, G., Müller, S. (Hrsg.): Professionalität in der Sozialen Arbeit. VS Verlag, Wiesbaden, 287–305

– (2003): Chicagoer Schule. In: Bohnsack, R., Marotzki, W., Meuser, M. (Hrsg.): Hauptbegriffe qualitativer Sozialforschung. Leske + Budrich, Opladen, 26–29

– (2000): Die Arbeit in der sozialpädagogischen Familienberatung. Juventa, Weinheim / München

Roth, H., Thiersch, H. (Hrsg.) (1967): Erziehungswissenschaft, Erziehungsfeld und Lehrerbildung: gesammelte Abhandlungen 1957–1967. Roth Verlag, Hannover

Sachße, Ch. (1986): Mütterlichkeit als Beruf. Suhrkamp, Frankfurt / M.

Schlabs, S. (2007): Schuldnerinnen – eine biografische Untersuchung. Barbara Budrich, Opladen / Farmington Hills

Schrapper, Ch. (Hrsg.) (2004): Sozialpädagogische Forschungspraxis. Juventa, Weinheim / München

Schütze, F. (1994): Ethnographie und sozialwissenschaftliche Methoden der Feldforschung. Eine mögliche methodische Orientierung in der Ausbildung und Praxis der Sozialen Arbeit? In: Groddeck, N., Schumann, M. (Hrsg.): Modernisierung Sozialer Arbeit durch Methodenentwicklung und -reflexion. Lambertus, Freiburg i. Br., 189–297

– (1987): Symbolischer Interaktionismus (Symbolic Interactionism). In: Ammon, U., Dittmar, N., Mattheier, K. J. (Hrsg.): Sociolinguistics – Soziolinguistik. De Gruyter, Berlin / New York, 520–552

Schulze, H. (2006): Migrieren – Arbeiten – Krankwerden. Eine biographietheoretische Untersuchung. Transcript, Bielefeld

Schweppe, C. (Hrsg.) (2003): Qualitative Forschung in der Sozialpädagogik. VS Verlag, Opladen

–, Thole, W. (Hrsg.) (2005): Sozialpädagogik als forschende Disziplin. Juventa, Weinheim / München

Shaw, C. R. (1929): Delinquency Areas. Chicago University Press, Chicago

Steinert, E., Thiele, G. (2008): Sozialarbeitsforschung für Studium und Praxis. 2. Aufl. Peter Lang, Köln

Streblow, C. (2005): Schulsozialarbeit und Lebenswelten Jugendlicher. Budrich, Opladen

Thole, W. (1999): Die Sozialpädagogik und ihre Forschung. neue praxis 3, 224–244

Thomas, W. I., Znaniecki, F. (1958): The Polish Peasant in Europe and America. 2 Bde. 2. Aufl. University of Illinois Press, New York (Neuausg. der 2. Aufl. von 1928, zuerst 1918-1920)

Thrasher, F. (1928 / 1963): The Gang. A Study of 1313 Gangs in Chicago. University of Chicago Press, Chicago / London

Völter, B. (2008): Verstehende Soziale Arbeit. Forum Qualitative Sozialforschung (FQS) 1. In: http://www.qualitative-research.net/fqs-texte/1-08/08-1-56-d.htm, 02.09.09

Wensierski, H.-J. v. (1997): Verstehende Sozialpädagogik. In: Jakob, G., Wensierski, H.-J. v. (Hrsg.), 77–124

Wettstein-Adelt, M. (1893): 3 ½ Monate Fabrik-Arbeiterin. Leiser, Berlin

Wichern, J. H. (1958): Hamburgs wahres und geheimes Volksleben (1832 / 33), hrsg. von Peter Meinhold. University of Chicago Press, Berlin, 32–46

Winkler, M. (2010): Geisteswissenschaftliche Traditionslinien. In: Bock, K., Miethe, I. (Hrsg.), 23–38

Wirth, L. (1928): The Ghetto. University of Chicago Press, Chicago / London

Zorbaugh, H. W. (1929): The Gold Coast and the Slum. University of Chicago Press, Chicago / London

Quantitative Forschung

Von Heinz-Günter Micheel

Grundlage quantitativer Sozialforschung

Das Erkenntnisinteresse der „quantitativen" empirischen Sozialforschung ist die Erforschung sozialer Sachverhalte auf der Ebene von Aggregaten; es geht darum, Muster von Regelmäßigkeiten in der sozialen Realität zu finden (Babbie 2007, 11 ff.). Die Existenz solcher Muster wird als real angesehen, auch wenn solche Muster nicht perfekt sind. „Quantitative" empirische Sozialforschung folgt einer – an die Naturwissenschaft angelehnten – nomothetischen Wissenschaftslogik. Nomothetisch ist die Bezeichnung für eine Wissenschaftsrichtung, die sich mit der Erforschung von allgemeingültigen Gesetzmäßigkeiten beschäftigt. Die soziale Realität zeichnet sich aber eher durch – nicht so perfekte aber doch allgemeingültige – Regelmäßigkeiten denn durch – perfekte – Gesetzmäßigkeiten aus. Somit wird im Folgenden der Begriff Regelmäßigkeit verwendet. Wenn soziale Regelmäßigkeiten existieren, können Sozialwissenschaftler sie aufdecken und ihre Effekte beobachten. Auch wenn sich solche Regelmäßigkeiten über die Zeit verändern, können Sozialwissenschaftler dies beobachten.

Die sozialen Regelmäßigkeiten, die Sozialwissenschaftler allgemein untersuchen, beeinflussen das kollektive Verhalten von vielen Individuen. Wenngleich Sozialwissenschaftler häufig die Motivationen, die Individuen beeinflussen, untersuchen, ist das Individuum an sich nicht der eigentliche Gegenstand der Sozialwissenschaft. Stattdessen erstellen Sozialwissenschaftler Theorien über den Sinn des Zusammenlebens von Gruppen, und nicht so sehr – wenn überhaupt – den von Individuen.

Manchmal sind die kollektiven Regelmäßigkeiten verwunderlich (Babbie 2007, 13 f.). Nehmen wir z. B. die Geburtenrate. Frauen haben viele persönliche Gründe, um Kinder zu bekommen. Und wenn eine Frau ein Kind bekommen hat, kann sie eine sehr detaillierte, ganz eigene Geschichte darüber erzählen. Dennoch, trotz einer Vielzahl an Gründen, und den immer sehr eigenen Beweggründen, ein Kind zu bekommen, sind die Geburtenraten in einer Gesellschaft auffällig konstant. Dies ist ein Beispiel dafür, dass die soziale Realität sehr geordnet und geregelt verläuft. Und noch mehr: Diese soziale Regelmäßigkeit geschieht ohne eine gesellschaftsweite Regulierung. Anderseits unterscheiden sich die Geburtenraten zwischen verschiedenen Ländern sehr deutlich. Das heißt wiederum, dass die relative konsistente Geburtenrate einer Gesellschaft keine humanbiologischen Gründe hat. Die Antwort liegt in dem Bereich von sozialer Struktur und Kultur einer Gesellschaft.

In diesem Sinne sind der Gegenstand empirischer Forschung typischerweise Aggregate oder Kollektive, und eben nicht – oder sehr selten – Individuen. Sozialwissenschaftliche Theorie beschäftigt sich also typischerweise mit aggregierten und eben nicht individuellen Verhalten. Das Ziel ist zu erklären, warum aggregierte Muster von Verhalten so regelmäßig sind, selbst wenn die Individuen, die an dem Verhalten beteiligt sind, über die Zeit wechseln. Mann kann sagen, dass „quantitative" Sozialwissenschaftler nicht versuchen, Individuen zu erklären. Sie versuchen, die Systeme zu verstehen, in denen Individuen handeln: die Systeme, die erklären, warum Individuen tun, was sie tun. Die Elemente in solchen Systemen sind nicht Individuen sondern Variablen.

Otto/Thiersch (Hg.), Handbuch Soziale Arbeit, 4. A., DOI 10.2378/ot4a.art120,
© 2011 by Ernst Reinhardt, GmbH & Co KG, Verlag, München

Variablen

Quantitative empirische Sozialforschung bezieht sich auf die Untersuchung von Variablen und deren Verhältnis untereinander. Hier besteht der Gegensatz zur qualitativen Sozialforschung, in der man versucht, menschliches Verhalten aus der subjektiven Perspektive eines Individuums (d. h. eines Falles) zu verstehen, dabei bezieht sich die qualitative Sozialforschung auf die Studie von Fällen, nicht von Variablen. Letztendlich ist aber jede soziale Theorie in einer Variablensprache geschrieben. Eine Variable ist ganz allgemein ein „veränderliches" Merkmal (z. B. Geschlecht). Merkmale gruppieren Ausprägungen anhand von logischen Zuordnungen. Individuen sind dabei nur als Träger dieser Merkmale bzw. Variablen beteiligt. Merkmale bzw. Variablen sind wiederum die Träger von Merkmalsausprägungen oder auch Werten. Merkmalsausprägungen sind Eigenschaften, die ein Objekt, also Individuen, Gruppen oder Gegenstände (sog. Merkmalsträger) beschreiben (z. B. „Anna ist ein Mädchen", dann ist „Anna" der Merkmalsträger, das Merkmal ist das „Geschlecht" und die Ausprägung ist „weiblich"). Das Merkmal bzw. die Variable „Geschlecht" hat die Ausprägungen „männlich" und „weiblich". Variablen müssen mindestens zwei Ausprägungen haben; d. h., sie müssen variieren können (deshalb „veränderliches" Merkmal). Ein Merkmal mit nur einer Ausprägung bezeichnet man als Konstante. Ein Merkmal mit genau zwei Ausprägungen bezeichnet man als dichotome Variable. Ausprägungen bestimmter Merkmale bzw. Variablen werden üblicherweise Zahlen zugeordnet, um eine statistische Funktion durchzuführen. So kann der Ausprägung „männlich" der Variable Geschlecht die Zahl „1", der Ausprägung „weiblich" die Zahl „2" zugeordnet werden.

Eine dichotome Variable mit den Ausprägungen 1 und 0 wird als Dummy- oder binäre Variable bezeichnet: Eine Ausprägung liegt vor (=1) oder liegt nicht vor (=0). Dies ist eine sog. ja-nein-Variable (z. B. möchte man bei der Befragung einer großen Gruppe von Arbeitnehmern alle Mitglieder einer Gewerkschaft kennzeichnen, sie erhalten die Ausprägung „1", weil sie Gewerkschaftsmitglieder sind, alle anderen bekommen die Ausprägung „0" zugewiesen).

Die Zuordnung einer Zahl zu einer Merkmalsausprägung wird als Codierung bezeichnet; entsprechend wird die Zahl dann als Code (oft auch als Wert) bezeichnet. Die Zuordnung einer Zahl geschieht nicht willkürlich, sondern nach logischen Regeln.

Variablen können aufgrund ihrer unterschiedlichen theoretischen und / oder statistischen Funktion definiert werden. Eine wichtige Unterscheidung ist die zwischen unabhängigen und abhängigen Variablen. Eine unabhängige Variable ist eine Variable, deren Werte in einer Analyse als gegeben angenommen werden. Von einer unabhängigen Variable wird angenommen, dass sie eine abhängige Variable erklärt oder bestimmt. So kann mit der unabhängigen Variable „Geschlecht" die abhängige Variable „Delinquenz von Jugendlichen" (z. B. mit den Ausprägungen keine, niedrige, mittlere oder hohe Delinquenz) nicht perfekt, aber mit einer gewissen Wahrscheinlichkeit erklärt werden. Das Prinzip lautet: die Ausprägung der Variable Delinquenz hängt mit einer bestimmten Wahrscheinlichkeit von der Ausprägung der Variable Geschlecht ab. Darum nennen wir Delinquenz abhängige und Geschlecht unabhängige Variable. In manchen Fällen mag es möglich sein, die Abhängigkeit der Variablen umzudrehen, aber es leuchtet in diesem Fall auf den ersten Blick ein, dass eine Theorie, die von einer umgekehrten Kausalität ausgeht, nicht naheliegend ist: Wie sollte auch das Geschlecht einer Person von ihrem delinquenten Verhalten abhängen? So einfach ist aber bei manchen Zusammenhängen die Unterscheidung nicht immer zu treffen.

Die Variable „Geschlecht" ist wiederum eine manifeste, d. h. direkt beobachtbare Variable. Die Variable „Delinquenz von Jugendlichen" ist dagegen eine latente, nicht direkt beobachtbare Variable. Soziale Sachverhalte werden in der Regel nicht direkt, sondern indirekt beobachtet. Latente Variablen sind Konstrukte, die aus mehreren (also mindestens zwei) direkt beobachtbaren (manifesten) Variablen (sog. Indikatoren) bestehen.

Die Variablen „Geschlecht" und „Delinquenz von Jugendlichen" oder die Zahl der „Mitglieder einer Familie" sind diskrete Variablen. Bei einer diskreten Variable sind nur ganzzahlige Werte möglich: Es sind folglich Werte, die abzählbar endlich, beispielsweise die Zahl der „Mitglieder einer Familie", oder abzählbar unendlich sind, beispielsweise bei einem Fußballspieler die Zahl der Torschüsse, bis er ein Tor schießt. Wenn eine Variable in jedem beliebig kleinen Intervall nicht mehr abzählbar unendlich viele Werte annehmen kann, wird sie als stetige Variable bezeichnet. In der sozialwissenschaftlichen Forschungspraxis können auch stetige Merkmale oft nur diskret beobachtet werden, da Messverfahren nicht beliebig genau sind. Das Lebensalter ist z. B. ein stetiges Merkmal, das (rein theoretisch) auf die Millisekunde oder noch genauer angegeben werden kann. In der Praxis wird jedoch das Alter in ganzen Jahren, evtl. noch in Monaten gemessen. Misst man das Alter ganzzahlig in Jahren, wird in der sozialwissenschaftlichen Forschungspraxis die Variable als diskret bezeichnet; misst man das Alter mit Nachkommastellen, beispielsweise Fritz ist 10,6 Jahre alt, wird die Variable als stetig (bzw. auch kontinuierlich) bezeichnet.

Ziele empirischer Sozialforschung

Die Erklärung von sozialen Sachverhalten ist das theoretisch primäre Ziel von quantitativer empirischer Sozialforschung. Weitere Ziele sind die Exploration und Beschreibung sozialer Sachverhalte. Die Ziele empirischer Sozialforschung sind somit die Exploration, Beschreibung und Erklärung sozialer Sachverhalte auf der Ebene von Aggregaten. Exploration als eigenständiges wichtiges Ziel „quantitativer" Sozialforschung zu benennen entspricht der vorherrschenden Forschungspraxis, jedoch wird ihre reale Bedeutung in der empirischen Sozialforschung in der deutschsprachigen sozialwissenschaftlichen Methodenliteratur nicht immer ausreichend gewürdigt. Explorative Studien werden in den Sozialwissenschaften vielfältig angewandt. Ein exploratives Vorgehen wählt man, wenn das Forschungsfeld nicht hinreichend bekannt oder gänzlich unbekannt ist. Das Forschungsfeld muss in solch einem Fall zuerst erkundet werden, um mehr oder weniger systematisch Informationen zu sammeln, die anschließend zur Beschreibung sozialer Sachverhalte oder zur Formulierung von Forschungsfragen sowie von Hypothesen verwendet werden können. Explorative Studien verwendet man sehr oft dazu, soziale Sachverhalte besser zu verstehen, aber auch um neue Methoden, Konzepte und Theorien zu entwickeln. Die Exploration kann hierbei das alleinige Ziel sein, häufig wird sie aber in Verbindung mit weiterführenden Studien durchgeführt, in denen es um die Beschreibung

sozialer Sachverhalte und / oder deren Erklärung geht. Explorationen werden dabei auch als Vorstudien durchgeführt, aber da sich Forschungsprozesse in der Praxis selten streng an systematischen Vorgaben orientieren, sondern eher komplex und iterativ sind, werden in der empirischen Sozialforschung Exploration, Beschreibung und Erklärung sinnvollerweise sehr oft wechselseitig miteinander kombiniert.

Soziale Sachverhalte zu beschreiben ist wohl die häufigste Form angewandter empirischer Sozialforschung. Im Mittelpunkt solcher Untersuchungen stehen die vier „W-Fragen „was", „wer", „wo" und „wie": Was sind die von Müttern gewünschten Betreuungszeiten in Kindergärten bzw. Kindertagesstätten? Wer bezieht Sozialhilfe in Deutschland? Wo finden sich die meisten verarmten Haushalte in Deutschland? Oder, wie ist die soziale Lage von alleinerziehenden Frauen in Deutschland? Die Antworten geben uns Sozialstatistiken, Sozialberichte und Sozialsurveys, die mit Methoden der quantitativen empirischen Sozialforschung von Behörden im Rahmen der amtlichen Statistik oder durch die Wissenschaft erstellt werden.

Sehr oft lassen sich explorative und beschreibende Studien nicht voneinander trennen: Fragen, wie sich Bevölkerungsteile voneinander nach Milieus, Lebensstile oder Lebenslagen abgrenzen lassen, waren in den letzten Jahren in der empirischen Sozialforschung sehr populär. Die Ergebnisse solcher Studien sind Beschreibungen, z. B. die prozentualen Anteile unterschiedlicher soziokultureller Milieus an der Bevölkerung. Die Abgrenzung der Milieus voneinander und die Bestimmung der Anzahl der Milieus kann jedoch nur, da unbekannt, explorativ ermittelt werden. So lassen sich z. B. Milieus von Jugendlichen danach beschreiben, wie hoch der Anteil von delinquenten Jugendlichen in den einzelnen Milieus ist.

Die Frage „warum es in bestimmten Milieus vermehrt delinquente Jugendliche gibt" unterscheidet sich von den „vier-W" Fragen der Beschreibung sozialer Sachverhalte. Sie zielt nicht auf eine bloße Beschreibung eines Sachverhaltes ab, sondern hat eine Erklärung zum Ziel. Erklärung bedeutet hier, Gründe (Ursachen) anzugeben, die für einen bestimmten sozialen Sachverhalt (Wirkung) verantwortlich sind. Um soziale Sachverhalte zu erklären, ist daher immer eine „warum"-Frage notwendig, d. h. die Frage nach den Gründen, die etwas verursacht haben. Das Ziel ist hierbei die Überprüfung von Theorien über mögliche Zusammenhänge zwischen Ursachen und Wirkungen. Will man eine Theorie überprüfen, muss man entsprechende Hypothesen, d. h. Kausalaussagen aufstellen, in denen der Zusammenhang benannt ist, die dann in der Forschung überprüft werden können. Mit Hypothesen werden kausale Beziehungen, d. h. Ursache-Wirkungs-Verhältnisse, überprüft.

Nomothetische Kausalität

Es geht dabei darum, einige Faktoren (unabhängige Variable) zu finden, die viele Variationen in einem gegebenen Phänomen (abhängige Variable) erklären. Es geht dabei immer um Wahrscheinlichkeiten, nie um eine vollständige Erklärung. Es handelt sich somit um ein vergleichsweise offenes Modell, wodurch es eher zu Missverständnissen und Fehlinterpretationen kommen kann. Es geht um die Frage, wie die Ausprägungen der einen Variable die Ausprägungen einer anderen Variable verursachen. Es geht um die Kriterien nomothetischer Kausalität (Babbie 2007, 90 ff.; Balnaves / Caputi 2001, 40 ff.).

Eine nomothetische Kausalität meint das Vorliegen eines gesetzmäßigen Wirkungszusammenhangs (Korrelation) zwischen zwei Variablen in der Weise, dass eine Variable x (unabhängige Variable) unter bestimmten Bedingungen eine Variable y (abhängige Variable) mit Notwendigkeit verursacht, wobei die Ursache x der Wirkung y zeitlich vorausgeht und y niemals eintritt, ohne dass vorher x eingetreten ist, wobei der Wirkungszusammenhang nicht durch eine dritte intervenierende Variable z verursacht sein darf.

Eine nomothetische Erklärung ist immer eine Wahrscheinlichkeitsaussage; d. h. dass die Kausalität nur teilweise und nie vollständig (kann für die Sozialwissenschaft ausgeschlossen werden) erklärt wird. Die Gewaltbereitschaft von Jugendlichen kann nur teilweise erklärt werden: z. B. durch Peer / Gangmitgliedschaft, Alter, Geschlecht, Sozialraum, elterliche Gewalt.

In nomothetischen Erklärungen widerlegen Ausnahmen nicht den kausalen Zusammenhang. Ein Beispiel: Für die USA ist herausgefunden worden, dass Frauen religiöser sind als Männer: Die Annahme, dass Geschlecht eine Ursache für die Religiösität ist, selbst wenn sich einzelne Frauen finden, die weniger religiös sind als Männer, bleibt bestehen.

Ein kausaler Zusammenhang kann auch bestehen, auch wenn er nicht für die Mehrheit der Fälle zutrifft. Ein Beispiel: Man kann sagen, dass Kinder, die nach der Schule nicht betreut werden, eher delinquent werden als Kinder, die betreut werden. Gemäß dem nomothetischen Erklärungsmodell lässt sich das Fehlen von Betreuung als eine Ursache für delinquentes Verhalten deuten: Dieser kausale Zusammenhang bleibt bestehen, auch wenn nur wenige der nicht betreuten Kinder delinquent werden, d. h. solange es mehr delinquente nichtbetreute Kinder als delinquente betreute Kinder gibt.

Prognose

Neben der Exploration, Beschreibung und Erklärung wird teilweise auch in der Prognose von sozialen Sachverhalten ein eigenständiges Ziel empirischer Sozialforschung gesehen. Prognosen sind ein unterschätztes Ziel in der empirischen Sozialforschung. Prognosen beziehen sich auf das (noch nicht stattgefundene) Eintreten von uns interessierenden Sachverhalten. Sehr oft ist dieses Interesse auf zukünftige Entwicklungen ausgerichtet: z. B. wie viel Betreuungsplätze für Kinder von drei bis sechs Jahren brauchen wir im Jahr 2015? Aber auch die Antwort auf folgende Frage ist eine Prognose: Was wäre, wenn es weniger statt mehr erzieherische Maßnahmen für delinquente Jugendliche geben würde? Wäre dann mit einer höheren oder niedrigeren Rückfallwahrscheinlichkeit zu rechen? Prognosen und Erklärungen sind beides Wahrscheinlichkeitsschätzungen anhand von Kausal-Modellen und sie stehen in einem engen Verhältnis zueinander. Statistische Wahrscheinlichkeiten sind gleichzeitig immer auch Prognosen. Und somit unterliegen sowohl Erklärungen als auch Prognosen – aus analytisch-nomothetischer Sichtweise – der gleichen Logik. Prognosen kann man demnach als Spezialfall von Erklärung ansehen.

Evaluation: kein eigenständiges Ziel

Teilweise werden auch Evaluationen wie Explorationen, Beschreibungen, Erklärungen und Prognosen als Ziel von empirischer Sozialforschung genannt; dies führt eher zu Missverständnissen, da Evaluationen nur eine spezielle Untersuchungsform sind, in der es um die Überprüfung und Bewertung von insbesondere politisch-administrativer Programme anhand von Beschreibung und / oder Erklärung geht. Eine Evaluation, die auf der Grundlage von Daten, die mit den Methoden der empirischen Sozialforschung gewonnen und interpretiert und abschließend bewertet wird, wird als Evaluationsforschung bzw. auch Programmforschung bezeichnet (Babbie 2007, 348 ff.; Bortz / Döring 2006, 95 ff.).

Forschungsprozess

Das Ziel empirischer Forschung ist immer abhängig von dem Forschungsproblem, d. h. einer Forschungsfrage bzw. mehrerer Forschungsfragen, dem sich ein Wissenschaftler stellt. Das Forschungsproblem steht immer am Anfang einer empirischen Studie und somit eines Forschungsprozesses. Forschungsprozesse werden in der Regel als ein hierarchischer schrittweiser Ablauf dargestellt: Beginnend mit der Auswahl des Forschungsproblems und endend mit der Veröffentlichung der Forschungsergebnisse (Babbie 2007, 107 ff.; Schnell et al. 2008, 7 ff.). In der Forschungspraxis ist es aber selten ein systematischer Ablauf, sondern meist ein höchst verzahnter und iterativer Prozess: Es wird zwischen den Phasen vor und zurückgesprungen, Korrekturen werden im Nachhinein vorgenommen und bestimmte Abläufe mehrfach – z. B. aufgrund vorliegender Ergebnisse – wiederholt.

Forschungsfragen

Forschungsfragen, als erster Schritt des Forschungsprozesses, ergeben sich aus Interessen und Ideen eines Sozialforschers bzw. eines Teams von Sozialforschern oder aus der Vorgabe durch Auftraggeber wie der Wirtschaft, Politik oder unterschiedlicher sozialer evtl. auch kultureller Institutionen und Organisationen (wie z. B. Kirche, Gewerkschaften, Wohlfahrtsverbänden). Ein Forschungsproblem kann sehr begrenzt und eindeutig sein, aber auch sehr komplex oder weniger konkret. Mit dem Forschungsproblem und dem daraus resultierenden Ziel einer empirischen Studie (Exploration und / oder Beschreibung und / oder Erklärung und / oder Prognose) ist besonders auch die Komplexität der weiteren Schritte des Forschungsprozesses vorgegeben. Insbesondere bei Auftragsforschung existieren begrenzte und eindeutige Forschungsfragen, die den Forschungsprozess in hohem Maße reglementieren.

Theoriebildung

In einem nächsten Schritt werden Forschungsfragen in dem Kontext zu wissenschaftlichen Theorien gestellt: Es reicht nicht aus, ein Interesse oder eine Idee für ein Forschungsproblem zu haben. Soziale Sachverhalte, die man untersuchen möchte, müssen immer in Theorien eingebunden werden. Theorie ist kein eindeutiger Begriff. Aber zuerst einmal, was eine Theorie nicht ist: Eine Theorie besteht nicht darin, über einen Sachverhalt gelehrig zu philosophieren oder Glauben und Meinungen zu einem Sachverhalt zu äußern; sondern eine Theorie hat etwas damit zu tun, was ist, d. h. sie bezieht sich auf empirische Beobachtungen oder Erfahrungen. Damit ist auch gemeint, dass eine Theorie sich nicht damit beschäftigt, was sein sollte, also normative Aussagen trifft, sondern aus Existenzaussagen und Aussagen über logische Zusammenhänge besteht. In diesem Sinne haben Theorien den Anspruch Sachverhalte zu erklären (zur Debatte: Mackert 2006, 61 ff.). Diese Erklärung muss schließlich an der Realität überprüfbar sein, d. h. eine Korrespondenz in der empirischen Wirklichkeit finden, ansonsten wäre sie wertlos. Eine Theorie, die unüberprüfbare Aussagen enthält, ist für die Wissenschaft nutzlos (bspw. eine Theorie, die als Ursache für bestimmte Phänomene „Gottes Willen" angibt, wäre unbrauchbar, da man Gott in der Regel keinen Sozialforscher vorbei schicken kann, der ihn über seinen Willen befragen könnte). Eine Theorie ist die systematische und nachvollziehbare Annahme für eine Beobachtung, die sich auf reale Sachverhalte bezieht. Anhand einer Theorie kann man reale Sachverhalte beschreiben, erklären und verstehen. Dies trifft zuerst einmal sowohl auf den Alltag als auch auf die Wissenschaft zu. Wissenschaftliche Theorien unterscheiden sich jedoch zum einen von Alltagstheorien dadurch, dass sie sich auf eindeutig definierte Begriffe beziehen und zum anderen vor allem auch dadurch, dass sie auf Werturteile verzichten (Babbie 2007, 10 f.). Wissenschaft hat keine Wertedebatte zu führen; es ist nicht ihre Aufgabe, Moral und Weltanschauung zu verbreiten, z. B. nicht zu entscheiden, ob der Liberalismus oder der Sozialismus wünschenswerter ist.

Ein Beispiel für eine Theoriebildung, ausgehend von der Forschungsfrage „Gründe für eine frühe Familiengründung": Es können zwei sich in diesem Fall widersprechende Theorien zur Erfassung der Kontingenz von Lebenslaufstrukturen herangezogen werden: Erstens die historische Kontingenz, die auf den Sachverhalt abzielt, dass individuelle Lebensläufe durch sozialstrukturelle, ungleiche Lebenschancen begrenzt werden; zweitens die individuelle Kontingenz, die betont, dass Lebensläufe vor allem durch flexible und selbstverantwortliche Handlungsoptionen der Individuen geprägt sind. Anhand der beiden Theorien können zwei gegensätzliche Hypothesen aufgestellt werden: Zum einen: Die Entscheidung für eine frühe Familiengründung ist als Ausdruck von Opportunitätskosten für Arbeitsmarktchancen zu sehen, in dem sich sozialstrukturelle, ungleiche Lebenschancen widerspiegeln; zum anderen: die Entscheidung für eine frühe Familiengründung ist das Ergebnis einer eigenen Lebensplanung von flexibel und selbstverantwortlich handelnden Individuen (Micheel 2006; Schaeper / Kühn 2000).

Sind für die Forschungsfragen keine entsprechenden Theorien vorhanden bzw. unzureichend, müssen sie entwickelt werden.

Konzeptualisierung, Operationalisierung und Messen

Forschungsfragen, selbst wenn sie adäquat in bestehende Theorien eingebunden sind, müssen notwendigerweise weiterverarbeitet werden, damit sie für ein Forschungsprojekt handhabbar werden. Die Forschungsfrage bedarf der Konzeptualisierungen und Operationalisierungen. Bei der Konzeptualisierung geht es um die theoretische Klärung von Begriffen und Konzepten. In der Wissenschaft benutzt man oft Begriffe, die nicht eindeutig definiert sind, z. B. in der Soziologie den Begriff „Familiengründung": Die Bedeutung solcher, nicht eindeutigen Begriffe muss vorab, auch in Abgrenzung zu anderen Begriffen, geklärt werden. Als Beispiel eine Definition für „Familiengründung": Es ist eine Lebensform, die mit der Geburt des ersten Kindes beginnt.

Unter Operationalisierung versteht man die Übersetzung von theoretischen Begriffen und Konzepten in empirische Messinstrumente, d. h., dass man genaue Anweisungen zum Messen von beobachtbaren Sachverhalten (Indikatoren), die mit einem theoretischen Konzept verknüpft sind, angibt. Beispielsweise ist es nicht sinnvoll, in einem Fragebogen lediglich die Forschungsfrage zu notieren und darauf zu hoffen, von den Befragten die „richtige" Antwort zu erhalten, sondern aus der Forschungsfrage einzelne Indikatoren zu entwickeln, deren Beantwortung die ursprüngliche Forschungsfrage erhellt.

Dabei wird schon oft Bezug genommen auf wen oder was ich erhebe, welche genaue Erhebungstechnik ich anwende, wie ist der Zeitaspekt der Erhebung (z. B. die Länge eines Interviews). Unter Berücksichtigung dieser Umstände kann ich relevante Indikatoren bestimmen, andere Indikatoren wiederum schon ausschließen. In der Forschungspraxis bleiben an dieser Stelle die Operationalisierungen sehr grob, die Messanweisungen sehr ungenau; erst im weiteren Forschungsprozess, bei der Konstruktion des Erhebungsinstrumentes, werden die Messanweisungen oft präziser.

Zum Vorgang der Operationalisierung gehört es, die Variablen zu definieren, die Merkmalsausprägungen festzulegen und den Merkmalsausprägungen Zahlen zuzuweisen. Zu diesem Vorgang wurde bereits im Abschnitt zu den Variablen Bezug genommen. Dort wurden auch bestimmte Regeln zum Bilden von Variablen dargestellt. Außerdem wurden Variablen aufgrund ihrer unterschiedlichen theoretischen und / oder statistischen Funktion definiert. Dies soll im Folgenden erweitert werden. In der empirischen Sozialforschung werden die Regeln für die Zuweisung von Zahlen / Codes zu den Ausprägungen der Variablen als Messanweisungen bezeichnet.

Das Erheben von Daten anhand dieser Variablen ist das eigentliche Messen von sozialen Sachverhalten. Je nachdem wie, das heißt, auf welchem Messniveau soziale Sachverhalte gemessen werden, können mathematische und statistische Verfahren in der Datenanalyse angewandt werden. In der empirischen Sozialforschung werden Variablen anhand der drei verschiedenen Messniveaus nominal, ordinal und metrisch soziale Sachverhalte erhoben. Nominale Variablen (sog. Nominalskalen) entsprechen dem niedrigsten Messniveau und dienen zur Klassifikation qualitativer Merkmale. Gegenüber einer Nominalskala, die nur Informationen über Gleichheit bzw. Ungleichheit von Merkmalsträgern enthält, ermöglicht die Ordinalskala (ordinale Variable) auch eine Rangordnung (z. B. größer als bzw. kleiner als) von Merkmalsträgern. Eine Ordinalskala steht bei den Messniveaus eine Stufe über der Nominalskala. Eine metrische Skala ist eine Variable, die quantitative Werte wiedergibt. Sie liegt beim Messniveau über der Nominal- und der Originalskala. Eine metrische Variable unterteilt sich immer in gleich große Intervalle. Von der Höhe des Messniveaus ist es abhängig, welche statistischen Verfahren durchgeführt werden können. Je höher das Messniveau einer Skala, umso mehr mathematische Verfahren können angewendet werden.

Es ist notwendig darauf hinzuweisen, dass diese in den Sozialwissenschaften übliche Klassifizierung von Messniveaus, insbesondere unter dem Aspekt hier nicht weiter ausgeführten kritischen Anmerkungen, mit einer gewissen Vorsicht gesehen werden muss; sie kann nur als grobe Orientierung gesehen werden (zur ausführlichen Ableitung der Messniveaus: Bortz / Döring 2006, 65 ff.; Kromrey 2006, 218 ff.; Schnell et al. 2008, 138 ff., 52 ff.; kritisch dazu Rohwer / Pötter 2002, 134; Velleman / Wilkinson 1993; kritisch zusammenfassend Micheel 2005, 104 ff.).

Erhebungsmethoden und -design

Gleichzeitig, d. h. wechselseitig abhängig von den Operationalisierungen, müssen die Erhebungsmethoden festgelegt werden, also ob z. B. standardisierte Befragungen oder Beobachtungen oder die Erhebung prozessproduzierter Daten, d. h. Daten, die im Rahmen der Tätigkeit öffentlicher und privater Institutionen aufgezeichnet werden (eine für die Forschung im Felde der Sozialen Arbeit besonders wichtige, aber bisher auch unzureichend genutzte Datenquelle), durchgeführt werden sollen. Zeitgleich muss entschieden werden, ob man die Daten selber erhebt oder auf sekundär erhobene Daten zurückgreift, ob dies z. B. mit Querschnitts- oder Längsschnittanalysen gemacht werden soll: In der sozialwissenschaftlichen Forschungspraxis dominieren Querschnittsanalysen. Querschnittsanalysen sind aber nicht unproblematisch: In der empirischen Sozialforschung geht es vor allem um verallgemeinerbare Aussagen über soziale Prozesse. Soziale Prozesse lassen sich natürlich nur über die Zeit beschreiben und / oder erklären. Dazu benötigt man Beobachtungen über die Zeit, Aussagen mit einer Momentaufnahme auf der Zeitachse können zu erheblichen Fehlinterpretationen führen. Zeit ist nicht nur ein wichtiger Aspekt um verallgemeinerbare Aussagen über Prozesse machen zu können, Zeit benötigt man aber auch für Forschungen, Zeit, die aus unterschiedlichen Gründen sehr oft nicht zur Verfügung steht: zum einen drängt die Zeit, weil – aus welchen vielen Gründen auch immer – Forschungsergebnisse schnell vorliegen sollen, zum anderen kostet Zeit in der Forschung viel Personal und Aufwand, Personal und Aufwand kostet Geld: Geld, das sehr oft für Längsschnittstudien nicht in angemessener Form zur Verfügung steht.

Des Weiteren muss auch festgelegt werden, ob unterschiedliche Untersuchungsformen miteinander verknüpft werden, wie z. B. die Verbindung von quantitativen Methoden mit ergänzenden qualitativen Methoden, oder auch, ob es sich z. B. um eine Evaluationsstudie handelt, für die spezielle Längsschnittdesigns mit Kontrollgruppen notwendig sind.

Erhebungseinheiten und deren Auswahl

In Abhängigkeit vom Forschungsproblem stellt sich die Frage, wen oder was wir untersuchen wollen. Es gibt bezüglich dieser Frage praktisch keine Grenzen, „wen" oder „was" wir untersuchen wollen (Babbie 2007, 94 ff.): In der empirischen Sozialforschung sind die typischen Untersuchungseinheiten vor allem einzelne Individuen, d. h. einzelne Personen. Es werden praktisch nie alle möglichen Individuen, d. h. sämtliche Bevölkerungsgruppen, in einer Untersuchung befragt. So werden bei allgemeinen Bevölkerungsumfragen in der Regel Personen ab dem 18. Lebensjahr befragt. Oft sind die Untersuchungseinheit nur Teilpopulationen: z. B. Kinder und Jugendliche.

In einem nächsten Schritt muss entschieden werden, was für eine Stichprobe benötigt wird, und wie diese am besten gezogen wird (Babbie 2007, 179 ff.; Kromrey 2006, 265 ff.; Schnell et al. 2008, 265 ff.). Bei der Erforschung sozialer Sachverhalte werden sehr selten die Daten sämtlicher Personen (Elemente) einer Grundgesamtheit erhoben, und somit eine Vollerhebung durchgeführt. Dies ist technisch in der Regel nur machbar, wenn die Anzahl der Personen einer Grundgesamtheit sehr gering ist (z. B. sämtliche Jugendamtsleiter in Deutschland); der technische und finanzielle Aufwand wäre bei einer allgemeinen Bevölkerungsumfrage viel zu hoch (eine Ausnahme wäre eine Volkszählung). So werden in der Regel nur die Daten einer Teilmenge (einen Teil der Elemente) der Grundgesamtheit erhoben (Teilerhebung). Dies geschieht nach bestimmten Regeln. Diese Teilmenge der Grundgesamtheit wird als Stichprobe oder Auswahl (oder oft auch englisch Sample) bezeichnet. Dabei unterscheiden wir zwischen zwei Arten von Auswahlverfahren: einer zufallsgesteuerten und einer nicht zufallsgesteuerten Auswahl.

Da es in der empirischen Forschung vor allem um eine Verallgemeinerung der Beschreibung, Erklärung und Prognose sozialer Sachverhalte geht, ist die Stichprobenauswahl und -ziehung eine der wichtigsten Entscheidungen im Forschungsprozess. Verallgemeinerung bedeutet in der quantitativen Sozialforschung – innerhalb definierter Fehlergrenzen – Rückschlüsse von der Verteilung bestimmter Merkmale und Zusammenhänge in der Stichprobe auf die Verteilung bestimmter Merkmale und Zusammenhänge in der Grundgesamtheit zu ziehen: Dies ist gleichbedeutend mit dem, was allgemein als „Repräsentativität" bezeichnet wird. „Repräsentativität" wird auch als Eigenschaft einer Zufallsstichprobe bezeichnet. Eine zufallsgesteuerte Auswahl (Zufallsauswahl, Zufallsstichprobe) muss so erfolgen, dass jedes Element einer – bekannten und genau definierten – Grundgesamtheit die gleiche oder eine berechenbare Auswahlwahrscheinlichkeit (die größer Null ist) hat, in die Stichprobe zu gelangen. Dieser

Aspekt gilt für alle zufallsgesteuerten Auswahlverfahren, die üblicherweise in einfache Zufallsstichproben, geschichtete Zufallsstichproben, Klumpenstichproben und mehrstufige Auswahlverfahren unterschieden werden.

Für eine nicht zufallsgesteuerte bzw. eine nicht auf Wahrscheinlichkeiten bezogene (nichtprobabilistische) Auswahl gibt es unterschiedliche Gründe: Es kann sein, dass die Grundgesamtheit nicht bekannt ist, man nur zur reinen Exploration (nicht zur Verallgemeinerung) die Daten weniger Personen oder auch besonderer Personen (Experten) erheben möchte bzw. auch nur geringe technische und finanzielle Mittel zur Verfügung hat, um eine Zufallsauswahl durchzuführen. Man kann vier Arten einer nicht zufallsgesteuerten Auswahl unterscheiden: die willkürliche Auswahl, die bewusste Auswahl, das Schneeballverfahren und die Quotenstichprobe. Zu Exploration sozialer Sachverhalte kann eine nicht zufallsgesteuerte Auswahl sinnvoll sein, zur Beschreibung und Erklärung sozialer Sachverhalte ist sie ein wenig geeignetes Mittel.

Forschungsantrag

An dieser Stelle des Forschungsprozesses sollte es zu einer abschließenden Formulierung und Präzisierung des Forschungsproblems und teilweisen Planung des weiteren Forschungsablaufs gekommen sein: Das Resultat ist dann üblicherweise ein Forschungsantrag. Forschungsanträge werden vor allem an die Deutsche Forschungsgemeinschaft (www.dfg.de), aber auch – für Forschung im Feld der sozialen Arbeit nicht unwichtig – an Politik und Verbände und eher selten an die Wirtschaft gestellt. In welchem Umfang – und ob überhaupt – die geplante Studie durchgeführt werden kann, hängt dann zum einen von einer positiven Begutachtung ab, und zum weiteren insbesondere von dem bewilligten Budget und evtl. Fesseln, die einem von Gutachtern angelegt werden. Die weiteren Phasen des Forschungsprozesses können sinnvollerweise nicht vorab konkret bestimmt werden.

Datenerhebung

Kommt es zur Realisierung des Forschungsvorhabens, ist die Entwicklung von genauen Messinstrumenten, d. h. die Konstruktion des Erhebungsinstrumentes, eine vorrangige Aufgabe; die Konstruktion des Erhebungsinstrumentes ist abhängig von der Datenerhebungsmethode. In der quantitativen empirischen Sozialforschung ist das standardisierte Interview die sehr dominante Methode. Weitere Methoden sind die standardisierte Erhebung von prozessproduzierten Daten und die standardisierte Beobachtung. Der Fragebogen ist das Standarderhebungsinstrument. Bei standardisierten Befragungen sind bei Planung und Entwurf des Fragebogens drei Fragen, die sich auf die Konstruktion von Fragen und Antwortvorgaben beziehen, wichtig: Es sind die Fragen nach der Art von Informationen, die erhoben werden sollen, der formalen Struktur von Fragen und Antwortvorgaben und der inhaltlichen Struktur von Fragen und Antwortvorgaben (Schnell et al. 2008, 325 ff.; Simmons 2008, 189 ff.). Weitere Kriterien für die Fragebogenkonstruktion sind die Platzierungen von Fragen (wie Einleitungsfragen, soziodemographische Fragen, sensible Fragen, Halo-Effekt, Überleitungs- oder Vorbereitungsfragen) und die Durchführung von Pretests, um den Fragebogen auf mögliche Fehler zu testen. Design, Layout und Format eines Fragebogens sind in erster Linie davon abhängig, mit welcher Interviewmethode Daten erhoben werden.

D. h., gleichzeitig mit der Konstruktion des Erhebungsinstrumentes muss die Datenerhebung geplant und vorbereitet werden. Die Durchführung der Datenerhebung ist dann der nächste Schritt. Bei standardisierten persönlichen Befragungen ist der Ablauf eines Interviews durch die Struktur des Fragebogens vorgegeben. Er zeichnet sich durch eine gewisse Einfachheit aus, was die Durchführung in der Regel nicht so schwierig macht. Der Interviewer hat nur einen geringen Interpretationsspielraum. Bei persönlichen Befragungen sind Rückfragen an den Interviewer möglich. Nachteile bei persönlichen Interviews bleiben aber mögliche Einflüsse durch den Interviewer. Bei persönlichen Interviews ist zu entscheiden, ob das Interview anhand eines gedruckten Fragebogens (PAPI-Interview: Paper And Pencil Interview) oder computerunterstützend als Face-to-Face-Interview (CAPI-Interview: Computer Assisted Personal Interview) bzw. Telefoninterview, fast ausschließlich computerunterstützend durchgeführt (CATI-Interview: Computer Assisted Telefon Interviews), stattfindet. Die Entscheidung für die Art der Durchführung eines Interviews ist immer eine Abwägung zwischen der besten Methode (abhängig von Fragestellung und Zielgruppe), den anfallenden Kosten und Zugang zum Feld.

Datenanalyse

Bevor Daten analysiert werden können, müssen sie aufbereitet werden. Die Datenaufbereitung beginnt mit der Datenkodierung und -erfassung. In einem nächsten Schritt müssen die Daten bereinigt werden. Wie aufwendig dieser Prozess ist, ist vor allem davon abhängig, wie ich meine Daten erhoben habe, bzw. wie ich sie erfasst habe. Die Datenaufbereitung kann, muss aber nicht ein aufwendiger Prozess sein. Daten werden inzwischen in hohem Maße computerunterstützt erhoben; somit werden die Daten dabei überwiegend fehlerfrei erfasst. Müssen die Daten noch nach dem Interview (mit einem Papierfragebogen) erfasst werden, ist der Prozess erheblich aufwändiger. Nachdem die Daten erhoben worden und aufbereitet sind, können sie per computergestützter Datenanalyse ausgewertet werden.

Die Datenanalyse schaut nach Mustern in Beobachtungen, und vergleicht, wenn es angebracht ist, das, was logisch erwartet wird mit dem, was aktuell beobachtet wird. Dies ist in der Regel der zeitaufwändigste Prozess in der empirischen Sozialforschung. Auch die Datenanalyse ist bei Weitem nicht so systematisch, wie man es vielleicht vermuten könnte. Sind die zu beschreibenden sozialen Sachverhalte oder die zu überprüfenden sozialwissenschaftlichen Theorien begrenzt und / oder eindeutig, ist die Datenanalyse weniger aufwändig. In der Regel ist die Datenanalyse aber ein hoch komplexer und iterativer Prozess. Der Forscher lernt zuerst seine Daten anhand univariater und bivariater Verteilungen kennen und zu lesen. Dann setzt er sie in Bezug zu seinen Fragen und hofft, Antworten zu finden. Dazu muss er seine Daten – auch immer wieder neu – strukturieren und reduzieren: Die Datenreduktion und -strukturierung wird häufig anhand multivariater deskriptiver

Verfahren, die sehr stark induktiv vorgehen, und den Forschern sehr viele Handlungsspielräume lassen, vorgenommen. Diese so reduzierten und strukturierten Daten werden anschließend in Beziehung zu den Forschungsfragen gestellt.

Wesentliche Fragestellungen lassen sich nur anhand von statistischen Verfahren, die mehrere Variablen miteinander in Beziehung setzen, untersuchen. Die einfachste Form ist der Vergleich von zwei Variablen miteinander (bivariate statistische Methoden). Die bivariate Statistik dient der Beschreibung des Zusammenhanges zwischen zwei Merkmalen (z. B. Jugenddelinquenz und Geschlecht; Alter und Einkommen). Wenn diskrete Variablen nur eine begrenzte Anzahl von Merkmalsausprägungen haben, werden sie sehr häufig anhand einer zweidimensionalen Häufigkeitsverteilung als Grafik oder Tabelle verglichen. Ob zwischen zwei Variablen ein Zusammenhang besteht, kann anhand von statistischen Maßzahlen, die den Zusammenhang zwischen zwei Variablen beschreiben, überprüft werden. Die durch statistische Maßzahlen (Koeffizienten) beschriebenen Zusammenhänge zwischen zwei Variablen werden als Korrelation bezeichnet. Die Wahl des Korrelationskoeffizienten hängt vom Messniveau der Variablen ab, d. h. ob sie nominal, ordinal oder metrisch sind. Überprüft man den Zusammenhang zwischen zwei metrischen oder ordinalen Variablen, können die Korrelationskoeffizienten einen Wert zwischen minimal −1 und maximal +1 annehmen, wobei −1 einen perfekten negativen (je größer die Ausprägungen in der Variable x, desto kleiner die Ausprägungen in der Variable y) und +1 einen perfekten positiven (je größer die Ausprägungen in der Variable x, desto größer die Ausprägungen in der Variable y) Zusammenhang bezeichnet. Überprüft man den Zusammenhang zwischen zwei nominalen Variablen, können die Korrelationskoeffizienten einen Wert zwischen minimal 0 und maximal 1 annehmen. Vergleicht man Variablen mit unterschiedlichen Messniveaus, muss der Korrelationskoeffizient für die Variable mit dem niedrigeren Messniveau herangezogen werden. Wichtigste Korrelationskoeffizienten sind bei zwei nominalen Variablen Cramer's V, bei zwei ordinalen Variablen Kendalls Tau-b und bei zwei metrischen Variablen die Produkt-Moment-Korrelation r (auch Bravais- Pearson Korrelationskoeffizient genannt) (Benninghaus 2007, 81 ff.;

Bortz 2005, 227 ff.; Kühnel / Krebs 2007, 354 ff.; Wirtz / Nachtigall 2006, 145 ff.).

Anhand der multivariaten (auch multiplen) Statistik wird der Zusammenhang zwischen drei und mehr Variablen (z. B. Jugenddelinquenz, Geschlecht und Alter; Einkommen, Alter, Geschlecht und Bildung) betrachtet. Es geht darum, die gegenseitige Struktur dieser Variablen, d. h. der Daten, zu untersuchen. Man kann dabei zwischen strukturentdeckenden und strukturprüfenden Verfahren unterscheiden.

Strukturentdeckende oder datenreduzierende Verfahren sind explorative multivariate Verfahren. Es gibt grundsätzlich zwei Zielrichtungen für eine multivariate explorative Datenanalyse: Dies ist zum einen die Dimensionierung (Indexbildung) von Variablen, sog. variablenbezogene multivariate Verfahren wie insbesondere Faktorenanalyse (Kim / Mueller 1978a, 1978b; Reyment / Jöreskog 1993) und Hauptkomponentenanalyse (Jolliffe 1986; Jackson 1991) und zum anderen die Typisierung von Objekten, sog. objektbezogene multivariate Verfahren wie insbesondere die Clusteranalyse (Micheel 2003; sehr ausführlich: Bacher 1996).

Strukturprüfende Verfahren dienen dazu, die Einflüsse mehrerer (unabhängiger) Variablen auf eine oder mehrere zu erklärende (abhängige) Variablen zu untersuchen. Mit strukturprüfenden Verfahren werden überwiegend Kausalanalysen gerechnet; dies bedingt, dass vorab theoretische Annahmen (insbesondere Hypothesen) über Zusammenhänge der zu analysierenden Variablen vorhanden sind. Deshalb werden strukturpüfende Verfahren auch als hypothesentestende Verfahren bezeichnet. Wichtige strukturprüfende Verfahren für die empirische Sozialforschung sind die lineare Regression, die logistische Regression, Strukturgleichungsmodelle (Backhaus et al. 2003), Mehrebenenanalysen (Hinz 2009; Leeuw / Meijer 2008) und Ereignisanalysen (Petersen 1991; Blossfeld / Rohwer 2002).

Kommunikation von Forschungsergebnissen

Forschung dient keinem Selbstzweck, sondern einem wissenschaftlichen Erkenntniszweck; diese Erkenntnisse sollten in der Öffentlichkeit von

Wissenschaft und Praxis kommuniziert werden. Zum einen kann man seine Ergebnisse auf Tagungen, Workshops etc. vortragen; zum anderen sollten sie in Zeitschriften und Büchern veröffentlicht werden. In der Regel ist man auch verpflichtet, einen Bericht über die gewonnen Erkenntnisse zu verfassen, und diesen seinem Auftrag-/Geldgeber vorzulegen. Innerhalb der wissenschaftlichen Community werden Veröffentlichungen in Zeitschriften, die einem Gutachtersystem (review system) unterliegen, besonders hoch angesehen; je schwieriger es ist, in einer Zeitschrift zu veröffentlichen, desto höher das Renommee. Immer mehr zählen für das wissenschaftliche Renommee eines Wissenschaftlers nur Veröffentlichungen, die in Zeitschriften erscheinen, die im „Social Sciences Citation Index" (mit ca. 2.500 Fachzeitschriften aus mehr als 50 sozialwissenschaftlichen Disziplinen: siehe http://thomsonreuters.com/products_services/science/science_products/a-z/social_sciences_citation_index, 19.05.2010), einer interdisziplinären Zitationsdatenbank, aufgenommen sind. Sozialforscher sollten ihre Ergebnisse aber auch, dies gilt für Forschung im Bereich der Sozialen Arbeit insbesondere, in die Praxis transferieren.

Literatur

Babbie, E. (2007): The Practice of Social Research. 11. Aufl. Thomson Wadsworth, Belmont, CA

Bacher, J. (1996): Clusteranalyse. 2. erg. Aufl. Oldenbourg, München/Wien

Backhaus, K., Erichson, B., Plinke, W., Weiber, R. (2003): Multivariate Analysemethoden. Eine anwendungsorientierte Einführung. 10. neu bearb. u. erw. Aufl. Springer, Berlin/Heidelberg/New York

Balnaves, M., Caputi, P. (2001): Introduction to Quantitative Research Methods. An Investigative Approach. Sage, London/Thousend Oak/New Dehli

Benninghaus, H. (2007): Deskriptive Statistik. 11. Aufl. VS Verlag, Wiesbaden

Blossfeld, H.-P., Rohwer, G. (2002): Techniques of Event History Modeling. New Approaches to Causal Analysis. 2. Aufl. Lawrence Erlbaum, Mahwah, NJ/London

Bortz, J. (2005): Statistik für Sozialwissenschaftler. 6. Aufl. Springer, Berlin/Heidelberg/New York

–, Döring, N. (2006): Forschungsmethoden und Evaluation für Human- und Sozialwissenschaftler. 4. Aufl. Springer, Berlin/Heidelberg/New York

Hinz, Th. (2009): Mehrebenenanalyse. In: Kühl, St., Strodtholz, P., Taffertshofer, A. (Hrsg.): Handbuch Methoden der Organisationsforschung. Quantitative und Qualitative Methoden. Teil 2. VS, Wiesbaden, 648–667

Jackson, J. E. (1991): A User's Guid to Principal Components. Wiley, New York u. a.

Jolliffe, I. T. (1986): Principal Component Analysis. Springer, Berlinl/Heidelberg/New York

Kim, J.-O. , Mueller, C. W. (1978a): Introduction to Factor Analysis. What It Is and How to Do It. Sage, Newbury Park u. a.

–, – (1978b): Factor Analysis. Statistical Methods and Practical Issues. Sage, Newbury Park u. a.

Kromrey, H. (2006): Empirische Sozialforschung. Modelle und Methoden der Datenerhebung und Datenauswertung. 11. überarb. Aufl. Lucius & Lucius UTB, Stuttgart

Kühnel, St.-M., Krebs, D. (2007): Statistik für die Sozialwissenschaften. Grundlagen, Methoden, Anwendungen. 4. Aufl. Rowohlt, Reinbek/Hamburg

Leeuw, J. de, Meijer, E. (Hrsg.) (2008): Handbook of Multilevel Analysis. Springer, Berlin/Heidelberg/New York

Mackert, J. (2006): Ohnmächtiger Staat? Über die sozialen Mechanismen staatlichen Handelns. VS Verlag, Wiesbaden

Micheel, H.-G. (2010): Quantitative empirische Sozialforschung. Ernst Reinhardt Verlag (UTB), München/Basel

– (2006): Der Lebenslauf in der sozialpädagogischen Forschung. Schweizerische Zeitschrift für Soziale Arbeit 1, 58–79

– (2005): Das quantitative Methodenspektrum und Soziale Arbeit. In: Schweppe, C., Thole, W. (Hrsg.): Sozialpädagogik als forschende Disziplin. Theorie, Methode, Empirie. Juventa, Weinheim/München, 97–113

– (2003): Explorative Typisierung von Ratingskalen. In: Otto, H.-U., Oelerich, G., Micheel, H.-G. (Hrsg.): Empirische Forschung und Soziale Arbeit. Ein Lehr- und Arbeitsbuch. Luchterhand, Neuwied, 401–417

Petersen, T. (1991): The Statistical Analysis of Event Histories. Sociological Methods & Research 3, 270–323

Reyment, R., Jöreskog, K. G. (1993): Applied Factor Analysis in the Natural Sciences. Cambridge University Press, Cambridge

Rohwer, G., Pötter, U. (2002): Methoden sozialwissenschaftlicher Datenkonstruktion. Juventa, Weinheim/München

Schaeper, H., Kühn, Th. (2000): Zur Rationalität familialer Entscheidungsprozesse am Beispiel des Zusammenhangs zwischen Berufsbiographie und Familiengründung. In: Heinz, W. R. (Hrsg.): Übergänge. Individualisierung, Flexibilisierung und Institutionalisierung des Lebensverlaufs. 3. Beiheft 2000 der Zeitschrift für Soziologie der Erziehung und Sozialisation. Juventa, Weinheim/München, 124–145

Schnell, R., Hill, P. B., Esser, E. (2008): Methoden der empirischen Sozialforschung. 8. Aufl., Oldenbourg, München/Wien

Simmons, R. (2008): Questionnaires. In: Gilbert, G. (Hrsg.): Researching Social Life. 3. Aufl. Sage, London / Thousend Oak / New Dehli, 182–205

Velleman, P. F., Wilkinson, L. (1993): Nominal, Ordinal, Interval and Ratio Typologies are Misleading. American Statistician 47, 65–72

Wirtz, M., Nachtigall, J. (2006): Deskriptive Statistik – Statistische Methoden für Psychologen. Teil 1., 4. Aufl. Juventa, Weinheim

Rechtsextremismus

Von Benno Hafeneger

Die Geschichte der Bundesrepublik war wiederholt mit Rechtsextremismus konfrontiert und seit Beginn der 1990er Jahre ist er zu einem politischen und wissenschaftlichen Dauerthema geworden, das auch in der schulischen und außerschulischen Pädagogik, in der Jugendarbeit und sozialen Arbeit von Bedeutung ist. Zahlreiche Studien und Erkenntnisse zeigen und belegen die zeitbezogene Vielfalt und das Ausmaß rechtsextremer Phänomene, die für die Stabilität und Entwicklung einer demokratisch-pluralistischen Gesellschaft zwar nie zu einer bedrohlichen Gefahr wurden, aber als politische Teilkultur präsent und aktiv war. Es sind vor allem die Wahlerfolge und Repräsentanz von rechtsextremen Parteien in kommunalen und Landesparlamenten, das immer wieder gemessene rechtsextreme Einstellungspotenzial in der Bevölkerung, die ideologischen und strategischen Veränderungen im rechtsextremen Lager und dann das Ausmaß an rechtsextrem motivierten Straf- und Gewalttaten, die sowohl Hinweise für Herausforderungen der Demokratie und politischen Kultur sind wie auch den Wandel des bundesdeutschen Rechtsextremismus zeigen.

Historischer Blick

Ein Blick in die Geschichte der Bundesrepublik zeigt, dass es den organisierten Rechtsextremismus als politische „Sub- und Teilkultur" und rechtsextreme Orientierungen in der Bevölkerung schon immer gegeben hat. Er war mit seinen Organisationsformen, Mitgliedern und Aktivitäten sowie Wahlergebnissen präsent und aggressiv, mit einem zyklischen „Auf und Ab" verbunden; er konnte aber die Stabilität der demokratisch verfassten Ordnung der Republik nie wirklich gefährden (Dudek/Jaschke 1984). In historisch-chronologi-

scher Perspektive lassen sich – grob – fünf Phasen unterscheiden: Es war *erstens* die Reorganisation der extremen Rechten in der Nachkriegszeit und der ersten Hälfte der 1950er Jahre mit der – dann verbotenen – „Sozialistischen Reichspartei" (SRP) als organisatorischem Zentrum, weiter gab es eine ausgeprägte rechtsextreme Jugend- und Kulturszene. Dann wurde *zweitens* in den 1960er Jahren die NPD das organisatorische Zentrum der extremen Rechten mit einer relativ großen Mitgliederzahl; sie war in sieben Landtagen vertreten und erhielt bei der Bundestagswahl 1969 4,3 % der Wählerstimmen. *Drittens* waren die 1970er Jahre dominiert von aggressiven, militanten neonazistischen Kleingruppen, die vor allem eine Verjüngung und Radikalisierung des Lagers zeigten. In den 1980er Jahren und der ersten Hälfte der 1990er Jahre gibt es *viertens* für „Republikaner", NPD und DVU zahlreiche Wahlerfolge auf kommunaler und Landesebene sowie eine weitere Differenzierung der rechtsextremen Jugendszene (z. B. die Skinheadszene). Mit dem Prozess der deutschen Einheit gibt es *fünftens* vor allem seit Mitte der 1990er Jahre vielfältige Veränderungen und Dynamiken im bundesdeutschen Rechtsextremismus, die mit Wahlerfolgen, Modernisierungen und Differenzierungen im organisierten Lager (u. a. Freie Kameradschaften, Jugendkultur) und neuen Strategie- und Ideologievarianten sowie einem anhaltend hohen Niveau von fremdenfeindlich, rechtsextrem und antisemitisch motivierten Straf- und Gewalttaten verbunden sind. Hier zeigt vor allem die maskuline Jugendkultur eine aggressive und gewaltförmige Männlichkeit, die autochthone Orientierung (Territorialverhalten etc.) mit einer allgemeinen gruppenbezogenen Menschenfeindlichkeit (gerichtet gegen Fremde, Schwule, Linke, Obdachlose etc.) verbindet.

Otto/Thiersch (Hg.), Handbuch Soziale Arbeit, 4. A., DOI 10.2378/ot4a.art121,

Rand und / oder Mitte

In der wissenschaftlichen Diskussion gibt es für den Rechtsextremismus keine allgemein anerkannte Definition. Als wesentliche Merkmale gelten „Nationalismus, Rassismus, ein autoritäres Staatsverständnis und die Ideologie der Volksgemeinschaft" (Stöss 2005, 17). Nach Jaschke (2001, 31) geht es um die

„Gesamtheit von Einstellungen, Verhaltensweisen und Aktionen, organisiert oder nicht, die von der rassisch oder ethnisch bedingten sozialen Ungleichheit der Menschen ausgehen, nach ethnischer Homogenität von Völkern verlangen und das Gleichheitsgebot der Menschenrechts-Deklaration ablehnen, die den Vorrang der Gemeinschaft vor dem Individuum betonen, von der Unterordnung des Bürgers unter die Staatsräson ausgehen und die den Wertepluralismus einer liberalen Demokratie ablehnen und Demokratisierung rückgängig machen wollen."

Nach Stöss (2005) ist der Rechtsextremismus durch die beiden Dimensionen *Einstellungen* (als Nationalismus, Ethnozentrismus, Sozialdarwinismus, Antisemitismus, Pro-Nazismus, Befürwortung einer Rechts-Diktatur, Sexismus) und *Verhalten* (als Protest/Provokation, Wahlverhalten, Partizipation, Mitgliedschaft, Gewalt/Terror) charakterisiert. Nach Heitmeyer (2008) geht es bei rechtsextremen Orientierungen um eine Verkoppelung der *Ideologie der Ungleichwertigkeit* und *Gewaltakzeptanz*; diese Definition wird als Kern eines Syndroms von *Gruppenbezogener Menschenfeindlichkeit* (GMF) mit zehn Elementen verstanden und empirisch untersucht. Die Abwertung von gesellschaftlichen Minderheiten kann sich nach dem GMF-Projekt beziehen auf: Fremdenfeindlichkeit, Rassismus, Antisemitismus, Homophobie, Sexismus, Islamophobie, Etabliertenvorrechte, Abwertung von Langzeitarbeitslosen, Obdachlosen, Behinderten. Im Zusammenspiel von sozialer Ungleichheit mit ihren Desintegrationsgefahren, Anerkennungsbedrohungen und der Ideologie der Ungleichwertigkeit kommt Letztere „in Gestalt schwacher Gruppen zum Ausdruck, die wiederum eine Legitimationsfunktion für Diskriminierung, Ausgrenzung und Gewalt erfüllt oder zumindest erfüllen kann" (Heitmeyer 2008, 38). Nach Decker/Brähler (2006) hat der Rechtsextremismus eine „kognitive, eine affektive und eine verhaltensbezogene Komponente" (13).

Weiter differenziert die wissenschaftliche Debatte einen Rechtsextremismus als *Randphänomen* und / oder in der *Mitte der Gesellschaft* (Decker/Brähler 2006; Heitmeyer 2007; Decker et al. 2008). Heitmeyer (2007) spricht von einer „normalen, unauffälligen Mitte", die „beunruhigt" und „beunruhigend" ist (27), weil bei ihr, vor dem Hintergrund von Abstiegsängsten, Bedrohungen von sozialer Desintegration und Orientierungslosigkeit, die Ablehnung und Abwertung von Gruppen und „Feindseligkeit inzwischen zur Normalität gehört. Das Phänomen Fremdenfeindlichkeit ist also nicht länger auf dem rechten Rand des politischen Spektrums beschränkt" (29). Auch Decker/Brähler (2006) kommen mit den gemessenen Zustimmungswerten zu den sechs erfassten Dimensionen (Befürwortung einer rechtsautoritären Diktatur, Chauvinismus, Ausländerfeindlichkeit, Antisemitismus, Sozialdarwinismus, Verharmlosung des Nationalsozialismus) zu dem Ergebnis, dass rechtsextreme Einstellungen vielfältige Ursachen haben, ein Problem in der Mitte der Gesellschaft sind und Bestandteile rechtsextremer Einstellungen „durch alle gesellschaftlichen Gruppen und in allen Bundesländern gleichermaßen hoch vertreten sind" (55). In einer weiteren Studie kommen Decker et al. (2008) zu dem Ergebnis, dass „die Ausländerfeindlichkeit sowohl quantitativ als auch qualitativ die am stärksten vertretene Dimension in den meisten Diskussionen" war (273) und „Defizite im demokratischen Verständnis weiter Teile der Bevölkerung bestehen" (463).

Ursachen und empirische Forschung

In der Diskussion um Ursachen und Erklärungsfaktoren liegen zahlreiche Theorieangebote vor, die sich auf unterschiedliche wissenschaftliche Traditionen und Ebenen beziehen. Dies sind einerseits mehr individualwissenschaftliche oder mehr sozialstrukturelle Deutungen, weiter gibt es Versuche, mehr interdisziplinär zu argumentieren. Stöss (2005, 48 ff.) bietet den Zusammenhang von politischer Kultur, Persönlichkeitseigenschaften und individuellen Problemlagen mit Erklärungsfaktoren an, die das Reservoir bieten; dazu gehören der autoritäre Charakter, die Unzufriedenheit mit dem sozialen Status, die relative Deprivation, der (drohende) Privilegienverlust, Individualisierungs- und Flexibilisierungsfolgen, politische Unzufriedenheit, antidemokratische Diskurse in Medien und Politik.

Die Ursachen des Rechtsextremismus werden in den komplexen Zusammenhängen von Mikroebene, Mesoebene und Makroebene ebenso diskutiert wie auf der materiellen, politischen und sozialen Ebene. Neben dem konflikttheoretischen Ansatz haben vor allem die (sich verschärfenden) gesellschaftlichen Desintegrations- und Ausgrenzungsdynamiken (Desintegrationsansatz) mit ihren Folgen und Befürchtungen einen herausgehobenen Stellenwert in der analytischen Diskussion. So geht es in dem Langzeitprojekt „Gruppenbezogene Menschenfeindlichkeit" (Heitmeyer 2002–2008) bei der Ausprägung und Verbreitung von feindseligen Einstellungen um die Bedeutung von Ohnmachts-, Vereinzelungs- und Desintegrationserfahrungen, um negative Anerkennungsbilanzen, um abnehmende Sicherheiten und zunehmende Ängste, Ungewissheiten und Unübersichtlichkeit. Bei der Herausbildung von Menschenfeindlichkeit sind vielfältige Einflüsse wie die „individuelle soziale Lage, kommunale Kontexte, unterschiedliche ökonomische Trends in einzelnen Regionen oder das gesellschaftliche Klima" (Heitmeyer 2008, 20) zu beachten. Die einem interdisziplinären Ansatz verpflichteten sozialisationstheoretischen Analysen begreifen rechtsextreme Orientierungen bei Jugendlichen als Ergebnisse der von den Subjekten im Lebenslauf unternommenen Bearbeitungsprozesse von (vor allem auch sozio-emotionalen) Sozialisationserfahrungen im Dreieck von Familie, Schule und Peers.

In der empirischen Forschung ist in den letzten Jahren wiederholt – neben der organisations- und wahlzentrierten Perspektive – das rechtsextreme Einstellungspotenzial in der Bevölkerung gemessen worden; es werden Wahlanalysen angeboten, es gibt u. a. Ost-West-Vergleiche, Lokal- / Regionalstudien, und der Blick wird vor allem auf die junge Generation gerichtet. Zahlreiche Studien zeigen das rechtsextreme Einstellungspotenzial und das Niveau (latenter) Menschenfeindlichkeit in der Gesellschaft, und je nach Anlage kommen sie zu unterschiedlichen Ergebnissen. Nach Stöss (2005) weisen die Studien je nach Art „der Erhebung zwischen 8 und 15 % der deutschen Bevölkerung" (61 ff.) mit einem geschlossenen rechtsextremen Weltbild aus; bei der Zustimmung und Akzeptanz zu einzelnen Bestandteilen rechtsextremen Denkens liegen die Werte noch höher. Nach Decker / Bräher (2006) ist mehr als jeder vierte Deutsche ausländerfeindlich eingestellt und Heitmeyer (2008) ermittelt noch höhere Werte bei Fremdenfeindlichkeit. Das „rechtspopulistische Potential" lag bei ihm 2006 etwa bei 25 % (Heitmeyer 2007) und weiter haben nach ihm „ökonomistische Orientierungen" in der Bevölkerung hohe Zustimmungswerte: „Die Befragungsdaten zeigen, dass über ein Drittel der Deutschen den Aussagen tendenziell zustimmen, die Gesellschaft könne sich wenig nützliche Menschen (33,3 %) und menschliche Fehler nicht (mehr) leisten (34,8 %)" (32). Die Verbreitung rechtsextremer Einstellungen findet sich in Ost- wie Westdeutschland, in allen Altersgruppen, bei Männern wie bei Frauen, bei WählerInnen aller Parteien, bei Gewerkschafts- und Kirchenmitgliedern; sie sind nicht nur – wie immer wieder öffentlich diskutiert – ein ostdeutsches Problem und nicht nur ein Jugendphänomen. Bezogen auf die junge Generation ist es nach den Daten des DJI-Jugendsurveys (Kleinert / de Rijke 2001) abhängig von der Definition, wie hoch die Einstufung von Befragten als rechtsextrem ist. Je nach der „Härte" der Definition liegt der Prozentsatz der rechtsextrem eingestellten 16- bis 19-Jährigen entweder zwischen 3 % (West) und 6 % (Ost) oder zwischen 11 % (West) und 24 % (Ost).

Unterschiedlich angelegte biografische Studien verweisen auf die herausragende Bedeutung von Alltagserfahrungen (und kumulative Probleme) der Jugendlichen in Familie, Schule, Arbeit und Ausbildung sowie der „Peer Group". So sind rechtsextreme Orientierungen und Gesellungsformen bei Jugendlichen – in ihrer adoleszenten Suche und dem Aufbau von Identität – immer auch ein Integrationsmedium und, als durch sozialräumlich gegebene Gelegenheitsstrukturen und Milieukontexte, subjektive Versuche zu verstehen, mangels anderer bzw. fehlender Entfaltungs- und Integrationsmöglichkeiten hier Anerkennung zu erfahren und Handlungsfähigkeit zu erlangen. Einige Studien untersuchen die komplexen Einstiegs- und Ausstiegsprozesse, den Affinitätsaufbau und -abbau in rechtsextreme Zusammenhänge mit den vielschichtigen Sozialisationshintergründen und Motiven von Jugendlichen. Für die Einstiege und Verfestigungen wird vor allem die Bedeutung von

Affekten und einfachen Wahrnehmungsschemata, von Beziehungserfahrungen in der Familie, von Männlichkeitsmustern und Ästhetik, von Aktionismus und Gewalt, von Gemeinschaft und sozialer Anerkennung, von Protest und Politik hervorgehoben. Für die Verunsicherung und Zweifel, die (ambivalenten) Ausstiegsverläufe und Distanzierungsprozesse sind für die Jugendlichen und jungen Erwachsenen in der Szene ihre erste Nachdenklichkeit, ihre Erfahrungen, Enttäuschungen und Widersprüche in der rechtsextremen Szene, die Konflikte mit und zwischen „Kameraden", ihr Niveau der Zugehörigkeit bzw. Grad der Einbindung und Verfestigung, dann die (pädagogische und polizeiliche) Unterstützung bei Distanzierungsbemühungen, die konkreten Ausstiegshilfen und die Begleitung von Bedeutung (Wippermann et al. 2002; Rommelspacher 2006; Möller / Schuhmacher 2007).

Aktuelle Entwicklungen

Der Rechtsextremismus kann nach einem organisierten Lager und einem mehr diffusen und bewegungsförmigen Lager unterschieden werden. Insgesamt pendelt die dem organisierten Lager zugeordnete Personenzahl bei etwa 50.000. Das Lager ist einerseits gekennzeichnet von einer strukturellen Schwäche, schwachen Mitgliederzuwächsen, innerer Zerstrittenheit; andererseits hat sich die Szene verjüngt und ist geprägt von Aktionismus und Vernetzungsaktivitäten. Das parteiförmig organisierte Lager ist dominiert von den drei kleinen Parteien NPD, DVU und „Republikaner", und vor allem die aktivistische NPD ist zur dominierenden Kraft geworden. In zahlreichen kommunalen und einigen Landesparlamenten sind die rechtsextremen Parteien – z. T. mit zweistelligen Wahlergebnissen – vertreten; ihre Politikmuster pendeln zwischen „Inkompetenz und Politikunfähigkeit, Desinteresse und Faulheit, Austritten und Zerfall, Bühne für Propaganda und Agitation, Fleiß und Anbiederung" (Stöss 2005; Möller / Schuhmacher 2007; Hafeneger / Schönfelder 2007b). Die Wählerschaft der rechtsextremen Parteien ist vor allem durch folgende Merkmale gekennzeichnet:

- Erwerbslose und Arbeiter sind überrepräsentiert;
- Personen mit niedrigem Bildungsabschluss – Hauptschulabschluss (Westdeutschland) bzw. mittlerer Bildungsabschluss (Ostdeutschland) – sind überproportional vertreten;
- etwa zwei Drittel sind männlich;
- überdurchschnittlich ist der Anteil der 18- bis 24-Jährigen (der Erst- und Zweitwähler) und hier vor allem der jungen, schlecht (aus)gebildeten Männer;
- die Wählerschaft ist im Osten höher als im Westen;
- sie sind zu vier Fünftel unzufrieden mit der Demokratie.

Die Merkmale verweisen auf den Bildungshintergrund und die sozio-ökonomische Lage der Wählerschaft, auf deren Problembelastungen und das subjektive Erleben, von Prosperitätsentwicklungen und auch von politischer Repräsentanz abgekoppelt zu sein.

Neben den drei Parteien haben eine Vielzahl von neonazistischen (Klein-)Gruppen, die Kameradschaftsszene und rechte Jugendkultur dem Rechtsextremismus in den letzten Jahren eine neue Qualität gegeben. Dazu zählen vor allem das hohe Ausmaß an gewaltförmigen Handlungen, die szeneinterne Vernetzung, elektronische Kommunikation und Internetpräsenz, die Erweiterung von Aktionsformen zwischen Militanz und Bürgerlichkeit (u. a. Demonstrations- und Präsenzpolitik, Immobilienerwerb). Neben dem traditionellen Themenhaushalt (Fremdenfeindlichkeit, völkisches Denken, nationale Identität, innere Sicherheit etc.) akzentuiert die ideologische „Modernisierung" einen kulturellen Rassismus und „Ethnopluralismus" sowie die „Ethnisierung" von Konflikten und der sozialen Frage; propagiert wird eine völkische Re-Nationalisierung und Re-Ethnisierung von Politik (Greven / Grumke 2006). Als neue Kampfbegriffe haben sich Überfremdung, Antiimperialismus, Antiamerikanismus und eine antikapitalistisch verbrämte Ablehnung der Globalisierung etabliert. Für die Durchsetzung ihrer Ziele hat die NPD z. B. eine „Säulenstrategie" formuliert: den Kampf um die Straße, die Parlamente, die Köpfe, dann den Kampf um den „organisierten Willen" und schließlich noch eine sogenannte „Wortergreifungsstrategie". Insgesamt ist der Rechtsextremismus im Osten vitaler, militanter und gewaltbereiter und seit einigen Jahren gibt es eine Gewichtsverlagerung von Ost nach West:

„Seit 1998 verzeichnet der Osten einen überdurchschnittlichen Organisationsgrad, seither erzielen die rechtsextremistischen Parteien in den neuen Bundesländern bessere Wahlergebnisse als in den alten Bundesländern, und seitdem sind die Ostdeutschen anfälliger für rechtsextremistische Einstellungen als die Westdeutschen." (Stöss 2005, 113)

Der deutsche Rechtsextremismus ist taktisch und in seinen politischen Strategien durchaus beweglich; er versucht mit seinen ideologischen Angeboten, Aktivitäten und dem Aufnehmen von Stimmungen in der Bevölkerung für diejenigen attraktiv und funktional zu sein, die sich auf die „Schattenseite der Modernisierung" gedrängt fühlen.

Jugendszene

Mit der Verjüngung des rechtsextremen Lagers haben sich unterschiedliche subkulturelle Phänomene und Gruppierungen wie Skinheads, neonazistische Gruppen, Freie Kameradschaften, Autonome Nationalisten und eine jugendkulturelle Szene (Cliquen) herausgebildet. Die alten hierarchisch und paramilitärisch strukturierten Jugendzusammenschlüsse wurden in den letzten Jahren durch informelle und bewegungsförmige sowie auch militante und gewaltaffine (gewaltbereite und gewalttätige) Gruppierungen ergänzt. Die Tat- bzw. Täterprofile zeigen, dass die rechtsextrem, fremdenfeindlich und antisemitisch motivierten Delikte (Straf- und Gewalttaten) überwiegend von männlichen Jugendlichen und jungen Erwachsenen sowie in Gruppen verübt werden; sie haben sich in den letzten Jahren bei über 15.000 stabilisiert.

Die jugendkulturelle – vor allem maskuline – Cliquenszene mit ihren informellen Strukturen, ihrem Lebensstil und Outfit, ihren Eigenwelten mit Musik, Treffgelegenheiten und Veranstaltungen, ihrer Protestmentalität und ideologischen Prägung, ihren Symbolen und Codes ist in der Geschichte des jugendlichen Rechtsextremismus ein neues und flächendeckendes Gesellungsphänomen vor allem in ländlichen Regionen (Hafeneger / Becker 2007a). Herausgebildet hat sich mit Beginn der 1990er Jahre eine „Erlebniswelt Rechtsextremismus" (Glaser / Pfeiffer 2007) mit einem „rechten Jugendalltag", der mit seiner Musik, mit Partys, Alkohol, Fußball und Rechtsrock-Konzerten bis

hin zu Aufmärschen und Wehrsportübungen zu einem festen Bestandteil der jugendkulturellen Landschaft geworden ist und zur mentalen Prägung und Vergemeinschaftung eines (quantitativ schwer einzuschätzenden) Teils der jungen Generation beiträgt. Entwickelt hat sich eine rechtsextreme Eigenwelt und ein „Lifestyle" mit Kleidung, Symbolen, Events, Medien (Internet, Handy-Kommunikation) und eigenen Vertriebsnetzen. Vor allem die Musik (Rechtsrock, Bardenmusik) popularisiert und verdichtet die kulturelle Einbindung, und als Freizeitangebot ist sie mit Elementen wie Unterhaltung, Gruppenzugehörigkeit, Lebensgefühl und politischer Ideologie zu einem „Träger von Botschaften" und „Abgrenzungen von der Erwachsenenwelt" geworden (Glaser / Pfeiffer 2007, 36 ff.). Die Jugendkultur der Skinheads – in ihrem rechtsextremistischen Segment – ist vor allem in den östlichen Bundesländern präsent und aktiv; sie ist „für Jugendliche weiterhin zentrales Attraktionsmoment für rechten politischen Extremismus, Fremdenfeindlichkeit, Antisemitismus und Gewalt auch in ihren zunehmenden symbolischen Verdeckungen und Stilmischungen" (Möller / Schuhmacher 2007, 27). Der organisierte Rechtsextremismus – und hier vor allem die NPD – versucht an diese kulturellen Trends, Aktionsformen und bewegungsförmigen Elemente von Kameradschaften, Autonomen Nationalisten und Jugendkultur anzuknüpfen und mit Lifestyle-Angeboten, mit Musik („CD-Schulhofverteilaktionen") Jugendliche und junge Erwachsene zu erreichen, zu rekrutieren und zu binden.

Soziale Arbeit, Jugendarbeit und Zivilgesellschaft

In der politischen Auseinandersetzung mit Rechtsextremismus geht es um basale strukturelle Fragen für westliche moderne Gesellschaften: den Zustand und die Entwicklung der Demokratie und politischen Kultur, die soziale Integration und das soziale Klima des Zusammenlebens, somit um die ökonomischen und sozialen Probleme sowie deren kollektive und individuelle Verarbeitung. Vor diesem Hintergrund wird begründet, dass alle politischen und gesellschaftlichen Kräfte und Akteursgruppen – auf allen Ebenen und in ihren Zuständigkeitsbereichen – herausgefordert sind, sich „mit langen Atem" mit Demokratie gefährdenden Tendenzen auseinanderzusetzen: Das gilt für Politik, Medien, Zivilgesellschaft, Justiz, Pädagogik und Kultur.

Soziale Arbeit, Jugendarbeit und politische Bildung sind seit Anfang der 1990er Jahre mit rechtsextremen Phänomenen unter Jugendlichen befasst. Vor allem von Bundesseite wurden zahlreiche – z.T. wissenschaftlich begleitete – Maßnahmen, Programme und zeitlich befristete Modellprojekte aufgelegt, die sich primär jugendzentriert mit dem Rechtsextremismus auseinandergesetzt haben (Lynen van Berg / Roth 2003). Dazu zählt neben zahlreichen Landesprogrammen das „Aktionsprogramm gegen Gewalt und Aggression" (AgAG) des Bundes in den 1990er Jahren; dann das Förderprogramm der Bundesregierung „Jugend für Toleranz und Demokratie – gegen Rechtsextremismus, Fremdenfeindlichkeit und Antisemitismus" von 2001 bis 2006 mit den drei Teilprogrammen „CIVITAS", „entimon" und „Xenos". Im Jahr 2007 starteten die beiden Programme „Vielfalt tut gut" und „kompetent. für Demokratie – Beratungsnetzwerke gegen Rechtsextremismus"; ebenso wurde „Xenos" wieder aufgelegt. Während sich das AgAG-Programm im Schwerpunkt auf jugendliche Zielgruppen konzentrierte, die rechtsextrem orientiert und gewaltbereit waren, zielen die Folgeprogramme mit einem Paradigmenwechsel vor allem auf außerschulische Jugend- und Bildungsarbeit, auf die Stärkung der Zivilgesellschaft, den Aufbau von Vernetzungsstrukturen und Beratung. Sie bleiben trotz der veränderten Ausrichtung und breiten Anlage aber weitgehend jugendfixiert und zielen kaum in die „Mitte der Gesellschaft".

Aus der Begleitforschung werden die Erfolge und Grenzen solcher Programme deutlich. So wird u. a. auf die personellen, institutionellen und sozialstrukturellen Kontextbedingungen verwiesen, die Grenzen und Barrieren für eine gelingende Projektarbeit markieren; es wird aber auch auf die vielen kleinen, wenig spektakulären Erfolge vor Ort verwiesen. Gewarnt wird vor überhöhten Erwartungen an ehrenamtliches Engagement und angemahnt wird eine beruflich qualifizierte und kontinuierliche Arbeit, die sich auch mit sozialen Problemstrukturen auseinandersetzt. Danach kann aus der Sicht von Sozial- und Jugendarbeit nur eine kompetente Professionalität die rechten Eigenmilieus der Jugendlichen erreichen, gefährdete Jugendliche ansprechen, neue Erfahrungen ermöglichen und sich verändernde Orientierungen begleiten, die die Entwicklung sozialer und moralischer Kompetenzen fördern. In der Auswertung von CIVITAS (Lynen van Berg et al. 2007) wird in der Auseinandersetzung mit dem lokalen Rechtsextremismus u. a. ein „gegnerschaftsfixierter Ansatz" von einem „offen moderierenden Ansatz" unterschieden. Während Ersterer auf eine direkte Bekämpfung des Rechtsextremismus fokussiert, will der zweite Ansatz zu einer demokratischen Auseinandersetzung befähigen und Prozesse der „Entwicklung einer demokratischen Zivilgesellschaft" (38) sowie deren Selbstorganisationspotenziale moderieren.

Aus den Praxiserfahrungen und dem Evaluationswissen aus Programmen und Projekten werden als zentrale Erkenntnisse und Schlussfolgerungen für eine kompetente und langfristig angelegte soziale Arbeit und Pädagogik mit Jugendlichen angeboten: präventiv und nachhaltig vorzugehen; Geh-Strukturen zu entwickeln und auszubauen, biografisch frühzeitig anzusetzen, Jugendliche in der „Mitte der Gesellschaft" ebenso anzusprechen wie bereits rechtsextrem orientierte Jugendliche; vielfältige Dimensionen von Menschenfeindlichkeit – wie sie z. B. im GMF entwickelt wurden – sowie geschlechtsspezifische Anfälligkeiten zu beachten; Prozesse der Distanzierung und des Ausstiegs anregen, begleiten und mit Integrationsoptionen auf soziale (Re-)Integration zielen; Vernetzung von Akteuren und Stärkung zivilgesellschaftlicher Kräfte; Opferberatung und Beratung von Eltern sowie Fortbildung von relevanten Akteuren (aus Politik, Verwaltung, Schule, Sozial- / Jugendarbeit, Polizei und Gemeinwesen). Weiter zeigen die Erfahrungen, dass nachhaltige Erfolge sich nur in langfristigen und kontinuierlichen Projekten herstellen, und sie daher auf Dauer einzurichten sind. Wenn rechtsextremen Gruppen und Akteuren das „Feld der Beeinflussung" nicht überlassen werden soll, dann braucht die Jugend- und Sozialarbeit für ihre präventive Arbeit und die kommunale und zivilgesellschaftliche Integration von Kindern und Jugendlichen – neben den Projekten – eine Regelversorgung sowie eine gesicherte Förderung zivilgesellschaftlicher Akteure.

In der Pädagogik und sozialen Arbeit haben sich zahlreiche Begründungslinien und Konzeptvarianten herausgebildet. Sie reichen von der „antirassistischen Jugendarbeit", „akzeptierenden Jugendarbeit" und „konfrontativen Jugendarbeit" bis hin zur „gerechtigkeitsorientierten Jugendarbeit", einer Menschenrechtsbildung / -erziehung und einer interdisziplinären sozialen Arbeit. Grundsätzliches Anliegen und Ziel ist, mit neuen Erfahrungen und Hilfen, die eigene Lebensgestaltung zu unterstützen und die Lebenskontrolle der Jugendlichen zu erweitern, dann die (Wieder-)Herstellung von Integration und die Entwicklung von personalen und sozialen Kompetenzen als genuin pädagogische und sozialarbeiterische Aufgaben zu begreifen. Möller / Schuhmacher (2007) kommen in ihrer Skinheadstudie zu dem Ergebnis, dass es Erfahrungen sind, „die rechtsextrem werden lassen; insbesondere Erfahrungen, die im Prozess des Aufwachsens gemacht werden" (487). Daher kommt es in „kritischer Cliquenorientierung" bei Gegenmaßnahmen primär auf andere, neue (gewaltfreie) Erfahrungen, auf nützlich und sinnvoll erscheinende Angebote für Jugendliche an, die proaktiv sind und demokratische Orientierungen fördern. Hier bietet Sozial- und Jugendarbeit in Demokratie fördernder und präventiver Perspektive vor allem Gelegenheiten für halb-formelle und informelle Bildungsprozesse und gemeinschaftliche Sozialintegration, für Zugehörigkeit und Milieubildung; aber auch für eine Balance in der Arbeit mit rechts-extrem orientierten Jugendlichen und Cliquen, die sie sowohl mit Beziehungs- und Erfahrungsangeboten, als auch mit der notwendigen Distanz und Konfrontation begleitet.

Die zahlreichen Handlungskonzepte und Anregungen, Materialien und Praxishandbücher, Methoden und Erfahrungsberichte für die politische, soziale und pädagogische Praxis sowie die Gemeinwesenarbeit beziehen sich auf die Auseinandersetzung in Handlungsfeldern von Kommunen, Schulen, außerschulischer Jugend- / Bildungsarbeit und Zivilgesellschaft bzw. zivilgesellschaftliches Engagement (Molthagen et al. 2008; Pallocks / Steil 2008). In der politischen Verortung beziehen sich die vielzähligen Anregungen und Vorschläge sowohl auf die Arbeit *gegen* Rechtsextremismus als auch *für* eine menschenrechtsorientierte Demokratieentwicklung. Konkret reichen sie von „Argumentationstrainings gegen Stammtischparolen", Projekttagen in der Schule, Umgang mit rechtsextremen Fraktionen in kommunalen Parlamenten, Bildungsbausteinen, Partizipation und Beteiligung, Antigewalttrainings, Demokratie in der Offenen Kinder- und Jugendarbeit, über die Entwicklung von Zivilcourage, Aktionen, Öffentlichkeitsarbeit und Kampagnen bis hin zu Ausstiegshilfen, Elternberatung und politischer Netzwerkbildung in Kommunen.

Literatur

Decker, O., Rothe, K., Weissmann, M., Geißler, N., Brähler, E. (2008): Ein Blick in die Mitte. Dietz, Bonn

–, Brähler, E. (2006): Vom Rand zur Mitte. Dietz, Bonn

Dudek, P., Jaschke, H.-G. (1984): Geschichte des Rechtsextremismus in der Bundesrepublik Deutschland. Westdeutscher, Opladen

Glaser, S., Pfeiffer, T. (Hrsg.) (2007): Erlebniswelt Rechtsextremismus. Wochenschau, Schwalbach / Ts.

Greven, T., Grumke, T. (Hrsg.) (2006): Globalisierter Rechtsextremismus? Die extremistische Rechte in der Ära der Globalisierung. VS, Wiesbaden

Hafeneger, B., Becker, R. (2007a): Rechte Jugendcliquen. Wochenschau, Schwalbach / Ts.

–, Schönfelder, S. (2007b): Politische Strategien gegen die extreme Rechte in Parlamenten. Friedrich-Ebert-Stiftung, Berlin

Heitmeyer, W. (Hrsg.) (2002–2008): Deutsche Zustände. Folge 1–6, Suhrkamp, Frankfurt / M.

Jaschke, H.-G. (2001): Rechtsextremismus und Fremdenfeindlichkeit. Westdeutscher, Opladen

Klärner, A., Kohlstruck, M. (Hrsg.) (2006): Moderner Rechtsextremismus in Deutschland. Hamburger Edition, Hamburg

Kleinert, C., Rijke, J. de (2001): Rechtsextreme Orientierungen bei Jugendlichen und jungen Erwachsenen. In: Schubarth, W., Stöss, R. (Hrsg.): Rechtsextremismus in der Bundesrepublik Deutschland. Westdeutscher, Opladen

Lynen van Berg, H., Palloks, K., Steil, A. (2007): Interventionsfeld Gemeinwesen. Evaluation zivilgesellschaftlicher Strategien gegen Rechtsextremismus. Juventa, Weinheim / München

–, Roth, R. (Hrsg.) (2003): Maßnahmen und Programme gegen Rechtsextremismus – wissenschaftlich begleitet. Westdeutscher, Opladen

Molthagen, D., Klärner, A., Korgel, L., Pauli, B. (2008): Lern- und Arbeitsbuch gegen Rechtsextremismus. Handeln für Demokratie. Dietz, Bonn

Möller, K., Schuhmacher, N. (2007): Rechte Glatzen. VS, Wiesbaden

Palloks, K., Steil, A. (2008): Von Blockaden und Bündnissen. Juventa, Weinheim / München

Rommelspacher, B. (2006): „Der Hass hat uns geeint". Junge Rechtsextreme und ihr Ausstieg aus der Szene. Campus, Frankfurt / M.

Stöss, R. (2005): Rechtsextremismus im Wandel. Dietz, Bonn

Wippermann, C., Zarcos-Lamolda, A., Krafeld, F.-J. (2002): Auf der Suche nach Thrill und Geborgenheit: Lebenswelten rechtsradikaler Jugendlicher und neue pädagogische Perspektiven. Westdeutscher, Opladen

Religionen und Soziale Arbeit

Von Karl Gabriel

Einleitung

Das Verhältnis der Religionen zur Sozialen Arbeit ist eines der Nähe und Ferne zugleich. Historisch stand die religiöse Verpflichtung im Mittelpunkt der Sorge und Hilfe für Menschen in Armut und Notlagen aller Art. In der für die westlichen Gesellschaften dominierenden christlichen Tradition war nicht nur die Heilssuche des einzelnen Christen über den Kult hinaus auf die tätige Hilfe für die Notleidenden verwiesen, sondern gehörte auch die Armenhilfe zu den unverzichtbaren Aufgaben der Kirche. Die Trennung der Christenheit in eine geistliche und weltliche Sphäre – als westlicher Sonderweg beginnend schon mit dem Investiturstreit des 13. Jahrhunderts – legte die frühen Grundlagen für eine doppelte Ausprägung der Sorge um die Armen im Sinne einer geistlich-kirchlichen wie weltlich-staatlichen Aufgabe. Ihrer Herkunft nach lässt sich die Soziale Arbeit nicht von ihren religiösen Wurzeln in der mittelalterlichen Christenheit geistlicher wie weltlicher Prägung trennen. Auch mit der endgültigen Durchsetzung eines von der Religion getrennten Staates im späten 18. und 19. Jahrhundert blieb die Soziale Arbeit ein zentrales Feld der Konkurrenz und der Kooperation zwischen kirchlich-geistlicher und staatlich-weltlicher Macht. In ihrer institutionellen wie in ihrer professionellen Ausprägung bewegte sich die Soziale Arbeit von ihren Anfängen an im Spannungsfeld religiös-kirchlicher Ansprüche einerseits und säkular-staatlicher Interessen andererseits. In Deutschland fand diese Grundstruktur in spezifischer Weise ihre Ausprägung in der *dualen* Wohlfahrtspflege, die im späten 19. Jahrhundert ihren Anfang nahm, in der Weimarer Zeit sich voll etablierte und erst heute einem grundlegenden Wandel unterworfen ist (Sachße 1995). Damit sind die Argumentationslinien des folgenden Beitrags vorgezeichnet. Will man das Verhältnis von Religionen und Sozialer Arbeit in seiner Tiefenstruktur offenlegen, bedarf es eines Blicks auf die konfessionelle Prägung des Hilfehandelns im Ausgang aus dem Mittelalter. Darum geht es im zweiten Abschnitt. Im langen 19. Jahrhundert – dies ist Thema des dritten Abschnitts – bildet sich die spezifisch deutsche duale Struktur Sozialer Arbeit heraus, die in der Weimarer Zeit ihre rechtliche Ausformung findet und – nach einer Phase der politischen Gleichschaltung in der NS-Zeit – in den 1950er Jahren in der Bundesrepublik ihren Höhepunkt erreicht. Der vierte Abschnitt handelt von der Entwicklung des Verhältnisses von Religionen und Sozialer Arbeit in West- und Ostdeutschland, die sehr unterschiedliche Wege repräsentieren. Ein Überblick über die gegenwärtige Situation in Deutschland schließt sich an, bevor es im Schlussabschnitt um den Blick auf neuere Entwicklungen im Verhältnis von Religionen und Sozialer Arbeit geht. Der Beitrag kann sich auf umfangreiche ältere Literatur stützen, wenn auch das Thema Religionen und Soziale Arbeit lange Zeit wenig explizites Interesse auf sich gezogen hat (Sachße / Tennstedt 1980; 1988; 1992; Sachße 1995; Kaiser 1995; Gabriel 1997). In der Gegenwart lässt sich innerhalb der Sozialwissenschaften ein neues Interesse sowohl an den Religionen als auch an deren Bedeutung für die Tiefenstrukturen der sozialstaatlichen Entwicklung beobachten. Damit steht auch neuere Literatur zur Thematik der Religionen als Faktor der Entwicklung von Sozialstaat und Sozialer Arbeit zur Verfügung (Manow 2008; Kersbergen / Manow 2009; Kahl 2009; Rieger / Leibfried 2004).

Otto/Thiersch (Hg.), Handbuch Soziale Arbeit, 4. A., DOI 10.2378/ot4a.art122,
© 2011 by Ernst Reinhardt, GmbH & Co KG, Verlag, München

Herkunft aus der Geschichte des Christentums

In den westlichen Gesellschaften haben wirkmächtige biblische Bilder die Folie geliefert, auf der sich spezifische Muster des Umgangs mit Menschen in Notlagen und am Rande der Gesellschaft herausbildeten. Zu ihnen gehört das Bild vom Menschensohn als Weltenrichter, der bei seinem Kommen in eschatologischer Zeit die Menschen rechts und links von sich versammelt und den einen das ewige Heil und den anderen die ewige Verdammnis zuspricht. Zu ihrer Überraschung eröffnet er ihnen, dass die einen ihn selbst aufgenommen, gepflegt, betreut und im Gefängnis besucht hätten, die anderen ihm aber die Hilfe verweigert hätten. Auf die ungläubige Nachfrage, wann dies denn geschehen sein könne, erfahren sie, dass es ihr Umgang mit den Notleidenden war, der über ihr Heil oder Unheil entschieden hat. Denn – so eröffnet ihnen der Weltenrichter –: „Was ihr für einen meiner geringsten Brüder getan habt, das habt ihr mir getan" (Mt. 25,40b), und: „Was ihr für einen dieser Geringsten nicht getan habt, das habt ihr auch mir nicht getan" (Mt. 25,45b). Ein zweites Bild, das sich in das kollektive Gedächtnis der vom Christentum geprägten Gesellschaften eingegraben hat, ist das vom Samariter, der sich über die ethnische Grenze hinweg dem in Not geratenen Fremden zuwendet, ihn rettet und für ihn eine effektive Hilfe organisiert. Wenn die zum Kult eilenden Priester und Volksgenossen den Verletzten links liegen lassen, so greift die Geschichte das schon im Alten Testament grundgelegte Motiv der Kultkritik auf, die vom Wohlgefallen Gottes, „an Liebe, nicht an Schlachtopfer, Gotteserkenntnis statt Brandopfer" (Hos 6,6) spricht (Zenger 2006). Historisch weitreichende Wirkungen entfaltet der für das Lukasevangelium charakteristische Gedanke, dass die Reichen eigentlich schon im Diesseits ihre Abgeltung erfahren haben und ihnen nur die tatkräftige Unterstützung der Armen die für sie besonders schmale Pforte zum Heil öffnen könne (Ebner 2008). Die Reziprozität – das Grundmuster antiker Sozialbeziehungen – wird im Lukasevangelium durch Gott selbst hergestellt, wenn er die Waagschale zu Gunsten der Armen füllt.

Für den Aufstieg des Christentums von einer jüdischen Sekte aus dem fernen Palästina zur Religion des römischen Reiches in nur drei Jahrhunderten hat eine zentrale Rolle gespielt, dass die Christen in den verheerenden Epidemien des 2. und 3. Jahrhunderts auf alternative Weise zu ihrer heidnischen Umgebung mit ihren Kranken umgingen und Netzwerke der Hilfe zu stabilisieren vermochten (Stark 1997, 83–109). In den Wirren der Völkerwanderung schrieb Benedikt in seinen Regeln den Klöstern vor, die Fremden und Notleidenden wie Christus aufzunehmen und institutionelle Vorkehrungen der Hilfe im Klosterareal vorzusehen. Neben den Klöstern waren es die Bischöfe, die von den frühen Synoden verpflichtet wurden, sich als „Vater der Armen" zu begreifen, ein Viertel des Kirchenguts für die Armenhilfe auszugeben und Xenodochien einzurichten (Gatz 1997). Im Hochmittelalter entwickelte sich das Almosen zu einer theologisch hochlegitimierten Institution, die einen „heilsökonomischen" Ausgleich zwischen Arm und Reich schaffte und ihre praktische Ausformung sowohl in der persönlichen Gabe an die Armen wie im Stiftungswesen fand. Die freiwillig gewählte Armut der Bettelorden trug dazu bei, dass die Armen Teil der mittelalterlichen Ordnung und Gesellschaft blieben und eine gewisse Sakralisierung sie vor Stigmatisierung schützte. Allerdings war die Hilfe wenig am persönlichen Schicksal der Armen orientiert, sondern hatte primär die Sicherung des eigenen Heils im Blick. Auf der Grundlage von Hospital und Almosen bekam die Armenpflege in den aufstrebenden Städten des Mittelalters eine neue Richtung, insofern sie als Aufgabenfeld des Stadtbürgertums eine Verbürgerlichung erfuhr. Im 15. und 16. Jahrhundert verband sich mit der Verbürgerlichung der Armenhilfe ein Prozess, den Sachße und Tennstedt unter den Begriffen Kommunalisierung, Rationalisierung, Bürokratisierung und Pädagogisierung zusammenfassen (Sachße/Tennstedt 1980, 30–33). Die städtischen Räte traten bei der Vergabe der Almosen neben bzw. an die Stelle kirchlicher Akteure, die städtischen Armenordnungen unterwarfen die Armenfürsorge einer stärkeren Reglementierung, eine städtische Armenverwaltung entstand und Einschränkungen und Verbote des Bettelns setzten sich durch. Stärker als die Forschung bisher betont hat, entwickelten sich im Reformationszeitalter drei sehr unterschiedliche, religiös begründete Wege, mit Armut und Unterversorgung umzugehen (Kahl 2009). Die Differenz bezog sich zentral auf die Rolle der Arbeit für die Armen und die Armenhilfe. Die katholische Antwort verblieb in der mittelalterlichen Logik, sich den Armen aus Gründen der individuellen Heilssicherung zuzuwenden, denn Grundlage der Rechtfertigung blieben neben dem Glauben die guten Werke. Entsprechend wurde im katholischen Einflussbereich das Betteln nicht verboten und das Almosengeben galt als religiös-moralische Pflicht. Institutioneller Träger der katholischen Hilfedogmatik war das kirchliche Hospital, das vom Almosen getragen gleichzeitig als Stätte religiöser Bildung und Kontrolle der Armen fungierte. Während Sigrun Kahl die katholische Antwort unter dem Titel „Feed the poor, get saved" (269) zusammenfasst, stellt sie die lutherische Antwort unter das Motto „Bread first, work second" (272). Luther gab der Arbeit einen neuen, verbesserten Status und rückte sie in den Blickwinkel der Überwindung der Armut. Dadurch geriet Armut in den Geruch der Faulheit und das Betteln in den Verdacht der Erpressung. Luthers Rechtfertigungslehre entzog der Institution des Almosens als Ort der Heilsökonomie die Grundlagen. Die Armut verlor damit ihre für das Mittelalter typische religiöse Dimension. In der lutherischen Tradition erhielt der Staat die Pflicht, die Gesellschaft vor unberechtigten Ansprüchen der Armen zu schützen, gleichzeitig den wirklich Bedürftigen zu helfen. In Kooperation mit der Kirche wurde in lutherisch geprägten Staaten die Armenhilfe zentralisiert und laisiert. Gleichzeitig folgte man bei der Einführung von Arbeitshäusern dem calvinistischen Vorbild. Im reformierten Protestantismus galt das Motto „Work for your own bread" (Kahl 2009, 276). Im Rahmen der Prädestinationslehre Calvins und dem reformierten Arbeitsethos kam es zur weitreichendsten Transformation der mittelalterlichen Einstellung zu Armut und den Armen. Ohne jede Möglichkeit, durch gute Werke gegenüber den Armen das eigene Heil sicherzustellen, wurde die Suche nach Anzeichen des Heils desto drängender. Während durch eine disziplinierte Lebensführung errungener Reichtum als sicherstes Zeichen der Erwählung galt, wurde die Armut zum primären Indikator für die Verdammnis. Im Calvinismus wurde der Zielkonflikt zwischen der Sicherstellung des Unterhalts für die Armen oder sie zu zwingen, für den eigenen Unterhalt zu arbeiten, eindeutig zu Gunsten des Arbeitszwangs entschieden. In der calvinisti-

schen Tradition bildeten sich zwei Arten von Arbeit heraus: Arbeit als Berufung zu einem disziplinierten, erfolgreichen Leben für die Erwählten und Arbeit als disziplinierende Mühe und Strafe für die Armen. Die Institution, in der die reformierte Einstellung zu Arbeit und Armut ihren spezifischen Ausdruck fand, war das Arbeitshaus. In den Ländern mit einem hohen calvinistischen Einfluss wie den Niederlanden, England und den USA fand das Arbeitshaus entsprechend seine früheste und weiteste Verbreitung. Nach dem Motto „Hilf Dir selbst, so hilft Dir Gott" betonte die reformierte Tradition die Selbstverantwortung des Einzelnen für sein Schicksal. Die Armenhilfe blieb Aufgabe des mit disziplinierender Korrektur verbundenen Eingriffs der Gemeinde der Gläubigen. Anders als im Luthertum erhielt die öffentliche Verantwortung des Staates keine religiöse Legitimation. Hier förderten Calvinismus und Katholizismus – mit sehr unterschiedlichen Begründungen – eine ähnliche antietatistische Kultur: Der Selbstverantwortung des calvinistischen Gläubigen entsprach im Katholizismus die subsidiär begründete Betonung der Verantwortung des einzelnen und seiner Familie als den kleinsten organologischen Einheiten.

Bei der Frage nach der Bedeutung des religiösen Faktors für die Tiefenstrukturen der Sozialen Arbeit in den westlichen Gesellschaften sind – so lässt sich zusammenfassen – zwei Ebenen zu unterscheiden. Zum einen entwickelte sich auf der Grundlage der Überzeugung der Gottesebenbildlichkeit aller Menschen und ihrer Erlöstheit durch Jesus Christus die Vorstellung der prinzipiellen Gleichheit aller und der zentralen Bedeutsamkeit jedes Einzelnen (Kaufmann 1989, 98–102). In scharfer Differenz zu ostasiatischen Kulturen – so Rieger und Leibfried – hebt das jüdisch-christliche Gottesbild „den Wert des Selbst enorm und betont den grundsätzlichen, durch nichts aufhebbaren Vorrang des Individuums vor der Gemeinschaft" (Rieger / Leibfried 2004, 155). Auf einer zweiten Ebene sind es die drei großen christlichen Konfessionen, die – auf der Grundlage gemeinsamer Wurzeln – differente Modelle des Umgangs mit den Armen hervorbrachten. Deren Wirkung beschränkte sich keineswegs auf den engeren Bereich konfessioneller Akteure. Vielmehr entwickelte sich der frühmoderne Staat in Europa als Konfessionsstaat. In seinem Rahmen erhielten die religiös-konfessionellen Modelle des Umgangs mit den Armen typische institutionelle Kristallisationen – vom katholischen Hospital bis zum calvinistischen Arbeitshaus. Wie die neuere Forschung zu zeigen vermag, reicht der Einfluss der Konfessionen bis zu den unterschiedlichen Pfaden sozialstaatlicher Entwicklung in Europa, so dass sich ohne Berücksichtigung des religiösen Faktors die Typologie europäischer Wohlfahrtsstaatlichkeit der Erklärung weitgehend verschließt (Kaufmann 1989; Kersbergen 1995; Manow 2008).

Religionen und Soziale Arbeit im Umbruch zur Moderne: die Ausbildung der dualen Wohlfahrtspflege in Deutschland

In ihrer institutionellen wie in ihrer beruflichen Dimension liegen die Ursprünge der Sozialen Arbeit in Deutschland im 19. Jahrhundert. Später als in England und Frankreich setzte in Deutschland der Prozess der Industrialisierung ein und führte im Gefolge der wirtschaftlichen Liberalisierung zu einem Zusammenbruch traditioneller Lebensformen und Sorgeverbände. Das Scheitern der Revolution von 1848 hatte zur Folge, dass sich die Modernisierung in Deutschland in der zweiten Hälfte des 19. Jahrhunderts weitgehend von oben, als staatliches Programm vollzog. Sie war mit Hungersnöten auf dem Land und Massenelend in den schnell wachsenden Städten verbunden. Deutschland blieb auch im 19. Jahrhundert ein konfessionell gespaltenes Land, wobei das Luthertum innerhalb des Protestantismus klar dominierte und die Katholiken im von Preußen ausgehenden deutschen Einigungsprozess in den Status einer nationalen Minderheit gerieten. Der Umbruch zur Moderne war – entgegen üblicher Annahmen und Klagen der Kirchen – nicht mit einer Zurückdrängung der Religion verbunden (Blaschke / Kuhlemann 1996). Die Katholiken begannen sich – durch die Säkularisation von 1803 ihrer bisherigen Kirchenstrukturen oberhalb der Gemeindeebene beraubt – entlang der Konfessionszugehörigkeit politisch und sozial defensiv zu organisieren. Der caritative Katholizismus, der sich ab der Mitte des Jahrhunderts entwickelte, bildete einen gewichtigen Teil des Katholizismus als milieugeprägte Sozi-

alform mit enger Bindung an die neu erstarkte, zunehmend ultramontan auf Rom ausgerichtete kirchliche Hierarchie (Maurer 2008). Im lutherisch geprägten Mehrheitsprotestantismus formierten sich zum einen auf spätaufklärerischer und humanistischer Grundlage Vereine mit sozialer Zielsetzung, zum anderen entwickelte sich eine starke, neupietistische Erweckungsbewegung, für die die christliche Liebestätigkeit als Reaktion auf den Pauperismus eine zentrale Rolle spielte (Kaiser 2008, 282). Auch innerhalb der bürgerlichen sozialreformerischen Kräfte des 19. Jahrhunderts war der religiöse Faktor von gewichtiger Bedeutung, wobei die Grenzen zum aufgeklärten Protestantismus fließend blieben.

Für Protestantismus und Katholizismus des 19. Jahrhunderts lassen sich parallele, sich wechselseitig beeinflussende Entwicklungen beobachten. Auf protestantischer wie katholischer Seite nutzte man die bürgerliche Vereinsbewegung zur Mobilisierung der religiösen Kräfte mit dem Ziel der Linderung des Massenelends und der Stärkung des sozialen Zusammenhalts in der Gesellschaft. Im Protestantismus deutlicher als im Katholizismus verfolgte man dabei eine doppelte Zielsetzung: Einerseits ging es um die Rechristianisierung und die Rückgewinnung der von der Kirche entfremdeten verarmten Massen, andererseits hatte man die konkrete Hilfe für die Notleidenden und für die durch das Großstadtleben Gefährdeten im Blick. Nicht zufällig gab Johann Hinrich Wichern seinem im Angesicht der Revolution von 1848 gegründeten Werk den Namen „Innere Mission" (Olk / Heinze 1981; Kaiser 2008, 282 f.; Herrmann et al. 2007). Auf katholischer Seite konnte man sich stärker auf die caritative Arbeit beschränken, da im weitverzweigten katholischen Vereinswesen die religiösmissionarische Arbeit in der Hand anderer Vereine lag. In beiden Konfessionen dominierte als frühe Reaktion auf den gesellschaftlichen Umbruch die Einschätzung der neuen Massenarmut als ein in erster Linie religiöses, durch den Abfall vom Christentum hervorgerufenes Problem, das entsprechend mit religiösen Mitteln und mit Strategien der Rechristianisierung zu bekämpfen und zu beheben sei.

Im Katholizismus wie im Protestantismus des 19. Jahrhunderts entwickelten sich Vorformen einer professionellen Sozialen Arbeit. Neben dem umfangreichen caritativen Vereinswesen in Gestalt von Vinzenz- und Elisabethenvereinen war der caritative Katholizismus durch eine explosionsartige Ausbreitung von caritativen Kongregationen geprägt (Maurer 2008, 25 ff.). Von französischen Kongregationen wie den Barmherzigen Schwestern gegründet oder beeinflusst, entwickelte sich eine Vielzahl von caritativen Kongregationen, die in der Krankenpflege, aber auch in der Kinder- und Jugendhilfe und in der Armenhilfe tätig wurden. Das Wachstum setzte sich über das gesamte 19. Jahrhundert hin fort und wurde auch durch den Kulturkampf kaum beeinträchtigt. Catherine Maurer verweist auf eine Zahl von 49.508 Ordensmitgliedern caritativer Kongregationen bis zum Beginn des 1. Weltkriegs (Maurer 2008, 27). Die Kongregationen boten den Rahmen für eine lebenslange, religiös geprägte berufsähnliche Tätigkeit im caritativen Bereich. Für katholische Frauen mit einem Wunsch nach sozialer Tätigkeit über den engen Kreis der Familie hinaus war der Eintritt in eine Kongregation für lange Zeit alternativlos. Auf protestantischer Seite griff Theodor Fliedner Impulse aus dem katholischen caritativen Kongregationswesen auf. 1836 gründete er mit seiner Frau Friderike in Kaiserswerth die erste Diakonissenanstalt und bildete evangelische Krankenpflegerinnen, Erzieherinnen und Heimleiterinnen aus. 1861 gehörten zum Kaiserswerther Mutterhaus bereits 27 Häuser mit 1200 Schwestern (Olk/Heinze 1981, 257). Schon 1833 hatte Wichern entscheidenden Anteil an der Gründung des Rauhen Hauses als „Rettungshaus für sittlich verwahrloste Kinder" in Hamburg (Herrmann 2007, 345). Ab 1834 bildete Wichern seine Erziehungsgehilfen für das Rauhe Haus selber aus und avancierte mit seinen Schriften, insbesondere aber mit seiner milieu- und familienorientierten Arbeit im Rauhen Haus zu einem der Klassiker der Sozialpädagogik (Niemeyer 2005; 2007, 284)

Auf katholischer wie auf evangelischer Seite setzte im letzten Viertel des 19. Jahrhunderts eine stärkere Zentralisierung, Rationalisierung, Verwissenschaftlichung und Professionalisierung der caritativ-diakonischen Arbeit ein, die sich zunächst dezentral in örtlichen Initiativen und in zersplitterter Form entwickelt hatte (Olk/Heinze 1981, 262 ff.). Erst 1897 kam es im Katholizismus auf Initiative Lorenz Werthmanns zur Gründung des Deutschen Caritasverbands als deutschlandweitem Dachverband caritativer Aktivitäten, dem allerdings bis 1917 die offizielle Anerkennung der deutschen Bischöfe fehlte und dem zunächst auch nicht alle Diözesanverbände angehörten (Kaiser 1989; Maurer 2008, 45–146). Stärker auf Seiten der Inneren Mission als im caritativen Katholizismus verband sich der Aufbau eigener Einrichtungen und Initiativen mit dem gleichzeitigen Einbau in die Strukturen der kommunalen Armenpflege (Olk/Heinze 1981, 255–262). In beiden Konfessionen waren es dieselben Kräfte, die sowohl die Aktivierung und Modernisierung der kirchlichen Liebestätigkeit vorantrieben als auch für eine sozialstaatliche Verantwortung zur Lösung der sozialen Frage eintraten. Auf die traditionelle Nähe des Luthertums zum Staat und seiner sozialen Verantwortung war oben schon hingewiesen worden. An der Person Johann Hinrich Wicherns lässt sich die Nähe des protestantischen diakonischen Aufbruchs zum preußischen Staat deutlich aufweisen. So war Wichern seit der Mitte des 19. Jahrhunderts neben seiner Tätigkeit im Rahmen des Centralausschusses der Inneren Mission als Beauftragter und als Mitglied der preußischen Regierung tätig. Aus der neupietistischen Erweckungsbewegung, der auch Wichern nahestand, kamen zentrale Impulse zur weltweit ersten zentralstaatlichen Absicherung der Arbeiter gegen Krankheit, Unfall, Invalidität und Alter als Kernstücke der bismarckschen Sozialgesetzgebung (Ayass et al. 2003, XXIV–XXIX). Auf katholischer Seite diente der Verband „Arbeiterwohl" als Plattform sowohl für die spitzenverbandliche Organisation und Modernisierung des caritativen Katholizismus als auch für die Neuorientierung des sozialen Katholizismus in die Richtung der Befürwortung der sozialstaatlichen Intervention zur Lösung der sozialen Frage (Maurer 2008, 46). So gehörte Franz Hitze, erster Generalsekretär des Verbands, sowohl zu den Gründungsmitgliedern des Deutschen Caritasverbands und des Volksvereins für das katholische Deutschland als auch zu den führenden Sozialpolitikern des Zentrums. Hitze konnte sich in seiner Hinwendung zur sozialstaatlichen Intervention auf Bischof Ketteler berufen, der gegen Ende seines Lebens nicht mehr der Kirche allein, sondern nur dem Staat im Verbund mit der Kirche die Lösung der sozialen Frage zutraute (Iserloh 1975). Damit erhält die Grundkonstellation Konturen, die schließlich in der Ausbildung der dualen Wohlfahrtspflege als spezifisch deutschem Muster des Verhältnisses von Religion und Sozialer Arbeit mündete (Sachße 1995). Die religiös-missionarischen und caritativen Bewegungen in beiden Konfessionen führten als Reaktion auf die kapitalistische Modernisierung zur Entwicklung von starken kirchlich geprägten Verbänden und Organisationen der Sozialen Arbeit, die untereinander und mit nationalen und humanistischen Hilfevereinen in Konkurrenz standen und sich zu einem Block freier Wohlfahrtstätigkeit zu vernetzen begannen. Gleichzeitig gehörten die führenden Akteure der kirchlich geprägten Sozialen Arbeit zu den Kräften, die auf dem politischen Feld die sozialstaatliche Intervention des Zentralstaats zur Lösung der sozialen Frage befürworteten und trugen. Bevorzugt die katholische Seite bot für die rechtlich-politische Zuordnung der freien Hilfstätigkeit einerseits und der kommunalen und staatlichen Hilfe andererseits den Gedanken der Subsidiarität an. Er ermöglichte es, die kirchlichen Interessen und Bestrebungen auf dem Feld Sozialer Arbeit zu wahren und zu fördern und mit dem Gedanken einer sozialstaatlichen Verantwortung der politischen Gemeinschaft zu verbinden. Der Weg in die für den deutschen Sozialstaat charakteristische duale Wohlfahrtspflege mit einem subsidiären Zusammenwirken von starken – insbesondere kirchlichen – Sozialverbänden und kommunaler und staatlicher Wohlfahrt war damit vorgezeichnet. Zu einer der Schlüsselfiguren auf dem Weg zur dualen Wohlfahrtspflege in Deutschland wurde der Priester und langjährige Direktor an der Zentralstelle des Volksvereins in Mönchengladbach, Heinrich Brauns. 1920 bis 1928 stand das Reichsarbeitsministerium unter seiner Leitung. Das Reichsarbeitsministerium war der Ort, wo eine enge Verflechtung zwischen Sozialstaat und den Spitzenverbänden der freien Wohlfahrtspflege konzipiert wurde. Auf den im Kaiserreich gelegten Grundlagen entwickelten sich in der Weimarer Republik die Hilfevereine der verschiedenen weltanschaulichen Vereinskulturen zu Verbänden mit zentralisierten Organisationsstrukturen. Die aus der Sozialdemokratie kommenden Bestrebungen zur Kommunalisierung der Wohlfahrtspflege förderten den Zusammenschluss der Verbände zur Wahrung ihrer Interessen im Rahmen des sich entwickelnden Sozialstaats. Für das Zusammenspiel zwischen Spitzenverbänden und

Sozialstaat wurde explizit auf das Subsidiaritätsprinzip Bezug genommen. Die Aufwertung der Verbände sollte ein Gegengewicht gegen die befürchtete Verstaatlichung der Sozialpolitik bilden. So fand das Subsidiaritätsdenken erstmals explizit Eingang in die zentralen Sozialgesetzte der Weimarer Republik. Die Spitzenverbände der freien Wohlfahrtspflege – neben Deutschem Caritasverband und Centralausschuss für Innere Mission das Deutsche Rote Kreuz, der Paritätische Wohlfahrtsverband, die Zentralwohlfahrtsstelle der Juden in Deutschland und die Zentralstelle für die christlich-nationale Arbeiterschaft – erhielten 1926 eine rechtliche Anerkennung und Absicherung ihrer spezifischen Rolle im Sozialstaat.

„Damit war" – so Christoph Sachße (2003, 202) – „jene spezifische ‚duale' Struktur entwickelt, die das System der Wohlfahrtspflege in Deutschland bis heute kennzeichnet: die gesetzliche Bestands- und Eigenständigkeitsgarantie der freien bei gleichzeitiger Förderungsverpflichtung und Gesamtverantwortung der öffentlichen Träger; ihr nach den Grundsätzen der Subsidiarität organisiertes Nebeneinander in einem einheitlichen Gesamtkomplex öffentlicher Sozialpolitik."

Die durch die Situation im Kaiserreich geprägten Führungskräfte der Inneren Mission empfanden Weimar als einen dramatischen Einflussverlust protestantischer Interessen. Dies führte dazu, dass sie 1933 mehrheitlich das Ende der ungeliebten Republik begrüßten und vom Dritten Reich eine Rückkehr zum wilhelminischen Obrigkeitsstaat erwarteten (Kaiser 2008, 285). Innere Mission und Caritas wurden als einzige aus dem Kreis der Weimarer Spitzenverbände der freien Wohlfahrtspflege nicht verboten. Allerdings wurden sie gewaltsam aus ihren traditionellen Arbeitsfeldern herausgedrängt. Hatte in Weimar die Innere Mission im Windschatten des Caritasverbands ihre Interessen zu wahren gesucht, so kehrte sich die Situation in der NS-Zeit um. Jetzt war die Caritas im Kampf um die eigene Existenz auf die Unterstützung der Inneren Mission angewiesen. Die stationäre Betreuung der Schwerstbehinderten, nach nationalsozialistischem Verständnis als „minderwertig" Qualifizierten, gehörte zu den verbliebenen Arbeitsfeldern von Innerer Mission und Caritas (Sachße/Tennstedt 1992, 141). Der äußerst geringe Spielraum der kirchlichen Wohlfahrtsverbände gegenüber der nationalsozialistischen Wohlfahrtspolitik zeigte sich, als die Schwerstbehinderten der kirchlichen Einrichtungen in die Krankenmordaktionen der Nationalsozialisten einbezogen wurden. Es hat lange gedauert, bis Innere Mission und Caritas in der Bundesrepublik sich dem Euthanasie-Thema in ihren Einrichtungen während der NS-Zeit rückhaltlos stellten (Kaiser 2008, 286).

Religionen und Soziale Arbeit in der deutschen Zweistaatlichkeit

Die Jahre der „Zusammenbruchsgesellschaft" (Kleßmann 1991) von 1945 bis 1949 in Deutschland bedeuteten eine Sondersituation im Verhältnis von Religionen und Sozialer Arbeit, die einen großen Einfluss auf die weitere Entwicklung entfaltete. Schon vor Kriegsende wurden in den dem deutschen Widerstand nahestehenden protestantischen Kreisen über eine ökumenische Auslandshilfe für die Menschen im zerstörten Deutschland nach dem Krieg nachgedacht. Allerdings beteiligte sich die Führung des Centralausschusses der Inneren Mission an solchen Plänen nicht, weil der Gedanke an eine Kriegsniederlage Deutschlands als Hochverrat galt (Flügge 2007, 174). Am Kriegsende existierten von den Wohlfahrtsverbänden nur der Deutsche Caritasverband und der Centralausschuss der Inneren Mission. Wie die Kirchen insgesamt so besaßen gerade die kirchlichen Wohlfahrtsverbände nach 1945 einen erheblichen Organisationsvorsprung. Beide Kirchen und ihre diakonisch-caritativen Organisationen entwickelten unmittelbar nach Kriegsende – gestützt auf ihre Kontakte ins Ausland – eine umfangreiche Hilfstätigkeit für die einheimische Bevölkerung wie für die 14 Millionen Flüchtlinge, die in das kriegszerstörte Deutschland hineingedrängt wurden. Die unmittelbaren Nachkriegsjahre lassen sich insofern als „Hohe Zeit der Caritas" (Frie 1997) und der Diakonie bezeichnen, als die kirchliche Hilfe faktisch das sozialstaatliche Handeln zu substituieren hatte. Die Evangelische Kirche in Deutschland trat mit zwei, sich vom konkurrierenden Nebeneinander erst allmählich zum kooperierenden Miteinander entwickelnden Akteuren an. Auf Betreiben Eugen Gerstenmaiers kam es im August 1945 zur Gründung des „Hilfswerks der Evangelischen Kirche in Deutschland" (Flügge 2007, 176). Zum Unterschied von der Inneren Mission als Verband protestantischer Chris-

ten handelte es sich um eine Organisation der Amtskirche selbst. Die wieder erstarkte Innere Mission erreichte 1948 bereits circa 80% ihrer Vorkriegsgröße und widersetzte sich dem Bestreben des Hilfswerks, als Spitzenverband der Wohlfahrtspflege anerkannt zu werden. In beiden Kirchen war die umfangreiche Hilfe mit der Vorstellung einer grundlegenden Missionierung und Rechristianisierung der Gesellschaft verbunden (Frie 1997, 36 f.). Die Katastrophe des Nationalsozialismus wurde auf eine mit der Aufklärung beginnenden Bewegung weg von Gott und den Kirchen zurückgeführt, die es nun zu revidieren gelte. Die geistige Verwirrung, die der Nationalsozialismus hinterließ, gab der Rechristianisierungsidee der Kirchen für eine kurze Periode eine hohe Plausibilität. Gleichzeitig bot die Interpretation des Nationalsozialismus als Speerspitze der Verweltlichung und des Abfalls von Gott den Kirchen die Möglichkeit, die eigenen Verwicklungen in die ideologische und politische Verirrung des Nationalsozialismus erfolgreich auszublenden. Ohne die zentrale, staatssubstituierende Funktion der Kirchen und ihrer Hilfswerke in den unmittelbaren Nachkriegsjahren lässt sich das spezifische Verhältnis von Religionen und Sozialer Arbeit in den Jahren der deutschen Zweistaatlichkeit seit 1949 nicht begreifen. Dies gilt nicht nur mit Blick auf den Deutschen Caritasverband und das 1975 aus dem Zusammenschluss von Innerer Mission und Hilfswerk entstandene Diakonische Werk in der Bundesrepublik, sondern auch für die kirchlichen Werke in der DDR. „Zwischen Elbe und Wladiwostock gibt es nur bei uns" – so stellte der Berliner Kardinal Bengsch zu Recht mit Blick auf DDR und Ostberlin fest – „eine organisierte Caritas" (Lange/Pruß 1997, 347). Beginnend in der Zeit der sowjetischen Militärverwaltung schlug die DDR – unbeschadet ihres zeitweise besonders scharfen Kirchenkampfs – in Sachen kirchlicher Sozialeinrichtungen im Verhältnis zu den übrigen Ostblockstaaten einen gewissen Sonderweg ein. Zwar wurde es den Kirchen untersagt, ihre sozialen Aktivitäten wie im Westen als öffentlich anerkannte Wohlfahrtsverbände zu organisieren, sie blieben aber Träger von Krankenhäusern, Kinderheimen, Heimen für geistig Behinderte, Alten- und Pflegeheimen, Kindergärten, Gemeindeschwesternstationen und Ausbildungsstätten für den kirchlich-sozialen Dienst (357–374; Kösters 2001; Hübner/Kaiser 1999).

In der Bundesrepublik erhielten die Kirchen in den 1950er und frühen 1960er Jahren eine herausragende Stellung. Nach dem politischen und moralischen Desaster des Nationalsozialismus richteten sich hohe Erwartungen an sie. Vor diesem Hintergrund erfuhren die Regelungen der Weimarer Verfassung zur besonderen Rolle der Wohlfahrtsverbände bei der Neuformulierung der Sozial- und Jugendhilfe 1961 eine deutliche Verschärfung. In § 10 Abs. 4 des Bundessozialhilfegesetzes von 1961 wird festgehalten, dass die öffentliche Wohlfahrtspflege gegenüber der freien nur noch subsidiär eingreifen habe. Bei der Neuschaffung von sozialen Einrichtungen der Sozial- und Jugendhilfe kam dies einer Funktionssperre zugunsten der freien Wohlfahrtspflege gleich (Sachße 2003, 207). Um die Subsidiaritätsregelung des Gesetzes kam es zu einer heftigen juristischen Auseinandersetzung zwischen einigen Städten und Ländern und der Bundesregierung, die 1967 vom Bundesverfassungsgericht zu Gunsten der Formulierung des Gesetzes entschieden wurde.

Im Jahr 1950 besaßen die im Deutschen Caritasverband zusammengefassten selbstständigen Einrichtungen insgesamt ca. 106.000 hauptberufliche Mitarbeiterinnen und Mitarbeiter (Held / Speckert 1997, 505). Mit über 60.000 stellten die Ordensangehörigen 1950 noch die deutliche Mehrheit der in der Caritas hauptberuflich Tätigen dar. Drei Viertel der Beschäftigten arbeitete in Krankenhäusern und Heimen, beinahe 12.000 in Tageseinrichtungen der Gesundheits- und Jugendhilfe und knapp 14.000 in den offenen Hilfen.

Hervorgerufen auch durch die Konkurrenz mit dem Hilfswerk entwickelte sich die Innere Mission nicht in demselben Tempo und blieb von Anfang an organisatorisch etwas hinter dem Caritasverband zurück.

Vorbereitet schon in den späten 1950er Jahren kam es Ende der 1960er Jahren zu einem tief greifenden Umbruch in der Gesellschaft der Bundesrepublik, der an vorderster Stelle die Kirchen und das kirchlich verfasste Christentum in der Bundesrepublik betraf. Die Kirchenaustritte schnellten in beiden Kirchen nach oben, der regelmäßige Kirchenbesuch erlebte einen deutlichen Rückgang, und eine kritische Distanz zu den Kirchen und zu den von ihnen repräsentierten konservativen Werten setzte sich durch. Die Soziale Arbeit der Kirchen entwickelte sich allerdings direkt entgegengesetzt

zum allgemeinen Trend der Säkularisierung (Gabriel 1997, 444–448). So verzeichnete der Caritasverband zwischen 1970 und 1980 die höchsten Zuwachsraten in seiner Geschichte. Nimmt man den Zeitraum von 1970 bis 1993 in den Blick, so stieg die Zahl der Voll- und Teilzeitbeschäftigten in der Diakonie um 146 %, auf insgesamt 307.000, und im Deutschen Caritasverband um 107 %, auf 398.500 (Rauschenbach / Schilling 1995, 337). Wie die Zahlen verdeutlichen, blieb auch in der Phase der sozialstaatlichen Expansion und in der Ausweitung der wohlfahrtsstaatlichen Dienstleistungsstrategie in der Bundesrepublik die Struktur der korporatistischen, dualen Wohlfahrtspflege trotz der veränderten Stellung von Religion und Kirche erhalten. Innerkirchlich bedeutete dies eine Gewichtsverschiebung hin zur „Sozialreligion" (Fürstenberg 1999, 91–122) und zu den „Sozialkirchen" (Ebertz 2001) in der Bundesrepublik.

Wie die kirchliche Entwicklung insgesamt, so verlief auch der Trend im Verhältnis von Religionen und Sozialer Arbeit innerhalb der DDR in etwa spiegelverkehrt zu der in der Bundesrepublik. Im Gegensatz zur Stellung von Caritas und Diakonie in der Bundesrepublik waren die 1950er Jahre in der DDR durch „Konfrontation" (Hübner 1999, 77–82) und „gewaltsame Repression" (Kösters 2001, 56–83) zwischen Staatsmacht und der kirchlichen Sozialen Arbeit gekennzeichnet. So kam es zur Schließung der kirchlichen Bahnhofsmissionen und Verhaftungen unter deren Personal. Die Eingriffe des Staates zielten insbesondere auf die diakonische und caritative Präsenz im Bildungs- und Erziehungsbereich und alle Strukturen und Einrichtungen, die eine enge Verbindung zum Westen besaßen. Die Phase der Konfrontation wurde durch entsprechende Vorgaben aus Moskau beendet. In den 1960er Jahren begann die SED sich mit der Sozialen Arbeit der Kirchen zu arrangieren und sie für eigene Zwecke zu funktionalisieren. „Trotz des Herrschafts- und Gestaltungsanspruchs der SED in der DDR" – so resümiert Ingolf Hübner die 1970er und 1980er Jahre als Jahre der wechselseitigen „pragmatischen Akzeptanz" zwischen SED und Diakonie – „eröffnete die Diakonie einen geistigen und sozialen Bereich, der dazu beitrug, dass die Kirchen in der DDR nicht in eine private oder kultische Sphäre abgedrängt wurden" (Hübner 1999, 88). So blieb als Kontinuitätslinie für die Zeit der deutschen Zweistaatlichkeit selbst unter den äußerst erschwerten Bedingungen des SED-Weltanschauungsstaats ein gewisser religiöser Einfluss auf die Soziale Arbeit erhalten.

Religionen und Soziale Arbeit heute: ein Überblick

Die Lage der Religionen in Deutschland ist durch einen wachsenden Pluralismus gekennzeichnet (Gabriel 2009, 23). Dieser weist eine deutliche Asymmetrie auf: knapp 65 % der Bevölkerung gehören entweder der evangelischen oder der katholischen Kirche an. Während die beiden großen Kirchen seit längerer Zeit an Mitgliedern verlieren, steigt die Mitgliederzahl der kleinen christlichen Gemeinschaften, insbesondere der charismatischen und evangelikalen Gemeinden. In der Hauptsache durch Zuwanderung sind auch die 17 verschiedenen Richtungen und Organisationen der Orthodoxen Kirche in Deutschland gewachsen. Wie nie zuvor sind auch die großen Weltreligionen in Deutschland präsent. Die Situation des Islam, mit ca. 4 Mio. Gläubigen insgesamt die größte Gruppe nach den beiden großen Kirchen, ist durch eine Vielfalt von Richtungen und Herkunftsethnien gekennzeichnet. Aus dem Blickwinkel der einheimischen Bevölkerung handelt es sich beim Islam um die Einwanderungsreligion schlechthin. Seit den frühen 1990er Jahren haben die jüdischen Gemeinden einen enormen Wachstumsprozess durch die Einwanderung aus den GUS-Staaten zu verzeichnen. Den Kern der in Deutschland vertretenen östlichen Religionen bilden Hindu-Tamilen aus Sri Lanka und vietnamesische Boatpeople buddhistischen Glaubens. Insbesondere der Buddhismus hat neben den Zugewanderten auch eine Reihe deutscher Anhänger. Zahlenmäßig besonders schwer zu erfassen sind die neureligiösen Gruppierungen, zu denen völkisch-religiöse Gemeinschaften wie Bewegungen mit asiatischem Hintergrund gehören.

Man kann davon ausgehen, dass Soziale Arbeit in allen Religionsgemeinschaften eine gewichtige Rolle spielt. Eine lange Tradition besitzt die Soziale Arbeit in den jüdischen Gemeinden in Deutschland (Jüdisches Museum Frankfurt am Main 1992). Der 1917 gegründete jüdische Wohlfahrtsverband gehörte von der ersten Stunde in der Weimarer Republik an zu den in der Liga der Freien Wohlfahrtspflege zusammengeschlossenen Wohlfahrtsverbänden in Deutschland. Bis heute bildet der von den Nationalsozialisten aufgelöste und schon 1951 wieder gegründete Verband einen der 6 Akteure der Bundesarbeitsgemeinschaft der Freien Wohlfahrtspflege, neben Caritas und Diakonie der einzige religiöse Verband. Die vielfältige Soziale Arbeit wird in einem Jugend- und Sozialreferat koordiniert. Seit der Zuwanderungswelle der 1990er Jahre gehört die Integration jüdischer Migranten aus den GUS-Staaten zum zentralen Arbeitsfeld der ZWST.

Die 4 Millionen Muslime in Deutschland sind in ca. 2300 Moscheevereinen organisiert, die größtenteils nationalen Verbänden der verschiedenen Herkunftsländer angehören (Lemmen 2003, 191). Da die Moscheegemeinden in der Regel Kristallisationspunkte islamischer Lebensführung darstellen, haben sie neben ihrer genuin religiösen Funktion auch Bedeutung für die soziale Tätigkeit. So bieten sie vielfältige Hilfestellungen zur Integration an wie Sprach- und Nachhilfekurse und kooperieren nicht selten mit kommunalen, für die Integration verantwortlichen Stellen. Für viele Muslime sind die Imame die ersten außerfamiliären Ansprechpartner für alle Probleme des Alltagslebens und die primären psycho-sozialen Berater, wobei ihnen eine angemessene Ausbildung für die Beratung fehlt (Rüschoff 2003, 208).

Spielt die religiös getragene organisierte und professionelle Soziale Arbeit bei den nicht-christlichen Religionen in Deutschland nur eine sehr geringe Rolle, so sind die beiden großen christlichen Kirchen mit ihren Verbänden von Caritas und Diakonie auch heute die Hauptträger der dualen Wohlfahrtspflege in Deutschland. Bei allen Unterschieden im Einzelnen weisen beide Wohlfahrtsverbände doch eine ähnliche Struktur auf. Sie verstehen sich als die mit den diakonischen bzw. caritativen Aufgaben betrauten Organe ihrer Kirchen. Sie besitzen jeweils eine territoriale und eine fachverbandliche Struktur. Die Organisationen und Einrichtungen beider Verbände sind weitgehend selbstständig, sodass ein organisatorischer Durchgriff der Zentralen nicht möglich ist. Caritas und Diakonie sind insgesamt Träger von beinahe 61.000 Einrichtungen. Sie sind mit Abstand die beiden größten Wohlfahrtsverbände in Deutschland. Die verbandliche Caritas hat deutlich mehr Einrichtungen im Bereich der Arbeit mit Familien,

Kindern und Jugendlichen, auf dem Feld der Senioreneinrichtungen sowie im Bereich der Aus- und Weiterbildungsstätten aufzuweisen. Die Diakonie ist führend auf dem Feld der Behinderteneinrichtungen sowie im Bereich der Einrichtungen für kranke und suchtgefährdete Menschen. Wie Birgit Fix aufweist, spielen für die Diakonie insgesamt die stationären Einrichtungen eine größere Rolle als für die Caritas, während im Bereich der Caritas der Selbsthilfe mit 30,1 % im Verhältnis zur Diakonie mit 16,5 % eine deutlich höhere Bedeutung zukommt (Fix 2005, 56).

Religionen und Soziale Arbeit im gesellschaftlichen und sozialpolitischen Transformationsprozess

Der religiöse Pluralismus nimmt auch in der Gegenwart weiter zu. Die Signale auf dem Feld des Religiösen sind nicht ohne Weiteres auf einen Nenner zu bringen. Migration und steigender religiöser Pluralismus sind mit einer neuen Sichtbarkeit des Religiösen und einer gesteigerten Aufmerksamkeit für den religiösen Faktor verbunden (Gabriel 2008). Mit typischen Brechungen spiegeln sich in Deutschland darin globale Phänomene der Revitalisierung religiöser Traditionen wider. Gleichzeitig kommen die Kirchen angesichts wachsender Individualisierung der Lebensführung und -orientierung immer deutlicher an die Grenzen ihrer religiösen und sozialen Integrationskraft. Deshalb verwundert es nicht, dass das herkömmliche „asymmetrische religionspolitische Arrangement" (Willems 2008) zu Gunsten der Kirchen in Deutschland zunehmend in Spannung zur gesellschaftlichen Realität gerät. Auf dem Feld der wohlfahrtsstaatlichen Strukturen sind die Veränderungen unübersehbar. Die Transformation des korporatistischen Modells der dualen Wohlfahrtspflege in Deutschland steht im Zentrum der Veränderungen. Ohne dass es bisher zu einem wirklichen Systembruch gekommen wäre, wurden neue sozialpolitische und sozialadministrative Steuerungsformen etabliert (Lessenich 2003). Sie zielen sowohl auf eine stärkere Entstaatlichung der sozialen Dienstleistungs-

erbringung als auch auf eine Sprengung des als Wohlfahrtskartell gedeuteten geschlossenen Systems verbandlicher Akteure der Sozialen Arbeit. Die Wohlfahrtsverbände und ihre Soziale Arbeit werden in staatlich arrangierte Sozialmärkte hineingezwungen und untereinander, sowie verstärkt mit privatwirtschaftlichen Anbietern, unter Konkurrenzdruck gesetzt. Den Rahmen bilden Sozialstaatsreformen, die unter globalem und europäischem Einfluss die sozialpolitischen Traditionslinien calvinischer Prägung eher stärken und die in Deutschland dominierenden lutherischen und katholischen Traditionen eher schwächen (Manow 2008). Für das Verhältnis von Religionen und Sozialer Arbeit ergeben sich daraus weitreichende Konsequenzen. Auf der einen Seite entstehen neue Spielräume für religiöse Akteure aller Art, die sich vor Ort um eine wachsende, von materiellen und psychischen Nöten und drohender Exklusion betroffener Bevölkerung kümmern. Die deutschlandweit sich ausbreitenden Tafeln und die Hospizbewegung lassen sich als Beispiele anführen. In den Kirchen wächst die Aufmerksamkeit für Initiativen im Sozialraum der Kirchengemeinden, die sich mit oder ohne Unterstützung der verbandlichen Seite entwickeln (Schmälzle 2008). Die mangelnde Vernetzung gemeindlicher und verbandlicher Caritas bzw. Diakonie wird als drängendes Problem artikuliert. Auf der anderen Seite geraten die Einrichtungen kirchlicher Sozialer Arbeit unter einen nachhaltigen Ökonomisierungsdruck. Die Spannungen zwischen religiöser Programmatik und professionellen Methoden nehmen zu. Für die Verbände und ihre Einrichtungen wird es immer schwieriger, ihre religiöse Identität zu wahren und einen gelungenen Mittelweg zwischen weitgehender Indifferenz der Sozialen Arbeit gegenüber der religiösen Programmatik einerseits und einer betonten Kongruenz mit einem Einsatz der Religion zu Therapiezwecken zu finden (Krech 2001, 102 f.). Was für die deutsche Sozialstaatsentwicklung insgesamt gilt, lässt sich auch für das Verhältnis von Religionen und Sozialer Arbeit konstatieren. Weder die These von Kontinuität noch von scharfer Diskontinuität wird der Realität in vollem Umfang gerecht. Vielmehr haben wir es mit Kontinuität und Wandel zugleich zu tun (Lessenich 2003, 299–308).

Literatur

Ayass, W., Tennstedt, F., Winter, H. (2003): Quellensammlung zur Geschichte der deutschen Sozialpolitik. 1867 bis 1914. II. Abteilung: Von der kaiserlichen Sozialbotschaft bis zu den Februarerlassen Wilhelms II. (1881–1890). 1. Band. Grundfragen der Sozialpolitik. Die Diskussion der Arbeiterfrage auf Regierungsseite und in der Öffentlichkeit. Wissenschaftliche Buchgesellschaft, Darmstadt

Blaschke, O., Kuhlemann, F.-M. (Hrsg.) (1996): Religion im Kaiserreich. Milieus – Mentalitäten – Krisen. Gütersloher Verlagshaus, Gütersloh

Ebertz, M. N. (2001): Entstehungsbedingungen der „Sozialkirche" im deutschen Katholizismus. In: Gabriel, K. (Hrsg.): Herausforderungen kirchlicher Wohlfahrtsverbände. Perspektiven im Spannungsfeld von Wertbindung, Ökonomie und Politik. Duncker und Humblot, Berlin, 13–26

Ebner, M. (2008): Symposion und Wassersucht, Reziprozitätsdenken und Umkehr. Sozialgeschichte und Theologie in Lk 14, 1–24. In: Bienert, D. C., Jeska, J., Witulski, T. (Hrsg.): Paulus und die antike Welt. Beiträge zur zeit- und religionsgeschichtlichen Erforschung des paulinischen Christentums (FS D.-A. Koch). Vandenhoeck & Ruprecht, Göttingen, 115–135

Fix, B. (2005): Christlich-konfessionelle Soziale Arbeit in Deutschland. In: Fix, B., Fix, E.: Kirche und Wohlfahrtsstaat. Soziale Arbeit kirchlicher Wohlfahrtsorganisationen im westeuropäischen Vergleich. Lambertus, Freiburg/Breisgau, 45–61

Flügge, Th. (2007): Diakonie am Wendepunkt – ein Neubeginn nach dem zweiten Weltkrieg. In: Jähnichen, T., Friedrich, N., Witte-Karp, A. (Hrsg.): Auf dem Weg in „dynamische Zeiten". Transformationen der sozialen Arbeit der Konfessionen im Übergang von den 1950er zu den 1960er Jahren. Lit-Verlag, Berlin, 89–126

Frie, E. (1997): Zwischen Katholizismus und Wohlfahrtsstaat. Skizze einer Verbandsgeschichte der Deutschen Caritas. Jahrbuch für Christliche Sozialwissenschaften 38, 21–42

Fürstenberg, F. (1999): Die Zukunft der Sozialreligion. UVK Universitätsverlag, Konstanz

Gabriel, K. (2009): Pluralisierung und Individualisierung von Religion – Tendenzen und Reaktionen. In: Schröder, B., Kraus, W. (Hrsg.): Religion im öffentlichen Raum/La Religion dans l'espace public. Jahrbuch des Frankreichzentrums der Universität des Saarlandes. Band 8. Transcript, Bielefeld, 19–35

– (2008): Jenseits von Säkularisierung und Wiederkehr der Götter. Aus Politik und Zeitgeschichte 52, 9–15

– (1997): Caritas angesichts fortschreitender Säkularisierung. In: Gatz, E. (Hrsg.): Geschichte des kirchlichen Lebens in den deutschsprachigen Ländern seit dem Ende des 18. Jahrhunderts. Band V. Caritas und soziale Dienste. Herder, Freiburg/Breisgau, 438–455

Gatz, E. (1997): Caritas als kirchliche Grundfunktion. Grundzüge der Entwicklung bis zur Aufklärung. In: Gatz, E. (Hrsg.): Geschichte des kirchlichen Lebens in den deutschsprachigen Ländern seit dem Ende des 18. Jahrhunderts. Herder, Freiburg/Breisgau, 21–35

Held, F., Speckert, M. (1997): Statistik. In: Gatz, E. (Hrsg.): Geschichte des kirchlichen Lebens in den deutschsprachigen Ländern seit dem Ende des 18. Jahrhunderts. Herder, Freiburg/Breisgau, 495–507

Herrmann, V. (2007): Johann Hinrich Wichern. Leben, Werk und Wirkung. In: Herrmann, V., Gohde, J., Schmidt, H. (Hrsg.), 344–352

–, Gohde, J., Schmidt, H. (Hrsg.)(2007): Johann Hinrich Wichern – Erbe und Auftrag. Stand und Perspektiven der Forschung. Universitätsverlag Winter, Heidelberg

Hübner, I. (1999): Diakonie zwischen Selbständigkeit und Kooperation. In: Hübner, I., Kaiser J.-Ch. (Hrsg.), 77–88

–, Kaiser, J.-Ch. (Hrsg.) (1999): Diakonie im geteilten Deutschland. Zur diakonischen Arbeit unter den Bedingungen der DDR und der Teilung Deutschlands. Kohlhammer, Stuttgart

Iserloh, E. (1975): Die soziale Aktivität der Katholiken im Übergang von caritativer Fürsorge zu Sozialreform und Sozialpolitik, dargestellt an den Schriften Wilhelm Emanuel v. Kettelers. Grünewald, Mainz

Jüdisches Museum Frankfurt/Main (1992): „Zedaka" – Jüdische Sozialarbeit im Wandel der Zeit. Jüdisches Museum, Frankfurt/M.

Kahl, S. (2009): Religion as a Cultural Force: Social Doctrines and Poor Relief Traditions. In: Kersbergen, Manow (Hrsg.), 266–294

Kaiser, J.-Ch. (2008): Die Bedeutung des religiösen Faktors für die Soziale Arbeit im 19. und 20. Jahrhundert in Deutschland – Bilanz der Forschung. In: Kaiser, J.-Ch.: Evangelische Kirche und sozialer Staat. Diakonie im 19. und 20. Jahrhundert. Kohlhammer, Stuttgart, 276–288

– (1995): Von der christlichen Liebestätigkeit zur freien Wohlfahrtspflege: Genese und Organisation konfessionellen Sozialengagements in der Weimarer Republik. Suhrkamp, Frankfurt/M., 150–175

– (1989): Die zeitgeschichtlichen Umstände der Gründung des Deutschen Caritasverbands am 9. November 1897. In: Manderscheid, M., Wollasch, H.-J. (Hrsg.): Lorenz Wertmann und die Caritas. Lambertus, Freiburg/Breisgau, 11–29

Kaufmann, F.-X. (1989): Religion und Modernität. Sozialwissenschaftliche Perspektiven. Mohr, Tübingen

Kersbergen, K. v. (1995): Social Capitalism. A Study of Christian Democracy and the Welfare State. Routledge, London/New York

–, Manow, Ph. (Hrsg.) (2009): Religion, Class Coalitions, and Welfare States. Cambridge University Press, Cambridge

Kleßmann, Ch. (1991): Die doppelte Staatsgründung. Deutsche Geschichte 1945–1949. Bundeszentrale für politische Bildung, Bonn

Kösters, Ch. (2001): Staatssicherheit und Caritas 1950-1989. Schöningh, Paderborn/München/Wien/Zürich

Krech, V. (2001): Religiöse Programmatik und diakonisches Handeln. Erwägungen zur Spezifik kirchlicher Wohlfahrtsverbände. In: Gabriel, K. (Hrsg.): Herausforderungen kirchlicher Wohlfahrtsverbände. Perspektiven im Spannungsfeld von Wertbindung, Ökonomie und Politik. Duncker und Humblot, Berlin, 91–105

Lange, G., Pruß, U. (1997): Caritas in der DDR. In: Gatz, E.: Geschichte des kirchlichen Lebens in den deutschsprachigen Ländern seit dem Ende des 18. Jahrhunderts. Herder, Freiburg / Breisgau, 343–377

Lemmen, Th. (2003): Die Sozialarbeit muslimischer Organisationen in Deutschland. In: Hildemann, K. D. (Hrsg.): Religion – Kirche – Islam. Eine soziale und diakonische Herausforderung. Evangelische Verlagsanstalt, Leipzig, 191–206

Lessenich, St. (2003): Dynamischer Immobilismus. Kontinuität und Wandel im deutschen Sozialmodell. Campus, Frankfurt / M. / New York

Manow, Ph. (2008): Religion und Sozialstaat. Die konfessionellen Grundlagen europäischer Wohlfahrtsstaatsregime. Campus, Frankfurt / M. / New York

Maurer, C. (2008): Der Caritasverband zwischen Kaiserreich und Weimarer Republik. Zur Sozial- und Mentalitätsgeschichte des caritativen Katholizismus in Deutschland. Lambertus, Freiburg / Breisgau

Niemeyer, Ch. (2007): Wicherns Bedeutung für die Soziale Arbeit. Eine Problemskizze. In: Herrmann, V., Gohde, J., Schmidt, H. (Hrsg.), 280–285

– (2005): Klassiker der Sozialpädagogik. Einführung in die Theoriegeschichte einer Wissenschaft. 2. Aufl. Juventa, Weinheim / München

Olk, Th., Heinze, R. G. (1981): Die Bürokratisierung der Nächstenliebe. Am Beispiel von Geschichte und Entwicklung der „Inneren Mission". In: Sachße, Ch., Tennstedt, Fl. (Hrsg): Jahrbuch der Sozialarbeit 4. Geschichte und Geschichten. Rowohlt, Reinbek bei Hamburg, 233–271

Rauschenbach, Th., Schilling, M. (1995): Die Dienstleistenden: Wachstum, Wandel und wirtschaftliche Bedeutung des Personals in Wohlfahrts- und Jugendverbänden. In: Rauschenbach, Th., Sachße, Ch., Olk, Th. (Hrsg.): Von der Wertgemeinschaft zum Dienstleistungsunternehmen. Suhrkamp, Frankfurt / M., 321–355

Rieger, E., Leibfried, St. (2004): Kultur versus Globalisierung. Sozialpolitische Theologie in Konfuzianismus und Christentum. Suhrkamp, Frankfurt / M.

Rüschoff, I. (2003): Islamische psychosoziale Beratungsarbeit. Ein Beitrag zur gesellschaftlichen Integration von Muslimen. In: Hildemann, K. D. (Hrsg.): Religion – Kirche – Islam. Eine soziale und diakonische Herausforderung. Evangelische Verlagsanstalt, Leipzig, 207–218

Sachße, Ch. (2003): Subsidiarität. In: Lessenich, St. (Hrsg.): Wohlfahrtsstaatliche Grundbegriffe. Historische und aktuelle Diskurse. Campus, Frankfurt / M. / New York, 191–212

– (1995): Verein, Verband und Wohlfahrtsstaat: Entstehung und Entwicklung der „dualen" Wohlfahrtspflege. In: Rauschenbach, Th., Sachße, Ch., Olk, Th. (Hrsg.): Von der Wertgemeinschaft zum Dienstleistungsunternehmen. Jugend- und Wohlfahrtsverbände im Umbruch. Suhrkamp, Frankfurt / M., 123–149

–, Tennstedt, Fl. (1992): Der Wohlfahrtsstaat im Nationalsozialismus. Geschichte der Armenfürsorge in Deutschland. Band 3. Kohlhammer, Stuttgart

–, – (1988): Geschichte der Armenfürsorge in Deutschland. Band 2. Fürsorge und Wohlfahrtspflege 1871 bis 1929. Kohlhammer, Stuttgart

–, – (1980): Geschichte der Armenfürsorge in Deutschland. Vom Spätmittelalter bis zum ersten Weltkrieg. Kohlhammer, Stuttgart

Schmälzle, U. Fr. (2008): Menschen, die sich halten – Netze, die sie tragen. Analysen zu Projekten der Caritas im lokalen Lebensraum. Lit-Verlag, Berlin

Stark, R. (1997): Aufstieg des Christentums. Neue Erkenntnisse aus soziologischer Sicht. Beltz-Athenaeum, Weinheim

Willems, U. (2008): Status. Privileg und (vermeintlicher) Vorteil. Überlegungen zu den Auswirkungen asymmetrischer religionspolitischer Arrangements auf die politische Rolle von Religionsgemeinschaften und die Durchsetzung religiöser Interessen. In: Kippenberg H. G., Schuppert G. F.: Die verrechtlichte Religion. Der Öffentlichkeitsstatus von Religionsgemeinschaften. Mohr, Tübingen, 157–185

Zenger, E. (2006): „Ich finde Wohlgefallen an Liebe, nicht an Opfer" (Hos. 6,6). Ersttestamentliche Stellungnahmen zum Verhältnis von Kult und Ethos. In: Kranemann, B., Sternberg, Th., Zahner, W. (Hrsg.): Die diakonale Dimension der Liturgie (FS Klemens Richter). Herder, Freiburg / Breisgau / Basel / Wien, 16–30

Religiöse Erziehung

Von Friedrich Schweitzer

Begriff

Religiöse Erziehung kann in einem engeren, muss aber auch in einem weiteren Sinne verstanden werden. Im engeren Sinne wird vielfach nur an den Vorgang von religiöser Unterweisung und Gewohnheitsbildung gedacht, durch den Kinder und Jugendliche (oder Erwachsene) mit Lehre und Leben einer Kirche oder Religionsgemeinschaft vertraut werden. Als Grundmodell dient bei diesem Verständnis der Katechismusunterricht, verbunden mit der Einübung von Gebet, Gottesdienstbesuch usw.

Unter heutigen Voraussetzungen ist diese Vorstellung in mehrfacher Hinsicht zu *erweitern*, weshalb zunehmend auch von religiöser *Bildung oder Begleitung* gesprochen wird. Zunächst ist religiöse Erziehung in pädagogisch-sozialwissenschaftlicher Sicht weder intentional noch empirisch auf Kirchlichkeit beschränkt. Erst ein allgemeiner Religionsbegriff, der funktional oder strukturell von Transzendenzbezug, letzten Sinn- und Wertorientierungen usw. ausgeht, vermag der in heutiger Praxis vorfindlichen Gestalt religiöser Erziehung gerecht zu werden. So wird etwa in der Familie nach wie vor religiös erzogen, aber eben ohne Weiteres nicht zur Kirchlichkeit.

Eine zweite Erweiterung des katechetischen Verständnisses erwächst aus Sozialisationsforschung und Entwicklungspsychologie. Ähnlich wie Sprache oder Moral wird Religion nicht einfach durch intentionale Unterweisung vermittelt, sondern in einem komplexen, personalen, institutionellen und gesellschaftlichen Prozess, der als religiöse Sozialisation bezeichnet werden kann, wobei die religiöse eng mit anderen Dimensionen der Sozialisation verbunden und im Unterschied zur religiösen Unterweisung von diesen nicht als eigener Bereich abzugrenzen ist.

Eine dritte Erweiterung ergibt sich aus der Situation von Multikulturalität und Multireligiosität. Herkömmlicherweise wurde Religion in der deutschen Tradition, auch im pädagogischen Diskurs, als im weiten Sinne christliche Religion verstanden. Heute ist diese Gleichsetzung von Religion und Christentum nicht mehr möglich, so dass sozialisationstheoretisch beispielsweise auch nach der religiösen Erziehung muslimischer Kinder zu fragen wäre – was freilich erst allmählich bewusst wird und bislang nur in Ansätzen geschieht.

Der Begriff der religiösen Erziehung bezeichnet sowohl intentionale Vorgänge der religiösen Unterweisung und Einübung in kirchliche oder religiöse Praxis als auch eine allgemeine Dimension aller Erziehung und Sozialisation. Neben der christlich-kirchlichen Religion sind zunehmend andere Formen individueller und gesellschaftlicher Religion zu bedenken sowie die religiöse Erziehung in nichtchristlichen Religionen. Religiöse Erziehung schließt damit alle Formen, Aspekte und Dimensionen der Erziehung ein, die auf letzte Fragen, Werte, Sinngebungen usw. bezogen sind, und zwar innerhalb wie außerhalb der Religionsgemeinschaften. Das jeweils als „Religion" Bezeichnete bleibt dabei noch offen, muss aber in den Zusammenhängen von Theorie und Praxis jeweils eigens bestimmt werden.

Religiöse Erziehung und Geschichte der Sozialarbeit / Sozialpädagogik

Zwischen der religiösen Erziehung und der Herausbildung der modernen Sozialarbeit / Sozialpädagogik besteht ein enger Zusammenhang. An den Wurzeln der modernen Sozialarbeit / Sozialpädagogik fließen religions- und sozialpädagogische Motive unmittelbar ineinander. Die Erziehungs-

Otto/Thiersch (Hg.), Handbuch Soziale Arbeit, 4. A., DOI 10.2378/ot4a.art123,

anstalten des Pietismus (Halle, A.H. Francke 1964) belegen dies ebenso wie die frühen Beispiele von Elementarpädagogik und Kindergartenarbeit (etwa J.F. Oberlin: Pscolla 1987). Wirkungsgeschichtlich besonders bedeutsam ist hier J.H. Pestalozzi, der der Religion einen systematischen Ort nicht nur als Quelle der Kräftebildung in seiner Wohnstubenerziehung, sondern auch in seiner pädagogisch-theoretischen Anthropologie zuweist (Pestalozzi 1961, 28 ff., 93 ff.): Religion erscheint zugleich als tragendes Motiv für Sozialarbeit / Sozialpädagogik, als Dimension der menschlichen Entwicklung sowie als Quelle der Höherbildung des Menschen, wobei kritisch zwischen den hergebrachten kirchlichen und gesellschaftlich-staatlichen (häufig Herrschaftsverhältnisse legitimierenden) Formen von Religion und der angestrebten humanen Gestalt von Religion unterschieden wird.

Sozialpädagogische Einrichtungen, wie sie dann im 19. Jahrhundert zunehmend zu finden sind, gehen vielfach auf diakonische (evangelische) oder caritative (katholische) Impulse zurück oder werden von Werken und Vereinen getragen, die ihr Wirken z.T. bis heute aus der christlichen Ethik begründen. Wie etwa das Beispiel J.H. Wicherns (Rauhes Haus in Hamburg) zeigt, gehen dabei religiöse und pädagogische Motive der „Rettung" verwahrloster Kinder und Jugendlicher ineinander über. Für eine auf die „Jugend" gerichtete Sozialarbeit / Sozialpädagogik hat die christliche Tradition sowohl in Europa als auch in den USA eine konstitutive Rolle gespielt (Peukert 1986; Kett 1977), nicht zuletzt bei der gesellschaftlichen Konstruktion des Bildes vom „Jugendlichen" (Roth 1983).

Im 20. Jahrhundert bleibt der enge Zusammenhang zwischen christlich-religiösen Motiven und sozialpädagogischen Einrichtungen besonders hinsichtlich der Trägerschaft etwa bei Kindertagesstätten oder der Heimerziehung weithin erhalten, allerdings im Rahmen eines insgesamt pluralen gestalteten Feldes. Nach der Trennung von Staat und Kirche mit der Begründung der Weimarer Republik (1918 / 19) sowie der Ausgestaltung eines Sozialstaats in der westlichen Bundesrepublik nach 1945 gewinnt das staatlich getragene sozialpädagogische Handeln trotz des Prinzips der Subsidiarität (Nachrangigkeit direkter staatlicher Tätigkeit im Verhältnis zu nicht-staatlichen Einrichtungen) zunehmend Eigengewicht; zugleich sind mehr und mehr nicht-religiöse Träger bspw. aus dem gewerkschaftlichen Bereich tätig. Wieweit dabei auch jenseits von Kirche oder ausdrücklichen Bezugnahmen auf die christliche Ethik religiöse und christliche Motive wirksam bleiben, ist eine eigene kultur- und gesellschaftsgeschichtliche Frage, auf die hier nur verwiesen werden kann.

Ansätze religiöser Erziehung in der Gegenwart

In der Gegenwart hat sich zumindest im christlichen Bereich ein Verständnis religiöser Erziehung durchgesetzt, das sich an den Prinzipien der modernen Pädagogik orientiert. Religiöse Erziehung soll als Dimension des Bildungsprozesses wahrgenommen, im engen Anschluss an die Entwicklung von Kindern und Jugendlichen kind- und biographiebezogen ausgelegt und von religiöser Mündigkeit als Ziel bestimmt werden. Einige ausgewählte Ansätze und Probleme aus der gegenwärtigen Diskussion über religiöse Erziehung können dies exemplarisch verdeutlichen (weiterreichender Überblick bei Schweitzer 2006).

Anthropologische und empirische Wendung in Theologie und Religionspädagogik

Seit etwa den 1960er Jahren wird in der Theologie von einer anthropologischen Wendung gesprochen. Gemeint ist der Versuch, die christliche Überlieferung in einer auf menschliche (Grund-) Erfahrungen bezogenen Form auszulegen, nicht zuletzt unter konsequenter Berücksichtigung der Human- und Sozialwissenschaften sowie der philosophischen Anthropologie (etwa Rahner 1976; Pannenberg 1983). Die Aufgabe von Theologie und Religionspädagogik wird seither weithin als erfahrungsbezogene, wechselseitig kritische Verbindung von Tradition und Situation („Korrelation") ausgelegt. Als Weiterentwicklung der klassischen Hermeneutik ist das Korrelationsprinzip zugleich wissenschaftstheoretisch im Blick auf die Theologie als Wissenschaft (Tracy 1975) als auch für die (religions-)pädagogische Praxis bedeutsam: Religiöse Erziehung wird als Korrelationsprozess verstanden (Baudler 1984): Die Inhalte der religiösen

Überlieferung sollen jeweils auf die Erfahrungen von Kindern und Jugendlichen bezogen werden (sog. Erfahrungsorientierung, Kindorientierung usw., u. a. Englert 1985).

Im Anschluss an die „realistische Wendung" in der Pädagogik (Heinrich Roth) wird seit den 1960er Jahren auch für die Religionspädagogik eine stärkere Beachtung empirischer Forschung gefordert (Wegenast 1968). Eine eigene religionspädagogische Empirie ist aber noch kaum in Gang gekommen (Überblick: Bucher 1995; Porzelt / Güth 2000, Beispiele s. Abschnitt zur empirischen Forschung), und die empirische Jugendforschung blendet Religion bei ihren Untersuchungen weithin aus (kritisch Schweitzer 1996). Die konstitutive Berücksichtigung von Ergebnissen der empirischen Sozialisationsforschung ist jedoch weithin zu einer selbstverständlichen Voraussetzung der Religionspädagogik geworden.

Religion als Dimension des Bildungsprozesses und als Thema der Pädagogik

Im Gegensatz zur Geschichte der Pädagogik ist Religion heute nur noch selten Gegenstand einer eigenständigen Thematisierung durch die Pädagogik (dagegen Schweitzer 2003). In Handbüchern der Sozialisationsforschung oder der Erziehungswissenschaft finden sich häufig keine auf Religion bezogenen Darstellungen. Selbst die Hinwendung zu den Herausforderungen der Migration (Konsortium Bildungsberichterstattung 2006) hat noch nicht zu einem Bewusstwerden der religiösen Aspekte von Migrantenkulturen geführt. Dem entspricht es, wenn auch in der Allgemeinen Pädagogik Religion nur selten thematisiert und der Zusammenhang von Bildung und Religion lediglich am Rande behandelt wird (z. B. Benner 1987; als Erweiterung: Benner 1995). Die von der geisteswissenschaftlichen und auch der frühen empirischen Pädagogik vertretene Auffassung, dass Bildung ohne Religion unvollständig sei und deshalb auch ein unerlässliches Thema der Allgemeinen Pädagogik darstelle (Flitner 1974), wird offenbar kaum mehr geteilt (anders etwa von Hentig 1992). Religiöse Erziehung wird dann lediglich als Spezialinteresse beispielsweise kirchlicher Träger oder als Thema der Theologie angesehen.

Eine solche Sicht wird der Bedeutung von Religion für Erziehung und Erziehungswissenschaft jedoch nicht gerecht. Darauf verweist zu Recht die neuere Diskussion über Religion (und Theologie!) als „verdrängtes Erbe" dieser Disziplin (Oelkers et al. 2003; Schweitzer 2003). Im Erziehungsprozess selbst stellen sich religiöse Fragen nach wie vor von der Entwicklung der Kinder und Jugendlichen her. Insbesondere folgende *vier Problemkreise* markieren nach wie vor bedeutsame Schnittpunkte zwischen Pädagogik und Theologie. Sie begründen ein „Recht des Kindes auf Religion" und religiöse Begleitung (Schweitzer 2005):

1. *Die Frage nach Sinn*: Für Kinder und Jugendliche bricht diese Frage häufig erstmals angesichts von Tod und Sterben auf. Der Umgang mit dem Tod entscheidet mit darüber, wie wir leben. J. Korczak (1983, 40) spricht deshalb vom „Recht des Kindes auf seinen Tod."

2. *Die Frage der Gerechtigkeit*: Auch wenn Moral und Gerechtigkeit säkular begründet und ausgelegt werden können, besitzt diese Frage doch einen religiösen Horizont. Für den Moralpsychologen und -pädagogen L. Kohlberg (1981, 307 ff.) beispielsweise verlangt die Frage *„Why be moral – warum sich an moralische Normen halten?"* letztlich nach einer (religiösen) Lebensdeutung. Alle Hinweise auf den individuellen und gesellschaftlichen Nutzen greifen am Ende zu kurz, wenn sie eine *unbedingte* Geltung von Normen und Werten auch motivational begründen sollen. Gerade die in den letzten Jahren entbrannte Diskussion um den Lebenswert behinderter Kinder hat dies deutlich gezeigt.

3. *Die Frage nach mir selbst und nach meiner Identität*: E. H. Erikson, einer der geistigen Väter des Identitätsbegriffs, war davon überzeugt, dass die Identitätsbildung für ihr Gelingen auf Sinn oder Religion angewiesen sei, weil das menschliche Ich letztlich ein göttliches Gegenüber erfordere (Erikson 1968, 220). Auch das in der Pädagogik vertretene Verständnis von Identität als „Fiktion" (Mollenhauer 1983, 158) lässt den potenziell religiösen Kern der Identitätsfrage erkennen: Identitätsbildung als ein Prozess des Transzendierens, der die Wirklichkeit auf geglaubte und erhoffte Möglichkeit hin überschreitet.

4. *Die Frage nach dem anderen mit seiner Religion*: Von früh auf begegnen Kinder anderen Kindern

oder Erwachsenen, die nicht nur eine andere Nationalität und Kultur besitzen, sondern eben auch eine andere Religion. Eine angemessene friedliche Wahrnehmung und Achtung z. B. muslimischer Kinder in Deutschland muss auch deren Religion oder Glaubenseinstellungen einschließen. Eine bloß inter*kulturelle* Pädagogik greift deshalb zu kurz.

Religion, so meine zusammenfassende These, ist als *allgemeine Dimension* von Erziehung und Bildung zu begreifen und deshalb auch als *unvermeidliches Thema der Pädagogik*. Kinder haben ein *Recht auf Religion* und auf *religiöse Begleitung*.

Religiöse Individualisierung – Fundamentalismus – Synkretismus: Religiöse Strömungen in der modernen Gesellschaft als pädagogische Herausforderung

Zu den auch in der Öffentlichkeit am stärksten beachteten und – vor allem seit dem 11. September 2001 – z.T. mit erheblichen Befürchtungen ("Kampf der Kulturen" u. ä.) verbundenen Erscheinungen von Religion in der modernen Gesellschaft sowie im globalen Horizont gehören diejenigen Formen von Religion, die der Moderne teils widersprechen, teils von dieser erst hervorgebracht werden. Unter den Voraussetzungen moderner, differenzierter und deshalb pluraler Gesellschaften nimmt Religion in dem Sinne eine "häretische Gestalt" (Berger 1980) an, dass die Zugehörigkeit zu einer Kirche oder Religionsgemeinschaft sich nicht mehr von selbst versteht, sondern zur Frage einer bewussten Wahlentscheidung wird. Religion und Kirche treten auseinander – mit der Folge abnehmender Kirchlichkeit, aber gleichbleibender oder sich intensivierender *individueller Religion*. Religiöse Erziehung muss sich zunehmend auf die religiöse Individualisierung einstellen, wenn sie die Kinder und Jugendlichen nicht verfehlen will. Die z.T. noch verbreitete Annahme einer *Säkularisierung* wird demgegenüber gerade in der (Religions-)Soziologie zunehmend skeptisch beurteilt (Kaufmann 1989; Gabriel 1993; Luhmann 2000). Die Erwartung, dass Menschen sich immer weniger für Religion interessieren würden, hat sich bislang nicht erfüllt. Auch die internationale Diskus-

sion bspw. über *Globalisierung und Religion* (Beyer 1994; Casanova 1994) geht davon aus, dass eine zunehmende religiöse Individualisierung einerseits und andererseits doch eine teilweise (wieder-)erstarkende öffentliche Bedeutung von Religion u. a. im Verhältnis zur Politik (Neue Rechte in den USA, religiöse Öko- und Friedensbewegungen in Europa, ethnische und migrationsbezogene Entwicklungen usw.) zu erwarten sind. Für die neuere Religionssoziologie steht die Zukunftsbedeutung von Religion auch dort, wo nicht von einer "Wiederkehr der Religion" die Rede ist, weithin außer Zweifel (Joas 2004).

Synkretistische Religionsformen, bei denen in Gestalt einer sog. Bricolage Elemente aus unterschiedlichen religiösen Traditionen gemäß persönlicher Bedürfnisse zusammengefügt werden, stellen in der modernen Gesellschaft typische religiöse Erscheinungen dar (Drehsen / Sparn 1996). Sie entsprechen dem auch sonst in der postmodernen Jugendkultur beobachteten Trend zur Bricolage bei Ästhetik und Outfit. Eine andere Variante bilden *fundamentalistische Religionsformen*, die der Pluralität die Gewissheit festliegender Glaubensüberzeugungen entgegenstellen (Dressler et al. 1995; Kühn et al. 1998).

Seit den 1970er Jahren wird viel über *sog. Sekten oder Kulte* diskutiert, die eine Zeitlang (fälschlich) als "Jugendreligionen" bezeichnet wurden (Enquete-Kommission 1998). Neue religiöse Bewegungen (Bhagwan-, Krishna-Bewegung, Moonies usw.) sowie stärker psychologisch ausgerichtete Gruppen und Organisationen (Scientology) üben einen quantitativ zwar begrenzten (maximal ca. 5 bis 10 % der Jugendlichen fühlten sich selbst zu den Hochzeiten dieser Diskussion im weitesten Sinne angesprochen, etwa Schmidtchen 1987), aber offenbar doch dauerhaften Einfluss aus, der pädagogisch häufig problematisch ist. In diesem Zusammenhang gehört auch der wiederum fälschlich so bezeichnete *Jugendokkultismus* (Helsper 1992; Streib 1996). Mit dem Älterwerden der Mitglieder, die z.T. zunächst als junge Erwachsene zu solchen Gruppen gestoßen sind, stellt die Situation und Erziehung von Kindern in solchen Gruppen ein wichtiges, aber nur selten thematisiertes Problem dar (Eimuth 1996).

Werterziehung, interkulturelles und interreligiöses Lernen

Während in der Vergangenheit von der religiösen Erziehung u. a. von staatlicher Seite häufig ein Beitrag zur Loyalitätsbildung und zur gesellschaftlichen Ordnung erwartet wurde, treten solche Erwartungen in einer zunehmend multikulturellen Gesellschaft weiter zurück (Diskussion s. Nipkow 1998). Ein Zusammenhang zwischen Religion und Wertorientierungen besteht jedoch auch weiterhin – z. T. auch in gesellschaftskritischer Gestalt (Friedensbewegung, Ökologiebewegung usw.). In neuerer Zeit wird die Frage eines im Religionsdialog zu erreichenden „*Weltethos*" (Hans Küng) auch pädagogisch stark beachtet (Lähnemann 1995), oder es wird nach abendländisch-christlichen Wertetraditionen („Werte Europas") gefragt (Joas / Wiegandt 2005).

In multikulturellen Gesellschaften wird interkulturelles Lernen zu einer eigens wahrzunehmenden Aufgabe auch der Sozialarbeit / Sozialpädagogik, nicht zuletzt auch angesichts rechtsextremistischer Tendenzen. Kultur besitzt aber auch eine grundlegende religiöse Dimension, die manchmal zwar – so in den westlichen Ländern – kaum (mehr) eigens hervortritt, z. T. sich aber – so in den islamischen Ländern – sehr deutlich in ihrer kulturprägenden Kraft manifestiert und die deshalb auch in ihren Migrationsgestalten der Sozialarbeit / Sozialpädagogik in Deutschland alltäglich begegnet. Inter*kulturelles* Lernen muss deshalb um die religiöse Dimension erweitert und ergänzt werden, wie es mit dem Begriff des inter*religiösen* Lernens gefordert wird (Schreiner et al. 2005).

Gemeinde als pädagogische Herausforderung („Gemeindepädagogik")

Einerseits entspricht es bereits dem herkömmlichen kirchlichen Selbstverständnis, dass zu Kirche und Gemeinde stets auch pädagogische Aufgaben der religiösen Unterweisung bzw., traditionell gesprochen, der Katechese gehören. Andererseits hat sich erst seit den 1970er Jahren die auch im Blick auf Sozialarbeit / Sozialpädagogik bemerkenswerte *Gemeindepädagogik* herausgebildet. Unter diesem Begriff, der vor allem im evangelischen Bereich verbreitet ist (zu dem parallelen, aber inhaltlich z. T. anders ausgerichteten katholischen Begriff *Gemeindekatechese* Bartholomäus 1987) und der auch eine eigene Disziplin bzw. einen besonderen Ausbildungsgang bezeichnen kann, werden alle pädagogischen Aufgaben der (Kirchen-)Gemeinde zusammengefasst. Damit soll deren Wahrnehmung u. a. im Verhältnis zur schulischen Religionspädagogik verstärkt und die pädagogische Qualifikation der Arbeit verbessert werden.

Die Herausbildung von Gemeindepädagogik vollzog sich ungefähr zeitgleich besonders seit den 1970er Jahren in Ost- (Henkys 1987; Schwerin 1991; Reiher 1992) und in Westdeutschland (Adam / Lachmann 1987; Foitzik 1992; Wegenast / Lämmermann 1994; Grethlein 1994), jedoch mit unterschiedlichen Akzentuierungen, die nicht zuletzt mit der Situation ohne schulischen Religionsunterricht in der DDR und einer sich verstärkt etablierenden schulischen Religionspädagogik in der damaligen Bundesrepublik verbunden waren. Neben den im engeren Sinne kirchlichen Angeboten etwa von Kindergottesdienst, Christenlehre und Konfirmandenunterricht gehören zur Gemeindepädagogik auch die Bereiche von Familienerziehung, Kindergarten, Jugendarbeit, Erwachsenenbildung und Altenarbeit. Die Aufgaben der Gemeindepädagogik gehen damit über die religiöse Erziehung hinaus, schließen diese aber in jedem Falle ein.

Der betont außer- und nicht-schulische Ansatz der Gemeindepädagogik bedingt eine besondere Nähe zu Sozialarbeit / Sozialpädagogik, die bislang allerdings mehr im Blick auf einzelne Handlungsfelder und weniger hinsichtlich der wissenschaftlichen Konstitution von Gemeindepädagogik als übergreifender Disziplin wahrgenommen wird (trotz zukunftsweisender Ansätze etwa bei Degen et al. 1992; Foitzik et al. 1994, die fortgesetzt zu werden verdienten).

Religiöse Erziehung im Spiegel der empirischen Forschung

Auch wenn bereits einschränkend auf die geringe Zahl empirischer Untersuchungen zur religiösen Erziehung hinzuweisen war, gibt es doch eine Reihe beachtlicher Ansätze und Forschungsergebnisse (weitere Hinweise bei Schweitzer 2003; 2006).

Theorien der religiösen Entwicklung

Die religiöse Entwicklung im Kindes-, Jugend- und Erwachsenenalter wird vor allem in der Psychoanalyse (im Anschluss an S. Freud und C.G. Jung) und in der kognitiv-strukturellen Entwicklungspsychologie (im Anschluss an J. Piaget und L. Kohlberg) untersucht (Überblick Schweitzer 2007).

Im Bereich der *Psychoanalyse* stellt die Beschreibung des menschlichen Lebenszyklus mit seinen Krisen bei E.H. Erikson (1971; 1974) auch in religionspsychologischer Hinsicht eine Art Klassiker dar. Die von ihm – ausgehend vom Grundvertrauen im frühen Kindesalter über die Gewissensbildung in der mittleren Kindheit bis hin zur Identitätsbildung im Jugendalter – beschriebenen Entwicklungsaufgaben besitzen jeweils auch eine religionspsychologische Komponente (Wright 1982). Untersuchungen z.B. zur Entwicklung des Gottesbildes (Rizzuto 1979) bestätigen die These einer auf diese Entwicklungskrisen bezogenen, prinzipiell aber sich über das gesamte Leben erstreckenden religiösen Entwicklung. Die in der Freudschen Psychoanalyse sich fortsetzende religions*kritische* Linie (Erdheim 1990) erweist sich als zu eng, um den vielfältigen Verbindungen zwischen Religion und Entwicklung gerecht zu werden. So können etwa (religiöse) Passageriten zwar eine freie Entwicklung behindern, sind zugleich aber auch Voraussetzung gesunder Entwicklung im Jugendalter: Psychologisch gesehen ist Religion *„Chance und Risiko"* für die individuelle Entwicklung (Klosinski 1991; 1994).

Starke Beachtung haben die *kognitiv-strukturellen Stufentheorien der religiösen Entwicklung* von J.W. Fowler (1989; 1991) und F. Oser (Oser / Gmünder 1984) gefunden. Ähnlich wie bei Piaget und vor allem bei Kohlberg werden hier Stufen der religiösen Entwicklung beschrieben, die von der Kindheit bis zum hohen Alter reichen. Während die Vorstellung einer (religiösen) Stufenhierarchie zu Recht immer wieder kritisiert wird, stellt die Unterscheidung zwischen den religiösen Verstehensformen von Kindern, Jugendlichen und Erwachsenen für die Pädagogik einen unverzichtbaren Gewinn dar (Diskussion: Nipkow et al. 1992).

Religionsbezogene Biographieforschung

Wie sehr sich das Interesse an Biographie religiösen Motiven verdankt, ist am Beispiel der klassischen Autobiographien von Augustinus und J.-J. Rousseau leicht zu erkennen. Bis heute spielt Religion in zahlreichen (literarischen) Biographien eine wichtige Rolle, die allerdings zumeist religionskritisch dargestellt wird.

Nachdem Religion als kirchliche Religion und als Staats- oder Zivilreligion an Bedeutung verloren hat, erscheint die Lebensgeschichte religionssoziologisch gesehen als zunehmend wichtiger Ort und Bezugspunkt religiöser Erfahrung (Wohlrab-Sahr 1995). Qualitativ-empirisch verfahrende, auf Religion bezogene Untersuchungen zu Religion in der Lebensgeschichte belegen die lebensweltlich und lebenspraktisch bestimmte Form von Religion (z.B. Schöll 1992; zu weiblichen Biographien s. Klein 1994; Sommer 1998). Dabei beschränkt sich der religiöse Gehalt von Biographie keineswegs auf die in einer Lebensgeschichte vorkommende ausdrücklich religiöse Erziehung oder auf Begegnungen mit Kirche. Schon die Gestalt biographischer Selbstreflexion selbst kann insofern als implizit religiös gelten, als hier Sinnfragen und Identitätsentwürfe von letzter Bedeutung thematisiert werden (Sparn 1990).

Religion in der Familien-, Kinder-, Jugend- und pädagogischen Institutionenforschung

Für die Kindheit in der Familie kann heute weithin nicht von einer religiösen Erziehung im Sinne der kirchlichen Erwartungen ausgegangen werden. In vielen Fällen wird in der Familie nicht ausdrücklich kirchlich, christlich oder religiös erzogen. Lange Zeit wurde dies im Sinne einer Säkularisierung als Religionsverlust verstanden – eine Deutung, die der bleibenden Bedeutung individueller und privater Religion in der Familie aber nicht gerecht wird (Ebertz 1988). Neuere Untersuchungen belegen eine nach wie vor hohe Wirksamkeit der religiösen Familienerziehung (bspw. Zinnecker / Silbereisen 1996; Behnken / Zinnecker 1993; Biesinger et al. 2005), wobei sich diese weit mehr nach den der Familie eigenen Sinngebungen richtet als nach den Maßstäben kirchlicher Lehre (Schwab 1995). Religiöse Erziehung in der Familie folgt in hohem

Maße dem Muster von Privatisierung und Individualisierung: Religion wird bejaht, zugleich aber in
das Belieben jedes einzelnen gestellt, auch schon
der Kinder und Jugendlichen. Ihrer Wirksamkeit
tut dies jedoch keinen Abbruch.

Sehr wenig Aufmerksamkeit in der empirischen
Forschung hat bislang die Rolle von Religion in der
Kindertagesstätte erhalten, obwohl sie der Ort ist,
an dem sich erstmals alle Kinder, unabhängig von
ihrer Religionszugehörigkeit, begegnen. Vor allem
das Christentum und der Islam sind dabei bedeutsam (mehr als 20 % der Kinder in Kindertagesstätten sind Muslime). Daher stellt sich sowohl die
Aufgabe der religiösen Begleitung muslimischer
Kinder als auch die des interreligiösen Lernens
(Schweitzer et al. 2008), die in den Einrichtungen
offenbar noch sehr wenig wahrgenommen wird.
Interkulturelle Pädagogik ohne Berücksichtigung
der interreligiösen Dimension bleibt jedoch unzureichend.

Für das Jugendalter belegt auch die Jugendforschung als langfristigen Trend ein *bleibendes Interesse an Religion* bei gleichzeitig *abnehmender Kirchlichkeit* (Überblick: Schweitzer 1996; neuere
Befunde: Ziebertz et al. 2003). Von der Mehrheit
der Jugendlichen im Westen werden religiöse Überzeugungen und Praktiken im persönlichen Bereich
weiterhin gepflegt, ohne dass daraus eine mehr als
gelegentliche Hinwendung zu Kirche folgen würde.
In Ostdeutschland sind noch immer die Auswirkungen der staatssozialistisch-atheistischen Erziehung in DDR-Zeiten zu spüren (Henkys / Schweitzer 1996; Fuchs-Heinritz 2000). Auch wenn sich
im Osten ebenfalls ein über die Kirche hinausrei-
chendes religiöses Interesse Jugendlicher feststellen
lässt (Schmidtchen 1997, 149 ff.; Huber et al.
2006, 89 ff.), begegnet die Mehrheit der Jugendlichen dort religiösen Fragen doch mit Gleichgültigkeit. Untersuchungen zu den Formen des Umgangs mit Fragen von (Lebens-)Sinn bei
Jugendlichen in Ostdeutschland, etwa auf der
Grundlage konsequent qualitativer Vorgehensweisen, sind noch immer ein Desiderat.

Ein weiteres Forschungsdefizit, das für fast alle Jugendstudien kennzeichnend ist, stellt die religiöse
Erziehung von Kindern und Jugendlichen aus nicht-
christlichen Familien in Deutschland dar (Ansätze
im Blick auf muslimische Jugendliche bei Heitmeyer
et al. 1997; Bukow / Yildiz 2003; zu Hindu-Kindern
in England Jackson / Nesbitt 1993).

Religion als Dimension sozialpädagogischer Praxis

Aus dem hier vertretenen Verständnis religiöser
Erziehung als Begleitung der religiösen Entwicklung im Kindes- und Jugendalter erwächst die
Forderung, dass auf Religion bezogene Erziehungsaufgaben als integraler Bestandteil pädagogischer
Praxis anzusehen und keineswegs nur dort wahrzunehmen sind, wo Trägerinteressen oder persönliche Überzeugungen von Pädagoginnen und Pädagogen dies nahe legen. Religion als Dimension
der menschlichen Entwicklung markiert eine *allgemeine Bildungsaufgabe* (Schweitzer 2003).

Eine von den Kindern und Jugendlichen her verstandene religiöse Erziehung verlangt zugleich nach
einer Auslegung, bei der nicht einseitig die in der
religiösen Tradition ausgebildeten Normen oder
gar die Bestandserwartungen religiöser Gemeinschaften oder Institutionen im Vordergrund stehen. Auch wenn richtig bleibt, dass religiöse Begleitung ohne Erschließung der religiösen
Traditionen und ohne eine auch institutionelle
Basis kaum denkbar ist, bleibt die Qualität religiöser Erziehung zugleich an *pädagogischen Maßstäben*
von Erziehung und Bildung zu messen.

Die Wahrnehmung religionspädagogischer Aufgaben im Bereich von Sozialarbeit / Sozialpädagogik konkretisiert sich dem hier entwickelten Verständnis zufolge in den *alltäglichen Zusammenhängen*
der entsprechenden Arbeitsfelder. Folgende beispielhafte Hinweise können dies noch einmal verdeutlichen:

1. *Arbeit mit Kindern*: „Kinder haben religiöse Fragen", so zu Recht der Zehnte Kinder- und Jugendbericht (1998, 44). Deshalb sind solche Fragen
   bspw. in Kindergarten und Tagesstätte bzw. Hort
   auch dort aufzunehmen, wo nach dem Situationsansatz gearbeitet wird (Comenius-Institut 1976)
   oder der Alltag in einer reflektiert gestalteten Einrichtung den Ausgangspunkt bildet (Scheilke /
   Schweitzer 1999; Schweitzer et al. 2008).

2. *Jugendarbeit / Jugendhilfe*: Lebensbewältigung im
   Jugendalter vollzieht sich heute in deutlicher Distanz zu Kirche, schließt aber nach wie vor Sinnfragen, ethische Orientierungsprobleme und übergreifende Lebensperspektiven ein. Eine Pädagogik für
   Jugendliche muss daher auch eine „Religionspädagogik des Jugendalters" sein (Schweitzer 1996),

die sich auf entsprechende Fragen einlässt. Beratung und Seelsorge mit Jugendlichen gehen z.T. ineinander über (Riess / Fiedler 1993).

3. *Angebote für Menschen mit Behinderung*: Ein erheblicher Anteil der entsprechenden Arbeit ist im Bereich der kirchlichen Werke angesiedelt. Neuere religionspädagogische Ansätze gehen aber auch hier in ihrer Begründung nicht mehr von der institutionellen Trägerschaft aus, sondern von den einzelnen Personen, deren Situationen, Erfahrungen und Bedürfnissen (einen Meilenstein stellt hier das Handbuch Integrative Religionspädagogik dar: Pithan et al. 2002).

4. *Familienarbeit*: Auch wenn es, wie deutlich geworden ist, nicht zutrifft, dass religiöse Erziehung die Persönlichkeitsentwicklung beeinträchtigt, sind Erziehungs- und Entwicklungsschwierigkeiten in manchen Fällen doch deutlich durch religiöse Überzeugungen im Elternhaus mitbedingt (Klosinski 1994). Sozialarbeit / Sozialpädagogik muss schon deshalb – sowie im Blick auf die mit Religion verbundenen Ressourcen für die Entwicklung von Sinn und Werten – mit solchen Überzeugungen auch dann umgehen können, wenn sie sich selber religiös neutral versteht. Vor besondere, noch nicht genügend wahrgenommene Herausforderungen stellt hier – wie auch bei Kindern und Jugendlichen – die Arbeit mit solchen (bspw. muslimischen) Familien, deren Erziehungsverständnis

nicht westlich-christlich geprägt ist (Überblick bei Breuer 1998).

5. *Altenarbeit*: Zwar wird bspw. in der Psychologie schon seit langem davon ausgegangen, dass religiöse Fragen im Alter eine zunehmende Rolle spielen (Erikson 1974), aber eine besonders auf alte Menschen ausgerichtete Religionspädagogik bzw. religiöse Bildungsarbeit wird erst in der jüngeren Vergangenheit gefordert (als frühes Beispiel Failing 1985; s. auch die gen. Literatur zur Gemeindepädagogik). Dabei wird die Notwendigkeit erkennbar, eigene Angebote für die mit dem höheren Alter verbundenen Lebensfragen und -erfahrungen zu entwickeln, dies wiederum nicht einfach im Anschluss an die geprägten kirchlichen Traditionen (die für alte Menschen allerdings noch immer eine größere Rolle spielen als für heutige Kinder und Jugendliche), sondern im Horizont der jeweiligen Lebenslage und -situation.

In allen diesen Arbeitsfeldern erweist sich Religion in dem Sinne als *Dimension des Alltags von Sozialarbeit / Sozialpädagogik*, als religiöse Fragen nicht erst durch eine bewusst religiöse Erziehung aufgeworfen werden, sondern aus den Lebenszusammenhängen der Menschen selbst erwachsen. Zu Sozialarbeit / Sozialpädagogik gehören daher religiöse Erziehung und Bildung konstitutiv mit hinzu.

Literatur

Adam, G., Lachmann, R. (Hrsg.) (1987): Gemeindepädagogisches Kompendium. Vandenhoeck & Ruprecht, Göttingen

Bartholomäus, W. (1987): Das katechetische Handeln der Kirche – katholische Entwicklung und Spezifika. In: Adam, G., Lachmann, R. (Hrsg.) (1987): Gemeindepädagogisches Kompendium. Vandenhoeck & Ruprecht, Göttingen, 87–112

Baudler, E. (1984): Korrelationsdidaktik. Schöningh, Paderborn

Behnken, I., Zinnecker, J. (1993): Kirchlich-religiöse Sozialisation in der Familie. In: Hilger, G., Reilly, G. (Hrsg.): Religionsunterricht im Abseits? Kösel, München, 147–170

Benner, D. (1995): Thesen zur Bedeutung der Religion für die Bildung. In: Benner, D.: Studien zur Theorie der Erziehung und Bildung, Band 2. Juventa, Weinheim, 179–190
– (1987): Allgemeine Pädagogik. Juventa, Weinheim

Berger, P. L. (1980): Der Zwang zur Häresie, S. Fischer Verlag, Frankfurt / M.

Beyer, P. (1994): Religion and Globalization. Sage, London

Biesinger, A., Kerner, H.-J., Klosinski, G., Schweitzer, F. (Hrsg.) (2005): Brauchen Kinder Religion? Beltz, Weinheim / Basel

Breuer, R. (1998): Familienleben im Islam. 2. Aufl. Herder, Freiburg

Bucher, A. A. (1995): Religionspädagogik und empirische Entwicklungspsychologie. In: Ziebertz, H.-G., Simon, W. (Hrsg.): Bilanz der Religionspädagogik. Patmos, Düsseldorf, 28–46

Bukow, W.-D., Yildiz, E. (Hrsg.) (2003): Islam und Bildung. Leske & Budrich, Opladen

Casanova, J. (1994): Public Religions in the Modern World. The University of Chicago Press, Chicago

Comenius-Institut (Hrsg.) (1976): Situationsansatz und Religionspädagogik. Comenius-Institut, Münster

Degen, R., Failing, W.-E., Foitzik, K. (Hrsg.) (1992): Mitten in der Lebenswelt. Comenius-Institut, Münster

Drehsen, V., Sparn, W. (Hrsg.) (1996): Im Schmelztiegel der Religionen. Chr. Kaiser, Gütersloh

Dressler, B., Ohlemacher, J., Stolz, F. (Hrsg.) (1995): Fundamentalistische Jugendkultur. RPI, Loccum

Ebertz, M. N. (1988): Heilige Familie?. In: Deutsches Jugendinstitut (Hrsg.): Wie geht's der Familie? Kösel, München, 403–414

Eimuth, K.-H. (1996): Die Sekten-Kinder. Herder, Freiburg

Englert, R. (1985): Glaubensgeschichte und Bildungsprozeß. Kösel, München

Enquete-Kommission „Sogenannte Sekten und Psychogruppen" (1998): Endbericht. Deutscher Bundestag 13. Wahlperiode. Drucksache 13/10950, 09.06.1998

Erdheim, M. (1990): Die gesellschaftliche Produktion von Unbewußtheit. 3. Aufl. Suhrkamp, Frankfurt / M.

Erikson, E. H.: (1974): Identität und Lebenszyklus. Suhrkamp, Frankfurt / M.

– (1971): Kindheit und Gesellschaft. 4. Aufl. Klett, Stuttgart

– (1968): Identity, Youth and Crisis. W. W, Norton, New York (dt.: Jugend und Krise. Klett, Stuttgart 1981)

Failing, W.-E. (1985): Religionspädagogik und Alter. Einführung in den Forschungsstand. In: Jahrbuch der Religionspädagogik. Bd. 2. Neukirchener Verlag, Neukirchen-Vluyn, 116–143

Flitner, W. (1974): Allgemeine Pädagogik. 14. Aufl. Klett, Stuttgart

Foitzik, K. (1992): Gemeindepädagogik. Gütersloher Verlagshaus, Gütersloh

–, Degen, R., Failing, W.-E (Hrsg.) (1994): Lebenswelten Erwachsener. Comenius-Institut, Münster

Fowler, J. W. (1991): Stufen des Glaubens. Gütersloher Verlagshaus, Gütersloh

– (1989): Glaubensentwicklung. Kaiser, München

Francke, A. H. (1964): Pädagogische Schriften. Besorgt von H. Lorenzen. 2. Aufl. Schöningh, Paderborn

Fuchs-Heinritz, W. (2000): Religion. In: Deutsche Shell (Hrsg.): Jugend 2000. Bd. 1. Leske & Budrich, Opladen, 157–180

Gabriel, K. (1993): Christentum zwischen Tradition und Postmoderne. 2. Aufl. Herder, Freiburg

Grethlein, C.(1994): Gemeindepädagogik. De Gruyter, Berlin

Heitmeyer, W., Müller, J., Schröder, H. (1997): Verlockender Fundamentalismus. Suhrkamp, Frankfurt / M.

Helsper, W. (1992): Okkultismus – die neue Jugendreligion? Leske & Budrich, Opladen

Henkys, J. (1987): Gemeindepädagogik in der DDR. In: Adam, G., Lachmann, R. (Hrsg.) (1987): Gemeindepädagogisches Kompendium. Vandenhoeck & Ruprecht, Göttingen, 55–86

–, Schweitzer, F. (1996): Atheismus – Religion – Indifferenz. Pastoraltheologie 85, 490–507

Hentig, H. v. (1992): Glaube. Patmos Verlag, Düsseldorf

Huber, W., Friedrich, J., Steinacker, P. (Hrsg.) (2006): Kirche in der Vielfalt der Lebensbezüge. Die vierte EKD-Erhebung über Kirchenmitgliedschaft. Gütersloher Verlagshaus, Gütersloh

Jackson, R., Nesbitt, E. (1993): Hindu Children in Britain. Trentham, Stoke-on-Trent

Joas, H. (2004): Braucht der Mensch Religion? Über Erfahrungen der Selbsttranszendenz. Herder, Freiburg

–, Wiegandt, K. (2005): Die kulturellen Werte Europas. Fischer Taschenbuch Verlag, Frankfurt / M.

Kaufmann, F.-X. (1989): Religion und Modernität. J. C. B. Mohr (Paul Siebeck), Tübingen

Kett, J. F. (1977): Rites of Passage: Adolescence in America 1790 to the Present. Basic Books, New York

Klein, S. (1994): Theologie und empirische Biographieforschung. Kohlhammer, Stuttgart

Klosinski, G. (Hrsg.) (1994): Religion als Chance oder Risiko. Huber, Bern

– (Hrsg.) (1991): Pubertätsriten. Huber, Bern

Kohlberg, L. (1981): Essays in Moral Development. Bd. 1. Harper & Row, San Francisco

Konsortium Bildungsberichterstattung (Hrsg.) (2006): Bildung in Deutschland. Bertelsmann, Bielefeld

Korczak, J. (1983): Wie man ein Kind lieben soll. 8. Aufl. Vandenhoeck & Ruprecht, Göttingen

Kühn, U., Markert, M., Petzoldt, M. (Hrsg.) (1998): Christlicher Wahrheitsanspruch zwischen Fundamentalismus und Pluralität. Evangelische Verlagsanstalt, Leipzig

Lähnemann, J. (Hrsg.) (1995): „Das Projekt Weltethos" in der Erziehung. EB-Verlag Rissen, Hamburg

Luhmann, N. (2000): Die Religion der Gesellschaft. Suhrkamp, Frankfurt / M.

Mollenhauer, K. (1983): Vergessene Zusammenhänge. Juventa, München

Nipkow, K. E. (1998): Bildung in einer pluralen Welt. 2 Bände. Gütersloher Verlagshaus, Gütersloh

–, Schweitzer, F., Fowler, J. W. (Hrsg.) (1992): Glaubensentwicklung und Erziehung. 3. Aufl. Gütersloher Verlagshaus, Gütersloh

Oelkers, J., Osterwalder, F., Tenorth, H.-E. (Hrsg.) (2003): Das verdrängte Erbe. Pädagogik im Kontext von Religion und Theologie. Beltz, Weinheim / Basel

Oser, F., Gmünder, P. (1984): Der Mensch – Stufen seiner religiösen Entwicklung. Benziger, Zürich

Pannenberg, W. (1983): Anthropologie in theologischer Perspektive. Vandenhoeck & Ruprecht, Göttingen

Pestalozzi, J. H. (1961): Ausgewählte Schriften. 3. Aufl. H. Küpper, Düsseldorf

Peukert, D. J. K. (1986): Grenzen der Sozialdisziplinierung. Bund-Verlag, Köln

Pithan, A., Adam, G., Kollmann, R. (Hrsg.) (2002): Handbuch Integrative Religionspädagogik. Gütersloher Verlagshaus, Gütersloh

Porzelt, B., Güth, R. (Hrsg.) (2000): Empirische Religionspädagogik. LIT-Verlag, Münster / Hamburg / London

Psczolla, E. (1987): Aus dem Leben des Steintalpfarrers Oberlin. Verlag der St.-Johannis-Druckerei C. Schweickhardt, Lahr-Dinglingen

Rahner, K. (1976): Grundkurs des Glaubens. Herder, Freiburg

Reiher, D. (Hrsg.) (1992): Kirchlicher Unterricht in der DDR von 1949 bis 1990. Vandenhoeck & Ruprecht, Göttingen

Riess, R., Fiedler, K. (Hrsg.) (1993): Die verletzlichen Jahre. Handbuch zur Beratung und Seelsorge an Kindern und Jugendlichen. Kaiser, Gütersloh

Rizzuto, A.-M. (1979): The Birth of the Living God. The University of Chicago Press, Chicago

Roth, L. (1983): Die Erfindung des Jugendlichen. Juventa, München

Scheilke, C. T., Schweitzer, F. (Hrsg.) (1999): Kinder brauchen Hoffnung. Comenius-Institut, Gütersloh

Schmidtchen, G. (1997): Wie weit ist der Weg nach Deutschland? Leske & Budrich, Opladen

– (1987): Sekten und Psychokultur. Herder, Freiburg

Schöll, A. (1992): Zwischen religiöser Revolte und frommer Anpassung. Gütersloher Verlagshaus, Gütersloh

Schreiner, P., Sieg, U., Elsenbast, V. (Hrsg.) (2005): Handbuch Interreligiöses Lernen. Gütersloher Verlagshaus, Gütersloh

Schwab, U. (1995): Familienreligiosität. Kohlhammer, Stuttgart

Schweitzer, F. (2007): Lebensgeschichte und Religion. 6. Aufl. Gütersloher Verlagshaus, Gütersloh

– (2006): Religionspädagogik. Gütersloher Verlagshaus, Gütersloh

– (2005): Das Recht des Kindes auf Religion. 2. Aufl. Gütersloher Verlagshaus, Gütersloh

– (2003): Pädagogik und Religion. Kohlhammer, Stuttgart

– (1996): Die Suche nach eigenem Glauben. Gütersloher Verlagshaus, Gütersloh

–, Biesinger, A., Edelbrock, E. (Hrsg.) (2008): Mein Gott – Dein Gott. Interkulturelle und interreligiöse Bildung in Kindertagesstätten. Beltz, Weinheim / Basel

Schwerin, E. (Hrsg.) (1991): Gemeindepädagogik. Comenius-Institut, Münster

Sommer, R. (1998): Lebensgeschichte und gelebte Religion von Frauen. Kohlhammer, Stuttgart

Sparn, W. (Hrsg.) (1990): Wer schreibt meine Lebensgeschichte? Gütersloher Verlagshaus, Gütersloh

Streib, H. (1996): Entzauberung der Okkultfaszination. Kok Pharos, Kampen

Tracy, D. (1975): Blessed Rage for Order: The New Pluralism in Theology. The University of Chicago Press, Chicago

Wegenast, K. (1968): Die empirische Wendung in der Religionspädagogik. Der Evangelische Erzieher 20, 111–125

–, Lämmermann, G. (1994): Gemeindepädagogik. Kohlhammer, Stuttgart

Wohlrab-Sahr, M. (Hrsg.) (1995): Biographie und Religion. Campus, Frankfurt / M.

Wright, J. E. (1982): Erikson: Identity and Religion. Seabury Press, New York

Zehnter Kinder- und Jugendbericht (1998): Bericht über die Lebenssituation von Kindern und die Leistungen der Kinderhilfen in Deutschland. Deutscher Bundestag 13. Wahlperiode. Drucksache 13 / 11368, 25.08.1998

Ziebertz, H.-G., Kalbheim, B., Riegel, H. (2003): Religiöse Signaturen heute. Ein religionspädagogischer Beitrag zur empirischen Jugendforschung. Gütersloher Verlagshaus, Freiburg / Gütersloh

Zinnecker, J., Silbereisen, R. K. (1996): Kindheit in Deutschland. Juventa, Weinheim

Resilienz

Von Thomas Gabriel

In allen Lebensaltern reagieren Menschen höchst unterschiedlich auf ausgeprägte Risiken und manifeste Krisen, Während einige vergleichsweise leicht subjektiv widrige und problematische Lebensumstände überwinden, sind andere unter vergleichbaren Bedingungen anfällig für psychische Störungen und Krankheiten, soziale Auffälligkeiten oder sonstige individuell und sozial problematische Bewältigungsformen. Das Forschungsfeld hat sich in den letzten Jahrzehnten insbesondere im angloamerikanischen Raum zu einem multidisziplinären und heterogenen Gebiet entwickelt. In den letzten Jahren lässt sich ein zunehmendes Interesse im deutschsprachigen Diskurs in verschiedensten Themengebieten dokumentieren (Welter-Enderlin / Hildenbrand 2006; Damrow 2006; Opp / Fingerle 2007; Fooken / Zinnecker 2007; Zander 2008). Die nationale und internationale Heterogenität erfordert zunächst eine heuristische Annäherung.

Begriff Resilienz

Der Terminus Resilienz umschreibt in seiner abstrakten Verklammerung die Widerstandsfähigkeit gegenüber belastenden Umständen und Ereignissen und stellt somit einen positiven Gegenbegriff zur Vulnerabilität dar. Im begrifflichen Kern geht es um die Fähigkeit, den Prozess oder das Ergebnis der gelungenen Bewältigung belastender Lebensumstände (Masten et al. 1990, 426). Grundsätzlich ist Resilienz in unterschiedlicher Qualität mit jeder menschlichen Entwicklung verbunden. Hingegen kann es eine absolute Unverletzbarkeit im menschlichen Dasein nicht geben. Aus diesem Grund wurde der Begriff der Invulnerabilität in der neueren Diskussion durch den Begriff der Resilienz ersetzt. Resilienz bezeichnet eine relationale Invulnerabilität im

Sinne einer relativen Widerstandsfähigkeit gegenüber krisenhaften Situationen und Lebensereignissen. Und auch diese relative Widerstandsfähigkeit ist kein fixiertes und statisches Persönlichkeitsmerkmal (Werner / Smith 2001), sie kann biographisch bzw. zeitlich und räumlich variieren und sollte keineswegs mit einer völligen Abwesenheit von Belastungssymptomen gleichgesetzt werden (Rutter 1985; Werner 2007, 27).

Perspektiven der Sozialpädagogik

Die Analyse der protektiven Faktoren, die Kindern und Jugendlichen helfen, krisenhafte und problematische Umstände zu bewältigen, erscheinen als eine wichtige Ergänzung zu vorliegenden Wissensbeständen über Risikofaktoren in Sozialisations- und Erziehungsprozessen. Dies gilt insbesondere vor dem Hintergrund, dass die durch Forschung vielfältig belegten sozialstrukturellen Risikofaktoren, die das Aufwachsen heute begleiten, in Theorie und Praxis der Sozialen Arbeit zu einem professionellen Pessimismus und verbreiteten Missverständnissen geführt haben. Für den Bereich der stationären Erziehungshilfen lässt sich dieses Missverständnis als Verlust des Glaubens an die Wirksamkeit des eigenen Handelns belegen. Little (1992) spricht von einem „lack of belief", der zu einer Konzentration auf das pragmatisch Machbare („we will be thankfull if the girl stays alive") und einem Verlust von positiven Zielvorgaben für das eigene Handeln führen (103).

Individuell gescheiterte Biographien lassen sich zudem verhältnismäßig leicht subsumptionslogisch mit dem Verweis auf problematische Bedingungen des Aufwachsens erklären. Hier zeigt sich eine fatale Analogie in der fachlichen Optik von Praxis und Theorie. Die Unzulänglichkeit

Otto/Thiersch (Hg.), Handbuch Soziale Arbeit, 4. A., DOI 10.2378/ot4a.art124,

dieser Argumentation wird jedoch durch den Blick auf jene Lebensläufe deutlich, die unter widrigsten Umständen stattfinden und im Ergebnis dennoch als erfolgreich gelten können. Cowen und Work (1988) nutzen zur Illustration dieses irritierenden Befundes das Bild von Kindern, die schwimmen, obwohl sie nach wissenschaftlicher Maßgabe sinken müssten: „… children who swim when all predictors say they should sink" (602). Interessanterweise kommen hier vorliegende Studien in Erklärungsnot. Die kasuistische Studie von Hartmann (1996) kann dies exemplarisch verdeutlichen. Was insbesondere in zwei Fällen wider Erwarten zu einer positiven Entwicklung beigetragen hat, kann Hartmann (1996) durch seine Zentrierung auf pathologische Perspektive nur unzureichend mit dem „Aufholen sozialer Retardierungen" erklären (309, 411). Hier wird auch terminologisch die fachlich verbreitete Interpretation „ex negativo" deutlich, die fixiert auf zuvor festgestellte Defizite oder Abweichungen der Resilienz Heranwachsender kaum Potenzial einräumt. Die Frage nach Resilienz verschiebt den Fokus von Forschung auf die positiven Einflüsse individueller Entwicklung und damit auf die Bewältigung von erfahrenen Benachteiligungen oder existenziellen Bedrohungen. Insbesondere die Aufdeckung jener protektiven Faktoren, die trotz widriger und belastender Bedingungen zu einer stabilen Entwicklung beitragen, könnten zu einer Neubewertung und Differenzierung von Präventions- und Interventionsstrategien in der Sozialen Arbeit führen.

Resilienzforschung

Je nach disziplinärer und nationaler Verortung werden die Anfänge der Resilienzforschung unterschiedlichen Autoren zugeordnet (Luthar 2003; Tizard/Varma 2000; Glantz/Johnson 1999). Da die frühen Forschungen die Fragestellung weitgehend unsystematisch verfolgten, verspricht die Klärung der frühen Historie keinen nennenswerten Erkenntnisgewinn. Aus diesem Grund sollen zur Sichtung der Forschungslage im Folgenden exemplarische Studien zur Resilienz rekapituliert werden, um anschließend forschungstheoretische Implikationen und eine Kritik individualisierender Konzepte der Resilienzforschung mit der Frage der Bewältigung sozialer Benachteiligungen zu verbinden.

Die ersten Ansätze der Resilienzforschung lassen sich vor etwa 50 Jahren im Rahmen von Studien zur Psychopathologie erkennen. In diesen tauchte Resilienz zunächst als überraschender Nebenbefund der Frage nach Risikofaktoren auf (Glantz/Sloboda 1999, 111). So formulieren Cicchetti und Garmezy (1993, 497) diese rückblickend als Frage nach den individuellen, familiären und sozialen Faktoren, die vorhandene Risikofaktoren aufheben oder relativieren. Insbesondere in medizinisch psychiatrischen Studien tauchten resiliente Kinder oft wider theoretischen Erwartungen auf. In der Untersuchung von Anthony (1987) über Kinder psychotischer Eltern wird dies deutlich. Insgesamt 40 % der in seiner Studie untersuchten Kinder wurden von einem interdisziplinären Team als entwicklungsbeeinträchtigt, jedoch frei von einem psychiatrischen Krankheitsbild diagnostiziert. Überraschend stellte sich heraus, das weitere 10 % der Kinder nicht nur als frei von Auffälligkeiten eingestuft wurden, sondern entgegen jeder theoretischer Erwartung als erstaunlich resilient:

„It was the third subsample [...] that came as a surprise [...] These children of psychotic parents were not simply escaping whatever genetic transmission destiny had in store for them, and not merely surviving the milieu of irrationality generated by psychotic parenting; they were apparently thriving under conditions that sophisticated observers judged to be highly detrimental to a child's psychosocial development and well-being. Unfavourable hereditary developmental potentials and environmental conditions were working together against these children, and still they thrived." (Anthony 1987, 148)

Anthony (180) mahnt jedoch ebenso wie Werner und Johnson (1999, 260) an, dass selbst nach Langzeitstudien über 15 oder 40 Jahre ein Zusammenbruch in der restlichen Lebenszeit nicht auszuschließen sei. Anthony benennt als „Preis" der Resilienz der von ihm untersuchten Gruppe zudem eine starke Affektkontrolle, Bindungsangst und ein hohes Maß an intellektueller Distanz (Anthony 1987, 180).

International vielbeachtet sind die Studien von Werner und Smith (1982; 1992; 2001). Ihr Gegenstand ist der komplette Jahrgang der 1955 auf der Insel Kaui (Hawaii) Geborenen, die in sechs Lebensaltern, das letzte Mal im vierzigsten Lebensjahr untersucht wurden. Da auf Hawaii eine geringe geographische Mobilität vorherrscht, war über vier Jahrzehnte nur eine verhältnismäßig geringe Verringerung der Stichprobe zu verzeichnen. In Abgrenzung zu psychopathologisch orientierten Studien wurden nicht nur Persönlichkeitsmerkmale oder biologische Einflüsse, sondern auch soziale Faktoren und familiäre Faktoren prominent gewichtet. Zu nennen sind hier unter anderem Armut, Schulbildung der Mutter, Familien- und Eheklima, Abwesenheit des Vaters sowie Substanzmissbrauch. Ein Drittel der Kinder die in den ersten zehn Jahren multiplen Risikofaktoren ausgesetzt waren, entwickelten sich wider Erwarten zu stabilen Heranwachsenden (Werner/Smith 1982). Im Vergleich zu der Gruppe die vergleichbare Risikofaktoren repräsentierten, jedoch Symptome von Auffälligkeiten zeigten, ließen sich soziale und psychische Differenzen der resilienten Kinder nachweisen. Diese von Werner und Smith (1982) als „invulnerable" bezeichnete Gruppe war in den ersten Lebensjahren signifikant seltener von den primären Bezugspersonen getrennt als die Gruppe der später Auffälligen. Zugleich war ihr Sozialverhalten deutlich positiver attribuiert, das heißt, sie erlangten auf probate Weise soziale Anerkennung und Wertschätzung Erwachsener. Sie waren zudem offener, kommunikativer und autonomer als die Vergleichsgruppe. Die resilienten Kinder erlebten stabile Eltern-Kind-Beziehungen, erhielten häufiger emotionale Unterstützung, waren seltener inkonsistenten Erziehungsstilen und belastenden Familiensituationen ausgesetzt. Gendertheoretisch interessante Differenzen ließen sich im Alter von zehn Jahren in Bezug auf die Effekte der Familienmerkmale feststellen. Die Mütter der resilienten Mädchen waren häufiger über lange Zeiträume ganztägig berufstätig. Dieser Befund ließ sich für die Gruppe der „invulnerablen" Jungen nicht bestätigen. Mit 18 Jahren zeigte die Gruppe der resilienten Heranwachsenden geschlechtsübergreifend eine ausgeprägtere Selbstsorge, ein stärkeres Verantwortungsbewusstsein, eine größere soziale und intellektuelle Reife sowie ein justierteres Selbstbild auf als die Vergleichsgruppe. Interessanterweise wiesen die Frauen im Rahmen der Persönlichkeitstests „männlichere" Geschlechterstereotypen auf, als die vulnerable weibliche Vergleichsgruppe. Die resilienten weiblichen Heranwachsenden vertrauten

auf die Fähigkeit, ihr Leben zu beeinflussen, waren leistungsorientierter, statusbewusster und sozial unabhängiger als die Vergleichsgruppe. Im Kontrast dazu zeigten die resilienten männlichen Heranwachsenden geschlechtsuntypische Ausprägungen von Fürsorge, emotionaler und sozialer Orientierung. Die Ergebnisse lassen sich dahingehend interpretieren, dass der Freisetzungsprozess von traditionellen Geschlechterstereotypen positiv mit der Ausprägung von Resilienz zu korrelieren scheint.

Neben den skizzierten persönlichkeits- und geschlechtertheoretischen Differenzen ließen sich im familiären und sozialen Bereich Unterschiede zwischen den 18-jährigen resilienten und den vulnerablen Jugendlichen nachweisen. Die Gruppe der resilienten Jugendlichen verfügte über quantitativ und qualitativ ausgeprägtere soziale Netzwerke. Auch unterschied sich ihre Beschreibung des erlebten Familien- und Erziehungsklimas signifikant. Insbesondere ihr Gefühl familiär erfahrener emotionaler Sicherheit und Unterstützung korrelierte mit als konsistent und eindeutig erlebten Erziehungsstilen.

Bei der späteren Folgeuntersuchungen der 30-Jährigen wies die resiliente Gruppe im Vergleich zur vulnerablen eine relativ hohe schulische und berufliche Qualifikation auf, assoziiert mit einer hohen beruflichen Zufriedenheit und der damit verbundenen Generierung von Selbstwertgefühl aus der beruflichen Tätigkeit. Wiederum zeigten sich interessante geschlechtsspezifische Unterschiede in der Gruppe der „Invulnerablen". Über 80 % der Frauen waren verheiratet und hatten Kinder, hingegen waren weniger als die Hälfte der resilienten Männer verheiratet, nur etwas mehr als ein Drittel von ihnen hatte eigene Kinder. Ob dies bindungstheoretisch zu interpretieren ist, wie Werner und Smith (1982) vermuten, bleibt fraglich. Aus gendertheoretischer Perspektive wäre zu fragen, ob dies wirklich als erworbene Persönlichkeitsdisposition zu verstehen ist oder als Ergebnis sozial konstruierter Geschlechterverhältnisse. Übergreifend zeigen verschiedene Studien Muster von Geschlechterdifferenzen. So sind Jungen im ersten Lebensjahrzehnt durch biologische Dispositionen, Defizite in Familie und Erziehung sowie Armut verletzbarer als Mädchen, lediglich in der zweiten Lebensdekade ändert sich dies durch ungewollte Schwangerschaften, um in der dritten und vierten Dekade zu ungunsten der Jungen zurückzupendeln (Werner/Johnson 1999, 262). Im Alter von vierzig Jahren wiesen jene, die in der Kindheit von elterlichem Substanzmissbauch und/oder psychischen Erkrankungen der Bezugspersonen betroffen waren, die schlechtesten Ergebnisse auf (Werner/Smith 2001). Die Mehrheit der zuvor als „invulnerabel" eingeordneten Probanden besaßen stabile Bezugssysteme, waren verantwortlich gegenüber den Eltern und/oder den eigenen Kindern und zeigten in hohem Maß einen Glauben an die eigenen Fähigkeiten.

Implikationen für die Forschung

An der vorgestellten Forschung von Werner und Smith (1982; 1992) bleibt unabhängig von ihren wegweisenden Ergebnissen das epidemiologische Schema der Untersuchung problematisch, obwohl sie ergänzend in einer späteren Publikation (2001) Lebensgeschichten resilienter Probanden rekonstruieren. Das von ihnen entworfene transaktionale Modell von Entwicklung basiert auf der Grundannahme einer impliziten Dialektik von positiven und negativen Einflüssen. Die Annahme, im Lebenslauf eindeutige Risiko- und Unterstützungsquellen isolieren zu können, verkennt jedoch die interaktive Dimension dieser Einflüsse. Die inhaltlichen Einflüsse, die im Rahmen von Erziehungs- und Sozialisationsprozessen zur Ausprägung von Resilienz oder aber Vulnerabilität beitragen, sind jedoch nicht linear zu denken, sie können sich gegenseitig verstärken, aber auch relativieren oder aufheben. Um diese Komplexität im Rahmen von Forschung angemessen zu reduzieren, erscheint eine Konzentration auf Übergänge (Transitionen) zwischen Lebensabschnitten und Lebenskontexten zur Analyse resilienter Bewältigungsmuster eine fruchtbare Perspektive (Stein/Munro 2008). Aus diesem Grund bieten sich Forschungszugänge an, die im Kern qualitativ angelegt sind und in Fallstudien die Entwicklungsübergänge resilienter Probanden rekonstruieren, um so gleichsam die entscheidenden „Entwicklungslinien" und „Übergänge" in Biographien zu entdecken. In Abgrenzung zu den Linearitätsvorstellungen, wie sie in klassischen Forschungen zum Lebenslauf theoretisch apostrophiert werden, orientiert sich die Idee der Konzentration auf biographische Übergänge am Konzept der Transitionsforschung (Welzer 1993). Entgegen der theoretischen Annahme eines teleologischen Entwicklungsmodells, das Ausgangs- und Endpunkte, Übergänge und Statuspassagen untersucht, hebt die Transitionsforschung auf flexibilisierte Biographiemuster ab (25). Resilienzforschung könnte damit den interaktiven Dimensionen von Erziehungs- und Sozialisationsprozessen gerecht werden, die für die Entwicklung von Resilienz Relevanz besitzen. Da es sich dabei um komplexe Prozesse handelt, sollte der Blick nicht nur auf ein Endergebnis des Sozialisationsprozesses (Resilienz) gerichtet werden. Gerade um dem prozessualen Charakter von Aneignungsprozessen Rechnung zu tragen, könnte das differenzierte Wechselspiel zwischen multiplen protektiven und risikohaften Einflüssen im Rahmen biographischer Transitionen in seiner interaktiven Dimension genauer bestimmt werden (Werner/Johnson 1999).

Resilienz, Bildung und Soziale Ungleichheit

Die negativen Auswirkungen sozialer und ökonomischer Ungleichheit auf die Entwicklung und sozialen Teilhabechancen Heranwachsender sind durch Forschung und Theorie belegt (Ansen 1998; 2003; Klocke/Hurrelmann 2001). Außer Frage steht zudem die politische und ökonomische Dimension von Armutslagen, wie auch der empirische Beleg, dass Bildungssysteme zur Reproduktion sozialer Ungleichheit oder zur Eröffnung sozialer Teilnahmechancen maßgeblich beitragen (Below 2002). Zugleich ist aus der Perspektive von Forschung zu bedenken, dass die Auswirkungen sozialer Benachteiligung, ebenso wie Ausbildung von Resilienz, in einem hohen Grad individuumsbezogen zu verstehen und zu analysieren sind. Sie erfolgen nicht auf der Makroebene, sondern insbesondere auf der Mesoebene sozialer Systeme. Selbst bei einem Verständnis von Resilienz als personalem Attribut, erzeugt das Individuum auch in diesem Konstrukt Resilienz nicht aus sich selbst heraus. Resilienz ist ohne unterstützende Interaktionen im Sozialen nicht zu denken. Umso entscheidender ist es deshalb, der impliziten Gefahr vorzubeugen, gesellschaftliche Probleme in ein je individuelles Defizit an Charakter, Moral, Erziehung, Bildung oder aber Resilienz umzudefinieren. Aus diesem

Grund erscheint es in deutlicher Abgrenzung zu individualisierenden Konzepten von Resilienz bedeutsam, den sozialen Kontext jenseits genetischer oder psychischer Dispositionen der Individuen grundlegend und systematisch einzubeziehen. So benennt Rutter (2000) ungeachtet seiner medizinisch-psychiatrischer Sicht vor dem Hintergrund seiner langjährigen Forschungserfahrung, die Gefahren einer falschen Konzeptionierung („Misconception" (25) der neueren Resilienzforschung durch eine Überbetonung genetischer Faktoren und einer Vernachlässigung sozialer Einflüsse. Die Bedeutung des Sozialen und damit die Relevanz von Erziehung, Familie, Bildung und insbesondere der sozialen Netzwerke für die Ausbildung von Resilienz wurde durch Forschung bereits grundlegend belegt (Daniel / Wassell 2003; Taylor / Wang 2000; McGinty 1999; Kolip 1993). Jenseits einer durch weitere Forschung näher zu bestimmenden Hierarchisierung der sozialen Einflussfaktoren und ihrer differenzierten Rückbindungen an individuelle psychosoziale Entwicklung ist nach der bisherigen Forschungslage das Konzept der Resilienz ebenso wie jedes Konzept von Vulnerabilität ohne den Einfluss des Sozialen nicht seriös denkbar. Der Hinweis auf diese Trivialität erscheint notwendig, da von vielen Wissenschaftlerinnen und Wissenschaftlern vor dem Hintergrund der Erfolge genetischer Forschung die Biologie als Leitwissenschaft des 21. Jahrhunderts erkannt wird (Wilson 1998). Die Gefahr besteht insofern in einer Präformierung der Resilienzforschung durch biologistische Denkweisen.

In der Logik der Modelle zur Resilienzforschung ist Armut für Heranwachsende mit einer Vielzahl von Belastungen und zugleich mit einem Mangel an protektiven Faktoren verbunden (Zander 2008). Neben der Anhäufung von Risikofaktoren bleiben Armutslagen oft über längere Zeit bestehen, was die Wirksamkeit der negativen Einflüsse auf die Entwicklung Heranwachsender verstärkt. Der negative Effekt sozio-ökonomischer und kultureller Ungleichheiten akkumuliert insofern bei Kindern in Familien mit geringem Einkommen und wirkt mit hoher Wahrscheinlichkeit bis ins Erwachsenenalter fort (Woodroffe et al. 1993). Nun erscheint es zu kybernetisch, die positiven und negativen Einflüsse schlicht kumulativ gegeneinander aufzuwiegen. Rutter (1999) geht ebenso wie Kirby und Fraser (2002) davon aus, dass unterstützende Einflüsse erst dann als protektive Faktoren wirksam werden, wenn Risikofaktoren auf das Individuum einwirken. Dies bedeutet, dass resiliente Kinder und Jugendliche nicht an sich ein höheres psychosoziales Wohlbefinden besitzen, als andere Heranwachsende. Ihre relative Immunität wird erst dann aktualisiert, wenn sie negativen Einflüssen ausgesetzt sind. Dies impliziert zugleich, dass auch die protektiven Aspekte des Sozialen ebenso wie die psychischen Komponenten des Konstruktes nicht als fixe Größen, sondern dynamisch und wandelbar zu verstehen sind. Neben der Verkettung von belastenden Einflüssen lässt sich vergleichbares über die protektiven Faktoren annehmen.

Perspektive und Kritik

Resilienzforschung im hier verstandenen Sinn kann auf eine optimistischere Art an die Stärken und Entwicklungsperspektiven junger Menschen anknüpfen, da sie empirisch belegt, dass trotz ungünstiger Entwicklungsbedingungen gelungene Biographien möglich sind – in den Worten von Werner und Smith (1982): „not all development is determined by what happens early in life" (2). Wird das Konzept der Resilienzforschung nicht individualistisch psychologisierend aufgefasst, implizieren die Ergebnisse der vorliegenden Studien ein hohes individuelles Entwicklungspotenzial und drängen zugleich Annahmen der Determination durch sozial-strukturelle Risikofaktoren oder biologisch-genetische Dispositionen zurück. Neben der Aufwertung von Erziehung, Bildung und sozialer Einflüsse im Lebenslauf, lassen sich zugleich Indikatoren zur Institutionskritik und -reform ableiten. So erscheint zum Beispiel die Frage der Quantität und Qualität sozialer Netzwerke als ein wichtiger Faktor der Herausbildung von Resilienz. Exemplarisch umgesetzt auf die Jugendhilfe bedeutet dies, dass die Beschaffenheit der sozialen Bezüge junger Menschen in Heimen zu Gleichaltrigen außerhalb der Einrichtung sowie zum Herkunftsmilieu einen zentralen Einfluss auf ihre Entwicklung besitzen (Gabriel 2001; 2007; Homfeldt / Schulze-Krüdener 2007). Ob diese theoretische Prämisse gängige Praxis außerhalb von Modellprojekten widerspiegelt, erscheint fraglich. So weist beispielsweise die Tübinger „Jule" Studie aus, dass nur etwas mehr als ein Drittel der untersuchten Einrichtungen (37 %)

Elternarbeit betrieben und dies zudem nur „punktuell", „unverbindlich" und „wenig intensiv" (Bundesministerium für Familie, Senioren, Frauen und Jugend 1998, 24). Eine Konzentration auf entwicklungsfördernde Einflüsse könnte insofern auch der Entwicklungspraxis inhärenten Konzentration auf Abweichungen und Defizite begegnen, die letztlich zu unzulässigen Pathologisierungen der Klientel führen, auch wenn dies von den Professionellen nicht intendiert ist.

Das Konzept der Resilienz besitzt hohe Suggestivkraft. Nicht nur als Projektionsfläche des Wunsches menschlicher Unbesiegbarkeit scheint es geeignet. Bei näherer Betrachtung zeigt sich eine Verwandtschaft zum Mythos des amerikanischen Traums. Gemeint ist hier die ideologische Annahme, dass der Einzelne durch harte Arbeit erfolgreich die eigenen Ziele umsetzen könne, wenn er denn nur wolle: „resilience has its base in drama [...] the mistaken view that any and all could succeed were they work hard" (Garmezy 1996, 13). Eine neoliberalistische Interpretation öffnet sich jedoch nur

dann, wenn das Konzept der Resilienz als rein personale Eigenheit oder gar bio-genetische Disposition verstanden wird. Die nach Forschungslage nicht zulässige Annahme, einer je individuellen psychischen Widerstandsfähigkeit, die zudem vom Einzelnen herzustellen sei, würde dann zu einer Pathologisierung jener Menschen führen, die sich im Angesicht der Zumutungen ihrer Umwelt als vulnerabel zeigen. Insofern ist das Konzept der Resilienz zu entmythologisieren. Es kann weder zur moralischen Legitimation vorenthaltener sozialer Teilhabe genutzt werden, noch zur Abwertung der Versuche, gerechte Strukturen zu schaffen und sozialen Ungleichheiten zu begegnen. Resiliente Individuen sind nicht aus sich selbst heraus widerstandsfähig. Resilienz ist primär als das Produkt protektiver Faktoren zu verstehen, die individuelle Entwicklung im sozialen Nahraum begleiten. Und eben die gilt es im Rahmen von Forschung genauer zu bestimmen, um sie in politischen und sozialpädagogischen Handlungskonzepten umzusetzen.

Literatur

Ansen, H. (2003): Sozialpädagogische Aspekte der Kinderarmut. In: Gabriel, T., Winkler, M. (Hrsg.) (2003): Heimerziehung. Kontexte und Perspektiven. Ernst Reinhardt, München / Basel, 46–55

– (1998): Armut – Anforderungen an die Soziale Arbeit. Eine historische, sozialstaatsorientierte und systematische Analyse aus der Perspektive der Sozialen Arbeit. Peter Lang, Frankfurt / M.

Anthony, E. J. (1987): Children at High Risk for Psychosis Growing up Successfully. In: Anthony, E. J., Cohler, B. J. (Hrsg.), 147–184

–, Cohler, B. J. (1987): The Invulnerable Child. The Guilford Press, New York

Below, S. (2002): Bildungssysteme und soziale Ungleichheit. Das Beispiel der neuen Bundesländer. Leske & Budrich, Opladen

Bundesministerium für Familie, Senioren, Frauen und Jugend (Hrsg.) (1998): Leistungen und Grenzen von Heimerziehung. Ergebnisse einer Evaluationsstudie stationärer und teilstationärer Erziehungshilfen. Kohlhammer, Köln

Cicchetti, D., Garmezy, N. (1993): Prospects and Promises in the Study of Resilience. Development and Psychopathology 5, 497–502

Cowen, E. L., Work, W. C. (1988): Resilient Children, Psychological Wellness, and Primary Prevention. American Journal of Community Psychology, Vol. 16, 591–607

Damrow, M. K. (2006): Sexueller Kindesmissbrauch. Eine Studie zu Präventionskonzepten, Resilienz und erfolgreicher Intervention. Juventa, Weinheim / München

Daniel, B., Wassell, S. (2003): Adolescence. Assessing and Promoting Vulnerable Children 3. Jessica Kingsley Publishers, London / New York

Fooken, I., Zinnecker, J. (Hrsg.) (2007): Trauma und Resilienz. Juventa, Weinheim / München

Gabriel, T. (2007): Elternarbeit in der Heimerziehung – Problemheuristik und internationale Forschungbefunde. In: Homfeldt, H.-G., Schulze-Krüdener, J. (Hrsg.), 174–183

– (2001): Forschung zur Heimerziehung. Eine vergleichende Bilanzierung in Großbritannien und Deutschland. Juventa, Weinheim / München

Garmezy, N. (1996): Reflections and Commentary on Risk, Resilience, and Development. In: Haggerty, R., Sherrod, L. R., Garmezy, N., Rutter, M. (Hrsg.): Stress, Risk, and Resilience in Children and Adolescents: Processes, Mechanisms, and Interventions. Cambridge University Press, Cambridge, England, 1–18

Glantz, M. D., Johnson, J. L. (Hrsg.) (1999): Resilience and Development. Positive Life Adaptions. Kluwer Academic / Plenum Publishers, New York

–, Sloboda. Z. (1999): Analysis and Reconceptualization of Resilience. In: Glantz, M. D., Johnson, J. L. (Hrsg.), 109–128

Hartmann, K. (1996): Lebenswege nach Heimerziehung. Biographien sozialer Retardierung. Rombach, Freiburg i. B.

Homfeldt, H.G., Schulze-Krüdener, J. (Hrsg.) (2007): Elternarbeit in der Heimerziehung. Ernst Reinhardt Verlag,
München / Basel

Kirby, L., Fraser, M. (2002): Risk and Resilience in Childhood. In: Fraser, M.: Risk and Resilience in Childhood:
An Ecological Perspective. NASW, Washington, 13–66

Klocke, A., Hurrelmann, K. (2001): Kinder und Jugendliche
in Armut: Umfang, Auswirkungen und Konsequenzen.
Westdeutscher Verlag, Wiesbaden

Kolip, P. (1993): Freundschaften im Jugendalter. Der Beitrag
sozialer Netzwerke zur Problembewältigung. Juventa,
Weinheim / München

Little, M. (1992): Residential Care for Children and the Issues of Social Climate: Future Research, Trends and Developments. In: van der Ploeg, J.D., van den Bergh, P.M.,
Klomp, M., Knorth, E.J., Smit, M.: Vulnerable Youth in
Residential Care. Part I. Social Competence, Social Support and Social Climate. Garant, Leuven / Apeldoorn,
101–115

Luthar, S. (Hrsg.) (2003): Resilience and Vulnerability. Cambridge University Press, Cambridge

Masten, A., Best, K., Garmezy, N. (1990): Resilience and
Development: Contributions from the Children Who
Overcame Adversity. Development and Psychopathology
2, 425–444

McGinty, S. (1999): Resilience, Gender and Success at
School. Peter Lang, New York

Opp, G., Fingerle, M. (Hrsg.) (2007): Was Kinder stärkt.
Erziehung zwischen Risiko und Resilienz. Ernst Reinhardt, München / Basel

Rutter, M. (2000): Nature, Nurture and Psychopathology: a
New Look at an Old Topic. In: Tizard, B., Varma, V.
(Hrsg.), 21–38

– (1999): Resilience Concepts and Findings: Implications for
Family Therapy. Journal for Family Therapy, Vol. 21, 119–
144

– (1985): Resilience in the Face of Adversity. Protective
Factors and Resistance to Psychiatric Disorder. British
Journal of Psychiatry 6, Jg. 147, 698–711

Stein, M., Munro, E.R. (Hrsg.) (2008): Young Peoples Tran-
sitions from Care to Adulthood. Jessica Kingsley Publishers, London / Philadelphia

Taylor, R.D., Wang, M.C. (Hrsg.) (2000): Resilience Across
Contexts. Family, Work, Culture and Community. Lawrence Erlbaum Associates, London

Tizard, B., Varma, V. (Hrsg.) (2000): Vulnerability and Resilience in Human Development. Jessica Kingsley Publishers, London / Philadelphia

Welter-Enderlin, R., Hildenbrand, B. (2006): Resilienz – Gedeihen trotz widriger Umstände. Karl-Auer, Heidelberg

Welzer, H. (1993): Transitionen. Zur Sozialpsychologie biologischer Wandlungsprozesse. Edition Diskord, Tübingen

Werner, E.E. (2007): Entwicklung zwischen Risiko und Resilienz. In: Opp, G., Fingerle, M. (Hrsg.), 20–31

–, Johnson, J.L. (1999): Can We Apply Resilience? In:
Glantz, M.D., Johnson, J.L. (Hrsg.), 259–277

–, Smith, R. (2001): Journeys from Childhood to Midlife:
Risk, Resilience and Recovery. Cornell University Press,
Ithaca / New York

–, – (1992): Overcoming the Odds: High Risk Children
from Birth to Adulthood. Cornell University Press, Ithaca / New York

–, – (1982): Vulnerable But Invincible: A Longitudinal Study
of Resilient Children and Youth. McGraw Hill, New York

Wilson, E.O. (1998): Die Einheit des Wissens. Siedler, Berlin

Woodroffe, C., Glickman, M., Barker, M., Power C. (1993):
Children, Teenagers and Health. Open University Press,
Buckingham

Zander, M. (2008): Armes Kind – starkes Kind? Die Chance
der Resilienz. VS, Wiesbaden

Schule und Soziale Arbeit

Von Karl-Heinz Braun und Konstanze Wetzel

Zwischenbilanz der neueren Debatten und Praktiken: Von vereinzelten Initiativen zur nachhaltigen Bildungsreform

Die Frage nach der möglichen und wünschenswerten Kooperation zwischen Schule und Sozialer Arbeit stellt sich systematisch nur für die Bildungssysteme, die fast ausschließlich *Halbtagsschulen* vorhalten, denn nur in ihnen gibt es einen bedeutsamen Sektor der Kinder- und Jugendhilfe (-wohlfahrt). Dies ist in Europa insbesondere in Deutschland und in Österreich und in einigen (deutschsprachigen) Kantonen der Schweiz der Fall (Otto / Coelen 2005). Daher hat es – speziell mit Blick auf das geteilte und vereinte Deutschland – unterschiedliche Anlässe für entsprechende Debatten gegeben: Die alte Einsicht der internationalen Reformpädagogik, dass Schule mehr ist als Unterricht, hatte im ersten großen Reformentwurf des (West-)Deutschen Bildungsrates (1970), dem „Strukturplan für das Bildungswesen", keinen Widerhall gefunden. Das ist überzeugend, aber leider folgenlos nicht nur von der Sozialpädagogik (Hornstein 1971), sondern auch von der Schulpädagogik (so – indirekt – bei Klafki 1976) kritisiert worden. Letzterer hatte schon bei der ersten umfassenden Begründung des pädagogischen Profils der Integrierten Gesamtschulen auf deren besondere soziale Integrationsfunktion hingewiesen (Klafki 1968, Kap. X), was auch von Seiten der Sozialpädagogik unterstützt und z. T. auf das gesamte Schulsystem ausgeweitet wurde (Homfeldt et al. 1977), wobei später Thiersch (1992) vor dem Anspruch gewarnt hat, dass die Soziale Arbeit die bessere Pädagogik vertrete. Insgesamt blieben diese Impulse bis in die späten 1980er Jahre relativ folgenlos, so dass Tillmann (1987) und Raab et al. (1987) eine recht er-

nüchternde Bilanz der spezifischen Kooperationsform Schulsozialarbeit zogen.

Die Lage änderte sich ab den frühen 1990er unerwartet schnell und nachhaltig: Das hing (a) mit der Vereinigung der beiden deutschen Staaten zusammen, womit die Tradition der zwar nicht formellen, aber doch faktischen *Ganztagsbetreuung* der Kinder und Jugendlichen im Schulsystem der DDR eine besondere Relevanz hatte (Flösser et al. 1996), weil nämlich (b) die *Berufstätigkeit* der Frauen und Mütter dort eine Selbstverständlichkeit war (noch heute ist die Erwerbsquote in den ostdeutschen Bundesländern deutlich höher als in den westlichen, obwohl diese auch dort stabil zunimmt). Auf beide Faktoren wurde mit Verzögerungen und Widersprüchen durch die vermehrte Einrichtung von *Ganztagsschulangeboten* reagiert, die schließlich durch die bundesweite Förderung ihrer Infrastrukturvoraussetzungen (Investitionsprogramm „Zukunft Bildung und Betreuung" (IZBB); 2003–2007) eine neue Qualität erreicht haben, die zunehmend auch wissenschaftlich untersucht und gefördert wurde und wird (Beher et al. 2007; Bettmer et al. 2007; Holtappels 1994; Holtappels et al. 2008). Darüber hinaus übernahm (c) die *Gewaltdebatte* eine wichtige Katalysatorfunktion; dabei ist bis heute unklar, in welchem Umfang tatsächlich mehr Gewalthandlungen – speziell mit rechtsradikalem Hintergrund – von SchülerInnen verübt wurden (und werden) oder ob die öffentliche Diskussion auf erhöhte Sensibilität und Anzeigenbereitschaft zurückgeht. In jedem Fall wurde zunehmend anerkannt, dass die Schule einen wichtigen Beitrag zur Förderung sozialer Kompetenzen zu leisten hat (Schubarth / Melzer 1993) und dies hat vielfältig zur Implementierung von Schulsozialarbeitsprojekten beigetragen. Diese waren (d) dann teilweise auch Bestandteil von Landesprogrammen, die wissenschaftlich vorbereitet

Otto/Thiersch (Hg.), Handbuch Soziale Arbeit, 4. A., DOI 10.2378/ot4a.art125,
© 2011 by Ernst Reinhardt, GmbH & Co KG, Verlag, München

und begleitet wurden, so dass erstmals ein breiterer empirischer Überblick über die Ziele, Inhalte, Sozialformen, Medien und Rückmeldeverfahren der Kooperation gewonnen wurde (Bolay et al. 2003; Braun / Wetzel 2000, Kap. 1.3; Braun / Wetzel 2006, Kap. 4.3 und 7; Homfeldt / Schulze-Krüdener 2001; Olk et al. (2000); Prüß et al. 2001; Seithe 1998; Speck 2006), der als pragmatische Bilanz auch in verschiedenen Hand- und Lehrbüchern seinen Niederschlag gefunden hatte und hat (Hartnuß / Maykus 2004; Henschel et al. 2009; Kilb / Peter 2009; Spies / Pötter 2011). Beides hat dazu beigetragen, dass die Kooperation von Schule und Kinder- und Jugendhilfe zunehmend in bildungspolitische Programme aufgenommen und gesetzlich verankert wurde. Zum aktuellsten und anspruchsvollsten Kooperationskonzept ist (e) in den letzten Jahren das Projekt der *Ganztagsbildung* geworden, welches nicht nur deutlich macht, dass ganztägige Förderung der Heranwachsenden nicht identisch ist mit der Einrichtung von Ganztagsschulen, sondern bildungsplanerisch, institutionell und interaktiv die Perspektive einer nachhaltigen Neuverteilung der Bildungsaufgaben innerhalb der öffentlichen und privaten Erziehung der Kinder und Jugendlichen eröffnet hat (Coelen / Otto 2008), die auch eine Umstrukturierung der disziplinären Struktur der Erziehungswissenschaft notwendig macht.

In Österreich hatte es immer wieder Kooperationsansätze gegeben, die aber meist zeitlich und personell sehr begrenzt waren (Vyslouzil / Weißensteiner 2001). Erst in allerneuester Zeit gibt es die Tendenz zu ganztägigen Betreuungsformen der SchülerInnen, das verstärkte Bemühen um die nachhaltige Ausweitung integrativer Schulformen („neue Mittelschule") und die disziplinäre Rezeption des Ganztagsbildungsansatzes (Knapp / Lauermann 2007; Wetzel 2006). In der (deutschsprachigen) Schweiz ist die Lage durch die kantonale Zersplitterung sehr unübersichtlich, aber es gibt zumindest die verstärkte Tendenz zu einer stabileren Kooperation zwischen Sozialer Arbeit und (Grund-)Schule (Drilling 2002; Grossenbacher et al. 1997; Tuggener Lienhard 2006).

Der bildungssoziologische Hintergrund: Die gesellschaftliche Funktionserweiterung des schulischen Bildungsauftrages

In der bisherigen Geschichte der Schule, die man als Epoche der „ersten Moderne" deuten kann, hatte sie im Wesentlichen vier Funktionen zu erfüllen, nämlich die der Qualifizierung und Ausbildung, der Selektion und Allokation, der politischen Integration und Legitimation sowie der Kulturüberlieferung. Dazu mussten nicht nur die institutionellen, sächlichen und personellen Voraussetzungen geschaffen und gesetzlich normiert werden, sondern auch bis zu einem gewissen Grad die Möglichkeit eröffnet werden, durch zivilgesellschaftliche Initiativen diese Staatsfunktionen zu erfüllen (Fend 2006b, Kap. 7 und 8; Klafki 2002, Zweiter Teil). Das geschah schon in dieser Epoche auf sehr unterschiedliche Weise und auf sehr unterschiedlichem Niveau. Mit dem Übergang zur „zweiten Moderne" haben sich diese Funktionen weiter ausdifferenziert und ist ihre Realisierung komplexer geworden (Braun 1994; 2006; Fend 2006a, Kap. 3 und. 4; Fend et al. 2009): Die arbeitsmarktvermittelten Beschäftigungsverhältnisse sind von einem tiefgreifenden Umbruch bestimmt, dessen Ende noch nicht abzusehen ist. Die selektive (horizontale und besonders vertikale) Zuweisung von Berufskarrieren wird immer mehr bestimmt durch die Erosion des männlich dominierten Normalarbeitsverhältnisses. Die Chancen der politischen Integration der nachwachsenden Generation werden determiniert durch Europäisierungs- und Globalisierungsprozesse, die von strukturellen institutionellen und zivilgesellschaftlichen Demokratiedefiziten bestimmt sind. Auch die kulturellen Verhältnisse werden immer unübersichtlicher durch die europa- und weltweiten Kommunikationsströme und den faktischen, sozial- und menschenrechtspolitisch aber nicht bewältigten Übergang zur Migrationsgesellschaft.

Damit sind bereits bildungs- und sozialpolitische sowie pädagogische Herausforderungen umrissen, die allein schon eine stringente Kooperation von Schule und Sozialer Arbeit nahe legen. Hinzu kommt aber noch ein struktureller Bruch in der Schulgeschichte: Abgesehen von der Entwicklungsphase der Einführung des Schulsystems und die unmittelbare Zeit nach dem ersten und dem letzten Weltkrieg ist die Schule (nicht völlig unberechtigt) davon ausgegangen, dass die Kinder und Jugendlichen die zur einigermaßen erfolgreichen (und z. T. auch befriedigenden) Teilhabe am Unterricht (und begrenzt auch am Schulleben) notwendigen Fähigkeiten, Fertigkeiten und Bereitschaften mitbrachten, dass sie sich diese in den vor- und außerschulischen informellen und nichtformellen Lernorten aktiv angeeignet hatten bzw. sie ihnen mehr oder weniger reflexiv vermittelt worden sind. Davon kann heute für einen relevanten Teil der SchülerInnen (etwa einem Drittel) nicht mehr umstandslos ausgegangen werden und dies hat wesentlich damit zu tun, dass die sekundäre Naturwüchsigkeit dieser Aneignungsprozesse durch die fortschreitende Erosion der sozialen Milieus immer brüchiger geworden ist (Bremer / Lange-Vester 2006). Deren Entwicklung ist zunehmend bestimmt (a) durch die Dreiteilung des sozialen Raumes in die der ökonomischen, politischen und kulturellen Eliten; die respektablen Volksmilieus (besonders der traditionellen und der modernisierten FacharbeiterInnen bzw. KleinbürgerInnen) sowie die jugendkulturellen Milieus; und die unterprivilegierten Volksmilieus, die aufgrund der generellen Zunahme prekärer Lebenslagen immer mehr anwachsen. Dabei nehmen (b) innerhalb der Milieus die Konflikte zu, besonders zwischen den Polen der ModernisierungsgewinnerInnen und -verliererInnen, aber auch denen, die sie dulden bzw. die (noch) nicht unmittelbar von ihnen betroffen sind, weshalb auch hier die alltäglichen Selbstverständlichkeiten in Frage gestellt und neu ausgehandelt werden müssen. Zugleich schotten sich (c) die Milieus immer deutlicher voneinander ab und kommt es so zur (teilweise krassen) Ausprägung groß- und kleinräumiger Segregationsprozesse; das gilt gerade auch für die ethnische Einschließung bestimmter prekärer bzw. deklassierter Milieus (Kessl / Otto 2007). Nicht zuletzt erleben wir (d) eine weit reichende Um- und Neustrukturierung der Familienverhältnisse und -beziehungen (weit jenseits ihrer früher prophezeiten Auflösung) durch die noch nicht abgeschlossene Flexibilisierung der Arbeitsorte, -zeiten und -verhältnisse, die segmentierten sozialen Ungleichheiten in den Geschlechterverhältnissen und den Übergang vom Befehls- zum Verhandlungshaushalt in den Generationenverhältnissen und -beziehungen.

Von allen diesen Umstrukturierungsprozessen ist aber nicht nur die Schule betroffen, für die daraus eine neue, fünfte gesellschaftliche Funktionszuweisung erwächst: die soziale Integration der nachwachsenden Generation, womit auch die reine *Unterrichtschule am Ausgang ihrer Epoche* angelangt ist. Sie betrifft auch in vollem Umfang die Soziale Arbeit, die sich auch zunehmend fragen lassen muss, inwieweit sie den hier skizzierten Herausforderungen gerecht wird. Die Annahme der Ganztagsbildung ist, dass *beide* Institutionen, Professionen und Disziplinen hier keine Problemlösungsvorsprünge haben, dass beide diese Probleme auch nicht alleine werden lösen können, dass also die Kooperation auf allen Ebenen der einzig aussichtsreiche Weg ist. Dass diese Annahme gut begründet ist, zeigen besonders zwei empirische Befunde: Zum einen der erhebliche Umfang der „Risikogruppen" in den PISA-Untersuchungen; darunter versteht man diejenigen Jugendlichen, die aufgrund ihres bisher erreichten Kompetenzniveaus erhebliche Schwierigkeiten haben, eine moderne Berufsausbildung erfolgreich abzuschließen (die Werte schwanken in Deutschland und Österreich – auch je nach Kompetenzbereich – zwischen ca. 20 und 35 %; PISA-Konsortium Deutschland 2007; Spies / Tredop 2006). Die *Krisenzonen* des Bildungssystems beschränken sich aber nicht auf die mangelnde Abstimmung mit dem Beschäftigungssystem (von diesem werden auch ein relevanter Teil der Jugendlichen nicht aufgenommen, die hinreichend qualifiziert sind!), sondern auch mit dem politischen System, wo ein relevanter Teil der Jugendlichen sich an den traditionellen Politikformen nicht beteiligen will und ein anderer ein eher brüchiges Verhältnis zu den Normen des demokratischen, sozialstaatlich verfassten Rechtsstaates hat (was besonders in der Verbreitung des Syndroms der „Gruppenbezogenen Menschenfeindlichkeit" zum Ausdruck kommt; Heitmeyer 2010, Teil I u. II). Der quantitative Umfang der Krisenzonen und deren Analysen machen deutlich, dass man sie nicht allein der Schule zur Last legen kann, denn der Verlust der naturwüchsigen Tradierung sozialer und politischer Normen und Kompetenzen und die unzureichende kompensatorisch-innovative pädagogische Antwort darauf lässt sich mühelos auch für die Familienerziehung, aber auch für die offene und verbandliche Kinder- und Jugendarbeit nachweisen.

Die Soziale Arbeit kann als spezifische Lösungskompetenz in die kooperative Überwindung dieser krisenhaften Umbrüche des Bildungssystem besonders zwei konzeptionelle Entwürfe einbringen: Die *Lebensweltorientierung* (Grunwald / Thiersch 2004) und die *Sozialraumorientierung* (Coelen 2002; Deinet 2009; Kessl et al. 2005).

Die lebensweltbezogene Kooperation von Schule und Sozialer Arbeit: Die Ausrichtung an den Sinndimensionen von allgemeiner Bildung in der „zweiten Moderne"

Die Lebensweltorientierung reflektiert die klassische pädagogische Einsicht, dass die Förderung bildender Lern- und Entwicklungsprozesse an die unmittelbare Begegnung von Menschen gebunden ist; Institutionen können nicht bilden und erziehen. Sie nimmt damit das Konzept des „pädagogischen Bezuges" der Geisteswissenschaftlichen Pädagogik auf und entwickelt es in einer sozialwissenschaftlich fundierten phänomenologischen Ausrichtung weiter und stellt damit die intersubjektiv vermittelten Sinnbildungsprozesse der Heranwachsenden ins Zentrum. Damit ist eine besonders anspruchsvolle *gemeinsame* Handlungs- und Förderungsperspektive von Schule und Sozialer Arbeit eröffnet. Sie richtet sich (a) an der übergreifenden *Bildungsperspektive* aus, wonach es gilt, die Fähigkeit und Bereitschaft der Kinder und Jugendlichen zur Selbstbestimmung und Selbsterfahrung zu fördern, zum immer reflexiveren Umgang mit den eigenen Lebenserfahrungen und -entwürfen; zur Mitbestimmung und Mitgestaltung der unmittelbaren und sich schrittweise erweiternden sozialen Umwelt; zur Solidarität mit den „Mühseligen und Beladenen" in der Absicht, die Bedingungen von Ungleichheit und Herrschaft schrittweise abzubauen und zu überwinden; und zur Verantwortungsübernahme für die Gestaltung einer ökologisch verantwortungsvolleren, ökonomisch und sozial gerechteren, politisch demokratischeren und im interpersonellen Umgang immer menschlicheren Gesellschaft. Dabei impliziert das Recht auf Selbst- und Mitbestimmung die symmetrische Pflicht zur Solidarität und Verantwortungsübernahme.

Entgegen den aktuellen Tendenzen in der Nachfolge der öffentlichen PISA-Debatten, die alle Reformmaßnahmen des Bildungssystems nur auf ihre Effizienz hinsichtlich der Leistungssteigerung befragen, muss (b) auf die (wiederum klassisch-pädagogische) Einsicht verwiesen werden, dass fruchtbares, produktives Lernen eine entwicklungsoffene Balance braucht zwischen Problembezug und „Unbeschwertheit", also ein Gleichgewicht zwischen Leistungen erbringen *wollen, können* und *müssen*. Die Kooperation von Schule und Sozialer Arbeit wäre aber gründlich missverstanden, wenn hier nun einer borniertren institutionellen Arbeitsteilung das Wort geredet würde: die Schule sei für das „Müssen" und „Können", die Soziale Arbeit für das „Wollen" und manchmal das „Können" zuständig; vielmehr geht es um flexible Angebotsstrukturen die – mit verschiedenen Schwerpunktsetzungen in verschiedenen Entwicklungsphasen – allen Lernweisen und -bedürfnissen gerecht werden.

Wenn man Bildung im o. g. Sinne als anspruchsvolle und befriedigende *Lebensbewältigung* versteht, dann ergeben sich daraus (c)besonders folgende thematische *Lernaufgaben* (Klafki / Braun 2007, Kap. 3.3 und 7.2): Die Förderung der Fähigkeiten und Bereitschaften zur Herausbildung einer befriedigenden alltäglichen Lebensführung sowie zum lustvollen, risiko- und anstrengungsbereiten Umgang mit dem eigenen Körper; zur Auseinandersetzung mit den epochaltypischen Schlüsselproblemen unserer Gegenwart und absehbaren Zukunft (z. B. Krieg und Frieden, Demokratie und Diktatur, technischer und sozialer Fortschritt, Übereinstimmungen und Differenzen der Kulturen, Männlichkeit und Weiblichkeit , Ich und Du) sowie mit den ökologischen, wirtschaftlichen und sozialen Dimensionen der Arbeitsverhältnisse einschließlich der Arbeitslosigkeit; zur selbstreflexiven Beschäftigung mit den existentiellen Menschheitsthemen (Frage nach dem Sinn des Lebens und der Bedeutung des Todes, nach Liebe und Trauer, Glück und Angst, Hoffnung und Verzweiflung und was den Menschen als Person, als Gruppe und als Menschheit eigentlich ausmacht usw.); zur reflexiven Aneignung der ästhetischen Traditionen, nicht nur den klassischen, sondern besonders auch der alltagskulturell verankerten; und nicht zuletzt zur Auseinandersetzung mit den Grundlagen der Moralität und Sittlichkeit des eigenen Handelns durch die Förderung der Bereitschaft zur aktiven

Verantwortungsübernahme (wofür aber institutionell und interaktiv Verantwortung entwicklungsangemessen übertragen und damit das soziale Machtgefälle abgebaut werden muss).

(d) Dieses Bildungsverständnis impliziert die *sozialpädagogische Profilbildung der Schule*, welche durch die *Schulsozialarbeit* angeregt, unterstützt und ergänzt werden sollte (Braun / Wetzel 2006, Teil II) und ihm werden am ehesten *Sozialformen* gerecht, die die *Anerkennung* aller Beteiligten ins Zentrum stellen (Hafeneger et al. 2002). Dazu gehören (aa) verständnisvolle und herausfordernde Begegnung, taktvolle Konfliktbearbeitung, soziokulturelle Unterstützung, kritische Verstehens- und Verständigungsbemühungen, aktives und gegenseitiges Vertrauen, vereinbarte und eingehaltene Arbeitsbündnisse, bewusst gewollter persönlicher Rückhalt, Räume für soziale und persönliche Experimente, wechselseitige Achtung und Zuverlässigkeit (auch der PädagogInnen!) sowie selbstverständlich gewordener Respekt. Diese Anerkennungsbeziehungen entfalten sich (bb) in der entwicklungsoffenen Spannung zwischen der möglichen und wünschenswerten Autonomie, Mündigkeit und Emanzipation und der faktischen relativen Hilflosigkeit, Abhängigkeit und Fremdbestimmung. Diese pädagogische Asymmetrie kann weder verleugnet werden (das wäre Anbiederung und pädagogisch-soziale Verantwortungsflucht) noch darf sie verfestigt werden (das wäre autoritär bzw. repressiv), sondern sie muss schrittweise und nachhaltig dadurch aufgehoben werden, dass die Heranwachsenden in ihrer Entwicklung abgesichert und unterstützt werden und ihnen Alternativerfahrungen zu einschränkenden Lebenssituationen und regressiven Formen der psychosozialen Konfliktbearbeitung (z. B. in Form von körperlicher bzw. kommunikativer Gewalt oder Selbstmitleid und Selbstverleugnung) angeboten werden. Nur so kann sich der personale Entwicklungswiderspruch von Vorgriff auf Mündigkeit und aktiver Aneignung und reflexiver Vermittlung der dazu notwendigen Fähigkeiten, Fertigkeiten und Bereitschaften progressiv entfalten.

Die sozialräumliche Kooperation von Schule und Sozialer Arbeit: Der Aufbau regionaler Erziehungslandschaften

Das Konzept der „regional gestalteten Bildungslandschaft" ist von der Bildungskommission NRW (1995, Kap. IV. 6.2) in die schulpolitische Debatte eingebracht worden. Im Kontext der Ganztagsbildung ist es einerseits auszuweiten zu einem Planungskonzept, welches nicht nur die Schule, sondern auch die Gesamtheit der Kinder- und Jugendhilfe (-wohlfahrt) umfasst. Das ist von der Sache her auch deshalb plausibel, weil der Ansatz selber sich am Paradigma der deutschen Kinder- und Jugendhilfeplanung orientiert hat. Zum anderen ist zu bedenken, dass der jeweilige regionale Sozialraum sich nicht auf dessen Institutionen und deren Kooperation beschränkt, sondern die Gesamtheit der objektiven Bedingungen der alltäglichen Lebensführung der Kinder und Jugendlichen in den Blick nimmt (also auch die Wohn- und Geschäftshäuser, die Straßen, die öffentlichen Plätze, die Verkehrsverbindungen, die beliebten und gefürchteten Orte, die bekannten und „geheimen" Treffpunkte usw. – und dies alles vor dem Hintergrund groß- und kleinräumiger Segregationsprozesse). Die lebensweltliche Nutzung der Sozialräume kann dabei nicht geplant, sondern nur angeregt und unterstützt werden; geplant werden kann aber eine optimale Gelegenheitsstruktur als entgegenkommende, „freundliche" Bedingung der Realisierung der o. g. sinnstiftenden Entwicklungsaufgaben. Dafür ist die progressive Bewältigung besonders folgender *sozialräumlicher Ambivalenzen* wichtig: (a) Der Ermöglichung und Förderung *gemeinsamer* sozialer und politischer Erfahrungen, Erkenntnisse und Einstellungen als lebensweltlichem Fundament der demokratischen Institutionen und Verfahren stehen die groß- und kleinräumigen *Segregationsprozesse* entgegen. Sie setzen sich in der Kinder- und Jugendarbeit meist „unter der Hand" durch; in der Schule werden sie durch die Auflösung der Schuleinzugsbereiche gefördert, die dazu geführt haben, dass es aufgrund des Schulwahlverhaltens der Eltern Schulen mit „gutem" und „schlechtem" sozialem und pädagogischem Profil gibt. Dem kann dadurch begegnet werden, dass die neuen Schuleinzugsbereiche gezielt sozial ungleiche Räume miteinander verknüpfen und so der sozialen Entmischung aller Erziehungseinrichtungen entgegensteuern. Das wird aber nur dann zur Ausweitung der Bildungsmöglichkeiten für alle führen, wenn zugleich ein groß- und kleinräumiger, auch institutionsbezogener Nachteilsausgleich stattfindet und die pädagogischen und sozialen Verständigungsbemühungen zwischen den Milieus entschieden verstärkt werden. Dazu trägt (b) ein Schulsystem bei, welches formelle Angebots- und Berechtigungsstrukturen aufweist, die nicht nur normativ (oder proklamatorisch), sondern faktisch *egalitär* und *plural* sind und so gleichwertige (nicht: gleichförmige) Lebensverhältnisse fördern. Für die soziale Integration ist die Schule deshalb so wichtig, weil sie für die Begegnung von Heranwachsenden aus den unterschiedlichen sozialen und ethnischen Milieus zum tendenziell privilegierten Ort geworden ist. Dem ist auch das längere gemeinsame Lernen förderlich, wie es aktuell unten den Stichworten „Gemeinschaftsschule" (in Deutschland) bzw. „neue Mittelschule" (in Österreich) diskutiert wird (Wiechmann 2009). (c) Der viel beklagten „Lebensweltferne" der Schule (die aber auch in der sozialen Arbeit und Erziehung festzustellen ist) kann institutionell dadurch entgegengewirkt werden, dass deren relative *Eigenständigkeit* und *Verantwortlichkeit* erheblich ausgeweitet wird. Dazu tragen u. a. bei: Das von allen Gruppen getragene Schulprogramm (u. a. mit einer schulspezifischen Stundentafel und einem ausgewiesenen Zeitrahmen für fächerübergreifende Themen und Unterrichtsformen); jahrgangsübergreifende LehrerInnenteams und kollektive, zeitlich begrenzt gewählte Schulleitungen; Einstellung von pädagogischem und „nicht-pädagogischem" Personal sowie die Finanzbewirtschaftung (besonders für die zusätzliche, auf das besondere pädagogische Profil bezogene personelle und sächliche Ausstattung); und die (möglichst drittelparitätisch besetzte) Schulkonferenz, die auch Personengruppen aufnehmen kann, die nicht der Schulgemeinde angehören. Damit aber die Eigenständigkeit nicht in Beliebigkeit oder gar Willkür umschlägt, bedarf es der verbindlichen öffentlichen Rechenschaftslegung über alle Schulangelegenheiten. Damit ist schon (d) angesprochen, die *Öffnung* der Schule bzw. aller pädagogischen Einrichtungen für das nähere und weitere soziale, kulturelle, politische, wirtschaftliche und ökologische Umfeld,

besonders für die in ihm wirkenden zivilgesellschaftlichen Netzwerke und Basisöffentlichkeiten. Dabei ist allerdings jeweils inhaltlich und praktisch kritisch zu prüfen, welche sozialräumlichen Prozesse den o. g. Bildungsperspektiven förderlich bzw. abträglich sind. Der geeignete Rahmen für diesen Gemeinwesenbezug ist im Primarbereich die zuverlässige Halbtagsschule und in der Sekundarstufe die Ganztagsschule. Ein ganz besonderer Schub bei der Verschränkung von nicht-formellen und formellen Lernprozessen könnte (e) durch eine *Neukonzipierung der Schulpflicht* erreicht werden, wenn zumindest Teile von ihr auch in außerschulischen Einrichtungen realisiert würden (allerdings nur, wenn diese zuverlässig die entsprechende pädagogische Qualität nachweisen können). So könnte es auch besser gelingen durchgängige Lernperspektiven mit abgestuften Rückmeldungen und Zugangsberechtigungen zu verbinden, die Durchlässigkeit in höhere Bildungsgänge zu verbessern und mehr Symmetrie zu erreichen zwischen der *Pflicht*, zur Schule zu gehen und dem *Recht*, dort pädagogisch optimal gefördert zu werden. Alle Erziehungsangebote und -einrichtungen müssen (f) einerseits in pädagogisch angemessener Weise *beaufsichtigt* werden, ob sie den hier skizzierten Bildungsauftrag auch tatsächlich umsetzen. Das gelänge schon dann besser, wenn die Trennung zwischen äußerer und innerer Schulverwaltung aufgehoben und beides in die kommunale bzw. regionale Verantwortung übergeben würde. Es bedarf andererseits der institutions- und alltagsnahen *Beratung* und *Unterstützung* aller Einrichtungen, die zugleich institutionell und personell klar getrennt werden muss von der Aufsicht (man kann nicht beides gleichzeitig leisten!). Der angemessene Rahmen dafür wären *Regionale Pädagogische Zentren*, welche die institutionsinterne und -übergreifende Fort- und Weiterbildung vorhalten, Materialien aller Arten zur Verfügung stellen, die regionale Konzeptentwicklung, Bildungsberichterstattung und -planung übernehmen und in Kooperation mit ansässigen Hochschulen Forschung betreiben. Insofern beinhaltet die Entwicklungsperspektive Ganztagsbildung immer auch die Chance, *Profession* und *Disziplin* enger miteinander zu verschränken.

Literatur

Beher, K., Haenisch, H., Hermens, C., Liebig, R.(2007): Die offene Ganztagsschule in der Entwicklung. Juventa, Weinheim / München

Bettmer, F., Maykus, St., Prüß, F., Richter, A. (Hrsg.) (2007): Ganztagsschule als Forschungsfeld. VS-Verlag, Wiesbaden

Bildungskommission NRW (1995): Zukunft der Bildung – Schule der Zukunft. Luchterhand, Neuwied / Kriftel / Berlin

Boley, E., Flad, C., Gutbrod, H. (2003): Sozialraumverankerte Schulsozialarbeit. Landeswohlfahrtsverband Württemberg-Hohenzollern, Stuttgart

Braun, K.-H. (2006): Ziele institutioneller Entwicklung der Schule in der „zweiten Moderne". In: Rihm, Th. (Hrsg.): Schulentwicklung. VS-Verlag, Wiesbaden, 183–210

– (1994): Schule und Sozialarbeit in der Modernisierungskrise. neue praxis 24, 107–118

–, Wetzel, K. (2006): Soziale Arbeit in der Schule. Ernst Reinhardt Verlag, München / Basel

–, – (2000): Sozialpädagogisches Handeln in der Schule. Luchterhand, Neuwied / Kriftel / Berlin

Bremer, H., Lange-Vester, A. (Hrsg.) (2006): Soziale Milieus und Wandel der Sozialstruktur. VS-Verlag, Wiesbaden

Coelen, Th. (2002): Kommunale Jugendbildung. Peter Lang, Frankfurt / M.

–, Otto, H.-U. (Hrsg.) (2008): Grundbegriffe Ganztagsbildung. VS-Verlag, Wiesbaden

Deinet, U. (Hrsg.) (2009): Methodenbuch Sozialraum. VS-Verlag, Wiesbaden

– (Hrsg.) (2001): Kooperation von Jugendhilfe und Schule. Leske & Budrich, Opladen

Deutscher Bildungsrat (1970): Strukturplan für das Bildungswesen. Bundesdruckerei, Bonn

Drilling. M. (2002): Schulsozialarbeit. Haupt, Bern

Fend, H. (2006a): Neue Theorie der Schule. VS-Verlag, Wiesbaden

– (2006b): Geschichte des Bildungswesens. VS-Verlag, Wiesbaden

–, Berger, F., Grob, U.(Hrsg.) (2009): Lebensverläufe, Lebensbewältigung, Lebensglück. VS-Verlag, Wiesbaden

Flösser, G., Otto, H.-U., Tillmann, K. (Hrsg.) (1996): Schule und Jugendhilfe. Leske & Budrich, Opladen

Grossenbacher, S., Herzog, W., Hochstrasser, F., Rüegsegger, R.(Hrsg.) (1997): Schule und Soziale Arbeit in gefährdeter Gesellschaft. Haupt, Bern

Grunwald, K., Thiersch, H. (Hrsg.) (2004): Praxis Lebensweltorientierter Sozialer Arbeit. Juventa, Weinheim / München

Hafeneger, B., Henkenborg, P., Scherr, A. (Hrsg.) (2002): Pädagogik der Anerkennung. Wochenschau, Schwalbach / Ts.

Hartnuß, B., Maykus, S. (Hrsg.) (2004): Handbuch Kooperation von Jugendhilfe und Schule. Deutscher Verein für öffentliche und private Fürsorge, Berlin

Heitmeyer, W. (2010) (Hrsg.) Deutsche Zustände 8. Suhrkamp, Frankfurt / M.

Henschel, A., Krüger, R., Schmitt, Chr., Stange, W. (Hrsg.) (2009): Jugendhilfe und Schule. VS-Verlag, Wiesbaden

Holtappels, H. G. (1994): Ganztagsschule und Schulöffnung. Juventa, Weinheim / München

–, Klieme, E., Rauschenbach, Th., Stecher, L. (Hrsg.) (2008): Ganztagsschule in Deutschland. Juventa, Weinheim / München

Homfeldt, H. G., Lauff, W., Maxeiner, J.(1977): Für eine sozialpädagogische Schule. Juventa, München

–, Schulze-Krüdener, J. (2001): Schulsozialarbeit – eine konstruktiv-kritische Bestandsaufnahme. neue praxis 31, 9–28

Hornstein, W. (1971): Bildungsplanung ohne sozialpädagogische Perspektiven. Zeitschrift für Pädagogik 18, 285–314

Kessl, F., Otto, H.-U. (Hrsg.) (2007): Territorialisierung des Sozialen. Barbara Budrich, Opladen / Farmington Hills

–, Reutlinger, Chr., Maurer, S., Frey, O.(Hrsg.) (2005): Handbuch Sozialraum, VS-Verlag, Wiesbaden

Kilb, R., Peter, J. (2009): Methoden der Sozialen Arbeit in der Schule. Ernst Reinhardt Verlag, München / Basel

Klafki, W. (2002): Schultheorie, Schulforschung und Schulentwicklung im politisch-gesellschaftlichen Kontext. Beltz, Weinheim / Basel

– (1976): Außerschulische Jugendarbeit und Schule. In: Klafki, W.: Aspekte kritisch-konstruktiver Erziehungswissenschaft. Beltz, Weinheim / Basel, 191–215

– (1968): Integrierte Gesamtschule – Ein notweniger Schulversuch. Zeitschrift für Pädagogik 14, 521–581

–, Braun, K.-H. (2007): Wege pädagogischen Denkens. Ernst Reinhardt Verlag, München / Basel

Knapp, G., Lauermann, K. (Hrsg.) (2007): Schule und Soziale Arbeit. Hermagoras / Mohorjeva, Klagenfurt / Celovec – Ljubliana / Laibach – Wien / Dunaj

Olk, Th., Bathke, G.-W., Hartnuß, B.(2000): Kooperation zwischen Jugendhilfe und Schule. Juventa, Weinheim / München

Otto, H.-U., Coelen, Th. (Hrsg.) (2005): Ganztägige Bildungssysteme. Waxmann, Münster / New York / München / Berlin

PISA-Konsortium Deutschland (Hrsg.) (2007): PISA 2006. Waxmann, Münster / New York / München / Berlin

Prüß, F., Maykus, S., Binder, H.(2001): Forschungsbericht Wissenschaftliche Begleitung der Landesinitiative Jugend- und Schulsozialarbeit in Mecklenburg-Vorpommern. Universität Greifswald, Greifswald

Raab, E., Rademacker, H., Winzen, G.(1987): Handbuch Schulsozialarbeit. DJI, München

Schubarth, W., Melzer. W. (Hrsg.) (1993): Schule, Gewalt und Rechtsextremismus. Leske & Budrich, Opladen

Seithe, M. (1998): Abschlussbericht der wissenschaftlichen Begleitung des Landesprogramms „Jugendarbeit an Thüringer Schulen". Thüringer Ministerium für Soziales und Gesundheit, Erfurt

Speck, K. (2006): Qualität und Evaluation in der Schulsozialarbeit. VS-Verlag, Wiesbaden

Spies, A., Pötter, N. (2011): Soziale Arbeit in Schulen. VS-Verlag, Wiesbaden

–, Tredop, D. (Hrsg.) (2006): „Risikobiografien". VS-Verlag, Wiesbaden

Thiersch, H. (1992): Schule von der Sozialpädagogik her gesehen. In: Thiersch, H.: Lebensweltorientierte Soziale Arbeit. Juventa, Weinheim / München, 142–159

Tillmann, J. (1987): Schulsozialarbeit – Bilanz eines jungen Arbeitsfeldes. Die Deutsche Schule 79, 385–395

Tuggener Lienhard, D. (2006): Entwicklungstendenzen und Reaktionsformen bei der Initiierung von Tagesschulen auf der Primarstufe in der Deutschschweiz. In: Wetzel, K. (Hrsg.), 125–138

Vyslouzil, M., Weißensteiner, M. (Hrsg.) (2001): Schulsozialarbeit in Österreich. ÖGB-Verlag, Wien

Wetzel, K. (Hrsg.) (2006): Ganztagsbildung – eine europäische Debatte. LIT, Wien

Wiechmann, J. (2009): Gemeinschaftsschule – ein neuer Begriff in der Bildungslandschaft. Zeitschrift für Pädagogik 55, 409–429

Schulwesen

Von Klaus-Jürgen Tillmann

Schule als soziale Institution

In Schulen findet Lernen nicht mehr zufällig – gleichsam als Teil des Alltagslebens – statt, sondern es werden dafür besondere Umwelten arrangiert. Dazu gehören u. a. Schulgebäude, Lehrkräfte und Schulbücher, aber auch Zensuren und Zeugnisse. Grundlage des schulischen Lernens ist die Schriftsprache, mit ihrem Erwerb (Alphabetisierung) beginnt daher jedes schulische Lernen; denn nur Wissen, das schriftlich niedergelegt ist, kann zum Gegenstand eines Lernprozesses werden, der aus dem alltäglichen Lebenszusammenhang ausgegliedert ist (Schulze 1980, 124). Diese Form des Lernens ist in unserer Gesellschaft eingebunden in eine komplexe soziale Institution, die als „Schulwesen" bezeichnet wird: eine Einheit von organisierten Normen, formalisierten Rollenbeziehungen und materiellem Apparat, durch die die Bildung und Erziehung des gesamten Nachwuchses auf Dauer gestellt wird. Zur Erfüllung dieser Aufgabe arbeitet in der Schule ein spezielles pädagogisches Personal, das für diese Tätigkeit langjährig akademisch ausgebildet wird: Lehrerinnen und Lehrer. Die Schule erfüllt ihre Aufgabe vor allem dadurch, dass diese Lehrer/-innen in geplanter, systematischer und kontinuierlicher Weise Unterricht erteilen (Meyer 1987). Dabei wird eine Gruppe von Heranwachsenden (meist eine altersgleiche Schulklasse) mit Ausschnitten des gesellschaftlichen Wissens konfrontiert, das in Unterrichtsfächern organisiert ist. Diese Fächer lehnen sich an wissenschaftlichen Disziplinen an, ohne mit ihnen deckungsgleich zu sein. Der Lehrkraft kommt im Unterricht die Aufgabe zu, durch Planung, Methode und personale Zuwendung den Schüler/-innen die Aneignung des jeweiligen Wissens zu erleichtern und bei Lernschwierigkeiten zu helfen (Meyer 2004). Dieser Prozess der Wissensvermittlung ist in der Schule jedoch weder von dem Prozess der Erziehung (zur Sorgfalt, zum kritischen Denken etc.) noch vom Prozess der Leistungsbewertung (Zensuren, Zeugnisse) zu trennen. In der Lehrer/-innenrolle sind damit unterschiedliche Aufgaben vereint, die in einem gewissen Spannungsverhältnis zueinander stehen (Ulich 1996, 109 ff.).

Die institutionellen Strukturen der Schule haben sicherzustellen, dass für alle Heranwachsenden im schulpflichtigen Alter Unterricht tagtäglich immer wieder stattfindet – und dass dieser Unterricht sich an den staatlichen Vorgaben (z. B. Lehrplänen) orientiert. Zur Sicherung dieser Aufgabe greifen in der Institution Schule drei Organisationsebenen ineinander: Durch die *Lernorganisation* wird konkret festgelegt, welche Schüler/-innen mit welchen Lehrern/-innen welche Inhalte zu erarbeiten haben. Instrumente dieser Lernorganisation sind Lehrpläne, Stundentafeln, Richtlinien etc. Darüber erhebt sich ein Netz organisierter Verfahrensregeln, das als *Verwaltungsorganisation* bezeichnet wird: Wer kontrolliert, wer entscheidet was, wer hat welche Rechte und Pflichten? Solche Regelungen schlagen sich z. B. in Schulmitwirkungsgesetzen, Versetzungsordnungen und Laufbahnbestimmungen nieder. All dies wiederum ist eingegliedert in die *Makroorganisation* des Schulsystems: in die Aufgliederung nach Schulformen und Bildungsgängen, in die Festlegung von Übergangsmöglichkeiten und Abschlussberechtigungen.

Ein solches modernes Schulwesen hat sich in Deutschland – wie in vielen europäischen Nachbarländern – im 18. und 19. Jahrhundert herausgebildet (Herrlitz et al. 2009). Es unterscheidet sich von all seinen Vorformen dadurch, dass es alle Heranwachsenden erfasst und den Schulbesuch für eine Mindestzahl an Jahren gesetzlich vorschreibt. Entstanden ist auf diese Weise ein öffentliches

Otto/Thiersch (Hg.), Handbuch Soziale Arbeit, 4. A., DOI 10.2378/ot4a.art126,
© 2011 by Ernst Reinhardt, GmbH & Co KG, Verlag, München

Pflichtschulsystem von erheblicher gesellschaftlicher Bedeutung. 2003 besuchten in Deutschland etwa 9,7 Millionen Schüler /-innen eine allgemeinbildende und etwa 2,7 Millionen eine berufsbildende Schule. Sie wurden von mehr als 700.000 Lehrer /-innen unterrichtet (BMBF 2005). Fast 13 Millionen Menschen gehen somit in der Bundesrepublik täglich zur Schule. Damit ist bei uns das Schulsystem – wie in allen entwickelten Ländern – zur größten sozialen Institution geworden, für die erhebliche öffentliche Mittel aufgewendet werden. So gab der deutsche Staat im Jahr 2004 für die öffentlichen Schulen insg. 87 Mrd. Euro aus (Klemm 2008, 254). Dieses Schulsystem wird seit den 1960er Jahren in seinen Strukturen, Funktionen und internen Verlaufsmechanismen umfassend erforscht (Roth / Friedrich 1975; Cortina et. al 2008). Die Ergebnisse dieser Analysen fließen in Konzept- und Modellbildungen zur „Theorie der Schule" ein (z. B. Diederich / Tenorth 1997; Terhart 2009).

Das Schulsystem in der Bundesrepublik Deutschland

Die geschilderten Grundstrukturen der Institution Schule finden sich in allen modernen Industriestaaten in etwa der gleichen Weise. Ob in Frankreich, Italien, Japan, ob in Russland oder den USA – überall treffen wir auf eine gesetzliche Schul- oder Unterrichtspflicht, auf ein öffentliches Schulsystem, auf Schulverwaltungen, Zensurenbestimmungen und Abschlussregelungen. Fragt man nach den spezifischen Merkmalen des Schulsystems in der Bundesrepublik Deutschland, so ist vor allem auf drei Elemente der Makroorganisation zu verweisen: die staatlich-föderale Struktur, die hierarchische Gliederung des Sekundarschulwesens und die Trennung zwischen allgemeiner und beruflicher Bildung. Diese Merkmale haben eine lange Tradition, die auf den Entstehungsprozess dieses Schulsystems in den deutschen Feudalstaaten des 18. und 19. Jahrhunderts verweist. Einen deutlichen Traditionsbruch dazu hat es lediglich zwischen 1949 und 1990 im Schulwesen der DDR gegeben (Anweiler 1988). Doch die Vereinigung der beiden deutschen Staaten (1990) hat dazu geführt, dass die spezifischen Organisationsmerkmale des DDR-Schulwesens (zentralstaatliche Lenkung,

Einheitsschulsystem, polytechnische Erziehung) zugunsten einer fast völligen Anpassung an das westdeutsche Schulwesen verschwunden sind (Dudek / Tenorth 1994). Insofern ist es zwar möglich, die gemeinsamen Grundstrukturen des Schulwesens in allen Bundesländern zu beschreiben; es darf jedoch nicht übersehen werden, dass es sich hierbei um die langjährig westdeutschen Strukturen handelt.

Die staatlich-föderale Struktur

„Wer die Schule hat, hat die Zukunft; der preußische Staat aber wird seine Schule behalten": Dieser Satz des Preußischen Kultusministers Stiehl (Arbeitsgruppe 1984, 32) – kurz nach der gescheiterten Revolution von 1848 formuliert – macht deutlich: Schule war und ist in Deutschland eine Angelegenheit des Staates. In der Bundesrepublik wird dies in Art. 7 des Grundgesetzes festgelegt: „Das gesamte Schulwesen steht unter Aufsicht des Staates". Dieses Prinzip der Staatlichkeit bedeutet zunächst, dass (von einigen Ausnahmen abgesehen) der Staat die Schulen einrichtet, finanziert und trägt. Zugleich regelt der Staat in umfangreicher Weise, wie die Schule organisiert ist und was in ihr ablaufen soll. Diese staatliche Dominanz drückt sich auch darin aus, dass Lehrer /-innen in den meisten Bundesländern als Beamte auf Lebenszeit beschäftigt werden und damit in einem besonderen „Treueverhältnis" zu ihrem Dienstherrn stehen. Neben den staatlichen Schulen gibt es in der Bundesrepublik auch einen Sektor von Privatschulen; dazu gehören z. B. Waldorfschulen und Schulen in kirchlicher Trägerschaft (Arbeitsgemeinschaft Freier Schulen 1993). 2003 besuchten im allgemeinbildenden Bereich knapp 5 % aller Schüler /-innen eine Privatschule (BMBF 2005, 70). Dieser Anteil steigt seit Jahren langsam, aber kontinuierlich. Auch diese Schulen in privater Trägerschaft werden vom Staat zugelassen, zum weit überwiegenden Teil von ihm finanziert und auf Vergleichbarkeit zum staatlichen Schulwesen hin kontrolliert. Ein solch hohes Maß an staatlichem Einfluss und staatlicher Trägerschaft findet sich durchaus nicht in allen entwickelten Ländern. So wird z. B. in den USA das öffentliche Schulwesen von der Gemeinde getragen, finanziert und auch weitgehend inhaltlich bestimmt (Dichanz 1991).

In den Niederlanden wird das Schulwesen zwar staatlich finanziert; getragen und inhaltlich geprägt wird es jedoch sehr stark von gesellschaftlichen und kirchlichen Gruppen in den Kommunen (Döbert et al. 2002, 329 ff.). Staatliche Zurückhaltung in diesen Ländern erlaubt zwar ein höheres Maß an schulischer Vielfalt, kann zugleich aber auch zu einer Verstärkung der sozialen Ungleichheiten führen. So können z. B. in den USA die reichen Gemeinden ihre Lehrer / -innen weit besser bezahlen und ihre Schulen weit besser ausstatten als es arme, vor allem „schwarze" Gemeinden mit geringerem Steuereinkommen können (Dichanz 1991).

Wenn man in der Bundesrepublik von den staatlichen Kompetenzen im Schulwesen spricht, so ist damit nicht der Gesamtstaat (der Bund) gemeint; angesprochen sind vielmehr die Bundesländer. Denn die staatlichen Aufgaben im Schulwesen werden ausschließlich von den Ländern wahrgenommen. Ihre Kompetenzen in diesem Feld sind Teil ihrer „Kulturhoheit", die in den Artikeln 72 bis 75 des Grundgesetzes abgesichert ist. Bestimmte organisatorisch-technische Zuständigkeiten, z. B. der Schulbau („äußere Schulangelegenheiten") liegen in den Flächenstaaten bei den Gemeinden und Kreisen (Füssel / Leschinsky 2008, 148). Eines der wichtigsten Merkmale des bundesdeutschen Schulwesens ist damit seine föderative Struktur. Es bedeutet, dass jedes Bundesland seine Schulangelegenheiten in eigener Kompetenz regelt; daher gibt es in der Bundesrepublik 16 Schulminister / -innen, 16 Schulgesetze und auch 16 verschiedene Variationen des (in seinen Grundstrukturen aber gleichen) Schulsystems.

Damit trotz dieser föderativen Struktur sich die Schulverhältnisse in der Bundesrepublik nicht völlig auseinander entwickeln, wurde 1949 die „Ständige Konferenz der Kultusminister der Länder der Bundesrepublik" (KMK) gegründet (Füssel / Leschinsky 2008, 157 ff.). Hier werden zwischen den Ländern Abkommen z. B. über die gegenseitige Anerkennung der Schulabschlüsse, über die Vergabe von Studienplätzen oder auch über die Einführung neuer Schulformen getroffen. Solche Abkommen verlangen Einstimmigkeit; es müssen also alle 16 Länder zustimmen. Diese föderative Struktur des Schulwesens ist typisch für die Bundesrepublik, andere entwickelte Länder haben hier ganz andere Organisationsformen gewählt. So finden wir z. B. in Frankreich eine staatliche Lenkung durch die Zentralregierung, in England hingegen gibt es bei zentralen Rahmenvorgaben eine große Entscheidungskompetenz der einzelnen Schulkreise (Döbert et al. 2002).

Die hierarchische Gliederung des Sekundarschulwesens

Bei aller Unterschiedlichkeit zwischen den 16 Bundesländern findet sich dennoch eine weitgehende Übereinstimmung im makro-organisatorischen Aufbau des Schulsystems (Abb. 1). Dieser Schulaufbau ist im deutschsprachigen Raum historisch gewachsen und findet seinen Ursprung in der Trennung zwischen „akademischer" und „volkstümlicher" Bildung, die sich im 18. Jahrhundert etabliert hat und bis heute nicht völlig überwunden wurde. Während es 1920 gelang, die gemeinsame Grundschule (Kl. 1–4) für alle Kinder einzuführen (Nave 1961), ist das Sekundarschulwesen nach wie vor hierarchisch in verschiedene Schulformen gegliedert. Bis Ende der 1960er Jahre herrschte in allen (westdeutschen) Bundesländern der „dreigliedrige" Schulaufbau: Hauptschule, Realschule und Gymnasium standen relativ unverbunden nebeneinander und führten ihre – sozial sortierte – Schüler / -innenschaft zu Abschlüssen mit sehr unterschiedlicher Wertigkeit (Sander et al. 1971, 37 ff.). Dieses gegliederte Sekundarschulwesen existiert im Prinzip weiter fort, wurde allerdings regional unterschiedlich stark modifiziert: In einigen Bundesländern (z. B. Berlin, Hamburg, Hessen, NRW) ist in den 1970er und 1980er Jahren die integrierte Gesamtschule (gleichsam als vierte Schulform) zu den tradierten Schulformen hinzugetreten (Köller 2008). In den meisten neuen Bundesländern (z. B. Sachsen, Sachsen-Anhalt, Thüringen) existiert keine eigenständige Hauptschule mehr; stattdessen wurde ein Verbund von Haupt- und Realschulen (in Sachsen: „Mittelschulen") eingeführt (Stenke / Melzer 1996). In dem Maße, in dem sich in den „alten" Bundesländern immer mehr Eltern und Schüler / -innen von der Hauptschule abwenden, werden auch dort Haupt- und Realschulen zu einer gemeinsamen Schulform (neben dem Gymnasium) zusammengefasst. Z. T. werden darin auch die Gesamtschulen einbezogen, so dass ein zweigliedriges Schulsystem entsteht (so inzwischen in Berlin, Bremen, Hamburg). Für alle

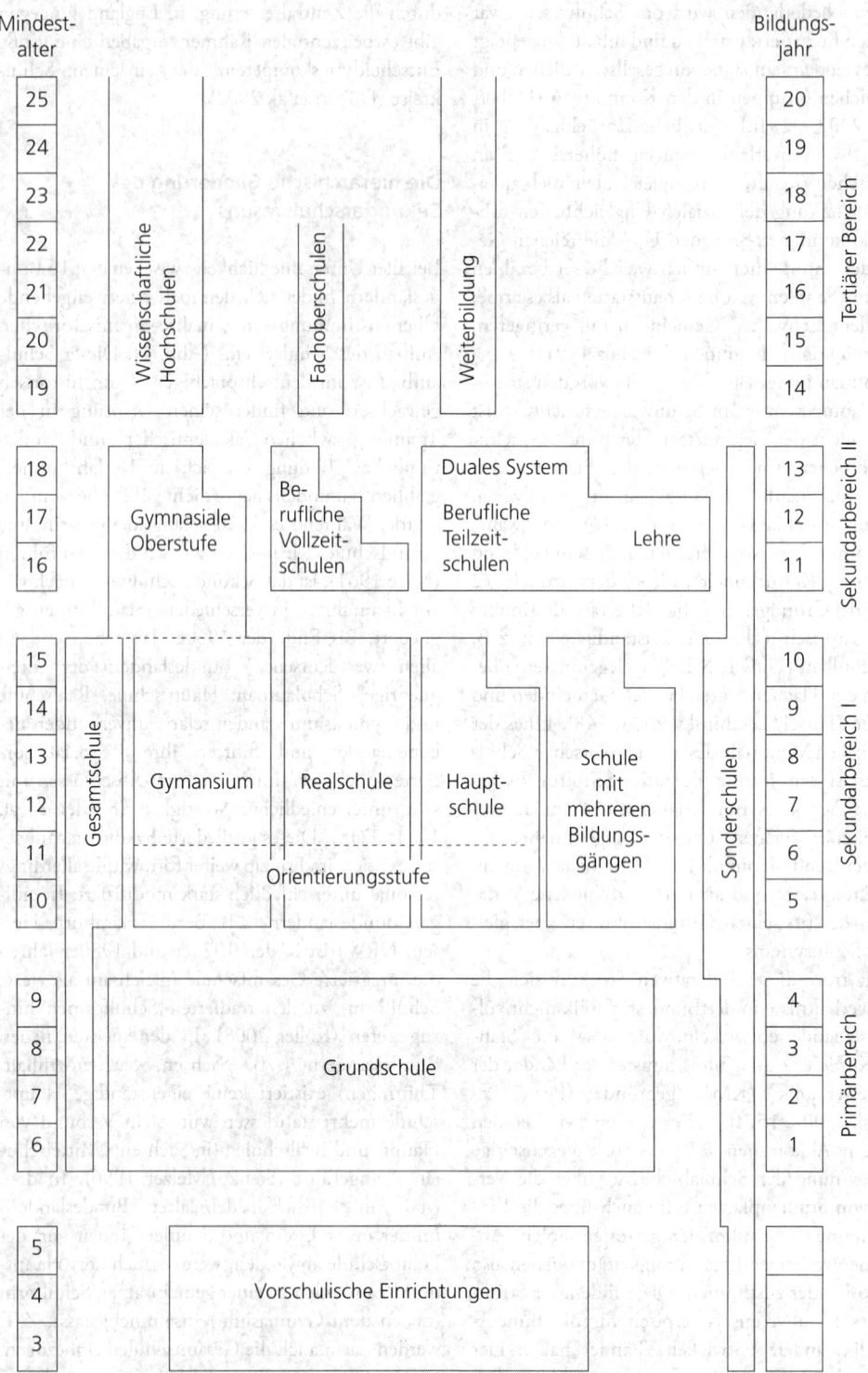

Mindest-
alter

Bildungs-
jahr

Abb. 1: Aufbau des Bildungssystems in der Bundesrepublik Deutschland (Cortina et. al 2008, 26)

Bundesländer gilt aber nach wie vor: Am Ende der gemeinsamen Grundschule müssen die Eltern entscheiden, ob sie ihr Kind auf ein Gymnasium oder auf eine andere Schulform schicken wollen. Dabei bietet das Gymnasium nach wie vor den „Königsweg" zum Abitur, während die anderen Schulformen mehrheitlich auf geringerwertige Abschlüsse hin orientieren.

Vor allem in den 1960er und 1970er Jahren hat es engagierte schulreformerische Bemühungen gegeben, dieses gegliederte System zugunsten einer gemeinsamen Schule für alle – die integrierte Gesamtschule – abzulösen (Gudjons / Köpke 1996). Diese Reformbemühungen sind aufgrund des großen politischen Widerstandes jedoch stecken geblieben, die Gesamtschule wurde bestenfalls zur vierten Schulform neben Hauptschule, Realschule und Gymnasium.

Betrachtet man dieses hierarchisch gegliederte Schulsystem im internationalen Vergleich, so zeigt sich, wie spezifisch deutsch diese Schulstruktur ist: Nicht nur die nord- und osteuropäischen Länder, sondern auch die USA haben seit langem ein nichtgegliedertes Schulsystem, in dem alle Schüler etwa bis zum 15. Lebensjahr eine gemeinsame Schule besuchen. Viele Industriestaaten haben nach 1945 ihr ursprünglich gegliedertes Schulsystem zu gesamtschulähnlichen Systemen „umgebaut"; dies trifft z. B. für Frankreich, England, Italien, Japan, Schweden, Dänemark zu (Döbert et al. 2002). Ein Schulsystem, das Kinder im 10. Lebensjahr auf verschiedene Schulformen aufteilt, findet sich nur in deutschsprachigen Ländern.

Die Trennung zwischen allgemeiner und beruflicher Bildung

Aus der historisch gewachsenen Trennung zwischen „volkstümlicher" und „akademischer" Bildung erklärt sich nicht nur die hierarchische Gliederung des allgemeinbildenden Schulwesens; vielmehr ist dies auch der Ursprung der Trennung zwischen „allgemeiner" und „beruflicher" Bildung. Die dahinterstehende bildungstheoretische Vorstellung, es gäbe einerseits eine zweckfreie und besonders wertvolle „Bildung" (für wenige) und andererseits eine zweckbezogene, weniger wertvolle „Ausbildung" (für viele), ist vielfach kritisiert und auf ihre ideologischen Komponenten zurückgeführt wor-

den: Ihr historisch-gesellschaftlicher Hintergrund ist „letztlich die Trennung von geistiger und körperlicher Arbeit und die damit verbundenen Unterschiede und Interessengegensätze hinsichtlich der wirtschaftlichen Lage sozialer Klassen und Schichten" (Klafki 1985, 28).

Trotz dieser Kritik ist das deutsche Schulsystem nach der 10. Klasse weiterhin strikt nach dieser Trennung organisiert: In der gymnasialen Oberstufe findet Studienvorbereitung – und also keine „Berufsbildung" – statt. Wer hingegen die Sekundarstufe I nach der 9. oder 10. Klasse verlässt, tritt in den Bereich der „beruflichen Bildung" ein – oft in eine Teilzeit-Berufsschule, die neben einer betrieblichen Ausbildung besucht wird (Baethge 2008). Das bedeutet, dass von nun an eine nichtakademische Berufstätigkeit als Perspektive angesehen wird. Organisatorisch und institutionell sind „berufliche" und „allgemeinbildende" Schulen strikt voneinander getrennt; dies gilt für die Lehrerausbildung genauso wie für die Lehrpläne, die Schulaufsicht und die Abschlusszertifikate. Daraus ergibt sich die – uns selbstverständlich erscheinende – Konsequenz, dass ein / -e 17-Jährige / -r sich entweder auf eine Studienberechtigung vorbereiten oder einen Beruf (z. B. Schreiner) erlernen kann. Ein solcher Entscheidungs- (bzw. Auslese-) zwang zwischen allgemeiner und beruflicher Bildung ist in Schulsystemen anderer Länder jedoch nicht vorhanden. Hier lässt sich zum einen wiederum auf die USA verweisen, die ein öffentliches System der Berufsausbildung nicht kennen, die aber in den Abschlussklassen der Highschool eine Vielzahl berufsqualifizierender Kurse (z. B. Automechanik, Buchhaltung) anbieten. Zum anderen ist hier das Modell der schwedischen Gymnasialschule von besonderem Interesse: Den 16- bis 19-jährigen Schüler / -innen stehen 23 unterschiedliche Züge – vom humanistischen über den fahrzeugtechnischen bis hin zum naturwissenschaftlichen Zug – zur Wahl offen; die meisten dieser Züge orientieren auf ein Berufsfeld, lassen jedoch auch die Möglichkeit eines künftigen Studiums prinzipiell offen (Döbert et al. 2002, 452 ff.). In der Bundesrepublik hat es in den 1970er Jahren weitgehende Reformversuche zur Integration allgemeiner und beruflicher Bildung gegeben. Sie konnten nur in NRW mit dem Modell der Kollegschule eine gewisse Breitenwirkung erzielen (Blankertz 1986).

Die Weiterentwicklung des Schulsystems

Es ist deutlich geworden, dass der institutionelle Rahmen von Schule zunächst einmal auf gesellschaftliche Reproduktion ausgerichtet ist und damit auf Kontinuität und Stabilität der schulischen Arbeit zielt. Denn die Schule ist eine „eher konservative Institution, die nicht jeder pädagogischen Mode nachjagt, sondern die vom Bewährten ausgeht" (Oelkers 2007, 66). Zugleich gilt aber auch, dass diese Schulen in einer Gesellschaft existieren, die sich rasch wandelt – und dass sich dieser gesellschaftliche Wandel auch auf die Schulen auswirkt: Sinkende Geburtenraten, der wachsende Anteil von Migrantenkindern, der kontinuierlich steigende Wunsch von Eltern auf höhere Schulabschlüsse, aber auch der Siegeszug des Computers in allen Lebensbereichen – dies alles wirkt sich auf die Institution Schule aus und setzt sie unter Veränderungsdruck. Und wenn man eine längere Zeitphase in den Blick nimmt, so erkennt man auch, welche erheblichen Veränderungen sich in den letzten Jahrzehnten im Schulsystem durchgesetzt haben: So besuchte noch 1971 in der Bundesrepublik die Mehrheit aller Heranwachsenden (53 %) eine Hauptschule, bis zum Jahr 2003 hat sich dieser Anteil mehr als halbiert (24 %). Und in einigen städtischen Regionen (z. B. Hamburg, Berlin) ist sie längst auf etwa 10 % gesunken (BMBF 2005, 72 ff.). Damit verbunden ist eine massive Veränderung der Schülerschaft in den Hauptschulen: Der Anteil von Kindern aus sozial benachteiligten Familien, häufig mit Migrationshintergrund, ist massiv gestiegen, damit hat sich das Lernklima in vielen Hauptschulen fundamental gewandelt (Baumert et al. 2006). Kurz: Gesamtgesellschaftliche Veränderungen führen zu Konsequenzen in den einzelnen Schulen, und diese sind dann gezwungen, auf die geänderte Situation zu reagieren (z. B. durch veränderten Unterricht, gesonderte sprachliche Förderung, Ganztagsangebote).

Auch wenn die einzelne Schule heute in vielen Bereichen (z. B. bei der Einstellung von Personal, bei der Finanzverwaltung) wesentlich größere Handlungsspielräume hat als noch vor zehn Jahren, so bleibt es dabei: Wie groß der Handlungsspielraum für Prozesse der Schulentwicklung an der „Basis" ist, wird nach wie vor von den Schulministerien zentral definiert. Zu fragen ist somit: Durch welche Vorgaben werden Schulentwicklungsprozesse in den einzelnen Schulen angeregt, begrenzt, vielleicht sogar verhindert?

Um dies zu beantworten, ist ein kurzer historischer Rückblick notwendig: Bis Anfang der 1990er Jahre wurde das Schulsystem in der Bundesrepublik im klassischen bürokratischen Stil „gesteuert". Dies lässt sich als eine hierarchische und Input-orientierte Form der Steuerung beschreiben: In den für Schule zuständigen Landesministerien werden Maßnahmen zur (bescheidenen) Weiterentwicklung des Schulsystems entworfen und per Gesetz, Verordnung oder Erlass in die Wege geleitet. Die „nachgeordneten Behörden" – und das sind in diesem Modell die Schulen – haben diesen Anweisungen Folge leisten. Sehr häufig bestanden solche neuen Regelungen darin, den „Input" zu verändern. Als ein besonders wichtiges Input-Instrument gelten die Lehrpläne: Sie wurden regelmäßig erneuert – verbunden mit der Erwartung, dass sich auch der Unterricht entsprechend ändert. Parallel dazu war es die Aufgabe der Schulaufsicht, das Geschehen in der Schule zu kontrollieren und dabei darauf zu achten, dass die jeweils neuen „Inputs" auch angemessen umgesetzt wurden.

In den 1990er Jahren änderte sich in den Schulministerien die „Steuerungsphilosophie": Sowohl Erkenntnisse aus benachbarten Disziplinen (Ökonomie, Verwaltungswissenschaft) als auch empirische Schulstudien verwiesen darauf, dass die bürokratische Form der Steuerung nur begrenzte Wirkung zeigte. Besonders eindrucksvolle Ergebnisse lieferte die Lehrplanforschung: Sie machte deutlich, dass die Entscheidungen, die im Ministerium getroffen wurden, in den Einzelschulen nur höchst minimalistisch nachvollzogen wurden (Vollstädt et al. 1999). Vor diesem Hintergrund freundeten sich immer mehr Schulministerien mit dem Konzept der größeren Autonomie der Einzelschule an, wie es z. B. in den Niederlanden schon länger praktiziert wurde. Allerdings wurde diese „Autonomie" von vielen Kollegien nicht als solche wahrgenommen, da sie sich häufig nur auf einen kleinen Teil der Arbeit auswirkte und wichtige pädagogische Fragen (z. B. Leistungsbewertung, Versetzung) nicht einschloss. Darüber hinaus war diese „größere Autonomie" mit erheblichem bürokratischen Aufwand (z. B. bei der Anstellung von Lehrkräften) verbunden. Ende der 1990er Jahre wurde der geänderten „Steuerungsphilosophie" ein neues Element hinzugefügt: die externen

Leistungsvergleiche. Das sind quantitativ-empirische Untersuchungen, die auf der Basis von Tests den Wissensstand und die erworbene Kompetenz bei einer großen Zahl von Schüler / -innen ermitteln, um dann aus Gruppenvergleichen Rückschlüsse über die Zielerreichung (von Schulsystemen, Schulformen, Einzelschulen) zu machen. Zu unterscheiden sind Stichproben-Studien, die allein als „System-Monitoring" angelegt sind (so etwa TIMSS (Third International Mathematics and Science Study), IGLU (Internationale Grundschul-Lese-Untersuchung) und PISA (Programme for International Student Assessment), von flächendeckenden Untersuchungen, die auch als Evaluation der Einzelschule gedacht sind – so etwa MARKUS (Mathematik-Gesamterhebung Rheinland-Pfalz: Kompetenzen, Unterrichtsmerkmale, Schulkontext) in Rheinland-Pfalz und LAU (Lernausgangslagenuntersuchung) in Hamburg (van Ackeren / Klemm 2000).

Die Veröffentlichung der Ergebnisse der PISA-2000 -Studie im Dezember 2001 (Deutsches PISA-Konsortium 2001) fand nicht nur innerhalb des Schulsystems einen Niederschlag, sondern führte auch zu einer breiten bildungspolitischen Debatte. Im unmittelbaren Anschluss daran gewann die Diskussion über Bildungsstandards – verbunden mit ihrer empirischen Überprüfung – deutlich an Fahrt. Inzwischen liegen – als Vereinbarung der Kultusministerkonferenz – solche „Bildungsstandards" für die Hauptfächer (Deutsch, Mathematik, erste Fremdsprache, Naturwissenschaften) vor. Sie beschreiben, welche Kompetenzen die Schüler / -innen am Ende der Sekundarstufe I vorweisen sollen. Und in allen Bundesländern sind inzwischen Lernstandserhebungen etabliert, mit denen in unterschiedlichen Jahrgängen die fachlichen Leistungen der Schülerinnen und Schüler in den einzelnen Klassen gemessen werden. Dies wird von den Ministerien nicht als Widerspruch zur Strategie der „größeren Autonomie", sondern als ihr genuiner Bestandteil verstanden: In dem Maße, in dem die Schulen eine größere Freiheit bei der Gestaltung ihrer schulischen Arbeit erhalten (also: weniger „Inputs"), sollen sie bei regelmäßigen externen Leistungsevaluationen (also beim „Output") nachweisen, dass sie vorgegebene Ziele („Standards") auch erreichen. Damit wird deutlich: Auch bei der Steuerung des gesamten Bildungssystems orientiert man sich inzwischen am Prinzip der evaluationsbasierten Schulentwicklung – ohne dass die etablierte Strategie der bürokratischen Steuerung über Bord geworfen wurde.

Literatur

Ackeren, I. v., Klemm, K. (2000): TIMSS, PISA, LAU, MARKUS und so weiter. Ein aktueller Überblick über Typen und Varianten von Schulleistungsstudien. Pädagogik 12, 10–15

Anweiler, O. (1988): Schulpolitik und Schulsystem in der DDR. Leske und Budrich, Opladen

Arbeitsgemeinschaft Freier Schulen (Hrsg.) (1993): Handbuch Freie Schulen. Rowohlt, Reinbek

Arbeitsgruppe Bildungsbericht des Max-Planck-Institut für Bildungsforschung (Hrsg.) (1984): Das Bildungswesen in der Bundesrepublik Deutschland, Reinbek

Baethge, M. (2008): Das berufliche Bildungswesen in Deutschland am Beginn des 21. Jahrhunderts. In: Cortina, K. S. Baumert, J., Leschinsky, A., Mayer, K.-U. (Hrsg.), 541–598

Baumert, J., Stanat, P., Watermann, R. (Hrsg.) (2006): Herkunftsbedingte Disparitäten im Bildungswesen. Vertiefende Analyse im Rahmen von PISA 2000. VS Verlag, Wiesbaden

Blankertz, H. (Hrsg.) (1986): Lernen und Kompetenzentwicklung in der Sekundarstufe II. Bd. 2. Soester Verlagskontor, Soest

Bundesministerium für Bildung und Forschung (BMBF) (2005): Grund- und Strukturdaten, Berlin

Cortina, K. S., Baumert, J., Leschinsky, A., Mayer, K.-U. (Hrsg.) (2008): Das Bildungswesen in der Bundesrepublik Deutschland. Rowohlt Taschenbuch Verlag, Reinbek

Deutsches PISA-Konsortium (Hrsg.)(2001): PISA 2000. Basiskompetenzen von Schülerinnen und Schülern im internationalen Vergleich. Leske + Budrich, Opladen

Dichanz, H. (1991): Schulen in den USA. Einheit und Vielfalt in einem flexiblen Schulsystem. Juventa, Weinheim

Diederich, J., Tenorth, H. E. (1997): Theorie der Schule. Ein Studienbuch zu Geschichte, Funktionen und Gestaltung. Cornelsen, Berlin

Döbert, H., Hörner, W. v., Kopp, B., Mitter, W. (Hrsg.) (2002): Die Schulsysteme Europas. Schneider, Hohengehren

Dudek, P., Tenorth, H. E. (Hrsg.): Transformationen der deutschen Bildungslandschaft. Beltz, Weinheim 1994

Füssel, P., Leschinsky, A. (2008): Der institutionelle Rahmen des Bildungswesens. In: Cortina, K. S., Baumert, J., Leschinsky, A., Mayer, K.-U. (Hrsg.), 131–204

Gudjons, H., Köpke, A. (Hrsg.) (1996): 25 Jahre Gesamt-schule in der Bundesrepublik. Klinkhardt, Bad Heilbrunn

Herrlitz, H. G., Hopf, W., Titze, H. (2009): Deutsche Schul-geschichte von 1800 bis zur Gegenwart. 5. Aufl. Juventa, Weinheim

Klafki, W. (1985): Neue Studien zur Bildungstheorie und Didaktik. Beiträge zur kritisch-konstruktiven Didaktik. Beltz, Weinheim

Klemm, K. (2008): Bildungsausgaben: Woher sie kommen, wohin sie fließen. In: Cortina, K. S., Baumert, J., Leschin-sky, A., Mayer, K.-U. (Hrsg.), 245–280

Köller, O. (2008): Gesamtschule – Erweiterung statt Alterna-tive. In: Cortina, K. S., Baumert, J., Leschinsky, A., Mayer, K.-U. (Hrsg.), 437–466

Meyer, H. (2004): Was ist guter Unterricht? Cornelsen Verlag Scriptor, Berlin

– (1987): UnterrichtsMethoden. Bd. 1. Cornelsen, Frank-furt / M.

Nave, K.-H. (1961): Die allgemeine deutsche Grundschule. Ihre Entstehung aus der Novemberrevolution von 1918. Beltz, Weinheim

Oelkers, J. (2007): Einige Bemerkungen zum Verhältnis von Erziehungswissenschaft und Bildungspolitik. In: Herr-mann, U. (Hrsg.): In der Pädagogik etwas bewegen. Im-pulse für Bildungspolitik und Schulentwicklung. Beltz, Weinheim, 62–69

Roth, H., Friedrich, D. (Hrsg.) (1975): Bildungsforschung. Klett, Stuttgart

Sander, T., Rolff, H. G., Winkler, G. (1971): Die demokrati-sche Leistungsschule. 3. Aufl. Schroedel, Hannover

Schulze, Th. (1980): Schule im Widerspruch. Kösel, Mün-chen

Stenke, D., Melzer, W. (1996): Hat das Zwei-Säulen-Modell eine bildungspolitische Zukunft? Eine erste Bilanz der Schulentwicklung in Sachsen. In: Melzer, W., Sandfuchs, U. (Hrsg.): Schulreform in der Mitte der 90er Jahre. Leske + Budrich, Opladen, 67–86

Terhart, E. (2009): Theorie der Schule. Auf der Suche nach einem Phantom? In: Wischer, B., Tillmann, K. J. (Hrsg.): Erziehungswissenschaft auf dem Prüfstand. Juventa, Wein-heim, 35–50

Ulich, K. (1996): Beruf Lehrer / in. Beltz, Weinheim

Vollstädt, W., Tillmann, K.-J., Rauin, U., Höhmann, K., Te-brügge, A. (1999): Lehrpläne im Schulalltag. Eine empiri-sche Studie zur Akzeptanz und Wirkung von Lehrplänen in der Sekundarstufe I. Leske + Budrich, Opladen

Sexualpädagogik

Von Uwe Sielert

Begriffsklärungen

Sexualpädagogik ist eine Aspektdisziplin der Pädagogik, welche sowohl die sexuelle Sozialisation als auch die zielgerichtete erzieherische Einflussnahme auf die Sexualität von Menschen erforscht und wissenschaftlich reflektiert. Da sich Pädagogik in neuerem Verständnis auf alle Lebensbereiche bezieht, kann auch die Lebenswelt von Erwachsenen und alten Menschen zum Gegenstandsbereich der Sexualpädagogik gerechnet werden. *Sexualerziehung als Praxis meint die kontinuierliche*, intendierte Einflussnahme auf die Entwicklung sexueller Motivationen, Ausdrucks- und Verhaltensformen sowie von Einstellungs- und Sinnaspekten der Sexualität von Kindern, Jugendlichen und Erwachsenen. Mit *Sexualaufklärung* wird in der Regel die Information über Fakten und Zusammenhänge zu allen Themen menschlicher Sexualität bezeichnet, meist als einmaliges Geschehen, mehr oder weniger zielgruppenorientiert. Sexualaufklärung ist damit ein Teil der Sexualerziehung. Auch *sexualpädagogische Beratung* kann in Sexualerziehung integriert werden, wenn sie – meist punktuell, ausgelöst durch Konflikte und Krisen – Lern- und Entwicklungsprozesse im Gespräch mit einzelnen oder Gruppen unterstützt.

Im Mittelpunkt der Sexualerziehung stehen intentional gelenkte Lernprozesse, während *sexuelle Sozialisation* oder *Sexualisation* auch unabhängig von Sexualerziehung stattfindet, so z. B. durch unbedachte alltägliche Selbstverständlichkeiten, mediale Einflüsse und positiv oder negativ empfundene Irritationen der sexuellen Identität im Laufe der persönlichen Entwicklung. Mit der Aktualisierung des Bildungsbegriffs im gesellschaftlichen und erziehungswissenschaftlichen Diskurs ist in den letzten Jahren vermehrt vom neuen Paradigma der sexuellen Bildung die Rede. Gemeint ist ein lebenslanger Prozess der Selbstaneignung sexueller Identität in Auseinandersetzung des Menschen mit seiner Welt, den die Pädagogik nur noch freundlich begleiten kann (Schmidt / Sielert 2008).

Geschichte der Sexualerziehung

In unserem Kulturkreis wurde Sexualerziehung seit Jahrhunderten durch die kirchenamtlich interpretierte christliche Sicht von Sexualität bestimmt. Je nach Grundposition und Toleranzbereitschaft des Betrachtenden wird die daraus resultierende, seit dem 17. Jahrhundert in Europa dominierende Sexualerziehung als „normativ", „christlich-konservativ" oder „repressiv" bezeichnet. Wie Koch noch 1971 in seiner Analyse von sexualpädagogischen Aufklärungsschriften zeigte, sind die meisten Bücher und Traktate bis in die 1960er Jahre des 20. Jahrhunderts hinein katholischer, evangelischer, aber auch überkonfessionell-christlicher Herkunft und somit identisch mit sexualmoralischen Praxistheorien als didaktisierte sexualmoralische Werte (Koch 1971).

Neben dieser starken Beeinflussung durch Moraltheologie und kirchenamtliche Lehre wurden die sexualpädagogische Praxis und ihre Praxistheorien durch definitionsmächtige Leitwissenschaften, insbesondere die Medizin und Psychiatrie instrumentalisiert. Die Anti-Onaniekampagne – um ein inhaltliches Beispiel zu nennen – war im 18. Jahrhundert zunächst ein rein medizinisches, präventiv gemeintes Programm, das von der Pädagogik der Philanthropen aufgegriffen und in Erziehung umgesetzt wurde. Die praktischen Folgen hatten wiederum Konsequenzen für die Medizin, speziell für die Psychiatrie. In der Folgezeit wurden nämlich Ärzte mit vielen Krankheitsbildern konfrontiert, die offensichtlich

Otto/Thiersch (Hg.), Handbuch Soziale Arbeit, 4. A., DOI 10.2378/ot4a.art127,

einen stark sexuellen Hintergrund hatten, also nicht anders als mit Identitätskonflikten erklärt werden konnten, die durch Sexualunterdrückung bedingt waren. Es folgte eine Ausdifferenzierung der psychiatrischen Diagnostik: Man klebte auf alles Besondere, Abweichende ein Etikett und suchte nach Ursachen. Inzwischen hatte Sigmund Freud auf die Tatsache aufmerksam gemacht, dass Sexualität schon in der Kindheit existiert und eine persönlichkeitsrelevante Funktion hat, sodass wiederum Sexualerziehung, diesmal zur Verhinderung von Persönlichkeitsstörungen gefragt war.

Als praktische Konsequenz entstanden zu Beginn des 20. Jahrhunderts folgerichtig pädagogische Initiativen von Sexualwissenschaftlern, wie z. B. Max Hodan und Wilhelm Reich, aber auch von Erziehern und Erzieherinnen, so z. B. im sozialdemokratisch motivierten „Bund der entschiedenen Schulreformer" und in der proletarischen Jugendbewegung (Wolf 1993). Aus Machtmangel blieben die Reformbemühungen jedoch weitgehend theoretisch und fanden – in radikalisierter Form – erst im Zusammenhang der sozioökonomischen und politischen Veränderungen der 1960er Jahre größere Verbreitung und gesellschaftliche Beachtung. Die „68er-Bewegung" erklärte die radikale Befreiung von sexuellen Zwängen zur zentralen Bedingung für eine Demokratisierung der Gesellschaft und machte diese Forderung durch vielerlei öffentlichkeitswirksame Demonstrationen bekannt. Sexualität war plötzlich im gesellschaftlichen Diskurs, wieder im Schlepptau einer Leitwissenschaft, diesmal der Soziologie.

Vordergründig fortschrittlich, letztlich aber „um Schlimmeres zu verhindern" (Müller 1992, 18), erließen die Schulverwaltungen unterschiedlicher parteipolitischer Couleur Richtlinien zur Sexualerziehung in den Schulen mit verblüffend hohem Maß an sexualfreundlichem Konsens. Der damals verbreitete Glaube an die politische Hebelwirkung der Sexualität wurde von der Protestbewegung der Schüler und Studenten erhofft, vom politisch-administrativen System befürchtet und in schulamtlichen Richtlinien befriedet. So konnte den Lehrerinnen und Lehrern z. B. vorgeschrieben werden, welche von den z. T. sexualrevolutionären didaktischen Materialien (z. B. Amendt 1970) in der Schule nicht verwandt werden durften.

Die 1970er und die erste Hälfte der 1980er Jahre gelten als die Jahre der reaktionären Ereignisse und sexualpädagogischen Ernüchterung. Zwar hatten noch 1968 die ständige Konferenz der Kultusminister „Empfehlungen zur Sexualerziehung in den Schulen" beschlossen und die meisten Bundesländer bis 1984 Richtlinien zur Sexualerziehung verordnet, doch es blieb ein „Siegeszug der Sexualpädagogik am grünen Tisch" (Müller 1992, 19). In der Praxis konnte sich die Sexualerziehung durch viele Initiativen von Schülerinnen und Schülern sowie Studierenden und vor allem der pro familia in dieser Zeit ausdifferenzieren und durch Pionierleistungen maßgebliche Standards setzen. Durch die 1977 ergangene Entscheidung des Bundesverfassungsgerichts, schulische Sexualerziehung habe „sittlich" zu wirken, „ohne Wertung" aufzutreten und sich „auf Wissensvermittlung beschränkt" darzustellen, und das anschließende massive juristische „Zurück" in den Bundesländern wurden viele Lehrkräfte und außerschulische PädagogInnen verunsichert. Hinzu kam die Entscheidung des Bundesfamilienministers 1983, eine sexualfreundliche und weitverbreitete Arbeitshilfe („Betrifft Sexualität") einzuziehen. Sexualerziehung fand in der schulischen Praxis faktisch nicht mehr statt, wohl aber in der außerschulischen Jugendarbeit. Staat und Rechtsprechung überantworteten die „eigentliche" Sexualerziehung wieder der Familie, die Eltern delegierten sie an die Schule, die Schule an die außerschulische Jugendarbeit, die Jugendarbeit wieder an die Familie.

Erst die Diskurse um AIDS, den sexuellen Missbrauch, die mediale Vermarktung von Sexualität und die feministische Infragestellung des Patriarchats bescherten der Sexualerziehung in den späten 1980er Jahren wieder ein öffentliches „Comeback": Sexualpolitisch als „Gefahrenabwehrpädagogik" gewollt, fachwissenschaftlich aber weitgehend im sexualfreundlich-emanzipatorischen Sinne genutzt. Mit dem Jahr 1992 schreibt erstmalig in der Geschichte der Bundesrepublik ein Bundesgesetz Sexualpädagogik fest: Das „Gesetz über Aufklärung, Verhütung, Familienplanung und Beratung", das sogenannte „Schwangeren- und Familienhilfegesetz". Die Bundeszentrale für gesundheitliche Aufklärung erhielt den Auftrag, unter Beteiligung der obersten Landesbehörden und in Zusammenarbeit mit Vertretern der freien Wohlfahrtsträger Konzepte zur Sexualaufklärung zu erstellen und Modellprojekte zu fördern. Einzelne Bundesländer überarbeiteten ihre Richtlinien für die Schulen

(Hamburg 1996, NRW 1997), es entstanden sexualpädagogische Fortbildungseinrichtungen (so z. B. das Institut für Sexualpädagogik Dortmund) und eine Vielzahl von didaktischen Materialien für den schulischen und außerschulischen Bereich (z. B. Sielert / Keil 1993 und IPTS 1994).

Geschichte der Sexualpädagogik

Bis zu der Zeit nach dem Zweiten Weltkrieg gab es keine sexualpädagogische Fachtheorie. Die Pädagogen Basedow, Oest, Campe, Rousseau kann man allenfalls als Wegbereiter einer sexualpädagogischen Theorie bezeichnen (Wawarzonnek 1984). Ende des 19. Jahrhunderts erlebte die Sexualerziehung zwar parallel zur Sexualwissenschaft einen deutlichen Aufschwung, jedoch ohne explizite pädagogische Theoriebildung.Erst nach dem Zweiten Weltkrieg entwickelte sich Sexualpädagogik als ein wissenschaftliches Fach bzw. als Teildisziplin der Erziehungswissenschaft (Hunger 1954; Schille 1969; Bach 1969; Scarbath 1969; Maskus 1979; Kentler 1970; Kluge 1978)

Der ideologisch-sexualpolitische Streit der späten 1960er und frühen 1970er Jahre fand auf theoretischer Ebene seinen Niederschlag in heftigen Auseinandersetzungen zwischen der emanzipatorischen Sexualpädagogik Kentlers und christlich-konservativen Positionen (Meves 1992), aber auch den sich liberal verstehenden Richtungen der Deutschen Gesellschaft für Geschlechterziehung (Maskus 1979). Kluge nahm eine mittlere, sich ideologiefrei verstehende Position zwischen den politischen Extremen ein (Kluge 1984). Damit wurden drei Hauptrichtungen der Sexualpädagogik wieder aufgegriffen, die sich in der Weimarer Republik bereits als erzieherische Praxis und mit einigen Theoriefragmenten etabliert hatten: Die *repressive*, die *vermittelnd-liberale* und die *emanzipatorische* Sexualerziehung (Barkow 1980). In der DDR waren Sexualerziehung und Familienplanung kein Thema öffentlicher Debatten.

„Das allgemeine Reflexionsniveau zu Themen wie Schwangerschaftsabbruch oder Homosexualität war gering. Zweifellos gab es vielfältige Tabus und Vorurteile, aber insgesamt war die öffentliche Meinung hinsichtlich sexueller Belange wenig polarisiert und im allgemeinen von Toleranz geprägt." (Stumpe / Weller 1995, 30)

Durch den zunehmenden sexualpädagogischen Diskurs und Realitätssinn sowie die sexualwissenschaftliche Forschung angesichts der Problemthemen der späten 1980er Jahre (Geschlechtverhältnis, AIDS, sexueller Missbrauch, Pornografie) entstand eine ganze Bandbreite von theoretischen Positionen zur Sexualpädagogik. Sie reichen von weiterhin christlich-konservativen Konzepten (von Martial 1991), religionspädagogisch motivierten ganzheitlich-personalen Positionen der Liebeserziehung Bartholomäus 1993) über sich weiterhin wissenschaftlich-neutral verstehende „Mittelpositionen" (Kluge 1984, 19 ff.), feministisch-geschlechtsspezifische Entwürfen (Milhoffer 1995) bis zu Ansätzen, die in der Tradition der emanzipatorischen Sexualerziehung stehen (Koch / Lutzmann 1989; Glück et al. 1990; Sielert 2005; Timmermanns et al. 2004; Timmermanns / Tuider 2008; Schmidt / Schetsche 2009).

Die meisten Konzepte sind heute sexualfreundlich, bejahen verschiedene Formen der Empfängnisregelung, betonen die Kultivierung der Identitäts-, Beziehungs-, Lust- und Fruchtbarkeitsfunktion von Sexualität, die Gleichwertigkeit verschiedener sexueller Orientierungen und die Flexibilisierung der Geschlechtsrollen. Zunehmend wird auch die „dunkle Seite der Sexualität" (Pornografie, Prostitution, Gewalt) in die sexualpädagogische Theoriebildung mit einbezogen. Anderseits formiert sich gerade angesichts dieser „dunklen Seite der Sexualität" durch den Diskurs über den sexuellen Missbrauch, die behauptete „Pornografisierung der Gesellschaft", Pädophilie und Gewalt im Geschlechterverhältnis ein gesellschaftlicher Trend, Sexualität wieder überwiegend als Gefahr zu betrachten und Sexualpädagogik als „Gefahrenabwehrpädagogik" zu betreiben.

Gegenstandsbereich der Sexualpädagogik und ihr Bezug zur Sexualwissenschaft

Im Rahmen ihrer Bezugsdisziplin Erziehungswissenschaft beschäftigt sich Sexualpädagogik damit,

- ihren Gegenstandsbereich, d. h. den Menschen als ein auf Erziehung angewiesenes Sexualwesen, zu definieren,
- vorhandene sexualerzieherisch relevante Konzepte auf ihre anthropologischen, gesellschaftlichen und

teleologischen Grundannahmen zu prüfen und neue zu entwickeln,

- sexuelle Sozialisation und die sexualerzieherische Wirklichkeit empirisch-methodisch und kritisch-analytisch zu beschreiben,
- Handlungstheorien und -modalitäten zu reflektieren und
- im Zusammenhang mit den jeweils zuständigen pädagogischen „Schwesterdisziplinen" (Vorschul-, Sonder-, Sozial-, Schul-, Medienpädagogik und Erwachsenenbildung) ihre speziellen Realisierungsprobleme zu bearbeiten.

Einen weiteren Bezugsrahmen der Sexualpädagogik stellen die jeweils kompatiblen *sexualwissenschaftlichen Theorien* dar. So findet z. B. die emanzipatorische Sexualpädagogik ihre Bezugsdisziplin in der kritischen Sexualwissenschaft (Schmidt 1986; Sigusch 2005). Sie steht ebenso wie die kritisch-reflexive Erziehungswissenschaft und die kritische Sexualforschung in der Tradition der Aufklärung mit ihrem emanzipatorischen Erkenntnis- und Handlungsinteresse an wachsender Mündigkeit des Subjekts und der dazu notwendigen Befreiung aus inneren – biografischen – und äußeren – gesellschaftlichen – Zwängen. Selbstverständlich sind diese Zwänge nicht nur (und heute immer weniger) in sexualfeindlichen Konventionen zu finden, sondern auch in postmodernen Instrumentalisierungen der Sexualität, die je nach Diskurstrend wechseln können: Verdinglichung, Pornografisierung, Vermarktung des Sexuellen, Gewalt und Missbrauch in Familien wie auch pädagogischen Institutionen.

Themen der Sexualpädagogik

Menschliche Sexualität ist mehr als Genitalität, beschränkt sich also nicht auf Körperfunktionen und das Fortpflanzungsgeschehen, sondern umfasst als wesentliches „Querschnittsthema" der Persönlichkeit sowohl Fruchtbarkeits- als auch Lust-, Identitäts- und Beziehungsaspekte. Sexualerziehung und Sexualpädagogik beschränken sich entsprechend auch nicht auf Fortpflanzungs- und Körperfunktionen, sondern enthalten folgende Unterthemen, die je nach gesellschaftlicher Entwicklung in unterschiedlichem Maße bedeutsam werden.

Die Bedeutung des traditionellen Kernbereichs sexualerzieherischer Tätigkeit der *Körper- und Sexual-*

aufklärung ist sowohl unstrittig wie auch immer wieder neu zu prüfen. Während diese Thematik im klassischen Verständnis von Sexualaufklärung dominiert, ist sie in den letzten zehn Jahren – abgesehen vom Thema der HIV-Übertragung – zugunsten der Behandlung von Beziehungsthemen in den Hintergrund geraten. Heute wird dieser Bereich wieder stärker ins Blickfeld gerückt, weil repräsentative Untersuchungen festgestellt haben, dass Eltern z. B. kaum über die körperliche und sexuelle Entwicklung Jugendlicher mit ihren Kindern reden und in den Freundschaftsgruppen nicht selten Falschinformationen und Halbwahrheiten weitergegeben werden (BZgA 2005a, 55 ff.).

Postmoderner Pluralismus erhöht individuelle Orientierungsaufgaben, oft auch Orientierungsdruck, sodass Sexualpädagogik verstärkt vor die Aufgabe gestellt ist, *Ethik, Moral und Wertorientierung* als Bereich der sexuellen Identität zu thematisieren. Moralische Qualifizierung bedeutet immer auch *Persönlichkeitslernen*, nicht als Programm der Werteübermittlung, sondern als Erhöhung des Bewusstseins über das eigene Selbst mit dem Ziel der Selbstbestimmung und Selbstverantwortung (Osbar et al. 1999).

Das angemessene *Sprechen über Sexuelles* gehört zu den Grundvoraussetzungen sowohl der Prävention unerwünschter Persönlichkeitsbeeinträchtigungen als auch aller anderen Bemühungen zur Verwirklichung sexualpädagogischer Ziele. Insbesondere angesichts der „öffentlichen Geschwätzigkeit" über Sexualität und der Notwendigkeit, den Intimitätsschutz zu betonen, bedarf das Sprechen über Sexuelles der verstärkten pädagogischen Reflexion (Osthoff 2008, 99–114).

Als wesentlicher Motor der Veränderung von Sexual- und Beziehungsverhältnissen kann das *Geschlechterverhältnis* bezeichnet werden. Weil das Geschlecht im Zentrum sexueller Identität verortet ist, geht es in der Sexualpädagogik um die Wahrnehmung und Veränderung von Geschlechtersozialisation und die sich daraus ergebenden Konsequenzen für alle gesellschaftlichen Bereiche (BZgA 2000 und 2005b sowie Wendt 2009).

Mit dem Thema *sexuelle Orientierungen* ist nicht nur Hetero-, Homo- und Bisexualität gemeint. Die Pluralität der Lebenswelten und die Varianz der Lebensformen macht insgesamt deutlich, dass menschliches (auch sexuelles) Leben ein Kontinuum mit vielen möglichen intraindividuellen

Varianten ist und es nicht nur darum gehen kann, additiv Homosexualität zur heterosexuellen Norm hinzuzufügen. Zurzeit geht es in der Sexualerziehung vorzugsweise noch um die Bereitstellung von Hilfen und Begleitung für Jugendliche und Erwachsene im homosexuellen „Coming Out" und die allgemeine Förderung von Akzeptanz gegenüber verschiedener Lebensweisen (Sielert 2004; Hartmann 2004).

Sexualität im Spannungsfeld der Kulturen wurde zu einem wichtigeren Thema angesichts einer zunehmend multikulturellen Zusammensetzung der Jugendlichen in Räumen organisierter Erziehung und im informellen Freizeitbereich (Kunz / Wronska 2001, 221–252). Aus verschiedenen Gründen, auch wegen der öffentlichen Thematisierung, ist *Sexualität und Behinderung* (Specht 2008, 295–309) in den letzten Jahren im sexualpädagogischen Themenkanon bedeutender geworden, ohne bereits die entsprechende Beachtung zu finden. Gleiches gilt für *Sexualität im Alter* (Mahnke / Sielert 2004, 179–198), ein Thema, bei dem die Pädagogik bzw. Sexualgerontagogik grundsätzlich der Konsumindustrie und dem Gesundheitssektor hinterherhinkt.

Zu der bisherigen Aufgabe moderner Sexualerziehung, der Idealisierung oder Dämonisierung von Sexualität entgegenzutreten, gesellte sich die historisch aktuelle Aufgabe, der ideologischen Aufladung des öffentlichen Diskurses um *Sexualität und Gewalt* mit wissenschaftlicher Aufklärung entgegenzuwirken. Sexualpädagogik verdankt dieser Thematisierung des „anderen Gesichts" von Sexualität zwar ihre aktuelle Aufmerksamkeit, muss sich aber zunehmend gegen die Tendenz wehren, sie als „Gefahrenabwehrpädagogik" umzuarbeiten (Schmauch 1996, 284–297).

Gegen die tendenzielle Überschatzung des Sexuellen mit Gewaltaspekten im populären pädagogischen Empfinden setzt eine sexualfreundliche Sexualpädagogik die *Sensibilisierung der Sinne und Sinnlichkeit* als Thema für die theoretische und praktische Arbeit. Das Thema umfasst die Reflexion und Kultivierung von Körperlichkeit, der sinnlichen Ausstrahlung, der Wechselwirkung von Selbst- und Fremdwahrnehmung, der Balance von Selbstwertgefühl, Ich-Ideal und äußerer Erscheinung sowie die aktive Gestaltung der Selbstpräsentation (Valtl 2002, 161–188). Durch das Thema der Teenagerschwangerschaften in den letzten Jah-

ren rückte vor allem die Einsicht in den Vordergrund, dass es bei der Sexualpädagogik immer auch um generatives Verhalten gehen muss, mithin um Lebensplanung und allgemeine Zukunftsgestaltung im persönlichen Bereich.

Handlungsfelder und Handlungsmodalitäten der Sexualpädagogik

Themen, Konflikte und Krisen sexueller Sozialisation haben mit fortschreitender Individualisierung auf dem Hintergrund einer liberalisierten Sexualmoral für alle Lebensalter an Bedeutung und Brisanz gewonnen. Sexualpädagogik leistet heute ihren Teil zur Herstellung einer sozialen Infrastruktur, die dem modernen Individuum den Erwerb der Dispositionen und Handlungskompetenzen ermöglicht, die es zur Entwicklung seiner sexuellen Identität notwendig braucht. Deutlich wird das

- durch die Veralltäglichung und Popularisierung sexualwissenschaftlicher und sexualpädagogischer Sprache und Beratungsmuster in den Medien,
- durch das Eindringen sexualpädagogischer Arbeit in die Bildungsinstitutionen, den Gesundheitssektor und die Einrichtungen der Sozialen Arbeit,
- durch ein fast unübersichtlich gewordenes Netz an Beratungsinstitutionen, Selbsthilfegruppen und Initiativen,
- durch die Tatsache, dass sich jetzt auch der Staat auf Bundesebene um eine sexualpädagogische „Grundversorgung" bemüht: Das neue Schwangeren- und Familienhilfegesetz von 1992 schreibt Sexualaufklärung und Sexualberatung als Pflichtaufgaben des Bundes und der Länder fest und führt seitdem zu einer Expansion der schulischen und außerschulischen „Sexualisationshilfen".

Sexualerziehung wird zunehmend verstanden und praktiziert als Querschnittsaufgabe aller institutionalisierten Erziehungs- und Bildungsbereiche, wird mit ihren jeweiligen Akzenten und Chancen untereinander vernetzt und bezieht sich längst nicht mehr nur auf Kinder und Jugendliche.

- Die Familie hat die Möglichkeit, die emotionale Grundlage des „unbedingten Angenommenseins" zu legen, ohne die sexuelle Identität nur mit Schwierigkeiten entwickelt werden kann. Als „Interpretationsgemeinschaft" ermöglicht sie erste Orientierungen im Umgang mit inneren und äußeren Einflüssen auf das sexuelle Erleben der Kinder.

- Insbesondere Familienbildungsstätten und Kindergärten ermöglichen sowohl den Kontakt zu den Eltern als auch eine eigenständige Arbeit mit den Kindern zu den spezifischen Themen kindlicher Sexualität.
- Einrichtungen der Erziehungshilfe erreichen vor allem Jugendliche mit sexuellen Identitätskonflikten, die einer besonderen sexualpädagogischen Förderung, oft auch Resozialisation bedürfen.
- Die Schule bleibt – trotz aller Spielräume für ganzheitliche, personale Beziehung – eine primär auf kognitives Lernen bezogene Aufklärungsinstanz und kann auf diese Weise vor allem informative und reflexive Aspekte abdecken.
- Außerschulische Jugendarbeit ereicht zwar nicht alle Jugendlichen, hat aber auf Grund der Strukturmerkmale der Freiwilligkeit, Flexibilität, Pluralität und Methodenvielfalt viele Chancen zu einer ganzheitlichen, auch die emotionalen Bereiche mit einbeziehenden, multisinnlichen, auch geschlechtsspezifischen Sexualerziehung. In spezifischen Projekten für Jugendliche mit Migrationshintergrund wurden die besonderen Anforderungen einer interkulturellen sexualpädagogischen Arbeit aufgezeigt.

Über die Implementierung sexualerzieherischer Maßnahmen in die Regeleinrichtungen der organisierten Erziehung hinaus haben sich Sexualerziehung und pädagogische Sexualberatung zu einem eigenständigen Handlungsfeld entwickelt. Die Ausdifferenzierung der Anlässe führte zur Professionalisierung spezieller Fachkräfte und zur Einrichtung entsprechender Funktionsstellen. Im Einzelnen arbeiten SexualpädagogInnen und -beraterInnen bei verschiedenen öffentlichen und freien Trägern

- in der Schwangeren- und Schwangerschaftskonfliktberatung, auch zur Prävention des Schwangerschaftskonflikts in Sexual- und Schwangerschaftsberatungsstellen,
- in der Beratung zu sexualitätsrelevanten Themen in Einrichtungen der Jugend-, Familien- und Lebensberatung,

- in Projekten zur Medienerstellung, Aufklärungsprogrammen für Peers, zur interkulturellen Sexualpädagogik und in Anti-Diskriminierungsprogrammen zu gleichgeschlechtlichen Lebensweisen,
- zur Sexualaufklärung und Gesundheitsförderung bei Gesundheitsämtern und Landeszentralen für Gesundheitserziehung,
- in der Mädchen- und Jungen-, Frauen und Männerarbeit,
- in Aus- und Fortbildungseinrichtungen zur Schulung von MultiplikatorInnen.

Methodisch bedient sich die Sexualerziehung zunächst aller Handlungsmodalitäten, die in der Erziehung allgemein von Bedeutung sind. Gemeint sind – je nach Zielgruppe, institutionellem Kontext, Intention und Thema – das bewusst initiierte Modellernen, der sexualpädagogische Unterricht, die sexualpädagogische Gruppenarbeit sowie methodenübergreifende Projekte und Medienproduktionen. Angesichts der Besonderheit des Sexuellen und der von einzelnen Zielgruppen besonders bevorzugten Informationsquellen wurden in den letzten Jahren spezifische methodische Konzeptionen und Medien entwickelt.

- Da Jugendliche zu heiklen Themen der Sexualität erwiesenermaßen andere Jugendliche als Bezugsquelle für Informationen und als GesprächspartnerInnen wählen, wurden Modellprojekte zur *Peer-Education* entwickelt und erprobt (BZgA 2001b).
- Die Inanspruchnahme von Beratungstelefonangeboten des Kinder- und Jugendschutzes oder anderer Träger führte zur Entwicklung von spezifisch sexualpädagogischen Beratungskonzepten und deren Weitergabe in entsprechenden Fortbildungen für Telefonberater.
- Die Tatsache, dass Jugendliche die meisten Informationen zu aktuellen sexuellen Themen den Jugendzeitschriften entnehmen, veranlasste einige Träger der Gesundheitsförderung, Konzepte der Zusammenarbeit von SexualpädagogInnen und den Redaktionen der Zeitschriften zu erproben.
- Um ganzheitliches wertorientiertes Lernen zu ermöglichen und entsprechende Diskurse in der pädagogischen Arbeit anzuregen, entwickelten verschiedene Bundes- und Landesstellen audiovisuelle Medien.
- Für die elektronischen Medien wurde Software mit sexualpädagogisch intendierten Programmen

erarbeitet, um speziell Jungen zu erreichen. Sexualpädagogik wurde auf diese Weise zu einem modernen Anregungsbereich für neue pädagogische Konzepte und Medien, die auch in anderen Sektoren von Bedeutung werden können. Als Beispiel seien hier das Projekt „Sextra" der profaonline-Sexualberatung genannt sowie Ansätze zur Verbindung von E-Learning und Sexualpädagogik (Fritz / Sielert 2009).

In vielen Praxisfeldern der Sozialen Arbeit überschneidet sich die erzieherische Arbeit mit der Sexualberatung, soweit sie als *sexualpädagogische Beratung* verstanden wird. Diese besondere Form der Beratung bewegt sich zwischen Sexualpädagogik und Sexualberatung / Sexualtherapie und kann – je nach Zielsetzung, BeraterIn und Setting einmal mehr der Pädagogik und ein anderes Mal mehr der psychotherapeutischen Beratung zugeordnet werden. Die einseitige Konzentration auf gestörtes Erleben und Sexualverhalten verhinderte bisher die Entwicklung einer pädagogischen Richtung der Sexualberatung, in der das Bedürfnis nach Rat und Beratung auch diesseits der Störung in den alltäglichen erzieherischen Lebenssituationen im Mittelpunkt steht. Es geht um die Begleitung und Unterstützung von Lern- und Entwicklungsprozessen durch das Gespräch mit Einzelnen oder auch Gruppen, nicht aber um die Behandlung von Störungen und Konflikten, denen Krankheitswert zugemessen wird. Sexualberatung in diesem Sinne findet meist im Kontext sexualpädagogischer Arbeit statt (Tolkmitt 2000, 301–342).

Entwicklungsperspektiven in Theorie und Praxis

In breiten Teilen der pädagogischen Fachöffentlichkeit besteht immer noch die naive Vorstellung, dass eine gründliche Körperaufklärung, der „gesunde Menschenverstand" und die „richtige Moral" ausreichen, um Kinder, Jugendliche und Erwachsene in ihrer sexuellen Entwicklung zu begleiten. Die Themen „rund um Sexualität" sind jedoch meist komplizierter, als sie auf den ersten Blick erscheinen. Das hängt zusammen mit

- der Gleichzeitigkeit ihrer persönlichen Tabuisierung und öffentlichen Vermarktung,

- den vielschichtigen Verbindungen mit anderen gesellschaftlichen und persönlichen Bereichen,
- ihrer Bandbreite von erwünschten und sozial verträglichen bis zu gewaltsamen Akzenten,
- ihrer großen persönlich-emotionalen Verankerung bei allen Beteiligten.

Das hängt auch zusammen mit der Gefahr, durch Sexualerziehung die Intimsphäre der Menschen zu verletzen und mit deren berechtigter Angst vor Manipulation und Kontrolle des Privatlebens durch offizielle Institutionen. Die Folge einer solchen traditionellen Geringschätzung der pädagogisch reflektierten und verantworteten Sozialisationshilfen ist die Verschärfung vorhandener Sozialisationskonflikte im Bereich der zwischenmenschlichen Liebes- und Lebensverhältnisse und die Zunahme der marktvermittelten konsumptiven und medialen Einflüsse, die eher an gewinnbringenden Trends als an Stärkung des individuellen Eigensinns oder einer zukunftsträchtigen Gestaltung intimer Lebensweisen orientiert sind.

Die Bundeszentrale für gesundheitliche Aufklärung (BZgA) ist das ausführende Bundesorgan bezüglich der sexualpädagogischen Ansprüche aus dem Schwangeren- und Familienhilfegesetz (SFHG). Sie ist beauftragt, Konzepte und Medien für Sexualaufklärung zu entwickeln. Dabei ist sie verpflichtet, mit den Trägerverbänden zusammenzuarbeiten. Über das SFHG hinaus ist im Kinder- und Jugendhilfegesetz (KJHG) umfassender und detaillierter ein Erziehungsauftrag formuliert, der auch den Rahmen für Sexualpädagogik und -beratung bildet. Im zweiten Kapitel (§ 11: Leistungen der Jugendhilfe) werden die Aufgaben für die relevanten Bereiche aufgeführt: Mädchen- und Jungenarbeit, Jugendberatung und außerschulische Jugendbildung. Die sexualpädagogische Prävention sexueller Gewalt kann sich auf § 14 KJHG stützen:

„Jungen Menschen und Erziehungsberechtigten sollen Angebote des erzieherischen Kinder- und Jugendschutzes gemacht werden. Die Maßnahmen sollen junge Menschen befähigen, sich vor gefährdenden Einflüssen zu schützen und sie zu Kritikfähigkeit, Entscheidungsfähigkeit und Eigenverantwortlichkeit sowie zur Verantwortung gegenüber ihren Mitmenschen führen, Eltern und andere Erziehungsberechtigte besser befähigen, Kinder und Jugendliche vor gefährdenden Einflüssen zu bewahren."

Inzwischen wurde in zahlreichen Studien nachgewiesen, wie bedeutsam sexualpädagogische Arbeit sein kann, um problematischen Entwicklungen von Kindern und Jugendlichen entgegenzuwirken (BZgA 1999a, 1999b). Da der Präventionsgedanke in den neueren Gesetzen verankert ist und die Grundlagen einer die Sexualisation betreffenden Vorbeugung von Fehlentwicklungen inzwischen – zumindest im Ansatz – professionell entwickelt sind, kann davon ausgegangen werden, dass es in Zukunft einen wachsenden Bedarf an entsprechend ausgebildeten Fachkräften geben wird.

Sexualpädagogik als Aspektdisziplin der Erziehungswissenschaft und Profession befindet sich zurzeit noch in der Konsolidierungsphase. Seit 1998 existiert die Gesellschaft für Sexualpädagogik (GSP) mit Sitz in Kiel, die von Hochschullehrern und sexualpädagogisch ausgebildeten Praktikern getragen wird. Die Gesellschaft fördert Veröffentlichungen, organisiert Fachtagungen, berät politische Gremien und treibt die Professionalisierung der Sexualpädagogik voran. So wird die bisher noch nicht geschützte Berufsbezeichnung „Sexualpädagogin bzw. Sexualpädagoge" ab 2008 von der GSP mit einem Gütesiegel versehen, das nur aufgrund definierter Ausbildungsstandards vergeben wird. Neben der *Forschung und Theoriebildung* zu Grundsatzfragen, didaktischen und institutionellen Realisierungsformen von Sexualpädagogik, Sexualandragogik und -gerontago-gik müssen auf dem Hintergrund neuerer Erkenntnisse kritischer Sexualforschung die folgenden exemplarisch benannten aktuellen Diskurse einer – noch ausstehenden – wissenschaftlichen Bearbeitung zugeführt werden:

- Sexualität und Gesellschaft: Was leistet Sexualerziehung angesichts des empirisch dokumentierten Widerspruchs zwischen Erlebnishunger und Lustlosigkeit vieler Menschen?
- Sexualität und Anthropologie: Ist die Kultivierung der aggressiven Elemente des Sexuellen durch Sexualerziehung nötig und möglich?
- Sexualität und Lebensweisen: Was kommt nach der Familie bzw. wie kann Sexualpädagogik plurale Formen des Intimlebens und des Zusammenlebens mit Kindern begleiten?
- Sexualität, Intimität und Pädagogik: „Was macht die Lust, wenn die Pädagogik kommt?"
- Sexualität, Geschlechtsrollen und Moraldiskurs: Wie wandeln sich Erotik und das Geschlechterverhältnis bei fortschreitender Verhandlungsmoral?
- Sexualität und Gesundheit: Wie kann Sexualpädagogik die Balance zwischen Freiheit und Sicherheit fördern?
- Nähe und Distanz: Welche „erotischen Gravitationen" sind im pädagogischen Bezug hilfreich und welche zerstören ihn? Wie ist sexuellem Missbrauch in pädagogischen Kontexten wirkungsvoll zu begegnen?

Literatur

Amendt, G. (1970): Sex-Front. März, Frankfurt / M.

Bach, K. R. (1969): Zur Entwicklung der Sexualpädagogik in der DDR. In: Homann, J. S.(Hrsg.): Sexuologie in der DDR. Dietz, Berlin

Barkow, R. (1980): Die Sexualpädagogik von 1918–1945. (Diss.) Uni Münster

Bartholomäus, W. (1993): Lust aus Liebe. Die Vielfalt sexuellen Erlebens. Kösel, München

Burchardt, E. (1999): Identität und Studium der Sexualpädagogik. Theoretische Konzeptionierung und Exploration des Persönlichkeitslernens im Rahmen eines universitären Modellversuchs. Peter Lang, Frankfurt / M.

BZgA – Bundeszentrale für gesundheitliche Aufklärung (2005a): Wenn Teenager Eltern werden. Lebenssituation jugendlicher Schwangerer und Mütter sowie jugendlicher Paare mit Kind. Eigenverlag, Köln

– (2005b): Sexualpädagogische Jungenarbeit. Eigenverlag, Köln

– (2001a): Rahmencurriculum Sexualpädagogische Kompetenz. Forschung und Praxis der Sexualaufklärung und Familienplanung Band 18. Eigenverlag, Köln

– (2001b): Peer Education. Ein Handbuch für die Praxis. Eigenverlag, Köln

– (2000): Sexualpädagogische Mädchenarbeit. Eigenverlag, Köln

– (1999a) (Hrsg.): Wissenschaftliche Grundlagen Teil 1 – Kinder. Forschung und Praxis der Sexualaufklärung und Familienplanung Band 13.1, Eigenverlag, Köln

– (1999b) (Hrsg.): Wissenschaftliche Grundlagen Teil 2 – Jugendliche, Forschung und Praxis der Sexualaufklärung und Familienplanung Band 13.2, Eigenverlag, Köln

Fritz, J., Sielert, U. (2009): E-Learning und Sexualpädagogik. Eine Expertise im Auftrag der Bundeszentrale für gesundheitliche Aufklärung (BZgA). Reihe Forschung und Praxis der Sexualaufklärung und Familienplanung, Band 33. Eigenverlag der Bundeszentrale für gesundheitliche Aufklärung, Köln

Glück, G., Scholten, A., Strötges, G. (1990): Heiße Eisen in der Sexualerziehung. Wo sie stecken und wie man sie anfasst. Deutscher Studienverlag, Weinheim

Hartmann, J. (2004): Dynamisierungen in der Triade Geschlecht – Sexualität – Lebensform: dekonstruktive Perspektiven und alltägliches Veränderungshandeln in der Pädagogik. In: Timmermanns, S., Tuider, E., Sielert, U. (Hrsg.): Sexualpädagogik weiter denken. Juventa, Weinheim, 59–77

Hunger, H. (1954): Das Sexualwissen der Jugend. Ernst Reinhardt Verlag, München/Basel

IPTS (Landesinstitut Schleswig-Holstein für Praxis und Theorie der Schule (Hrsg.) (1994): Sexualpädagogik – AIDS-Prävention mit Methoden des lebendigen Lernens. IPTS Verlag, Kiel

Kentler, H. (1970): Sexualerziehung. Rowohlt, Reinbek

Kluge, N. (1984) Handbuch der Sexualpädagogik. Band 1, Schwann, Düsseldorf

– (1978): Einführung in die Sexualpädagogik. UTB, Darmstadt

Koch, F. (1971): Negative und positive Sexualerziehung. Eine Analyse katholischer, evangelischer und überkonfessioneller Aufklärungsschriften. Quelle & Meyer, Heidelberg

Koch, F., Lutzmann, K.H. (1989): Stichwörter zur Sexualerziehung. Beltz, Weinheim

Kunz, D., Wronska, L. (2001): Sexualpädagogik im Spannungsfeld der Kulturen, In: BzgA – Bundeszentrale für gesundheitliche Aufklärung, 221–252

Mahnke, E., Sielert, U. (2004): Zeitfluss und Augenblick – Liebe, Sexualität und Älterwerden. Sexualagogische Reflexionen, In: Timmermanns, S., Tuider, E., Sielert, U. (Hrsg): Sexualpädagogik weiter denken. Juventa, Weinheim, 189–198

Martial, I. v. (1991): Geschlechtserziehung in der Schule. Pädagogik und freie Schule 43

Maskus, R. (1979): 20 Beiträge zur Sexual- bzw. Geschlechtererziehung, Academia-Verlag, St. Augustin

Meves, C. (1992): Kindgerechte Sexualerziehung. Bilanz und Neuanfang. Hänssler, Vellmar-Kassel

Milhoffer, P. (Hrsg.) (1995): Sexualerziehung von Anfang an! Arbeitskreis Grundschule, Eigenverlag, Frankfurt/M.

Müller, W. (1992): Skeptische Sexualpädagogik. Möglichkeiten und Grenzen schulischer Sexualerziehung. Beltz, Weinheim

Osbar, C., Specht, R., Wanzeck-Sielert, C. (1999): Sexualpädagogik zwischen Persönlichkeitslernen und Arbeitsfeldorientierung. Reihe Forschung und Praxis der Sexualaufklärung und Familienplanung, Band 16. Eigenverlag der Bundeszentrale für Gesundheitliche Aufklärung, Köln

Osthoff, R. (2008): Sexuelle Sprache und Kommunikation. In: Schmidt, R.-B., Sielert, U. (Hrsg.): Sexualpädagogik und sexuelle Bildung. Ein Handbuch. Juventa, Weinheim, 99–114

Scarbath, H. (1969): Geschlechtserziehung. Motive, Aufgaben und Wege. Quelle & Meier, Heidelberg

Schille, H.J. (1969): Die Vermittlung und Aneignung von Normen der Sexualmoral im Unterricht der 9. Klasse der allgemeinbildenden polytechnischen Oberschule und ihre einstellungsbildende Wirkung. Universitäts-Verlag, Jena

Schmauch, U. (1996): Körperberührung unter Generalverdacht? Zur Skandalisierung und Tabuisierung von sexuellem Kindesmißbrauch. Zeitschrift für Sozialisationsforschung und Erziehungssoziologie 3, 284–297

Schmidt, R.-B., Schetsche, M. (2009): Sexuelle Sozialisation. Sechs Annäherungen. Logos-Verlag, Berlin

–, Sielert, U. (Hrsg.) (2008): Sexualpädagogik und sexuelle Bildung. Ein Handbuch. Juventa, Weinheim

Schmidt, G. (1986): Das Große Der Die Das. Über das Sexuelle. März, Herbstein

Sielert, U. (2005): Einführung in die Sexualpädagogik. Juventa, Weinheim

– (2004): Gender mainstreaming im Kontext einer Sexualpädagogik der Vielfalt, In: Timmermanns, S., Tuider, E., Sielert, U. (Hrsg): Sexualpädagogik weiter denken. Juventa, Weinheim, 29–112

–, Keil, S. (1993): Sexualpädagogische Materialien für die Jugendarbeit in Freizeit und Schule. Beltz, Weinheim

–, Valtl, K.H. (2000): Sexualpädagogik lehren. Didaktische Grundlagen und Materialien für die Aus- und Fortbildung, Beltz, Weinheim

Sigusch, V. (2005): Sexuelle Welten, Zwischenrufe eines Sexualforschers. Psychosozial-Verlag, Gießen

Specht, R. (2008): Sexualität und Behinderung. In: Schmidt, R.-B., Sielert, U. (Hrsg.): Sexualpädagogik und sexuelle Bildung. Ein Handbuch. Juventa, Weinheim, 295–309

Stumpe, H., Weller, K. (1995): Familienplanung und Sexualpädagogik in den neuen Bundesländern. Reihe Forschung und Praxis der Sexualaufklärung und Familienplanung, Band 1. Eigenverlag der Bundeszentrale für gesundheitliche Aufklärung, Köln

Timmermanns, S., Tuider, E. (2008): Sexualpädagogik der Vielfalt. Juventa, Weinheim

–, –, Sielert, U. (2004): Sexualpädagogik weiter denken. Postmoderne Entgrenzungen und pädagogische Orientierungsversuche. Juventa, Weinheim/München

Tolkmitt, S. (2000): Sexualpädagogische Beratung, In: Sielert, U., Valtl, K.-H., (Hrsg.):Sexualpädagogik lehren. Beltz, Weinheim, 301–342

Valtl, K.-H. (2002): Sinne und Sinnlichkeit. In: Bundeszentrale für gesundheitliche Aufklärung, Rahmencurriculum Sexualpädagogische Kompetenz, Köln, 161–188

Wawarzonnek, M. (1984): Implizite Sexualpädagogik in der Sexualwissenschaft 1886-1933. Eine Rekonstruktion disziplinärer Einflußfaktoren und Legitimationsstrategien. Uni Köln, Diss., Köln

Wendt, E.-V. (2009): Sexualität und Bindung. Qualität und Motivation sexueller Paarbeziehungen im Jugend- und jungen Erwachsenenalter. Juventa, Weinheim

Wolf, W. (1993): Max Hodan (1894–1946) Sozialist und Sexualreformer. Von Bockel, Hamburg

SGB VIII – Kinder- und Jugendhilfe

Von Johannes Münder

Überblick, Entwicklung

Rechtsquellen

Das SGB VIII – Kinder- und Jugendhilfe wurde als Artikelgesetz „Gesetz zur Neuordnung des Kinder- und Jugendhilferechts (Kinder- und Jugendhilfegesetz KJHG)" verabschiedet, wobei der Art. 1 das *„Sozialgesetzbuch Achtes Buch (SGB VIII) Kinder- und Jugendhilfe"* ist. Das SGB VIII trat im alten Bundesgebiet am 1.1.1991, im Beitrittsgebiet bereits am 3.10.1990 in Kraft. Es hat inzwischen eine Vielzahl von Änderungen erfahren (Münder in Münder et al.: FK-SGB VIII Einl. Rn 47), die letzen größeren durch das Gesetz zum qualitätsorientierten und bedarfsgerechten Ausbau der Tagesbetreuung für Kinder (Tagesbetreuungsausbaugesetz – TAG), durch das Gesetz zur Weiterentwicklung der Kinder- und Jugendhilfe (Kinder- und Jugendhilfe Weiterentwicklungsgesetz – KICK) und durch das Kinderförderungsgesetz (KiFöG). Zum SGB VIII gibt es für alle *Bundesländer* Ausführungsgesetze, zudem existieren vornehmlich zur Tagesbetreuung (Kindertagesstättengesetze) und zum Teil zur Jugendarbeit entsprechende Landesgesetze.

Entwicklung: vom Eingriff und der Fürsorge zur Sozialleistung und Sozialpädagogik

Die Wurzeln des SGB VIII reichen bis zum *Reichsjugendwohlfahrtsgesetz* (RJWG) vom 9.7.1922 zurück (Jordan / Münder 1987), welches wiederum wesentlich auf der Armenfürsorge (hier insbesondere das Vormundschaftswesen), dem Polizei- und Ordnungsrecht (insbesondere Pflegekinderaufsicht, Fürsorgeerziehung) und der Jugendpflege beruhte

(dazu Münder 2007, 22 ff.; Jordan 2005, 18 ff.). Die Realisierung der im RJWG angelegten Möglichkeiten wurde erheblich durch die *„Verordnung über das Inkrafttreten des RJWG"* (14.2.1924) behindert, die die Aufhebung neuer Aufgaben oder wesentliche Erweiterungen bereits bestehender Aufgaben enthielt. Damit konnte faktisch alles beim bisherigen Zustand bleiben. Erst mit der Novelle von 1953 wurde diese Verordnung aufgehoben (Münder 1990, 43 ff.). Die *1961* beabsichtigte *Reform der Jugendhilfe* scheiterte: Anstelle eines geplanten neuen Gesetzes wurde 1961 nur eine Novelle verabschiedet, die aus dem RJWG das *Gesetz zur Jugendwohlfahrt* (JWG) in neuer Paragraphenfolge machte, inhaltlich aber kaum Änderungen brachte. Das neue *SGB VIII* dokumentiert die in der Praxis bereits seit langem stattgefundene Ablösung der Ordnungs- und Fürsorgepolitik. Deutlich wird dies z.B. im völligen Entfall der gegen den Willen der Personensorgeberechtigten und Minderjährigen anordnenbaren Maßnahmen (Fürsorgeerziehung, Erziehungsbeistandschaft) einerseits und dem Ausbau des Leistungscharakters andererseits. Damit fand das Kinder- und Jugendhilferecht Anschluss an die Standards allgemeiner sozialstaatlicher Leistungen, deutlich wird dies auch dadurch, dass die Kinder- und Jugendhilfe Teil des Sozialgesetzbuches ist.

Strukturmerkmale

Sozialleistungen, Gewährleistungen

Im Unterschied zum JWG ist besonders deutlich der Leistungscharakter ausgebaut: im 2. Kapitel (§§ 11 bis 41 SGB VIII) findet sich eine Vielzahl subjektiver Rechtsansprüche. Subjektive Rechts-

Otto/Thiersch (Hg.), Handbuch Soziale Arbeit, 4. A., DOI 10.2378/ot4a.art128,

ansprüche bedeuten für die Träger der öffentlichen Jugendhilfe einen nicht unbedeutenden finanziellen Aufwand. Deswegen sieht das Gesetz an verschiedenen Stellen (nur) vor, dass Jugendhilfeträger dafür Sorge zu tragen haben, dass die zur Aufgabenerfüllung erforderlichen Leistungen, Dienste, Einrichtungen, Angebote rechtzeitig zur Verfügung stehen (§§ 79, 80 SGB VIII). Hinzu kommt, dass auch dort, wo es sich um individuelle Rechtsansprüche handelt, die Leistungen entsprechend dem Charakter von Jugendhilfe als sozialer Dienstleistung häufig sowohl hinsichtlich der Tatbestandsvoraussetzungen als auch hinsichtlich der Rechtsfolgen mittels unbestimmter Rechtsbegriffe beschrieben sind (Münder in Münder et al.: FK-SGB VIII Einl. Rn 57, 58).

Andere Aufgaben

§ 2 SGB VIII fasst unter dem Begriff „Aufgaben der Jugendhilfe" in Abs. 1 „Leistungen" und in Abs. 2 „andere Aufgaben" zusammen. Der Begriff *„andere Aufgaben"* ist in der juristischen Terminologie ungewöhnlich. Im SGB VIII gehören hierzu Bereiche, die sich auf Einrichtungen, andere Institutionen (z. B. Gerichte) usw. beziehen. Zu den anderen Aufgaben zählen aber auch Bereiche, in denen der öffentliche Träger gegen den Willen der Betroffenen handeln kann. Der Spannungsbogen zwischen sozialer Leistungsorientierung und fürsorgerischer Aufgabenwahrnehmung wird besonders deutlich bei der Realisierung des *Schutzauftrags bei Kindeswohlgefährdung (§ 8a SGB VIII)*, in dessen Abs. 1 Satz 3 Hilfeangebote im Vordergrund stehen, in dessen Abs. 3 und 4 sich eine fürsorgerische Aufgabenwahrnehmung (mit der Möglichkeit auch von Eingriffen gegenüber den Eltern) zur Wahrnehmung des Kindeswohls findet.

Kommunale Aufgabenwahrnehmung

Das neue Kinder- und Jugendhilferecht hat eine *konsequente Kommunalisierung* gebracht. Für die Leistungen gegenüber den Bürgern sind ausschließlich die örtlichen Träger zuständig. Der dadurch möglichen, lokal unterschiedlichen Aufgabenwahrnehmung kann durch rechtliche Vorgaben nur bedingt gegengesteuert werden. Der Grund dafür

liegt in der Art der Leistungen: Im SGB VIII stehen Dienstleistungen, persönliche und erzieherische Hilfen im Vordergrund, diese sind nur bedingt einer vereinheitlichenden Regelung durch das Gesetz zugänglich. Infolgedessen ist die kommunale Landschaft der Kinder- und Jugendhilfe in Deutschland zum Teil von erheblichen Unterschieden geprägt.

Private / freie Träger (Subsidiarität, Korporatismus, Markt)

Die *öffentlichen Jugendhilfeträger* sind diejenigen, an die sich die individuellen Leistungsansprüche richten und die zur infrastrukturellen Gewährleistung verpflichtet sind. Die *konkrete Leistungserbringung* erfolgt überwiegend durch (verwaltungsrechtlich) *private Träger* von Einrichtungen und Diensten (Münder 2007, 36 ff.). Dass private Organisationen bzw. Personen in die Leistungserbringung eingeschaltet sind, ist bei Sozialleistungen nichts Besonderes. Einen Unterschied zu anderen Sozialleistungsbereichen stellt jedoch die hohe Autonomie der privaten Träger in diesem Sektor dar (§§ 3, 4 SGB VIII). Ausgehend von der Terminologie des RJWG werden diese im SGB VIII als freie Träger bezeichnet (ohne dass dieser Begriff im SGB VIII definiert wird). Nicht zuletzt wegen der vom Gesetzgeber im Leistungserbringungsrecht vorgenommenen Öffnung (Kap. 6) und dem bewussten Verzicht auf eine Definition des Begriffs der freien Träger zählen privat-gemeinnützige und privat-gewerbliche Leistungserbringer zu den sog. freien Trägern.

Unterschiede gibt es allerdings bei der *Anerkennung der freien Träger* nach § 75 SGB VIII: Hiernach können nur freie Träger, die u. a. gemeinnützig sind, anerkannt werden. Die Anerkennung ist jedoch nicht Voraussetzung für die Betätigung in der Jugendhilfe, sie hat Bedeutung hinsichtlich des institutionellen Mitwirkens (z. B. Jugendhilfeausschuss – vgl. Kap. 5.2) bzw. bei der Übernahme anderer Aufgaben nach § 76 SGB VIII.

Die Diskussion um das Verhältnis von öffentlichen und freien Trägern war in den 60er Jahren des 20. Jahrhunderts unter dem Stichwort des *Subsidiaritätsprinzips* (Münder 2007, 41 ff.) ideologisch aufgeladen. Die in der Novelle von 1961 vorgesehenen Regelungen des JWG ließen öffentliche

Träger befürchten, dass (durch die damals politisch gewollte Vorrangstellung der freien Träger) eine Funktionssperre für die öffentlichen Träger eintreten würde. Dies führte zur Anrufung des Bundesverfassungsgerichts. Das *Bundesverfassungsgericht* hat *1967* eine pragmatische Entscheidung gefällt, in dem es auf die „durch Jahrzehnte bewährte Zusammenarbeit von Staat und freien Verbänden" und auf die Optimierung des finanziellen Einsatzes der Mittel öffentlicher und freier Träger abstellte (BVerfGE 22, 180 ff.).

Die Formulierung des § 4 SGB VIII folgt weitgehend der Intention des Bundesverfassungsgerichts, wenn es auf die *partnerschaftliche Zusammenarbeit* abstellt und die Selbstständigkeit der freien Jugendhilfe betont. Die Realität der folgenden Jahrzehnte lässt sich als *Korporatismus* zwischen öffentlichen und freien Trägern bezeichnen, also durch das Zusammenwirken von öffentlichen und freien Trägern, des gegenseitigen Arrangements, des Abstimmens der zu erbringenden Angebote und Leistungen.

Gegenwärtig lässt sich eine *allmähliche Reduzierung dieses korporatistischen Verhältnisses* feststellen. Das hat zum einen mit der deutlicheren sozialrechtlichen Ausrichtung des SGB VIII zu tun. Dadurch werden die Rechte der Leistungsberechtigten gestärkt, sie sind diejenigen, die (im Rahmen ihres Wunsch- und Wahlrechts nach § 5 SGB VIII) rechtlich bestimmen, bei wem sie Leistungen in Anspruch nehmen. Zum anderen hat der Gesetzgeber dort, wo es um die Leistungserbringung im stationären Bereich geht, mit den Neuregelungen der §§ 78 a ff. SGB VIII die Privilegierung bestimmter Trägergruppen ausdrücklich aufgegeben (ausführlich Münder 1998, 3 ff.).

Leistungsrecht – zwischen subjektiven Rechtsansprüchen und objektiven Leistungsverpflichtungen

Allgemeines

Der deutlichste Ausdruck sozialrechtlicher Orientierung des SGB VIII ist die Schaffung von *subjektiven Rechtsansprüchen*, die dem einzelnen Leis-

tungsberechtigten zustehen. Daneben kennt das SGB VIII in nicht geringem Umfang sogenanntes *objektives Recht*, aufgrund dessen die öffentlichen Träger insbesondere gehalten sind, ein Mindestmaß an Angeboten, Einrichtungen usw. zur Verfügung zu stellen. Subjektive Rechtsansprüche beziehen sich auf die einzelnen Personen oder Gruppen von Personen, die regelmäßig hinsichtlich ihrer Merkmale konkretisierend benannt werden. Objektive Rechtsansprüche haben als Adressaten die öffentlichen Träger, ohne zugleich den einzelnen Personen entsprechende Rechte einzuräumen. Ob es sich um einen subjektiven Rechtsanspruch von Bürgern oder um eine objektive Rechtsverpflichtung des öffentlichen Trägers handelt, ist durch rechtsmethodische Auslegung festzustellen (Münder 1991; Mrozynski 1999; Münder 2007, 45 ff.; Münder in Münder et al. 2009: FK-SGB VIII VorKap 2 Rn 7 ff.).

Programmsätze, objektives Recht, subjektive Rechtsansprüche

Aus der Überschrift des 2. Kapitels „Leistungen" lassen sich keine Folgerungen hinsichtlich des Charakters der einzelnen Normen ziehen, die einzelnen Bestimmungen sind angesiedelt zwischen programmatischen Aussagen, objektiven Rechtssätzen und subjektiven Rechtsansprüchen. Zunächst handelt es sich bei den Bestimmungen um *objektives Recht*, durch das die entsprechenden Aufgaben der Kinder- und Jugendhilfe zugewiesen werden und die öffentlichen Träger verpflichtet sind, auf diesem Gebiet tätig zu werden. Damit wollte der Gesetzgeber erreichen, dass für junge Menschen, Eltern usw. ein Mindestangebot an Leistungen zur Verfügung steht. Rechtsverstöße gegen objektives Recht können nicht von den einzelnen Personen vor Gericht angegriffen werden, hier muss ggf. die Rechtsaufsichtsbehörde tätig werden.

Subjektive Rechtsansprüche

Rechtsansprüche können die leistungsverpflichteten öffentlichen Träger *unterschiedlich* in die Pflicht nehmen. Es gibt im SGB VIII drei qualitativ unterschiedliche Rechtskategorien (Münder 2007, 48 f.; Münder in Münder et al. 2009: FK-SGB

VIII VorKap 2 Rn 8): Es gibt Rechtsbestimmungen, bei denen bei Vorliegen der Voraussetzungen *zwingend* ein Rechtsanspruch auf Leistungen existiert. Es gibt Rechtsbestimmungen, bei denen bei Vorliegen der Voraussetzungen die Leistung erbracht werden „soll", d. h., im Regelfall ist die Leistung zu erbringen, und für den Fall der Ausnahme muss zwingend eine Begründung vorliegen, die sich aus der Sache ableitet; beweispflichtig für den Ausnahmefall ist der öffentliche Träger (BVerwGE 56, 200, 203; BVerwGE 64, 318, 323; Mrozynski 1999). Schließlich gibt es Bestimmungen, die die Leistungserbringung in das *Ermessen* des öffentlichen Trägers stellen, sog. Kann-Leistungen. Dabei ist die Behörde bei ihrer Ermessensausübung an rechtsstaatliche Grundsätze gebunden; von besonderer Bedeutung ist die Beachtung des Gleichheitsgrundsatzes.

Jugendarbeit, Jugendsozialarbeit, Kinder- und Jugendschutz: zwischen programmatischen Aussagen und subjektiven Rechtsansprüchen

Die §§ 11 bis 15 SGB VIII sind ein klassisches Beispiel für die rechtliche Spannweite. Die Normen beinhalten programmatische Aussagen (z. B. § 11 Abs. 2, 3 SGB VIII), verpflichten den öffentlichen Träger, jungen Menschen Angebote der Jugendarbeit zur Verfügung zu stellen (als objektive Verpflichtung in § 11 Abs. 1 Satz 1 SGB VIII), und es gibt auch subjektive Rechtsansprüche. Das *Spannungsfeld zwischen objektivem Recht und subjektiven Rechtsansprüchen* zeigt sich deutlich in der Jugendsozialarbeit – § 13 SGB VIII: Sie ist in Abs. 1 als ein vom Jugendhilfeträger zu erbringendes Angebot beschrieben, als Ausbildungs- und Beschäftigungsmaßnahme nach Abs. 2 ist sie (auch im Rahmen von Hilfe zur Erziehung – § 27 Abs. 3 SGB VIII) eine individuelle Leistung, auf die – bei Vorliegen der Voraussetzungen – individuelle Rechtsansprüche bestehen. Unmittelbar auf der Schnittstelle zwischen allgemeinen Angeboten und individueller Sozialisationshilfe liegt § 13 Abs. 3 SGB VIII, dem öffentlichen Träger ist hier Ermessen eingeräumt.

Förderung der Erziehung in der Familie: meist subjektive Rechtsansprüche

§ 16 SGB VIII – die allgemeine Förderung der Erziehung in der Familie, ist (nur) eine *objektive Rechtsverpflichtung* des öffentlichen Jugendhilfeträgers, die *§§ 17 bis 21 SGB VIII* enthalten *subjektive Rechtsansprüche*. §§ 17, 18 SGB VIII regeln den subjektiven Rechtsanspruch in Fragen der Partnerschaft, Trennung, Scheidung, bei der Ausübung der Personensorge und bei der Geltendmachung von Unterhaltsansprüchen. Leistungsberechtigte sind Mütter und Väter, bei der Ausübung des Umgangsrechts sind ausdrücklich auch Kinder und Jugendliche (§ 18 Abs. 3 SGB VIII) genannt. Ihnen stehen (bei Vorliegen ggf. weiterer Voraussetzungen – z. B. alleinsorgend usw.) Ansprüche zu, meist als unbedingte Rechtsansprüche („haben Anspruch"). Dieser hohe Grad rechtlicher Leistungsverpflichtung sollte jedoch nicht überschätzt werden. Es geht hier um Ansprüche auf Beratung, Unterstützung. Da das SGB VIII keine Bestimmungen über Umfang, Inhalt, Qualität, methodische Ausrichtung usw. beinhaltet, liegt hier ein „harter Anspruch auf eine weiche Leistung" vor (Münder 2007, 80 ff.). In §§ 19 bis 21 SGB VIII sind *Ansprüche auf Unterstützung* angesprochen. Der rechtliche Verbindlichkeitsgrad ist hoch: Es handelt sich regelmäßig um unbedingte Rechtsansprüche, § 21 SGB VIII, bzw. um Regelrechtsansprüche, §§ 19, 20 SGB VIII (Münder 2007, 85).

Förderung von Kindern in Tageseinrichtungen und in Kindertagespflege: der langwierige Weg von der Gewährleistung zum individuellen Rechtsanspruch

Tageseinrichtung

Erst durch das Schwangeren- und Familienhilfegesetz vom 27.07.1992 wurde in § 24 SGB VIII ein Rechtsanspruch auf einen Kindergartenplatz verankert, der ab dem 01.01.1996 bundeseinheitlich gelten sollte, aus fiskalischen Erwägungen auf Initiative des Bundesrates dann jedoch bis zum 31.12.1998 verschoben wurde. Dieser Anspruch bezog sich nur auf das Kindergartenalter. Durch das

TAG, mit Änderungen durch das KICK, sollte auch für Kinder unter 3 Jahren und in schulpflichtigem Alter ein Ausbau erreicht werden (bis 01.10.2010). Durch das KiföG wurde dann unter bestimmten Voraussetzungen ein Rechtsanspruch ab dem 1. Lebensjahr (ab dem 01.08.2013) eingeführt, § 24a SGB VIII sieht Übergangsregelungen für Kinder unter 3 Jahren vor. So *vermischen sich* in § 24 SGB VIII *subjektive Rechtsansprüche* und *objektive Rechtsverpflichtungen* (Münder 2009a, 3 ff.; Lakies in Münder et al. 2009: FK-SGB VIII § 24 Rn 3).

Nach § 24 Abs. 1 Satz 1 SGB VIII besteht ein *subjektiver Rechtsanspruch* auf den Besuch einer Tageseinrichtung für Kinder ab dem 3. Lebensjahr bis zum Schuleintritt. Eine nähere Definition der Tageseinrichtung beinhaltet § 24 SGB VIII nicht. Somit fehlen Festlegungen, wie etwa Gruppengröße, Personalschlüssel, Binnendifferenzierung usw. Besonders umstritten ist die Frage der Öffnungszeit. Im Hinblick auf veränderte Familienstrukturen, die hohe Zahl beiderseits erwerbstätiger Eltern und die Zielsetzung nach § 22 Abs. 2 Nr. 3 SGB VIII wird der Rechtsanspruch nur durch eine Mindestbetreuung von 6 Stunden im Sinne einer durchgehenden Betreuungszeit und durch die Möglichkeit der Einnahme eines Mittagessens erfüllt (Lakies in Münder et al. 2009: FK-SGB VIII § 24 Rn 18).

Nach § 24 Abs. 1 Satz 2 SGB VIII besteht hinsichtlich von *Ganztagsplätzen* oder einer ergänzenden Förderung in *Kindertagespflege* nur eine *objektiv-rechtliche Verpflichtung* des Trägers der Jugendhilfe: darauf hinzuwirken, dass bedarfsgerecht Plätze zur Verfügung stehen. Grundsätzlich gilt eine solche *objektiv-rechtliche Verpflichtung* nach § 24 Abs. 2 SGB VIII auch für *Kinder im Alter unter 3 Jahren* und im *schulpflichtigen Alter.* Hier ist ein bedarfsgerechtes Angebot vorzuhalten (zum Begriff der Bedarfsgerechtigkeit vgl. Lakies in Münder et al. 2009: FK-SGB VIII § 24 Rn 37 ff.). Allerdings sieht wiederum § 24 Abs. 3 SGB VIII *für Kinder, die das 3. Lebensjahr noch nicht vollendet haben,* einen *subjektiven Rechtsanspruch* vor, wenn die dort im Einzelnen genannten *zusätzlichen Voraussetzungen* erfüllt sind (umfassend Münder 2009b, 4 ff.).

Unterschiedlich sind zum Teil die Regelungen über die Inanspruchnahme von *Kindertagespflege*: Bei Kindern vom 3. Lebensjahr bis zum Schuleintritt (§ 24 Abs. 1 Satz 2 SGB VIII) haben die Träger der öffentlichen Jugendhilfe darauf hinzuwirken, dass

„…ergänzend Förderung in Kindertagespflege zur Verfügung steht": Hierbei handelt es sich um eine *objektiv-rechtliche Verpflichtung.* Für Kinder im Alter unter 3 Jahre und im schulpflichtigen Alter ist gemäß § 24 Abs. 2 SGB VIII ein bedarfsgerechtes Angebot an Plätzen in Tageseinrichtungen „und in Kindertagespflege" vorzuhalten, ebenfalls eine *objektiv-rechtliche Verpflichtung* (zur Frage des Bedarfs auch hier Lakies in Münder et al.: FK-SGB VIII § 24 Rn 50 ff.). Die *Förderungsleistung* bei der Kindertagespflege ist in § 23 SGB VIII geregelt, sie umfasst die Vermittlung entsprechender Tagespflegepersonen (oder die Feststellung der Eignung bei selbst gesuchten Tagespflegepersonen), fachliche Beratung, Begleitung, Gewährung von Geldleistungen, die Sicherstellung der Betreuungskontinuität bei Ausfall der Tagespflegeperson.

Ab 01.08.2013 tritt § 24 SGB VIII in neuer Fassung in Kraft. Danach haben Kinder *ab dem 1. Lebensjahr* bis zum 3. Lebensjahr einen *subjektiven Anspruch* auf frühkindliche Förderung in einer Tageseinrichtung oder in einer Kindertagespflege, für *Kinder bis zum 1. Lebensjahr* besteht unter den Voraussetzungen des jetzigen § 24 Abs. 3 SGB VIII (dann § 24 Abs. 1 SGB VIII ab 01.08.2013) Anspruch auf Förderung in einer Einrichtung oder Kindertagespflege.

Hilfen zur Erziehung – ein subjektiver Rechtsanspruch

Voraussetzungen

Von seiner Struktur her ist § 27 SGB VIII ein *klassischer Rechtsanspruch.* Er nennt die Voraussetzungen (Tatbestand): „Eine dem Wohl des Kindes oder des Jugendlichen entsprechende Erziehung nicht gewährleistet") und knüpft daran die Rechtsfolgen: „Anspruch auf Hilfe (Hilfe zur Erziehung)…, die für seine Entwicklung geeignet und notwendig ist". Dennoch unterscheidet sich § 27 SGB VIII von anderen Anspruchsnormen auf Sozialleistungen. So tauchen die Begriffe der geeigneten und notwendigen Hilfe zur Erziehung zugleich in den Voraussetzungen und in den Rechtsfolgen auf, sind also miteinander verbunden. Und zum anderen verwendet das Gesetz in extensiver Weise *Generalklauseln.*

Mit dem Begriff „*Wohl des Kindes*" knüpft § 27 SGB VIII an § 1666 BGB an, wobei allerdings die Begriffe „Nichtgewährleistung einer dem Wohl des Minderjährigen entsprechende Erziehung" nach § 27 SGB VIII und die „Gefährdung des Wohls des Minderjährigen" nach § 1666 BGB nicht deckungsgleich sind. Eine dem Wohl des Minderjährigen entsprechende Erziehung ist dann nicht gewährleistet, wenn sich die Sozialisationslage des Minderjährigen als benachteiligt erweist (Tammen / Trenczek in Münder et al. 2009: FK-SGB VIII § 27 Rn 5 ff.).

Rechtsfolge

Sind die Voraussetzungen gegeben, so besteht Anspruch auf Hilfe zur Erziehung, und zwar auf alle *Hilfen, die geeignet und notwendig* sind. Was geeignet und notwendig ist, hängt eng mit dem Wohl des Minderjährigen zusammen. Diese Koppelung ist vom Gesetz bewusst gewollt, um für sozialpädagogisches Handeln hinreichende Flexibilität zu besitzen, von einer Hilfeart zur anderen überzugehen, mehrere Hilfen gleichzeitig anbieten zu können (Tammen / Trenczek in Münder et al. 2009: FK-SGB VIII § 27 Rn 16 ff.). Ausgehend von § 27 Abs. 2 SGB VIII werden in §§ 28 ff. SGB VIII etablierte, standardisierte Erziehungshilfen beschrieben. Wegen der Formulierung des § 27 Abs. 2 SGB VIII („insbesondere") handelt es sich nicht um eine abschließende, sondern um eine *beispielhafte Aufzählung*, erzieherische Hilfen über diesen Katalog hinaus sind möglich. Damit ist die notwendige Flexibilität auch für die fachliche Weiterentwicklung gewährleistet.

Eingliederungshilfe – subjektive Rechtsansprüche

Mit dem 1. Änderungsgesetz (01.04.1993) wurde die Eingliederungshilfe für *seelisch behinderte* und von einer solchen Behinderung bedrohte *Minderjährige* als § 35a SGB VIII aufgenommen. Der Grund war, dass gerade bei jüngeren Kindern eine Entscheidung darüber, ob eine seelische Behinderung oder ein erzieherischer Bedarf vorliegt, kaum möglich ist. Mit dem In-Kraft-Treten des SGB IX (1.7.2001) wurde die Definition des Begriffs der Behinderung an § 2 Abs. 1 SGB IX angelehnt (Meysen in Münder et al. 2009: FK-SGB VIII § 35a Rn 5 ff.).

Ansprüche auf Eingliederungshilfe für junge Menschen mit einer (drohenden) *geistigen oder körperlichen Behinderung* sind allein in §§ 53 ff. SGB XII geregelt. Die Abgrenzungsprobleme versucht § 10 Abs. 4 Satz 2 SGB VIII zu erfassen, was jedoch in vielen Fällen schwierig ist. Deswegen wird einerseits für eine Zusammenführung der Eingliederungshilfe für alle jungen Menschen mit (drohender) Behinderung und der Hilfen zur Erziehung im SGB VIII geworben, andererseits wird für eine Rückführung der Eingliederungshilfe für seelisch behinderte junge Menschen in das SGB XII plädiert (im Einzelnen Meysen in Münder et al. 2009: FK-SGB VIII § 35a Rn 8; Schwengers 2007; Humme 2005, 402). *§ 35 a SGB VIII* gewährt einen *Rechtsanspruch* auf Eingliederungshilfe. Anspruchsberechtigt sind die Kinder und Jugendlichen selbst. In Anlehnung an die Grundformen der Hilfen zur Erziehung nach §§ 28 ff. SGB VIII erfolgen Hilfen im Kontext ambulanter Angebote, im Rahmen von Tageseinrichtungen / teilstationären Einrichtungen, bei geeigneten Pflegepersonen und stationären Einrichtungen bzw. sonstigen Wohnformen.

Verfahren: Mitwirkung und Hilfeplan

Das Gesetz verwendet insbesondere bei den Hilfen zur Erziehung, bei der Eingliederungshilfe für seelisch behinderte Kinder und Jugendliche sowohl bei den Voraussetzungen wie bei den Rechtsfolgen unbestimmte Rechtsbegriffe. Um angesichts dieser Situation professionelle Entscheidungen und die Einbeziehung der Kinder, Jugendlichen und ihrer Eltern sicherzustellen, sieht es hinsichtlich des Verfahrens in § 36 SGB VIII genaue *Verfahrensvorschriften* vor. Dadurch soll erreicht werden, dass eine *zeit- und zielgerichtete Intervention* der konkreten Situation der Minderjährigen und ihrer Personensorgeberechtigten gerecht wird. Verbindlich vorgeschrieben ist die *Mitwirkung der Minderjährigen* und der *Personensorgeberechtigten*. Die Vorschrift ist Ausdruck des bei erzieherischen und persönlichen Hilfen notwendigen „Produktionsfaktors Klient". Damit werden zugleich die in §§ 8, 9 SGB VIII genannten Grundsätze bei den individuellen

Hilfen zur Erziehung konkretisiert und insbesondere dem Wunsch- und Wahlrecht der Leistungsberechtigten (§ 5 SGB VIII) Rechnung getragen. Weitergehende Regelungen sieht § 36 Abs. 2 SGB VIII vor, wenn die *Hilfe für voraussichtlich längere Zeit* zu leisten ist (Schmid 2004; Schmid in: Münder/Wiesner 2007 Kap. 3.8). Hier ist die Entscheidung im *Zusammenwirken mehrerer Fachkräfte* zu treffen, und die Ergebnisse sind in einem *Hilfeplan* festzulegen.

Hilfe für junge Volljährige – subjektiver Rechtsanspruch

Da mit Erreichen der formellen Volljährigkeitsgrenze nicht notwendigerweise die *Persönlichkeitsentwicklung* abgeschlossen ist, sieht § 41 SGB VIII Leistungen der Jugendhilfe an junge Volljährige vor (Münder 2007, 107). Junger Volljähriger ist, wer 18, aber noch nicht 27 Jahre alt ist (§ 7 Abs. 1 Nr. 3 SGB VIII). Die Hilfe kommt auch als *Nachbetreuung* nach Beendigung einer Hilfe in Frage (§ 41 Abs. 3 SGB VIII). Der *Personenkreis* des § 41 SGB VIII ist deutlich weitergefasst als der des § 67 SGB XII. Anknüpfungspunkt für § 41 SGB VIII ist die Tatsache, dass eine mangelnde Kompetenz zur Gestaltung einer eigenverantwortlichen Lebensführung existiert. Diese braucht nicht nur auf individuellen Beeinträchtigungen zu beruhen, sondern kann sich auch aus sozialen Benachteiligungen ergeben. In der Praxis entwickeln sich hierzu bestimmte Fallgruppen (Tammen in Münder et al. 2009: FK-SGB VIII § 41 Rn 4 ff.). Die Hilfeleistung kann auch erst nach Erreichen der Volljährigkeit beginnen. In der Regel reicht sie bis zur Vollendung des 21. Lebensjahres, in begründeten Einzelfällen darüber hinaus. Bezüglich der *Leistungen* wird auf die Hilfen zur Erziehung verwiesen. Als generell ungeeignet allerdings werden die Erziehungshilfen angesehen, die junge Menschen auf die Herkunftsfamilie orientieren. Von besonderer Bedeutung sind die Leistungen, die die Selbstständigkeit der jungen Menschen unterstützen und Angebote zur schulischen und beruflichen Bildung. Bei Vorliegen der Voraussetzungen besteht im *Regelfall* („soll") ein *Rechtsanspruch auf Hilfe*.

Andere Aufgaben

Die „anderen Aufgaben" (§§ 42 bis 60 SGB VIII), eine Besonderheit des SGB VIII (Münder 2007, 125 f.), werden oft auch als hoheitliche Aufgaben bezeichnet, weil die Aufgabenwahrnehmung Grundrechte tangieren kann und deswegen regelmäßig die hoheitliche Gewalt selbst, also die Träger der öffentlichen Jugendhilfe, tätig werden müssen. Allerdings können anerkannte Träger der freien Jugendhilfe an der Durchführung einiger dieser anderen Aufgaben gemäß § 76 SGB VIII beteiligt werden.

Inobhutnahme

§ 42 SGB VIII regelt vorläufige Maßnahmen in akuten Gefährdungssituationen für das Kindeswohl. Hier findet sich (nochmals) der Spannungsbogen von Sozialleistung bis zur Ordnungstätigkeit: Während § 42 Abs. 1 Satz 1 Nr. 1 SGB VIII den öffentlichen Jugendhilfeträger verpflichtet, einen Minderjährigen in Obhut zu nehmen, wenn dieser es wünscht (sog. Selbstmelder – meist sind es Situationen, in denen Minderjährige weggelaufen sind) und damit ein *Rechtsanspruch auf Inobhutnahme* existiert, handelt es sich bei § 42 Abs. 1 Satz 1 Nr. 2 SGB VIII um eine *Befugnisnorm zu Eingriffen*, wenn eine dringende Gefahr für das Wohl des Kindes besteht. In allen Fallvarianten ist aufgrund der Zuordnung dieser Aufgabe zur sozialpädagogischen Fachbehörde Jugendamt der Jugendhilfeträger verpflichtet, die Krisensituation mittels sozialpädagogischer Methoden im Sinne einer sozialen Dienstleistung zu bearbeiten. § 42 SGB VIII erlaubt nur vorläufige Maßnahmen und diese nur bei Gefahr im Verzug. In allen Fällen sind unverzüglich die Personensorgeberechtigten zu informieren, widersprechen sie der Inobhutnahme, so sind die Minderjährigen entweder den Personensorgeberechtigten zu übergeben oder es ist eine familiengerichtliche Entscheidung herbeizuführen (§ 42 Abs. 3 SGB VIII). In der Praxis wird nicht selten die Anwendung unmittelbaren Zwangs erforderlich sein. Entsprechende Befugnisse verleiht die Vorschrift dem Jugendamt nicht, vielmehr muss sich das Jugendamt zu diesem Zwecke des Polizeivollzugsdienstes bedienen (§ 42 Abs. 6 SGB VIII).

Pflegeerlaubnis, Betriebserlaubnis

§§ 43 ff. SGB VIII sehen *Erlaubnisse* bei der *Kindertagespflege*, bei der *Vollzeitpflege* vor und *Betriebserlaubnisse*, wenn Minderjährige ganztägig oder einen Teil des Tages in Einrichtungen betreut werden oder dort Unterkunft erhalten. Der Schutz dieser Kinder soll also durch *präventive Erlaubnisse* sichergestellt werden. Weiterhin bestehen Aufsichtskompetenzen zur Überprüfung, ob die Voraussetzung für die Erlaubniserteilung noch besteht. Auch hier ist Aufsicht nicht im ordnungsrechtlichen Sinne zu verstehen, sondern vornehmlich als Beratung.

Mitwirkung im gerichtlichen Verfahren

Um sicherzustellen, dass bei Trennung, Scheidung, bei Gefährdung des Kindeswohls und bei abweichendem, straffälligem Verhalten von Minderjährigen sozialpädagogische Kompetenz in die Verfahren eingebracht wird, ist die Beteiligung des Jugendamtes u. a. dadurch vorgesehen, dass eine gesetzliche Anhörungspflicht des Jugendamtes existiert (§§ 162, 194, 195, 205, 213 FamFG beim Familiengericht; § 38 JGG beim Jugendgericht). Die *Mitwirkung der Jugendhilfe in gerichtlichen* Verfahren (Münder 2007, 141 ff.) ist in §§ 50 bis 52 SGB VIII sehr allgemein benannt. Wie das Jugendamt seine Aufgabe wahrnimmt, liegt in der Kompetenz des Jugendamtes selbst. Da das Gesetz keine Befugnisnorm für die Gerichte kennt, kann das Jugendamt nicht durch die Gerichte zum Tätigwerden verpflichtet werden, das Jugendamt ist nicht Ermittlungshelfer der Gerichte; wegen zum Teil ehemals bestehender Unklarheiten hat der Gesetzgeber dies in § 36a Abs. 1 Satz 1 HS 2 SGB VIII gesetzlich eindeutig klargestellt.

Jugendhilfe und Familiengerichte bei Trennung, Scheidung, Umgang

Die familienrechtlichen Regelungen (Münder 2007, 145 ff.; Münder / Ernst 2009, 178 ff.) gehen zunächst davon aus, dass zwischen den beteiligten Eltern und Minderjährigen einvernehmliche Regelungen über die elterliche Sorge bei Trennung und Scheidung bzw. über die Wahrnehmung des Umgangsrechts getroffen werden. Wo dies nicht

möglich ist und es zu familiengerichtlichen Verfahren kommt, ist es Aufgabe der Jugendhilfe, vornehmlich für die Minderjährigen beratend und unterstützend tätig zu sein. Bei der Tätigkeit des Jugendamtes kommt es darauf an, im Interessenstreit zugunsten des Kindes beratend zu vermitteln und auf eine einvernehmliche Regelung hinzuwirken im Sinne einer möglichst konfliktbegrenzt ausgeübten, einvernehmlich verantworteten Elternschaft (Balloff 2004; Wiesner 2003, 121 ff.).

Jugendhilfe und Familiengerichte bei Kindeswohlgefährdung

Entsprechend dem Konzept des zivilrechtlichen Kindesschutzes können die Familiengerichte bei Kindeswohlgefährdung Eingriffe in die elterliche Sorge vornehmen (Münder 2007, 146 ff.). Bezüglich des Jugendamtes sieht *§ 8a Abs. 3 SGB VIII* vor, dass das Jugendamt verpflichtet ist, bei gewichtigen Anhaltspunkten der *Kindeswohlgefährdung* (§ 1666 BGB) das Gericht zu informieren, wenn das Jugendamt das Tätigwerden des Gerichts für erforderlich hält. Damit ist dem Jugendamt ein *eigenständiger Entscheidungsspielraum* zugewiesen (Münder / Ernst 2009, 172 ff.; Münder 2007, 147). Das Familiengericht trifft im Falle einer konkreten Kindeswohlgefährdung die „erforderlichen Maßnahmen" (§ 1666 Abs. 1, 3 BGB). Hier liegt die Aufgabe des Jugendamtes darin, zu eruieren, welche Möglichkeiten und Alternativen im konkreten Fall für das Kind erforderlich und geeignet sind. In diesem Zusammenhang unterrichtet das Jugendamt das Familiengericht insbesondere über angebotene und erbrachte Leistungen, bringt erzieherische und soziale Gesichtspunkte zur Entwicklung des Minderjährigen ein und weist auf weitere Möglichkeiten der Hilfe hin, § 50 Abs. 2 SGB VIII (ausführlich Münder et al. 2000).

Jugendhilfe und Jugendgerichte

Die Mitwirkung der *Jugendhilfe bei den Jugendgerichten* (§ 52 SGB VIII; §§ 38, 50 Abs. 3 JGG) ist die quantitativ umfangreichste Tätigkeit im Zusammenwirken von Jugendhilfe und Justiz. Die Aufgabe der Jugendhilfe liegt hier in der sozialpädagogischen Unterstützung der Jugendlichen und unterscheidet sich damit vom justitiellen Handlungsverständnis (Klier et al. 2002; Trenczek 2003; Trenczek in Münder et al. 2009: FK-SGB VIII § 52 Rn 3 ff.). Das SGB VIII spricht bewusst von „Mitwirkung der Jugendhilfe im gerichtlichen Verfahren" und stellt dadurch klar, dass Jugend(gerichts)hilfe Teil der Jugendhilfe ist, sie keine von der Jugendhilfe losgelösten Aufgaben oder Befugnisse hat, vielmehr im Rahmen eines Strafverfahrens die durch das SGB VIII definierten fachlichen Aspekte der Jugendhilfe zur Geltung zu bringen hat.

Beistandschaft, Pflegschaft und Vormundschaft

Die *freiwillige Beistandschaft* (§§ 1712 bis 1717 BGB) mit den Aufgaben der Vaterschaftsfeststellung und der Geltendmachung von Unterhaltsansprüchen obliegt dem Jugendamt; hierauf haben die nach § 1713 BGB antragsberechtigten Elternteile einen *Rechtsanspruch*. Gewissermaßen im Vorfeld dieser formellen Beistandschaft sieht *§ 52a SGB VIII* ein *spezifisches jugendhilferechtliches Beratungs- und Unterstützungsangebot* für die Mutter vor, wenn die Eltern des Kindes miteinander nicht verheiratet sind (Proksch in Münder et al. 2009: FK-SGB VIII § 52a Rn 3 ff.).

Das BGB geht davon aus, dass *Vormundschaft, Pflegschaft, Beistandschaft durch Einzelpersonen* wahrgenommen wird. Hier hat das Jugendamt gegenüber den Einzelpersonen eine entsprechende *Beratungs- und Unterstützungspflicht* (Münder / Ernst 2008, 206 ff.). Korrespondierend dazu haben Pfleger, Vormünder und Beistände einen *Rechtsanspruch* auf Beratung und Unterstützung (§ 53 Abs. 2 SGB VIII).

Die Tatsache, dass es nicht genügend Einzelpersonen für Pflegschaft, Vormundschaft und Beistandschaft gab und gibt, war der Grund für die Entwicklung der *Amtspflegschaft/Amtsvormundschaft*, was bedeutet, dass nicht eine Einzelperson Pfleger oder Vormund wird, sondern das Jugendamt als Amt, das die Ausübung der Aufgaben einzelnen Bediensteten überträgt (§ 55 Abs. 2 SGB VIII). Die Aufgaben des Pflegers und des Vormunds sind auch für das Jugendamt im BGB (insbesondere §§ 1793, 1836 BGB) geregelt, jedoch ist das Jugendamt von einer Anzahl von Bestimmungen, die für den Einzelvormund gelten, befreit (§ 56 Abs. 2, 3 SGB VIII).

Leistungsträger, Organisation, Kosten

Trägerschaft, sachliche Zuständigkeit

Wurde bis zum KiföG (16.12.2008) in § 69 Abs. 1 SGB VIII bestimmt, dass die Kreise und kreisfreien Städte örtliche Träger der Jugendhilfe sind, so wurde in Folge der *Föderalismusreform I* mit dem KiföG nur noch formuliert, dass die *Träger der öffentlichen Jugendhilfe* durch *Landesrecht* bestimmt werden (Münder 2009a, 7). Damit können die Länder nicht nur (wie schon bisher) bestimmen, wer der überörtliche Träger ist, sondern auch die örtliche Trägerschaft festlegen.

Für die meisten Aufgaben des SGB VIII sind *sachlich zuständig die örtlichen Träger* (§ 85 Abs. 1 SGB VIII). Die überörtlichen Träger (höhere Kommunalverbände, staatliche Behörden) haben die sachliche Zuständigkeit für die in § 85 Abs. 2 SGB VIII geregelten Aufgaben (u. a. Beratung der örtlichen Träger, Zusammenarbeit zwischen öffentlichen und freien Trägern, allgemeine Anregungs-, Förderungs- und Unterstützungsaufgaben). Aufgaben im Sinne der anderen Aufgaben haben die überörtlichen Träger beim Schutz von Kindern und Jugendlichen in Einrichtungen gem. §§ 45 bis 48a SGB VIII.

Das Jugendamt

Durch § 69 Abs. 3 SGB VIII wird den kommunalen Gebietskörperschaften die Errichtung eines Jugendamtes ausdrücklich vorgeschrieben. Damit ist es nicht möglich, dass im SGB VIII genannte Leistungen und Aufgaben von anderen Stellen wahrgenommen werden, auch nicht, dass Ämter für soziale Dienste eigenständig Aufgaben nach den SGB VIII wahrnehmen (Schäfer in Münder et al. 2009: FK-SGB VIII § 69 Rn 14 ff.).

Eine Besonderheit ist die in § 70 SGB VIII bestimmte *Zweigliedrigkeit des Jugendamtes*: Das Jugendamt besteht aus der *Verwaltung des Jugendamtes* und dem *Jugendhilfeausschuss* (Münder / Ottenberg 1999; Merchel / Reismann 2004). Der Jugendhilfeausschuss ist gegenüber der Verwaltung des Jugendamtes das rechtlich übergeordnete Gremium: Für grundsätzliche Angelegenheiten ist er allein zuständig, in laufenden Angelegenheiten kann er die Tätigkeit der Verwaltung des Jugendamtes durch einschlägige Beschlüsse usw. binden (Münder 2007, 157; Merchel/Reismann 2003, 422 ff.). Der Jugendhilfeausschuss besteht zu 2/5 der stimmberechtigten Mitglieder aus Frauen und Männern, die auf Vorschlag der anerkannten Träger der freien Jugendhilfe von der Vertretungskörperschaft gewählt werden, 3/5 der stimmberechtigten Mitglieder stammen von der Vertretungskörperschaft selbst oder sind von ihr gewählte Frauen und Männer (§ 71 SGB VIII). Der *Jugendhilfeausschuss* soll vor jeder Beschlussfassung der kommunalen Vertretungskörperschaft gehört werden, die *Anhörung* ist der Regelfall. Liegt eine Ausnahme nicht vor, so stellt die Verletzung allein des formellen Anhörungsrechts einen Verfahrensfehler der Vertretungskörperschaft dar, auf Klage des Jugendhilfeausschusses ist der Beschluss der Vertretungskörperschaft aufzuheben (BVerwGE 87, 62). Der Jugendhilfeausschuss hat *Antragsrecht* an die kommunale Vertretungskörperschaft, er hat *Beschlussrecht* in Angelegenheiten der Jugendhilfe. Der Rahmen des Beschlussrechts des Jugendhilfeausschusses wird durch die von der *Vertretungskörperschaft* bereitgestellten Mittel, die von ihr erlassene Satzung und die von ihr gefassten Beschlüsse festgelegt. Die Vertretungskörperschaft ist insofern das dem Jugendhilfeausschuss übergeordnete Gremium, sie soll sich auf grundlegende Fragen der Jugendhilfe beschränken, um nicht faktisch das Beschlussrecht des Jugendhilfeausschusses auszuhöhlen; auf jeden Fall müssen dem Jugendhilfeausschuss substantielle Aufgaben zur eigenen Entscheidung verbleiben (BVerwG ZfSH/SGB 1995, 303).

Die Fachkräfte

Die Sozialleistungen des SGB VIII, die persönlichen und erzieherischen Hilfen stellen besondere Anforderungen an die Fachlichkeit. § 72 SGB VIII sieht deswegen vor, dass bei den öffentlichen Trägern in der Regel hauptberuflich nur Personen beschäftigt sind, die Fachkräfte sind. Die hierfür u. a. erforderliche „persönliche Eignung" wird in § 72a SGB VIII näher konkretisiert. Als fachliche Ausbildung wird die gesamte Bandbreite der *sozialpädagogischen Berufe im weiteren Sinne* verstanden.

Andere fachliche Ausbildungen (sozialwissenschaftliche, allgemeine nichttechnische, juristische usw.) zählen nicht zu den sozialpädagogischen Berufen, sie ermöglichen den Zugang nur zu jeweils spezifischen Sektoren (z. B. Jugendhilfeplanung, politische Bildung). § 72 Abs. 2 SGB VIII schreibt ausdrücklich vor, dass die *leitenden Funktionen* in der Regel nur *Fachkräften* übertragen werden können.

Örtliche Zuständigkeit, Kostenerstattung

Für die *örtliche Zuständigkeit* wird in §§ 86 bis 88 SGB VIII zwischen der örtlichen Zuständigkeit für Leistungen (§§ 86 bis 86d SGB VIII) und der örtlichen Zuständigkeit für die anderen Aufgaben unterschieden (§§ 87 bis 87c SGB VIII). Unkompliziert ist die Regelung bei *jungen Volljährigen.* Hier wird an ihrem gewöhnlichen Aufenthaltsort vor Beginn der Leistung angeknüpft (§ 86a SGB VIII). Kompliziert sind die Regelungen bei *Leistungen für Minderjährige.* Der Grund liegt in der (ideologischen) Entscheidung des Gesetzgebers, in vielen Fällen als Leistungsberechtigte nicht die Minderjährigen, sondern die Personensorgeberechtigten anzusehen. Da aber die Leistungen wegen der Minderjährigen erbracht werden, bedarf es zahlreicher Sonderregelungen (§§ 86b ff. SGB VIII). Grundsätzlich ist nach § 86 Abs. 1 SGB VIII für Leistungen an Minderjährigen der *gewöhnliche Aufenthaltsort* (§ 30 Abs. 3 SGB I) *der Eltern* maßgebend, wenn sie verschiedene Aufenthaltsorte haben, richtet sich die Zuständigkeit nach dem gewöhnlichen Aufenthalt des Elternteils, bei dem das Kind vor Beginn der Leistung zuletzt seinen gewöhnlichen Aufenthalt hatte. Falls nur ein Elternteil sorgeberechtigt ist, so richtet sich die Zuständigkeit nach dessen gewöhnlichem Aufenthalt. Schwierigkeiten bereiten diese Bestimmungen überall dort, wo der gewöhnliche Aufenthaltsort des Kindes sich aufgrund außerfamilialer Erziehungssituationen dauerhaft von dem der Eltern unterscheidet. Hier bedurfte es umfangreicher Regelungen für die *örtliche Zuständigkeit* (§§ 86 bis 88 SGB VIII – Schindler in: Münder/Wiesner 2007, Kap. 4.6), und um nicht die Orte, in denen sich Einrichtungen der Jugendhilfe befinden, besonders zu belasten, bedarf es dann auch entsprechender *Regelungen für die Kostenerstattung* (§§ 89 ff. SGB III).

Kosten, Kostenbeteiligung

Bei der Frage, ob und inwiefern junge Volljährige, bzw. Minderjährige und ihre Eltern an den Kosten der Kinder- und Jugendhilfe zu beteiligen sind, versucht das SGB VIII eine Lösung zu finden zwischen dem Fürsorgerecht, wonach die Leistungsberechtigten, sofern sie leistungsfähig sind, die Kosten zu tragen haben, und Jugendhilfe als Sozialisationsförderung für alle Kinder und Jugendlichen unabhängig von der materiellen Situation ihrer Eltern. So unterscheidet das SGB VIII bei der Kostenbeteiligung (Schindler in: Münder/Wiesner 2007, Kap 5.5; Münder 2007, 186):

- Leistungen, bei denen es *keine Kostenbeteiligung* gibt: Jugendsozialarbeit (nur nach § 13 Abs.1, 2 SGB VIII), erzieherischer Kinder- und Jugendschutz, Beratung (§§ 16 bis 18), ambulante Hilfen zur Erziehung (§§ 28 bis 31, 35a SGB VIII).
- Leistungen, bei denen eine *pauschalierte Kostenbeteiligung* (durch Teilnahmebeiträge/Gebühren) vorgesehen ist: Jugendarbeit (§ 11 SGB VIII), allgemeine Förderung der Erziehung in der Familie (§ 16 Abs. 1, Abs. 2 Nr. 1, Nr. 3 SGB VIII) und Förderung von Kindern in Tageseinrichtungen und Kindertagespflege (§§ 22 ff. SGB VIII).
- Leistungen, bei denen es eine *individuelle Kostenbeteiligung* (durch Heranziehung zu den Kosten) gibt: diese sind die verbleibenden in §§ 91 bis 94 SGB VIII im Einzelnen genannten Leistungen.

Wer kostenbeitragsverpflichtet ist, wird in § 92 SGB VIII geregelt. Um zu erreichen, dass bei erzieherischem Bedarf auf jeden Fall Leistungen der Jugendhilfe erbracht werden, sieht das Gesetz die *Vorleistungspflicht der öffentlichen Jugendhilfeträger* (§ 91 Abs. 5 SGB VIII) vor; die Heranziehung wird dann erst nachträglich realisiert.

Das Leistungserbringungsrecht bei der Leistungserbringung durch private/freie Leistungsanbieter

Die ganz überwiegende Mehrzahl der Leistungen des SGB VIII wird von freien/privaten Trägern erbracht (Überblick bei Münder 2007, 38 ff.). Erst mit der Einführung der *§§ 78a ff. SGB VIII* fand

eine gewisse Gestaltung des *Leistungserbringungsrechts* statt, das Bedeutung insbesondere für die Finanzierung der Leistungserbringung hat.

Das jugendhilferechtliche Dreiecksverhältnis

Werden Leistungen nicht vom öffentlichen Leistungsträger selbst, sondern durch Dritte erbracht (Körperschaften, möglicherweise aber auch Einzelpersonen z.B. bei der Tagespflege), so bestehen Rechtsbeziehungen zwischen diesen drei Beteiligten, es entsteht das sog. jugendhilferechtliche Dreiecksverhältnis (ausführlich 170 ff.). Dies wird gebildet durch die leistungsberechtigten Bürgerinnen und Bürger (Leistungsberechtigte), durch die leistungsverpflichteten öffentlichen Träger (Leistungsträger) und durch die leistungserbringenden Organisationen (Leistungserbringer). Dreh- und Angelpunkt dieser Rechtsbeziehung sind die Leistungsberechtigten (Münder 2007, 170 ff.).

Existiert ein Rechtsanspruch (bzw. wird bei Ermessen die Anspruchsberechtigung durch Verwaltungsakt des Leistungsträgers konkretisiert), so hat der *Leistungsberechtigte* einen *Anspruch* auf Leistungen gegen den Jugendhilfeträger als *Leistungsträger*. Nimmt der *Leistungsberechtigte* im Rahmen seines Wunsch- und Wahlrechts (§ 5 SGB VIII) *Leistungen der Leistungserbringer* in Anspruch, so entsteht ein *gegenseitiger privatrechtlicher Vertrag*. Daneben (zwingend bei Leistungen nach § 78a Abs. 1 SGB VIII) bestehen *vertragliche Beziehungen zwischen dem Leistungsträger und dem Leistungserbringer* meist auf der Rechtsgrundlage des § 77 bzw. §§ 78a ff. SGB VIII (Ausnahme wäre eine Finanzierung nach § 74 SGB VIII). Faktischer Schwerpunkt solcher Vereinbarungen sind Absprachen über die zu zahlenden Entgelte, wenn ein leistungsberechtigter Bürger die Angebote der Leistungserbringer in Anspruch nimmt. Bei diesen Vereinbarungen handelt es sich um öffentlich-rechtliche Verträge (BGHZ 111, 339 ff.; BVerwG 94, 202 ff.). Mit dem jugendhilferechtlichen Dreiecksverhältnis sind zum Teil komplizierte Rechtsfragen aufgeworfen (ausführlich Neumann 1992; 1996; Münder in Münder et al.: FK-SGB VIII VorKap 5 Rn 6 ff.). Wichtig für das Verständnis des jugendhilferechtlichen Dreiecksverhältnisses ist die Tatsache, dass die Rechtsverhältnisse unabhängig voneinander bestehen. Die

Abwicklung der jeweiligen Rechtsbeziehung ist in den jeweiligen Rechtsverhältnissen zu klären.

Leistungs-, Qualitätsentwicklung- und Entgeltvereinbarungen

Am ausgeprägtesten ist das Leistungserbringungsrecht in den Vorschriften der §§ 78a ff. SGB VIII. *Zentrale Elemente* dieser Regelung sind:

- *der Abschluss von Leistungs-, Entgelt- und Qualitätsentwicklungsvereinbarungen:* Sie sind erforderlich dafür, damit das Entgelt bei der Einrichtung übernommen wird (§ 78b Abs. 3 SGB VIII);
- Abschluss mit *allen geeigneten Leistungsanbietern* (§ 78b Abs. 2 SGB VIII);
- *prospektive Entgelte:* Die Entgelte sind für einen zukünftigen Zeitraum zu vereinbaren (§ 78d SGB VIII), ein nachträglicher Ausgleich (von Defiziten oder von Überschüssen) ist unzulässig;
- *Schiedsstelle:* wegen der hohen Bedeutung der Vereinbarung für alle Beteiligten wird zur schnellen Schlichtung von Streitfragen eine Schiedsstelle eingerichtet (§ 78g SGB VIII).

Finanzierung der Leistungserbringung

Betrachtet man die Finanzierung der Leistungserbringung insgesamt, so lassen sich *zwei Modelle der Finanzierung der Leistungserbringung Dritter* im SGB VIII identifizieren:

- Das dem jugendhilferechtlichen Dreiecksverhältnis entsprechende, auf diesen *dreiseitigen Rechtsbeziehungen* beruhende Finanzierungsmodell: Die Leistungserbringer haben aufgrund des privatrechtlichen Vertrags Ansprüche gegen die Bürger / Leistungsberechtigten, diese wiederum (ggf. auch die Leistungserbringer unmittelbar) haben einen Anspruch auf Übernahme des Entgeltes gegen den Leistungsträger. Die finanzielle Abwicklung erfolgt hier also „über die Leistungsberechtigten / die Bürger".
- Daneben kann die *Finanzierung* von Leistungen durch Dritte auch auf der *Basis von zweiseitigen Rechtsbeziehungen* erfolgen, bei denen nur die Träger der öffentlichen Jugendhilfe und die leistungserbringenden Träger beteiligt sind. Hierzu zählt die Zuwendungsfinanzierung / die Sozialsubvention; grundsätzlich möglich sind auch zweiseitige Beschaffungsverträge. Dieses ist häufig dort der Fall, wo keine Rechtsansprüche von individuellen Leistungsberechtigten existieren oder Unklarheiten über den Inhalt und Umfang möglicher Rechtsansprüche bestehen. Rechtsgrundlage hierfür ist § 74 SGB VIII bei Zuwendungen, falls es sich um Verträge handelt, der weit gefasste § 77 SGB VIII.

In der Praxis kommt es häufig zur *Vermischung der beiden Finanzierungsmodelle (duale Finanzierung)*, etwa wenn Teile der Gesamtkosten durch Sozialsubvention, andere über Entgelte finanziert werden. Rechtliche Probleme ergeben sich hier vornehmlich aus der Perspektive der Leistungsberechtigten: Werden die Gesamtkosten durch Subventionierung von Kostenbestandteilen „nach unten subventioniert", so könnte das (unter dem Verdikt der „unverhältnismäßigen Mehrkosten" stehende) Wunsch- und Wahlrecht (§ 5 SGB VIII) der Leistungsberechtigten ausgehebelt werden.

Literatur

Balloff, R. (2004): Kinder vor dem Familiengericht. Ernst Reinhardt Verlag, München / Basel

Humme, C. (2005): KICK und TAG. Zwei Meilensteine zur zeitgemäßen Weiterentwicklung der Kinder- und Jugendhilfe. Unsere Jugend 10, 402

Jordan, J. (2005): Kinder- und Jugendhilfe. 2. Aufl. Juventa, Weinheim

–, Münder, J. (Hrsg.) (1987): 65 Jahre (Reichs-) Jugendwohlfahrtsgesetz. Votum, Münster

Klier, R., Brehmer, M., Zinke, S. (2002): Jugendhilfe im Strafverfahren – Jugendgerichtshilfe. 2. Aufl. Walhalla Fachverlag, Berlin

Merchel, J., Reismann, H. (2004): Der Jugendhilfeausschuss 10. Juventa, Weinheim / München

– (2003): Der Jugendhilfeausschuss besser als sein Ruf? Nachrichtendienst des Deutschen Vereins für öffentliche und private Fürsorge, 422–429

Mrozynski, P. (1999): Der Rechtsanspruch auf Leistungen im Kinder- und Jugendhilferecht. Zentralblatt für Jugendrecht 11, 403–413

Münder, J. (2009a): Das Kinderförderungsgesetz – Änderungen, Fragen, Probleme. Neue Praxis 1, 3–16

– (2009b): Das Kinderförderungsgesetz. Recht der Jugend und des Bildungswesens 1, 4–12

– (2007): Kinder- und Jugendhilferecht, 6. Aufl. Wolters Kluwer, Köln

– (1998): Von der Subsidiarität über den Korporatismus zum Markt? Neue Praxis 1, 3–12

– (1991): Ansprüche und Leistungen im Jugendhilferecht. Zentralblatt für Jugendrecht, 285 ff.

– (1990): Das Jugendwohlfahrtsgesetz von 1922 – „Inkraftgetreten" – 1953. Recht der Jugend und des Bildungswesens 1, 43–53

–, Ernst, R. (2009): Familienrecht – eine sozialwissenschaftlich orientierte Darstellung. 6. Aufl. Wolters Kluwer, Köln

–, Meysen, T., Trenczek, T. (2009): Frankfurter Kommentar zum SGB VIII. 6. Aufl. Nomos, Baden-Baden (zit. als: Bearbeiter in Münder et. al.: FK-SGB VIII § X Rz. Y)

–, Mutke, B., Schone, R. (2000): Kindeswohl zwischen Jugendhilfe und Justiz. Votum, Münster

–, Ottenberg (1999): Der Jugendhilfeausschuss. Votum, Münster

–, Wiesner, R. (Hrsg.) (2007): Handbuch zum Kinder- und Jugendhilferecht. Nomos, Baden-Baden (zit. als: Bearbeiter in: Münder / Wiesner)

Neumann, V. (1996): Subventionen oder Leistungsentgelte? – Drei Anmerkungen zum Leistungserbringungsrecht des SGB VIII. RsDE 31, 42–60

– (1992): Freiheitsgefährdung im kooperativen Sozialstaat. Heymanns, Köln u. a.

Schmid, H. (2004): Die Hilfeplanung nach § 36 SGB VIII. Lambertus, Frankfurt / M.

Schwengers, C. (2007): Eingliederungshilfen für seelisch behinderte Kinder und Jugendliche nach § 35a SGB VIII im Verhältnis zu konkurrierenden Leistungen nach dem (Sozial-)Leistungsrecht. Zugleich ein Beitrag zu öffentlich-rechtlichen Ausgleichsansprüchen bei Doppelzuständigkeiten von Leistungsträgern. Boorberg, Stuttgart

Trenczek, T. (2003): Die Mitwirkung der Jugendhilfe im Strafverfahren. Konzeption und Praxis der Jugendgerichtshilfe. Juventa, Münster

Wiesner, R. (2003): Zur gemeinsamen Verantwortung von Jugendamt und Familiengericht für die Sicherung des Kindeswohls. Zentralblatt für Jugendrecht 4, 121–164

Sozialberichterstattung und Sozialplanung

Von Andreas Markert und Silvia Wieseler

In den letzten Jahren wurden zahlreiche Sozialberichte vorgelegt und teilweise kontrovers diskutiert. Im folgenden Beitrag werden zunächst allgemein die Entstehungshintergründe sowie grundlegende Akteure, Ansätze, Methoden und Funktionen der Sozialberichterstattung skizziert, ehe in einem zweiten Schritt die für die Soziale Arbeit besonders relevante Ebene der kommunalen Sozialberichterstattung näher beleuchtet wird.

Entstehung und Entwicklung der Sozialberichterstattung

Ihren Ausgangspunkt nahm die moderne Sozialberichterstattung in den USA. Der Sozialwissenschaftler Mancur Olson entwickelte 1969 im Auftrag der US-Regierung den Prototyp des nationalen Sozialberichtes, der unter dem Titel „Toward a Social Report" veröffentlicht wurde (Departement for Health, Education and Welfare 1969). Schon dieser Sozialbericht wurde vor dem Hintergrund einer zunehmenden Entkoppelung der ökonomischen Entwicklung von der sozialen Wohlfahrt der Bevölkerung als durchaus kritische Ergänzung zur jährlichen Wirtschaftsberichterstattung konzipiert; eine Intention, die bis heute keineswegs an Relevanz verloren hat. Wenngleich die USA den Social Report nicht wie geplant regelmäßig fortführten, wurde die Idee der Sozialberichterstattung von zahlreichen Ländern aufgegriffen. So haben in den vergangenen vier Jahrzehnten die Mehrzahl der europäischen Nationen und eine Reihe internationaler Institutionen und Organisationen wie die OECD, die Europäische Union, die Vereinten Nationen und die Weltbank in unterschiedlicher Form regelmäßige und z. T. international vergleichbare Sozialberichte oder Datenreports etabliert. Insbesondere in der Hochphase der 1970er und

einer Neubelebung in den 1990er Jahren wurde die Sozialberichterstattung erfolgreich weiterentwickelt (Rothenbacher 1993; Noll / Zapf 1994; Zapf 1998; Vogel 1993).

Sozialberichterstattung in Deutschland

In der DDR gab es nur

„wenige Publikationen, die der Sozialberichterstattung zugerechnet werden können. Die staatliche Zentralverwaltung für Statistik erhob seit den 1980er Jahren neben der routinemäßigen Statistik über die Bevölkerungsstruktur und -entwicklung, die Todesursachen, die Beschäftigten nach Wirtschaftsbereichen, die Bildung, Einrichtungen, Leistungen und Beschäftigte im Gesundheitswesen auch Informationen zur Zeitverwendung der Arbeiter und Angestellten, zur Entwicklung der Versorgung der Bevölkerung und des Lebensstandards sowie zu Haushaltseinkommen und Ausstattung der Haushalte. Letztgenannte Daten standen nur einem sehr kleinen ausgewählten Kreis von Führungspersonen in Partei und Staat zur Verfügung. Ein Konzept der Sozialberichterstattung im Sinne der Erarbeitung eines umfassenden Bildes über die Lebensqualität der Bevölkerung sowie Trends ihrer Entwicklung liegen nicht vor." (Hermann 2006, 47 f.)

In der BRD erarbeitete die Forschergruppe um Wolfgang Zapf 1969 das Sozialpolitische Entscheidungs- und Indikatorensystem (SPES). Auf der Grundlage des SPES wurde unter der Federführung der „Abteilung Soziale Indikatoren" des Zentrums für Umfragen, Methoden und Analysen (ZUMA) das System Sozialer Indikatoren für die BRD kontinuierlich ausgebaut und weiterentwickelt. Es umfasst derzeit rund 400 Indikatoren und über 3.000 Zeitreihen, welche die folgenden 14 Lebensbereiche abbilden: Bevölkerung, Sozioökonomische

Otto/Thiersch (Hg.), Handbuch Soziale Arbeit, 4. A., DOI 10.2378/ot4a.art129,

Gliederung und Schichteinstufung, Arbeitsmarkt und Beschäftigungsbedingungen, Einkommen und seine Verteilung, Einkommensverwendung und Versorgung, Verkehr, Wohnung, Gesundheit, Bildung, Partizipation, Umwelt, Öffentliche Sicherheit und Kriminalität, Freizeit und Mediennutzung sowie allgemeine Wohlfahrtsmaße. Die Datensätze sind über das Internet allgemein zugänglich (http://www.gesis.org/dienstleistungen/ daten/soziale-indikatoren/disi). Als nationalen Sozialbericht veröffentlicht das Statistische Bundesamt in Kooperation mit GESIS-ZUMA und dem Wissenschaftszentrum Berlin für Sozialforschung im Abstand von zwei Jahren den Datenreport (Statistisches Bundesamt 2008; 2006). Er beschreibt zum einen die faktischen Lebensbedingungen und deren Wandel auf der Grundlage der amtlichen Statistik und wissenschaftlicher Studien. Darüber hinaus umfasst er eine Analyse und Darstellung der Wohlfahrtsentwicklung, die auch Informationen über die subjektive Wahrnehmung und Bewertung der objektiven Lebensbedingungen aus der Sicht der Bürger einschließt. Um der europäischen Integration und der Internationalisierung der Sozialberichterstattung Rechnung zu tragen, wurden international vergleichende Analysen ergänzt. Der Ansatz des eigens entwickelten Europäischen Systems Sozialer Indikatoren schließt die 27 EU-Nationen, die Schweiz und Norwegen sowie als Referenzgesellschaften die USA und Japan ein (http://www.gesis.org/dienstleistungen/daten/soziale-indikatoren/eusi).

Für Deutschland sind als weitere wichtige Ansätze der Sozialberichterstattung u. a. das ebenfalls als Dauerbeobachtung angelegte Sozioökonomische Panel (SOEP) des Deutschen Instituts für Wirtschaftsforschung (DIW 2008; Burkhauser et al. 1997), ausgewählte Datenreihen des statistischen Bundesamtes (u. a. die Einkommens- und Vermögensstichprobe, Sozialhilfestatistik) sowie Berichte verschiedener Akteure zu spezifischen Lebensbereichen wie z. B. Armutsberichte (Bundesregierung 2008; 2005; 2001; Hanesch et al. 2000; 1994; Hauser / Hübinger 1993), Gesundheitsberichte (Bundesministerium für Gesundheit (BMG) 2006; Statistisches Bundesamt 1998; Brückner 1997) und Familienberichte (Bundesministerium für Familie und Senioren, Frauen und Jugend (BMFSFJ) 2006; Leu 1997) oder Berichte zur Situation von Teilpopulationen wie u. a. von Kindern und Jugendlichen

(BMFSFJ 2005a; 2002a; Nauck 1997), Frauen und Männern (Cornelißen 2005; BMFSFJ 1998; Kramer 1997), älteren Menschen (BMFSFJ 2005b, 2002b, 2000a; Arbeiterwohlfahrt 1999; Niederfranke 1997), Migranten (BMFSFJ 2000b, 1999; Beauftragte der Bundesregierung für Migration, Flüchtlinge und Integration 2007, 2005) oder Behinderten (Bundesregierung 2008; 2004) zu nennen.

Neben der Berichterstattung durch Bund und Länder sowie wissenschaftliche Einrichtungen engagieren sich auch die Wohlfahrtsverbände wie die Arbeiterwohlfahrt, der Paritätische, der Deutsche Caritasverband und das Diakonische Werk sowie der Deutsche Gewerkschaftsbund in unterschiedlichen Feldern der Sozialberichterstattung (Hanesch et al. 2000; 1994; Hauser / Hübinger 1993; Arbeiterwohlfahrt 1999).

In Teilen ist dieses Engagement als Reaktion auf die Berichterstattung des Bundes und der Länder zu werten. Insbesondere der Armuts- und Reichtumsbericht (Bundesregierung 2008; 2005; 2001), den die Bundesregierung 1998 institutionalisierte und dem starke öffentliche Aufmerksamkeit zuteil wird, wird häufig kontrovers diskutiert. Die Kritik reicht von theoretisch-konzeptionellen Defiziten über Mängel der Datengrundlage bis zum Vorwurf einer unzureichend neutralen und daher „beschönigenden" Berichterstattung zugunsten der eigenen politischen Programme und zur Begrenzung des politischen Handlungsdrucks. Insbesondere mit Blick auf die idealtypischen Aufgaben und Zielsetzungen der Sozialberichterstattung werden die bestehenden Ansätze nach wie vor als unbefriedigend bewertet (Hanesch 2007).

Funktionen und Zielsetzungen der Sozialberichterstattung

Nach Noll (1997, 7) besteht eine zentrale Funktion der Sozialberichterstattung darin, „Zustand und Veränderungen der Lebensbedingungen und der Lebensqualität der Bevölkerung auf einer adäquaten empirischen Datenbasis im Sinne eines regelmäßigen und umfassenden gesellschaftlichen ‚monitoring' zu messen, zu beschreiben und zu analysieren". Noll (1999) unterscheidet dabei die Funktionen der Dauerbeobachtung des sozialen Wandels und der Wohlfahrtsmessung. Im Rahmen der Beobachtung des sozialstrukturellen Wandels wird die Modernisierung der Gesellschaft einschließlich ihrer Bedingungen, ihrer Probleme und Konsequenzen analysiert. Die Wohlfahrtsmessung integriert die Frage nach den objektiven Lebensbedingungen (level of living) und dem subjektiven Wohlbefinden (quality of life) der Bürger.

Eine frühe Definition von Zapf verdeutlicht den umfassenden Anspruch, der vor allem in deren Aufbauphase mit der Sozialberichterstattung verbunden wurde. Es sei Aufgabe der Sozialberichterstattung „über gesellschaftliche Strukturen und Prozesse sowie über die Voraussetzungen und Konsequenzen gesellschaftspolitischer Maßnahmen regelmäßig, rechtzeitig, systematisch und autonom zu informieren" (Zapf 1977, 11). Die Zielsetzungen der Sozialberichterstattung gehen damit weit über die reine Informationsgenerierung und -präsentation hinaus. Vielmehr wird den aufbereiteten Informationen sowohl mit Blick auf die Allgemeinbevölkerung als auch auf die Politik eine „aufklärende" Funktion zugeschrieben. Die Sozialberichterstattung soll idealtypisch betrachtet eine objektive Grundlage für den politischen Diskurs schaffen und so die politische Willensbildung und Zielformulierung unterstützen. In einem weiteren Schritt kann bei der Planung politischer Interventionen zur Bedarfsanalyse auf die Informationen der Sozialberichterstattung zurückgegriffen werden; hier zeigt sich der Anknüpfungspunkt zur Sozialplanung (siehe Kapitel „Entwicklung und Bezugskontexte kommunaler Sozialberichterstattung"). Schließlich ermöglicht die Sozialberichterstattung – wenn auch recht unspezifisch – eine Evaluation der Maßnahmen, indem die Zielerreichung, etwa auf der Ebene einer Verbesserung der objektiven und subjektiven Lebensbedingungen der Bevölkerung, durch die Dauerbeobachtung der sozialen Indikatoren bewertet werden kann.

In der politischen Praxis ist die direkte Verknüpfung zwischen sozialer Berichterstattung auf der einen und politischer Zielformulierung und Implementation entsprechender sozialpolitischer Maßnahmen sowie deren Evaluation auf der anderen Seite kaum zu beobachten. Wissenschaftliche Informationen fließen nicht derart unmittelbar in politisches Handeln ein, da in politischen Prozessen andere Rationalitäten im Vordergrund stehen. Dennoch darf die indirekte Unterstützung der Politik durch die Aufklärung der breiten Öffentlich-

keit und die Unterstützung der politischen Meinungsbildung nicht unterschätzt werden. Die Sozialberichterstattung beobachtet und beschreibt die Entwicklung der sozialen Indikatoren nicht nur neutral, sondern stellt darüber hinaus Informationen für eine kritische Bewertung dieser Entwicklung bereit. Vor allem in der Aufbauphase wurde der Anspruch formuliert, dass die Sozialberichterstattung eine Datenbasis bieten solle, die es erlaube, eine Bewertung der Lebensbedingungen und deren zeitlichen Wandels im Sinne eines Soll-Ist-Vergleichs vorzunehmen und im Zeitverlauf Verbesserungen, aber auch Verschlechterungen offen zu legen. So haben insbesondere die Verbände wie der Deutsche Cariatsverband, die Arbeiterwohlfahrt, der Paritätische oder der Deutsche Gewerkschaftsbund häufig Ergebnisse der Sozialberichterstattung genutzt, um explizit Bewertungen vorzunehmen und sozialpolitische Forderungen abzuleiten.

Typen der Sozialberichterstattung

Zur Klassifikation der vielfältigen Ansätze unterscheidet Noll (1997) die Sozialberichte nach der räumlichen Ebene, auf die sie sich beziehen, wie umfassend bzw. spezifisch sie ausgerichtet sind und von welchen Institutionen sie erstellt werden.

In diesem Zusammenhang lassen sich Sozialberichte zum einen danach differenzieren, ob sie die Lebensbedingungen einer Gesellschaft umfassend beschreiben oder spezifische Lebensbereiche (Familien-, Gesundheits-, Umweltberichterstattung etc.), Bevölkerungsgruppen (Frauen, ältere Men-

Tab. 1: Typologie Sozialberichterstattung (Noll 1997, 9)

Ebene	Typ	Akteure
Supranational	Umfassend, bereichsübergreifend	Amtlich: – Statistische Ämter – Ministerien
National		
Regional, subnational	Speziell: – Einzelne Lebensbereiche – Teilpopulationen – Spezielle soziale Probleme	Nicht amtlich: – Wissenschaftliche Institute – Verbände
Lokal, kommunal		

schen, Kinder, Migranten, Behinderte etc.) oder ausgewählte soziale Probleme (Armut, Arbeitslosigkeit, Sozialhilfe etc.) behandeln (Noll 1997). Bei den Akteuren unterscheidet Noll im Wesentlichen zwischen amtlichen Institutionen wie Bundes- und Länderministerien sowie statistischen Ämtern und nicht-amtlichen Institutionen.

Auf der räumlichen Ebene differenziert er zwischen supranational, national, regional oder lokal orientierter Berichterstattung. Auf der supranationalen Ebene sind die Reports der internationalen Organisationen wie der OECD, der Vereinten Nationen, der Weltbank oder EU zu nennen, die in den vergangenen Jahren stark weiterentwickelt wurden. Sie ermöglichen zum Teil einen internationalen Vergleich der Lebensbedingungen. Der für die Bundesrepublik zentrale Datenreport (Statistisches Bundesamt 2008; 2006) oder das SOEP (DIW 2008) beziehen sich primär auf die nationale Ebene, in verschiedenen Bundesländern finden sich regionale Berichtskonzepte (z. B. Landessozialberichte NRW). Auf der lokalen Ebene – die im Weiteren näher betrachtet wird – ist auf die inzwischen vielfältigen Ansätze der kommunalen Sozialberichterstattung hinzuweisen (bspw. Mardorf 2006; Otto / Karsten 1990).

Kommunale Sozialberichterstattung

Auf der lokalen bzw. regionalen Ebene lassen sich – komplementär zu den skizzierten Aufgaben und Zielsetzungen – eine Reihe spezifischer Konstitutionsmerkmale und Funktionsbestimmungen nachzeichnen. Neben teilweise divergierenden Definitionen beziehen sich diese Spezifika im Wesentlichen auf die zugrunde gelegten Gestaltungsprinzipien, den Entstehungskontext und die konzeptionellen Dimensionierungen kommunaler Sozialberichterstattung sowie auf die in diesem Zusammenhang verwendeten Methoden und anvisierten Ziele.

Sozialpolitische Rahmenbedingungen und Gestaltungsaufgaben

Eingebettet sind Prozesse und Strukturen kommunaler Sozialberichterstattung in das (aus der Allzuständigkeit der Kommunen für die lokalen Le-

bensbedingungen resultierende) Prinzip der „kommunalen Sozialstaatlichkeit". Dieser – zumindest dem Anspruch nach – für das Handeln kommunaler Verwaltungs- und Politiksysteme prägende Ansatz schreibt den Kommunen generell zwei grundlegende Gestaltungsaufgaben zu (Hanesch 1999, 45 ff.): Diese liegen im Wesentlichen in der Bereitstellung materieller Sicherungsleistungen sowie in der Schaffung einer sozialen Infrastruktur, die sich aus stationären, teilstationären und ambulanten Angeboten für unterschiedliche Bedarfs- und Problemlagen zusammensetzt. In einem weiter gefassten Sinn kommt den Kommunen in diesem Zusammenhang eine als Lebenslagenpolitik interpretierbare sozialpolitische Aufgabe zu, „die durch eine sozial ausgewogene Stadtentwicklung eine möglichst gleichmäßige Entwicklung und Verteilung von Lebenschancen und Lebensbedingungen für die Bürger des örtlichen Gemeinwesens anstrebt und dem Ziel der Schaffung bzw. Erhaltung eines integrierten, funktionsfähigen Gemeinwesens verpflichtet ist" (Hanesch 1999, 46). Angesichts der seit einigen Jahren zu verzeichnenden Verdichtung, Verschärfung und Segregation sozialer Problem- und Armutslagen hat dieser sozialpolitische Gestaltungsauftrag für zahlreiche Kommunen (zumindest potenziell) einen erhöhten Interventions- und Steuerungsbedarf zur Folge.

Entwicklung und Bezugskontexte kommunaler Sozialberichterstattung

Betrachtet man vor diesem Hintergrund die historische Entwicklung, so lassen sich in der Bundesrepublik erste systematische Ansätze kommunaler Sozialberichterstattung in den 1980er Jahren erkennen. Angesichts der in dieser Dekade kumulierenden wirtschaftlichen und sozialen Krisentendenzen wurde in vielen Kommunen die Intensivierung und Institutionalisierung regionaler Sozialberichterstattung als ein eigenständiges sozialpolitisches Gestaltungs- und Steuerungsinstrument zur Bekämpfung und Regulierung sozialer Problemlagen angesehen. Insbesondere im Hinblick auf die sich verfestigende und auf der lokalen Ebene virulent werdende (Massen-)Arbeitslosigkeit und die Ausweitung der „Neuen Armut", die sich nicht zuletzt in einer steigenden Anzahl von SozialhilfeempfängerInnen ausdrückte, wurde die aufklärende und steuerungsbezogene Funktion kommunaler Sozialberichte betont. In Zeiten vielfach leerer öffentlicher Kassen sollten so (Unterstützungs-)Leistungen des kommunalen Sozialstaates möglichst effizient und effektiv gestaltet bzw. entstehende Versorgungsnotwendigkeiten und -disparitäten frühzeitig erkannt und entsprechend reguliert werden. Vor allem (Groß-)Städte, in denen der armutsinduzierte Problemdruck besonders deutlich wurde, entwickelten bereits recht früh in den 1980er Jahren kommunale, oftmals als „Sozialhilfeberichte" angelegte Sozialberichte (Hanesch 1990). Demgegenüber wiesen kleinere Kommunen und Landkreise in der Regel ein deutlich niedrigeres Institutionalisierungsniveau kommunaler Sozialberichterstattung auf. Neben logistischen Gründen – wie etwa unzureichenden Datengrundlagen oder kapazitären Aspekten (Schubert 1995) – spielte hierbei häufig auch ein im Vergleich zu Großstädten deutlich geringerer Problemdruck bzw. eine fehlende „Sensibilität für Anzeichen von Verarmung" (Kläui 2007, 55) eine Rolle.

Seit den 1990er Jahren ist eine deutliche Ausweitung sowie zielgruppenbezogene und methodische Ausdifferenzierung kommunaler Sozialberichterstattungen festzustellen. Neben den bereits erwähnten Sozialhilfeberichten, in denen in der Regel die Anzahl, Struktur und räumliche Verteilung von HilfeempfängerInnen sowie die in diesem Bereich aufgewendeten öffentlichen Unterstützungsleistungen dokumentiert wurden, besteht mittlerweile auch auf der kommunalen Ebene ein recht breites Spektrum von Berichten zu unterschiedlichen sozialen Problemlagen und Bevölkerungsgruppen. In Anlehnung an die oben skizzierte Typologie von Noll reicht in diesem Zusammenhang das entsprechende Kontinuum von genuinen Armutsberichten über Berichte zur sozialen Lage von Kindern, Jugendlichen und Familien(formen) bis zu Behinderten- und Seniorenberichten, umfasst aber auch reine Sozialstrukturberichte und Sozialraumanalysen.

Mit dieser Entwicklung geht eine Ausdifferenzierung der methodischen Zugänge und statistischen Verfahren einher, bei denen jedoch nach wie vor eindeutig sekundäranalytische Aufbereitungen unterschiedlichster (vor allem amtlicher) Datenquellen bzw. quantitative Verfahren der empirischen Sozialforschung dominieren. Konstitutiv ist in diesem Zusammenhang, dass die zur Verfügung

stehenden Datengrundlagen in den meisten Kommunen „nicht originär für Zwecke der kommunalen Berichterstattung angelegt sind, die Zusammenhänge der Lebenslagen untereinander nicht aufzeigen können, geschweige denn Ursachenanalysen ermöglichen, auf der Indikatorenebene i. d. R. nicht kompatibel sind und fast nie auf Zeitreihen- oder Verlaufsanalysen beruhen, um Entwicklungen aufzuzeigen bzw. Trends und Prognosen ableiten zu können" (Mardorf 2006, 34). Des Weiteren sind die einzelnen Berichterstattungssysteme nur sehr bedingt anschlussfähig an übergreifende bzw. überregionale Datensets und Statistiken sowie häufig interregional kaum vergleichbar.

In konzeptioneller Hinsicht orientieren sich viele kommunale Sozialberichterstattungen an sozialwissenschaftlichen (Sozial-)Raumansätzen. Diese vermehrte Integration sozialwissenschaftlicher Raumansätze trägt den sich verschärfenden ungleichen Lebensverhältnissen und ihren Auswirkungen für individuelle und soziale Entwicklungsprozesse innerhalb der Kommunen Rechnung. In der Praxis kommunaler Sozialberichterstattung werden die unterschiedlichen sozialwissenschaftlichen Raumkonzepte in der Regel entdifferenziert und pragmatisch zu einem Konglomerat aus „Lebensraum, Quartier, Heimat, sozialem Mikrokosmos, in dem sich globale gesellschaftliche Entwicklungsprozesse und Versäumnisse widerspiegeln und brechen" (VSOP 1998) verdichtet. Kleinräumig angelegte Sozialraumanalysen zielen in diesem Zusammenhang darauf ab, anhand geeigneter Indikatoren soziale Problemlagen, Versorgungsdisparitäten und Bedarfsnotwendigkeiten als auch Ressourcen informeller Hilfesysteme abzubilden. Vergleichbare qualitative Standards sozialräumlicher Analysen bestehen bisher allenfalls in Ansätzen – ein Umstand, der wesentlich darauf zurückzuführen ist, dass die hierzu notwendige Datengrundlage oftmals unvollständig und wenig aktuell ist und zudem unterschiedlichen Systematisierungsprinzipien der beteiligten Institutionen unterliegt.

Die Qualität kommunaler Sozialberichterstattungen wird zumeist entlang der in der Sozialen Arbeit gängigen Kategorien der Struktur-, Prozess- und Ergebnisqualität bestimmt. So lassen sich bspw. den Strukturqualitäten „der Berichtsauftrag, die Orientierung auf Adressaten, die räumliche und sachliche Abgrenzung der Berichtsgegenstände, die Entscheidung für ein Berichtskonzept sowie Verabredungen über Datenzugänge zurechnen" (Bartelheimer 2001, 254),während Prozessqualität u. a. die „Akteursbeziehungen, die Verständigung über Berichtskonzepte und Berichtsziele, ferner der Berichtsrhythmus und die Beratung der Expertise" (Bartelheimer 2001, 256) umfasst. Aspekte der Ergebnisqualität lassen sich schließlich bspw. an einer verbesserten Datengrundlage, der Entwicklung geeigneter Indikatoren oder der Formulierung von Handlungsoptionen festmachen. Hiervon abweichend werden in anderen Ansätzen Qualitätskriterien für die Ebenen der an der Sozialberichterstattung beteiligten Akteure, die verwendeten Methoden sowie die Integration verschiedener Lebenslagendimensionen definiert (Meier-Gräwe et al. 2005).

Neben und teilweise quer zu den skizzierten Entwicklungsprozessen finden seit den 1990er Jahren Elemente kommunaler Sozialberichterstattung mehr oder minder systematisch ihren Niederschlag in den Bemühungen zur Modernisierung der kommunalen (Sozial-)Verwaltung. Bei dieser, unter dem Stichwort der „Neuen Steuerung" in vielen Kommunen durchgeführten Verwaltungsreform kommt im Rahmen von Controllingprozessen der Analyse und dem Vergleich bestehender Versorgungssysteme bzw. der Beschaffung quantitativer Daten über zuvor definierte Leistungs- und Finanzziele eine wesentliche Bedeutung zu. Immanent ist diesem Bezugskontext jedoch ein oftmals sozialtechnologisches verkürztes Verständnis sozialer Berichterstattung / -planung, das im Kern von einer betriebswirtschaftlich geprägten Steuerbarkeit sozialer Dienstleistungsprozesse ausgeht.

Betrachtet man die konkrete personale und organisatorische Verankerung kommunaler Sozialberichterstattungen und -planungen, lassen sich in der Praxis nach wie vor erhebliche Unterschiede beobachten. In diesem Zusammenhang unterscheidet etwa der „Verein für Sozialplanung" die folgenden Organisationsformen: „hochentwickelte Referate, Stabsstellen in Dezernaten oder im Rahmen der Stadtentwicklungsplanung, Abteilungen, Arbeitsgruppen, EinzelplanerInnen, Sozialberichte durch Statistische Ämter, Kooperation mit externen Beratungs- und Forschungsinstitutionen etc." (VSOP 1994, 7). Abhängig ist die jeweilige Organisationsform kommunaler Sozialplanung und -berichterstattung in der Regel von lokalen Besonderheiten und Traditionen.

Seit Beginn dieses Jahrhunderts werden Diskussionen zu den Zielen, Konzepten, Methoden und Qualitätsdimensionen vermehrt unter dem Label einer integrierten Sozialberichterstattung geführt (bspw. Lutz 2003; Mardorf 2006). Dabei steht der Begriff „integriert" für eine Sichtweise, die „eine ganzheitliche, ressortübergreifende Betrachtung von sozialen Lagen vor Ort" ermöglicht (Meier-Gräwe et al. 2005, 206) und somit Querverbindungen und Wechselwirkungen unterschiedlicher Lebenslagen und Dimensionen berücksichtigt. Kennzeichnend für die entsprechenden Ansätze ist die Verwendung von multidimensionalen Integrationskonzepten, die sowohl auf die Einbeziehung aller relevanten Akteursgruppen und Ressorts, die Nutzung verschiedener Methoden und Datenquellen abheben als auch unterschiedliche Sozialräume und Lebenslagendimensionen berücksichtigen sowie kommunale Sozialberichterstattungen systematisch mit Prozessen kommunaler Sozialplanung verknüpfen. In diesem Sinne lässt sich integrierte Berichterstattung gewissermaßen als Gegenmodell zu der traditionellen Form kommunaler Sozialberichterstattung auffassen, die „aus der Perspektive einer einzigen Fachplanung ein Einzelthema isoliert, kontextlos und interdependenzfrei betrachtet, ohne zu werten, das Ganze großräumig und unter alleinigem Rückgriff auf veraltete, ausschließlich quantitative Datenzugänge abbildet, ohne schließlich in eine sozialplanerische oder sozialpolitische Umsetzung zu münden" (Meier-Gräwe et al. 2005, 207).

Diese konzeptionelle Neuausrichtung verweist mit Nachdruck auf den engen Zusammenhang zwischen kommunaler Sozialberichterstattung und -planung. Bei dessen konkreter Ausgestaltung lassen sich jedoch divergierende Auffassungen hinsichtlich des Umfangs und der Reichweite von Berichterstattungsprozessen im Kontext kommunaler Sozialplanung nachzeichnen. So treten einige AutorInnen dafür ein, die Funktion kommunaler Sozialberichterstattung substanziell zu erweitern und neben der als Ist-Analyse beschreibbaren Beobachtung ausgewählter sozialer Entwicklungen und Rekonstruktion bestehender Hilfesysteme auch verstärkt Prozesse der Bedarfsermittlung als Aufgabe kommunaler Sozialberichterstattung zu definieren (z. B. Meier-Gräwe et al. 2005). Andere Ansätze plädieren demgegenüber dafür, Sozialberichterstattung auf die Beschreibung und Erklärung sozialer Prozesse und Strukturen zu beschränken (Barlösius / Köhler 1999). Breiter Konsens gegenwärtiger fachlicher und fachpolitischer Diskurse besteht vor diesem Hintergrund darin, Sozialberichterstattung systematisch auf eine partizipations- und prozessorientierte kommunale Sozialplanung zu beziehen und hierbei Prozesse der Sozialberichterstattung von proaktiven und (sozial-)planerischen Gesichtspunkten zu entkoppeln. Ergebnisse kommunaler Sozialberichterstattung, die bspw. im Rahmen von Sozialraumanalysen erzielt worden sind, lassen sich entsprechend in einem nächsten, von der eigentlichen Sozialberichterstattung getrennten Schritt einer diskursiven und politischen Aufbereitung im Kontext kommunaler Sozialplanungsprozesse zugänglich machen. In diesem Sinn übernimmt kommunale Sozialberichterstattung die Funktionen der Vermittlung zwischen Problemerkennung und Leistungsgestaltung, der Effektivierung und Versachlichung politischer Diskurse, der Vorbereitung sozialpolitischer und -planerischer Entscheidungen und fungiert als Grundlage zentraler Steuerungsinstrumente. Konkrete Ressourcenentscheidungen und Maßnahmeplanungen werden demgegenüber im Kontext von Sozialplanungsprozessen getroffen – ebenso die Evaluation planungsinduzierter Maßnahmen. Kommunale Sozialberichterstattung avanciert in dieser Systematik zu einem „handlungsentlastenden Partner der kommunalen Sozialplanung" (Bartelheimer 2001, 117). Eine so verstandene kommunale Sozialplanung stellt somit weniger die Erstellung fertiger Planungsberichte in den Mittelpunkt, sondern stärker das regelmäßige Initiieren von Aushandlungsprozessen bzw. Aspekte einer verstetigten und institutionalisierten Evaluation sozialer Praxis. Idealtypisch umfasst ein solches dynamisches Planungsverständnis die folgenden, sich tendenziell überlagernden und in einen zirkulären Prozess einzubindenden Phasen und Grundelemente:

1. Kontinuierliche Sozialberichterstattung: Bestandteile dieses kommunalen, indikatorengestützten Monitorings sind – wie skizziert – die Analyse der im Planungsgebiet bestehenden Sozialstruktur und Lebensverhältnisse sowie die Analyse der entsprechend vorhandenen sozialpädagogischen Infrastruktur und Hilfesysteme,
2. Bestandsbewertung und Bedarfsermittlung,
3. Maßnahmedefinition und Prioritätenfestlegung,

4. Umsetzung und Evaluation konkreter Maßnahmen sowie Fortschreibung der Sozialplanung.

Entwicklungsanforderungen und Perspektiven

Um den beschriebenen Funktionen bzw. den skizzierten Steuerungs- und Gestaltungspotenzialen möglichst effektiv, effizient und umfassend Rechnung tragen zu können, erscheint eine stärkere und flächendeckende Institutionalisierung kommunaler Sozialberichterstattungs- und Sozialplanungssysteme zwingend notwendig. In diesem Zusammenhang sind zum einen die unter dem Stichwort der Sozialberichterstattung skizzierten Gesichtspunkte einer Einbeziehung aller zentralen Akteursgruppen sowie einer Berücksichtigung unterschiedlicher Sozialraum- und Lebenslagendimensionen, einschließlich ihrer etwaigen Wechselwirkungen und Interdependenzen, in den Blick zu nehmen. Hierzu ist es notwendig, die bestehenden ziel-, raum-, problem- oder interventionsbezogenen Berichterstattungen und Planungen systematisch aufeinander abzustimmen und aufeinander zu beziehen. Zum anderen wird es zukünftig in organisationsbezogener Hinsicht grundlegend darauf ankommen, kommunale Sozialberichterstattung und Sozialplanung mit adäquaten Ressourcen auszustatten und zu verstetigen sowie Impulse und Projekte kommunaler Sozialberichterstattung systematisch und zeitnah in Prozesse der Intra- und Interorganisationsentwicklung, die vor allem auf eine Erhöhung der organisationalen Eigenkomplexität und Reflexivität sowie die Implementierung partizipativer Strukturen abzielen, einzubinden (Markert 2003). Hierzu erforderlich ist nicht zuletzt eine weitere Forcierung eines entsprechenden Professionalisierungsprozess, der u. a. interdisziplinäre Betrachtungsweisen fokussiert. Des Weiteren ist auf der Ebene der zugrunde gelegten Methoden von zentraler Bedeutung, quantitative mit qualitativen Verfahren (wie bspw. der Dokumentation von Fallbeispielen oder der Durchführung von ExpertInneninterviews) kreativ zu verknüpfen sowie die vielfach bestehenden Defizite des inter- und intrakommunalen Datenmanagements zu minimieren bzw. die Anschlussfähigkeit unterschiedlicher Berichtssysteme und -ebenen zu erhöhen. In strategischer / politischer Perspektive gilt es, die Notwendigkeit und Funktionen von Sozialberichterstattung (fach-)öffentlichkeitswirksam zu profilieren und so auf Seiten der Politik die Akzeptanz von Sozialberichterstattungsprojekten (potenziell) zu erhöhen und entsprechende Maßnahmen sozialpolitisch zu fundieren. Und schließlich: Konzeptionell sind (integrierte) Ansätze kommunaler Sozialberichterstattung mit Projekten einer dynamischen, prozess- und partizipationsorientierten Sozialplanung (bspw. Merchel 1994; grundlegend Musto 1975; Lau 1975) systematisch zu verbinden. Hierbei sind insbesondere Konzepte zu favorisieren, die der Dynamik und Komplexität kommunaler Entwicklungen und der Selbstreferenz betreffender Organisationen und Akteure in ausreichender Weise Rechnung tragen. Produktive Impulse sind in diesem Zusammenhang von einer Verknüpfung bestehender, prozess- und kommunikationsorientierter Ansätze mit systemtheoretisch ausgerichteten Fundierungen sozialer Planung zu erwarten (bspw. Bardmann 1991; Vogel 1991).

Literatur

Arbeiterwohlfahrt (Hrsg.)(1999): Sozialbericht 1999 – Zur Lebenslage älterer Menschen und zur Zukunft der sozialen Dienste in Deutschland. Eigenverlag, Bonn

Bardmann, Th. M. (1991): Der zweite Doppelpunkt. Systemtheoretische und gesellschaftstheoretische Anmerkungen zur politischen Steuerung. In: Bardmann, Th. M., Kersting, H. J., Vogel, H.-Ch., Woltmann, B. (Hrsg.): Irritation als Plan, Wissenschaftlicher Verlag des Instituts für Beratung und Supervision Aachen, Aachen, 10–32

Barlösius, E., Köhler, B. M. (1999): Öffentlich Bericht erstatten – Repräsentationen gesellschaftlich umkämpfter Sachverhalte. Berliner Journal für Soziologie 9, 549–565

Bartelheimer, P. (2001): Sozialberichterstattung für die „Soziale Stadt". Methodische Probleme und politische Möglichkeiten. Campus, Frankfurt / M.

Beauftragte der Bundesregierung für Migration, Flüchtlinge und Integration (2007): 7. Bericht über die Lage der Ausländerinnen und Ausländer in Deutschland. Eigenverlag, Berlin

– (2005): 6. Bericht über die Lage der Ausländerinnen und Ausländer in Deutschland. Eigenverlag, Berlin

Brückner, G. (1997): Gesundheitsberichterstattung des Bundes. In: Noll, H. H. (Hrsg.), 47–71

Bundesministerium für Familien, Senioren, Frauen und Jugend (Hrsg.)(2006): Familie zwischen Flexibilität und Verlässlichkeit – Perspektiven für eine lebenslaufbezogene Familienpolitik. Eigenverlag, Berlin

– (Hrsg.)(2005a): Zwölfter Kinder- und Jugendbericht. Eigenverlag, Berlin

– (Hrsg.)(2005b): Fünfter Bericht zur Lage der älteren Generation in der Bundesrepublik. Eigenverlag, Berlin

– (Hrsg.)(2002a): Elfter Kinder- und Jugendbericht. Eigenverlag, Berlin

– (Hrsg.)(2002b): Vierter Bericht zur Lage der älteren Generation in der Bundesrepublik. Eigenverlag, Berlin

– (Hrsg.)(2000a): Dritter Bericht zur Lage der älteren Generation in der Bundesrepublik. Eigenverlag, Berlin

– (Hrsg.)(2000b): Familien ausländischer Herkunft in Deutschland – Leistungen – Belastungen – Herausforderungen. Eigenverlag, Berlin

– (Hrsg.)(1999): Ältere Ausländer und Ausländerinnen in Deutschland. Eigenverlag, Stuttgart

– (Hrsg.)(1998): Frauen in der Bundesrepublik. Bonn

Bundesministerium für Gesundheit (2006): Gesundheit in Deutschland. Gesundheitsberichterstattung des Bundes. Eigenverlag, Berlin

Bundesregierung (2008): Lebenslagen in Deutschland. Der dritte Armuts- und Reichtumsbericht der Bundesregierung. Eigenverlag, Berlin

– (2005): Lebenslagen in Deutschland. Der zweite Armuts- und Reichtumsbericht der Bundesregierung. Eigenverlag, Berlin

– (2004): Bericht der Bundesregierung über die Lage behinderter Menschen und die Entwicklung ihrer Teilhabe. Eigenverlag, Berlin

– (2001): Lebenslagen in Deutschland. Der erste Armuts- und Reichtumsbericht der Bundesregierung. Eigenverlag, Berlin

Burkhauser, R. V., Kreyenfeld, M., Wagner, G. (1997): The German-Socio-Economic Panel: A Representative Sample of Reunited Germany and its Parts. Vierteljahreszeitschrift zur Wirtschaftsforschung 66, 7–16

Cornelißen, W. (Hrsg.)(2005): Gender-Datenreport – 1. Datenreport zur Gleichstellung von Frauen und Männern in der Bundesrepublik Deutschland. München

Departement of Health, Education and Welfare (Hrsg.)(1969): Toward a Social Report. U.S. Government Printing Office. Eigenverlag, Washington

Deutsches Institut für Wirtschaftsforschung (DIW) (2008): 25 Wellen Sozio-ökonomisches Panel, Vierteljahreshefte des DIW 3, Berlin

Flora, P., Noll, H.-H. (Hrsg.) (1999): Sozialberichterstattung und Sozialstaatsbeobachtung. Campus, Frankfurt / M.

Hanesch, W. (2007): Sozialberichterstattung. In: Verein für öffentliche und private Fürsorge e. V. (Hrsg.): Fachlexikon der Sozialen Arbeit. Nomos, Baden-Baden, 839–840

– (1999): Strategische Dimensionen kommunaler Sozialberichterstattung und -planung. In: Dietz, B., Eißel, D., Naumann, D. (Hrsg.): Handbuch der kommunalen Sozialpolitik. Leske und Budrich, Opladen, 45–61

– (1990): Armut und Armutsberichterstattung in Kommunen. In: Otto, H.-U., Karsten, M. E. (Hrsg.): Sozialberichterstattung. Lebensräume gestalten als Strategie kommunaler Sozialpolitik. Juventa, Weinheim, 58–77

–, Adamy, W., Martens. R. (Hrsg.) (1994): Armut in Deutschland – Der Armutsbericht des DGB und des Paritätischen Wohlfahrtsverbandes. Rowohlt, Reinbek

–, Krause, P., Bäcker, G. (Hrsg.) (2000): Armut und Ungleichheit in Deutschland – Der neue Armutsbericht der Hans-Böckler-Stiftung, des DGB und des Paritätischen Wohlfahrtsverbandes. Rowohlt, Reinbek

Hauser, R., Hübinger, W. (1993): Arme unter uns – Die Caritas Armutsuntersuchung. Lambertus-Verlag, Freiburg / Br.

Hermann, S. (2006): Konzept einer integrierten, handlungsorientierten Gesundheits- und Sozialberichterstattung im regionalen Ansatz. In: http://deposit.ddb.de/cgi-bin/dokserv?idn=979954398&dok_var=d1&dok_ext=pdf&filename=979954398.pdf, 26.09.2008

Kläui, K. (2007): Zauberwort Sozialberichterstattung. Möglichkeiten und Grenzen der integrierten kommunalen Sozialberichterstattung. Driesen, Taunusstein

Kramer, C. (1997): Sozialberichterstattung zur Situation von Frauen. In: Noll, H. H. (Hrsg.), 213–241

Lau, Ch. (1975): Theorien gesellschaftlicher Planung. Kohlhammer, Stuttgart

Leu, H. R.(1997): Die Familienberichte der Bundesregierung. In: Noll, H. H. (Hrsg.), 73–91

Lutz, R. (2003): Von „Datenfriedhöfen" und „Hofberichten" zu einer integrierten und lebenslagenbezogenen Berichterstattung. Theorie und Praxis der sozialen Arbeit 2, 4–11

Mardorf, S. (2006): Konzepte und Methoden von Sozialberichterstattung. Eine empirische Analyse kommunaler Armuts- und Sozialberichte. VS, Wiesbaden

Markert, A. (2003): Jugendämter als lernende Organisationen – konzeptionelle Voraussetzungen und organisationsbezogene Anforderungen einer modernisierungsangemessenen Gestaltung Sozialer Dienste. Neue Praxis 2, 209–220

Meier-Gräwe, U., Dorn, M., Mardorf, S. (2005): Entwicklung eines lebenslagen- und haushaltsbezogenen Datenmodulsystems zur Qualifizierung von kommunalen Armuts- und Sozialberichterstattungsvorhaben. Hrsg. vom Bundesministerium für Familie, Senioren, Frauen und Jugend. Eigenverlag, Berlin

Merchel, J. (1994): Kooperative Jugendhilfeplanung. Eine praxisbezogene Einführung. Leske und Budrich, Opladen

Musto, St. A. (1975): Wandlungstendenzen in der Gesellschaftsplanung. Soziale Welt 3, 293–309

Nauck, B. (1997): Sozialberichterstattung zu den Lebensverhältnissen von Kindern. In: Noll, H. H. (Hrsg.), 167–194

Niederfranke, A. (1997): Sozialberichterstattung zur Situation älterer Menschen. In: Noll, H. H. (Hrsg.), 195–212

Noll, H.-H. (1999): Die Perspektive der Sozialberichterstattung. In: Flora, P. (Hrsg.), 13–27

– (Hrsg.) (1997): Sozialberichterstattung in Deutschland – Konzepte, Methoden und Ergebnisse für Lebensbereiche und Bevölkerungsgruppen. Juventa, Weinheim

–, Zapf, W. (1994): Social Indicators Research: Societal Monitoring and Social Reporting. In: Borg, I., Mohler, P. Ph. (Hrsg.): Trends and Perspectives in Empirical Social Research. De Gruyter, Berlin, 1–16

Otto, H.-U., Karsten, M.-E. (Hrsg.) (1990): Sozialberichterstattung – Lebensräume gestalten als neue Strategie kommunaler Sozialpolitik. Juventa, Weinheim

Rothenbacher, F. (1993): National and International Approaches in Social Reporting. Social Indicators Research 29, 1–62

Schubert, H. (1995): Sozial- und Armutsberichte als neues Instrument der kommunalen Sozialverwaltung. In: Nachrichtendienst des Deutschen Vereins für öffentliche und private Fürsorge 3, 101–107

Statistisches Bundesamt (Hrsg.) (2008): Datenreport. Eigenverlag, Bonn

– (Hrsg.) (2006): Datenreport. Eigenverlag, Bonn

– (Hrsg.) (1998): Gesundheitsbericht für Deutschland – Gesundheitsberichterstattung des Bundes. Eigenverlag, Stuttgart

Vogel, H.-Ch. (1991): Organisationen. Rationalistisches und Konstruktivistisches zum Planungsprozeß. In: Bardmann, Th. M., Kersting, H. J., Vogel, H.-Ch., Woltmann, B. (Hrsg.): Irritation als Plan. Wissenschaftlicher Verlag des Instituts für Beratung und Supervision Aachen, Aachen, 32–64

Vogel, J. (1993): Wohlfahrtssurveys und Sozialberichterstattung in Nordeuropa. In: Glatzer, W. (Hrsg.): Einstellungen und Lebensbedingungen in Europa. Campus, Frankfurt / M., 127–149

VSOP (Verein für Sozialplanung e. V.) (1998): Sozialraumanalyse und Sozialraumplanung – fachpolitische Stellungnahme 1998. In: www.vsop.de/index.php?page=1125753123&f=1, 26.09.2008

–, Stadt Bielefeld (Hrsg.) (1994): Organisation der kommunalen Sozialplanung. Bestandsaufnahme und Perspektiven. Kritische Texte, Bielefeld

Zapf, W. (1998): 30 Jahre Sozialberichterstattung in der Bundesrepublik. Ansätze und Konzepte, Enttäuschungen und Chancen. In: Deutsches Jugendinstitut (Hrsg.): Sozialberichterstattung – Bilanz und Perspektiven, Tagungsbericht / DJI-Arbeitspapier Nr. WRbV-142, München, 4–24

– (Hrsg.) (1977): Lebensbedingungen in der Bundesrepublik, Sozialer Wandel und Wohlfahrtsentwicklung. Campus, Frankfurt / M.

Soziale Arbeit auf dem Land

Von Stephan Beetz und Heide Funk

Soziale Arbeit hat – wie andere Disziplinen auch – ihre eigenen Professionalisierungswege durchlaufen und entsprechende Standards gesetzt. Diese beanspruchen in der Regel eine Gültigkeit, die sich nach fachwissenschaftlichen Diskursen richtet. Dieser Artikel stellt demgegenüber die Besonderheit ländlicher Räume und der hier verorteten Sozialarbeit heraus. Dies meint nicht, im Sinne der allgemeinen Angleichung von Lebensbedingungen gleiche Strukturen zu schaffen, sondern eigene Wege zu beschreiten: Professionalität entsteht im reflexiven Umgang mit der eigenen Arbeitssituation, mit den regionalen Bedingungen und mit den Zielgruppen und deren Lebenssituationen.

Das Land in der gesellschaftlichen Wahrnehmung

Die herkömmlichen Definitionen des Landes orientieren sich an der geringen Besiedlungsdichte, der Entfernung zu Siedlungszentren, dem offenen Landschaftsbezug und der relativ hohen Bedeutung der land- und forstwirtschaftlichen Produktion. Dies ist jedoch nur ein Aspekt der Beschreibung, ebenso wichtig ist es, die (sich daraus ergebende) soziale Verfasstheit des Landes wie beispielsweise die geringere Dichte an Dienstleistungen oder den „Not- und Terrorzusammenhang" (Jeggle / Ilien 1978) der sozialen Kontakte innerhalb des Dorfes, die sozialstrukturellen Besonderheiten und die speziellen Formen der Vergesellschaftung in den Blick zu nehmen (Beetz / Laschewski 2008).

Von Beginn der Modernisierung an entstand parallel zur Abhängigkeit des Landes von wirtschaftlichen Zentren die Ideologisierung des Stadt-Land-Gegensatzes; man schrieb dem Land einerseits eine besondere Rückständigkeit, Minderwertigkeit oder Gewalttätigkeit zu, andererseits galt das Land als heile Welt, die vor den Gefährdungen durch die Moderne verschont bleiben könnte. Dies hatte zur Konsequenz, dass der Blick auf die realen Lebensbedingungen auf dem Land oft verstellt war und noch ist (Beetz / Laschewski 2008). Eine weitere Folge war, dass die schnell wachsenden Städte zum Gegenstand von Sozialpolitik und Sozialer Arbeit wurden, während das Land als harmonisch und gesund angesehen wurde. Die ländlichen Lebenskrisen und ihre Regulierung wurden vernachlässigt. Zwar war das Land immer wieder Gegenstand hervorragender empirischer Untersuchungen (Vonderach 2001), aber erst wieder ab Ende der 1970er Jahre wurden die Eigenheiten, Krisenerfahrungen und Widersprüche Gegenstand von Untersuchungen (Schmals / Voigt 1986).

Ländliche Lebens- und Wirtschaftszusammenhänge sollten in der Bundesrepublik bis in die 1980er Jahre sozialpolitisch mit dem Konzept der nachholenden Entwicklung modernisiert werden (Schmals / Voigt 1986). Die erfolgreiche Modernisierung des Landes, der Landwirtschaft, der Verkehrswege, der regionalen Industrie folgte dem heute aufgegebenen Förderkonzept der „flächendeckenden Industrialisierung" (Planck / Ziche 1979). Das Entwicklungskonzept der funktionsräumlichen Arbeitsteilung (z. B. in Wohnregionen, Erholungsregionen, regionalen Unterzentren, Oberzentren) sollte zugleich regionaler Eigenständigkeit und gegenseitiger Verflechtung Rechnung tragen. Das Dorf gab viele Funktionen an regionale Zentren ab (Bildungs-, Kultur- und Fitnesseinrichtungen, Shopping-Zeilen). Aber dem Verlust von Arbeitsplätzen in Landwirtschaft und Industrie sowie der Abwanderung stand ein neuer Aufbruch gegenüber. Neue Bewohner sind hinzu gekommen: Es entstanden die Neubausiedlungen der Wohn- und Schlaforte der Pendler. Die Neu-

Otto/Thiersch (Hg.), Handbuch Soziale Arbeit, 4. A., DOI 10.2378/ot4a.art130,

zugezogenen suchten im Dorf über Ehrenamtlichkeit Anschluss und gehörten dennoch nicht ganz dazu. Status-Hierarchien haben sich durch den Zuzug aus den Großstädten über- und ausgelagert. Es gab aber nicht nur eine sog. Sub- und Counterurbanisierung, sondern auch ein Wachstum von Arbeitsplätzen in vielen ländlichen Gebieten (Bade 1997). Der Begriff ländliche Region im engeren Sinne bleibt bestimmten agrarisch-geprägten Siedlungen mit geringer Verdichtung, vor allem in „ballungsgebietsabgewandten Regionen" vorbehalten (Rudolph 1998).

Die Beschreibung ländlicher Regionen als soziale Räume eigener Art erscheint deshalb heute manchen Sozialwissenschaftlern obsolet, Stadt-Land-Unterschiede werden oft nicht mehr berücksichtigt. Denn bei genauer Betrachtung vervielfältigten sich die sozialräumlichen Kontexte und innerregionalen Segmentierungen: Neubaugebiete auf dem Land, ländliche Gebiete in der Spannung zu städtischen Zentren und abseits von Ballungsgebieten, neue Linien innerregionaler Segregation. Angesichts dieser Unübersichtlichkeit, Widersprüchen und Spannungen stellt sich die Frage nach subjektiver sozialräumlicher Erfahrung und Verortung von „Ländlichkeit".

Fragen der Sozialen Integration / Desintegration, der Verortung und Bearbeitung sozialer Probleme werden in den Sozialwissenschaften vorrangig bzw. allein für städtische Räume behandelt. Die Integration erscheint auf dem Land einfacher und rigider: Es wird eine höhere soziale Kontrolle durch die Überschneidung von Lebensräumen betont, aber man unterschätzt oft das Leben zwischen den Welten (z. B. bei neu Zugezogenen, städtisch orientierten Bewohnern). Zwar bleibt für die regional Verorteten der Zwang zur Rückvermittlung ins (dörfliche) Milieu bestehen, aber unter dem Einfluss des Funktionswandels ländlicher Räume werden gleichzeitig modernisierte, sich scheinbar unbegrenzt erweiterbare Ansprüche in die regionalen Lebenszusammenhänge hinein getragen. Hinzu kommt die Mehrdeutigkeit und Widersprüchlichkeit von „*Tradition*": die Aufwertung ländlicher Räume einerseits, die Vernachlässigung und Entwertung von Personen ohne besonderen Status wie z. B. Jugendliche andererseits. Denn das Land ist seit langem nicht mehr nur von Tradition geprägt. Auch können Traditionen nicht im einfachen Gegensatz zur Modernisierung gesehen werden: Tra-

ditionen werden immer wieder hergestellt und übernehmen heute vielseitige Funktionen der Aufwertung und Regulierung des Zusammenlebens im Dorf und in der Kleinstadt. Gerade im beschleunigten sozialen Wandel entstehen Brüche und Konflikte im Lebensraum, die zerstörerisch wirken, aber durch ritualisierte Formen des Zusammenlebens aufgefangen und auch ausgeblendet werden können. Das Leben zwischen zwei Welten enthält heute mehr Brüche und Anforderungen an Vermittlung als der einfache Gegensatz suggeriert (Herrenknecht 2000).

Der Blick auf die Eigenständigkeit des Landes wurde in der Regionalpolitik durch Konzepte eigenständiger Entwicklungspotenziale bzw. endogener Entwicklung umgesetzt. Z. B. führten die Leader-Programme – so unzureichend sie sein mögen – zu zahlreichen Entwicklungsimpulsen außerhalb der Landwirtschaft. In eine ähnliche Richtung weisen Überlegungen, die Besonderheiten in den Lebenslagen und -bedürfnissen der Landbewohner mit dem Konzept der Lebensqualität zu erfassen (Barlösius et al. 2008). Diese Ansätze beruhen zwar weiterhin auf dem Grundsatz der Gleichwertigkeit der Lebensbedingungen in allen Regionen, streichen aber gleichzeitig heraus, dass dies spezifische Lösungen erfordert.

Ländliche Regionen sind nicht per se ökonomisch, politisch, zivilgesellschaftlich oder infrastrukturell benachteiligt bzw. abhängig. Aber einige ländliche Regionen – vor allem in Ostdeutschland – leiden unter mangelnden beruflichen Chancen. Eine Bleibe-Orientierung ist entsprechend mit Verzicht und neuen Gefährdungslagen erkauft. Schien dies zunächst charakteristisch für den Transformationsprozess zu sein, so zeigen sich ähnliche Entwicklungen in westdeutschen ländlichen Gebieten: nicht wenige ländliche Regionen sehen sich (erneut) mit Vorgängen der Peripherisierung konfrontiert (Beetz 2008).

Anforderungen an Soziale Arbeit

Die Spannungen und Widersprüche in der Entwicklung des Landes zeigen Folgen für die Definition Sozialer Probleme:

- Es gilt, die in den Regionen entstehenden *neuen Konflikt- und Gefährdungslagen* zu benennen: z. B.

den sozialen Druck, der von unterschiedlichen Gruppen ausgeht, auch die Belastungen von Müttern und Vätern durch Mobilitätszwänge.

- Mit der Verlagerung und Zentralisierung von Versorgungs- und Bildungseinrichtungen in die Region ist eine Orientierung aus den Lebenszusammenhängen des Dorfes hinaus gegeben. Mit der *Region als erweiterter Handlungsraum* sind Freiräume verbunden – auch mit der entsprechenden sozialpolitischen Öffentlichkeit und anonym zugänglichen Hilfeeinrichtungen. Im optimistischen Klima „neuer Erreichbarkeiten" in der Regionalentwicklung liegen aber auch Konflikte und soziale Probleme.

- Schließlich ist die *Wahrnehmung der Probleme vor Ort* wichtig. Das Problem der Abwanderung von (weiblichen) Jugendlichen, der sog. „Überalterung" "oder der „Entleerung" ländlicher Räume stellt sich als eher fremd definiert dar. Anstelle dessen lohnt sich der Blick auf die Herausbildung eigener Ansprüche und die spezifische Organisation von Versorgungsstrukturen, z. B. als Alternativen zum Mangel an medizinischer Versorgung die Ansiedlung von Ärzten aus Polen oder das Modell der Gemeindeschwester.

Eine wichtige Rolle als Unterstützungsnetzwerke spielen auf dem Land Familie und Verwandtschaft. Allerdings ist dieser Befund nicht verallgemeinerbar, weil – z. B. wegen der hohen Mobilität und Multilokalität – familiäre Unterstützung nicht stets verfügbar ist. Hinzu kommt, dass der Rückzug in die Familie auch zu Überlastungen führt, zur Einengung von Handlungsoptionen und Ablösungsproblemen. Dies kann langfristig dazu führen, dass sich Probleme manifestieren oder verschärfen. In solchen „Schicksalsgemeinschaften" herrscht eine starke Binnenorientierung auf Personen in gleicher Lebenslage mit wenigen Chancen, die Situation zu überwinden. Insgesamt steigen also eher die öffentlichen und privatwirtschaftlichen Aufgaben der Unterstützung.

Einige ländliche Regionen scheinen stärker modernisiert worden zu sein, während in anderen traditionelle Lebensverhältnisse in den Werte- und Unterstützungssystemen (noch) vorherrschen. Dies wird im Verhältnis von privater und öffentlicher Inanspruchnahme von Hilfen deutlich, wenn sich z. B. traditionelle Pflegearrangements durch die erhöhte Erwerbsbeteiligung, die Abwanderung von

jungen Menschen sowie neue Familien- und Geschlechterbeziehungen verändern. Dies erfordert einen differenzierten Umgang mit sozialen Netzwerken auf dem Land.

Eine wichtige Frage ist zudem, wie sich der Eigensinn ländlicher Lebenswelten aus dem Amalgam von Tradition und Moderne weiterentwickelt (Ilien / Jeggle 1978). Das frühindustrialisierte Land baute z. B. auf dem Rückhalt und der „Selbstausbeutung" in der Subsistenzwirtschaft – und damit auf einem anderen Begriff von Arbeit in der Form des bäuerlichen und häuslichen Wirtschaftens. Dieser Anspruch des Zurechtkommens durch Eigenarbeit besteht fort (Böhnisch / Funk 1989). Hilfe und Unterstützung, die auf dem sozialökonomischen System von Gegenseitigkeit basieren, sind an die Funktionsfähigkeit des Einzelnen geknüpft (Gängler 1990), d. h. sie beruhen auf der Pflicht, für sich selbst zu sorgen.

Dorföffentlichkeit und Alltagswelt gehen mit ihren besonderen Formen der sozialen Kontrolle und der Kommunikationsmuster (Personenbezogenheit, Überschaubarkeit, Gegenseitigkeit) ineinander über. Die sozialen Kreise überschneiden sich häufig („es hängt immer an den gleichen Personen"), dennoch führen berufliche, soziale und räumliche Mobilität zu deren Überschreitung. In der dörflichen Öffentlichkeit richtet sich die soziale Zugehörigkeit entscheidend nach der Person als Ganzes, nicht nur nach einzelnen (funktionalen) Aspekten (z. B. der beruflichen Position). Aber es verändert sich die Definition der Zugehörigkeit: Bildeten traditionell Besitz (Status), familiäre Herkunft und Wohndauer die entscheidenden Kriterien, treten neue – wie das Engagement in Gemeinde und Nachbarschaft – hinzu. Verschieben sich die sozialen Strukturen und Milieus, so hat dies Auswirkung auf die Aktivitätsmuster in einer Gemeinde, wer sich wie engagiert. Die soziale Differenzierung führt dazu, dass sich nicht alle Bewohner in den etablierten Vereinen und den dominierenden Gruppen der Öffentlichkeit wiederfinden. So geraten Mädchen und junge Frauen in die Gefahr der individualisierten, informellen Suche nach eigenen Lebensformen, weil sie sich in der Dorföffentlichkeit nicht repräsentiert sehen (Buberl-Mensing 2000).

Enge soziale Kreise und die Tradition der Eigenverantwortung verhindern die Offenlegung von Problemen, denn der Status hängt auf dem Land mehr

Soziale Arbeit auf dem Land 1297

am „guten Ruf" als am Einkommen. Sie ziehen einen anderen Umgang mit biographischen Krisen nach sich, werden weniger kommuniziert, eher als äußere Widerfahrnisse dargestellt und „überstanden". Hier finden sich auch Erklärungsmuster für die Unsichtbarkeit von Armut: Die Distanz gegenüber der Inanspruchnahme von Sozialhilfe ist begründet in der Arbeitsamkeit (Chassé 1996) und in der erwarteten familiären Unterstützung. Dieser enge soziale Zusammenhang ermöglicht Wege der Hilfe und Öffentlichkeitsarbeit, er äußert sich in vielfältigen Formen der Selbst- und Nachbarschaftshilfe. Dies funktioniert aber dann nicht mehr, wenn die Möglichkeiten zur Subsistenzwirtschaft fehlen, nämlich in ländliche Versorgungs- und Arbeitssysteme eingespannt zu werden. Die Inanspruchnahme von (öffentlichen) Hilfen wird aber weiterhin verhindert durch die Angst vor der Offenlegung der persönlichen Lebenslage. Zudem ist auch auf dem Land keineswegs von „natürlich gewachsenen" Gemeinschaften auszugehen, wie sich z. B. an den veränderten intergenerationellen Beziehungen und Bewohnerstrukturen zeigt. Soziale Netzwerke müssen gepflegt werden, auch in professionellen Hilfearrangements. Eine aktive Rolle spielen dabei anerkannte Personen, die durch regionale Milieus gestützt werden. Die dörflichen Unterstützungsnetzwerke sind in peripherisierten ländlichen Gebieten durch Abwanderung und Pendelwanderungen eingeschränkt (Fischer 2005). Die Ausdifferenzierung sozialer Strukturen innerhalb der Dörfer wird sichtbar, wenn einige soziale Gruppen sich überregionale Dienstleistungen und die entsprechende Mobilität „leisten" können bzw. über entsprechende überregionale Kompetenzen und Netzwerke verfügen, andere auf die Angebote und Hilfen vor Ort angewiesen sind.

Über die engeren soziale Netze hinaus sind Unterstützungsleistungen in hohem Maße in öffentlichen „Vertrauenspersonen" personalisiert, wobei Frauen eher informelle Bezugspersonen, Männer eher (männliche) Amtsträger aufsuchen (Meier 1991). Externe Beratungsstellen spielen wegen ihrer Anonymität (vor allem für Frauen) eine Rolle, aber die Hemmschwelle liegt oft höher, weil ein Problem erstmal als solches erkannt und die geographische Distanz, die teils eine kulturelle darstellt, überwunden werden muss. Obwohl ein unterschiedlicher kultureller Umgang mit Krankheit, Krisen und der Inanspruchnahme von (öffent-

lichen) Unterstützungsleistungen besteht, sind die lokalen und regionalen Bedingungen in dieser Hinsicht wenig erforscht worden.

Die Besonderheiten ländlicher Räume erfordern Konsequenzen in der Organisation von Sozialer Arbeit. Sie verlangen einerseits das Einlassen auf den Ort, auf die vorhandene *lokale Kleinteiligkeit*. Nur so ist es möglich, Synergien zu vorhandenen Netzwerken zu schaffen und an der Lebenswelt der Zielgruppen anzusetzen. Auf der Strukturebene bedeutet dies, Angebote nicht nur zu zentralisieren, sondern auch dezentrale, mobile oder polyzentrale Formen zu schaffen (Thrun / Winkler-Kühlken 2005). Andererseits sind die neuen Bedarfe nach Vermittlung, sozialem Ausgleich und Unterstützung nur in *regionaler Verantwortung* zu leisten. Die lokalen Netzwerke haben sich teilweise zum eigenen Schutze verschlossen. Es müssen sich also neue Netze mit einer vielseitigen Öffnung für Interessen, Personen und Institutionen herausbilden (Arnold 2005).

Soziale Arbeit sieht sich vor allem in Regionen mit geringen regionalen Entwicklungsmöglichkeiten mit den eigenen Grenzen konfrontiert, sie ist dazu angehalten, sich mit anderen Akteuren der Regionalentwicklung zu verbinden. Die massenhafte Freisetzung aus Arbeitsvollzügen kann durch herkömmliche Maßnahmen nicht aufgefangen werden, aber die Neuausrichtung der Regionalpolitik befördert die wenigen Zentren / Regionen auf der „Gewinnerseite". Die anderen Regionen suchen ebenfalls Anschluss an moderne Konsum- und Wachstumsansprüche, sie leiden unter den enttäuschten Anstrengungen und der doppelten Entwertung ihrer Arbeitsstrukturen und Lebenserfahrungen. Hierin besteht der wesentliche Hintergrund für eine sozialpolitische Arbeit. Auch wenn – aus Modell- und Beschäftigungsprojekten heraus – in vielen Bereichen (Frauenhäuser, Soziokulturelle Zentren, Alternative Betriebe) Entwicklungen angestoßen wurden, ist sichtbar, dass diese nicht ausreichen, wenn sie durch wirtschaftliche und politische Peripherisierung konterkariert werden. Die endogenen Ressourcen sind zudem auf ein wirtschaftlich gestütztes, sozial-offenes regionalpolitisches Klima angewiesen – im Gegensatz zu Tendenzen des Ausschlusses „fremder" als nicht-dazu-gehörig-definierter Personen und Gruppen.

Handlungsfelder Sozialer Arbeit auf dem Land

Die dargestellten Besonderheiten des Landes besitzen Konsequenzen für die Handlungsfelder Sozialer Arbeit. Mit Ausnahme der Jugendarbeit gibt es dazu wenige systematische Arbeiten. Die Professionalisierung in den Handlungsfeldern der Sozialen Arbeit erfolgte weitgehend ohne Bezug auf räumliche Besonderheiten.

Das Handlungsfeld *Psychiatrie* etablierte sich nur zögerlich auf dem Land. Die Integration chronisch Kranker ist oft gebunden an städtische alternative Milieus im Umkreis von Einrichtungen (Nette 2002; Lenz 1994). Trotz der Gefahr der institutionellen Verregelung ermöglichen sie den Aufbau eines neuen eigenen Lebens und die Neu-Akzeptanz durch das gesamte Umfeld. Es bestehen auch relativ autarke Integrationsprojekte auf dem Land, die z. B. auf gemeinschaftlicher Arbeit und landwirtschaftlicher Tätigkeit aufbauen.

Untersuchungen zu Aufgaben sozialpsychiatrischer Dienste im Stadt-Land-Vergleich betonen die entlastende Wirkung von nicht verdichteten bzw. mehrfach genutzten Räumen, wie sie in manchen alternativen Stadtvierteln oder auch auf dem Lande bestehen (Elegeti 1995). In Krisensituationen werden im ländlichen Raum Personen – auf Grund der Tendenz zur Aufrechterhaltung von Normalität („faul oder irre") – nicht so schnell an Institutionen übergeben (Nette 2002); dies birgt die Gefahr der Chronifizierung und der Überlastung der Angehörigen. Im städtischen Raum erleichtert die Anonymität den Weg in eine Einrichtung, aber die Angewiesenheit auf sie ist ebenfalls größer.

Einen wichtigen Stellenwert für Soziale Arbeit auf dem Lande besitzt die *Jugendarbeit*. Die besondere Rolle der Jugendarbeit besteht auf dem Land in der Herstellung eigener soziokultureller Räume, die traditionell wenig bestehen, und gleichzeitig in der Vermittlung in die dörfliche / ländliche Erwachsenenwelt (Böhnisch / Funk 1989). Die Duldung eigener soziokultureller Orte für Jugendliche ist fast ganz von einzelnen Erwachsenen und dem oft angespannten jugendpolitischen Klima abhängig (Rudolph 1998). Jugendliche auf dem Land haben die Chance, einen festen Ort zu finden, indem sie in der Region und im Dorf eigene soziokulturelle Orte aufbauen – und sich für die örtliche Infrastruktur engagieren (Böhnisch et al. 1997). Auch

in den kleinen Orten gibt es den Bedarf, Treffpunkte außer der Bushaltestelle zu schaffen, dabei Eigenverantwortung und Selbstbehauptung zu zeigen (Schrapper / Spies 2002).

„Regionalorientierung" meint allerdings, dass sich viele Angebote nicht mehr im Dorf befinden, und dies für Jugendliche bedeutet, in der Region unterwegs zu sein, Zugang zu unterschiedlichen Jugendszenen zu finden und eigene Jugendräume für sich und ihr Umfeld aufzutun. Bei den Freizeitinteressen nimmt so das Auto- oder Motorrad-Fahren, aber auch alle Tätigkeiten rund ums Fahrzeug vor allem für Jungen einen bedeutend größeren Platz ein als bei Jugendlichen in der Stadt; während Fahrzeug und Technik für Mädchen eher Mittel zum Zweck darstellen, das eigene Auto für junge Frauen vor allem für die eigene Unabhängigkeit erstrebenswert ist (Schulz 2003, 152). Ein weiterer Antrieb für die Regionalorientierung stellt die Ablösung vom Elternhaus dar. Die Familienbeziehungen verlieren damit nicht an Bedeutung, aber für die offene und experimentierende Suche nach eigener Verortung nehmen die Clique und die FreundIn einen zentralen Platz ein. Die Clique oder FreundInnengruppe kommt auf Grund der geringeren Anzahl von Jugendlichen nicht immer aus demselben Ort.

Die Region ist zum positiven Bezugspunkt für viele Jungen und Mädchen geworden, sie ermöglicht die Ablösung aus dörflichen und familiären Bindungen und gleichzeitig eine selbstbewusstere Rückbindung in das dörfliche Leben. An dieser Entwicklung sind auch die örtlichen Vereine beteiligt, die für Jugendliche eine zentrale Bindung zum Ort herstellen, aber auch die Jugendverbände, wo Jugendliche ihren aktiven Beitrag zur ehrenamtlich getragenen Infrastruktur erbringen, dafür aber nicht immer die erhoffte Anerkennung erlangen (Böhnisch et al. 1997). Das jugendkulturelle Engagement wurde unterstützt von Jugendarbeit in offenen Jugendzentren und entfaltete eine eigene Ausstrahlung in die dörflichen Clubs, Initiativen und informellen Treffs. Mit der Stärkung vielseitiger jugendkultureller Räume konnten auch offensive Formen der Selbstbehauptung entwickelt und nach außen getragen werden. Einschränkungen in der Lebensperspektive, Belastungen und Konflikte, die sich heute durchaus regionalspezifisch noch weiter verstärken, wurden in dieser Form lange Zeit konstruktiv und von wachsender Eigenverantwortung aufgefangen.

Insbesondere in Ostdeutschland sind diese Räume kaum noch vorhanden oder stark gefährdet.

Die Verringerung von jugendkulturellen Räumen im Dorf und in der Region sowie die Einschränkung und Überlastung von Offener Jugendarbeit erzeugt neue Problemlagen. In den kommunalpolitisch nicht offensiv verhandelten Lücken etablierten sich mancherorts „rechte Organisationen". Dem können aktive Gruppen und Cliquen, aber auch überlastete JugendarbeiterInnen nicht immer standhalten. Jugendliche ordnen sich dann entweder unter oder ziehen sich zurück, weil sie keine Alternative finden oder unter dem Zwang stehen, dazugehören zu müssen.

„Regionalorientierung" auf der Einrichtungsebene ermöglicht den Zugang zu alternativen Bildungs- und Beratungsmöglichkeiten. Dort, wo Probleme und Konflikte nicht offen benannt und bearbeitet werden und ein Scheitern auf die ganze Familie zurückfällt, sind regionale Netzwerke bedeutsam, damit Mädchen oder Jungen für sich eine passende Hilfe organisieren können. In gelungenen fachübergreifenden Initiativen, die sich zuweilen auf dem Land leichter zusammenfanden als in der Stadt, hatte sich eine eigene Jugendhilfe-Infrastruktur entwickelt (Bohler/Bieback-Diehl 2001). Eine besondere Form stellten die in der Region mobilen AnsprechpartnerInnen und informell herausragenden Vertrauenspersonen dar – die auch in fachliche Kreise mit einbezogen waren (Knab 2001).

Jungen und Mädchen müssen sich heute verstärkt in Bezug und auch in Abgrenzung zueinander definieren. Es wäre notwendig, die Qualität der Gruppierungen auf dem Land nach Chancen für Offenheit, Pluralität und Regeln des Umgangs unter Mädchen und Jungen in ihren jeweils unterschiedlichen Lebensstilen neu einzuordnen.

Die Besonderheit Sozialer Arbeit mit *Erwerbslosen* auf dem Land kann an der Struktur der Erwerbstätigkeit ansetzen. So herrscht insgesamt eine geringere Erwerbsbeteiligung, vor allem der Frauen, die allerdings in den westdeutschen ländlichen Regionen zunimmt. Dadurch tritt auch die Arbeitslosigkeit von Frauen neu in Erscheinung. Die Beschäftigtenstrukturen sind in der Landwirtschaft, dem Baugewerbe und Tourismus oft saisonabhängig, so dass sich Phasen unterschiedlicher beruflicher Tätigkeiten bzw. von Erwerbstätigkeit und Erwerbslosigkeit abwechseln. Es gibt höhere Selbst-

ständigenquoten und mehr mithelfende Familienangehörige (vor allem in Westdeutschland). Auf dem Lande tritt auch die Jugendarbeitslosigkeit deutlicher hervor, hinzu kommt das begrenzte Ausbildungsspektrum. Dies erfordert von Jugendlichen, die bleiben wollen, oft eine Anspruchsreduzierung oder die eigenständige Gestaltung von beruflichen Optionen, und stellt besondere Anforderungen an regionale Beschäftigungskonzepte (Müller 2000). Soziale Arbeit muss sich in dieser Hinsicht deutlich mehr in lokale Beschäftigungspolitik einbringen, um nachhaltige Ergebnisse zu erzielen (Böhnisch 2002).

Einige der Bewältigungsstrategien im Umgang mit Arbeitslosigkeit knüpfen an spezifisch ländliche Arbeitsvorstellungen und Beschäftigungsmuster an: Häufig wird insbesondere von Männern versucht, eine erwerbsbiographische Normalität aufrecht zu erhalten. Es gibt aber auch Strategien, die an Armutsökonomien bzw. Subsistenzwirtschaft anknüpfen oder Arrangements im Zusammenhang mit der Schattenwirtschaft bilden (Nebelung 2007). Frauen weichen auf die Wahrnehmung der Hausfrauen- und Mutterrolle aus. Die Tradierung von Arbeitslosigkeit, gering qualifizierter Beschäftigung und Bewältigungsstrategien innerhalb von Familien spielt eine große Rolle – auch in der Wahrnehmung von Verwaltungen. Die Verfestigung von prekären Lebenslagen einerseits, deren Dynamisierung andererseits zeigt sich allerdings auch auf dem Land und muss entsprechend in der Fallarbeit in den ARGE und Optionskommunen beachtet werden (Sparschuh 2008). Eine Zentralisierung geht oft mit Informationsverlusten über die Lebenssituation einher.

Soziale Arbeit mit *Migranten* scheint vor allem ein Handlungsfeld für Großstädte zu sein, denn statistisch ist der Anteil der ausländischen Bevölkerung in Agglomeration dreimal so hoch wie in ländlichen Räumen. Urbane Gesellschaften bieten für sie oft bessere Zugangs- und Lebensbedingungen (Arbeitsmärkte, Sozialstruktur, kulturelle Pluralität, Erreichbarkeit). Dies verdeckt die besonderen Problemlagen von Migranten auf dem Land: So sind ausländische Arbeitskräfte – überwiegend saisonal – in arbeitsintensiven Landwirtschafts- und Verarbeitungsbereichen (z. B. Wein- und Spargelanbau) beschäftigt. Eine relativ große Gruppe von Einwanderern – auch wenn sie nicht als Ausländer erfasst werden – sind Aussiedler/Spätaussiedler.

Sie leben in vielen ländlichen Gebieten, weil neben der staatlichen Verteilung auch familiäre und nachbarschaftliche Netzwerke, der geringere Zugang zu hochqualifizierten Berufen, staatliche Förderungen und eine starke Wohneigentumsorientierung sie dorthin geführt haben. So wurden auch Standorte auf ehemaligen Militär- und Gewerbeflächen zur Unterbringung von Zuwanderern genutzt. Der weitere Verbleib der Migranten hängt maßgeblich von den Erwerbsmöglichkeiten ab (Brunner et al. 1998). Die berufliche und soziale Integration von Zuwanderern ist auf dem Land oft unzureichend, Konflikte zeigen sich insbesondere zwischen jugendlichen Aussiedlern und gleichaltrigen „Einheimischen". Sich zuspitzende soziale Abschottungen und berufliche Dequalifizierungen stellen eine wichtige Herausforderung für Soziale Arbeit dar.

Für das Handlungsfeld Soziale Arbeit mit *Älteren* ist maßgebend, dass sich die Lebensbedingungen Älterer deutlich verändert haben (Schweppe 2000; Fischer 2005; Walter / Altgeld 2000). Zum einen entwickelte sich das Alter biographisch zu einer Phase des Ruhestandes, d. h. es wird nicht mehr bis an das Lebensende gearbeitet, wie es für die landwirtschaftliche Arbeitsverfassung typisch war. Zum anderen wird die Unterstützung von Älteren nicht allein in den Familien erbracht, was zu einer Professionalisierung in den Pflegeleistungen führt. In den Privathaushalten wird eher selbst gepflegt, wenn professionelle Pflegeleistungen als negativ bewertet werden, die pflegende Generation nicht erwerbstätig ist und das Haushaltsbudget dadurch deutlich aufgebessert wird.

Die auf Grund der Multimorbidität des (hohen) Alters wichtige ärztliche Versorgung sowie die differenzierte Ausgestaltung von betreuten Wohnformen und Pflegeplätzen stellt in vielen ländlichen Regionen ein Problem dar, weil grundlegende Angebote in zumutbarer Entfernung nicht erreichbar sind. Wichtig ist es, komplementäre Angebote und Abstufungen zu entwickeln wie beispielsweise in den Modellprojekten zur Gemeindeschwester. Defizite in der infrastrukturellen Ausstattung ländlicher Räume wirken umso gravierender, weil viele alte Menschen auf das Angebot vor Ort angewiesen sind. Wenn die Unterversorgung mit Geschäften und Dienstleistungen besonders hoch ist, steigen wiederum die Mobilitätsanforderungen. Es steht also an, die Besonderheiten des Landes in moderne und plurale Lebensformen zu übersetzen, d. h. auch der Ausdifferenzierung von Lebenslagen und Lebensformen im Alter mehr Beachtung zu schenken. Untersuchungen in ländlichen Gemeinden zeigen, dass die Probleme älterer Bewohner oft ignoriert oder bagatellisiert werden, auch wenn deren Lebenssituation angespannt ist (Fischer 2005). Die Öffnung der gängigen Altenhilfeplanung zu einer kommunalen alternssensiblen Entwicklung der Daseinsvorsorge beinhaltet, Bereichsplanungen besser zu koordinieren, öffentliche Beteiligung zu unterstützen und die Lebensvorstellungen der (zukünftig) Älteren zu eruieren (Beetz 2009). Es erweist sich als sinnvoll, diese Prozesse nicht allein dem Pflegemarkt zu überlassen, sondern sie durch kommunale oder / und externe Akteure zu begleiten.

Grundsätzlich sollte für Soziale Arbeit in ländlichen Räumen eine Doppelstrategie gelten: Einerseits ist die Professionalisierung in den Handlungsfeldern zu stärken, andererseits ist eine kritische Distanz zur Professionalisierung erforderlich. Denn es gilt, die eigenständige Wahrnehmung der Zielgruppen in ihrem jeweiligen sozialen Raum, ihre Gefährdungen und die sich daraus entwickelnden Aktivitäten zu sehen und in die Praxis einzubeziehen.

Literatur

Arnold, H. (2005): Beschäftigungsentwicklung im ländlichen Raum. In: Arnold, H. Böhnisch, L., Schöer, W.(Hrsg.): Sozialpädagogische Beschäftigungsförderung. Juventa, Weinheim / München, 295–262

Bade, F.-J. (1997): Zu den wirtschaftlichen Chancen und Risiken der ländlichen Räume. Raumforschung und Raumordnung 4 / 5, 247–259

Barlösius, E., Beetz, S., Neu, C. (2008): Lebensqualität und Infrastruktur. In: Hüttl, R. F., Bens, O., Plieninger, T. (Hrsg.): Zur Zukunft ländlicher Räume. Akademie Verlag, Berlin, 328–353

Beetz, S. (2009): Regionale Dimensionen des Alterns und der Umbau der kommunalen Daseinsvorsorge. Entwicklungen am Beispiel der ländlichen Räume. In: Neu, C. (Hrsg.): Daseinsvorsorge. Eine gesellschaftswissenschaftliche Annäherung. VS, Wiesbaden, 114–132

– (2008): Peripherisierung als räumliche Organisation sozialer Ungleichheit. In: Materialien Nr. 21 der IAG Land-

Innovation der Berlin-Brandenburgischen Akademie der Wissenschaften. Berlin, 7–16

–, Brauer, K., Neu, C. (2005): Handwörterbuch zur ländlichen Gesellschaft in Deutschland. VS, Wiesbaden

–, Laschewski, L. (2008): Landsoziologie in Deutschland – Soziologie ohne Land? In: Laschewski, L., Andrzej, K., Gorlach, K. (Hrsg.): Neue Landsoziologie in Polen und Deutschland. Shaker, Aachen, 37–54

Bohler, K.-F., Bieback-Diel, L. (2001): Die Jugendhilfe im ländlichen Sozialraum. Das Beispiel Ostholstein. Lit, Münster

Böhnisch, L. (2002): Zum Verhältnis von Bildung und Bewältigung am Beispiel der Jugendberufshilfe in Ostdeutschland. Bildung und Lebenskompetenz. In: Münchmeier, R., Otto, H.-U., Rabe-Kleberg, U. (Hrsg.): Kinder- und Jugendhilfe vor neuen Aufgaben. Leske & Budrich, Opladen

–, Funk, H. (1989): Jugend im Abseits? Zur Lebenslage Jugendlicher im ländlichen Raum. Juventa, Weinheim / München

–, Rudolph, M., Funk, H., Marx, B. (1997): Jugendliche in ländlichen Regionen. Ein ost-westdeutscher Vergleich. Köllen, Bonn

Brunner, K.-M., Egger-Steiner, M., Hlavin-Schulze, K., Lueger, M. (1998): Flüchtlingsintegration in Kleingemeinden. Österr. Zeitschrift für Soziologie 1, 73–81

Buberl-Mensing, H. (2000): Mädchenarbeit auf dem Land. In: Deinet, U., Sturzenhecker, B. (Hrsg.): Jugendarbeit auf dem Land. Leske & Budrich, Opladen, 81–96

Chassé, K. A. (1996): Ländliche Armut im Umbruch. Leske & Budrich, Opladen

Elegeti, H. (1995): Der regionale und bevölkerungspoltische Ansatz in der gemeindepsychiatrischen Versorgungsplanung. Sozialpsychiatrische Information 3, 36–12

Fischer, T. (2005): Alt sein im ländlichen Raum – eine raumwissenschaftliche Analyse. Universität für Bodenkultur, Wien

Gängler, H. (1990): Soziale Arbeit auf dem Land. Juventa, Weinheim / München

Herrenknecht, A. (2000): Jugend im regionalen Dorf. In: Deinet, U., Sturzenhecker, B. (Hrsg.): Jugendarbeit auf dem Land. Leske & Budrich, Opladen, 47–64

Ilien, A., Jeggle, U. (1978): Leben auf dem Dorf. Zur Sozialgeschichte des Dorfes und Sozialpsychologie seiner Bewohner. Leske & Budrich, Opladen

Jeggle U., Ilien, A. (1978): Die Dorfgemeinschaft als Not- und Terrorzusammenhang. In: Wehling, H.-G. (Hrsg.): Dorfpolitik. Leske & Budrich, Opladen, 38–53

Knab, M. (2001): Frauen und Verhältnisse. Centaurus, Herbolzheim

Lenz, A. (1994): Ländliche Beratungsarbeit. Eine gemeindepsychologische Perspektive. Neue Praxis 24, 131–143

Meier, H. (1991): Zusammenleben im Dorf. Probleme und Unterstützungsformen erwachsener Dorfbewohner. Lit, Münster

Müller, K. (2000): Junge Leute auf dem Lande – berufliche Chancen und Arbeitsmarktrisiken. Berichte über Landwirtschaft 1, 1–29

Nebelung, C. (2007): Pragmatismus und Visionen: Eigenarbeit in der ostdeutschen ländlichen Gesellschaft. Lit, Münster

Nette, G. (2002): Ausgrenzung findet im Alltag statt. Eine Analyse sozialpsychiatrischer Versorgung im Stadt-Land-Vergleich. Psychiatrie-Verlag, Bonn

Pense, D. (1994): Lebenswelt und Deutungsmuster. Zur Situation von Sozialhilfeempfängern und Arbeitslosen im ländlichen Raum. Lit, Münster

Planck, U., Ziche, J. (1979): Land- und Agrarsoziologie. Ulmer, Stuttgart

Rudolph, M. (1998): Bleibenkönnen. Jugendliche in ländlichen Regionen. In: Böhnisch, L., Rudolph, M., Wolf, B. (Hrsg.): Jugendarbeit als Lebensort. Juventa, Weinheim / München, 131–152

Schmals, K. M., Voigt, R. (1986): Krise ländlicher Lebenswelten. Campus, Frankfurt / M.

Schrapper, C., Spies, A. (2002): Jugend auf dem Land: „Jung sein im Westerwald". Unsere jugend, 163–170

Schulz, U. (2003): Die soziale Konstitution von Raum und Mobilität im jugendkulturellen Alltag. Univ. Diss. Dortmund (unveröffentlicht)

Schweppe, C. (2000): Biographie und Alter(n) auf dem Land. Leske & Budrich, Opladen

Sparschuh, V. (2008): Die Traditionen des „traditionslosen Milieus" – Schicksalsorientierung in Ostvorpommern. Sozialwissenschaftliches Journal 6, 43–61

Thrun, T., Winkler-Kühlken, B. (2005): Anpassungsstrategien für ländliche / periphere Regionen mit starkem Bevölkerungsrückgang in den neuen Ländern. Bundesamt für Bauwesen und Raumordnung, Bonn

Vonderach, G. (2001): Landbewohner im Blick der Sozialforschung. Lit, Münster

Walter, U., Altgeld, T. (2000): Altern im ländlichen Raum. Campus, Frankfurt / M.

Soziale Arbeit im virtuellen Raum

Von Nadia Kutscher

Neue Medien haben seit den 1990er Jahren Einzug in die Soziale Arbeit gehalten (Cleppien / Lerche 2010). Computer und Internet sind mittlerweile in verschiedener Hinsicht Teil der Lebenswelt sowohl von AdressatInnen als auch von Professionellen (Ley / Seelmeyer 2008) der Sozialen Arbeit geworden, Onlineberatung etabliert sich zunehmend und Entwicklungen wie Web 2.0 erfahren viel Aufmerksamkeit (Schorb et al. 2008).

Der virtuelle Raum als Raum sozialer Dienstleistungserbringung weist Kontinuitäten und Diskontinuitäten zur Sozialen Arbeit im face-to-face-Zusammenhang außerhalb des Internet auf. Die Nutzung des Internet wird zwischen Befürchtungen und Gefahren einerseits und Technikeuphorie und Demokratisierungsthesen andererseits thematisiert. Im Zuge der Verbreitung des Mediums in der Sozialen Arbeit werden schon früh Risiken wie Datenmissbrauch, die Einschränkung der Beziehungsebene zwischen Professionellen und AdressatInnen, Deprofessionalisierung, die „Ökonomisierung des Sozialen" aber auch eine Überforderung von Professionellen wie AdressatInnen angesichts der Informationsflut im Netz oder auch die „Ausgrenzung bestimmter Bevölkerungsgruppen" vermutet (Wittenberg et al. 2000, 23 ff.). In praktischer und politischer Hinsicht werden darüber hinaus Fragen des Daten- und Jugendschutzes sowie der Bedeutung von Onlinesucht kontrovers diskutiert (Völter 2009; Reinecke / Trepte 2008).

Zum anderen wird die Einführung des Internet als Erweiterung von Informations- und Kommunikationsmöglichkeiten zwischen Professionellen und Klientel sowie von Zugangsoptionen und Autonomie für AdressatInnen, als Optimierung für Vernetzung auf der Organisations- und Professionsebene und nicht zuletzt als Mittel für Rationalisierung und Effizienzsteigerung betrachtet (Stahlmann 1999; Althoff 2000). Im Kontext or-

ganisationaler Prozesse ist die Rationalisierung professionellen Handelns zunehmend beobachtbar, allerdings steht der Einsatz von Computer und Internet hierbei in engem Zusammenhang mit Managerialisierungsentwicklungen professioneller Praxis auch unabhängig von Medien. In diesem Kontext befördern mediale bzw. technisierte Strukturen Effektivierungsbestrebungen, auch im Kontext evidenzbasierter Praxis (Watson 2003, 57), die aus professions- und gesellschaftstheoretischer Perspektive kritisch zu analysieren sind (Webb 2003).

Diskurse um Internet und Soziale Arbeit zeigen einige inhaltliche Konstanten, u. a. Fragen der Veränderung von Kommunikation (Döring 2003), der Zugänglichkeit von Informationen (Pleace et al. 2003; Hänsgen 2004), der Zunahme an Selbsthilfestrukturen und der Veränderung des Verhältnisses zwischen Professionellen und AdressatInnen Sozialer Arbeit (Ott / Eichenberg 1999; Hardey 2003, 218; Klein 2008), Implikationen für Identitätsdarstellung und -entwicklung (Thimm 2000; Döring 2003, 325 ff.; Tillmann 2008), nach dem Verhältnis und den (Neu-)Dimensionierungen von Raum, Zeit und der Determiniertheit von Handeln durch Technik (Beck 2003) sowie anthropologische Überlegungen zum Verhältnis von Mensch und Maschine bzw. Wirklichkeit und Medium oder neuen Gesellschaftsformen (Levy 2001; Castells 2003) und die Diskurse um und Forderungen nach der Vermittlung von Medienkompetenz (Baacke 1996; Poseck 2001).

Unter einer bildungs- und gesellschaftstheoretischen Perspektive wird die Frage der Teilhabechancen im Kontext der sog. „Wissens-" (Bittlingmayer 2001) bzw. „Informationsgesellschaft" (Castells 2003) thematisiert. Hierbei werden unterschiedliche Perspektiven diskutiert: subjektbezogene Aneignungsprozesse im Selbst- und Weltverhältnis

Otto/Thiersch (Hg.), Handbuch Soziale Arbeit, 4. A., DOI 10.2378/ot4a.art131,

sowie kompetenz- und ökonomisch-verwertungsorientierte Ansätze (de Haan / Poltermann 2002). In beiden Fällen wird dem Internet eine hohe Bildungsbedeutsamkeit zugeschrieben.

Die hier angedeuteten Entwürfe von Wissensgesellschaft, die jedoch gleichermaßen die Annahme teilen, dass die Verfügbarkeit, Zugänglichkeit und Verwertbarkeit von Wissen für gesellschaftliche Teilhabe bedeutsam ist, konfrontieren auch Soziale Arbeit als Akteurin im medialen Bildungskontext mit der Frage, inwiefern sie diese Widersprüche reflektiert.

Dimensionen des virtuellen Raums

Verschiedene AutorInnen setzen sich mit der Frage auseinander, inwiefern dieser unabhängig von oder in spezifischen Relationen zum sog. „realen" Raum, d. h. einer Realität außerhalb des Internet, gedacht werden kann (Castells 2003; Funken / Löw 2003) und kommen weitgehend zu dem Schluss, dass der „virtuelle" nicht unabhängig vom „realen" Raum gedacht werden kann, vielmehr letzterer ersteren deutlich in seinen Ausprägungen beeinflusst und hier wie dort Aushandlungen von Machtverhältnissen stattfinden.

Tillmann bezeichnet Medien als „Konstrukteure von Identitätsräumen", die „durch dominierende Inhalte und spezifische Interaktionsformen und Machtrelationen, Ein- und Ausschließungsprozesse sowie Partizipationsprozesse realisiert" werden (Tillmann 2008, 94 f.). Einflussfaktoren auf die Ausgestaltung von Medienräumen sind dabei das sozialräumliche Umfeld sowie strukturelle und persönliche Faktoren wie Bildungshintergrund, Alter, der Wunsch nach Authentizität und soziale Unterstützungsleistungen.

Prozesse und Strukturen der Ausdifferenzierung von Räumen im Internet können nach Harvey in den Kategorien *absoluter* („Container", durch eine klare Grenzziehung unterscheidbar von anderen Räumen, z. B. eine Website), *relativer* (perspektivenabhängig, verbunden mit der Positionierung des Akteurs im sozialen Raum z. B. durch Nutzungswege) und *relationaler* („Beziehungsraum", Repräsentation von Raum durch Themen und Ausdrucksformen z. B. in Beratungsforen) Raum systematisiert werden (Harvey 2004 und 2005).

Somit kann auf der Basis einer Dualität von Struktur und Handeln (Löw 2007) geschlossen werden, dass das kommunikative Handeln von NutzerInnen (und AnbieterInnen) die Ausdifferenzierung von Räumen im Internet (mit-)konstruiert und die sich daraus ergebenden Kommunikations- und Möglichkeitsstrukturen innerhalb der jeweiligen Internetangebote das darin stattfindende Handeln ebenfalls wiederum strukturieren (Kutscher 2009b).

Virtuelle Soziale Arbeit

Internet und Computer sind mittlerweile in verschiedener Hinsicht (nicht nur) als Medien der Sozialen Arbeit präsent – in der Beratung (Warras 2009; Klein 2009), für die Organisation von Beteiligung und Kooperation (Kubicek et al. 2009), in Selbsthilfekontexten (Döring 1997; Klein 2008), in der Diagnostik (Poguntke-Rauer et al. 2007) sowie zur Dokumentation und Evaluation von Arbeitsabläufen (→ Ley / Seelmeyer, Informationstechnologien in der Sozialen Arbeit).

Diskurse um computervermittelte Kommunikation (CvK) rekurrieren auf die Frage, inwiefern die „Kanalreduktion", d. h. die Reduzierung sinnlicher Reize in der verbal-schriftlichen Kommunikation den Ausdruck von Gefühlen, die Herstellung von Intimität oder die Vermittlung sinnlicher Eindrücke behindert (kritisch: Döring 2003, 154). Die ähnlich diskutierte „Filterthese" (Kiesler et al. 1984), dass das Fehlen sozialer Hinweisreize in der textbasierten Kommunikation zu einer Nivellierung sozialer Hierarchien und einer Enthemmung der Kommunikation bis hin zum Flaming führt (Sproull / Kiesler 1986), ist ebenfalls zu differenzieren: Während letzteres zutrifft, zeigen empirische Studien, dass innerhalb der CvK offensichtlich eine Reihe von Hinweisen zur sozialen Kontextualisierung der NutzerInnen verfügbar ist, so dass über kommunikative Prozesse und Nutzungsprozesse eine soziale Ausdifferenzierung innerhalb des Internet bis hin zu Schließungsprozessen erfolgt (Tillmann 2008; Klein 2008, 145 ff.). Die prinzipielle Anonymität der CvK, die faktisch nur auf der Grundlage eigener Entscheidungen der NutzerInnen durchbrochen werden kann, wird weitgehend als Chance für Onlineberatung eingeschätzt. Auch wenn Thesen der Nivellierung von Ungleichheiten (Götz 2003,

36) sich nicht bewahrheiten, scheint diese Rahmenbedingung die Hürden für die Herstellung einer großen Offenheit („self-disclosure", Joinson / Paine 2007) im Vergleich zur face-to-face-Beratung deutlich zu senken. Für Professionelle stellt dies allerdings eine Veränderung des Beratungsverhältnisses dar, da auf diese Weise die Kontrolle über Form, Fortgang und Verpflichtungsgrad der Beratung weitgehend auf Seiten der AdressatInnen liegt (Arnold 2003; kritisch: Klein 2008, 505 ff.).

Seit den 1990er Jahren hat sich die *Onlineberatung* als ein Hauptfeld Sozialer Arbeit im Internet etabliert (Kühne / Hinterberger 2009). Sämtliche Themenbereiche der face-to-face-Beratung bilden sich mittlerweile im Internet ab.

Die Funktionen von Onlineberatung können als Information über Hilfemöglichkeiten, psychosoziale Beratung, Therapievermittlung oder Krisenintervention bezeichnet werden, wobei eine eindeutige Abgrenzung zu „Cyberpsychologie" (Huber 2006) teils diffus bleibt.

Onlineberatung wird sowohl in synchroner (zeitgleich, z. B. Chat – Heider 2008) als auch asynchroner (zeitversetzt, z. B. E-Mail – Weinhardt 2009; Knatz / Dodier 2003; Foren – Klein 2008) Form angeboten.

Ein weiteres Differenzierungskriterium für Onlineberatungsangebote stellt die personale Struktur dar, u. a. das Verhältnis zwischen Professionellen und Laien in der Beratungskommunikation. So gibt es Angebote, in denen ausschließlich professionelle SozialarbeiterInnen / -pädagogInnen beratend tätig sind, Mischformen, in denen sowohl Professionelle als auch PeerberaterInnen oder auch andere NutzerInnen beraten und Websites, die ausschließlich durch UserInnen genutzt werden (z. B. Selbsthilfeforen) und jeweils unterschiedliche Unterstützungsformen anbieten. Klein ordnet hierbei „normalen NutzerInnen" Unterstützung in Form von Anerkennung, emotionalem Beistand und kameradschaftlicher Hilfe, PeerberaterInnen Unterstützung ebenfalls durch Anerkennung, emotionalen Beistand aber erweitert durch Informationshilfen und Professionellen Unterstützung durch Anerkennung und Informationshilfen sowie durch eine Erweiterung sozialer Netzwerke zu (Klein 2008, 331). Deutlich wird dabei, dass Angebote, die eine Mischform an Beratungsrollen vorsehen, eine entsprechend größere Bandbreite an Unterstützungsformen eröffnen. Gleichzeitig erfolgt die Unterstützungssuche und –inanspruchnahme je nach medialer Form, NutzerInneninteressen und Nutzungsmöglichkeiten unterschiedlich. So erlauben z. B. Foren durch ihre öffentliche und damit transparente Form eine „lurkende" Nutzung, d. h. Beiträge anderer und die darauf folgende Kommunikation zu lesen ohne selbst etwas schreiben zu müssen (Klein 2008, 379 ff.).

Inwiefern die jeweiligen Angebote auch nutzerInnenseitig auf Zuspruch stoßen, kann durch das analytische Modell der Passungsverhältnisse betrachtet werden, d. h. die Nutzung eines Angebots ist abhängig von der inhaltlichen, medialen und personalen Passung zwischen Angebot und NutzerInnen (Klein 2008, 533 ff.), die in jeder der drei Dimensionen jeweils unterschiedlich ausfallen kann und damit die faktische Nutzung eines Internetangebots zum Resultat komplexer Zusammenhänge macht.

Eine zentrale Funktion des Internet auch im Feld Sozialer Arbeit ist das Zugänglichmachen von *Information*. In der Fachwelt ist mittlerweile eine Reihe von Informationsportalen zu finden (z. B. Deutschland: www.sozialarbeitsnetz.de, www.soziales-netz.de, www.sozialarbeit.de, www.socialnet. de; international: www.socwork.de, www.socmag. de, www.socialworker.com, 20.05.2010), die Informationen über Publikationen, aktuelle Diskurse und professionsbezogene wie sozialpolitische Entwicklungen vorhalten. Für AdressatInnen gibt es eine große Bandbreite an Selbsthilfeforen, Informationsseiten von Anbietern zu deren jeweiligen (häufig Beratungs-) Themengebieten sowie Portale für spezifische Zielgruppen.

Dem Internet wird aus pädagogischer Perspektive besondere Relevanz für die Ermöglichung von *Bildungsteilhabe* zugeschrieben (Marotzki et al. 2000; Jörissen / Marotzki 2008). Hierbei wird insbesondere der Aspekt informeller Bildung unter den Bedingungen selbstgesteuerter Aneignungsprozesse diskutiert (Cleppien et al. 2003; Zwiefka 2007). Marotzki et al. vertreten die These, dass Bildung im Kontext des Internet die Generierung von Verfügungswissen, den Aufbau von Orientierungswissen und die Ermöglichung von Reflexion sowie (Selbst-)Artikulation befördern kann (Marotzki et al. 2003, 2 ff.).

Andere Perspektiven gehen davon aus, dass hypermediale Lernumgebungen besondere Lernprozesse ermöglichen (Mandl et al. 1995, 168 ff.; Röll 2009) bzw. sowohl im Rahmen explizit pädagogischer Angebote wie auch im Alltagskontext von Mediennutzung eine Veränderung des dreifachen Weltverhältnisses (Nieke 2008, 164 f.; Meder 2008, 236 f.) möglich wird. Die Reflexivität und Performativität von Bildungsprozessen im medialen Kontext ist dabei ebenfalls Gegenstand bildungstheoretischer Diskurse (Jörissen 2007; Meder 2008, 228 ff.; Niesyto 2009, 10).

Die Auseinandersetzung um die Bildungsbedeutsamkeit des Internet ist gleichzeitig auch innerhalb der Debatten um Medienkompetenz (Baacke) verortet (Schäfer / Lojewski 2007; Kutscher 2009a). Dabei wird u. a. der Widerspruch zwischen subjektiv-eigenlogischer Aneignung und gesellschaftlich verwertbarer Wissensakquisition thematisiert (Hacke / Welling 2009, 2 ff.). Vor diesem Hintergrund sind auch technikdeterministische Perspektiven auf Bildung und Aneignung zu hinterfragen (Tully 2004, 153), die den formalen Strukturen und Inhalten des Internet ein Demokratisierungs- und Bildungspotenzial teils verbunden mit weitgehenden Gesellschaftsutopien (Palfrey / Gasser 2008) zuschreiben.

Grundfragen

Die Bedeutung des virtuellen Raums für Soziale Arbeit kann unter verschiedenen Aspekten reflektiert werden. Drei zentrale Themenfelder sollen hier betrachtet werden.

1) Die Frage der *Qualität Sozialer Arbeit im Kontext von Internetangeboten* wird in der Literatur weitgehend auf formaler Ebene (z. B. technische Usability, Wirksamkeit) und vielfach entkontextualisiert diskutiert (Arnold 2003; Knatz 2006). Vor dem Hintergrund eines relationalen Qualitätsverständnisses, das die Rahmenbedingungen der Nutzung sowie die Passungsverhältnisse zwischen Angebot und NutzerInnen reflektiert, stellen sich zwei Fragen: a) welche Zielgruppen sollen das Angebot nutzen und b) welche Anforderungen ergeben sich aus ihren Nutzungsgewohnheiten, -möglichkeiten und -präferenzen um auch die Nutzbarkeit des Angebots in Relation zu avisierten Zielgruppen und deren Möglichkeiten im Spannungsfeld von „formal access" und „effective access" (Wilson 2004) in den Blick zu nehmen.

2) *Soziale Ungleichheit und Benachteiligung* bilden sich – wie mittlerweile eine Reihe empirischer Studien zeigt (Cleppien / Kutscher 2004; Livingstone et al. 2004; Zillien 2006; Kompetenzzentrum Informelle Bildung 2007; Wagner 2008; Niesyto 2009) – auch innerhalb des Internet ab. Während die digitale Spaltung als Zugangskluft weitgehend überwunden scheint, zeigt sich als wirkmächtigeres Phänomen eine Spaltung zweiter Ordnung als „*Digitale Ungleichheit*" (vgl. Hargittai / DiMaggio 2001). Sie bezeichnet – über die „Wissenskluft-hypothese" (Bonfadelli 1994) hinausgehend – Ungleichheiten innerhalb der Mediennutzung, die auf die Verfügbarkeit von Offline-Ressourcen wie ökonomisches, kulturelles und soziales Kapital (Bourdieu 1997) als prägende Faktoren für Präferenzen, habituelle Fähigkeiten und strukturelle Möglichkeiten in der Mediennutzung verweisen.

Die mediale Funktion des Internet als „Pull-Medium" ist abhängig von den Aufmerksamkeits- und Navigationsentscheidungen der NutzerInnen. Sie realisiert sich erst in der Nutzung, so dass innerhalb der neuen Medien eine kulturelle und soziale Differenzierung entsteht (Iske et al. 2007, 66 f.; Pietrass / Ulrich 2009). Diese Entscheidungen erfolgen vor dem Hintergrund von eigenen (sozial kontextualisierten) Interessen, Wissen, Fähigkeiten und Möglichkeiten. In diesem Zusammenhang bilden sich habitualisierte Nutzungspraktiken heraus, die in einem jeweils unterschiedlichen Nutzungsspektrum resultieren. Die dabei entstehenden ungleichen Nutzungsweisen bedingen wiederum Beteiligungsungleichheiten innerhalb des virtuellen Raums („Voice Divide" – Klein 2008, 511 ff.). Die materiellen, kulturellen und sozialen Ressourcen, die NutzerInnen außerhalb des Internet zur Verfügung stehen erweisen sich hierbei als ebenso relevant wie die Erfahrungen, die AdressatInnen innerhalb des Internet als Feld machen. Vor diesem Hintergrund gewinnt Soziale Arbeit an spezifischer Bedeutung, sofern sie ihre Aufgabe darin versteht, weiterführende Ressourcen für diejenigen, die drohen, durch diese Mechanismen „abgehängt" zu werden, zu eröffnen. Ziegler (2003) und Klein (2008) verweisen auf die Bedeutung sozialen Kapitals in seinen Ausdifferenzierungen und arbeiten heraus, dass Soziale Arbeit als Eröffnung von Verknüpfungskapital (Klein 2008, 174) auf der Grundlage schwacher Bindungen dabei eine entscheidende Rolle für die Ermöglichung gesellschaftlicher Teilhabe und die Erweiterung von Handlungsmöglichkeiten für AdressatInnen einnehmen kann.

3) Die Technisierung des Zugangs beispielsweise zu Onlineberatung verändert das *Erbringungsverhältnis Sozialer Arbeit* insofern, dass die Autonomie der AdressatInnen in der Beratungs-Zusammenarbeit in besonderem Maße zunimmt. Sie können sich prinzipiell leichter einem Hilfeprozess entziehen und Professionelle sind vor diesem Hintergrund deutlich anders gefordert, adressatInnenbezogen reflexiv und kontakterhaltend zu handeln (Verein Wiener Sozialprojekte 2006, 10 f.). Besonderheiten der Online-Angebote Sozialer Arbeit sind eine prinzipielle Erweiterung der zeitlichen Erreichbarkeit, des Einbezugs von Peers und damit der unterschiedlichen Unterstützungs-, Kommunikations- und Beteiligungsrollen, eine erhöhte Autonomie der AdressatInnen in der Gestaltung des Kontakts und die Möglichkeiten einer erhöhten self-disclosure. Insgesamt stellen sich jedoch im face-to-face- wie im Onlineberatungskontext weitgehend ähnliche Fragen, d. h. wer wird wie erreicht, welche Themen treffen die Bedarfe der NutzerInnen, wie professionell sind die Beratenden bzw. wie seriös ist die Qualität der Informationen und wie reflektieren Professionelle das Habitus-Feld-Problem (Biermann 2009) in der Gestaltung von Angeboten und Kommunikation im Internet. Allerdings stellt die Entlokalisierung des Angebots im Internet andere Anforderungen an die Weitervermittlung von AdressatInnen im Sinne einer „Re-Lokalisierung" sofern eine face-to-face-Beratung erforderlich scheint.

Ausblick

Aus einem *professionstheoretischen* Blickwinkel zeigen sich vor dem Hintergrund der dargestellten Erkenntnisse und Phänomene verschiedene Herausforderungen. Die Weiterentwicklung des Feldes von Onlineberatung wie von Informations- und Bildungsarrangements, im Kontext des virtuellen Raums, erfordert eine Perspektivenverschiebung von der Wirkungsfrage hin zu einer differenzierten Reflexion von Qualität und Zielgruppenerreichung (Iske et al. 2008, 220). Vor diesem Hintergrund geraten Fragen der zielgruppenbezogenen Angebotsgestaltung sowie die Wahrnehmung

und Reflexion von Schließungsprozessen – sowohl AnbieterInnen- als auch NutzerInnenseitig – verstärkt in den Blick. Die Reflexion eigener Medienerfahrung und -habitus sowie die Entwicklung einer Medienkompetenz auf Seiten der Professionellen (Gerö 2008) und die Aneignung von Wissen über Medienhandeln und -kontexte der Zielgruppen (Kutscher et al. 2009, 92 ff.) sind dabei bedeutsam.

Eine andere Herausforderung liegt in der Ungleichheitsreproduktion im Rahmen virtueller Angebote Sozialer Arbeit (Benke 2009). Auf Medienkompetenz rekurrierende Diskurse bedürfen einer kritischen Auseinandersetzung hinsichtlich der Frage, inwiefern sie dabei ungleichheitssensibel Bildungsprozesse und -ziele reflektieren (Hacke / Welling 2009, 10; Kutscher 2009a) – auch in der Aus- und Weiterbildung von sozialpädagogischen Fachkräften (Kutscher et al. 2009; Welling / Brüggemann 2004). Aus einer *forschungsbezogenen* Perspektive liegen zwar mittlerweile eine Reihe von Studien zur Mediennutzung vor, jedoch stehen differenzierte Analysen des Verhältnisses von Habitus und Feld in der Mediennutzung von Zielgruppen wie auch von Professionellen – abgesehen von wenigen Ausnahmen (Welling 2008; Brunner 2009) – noch am Anfang. Gerade dieser Gegenstand bedarf neben der breiten Empirie einer weitergehenden theoretischen Fundierung.

Die bislang verfügbaren Erkenntnisse zur Bedeutung kulturellen und sozialen Kapitals in der Mediennutzung sowie die virtuellen Dienste in der Sozialen Arbeit wären hinsichtlich der Entwicklungen um Social Networks, Web 2.0 und portable Medien zu erweitern um sowohl Exklusionsprozesse im Kontext technischer Innovationen weiter zu beobachten aber auch für die Gestaltung ungleichheitsüberwindender pädagogischer Arrangements zu nutzen (Kutscher / Otto 2005), hierbei auch als Weiterentwicklung der NutzerInnenforschung (Paus-Hasebrink 2009) mit Blick auf das Verhältnis von institutionellen Angebotsstrukturen und professionellen Praxen (Schmidt et al. 2005, 7; Webb 2003).

Im Kontext der Ausdifferenzierung von Fragestellungen unterliegt auch die Methodik und Methodologie der Onlineforschung in der Sozialpädagogik einer permanenten Weiterentwicklung. So gibt es bislang u. a. Ansätze der „Online-Ethnographie" (Marotzki 2003) wie „Surfinterviews" (Kutscher

2003) bzw. quantitative Verfahren wie Logfile-Analysen (Döring 2003, 219 ff.) oder Sequenzanalyse / Optimal Matching (Iske 2007). Somit ermöglichen mediale Innovationen neben der Erfordernis,

neue forschungsmethodische Zugänge zu entwickeln auch eine methodologische Weiterentwicklung der Forschung Sozialer Arbeit im Medienkontext (Kutscher et al. 2010).

Literatur

Althoff, W. (2000): Lost in Cyberspace? Möglichkeiten Sozialer Arbeit mit dem Internet. LIT, Münster

Arnold, D. (2003): Qualität virtueller Beratung. Der Pädagogische Blick 3, 132–143

Baacke, D. (1996): Medienkompetenz – Begrifflichkeit und sozialer Wandel. In: Rein, A. v. (Hrsg.): Medienkompetenz als Schlüsselbegriff. Klinkhardt, Bad Heilbrunn, 112–124

Beck, K. (2003): No Sense of Place? Das Internet und der Wandel von Kommunikationsräumen. In: Funken, S., Löw, M. (Hrsg.), 119–137

Benke, K. (2009): Digitale Ungleichheiten – theoretisch … wie praktisch! Alltagsbetrachtungen zu einer postmodernen, Sozialen Herausforderung des 21. Jahrhunderts. e-beratungsjournal 2. In: www.e-beratungsjournal.net/ausgabe_0209/benke.pdf, 24.08.2010

Biermann, R. (2009): Die Bedeutung des Habitus-Konzepts für die Erforschung soziokultureller Unterschiede im Bereich der Medienpädagogik. medienpäd 17. In: www.medienpaed.com/17/biermann0908.pdf, 24.08.2010

Bittlingmayer, U. (2001): „Spätkapitalismus" oder „Wissensgesellschaft"? Aus Politik und Zeitgeschichte 8, 15–23

Bonfadelli, H. (1994): Die Wissenskluft-Perspektive. Massenmedien und gesellschaftliche Information. UVK, Konstanz

Bourdieu, P. (1997): Ökonomisches Kapital, kulturelles Kapital, soziales Kapital. In: Bourdieu, P., Steinrücke, M.: Die verborgenen Mechanismen der Macht. VSA, Hamburg

Brunner, A. (2009): Theoretische Grundlagen der Online-Beratung. In: Kühne, S., Hinterberger, G. (Hrsg.), 27–46

Castells, M. (2003): Das Informationszeitalter (3 Bde). Leske + Budrich, Opladen

Cleppien, G., Kutscher, N. (2004): Digital Inequality und Qualität von Online-Bildung. In: Otto, H.-U., Kutscher, N. (Hrsg.), 80–96

–, –, Otto, H.-U. (2003): Die digitale Bildungskluft als Herausforderung für die Pädagogik. In: Internationaler Jugendaustausch- und Besucherdienst der Bundesrepublik Deutschland (IJAB) e. V. (Hrsg.): Forum Jugendarbeit International 2003. Münster, 262–283

–, Lerche, U. (Hrsg.) (2010): Soziale Arbeit und Medien. VS-Verlag, Wiesbaden

de Haan, G., Poltermann, A. (2002): Funktion und Aufgaben von Bildung und Erziehung in der Wissensgesellschaft. Verein zur Förderung der Ökologie im Bildungsbereich e. V.

Döring, N. (2003): Sozialpsychologie des Internet. Hogrefe, Göttingen

– (1997): Selbsthilfe, Beratung und Therapie im Internet. In: Batinic, B. (Hrsg.): Internet für Psychologen. Hogrefe, Göttingen, 421–458

Funken, C., Löw, M. (2003): Raum – Zeit – Medialität. Interdisziplinäre Studien zu neuen Kommunikationstechnologien. Leske + Budrich, Opladen

Gerö, S. (2008): Medienkompetenz in der Online-Beratung: Erfahrungen aus der Ausbildung von E-BeraterInnen. e-beratungsjournal 1. In: www.e-beratungsjournal.net/ausgabe_0108/geroe.pdf, 24.08.2010

Götz, N. (2003): Aufgefangen im Netz. Psychosoziale Beratung im Internet. Kopaed, München

Gross, F. v., Marotzki, W., Sander, U. (Hrsg.): Internet – Bildung – Gemeinschaft. VS-Verlag, Wiesbaden

Hacke, S., Welling, S. (2009): Die Wissensgesellschaft und die Bildung des Subjekts – ein Widerspruch? medienpäd 17. In: www.medienpaed.com/17/hacke_welling0905.pdf, 24.08.2010

Hänsgen, T. (2004): Behinderungskompensierende Techniken und Technologien zur Umsetzung von Barrierefreiheit. In: Otto, H.-U., Kutscher, N. (Hrsg.), 54–56

Hardey, M. (2003): Consumers, the Internet and the Reconfiguration of Expertise. In: Harlow, E., Webb, S. (Hrsg.), 199–222

Hargittai, E., DiMaggio, P. (2001): From the „Digital Divide" to „Digital Inequality: Studying Internet Use as Penetration Increases. Working Paper #19, Center for Arts and Cultural Policy Studies, Woodrow Wilson School, Princeton University

Harlow, E., Webb, S. (Hrsg.) (2003): Information and Communication Technologies in the Welfare Services. Jessica Kingsley Publishers, London / Philadelphia

Harvey, D. (2005): Spaces of Neoliberalization: Towards a Theory of Uneven Geographical Development. Steiner, Stuttgart

– (2004): Space as a Key Word. In: http://www.marxandphilosophy.org.uk/harvey2004.doc, 06.08.08

Heider, T. (2008): Prozesse in der Chatberatung. e-beratungsjournal 2. In: www.e-beratungsjournal.net/ausgabe_0208/heider.pdf, 24.08.2010

Huber, H. P. (2006): Klinische Cyberpsychologie: Die Anwendung virtueller Realitäten in der psychologischen Diagnostik und Behandlung. Zeitschrift für Klinische Psychologie und Psychotherapie 1, 39–48

Iske, S. (2007): Empirische Bildungsforschung online: Zur Analyse von E-Learningprozessen mittels Optimal-Matching. In: Hartwich, D. et al. (Hrsg.): Mit Spieler: Überlegungen zu nachmodernen Sprachspielen in der Pädagogik. Königshausen & Neumann, Würzburg, 113–125

–, Klein, A., Kutscher, N. (2008): Nutzungs- und Bildungsforschung im Kontext des Internet. In: Bielefelder Arbeitsgruppe 8 (Hrsg.): Soziale Arbeit in Gesellschaft. Eine „Werkschau". VS-Verlag, Wiesbaden, 217–224

–, –, –, Otto, H.-U. (2007): Virtuelle Ungleichheit und informelle Bildung. In: Kompetenzzentrum Informelle Bildung (Hrsg.), 65–92

Joinson, A. N., Paine, C. B. (2007): Self-Disclosure, Privacy and the Internet. In: Joinson, A. N., McKenna, K., Postmes, T. (Hrsg.): Oxford Handbook of Internet Psychology. OUP, Oxford, 237–252

Jörissen, B. (2007): Mimesis im Cyberspace? Performative Bildungsprozesse in der „virtual reality". In: Wulf, C., Zirfas, J. (Hrsg.): Pädagogik des Performativen. Weinheim, Beltz, 188–199

–, Marotzki, W. (2008): Neue Bildungskulturen im Web 2.0: Artikulation, Partizipation, Syndikation. In: Gross, F. v., Marotzki, W., Sander, U. (Hrsg.), 203–225

Kiesler, S., Siegel, J., McGuire, T. W. (1984): Social Psychological Aspects of Computer-Mediated Communication. American Psychologist 39, 1123–1134

Klein, A. (2009): Niedrigschwelligkeit durch Technik? Sozial Extra 1, 14–17

– (2008): „Soziales Kapital Online": Soziale Unterstützung im Internet. Bielefeld. In: http://bieson.ub.uni-bielefeld.de/volltexte/2008/1260/pdf/Klein_Alexandra_Dissertation.pdf, 20.05.2010

Knatz, B. (2006): Qualitätsstandards für die Online-Beratung. e-beratungsjournal 1. In: www.e-beratungsjournal.net/ausgabe_0106/knatz.pdf, 24.08.2010

–, Dodier, B. (2003): Hilfe aus dem Netz. Pfeiffer bei Clett Cotta, Stuttgart

Kompetenzzentrum Informelle Bildung (2007): Grenzenlose Cyberwelt. VS-Verlag, Wiesbaden

Kubicek, H., Lippa, B., Westholm, H. (2009): Medienmix in der Bürgerbeteiligung. Edition Sigma, Berlin

Kühne, S., Hinterberger, G. (Hrsg.) (2009): Handbuch Online-Beratung. Vandenhoeck und Ruprecht, Göttingen

Kutscher, N. (2009a): Ungleiche Teilhabe – Überlegungen zur Normativität des Medienkompetenzbegriffs. medienpäd 17. In: www.medienpaed.com/17/kutscher0904.pdf, 24.08.2010

– (2009b): Virtuelle Räume Jugendlicher – die Wirkmacht kulturellen Kapitals bei der Nutzung des Internet. In Tully, C. J. (Hrsg.): Multilokalität und Vernetzung. Weinheim, Juventa, 158–174

– (2003): Soziale Ungleichheit im virtuellen Raum – eine qualitative Studie zu Nutzungsdifferenzen von Jugendlichen. In: www.kib-bielefeld.de, 20.05.2010

–, Klein, A., Lojewski, J., Schäfer, M. (2009): Medienkompetenzförderung für Kinder und Jugendliche in sozial benachteiligten Lebenslagen. LfM-Dokumentation Band 36. Hrsg. Landesanstalt für Medien Nordrhein-Westfalen. Düsseldorf

–, Ley, T., Seelmeyer, U. (2010): Subjekt – Technik – Kontext. In: DFG-Graduiertenkolleg Jugendhilfe im Wandel (Hrsg.): Jugendhilfe im Wandel. VS-Verlag, Wiesbaden

–, Meder, N., Otto, H.-U. (2003): Neue Chancen für die Jugend in der Wissensgesellschaft. Erziehungswissenschaft. Mitteilungsheft der DGfE 14/26, 35–40

–, Otto, H.-U. (2005): Ermöglichung durch kontingente Angebote. Bildungszugänge und Internetnutzung. In: Tully, C. (Hrsg.): Lernen in flexibilisierten Welten. Juventa, Weinheim, München, 95–109

Levy, P. (2001): Cyberculture. University of Minnesota Press.

Ley, T., Seelmeyer, U. (2008): Professionalism and Information Technology: Positioning and Mediation. Social Work & Society 6/2, 338–351

Livingstone, S., Bober, M., Helsper, E. (2004): Active Participation or just more information? In: http://eprints.lse.ac.uk/396/1/UKCGOparticipation.pdf, 20.05.2010

Löw, M. (2007): Zwischen Handeln und Struktur. Grundlagen einer Soziologie des Raums. In: Kessl, F., Otto, H.-U. (Hrsg.): Territorialisierung des Sozialen. Barbara Budrich, Opladen, 81–100

Mandl, H., Gruber, H., Renkl, A., (1995): Situiertes Lernen in multimedialen Lernumgebungen. In: Issing, L. J., Klimsa, P. (Hrsg.): Information und Lernen mit Multimedia. Beltz PVU, Weinheim, 167–178

Marotzki, W. (2003): Online-Ethnographie – Wege und Ergebnisse zur Forschung im Kulturraum Internet. In: Bachmair, B., Diepold, P., de Witt, C. (Hrsg.): Jahrbuch Medienpädagogik 3. Leske + Budrich, Opladen, 149–166

–, Meister, D., Sander, U. (Hrsg.) (2000): Zum Bildungswert des Internet. Leske + Budrich, Opladen

–, Nohl, A.-M., Ortlepp, W. (2003): Bildungstheoretisch orientierte Internetarbeit am Beispiel der universitären Lehre. medienpäd 1. In: www.medienpaed.com/03-1/marotzki03-1.pdf, 24.08.2010

Meder, N. (2008): Bildung und virtuelle Welten – Cyberbildung. In: Gross, F. v., Marotzki, W., Sander, U. (Hrsg.), 227–239

Nieke, W. (2008): Allgemeinbildung durch informationstechnisch vermittelte Netzinformation und Netzkommunikation. In: von Gross, F. v., Marotzki, W., Sander, U. (Hrsg.), 145–167

Niesyto, H. (2009): Digitale Medien, soziale Benachteiligung und soziale Distinktion. medienpäd 17

Ott, R., Eichenberg, C. (1999): Die virtuelle Couch: Selbsthilfe, Beratung und Therapie im Internet. In: Ministerium für Frauen, Jugend, Familie und Gesundheit des Landes NRW (Hrsg.): Selbsthilfegruppen: Netze der Hoffnung. Düsseldorf, 19–23

Otto, H.-U., Kutscher, N. (Hrsg.) (2004): Informelle Bildung Online. Juventa, Weinheim

Palfrey, J., Gasser, U. (2008): Born Digital. Basic Books, New York

Paus-Hasebrink, I. (2009): Zur Relevanz von sozialer Ungleichheit im Kontext der Mediensozialisationsforschung. medienpäd 17. In: www.medienpaed.com/17/paus-hasebrink0905.pdf, 24.08.2010

Pietrass, M., Ulrich, M. (2009): Medienkompetenz unter milieutheoretischer Betrachtung: Der Einfluss rezeptions-

ästhetischer Präferenzen auf die Angebotsselektion. medienpäd 17. In: www.medienpaed.com/17/pietrass_ul-
rich0905.pdf, 24.08.2010

Pleace, N., Burrows, R., Loader, B., Muncer, S., Nettleton, S.
(2003): From Self-Service Welfare to Virtual Self-Help. In:
Harlow, E., Webb, S. (Hrsg.), 183–197

Poguntke-Rauer, M., Löcherbach, P., Mennemann, H.
(2007): Hilfeplanprozess und Assessment im Allgemeinen
Sozialen Dienst durch EDV-Unterstützung. NDV 3

Poseck, O. (2001): Sozial@rbeit Online. Luchterhand, Neuwied

Reinecke, L., Trepte, S. (2008). In: Zerfaß, A., Welker, M.,
Schmidt, J. (Hrsg.): Kommunikation, Partizipation und
Wirkungen im Social Web. Halem, Köln, 205–228

Röll, F. J. (2009): Selbstgesteuertes Lernen mit Medien. In:
Demmler, K., Lutz, K., Menzke, D., Prölß-Kammerer, A.
(Hrsg.): Medien bilden – aber wie ?! Grundlagen für eine
nachhaltige medienpädagogische Praxis. Kopäd, München, 59–78

Schäfer, M., Lojewski, J. (2007): Internet und Bildungschancen – Zur sozialen Realität des virtuellen Raumes. Kopaed,
München

Schmidt, J., Schönberger, K., Stegbauer, C. (2005): Erkundungen von Weblog Nutzungen. kommunikation@gesell-
schaft 4. In: www.soz.uni-frankfurt.de/K.G/B4_Schmidt_
Schoeneberger_Stegbauer.pdf, 24.08.2010

Schorb, B. Keilhauer, J., Würfel, M., Kießling, M. (2008):
Medienkonvergenz Monitoring Report 2008. In: http://
www.uni-leipzig.de/~umfmed/Medienkonvergenz_Moni-
toring_Report08.pdf, 20.05.2010

Sproull, L., Kiesler, S. (1986): Reducing Social Context Cues:
Electronic Mail in Organizational Communication. Management Science 32, 1492–1512

Stahlmann, G. (1999): Die Informationsgesellschaft braucht
die Soziale Arbeit. Blätter der Wohlfahrtspflege 9 / 10,
185–193

Thimm, C. (Hrsg.) (2000): Soziales im Netz. Sprache, Beziehungen und Kommunikationskulturen im Internet. Westdeutscher Verlag, Opladen

Tillmann, A. (2008): Identitätsspielraum Internet. Juventa,
Weinheim / München

Tully, C. J. (Hrsg.) (2009): Multilokalität und Vernetzung.
Beiträge zur technikbasierten Gestaltung jugendlicher Sozialräume. Juventa, Weinheim / München

– (2004): Alltagslernen in technisierten Welten: Kompetenz-
erwerb durch Computer, Internet und Handy. In: Wahler,
P., Tully, C. J., Preiß, C. (Hrsg.): Jugendliche in neuen
Lernwelten. VS-Verlag, Wiesbaden, 153–187

Verein Wiener Sozialprojekte (2006): Standards der Online-
beratung. Wien

Völter, B. (2009): Medienabhängigkeit bei Kindern und Jugendlichen. Sozial Extra 1, 21–24

Wagner, U. (2008) (Hrsg.): Medienhandeln in Hauptschul-
milieus. Kopaed, München

Warras, J. (2009): Soziale Arbeit im Internet. Sozial Extra 1,
25–27

Watson, M (2003): Using the Internet for Evidence-based
Practice. In: Harlow, E., Webb, S. (Hrsg.), 49–65

Webb, S. (2003): Technologies of Care. In: Harlow, E.,
Webb, S. (Hrsg.), 223–238

Weinhardt, M. (2009): Konzeption, Implementierung und
institutionelle Hintergründe von E-Mail-Beratung. e-beratungsjournal 2. In: http://www.e-beratungsjournal.net/
ausgabe_0209/weinhardt.pdf, 24.08.2010

Welling, S. (2008): Computerpraxis Jugendlicher und me-
dienpädagogisches Handeln. Kopaed, München

Welling, S., Brüggemann, M. (2004): Computergestützte
Jugendarbeit und medienpädagogische Qualifizierung.
Praxis und Perspektiven. In: www.ifib.de, 20.05.2010

Wilson, E. (2004): The Information Revolution and Developing Countries. Cambridge

Wittenberg, J., Poguntke-Rauer, M., Ragg, M. (2000):
Chancen und Risiken des Internets für die Soziale Arbeit.
In: http://www.reticon.de/Methodenbericht/methodenbe-
richt.pdf, 20.05.2010

Ziegler, H. (2003): Wie gebrauchen Jugendliche das Internet?
Soziales Kapital im on- und offline. In: http://www.kib-
bielefeld.de, 20.05.2010

Zillien, N. (2006): Digitale Ungleichheit. VS-Verlag, Wiesbaden

Zwiefka, N. (2007): Digitale Bildungskluft. Informelle Bildung und soziale Ungleichheit im Internet. Reinhard Fischer, München

Soziale Arbeit in Afrika

Von Helmut Spitzer

Das Spektrum Sozialer Arbeit in Afrika ist überaus komplex und heterogen. Der südliche Nachbarkontinent umfasst 53 Staaten, deren gesellschaftliche Strukturen, politische Systeme, soziale Problemlagen, ökonomische Entwicklungen und vielfältige Kulturpraktiken sich zum Teil erheblich voneinander unterscheiden. Prozesse von kulturellem Wandel, rapider Modernisierung und „postkolonialer Transformation" (Neubert 2002) verlaufen länderspezifisch und regional äußerst unterschiedlich. Viele Regionen sind von einer Parallelität von länderübergreifenden, durch koloniale Grenzziehung künstlich getrennten Bevölkerungsstrukturen und damit verknüpften Zugehörigkeitsmerkmalen und Konfliktlinien einerseits und einer ausgeprägten innerstaatlichen kulturellen, ethnischen, religiösen und sprachlichen Diversität andererseits gekennzeichnet. Der Kontinent weist krasse geographische, ökologische und klimatische Gegensätze auf, die sich maßgeblich auf die Lebensbedingungen der Menschen in den unterschiedlichen Regionen auswirken. All diese Faktoren beeinflussen den jeweiligen Stand Sozialer Arbeit in Ausbildung, Theorie und Praxis. Strukturbedingungen und Herausforderungen Sozialer Arbeit in einem Land wie Ruanda, das einen Völkermord aufzuarbeiten hat, unterscheiden sich zum Beispiel elementar von den Anforderungen an die Profession im Nachbarland Tanzania, das sich nach dem historischen Experiment eines „afrikanischen Sozialismus" jäh mit den Auswirkungen einer radikalen kapitalistischen Gesellschaftsausrichtung konfrontiert sieht. Kurzum, es ist nicht möglich, von *der* Sozialen Arbeit in Afrika zu sprechen.

Ein gemeinsames Strukturmerkmal in den afrikanischen Ländern ist die historische Gegebenheit, dass sich Soziale Arbeit als Hypothek der jeweiligen kolonialen Sozialsysteme herausgebildet hat. Heute befindet sich die Profession in einem Spannungsfeld zwischen importierten Theorien, Konzepten und Methoden und indigenen Praxisansätzen (Asamoah 1997). Soziale Arbeit stellt sich in den meisten afrikanischen Ländern als junges Ausbildungs- und Praxisfeld dar, das um Anerkennung ringt, sich um ein eigenes Profil bemüht und sich mit schier unüberwindlichen sozialen Problemen konfrontiert sieht.

Historische Entwicklungslinien

Entgegen inzwischen als überholt geltenden Auffassungen von Afrika als einem „geschichtslosen Kontinent" mit einer ausgeprägten „historischen Passivität" ist von zahlreichen vorkolonialen Hochkulturen und großen afrikanischen Königreichen auszugehen, die über ausdifferenzierte soziale Organisationsformen verfügten (Ki-Zerbo 1981). Afrikanische Gesellschaften sind auch nicht statisch und unveränderlich gewesen, sie haben kontinuierlich neue Formen der Organisation des Überlebens und des Zusammenlebens entwickelt und waren komplexen historischen Entstehungs- und Transformationsprozessen und einem ständigen sozialen Wandel unterworfen (Harding 1994, 85). Besondere Erwähnung muss die dunkle Epoche des Sklavenhandels mit seinen transatlantischen, orientalischen und innerafrikanischen Ausprägungsformen finden. Die millionenfache Verschleppung von Männern, Frauen und Kindern hatte langfristige traumatische Auswirkungen auf die Identität der Menschen, die Sozialstrukturen, familialen Lebensformen und Geschlechterbeziehungen in den afrikanischen Gesellschaften (Grau et al. 1997). In vorkolonialer Zeit wurden soziale Probleme wie Armut, Krankheit oder Tod in erster Linie innerhalb des erweiterten Familiensystems im Kontext von Lineage- und Clanstrukturen

Otto/Thiersch (Hg.), Handbuch Soziale Arbeit, 4. A., DOI 10.2378/ot4a.art132,

bearbeitet (Rwomire / Raditlhokwa 1996, 6). Dabei spielten verschiedene Formen von Austauschbeziehungen, reziproke Hilfeleistungen, Solidaritätsverpflichtungen und durch Heirat vermittelte
Allianznetzwerke eine bedeutsame Rolle (Biel
2002, 11 ff.). Diese gemeinschaftlich und verwandtschaftlich organisierte Solidarität und Unterstützung tragen auch in der Gegenwart einen großen Teil zum Überleben der Menschen bei und
sind insofern ein maßgeblicher Anknüpfungspunkt für Soziale Arbeit. Durch das Aufkommen
der Kolonialisten wurden diese traditionellen Soli-
daritätsnetzwerke und komplexen sozialen Beziehungsgefüge empfindlich gestört und in weiterer
Folge bekämpft bzw. sukzessive vom kolonialen
Verwaltungsapparat überformt. Den afrikanischen
Gesellschaften wurden fremde Institutionen über-
gestülpt, die in den Lebensalltag der lokalen Bevölkerungen hineinwirkten und sich größtenteils
konträr zu bestehenden kulturellen und sozialen
Organisationsmustern verhielten. Die gewaltsame
koloniale Praxis war in komplexer Weise darauf
ausgerichtet, Gemeinschaften und Individuen zu
disziplinieren und sich in die Lebenswelten der
Kolonisierten einzuschreiben (Dilger / Frömming
2004, 8). Mit der Herausbildung kapitalistischer
Produktionsverhältnisse wurden in der Folge Mechanismen ausgelöst, die zur teilweisen Zerstörung
der subsistenzbasierten Existenzgrundlage vieler
Menschen, zur Abwanderung überwiegend männlicher Arbeitskräfte und damit zu weiteren gravierenden Veränderungen der Familienstrukturen geführt haben (Grau et al. 1997, 153 ff.).
Die geschichtlichen Wurzeln moderner Sozialer
Arbeit auf dem afrikanischen Kontinent sind im
Prozess der allmählichen Herausbildung einer kolonialen Sozialplanung zu verorten. Dabei waren
für die jeweilige Kolonialadministration die Probleme der einheimischen Bevölkerung nur von geringem Interesse. Es galt vielmehr, die eigenen
Wirtschaftsinteressen und die Beschaffung von Arbeitskräften zu forcieren, und in diesen Dienst
wurden auch sozialpolitische Bestimmungen und
Maßnahmen gesetzt (Biel 2002, 32 ff.). Die Einführung europäisch ausgerichteter Wohlfahrtssysteme war gewissermaßen eine Begleiterscheinung
der allgemeinen Zielsetzung, die kolonisierten Territorien mit den Errungenschaften der Zivilisation
zu beglücken (Cox / Pawar 2006, 5 f.). Neben den
jeweiligen Kolonialstrukturen waren es die Missio-

nare, die in Afrika den Grundstein für westlich
orientierte Bildungs-, Gesundheits- und Sozialsysteme legten. Das Zusammenspiel von Kolonialismus und Christianisierung durchdrang die Gesellschaften der künstlich geschaffenen afrikanischen
Staaten und ermöglichte das Weiterbestehen der
etablierten Wirtschaftssysteme, Administrativ-
strukturen und Bildungs- und Sozialinstitutionen
nach der Unabhängigkeit (Midgley 1981, 40 ff.).
Die ersten Ausbildungsstätten für Soziale Arbeit
entstanden an den beiden entgegengesetzten Enden des Kontinents, in Südafrika 1924 und in
Ägypten 1936 (Healy 2001, 22). Die eigentliche
Ausbildungswelle setzte erst nach der afrikanischen Unabhängigkeitsbewegung in den 1960er-
Jahren ein. Dieser Prozess wurde hauptsächlich
von den Vereinten Nationen und westlichen
Sozialarbeitsschulen initiiert und gefördert. Dabei
wurden viele afrikanische Lehrende in Europa
und Nordamerika ausgebildet. Dort lernten sie
die sozialen Verwaltungssysteme der Gastländer
kennen, studierten europäische bzw. US-amerikanische Sozialpolitik und übernahmen westliche
Theorien und Methoden Sozialer Arbeit (Midgley
1981, 56 ff.). Damit wurde die Basis für einen
Prozess geschaffen, den Midgley (1981) in seiner
dependenz- und modernisierungstheoretisch ausgerichteten Kritik als „professionellen Imperialismus" bezeichnete.

Dominanz westlicher Theorien im Ausbildungsbereich

Auch wenn erste Versuche, genuin afrikanische
Konzepte Sozialer Arbeit zu entwickeln, bereits in
den 1970er-Jahren entstanden (Asamoah 1997,
304; Healy 2001, 35), kann davon ausgegangen
werden, dass die Überformung der Ausbildungsinstitutionen mit westlich orientierten Modellen
nach wie vor andauert. Die bildungspolitische Forderung nach einer Höherqualifizierung für Lehrende der Sozialen Arbeit zieht einen anhaltenden
Trend zu akademischen Abschlüssen in Europa
und Nordamerika nach sich. Ein solcher Master-
oder Promotionsgrad bringt mehr Prestige als ein
Abschluss an einer afrikanischen Universität, erhöht die persönlichen Beschäftigungs- und Beför-
derungsmöglichkeiten oder eröffnet im Sinne des
brain drain eine Gelegenheit zur Abwanderung in

das jeweilige Ausbildungsland. Mit dieser Entwicklung wird der Prozess der Vermittlung ungeeigneter, kulturfremder Qualifikationen fortgesetzt und es werden Bemühungen um lokale kulturspezifische und entwicklungsorientierte Ansätze Sozialer Arbeit unterminiert (Midgley 2008, 40).

Am Beispiel der Universität von Botswana kann nachvollzogen werden, wie schwierig sich die Entwicklung von Lehrplänen gestaltet, die sich explizit auf indigene Werte, afrikanische Vorstellungen über menschliche Beziehungen und kulturrelevante Konzepte von Hilfe und Problemlösung stützen. Beim Versuch, ein in der spezifischen Kultur Botswanas verankertes Masterstudium der Sozialen Arbeit zu implementieren, mussten die Initiatoren erhebliche institutionelle, hochschulpolitische, intellektuelle und praktische Hürden meistern. Die Leitorientierung nach westlichen Modellen Sozialer Arbeit gekoppelt mit der Geringschätzung eigener Konzepte und Ansätze führte zur Erfordernis starker Modifizierungen des ursprünglichen Curriculums (Osei-Hwedie et al. 2006; Osei-Hwedie / Rankopo 2008; Rankopo / Osei-Hwedie 2007). Der Fokus des Studiums ist auf *botho* ausgerichtet, ein kulturelles Konzept, das den Menschen in einem komplexen wechselseitigen Verhältnis zur Gemeinschaft sieht, in dem Respekt, Anerkennung, Kooperation, Fürsorge, Gleichheit und soziale Gerechtigkeit von zentraler Bedeutung sind. In einem Land, das eine der höchsten HIV-Prävalenzraten der Welt aufweist, werden das erweiterte Familiensystem und die soziale Struktur der Gemeinschaft somit zum wichtigen Anknüpfungspunkt für professionelles sozialarbeiterisches Handeln.

Ein weiterer hemmender Faktor besteht in dem Mangel an indigenem Ausbildungsmaterial sowie in dem Problem, dass es Vorbehalte gibt, solcherart vorhandenes Material auch tatsächlich zu verwenden (Mupedziswa 2001, 292). Ein Lokalaugenschein in ostafrikanischen Hochschulbibliotheken zeigt ein Bild überwiegend veralteter Fachliteratur „westlicher" Provenienz. Selbst in Lehrbüchern, die sich explizit als länderspezifische Einführung verstehen, finden sich kaum Hinweise auf eigenständige Charakteristika Sozialer Arbeit, vielmehr wird mehrheitlich bis ausschließlich auf westliche Theorien und Methoden rekurriert (für Uganda: Mwine 2007). Da der Ausbildungssektor qualitativ mit seinen Curricula und quantitativ mit seinen

Kapazitäten den Praxisanforderungen hinterherhinkt, werden die Agenden Sozialer Arbeit überwiegend von unqualifiziertem Personal wahrgenommen. Als Konsequenz wurden in einigen Ländern Maßnahmen in Richtung Qualifizierung von Hilfskadern Sozialer Arbeit gesetzt. Als Beispiel sei Tanzania angeführt, ein Land mit fast 40 Millionen Einwohnern, in dem es eine einzige tertiäre Ausbildungsstätte für Sozialarbeit gibt. Angesichts des eklatanten Mangels an qualifizierten SozialarbeiterInnen, die obendrein schlecht ausgestattet sind und weit verstreut und unkoordiniert agieren (Burke / Ngonyani 2004, 40), wurde ein spezialisiertes Trainingsprogramm für „Para-SozialarbeiterInnen" eingeführt. Vergleichbare Modelle gibt es auch in Äthiopien, Namibia, Nigeria, Südafrika und Zimbabwe.

Theoretische Diskussionsstränge und der Ruf nach Indigenisierung

Es gibt keine übergreifende Theorie, die Soziale Arbeit in ganz Afrika abbilden könnte, genauso wenig wie dies auch für die Vereinigten Staaten, Europa oder einen anderen Kontinent möglich wäre (Asamoah 1997, 303). Vielmehr gibt es eine Vielzahl von theoretischen und konzeptionellen Diskussionssträngen, mit teilweisen Überlappungen, Widersprüchen und Differenzen in der wissenschaftlichen Fachwelt (Mupedziswa 2001). Osei-Hwedie (1993) sieht als Strukturproblem Sozialer Arbeit in Afrika eine breite Kluft zwischen westlichen Theorien und den lokal bedingten Anforderungen an die Praxis. Dabei kann davon ausgegangen werden, dass es weder an erprobten Praxisansätzen und methodischen Zugängen noch an theoretischen Handlungsmodellen mangelt. Es zeigt sich vielmehr, dass zum einen die sozialarbeiterische Praxis kaum bis gar nicht wissenschaftlich reflektiert und theoretisch rückgekoppelt ist, zum anderen breitere gesellschaftliche, kulturelle und politische Konzepte im Hinblick auf die Relevanz für die Soziale Arbeit unangefragt bleiben. Die Notwendigkeit, eigenständige Ansätze Sozialer Arbeit zu entwickeln, wird von manchen AutorInnen mit der Einschätzung begründet, dass es die Profession bis dato nicht geschafft hat, auf die großen sozialen Probleme mit adäquaten Mitteln zu reagieren (Osei-Hwedie 1993). Mit der Forderung nach einer *Indigenisierung* Sozialer Arbeit ist aber nicht die völlige Abkehr von westlichen Theorieeinflüssen gemeint. Es geht mehr um einen Anpassungsprozess, in dem importierte Ideen und Praktiken modifiziert werden, um sie dem lokalen kulturellen Kontext anzupassen (Rehklau / Lutz 2007a, 44). Innerhalb des Indigenisierungsparadigmas gibt es allerdings verschiedene Abstufungen, inwieweit übernommene und eigene Konzepte verschränkt werden sollen (Mupedziswa 2001; Rehklau / Lutz 2007a; div. Beiträge in: Rehklau / Lutz 2007b). Ob von *Authentisierung*, *Rekonzeptualisierung* oder *Radikalisierung* Sozialer Arbeit gesprochen wird, vorrangiges Ziel ist jeweils das *Empowerment* benachteiligter und unterdrückter Menschen in politischer, ökonomischer, sozialer und kultureller Hinsicht (Anderson et al. 1994).

Die Indigenisierungsdebatte ist eingebettet in das Spannungsfeld von universalistischen Vorstellungen einer als international verstandenen Sozialen Arbeit, die stark vom Diskurs in den Industrieländern bestimmt ist, und den partikularen Interessen in den als unterentwickelt klassifizierten Regionen der südlichen Hemisphäre. Kritische Stimmen betrachten Bestrebungen in Richtung einer internationalen Vereinheitlichung Sozialer Arbeit als sehr problematisch (Gray et al. 2008). Die als universell definierten ethischen, ideologischen und politischen Positionen Sozialer Arbeit unterminieren demnach Ansätze, die Theorieentwicklung, Ausbildung und Praxis Sozialer Arbeit im jeweiligen kulturellen Kontext verankern wollen (Gray / Coates 2008).

Kulturelle und spirituelle Konzepte als Anknüpfungspunkt für Soziale Arbeit

Wenn die Ausrichtung der Profession in befreiungstheoretischer Hinsicht zu lesen ist, wird ihre Zielsetzung der Befreiung aus extremer Armut, eklatanter sozialer Ungleichheit und politischer Unterdrückung als politisch-konkrete Bildungsaufgabe sichtbar. Das Bildungskonzept von Paolo Freire, speziell die *Pädagogik der Unterdrückten* (Freire 1973), ist im afrikanischen Bildungsdiskurs breit rezipiert worden und lässt sich kongenial mit den humanistischen, in afrikanischen Grundwerten verankerten Ansätzen des tanzanischen Bildungstheoretikers Julius Nyerere verknüpfen (Njoroge / Bennaars 1986). In dieser Denktradition wird der ureigenste Zweck von Bildung in einer „Erziehung zur Befreiung" gesehen (Nyerere 2001, 116 ff.). Die Idee des tanzanischen *kujitegemea* (womit das Vertrauen auf die eigenen Kräfte gemeint ist), das als *self-reliance*-Konzept in weiten Teilen Afrikas Verbreitung fand, spielt dabei eine wichtige Rolle. In dem Ansatz verbirgt sich eine Absage an externe Einmischungskonzepte und eine kritische Positionierung gegenüber westlich-kapitalistischen Entwicklungsstrategien. Aus der Perspektive der Sozialen Arbeit bedeutet ein solcher Zugang die Verabschiedung von defizitär ausgerichteten Interventionskonzepten. Stattdessen wird auf die Ressourcen, Potenziale und Kompetenzen der betroffenen Menschen fokussiert, was sich konzeptuell in Ansätzen einer Hilfe zur Selbsthilfe niederschlagen kann. In der Konsequenz rückt damit auch der ländliche Raum, der infrastrukturell, wirtschaftlich und sozialpolitisch eine besondere Vernachlässigung erfährt und in dem der Großteil der afrikanischen Bevölkerung in Form von Subsistenzwirtschaft lebt, ins Blickfeld der Aufmerksamkeit Sozialer Arbeit. Auch das kenianische System des *harambee* (Swahili-Ausdruck für „an einem Strang ziehen") hat für die Soziale Arbeit eine große Bedeutung. In der ostafrikanischen Region ist es ein wichtiges sozialpolitisches und alltagspraktisches Instrument, das an gemeinwesenorientierte Selbsthilfemaßnahmen anknüpft. In praktischer Hinsicht bedeutet es ein Ermöglichungssystem, das benachteiligten und in Not befindlichen Menschen und Bevölkerungsgruppen materielle und ideelle Unterstützung durch kollektive Sammelkampagnen sichert. Ein weiteres, in Süd- und Ostafrika verbreitetes kulturelles Konzept ist *ubuntu*. Es verweist auf ein ethisches Strukturprinzip menschlichen Zusammenlebens, das auf Menschenwürde, gegenseitigen Respekt, achtsames Miteinander und Vergebung ausgerichtet ist. *Ubuntu* steht für die Multidimensionalität sozialer Beziehungen in afrikanischen Kulturen und verortet den Menschen in der Zugehörigkeit zu einem gemeinschaftlichen Ganzen. Der Versöhnungsprozess in Südafrika im Übergang vom politischen System der Rassentrennung zu demokratischen Strukturen war stark von dieser tief verwurzelten afrikanischen „Essenz des Menschseins" geprägt (Tutu 2001, 34).

Das Anknüpfen an spirituelle und kosmologische Konzepte der menschlichen Existenz und des sozialen Zusammenlebens spielt für die Soziale Arbeit ebenfalls eine wichtige Rolle. Komplexe Glaubensinhalte über Ahnen und Geister, religiöse Rituale und Zeremonien sowie Systeme von Zauberei und Schadenzauberei variieren in den afrikanischen Regionen und Kulturen stark (Mbiti 1991). Konzepte afrikanischer Heilkunst beziehen sich in erster Linie auf die sozialen Beziehungen, in die ein Individuum involviert ist. Heilung bedeutet die Verwirklichung einer Behandlung in ihrer Gesamtheit und zielt auf die Wiederherstellung von sozialer Harmonie ab. Es geht darum, den Menschen an den Platz zu führen, den er in seinem mitmenschlichen Mikrokosmos innehat (Rosny 1994, 33 ff.). Am Beispiel von sozialen Reintegrationsmaßnahmen für ehemalige „Kindersoldaten" in Norduganda kann verdeutlicht werden, wie wichtig die Zusammenarbeit zwischen Akteuren Sozialer Arbeit und traditionellen HeilerInnen ist. Religiöse Versöhnungszeremonien und Reinigungsrituale, die auf dem Prinzip kollektiver Verantwortung beruhen, spielen dabei eine besondere Rolle. Die Schuld einer Gewalttat wird dadurch getilgt, indem die Versöhnung zwischen den Clans der beteiligten Opfer und Täter in einen rituellen Akt der Wiedergutmachung eingebettet wird. SozialarbeiterInnen greifen auf die anerkannte Autorität einer *ajwaka* (traditionelle Heilerin) zurück, die als Medium zwischen der Geister- und Ahnenwelt und den irdischen Lebenszusammenhängen fungiert. Erst durch das Reinigungsritual, das inmitten der alltäglichen Lebenspraxis der Menschen stattfindet, kann eine effektive Reintegration der betroffenen Individuen in die Gemeinschaft gewährleistet werden (Spitzer 1999, 112 ff.).

Während Soziale Arbeit in den afrikanischen Ländern wenig Anerkennung genießt, verzeichnen traditionelle HeilerInnen und die Heils- und Pfingstkirchen großen Zulauf. Dies kann vor dem Hintergrund der sowohl materiellen als auch spirituellen Unterstützung interpretiert werden, die sich die Menschen von den Kirchen erwarten. Neben dem Moment der Heilung bietet die „Wiedergeburt" in einer Pfingstkirche auch eine veritable Variante sozialer Sicherung durch kirchlich organisierte Systeme gegenseitiger Fürsorge und Hilfsdienste. Insbesondere Frauen und Männer aus bildungsarmen und einkommensschwächeren Schichten erhoffen sich von der Mitgliedschaft in einer Heilskirche die Erlösung von Krankheit und Leiden (Dilger 2007, 90).

Komplexe soziale Problemlagen

Von all den sozialen Problemen, die in den Gesellschaften Subsahara-Afrikas virulent sind, sticht die Armut breiter Bevölkerungsgruppen in all ihren Manifestationen am meisten ins Auge (Asamoah 1997, 312). Dabei werden die zentralen sozialen Probleme der Region weniger in psychosozialer als vielmehr in sozioökonomischer Manier interpretiert (Laird 2008, 147), oder anders ausgedrückt: in Überlebensfragen. Die durchschnittliche Lebenserwartung in Afrika wird für 2000 mit 47 Jahren beziffert und beträgt somit um mehr als 30 Jahre weniger als in den Industrienationen (Sachs 2006, 257). Auch bei der Kindersterblichkeit rangieren die afrikanischen Staaten in den letzten Reihen. Dabei werden regionale Disparitäten sichtbar. Während 2006 in Nordafrika die Sterblichkeitsrate von Kindern unter fünf Jahren 35 pro 1000 Lebendgeburten betrug, starben in Ostafrika durchschnittlich 123 Kinder von 1000 vor ihrem fünften Geburtstag, im südlichen Afrika 146, in Westafrika 183 und in Zentralafrika 193 (UNICEF 2008, 3 ff.). In einer Reihe von Ländern im südlichen Afrika, darunter Südafrika, Botswana und Zimbabwe, sind steigende Kindersterblichkeitsraten auf HIV / AIDS zurückzuführen.

Subsahara-Afrika ist von den Auswirkungen der AIDS-Pandemie besonders betroffen. 70 % der weltweit mit HIV infizierten Menschen leben in dieser Region. Im südlichen und östlichen Afrika wurde die Immunschwächekrankheit zur häufigsten Todesursache, und die Sargherstellung zu einem boomenden Wirtschaftszweig. In einigen Ländern sinkt die Lebenserwartung dramatisch und kontinuierlich, und in manchen Gegenden leben in den Dörfern nur noch alte Menschen und Waisenkinder, so dass auch die Produktion von Nahrungsmitteln leidet (Nuscheler 2005, 158 ff.). Familien sind im Zusammenhang mit ganzen Serien von Krankheits- und Sterbefällen erheblichen emotionalen Belastungen ausgesetzt, die durch den stigmatisierenden Charakter der Krankheit zusätzlich verstärkt werden. Durch eine HIV-Infektion werden oft die ökonomischen Grundlagen ganzer Familien zerstört (Dilger 2005, 94 f.). Gronemeyer

(2006) hat darauf hingewiesen, dass westliche Gesundheitskonzepte die soziale und kulturelle Dimension der AIDS-Pandemie in afrikanischen Gesellschaften außen vor lassen und damit im Zusammenhang stehende Vorstellungen von Körperlichkeit, Gesundheit und Krankheit mit einem biomedizinischen Modell überformen. Mit der „Kondomisierung der Gesellschaft" (Gronemeyer 2006, 132), gegen die vor allem die Kirchen wettern, werden kulturbedingte Fragen von Sexualität, Intimität, Reproduktivität und Geschlechterbeziehungen ausgeblendet. Soziale Arbeit wird hier in gesundheitsbezogenen Fragen tätig und nimmt gleichzeitig einen komplexen Bildungsauftrag wahr. Dabei sollten in der Präventionsarbeit und in der Begleitung von Verlust- und Trauerprozessen kulturell bedeutsame Deutungsmuster und Bewältigungsformen der betroffenen Menschen berücksichtigt werden.

Massenarmut, soziale Benachteiligung und mangelnde Teilhabe- und Teilnahmemöglichkeiten breiter Bevölkerungsschichten in Afrika sind auch auf globale Zusammenhänge zurückzuführen. Ungleiche weltwirtschaftliche Handelsbeziehungen, die wirtschaftspolitische Abhängigkeit afrikanischer Staaten von den Industrienationen sowie die scheinbar unaufhaltsame Überschwemmung der Länder des Südens mit Produktionsmitteln, Konsumartikeln und Lebensstilen aus dem Westen und Norden sind dazu zentrale Stichworte. Bei der Betrachtung von Ursachen- und Wirkungsfaktoren von Armut und sozialer Ungleichheit in afrikanischen Gesellschaften muss aber auch der Staat ins analytische Blickfeld rücken (Macdonald 2001, 27). Machtmissbrauch, Korruption, fehlende Rechenschaftspflicht und hemmungslose Selbstbereicherung von politischen Eliten und Bediensteten im Staatsapparat behindern Demokratisierungsbestrebungen und die Herausbildung zivilgesellschaftlicher Strukturen, stehen einem öffentlichkritischen Diskurs im Wege und stellen insgesamt ein nicht unmaßgebliches Entwicklungshemmnis dar. In diesem Zusammenhang ist die Profession Sozialer Arbeit herausgefordert, sich politisch zu positionieren, um einen signifikanten Beitrag zur Lebenssituation benachteiligter Bevölkerungsgruppen zu leisten und auf die strukturellen Ursachen von Unterdrückung, sozialer Ausgrenzung und Armut Einfluss nehmen zu können (Sewpaul 2006; Mmatli 2008).

Krisenhafte soziale Versorgungs- und Sicherungssysteme

In den meisten afrikanischen Staaten können soziale Versorgungssysteme in den Bereichen Bildung, Gesundheit und soziale Sicherheit als krisenhaft charakterisiert werden. Eine steigende Anzahl von Haushalten muss für verschiedene Sozial- und Gesundheitsleistungen privat aufkommen, auch wenn diese staatlicherseits eigentlich unentgeltlich sein sollten. Die Strukturanpassungsprogramme von Weltbank und Internationalem Währungsfond, die auf Wirtschaftswachstum und eine Liberalisierung der Märkte abzielten, führten in den betroffenen afrikanischen Ländern zu massiven Kürzungen bei den sozialen Diensten, im Schulwesen und in der Gesundheitsfürsorge und trugen zu einer Steigerung der Armutsrate sowie zur Zunahme von Unterernährung und Krankheiten bei (Midgley 2007, 133). Zigtausende Sterbefälle von Kindern, die unter grundsätzlich heilbaren Krankheiten wie Malaria, Masern und Durchfall leiden, sind auf den Umstand zurückzuführen, dass die notwendigen Medikamente und die erforderliche medizinische Behandlung für die Familien schlichtweg nicht leistbar sind.

Sozialpolitische Maßnahmen zur Risikoabsicherung wie z. B. eine funktionierende Arbeitslosenoder Pensionsversicherung, wie sie für Europa als beinahe selbstverständlich gelten, sind für einen Großteil der BürgerInnen afrikanischer Staaten völlige Utopie. In einigen Ländern wurde die Frage sozialer Sicherheit von besonders vulnerablen Bevölkerungsgruppen auf die politische Agenda gebracht (Ellis et al. 2009), droht aber angesichts budgetpolitischer Zwänge, fehlenden politischen Willens und durch die hohen Rückzahlungsraten der Auslandschulden zum Lippenbekenntnis zu verkommen. Immerhin hat die Afrikanische Union soziale Sicherheit als Querschnittsthema in ihren verschiedenen Dokumenten und Strategien proklamiert und einen diesbezüglichen Aktionsplan verabschiedet (Schubert / Beales 2006).

Für einen Großteil der afrikanischen Bevölkerung wird das Überleben weiterhin von informellen Unterstützungsleistungen und solidarischem Handeln abhängen. Zuschüsse zu Schul- und Krankenhausgebühren oder Gaben für gesellschaftliche Ereignisse wie Hochzeiten und Beerdigungen werden durch Ressourcen gemeinschaftlich und verwandtschaftlich organisierter Unterstützungsnetzwerke bereitgestellt. Diese alltagssolidarische Praxis beruht auf dem Prinzip der Reziprozität, bei dem mit der Gabe oder Leistung die Erwartung einer Gegengabe oder Gegenleistung verbunden ist, und dient sowohl der kollektiven Sicherung der Lebensgrundlagen als auch dem Aufbau und Erhalt der Gruppenidentität (Steinwachs 2006, 159 ff.).

Soziale Arbeit und Soziale Entwicklung

Zu den wichtigsten Aufgaben Sozialer Arbeit in Afrika gehören die Bekämpfung von Armut und sozialer Ungleichheit (Biel 2005, 309). Solange sie nicht die Möglichkeit hat, sich effektiv mit den strukturellen Ursachen zu befassen, wird sie lediglich als Almosenverteiler in Erscheinung treten und das ihr anvertraute Klientel im Teufelskreis der Armut belassen (Rwomire/Raditlhokwa 1996, 13). Am Beispiel des sogenannten Straßenkinderproblems wird deutlich, dass staatliche, private und konfessionelle Akteure ihre konzeptuellen Zugänge auf Resozialisierungs- und Reintegrationsbemühungen konzentrieren, ohne auf den zugrunde liegenden Ursachenkomplex von Armut, familiären Zusammenbruch und Landflucht Einfluss nehmen zu können (Spitzer 2006, 169 ff.). Um einen relevanten Beitrag zu gesamtgesellschaftlichen Entwicklungen leisten zu können, muss sich Soziale Arbeit in einem breiteren theoretischen Referenzrahmen *Sozialer Entwicklung* verorten. Dieser Ansatz geht davon aus, dass soziale Entwicklung ohne ökonomische Entwicklung nicht funktionieren kann, und dass Wirtschaftsentwicklung nur dann Sinn macht, wenn sie von Verbesserungen im Wohlergehen der Gesamtbevölkerung begleitet wird. Durch einen initiierten sozialen Wandel soll das Wohlergehen der Menschen in Verbindung mit einem dynamischen Prozess wirtschaftlicher Entwicklung gefördert werden (Midgley 1995, 23 ff.). Die Ausrichtung sozialer Entwicklungsprogramme ist besonders für einen afrikanischen Kontext von Bedeutung, zumal sie auf die Stärkung von Gemeinwesenorganisationen, Kooperativen und anderen lokalen und regionalen Initiativen und Akteuren abzielt. Methodisch soll dies durch Ansätze geschehen, mit denen die Fähigkeiten der Men

schen zur Beteiligung an der Wirtschaft gesteigert werden, z.B. durch Projekte zur Gründung von Kleinunternehmen, Investitionen in Beschäftigung und berufliche Selbstständigkeit sowie Mikrokreditprogramme, womit insbesondere Frauenkooperativen und dadurch Gendergerechtigkeit gefördert werden (Midgley 2007, 137). Hier zeigt sich die Relevanz dieses theoretischen Rahmens für die Soziale Arbeit, der darauf abzielt, dass gesetzte entwicklungsorientierte Interventionen direkte Auswirkungen und unmittelbar erkennbare Vorteile für die Menschen vor Ort haben und sich nicht auf den Hoffnungsträger eines entwicklungspolitisch gedachten *Trickle-down*-Effekts stützen, der davon ausgeht, dass Investitionen im Wirtschaftssektor irgendwann zu den Massen der Armen durchsickern und ihre Lebensbedingungen verbessern.
In der Republik Südafrika hat sich dieser Ansatz Sozialer Arbeit auf breiter Basis durchgesetzt. Im Übergang vom System der Apartheid zur Demokratie mussten völlig neue gesellschaftliche Aufgaben bewältigt werden. Mit der Installierung einer Sozialgesetzgebung in Form eines White Paper for Social Welfare wurde 1997 eine entwicklungsorientierte Order geschaffen, mit der historische Trennlinien zwischen Sozialpolitik und Sozialer Arbeit überwunden und eine Verknüpfung wohlfahrtsstaatlicher Maßnahmen auf Mikro- und Makroebene hergestellt werden sollten (div. Beiträge in: Lutz 2003; Rehklau/Lutz 2006; Earle 2008; Lombard 2008). Im Vergleich zu anderen afrikanischen Ländern ist in Südafrika auch die curriculare Ausrichtung nach Konzepten und Methoden Sozialer Entwicklung am deutlichsten ausgeprägt (Hochfeld et al. 2009, 8).

Fazit

Soziale Arbeit in Afrika gilt als eine überforderte, unterbezahlte und extrem belastete Berufssparte (Rwomire/Raditlhokwa 1996, 12). Die VertreterInnen der Profession sind oft selbst von den Problemen betroffen, um die sie sich zu kümmern haben. Bei der 7. Panafrikanischen Sozialarbeitskonferenz in Uganda 2007 wurde eine Gedenkminute für jene SozialarbeiterInnen abgehalten, die bei ihrem Einsatz in den diversen Konfliktschauplätzen ums Leben gekommen sind. Sie arbeiten in den Elendsvierteln und Slumgegenden der afrikanischen Großstädte, in gefährlichen

Krisenregionen, in der Flüchtlingshilfe und mit Millionen intern vertriebenen Menschen, sie sind in den entlegensten Gebieten ohne Verkehrsmittel und adäquate Kommunikationsmittel unterwegs und oftmals von der Außenwelt völlig abgeschnitten, und sie solidarisieren sich mit den Randgruppen der afrikanischen Gesellschaften, um die sich nicht nur niemand kümmert, sondern die auch öffentlich bekämpft, stigmatisiert und ausgegrenzt werden. Es fehlt an qualifiziertem Personal, an Ressourcen und Gestaltungsspielraum, und es fehlt dem Berufsbild auch an Verständnis und Anerkennung.

Die rege Publikationstätigkeit im „Journal of Social Development in Africa" zeugt von einem kritischen Wissenschaftsdiskurs über Ausbildungsfragen, Theorieprobleme, Forschungsaspekte und Praxisbezüge Sozialer Arbeit auf dem Kontinent. Mit der Gründung der afrikanischen Ausbildungsvereinigung, der Association of Schools of Social Work in Africa (ASSWA) im Jahr 2005 ist die Hoffnung verknüpft, dass Soziale Arbeit Einzug in die Strukturen der Afrikanischen Union finden und somit auch in der Lage sein wird, über Ländergrenzen hinweg Einfluss auf sozialpolitische Entscheidungen zu nehmen (Sewpaul 2006, 135).

Literatur

Anderson, S. C., Wilson, M. K., Mwansa, L.-K., Osei-Hwedie, K. (1994): Empowerment and Social Work Education and Practice in Africa. Journal of Social Development in Africa 9, 71–86

Asamoah, Y. (1997): Africa. In: Mayadas, N. S., Watts, T. D., Elliott, D. (Hrsg.): International Handbook on Social Work Theory and Practice. Greenwood Press, Westport/London, 303–319

Biel, M. R. (2005): Sozialarbeit in Afrika. Warum können importierte Konzepte keine Lösung für Afrika bringen? In: Lutz, R. (Hrsg.): Befreiende Sozialarbeit. Skizzen einer Vision. Paolo Freire Verlag, Oldenburg, 307–323

– (2002): Sozialarbeit auf dem afrikanischen Kontinent. Möglichkeiten und Grenzen europäischer Sozialpädagogik. Tectum, Marburg

Burke, J., Ngonyani, B. (2004): A Social Work Vision for Tanzania. International Social Work 1, Jg. 47, 39–52

Cox, D. R., Pawar, M. S. (2006): International Social Work. Issues, Strategies, and Programs. SAGE, Thousand Oaks/London

Dilger, H. (2007): Leben mit AIDS in Afrika: Gesellschaftliche Konsequenzen, lokale Antworten und die Grenzen „kultureller Anpassung" im Kontext der Globalisierung. In: Wagner, L., Lutz, R. (Hrsg.): Internationale Perspektiven Sozialer Arbeit. IKO-Verlag, Frankfurt/M./London. 75–94

– (2005): Leben mit Aids. Krankheit, Tod und soziale Beziehungen in Afrika. Eine Ethnographie. Campus Verlag, Frankfurt/M./New York

–, Frömming, U. U. (2004): Einleitung: Moderne und postkoloniale Transformation in einer vernetzten Welt. In: Dilger, H., Wolf, A., Frömming, U. U., Volker-Saad, K. (Hrsg): Moderne und postkoloniale Transformation. Ethnologische Schrift zum 60. Geburtstag von Ute Luig. Weißensee Verlag, Berlin, 1–17

Earle, N. (2008): Social Work in Social Change. The Profession and Education of Social Workers in South Africa. HSRC Press, Cape Town

Ellis, F., Devereux, S., White, P. (2009): Social Protection in Africa. Edward Elgar, Cheltenham/Massachusetts

Freire, P. (1973): Pädagogik der Unterdrückten. Rowohlt, Reinbeck bei Hamburg

Grau, I., Hanak, I., Stacher, I. (1997): „The Marriage Rite is Never Completed." Die Entwicklung in Afrika südlich der Sahara. In: Mitterauer, M., Ortmayr, N. (Hrsg.): Familie im 20. Jahrhundert: Traditionen, Probleme, Perspektiven. Brandes & Apsel, Frankfurt/M., 137–164

Gray, M., Coates, J. (2008): From „Indigenization" to Cultural Relevance. In: Gray, M., Coates, J., Yellow Bird, M. (Hrsg.), 13–29

–, –, Yellow Bird, M. (2008) (Hrsg.): Indigenous Social Work around the World. Towards Culturally Relevant Education and Practice. Ashgate, Aldershot

Gronemeyer, R. (2006): So stirbt man in Afrika an AIDS. Warum westliche Gesundheitskonzepte im südlichen Afrika scheitern. Eine Streitschrift. Brandes & Apsel, Frankfurt/M.

Harding, L. (1994): Einführung in das Studium der Afrikanischen Geschichte. 2. überarb. Aufl. LIT, Münster/Hamburg

Healy, L. M. (2001): International Social Work. Professional Action in an Interdependant World. Oxford University Press, New York/Oxford

Hochfeld, T., Selipsky, L., Mupedziswa, R., Chitereka, C. (2009): Developmental Social Work Education in Southern and East Africa. Research Report. Centre for Social Development in Africa, Johannesburg

Ki-Zerbo, J. (1981): Die Geschichte Schwarz-Afrikas. Fischer, Frankfurt/M.

Laird, S. E. (2008): Social Work Practice to Support Survival Strategies in Sub-Saharan Africa. British Journal of Social Work 1, Jg. 38, 135–151

Lombard, A. (2008): The implementation of the White Paper for Social Welfare: A ten-year review. The Social Work Practitioner-Researcher/Die Maatskaplikewerk Navorser-Praktisyn 2, Jg. 20, 154–173

Lutz, R. (2003) (Hrsg.): Soziale Arbeit in Südafrika. Positionen und Eindrücke. Verlag Dialogische Erziehung, Oldenburg

Macdonald, D. (2001): Understanding Social Problems in Africa. In: Rwomire, A. (Hrsg.): Social Problems in Africa. New Visions. Praeger, Westport, 13–38

Mbiti, J. S. (1991): Introduction to African Religion. East African Educational Publishers, Nairobi

Midgley, J. (2008): Promoting Reciprocal International Social Work Exchanges: Professional Imperialism Revisited. In: Gray, M., Coates, J., Yellow Bird, M. (Hrsg.) 31–45

– (2007): Soziale Entwicklung: Die Rolle der Sozialen Arbeit. In: Wagner, L., Lutz, R. (Hrsg.): Internationale Perspektiven Sozialer Arbeit. IKO-Verlag, Frankfurt / M. / London. 129–147

– (1995): Social Development. The Developmental Perspective in Social Welfare. SAGE, London / Thousand Oaks / Dehli

– (1981): Professional Imperialism: Social Work in the Third World. Heinemann, London

Mmatli, T. (2008): Political Activism as a Social Work Strategy. International Social Work 51, 297–310

Mupedziswa, R. (2001): The quest for relevance. Towards a Conceptual Model of Developmental Social Work Education and Training in Africa. International Social Work 3, Jg. 44, 285–300

Mwine, K. H. S. (2007): Introduction to Social Work and Counselling. Methods, Principles, Perspectives, Skills and Techniques in Uganda. Global Publishers and Distributors, Kampala

Neubert, D. (2002): Einleitung: Afrikaforschung im Wandel. Von der Soziologie der Dekolonisation zur postkolonialen Transformation. In: Brandstetter, A.-M., Neubert, D. (Hrsg.): Postkoloniale Transformation in Afrika: Zur Neubestimmung der Soziologie der Dekolonisation. LIT, Hamburg, 9–25

Njoroge, R. J., Bennaars, G. A. (1986): Philosophy and Education in Africa. Transafrica, Nairobi

Nuscheler, F. (2005): Lern- und Arbeitsbuch Entwicklungspolitik. 6. Aufl., Dietz, Bonn

Nyerere, J. (2001): Reden und Schriften aus drei Jahrzehnten. Hrsg. von A. Datta, Horlemann, Bad Honnef

Osei-Hwedie, K. (1993): The Challenge of Social Work in Africa: Starting the Indigenisation Process. Journal of Social Development in Africa 8, 19–30

–, Ntseane, D., Jacques, G. (2006): Searching for Appropriateness in Social Work Education in Botswana: The Process of Developing a Master in Social Work (MSW) Programme in a „Developing" Country. Social Work Education 25, 569–590

–, Rankopo, M. (2008): Developing Culturally Relevant Social Work Education in Africa: The Case of Botswana. In: Gray, M., Coates, J., Yellow Bird, M. (Hrsg.), 203–217

Rankopo, M., Osei-Hwedie, K. (2007): The Problems of Indigenising Social Work in Botswana. In: Rehklau, C., Lutz, R. (Hrsg.), 81–92

Rehklau, C., Lutz, R. (2007a): Partnerschaft oder Kolonisation? Thesen zum Verhältnis des Nordens zur Sozialarbeit des Südens. In: Wagner, L., Lutz, R. (Hrsg.): Internationale Perspektiven Sozialer Arbeit. IKO-Verlag, Frankfurt / M. / London, 33–53

–, – (2007b) (Hrsg.): Sozialarbeit des Südens. Band 2: Schwerpunkt Afrika. Paolo Freire Verlag, Oldenburg

–, – (2006): Geschichte und Aktualität Sozialer Arbeit in Südafrika. Sozialmagazin 31, 36–45

Rosny, E. (1994): Heilkunst in Afrika: Mythos, Handwerk und Wissenschaft. Hammer, Wuppertal

Rwomire, A., Raditlhokwa, L. (1996): Social Work in Africa: Issues and Challenges. Journal of Social Development in Africa 11, 5–19

Sachs, J. D. (2006): Das Ende der Armut. Ein ökonomisches Programm für eine gerechtere Welt. Pantheon, München

Schubert, B., Beales, S. (2006): Social Cash Transfers for Africa. A Transformative Agenda for the 21st Century. HelpAge International, London

Sewpaul, V. (2006): Regional Perspectives … from Africa. International Social Work 49, 129–136

Spitzer, H. (2006): Kinder der Straße. Kindheit, Kinderrechte und Kinderarbeit in Tansania. Brandes & Apsel, Frankfurt / M.

– (1999): „Kindersoldaten" – Verlorene Kindheit und Trauma. Möglichkeiten der Rehabilitation am Beispiel Norduganda. Südwind, Wien

Steinwachs, L. (2006): Die Herstellung sozialer Sicherheit in Tanzania. Prozesse sozialer Transformation und die Entstehung neuer Handlungsräume. LIT, Berlin

Tutu, D. (2001): Keine Zukunft ohne Versöhnung. Patmos, Düsseldorf

UNICEF (2008): The State of Africa's Children. Child Survival. UNICEF, New York

Soziale Arbeit in der Schweiz

Von Thomas Gabriel und Bettina Grubenmann

Über Soziale Arbeit in der Schweiz zu schreiben, stellt eine mehrfache Herausforderung dar. Der nationale Rahmen bedingt zahlreiche politische wie kulturelle und mentalitätsgeschichtliche Differenzen innerhalb der Schweiz. Bereits im 19. Jahrhundert existierten so differente soziale Sicherungssysteme auf regionaler Ebene, dass Tabin et. al (2008) von unterschiedlichen Sozialstaatsmodellen innerhalb eines nationalstaatlichen Rahmens sprechen. Auch aus diesem Grund existieren keine wissenschaftlich systematisierten Befunde, welche die Historie und aktuellen Diskurse für die ganze Schweiz verklammern.

Der Artikel fokussiert die Entwicklung in der deutschsprachigen Schweiz in einem deutschsprachigen und internationalen Referenzrahmen. Die Professionalisierungsprozesse in der Schweiz verliefen in Analogie zum internationalen Kontext. Im Vergleich zu Deutschland gibt es jedoch erhebliche Differenzen zum Akademisierungsprozess, was sich auf die Entwicklung der Theoriediskurse maßgeblich auswirkte. Verwissenschaftlichung gelang zu Beginn des 20. Jahrhundert nicht und Versuche zum erziehungswissenschaftlichen, philosophischen Studium zum Gegenstand der Sozialen Arbeit scheiterten zunächst.

Im Bereich von Professionalisierung existiert von Beginn an ein Methodenimport aus englischsprachigem Gebiet und wird von diskursmächtigen VordenkerInnen rezipiert und spezifiziert. Die Methodenanpassung verläuft jedoch im Feld, für das Feld. Im Bereich von Akademisierung zeigt der Theorieimport keine originellen Transformationsfolgen. Die Forschung hingegen konnte sich im akademischen Bereich etablieren und wird seit den späten 1990er Jahren auch an den Fachhochschulen stark ausgebaut und gefördert.

19. Jahrhundert: Armenpflege als Teil des demokratischen Staatsbildungsprozesses

Karl Mager hat 1844 den Begriff Social-Pädagogik während seines längeren Aufenthalts in der Schweiz zum ersten Mal geschrieben und auch inhaltlich systematisiert. Wird der Lesart von Müller (2002) gefolgt, bezeichnet dieser Begriff bei Mager Folgendes: „Sozialpädagogik meint die Erziehung und wechselseitige Selbsterziehung aller Menschen zu Bürgerinnen und Bürgern, die aus Freiheit aktiv und engagiert an ihrem dann demokratischen Gemeinwesen teilnehmen" (Müller 2002, 22). Dieses Verständnis ist an ein republikanisches Staatsverständnis gebunden, in welchem Bürger als aktive, tugendhafte Subjekte eine soziale Verbindlichkeit hervorbringen. Diese soziale Verbindlichkeit markiert auch die spezifische Bedeutung gemeinnütziger Reaktionen und privater Wohltätigkeit auf die aufkommende soziale Frage des 19. Jahrhunderts.

Der Zusammenhang von Industrialisierung und Etablierung einer öffentlichen Diskussion um die Verantwortung der Folgeerscheinungen der sozialen Frage (Mollenhauer 1959) kann auch für den schweizerischen Kontext ausgemacht werden. Das Nachdenken und Erforschen der sozialen Frage sind Folgen der Industrialisierung und der napoleonischen Kriege im Übergang vom 18. zum 19. Jahrhundert. Die Schweiz stieg im 18. Jahrhundert zum meistindustrialisierten Land auf dem Kontinent auf. Bis zum Ausbruch der helvetischen Revolution 1798 änderten sich dagegen die politischen Verhältnisse wenig. Ein reaktionärer Kastengeist der Aristokratie prägte die politische Landschaft (Braun 1979).

Der verfassungsrechtliche Wandel von einer Untertanengesellschaft zu einer Bürgergesellschaft begann in der Schweiz 1789 mit der Helvetik. Die helvetische Verfassung brachte eine Umwälzung

Otto/Thiersch (Hg.), Handbuch Soziale Arbeit, 4. A., DOI 10.2378/ot4a.art133,

der Organisation von Staat und Gemeinden mit sich. Zentrale Prinzipien waren die Volkssouveränität und die Menschenrechte nach dem Muster Frankreichs sowie ein Einheitsstaat mit zentraler Verwaltung, der die Kantone in reine Verwaltungsbezirke ohne eigene Kompetenzen umwandelte. Zwar hielt sich die unitaristische Republik nur während der stationierten Truppen und scheiterte am zentralstaatlichen Anspruch und der Fremdbestimmung durch das napoleonische Frankreich. Dennoch wurde in den späten 1820er Jahren der Wunsch nach vermehrter Integration aller Bewohner der Kantone wieder aufgegriffen. „Die Verfassungen der Kantone bewegten sich – mit Ausnahme von Neuenburg – alle im Rahmen von Republiken, die konservativ – also teilweise ständestaatlich – oder bereits repräsentativ waren" (Meyerhofer 2000, 26). Es gab demnach weiterhin kantonale Verfassungsstaaten und beständige föderalistische Strukturen, dennoch wurde über mentale Konstruktionen ein gemeinsamer Staat geschaffen. Ein zentrales Beispiel dafür ist die Konstruktion von Nation und Vaterland (Meyerhofer 2000).

1848 wurde in der Schweiz ein verfassungsrechtlich moderner demokratischer Bundesstaat gegründet. In diesem gesellschaftlichen Kontext erfüllten die Gemeinnützigen Gesellschaften eine spezifische Funktion. Die Gemeinnützigen Gesellschaften widmeten sich in Theorie und Praxis der Bearbeitung von sozialen Problemen und trugen maßgeblich zur Etablierung spezifischer Expertendiskurse und zur Ausdifferenzierung sozialpädagogischer Institutionen (Tuggener 1989) bei. Es waren dies Fragen der Armenpflege mit Blick auf private und staatliche Wohltätigkeit, allgemeine pädagogische Reformdebatten zur staatlichen Schule, Mädchenbildung und Berufsbildung sowie die institutionalisierte Armenerziehung. Das Argumentationsspektrum innerhalb der Gemeinnützigen Gesellschaften umfasste medizinische, juristische, wirtschaftliche, religiös-ethische, aber auch genuin pädagogische Dimensionen (Grubenmann 2007).

Mit Blick auf die Frage der Konsolidierung bzw. Verberuflichung Sozialer Arbeit lassen sich im Bereich der Armenerziehung bereits in der ersten Hälfte des 19. Jahrhunderts, wie auch im internationalen Kontext (Hauss 1995), um Johann Jakob Wehrli erste Qualifizierungsbemühungen und -dis-

kussionen ausmachen. Die Armenerziehungsanstalt nach dem Vorbild Wehrlis ist gemäß Schoch et al. (1989) im Kontext eines eigentlich privat initiierten Anstalts-Gründungsbooms zu Beginn des 19. Jahrhunderts zu verstehen. Der Anstaltsboom steht im Kontext von Pauperismus und Anstaltskritik. In Opposition zu bürgerlichen Waisenhäusern und der Verkostgeldungspraxis wurde ein neues Anstaltskonzept entworfen, welches in Anlehnung an Pestalozzi die Erziehung zur Armut verfolgte. Das Organisationsprinzip zeichnete sich dementsprechend als Ideal des vorindustriellen Großhaushalts ab. „Ein wichtiges Merkmal der Bewegung ist die Rekrutierung und praktische Ausbildung von Armenerziehern aus dem Kreise der armen Zöglinge" (Schoch et al. 1989, 19). Die Wehrli-Schule in Hofwyl war Teil eines umfassenden „Erziehungsstaates", welcher durch den Berner Patrizier Phillipp Emanuel von Fellenberg gegründet wurde. Diese Erziehungsrepublik war als Musterinstitution bekannt und umfasste mit der Zeit nebst der Armenschule einen Ausbildungs- und Musterbetrieb für die Landwirtschaft, ein wissenschaftliches Institut für Söhne höherer Stände, eine Realschule für den Mittelstand, eine Mädchenschule, eine Kinderpflegeschule und nach 1900 die Kinderkolonie „Meikirch". Johann Jakob Wehrli (1790–1855) war Landschullehrer und wurde 1810 Leiter der Armenschule, welche er nach Pestalozzis Grundsätzen strukturierte. Nach 1833 wurde er aufgrund seiner Erfahrung in der Ausbildung der geeigneten Zöglinge zu Armenlehrern erster Leiter des Lehrerseminars in Kreuzlingen. Diese Hinwendung zur professionalisierten Lehrerbildung ist wohl auch der Grund, warum Pestalozzi sehr viel stärker im Kontext der Schulbildung breit rezipiert wurde und wenig Einfluss auf die zeitgenössischen Fürsorger hatte.

Gegen Ende des 19. Jahrhunderts wurde die soziale Frage im Diskussionsfeld der Gemeinnützigen Gesellschaften thematisch wie argumentativ eingeengt, die soziale Frage wurde in diesen Kreisen zunehmend als Frage von moralischer und physischer Verwahrlosung, insbesondere der männlichen Jugend, thematisiert. Zum einen hatte die öffentliche Fürsorge im Zuge der Etablierung des Wohlfahrtsstaates die zentralen Aufgaben der vormals privaten Vereine übernommen, zum anderen setzte sich der pädagogische Expertendiskurs im außerschulischen Bereich in der Schweiz nur marginal durch.

Soziale Fürsorge zu Beginn des 20. Jahrhunderts: Geglückte Professionalisierung, missglückte Akademisierung und die Verwissenschaftlichung des Sozialen

Mit Blick auf die internationale Entwicklung kann auch für die Schweiz festgehalten werden, dass für die Genealogie der Sozialen Arbeit die staatliche Konstitution des sozialen Sektors, die einhergehende Professionalisierung sowie deren Kontextualisierung in sozialen Bewegungen entscheidende Entwicklungsbedingungen darstellten. Während sich im 19. Jahrhundert v. a. die philanthropische Bewegung sozialer Problemlagen annahm, war der Einfluss der Frauenbewegung auf die Professionalisierung der Sozialen Arbeit zu Beginn des 20. Jahrhunderts von großer Bedeutung (Ruf 1994). Pionierinnen, welche von sozialdemokratischen Männern unterstützt und von der Settlementbewegung (Ramsauer 2000, 113) inspiriert wurden, begannen, Fürsorgekurse für Frauen durchzuführen. So organisierten Mentona Moser und Maria Fierz nach ihrer Rückkehr aus London, wo sie in Kontakt mit den sozialreformerischen Ideen gekommen waren, 1908 in Zürich den ersten „Kurs zur Einführung in weibliche Hilfstätigkeit für soziale Aufgaben". In Basel wurden ab 1914 Kurse zur Einführung in die Soziale Tätigkeit durchgeführt. Ab 1918 entstanden in Luzern, Genf und Zürich erste soziale Frauenschulen, welche später von den Kantonen finanziell mitgetragen wurden; die kantonale Zuständigkeit blieb über lange Zeit bestehen (Wolfisberg 2006).

Die enge Verbindung der Professionalisierungsgeschichte mit dem Settlement-Movement (Ramsauer 2000, 113) und der bürgerlichen Frauenbewegung sind konstitutive Momente der Entstehungsgeschichte des Berufs. Es ging um Frauenbildung und zugleich die „Nutzbarmachung der Pflichten und Rechte [...], die die Frauenbewegung für sie erkämpft hat" (Salomon 1908, 42). In der britischen Settlementbewegung liefen philanthropische, christliche und sozialistische Strömungen zusammen, die von den frühen Pionierinnen der Sozialen Arbeit in Europa als innovative Modelle systematischer Armenfürsorge rezipiert wurden, dabei jedoch sehr unterschiedlich ausgelegt wurden. So steht beispielsweise Mentona Mo-

ser (CH) für eine gesellschaftskritische Interpretation, Maria Fierz (CH) für eine christlich-moralische, andere europäische Vertreterinnen, wie Alice Salomon (DE) für die Position der sozialen Mütterlichkeit, die soziale Hilfstätigkeit als vordringliche Kulturaufgabe der Frau zur Sicherung des sozialen Friedens verstand. Ungeachtet der Differenzen bestand eine breite internationale Übereinstimmung von Jane Addams (USA) bis zu Alice Salomon, dass die sich entwickelnden sozialen Hilfstätigkeiten dringend einer Professionalisierung bedurften, um dem „gefährlichen Dilettantismus" der bürgerlichen Wohlfahrtsdamen durch eine systematische Ausbildung zu begegnen (Schüler 2004, 199). Beachtlich ist die Internationalität in dieser frühen Phase, die sich durch persönliche Kontakte der frühen Vertreterinnen und durch den europäischen und transatlantischen Austausch von Ideen und Konzepten realisierte (Hering / Waaldijk 2002).

Das Berufsfeld der Fürsorge und das entsprechende Expertenwissen sind bereits zu Beginn des Professionalisierungsprozesses geschlechtsspezifisch segmentiert (Sutter et al. 2008). Während die weiblichen Fürsorgerinnen eher in der Vormundschaftsbehörde und der privaten Fürsorge tätig waren, besetzten Männer die Stellen der öffentlichen Fürsorge (Gredig 2000). Der öffentliche Expertendiskurs wurde dementsprechend von Männern dominiert.

In den ersten Jahrzehnten des 20. Jahrhunderts ist im deutschsprachigen Raum der Einfluss der Fürsorgewissenschaften auf Diskurse und Problemverständnisse der Sozialen Arbeit signifikant, wie sich exemplarisch im Bereich der Kinder- und Jugendhilfe nachweisen lässt (Ramsauer 2000; Peukert 1986). Der offene Rechtsterminus „Verwahrlosung" bestimmte den Bereich der Kinder- und Jugendhilfe zunehmend diskursiv und erfuhr über die ersten Jahrzehnte des 20. Jahrhunderts eine inhaltliche Verschiebung. Während am ersten gesamtschweizerischen Jugendfürsorgekongress von 1908 im Kontext der Schaffung des Kinderschutzartikels des Zivilgesetzbuches (ZGB von 1907) noch einem kritischen Begriffsverständnis von Verwahrlosung als Symptom sozialer Probleme gefolgt wurde, verengte sich das Verständnis ab 1927 auf hygienische und eugenische Dimensionen. Die „Verwissenschaftlichung des Sozialen" wurde dementsprechend zunehmend von Medizin, Psychiatrie und Heilpädagogik dominiert (Ramsauer 2000) und hielt sich im Vergleich zum internationalen Umfeld auch noch weit über den Zweiten Weltkrieg hinaus. Dies hatte u. a. verheerende Folgen auf die Praxis der „Kindswegnahmen" bzw. Fremdplatzierungen (Leuenberger / Seglias 2008), insbesondere im Rahmen des von der Pro Juventute lancierten Projekts „Kinder der Landstrasse" (Leimgruber et al. 1998).

Zugleich führte es zu einer Verdrängung bereits in Ansätzen im 19. Jahrhundert vorhandener (sozial-) pädagogischer und gesellschaftstheoretischer Deutungsansätze sozialer Probleme (Grubenmann 2007). Dass sich diese begriffliche Deutung von Verwahrlosung in der Praxis der Jugendfürsorge als neue Steuerungsform des Sozialen niederschlug, weist Wilhelm (2005) aufgrund eines umfangreichen Aktenstudiums eindrücklich nach. Wilhelm legt zudem dar, dass die Rolle der Pädagogik insbesondere zu Beginn des 20. Jahrhunderts marginal war und blieb.

„Was heute rückblickend als sozialpädagogische Praxis interpretiert wird, ist also weniger aus der Erziehung bzw. der Pädagogik hervorgegangen, als aus einem Konglomerat disziplinärer und beruflicher Zusammenhänge, in denen der Pädagogik als Reflexion der Erziehungstatsache bzw. der Erziehungswirklichkeit eine untergeordnete Rolle zukam" (Wilhelm 2005, 141).

Der Verwissenschaftlichungsprozess im Sinne einer Konsolidierung von Expertenwissen für die Praxis zeichnete sich aber nicht nur in der Rationalisierung der Jugendfürsorge (Wilhelm 2005), sondern auch in der Etablierung einer rationellen Armenpflege, insbesondere für männliche Armenpfleger, ab. Die schweizerische Armenpflegerkonferenz wurde 1905 gegründet. Ihr Ziel war die Förderung des Austauschs über Themen der Armenfürsorge und die personelle Vernetzung. Bereits 1902 hatten Carl Alfred Schmid, Chefsekretär der freiwilligen Einwohnerarmenpflege Zürichs, und der Zürcher Pfarrer Albert Wild ein Vademecum für Armenpfleger verfasst, welche als Grundlage der rationellen Armenpflege galt. Basierend auf dem Elberfelder System wurde für eine ehrenamtliche, quartiersbezogene Hilfe von Mensch zu Mensch, einer Individualisierung von Hilfe plädiert. Diese Grundsätze wurden an den Armenpflegerkonferenzen diskutiert, weiterentwickelt und gelehrt (Sutter et al. 2008).

Diese Spezialisierung der Männer führte aber nicht zu einer Akademisierung der neuen beruflichen Tätigkeit. Die Versuche und Anträge, die Fürsorgewissenschaft als gesellschaftswissenschaftliches und nicht etwa als philosophisch-pädagogisches Studium an den Universitäten zu etablieren, scheiterten mehrmals. Der deutsche Sozialreformer Wilhelm Feld stellte 1922 mit Hilfe der Schweizerischen Gemeinnützigen Gesellschaft ein Gesuch für die Aufnahme von Vorlesungen der Fürsorge an allen schweizerischen Hochschulen. Das Gesuch wurde mit der Begründung, ein guter Praktiker müsse vom Leben geschult werden, abgelehnt (Wilhelm 2005, 144 ff.).

Interessanterweise gab es ab 1908 eine Privatdozentur für Sozialpädagogik an der Eidgenössischen Technischen Hochschule (ETH) in Zürich. Der gebürtige Sachse Robert Seidel war als gelernter Tuchmachergeselle in die Schweiz gekommen. Er absolvierte ein Studium zum Sekundarlehrer, war Mitglied der Sozialdemokratischen Partei der Schweiz und aktivierte sich politisch im roten Zürich. Vor diesem Hintergrund griff Seidel den Begriff „Sozialpädagogik" als reformerische Denkweise für die neue Schule auf und plädierte in Anlehnung an Kerschensteiner für eine Arbeitsschule als Schule der Zukunft (Seidel 1919). Es wird deutlich, dass diese Auslegung von Sozialpädagogik als reformpädagogischem Kampfbegriff keine Berührungspunkte mit der sich professionalisierenden Sozialen Arbeit in der Schweiz hatte. Auch blieb der Einfluss der Reformpädagogik auf die Schulentwicklung (Grunder 1999) und die Bedeutung der bürgerlichen Jugendbewegung (Petersen 2001) im Vergleich zu Deutschland äußerst gering.

Im Kontext des Professionalisierungsprozesses der sozialen Frauenschulen, welche bis in die 1950er Jahre Frauen vorbehalten waren und sich mit dem Zugang der Männer in Schulen für soziale Arbeit umbenannten, wurde mit dem Import des „Social Casework" der Verwissenschaftlichungsprozess vorangetrieben. Geprägt von den Ideen der „geistigen Mütterlichkeit" und den einhergehenden Tugenden der Einfühlsamkeit, angereichert mit Wissensbeständen aus Psychologie, Pädagogik, Rechts- und Volkswirtschaftslehre, Sozialpolitik, Aktenführung, Singen- und Freizeitgestaltung war das Professionsverständnis dementsprechend als eigentliche Berufung und spezialisierte Kulturaufgabe bis in die

1950er Jahre vorherrschend. Mit dem aus den USA importierten „Social Casework" wurde der Fokus auf wissenschaftlich gestützte Diagnose, Beratung und geplante Hilfe verschoben. Damit einher ging aber auch eine Psychologisierung der Sozialarbeit (Sutter et al. 2008).

Mit der Ausdifferenzierung des Sozialbereichs wurden zunehmend spezialisierte Schulen gegründet, was dazu führte, dass in der Schweiz bis in die 1990er Jahre im Berufsbildungsbereich drei verschiedene Ausbildungsgänge existierten: Sozialarbeit, Sozialpädagogik und soziokulturelle Animation. Nach 1968 nahm die sozialwissenschaftliche Ausrichtung der Ausbildungsgänge tendenziell zu (Wolfisberg 2006). Zwischen den Schulen gab es wenig Austausch. So erfuhr in den 1980er und 1990er Jahren die systemtheoretische Auslegung nach Staub-Bernasconi als „Zürcher Schule" auch international einen großen Bekanntheitsgrad. Die Akademisierung verlief dementsprechend eigenständig. 1971 wurde der erste Lehrstuhl für Sozialpädagogik an der Universität Zürich besetzt. Sozialpädagogik bestand fortan als Teilgebiet von Pädagogik nebst zwei Nebenfächern der Philosophischen Fakultät. An der Universität Fribourg war ab 1971 das Monofach Sozialarbeit mit einem eigenen Lehrstuhl vertreten.

In den letzten 15 Jahren dominierten zwei zentrale Veränderungen die Entwicklung der Sozialen Arbeit in der Schweiz: die Etablierung der Fachhochschulen und die Einführung der Bolognareform. Im Zuge einer allgemeinen Berufsbildungsreform verabschiedete das eidgenössische Parlament 1995 ein Bundesgesetz über die Fachhochschulen, welches die Zuständigkeit neu organisierte. Davon war auch die Soziale Arbeit betroffen, welche erstmals nicht mehr kantonal, sondern auf eidgenössischer Basis geregelt wurde. 2005 trat das revidierte Fachhochschulgesetz in Kraft, welches einen vierfachen Leistungsauftrag kodifiziert: „Sie sollen Diplomstudiengänge führen, diese durch ein Angebot an Weiterbildungsveranstaltungen ergänzen, anwendungsorientierte Forschungs-und Entwicklungsarbeiten durchführen und Dienstleistungen für Dritte erbringen" (Forrer Kasteel/Truniger 2008, 14). Aktuell ist Soziale Arbeit in der deutschsprachigen Schweiz an der Hochschule Luzern, der Zürcher Hochschule für angewandte Wissenschaften, der Fachhochschule Bern, der Fachhochschule St. Gallen sowie der Fachhochschule Nord-West

Schweiz vertreten. Für die französischsprachige Schweiz ist „travail social" an der Haute Ecole Spécialisée (Fachhochschule Westschweiz) zentralisiert, mit den Standorten Genf, Fribourg, Lausanne und Wallis. Im Tessin existiert Soziale Arbeit auf Fachhochschulebene an der „Scuola Universitaria Professionale della Svizzera Italiana" in Manno.

Aktuelle Tendenzen und Entwicklungen: Theoriebildung durch Empirie

Ein Kennzeichen für die Historie der Sozialen Arbeit in der Schweiz besteht – vergleichbar zu Deutschland – darin, dass sich die Ausbildung Jahrzehnte außerhalb des akademischen Systems im beruflichen Bildungswesen entwickelte. Neben problematischen Folgen für die spätere Verwissenschaftlichung der Sozialen Arbeit an Universitäten und Fachhochschulen liegt in der langjährigen akademischen Abstinenz des Faches eine historische Begründung für seine Distanz zur empirischen Forschung (Gabriel 2001, 161).

In anderen Ländern, wie beispielsweise den USA, verlief die Integration in das akademische System schrittweise und früher (Reichert/Wieler 2005, 1613), dies erklärt die disziplinäre Bedeutung von Forschung zu „Social Work" im anglo-amerikanischen Raum. In den USA, wie auch in England, existierten keine eigenständigen Ausbildungen an Schulen, sondern Kurse in Zusammenarbeit mit Universitäten (Ruf 1994, 194). Etwa zeitgleich zur europäischen Entwicklung begannen 1898 die ersten Sommerkurse in den USA an der Columbia University, die bereits 1940 an der Columbia University School of Social Work in eine akademische Ausbildung überführt wurden und ab 1952 ein eigenes Promotionsrecht besaßen.

In der Schweiz findet scheinbar 1971 mit der Einrichtung der Universitätsausbildungen in Sozialpädagogik (Universität Zürich) und Sozialarbeit (Universität Fribourg) die Professionalisierungsgeschichte des Faches durch die Verwissenschaftlichung einen Abschluss. Es sollte jedoch noch etwa drei Jahrzehnte dauern bis die Fachhochschulen in der Schweiz gegründet wurden, wie in Deutschland durch eine Akademisierung der höheren Fachschulen. Erst in letzter Zeit zeigen sich politische Bestrebungen einer Harmonisierung und Angleichung der unterschiedlichen Hochschultypen im

Bereich der Forschungsförderung und der politischen und administrativen Zuständigkeit.

Bei Inkrafttreten des Fachhochschulgesetzes im Jahr 2005 lehrten und forschten die Universitäten im Bereich der Sozialen Arbeit bereits seit Längerem, jedoch in einer spezifischen disziplinären Einbettung. Dies ist für die heutige Situation und für die weitere Entwicklung der Sozialen Arbeit als akademischer Disziplin eine wichtige Ausgangsprämisse. Sozialpädagogik an der Universität Zürich existiert traditionell nicht disziplinär eigenständig, sie ist in das Fach Erziehungswissenschaft eingebunden. Die Universität Fribourg wiederum versteht Sozialarbeit als angewandte Soziologie und Sozialpolitik und erkennt der Sozialen Arbeit eine Eigenständigkeit als akademische Disziplin ab.

Hier schließen die Aktivitäten der Schweizerischen Gesellschaft für Soziale Arbeit (www.sgsa-ssts.ch) an, die u. a. durch die Veranstaltung von internationalen Kongressen, Kommissionsarbeit und die Herausgabe einer mehrsprachigen wissenschaftlichen Zeitschrift die Förderung der wissenschaftlichen Disziplin in der Schweiz betreibt. Etappenziel ist die Aufnahme der Sozialen Arbeit in die Akademie der Wissenschaften der Schweiz. Die für die Schweiz noch offene Frage der weiteren Entwicklung der Sozialen Arbeit ist eng mit der weiteren Entwicklung der Fachhochschulen verbunden. Quantitativ haben sie durch hohe Zuwachsraten in den letzten zehn Jahren, verglichen mit den universitären Lehrstühlen Sozialpädagogik und Sozialarbeit, eine weitaus höhere Anzahl an Studierenden, Weiterbildungsangeboten und auch an Forschungsvolumen auszuweisen.

Für ihre Anerkennung als eigenständige akademische Disziplin werden jedoch zwei qualitative Entwicklungen von entscheidender Bedeutung sein. Zum einen ist die Fachhochschullandschaft in der Sozialen Arbeit durch die Bologna-Reformen im Bereich der Lehre an internationale Standards herangeführt worden und hat dabei ihr disziplinäres Profil zugleich geschärft. Anders als an den Universitäten, an denen die neuen modularisierten Studienstrukturen und die damit induzierte Nähe zu konkurrierenden Bezugsdisziplinen den paradigmatischen Kern und die disziplinäre Gestalt der Sozialen Arbeit weiter entprofilieren. Seit dem Herbstsemester 2008/2009 sind Masterstudiengänge an verschiedenen Fachhochschulstandorten gestartet. Die konsekutiven Masterstudiengänge

sind von einem standortübergreifenden disziplinspezifischen Kompetenzprofil gekennzeichnet, das auf die bereits vorhandenen Bachelorstudiengänge aufbaut (Forrer Kastel/Truniger 2008, 15). Unstrittig ist im Masterstudium eine starke Forschungs- und Empirieorientierung. Vergleichbar zu internationalen Diskussionen bleibt jedoch unklar, ob auch eigene Forschungskompetenz im Studium vermittelt werden soll oder ob eine Kompetenz zur Informations- und Forschungsrecherche ausreicht, wie dies im Modell der *Evidence-based Social Work* gefordert wird (Wilhelm/Rutschmann 2008, 13). Für die Ausbildung spezifisch bleibt eine starke Verschränkung von Lehre, Forschung und Praxis, mit standortspezifisch anderen Akzentuierungen. Im Rahmen der Entwicklung der Bachelor- und Masterstudiengänge für Soziale Arbeit hat eine Intensivierung des wissenschaftlichen Diskurses zu Professions-, Disziplin- und forschungstheoretischen Fragen der Sozialen Arbeit stattgefunden (Benz Bartoletta et al. 2010). Da mit der Absolvierung des Masterstudiums noch keine Promotionsberechtigung verbunden ist, fehlt der Sozialen Arbeit in der Schweiz ein unmittelbar gesicherter Ausbildungsweg des akademisch einschlägigen Nachwuchses für Forschung und Lehre. Neben integrativen Positionen, die in einer Kooperation zwischen Fachhochschulen und Universitäten einen gangbaren Weg zur Promotion des eigenen disziplinären Nachwuchses erkennen, zielen andere auf die hochschulpolitische Eigenständigkeit der Fachhochschulen im Sinne eines eigenen Promotionsrechtes.

Zum anderen besteht eine weitere bedeutsame Entwicklung im Bereich der Forschung zur Sozialen Arbeit in der Schweiz, die sich von der deutschen Entwicklung unterscheidet. Durch die Formulierung eines erweiterten Leistungsauftrags wurde wissenschaftliche Forschung an den Fachhochschulen ab 2000 initiiert und durch spezifische Forschungsförderungsprogramme finanziell unterstützt. Dies führte zu einer ausdifferenzierten Forschungslandschaft an den schweizerischen Fachhochschulen, die in der thematischen und konzeptionellen Bandbreite keine trennscharfe Abgrenzung zu universitärer Forschung zulassen. Die neuere Entwicklung, wie sie exemplarisch der Entwurf des FIFG (Gesetz zur Forschungsförderung und Innovation) oder die aktuellen Förderkriterien des Schweizerischen Nationalfonds (SNF, www.snf.ch)

zeigen, läuft auf eine Annäherung der Hochschultypen im Bereich der Forschungsförderung hinaus. Grundlagenorientierte Forschung bleibt nicht den Universitäten allein vorbehalten, ebenso wie Praxisorientierung nicht den Fachhochschulen.

Die damit verbundene Chance zur weiteren akademischen Entwicklung der Disziplin besteht in qualitativ hochwertiger Forschung, die an internationale Standards anschließt. Theoriebildung zur Sozialen Arbeit durch Empirie wird fälschlicherweise noch immer mit einem positivistischen Wissenschaftsverständnis assoziiert. Übersehen wird, dass der empirischen Forschung eine neue Rolle zur gegenstandsbezogenen Theoriebildung zukommen kann (Gabriel 2001). Die Schweiz bietet hier an den Fachhochschulen hervorragende Ausgangs-

bedingungen. Eine fruchtbare Möglichkeit für die Theoriebildung besteht demzufolge in einer stärkeren empirischen Fundierung der disziplinären Entwicklung, die mit dem Etikett der Evidence-based Social Work im internationalen Diskurs benannt ist (Grinnell / Unrau 2008). Diese Perspektive lässt sich mit einer voraussetzungsvollen Prämisse, die im angloamerikanischen Sprachraum bereits einen breiten methodologischen Konsens darstellt, verbinden: „[…] theory needs to be tested by evidence, empiricism bereft of a theoretical structure becomes mindless […]" (Bullock 1993, 224). Von Interesse sind hier internationale Annäherungen im skizzierten methodologischen Sinn, für die Forschung zur Sozialen Arbeit in der Schweiz einen wesentlichen Beitrag liefern kann.

Literatur

Benz Bartoletta, P., Meier Kressig, M., Riedi, A., Zwilling, M. (2010): Soziale Arbeit in der Schweiz. Einblicke in Disziplin, Profession und Hochschule. Haupt, Bern

Braun, R. (1979): Industrialisierung und Volksleben. Veränderungen der Lebensformen unter Einwirkung der verlagsindustriellen Heimarbeit in einem ländlichen Industriegebiet (Zürcher Oberland) vor 1800. Vandenhoeck & Ruprecht, Göttingen

Bullock, R. (1993): The United Kingdom. In: Colton, M., Hellinckx, W.: Child Care in the EC. Ashgate, Aldershot, 212–231

Forrel Kasteel, E., Truniger, L. (2008): Kompetenzorientierte Bachelor- und Masterstudien. Ein Einblick in aktuelle Entwicklungen an Schweizer Fachhochschulen. Sozial Extra 23, 14–16

Gabriel, T. (2001): Forschung zur Heimerziehung. Eine vergleichende Bilanzierung in Großbritannien und Deutschland. Juventa, Weinheim

Gredig, D. (2000): Tuberkulosefürsorge in der Schweiz. Zur Professionsgeschichte der Sozialen Arbeit. Die Tuberkulosefürsorgestelle Basel 1906–1961. Haupt, Bern

Grinnel, R.M., Unrau, Y.A. (2008): Social Work Research and Evaluation: Foundations of Evidence-Based Practice, Oxford University Press, Oxford

Grubenmann, B. (2007): Nächstenliebe und Sozialpädagogik im 19. Jahrhundert. Eine Diskursanalyse. Haupt, Bern

Grunder, H.-U. (1999): Schulreform und Jugendkultur: Wandervogel und Mädchenwandervogel in der Schweiz. Pädagogische Rundschau, Sonderdruck

Hauss, G. (1995): Retten, Erziehen, Ausbilden. Zu den Anfängen der Sozialpädagogik als Beruf. Eine Gegenüberstellung der Entwicklungsgeschichte der Armenschullehrer-Anstalt Beuggen und des Brüderinstituts am Rauhen Haus in Hamburg. Lang, Bern

Hering, S., Waaldijk, B. (Hrsg.) (2002): Die Geschichte der Sozialen Arbeit in Europa (1900–1960). Wichtige Pionierinnen und ihr Einfluss auf die Entwicklung internationaler Organisationen. Leske+Budrich, Opladen

Leimgruber, W., Meier, T., Sablonier, R. (1998): Das „Hilfswerk für die Kinder der Landstrasse". Historische Studie aufgrund der Akten der Stiftung Pro Juventute im Schweizerischen Bundesarchiv. Bundesarchiv Dossier 9, Bern

Leuenberger, M., Seglias, L. (Hrsg.) (2008): Versorgt und vergessen. Ehemalige Verdingkinder erzählen. Rotpunkt, Zürich

Meyerhofer, U. (2000): Von Vaterland, Bürgerrepublik und Nation. Nationale Integration in der Schweiz 1815–1848. Chronos, Zürich

Mollenhauer, K. (1959): Die Ursprünge der Sozialpädagogik in der industriellen Gesellschaft. Beltz, Weinheim

Müller, C. (2002): ‚Wir alle sind Aristen […] weil Bürger'. In: Andresen, S., Tröhler, D. (Hrsg.) (2002): Gesellschaftlicher Wandel und Pädagogik. Studien zur historischen Sozialpädagogik. Pestalozzianum Verlag, Zürich, 14–25

Petersen, A. (2001): Radikale Jugend. Die sozialistische Jugendbewegung der Schweiz, 1900–1930. Radikalisierungsanalyse und Generationentheorie. Chronos, Zürich

Peukert, D. (1986): Grenzen der Sozialdisziplinierung. Aufstieg und Krise der deutschen Jugendfürsorge 1878–1932. Bund Verlag, Köln

Ramsauer, N. (2000): Verwahrlost. Kindswegnahmen und die Entstehung der Jugendfürsorge im schweizerischen Sozialstaat 1900–1945. Chronos, Zürich

Reichert, E., Wieler, J. (2005): Soziale Arbeit in den USA. In: Otto, H.-U., Thiersch, H.: Handbuch Sozialarbeit / Sozialpädagogik. 3. Aufl. Ernst Reinhardt, München / Basel, 1611–1621

Ruf, B. (1994): Zwischen Integration und Widerstand. Der Einfluss der Frauenbewegung auf die Verberuflichung und

Professionalisierung der Sozialarbeit in der Schweiz von der Jahrhundertwende bis 1935. Unveröffentlichte Lizentiatsarbeit der Universität Fribourg

Salomon, A. (1908): Soziale Frauenbildung. Teuber, Berlin / Leipzig

Schoch, J., Tuggener, H., Wehrli, D. (Hrsg.) (1989): Aufwachsen ohne Eltern. Verdingkinder, Heimkinder, Pflegekinder, Windenkinder, Zur ausserfamiliären Erziehung in der deutschsprachigen Schweiz. Chronos, Zürich

Schüler, A. (2004): Frauenbewegung und soziale Reform: Jane Addams und Alice Salomon im transatlantischen Dialog, 1889–1933. Steiner, Stuttgart

Seidel, R. (1919): Die Schule der Zukunft eine Arbeitsschule. Orell Füssli, Zürich

Sutter, G., Matter, S., Schnegg, B. (2008): Fürsorge und Sozialarbeit in der Stadt Bern 1900 bis 1960. Zwischen Integration und Ausschluss. Interdisziplinäres Zentrum für Geschlechterforschung, Bern

Tabin, J.-P., Frauenfelder, A., Togni, C., Keller, V. (2008): Temps d'assistance. Le gouvernement des pauvres en Suisse Romande depuis la fin du XIXe siècle. Éditions Antipodes, Lausanne

Tuggener, H. (1989): Die Geschichte der ausserfamiliären Erziehung in der deutschsprachigen Schweiz. In: Schoch, J., Tuggener, H., Wehrli, D. (Hrsg.) (1989): Aufwachsen ohne Eltern. Zur ausserfamiliären Erziehung in der deutschsprachigen Schweiz. Chronos, Zürich, 129–155

Wilhelm, E., (2005): Rationalisierung der Jugendfürsorge. Die Herausbildung neuer Steuerungsformen des Sozialen zu Beginn des 20. Jahrhunderts. Haupt, Bern

–, Rutschmann, M. (2008): Forschungslandschaft Soziale Arbeit Schweiz: Grundlagenforschung und Anwendungsorientierung. Sozial Extra 32, 11–13

Wolfisberg, C. (2006): Geschichte der Sozialen Arbeit. In: www.infostelle.ch/de/fokus/archiv/geschichte_sa.html, 06.06.2010

Soziale Arbeit in Europa

Von Walter Lorenz

Das hervorstechendste Merkmal der Sozialen Arbeit in Europa ist die unsystematische Vielfalt der Titel, der Methoden und der Organisationsformen, mit denen sie sich präsentiert. So treten z. B. nicht nur erhebliche Schwierigkeiten in der genauen Übersetzung des jeweiligen Berufstitels in andere Sprachen auf, es gibt zudem innerhalb eines jeden europäischen Landes eine Vielzahl von Berufstiteln, deren präzise Abgrenzung voneinander und von verwandten Professionen in den Bereichen Erziehung, Therapie und Beratung oft problematisch ist. Dies lässt keine verbindliche „äußere Grenze" des Territoriums der Sozialen Arbeit erkennen. In Ländern, in denen ein Berufsregister geführt wird, wie etwa Italien, Spanien oder dem Vereinigten Königreich, erfasst dies meist nur die Sozialarbeit. Die deutsche Sprachregelung, „Soziale Arbeit" als Oberbegriff für Sozialarbeit und Sozialpädagogik zu benutzen, hat ein gewisses Äquivalent im französischen *Travail Social*, aber schon das italienische *Servizio Sociale* deckt nicht mehrere Berufsgruppen, und die neue generische Terminologie von *Social Care*, die sich im Vereinigten Königreich durchzusetzen beginnt, ist äußerst kontrovers, da dadurch die Eigenständigkeit von *Social Work* in Frage gestellt wird (Lorenz 2008a).

Die Spannung zwischen Vielfalt und Übereinstimmung hat einerseits historische Gründe, indem die die Industrialisierung begleitenden sozialen Umbrüche die bewusste Organisation sozialer Solidarität erforderten, sowohl auf struktureller als auch auf personenbezogener Ebene. Die daraus entstehenden Organisationsformen und ersten Methodenansätze knüpften meistens an lebensweltlichen Formen der Hilfe in sozialen Notlagen an, etwa der Kirchen, der Zünfte und Vereine, nahmen aber je nach den politischen Machtverhältnissen bürgerliche oder klassenspezifische Formen an. Religiöse Orden bildeten sich in katholischen Ländern spe-

ziell zur Pflege sozialer Aufgaben, auf protestantischer Seite entstand die Diakoniebewegung Sievekings, Fliedners und Wicherns in Deutschland. Die Heilsarmee stellte sogar eine gänzlich auf soziale Aufgaben konzentrierte internationale religiöse Bewegung dar (Wendt 2008). Erste Formen von Arbeitergewerkschaften richteten „mutuelle" Sozialfonds für Mitglieder ein sowie Programme der Erwachsenenbildung, die Kooperative Bewegung experimentierte mit ökonomischen Modellen der Selbsthilfe. Die internationale Frauenbewegung, besonders in ihrer bürgerlichen Version, beschäftigte sich zunehmend mit sozialen Aufgaben und stellte in dieser Hinsicht auch die bedeutendsten Pionierinnen der Sozialen Arbeit (Hering / Münchmeier 2005).

Anderseits stießen diese lebensweltlichen Organisationsformen und deren entsprechende Methoden bald an ihre Grenzen und mussten durch wissenschaftlich-analytische Theorien und aus ihnen abgeleitete Kompetenzen ergänzt und verbessert werden. Die internationale Orientierung der Gründerinnen von Studiengängen der Sozialen Arbeit hatte eine doppelte Bedeutung, als emanzipatives professionelles Modell und als Ausweis der Wissenschaftlichkeit (Kniephoff-Knebel 2006). Alle Bemühungen um eine Konvergenz auf ein Standardmodell hin oder zumindest auf eine Systematisierung dieses Bereichs, die schon in den 1920er Jahren gehegt wurden, die in der Phase des Ausbaus der sozialstaatlichen Modelle nach dem 2. Weltkrieg aktualisiert wurden und die auch im Zuge des Projekts der Europäischen Vereinigung in den 1980er Jahren zuweilen wieder vorherrschten, können als gescheitert gelten.

Als im Rahmen internationaler, an der angelsächsischen Dreierformel von *Casework – Groupwork – Community Work* orientierter Trainingsprogramme, die in der nachfaschistischen Zeit einen

Otto/Thiersch (Hg.), Handbuch Soziale Arbeit, 4. A., DOI 10.2378/ot4a.art134,
© 2011 by Ernst Reinhardt, GmbH & Co KG, Verlag, München

Beitrag zum sozialen Wiederaufbau und zur Demokratisierung Europas leisten sollten, versucht wurde, mit einheitlichen Curricula die Professionalisierung der Sozialarbeit zu fördern und eine gewisse Standardisierung zu erreichen, meldete sich bald Widerstand in der Rückbesinnung auf indigene Praxisformen, begleitet von eigener Theoriebildung und teilweise auch von einer expliziten Kritik an der vorherrschenden Sozialpolitik (Schröer 2004). Die Betonung der Sozialpädagogik in Deutschland, in Anknüpfung an Methodendiskurse, die weit ins 19. Jahrhundert zurückreichen, hatte Parallelen in der Popularität von *Animation* in Frankreich und im mediterranen Raum; die Niederlande operierte zeitweise mit bis zu elf Titeln (Freitas 2007), die nordischen Staaten richteten parallele Studiengänge für unterschiedliche Bereiche der Sozialen Arbeit ein mit Berufstiteln wie *Sosionom*, *Barnevernsbedagog* und *Vernepleier* etwa in Norwegen (Larsen 2004; siehe die umfassende Darstellung von Hamburger et al. 2004 ff.). Der Versuch der Vereinheitlichung der Titel und Studiengänge in der EU wie auch in Zentral- und Osteuropa nach 1989 war mit dem Verdacht behaftet, dass damit landesspezifische Traditionen durch ein angelsächsisches Modell kolonialisiert werden sollten (Pik 1998). Bestrebungen der Vereinheitlichung des sozialen Berufsfelds gingen immer einher mit gegenläufigen Tendenzen der weiteren Differenzierung, die gegenwärtig ohnehin im Zuge der Liberalisierung des Professionsverständnisses noch rapider voranschreitet in Bezug auf Titel und Methodenmodelle.

Dies legt den Schluss nahe, dass gerade der vergleichende Blick auf die Vielfalt der Erscheinungsformen der Sozialen Arbeit auf dem Hintergrund der Entwicklung der europäischen Nationalstaaten zum Verständnis des Wesens dieser Profession beiträgt. Entsprechend ist nach dem jähen Abbruch der vergleichenden Pionierarbeit von Alice Salomon (1937), die im Jahr ihres Berufsverbots von der *International Association of Schools of Social Work* den Auftrag erhielt, eine Studie über die internationale Sozialarbeiterausbildung zu produzieren (Kruse 2003), das Interesse an vergleichenden Darstellungen erst wieder in den 1980er Jahren erheblich gestiegen. Die dialektische Spannung, die sich in vielen Dimensionen in der Geschichte der europäischen Sozialen Arbeit ausspielt, zwischen dem Anspruch auf Universalität durch die wissenschaftliche Fundierung ihrer Methodik einerseits und der Einbindung in nationalstaatliche Strukturen, Gesetze, Gewohnheiten und kulturelle Traditionen andererseits, ist ein zentrales Element ihres historischen Charakters und als solches der eigentliche Ausgangspunkt für ihre weitere wissenschaftliche und professionelle Ausarbeitung. Zum Ausdruck kommt dies in der wachsenden Zahl von Studiengängen der Sozialen Arbeit mit europäischer Orientierung (z. B. MACESS: Richardson / Lawrence 2005) bis hin zu einem für Doktoratsstudien formulierten europäischen Modul durch das PhD-ACT-Konsortium (Otto / Abeling 2007). In den 1990er Jahren wurden auch Fachzeitschriften gegründet (*Social Work in Europe*, *European Journal of Social Work*, beide jetzt zusammengelegt), die sich explizit der Schaffung eines europäischen Diskurses der Sozialen Arbeit widmeten. In diesem Sinne und auf dieser Basis entwickelte sich seit der Jahrtausendwende in Umrissen ein Gegenmodell der Europäischen Sozialen Arbeit, das nicht auf Standardisierung abzielt, sondern die kritische Analyse der Beziehung zwischen wissenschaftlich begründeten Theorien und den kulturbezogenen und politikabhängigen Elementen eines professionellen Habitus zum Ausgangspunkt neuer methodischer Impulse nimmt (Otto / Lorenz 2002; Lorenz 2008b).

Unterschiede und Gemeinsamkeiten der Sozialen Arbeit in Europa lassen sich nur entlang verschiedener Achsen verstehen, die gleichzeitig in Erwägung gezogen werden müssen. Die darin angesprochenen Faktoren beeinflussen sich gegenseitig. Grundsätzlich sind der Charakter der Sozialdienste und die sozialpolitische Rolle der sozialarbeiterischen Methodik in Europa beeinflusst durch die verschiedenen politischen Traditionen, die die Geschichte der europäischen Nationalstaaten prägten. Hier haben die Regimekategorien von Esping-Andersen (1990) und Leibfried (1992) ihre Berechtigung trotz der Tatsache, dass in allen Ländern Europas Sozialdienste öffentlich *und* parallel privat organisiert sind und daher einen „Welfare Mix" repräsentieren (Bode 2006), jedoch in unterschiedlichen Proportionen und mit einer jeweils prägenden Bedeutung für die Soziale Arbeit. Wo diese wie in nordischen Ländern vorwiegend im öffentlichen Bereich platziert ist, kommen stärker die Dienstleistungen als ein soziales Recht und weniger die stigmatisierende Konnotation der Hilfsbedürftigkeit zum Ausdruck, während Interventionen gerade auch von öffentlicher Seite im liberalen, residualen Regime des Vereinigten Königreich stets im Verdacht stehen, eine stigmatisierende Wirkung zu haben. Daraus resultiert dort eine methodologische Polarisierung zwischen explizit personenorientierten Ansätzen und jenen der politischen, selbstgeleiteten Mobilisierung oder der Parteinahme (*Advocacy*) gegen staatliche Maßnahmen der sozialen Kontrolle. Das in Ländern der korporatistischen Regime (etwa Deutschland, die Niederlande und Österreich) vorherrschende Prinzip der Subsidiarität trägt zu einer stärkeren Betonung der Zugehörigkeit zu zivilgesellschaftlichen Identitätsgebilden bei, gibt aber daher weniger Anlass, Fragen der sozialen Gerechtigkeit im Rahmen von Interventionen zu artikulieren. Der Dienstleistungsbegriff ist hier methodologisch schwerer zu erfassen.

Diese Grundorientierungen bleiben auch angesichts des Konvergenzdrucks, den neoliberale Ideologien gerade in der Sozialpolitik ausüben, erstaunlich resistent, werden aber in der vergleichenden Methodologie der Sozialen Arbeit ungenügend genutzt im Sinne einer kritischen sozialpolitischen Reflexion (Lorenz 2006). Vielmehr stand in den meisten europäischen Ländern das Bemühen um Akademisierung und Professionalisierung der Sozialen Arbeit im Zentrum, in dem – wie es sich jetzt zeigt fälschlichen – Bemühen, hierdurch eine Distanz zu sozialpolitischen Einflüssen schaffen zu können. Aktuelle sozialpolitische Veränderungen wirken sich dahingehend aus, dass sich die Trägerstruktur sozialer Dienstleistungen weiter diversifiziert, teilweise unter marktähnlichen Bedingungen, ohne dass der explizite Bezug zu einem Solidaritätskonzept irgendeiner politischen Richtung hergestellt würde, was die Privatisierung und Familiarisierung sozialarbeiterischer Methoden weiter vorantreibt (Richter et al. 2009), der die entpolitisierte Akademisierung und Forschungsorientierung der Profession schon Vorschub geleistet hatte. Unter diesen Vorzeichen schritt die methodologische Differenzierung der Sozialen Arbeit in Europa insgesamt voran entlang einer Achse, die sich zwischen der Betonung von psychologischen und soziologischen Elementen bewegt, jedoch von unterschiedlichen akademischen Diskursen geprägt ist. Die Epistemologie von *Social Work* konzipiert das Verhältnis zwischen Individuum und Gesellschaft vom Gesichtspunkt der dabei auftretenden Span-

nungen und Krisen, die jeweils mit der Methodentriade *Case Work – Group Work – Community Work* bearbeitet werden können, um einen Ausgleich der Interessen beider Seiten zu erreichen. Dabei werden Krisen im direkten oder indirekten Rückbezug auf psychoanalytische Konzepte, die diesen Diskurs wesentlich prägten, als Chancen der persönlichen oder kollektiven Steigerung von Bewältigungskompetenzen gesehen. Jedoch gibt diese „defizitäre" Orientierung der Sozialarbeit den Ruf, von gegebenen rechtlichen und politischen Rahmenbedingungen abhängig zu sein und letztlich die bestehenden Gesellschaftsverhältnisse zu legitimieren statt diese zu hinterfragen, auch wenn gerade in dieser Tradition politisch radikale Ansätze generiert wurden, etwa in der Form von *Radical Social Work – Feminist Social Work* oder *Community Action* und das Konzept von *Empowerment* noch immer letztlich auf Transformationen des Systems abzielt (Lavalette / Ferguson 2007). Demgegenüber hat der Diskurs der Pädagogik zumindest potenziell immer den kontinuierlichen Transformationsprozess der Gesellschaft als allgemeinen Lernprozess im Blick, wodurch sich die Problemorientierung relativiert. Umgesetzt wird aber dieser auf die gemeinsame Gestaltung des Sozialen ausgerichtete pädagogische Gedanke häufig in Erziehungskonzepten, die sich dann doch wieder an als defizitär eingestufte Individuen oder Gruppen wenden, vor allem in Ländern und Kulturen, die eben ihrer Sozialpolitik keine allgemeine pädagogische Funktion überantworten, sondern im Sinn des Liberalismus individuelle Lernbemühungen betonen. Die pädagogische Aufgabe bleibt hier auf erzieherische Institutionen beschränkt, und so können politische Kulturen wie die Englische auch den Begriff Pädagogik nur als *Education* übersetzen und verstehen, selbst wo dieser zu *Community Education* ausgeweitet wird wie in Schottland. Die Studentenbewegung von 1968 gab der Pädagogik überall neue Impulse, und eine explizit politische Version von Pädagogik konnte auch in nicht-deutschsprachigen Ländern durch die Rezeption Paulo Freires „Pädagogik der Unterdrückten" (1971) Fuß fassen. Um Rückfälle in paternalistische Denkmuster der Pädagogik zu vermeiden, wurde um diese Zeit in den Niederlanden auch das Konzept der „Agogik" wieder aufgegriffen. Parallel dazu verbreitete sich vor allem in franko-lateinischen Ländern der Methodenansatz von *Animation*, der das kreative Erschließen einer sozial prekären Thematik zum Ziel hat und zeitweise zu höchst innovativen Projekten Anlass gab in Straßentheater, Abenteuerpädagogik, Museumspädagogik, in kreativer, auf Selbstrepräsentation ausgerichteter Behindertenarbeit oder in Aktionen von Sozialkooperativen und Selbsthilfegruppen.

Der sozialpolitische Einfluss manifestiert sich am deutlichsten in Bezug auf den Diskurs der Beratung in Verbindung mit dem des Sozialmanagements, der sich als zeitgenössische Alternative zu den „klassischen" Methoden der Sozialarbeit herausbildet. In Bezug auf eine wissenschaftliche Fundierung knüpft Beratung (*Counselling*) an Konzepte der kognitiven Psychologie an, die die Entscheidungsfähigkeit von Individuen betonen. Damit entsteht eine kritische wissenschaftliche Distanz dieser Methodik von der in psychoanalytischen Konzepten verwurzelten *Case-Work*-Tradition, die sich auch durch professionelle Abgrenzungen bis hin zu einer „Flucht" vieler Praktiker aus der Sozialen Arbeit manifestiert. Sobald die sozialpolitischen Bedingungen eines Landes Konkurrenz unter Dienstanbietern fördern, verselbstständigt sich gerade dieser Methodenansatz und präsentiert sich unter neuen Berufstiteln wie Lebensberater, *Coach*, *Guidance Counselor* etc. Ähnlich üben ökonomische Konzepte des Managements ihren Einfluss auf die Weiterentwicklung der Methodik der Sozialen Arbeit aus. Sozialmanagement oder *Care Management* verwandelt sich unter neoliberalen sozialpolitischen Voraussetzungen von einem methodologischen Instrument innerhalb des bestehenden Professionsrahmens zu einer konkurrierenden Profession mit eigener Identität und kritischer Haltung gegenüber traditionellen Formen der Sozialen Arbeit. Insgesamt haben diese neueren Diskurse den Zweck, die politischen Spannungen der Praxis der Sozialen Arbeit, die aus deren „doppelten Mandat" der umfassenden Berücksichtigung individueller *und* gesellschaftlicher Bedürfnisse entstehen, zu „neutralisieren", indem diese Methoden eigene Entscheidungsfähigkeiten bei KlientInnen zu aktivieren versuchen. Die gesellschaftlichen Rahmenbedingungen werden als global ökonomisch bedingt angesetzt und deshalb als außerhalb der Kontrolle durch den Nationalstaat liegend angesehen. Diese methodologische Position entspricht formal der Maxime der Eigen-

bestimmung von KlientInnen (*Self-determination*), die das (uneingelöste) Kernstück der „klassischen" Methoden darstellte, transformiert diese aber in Programme der „Aktivierung", die, meist unter Drohung des Verlusts von Sozialbeihilfen, den RezipientInnen dieser Beihilfen die Anpassung an sozialpolitische Programme nahelegen. Sie fordern ein hohes Maß an Eigenbeteiligung und Leistungserbringung ein. Selbst in nordischen Staaten, wie z. B. Norwegen, sind sozialpolitische Grundzüge des *Workfare*-Ansatzes zu verzeichnen (Lyngstad et al. 2005). Obwohl damit allgemein in europäischer Praxis die Betonung von sozialen Rechten auf soziale Pflichten verlegt wird, erhalten sich dennoch gewisse Grundpositionen der jeweiligen politischen Kultur eines Landes, sodass in nordischen Ländern auch aktivierende Maßnahmen den Rechtsanspruch auf öffentliche Unterstützung nicht so stark verdrängen wie in korporatistischen oder liberalen Wohlfahrtstraditionen. Mit dieser Wende des Methodendiskurses in weiten Teilen Europas wird aber die Privatisierung nicht nur sozialer Dienste, sondern auch sozialer Beziehungen mit befördert. Soziale Arbeit wird de facto wieder involviert in einer Rolle, die ihr in vorprofessionellen Zeiten anhaftete, nämlich der Unterscheidung der „unterstützungswürdigen" (*deserving*) von den „unterstützungsunwürdigen" (*undeserving*) Hilfeempfängern.

Angesichts dieser Veränderungen in den sozialpolitischen Rahmenbedingungen ist auch der Bereich Gemeinwesenarbeit stark zurückgegangen, zumindest was die Präsenz dieser Methodik im öffentlichen Bereich anbelangt. Wo sie noch eine Rolle spielt, kommen ihr meist Aufgaben der Konfliktbewältigung zu in Bezug auf ethnisch definierte Bevölkerungsminoritäten, etwa in Irland gegenüber der Gruppe der *Travellers* oder sonst in Integrationsprojekten im Bereich der Arbeit mit Roma und Sinti oder für Menschen mit Migrationshintergrund. Gleichzeitig erstarken aber auf der nichtöffentlichen, zivilgesellschaftlichen Seite Initiativen in der Tradition von *Community Work*, vor allem im Bereich der Selbsthilfe und des sozialen Engagements für ökologische und gesellschaftskritische Zwecke sowie im Bereich der Sozialökonomie (Elsen 2007).

Die transversalen Themen und Aufgabenbereiche, die die Soziale Arbeit in allen Teilen Europas im neuen Jahrhundert beschäftigen, lassen sich in *vier Gruppen* gliedern, die allerdings in verschiedenen Ländern unterschiedliche Gewichtung haben aufgrund der oben aufgeführten unterschiedlichen sozialpolitischen Voraussetzungen gemischt mit unterschiedlichen Methodenansätzen.

Migration stellt zumindest bezüglich der öffentlichen Aufmerksamkeit, die dieser Thematik gewidmet wird, einen Bereich dar, in dem Soziale Arbeit gefragt ist – allerdings zumeist unter dem Vorzeichen der Beseitigung von Integrationskonflikten. Dabei ist die Präsenz Professioneller in designierten Projekten rückläufig und entsprechende Rollen werden allmählich von Vertretern der betreffenden Ethnien gefüllt, die aber noch immer nicht offenen Zugang zu professionellen Studiengängen haben. Dagegen nimmt die Beschäftigung mit Migrationsfragen in den verschiedenen sozialen Kerndienstleistungsbereichen zu und es entsteht ein wachsender Bedarf an interkulturellen und sprachlichen Kompetenzen.

Das Thema des *Kinderschutzes* rückt in den meisten Ländern in den Vordergrund in den familienunterstützenden Diensten. Ausgehend vom Vereinigten Königreich, wo die Medien seit Jahrzehnten das „Versagen" der Sozialdienste bei Fällen tödlicher Kindesmisshandlung anprangern, wächst das Bewusstsein, dass Familien nicht unbedingt ein schützender Hort sind, und intensiviert den Konflikt, der für die Sozialdienste entsteht, zwischen kontrollierender Früherkennung und Wahrung der Familienintegrität und der Privatsphäre. In diesem Bereich bekommen Sozialdienste die Widersprüche der Sozialpolitik besonders deutlich zu spüren. Demografische Veränderungen machen es erforderlich, dass die Soziale Arbeit sich auch stärker der *Gruppe der älteren Menschen* widmet als dies in den meisten europäischen Ländern bisher der Fall war. Allerdings kommt es in diesem Bereich nur zögernd zu einem höheren Grad der Professionalisierung aus Gründen einer Mischung von sozialpolitischer Rationalisierung, die hier meist billigere Pflegeberufe einsetzt, und methodologischem Desinteresse besonders von Seiten der Sozialarbeit. Nur vereinzelt wird ein methodischer Bezug zur Biografisierung der Lebensalter thematisiert (Böhnisch 1999), obwohl gerade in dieser Hinsicht die Individualisierung von Lebensbewältigungsaufgaben kritisch hinterfragt werden müsste (Hanses/Homfeldt 2009).

Ein weiteres Hauptthema betrifft die Beschäftigung mit *Fragen der Identität*, ursprünglich aufgrund der Forderungen nach Partizipation durch Nutzergruppen (Beresford 2001). Gestärkt durch Einflüsse postmoderner Denkmuster auf die Methodik ging der Anspruch auf universale Anwendbarkeit von Methodenansätzen stark zurück und die Beschäftigung mit Identitätsfragen wuchs entsprechend. Dies führte in allen Anwendungsbereichen der Sozialen Arbeit zu einer gewissen Zersplitterung des Normenkonsenses entsprechend der Identitätsmerkmale bestimmter KlientInnengruppen nach Kriterien von Gender, Ethnie, Grad der Behinderung, Religion, Sprache etc. und einer Relativierung der ethischen Orientierung. Wenn Dienstanbieter und Dienstbenutzer unterschiedliche Identitätsmerkmale aufweisen, wird dies zunehmend als Hindernis gewertet, sodass etwa bei Adoptionen und Pflegeaufnahmen mehr auf genaue Entsprechungen von Eltern und Kindern geachtet wird, und dass professionelle Qualifikationen gegenüber der den Klienten entsprechenden Lebenserfahrung weniger zu zählen beginnen. Diese Tendenz entspricht wohl dem Anspruch des Vorrangs der Selbsthilfe, der Sensibilität gegenüber kulturellen Besonderheiten, und korrigiert auch den Hang der Professionen, sich gegenüber Fragen der Identität, der Kultur und der gelebten Erfahrung arrogant-„neutral" zu verhalten. Dennoch fragmentiert sie Dienstanbieter auf unerwartete Weise, indem wieder häufiger spezialisierte Anlaufstellen bei den sozialen Diensten entstehen. Zudem stellt sie wieder den Anspruch der Sozialen Arbeit auf volle Professionalisierung in Frage und problematisiert deren Beitrag zur sozialen Integration.

Auf Europa insgesamt bezogen konnte somit auch kein einheitlicher Professionalisierungsgrad der Sozialen Arbeit erreicht werden und Studiengänge sind nur in wenigen Ländern ausschließlich auf der universitären Ebene angesiedelt, wenn man den ganzen Bereich der Sozialen Professionen in Betracht zieht. Was speziell Sozialarbeit/Sozialpädagogik betrifft, ist der Grad der „Akademisierung" insgesamt höher, aber auch der Bologna-Prozess konnte keine einheitliche Entscheidung darüber hervorbringen, ob der berufsqualifizierende Abschluss nach drei oder nach fünf Jahren erreicht würde. Doktoratsstudiengänge sind in den wenigsten europäischen Ländern in der jeweiligen unmittelbaren Kerndisziplin der Sozialen Arbeit

angesiedelt. Dennoch intensiviert sich die Forschungstätigkeit in diesen „eigenen" Bereichen, jedoch wiederum unter ambivalenten Vorzeichen.
Einerseits führt der sozialpolitische Druck, höhere
Effizienzgrade in den sozialen Diensten zu erreichen, zu einer gezielten Beschäftigung mit Forschungsthemen im Bereich der *Evidence Based
Practice*, die vor allem von positivistischen Methodendiskursen aus dem angelsächsischen Raum beeinflusst wird (Otto et al. 2009), andererseits bilden
sich in Europa Forschungsschwerpunkte der Sozialen Arbeit mit Hilfe von qualitativen Methodenansätzen, die vor allem die Selbstdarstellung von

Betroffenen auf narrative Weise betonen (Croft / Beresford 2002). Es steht zu hoffen, dass gerade hierdurch eine intensivere Konfrontation zwischen
Methodendiskursen und den sozialpolitischen
Rahmenbedingungen der sozialen Dienste in Europa eingeleitet wird, die die Vielfalt der Präsenta-
tionsformen der Sozialen Arbeit auf sachliche, substanzielle Argumente bezieht und die Profession
rezeptiv hält für die Belange der NutzerInnen ihrer
Dienstleistungen im Sinne einer kritischen Reflexivität und kulturellen Sensibilität als zentrales Me-
thodenmerkmal einer europäischen Sozialen Arbeit.

Literatur

Beresford, P. (2001): Social Work and Social Care. The Strug-
gle for Knowledge. Educational Action Research 3, 343–
354
Bode, I. (2006): Disorganized Welfare Mixes: Voluntary
Agencies and New Governance Regimes in Western Eu-
rope. Journal of European Social Policy 4, 346–359
Böhnisch, L. (1999): Sozialpädagogik der Lebensalter. Ju-
venta, Weinheim / München
Croft S., Beresford P. (2002): Service Users' Perspectives. In:
Davies M. (Hrsg.): Companion to Social Work. 2. Aufl.
Blackwell, Oxford
Elsen, S. (2007): Die Ökonomie des Gemeinwesens. Sozial-
politik und Soziale Arbeit im Kontext von gesellschaftli-
cher Wertschöpfung und -verteilung. Juventa, Wein-
heim / München
Esping-Andersen, G. (1990): Three Worlds of Welfare Capi-
talism. Cambridge University Press, Cambridge
Freire, P. (1971): Pädagogik der Unterdrückten. Kreuz Verlag,
Stuttgart
Freitas, M. J. (2007): Social Professional Education and Work
in the Netherlands. In: Hamburger, F., Hirschler, S., Sander, G., Wöbcke, M. (Hrsg.), 4–12
Hamburger, F., Hirschler, S., Sander, G., Wöbcke, M. (Hrsg.)
(2004–2007): Ausbildung für Soziale Berufe in Europa.
Band 1–4. ISS-Eigenverlag, Frankfurt
Hanses, A., Homfeldt, H. G. (2009): Biographisierung der
Lebensalter in Zeiten eines sich transformierenden Wohl-
fahrtsstaats. In: Kessl, F., Otto, H.-U. (Hrsg.): Soziale Ar-
beit ohne Wohlfahrtsstaat? Zeitdiagnosen, Problematisie-
rungen und Perspektiven. Juventa, Weinheim / München,
149–164
Hering, S., Münchmeier, R. (2005): Geschichte der Sozialen
Arbeit. 3. Aufl. Juventa, Weinheim / München
Hurst, R. (2005): Disabled People's International. Europe
and the Social Model of Disability. In: Barnes, C., Mercer,
G. (Hrsg.): The Social Model of Disability. Europe and the
Majority World. The Disability Press, Leeds
Kniephoff-Knebel, A. (2006): Internationalisierung in der

Sozialen Arbeit. Eine verlorene Dimension der weiblich
geprägten Berufs- und Ideengeschichte. Wochenschau,
Schwalbach
Kruse, E. (2003): The First International Comparison of So-
cial Work Training. In: Hering, S., Waaldijk, B. (Hrsg.):
History of Social Work in Europe (1900–1960). Leske +
Budrich, Opladen, 129–138
Larsen, A. K. (2004): Norway, In: Campanini, A., Frost, E.
(Hrsg.): European Social Work. Commonalities and Diffe-
rences. Carocci, Mailand, 162–170
Lavalette, M., Ferguson, I. (2007) (Hrsg.), International So-
cial Work and the Radical Tradition. Venture Press, Bir-
mingham
Leibfried, S. (1992): Towards a European Welfare State? On
Integrating Poverty Regimes into the European Commu-
nity. In: Ferge, Z., Kolberg, J. E. (Hrsg.): Social Policy in a
Changing Europe. Campus Verlag, Frankfurt / M.
Lorenz, W. (2008a): Paradigms and Politics. Understanding
Methods Paradigms in an Historical Context. The Case of
Social Pedagogy. British Journal of Social Work 4, 625–
644
– (2008b): Towards a European Model of Social Work. Aus-
tralian Social Work 1, 7–24
– (2006): Perspectives on European Social Work. From the
Birth of the Nation State to the Impact of Globalization.
B. Budrich, Opladen
Lyngstad, R., Reese, R., Shardlow, S. M. (2005), Norway. A
Welfare Regime in the Process of Change. In: Littlechild,
B., Erath, P., Keller, J. (Hrsg.): De- and Reconstruction in
European Social Work. BK Verlag, Staßfurt
Lyons, K., Lawrence, S. (Hrsg.) (2006): Social Work in Eu-
rope. Educating for Change. Venture Press, Birmingham
Otto, H.-U., Lorenz, W. (2002): Editorial. European Journal
of Social Work 1, 1–3
–, Abeling, M. (2007): First European Module for Structu-
red PhD-Studies in Social Work. Social Work and So-
ciety News Magazine. In: www.socmag.net/?p=24#,
07.03.2007

–, Polutta, A., Ziegler, H. (2009) (Hrsg.): What Works – Welches Wissen braucht die Soziale Arbeit? Zum Konzept evidenzbasierter Praxis. B. Budrich, Opladen

Pik, K. (1998): The profession as client. European Journal of Social Work 1/2, 221–225

Richardson, J., Lawrence, S. (2005): European Post-graduate Education and Research. Theorising from Course Development. In: Lyons, K. (Hrsg.): Internationalising Social Work Education. Considerations and Developments. BASW/Venture, Press Birmingham

Richter, M., Beckmann, Ch., Otto, H.-U., Schrödter, M. (2009): Neue Familialität als Herausforderung der Jugendhilfe. neue praxis Sonderheft 9, 1–14

Salomon, A. (1937): Education for Social Work. A Sociological Interpretation Based on an International Survey. Verlag für Recht und Gesellschaft, Zürich/Leipzig

Schröer, W. (2004): Soziale Arbeit im Übergang zum digitalen Kapitalismus. Ein Rückblick ins 20. Jahrhundert und eine Aufforderung für die Gegenwart. In: Bock, K., Thole, W. (Hrsg.): Soziale Arbeit und Sozialpolitik im neuen Jahrtausend. VS Verlag, Wiesbaden

Wendt, W. R. (2008): Geschichte der Sozialen Arbeit 1. Die Gesellschaft vor der sozialen Frage. 5. Aufl. Luccius & Lucius, Stuttgart

Soziale Arbeit in Mittel- und Osteuropa

Von Oldřich Chytil, Alice Gojová und Dana Nedělniková

Geschichte und Entwicklung der Sozialarbeit in Mittel- und Osteuropa

Die Wurzeln der Sozialarbeit in Mittel- und Osteuropa lassen sich im Zusammenhang mit den Anfängen der organisierten Karitas auffinden. Mitte des 19. Jahrhunderts traten erstmals karitative und philanthropische Organisationen in Erscheinung. Die karitative Tätigkeit war vor allem ein Bestandteil von kirchlichen Aktivitäten und konzentrierte sich auf die Armen-, Kranken- und Waisenhilfe. Um die Wende vom 19. zum 20. Jahrhundert wurden verschiedene karitative Verbände, vor allem Frauen-, Studenten- und Kirchengemeinschaften, gegründet (z. B. die jüdische Gemeinschaft in Litauen und in Bulgarien, die orthodoxe Kirche in Rumänien und Bulgarien, Moslems in Bulgarien usw.). Auf internationaler Ebene war das Rote Kreuz tätig (Zaviršek / Leskošek 2005; Final Report. History of Social Welfare in Latvia; Novotná et al. 1995; Juhász et al. 2005; Dümling 2004; Popova / Angelova). In Ungarn waren z. B. im Jahre 1914 im Bereich der Kinder- und Jugendhilfe 117 Vereine tätig (Juhász et al. 2005). Die Anfänge der Entwicklung und Professionalisierung der Sozialarbeit sind dem Zeitraum zwischen den zwei Weltkriegen zuzuschreiben. Zu den bedeutenden Impulsen in Rumänien gehörte das Entstehen des Ministeriums für Gesundheit, Arbeit und Sozialschutz im Jahre 1922 (Final report of the Romanian Research Team). Es kam zu den ersten Versuchen, eine die Sozialhilfe garantierende Legislative zu gestalten. In Bulgarien wurde das Gesetz über die Sozialhilfe angenommen (Popova / Angelova), in Litauen wurde gemäß eines Gesetzes eine derartige Hilfe, die aber nicht von professionellen Fachleuten geleistet wurde, von Gemeinden und vom Staat sichergestellt (Final Report. History of Social Welfare in Latvia). In mehreren Ländern fällt in diesen Zeitraum auch der Anfang der Entwicklung der Ausbildung in der Sozialarbeit, wie noch nachfolgend genauer ausgeführt wird.

In dieser Entwicklung war die Situation in Jugoslawien spezifisch. Der Begriff der Sozialarbeit wurde hier zum ersten Mal in den 1930er Jahren im Zusammenhang mit der Tätigkeit der Jugoslawischen Frauenunion eingeführt (Zaviršek / Leskošek 2005).

Nach dem Zweiten Weltkrieg und im Kontext der kommunistischen Wende am Ende der 1940er Jahre hat sich die Situation in den einzelnen Ländern verschiedenartig entwickelt. Vor allem in Rumänien, in der Tschechoslowakei, in Ungarn und in der UdSSR kam es zur Unterbrechung der Entwicklung der Sozialarbeit oder sogar zu ihrer Eindämmung. In den 1950er Jahren war das Studium der Sozialarbeit an Universitäten in Rumänien, Bulgarien und in der Tschechoslowakei nicht möglich (Ciot 2004; Chytil / Popelková 2002; Popova / Angelova). Mit der Wende zum Kommunismus ging aber nicht in allen Ländern die Beendigung der Hochschulausbildung in der Sozialarbeit einher. Als Beispiele für Ausnahmen sind Polen (Wódz 1998) oder Jugoslawien (Zaviršek / Leskošek 2005) zu nennen.

Die vielversprechende Entwicklung in der Zeit zwischen den zwei Weltkriegen wurde mit dem Antritt von kommunistischen Regierungen und deren Doktrinen, in denen die Sozialpolitik und Sozialarbeit keinen Platz hatten, behindert, da in der sozialistischen Gesellschaft soziale Probleme bestritten wurden. Es wurden alle nichtstaatlichen Organisationen verboten und die Sozialarbeit wurde vor allem auf die Auszahlung von sozialen Leistungen, Aktivitäten der Gewerkschaften und der Partei selbst sowie auf die Anstalts- und

Otto/Thiersch (Hg.), Handbuch Soziale Arbeit, 4. A., DOI 10.2378/ot4a.art135,

Gesundheitspflege reduziert (Ciot 2004; Lazutka et al. 2004; Novotná/Schimmerlingová 1992; Juhász et al. 2005).

In Ungarn bildete die Zielgruppe von Kindern in Vorschuleinrichtungen und an Grundschulen, die der Aufmerksamkeit entgangen war und den Methoden der Sozialarbeit offen stand, eine Ausnahme. Im Jahre 1980 veranlassten diese Aktivitäten sogar das Entstehen der ersten (illegalen) nichtstaatlichen Organisation SZETA, die zu einer demokratischen Dissidentenbewegung wurde (Juhász et al. 2005).

Auf Grund der Lockerung der politischen Verhältnisse in den 1960er Jahren kam es zu einer Verbesserung der Situation. In der Tschechoslowakei entstand infolge der Ereignisse des Prager Frühlings 1968 das Ministerium für Sozialwesen und es wurden mehrere Programme der Sozialarbeit ausgearbeitet. In der Zeit der politischen Repressionen in den 1970er Jahren mussten viele ausgebildete Fachleute (Psychologen, Soziologen usw.) ihre Arbeitsplätze verlassen und sie begannen im Bereich der Sozialarbeit zu arbeiten. Diese Situation trug zur Entwicklung der praktischen Sozialarbeit bei und initiierte Aktivitäten im Bereich der Theorie und Forschung (Chytil 1996). In Polen kam es in der erwähnten Zeit zu einer Entwicklung der sozialen Dienstleistungen auf der Ebene der staatlichen Verwaltung und der Selbstverwaltung und es wurde die Funktion der Sozialarbeiter eingerichtet, deren Aufgabe es war, Kinder und Jugendliche, Familien und alte Menschen zu unterstützen (Wódz 1998).

Zu ganz spezifischen Entwicklungen kam es nach dem Zweiten Weltkrieg in Jugoslawien. Im Unterschied zu den meisten Ländern Mittel- und Osteuropas bezog die kommunistische Partei zur Sozialarbeit eine aktive Position – ausgewählte Parteimitglieder wurden in die USA delegiert, mit dem Ziel, Kenntnisse über mögliche Lösungen von sozialen Problemen auf die örtlichen Bedingungen zu übertragen. Die ersten Konzepte der Sozialarbeit in Jugoslawien waren aus diesem Grunde amerikanischer Herkunft. Die Sozialarbeit wurde auch bei Parteitagen als ein Instrument der Erhöhung des Lebensniveaus der Bevölkerung thematisiert. Der Zeitraum 1945 bis 1960 gilt deswegen als eine Periode, in der die Sozialarbeit zum Instrument der Kontrolle und Sanktionen der kommunistischen Partei wurde. Das kommunistische Regime in Jugoslawien führte als eines der wenigen weder eine

Strategie der Verleugnung noch eine der Unterbindung der Sozialarbeit durch und begann im Gegensatz dazu Sozialarbeit aktiv zu betreiben (Zaviršek/Leskošek 2005).

Erst der Zusammenbruch der totalitären Regime führte zu einer Entwicklung der Sozialarbeit. Soziale Probleme sowie die Notwendigkeit, solche Situationen mit Hilfe von qualifizierten, zu dieser Zeit jedoch nicht ausreichend zur Verfügung stehenden Fachleuten zu lösen, wurden thematisiert. In der postkommunistischen Gesellschaft traten vollkommen neue Probleme auf wie Arbeitslosigkeit, Obdachlosigkeit, Prostitution und Armut (Šiklová 2001; Kozma 2007; Mavrina 2005; Ciot 2004; Béla 2004; Lazutka et al. 2004).

In Russland und Litauen ergab sich eine spezifische Situation, da die Sozialarbeit an keine historischen Traditionen anknüpfen konnte. Russland musste sich darüber hinaus mit den negativen Folgen des Zerfalls des sowjetischen Systems befassen (Mavrina 2005). In Litauen gingen die Sozialarbeit sowie die Profession des Sozialarbeiters stark mit der Unabhängigkeit Litauens einher (Lazutka et al. 2004).

Die Kriegskonflikte in Jugoslawien in den 1990er Jahren mündeten in dessen Zerfall und die Gründung der heute unabhängigen Staaten. Durch solche dramatischen Umstände wurden die sozialen Bedingungen in den Nachfolgeländern beeinflusst. Sie haben die Aufgabe übernommen, eigene Wege der Stabilisierung der Gesellschaft zu suchen. Kroatien und Slowenien haben ihre Unabhängigkeit im Jahre 1991 erklärt. In Kroatien pflegt man die Folgen des Krieges mit Begriffen wie „zerstörte Kommunität" oder „Trauma der Kommunität" zu bezeichnen. Probleme mit der Reintegration nach dem Krieg, der Verletzung der Menschenrechte, der Armut, der Arbeitslosigkeit, dem Flüchtlingswesen und der benachteiligten Situation von nationalen Minoritäten gibt es auch noch am Anfang des 21. Jahrhunderts (Report on Community Trauma 2002). Dies wird zu einem Thema für die Sozialarbeiter (Blitz 2005; Medica 2007 usw.).

Die 1990er Jahre eröffneten eine neue Etappe der Sozialarbeit mit einer Orientierung auf die Vollendung des Prozesses ihrer Legitimierung und allmählichen Professionalisierung.

Die Professionalisierung geht einher mit dem Aufbau einer eigenständigen Wissensbasis, mit der Ausbildung, Formalisierung und Standardisierung

von Arbeitsverfahren und mit der Assoziation derjenigen, die diesen Beruf ausüben. Zur Professionalisierung der Sozialarbeit kam es in den meisten
Ländern Mittel- und Osteuropas in der Zeit zwischen dem Ersten und dem Zweiten Weltkrieg,
wobei aber die ersten Versuche einer systematischen
Ausbildung schon früher stattgefunden haben.
Zum Beispiel wurde in Polen schon seit dem Jahre
1925 das Studium der sozialen Aufklärungsarbeit
organisiert und in demselben Jahr wurde auch die
Schule für Sozialarbeit in Krakau und Posen gegründet. Nach dem Zweiten Weltkrieg wurde an
der Universität in Lodz das Studium der sozialen
Aufklärungsarbeit fortgesetzt (Wódz 1998). Auf
Veranlassung der totalitären Regime hin mussten
Schulen dieser Art in den mittel- und osteuropäischen Ländern zum Teil schließen. In der Tschechoslowakei wurden im Jahre 1953 zwei Soziale
Hochschulen geschlossen und bis zum Jahre 1989
konnten Sozialarbeiter ihre Ausbildung nur in einem 2-jährigen, auf das Abitur aufbauenden, sozial-rechtlichen Studium erreichen (Chytil / Popelková 2002). In Rumänien wurde das Studium der
Sozialarbeit an den Universitäten im Jahre 1952
gestrichen, an Mittelschulen geschah dies im Jahre
1969 (Ciot 2004). Im Unterschied dazu etablierte
sich in den Ländern des damaligen Jugoslawiens in
den 1950er Jahren die Ausbildung der Sozialarbeiter, und zwar gerade auf interne Anstöße innerhalb
der kommunistischen Partei hin. Verdienste darum
erwarb sich eine Gruppe von aufgeklärten sozialen
Aktivistinnen, die an der nationalen Befreiung teil-
nahmen und in der Partei Autorität genossen.
Diese Partisaninnen bearbeiteten Themen der Sozialpolitik und waren auch in der Lage, die Notwendigkeit der Ausbildung der Sozialarbeiter zu
verteidigen. Kroatien führte also als eines der ersten
Länder des damaligen Jugoslawiens eine ursprünglich 2-jährige Ausbildung in der Sozialarbeit ein,
und zwar im Jahre 1952 in Zagreb (Zaviršek 2008).
Drei Jahre später wurde eine Schule für Sozialarbeit
in Slowenien gegründet. In den 1950er Jahren
hatten etwa 7 % der hiesigen Sozialarbeiter eine
höhere Ausbildung oder eine Hochschulausbildung
(Zaviršek / Leskošek 2005) erreicht.
Die Entwicklung der Sozialarbeit als einer modernen Profession mit ausgebildeten Mitarbeitern erfolgte aber erst nach den demokratischen Änderungen, die in den kommunistischen Ländern
insbesondere in den 1990er Jahren stattfanden.

Meistens knüpfte man dabei an die Vorkriegstradi-
tionen an, mit Ausnahme von Litauen (Žalimiene
2003) oder auch Russland (Iarskaia-Smirnova / Romanov 2004), wo die Sozialarbeit im Jahre 1991
erstmals in Erscheinung trat. In demselben Jahr
zerfiel Jugoslawien in einem dramatischen Kriegs-
konflikt und dessen Nachfolgeländer (Bosnien und
Herzegowina, Montenegro, Kroatien, Makedo-
nien, Slowenien, Serbien) machten sich auf und
schlugen ihre eigenen Wege ein. In Ungarn wurde
zwar die erste Ausbildungsmöglichkeit bereits im
Jahre 1985 (Fruttus 2004) eingeführt, die Entwicklung der Sozialarbeit als einer modernen Profession fand aber erst im Zusammenhang mit den
politischen und gesellschaftlichen Veränderungen
nach dem Jahre 1989 (Kozma 2007) statt. In mehreren Ländern organisierten sich die Ausbildenden
in der Sozialarbeit und formulierten einen gewissen
Standard für die Ausbildung in der Sozialarbeit – also eine Grundausstattung, die für die
Ausübung der Profession notwendig ist. In der
Tschechischen Republik kam es im Jahre 1993
dazu, in Polen drei Jahre später.
In Rumänien ist die Sozialarbeit eng mit der Kirche
verbunden, in der die Menschen öfter nach Lösungen ihrer Probleme suchen als bei den Sozialarbeitern. Aus diesem Grund entwickelten sich die
Möglichkeiten eines Zweifach-Studiums der Sozialarbeit und Theologie (Ciot 2004; Béla 2004).
Mehrere Länder suchten nach ihren Vorbildern im
Westen – zur Entwicklung der Sozialarbeit in Litauen nach dem Jahre 1990 trugen vor allem Einflüsse aus Schweden und Finnland bei (Lazutka et
al. 2004), Kroatien bezog sich vor allem auf amerikanische Konzepte (Zaviršek / Leskošek 2005).
Unterschiede in der theoretischen Auffassung, in
den Ausgangspunkten und in den vorherrschenden Konzepten gibt es nicht nur zwischen den
einzelnen Ländern, sondern auch innerhalb der
Länder. Zum Beispiel gibt es in der theoretischen
Verankerung der Sozialarbeit in der Slowakei
deutliche Unterschiede zwischen den einzelnen
Universitäten. An der Universität in Trnava werden theoretische Konzepte, die auf der deutschen
Sozialpädagogik basieren, favorisiert (Levická
2005, 2006), die Universität in Prešov bevorzugt
die theoretische Verankerung der Sozialarbeit in
der Pädagogik (Tokárová 2003). Die Komenský-
Universität in Bratislava orientiert sich theoretisch
eher an psychologischen Konzepten der Sozialarbeit

(Gabura / Pružinská 1995), während an der Universität in Nitra die Sozialarbeit als eine Funktion der Sozialpolitik betrachtet wird (Tokárová 2003). Das Fach Sozialarbeit kann man in vielen Ländern an Hochschulen bis zur Stufe des Doktorandenstudiums studieren.

Nach dem Sturz der kommunistischen Regime war es ziemlich einfach, diejenigen Bestandteile der Bürgergesellschaft wieder zu beleben, die von ihrem Charakter her eher unpolitisch waren. Die ersten Sprösslinge der neuen Bürgergesellschaft traten in Form von Karitas-Vereinen in Erscheinung. Die Wiederbelebung oder Gründung tatsächlicher Berufsverbände war komplizierter. Der Grund lag nicht nur darin, dass diese in dem kommunistischen Regime oft gar nicht existieren durften, sondern auch in der Tatsache, dass solche Institutionen von ihrem Charakter her oft von übergreifender Bedeutung sind, und zwar in der Richtung der Beeinflussung der politischen Macht, die, wie sich in den postkommunistischen Ländern zeigt, bei der mangelnden Erfahrungen mit dem Funktionieren der Demokratie, gegenüber allen Formen der Einflussnahme sehr empfindlich ist und oft solche Gruppierungen nicht als Quelle einer Inspiration, sondern als mögliche Konkurrenten ansieht (Pehe 2000). Trotzdem entstanden in diesen Ländern Berufsorganisationen, in Russland zum Beispiel waren es am Anfang der 1990er Jahre die Assoziation der Sozialpädagogen und Sozialarbeiter, die Assoziation der Sozialarbeiter, die Assoziation der Mitarbeiter in sozialen Dienstleistungen und die Assoziation der Schulen für Sozialarbeit (Iarskaia-Smirnova / Romanov 2004), in Slowenien waren es in der Mitte der 1990er Jahre die Assoziation der Organisationen für Sozialarbeit Sloweniens und in Ungarn die Allianz der Professionellen im Bereich Sozialwesen (Darvas / Kozma 2007). Im Jahre 2000 wurde nach vielen Transformationen die Kroatische Assoziation der Sozialarbeiter gegründet. Das Maß deren Partizipation an der Gestaltung der Sozialarbeit ist verschiedenartig, zu ihren Tätigkeiten gehören die Herausgabe von Fachzeitschriften (z. B. Socijalni Rad in Kroatien) oder auch die Formulierung ethischer Kodexe (z. B. in Ungarn (Darvas / Kozma 2007), in der Tschechischen Republik). An dem Aufbau einer Berufskultur beteiligen sie sich aber oft nur eingeschränkt und ihre Wirkung ist zersplittert. In diesem Zusammenhang ist zu erwäh-

nen, dass es in der Tschechischen Republik keine einheitliche Dach-Organisation gibt, mit der sich alle Sozialarbeiter identifizieren könnten (Janebová 2005).

Die legislative Verankerung der Profession / des Berufs des Sozialarbeiters und der Sozialarbeit weist ziemlich umfangreiche nationalbezogene Verschiedenheiten auf. In Polen können auf Grund eines Gesetzes über die Sozialhilfe aus dem Jahre 2004 als Sozialarbeiter sowohl Absolventen der Schule für Mitarbeiter in sozialen Dienstleistungen (zweieinhalb Jahre dauernde Ausbildung, bis 2005) als auch Absolventen der Hochschulausbildung in der Sozialarbeit, wie auch Absolventen der Hochschulausbildung in den Bereichen Pädagogik, Spezialpädagogik, Politologie, Sozialpolitik, Psychologie, Soziologie und Familienwissenschaft mit der Spezialisierung Sozialarbeit arbeiten. Auf Grund einer Vorschrift des Ministeriums für Arbeit und Sozialpolitik aus dem Jahre 2008 wurden der Inhalt und der Umfang der Ausbildung für Sozialarbeiter, bestehend aus einer theoretischen und einer praktischen Vorbereitung, festgelegt (Ustawa o pomocy spolecznej 2007). Die eigentliche Ausübung der Sozialarbeit regelt dann der Inhalt eines Gesetzes über die Sozialhilfe aus dem Jahre 2004. In diesem Gesetz ist die Sozialarbeit als eine professionelle Tätigkeit definiert, deren Ziel darin besteht, Einzelpersonen und Familien zu helfen sowie soziale Funktionen mittels der Erfüllung der sozialen Rollen und der Herstellung von Bedingungen zur Erreichung dieses Zieles zu bewältigen (Ustawa o pomocy spolecznej 2007). In Litauen werden der Charakter der Positionen und die Tätigkeiten der Sozialarbeiter sowie der Assistenten der Sozialarbeiter durch Richtlinien aus dem Jahre 2000 geregelt. Die Tätigkeiten sind von der Ausbildung, den praktischen Erfahrungen, der Teilnahme an der Weiterbildung und der Qualität ihrer Arbeit abhängig (Lazutka et al. 2004; Žalimiene 2003). In der Slowakei sind die Qualifizierungsanforderungen in Bezug auf die Ausübung der Sozialarbeit ein Bestandteil des Gesetzes über den sozial-rechtlichen Schutz von Kindern (Zákon 2005) und über die soziale Vormundschaft im Bereich der Sozialarbeit. Gemäß dieser Vorschrift dürfen einige Tätigkeiten nur von solchen Personen ausgeübt werden, die eine Hochschulausbildung im Bereich der Sozialarbeit absolviert haben. Laut einer Verordnung der Regierung der Slowakischen Republik

aus dem Jahre 2007 für die Ausübung der Sozialarbeit gemäß eines Gesetzes über die Sozialhilfe
(Zákon 1998) sowie eines Gesetzes über den sozialrechtlichen Schutz von Kindern und der sozialen
Vormundschaft wird als Qualifikation eine Hochschulausbildung im Bereich der Sozialarbeit gefordert. In Rumänien betrifft eine entsprechende Regelung solche Sozialdienstleistungen, die von
Fachkräften im Bereich der Sozialarbeit angeboten
werden sollen. Solche Arbeitskräfte sollten entweder eine Hochschulausbildung im Bereich der Sozialarbeit abgeschlossen haben oder Absolventen
von Kursen für die Erwachsenenbildung sein (Ciot
2004). Auf eine ähnliche Art und Weise ist in der
Tschechischen Republik insbesondere der Bereich
der sozialen Dienstleistungen rechtlich geregelt. Im
Jahre 2007 trat in diesem Land ein Gesetz über
soziale Dienstleistungen (Zákon 2006) in Kraft, in
dem der Inhalt der Tätigkeit eines Sozialarbeiters
in sozialen Dienstleistungen und seine Qualifizierung zur Ausübung dieser Tätigkeiten festgelegt
sind. Als fachliche Qualifizierung wird eine höhere
Fachausbildung oder eine fachbezogene Hochschulausbildung anerkannt. In Übereinstimmung
mit der tschechischen Legislative brauchen die
Anbieter eine Berechtigung zur Ausübung von sozialen Dienstleistungen. Als Kontrollmechanismen
dienen sog. Qualitätsinspektionen, die auf Qualitätsstandards für soziale Dienstleistungen, festgelegt vom Ministerium für Arbeit und Sozialwesen, basieren. Im Falle der Nichteinhaltung dieser
Standards kommt es zu einem Entzug der Berechtigung für die Ausübung von sozialen Dienstleistungen. Das Gesetz regelt aber nur die Tätigkeiten
und die Qualifizierung für den Bereich der sozialen
Dienstleistungen. Neben den sozialen Dienstleistungen sind Sozialarbeiter im Bereich des sozialrechtlichen Kinderschutzes, im Gesundheitswesen
(z. B. in Krankenhäusern), in den Ressorts des
Schulministeriums (z. B. in Kinderheimen), des
Innenministerium (z. B. Arbeit mit Flüchtlingen),
und des Justizministeriums (Bewährungs- und Me-
diationshilfe) tätig. Die Qualifizierung von Sozialarbeitern im Ressort Gesundheitswesen und für
den sozial-rechtlichen Schutz von Kindern ist zwar
formal geregelt, aber diese Regelung unterscheidet
sich von der Befähigung für die sozialen Dienstleistungen. In vielen weiteren Bereichen sind die Qua-
lifizierungsbedingungen gar nicht festgelegt, die
Regeln für die Qualifizierung und für die Leis-

tungsstandards sind deswegen nicht allgemein verbindlich; eine ressortübergreifende Kommunikation funktioniert also nur mit Schwierigkeiten. In
Ungarn gibt es in diesem Zusammenhang seit dem
Jahre 2000 eine rechtliche Regelung für die Basis-
ausbildung von Professionellen in den sozialen
Dienstleistungen, der Begriff Sozialarbeiter ist aber
immer noch nicht genügend verankert, die Profession ist mit einem niedrigen Prestige und einer
schlechten finanziellen Honorierung verbunden
(Darvas / Kozma 2007).

Heutige Probleme der Sozialarbeit in Mittel- und Osteuropa

Die Sozialarbeit in Mittel- und Osteuropa muss
sich mit vielen ähnlichen Problemen, die sich aus
den sozialökonomischen Problemen der einzelnen
Länder ergeben, auseinandersetzen. Die mit der
sozialen Exklusion, Armut und Arbeitslosigkeit
verbundenen Probleme nehmen zu (Lazutka et al.
2004; Béla 2004; Rybka 2006; Komáromi / Lendvai 2003; Iarskaia-Smirnova / Romanov 2004).
Die verfügbaren Reserven sind für die Befriedigung
der Bedürfnisse der Klienten, die darüber hinaus
oft vor allem materielle Hilfe beantragen, nicht
ausreichend. Eine Beschreibung der erwähnten Situation ist beispielsweise bei litauischen oder polnischen Autoren zu finden (Lazutka et al. 2004;
Rybka 2006).
Die eingeschränkte Finanzierung kann aber auch
als ein Impuls für die Entwicklung neuer Methoden der Sozialarbeit verstanden werden. Die Einführung des Ansatzes einer Partnerschaft zwischen
dem Nehmer und Anbieter der Hilfe wird betont.
Das Interesse an anti-oppressiven und anti-diskriminierenden Ansätzen nimmt zu, es werden
Methoden entwickelt, die über die Einzelfallhilfe
hinausgehen. Die Möglichkeiten der Gemeinwesenarbeit werden zum Beispiel von ungarischen
(Kozma 2007) und polnischen (Rybka 2006) Autoren hervorgehoben, während Streetwork von
russischen (Iarskaia-Smirnova / Romanov 2004)
oder tschechischen Autoren betont wird (Gojova
et al. 2008).
Die Sozialarbeit in Mittel- und Osteuropa musste
sich ständig mit den Einflüssen der westlichen Sozialarbeit, die seit dem Anfang der 1990er Jahre zu
deren Entwicklung beigetragen hat, auseinander-

setzen. In Russland wurde die Entwicklung der Sozialarbeit von der Diskrepanz zwischen der westlichen theoretischen Verankerung der Sozialarbeit und der russischen theoretischen Auffassung der Sozialarbeit beeinflusst (Iarskaia-Smirnova / Romanov 2004). In Rumänien wurde der nichtstaatliche gemeinnützige Sektor vor allem durch die Unterstützung von Fonds und Mitarbeitern von Westeuropa entwickelt. Solche Projekte werden aber nur in bestimmten Bereichen und in einem eingeschränkten Zeitraum realisiert und es ist sehr schwierig, sie dauerhaft aufrecht zu erhalten. Neben den positiven Beiträgen können bei diesen Projekten auch Belastungen in Form von Risiken des Entstehens einer Abhängigkeit von externen (finanziellen sowie menschlichen) Ressourcen aufkommen. Die Beteiligten an derartigen Aktivitäten sind nicht immer in der Lage, kulturspezifische Aspekte der Rumänen zu respektieren und auf deren Bedürfnisse adäquat zu reagieren (Dümling 2004).

Die ungenügenden finanziellen Ressourcen erschweren die Erhöhung der Qualität der Sozialarbeit. Im Bereich der Sozialarbeit herrscht immer ein Mangel an qualifizierten Sozialarbeitern. Sozialarbeiter mit einer neu erworbenen Qualifizierung finden dabei aber nur mit Schwierigkeiten eine entsprechende Anstellung in ihrem Bereich. Die Profession ist mit einem niedrigen Prestige und einer unterdurchschnittlichen finanziellen Honorierung verbunden. Aus diesem Grund kommt es zu einem hohen Maß an Fluktuation der Sozialarbeiter sowie zu einer Feminisierung der Sozialarbeit (Iarskaia-Smirnova / Romanov 2004; Béla 2004, Darvas / Kozma 2007; Żalimiene 2003).

Das System der Finanzierung, das oft eine Kontinuität der Dienstleistungen und eine Entwicklung ihrer Qualität unmöglich macht, übt einen Druck in Richtung Kostensenkung und Beweisführung für die Effektivität aus. Auch unter dem Einfluss der Art und Weise der Finanzierung entsteht zwischen den einzelnen Subjekten der Sozialarbeit eine Konkurrenzsituation, die nicht immer zur Verbesserung der Qualität der Arbeit beiträgt. Die Tätigkeit der Sozialarbeiter in vielen Bereichen und Ressorts macht eine Kommunikation und eine Kontinuität der Dienstleistungen schwierig, es kommt zu deren Fragmentierung.

Die Sozialarbeiter in vielen Ländern organisierten sich bis jetzt noch in keiner ausreichend starken Berufsvereinigung, die in der Lage wäre, unter diesem Druck zu bestehen, auf die Ziele der Sozialarbeit hinzuweisen und die Kontrolle der Berufsausübung nicht in erster Linie den Staatsbeamten zu überlassen.

Nach der Meinung des ungarischen Autors Kozma ändern sich die Rechtsformen schnell und demzufolge ist das Umfeld, in dem die Sozialarbeit stattfindet, sehr instabil (Kozma 2007). Darüber hinaus wurde z. B. in der Tschechischen Republik der Bereich der Sozialarbeit, der den Wirkungsbereich des Gesetzes über die sozialen Dienstleistungen überschreitet, ungenügend behandelt.

In mehreren Ländern (z. B. in der Tschechischen Republik, in Rumänien, in Litauen, in der Slowakei usw.) wurde der Prozess der Deinstitutionalisierung immer noch nicht zufrieden stellend beendet (Béla 2004; Żalimiene 2003).

Zielgruppen der Sozialarbeit in Mittel- und Osteuropa

Die meisten Länder definieren die Zielgruppen der Sozialarbeit nach der zuständigen, die Ausübung der sozialen Dienstleistungen oder der Sozialhilfe regelnden, Legislative.

In Litauen werden soziale Dienstleistungen gemäß Gesetz Kindern und Waisen, armutsgefährdeten Einzelpersonen und Familien, Obdachlosen, Arbeitslosen, gesundheitlich Behinderten, Familien mit alleinerziehenden Elternteilen oder Familien mit mehreren Kindern, die Probleme mit der Erziehung ihrer Kinder haben, Alkohol- und Drogenabhängigen, solchen Menschen, die aus einem Gefängnis, einer Haftanstalt oder einer Institution für soziale und psychologische Rehabilitation entlassen wurden, sowie Katastrophenopfern angeboten (Republic of Lithuania Law on Social services 1996). In Polen gelten laut Legislative als Zielgruppen der Sozialarbeit von Armut betroffene Einzelpersonen und Familien, Waisen, Obdachlose, Arbeitslose, körperlich und geistig behinderte Personen, langfristig Kranke, Familien, die Hilfe bei der Erziehung brauchen, insbesondere dann Familien mit minderjährigen Kindern, Alkoholiker und Drogenabhängige, Personen, die aus dem Vollzug einer Freiheitsstrafe entlassen wurden und Opfer von Naturkatastrophen (Ustawa o pomoci spolecznej 2004).

Die Zielgruppen in den einzelnen Ländern sind sehr ähnlich, ohne deutliche nationalbedingte spezifische Züge. Deren Beschreibung basiert auf zwei Kriterien. Entweder wird ein gewisser Teil der Bevölkerung genannt, wie es in dem russischen Beispiel der Fall ist, das eine Fokussierung der Sozialarbeit auf die Familie, Kinder, Jugendliche, Senioren und gesundheitlich Behinderte aufweist (Grigorev / Guslakova 2001), oder man orientiert sich mehr auf die Beschreibung von schwierigen Situationen, die die Menschen erleben. Als Beispiel kann die slowenische Beschreibung dienen, nach der sich die Sozialarbeiter auf betroffene Gruppen wie Arbeitslose, Obdachlose oder Menschen mit Wohnproblemen, ethnische Minderheiten, Abhängige, Senioren, Opfer von Gewalttaten und Familien mit Kindern (Šugman Bohinc 2005) konzentrieren. Meistens arbeitet man mit einer Kombination der beiden Kriterien, wovon auch das slowenische Beispiel zeugt. Auf Definitionen der Lebenssituationen fußt die russische Legislative. Das Föderalgesetz über soziale Dienstleistungen aus dem Jahre 1995 präzisiert diese Situationen als Vereinsamung, Krankheit, Arbeitslosigkeit, niedriges Einkommen usw. (Iarskaia-Smirnova / Romanov 2004).

Die Beschreibung der Zielgruppe als eines Teiles der Bevölkerung kann stigmatisierend sein. In diesem Zusammenhang ist ein Beispiel von slowakischen Autorinnen zu erwähnen, die als Zielgruppen der Sozialarbeit Familie, Kinder, Jugendliche, gesundheitlich Behinderte, Arbeitslose, Roma, Gefangene, aus dem Vollzug einer Freiheitsstrafe entlassene Personen, Alkoholabhängige und von anderen Suchtmittel abhängige Personen (Levická / Mrázová 2004; Šramatá 2001) nennen. Die Zugehörigkeit zu einer Altersgruppe (Kinder, Jugendliche) oder zu einer ethnischen Gruppe (Roma) kann so als Potenzial einer gewissen Problematisierung aufgefasst werden. Eine ähnliche Anmerkung lässt sich zu der slowenischen Beschreibung machen, die neben den Problemsituationen auch Senioren und ethnische Minderheiten nennt (Šugman Bohinc 2005).

Eine sensiblere und klarere Arbeit mit dem Definieren und mit der Benennung der Zielgruppen verstehen wir als eine Aufforderung für eine weitere Entwicklung der Sozialarbeit in Mittel- und Osteuropa. Die Frage ist, ob man mit dem Definieren der erwähnten Zielgruppen mittels einer Rechtsnorm das Stigma nicht gerade in die Legislative einführt. Die Akzeptanz einer solchen Stigmatisierung würde dann zu einer der Bedingungen für die Gewährung der Hilfe werden. In diesem Sinne ist zu überlegen, ob es nicht besser wäre, wenn sich die Gesetzgeber eher auf die Bestimmung eines Kreises von berechtigten Personen (im Sinne der Staatsbürgerschaft, des Aufenthaltes auf dem Gebiet einer Gemeinde usw.) beschränken würden.

Literatur

Béla, S. (2004): An Insight into the Actual Socio-Economic Situation of Romania. Social Work & Society 2, 250–255

Blitz, B. K. (2005): Refugee Returns, Civic Differentiation, and Minority Rights in Croatia 1991–2004. Journal of Refugee Studies 3, 362–386

Chytil, O. (1996): Social Work Education: A View from the Czech Republic. Alumni Journal, Boston University, School of Social Work 2, 1–4

–, Popelková, R. (2002): Sociální politika a sociální práce v České republice. In Súčasný stav sociálnej práce na Slovensku a perspektívy jej rozvoja. Pedagogická fakulta Univerzity Komenského, Bratislava, 46–76

Ciot, G. (2004): Romania. In: Campanini, A., Frost, E. (Hrsg.): European Social Work. Carocci editore, Roma, 189–192

Darvas, A., Kozma, J. (2007): Hungary. In: Weiss, I., Welbourne, P. (Hrsg.): Social Work as a Profession – A Comparative Cross-National Perspective. IASSW / Venture Press, Birmingham

Dümling, B. (2004): Country Notes: The Impact of Western Social Workers in Romania – A Fine Line between Empowerment and Disempowerment. Social Work & Society 2, 270–278

Final Report of the Romanian Research Team for the „History of Social Work in Eastern Europe. 1900–1960" Project. In: http://www.sweep.uni-siegen.de/content/Results/Final_reports.html, 30.06.2008

Final Report. History of Social Welfare in Latvia. In: http://www.sweep.uni-siegen.de/content/Results/Final_reports.html, 4.3.2010

Fruttus, L. I. (2004): Hungary. In: Campanini, A., Frost, E. (Hrsg.): European Social Work. Carocci editore, Roma, 103–111

Gabura, J., Pružinská, J. (1995): Poradenský proces. Slon, Praha

Gojová, A., Sobková, H., Nedělníková, D., Mastná, L., Zajdáková, S., Hradecký, I., Malinová, H., Zimmermannová, M., Černá, D. (2008): Terénní sociální práce s vybranými cílovými skupinami z hlediska vybraných metod a přístupů sociální práce. In: Janoušková, K., Nedělníková, D. (Hrsg.): Profesní dovednosti terénních sociálních pracovníků. Ostravská univerzita v Ostravě, Ostrava, 191–303

Grigorev, S. I., Guslakova, L. G. (Hrsg.) (2001): Socialnaja rabota v sovremenom obstschevstve: realii i perspektivi. Altajskij gosudarstvenyj universitet, Barnaul, 379

Iarskaia-Smirnova, E., Romanov, P. (2004) : Profesionální rozvoj sociální práce v Rusku. Sociální práce / Sociálna práca 3, 67–75

Janebová, R. (2005): Otázky k profesionalizaci sociální práce. Práce a sociální politika, 13.04.2005

Juhász, B., Szikra, D., Varsa, E. (2005): The History of Social Work and Gender in Hungary, 1900–1960. Sweep Project, History of Social Work and Gender. Final report.

Komáromi, R., Lendvai, N. (2003): Hungary. In: Anheier, H. K., Sarabajaya, K. (Hrsg.): Social Services in Europe. An Annotated Bibliography. ISS, Frankfurt / M., 166–182

Kozma, J. (2007): Social Work in Hungary – A Changing Profession. Leonardo da Vinci, reference material

Lazutka, R., Pivoriene, J., Eidukeviciute, J. (2004): Lithuania. In: Campanini, A., Frost, E. (Hrsg.): European Social Work. Carocci editore, Roma, 138–146

Levická, J. (2006): Na ceste za klientom. ProSocio, Trnava
– (2005): Od konceptu k technike. FZaSP TU, Trnava
–, Mrázová, A. (2004): Úvod do sociálnej práce. Fakulta zdravotníctva a sociálnej práce TU v Trnave, Trnava

Mavrina, I. (2005): Ausbildung von Sozialpädagogen und Sozialarbeitern in der Russichen Föderation. In: Hamburger, F., Hirschler, S., Sander, G., Wöbcke, M. (Hrsg.): Ausbildung für Soziale Berufe in Europa. Band 3. ISS-Eigenverlag, Frankfurt / M., 40–50

Medica, K. (2007): Contemporary migrations and dilemmas of security. Socialno delo 46

Novotná, V., Schimmerlingová, V. (1992): Sociální práce, její vývoj a metodické postupy. Praha, Univerzita Karlova
–, –, Šálková, H. (1995): Vývoj profese sociálního pracovníka, forem, sdružování a vzdělávání. Informace Společnosti sociálních pracovníků ČR 17, 3–6

Pehe, J. (2000): Participace občanů na věcech veřejných. Filantropie v České republice a účast občanů na věcech veřejných – Community Partnership Support Initiative, Jihlava

Popova, K., Angelova, M. (o. J.): The History of Social Work in Eastern Europe 1900–1960. Research Report – Bulgaria – Final Report. In: http://www.sweep.uni-siegen.de/content/Results/Final_reports.html, 4.3.2010

Report on Community Trauma in Eastern Croatia. COALITION FOR WORK WITH PSYCHOTRAUMA AND PEACE. Vukovar, August 2002. In: http://www.cwwpp.org/Documents/Miscellaneous %20Documents/Report %20on %20Community %20Trauma %20in %20Eastern %20Croatia %20final %20version %20 2002 %2008.doc, html, 4.3.2010

Republic of Lithuania Law on Social Services. 1996. In: http://www.socmin.lt/index.php?1998582642, 4.3.2010

Rybka, I. (2006): Diagnoza pomocy spolecznej w Polsce w latach 1991–2006. Mozliwości i bariery zastosowania instrumentów ekonomii spolecznej w pomocy spolecznej. In: www.ekonomiaspoleczna.pl, 4.3.2010

Šiklová, J. (2001): Sociální práce v našem státě od druhé světové války do současnosti. In: Matoušek, O. a kol. Základy sociální práce. Portál, Praha, 139–154

Šramatá, M. (2001): Význam sociálnej práce pre ludí s duševným ochorením. Sociálna práca a zdravotníctvo 1–2, 53–60

Šugman Bohinc, L. (2005): Social Work in Slovenia. European Social Work. Magdeburg. In: http://www.sgw.hs-magdeburg.de, 04.03.2010

Tokárová, A. (Hrsg.) (2003): Sociálna práca. 2. Aufl. Filosofická fakulta Prešovskej univerzity, Prešov

Ustawa o pomoci spolecznej. (Dz. U. z 15 kwietnia 2004 r, Nr 64. poz. 593, ze zm.)

Wódz, K. (1998): Praca socjalna w środowisku zamieszkania. 1. Aufl. Slask, Katowice, 37–52

Zákon č. 108 / 2006 Sb. o sociálních službách

Zákon o sociálno právnej ochrane dětí a sociálnej kuratele č. 305 / 2005 Z. z.

Zákon o sociálnej pomoci č. 195 / 1998 Z. z.

Żalimiene, L. (2003): Lithuania. In: Anheier, H. K., Kumar, S. (Hrsg.): Social Services in Europe – An Annotated Bibliography. ISS, Frankfurt / M.

Zaviršek, D. (2008): Engendering Social Work Education under State Socialism in Yugoslavia. The British Journal of Social Work 4, 734–750
–, Leskošek, V. (2005): The History of Social Work in Slovenia. Research Report. Ljubljana, University of Ljubljana, Faculty of Social Work

Soziale Arbeit in Österreich

Von Josef Scheipl

Begrifflichkeit und aktuelle Ausbildung

Die derzeit in Österreich verwendeten Begriffe „Sozialpädagogik", „Sozialarbeit" und „Soziale Arbeit" sind eng mit der Entwicklung der Ausbildung verbunden. Der Begriff „Sozialpädagogik" findet sich seit Ende der 1970er Jahre zunächst an mehreren Universitäten zur Bezeichnung von Schwerpunktbereichen im Rahmen des erziehungswissenschaftlichen Diplomstudiums. Die Umstellung auf Bakkalaureats- / Bachelor- und Masterstudiengänge führte zur Einrichtung von einschlägigen viersemestrigen Masterprogrammen an den Universitäten in Graz (seit 2006 / 07: „Sozialpädagogik") und in Klagenfurt (seit 2009 / 10: „Sozial- und Integrationspädagogik"). Auf tertiärer Ebene (Fachhochschulniveau) befindet sich seit 2001 auch die Ausbildung der Sozialarbeiter(inn)en. Mit der Orientierung der Fachhochschulausbildung an der Bologna-Vorgabe (ab 2006) etablierte sich bei Ablösung des Begriffs „Sozialarbeit" dort durchgängig die Bezeichnung „Soziale Arbeit".

Auf dem Level der Sekundarstufe II (ab der 9. Schulstufe) finden sich die 5-jährigen Bildungsanstalten für „Sozialpädagogik" (bis 1993: für „Erzieherbildung") und für „Kindergartenpädagogik". Sie schließen mit einer Reife- und Diplomprüfung. Die berufsbildende Qualifikation für die Diplomprüfung kann nach einer Reifeprüfung auch über die Absolvierung von 4-semestrigen Kollegs erworben werden. Seit Mitte des Jahrzehnts etabliert man überdies im Rahmen von 5-jährigen Höheren Lehranstalten für wirtschaftliche Berufe die Ausbildungsschwerpunkte bzw. –zweige für „Soziales" (3-jährig) bzw. für „Sozialmanagement" (5-jährig). Neben 2- bzw. 3-jährigen berufsvorbereitenden Schulen (für Sozialdienste / Sozialberufe) vermitteln die 3-jährigen Schulen für Sozialbetreuungsberufe Berufsausbildung auf Fach- bzw. Diplomniveau (Altenarbeit, Behindertenarbeit, Behindertenbegleitung; Familienarbeit – nur Diplom). Absolvent-(inn)en von unterschiedlichen Ausbildungsgängen sind in den einzelnen Handlungsfeldern aber durchaus vermischt tätig – ausgenommen die behördliche Sozialarbeit.

Traditionen und theoretische Ansätze

Zurzeit bezieht man sich in Österreich im Wesentlichen auf theoretische Modelle, die in der Bundesrepublik Deutschland diskutiert werden – z. B. Lebensweltorientierung und Lebensbewältigung. Aber auch „klassische" Ansätze wie jene von Natorp, Nohl oder A. Salomon, die in Deutschland entwickelt wurden, sind in Österreich durchgängig präsent. Die Beiträge aus Österreich zur Theorieentwicklung bleiben hingegen oft unbekannt. Sie beziehen sich schwerpunktmäßig auf die 1920er Jahre und blieben damals regional weitgehend auf Wien begrenzt. Neben Vorläuferentwicklungen im Bereich der Fürsorgeerziehung (z. B. Umbenennungen von „Besserungsanstalten" in „Erziehungsheime") und der Forcierung des Hort- und Kindergartenausbaus um die Wende zum 20. Jahrhundert (Engelbrecht 1986) lassen sich die beiden Kinderschutzkongresse (KSK) (1907 in Wien, 1913 in Salzburg) als politische und inhaltliche Meilensteine für einen sozialpädagogischen Aufbruch in Österreich bewerten. Durch umfassende empirische Erhebungen in den Kronländern der Monarchie vorbereitet, formulierte man das politische Bekenntnis,

Otto/Thiersch (Hg.), Handbuch Soziale Arbeit, 4. A., DOI 10.2378/ot4a.art136,
© 2011 by Ernst Reinhardt, GmbH & Co KG, Verlag, München

„dass das Kind von dem ersten Augenblicke seiner Existenz an bis zu seinem Eintritte in das Alter der Selbständigkeit [...] zum Gegenstande einer bewußten und planmäßigen Fürsorge gemacht werden soll, welche sich Familie, Gesellschaft und Staat zu teilen haben" (Kinderschutzkongress 1907, Bd. 3, 7 f.).

Erste wichtige Konsequenzen waren die Einrichtung der „Zentralstelle für Kinderschutz und Jugendfürsorge" (1908) und die Gründung der gleichnamigen Zeitschrift (1909). Bedingt durch den Ersten Weltkrieg sind weitere grundsätzliche Überlegungen der zwei KSK erst in der Ersten Republik – vor allem im „Roten Wien" der 1920er Jahre – zum Tragen gekommen. Das im Jahr 1919 aus den beiden noch im Krieg (1918) gegründeten Ministerien für Soziale Fürsorge und für Volksgesundheit zusammengefasste Ministerium für Soziale Verwaltung bildete eine bedeutsame verwaltungsmäßige Grundlage für den Ausbau sozialpolitischer Leistungen am Beginn der Ersten Republik. Dafür ist mit der Einführung der Unfall- und Krankenversicherung für Arbeiter (1887 / 1888) im Rahmen des Beginns der Konstituierung einer gesamtstaatlichen Sozialpolitik in den 1880er Jahren der Grundstein gelegt worden – in Abgrenzung zur herkömmlichen Armenfürsorge (Talos 1981). Hinsichtlich der Entwicklung der Sozialpädagogik in Wien ist zunächst August Aichhorn (1878–1949) zu erwähnen. Nach verantwortlicher Mitarbeit beim Aufbau des Hortwesens im Wien der Vorkriegszeit entwickelte Aichhorn nach dem Krieg in Anlehnung an S. Freud ein psychoanalytisch orientiertes Erziehungskonzept im Rahmen der Heimerziehung. Er baute es zu einer Theorie der Verwahrlosung aus und erprobte das Konzept im Rahmen der Erziehungsberatung (Adam 1999). Siegfried Bernfeld (1892–1953) gilt als „der ‚Entdeckteste' aller Sozialpädagogen" (Niemeyer 1998, 171). Neben zahlreichen jugendpädagogischen Initiativen unternahm er im Erziehungsexperiment im Wiener „Kinderheim Baumgarten" (1919–1920) den ernsthaften, wenn auch nicht unproblematischen „Versuch, das Problem einer ‚Erziehbarkeit' [...] mit psychoanalytischen Mitteln anzugehen" (Barth 2009, 172). Doch ab Mitte der 1920er Jahre dominiert die Individualpsychologie von Alfred Adler (1870–1937) das reformorientierte (sozial-)pädagogische Geschehen in Wien – etwa über den Aufbau eines Netzes von individualpsychologischen

Erziehungsberatungsstellen (Datler et al. 2001). Als ein Zentrum der Jugendforschung im deutschsprachigen Raum neben Hamburg und Dresden galt in jener Zeit das Psychologische Institut der Universität Wien um Karl und Charlotte Bühler (Rosenmayr 1962) u. a. mit Hildegard Hetzer (1899–1991), Lotte Danziger (1905–1992) und Paul Lazarsfeld (1901–1976). Hildegard Hetzer, Assistentin bei Charlotte Bühler (1893–1974) und vormals Schülerin von Ilse Arlt (1876–1960), untersuchte in ihrer beispielgebenden Studie über „Kindheit und Armut" (1929) empirisch-systematisch, inwiefern „ungepflegte Kinder" benachteiligt werden. Im Zusammenwirken mit Hetzer und Helene Löw-Beer erarbeitete Lotte Danziger (später: Schenk-Danzinger) mit „Pflegemutter und Pflegekind" (1930) den ersten empirischen Beitrag zur deutschsprachigen Pflegefamilienforschung. Paul Lazarsfeld konnte mit den Untersuchungen zu „Jugend und Beruf" (1931) die engen Zusammenhänge zwischen Sozialstruktur und Berufswahl bei Jugendlichen aufdecken. Gemeinsam mit Marie Jahoda und Hans Zeisel, unter Mitarbeit von Danziger, erarbeitete Lazarsfeld auch die soziografische Studie über „Die Arbeitslosen von Marienthal" (1933) (Müller 2008), die für die gegenwärtigen Forschungsansätze zur Lebenswelt- und Sozialraumorientierung nach wie vor als wegweisend gelten kann. In diesem Kontext, obwohl Lazarsfeld keinen Bezug darauf nimmt, ist das Modell der Lebenslage von Otto Neurath (1882–1945) anzuführen (Neurath 1931 / 1981, 510 ff.). In gegenwärtigen Beschreibungen zur Armutslage als Mangel an Teilhabechancen finden sich inhaltliche deutliche Bezugnahmen auf diesen Ansatz. Fritz Redl (1902–1988), in Wien ausgebildet und ab 1936 in den USA tätig, interpretierte Verhaltensschwierigkeiten seiner Heimkinder als Störungen ihrer Ich-Funktionen und entwickelte zu deren Behebung die Maßnahmen „Therapeutisches Milieu", „Life Space Interview" und „Gruppenpsychologische Ansteckung" (Fatke 1999). Bruno Bettelheim (1903–1990) begann nach seiner psychoanalytischen Einführung in Wien seine sozialpädagogisch-therapeutische Karriere erst, nachdem er nach fast einjähriger Internierung in den KZs Dachau und Buchenwald (1938 / 39) in die USA emigriert war (Sutton 1996). Anton Afritsch (1873–1924) regte mit der Gründung der „Kinderfreunde" (1908) in Graz die jugendpädagogische Arbeit an. Der im KZ

Buchenwald umgekommene Otto Kanitz (1894–1940) wurde zur Leitfigur dieser um „1930 wahrscheinlich größten Laienpädagogik-Bewegung außerhalb der Kirchen in Mitteleuropa" (Müller 1988, 172). In der Jugendbewegung orientierte man sich vor dem Ersten Weltkrieg zunächst noch an „reichsdeutschen" Vorbildern (Österreichischer Wandervogel, Jüdischer Wanderbund, Wiener Gruppe um die Zeitschrift „Der Anfang"). Im Verlauf der Ersten Republik gewann die katholische Jugendbewegung „Bund Neuland" (gegründet 1921) unter Michael Pfliegler (1891–1972) eine beachtenswerte Stellung (Seewann 1971).

Parallel zu diesen Entwicklungen wirkte Ilse Arlt (1876–1960) im sich herausbildenden Handlungsfeld der Sozialarbeit, damals: Fürsorge. Mit der Einrichtung der 2-jährigen „Vereinigten Fachkurse für Volkspflege" im Jahr 1912 wurde Arlt zur Begründerin der Ausbildung für die Sozialarbeiter(innen) in Österreich. Sie verstand Fürsorge als „Angewandte Armutsforschung" (Arlt 1958, 51). Als Nationalökonomin erkannte sie, dass ihre Disziplin die mannigfaltigen Gegebenheiten von Armut nur unzulänglich abbildete. Diese Erkenntnis führte Arlt zur Analyse der Grunderfordernisse des menschlichen Gedeihens, die in Armutslagen offenbar unzureichend befriedigt werden („Gedeihensmängel"). Auf diesen Überlegungen aufbauend, entwickelte sie in ihrem Spätwerk eine ausdifferenzierte Bedürfnistheorie, „um die Gegebenheiten der Armut und die des Helfens zu erforschen" (Arlt 1958, 60 f.). Silvia Staub-Bernasconi (2007, 46 ff.) würdigt Arlt als „Bedürfnistheoretikerin der ersten Stunde", die „frühzeitig ökologische und auch implizit systemische Zusammenhänge" thematisiert hat und sie attestiert ihr in gewisser Weise „eine Vorwegnahme heutiger öffentlicher Diskussionen um […] ökonomische Expansion und Sozialverträglichkeit der Wirtschaft […]". Darüber hinaus kann Maria Maiss (2009, 71 f.) entsprechende Überschneidungen mit „Grundeigenschaften", „elementaren Fähigkeiten" bzw. mit der „Funktionsfähigkeit" des Capability-Ansatzes herausarbeiten, wie er von Amartya Sen und Martha Nussbaum – allerdings mit mehr Nachdruck auf „Offenheit" und „Aktivität" – entwickelt worden ist.

Für den sozialpolitischen und sozialadministrativen Bereich galt Julius Tandler (1869–1936), Amtsführender Stadtrat in Wien 1920–1933, trotz seiner Sympathie für das eugenische Paradigma der sozialistischen Bevölkerungstheoretiker (Kappeler 2000, 238) als der maßgebliche Förderer der angesprochenen Ideen und Konzepte, obwohl die von ihm ausgehende Forcierung der „Hilfsfürsorgerinnen" die standes- und professionspolitische Entwicklung der Sozialarbeiter(innen) in Österreich bis in die 1950er Jahre beeinträchtigt hat. Bezüglich des schulisch-erzieherischen Rahmens ist Otto Glöckel (1874–1935), Präsident des Wiener Stadtschulrats 1922–1934, als Förderer zu nennen.

Berufsverbot, Flucht und Vertreibung der maßgeblichen Exponent(inn)en – vereinzelt ab 1934, endgültig ab 1938 – hinterließen eine Leerstelle. Die nationalsozialistische Ära führte schließlich u. a. zur Tragödie „Am Spiegelgrund". Dort wurden ab 1942 bis Kriegsende ca. 700 Kinder ermordet (Berger 2007).

Aktuelle Handlungsfelder und ihre gesetzlichen Grundlagen

Der Neubeginn nach 1945 verläuft unspektakulär und ist geprägt vom Wiederaufbau der Strukturen für die alltägliche Arbeit. Eine Aufbruchstimmung wie zu Beginn der Ersten Republik ist nicht erkennbar.

Jugendwohlfahrt (JW)

In der Jugendwohlfahrt finden sich im Gefolge der 1968er Bewegung erste Reformbemühungen – v. a. in der Heimerziehung (Spartakusbewegung). Entsprechende Bestrebungen mit der schrittweisen Umstrukturierung zu Kleinheimen, Wohngemeinschaften und mobil betreutem Wohnen regten ab den 1970er Jahren, gepaart mit einer Aufwertung der Ausbildung (s. o.), den inhaltlichen Diskurs in Sozialpädagogik und Sozialarbeit an (Wurzwallner 1984; Lauermann 2001; Knapp/Scheipl 2001). Als durchkomponiertes Reformprojekt lässt sich „Heim 2000" in Wien 1995–2003 anführen (MAG ELF 2004). Während der letzten Jahre (2006–2008) schließlich sind in Österreich ca. 10.000 Minderjährige (MJ) (= 0,60%) stationär fremd untergebracht (Heime, Wohngemeinschaften, mobiles Wohnen, Pflegeeltern). Maßnahmen zur „Unterstützung der Erziehung" (Beratungsleistungen,

Erziehungshilfe) erreichen im Jahr 2007 ca. 21.000 MJ und weisen gegenüber 1997 ein massives Wachstum (+ 37 %) auf (Heimgartner 2009, 200 ff.). In beiden Leistungskategorien lassen sich z. T. große Diskrepanzen zwischen den Bundesländern feststellen. Ansätze zur Sicherung von Qualitätsstandards erarbeitet man unter Einbeziehung von Nutzer-(inne)n in den letzten Jahren vornehmlich für den Bereich der stationären Fremdunterbringung (u. a. „Quality4Children" des SOS-Kinderdorfs; „Quality in Inclusion" des Ilse Arlt Instituts; Scheipl 2010a). In diesem Zusammenhang wird auch die Diskussion um eine sozialpädagogische Diagnostik verstärkt aufgegriffen (Pantucek / Röh 2009). Eine wesentliche Grundlage für die genannte Reformtätigkeit und den Ausbau der Jugendwohlfahrt liegt zunächst im zweiten JW-Gesetz des Bundes von 1989 (erstes JW-Gesetz: 1954) (Ausführungsgesetze der Bundesländer 1990–1992). Die Dienstleistungsorientierung mit deutlichen Akzenten zur Stärkung subjektiver Rechte, die erstmalige Betonung der Subsidiarität sowie die Einrichtung einer Kinder- und Jugendanwaltschaft lassen diesen Gesetzeskomplex zunächst zu einem strukturellen Meilenstein mit einer Triebkraft für die Entwicklung der Praxisfelder der Sozialen Arbeit v. a. in den 1990er Jahren werden. Die Herausbildung einer deutlich unterschiedlichen Verwaltungspraxis der Bundesländer – so wird z. B. die Administration des Pflegekinderwesens in Vorarlberg völlig anders gehandhabt als in Wien (Scheipl 2009) – sowie die offensichtlich uneinheitlichen Begrifflichkeiten, Leistungsbeschreibungen und Standards u. a. machen eine Neufassung dieser Gesetzesmaterie unumgänglich.

Jugendarbeit (JA)

Die Jugendarbeit wird generell als außerschulische JA verstanden. Das Jugendportal www.jugendinfo.at vermittelt einen Überblick. Während den Bundesländern im JW-Bereich nur die Kompetenz zur Ausführungsgesetzgebung zukommt, liegt die gesamte Gesetzgebungskompetenz für den Bereich der JA bei den Bundesländern. Dementsprechend heterogen ist die Gesetzesmaterie (Jugendschutz, Jugendförderung) gestaltet. Dies schlägt sich auch in der Praxis der Jugendförderung nieder. Unterschieden wird zwischen verbandlicher JA, Offener JA (OJA) und Jugendinformation. Die verbandliche JA ist die am besten etablierte und auch in der öffentlichen Meinung am stärksten verankerte Form der JA. Dazu zählen die parteipolitisch und konfessionell orientierten wie auch die unabhängigen Jugendorganisationen (z. B. Landjugend, Pfadfinder, Katholische Jugend, Gewerkschaftsjugend). Sie agieren überwiegend bundesweit und sind in der Bundesjugendvertretung als gesetzlich eingerichtete Interessenvertretung für Kinder und Jugendliche zusammengefasst. Zur Förderung von Jugendorganisationen, denen bundesweite Bedeutung zukommt, wird im Jahr 2000 das Bundes-Jugendförderungsgesetz und zur repräsentativen und handlungsfähigen Mitsprachemöglichkeit der Jugend auf Bundesebene im selben Jahr das Bundes-Jugendvertretungsgesetz verabschiedet. Beide Gesetze bestimmen bemerkenswerterweise „alle jungen Menschen bis zur Vollendung ihres 30. Lebensjahres" als Jugendliche (BGBl. 126 / 2000 und 127 / 2000 jeweils § 2 [1]). Wo Jugendförderungsgesetze der Länder existieren, legen diese unterschiedliche Altersobergrenzen für Förderungen fest. Die OJA arbeitet vorwiegend im Rahmen von Jugendzentren und Treffs (Koje 2008). Beide werden von Kommunen, kirchlichen Trägern und besonders auch von (autonomen) Vereinen getragen, in denen Jugendliche auch selbstverantwortliche Funktionen einnehmen können. Im Jahr 2010 sind insgesamt ca. 570 Einrichtungen genannt (Liebentritt 2010). Die Vernetzung der OJA ist je nach Bundesland unterschiedlich organisiert. In manchen Ländern existieren Dachverbände. Seit 2009 besteht die bundesweite Dachorganisation „Bundesweites Netzwerk Offene Jugendarbeit" (bOJA). Die OJA ist zwar offen für alle Jugendlichen, doch ihre engere Zielgruppe ist noch nicht klar definiert; zurzeit bezieht sich die OJA auf eher weniger privilegierte Jugendliche. In der Arbeit orientiert man sich thematisch neben freizeitpädagogischen Angeboten an aktuellen gesellschaftspolitischen Herausforderungen – z. B. Berufsorientierung, Genderorientierung, Arbeit mit jugendlichen Migrant(inn)en. Aktuell beginnen Einrichtungen der OJA verstärkt Angebote aus dem Bereich der JW – wie Beratung, Lernförderung, Berufsorientierungs- und Integrationsangebote etc. – zu forcieren, um Jugendliche in schwierigen Lebenslagen als „inklusive Jugendarbeit" (Scheipl 2010b) zeitgerecht und jugendadäquat zu erreichen.

Weitere Handlungsfelder der Sozialen Arbeit

Es bilden sich zunehmend Schnittflächen zur Schule heraus – Vermehrung der Hortangebote; Angebote zur schulischen Nachmittagsbetreuung; Ausbau der Schulsozialarbeit; Schulabsentismus u. a. (Gspurning et al. 2010; Knapp / Lauermann 2007; Kittl-Satran 2006). Darüber hinaus sind der Übergang von der Schule in den Arbeitsmarkt, besonders aber auch die Transitionsproblematik und der zweite Arbeitsmarkt für Jugendliche ein merkbarer Arbeitsbereich für Soziale Arbeit (Oehme et al. 2007). Die bislang unzureichende Zusammenarbeit von JW und Kinder- und Jugendpsychiatrie befindet sich in einer Aufbruchstimmung (Möstl 2009). Ein traditionelles Handlungsfeld stellt die Arbeit mit straffällig gewordenen Menschen im Rahmen der justiziellen Straffälligenhilfe dar (z. B. Gerichtshilfe, Bewährungshilfe; 1969: Bewährungshilfegesetz). Die justizielle Straffälligenhilfe erhielt einen wichtigen Anstoß durch die Einführung von Diversionsmaßnahmen (u. a. Außergerichtlicher Tatausgleich) zunächst im 2. Jugendgerichtsgesetz (BGBl. 599 / 1988; Jesionek 2000), dann im Erwachsenenstrafrecht im Jahr 2000 (Strafprozessnovelle 1999). Seit dem Jahr 2002 wird diese Arbeit im Rahmen des privaten Vereins Neustart (www.neustart.at) geleistet und vor allem vom Institut für Rechts- und Kriminalsoziologie / Wien entsprechend untersucht. Angesichts des demografischen Wandels ist die Soziale Arbeit mit migrationsbezogenen / interkulturellen Herausforderungen konfrontiert. Die dafür spezialisierten Einrichtungen sind in der Regel Non-Profit-Einrichtungen. Die Arbeit mit Asylbewerber(inne)n leisten zum größten Teil kirchennahe Träger (Caritas, Diakonie) (Sprung 2009). Dem demografischen Wandel ist auch die Soziale Arbeit für / mit ältere / n Menschen geschuldet. Die gesetzliche Grundlage bilden die unterschiedlichen Sozialhilfegesetze der Bundesländer (Kittl-Satran / Simon 2010). Ferner zählen Soziale Arbeit in Krankenanstalten / Krankenhäusern, Sachwalterschaft, Schuldner- und Drogenberatung, Arbeit mit Wohnungslosen u. v. m. zu den aktuellen Handlungsfeldern.

Aktuelle Diskurse

Selbstverständlich wird die Arbeit in den Handlungsfeldern durch eine mehr oder weniger deutliche Anbindung an (internationale) Diskurse beeinflusst. So finden sich Bezugnahmen auf das Konzept der Lebensweltorientierung – einerseits dient es zunächst der nachträglichen theoretischen Begründung für die Heimreformen zu Beginn der 1990er Jahre, andererseits als Antriebskraft zu weiteren Reformen in den Bereichen Sozialer Arbeit. Originelle Ansätze um das Modell der Sozialraumorientierung finden sich schon in den 1980er Jahren (Hovorka / Redl 1987). Im Zusammenhang mit der Intensivierung dieses Diskurses in Deutschland werden sie erneut und konkret (Sing / Heimgartner 2009; Krisch 2009, Stoik 2008) aufgegriffen.

Die Bezugnahme auf den Dienstleistungsdiskurs fördert in den 1990er Jahren zunächst das Bewusstsein für Transparenz hinsichtlich der Kosten und Leistungen (Scheipl 2001). Die weiteren Initiativen zur Qualitätsentwicklung lassen sich v. a. auf zwei Ebenen erkennen: Die Allianz von Managementorientierung führt im Zuge der Verwaltungsökonomisierung und der Durchsetzung neoliberaler Marktwirtschaft zu „Normkostenmodellen" als relativ rigide Kataloge mit detaillierten Beschreibungen von einzelnen Dienstleistungen. Einen kritischen Aufruf gegen Tendenzen neoliberaler Ökonomisierung formuliert man in der „Wiener Erklärung" (Bakic et al. 2007).

Auf sozialpolitischer Ebene bewegt der aktuelle Armutsdiskurs nachdrücklich Handlungskonzepte und Diskussionen (Knapp / Pichler 2008).

Diese Beispiele mögen signalisieren, dass die Soziale Arbeit in Österreich spätestens seit Mitte der 1990er Jahre wieder an die theoretischen Diskurse der Sozialen Arbeit angebunden ist. Eine Themenführerschaft vermag sie allerdings nicht zu übernehmen. Dazu bietet die Forschungslandschaft zu wenig befriedigende Bedingungen. So ist etwa das Zeitschriftenangebot sehr schmal. Erst die 2008 auf FH-Initiative gegründete Onlinezeitschrift „Soziales Kapital" sieht ein Reviewverfahren vor. Beachtenswert ist die von Gerald Knapp herausgegebene Buchreihe „Studien zur Sozialpädagogik", die in mittlerweile neun Bänden eine Fülle von Beiträgen vornehmlich österreichischer Autor(inn)en versammelt. Darüber hinaus ist die Datenlage schlecht: Im

Bereich der JW etwa sind statistische Daten kaum vorhanden und teilweise unrichtig; behördliche Instrumente – z. B. zur Budgetentwicklung – sind undifferenziert und überholt (Zoller-Mathies / Putzhuber 2008). Die o. a. gravierenden Diskrepanzen in den JW-Leistungen der Bundesländer sind neben länderspezifischen Vergabepraxen vermutlich auf unklare Leistungsdefinitionen zurückzuführen. Dies lässt sich u. a. auch als Ausdruck einer bis in die jüngste Zeit reichenden unzureichenden Forschungsorientierung interpretieren. Als exemplarisch dafür mag die fehlende Begleitforschung des erwähnten Reformprojekts „Heim 2000“ in Wien gelten. Bezüglich der JA ist die Datenlage mit einigen bundesländerbezogenen und sechs übergreifenden Jugendberichten der Bundesregierung (1988; 1994; 1999; 2003; 2007; 2010) auch nicht überwältigend. Nennenswert ist die letzte Jugendwertestudie (Friesl et al. 2008), die Werte und Lebenseinstellungen junger Menschen im Zeitvergleich von 1990 bis 2006 analysiert.

Trotz der schwierigen Ausgangslage lassen sich zunehmend bedeutsame Forschungsleistungen aufzeigen. Aktuell zu nennen sind neben den o. g. Forschungsarbeiten zur Arbeitsmarktintegration und zu den Schnittflächen von Schule und Sozialer Arbeit solche zur Ehrenamtlichkeit (Bundesministerium für Arbeit, Soziales und Konsumentenschutz 2009), zu Jugend und Gesundheit (Sting 2008), aber auch zur Auseinandersetzung mit der Ausbildungssituation an den Fachhochschulen (Riegler et al. 2009). Die politikrelevante Umsetzung und Erforschung von soziokulturellen Projekten (Wrentschur 2009) soll nicht unerwähnt bleiben. Überdies zeichnen Arbeiten zu den Strukturen Sozialer Arbeit das aktuelle Erscheinungsbild der Sozialen Arbeit in Österreich ziemlich umfassend (Heimgartner 2009; Scheipl 2003, 2007). Um die erreichten Standards zu verbessern, wäre der Aufbau einer entsprechenden Forschungsinfrastruktur – u. a. ein zentrales Institut für JW-Forschung – hilfreich. Von sozialpolitischer Seite wäre mittelfristig eine progressive Regelung der einschlägigen gesetzlichen Materien notwendig. Eine solche Regelung müsste nach bisherigen Erfahrungen den bislang einengenden Föderalismus konstruktiv weiterentwickeln.

Literatur

Adam, E. (1999): August Aichhorn. In: Colla, H. E., Gabriel, Th., Millham, S., Müller-Teusler, St., Winkler, M. (Hrsg.), 265–274

Arlt, I. (1958): Wege zu einer Fürsorgewissenschaft. Notring der wissenschaftlichen Verbände Österreichs, Wien

Bacher, J., Dreher, E., Sting, St. (Hrsg) (2010): 6. Bericht zur Lage der Jugend in Österreich, i. E.

Bakic, J., Diebäcker, M., Hammer, E. (2007): Wiener Erklärung zur Ökonomisierung und Fachlichkeit in der Sozialen Arbeit. In: www.sozialearbeit.at/petition.php, 04.06.2007

Barth, D. (2009): Psychoanalyse und Gemeinschaftserziehung in Bernfelds Bericht über das Kinderheim „Baumgarten“. Zeitschrift für Sozialpädagogik 2, 171–202

Berger, E. (Hrsg.) (2007): Verfolgte Kindheit. Böhlau, Wien

Bundesministerium für Arbeit, Soziales und Konsumentenschutz (BMASK) (Hrsg.) (2009): Freiwilliges Engagement in Österreich. Eigenverlag, Wien

Colla, H. E., Gabriel, Th., Millham, S., Müller-Teusler, St., Winkler, M. (Hrsg.) (1999): Handbuch Heimerziehung und Pflegekinderwesen in Europa. Luchterhand, Neuwied

Datler, W., Gstach, J., Wittenberg, L. (2001): Individualpsychologische Erziehungsberatung und Schulpädagogik im Roten Wien der Zwischenkriegszeit. In: Zwiauer, Ch., Eichelberger, H. (Hrsg.): Das Kind ist entdeckt. Picus, Wien, 227–269

Engelbrecht, H. (1986): Geschichte des österreichischen Bildungswesens. Bd. 4. ÖBV, Wien

Fatke, R. (1999): Erziehung im therapeutischen Milieu – der Beitrag Fritz Redls. In: Colla, H. E., Gabriel, Th., Millham, S., Müller-Teusler, St., Winkler, M. (Hrsg.), 243–254

Friesl, Chr., Kromer, J., Polak, R. (2008): Lieben, Leisten, Hoffen. Czernin, Wien

Gspurning, W., Heimgartner, A., Leitner, S., Sting, S. (2010): Soziale Qualität von Nachmittagsbetreuung und Horten. Lit, Wien

Heimgartner, A. (2009): Komponenten einer prospektiven Entwicklung der Sozialen Arbeit. Lit, Wien

Hovorka, H., Redl, L. (1987): Ein Stadtviertel verändert sich. Bevölkerungsaktivierende Stadtteilerneuerung. ÖBV, Wien

Jesionek, U. (2000): Das österreichische Jugendgerichtsgesetz. Juridica, Wien

Kappeler, M. (2000): Der schreckliche Traum vom vollkommenen Menschen. Rassenhygiene und Eugenik in der Sozialen Arbeit. Schüren, Marburg

Kinderschutzkongress (1907): Schriften des Ersten Kinderschutzkongresses in Wien. K. k. Hof- und Staatsdruckerei, Wien

Kittl-Satran, H.,(Hrsg.) (2006): Schulschwänzen – verweigern – abbrechen: Eine Studie zur Situation an Österreichs Schulen. Studien Verlag, Innsbruck

–, Simon, G. (2010): Soziale Arbeit für ältere Menschen in Österreich. In: Aner, K., Karl, U. (Hrsg.): Soziale Arbeit und Alter. Verlag für Sozialwissenschaften, Wien, 219–225

Knapp, G., Lauermann, K. (Hrsg.) (2007): Schule und Soziale Arbeit. Hermagoras, Klagenfurt

–, Pichler, H. (Hrsg.) (2008): Armut, Gesellschaft und Soziale Arbeit. Hermagoras, Klagenfurt

–, Scheipl, J. (Hrsg.) (2001): Jugendwohlfahrt in Bewegung. Reformansätze in Österreich. Hermagoras, Klagenfurt

Koje (Koordinationsbüro für Offene Jugendarbeit und Entwicklung) (Hrsg.) (2008): Das ist Offene Jugendarbeit. Bucher, Hohenems

Krisch, R. (2009): Sozialräumliche Methodik der Jugendarbeit. Juventa, Weinheim

Lauermann, K. (2001): Reformbestrebungen der Heimerziehung in Österreich seit 1945. In: Knapp, G., Scheipl, J. (Hrsg.), 120–133

Liebentritt, S. (2010): Fakten zur Offenen Jugendarbeit in Österreich. Manuskript, bOJA, Wien

MAG ELF – Amt für Jugend und Familie der Stadt Wien (Hrsg.) (2004): Reform Heim 2000. Abschlussbericht 1995–2003. Wien

Maiss, M. (2009): Soziale Arbeit im Dienste der Ermöglichung substanzieller / materieller Bedingungen von Freiheit und Wohlleben. In: Pantucek, P., Maiss, M. (Hrsg.): Die Aktualität des Denkens von Ilse Arlt. VS, Wiesbaden, 61–74

Möstl, S. (2009): Erziehungsbedürftig oder krank? Phil. Diss., Graz

Müller, C. W. (1988): Wie Helfen zum Beruf wurde. Bd. 1. Beltz, Weinheim

Müller, R. (2008): Marienthal – das Dorf – die Arbeitslosen – die Studie. Studien Verlag, Innsbruck

Neurath, O. (1931 / 1981): Empirische Soziologie. In: Haller, R., Rutte, H. (Hrsg.): Otto Neurath – Gesammelte philosophische und methodologische Schriften. Bd. 1. Hölder-Pichler-Tempsky, Wien, 423–527

Niemeyer, Chr. (1998): Klassiker der Sozialpädagogik. Juventa, Weinheim

Oehme, A., Beran, Chr., Krisch, R. (2007): Neue Wege in der Bildungs- und Beschäftigungsförderung für Jugendliche. Bd. 4. Verein Wiener Jugendzentren, Wien

Pantucek, P., Röh, D. (Hrsg.) (2009): Perspektiven Sozialer Diagnostik. Lit, Münster

Riegler, A., Hojnik, S., Posch, K. (Hrsg.) (2009): Soziale Arbeit zwischen Profession und Wissenschaft. VS, Wiesbaden

Rosenmayr, L. (1962): Geschichte der Jugendforschung in Österreich 1914–1931. Österreichisches Institut für Jugendkunde, Wien

Scheipl, J. (2010a): Jugendwohlfahrt in Österreich. In: Bacher, J., Dreher, E., Sting, St. (Hrsg.), i. E.

– (2010b): Schnittstelle Jugendwohlfahrt und Jugendarbeit. In: Bacher, J., Dreher, E., Sting, St. (Hrsg.), i. E.

– (2009): Das Pflegekinderwesen in Österreich. In: Meyer, Chr., Tetzer, M., Rensch, K. (Hrsg.): Liebe und Freundschaft in der Sozialpädagogik. VS, Wiesbaden, 225–244

– (2007): Geschichte der Sozialpädagogik in Österreich. In: Knapp, G., Sting, St. (Hrsg.): Soziale Arbeit und Professionalität im Alpen-Adria-Raum. Hermagoras, Klagenfurt, 134–157

– (2003): Soziale Arbeit in Österreich – Ein Torso? In: Lauermann, K., Knapp, G. (Hrsg.): Sozialpädagogik in Österreich. Hermagoras, Klagenfurt, 10–42

– (2001): Jugendwohlfahrtsplanung in Österreich. In: Knapp, G., Scheipl, J. (Hrsg.), 283–303

–, Rossmann, P., Heimgartner, A. (2009) (Hrsg.): Partizipation und Inklusion in der Sozialen Arbeit. Grazer Universitätsverlag, Graz

Seewann, G. (1971): Österreichische Jugendbewegung 1900 bis 1938. 2 Bde. Dipa, Frankfurt a. M.

Sing, E., Heimgartner, A. (Hrsg.) (2009): Gemeinwesenarbeit in Österreich. Leykam, Graz

Sprung, A. (2009): Migration, Rassismus, Interkulturalität – (k)ein Thema für die Weiterbildungsforschung. Magazin erwachsenenbildung.at, 7–8

Staub-Bernasconi, S. (2007): Soziale Arbeit als Handlungswissenschaft? Haupt, Bern

Sting, S. (2008): Jugendliche Rauschrituale als Beitrag zur Peer Group-Bildung. In: Bogner, R., Stipsits, R. (Hrsg.): Jugend im Fokus. Löcker, Wien, 106–124

Stoik, Chr. (2008): Gemeinwesenarbeit in Österreich an Beispielen aus Wien. Sozial Extra 32, 27–29

Sutton, N. (1996): Bruno Bettelheim. Auf dem Weg zur Seele des Kindes. Hoffmann und Campe, Hamburg

Talos, E. (1981): Staatliche Sozialpolitik in Österreich. Verlag für Gesellschaftskritik. Wien

Wrentschur, M. (2009): Soziale Partizipation durch Soziale Kulturarbeit. In: Scheipl, J., Rossmann, P., Heimgartner, A. (Hrsg.), 168–187

Wurzwallner, H. (Hrsg.) (1984): Sozialarbeit in der Steiermark. Forschungsbericht. Graz

Zoller-Mathies, S., Putzhuber, H. (2008): Statistisches Monitoring – prekäre Datenlage. Sozialarbeit in Österreich 1, 20–22

Soziale Arbeit und Polizei

Von Thomas Feltes

Von „Beförderung der allgemeinen Wohlfahrt durch die gute Polizey" zur Gewährleistung von öffentlicher Sicherheit und Ordnung

Die Diskussion um die Rolle und die Funktion der Polizei in der Gesellschaft schwankt auch heute noch zwischen „Machtinstrument des Staates" auf der einen und „Dienstleistungsagentur der Bürger" auf der anderen Seite und macht die unterschiedlichen Perspektiven deutlich, von denen man sich der Polizei nähern kann. Je nach Ausgangspunkt fällt dann auch die Beschreibung und Bewertung des Verhältnisses zwischen Polizei und Sozialarbeit ganz unterschiedlich aus. Während für die einen beide Institutionen und die darin tätigen Personen Dienstleistungen für die Bürger erbringen, sehen die anderen die Polizei auf der Seite der Herrschenden und als Instrument der Unterdrückung der Benachteiligten in der Gesellschaft, denen sich wiederum die Sozialarbeit in besonderer Weise verpflichtet fühlt. Dabei zeigt der Blick in die Geschichte, dass sich Rolle und Funktion der Polizei geändert haben. Bis zum 17. Jahrhundert wurde mit „Polizei" allgemein ein Zustand „guter Ordnung des Gemeinwesens" bezeichnet. Diese „gute Polizey" umfasste weite Bereiche des gesellschaftlichen Zusammenlebens: Die Regelung des Wirtschaftsverkehrs (Monopole, Zölle, Maße und Gewichte, Preise) gehörte ebenso zu den Aufgaben der Polizei wie die Durchsetzung von Vorschriften gegen Luxus, über die Berufs- und Religionsausübung, die Sittlichkeit, oder zum Liegenschafts- und Erbschaftsrecht. Im absoluten Fürstenstaat des 18. Jahrhunderts wurde die Polizeigewalt zum wichtigsten Bestandteil der in der Person des Fürsten vereinigten, absoluten Staatsgewalt. Polizei war Hoheitsrecht des absoluten Herrschers, der damit das gesamte soziale Leben seiner Untertanen reglementieren und Anordnungen mit Zwang durchsetzen konnte. Polizeigewalt war der juristische Inbegriff der absoluten Herrschaft über die Untertanen, ohne Bindung an Verfassung, ohne Rücksicht auf individuelle Rechte und ohne gerichtlichen Rechtsschutz. Aus dieser Zeit stammt das Verständnis von Polizei als Herrschaftsinstrument des Staates. Dieser „Polizeistaat" war aber auch ein polizeilicher Wohlfahrtsstaat: Die „Beförderung der allgemeinen Wohlfahrt" oder auch der „allgemeinen Glückseligkeit" waren Aufgabe der Polizei. Diese Begriffe dienten dazu, das Recht des Monarchen zu umschreiben, den Untertanen alles vorzuschreiben und sie in allen Bereichen zu bevormunden.

Als die wichtigste polizeirechtliche Errungenschaft der Aufklärung und der liberalen Epoche der zweiten Hälfte des 19. Jahrhunderts wurde die Herausnahme der „Wohlfahrtspflege" aus den Befugnissen der Polizei gesehen. Die Aufgabe der Polizei wurde von da an als „Gefahrenabwehr" umschrieben. Im preußischen Allgemeinen Landrecht von 1794 wird zum „Amt der Polizey" gerechnet: „Die nöthigen Anstalten zur Erhaltung der öffentlichen Ruhe, Sicherheit und Ordnung und zur Abwehr der dem Publiko, oder einzelnen Mitgliedern desselben bevorstehenden Gefahr zu treffen". 1882 wurde durch das „Kreuzberg-Urteil" des Preußischen Oberverwaltungsgerichtes die allgemeine Handlungsvollmacht auf die Gefahrenabwehr beschränkt. Nach dem zweiten Weltkrieg wurde diese eingeschränkte Aufgabe in den Polizeigesetzen der Länder festgeschrieben. Danach bestand die Tendenz, die „öffentliche Ordnung" aus dem polizeilichen Aufgabenbereich herauszunehmen und nur noch die Strafverfolgung sowie die Gewährleistung der öffentlichen Sicherheit als polizeiliche Aufgabe

Otto/Thiersch (Hg.), Handbuch Soziale Arbeit, 4. A., DOI 10.2378/ot4a.art137,
© 2011 by Ernst Reinhardt, GmbH & Co KG, Verlag, München

zu sehen. Inzwischen bewegt sich das Pendel eher wieder in die andere Richtung: Die „öffentliche Ordnung" wurde erneut in einige Polizeigesetze aufgenommen und ihre Gewährleistung gilt in vielen Bundesländern inzwischen wieder als wichtige polizeiliche Aufgabe.

Die Polizei als Hilfeinstitution – Konkurrenz für die Sozialarbeit?

Für die Bürger ist die Polizei eine wichtige, unspezifische Hilfeinstitution, an die sie sich mit den verschiedensten Problemen des Alltags wenden. Nachbarschaftsstreitigkeiten, Ruhestörungen und ähnliche Konflikte sind in etwa gleichem Umfang Anlass für polizeiliches Einschreiten wie Hilfe- oder Dienstleistungen (z. B. für betrunkene oder hilflose Personen). Einsätze, in denen Polizisten zu körperlichen Auseinandersetzungen gerufen werden, finden meist in Privaträumen statt. Gewalt ereignet sich eher in der Familie als im öffentlichen Raum. Nicht nur dabei kann die Polizei die Erwartungen, die an sie herangetragen werden, nur teilweise und jedenfalls nicht nachhaltig erfüllen. Auf der anderen Seite ist sie die einzige Einrichtung, die rund um die Uhr, 365 Tage im Jahr verfügbar ist. Sich artikulierende soziale Probleme in unterschiedlichster Form laufen ebenso wie Hilfe suchende Bürger als erstes bei der Polizei auf, die dann damit umgehen muss. Die Polizei muss reagieren, sie muss sich verhalten. Die Sozialarbeit kann reagieren, von ihr wird (zumindest in der Regel) keine sofortige Reaktion erwartet und ihr stehen (mit wenigen Ausnahmen) auch nicht die dazu nötigen rechtlichen Möglichkeiten zur Verfügung. Auch wenn zuletzt die Passivität sozialpädagogischer Hilfe z. B. in den Bereichen des Kindesmissbrauchs und der Kindesmisshandlung kritisiert wurde, ist und bleibt sozialpädagogische Hilfe nachrangig und darf (zumindest nach der herrschenden Meinung) nicht aufgedrängt werden. Dies muss dazu führen, dass Sozialarbeit manchmal zu spät kommt. Daher müssen Polizei und Sozialarbeit zusammenarbeiten, um rechtzeitig Problemzonen einer Gemeinde zu lokalisieren und gemeinsame, den Bedürfnissen der Betroffenen angemessene Lösungen zu finden. Die Gefahr besteht, dass sich die Polizei auf die Seite derjenigen

stellt, die zu den „Gewinnern" in einer Gesellschaft gehören, und sich die Sozialarbeit um die „Verlierer" kümmern muss. Dies aufzubrechen und die Polizei dazu zu bewegen, auch und gerade die Interessen der Verlierer zu bewahren und zu vertreten, ist auch eine Aufgabe aktivierender Sozialarbeit.

Ansätze einer Kooperation zwischen Polizei und Sozialarbeit lassen sich in dem inzwischen nicht mehr existenten „Präventionsprojekt Polizei-Sozialarbeit (PPS)" finden, das in den 1980er Jahren in Hannover gegründet wurde. Ausgangslage für die Einrichtung des Modellprojektes war,

„dass die Polizei mit einer Fülle von Problemlagen konfrontiert wird, deren Erledigung nicht von der Polizei geleistet werden kann. Gefahrenabwehr und Strafverfolgung sind die primären Aufgabenbereiche der Polizei, nicht aber die Ausführung sozialarbeiterischer Arbeitsfelder, wie z. B. Familienberatung, Krisenintervention und Betreuung von Menschen in psychischen Notsituationen."

Die Tatsache, dass PPS keine Nachfolger in anderen Städten gefunden habe zeige, so der Niedersächsische Innenminister Schünemann anlässlich der Beendigung des Projektes,

„dass man die Schnittstelle zwischen Polizeiarbeit und Sozialarbeit auch anderweitig gut organisieren kann. Ob für den Bereich der Opferhilfe, für die Familienberatung oder die Betreuung von Menschen in psychischen Notsituationen, um nur einige Beispiele zu nennen: Maßgeblich ist der schnelle Kontakt zu den regionalen Netzwerken mit professionellen Einrichtungen, die den Betroffenen nicht nur kurzfristig Hilfestellungen geben können." (Schünemann 2005)

Null Toleranz und Kommunale Sicherheitspartnerschaften

Mitte der 1990er Jahre kam eine weitere Diskussion über die Gewährleistung der öffentlichen Sicherheit und Ordnung durch die Polizei auf. Obdachlose, Alkohol- und Drogenabhängige sowie andere Randgruppen wurden als zunehmende Belastung der kommerziellen innerstädtischen Einkaufszonen angesehen. Vor allem Kommunalpolitiker, aber auch Vertreter des Einzelhandels wollten diese Gruppen aus den Innenstädten vertreiben. Benutzt werden sollte dazu der Begriff der „öffentlichen Ordnung" in den Polizeigesetzen bzw. entsprechenden städtischen Verordnungen. Die „Null-Toleranz-Politik" basierte auf Berichten aus New York, wo die Polizei mit einer entsprechenden Vorgehensweise angeblich für weniger Kriminalität und Verbrechensfurcht gesorgt hat. Während anfangs von Erfolgen dieser Strategie in New York berichtet wurde und Polizeipraktiker wie Politiker auch in Deutschland verbreitet davon schwärmten, trat danach eine Ernüchterung ein (Feltes 2008a). Der Rückgang der Kriminalitätsbelastung war wesentlich auf andere Faktoren zurückzuführen. Zudem hatte diese Strategie mehr Risiken und Nebenwirkungen als angenommen.

Die Aufgabe der Polizei besteht unzweifelhaft darin, die öffentliche Sicherheit zu schützen sowie Straftaten zu verhindern und zu verfolgen. Inwieweit dazu auch die Umsetzung ordnungspolitischer Vorgaben gehört, ist, wie oben angedeutet, umstritten, da die Gemeinden dazu in eigener Kompetenz tätig werden und z. B. Ordnungsämter betreiben. Zudem kann ein solcher Generalauftrag nie vollständig erfüllt werden. Die Polizei hat auf die tatsächliche Kriminalitätsentwicklung nur geringen Einfluss, da diese Entwicklung nur teilweise abhängig ist von polizeilichen oder sonstigen reaktiven staatlichen Maßnahmen und eher von allgemeinen (sozial-)politischen Faktoren sowie durch das Anzeigeverhalten der Bürger gesteuert wird. Vor diesem Hintergrund und der Einsicht, dass Sicherheit und Ordnung immer soziale Komponenten beinhalten bzw. entsprechende Auswirkungen haben, wurden „Kriminalpräventive Räte" und „Sicherheitspartnerschaften" gegründet, in denen u. a. Polizei und Sozialarbeit zusammenarbeiten sollten. Tatsächlich aber ist die Mehrheit dieser Einrichtungen polizeilich dominiert. Die sozialen Dienste und ihre Vertreter weigern sich meist mehr oder weniger offen, daran mitzuwirken.

Gesetzlich geregelt ist die Zusammenarbeit zwischen Polizei und Jugendhilfe z. B. in § 81 KJHG. Die Träger der öffentlichen Jugendhilfe haben danach mit anderen Stellen und öffentlichen Einrichtungen, deren Tätigkeit sich auf die Lebenssituation junger Menschen und ihrer Familien auswirkt, zusammenzuarbeiten. Dazu gehören laut KJHG z. B. Schulen und Schulverwaltung, Gewerbeaufsicht, Polizei, Ordnungs- und Justizvollzugsbehörden. Wie sich diese Zusammenarbeit in der Praxis gestalten soll und welche Grenzen bestehen regelt das Gesetz nicht. Jugendhilfe ist ähnlich wie andere Bereiche sozialpädagogischer Arbeit (z. B. die Bewährungs- oder Straffälligenhilfe) im Kontext mit und zu anderen Sozialisationsbereichen und Politikfeldern zu sehen. Eine optimale Arbeit ist bei der Betreuung von Obdachlosen oder Drogenabhängigen ohne eine abgestimmte Zusammenarbeit zwischen den hier tätigen Institutionen schwerlich realisierbar.

Eine professionelle Zusammenarbeit zwischen Polizei und Sozialarbeit bedarf neben einer gesetzlichen Regelung vor allem einer auf die lokalen Bedürfnisse abgestellten Konzeption. Solche Überlegungen sind leider nur vereinzelt entwickelt worden, wie z. B. in Nürnberg im Rahmen eines Modellprojektes (Sentner / Fischer 2000), wo besonders auf die Schnittstellen zwischen den Arbeitsfeldern der (sozialen) Jugendarbeit und der jugendspezifischen Polizeiarbeit verwiesen wird. Betont wird auch, dass die Trennschärfe zwischen beiden Arbeitsfeldern formuliert und für alle Beteiligten deutlich gemacht werden muss.

Verhältnis zwischen Polizei und Sozialarbeit – Geschichte einer „gestörten Beziehung"

Sozialarbeit und Polizei kommen mit unterschiedlichen Zielvorgaben und gesetzlichen Aufträgen, Struktur- und Arbeitsprinzipien, Befugnissen und Kompetenzen, Methoden und Anlässen und zu verschiedenen Zeiten mit dem gleichen Personenkreis in Kontakt. Diese Kontakte können entweder kooperativ oder konfrontativ gestaltet werden. Man kann theoretisch solchen Kontakten und Kooperationen auch aus dem Weg gehen, was allerdings eher eine Verweigerung einer nachhaltigen Problemlösung oder eine Verneinung des Problems bedeutet. Neben den rechtlichen und tatsächlichen Problemen bei der Zusammenarbeit wird immer wieder auf die unterschiedlichen persönlichen Ausgangslagen und Zielsetzungen der beiden Berufsgruppen hingewiesen. Dies geschieht auch polemisch und mit schwer nachvollziehbarem ideologischem Hintergrund, wie zuletzt z.B. von Hartwich und Meder (2008), die die Bielefelder Pädagogenfakultät in einer Buchbesprechung kritisieren, weil dort ein Polizeibeamter zum Studium zugelassen wurde (s. dazu Feltes 2008b). Dabei gibt es tatsächlich wesentlich weniger Unterschiede im Selbstbild zwischen diesen beiden Berufsgruppen als allgemein unterstellt wird. Auf die Frage nach der Bewertung des Kontaktes verschiedener Institutionen der Strafrechtspflege untereinander stellten Polizeibeamte in einer früher durchgeführten Befragung dem Strafverfolgungssystem insgesamt ein eher schlechtes Zeugnis aus. Fast die Hälfte bezeichnete den Kontakt der Institutionen untereinander als mangelhaft, gerade einmal jeder zehnte sah ihn als gut oder sehr gut an. Die Zusammenarbeit zwischen Polizei, Staatsanwaltschaft, Gerichten, Bewährungshelfern und sozialen Diensten wurde als deutlich verbesserungswürdig angesehen. Auf die Frage, wo diese Verbesserung stattfinden müsste, wurde an erster Stelle die Zusammenarbeit zwischen Polizei und sozialen Diensten genannt. Dabei gab und gibt es deutliche Übereinstimmungen im Berufsziel von Polizisten und Sozialarbeitern: Beide Gruppen wollten primär „anderen Menschen helfen".

Gewalt im sozialen Nahraum – ein Beispiel für Veränderungen im Verhältnis zwischen Polizei und Sozialarbeit

Gewalt im sozialen Nahraum wurde in Deutschland bis in die 1990er Jahre im Wesentlichen als individuelles, privates Problem angesehen. Die Einsicht, dass es notwendig ist, von Seiten des Staates konsequent gegen häusliche Gewalt vorzugehen, setzte sich in den 1970er Jahren zuerst in den USA durch. Dabei trat die Verpflichtung zum polizeilichen Einschreiten bei solchen Fällen in den Vordergrund. Eine Änderung des Interventionsverhaltens der Polizei war dort neben der generellen Veränderung der Einstellung gegenüber dieser Form von Gewalt vor allem auf die sehr hohen Schadensersatzsummen zurückzuführen, die die Behörden in Fällen zu zahlen hatten, in denen die Polizei nicht oder unzureichend interveniert hatte. So musste eine Stadt in einem Fall 2,3 Millionen Dollar bezahlen, weil Beamte nicht eingriffen als eine Frau von ihrem Ehemann brutal

geschlagen wurde, obwohl sie bereits eine gerichtliche Verfügung zu ihrem Schutz beantragt hatte. 1972 wurde erstmals gefordert (zum Folgenden ausführlich Feltes/Ziegleder 2009), dass Polizeibeamte für solche Interventionen psychologisch geschult werden. 1989 zeigte das „Minneapolis Domestic Violence Experiment", dass die Rückfallrate um 50 % höher ist, wenn *keine* Verhaftung des Aggressors erfolgt. Diese und weitere Studien führten zu einer als Paradigmenwechsel zu bezeichnenden Veränderung in den USA: Während man bis dahin davon ausging, dass es kaum staatliche Einflussmöglichkeiten in diesem Bereich gebe, sah man sich nun veranlasst, Gesetze zu erlassen, die die Verhaftung des Täters (seltener der Täterin) vorsahen. Das Ergebnis waren sog. „mandatory arrest laws", die bis Mitte der 1990er Jahre in fast allen Staaten der USA eingeführt wurden und nach denen die Polizei verpflichtet war, bei entsprechenden Indizien unmittelbar und sofort Verhaftungen vorzunehmen. Als dann 1995 fünf Studien die positiven Ergebnisse dieser Verhaftungsstrategie nicht bestätigen konnten und 1998 die National Academy of Sciences zum Ergebnis kam, dass Verhaftungen *nicht* den Rückfall verhindern, führte dies erneut zu einem Umdenken. 2002 wurde dann gezeigt, dass Verhaftungen zu höheren Rückfallraten und höherer Viktimisierung führen. Täter häuslicher Gewalt werden demnach durch eine Verhaftung nicht vor einem Rückfall abgehalten, im Gegenteil.

Inzwischen weiß man, was Polizei und Justiz in solchen Fällen tun können, um tatsächlich positive Veränderungen zu bewirken und das Viktimisierungsrisiko für geschlagene Lebenspartner zu verringern. Indem die sozialen Dienste mit einbezogen sowie Behandlungsprogramme gerichtlich angeordnet werden, werden die ursprünglich monokausalen Erklärungszusammenhänge in die entsprechende Komplexität einer Intervention überführt. Ein Bündel von Maßnahmen, organisiert in einem Netzwerk sozialer Institutionen (zu denen auch die Polizei gehört), hilft den Betroffenen.

Beeinflusst von diesen Entwicklungen trat 2002 das deutsche Gewaltschutzgesetz in Kraft. Darauf folgend entwickelten die Innenministerien der Länder Rahmenvorgaben zur polizeilichen Intervention gegen häusliche Gewalt, die einen Wandel für die polizeiliche Intervention bedeuteten. Die Erfahrungen zeigten, dass sich Erfolge nur dann einstellen, wenn staatliche und nicht-staatliche Organisationen vernetzt arbeiten und eine gemeinsame Philosophie entwickeln, in welcher die Sicherheit des Opfers im Zentrum steht. Neu an diesen Netzwerken war die verstärkte Repräsentanz der Polizei neben Frauenhäusern und Hilfeeinrichtungen ebenso wie die Tatsache, dass sich Akteure aus den unterschiedlichsten Institutionen und mit verschiedenem organisatorisch-kulturellem Hintergrund zusammensetzten, um für ein gemeinsames Ziel zu arbeiten. Dafür wurde für die Polizei als Strafverfolgungsbehörde ein Wandel notwendig, um Handlungssicherheit zu schaffen. In vielen Städten wurden Kooperationen entwickelt, die als Netzwerkbasis für Institutionen und Organisationen sowie als Plattform für Diskussionen mit der Bevölkerung dienten.

Generell zeigt dieses Beispiel, dass die Polizei (wie andere Institutionen auch) öffentlich und privat in die Prozesse der gesellschaftlichen Modernisierung eingebunden ist. Diese Prozesse sind durch Effekte des Wandels charakterisiert. Einer dieser Prozesse ist die systemische Interdependenz der Organisationen, die von Beck (1986) beschrieben wurde. Konsequenzen dieses Prozesses sind stärkere Abhängigkeiten, der Zwang zur Kooperation und Forderungen nach einem synergetischen und nachhaltigen Gemeinschaftshandeln. Die am stärksten etablierte Kooperationsform zwischen Polizei und anderen Akteuren sind die „Runden Tische", bei denen Netzwerke zwischen den Mitgliedern der einzelnen beteiligten Institutionen entstanden und die sich auf Polizei, Sozialamt, Jugendamt, Ausländerbehörde, Frauenhäuser, Opfer-Organisationen, Richter und Gleichstellungsbeauftragte der Städte erstrecken. Für eine gelingende Intervention ist es wichtig, Kontaktpersonen in den Ämtern am besten persönlich zu kennen; ein „Runder Tisch" eröffnete die Chance hierfür. Im Allgemeinen wurde diese Möglichkeit zur Kooperation von den von Ziegleder (2004) interviewten Polizeibeamten als wichtig bewertet. Ihre Ergebnisse zeigten, dass das Jugendamt mit 27 % das meistkontaktierte Amt war, gefolgt von Frauenhäusern mit 21 % und dem Sozialamt mit 20 %. Andere benannte Institutionen waren das Gesundheitsamt und Opferberatungsstellen. Die Umsetzung der Vorgaben des Gewaltschutzgesetzes durch die Polizei zeigt, dass das Private nicht mehr immer nur privat ist und dass die Überzeugung gestärkt wurde, dass häusliche Gewalt ein öffentliches Problem ist, welches man stoppen muss und wogegen Intervention Sinn macht. Insofern ist dies ein positives Beispiel für ein verändertes Verhältnis und ein verbessertes Verständnis zwischen Polizei und Sozialarbeit.

Fazit

Polizei und Sozialarbeit haben miteinander zu tun. Sie haben vielfältige Aufgabenüberschneidungen, gleichzeitig aber wenig tatsächliche Berührungspunkte, wenn diese nicht strukturell geschaffen werden. Polizei und Sozialarbeit teilen sich Hilfe und Kontrolle. Beide Gruppen sind eingebunden in institutionelle Zwänge, in Abhängigkeiten und bürokratische Notwendigkeiten oder als notwendig empfundene Abläufe. Die meisten Polizisten erkennen, dass die Straftat oder der Konflikt, in den sie einbezogen werden, oftmals nur die Spitze eines Eisbergs sozialer Probleme sind, die sie mit polizeilichen Mitteln nicht nachhaltig lösen können. Zu oft aber verschließen sie dann die Augen, um nicht vor der eigenen Hilflosigkeit und der Begrenztheit polizeilicher Maßnahmen kapitulieren zu müssen. Manche bauen einen individuellen Schutzschild auf, weil sie anders die verschiedensten Anforderungen und Probleme des polizeilichen Alltags wie Familienstreitigkeit, Suizid, schwere Verkehrsunfälle und Straftaten nicht bewältigen können.

Insgesamt betrachtet hat sich die Beziehung zwischen Polizei und Sozialarbeit in den letzten Jahren deutlich entspannt. Eine echte Konfrontationslinie, wie sie noch in den 1970er und beginnenden 1980er Jahren bestand, besteht heute nicht mehr. Neue Ansätze von Polizeiarbeit (wie die „kommunale Kriminalprävention") bieten Raum für bislang zu wenig genutzte Möglichkeiten der Kooperation zwischen Sozialarbeitern und Polizisten, sofern sie als wirkliche neue Philosophie und nicht nur als Polizeitaktik verstanden werden. Polizei und Sozialarbeit können vor dem Hintergrund eines gemeinwesenbezogenen Polizeiverständnisses und entsprechender Präventionsansätze eine gemeinsame Basis der Zusammenarbeit finden. Die Zusammenarbeit kann in den vielen Bereichen, in denen sich die beiden Berufsgruppen begegnen, produktiver und vertrauensvoller verlaufen, ohne dass die jeweiligen Kernaufgaben vermischt und die notwendigen unterschiedlichen Ansatzpunkt negiert werden. Stichworte wie Gewalt in der Familie, Kindesmissbrauch, Jugend- und Kinderkriminalität, Opferbetreuung, Drogen- und Suchtprävention, Bewährungs- und Straffälligenhilfe deuten nicht mehr nur auf gemeinsame Problemstellungen hin, sondern begründen oftmals konkrete Kooperationsansätze. In diesen und weiteren Bereichen ist Polizei zumindest ebenso tangiert wie Sozialarbeit, und die Einsicht, dass soziale Probleme durch repressive Maßnahmen nicht gelöst werden können ist bei Polizeibeamten inzwischen ebenso verbreitet wie bei Sozialpädagogen die Erkenntnis, dass es ohne eine (auch) repressive Funktionen wahrnehmende Polizei keine funktionierende Gesellschaft geben kann.

Allerdings bestehen nach wie vor zum Teil nicht unerhebliche Berührungsängste und Vorurteile. Dabei hat sich an den Aufgaben und Belastungen beider Gruppen eigentlich wenig geändert. Die Belastungen sind für beide Gruppen größer und die Frustrationen häufiger geworden. Die Grundlinien aber sind gleich geblieben: Polizei hat zu kontrollieren, Sozialarbeit zu helfen. Dabei passen Pädagogik und Justiz, Hilfe und Strafe durchaus zusammen: Die Pädagogik verbindet verschiedene Möglichkeiten der Verhaltenssteuerung, Zwang mit Freiwilligkeit, soziale mit repressiven und demokratische mit autoritären Mitteln. Die Polizei wiederum kontrolliert nicht nur sie, ist auch präventiv tätig. Längst hat man erkannt, dass vorsorgen besser ist als heilen, dass Prävention sinnvoller sein kann als Repression. Auf der anderen Seite weiß man, dass Sozialarbeit kontrolliert, und zwar in größerem Maße, als dies viele wahrhaben wollen. Sozialarbeiter als „sanfte Kontrolleure" war das Thema einer Studie in den 1960er Jahren (Peters / Cremer-Schäfer 1975). Kontrolle findet dabei nicht nur in der Bewährungshilfe oder Jugendgerichtshilfe statt, wo dies offensichtlich ist, sondern in fast allen Bereichen der Sozialarbeit. Das Verhältnis zwischen Pädagogik und Justiz ist nach wie vor gespannt und muss auch so sein. Das von Thiersch verlangte „öffentlich stellvertretende Eintreten für die Bedürfnisse anderer" ist in vielen Bereichen praktischer Sozialarbeit kaum möglich. Die Verbindung von Pädagogik und Justiz, von Hilfe und Kontrolle bedeutet einen gesteigerten Zugriff auf das der Strafe unterworfene Subjekt. Die Tat verkümmert zunehmend zum Anlass von Behandlung. Die Grenzen zwischen staatlicher Intervention, der Beschneidung individueller Freiheitsrechte und dem Alltagsleben sind fließend geworden. Die limitierenden, begrenzenden Funktionen des Strafrechts werden zunehmend aufgeweicht, seine Bedeutung als rechtsstaatliche Komponente, die Verhältnismäßigkeit, Vorhersehbarkeit, Berechenbarkeit und Schutz der Verfahrensbeteiligten gewährt, gerät in Vergessenheit.

Literatur

Beck, U. (1986): Risikogesellschaft. Auf dem Weg in eine andere Moderne. Suhrkamp, Frankfurt / M.

Feltes, Th. (2008a): Null-Toleranz. In: Lange, H.-J. (Hrsg.): Kriminalpolitik. VS, Wiesbaden, 231–250

– (2008b): Vorwärts, Genossen, wir müssen zurück: Wie sich die Duisburg-Essener Pädagogik zurückentwickelt und sich nach den guten, alten Zeiten sehnt, wo man noch in Lagern denken und Gutes „gut" und Böses „böse" nennen durfte. Eine Polemik als Reaktion auf eine vorgebliche Buchbesprechung von Dietmar David Hartwich und Norbert Meder. In: www.polizei-newsletter.de, 3.12.2008

–, Ziegleder, D. (2009): Häusliche Gewalt – Die Geschichte der polizeilichen Auseinandersetzung mit einem sozialen Problem. In: Müller, H. E. (Hrsg.): Festschrift für Ulrich Eisenberg. Beck, München, 15–34

Hartwich, D. D., Meder, N. (2008): Bielefelder Blöße. Besprechung des Buches von Gil Kwamo-Kamdem: „Die Bedeutung pädagogischen Wissens in der Polizei NRW". In: http://duepublico.uni-duisburg-essen.de/servlets/DerivateServlet/Derivate-21087/BB6d_DDHb_formatiert.pdf, 3.12.2008

Peters, H., Cremer-Schäfer, H. (1975): Die sanften Kontrolleure. Wie Sozialarbeiter mit Devianten umgehen. Enke, Stuttgart

Schünemann, U. (2005): Rede zum Antrag der Fraktion der SPD Präventionsprogramm Polizei-Sozialarbeit. Sitzung des Niedersächsischen Landtages am 20.05.2005; TOP 40. In: http://www.izn.niedersachsen.de/master/C10462651_L20_D0_I522_h1.html, 3.12.2008

Sentner, G., Fischer, H.-J. (2000): Modellprojekt Kooperation Polizei – Jugendhilfe – Sozialarbeit in Nürnberg. Berliner Forum Gewaltprävention, Nr.6 Sondernummer 4, 40–54. In: http://www.berlin.de/imperia/md/content/lb-lkbgg/praevention/kooperation/projekte/05_grete_sentner.pdf sowie http://www.berlin.de/imperia/md/content/lb-lkbgg/bfg/nummer06/bfg_snr._4.pdf, 3.12.2008

Ziegleder, D. (2004): Domestic Violence – An Analysis of the Social Construction of the "Protection against Violence Act" and its Implementation through the Police. In: http://www.soziologie.de/index.php?id=278, 11.12.2008 oder per E-Mail bei diana.ziegleder@rub.de

Soziale Bewegungen

Von Roland Roth

Dass soziale Bewegungen und soziale Arbeit eng miteinander verbunden sind, ist häufig bemerkt, aber selten erforscht worden. Erst in jüngster Zeit ist das Interesse an diesem vielschichtigen und spannungsreichen Wechselverhältnis stärker geworden (Wagner 2009). Progressive, aber auch reaktionäre Bewegungen haben ihre Spuren in der Geschichte der Sozialberufe hinterlassen. Gelegentlich erscheinen letztere als die eigentlichen Nutznießer von Sozialprotesten und geraten in den Verdacht, zugleich deren Totengräber zu sein. Umgekehrt werden anwaltlich aktive Professionelle aus den Humandienstleistungsberufen nicht selten als Kerngruppe sozialer Proteste identifiziert. Nachfolgend werden einige Erträge der Bewegungsforschung für diese Debatte aufbereitet.

Definitionen und Konzepte

Soziale Bewegungen sind kollektive Aktivitäten von einer gewissen Dauer, die auf eine mehr oder weniger tiefgreifende Veränderung der Gesellschaft oder deren Verhinderung abzielen und sich dabei überwiegend nicht-institutionalisierter politischer Formen und Einflusschancen bedienen. Sie unterscheiden sich von individuellem Handeln durch die Ausbildung einer kollektiven Identität im Sinne eines Wir-Gefühls, das in erster Linie durch gemeinsames Agieren geprägt, aber auch durch geteilte Überzeugungen, Symbole, Rituale, Sprache, Verhaltensweisen und andere Zeichen der Zusammengehörigkeit bekräftigt wird. Für ihre Ziele setzen soziale Bewegungen in erster Linie auf Protest in Gestalt von öffentlich sichtbaren Mobilisierungen (z. B. Straßendemonstrationen), mit denen sie auf die öffentliche Meinungsbildung, politische Gegner und staatliche Politik einzuwirken versuchen. Von spontanen und einmaligen Protest-

ereignissen unterscheiden sich soziale Bewegungen durch ein höheres Maß an zeitlicher Kontinuität, die durch die Ausbildung eigener Organisationsformen ermöglicht wird. Dabei ist zentral, dass Bewegungen durchaus Organisationen unterschiedlichster Art hervorbringen (Vereine, Parteien, Verbände etc.), aber nicht in ihnen aufgehen, solange sie soziale Bewegung bleiben wollen. Je nach Orientierung und Radikalität der gesellschaftlichen Einflussabsichten kann z. B. zwischen revolutionären und reformerischen, zwischen progressiven und reaktionären Bewegungen unterschieden werden.

Strittig ist, ob der Begriff soziale Bewegungen als historische Universalie behandelt werden sollte, der alle möglichen herrschaftskritischen Widersetzlichkeiten, sozialen Mobilisierungen und Rebellionen einschließt, wie z. B. chiliastische Bewegungen oder die Entstehung des Mönchstums im Mittelalter, oder nur für moderne, nationalstaatlich verfasste Gesellschaften Sinn macht, in denen der Begriff selbst seine spezifische Prägung erfahren hat. Historisch hat sich der Begriff soziale Bewegung mit den frühbürgerlichen Revolutionen und dem Aufkommen der Arbeiterbewegung – lange Zeit „die" soziale Bewegung – durchgesetzt und wird seitdem für eine Vielzahl kollektiver Aktionen reklamiert. Der nationalstaatliche Rahmen macht soziale Bewegungen zu einer politischen Kraft, die durch ihre Mobilisierungen entsprechende Veränderungen in der staatlichen Politik bewirken will. In den liberal verfassten Demokratien westlicher Prägung haben soziale Bewegungen – neben Verbänden, Gewerkschaften und Parteien – einen festen Platz im System der politischen Interessenvermittlung erobern können. Die Vorbildwirkung erfolgreicher Proteste und das dabei entstandene organisatorische Netzwerk haben in vielen westlichen Gesellschaften nach dem Zweiten Weltkrieg zu einer Konjunktur sozialer Bewegungen beigetragen. In den USA

Otto/Thiersch (Hg.), Handbuch Soziale Arbeit, 4. A., DOI 10.2378/ot4a.art138,
© 2011 by Ernst Reinhardt, GmbH & Co KG, Verlag, München

wurde dieser Protestzyklus durch die Bürgerrechtsbewegung ausgelöst; in der Bundesrepublik, aber auch in anderen Ländern spielte die Außerparlamentarische Opposition der 1960er Jahre diese Rolle. Ob dieser Zyklus in den 1980er und 1990er Jahren zu einem Ende gekommen ist, oder wir – bei hohem Protestniveau – lediglich eine Veralltäglichung von Bewegungspolitik erlebt haben, ist Gegenstand kontroverser Einschätzungen. Unstrittig ist jedoch, dass vormals als unkonventionell betrachtete Formen politischen Handelns, wie z. B. die Beteiligung an Straßendemonstrationen, inzwischen zum normalen Handlungsrepertoire größerer Bevölkerungsgruppen gehören. Ein sich wandelnder und von verschiedenen Strömungen bevölkerter „Bewegungssektor" steht in Kooperations- und Konkurrenzbeziehungen zu den anderen Formen politischer Einflussnahme. Er wirkt meist indirekt über das Medium der politischen Öffentlichkeit – gelegentlich durch Parteienkonkurrenz verstärkt – auf politische Willensbildungs- und Entscheidungsprozesse ein. National spezifische „politische Gelegenheitsstrukturen" (political opportunity structures), zu denen u. a. die politische Färbung der Regierungen, die Offenheit von Teilen der politischen Elite für Bewegungsforderungen, der Grad an Repression, die Durchlässigkeit der politischen Institutionen für Protestthemen und (z. B. zentralstaatliche oder föderale) Verfassungsstrukturen gehören, begünstigen die Erfolge sozialer Bewegungen oder schließen sie nahezu aus. Diese politischen Gelegenheitsstrukturen unterliegen freilich selbst Konjunkturen, ebenso wie die Bewegungen, die sie zu ihren Gunsten zu verändern trachten. Protestzyklen können so zu allgemeinen gesellschaftlichen Reformphasen beitragen, die häufig durch Phasen der Repression oder Restauration abgelöst werden. Was für die nationalstaatliche Politik gesagt wurde, erfordert weitere regionale und lokale Differenzierungen, da auf diesen Ebenen – je nach politischer Verfassung – ein erheblicher Teil von Bewegungsenergien investiert wird. Zudem gewinnen transnationale Mobilisierungen im Zuge beschleunigter Globalisierungsprozesse an Bedeutung.

Neben dieser politischen Dynamik – und meist weniger sichtbar als diese – entfalten soziale Bewegungen eine soziokulturelle Praxis. Diese prägt ihre Proteste (z. B. durch Symbole, Kleidung, Verhaltensweisen) und bringt eigene Vergemeinschaftungen, Milieus und Einrichtungen hervor, die häufig als Alternativbewegung beschrieben werden. Soziale Bewegungen fordern die soziokulturellen Normen und Lebensweisen der Mehrheitsgesellschaft heraus und versuchen, alternative Orientierungen auch praktisch zu leben. Sie produzieren „challenging codes" im Sinne Meluccis (1996). Selbstveränderung, „Politik der Lebensstile", „personal politics" und die Suche nach (kollektiver) Identität bezeichnen Orientierungen sozialer Bewegungen, die daran erinnern, dass sie in der Regel mehr zu bieten haben als nur eine „Politik mit anderen Mitteln". Sie stellen zumeist nicht nur Forderungen an staatliche Politik, sondern versuchen ihre Bewegungsziele durch eine vorwegnehmende eigene Praxis zum Ausdruck zu bringen. Alternative Zuschreibungen von „Machtorientierung" einerseits und „Kulturorientierung" andererseits (Raschke 1985) betonen jeweils spezifische Aspekte einzelner sozialer Bewegungen. In zeitgeschichtlicher Perspektive werden „neue soziale Bewegungen" häufig als überwiegend kulturorientiert beschrieben, während klassische soziale Bewegungen – wie die Arbeiterbewegung – eher als am Machterwerb orientiert gelten. Vermutlich weisen soziale Bewegungen jedoch immer beide Pole auf, wenn auch mit unterschiedlichen Gewichtungen. So haben sich wichtige Strömungen der Arbeiterbewegung selbst als Kulturbewegungen verstanden, die nicht nur durch eigene Parteien und Gewerkschaften Macht ausüben, sondern auch durch eine alternative Solidarkultur z. B. mit eigenen Genossenschaften, Bildungs- und Sportvereinen die bürgerliche Gesellschaft überwinden wollte (Lidtke 1985). In eine ähnliche Richtung weist auch die Unterscheidung von „instrumentellen", „subkulturellen" und „gegenkulturellen" Bewegungen, die für die Analyse von Einzelbewegungen in den neuen sozialen Bewegungen fruchtbar gemacht wurde (Kriesi et al. 1995). Kulturelle und politische Energien richten sich zunehmend auch direkt an wirtschaftliche Akteure, sei es als ethisch motivierter Boykott bestimmter Waren und Dienstleistungen oder als Kampagne gegen Konzerne, die in krasser Weise Sozial- und Umweltstandards verletzen.

Diese doppelte Perspektive ist wichtig, wenn es darum geht, die Ursachen, Verlaufsformen und Wirkungen bzw. Erfolge sozialer Bewegungen auszuloten. Während die machtorientierte Perspektive

vor allem benachteiligte Interessen und soziale Ungerechtigkeiten als Ursachen für soziale Bewegungen ins Spiel bringt, betont die identitätsorientierte
Richtung eher dominante kulturelle Normen, wie
z. B. Geschlechtsrollen, Leistungsorientierungen
oder soziale Naturverhältnisse, die als repressive
Zumutung erfahren werden und die Suche nach
Alternativen auslösen. Wenn soziale Bewegungen
vor allem als eine andere politische Form betrachtet
werden, interessiert wesentlich, wie es ihnen gelingt
immer erneut und möglichst mit wachsender Resonanz öffentlich sichtbar zu bleiben, d. h. gefragt
wird nach der Dynamik von Protestereignissen
und deren Rückwirkungen auf die anderen politischen Akteure. Wird die kulturelle Herausforderung betont, interessieren die darunter liegenden
Milieus, Netzwerke und Subkulturen, in denen
soziale Bewegungen ihren Eigensinn behaupten,
die Mehrheitskultur verändern oder von ihr assimi-
liert werden. Ähnlich verhält es sich mit den Zielen
sozialer Bewegungen. Lassen sie sich in konkrete
Forderungen übersetzen (Abschaffung des § 218,
„Kein Atomkraftwerk in…", Besteuerung von
transnationalen Finanztransaktionen etc.), ist der
Erfolg leichter messbar. Meist sind Bewegungsziele
jedoch weit gesteckt und liegen auf mehreren Ebenen (z. B. „kinderfreundliche" Gesellschaft, „nachhaltige" Produktions- und Lebensweisen, Zivilisierung von Globalisierungsprozessen, globale
Gerechtigkeit). Zu ihnen gehören immer Orientierungen und Werthaltungen (z. B. postmaterialisti-
sche oder ökologische Orientierungen), die sich
auch dann ausbreiten können, wenn die konkreten
Bewegungsziele verfehlt werden (und umgekehrt).
Soziale Bewegungen bringen nicht nur konkrete
Einzelforderungen („single issues") zur Sprache,
sondern entwickeln eigene Deutungsrahmen
(„frames"), mit denen sie nicht nur ihre Identität
als Bewegung markieren, sondern auch Weltsichten und Wertschätzungen transportieren, die ihre
Forderungen öffentlich nachvollziehbar machen
und legitimieren sollen. Die öffentliche Auseinandersetzung um konkurrierende Deutungsmuster
(„framing"-Prozess) ist Teil der kulturellen Praxis
sozialer Bewegungen. Erfolge in der Durchsetzung
konkreter Einzelziele müssen nicht notwendig zu
größerer Akzeptanz von Bewegungsdeutungen
führen. Umgekehrt sehen sich soziale Bewegungen
zuweilen in der Situation, dass ihre Deutungsmuster (z. B. ökologische Orientierungen) weithin ak-

zeptiert werden, ohne dass sie entsprechende Erfolge in konkreten Politikfeldern (etwa in der
Nutzung alternativer Energien und in der Begrenzung des Ressourcenverbrauchs) erzielen.

Neue soziale Bewegungen

In jüngerer Zeit hat sich das allgemeine Interesse an
sozialen Bewegungen vor allem auf die neuen sozialen Bewegungen konzentriert. Dieser Begriff hat
sich als Sammelname für einen bestimmten Ausschnitt zeitgenössischer sozialer Bewegungen in den
1980er Jahren in Westeuropa sowohl wissenschaftlich als auch in der politischen Öffentlichkeit eingebürgert, wird aber inzwischen weltweit gebraucht.
Auch wenn der Umfang der eingeschlossenen Einzelbewegungen nicht fest umrissen und für neue
Protestthemen offen ist, gehören zumindest die
neue Frauenbewegung, die Ökologie- und die neue
Friedensbewegung zum definitorischen Kernbestand. Häufig werden auch die neue Schwulenbewegung, Solidaritätsbewegungen, Hausbesetzun-
gen, neuere Studentenbewegungen, lokale
Alternativprojekte, Selbsthilfegruppen u. a. M. hin-
zugezählt. Die Gemeinsamkeiten dieser vielfältigen
Bewegungen werden auf fünf verschiedenen Ebenen angesiedelt:

1. Zeitgeschichtlich trägt der Begriff dem Umstand
   Rechnung, dass seit mehr als zwanzig Jahren ein
   Nebeneinander verschiedener thematischer Strömungen zu beobachten ist, die sich eher weiter
   ausdifferenzieren als sich – wie noch zu Beginn der
   1980er Jahre u. a. von Touraine (1984) erwartet
   worden war – zu *einer* gemeinsamen Bewegung
   zu verdichten. Neue soziale Bewegungen können
   seit Ende der 1990er Jahre kaum mehr als Vorformen einer künftigen, zusammenfassenden Bewegung betrachtet werden. Für das Konzept neue soziale Bewegungen spricht auch die inzwischen zu
   konstatierende Beständigkeit und Verbreitung seiner Einzelbewegungen in allen hochentwickelten
   westlichen Ländern, aber auch in Ansätzen in den
   Ländern des früheren Ostblocks und in der Peripherie des globalen Systems. Besonders die Öko-
   logie-, Friedens- und Frauenbewegungen sind zu
   weltweit präsenten Akteuren geworden. Ihre Motive sind auch in der jüngsten Welle von globalisie-
   rungskritischen Protesten unübersehbar. Klima-

wandel und Treibhausgase, Artenvielfalt und globale öffentliche Güter sind einige der Stichworte, die für eine Aufwertung ihrer Themen durch transnationale Mobilisierungen sprechen. Es handelt sich bei den neuen sozialen Bewegungen also nicht, wie noch gelegentlich in den 1970er Jahren vermutet wurde, um vorübergehende, prosperitätsgestützte Modekonjunkturen in einigen reichen Ländern. An Plausibilität haben dagegen jene Interpretationen gewonnen, die davon ausgehen, dass trotz all der immer gegebenen Bewegungs- und Protestvielfalt bestimmte Entwicklungsphasen kapitalistischer Vergesellschaftung jeweils von einem bestimmten Bewegungstyp dominiert werden. Neue soziale Bewegungen haben danach das Erbe der bis zur Mitte des vorigen Jahrhunderts prägenden frühbürgerlichen Bewegungen und den bis zum Faschismus dominierenden Arbeiterbewegungen angetreten (Raschke 1985; Rucht 1994).

2. Die sozialstrukturelle Verankerung ihrer Trägergruppen ist zwar breit gestreut und erstreckt sich gelegentlich, z. B. bei regionalen Protesten gegen Atomanlagen, auf nahezu alle Bevölkerungsschichten, aber es lässt sich bei den dauerhaft Aktiven der neuen sozialen Bewegungen in den westlichen Demokratien deutlich ein Schwerpunkt im Bereich der neuen Mittelklassen, vor allem bei Auszubildenden und Professionellen der Humandienstleistungsberufe ausmachen. Sie verfügen in der Regel über mehr kulturelles und soziales Kapital als über privilegierte ökonomische Einkünfte. Ihre Protestpraxis ist – vor allem in urbanen Räumen – eingebunden in gemeinsame Netzwerke, denen entsprechende Milieubildungen zugrunde liegen. In diesem Personenkreis finden sich besonders viele Menschen, die für die gesamte Themenpalette der neuen sozialen Bewegungen mobilisierbar sind und ihre konkreten Aktionsschwerpunkte häufiger wechseln.

3. Ein ähnliches Muster finden wir bei den in den neuen sozialen Bewegungen anzutreffenden politischen Orientierungen. So gibt es in allen Einzelbewegungen durchaus konservative und reaktionäre Traditionslinien bzw. Gruppierungen, was z. B. mit Blick auf die Geschichte ökologischer Orientierungen in Deutschland wenig verwunderlich ist. Gleichwohl dominiert bei den AnhängerInnen der neuen sozialen Bewegungen deutlich ein links-libertäres Selbstverständnis, d. h. die Selbsteinstufung auf der linken Seite des politischen Spektrums

wird durch eine Präferenz staatsferner und selbstorganisierter Politikansätze ergänzt. In der politikwissenschaftlichen Diskussion haben die Ausbreitung dieser Orientierungen und die Erfolge grün-alternativer Parteien die Annahme bestärkt, mit den neuen sozialen Bewegungen sei eine neue – quer zur traditionellen Rechts / Links-Achse – verlaufende gesellschaftliche Spaltungslinie („cleavage") entstanden, deren Gegenpol von einer neuen Rechten gebildet wird. Parallel argumentiert die von Inglehart (1989) zuerst entwickelte These vom Wertewandel, die in den neuen sozialen Bewegungen eine Avantgarde bei der Zurückdrängung materialistischer (an Sicherheit und materiellen Wohlstand orientierter) zugunsten postmaterialistischer (an Partizipation und Selbstverwirklichung orientierter) Werte sieht. Dennoch ist zu betonen, dass in den neuen sozialen Bewegungen keine einheitliche und geschlossene Ideologie anzutreffen ist.

4. Besonders deutlich fällt der Kontrast zur „alten" sozialen Bewegung, der Arbeiterbewegung, in der Dimension der bevorzugten Organisationsformen aus. Auch mehrere Dekaden nach ihrem ersten Auftauchen gibt es weder bei den Einzelbewegungen noch übergreifend einen Trend in Richtung bürokratischer Großorganisation mit klar umrissenen Mitgliedschaften. Zwar haben auch die neuen sozialen Bewegungen eine organisatorische Infrastruktur mit nahe stehenden Parteien und Verbänden, aber deren repräsentatives Gewicht ist vergleichsweise gering geblieben. Es dominieren eher vereinsförmige Bürgerinitiativen und Selbstverwaltungsprojekte, sowie lokale Zusammenschlüsse und lose Netzwerke auf nationaler und internationaler Ebene – eine Organisationsentwicklung in Richtung Bürokratie und Massenorganisation zeichnet sich jedenfalls nicht ab. Eine vergleichsweise große Sensibilität für das „Politikum der Form" (Narr 1980) führte – besonders in der neuen Frauenbewegung – immer wieder zu organisatorischen Kurskorrekturen in die Gegenrichtung. Nach wie vor trifft für die neuen sozialen Bewegungen überwiegend die Charakterisierung zu: ein geringer Grad organisatorischer Verfestigung, Bürokratisierung und Zentralisierung in Verbindung mit Führerfeindlichkeit (Raschke 1985). Ihre Institutionalisierung vollzieht sich stattdessen eher entlang einer professionellen Orientierung, sei es in den eigenen Projekten

(Roth 1994; Rucht et al. 1997) oder in einem bewegungsnahen institutionellen Umfeld (z. B. in ökologischen Forschungsinstituten, kommunalen Frauenbüros).

5. Mit Blick auf das Aktionsrepertoire betont die historische Protestforschung, dass die neuen sozialen Bewegungen keine eigenen „Erfindungen" beigesteuert hätten, von der Besetzung von Räumen und Einrichtungen einmal abgesehen (Tilly 2004). Ob die sit-ins, go-ins und teach-ins der US-Bürgerrechtsbewegung und der studentischen Protestbewegungen wirklich neu waren oder lediglich Variationen direkter Aktion und zivilen Ungehorsams, mag hier offen bleiben. Auffällig ist das breite Spektrum der genutzten Aktionsformen mit einer deutlichen Betonung von gewaltfreien, demonstrativen und symbolischen Praktiken, die in projektspezifischen Mobilisierungen entlang wechselnder Themen entfaltet werden.

Weitgehend unstrittig sind drei politische Entwicklungstendenzen, die auch den Gegenstandsbereich soziale Bewegungen grundlegend berühren. Zum ersten lässt sich gesellschaftlich eine breite Anerkennung ihrer Themen und Mobilisierungsformen beobachten, die zu entsprechenden Öffnungen in Parteien und Verbänden, aber auch zu institutionellen Ergänzungen des politischen Gefüges vor allem auf kommunaler Ebene geführt haben (Frauenbüros, Umweltdezernate, Selbsthilfeförderung etc.). Mit schwindender Frontstellung und der Ausweitung eines intermediären Bereichs zwischen Bewegungen und den klassischen Institutionen des politischen Systems – bis hin zur gestiegenen Rolle der entsprechenden Nicht-Regierungs-Organisationen (NGOs) in der internationalen Politik – drohen die Konturen der Bewegungen selbst zu verschwimmen. Die kommerzielle Nutzung ihrer Themen und Motive trägt zusätzlich dazu bei. Da Protestmobilisierungen insgesamt aber keineswegs rückläufig sind und das politische Engagement in Gruppen der neuen sozialen Bewegungen weiterhin attraktiv ist, lässt sich dieser Trend wohl am besten als Form der Institutionalisierung der neuen sozialen Bewegungen als Bewegungen deuten – allerdings mit begrenztem Einfluss auf das übrige politische Geschehen und seine institutionelle Verfassung. In dieses Bild der marginalen Institutionalisierung passt auch ein zweiter Trend. Während die Domi-

nanz ihrer Mobilisierungen auf der Tagesordnung des politischen Protests noch vor einem Jahrzehnt unstrittig war, gewinnen seit den 1990er Jahren rechtsradikale Mobilisierungen, aber auch progressive Proteste entlang sozialer Themen (Arbeitslosigkeit, Armut etc.) an Gewicht. Im Falle der fremdenfeindlichen Gewaltexzesse und Aufmärsche waren die Gegenmobilisierungen aus den Milieus der neuen sozialen Bewegungen stets deutlich umfangreicher. Aber die rechtsextreme Szene hat sich in der Bundesrepublik in den letzten beiden Jahrzehnten als Bewegungsmilieu etablieren können und trägt regelmäßig zum Protestgeschehen bei. Im Unterschied zu den historischen faschistischen Bewegungen (Kappeler 2000) scheint der Einfluss auf die professionelle Sozialarbeit bislang allerdings gering. Auch wenn es mit Blick auf deutsche Verhältnisse sicherlich unangemessen wäre, von „poor people's movements" (Piven / Cloward 1977) zu sprechen, kam es anlässlich der Umsetzung neuer Sozialgesetze („Hartz IV") im Herbst 2004 zu den massivsten Sozialprotesten in der Geschichte der Bundesrepublik. Ob den Akteuren der neuen sozialen Bewegungen die Brücke bei solch „klassischen" sozialen Fragen wie Obdachlosigkeit, Armut und Arbeitslosigkeit gelingt, wie dies mit dem Vorbild des Weltsozialforums (zuerst 2001 in Porto Alegre) in regionalen, nationalen und lokalen Sozialforen angestrebt wird, und wie sich dabei die neuen sozialen Bewegungen und ihre Milieus verändern, ist eine der Zukunftsfragen an diesen offenen und wandlungsfähigen Bewegungstyp.

Drittens schaffen ökonomisch vorangetriebene, kulturelle und soziale Globalisierungsprozesse neue politische Rahmenbedingungen für soziale Bewegungen. Die Konsequenzen sind jedoch keineswegs eindeutig. Die düstere Vermutung, soziale Bewegungen könnten einen ähnlichen Bedeutungsverlust erleiden wie andere nationalstaatlich orientierte Formen der Politik, wird noch durch die Diagnose verstärkt, dass die Themen der neuen sozialen Bewegungen durch die vorherrschende politische Orientierung an internationaler ökonomischer Wettbewerbsfähigkeit entwertet werden. Hoffnungsvollere Perspektiven für die Zukunft sozialer Bewegungen ergeben sich aus der Beobachtung, dass besonders im Kontext der neuen sozialen Bewegungen ein schnelles Wachstum von international agierenden Gruppen und Organisationen zu beobachten ist, die nicht nur Gipfelkonferenzen und Regierungstreffen beleben, sondern auch – wie z. B. Greenpeace, attac und viele andere – transnational protestfähig sind (Boli / Thomas 1999; Brunnengräber et al. 2005). Zudem sei die Orientierung vieler sozialer Bewegungen an lokalen Identitäten eine wichtige, zunehmend bedeutendere Quelle der Kritik und politischen Regulierung von Globalisierungsprozessen (Castells 1997).

Der Prozess der Veralltäglichung und Normalisierung bewegter Politik ist auch in den letzten Jahren vorangeschritten, wobei sich die Konturen zwischen alten und neuen Themen zunehmend verwischen. Dies gilt auch für deren Milieugrenzen. Dennoch kann auch eine Repolitisierung sozialer Bewegungen beobachtet werden, weil sie vor allem auf Mängel im System der politischen Repräsentation hinweisen und eine neue Runde der Demokratisierungen liberaler Demokratien einfordern (Roth / Rucht 2008). Unter dem Eindruck globaler ökonomischer und ökologischer Krisen gilt dies in besonderem Maße für die Ebene der transnationalen Politik.

Soziale Bewegungen, soziale Probleme und Sozialpolitik

Trotz aller thematischen Vielfalt besteht eine besondere Nähe zwischen sozialen Bewegungen, sozialen Berufen und Sozialpolitik (Nowak 1988; Wagner 2009). Sie geht zurück auf eine Phase, in der soziale Probleme und soziale Bewegungen noch in der Einzahl verhandelt wurden. Die Arbeiterbewegungen des 19. Jahrhunderts konnten als „die" soziale Bewegung betrachtet werden, die „die" soziale Frage (im zeitgenössischen englischen Sprachraum als „social problem" – ebenfalls in der Einzahl – übersetzt) in immer neuen Variationen auf die Tagesordnung setzen: Fairness und soziale Gerechtigkeit im Verhältnis von Kapital und Arbeit bzw. die Überwindung des Systems der Lohnarbeit. Die vielfältigen sozialen Probleme – von den „arbeitenden Armen" bis zur Kinderarbeit, von der hohen Säuglingssterblichkeit bis zu den hygienischen Zuständen in den schnell wachsenden Industrieansiedlungen – konnten mit einiger Berechtigung als zeitgenössische Erscheinungsformen einer grundlegenden sozialen Frage betrachtet werden (Pankoke 1970; Schwartz 1997). Indem Ar-

beiterbewegungen und andere Mobilisierungen in ihrem Umfeld „die" soziale Frage immer wieder in demonstrativen Formen und Konflikten auf die Tagesordnung setzten, hatten sie erheblichen Anteil an der Herausbildung moderner Sozialstaaten und der Gestaltung ihrer spezifischen institutionellen Regelungen. Dies bedeutet weder, soziale Bewegungen allein oder auch nur vorrangig für die Ausgestaltung sozialer Sicherungssysteme zu reklamieren, noch dass die einmal etablierten Regelungen im Sinne dieser Bewegungen ausgefallen wären. Für den meist indirekten Einfluss sozialer Bewegungen mit von ihnen nicht-intendierten Folgen bietet die mit dem Namen Bismarck verbundene Sozialgesetzgebung in Deutschland Anschauungsmaterial. Die zunächst im Umfang sehr begrenzten sozialen Sicherungen waren eingeführt worden, um die Sozialdemokratie politisch einzudämmen. Als staatliche Zwangsversicherung drängte sie paternalistisch den Einfluss der Bewegungsakteure auf deren Ausgestaltung zurück. Mit Blick auf die weiter gesteckten Bewegungsziele war das staatliche „Angebot", Sozialversicherung statt Sozialismus, durchaus kein Bewegungserfolg. Dies gilt noch mehr für die in der frühen Arbeiterbewegung entwickelten Solidareinrichtungen. Mit der staatlichen Zwangsversicherung wurde den betrieblichen und berufsspezifischen Solidarkassen in der alleinigen Regie der Arbeitenden das Wasser abgegraben: Versicherung statt Solidarität (Rodenstein 1978). Dieser Hinweis auf die deutsche Entwicklung macht deutlich, dass sich aus der Perspektive sozialer Bewegungen die Herausbildung staatlicher Sozialpolitik – auch über die Bismarcksche Sozialpolitik hinaus – sowohl als begrenzter Erfolg wie auch als erfolgreiche Gegenmobilisierung deuten lässt.

Dieses ambivalente Grundmuster lässt sich auch in der weiteren Entwicklungsdynamik zwischen sozialen Bewegungen, sozialen Problemen und staatlicher Sozialpolitik wiederfinden. Kennzeichnend ist jedoch spätestens seit dem beginnenden 20. Jahrhundert der Plural sowohl der sozialen Bewegungen wie der sozialen Probleme. Darin drückt sich einmal das schwindende Vertrauen aus, von einem Punkt aus (der „Systemfrage") alle Formen sozialer Desintegration bearbeiten zu können. Zum anderen sind sie Ergebnis der Spezialisierungseffekte aus dem Zusammenspiel der Institutionalisierung staatlicher Sozialpolitik, der universitären Etablierung der Sozialwissenschaften wie der Verberuflichung sozialer Arbeit. Seither gelten soziale Bewegungen als Schwungrad in der Artikulation und Gewichtung sozialer Probleme, die dann in Wohlfahrtsverbänden, Sozialwissenschaften und staatlichen Politiken kleingearbeitet werden. Gerade in Ländern mit schwächer entwickelten sozialstaatlichen Sicherungssystemen und weniger starken Wohlfahrtsverbänden, wie z. B. den USA, ist dieser enge Zusammenhang zwischen sozialen Problemen und sozialen Bewegungen immer wieder hervorgehoben worden. Wesentliche sozialpolitische Errungenschaften der USA aufgrund des New Deal und in den 1960er Jahren waren Antworten auf die Massenproteste von Industriearbeitern bzw. der Bürgerrechtsbewegung (Piven / Cloward 1997). Zugespitzt in der Gleichsetzung „social problems as social movements" (Blumer 1971; Mauss 1975) betont vor allem die konstruktivistische Soziologie die kreative sozialpolitische Rolle sozialer Bewegungen. Da soziale Probleme nicht „objektiv" vorgegeben, sondern im Prinzip unerschöpflich sind, so die Grundannahme, sei deren erfolgreiche Thematisierung ein vielstufiger öffentlicher Prozess, an dem zahlreiche Akteure beteiligt sind, aber der sichtbare Protest sozialer Bewegungen entscheidende Akzente setzt (Bash 1995). Diese Perspektive hat in den letzten Jahrzehnten auch in Westeuropa an Einfluss gewonnen, seit die Grenzen sozialstaatlicher Integration offensichtlich geworden sind und „alte" Formen sozialer Exklusion zunehmen. Eine neue Runde von „poor people's movements" scheint angesagt. Damit wird auch von einem evolutionär gestimmten institutionellen Bild des Wohlfahrtsstaats Abschied genommen, wie es bereits früh T. H. Marshall (1950) gezeichnet hat: Die als Antwort auf soziale Bewegungen geschaffenen wohlfahrtsstaatlichen Sicherungssysteme machten soziale Bewegungen letztlich überflüssig. Stattdessen können wir eine Vervielfältigung sozialer Probleme beobachten, die mit jeder neuen Protestmobilisierung Zuwachs erhält, aber auch neue Lösungswege hervorbringt (Crone 2007).

Gegen das Trugbild einer erfolgreichen sozialstaatlichen Lösung sozialer Fragen hatten zuvor bereits die neuen sozialen Bewegungen in ihren vielfältigen Initiativen mobilisiert (Roth 1991). Thematisiert wurden nicht nur die Blind- und Schwach-

stellen sozialer Dienste und Sicherungen, sondern auch ihre herrschaftlich-bevormundenden Formen. Erinnert sei an die Skandalisierung der Lebensbedingungen in totalen Institutionen (z. B. Kinder- und Jugendheime, psychiatrische Anstalten, Gefängnisse, Alten- und Pflegeheime) und die Versuche, Alternativen (Wohngemeinschaften, gemeindenahe, offene, niedrigschwellige Einrichtungen, ambulante Dienste, Selbsthilfegruppen) zu entwickeln, in denen die Menschenrechte der Betroffenen respektiert und deren eigene Handlungspotenziale gefördert werden („empowerment"). Mit ihren Randgruppenmobilisierungen, Krüppelinitiativen, Irrenoffensiven, Jugendzentrumsinitiativen, Altenmobilisierungen oder der Gesundheitsbewegung – um nur einige zu nennen – haben die neuen sozialen Bewegungen die eingangs beschriebene politisch-kulturelle Doppelrolle sozialer Bewegungen erfüllt: Veränderung in der staatlichen Sozialpolitik einzuklagen und zugleich modellhaft eigene Einrichtungen und Projekte zu entwickeln, die als Vorgriff auf Gewünschtes gelten können. Es gibt wohl keinen Bereich der Sozial- und Gesundheitspolitik, in dem diese bewegte Infragestellung nicht stattgefunden hätte. Ihre Resonanz ist auch in jenen Arbeitsfeldern zu spüren, wo institutionelle Reformen in die protestierend eingeforderte Richtung ausgeblieben sind. Die enorme sozialpolitische Dynamik, die von der Skandalierung sozialer Missstände durch soziale Bewegungen über bewegungseigene Alternativen bis zu sozialen Regeleinrichtungen reicht, lässt sich wohl am eindrucksvollsten am Beispiel männlicher Gewalt gegen Frauen und Kinder zeigen. In den 1970er Jahren setzte die neue Frauenbewegung Vergewaltigung und Missbrauch auf die politische Agenda und schuf eigene, zunächst meist „autonome" Einrichtungen wie Frauenhäuser, Notrufe und Beratungsstellen. Kaum ein Jahrzehnt später gehörte die Förderung solcher Einrichtungen zum mehr oder weniger selbstverständlichen Aufgabenbereich kommunaler Sozialpolitik. Ähnliches lässt sich für die kommunale Selbsthilfeförderung zeigen. Im Kontext von Aids wurde in der Bundesrepublik Projekten der Schwulenbewegung frühzeitig ein wesentlicher Teil staatlicher Gesundheitspolitik übertragen und deren besondere Präventions- und Betreuungsleistungen anerkannt (Rosenbrock 1998). Die schnelle Verbreitung von Tafel-Initiativen bietet ein aktuelles Exempel, wie Initiativen auf Armutslagen reagieren, die im Kontext staatlicher Sozialpolitik nicht bearbeitet werden.

Diese Beispiele mögen genügen, um zu verdeutlichen, dass die sozialpolitische Produktivität sozialer Bewegungen in Form von Protest und von Bewegungsalternativen keineswegs im vorigen Jahrhundert ausgeschöpft wurde, sondern auch in jüngster Zeit enorm ist, selbst wenn es an reformpolitischen Öffnungen mangelt

Soziale Bewegungen und Soziale Arbeit

Die Nähe von Sozialpolitik und sozialen Bewegungen bringt es mit sich, dass die Geschichte der sozialen Berufe und ihrer Professionalisierung nachhaltig von sozialen Bewegungen geprägt wurde und noch immer geprägt wird. Unter der Überschrift „Mütterlichkeit als Beruf" (Sachße 1986) wurden z. B. die Verbindungen zwischen historischer „bürgerlicher" Frauenbewegung und der Entwicklung des Berufsfeldes Sozialer Arbeit seit dem Ende des 19. Jahrhunderts freigelegt. Auch auf das modernisierte berufliche Selbstverständnis, das mit der akademischen Aufwertung und Professionalisierung seit der zweiten Hälfte der 1960er Jahre einher ging, wirkten soziale Bewegungen ein. Die Anstöße aus der Außerparlamentarischen Opposition und den neuen sozialen Bewegungen waren zeitweilig so nachhaltig, dass sogar von einer „Sozialarbeiterbewegung" die Rede war (Baron et al. 1978). Sie nahm Abschied vom fürsorgenden Mitgefühl und klientelistisch-bürokratischer Fallbearbeitung, indem sie anwaltliche Interessenvertretung und gemeinsame Mobilisierung auf ihre Fahnen schrieb und in einer „Projekte-Bewegung" neue Formen

Sozialer Arbeit erprobte. Nicht nur Konflikte mit den Anstellungsträgern wie Kommunen und Wohlfahrtsverbänden waren die Folge. Auch das Verhältnis zwischen professioneller Sozialarbeit und neuen sozialen Bewegungen blieb spannungsgeladen. Radikalere Strömungen der Jugendzentrums- und Frauenhausbewegung z. B. verweigerten jede Kooperation mit professioneller Sozialarbeit. Gleichbetroffenheit wurde nicht nur in Frauenprojekten zu einer Norm, die eine professionelle Identität selbst jenen schwer machte, die sich radikaler und progressiver Sozialer Arbeit verschrieben hatten. Hinzu kam die bewegte Infragestellung etablierter Formen Sozialer Arbeit in allen Bereichen. In der Folge entwickelten sich hybride Praxisformen, die nicht selten zwischen Sozialarbeit und Bewegungsprojekt schwanken. Dabei handelt es sich nicht um eine deutsche Sonderentwicklung, sondern um eine weltweite Erscheinung, die besonders in den USA als „Empowerment"-Tradition Anerkennung gefunden hat (Simon 1994).

Die Suche nach einer „neuen Professionalität" sozialer Berufe ist keineswegs abgeschlossen. Eine weitere Verwissenschaftlichung ist ebenso im Gespräch wie eine verstärkte Orientierung an Arbeitsformen (Projekteorientierung, Selbsthilfeförderung, Vernetzung, Gemeindeorientierung, Empowerment etc.) und Zielvorstellungen (Sozialberufe als Menschenrechtsprofessionen, Wahrung von Bürgerrechten auch in prekären Lebenssituationen, Wohlfahrtspluralismus, Wohlfahrtsgesellschaft, „Politik des Sozialen" statt staatliche Sozialpolitik, globale soziale Gerechtigkeit, zusätzlich die viel gebrauchten Adjektive ökologisch, feministisch, multikulturell, global etc.), die ihre wesentlichen Anstöße durch zeitgenössische soziale Bewegungen erhalten haben.

Literatur

Baron, R., Dyckerhoff K., Landwehr, R., Nootbaar, H. (Hrsg.) (1978): Sozialarbeit zwischen Bürokratie und Klient – die Sozialpädagogische Korrespondenz 1969–1973. Verlag 2000, Offenbach

Bash, H. H. (1995): Social Problems and Social Movements. Atlantic Highlands, NJ

Blumer, H. (1971): Social Problems as Collective Behavior. Social Problems 18, 298–306

Boli, J., Thomas, G. M. (1999): Constructing World Culture: International Nongovernmental Organizations Since 1875. Stanford UP, Stanford

Brand, K.-W., Büsser, D., Rucht, D. (1986): Aufbruch in eine andere Gesellschaft. Campus Verlag, Frankfurt/M.

Brunnengräber, A., Klein, A., Walk, H. (Hrsg.) (2005): NGOs im Prozess der Globalisierung. VS Verlag, Wiesbaden

Castells, M. (1997): The Power of Identity. Blackwell, Oxford

Crone, J. (2007): How Can we Solve our Social Problems? Pine Forge Press, Thousand Oaks

Inglehart, R. (1989): Kultureller Umbruch. Campus Verlag, Frankfurt/M.

Kappeler, M. (2000): Der schreckliche Traum vom vollkommenen Menschen. Rassenhygiene und Eugenik in der Sozialen Arbeit. Schüren Verlag, Marburg

Kriesi, H. P., Koopmans, R., Duyvendak, J. W., Giugni, M. G. (1995): New Social Movements in Western Europe. UCL Press, London

Lidtke, V. (1985): The Alternative Culture. Oxford UP, Oxford

Marshall, T. H. (1950): Citizenship and Social Class and Other Essays. Cambridge UP, Cambridge (dt. 1992)

Mauss, A. L. (1975): Social Problems as Social Movements. Temple UP, Philadelphia

Melucci, A. (1996): Challenging Codes. Polity Press, Cambridge

Narr, W.-D. (1980): Zum Politikum der Form. Leviathan 8, 143–163

Nowak, J. (1988): Soziale Probleme und soziale Bewegungen. Beltz, Weinheim

Pankoke, E. (1970): Sociale Bewegung – Sociale Frage – Sociale Politik. Klett-Cotta, Stuttgart

Piven, F. F., Cloward, R. A. (1997): The Breaking of the American Social Compact. Free Press, New York

– , – (1977): Poor People's Movements. Free Press, New York (dt. 1986)

Raschke, J. (1985): Soziale Bewegungen. Campus Verlag, Frankfurt/M.

Rodenstein, M. (1978): Arbeiterselbsthilfe, Arbeiterselbstverwaltung und staatliche Krankenversicherungspolitik in Deutschland. In: Guldimann, T., Rodenstein, M., Rödel, U.: Sozialpolitik als soziale Kontrolle (Starnberger Studien 2). Suhrkamp, Frankfurt/M., 113–180

Rosenbrock, R. (1998): Aids-Politik, Gesundheitspolitik und Schwulenpolitik. In: Ferdinand, U., Pretzel, A., Seeck, A. (Hrsg.): Verqueere Wissenschaft? Lit-Verlag, Münster, 365–378

Roth, R. (1994): Demokratie von unten. Bund-Verlag, Köln

– (1991): Sozialpolitik von unten. Forschungsjournal Neue Soziale Bewegungen 4, 41–56

–, Rucht, D. (Hrsg.) (2008): Soziale Bewegungen in Deutschland seit 1945. Ein Handbuch. Campus Verlag, Frankfurt/M./New York

Rucht, D. (1994): Modernisierung und neue soziale Bewegungen. Campus Verlag, Frankfurt/M.

–, Blattert, B., Rink, D. (1997): Soziale Bewegungen auf dem Weg zur Institutionalisierung. Campus Verlag, Frankfurt/M.

Sachße, Ch. (1986): Mütterlichkeit als Beruf. Suhrkamp, Frankfurt/M.

Schwartz, H. (1997): On the Origins of the Phrase „Social Problems". Social Problems 44, 276–292

Simon, B. L. (1994): The Empowerment Tradition in American Social Work. Columbia University Press, New York

Tilly, Ch. (2004): Contention & Democracy in Europe, 1650–2000. Cambridge University Press, Cambridge

Touraine, A. (1984): Le retour de l'acteur. Edition Seuil, Paris

Wagner, L. (Hrsg.) (2009): Soziale Arbeit und Soziale Bewegungen. VS Verlag, Wiesbaden

Soziale Kontrolle

Von Gaby Flösser und Katja Wohlgemuth

Der 1901 von Edward A. Ross eingeführte Grundbegriff der Soziologie ist in mehrfacher Hinsicht mit Theoriebildungen, professionspolitischen Konzepten und praktischen Interventionsmustern der Sozialen Arbeit im Hinblick auf abweichendes Verhalten Einzelner oder auch gesellschaftlicher Gruppen verknüpft. Obwohl eine allgemein anerkannte Definition „sozialer Kontrolle" fehlt, sind weitgehend übereinstimmende Bausteine des Konzeptes identifizierbar: *Erstens* bezeichnet soziale Kontrolle eine Form (intentionalen) sozialen Handelns, das auf die Herstellung von Konformität der Gesellschaftsmitglieder zielt, *zweitens* lassen sich zwei Handlungsmuster unterscheiden, die die Konformität gewährleisten sollen, die Internalisierung von Normen und Werten durch das Individuum, v. a. durch Erziehung und Sozialisation, sowie die externe Sanktionierung gewünschten oder abweichenden Verhaltens und *drittens* lassen sich aus einer Akteursperspektive verschiedene Instanzen sozialer Kontrolle unterscheiden. Diese Bausteine und ihre Implikationen sind im Folgenden zu explizieren:

Übereinstimmendes Merkmal der meisten Definitionen zur sozialen Kontrolle ist deren Intention, abweichendes Verhalten zukünftig zu verhindern. Ob diese Intention allein genügt, Handlungen und Strukturen als soziale Kontrolle zu identifizieren, oder ob über die Intention hinaus auch eine Wirksamkeit gegeben sein muss, ist bereits einer der virulenten Aspekte der Begriffsbestimmungen. Ebenso stellt sich die Frage, ob diverse Techniken, Maßnahmen und Interaktionen, deren Intention (zunächst) auf einer anderen Ebene liegen (beispielsweise Erziehung), die jedoch mittelbar abweichendes Verhalten verhindern und Konformität sicherstellen, unter dem Oberbegriff der sozialen Kontrolle zu subsumieren sind, was insbesondere aus erziehungswissenschaftlicher Perspektive kritisch zu hinterfragen ist, zumal auf diese Weise eine inhaltliche Verkürzung von Erziehung oder auch Sozialisation im Dienste der Verhinderung von Abweichung zu befürchten wäre.

Jenseits der theoretischen Debatten um die Trennschärfe einzelner Begriffe werden der sozialen Kontrolle über die Verhinderung von Abweichung und die damit verbundene Herstellung von Konformität hinaus diverse andere und weiterführende Intentionen zugeschrieben. Auf das Individuum bezogen geht es ihr darum, einen vermeintlich von der Mehrheit der Mitglieder einer Gesellschaft akzeptierten Wertekanon zu vermitteln „Social control inheres in the more or less common obligatory usages and values which define the relation of one person to another, to things, to ideas, to groups, to classes, and to the society in general" (Hollingshead 1941, 220). Diese Werte, Normen und Traditionen gilt es durchzusetzen, um damit Konformität zu erzielen. Intendiert ist dabei aber anders als in Konzepten der Sozialisation oder Enkulturation weniger die Tradierung von Normen und gesellschaftlichen Moralvorstellungen. „Unter sozialer Kontrolle werden die Prozesse und Mechanismen verstanden, mit deren Hilfe eine Gesellschaft ihre Mitglieder zu erwünschtem und konformen Verhalten anleiten will. So gesehen ermöglicht soziale Kontrolle erst das Funktionieren von Gesellschaften" (Reinhold 1991, 514). Diese Sicherstellung des „smooth functioning of a group or society" (Theodorson / Theodorson 1969, 386) beruht auf der These, dass Abweichung und Devianz die Stabilität einer Gesellschaft bzw. einer Herrschaft infrage stellen. Funktionieren kann Gesellschaft bzw. können soziale Gefüge dementsprechend nur, wenn sich der überwiegende Teil ihrer Mitglieder konform zu den innerhalb der Gruppe geltenden Normen und Verhaltenserwartungen verhält. Andernfalls ist dies mittels Strukturen und Techniken

Otto/Thiersch (Hg.), Handbuch Soziale Arbeit, 4. A., DOI 10.2378/ot4a.art139,
© 2011 by Ernst Reinhardt, GmbH & Co KG, Verlag, München

sozialer Kontrolle sicherzustellen. Orientiert sind sämtliche Praktiken sozialer Kontrolle demnach an einem Idealbild von Gesellschaft (Vincent 1885, 473), in dem Abweichung nicht existiert bzw. der Konsens hinsichtlich geltender Normen und Werte uneingeschränkt gilt. Da dieses Ideal allerdings durchaus als solches identifiziert wurde, geht es, den Begriffsbestimmungen folgend, eher um die Minimierung, Reduzierung und Einschränkung von als abweichend deklarierten Verhaltensweisen. Damit stehen Techniken sozialer Kontrolle im Gesamtkontext der „organization of people" (Mead 1925, 275), in dem Sinne, dass gesellschaftliche Strukturen legitimiert und manifestiert werden sollen. Dies geschieht – folgt man einer Vielzahl von Definitionen zur sozialen Kontrolle – überwiegend im Interesse der Sicherung und Ausübung von Herrschaft. In dem Moment, in dem nicht mehr einzelne Individuen im Rahmen von Interaktionsprozessen im privaten Kontext soziale Kontrolle ausüben, sondern von der „Gesamtheit aller sozialen Prozesse und Strukturen, die abweichendes Verhalten der Mitglieder einer Gesellschaft verhindern oder einschränken" (Hartfiel 1972, 355) die Rede ist und diese auf eine „organisierte Struktur sozialer Kontrolle" (Cohen 1975, 73) fußen, zielen diese Techniken auf die Ausübung von Macht. Ziel ist die Sicherung des Status Quo durch die Bewahrung bis dato vermeintlich geltender Normen und Werte, um auf diese Weise grundlegende gesellschaftliche Veränderungen, die möglicherweise delegitimierend auf das bestehende Herrschaftssystem wirken könnten, zu verhindern. Dazu nutzt „Gesellschaft" bzw. nutzt eine mit der entsprechenden Macht ausgerüstete gesellschaftliche Gruppierung (Exekutive oder politisch machtvolle Gruppen) die ihr zur Verfügung stehenden Mittel und versucht, bei Mitgliedern, die sich abweichend verhalten oder denen zumindest ein erhöhtes Risiko für Abweichungen attestiert wird, „konformes Verhalten zu erzielen oder zu erhöhen und abweichendes Verhalten zu verhindern oder zu reduzieren" (Reinhold 1991, 327 f.).

Neben den angeführten, durchaus variierenden Intentionen, die mit sozialer Kontrolle verbunden sein können, ist deren normative Dimension das zweite zentrale Element der vielfältigen Begriffsbestimmungen. Formen sozialer Kontrolle, die sich vorwiegend auf Interaktionen im privaten Kontext beschränken (bspw. Prozesse der Normverdeutli-

chung zwischen Eltern und Kindern) können im Sinne der Tradierung von Normen und Werten gedeutet werden. Sie stellen über die Ausbildung eines Gewissens eine mittelbare Form sozialer Kontrolle dar, die möglicherweise sogar wirksamer ist, als direkte Formen der Kontrolle (Lamnek 1996, 304 f.). Unabhängig davon gehen sie jedoch – wie jede Form sozialer Kontrolle – von einem weitgehend gültigen gesellschaftlichen Wertekanon aus, der zu bewahren ist bzw. zu dem Konformität herzustellen ist. Welche Werte und Normen Teil dieses Kanons sind, ist nicht (nur) quantitativ in dem Sinne bestimmbar, dass die Majorität der Mitglieder einer Gesellschaft sie teilen, sondern es hängt im Wesentlichen von der Definitionsmacht der Gruppen ab, die ein Interesse an der Durchsetzung dieser Werte haben. „The definition of social control [...] implies that a major issue in the study of social control must bet the study of who is it in a society that creates and upholdes collective definitions of behaviors and situations as problematic" (Davis / Anderson 1983, 18 f.). Abweichung und abweichendes Verhalten sind daher als Zuschreibungsprozesse zu identifizieren und Normen und Werte als Gegenstand interaktiver Aushandlungsprozesse sowie gesellschaftlicher Transformationsprozesse. Im Zentrum der Theorien sozialer Kontrolle steht damit auch die Frage „how people define and respond to deviant behavior" (Black 1984, 5). Handlungsleitende Voraussetzung für jegliche Form sozialer Kontrolle in diesem Sinne der Erzielung von Konformität ist die Idee, dass es Individuen gibt, „die aufgrund ihrer Sozialisation und Lebensumstände nicht in hinreichendem Maße die soziokulturellen Werte und Normen verinnerlicht (Internalisierung) haben und auch nicht aus Einsicht in die Notwendigkeit der Einhaltung sozialer Regeln normgerecht handeln" (Hillmann, 2007, 454). Es besteht also der generelle Verdacht schlecht erzogener oder uneinsichtiger Individuen, die im Dienste der gesellschaftlichen Ordnung der sozialen Kontrolle bedürfen.

Eng verbunden mit der Frage nach der Definitionsmacht im Prozess der Durchsetzung von Normen ist die nach den Akteuren, die im Kontext sozialer Kontrolle aktiv sind. Auszugehen ist von einer die Kontrolle ausübenden Person oder Gruppe sowie von einer zweiten Person oder Gruppe, die kontrolliert wird. Im sozialen Nahraum handelt es sich dabei oft um die Interaktion zwischen Einzelpersonen oder zwischen einer Kleingruppe und einer Einzelperson (bspw. Freundeskreis und Individuum). Der überwiegende Teil der Definitionen geht jedoch von einer anderen Konstellation aus: Hier steht das zu kontrollierende Individuum einer Großgruppe bzw. der stilisierten Gesellschaft insgesamt gegenüber, wobei es die Gesellschaft ist, die ihr Ziel, Konformität beim Einzelnen oder aber bei Personengruppen herzustellen, verfolgt. Damit ist es die Idee sozialer Kontrolle, dass „eine Gesellschaft versucht, ihre Mitglieder zu Verhaltensweisen zu bringen, die im Rahmen dieser Gesellschaft positiv bewertet werden" (Fuchs-Heinritz 1994, 368). Da „die Gesellschaft" als relativ abstraktes Gesamtkonstrukt nicht in der Lage ist, direkt soziale Kontrolle auszuüben, delegiert sie diese Aufgabe – entweder an den privaten Kontext oder an Instanzen, die einzig zu diesem Zweck existieren, wie z. B. Polizei oder Justiz. Damit fungiert Gesellschaft gleichsam als Auftraggeber und soziale Kontrolle wird zu einem Spiel zwischen drei Parteien (Gibbs 1985, 765).

Zu klären bzw. definitorisch einzugrenzen ist weiterhin, mit welchen Methoden bzw. Formen die beteiligten Akteure soziale Kontrolle ausüben. Zentrales Mittel sind dabei positive und negative Sanktionen bzw. die Androhung negativer Sanktionen. Positive Sanktionen dienen der Unterstützung und Verstärkung solcher Verhaltensweisen, die positiv konnotiert sind. Negative Sanktionen sind als Bestrafungen für Abweichungen und deviantes Verhalten zu verstehen. Beide dienen der Herstellung zukünftiger Konformität (Kopp 2010, 247). Die Androhung von Sanktionen soll Abweichungen bereits im Vorfeld verhindern und damit präventive Wirkung haben. Mit ihr verbunden ist bspw. die Idee der Generalprävention, im Rahmen derer die Gesellschaftsmitglieder durch die Sanktionierung des Einzelnen von der Begehung von Straftaten abgeschreckt werden sollen. Hier wirken die Androhung von Sanktionen bzw. die Sanktionierung einzelner Devianter konformitätserzeugend auf die Gesamtheit. Ein weiteres Mittel sozialer Kontrolle ist die Erziehung bzw. Sozialisation von Kindern und Jugendlichen und hier insbesondere der Prozess der Vermittlung von Normen und Werten. Durch sie soll die Gewissensbildung der Heranwachsenden vorangetrieben werden, mit dem Ziel, dass das Gewissen gleichsam als Form einer inneren sozialen Kontrolle agiert (Lamnek

1996, 304 f.). Konträr dazu stehen Formen der äußeren sozialen Kontrolle. Diese kann entweder durch Personen im Rahmen von Interaktion umgesetzt werden (bspw. indem Normen verdeutlicht und deren Notwendigkeit hervorgehoben werden) oder durch technische Arrangements herbeigeführt werden. Anzuführen sind hier die technische Verhinderung von Zugängen zu bestimmten Orten und Kontexten, in denen abweichende Verhaltensweisen unerwünscht sind (z. B. mittels Zugangskontrollen und der bewusst unattraktiven Gestaltung derartiger Orte für bestimmte Zielgruppen), sowie technische Maßnahmen, die dem Ausschluss einzelner Personen und Gruppen dienen (Inhaftierung etc.). Zusätzlich sind aber auch Methoden der präventiven Kontrolle technischer Art anzuführen, die dazu dienen, Risikogruppen zu identifizieren und deren Abweichung im Vorfeld zu verhindern. Denkbar ist dies z. B. mittels elektronischer Erfassung persönlicher Merkmale, die als Risiken klassifiziert werden. Zu sprechen ist hier von einem Sicherheitsinteresse, das mittels sozialer Kontrolle durchgesetzt werden soll und darauf zielt, „die perfekte Kontrolle über alle Arten und Formen von Abweichungen, Anomalien und ‚sozialschädlichen' Verhältnissen, die als Risiken begriffen und möglichst frühzeitig im Vorfeld erkannt, ermittelt und per vorverlegtem Eingriff unschädlich gemacht werden müssen" (Schulz / Wambach 1983, 76) zu erlangen.

Auf diese Weise offenbart sich der Unterschied zwischen mittelbaren und unmittelbaren Formen und Methoden der sozialen Kontrolle. In ihrer mittelbaren Form „wohnt [soziale Kontrolle, d. V.] in größerem oder geringerem Maße allen Alltagsbeziehungen zwischen den Mitgliedern einer Gruppe inne" (Homans 1960, 271). Sie ist damit Bestandteil der täglichen Interaktion, die meist einem anderen, vorrangigen Ziel folgt und bei der Konformität – soweit sie gelingt – eher als Nebenprodukt erzeugt wird. Unmittelbare Strategien sozialer Kontrolle dagegen zielen direkt auf die Verhinderung oder Beendigung von Abweichung und setzen die zu diesem Zweck notwendig erscheinenden Mittel gezielt ein. Hier sind insbesondere „Maßnahmen der Prüfung und Überwachung" (Köck 2008, 262) von Verhaltensweisen mit dem „Ziel, sich gegenüber abweichendem Verhalten zu wehren, es zu verhindern, einzuschränken oder ihm vorzubeugen" (Böhm 2005) anzuführen.

Diese Maßnahmen sind demnach meistens sozial organisiert und strukturiert, sie werden planvoll angewendet und gezielt eingesetzt. Ansetzen können sie – genau wie auch die unmittelbaren Strategien sozialer Kontrolle – präventiv oder reaktiv bezogen auf die zeitliche Relation zur (potenziellen) Abweichung. Soziale Kontrolle kann demnach der Devianz vorausgehen oder ihr folgen (Peters 2009, 142). Auch im zweiten Fall verfolgt sie dabei jedoch eine präventive Zielsetzung, indem sie zukünftig abweichendes Verhalten verhindern und Konformität initiieren will. Deutlich wird an dieser Stelle die enge begriffliche Verknüpfung zwischen Prävention und sozialer Kontrolle, in dem Sinne, dass Soziale Kontrolle immer (auch) Prävention intendiert.

Zusammenfassend lässt sich vor dem Hintergrund zahlreicher – zum Teil widersprüchlicher – Begriffsbestimmungen sozialer Kontrolle von mittelbaren und unmittelbaren Strategien und Techniken der Herstellung von Konformität gegenüber anerkannten zentralen und grundlegenden Werten und Normen sprechen, die im Vorfeld oder im Nachgang von vermuteter oder aufgetretener Devianz auf deren zukünftige Verhinderung zielen. Sie sichern dadurch den Status Quo bzw. das Funktionieren einer Gesellschaft und basieren gleichzeitig auf einem (demokratisch) ausgehandelten oder machtvoll durchgesetzten Wertekanon. Akteure dabei sind Einzelpersonen und Gruppen, wobei sich ein Machtgefälle zwischen der kontrollierenden und der zu kontrollierenden Instanz als konstitutiv erweist. Politisch in Dienst genommen dient soziale Kontrolle dabei der Legitimation und Sicherung von Herrschaft.

Dimensionen der aktuellen Diskurse zur sozialen Kontrolle

Derzeit lassen sich in den disziplinären Diskursen der Soziologie und der Sozialen Arbeit, in den professionsbezogenen Debatten und insbesondere in den (sozial-)politischen Thematisierungen von Sozialer Kontrolle Tendenzen und Entwicklungen ablesen, die als Indikatoren eines veränderten oder sich wandelnden Gehalts des Themas zu begreifen sind: *Erstens* lassen sich auf der Akteursebene Verschiebungen skizzieren, wenn gegenwärtig weniger die direkte kontrollierende Einflussnahme hoheits-

staatlicher Instanzen und Institutionen auf das (potenziell) abweichende Individuum mittels der dafür vorgesehenen Instanzen thematisiert wird und statt dessen eine Verlagerung der sozialen Kontrolle auf die lokale bzw. private und privatwirtschaftliche Ebene zu beobachten ist, bei der kontrollierende Maßnahmen durch lokale Gemeinschaften in den Vordergrund treten. Als Entwicklung lässt sich *zweitens* eine Verlagerung der Kontrolle ‚von außen nach innen' beschrieben. Im Fokus stehen damit weniger disziplinierende oder sanktionierende Interventionen gegen das Individuum und mehr die Prozesse der Gewissensbildung, initiiert durch die Setzung moralischer Imperative, die dann zu einer Selbstkontrolle durch das Individuum führen (sollen). Die *dritte* Tendenz stellt die Vorverlagerung sozialer Kontrolle dar. Ist in den Definitionen noch die Rede von präventiver oder reaktiver sozialer Kontrolle (in Relation zum Zeitpunkt der Abweichung), so zeichnet sich jetzt eine Schwerpunktsetzung hin zur Risikoerfassung ab. Es geht dabei weniger darum, konkrete Abweichungen zu sanktionieren, sondern mittels einer fundierten Risikoeinschätzung bestimmte Zielgruppen in den Blick zu nehmen und diese kontrollierend zu verwalten. Da sich Risiken offenbar am effektivsten auf einer individuellen Ebene verorten und identifizieren lassen, geht die Tendenz hin zur Risikoerfassung einher mit einer Individualisierung von Abweichung und dementsprechend auch von sozialer Kontrolle.

Privatisierung und Lokalisierung sozialer Kontrolle

Soziale Kontrolle dient dem Erhalt oder der Wiederherstellung der Funktionstüchtigkeit von Gesellschaft, sie geschieht somit im Idealfall im Interesse der gesamten Gesellschaft. Dennoch sind es traditionell in erster Linie staatliche Instanzen, die die Aufgaben der Kontrolle und Überwachung wahrnehmen. An erster Stelle ist die Exekutive zu benennen, die auf der Basis der entsprechenden rechtlichen Grundlagen für die Einhaltung der geltenden Normen und Werte eintritt. Diese Zuständigkeit scheint sich aktuell zu verschieben oder zumindest zu verändern: Private Unternehmen übernehmen vermehrt Aufgaben der sozialen Kontrolle und der Verhinderung von Abweichung.

Angeführt werden dazu zwei Gründe: *Zum einen* gebiete im Rahmen eines allgemeinen Trends zur Ökonomisierung die Maxime der Effizienz eine Orientierung an Marktlogiken und damit eine Auslagerung vormals staatlicher Zuständigkeiten – eben auch im Kontext sozialer Kontrolle. *Zum anderen* wird ein zunehmendes Sicherheitsbedürfnis auf Seiten der Bürgerinnen und Bürger attestiert, das einer steigenden Nachfrage gleichkommt. Diese Nachfrage könne die Exekutive allein nicht mehr befriedigen (Singelnstein / Stolle 2006, 96). Die „Mentalität der Unsicherheit und die damit verbundene wachsende Bedeutung von Sicherheit und Kontrolle in zentralen gesellschaftlichen Diskursfeldern" (Lutz 2010, 26) findet ihre quantitative Entsprechung in der vermeintlich wachsenden Kriminalitätsfurcht der Gesellschaft. Untermauert wird diese Furcht durch vielfältige Hinweise auf Bedrohungen verschiedenster Art – bspw. durch den internationalen Terrorismus oder die sog. Verrohung der Jugend. Dazu werden teilweise Daten von durchaus kritisch einzuschätzender Tragweite, wie bspw. die der Polizeilichen Kriminalstatistik angeführt. Hintergrund für diese Inszenierung einer mehr oder weniger permanenten Bedrohung durch Kriminalität ist möglicherweise das politische Bedürfnis nach Legitimation des eigenen Handelns und nach Demonstration von Handlungsmacht. „Es ist für demokratische Politiker reizvoll, die Kriminalitätsgefahr zu beschwören und scharfe Strafen zu fordern. Fordern sie sie, können sie mit Gründen auf die Zustimmung bestimmter Wählerschichten hoffen" (Peters 2009, 140). Zugleich scheint es im Kontext der Kriminalpolitik vergleichsweise einfach zu sein, Handlungsmacht und Handlungssicherheit zu demonstrieren, insbesondere wenn sich dies in anderen Feldern (wie z. B. der Wirtschafts- oder Sozialpolitik) schwieriger gestaltet.

Dies ist jedoch nicht gleichbedeutend damit, dass die Politik oder der Staat die (Un-)Sicherheitsbearbeitung auch selbst übernehmen. „Die Tendenz zur Auslagerung vormals staatlich organisierter Bereiche in den privatwirtschaftlichen Sektor macht auch vor den staatlichen Sicherheits- und Kontrollagenturen nicht halt" (Singelnstein / Stolle 2006, 96). Dies lässt sich bspw. an der Expansion der privaten Sicherheitsdienste ablesen. Diese Dienste übernehmen einerseits vormals staatliche Aufgabenbereiche, sind aber gleichzeitig auch für Sicherheit und „Ordnung" in eingeschränkt öffentlichen Bereichen wie Einkaufszentren und Bahnhöfen zuständig. Dort vertreten sie weniger staatliche Kontrollinteressen und stärker die Normen und Wertsetzungen der jeweiligen Auftraggeber, was zu einer eigenen Kategorie an Moral und spezifischen Vorstellungen von Ordnung führen kann. Dementsprechend ist auch nicht die Überschreitung einer (straf-)rechtlichen Grenze entscheidend für die Kategorisierung von Abweichung, sondern entscheidend sind die Regeln „des partikularmoralisch ‚Passenden' und ‚Schicklichen'" (Ziegler 2001a, 34). Jenseits dieser örtlich gebundenen Orientierung an lokalen Normen und Werten ist die Privatisierung sozialer Kontrolle jedoch nicht gleichzusetzen mit einer Abgabe oder Verlagerung von Macht. Sie geht demnach nicht einher mit einem Macht- oder Kontrollverlust des Staates. „Dadurch dass der Staat private Initiativen zulässt und vormals eigene Aufgaben auf private überträgt, behält er sich einerseits vor, die Rahmenbedingungen bestimmen zu können, innerhalb derer Private tätig werden. Andererseits kann er jederzeit den zur Verfügung gestellten ‚Freiraum' einengen und die Verantwortlichkeit wieder an sich ziehen" (Singelnstein / Stolle 2006, 100).

Eine zweite Ebene der Privatisierung bzw. Lokalisierung der sozialen Kontrolle zeigt sich in der zunehmenden Aktivierung lokaler Gemeinschaften zu eben diesem Zweck. Im Hintergrund steht die Idee der Individualisierung und des damit verbundenen Brüchigwerdens vormals vermeintlich allgemein gültiger Normalitätsvorstellungen. Verlieren klassische Vorstellungen von Normalität an Bedeutung, ergeben sich gleichzeitig Unsicherheiten und zusätzliche Optionen. „Individualisierung der Lebensführung meint, dass tradierte Lebensformen und Deutungsmuster in ihrem Verständnis brüchig werden und sich damit neue, offenere Möglichkeiten der Lebensführung für Gruppen und für einzelne ergeben" (Thiersch 1995, 20). In Ermangelung übergreifender Orientierung muss sich die Lebensführung an anderen, möglicherweise neuen und vielfach lokal gültigen Normen und Werten orientieren. „Wo eine quasi-universelle Normalität an Bedeutung verliert, gewinnt die Logik einzelner sozialer Felder an Relevanz" (Ziegler 2001b, 15). Dementsprechend wird auch die soziale Kontrolle und damit die Verhinderung abweichenden Verhaltens auf die lokale Ebene verlagert. Lokale Gemeinschaften, die über die Einhaltung der jeweiligen Normen wachen, bekommen wachsende Bedeutung. Auch in diesem Fall steht dabei nicht unbedingt die Verhinderung von Kriminalität im Vordergrund sondern das möglichst an die lokalen Normen angepasste Verhalten des Einzelnen.

Als Konsequenz verlagert sich soziale Kontrolle zunehmend in den privaten Bereich und findet in Gemeinschaften statt, die bisher nicht (primär) als Instanzen der Kontrolle begriffen wurden (Nachbarschaften, Familie, Freundeskreis etc.). „Damit verschiebt sich der Sicherheitsdiskurs stärker zur Frage nach Gemeinschaft, lokalem Wertkonsens und Subsidiarität auch in Sicherheitsfragen hin und bewegt sich weg von der Frage nach den Konstituenten von Gesellschaft und universalem Recht" (Hornbostel 1998, 99).

Auch diese zweite Ebene der Privatisierung geht nicht unbedingt einher mit einem Verlust staatlicher Kontrollmacht. Vielmehr überlässt der Staat die erste und vordergründige soziale Kontrolle aus Gründen der Aktivierung bzw. Aufwertung der lokalen Gemeinschaft oder auch aus ökonomischen Gründen den Akteuren vor Ort, nimmt dabei selbst jedoch die Rolle einer zweiten oder nachgelagerten Instanz sozialer Kontrolle ein. „Ist es den Akteuren allerdings nicht möglich, ihrer subjektiven Lebensgestaltungsverantwortung [bzw. ihren Aufgaben im Kontext sozialer Kontrolle, d. V.] nachzukommen, verwandelt sich die Regierung aus der Distanz schnell in eine distanzlose Regierung, die mit aller Härte in die Lebensgestaltung eingreift, um die erforderliche Selbstregierung zu aktivieren oder wenigstens mit einer solchen deutlich sichtbaren Sanktionierung Einzelner eine Warnung an alle anderen Gesellschaftsmitglieder auszusprechen" (Kessl 2005, 155).

Zusammenfassend lässt sich also von einer Verlagerung sozialer Kontrolle auf die private Ebene sprechen, die jedoch nicht mit einem Kontrollverlust auf staatlicher Seite gleichzusetzen ist. Es verändern sich aber die in den Diskursen thematisierten Akteure. Hoheitsstaatliche Instanzen treten weniger in Erscheinung während sich die Debatten auf privatwirtschaftliche Erbringer sozialer Kontrolle und die Aktivierung und Verantwortung lokaler Gemeinschaften und Funktionsträger fokussieren. Letzteren wird die Verantwortung für Sicherheit und Ordnung insbesondere im Kontext

der Forderung nach zivilgesellschaftlichem Engagement zugeschrieben, während sich der Staat im Hintergrund als zweite, nachrangige aber de facto letztlich lenkende Kontrollinstanz begreift.

Verlagerung sozialer Kontrolle „von außen nach innen"

Die zweite zu beobachtende Entwicklung in den Diskursen zur sozialen Kontrolle ist eine stärkere Betonung moralischer Setzungen bei gleichzeitiger Minimierung bzw. Dethematisierung disziplinierender Anteile. Es geht dementsprechend in der Debatte weniger darum, abweichendes Verhalten gesellschaftlich zu sanktionieren um so seine Auftretenswahrscheinlichkeit (zukünftig) zu senken, sondern intendiert ist die Verinnerlichung bestimmter Werte vermittelt über das Propagieren moralischer Maximen. Diese Maximen werden als unumgänglich dargestellt und ihre Notwendigkeit gleichsam mit einem Sachzwang gleichgesetzt. „Die von jedem Einzelnen selbst vollzogene Einsicht in die von strukturellen Rahmenbedingungen hergestellte Notwendigkeit macht einen konkreten Zwang und eine obrigkeitsstaatliche Ordnungsproduktion entbehrlich" (Singelnstein / Stolle 2006, 70). Zu Grunde liegt die Idee der Selbstführung: Mittels Einsicht soll – vergleichbar zum Prozess der Werteerziehung – eine Gewissensbildung stattfinden, die als persönliche soziale Kontrolle wirksam wird und einen äußerlichen Zwang überflüssig macht. Elementarer Unterschied zur Werteerziehung im Kindes- und Jugendalter ist jedoch die Tatsache, dass es sich bei den zu Erziehenden in diesem Prozess um erwachsene Menschen handelt. Definiert und im gesellschaftlichen Diskurs platziert werden die jeweiligen Maximen wiederum von gesellschaftlichen Gruppen, die mit der entsprechenden Definitionsmacht ausgestattet sind.

Voraussetzung für diese Idee der Selbstführung ist die Annahme, dass Individuen ihr Verhalten ausschließlich selbst und vollumfänglich bewusst steuern. Strukturellen oder sozialen Rahmenbedingungen wird ein Einfluss auf (deviantes) Verhalten demzufolge abgesprochen. Jedes Individuum – so die These – entscheidet rational und daher komplett eigenverantwortlich über sein Handeln und damit über die Frage von Konformität und

Abweichung. Vor diesem Hintergrund ist jede Form der Abweichung das Ergebnis eines rationalen Entscheidungsprozesses, was weit reichende Konsequenzen für den Umgang mit derartigem Verhalten nach sich zieht. Wer in diesem Sinne die falsche und angesichts der Normativität des Konzepts verwerfliche Entscheidung trifft, hat die Konsequenzen allein zu tragen. Das Individuum ist eigenverantwortlich für seine Taten und auch für das, was es gerade nicht getan hat. So hat es z. B. Vorsorge für sich selbst zu treffen und in das eigene (Human-)Kapital zu investieren, um der Allgemeinheit unter keinen Umständen zur Last zu fallen. Auf diese Weise wird eine umfassende Prävention im Sinne einer antizipierenden Lebensgestaltung zu einer moralischen Maxime neben anderen. „Vorbeugung avanciert zum moralischen Imperativ, dessen Unabweisbarkeit gerade darauf beruht, dass er nicht an hehre Ideale, sondern an das Eigeninteresse appelliert" (Bröckling 2004, 214). Wer diesem Imperativ nicht Folge leistet verwirkt sein Recht auf sozialstaatliche Unterstützung. (Kessl / Otto 2003, 59). Mit Bezug auf den zu Grunde liegenden neo-liberalen Duktus dieses Kontrollverständnisses resümiert Bröckling 2004 daher zusammenfassend: „Wer sich als unternehmerisches Selbst behaupten will, tut gut daran, rechtzeitig ins eigene Humankapital zu investieren" (Bröckling 2004, 214) und „welche kleinen oder großen Katastrophen den Einzelnen auch ereilen mögen, in letzter Konsequenz sind sie stets Ergebnis seiner unzureichenden Sorge um sich" (Bröckling 2004, 215). Wird das Individuum diesen und anderen Maximen jedoch nicht gerecht bzw. kontrolliert es sich und sein Leben nicht in ausreichender Weise selbst, so hat es nicht nur keinen Anspruch auf Unterstützung. Es legitimiert mit seinem Verhalten und vor dem Hintergrund der vermeintlichen absoluten Notwendigkeit der moralischen Setzungen im Dienste der Gesellschaft auch kontrollierende und sanktionierende Eingriffe von hoheitsstaatlicher Seite. „Damit erscheinen Kontrolle wie Sanktionen für mangelnde Pflichterfüllung bzw. mangelnde Kooperation legitim" (Lutz 2010, 40). Auch an dieser Stelle erweist sich der Staat als zweite, nachgelagerte Kontrollinstanz, hier jedoch nicht hinter privaten Kontrollinstanzen, die von außen auf den Einzelnen wirken, sondern hinter der Selbstkontrolle des Individuums. Wiederum handelt es sich nicht um einen

Abbau äußerer Kontrollmacht, sondern um eine Verlagerung auf eine subtilere Ebene: Es werden Maximen gesetzt und beim Versagen der Selbstkontrolle in zweiter Instanz auch mit den entsprechenden Mitteln durchgesetzt.

Welche Maximen neben der skizzierten Eigenverantwortung den derzeitigen Diskurs bestimmen und als Orientierungspunkte für die geforderte Selbstkontrolle dienen, lässt sich exemplarisch an der Logik des aktivierenden Sozialstaats und seiner nahezu bedingungslosen Fokussierung der Employability verdeutlichen: In Anlehnung an die neo-liberale Kritik am klassischen Sozialstaat schwenkt der aktivierende Sozialstaat in seinem Menschenbild um – weg vom vermeintlich passiven Leistungsempfänger und hin zum aktiven, eigenverantwortlichen Bürger.

Um diesen Wandel nicht nur zu propagieren, sondern auch im Bewusstsein und damit im Gewissen der Bürger und Bürgerinnen zu verankern arbeitet Politik mit moralischen Setzungen und Imperativen, so dass sich von „Verschiebungen von einer solidaritätsbasierten Sozialstaatsidee hin zu einer Regierung über Appelle an individuelles Engagement und Eigeninitiative" (Pieper 2007, 95) sprechen lässt. „Durch dieses Idealbild des Tüchtigen und Aktiven wird Passivität bzw. In-Aktivität zur Abweichung bzw. zum sozial unerwünschten Verhalten" (Wohlgemuth 2009, 73), das, zumal es einem Verstoß gegen die moralischen Imperative gleichkommt, der sozialen Kontrolle von außen bzw. der Sanktionierung bedarf. Es zeigt sich an dieser Stelle, dass das „neue, auf breiten gesellschaftlichen Konsens aufbauende Grundprinzip des aktivierenden Staates: Fordern, Fördern und bei Zielverfehlung fallen lassen, [...] ohne ‚soziale Kontrolle' und einen ‚punitiven Paternalismus' nicht funktionsfähig" (Dahme et al. 2003, 10) ist.

Für diese zweite Dimension innerhalb der aktuellen Diskurse zur sozialen Kontrolle lässt sich eine vordergründige Verlagerung sozialer Kontrolle in das Individuum hinein attestieren, indem dieses durch Techniken der Selbstführung zur Konformität gegenüber (vorwiegend politisch) gesetzten moralischen Imperativen angeleitet werden soll. Als Moral vermittelnde Instanzen treten dabei weniger die dafür klassischen Institutionen wie Eltern und Familie in Erscheinung. Stattdessen werden die zentralen Werte der neo-liberalen Zielsetzung politisch propagiert und als unabdingbare Notwendigkeiten im Dienste der Gesellschaft deklariert. Ein Mehr an Selbstkontrolle kommt nicht oder nur bedingt einem Zugewinn an persönlicher Freiheit gleich, zumal spätestens in zweiter Instanz auch andere Formen sozialer Kontrolle greifen.

Soziale Kontrolle als Management individueller Risiken

Der Hypothese folgend, dass Abweichungen die Ergebnisse einer rationalen Wahl sind und dass sowohl Selbstkontrolle als auch privatisierte Formen sozialer Kontrolle ihre Grenzen haben, entsteht bzw. verstärkt sich das Bedürfnis nach weiteren Kontrollformen, die in der Lage sind, diese Lücken zu schließen. Im Interesse der Demonstration politischer Handlungssicherheit gegenüber Bürgerinnen und Bürgern, um der vermeintlich wachsenden Furcht vor Devianz und Kriminalität zu begegnen und nicht zuletzt aus ökonomischen Gründen geht die Entwicklung dabei verstärkt zu präventiven Strategien, die in der Lage sein sollen, Abweichungen bereits im Vorfeld verhindern zu können. Dieses Konzept ist grundsätzlich nur einsichtig, wenn die Existenz von identifizierbaren Risiken für zukünftige Abweichungen vorausgesetzt wird. Nur unter der Prämisse einer Kausalität bzw. der logischen Verknüpfung von ursächlichen Risikofaktoren und deren Wirkungen in Gestalt von Devianz ist eine Verhinderung von Abweichung bereits bevor es zu dieser kommt überhaupt sinnhaft. Kausalität im Sinne einer Reduktion von Komplexität erweist sich so als Schlüssel für eine effektive soziale Kontrolle im präventiven Sinne (Wohlgemuth 2009, 33 ff.) und für das angestrebte Risikomanagement. Dieses ist neben der Setzung moralischer Imperative und aufgrund seiner nahezu flächendeckenden Implementation in diversen gesellschaftlichen Kontexten als das zweite Standbein der aktuellen Strategien sozialer Kontrolle in Deutschland zu bezeichnen (Lutz 2010, S. 28).

Risikoerfassung und -management konzentriert sich aus ökonomischen Gründen dabei seltener auf Einzelpersonen und häufiger auf Personengruppen, die gemeinsame Merkmale aufweisen, die wiederum als Indikatoren für zukünftiges abweichendes Verhalten definiert wurden. Bei den entsprechenden Screening-Verfahren geht es darum, einen Katalog von Indikatoren und Risikofaktoren abzuarbeiten und die Personengruppe zu ermitteln, auf die ein als aussagekräftig eingestufter Teil der Indikatoren zutrifft und mit denen dann in geeigneter Weise umzugehen ist. „Derartige Maßnahmen knüpfen nicht mehr an tatsächlichen Gefahren oder schädigende Handlungen an. Einzig interessant und ausreichend ist die Zugehörigkeit zu einer Risikogruppe, also das Aufweisen bestimmter Kriterien und die daraus folgende Prognose" (Singelnstein / Stolle 2006, 63). Die Zugehörigkeit zu einer solchen Risikogruppe kommt damit einem Labeling gleich, das unabhängig vom Einzelfall bzw. von der Situation des Einzelnen das Individuum dem (vermeintlich begründeten) Verdacht der Abweichung aussetzt.

Ein Beispiel aus dem Kontext der Sozialen Arbeit und gleichzeitig ein Arbeitsfeld, in dem das Risikomanagement besonders ausdifferenziert ist und wird ist der Kinderschutz bzw. der Schutz von Kindern und Jugendlichen vor Gefahren für ihr Wohl. Angespornt durch die öffentliche Empörung bzw. den daraus resultierenden sozialpolitischen Druck lässt sich im Kinderschutz die deutliche Tendenz zu einer standardisierten Risikoerfassung ausmachen. Sie soll Kindern, Eltern und Fachkräften Sicherheit bieten und Handlungsmacht auf politischer Ebene darstellen. „Derartige Verfahren werden als entscheidender Faktor der Verbesserung des Kinderschutzes deklariert und ihre Einführung vehement gefordert" (Wohlgemuth 2009, 103). Von entscheidender Bedeutung soll dabei die Qualität der zu bearbeitenden Indikatoren sein: Im Dienste einer gelingenden Prävention bzw. Kontrolle müssen sie mehr oder weniger universell, d. h., insbesondere interdisziplinär gültig sein. Im Kinderschutz bedeutet dies vor allem eine Abstimmung mit der medizinischen Profession. „Dazu bedarf es einer Verständigung der verschiedenen Akteure über gemeinsame Bewertungskriterien von ‚Normalzuständen', Indikatoren für das, was als kritische, problematische bzw. krisenhafte Entwicklung anzusehen ist, über Schwellenwerte für eine ‚Frühwarnung' sowie gemeinsamer, verbindlicher Handlungsstrategien" (ISA 2006, 2). Gefordert wird hier eine interdisziplinäre Aushandlung von Normalität und Abweichung in Bezug auf das Kindeswohl. Die entsprechenden Professionen haben ihre Definitionsmacht einzusetzen und familiäre Verhältnisse und Verhaltensweisen als normal oder deviant zu klassifizieren, um anschließend die Einhaltung der von ihnen gesetzten Normen zu kontrollieren. Familien, Eltern und Kinder haben den Kriterien der Normalität zu entsprechen.

Augenfällig ist in Bezug auf diese Entwicklung der Diskurse zur sozialen Kontrolle – wie auch schon bei den beiden anderen skizzierten Trends – eine weitgehende Ausblendung sozialer und struktureller Faktoren als mögliche Hintergründe für abweichendes Verhalten. Devianz wird gleichsam personalisiert, unabhängig davon, ob es um die Gefährdung des Wohls der eigenen Kinder oder kriminelle Handlungen anderer Art geht. Die Debatte „verdinglicht Kriminalität als Eigenschaft der Person und macht dieses defizitäre Verhalten zum Gegenstand von Interventionen" (Bittscheidt-Peters 1998, 179). „Somit ergibt sich eine Differenzierung zwischen den ‚guten' angepassten, aktiven, selbstverantwortlichen Menschen und denen, die als ‚böse', weil in-aktiv, abweichend und unangepasst, stigmatisiert werden" (Wohlgemuth 2009, 84). „Diese Differenz bietet die Chance, auf die Spaltung von Gesellschaft hinzuarbeiten. Sie rechtfertigt es, soziale Teilnahmechancen ungleich zu verteilen" (Peters 1998, 17), so dass erneut soziale Ungleichheiten manifestiert bzw. chronifiziert werden – und zwar über einen „Ausschließungsdiskurs, der sich vor allem an der Differenz konform/kriminell orientiert" (Peters 1998, 19). Gleichzeitig werden strukturelle und soziale Faktoren der Benachteiligung, Ungleichheit und Ausgrenzung weitgehend dethematisiert und ihre Bearbeitung aus dem Repertoire der möglichen Maßnahmen entfernt.

Soziale Arbeit und soziale Kontrolle

Der Kontrollauftrag Sozialer Arbeit ist nicht neu. Er ist es weder in der Kinder- und Jugendhilfe bzw. im Arbeitsfeld Kinderschutz noch in den anderen Arbeitsfeldern, in denen es Soziale Arbeit mit Menschen zu tun hat, die aus den unterschiedlichsten Gründen im Konflikt mit politischen und gesellschaftlichen Normalitätsvorstellungen stehen. Die Gleichzeitigkeit von Hilfe und Kontrolle als konstitutives Merkmal Sozialer Arbeit als Akteurin mit (sozial-)staatlichem Auftrag wurde oft genug beschrieben und als unauflösliche Paradoxie identifiziert. Dass sie eine Instanz sozialer Kontrolle ist,

scheint daher weder thematisierungs- noch diskussionswürdig. Interessanter sind dagegen die Konsequenzen, die sich aus den drei skizzierten Verschiebungen innerhalb der Diskurse zur sozialen Kontrolle für die Soziale Arbeit ergeben könnten.

Deutlich wird zunächst, dass staatliche Kontrollinteressen, auch wenn sie auf die private Ebene ausgelagert werden, Instanzen für deren Umsetzung bedürfen. „Um Leistungen, deren Grundlagen und Zielsetzungen nach wie vor staatlich definiert sind, zu erbringen, bedarf der aktivierende Sozialstaat ‚unterstützungskompetenter' Professionen wie der Sozialpädagogik" (Dollinger 2006, 8). Kommt der Kontrolle beispielsweise im aktivierenden Sozialstaat eine gewichtigere Rolle zu, so bedeutet dies auch einen Macht- und Bedeutungsgewinn für die Soziale Arbeit. Es stellt sich jedoch die Frage, inwiefern es sich bei den aufgestellten Maximen wie der weitgehenden Responsibilisierung des Individuums, der Ausblendung sozialer und struktureller Rahmenbedingungen und der Segregation und Stigmatisierung von Bevölkerungsgruppen um eine „Instrumentalisierung, Verzerrung oder Aufwertung sozialpädagogischer Traditionsbestände durch Interessen sozialpolitischer Akteure" (Dollinger 2006) handelt. Insbesondere der Anspruch auf soziale Gerechtigkeit und das Leitbild einer emanzipatorischen, selbstbestimmten Lebensgestaltung stehen im direkten Widerspruch zu den „neuen" Zielvorstellungen und Menschenbildern.

„Der potentiellen Aufwertung der Sozialpädagogik im Aktivierungskontext steht somit die Gefahr gegenüber, dass ihr die sozialmoralische Basis entzogen wird, solange sie nicht in die konditionalen und machtungleichen Aktivierungslogiken einzumünden bereit ist und auf solidarische sozialstaatliche Absicherungsgarantien Wert legt." (Dollinger 2006, 12)

Auf einer eher handlungspraktischen oder konzeptionellen Ebene lassen sich auch das angerissene Verständnis von Sozialräumen und lokalen Gemeinschaften und die Tendenz zur Standardisierung sozialpädagogischen Handelns im Dienste des Risikomanagements kritisch hinterfragen: Die Aktivierung lokaler Gemeinschaften zum Zwecke der sozialräumlichen sozialen Kontrolle beinhaltet eine Stärkung derjenigen Akteure im Sozialraum, die bereits zuvor über ein größeres Maß an sozialem Kapital und Durchsetzungsmacht verfügten und führt auch auf lokaler Ebene verstärkt zu einer Differenzierung in kontrollierende und zu kontrollierende und damit auch zu stigmatisierende Gruppen. „Aktuelle sozialräumliche Präventionsstrategien laufen damit Gefahr, Marginalisierungsprozesse nicht überwinden und Teilhabemöglichkeiten der Bewohnerinnen und Bewohner nicht ermöglichen zu können, sondern räumliche Segregationsprozesse gerade erst zu fixieren" (Kessl 2001, 49). Auch die angestrebte, weil Sicherheit vermittelnde Kontrolle mittels Standardisierung sozialpädagogischer Instrumente zur Risikoeinschätzung ist aus einer professionstheoretischen Position heraus fraglich, zumal die Unhintergehbarkeit von Unsicherheit und Ungewissheit in jeglichem sozialpädagogischem Tun als eine nicht aufzulösende oder aufzuhebende Paradoxie professionellen Handelns (Schütze 1994, 14), insbesondere in einem Kontext, in dem es um den Schutz von Kindern vor Gefahren für ihr Wohl geht, extrem an Brisanz gewinnt.

Insgesamt stellt sich durch die Verschiebungen in den Diskursen zur sozialen Kontrolle die Frage, inwiefern Soziale Arbeit sich und ihren Leitbildern sozialer Gerechtigkeit treu bleiben und gleichzeitig als Institution dieser veränderten Formen sozialer Kontrolle ihrem staatlichen Auftrag nachkommen kann. Kann sie dies im Interesse ihrer Adressaten und Adressatinnen nicht, so wäre es sicherlich ihre Aufgabe, die entsprechenden Prozesse und Strukturen kritisch zu reflektieren und mittels ihres politischen Mandats soweit möglich und nötig auch zu skandalisieren.

Literatur

Bittscheidt-Peters, D. (1998): Wenn Erziehung zur Strafe werden soll. In: Hitzler, R., Peters, H. (Hrsg.): Inszenierung: Innere Sicherheit. Leske & Budrich, Opladen, 171–183

Black, D. (1984): Towards a General Theory of Social Control. Academic Press, Orlando

Böhm, W. (2005): Wörterbuch der Pädagogik. 16. vollst. überarb. Aufl. Kröner, Stuttgart

Bröckling, U. (2004): Prävention. In: Bröckling, U., Krasmann, S., Lemke, T. (Hrsg.): Glossar der Gegenwart. Suhrkamp, Frankfurt / M., 210–215

Cohen, A. (1975): Abweichung und Kontrolle. Juventa, München

Dahme, H.-J., Otto, H.-U., Trube, A., Wohlfahrt, N. (2003): Einleitung. In: Dahme, H.-J., Otto, H.-U., Trube, A., Wohlfahrt, N. (Hrsg): Soziale Arbeit für den aktivierenden Staat. Leske & Budrich, Opladen, 9–13

Davis, N., Anderson, B. (1983): Social Control: The Production of Deviance in the Modern State. Irvington, New York

Dollinger, B. (2006): Zur Einleitung: Perspektiven aktivierender Sozialpädagogik. In: Dollinger, B., Raithel, J. (Hrsg.): Aktivierende Sozialpädagogik. VS, Wiesbaden, 7–22

Fuchs-Heinritz, W. (Hrsg.) (1994): Lexikon zur Soziologie. 3. völlig neu bearb. u. erw. Aufl. Westdeutscher Verlag, Opladen

Gibbs, J. (1985): Social Control. In: Kupser, A., Kupser, J. (Hrsg.): The Social Science Encyclopedia. Routledge & Kegan Paul, London / Boston / Henley, 765–768

Hartfiel, G. (1972): Wörterbuch der Soziologie. Alfred Kröner, Stuttgart

Hillmann, K.-H. (2007): Wörterbuch der Soziologie. 5. vollst. überarb. u. erw. Aufl. Kröner, Stuttgart

Hollingshead, A.B. (1941): The Concept of Social Control. American Sociological Review 6 / 2, 217–224

Homans, G.C. (1960): Theorie der sozialen Gruppe. Westdeutscher Verlag, Köln

Hornbostel, S. (1998): Die Konstruktion von Unsicherheitslagen durch kommunale Präventionsräte. In: Hitzler, R., Peters, H. (Hrsg.): Inszenierung: Innere Sicherheit. Leske & Budrich, Opladen, 93–111

Institut für soziale Arbeit e.V. – ISA (2006): Ansatz, Konzept und Zielerreichungskriterien für soziale Frühwarnsysteme in NRW. Eigenverlag, Münster

Kessl, F. (2005): Der Gebrauch der eignen Kräfte. Juventa, Weinheim / München

– (2001): Komm rein, dann kannst du rausschau'n! Widersprüche 21 / 82, 39–52

–, Otto, H.-U. (2003): Aktivierende Soziale Arbeit. In: Dahme, H., Otto, H.-U., Wohlfahrt, N. (Hrsg.): Soziale Arbeit für den aktivierenden Staat. Leske & Budrich, Opladen, 57–73

Köck, P. (2008): Wörterbuch für Erziehung und Unterricht. Brigg-Pädagogik, Augsburg

Kopp, J. (Hrsg.) (2010): Grundbegriffe der Soziologie. VS, Wiesbaden

Lamnek, S. (1996): Theorien abweichenden Verhaltens. 6. Aufl. Fink, München

Lutz, T. (2010): Soziale Arbeit im Kontrolldiskurs. VS, Wiesbaden

Mead, G.H. (1925): The Genesis of Self and Social Control. International Journal of Ethics 35, 251–277

Peters, H. (2009): Devianz und soziale Kontrolle. Eine Einführung in die Soziologie abweichenden Verhaltens. Juventa, Weinheim / München

– (1998): Die Inszenierung „Innere Sicherheit" – Zur Einführung in das Thema. In: Hitzler, R., Peters, H. (Hrsg.): Inszenierung: Innere Sicherheit. Leske & Budrich, Opladen, 9–23

Pieper, M. (2007): Armutsbekämpung als Selbsttechnologie. Konturen einer Analytik der Regierung von Armut. In: Anhorn, R., Bettinger, F., Stehr, J.: Focaults Machtanalytik und Soziale Arbeit. VS, Wiesbaden, 93–107

Reinhold, G. (Hrsg.) (1991): Soziologie-Lexikon. Oldenbourg, München

Schulz, C., Wambach, M. M. (1983): Das gesellschaftssanitäre Projekt. Sozialpolizeiliche Erkenntnisnahme als letzte Etappe der Aufklärung? In: Wambach, M. M. (Hrsg.): Der Mensch als Risiko. Suhrkamp, Frankfurt / M., 75–88

Schütze, F. (1994): Strukturen des professionellen Handelns, biographische Betroffenheit und Supervision. Supervision 26, 10–39

Singelnstein, T., Stolle, P. (2006): Die Sicherheitsgesellschaft. 2. vollst. überarb. Aufl. VS, Wiesbaden

Theodorson, G. A., Theodorson, A. G. (1969): Social Control. In: Theodorson, G. A., Theodorson, A. G.: A Modern Dictionary of Sociology. Crowell, New York, 386–387

Thiersch, H. (1995): Lebensweltorientierte Soziale Arbeit. 2. Aufl. Juventa, Weinheim / München

Vincent, G. E. (1885): The Province of Sociology. American Journal of Sociology 1, 473–491

Wohlgemuth, K. (2009): Prävention in der Kinder- und Jugendhilfe. VS, Wiesbaden

Ziegler, H. (2001a): Drei Mann in einem Boot. Widersprüche 21 / 82, 25–38

– (2001b): Prävention – Vom Formen der Guten zum Lenken der Freien. Widersprüche 21 / 79, 7–24

Soziale Netzwerke

Von Ulrich Otto

„No person is an island" – die allgemeine Überzeugung vom Menschen als soziales Wesen steht als Bezugspunkt über allen im Folgenden vorgetragenen Überlegungen. Soziale Netzwerke müssen – weil es in all diesen Zugängen um die Geflechte sozialer Beziehungen zwischen einer bestimmten Anzahl von Menschen oder Organisationen geht – per se eine große Rolle in der Sozialen Arbeit spielen. Dies umso mehr, als sich diese kollektiv im Modernisierungsprozess aber auch individuell im Lebenslauf quantitativ und qualitativ dynamisiert haben. Dies ist Hintergrund für die starke Bezugnahme auf Soziale Netzwerke (und befördert sie zugleich), dabei spielt diese auch dort in sehr vielen Theorien, Paradigmen bis hin zu praxisorientierten Ansätzen eine sehr starke Rolle, wo sie vielfach nicht explizit so benannt wird (Otto 2005).

Quellen, Theoriestatus und Foki der Netzwerkthematisierung

Es ist durchaus umstritten, ob und inwiefern das Konzept des sozialen Netzwerks eine Theorie sozialer Strukturen darstellt (Hollstein 2006). Schon Barnes (1972) bestritt dies – mit seiner Netzwerkanalyse des sozialen Lebens in einer norwegischen Gemeinde als Muster von interaktiven Beziehungen immerhin einer der ersten prominenten Vertreter des Konzepts. Hier ist nur anzudeuten, dass das Konzept auf vielfältige metatheoretische Überlegungen z. B. im disziplinären Kontext der Sozialanthropologie (z. B. Levi-Strauss und Piaget), der Soziologie (z. B. Simmels formale Soziologie, Parsons Theorie Sozialer Systeme oder Webers soziologische Handlungstheorie) bezogen werden kann.
Als drei weitere bis heute relevante theoretische Positionen und Zugänge zu sozialen Strukturen für die Entwicklung des Konzepts des sozialen Netzwerks markiert Röhrle (1994, 12 ff.):

1. Die Analyse von sozialen Präferenzen unter Berücksichtigung kognitiv stimmiger – ausbalancierter – Beziehungsmuster,
2. die Analyse der Ordnungsfiguren und Grundlagen von Kommunikations- und Austauschprozessen: Soziale Netzwerke als geregelte Märkte des Austausches von Ressourcen und Informationen,
3. die Analyse sozialer Netzwerke als ein, auch im symbolisch-interaktionistischen Verständnis, sinnstiftendes, kollektiv hergestelltes und gepflegtes Gefüge.

So repräsentiert der Netzwerkbegriff heute ein wesentlich deskriptives, (bestenfalls) analytisches Konstrukt. Wird der Bezug auf soziale Netzwerke so breit eingeführt, wird zugleich erklärlich, warum es sich um ein sehr komplexes und keineswegs eindeutiges Konstrukt handelt. Es ist einerseits Forschungsthema, andererseits praxisorientiertes Paradigma. Innerhalb der Forschung besitzt der Begriff des sozialen Netzwerks in verschiedenen Wissenschaften jeweils unterschiedliche Bedeutungen. Im vorliegenden Beitrag geht es wesentlich um das Verständnis realer sozialer Entitäten, weniger um eine vorrangig analytische Perspektive auf alle möglichen beliebigen Muster, wie sie Gegenstand etwa der „struktur-analytischen", der „strukturellen" oder der „formalen Netzwerkanalyse" ist (Hollstein 2006). Die Gruppe der letztgenannten hat sich mittlerweile zu einer Art Metakonzept mit einer sehr großen Verbreitung in verschiedenen Wissenschaften entwickelt. Selbst in unserem eingegrenzteren Begriffsraum besitzt der Netzwerkbegriff jeweils unterschiedliche Bedeutungen, werden mit ihm höchst unterschiedliche Arten von Netzwerken zu beleuchten versucht.

Otto/Thiersch (Hg.), Handbuch Soziale Arbeit, 4. A., DOI 10.2378/ot4a.art140,
© 2011 by Ernst Reinhardt, GmbH & Co KG, Verlag, München

Die Unterschiede sind u. a. den vielen einzelnen Disziplinen geschuldet, zu deren wichtigsten im hier vertretenen engeren Fokus die Psychologie, die Mikrosoziologie und die Ethnologie (Sozialanthropologie) zählen. Die Netzwerkperspektive wird nicht nur im Rahmen der Netzwerk- und Unterstützungsforschung i. e. S. ausgearbeitet – theorie- ebenso wie interventionsbezogen –, sondern sie hat vielfältige theorieorientierte Anschlussstellen zu benachbarten disziplinären und professionellen Konzepten – wiederum: forschungs- wie anwendungsbezogenen. Zu nennen sind als ihre disziplinären Bezüge die Sozialpädagogik / Sozialarbeit, innerhalb der Psychologie die Sozial-, Arbeits- und Betriebs- sowie Gemeindepsychologie, Stress- und Belastungsforschung, Rehabilitationswissenschaften, Lebenslaufforschung, Soziale Gerontologie, Pflege- und Gesundheitswissenschaften, daneben Familienforschung, Ätiologieforschung, Psychotherapieforschung, systemische Therapieansätze u. a.

Mit Bezug auf die oben benannten „großen Fragen" wird in diesem Beitrag davon ausgegangen, dass die empirischen Sozialwissenschaften wichtige Funktionen in der, so Keupp (1994, VI),

„‚Erdung' dieser Fragen übernehmen (können; U. O.). Die Erforschung von Struktur und Funktion sozialer Netzwerke [...] (kann u. a.; U. O.) realitätsbezogene und -gesättigte Antworten auf die großen Fragen der ‚Kommunitarismus'-Debatte geben. Denn was sind soziale Netzwerke anderes, als der soziale Kitt oder der Baustoff solidarischer Lebenswelten".

Sie kann zudem dazu beitragen, aus einer individuumszentrierten Sichtweise zentrale Aspekte dieser individuell hochbedeutsamen Lebenswelten aufzuklären. Die Betrachtung sozialer Netzwerke kreist – ganz allgemein formuliert – um die Frage, ob, in welcher Weise und unter welchen Bedingungen sie ein Potenzial an sozialer Unterstützung für Personen zur Verfügung stellen, ob auch tatsächliche Unterstützungsleistungen zustande kommen und welche Wirkungen schließlich registriert werden können. Die soziale Unterstützung kann sich dabei auf die verschiedensten Inhalte und Situationen beziehen und aus unterschiedlichen Quellen gespeist werden.

Das Interesse der Sozialen Arbeit geht auf dieser Basis sodann einen Schritt weiter: Es geht um die Frage nach Möglichkeiten, durch professionelle netzwerkbezogene Interventionen die lebensweltlichen Unterstützungspotenziale insbesondere von Individuen, teilweise aber auch von Gruppen und Gemeinwesen zu stärken. Die Basis bieten die zunächst vorgestellten theoretischen Überlegungen zu Struktur und Funktionen sozialer Netzwerke unter besonderer Berücksichtigung ressourcentheoretischer Überlegungen und der Perspektive auf soziale Unterstützung. Für die wichtigen Fragen des Zustandekommens von sozialen Unterstützungsprozessen in informellen und formellen Hilfesettings sowie des besonderen Stellenwerts des Konstrukts der Reziprozität kann leider nur auf die Literatur verwiesen werden. Auf das für Netzwerkförderung besonders anschlussfähige und fundierende Modell gemischter Wohlfahrtsproduktion im Welfare Mix (Otto 2010) kann ebenfalls nur verwiesen werden.

Themeneingrenzung und Basisinformationen

Mit Blick auf wesentliche Fragestellungen der Sozialen Arbeit werden folgende weitere Eingrenzungen (Laireiter, 2009, 78 ff.) vorgeschlagen: Eine erste fokussiert auf relationale Netzwerke, in denen es um Netzwerke direkter Verbindung zwischen den einzelnen AkteurInnen geht. Neben diesen sind für eine Reihe von Analysen im Bereich Sozialer Arbeit auch positionale Netzwerke im Blick, in denen es um Akteure als Positionsrolleninhaber geht. Hier werden Teilstrukturen analysiert, indem danach gefragt wird, wie strukturell ähnlich sich einzelne soziale Elemente in Hinsicht auf bestimmte Eigenschaften sind (z. B. Positionen, Rollenvorschriften, Verwandtschaftsgrade). Eine zweite Eingrenzung bezieht sich auf den Analyseausschnitt. Wir beziehen uns nicht auf Gesamt- oder totale Netzwerke, sondern wesentlich auf egozentrierte Netzwerke. Diese werden häufig auch als „personales" oder „persönliches Netzwerk" bezeichnet.

Im Kontext persönlicher Beziehungen sind diese besonders relevant. Ihre Analyseeinheit sind einzelne Individuen und nicht Verbindungsstrukturen. Wichtige Ausnahmen hiervon bestehen allerdings in Kontexten gemeinwesen- oder sozialraumorientierter Fragestellungen. Die für die Soziale Arbeit relevanten Forschungen untersuchen die persönlichen Netzwerke mit unterschiedlichen Fragestellungen und konzeptionellen Vorannahmen, wenden sowohl quantitative wie qualitative Methoden an, beziehen sich auf unterschiedliche Kontexte (z. B. Therapie, soziale Unterstützung, Peer- und Cliquenzusammenhänge, Beziehungen in – auch erweiterten – Familienstrukturen u. a.).

Als Strukturbegriff schließt ein soziales Netzwerk verschiedene Formen sozialer Beziehungen „sowohl strukturell (Dyaden, Gruppen, Systeme) wie auch inhaltlich (Paarbeziehung, Freundschaftscliquen, Mitglieder von Organisationen etc.) ein" (Laireiter 2009, 80). Gerade dieser Blick auf das Gesamt der sozialen Beziehungen einer Person und nicht nur auf eine Einzelform ist für viele Fragestellungen Sozialer Arbeit besonders bedeutsam. „Ein personales Netzwerk ist daher mehr als eine Dyade oder Gruppe und mehr als eine soziale Organisation; es schließt diese ein" (80).

Analytische Basiseinheit der Betrachtung sind letztlich Beziehungen. Dabei lassen sich bestimmten Beziehungsmerkmalen entsprechende Netzwerkbezeichnungen zuordnen. Eine solche begriffliche Strategie verweist zugleich auf entsprechende Erhebungsmethoden (u. a. je verschiedene Namensgeneratoren): Bloße Bekanntschaft dominiert so im Bekanntschaftsnetzwerk, weitere Typen beziehen sich auf sozialen Kontakt / Interaktion, soziale Rollen, subjektive Wichtigkeit (network of significant others), die emotionale Beziehung sowie mit dem Unterstützungsnetzwerk bzw. Austauschnetzwerk auf entsprechende Handlungen und / oder Funktionen. Seltener untersucht ist das Belastungs-Netzwerk, für das spezifisch belastende Bezugspersonen als solche zu identifizieren wären. Diese Unterscheidung steht keineswegs im Gegensatz zum empirischen Befund, dass die Multiplexität in Ego-Netzwerken groß ist. Sie ermöglicht es aber, mit Bezug auf ganz bestimmte Fragestellungen Ausschnitte aus personalen Gesamtnetzwerken zu fokussieren (etwa bezüglich negativer sozialer Unterstützung oder hoher Kontaktfrequenz).

Ausgewählte Hauptperspektiven der Netzwerkthematisierung

Soziale Netzwerke in zeitdiagnostischer Perspektive

Das Interesse an der sozialen Einbindung weist typischerweise *einige Hauptperspektiven* auf. Soziale Netzwerke werden in der Sozialen Arbeit – **erstens** – sehr oft im Kontext einer gesellschaftstheoretischen und zeitdiagnostischen Fragestellung ins Spiel gebracht – sei dies mit Bezug auf die gesellschaftliche Perspektive des o. g. „sozialen Kitts" im Sinne von Integration oder der Schaffung von Wohlbefinden und Lebensqualität. Typisch für letzteren Zugang – und eine entsprechende interpretative Akzentuierung mit Bezug auf Geschlechterdisparitäten – ist ein Zitat wie das folgende:

„Wenn die präventiven sozialen Unterstützerinnen par excellence – die Frauen in Familie und Nachbarschaft – und ihre ständige Gratisarbeit weiterhin ‚verheizt' werden, werden die Wärme und der Komfort, den sie verströmen, eines Tages ersatzlos aufgebraucht sein" (Schmerl / Nestmann 1990, 28).

Ähnliche zeitdiagnostisch aufgeladene Befürchtungen existieren bezüglich des Generationenverhältnisses. Nicht nur im Alltagsverständnis sondern auch in der klassischen Soziologie wird sehr häufig davon ausgegangen, dass sich die Beziehungen gerade zu den älteren Generationen, die jenseits der Kernfamilie stehen, lockern. Das Allianzprinzip gewinne die Oberhand über das Filiationsprinzip. Vor deutlich mehr als einem Jahrhundert (1892 / 1921) hat Emile Durkheim in seiner Vorlesung über die Familie die Grundlagen für dieses klassische sozialwissenschaftliche Denken über Familie gelegt. Er beschreibt den Modernisierungsprozess als eine unerbittliche Entwicklung hin zur Gatten- bzw. Paarfamilie. Daraus folgt für ihn ein Bedeutungsrückgang des intergenerationellen Horizontes und – wie er pessimistisch annimmt – auch der Familie selbst.

50 Jahre später hat Talcott Parsons in zwei Aufsätzen (1943 / 1964) das damalige amerikanische Verwandtschaftssystem in Form eines Kontrastes zu den inzwischen aufgelaufenen – und maßgeblich

durch Durkheims Ansatz beeinflussten – Befunden über die Systeme traditionaler Gesellschaften umrissen.

„Parsons sieht die gleiche Entwicklung am Werke wie Durkheim; er beschreibt sie – mit einem Begriffspaar von Linton – als Übergang von konsanguinen zu konjugalen Grundlagen der Verwandtschaft. Es komme dabei zu einer ‚strukturellen Isolierung der Kernfamilie‘, und daraus folge eine strukturelle Isolierung der Älteren nach dem Auszug ihrer erwachsenen Kinder." (Kohli / Künemund 2001, 515)

In dem Maße allerdings, in dem sich mit vielfältigen Modernisierungsprozessen (Raisch 1996) herkömmliche Sozialstrukturen wie Familie, Verwandtschaft und Nachbarschaft auflösen, ergeben sich neue Zwänge und Chancen zu größeren und weiter verzweigten „interpersonalen Umgebungen", die mit dem Netzwerkkonstrukt angemessen begriffen werden können.

Damit sind die Pole benannt, zwischen denen die Thematisierung der heutigen Verfassung sozialer Einbindung sich bewegt – *in der einen* Achse die Annahme hoher Leistungs-, Wandlungs- und Anpassungsfähigkeit sozialer Bindungskräfte einerseits, die Annahme ihres zunehmenden Schwindens andererseits, *in der anderen* Achse die Bezugnahme auf individuelle versus gesellschaftliche Phänomene. In diesem Feld werden mithin *die* basalen Fragen des Verhältnisses zwischen Individuum und Gesellschaft verhandelt. Eben dieses Verhältnis vieldimensional in einem Theorieumfeld mittlerer Reichweite und mit Bezugnahmen auf Fragestellungen sowohl der Mikro-, als auch der Meso- und (eingeschränkt) Makroebene tiefenscharf beleuchten zu können, macht gewiss einen wesentlichen Teil der Anziehungskraft der sozialen Netzwerkperspektive für die Soziale Arbeit aus. Dass diese Fragen andererseits in einer Weise verhandelt werden, die angesichts eines ökonomisch und politisch verschärften Umbaus des Sozialstaats einerseits, der absehbaren demografischen Entwicklung andererseits eine durchaus explosive und missbräuchliche Diskursformation darstellt – dies stellt forschungs- und anwendungsbezogen eine große Herausforderung dar.

Mit Bezug auf die nicht abflauende Konjunktur der öffentlichen und politischen – teilweise auch wissenschaftlichen – Überhöhung der Problemlö-sekapazität informeller Potenziale ebenso wie darauf bezogenen Krisendiagnosen tut solide wissenschaftliche Aufklärung dringend not. Denn wie in kaum einem anderen Themenbereich überlagern und verstärken sich bei den Stichworten rund um „soziale Netze" und „informelle Hilfen" wissenschaftliche Konzeptionen, zeitdiagnostisch-pessimistische Problemdiagnosen hinsichtlich eines Zerfalls von Gemeinschaftlichkeit durch den aufkommenden bürgerlichen Individualismus und das „disembedding" sozialer Systeme (Giddens 1995) sowie alltagsweltlich-optimistische Visionen einer besseren, gemeinschaftlicheren Welt und eine neokonservative Konzeption und Praxis der Verschärfung gesellschaftlicher Verteilungsprozesse. Dies geschieht schon seit vielen Jahren auch unter dem Mantel „neuer", „solidarischer" Gesellschaftsmodelle, paradigmatisch etwa in Gestalt der höchst unterschiedlichen kommunitaristischen Zeitdiagnosen und Perspektiven.

Zentrieren wir die Debatte enger auf Soziale Arbeit und ihre Rahmenbedingungen, so lässt sich ein ähnliches Thematisierungsspektrum in einer ähnlich organisierten doppelten Polung identifizieren – als **zweite** Hauptperspektive. Es ist eine Überzeugung, die wesentlich aus der Perspektive der Sozialen Arbeit und der Sozialpolitik vorgetragen wird und insbesondere durch gesellschaftliche Diagnosen im Kontext von spezifisch modernen Vergesellschaftungs- und Vergemeinschaftungsrisiken Schubkraft erhielt. Diese Lesart hat ebenso Konjunktur wie die oben vorgetragene allgemeinere Perspektive. Und sie muss ebenso mit Bezug auf ihren empirischen, prognostischen und utopischen Gehalt hin hinterfragt werden.

Bestimmender Fluchtpunkt ist die Analyse widersprüchlicher Individualisierungsmuster im Kontext gesellschaftlicher Modernisierung, die verbunden wird mit der Frage nach Interventionsbedarfen und Interventionsmöglichkeiten. „Wie aber", so fragt stellvertretend z. B. Rauschenbach (1999, 256),

„verändert sich mit dieser Individualisierung der Lebensformen die Organisation des Sozialen, der soziale Bedarfsausgleich und die sozialen Dienste? Zugespitzt formuliert: Während die naturwüchsige Organisation der sozialen Hilfen (auf Gegenseitigkeit) an Kraft und Bedeutung verliert, weiten sich die neuen, modernisierten Formen des sozialen Bedarfsausgleichs aus. Unterscheidet man drei Ebenen des sozialen Bedarfsausgleichs, zum einen die private, lebensweltbasierte Form der Selbstregulation im sozialen Nahraum, zum anderen die Form der sachbezogenen Sozialpolitik via Geld und Recht sowie schließlich die Formen der personenbezogenen sozialen Dienste – etwa in der Gestalt von Sozialer Arbeit und öffentlicher Erziehung –, so lässt sich im Anschluss daran die These formulieren, dass die privat-lebensweltlichen, informellen Formen tendenziell abnehmen und durch eigens hierfür bereitgestellte, inszenierte soziale und pädagogische Dienste immer häufiger ergänzt oder gar ersetzt werden."

Es handelt sich hier also um eine letztlich netzwerk- und unterstützungszentrierte Gesellschaftsdiagnose und den Aufweis entsprechender Interventions*bedarfe*, die dann in der Regel professionell und / oder (beruflich-)organisiert zu erfüllen seien. Ein entsprechendes Beispiel findet sich bei Rauschenbach (255):

„Moderne Gesellschaften sind dabei, möglicherweise endgültig Abschied zu nehmen von der Hoffnung einer von alleine funktionierenden, lebensweltgebundenen Regulation des Sozialen durch die privaten, stillen und barmherzigen Samariter (die im wirklichen Leben zumeist weiblich sind), die in dieser Welt uneigennützig, verbindlich und hilfsbereit Gutes bewirken und zugleich ein Gefühl der dankbaren Entlastung bei Dritten hinterlassen, kurz: die Mitmenschlichkeit massenhaft, informell, freiwillig, unaufhörlich und vor allem unentgeltlich in den eigenen vier Wänden oder nach Feierabend praktizieren."

Der Aufweis einer solchen „Bedarfsdeckungslücke" wird in Verbindung gebracht mit einer Auffassung sozialarbeiterischer und sozialpädagogischer Interventionsmöglichkeiten, die in einer Kompensations- oder Substitutionslogik miteinander verschränkt werden. Bei Rauschenbach (256 f.; Hervorh. im Orig.) lässt sich dies beispielhaft zeigen:

„Wenn die Selbstversorgungskräfte und -möglichkeiten der kleiner werdenden Haushaltseinheiten nicht nur in materieller, sondern auch in sozialer und psychischer Hinsicht schrumpfen, wenn zudem auch die darum herum angelegten sozialen Milieus nicht mehr reibungslos funktionieren bzw. unangekündigt außer Betrieb genommen werden, dann schwindet entweder die Ressource Solidarität und das ‚Sozialkapital' (Bourdieu) aus der Sphäre

der Zwischenmenschlichkeit, oder aber etwas Neues muss eigens hergestellt werden, um an dessen Stelle zu treten."

Sozialer Arbeit wird einerseits genau diese Funktion zugeschrieben, andererseits zuallererst auch zugetraut, dies in der Tat leisten zu können.
An diesem Beispiel wird deutlich, welchen zentralen Stellenwert die Frage nach netzwerkbezogenen Potenzialen Sozialer Arbeit innerhalb der modernen Analysen des Stellenwerts Sozialer Arbeit im gesellschaftlichen Wandlungsprozess hat. Nochmals Rauschenbach (257):

„Genau hier liegt der gesellschaftliche Bedeutungszuwachs im Prozess der Modernisierung von Sozialer Arbeit und öffentlicher Erziehung: als eine neue Form ‚inszenierter Gemeinschaften' […] sind sie Teil einer öffentlichen, hergestellten Ressource des ‚Sozialen'. In diesem Sinne sind Soziale Arbeit und öffentliche Erziehung zentrale Instrumente zur Erbringung und Sicherstellung personenbezogener sozialer Dienste in Form einer sekundären Institutionalisierung des sozialen Bedarfsausgleichs, gewissermaßen eine Antwort zweiter Ordnung auf soziale Fragen zweiten Grades, d. h. eine gesellschaftliche Antwort auf gesellschaftlich erzeugte soziale Disparitäten und Bedarfslagen."

Die hier formulierte *Kompensations- und Substitutionslogik* kennzeichnet wesentliche Anteile der Modernisierung gesellschaftlicher Strukturen hinsichtlich sozialer Hilfen. Aber sie kennzeichnet das Verhältnis zwischen lebensweltlichen und netzwerkbezogenen Ressourcen und professionellen Diensten in mancher Hinsicht unterkomplex. Zumindest stellen sich Fragen – ob nicht der technologische Herstellungsoptimismus zu groß ist, ob die Entwicklungsdynamik lebensweltlicher Ressourcen zu einlinig gedacht ist und ob nicht die systemisch wie lebensweltlich interessantesten Optionen einer dynamischeren Verschränkung informeller und formeller Potenziale zu sehr außer Acht gelassen werden.
Die angesprochenen *Disparitäten* sind hier besonders zu unterstreichen. Wichtige wohlfahrtsrelevante Ungleichheiten sind in Netzwerkstrukturen einerseits begründet, lassen sich andererseits durch eine darauf bezogene Forschung tiefenscharf aufzeigen. Netzwerkressourcen und verfügbare Unterstützungsleistungen sind sehr ungleich verteilt,

wobei der Befund noch viel bedeutsamer wird, wenn man ihn mit entsprechenden Bedarfen ins Verhältnis setzt. Vereinfacht ausgedrückt: Gerade diejenigen, die besonders großen Bedarf an netzwerkbezogener sozialer Unterstützung haben, haben nicht nur empirisch besonders problematische Netzwerkstrukturen – teilweise verstärkt durch besonders problematische Interaktionsmöglichkeiten –, sondern darüber hinaus oft besonders eingeschränkte Möglichkeiten, leistungsfähige Netzwerkstrukturen zu gewinnen und zu pflegen. Hinzu kommt ein Aspekt, der diese Situation oft noch weiter verschärft: In dieser Scheren-Situation kommt es besonders schnell zu nichtreziproken Verhältnissen, d. h., die besonders problembelasteten Personen sind im Kontext der Vorstellung einer Support-Bank häufiger und nachhaltiger im Soll, als es persönlichen Beziehungen auf Dauer gut tut. Mit Bezug auf die Ungleichheitsthese lassen sich eine Reihe von diesbezüglichen Risikogruppen identifizieren und damit Interventionsbedarfe.

Übergänge und Soziale Netzwerke

Eine **dritte** Perspektive gerade mit Blick auf Soziale Arbeit bezieht sich auf die Bedeutung und Entwicklung sozialer Netzwerke mit Blick auf vielfältige Übergänge – auf deren Entstehung, Gestaltung und Bewältigung. Auch dieser Aspekt wird – bei übereinstimmend festgestelltem hohem Stellenwert – in der einschlägigen Literatur kontrovers diskutiert. Einige der diesbezüglich wichtigen Merkmale sozialer Netzwerke wurden bereits angesprochen. Es geht um ihre Zusammensetzung, Verbindlichkeit und Belastbarkeit in Zeiten zunehmender Singularisierung sowie beruflicher und geografischer Mobilität. Ebenso kontrovers werden die Rahmenbedingungen zu ihrer Unterstützung diskutiert. Einigkeit besteht dahingehend, dass familiale und außerfamiliale soziale Beziehungen grundsätzlich eine zentrale Rolle im Leben(slauf) von Menschen jeden Alters und bei der Flankierung von Bruchstellen, Neuorientierungen spielen, angesichts normativer und non-normativer Lebensereignisse u. a. „Nicht selten sind Übergänge und Ereignisse im Lebenslauf überhaupt erst durch die damit einhergehenden Netzwerkveränderungen definiert" (Lang 2005, 41), z. B. bei Scheidung oder Verwitwung.

Neben ihrer Bedeutung für die Markierung von Lebensabschnitten flankieren soziale Beziehungen zudem die anderweitig induzierten Übergänge, nicht zuletzt auch Altersübergänge: Sie stellen einerseits Bewältigungsressourcen dar, eröffnen (Handlungs-)Möglichkeiten und transportieren soziale Unterstützung (s. u.). Verschiedene Untersuchungen weisen dabei auf die hohe Konstanz sozialer Netzwerke hin, die im Sinne des social convoy (Kahn / Antonucci 1980) auch über lebensgeschichtliche Brüche und Altersgrenzen hinausweisen. Andererseits können soziale Beziehungen aber auch als Verpflichtungen und als Einschränkung des Bewegungsspielraums (z. B. bei Pflegeverantwortlichkeit) erlebt werden, wobei hier – wie insgesamt in dieser Erfahrungsdimension – starke geschlechtsspezifische Unterschiede zu konstatieren sind. Die Auseinandersetzung mit der Pflegebedürftigkeit und Hinfälligkeit alter Menschen stellt eine entscheidende Herausforderung inter- und intragenerativer sozialer Beziehungen dar, wobei mit wachsender Bedeutung professioneller Dienstleister eine Re-Strukturierung der Pflegerelationen zu erwarten ist.

Zentrale Fragen beziehen sich darauf, welche sozialen Netzwerk-Veränderungen von den Subjekten als zentrale Einschnitte im Lebenslauf begriffen werden. Es ist folgenreich, wie soziale Netzwerke ihrer Ansicht nach beschaffen sein sollen bzw. müssen, um als Ressourcen im Alternsprozess begriffen zu werden, welche Bedeutung dabei der „Geberrolle" und den „Austausch-Bilanzen" zukommt (Bengtson / Dowd 1981) und inwiefern im sozialen Modernisierungsprozess der Konsum von Dienstleistungen als Substitut für soziale Netzwerke gesehen werden kann.

Das Interesse an sozialer Unterstützung

Eine **vierte** Hauptperspektive richtet sich auf die Frage, welche Bedeutung die soziale Einbindung für die Entstehung, vor allem aber für die Lösung von Problemen hat. Im praktisch-politischen Diskurs wird sie insbesondere seitens der Sozialpolitik sowie der sozialen Berufe im weitesten Sinne besonders interessiert verfolgt.

„Es ist lediglich ein ‚Mythos', davon auszugehen, dass Menschen mit gesundheitlichen oder psychologischen (sowie alltagspraktischen oder pflegerischen; U. O.) Problemen diese zu professionellen Helfern und Helferinnen tragen, dass diese wie auch immer die Probleme lösen und dass die Betroffenen danach unbeschwert weiterleben könnten [...]. Die meisten Menschen vertrauen vielmehr ihre Probleme nicht Professionellen an, sondern suchen vor allem in den oft entscheidenden frühen Phasen der Krisenentwicklung Ansprechpartner aus ihrem engeren Lebensraum und Helfer und Helferinnen in den alltäglichen Beziehungen und sie finden sie dort auch. Oft kennen sie diese Menschen und vertrauen ihnen. Sie haben Zugang zu ihnen und wissen, dass man ihnen zuhört, wenn sie reden wollen. Sie finden Hilfe in Krankheiten, erhalten Versorgung und Pflege, wenn es nötig wird" (Nestmann 2000, 128).

Kurz: Konkrete Hilfen verstanden als soziale Unterstützung sind der allgemeinste Bezugspunkt für das so verbreitete und ungebrochene Interesse an sozialen Beziehungssystemen zwischen Menschen und an ihrer Bedeutung für die Erhaltung von Wohlbefinden sowie für den Schutz vor Stress und Krankheit – ablesbar an der inzwischen schier unüberschaubaren Anzahl empirischer Einzelarbeiten und einer vor allem in der Social-Support-Forschung weitentwickelten Theoriebildung. Die überdurchschnittlich hohe Aufmerksamkeit für eben diese Unterstützungsaspekte hat teilweise dazu geführt, dass soziale Netzwerke – mitunter

ohne sich darüber Rechenschaft abzulegen – zumindest funktional in eins gesetzt werden mit Unterstützungsnetzwerken.

Im Folgenden werden wesentliche Beschreibungskonzepte sozialer Netzwerke kurz vorgestellt. Zu ihren vielfältigen Varianten wird – abgesehen von einigen übergreifenden Kategorisierungen – hier auf die vorhandene Literatur (z. B. Röhrle 1994) verwiesen. Meist werden die drei Ebenen der nachfolgenden Abbildung unterschieden, teilweise ergänzt durch eine evaluative Ebene. Folgende Abbildung veranschaulicht in Anlehnung an die Übersicht bei Röhrle (16) die Merkmale sozialer Netzwerke.

Auch in dieser Übersicht hat die soziale Unterstützung innerhalb der mittleren Ebene der Funktionen eine herausgehobene Stellung. Immerhin aber wird eine dazu komplementäre Seite in vergleichsweise größerem Umfange ebenfalls gesehen und erforscht. Sie ist in der o. g. Matrix von Röhrle ebenfalls als Funktion sozialer Unterstützung aufgeführt und markiert bereits ihrerseits einen klassischen Anknüpfungspunkt zu Basistheorien Sozialer Arbeit. Dass Netzwerke und Unterstützungen keineswegs immer „supportive" sind – diese schlichte, aber wichtige Erkenntnis wird etwa in all jenen Untersuchungen nicht berücksichtigt, die soziale Unterstützung mit jeglicher sozialer Interaktion gleichsetzen und in Form allgemeiner Netzwerk-

---

I Relationale Merkmale

A Starke vs. schwache Bindungen (Intimität, Intensität)
B Kontakt- bzw. Interaktionshäufigkeit
C Latente vs. aktualisierte Beziehungen
D Dauer (Stabilität)
E Multiplexe vs. uniplexe Beziehungen (Vielartigkeit der Beziehungsinhalte; z.B. diverse Rollenbeziehungen)
F Egozentriertheit vs. Altruismus
G Reziprozität
H Homogenität
I Homogenität

II Kollektiv und individuell bedeutsame funktionale Merkmale

A Soziale Unterstützung (Sicherheit, Rückhalt usw.)
B Soziale Kontrolle (Normorientierung, Übermittlung von Werten)

III Merkmale der Morphologie

– Größe (Zahl der definierten sozialen Elemente; z.B. Personen, Organisationen, Nationen)
– Dichte (Zahl der tatsächlich vorhandenen zur Gesamtzahl der möglichen Beziehungen)
– Erreichbarkeit (Möglichkeiten zur Herstellung von direkten und indirekten sozialen Beziehungen zwischen undefinierten oder definierten Mengen von Verknüpfungspunkten (Pfaden))
– Zentralität (Grad der sozialen Integration)
– Cluster/Cliquen (Zahl der partiell oder total abgrenzbaren, in sich dichten Netzwerkteile)
– Sektoren/Zonen (Familie, Verwandte, Freunde usw.)

Abb. 1: Merkmale sozialer Netzwerke (nach Röhrle 1994, 16)

strukturen definieren. Entsprechend operationalisierte empirische Forschungen begnügen sich dann mit dem Aufweis der Anzahl der Kontakte zu anderen, der Häufigkeit der Interaktionen, der Messung einseitig fließender Ressourcen usw.

Zusätzlich zu bzw. innerhalb dieser bipolaren Funktionsbestimmung sind aus der Perspektive Sozialer Arbeit Differenzierungen nützlich, wie sie Laireiter als inhaltlich-funktionale Parameter egozentrierter Netzwerkbeschreibung aufführt. Dazu gehören

1. Kommunikation / Kontakt / Interaktion (z. B. Geselligkeit),
2. Austausch (Information, Geld, Arbeit und Leistungen, Güter, Immaterielles wie Liebe, Anerkennung, Zuwendung, Status etc., emotionaler Rückhalt, Sichtweisen und Einschätzungen),
3. Normen / Werte,
4. Kontrolle / Regulation (Macht) sowie
5. Belastung (z. B. in Form von Konflikten, Abwertung, Ausgrenzung, Kränkungen etc.).

So unterschiedlich die begrifflichen, theoretischen und empirischen Konzeptualisierungen sozialer Unterstützung sind, so lässt sich doch ihr allgemeinster Bezugspunkt benennen: Er liegt darin, dass soziale Beziehungen und soziale Interaktionen „die grundlegenden Bedürfnisse von Menschen nach Zuneigung, Identität, Sicherheit, Informationen, Rückhalt etc. befriedigen und diese daraus Kraft und Stärke für ihre Lebensbewältigung schöpfen, sie damit ihr Befinden stabilisieren und ihre psychische und somatische Gesundheit aufrecht erhalten" (Laireiter 2009, 85).

Es sind also offensichtlich – **fünftens** – nicht nur konkrete Hilfen, die die Aufmerksamkeit für das Phänomen sozialer Einbindung erklärbar machen. Vielmehr geht es auch um die schwerer fassbaren *emotionalen und qualitativen Outcomes*, die mit sozialen Netzwerken und dem, was in ihnen fließt, in Verbindung gebracht werden. Die o. g. relationalen und morphologischen Merkmale werden in dieser weitergehenden Perspektive damit zunächst *(a)* mit Blick auf ihren *Ressourcencharakter* relevant: Es ist zu fragen, inwieweit bestimmte Personen und Personengruppen zur Verfügung stehen, die soziale Güter potenziell vermitteln können. Kriterium ist die Verfügbarkeit bzw. Präsenz anderer Individuen.

Über diese Auffassung hinaus geht *(b)* jene, die auf das *subjektive Gefühl des Unterstütztseins* abhebt. Dieses werde – so nehmen entsprechende „kognitive Unterstützungskonzepte" an – durch Informationen hervorgerufen, die die soziale Umwelt vermittle. Wesentliches Kriterium ist damit die subjektiv wahrgenommene Unterstützung.

Die weiter oben schon genannte weitere Perspektive *(c)* kann sich (muss sich aber nicht) mit der vorgenannten weitgehend überschneiden. Sie hebt auf das *unterstützende Verhalten* ab. In der Sozialen Arbeit kommt ihr besonders große Aufmerksamkeit zu: der sozialen Unterstützung als intentionaler, tätiger Hilfe. In der hier verfolgten Argumentation allerdings ist sie bestenfalls eine wichtige, nicht aber die einzige und noch nicht einmal eine notwendige Bedingung für die vierte Perspektive *(d)* auf *soziale Unterstützung als Bedürfnisbefriedigung*. Diese Vorstellungen sehen soziale Unterstützung erst dann als realisiert an, „wenn die Verfügbarkeit anderer, deren Verhalten oder die Wahrnehmung von Information aus der Umwelt zur Befriedigung bestimmter menschlicher Bedürfnisse beitragen" (Laireiter 2009, 86).

Um die mittlerweile anerkannte Mehrdimensionalität des paradigmatischen Konstrukts sozialer Netzwerke und auf ihrer Basis möglicher sozialer Unterstützung in seinen unterschiedlichen Ebenen, Komponenten und Perspektiven genauer zu verstehen, wird ein weiterer Systematisierungsversuch vorgestellt. Diewald (1991) schlägt eine sehr detaillierte inhaltliche Typologie auf Basis einschlägiger Literatur vor. Auch sie macht bereits in ihrer Struktur klar, dass konkrete Interaktionen – also u. a. beobachtbare Dienstleistungen, u. a. im Kontext der o. g. Kategorie (c) also – nur *einen* Ausschnitt des Geschehens darstellen. Neben diesem Verhaltensaspekt markiert er in der zweiten Spalte die Vermittlung von Kognitionen, in der dritten die Vermittlung von Emotionen.

In der ersten Spalte fällt bei ihm auf, dass er die sonst häufig zusammengefassten „tangiblen", „praktischen" oder „instrumentellen" Hilfen nochmals instruktiv aufgliedert: „Arbeitshilfen" (als arbeitsförmig erbrachte Arbeiten für Dritte) von „Pflege" (i. S. von Handlungen nicht nur *für*, sondern *an* einem Interaktionspartner) sowie auch von „Intervention". Bei letzterer geht es um Interventionen *für* „Ego" *bei* anderen Personen oder Institutionen (u. a. etwa in Form „anwaltschaftlicher" Sozialer Arbeit). Spannend ist, dass auch soziale Alltäglichkeit als handlungsentlastende, sinnstiftende und verhaltensstabilisierende Routinen explizit als Unterkategorie benannt wird. Ihre „Funktion bleibt in der Regel unterhalb der Bewusstseinsschwelle und wird oft erst bei ihrem Wegfall als Stabilitätsverlust empfunden" (Diewald 1991, 73). Geläufiger sind die weiteren Kategorien der „materiellen Unterstützungen" (mit Geld oder Sachleistungen) sowie der „Information" und der „Beratung".

Die zweite große Kategorie bezieht sich weniger auf konkret beobachtbare Interaktionen als vielmehr auf die Vermittlung von Bewusstseins- und Gefühlszuständen. Diewald hebt begrifflich auf die auch für Soziale Arbeit so wichtige Kategorie der Anerkennung ab. Im ersten Fall der Vermittlung persönlicher Wertschätzung geht es um die Vermittlung eines auf die Person insgesamt bezogenen Selbstwertgefühls über die Beeinflussung von Deutungs- und Bewertungsprozessen. Es wird in Beziehungen vermittelt, in denen ein Individuum erfährt, dass es als Mensch akzeptiert, geschätzt oder

sogar bewundert wird (Diewald 1991, 73). Der Aspekt der Status-Vermittlung legt die Betonung demgegenüber auf die Bestätigung einer Position und der damit verbundenen Rollenerwartung: „Bestimmte Beziehungen und Mitgliedschaften sind mit sozialer Anerkennung verbunden und vermitteln über ein entsprechendes Interaktionsverhalten der anderen, daß man ein geschätztes Mitglied eines Gemeinwesens" (Diewald 1991, 73 f.) ist.

Mit der Unterkategorie „Orientierung" ist gewissermaßen das nichtintentionale Pendant zur Beratung Thema. Dabei geht es um die Vermittlung umfassender Verhaltensmodelle und sozialer Normen, die von allgemeinerer Bedeutung für die Lebensführung sind. Dabei bestehen – dies mit Blick auf Soziale Arbeit – wichtige Anschlussstellen sowohl zur gelebten Alltäglichkeit als auch zu Settings und Vollzügen der Sozialisation. Dies gilt gleichermaßen für den Aufweis dessen, dass soziale Netzwerke „Ort für den Erwerb sozialer Kompetenzen" sind. Mit Blick auf die Unterscheidung positiver und negativer Formen sozialer Unterstüt-

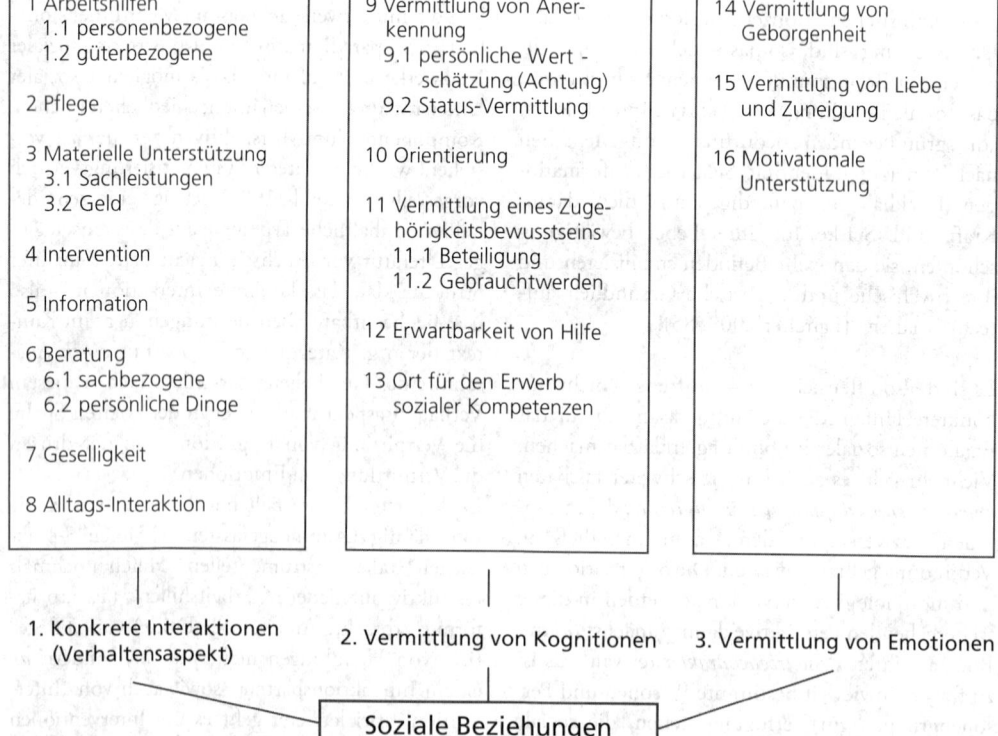

Abb. 2: Inhaltliche Typologie sozialer Unterstützung (nach Diewald 1991, 71)

zung (z. B. Belastungen) grenzt Diewald sinnvoller-weise die „Vermittlung eines Zugehörigkeits-bewusstseins" von der „Erwartbarkeit von Hilfe (Rückhalt)" ab. In letzterer geht es um das Bewusst-sein einer generellen Unterstützungsbereitschaft, mithin des oben thematisierten „perceived social support", hier als potenziell erwartbar wahrgenom-mener Unterstützung.

Aber diese muss nicht notwendig damit gegeben sein, dass man sich einer Gruppe oder einem Netz-werk zugehörig fühlt. Zugehörigkeit ist demgegen-über schon dadurch gegeben, dass man in eine Ge-meinschaft bzw. ein Netzwerk gegenseitiger Verpflichtungen und Kommunikation eingebun-den ist. Diese Unterkategorie der Spalte „Vermitt-lung von Kognitionen" hat Schnittmengen mit Antonovsky's „sense of coherence" oder Pearlin's „sense of belongingness".

„Die Wahrnehmung einer solchen Zugehörigkeit kann über gemeinsame Angelegenheiten und Betroffenheiten, gegenseitige Verpflichtungen oder auch über wahr-genommene soziale Ähnlichkeiten (Einstellungen, Le-benshaltungen und Lebensstile) erfolgen" (Diewald 1991, 74),

ebenso aber auch durch Verantwortungsübernahme etwa für Caring-Tätigkeiten und das dadurch er-wirkte Sinn- und Relevanzgefühl.

Diewalds Typologie enthält schließlich einige pri-mär emotional definierte Unterstützungskom-ponenten. Die erste richtet sich auf das Empfinden von Stabilität, des Aufgehobenseins und Nicht-handeln-Müssens. Anders als in der sehr viel ver-breiteteren Zusammenfassung als „emotionale Unterstützung" wird neben den o. g. Kognitionen „Zugehörigkeitsbewusstsein" und „Erwartbarkeit von Hilfe" (zweite Spalte) hier die „Vermittlung eines Geborgenheitsgefühls" in der dritten Spalte separat benannt. Schließlich kann es sein, dass die-ses Gefühl durch die beiden anderen Erfahrungen nicht vermittelt wird. Dies kann etwa dort be-obachtet werden, wo Hilfe an ganz bestimmte Be-dingungen geknüpft wird. Zentrale emotional de-finierte Unterstützungskomponenten sind sodann die „Vermittlung von Liebe und Zuneigung" sowie die „motivationale Unterstützung".

Wird versucht, übergreifend die wesentlichen Di-mensionen der o. g. unterschiedlichen Perspektiven auf soziale Unterstützung – Ressourcen, kogniti-

onsbezogenem Informationsaspekt, unterstützen-dem Verhalten und Bedürfnisbefriedigung – zu benennen, ergibt sich die außerordentliche Mehr-dimensionalität des Konstruktes. Sie weist auf viel-fältige Erkenntnismöglichkeiten hin, ebenso aber auf die Notwendigkeit, die Ebenen in sauberer theoretischer und empiriebezogener Arbeit diffe-renziert auseinanderzuhalten. Diesbezüglich ist die folgende Matrix von Laireiter instruktiv.

Gehen wir von hier einen Schritt weiter, geht es um die Frage nach Funktionen. Auf der Basis von Un-terstützungsressourcen, -verhalten und -wahrneh-mung entfalten sich die zentralen Funktionen sozia-ler Unterstützung, die sowohl in direkten („Haupt"-) wie indirekten („Puffer"-)Effekten gesehen werden. In vielen theoretischen wie empirischen Arbeiten wird allerdings nicht ausreichend verdeutlicht, in-wiefern eine funktionale Analyse oder eine Unter-suchung von Wirkungen erfolgt. Die Rekonstruk-tion der – angesichts der Vieldimensionalität des Netzwerk- und Unterstützungskonstrukts – kom-plexen Wirkungsentstehung birgt allerdings – bis heute – große Schwierigkeiten. Sekundärreviews jedenfalls zeigen, dass Netzwerkmaße, Verhaltens-maße, und Wahrnehmungs-/Interpretationsmaße nur schwach korrelieren und die Erklärung ihrer Zusammenhänge anspruchsvoller Theorien bedarf, von denen bis heute bestenfalls Teile vorliegen.

Die Wirkung informeller Hilfen hängt von einer Vielzahl von Bedingungen ab – zu den weiter oben schon genannten Kontextvariablen sind hier ins-besondere kasuistische Spezifika unter Einschluss der Eigenschaften eines Stressors mit einzubeziehen (z. B. Cutrona/Russel 1990; Röhrle 1994, 5). Dazu gehört auch, die Wirksamkeit sozialer Unter-stützung im Belastungs-Stress-Bewältigungspro-zess – egal ob direkt oder als Puffer – mit Bezug auf den zeit- bzw. lebenslaufbezogenen Phasenbezug zu differenzieren.

Bis hier wurde gezeigt, wie beträchtlich mit Bezug auf soziale Netzwerke und soziale Unterstützung die Komplexität ist, zu einem Teil auch: wie be-trächtlich die empirischen, begrifflichen und kon-zeptionell-theoretischen Unklarheiten sind. Den-noch versprechen sie wesentliche theoretische, empirische und anwendungsorientiert-konzptio-nelle Aufschlüsse für zentrale Fragen Sozialer Arbeit. Sowohl der starke Rekurs auf Netzmodelle in vielen Bereichen der Sozialen Arbeit – ob mit Älteren, Kindern und Jugendlichen oder ande-

Tab. 1: Komponenten des Konstruktes „soziale Unterstützung" (nach Laireiter 2009, 87)

Komponenten	Inhalte
Konstruktebenen (Sub- oder Partialkonstrukte)	Subjektives Erleben / soziale Kognition Soziales Verhalten / soziale Interaktion Soziale Beziehungen Bedürfnisbefriedigung
Inhaltsbereiche	Arten unterstützender Informationen und Handlungen, z. B. Informationen, Rückmeldungen, praktische Hilfen, emotionale Zuwendung etc.
Bedarfsbereiche/ Anlässe	Alltag Alltagsbelastungen / kleine Ereignisse Lebensbelastungen, Krisen, Traumata
Direktionalität/ Perspektive	Geben von Unterstützung (Geber) Erhalt von Unterstützung (Empfänger)
Quelle/Zielperson	Art der Beziehung: Partner, Familie, Verwandtschaft, Freunde, Vertraute etc.
Betrachter-/ Beurteilerperspektive	Geber der Unterstützung Empfänger der Unterstützung Drittperson
Kriterien der Erfassung	Subjektives Erleben / Wahrnehmung Beobachtbares Verhalten / Interaktionen

ren – und des bürgerschaftlichen Engagements, zunehmend auch in der pflegewissenschaftlichen Diskussion, als auch die Schwierigkeit, das Hilfreiche, Unterstützende und Integrierende intermediärer Einrichtungen und Formen bürgerschaftlichen Engagements beispielsweise als *Dienstleistung* im Kontext von Bedarf oder *Integration* im Kontext von Arbeit rekonstruieren zu wollen, lassen es sinnvoll erscheinen, das Potenzial *sozialwissenschaftlicher* Netzwerk- und Unterstützungstheorien auf die Analyse von intermediären Hilfe- und Unterstützungsformen anzuwenden.

Soziale Netzwerke und Soziale Arbeit

Die Netzwerkperspektive wird seit Langem intensiv auch für die praktische Soziale Arbeit fruchtbar gemacht. Es lassen sich zunächst eine Reihe sowohl *paradigmatischer Orientierungen* daran anknüpfen als auch *methodischer Ansätze und Techniken.* Die paradigmatischen Orientierungen beziehen sich sowohl auf Forschungs- als auch auf Anwendungsfragen. Wichtige Anschlussstellen werden hier nur

angedeutet: Es können unmöglich alle für die Soziale Arbeit wichtigen Theoriebestandteile benannt werden, einige wurden im Text schon angedeutet. Ganz wenige weitere Hinweise zu fünf größeren Thematisierungsbündeln sollen deshalb genügen:
1. Von herausgehobener Bedeutung sind **Modellierungen des Belastungs-Bewältigungs-Paradigmas**, sei dies nun in der Tradition der Psychologie oder formatiert in Aneignungen und Modifikationen seitens der Sozialen Arbeit, wie sie im Rahmen der Thematisierung von Lebensbewältigung, von Alltagsorientierung, aber auch von weiteren Paradigmen wie dem Empowerment oder der Ressourcenarbeit diskutiert werden.
2. Ganz knapp und damit im Zusammenhang sind explizit hier **Bezüge zu einigen Paradigmen Sozialer Arbeit** herzustellen. Große Potenziale bietet der Netzwerkansatz *(a)* mit Blick auf die *Lebenslaufperspektive.* Die Zeitlichkeit in ihren sehr unterschiedlichen jeweils sehr relevanten Dimensionen spielt in vielen Konzeptualisierungen traditionell eine starke Rolle. Dies bezieht sich nicht nur (s. Pkt. 3), aber ganz wesentlich auch auf den life course – am prominentesten in dem Aufweis der social convoys. Wie sehr Anschlüsse *(b)* für die

Thematisierung von Übergängen im Zentrum der Netzwerkforschung liegen, wurde bereits gezeigt. Wesentliche Schnittmengen und gegenseitig fruchtbare Herausforderungen bestehen *(c)* zu Konzepten der *Lebenswelt- und Alltagsorientierung* (Otto, 2005). *(d)* Ansätzen der *Sozialraumorientierung* korrespondieren ganz wesentliche Merkmale und empirische Indikatoren. Durch die Zentrierung auf personale soziale Netzwerke und darin die Ermittlung einer ganzen Reihe von Struktur- und Interaktionsparametern können in besonders genauer Weise sozialräumliche Charakteristika genauer untersucht werden. Darüber hinausgehend wird beispielsweise die Komposition der in der o. g. Abbildung 1 zusammengetragenen morphologischen Kennzeichen sozialraumorientiert modifiziert und erweitert. So lässt sich die geografische Verteilung des Netzwerks („Entfernung") erheben. Oder der Parameter der Erreichbarkeit wird durch geografische Entfernung und damit zusammenhängende leichte Erreichbarkeit operationalisiert.

3. Im Kontext dieses komplexen Paradigmas sowie unter Berücksichtigung spezifischer Desiderata der originären Fragestellungen Sozialer Arbeit geht es um die Weiterentwicklung komplexerer Wirkungsmodelle. Dazu gehören u. a. **Formen eines „Passformkonzepts".** Soziale Unterstützungsakte müssen also sowohl mit Blick auf subjektive als auch auf objektive Hilfewirkung auf die Erwartungen und Bedürfnisse der Betroffenen ebenso wie auf die situationalen wie inhaltlichen Bedingungen der Problemstellung „passen", wobei es unterschiedliche Ausprägungen sein können, die im einen (subjektive Hilfe) oder im anderen (objektive Hilfe) Fluchtpunkt und in ihrer je spezifischen Kombination die je passenderen sind. In der Regel wird davon ausgegangen, dass es in einer Art kategorialer Typologie gelingen muss, besser geeignete Support-Konstellationen sowohl für alltägliche soziale Unterstützung im Fluchtpunkt des Wohlbefindens als auch für spezifische Stress- oder Bedarfslagen zu bestimmen. Diese Typologie müsste abgestützt durch weitere Forschungsarbeiten ergänzt werden durch anlass- oder lebenslagenbezogen empirisch gewonnene Taxonomien.

Schließlich muss mehr als in vielen bisherigen Untersuchungen gerade in Passformkonzepten die Zeitachse von Coping- und Unterstützungsprozessen berücksichtigt werden, da davon auszugehen ist, dass der Effekt von Ressourcen und Unterstüt-

zungshandlungen nicht statisch ist, sondern sich über die Zeit hinweg ändert. In sehr vielen Fällen wird das spezifische Timing unterschiedlicher Unterstützungsformen zu wenig berücksichtigt, obwohl seit Langem bekannt ist, wie unterschiedlich der Nutzen des gleichen Unterstützungsgebarens eingeschätzt wird, je nachdem, wann es erfolgt (Jacobson 1986). Daran schließen manche AutorInnen eine Phasensystematik je passender Unterstützungsformen je nach der gerade aktuellen Phase einer Krise oder eines Stressors an (Helgeson 1993, 826).

4. Auf der Basis der skizzierten Mehrdimensionalität werden bereits seit längerer Zeit in diversen **Rahmenkonzepten der Netzwerkförderung** (z. B. Nestmann 1989; Otto 2010) Ansatzpunkte netzwerkorientierter (sozial-)pädagogischer und pflegerischer Intervention unterschieden und u. a. auch auf das Potenzial intermediärer, bürgerschaftlich orientierter Institutionen adaptiert. Dabei werden als AkteurInnen nicht nur, in einigen Fällen noch nicht einmal in erster Linie, die in ihnen teilweise tätigen professionellen Fachkräfte sowie die AkteurInnen in den beteiligten Institutionen der Sozialpolitik betrachtet, sondern auch die in den unterschiedlichen Rollen beteiligten BürgerInnen selbst. Gemäß den bis hier ausgearbeiteten Überlegungen beziehen sich netzwerkbezogene Interventionen in den am weitesten entwickelten Konzepten auf mehrere Ebenen gleichzeitig:

- auf die Wahrnehmung von Bedarfen nach social support,
- auf die Identifizierung von unterstützungsbezogenen Netzwerkressourcen,
- auf die Mobilisierung von NetzwerkpartnerInnen und deren Support-Potenzialen,
- auf die Verbesserung der potenziellen Verfügbarkeit von sozialer Unterstützung,
- auf die Angemessenheit der sozialen Unterstützung im Kontext ihrer möglichst passförmigen Allokation,
- auf die Bedingungen der Einschätzung von sozialer Unterstützung.

In konsequent netzwerkorientierten Konzepten wurden – bei allen Widersprüchlichkeiten der Netzwerkkonzepte und bei aller gebotenen Zurückhaltung hinsichtlich zu erzielender positiver Wirkungen – insgesamt beeindruckende Belege für die weiterhin notwendige Umorientierung in vielen Fällen sozialer Dienstleistungen präsentiert. In der Konfrontation dieser Hinweise mit der täglichen Praxis zeigt sich, welcher enorme Nachholbedarf hier besteht

- hinsichtlich der Haltungen der Sozialprofessionellen, was die Zusammenarbeit mit informellen Instanzen in Konzeptionen besser balancierter Welfare Mixes angeht,
- hinsichtlich der Kompetenzen der Sozialprofessionellen, die vom Assessment über die kommunikativen und interaktiven Vollzüge bis hin zum Vernetzen im Sinne von Koordination und Kooperation und schließlich evaluativem Wollen und Können reichen müssen,
- hinsichtlich der Konzeptionsqualität sehr vieler Dienste,
- hinsichtlich der die einzelnen Dienste übergreifenden Infrastrukturqualität in einem Gemeinwesen bzw. in einer Region,
- hinsichtlich der noch viel zu schwach ausgebauten Brückeninstanzen zwischen informellen Netzwerken und professionellen Diensten,
- hinsichtlich der Rahmenbedingungen sozialrechtlicher Art, was die Ermöglichung sinnvoll gestufter Handlungsketten angeht, was die Ermöglichung von weitgehend aus einer Hand kommenden Hilfen angeht und was die Impulse angeht, in allen Prozessstufen ständig zu überprüfen, in welcher Weise die gegebenen Hilfen auch hinsichtlich der lebensweltlichen und Netzwerkqualität passen.

5. Die paradigmatischen Orientierungen fließen mittlerweile in eine vielfältige **Umsetzung in Paradigmen**, Methoden und Techniken ein. Dazu gehören sehr unterschiedliche Einzel-Methoden unterschiedlicher Reichweite und Komplexität – an dieser Stelle nur einige „Platzhalter": Im „Ressourcencheck" z. B. geht es wesentlich um die Aufdeckung von Bewältigungsressourcen – auch durchaus zentral in Form nützlicher Netzwerke (Budde et al. 2004). In der „Subjektorientierten Netzwerkarbeit" ist die Netzwerkperspektive wesentlich für die vorgeschlagene Verschränkung von Fallbezug und Sozialraum (Klawe 2005). Diese Verschränkung wird ebenso angezielt in anderen Spielarten sozialraumorientierter Fallarbeit mit

Netzwerken, z. B. dem Eco-Mapping oder der Genogrammarbeit (Budde / Früchtel 2005). In von neuseeländischer Praxis inspirierten „Family Group Conferences" wird gegenüber bisherigen expertInnenlastigen deutschen Hilfeplanverfahren vorgeschlagen, „lebensweltliche" Lösungskonzepte der betroffen Familien zu stärken (Früchtel 2002). Ganz offensichtlich sind das Methoden mit höchst unterschiedlicher Reichweite, die an unterschiedlichen Punkten ansetzen und auch sonst vielfache Differenzen aufweisen. Gemeinsam aber sind ihnen der basale Bezug auf soziale Netzwerke und die mit ihnen in Verbindung stehenden und als dynamisch und beeinflussbar gesehenen Möglichkeiten, Ressourcen und Wirkungen sozialer Unterstützung – sowohl negativer wie positiver Art.

Netzwerkbezogene Interventionsansätze stehen durch ihre besondere Lebenswelt- und Alltagsnähe in besonderer Weise unter dem Verdacht, einer weiteren „Kolonialisierung" weiterer Alltagsbereiche Vorschub zu leisten. Dies verbindet sie mit vielen anderen alltags- und verstehensbezogenen lebensweltnahen Konzepten. Das gilt sowohl mit Bezug auf das Argument der sozialpolitischen Strategie der „Informalisierung" und „Reprivatisierung" eigentlich institutionell abzusichernder Risiken als auch auf das Argument, dass insbesondere durch eine qualitativ orientierte Netzwerk- und Unterstützungsperspektive die Geltungskraft universalistischer und auf Standards aufbauender (auch z. B. auf gleiche Verteilung ausgerichteter) Interventionsstrategien weiter geschwächt werde. Diese Argumentationen stehen in eigentümlicher Spannung zu dem in prominenten Teilen z. B. der klassischen Soziologie und Sozialpolitikforschung unterstellten Zusammenhang, dass der Wohlfahrtsstaat nicht nur als Ersatz oder Kompensation, sondern auch als Verdränger sozialer insbesondere familialer Netzwerke anzusehen sei. Sie fordern dazu heraus, in besonders verantwortungsvoller Weise sich Rechenschaft abzulegen über potenzielle und tatsächliche Wirkungen entsprechender Interventionen. Dies gilt für die Konzeption ebenso wie für die Evaluation der Arbeit.

Literatur

Barnes, J. A. (1972): Social Networks, Module 26. Addison-Wesley, Reading / MA

Bengtson, V. L., Dowd, J. J. (1981): Sociological Functionalism, Exchange Theory, and Life-Cycle-Analysis. International Journal of Aging and Human Development 12, 143–159

Budde, W., Früchtel, F. (2005): Fall und Feld. Oder was in der sozialraumorientierten Fallarbeit mit Netzwerken zu machen ist. Das Bsp. Eco-Mapping und Genogrammarbeit. Sozialmagazin 30, 14–23

–, –, Loferer, A. (2004): Ressourcencheck. Sozialmagazin 29, 14–22

Cutrona, C. E., Russell, D. W. (1990): Type of Social Support and Specific Stress: toward a Theory of Optimal Matching. In: Sarason, B. R., Sarason, I. G., Pierce, G. R. (Hrsg.) 1990: Social Support: an Interactional View. Wiley, New York, 319–366

Diewald, M. (1991): Soziale Beziehungen. Verlust oder Liberalisierung? Soziale Unterstützung in informellen Netzwerken. WZB, Berlin

Durkheim, E. (1892 / 1921): La famille conjugale. Revue philosophique. http://classiques.uqac.ca/classiques/Durkheim_emile/textes_3/textes_3_2/famille_conjugale.pdf, 13.06.2010

Früchtel, F. (2002): Die Moral des Verfahrens: Famliy Group Conferences als Alternative zum Hilfeplangespräch? Forum Erziehungshilfen 8, 13–19

Giddens, A. (1995): Konsequenzen der Moderne. Suhrkamp, Frankfurt / M.

Helgeson, V. S. (1993): Two important Distinctions in Social Support: Kind of Support and Perceived Versus Received. Journal of Applied Social Psychology 23, 825–845

Hollstein, B. (2006): Qualitative Methoden und Netzwerkanalyse – ein Widerspruch. In: Hollstein, B. Straus, F. (Hrsg.): Qualitative Netzwerkanalyse. Konzepte, Methoden, Anwendungen. VS, Wiesbaden, 11–35

Jacobson, D. E. (1986): Types and Timing of Social Support. Journal of Health and Social Behavior 27, 250–264

Kahn, R. L., Antonucci, T. C. (1980): Convoys over the Life Course: Attachment, Roles, and Social Suport. In: Baltes, P. B., Brim, O. g. (Hrsg.): Life-span Development and Behaviour. Academic Press, New York, 383–405

Keupp, H. (1994): Geleitwort. In: Röhrle, B. V–VI

Klawe, W. (2005): Subjektorientierte Netzwerkarbeit zwischen Fallbezug und Sozialraum. Sozialmagazin 30, 24–32

Kohli, M., Künemund, H. (2001): Geben und Nehmen. Die Älteren im Generationenverhältnis. Zeitschrift für Erziehungswissenschaft 4, 513–528

Laireiter, A.-R. (2009): Soziales Netzwerk und soziale Unterstützung. In: Lenz, K., Nestmann, F. (Hrsg.), 75–99

Lang, F. R. (2005): Die Gestaltung sozialer Netzwerke im Lebenslauf. In: Otto, U., Bauer, P. (Hrsg.), 41–64

Lenz, K., Nestmann, F. (Hrsg.) (2009): Handbuch Persönliche Beziehungen. Juventa, Weinheim / München

Nestmann, F. (2000): Gesundheitsförderung durch informelle Hilfen und Unterstützung in sozialen Netzwerken. Die Bedeutung informeller Hilfen im Alltag von Gesundheitssicherung und Gesundheitsförderung. In: Sting, S., Zurhorst, G. (Hrsg.): Gesundheit und Soziale Arbeit. Gesundheit und Gesundheitsförderung in den Praxisfeldern Sozialer Arbeit. Juventa, Weinheim / München, 128–146

– (1989): Förderung sozialer Netzwerke – eine Perspektive pädagogischer Handlungskompetenz? Neue Praxis 19, 107–123

Otto, U. (2010): Sozialpädagogik als Netzwerkarbeit. Interventionsmöglichkeiten zur Förderung sozialer Unterstützung – am Beispiel Älterer. VS, Wiesbaden (i. E.)

– (2005): Sozialtheoretische und -interventorische Paradigmen im Licht der sozialen Netzwerk- und Unterstützungsperspektive: Konvergenzen und Herausforderungen. In: Otto, U., Bauer, P. (Hrsg.), 85–130

–, Bauer, P. (Hrsg.) (2005): Mit Netzwerken professionell zusammenarbeiten. Bd. 1: Soziale Netzwerke in Lebenslauf- und Lebenslagenperspektive. Bd. 2: Institutionelle Netzwerke in Sozialraum- und Kooperationsperspektive. dgvt-Verlag, Tübingen

Parsons, T. (1943 / 1964): Das Verwandtschaftssystem in den Vereinigten Staaten. In: Parsons, T.: Beiträge zur soziologischen Theorie. Luchterhand, Neuwied, 84–108

Raisch, M. (1996): So weit die Netze tragen. Psychiatriebetroffene im Spannungsfeld zwischen Familie und Sozialpsychiatrie. Profil, München

Rauschenbach, T. (1999): Das sozialpädagogische Jahrhundert. Analysen zur Entwicklung Sozialer Arbeit in der Moderne. Juventa, Weinheim / München

Röhrle, B. (1994): Soziale Netzwerke und soziale Unterstützung. PVU, Weinheim

Schmerl, C., Nestmann, F. (1990): Das Geschlechterparadoxon in der Social Support Forschung. In: Schmerl, C., Nestmann, F. (Hrsg.): Ist Geben seliger denn Nehmen? Campus, Frankfurt / M. / New York, 7–35

Soziale Probleme

Von Axel Groenemeyer

Unabhängig davon, welche Aufgaben und Funktionen der Sozialen Arbeit sonst noch zugeschrieben werden oder welche Ziele und Orientierungen sie selbst als Profession programmatisch anvisiert, in erster Linie ist die Soziale Arbeit eine Institution der Bearbeitung, Kontrolle oder Verwaltung sozialer Probleme. Betroffenheiten von sozialen Problemen stellen die Handlungsanlässe, Begründungen und Legitimationen für Soziale Arbeit dar und bestimmen ihre Diskurse, Programmatiken und Methoden genauso wie ihre Finanzierung und öffentliche bzw. politische Anerkennung; sie sind die Grundlage und das „Material" für professionelle Interventionen und ihre Institutionalisierung in Beratungs- und Jugendhilfeeinrichtungen, in sozialpolitisch relevanten Gesetzestexten, in Betreuungs- und Resozialisierungsmaßnahmen oder anderen sozialen Diensten. Von daher gewinnen Reflexionen über den Charakter sowie die Bedingungen der Entstehung und der Thematisierung sozialer Probleme eine besondere Bedeutung sowohl für theoretische und empirische Analysen wie auch für das professionelle Selbstverständnis der Sozialen Arbeit.

Wenn von sozialen Problemen die Rede ist, dann werden damit im Alltag sofort konkrete Beispiele assoziiert wie Armut, Kriminalität, Drogenkonsum, Arbeitslosigkeit, sexueller Missbrauch, Alkoholismus oder Gewalt. Der Begriff „Soziales Problem" ist mittlerweile in die Umgangssprache eingegangen und die damit bezeichneten Bedingungen oder Verhaltensweisen sind Bestandteil öffentlicher Diskussionen, politischer Maßnahmen und wissenschaftlicher Untersuchungen. Ganz allgemein bezeichnet ein Problem die Wahrnehmung einer Diskrepanz zwischen einem angestrebten Ziel oder Wert, dem Soll-Zustand, und der tatsächlichen Situation, dem Ist-Zustand, die durch Maßnahmen der Problemlösung reduziert oder gar aufgehoben werden soll. Im Unterschied zu privaten und individuellen Problemen werden soziale Probleme als kollektiv interpretiert und über ihre Thematisierung eine kollektive Verantwortung bzw. eine politische oder gesellschaftliche Veränderung angemahnt. Offenbar ist aber sowohl die Grenze zwischen individuell privaten und sozialen Problemen als auch die Einschätzung einer grundsätzlichen kollektiven Veränderbarkeit der Situation außerordentlich variabel, und die Aufmerksamkeit, die sozialen Problemen in der Öffentlichkeit und Politik gewidmet wird, kann durchaus wechselhaft sein. Manche sozialen Probleme tauchen plötzlich in öffentlichen oder politischen Diskursen auf und werden in den Massenmedien breit behandelt, diskutiert oder auch skandalisiert, Aufträge für wissenschaftliche Expertisen werden vergeben und politische Maßnahmen beschlossen. Manchmal verlieren sie an Aufmerksamkeit und werden „vergessen", neu bewertet oder in ihrem Charakter uminterpretiert, eher selten werden sie sogar gelöst. Häufig aber sind sie als dauerhaft zu bearbeitende Probleme angelegt und gehören zum festen Bestandteil moderner Gesellschaften oder werden als notwendige Folgeerscheinung der gesellschaftlichen Entwicklung hingenommen und in ihren Auswirkungen durch spezialisierte Institutionen (z. B. der Sozialen Arbeit, der Sozialpolitik, des Kriminal- oder Gesundheitssystems) und entsprechende Organisationen, durch die Verteilung öffentlicher Gelder, rechtliche Regelungen und ihre Durchsetzung oder durch soziale Dienste bearbeitet, verwaltet oder kontrolliert.

Soziale Probleme sind die Basis für die Mobilisierung sozialer Bewegungen und Themen für Skandalisierungen und Dramatisierungen in den Massenmedien, des politischen Systems und der Unterhaltungsindustrie. Erst über diese verschiedenen Formen öffentlicher und politischer Problematisierung sowie über ihre Institutionalisierung in

Otto/Thiersch (Hg.), Handbuch Soziale Arbeit, 4. A., DOI 10.2378/ot4a.art141,

Form von Einrichtungen, Maßnahmen und Interventionen werden bestimmte Sachverhalte, Bedingungen oder Verhaltensweisen zu einem öffentlichen sozialen Problem. So war z. B. sehr lange Zeit auch in modernen westlichen Gesellschaften Gewalt in der Familie, Vergewaltigung in der Ehe oder Diskriminierung von Frauen kein soziales Problem, weil diese Zustände entweder als Privatangelegenheit oder als konsequente Folge einer naturgegebenen Unterlegenheit der Frau interpretiert wurden. Erst Aktivitäten und Skandalisierungen der Frauenbewegungen haben diese Zustände zu öffentlichen sozialen Problemen gemacht und die Institutionalisierung politischer Regulierungen und Kontrollen – z. B. über Änderungen des Strafrechts und über die Etablierung von Beratungsstellen und Frauenhäuser – erreicht.

Soziale Probleme sind also nicht einfach für alle sichtbare und evidente Störungen der sozialen Ordnung oder Schaden und Leiden verursachende Verhaltensweisen und Lebensbedingungen, vielmehr müssen Situationen, Verhältnisse oder Verhaltensweisen erst durch kollektives bzw. politisches Handeln als soziale Probleme problematisiert werden. D. h. soziale Probleme werden durch kollektive Akteure (z. B. soziale Bewegungen, politische Parteien, Massenmedien, öffentliche Verwaltungen, Professions- und Wohlfahrtsverbände, Religionsgruppen oder Interessenorganisationen) aktiv hergestellt und sind in diesem Sinne immer sozial konstruiert.

Grundlage dieser Problematisierung ist häufig die Vorstellung von für allgemein verbindlich erachteten gesellschaftlichen Wertvorstellungen, z. B. von Menschenwürde, Gleichheit oder Gerechtigkeit, gegen die die problematisierten Verhältnisse oder Verhaltensweisen verstoßen sollen. Von diesem Ausgangspunkt her formuliert Staub-Bernasconi (2007) ihre Interpretation der Sozialen Arbeit als „Menschenrechtswissenschaft", die auf Defizite der Bedürfnisbefriedigung reagiert. Allerdings bedeutet die öffentliche und politische Anerkennung sozialer Probleme sowie die damit verbundene Institutionalisierung von Interventionen und politischen Programmen immer auch die Verteilung von Ressourcen und Macht, sodass über die öffentliche und politische Problematisierung von Themen als soziale Probleme auch partikulare und politische Gruppeninteressen verfolgt werden können. Gleichwohl bleibt der argumentative und rhetori-

sche Rückgriff auf übergeordnete Wertvorstellungen bei der Problematisierung von Sachverhalten bedeutsam, um eine Mobilisierung und Legitimation für das Anliegen herzustellen.

Die Interpretationen und Deutungen von sozialen Problemen sind immer Gegenstand sozialer und politischer Konflikte. Umstritten ist dabei nicht nur, ob ein Phänomen überhaupt als soziales Problem einer kollektiven oder politischen Kontrolle und öffentlichen Bearbeitung unterworfen werden soll, sondern auch, in welcher Weise das Problem, seine Ursachen und Verantwortlichen definiert werden, denn davon hängt es ab, welche Institutionen für die Problembearbeitung eine Zuständigkeit erhalten. Es liegt also nicht in der „Natur" eines sozialen Problems, ob es z. B. als Krankheit, Kriminalität, als Ausdruck von fehlender Motivation oder als Folge einer verfehlten Sozialisation interpretiert wird, vielmehr ist dies die Konsequenz einer erfolgreichen Problematisierung durch kollektive Akteure, die damit auch eigene Interessen verfolgen, aber zumindest davon profitieren können. Je nachdem, ob z. B. der Konsum von Drogen und Alkohol als Kriminalität, als Krankheit, als Folge schwieriger Lebensumstände oder als mangelhafte individuelle Kompetenzen interpretiert wird, sind jeweils andere Institutionen und Politikbereiche für die Bearbeitung zuständig. Dabei wird ein problematisiertes Verhalten dann zu Kriminalität erklärt, wenn davon ausgegangen wird, dass den Verursachern für ihr Handeln eine volle Verantwortlichkeit und damit Schuld zugeschrieben wird; nur dann sind die Institutionen der Polizei, Justiz und Strafverfolgung zuständig und der Täter oder die Täterin kann bestraft werden. Wenn allerdings dasselbe Handeln als Ausdruck einer körperlichen oder psychischen Krankheit interpretiert wird, so sind die Institutionen der Medizin, Therapie oder Psychiatrie zuständig: wer als krank angesehen wird, ist nicht voll verantwortlich für sein Handeln, kann von daher auch nicht bestraft, sondern muss behandelt werden.

Demgegenüber setzt eine Zuständigkeit der Sozialen Arbeit voraus, dass zumindest auch soziale Umstände der Lebensweise oder der Biografie, die zu Sozialisationsdefiziten oder zu fehlenden Ressourcen geführt haben, als Ursache des Problems gedeutet werden, nur dann wird ein soziales Problem legitimerweise zu einem Thema der sozialen Arbeit. So macht es z. B. einen deutlichen Unterschied für institutionelle Zuständigkeiten und für die Betroffenen und ist Gegenstand von Deutungskonflikten, ob öffentliche und politische Diskurse über Arbeitslosigkeit durch Interpretationen geprägt werden, in denen Arbeitslosen selbstverschuldete individuelle Defizite an Motivation und Kompetenzen zugeschrieben werden, sie als Opfer verfehlter Wirtschafts- und Sozialpolitik oder als Verlierer im kapitalistischen Modernisierungs- und Globalisierungsprozess angesehen werden. Soziale Probleme existieren also jeweils in spezifischen Formen öffentlicher und politischer Diskurse der Problematisierung, über die in sozialen und politischen Konflikten gestritten wird. Damit ist auch impliziert, dass soziale Probleme erfolgreich entproblematisiert werden können, entweder in der Form, dass über kollektive Aktivitäten vorher als gravierende soziale Probleme und abweichendes Verhalten angesehene Verhaltensweisen zu einem allgemein tolerierten Bestandteil von Lebensstilen werden (z. B. Homosexualität) oder indem über Mechanismen politischer und kultureller Unterdrückung von Artikulations-, Problematisierungs- und Protestpotenzialen kulturell und sozial marginalisierte Gruppen (z. B. über die Individualisierung und Privatisierung von Konflikten) an der Problematisierung ihrer Lebensbedingungen gehindert werden.

Soziale Probleme sind die Grundlage oder das Material für sozialpolitische Interventionen, für Kriminal- und Gesundheitspolitik ebenso wie auch für Sozialarbeit und Sozialpädagogik. Wer allerdings in diesen und ähnlichen Politikbereichen arbeitet, ist nur selten mit der Frage konfrontiert, was soziale Probleme sind. Im Verständnis von Praktiker und Praktikerinnen und auch in der Öffentlichkeit und im Bereich der Politik interessiert meistens nicht, warum und in welcher Weise soziale Probleme problematisch sind bzw. geworden sind. Vielmehr interessiert dort, wer von sozialen Problemen betroffen ist, welches ihre Ursachen sind und was dagegen getan werden kann. Das Problematische an sozialen Problemen gilt in der Regel als selbstverständlich, und für jedes dieser Probleme sind ebenso selbstverständlich bestimmte Institutionen und Professionen zuständig und entsprechende Interventionsformen angezeigt. Soziale Probleme werden in dieser Perspektive unhinterfragt als zu bearbeitender gesellschaftlicher oder individueller Schaden, als

Risiko oder als Störungen der Ordnung wahrgenommen, deren problematischer Charakter als unmittelbar evident und selbstverständlich angesehen wird. Durchbrochen wird dieser Konsens nur, wenn unterschiedliche Institutionen, Organisationen oder Professionen um die „richtige" Problemlösung und die damit verbundenen Ressourcen streiten, wenn Betroffene gegen die Art ihrer Behandlung protestieren und damit eine ganz andere Perspektive oder Definition eines sozialen Problems thematisieren oder wenn bisherige Bearbeitungsformen und Institutionen – und damit die ihnen zugrunde liegende Problemkonstruktion – sich als offensichtlich wirkungslos interpretieren lassen.

Soziale Probleme in der soziologischen Diskussion

Die Thematisierung sozialer Probleme stellt von Beginn an eine zentrale Fragestellung innerhalb der Soziologie dar. Es ist durchaus gerechtfertigt, die Entstehung der Soziologie als eigenständige wissenschaftliche Perspektive und Disziplin aus der Thematisierung sozialer Probleme als „soziale Frage" zu erklären. Entstanden aus der Philosophie der Aufklärung und des Positivismus wird die Soziologie in ihren Anfängen im 19. Jahrhundert häufig als „Krisenwissenschaft" charakterisiert, deren genuines Themenspektrum in den Schattenseiten gesellschaftlichen Wandels gesehen wird. Mit der industriellen Revolution waren gesellschaftliche Modernisierungsprozesse verbunden, deren negative Auswirkungen auf die Lebenspraxis nach neuen Deutungen und vor allem nach Lösungen verlangten. Soziale Probleme waren im Kontext gesellschaftstheoretischer Perspektiven nicht nur deutliche Indikatoren für gesellschaftliche Fehlentwicklungen und Krisen, sondern offenbarten für die Soziologie auch die zentralen Funktionsprinzipien gesellschaftlicher Beziehungen und Strukturen. Vor dem Hintergrund der Aufklärungsbewegung und der politischen Ideale von Freiheit, Gleichheit und Brüderlichkeit wurden Armut, Kinderarbeit, Kriminalität, Alkoholkonsum, Krankheit und psychischen Störungen in den unteren sozialen Klassen – zusammengefasst als „soziale Frage" – zum zentralen Bezugspunkt der Entwicklung sozialwissenschaftlicher Disziplinen

(Castel 2000; Pankoke 1970). Eine Zusammenfassung verschiedener Problemlagen unter dem Konzept der „sozialen Frage" war insofern gerechtfertigt, als die industriell kapitalistische Entwicklung oder allgemeiner, der rapide soziale Wandel, als einheitliche Ursache der als problematisch aufgefassten Entwicklungen angesehen werden konnte. Wesentlich ist dabei, dass die „soziale Frage" im Kontext gesellschaftstheoretischer Analysen und Entwürfe analysiert wurde und einzelne „soziale Probleme" nicht isoliert von gesamtgesellschaftlichen Entwicklungen thematisiert wurden. In diesem Sinne wurde die „soziale Frage" überwiegend im Singular behandelt. Diese Vorstellung fand in den USA kaum Resonanz, dort wurden soziale Probleme bereits zur Wende zum 20. Jahrhundert eher als isoliert zu betrachtende unterschiedliche „social problems" eher mikrosoziologisch in ihren direkten sozialen Kontexten analysiert (Best 2006; 2008; Groenemeyer 1999a).

Die „soziale Frage" stellte immer eine Herausforderung an die Politik dar und war Bestandteil eines auf Gesellschaftsreform zielenden Projekts. Die Entwicklung des Wohlfahrtsstaates schien auch der Soziologie als Garant für die Herstellung gesellschaftlicher Integration, und mit dessen Entwicklung verlor auch die „soziale Frage" insbesondere in der Nachkriegssoziologie ihre konzeptionelle Sonderstellung für die Gesellschaftsanalyse. Sozialen Problemen wurde fortan häufig eher die Rolle pathologischer Ausnahmeerscheinungen zugedacht, deren Thematisierung und Analyse allenfalls im Rahmen der angewandten Soziologie bzw. als Thema politik- und praxisorientierter Analysen gerechtfertigt schien.

Die Übernahme des Konzepts „Soziales Problem" und seine Verbreitung in den 1970er Jahren korrespondiert mit veränderten gesellschaftlichen und mit professionspolitischen Bedingungen. Schien in der Entwicklung nach dem Zweiten Weltkrieg die „soziale Frage" mit dem Ausbau des wohlfahrtsstaatlichen Leistungssystems zunächst als gelöst oder zumindest im Laufe der ökonomischen und gesellschaftlichen Entwicklung als lösbar, so machten die neuen sozialen Bewegungen in den 1960er Jahren auf gesellschaftliche Fehlentwicklungen aufmerksam. In deren Folge wurden gesellschaftliche Minderheiten „entdeckt", deren Situation und Lebenslage der Sozialstaatsrhetorik von Chancengleichheit und Gerechtigkeit deutlich widersprach.

„Gastarbeiter", entlassene Strafgefangene, Obdachlose und Insassen der Psychiatrie wurden als „Randgruppen" der Gesellschaft analysiert und deren Lebensverhältnisse auch über die Massenmedien skandalisiert (Kögler 1976). So hatte für moderne hochdifferenzierte Gesellschaften mit einem ausgebauten System sozialer Sicherung eine Bestimmung dieser sozialen Probleme auf der Grundlage einer allein durch die kapitalistisch-industriellen Produktion verursachten „sozialen Frage", von der alle Probleme abgeleitet werden können, nicht mehr die gleiche Überzeugungskraft. Auch wenn nach wie vor gesellschaftstheoretische Perspektiven an die Tradition der „sozialen Frage" anknüpften, so entwickelte sich mit dem Symbolischen Interaktionismus und der Thematisierung von Sozialisations- und Karriereprozessen handlungstheoretische Alternativen der Analyse sozialer Probleme, die – analog zur US-amerikanischen Tradition – jenseits großer Entwürfe einer gesellschaftlichen Reform am Individuum und dessen sozialen Kontext ansetzen und somit eine größere Praxisnähe für sozialpolitische Institutionen versprachen.

Die Verbreitung des Konzepts „Soziale Probleme" in die deutschsprachige Soziologie korrespondierte einerseits mit veränderten gesellschaftlichen Verhältnissen eines ausgebauten Wohlfahrtsstaates, andererseits aber auch mit kulturellen Veränderungen und Entwicklungen von Ansprüchen, die nicht mehr überzeugend als „soziale Frage" thematisierbar waren. Die „neuen sozialen Bewegungen" der 1960er und 1970er Jahre formulierten Problembereiche, die nicht mehr automatisch auf den Bereich privatwirtschaftlich kapitalistischer Produktion zurückgeführt werden konnten, sondern entweder eher den Bereich der Kultur im weiteren Sinne betrafen oder zumindest von ihrer sozialen Trägerschaft eher der gebildeten Mittelschicht zuzuordnen waren.

Die Entwicklungen korrespondierten zudem mit einem Ausbau personenbezogener sozialer Dienste und den Bemühungen innerhalb der Sozialen Arbeit um eine wissenschaftliche Fundierung und Professionalisierung (Rauschenbach 1999). Soziale Dienste, besonders wenn sie (sozial)pädagogisch orientiert sind, basieren auf einem Problemverständnis, dass kaum im Rahmen der „sozialen Frage" thematisierbar war. Es geht nicht mehr um die Beeinflussung der Ressourcenausstattung einer Lebenslage, sondern um die Intervention in einen sozialen Zusammenhang, der eher durch individuelle Orientierungen und Motivationen sowie durch interaktive Gruppenprozesse geprägt ist. In diesem Kontext versprach das Konzept soziale Probleme mit seiner Ausrichtung auf einzelne, isoliert zu betrachtende Probleme eher eine wissenschaftliche Fundierung sozialpädagogischen Wissens und Handelns und fand so bereits in den 1960er Jahren bereitwillige Aufnahme in einschlägige Texte (Sidler 1999). Vor diesem Hintergrund fand das Konzept seit den 1970er Jahren eine weite Verbreitung, findet Eingang in einschlägige Lexika und Handbücher (Albrecht / Groenemeyer 2011; Albrecht et al. 1999; Bellebaum / Braun 1974; Stallberg / Springer 1983) und seinen organisatorischen Niederschlag in der Gründung der Sektion „Soziale Probleme und soziale Kontrolle" in der Deutschen Gesellschaft für Soziologie 1976 und der Zeitschrift „Soziale Probleme" seit 1989. Dabei ging es in den Diskussionen nicht nur um die Analyse und Entwicklung von Handlungskonzepten oder Politikberatung im Sinne einer angewandten Soziologie, sondern besondere Aufmerksamkeit wurde von Anfang an der grundlagentheoretischen Konzeptualisierung sozialer Probleme gewidmet (als Überblicke: Albrecht 1977, 1990; Best 2008; Groenemeyer 1999a; 2003; 2010; Loseke 2003; Schetsche 1996; 2008).

Fragestellungen einer Soziologie sozialer Probleme

Bei der Kategorie „Soziale Probleme" handelt es sich um einen Alltagsbegriff, in dem scheinbar völlig unterschiedliche Dinge zusammengefasst werden, und es muss zunächst einmal gefragt werden, wodurch es denn gerechtfertigt sein soll und welchen Vorteil es bringt, so unterschiedliche Bedingungen und Verhaltensweisen wie Kriminalität, Armut, Alkoholismus oder sexuellen Missbrauch mit einem Begriff zu bezeichnen.

Die hierzu entwickelten theoretischen Perspektiven lassen sich in zwei Strömungen zusammenfassen. *Erstens* werden – analog zum Konzept der sozialen Frage – soziale Probleme auf einheitliche Ursachen zurückgeführt. In den Lehr- und Handbüchern zu sozialen Problemen wird diese Perspektive häufig auch als „objektivistischer Ansatz" diskutiert (Albrecht 1977, 1990; Groenemeyer 1999a, Schetsche

1996). Soziale Probleme wären demnach diejenigen gesellschaftlichen Tatbestände, Bedingungen oder Praxen, die Leiden und Störungen verursachen und deshalb über politische Maßnahmen verändert werden sollen. Das Gemeinsame zwischen den verschiedenen sozialen Problemen liegt darin, dass es dabei um unerwünschte, elende, Ekel, Leiden, Scheußlichkeiten, Störungen und Kummer verursachende Dinge geht, die auf Störungen der gesellschaftlichen Entwicklung und sozialen Ordnung zurückgeführt werden können und im Prinzip verhindert werden sollen. Diese Perspektive wird häufig mit der klassischen Definition von Merton (1971) in Verbindung gebracht. Er definiert soziale Probleme als „wesentliche Diskrepanz zwischen sozial akzeptierten Standards und tatsächlich vorherrschenden Bedingungen". Soziale Probleme sind demnach gesellschaftliche Störungen, die auch unabhängig von der öffentlichen Thematisierung durch die Soziologie diagnostiziert werden können; in diesem Sinne handelt es sich hier um eine wissenschaftlich analysier- und messbare Schadenskategorie. Diese Perspektive findet sich überwiegend in Spezialdisziplinen, die mit einzelnen sozialen Problemen verbunden sind: So gibt es z. B. entwickelte Armutsforschungen, die eng an die Sozialpolitikforschung angelehnt sind, kriminologische (oder kriminalsoziologische) Forschungen zur Kriminalität und zur Kriminalpolitik, Forschungen zu psychischen Störungen und zur Psychiatrie, die weitgehend in medizinischen und psychiatrisch orientierten Einrichtungen betrieben werden sowie Forschungen zur Sozialen Arbeit, die überwiegend im Bereich der Sozialpädagogik verhandelt werden. Hier geht es um Fragen nach der Verbreitung und den Ursachen sozialer Probleme sowie nach speziellen Betroffenengruppen und ihren Orientierungen, Motivationen und Kompetenzen, ganz entscheidend ist aber die Nähe dieser Perspektive zu Fragen der Politik, Kontrolle und Bearbeitung der sozialen Probleme, insofern Interventionen und ihre Bedeutung für die Problementwicklung zu den zentralen Zielen dieser Forschungsperspektive zählen. Grundlegender Ausgangspunkt dieser Perspektive ist, dass soziale Probleme hinreichend definiert sind und ihr problematischer Charakter, der gesellschaftliche und individuelle Schaden, als evident angesehen werden kann. Wenn also z. B. Deutungsmuster von und Erfahrungen mit Gewalt untersucht werden sollen, so muss davon ausgegangen werden, dass klar ist, was Gewalt genau ist, was das Problematische daran ist und dass die untersuchten Akteure hiervon ebenfalls eine zumindest ähnliche Vorstellung haben. Genauso müssen Untersuchungen über Entwicklungen der Kriminalität über die Zeit sicherstellen, dass tatsächlich immer das Gleiche oder zumindest etwas hinreichend Ähnliches darunter verstanden worden ist.

Genau diese Möglichkeit wird von der zweiten Perspektive bestritten. Soziale Probleme werden nur als Interpretationen, Deutungsmuster oder gesellschaftliche Diskurse relevant, d.h. ihr problematischer Charakter muss immer wieder über kollektives Handeln auf der Grundlage dieser jeweils spezifischen Deutungen hergestellt werden. Dies spiegelt sich wieder in den Definitionen sozialer Probleme, die häufig mit einem „konstruktivistischen Programm" assoziiert werden. So definieren Spector / Kitsuse (1973; 1977): „Als soziale Probleme bezeichnen wir die Aktivitäten von Gruppen, die – ausgehend von unterstellten Bedingungen – Unzufriedenheit artikulieren und Ansprüche geltend machen." Noch pointierter und in tautologischer Form bringt Schetsche (1996) die Bedeutung von Interpretationen auf den Punkt: Ein soziales Problem ist „alles, was von kollektiven Akteuren, der Öffentlichkeit oder dem Wohlfahrtsstaat als solches angesehen und bezeichnet wird". Im Unterschied zur ersten Perspektive stehen hier nicht Fragen nach den Ursachen, der Verbreitung und Bearbeitung sozialer Probleme im Vordergrund, sondern Fragen nach den Bedingungen und Prozessen, durch die bestimmte Bedingungen zu „Public Issues" werden. Es geht also um die Prozesse und Aktivitäten, über die bestimmte Sachverhalten öffentlich thematisiert und in einer bestimmten Weise problematisiert werden.

Soziale Probleme als Schaden oder Störung der Gesellschaft

Eine frühe Variante der Beschreibung sozialer Probleme als Störung lässt sich als Ansatz der *Sozialpathologie* beschreiben. Diese auch heute noch im Alltagsleben am meisten verbreitete Vorstellung sozialer Probleme basiert auf der Idee, dass soziale Probleme pathologische Zustände der Gesellschaft anzeigen oder durch pathologische bzw. schlecht sozialisierte Individuen verursacht werden. Diese Vorstellung hat ihre Wurzel in der Entwicklung der Sozialwissenschaften im ausgehenden 19. Jahrhundert. Inspiriert durch Erfolge bei der Behandlung von Krankheiten durch Hygiene und Medizin lag die Organismusanalogie auch für soziologische Analysen von Gesellschaften nahe. Soziale Probleme sind demnach Abweichungen von einem normalen, „gesunden" Funktionieren der Gesellschaft, die in Analogie zur damaligen Auffassung in der Biologie und der Medizin als harmonisches Zusammenwirken und Funktionieren von Teilsystemen angesehen wurde. Gesellschaftliche Zustände können demnach eindeutig als „gesund" oder „pathologisch" bestimmt werden (Groenemeyer 1999a). Auch wenn die Menschen in Gruppen leben und Gruppen angehören, so bestimmt letztlich das Individuum mit seinen persönlichen Motiven und Merkmalen die Entwicklung. Die Grundlage für soziale Probleme und soziale Pathologien sind im Kontext der dieser Perspektive individuelle Krisen, Fehlanpassungen, Demoralisierung oder Desorganisation. Zentrales Merkmal der Sozialpathologieperspektive ist die Bestimmung sozialer Probleme anhand moralischer und normativer Kriterien, von denen angenommen wird, dass sie jeder vernünftige Mensch nachvollziehen und anerkennen können müsste. Das Problematische an sozialen Problemen wird dabei nicht zum Thema gemacht, sondern als selbstverständlich gegeben vorausgesetzt.

Das zentrale Argument gegen eine an Konzepten von Gesundheit und Krankheit ausgerichtete Perspektive ergibt sich aus der Veränderbarkeit, der Entwicklung und der Konflikthaftigkeit von Werten innerhalb einer differenzierten Gesellschaft. Viele soziale Bedingungen, die „Gesundheit" in einem Bereich der Gesellschaft markieren, haben eine „Pathologie" in anderen Bereichen zur Voraussetzung bzw. zur Folge. Es gibt in diesem Sinne keine sozialen Probleme *der* Gesellschaft, sondern nur innerhalb von Gesellschaften.

Ein Großteil der soziologischen Beschäftigung mit einzelnen, als soziale Probleme bezeichneten Bedingungen, z.B. in der Medizinsoziologie, Devianzsoziologie, Kriminologie oder Sozialpolitikforschung, lassen sich als in diesem Sinne normative Position kennzeichnen, in der der problematische Charakter ihrer Forschungsgegenstände als evident bzw. auf der Grundlage gegebener administrativer

Problemzuschreibungen vorausgesetzt wird. Diese Position korrespondiert am ehesten auch mit Vorstellungen einer anwendungsorientierten Perspektive, die das Problematische an sozialen Probleme unhinterfragt zum Ausgangspunkt nimmt, um Maßnahmen und Intervention sozialer Kontrolle zu entwickeln und zu bewerten.

Eine ähnliche Kritik betrifft auch den Ansatz der *sozialen Desorganisation*, der mit den Arbeiten der Chicagoer Schule verknüpft ist und dort insbesondere zur Erklärung abweichenden Verhaltens entwickelt wurde. Soziale Probleme sind demnach Indikatoren oder Ergebnis eines Versagens von Regeln und sozialer Kontrolle infolge von Prozessen zu raschen sozialen Wandels. Hieraus entsteht einerseits personale Desorganisation, die sich als individuelle Verhaltensunsicherheit, Überlastung und Fehlanpassung manifestiert und andererseits eine soziale Desorganisation, bei der die Abstimmung der Regeln nicht mehr gewährleistet ist. Zumindest implizit liegt dieser Ansatz vielen sozialpädagogischen Thematisierungsformen zugrunde, da hier das Individuum in seinem sozialen Nahraum und seinen Entwicklungsbedingungen im Vordergrund steht.

Von der zugrundeliegenden Argumentationsfigur her ist diese Perspektive dem Anomiekonzept von Durkheim (1893/1988) verwandt, auch wenn dort nicht nur der Pathologiebegriff verwendet wird, sondern sich über die dort verwendete Organismusanalogie auch eine Einordnung in den Ansatz der Sozialpathologie rechtfertigen ließe. Hier stehen anomische Folgen der Arbeitsteilung im Modernisierungsprozess zur Erklärung gesellschaftlicher „Pathologien" im Vordergrund, die sich in sozialen Problemen wie Depression, Armut, Suizid oder Kriminalität ausdrücken. Anomie als soziale Desintegration wird hier als Zusammenbruch sozialer Normen oder als Verlust handlungsleitender Prinzipien und Kontrollen infolge der zu raschen Entwicklung der Arbeitsteilung und der Wirtschaft beschrieben. Wenn allerdings soziale Desorganisation oder Anomie zur Erklärung abweichenden Verhaltens herangezogen werden soll, so ist zu berücksichtigen, das sich abweichendes Verhalten an festgelegten Werten und Normen misst, während soziale Desorganisation gerade das Fehlen dieser verbindlichen Handlungsregeln thematisiert. Zudem ist abweichendes Verhalten häufig gerade nicht durch Desorganisation gekennzeichnet, sondern weist einen Grad der Organisation auf, die z. T. deutlich straffer und in der Verhaltenskontrolle effektiver ist als in anderen als konform angesehenen Bereichen. Es lässt sich auch kaum unterscheiden, wodurch soziale Desorganisation letztlich bestimmt sein soll und wo die Grenze zwischen „normalem" und desorganisierendem sozialen Wandel liegt bzw. unter welchen Bedingungen soziale Desorganisation gar notwendigen sozialen Wandel einleiten kann. In der Perspektive der sozialen Desorganisation der Chicagoer Schule war die Bestimmung des problematischen Charakters kein Thema, weil implizit von einem einheitlichen Wertsystem zur Bestimmung von Ordnung ausgegangen wurde. Dies speiste sich allerdings aus den gleichen rückwärtsgewandten Ideologien, die bereits in Bezug auf die Sozialpathologie kritisiert wurden (Mills 1943). Letztlich fehlte auch den Arbeiten zur sozialen Desorganisation der Chicagoer Schule ein konsistenter theoretischer und analytischer Unterbau, um tatsächlich die Organisation einer Gesellschaft als soziales System und damit auch die Bedingungen sozialer Desorganisation als soziales Problem bestimmen zu können.

Der Anspruch, diesen gesellschaftstheoretischen Unterbau einer Soziologie sozialer Probleme zu entwickeln, entstand mit dem *Strukturfunktionalismus*, dem die zitierte Definition von Merton (1971) zuzurechnen ist. Soziale Probleme werden hier als Funktionsstörungen der Gesellschaft bzw. als Probleme sozialer Desintegration analysiert. In funktionalistischer Perspektive wird von der Grundannahme ausgegangen, dass die Gesellschaft aus verschiedenen miteinander interagierenden Strukturen oder Teilsystemen besteht, die jeweils unterschiedliche Beiträge für den Bestand und die Arbeitsweise des gesellschaftlichen Systems erfüllen. Spezifische kulturelle Orientierungen oder Handlungsmuster werden im Hinblick auf ihre Funktionen bzw. objektiven Konsequenzen für die Herstellung oder Wiederherstellung des Systemgleichgewichts betrachtet. Die Bestandserhaltung des Gesamtsystems wird hierbei als vermeintlich neutrale, d. h. von Wertsetzungen unabhängige, Bezugsgröße der Analyse sozialer Systeme angenommen. Von zentraler Bedeutung hierfür ist die Erfüllung theoretisch bestimmter „funktionaler Erfordernisse".

Für die Analyse sozialer Probleme sind in dieser Perspektive zwei Aspekte von besonderer Bedeutung:

Erstens können soziale Probleme sowohl positive wie auch negative Funktionen erfüllen und für verschiedene Gruppen oder Teilsysteme in der Gesellschaft jeweils unterschiedliche Konsequenzen haben. Zweitens besteht der Anspruch, soziale Probleme ohne Rückgriff auf Wertentscheidungen aus der jeweiligen Organisation der Gesellschaft als Muster, die dysfunktional sind, bestimmen zu können und einer technischen Lösung zuzuführen. Eine derartige Diagnose impliziert einerseits die Vorstellung, soziale Probleme wären tatsächlich dazu da, gelöst zu werden, und andererseits, dass sie auch tatsächlich bewältigt werden können. Dieses muss allerdings keinesfalls erwartet werden, und es sprechen gute Gründe dafür, dass diese Vorstellung sogar gänzlich falsch ist. Offenbar überleben Staaten und Gesellschaften nämlich auch, wenn sie die gravierendsten sozialen Probleme ungelöst lassen. Neben diesem eher empirischen Argument, gibt es aber auch einige theoretische Argumente dafür, dass Gesellschaften ohne soziale Probleme nicht denkbar sind. Am bekanntesten hierfür ist die funktionale Argumentation von Durkheim (1895/1984) hinsichtlich der Kriminalität geworden. Demnach erfüllen das abweichende Verhalten und die darauf folgenden gesellschaftlichen Reaktionen unverzichtbare Funktionen für den Bestand und das Funktionieren jeder Gesellschaft. So können über abweichendes Verhalten, bzw. über die daran anknüpfenden Reaktionen sozialer Kontrolle, Grenzen des Erlaubten markiert und symbolisiert, die Solidarität innerhalb der Gruppe über die Konstruktion eines gemeinsamen Feindes gestärkt oder auch Spannungen abgebaut werden. Abweichendes Verhalten kann zudem notwendige Systemanpassungen einleiten und die Flexibilität in der Umweltanpassung sichern. Die Frage nach den im Einzelnen erfüllten manifesten und latenten Funktionen sozialer Probleme und ihren Mechanismen ist eine durchaus bedeutsame soziologische Fragestellung, die sehr viel über das Funktionieren moderner Gesellschaften erhellt. Klassische Beispiele für eine funktionale Analyse sind die historische Studie über die Puritaner von Erikson (1966) und die Untersuchung zu Funktionen von Armut von Gans (1992).

Soziale Probleme entstehen offenbar nicht immer aus besonderen und fehlerhaften Bedingungen und Entwicklungen des Gesellschaftssystems, viel öfter scheint es tatsächlich so zu sein, dass gerade das reibungslose Funktionieren des Systems die Ursache für soziale Probleme ist. So ist z. B. soziale Ungleichheit funktional im Hinblick auf die Stabilisierung von Leistungsbereitschaft, erzeugt aber immer auch automatisch relative Deprivation, die als soziales Problem thematisiert werden kann. Letztlich handelt es sich bei der Analyse und Lösung sozialer Probleme nicht um ein (sozial)technisches Problem, sondern die Orientierung am reibungslosen Funktionieren eines Systems beinhaltet zumindest eine Wertentscheidung für den Status quo.

Damit verbunden ist das Problem der empirischen Identifikation einer „wesentlichen Diskrepanz zwischen sozial akzeptierten Standards und tatsächlich vorherrschenden Bedingungen", für die die Soziologie das nötige Wissen mitbringen soll. So läge z. B. soziologisch kein soziales Problem vor, wenn die Erwartungen bzw. die Werte der öffentlichen Meinung hinsichtlich einer rassistischen Diskriminierung mit der rassistischen Wirklichkeit übereinstimmen. Es besteht somit keine Möglichkeit zu bestimmen, ob oder inwieweit mit den Standards, Werten oder Erwartung nicht Ideologien oder Idealvorstellungen zum Maßstab für soziale Problem erhoben werden (Albrecht 1977).

In den Ansätzen zur Bestimmung sozialer Probleme als gesellschaftliche Schadenskategorie oder Störung werden Veränderungen in der Erscheinung oder im Auftreten sozialer Probleme erklärt aus veränderten gesellschaftlichen Bedingungen. Diese führen dann einerseits zu Reaktionen und Bewältigungsversuchen bei den Individuen und können sich als abweichendes Verhalten ausdrücken. Andererseits führt der soziale Wandel aber auch zu „Fehlanpassungen" oder „Fehlabstimmungen" zwischen den gesellschaftlichen Teilsystemen und erzeugt so soziale Desintegration, die als Folgekosten der Modernisierung bestimmte Gruppen innerhalb der Gesellschaft mehr trifft als andere. Ein Beispiel hierfür ist ebenfalls die Anomietheorie, wie sie in einer Neufassung von Bohle et al. (1997) zur Erklärung fremdenfeindlicher Gewalt formuliert worden ist. Verwandt hierzu ist auch der Versuch, in einer Verbindung aus systemtheoretischer und kritischer Perspektive Soziale Arbeit als Institution der Exklusionsvermeidung und -vermittlung zu interpretieren (Bommes/Scherr 2000).

Die meisten Definitionen sozialer Probleme gehen heutzutage davon aus, dass soziale Bedingungen, Strukturen und Situationen allein noch keine sozialen Probleme konstituieren. Tatsächlich kann man im historischen Rückblick oder im Vergleich verschiedener Gesellschaften eine Vielzahl von Situationen, gesellschaftlichen Entwicklungen oder Praxen finden, die aus heutiger Sicht oder vom Standpunkt eines externen Beobachters ohne Weiteres als äußerst problematisch angesehen würden, die aber innerhalb ihres sozialen und historischen Kontextes keine gesellschaftliche Aufmerksamkeit erfahren oder als Selbstverständlichkeit hingenommen werden, wie z. B. Sklaverei, Ausrottung von Ureinwohnern, Apartheid oder Frauendiskriminierung.

Tatsächlich sollte zwischen der öffentlichen Thematisierung als „soziales Problem" und der soziologischen Analyse problematischer gesellschaftlicher Bedingungen und Entwicklungen unterschieden werden. Erst dann kann es zu einer empirisch zu beantwortenden Frage gemacht werden, ob und inwieweit den gesellschaftlichen Konstruktionen „sozialer Probleme" ein Schaden oder eine Funktionsstörung der gesellschaftlichen Ordnung zugrunde liegt. Nur so kann die Soziologie auch „Scheinprobleme" identifizieren oder gesellschaftliche Bedingungen diagnostizieren, die als „latente soziale Probleme" (noch) nicht in der Gesellschaft definiert oder als relevant erachtet worden sind. Gerade hierin kann das besondere Potenzial und die gesellschaftliche Relevanz einer Soziologie sozialer Probleme gesehen werden.

Soziale Probleme als soziale Konstruktion

Hauptaspekt der Bestimmung sozialer Probleme ist die kollektive Definition, darüber besteht heutzutage weitgehend Einigkeit; in diesem Sinne sind soziale Probleme immer soziale Konstruktionen. Strittig hingegen ist, ob und in welcher Weise diese Definitionen auf konkrete gesellschaftliche Bedingungen aufbauen oder ob soziale Probleme unabhängig davon sozial konstruiert werden. Im ersten Fall stehen die Frage nach den Bedingungen der Wahrnehmung, Interpretation und Bewertung gesellschaftlicher Sachverhalte sowie die Beziehungen zwischen individuellem Erleiden und der gesellschaftlichen bzw. politischen Thematisierung als „soziales Problem" im Zentrum einer Soziologie sozialer Probleme. Im zweiten Fall werden soziale

Bedingungen als soziale Konstruktionen aufgefasst, denen kein anderer Sinn zukommt als der ihnen von den Gesellschaftsmitgliedern in interaktiven Prozessen zugeschriebene. Es geht dabei also nicht um Bedingungen der Wahrnehmung und Deutung von sozialen Gegebenheiten, sondern diese werden erst in Prozessen kollektiven Verhaltens als Gegebenheiten geschaffen. Hierfür steht der Ansatz von Spector / Kitsuse (1977), in dem soziale Probleme als soziale Konstruktionen über die Aktivitäten von Gruppen, die ausgehend von „vermeintlichen" Sachverhalten Ansprüche stellen, existieren.

Während in beiden Perspektiven die Konstruktion sozialer Probleme als Prozess kollektiven Handelns aufgefasst wird, unterscheiden sie sich grundlegend in der Beurteilung der den Interpretationsprozess leitenden Wertmaßstäbe. In einer radikal konstruktivistischen Perspektive sind allein die Maßstäbe, die in den situativen Interpretationen, Interaktionen und Handlungen der Gesellschaftsmitglieder zur kollektiven Durchsetzung von Definitionen sozialer Probleme zum Ausdruck gebracht werden, für die Bestimmung ausschlaggebend. In einer kritischen Perspektive, die den Konstitutionsprozess im Kontext sozialer Strukturen und Institutionen verankert, wird demgegenüber der Wissenschaft, besonders der Soziologie, eine Korrektivrolle zugedacht, die es ermöglichen soll, die Deutungsmuster und Interpretationen der „öffentlichen Meinung" selbst in ihrem Bedeutungs- und Realitätsgehalt zu hinterfragen.

Die Fragestellung einer Soziologie sozialer Probleme wird in diesen Ansätzen als Rekonstruktion der Bedingungen und Prozesse verstanden, mit denen sich Themen im öffentlichen Raum etablieren und so zu sozialen Problemen werden. Es geht also um die gesellschaftliche Mobilisierung für bestimmte Problemdeutungen und die Bedingung für die Entwicklung von Problemdiskursen innerhalb der Gesellschaft. Damit ist die zentrale Kernfrage: Wodurch und in welcher Weise werden bestimmte gesellschaftliche Phänomene oder Handlungsweisen zu sozialen Problemen „gemacht"? Der Gegenstand wird als kollektives Verhalten analysiert, wobei dann Fragen nach der Mobilisierung und Politisierung sozialer Probleme im Vordergrund stehen. So wird insbesondere in Verlaufs- oder Karrieremodellen (Groenemeyer 1999a; 2010) analysiert, welche Interessen und Werte die Problematisierung steuern, in welcher

Weise das Phänomen konstruiert und wahrgenommen wird, wie der Prozess der öffentlichen Thematisierung verläuft, welche Diskursstrategien die beteiligten Akteure anwenden und wie staatliche und politische Institutionen auf die Problemkonstruktionen reagieren oder an ihnen teilhaben.

Ihren Ausgangspunkt nahm diese Perspektive in der Kritik am Ansatz der sozialen Desorganisation mit der Formulierung des *Wertkonfliktansatzes*. Demnach erweist sich das, was als soziale Desorganisation beschrieben wird, häufig als Ausdruck konfligierender Interpretationen oder als Konflikt zwischen verschiedenen Interessen und Wertvorstellungen, die als Folge unterschiedlicher Lebenslagen in pluralistischen Gesellschaften entstehen. Damit wurde nicht nur eine Relativität von Interpretationen und Wertmaßstäben postuliert, sondern auch die Dimensionen von Konflikt um Problemdefinitionen und Definitionsmacht zu zentralen Aspekten der Analyse sozialer Probleme. Werte und Werturteile haben bei Fuller/Myers (1941) für soziale Probleme eine dreifache Bedeutung: Erstens sind sie die Grundlage für die Bewertung bestimmter Sachverhalte, d.h. auf der Grundlage von Werturteilen werden bestimmte Phänomene als unerwünscht und veränderbar definiert; zweitens können sie die Ursache für soziale Probleme abgeben, wenn bestimmte Werte ein abweichendes Verhalten nahelegen, und drittens sind Werte die Grundlage für Konflikte über die Wahl von Lösungsmöglichkeiten für bereits definierte soziale Probleme. Nicht die Bedingungen eines reibungslosen Funktionierens oder eines Gleichgewichtszustands sozialer Systeme bilden den Bezugspunkt der Analyse sozialer Probleme, sondern die Entwicklung kultureller Gruppen in einem Aushandlungsprozess von Wertvorstellungen und Interessen.

Die Mobilisierung für ein spezifisches Modell sozialer Probleme setzt die Notwendigkeit zu seiner Legitimation in Form eines Rückgriffs auf möglichst weitgehend geteilte Werte und Weltbilder voraus. So müssen soziale Probleme innerhalb einer Logik formuliert werden, die nicht nur auf möglichst weitreichendes Verständnis stößt, sondern deren Zielrichtung und angestrebte Veränderung Unterstützung erfahren kann. Es handelt sich allerdings um die spezifischen Modelle und Weltbilder kollektiver Akteure, die nicht allgemein geteilt werden. So kann es auch als typische Merkmale

sozialer Probleme angesehen werden, dass es sich hierbei um Konflikte handelt und dass die für einen kollektiven Akteur oder eine Gruppe optimale Lösung eines sozialen Problems für einen anderen kollektiven Akteur gerade zu einem sozialen Problem wird (z.B. Arbeitsmotivation vs. Arbeitslosigkeit).

Eine konflikttheoretische Perspektive liegt auch *kritischen Ansätzen* zugrunde, wobei insbesondere die Einbettung von Interpretationen in ein System soziale Ungleichheit betont und damit Definitionsmacht an die Position innerhalb der Sozialstruktur gebunden wird. Damit wird am deutlichsten der politische Charakter sozialer Probleme herausgearbeitet. Im Unterschied zur Perspektive des Kulturkonflikts, bei der von einer pluralistischen Gesellschaft ausgegangen wird, die jedem Wertmuster oder jeder Kultur im Prinzip eine Durchsetzungschance einräumt, gehen kritische Konflikttheorien von einer strukturell bedingten Ungleichheit des Zugangs zu Ressourcen und Macht aus. Dabei spielen unterschiedliche Werte allerdings kaum eine Rolle, sondern soziale Konflikte gehen von konfligierenden oder widersprüchlichen Interessen aus, die sich aus der jeweiligen Position innerhalb einer sozialstrukturell verankerten Interessenstruktur ergeben. Im Zentrum der Analyse sozialer Probleme steht hier die Frage nach den Beziehungen zwischen den gesellschaftlichen Bedingungen der ungleichen Verteilungen von Ressourcen und Macht und den mikrosoziologischen Bedingungen der Konstitution von Diskursen und Ideologien über soziale Probleme. Es geht also in kritischen konflikttheoretischen Ansätzen um den Zusammenhang von Sozialstruktur, Wissen und Herrschaft (Groenemeyer 1999a).

Dieser Aspekt unterscheidet diese Ansätze deutlich von Perspektiven eines *radikalen Konstruktivismus*, nach denen sich die problematischen Phänomene erst im Prozess der Problematisierung konstituieren. Zumindest wird aber der Frage, ob diese Konstruktionen mit soziologisch identifizierbaren sozialen Bedingungen korrespondieren, keine Aufmerksamkeit geschenkt. Vielmehr wird die Wissenschaft selbst zu einem kollektiven Akteur der Problematisierung, dem gegenüber anderen Akteuren kein Sonderstatus zugeschrieben werden kann. Eine „richtige" Definition sozialer Phänomene als soziales Problem kann es nicht geben, da das „Erkennen" eines sozialen Phänomens als soziales Problem auch für die Soziologie immer nur auf der Grundlage bereits konstruierter Kategorien und Wertideen möglich ist und in diesem Sinne niemals wert- oder interessenfrei erfolgen kann. Soziale Probleme können demnach nicht als „Resultate" oder „Ergebnisse" von Definitionsprozessen innerhalb der Gesellschaft aufgefasst werden, vielmehr existieren soziale Probleme über und als diejenigen Aktivitäten, die sie über „claims making activities" zu etablieren suchen (Spector/Kitsuse 1977). Die Bestimmung sozialer Probleme hängt also von der dauerhaften Existenz von Gruppen und Institutionen ab, über die bestimmte Phänomene erfolgreich als Probleme konstruiert werden. Im Prinzip teilen damit soziale Probleme wesentliche Charakteristika sozialer Bewegungen bzw. können als solche analysiert werden. Es kommen aber durchaus auch andere kollektive Akteure in den Blick. Schetsche (1996) unterscheidet z.B. acht Typen „kollektiver Akteure" im Hinblick auf ihre Motive (Werte, Interessen), ihrer sozialen Herkunft und politischen Bedeutung: Betroffene, Advokaten, Experten/Professionelle, Problemnutzer (Verbände, Parteien, Interessengruppen), soziale Bewegungen, Moralunternehmer, Massenmedien und den Wohlfahrtsstaat. Diese kollektiven Akteure setzen mit jeweils unterschiedlichen Definitionspotenzialen verschiedene Ressourcen (Macht, Geld, Aufmerksamkeit) ein, um bestimmte Deutungsmuster und Sachverhalte in öffentlichen und politischen Arenen zu platzieren. Sozialen Bewegungen und Massenmedien kommt hierbei eine besondere Bedeutung zu, und ihnen ist bislang in den Forschungen zu Prozessen der Konstitution sozialer Probleme am meisten Aufmerksamkeit gewidmet worden.

Die Aufgabe der Soziologie kann es hierbei nicht sein, die Angemessenheit oder die tatsächliche Existenz der behaupteten Phänomene zu prüfen. In radikaler Zuspitzung wird damit allerdings die Erklärung sozialer Probleme zu einer Analyse von Rhetorik und „counter-rhetorics" über soziale Probleme (Ibarra/Kitsuse 1993). Die von den Teilnehmern und Teilnehmerinnen in Mobilisierungsaktivitäten entwickelten Typisierungen und Diskursstrategien werden nicht daraufhin untersucht, wie sie unter bestimmten soziohistorischen Bedingungen produziert werden, sondern wie sie von den Teilnehmern und Teilnehmerinnen verwendet werden, um eine Problemkonzeption auszudrücken und Ressourcen zu mobilisieren.

Es ist wichtig zu betonen, dass soziale Probleme über die erfolgreiche Durchsetzung einer jeweils spezifischen Definition eine eigene und durchaus machtvolle Realität gewinnen, die für weitere Mobilisierungs- und Umdefinitionsversuche, aber auch für die Gruppen, die damit als Betroffene konstruiert werden, weitreichende Konsequenzen hat. So werden jeweils spezifische Institutionen geschaffen, die jeweils bestimmte Auffassungen und Deutungsmuster eines sozialen Problems dauerhaft etablieren (z.B. Strafrecht, Sozialpolitik, Soziale Arbeit, Medizin). In diesem Sinne haben Vorstellungen von sozialen Problemen als „nur" konstruiert, etwa im Unterschied zu „echten" sozialen Problemen, keinerlei Grundlage.

Entscheidend für die Konstruktion sozialer Probleme ist die Art der Thematisierung von Phänomenen. Ein soziales Problem muss abgegrenzt, strukturiert und im gesellschaftlichen und politischen Raum definiert werden, und dazu muss es einen identifizierbaren Namen haben. Die Art der Definition eines sozialen Problems ist dabei bereits ebenso Identifikation wie auch Grenzmarkierung von Zuständigkeiten und Aktivitäten zu seiner Lösung. Deshalb können soziale Probleme auch strategisch genutzt werden und sind häufig das Ergebnis von Interessendurchsetzungen, eingebettet in die mit ihnen verbundenen Ideologien. Damit sind soziale Probleme Bestandteil gesellschaftlicher Auseinandersetzungen und politischer Konflikte, in denen die Art und das Ausmaß der Thematisierung sozialer Probleme entwickelt werden. So macht es z.B. einen großen Unterschied, ob ein Verhalten als Kriminalität oder als Krankheit definiert wird. Dies ist aber eine Frage der Interpretation, also der Zuschreibung auf ein Verhalten und eben nicht in der „Sache" selbst begründet (siehe z.B. zu den verschiedenen Formen der Thematisierung des Alkoholkonsums Groenemeyer 1999b).

Eine keineswegs selbstverständliche Grundbedingung für die Konstitution eines sozialen Problems ist die Definition einer Situation im Kontext kollektiver Zuständigkeiten, die direkt mit der Unterscheidung von gesellschaftlichen Bereichen in „privat" und „öffentlich" zusammenhängen. Zwar sind auch individuelle, „private Probleme" typischerweise in gesellschaftliche Bedingungen, Entwicklungen und Deutungen eingebettet, gleichwohl müssen sie erst in öffentliche Themen übersetzt werden, damit sie zu sozialen Problemen werden können. Nicht jedes „private Problem" lässt sich in ein „Public Issue" überführen, z. B. weil institutionalisierte Werthaltungen, Ideologien oder Deutungsmuster eine Interpretation in Kategorien des öffentlichen und politischen Diskurses sozialer Probleme erschweren oder gar unmöglich machen.

Die öffentliche Thematisierung „sozialer Probleme" nimmt ihren Ausgangspunkt an der Konstruktion von Phänomenen, die als Leiden, Störung oder Unbehagen verursachend interpretiert werden oder mit einer moralischen Entrüstung, Empörung oder einem Gefühl von Ungerechtigkeit verbunden werden. Diese Gefühle werden aber nicht durch soziale Probleme hervorgerufen, sondern Situationen werden erst dadurch, dass sie mit diesen Gefühlen verbunden werden, zu sozialen Problemen. Eine Mobilisierung und Sicherung von Unterstützung für bestimmte Problemanliegen erfordert daher häufig eine Aktivierung dieser affektiven Anteile sozialer Probleme über eine Dramatisierung, Moralisierung, Skandalisierung und Produktion von Mythen (Schetsche 1996), die damit eine zentrale Ressource für strategische Nutzungen im Prozess der Durchsetzung von Werthaltungen, Deutungsmuster und Interessen der verschiedenen kollektiven Akteure darstellen. Grundlage dieser Prozesse sind auch hier wiederum die in einer Gesellschaft verfügbaren kulturellen Muster. Werte und Ideologien, Missstände und Ungerechtigkeiten werden nicht an individuellen Maßstäben und Wertvorstellungen gemessen, sondern im Kontext kultureller Standards verortet, dessen kognitive wie auch affektiven Aspekte sich z. B. für moderne westliche Gesellschaften u. a. über die Monopolisierung von Gewalt und die Entwicklung des Wohlfahrtsstaates im „Prozess der Zivilisation" (Elias 1976) herausgebildet haben und immer wieder neu herausbilden.

Gerade die moderne Gesellschaft hat im Zuge von Prozessen der Säkularisierung, der Aufklärung und der Rationalisierung die „Gestaltbarkeit von Gesellschaft" (Evers / Nowotny 1987) institutionalisiert und damit die kulturellen Grundlagen für die Konstruktion sozialer Probleme in besonderem Maße geschaffen; in diesem Sinne sind soziale Probleme das Produkt moderner Gesellschaften. Die kulturellen Werthaltungen, die ein aktives Gestalten gesellschaftlicher Zustände ermöglichen, sind

aber zwischen verschiedenen Gesellschaften und innerhalb einer Gesellschaft zwischen verschiedenen Gruppen unterschiedlich ausgeprägt. So weisen gerade die gesellschaftlichen Gruppen, die am gravierendsten von sozialen Problemen betroffen sind, häufig eher fatalistische Werthaltungen auf, sodass deren Thematisierungs- und Mobilisierungspotenziale für soziale Probleme eher als niedrig anzusehen sind.

Soziale Probleme und Politik

Die erfolgreiche Etablierung von Werten und Interessen als soziale Probleme ist direkt an die Mechanismen und Strukturen der Selektivität des jeweiligen politischen Systems gebunden. So können sich in z. B. Abhängigkeit von der Art der Thematisierung von Sachverhalten jeweils unterschiedliche Durchsetzungschancen daraus ergeben, inwieweit politische Problembearbeitungen etablierte Ressourcenverteilungen oder die Verteilung neuer Ressourcen betreffen, ob kostenneutrale oder kostenintensive Lösungen oder neue Organisationen oder Reorganisationen notwendig werden könnten etc. (Groenemeyer 1999b, 2010). Die verwaltungsmäßige, bürokratische Organisationsform stellt selbst ein Instrument des Herausfilterns von Interessen und Problemartikulationen dar. Auch hier etabliert sich Macht nicht unbedingt über direkte Entscheidungsbeeinflussung, sondern viel tiefgreifender über Nichtbearbeitung, fehlende Zuständigkeiten oder die Unmöglichkeit der Formulierung von Issues in bürokratisch zu verarbeitende Formen. Diese Arten von „Non-Decisions" sind häufig genauso bedeutsam für die Konstitution bzw. Nicht-Konstitution sozialer Probleme wie die direktere Interessenorganisation.

Auf der anderen Seite können Organisationen aus dem politischen System (z. B. Parteien, Verwaltungseinheiten) selbst soziale Probleme konstituieren, z. B. zur Sicherung von Ressourcen und Einfluss, sodass für bereits vorhandene Lösungen im politischen System soziale Probleme über die Etablierung von Diskursen in der Gesellschaft produziert werden. Soziale Probleme werden keineswegs immer und ausschließlich innerhalb der Gesellschaft durch Gruppen oder soziale Bewegungen konstruiert. In vielen Fällen sind es staatliche und politische Organisationen, die über die Etablierung von Problemdiskursen innerhalb der Gesellschaft allgemeine Unterstützung suchen und darüber ihre Ressourcen sichern (Simon 2007). Soziale Probleme sind nicht unbedingt dazu da, gelöst zu werden, und politische Maßnahmen können durchaus andere Funktionen erfüllen oder Ziele verfolgen als ihre Programmatik in Bezug auf die Bearbeitung sozialer Probleme angibt.

Die Anerkennung einer bestimmten Problemperspektive über die Entwicklung entsprechender Maßnahmen und Interventionen durch die Politik ist nicht nur ein Zeichen erfolgreicher Durchsetzung, sondern gleichermaßen auch eine Ressource für die gesellschaftliche Auseinandersetzung um Deutungsmuster und Ressourcen. Von daher bekommen symbolische oder rhetorische Formen des politischen Diskurses eine besondere Bedeutung für die Analyse sozialer Probleme (Edelman 1988), und die Art der Konstruktion eines sozialen Problems kann so zu einem Objekt strategischer Politik werden.

Mit der erfolgreichen Institutionalisierung spezifischer Kategorien und Konstruktionen sozialer Probleme über die Schaffung administrativer oder rechtlicher Kategorien werden Ansprüche und Ressourcenverteilungen abgesichert sowie Eingriffe und Kontrollen legitimiert. Die Etablierung und Institutionalisierung politischer Maßnahmen in Bezug auf soziale Probleme wirkt so auf die Thematisierung des sozialen Problems in vielfältiger Weise zurück. Ein wichtiger Aspekt ist hierbei die mit der Institutionalisierung von Problemlösungen verbundene Etablierung von Normalitätsstandards über die Institutionen der Bearbeitung sozialer Probleme.

Soziale Arbeit als „Doing Social Problems"

Die sich in den Problematisierungsprozessen durchsetzenden Problemkonstruktionen und -kategorien werden in Form von Einrichtungen und Organisationen, Verordnungen und Gesetzen sowie Techniken und Methoden der Problembearbeitung institutionalisiert und erhalten so den Status gleichsam selbstverständlicher und unmittelbar evidenter Problemkategorien. Mit der Institutionalisierung bestimmter Organisationen und Maßnahmen der Problembearbeitung oder der sozialen

Kontrolle werden Erwartungen im Alltag über die Existenz und Berechtigung von Problemkategorien verifiziert. Solange es keine bearbeitende Stelle gibt, bleiben Problematisierungen vage, umstritten und können als nicht wirklich existent angesehen werden, zumindest sind sie gesellschaftlich kaum relevant. Sie schaffen gleichzeitig einen Rahmen für Erwartungen und Interpretationen von Betroffenheit. Wenn es eine Suchtberatungsstelle gibt, dann gibt es auch Sucht und damit die Möglichkeit, eigene und fremde Verhaltensweisen als Sucht zu interpretieren. Mit ihrer Etablierung werden diese Organisationen zur offiziellen Adresse für die Betroffenen oder potenziell Betroffene von sozialen Problemen, die damit immer auch bestimmte Bilder von Maßnahmen und Reaktionsweisen verbinden. So ist z. B. der Mensch, der Patient oder Patientin im Gesundheitssystem wird, folglich von Krankheit betroffen, bei einem Klienten oder einer Klientin der Sozialen Arbeit erwartet man eine Hilfsbedürftigkeit, und wer von Maßnahmen des Kriminalsystems betroffen wird, ist ein (potenzieller) Krimineller, eine (potenzielle) Kriminelle oder ein Opfer von Kriminalität. Die Aufnahme von Problemkategorien in Diagnosemanuals, in Strafgesetzbücher oder in die Entwicklungen von Hilfsangeboten und Maßnahmen dokumentiert dann nicht nur Zuständigkeiten, sondern ermöglicht sowohl den professionellen Problemarbeitern und -arbeiterinnen als auch (potenziell) Betroffenen einen abgesicherten Sinn- und Interpretationsrahmen für möglicherweise bereits vorher eher diffus als problematisch wahrgenommene Zustände und Verhaltensweisen und selbst für Situationen, die vorher vielleicht als eher unproblematisch angesehen oder als selbstverständlich interpretiert worden sind (Groenemeyer 2010).

Die Organisationen und Institutionen der Problembearbeitung verkörpern erfolgreich etablierte allgemeine Kategorien von sozialen Problemen, die durch spezifisch geschultes Personal dann auf konkrete Personen und Situationen angewendet werden. Aus der abstrakten Kategorie Kriminalität, Krankheit, Hilfsbedürftigkeit oder Sozialisationsdefizit werden Fälle gemacht, die im Rahmen der institutionellen Vorgaben und Handlungslogiken entsprechend bearbeitet oder, wenn die Zuweisung zu den entsprechenden organisationsspezifischen Problemkategorien fehlschlägt, an andere Stellen verwiesen oder abgewiesen werden.

Über die konkrete Fallbearbeitung im Alltag von Institutionen der Problembearbeitung werden also abstrakte Kategorien sozialer Probleme zu konkreten Betroffenheiten und aus Individuen Fälle und Klienten bzw. Klientinnen gemacht.

Die Anwendung abstrakter Problemkategorien auf konkrete Fälle im Alltag ist allerdings ein höchst voraussetzungsreicher Prozess. Die Organisationen sind kein Abbild politischer Entscheidungsprozesse und Programme, sondern entfalten ein Eigenleben der Interpretation und Bearbeitung von Problemkategorien. Die Anwendung der Problemkategorien im Alltag der Problembearbeitung setzt ein bestimmtes Wissen, spezifische Orientierungen und Techniken voraus, die dann in Interaktionsprozessen zwischen Professionellen und Betroffenen eingesetzt werden. Hierbei handelt es sich um einen Aushandlungsprozess, der zwar mit unterschiedlicher Macht auf Seiten der Organisation und auf Seiten der Betroffenen abläuft, an dem aber die Betroffenen aktiv beteiligt sind. Klienten bzw. Klientinnen müssen Symptome, Defizite oder Belastungen äußern, eventuell sogar aktiv eine Inanspruchnahme initiieren, Tatverdächtige bringen Entlastungsgründe und Erklärungen vor usw., die dann in Interaktionen mit den Problemarbeitern und -arbeiterinnen die Zugehörigkeit des Falls zur entsprechenden Problemkategorie konstruieren und darauf aufbauend spezifische Techniken der Problembearbeitung begründen. Diese Prozesse der Konstruktion sozialer Probleme im Alltag der institutionellen und organisatorischen Kontexte der Problembearbeitung und ihre Konsequenzen können als „Doing Social Problems" oder „Problemarbeit" beschrieben und analysiert werden.

Doing Social Problems ist die Anwendung von Regeln, Techniken und Wissen auf individuelle Problemlagen und Problemsituationen. Grundlage hierfür ist ein Prozess der Kategorisierung und ihre Begründung in Rahmen von legitimierten Wissensbeständen, die für die Institutionen der Problembearbeitung typisch sind.

Problemarbeit in Dienstleistungsorganisationen bedeutet in erster Linie den Versuch der Veränderung von Menschen, sei es ihres Status, ihrer Ressourcen oder ihrer Kompetenzen, Motivationen oder Orientierungen. Aus der Perspektive der Professionellen in den Einrichtungen der Problembearbeitung stellen dabei Problembetroffene oder Adressaten das „Rohmaterial" der Organisation dar

(Hasenfeld 2010). „Rohmaterial" bedeutet nicht, dass die Individuen als passive Objekte behandelt werden oder dass im Interaktionsprozess von ihrer Individualität und Subjektivität abgesehen werden könnte. Vielmehr wird damit zum Ausdruck gebracht, dass sie im Kontakt mit der Organisation zunächst einem Transformationsprozess unterliegen: Aus Individuen werden Klienten oder Klientinnen, Patienten oder Patientinnen, Verdächtige, Angeklagte oder Antragsteller. Damit sie zu Gegenständen der Problemarbeit werden können, müssen aus ihnen Fälle gemacht werden. Hierzu wird in der Regel auf Gesetzestexte und Vorschriften, Diagnosehandbücher, Risikochecklisten oder Programme zurückgegriffen, die als ein selbstverständliches Wissen routiniert angewendet werden und die Grundlage für Aushandlungsprozesse mit den Betroffenen darstellen. Über die mit der Diagnose verbundene Typisierung wird die Individualität der Klientel in professionell und institutionell handhabbare Kategorien der Fallbearbeitung überführt und alle „überflüssigen" Informationen der persönlichen Lebenspraxis ausgeblendet.

Grundsätzlich werden die Kategorien sozialer Probleme in Interaktionsprozessen aktiv produziert und die von diesen Interpretationen Betroffenen beteiligen sich aktiv daran, indem sie Symptome schildern, Rechtfertigungen vorbringen und entsprechende Informationen zum Fall liefern. Die Metapher des „Rohmaterials" impliziert aber einen weiteren Aspekt der Kategorisierung. Analog zur Bearbeitung von Rohmaterial in anderen Produktionsprozessen kann die Transformation der Individuen als eine Anpassung an die Erfordernisse des Produktionsprozesses und der Organisation verstanden werden. Institutionen der Problembearbeitung haben jeweils spezifische Mechanismen entwickelt, über die aus individuellen Subjekten angepasste Klienten und Klientinnen werden können. In diesem Sinne bedeutet der Statuswechsel zum Klienten oder zur Klientin immer auch ein Anpassungsprozess an eine durch die Organisation bestimmte Rolle.

Institutionen der Problembearbeitung, wie z. B. die Soziale Arbeit, verkörpern jeweils bestimmte gesellschaftlich bzw. politisch positiv bewertete Ziele und Wertideen, und die Kategorisierung von Personen beinhaltet eine moralische Bewertung, die Grundlage und Bezugspunkt für das Selbstbild der Betroffenen ist. Doing Social Problems ist immer auch die selektive Verteilung von Ressourcen und die Zuteilung von Statuspositionen in routinierter und scheinbar technisch neutraler Form. Die Transformation von Individuen in Klientel bedeutet so auch eine Veränderung des moralischen Status einer Person. Eine Diagnose, ein polizeilicher Verdacht oder eine Identifizierung von Vernachlässigung in der Jugendhilfe ist immer eine bewertende Problemzuschreibung an die betroffene Person; es handelt sich nicht um eine rein technische Angelegenheit, sondern immer auch um ein (zumeist negatives) Werturteil über die Person. Bereits die Existenz der Institution und die mit ihr verbundene Lizenz, z. T. weitreichende Eingriffe in das Leben der Klientel vorzunehmen und Änderungen ihrer Ausstattung mit Ressourcen und ihres Status vorzunehmen, beinhaltet das moralische Urteil, dass damit problematische Situationen und Personen bearbeitet werden sollen. Die Kategorisierung und ihre moralische Bewertung sind in den Institutionen also nicht Gegenstand expliziter Entscheidungen durch die Mitarbeiter und Mitarbeiterinnen, sondern Bestandteil des institutionalisierten Doing Social Problems.

Sowohl die besondere Bedeutung der Beziehung zwischen Klientel und Professionellen als auch die moralische Dimension der Kategorisierung verweisen unmittelbar auf Emotionen im Prozess des Doing Social Problems, die sowohl als Sympathie oder Antipathie den Interaktionsprozess beeinflussen als auch in professioneller Weise eingesetzt und kontrolliert werden, um Compliance zu erzeugen und Autorität und Professionalität zu präsentieren.

In den Organisationen werden die Problemkategorien über Interaktionsprozesse in legitime Betroffenheiten verwandelt, indem sie zu Fällen gemacht werden. Doing Social Problems oder Problemarbeit verweist darauf, dass es sich hierbei um ein aktives Herstellen handelt, das nach bestimmten, identifizierbaren Regeln funktioniert. Dabei geht es nicht um die Frage, ob diese oder jene Form der Kategorisierung und der Bearbeitung eines sozialen Problems angemessen ist oder zu seiner Lösung beiträgt, sondern zunächst nur um eine Rekonstruktion und Erklärung der Art und Weise, wie diese Institutionen in ihrem Inneren funktionieren und warum sie so funktionieren wie sie funktionieren.

Literatur

Albrecht, G. (1990): Theorie sozialer Probleme im Widerstreit zwischen „objektivistischen" und „rekonstruktionistischen" Ansätzen. Soziale Probleme 1, 5–20

– (1977): Vorüberlegungen zu einer „Theorie sozialer Probleme". In: Ferber, CH. v., Kaufmann, F.-X. (Hrsg.): Soziologie und Sozialpolitik. Westdt. Verl. Opladen, 143–185

–, Groenemeyer, A. (2011): Handbuch Soziale Probleme. 2. Aufl. VS Verl., Wiesbaden

–, – Stallberg, F. W. (Hrsg.) (1999): Handbuch Soziale Probleme. Westdt. Verl., Opladen

Bellebaum, A., Braun, H. (Hrsg.) (1974): Reader Soziale Probleme. Herder und Herder, Frankfurt / M.

Best, J. (2008): Social Problems. W. W. Norton & Co., New York

– (2006): Amerikanische Soziologie und die Analyse sozialer Probleme. Soziale Probleme 17 / 1, 20–33

Bohle, H. H., Heitmeyer, W., Kühnel, W., Sander, U. (1997): Anomie in der modernen Gesellschaft. In: Heitmeyer, W. (Hrsg.): Was treibt die Gesellschaft auseinander? Suhrkamp, Frankfurt / M., 29–65

Bommes, M., Scherr, A. (2000): Soziologie der Sozialen Arbeit. Eine Einführung in Formen und Funktionen organisierter Hilfe. Juventa, Weinheim

Castel, R. (2000): Die Metamorphosen der sozialen Frage. Eine Chronik der Lohnarbeit. UVK, Konstanz

Durkheim, E. (1984): Die Regeln der soziologischen Methode. (fr. org. 1895). Suhrkamp, Frankfurt / M.

Edelman, M. (1988): Die Erzeugung und Verwendung sozialer Probleme. Journal für Sozialforschung 28, 175–192

Elias, N. (1936 / 1976): Über den Prozeß der Zivilisation. Soziogenetische und psychogenetische Untersuchungen (2 Bände). Suhrkamp, Frankfurt / M.

Erikson, K. T. (1966): Wayward Puritans. A Study in the Sociology of Deviance. John Wileys & Sons, New York [deutsch 1978: Die widerspenstigen Puritaner. Zur Soziologie abweichenden Verhaltens. Klett-Cotta, Stuttgart]

Evers, A., Nowotny, H. (1987): Über den Umgang mit Unsicherheit. Die Entdeckung der Gestaltbarkeit von Gesellschaft. Suhrkamp, Frankfurt / M.

Fuller, R., Myers, R. R. (1941): The Natural History of a Social Problem. American Sociological Review 6, 320–328

Gans, H. J. (1992): Über die positiven Funktionen der unwürdigen Armen. Zur Bedeutung der „Underclass" in den USA. In: Leibfried, S., Voges, W. (Hrsg.), Armut im modernen Wohlfahrtsstaat. Kölner Zeitschrift für Soziologie und Sozialpsychologie, Sonderheft 32, 48–62

Groenemeyer, A. (Hrsg.) (2010): Doing Social Problems. Mikroanalysen der Konstruktion sozialer Probleme in institutionellen Kontexten. VS Verlag, Wiesbaden

– (2003): Soziologie sozialer Probleme als Mehrebenenanalyse: Ein pragmatischer Vorschlag zur Weiterentwicklung konstruktivistischer Analysen. In: Groenemeyer, A. (Hrsg.): Soziale Probleme und politische Diskurse – Konstruktionen von Kriminalpolitik in sozialen Kontexten. Schriftenreihe der Fakultät für Soziologie der Universität Bielefeld „Soziale Probleme, Gesundheit und Sozialpolitik", Heft 3. Eigenverlag, Bielefeld, 3–16

– (1999a): Soziale Probleme, soziologische Theorie und moderne Gesellschaften. In: Albrecht, G., Groenemeyer, A., Stallberg, F. W. (Hrsg.): Handbuch soziale Probleme. Westdt. Verl., Opladen, 13–72

– (1999b): Alkohol, Alkoholkonsum und Alkoholprobleme. In: Albrecht, G., Groenemeyer, A., Stallberg, F. W. (Hrsg.): Handbuch soziale Probleme Westdt. Verl. Opladen, 174–235

Hasenfeld, Y. (Hrsg.) (2010): Human Services as Complex Organizations. Sage Publications, Newbury Park

Ibarra, P. R., Kitsuse, J. I. (1993): Vernacular Constituents of Moral Discourse: An Interactionist Proposal for the Study of Social Problems. Miller, G., Holstein, J. A. (Hrsg.): Constructionist Controversies. Issues in Social Problem Theory. Aldine de Gruyter, New York, 21–54

Kögler, A. (1976): Die Entwicklung von „Randgruppen" in der Bundesrepublik Deutschland. Schwartz, Göttingen

Loseke, D. R. (2003): Thinking about Social Problems. An Introduction to Constructionist Perspectives. 2. Aufl. Walter de Gruyter, New York

Merton, R. K. (1971): Social Problems and Sociological Theory. In: Merton, R. K., Nisbet, R. (Hrsg.): Contemporary Social Problems. 3. Aufl. Harcourt, New York, 793–845

Meuser, M., Schetsche, M. (1996): Soziale Probleme zwischen Analyse und Engagement – Plädoyer für die Eigenständigkeit der Soziologie. Soziale Probleme 7 / 1, 53–67

Mills, W. C. (1943): The Professional Ideology of Social Pathology. American Journal of Sociology 49, 165–180

Pankoke, E. (1970): Soziale Bewegung – Sociale Frage – Sociale Politik. Grundfragen der deutschen „Socialwissenschaft" im 19. Jahrhundert. Klett, Stuttgart

Rauschenbach, Th. (1999): Das sozialpädagogische Jahrhundert. Juventa, Weinheim

Schetsche, M. (2008): Empirische Analyse sozialer Probleme. Das wissenssoziologische Programm. VS Verlag, Wiesbaden

– (1996): Die Karriere sozialer Probleme. Soziologische Einführung. Oldenbourg, München

Sidler, N. (1999): Problemsoziologie. Eine Einführung. Lambertus, Freiburg

Simon, J. (2007): Governing Through Crime. How the War on Crime Formed American Democracy and Created a Culture of Fear. Oxford University Press, Oxford

Spector, M., Kitsuse, J. I. (1977): Constructing Social Problems. Cummings, Menlo Park

–, – (1973): Social Problems: A Re-Formulation. Social Problems, Vol. 21, 145–159. [deutsch 1982: Die „Naturgeschichte" sozialer Probleme: Eine Neufassung. In: Stallberg, F. W., Springer, W. (Hrsg.): Soziale Probleme. Grundlegende Beiträge zu ihrer Theorie und Analyse. Luchterhand, Neuwied, 23–31

Stallberg, F. W., Springer, W. (1983): Soziale Probleme. Luchterhand, Neuwied

Staub-Bernasconi, S. (2007): Soziale Arbeit als Handlungswissenschaft. Systemtheoretische Grundlagen und professionelle Praxis – ein Lehrbuch. UTB, Bern

Soziale Sicherung

Von Gerhard Bäcker

Soziale Sicherung und Sozialpolitik in Deutschland: Entwicklungstrends

Wenn in Deutschland von der Sozialen Sicherung bzw. vom System der Sozialen Sicherung gesprochen wird, so ist damit in der Regel der auf Einkommensübertragungen basierende Kernbereich von Sozialstaat und Sozialpolitik gemeint: Zum System der sozialen Sicherung zählen demnach die fünf Zweige der Sozialversicherung (Gesetzliche Rentenversicherung, Gesetzliche Krankenversicherung, Gesetzliche Unfallversicherung, Pflegeversicherung und Arbeitslosenversicherung), die berufsständischen Sondersysteme (u. a. Beamtenversorgung, Versorgungssysteme für freie Berufe), die fürsorgeförmige Grundsicherung (SGB II und SGB XII) und die steuerfinanzierten Transfers (u. a. Kindergeld, BAföG, Elterngeld). Die Strukturelemente von Sozialstaat und Sozialpolitik begrenzen sich aber nicht auf das System der sozialen Sicherung, sie greifen weit darüber hinaus: Sie reichen von den rechtlichen Regelungen von Arbeitsmarkt, Arbeitsverhältnis und Arbeitsbedingungen bis hin zur allgemeinen Arbeitsmarkt- und Beschäftigungspolitik, von der beruflichen Ausbildung bis hin zur Betriebs- und Unternehmensverfassung und zum Tarifvertragswesen, vom Gesundheitswesen und der Versorgung der Bevölkerung mit sozialen Diensten und Einrichtungen auf der kommunalen Ebene bis hin zur Ausgestaltung des Steuerrechts. Der Begriff Sozialstaat ist Ausdruck für die aktive, gestaltende Rolle, die der demokratische Staat im wirtschaftlichen und gesellschaftlichen Leben einnimmt, und kennzeichnet zugleich einen historisch-konkreten Gesellschaftstyp, der eine entwickelte marktwirtschaftlich-kapitalistische Ökonomie mit dem Prinzip des sozialen Ausgleichs verbindet.

Das System der sozialen Sicherung reagiert auf soziale Probleme und Risiken, deren Bandbreite sich nicht erschöpfend aufzählen lässt. Zugleich ist zu berücksichtigen, dass soziale Risiken und Probleme nicht per se vorhanden sind. Sie werden sozial konstruiert und konstituiert, d. h., sie werden erst in einem politischen Prozess entdeckt und definiert. Anlass und Gegenstand dieses politischen Diskussions- und Verhandlungsprozesses sind jeweils sowohl quantitative (z. B. Zahlen, Wirkungen) wie qualitative Argumente (z. B. Wertentscheidungen, Veränderungen im öffentlichen Problembewusstsein, wie in der Einschätzung individueller und familiärer Hilfepotenziale). Mit anderen Worten: Welcher Hilfe- und Unterstützungsbedarf für welchen Lebenslagenbereich, wie und in welcher Form letztlich durch das System der sozialen Sicherung abgedeckt wird, hängt nicht zuerst von öffentlich wahrgenommenen Bedarfslagen und sozioökonomischen Verhältnissen ab. Vielmehr entscheiden gesellschaftliche und weltanschauliche Normen sowie übergeordnete politische und soziokulturelle Vorstellungen darüber, ob und welche soziale Risiken und soziale Probleme überhaupt als solche anerkannt sowie welche Maßnahmen und Einrichtungen dann auch angeboten und finanziert werden. Die Frage, was als gesellschaftliches Problem und Risiko anerkannt und als veränderungsbedürftig betrachtet wird und was als privates Problem angesehen wird und in Eigenverantwortung gelöst werden muss, ist deshalb zutiefst politischer und damit normativer Natur. Die möglichen wie praktischen Antworten auf diese Frage fallen stets sehr unterschiedlich aus und zwar in Abhängigkeit von den jeweiligen Vorstellungen von sozialer Gerechtigkeit.

Wie die historischen Entwicklungslinien der Sozialpolitik in Deutschland ebenso wie internationale Vergleiche zeigen, wird die Frage nach der Ziel-

Otto/Thiersch (Hg.), Handbuch Soziale Arbeit, 4. A., DOI 10.2378/ot4a.art142,
© 2011 by Ernst Reinhardt, GmbH & Co KG, Verlag, München

richtung und dem Ausmaß einer sozialpolitischen Intervention in Abhängigkeit von der Wahrnehmung und Anerkennung sozialer Risiken sowie von den Vorstellungen von Gerechtigkeit und Chancengleichheit sehr verschieden beantwortet. Die Ausgestaltung des Sozialstaates allgemein und des Systems der sozialen Sicherung im Besonderen ist damit immer auch Ausdruck von mehrheitlich vertretenen *Leitbildern* und *Wertvorstellungen*: Es geht um die Frage, welches Verständnis eines gesellschaftlichen Zusammenlebens vorherrscht und welcher Stellenwert hierbei den Maßstäben von Gerechtigkeit, Solidarität und sozialem Ausgleich zukommt. Diese Grundentscheidungen sind für die Ausprägung von Sozialpolitik letztlich wichtiger als die volkswirtschaftlichen Rahmenbedingungen, die den Spielraum für die Finanzierung sozialpolitischer Leistungen vorgeben (Bäcker et al. 2008).

Die spezifischen Ausprägungen und institutionellen Formen der sozialpolitischen Absicherung beim Eintreten sozialer Risiken und Probleme in Deutschland müssen von daher im historischen Kontext interpretiert werden: Der Beginn *staatlicher* Sozialpolitik ist untrennbar mit dem Übergang zur kapitalistischen Produktionsweise verbunden. Bis dahin prägten familiäre Unterstützung, kommunale Armenfürsorge und ständische Sicherungseinrichtungen der Zünfte das Bild der mittelalterlichen und spätfeudalen Gesellschaft bis ins 19. Jahrhundert hinein. Die gesellschaftliche Umwälzung infolge der Durchsetzung der kapitalistischen Produktionsweise bewirkte einen tiefgreifenden Strukturwandel der Risiken selbst und entzog zugleich den traditionellen Sicherungsformen rasch und nachhaltig die soziale und ökonomische Grundlage. Insbesondere die *Industrialisierung* und die damit einhergehende Einbeziehung wachsender Teile der Bevölkerung in das System lohnabhängiger Erwerbsarbeit schuf eine von Grund auf neue Sozialstruktur und damit verbundene soziale Probleme.

Es waren vor allem die Arbeiter und ihre politischen und gewerkschaftlichen Organisationen, die sich seit Mitte des vorigen Jahrhunderts mit sozialpolitischen Forderungen an den Staat wandten. Diese richteten sich zunächst vornehmlich auf direkte staatliche Eingriffe in den Produktionsprozess etwa durch zeitliche Beschränkung des Arbeitstages, Verbot der Kinderarbeit und sonstige Arbeitsschutzvorschriften. Der Staat reagierte auf diesen sozialen Druck mit einer im Grundsatz kompensatorischen Befriedungsstrategie, die in den 1980er Jahren des vorigen Jahrhunderts in der *Sozialversicherungspolitik* unter Bismarck zum Ausdruck kam. Damit fand die Forderung nach präventiven, die Verfügungsgewalt des Kapitals über die menschliche Arbeitskraft einengenden sozialpolitischen Interventionen zunächst kaum Berücksichtigung. Doch trug der Staat durch die Einrichtung von Sozialversicherungsinstitutionen dem Tatbestand Rechnung, dass die Reproduktion der abhängig Beschäftigten (und ihrer Angehörigen) nicht von selbst durch marktvermitteltes Einkommen gewährleistet ist, sondern einer allgemeinen, kollektiven Regelung bedarf (Reidegeld 1996).

Neben diesem zentralstaatlich initiierten und regulierten Versicherungssystem, das an den Risiken der Lohnarbeit ansetzte *(Arbeiterpolitik)*, kam der auf kommunaler Ebene angesiedelten Armenfürsorge erhebliche Bedeutung zu. Während sie in der Industrialisierungsphase den Prozess der Proletarisierung aktiv abstützte, entwickelte sie sich im Zuge des Ausbaus der Sozialversicherung immer mehr zur letzten Sicherung für diejenigen, denen die (dauerhafte) Eingliederung in das System der lohnabhängigen Erwerbsarbeit nicht gelang und ein Rückgriff auf die Familie nicht möglich war. Die Arbeiterversicherungspolitik und die *Armenpolitik* bildeten so zwei gegensätzlich konstruierte, aber inhaltlich eng miteinander verknüpfte Elemente staatlicher Sozialpolitik (Leibfried / Tennstedt 1985).

Die staatliche Sozialpolitik in Deutschland hat bis zum Ende des 2. Weltkriegs – beginnend im Kaiserreich über die Weimarer Republik bis zum Nationalsozialismus – einen wechselvollen Verlauf genommen. Insgesamt lässt sich in dieser Zeitspanne ein eher zögerlicher Ausbau feststellen, der sich primär auf die soziale Sicherung der abhängig Beschäftigten und ihre Familienangehörigen erstreckte. Die Entwicklung wurde zudem von teilweise dramatischen Rückschlägen unterbrochen: Inflation, Weltwirtschaftskrise, nationalsozialistische Machtübernahme. Insgesamt blieb – aus heutiger Sicht betrachtet – das Leistungsniveau kärglich und das Leistungsspektrum auf wenige Risiken und Bevölkerungsgruppen beschränkt (Ritter 1998). Zwar wurde in der Weimarer Reichsverfassung die Soziale Sicherung erstmals als Staatsziel aufgenommen, ein hohes Leistungs- und Versorgungsniveau konnte jedoch nicht aufgebaut werden. Auch die in der Weimarer Republik eingeführte Arbeitslosenversicherung bestand die Bewährungsprobe nicht, vor die sie in der Weltwirtschaftskrise gestellt wurde.

Erst in der Nachkriegszeit, mit der Gründung der Bundesrepublik Deutschland, kam es zur eigentlichen *Expansion* der Sozialpolitik allgemein und des Systems der sozialen Sicherung im Besonderen. Zwar wurde an bestehende Strukturen und Institutionen angeknüpft, durch ihren umfassenden quantitativen Ausbau erreichte die Sozialpolitik freilich eine neue Qualität. Die bestehenden Sozialversicherungszweige wurden in Bezug auf ihren Deckungsgrad, die Art der geschützten Risiken, den erfassten Personenkreis und die Höhe des Leistungsniveaus weiterentwickelt, und durch die Einführung der dynamischen Rente kam das Prinzip der Lebensstandardsicherung zum Durchbruch. Insgesamt verstärkte sich die Dominanz des Sozialversicherungsprinzips im System der Sozialen Sicherung. Auf der anderen Seite wurde durch die Sozialhilfe eine Form der Grundsicherung geschaffen, die zwar von der Sozialversicherung abgeschottet blieb, die traditionellen Elemente der Armenfürsorge allerdings stark einschränkte und die Bedeutung individueller sozialer Hilfen unterstrich.

Die *Ausbauphase* der Sozialpolitik, die in den Jahren der großen Koalition und der sozial-liberalen Koalition ihren Höhepunkt fand, wurde gegen Ende der 1970er Jahre durch eine fiskalisch motivierte Politik von z.T. tiefgreifenden Leistungsänderungen und -kürzungen abgelöst, denen aber auch einzelne Leistungsausweitungen und -verbesserungen gegenüberstanden (so vor allem im Bereich der Familienpolitik, der Kinder- und Jugendhilfe und der sozialen Dienste und Einrichtungen) (Alber 1989; Blüm/Zacher 1989). Trotz der Einschnitte blieben die Grundlagen des Systems insgesamt erhalten; auch die Spar- und Sozialabbaupolitik der konservativ-liberalen Koalition bewegte sich im Wesentlichen im Rahmen der vorhandenen und akzeptierten Strukturen, durch die Einführung der Pflegeversicherung als nunmehr fünfter Zweig der Sozialversicherung kam es Mitte der 1990er Jahre sogar noch zu einer weiteren Ausdehnung des Sozialversicherungsprinzips.

Einen massiven Bedeutungszuwachs erlebte die Sozialpolitik durch den Prozess der deutschen Einigung. Binnen kürzester Zeit wurde das gesamte westdeutsche Wirtschafts- und auch Sozialsystem auf die neuen Bundesländer übertragen: Der Sozialpolitik fiel und fällt die gesellschaftspolitisch wichtige Aufgabe zu, den ökonomischen Transformationsprozess von der sozialistischen Plan- zur kapitalistischen Marktwirtschaft abzufedern. Durch einen außerordentlich hohen sozialpolitischen Mitteleinsatz – und zwar insbesondere im Bereich der Arbeitsmarktpolitik –, ist es bis heute gelungen, die sozialen Folgeprobleme des Systemwechsels, der zu einem Zusammenbruch der ostdeutschen Wirtschaft führte, zu begrenzen und zu kanalisieren. Zugleich ist es zu erheblichen Verbesserungen im Versorgungs- und Leistungsniveau gekommen; vor allem die ältere Generation zählt zu den Gewinnern des Vereinigungsprozesses. Die Finanzierung dieser expansiven Sozialpolitik erfolgt in erster Linie durch Transfers aus den alten Bundesländern mit der Folge steil ansteigender Steuer- und vor allem Beitragsbelastungen.

Unumstritten war der Ausbau des Systems der Sozialen Sicherung nie. Menschen, die keiner staatlichen Absicherung und Einkommensumverteilung bedürfen, um in Wohlstand und Sicherheit zu leben, haben die Sozialpolitik und die Schmälerung ihrer Einkommen durch Steuer- und Beitragsabzüge immer schon bekämpft; das Gleiche gilt für die Unternehmen, die sich in ihrer einzelwirtschaftlichen Logik stets gegen die Einschränkung des Warencharakters der Arbeitskraft, die Regulierung des Arbeitsmarktes und ihren Finanzierungsbeitrag zur Sozialpolitik gewandt haben (Bäcker 1997). Insofern ist es wenig überraschend, dass auch in der sozialpolitischen Ausbauphase Reformen teilweise hart erstritten werden mussten.

Obgleich also Sozialpolitik als ein konfliktreiches Politikfeld gelten kann, ist für die Sozialpolitik in der Bundesrepublik bis Mitte der 1990er Jahre, und zwar sowohl für die Expansionsphase wie für die Sparphase, eher ein *sozialer Grundkonsens* typisch. Diese „Große Koalition der Sozialpolitik" umfasste neben den großen Volksparteien in erster Linie die Gewerkschaften, die Kirchen, die Wohlfahrtsverbände und auch die Arbeitgeberverbände. Die *korporatistische* Form der Sozialpolitik – dies betrifft vor allem die von den Gewerkschaften und Arbeitgebern paritätisch besetzte Selbstverwaltung in der Sozialversicherung – trug zu dieser Stabilität maßgeblich bei. *„Sozialpartnerschaft"* und *„Wohl-*

fahrtskorporatismus" sind die Charakteristika dieser Periode (Leisering 1999).

Die Nähe zwischen SPD und CDU, was die Sozialpolitik betrifft, macht auch verständlich, warum die großen sozialpolitischen Reformen der Nachkriegszeit – von der Rentenreform 1957, über das Bundessozialhilfegesetz von 1961, das Arbeitsförderungsgesetz von 1968 bis hin zur Rentenreform 1992 und zur Pflegeversicherung von 1995 – von den beiden großen Parteien gemeinsam beschlossen worden sind, auch wenn andere Koalitionen im Deutschen Bundestag die Regierung gestellt haben. Hinzu kommt, dass im föderalen System der Bundesrepublik ein Zwang zum Konsens auch deswegen besteht, weil die meisten sozialpolitischen Gesetze und Reformvorhaben der Zustimmung des Bundesrates, der Länderkammer, benötigen, und sehr häufig die jeweilige Opposition im Bundestag die Mehrheit im Bundesrat stellt (Münch 1997).

Der sozialpolitische Grundkonsens, der in der Leitformel von der sozialen Marktwirtschaft popularisiert wurde, vollzog sich auf der Grundlage des beispiellosen wirtschaftlichen Aufschwungs in der Nachkriegszeit, der zu einer raschen Steigerung des allgemeinen Wohlstands führte und die Finanzierbarkeit von neuen Leistungen und Leistungsverbesserungen erleichterte. Hinzu kommen aber auch die spezifischen politischen Verhältnisse in Deutschland: Nach den Erfahrungen von Faschismus und Krieg war klar, dass mit einer „reinen" Marktwirtschaft keine stabile demokratische Gesellschaft aufgebaut werden konnte, da gelebte Demokratie nicht nur formalrechtliche Gleichheit voraussetzt, sondern auf *sozialen* Bürgerrechten und sozialer Gerechtigkeit aufbaut. Die Weimarer Republik hatte gelehrt, dass die andere Seite einer blinden Unterwerfung von Gesellschaft und Ökonomie unter die Kräfte des Marktes und die Hinnahme von Massenarbeitslosigkeit, sozialer Unsicherheit und Armut politischer Extremismus und Gewalt heißt.

Zu berücksichtigen ist darüber hinaus, dass das Deutschland der Nachkriegszeit an der Nahtstelle der Systemkonkurrenz zwischen Kapitalismus und Sozialismus lag. In der Auseinandersetzung mit der DDR galt es, nachzuweisen, dass ein kapitalistisches Wirtschaftssystem nicht nur ökonomisch effizient ist und ein hohes Einkommens- und Konsumniveau garantiert, sondern durch die Verknüpfung mit sozialstaatlichen Strukturen zugleich für soziale Sicherheit und sozialen Ausgleich sorgen kann.

Strukturen und Prinzipien, Träger und Akteure

Bereits ein erster Blick auf die einzelnen Elemente der Sozialen Sicherung lässt erkennen, dass keineswegs von einem sorgfältig geplanten, in seinen Wirkungen aufeinander abgestimmten „System" sozialpolitischer Institutionen, Maßnahmen und Leistungen die Rede sein kann. Das „Gebäude" der Sozialen Sicherung ist im Laufe der historischen Entwicklung vielfach erweitert und nach Teileinstürzen wiederaufgebaut worden. Das ist nicht zuletzt eine Konsequenz der Tatsache, dass sich dieser Auf- und Ausbau- aber auch Rückführungsprozess nicht planmäßig entwickelt hat, sondern aus einer langen Kette sozialer Auseinandersetzungen und Konflikte resultiert mit der Folge einer Vielfalt von Trägern, Rechtsgrundlagen, Finanzierungsverfahren, Leistungsarten, -niveaus und -voraussetzungen. Sozialpolitik erweist sich als ein komplexer, häufig langwieriger Politikprozess, wodurch schnelle und grundlegende Veränderungen erschwert werden. Das gilt sowohl für die Durchsetzung sozialpolitischer Fortschritte als auch für alle Versuche, den Sozialstaat rückwärtsgewandt ab- und umzubauen. Charakteristisch ist ein Entwicklungsverlauf der Politik, der an einmal eingeschlagene Pfade anknüpft und diese weiterentwickelt (Schmidt 1998). Bestes Beispiel dafür ist die Sozialversicherung, die das Kaiserreich, die Weimarer Republik und den Nationalsozialismus überdauert hat, auf die neuen Länder übertragen und durch die Pflegeversicherung noch erweitert worden ist. Trotz der Vielschichtigkeit des sozialpolitischen Systems lassen sich grundlegende Strukturen und Prinzipien identifizieren (Bäcker et al. 2008a):

- Es dominiert die beitragsfinanzierte Sozialversicherung, die keine universelle Volks- oder Bürgerversicherung ist, sondern sich auf die abhängig Beschäftigten („Lohnarbeitszentrierung") konzentriert. Sie lässt sich als eine spezifische Verbindung von Versicherungsprinzip und Solidarprinzip charakterisieren. Das Solidarprinzip mit entsprechenden interpersonellen Umverteilungswirkungen kommt insbesondere in der Gesetzlichen Krankenversicherung zum Ausdruck; jedoch begrenzt sich die Solidarität, also das füreinander Einstehen im Falle von sozialen Problemen, auf die jeweilige Versichertengemeinschaft. Für die Besserverdienenden besteht die Option, sich dem Solidarverbund durch Wechsel in eine private Krankenversicherung zu entziehen.

- Die Lohnarbeitszentrierung wird ergänzt durch die Ehezentrierung der Sozialversicherung: Nicht oder nur geringfügig erwerbstätige Ehepartner werden abgleitet über ihren erwerbstätigen Ehepartner abgesichert, durch die Hinterbliebenenrente oder durch die kostenfreie Mitversicherung in der Krankenversicherung. Dadurch setzt die Sozialpolitik in Deutschland – verstärkt durch das Steuerrecht und die unzureichenden Angebote im Bereich der öffentlichen Kinderbetreuung – Anreize insbesondere immer noch für Frauen, ihre Erwerbstätigkeit einzuschränken oder für eine längere Zeit ganz aufzugeben.

- Die Träger der Sozialversicherung sind keine staatlichen Einrichtungen, sondern rechtlich selbstständige Körperschaften des öffentlichen Rechts mit eigenen Haushalten. Verwaltet werden sie durch die Selbstverwaltung von Versicherten und Arbeitgebern, die hälftig auch die Beiträge entrichten. Selbstverwaltungs- und Paritätsprinzip legen die Grundlage für den korporatistischen Charakter zentraler Bereiche der deutschen Sozialpolitik.

- Das Sicherungsziel der Geldleistungen der Sozialversicherung bezieht sich seit der Rentenreform von 1957 auf die auf den Erwerbsstatus bezogene Lebensstandardsicherung. Die Armutsvermeidung der Bevölkerung ist kein explizites Ziel der Sozialversicherung, sondern Aufgabe der fürsorgerechtlichen Sozialhilfe bzw. der Grundsicherung. Hier gilt das Subsidiaritätsprinzip. Geleistet wird erst bei Bedürftigkeit und im Nachrang zu familiären Unterhaltsleistungen.

Die Sozialversicherung

Mehr als 60 % aller Sozialleistungen werden in Deutschland über das System der Sozialversicherung abgewickelt. Die Bedeutung der Sozialversicherung wird darüber hinaus durch den breiten Kreis der Versicherten unterstrichen:

- Nahezu 90 % der Bevölkerung gehören der Gesetzlichen Krankenversicherung und der Gesetzlichen Pflegeversicherung an.
- In der Gesetzlichen Rentenversicherung sind rund 80 % der Bevölkerung im Alter von 20 bis unter 65 Jahren versichert.
- Alle Arbeitnehmer sind in der Gesetzlichen Unfallversicherung versichert.
- In der Arbeitslosenversicherung ist der weit überwiegende Teil der Arbeitnehmer versichert.

Wie die Auflistung zeigt, handelt es sich nicht um die Sozialversicherung, sondern um ein gegliedertes System mit mehreren Versicherungszweigen, die jeweils unterschiedliche Risiken und Tatbestände abdecken. Versicherungstechnisch gesehen stellen die einzelnen Versicherungszweige spezielle Risikokollektive dar; ein generelles Risikokollektiv würde im Gegensatz dazu eine Einheitsversicherung begründen. Innerhalb der Versicherungszweige wiederum sind unterschiedliche Versicherungsträger für die Leistungsdurchführung zuständig. Die Versicherungsträger gliedern sich entsprechend ihrer Entstehungsgeschichte nach Berufsstand, Wirtschaftszweig und Region.

Zwar weist jeder Versicherungszweig seine Besonderheiten auf, dennoch gibt es gemeinsame Strukturmerkmale, die nachfolgend skizziert werden sollen.

Versicherungsschutz und Versicherungspflicht

Die Mitgliedschaft in allen Zweigen der Sozialversicherung knüpft im Wesentlichen an ein Arbeitsverhältnis an. Bis heute steht damit die Absicherung der abhängig Beschäftigten im Mittelpunkt des sozialen Schutzes. Mittelbar gesichert sind die Familienangehörigen der abhängig Beschäftigten. So haben in der Kranken- und Pflegeversicherung nicht oder nur geringfügig erwerbstätige Ehepartner und Kinder den vollen Versicherungsschutz durch die beitragsfreie Familienversicherung, und in der Renten- sowie Unfallversicherung werden Ehepartner und Kinder beim Tod der unterhaltspflichtigen Versicherten durch die Hinterbliebenenversorgung abgesichert. Auch wenn damit die Sozialversicherung den Großteil der Gesamtbevölkerung erfasst, lässt sich nicht von einer Volks- oder

Bürgerversicherung sprechen, da die selbstständig Erwerbstätigen überwiegend ausgeklammert sind und auch für einzelne Gruppen der abhängig Beschäftigten Versicherungsfreiheit besteht.

Die für die Sozialversicherung typische Versicherungspflicht begründet sich aus vier Gesichtspunkten:

1. Eine Versicherungspflicht ist notwendig, um einen umfassenden Schutz zu erreichen. Bei einer Regelung auf freiwilliger Basis, wie sie für die Privatversicherung typisch ist, ist dies nicht gewährleistet.
2. Fehlt ein Versicherungsschutz im Alter oder bei Krankheiten und soll im Notfall dennoch die Existenzsicherung der Betroffenen gewährleistet werden, muss letztlich die Allgemeinheit über die Zahlung der steuerfinanzierten Sozialhilfe für die Folgen der unzureichenden Vorsorge aufkommen. Dies kommt einer Benachteiligung derjenigen gleich, die vorgesorgt haben.
3. Eine Pflichtmitgliedschaft ist erforderlich, um den Solidarausgleich zu Gunsten insbesondere von Familien mit Kindern, Niedrigverdienern, Behinderten oder Arbeitslosen finanzieren zu können. Andernfalls würden die über den Solidarausgleich Belasteten, das sind die „guten" Risiken, z. B. kinderlose und / oder gut verdienende Beschäftigte im jüngeren Alter, aus der Versichertengemeinschaft ausscheiden und zu einer Privatversicherung überwechseln („negative Selektion"). Da Privatversicherungen keinen Solidarausgleich kennen, können sie für diesen Personenkreis günstigere Konditionen bieten. Übrig blieben bei der Sozialversicherung die „schlechten" Risiken, und in Folge der negativen Risikoauslese müssten die Beiträge angehoben werden, was wiederum den Abwanderungstrend zur Privatversicherung verstärken würde.
4. Langfristig angelegte, nach dem Umlageverfahren finanzierte Versicherungszweige, und hier insbesondere die Rentenversicherung, sind auf eine Versicherungspflicht zwingend angewiesen, um die Einnahmen- und Ausgabenentwicklung überhaupt kalkulieren zu können. Eine Umlagefinanzierung der Alterssicherung funktioniert nicht, wenn ungewiss bliebe, wie groß der Kreis der Erwerbstätigen ist, die Versicherungsmitglieder sind und Beiträge zahlen. Dies ist der Grund, warum private Lebensversicherungen nach dem Kapitaldeckungsverfahren arbeiten müssen.

Die Ausrichtung der Sozialversicherung als Arbeitnehmerversicherung beruht im Grundsatz auf der Annahme, dass selbstständig Erwerbstätige nicht als schutzwürdig anzusehen sind, da sie sich eigenverantwortlich absichern können und werden. Die historische Entwicklung hat allerdings gezeigt, dass diese Annahme keinesfalls immer der Realität entspricht. Um insbesondere das Entstehen von Altersarmut zu vermeiden, sind im Laufe der Jahre einzelne Gruppen von Selbstständigen in den Schutzbereich der gesetzlichen Versicherung einbezogen worden.

Die Grenzlinien zwischen verpflichtender Sozialversicherung und freiwilliger privater Vorsorge durch Privatversicherungen sind nicht klar gezogen. Vielmehr gibt es Anzeichen für eine Vermischung beider Sicherungsformen: So besteht schon seit Langem die Möglichkeit, sich – auch als Selbstständiger oder Nichterwerbstätiger – in der Gesetzlichen Renten-, Kranken- und Pflegeversicherung freiwillig zu versichern. Eine Pflicht zur privaten Versicherung sieht die Pflegeversicherung vor: Alle privat Krankenversicherten sind gesetzlich verpflichtet, auch eine private Pflegeversicherung abzuschließen und aufrechtzuerhalten. Die privaten Unternehmen unterliegen einem Kontrahierungszwang, d. h., sie sind zum Vertragsabschluss verpflichtet. Sie müssen dasselbe Leistungsspektrum wie die Gesetzliche Pflegeversicherung haben und sich auch hinsichtlich der Beitragsberechnung an die Maßstäbe der gesetzlichen Versicherung anpassen. Seit 2007 besteht auch eine Versicherungspflicht in einer Privaten Krankenversicherung, wenn die Gesetzliche Versicherung nicht zuständig ist.

Leistungen: Voraussetzungen, Höhe und Bezugsdauer

Die Sozialversicherung beruht wie die Privatversicherung auf dem Kausalprinzip. Ein Einkommensausfall als solcher begründet noch keinen Anspruch auf Versicherungsleistungen. Dies entspräche einer Orientierung am Finalprinzip. Beim Kausalprinzip dagegen besteht ein Anspruch erst dann, wenn der Risikofall eingetreten ist und ein Anspruchsgrund vorliegt. Für den gleichen sozialen Tatbestand können unterschiedliche Anspruchsgründe maßgeblich sein. So kann eine Arbeitsunfähigkeit Folge eines Unfalls oder einer Krankheit sein. Zuständig für die Leistungen sind dann entweder die Unfallversicherung oder die Krankenversicherung. Hier unterscheiden sich nicht nur die zuständigen Institutionen, was immer wieder zu Auseinandersetzungen über die Kostenträgerschaft führt, auch die Leistungen weichen vielfach in Art und Höhe voneinander ab, so dass auf den gleichen sozialen Tatbestand durchaus unterschiedlich reagiert werden kann.

Die Leistungen der Versicherung sind darüber hinaus an Vorleistungen des Versicherten geknüpft. Vorherige Versicherungspflicht und Beitragszahlung sind erforderlich. In der Arbeitslosen- und Rentenversicherung wird die Leistung zusätzlich noch an eine Mindestversicherungszeit (Wartezeit) gebunden. Wird diese Zeit (fünf Jahre in der Rentenversicherung, ein Jahr beim Arbeitslosengeld) nicht erreicht, bestehen keine Leistungsansprüche. Bei der Pflegeversicherung ist eine Vorversicherungszeit von fünf Jahren erforderlich. Unfall- und Krankenversicherung leisten hingegen sofort.

Versicherungsleistungen richten sich nicht nach Bedürftigkeitskriterien. Im Falle des Risikoeintritts besteht ein unabdingbarer individueller Rechtsanspruch auf normierte Leistungen, und zwar unabhängig von der konkreten Bedarfslage, ohne Ansehen der persönlichen und finanziellen Verhältnisse, d. h. ohne Ermessensentscheidungen und Überprüfungen. Damit ist ein hohes Maß an Sicherheit und Verlässlichkeit gewährleistet.

Die Geldleistungen in der Sozialversicherung werden nach dem (modifizierten) Äquivalenzprinzip berechnet. Danach hängt die (relative) Höhe der Ansprüche aus der Renten-, Kranken-, Unfall- und Arbeitslosenversicherung unmittelbar von der Höhe des individuellen versicherungs- und beitragspflichtigen Arbeitsentgelts bzw. der zuvor eingezahlten Beiträge ab. Zwischen Zahlbetrag und Einkommens- bzw. Beitragshöhe, zwischen Leistung und Gegenleistung also, besteht ein Entsprechungsverhältnis. Ein hohes Arbeitsentgelt führt zu relativ hohen, ein niedriges zu relativ niedrigen Versicherungsleistungen. Dabei bleibt unberücksichtigt, in welcher Arbeitszeit die Einkommenshöhe erreicht worden ist. Die Höhe des Haushaltseinkommens oder Maßstäbe von Bedarf und Bedürftigkeit spielen bei der Leistungsberechnung keine Rolle. Eine Mindestleistung gibt es nicht.

Die Geldleistungen der Sozialversicherung haben damit eine Lohnersatzfunktion. Die durch das Arbeitsentgelt erzielte Einkommensposition soll zumindest teilweise beibehalten werden können. Ob jedoch die Leistungen so hoch sind, dass tatsächlich von einem Lohnersatz gesprochen werden kann, hängt von den Berechnungsmaßstäben und vom Sicherungsniveau ab. Die Abweichungen zwischen den einzelnen Versicherungszweigen sind groß.

- Unterschiede finden sich beim Einkommensmaßstab: Die eher kurzfristigen, zeitlich begrenzten Leistungen wie Krankengeld, Arbeitslosengeld und Unterhaltsgeld orientieren sich am letzten Arbeitsentgelt, während bei der Berechnung der Rente das lebensdurchschnittliche Einkommen zugrunde gelegt wird.
- Die Leistungssätze fallen unterschiedlich aus: Beim Krankengeld werden 70 % des letzten Bruttoeinkommens, beim Arbeitslosengeld 60 bzw. 67 % des letzten Nettoeinkommens abgedeckt. Die Höhe der Rente berechnet sich nicht nach einem festen Prozentsatz von der Lebenseinkommensposition, sondern hängt zudem von der Dauer der versicherungspflichtigen Beschäftigung ab. Eine Rente in Höhe von (derzeit) etwa 50 % des durchschnittlichen Netto-Einkommens vor Steuern erreicht ein Durchschnittsverdiener erst nach einem langen Arbeitsleben von 45 Jahren.

Durch die Anbindung der Rentenzahlung an eine feste Bezugsgröße, nämlich an die durchschnittliche Entwicklung der Einkommen der Arbeitnehmer im Vorjahr (dynamische Rente), wird dieses Problem vermieden und eine Teilhabe der RentnerInnen am allgemeinen Einkommenszuwachs ermöglicht. Auf dieser Grundlage kann von einer Lebensstandardsicherungsfunktion der Rente gesprochen werden. Die für die Rentenversicherung maßgebenden Anpassungssätze werden auf andere Zweige des Systems der Sozialen Sicherung übertragen: Sie gelten u. a. bei den Unfallrenten und bei den Kriegsopferrenten. Als grundlegendes Charakteristikum der Rentenversicherungspolitik der letzten Jahre kann gelten, dass die Rentenanpassung von der Einkommensentwicklung der Arbeitnehmer abgekoppelt worden ist, technisch geregelt durch mehrfache Modifikationen der Rentenformel. Im Ergebnis sinkt das Rentenniveau, die Lebensstandardsicherungsfunktion kann nur noch eingehalten werden, wenn eine zusätzliche betriebliche und / oder private Vorsorge, die im Zuge der Riester-Reformen nun auch öffentlich gefördert wird, betrieben wird.

Finanzierung

Die Sozialversicherung finanziert sich im Wesentlichen durch lohnbezogene Beiträge. Im Unterschied zur Privatversicherung mit ihren strengen Äquivalenzgrundsätzen werden die Beiträge aber nicht nach der individuellen Risikowahrscheinlichkeit (risikoäquivalente Beiträge) bemessen, sondern machen bei allen Versicherten den gleichen Prozentsatz vom versicherungspflichtigen Einkommen aus. Die Belastung erfolgt damit einkommensproportional.

Bemessungsgrundlage für die Beitragserhebung ist das versicherungspflichtige Bruttoarbeitsentgelt. Andere persönliche Einkommen wie Gewinne, Mieten oder Vermögenseinkünfte bleiben außerhalb der Bemessungsgrundlage. Im Unterschied zur Tarifgestaltung der Einkommensteuer unterliegt das Bruttoarbeitsentgelt bereits ab dem ersten Euro voll der Beitragspflicht; einen Grundfreibetrag oder die Berücksichtigung von Werbungskosten und speziellen Freibeträgen kennt das Beitragsrecht nicht.

Der Teil der Arbeitsentgelte, der oberhalb der Beitragsbemessungsgrenze liegt, bleibt allerdings beitragsfrei. Aufgrund der Beitragsbemessungsgrenze fällt die relative Einkommensbelastung umso geringer aus, je mehr das Arbeitsentgelt den Grenzwert überschreitet. Im oberen Einkommensbereich kommt es insofern zu einer regressiven Belastungswirkung. Erweitert man indes die Perspektive und betrachtet die Belastungswirkung im Lebensverlauf, relativiert sich das Problem, da die Beitragsbemessungsgrenze bei den Geldleistungen dazu führt, dass auch die Leistungsansprüche nach oben hin begrenzt sind. Das gilt allerdings nicht für die Sachleistungen der Sozialversicherung, die unabhängig von der Höhe der Beitragszahlung in Anspruch genommen werden können.

Die Beiträge zur Sozialversicherung werden im Grundsatz (mit wachsenden Ausnahmen zu Lasten der Arbeitnehmer) jeweils zur Hälfte vom Arbeitnehmer und Arbeitgeber gezahlt. Lediglich in der Unfallversicherung zahlt der Arbeitgeber alleine,

da die Unfallversicherung die Arbeitgeberhaftpflicht abgelöst hat. Der Zahlungsvorgang sagt jedoch noch wenig darüber aus, wer die Belastungen tatsächlich trägt. Zu unterscheiden ist zwischen Zahllast und Traglast. Die Traglast kann durch Überwälzung verringert werden. Die Arbeitgeber können versuchen, die Beiträge über die Preise auf die Konsumenten ab- oder durch Abstriche bei den Bruttoeinkommen auf die Beschäftigten zurückzuwälzen.

Die Höhe der Beitragssätze ist gesetzlich vorgegeben. Dies gilt seit 2009 auch für die Gesetzliche Krankenversicherung, hier fließen die mit einem einheitlichen Beitragssatz erhobenen Beiträge in den Gesundheitsfonds, der dann die Einnahmen weiter auf die einzelnen Kassen verteilt.

Der besondere Charakter der Sozialversicherung kommt schließlich darin zum Ausdruck, dass der Bund aus allgemeinen Steuermitteln Zuschüsse zur Finanzierung der Rentenversicherung und der Arbeitslosenversicherung / Arbeitsförderung   leistet. Der Bund kommt auch für die Beitragszahlung bei Kindererziehung sowie für Wehr- und Zivildienstleistende auf. Seit 2007 wird auch die Finanzierung der Gesetzlichen Krankenversicherung durch steuerfinanzierte Zuschüsse aus dem Bundeshaushalt ergänzt.

Solidarausgleich

Die einzelnen Versicherungszweige sind durch eine je spezifische Kombination von Versicherungsprinzip und Solidarausgleich charakterisiert. Die Verteilungswirkungen der Sozialversicherung gehen also über den reinen Risikoausgleich hinaus und zielen auch auf eine Einkommensumverteilung.

Die interpersonelle Umverteilung zu Gunsten der Personen bzw. Haushalte mit niedrigem Einkommen kommt im besonderen Maße bei der Krankenversicherung zum Ausdruck. Da bei der Krankenversicherung weit über 90 % der Ausgaben durch Sach- und Dienstleistungen getätigt und diese nach Bedarfsmaßstäben bereitgestellt werden, greift das versicherungstechnische Äquivalenzprinzip hier nicht. Das heißt, dass auch bei geringen Beitragszahlungen die gleichen Sach- und Dienstleistungen in Anspruch genommen werden können wie bei hohen Beitragszahlungen. So richtet sich eine Krankenhausbehandlung in ihrer Dauer und

Intensität allein nach medizinischen Notwendigkeiten und nicht nach der Höhe des eingezahlten
Beitrags. Zudem werden die Beiträge nicht – wie
bei der privaten Krankenversicherung – nach dem
individuellen Risiko bzw. Risikoklassen (Vorer-
krankungen, Alter beim Versicherungseintritt, Geschlecht), sondern allein an der Höhe des Arbeitsentgelts bemessen; auch der Beitragssatz für die
Krankenversicherung der Rentner liegt nicht höher
als der allgemeine Beitragssatz. Schließlich bleiben
bei der Bemessung des individuellen Beitrags die
Leistungen für Familienangehörige unberücksichtigt. Diese Regelungen führen zusammengenommen dazu, dass sich bei der Krankenversicherung
mehrere Umverteilungsprozesse überlagern. Eine
Umverteilung findet statt zwischen

- Menschen mit unterschiedlichen Erkrankungs-
  wahrscheinlichkeiten,
- jüngerer und älterer Generation (intergenerativer
  Risikoausgleich),
- Kinderlosen und Kinderreichen (familienpolitische
  Umverteilung) und
- Beziehern hoher und niedriger Arbeitsentgelte
  (Einkommensumverteilung).

Betrachtet man diesen Umverteilungsprozess im
Lebensverlauf, können sich die Begünstigungen
und Belastungen freilich einebnen. Im Längsschnitt gesehen kann nämlich der zunächst überdurchschnittlich belastete, weil kinderlose und gut
verdienende Versicherte, dann wenn Kinder zu versorgen sind, zu den Begünstigten zählen und auch
später als Rentner von dem günstigen Beitragssatz
profitieren.
Ähnliches gilt für die Verteilungswirkungen der
Pflegeversicherung, da auch hier zwischen individuellen Beiträgen und Leistungen kein Zusammenhang besteht. Allerdings wird der Solidarausgleich
durch die Fixierung von Leistungshöchstbeträgen
sowohl beim Pflegegeld wie bei den Sachleistungen
begrenzt. Das für die Krankenversicherung typische
Bedarfsdeckungsprinzip gilt bei der Pflegeversicherung nicht.
In der Gesetzlichen Rentenversicherung haben dagegen Sach- und Dienstleistungen einen geringen
Stellenwert. Die nach dem Äquivalenzprinzip be-
messenen Geldleistungen dominieren.
Wiederum besondere Bedingungen weist die Arbeitslosenversicherung auf. Ihre über den versiche-

rungsimmanenten Risikoausgleich hinausreichenden Verteilungswirkungen lassen sich schwer
abschätzen, da es eine privatwirtschaftliche Versicherung gegen Arbeitslosigkeit, die als Maßstab
dienen könnte, nicht gibt. Das Risiko „Arbeitslosigkeit" ist kein versicherbares, individuelles Risiko im engeren Sinne, da Unterbeschäftigung von
konjunkturellen und strukturellen Faktoren bestimmt wird und sich Eintrittswahrscheinlichkeit
und Schadenshöhe nicht versicherungstechnisch
kalkulieren lassen. Dies ist auch der Grund dafür,
dass der Bund den Defizitausgleich bei der Arbeitslosenversicherung übernimmt. Auch die Arbeitslosenversicherung arbeitet mit einkommensbezo-
genen und nicht mit risikoäquivalenten Beiträgen.
Da das Risiko, arbeitslos zu werden und zu bleiben,
sehr ungleich verteilt ist und einzelne Arbeitnehmergruppen – wie z.B. ArbeiterInnen und Angestellte im öffentlichen Dienst oder gut qualifizierte
Beschäftigte in der Privatwirtschaft – eine hohe Be-
schäftigungssicherheit aufweisen, lässt sich von einer interpersonellen Einkommensumverteilung in
Richtung der stark von Arbeitslosigkeit gefährdeten Beschäftigten ausgehen. Überproportional
häufig erhalten dann Beschäftigte mit geringer
Qualifikation und einem eher niedrigen Einkommen sowie Beschäftigte in bestimmten Branchen
und Berufen Leistungen aus der Arbeitslosenversicherung. Die Lohnersatzleistungen machen nur
einen Teil der Ausgaben der Bundesagentur für Arbeit aus. Daneben stehen im Rahmen der Arbeitsförderung die Maßnahmen der aktiven Arbeitsmarktpolitik, die allgemeinpolitischen Zielen
dienen und in ihrer Wirkung weit über den Kreis
der Versicherten hinausreichen.

Leistungsfähigkeit und Leistungsgrenzen der Sozialversicherung

Da die Sozialversicherung das System der Sozialen
Sicherung in Deutschland bestimmt, sind Aussagen über ihre Leistungsfähigkeit zugleich auch
Aussagen über die Qualität der Sozialpolitik insgesamt. Allgemein lässt sich feststellen, dass die
Sozialversicherung sich in ihren einzelnen Zweigen
als stabil und zugleich anpassungsfähig erwiesen
hat und ein zentraler Faktor für die hohe Akzeptanz ist, die das Sozialstaatsprinzip bislang in der

Bevölkerung erfahren hat. Dafür ist eine Reihe von Gründen ausschlaggebend:

- Aus dem Versicherungsprinzip folgt, dass die Menschen ihre Ansprüche an den Sozialstaat aus ihren Beitragszahlungen ableiten können. Sie stehen dem Staat nicht als Bittsteller gegenüber, sondern als selbstbewusste BürgerInnen, die sich ihren Rechtsanspruch erarbeitet und verdient haben. Die Beitragszahlungen begründen eigentumsrechtlich geschützte Anwartschaften.
- Der versicherungsförmige Lohnersatz führt zu einer Verstetigung des Einkommens im Lebenslauf und ermöglicht eine längerfristige Lebensplanung. Wenn lediglich eine Leistung auf dem Niveau des (sozial-kulturellen) Existenzminimums gezahlt würde, hätte der Eintritt von Krankheiten, Unfällen, Arbeitslosigkeit oder Invalidität unmittelbar einen drastischen Abfall im Lebensstandard zur Folge.
- Einbezogen in die Sozialversicherung sind nicht nur die sog. „wirklich Bedürftigen", sondern die breite Mittelschicht der Bevölkerung. Dies ist einerseits notwendig, um den Solidarausgleich finanzieren zu können, bedeutet andererseits aber auch, dass auch die Mittelschicht an der Stabilität und Leistungsfähigkeit des Sozialstaates interessiert ist.
- Durch das Prinzip von Leistung und Gegenleistung und den Verzicht auf Einkommens- und Bedürftigkeitsprüfungen kommt es nicht zur Diskriminierung der Leistungsempfänger: Die für vorleistungsunabhängige Transfers, insbesondere für die Sozialhilfe, typischen Debatten über Missbrauch werden weitgehend vermieden.
- Da die Beiträge nicht in den allgemeinen Staatshaushalt fließen, sondern zweckgebunden sind und zwischen Beiträgen und Geldleistungen ein Entsprechungsverhältnis besteht, ist der Abgabenwiderstand bei Beitragszahlungen geringer als bei Steuerzahlungen.
- Durch ihre relative Finanzautonomie kann sich die Sozialversicherung dem unmittelbaren Zugriff der Finanzminister entziehen. Fiskalisch motivierte Leistungskürzungen sind bei rein steuerfinanzierten, über die öffentlichen Haushalte abgewickelten Transfers sehr viel leichter möglich.

Der Schutz durch die Sozialversicherung ist an bestimmte Voraussetzungen geknüpft, die sich wie folgt strukturieren lassen:

1. Es muss überhaupt eine Erwerbstätigkeit mit entsprechendem Erwerbseinkommen vorliegen bzw. vorgelegen haben;
2. die Erwerbstätigkeit muss der Versicherungs- und Beitragspflicht unterliegen;
3. die Erwerbstätigkeit muss kontinuierlich und von längerer Dauer sein;
4. die Höhe des Erwerbseinkommens muss deutlich oberhalb des Existenzminimums liegen;
5. der risikobedingte Einkommensausfall muss – außer im Fall von Invalidität und Alter – zeitlich begrenzt bleiben.

Diese Voraussetzungen können zu folgenden Problemen führen:

- Ungeschützt bleiben diejenigen Personen, die kein (versicherungspflichtiges) Beschäftigungsverhältnis (haben) aufnehmen können. Hier handelt es sich vor allem um arbeitslose Jugendliche nach Beendigung ihrer Schul- oder Hochschulausbildung und um Frauen, die aus familiären Gründen ihre Erwerbstätigkeit für längere Zeit unterbrochen oder ganz aufgegeben haben. Es besteht weder Anspruch auf Arbeitslosengeld noch werden Rentenanwartschaften aufgebaut. Aber auch Behinderte, die überhaupt nicht an einem Erwerbsleben teilnehmen können, werden durch die Sozialversicherung nicht erfasst.
- Ungeschützt bleiben auch diejenigen Personen, die zwar erwerbstätig sind, aber nicht der Versicherungspflicht unterliegen. Von besonderer Bedeutung sind hier die geringfügig Beschäftigten und die wachsende Zahl der Menschen, die ihre berufliche Tätigkeit in der Grauzone zwischen „neuer" Selbstständigkeit und abhängiger Beschäftigung ausüben.
- Nicht oder nur unzureichend geschützt sind diejenigen ArbeitnehmerInnen, die kurzfristig beschäftigt sind oder deren Erwerbsbiographie Unterbrechungen aufweist: Denn Anspruchsvoraussetzungen (Wartezeit in der Renten- und Arbeitslosenversicherung), Leistungsdauer (beim Arbeitslosengeld) und Leistungshöhe (bei der Rente) sind an die Versicherungs- bzw. Beitragsdauer geknüpft.
- Unzureichend abgesichert sind alle BezieherInnen von Niedrigeinkommen. Da die Lohnersatzleistungen das vorherige Arbeitseinkommen immer nur anteilig abdecken, geraten aus niedrigen Arbeits-

einkommen abgeleitete Ansprüche auf Rente, Krankengeld oder Arbeitslosengeld sehr schnell in eine prekäre Zone. Eine Einkommenseinbuße von z.B. gut 40 % (beim Arbeitslosengeld) bei einem Arbeitseinkommen, das zwar niedrig, aber gerade noch auskömmlich ist, ist gleichbedeutend mit einem Absinken unter das Existenzminimum. Da die Sozialversicherung bei ihren Geldleistungen weder Bedarfskriterien berücksichtigt noch Mindestleistungen vorsieht, gibt es keinen Mechanismus, der diesen „Fall nach unten" aufhalten kann. Betroffen sind nicht zuletzt die Teilzeitbeschäftigten, da Teilzeitarbeit als individuelle Form der Arbeitszeitverkürzung ohne Lohnausgleich erfolgt, also mit proportionalen Einbußen im Bruttoeinkommen verbunden ist. Bei der Rente fallen die Anwartschaftsverluste infolge von Teilzeitarbeit umso höher aus, je größer das Gewicht der Teilzeitarbeit im gesamten Versicherungsverlauf ist und je stärker die Arbeitszeit und damit das Bruttoeinkommen gegenüber der Vollzeitnorm reduziert wird.

▪ Unzureichend abgesichert sind diejenigen, die nicht nur kurzfristig, sondern längerfristig arbeitslos oder krank sind, denn der Versicherungsschutz dünnt sich in dem Maße aus, je länger das Risiko andauert. So ist Langzeitarbeitslosigkeit, die in immer stärkerem Maße das Arbeitsmarktgeschehen prägt, gleichbedeutend mit einem Verlust des Arbeitslosengeldanspruchs. Eine mehrjährige Krankheit bedeutet, dass der Krankengeldanspruch ausläuft.

Zusammengefasst bewertet liegt diesen Voraussetzungen die Annahme zugrunde, dass alle erwerbsfähigen Menschen eine Erwerbsarbeit finden und zugleich ein dauerhaftes Arbeitsverhältnis auf Vollzeitbasis eingehen können und wollen: Es müssen Vollbeschäftigung und Allgemeingültigkeit eines Normalarbeitsverhältnisses garantiert sein, wenn das erwerbsorientierte Sozialversicherungssystem allen BürgerInnen einen eigenständigen und ausreichenden Schutz gewährleisten soll. Die Entwicklungen auf dem Arbeitsmarkt deuten freilich darauf hin, dass die Voraussetzungen des „Normalarbeitsverhältnisses" zwar immer noch für den überwiegenden Großteil der Beschäftigten zutreffen, dass aber angesichts der andauernden, sich zunehmend auf den Kreis der Langzeitarbeitslosen konzentrierenden Arbeitsmarktkrise der Kreis der prekären Beschäftigungsverhältnisse wächst. Zu-

gleich weiten sich Teilzeitarbeitsverhältnisse sowie Niedrigeinkommen aus. Die Arbeitsverhältnisse werden insgesamt instabiler und flexibler, das Muster der kontinuierlichen Beschäftigung wird durch eine Abfolge von Zeiten der Erwerbstätigkeit mit Zeiten von Aus- und Weiterbildung, Sabbaticals, Familienpausen und beruflichen Neuorientierungen aufgelockert. Je mehr sich aber die Schere öffnet zwischen einem Versicherungsprinzip, das für seine Wirksamkeit das Normalarbeitsverhältnis voraussetzt, und den tatsächlichen Arbeitsmarkt- und Einkommensstrukturen, die eine Aufweichung des Normalarbeitsverhältnisses bewirken, umso größer werden die Maschen im Sozialversicherungssystem und umso mehr Menschen fallen durch diese Maschen. Die steigenden Empfängerzahlen von Sozialhilfe (Hilfe zum Lebensunterhalt) lassen sich wesentlich auf diese Entwicklung zurückführen.

Unzureichend eigenständig (!) abgesichert im System der Sozialversicherung sind in erster Linie Frauen. Denn die Normalität kontinuierlicher Vollzeiterwerbsarbeit gilt faktisch nur für den traditionellen Lebens- und Erwerbsverlauf von Männern. Aufgrund ihrer durch das Muster der geschlechtsspezifischen Arbeitteilung geprägten Lebenssituation und Erwerbsbiographie erreichen die meisten Frauen auch heute noch keinen durchgängig eigenständigen und ausreichenden Sicherungsanspruch bei den Risiken Invalidität, Alter und Arbeitslosigkeit. Zwar lässt sich bei der Alterssicherung aufgrund der gestiegenen Erwerbsbeteiligung von Frauen ein generell positiver Entwicklungstrend hin zu höheren Rentenanwartschaften feststellen. Auch gleicht die Rentenversicherung Lücken in den Erwerbsverläufen in bestimmten Situationen aus, so insbesondere durch die rentenrechtliche Anerkennung von Kindererziehungs- und Pflegezeiten, so dass die Versicherungsbiographien kein reines Spiegelbild der Erwerbsbiographien darstellen. Gleichwohl kann auf absehbare Zeit von einer annähernden Gleichverteilung von Einkommen und Renten zwischen Männern und Frauen, insbesondere zwischen Ehemännern und Ehefrauen, nicht die Rede sein. Denn auch dann, wenn die Erwerbsunterbrechung nach der Geburt von Kindern nur kurz ist, macht sich die Diskontinuität des Berufsverlaufs in einer (im Vergleich zu den Männern) niedrigeren Berufs- und Einkommensposition und in verlorenen Aufstiegschancen bemerkbar.

Zwar stehen verheirateten Frauen bei Krankheit (im Rahmen der Familienhilfe) und im Alter (Hinterbliebenenrente) die vom versicherten Ehemann abgeleiteten (Unterhaltsersatz-)Ansprüche zu. Doch diese Regelungen bleiben unbefriedigend: Es fehlt ein eigenständiger Anspruch, der die persönliche Abhängigkeit vom Mann überwindet. Die Unsicherheit abgeleiteter Ansprüche wird spätestens bei der Scheidung sichtbar. Die vom Mann abgeleitete Sicherung der Frau bezieht sich außerdem allein auf den Tatbestand der Ehe und wird auch von daher zunehmend fragwürdig. Denn ausgeschlossen werden alle anderen Formen partnerschaftlichen Zusammenlebens. Und auch an der Lebenslage der wachsenden Zahl alleinerziehender (lediger oder geschiedener) Mütter geht die abgeleitete Sicherung vorbei. Durch die Ehefixierung wird also der eigentliche schutz- und sicherungsbedürftige Tatbestand, nämlich die Kindererziehung, nicht erfasst.

Die Analyse verdeutlicht, dass die Sozialversicherung unter erheblichem Reformdruck steht: Zu lösen sind nicht nur die Finanzierungsprobleme, sondern auch die Fragen nach einer Ausweitung der Versicherungspflicht, dem Leistungsniveau, der Gewichtung von Äquivalenzprinzip und sozialem Ausgleich und dem Verhältnis von Sozialversicherung und Grundsicherung sowie dem Verhältnis von Sozialversicherung und Privatversicherung.

Soziale Sicherung im Umbruch

Spätestens seit Mitte der 1990er Jahre steht die Sozialpolitik in Deutschland unter massivem Druck. Eine vergleichbare Situation zeigt sich in den anderen europäischen Ländern. Einschnitte und Veränderungen in nahezu allen Bereichen der sozialen Leistungen prägen das Bild. Es mehren sich die Stimmen, die den ausgebauten Sozialstaat grundsätzlich kritisieren und einen Richtungswechsel fordern. Zwar ist die Kritik an der Sozialpolitik nicht neu; seit dem Übergang von der Expansions- zur Spar- und Kürzungsphase begleitet sie die politische und wissenschaftliche Diskussion in Deutschland. Eine neue Qualität deutet sich aber insofern an, da in zunehmendem Maße die *Grundlagen* und *Strukturprinzipien* des Systems zur Diskussion und Disposition gestellt werden (Döring/Hauser 1995). Es geht nicht länger allein um

das Pro und Kontra hinsichtlich einzelner Einschnitte und Leistungsverschlechterungen *im* System, sondern um die Frage eines Um- und Abbaus *des* Systems. Vor dem Hintergrund des Endes der Systemkonkurrenz, der Globalisierung der Waren-, Dienstleistungs- und Kapitalmärkte, der Umbrüche auf dem Arbeitsmarkt und einer damit einhergehenden Schwächung der Gewerkschaften haben sich damit nicht nur die ökonomischen Rahmenbedingungen, sondern auch das gesellschaftlichpolitische Klima verändert.

Die Grundsatzkritik lautet, dass die für die soziale Marktwirtschaft charakteristische Verbindung von marktwirtschaftlicher Dynamik und sozialpolitischer Gestaltung in den zurückliegenden Dekaden zwar außerordentlich erfolgreich war, unter dem Eindruck anhaltender Krisen aber nicht mehr fortgeschrieben werden könne. Denn es sei der ausgebaute Sozialstaat, der für die Krisenerscheinungen in Wirtschaft und Gesellschaft verantwortlich zeichne. Sozialpolitik habe sich damit vom Problemlöser zum Problem*verursacher* entwickelt und gefährde die Zukunftschancen. Als Krisensymptome gelten vor allem die anhaltende Arbeitslosigkeit, die abgeschwächten Wachstumsraten der Wirtschaft, die Finanzierungsprobleme in den Haushalten der Sozialversicherungsträger und den öffentlichen Gebietskörperschaften sowie die hohe Belastung von Wirtschaft und Arbeitnehmern durch Steuern und Beiträge (u.a. Hartwig 1997; Knappe/Winkler 1997). Versucht man die Kritik zu systematisieren, so stehen in erster Linie folgende Argumente im Raum:

- Die Regulierungen auf dem Arbeitsmarkt sowie die zu hohen Lohn- und Lohnnebenkosten und Steuerbelastungen beeinträchtigten die Dynamik und Flexibilität der deutschen Wirtschaft, gefährdeten ihre internationale Wettbewerbsfähigkeit und seien eine zentrale Ursache für die andauernde Arbeitslosigkeit.
- Das zu weit gespannte, überdimensionierte System der Sozialen Sicherung überfordere die defizitären öffentlichen Haushalte, steigere die konsumtiven Ausgaben und führe zu einer Vernachlässigung der investiven, zukunftsweisenden Ausgaben.
- Die überhöhten Sozialleistungen gäben Arbeitslosen unzureichende Anreize zur Aufnahme niedrig bezahlter Arbeit, verfestigten die Unterbeschäftigung und nehmen den Unternehmen die Möglich-

keit, Einfacharbeitsplätze rentabel bereitzustellen. Auf der anderen Seite belaste die hohe Abgabenlast gerade die Leistungsträger und lähme deren Leistungs- und Innovationskraft.

Die politischen Schlussfolgerungen aus dieser Diagnose münden in einer Reihe von Forderungen, die auf einen quantitativen Abbau und qualitativen Umbau der Sozialpolitik zielen. Dazu zählen vor allem die Vorstellungen,

- den Arbeitsmarkt von arbeitsrechtlichen Regulierungen zu befreien,
- das sozialpolitische Leistungsspektrum und -niveau in Richtung einer Basissicherung abzubauen und sich bei der Leistungsvergabe auf die Förderung der „wirklich Bedürftigen" zu konzentrieren,
- die soziale Sicherung stärker marktlich zu organisieren und privat zu finanzieren,
- die Belastung der Unternehmen durch Lohnnebenkosten (Arbeitgeberbeiträge) nachhaltig zu reduzieren,
- Arbeitslose durch nur noch knapp bemessene und bedürftigkeitsgeprüfte Transfers zur Arbeitsaufnahme zu veranlassen.

Sozialpolitik soll sich demnach auf einen flexiblen Arbeitsmarkt hin orientieren, den Selbststeuerungskräften des Marktes vertrauen, die Einkommensumverteilung begrenzen und die freie Entfaltung der Kräfte fördern. Die Hinnahme eines höheren Maßes an Unsicherheit und Ungleichheit gilt als unabdingbar, um über diesen Weg die Leistungs- und Konkurrenzfähigkeit der Volkswirtschaft zu verbessern, das dynamische Entwicklungspotenzial der Marktkräfte zu mobilisieren und die Arbeitslosigkeit abzubauen. Leitbild ist ein Sozial- und Gesellschaftsmodell, das die Eigenverantwortung des Einzelnen für seine soziale Sicherung und seine Einkommens- und Lebenslage betont und die Verantwortung des Staates entsprechend zurücknimmt.

Die Grundsatzkritik am deutschen Sozialstaatsmodell hat seit Mitte der 1990er Jahre in der Öffentlichkeit, in den Parteien, in den Medien und nicht zuletzt in der Wissenschaft eine bislang nicht bekannte Breitenwirkung entfaltet. Eine kaum noch überschaubare Vielzahl von Eingriffen in Sozialleistungsgesetze, Gesetzesnovellen und auch grundsätzlich neuen Regelungen hat diese Phase

begleitet. Ihren Höhepunkt fand sie in den Maßnahmen der von der rot-grünen Bundesregierung 2003 deklarierten „Agenda 2010", die bis 2005 in den sog. Hartz-Gesetzen umgesetzt wurde. Die Frage ist, ob all diese in wenigen Jahren in der Sozialpolitik vollzogenen Veränderungen eine gemeinsame Linie erkennen lassen. Es ist zwar nicht möglich, ein dominantes oder gar einziges Strukturmuster aufzuzeigen, dafür handelt es sich bei der Sozialpolitik um ein zu vielschichtiges Politikfeld mit je unterschiedlichen Zielsetzungen, Adressaten, Instrumenten, Funktionen, Wirkungen und Institutionen. Gleichwohl lassen sich zentrale Trends identifizieren, die an den Ab- und Umbauforderungen, die die Sozialstaatskritik formuliert, anknüpfen. Unübersehbar ist, dass sich die Grundprinzipien des deutschen Sozialstaatsmodells verschoben bzw. verändert haben und sich neue Strukturen herausbilden.

Vermarktlichung der Sozialpolitik durch Abbau der öffentlichen und Ausbau der privaten Sicherung

Im System der sozialen Sicherung, insbesondere im Bereich der Rentenversicherung, kommt es zu einer deutlichen Reduktion des Leistungsniveaus. Das lange Jahre vorherrschende Leistungsziel der Lebensstandardsicherung gilt nur noch sehr eingeschränkt, das Ziel einer Minimal- oder Mindestsicherung gewinnt an Bedeutung. Eine ergänzende private, kapitalgedeckte Vorsorge durch Produkte des Versicherungs- und Finanzmarktes wird notwendig, um im Risikofall einen tiefen Einschnitt im Einkommensniveau zu vermeiden. Die soziale Sicherung wird damit zu einem Teil privatisiert und vermarktlicht. Der Staat reguliert die expandierenden Wohlfahrtsmärkte, um ein Mindestmaß an Sicherheit zu gewährleisten, und fördert zugleich die freiwillige private Vorsorge über Zuwendungen und Steuererleichterungen. Im Ergebnis verlieren Solidarprinzip und Einkommensumverteilung an Gewicht, da die private Vorsorge sozial stark selektiv und ausgrenzend wirkt.

Vermischung der Prinzipien von gesetzlicher und privater Versicherung

Unverändert bleibt die Sozialversicherung ein kategoriales, auf die abhängig Beschäftigten konzentriertes System. Der Übergang zu einer universellen Versicherung, die sich allein am Bürgerstatus orientiert, ist nicht in Sicht. Aber durch die zunehmende staatliche Regulierung der privaten Sicherung, so in der privaten Krankenversicherung durch Basistarife und Einführung einer Versicherungspflicht, finden sich klassische Prinzipien der Sozialversicherung zunehmend auch im privaten System. Auf der anderen Seite prägen typische Elemente der Privatversicherung, so Wahltarife, Selbstbehalte, Kostenerstattung, die Sozialversicherung, während Elemente des Solidarausgleichs zurückgenommen werden mit der Folge einer zunehmenden Belastung und Benachteiligung der Versicherten mit sog. „schlechten Risiken".

Verschärfung des Wettbewerbs zwischen den Leistungsanbietern

Kommunen und Sozialversicherungsträger ziehen sich mehr und mehr aus der direkten Erbringung sozialer Dienstleistungen zurück und übertragen die Aufgaben privaten Anbietern. Durch neue Vergabe- und Finanzierungsverfahren entwickelt sich zwischen den Anbietern ein scharfer Preiswettbewerb, der vor allem die Wohlfahrtsverbände und andere gemeinnützige Träger unter Druck setzt. Offenbleibt, ob es zu der erhofften Steigerung von Effektivität und Effizienz der Leistungen kommt oder ob sich der Wettbewerb zu Lasten der Qualität auswirkt. Und in der Gesetzlichen Krankenversicherung selber verschärft sich der Wettbewerb zwischen den einzelnen gesetzlichen Krankenkassen.

Schrittweiser Rückzug der Arbeitgeber aus der Finanzierung der sozialen Sicherung

Durch die Gewichtsverschiebung zwischen öffentlicher und privater Sicherung, erhöhte Eigenbeteiligungen (Zuzahlungen), die Finanzierung einzelner Leistungszweige der Krankenversicherung allein durch die Versicherten (Krankengeld, Zahnersatz) und die Zusatzbeiträge im Gesundheitsfonds kommt es zu einer finanziellen Entlastung der Arbeitgeber. Der reguläre Beitragssatz wird festgeschrieben und das paritätische Finanzierungsprinzip eingeschränkt. Ausgabenzuwächse werden im Sinne einer einnahmeorientierten Ausgabenpolitik durch Leistungskürzungen oder aber durch Belastungen von Versicherten sowie privaten Haushalten aufgefangen.

Weiterer Bedeutungsverlust der Selbstverwaltung

Die Rechte der Organe der Selbstverwaltung in der Sozialversicherung werden durch Eingriffe des Gesetzgebers, so hinsichtlich der Beitragsfestsetzung, der Leistungen und der Vertragsvereinbarungen mit den Leistungsanbietern, weiter eingeengt. Das Modell der korporatistischen Sozialpolitik verliert an Bedeutung. Verstärkt wird dieser Prozess durch den Ausbau der privaten, marktförmigen Vorsorge sowie durch die Verlagerung der bislang durch die Selbstverwaltung gesteuerten Arbeitslosenhilfe auf die neue Grundsicherung für Arbeitsuchende.

Aktivierung und Förderung der Beschäftigungsfähigkeit

Das Ziel von Sozialpolitik, soziale Sicherheit vor den Risiken des Marktes zu gewährleisten, Einkommensungleichheiten zu begrenzen und Schutz zu bieten vor Ausgrenzung und Armut wird zurückgedrängt. In den Vordergrund schiebt sich das Ziel, allen Arbeitsfähigen eine Beteiligung am Arbeitsmarkt und Erzielung von Erwerbseinkommen – und dies auch zu schlechten Konditionen – zu ermöglichen. In der Arbeitsmarktpolitik soll dies durch Fördermaßnahmen und Lohnsubventionen, durch die Verkürzung und Absenkung von Transferleistungen an Arbeitslose sowie durch eine Verschärfung von Sanktionen und die Verschlechterung der Rechtsposition der Betroffenen erreicht werden. Es kommt zu einer Re-Kommodifizierung der Arbeitskraft.

Ausbau der fürsorgerechtlichen Leistungen

Durch die Zusammenführung von Arbeitslosenhilfe und Sozialhilfe und die gleichzeitige Erschwerung und Verkürzung des Anspruchs auf die Versicherungs- und Lohnersatzleistung Arbeitslosengeld wird die Existenzsicherung des größten Teils der Arbeitslosen auf die neue fürsorgerechtlich konstruierte und steuerfinanzierte Leistung Grundsicherung für Arbeitsuchende / Arbeitslosengeld II verlagert. Der Leistungsbezug wird an die strenge Kondition geknüpft, eine Erwerbstätigkeit oder Arbeitsgelegenheiten unter allen Bedingungen aufzunehmen. Da das Leistungsniveau lediglich das sozial-kulturelle Existenzminimum sichert und Anspruch nur bei Bedürftigkeit besteht, erleiden Arbeitslose, die nicht binnen eines Jahres eine neue Beschäftigung finden, einen tiefen Absturz in ihrer Einkommens- und Sozialposition. Dies ist für die Betroffenen ein tatsächliches, für alle (noch) Beschäftigten ein potenzielles Risiko. Die soziale Unsicherheit bei Arbeitslosigkeit wächst, Arbeitslosigkeit wird auch für die Mittelschichten zur existenziellen Bedrohung.

Ausweitung des Niedriglohnsektors und prekärer Beschäftigungsverhältnisse

Der Sektor der Niedriglohnbeschäftigung weitet sich aus. Dies ist zum einen Folge der hohen Arbeitslosigkeit, der Schwäche der Gewerkschaften und des ungebrochenen Trends der Dienstleistungsbeschäftigung. Zum anderen wirkt die Ausformung der Sozial- und Beschäftigungspolitik auch gezielt in diese Richtung: Infolge des niedrigen Niveaus der Grundsicherung und ihres fehlenden Bezugs zum vormaligen Einkommen, der strengen Bedürftigkeitsprüfungen und Sanktionsmechanismen sowie der Regelung, dass Arbeitslose auch Arbeitsverhältnisse mit einer Entlohnung unterhalb des tariflichen oder ortsüblichen Mindestniveaus annehmen müssen, werden Arbeitslose in unterwertige Beschäftigung gedrängt. Zugleich werden Anreize gesetzt, nicht sozialversicherungspflichtige Beschäftigungsverhältnisse auszuweiten, das betrifft vor allem die Mini-Jobs und neue Formen selbstständiger Arbeit.

Langsamer Wandel des Modells der Versorgerehe

Das für den deutschen Sozialstaat typische Set an institutionellen Regelungen und Maßnahmen (u. a. abgeleitete soziale Sicherung, Steuersplitting, geringfügige Beschäftigungsverhältnisse), das die traditionellen Geschlechterrollen materiell und sozial stützt und für Frauen, und hier insbesondere für Mütter, Erwerbsunterbrechungen und allenfalls Teilzeitarbeit vorsieht, wird zwar nicht abgeschafft. Dennoch findet in der Rentenversicherung eine langsame Umsteuerung von der Honorierung der Ehe hin zur Berücksichtigung der Erziehung von Kindern statt. Ferner fördert das Elternzeit- und Elterngeldgesetz die parallele Verknüpfung von Erwerbstätigkeit und Kindererziehung. Hinzu kommen der Ausbau der Kinderbetreuungsangebote und die besondere Berücksichtigung von allein Erziehenden in der Grundsicherung für Arbeitsuchende. Dahinter stehen wiederum der Gedanke der Nutzung von Bildungsinvestitionen in Frauen und der Sicherung ihrer Beschäftigungsfähigkeit sowie das bevölkerungspolitische Motiv, gerade qualifizierten Frauen die Entscheidung für ein Leben mit Kindern zu erleichtern.

Privatisierung als Problemlösung?

Ein Rückblick auf die Sozialpolitik in Deutschland seit Ende der 1980er Jahre lässt eine Abfolge von Finanzierungsproblemen und -krisen erkennen. Die öffentlichen Haushalte wie die Sozialversicherungshaushalte sind durch immer wieder aufklaffende Finanzierungsdefizite geprägt, die bei den Gebietskörperschaften (Bund, Länder und Gemeinden) durch eine wachsende Neuverschuldung und Steuererhöhungen und bei den Sozialversicherungsträgern durch steigende Beitragssätze ausgeglichen wurden. Vor allem aber prägen Einschnitte in die Sozialleistungen die Entwicklung. Ein zentraler Bestimmungsgrund für die prekäre Finanzlage des Sozialstaates liegt in der gegenläufigen Entwicklung von Leistungsempfänger einerseits und Beitrags- bzw. Steuerzahlern andererseits. Diese Gegenläufigkeit ist in erster Linie Ergebnis des Ungleichgewichtes auf dem Arbeitsmarkt, das sich in sinkenden Beschäftigungs- und steigenden Arbeitslosenzahlen äußert und Deutschland in voller Schärfe nach dem Ende des Einigungsbooms Anfang der 1990er Jahre betroffen hat. Negativ betroffen vom Ungleichgewicht auf dem Arbeitsmarkt sind vor allem die (überwiegend) beitragsfinanzierten Sozialversicherungshaushalte, da ein niedriger Beschäftigungsstand Ausgaben- und Einnahmeseite gleichermaßen negativ berührt. Dem steigenden Finanzbedarf auf der einen Seite steht eine durch dieselben Ursachen verschlechterte Einnahmesituation auf der anderen Seite gegenüber: Mit rückläufiger Beschäftigtenzahl sinken bei sonst gleichbleibenden Verhältnissen die Beitragseinnahmen, während zugleich durch die hohe Zahl von Arbeitslosen wachsende Ausgaben verursacht werden.

Allein die durch Arbeitslosigkeit bedingten Ausgaben im Sozialbudget machen gut 3 Prozentpunkte der Sozialleistungsquote aus (Bäcker et al. 2008, 102). Damit zeigt sich, dass es zu kurz gegriffen ist, zu „großzügige" Sozialleistungen für die Finanzierungskrise verantwortlich zu machen.. Ein „Umbau" des Sozialstaates, der auf dieses Arbeitsmarktproblem nicht eingeht, kuriert deshalb nur an den Symptomen. Verschärfend kommt hinzu, dass sich unter den Bedingungen der anhaltenden Arbeitsmarktkrise, aber auch unter dem Einfluss technologischer, ökonomischer und sozialstruktureller Veränderungen auf dem Arbeitsmarkt jene Beschäftigungsverhältnisse ausdehnen, die *nicht* oder nur eingeschränkt der Versicherungs- und Beitragspflicht unterliegen. Der Anteil der Erwerbstätigen, die zur Finanzierung der Sozialversicherungshaushalte beitragen, ist in den letzten Jahren kontinuierlich gesunken. In dieselbe Richtung verweist der Befund, dass sich der Anteil des Volkseinkommens (Nettoinlandsprodukt), der der Beitragspflicht unterliegt, mindert.

Der Verweis auf die Arbeitslosigkeit und die Folgewirkungen der deutschen Einheit als entscheidende Ursachen der Finanzkrise des Sozialstaats weist allerdings noch keinen Weg zur Lösung des Problems. Denn es ist offensichtlich, dass die Verwerfungen auf dem Arbeitsmarkt in den alten und vor allem in den neuen Bundesländern nicht kurzfristig zu beheben sind. Es bleibt also die Frage nach der Finanzierung des Sozialstaates auch unter den Bedingungen einer hohen Unterbeschäftigung und einer auch langfristig notwendigen Förderung der neuen Länder. Zugleich ist zu berücksichtigen, dass Lohnsteuern und Beiträge kaum noch nach

oben verschoben werden können. Vielmehr sind Entlastungen geboten, um den Trend der sinkenden Nettorealeinkommen umzukehren.

Wenn auch unter schwierigen fiskalischen und ökonomischen Bedingungen die sozialstaatlichen Aufgaben und Leistungen verlässlich finanziert werden sollten, stellt sich die Frage nach den Prioritäten und Posterioritäten in den Sozialetats. Bei dieser Aufgabe der Prioritätensetzung sozialstaatlicher Aufgaben muss entschieden werden, welches Leistungsspektrum und Leistungsniveau notwendig ist, was also öffentlich und was privat finanziert werden soll. Es geht um die Grenzziehung zwischen öffentlichen und privaten Aufgaben und öffentlicher und privater Finanzierung vor dem Hintergrund veränderter Lebensformen und Lebensrisiken.

Zweifelsohne hat sich im Zuge der Wohlstandsvermehrung und zugleich der Differenzierung der Gesellschaft der Kreis der Bevölkerung vergrößert, der der Sozialversicherungspflicht und des Solidarausgleichs nicht bedarf und sich wegen seiner Einkommensposition und „guten Risiken" kostengünstiger in einer Privatversicherung absichern kann. Ein soziales Sicherungssystem jedoch, das sich nur noch aus denjenigen zusammensetzt, die der Solidarität bedürfen, nämlich den Armen, chronisch Kranken, Kinderreichen und Alten, und von den Leistungs- und Finanzierungsfähigen, die allein Solidarität leisten können, verlassen wird, ist nicht mehr tragfähig und gerät in Gefahr zu einer diskriminierten Versorgung „zweiter Klasse" zu werden. Die in der politischen Rhetorik gängige Formel, die Leistungen der Sozialpolitik auf die „wirklich Bedürftigen" zu konzentrieren, klingt gerade bei knappen Kassen einleuchtend, bedeutet aber zugleich, dass sich die Leistungsfähigen der Versicherungspflicht und dem Solidarausgleich entziehen können. Auch hinter den so versicherungstechnisch lautenden Fragen wie „Versicherungspflicht- und Beitragsbemessungsgrenzen", „Regel-, Wahl- und Zusatztarife", „Beitragsrückerstattung", „Pflicht- und Gestaltungsleistungen", „Koppelung von Beitragssatzanstieg und Zuzahlungen" usw. verbergen sich Grundentscheidungen über die Zielrichtung des Sozialstaates. Es geht im Kern um die Frage, inwieweit sich die „guten Risiken" durch Sonderregelungen entlasten können. Wenn aber jene, die aufgrund ihres Gesundheitszustandes Beitragsrückerstattungen erhalten oder

Wahltarife mit hoher Selbstbeteiligung in Anspruch nehmen, dann fallen die Kosten des Gesundheitssystems und der Krankenversicherung vermehrt bei den (chronisch) Kranken an.

Zu berücksichtigen ist des Weiteren, dass auch in einem privaten Vorsorgesystem die soziale Absicherung nicht kostenlos zu haben ist. „Privat" heißt nicht, dass die Leistungserstellung automatisch „billiger" erfolgt. Ein gleiches Sicherungs- und Versorgungsniveau vorausgesetzt, müssen auch bei privaten Sicherungsformen Bestandteile aus dem verfügbaren Einkommen für soziale Ausgaben bzw. soziale Vorsorge abgezweigt werden. Die Gesamtkosten können sogar steigen, wenn man an die hohen Kosten für Werbung und Marketing und die Gewinne im privaten Versicherungssektor denkt. An die Stelle solidarischer Sozialversicherungsbeiträge treten nun aber risikobezogene Prämien, die zwar nicht das gesamtwirtschaftliche Belastungs*niveau*, aber die personelle Belastungs*struktur* verschieben. Diejenigen werden schlechter gestellt, die aufgrund von Geschlecht, Familienstand, Alter und Berufssituation die höchsten Risiken tragen, während die „guten Risiken", das sind jüngere und unverheiratete Menschen mit einem guten Einkommen, mit einer Entlastung rechnen können. Gesamtwirtschaftliche Ausgabenminderungen einer Privatisierungsstrategie entstehen erst dann, wenn die öffentlichen Leistungskürzungen nicht durch private Zahlungen oder Privatversicherungen ausgeglichen werden (können), wenn also das Ausschlussprinzip der kaufkräftigen Nachfrage greift und die Preise an der bedarfsgerechten Inanspruchnahme hindern. Diese preisbestimmte Nachfragebegrenzung hat aber immer einen sozialen Selektionseffekt (Deppe 2000). Das Kernprinzip des Sozialstaates, finanzielle Beschränkungen bei der Inanspruchnahme notwendiger Leistungen und Dienste auszuschließen, würde zur Disposition gestellt. Alle Vorschläge zur Begrenzung des Leistungskatalogs der Sozialversicherung auf eine Basisversorgung laufen letztlich darauf hinaus. Nur wer über ein ausreichendes Einkommen verfügt und / oder gesund ist und zu den „guten Risiken" zählt, könnte sich dann über den Abschluss von zusätzlichen Privatversicherungen eine dem medizinischen Standard entsprechende Versorgung leisten.

Auch Selbstbeteiligungs- bzw. besser Zuzahlungsregelungen, die in der politischen und wissenschaftlichen Diskussion immer wieder als Beitrag zur Kostendämpfung im Gesundheitswesen ausgewiesen werden, führen im Wesentlichen nur zu einer Verschiebung der Belastungsstruktur, denn Zuzahlung bedeutet zunächst ja nur, dass die Gesundheitskosten, beispielsweise für Arzneimittel, anders finanziert werden: Während beim reinen Sachleistungsprinzip die Belastungen solidarisch von allen Versicherten getragen und die Unternehmen über Arbeitgeberbeiträge mit herangezogen werden, müssen bei der Selbstbeteiligung die Kranken zusätzlich zu ihren Beitragsleistungen einen Teil der Kosten übernehmen. Entlastet werden die gesunden Versicherten sowie die Arbeitgeber. Eine Steuerung der Inanspruchnahme und Kostendämpfung können durch eine Zuzahlung, soweit sie sozialverträglich ist und nicht abschreckend wirkt, nicht erreicht werden, da nicht die Patienten (hier nur bei der Primärnachfrage), sondern im Wesentlichen die behandelnden und verschreibenden Ärzte über die Inanspruchnahme von gesundheitlichen Diensten und Leistungen (Sekundärnachfrage) entscheiden und zudem die Nachfrage aufgrund des besonderen Tatbestandes „Krankheit" sehr preisunelastisch ist. So ist offensichtlich, dass die Selbstbeteiligung beim Krankenhausaufenthalt keinerlei Steuerungseffekte (etwa in Form geringerer Einweisungen oder kürzerer Verweildauer) hat (Braun et al. 1998).

Die Daten zeigen, dass Privatversicherungen, die in ihrem gesamten Leistungsspektrum mit Kostenerstattung, Selbstbeteiligungs- und Wahltarifen operieren, keine geringere Ausgabendynamik als die gesetzlichen Kassen aufweisen. In einigen Ausgabenbereichen leiden sie sogar unter höheren Kostenzuwächsen (Bäcker et al. 2008b, 71). Auch internationale Vergleiche lassen erkennen, dass (weitgehend privat finanzierte) Sozialsysteme nicht das gesamtwirtschaftliche Ausgaben- und Belastungsniveau senken: In den USA beispielsweise zeigt sich sogar ein gegenteiliger Effekt: Dort liegt bei einem überwiegend privaten Gesundheits- und Versicherungswesen der Anteil der Gesundheitsausgaben am Volkseinkommen mit 14,3 % (2009) deutlich höher als in Deutschland (10,8 %), obgleich ein großer Teil der amerikanischen Bevölkerung im Krankheitsfall nicht oder nur unzureichend abgesichert ist (Bäcker et al. 2008).

Letztlich ist in der aktuellen Diskussion über das Für und Wider von privater Vorsorge und öffentlicher sozialer Sicherung also mehr die Sichtweise und nicht der ökonomische Zusammenhang entscheidend. Aus *gesamt*wirtschaftlicher und -gesellschaftlicher Perspektive macht es keinen Sinn, steigende Sozial- und Gesundheitsausgaben, wenn sie öffentlich, d.h. über Beiträge und/oder Steuern finanziert werden, als Zwangsabgaben und als Ausdruck einer gefährlichen Kostenexpansion zu erklären – die selben Ausgabenzuwächse demgegenüber, wenn sie privat, d.h. über Versicherungsprämien und/oder Marktpreise finanziert werden, als Ausdruck eines zukunftsträchtigen Wachstumsmarktes mit Beschäftigungs- und Gewinnchancen zu begrüßen. Es kommt vielmehr auf eine nüchterne Analyse an, ob privatwirtschaftliche oder staatliche Vorsorge gegen soziale Risiken ökonomisch effizienter und gesellschaftspolitisch akzeptabler ist.

Nicht zu verkennen ist allerdings, dass von weiten Teilen der Bevölkerung Pflichtbeiträge zur Sozialversicherung und erst recht allgemeine Steuerabzüge anders *bewertet* werden als private Ausgaben für die soziale Sicherheit. Während Beiträge und Steuern unmittelbar dem Einfluss des Staates unterliegen, (für Arbeitnehmer) im Quellenabzugsverfahren automatisch einbehalten werden, erscheinen private Ausgaben als freiwillige Entscheidungen, die dem Einzelnen Wahlmöglichkeiten gemäß seiner individuellen Präferenzen eröffnen und ein unmittelbares Verhältnis von Leistung und Gegenleistung sicherstellen. Ob und in welchem Maße diese Einschätzung geteilt wird, hängt ganz generell von der politisch-kulturellen, historisch entwickelten Einstellung der Bevölkerung ab gegenüber dem Staat und Sozialstaat. Im Einzelnen spielt die nach individuellen Nutzen und Kosten kalkulierte Abwägung von empfangenden Leistungen und zu entrichtenden Abgaben eine entscheidende Rolle. Dass Personen mit hohen Einkommen und „günstigen" individuellen Risiken, die durch die Finanzierung und die Leistungsprinzipien der Sozialversicherung eher belastet werden und sich günstiger privat absichern könnten, einen höheren Abgabenwiderstand haben, liegt auf der Hand.

Bei der privaten Absicherung bleibt nicht zuletzt zu berücksichtigen, dass sie außerhalb der unmittelbaren Verantwortung von Staat und Politik steht. Ein Übergang zur privaten Vorsorge entlastet die Politik. So sind Beitragssatzerhöhungen in der Sozialversicherung immer ein Politikum und müssen legitimiert werden, während die Anhebung von Prämien bei der Privatversicherung außerhalb der öffentlichen Diskussion steht und von der Politik nicht verantwortet werden muss.

Reformperspektiven

Ebenso wie die praktische Sozialpolitik in ihren Ausprägungen und Prinzipien sowie deren Veränderungen nachhaltig von mehrheitlich vertretenen und politisch durchgesetzten Leitvorstellungen geprägt ist, also ohne ihre normativen Hintergründe nicht zu verstehen ist, beruht eine wissenschaftliche Analyse und Bewertung der Sozialpolitik und ihrer Entwicklungstrends immer auch auf Wertvorstellungen und normativ geprägten Einschätzungen. Das gilt gleichermaßen für die Diskussion über Reformperspektiven und -alternativen des Systems der Sozialen Sicherung.

Reformen sind notwendig, um den neuen Herausforderungen gerecht zu werden und den Sozialstaat an die sich verändernden ökonomischen, sozialen und demografischen Verhältnisse anzupassen. Prämisse ist, den Sozialstaat und das Sozialstaatsprinzip zugleich zu bewahren und weiter zu entwickeln.

Verbindung von sozialer Sicherheit und ökonomischer Effizienz

Soziale Leistungen, Einrichtungen und Dienste müssen über Abzüge vom Markteinkommen finanziert werden. Nur das kann verteilt werden, was auf dem Markt auch produziert und erwirtschaftet worden ist. Ein hohes Wohlfahrtsniveau setzt eine hohe Effizienz im Wirtschaftsprozess voraus. Die Voraussetzungen dafür sind schwieriger geworden. Die Weltmarktkonkurrenz hat sich deutlich verschärft, ganze Volkswirtschaften mit ihren Sozialstandards befinden sich in Konkurrenzbeziehungen. Vor allem die Internationalisierung der Geld- und Kapitalmärkte lässt sich als eine neue Qualität der Globalisierung beschreiben, die die Optionen der Unternehmen erweitert und den Handlungsspielraum nationaler Politik begrenzt. Eine stärkere Abstimmung der Finanz- und Sozialpolitik zumindest auf europäischer Ebene wird notwendig, wenn ein Unterbietungswettlauf im Sinne eines Sozial-Dumpings verhindert werden soll.

Gleichwohl sind bislang noch keine Anzeichen dahingehend zu erkennen, dass Länder mit ausgebauten sozialstaatlichen Systemen in diesem verschärften Konkurrenzkampf zu unterliegen drohen. International vergleichende Analysen zeigen, dass es zwischen den Variablen Sozialleistungsniveau einerseits, Wachstumsrate, Beschäftigungs- und Arbeitslosigkeitsniveau andererseits keine eindeutigen Zusammenhänge gibt. Die These, ein möglichst niedriges Niveau an sozialen Leistungen und Standards mit einer entsprechend geringen Steuer- und Abgabenbelastung sowie ein flexibler und deregulierter Arbeitsmarkt verbunden mit einer großen Ungleichverteilung von Einkommen und Vermögen seien die besten Voraussetzungen für eine günstige Position auf dem Weltmarkt und für ein hohes Wachstums- und Beschäftigungsniveau, hält einer empirischen und theoretischen Überprüfung nicht stand. Vielmehr spricht viel für die These, dass soziale Unsicherheit in einer (welt-)wirtschaftlichen Situation, die die Betriebe und die Beschäftigten unter einen radikalen Modernisierungsdruck stellt, den wirtschaftlichen Strukturwandel behindert und sich als Leistungs- und Motivationsbremse auswirkt. Der Sozialstaat ist kein unproduktiver „Kostgänger" einer Volkswirtschaft, sondern wirkt als produktiver Faktor positiv auf die wirtschaftliche Leistungsfähigkeit zurück: Eine breit angelegte Ausbildung der Erwerbsbevölkerung und eine hohe Arbeitsproduktivität sind bei Angst vor sozialem Abstieg, Ausgrenzung und Armut nicht gewährleistet.

Allerdings legitimiert eben nicht nur die „Produktivkraft" den Sozialstaat, sondern normative, d. h. soziale und humane Ziele. Der Sozialstaat hat immer auch eigenständige Ziele, auch jenseits der Maßstäbe der engen ökonomischen Funktionalität. Der Umgang mit sozial Schwachen, mit Älteren, Behinderten, Familien und Kindern, das qualitative Niveau der gesundheitlichen Versorgung, die Schaffung von gleichberechtigten Lebenschancen für die gesamte Bevölkerung – all diese Elemente haben einen eigenen Wert, der nicht durch den Hinweis auf ökonomische Effizienzverluste, verminderte Rentabilität oder entgangene Wachstumsraten außer Kraft gesetzt wird.

Verlässliche und gerechte Finanzierung

Wenn die notwendigen finanziellen Mittel fehlen bzw. verweigert werden, sind sozialpolitische Leistungskürzungen kaum zu vermeiden. Die Frage nach einer verlässlichen Finanzierung der Systeme der sozialen Sicherung ist deshalb für die Stabilität und Entwicklungsfähigkeit des Sozialstaates von entscheidender Bedeutung. Verlässlichkeit in der Finanzierung bezieht sich dabei nicht nur auf das Niveau des Aufkommens von Steuern und Beiträgen, gleichermaßen wichtig ist es, bei der Lastenverteilung Gerechtigkeitsmaßstäbe zu berücksichtigen, weil nur so die Akzeptanz des Systems gesichert werden kann.

Die immer wieder auftretenden Defizite in den öffentlichen Haushalten sind in erster Linie eine Folge der Arbeitsmarktlage, da Arbeitslosigkeit gleichzeitig die Ausgaben erhöht und die Einnahmen mindert. Auch die in mittelfristiger Perspektive wirksam werdenden demografisch bedingten Belastungen wiegen sehr viel schwerer, wenn es nicht gelingt, das Beschäftigungsniveau zu erhöhen. Selbst unter günstigen makroökonomischen Bedingungen wird ein Beschäftigungsaufbau nur langsam in Gang kommen. Die fiskalische Notwendigkeit, hinsichtlich der ganzen Spannweite öffentlicher Aufgaben und Ausgaben Prioritäten zu setzen, wird deshalb anhalten. Die Grenzziehung zwischen öffentlichen und privaten Aufgaben und zwischen staatlicher und privater Vorsorge vor den Wechselfällen des Lebens ist dabei nicht festgeschrieben, sondern sollte an die veränderten Lebensformen und Lebensrisiken angepasst werden. Zugleich wächst die Notwendigkeit, in den sozialen Systemen Rationalisierungs- und Wirtschaftlichkeitsreserven (Überversorgungen, Doppelleistungen, Fehlsteuerungen) aufzuspüren. Wenn es gelingt, die knappen Ressourcen zielgenauer und effizienter einzusetzen, lassen sich Qualitätsverbesserung und Kostensenkung durchaus sinnvoll miteinander verbinden.

Weiterentwicklung der Sozialversicherung statt Mindestsicherung und privater Vorsorge

Im internationalen Vergleich weist das deutsche System der sozialen Sicherung eine durchaus hohe Leistungsfähigkeit auf. Dies gilt auch und gerade für die Sozialversicherung, die sich mit ihren Elementen Lohn- und Beitragsorientierung, Lohnersatz und Leistungsdynamik, sozialer Ausgleich sowie paritätische Mittelaufbringung und Selbstverwaltung als gut geeignet erwiesen hat, die großen Lebensrisiken wie Invalidität, Alter, Krankheit, Pflegebedürftigkeit, Arbeitslosigkeit, Unfall abzusichern. Konstitutiver Bestandteil der Sozialversicherung, der sie sowohl von der Privatversicherung als auch von Fürsorgesystemen unterscheidet, ist vor allem die Verknüpfung von Versicherungsprinzip und Solidarprinzip. Hier ergänzen sich Eigenverantwortung und sozialer Ausgleich, Leistungsorientierung und Lebensstandardsicherung. Gleichwohl sind die Schwächen und Defizite der Sozialversicherung nicht zu übersehen: Ihre Begrenzung auf die abhängig Beschäftigten und reguläre Beschäftigungsverhältnisse führt zu Sicherungslücken und bei der Finanzierung zu Verteilungsungerechtigkeiten. Reform und Weiterentwicklung der sozialen Sicherung bedeutet deshalb, den sozial-strukturellen Wandel in der Gesellschaft zu berücksichtigen und die individuellen Handlungsoptionen der Menschen sozialpolitisch zu flankieren. Die Voraussetzungen dafür sind zu verbessern, dass die vom klassischen männlichen Bild der Normalbiographie und des Normalarbeitsverhältnisses abweichenden Lebensformen und -entwürfe abgesichert werden. Damit ist die Aufgabe angesprochen, im System der Sozialen Sicherung und der Familienpolitik die Orientierung am hergebrachten Familien- und Frauenbild zu überwinden, die eigenständige soziale Absicherung von Frauen zu verbessern und die parallele Vereinbarkeit von Beruf und Familie möglich zu machen. Und die Umbrüche in der Arbeitswelt erfordern die Ausweitung der Sozialversicherung und ihrer Finanzierung auf alle Erwerbstätigen bzw. auf die gesamte Bevölkerung im Sinne einer Bürger- oder Volksversicherung.

Die Analyse der Lebens- und Arbeitsverhältnisse zeigt, dass in einer modernen Wissens- und Dienstleistungsgesellschaft der überwiegende Teil der Bevölkerung auf kollektive Sicherungseinrichtungen angewiesen bleiben wird. Gerade weil sich traditionelle Lebensweisen und soziale Bindungen auflösen, Erwerbsverläufe instabiler werden und sich die Risiken auf dem Arbeitsmarkt verschärfen, hat das Bedürfnis nach sozialer Sicherheit und verlässlichen, allgemein zugänglichen Leistungsangeboten im Sozial- und Gesundheitswesen eine hohe Bedeutung. Sicherlich sind Erwerbstätige in einer höheren Einkommens- und Statusposition nicht zwingend auf den Solidarausgleich angewiesen, sondern können sich wegen ihrer „guten Risiken" günstiger in einer Privatversicherung absichern. Ein soziales Sicherungssystem jedoch, das sich tendenziell nur noch aus denjenigen zusammensetzt, die der Solidarität bedürfen, und von den Leistungs- und Finanzierungsfähigen verlassen wird, die sich privat absichern, kann sich schnell zu einer diskriminierten Versorgung „zweiter Klasse" entwickeln. Auch deshalb ist die Aufhebung von privilegierenden Sondersystemen und -rechten für einzelne Gruppen von Erwerbstätigen (Selbstständige, Beamte, Freiberufler, besser verdienende Arbeitnehmer) geboten.

Für die Gewährleistung von sozialer Sicherheit haben die Prinzipien von Lohnersatz und Lebensstandardsicherung eine unverändert große Bedeutung. Denn eine gesicherte Lebensführung und -planung ist in einem System, das lediglich eine Mindest- oder Basissicherung bietet, nicht gewährleistet. Freiwillige private Vorsorge kann hier zwar einen Ausgleich bieten, aber die Absicherung über Versicherungs- und Finanzmärkte kennt keinen Solidarausgleich und benachteiligt all jene, die aufgrund ihrer ungünstigen Arbeitsmarkt-, Lebens- und Einkommenslage weder bereit noch fähig sind, zu sparen oder Versicherungsprämien zu zahlen. Systeme einer Mindestsicherung, zumal wenn sie über Steuern finanziert werden, laufen zudem Gefahr, mit Einkommensanrechnungen und Bedürftigkeitsprüfungen verbunden zu werden. Bedürftigkeitsgeprüfte Systeme, in denen die Mittelschicht nicht mehr eingebunden ist, verlieren aber schnell an Akzeptanz. Sozialpolitik als Fürsorgepolitik geht an den Interessen jener vorbei, die glauben, dass der Sozialstaat in erster Linie den Menschen etwas gibt, die die Leistungen nicht verdient haben, aber von den Leistungsträgern der Gesellschaft finanziert werden muss.

Armutsfeste Absicherung

Die anhaltende Arbeitslosigkeit ist nicht nur die zentrale Ursache für die Finanzierungsprobleme des Sozialstaates. Arbeitslosigkeit und insbesondere die Langzeitarbeitslosigkeit führen zu gravierenden gesellschaftlichen und sozialen Folgeproblemen: Der Ausschluss aus der Erwerbsarbeit ist eng mit dem Risiko von Armut und sozialer Ausgrenzung verbunden, gefährdet die gesellschaftliche, kulturelle und politische Teilhabe und kann zur Desintegration ganzer Bevölkerungsgruppen führen. Insofern zählen der Abbau von Arbeitslosigkeit und die Erhöhung des Beschäftigungsniveaus zu einer vorrangigen Aufgabe. In erster Linie sind die Wirtschafts- und Finanzpolitik gefordert, um durch Wachstumsdynamik mehr Arbeitsplätze zu schaffen. Arbeitsmarktpolitik kann und muss hier mit den Instrumenten der aktiven Arbeitsmarktpolitik ergänzend und sozial ausgleichend hinzutreten. Der in der Politik eingeschlagene Weg, Arbeitslose durch die Absenkung von Transferleistungen, administrative Zwänge und Sanktionen zur Aufnahme von Arbeit zu drängen, ist hingegen beschäftigungspolitisch wenig Erfolg versprechend und sozialpolitisch bedenklich. Denn Arbeitslosigkeit ist Folge fehlender Arbeitsplätze, nicht aber Folge von unzureichenden Beschäftigungsanreizen des sozialen Sicherungssystems oder gar fehlender Bereitschaft der Betroffenen, sich in den Arbeitsmarkt zu integrieren. Die Position, (fast) jede Arbeit ist besser als keine, lässt die zentrale Frage nach der Qualität von Arbeit unberücksichtigt und ist orientiert auf die Ausweitung von prekärer und Niedriglohnbeschäftigung; ein hochentwickeltes Land wie Deutschland kann jedoch nur mit hochwertigen, qualifizierten Arbeitsplätzen sein Einkommens- und Wohlfahrtsniveau halten.

Die soziale Absicherung bei Arbeitslosigkeit muss vor Einkommenseinbrüchen und Armut schützen und die Rechtsposition des Arbeitslosen stärken, statt die Unterstützungsleistung immer stärker zu begrenzen und zu konditionieren. Eine (Mindest-) Teilhabe am gesellschaftlichen Wohlstand steht auch Arbeitslosen zu. Dies ist kein Plädoyer für ein bedingungsloses Grundeinkommen außerhalb des Arbeitsmarktes, sondern für eine Verbindung von sozialer Sicherheit und der Integration in das Erwerbssystem.

Verbindung von Vorsorge und sozialem Ausgleich sowie von konsumtiven und investiven Leistungen

Die Vermeidung von sozialen Risiken und Problemen im Sinne einer vorsorgenden, präventiven Politik hat Vorrang vor der reinen Nachsorge und Kompensation. Dieser Grundsatz gilt für die Krankenversicherung und das Gesundheitssystem wie für die Absicherung bei Arbeitslosigkeit und die Arbeitsmarktpolitik. Es ist immer besser, das Entstehen von Krankheiten zu vermeiden, statt eine aufwändige Behandlung durchzuführen. Auch ist es geboten, Phasen von Arbeitslosigkeit zu vermeiden, so durch ausreichende schulische und berufliche Bildung und durch ergänzende Qualifizierungs- und Eingliederungsmaßnahmen, statt Arbeitslose zu finanzieren. Und wenn Armut vermieden werden soll, dann muss an den Ursachen angesetzt werden, da sich die Integration in die Gesellschaft nicht auf die Zahlung von Transfers reduzieren lässt.

Dennoch kann sich Sozialpolitik nicht in der Vorsorge erschöpfen. Immer wird es auch notwendig sein, die Betroffenen bei eingetretenen Problemen zu unterstützen, ihnen ein ausreichendes Einkommen zu zahlen und gesellschaftliche Teilhabe zu ermöglichen. Denn durch die Sicherung von Chancen- oder Startgerechtigkeit und die Förderung von Beschäftigungsfähigkeit allein können die sozialen Probleme und Folgewirkungen, die mit dem Wirken der Marktkräfte verbunden sind, nicht gelöst werden. Auch wenn es richtig ist, die Verantwortung der Menschen für ihr Leben zu betonen, so wäre es falsch, soziale Probleme als Fehlverhalten zu interpretieren und die Betroffenen durch soziale Ausgrenzung gleichsam zu bestrafen. Vorsorge und sozialer Ausgleich verbinden und ergänzen sich deshalb und sind keine Alternativen.

Literatur

Achinger, H.(1979): Sozialpolitik als Gesellschaftspolitik. 3. Aufl. Eigenverlag des deutschen Vereins für öffentliche und private Fürsorge. Frankfurt/M.

Alber, J. (1989): Der Sozialstaat in der Bundesrepublik 1950–1983. Campus, Frankfurt/M.

Altvater, E., Mahnkopf, B. (1997): Grenzen der Globalisierung. Westfälisches Dampfboot, Münster

Bäcker, G., Naegele, G., Bispinck, R., Hofemann, K., Neubauer, J. (2008): Sozialpolitik und soziale Lage in Deutschland. Band I und II. 4. Aufl. VS, Wiesbaden

– (1999): Niedriglöhne und soziale Sicherung – Armutsursache, Armutsvermeidung oder Armutsfalle? Sozialer Fortschritt 10, 241–252

– (1998): Zukunft der Arbeit und Herausforderungen für das System der Sozialen Sicherung – Das Beispiel Alterssicherung. In: Bosch, G. (Hrsg.): Zukunft der Erwerbsarbeit – Strategien für Arbeit und Umwelt. Campus, Frankfurt/M./New York, 359–388

– (1997): Markt und Sozialpolitik – eine zerrüttete Beziehung? WSI-Mitteilungen, 50. Sonderheft, 70–83

– (1997): Sozialstaat Deutschland: Vom Vorzeige- zum Auslaufmodell? Sozialpolitische Probleme und Perspektiven unter veränderten Rahmenbedingungen. In: Gintzel, U., Jordan, E., Kreft, D., Mielenz, I., Münder, J., Schone, R., Trauernicht, G. (Hrsg.): Jahrbuch der Sozialen Arbeit 1997. Votum, Münster

– Bispinck, R., Hofemann, K., Naegele, G. (2000b): Sozialpolitik und soziale Lage in Deutschland. Bd. II: Gesundheit, Familie, Alter, Soziale Dienste. Westdeutscher Verlag, Wiesbaden

–, –, Hofemann, K., Naegele, G. (2000a): Sozialpolitik und soziale Lage in Deutschland. Bd. I: Ökonomische Grundlagen, Einkommen, Arbeit und Arbeitsmarkt, Arbeit und Gesundheitsschutz. Westdeutscher Verlag, Wiesbaden

–, Ebert, Th. (1996): Defizite und Reformbedarf in ausgewählten Bereichen der sozialen Sicherung. Ministerium für Arbeit, Gesundheit und Soziales des Landes NRW. Düsseldorf

–, Klammer, U. (2001): The Dismantling of Welfare in Germany. In: Goldberg, T., Rosenthal, M. (Hrsg.): Diminishing Welfare: A Cross-National Study of Social Provision. Auburn House Publishing Co., New York

–, Stolz-Willig, B. (1994): Vereinbarkeit von Beruf und Familie als eine Zukunftsaufgabe des Sozialstaats. In: Bäcker, G., Stolz-Willig, B. (Hrsg.): Kind, Beruf, Soziale Sicherung. Bund, Köln, 13–52

Blüm, N., Zacher, H. F. (Hrsg.) (1989): 40 Jahre Sozialstaat Bundesrepublik Deutschland. Nomos, Baden-Baden

Borchert, J., Lessenich, St., Lösche, P.(1997): Standortrisiko Wohlfahrtsstaat? Leske und Budrich, Opladen

Bosch, G. (Hrsg.) (1998): Zukunft der Erwerbsarbeit. Strategien für Arbeit und Umwelt. Campus, Frankfurt/M./New York

Braun, B., Kühn, H., Reiners, H. (1998): Das Märchen von der Kostenexplosion. Fischer, Frankfurt/M.

Bundesministerium für Arbeit und Sozialordnung (1998): Übersicht über das Sozialrecht. 5. Aufl. Eigenverlag, Bonn

Butterwegge, Ch. (1999): Wohlfahrtsstaat im Wandel. Leske und Budrich, Opladen

Deppe, H.-U. (2000): Zur sozialen Anatomie des Gesundheitssystems. Campus, Frankfurt/M.

Deutscher Bundestag (Hrsg.) (1998): Zweiter Zwischenbericht der Enquete-Kommission „Demographischer Wandel – Herausforderungen unserer älter werdenden Gesellschaft an den einzelnen und die Politik". Bundestagsdrucksache 13/11460. Eigenverlag, Bonn

Dietz, B., Eissel, D., Naumann, D. (Hrsg.) (1999): Handbuch der kommunalen Sozialpolitik. Leske + Budrich, Opladen

Döring, D. (Hrsg.) (1999): Sozialstaat in der Globalisierung. Suhrkamp, Frankfurt/M.

–, Hauser, R. (Hrsg.) (1995): Soziale Sicherheit in Gefahr. Zur Zukunft der Sozialpolitik. Suhrkamp, Frankfurt/M.

Evers, A., Olk, Th. (Hrsg.) (1996): Wohlfahrtspluralismus, Westdeutscher Verlag, Wiesbaden

Gather, C., Gerhard, U., Veil, M. (Hrsg.) (1992): Frauen-Alterssicherung, Lebensläufe von Frauen und ihre Benachteiligung im Alter. Edition Sigma, Berlin

Groenemeyer, A. (1999): Soziale Probleme, soziologische Theorie und moderne Gesellschaften. In: Albrecht, G., Groenemeyer, A., Stallberg, F. W. (Hrsg.): Handbuch Soziale Probleme. VS, Wiesbaden, 111–136

Hanesch, W., Krause, P., Bäcker, G. (2000): Armut und Ungleichheit in Deutschland. Armutsbericht für Deutschland. Rowohlt, Reinbek

Hartwig, K.-H. (Hrsg.) (1997): Alternativen der sozialen Sicherung – Umbau des Sozialstaates. Nomos, Baden-Baden

Hauser, R. (Hrsg.) (2000): Die Zukunft des Sozialstaats, Schriften des Vereins für Socialpolitik. Bd. 271. Duncker & Humblot, Berlin

– (1997): Ziele und Möglichkeiten einer Sozialen Grundsicherung. Nomos, Baden-Baden

Heinze, R. G., Schmid, J., Strünck, Ch. (1999): Vom Wohlfahrtsstaat zum Wettbewerbsstaat. Leske + Budrich, Opladen

Kaufmann, F.-X. (1997): Herausforderungen des Sozialstaates. Suhrkamp, Frankfurt/M.

Keller, B. (1997): Einführung in die Arbeitspolitik, 5. Aufl. Oldenbourg, München/Wien

Kistler, E., Noll, H.-H., Priller, E. (Hrsg.) (1999): Perspektiven gesellschaftlichen Zusammenhalts. Edition Sigma, Berlin

Knappe, E., Winkler, A. (Hrsg.) (1997): Sozialstaat im Umbruch – Herausforderungen an die deutsche Sozialpolitik. Campus, Frankfurt/M./New York

Kommission für Zukunftsfragen der Freistaaten Bayern und Sachsen (1997): Erwerbstätigkeit und Arbeitslosigkeit in Deutschland. Teil III. Maßnahmen zur Verbesserung der Beschäftigungslage. Eigenverlag, Bonn

Leibfried, St., Tennstedt, F. (1985): Politik der Armut und die Spaltung des Wohlfahrtsstaates. Suhrkamp, Frankfurt / M.

Leisering, L. (1999): Der deutsche Sozialstaat. In: Holtmann, E., Ellwein, Th. (Hrsg.): 50 Jahre Bundesrepublik Deutschland. VS, Wiesbaden, 181–192

Münch, U. (1997): Sozialpolitik und Föderalismus. Leske + Budrich, Opladen

Olk, Th., Rothgang, H. (1999): Demographie und Sozialpolitik. In: Holtmann, E., Ellwein, Th. (Hrsg.): 50 Jahre Bundesrepublik Deutschland. VS, Wiesbaden, 258–278

Reidegeld, E. (1996): Staatliche Sozialpolitik in Deutschland. Westdeutscher Verlag, Opladen

Riedmüller, B., Olk, Th. (Hrsg.) (1994): Grenzen des Sozialversicherungsstaates. Westdeutscher Verlag, Opladen

Ritter, G.A. (1998): Soziale Frage und Sozialpolitik in Deutschland seit Beginn des 19. Jahrhunderts. Leske + Budrich, Opladen

Rolf, G., Spahn, P.B., Wagner, G. (Hrsg.) (1988): Sozialvertrag und Sicherung. Campus, Frankfurt / M. / New York

Schmähl, W. (1985): Versicherungsprinzip und soziale Sicherung. Mohr Siebeck, Tübingen

Schmidt, M.G. (1998): Sozialpolitik – Historische Entwicklung und internationaler Vergleich. 2. Aufl. Leske und Budrich, Opladen

Schulte, B. (2000): Das deutsche System der sozialen Sicherheit. In: Allmendinger, J., Ludwig-Mayerhofer, W. (Hrsg.): Soziologie des Sozialstaats. Juventa, Weinheim / München, 15–38

Vobruba, G. (Hrsg.) (1989): Der wirtschaftliche Wert der Sozialpolitik. Duncker & Humblot, Berlin

Zukunftskommission der Friedrich-Ebert-Stiftung (1998): Wirtschaftliche Leistungsfähigkeit, sozialer Zusammenhalt, ökologische Nachhaltigkeit: Drei Ziele – Ein Weg. Eigenverlag, Bonn

Soziale Ungleichheit und Sozialpolitik

Von Stephan Lessenich

Markt und Staat als Systeme sozialer Ungleichheitsproduktion

In modernen, demokratisch-kapitalistischen Gesellschaften bestimmen maßgeblich zwei systemische Arrangements in komplexem Zusammenwirken die gesellschaftliche Verteilung individueller Lebenschancen und sozialer Statuspositionen: Markt und Staat.

Moderne Gesellschaften sind zuallererst Marktgesellschaften: Märkte sind die gesellschaftlichen Orte nicht nur der wirtschaftlichen Wertschöpfung, sondern auch der unternehmerischen Profitproduktion sowie insbesondere der hauptsächlichen Einkommenserzielung privater Haushalte. Das durchschnittlich erwartbare Mitglied einer Marktgesellschaft deckt die Lebensbedarfe seiner selbst und ggf. der von ihm Unterstützungsabhängigen über den regelmäßigen, marktförmigen Tausch seiner Arbeitskraft gegen Lohneinkommen. Der klassischen Analyse moderner Marktgesellschaften Max Webers folgend (Weber 1922, 177 ff.) werden die ungleichen sozialen Lagen ihrer Mitglieder wesentlich dadurch bestimmt, dass sie über je unterschiedliche Marktchancen verfügen: Zum einen ist typischerweise ihre Ressourcenausstattung ungleich (etwa im Sinne der Verfügung über höhere oder niedrigere Qualifikationen), zum anderen sind die Möglichkeiten der Verwertbarkeit dieser Ressourcen auf real existierenden Märkten (z. B. im Sinne der je aktuellen Nachfrage konkreter Arbeitgeber nach bestimmten Qualifikationen) ebenfalls ungleich verteilt. Nach diesen unterschiedlichen (und im Zeitverlauf sich wandelnden) „Erwerbschancen" ordnet sich Weber zufolge die Sozialstruktur der modernen Marktgesellschaft: Menschen mit den gleichen typischen Lebenschancen, bestimmt durch die jeweilige Verfügbarkeit über und Verwertbarkeit von Ressourcenbesitz auf Märkten, nehmen die gleiche „soziale Klassenlage" ein, bilden – zunächst objektiv-analytisch – eine gemeinsame „Erwerbsklasse".

Moderne Gesellschaften sind aber nicht nur marktwirtschaftlich organisiert, sondern auch wohlfahrtsstaatlich verfasst. Märkte wirken, werden sie sich selbst und ihren ureigenen Mechanismen überlassen, längerfristig selbstzerstörerisch: Sie führen zur ruinösen Konkurrenz der Marktteilnehmer, zur Übernutzung natürlicher und „Überausbeutung" menschlicher Ressourcen. Märkte bedürfen daher grundsätzlich der „Einbettung" in und „Einrichtung" durch soziale und politische Institutionen (Polanyi 1957; Beckert 1997). Ohne die politische Herstellung einer „Marktordnung" bzw. die staatliche Rahmung und Regulierung des Marktgeschehens können Marktgesellschaften nicht dauerhaft als solche existieren. Historisch hat sich – allerdings nicht nur aus solch funktionalen Gründen, sondern maßgeblich auch über den Kampf der Lohnarbeiterschaft um bessere Arbeits und Lebensbedingungen vermittelt (Lessenich 2008b) – ein Komplex öffentlicher, marktbegrenzender Institutionen herausgebildet, für den sich im Zuge der zweiten Hälfte des 20. Jahrhunderts die Bezeichnung „Wohlfahrtsstaat" etabliert hat.

Wohlfahrtsstaaten betreiben eine interventionistische Sozial-Politik, verstanden als eine aktive politische Gestaltung der gesellschaftlichen Verhältnisse und der sozialen Ordnung durch staatliche Programme und Institutionen. Der Staat wird so, neben und im Zusammenspiel mit dem Markt, zum Ko-Generator von Lebenschancen und KoProduzent sozialer Lagen in der Marktgesellschaft. Und dies in einem doppelten Sinne: Einerseits ermöglicht er durch seine permanente Intervention überhaupt erst die effektive Durchsetzung moderner Formen der Marktvergesellschaftung; andererseits ist er ebenso permanent damit beschäftigt,

Otto/Thiersch (Hg.), Handbuch Soziale Arbeit, 4. A., DOI 10.2378/ot4a.art143,

Marktprozesse zu regulieren und den Preismechanismus zu relativieren. Sozialpolitik in der Marktgesellschaft umfasst dementsprechend das gesamte Feld politisch gewollter Marktsteuerung: von der Regelsetzung für Arbeitsmärkte (etwa in Form von Arbeitszeitgesetzen oder individuellem Arbeits- und kollektivem Tarifvertragsrecht) über die Korrektur der primären, marktbestimmten Einkommensverteilung durch sekundäre, politische Einkommensumverteilung (in Gestalt gesetzlicher Mindestlöhne, eines progressiven Steuersystems, verschiedenartigster öffentlicher Transferleistungen usw.) bis hin zur Produktion kollektiver und öffentlicher Güter außerhalb des Marktsektors (was wiederum von der Förderung eines überbetrieblichen Berufsausbildungswesens bis zur Organisation eines frei zugänglichen Systems der Gesundheitsversorgung und der sozialen Infrastrukturausstattung – von öffentlichen Bädern bis Familienberatungsstellen – reichen kann).

Betrachtet man die lange Reihe an (ausgewählten) sozialpolitischen Aktivitäten, so könnte man geneigt sein, wohlfahrtsstaatliches Handeln einseitig als dem sozialen Ausgleich bzw. der effektiven Angleichung marktbedingt ungleicher Lebenschancen und Lebenslagen verpflichtet zu deuten. Dies hieße jedoch, den Wohlfahrtsstaat als bloßen Widerpart und Antagonisten des Marktes misszuverstehen – als ein System der staatlich beförderten Gleichheit, das einer Welt der Marktungleichheiten entgegengesetzt wird. Staatliche Sozialpolitik ist aber, ungleichheitssoziologisch betrachtet, mehr als das. Denn indem sie die moderne Marktvergesellschaftung erst sozial praktikabel werden lässt, stabilisiert sie selbstverständlich – jedenfalls im Prinzip – deren auf (möglicherweise systematisch) unterschiedlichen Erwerbschancen beruhenden Modus sozialer Ungleichheitsproduktion. Und indem der Wohlfahrtsstaat selbst eigene Mechanismen der Einbeziehung in seine Schutz- und Leistungsprogramme und des Ausschlusses von ihnen entwickelt, indem er Anspruchsvoraussetzungen und Zugangsbedingungen festlegt, die Höhe und Dauer von Leistungsberechtigungen staffelt, die Einhaltung von Gegenleistungsverpflichtungen kontrolliert, kurz: indem er als eigenständige Instanz der Gestaltung der Arbeits- und Lebensbedingungen in Marktgesellschaften agiert, wird er auch zu einem Akteur der Strukturierung sozialer Ungleichheit eigenen Rechts (Esping-Andersen

1994). Wie der Markt selbst, so ist auch der Staat der Marktgesellschaft ein Instrument – primärer wie sekundärer – sozialer Ungleichheitsproduktion, oder, in einer berühmt gewordenen Formulierung (Esping-Andersen 1990, 23): „The welfare state is not just a mechanism that intervenes in, and possibly corrects, the structure of inequality; it is, in its own right, a system of stratification. It is an active force in the ordering of social relations."

Die Rolle der Sozialpolitik im gesellschaftlichen Kampf um Anerkennung

Der Wohlfahrtsstaat ist also keineswegs nur sozialer Wohltäter, sondern er wirkt entscheidend daran mit, Marktgesellschaften und deren Struktur ungleicher Soziallagen zu ordnen, gegebenenfalls auch zu stabilisieren. Um die im Zusammenwirken von Markt und Staat produzierte Ordnung sozialer Ungleichheit – jenseits der Weberschen Bestimmung ungleicher Erwerbschancen – besser zu verstehen, ist es hilfreich, auf Pierre Bourdieus an Webers Analyse anknüpfende Soziologie der modernen Klassengesellschaft Bezug zu nehmen.

Für Bourdieu (1985) werden die sozialen Positionen in modernen, demokratisch-kapitalistischen Gesellschaften – die ungleichen Lagen von Menschen im „sozialen Raum" – ganz in Webers Sinne durch Konkurrenzkämpfe um die Verfügung über und Verwertung von Ressourcen bestimmt und besetzt. Gegenüber Weber, der diesbezüglich von „Güter(n) oder Leistungsqualifikationen" (1922, 177) spricht, wie auch gegenüber Marx, dessen „Kapital"-Begriff er adaptiert, bringt Bourdieu allerdings ein erweitertes und differenzierteres Ressourcen-Konzept ins Spiel. Denn ihm zufolge ergibt sich die soziale Ungleichheitskonstellation der Gegenwartsgesellschaft aus Akkumulations- und Verteilungskämpfen um drei Kapitalsorten: ökonomisches, soziales und kulturelles Kapital (Bourdieu 1983). Unter ökonomischem Kapital versteht Bourdieu den durch Arbeitslohn, Kapitalrendite oder Vermögenseinkommen angesammelten Geldbesitz einer Person. Soziales Kapital bemisst sich an der Anzahl und Güte sozialer Beziehungen, auf die eine Person zurückgreifen kann. Kulturelles Kapital schließlich ist das Maß an Bildung, das eine Person sich angeeignet hat, in Form von Titeln und Zertifikaten ausweisen kann und in Gestalt von Objekten und Praktiken des (mehr oder weniger) „guten Geschmacks" sichtbar zu machen vermag. Die Mitglieder einer Gesellschaft unterscheiden sich dann untereinander in ihrer relativen Kapitalausstattung, wobei Menschen strukturähnlichen Kapitalbesitzes eine gemeinsame „Klassenlage", sprich einen gemeinsamen Ort im Raum sozialer Positionen, einnehmen.

Einkommen, Beruf und Bildung sind gewissermaßen die „Realabstraktionen" der drei Kapitalarten, mit denen dann eine statistisch-quantitative Sozialstrukturanalyse kapitalistischer Leistungsgesellschaften typischerweise arbeitet (Kreckel 2004, 94 ff.). Der qualitativen Dimension und auch dem dynamischen Moment moderner sozialer Ungleichheit kommt man allerdings erst auf die Spur, wenn man mit Bourdieu (und Weber) davon ausgeht, dass auch die relative Wertigkeit der einzelnen Kapitalsorten bzw. spezifischer Kombinationen derselben Gegenstand permanenter sozialer Auseinandersetzungen ist und in historisch-konkreten Situationen gesellschaftlich immer wieder neu bestimmt wird. Diese sozialen Konflikte um die gesellschaftlichen Einsatzchancen und Verwertungsbedingungen von (ökonomischem, sozialem und kulturellem) Kapital beschreibt Bourdieu als symbolische Kämpfe um die soziale Geltung bzw. um die erfolgreiche „Geltendmachung" der eigenen Ressourcenausstattung gegenüber der jeweiligen Ressourcenausstattung anderer, als symbolische bzw. lebensstilvermittelte Abgrenzungs- und Distinktionskämpfe gegenüber anderen Personen und Personengruppen, konkurrierenden sozialen Positionen oder Klassenlagen.

Letztlich dreht sich also aus dieser Perspektive der moderne soziale Konflikt um die gesellschaftliche Anerkennung individueller bzw. klassenspezifischer Kapitalbudgets und deren relativer Wertigkeit. Diese gesellschaftliche Anerkennung spiegelt sich in dem symbolischen Kapital (als vierter, die anderen drei bündelnder Kapitalsorte) wider, das Inhaber/innen unterschiedlicher – genauer: unterschiedlich machtvoller – Klassenpositionen im alltäglichen gesellschaftlichen Positionierungskonflikt gegeneinander in Anschlag zu bringen vermögen. Insoweit sich bspw. die Gegenwartsgesellschaft in ihren Selbstbeschreibungen als „Informations"- oder „Wissensgesellschaft" definiert und somit Bildungsinvestitionen bzw. formale

Bildungsqualifikationen im gesellschaftlichen Diskurs als Schlüssel sozialen Erfolgs anerkannt sind, nehmen „bildungsarme" Menschen eine strukturell benachteiligte soziale Lage ein, die in verlässlicher Weise symbolisch dargestellt und reproduziert wird, von der Rede über „bildungsferne Schichten" als „soziale Problemgruppen" über deren Platzierung in bestimmten Institutionen (der Hauptschule als „Restschule") und institutionalisierten Karrierewegen (typischer und typischerweise niedrig entlohnter Ausbildungsberufe) bis hin zu ihrer kulturindustriellen Bedienung mit klassenspezifischen Konsumangeboten („Unterschichtsfernsehen").

Will man die Strukturmuster sozialer Ungleichheit in modernen Marktgesellschaften verstehen, so gilt es demnach nicht nur die materiale, sondern auch die symbolische Konstruktion sozialer Ungleichheitsordnungen zu berücksichtigen. Und in beiderlei Hinsicht, in der materialen wie der symbolischen Dimension der Produktion und Reproduktion sozialer Ungleichheitsstrukturen, spielt der moderne Staat bzw. wohlfahrtsstaatliche Sozialpolitik eine entscheidende Rolle. Moderne Sozialpolitik nimmt maßgeblich Einfluss auf die gesellschaftlichen Kämpfe, die im Rahmen eines politischen Gemeinwesens um die Verteilung und Anerkennung von Ressourcenausstattungen und Rechtsansprüchen, Leistungsbeiträgen und Lebensweisen seiner Mitglieder geführt und immer wieder neu entfacht werden (Honneth 1992). In den folgenden beiden Abschnitten geht es, in vergleichender Perspektive und mit den historischen Wandel thematisierendem Gegenwartsbezug, um eben diese Muster materialer und symbolischer Strukturierung sozialer Ungleichheit durch wohlfahrtsstaatliche Intervention.

Strukturmuster sozialpolitischer Ungleichheitsproduktion: Vergleichende Perspektiven

Die ungleichheitsstrukturierende Wirkung sozialpolitischer Intervention in gesellschaftliche Verhältnisse hat viele Gesichter. In der vergleichenden Wohlfahrtsstaats- und Sozialpolitikforschung ist es in den letzten beiden Jahrzehnten üblich geworden, typische Muster sozialpolitisch hergestellter Ungleichheitsrelationen unter Rückgriff auf das

Hauptwerk „The Three Worlds of Welfare Capitalism" des Soziologen Gøsta Esping-Andersen (1990) zu unterscheiden.

Für Esping-Andersen sind es unterschiedliche – genauer: konkurrierende – normative politische Philosophien, die hinter der historischen Ausprägung verschiedenartiger Muster moderner Wohlfahrtsstaatlichkeit stehen: hinter den Eigenarten eines „liberalen", eines „konservativen" und eines „sozialdemokratischen" Typus staatlicher Sozialpolitik. Im Streit politischer Akteure –Parteien, Organisationen, Bewegungen – um den Sozialstaat, dessen Aufgaben, Kompetenzen und Ressourcen, ging es demnach nicht allein (und nicht einmal vorrangig) um rein quantitative Fragen von „mehr" oder „weniger" Sozialpolitik, höherer oder niedrigerer öffentlicher Sozialausgaben: „It is difficult to imagine that anyone struggled for spending *per se*" (Esping-Andersen 1990, 21; Hervorhebung im Original). Vielmehr kämpften die historisch relevanten Akteure, vorder- oder hintergründig, Esping-Andersen zufolge für die Realisierung je spezifischer gesellschaftlicher Ordnungsideen, für die politische Umsetzung je eigener Vorstellungen von der Gestaltung der Gesellschaft: für („mehr") Freiheit, Sicherheit oder Gleichheit der Staatsbürger und -bürgerinnen, für (oder eben auch gegen) soziale Gestaltungsideen wie die Herrschaft marktförmiger Allokationsmechanismen, die Aufrechterhaltung sozialer Statushierarchien oder aber die Emanzipation und Autonomie des Individuums.

Unterschiedliche Wohlfahrtsstaaten verfolgen bzw. bewirken somit auch je verschiedene Muster der Verortung von Personen (oder Personengruppen) im Raum sozialer Positionen und Relationen, ihnen ist eine je spezifische Logik sozialer „Stratifizierung" zu eigen (Esping-Andersen 1990, 23 ff., 55 ff.). In seinem erwähnten Hauptwerk entwickelt und beschreibt Esping-Andersen entsprechend drei – auch im Hinblick auf ihre sozial strukturierenden Effekte – idealtypische „Wohlfahrtsregime", denen sich seiner Analyse zufolge die nationalen Sozialstaaten der westlichen Welt mehr oder weniger eindeutig annähern und die jeweils den Namen jener politisch-ideologischen Bewegung tragen, die historisch als ideelle und materielle Wegbereiterin des jeweiligen sozialstaatlichen Entwicklungspfades aufgetreten ist.

Im „*liberalen*" *Modell*, das sich typischerweise der Wahrung der Marktkonformität sozialpolitischer Institutionen und Interventionen verschrieben hat, kommt dem Staat vorrangig die Aufgabe zu, die Hegemonie privater, marktförmiger Lösungen der Wohlfahrtsproblematik zu gewährleisten. Durch seine weitgehende sicherungspolitische Zurückhaltung zwingt der liberale Wohlfahrtsstaat die sozialen Akteure faktisch zur Übernahme individueller bzw. kollektiver Eigenverantwortung. Nur wer hierzu erwiesenermaßen (ausweislich systematisch ausbleibenden Markterfolgs) nicht in der Lage ist, kann mit einer bedürftigkeitsgeprüften öffentlichen Fürsorgeleistung rechnen. Die Klientel des liberalen Wohlfahrtsstaates sind dementsprechend die am Markt Gescheiterten und deshalb Einkommenslosen – somit „Armen" –, denen der Staat unter bestimmten Bedingungen Hilfe zukommen lässt: unter der Bedingung nämlich ihrer nachgewiesenen Hilfsbedürftigkeit einerseits, ihrer schnellstmöglich zu organisierenden Rückkehr in eine Situation der über (Arbeits-)Marktteilnahme gewährleisteten Selbsthilfe andererseits.

Das „*sozialdemokratische*" *Modell* hingegen weist dem Staat eine umfassende, universalistische Verantwortung für die Wohlfahrt seiner Bürgerinnen und Bürger zu. In Verfolgung der allgemeinen Zielvorgabe einer möglichst weitgehenden und effektiven Befreiung der Individuen von Marktabhängigkeiten wird er zum Dreh- und Angelpunkt der gesellschaftlichen Bearbeitung „sozialer Probleme" und zum Fluchtpunkt des Interesses unterschiedlichster Personenkreise an sozialer Unterstützung. Auf der Grundlage eines breiten gesellschaftlichen Wohlfahrtskonsenses kommt es hier zur institutionellen Verankerung eines Systems der Staatsbürgerversorgung, das typischerweise jeden Menschen – und keineswegs nur die schlechtestgestellten sozialen „Randgruppen" – mit dem prinzipiell gleichen, individuellen Recht auf die Inanspruchnahme eines weitreichenden Angebots öffentlicher Einkommens- und Dienstleistungen ausstattet.

Das dritte, „*konservative*" *Modell* schließlich steht in der Tradition einer herrschaftlich-paternalistischen Bändigung anarchischer Marktkräfte zum Zwecke der Aufrechterhaltung überkommener gesellschaftlicher Abhängigkeiten, Bindungen und Statushierarchien. Die maßgebliche öffentliche Sicherungstechnik ist hier weder die Armenfürsorge noch die Staatsbürgerversorgung, sondern die Organisation von Versicherungsgemeinschaften, in denen sich die gleichermaßen von einem Einkommensrisiko Betroffenen – je an ihrem gesellschaftlichen Ort – untereinander Hilfe leisten und wechselseitig füreinander einstehen. Historisch hat sich dieses Prinzip zu einem System der Zwangsmitgliedschaft in der (nach Berufsgruppen oder Einkommensklassen) gegliederten Sozialversicherung entwickelt, durch die sowohl die Rückkoppelung von Sicherungsansprüchen an das System der Erwerbsarbeit als auch die Übertragung der jeweiligen Stellung auf dem Arbeitsmarkt in unterschiedliche soziale Versorgungslagen bewerkstelligt wird. Wer sich dagegen materielle Sicherheit nicht durch abhängige Beschäftigung und daraus resultierende Versicherungsansprüche „verdient" hat, wird hier subsidiär auf die Sicherung über private, insbesondere familiale Unterhaltsbeziehungen verwiesen.

In jüngerer Zeit verschob sich Esping-Andersens bis dahin stark auf die Frage staatlicher Marktbegrenzung fixierte Perspektive des Wohlfahrtsstaatsvergleichs – in der liberale Sozialpolitik den Markt möglichst ungehemmt gesellschaftlich schalten und walten lässt, sozialdemokratische Sozialpolitik möglichst weitgehend Marktmechanismen auszuhebeln versucht und konservative Sozialpolitik die Marktordnung möglichst effektiv mit einer ständischen Sozialordnung zu überformen trachtet – zunehmend in Richtung auf die Frage, in welch unterschiedlicher Weise individuelle Lebensrisiken von Wohlfahrtsstaaten politisch reguliert werden: „How risks are pooled defines, in effect, a welfare regime" (Esping-Andersen 1999, 33). Auch aus dieser Sicht lassen sich drei Spielarten sozialpolitischen Risikomanagements identifizieren: Die mit Arbeitslosigkeit und Krankheit, Hochaltrigkeit und Pflegebedürftigkeit, Ausbildungsmängeln und Betreuungsverpflichtungen verbundenen Probleme und Bedarfe von Individuen können wahlweise (und in unterschiedlichen Mischungsverhältnissen) dem Markt, den Familien bzw. privaten Haushalten oder aber dem Staat zur Bearbeitung und Lösung überantwortet werden.

Wird „der Markt" für zuständig erklärt, dann sind z.B. Schulabbrecher ohne berufsqualifizierenden Abschluss gehalten, durch Engagement auf sog. Jedermann- und Niedriglohnarbeitsmärkten ihren Lebensunterhalt zu verdienen und entsprechende Jobs (unterstützt etwa durch die aus dem Erwerbseinkommen notdürftig eigenfinanzierte Wahrnehmung von Weiterbildungsangeboten privatwirtschaftlich operierender Bildungsträger) längerfristig als Sprungbrett in bessere, stabilere und auskömmlichere Beschäftigung anbietende Segmente des Arbeitsmarktes zu nutzen. Wird dasselbe – individuell erfahrene – soziale Problem in „die Familie" hinein verlagert, so wird besagter Schulabbrecher über längere Zeit im Elternhaushalt wohnen bleiben und von den Einkommen der erwerbstätigen Haushaltsmitglieder mitversorgt werden, später womöglich eine ebenso familiensolidarisch finanzierte Möglichkeit zum Nacherwerb des Schulabschlusses oder zum Einstieg in eine betriebliche Ausbildungsstätte wahrnehmen, um dann gegebenenfalls irgendwann „auf eigenen Füßen stehen", sprich marktförmig die eigene Existenz (und womöglich die Versorgung eines eigenen Familienhaushalts) sichern zu können.

Alternativ kann jeweils „der Staat" einspringen, indem er den Arbeitsmarkt als Versorgungsinstanz (ganz oder teilweise) ersetzt oder / und die Familienhaushalte von Versorgungsaufgaben (ganz oder teilweise) befreit. Diese sozialpolitischen Aktivitäten bezeichnet Esping-Andersen – gut soziologisch – mit den künstlichen Begriffsungetümen „Dekommodifizierung" bzw. „Defamilialisierung": „Where the state absorbs risks, the satisfaction of need is both ‚de-familialized' (taken out of the family) and ‚de-commodified' (taken out of the market)" (Esping-Andersen 1999, 40). Im Falle der Schulabbrecherproblematik würde eine staatszentrierte Intervention z.B. typischerweise darin bestehen, einerseits verstärkte Anstrengungen mit Blick auf die Förderung präventiver Schulsozialarbeit zu unternehmen, andererseits ausbildungslose Jugendliche in öffentlichen Programmen der bedarfsspezifischen Betreuung und Begleitung kompensatorisch mit einer arbeitsmarktadäquaten Qualifikation und entsprechend verbesserten Erwerbschancen zu versehen – und ihnen während ihrer beschäftigungslosen Zeit zudem ein öffentliches Transfereinkommen zu gewähren, das ihnen die Gründung bzw. Aufrechterhaltung eines eigenen Haushalts ermöglicht.

In der Konsequenz seiner konzeptionellen Wende spricht Esping-Andersen in seinen neueren Arbeiten nicht mehr – wie zuvor – von den drei „Welten" des liberalen, konservativen und sozialdemokratischen „Wohlfahrtskapitalismus", sondern von drei wohlfahrtspolitischen „Solidaritätsmodellen": einem Modell „residualer", individualistischer

Solidarität, in dem ein jeder und eine jede maßgeblich auf sich selbst und seine/ihre Eigenleistung auf Märkten angewiesen ist, um das je individuelle Wohlergehen zu sichern; einem Modell „korporatistischer", gemeinschaftlicher Solidarität, wo es (mehr oder minder kleine) Gruppen sind, von der Familie über genossenschaftliche Vereine bis hin zu Berufsverbänden, die untereinander, als Gemeinschaft und in ihrem jeweiligen Kreis, auf Gegenseitigkeit für die Bedarfe ihrer Mitglieder (Geschwister, Genossen, Kollegen) einstehen; und einem Modell „universalistischer", gesellschaftlicher Solidarität, in dem sich alle Bürger und Bürgerinnen eines politisch verfassten, heterogenen Gemeinwesens ihrer wechselseitigen Anteilnahme und Unterstützung versichern und die Aufgabe der materiellen Gewährleistung derselben an staatliche Institutionen überweisen, welche die Sicherstellung des Wohlergehens der gesamten Staatsbürger(innen)schaft in die „öffentliche Hand" nehmen.

Ob nun in der einen, früheren, oder der anderen, späteren, Variante von Esping-Andersens Typenbildung: In beiden Fällen ergibt sich eine strukturgleiche Dreiteilung sozialpolitischer Gestaltungsoptionen, und in beiden Fällen sind auch die erwartbaren sozialstrukturellen Effekte dieser Gestaltungsoptionen durchaus vergleichbar. Im Weiteren wird es darum gehen, diese typischen Auswirkungen der drei unterschiedlichen Varianten des Wohlfahrtsstaates auf die Struktur sozialer Ungleichheit in modernen Gesellschaften beispielhaft zu skizzieren. Dabei ist die vergleichende Forschung mittlerweile über den von Esping-Andersen in den Mittelpunkt gestellten internationalen Vergleich – für den dann die anglophonen Gesellschaften sozialpolitisch relativ „liberal", die skandinavischen Staaten tendenziell „sozialdemokratisch" und die kontinentaleuropäischen Länder eher „konservativ" erscheinen – hinaus gegangen und hat festgestellt, dass es auch *innerhalb* nationaler Wohlfahrtsstaaten, in verschiedenen sozialpolitischen Feldern, je spezifische Mischungsverhältnisse stärker „liberaler" (bzw. „residualer"), „konservativer" („korporatistischer") und „sozialdemokratischer" („universalistischer") Strukturierung sozialer Ungleichheit gibt (Schmidt et al. 2007). Ich werde dies hier am deutschen Fall zu illustrieren versuchen.

Das Gesundheitswesen bzw. die Gesetzliche Krankenversicherung (GKV) gilt für gewöhnlich als dasjenige Teilsystem des deutschen Sozial(versicherungs)staats, das am stärksten umverteilende Züge trägt (Ullrich 2000) – und damit am ehesten *sozialdemokratisch-universalistischen* Charakter aufweist. Diese Einschätzung liegt zum einen darin begründet, dass auf der Leistungsseite dieses Systems, neben der Kompensation des Einkommensausfalls durch die Zahlung von Krankengeld, namentlich die Versorgung der Erkrankten mit medizinischen und pflegerischen Sach- und Dienstleistungen im Zentrum des Geschehens steht. Diese Leistungen aber, die generell auf die Wiederherstellung des physischen oder psychischen Wohlergehens und darüber vermittelt der Arbeits- bzw. Erwerbsfähigkeit der Betroffenen zielen, werden – jedenfalls im Prinzip – in einer Weise erbracht, die sich streng am je spezifischen Bedarf des Patienten und am jeweiligen Stand des medizinisch-technischen Fortschritts orientiert. Grundsätzlich gilt somit, dass die zu behandelnde Person unabhängig von ihrem ökonomischen und sozialen Status das aus ärztlicher Sicht Notwendige zu erhalten hat, sei es nun eine Grippeimpfung oder eine Organtransplantation, eine Gehhilfe oder eine Psychotherapie.

Während das Prinzip sozialer Differenzierung also auf der Leistungsseite des Gesundheitssystems grundsätzlich keine Rolle spielt (bzw. spielen soll), gilt andererseits für die Aufkommensseite keineswegs dasselbe. Die Beiträge zur Gesetzlichen Krankenversicherung nämlich sind durchaus sozial gestaffelt: Sie werden nach einem über die unterschiedlichen Einkommensgruppen hinweg einheitlichen Beitragssatz erhoben, sodass einkommensstärkere Personen faktisch für dieselben Leistungsansprüche mehr zu bezahlen haben als einkommensschwächere. Die wesentliche egalisierende Idee der öffentlichen Krankenversicherung liegt somit darin, die Beitragshöhe vom Einkommen, nicht aber vom Gesundheitszustand bzw. der Erkrankungswahrscheinlichkeit der Versicherten abhängig zu machen: Versicherungstechnisch „gute Risiken" (also junge, gesunde und gesundheitsbewusst lebende Menschen) sind in ein und derselben Krankenkasse mit den „schlechten Risiken" (also alten, multimorbiden, nach kostenintensiven Behandlungen verlangenden Menschen), die von den Trägern geringerer Risiken – die häufig und nicht zufällig auch relativ gut verdienen – gewissermaßen „ausgehalten" werden.

Die Umverteilungsströme eines solcherart ausgestalteten Gesundheitssystems sind vielschichtig: Im Allgemeinen (und im gesellschaftlichen Querschnitt kurzer Zeitperioden gesehen – über die Länge einer gesamten Individualbiographie, von der Wiege bis zur Bahre, betrachtet ergeben sich möglicherweise ganz andere Verteilungsrelationen) zahlen hier die „Reichen" für die „Armen" und die „Gesunden" für die „Kranken", zudem stehen Ledige für Verheirate ein (da Ehepartner beitragsfrei mitversichert sind) und Kinderlose für Eltern (deren Kinder gleichfalls nicht beitragspflichtig sind). Zugleich aber ist der prinzipielle Universalismus der Gesetzlichen Krankenversicherung auch in vielerlei Hinsicht durchbrochen, das „sozialdemokratische" Ideal einheitlicher, gleicher, am Bedarf orientierter und frei zugänglicher Versorgung faktisch also nur eingeschränkt gültig: Arbeitnehmer oberhalb eines durch die Versicherungspflichtgrenze bestimmten Einkommens ebenso wie Selbstständige und Beamte können sich jenseits des Zwangssolidarzusammenhangs der GKV privat versichern und darüber billigere oder/und bessere Leistungen in Anspruch nehmen; die einkommensabhängige Beitragsbemessung innerhalb der GKV gilt nur bis zu einer bestimmten Verdienstgrenze, die Solidarleistungen der finanziell am besten gestellten Versicherten werden also strukturell begrenzt; trotz unterschiedlicher Vorkehrungen im Sinne des Risikostrukturausgleichs und kassenübergreifend einheitlicher Beitragssätze gibt es durchaus verbleibende Leistungsnachteile und Mehrbelastungswahrscheinlichkeiten für die Mitglieder von Kassen mit relativ vielen „schlechten Risiken"; in zunehmendem Maße werden Selbstbeteiligungsregeln erlassen und Leistungskataloge ausgedünnt, so dass die Versicherten neben der regulären Beitragslast auch mit – die ärmeren Haushalte ungleich stärker belastenden – Zuzahlungs- und Zusatzversicherungszwängen konfrontiert sind; von den Krankenkassen werden Beitragsrabatte oder -rückzahlungen für die Beteiligung an Präventionsprogrammen gewährt, wobei die Nutzung derselben aber ebenso eindeutig wie erwartbar in der Weise sozial strukturiert ist, dass eher die besser verdienenden und gebildeten (und daher tendenziell weniger gesundheitsgefährdeten) Schichten von diesen Angeboten Gebrauch machen; schließlich werden Leistungen in der GKV immer öfter nicht nach dem je konkreten Bedarf der Patienten, sondern nach vorab festgelegten, typisierenden Standards erbracht, und durch (wechselnde) Budgetregelungen kommt es im ambulanten wie auch im stationären Bereich immer wieder zu teils verdeckten, teils offenen Leistungsrationierungen – Versorgungsmängel, mit denen sich besser gestellte und daher privat Krankenversicherte im Zweifelsfall nicht abzufinden haben.

Ist die Gesetzliche Krankenversicherung – allen genannten Einschränkungen ihres Umverteilungs- und Egalisierungspotenzials zum Trotz – doch (immer noch) ein relativ universalistisches System sozialer Sicherung und damit eher untypisch für den deutschen Wohlfahrtsstaat, so kann die Alterssicherung bzw. Gesetzliche Rentenversicherung (GRV) als prototypisch für das *konservativ-korporatistische* Muster von Sozialpolitik gelten (Allmendinger 1994), das sich hierzulande seit den Bismarckschen Sozialreformen der 1880er Jahre etabliert hat. Der deutsche Sozialstaat hat seine Wurzeln in der Arbeitersozialversicherung: Es waren die lohnabhängigen Schichten (bzw. zunächst bestimmte Gruppen von ihnen), denen durch die Zwangsmitgliedschaft in der Sozialversicherung ein über Phasen des Lohnausfalls hinweg helfender Einkommensfluss garantiert werden sollte; und es waren die Lohnabhängigen selbst, die – gemeinsam mit „ihren" Arbeitgebern – über vom Arbeitslohn abzuzweigende Beitragszahlungen systematisch und kollektiv für solche „schlechten Zeiten" Vorsorge treffen sollten. Von Beginn an war der Zugang zur Sozialversichertengemeinschaft demnach durch Erwerbsbeteiligung konditioniert: Nur wer in einem lohnabhängigen Beschäftigungsverhältnis stand, wurde in den Kreis der zur gemeinschaftlichen Vorsorgetätigkeit Verpflichteten und zur individuellen Leistungsbeanspruchung Berechtigten aufgenommen. Die Geschichte der deutschen Sozialversicherung lässt sich dann als ein Prozess beschreiben, in dem sich der Kreis der Versicherten, von den proletarischen „Kernbelegschaften" des industriellen Zeitalters ausgehend, in konzentrischen Kreisen auf immer weitere Teile der sich spätestens nach dem Zweiten Weltkrieg ausbildenden Arbeitnehmergesellschaft ausdehnte (Achinger 1958).

Während der „korporatistische" Charakter dieses Sicherungssystems, verstanden als die Beschränkung des versicherungsgemeinschaftlichen Kollektivs auf bestimmte Gruppen von Erwerbstätigen, damit historisch zusehends verblasst ist – von der Zusammenführung von Arbeiter- und Angestelltenversicherung bis hin zur Gewährung der Möglichkeit des freiwilligen Versicherungsbeitritts auch von Selbstständigen –, so pulsiert seine „konservative" Ader in Deutschland nach wie vor kräftig, und die Rentenversicherung ist wohl das beste Beispiel für die Bewahrung dieser Traditionslinie. Konservativ – auch und gerade im sozialstrukturellen Sinne einer Konservierung sozialer Ungleichheitsmuster – ist die spezifische Interpretation des Versicherungsprinzips als eines Prinzips der Äquivalenz, sprich der Entsprechung von Beiträgen und Leistungen, genauer: von regelmäßig zu zahlenden Beitragsleistungen an die Versicherung einerseits, aus der Versicherung zu beanspruchenden Gegenleistungen im Falle des Eintritts des versicherten Lebensereignisses andererseits. Tritt also der „Risikofall" des altersbedingten Ausscheidens aus der Erwerbstätigkeit bzw. des Erreichens des gesetzlich festgelegten Rentenzugangsalters ein, so bemisst sich die vom Versicherten für den Rest seines Lebens zu erwartende Lohnersatzleistung am Niveau seiner Beitragszahlungen, das wiederum grundsätzlich durch die Länge seiner Erwerbskarriere und die Höhe seiner Erwerbseinkünfte bestimmt wird. Vereinfacht ausgedrückt organisiert das deutsche Rentenversicherungssystem einen sozialstrukturellen „Matthäus-Effekt": wer (im Arbeitsleben) hat, dem wird (im Alter) gegeben.

Diese sozialpolitische Reproduktion ungleicher Erwerbschancen und Lebenslagen – wenn nicht von der Wiege bis zur Bahre, so gewissermaßen doch von der Werkbank hin zur Parkbank (bzw. vom Büro- zum Lehnstuhl) – weist zwei zu unterscheidende Dimensionen auf, eine individuelle und eine kollektive. Aus der Perspektive des bzw. der einzelnen Versicherten gesehen sorgt das rentenrechtliche Äquivalenzprinzip für eine relative Lebensstandardsicherung über den Lebenszyklus und konkret den Übergang in den „Ruhestand" hinweg: Indem sich die Höhe der monatlichen Rentenzahlung an der Höhe des Lebenserwerbseinkommens orientiert und somit nur (mehr oder weniger) geringe Abstriche vom erwerbsförmig erreichten Wohlstandsniveau hingenommen werden müssen, wird er bzw. sie in die Lage versetzt, auch nach dem Ausscheiden aus dem Erwerbsleben eine (im Wortsinne) standesgemäße Lebensführung aufrechtzuerhalten. Aus gesellschaftlicher Perspektive betrachtet betreibt das derart ausgestaltete Alterssicherungssystem eine relative Statussicherung auch in dem Sinne, dass die Relationen sozialer Ungleichheit über die gesellschaftliche Zeit hinweg reproduziert werden: Die von der Position im System der Erwerbsarbeit abgeleitete Soziallage des schlecht verdienenden Lohnabhängigenhaushalts wird in ihrer Unterschiedlichkeit und ihrem relativen Abstand zu den arbeitsmarktvermittelten sozialen Positionen durchschnittlich, gut oder sehr gut verdienender Haushalte konserviert, das gesellschaftliche System relativer Besser- oder Schlechterstellung somit durch sozialpolitische Intervention auf Dauer gestellt und verfestigt.

Zwar sind auch hier, im real existierenden deutschen Alterssicherungssystem, durchaus immer wieder Abstriche vom idealtypischen konservativen Modell vorgenommen worden – etwa durch die Berücksichtigung beitragsfreier Zeiten außerhalb des Erwerbssystems (und zwar nicht nur von solchen der Ausbildung oder der Arbeitslosigkeit, sondern insbesondere auch der Kindererziehung oder der Pflege von Angehörigen) bei der Rentenberechnung, durch die „künstliche" Anhebung niedriger Renten mittels Zugrundelegung fiktiver (höherer) Erwerbseinkommen oder aber durch die Einführung einer bedürftigkeitsgeprüften und steuerfinanzierten Grundsicherung im Alter auf Sozialhilfeniveau. Gleichwohl gilt, dass jedenfalls im westeuropäischen Raum in keinem anderen öffentlichen Alterssicherungssystem Niedrigverdiener und Personen mit unvollständiger Erwerbsbiographie verglichen mit Besserverdienenden und Dauerbeschäftigten so schlecht fahren wie in der Gesetzlichen Rentenversicherung. Diese belohnt einseitig berufliche Seniorität und (damit durchaus in Zusammenhang stehend) höhere Einkommen – auf der Grundlage der institutionell geronnenen Überzeugung, dass beides, Dauer wie Höhe der Beitragsleistungen, als messbarer Ausdruck des Leistungswillens der Versicherten zu werten sei. Das konservative Modell sozialer Sicherung ist mit einer Philosophie der „Leistungsgerechtigkeit" verknüpft, der das Äquivalenzprinzip als Garant einer sozialpolitisch hergestellten Sekundärverteilung gilt, welche den durch Arbeitsanstrengungen erworbenen (gleichsam „verdienten") Erwerbsstatus jeder Person angemessen widerspiegelt. Indem ein so gestalteter sekundärer Verteilungsmodus sozialer Lebenschancen allerdings die strukturell unterschiedlichen Möglichkeiten des Zugangs zum Arbeitsmarkt bzw. zu stabiler und gut entlohnter Beschäftigung ausblendet, wird er zu einem systematischen Produzenten von sozialer Ungleichheit. Von besonderer Bedeutung sind in diesem Zusammenhang allfällige Ungleichheiten zwischen den Geschlechtern, die keineswegs auf einer etwaig geringeren weiblichen Leistungsfähigkeit oder gar -bereitschaft beruhen, sondern auf den Strukturen geschlechtsspezifischer Arbeitsteilung: Die außerberufliche Belastung von Frauen mit Haushalts- und Sorgearbeiten schränkt deren Verfügbarkeit für den Arbeitsmarkt in einer Weise ein, die ihnen sozialpolitisch zum Nachteil gereicht.

Zu diesen klassischen, „alten" Ungleichheitsmustern konservativer Sozialpolitik gesellen sich in jüngerer Zeit neue Ungleichheiten hinzu, die maßgeblich durch die schrittweise Absenkung des Leistungsniveaus der GRV bedingt sind. Zwecks annähernder (relativer) Lebensstandardsicherung im Alter sind die Versicherten nunmehr gehalten, von der neu eingeführten und öffentlich geförderten Möglichkeit privater Zusatzvorsorge („Riester-Rente") Gebrauch zu machen. Auch hier lässt sich allerdings – wie in der Frage zunehmender gesundheitlicher Präventionserwartungen an die Versicherten – der regressive, „paradoxe" Zusammenhang feststellen, dass es gerade die ohnehin relativ gut gestellten, mit einem eher geringeren Altersarmutsrisiko versehen und daher unter sozialpolitischen Gesichtspunkten der Ungleichheitsreduktion und Armutsvermeidung die „falschen" Personen und Haushalte sind, die von dieser Möglichkeit Gebrauch machen.

Es ist eben diese Programmatik einer öffentlichen Förderung privater Lösungen der sozialen Sicherungsfrage, die für das dritte, *liberal-residuale* Modell staatlicher Sozialpolitik kennzeichnend ist. Als typische Beispiele für „liberale" Wohlfahrtsstaaten werden in der vergleichenden Forschung die – häufig englischsprachigen – sozialpolitischen „Nachzüglerstaaten" der westlichen Welt, insbesondere die Vereinigten Staaten, genannt. Der erst spät, in den 1920er und 1930er Jahren, „zündende" US-amerikanische Wohlfahrtsstaat findet eine bereits hoch entwickelte Landschaft gesellschaftlicher Wohlfahrtsproduktion durch lokale Kirchengemeinden und wohltätige Stiftungen, betriebliche Arbeitgeber und privatwirtschaftliche Versicherungsunternehmen vor, die er nicht mehr zugunsten der Errichtung eigener, öffentlicher Sicherungsprogramme und -institutionen zu entmachten vermag. Unter diesen Umständen konzentriert er sich auf die gesetzliche Rahmung und Regulierung sowie finanzielle Förderung und Subventionierung der bestehenden Spielarten privaten und „zivilgesellschaftlichen", karitativen wie marktförmigen Sicherungsengagements (Hacker 2002). Das beliebteste Instrument „fiskalischer Sozialpolitik" US-amerikanischer Prägung sind Steuernachlässe bzw. öffentliche Zuschüsse z. B. für Arbeitgeber, die eine betriebliche Krankenversicherung einrichten, und für Beschäftigte, die private (Zusatz-)Versicherungen für Lebensrisiken aller Art abschließen.

Auch hier liegen die regressiven Verteilungseffekte eines solchen sozialpolitischen Steuerungsmodells – zulasten der ökonomisch schlechter und zugunsten der finanziell besser Gestellten – auf der Hand: Denn um in den Genuss von Steuererleichterungen zu kommen, muss man erst einmal über steuerpflichtiges Einkommen verfügen, und in der Regel profitieren die obersten Einkommensklassen von entsprechenden Regelungen am stärksten. Der Unterschied des „liberalen" gegenüber dem „konservativen" Modus sozialpolitischer Ungleichheitsproduktion besteht wesentlich darin, dass der konservative Sozialstaat typischerweise versucht, durch ungleiche Marktchancen entstandene Klassenlagen nachträglich über öffentliche Zwangsversicherungssysteme zu verstetigen (eine sozialpolitische Intention, die große Teile der öffentlichen Meinung in den USA fälschlicherweise als „sozialistisch" bewerten). Der liberale Wohlfahrtsstaat hingegen agiert zurückhaltender, in gewisser Weise auch hintergründiger und unsichtbarer, indem er die Frage der sozialen Sicherung weitestgehend dem Markt und den Marktakteuren selbst überlässt, denen er allenfalls – allerdings für tendenziell noch größere Ungleichheitsrelationen als im konservativen Modell sorgende – finanzielle Anreize zur privat-marktförmigen Deckung ihrer sozialen Sicherungsbedarfe setzt. Nur für die Ärmsten der Armen hält er streng auf Wiedereingliederung zielende Sozialhilfeprogramme („workfare") sowie ein rudimentäres System öffentlicher Gesundheitsversorgung bereit.

Diese liberale Spielart öffentlicher Sozialpolitik ist dem deutschen Wohlfahrtsstaat historisch eher fremd. Neuerdings aber lässt sich durchaus eine – zudem stärker werdende – Tendenz zur

Einführung klassisch liberaler Steuerungselemente auch in die hiesige Sozialpolitik konstatieren. Schon seit langem operiert auch der deutsche Sozialstaat mit steuerlichen Vergünstigungen zur Förderung privater Vorsorge (z. B. in Form von Lebensversicherungen) oder mit Steuerfreibeträgen für einkommensstarke Haushalte etwa in der Familienpolitik (Kinderfreibetrag als für diese Haushalte ertragreiche Alternative zum Kindergeld). Eine regelrechte Welle der „Liberalisierung" des „konservativen" deutschen Sozialstaats wurde allerdings Mitte der 1990er Jahre mit der Ausgestaltung der neu eingeführten Pflegeversicherung eingeläutet: Diese schuf, da grundsätzlich als nicht bedarfsdeckende „Teilkasko"-Versicherung angelegt, systematischen (und damit jedenfalls innerhalb des deutschen Sozialversicherungssystems neuartigen) Druck auf die gesetzlich Versicherten in Richtung auf zusätzliche private Vorsorge, wollen diese im Fall der Pflegebedürftigkeit nicht sozialhilfeabhängig werden. Strukturell Ähnliches gilt für den in den vergangenen Jahren schrittweise ausgedünnten Leistungskatalog der GKV, von der Zahnbehandlung bis zur Sehhilfe: auch hier empfiehlt es sich, ergänzend private Vorsorge zu treffen – so man es sich leisten kann.

Repräsentativ für die „liberale" Wende der deutschen Sozialpolitik steht allerdings vor allen Dingen die als „Hartz IV" bekannt gewordene Absenkung von Leistungsansprüchen in der Arbeitslosensicherung, die als verstärkter „Anreiz" zur beschleunigten (Wieder-)Aufnahme von Erwerbsarbeit, im Zweifel auch im Niedriglohnsektor, dienen soll. Typisch „liberal" sind aber nicht zuletzt auch die Einführung von Wettbewerbsmechanismen etwa zwischen Krankenkassen oder im Bereich der ambulanten Pflege, wo schrittweise „Quasi-Märkte" etabliert und Leistungsanbieter unter Preiskonkurrenz gesetzt wurden, sowie schließlich das Instrument von Bildungs- oder Betreuungsgutscheinen, über deren Nutzung hierzulande nun auch ernsthafter diskutiert wird, weil sie dem Sozialstaatsklienten mehr Nachfrage- und damit „Marktmacht" in die Hand geben sollen. Insgesamt gilt damit im Rückblick auf zwei Jahrzehnte gesamtdeutscher Sozialpolitik, dass bei der politischen Bearbeitung „sozialer Fragen" zunehmend auf „Marktlösungen" gesetzt wird, oder genauer: dass der Staat das Soziale (auch) hierzulande immer häufiger als einen Ort definiert, an dem die politi-

sche Durchsetzung marktähnlicher Verfahrens- und Verteilungsprinzipien segensreiche Wirkung entfalten kann.

Erziehung zur Bürgerlichkeit: Die Aktivgesellschaft und ihre Feinde

Ist man nun versucht, als Fazit der bisherigen Analyse von einem „neoliberalen" Umbau des deutschen Sozialstaats zu sprechen, der soziale Ungleichheiten tendenziell verschärft und zulasten gerade derjenigen Gruppen mit dem geringsten Markterfolg geht, so scheint dies im Ergebnis zwar durchaus gerechtfertigt zu sein, sagt aber gewissermaßen nur die „halbe Wahrheit" über die gegenwärtig sich vollziehenden sozialpolitischen Umbrüche. Mit der – zutreffenden – Rede von einer fortschreitenden „Ökonomisierung" der Sozialpolitik (Evers / Heinze 2008), die der regulativen Idee folgt, die Sozialstaatsbürger(innen) zur „Marktlichkeit" zu erziehen (Nullmeier 2004, 497), ist die aktuelle sozialstaatliche Programmatik nicht vollständig beschrieben und begriffen. Denn im Übergang vom „sorgenden" Sozialstaat konservativer Prägung zum „aktivierenden" Sozialstaat der Marktbefähigung (Vogel 2004) ist die sozialpolitische Herbeiführung größerer „Eigenverantwortung" der Individuen als Marktakteure eng gekoppelt an die programmatische Anrufung derselben als für die Herstellung des gesellschaftlichen „Gemeinwohls" verantwortliche Sozialsubjekte – und die Aufforderung zur Marktaktivität systematisch verbunden mit politischen Bemühungen um die Erziehung der Sozialstaatsklientel zur „Bürgerlichkeit".

Diese neue sozialpolitische Konstellation lässt sich als „neosoziale" Form der Verhaltenssteuerung durch sozialstaatliche Institutionen verstehen (Lessenich 2008a): Die „aktivierende" Wende sozialstaatlichen Handelns wird diskursiv so gerahmt, dass es gerade die individuelle Eigenverantwortung auf Märkten ist – die eigeninitiative Bemühung um Arbeitsmarktintegration, das private Ansparen für das Alter, die selbsttätige Wahrnehmung von Angeboten zur gesundheitlichen Vorsorge und körperlich-geistigen Ertüchtigung usw. –, mit der die Subjekte *zugleich* auch ihre praktische Sozialverantwortung unter Beweis stellen (können): die Schonung öffentlicher Haushalte, die Entlastung der „hart arbeitenden" Steuerzahlergemeinschaft, die Vermeidung ungebührlicher Inanspruchnahme gesellschaftlicher Solidaritätsbereitschaft. Stets folgt die sozialpolitische Programmatik demselben Legitimationsmuster: „Wer immer redlich sich bemüht, den können wir erlösen" (Goethe) – nämlich von dem gesellschaftlichen Verdacht und der persönlichen Selbstzuschreibung, durch mangelnde eigene Aktivität die Anderen (wie auch immer diese politisch umschrieben sein mögen) zu schädigen.

Im Lichte dieses sozialpolitischen Legitimationsmusters ergeben sich folgerichtig auch neue gesellschaftliche Ungleichheitsrelationen: Wer der sozialen Norm der Aktivität, Mobilität, Flexibilität – auf Arbeits- und Bildungsmärkten, in Beruf, Familie und Nachbarschaft – nicht genügt, verfügt über systematisch reduzierte Lebenschancen, die sozialstaatlich nicht (mehr) kompensiert, sondern im Gegenteil symbolisch aufgeladen und festgeschrieben werden. Der „faule Arbeitslose" und die deutsche (früher nur aus US-amerikanischen Debatten bekannte) „welfare mother" aus der „Unterschicht", die öffentlich alimentierten „Hartz IV-Milieus" und die sozial abgeschotteten migrantischen „Parallelgesellschaften": All dies sind individuelle und kollektive Sozialfiguren, die der heraufziehenden Aktivgesellschaft als unproduktive und parasitäre, leistungs- und integrationsverweigernde Elemente, als gefährliche – weil das Soziale gefährdende – Subjekte und Klassen gelten (Lessenich 2009).

Wir haben es hier mit der aktuellen symbolischen Dimension politisch-sozialer Ungleichheitsproduktion zu tun: Mit dem hör-, sicht- und auch spürbaren Ausdruck einer spezifischen, (neu)bürgerlichen Distinktionspolitik. Anerkannt – und teils gefördert, teils erzwungen – werden heute all jene individuellen bzw. kollektiven Lebensweisen, die der aktivischen Lebensführungsnorm „bürgerlicher" Schichten entsprechen bzw. sich ihr anzuverwandeln vermögen. Zum Objekt der Missachtung, tendenziell auch der Entwertung und Entwürdigung, werden hingegen all diejenigen Menschen, Gruppen und Milieus, die dem gesellschaftlichen Normativ des Aktivbürgers nicht genügen können, sich ihm zu entziehen oder gar zu widerstehen versuchen. Ob diese gesellschaftliche Konstellation sich als relativ stabil erweist oder aber über sie selbst hinaus weisende soziale Empörungsdynamiken (Thompson 1980) in Gang setzt, ist – wie noch stets in der Moderne – historisch offen.

Literatur

Achinger, H. (1958): Sozialpolitik als Gesellschaftspolitik. Von der Arbeiterfrage zum Wohlfahrtsstaat. Rowohlt, Reinbek

Allmendinger, J. (1994): Lebensverlauf und Sozialpolitik. Die Ungleichheit von Mann und Frau und ihr öffentlicher Ertrag. Campus, Frankfurt / M. / New York

Beckert, J. (1997): Grenzen des Marktes. Die sozialen Grundlagen wirtschaftlicher Effizienz. Campus, Frankfurt / M. / New York

Bourdieu, P. (1985): Sozialer Raum und „Klassen". In: Bourdieu, P. (1985): Sozialer Raum und Klassen. Leçon sur la leçon. Zwei Vorlesungen. Suhrkamp, Frankfurt / M., 7–46

– (1983): Ökonomisches Kapital, kulturelles Kapital, soziales Kapital. In: Kreckel, R. (Hrsg.): Soziale Ungleichheiten. Soziale Welt, Sonderband 2. Otto Schwartz, Göttingen, 183–198

Esping-Andersen, G. (1999): Social Foundations of Postindustrial Economies. Oxford University Press, Oxford / New York

– (1994): Welfare States and the Economy. In: Smelser, N. J., Swedberg, R. (Hrsg.): The Handbook of Economic Sociology. Princeton University Press, Princeton, 711–732

– (1990): The Three Worlds of Welfare Capitalism. Polity Press, Cambridge

Evers, A., Heinze, R. G. (Hrsg.) (2008): Sozialpolitik. Ökonomisierung und Entgrenzung. VS, Wiesbaden

Hacker, J. S. (2002): The Divided Welfare State. The Battle over Public and Private Social Benefits in the United States. Cambridge University Press, Cambridge

Honneth, A. (1992): Kampf um Anerkennung. Zur moralischen Grammatik sozialer Konflikte. Mit einem neuen Nachwort 2003. Suhrkamp, Frankfurt / M.

Kreckel, R. (2004): Politische Soziologie der sozialen Ungleichheit. 3., überarb. und erw. Aufl. Campus, Frankfurt / M. / New York

Lessenich, S. (2009): Mobilität und Kontrolle. Zur Dialektik der Aktivgesellschaft. In: Dörre, K., Lessenich, S., Rosa, H.: Soziologie – Kapitalismus – Kritik. Eine Debatte. Suhrkamp, Frankfurt / M., 126–177

– (2008a): Die Neuerfindung des Sozialen. Der Sozialstaat im flexiblen Kapitalismus. Transcript, Bielefeld

– (2008b): Wohlfahrtsstaat. In: Baur, N., Korte, H., Löw, M., Schroer, M. (Hrsg.): Handbuch Soziologie. VS, Wiesbaden, 483–498

Nullmeier, F. (2004): Vermarktlichung des Sozialstaats. WSI-Mitteilungen 57, 495–500

Polanyi, K. (1957): Die Wirtschaft als eingerichteter Prozeß. In: Polanyi, K. (Hrsg.) (1979): Ökonomie und Gesellschaft. Suhrkamp, Frankfurt / M., 219–244

Schmidt, M. G., Ostheim, T., Siegel, N. A., Zohlnhöfer, R. (Hrsg.) (2007): Der Wohlfahrtsstaat. Eine Einführung in den historischen und internationalen Vergleich. VS, Wiesbaden

Thompson, E. P. (1980): Die „moralische Ökonomie" der englischen Unterschichten im 18. Jahrhundert. In: Thompson, E. P.: Plebeische Kultur und moralische Ökonomie. Aufsätze zur englischen Sozialgeschichte des 18. und 19. Jahrhunderts. Ullstein, Frankfurt / M., 67–130

Ullrich, C. G. (2000): Solidarität im Sozialversicherungsstaat. Die Akzeptanz des Solidarprinzips in der gesetzlichen Krankenversicherung. Campus, Frankfurt / M. / New York

Vogel, B. (2004): Der Nachmittag des Wohlfahrtsstaats. Zur politischen Ordnung gesellschaftlicher Ungleichheit. Mittelweg 36, 13 (4), 36–55

Weber, M. (1922): Wirtschaft und Gesellschaft. Grundriß der verstehenden Soziologie. 5., rev. Aufl. (Studienausgabe) 1980. J. C. B. Mohr, Tübingen

Sozialisation

Von Matthias Grundmann

Gegenstandsbestimmung

Mit dem Begriff der Sozialisation werden im Allgemeinen Prozesse der Weitergabe von Wissen, Fähigkeiten und Fertigkeiten von einer Generation zur nächsten umschrieben. Bei genauerer Betrachtung dieser Prozesse kommen zwei, sich scheinbar widersprechende Sachverhalte in den Blick: Zum einen ist dies die Notwendigkeit, dass sich Individuen in bestehende soziale Handlungszusammenhänge und Strukturen (wie z. B. in die Familie, in Gleichaltrigengruppen, in Bildungsinstitutionen, in rechtliche und berufliche Organisationen usw.) integrieren. Zum anderen müssen Individuen Handlungskompetenzen erwerben, die sie dazu befähigen, am gesellschaftlichen Leben teilzunehmen und sich innerhalb sozialer Bezugsgruppen und sozialer Strukturen zu positionieren sowie aktiv an deren Gestaltung mitzuwirken (Hurrelmann et al. 2008b). Durch das Zusammenspiel von Sozialintegration und individueller Entwicklung werden Individuen befähigt, sich sozial zu positionieren und aktiv ihre Sozialbeziehungen und ihre Lebensverhältnisse mitzugestalten. Die Mitgliedschaft in einer Bezugsgruppe ermöglicht es Individuen, eine personale und eine soziale Identität auszubilden. Zudem erfährt sich die Person als sozial eingebunden und im Rahmen seiner Handlungsbefähigungen als handlungswirksam.

Außerdem ist mit dem Begriff der Sozialisation auch die Frage verbunden, wie sich trotz individueller Handlungsbedürfnisse und Handlungsinteressen stabile Gemeinwesen etablieren können und wie die dort vorherrschenden Handlungsanforderungen von den beteiligten Akteuren angeeignet und stets den aktuellen Handlungsbedürfnissen und Lebensverhältnissen angepasst werden können. Aus dieser allgemeinen Perspektive heraus kann Sozialisation auch als eine spezifische soziale Praxis des Zusammenlebens beschrieben werden, die sich in der Entwicklung von Persönlichkeitseigenschaften und personalen Handlungsbefähigungen ebenso äußert, wie in der Etablierung sozialer Beziehungsformen und -strukturen (Grundmann 2006a).

Um die unterschiedlichen Prozesse der Persönlichkeitsgenese und der Genese sozialer Beziehungen einzufangen, die mit dem Begriff der Sozialisation umschrieben werden, hat sich in den letzten Dekaden eine subjektzentrierte Forschungsperspektive etabliert (Geulen 2005). Aus dieser Perspektive treten vor allem Prozesse der Persönlichkeitsentwicklung ins Zentrum der empirischen Sozialisationsforschung. An ihnen lässt sich detailliert die aktive Auseinandersetzung des Individuums mit den sozialen und dinglich-materiellen Lebensbedingungen nachzeichnen (Hurrelmann 2002). Aus dem Blick gerieten dabei allerdings jene sozialen Beziehungsformen, aus denen sich die unterschiedlichen Praxen des sozialen Miteinanders erst etablieren. Denn Sozialisation äußert sich nicht nur in den Eigenschaften und Handlungsbefähigungen von Personen, sondern auch darin, wie diese ihre Sozialbeziehungen kultivieren, wie sie ihr soziales Miteinander konkret gestalten, wie sie miteinander kommunizieren und umgehen. Diese Kultur des Miteinanders bestimmt maßgeblich die Gestaltungs- und damit auch die Entwicklungsmöglichkeiten des Einzelnen, mithin auch die Modalitäten der Persönlichkeitsentwicklung und deren Bewertungsmaßstäbe. Diese leiten sich sowohl aus den alltäglichen habituellen Praktiken der Lebensführung ab (z. B. Alltagsrituale, Arbeits- und Freizeitgestaltung, kulturelle Orientierungen), als auch von gemeinsam ausgehandelten Regeln des Miteinanders (z. B. wie Konflikte reguliert werden, wer was zu sagen hat etc.) und schließlich auch von soziokulturell verfestigten bzw. auch juristisch

Otto/Thiersch (Hg.), Handbuch Soziale Arbeit, 4. A., DOI 10.2378/ot4a.art144,
© 2011 by Ernst Reinhardt, GmbH & Co KG, Verlag, München

verfassten Regeln des sozialen Miteinanders (z. B. Moralvorstellungen und rechtlichen Regeln) (Berger / Luckmann 1969).

Das Verständnis von Sozialisation als eine konkrete soziale Praxis des Miteinanders ist für die Soziale Arbeit und die Sozialpädagogik aufschlussreich, weil sich durch Sozialisationsprozesse jene sozialen Praxen des Zusammenlebens etablieren, aus denen heraus sich Anforderungen an Personen ergeben, die sinnvoll zu vermitteln und anzueignen, zugleich aber auch im Sinne der Wohlfahrtsförderung zu gestalten sind (Grundmann 2006a). Daher informiert die Sozialisationsforschung auch darüber, wie in konkreten Praxisfeldern der Sozialen Arbeit und Sozialpädagogik ein kreatives Klima des Miteinanders geschaffen werden kann, das letztlich auch die Verwirklichungs- und Entfaltungsmöglichkeiten der Beteiligten steigert. Und umgekehrt: Es lassen sich aus einer sozialisationstheoretischen Analyse heraus auch jene Spannungen im Sozialgefüge einer Gruppe und jene Handlungsrestriktionen einer konkreten Bezugsperson identifizieren, die einer solchen Gestaltung im Wege stehen.

Definition von Sozialisation

Mit dem Begriff der Sozialisation sind Vorstellungen darüber verbunden, welche Eigenschaften und Fähigkeiten Menschen für ein geordnetes und sinnvolles Miteinander erwerben sollten und wie die Vermittlung und Tradierung von Handlungswissen und kulturellen Praktiken in und durch Generationenbeziehungen vollzogen werden kann. Mit ihm wird daher das Verhältnis von Individuum und Gesellschaft umschrieben. Aus sozialisationstheoretischer Sicht stellen Persönlichkeitsentwicklung und die Verfassung einer Gesellschaft daher auch wechselseitige Regulative dar. So lässt sich empirisch nachweisen, dass jegliche Unausgewogenheit zwischen der personalen und der gesellschaftlichen Dimension den sozialen Zusammenhalt einer Gruppe, Organisation oder gar Gesellschaft gefährdet. Allzu rigide Sozialordnungen unterdrücken nämlich die Gestaltungskräfte des Einzelnen und sozialer Beziehungen, eine zu lockere soziale Ordnung hingegen führt zu substantiellen Verunsicherungen der Akteure, was ihre Handlungsmöglichkeiten letztlich auch einschränkt (Grundmann 2006a).

Dieses komplexe Bedingungsgefüge lässt sich mit einer mehrstufigen Definition von Sozialisation einfangen. Demnach werden mit Sozialisation all jene Prozesse beschrieben, durch die der Einzelne über die Beziehung zu seiner physischen und sozialen Um- und Mitwelt und über das Verständnis seiner selbst relativ dauerhafte Verhaltensweisen erwirbt, die ihn befähigen, am sozialen Leben teilzuhaben und an dessen Entwicklung mitzuwirken. Dementsprechend drückt sich Sozialisation im beabsichtigten und unbeabsichtigten Zusammenwirken von Individuen, sozialen Gruppen und Institutionen aus, die zur sozialen Einbindung des Einzelnen und zum gemeinschaftlichen Wohlergehen beitragen. Sozialisation setzt daher zwischenmenschliche Beziehungen voraus, über die der Einzelne zum Handeln befähigt und das gemeinschaftliche Gestalten der sozialen und natürlichen Umwelt möglich wird (2006a).

In dieser Definition wird Sozialisation nicht nur als eine konkret zu modellierende soziale Praxis des sozialen Miteinanders bestimmt, sondern auch über die Art und Weise erfasst, wie sie sich im Handeln von Menschen und in den Formen des Zusammenlebens manifestiert. Diese Manifestationen lassen sich empirisch z.B. daran messen, wie sich Menschen persönlich entwickeln und die Lebensverhältnisse aktiv mitgestalten, in denen sie leben (Hurrelmann et al. 2008b). Dementsprechend definiert Klaus Hurrelmann Sozialisation als

„… den Prozess, in dessen Verlauf sich der mit einer biologischen Ausstattung versehene menschliche Organismus zu einer sozial handlungsfähigen Persönlichkeit bildet, die sich über den Lebensverlauf hinweg in Auseinandersetzung mit den Lebensbedingungen weiterentwickelt. Sozialisation ist die lebenslange Aneignung von und Auseinandersetzung mit den natürlichen Anlagen, insbesondere den körperlichen und psychischen Grundlagen, die für den Menschen die ‚innere Realität‘ bilden, und der sozialen und physikalischen Umwelt, die für den Menschen die ‚äußere Realität‘ bilden" (Hurrelmann 2002, 15).

Für Sozialisation ist diesen Definitionen nach also kennzeichnend, dass sich Individuen innerhalb einer sozialen Welt verorten, indem sie sich an konkrete Bezugspersonen und sozialen Kollektiven orientieren, mit denen sie einen gemeinsamen Lebensraum teilen. Diese gemeinsame Teilhabe resultiert aus der generativen, genealogischen, pädagogischen und gesellschaftlich-historischen Verbindung von Individuen und den sich daraus ergebenden relativ dauerhaften „Wahrnehmungs-, Bewertungs-, und Handlungsdispositionen auf persönlicher wie auf kollektiver Ebene" (Hurrelmann et al. 2008b, 25). Sie zeigen sich daher auch in den gesetzten Regeln und Prinzipien des sozialen Handelns, die das Zusammenleben in sozialen Gruppen, Organisationen und Institutionen bestimmen. Sie äußern sich aber auch in der Identifikation der Personen mit ihren Bezugsgruppen und den kulturellen Praktiken, die in ihren Lebensräumen und Milieus vorherrschen.

Zur Modellierung von Sozialisationsprozessen

Wollte man Sozialisationsprozesse modellieren, dann sind zwei zentrale miteinander verwobene Wirkungsrichtungen darzustellen. Diese ergeben sich gleichursprünglich aus dem Umstand, dass Menschen soziale Wesen sind, sich also durch sozialisatorische Interaktionen in ihrem Handeln aufeinander beziehen und so miteinander verbinden. Die Wirkung dieser Interaktion entfaltet sich

in Richtung des personalen Selbsterlebens und in Richtung der sozialen Erfahrung, die Individuen als Teil eines Kollektivs, einer Gemeinschaft oder einer sozialen Bezugsgruppe machen. Bezogen auf das individuelle Welt- und Selbsterleben spielen mentale, geistige, emotionale und psychosoziale Erfahrungen eine zentrale Rolle, die sich in den Akteuren (also psychisch und körperlich) und zwischen einzelnen Individuen im sozialen Mikrokosmos (z. B. einer intimen Paarbeziehung, in der Eltern-Kind-Beziehung, der Freundschaftsbeziehung) abspielen. In Hinblick auf das kollektive Erleben sind geteilte Erfahrungen bedeutsam. Obwohl hier individuelle Akteure agieren, tun sie dies nicht als Einzelperson, sondern als Mitglied einer sozialen Bezugsgruppe. Daher spielen hier vor allem die Erfahrungen eine Rolle, die sich aus dem gemeinsamen Handeln ergeben. Man könnte hier mit Emile Durkheim (1984) auch von einem Kollektivbewusstsein sprechen. Dabei ist das Erleben von sozialen Beziehungen in ihren unterschiedlichen Ausprägungen in privaten und in öffentlichen Räumen ebenso angesprochen wie die tradierten und kulturell verfestigten Überzeugungen, die das Handeln z. B. einer gesellschaftlichen Großgruppe (Ethnie, Klasse, Religionsgruppe, Geschlecht) bestimmen.

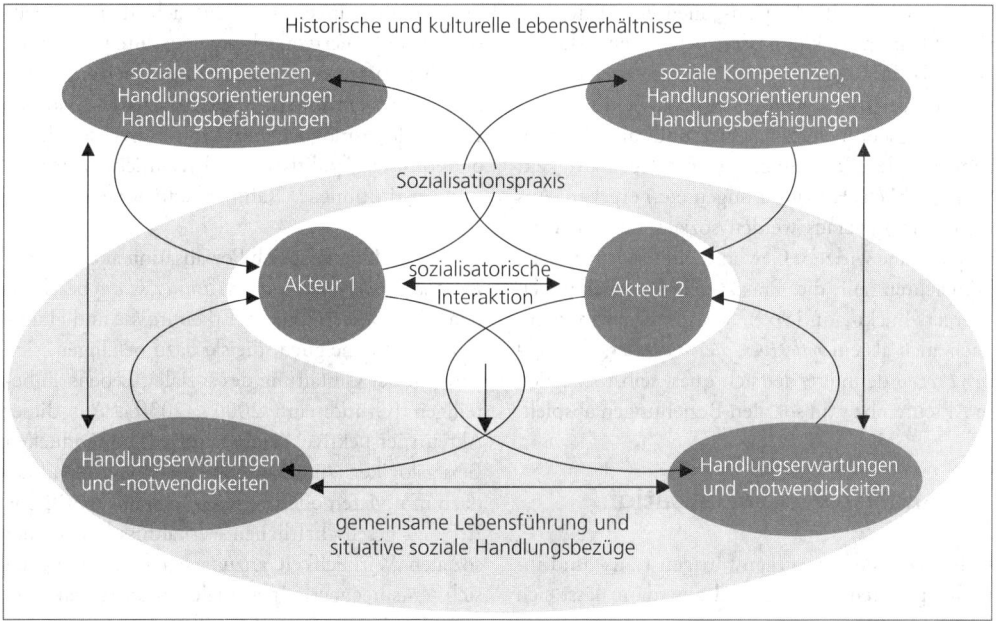

Abb. 1: Allgemeines Modell von Sozialisation als soziale Praxis der Hervorbringung von Personalität und Sozialität

In Abbildung 1 sind – ausgehend von der sozialisatorischen Interaktion zwischen Akteuren in der Mitte der Abbildung – die zwei genannten Wirkrichtungen dargestellt, die sich aus dem praktischen Vollzug des sozialen Miteinanders selbst ergeben: Die Wirkung auf die Akteure als handelnde Personen im oberen Teil und die Wirkung auf das gemeinsame Handlungsfeld, das Zusammen-Agieren als Mitglieder einer sozialen Gruppe im unteren Teil. Diese Wirkrichtungen lassen sich nicht einfach aufeinander reduzieren, noch stehen sie in einem kausalen Handlungszusammenhang. Sie lassen sich auch nicht als duale Entitäten beschreiben. Dennoch sind sie – eben durch den praktischen Vollzug von Akteuren in einer spezifischen sozialen Situation (die eine Geschichte hat) – miteinander verwoben. Das wird in dem Modell mit den Pfeilen zwischen der oberen und der unteren Hälfte angedeutet. Die dargestellten rekursiven Erfahrungszirkel im oberen Teil des Schaubildes verweisen dabei auf die mentale Verarbeitung von Erfahrungen der individuellen Akteure. Die rekursiven Erfahrungszirkel, die im unteren Teil dargestellt sind, verweisen auf den Umstand, dass diese Akteure mehr oder weniger kompetente Mitglieder einer Bezugsgruppe sind.

Für eine solche Modellierung von Sozialisation ist kennzeichnend, dass Sozialisation zunächst und ganz grundlegend als soziale Praxis bestimmt wird, aus der sich spezifische Konsequenzen für die Persönlichkeitsentwicklung der beteiligten Akteure (wie z. B. Prozesse des Spracherwerbs, der Genese des sozialen Verstehens, der Entwicklung von Handlungskompetenzen usw.) und die Kultivierung sozialer Beziehungen (z. B. Regelhaftigkeit, Verlässlichkeit, Ritualisierungen etc.) ergeben. Aus dieser Praxis heraus werden soziale Tatsachen geschaffen, die wie z. B. Gewohnheiten oder typische Weltsichten auf die Praxis selbst zurückwirken (Berger / Luckmann 1969). Sozialisation wird demnach auch als ein *reflexiver, gleichwohl ergebnisoffener Prozess* definiert, der sich quasi selbstbezüglich in Akteuren bzw. in sozialen Beziehungen abspielt.

Zur Analyse von Sozialisation

Geht man von dem gegenwärtigen trans- und interdisziplinären Wissensstand aus, dann lässt sich Sozialisation zunächst als jener Prozess identifizieren, über den sich ganz allgemein Sozialität und Gemeinschaftlichkeit im Zusammenleben ausbildet und über den sich konkret Handlungsweisen und persönliche Haltungen von Individuen entwickeln, die das soziale Zusammenleben prägen. Damit verbunden ist schließlich auch die Ausbildung sozialer und personaler Identitäten, die Individuen als Mitglied einer spezifischen Bezugsgruppe, eines Kollektivs, einer Gesellschaft bzw. eines Kulturkreises ausweisen. Messbar wird Sozialisation daher vor allem an den Manifestationen sozialen Handelns, die sich in Eigenschaften von Personen bzw. Formen des sozialen Umgangs bzw. Regeln des Zusammenlebens sowie in Einstellungen und Werthaltungen äußern, die Individuen als Teil von Bezugsgruppen und in spezifischen Handlungskontexten ausbilden.

Solche Manifestationen lassen sich aus unterschiedlichen Perspektiven betrachten. Zunächst sind dabei die *Perspektive der Gesellschaft* und die sie kennzeichnenden Prozesse der sozialen Schließung und Verdichtung von Sozialbeziehungen sowie die Kultivierung des sozialen Lebens zu nennen. Hier kommen vor allem die Organisationsprinzipien des Zusammenlebens und die kulturellen Prägungen der Lebensverhältnisse in den Blick, in die Sozialisationspraxen eingebunden sind. Inwieweit, so könnte man fragen, sind Akteure in kulturelle Handlungspraktiken eingebunden, welche Handlungsorientierungen ergeben sich durch gesellschaftliche Wertvorstellungen, durch religiöse Glaubenssätze, durch politische Überzeugungen und inwieweit sind die Lebensverläufe und die Entwicklungsmöglichkeiten von Individuen durch ökonomische, politische und rechtliche Vorgaben und institutionelle Rahmenbedingungen vorgezeichnet?

Demgegenüber lässt sich Sozialisation auch aus der *Perspektive der individuellen Entwicklung* beschreiben, über die sich Akteure Erkenntnisse und Handlungswissen aneignen, die sie dazu befähigen, sich aktiv an der Gestaltung des sozialen Lebens zu beteiligen (Grundmann 2006a, 203ff). Aus dieser Akteursperspektive heraus sind die individuellen Bezugslogiken zu rekonstruieren, die Individuen dazu motivieren oder zwingen, sich auf spezifische Art den gesellschaftlichen Verhältnissen bzw. der sozialen Wirklichkeit anzupassen und aus denen sich entsprechende personale Erfahrungen und Selbstbestimmungen (Identifikationen, Identitäten) ergeben. Dabei kommen schließlich auch jene intersubjektiven Handlungsstrukturen in den Blick, über die im gemeinschaftlichen Zusammenleben die „Bedeutung" von Wirklichkeit hergestellt und zugleich die individuellen Handlungsbefähigungen deutlich werden, also die spezifischen Beiträge, die der Einzelne für das Gemeinwesen leistet. Damit kommt eine vermittelnde, mesostrukturelle Perspektive von Sozialisation zur Sprache, die sich aus der Einbindung von Akteuren in soziale Bezugsgruppen ergibt. Sozialisation manifestiert sich dann in den Fähigkeiten der Personen, sich auf diese Verhältnisse einzulassen und an deren Gestaltung aktiv mitzuwirken. Hier kommen Formen der Wertschätzung und soziale Selbst- und Fremdzuschreibungen sowie kritische Auseinandersetzungen mit der sozialen Wirklichkeit in den Blick, an denen sich konkrete Praxen der sozialen Bezugnahme und der sozialen Ein-Bindung messen lassen.

Eine solche differenzierte Analyse von Sozialisation liegt auch dem heuristischen Modell der Sozialökologie der menschlichen Entwicklung zugrunde, das Urie Bronfenbrenner (1979) entwickelt hat. Dort unterscheidet er spezifische Umwelten, in denen sich Sozialisationsprozesse vollziehen. Neben innerpsychischen und mikrosozialen Erfahrungen berücksichtigt er die Erfahrungen, die in meso-, exo- und makrostrukturellen Handlungskontexten gemacht werden. Dabei wird deutlich, dass Sozialisation ein enorm voraussetzungsvolles Geschehen ist, aus dem sich keine einfachen kausalen Handlungslogiken herleiten lassen. Sozialisation ist vielmehr als ein ergebnisoffener Prozess zu modellieren, als ein potenzieller Verwirklichungsprozess im Rahmen vorgegebener Lebensverhältnisse und personaler Handlungsbefähigungen. Dazu ist es erforderlich, die unterschiedlichen Einflüsse der sozialen Umwelt auf die Akteure systematisch zu erfassen und in ihren Wechselwirkungen zu analysieren (Grundmann 2008a). Was dabei in den Blick gerät, sind nicht nur die Handlungsmöglichkeiten bzw. -restriktionen, sondern auch die „Qualität" der sozialen Praxis, die sich hinsichtlich ihrer sozialen Bindungskräfte und der in ihr angelegten Unterstützung, Verlässlichkeit und Solidarität konkretisieren lässt. So stellt sich z. B. die Frage, ob und auf welche Weise soziale Beziehungen, Kommunikationspraktiken und soziale Ordnungssysteme das Wohlergehen der Betroffenen bestimmen und deren Haltungen gegenüber ihren Mitmen-

schen und ihren Lebensverhältnissen beeinflussen. Ein solches Analysemodell hat enorme methodische Implikationen. Zunächst einmal ist festzuhalten, dass sich Sozialisationsprozesse nur im Längsschnitt angemessen erfassen lassen. Was punktuell gemessen werden kann, sind entweder personale Entwicklungsstände und Eigenschaften, die sich bis zu einem bestimmten Zeitpunkt im Leben herausgebildet haben, oder aber die sozialen Verfassungen einer Bezugsgruppe (z. B. die Zusammensetzungen und rechtlichen Grundlagen des Familienlebens) zu einem spezifischen historischen Zeitpunkt bzw. in einer spezifischen Phase ihrer Entwicklung. Damit allerdings ist wenig über die Beziehungsqualitäten und -dynamiken gesagt. Um diese zu erfassen, sind die Bezugsgruppen in ihre dyadischen und triadischen Beziehungsstrukturen aufzubrechen, sind persönliche Haltungen zueinander, das Maß des Zusammenhalts, die sozialen Bindungen und die Einstellungen der beteiligten Personen zu sich selbst als Mitglied der Bezugsgruppe und zur Bezugsgruppe als soziale Einheit zu erkunden. Das setzt hochsensible und komplexe Messverfahren voraus, die häufig gerade nicht mit Standardinstrumenten erfolgen können, sondern teilnehmende Beobachtungen, Feldforschungen, qualitative Interviews oder aber quasinatürliche Beobachtungsstudien erforderlich machen (Grundmann et al. 2000; Grundmann 2008a; Hurrelmann et al. 2008b, 22 ff.).

Der komplexen Definition und Modellierung von Sozialisation entspricht das weit gefächerte Feld der Sozialisationsforschung. Dieses bezieht sich auf Forschungen zur „innerpsychischen Verarbeitung von Erfahrungen und die handlungsleitende Funktion mentaler Modelle und Skripte", die Analyse „der Gestaltungsprozesse sozialer Umwelten durch die Akteure", eine „differenzierte und komplexe Konzeption von Umwelten" (z. B. die Analyse von Familien- und Arbeitsbeziehungen) und die Analyse der Wechselwirkungen zwischen den verschiedenen Erfahrungskontexten untereinander (z. B. zwischen Familie und Arbeitswelt) sowie eine Analyse der individuellen Fokussierung auf spezifische Erfahrungswelten (z. B. Leistungskontexte vs. Freizeitkontexte) bzw. der Vereinnahmung der Individuen durch Erfahrungskontexte (z. B. das Bildungssystem) (Hurrelmann et al. 2008b, 15). Inhaltlich sind hier Untersuchungen über die Rolle enger Bindungen und Beziehungen für die Entwicklung der Personen zu nennen, Analysen über individuelle Entwicklungsprozesse in sozialen Kontexten, über Risiken und Chancen der Persönlichkeitsentwicklung und Lebensführung bis hin zu Studien über die Genese sozialer Beziehungen, über die Gestalt von Sozialisationsumwelten sowie zum Verhältnis von sozialer Umwelt und soziokulturellen Prägungen der Lebensführung. Dabei kommen Geschlechter- und Ungleichheitsverhältnisse ebenso in den Blick wie kulturspezifische Praktiken der Lebensführung (Hurrelmann et al. 2008a).

Zentrale Felder der empirischen Sozialisationsforschung

Die Bedeutung von Sozialisation für die Soziale Arbeit und die Sozialpädagogik lässt sich anschaulich an zentralen Feldern der empirischen Sozialisationsforschung veranschaulichen, in denen die Entwicklung individueller Handlungsbefähigungen und Lebensführung (Otto / Ziegler 2008; Homfeld et al. 2008) sowie die Gestaltung von Sozialräumen und soziale Praxisfelder (Kessl et al. 2008) analysiert werden. Denn dort geht es um die Frage, was Individuen befähigt, sich zu entfalten (Wohlbefinden) und ihre Lebensverhältnisse zu gestalten (Emanzipation). Man könnte auch formulieren: In der Sozialisationsforschung werden die Bedingungen, Möglichkeiten, Einschränkungen und letztlich auch Risiken der personalen sozialen Wohlfahrtsentwicklung untersucht. Diese Zuspitzung der Sozialisationsforschung auf das Wohlbefinden und die Entfaltung von Handlungsmöglichkeiten von Individuen (im Sinne der Stärkung der Verwirklichungschancen; Otto / Ziegler 2008) eröffnet auch für die Soziale Arbeit und Sozialpädagogik bedeutsame Einsichten, wenn die Klientel der Sozialen Arbeit und Sozialpädagogik nicht als Adressat wohlfahrtsstaatlicher Hilfestellung, sondern, wie in akteursorientierten Ansätze üblich, im Sinne der skizzierten Sozialisationstheorie, als aktive Mitgestalter ihrer Lebenswirklichkeit konzipiert werden (Homfeld et al. 2008).

Sozialisation und gesellschaftliche Wohlfahrt

Die biologischen, genetischen und hirnphysiologischen Prozesse, die einem solchen Verständnis von Sozialisation zugrunde liegen, sind mittlerweile hinreichend entschlüsselt und beschrieben worden (z. B. Asendorpf 2008). Sie bestätigen zunächst, dass Sozialisation eine für die menschliche Gattung zentrale Form der Lebensgestaltung sicherstellt. Diese äußert sich z. B. in den grundlegenden Organisationsprinzipien menschlicher Gemeinwesen, den spezifischen Handlungsdispositionen und Bedürfnisstrukturen z. B. nach sozialer Bindung und Verlässlichkeit aber auch in den spezifischen Wahrnehmungsstrukturen und kognitiven Operationen, die zu einer spezifischen Erkenntnis über den Menschen als Kulturwesen führen (z. B. in Hinblick auf Sprache, Kommunikation, Rechtsformen). Konkret haben sich diese Einsichten auch in Studien niedergeschlagen, in denen die Möglichkeiten einer selbstbestimmten Lebensführung und Lebensgestaltung auch unter restriktiven Lebensbedingungen untersucht werden. Hier sind vor allem Armuts- und Milieustudien (Kessl et al. 2008; Grundmann et al. 2006) zu nennen, die die von Deprivationen Betroffenen in ihren verfügbaren Handlungs- und Gestaltungsmöglichkeiten ebenso ernst nehmen, wie die Solidaritätspotenziale, die in deprivierten Milieus verborgen liegen.

Solche Studien wurden bereits in den 1970er Jahren durchgeführt, wobei vor allem einer Erweiterung der Sozialisationsforschung auf die gesamte Lebensspanne und die ungleichen Lebensbedingungen, vor deren Hintergrund sich Personen entwickeln und ihr Leben gestalten können, im Vordergrund des Interesses standen (Elder 1974; 1995). In den Blick gerieten dabei u. a. die zunehmenden Gestaltungsfreiräume, die sich durch wirtschaftliches Wachstum und durch die Expansion der Bildung und die Verlängerung der Lebenszeit ergeben, aber auch die Risiken und Restriktionen einer Lebensführung, die durch wirtschaftliche Unsicherheiten und Lebenskrisen gekennzeichnet ist. Diese Forschungen haben auch die Kehrseite moderner, kapitalistisch organisierter Gesellschaften aufgedeckt, die sich z. B. im zunehmenden Ausschluss breiter Bevölkerungsgruppen von gesellschaftlicher Teilhabe und Wohlfahrt äußert. Ins Zentrum der Sozialisationsforschung rückte dementsprechend eine Risikofaktorforschung, die sich auf die Analyse von Risiken und Unterstützungspotenzialen der Lebensverhältnisse für die Entfaltung der Persönlichkeit konzentriert (Grundmann 2006a, 162 ff.). In den Blick kamen dabei soziales Problemverhalten – insbesondere bei Heranwachsenden –, es wurden Bildungs- und Leistungsversagen ebenso thematisiert, wie prekäre Lebensverhältnisse und die in ihnen angelegten Risiken einer „gesunden" Lebensführung. Zugleich wurde der Entwicklung von Handlungskompetenzen vermehrt Aufmerksamkeit geschenkt, da diese offensichtlich die Risiken der postmodernen und fragilen Lebensführung mildern können.

Der Fokus der Sozialisationsforschung liegt bei all dem auf modernen, westlichen Gesellschaften. Kulturvergleichende Studien sind nach wie vor selten (Trommsdorff 1989). Das ist nicht verwunderlich, wenn man bedenkt, dass die soziale Integration vor allem in modernen, kapitalistischen Gesellschaften brüchig geworden ist und die Ansprüche an das Individuum, sich selbst bei der Gestaltung der Lebensverhältnisse einzubringen, enorm gestiegen sind. Sozialisation ist demnach zunächst und vorrangig ein Thema des abendländischen Kulturkreises. Gleichwohl haben sich die dort zu beobachtenden Erosionen verlässlicher Lebensverhältnisse und allgemein gültiger Wert- und Normvorstellungen mittlerweile weltweit ausgebreitet. Aber immer dort, wo tradierte und bewährte Praxen des Zusammenlebens in Frage gestellt werden, entstehen in sozialen Nahräumen vielfältige Experimente der Lebensführung, um den veränderten Lebensbedingungen angemessen begegnen zu können. Besonders augenscheinlich ist diese sozialisatorische Bewegung von unten in der Familie und den vielfältigen Formen privater Lebensführung, die sich in den letzten Dekaden herausgebildet haben (Grundmann / Hoffmeister 2009a). So konnte in der Familienforschung deutlich herausgearbeitet werden, dass die systemisch bedingten Verwerfungen und Restriktionen, die das Zusammenleben in Familien erschweren, mitunter durch die vielfältigen Gestaltungsmöglichkeiten des konkreten Miteinanders in anderen primären Bezugsgruppen aufgefangen und kompensiert werden können (Bertram 1995; 2002; Grundmann / Hoffmeister 2009b). Das stützt die These, dass es gerade die sozialen Nahraumbeziehungen sind, die dazu beitragen, dass Akteure trotz

sozialstruktureller Marginalisierung und ökonomischen Restriktionen soziale Praxen etablieren, die zumindest im mikrosozialen Alltagsleben starke soziale Bindungen und relativ verlässliche Sozialbeziehungen entstehen lassen.

Sozialisation in der Familie

Diese Gestaltungsdynamiken von Familienbeziehungen eröffnen auch den Zugang zur Analyse *familiärer Sozialisation*. Ausgangspunkt sind dabei stets die Generationenbeziehungen und deren konkrete Ausgestaltung in dyadischen und triadischen Familienbeziehungen. So zeigte sich, dass Eltern keineswegs zu allen Kindern qualitativ gleichwertige Beziehungen aufbauen und sich auch die jeweiligen Erziehungsstile in Hinblick auf einzelne Familienmitglieder – sowohl in synchroner, als auch in diachroner Hinsicht – sehr voneinander unterscheiden können. Zu berücksichtigen ist also stets die interne Beziehungsdynamik, die durch das Zusammenleben, durch Erfahrung, raumzeitliche und kommunikative Grenzen, durch Intimität, Nähe, Distanzregulation usw. zu bestimmen ist. Daraus ergeben sich für die einzelnen Familienmitglieder mitunter sehr unterschiedliche Erfahrungsräume, was sich im weiteren Lebenslauf in höchst unterschiedlichen Familienerinnerungen und -mentalitäten niederschlagen kann. Hieraus resultieren in der Summe erst jene Beziehungslogiken, die bei der Betrachtung einer Familie als Interaktionssystem in Rechnung gestellt werden müssen, wobei sich einzelne Familienmitglieder ähnlicher oder näher sein können, während andere wiederum völlig differente Sozialcharaktere darstellen und auch nur einen geringen Grad an Verbundenheit aufweisen (Grundmann / Hoffmeister 2009a). Auch hierbei spielen die Reziprozität der Beziehungen, die Art der Kommunikation sowie das Aushandeln von Gemeinsamkeiten und Differenzen eine entscheidende Rolle (Gerris / Grundmann 2002). Immer jedoch sind die spezifischen Rahmenbedingungen der Familienbeziehungen (z. B. Altersabstand, Geschlecht, soziale Lage) sowie die individuellen Erfahrungsfonds maßgeblich mitbestimmend hinsichtlich der jeweiligen Gestaltungsoptionen.

Im Anschluss an das Modell der Sozialökologie menschlicher Entwicklung von Bronfenbrenner

(1979) wurden diese Rahmenbedingungen der familiären Sozialisation als ein in sich geschachteltes und aufeinander bezogenes sozialökologisches Beziehungssystem beschrieben (Gerris / Grundmann 2002), an dem entlang sich die unterschiedlichen Beziehungsmuster, familialen Subkulturen, Handlungsstränge usw. entwickeln, die dann als Ganzes eine sich im Familienverlauf herauskristallisierende Familienkultur bestimmen. Mit einer solchen Forschungsperspektive ist auch die Frage verbunden, wie sich das Verhältnis der Generationen zueinander und die Ausgestaltung von Generationenbeziehungen verändern. Damit treten Fragen der Erziehung und des generativen Lernens und der Gestaltung von Peerbeziehungen sowie von Beziehungen in der Öffentlichkeit ins Relief (Lüscher / Liegle 2003).

Die Forschungen in diesem zentralen Feld der Sozialisationsforschung informieren also nicht nur darüber, wie Menschen versuchen, sich in unbestimmten Zeiten und unter sich rapide wandelnden Lebensbedingungen zu behaupten. Sie decken auch jene ökonomischen, soziokulturellen und politischen Bedingungen auf, die die Verwirklichungs- und Gestaltungsspielräume von Menschen einschränken (Grundmann 2008b). Dabei spielen jedoch weniger normative Annahmen einer gelingenden oder angepassten Sozialisation eine Rolle, wie sie in den 1950er Jahren noch formuliert wurden, sondern emanzipatorische Gesichtspunkte, wie sie z. B. im Capability Approach (Otto / Ziegler 2008) zum Ausdruck kommen. Die Frage lautet dann: Was befähigt Individuen dazu, ihre Lebensverhältnisse so zu gestalten, dass sie sich in ihnen wohlfühlen, und welche Umstände hindern sie daran.

Sozialstruktur und Sozialisation

Der Frage nach den Anregungs- und Gestaltungspotenzialen von Lebensverhältnissen ist insbesondere in der schichtspezifischen Sozialisationsforschung nachgegangen worden (Grundmann 1994). In ihr wurden die Mechanismen sozialer Vermittlung von Handlungsressourcen und Wertorientierungen in der Herkunftsfamilie und deren Bedeutung für den Statuserwerbsprozess bzw. die Einstellungen und Haltungen gegenüber Bildung, Erwerbsarbeit und kulturellen Praktiken analysiert.

Dabei gelang es, den Einfluss der sozialen Herkunft zu konkretisieren. So wurde herausgearbeitet, wie sich Kommunikations- und Erziehungsstile, kulturelle Praktiken und Qualitäten der Beziehungsgestaltung auf den Bildungserfolg, die Berufswahlorientierung, auf Heiratsmuster und die Persönlichkeitsentwicklung auswirken. Mittlerweile sind die Variationen herkunftsspezifischer Ressourcen sowohl in Hinblick auf die ökonomische, soziale und kulturelle Ressourcenausstattung als auch in Hinblick auf Kommunikations-, Bindungs- und Erziehungspraktiken weitgehend entschlüsselt und ihr Einfluss auf die Lebenschancen und die individuelle Lebensführung sowie zentrale Aspekte der Persönlichkeitsentwicklung (Wertorientierungen, Handlungsbefähigung, Bindungsverhalten) umfassend erforscht worden (Grundmann 2006a; Grundmann et al 2006b). In diesem Sinne hat die sozialstrukturelle Sozialisationsforschung das Wissen über die Mechanismen der sozialen Reproduktion und sozialen Vererbung substantiell erweitert. Zudem trug sie zur Entwicklung von Forschungsinstrumenten und Analysemodellen bei, mit denen die „Wirkungen" gesellschaftlicher Selektions- und Zuschreibungsprozesse für die Individualentwicklung und deren Auswirkungen auf die „Qualität" z. B. von Bildungsinstitutionen erfasst werden können. Bei alldem zeigt sich aber auch, wie sehr soziale Selektion, Sozialisation und individuelle Entwicklung miteinander verwoben sind. Diese Verwobenheit manifestiert sich auf der Akteursebene in den spezifischen Handlungsbefähigungen, die Individuen im Laufe ihres Lebens ausbilden, und in eben jenen Verfestigungen sozialer und räumlicher Grenzen im sozialen Zusammenleben, die schließlich als Habitus- und Opportunitätsstrukturen und in Form institutioneller und rechtlicher Rahmenbedingungen auf Sozialisationspraxen zurückwirken (Grundmann 2006a).

Die Befunde der sozialstrukturellen Sozialisationsforschung haben schließlich auch zur Einsicht beigetragen, dass Sozialstrukturen nicht als ein schicksalhaftes Gefüge von ungleichen Lebensverhältnissen definiert werden können, denen Individuen schlicht ausgesetzt sind. Vielmehr wird eine sozialisationstheoretische Deutung plausibel, nach der Sozialstrukturen als konkrete Lebensräume und Opportunitätsstrukturen zu betrachten sind, die von individuellen, gleichwohl auf eine gemeinsame Handlungspraxis fokussierenden Akteuren – je nach Verfügbarkeit von Handlungsressourcen – mitgestaltet werden. Diese Prozesse der Beziehungsgestaltung, der sozialen Vernetzung und Kultivierung von Alltagspraxen lassen sich als Formierungsprozesse des sozialen Zusammenlebens, mithin als Ausdruck einer sozialen Verfassung von Bezugsgruppen, Institutionen und sozialer Systeme deuten, die sich in und durch Sozialisationspraxen konstituieren (2006a). In diesen Praxen werden die konkreten Modalitäten, aber auch sozialen Ressourcen des Zusammenlebens wie der Grad der Verbundenheit und des sozialen Zusammenhalts ausgehandelt, erprobt, kultiviert, habitualisiert und letztlich durch die Alltagspraxis legitimiert. Insofern manifestiert sich in ihnen jene Sozialität, die durch Sozialisationsprozesse angeregt wird und die in Form von „überindividuellen" Handlungsstrukturen die Entwicklung der Persönlichkeit in sozialen Kontexten bestimmt. Aus sozialisationstheoretischer Perspektive informieren solche Analysen einerseits über den sozialen Bindungsgrad und dessen Bedeutung für die Persönlichkeitsentwicklung und individuelle Lebensführung. Sie decken andererseits aber auch Legitimations- und Normativitätsbrüche in modernen Gesellschaften auf, die sich z. B. in einer abnehmenden Orientierung an traditionellen Rollenbildern und Normalbiographien zeigen. Insofern trägt die Sozialisationsforschung dazu bei, die sozialen Verwerfungen aufzudecken, die sich durch brüchige Sozialintegration bzw. gesellschaftliche Anomie ergeben.

Dabei kann keineswegs unterschlagen werden, dass sich diese Probleme auch durch die Zumutungen ergeben, denen Individuen in individualisierten Gesellschaften ausgesetzt sind, müssen sie sich doch für ihre Lebensführung zunehmend selbst rechtfertigen und diese durch entsprechende Erfolgskriterien legitimieren. Individuelle Lebensführung und sozialer Aufstieg erfordern in individualisierten Gesellschaften nicht nur eine entsprechende Befähigung, sich im ökonomischen Feld zu behaupten, sondern auch, sich soziokulturell zu verorten. Gerade die Sozialisationsforschung kann dabei aufzeigen, wie die multiplen Optionen der Lebensgestaltung und Lebensführung – wie im sozialökologischen Ansatz postuliert – durch sozialstrukturell verankerte Grenzen markiert sind, die nur in seltenen Fällen überschritten werden können. Beispiel dafür sind neben milieuspezifischen und ethnischen Grenzziehungen soziale Segregationsprozesse, in denen sich quartiersspezifische Habitusstrukturen ausbilden, die bei sozialen Wanderungen im öffentlichen Raum relativiert werden (Grundmann et al 2006). Solche Grenzen sind letztlich aber nicht nur räumlich, sondern auch körperlich gegeben, ein Aspekt der Sozialisation, der erst in jüngster Zeit angemessen Berücksichtigung findet (Bauer / Bittlingmayer 2008). Dabei kommen gerade in der Körpersozialisation alltagspraktische Habitualisierungen von Handlungspraktiken in den Blick, aus denen sich maßgeblich auch die Haltung (im körperlichen und im mentalen Sinne) von Personen zu ihren Lebensverhältnissen und den dort angelegten Handlungsmöglichkeiten herleitet. Das lässt sich anschaulich und abschließend am Beispiel der Sozialisation in Armutsmilieus nachzeichnen.

Lebenspraktische Ausführung: Sozialisation in Armutsmilieus

Aus sozialisationstheoretischer Perspektive ist Armut keineswegs nur als eine ökonomische Größe zu betrachten. Sie zeigt sich vielmehr in den vielfältigen Einschränkungen, die sich indirekt aus einer finanziellen Notlage ergeben können, wenn diese von Dauer ist. Es sind vor allem Benachteiligungs- und Ausgrenzungsprozesse, wie sie sich z. B. im Bildungssystem ergeben, die zu einer Verstärkung von Armutserfahrungen führen (Edelstein 2006): Neben ökonomischen Deprivationen treten Bildungsarmut, Teilhabearmut und Erfahrungen des persönlichen Versagens (also Kompetenzarmut). Diese vielfältigen Facetten von Armut werden in der Armutsforschung u. a. durch die ökonomische, soziale, kulturelle und gesundheitliche Lage von Kindern und Jugendlichen erfasst. Für die Soziale Arbeit und Sozialpädagogik bedeutet das, die politisch-ökonomischen, lebensführungspraktischen, symbolischen und sozio-moralischen Aspekte von Armut genauer zu betrachten. Gerade für Kinderarmut gilt nämlich, dass sie ihre Wirkung nicht allein oder gar primär über das Fehlen ökonomischer Ressourcen, sondern über die eingeschränkten Zugänge zu gesellschaftlichen Lebensbereichen und Aktivitäten entfaltet, über eingeschränkte Teilhabechancen z. B. an Bildung, Arbeit, Freizeit und Wohnen also, und anhand der Risiken, die sich für die kulturelle Teilhabe, das soziale Miteinander und die Gesundheit ergeben. Diese Risiken lassen sich anschaulich an den Deprivationszirkeln nachzeichnen, die mit einem Leben in Armut verbunden sind (Walper 1999; 2008). Um darüber hinaus die Bedeutung von Armut für Kinder und Jugendliche herauszuarbeiten bietet es sich an, die Deprivationserfahrungen nachzuzeichnen, die sich vor allem in extremen Armutsmilieus ergeben.

In einer aktuellen Armutsstudie in Münster, einer relativ reichen und wohlhabenden Stadt, berichteten Experten aus der Kinder- und Jugendhilfe, dass gerade in Arbeiterfamilien mit mehreren Kindern eine Teilhabe der Betroffenen am sozialen Leben kaum noch möglich sei, die Wohnverhältnisse so eng, dass die Kinder weder Platz zum Spielen noch zum Lernen hätten, diese in ihrem Freundeskreis sozial ausgegrenzt würden und sich selber auch nicht mehr mit Gleichaltrigen treffen, weil sie über mittlerweile gängige Erfahrungen, z.B. der Computer- und Internetnutzung, nicht verfügen (Hoffmeister 2008, 94f). Hinzu kommt die schulische Ausgrenzungsproblematik, also die Gefahr der Bildungsarmut (Edelstein 2006). Zentral jedoch ist die Beobachtung, dass sich in diesen Familien die Erfahrung verfestigt, dass dauerhafte Abhängigkeiten von staatlichen Unterstützungsleistungen quasi normal seien, sich die Betroffenen also selbst entmündigen und als nicht handlungsfähig erleben. Gerade damit aber wird der Armutszirkel verschärft. Denn die generative Transmission von Ausgrenzung und Perspektivlosigkeit, gepaart mit der Erfahrung von Hilf- und Machtlosigkeit untergräbt jegliche Fähigkeit der Selbstorganisation und einer aktiven Lebensführung. Hier verhindern z.B. wirtschaftliches Unvermögen und die Tendenz zu unkontrolliertem Konsum eine der Situation angemessene Lebensführung. Der damit benannte Deprivationszirkel ist besonders auch für Kinder und Jugendliche fatal. Denn das Leben in Armut kann auch eine Form des sozialen Lernens hervorbringen, die geradewegs ins Abseits führt. Das hat mitunter nachhaltige Folgen für die Entwicklung der Handlungsbefähigungen der betroffenen Kinder und Jugendlichen. Denn wenn sich Eltern aufgrund von Resignation in die innere Emigration zurückziehen und sich nach langjähriger Arbeitslosigkeit mit ihrer Situation abgefunden haben, ist es für deren Kinder völlig normal, ebenfalls eine Perspektive zu entwickeln, die durch mangelnde Eigenenergie gekennzeichnet ist (Hoffmeister 2008, 111). Damit

aber ist eine weitere Deprivationserfahrung vorprogrammiert: Denn in diesem Fall wird ihnen von der Umwelt ein Unvermögen bescheinigt, sich selbst um das eigene Leben zu kümmern, sich wirtschaftlich, kulturell und sozial „normal" zu verhalten. Armut wird dann auch als persönliches Defizit der Kinder und Jugendlichen selbst thematisch. Hier wird also eine – vor allem institutionell und systemisch angelegte – Umdeutung von Armut vollzogen: Die primäre Einkommensarmut der Eltern verwandelt sich durch das Versagen der Kinder, z.B. in der Schule, zu einer Zertifikatsarmut, die sich schließlich auch in der Unterstellung von Kompetenzarmut niederschlägt (Edelstein 2006). Die Armut erhält dadurch – neben ihrer faktischen Seite – eine biographische Bedeutung, in der sich die Lebensverhältnisse mit persönlichen Defiziterfahrungen vermischen. Diese Zuschreibungslogik von ökonomischen, kulturellen und sozialen Defiziten auf Persönlichkeitseigenschaften zeigt sich auch in der Tendenz, Jugendlichen aus Armutsmilieus die Verfügbarkeit bestimmter Schlüsselqualifikationen wie Pünktlichkeit, Teamfähigkeit und Zuverlässigkeit abzusprechen. Die Entwicklung solcher Kompetenzen setzt jedoch Lebensbedingungen voraus, die unter extremer Armut nicht gegeben sind: Kontinuität in den Lebensverhältnissen und eine sozioökonomische Grundversorgung. Die Zuschreibung von Unvermögen jedoch verwandelt den Prozess der sozialen Ausgrenzung aufgrund von Ressourcenmangel in einen Prozess der Desintegration und psychischen Leidens (Hoffmeister 2008, 115). Denn das unterstellte „Unvermögen" wird in der Schule, den Arbeitsagenturen und den Arbeitsplätzen als persönliches Defizit wie mangelnde Kompetenz, mangelnde Informiertheit, mangelnde Schlüsselqualifikationen umgemünzt und so von den Betroffenen selbst als „Versagen" interpretiert. In der Münsteraner Armutsstudie zeigte sich dementsprechend, dass eines der zentralsten Probleme der Arbeit mit von Armut und sozialer Ausgrenzung betroffenen Familien darin besteht, dass die äußeren Bedingungen des Lebens in Armut mit individuellen und persönlichen Problemen der Lebensführung und Lebensbewältigung verschmelzen. Vor allem in solchen Fällen, die durch Langzeitarbeitslosigkeit und soziale Entwurzelung durch erzwungenen Umzug in ein armes Quartier oder Obdachlosigkeit gekennzeichnet sind, verstärkt sich das Problem nicht nur deshalb, weil dort die – mittelschichtsorientierten – Unterstützungslogiken der Jugendhilfe nicht mehr greifen. Hinzu kommen auftretende Zielkonflikte, die sich durch Orientierung an „normalen" Konsumbedürfnissen, an sozialen Bildungsaufstiegen und „normalen" Arbeitsfamilien ergeben. Sie erst lassen die Situation der Betroffenen so aussichtslos erscheinen. Und diese Aussichtslosigkeit wird schließlich auch noch institutionell durch die Zuschreibung von Zertifikats- und Kompetenzmangel verfestigt. Schließlich entziehen solche Zuschreibungsprozesse den Akteuren jedoch auch auf der Ebene ihrer Sozialbeziehungen jegliche Grundlage dafür, jene sozialen Praxen zu etablieren und auf Dauer zu stellen, die sie für die Verwirklichung ihrer Handlungspotenziale brauchen.

Literatur

Asendorpf, J. B. (2008): Genetische Grundlagen der Sozialisation. In: Hurrelmann, K., Grundmann, M., Walper, S. (Hrsg.), 70–81

Bauer, U., Bittlingmayer, U. (2008): Körpersozialisation. Zeitschrift für Soziologie der Erziehung und Sozialisation 2, 115–120

Berger, P. A., Luckmann, T. (1969): Die gesellschaftliche Konstruktion der Wirklichkeit. Eine Theorie der Wissenssoziologie. Fischer, Frankfurt / M.

Bertram, H. (2002): Intimität, Ehe, Familie und private Beziehungen. Soziale Welt 53, 415–422

– (1995): Das Individuum und seine Familie. Leske & Budrich, Opladen

Bronfenbrenner, U. (1979): The Ecology of Human Development. University Press, Cambridge

Durkheim, E. (1984). Erziehung, Moral und Gesellschaft. Suhrkamp, Frankfurt / M.

Edelstein, W. (2006): Bildung und Armut. Der Beitrag des Bildungssystems zur Vererbung und zur Bekämpfung von Armut. Zeitschrift für Soziologie der Erziehung und Sozialisation 26, 120–134

Elder, G. H. jr. (1995): The Life Course Paradigm: Social Change and Individual Development. In: Moen, P., Elder, G. H. Jr., Lüscher, K. (Hrsg.): Examing Lives in Context: Perspectives on the ecology of Human Development. APA, Washington, 101–140

– (1974): Children of the Great Depression. University of Chicago Press, Chicago

Gerris, J. R. M., Grundmann, M. (2002): Reziprozität, Qualität von Familienbeziehungen und Beziehungskompetenz. Zeitschrift für Soziologie der Erziehung und Sozialisation 22, 3–24

Geulen, D. (2005): Subjektorientierte Sozialisationstheorie. Juventa, Weinheim

Groh-Samberg, O., Grundmann, M. (2006): Soziale Ungleichheit im Kindes- und Jugendalter. Aus Politik und Zeitgeschichte 26, 11–18

Grundmann, M. (2008a): Humanökologie, Sozialstruktur und Sozialisation. In: Hurrelmann, K., Grundmann, M., Walper, S. (Hrsg.), 173–182

– (2008b): Handlungsbefähigung – eine sozialisationstheoretische Perspektive. In: Otto, Ziegler (Hrsg.), 131–141

– (2006a): Sozialisation. Skizze einer allgemeinen Theorie. UVK, Konstanz

– (2006b): Milieuspezifische Handlungsbefähigung sozialisationstheoretisch beleuchtet. In: Grundmann, Dravenau, Bittlingmayer, Edelstein (Hrsg.), 57–73

– (2004): Intersubjektivität und Sozialisation. In: Geulen, D., Veith H. (Hrsg.): Sozialisationstheorie interdisziplinär. Lucius & Lucius, Stuttgart, 37–56

– (1994): Das „Scheitern" der sozialstrukturellen Sozialisationsforschung oder frühzeitiger Abbruch einer fruchtbaren Diskussion. Zeitschrift für Sozialforschung und Erziehungssoziologie, 14, 163–186

–, Dravenau, D., Bittlingmayer, U., Edelstein, W. (Hrsg.) (2006): Handlungsbefähigung und Milieu. Zur Analyse milieuspezifischer Alltagspraktiken und ihrer Ungleichheitsrelevanz. Lit-Verlag, Münster

–, Fuss, D., Suckow, J. (2000). Sozialökologische Sozialisationsforschung. Gegenstand, Entwicklung und Anwendungsbereiche. In: Grundmann, M., Lüscher, K. (Hrsg.): Sozialökologische Sozialisationsforschung. Ein anwendungsbezogenes Lehr- und Studienbuch. UVK, Konstanz, 17–76

–, Hoffmeister, D. (2009a): Familie als Interaktions- und Beziehungsgeflecht. Zum Wandel der Familie als Erziehungsinstanz. In: Mertens, G., Frost, U., Böhm, W., Ladenthin, V.: (Hrsg.): Handbuch der Erziehungswissenschaft. Band III. Schöningh, Paderborn, 195–215

–, – (2009b): Familie nach der Familie – Alternativen zur bürgerlichen Kleinfamilie. In: Burkart, G. (Hrsg.): Sonderband der Zeitschrift für Familienforschung.

Hoffmeister, D. (Hrsg.) (2008): Von Bettlern und Business-Menschen. Städtische Armut am Beispiel Münster. Lit-Verlag, Münster

Homfeld, H. G., Schroer, W., Schweppe, C. (Hrsg.)(2008): Vom Adressaten zum Akteur. Soziale Arbeit und Agency. Budrich, Opladen

Hurrelmann, K. (2002): Einführung in die Sozialisationstheorie. Beltz, Weinheim

– (1983): Das Modell des produktiv-realitätsverarbeitenden Subjekts. Zeitschrift für Sozialisationsforschung und Erziehungssoziologie 3, 91–103

–, Grundmann, M., Walper, S. (Hrsg.) (2008a): Handbuch der Sozialisationsforschung. Beltz, Weinheim

–, –, – (2008b): Zum Stand der Sozialisationsforschung. In: Hurrelmann, K., Grundmann, M., Walper, S. (Hrsg.), 14–31

Kessl, F., Reutlinger, Ch., Ziegler, H. (Hrsg.) (2008): Erziehung zur Armut? Soziale Arbeit und die „neue" Unterschicht. VS, Wiesbaden

Lüscher, K., Liegle, L. (2003). Generationenbeziehungen in Familie und Gesellschaft. UVK, Konstanz

Otto, H-U., Ziegler, H. (2008): Capabilities – Handlungsbefähigung und Verwirklichungschancen in der Erziehungswissenschaft. VS, Wiesbaden

Trommsdorf, G. (1989): Sozialisation im Kulturvergleich. Enke, Stuttgart

Walper, S. (2008): Sozialisation und Armut. In: Hurrelmann, K., Grundmann, M., Walper, S. (Hrsg.), 203–216

– (1999): Auswirkungen von Armut auf die Entwicklung von Kindern. In: Lepenies, A., Nunner-Winkler, G., Schäfer, G. E., Walper, S. (Hrsg): Kindliche Entwicklungspotenziale. Normalität, Abweichung und ihre Ursachen. DJI, München, 291–360

Sozialmanagement

Von Armin Wöhrle

Der Begriff Sozialmanagement ist ein schillernder Begriff. Sein Schillern kommt zustande, weil er aus zwei, in den Diskussionssträngen der Sozialen Arbeit nicht unmittelbar kompatiblen Wortbestandteilen besteht. Der Reihe nach wird auf die Vorsilbe „Sozial", den Begriff „Management", auf die Diskussionen über das Sozialmanagement und seine Definition einzugehen sein.

Die Vorsilbe „Sozial"

Die pragmatische Betrachtungsweise stellt fest, dass Soziale Arbeit nicht nur ehrenamtlich geleistet wird und sobald sie durch Organisationen erbracht wird – ob nun in öffentlichen Verwaltungen (Jugend- und Sozialämter), bei freigemeinnützigen Trägern (Wohlfahrtsverbänden, kleinen e. V.), in oder durch Wirtschaftsunternehmen (als betriebliche Sozialarbeit, aber auch als Sozialarbeit mit Gewinnabsicht) – gemanagt werden muss. Die wertende Betrachtungsweise versteht die Vorsilbe „Sozial" als Ausrichtung auf ein Management, das sozialpolitischen, gesellschaftlichen und fachlichen (sozialarbeiterischen und sozialpädagogischen) Ansprüchen, letztlich ethisch-moralischen Grundsätzen zu folgen hat im Gegensatz zu einem am Gewinn orientierten Managen. Diese Betrachtungsweise ist einerseits durch das Sozialstaatspostulat untersetzt, andererseits durch die Professionalität, die im Rahmen der Sozialen Arbeit durch Reflexion und Theorie herausgebildet wird. Professionelle Leistungen der Sozialen Arbeit werden durch den Staat und / oder die Gemeinschaft finanziert, und damit werden Steuerungsmechanismen für das „Soziale" vorgegeben. Auch wenn hier neuerdings „Als-ob-Märkte" geschaffen und auf Marktmechanismen bei der Auftragsvergabe gesetzt wird, kann keineswegs von einem freien Markt sozialer Dienstleistungen gesprochen werden. Bei der Vergabe sozialer Leistungen an Hilfebedürftige bleibt der Auftrag des Staates erhalten. Fraglich ist lediglich, welche Steuerungslogik und welche Instrumente effektiver im Interesse der Betroffenen wirksam werden und welche im Interesse bestimmter sozialpolitischer Weichenstellungen als effektiv angesehen werden.

Unter dem Aspekt der Disziplin und Profession Sozialer Arbeit verlangt der Anspruch des „Sozialen" eine eigenständige Betrachtungsweise (Merten 1997). Im Sinne einer Disziplin bedarf es eines quasi autonomen Status. Als unabhängige Fachlichkeit nur den eigenen disziplinären und professionellen Kategorien verpflichtet, werden soziale Problemlagen analysiert und Handlungsstrategien zu ihrer Bearbeitung bzw. Lösung erarbeitet. Diese Betrachtungsweise darf keinem fremden Auftrag folgen und ist legitimiert, sich kritisch mit bestehenden gesellschaftlichen und politischen Verhältnissen auseinanderzusetzen.

Für die organisationale Steuerung sind beide Aspekte des „Sozialen" von Bedeutung, wobei sich beide nicht decken müssen. Durch den Auftrag- und Finanzgeber werden zunehmend Instrumente der Wirkungssteuerung eingesetzt, und von den Auftrag nehmenden Organisationen wird verlangt, Ergebnisse zu belegen. Dies ist dadurch begründet, dass der Auftrag- und Finanzgeber die Verausgabung öffentlicher Mittel legitimieren muss. Aus der Eigenlogik der Fachlichkeit Sozialer Arbeit betrachtet, können sowohl die durch den Auftraggeber vorgegebenen Ziele als auch die Instrumente des Wirkungsnachweises umstritten sein. Aus Sicht des Finanzgebers können wiederum die Konzepte, die Professionelle im Interesse der Klientel für angemessen halten, zu kostenintensiv und damit sozialpolitisch nicht durchsetzbar sein.

Otto/Thiersch (Hg.), Handbuch Soziale Arbeit, 4. A., DOI 10.2378/ot4a.art145,

Für das Sozialmanagement kann weder der „Auftrag- und Finanzgeberaspekt" noch der Aspekt der Fachlichkeit vernachlässigt werden. Von den Professionellen darf kein Verstoß gegen Standards und ihren Code of Ethics verlangt werden, gleichzeitig dürfen die Vorgaben der Auftrag- und Finanzgeberseite nicht unberücksichtigt bleiben, weil dies die Überlebensfähigkeit der Organisation gefährden könnte. Das Sozialmanagement muss deshalb eine betriebliche und organisatorische Leistung im Interesse der Klienten sicherstellen, in der beide Aspekte des „Sozialen" in der Balance gehalten werden.

Das Hauptwort „Management"

Die zweite Betrachtungsebene richtet sich auf das Management. Der Begriff existierte längst bevor in der Sozialen Arbeit über Sozialmanagement diskutiert wurde. Als Geburtsstunde werden in der Managementliteratur (Steinmann/Schreyögg 2000, 29 ff.) die schweren Eisenbahnunfälle in den 40er Jahren des 19. Jahrhunderts in den USA angeführt, die eine neue Form der Koordinierung und Steuerung von Unternehmen notwendig machten. Generell kann festgestellt werden, dass es die Größe und Komplexität sowie die damit zusammenhängenden Koordinationsprobleme waren, die nach differenzierten Zuständigkeiten, eindeutigen Kommunikationswegen, Verantwortlichkeiten und Unterstellungsverhältnissen verlangten. Es bedurfte einer Vervielfältigung von Leitungsentscheidungen innerhalb eines definierten Korridors von Entscheidungsbefugnissen, die nur durch die Schaffung von neu entstehenden Managementfunktionen von den (ursprünglich wenigen) Leitungspersonen erreicht werden konnte. Es musste eine Art „Verselbstständigung" von leitenden Funktionen gegenüber dem früheren Eigentümerunternehmer erfolgen.

Anders als in den USA wurden in Deutschland keine neuen Leitungsfunktionen und kein neues System für den Aufbau von großen wirtschaftlichen Unternehmen kreiert. Hier konnte man bereits auf ein ausgeklügeltes personenunabhängiges Steuerungssystem zurückgreifen, das mit der Bürokratie gewachsen war (Weber 1921). Organisatorische Lösungen und in deren Umsetzung geübte Beamte wurden hier gezielt aus der öffentlichen Verwaltung

übernommen. Lediglich die Anpassung an Privatunternehmen musste vorgenommen werden.

Der Begriff des Managements leitet sich aus dem Wortursprung „manus" (lat. die Hand), „agere" (lat. führen) sowie „maneggiare" (ein Pferd in allen Gangarten üben) ab. In der Nähe zu Bildern aus der Sozialpädagogik und im Widerspruch zu Vorstellungen des „Trichtermodells" der Pädagogik und des „Maschinenmodells" der Wirtschaft (Taylorismus) findet man in der Managementliteratur häufig das Bild, dass man Pferde zwar zum Wasser führen kann, sie jedoch dann allein trinken müssen.

Es existieren viele, auch unterschiedliche Definitionen des Begriffs Management in den Betriebswirtschaften, der Organisationssoziologie und -psychologie. Der wesentliche Unterschied bei den Definitionen besteht darin, ob Management als Funktion oder als Institution betrachtet wird. Folgende Beispiele zeigen den Unterschied: „Management ist ein Komplex von Steuerungsaufgaben, die bei der Leistungserstellung und -sicherung in arbeitsteiligen Systemen erbracht werden müssen" (Steinmann/Schreyögg 2000, 7). Oder: „Management bedeutet Gestalten und Lenken von Institutionen der menschlichen Gesellschaft" (Ulrich 1984, 49). Unter dem funktionalen Blickwinkel müssen unterschiedliche Aufgaben, Funktionen und Rollen in Organisationen übernommen werden, um ein funktionierendes Steuerungssystem aufzubauen, aufrechtzuerhalten und letztlich das Fortbestehen der Organisationen zu gewährleisten. Personen sind unter diesem Aspekt austauschbare Rollenträger. Es gibt genügend Organisationen, die länger existieren als ein Mensch leben kann. Schon aus diesem Grund müssen Organisationen immer wieder neue Organisationsmitglieder auf die jeweils notwendige Erfüllung von Funktionen ausrichten. Die Einpassung der Organisationsmitglieder, ihre Sozialisation, erfolgt über Ziele, Werte, Normen und Regelwerke. Insbesondere Zweckrationalität und Formalisierungen werden hier diskutiert, allerdings auch Machtaspekte, Mythen und Riten sowie irrationale Elemente in der Organisationskultur. Was für die Besetzung aller Positionen in Organisationen gilt, das gilt auch für die Besetzung von Führungs- und Leitungspositionen. Neben der Grundqualifikation, die außerhalb der Organisation erworben worden sein kann, findet innerhalb der Organisation ein mehr oder weniger gezielter Lern- und Anpassungsprozess statt, mit dem neue Organisationsmitglieder auf die Ziele, Werte und Handlungsformen der Organisation eingeschworen werden.

Die Betrachtung von Management als Institution hebt hervor, dass wir immer auf konkrete Menschen treffen, wenn wir mit Organisationen in Kontakt treten. Organisationen existieren nur durch tatsächlich agierende Personen, die Teile der oder die gesamte Organisation verkörpern. Diese Personen haben neben dem Auftrag, den sie erfüllen, auch andere, eigene Interessen, die sie nicht nur außerhalb der Organisation verfolgen, sondern denen sie auch in ihr nachgehen. Sie gestalten ihre Rolle in der Organisation aus. Dies trifft auf alle Organisationsmitglieder zu, insbesondere jedoch auf die Personen in Führung- und Leitungspositionen. Die Übersetzung von Managen als Gestalten und Lenken, Führen und Steuern verweist auf ein größeres Potenzial an Beeinflussungsmöglichkeiten, über das Führungs- und Leitungspersonen im Verhältnis zu anderen Organisationsmitgliedern verfügen. Dies drückt sich einerseits in Über- und Unterordnungsverhältnissen, Weisungsbefugnissen, Unterschriftsberechtigungen, Prokura, Vertretungsvollmachten etc. im alltäglichen Arbeitsvollzug aus, andererseits in der Organisationsgeschichte, die nicht selten als Geschichte von Führungspersönlichkeiten erzählt wird. Gründerpersönlichkeiten treten dabei hervor, jedoch auch Reformer und Reformerinnen, manchmal auch Personen, die unrühmliche Abschnitte oder den Niedergang verantworten.

Zur Entwicklungsgeschichte des Begriffs „Sozialmanagement"

Unter dem Aspekt der Entwicklungsgeschichte betrachtet, ist Sozialmanagement ein junger Begriff. In aller Selbstverständlichkeit wird er seit den 1990er Jahren verwendet. Offensichtlich wurde er eingeführt in der Überzeugung, dass auch die Organisationen, die Leistungen der Sozialen Arbeit erbringen, geführt, gesteuert und geleitet werden müssen. Auffällig ist, dass sich dieser Begriff so spät durchsetzte, denn schließlich gab es ja bereits große Organisationen (Untergliederungen von Wohlfahrtsverbänden mit fünfstelligen Beschäftigtenzahlen), in denen dieser Auftrag Jahrzehnte vorher erfüllt werden musste. Es stellt sich die Frage, unter welchem Begriff zuvor das Führungs- und Leitungsgeschäft bezeichnet wurde und inwieweit es überhaupt Gegenstand der Diskussion war.

Da die Organisationen, die Soziale Arbeit verrichten, entweder direkt der öffentlichen Verwaltung angehören oder aber sowohl hinsichtlich der rechtlichen Vorgaben als auch ihrer Finanzierung von der öffentlichen Verwaltung abhängig sind, folgt ihr Management den Vorgaben, die durch die Verwaltungsbürokratie gesetzt werden. Know-how bestand bisher darin, mit rechtlichen Grundlagen und Verwaltungsvorschriften umgehen zu können. Der Einfachheit halber wurde im Rahmen der Sozialen Arbeit alles, was die Organisation und nicht die fachliche Arbeit betraf, als Verwaltung bezeichnet. Das Leiden an und die Kritik der Fremdheit der verwaltungstechnischen Logik gegenüber der fachlichen durchziehen die Diskussionen spätestens seit der Einrichtung von Studiengängen der Sozialarbeit und Sozialpädagogik an Hochschulen und der Professionalisierung der Sozialen Arbeit in den 1970er Jahren.

Ein Ausweg wurde darin gesehen, an die Selbsthilfe Betroffener anzuknüpfen, eingeschliffene professionelle Handlungsrationalitäten zu hinterfragen und auf Distanz zur administrativen Fremdkontrolle zu gehen. Das Ziel war eine alternative, kritische Professionalität (Olk 1986), die sich auch in Ansätzen innerhalb der bestehenden Strukturen durchzusetzen begann (Müller 2001). Perspektivwandel und Innovation waren ein Thema der öffentlichen Verwaltung (Kreft / Lukas 1990). Ebenso mehrte sich in den 1980er Jahren die Kritik am korporatistischen System (Seibel 1992). Die Organisationen der Sozialen Arbeit reagierten darauf mit einer Suchbewegung nach einer eigenen, nicht so eng an die öffentliche Verwaltung gekoppelten Steuerung und Führung (z. B. Schwarz 1991; Flösser 1994).

Nicht einig war man sich hinsichtlich der Bezeichnung, obwohl sich der Managementbegriff langsam durchzusetzen begann (Flösser / Otto 1992), allerdings gekoppelt an unterschiedliche Zusätze wie „Management für Non-Profit-Einrichtungen" (Schwarz 1996), „Management in sozialen Organisationen" (Gehrmann / Müller 1993) usw. Der bereits 1973 im Rahmen der Diakonischen Akademie eingeführte Begriff des „Sozialmanagements" war offensichtlich der griffigere und setzte sich in der Folge durch (Müller-Schöll / Priepke 1983 / 1991). Charakterisiert werden kann die Denkfigur in dieser Phase durch einen Aufbruch, eine Innovationsabsicht und eine Suchbewegung nach einem eigenständigen Managementverständnis, wobei unsystematisch Bruchstücke (auch veraltete Ansätze) aus sehr unterschiedlichen Zusammenhängen der Wirtschaftswissenschaften sowie der Organisationssoziologie und -psychologie zusammengewürfelt wurden.

Mit der „Ökonomisierung", hier auf den Ausschnitt des Umbaus der wohlfahrtstaatlichen Systeme in Europa mit Auswirkungen bis in das Steuerungssystem der öffentlichen Verwaltung bezogen (neue Steuerungssysteme), wurde ein „Wandel zweiter Ordnung" (Wöhrle 2005, 52 ff.) eingeleitet, gekennzeichnet durch einen Paradigmenwechsel oder – noch krasser ausgedrückt – eine „revolutionäre Umbruchsituation" für die Sozialsysteme und ihre Verwaltung. Es wurde nun erstmalig das auf den Feudalismus zurückgehende kameralistische Regime der öffentlichen Verwaltung, das im aufkommenden Kapitalismus durch eine Formalbürokratie überformt wurde und die verschiedenen politischen Systeme als Exekutive überdauert hatte, frontal infrage gestellt und durch das kapitalistische Modell der betriebswirtschaftlichen Steuerung zu ersetzen gesucht. Die Suchbewegung des Managements in den Organisationen der Sozialen Arbeit nach eigenständigen Ansätzen sowie die Bestrebungen der Fortbildungs- und Beratungsträger wurden gleichermaßen „überrollt" (2009).

Von stringenten Sozialmanagementansätzen kann bis heute nicht gesprochen werden. Auch Merchel hat seine frühere Einteilung in drei Ansätze (Merchel 1992) revidiert (2009). Was sich aufzeigen lässt, sind Veröffentlichungsreihen und Diskussionslinien. Im Umfeld von Müller-Schöll entstand ein Ansatz des Führens und Leitens, der gruppen- bzw. interaktionsdynamisch Aspekte hervorhebt (Müller-Schöll / Priepke 1983 / 1991). Betriebswirtschaftliche Aspekte hatten hier wenig Bedeutung. Spätere Akteure in der Diakonischen Akademie (Grunwald 2001) entwickelten den Ansatz weiter und öffneten ihn zu einem systemischen hin. Beim „Freiburger Management-Modell für Non-Profit-Organisationen" (Schwarz 1996; Schwarz et al. 1999) stehen die Genossenschaften im Vordergrund, für die eigenständige Ansätze des Managements zu entwickeln gesucht werden. Im Institut für Sozialarbeit und Sozialpädagogik Frankfurt entstand eine Veröffentlichungslinie (Maelicke / Reinbold 1992), die insbesondere von Maelicke in einem Handbuch (1998), einem Lehrbuch (Arnold / Maelicke 1998) und einer Schriftenreihe (Edition Sozialmanagement bei Nomos) weiterentwickelt wurde. Parallel dazu entstand eine Schriftenreihe im Umfeld der Fachhochschule München, die später in den Ziel-Verlag mündete. Sie ist geprägt durch G. Schwarz. Durch ein Projekt der Bund-Länder-Kommission wurden Studiengänge des Sozialmanagements gefördert, für die umfangreiche Studienmaterialien (Hochschulverbund Distance Learning, Nomos Verlagsgesellschaft, Ziel-Verlag) entwickelt wurden (Wöhrle 2009, 139 ff.).

Bis heute sind somit viele Veröffentlichungen zum Thema Sozialmanagement entstanden, die überwiegend als Reaktion auf aktuelle Themen der Praxis und Lehrmaterial charakterisiert werden können. Nach einer Phase der „überrollten" eigenständigen Suche, einer zweiten Phase des teilweise unreflektierten Imports von Wissen aus den Wirtschaftswissenschaften zeichnet sich jetzt eine dritte Phase der Bestandsaufnahme, der Sortierung und Ordnung sowie der theoretischen Durchdringung ab (Wöhrle 2008). Kennzeichen hierfür sind das erste Lexikon der Sozialwirtschaft (Maelicke 2008), der Vier-Länder-Kongress in Luzern, auf dem eine systematische Bestandsaufnahme zu Ausbildung, empirischer Forschung und Entwicklung sowie hinsichtlich der Theoriebildung von Sozialwirtschaft und Sozialmanagement zu schaffen gesucht wurde (Bassarak / Wöhrle 2008) sowie die Neufassung des ersten einordnenden Werks zum Sozialmanagement (Flösser / Otto 1992) durch Grunwald (2009).

Die gegenwärtigen Bestandsaufnahmen machen deutlich, dass es auch hinsichtlich wesentlicher Fragen keine Einigung gibt. Dies ist insofern nicht verwunderlich, da unterschiedliche Zugänge beliebig nebeneinander stehen und kein zusammenhängendes Forschungsprogramm in Sicht ist. Bei genauer Betrachtung wird einiges von dem, was bereits als geordnet erschien, wieder uneindeutig und bereits manche angeblich systematische Suche ist nicht exakt ausgerichtet (Wöhrle 2009, 146 ff.). Hier kann nur schlaglichtartig auf wesentliche Diskussionslinien eingegangen werden.

Aktuelle Diskussionslinien

Nach wie vor existiert eine Position, die in Steuerungsfragen neben fachlichen Entscheidungen keine weiteren zulassen will. Sozialmanagement wird eher als Zumutung gesehen, da das Zentrum dieser Position durch professionelle Identität und fachliche Autonomie gebildet wird (2007, 333 ff.). Die differenziertere Kritik besagt, dass im manageriellen (in Abgrenzung zum professionellen) Handlungsmodus und seiner Ausrichtung am betrieblichen Erfolg Gefahren für die Soziale Arbeit und ihre Leistungsfähigkeit für das Klientel stecken. Durch „bürokratische Formen von Kooperation und Kontrolle der Arbeit" („Managerialismus") und durch marktförmige Handlungsformen („Konsumerismus") könne die Professionalität und das gute Resultat im Interesse der Klienten überformt werden. Das produktive Spannungsverhältnis zwischen Profession und Organisation könne durch „charismatische Herrschaft" des Managements und „sinnstiftende Ideologien" (Corporate Identity, Leitbild) sowie gezielte Personalentwicklung zur Seite der Organisation aufgelöst und ein neuer Typ des Professionellen („organizational professionalism") geschaffen werden (Beckmann et al. 2009). Dort, wo die Einführung von (Als-ob-)Marktmechanismen untersucht wird, stellen sich nicht automatisch die befürchteten Aspekte ein. Dahme und Wohlfahrt bemerken, dass die neuen Steuerungsformen keineswegs zu einer Angleichung sozialpädagogischer Dienstleistungsformen an die marktwirtschaftlichen führen, vielmehr dienten diese „primär der Reflexion zielgerichteter beruflicher Interventionen und der Organisationspraxis" (Dahme/Wohlfahrt 2003, 47). Mit Kessl (2009, 42 ff.) können verschiedene Vermutungen angestellt werden: Führt die sozialpädagogische Praxis gegenüber den Steuerungsmechanismen ein gewisses Eigenleben? Oder gestaltet die sozialpädagogische Professionalität gar die neuen Steuerungsansätze mit und richtet sie produktiv, zunehmend passend zur Praxis aus? Insbesondere die letzte Frage ist spannend, denn sie führt aus der veralteten Konfrontation von Fachlichkeit Sozialer Arbeit kontra Management heraus. Hierfür muss dann allerdings eine Position eingenommen werden, wie sie an den meisten Fakultäten, die Studiengänge des Sozialmanagements anbieten, anzutreffen ist. Organisationen, die Soziale Arbeit erbringen und

sozialpädagogische/sozialarbeiterische Professionalität müssen in ihrem Praxisgehalt und ihrer Wirkung als konstitutiv miteinander verbunden betrachtet werden (Ortmann 2005, 286). Deshalb sollte Ausbildung und Forschung mit der Praxis unter der Entwicklungsperspektive kooperativ betrieben werden. Das Ziel sollten gute Ergebnisse (best practice) im Interesse der Klienten sein. Hierfür bedarf es der Schaffung problemangemessener Strukturen in den Organisationen und der Verbesserung der Steuerungsprozesse in einer Form, die den fachlichen Erbringungsvollzügen angemessen ist, sowie einer Weiterentwicklung professioneller Methoden gleichermaßen.

In den jüngeren Bestandsaufnahmen weitet sich der Blickwinkel, indem theoretische Ansätze der Organisationssoziologie, -psychologie und Managementlehre als anschlussfähig an Auffassungen in der Theoriebildung der Sozialen Arbeit erkannt werden. Lehrbücher (Grunwald/Steinbacher 2007; Merchel 2005; Wöhrle 2003; 2005) gehen von einem Organisationsverständnis jenseits der Maschinenmodelle Taylors oder des Bürokratiemodells eines Max Webers aus. Organisationen erscheinen als systemische Gebilde und als Kulturen. Es werden ethisch-moralische Kategorien einbezogen, Organisationen werden als lernende Gebilde betrachtet, und ein darauf gerichtetes Management hat geringe Chancen, unter einem funktionalen Aspekt durchzuregieren. Vielmehr hat es als Daueraufgabe, die Balance zwischen fachlichen – inklusive der ethischen – Anforderungen und der ökonomischen Sicherung der Organisation – inklusive der Erhaltung der Beschäftigtenverhältnisse – zu halten. Die Betrachtung von Handlungsvollzügen im Rahmen des Sozialmanagements einerseits und denen in Handlungsansätzen der Sozialen Arbeit andererseits scheinen kompatibel zu werden. Die Auseinandersetzung mit einer angemessenen Steuerung der Organisationen der Sozialen Arbeit rückt damit ins Zentrum des Interesses. Es ist zu prüfen, ob es Managementkonzepte gibt, die Führungs- und Steuerungskonzepte ausgebildet haben, mit denen die „autonomen" Interessen der Sozialen Arbeit angemessen berücksichtigt werden. Den hier skizzierten Forschungsweg verfolgt ein Forschungsprojekt an der Hochschule für Soziale Arbeit und Wirtschaft Luzern. Die in der Schweiz existierenden Management-Modelle für den öffentlichen und den Nonprofit-Sektor sollen im

Hinblick auf ihre Eignung für das Sozialmanagement überprüft werden. Es wird ein Synergieeffekt angestrebt: Der Wissensbestand ausgearbeiteter Managementmodelle für das Sozialmanagement soll transferiert werden, gleichzeitig soll durch den Abgleich und das Auffinden von Differenzen eine spezifische Weiterentwicklung der bestehenden Managementmodelle initiiert werden (Bürgisser et al. 2008). Darüber hinaus werden einzelne Managementverfahren untersucht. Insbesondere dem Qualitätsmanagement scheint dabei eine Brückenfunktion zu Professionalitätskriterien zuzukommen (Merchel 2006).

Wenn allerdings diese Untersuchungen zu dem Schluss kommen, dass in ausgearbeiteten Managementkonzepten keine ausreichenden Bezugspunkte vorhanden sind, um den Besonderheiten des Wirtschaftens und Managens im Sozialmanagement gerecht zu werden, dann steht allerdings eine große Herausforderung an, die darin besteht, ein anderes Management von Grund auf zu entwerfen. Bislang wurde dieser Bedarf nur behauptet, der Nachweis, dass die Besonderheiten der Sozialen Arbeit nicht integrierbar sind, jedoch nicht geliefert.

Im ersten sortierenden Beitrag von Flösser und Otto (1992) wurde der Blick über die organisationsinterne Optimierung des Sozialmanagements hinaus geweitet. Lösungen wurden nicht nur in internen Verbesserungsstrategien gesucht, sondern im Sinne eines „Managements des Sozialen" in einem sozialpolitischen Steuerungsprogramm. Dieses Verständnis wird heute von Kessl aufgegriffen. Allerdings warnt er vor der Gefahr, „Ansatzpunkte für alternativ-widerständige Strategien systematisch zu verpassen", wenn der Appell nach einer Fortsetzung von Strategien eines „Management des Sozialen" eher als Rückerinnerung an die bisherige wohlfahrtsstaatliche Form einer „Verwaltung des Sozialen" verstanden werden soll. Er konstatiert tief greifende Änderungsprozesse für die Gestaltungsformen des Sozialen, wobei die sozialwirtschaftlichen Transformationen lediglich einen, wenngleich bedeutenden Aspekt dieses Wandels darstellen. Im Zusammenhang mit den grundlegenden Prozessen des Wandels zieht er sowohl die Effektivität und Effizienz des Ideals der Sozialbürokratie als auch die Idealvorstellung der akademischen Professionalisierung in Frage. Er lehnt das Konzept eines „Management des Sozialen" nicht ab, besteht aber auf einer „machtanalytischen Perspektive in der Organisationsforschung Sozialer Arbeit" (Kessl 2009, 42 ff., insbes. 55).

Ein Aspekt wurde im Diskurs über Sozialmanagement bislang ausgeklammert. Nachdem auch die Wirtschaftswissenschaften für das Sozialmanagement ausbilden, rückt zwangsläufig ins Blickfeld, dass nicht nur aus der Vorsilbe, sondern auch vom Wortstamm her ein plausibler Anspruch auf Zuordnung abgeleitet werden kann. Warum sollte das Sozialmanagement nicht eine Unterabteilung der Managementlehre sein, denn das Gesundheitsmanagement ist nicht Teil der Medizin, und das Management eines Maschinenbaubetriebes wird nicht in der Fakultät Maschinenbau gelehrt. Managementlehre definieren Steinmann und Schreyögg als „Lehre der systematischen Erörterung von betrieblichen Steuerungsproblemen". Für sie ist diese Lehre anwendungsbezogen und „a-disziplinär":

„Das Prinzip der Problemorientierung fordert dazu auf, über alle Disziplingrenzen hinweg auftretende Probleme bei der Steuerung von Betrieben zu verstehen, zu formulieren [...] und solches Wissen zu generieren oder aus Grundlagendisziplinen einzuarbeiten, das der Problemlösung dienlich ist [...]. Um das leisten zu können, muss die Managementlehre Integrationswissen generieren, d. h. sie braucht ein Instrumentarium, um sich zwischen den Disziplinen bewegen zu können. Insofern arbeitet sie nicht interdisziplinär, sondern ‚infradisziplinär'. [...] Die Managementlehre ist – so gesehen – den Grundlagendisziplinen vorgelagert. Sie ist der erste Adressat, wenn es um die Klärung ungelöster Steuerungsprobleme geht ..." (Steinmann / Schreyögg 2000, 37 f.)

Damit könnte Sozialmanagement als Unterabteilung der Managementlehre angesehen werden. Auch wenn von verschiedenen Autoren (Merchel 2005; Wöhrle 2002; 2009) die Besonderheiten des Managens in Organisationen der Sozialen Arbeit hervorgehoben werden (Sachzieldominanz, nicht-schlüssige Tauschbeziehung, Ehrenamtlichkeit, mehrwertige Bewirtschaftungslogiken, ethisch-moralische Kategorien, usw.), so besteht keine prinzipielle Barriere von Seiten der Managementlehre, diese Besonderheiten theoretisch in ihre Unterabteilungen zu integrieren. Da lediglich die Frage aufgeworfen (Wöhrle 2007), jedoch die Debatte über die Verortung des Sozialmanagements im Wissenschaftsgefüge bislang nicht geführt wurde, muss von einem offenen Zustand ausgegangen werden. Es ist unklar, wohin das Sozialmanagement im Wissenschaftsgefüge gehört, und es existiert keine eigenständige Theoriebildung. Festgehalten werden kann aus dem bisher Gesagten, dass für die Organisationen der Sozialen Arbeit schon immer eine Führung und Steuerung existieren musste. Diese wird seit den 1990er Jahren mit dem Begriff des Sozialmanagements versehen. Über ihre Bewertung wird gestritten. Während das Sozialmanagement von einem Teil der Diskussionsteilnehmenden als ein Eingriff in die Autonomie der Sozialen Arbeit erlebt wird, erwarten sich andere dadurch eine neue Dimension des Zugriffs auf Sozialpolitik. Beide Positionen sollten als geschichtlich überwunden angesehen werden.

Management in der Sozialwirtschaft und Sozialmanagement

Während Wendt (2002; 2007) Sozialmanagement in den Kontext der Sozialwirtschaft stellt und damit eine Bandbreite bis hin zur Regelung des alltäglichen Lebens aufmacht, will Merchel (2009) Sozialmanagement ausschließlich auf die einzelne Organisation und deren Steuerung (Betriebsführung) verstanden wissen. Für Merchel ist das keine infrastrukturbezogene und schon gar keine sozialpolitische Kategorie. Hier kann angemerkt werden, dass vermutlich der erste Vorschlag zu weit greift und damit das Spezifische des Sozialmanagements nicht fassen kann, der zweite jedoch zu eng, da mit dem Sozialmanagement – wie mit dem Management in anderen Branchen auch – mehr verbunden ist, als lediglich die Betriebsführung. Gerade aus einem kritischen Verständnis der Sozialen Arbeit sollte sich der Anspruch der Einmischung auch auf das Sozialmanagement übertragen.

In dieser Zwischenzeit ungeklärter Verortungen soll hier eine vorläufige Definition vorgenommen werden. Dabei soll zwischen einem Management der Sozialwirtschaft und einem Sozialmanagement unterschieden werden.

Hinsichtlich des Managements in der Sozialwirtschaft muss mitbedacht werden, dass Organisationen, in denen Soziale Arbeit als Dienstleistung angeboten wird, auch in anderen Sektoren tätig sind. Neben dem Sozialmanagement muss gleichzeitig ein Management für den Gesundheits- und Pflegebereich, für den Bildungsbereich usw. betrieben werden. Manche Betriebe sind stark auf ehrenamtliches Engagement angewiesen, andere von öffentlichen Mitteln abhängig und wieder andere wirtschaften profitorientiert. Alle Mischformen sind möglich. Da unterschiedliche Fachlichkeiten im Bezugsrahmen abgedeckt werden müssen, ist hier ein Management tätig, das nicht allein, aber auch der Fachlichkeit Sozialer Arbeit verpflichtet ist.

Stärker eingegrenzt lässt sich ein Sozialmanagement definieren mit einem klaren Bezug zur Sozialen Arbeit, deren Fachlichkeit, ihren Standards und ihrem Code of Ethics, die durch die Studiengänge und die Berufsorganisationen der Sozialen Arbeit gesetzt und weiterentwickelt wird.

Hinsichtlich der zu erfüllenden Funktionen lässt sich Sozialmanagement definieren als Führung und Leitung in Organisationen bezüglich der Leistungen, die der Sozialen Arbeit zugerechnet werden können. Als Management umfasst das Aufgabengebiet die Rechtssicherheit bezüglich der Organisation und der vertraglichen Abschlüsse im Innen- und Außenverhältnis, die Finanzierung der Organisation und die Vergütung der Beschäftigten, die Verantwortung für das Personal (inklusive Einstellung, Personalentwicklung und Kündigung), die Dienst- und Fachaufsicht über die Beschäftigten, die Qualitätssicherung, das Marketing und die Weiterentwicklung der Strukturen, um zukünftig als Organisation bestehen zu können, die Außenvertretung inklusive der Einwerbung von Mitteln, aber auch der Einmischung in sozialpolitische Diskussionen und des Lobbyismus. Sozialmanagement ist aber auch schon dann gegeben, wenn nur Teile dieser Funktionen erfüllt werden.

Die anstehende Forschung muss verdeutlichen, wie eng oder weit Managementkonzepte, welche die Soziale Arbeit betreffen, gedacht werden können, und die Fachdebatte muss aushandeln, wo die disziplinäre Zuordnung des Sozialmanagements vorgenommen werden soll, woraus sich wiederum erst die Bandbreite des Handlungsspektrums definieren lässt (vgl. Wöhrte 2011). Die Vorlagen werden erfahrungsgemäß diesbezüglich durch die Praxis gegeben, die aus Existenzsicherungsgründen auslotet, während die Forschung nachholend Einordnungen vornimmt. Wünschenswert wäre, wenn durch mehr wissenschaftlich begleitende Entwicklungsvorhaben Prozesse begleitet werden könnten.

Literatur

Arnold, U., Maelicke, B. (Hrsg.) (1998): Lehrbuch der Sozialwirtschaft. Nomos, Baden-Baden

Bassarak, H., Wöhrle, A. (Hrsg.) (2008): Sozialwirtschaft und Sozialmanagement im deutschsprachigen Raum. Bestandsaufnahme und Perspektiven. Ziel-Verlag, Augsburg

Beckmann, Chr., Otto, H.-U., Schrödter, M. (2009): Management der Profession: Zwischen Herrschaft und Koordination. In: Grunwald, K. (Hrsg.), 15–41

Bürgisser, H., Stemlow, J., Kessler, O., Buerkli, Chr., Bergen, M. v (2008): Anwendung und Weiterentwicklung betriebswirtschaftlicher Managementmodelle für das Sozialmanagement an der Hochschule Luzern – ein Werkstattbericht. In: Bassarak, H., Wöhrle, A. (Hrsg.), 215–222

Dahme, H.-J., Wohlfahrt, N. (2003): Soziale Dienste auf dem Weg in die Sozialwirtschaft. Auswirkungen der „Neuen Steuerung" auf die freien Träger und Konsequenzen für die Soziale Arbeit. Widersprüche 90, Jg. 23, 41–56

Flösser, G. (1994): Soziale Arbeit jenseits der Bürokratie. Luchterhand, Neuwied / Kriftel / Berlin

–, Otto, H.-U. (Hrsg.) (1992): Sozialmanagement oder Management des Sozialen? Karin Böllert KT Verlag, Bielefeld

Galuske, M. (2007): „Wenn Soziale Arbeit zum Management wird…". In: Krauß, E. J., Möller, M., Münchmeier, R. (Hrsg.): Soziale Arbeit zwischen Ökonomisierung und Selbstbestimmung. Kassel university press, Kassel, 333–375

Gehrmann, G., Müller, K. (1993): Management in sozialen Organisationen. Handbuch für die Praxis. Walhalla, Berlin / Bonn / Regensburg

Grunwald, K. (Hrsg.) (2009): Vom Sozialmanagement zum Management des Sozialen – eine Positionsbestimmung. Schneider, Hohengehren

– (2001): Neugestaltung der freien Wohlfahrtspflege. Management organisationalen Wandels und die Ziele der Sozialen Arbeit. Juventa, Weinheim / München

–, Steinbacher, E. (2007): Organisationsgestaltung und Personalführung in den Erziehungshilfen. Grundlagen und Praxismethoden. Juventa, Weinheim / München

Kessl, F. (2009): „Sozialmanagement oder Management des Sozialen" im Kontext post-wohlfahrtsstaatlicher Transformation. Eine Vergewisserung, zwei Problematisierungen und die Perspektive einer Positioning Analysis. In: Grunwald, K. (Hrsg.), 42–61

Kreft, D., Lukas, H. (1990): Perspektivenwandel der Jugendhilfe. 2 Bände. Institut für Sozialarbeit und Sozialpädagogik, Frankfurt / M.

Maelicke, B. (Hrsg.) (2008): Lexikon der Sozialwirtschaft. Nomos, Baden-Baden

– (Hrsg.) (1998): Handbuch Sozialmanagement 2000. Nomos, Baden-Baden

–, Reinbold, B. (1992): Sozialmanagement und Organisationsentwicklung für Non-Profit-Einrichtungen. In: Flösser, G., Otto, H.-U. (Hrsg.), 19–48

Merchel, J. (2009): Zur Debatte um „Sozialmanagement" – Anmerkungen zu Bilanz und Perspektiven nach annähernd 20 Jahren. In: Grunwald, K. (Hrsg.), 62–84

– (2006): Qualitätsmanagement in der Sozialen Arbeit. Erfahrungen zur Verarbeitung und Umsetzung des Themas „Qualität". Der pädagogische Blick 14, 195–208

– (2005): Organisationsgestaltung in der Sozialen Arbeit. Juventa, Weinheim / München

– (1992): Sozialmanagement als Innovationsstrategie? Anmerkungen zum Hintergrund und der Bedeutung der aktuellen „Management"-Diskussion bei Freien Trägern der Sozialarbeit. In: Flösser, G., Otto, H.-U. (Hrsg.), 73–87

Merten, R. (1997): Autonomie der Sozialen Arbeit. Zur Funktionsbestimmung als Disziplin und Profession. Juventa, Weinheim / München

Müller, C. W. (2001): Helfen und Erziehen. Soziale Arbeit im 20. Jahrhundert. Beltz, Weinheim / Basel

Müller-Schöll, A., Priepke, M. (1983 / 1991): Sozialmanagement. Zur Förderung systematischen Entscheidens, Planens, Organisierens, Führens und Kontrollierens in Gruppen. 3. Aufl. Luchterhand, Neuwied / Kriftel / Berlin

Olk, Th. (1986): Abschied vom Experten. Juventa, Weinheim / München

Ortmann, G. (2005): Organisation, Profession, Bootstrapping. In: Klatetzki, T., Tacke, V. (Hrsg.): Organisation und Profession. VS Verlag für Sozialwissenschaften, Wiesbaden, 285–298

Schwarz, G. (1991): Verwaltete Jugend(t)räume – Jugendarbeit zwischen organisierter Ohnmacht und sozialem Management. Fachhochschulschriften, München

Schwarz, P. (1996): Management-Brevier für Nonprofit-Organisationen. Eine Einführung in die besonderen Probleme und Techniken des Managements von privaten Nonprofit-Organisationen unter Einbezug von Beispielen und Parallelen aus dem Bereich der öffentlichen NPO. Haupt, Bern / Stuttgart / Wien

–, Purtschert, R., Giroud, C. (1999): Das Freiburger Management-Modell für Nonprofit-Organisationen (NPO). 2. Aufl. Haupt, Bern / Stuttgart / Wien

Seibel, W. (1992): Funktionaler Dilettantismus. Erfolgreich scheiternde Organisationen im Dritten Sektor zwischen Markt und Staat. Nomos, Baden-Baden

Steinmann, H., Schreyögg, G. (2000): Management. Grundlagen der Unternehmensführung. 5. Aufl. Gabler, Wiesbaden

Ulrich, H. (1984): Management. Haupt, Bern / Stuttgart

Weber, M. (1921): Wirtschaft und Gesellschaft. 1. Aufl. Mohr-Siebeck, Tübingen

Wendt, W. R. (2007): Zum Stand der Theorieentwicklung in der Sozialwirtschaft. In: Wendt, W. R., Wöhrle, A. (Hrsg.), 19–100

– (2002): Sozialwirtschaftslehre. Grundlagen und Perspektiven. Nomos, Baden-Baden

–, Wöhrle, A. (2007): Sozialwirtschaft und Sozialmanagement in der Entwicklung ihrer Theorie. Ziel, Augsburg

Wöhrle, A. (Hrsg.) (2011): Auf der Suche nach Sozialmanagementkonzepten und Managementkonzepten für die Sozialwirtschaft. Eine empirische Bestandsaufnahme zum Stand der Diskussion und Forschung. Ziel, Augsburg

– (2009): Zur Untersuchung des Sozialmanagements. Versuch einer Bestandsaufnahme und einer Vision. In: Grunwald, K. (Hrsg.), 139–178

– (2008): Soziale Arbeit und ihr Management – ein schwieriges Verhältnis und eine Vision. In: Bassarak,H., Wöhrle, A. (Hrsg.), 63–76

– (2007): Zum Stand der Theorieentwicklung des Sozialmanagements. In: Wendt, W. R., Wöhrle, A. (Hrsg.), 101–159

– (2005): Den Wandel managen. Organisationen analysieren und entwickeln. Nomos, Baden-Baden

– (2003): Grundlagen des Managements in der Sozialwirtschaft. Nomos, Baden-Baden

– (2002): Change Management. Organisationen zwischen Hamsterlaufrad und Kulturwandel. Ziel, Augsburg

Sozialpädagogische Forschung

Von Peter Sommerfeld

Forschung der Sozialen Arbeit

Zeitgleich, aber völlig unabhängig voneinander, sind 1998 zwei Bände erschienen, die sich dem Thema Forschung im Fach Soziale Arbeit in systematischer Absicht genähert haben (Rauschenbach / Thole 1998b; Steinert et al. 1998). In diesen beiden Bänden hat eine Entwicklung ihren Ausdruck gefunden, die in der Folge als „Take-Off-Phase" bezeichnet wurde (Otto et al. 2003, 3). Mit dieser Metapher wird die Entwicklung dergestalt charakterisiert, dass die Forschung der Sozialen Arbeit aus eher bescheidenen Anfängen in eine neue Dimension vorgedrungen sei.

Zunächst einmal ist die Aussage bezüglich des Take-Off und damit auch der Gegenstand der folgenden Ausführungen geografisch bzw. sprachkulturell einzugrenzen: In der englischsprachigen Welt blickt die Soziale Arbeit auf eine jahrzehntelange Forschungstradition zurück, die sich mindestens seit 40 Jahren in diversen Journals niedergeschlagen hat und dort dokumentiert ist (z. B. British Journal of Social Work seit 1971; Social Work Research, Zeitschrift des amerikanischen Berufsverbands (sic!) seit 1976). Es geht im Folgenden also primär um den deutschsprachigen Raum. Auf diesen bezogen kann festgehalten werden, dass zwar keine gesicherten Daten über das Gesamtvolumen vorliegen, dass sich aber alle Kommentatoren darin einig sind, dass es einen signifikanten Zuwachs an Forschungsaktivitäten tatsächlich gegeben hat. Dort, wo es empirische Zugänge gibt (z. B. Maier 2009b), bestätigen die quantitativen Indikatoren zumindest auf den ersten Blick diesen Tatbestand. So weisen Rosenbauer / Seelmeyer z. B. auf eine Verdoppelung des Forschungsvolumens im hier interessierenden Zeitraum im Bereich der Kinder- und Jugendhilfe anhand einer Recherche bei FORIS hin (Rosenbauer / Seelmeyer 2005, 267). Während in den 1980er Jahren empiri-

sche Dissertationen eher die Ausnahme bildeten, sind sie heute, wenn nicht die Regel, so doch nichts Ungewöhnliches mehr, und zwar interessanterweise auch, wenn sie eher praxisorientierte Fragestellungen verfolgen (Gahleitner et al. 2008). Für die Schweiz kann man einen regelrechten Wachstumsboom belegen: Während es Ende der 1990er Jahre fast keine Forschung in den Fächern Sozialpädagogik, Sozialarbeit und soziokulturelle Animation gab, führen die fünf deutschsprachigen Hochschulen für Soziale Arbeit (FH) und die beiden universitären Lehrstühle für Sozialpädagogik bzw. Sozialarbeit und Sozialpolitik im Jahr 2008 ca. 150 als Forschung deklarierte Projekte durch. Im Zeitraum zwischen 2003 und 2007 wurden 56 Forschungsprojekte der Sozialen Arbeit von DORE, einer Abteilung des Schweizerischen Nationalfonds (SNF) gefördert, die ähnlichen Qualitätsanforderungen im Rahmen der Begutachtung genügen mussten, die bei der Deutschen Forschungsgemeinschaft (DFG) gelten. Zur quantitativen Ausweitung der Forschungsaktivitäten passt die Einigkeit der Kommentatoren, dass die Forschung für die weitere Entwicklung des Faches von entscheidender Bedeutung ist (z. B. Staub-Bernasconi 2007a).

Trotz all dieser unzweifelhaften Fortschritte sind einige relativierende Aussagen zu machen. Weder sind die großen Theorieentwürfe unmittelbar forschungsbezogen, noch sind die Arbeiten zu Theorien mittlerer Reichweite forschungsgesättigt, noch finden die jeweils aktuellen Debatten (wie z. B. zur Ökonomisierung der Sozialen Arbeit) unter ausgeprägter Bezugnahme auf Forschung statt. Angesichts der kurzen Tradition der Forschung der Sozialen Arbeit ist das verstehbar und vermutlich nicht weiter dramatisch, aber es ist doch ein starker Hinweis darauf, dass von einer in Forschung ruhenden Wissensbasis der Sozialen Arbeit, die für solche Debatten herangezogen werden könnte,

Otto/Thiersch (Hg.), Handbuch Soziale Arbeit, 4. A., DOI 10.2378/ot4a.art146,

nicht die Rede sein kann. Vor diesem Hintergrund ist die Frage nach der Gestalt, welche die Forschung der Sozialen Arbeit angenommen hat, nach wie vor virulent. Die Einschätzung, dass „die Forschungsaktivitäten bislang oft nicht aus dem Status singulärer Einzelforschung hinauskommen und keinen inneren Zusammenhang erkennen lassen" (Schweppe/Thole 2005, 8), verweist auf diese letztlich entscheidende Frage nach dem Stellenwert der Forschung für den disziplinären und professionellen Wissenskorpus. Hinzu kommt die Beobachtung, dass in den Meta-Debatten über die Forschung der Sozialen Arbeit grundlegende Problematiken aufscheinen, die den Eindruck entstehen lassen, dass die banal anmutende Frage, was unter Forschung der Sozialen Arbeit zu verstehen ist, keineswegs geklärt ist. Es könnte sein, dass für die Entwicklung einer konsolidierten Forschungskultur diese Klärung eine notwendige Voraussetzung darstellt. Das Ziel des vorliegenden Beitrags besteht daher darin, bei dieser Klärung mitzuwirken.

Problemdimensionen 1: „Genuin sozialpädagogische Forschung" versus „Anything Counts"

Wenn man die einschlägigen systematischen Zugänge zur Beschreibung und damit Eingrenzung dessen, was unter der Forschung der Sozialen Arbeit zu verstehen ist, sichtet, dann stößt man auf eine scheinbar grenzenlose Pluralität von Zugängen, Ansätzen und Diskurslinien, hinter denen diese Beschreibung stets zu verschwimmen scheint, mit dem Ergebnis, „(…) dass es aufgrund ihrer offenen disziplinären Struktur bislang kaum möglich erscheint, so etwas wie eine genuin sozialpädagogische Forschung in einem strengen, systematischen Sinne herauszufiltern" (Lüders/Rauschenbach 2005, 564). Streng systematisch heißt hier, dass charakteristische und in diesem Sinne spezifische „Forschungstypen, -gegenstände, -verfahren und -fragestellungen" zu benennen wären, die eine „für konkrete Forschungsprojekte umsetzbare, disziplinäre Konzeption" bieten würden, „mit deren Hilfe das Verhältnis von Fragestellung, Gegenstand und Methode als spezifisch sozialpädagogisches bestimmt und bearbeitbar gemacht werden könnte" (Lüders/Rauschenbach 2005, 564).

Dieser zuletzt genannte, hohe systematische Anspruch, der nur sehr schwierig einlösbar wäre, wenn überhaupt, kontrastiert auffällig mit einer an Beliebigkeit grenzenden Vielfalt dessen, was alles als Forschung der Sozialen Arbeit bezeichnet wird und welche meist impliziten Vorstellungen, was Forschung ganz allgemein ist, damit einhergehen. Eine Möglichkeit, diese Vielfalt systematisch zu fassen, sind z. B. Aufzählungen von „Forschungstypen", die als Forschung der Sozialen Arbeit bezeichnet werden. Im extremsten, wenngleich weitverbreiteten Fall ist das Kriterium zur Bildung solcher Typen schlicht die Verwendung von Forschungsmethoden. Überall dort, wo diese Methoden innerhalb der Sozialen Arbeit oder in Bezug zu ihr angewandt werden, findet dann Forschung der Sozialen Arbeit statt. Stellvertretend (Schefold 2005, 888–893): Genannt werden die „sozialpädagogische Bereichs- und Verbundforschung", die meist auf „das Interesse von Fachministerien, auch von Kommunen und freien Trägern" (Schefold 2005, 888) zurückgeht, die „sozialpädagogische AdressatInnenforschung", die „lokale und regionale Forschung", die „Qualifikationsforschung", die Forschung als „Selbstbeobachtung der Praxis", worunter „Evaluation und Qualitätsmanagement", „Praxisberatung" sowie „sekundäranalytische Selbstbeobachtung" und „Formen sozialwissenschaftlich begründeter Fallsupervisionen" fallen. Schließlich werden noch „Surveys" genannt, womit im Wesentlichen die Kinder- und Jugendberichte sowie Sozialberichterstattung subsumiert werden. Dieser Zugang hat den Vorteil, dass „alles zählt" und dass damit das Volumen beeindruckend groß wird. Zugleich sind damit einige weitreichende Probleme verknüpft.

Problemdimensionen 2: Zentrum und Peripherie/Wissenschaft und Praxis

Wenn jede Form von methodischer Datenerhebung Forschung ist, dann entsteht eben eine nicht überschaubare Menge von Einzeluntersuchungen und Einzeldaten. In systematischer Absicht steht man dann vor der Frage, wie man das ordnen kann. Ein möglicher Weg ist die Einführung der Unterscheidung von Zentrum und Peripherie. Im Beispiel von Schefold geschieht dies durch die Verwendung einer (verkürzten) Definition von

Hornstein zur Gegenstandsbestimmung der Forschung der Sozialen Arbeit, nämlich, „wie sich die Praxis mit den durch den Wandel erzeugten Problemlagen auseinandersetzt (Hornstein 1998)" (Schefold 2005, 885). Damit bildet die Praxisforschung das Zentrum, was in den Stichworten oben deutlich zum Ausdruck kommt. Auftragsforschung und (Selbst-)Evaluation sind so gesehen zentrale Bestandteile der Forschung der Sozialen Arbeit. Völlig unterbelichtet bleibt hier die Theoriebildung bzw. der Zusammenhang mit dem Wissenschaftssystem. Als Frage formuliert: Ist Datenerhebung gleichbedeutend mit der Erzeugung von (wissenschaftlichem) Wissen?

Als gegengerichtetes Beispiel stellt sich Hamburger die Frage nach der Bedeutung von Praxisforschung und mithin die Frage, ob sie das Zentrum der Forschung der Sozialen Arbeit sein kann (Hamburger 2005). Er beschreibt Forschung und Praxis als differente soziale und kognitive Systeme, die eine Beziehung zueinander bilden (müssen) und nennt einige Elemente, in denen sich diese Beziehung realisiert (u. a. Aus- und Weiterbildung, Veröffentlichungen, Beratung, Praxisforschung). Er fragt nach den Möglichkeiten der Verknüpfung von Forschung und Handeln durch Praxisforschung und weist auf grundlegende Schwierigkeiten dieser Versuche hin. Die Schlussfolgerung, die Hamburger zieht, ist: „Der Verzicht auf Praxisforschung oder die Behauptung, dass sie allein als angemessenes Forschungskonzept gelten kann" (Hamburger 2005, 46). Während der zweite Teil der Schlussfolgerung sowieso selbstverständlich ist, ist der erste Teil gravierend: Praktisch alles, was Schefold in Anlehnung an Hornstein als den Kern der Forschung der Sozialen Arbeit beschrieben hat, würde damit aus dem zumindest in quantitativer Hinsicht ansehnlichen Portfolio herausfallen. Die Praxisforschung wandert vom Zentrum an die Peripherie. Das Zentrum ist hier die wissenschaftliche Theoriebildung, die sich aus praktischen Fragestellungen „bescheiden" (Cleppien / Hamburger 2008, 73) heraushalten soll.

Eine weitere Typologie hat Thole in den Diskurs eingebracht (Thole 2005, 39). Er unterscheidet Disziplinforschung, Professionsforschung und Praxisforschung. Die Systematik beinhaltet weiterhin die Dimensionen Forschungsintention, Wissensdimension, Praxisbezug und Theoriebezug. Wenn man das im Einzelnen durchdekliniert, dann zielt die Praxisforschung auf die Optimierung der Praxis, es entsteht konkretes Handlungswissen, der Praxisbezug ist hoch und der Theoriebezug niedrig. Und umgekehrt dient die Disziplinforschung der Theoriegenerierung, es entsteht wissenschaftliches Wissen, der Praxisbezug ist eher niedrig und der Theoriebezug eher hoch. Die Professionsforschung bewegt sich irgendwo dazwischen.

Diese Systematik ist auf den ersten Blick einleuchtend: Die Seite der Nützlichkeit wird mit der Praxisforschung bedient, die Seite der Wissenschaft mit der Disziplinforschung. Durch diese integrative Typologie wird das Feld in all seiner Buntheit und Perspektivenvielfalt eingefasst. Durch die unterschiedlichen Gewichtungen entstehen zwar unterschiedliche Formen, aber im Gesamten sind alle Aufgaben damit abgedeckt. Denn irgendwo scheint es unstrittig zu sein, dass die Forschung der Sozialen Arbeit mit Theoriebildung und Praxisentwicklung bzw. Professionalisierung zu tun hat.

Die grundlegenden erkenntnistheoretischen Probleme, die Hamburger anspricht, sind damit allerdings nicht gelöst. Und man zieht mit einer so aufgebauten Systematik unwillkürlich einen jener famosen feinen Unterschiede ein: Die eigentliche Forschung ist die Disziplinforschung, weil sie sich auf Theorie bezieht und deshalb wissenschaftlich ist. Oder umgekehrt: Die eigentliche Forschung ist Praxisforschung, weil sie der Praxis dient und nützlich ist. Damit sind wir also eigentlich keinen Schritt weiter.

Das Problem, das sich m. E. hinter den hier nur sehr kurz skizzierten Versuchen verbirgt, die Forschung der Sozialen Arbeit typologisch einzukreisen, hat sehr viel mit Wissenschafts- und Erkenntnistheorie zu tun, die in fast allen Beiträgen zur Forschung der Sozialen Arbeit einen auffallend geringen Stellenwert hat bzw. gar nicht vorkommt. Vieles, was dann als Forschung bezeichnet wird, ist eigentlich Datenerhebung mit Hilfe von Forschungsmethoden im Praxiskontext. Um diesen letzten Satz nachvollziehbar zu machen, um zeigen zu können, was der Unterschied zwischen Datenerhebung und Forschung ist, und um von da aus bestimmen zu können, was Forschung der Sozialen Arbeit ist, ist also eine Auseinandersetzung mit einigen erkenntnis- und wissenschaftstheoretischen Grundlagen unumgänglich.

Was ist Forschung? Erkenntnis- und wissenschaftstheoretische Grundlagen

Es sind im Prinzip dieselben Fragen offen, die Rauschenbach / Thole 1998 bereits aufgelistet haben, die hier nur kursorisch zusammengefasst werden (Rauschenbach / Thole 1998a, 12 ff.): Was ist Forschung, wo verwandelt sich wissenschaftliches Arbeiten in Forschung, gibt es eine systematische Differenz zwischen Theorie und Forschung, wie geht die Disziplin mit der Forschung um, wie ist das Verhältnis der Forschung zur Praxis einzuschätzen, wie wird geforscht, d. h. was sind sozialpädagogische oder sozialpädagogisch relevante Forschungsmethoden, fachlich vertretbare Forschungsdesigns, gegenstandsangemessene Forschungszugänge?

Die ungeklärten Fragen, wie sie oben aufgelistet wurden, müssen als eine Problematik der Disziplin angesehen werden, die nicht auf der Ebene zu klären ist, auf der der Diskurs gemeinhin stattfindet. Die Erkenntnistheorie wird implizit vorausgesetzt und damit wird die Ebene der wissenschaftstheoretischen Selbstthematisierung verlassen, die Voraussetzung für die Beantwortung der oben genannten Fragen ist. Bevor also ein Antwortversuch in Bezug auf die Soziale Arbeit unternommen werden kann, sind im Folgenden die allgemeinen erkenntnistheoretischen Bezüge zu explizieren, auf die sich der später folgende Antwortversuch bezieht (für eine ausführlichere, ähnlich gelagerte Darstellung z. B. Kron 1999). Die grundlegende Frage dabei ist: Was ist Wissen und wie entsteht es?

Menschen sind insofern ein Sonderfall der biologischen Evolution, als sie aufgrund der Entwicklung des Gehirns in einer Art und Weise erkenntnisfähig geworden sind, die sie in ein besonderes Verhältnis zur Welt stellt. Die philosophische Anthropologie (Plessner 1975, 1976) beschreibt diesen Tatbestand u. a. mit den Begriffen der „exzentrischen Positionalität" und der „vermittelten Unmittelbarkeit" und präzisiert, dass die Menschen ein Verhältnis zur materiellen „Umwelt", zur sozialen „Mitwelt" und zu ihrer jeweils eigenen „Innenwelt" herstellen müssen. Im Begriff des Herstellens einer Beziehung zur Welt, in der Wissen über diese Welt entsteht und zugleich die weitere Beziehungsgestaltung zur Welt zirkulär strukturiert, liegt die ganze Problematik der menschlichen Erkenntnisfähigkeit bereits auf dem Tisch. Wissen ist nicht einfach da, sondern entsteht durch aktive Auseinandersetzung

(dazu z. B. Piagets „genetische Epistemologie", Piaget 1974) mit der immer schon daseienden Welt. Diese Auseinandersetzung ist grundsätzlich sozio-kulturell überformt. Der Begriff „Sozialisation" beschreibt diesen Tatbestand. Der soziale Prozess der Herstellung eines Verhältnisses zur Welt ermöglicht und begrenzt den individuellen Bildungsprozess und damit den überhaupt möglichen Erkenntnishorizont. Da es sich um vermittelt unmittelbare Erkenntnisprozesse handelt, ist die Grenze zwischen Irrtum oder Täuschung und Wahrheit grundsätzlich schwer zu bestimmen.

Menschliche Erkenntnisse sind sowohl in phylogenetischer als auch in ontogenetischer Hinsicht stark gekoppelt mit Tätigkeit. Auge und Hand und deren Zusammenspiel auf der Basis emotionaler Energetisierung (Lustprinzip bei Freud 1972; Bedürfnisspannungen bei Obrecht 2009) sind die Grundlagen des menschlichen Zugangs zur Welt. Noch einmal anders formuliert: Menschliches Erkennen läuft über die aufeinander bezogene Beobachtung und Gestaltung von Welt in zirkulären Prozessen des Erkennens und Handelns und der darauf bezogenen emotio-kognitiven Strukturbildung im Gehirn. Von Weizsäcker beschreibt in seiner Theorie des „Information Processing" diese Zirkularität als „Kreisgang" (Weizsäcker 1992). Voraussetzung dafür ist, dass Menschen aus Verhaltensketten heraustreten können, wie beispielsweise G. H. Mead herausgearbeitet hat, und dass insofern Handeln im Sinne eines erkenntnisgestützten Tuns möglich wird.

Wissenschaft ist der Versuch, die (systematisch begrenzten) menschlichen Erkenntnismöglichkeiten zu erweitern. Sie macht sich den letztgenannten Tatbestand zu Nutze, indem sie zunächst ganz aus dem unmittelbaren Handeln heraustritt und zugleich eine neue soziale Praxis konstituiert (Stichweh 1994), die als erstes Strukturprinzip die zeitliche Dehnung des Erkenntnisprozesses einführt. Diesem Strukturprinzip dient die Handlungsentlastung der Wissenschaft. Das zweite Strukturprinzip ist die Einführung des Leitideals der Wahrheit. Grundsätzlich geht es darum, die Welt und alle ihre Komponenten so zu erkennen, wie sie sind. Im Bewusstsein der gleichwohl gegebenen Begrenzung menschlicher Erkenntnisfähigkeit führt die Wissenschaft Regeln ein, die versuchen, dieser Begrenztheit Rechnung zu tragen und sie zugleich ein Stück weit hinauszuschieben. Diese

Regeln sind allseits bekannt: Explikation des Standortes / der Perspektive, damit explizite Bezugnahme auf andere Perspektiven, Nennen der Referenzen, Explikation des Erkenntnisweges und der daraus hervorgegangenen Ergebnisse, logische Konsistenzanforderungen an Argumentation und Theoriebildung. Diese Regeln dienen dem dritten Strukturprinzip, nämlich der Einführung des Diskurses zur „sozialen Objektivierung" der jeweils ausgearbeiteten Beiträge. Der Modus dieses Diskurses ist Kritik, also das genaue Hinschauen und Überprüfen der jeweils aktuell angebotenen Erkenntnisse. Kritik wiederum setzt die Kenntnisnahme voraus. Damit entsteht ein Diskurszusammenhang, der mit der Zeit zu einer Systematisierung der Erkenntnisse in Bezug auf einen bestimmten Realitätsausschnitt führt und damit Erkenntnisfortschritt weit jenseits von immer neuen Versuch-Irrtum-Ketten ermöglicht. Es entsteht in den diskursiven „Kreisgängen" ein Korpus gesicherten oder mindestens als gesichert geltenden Wissens, das vorwiegend in den Theorien eines Faches gespeichert ist, und das neue Erkenntnisprozesse insofern strukturiert, als darauf bezogen Fragen und Kritik formuliert werden.

Forschung ist ein Teil dieser wissenschaftlichen Praxis. Theoriebildung und Forschung sind die zwei Seiten der einen Medaille. Das Eine ist die Theoriebildung, also verkürzt gesagt die beschreibende und erklärende Modellierung von Welt bzw. meistens kleiner Ausschnitte davon. Diese beruht, wenn man sie für sich betrachtet, auf den jeweils eigenen Erfahrungen und Beobachtungen einzelner WissenschaftlerInnen und unterscheidet sich von Alltagsbeobachtungen und Alltagstheorien nur durch die Kenntnis und die Bezugnahme auf bis dahin bereits von anderen geleistete Modellierungen und durch den Grad der Elaboriertheit. Das ist nicht wenig, aber die Wissenschaft gewinnt mit dem Heraustreten aus den unmittelbaren Handlungsvollzügen nicht nur Zeit, sondern auch eine (in mancherlei Hinsicht) privilegierte Beobachtungsposition. Das ist wiederum in sich ein Gewinn. Der entscheidende Punkt ist aber, dass die Wissenschaft das Verfahren der Beobachtung von Welt selbst verbessert, und dass sie Beobachtungsinstrumente, Datenerhebungsmethoden und analytische Verfahren entwickelt hat, wie in Daten Zusammenhänge sichtbar gemacht werden können. Dies erweitert die menschlichen Erkenntnismög-

lichkeiten noch einmal erheblich und dies bietet neue Möglichkeiten, ein Verhältnis zur Realität herzustellen. Erst mit der Erfindung des Mikroskops z. B. erschließen sich neue Zusammenhänge in Bezug auf ansteckende Krankheiten und können bis dahin entwickelte Modellierungen (Theorien über die Entstehung bestimmter Krankheiten) überprüft und dann auch endgültig verworfen werden. Oder dass Kinder aus unteren Schichten im Bildungssystem benachteiligt werden, wird erst mit Hilfe der Statistik, einer Art Makroskop, „sichtbar". Und von dort aus können dann wieder Modellierungen über die Zusammenhänge entwickelt werden, die dieses mittlerweile gut beschriebene Faktum erklären.

Forschung ist also der instrumentelle und methodisierte *beobachtende Teil der Wissenschaft* zur Feststellung von Sachverhalten. Von Anfang an hat die Forschung zwei Funktionen, zu denen es jeweils unterschiedliche wissenschaftstheoretische Positionen gibt (u. a. kritischer Rationalismus und Hermeneutik), die zwei unterschiedliche Erkenntnismodi darstellen: *Entdecken* und *Überprüfen*. Da wir wissen, dass wir die Welt mit unseren Erkenntnismöglichkeiten nur vermittelt und in der Form einer „künstlichen Horizontverengung" (Plessner) erkennen können, und zwar unabhängig davon, ob es sich dabei um naturwissenschaftlich oder sozialwissenschaftlich interessierende Phänomene handelt, bleibt die klassische Entdeckerfrage stets virulent: Was liegt hinter dem Horizont? Der Modus des „Entdeckens" stellt die Neugier in den Vordergrund. Entdeckungen sind aber auch die wirksamste Kritik an bisherigen Theorien und geben grundsätzlich Anlass für neue Modellierungen. Der andere Zugang ist „Überprüfen". In diesem Modus wird die Wahrheitsfrage betont, denn es geht darum, mittels der Forschung, also mittels systematischer und kontrollierter Beobachtung, zu überprüfen, ob die Bilder, die Modelle, die Theorien, die wir in Bezug auf die Welt gemacht haben, zutreffen oder nicht. Die Forschungsmethoden beziehen sich auf die wissenschaftstheoretischen Paradigmen und betonen entsprechend den dort gegebenen Antworten eher den Entdeckungs- oder den Überprüfungszusammenhang.

„Der quantitativen Tradition werden in der Regel solche Forschungen zugerechnet, in denen man theoretisch abgeleitete Hypothesen aufstellt und prüft. (...) Als qualitativ werden gewöhnlich Forschungen bezeichnet, in denen es weniger um die Überprüfung bestehender, sondern eher um die Entdeckung neuer theoretischer Konzepte geht" (Seipel/Rieker 2003, 13).

Festzuhalten ist an dieser Stelle, dass Forschung, egal an welchem dieser großen Paradigmen sie sich orientiert und welche Methoden sie auswählt, um ihre Fragen zu bearbeiten, eine Verknüpfung zwischen theoretischen Überlegungen und empirischen Daten herstellt. Jegliche Forschung folgt daher einem realistischen Weltbild in dem Sinne, dass sie eine prinzipielle Erkennbarkeit von Welt voraussetzt und eine Korrespondenz zwischen Erkenntnis und Realität, vermittelt über empirische Daten, herzustellen anstrebt.

Wie oben bereits mehrfach angerissen, ist die menschliche Erkenntnisgewinnung zutiefst darin angelegt, dass Menschen ihr Leben führen müssen. Petzold beschreibt die Evolution der menschlichen Kulturen als eine Dynamik, die durch das Zusammenspiel von „Neugierde" und „Poiesis" (Lebens- und Weltgestaltung) angetrieben wird (Petzold 2008, 357). Wissen entsteht auch in dieser Perspektive einerseits aus der individuellen und kollektiven Erkenntnissuche sui generis und aus dem Lösen praktischer Probleme zur Gestaltung der Lebensverhältnisse. Neben den beiden Modi „Entdecken" und „Überprüfen" gibt es also immer schon den Modus der Erkenntnisgewinnung, der unmittelbar mit „Gestalten" zusammenhängt. Das bedeutet einerseits, dass das Wissen über die Beschaffenheit der Welt, das mit den Modi „Entdecken" und „Überprüfen" sowie der Verknüpfung der so gewonnenen empirischen Daten mit beschreibenden und erklärenden Theorien gewonnen werden kann, auch für praktische Zwecke genutzt werden kann. Dies wird normalerweise, so auch z.B. bei Hamburger (2005), unter dem Begriff des „Wissenstransfers" verhandelt und ist soweit unstrittig. Es bedeutet aber andererseits, dass die Fragestruktur: „Was ist zu tun, um ein praktisches Problem x zu lösen?" einen Erkenntnisweg eigener Qualität schafft. Argyris und seine Mitarbeiter (Argyris et al. 1990) haben in Fortschreibung des amerikanischen Pragmatismus (z.B. Hampe 2006) und insbesondere in der Nachfolge von Lewin und Dewey herausgearbeitet, wie je nach Erkenntnismodus („Überprüfen", „Entdecken" oder „Gestalten") sehr unterschiedliche

Fragen, Methoden und Ergebnisse entstehen, die jeweils nur in dem jeweiligen Modus realisiert werden können.

Jenseits wissenschaftstheoretischer Positionen ist der genannte Typus der Fragestruktur an den Fakultäten der modernen Universitäten von Anfang an in der Form der „Handlungswissenschaften" oder „angewandten Wissenschaften" konstitutiv vertreten. Die Medizin ist das Paradebeispiel einer Handlungswissenschaft, die der Frage nachgeht: Was kann ein Arzt tun, um beim Auftreten einer Erkrankung x zu helfen, also den Heilungsprozess zu befördern oder erhebliche Folgen einer Erkrankung zu lindern? Die wissenschaftliche Medizin handelt so wenig wie die Soziologie, aber sie beschäftigt sich mit praktischen Fragestellungen, die sie in wissenschaftliche Fragestellungen transformiert und wissenschaftlich bearbeitet. Diese kurze Beschreibung definiert, was unter „Handlungswissenschaft" zu verstehen ist (ausführlich Staub-Bernasconi 2007b; grundlegend Bunge 1985).

Mit der Fragestruktur „Was ist zu tun, um das Ergebnis x zu erzielen, den Zustand y zu verändern oder die Situation z zu gestalten?" entstehen Theorien einer besonderen Art. Bunge und beispielsweise dessen Rezipienten Patry/Perrez im Bereich der klinischen Psychologie (Bunge 1985; Patry/Perrez 1982) unterscheiden deshalb drei Sorten wissenschaftlichen Wissens: (durch Forschung generiertes) *Faktenwissen* (wie z.B. zu Folgen sozialer Ungleichheit auf Bildungskarrieren), *nomologisches Wissen* (überprüfte, erklärende Theorien, welche die Zusammenhänge oder Gesetzmäßigkeiten erfassen, die dazu führen, dass aus sozialer Ungleichheit Benachteiligung in Bezug auf Bildung entsteht) und *technologisches Wissen* (überprüfte Theorien, die Aussagen darüber machen, was zu tun ist, wenn die Effekte sozialer Ungleichheit im Hinblick auf Bildung minimiert oder auch maximiert werden sollen, je nach Wertebezug, der für diese Art von Wissen eine notwendige und nicht hintergehbare Bezugsgröße darstellt). „Technologien" sind also wissenschaftliche Aussagen über Zweck-Mittel-Relationen. Als Typus wissenschaftlichen Wissens müssen sie, auch wenn ein Verfahren oder eine Methode ursprünglich möglicherweise aus der unmittelbar praktischen Problemlösung hervorgegangen ist, drei bis vier Kriterien erfüllen: a) sie beruhen auf einer theoretischen, wissenschaftlich geprüften oder zumindest überprüfbaren Erklärung der die Probleme verursachenden Zusammenhänge, auf die bezogen b) beschreibbare Verfahren einen explizierbaren Sinn machen. Plausibilität ist nur zulässig als Übergangsphase, sozusagen als hypothetische Begründung, bis c) eine wissenschaftliche Erklärung der Wirkungsweise des Verfahrens in Bezug auf die Problemlösung geliefert, und d) wenn möglich ein empirischer Nachweis der Wirksamkeit des Verfahrens erbracht werden kann.

Handlungswissenschaften unterscheiden sich von anderen Wissenschaften, die oft als Grundlagendisziplinen bezeichnet werden, dadurch, dass sie alle drei Wissenstypen erzeugen, während sich die Grundlagenfächer auf die ersten zwei beschränken können sowie dadurch, dass sie in allen drei Erkenntnismodi ihre Fragen formulieren.

Was also ist nun die Forschung der Sozialen Arbeit?

Die Forschung der Sozialen Arbeit unterscheidet sich nicht im Geringsten von diesen allgemeinen erkenntnis- und wissenschaftstheoretischen Grundlagen, es sei denn sie würde sich außerhalb des Wissenschaftssystems positionieren wollen. Die Forschung der Sozialen Arbeit erzeugt nicht unmittelbar Wissen, sondern sie erzeugt durch unterschiedliche Beobachtungs- und Analyseverfahren Information über die Beschaffenheit der Welt, über Sachverhalte. Erst im Zusammenhang mit Theorien, auf die sie sich bereits im Vorfeld der Entwicklung ihrer Fragestellungen und Forschungsdesigns bezieht, und erst im Zusammenhang mit dem wissenschaftlichen Diskurs entsteht wissenschaftlich gesichertes Wissen. Winkler hat dies pointiert formuliert und an dieser Stelle ist ihm zuzustimmen: „Forschung lässt sich nicht von Theorie trennen, weil sie Voraussetzungen für Untersuchungen liefert, gleichsam für diese sehend macht und zudem diese wieder zusammenführt, in welcher Form der Systematisierung auch immer" (Winkler 2005, 23).

Die Forschung der Sozialen Arbeit operiert dabei in den Modi des „Entdeckens" und „Prüfens" und – dies bedarf vermutlich weiterer Debatten – auch im Modus des „Gestaltens", also unter Verfolgung des Erkenntnisinteresses „Was ist zu tun, um z. B. einem Menschen nach der Strafent-lassung bei der Bewältigung der anstehenden Aufgaben für eine gelingende Lebensführung zu helfen? Wie müssen die Bewährungshilfe und ihr gesetzliches und gesellschaftliches Umfeld beschaffen sein, um optimale Ergebnisse zu erzielen?" Das sind legitime erkenntnisleitende Fragen einer Handlungswissenschaft, zu der die Soziale Arbeit in der hier vertretenen Position zählt. Sie bedient sich dabei der zur Verfügung stehenden wissenschaftlichen Forschungsmethoden und trägt ggf. zu deren Weiterentwicklung bei (z. B. Schrapper 2004, 260; Sommerfeld et al. 2005). Es gibt insofern keine spezifischen sozialpädagogischen Forschungsmethoden und es braucht sie auch nicht, denn die wissenschaftlichen Methoden in toto bilden das Methodenrepertoire. Die Methodenwahl muss der jeweiligen Fragestellung angemessen sein, d. h. dass sie auf diese bezogen erkenntnisproduktiv sein muss. Grundsätzlich spielt der „Gegensatz" zwischen quantitativen und qualitativen Methoden in der Sozialen Arbeit daher keine Rolle, auch wenn die qualitativen Methoden, so weit man das überblicken kann, in der Mehrzahl der Forschungsprojekte Verwendung finden, was als Hinweis auf den noch wenig ausgebauten Wissenskorpus interpretiert werden kann.

Damit sind die oben aufgeworfenen Fragen nach dem, was Forschung ist, nach der Differenz von Theorie und Forschung (und der Einheit, die diese Differenz bildet) sowie nach den zu verwendenden Methoden beantwortet. Die Angemessenheit des Forschungszugangs und der verwendeten Methoden entscheidet sich im Einzelfall und hängt von den Fragestellungen ab, die bearbeitet werden. Diese ergeben sich zum Einen aus den Theorien des Faches, die den jeweils historisch gegebenen Wissenshorizont bilden. Und, wenn sie eine Handlungswissenschaft ist, ergeben sie sich zum Anderen aus Problemstellungen der Praxis, die in mit Forschungsmitteln bearbeitbare Fragestellungen transformiert, theoretisch eingebettet und dann bearbeitet werden. Diese doppelte Aufgabenstellung hat mit dem Gegenstandsbezug der Handlungswissenschaft Soziale Arbeit zu tun, der nun zu bestimmen ist. Damit wenden wir uns einerseits der Frage nach der „genuin sozialpädagogischen Forschung" zu, und andererseits der Frage nach dem Verhältnis der Forschung zur Praxis. Übereinstimmend wird in den aktuellen Debatten auf die folgende Gegenstandsbestimmung von Lüders und

Rauschenbach Bezug genommen (z. B. Schweppe /
Thole 2005):

„Vor dem Hintergrund der zentralen sozialpädagogischen
Theoriedebatten der letzten Jahrzehnte wird davon ausgegangen, dass das sozialpädagogische Forschungsfeld
anhand von drei „Eckpunkten" aufgespannt werden
kann: (1) den zuständigen *Institutionen*, (2) den in ihnen
tätigen *Professionellen* bzw. *beruflich* oder *ehrenamtlich
Tätigen* sowie (3) den *Adressatinnen und Adressaten*"
(Lüders / Rauschenbach 2005, 564).

Die Bestimmung dessen, was die Forschung der
Sozialen Arbeit zum Gegenstand hat, ist also nicht
jenseits der Theorien des Faches möglich. Die
Frage nach einer „genuin sozialpädagogischen Forschung" ist damit beantwortet, allerdings in einer
notwendig offenen Form. Die genuin sozialpädagogische Forschung bearbeitet Fragen, die im Zusammenhang mit der Modellierung von Welt, wie
sie in den Theorien der Sozialen Arbeit vorgenommen wird, entstehen. Da der Plural darauf hinweist, dass es nicht nur eine Theorie und so gesehen
Auffassung von Sozialer Arbeit gibt, ist das „genuin
sozialpädagogische" unter Umständen heterogen.
Dass trotzdem ein Konsens über diese „Eckpunkte"
erzielt werden kann, deutet darauf hin, dass sie zu
keiner der gültigen Theorien des Faches in Widerspruch stehen, und das heißt, dass es sich sehr
wahrscheinlich um „Strukturmomente organisierter Sozialer Arbeit" handelt (Flösser 1994, 30), die
in ihrer Allgemeinheit kaum zu bestreiten sind.
Es sei an dieser Stelle gleichwohl auf eine Variation
des so aufgespannten Forschungsfeldes hingewiesen, die den Zuschnitt noch einmal etwas anders
setzt, woraus sich eine in meinen Augen theoretisch
weiterführende Systematik ergibt, die in diesem
Sinne geprüft und debattiert werden muss. Aus einer an Abbott (Abbott 1988) angelehnten professionstheoretischen Sicht, in Verbindung mit dem
hier vertretenen wissenschaftstheoretischen Verständnis der Sozialen Arbeit als Handlungswissenschaft, bilden nicht die Professionellen den einen
Eckpunkt, sondern das professionelle Handeln
und das Wissen der Profession, das sich in diesem
Handeln realisiert. Deshalb gehören hierzu insbesondere die professionellen Verfahrensweisen (Methoden / Theorien über Wirkungsweisen / Zweck-
Mittel-Wissen) und Wissen über die damit
erzielbaren Ergebnisse (Wirksamkeit). Den zweiten

Eckpunkt bilden die Bedingungen, unter denen
sich dieses Handeln realisiert, und zwar auf der
Ebene der Gesellschaft (Politik / Gesetzgebung und
Öffentlichkeit) wie ganz zentral der Organisation
(Arbeitsplatz). Drittens wären die KoproduzentIn-
nen zu nennen, also nicht nur, wenngleich prominent, die Adressaten und Adressatinnen, sondern
auch andere Beteiligte im Problemlösungsprozess,
insbesondere auch Angehörige anderer Professionen und ehrenamtlich sozial Tätige (zu diesem
systematisch und theoretisch anders geschnittenen
Verständnis des Gegenstands der Forschung der
Sozialen Arbeit Sommerfeld 1998, 185).
Das so umrissene Forschungsfeld umfasst den gesamten professionellen Problemlösungsprozess,
wie er idealtypisch sowohl bei Abbott als auch in
systematischer Absicht bei Sidler (Sidler 2004) zu
finden ist. Er setzt sich zusammen aus der Pro-
blemkonstitution oder dem Verstehen der „Pro-
blemgenese" (Hornstein 1998), inklusive der Verfahren der Sozialen Arbeit, wie sie das Problem
kodiert und konstruiert (Diagnostik / Fallverstehen), der Problembearbeitung, inklusive des Wissens und der Verfahren bzw. Methoden, die dafür
faktisch zum Einsatz kommen, sowie die Evaluation der Ergebnisse (im Hinblick auf ihre Wirksamkeit und ihre Angemessenheit). Sidler bietet
noch ein weiteres wichtiges Element, auf das auch
Maier, wenngleich in anderem Zuschnitt, immer
wieder hinweist (Maier 2009a): Die Werte und die
Ziele, die mit dem professionellen Problemlösungsprozess verbunden sind, bedürfen einer gesonderten Beachtung. Diese können nicht wissenschaftlich bestimmt werden, aber die Wissenschaft
kann sich an den dazu notwendigen „teleologischen" (letztlich normativen) Diskursen beteiligen,
indem sie die Zielsetzungen und Wertebezüge der
Praxis beschreibt, diskutiert und ggf. kritisiert.
Dabei ist zu beachten, dass die genannten drei Eckpunkte ein Feld kennzeichnen, in dem diese Eckpunkte nicht isoliert voneinander existieren, sondern miteinander verwoben sind und die
Komplexität dieser Realität konstituieren. Die Forschung der Sozialen Arbeit ist genötigt, sich mit
dieser Komplexität auseinanderzusetzen. Das
macht sie spannend und anspruchsvoll. Mit der
hier vorgeschlagenen Modellierung des Forschungsfeldes wird die Erforschung der Praxis in
dem damit formulierten weiten Verständnis von
Bedingungen, Handeln und Koproduktion also

zum konstitutiven Gegenstand der Wissenschaft der Sozialen Arbeit und das heißt ihrer aufeinander bezogenen Forschung und Theoriebildung. Die Unterscheidung von Peripherie und Zentrum wird damit obsolet, ebenso wie die Unterscheidung von Disziplinforschung und Praxisforschung. Dieses Modell deckt sich in der Reichweite wie im Grundsatz mit Hornsteins Definition:

„Es sind also, wenn man versucht, dies auf eine Formel zu bringen, die historisch sich wandelnden Verhältnisse von Individuum und Gesellschaft, die unter einem bestimmten, eben pädagogischen Interesse „das Problem" darstellen, dessen Bearbeitung der Sozialpädagogik aufgegeben ist. (…) Dies zu betonen ist wichtig, weil so aus einer allgemein sozialwissenschaftlichen Beschäftigung ein pädagogisches Projekt wird. Es geht also um die Formen der Vergesellschaftung, die darin enthaltenen Konflikte, um das Interesse an den Handlungs- und Lebensmöglichkeiten der Individuen, schließlich um die Formen der Bearbeitung dieser Krisen und Konflikte durch die sozialpädagogischen Institutionen (…)" (Hornstein 1998, 69).

Auch die Frage nach dem Verhältnis der Forschung zur Praxis ist mit diesem Ansatz beantwortbar: Grundlage ist, dass die Erforschung der Praxis der Sozialen Arbeit im beschriebenen Dreieck das Gravitationszentrum des theoretisch zu konturierenden Gegenstandsbereichs der Forschung der Sozialen Arbeit ist. Strittig und insofern auch weiterhin diskussionsbedürftig wird die Frage sein, ob die Theoriebildung Theorien zum Zweck-Mittel-Wissen der Sozialen Arbeit beinhalten darf oder nicht, und damit, ob die Fragestruktur „Was ist zu tun, um das Leitideal der Humanität durch die Soziale Arbeit zu befördern?" eine legitime Frage der Wissenschaft der Sozialen Arbeit ist. Von der hier entfalteten Position aus ist die Frage geklärt: Diese Fragestruktur ist nicht nur legitim, sondern sie ist konstitutiv für die Forschung der Handlungswissenschaft Soziale Arbeit, hier unter Verwendung einer der möglichen normativen Orientierungen. Von dort aus stellt sich dann allerdings die Frage, in welcher Form das Verhältnis von Forschung und Praxis gestaltet werden soll? Das Wechselspiel von Theoriebildung und Forschung im Modus des Entdeckens ebenso wie deren diskursive und forschungsgestützte Überprüfung gilt insbesondere auch für Theorien über Zweck-Mittel-Relationen.

Vor allem in Bezug auf Letzteres ist noch einmal zu betonen: Die Forschung der Sozialen Arbeit dient der Theoriebildung bzw. deren Überprüfung. Sie handelt nicht in der Praxis und sie schreibt der Praxis nichts vor. Ein Ziel der Handlungswissenschaft Soziale Arbeit besteht allerdings darin, dass sie dazu beiträgt, die Gestaltungsmöglichkeiten der Praxis zu verbessern (z. B. im Sinne der Humanität), und insofern zur Praxisentwicklung gestaltend beizutragen. Die „Kreisgänge", die dafür notwendig sind, haben viel mit „Ausprobieren" (Experimentieren im Sinne von Erfahrungen sammeln) zu tun. Das kann aber allein die Praxis der Sozialen Arbeit. Wenn diese dem Anspruch auf Professionalität genügen will, dann tut sie das unter Verwendung des disziplinären Wissenskorpus, unter Beobachtung durch die Forschung der Sozialen Arbeit, und trägt damit im Sinne der „Kreisgänge" zur Weiterentwicklung ihrer eigenen Wissensgrundlagen bei. Ob dies im Modus des Konflikts grundsätzlich geschehen muss, wie Hamburger postuliert (2005), ist eine zentrale, zu debattierende Frage in diesem Zusammenhang. Denn als Handlungswissenschaft steht die Soziale Arbeit vor der Frage, ob und ggf. wie sie den dritten Erkenntnismodus des „Gestaltens" auch in ihren Forschungsaktivitäten abbilden kann bzw. will, dies vor allem dann, wenn man Argyris und dem amerikanischen Pragmatismus folgend diesen Erkenntnismodus für besonders erkenntnisproduktiv im Hinblick auf Theorien über „Zweck-Mittel-Wissen" hält. In Anlehnung an die Wissenschaftsforschung (Gibbons et al. 1994) scheint die Kooperation von Wissenschaft und Praxis jedenfalls eine vielversprechende Option dafür zu sein (Sommerfeld 2000). Die zentrale Frage ist und bleibt aber auch hier, ob die Differenz von Wissenschaft und Praxis unter den Bedingungen der Kooperation aufrechterhalten werden kann, und ob auf diese Weise die jeweiligen epistemischen Qualitäten von Wissenschaft und Praxis produktiv miteinander verschränkt werden können, und zwar sowohl im Hinblick auf die wissenschaftliche Wissensbildung als auch im Hinblick auf die praktische Problemlösung. Wir haben dazu den Ansatz der kooperativen Wissensbildung entwickelt, der theoretisch diesen Anforderungen genügt (Sommerfeld/Maier 2003; Hüttemann/Sommerfeld 2007; Gredig/Sommerfeld 2008). Ob er sich forschungspraktisch, also im Hinblick auf die wissenschaftliche Erkenntnisgewinnung einerseits und auf praktische Problemlösung andererseits bewährt, wird sich tatsächlich erst noch erweisen müssen.

Die schlechteste aller Varianten ist aber von der hier entfalteten Position aus, in der Praxis Formen der Datenerhebung im großen Stil zu betreiben und diese nicht an die Wissenschaft der Sozialen Arbeit rückzubinden, und trotzdem diese Form als Forschung der Sozialen Arbeit zu bezeichnen. Denn diese Form der Datengewinnung, die oft unter dem Etikett „Praxisforschung" gefasst wird, trägt nichts zum Aufbau des Wissenskorpus der Sozialen Arbeit bei, sie entzieht sich den wissenschaftlichen Qualitätssicherungsverfahren (Diskurs und Einbettung in den Stand des Wissens) und ist daher keine Forschung.

Schluss und Ausblick

Abschließend stellt sich die Frage, wie die weitere Entwicklung der Forschung der Sozialen Arbeit eingeschätzt werden kann. Oder anders formuliert: Wie kommen wir über die Vereinzelung der Forschungsaktivitäten hinaus zu forschungsbezogenen Diskursen und mithin zu einer Bündelung der Kräfte, sodass ein gesicherter Wissenskorpus der Sozialen Arbeit entstehen kann? Wo sind diesbezügliche Ansätze derzeit erkennbar? Dazu folgende Annäherungen:

Wenn die hier explizierte Position als Grundlage für die Antworten herangezogen wird und somit das Argument, dass Theoriebildung und Forschung eine Einheit in der Differenz bilden, dann kann man dieses Argument nicht nur gegen die theorielose Praxisforschung anwenden, sondern auch gegen die forschungslose Theoriebildung. Das heißt, dass sich die Forschung der Sozialen Arbeit als selbstverständlicher, weil zur Theoriebildung komplementärer Teil in der Kultur des Faches erst noch vollständig etablieren muss, auch und gerade bei den TheoretikerInnen des Faches. Den Take-Off haben wir ja nun schon einmal geschafft.

Die Logik der Forschungspraxis weist dabei in die Richtung, eher von den „großen Erzählungen" und normativ überdeterminierten Konzepten Abstand zu nehmen und sich der durchaus mühsamen Arbeit zu widmen, die Praktiken der Sozialen Arbeit genauer anzuschauen. Es lassen sich Anzeichen erkennen, dass die Arbeitsfelder der Sozialen Arbeit

die Kristallisationspunkte bilden (können), an denen sich forschungsgestützte Theoriediskurse entwickeln, die notwendig sind, um über den Status der Einzeluntersuchungen hinauszukommen.

„Auch in der Sozialen Arbeit entstehen zunehmend Forschungszusammenhänge und damit auch Zusammenhänge der Theoriebildung – Theoriebildung allerdings verstanden als (...) feldbezogene Theoriebildung über eingegrenzte und eindeutig konturierte Gegenstandsbereiche der Sozialen Arbeit, die in der Praxis als solche schon seit langem existieren (wie beispielsweise Jugendarbeit, Jugendbildungsarbeit, Altenarbeit, Sozialhilfe, (...), Stadtteilentwicklung, Bewährungshilfe usw.)" (Wilhelm 2006, 40 f.).

Die Bedeutsamkeit der Erforschung der Arbeitsfelder der Sozialen Arbeit korrespondiert mit einem Trend, der unter dem Begriff „Evidence-Based Practice" auch die Soziale Arbeit erfasst hat. Vorderhand hat sich der deutschsprachige Diskurs einerseits kritisch gegenüber diesem Ansatz gezeigt und vor allem vor den Gefahren einer vereinfachenden Instrumentalisierung der Ergebnisse durch die Politik und einer davon ausgehenden deprofessionalisierenden Wirkung gewarnt (Otto et al. 2010). Andererseits wurde der davon ausgehende Impuls als Chance für die Forschungstätigkeit der Sozialen Arbeit und die Professionalisierung betrachtet (Sommerfeld 2005), und zwar weil der entstehende Druck in der Umwelt der Sozialen Arbeit und die damit einhergehenden Entwicklungen die Praxis der Sozialen Arbeit für forschungsbasiertes Wissen öffnet und damit den oben skizzierten „Kreisgang" erst möglich macht. Die derzeitige Entwicklung des internationalen Diskurses zu Evidence-Based Practice weist in die zweite Richtung. Während zu Beginn neo-positivistische Vorstellungen einer theoriefreien Forschung, die sich lediglich durch methodischen Rigorismus und die berüchtigten „Levels of Evidence" begründet (McNeece/Thyer 2004), unter dem Stichwort „What Works" dominierten, kann heute festgestellt werden, dass die Diskussion erstens wieder auf dem methodologischen Erkenntnisstand der Wissenschaften angekommen ist. Zweitens, und für die Forschung der Sozialen Arbeit zentral, kann ein Wechsel des Leitparadigmas zu „Why Does It Work, If It Works" festgestellt werden und somit ein Drift von „Evidence-Based" zu

„Knowledge-Based Social Work" (Bryderup 2008). Dies ist für die Forschung der Sozialen Arbeit deshalb entscheidend, weil damit wiederum ein Stimulus für die bereichsspezifische Theoriebildung mit hoher Bedeutsamkeit für die Praxis und mit einer starken Betonung auf Zweck-Mittel-Wissen einhergeht.

„Die realistische Wirkungsforschung – (…) – liefert eine Wissensbasis für eine alternative Form der Wirkungsorientierung: eine, die nicht darauf hinausläuft, Praxis anzuleiten, sondern empirisch fundierte Wissensgrundlagen bzw. Theorien (mittlerer Reichweite) über Wirkungszusammenhänge herauszuarbeiten. Die realistische Wirkungsforschung – die ihre erkenntnistheoretische Grundlage nicht im hypothesenprüfenden, kritischen Rationalismus, sondern im so genannten „critical realism" (Pawson 2006) findet – liefert demnach die Grundlage für eine „Wirkungsorientierung" im Kontext möglichst professionell gesteuerter Organisationen" (Otto 2007, 66).

Diese Art der Wirkungsforschung eröffnet derzeit mannigfaltige Möglichkeiten der Kooperation mit der Praxis, sie deckt sich mit der oben vorgenommenen Gegenstandsbestimmung der Forschung der Sozialen Arbeit, sie ist mit der arbeitsfeldspezifischen Theoriebildung kompatibel und trägt Zweck-Mittel-Wissen bei, aber auch Wissen über organisationale und politische Bedingungen und Bedingungen der Koproduktion. Die „NutzerInnenforschung" setzt bezüglich der Erforschung der Leistungserbringung einen anderen Akzent, der das aktive, soziale Dienstleistungen sich aneignende Subjekt in den Vordergrund stellt und beansprucht, davon ausgehend eine Alternative zu Evidence-Based Practice darzustellen, bildet damit aber einen Teil dieses auf die unmittelbare Leistungserbringung gerichteten Diskurszusammenhangs.

„Das Ziel sozialpädagogischer Nutzerforschung besteht somit einerseits in der Rekonstruktion des Nutzens, des Gebrauchswertes personenbezogener Dienstleistungen, wie andererseits in der Analyse der Nutzungsprozesse. Das Erkenntnisinteresse besteht in der Identifizierung nutzenfördernder und nutzenlimitierender Bedingungen der Aneignung zum Zweck der Erhöhung des Gebrauchswertes Sozialer Arbeit" (Schaarschuch / Oelerich 2005, 17).

Inwieweit Wirkungen und Gebrauchswert sich letztlich unterscheiden, wäre eine spannende Debatte, die anhand von konkreten Forschungsprojekten zu führen wäre. Ein weiterer, mit der „NutzerInnenforschung" verwandter Ansatz kann mit der „AdressatInnenforschung" benannt werden. Auch für diese Variante kann in Anschlag gebracht werden, dass sie im Rahmen der gesellschaftlichen Entwicklung, die in den „Evaluations- und Steuerungsdebatten" zum Ausdruck gekommen ist (Bitzan et al. 2006a, 10), einen eigenen Akzent zu setzen trachtet und damit ebenfalls dem hier skizzierten Diskurszusammenhang zuzurechnen ist. Die AdressatInnenforschung versteht ihren Beitrag auf drei Ebenen:

„Erstens beleuchtet sie biographische Relevanzen und Zusammenhänge in ihrem Eigensinn, sie fragt also danach, wie Menschen leben (…). Zum Zweiten interessieren sie Fragen danach, wie die fachlichen Angebote aufgenommen werden, was AdressatInnen als hilfreich erleben und durch welche Zumutungen sie sich bedrängt fühlen; weitergehend ob bzw. was sie anregen konnte, eigene Orientierungs- und Handlungsmuster ggf. zu verändern. Zum Dritten hat sie das Ziel, das Spannungsverhältnis zwischen Rekonstruktion und Fallbearbeitung aufzuklären, d. h. die Art und Weise der Transformation der Rekonstruktion im Prozess der professionellen Bearbeitung zu beleuchten" (Bitzan et al. 2006b, 268 f.).

Es ist an dieser Stelle hervorzuheben, dass die drei Zugänge „forschungsbasierte Praxis", „NutzerInnenforschung" und „AdressatInnenforschung" eindeutig im oben beschriebenen Gegenstandsbereich der Handlungswissenschaft Soziale Arbeit situiert sind, dass sie unterschiedlich akzentuierte Zugänge darstellen, wie mit der Doppelaufgabe der Handlungswissenschaft umgegangen werden kann, und dass sie in diesem Sinne alle drei einen Beitrag zur Optimierung der Praxis leisten wollen. Die unterschiedlichen Mischungsverhältnisse und Gewichtungen, die in Bezug auf die drei Eckpunkte zusammen mit weiteren, dann vor allem methodologischen und theoretischen Gesichtspunkten vorgenommen werden, ergeben unterschiedliche Zugänge zu den letztlich gleichen, grundlegenden Fragen: Welchen Beitrag leistet die Soziale Arbeit zur Verbesserung der Lebenssituation der NutzerInnen, AdressatInnen oder KlientInnen? Wie entstehen Problemlösungen im

Zusammenspiel von gesellschaftlichen und organisatorischen Bedingungen, dem lebensweltlichen Eigensinn und professionellem Handeln? Welche Formen des professionellen Handels erweisen sich als hilfreich oder schädlich? Dass sich drei unterschiedliche Zugänge rund um diese Kernfragen gebildet haben, die jeweils das Potenzial haben, eine eigene Forschungstradition zu bilden, ist ein sehr starker Indikator dafür, dass die Soziale Arbeit tatsächlich über den Take-Off hinausgekommen ist und darüber hinaus auf einem guten Weg ist, eine vollständige Wissenschaft zu werden, in der Theoriebildung ebenso selbstverständlich mit empirischer Forschung verknüpft ist, wie innerhalb der Profession insgesamt der Wert einer gesicherten Wissensbasis, die nur über den Weg der Forschung zu haben ist, steigen wird.

Schließlich zeigt sich die derzeitige Lebendigkeit der Forschung der Sozialen Arbeit auch in Diskursen zur Forschungsmethodologie wie z. B. zur ethnografischen Forschung (Hünersdorf et al. 2008), zu Evaluationsmethoden (Widmer et al. 2008) oder zur Biografieforschung (Felden 2008). Diese sind wichtig für die Entwicklung des Faches (Diskurs über Angemessenheit) und die Kompetenzbildung der beteiligten ForscherInnen.

Kurzum: Neben der Konsolidierung forschungsbezogener Theoriebildung, wie sie in Bezug auf die Arbeitsfelder und die Wirksamkeit / die Nutzung der Sozialen Arbeit skizziert wurde, wird vieles davon abhängen, ob die für die Bearbeitung der Menge an offenen Forschungsfragen notwendigen Ressourcen erschlossen werden können. Dabei spielt die Forschungsförderung natürlich eine wichtige Rolle. Der Boom der Forschung an den Schweizer Hochschulen für Soziale Arbeit hängt sehr eng mit einer intelligenten Forschungsförderung durch den Schweizer Nationalfonds zusammen. Wenn die Praxis die Ressourcen, die sie aktuell in lokale Datenerhebungen investiert, in die Forschung der Sozialen Arbeit investieren würde, dann wären wir einen großen Schritt weiter. Dafür müsste sich die Forschung aber auch in der Praxis als nützlich erweisen bzw. müsste sie dort als nützlich kodiert werden.

Literatur

Abbott, A. (1988): The System of Professions. An Essay on the Division of Expert Labor. The University of Chicago Press, Chicago / London

Argyris, Ch., Putnam, R., McLain Smith, D. (1990): Action Science. Jossey-Bass, London / San Francisco

Bitzan, M., Bolay, E., Thiersch, H. (Hrsg.) (2006a): Die Stimme der Adressaten. Empirische Forschung über Erfahrungen von Mädchen und Jungen mit der Jugendhilfe. Juventa, Weinheim / München

–, –, – (2006b): Die Stimme der AdressatInnen. Biographische Zugänge in den Ambivalenzen der Jugendhilfe. In: Bitzan, M., Bolay, E., Thiersch, H. (Hrsg.): Die Stimme der AdressatInnen. Juventa, Weinheim / München, 257–288

Bryderup, I. M. (Hrsg.) (2008): Evidence Based and Knowledge Based Social Work – Research Methods and Approaches in Social Work Research. Aarhus University Press, Aarhus

Bunge, M. (1985): Philosophy of Science and Technology. Treatise on Basic Philosophy. D. Reidel, Dordrecht / Boston / Lancaster

Cleppien, G., Hamburger, F. (2008): Anwendungsbezogene Forschung. In: Bielefelder Arbeitsgruppe 8 (Hrsg.): Soziale Arbeit in Gesellschaft. VS Verlag, Wiesbaden, 72–77

Felden, H. v. (Hrsg.) (2008): Perspektiven erziehungswissenschaftlicher Biografieforschung. VS Verlag, Wiesbaden

Flösser, G. (1994): Soziale Arbeit jenseits der Bürokratie. Luchterhand, Neuwied

Freud, S. (1972): Abriss der Psychoanalyse – das Unbehagen in der Kultur. Fischer, Frankfurt / M.

Gahleitner, S. B., Gerull, S., Lange, C., Schambach-Hardtke, L., Ituarte, B. P., Streblow, C. (Hrsg.) (2008): Sozialarbeitswissenschaftliche Forschung. Einblicke in aktuelle Themen. Budrich Unipress, Opladen / Farmington Hills

Gibbons, M., Limoges, C., Nowotny, H., Schwartzman, S., Scott, P., Trow, M. (1994): The New Production of Knowledge. The Dynamics of Science and Research in Contemporary Societies. Sage Publications, London / Thousand Oaks / New Dehli

Gredig, D., Sommerfeld, P. (2008): New Proposals for Generating and Exploiting Solution-Oriented Knowledge. Research on Social Work Practice 18, 292–300

Hamburger, F. (2005): Forschung und Praxis. In: Schweppe, C., Thole, W. (Hrsg.): Sozialpädagogik als forschende Disziplin. Juventa, Weinheim / München, 35–48

Hampe, M. (2006): Erkenntnis und Praxis. Zur Philosophie des Pragmatismus. Suhrkamp, Frankfurt / M.

Hornstein, W. (1998): Erziehungswissenschaftliche Forschung und Sozialpädagogik. In: Rauschenbach, T., Thole, W. (Hrsg.): Sozialpädagogische Forschung. Juventa, Weinheim / München, 47–80

Hünersdorf, B., Maeder, Ch., Müller, B. (Hrsg.) (2008):

Ethnographie und Erziehungswissenschaft. Methodologische Reflexionen und empirische Annäherungen. Juventa, Weinheim / München

Hüttemann, M., Sommerfeld, P. (2007): Forschungsbasierte Praxis – Professionalisierung durch kooperative Wissensbildung. In: Sommerfeld, P., Hüttemann, M. (Hrsg.): Evidenzbasierte Soziale Arbeit – Nutzung von Forschung in der Praxis. Schneider Hohengehren, Baltmannsweiler, 40–57

Kron, F. W. (1999): Wissenschaftstheorie für Pädagogen. Ernst Reinhardt, München / Basel

Lüders, Ch., Rauschenbach, T. (2005): Forschung: sozialpädagogische. In: Otto, H.-U., Thiersch, H. (Hrsg.): Handbuch Sozialarbeit / Sozialpädagogik. 3. Aufl. Ernst Reinhardt, München / Basel, 562–575

Maier, K. (2009a): Für eine integrative praktische Wissenschaft Soziale Arbeit. In: Mührel, E., Birgmeier, B. (Hrsg.): Die Sozialarbeitswissenschaft und ihre Theorie(n). VS Verlag, Wiesbaden

– (2009b): Zur gegenwärtigen Situation der Sozialarbeitsforschung in Deutschland. In: Gahleitner, S. B., Hahn, G. (Hrsg.): Jahrbuch Klinische Sozialarbeit II. Psychiatrie Verlag, Bonn, 32–46

McNeece, C. A., Thyer, B. A. (2004): Evidence-Based Practice and Social Work. Journal of Evidence-Based Social Work 1, 7–25

Obrecht, W. (2009): Was braucht der Mensch? Grundlagen der biopsychosoziokulturellen Theorie menschlicher Bedürfnisse und ihre Bedeutung für eine erklärende Theorie sozialer Probleme. Ligue Médico-Sociale, Luxemburg

Otto, H.-U. (2007): Zum aktuellen Diskurs um Ergebnisse und Wirkungen im Feld der Sozialpädagogik und Sozialarbeit – Literaturvergleich nationaler und internationaler Diskussion. Arbeitsgemeinschaft für Kinder- und Jugendhilfe. Berlin

–, Oelerich, G., Micheel, H.-G. (2003): Mehr als ein Anfang. Empirische Forschung in der Sozialen Arbeit. In: Dies. (Hrsg.): Empirische Forschung und Soziale Arbeit. Luchterhand, München, 3–12

–, Polutta, A., Ziegler, H. (Hrsg.) (2010): What Works – Welches Wissen braucht die Soziale Arbeit? Budrich, Opladen

Patry, J. L., Perrez, M. (1982): Nomologisches Wissen, technologisches Wissen, Tatsachenwissen – drei Ziele sozialwissenschaftlicher Forschung. In: Patry, J. L. (Hrsg.): Feldforschung. Bern / Stuttgart, 45–66

Petzold, H. G. (2008): Evolutionäres Denken und Entwicklungsdynamiken im Feld der Psychotherapie. Integrative Therapie 4, 353–396

Piaget, J. (1974): Abriss der genetischen Epistemologie. Walter Verlag, Olten

Plessner, H. (1976): Die Frage nach der Conditio Humana – Aufsätze zur philosophischen Anthropologie. Suhrkamp, Frankfurt / M.

– (1975): Die Stufen des Organischen und der Mensch: Einleitung in die philosophische Anthropologie. W. De Gruyter, Berlin / New York

Rauschenbach, T., Thole, W. (1998a): Sozialpädagogik – ein Fach ohne Forschungskultur? In: Rauschenbach, T., Thole, W. (Hrsg.): Sozialpädagogische Forschung. Gegenstand und Funktionen, Bereiche und Methoden. Juventa, Weinheim / München, 9–28

–, – (Hrsg.) (1998b): Sozialpädagogische Forschung. Gegenstand und Funktionen, Bereiche und Methoden. Juventa, Weinheim / München

Rosenbauer, N., Seelmeyer, U. (2005): Was ist und was macht Jugendhilfeforschung? Theoretische Annäherungen und empirische Forschungsergebnisse. In: Schweppe, C., Thole, W. (Hrsg.): Sozialpädagogik als forschende Disziplin. Juventa, Weinheim / München, 253–275

Schaarschuch, A., Oelerich, G. (2005): Theoretische Grundlagen und Perspektiven sozialarbeiterischer Nutzerforschung. In: Schaarschuch, A., Oelerich, G. (Hrsg.): Soziale Dienstleistungen aus Nutzersicht. Zum Gebrauchswert Sozialer Arbeit. Reinhardt, München / Basel, 9–25

Schefold, W. (2005): Sozialpädagogische Forschung. Stand und Perspektiven. In: Thole, W. (Hrsg.): Grundriss Soziale Arbeit. VS Verlag, Wiesbaden, 881–902

Schrapper, Ch. (Hrsg.) (2004): Sozialpädagogische Forschungspraxis. Positionen, Projekte, Perspektiven. Juventa, Weinheim / München

Schweppe, C., Thole, W. (2005): Sozialpädagogik als forschende Disziplin – Einleitung. In: Schweppe, C., Thole, W. (Hrsg.): Sozialpädagogik als forschende Disziplin. Juventa, Weinheim / München, 7–14

Seipel, Ch., Rieker, P. (2003): Integrative Sozialforschung. Konzepte und Methoden der qualitativen und quantitativen empirischen Forschung. Juventa, Weinheim / München

Sidler, N. (2004): Sinn und Nutzen einer Sozialarbeitswissenschaft. Eine Streitschrift. Lambertus, Freiburg i. Br.

Sommerfeld, P. (2005): Introduction. In: Sommerfeld, P. (Hrsg.): Evidence-Based Social Work – Towards a New Professionalism? Lang, Bern / Frankfurt / New York, 7–31

– (2000): Forschung und Entwicklung als Schnittstelle zwischen Disziplin und Profession. Neue Formen der Wissensproduktion und des Wissenstransfers. In: Homfeldt, H. G., Schulze-Krüdener, J. (Hrsg.): Wissen und Nichtwissen. Herausforderungen für Soziale Arbeit in der Wissensgesellschaft. Juventa, Weinheim / München, 221–236

– (1998): Spezifische Sozialarbeitsforschung – ein Resümee zu den dargestellten Forschungsprojekten. In: Steinert, E., Sticher-Gil, B., Sommerfeld, P., Maier, K. (Hrsg.): Sozialarbeitsforschung: was sie ist und leistet. Lambertus, Freiburg i. Br., 182–192

–, Calzaferri, R., Hollenstein, L., Schiepek, G. (2005): Real-Time Monitoring. New Methods for Evidence-Based Social Work. In: Sommerfeld, P. (Hrsg.): Evidence-Based Social Work – Towards a New Professionalism? Lang, Bern / Frankfurt / New York, 201–234

–, Maier, K. (2003): Integrierte Praxisforschung als Theoriebildung und Praxisentwicklung. Reflexionen zur Kooperation von Wissenschaft und Praxis am Beispiel des Projekts „Quartiersaufbau Rieselfeld". In: Otto, H.-U.,

Oelerich, G., Micheel, H.-G. (Hrsg.): Empirische Forschung. Sozialarbeit – Sozialpädagogik – Soziale Probleme. Luchterhand, Neuwied / Kriftel, 112–141

Staub-Bernasconi, S. (2007a): Forschungsergebnisse und ihre Bedeutung für die Theorieentwicklung, Praxis und Ausbildung. In: Engelke, E., Maier, K., Steinert, E., Borrmann, S., Spatscheck, C. (Hrsg.): Forschung für die Praxis. Zum gegenwärtigen Stand der Sozialarbeitsforschung. Lambertus, Freiburg i. Br., 19–46

– (2007b): Soziale Arbeit als Handlungswissenschaft. Systemtheoretische Grundlagen und professionelle Praxis – ein Lehrbuch. Haupt UTB, Bern / Stuttgart / Wien

Steinert, E., Sticher-Gil, B., Sommerfeld, P., Maier, K. (Hrsg.) (1998): Sozialarbeitsforschung: Was sie ist und leistet. Lambertus, Freiburg i. Br.

Stichweh, R. (1994): Professionen und Disziplinen: Formen der Differenzierung zweier Systeme beruflichen Handelns in modernen Gesellschaften. In: Stichweh, R. (Hrsg.): Wissenschaft, Universität, Professionen. Suhrkamp, Frankfurt / M., 278–336

Thole, W. (2005): Soziale Arbeit als Profession und Disziplin. In: Thole, W. (Hrsg.): Grundriss Soziale Arbeit. VS Verlag, Wiesbaden, 13–60

Weizsäcker, C. F. v. (1992): Zeit und Wissen. Hanser, München

Widmer, T., Beywl, W., Fabian, C. (Hrsg.) (2008): Evaluation. Ein systematisches Handbuch. VS Verlag, Wiesbaden

Wilhelm, E. (2006): Abschied von der grossen Erzählung. Stand und Zukunftsperspektiven der Theoriebildung in der Sozialen Arbeit. Schweizerische Zeitschrift für Soziale Arbeit 1, 37–46

Winkler, M. (2005): Sozialpädagogische Forschung und Theorie – Ein Kommentar. In: Schweppe, C., Thole, W. (Hrsg.): Sozialpädagogik als forschende Disziplin. Juventa, Weinheim / München, 15–33

Sozialpädagogische Kasuistik

Von Reinhard Hörster

Die kasuistische Ebene und der Sozialpädagogikbegriff

Aufgaben und Gehalte der Kasuistik sind vielfältig. Die Inskription und das Studium von Fällen gehören dazu, aber auch die Deskription dieser Tätigkeiten. Das so abgesteckte Feld bestellen seit langem die Kasuisten. Deren Sache ist es, sowohl Fälle schriftlich niederzulegen als auch sich zu beraten und zu erforschen, wie Normen in jeweils besonderen Situationen ins Spiel gebracht werden, zudem derlei Vorgänge zu analysieren. Kasuisten operieren auf diese Weise, um berichtetes Handeln zu beurteilen und argumentativ gerüstet Entscheidungen über zukünftiges Handeln zu treffen, auch um mit Hilfe der Analyse Übungsbedingungen herzustellen, die auf Einschreibung und Erkundung vorbereiten. Immer wieder neu spezifische und kontroverse Elemente bedeutenden Materials in Erwägung ziehend und die Normativität von Situationen erforschend, entwickeln sie kasuistische Sachverhalte. Der dabei entstehende Komplex wurde ab der Mitte des 17. Jahrhunderts eher abschätzig beurteilt; damals griff ein Rigorismus um sich. Kasuistik zählte so noch bis ins beginnende 20. Jahrhundert zu den Schimpfwörtern (Jonsen/Toulmin 1988; Toulmin 1991). Heute wird sie höher bewertet; die Kasuistik, die ihre Suche nach Besonderheiten einschreibt und analysiert, ist weitgehend rehabilitiert, ihre „Bestimmung des normativen beurteilungs- und entscheidungsrelevanten Gehalts des Einzelfalls" (Blasche 1984, 365) gilt als unentbehrlich.

Von sozialpädagogischer Kasuistik kann man dann sprechen, wenn die genannte Bestimmung des Einzelfallgehaltes und ihre Einübung Prozessen zurechenbar sind, in denen eine spezifische Aufgabe zu bewältigen ist. Wie jede Pädagogik ist auch die Sozialpädagogik ein Dispositiv, somit eine prozessierende Konstellation verschiedener menschlicher und dinglicher Aktanten, die mit unterschiedlichen Kompetenzen und Performanzen ausgestattet ist (Akrich/Latour 2006, 399). Wenn die Konstellation prozessiert, indem sie gleichzeitig sowohl eine Entwicklung von Bildung als auch eine Strukturierung des sozialen Lebens sich zur Aufgabe macht und indem sie zudem das diesbezügliche Handeln reflektiert, haben wir es mit Sozialpädagogik zu tun (Natorp 1925, 94). Nicht erst heutzutage, hier aber ganz besonders, durchzieht das Dispositiv eine *Vielzahl* höchst produktiver Widersprüche, die von normativ geladenen und kontroversen Sachverhalten abgelesen werden können: Die sich entwickelnde sozialpädagogische Konstellation bildet so einen „Raum mannigfaltiger Entzweiungen; eine Menge verschiedener Gegensätze, deren Ebenen und Rollen zu beschreiben sind" (Foucault 1981, 222). Die mannigfaltigen Gegensätze artikulieren sich auf einem relativ nuanciert konturierten Feld zwischen Individual- und Staatsbezug, zwischen Freisetzung und Vergesellschaftung. In der Literatur werden sie oft pauschal als Widerspruch von Hilfe und Kontrolle zusammengezogen; dieser Widerspruch avanciert dann flott und ohne detaillierte Beschreibung zu einer Art sozialpädagogischen „Hauptwiderspruchs", so dass mit den einzelnen kontroversen Sachverhalten auch das sozialpädagogische Dispositiv insgesamt seine Kontur verliert – dies nicht zuletzt in sich als kritisch verstehende Studien.

Sozialpädagogik in dem genannten Sinne ist ein Kind von Modernisierungsprozessen, d.h. von Differenzierungsleistungen, die beginnend mit der Sozialen Frage im 19. Jahrhundert und damit einhergehenden allgemeinen gesellschaftlichen Steuerungsproblemen sich entwickelten (Müller 2005). Betrachtet man in diesem Zusammenhang die aktuellen Erziehungsfelder, sieht man, wie das in

Otto/Thiersch (Hg.), Handbuch Soziale Arbeit, 4. A., DOI 10.2378/ot4a.art147,
© 2011 by Ernst Reinhardt, GmbH & Co KG, Verlag, München

vielfältiger Weise von jenen kontroversen Sachverhalten durchzogene sozialpädagogische Dispositiv seine Magnetnadel in der Regel auf eine bestimmte Möglichkeit ausrichtet: die Individuen anzusprechen und sie „zum teilnehmenden Mitleben in Gemeinschaften [zu] befähigen" (Mennicke 2001, 19).

Die vorliegende Darstellung geht davon aus, dass ein solcher Begriff von Sozialpädagogik sich immanent auf einer bestimmten Ebene ausformt: auf der des kasuistischen Denkmodus. Denn um sich in den Widersprüchen des sozialpädagogischen Dispositivs zu orientieren und um die kontroversen Sachverhalte diskutieren zu können, bedarf es einer Zeit des Atemholens in einem kasuistischen Beratungs- und Übungsraum. Im kasuistischen Raum gewinnen glücklicherweise jene gegenläufigen Artikulationen, die draußen im unübersichtlichen Gelände oftmals streng prinzipiell operieren, an Spiel. In diesem Zusammenhang ist es nicht selten ein konkreter Widerstreit, der Ausgangspunkt eines weitergehenden bestimmenden Studiums ist. Und es ist eben jenes Spiel, das einen besseren Umgang mit dem jeweiligen Widerspruch im Zusammenhang mit den Besonderheiten eines Falles ermöglicht – auch wenn die grundsätzliche Kontroverse nicht aufgelöst werden kann. Die Kontroverse im Prinzipiellen *belastet* jetzt aber den anstehenden Entscheidungsprozess *nicht* mehr so stark. Walter Benjamin war es, der bereits in den zwanziger Jahren des 20. Jahrhunderts darauf hingewiesen hat, dass es einem Kasuisten niemals um die schlichte Anpassung an irgendein Prinzip gehe, niemals aber auch einfach um seine Ablehnung. Er binde vielmehr die Prinzipien an die Pragmatik alltäglicher Situationen, in der „jedes [...] einmal Instrument des Gerechten" (Benjamin 1980, 205) werde. Da sie durch eine solche Anbindung Prinzipien und Konventionen *gegenverwirklicht* (Stengers 2008, 72), da sie also besonderen Fragen Raum gibt und Ungewissheit absorbiert, macht es die kasuistische Konsultation den Versammelten möglich, Konflikte zu hegen und zu begrenzen. Die Konsultation bewirkt dies eigentümlicherweise umso mehr, je besser es ihr gelingt, die Kontroverse mit substanziellen Argumenten zu befeuern, Inhalte weitergehend zu bestimmen und auf diese Weise die Inkohärenz der gängigen Prinzipien mit Hilfe des gesunden Menschenverstandes aufzuweichen.

Indem sie diese Immanenzebene in den praktischen Wissenschaften und speziell der Sozialpädagogik zum Thema macht, versucht die folgende Argumentation die damit gegebenen Bezüge zwischen zirkulierendem Sozialpädagogikbegriff und sich artikulierendem kasuistischem Material zu verdeutlichen.

Der kasuistische Operationsmodus in praktischen Wissenschaften

Der Kasuistik begegnet man insbesondere in jenen wissenschaftlichen Disziplinen, in denen praktische Begründungen bedeutsam sind. Das ist vor allem in Disziplinen wie der Rechtswissenschaft, Ethik, Medizin oder Pädagogik der Fall. Jonsen und Toulmin (1988), die solche Disziplinen eingehender betrachtet haben, beschreiben idealtypisch, wie deren Forschungen von relativ komplexen Erfahrungen ausgehen, nämlich von sich faktisch artikulierenden Fällen, die einen hohen Aufmerksamkeitsgrad verlangen. Indem man sie erkundet, bezieht man sich begründend auf neue problematische Situationen, allerdings nicht ohne per Analogieschluss Präzedenzfälle mit heranzuziehen. In deren konkretem Material situiert sich substanzielle Theorie und zeigen sich Lösungen vergangener Problemsituationen. Es sind solche komplexen Erfahrungen, die die gegenwärtige Regulierung zukünftigen Handelns absichern sollen. Die Disziplinen, die eher am praktischen Pol des Spektrums angesiedelt sind, unterscheiden sich diesbezüglich graduell von denjenigen, die sich am theoretischen Pol befinden, zum Beispiel der Mathematik. Bei letzteren führt der argumentative Ausgangspunkt von einer allgemeinen Prämisse direkt zum je besonderen Endpunkt, der dieser Prämisse untergeordnet ist; man gelangt so mit Notwendigkeit zu einer bestimmten Schlussfolgerung. Folgt man Jonsen und Toulmin, dann besitzen im Gegensatz hierzu die Schlussfolgerungen in den stärker kasuistisch orientierten praktischen Wissenschaften lediglich einen wahrscheinlichen Status, halten sie sich doch stets offen für Gegenbeweise. In diesen Disziplinen wird zudem immer deutlicher, dass ebenso relevant wie der analogisch argumentierende Rückgriff auf Präzedenzfälle eine Taxinomie von Konflikt- und Krisenfalltypen ist, in die man das Fallmaterial einordnen kann; sie zu erstellen, ist vermutlich eine wissenschaftliche Herausforderung ersten Ranges. Begründungsleistungen werden in den praktisch orientierten Wissenschaften im Rückgriff nicht nur auf analytische, sondern ebenso sehr auch auf substanzielle Argumente hergestellt. Indem literarisch möglichst gehaltvolle Berichte „das Vokabular der Akteure laut und deutlich vernehmbar [...] machen" (Latour 2007, 54), verschwindet dieses nicht einfach – wie so oft sonst – in der Beschreibung der Analytiker. Kasuisten gelingt es in einem solchen Operationsmodus, die Ungewissheit der beteiligten Entscheidungsträger in der Gegenwart zu absorbieren. Ihr Tun ist darin vergleichbar mit dem so ganz anderen von Wahrscheinlichkeitstheoretikern, aber auch mit dem von realistischen Romanciers (Esposito 2007) und Novellisten (Freud 1895/1991; Datler 2004). Denn mit ihren substanziellen Kriterien, die an besonderen Relevanzbereichen und Sichtbarkeiten ausgerichtet sind, vermögen Kasuistinnen es gleich diesen, in aktuellen und konkreten Konfliktsituationen Anhaltspunkte (Esposito 2007, 24) für die Zukunft zu geben und Wegweisendes zu liefern. Allerdings gilt dies nur mit gewissen beidseitigen Einschränkungen des Anspruchs: So können kasuistisch Tätige genauso wenig wie Wahrscheinlichkeitstheoretiker die zukünftige Gegenwart einfach vorwegnehmen, wie das bisweilen angenommen wird. Mit analogen und wahrscheinlichen Schlüssen geht das nicht, weil diese lediglich den gegenwärtigen Projektionen der Zukunft dienlich sind. Im kasuistischen Denkmodus bleibt die Zukunft deshalb zwangsläufig unsicher – genauso wie beim Einsatz der Wahrscheinlichkeitstheorie und darauf basierender Prognosen. Sicherheit gibt es bestenfalls aktuell und für die, die in der Konsultation eine Entscheidung vorbereiten, und dies gerade nicht, weil ihr kasuistisches Tun Sachverhalte ans Licht brächte, die mit der zukünftigen Realität kongruent wären, sondern nur weil es ihnen, die sich zur Beratung versammeln, eine „transparente Perspektive anbietet, die man mit anderen teilen [...], auf deren Basis man planen, diskutieren" (61) kann. Der kasuistische Denkmodus vermag so aber immerhin – und das macht einen Teil seiner Relevanz aus –, öffentliche Diskussionen zu versachlichen (Dewey 1996, 164f). Indem sie in dieser Form Ungewissheit absorbiert und denkend in die Gegenwart eingreift, unter-

bricht die kasuistische Operationsweise einen konflikthaften Entscheidungsvorgang, der unter unklaren Vorgaben stattfindet. Das kasuistische Tun macht die Unklarheit für die Beteiligten bewältigbar und bearbeitet Ratlosigkeiten, die vielfach mit dem Konflikt einhergehen: indem es Normen sichtbar macht, bestimmt und hervorbringt. Zum Konsultationsraum wird dieser Raum aus einem bestimmten Grund: Hier sind die zur Debatte stehenden Sachverhalte der Fälle entsprechend ihrer Widersprüchlichkeit kontrovers artikulierbar. Deshalb kann die Besonderheit von Fällen im offenen Gespräch aus den unterschiedlichen Perspektiven der Versammelten erörtert werden, und zwar um untereinander – vermittelt über die Konfrontation unterschiedlicher Lesarten – den Gehalt abzustimmen, der für eine Entscheidung bedeutsam ist.

Das tuend ist die kasuistische Beratung in der Lage, die Momente eines durch Schließung bedrohten krisenhaften Geschehens zu lockern, Restbestände zu reartikulieren, die sonst unter den Tisch fielen, und sie als Elemente eines alternativen Sinnhaushaltes neu zu konfigurieren (Stäheli 2000, 247). Mit anderen Worten: Das kasuistische Tun der praktischen Wissenschaften verlangsamt das Geschehen, denn es verlagert die prinzipiellen Momente des Ausgangskonflikts und ist in diesem Aufschub in reorganisierender Weise aktiv. Es versammelt die konfliktuellen Bestandteile neu und macht sichtbar, wie umstritten das Soziale ist (Latour 2007, 136). Dafür braucht es Zeit; die sich zu nehmen, zeichnet die Akteure im kasuistischen Beratungsraum aus. Vielleicht gelingt es den praktischen Wissenschaften hier auch, ihre oftmals sehr weit gesteckte Erwartung, theoretisch Klarheit zu bekommen, auszugleichen mit dem Umstand, dass es praktisch unmöglich ist, Mehrdeutigkeit und Ungewissheit auszuschalten (Toulmin 1991, 281). Allerdings gibt es Zeit auch in der kasuistischen Beratung nicht unbegrenzt. Das Tun der Kasuisten im buntscheckigen und mannigfaltigen Zwischenraum wird durch jene letztlich kontingente Entscheidung begrenzt, die die kontroverse Erwägung des Falles – wie auch immer – beendet. Da Mehrdeutigkeit und Widersprüchlichkeit der Vorgaben nie vollständig aufgelöst werden können, stellen sie weiterhin Herausforderungen dar. Sie gelten als Herausforderungen „jeder ‚wahren' Entscheidung" (Stäheli 2000, 232). Solche Umstände kennzeichnen ganz besonders auch die Entscheidungsprozesse des pädagogischen Handelns und machen seinen Wagnischarakter aus. Hier angelangt aber haben die Kasuistinnen ihren kasuistischen Versammlungsraum, in der Sprache Bruno Latours ein Oligoptikon, längst wieder verlassen.

Die heutige Zunahme von Kasuistik allgemein, wie sie in den praktischen Disziplinen, aber auch darüber hinaus zum Ausdruck kommt (Toulmin 1991, 300f), ist sicherlich einerseits moralisch inspiriert (Thiersch 2005, 1252), sie lässt sich aber andererseits auch als Antwort auf einen kollektiven Problemdruck lesen: Der macht in fast allen Bereichen der Gesellschaft Räume erforderlich, in denen man Dissens managt, sich nicht nur expertokratisch, sondern gemeinschaftlich selbst vergewissert und „paradoxe Versammlungen" aushält (Beck et al. 2001; Goffman 1972; Balibar 2003; Hörster 2010). Er hat zu tun mit Differenzierungsprozessen und eben jenen Strategien, die sich im Umgang mit wahrscheinlichem Wissen um Nebenfolgen ergeben. Dabei zeichnet sich ein Feld ab, in dem offiziell intendierte Zwecke einerseits und lediglich wahrscheinliches Wirkungswissen andererseits strategisch zusammenfallen; es ist von einem Widerstreit unterschiedlicher Interpretationen (Thiersch 1978, 18) durchzogen. Im Raum zwischen den offiziellen Zwecken und der strategisch verwendeten Wirksamkeit seien deshalb, wie Foucault schon vor längerem herausgestellt hat, „Spiele zwischen den verschiedenen gesellschaftlichen Gruppen" platziert (Foucault 2005, 787). Vom kasuistisch produktivierenden Möglichkeitsraum lässt sich deshalb ohne zu übertreiben sagen, dass in ihm das Rauschen des Windes solcher gesellschaftlicher Auseinandersetzungen deutlich vernehmbar ist.

Die Entwicklung der kasuistischen Strukturelemente in der Sozialpädagogik

Als sich die Soziale Arbeit im ersten Drittel des zwanzigsten Jahrhunderts zum Beruf entwickelte, begann das sozialpädagogische Dispositiv mit dem kasuistischen Tun eines seiner wichtigsten Elemente zu kultivieren. Die beiden Pionierinnen dieses Prozesses in Deutschland, Siddy Wronsky und Alice Salomon, traten mit ihren Veröffent-

lichungen in den 1920er Jahren in die Fußstapfen von Mary Richmond, die 1917 mit dem Buch „Social Diagnosis" (1965) eine vor allem kasuistisch ausgerichtete Berufsethik für Sozialarbeiter in den USA entwickelt hatte. Den drei Klassikerinnen ging es darum, ein Wissen über je besondere Notlagen erheben zu können und sowohl individuelle wie soziale Ressourcen mit Hilfe dieses Wissens zu mobilisieren. Die insbesondere für die Lehre bestimmten Materialien Wronskys und Salomons waren dazu gedacht, unterschiedliche Einschätzungen der Rezipientinnen hervorzurufen, Erörterungen anzustoßen und dabei eine „Gemeinschaft von Lehrern und Schülern" (Wronsky / Salomon 1926, 4) zu ermöglichen. Das Erscheinen ihres Buches „Soziale Therapie" im Jahre 1926 lässt sich als die Geburt des sozialpädagogischen kasuistischen Raumes in Deutschland begreifen: Als Raum, in dem es um mannigfache Einschätzungen geht, enthielt er einerseits alltägliche Fallberichte, Texte von Notsituationen, die sich zur forschenden Lektüre anboten, er begriff sich anderseits als Lernund Bildungsraum (Hörster 2003, 331). Diese beiden Strukturelemente trifft man in der heutigen sozialpädagogischen Kasuistik in gleicher Weise an, artikuliert sich doch auch in ihr ein primäres Geschehen in einem gewöhnlichen Text und erweist sich eben diese Artikulation als ein bestimmtes Bildungsmoment: Der Blickwinkel des Lesers und der Rezipientin sowie deren pädagogische Erfahrungsmöglichkeiten rücken in den Vordergrund (Brügelmann 1982, 77).

1930 legte Wronsky eine kleine Methodenlehre der Fürsorge vor (Wronsky 1930). Anhand einzelner Fälle entwickelt sie darin eine umfassende Topik ihrer Problemsondierungen. Sie stellt einen idealtypischen Hilfeprozess vor, den sie aus mehreren Komponenten zusammengesetzt sieht: der sozialen Anamnese, der sozialen Diagnose, der sozialen Untersuchung, der sozialen Prognose und der sozialen Therapie. An jede dieser methodisch bedeutsamen Stellen des Hilfeprozesses platziert sie Materialien zur Kreierung eines kasuistischen Raumes. Den stellt sie sich so vor – und das ist in diesem Zusammenhang der entscheidende Punkt –, dass eine bestimmte Bewegung in die Methodik kommt, eine Bewegung, die sie terminologisch geglückt als *Verlagerung* bezeichnet. In der Verlagerung überführen die kasuistischen Aktanten die problematische *Konstellation* eines Falles in einen normativ anders gebildeten Sinnhaushalt; hier reartikulieren sich die einzelnen Bestandteile des Falles alternativ in einem „plan of participation" im Richmondschen Sinne (Hörster 2003, 332).

Die Verlagerung in eine andere Ordnung, wie sie in dieser „Methoden der Fürsorge" betitelten Schrift Wronskys begründet wurde, kann neben den beiden bereits erwähnten Elementen, dem Bericht und dem Bildungsprozess, als das dritte Strukturelement der sozialpädagogischen Kasuistik gelten. Auch dieses Strukturelement findet sich in den heutigen kasuistischen Überlegungen; in denen wird perspektivisch verlagert, indem man das erzählte alltägliche Geschehen anders assoziiert und mit einem neuen Sinn versieht. Auch heute stellt sich diese Pointe der sozialpädagogischen Kasuistik immer dann ein, wenn Kasuisten eine Position außerhalb des eigenen alltäglichen Fallverstehens und der eigenen affektiven Verstrickungen in das damit verbundene Geschehen, aber beides doch zum Thema machend, einnehmen können. Verlagert wird derzeit das Geschehen etwa bei der sozialpädagogischen Einübung in das ethnographisch informierte Fremdverstehen: indem gängige Interpretationen, in denen sich eine sozialpädagogische Situation darstellt, pragmatisch gebrochen werden, um an die Wirkungen der dargelegten Handlungsabläufe heranzukommen. Mit einer solchen Verlagerung verbindet sich das Ziel, das Fremdverstehen in der beruflichen Fallpraxis zu optimieren, und zwar dadurch, dass man auf eine bestimmte Sprache zurückgreift, von den pragmatischen Wirkungen Kenntnis erhält und so unartikulierte, aber kommunikativ wirksame Perspektiven des Klienten anerkennen kann (Schütze 1993). – Um eine forschend kreative Verlagerung alltäglicher Berichte kümmert man sich heute auch, um ein zweites Beispiel zu nennen, in der Perspektive einer psychoanalytischen Sozialpädagogik. Das Vorbild liefern hier immer noch die wie Novellen verfassten Fallstudien Sigmund Freuds (Datler 2004). In dieser Sozialpädagogik wird die Aufmerksamkeit vor allem auf die *Arbeit am Rahmen* von Situationen gerichtet. Indem man den Rahmen in *Vorderbühne und Hinterbühne* einteilt, macht der Ansatz sensibel für nicht bewusst wirksame Bezüge und Verstrickungen auf der Hinterbühne. Er kann zeigen, wieso sozial-normative und biografische Inhalte von Arbeitsbündnissen hiervon abhängig sind und wie sich eine solche Ab-

hängigkeit zurück auf die Vorderbühne holen lässt (Körner / Ludwig-Körner 1997). – Eine Verlagerung ist schließlich charakteristisch für den objektiv hermeneutischen Zugang in der Sozialen Arbeit; in ihm sieht man den Fall aus dem interaktiven Handeln von Professionellen und Adressaten hervorgehen (Gildemeister / Robert 1997, 36). Dabei wird z. B. biografisches Material kritisch so verlagert, dass auch anomische Kooperationen zwischen den unterschiedlichen Hilfeakteuren sich erkennen lassen und eine „okkasionelle Rationalität des Rahmenwechsels" (Allert 1993, 403) mit ihren sozialpädagogisch nicht intendierten, für Adressaten bisweilen verheerenden Folgen sichtbar wird.

Von den drei Strukturelementen lässt sich sagen, dass sie den kasuistischen Raum der Sozialpädagogik insgesamt durchwirken. Allerdings kann man die Elemente, literarisch etwas anders zusammengebaut und lockerer verkettet, auch schon vor der Kasuistik Wronskys und Salomons antreffen: in klassischen Berichten pädagogischer Experimente, die sowohl einen Begriff von Pädagogik gewinnen wollen, der durch Anschauung gesättigt ist, als auch eine Wanderung von Blickpunkten im Lektüreprozess ermöglichen. Gemeint sind Berichte, die der Praxeologischen Empirie (Benner 1978) zuzuordnen sind, Berichte, wie sie uns bereits Rousseau und Salzmann (Herrmann 1991), später dann in den zwanziger Jahren Makarenko, Bernfeld, Aichhorn, Korczak oder Neill und noch später Redl / Wineman, Bettelheim, Deligny und Lin vorgelegt haben. In den „Experiment-Berichten" Bernfelds und Aichhorns zum Beispiel aus den 1920er Jahren wird anschaulich gemacht, wie Pädagogen ein neues sozialpädagogisches Dispositiv entwickeln, in dem man unter Kontingenzbedingungen krisenhafte Geschehnisse in eine alternative Perspektive verlagert; verfasst sind sie in einer Form, die Spielraum lässt für einen offenen Bildungsprozess der Leserinnen (Hörster 2001). Die haben die Möglichkeit, anhand der Texte einzelne dicht miteinander verbundene Komponenten von Sozialpädagogik zu verfolgen, sie abzulösen und vor dem Hintergrund der eigenen Erfahrungen zu verarbeiten. Herauslesbar ist aus den praxeologischen Texten insbesondere, inwiefern Leerstellen, die sich als Ungewissheit, Unbestimmtheit oder krisenhafte Fremdheit artikulieren, die Chance bieten, Arbeitsbündnisse aus eher unstrukturierten

Situationen heraus herzustellen – indem man nämlich Normen und Regeln auf einer mimetischen Basis sozialer Bezüge aushandelt (2001). Auch das provoziert die Leser dazu, sich in ihrem eigenen aufbrechenden Denken selbst zu positionieren.

Die Entwicklung der sozialpädagogischen Kasuistik als kollektive Gestaltungsaufgabe

Die kasuistische Immanenzebene, auf der sich ein Begriff von Sozialpädagogik artikuliert, lässt sich nicht nur in praxeologisch-empirischen Berichten vor und nach den Publikationen von Salomon und Wronsky freilegen, sie wurde auch – allerdings als solche nur ansatzweise expliziert – systematisch in einen Entwurf der gesamten Sozialpädagogik eingearbeitet. Es handelt sich um die anspruchsvolle Studie Carl Mennickes, die 1936 im niederländischen Exil erschienen ist und in der der Autor konstitutive Komponenten der Sozialpädagogik vorstellt: (a) innerhalb einer „Gesellschaft, die nach Gestaltung sucht und suchen muss" (Mennicke 2001, 17), Teilnahmemöglichkeiten zu erkunden; (b) die Individuen, die sich in diesem Zusammenhang assoziieren sollen, zum Mitleben zu erziehen, und schließlich (c) im Rahmen einer phänomenologischen Pädagogik die begrifflichen Instrumente zu entwickeln, die die Deskription der diesbezüglichen Erziehungs- und Bildungsformen gestatten. Mennicke erachtet die Arbeit an all dem, eben die „sozialpädagogische Formgebung" (81), als Teil eines spannungsgeladenen gesellschaftlichen Gestaltungsprozesses. In diesem sozialpädagogischen Dispositiv sieht er eine komplexe Verschlingung von *reaktiven, bewussten und freien* und *bewussten, aber erzwungenen Formgebungen* am Werk. Weitertreibend ist, wie Mennicke das Dispositiv materiell an einer kasuistischen Relation festmacht: an dem auszutarierenden Verhältnis zwischen dem, was er *Inszendieren* und *Transzendieren* nennt. Inszendieren bedeutet, jene Elemente der Wirklichkeit, mit denen Sozialpädagogen zu tun haben, von innen heraus nuanciert zu erkunden und sie „immer besser zu erspüren." (177). Nach Mennicke ist eine solche Rekonstruktion nur dann wirksam, wenn sie mit dem Transzendieren einhergeht (177). Eine Tätigkeit, die kasuistisch erspürt, ist demnach nicht möglich ohne einen transzendierenden

Fluchtpunkt, wie z. B. die Mitwirkung der Adressaten. Die Rekonstruktion hat so – ähnlich wie bei Wronsky – von vornherein eine verlagernde Wirkung, wobei Mennicke ein je zu konkretisierendes Optimum des Verhältnisses von Inszendieren und Transzendieren gedankenexperimentell im Auge hat. Im Optimum würde pädagogisches Handeln anknüpfen „bei dem tatsächlichen Zustand des Zöglings und der Gruppe und jede Maßnahme würde ebenso den größtmöglichen Erfolg hinsichtlich der Entwicklung der Verantwortlichkeitskraft haben" (178). Relevant ist, wie Mennicke eine derartige *Möglichkeit des sozialen Lebens*, nämlich unter erkundbaren und herstellbaren optimalen Bedingungen zu *sein*, dieses aber nicht unbedingt zu *müssen*, konkretisiert. Er verdeutlicht die so strukturierte und heutzutage als Kontingenz bezeichnete Modalität anhand der Erziehungsstrafen; und hierbei nimmt er gleichzeitig eine Hochgewichtung des kasuistischen Raumes vor: Die auch aktuell viele bewegende „Frage, ob Zwangsmaßnahmen und Strafe zulässig und pädagogisch sinnvoll sind" (179), hält Mennicke für verkehrt gestellt, zeige sich doch immer wieder, dass eine angemessene Entscheidung für oder wider die Strafe abhängig sei „von der Annäherung oder Nichtannäherung an das Optimum hinsichtlich des Transcendierens und Inscendierens" (179). Es wird klar: Das Optimum herauszuholen und dabei aus lediglich wahrscheinlichen Sachverhalten richtige Schlussfolgerungen zu ziehen, geht nicht ohne Kasuistik. Das um die Strafe herum angesiedelte spezifische Problem der Sozialpädagogik bleibt hier leer, solange man eine wirkliche Fallsituation nicht dadurch erspürt, dass man eine gewohnte Konfliktlösung aufschiebt, und solange der eigene Sinn der Situation nicht entwickelt ist und als Potenzial der Situation (Optimum) eine den Konflikt verlagernde Dynamik auslöst, eine Dynamik, die im Mennickeschen Fall auf die Herstellung von Verantwortlichkeitskraft ausgerichtet ist. – Bei alldem dürfen Sozialpädagoginnen sich selbst nicht aus der Reflexion aussparen. Sie, die nach Mennicke das Feld durch ihre kontingenten Entscheidungen mitkonstituieren, sind gehalten, sich selbst zu bilden, Schwierigkeiten im sozialpädagogischen Feld immer auch bei sich selbst zu suchen und reflexiv zu verfahren. – Konzeptionell entwickelt sich gekonnte Sozialpädagogik hier auf einer Immanenzebene, die durch Strukturelemente des kasuistischen Raumes gekennzeichnet ist und auf der sich „das eigene Tun im reflektierenden Gebrauch der Urteilskraft" (Zander 2000, 642) materialisiert. Dieser Raum dreht sich um die Achsen des aufschiebenden Inszenierens und des verlagernden Transzendierens bei der *sozialpädagogischen Formgebung*; die Alltagsberichte dieser Reflexivität werden von Mennicke als gegeben vorausgesetzt.

Sozialpädagogische Kasuistik als kollektive Praxis: Beispiele

Der von der sozialpädagogischen Kasuistik hergestellte Raum bietet angesichts der sich kontrovers auseinandersetzenden gesellschaftlichen Gruppen eine Art Windfang für jene stellvertretenden Akteure, die Entscheidungen zu treffen haben. Der halbwegs geschützte Möglichkeitsraum wird in der Ausbildung gewährt in Fallseminaren, Forschungswerkstätten oder Veranstaltungen multiperspektivischer Fallarbeit. In den beruflichen Feldern, z. B. im Hilfeplanverfahren nach dem KJHG (Schwabe 2005), sind Teambesprechungen, *staff-conferences*, Supervision oder Praxisforschung vorgesehen. Solche Arbeitsarrangements in Ausbildung und Beruf als eine spezifische Organisation des Wissens obligatorisch zu machen, u. a. davon dürfte es abhängen, wie sich die Qualität der Sozialen Arbeit entwickelt. – Aktuelle Vorschläge, Kasuistik in einem solchen Sinne kollektiv zu praktizieren und dabei, sei es explizit oder implizit, einem Begriff von Sozialpädagogik zu folgen, liegen vielfach vor. Einige wenige seien herausgegriffen.

Reflexionsmöglichkeiten multiperspektivisch zu organisieren, ist die Pointe der kasuistischen Überlegungen Burkhard Müllers (2006); es trägt letztlich seine gesamte Sozialpädagogik, die sich vor allem um die Entwicklung von Arbeitsbündnissen zwischen Sozialpädagoginnen und Adressaten dreht. Müller verlagert primäres Material, in dem unterschiedliche professionelle und gesellschaftliche Akteure ihre nicht selten auch kontroversen Definitionen von Situationen präsentieren, um die Fallstrukturiertheit des sozialpädagogischen Feldes sowohl in seiner differenzierten Wissensstruktur als auch in seiner komplexen Dynamik aufzuzeigen. Anhand von Darstellungen alltäglichen Fall- und Fremdverstehens werden probeweise unterschiedliche fachliche Relevanzbereiche erörtert und

dabei verschiedene Beobachtungsstandpunkte mit Hilfe eines flexiblen Schemas ins verlagernde Spiel der Ausbildung gebracht. Indem das Arbeitsbündnis zwischen Sozialpädagogen und Adressaten gleichzeitig als Bildungsbedingung und soziale Bedingung des Lebens begriffen wird, ist der Fluchtpunkt dieses sozialpädagogisch kasuistischen Dissensmanagments die Selbststeuerung der Arbeitsbeziehung durch die Adressaten.

Bei den Lernfällen im Umgang mit Krisen von Kunz et al. (2004) geht es darum, in jeweils einer kleinen Erzählung die Kontingenz von Entscheidungen zu bestimmten Interventionen zur Geltung zu bringen. Auf diese Weise sowie mit Hilfe eines bestimmten bereichsspezifischen Wissens zum Fall möchten die Autorinnen (zwei Kriseninterventionspraktikerinnen und eine Theoretikerin) den Leser zu einer eigenen Reflexion anstoßen. Ungewöhnlich, jedoch naheliegend und im Rahmen ihres Anliegens völlig konsequent ist die Konstruktionsweise dieser Erzählungen verschiedener krisenhafter Verläufe. Denn die Autorinnen konstruieren ihre Erzählungen als Prototypen. Zu einem bestimmten thematischen Bereich jeweils haben sie Material aus ihrer Kriseninterventionspraxis versammelt und es typisierend verdichtet, indem sie es „zu einem Prototypen, der typische und charakteristische Merkmale trägt" (Kunz et al. 2004, 13), synthetisierten. Der sozialpädagogische Fluchtpunkt dieser Kasuistik ist es, im Rückgriff auf Ressourcen eine erneute Teilnahme am sozialen Leben durch Beratung möglich zu machen, Krisen zu bewältigen und sie sich nicht verfestigen zu lassen.

Auf ähnlichem Terrain bewegen sich auch Werner Schefolds Einsichten in die Interaktionen zwischen untereinander stark verschachtelten und nur unter großem Aufwand entwirrbaren sozialstaatlichen Leistungen einerseits und kontingenten biographischen Ereignissen andererseits (1999). Der Autor arbeitet heraus, inwiefern unter Wandlungsdruck stehende sozialstaatliche Leistungen mit Hilfe eines kasuistischen Denkens erbracht werden, das sich auf individuelle Problemlagen bezieht, und zwar innerhalb eines Verfahrens, dessen Fluchtpunkt in Beteiligung besteht. Der sozialpädagogische Gehalt dieser Studien ist es, im Grenzgebiet zur Sozialpolitik deutlich gemacht zu haben, wie individuelle biographische Optionen mit der kollektiven Typik sozialstaatlicher Vorgaben zwar spannungsgeladen zusammenfallen, dieses aber im Deutungsmuster der Adressatinnen relativ problemlos gelebt werden kann, wenn die personalen Bezüge im Hilfeprozess stimmen.

Die sozialpädagogische Kasuistik erweist sich insgesamt als Mischgebilde. In ihrer hybriden und pluralen Struktur schwankt sie um die Gegebenheiten pädagogischer Entscheidungsprozesse und die damit verbundenen Probleme, Ungewissheit binden zu können. Dabei fließen wissenschaftlich radikalisiertes Fragen, Lernprozesse und professio-

nelle Partizipationsperspektiven ineinander. Der komplexe Beratungs- und Übungsraum entwickelt ein eigenes oligoptisches Profil; er liefert der Sozialpädagogik zudem ein unendliches, heterogenes und konkretes Reservoir, begrifflich zu prozessieren. Behaupten wird er sich nur, wenn die sozialpädagogischen Kasuisten nicht aufhören, ihn immer wieder neu zu dynamisieren und um seine Offenheit zu kämpfen.

Literatur

Akrich, M., Latour, B. (2006): Zusammenfassung einer zweckmäßigen Terminologie für die Semiotik menschlicher und nicht-menschlicher Konstellationen. In: Belliger, A., Krieger, D. (Hrsg.): Anthologie. Transcript, Bielefeld, 399–405

Allert, T. (1993): Autocrashing. Neue Praxis 5, Jg. 23, 393–414

Balibar, E. (2003): Sind wir Bürger Europas? Hamburger Edition, Hamburg

Beck, U., Bonß, W., Lau, C. (2001): Theorie reflexiver Modernisierung – Fragestellungen, Hypothesen, Forschungsprogramme. In: Beck, U., Bonß, W. (Hrsg.): Die Modernisierung der Moderne. Suhrkamp, Frankfurt / M., 11–59

Benjamin, W. (1980): Hebel gegen einen neuen Bewunderer verteidigt. In: Benjamin, W.: Gesammelte Schriften III. Suhrkamp, Frankfurt / M., 203–206

Benner, D. (1978): Hauptströmungen der Erziehungswissenschaft. 2. Aufl. List Verlag, München

Blasche, S. (1984): Kasuistik. In: Mittelstraß, J. (Hrsg.): Enzyklopädie Philosophie und Wissenschaftstheorie. Band 2. Metzler, Mannheim / Wien / Zürich, 365

Brügelmann, H. (1982): Fallstudien in der Pädagogik. Zeitschrift für Pädagogik 4, Jg. 28, 609–623

Datler, W. (2004): Wie Novellen zu lesen ...: Historisches und Methodologisches zur Bedeutung von Falldarstellungen in der Psychoanalytischen Pädagogik. In: Datler, W., Finger-Trescher, U., Müller, B. (Hrsg.): Sie sind wie Novellen zu lesen. Jahrbuch für Psychoanalytische Pädagogik. Band 14. Psychosozial-Verlag, Gießen, 9–41

Dewey, J. (1996): Die Öffentlichkeit und ihre Probleme. Philothek, Bodenheim

Esposito, E. (2007): Die Fiktion der wahrscheinlichen Realität. Suhrkamp, Frankfurt / M.

Foucault, M. (2005): Schriften IV. Dits et Ecrit. Suhrkamp, Frankfurt / M., 782–795

– (1981): Die Archäologie des Wissens. Suhrkamp, Frankfurt / M.

Freud, S. (1895 / 1991): Krankengeschichten. In: Breuer, J., Freud, S.: Studien über Hysterie. Fischer, Frankfurt / M.

Gildemeister, R., Robert, G. (1997): „Ich geh da von einem bestimmten Fall aus ...“ – Professionalisierung und Fallbezug in der sozialen Arbeit. In: Jakob, G., Wensierski, H.-

J. v. (Hrsg.): Rekonstruktive Sozialpädagogik. Juventa, Weinheim / München, 23–38

Goffman, E. (1972): Asyle. Suhrkamp, Frankfurt / M.

Herrmann, U. (1991): Pädagogisches Argumentieren und erziehungswissenschaftliche Forschung: Zur Verhältnisbestimmung von Pädagogik und Erziehungswissenschaft. In: Hoffmann, D. (Hrsg.): Bilanz der Paradigmendiskussion in der Erziehungswissenschaft. Juventa, Weinheim, 185–198

Hörster, R. (2010): Kasuistik in der Sozialpädagogik. In: Bock, K., Miethe, I. (Hrsg.): Handbuch Qualitative Methoden in der Sozialen Arbeit. Barbara Budrich, Opladen / Farmington Hills, 377–386

– (2005): Kasuistik / Fallverstehen. In: Otto, H.-U., Thiersch, H. (Hrsg.): Handbuch Sozialarbeit / Sozialpädagogik. 3. Aufl. Ernst Reinhardt, München / Basel, 916–926

– (2003): Fallverstehen. In: Helsper, W., Hörster, R., Kade, J. (Hrsg.): Ungewissheit. Velbrueck, Weilerswist, 318–341

Jonsen, A. R., Toulmin, S. (1988): The Abuse of Casuistry. University of California Press, Berkeley / Los Angeles / London

Körner, J., Ludwig-Körner, C. (1997): Psychoanalytische Sozialpädagogik. Lambertus, Freiburg / Br.

Kunz, S., Scheuermann, U., Schürmann, L. (2004): Krisenintervention. Juventa, Weinheim / München

Latour, B. (2007): Eine neue Soziologie für eine neue Gesellschaft. Suhrkamp, Frankfurt / M.

Mennicke, C. (2001): Sozialpädagogik. Juventa, Weinheim / München

Müller, B. (2006): Sozialpädagogisches Können. 4. Aufl. Lambertus, Freiburg i. Br.

Müller, C. (2005): Sozialpädagogik als Erziehung zur Demokratie. Klinkhart, Bad Heilbrunn

Natorp, P. (1925): Sozialpädagogik. Schöningh, Stuttgart

Richmond, M. (1965): Social Diagnosis, Russell Sage Foundation, New York

Schefold, W. (1999): Sozialstaatliche Hilfen als „Verfahren“. Zeitschrift für Pädagogik, 39. Beiheft, 277–290

Schütze, F. (1993): Die Fallanalyse. In: Rauschenbach, T. (Hrsg.): Der sozialpädagogische Blick. Juventa, Weinheim, 191–221

Schwabe, M. (2005): Methoden der Hilfeplanung. Suhr-kamp, Frankfurt/M.

Stäheli, U. (2000): Sinnzusammenbrüche. Velbrueck, Wei-lerswist

Stengers, I. (2008): Spekulativer Konstruktivismus. Merve, Berlin

Thiersch, H. (2005): Moral und Soziale Arbeit. In: Otto, H.-U., Thiersch, H. (Hrsg.): Handbuch Sozialarbeit/Sozial-pädagogik. 3. Aufl. Ernst Reinhardt, München/Basel, 1245–1258

– (1978): Die hermeneutisch-pragmatische Tradition der Er-ziehungswissenschaft. In: Thiersch, H., Ruprecht, H., Herrmann, U.: Die Entwicklung der Erziehungswissen-schaft. Juventa, München, 11–108

Toulmin, S. (1991): Kosmopolis. Suhrkamp, Frankfurt/M.

Wronsky, S. (1930): Methoden der Fürsorge. Heymann, Berlin

–, Salomon, A. (1926): Soziale Therapie. Heymann, Berlin

Zander, H. (2000): Gesten des Schreibens – Zum Begriff der pädagogischen Bedeutungsrelation. In: Müller, S. (Hrsg.): Soziale Arbeit. Luchterhand, Neuwied/Kriftel, 621–643

Sozialpolitik

Von Stephan Köppe, Peter Starke und Stephan Leibfried

Einleitung

Seit dem Aufkommen des Begriffs Sozialpolitik in der Mitte des 19. Jahrhunderts hat sich sein definitorischer Gehalt ständig gewandelt. Lorenz von Stein (1850) kann als der erste Theoretiker der Sozialpolitik gelten, wenngleich er den Begriff zunächst selbst nicht verwendet. Seine Vorstellungen orientieren sich stark an der hegelschen Philosophie, insbesondere an der Unterscheidung von Staat und (bürgerlicher) Gesellschaft. „Soziale Verwaltung" sollte zwischen diesen beiden, von jeweils spezifischen Gesetzlichkeiten gelenkten, Sphären vermitteln. Im deutschen Sprachraum erfolgt die Konkretisierung des Begriffs Sozialpolitik in der Gründung des „Vereins für Socialpolitik" 1873. Erst rund hundert Jahre später findet Sozialpolitik als „social policy" auch international breitere Resonanz, denn im angloamerikanischen Sprachraum waren zunächst die Begriffe „welfare" oder „social security" geläufiger (Cahnman/Schmitt 1979; Kaufmann 2003a). Deutschland war nicht nur realgeschichtlich – mit den bismarckschen Sozialversicherungen –, sondern auch begriffsgeschichtlich ein Pionier der Sozialpolitik. Dennoch wurde der Begriff im Verlauf seiner rund 150-jährigen Geschichte auch hier immer wieder von konkurrierenden Bezeichnungen überschattet und, zumindest zeitweise, verdrängt. Hierzu gehören „die soziale Frage" und „die Arbeiterfrage", „Sozialreform", „soziale Marktwirtschaft", „Sozialstaat" bzw. „sozialer Rechtsstaat", „soziale Sicherheit", „Gesellschaftspolitik" und „Wohlfahrtsstaat" (siehe auch Lessenich 2003).

Eine Besonderheit des Begriffs Sozialpolitik war und ist das Fehlen einer allgemein anerkannten Definition. Einer der Gründe ist gewiss die bereits erwähnte vermittelnde Stellung der Sozialpolitik zwischen verschiedenen *gesellschaftlichen Sphären* –

heute würde man vielleicht von gesellschaftlichen Teilsystemen sprechen. Die von Beginn an interdisziplinäre Sozialpolitikforschung ist sicherlich ein weiterer Grund. Sie zieht sich quer durch wirtschaftswissenschaftliche, juristische, soziologische, sozialarbeits- und politikwissenschaftliche Debatten und Begriffsfelder. Zudem unterscheidet sich das Verständnis von Sozialpolitik in Deutschland teilweise deutlich von dem anderer Länder (Kaufmann 2003b).

Ein Ausweg aus dieser definitorischen Mehrdeutigkeit bestand oft darin, die institutionelle Ausgestaltung von Sozialpolitik nur zu beschreiben, anstatt sich ihr begrifflich anzunähern. Eine Verkürzung von Sozialpolitik auf bestimmte abstrakte Werte (Freiheit, Gleichheit, Brüderlichkeit/Solidarität) oder Politikziele (Umverteilung, Sicherung, Inklusion) erscheint in der Tat wenig Erfolg versprechend. Reale Sozialpolitik verfolgt fast immer mehrere dieser Ziele gleichzeitig, und die normativen Zielsetzungen unterliegen zeitlichen und räumlichen Schwankungen, die sich kaum auf einen gemeinsamen Nenner bringen lassen.

Auch hier wird daher keine allgemeingültige Definition präsentiert. Stattdessen behandeln wir im ersten Abschnitt die Mannigfaltigkeit der gegenwärtigen Sozialpolitikbegriffe und unterscheiden dabei grob eine enge, staatszentrierte Tradition von jenen Ansätzen, die den Begriff erweitern und „entgrenzen". Der weite Sozialpolitikbegriff, woraus sich insbesondere Bezüge zur Sozialarbeit und Sozialpädagogik ergeben, schließt neben staatlicher Sozialpolitik auch die Sektoren Markt, Verbände und Familie ein und erweitert den Kern der sozialpolitischen Politikfelder (z. B. Bildungspolitik, regionale Wirtschaftsförderung). Der zweite Abschnitt wird Theorien zur Entstehung, zum Ausbau und Umbau des Wohlfahrtsstaates sowie zur Varianz der Sozialpolitik abhandeln. Im drit-

Otto/Thiersch (Hg.), Handbuch Soziale Arbeit, 4. A., DOI 10.2378/ot4a.art148,

ten Abschnitt wird kurz auf die Wirkung von Sozialpolitik eingegangen.

Das Feld der Sozialpolitik

Die historischen Ursprünge der Sozialpolitik finden sich in kirchlichen, betrieblichen und berufsständischen Arrangements auf lokaler Ebene. Verschiedenste Wohlfahrtsproduzenten waren also zunächst im Feld der Sozialpolitik vertreten. Mit dem Auftreten staatlicher Sozialpolitik in Pionierländern wie Deutschland, Dänemark und Neuseeland, spätestens jedoch mit der Ausbreitung der verschiedenen Systeme „sozialer Sicherung" nach dem Zweiten Weltkrieg, wurde der Begriff international auf wohlfahrts*staatliche* Programme verengt. Sozialpolitik wurde Staatstätigkeit und zuallererst als solche verstanden. Erst seit Anfang der 1990er Jahre hat sie sich wieder einer pluralistischen Konzeption geöffnet, was sich sowohl in sozialpolitischen Reformen als auch in neuen Forschungsschwerpunkten niederschlägt. Über die staatszentrierte Auffassung werden wir uns dem Begriff der Sozialpolitik nähern, um ihn anschließend sektoral, funktional und räumlich zu erweitern. (Gute Einführungen finden sich bei Alcock et al. (1998), Baldock et al. (2007), Boeckh et al. (2004), Lampert / Althammer (2004), Opielka (2004), Schmidt (2005)).

Sozialpolitik als Staatstätigkeit

Die historischen Wurzeln staatlicher Sozialpolitik liegen in der ungelösten Arbeiterfrage. Die staatliche Regulierung des Arbeitsmarktes kann deshalb als Beginn der Sozialpolitik und damit des Wohlfahrtsstaates gesehen werden, wobei – und das war neu – dem Staat die alleinige Lösungskompetenz hinsichtlich sozialer Problemlagen zugeschrieben wurde. Mit der Einführung der bismarckschen Sozialversicherungen umfasste der Kern der Sozialpolitik – und damit auch die engste Definition – die staatliche soziale Sicherung gegen die Unwägbarkeiten des Arbeitsmarktes durch Arbeitsschutzgesetzgebung sowie die Leistungen aus den (Arbeiter-)Sozialversicherungen. Der weiterhin vor allem auf kommunaler Ebene bestehende Bereich der Armenfürsorge wurde hingegen nicht zum Aufgabenbereich der Sozialpolitik gezählt. Dies änderte sich erst im 20. Jahrhundert.

Die Fokussierung auf staatliche Sozialpolitik wirkt auch in der heutigen Forschung fort. Insbesondere im Rahmen der klassischen Staatstätigkeitsforschung wird Sozialpolitik implizit oder explizit mit staatlicher Intervention gleichgesetzt (z. B. Schmidt 2005). Staatliche Programme, ihre Ziele und die konkrete Ausgestaltung staatlicher Leistungen stehen im Vordergrund. Wie bereits erwähnt, ergibt sich eine besondere Schwierigkeit aus der Pluralität sozialpolitischer Ziele und Instrumente. Die ältere deutsche Sozialpolitiklehre hatte bereits versucht, dies möglichst umfassend mithilfe der Trias „Versicherung, Versorgung, Fürsorge" (Achinger 1958 / 1979) abzubilden. *Versicherung* umfasst dabei die öffentlichen (Sozial-)Versicherungssysteme, während sich *Fürsorge* insbesondere auf den Bereich der bedürftigkeitsgeprüften, am Existenzminimum orientierten Leistungen wie die Sozialhilfe bezieht. *Versorgung* bezeichnet Programme, die eine Grundversorgung in bestimmten Lebenslagen ermöglichen, ohne dass materielle Bedürftigkeit konkret nachgewiesen werden muss (z. B. Kriegsopferversorgung, Kindergeld). Jedoch sind Sozialpolitikbegriffe, die sich an den – konfliktbehafteten – Zielen oder den besonderen Institutionen der Sozialpolitik orientieren, häufig normativ aufgeladen oder lassen wegen zu geringer Abstraktionstiefe analytische Reichweite vermissen.

Kaufmann (2002, 69–127) geht einen etwas anderen Weg und entwirft eine Formenlehre (staatlicher) sozialpolitischer Intervention. Er unterscheidet

1. *rechtliche* Intervention, d.h. Regelungen, die den Rechtsstatus einer als schwächer angesehenen Personengruppe verbessern (z.B. Arbeitsschutz, Verbraucherschutz),

2. *ökonomische* Intervention durch Umverteilung von Einkommen über Leistungen und Abgaben (z.B. Rentenversicherung, Familienleistungsausgleich),

3. *ökologische* Intervention, d.h. die Einflussnahme auf die soziale Umwelt durch Einrichtungen und Dienstleistungen, die der Bevölkerung zur Verfügung stehen („Gelegenheitsstruktur", z.B. soziale Infrastruktur, Daseinsvorsorge, soziale Dienste) und

4. *pädagogische* Intervention, also solche Aktivitäten, welche die Handlungskompetenzen von Personen

verbessern, um gesellschaftliche Teilhabe zu ermöglichen (z. B. Bildung, Beratung, Rehabilitation).

Diese Typologie erlaubt es, auch Eingriffe jenseits
der großen Einkommenstransfersysteme – z. B.
auch Interventionen durch Sozialpädagogen und
Sozialarbeiter (Kaufmann 2002, 122) – analytisch
in den Blick zu nehmen und deren typische Effekte
und Eigenlogiken zu fassen.
Ein Großteil zumindest der ländervergleichenden
Forschung der letzten Jahrzehnte kann dem staatszentrierten Ansatz zugeordnet werden. Drei zentrale Indikatoren verdeutlichen dies:
Erstens spielt die Analyse der Sozialausgaben eines
Staates (Sozialleistungsquote, d. h. Sozialausgaben
in Relation zum BIP) spielt in der Staatstätigkeitsforschung traditionell eine große Rolle. Internationale Vergleichsstudien basieren meist auf der *Social
Expenditure Database* (SOCX), denn sie ermöglicht, Sozialleistungsquoten von bis zu 30 Ländern
über mehr als 20 Jahre miteinander zu vergleichen
(OECD 2007). Kernstück der SOCX sind Angaben darüber, was direkte staatliche Transfers (z. B.
Renten, Familienleistungen, Sozialhilfe), Steuererleichterungen sozialpolitischer Natur und Dienstleistungen (inkl. staatliche Gesundheitsausgaben)
kosten. Sozialausgaben privater Akteure werden
seit Kurzem ebenfalls erfasst (siehe nächster Abschnitt). Die Länderunterschiede bei den Ausgaben
sind beträchtlich: Unter den westlichen OECD-
Kernmitgliedern nahm Schweden mit 31,3 % des
BIP im Jahr 2003 den Spitzenplatz bei den gesamten öffentlichen Sozialausgaben ein. Im Vergleich
dazu war dieser Anteil in Irland mit 15,9 % nur
knapp halb so groß, während Deutschland mit
27,3 % einen Platz im oberen Mittelfeld einnahm
(OECD 2007).
Ein **zweiter** wichtiger Indikator ist der anspruchs-
berechtigte Personenkreis (Versicherte, Leistungsempfänger etc.). Daten über den Deckungsgrad
der sozialen Sicherungssysteme und seine Ausweitung im Laufe der Geschichte des Wohlfahrtsstaates finden sich z. B. in Flora (1986) und Scruggs
(2004).
Eine **dritte** Kategorie von Indikatoren gilt dem Inhalt und der Ausgestaltung sozialpolitischer Maßnahmen – wie Lohnersatzraten, die individuelle
Sozialleistungen typischer Leistungsempfänger in
Prozent des Durchschnittslohns wiedergeben. Die
Ausgestaltung von Leistungen kann als das er-

reichte Maß „sozialer Rechte" verstanden werden –
ein Begriff, der auf den britischen Soziologen T. H.
Marshall zurückgeht. In dessen Darstellung sind zu
den bürgerlichen und politischen Rechten im
20. Jahrhundert die sozialen Rechte getreten (Marshall 1963 / 1992). Soziale Rechte lassen sich nicht
einfach durch die Sozialleistungsquote abbilden,
denn sie sind weit mehr als eine Ausgabenkatego-
rie: Es handelt sich um verbriefte Rechte des Individuums gegenüber dem Staat. Demnach sind hier
neben der Lohnersatzrate auch Zugangsbedingungen zu Leistungen, der Grad der Bedarfsprüfung,
Wartezeiten u. Ä. von Belang. In dieser Forschungstradition stehen das *Social Citizenship Indicator
Program* (SCIP; SOFI 2008) sowie das *Comparative Welfare Entitlements Dataset* (Scruggs 2004).
Natürlich gibt es neben den genannten quantitativen Indikatoren zahlreiche qualitative Analysen
und Datensammlungen zum Inhalt von Sozialpolitik. Der Grad der Systematisierung ist jedoch recht
unterschiedlich und reicht von relativ schwer zu
vergleichenden Beschreibungen eines Landes bis zu
systematischen Vergleichen einzelner Programm-
bereiche (z. B. Kamerman / Kahn 1997) oder ganzer Wohlfahrtsstaaten (z. B. Scharpf / Schmidt 2000).
Weitere Quellen über Leistungen und Zugangsbedingungen sind die vergleichenden Überblicksdarstellungen von Organisationen wie der ILO,
der EU und der US-Sozialverwaltung (EK 2008;
ILO 2008; SSA 2006).
Wir sind somit heute in der Lage, die Entwicklung
von staatlicher Sozialpolitik umfassend zu beschreiben und zu analysieren. Sowohl quantitative
als auch qualitative Daten geben uns vergleichend
Auskunft über so zentrale Aspekte wie die Kosten
von Sozialpolitik, die Größe des Adressatenkreises
und die Höhe und strukturelle Ausgestaltung von
Sozialleistungen. Das Wissen über monetäre Transfers ist allerdings immer noch weitaus umfassender
als über soziale Dienstleistungen. In den letzten
Jahren hat es jedoch eine Hinwendung zu neuen
Formen der Sozialpolitik gegeben, die mit dem
staatszentrierten Modell nur unzureichend erfasst
werden können. Diese neuen Formen sollen im
Folgenden unter dem Stichwort „Entgrenzung"
der Sozialpolitik beschrieben werden.

Entgrenzung der Sozialpolitik

Sozialpolitik allein auf staatliche Sozialprogramme zu verkürzen, würde weite Teile sozialpolitischer Wirkungsbereiche ausblenden. Die Pluralität der Wohlfahrtsproduktion wird im Feld der Sozialpolitik zunehmend erkannt; der Staat wird dabei als ein Produzent unter mehreren – wenn auch als der wichtigste – betrachtet. Substanziell ist dies jedoch nichts grundlegend Neues. Bereits Titmuss (1956 / 1963) unterschied drei Sphären der Wohlfahrt (*social welfare*): staatliche, betriebliche und fiskalische. Alle drei Sphären finden wir auch im Konzept der Bundesregierung wieder, wenn zwischen direkten Leistungen, indirekten steuerlichen Transfers und Sozialleistungen des Arbeitgebers unterschieden wird. Seit den 1960er Jahren gibt das *Sozialbudget* der Bundesregierung (BMAS 2007) nicht nur Auskunft über direkte staatliche Leistungen aus den Sozialversicherungszweigen und den verschiedenen Fürsorge- und Versorgungssystemen. Es bezieht Arbeitgeberleistungen (z. B. Entgeltfortzahlung, betriebliche Altersversorgung) ebenfalls mit ein (immerhin fast 8 % des Sozialbudgets).

Auch die OECD nimmt die Sozialpolitik jenseits staatlicher Transfers seit einigen Jahren stärker in den Blick. Es werden nun auch Daten zu privaten Sozialausgaben erhoben, die schließlich in die Berechnung der *Netto*sozialausgaben einfließen. Die Nettosozialleistungsquote ist die Sozialleistungsquote nach Abzug der Sozialbeiträge und der direkten / indirekten Steuern auf Leistungen plus den steuerlichen Zuwendungen (Kinderfreibeträge etc.) und den privaten Aufwendungen (Adema / Ladaique 2005). Mithilfe dieser Daten lässt sich zweierlei zeigen: Erstens findet die größte Umverteilung der Wohlfahrtsstaaten im Steuersystem statt (Castles / Obinger 2007, 217–219). Zweitens offenbaren Staaten, die bisher als schwache Wohlfahrtsstaaten klassifiziert wurden (z. B. USA), eine bisher versteckte und äußerst relevante Seite ihrer Wohlfahrtsstaatlichkeit (Hacker 2002; Howard 1997). Die Nettosozialausgaben der USA sind beispielsweise 50 % größer als die Bruttoausgaben, der schwedische Wohlfahrtsstaat ist netto hingegen etwa 17 % kleiner. Für Deutschland ergibt sich hingegen wegen der geringen Besteuerung von Sozialleistungen und der vergleichsweise marginalen Rolle privater Sozial-

ausgaben nur eine sehr geringe Differenz zwischen Brutto- und Nettosozialleistungsquote.

Die Forschungen zur Mixed Economy of Welfare (Powell 2007), zum Wohlfahrtsmix (Evers / Wintersberger 1990), zum Wohlfahrtspluralismus (Evers / Laville 2004) und zur Wohlfahrtsproduktion (Zapf 1981; 1984) unterscheiden zwischen vier sozialpolitisch zentralen Sektoren: Staat, Markt, Verbände und Familien / Haushalte. Je nach theoretischem Hintergrund werden einzelne Sektoren stärker hervorgehoben (Johnson 1999, 22).

Powell (2007) versucht, den Ansatz von Titmuss mit den Wohlfahrtssektoren zusammenzuführen und entwirft ein Modell, das staatliche, fiskalische, marktförmige, freiwillige (Verbände), informelle und betriebliche Sozialpolitik gemeinsam betrachtet. Die konsistente Analyse und der strukturierte Vergleich aller sechs Sektoren sind ein fruchtbares Unterfangen, weil Phänomene wie Privatisierung (Verlagerung vom staatlichen Sektor auf andere Sektoren) und Vermarktlichung (alleinige Stärkung des Marktes) getrennt betrachtet werden können. Seit den 1980er Jahren ist eine Hybridisierung einzelner Sektoren zu beobachten. Die Grenzen der Sektoren werden unscharf und die Übergänge zerfließen. Insbesondere in Großbritannien wurden marktförmige Mechanismen in staatliche Sozialprogramme eingebaut. Diese Quasimärkte zeichnen sich dadurch aus, dass sie zwar weiterhin staatlich finanziert werden, die Marktakteure jedoch die Bereitstellung und Produktion übernehmen und um Kunden konkurrieren. Was früher noch Bürger oder Hilfsbedürftiger hieß, wird zum Konsumenten (Le Grand 1991; 1997).

Die neuen hybriden Märkte mit sozialpolitischer Zielsetzung werden zusammenfassend als Wohlfahrtsmärkte bezeichnet (Berner 2009; Nullmeier 2001; Taylor-Gooby 1999). Das Paradebeispiel ist die deutsche Riester-Rente. Im Rahmen sozialpolitischer Gesetzgebung und unter Federführung des Arbeitsministeriums wurde ein subventionierter und sozialpolitisch regulierter Markt geschaffen, in dem private Anbieter der Riester-Renten (Banken, Versicherungen, Gewerkschaften) um Kunden konkurrieren, die wiederum staatliche Zuschüsse erhalten. Marktmechanismen und öffentliche Steuerung wirken zusammen und bilden einen neuartigen Wohlfahrtssektor *zwischen* Staat und Markt, und zwar mit ganz eigenen Merkmalen. Die Entstehung und Entwicklung von Wohlfahrtsstaat und -markt weist dabei ein komplementäres Muster auf: In alten und ausgebauten Wohlfahrtsstaaten existieren Wohlfahrtsmärkte nur rudimentär und vice versa (Köppe 2008).

Diese sektorale Entgrenzung der Sozialpolitik geht einher mit einer *funktionalen*. Die Vermeidung sozialer Risiken und die Kompensation von Marktungleichheiten ist weiterhin funktionaler Kern der Sozialpolitik, wird aber mittlerweile häufig weiter gefasst. Bereits T. H. Marshall betonte die Chancengleichheit und das Recht auf Selbstverwirklichung. Hierbei spielten die Bildungsmöglichkeiten eine entscheidende Rolle. Neuere soziologische Ansätze heben zudem die Relevanz sozialer Inklusion hervor. In funktional differenzierten Gesellschaften ist die Absicherung gegenüber Einzelrisiken nicht mehr ausreichend, um in die Gesellschaft integriert zu sein. Es geht vielmehr um Inklusion in möglichst alle gesellschaftlichen Teilsysteme (Luhmann 1981, 25–32). Deshalb müsse Sozialpolitik potenziell versuchen, auf alle gesellschaftlichen Teilbereiche einzuwirken und gleichzeitig die Individuen mit Fähigkeiten ("capabilities") auszustatten, damit sie möglichst autonom einen großen Handlungsspielraum ausschöpfen können. Sozialpolitik kommt also die Aufgabe zu, allen Bürgern möglichst große *Verwirklichungschancen* zu bieten (Sen 2000).

Durch die funktionale Entgrenzung geraten immer mehr Politikfelder ins Blickfeld der Sozialpolitik. Zusätzlich zu den klassischen Politikfeldern (Alterssicherung, Gesundheit, Arbeitsmarkt, Familienpolitik, Gleichstellungspolitik, Sozialhilfe, Wohnungsbau etc.) nennen Lampert und Althammer (2004, 165) Mittelstandspolitik, Wettbewerbspolitik, Verbraucherschutzpolitik und Umweltschutzpolitik. Andere betonen wiederum die Relevanz der Wirtschafts- und Infrastrukturpolitik (Zohlnhöfer 2007). Seit dem Sozialbericht 2005 der Bundesregierung werden auch Themenbereiche wie Rechtsextremismus, Integration von Migrant(inn)en und Bildungspolitik behandelt (BMGS 2005). Daran wird deutlich, dass der Aufgabenbereich der Sozialpolitik prinzipiell verschiedene Politikbereiche umfasst und keinen funktionalen Kern besitzt, sondern gesellschaftlich konstruiert wird (Berner 2009).

Die dritte Entgrenzung der Sozialpolitik erfolgt auf *territorialer* Ebene. Obwohl die Ursprünge der Sozialpolitik in lokalen Versicherungsvereinen und kommunalen Armenhäusern liegen, erfolgte schnell eine Engführung auf die nationale wohlfahrtsstaatliche Konzeption. Wir können heute eine Entgrenzung des Begriffs in zwei Richtungen feststellen. Sozialpolitik wird sowohl regionalisiert als auch internationalisiert, wenn auch noch in eingeschränktem Maße (Leibfried/Zürn 2006). Der nationale Wohlfahrtsstaat bleibt aber der zentrale Bezugspunkt der Sozialpolitik (Obinger et al. 2006). Kommunale Sozialpolitik wird weiterhin maßgeblich von nationalen Vorgaben bestimmt, erhält aber größeren Handlungsspielraum (konzeptionell siehe Hanesch 1997).

Eine dem Nationalstaat vergleichbare europäische Sozialpolitik konnte sich bisher noch nicht ausbilden. Die EU verfügt beispielsweise weder über ausreichende monetäre Ressourcen noch über die rechtlichen Kompetenzen, um große sozialpolitische Transferprogramme aufzulegen. Dennoch hat Europa erheblichen Einfluss auf die Harmonisierung der Sozialpolitik seiner Mitgliedsländer, wenn auch überwiegend durch negative Integration, d. h. den Zwang, sich an die Regeln des Binnenmarktes anzupassen (Leibfried 2005; Offe 2003). Die Agrar- und Strukturpolitik der Europäischen Union wirkt in weiten Teilen sogar als "Ersatzsozialpolitik", weil sie erhebliche Summen umverteilen und strukturschwachen Regionen zum nachhaltigen und eigenständigen Wachstum verhelfen soll (Anderson 1998; Rieger 1998). Hier gehen funktionale und territoriale Entgrenzung ineinander über.

Jenseits der EU wird der Begriff "globale Sozialpolitik" verwendet (Deacon 2007) und umfasst unter anderem die sozialpolitischen Aktivitäten von internationalen Organisationen wie Weltbank, ILO und WHO. Die einzelnen Organisationen unterscheiden sich zum Teil deutlich in ihrer inhaltlichen Ausrichtung und ihr Einfluss auf sozialpolitische Reformen ist höchst umstritten (siehe etwa Armingeon/Beyeler 2004).

Ausgehend vom engen Konzept des nationalen Wohlfahrtsstaates vollzieht sich die Entgrenzung der Sozialpolitik also auf sektoraler, funktionaler und territorialer Ebene. Diese Bandbreite führt uns in gewissem Sinne wieder zur ursprünglichen, pluralen Sozialpolitik zurück, die ja ausdrücklich nichtstaatlich, nichtnational und multifunktional war. Zwar ist die heutige Situation nicht mit der des 19. Jahrhunderts gleichzusetzen, aber die Krisendiskussion des Wohlfahrtsstaates seit den 1970er

Jahren hat nicht zuletzt dazu geführt, verschütteten Alternativen neuerlichen Raum zu geben. Dies schlug sich in der Forschung und in sozialpolitischen Reformen nieder. Aus der heutigen Perspektive umfasst Sozialpolitik deshalb alle Ebenen und Funktionen. Die sozialpolitische Koordinierung obliegt jedoch weiterhin dem Staat. Nicht nur, dass der Nationalstaat hinsichtlich des Ausgabenvolumens die mit Abstand wichtigste Quelle von Sozialpolitik ist; nationalstaatliche Gesetze bestimmen im Allgemeinen die sozialpolitischen Grundregeln, legen den Handlungsspielraum der Akteure fest und spannen den normativen Rahmen für das, was Sozialpolitik ist.

Theoretische Ansätze zur Entstehung und Entwicklung von Sozialpolitik

Das weite Verständnis der Sozialpolitik etablierte sich erst in den letzten Jahren, sodass sich die einflussreichen Theorien zu Entstehung, Ausbau, Umbau und Varianz sozialpolitischer Programme meist auf das enge Verständnis beziehen (siehe Leibfried/Mau 2008; Lessenich 2000; Pierson/Castles 2006; Skocpol/Amenta 1986). Drei Fragestellungen dominieren die vergleichende Wohlfahrtsstaatsforschung: Wie lassen sich die Unterschiede in Entstehung und Ausbau von Wohlfahrtsstaaten erklären? Welche Möglichkeiten und Hürden sozialpolitischer Reform lassen sich feststellen? Und wie können die Unterschiede zwischen ausgebauten Wohlfahrtsstaaten klassifiziert und erklärt werden?

Entstehung und Ausbau

Die Entstehung der Wohlfahrtsstaaten wird gemeinhin mit drei konkurrierenden Ansätzen erklärt: Funktionalismus, Institutionalismus oder Machtressourcenansatz. Als vierte Schule wäre noch der neomarxistische Ansatz zu nennen, der dem Funktionalismus grundlegend ähnelt, allerdings in den letzten zwei Jahrzehnten stark an Bedeutung eingebüßt hat.

Der Funktionalismus sieht im Wohlfahrtsstaat eine Antwort auf sozioökonomische Veränderungen im Zuge der gesellschaftlichen Modernisierung. Vermehrte industrielle Arbeitsteilung, die abnehmende Bedeutung des Landwirtschaftssektors, Urbanisierung und Verelendung führen zu neuen sozialen Problemlagen, Risiken und Bedürfnissen. Steigender Wohlstand stellt zusätzlich die Ressourcen bereit, welche für die sozialpolitische Bearbeitung der Probleme benötigt werden. Die These lautet also: Je höher der gesellschaftliche Entwicklungsgrad (z. B. gemessen am Pro-Kopf-Einkommen oder dem Urbanisierungsgrad) ist, desto früher entstehen Wohlfahrtsstaaten, desto stärker wird der Wohlfahrtsstaat ausgebaut und desto höher ist schließlich die Sozialleistungsquote (Wilensky 1975; 2002, 214). Ähnlich argumentieren marxistische Autoren, die Sozialpolitik als funktionale Begleiterscheinung kapitalistischer Entwicklung sehen. Allerdings wird hier der Problemlösungscharakter von Sozialpolitik weitaus kritischer gesehen: Als widersprüchliche Folge des Kapitalismus ist Sozialpolitik ein Mittel, die Arbeiterschaft zu kontrollieren, ihre Ausbeutung zu verdecken und Problemlagen nur soweit abzumildern, wie es die Erfordernisse der kapitalistischen Ordnung erlauben (Offe 1984; Skocpol/Amenta 1986, 134–136).

Die Einführung der Sozialversicherungen folgt in der Tat einem funktionalistischen Muster: Zuerst wurde meist eine Unfallversicherung auf nationaler Ebene geschaffen, gefolgt von Kranken-, Renten- und Arbeitslosenversicherung (Alber 1987). Familienpolitische Programme kamen als Letzte hinzu (Schmidt 2005, 182). Die Entstehungsphase nationaler Pflegeversicherungen begann erst in den 1990er Jahren und ist noch nicht abgeschlossen. Die Entstehung folgt augenscheinlich der Reihenfolge, in der Industrialisierung problematisch wird. Sozialpolitik erwächst scheinbar in erster Linie ökonomischen Zwängen; politische Prozesse spielen eine Nebenrolle.

Diese Sichtweise konnte jedoch unter anderem nicht erklären, warum Deutschland als ein weitgehend vorindustriell geprägtes Land mit der Einführung der ersten Sozialversicherungen im 19. Jahrhundert ein Pionier der wohlfahrtsstaatlichen Entwicklung war. Allgemein konnten der Einführungszeitpunkt und der Ausbau von Sozialprogrammen in den westlichen Ländern empirisch nicht allein mit dem erreichten Entwicklungsgrad erklärt werden (Collier/Messick 1975). Die Entstehung und der massive Ausbau der Sozial-

politik sowie die Unterschiede zwischen Wohlfahrtsstaaten mussten demnach andere, möglicherweise politische Ursachen haben.

Politische Institutionen wie Parlamentarismus,
Zentralismus und das Wahlsystem erwiesen sich als
zentrale Faktoren, welche die Entstehung und den
Ausbau verzögerten oder beschleunigten (Weir et
al. 1988). Für die Entstehungszeit konnte gezeigt
werden, dass sich ein Wohlfahrtsstaat umso früher
etablierte, je autokratischer (Flora / Alber 1981)
und zentralistischer das politische System und je
entwickelter die nationalstaatliche Bürokratie waren (Weir et al. 1988) – wie im Falle des Deutschen
Reiches gegen Ende des 19. Jahrhunderts. Die politischen Rahmenbedingungen beeinflussen also
den Entstehungszeitraum, die spätere Sozialleistungsquote und die redistributiven Auswirkungen
des Wohlfahrtsstaates.

Jedoch auch politische Institutionen können nicht
erklären, warum ohne institutionellen Wandel
große sozialpolitische Entwicklungsschübe möglich waren, wie z. B. in den 1930er Jahren der *New
Deal* in den USA oder der Ausbau des Wohlfahrtsstaates in Schweden. Hier hilft ein Blick auf die
konkreten Machtressourcen einzelner Gruppen im
Wohlfahrtsstaat (Korpi 1983; Korpi / Palme 2003).
Wenn der gewerkschaftliche Organisationsgrad
und der Anteil sozialdemokratischer Parteien in
Parlament und Regierung hoch sind und die Ar-
beiterparteien klassenübergreifende Koalitionen
(mit Bauern und Angestellten) bilden können,
kommt es typischerweise zum Ausbau. Die skandinavischen Wohlfahrtsstaaten etwa sind zwar erst
relativ spät entstanden, erlebten aber durch die sozialdemokratische Hegemonie nach dem Zweiten
Weltkrieg eine enorme Expansionsphase und besitzen mittlerweile die höchste Bruttosozialleis-
tungsquote. Auch konnte gezeigt werden, dass
nicht nur linke, sondern auch christdemokratische
Parteien in vielen kontinentaleuropäischen Ländern einen bedeutenden expansiven Einfluss auf
Sozialpolitik hatten (van Kersbergen 1995). Der
Hauptkritikpunkt an der Machtressourcentheorie
ist die Annahme unverrückbarer Klasseninteressen.
Neuere Ansätze versuchen entsprechend, die sich
wandelnden Koalitionen der Akteure zu berücksichtigen und plädieren für eine genauere Analyse
der jeweiligen Interessenlage (Swenson 2004).

Umbau des Wohlfahrtsstaates

Wohlfahrtsstaaten sind keine fixen Systeme, die
Jahrhunderte überdauern, sondern unterliegen
ständigem Wandel. Während die unmittelbaren
Nachkriegsjahrzehnte in praktisch allen OECD-
Ländern unter dem Vorzeichen eines massiven Ausbaus der sozialen Sicherungssysteme standen, ist
das Klima seit den späten 1970er Jahren rauer geworden. Rückbau in Form von Leistungskürzungen
und Einschränkungen des Zugangs ist an der Tagesordnung. Allerdings haben sich vorschnelle
Prognosen über einen umfassenden Sozialabbau als
falsch erwiesen. Kürzungen waren oft punktuell begrenzt, wenn auch für die Betroffenen schmerzhaft.
Radikale Einschnitte waren äußerst selten (Starke
2008). Die Institutionen des Wohlfahrtsstaates
wurden dadurch zwar verändert, aber nicht grundsätzlich untergraben. Darüber hinaus haben einige
Bereiche tendenziell einen weiteren Ausbau – sowohl qualitativer als auch quantitativer Art – erlebt,
so etwa die Familienpolitik (zum moderaten Wachstum der Sozialleistungsquote in den letzten drei
Jahrzehnten siehe Kittel / Obinger 2003). Was die
Leistungshöhe, gemessen an der Lohnersatzrate,
angeht, so ist das Bild nicht eindeutig: In einigen
Ländern, insbesondere Großbritannien, gab es sehr
weitgehende Kürzungen, andere Wohlfahrtsstaaten
wurden jedoch noch weiter ausgebaut (Allan / Scruggs 2004; Korpi / Palme 2003). Qualitative Untersuchungen stützen den Befund variabler
Einschnitte (Pierson 1994; Starke 2008): Zugangsvoraussetzungen wurden verschärft, Ansprüche gekürzt, längere Wartefristen müssen in Kauf genommen werden etc. –, aber eben nicht immer und
überall. Die begrenzten Ressourcen werden also
neu verteilt, und es gibt neue sozialpolitische Gewinner und Verlierer. Es ist daher meist ratsam,
weniger von einer Abbau- als von einer Umbau-
phase des Wohlfahrtsstaates zu sprechen. Wie kann
nun die Gleichzeitigkeit von Rückbau und weiterem Ausbau in den letzten Jahrzehnten erklärt werden (Überblick bei Starke 2006)?

Funktionalistische Ansätze haben insbesondere
die Rückbauthese stark gemacht. Unter dem
Druck von Globalisierung, demografischem Wandel, ökonomischer Wachstumsschwäche und hoher öffentlicher Verschuldung finde ein Anpas-
sungswettlauf von Wohlfahrtsstaaten nach unten
(*race to the bottom*) statt. Doch die funktionalisti-

sche Argumentation ließe sich ebenso umdrehen: Eine alternde Gesellschaft könnte genauso gut einen weiteren Ausbau verursachen. Zum einen steigt der Anteil der Wähler im Rentenalter und eine längere Lebenserwartung führt zu mehr Pflegebedürftigen. Zum anderen werden niedrige Geburtenraten zunehmend als soziales Problem anerkannt, dem mit einem Ausbau von Familienleistungen begegnet wird.

Die Stärke der institutionalistischen Ansätze liegt darin, die Stabilität des Wohlfahrtsstaates erklären zu können. Der wohl wichtigste Erklärungsansatz ist Paul Piersons Theorie der „New Politics" des Wohlfahrtsstaates (Pierson 1994; 1996), wonach der einmal eingeschlagene Pfad der Sozialpolitik nur noch schwer verlassen werden kann. Mehr und mehr Bürger hängen vom Fortbestand wohlfahrtsstaatlicher Einrichtungen ab, sei es als Leistungsbezieher oder durch ihren Arbeitsplatz im Sozialbereich (Beamte, Pflegepersonal etc.). Zudem können politische Institutionen den Wohlfahrtsstaat zusätzlich stabilisieren und einen Rückbau verhindern. In stark fragmentierten föderalen Systemen wie der Schweiz bestehen viele institutionelle Vetopunkte, die Reformgegnern Macht einräumen und eine Stabilität der existierenden Programme begünstigen. Hinzu kommt, dass Kürzungspolitik unpopulär ist. Die einzige strategische Möglichkeit für Politiker, dennoch Reformen durchzusetzen, ist die Vermeidung von Schuldzuweisungen (*blame avoidance*). Entsprechend dem New-Politics-Ansatz sind Reformpakete nur dann erfolgreich, wenn sie erst in ferner Zukunft wirksam werden, sehr komplex sind, die Verantwortlichkeit für unpopuläre Maßnahmen verschleiern können oder zu automatischen Kürzungen führen (z. B. Nachhaltigkeitsfaktor der Rente).

Höchst umstritten bleibt, inwiefern die Machtressourcen von gesellschaftlichen Gruppen bzw. die Stärke von traditionellen Sozialstaatsparteien (Sozial- und Christdemokraten) für den Rück- und Umbau von Belang sind. Der Funktionalismus und die New-Politics-Schule gehen davon aus, dass es auf Parteien nicht mehr ankommt – dass also linke wie rechte Regierungen denselben Sachzwängen unterliegen oder sich auf die Politik der *blame avoidance* beschränken müssen. Demgegenüber versuchen Autoren wie Korpi und Palme (2003) zu zeigen, dass sich die Reformen von Linksparteien grundlegend von denen konservati-

ver Regierungen unterscheiden. Dies bedeutet zwar nicht, dass sozialdemokratische Regierungen niemals Kürzungen durchführen, allerdings sind – unter ähnlichen Kontextbedingungen – die Kürzungen je nach parteipolitischer Färbung der Regierung unterschiedlich weitreichend und inhaltlich ausgestaltet.

Unterschiede in der Sozialpolitik (Varianz)

Unterschiede im Entstehungszeitpunkt und der Intensität des Ausbaus von Sozialpolitik haben zu höchst unterschiedlichen Wohlfahrtsstaatstypen geführt – von der vergleichenden Forschung „Regime" genannt. Die einflussreichste Typologie von Esping-Andersen (1990) verwendet den Ansatz der sozialen Staatsbürgerrechte und bildet ab, inwiefern diese Rechte eine Unabhängigkeit vom Markt ermöglichen („Dekommodifizierung"), Ungleichheit bewirken („Stratifizierung") und welcher Wohlfahrtssektor die hauptsächliche Wohlfahrtsproduktion leistet (Staat, Markt, Familie). Esping-Andersen unterscheidet drei Wohlfahrtsregime: Der *liberale* Typ zeichnet sich durch ein geringes Schutzniveau, eine Konzentration auf Bedürftige und ein hohes Gewicht des Marktsektors aus, was am ehesten auf die USA zutrifft. Deutschland repräsentiert den *konservativen* Typ aufgrund moderater Leistungsniveaus und Stratifizierung sowie Vertrauen auf das Subsidiaritätsprinzip und einer entsprechenden Stärkung der Wohlfahrtsproduktion in der Familie. Der *sozialdemokratische* Idealtyp ist schließlich von einer hohen universellen sozialen Sicherung, hoher Gleichheit und einem starken Staat geprägt, realtypisch im schwedischen Wohlfahrtsstaat zu finden.

Diese Typologie beflügelte die vergleichende Wohlfahrtsstaatsforschung und führte zu einer Debatte über die Zuordnung einzelner Länder zu den Idealtypen. Viele Studien konnten dieses Regimecluster im Großen und Ganzen bestätigen bzw. verwendeten andere Begriffe für ähnliche Idealtypen (Arts / Gelissen 2002). Zwei Hauptkritikpunkte sind dennoch hervorzuheben: Zunächst erscheinen die drei Regimetypen unzureichend, um die reale Variabilität der Wohlfahrtsstaaten abzubilden. Die südeuropäischen Wohlfahrtsstaaten (Leibfried 1993) sowie Australien und Neuseeland (Castles / Mitchell 1993) würden sich, so die Kritik, signifikant von den drei Idealtypen unterscheiden und jeweils eine eigene Gruppe bilden.

Die Typologie Esping-Andersens ist darüber hinaus „geschlechtsblind" (O'Connor 1998). Die Dekommodifizierungsdimension beruht auf der Annahme, dass der Marktzugang bereits erfolgt ist und Arbeitnehmer vor Ausbeutung geschützt werden müssen. Frauen haben aber in vielen Ländern keinen gleichberechtigten Zugang zum Arbeitsmarkt und müssten zuerst einmal „kommodifiziert" werden, um Dekommodifizierungsrechte in Anspruch nehmen zu können. Gendersensible Ansätze schlagen folglich alternative Dimensionen und Typen vor (Orloff 1993; Sainsbury 1994).

Die Entstehung der Regime kann auf Grundlage der großen Theorieschulen (s. o.) mit den unterschiedlichen funktionalen, machtpolitischen und institutionellen Rahmenbedingungen in den Nationalstaaten erklärt werden. Der aktuelle politikwissenschaftliche Diskurs fragt aber auch, wie sich die Regime verändern. Die Typologien sind ausgesprochen statisch und können nicht abbilden, inwiefern sich Länder möglicherweise *innerhalb* ihrer Regime modernisieren. Denkbar sind drei Entwicklungspfade: Erstens könnten die relativen Unterschiede trotz aller Umbaumaßnahmen und Reformen bestehen bleiben. Die Typen würden sich intern modernisieren und ihre strukturellen und normativen Unterschiede bleiben erhalten (Regimestabilität). Zweitens könnten sich die Unterschiede abschwächen oder vollends verschwinden (Konvergenz). Drittens könnten die Unterschiede zunehmen und sogar neue Typen hinzukommen (Divergenz). Empirisch lässt sich begrenzt Konvergenz feststellen (Starke et al. 2008): Konvergente Entwicklungen beschränken sich weitgehend auf den Bereich der Sozialausgaben; hier zeigt sich ein recht deutlicher Aufholprozess (*catch-up*) der ehemaligen Nachzüglerländer (z. B. Schweiz, Südeuropa) auf die bereits stark ausgebauten Wohlfahrtsstaaten. Ein *race to the bottom* findet hingegen nicht statt – weder im Bereich der Ausgaben noch bei den Lohnersatzraten. Unterm Strich sind die historisch geprägten Unterschiede zwischen Wohlfahrtsstaaten erstaunlich stabil. Diese Tatsache wird in der Debatte um die angeblich unsichere Zukunft des Nationalstaates häufig ignoriert.

Wirkungen von Sozialpolitik

Der Befund institutioneller Stabilität sagt noch nichts darüber aus, wie leistungsfähig Sozialpolitik ist. Es gibt heute eine Reihe gut gesicherter Erkenntnisse zu den Folgen ausgebauter Wohlfahrtsstaatlichkeit bzw. zu den Effekten unterschiedlicher Sozialpolitiken. Die Bewertungen der Ergebnisse sind allerdings häufig sehr umstritten, und die praktischen Schlussfolgerungen hängen von politischen und normativen Präferenzen ab. Da Sozialpolitik zum Teil im Zielkonflikt mit anderen Politiken (Wirtschafts-, Steuer-, Bildungspolitik) steht bzw. mit diesen zusammenwirkt, ist eine Kritik aufgrund einzelner Evaluierungen besonders schwierig. Hier kann lediglich ein kleiner Einblick in das riesige Forschungsfeld der Effekte von Sozialpolitik gegeben werden. Deshalb werden wir nur die wichtigsten Einschätzungen diskutieren, inwiefern Sozialpolitik sozial, wirtschaftlich und politisch wirkt (Alber 2001; Schmidt 2005, 255–296).

Zu den wichtigsten positiven *sozialen* Auswirkungen der Sozialpolitik zählt die Verhinderung bzw. Verminderung von Armut. Konservative und marktliberale Kritiker wie Charles Murray (1984) haben argumentiert, dass Sozialpolitik systematisch eines ihrer Hauptziele verfehle, da Einkommenstransfers Armut eher begünstigten und zur Bildung einer dauerhaften „Unterschicht" beitrügen. Diese Befürchtungen konnten empirisch nicht bestätigt werden – im Gegenteil: Dass Sozialpolitik Armut (absolute und relative Armut) vermeidet, ist wiederholt nachgewiesen worden (Brady 2005; Scruggs/Allan 2006). Die gleichermaßen prominente Kritik, dass weitgehend „von der rechten in die linke Tasche" (Berthold 1997, 20) umverteilt wird, trifft nicht in dem behaupteten Ausmaß zu und variiert zwischen den Wohlfahrtsstaatsregimen beträchtlich (Mahler/Jesuit 2006). Schwieriger zu beantworten ist z. B. die Frage, inwieweit Sozialpolitik zur Inklusion breiter Bevölkerungsschichten in die Gesellschaft beigetragen hat (Bude/Willisch 2007). Unklar ist auch, ob Freiheit durch soziale Sicherheit erst ermöglicht wird oder – wie bisweilen von linken Kritikern geäußert wird – individuelle Autonomie einschränkt, weil der Sozialstaat paternalistisch Lebensentwürfe normiere und individuelle Gestaltung beschneide, freiwillige Kooperativen unterbinde und die Pluralität von Lebensentwürfen unterdrücke (Vobruba 2003).

Die *wirtschaftlichen* Folgen der Sozialpolitik sind nicht minder umstritten. Kritiker bringen vor, dass Sozialpolitik das Wirtschaftswachstum mindere, weil die Abgabenlast den Gewinn der Unternehmen senke und staatliche Ausgaben private Investitionen verdrängten. Ebenso sei die Bevölkerung durch Transfers sowie hohe Steuern und Abgaben weniger arbeitsbereit, was zu struktureller Arbeitslosigkeit führe (OECD 1994). Empirisch konnte jedoch kein robuster Zusammenhang zwischen der Sozialleistungsquote und dem Wirtschaftswachstum sowie sinkenden Arbeitsanreizen nachgewiesen werden (Überblick bei Alber 2001; Lindert 2004). Zudem kann Sozialpolitik auch die Rolle eines automatischen Stabilisators einnehmen, etwa wenn die Arbeitslosenversicherung eine stabile Konsumgüternachfrage auch in Phasen der Rezession garantiert.

Unter den verschiedenen *politischen* Folgen sind das Konfliktlösungspotenzial und die Stabilisierungsfunktion der Sozialpolitik besonders relevant. In der Entstehungszeit staatlicher Sozialpolitik stand die Konfliktlösungsfunktion oft im Vordergrund – die Einführung der Sozialversicherungen im Deutschen Kaiserreich sollte das Protestpotenzial der Arbeiter verringern und das Erstarken der Sozialdemokratie stoppen. Sozialpolitik federt politische Konflikte aufgrund ökonomischer Krisen und Arbeitslosigkeit ab. Insgesamt stabilisiert die hohe Akzeptanz sozialpolitischer Intervention die Demokratie und trägt damit zur Legitimität des politischen Systems bei. Allerdings erzeugt Sozialpolitik ihre eigenen Konflikte: Der Streit um Kürzungen von Sozialprogrammen kann das gesellschaftliche und wirtschaftliche Leben lähmen, etwa durch Proteste wie 1995 in Frankreich. Ein weiterer Kritikpunkt ist die Entstehung neuartiger, von Sozialpolitik erst hervorgebrachter gesellschaftlicher Spaltungen, etwa durch die Herausbildung von „Versorgungsklassen" (Lepsius 1979), die ihre Privilegien politisch verteidigen. Im Zentrum politischer Konflikte steht heute in ähnlicher Weise die ungleiche Behandlung von „Insidern" – Kernarbeit-

nehmern in regulären Beschäftigungsverhältnissen – und „Outsidern" – Arbeitslose und prekär Beschäftigte mit oft bedeutend geringerer sozialer Absicherung (Rueda 2005).

Unterm Strich entfaltet Sozialpolitik viele der beabsichtigten positiven Wirkungen. Insbesondere die sozialen Ziele der Reduzierung von Armut und Ungleichheit werden erreicht, und das weitgehend ohne die befürchteten negativen wirtschaftlichen Folgen. Eine Reihe von unbeabsichtigten Konsequenzen ausgebauter Sozialstaatlichkeit sollte aber nicht ignoriert werden, insbesondere die politisch ambivalente Rolle der Sozialpolitik als Instrument der Konfliktlösung und gleichzeitig Ursache neuer Konflikte.

Fazit

Der Begriff Sozialpolitik ist schillernd – er lässt sich nicht auf eine universell gültige Definition reduzieren. Eine enge und eine weite Konzeption von Sozialpolitik ergänzen einander und je nach Problemstellung kann ein Konzept dem anderen vorgezogen werden. Die Diskussion über Entstehung, Entwicklung und Umbau der Sozialpolitik lenkt den Blick auf einige zentrale politische, funktionale und institutionelle Einflusskräfte. Auffällig sind die großen sozialpolitischen Unterschiede unter den westlichen Ländern, die mithilfe von Regimemodellen beschrieben werden. Zudem ist diese Varianz zwischen den Wohlfahrtsstaaten bislang nicht merklich abgebaut worden. Ebenso überwiegen bei aller Kritik an den Wirkungen der Sozialpolitik die positiven gesellschaftlichen Aspekte. Wie diese auch in Zukunft bewahrt und erhalten bleiben können, hängt stark von der Reformfähigkeit der Sozialpolitik ab und wie diese an neue gesellschaftliche Risiken und Problemlagen angepasst wird. Was ihre Anpassungsfähigkeit anbelangt, gibt die Geschichte der Sozialpolitik allerdings Anlass zu Optimismus.

Literatur

Achinger, H. (1958/1979): Sozialpolitik als Gesellschafts-politik. Von der Arbeiterfrage zum Wohlfahrtsstaat. Deutscher Verein für öffentliche und private Fürsorge, Frankfurt/M.

Adema, W., Ladaique, M. (2005): Net Social Expenditure, 2005 Edition. More Comprehensive Measures of Social Support. OECD Social, Employment and Migration Working Papers, No. 29. OECD, Paris

Alber, J. (2001): Hat sich der Wohlfahrtsstaat als soziale Ordnung bewährt? In: Mayer, K. U. (Hrsg.): Die beste aller Welten? Marktliberalismus versus Wohlfahrtsstaat. Eine Kontroverse. Campus, Frankfurt/M., 59–111

– (1987): Vom Armenhaus zum Wohlfahrtsstaat. Analysen zur Entwicklung der Sozialversicherung in Westeuropa. Campus, Frankfurt/M.

Alcock, P., Erskine, A., May, M. (Hrsg.) (1998): The Student's Companion to Social Policy. Blackwell, Oxford

Allan, J. P., Scruggs, L. (2004): Political Partisanship and Welfare State Reform in Advanced Industrial Societies. American Journal of Political Science 3, 496–512

Anderson, J. J. (1998): Die „soziale Dimension" der Strukturfonds: Sprungbett oder Stolperstein? In: Leibfried, S., Pierson, P. (Hrsg.): Standort Europa. Sozialpolitik zwischen Nationalstaat und europäischer Integration. Suhrkamp, Frankfurt/M., 155–195

Armingeon, K., Beyeler, M. (Hrsg.) (2004): The OECD and European Welfare States. Edward Elgar, Cheltenham

Arts, W., Gelissen, J. (2002): Three Worlds of Welfare Capitalism or More? A State-of-the-Art Report, Journal of European Social Policy 2, 137–158

Baldock, J., Manning, N., Vickerstaff, S. (Hrsg.) (2007): Social Policy. Oxford University Press, Oxford

Berner, F. (2009): Der hybride Sozialstaat. Die Neuordnung von öffentlich und privat in der sozialen Sicherung. Campus, Frankfurt/M.

Berthold, N. (1997): Der Sozialstaat im Zeitalter der Globalisierung. Mohr Siebeck, Tübingen

BMAS, Bundesministerium für Arbeit und Soziales (Hrsg.) (2007): Sozialbudget 2006. BMAS, Berlin

BMGS, Bundesministerium für Gesundheit und soziale Sicherung (2005): Sozialbericht 2005. Deutscher Bundestag, Drucksache 15/5955, Berlin

Boeckh, J., Huster, E.-U., Benz, B. (2004): Sozialpolitik in Deutschland. Eine systematische Einführung. VS, Wiesbaden

Brady, D. W. (2005): The Welfare State and Relative Poverty in Rich Western Democracies, 1967–1997. Social Forces 4, 1329–1364

Bude, H., Willisch, A. (Hrsg.) (2007): Exklusion: Die Debatte über die „Überflüssigen". Suhrkamp, Frankfurt/M.

Cahnman, W. J., Schmitt, C. M. (1979): The Concept of Social Policy (Sozialpolitik), Journal of Social Policy 1, 47–59

Castles, F. G., Mitchell, D. (1993): Worlds of Welfare and Families of Nations. In: Castles, F. G. (Hrsg.): Families of Nations: Patterns of Public Policy in Western Democracies. Aldershot, Dartmouth, 93–128

–, Obinger, H. (2007): Social Expenditure and the Politics of Redistribution, Journal of European Social Policy 3, 206–222

Collier, D., Messick, R. E. (1975): Prerequisites Versus Diffusion: Testing Alternative Explanations of Social Security Adoption, American Political Science Review, 4, 1299–1315

Deacon, B. (2007): Global Social Policy and Governance. Sage, London

EK, Europäische Kommission (2008): System zur gegenseitigen Information über den Sozialschutz – MISSOC. In: ec.europa.eu/employment_social/spsi/missoc_de.htm, 15.09.2008

Esping-Andersen, G. (1990): The Three Worlds of Welfare Capitalism. Polity Press, Cambridge

Evers, A., Laville, J.-L. (2004): Defining the Third Sector in Europe. In: Evers, A., Laville, J.-L. (Hrsg.): The Third Sector in Europe. Edward Elgar, Cheltenham, 11–42

–, Wintersberger, H. (Hrsg.) (1990): Shifts in the Welfare Mix. Their Impact on Work, Social Services and Welfare Policies. Campus, Frankfurt/M.

Flora, P. (Hrsg.) (1986): Growth to Limits: The Western European Welfare States since Wold War II. de Gruyter, Berlin

–, Alber, J. (1981): Modernization, Democratization, and the Development of Welfare States in Western Europe. In: Flora, P., Heidenheimer, A. J. (Hrsg.): The Development of Welfare States in Europe and America. Transaction Books, New Brunswick, 37–80

Hacker, J. S. (2002): The Divided Welfare State. The Battle over Public and Private Social Benefits in the United States. Cambridge University Press, Cambridge

Hanesch, W. (Hrsg.) (1997): Überlebt die soziale Stadt? Konzeption, Krise und Perspektiven kommunaler Sozialstaatlichkeit. Leske + Budrich, Opladen

Howard, C. (1997): The Hidden Welfare State. Tax Expenditures and Social Policy in the United States. Princeton University Press, Princeton

ILO, International Labour Organization (2008): Social Security Database – Programmes and Mechanisms. In: www.ilo.org/dyn/sesame/ifpses.socialdatabase, 15.09.2008

Johnson, N. (1999): Mixed Economies of Welfare. A Comparative Perspective. Prentice Hall, London

Kamerman, S. B., Kahn, A. J. (Hrsg.) (1997): Family Change and Family Policies in Great Britain, Canada, New Zealand, and the United States. Oxford University Press, Oxford

Kaufmann, F.-X. (2003a): Sozialpolitisches Denken. Die deutsche Tradition. Suhrkamp, Frankfurt/M.

– (2003b): Varianten des Wohlfahrtsstaats. Der deutsche Sozialstaat im internationalen Vergleich. Suhrkamp, Frankfurt/M.

– (2002): Sozialpolitik und Sozialstaat: Soziologische Analysen. Leske + Budrich, Opladen

Kittel, B., Obinger, H. (2003): Political Parties, Institutions, and the Dynamics of Social Expenditure in Times of Austerity. Journal of European Public Policy 1, 20–45

Köppe, S. (2008): Pioniere und Nachzügler der Sozialpolitik: Die Geschichte einer komplementären Entstehung. ZeS report 1, 13–16

Korpi, W. (1983): The Democratic Class Struggle. Routledge & Kegan Paul, London

–, W., Palme, J. (2003): New Politics and Class Politics in the Context of Austerity and Globalization: Welfare State Regress in 18 Countries, 1975–95. American Political Science Review 3, 425–446

Lampert, H., Althammer, J. (2004): Lehrbuch der Sozialpolitik. Springer, Berlin

Le Grand, J. (1997): Knights, Knaves or Pawns? Human Behaviour and Social Policy. Journal of Social Policy 2, 149–169

– (1991): Quasi-Markets and Social Policy. Economic Journal 408, 1256–1267

Leibfried, S. (2005): Social Policy. In: Wallace, H., Wallace, W. (Hrsg.): Policy-Making in the European Union. Oxford University Press, Oxford, 243–278

– (1993): Torwards a European Welfare State? On Integrating Poverty Regimes into the European Community. In: Jones, C. (Hrsg.): New Perspectives on the Welfare State in Europe. London, Routledge, 133–156

–, Mau, S. (Hrsg.) (2008): Welfare States: Construction, Deconstruction, Reconstruction, 3 Volumes. Edward Elgar, Cheltenham

–, Zürn, M. (2006): Von der nationalen zur post-nationalen Konstellation. In: Leibfried, S., Zürn, M. (Hrsg.): Transformationen des Staates? Suhrkamp, Frankfurt/M., 19–65

Lepsius, R. M. (1979): Soziale Ungleichheit und Klassenstrukturen in der Bundesrepublik Deutschland. In: Wehler, H.-U. (Hrsg.): Klassen in der europäischen Sozialgeschichte. Vandenhoeck & Ruprecht, Göttingen, 166–209

Lessenich, S. (Hrsg.) (2003): Wohlfahrtsstaatliche Grundbegriffe. Historische und aktuelle Diskurse. Campus, Frankfurt/M.

– (2000): Soziologische Erklärungsansätze zur Entstehung und Funktion des Sozialstaates. In: Allmendinger, J., Ludwig-Mayerhofer, W. (Hrsg.): Soziologie des Sozialstaates. Juventa, Weinheim, 39–78

Lindert, P. H. (2004): Growing Public: Social Spending and Economic Growth Since the Eighteenth Century. Cambridge University Press, Cambridge

Luhmann, N. (1981): Politische Theorie im Wohlfahrtsstaat. Olzog, München

Mahler, V. a., Jesuit, D. K. (2006): Fiscal Redistribution in the Developed Countries: New Insights from the Luxembourg Income Study. Socio-Economic Review 3, 483–511

Marshall, T. H. (1963/1992): Citizenship and Social Class. In: Marshall, T. H., Bottomore, T. (Hrsg.): Citizenship and Social Class. Pluto Press, London, 3–51

Murray, C. (1984): Losing Ground: American Social Policy, 1950–1980. Basic Books, New York

Nullmeier, F. (2001): Sozialpolitik als marktregulative Politik. Zeitschrift für Sozialreform 6, 645–667

O'Connor, J. S. (1998): Gender, Class, and Citizenship in the Comparative Analysis of Welfare State Regimes: Theoretical and Methodological Issues. In: O'Connor, J. S., Olsen, G. M. (Hrsg.): Power Resources Theory and the Welfare State. A Critical Approach. University of Toronto Press, Toronto, 209–228

Obinger, H., Leibfried, S., Bogedan, C., Moser, J., Obinger-Gindulis, E., Starke, P. (2006): Wandel des Wohlfahrtsstaats in kleinen offenen Volkswirtschaften. In: Leibfried, S., Zürn, M. (Hrsg.): Transformationen des Staates? Suhrkamp, Frankfurt/M., 265–308

OECD, Organisation for Economic Co-operation and Development (2007): Social Expenditure Database (SOCX 2004). OECD, Paris

– (1994): The OECD Jobs Study: Taxation, Employment and Unemployment. OECD, Paris

Offe, C. (2003): The European Model of „Social" Capitalism: Can It Survive European Integration? The Journal of Political Philosophy 4, 437–469

– (1984): Contradictions of the Welfare State. MIT Press, Cambridge

Opielka, M. (2004): Sozialpolitik. Grundlagen und vergleichende Perspektiven. Rowohlt, Reinbek

Orloff, A. S. (1993): Gender and the Social Rights of Citizenship: The Comparative Analysis of Gender Relations and Welfare States. American Sociological Review 3, 303–328

Pierson, C., Castles, F. G. (Hrsg.) (2006): The Welfare State Reader. Second Edition. Polity Press, Cambridge

Pierson, P. (1996): The New Politics of the Welfare State. World Politics 2, 143–179

– (1994): Dismantling the Welfare State? Reagan, Thatcher, and the Politics of Retrenchment. Cambridge University Press, Cambridge

Powell, M. (Hrsg.) (2007): Understanding the Mixed Economy of Welfare. Policy Press, Bristol

Rieger, E. (1998): Schutzschild oder Zwangsjacke: Zur institutionellen Struktur der Gemeinsamen Agrarpolitik. In: Leibfried, S., Pierson, P. (Hrsg.): Standort Europa. Sozialpolitik zwischen Nationalstaat und europäischer Integration. Suhrkamp, Frankfurt/M., 240–280

Rueda, D. (2005): Insider–Outsider Politics in Industrialized Democracies: The Challenge to Social Democratic Parties. American Political Science Review 1, 61–74

Sainsbury, D. (1994): Women's and Men's Social Rights: Gendering Dimensions of Welfare States. In: Sainsbury,

D. (Hrsg.): Gendering Welfare States. Sage, London, 151–169

Scharpf, F. W., Schmidt, V. A. (Hrsg.) (2000): Welfare and Work in the Open Economy. Oxford University Press, Oxford

Schmidt, M. G. (2005): Sozialpolitik in Deutschland. Historische Entwicklung und internationaler Vergleich. VS, Wiesbaden

Scruggs, L. (2004): Welfare Entitlements Dataset: A Comparative Institutional Analysis of Eighteen Welfare States, Version 1.1, University of Connecticut, Storrs

–, Allan, J. P. (2006): The Material Consequences of Welfare States: Benefit Generosity and Absolute Poverty in 16 OECD Countries. In: Comparative Political Studies 7, 880–904

Sen, A. K. (2000): Ökonomie für den Menschen. Wege zu Gerechtigkeit und Solidarität in der Marktwirtschaft. Carl Hanser, München

Skocpol, T., Amenta, E. (1986): States and Social Policies. Annual Review of Sociology 12, 131–157

SOFI, Institutet för social forskning (2008): Social Citizenship Indicator Program (SCIP). In: dspace.it.su.se / dspace / handle / 10102 / 7, 03.09.2008

SSA, Social Security Administration (2006): Social Security Programs Throughout the World: Europe. SSA, Washington, DC

Starke, P. (2008): Radical Welfare State Retrenchment: A Comparative Analysis. Palgrave Macmillan, Basingstoke

– (2006): The Politics of Welfare State Retrenchment: A Literature Review. Social Policy & Administration, Bd. 40, Nr. 1, 104–120

–, Obinger, H., Castles, F. G. (2008): Convergence Towards Where: In What Ways, If Any, Are Welfare States Becoming More Similar? Journal of European Public Policy 7, 975–1000

Stein, L. v. (1850): Die Geschichte der sozialen Bewegungen in Frankreich von 1789 bis auf unsere Tage. Otto Wiegand, Leipzig

Swenson, P. A. (2004): Varieties of Capitalist Interests: Power, Institutions, and the Regulatory Welfare State in the United States and Sweden. Studies in American Political Development 1, 1–29

Taylor-Gooby, P. (1999): Markets and Motives. Trust and Egoism in Welfare Markets. Journal of Social Policy 1, 97–114

Titmuss, R. M. (1956 / 1963): The Social Division of Welfare: Some Reflections on the Search for Equity. In: Titmuss, R. M. (Hrsg.): Essays on „The Welfare State". Unwin, London, 34–55

van Kersbergen, K. (1995): Social Capitalism. A Study of Christian Democracy and the Welfare State. Cambridge University Press, Cambridge

Vobruba, G. (2003): Freiheit: Autonomiegewinne der Leute im Wohlfahrtsstaat. In: Lessenich, S. (Hrsg.), 137–155

Weir, M., Orloff, A. S., Skocpol, T. (1988): Understanding American Social Politics. In: Weir, M., Orloff, A. S., Skocpol, T. (Hrsg.): The Politics of Social Policy in the United States. Princeton University Press, Princeton, 3–27

Wilensky, H. J. (2002): Rich Democracies. Political Economy, Public Policy, and Performance. University of California Press, Berkeley

– (1975): The Welfare State and Equality. Structural and Ideological Roots of Public Expenditure. University of California Press Berkeley

Zapf, W. (1984): Welfare Production: Public Versus Private. Social Indicators Research 3, 263–274

– (1981): Wohlfahrtsstaat und Wohlfahrtsproduktion. In: Albertin, L., Link, W. (Hrsg.): Politische Parteien auf dem Weg zur parlamentarischen Demokratie in Deutschland. Entwicklungslinien bis zur Gegenwart. Droste, Düsseldorf, 379–400

Zohlnhöfer, R. (2007): Einführung: Der Sozialpolitik benachbarte Politikfelder. In: Schmidt, M. G., Ostheim, T., Siegel, N. A., Zohlnhöfer, R. (Hrsg.): Der Wohlfahrtsstaat. Eine Einführung in den historischen und internationalen Vergleich. VS, Wiesbaden, 307–310

Sozialpolitik und Soziale Arbeit in der DDR

Von Bernd Seidenstücker

Allgemeines

Mit der Etablierung eines sich als *sozialistisch* definierenden politischen Systems, beginnend in der sowjetischen Besatzungszone (SBZ) und besonders in der späteren DDR, wurde ein prinzipiell neues sozialpolitisches Verständnis und in Folge auch für die Realisierung der sozialen Arbeit entwickelt. Dessen Hauptmerkmal war die *Verantwortung des Staates* für die Lösung sozialer Probleme. Demgemäß wurde Sozialpolitik programmatisch als Kernstück der Gesellschaftsstrategie bezeichnet. Die traditionelle Doppelstruktur von öffentlicher und freigemeinnütziger Trägerschaft von sozialer Arbeit wurde nach Zerschlagung bzw. Gleichschaltung der freigemeinnützigen Trägerschaft während der NS-Zeit in der SBZ bzw. DDR nicht wieder zugelassen. Konfessionelle soziale Trägerschaft (Diakonie, Caritas) wurde in quantitativ begrenzten und in bildungsferneren, eher als marginal angesehenen Feldern (vornehmlich pflegerischen) toleriert. Soziale Arbeit wurde auch vom DRK und der in den Nachkriegsjahren entstandenen „Volkssolidarität" geleistet. Diese sozialen Organisationen verrichteten ihre Tätigkeit nicht eigenständig und subsidiär. Im Selbstverständnis der in diesen sozialen Handlungsfeldern haupt- und ehrenamtlich Tätigen war zumeist ein hohes persönliches, oftmals selbstloses Engagement im Interesse alter, kranker, behinderter und anderer auf die besondere Hilfe und Zuwendung angewiesener Menschen vorzufinden. Dies fand jedoch kaum eine adäquate moralische bzw. materielle gesellschaftliche Wertschätzung.

Nach dem anfänglichen (und gescheiterten) politisch motivierten Versuch, familiäre Sozialisationseinflüsse in den 1950/1960er Jahren über die Ausweitung staatlicher Erziehung zurückzudrängen, wurde mit der später a priori postulierten grundlegenden Übereinstimmung der Interessen der Individuen, der Familie und der Gesellschaft (des Staates) die Familie neben dem Arbeitskollektiv als ein wichtiges Grundkollektiv angesehen, welchem eine Vermittlungsfunktion zwischen den Individuen und der Gesellschaft zukommt. Der bereits 1949 verfassungsmäßig verankerte Fürsorge- und Förderungsgedanke gegenüber der Familie (Artikel 38 der Verfassung der DDR) wurde nunmehr darauf gerichtet, in unterschiedlichem Maße direkt und indirekt eben diese im eigentlichen Wortsinne zu entlasten (Kinderbetreuung, -geld, Wohnungspolitik, Erholungswesen / Kinderferiengestaltung, subventionierte hauswirtschaftliche Dienstleistungen / Kinderkleidung usw.). Die seit 1949 verfassungsrechtlich garantierte Gleichstellung von Mann und Frau und das in späterer Folge auch realisierte hohe Maß der Berufstätigkeit von Frauen (1989: 91 %) führte dazu, dass traditionelle subsidiäre verwandtschaftliche Stützsysteme nicht mehr ausreichend leistungsfähig waren und an deren Stelle institutionalisierte Leistungen traten. Tendenziell gingen damit eine schrittweise Ausblendung subjektiver Verantwortung und die Produktion von „Versorgungsmentalitäten" einher. Der Gedanke einer staatlichen Mitverantwortung, auf die z. B. durch die Eltern bei der Kinderbetreuung (1989: Versorgungsgrad bei Kindergartenplätzen 100 % und bei Hortplätzen 80 %) in den verschiedensten gesellschaftlichen Bereichen zurückgegriffen werden konnte, fand auch seinen manifesten Ausdruck in der schrittweisen Übernahme der materiellen Kosten für das Aufwachsen der Kinder durch die Gesellschaft (s. o.). Ende der 1980er Jahre erfolgte dies zu etwa 70–80 % (Deutscher Bundestag 1994, 110).

Otto/Thiersch (Hg.), Handbuch Soziale Arbeit, 4. A., DOI 10.2378/ot4a.art056,
© 2011 by Ernst Reinhardt, GmbH & Co KG, Verlag, München

Soziale Arbeit wurde mit der Schaffung des neuen Sozialsystems nicht ausschließlich durch spezifisch dafür zuständige Professionelle erbracht, sondern gemäß des Verständnisses, dass Sozialpolitik eine *gesamtgesellschaftliche Aufgabe* sei, wurden mit der immer weiteren Vergesellschaftung auch die Betriebe / Genossenschaften / Einrichtungen sowie die örtlichen Verwaltungen in den Städten und Gemeinden ("Staatsorgane") und die gesellschaftlichen Organisationen / Parteien in differenzierter Weise dafür in die Verantwortung genommen. So wurden die Betriebe und Genossenschaften nicht ausschließlich als Produktionsstätten betrachtet, sondern diesen wurde zugleich eine soziale Funktion dergestalt zugewiesen, dass sie im Rahmen *betrieblicher Sozialpolitik* auch die Gestaltung der Arbeits- und Lebensbedingungen sowie die Persönlichkeitsentwicklung ihrer Mitarbeiter beeinflussen sollten. Die Betriebe hatten in Zusammenarbeit mit den jeweils betrieblichen Gewerkschaftsorganisationen – bei allen sich daraus ergebenden ökonomischen Schwierigkeiten – eine Mitverantwortung für die Wohnraumversorgung, für die Schaffung von Kapazitäten für die Wochenenderholung und Feriengestaltung, die Kinderbetreuung von Kleinst- und Kleinkindern, auch für Schulkinderferiengestaltung usw., soweit dies ihre Betriebsangehörigen bzw. deren Familien betraf. Sozialpolitik wurde nach einheitlichen Grundsätzen über die verschiedenen staatlichen Verwaltungsebenen hierarchisch – auch etatmäßig – gesteuert. Eine zunehmende Integrationsfunktion zur Bündelung der verschiedenen Verantwortungsträger (gesellschaftliche Kräfte), einschließlich der Betriebe, kam in den 1980er Jahren der *territorialen Sozialplanung* in den Kreisen zu.

Die Grundrechte auf Arbeit und Wohnung sowie die Sicherung anderer elementarer Lebensbedürfnisse über staatliche Preissubventionierungen, etwa von Grundlebensmitteln, Brennstoffen, Strom, Tarifen für öffentliche Verkehrsmittel, Dienstleistungen usw., wirkten sich auf das Maß und das Spektrum spezifischer Felder sozialer Arbeit aus. So erübrigten sich z. B. einerseits Obdachlosenhilfe, Arbeitslosen-, Schuldnerberatung und Jugendsozialarbeit. Andererseits führte die beinahe für alles zuständige staatliche "Fürsorglichkeit" (beibehalten wurde der historisch überkommene Begriff der "Fürsorge" bis hin zu analogen spezifischen Berufsbezeichnungen) zu einengenden Verregelungen.

Das der sozialen Arbeit in allen Gesellschaftsstrukturen immanente Spannungsfeld zwischen Hilfe und Kontrolle schlug im Kontext eines relativ fest gefügten und eng umrissenen "sozialistischen Menschenbildes" allzu oft in das Paradigma *Kontrolle als "Hilfe"* um. Der sich im Bewusstsein seiner Protagonisten einer politischen und geistigen Neu- bzw. Aufbruchseuphorie in den Nachkriegsjahren zunächst so hoffnungsvoll gebende andere deutsche Staat gebärdete sich immer "vormundschaftlicher" gegenüber seinen Bürgern und schuf so massenhaft Normalbiografien. Abweichungen wurden als "noch nicht" erreichte Bewusstseinshaltung sozialistischer Lebensweise bewertet und damit auch nach dem Verschuldensprinzip mit Bezug auf die Betroffenen oder der sie unmittelbar umgebenden Lebenswelt als Normbruch bewertet. Strukturelle oder gar gesellschaftlich-politische Ursachen blieben grundsätzlich ausgeblendet. Für offenkundige Probleme und Mängel wurde im Zweifelsfall zunächst fehlerhafte Umsetzung oder mangelndes politisches Verständnis auf der Arbeitsebene für die (tabuisierte) sozialpolitische Gesellschaftsstrategie verantwortlich gemacht. Zu den Prestigebereichen der Sozialpolitik und sozialen Arbeit gehörten jene Felder, die auf die soziale Absicherung der Bürger zielten und jene, von denen eine ökonomische Reproduktionswirkung zu erwarten war (Gesundheitsprävention, Arbeitsmedizin, Kinder-, Jugend- und Müttergesundheitsschutz, sozialpolitische Programme zur Förderung junger Ehen usw.). Weniger Aufmerksamkeit bis hin zu einem distanzierten Verhältnis erfuhren jene Bereiche, denen keine prospektive Funktion zugemessen wurde (etwa der Alten- und Pflegebereich).

Mindestens zwei Prämissen bestimmten den Neuaufbau der sozialen Arbeit, ohne auf deren Differenzierungen im Einzelnen weiter eingehen zu können:

a. Strukturell sollte die mit dem Odium der Diskriminierung behaftete Traditionslinie armen-pflegerischer Sozial- und Jugendfürsorge durchbrochen werden. So wurden z. B. 1958 die Sozialämter aufgelöst. Deren Aufgaben wurde von dem neu geschaffenen Ressort Gesundheits- und Sozialwesen mit der Konsequenz übernommen, dass eine größere Nähe zur Gesundheitspolitik und medizinischen Versorgung dominierend wurde. Innerhalb der Jugendhilfe wurde der Erziehungsgedanke schon Ende der 1940er Jahre mit der Begründung favorisiert, für die „ohnehin benachteiligten Kinder und Jugendlichen" dürfe kein „schicksalhafter Sondererziehungsbereich geschaffen" (bzw. beibehalten) werden, der „nicht den allgemeinen Bildungs- und Erziehungswesen zugehörig sei" (Wohlrabe 1948, 31). Fortan wurde die Jugendhilfe in bis dahin traditionellen Kernbereichen dem Bildungswesen zugeordnet (s. dazu später).

b. Soziale Leistungen und Dienste waren gleichermaßen wie die medizinische Betreuung und Bildung prinzipiell kostenlos und wurden aus dem Staatshaushalt subventioniert. Auf die Leistungen bestand ein einkommensunabhängiger Rechtsanspruch, der den jeweiligen Leistungsberechtigten – teilweise auch ohne formelles Antragsverfahren – in weiten Feldern durch die zuständigen Verwaltungen direkt angetragen wurde. Auch auf diese Weise sollte die Leistungsinanspruchnahme aus der historisch überkommenen Nähe von freundlicher Mildtätigkeit, gönnerhafter Almosengabe oder herablassender Leistungsgewährung genommen werden.

Die erstmalig gänzlich anonymen sozialen Rechte beseitigten einerseits devote Abhängigkeiten und andererseits auch Zufälligkeiten bei der Realisierung von Hilfe bzw. Unterstützung. Dafür erwartete der sich paternalistisch gerierende Staat die Würdigung „seiner" realisierten Aufwendungen durch normadäquates Verhalten gemäß der Prinzipien sozialistischer Lebensweise. Bei den Betroffenen wurde dies nicht selten als zumindest „fürsorgliche Belagerung" widergespiegelt. Umso mehr, je dichter diese an die vorgegebenen weltanschaulich-politischen Wertsetzungen des Staates gebunden waren. Die soziale Arbeit i. e. S. wurde hauptsächlich in den nachfolgend genannten Strukturen geleistet, wobei der Begriff von sozialer Arbeit nicht üblich war. Vielmehr wurde von fürsorgerischer Tätigkeit (s. o.) oder auch von (sozialer) Betreuung gesprochen. Die Ressortierung und Arbeitsweise sozialer Dienste kann nur vor der Folie der weiter oben beschriebenen Einbettung einer angestrebten gesamtgesellschaftlichen Verantwortung, einschließlich der Betriebe und des breiten, teilweise semiprofessionellen, ehrenamtlichen Engagements konzeptionell verständlich werden.

Sozialwesen

Das Gesundheits- und Sozialwesen war gleichermaßen wie die einheitliche Krankenversicherung (Sozialversicherung – SV) staatlich.

Die *Tagesbetreuung* bzw. *stationäre Betreuung* wurde vornehmlich in folgenden Einrichtungen des *Sozialwesens* vorgenommen: Kinderkrippen (Versorgungsgrad 1988: 84 %) und Dauerheime für Kinder bis zum 3. Lebensjahr; Heime für schulbildungsfähige, schwerstkörpergeschädigte Kinder und Jugendliche; Tagesstätten, Wochen- und Dauerheime für schulbildungsunfähige, (rehabilitationspädagogisch) förderungsfähige Kinder und Jugendliche; Rehabilitationszentren für die Berufsbildung; Geschützte Werkstätten (auch Abteilungen, Arbeitsplätze in Betrieben mit spezifischer Ausgestaltung und Anforderungsprofilen für Schwer- und Schwerstgeschädigte); Geschützte Wohnheime als Wohnstätten für geistig Behinderte und psychisch Kranke; Feierabendheime (übliche Bezeichnung statt Altenheim) und Pflegeheime. Ende der 1970er Jahre wurde im Rahmen des sog. Wohnungsbauprogramms durch Schaffung von Neukapazitäten begonnen, den oftmals sanierungs-/rekonstruktionsbedürftigen Zustand zu verbessern (1970: 96.171 Plätze, 1989: 139.716 Plätze). Neben der physischen Versorgung wurde gleichsam der Anspruch an die psychosoziale und kulturelle Betreuung der alten Menschen, bei aller bescheidenen personellen Ausstattung, im Rahmen der Möglichkeiten realisiert. In diesem Kontext ist auch die zunehmende Bereitstellung von Kapazitäten in Seniorentagesheimen und -treffs zu sehen. Insgesamt konnte der Bedarf an solchen Betreuungsformen im Altenbereich nicht ausreichend die Nachfrage befriedigen (lange Wartezeiten). Dies hing neben volkswirtschaftlichen und demografischen Gründen (1986: 16,4 % der Wohnbevölkerung im Rentenalter) auch mit dem Verhältnis der Generationen zueinander (u. a. hohe Mobilitätserwartungen an die junge Generation, Grad der Berufstätigkeit von Mann und Frau), der Wohnungspolitik (zu kleine Wohnungen) und der kostengünstigen Unterbringung im Altenheim (1989: 120,- Mark, ca. 1/3 der Mindestrente) zusammen.

Durch die Mitarbeiter im stationären Bereich und die ehrenamtlichen Helfer (in den Organisationen der Volkssolidarität, des DRK und im Demokratischen Frauenbund Deutschlands – DFD), die vorwiegend im ambulanten Bereich wirkten, wurde im Rahmen der Begrenzungen, die sich aus den strukturell-personellen Engpässen ergaben, engagierte soziale Arbeit für alte Menschen geleistet. So auch im Rahmen der Hauswirtschaftshilfe, dem fahrenden Mittagstisch, in Rentnertreffpunkten / -klubs. Ergänzt wurde die soziale Betreuung älterer Menschen durch das Gemeindeschwesternsystem und das eigenständige humanistisch-christliche Wirken im Rahmen (begrenzt zugelassener) konfessioneller Sozialarbeit. Das für die Arbeit mit älteren Menschen entwickelte Konzept einer „komplexen Betreuung" sah deren Einbeziehung in das geistig-kulturelle Leben der bisherigen Arbeitsstelle und in das Wohngebiet bzw. die Gemeinden vor. Die Umsetzung gelang nur ansatzweise, weil das soziale Betreuungsnetz (besonders in Großstädten) nicht flächendeckend genug war und die für die sog. „Veteranenarbeit" in den Betrieben zuständig gemachten Gewerkschaftsorganisationen (mittels Veteranenkommissionen) sich allzu oft auf pflichtgemäße Aufgaben beschränkten (so z. B. Teilnahme am Werksessen, der sog. Rentnerweihnachtsfeier und der Vergabe von unausgelasteten Ferienplätzen). Die soziale Isolation älterer Menschen sollte so vermieden, aber ihr konnte nicht ausreichend begegnet werden.

In der Arbeit mit *Behinderten* (in der DDR-Terminologie Begriff der Schädigung und Rehabilitation) wurde unterschieden zwischen medizinischer, pädagogischer, beruflicher und sozial orientierter Rehabilitation. Als Geschädigte wurden Kinder, Jugendliche und Erwachsene bezeichnet,

„bei denen auf Grund eines biologischen Mangels und dafür inadäquaten sozialen Entwicklungsbedingungen die Persönlichkeitsentwicklung beeinträchtigt ist. Ein biologischer Mangel tritt in Form von Organschäden, Missbildungen bzw. funktionellen Störungen in Erscheinung, die weder mit medizinischen Mitteln, noch mit technischen zur Zeit psychosozial unwirksam gemacht werden können" (Theiner 1981, 57).

Auch quer zu den o.g. inhaltlichen Zugängen gestaltete sich die ressortmäßige Zuständigkeit. So fand bezogen auf Kinder und Jugendliche eine fachlich bedenkliche Selektion durch die administrative Trennung in Schulbildungsunfähige und Schulbildungsfähige statt. Für die Schulbildungsfähigen war die Volksbildung zuständig und für die Schulbildungsunfähigen waren die genannten Ein-

richtungen des Gesundheits- und Sozialwesens zuständig. Dort bestand ein ausdifferenziertes Netz (Sonderschulwesen) für ca. 120.000 physisch-psychisch geschädigte Kinder und Jugendliche (Schädigungsquote: ca. 5%), konsequent differenziert nach Schädigungsarten. Die staatlichen Rehabilitationszentren (mit Koordinierungsfunktion für die Leistungsträger) und die sie beratenden, ressortübergreifenden Rehabilitationskommissionen eröffneten einerseits eine komplexe und interdisziplinäre Sichtweise. Die auf Separation angelegte Konzeption und deren institutionelle Verwirklichung beförderten andererseits de facto die Segregation der Behinderten. So auch die durchaus unter Förderungsabsichten frühzeitige Erfassung und sich anschließende Früherziehung nach Schädigungs- und Bildungskategorien von behinderten Kleinkindern. Dem nahezu perfekt anmutenden System des Zusammenwirkens von Medizinern, (Sonder-)Pädagogen, Psychologen und Fürsorgern standen die eigenen Absichten nach der Integration Behinderter im Wege: verfrühte Selektion, unflexible Handhabungsmöglichkeiten, fehlende Alternativen, mangelnde Variantenvielfalt der inhaltlichen, strukturellen und didaktisch-methodischen Arbeit (vgl. dazu Erkenntnisse der DDR-Arbeitsgruppen in der Wendezeit, Kraus 1994, 35).

Vor allem in fachlich ausdifferenzierten und damit großen Einrichtungen wurden inhaltlich und ökonomisch gleichermaßen vertretbare Lösungen gesehen. Als Folge der Spezialisierung unter diesen Prämissen ergaben sich außerhalb von Ballungsgebieten häufig lange Wegezeiten, sodass eine Unterbringung in Internaten notwendig wurde. Dies führte nicht selten zur Schwächung der emotional-sozialen Bindungen zwischen den Behinderten und ihren Familien mit all den Folgeproblemen. Diesbezügliche Kontroversen – auch von Eltern – führten erst in den 1980er Jahren in der Praxis zu Modifikationen, ohne das Grundkonzept zu verändern.

Kinder- und Jugendhilfe

Der historisch überkommene Begriff „Jugendhilfe" wurde in der DDR übernommen, jedoch nur noch für Teilbereiche im Verständnis des RJWG (bzw. des späteren JWG) verwendet. Insofern können die begrifflichen Assoziationen, die in der (Alt-)Bundesrepublik und mit dem KJHG üblicherweise damit verbunden sind, nicht einfach übertragen werden. Die anfänglichen Bestrebungen liefen in der sowjetischen Besatzungszone (und späteren DDR) nach 1945 darauf hinaus, die Idee von Jugendhilfe als dritte Sozialisationssäule (etwa i. S. von Bäumer 1929, 1) neben der Familie und Schule wieder aufleben zu lassen. Alle auf Kinder und Jugendliche bezogenen sozialpädagogischen, fürsorgerischen und politischen Aktivitäten sollten im Jugendamt gebündelt werden. So wurde mit dem Befehl 156 der sowjetischen Militäradministration (SMAD) vom 20.6.1946 zunächst das Jugendamt selbstständig neben das Schulamt gestellt. Die weitere politische und fachliche Diskussion mit der Vision der Verantwortung der gesamten Gesellschaft für die Jugendhilfe (s. o.) und der angestrebten Vermeidung von diskriminierender Separation beendeten diese Entwicklung. Bis dato ureigenste Jugendhilfeaufgaben wurden anderen Fachverwaltungen zugeordnet (§ 6 der VO über die Jugendämter 1952), so z. B. der Schulverwaltung die Kindergärten und Horte und der Gesundheitsverwaltung die Säuglingsfürsorge, Heime für Kleinstkinder, die Ehe- und Familienberatung. Fundamental war die Trennung der Einheit von Jugendpflege(-förderung) und Jugendfürsorge. Mit dem 1. Jugendgesetz der DDR vom 8.2.1950 wurden neu geschaffene Ämter für Jugendfragen (auf allen Verwaltungsebenen) ressortübergreifend mit der anleitenden, koordinierenden und kontrollierenden Funktion der *Jugendförderung* betraut, die in enger, zumeist auch personeller Verknüpfung mit der einzigen Jugendorganisation (Freie Deutsche Jugend – FDJ) ein Mitspracherecht bei der staatlichen Jugendpolitik hatten. Jugendhilfe, nunmehr im Kern auf rudimentäre Aufgaben der Erziehungsfürsorge sowie des Vormundschafts-/Pflegschafts- und Urkundswesens zurückgeworfen, verlor ihren politischen Einfluss. Folglich hatte der Jugendhilfeausschuss (JHA) nicht mehr seine angestammte jugend- und sozialpolitische Funktion. Es blieb nur der Begriff (JHA) mit der Zuweisung von Aufgaben in der Einzelfallentscheidung. Das auf Generalprävention angelegte jugendhilfepolitische Konzept zur Mobilisierung gesellschaftlicher Kräfte für individuelle Hilfe lief damit in die selbst aufgestellte Legitimationsfalle: In der Praxis ging die Intention nicht auf, Jugendhilfe als generelle staatliche sowie gesellschaftliche Aufgabe wahrzunehmen und dass die jeweilige Verwaltung (die Räte der Kreise / Städte) in Gänze dafür gem.

§ 1 (1) Jugendhilfeverordnung JHVO zuständig sei. Die – nunmehr ihrer Zweigliedrigkeit beraubten – inzwischen verwaltungsmäßig der (Volks-) Bildungsressort zugeordneten Jugendhilfeverwaltungen (Referate Jugendhilfe) agierten ohne tatsächlichen jugend- bzw. kommunalpolitischen Einfluss. Gemäß der § 3 (4) JHVO sollten die Jugendhilfeorgane die Erfahrungen, die sie in der Einzelfallhilfe sammelten, analytisch aufbereiten und den Verwaltungsspitzen in den Städten bzw. Kreisen (den Räten) rückkoppeln und prophylaktische Vorschläge unterbreiten, wie man gefährdende Bedingungen überwinden kann usw. Mit der zugewiesenen Problemfallfokussierung der Jugendhilfe stießen deren Analysen und Folgerungen schon innerhalb des Bildungsressorts aber immer mehr auf Akzeptanzprobleme; zumal, wenn die individualisierende Ebene verlassen wurde. Die davon gesonderte *Jugendförderung* (s. o.) wurde in einem umfassenden Verständnis als zentrale politische Aufgabe verwirklicht. Neben zuvörderst klarer ideologischer Zielsetzung – nämlich der Bindung der Jugend an das politische System – sollte damit zugleich der Grundsatz der „Jugendförderung als bester Jugendschutz" verwirklicht werden. Die allgemeine Jugendförderung vollzog sich mittels sog. „Jugendförderungspläne" in einem komplexen System verschiedener staatlicher, kommunaler und betrieblicher Verantwortlichkeiten unter wesentlicher Trägerschaft der Kinderorganisation (Junge Pioniere), der Jugendorganisation (FDJ), des Sportbunds (DTSB) und der (wehrsportlichen) Gesellschaft für Sport und Technik (GST) in einem dichten infrastrukturellen Einrichtungsnetz (Pionierhäuser, touristische Stationen, Jugendklubs, Jugendherbergen, Kulturhäuser, Sporteinrichtungen, Musikschulen usw.). Die staatliche Kinder- und Jugendarbeit – namentlich die Pionier- und FDJ-Organisation mit gesetzlich verankertem eigenem Erziehungsauftrag – begleitete und beeinflusste wie selbstverständlich durch ihre ständige Präsenz und ihre durchaus auch kind- und jugendgemäßen Angebote wesentlich die Biografien der gesamten Jugend. Außerdem waren die Schulen und Berufsausbildungsstätten (einschließlich ihrer personellen und räumlichen Ressourcen) in dieses System eingebunden. Nischen konfessioneller Kinder- und Jugendarbeit und alternative Szenen gewannen in den 1980er Jahren zunehmend als solche an Bedeutung, auch als Ausdruck des Ausbruchs aus verregelter Kindheit und Jugend.

Zu den Jugendhilfeaufgaben i.e.S., die durch haupt- und ehrenamtliche Mitarbeiter in den Organen der Jugendhilfe wahrgenommen wurden, gehörten im Wesentlichen drei Aufgabenfelder mit den Bezeichnungen:

- *Erziehungshilfe* (einschließlich Jugendgerichtshilfe, Mitwirkung in Gerichtsverfahren zur Regelung des Erziehungsrechts im Falle der Ehescheidung der Eltern und der Umgangsregelung, in Jugendstrafverfahren, bei Erziehungsrechtsverletzung u.a.)
- *Vormundschaftswesen* (Sorge für elternlose und „familiengelöste" Kinder und Jugendliche, Pflegekinder- und Adoptionswesen, Übertragung des Erziehungsrechts auf Verwandte, einschließlich der eigenverantwortlichen Durchführung der jeweiligen familienrechtlichen Verfahren)
- *Rechtsschutz* für „Minderjährige" (Restaufgaben aus dem sog. „Nichtehelichenrecht" und Amtsvormundschaft sowie der Beistandschaft, verstanden als staatliche Schutzfunktion für grundsätzlich rechtlich gleichgestellte außerhalb der Ehe geborene Kinder auf freiwilliger, durch die Mütter in Anspruch genommener Basis; auch Sicherung wirtschaftlicher Interessen Nichtvolljähriger gegenüber ihren Eltern (Vaterschaft, Unterhalt, Vermögen) sowie Urkundswesen (vgl. dazu § 18 JHVO).

Das sich auf ständige (soziale) Erfolge hin suggerierende politische System manövrierte die Jugendhilfe immer mehr in eine gesellschaftliche Randstellung. Dahinter verbarg sich die Vision, dass der generalpräventive Ansatz möglichst nicht durch die Option individualisierender Intervention (vorzeitig) ausgehöhlt werden sollte. Sollten doch in jenen Fällen, in denen jenseits der angestrebten Effekte des generalpräventiven Ansatzes dennoch schwierige Entwicklungsverläufe von Kindern und Jugendlichen zu konstatieren sein, mittels „spezifischer sozialpädagogischer Aktivitäten" wiederum die gesellschaftlich-erzieherischen Potenziale mobilisiert und gebündelt werden. Diejenigen, die durch ihre tägliche Betreuungsarbeit bzw. Zusammenarbeit die Kinder bzw. Jugendlichen und Eltern sowie deren Lebensumstände am ehesten kannten (Lehrer, Ausbilder, Trainer usw.) sollten gemäß entsprechender Richtlinien zur Arbeitsweise der Jugendhilfeorgane in den Entscheidungsprozess gleichermaßen einbezogen werden, wie die Kinder bzw. Jugendlichen und deren Eltern selbst. Zudem sollten legitimierte Personen in dafür eigens geschaffenen Gremien (Vormundschaftsrat / Jugendhilfeausschuss) ehrenamtlich mitentscheiden können, wenn es darum ging, die Erziehungs- und Lebensbedingungen zu verändern. Die mangelnde politisch-gesellschaftliche Akzeptanz der Jugendhilfe und die immer geringere Wirksamkeit der Bildungs- und Erziehungsinstitutionen (Stichwort: mentale Abwanderung) höhlte diese Jugendhilfekonzeption zunehmend aus. *Und* zudem: Das Konzept, dass die Ehrenamtlichen überwiegend die gesamte Basisarbeit der Jugendhilfe tragen sollten, geriet in filigranen Sphären der Beratungs- und Betreuungsarbeit allzu oft an Grenzen notwendiger Fachlichkeit. Die Praxis behalf sich mit der Rekrutierung von Ehrenamtlichen aus einschlägig beruflich Vorgebildeten (pädagogisch, psychologisch, juristisch), sodass die Einbeziehung „breitester demokratischer Schichten und Klassen" gem. der o.g. VO (namentlich der Arbeiter) auf die Dauer nicht ausreichend gelang. Zu den Aufgaben der Ehrenamtlichen in dem flächendeckenden Netz von *Jugendhilfekommissionen* (JHK) in den Städten und Gemeinden (1989: 4179 mit 26.582 Mitgliedern) gehörten die lebenspraktische und erzieherische Beratung von Eltern sowie konkrete Unterstützungsangebote zur Verbesserung der Lebens- und Erziehungsbedingungen (z.B. von der Einflussnahme auf Arbeitszeitregelungen über die Sicherung materieller Lebensbedingungen bis zur Verbesserung der Wohnverhältnisse) sowie die Kontrolle über deren Einhaltung. Dazu wurden sog. „individuelle Erziehungsprogramme" in gemeinsamer Beratung mit den Betroffenen entwickelt und Realisierungswege unter gezielter Einbeziehung anderer gesellschaftlicher „Erziehungsträger" (besonders der Schulen / Ausbildungsstätten), staatlicher Institutionen / Verwaltungen (z.B. Gesundheits- und Sozialwesen, Wohnungswesen) und der Arbeitsstellen der Eltern geebnet. Überdies wurden Mitglieder von Jugendhilfekommissionen in die Erarbeitung von Stellungnahmen bei Vormundschaften, Pflegschaften und Adoptionen sowie für Gerichte (z.B. bei Jugendstrafverfahren, zur Übertragung des Erziehungsrechts im Zusammenhang mit Ehescheidungen) einbezogen, auch selbstständig damit betraut. Die Kehrseite dieser angestrebten Vergesellschaftungstendenz (auch auf anderen Gebieten, so der Rechtsprechung durch gesellschaftliche Gerichte, etwa: Konfliktkommissionen in den Betrieben, Schiedskommissionen in den städtischen Wohngebieten / Gemeinden) bestand in der Gefahr, die Privat-sphäre zu verletzen („gläserne" Familie) durch eine quasi „sozialpädagogische Umzingelung / fürsorg-liche Belagerung" mittels staatlich organisierter Eh-renamtlichkeit. Überdies rekrutierten sich die Ent-scheidungsgremien der Jugendhilfe bei den Städten / Kreisen bzw. Bezirken aus Ehrenamtlichen (1989: 490 Jugendhilfeausschüsse mit 2667 Mit-gliedern und 216 Vormundschaftsräte mit 1233 Mitgliedern) unter dem Vorsitz einer jeweils haupt-amtlichen (leitenden) Jugendhilfefachkraft. Die ins-gesamt lediglich ca. 1500 hauptamtlichen Mitarbei-ter (Jugendfürsorger(innen)) in den Referaten Jugendhilfe waren auf örtlicher Ebene für die fachli-che Anleitung / Begleitung der verschiedenen ehren-amtlichen Gremien zuständig. In komplizierten Einzelfällen und wenn die Jugendhilfekommissio-nen nicht ausreichend arbeitsfähig waren, wandten sich die Jugendfürsorger(-innen) selbst der Einzel-fallhilfe zu. Die (politisch-konzeptionell begründete) überaus enge Stellenzumessung in den Referaten Jugendhilfe führte zu einer permanenten Überbelas-tung durch die Einzelfallbearbeitung des dortigen Personals, in deren Folge die Anleitungsaufgaben gegenüber den Ehrenamtlichen oft nicht im erfor-derlichen Maß realisiert wurde. Auch dadurch stieß das Prinzip der Ehrenamtlichkeit immer wieder auf fachliche Grenzen: zumindest immer dann, wenn es z. B. nicht einfach um die „Organisierung der gesellschaftlichen Einflussnahme" ging, um die Erziehungshaltung der Eltern oder anderer Erzie-hungspersonen zu aktivieren und allgemeine Lai-enkompetenz nicht ausreichte, sondern vielmehr gezielte psychosoziale und auch spezifisch berateri-sche / therapeutische Angebote vonnöten gewesen wären. Überdies: Die unterstellte potenzielle Bereit-schaft von der an der Erziehung und Betreuung Be-teiligten (Lehrer, Ausbilder, Trainer usw.) zu erhöh-tem bzw. zusätzlichem Engagement im Interesse der Kinder und Jugendlichen war im Falle des Wirk-samwerdens der Jugendhilfe nicht selten bereits aus-gereizt oder stellte mitunter auch eine – fachlich wie mental – Überforderung dar. Dieses Phänomen, das eng mit dem der grundsätzlichen Aufgabenzuwei-sung der Referate Jugendhilfe zusammenhing, ließ sie nicht aus dem historisch überkommenen Schat-ten einer Eingriffsbehörde herauslösen. Gleichwohl zeitigte der gemeinwesenorientierte und kollek-tiv-(gruppen-)pädagogisch favorisierte Ansatz („Or-ganisierung spezifischer sozialpädagogischer Aktivi-

täten") durchaus Erfolge, und zwar durch die gezielte Nutzung der sportorientierten, kulturellen und sonstigen freizeitpädagogischen Infrastruktur sowie der Institutionen öffentlicher Bildung und Erzie-hung im Interesse der Integration der Kinder bzw. Jugendlichen in ihre lebensweltlichen Sozialisations-zusammenhänge. Besonders dem engagierten Ein-satz nicht weniger humanistisch gesonnener haupt- und ehrenamtlicher Mitarbeiter war dies geschuldet. In ca. ⅓ aller der Jugendhilfe im Erziehungshilfe-bereich bekannt gewordenen Fälle (insgesamt ca. 1 % aller Nichtvolljährigen) gelang es, die Gefähr-dungssituation bei Verbleib des Kindes bzw. Jugend-lichen im sozialen Herkunftsmilieu zu überwinden. Im anderen Falle verblieb im Kern der Unterstüt-zungsmöglichkeiten fast ausschließlich die Unter-bringung in einem Heim. Die traditionelle Alterna-tive der Fremdunterbringung in einer *Pflegefamilie* wurde nach den Nachkriegswirren zunehmend we-niger genutzt (1989: nur 9 % aller Fremdunterge-brachten in Pflegestellen). Wenn ein Kind bzw. Ju-gendendlicher in einer Pflegefamilie untergebracht war, so handelte es sich zumeist um Verwandten-pflege. Neben einer geringen Bereitschaft zur Auf-nahme von Pflegekindern in der Bevölkerung (hohe Berufstätigkeitsquote von Mann *und* Frau, zumeist kleine Wohnungen u. a.) gab es vor allem vor dem Hintergrund eines gleichberechtigten Rollenver-ständnisses von Mann und Frau, aber auch fachli-cher Bedenken bezüglich der emotionalen und so-zialen Doppelbindung an die Herkunfts- und Pflegefamilie, konzeptionell keine Favorisierung des Pflegekinderwesens. Dieses Verständnis erklärt sich auch vor der Folie verfassungs- und familienrecht-licher Bestimmungen sowie des Jugend- und Bil-dungsgesetzes der DDR. Zwar wurde familiäre Er-ziehung als „vornehmste Aufgabe" (und Pflicht) der Eltern angesehen, aber zugleich wurde von der prin-zipiellen Gleichwertigkeit familiärer und gesell-schaftlicher (öffentlicher) Erziehung ausgegangen, die sich einander ergänzen sollten (§ 3, Familien-gesetzbuch 1966). Kinder und Jugendliche hatten eigene Ansprüche (und Pflichten) gegenüber der Gesellschaft und insofern begriff sich Jugendhilfe im Konfliktfall vornehmlich als „Anwalt des Kindes" bzw. Jugendlichen, um deren legitime Ansprüche durchzusetzen. Dabei wurde a priori von einer Inte-ressenidentität von Subjekt und Gesellschaft aus-gegangen, nämlich, dass die in den einschlägigen Gesetzen und Bestimmungen formulierten Rechte mit den Wünschen der Kinder bzw. Jugendlichen grundsätzlich übereinstimmen würden.

Heimerziehung wurde nach Beratung im Jugendhilfeausschuss unter Einbeziehung der Betroffenen und Personen aus dem lebensweltlichen Bezug (§ 36 Abs. 2 und 3 JHVO) dann „angeordnet", wenn „die Erziehung und Entwicklung oder die Gesundheit Minderjähriger gefährdet und auch bei gesellschaftlicher und staatlicher Unterstützung der Erziehungsberechtigten nicht gesichert werden konnte" (§ 23 Abs.1 Buchst. f JHVO).

Aus den weiter oben genannten Gründen war die DDR bestrebt, möglichst den Verbleib des Kindes bzw. Jugendlichen im bisherigen sozialen Umfeld zu ermöglichen. Eine hohe Unterbringungsquote von Kindern bzw. Jugendlichen im Heim wäre einem Eingeständnis des Scheiterns des (auch außenpolitisch) hoch gehaltenen Erziehungs- und Bildungskonzepts der DDR nahegekommen. Im Jahre 1989, dem letzten Jahr eines möglichen deutsch / deutschen Vergleichs, wurden im alten Bundesgebiet pro 10.000 Minderjährige 75,8 junge Menschen fremduntergebracht. In der DDR im gleichen Jahr 34,3. Die Struktur der Heime war durch allzu große Differenzierung mit einer deutlichen Überbetonung von bildungspolitischen Gesichtspunkten bei Unterordnung der sozialpädagogischen Indikation gekennzeichnet. Differenziert wurde zwischen *Normalheim* und *Spezialheim* (nach angenommenem Maß von Erziehungsschwierigkeiten) in Abhängigkeit vom Alter (z. B. Vorschulheime) und dem Grad intellektueller Potenziale (Heime für lernbehinderte Kinder / Jugendliche: „Hilfsschulheime"). Über lange Jahre waren damit häufige Verlegungen schon konzeptionell angelegt. Die damit einhergehenden Beziehungsabbrüche konnten durch die vermeintlich förderliche spezifische Erziehungs- und Betreuungsarbeit nicht wettgemacht werden. Das Prinzip der Kollektiverziehung (in Anlehnung an Makarenko) und damit mehrgruppige Heime wurden favorisiert (Institut für Jugendhilfe Falkensee 1984, 64–79; Mannschatz 1994, 93 ff.). Das System der Heime war konzeptionell nicht genügend auf die individuellen Problemlagen abgestimmt. Dennoch entfalteten sich auf dem Hintergrund des Erfahrungsschatzes einfühlsamer Fachkräfte keimhaft neue Denkansätze und Angebotsmodifikationen (z. B. Vermeidung von Verlegungen, Formen betreuten

Wohnens, heterogener Gruppenaufbau), an die im gesellschaftlichen Umbruch nahtlos angeknüpft werden konnte (Seidenstücker 1990).

Soziale Berufe

Die marxistische Option, dass mit dem gesellschaftlichen Besitz an Produktionsmitteln und der damit verbundenen Überwindung der Klassenantagonismen sich Bewusstseinsveränderungen vollziehen würden, in deren Folge sich u. a. das moralisch Gute wie solidarisches Verhalten, menschliches Verantwortungsgefühl, Ehrlichkeit und Verlässlichkeit massenhaft durchsetzen würde, beeinflusste nicht nur in den Anfangsjahren das Verständnis für die Notwendigkeit sozialer Arbeit. Es wurde unterstellt, dass die Zuwendung zu Schwächeren, Behinderten, Alten, Waisen und anderen Hilfsbedürftigen gesamtgesellschaftlich getragen würde (Fiktion von der „sozialistischen Menschengemeinschaft"). Jedes Gesellschaftsmitglied nehme somit im Rahmen seiner persönlichen Lebenssphäre – gleichsam seiner gesellschaftlich-beruflichen Berührungspunkte – direkte bzw. indirekte Verantwortung für solche humanistischen Aufgaben. Ureigenste Aufgabe des Staates selbst sei es demzufolge, ausreichende finanzielle, materielle und organisatorische Rahmenbedingungen zu garantieren. Diesen Proklamationen folgend wurde in der sowjetischen Besatzungszone bewusst mit den „bürgerlichen Traditionen des diskriminierenden, almosenheischenden Wohlfahrtswesens" (Wohlrabe 1948, 31), insbesondere dem Subsidiaritätsprinzip, durch jene gebrochen, die 1945 die politische Macht übernommen hatten und von diesem eben tendenziell einst abhängig waren. Insofern bestand auch eine äußerste Zurückhaltung bei der Etablierung fachlicher Spezialdienste. Gleichwohl ließ sich in den Folgejahren die Notwendigkeit institutioneller sozialer Arbeit nicht mehr verdrängen. Dennoch wurde der Gedanke nie gänzlich aufgegeben, dass „noch nicht" erreichte sozialistische Bewusstseinshaltungen solche soziale Profession notwendig machen würde. An die nur für eine Übergangsphase tolerierten Dienste, z. B. im Jugendhilfebereich, gewöhnten sich die politischen Verantwortungsträger als quasi „ständiges Provisorium". Vornehmlich im Bereich des Gesundheits- und Sozialwesens und in der Jugendhilfe wurde eine eng begrenzte Professionalisierung toleriert. Dem gegenüber stellten die erziehenden Berufe in den Kinderkrippen, Kindergärten, Schulhorten sowie in medizinisch-pflegerischen Berufsgruppen geradezu eine Notwendigkeit zur Realisierung der Bildungs-, Familien- und Frauenpolitik, aber auch der Beschäftigungspolitik dar. Eine eng begrenzte Ausbildungskapazität für die *Fürsorgeberufe* wurde auf Fachschulebene realisiert. Die Zulassung setzte im Regelfall eine einschlägige berufliche Vorausbildung und mehrjährige Berufspraxis voraus und wurde demgemäß in den letzten Jahren der DDR überwiegend als Aufbau- bzw. Zusatzstudium (auch als berufsbegleitendes Fernstudium) angeboten. Zulassungsvoraussetzung nach diesem Modell war für Fürsorger(innen) des Gesundheitswesens eine medizinische Ausbildung als Krankenschwester und dgl., für die Jugendfürsorger(innen) eine pädagogische Ausbildung als Erzieher(-in) oder Lehrer(-in). Mindestens ein pädagogisches Fachschulstudium und mehrjährige einschlägige Berufserfahrungen waren Zulassungsvoraussetzungen für die rehabilitationspädagogische (sonderpädagogische) Ausbildung auf Universitätsniveau und für das (zahlenmäßig eng begrenzte) Aufbaustudium in dem einzigen hochschulmäßigen sozialpädagogischen (Aufbau-)Studiengang an der Humboldt-Universität zu Berlin (Dipl.-Päd.). Zahlenmäßig noch enger begrenzt unterhielten die evangelische und katholische Kirche Ausbildungsstätten für den Bereich der Sozialarbeit, deren Absolvent(inn)en Einsatzfelder in den Bereichen Alkohol- und Suchtvorbeugung, sozialpsychiatrischer Dienst, Behindertenarbeit, sozialdiakonische Jugendarbeit und Arbeit mit älteren Bürgern – zumeist im Rahmen der Caritas bzw. der Diakonie – fanden (Wergin 1996, 305 ff.).

Die *Forschungskapazität* auf dem engeren Gebiet der sozialpädagogischen bzw. sozialen Arbeit wurde aus den genannten Gründen zunächst jahrelang völlig vernachlässigt und war später äußerst gering bemessen, was sich sowohl in den einseitigen Handlungskonzepten wie in der eingeschränkten Methodenwahl nachteilig auf die Praxis auswirkte. Am ehesten gibt es im Bereich der Krippen- und Kindergartenpädagogik sowie im rehabilitations- bzw. sonderpädagogischen Bereich relevante Forschungsergebnisse. Forschungen auf dem Gebiet der Jugendhilfe und Heimerziehung trugen vornehmlich empirischen Charakter und reflektieren

deskriptiv verschiedene Handlungsfelder (dazu Bernhardt / Kuhn 1998, 83 ff.).

Transformation

Der Bruch der in das Gesellschaftskonzept der DDR eingewobenen sozialen Kultur war mit dem Beitritt der DDR zur Bundesrepublik radikal, weil zum einen das Rechtssystem der BRD 1:1 übernommen wurde. Zudem hatte z. B. die in der Jugendhilfe bis dato grundsätzlich auf Generalprävention angelegte Strategie (und in das die Spezialintervention der Jugendhilfekonzeption der DDR eingebettet war) in den neuen Bundesländern mit dem Wegfall der oben beschriebenen gesellschaftlich-sozialen Netzwerke keinen Bestand mehr. Letzteres gilt sinngemäß auch für andere Bereiche der sozialen Arbeit.

Fürsorglich-paternalistische Umgangsweisen mit der Klientel wichen autonomieorientierten professionellen Umgangsweisen. (Böhnisch / Seidenstücker 2009, 451) Damit einher gingen im Jugendhilfebereich (auch im Kontext neuer Zuständigkeiten) ein extremer Stellenzuwachs in den Jugendämtern und zunächst ein radikaler Abbau des ehrenamtlichen Potenzials. Mit der Wiedereinführung des Subsidiaritätsprinzips fand in weiten Bereichen der sozialen Arbeit eine Übernahme ehemals kommunaler bzw. staatlicher Einrichtungen in freie Trägerschaft statt. Auch die Kommerzialisierung vom Altenbereich bis hin zu Angeboten im Kinder- und Jugendfreizeitbereich veränderten die bisherige soziale Kultur einschneidend.

Transformationstheoretiker sprechen von einem deutschen Sonderweg beim Wechsel des politischen Systems im Unterschied zu den anderen postsozialistischen Gesellschaften bezüglich der dominierenden handelnden Akteure. Auch in weiten Feldern der sozialen Arbeit handelte es sich zumindest in den ersten Jahren der gesellschaftlichen Umbruchsphase (Anfang der 1990er Jahre) vornehmlich um exogene Entscheidungsträger auf allen relevanten Ebenen bzw. Schlüsselpositionen, die selten vorhandene Kompetenzen einbezogen, die in der Vorwende- und Wendezeit erworben wurden. Statt diese Berufs- und Alltagserfahrungen zu nutzen, wurden die eigenständigen ostdeutschen soziokulturellen Traditionen zumeist übergangen und Berufsbiografien entwertet. Infolgedessen kam es in dieser Zeit auch in der sozialen Arbeit zu kulturellen Abstoßreaktionen. Die in den Nachwendejahren oftmals beklagte „Sperrigkeit" der ostdeutschen Fachkräfte dürfte auch damit zusammenhängen, dass der schon damals virulente und in westdeutschen Milieus gewachsene lebensweltorientierte Handlungsansatz nicht hinreichend berücksichtigt wurde – dies sowohl bezogen auf die Fachkräfte vor Ort als auch auf die Passfähigkeit der neuen Handlungsansätze für das Klientel.

Gleichwohl hat sich in den Folgejahren in den neuen Bundesländern – auch als ein Ergebnis einer neuen Ausbildungsgeneration aus dortigen Fachhochschulen und Universitäten – in der Jugendhilfe eine bemerkenswerte Dynamik von Projekten und experimentellen Ansätzen entwickelt. Diese sind im europäischen Jugendhilfevergleich gut aufgestellt – so im Bereich der integrierten Erziehungshilfen, des niedrigschwelligen Kinder- und Jugendschutzes, der Streetwork, der Frauenhausarbeit, des Quartiersmanagements, der Jugendberufshilfe, der sozialpädagogischen Beschäftigungsförderung und der Entwicklung regionaler sozialer Netzwerke (Böhnisch / Seidenstücker 2009, 457).

Literatur

Bäumer, G. (1929): Die historischen und sozialen Voraussetzungen der Sozialpädagogik und die Entwicklung ihrer Theorie. In: Nohl, H., Pallat, L. (Hrsg.) (1929): Handbuch der Pädagogik. Bd. 5: Sozialpädagogik. Langensalza, Beltz, 3–17

Bernhardt, C., Kuhn, G. (1998): Keiner darf zurückgelassen werden. Aspekte der Jugendhilfepraxis in der DDR 1959–1989. Votum, Münster

Böhnisch, L., Seidenstücker, B. (2009): Die Entwicklung der Kinder- und Jugendhilfe in den neuen Bundesländern – im Spiegel der deutsch-deutschen Transformation. Unsere Jugend 11/12, 450–462

Deutscher Bundestag (Hrsg.) (1994): Familien und Familienpolitik im geeinten Deutschland – Zukunft des Humanvermögens. Fünfter Familienbericht. Drucksache 123/7560. Bonn

Familiengesetzbuch der DDR (FGB) vom 20.12.1965, Gesetzesblatt Teil I Nr. 1 – Ausgabetag 03.01.1966

Institut für Jugendhilfe Falkensee (Hrsg.) (1984): Heimerziehung (Ost)Berlin. Von einem Autorenkollektiv unter Leitung von E. Mannschatz. Volk und Wissen Volkseigener Verlag, Berlin

JHVO (Jugendhilfeverordnung der DDR), VO über die Aufgaben und Arbeitsweise der Organe der Jugendhilfe vom 03.03.1966, Gesetzesblatt Teil II Nr. 34, 215

Kraus, R. (1994): Strukturen und Einrichtungen der Rehabilitation in der DDR und in den neuen Bundesländern. Aus Politik und Zeitgeschichte 3, 26–37

Mannschatz, E. (1997): Erziehung zwischen Anspruch und Wirklichkeit – Plädoyer für Besinnung auf die angestammte Aufgabe von Erziehung. Buch Ergon, Würzburg

– (1994): Jugendhilfe als DDR-Nachlaß. Votum, Münster

Sachverständigenrat für die konzertierte Aktion im Gesundheitswesen (Hrsg.) (1991): Das Gesundheitswesen im vereinten Deutschland. Nomos, Baden-Baden

Seidenstücker, B. (1990): In keiner Situation ein Kind allein lassen. Jugendhilfe 28, 1–7

– (2004) Akzeptanzsehnsüchte und Bildungsansprüche deutscher Jugendhilfe(n). In: Kreft, D. (Hrsg.): Fortschritt durch Recht. Eigenverlag des SOS-Kinderdorf e.V. München, 274–289

–, Münder, J. (1990): Jugendhilfe in der DDR. Votum, Münster

Staatl. Zentralverwaltung für Statistik (Hrsg.) (1990): Statistisches Jahrbuch der DDR 1989 (u.a. Jahrgänge). Staatsverlag der DDR, Berlin

Theiner, Ch. (1981): Zur pädagogischen Rehabilitation in der DDR. In: DDR-Komitee für Menschenrechte (Hrsg.): Schriften und Informationen, 2. Berlin, 55–62

Verordnung über die Mitarbeit der Bevölkerung auf dem Gebiet der Jugendhilfe vom 11.06.1953, Gesetzesblatt der DDR 53, 816

Wergin, C. (1996): Kirchliche Sozialarbeit in der DDR. In: Gintzel, U., Schone, R. (Hrsg.): Jahrbuch der sozialen Arbeit. Votum, Münster, 305–308

Winkler, G. (Hrsg.) (1987): Lexikon der Sozialpolitik. Akademie, (Ost)Berlin

Wohlrabe, W. (1948): Schule und Jugendamt. Pädagogik 3, 31–35

Sozialraum

Von Fabian Kessl und Christian Reutlinger

Sozialraumorientierung als bestimmendes Fachlichkeits- und Organisationsmuster Sozialer Arbeit

„Sozialraumorientierung" meint sowohl handlungskonzeptionelle Reformprogramme als auch kommunal-administrative Strategien der neuen Steuerung in den Feldern Sozialer Arbeit, welche seit Anfang der 1990er Jahre weithin verhandelt werden.

Als Forderung nach einer veränderten *Fachlichkeit* zielen handlungskonzeptionelle Reformprogramme auf einen integrierten und flexiblen Unterstützungsansatz (Deutschendorf et al. 2006). Das „sozialräumliche" Umfeld ist demnach deutlicher im Rahmen des sozialpädagogischen Handlungsvollzugs wahrzunehmen und gezielter in diesen einzubeziehen. In den Fokus werden nahräumliche Beziehungsstrukturen, angrenzende Hilfsangebote – in professioneller wie bürgerschaftlicher Form – und sozioökonomische wie kulturelle Rahmenbedingungen der sozialpädagogischen Einzelfallarbeit gerückt. Sozialraumorientierung zielt allerdings nicht nur auf den Einbezug des Umfeldes in die Fallarbeit und auf deren Kontextualisierung, sondern auch auf die Aktivierung dieser nahräumlichen Ressourcen: „In der Haltung der Ressourcenorientierung geht es darum [...] Informationen über das soziale Netz der Adressat(inn)en zu erhalten und dem Aufbau und der Aktivierung natürlicher Unterstützungssysteme [...] Vorrang vor professionellen Hilfen zu geben" (Hamberger 2006, 110).

Als kommunal-administrative Strategie der neuen Steuerung beschreibt Sozialraumorientierung eine an territorialen, geografischen Einheiten ausgerichtete *Dezentralisierung* der kommunalen Sozialen Arbeit und der damit zusammenhängenden Organisationsstrukturen (Brocke 2005). Im Zuge dessen sind in den vergangenen Jahren im gesamten deutschsprachigen Raum vor allem Jugendamtstrukturen umgebaut worden oder zumindest in den Fokus eines entsprechenden Umbaus geraten: Quartiersbezogene Interventionsteams wurden aufgebaut, Sozialraumbudgets sollten eingeführt und damit verbunden bezirksbezogene Angebotsstrukturen installiert werden (Landeshauptstadt München Sozialreferat, Stadtjugendamt 2005; Herrmann 2006). Diese Dezentralisierungsbestrebungen sind zugleich kein singuläres Phänomen in den Feldern Sozialer Arbeit, sondern stehen im Kontext der „aktuell laufenden Modernisierung von Staat und Verwaltung", wie sie seit den 1990er Jahren zu beobachten sind (Krummacher et al. 2003, 148 f.). Dieser allgemeine Dezentralisierungstrend findet auf Seiten der Vertreter(innen) einer sozialraumorientierten Neujustierung Sozialer Arbeit in der Form Fürsprache, dass die bestehende institutionelle Ausdifferenzierung der Sozialen Arbeit und insbesondere der Kinder- und Jugendhilfe als „Versäulung" von Hilfearten kritisiert wird (*Bürokratiekritik*). Diese „Säulen" agierten, so die Annahme, unter dem Dach der städtischen oder Kreisjugendämter zumeist nur nebeneinander und nicht miteinander: „Viele Jugendämter leiden an hartnäckiger Bereichsborniertheit und verbrämen dies als Spielraum für individuell definierte Fachlichkeit oder standardfreie kollegiale Beratung" (Hinte 1999, 85). Diese bereichsspezifische „Versäulung" soll daher durch die Schaffung neuer, zumeist territorial begrenzter Zuständigkeitsräume abgelöst werden. Sozialraumorientierte Re-Organisation beschreibt in diesem Fall eine Dezentralisierung entlang spezifischer Territorien als „Bezugsgröße für die Konzentration von Personal und anderen Jugendhilfe-Ressourcen".

Otto/Thiersch (Hg.), Handbuch Soziale Arbeit, 4. A., DOI 10.2378/ot4a.art149,

Andere Modelle setzen an Stelle eines starken Territoriums- einen Lebensweltbezug als Ausgangspunkt des geforderten „Umbau[s] von Steuerungssystemen und Organisationen" (Budde/Früchtel 2006, 28). Ziel ist aber in beiden Fällen die Realisierung einer „praktische[n] Entwicklungsaufgabe vor Ort" (248).

Als „sozialraumorientiert" werden beide Entwicklungsstränge tituliert, der *Strang der Aktivierung* wie der *Strang der Dezentralisierung*, weil sie sich – wenn auch in unterschiedlicher Akzentuierung – auf kleinräumige Einheiten (Lebenswelt oder sozialer Nahraum) oder Areale (Stadtteile, Bezirke oder Nachbarschaften) beziehen (Hamburger/Müller 2006; Sandermann/Urban 2007). Die beiden Entwicklungsstränge werden im sozialpädagogischen Alltag außerdem häufig eng miteinander verkoppelt, wie der idealtypische Verlauf einer sozialraumorientierten Reform in einer bundesdeutschen Kommune symbolisieren kann: Urbane Sozialräume werden sozialkartografisch erfasst, beispielsweise als „benachteiligte Stadtteile", die auf Basis sozialstatistischer Daten (z. B. Anteil von ALG-II-Empfänger(innen) oder Anteil von Migrant(inn)en identifiziert und in kommunalen Sozial- und Kriminalitätsatlanten kartiert werden. Diese kleinräumigen Einheiten dienen dann als Markierung der Bevölkerungsgruppen, die als Zielgruppen sozialraumorientierter Angebote ausgemacht werden. Deren ungenutzte oder zu wenig genutzte Ressourcenpotenziale werden schließlich als brachliegendes „soziales Kapital" sozialpädagogisch und damit als aktivierende Größe in den Blick genommen: „Der Vorschlag, sich (in der sozialarbeiterischen Praxis) des Konzepts vom Sozialen Kapital zu bedienen, zielt auf [...] [die] Aktivierung und Ausweitung der lebensweltlichen Beziehungen und [...] der Ressourcen" (Pantucek 2008).

Die sozialpädagogische Rede vom Sozialraum

Auf der diskursiven Ebene, das heißt in der „sozialpädagogischen Rede vom Raum" (Kessl/Reutlinger 2010), wie sie ebenfalls seit den 1990er Jahren im deutschsprachigen Raum zunehmend einflussreich geworden ist, manifestieren sich vor allem zwei Argumentationsmuster: erstens arbeitsfeld-

spezifische Ansätze in den Bereichen der Hilfen zur Erziehung der (offenen) Jugendarbeit und der Gemeinwesenarbeit und zweitens Handlungsmodelle für die Soziale Arbeit insgesamt. Korrespondierend zu den genannten sozialpädagogischen Ansätzen finden sich ähnliche Argumentationsmuster in der Debatte um die (Neu-)Etablierung einer Gemeindepsychologie und -psychiatrie (Keupp 1997) oder der Rede von lokalen, kommunalen und regionalen „Bildungslandschaften" (Bollweg/Otto 2010). Die sozialraumorientierten Ansätze, die arbeitsfeldspezifisch argumentieren, knüpfen an bestehende sozialpädagogische Traditionen und Fachlichkeitsverständnisse an und suchen diese zugleich kritisch weiterzuentwickeln, sei es durch eine „sozialräumliche[n] Konzeptentwicklung" in der Offenen Kinder- und Jugendarbeit (Deinet 2005, 18 ff.), der „Innovation" von „integrierten Erziehungshilfen" (Koch et al. 2002, 25 ff.) oder als „Weiterentwicklung von Gemeinwesenarbeit" (Rostock 2009, 54). Aktivierungs- und Dezentralisierungsaspekte werden hier vor dem Hintergrund der arbeitsfeldspezifischen Traditionslinien unterschiedlich aufgenommen und entsprechend übersetzt. Parallel zu diesen arbeitsfeldbezogenen Ansätzen finden sich unterschiedliche Mehrebenen- und „Ganzheitlichkeitsansätze", deren Ziel nicht nur die (sozialraumorientierte) Modernisierung einzelner Arbeitsfelder, sondern der Sozialen Arbeit an sich ist. Diese zweite Gruppe strebt daher eine „Verbindung unterschiedlicher sozialarbeiterischer Handlungsansätze" (Früchtel et al. 2007, 22) an, ein „Handeln der Fachkräfte auf allen Ebenen, aus einem Guss" (Hinte 2006, 14) bzw. die „Integration der Perspektiven und eine Verknüpfung verschiedener methodischer Konzepte" (Riege/Schubert 2005, 44). Diese Autor(inn)en suchen somit, den Aktivierungs- und den Dezentralisierungsstrang in einem Handlungsmodell zu vereinigen.

Sozialraumorientierung in unterschiedlichen Arbeitsfeldern Sozialer Arbeit

Das Modell der integrierten und flexiblen Hilfen zur Erziehung

Zu Anfang der 1990er Jahre wurden im Bereich der Hilfen zur Erziehung als ein Kernfeld der bundesdeutschen Kinder- und Jugendhilfe die bestehenden Praxislogiken grundlegend in Frage gestellt. Als deren zentrales Charakteristikum diagnostizierte Thomas Klatetzki die „wohldefinierte[n] und gegeneinander abgrenzbare[n] sozialpädagogische[n] Hilfeformen […], die jeweils gesondert für sich organisiert werden müssen" (1995b, 6). Dieser angebotslogischen Differenzierung setzten Kritiker wie Klatetzki das Konzept von „flexiblen" und „integrierten", nachfrageorientierten Angebotsstrukturen entgegen (1995a). Diese Modelle, wie das Anfang der 1990er Jahre in Mecklenburg-Vorpommern etablierte Modell der „Jugendhilfestationen" (Möbius 1998), wurden zugleich zu einem Bestandteil umfassender Modernisierungsbewegungen. Um „integrierte und flexible Erziehungshilfen" zu erreichen, wird deshalb seither eine sozialraumorientierte Neujustierung der Sozialen Arbeit in zweifacher Weise angestrebt: erstens auf der Ebene der Organisationen als enge „Kooperation der Träger", da nur diese die Erbringung von „integrierte[n] und sozialräumlich organisierten[n] Hilfen" ermögliche (176) und zweitens auf der Ebene der Akteure, das heißt der direkten Erbringungssituation selbst. Hier gelte es, „Ressourcen (der Lebenswelt und des sozialen Nahraums) [zu] aktivier[n]", indem „flexible Organisationen" gemeinsam erarbeitete Hilfeoptionen und notwendige Unterstützungsleistungen für den jeweiligen Einzelfall individuell realisieren und sich dafür entsprechend zuständig sehen (Koch/Wolff 2005, 379 f.). Es geht den Vertretern eines integrierten und flexiblen Ansatzes also darum, „Menschen in ihren eigenen Impulsen nach Veränderung zu unterstützen, auf ihre eigenen Ressourcen im Sinne der Hilfe zur Selbsthilfe zu bauen und nicht nur individuelle Problemlösungsstrategien gemeinsam mit den Klient(inn)en zu entwickeln" (377). Dieses letztlich auf eine lebensweltliche Perspektive bauende Modell wurde insbesondere in der Phase seiner Implementierung im Rahmen des Bundesmodellprojekts Integra (Peters/Koch 2004) in Bezug auf die rechtliche, finanzierungs- und steuerungstechnische Machbarkeit höchst kontrovers diskutiert (Münder 2001). Im Zentrum steht dabei das Steuerungsinstrument der „Sozialraumbudgets", das im Zusammenhang der Implementierung neuer kommunaler Steuerungsmodelle Ende der 1990er Jahre entwickelt wurde (KGSt-Bericht 12/1998). Budgets als zentrales Instrument der Verwaltungsmodernisierungsprozesse, wie sie seit Anfang der 1990er Jahre im bundesdeutschen Kontext realisiert wurden, versprechen den Durchführungsverantwortlichen eine höhere Entscheidungs- und Handlungsfreiheit (Hinte 2002). Sozialraumbudgets, deren Bezugsgröße die territoriale Einheit „Sozialraum" darstellt, sollen in diesem Sinne den Trägern der Hilfen zur Erziehung eine größere Flexibilität ermöglichen und zugleich ein präventiveres und effektiveres Agieren gewährleisten. Kritiker dieser Budgetierungsform setzen dem entgegen, dass die Implementierung solcher Budgets vor allem im Zeichen einer Legitimation allgemeiner kommunaler Einsparpolitiken stehe (Krölls 2002), die Vertreter deren politisch-legitimatorische Einbindung in das „Aktivierungsparadigma" (Dahme/Wohlfahrt 2004, 14 ff.) nicht in den Blick nähmen oder dessen Legitimation sogar mit dynamisierten, die Sozialraumbudgetierung zu massiven jugendhilferechtlichen Schwierigkeiten führe (Münder 2002) und zentrale jugendhilfepolitische Fragen weiterhin ungeklärt seien (Wiesner 2002).

Die Modelle einer sozialräumlichen Kinder- und Jugendarbeit

Analog zu dem konzeptionellen Ansatzpunkt der integrierten und flexiblen Erziehungshilfen richten auch die Modelle einer sozialräumlichen Kinder- und Jugendarbeit (Deinet 2005; Krisch 2009) ihren Fokus auf die Nachfragerseite: Aus einer aneignungstheoretischen Perspektive, wie sie vor allem Ulrich Deinet (1990) im Anschluss an die Arbeiten des sowjetischen Tätigkeitspsychologen Leontjews vorschlägt, gerät der „Sozialraum" als „Handlungsraum" (Krisch 2009, 25) der Kinder und Jugendlichen in den Blick: „Indem der ,Raum' der Jugendarbeit anregend wirkt, Kindern und Jugendlichen

Gestaltung und Veränderung, Konfrontation und alternative Erfahrungen ermöglicht, wird er selbst zu einem Aneignungs- und Bildungsraum" (Deinet 2009, 159). Eine sozialräumliche Kinder- und Jugendarbeit habe sich daher an den „lebensweltliche[n] Deutungen, Interpretationen und Handlungen von Heranwachsenden [auszurichten]", so Richard Krisch (2009, 7), ihre Settings und Programme hätten sich also an den Aneignungsprozessen der Kinder und Jugendlichen auszurichten (13). Deinet und Krisch sprechen daher auch von der notwendigen Einnahme eines „sozialräumlichen Blicks" durch die Fachkräfte (Deinet / Krisch 2002). Ziel einer sozialräumlichen Kinder- und Jugendarbeit ist demzufolge die Ermöglichung selbstbestimmter Aneignungsprozesse und dadurch die Förderung von Lernprozessen.

Aktuelle empirische Untersuchungen zu Aneignungstätigkeiten von Jugendlichen verweisen jedoch darauf, dass diese unter den heutigen arbeitsgesellschaftlichen Bedingungen ihrer „integrativen Komponente entledigt" sind (Reutlinger 2002: 266). Die sozialpädagogische Reaktion auf Aneignungsformen kann demnach nicht mehr länger darin liegen, „Räume" im Sinne von physisch-materiellen Aneignungswelten zur Verfügung zu stellen. Vielmehr geht es dann darum, „die unsichtbar gewordenen Formen der Bewältigung" im Aneignungshandeln zu entschlüsseln (265). Die aus der „Pädagogik des Jugendraums" (Böhnisch / Münchmeier 1990) stammende Forderung der Umdefinition konkreter Aneignungsräume in „Gelegenheitsstruktur[n]" und „Ressourcen" (Münchmeier 2003, 3), in denen sich „das Soziale" verberge, die in ihnen steckenden „Möglichkeiten […] für die Menschen" (Böhnisch 2002, 70) wären somit weiterzuentwickeln und auf die heutigen Bewältigungsherausforderungen anzupassen. Ansatzpunkte hierfür sehen Andreas Oehme und andere derzeit in „sozialräumlichen Beschäftigungsprojekten" (Oehme et al. 2007).

Das Arbeitsprinzip der Gemeinwesenarbeit

Als eine „Anleitung zur Aneignung" beschrieben Jacques Boulet, Jürgen Krauss und Dieter Oelschlägel (1980, 196) in ihrer Grundlegung auch das „Arbeitsprinzip Gemeinwesenarbeit". Im Anschluss an entfremdungstheoretische Deutungen

zielten sie damals mit ihrem Gemeinwesenarbeitsverständnis auf die „tendenzielle Aufhebung" dieser Entfremdung durch eine Aufklärung der Betroffenen: „Anleitung zur Aneignung [sollte Gemeinwesenarbeit sein], indem Menschen lernen, die Entfremdung zu sich selbst, zur eigenen Geschichte aufzuarbeiten und zu neuem Selbstbewusstsein zu gelangen" (196). Ähnlich bestimmt Michael May (1997, 19) daher als Maßstab für eine angemessene Gemeinwesenarbeit, inwieweit es dieser gelingt, „Politik zu einem Produktionsprozess [werden zu lassen], der den gesamten Lebenszusammenhang der Menschen – und gerade auch das vermeintlich Private – durchdringt, aufsprengt und […] neu organisiert".

Ansatzpunkt des „Arbeitsprinzips Gemeinwesenarbeit" ist somit der subjektive Lebenszusammenhang und damit das handelnde Subjekt. Zugleich verorten die Vertreter(innen) des „Arbeitsprinzips Gemeinwesenarbeit" ihre fachliche Perspektive weiterhin mehrheitlich an „konkreten Sozialräumen", vor allem einzelnen Stadtteilen (Oelschlägel 1983, 174f.). Diese Territorialisierung ist nicht zuletzt deshalb überraschend, weil innerhalb der theorie-konzeptionellen Diskussionen um Gemeinwesenarbeit schon frühzeitig auf deren raumtheoretisches Defizit hingewiesen wurde (Peters 1983, 13).

Als Arbeitsprinzip kategorisiert Oelschlägel (2001, 64ff.) die Gemeinwesenarbeit, weil er damit eine „Grundorientierung", eine „Haltung" und eine „Sichtweise professionellen Handelns" (65) fasst. Gemeinwesenarbeit solle nicht mehr nur als „dritte Methode" neben der Einzelfallhilfe und der Gruppenarbeit verstanden werden (Galuske 2007). Zumindest diese Forderung nach einer Verallgemeinerung und Etablierung gemeinwesenarbeiterischer Perspektiven und Methoden ist nach Ansicht einiger Autor(inn)en inzwischen auch erfüllt: Das „Spezifische der Gemeinwesenarbeit [ist inzwischen] zum Allgemeinen der Sozialen Arbeit geworden" (Gillich 2004, 7), die Gemeinwesenarbeit demnach also gesellschaftlich anerkannt. Denn gerade mit der sozialraumorientierten Neujustierung der Sozialen Arbeit sei es gelungen, einen Ausgang aus den früheren „(un)professionellen Rigiditäten" (Hinte 1991 / 2001, 137) der Gemeinwesenarbeit zu finden – Wolfgang Hinte spielt hier auf seines Erachtens dogmatische politische Positionierungen an – und zugleich konnten nach seiner Einschätzung deren zentrale Prämissen und Prinzipien (130) weitergeführt werden. Andere Vertreter(innen) sind zwar weniger optimistisch, was den erreichten Grad der Etablierung angeht, verweisen aber durchaus auf einzelne regionale und fachliche Etablierungs- und Durchsetzungserfolge (Fehren 2006; Roessler et al. 2000). Einzelne dieser Autor(inn)en sehen in der sozialraumorientierten Übersetzung gemeinwesenarbeiterischer Zugänge allerdings auch die Gefahr, dass eine solche Positionierung zunehmend in einer „Art staatstragendem Pragmatismus" ende (Stövesand 2002, o. S.). Sie verweisen daher darauf, dass die Subsumierung früherer Ansätze unter einfachen Parolen, wie „radikaler Parteinahme" oder „Angst vor Autoritäten" (Hinte 1991 / 2001, 134 f.), die erreichte Differenzierung in der Auseinandersetzung nicht wahrnehme (Peters 1983).

Mehrebenen- und Ganzheitlichkeitsmodelle einer sozialraumorientierten Sozialen Arbeit

Ganz im Gegensatz zu diesen arbeitsfeldspezifischen Ansätzen markieren „ganzheitliche" Handlungsmodelle einen umfassenden Gestaltungsanspruch für die Soziale Arbeit. Dieser wird dadurch unterstrichen, dass zugleich mehrere Ebenen bzw. unterschiedliche Handlungsfelder zur Bearbeitung ausgewiesen werden. Ihre universalistische Vorgehensweise erlaubt es den Mehrebenen- und Ganzheitlichkeitsmodellen letztlich, die Soziale Arbeit als Ganzes neu zu bestimmen bzw. zu verhandeln. Sozialraumorientierung bedeutet deshalb für Herbert Schubert ein „neues Organisationsprinzip der sozialen Dienstleistungsproduktion" (Schubert 2005, 91) oder für Hinte einen „Arbeitsansatz" (Hinte 1991 / 2001, 74) bzw. ein „Fachkonzept" (Hinte 2006) zur Neusteuerung der Sozialen Arbeit: Sozialraumorientierung meine dann ein Quartiersmanagement und als solches eine „komplexe Strategie zur Verbesserung der Lebensbedingungen in benachteiligten Wohnquartieren" (Litges et al. 2005, 562). Analog konzipieren Frank Früchtel, Wolfgang Budde und Gudrun Cyprian Fachkräfte als „change agents" (Früchtel et al. 2007, 13), die „im Stadtteil, in Organisationen, in Verwaltung, in der Fachbasis, in Kommunalpolitik, in Wirtschaft,

in den Medien und intermediär zwischen diesen Ebenen" agieren (Früchtel et al. 2007, 203).
Konzeptionell basieren die Mehrebenen- und Ganzheitlichkeitsansätze auf einer Addition bzw. Verkopplung unterschiedlicher handlungspraktischer, -methodischer und theorie-systematischer Annahmen. Diese werden in Form einer „Matrix" bzw. eines Vierfelderschemas in Relation zueinander gesetzt (Früchtel et al. 2007, 27 ff.), in einem „Zwiebelmodell" aufgeschichtet (Riege / Schubert 2005, 255) oder als unterschiedliche „Aktionsebenen" (Grimm et al. 2004) nebeneinander angeordnet. In dieser Aufsummierung bzw. Relationierung gerade auch konträrer Ebenen liegt die Hoffnung der Vertreter(innen) dieser Ansätze, der Komplexität sozialräumlicher Zusammenhänge gerecht zu werden: „Strukturelle Raumebene" und „personale Handlungsebene" bei Riege / Schubert oder die Handlungsfelder „Sozialstruktur", „Organisation", „Netzwerk" und „Individuum" bei Früchtel et al. (→ May, Sozialraumbezogene Methoden) sollen miteinander vermittelt werden. Dadurch könne verhindert werden, dass Sozialräume „nur auf Indikatoren" reduziert und stattdessen „in Schichten analysiert" werden (Riege / Schubert 2005, 259). Das Ziel einer solchen *Sozialraumanalyse* ist es, fachlich handlungsfähig zu bleiben und gleichzeitig gestaltend in die zukünftigen sozialen Entwicklungen einzuwirken. Sozialraumorientierung könne nur zu einem stabilen Ergebnis führen, „wenn die verschiedenen Felder des sozialen Raumes [...] beackert und bestellt werden" (Budde / Früchtel 2006, 27). Mit „eine[r] unter Nutzung und Weiterentwicklung verschiedener theoretischer und methodischer Blickrichtungen entwickelten Perspektive" soll es also gelingen, den „konzeptionellen Hintergrund (Fachkonzept) für das Handeln in zahlreichen Feldern sozialer Arbeit" zu entwickeln (Hinte 2006, 9).
Dieser universalistische Anspruch der Ganzheitlichkeits- und Mehrebenen-Ansätze wird immer wieder als sozialraumorientierte Allzuständigkeitsfantasie kritisiert (Schippmann 2002). Außerdem verbindet er sich mit partikularistischen Gestaltungszielen und in einzelnen Fällen auch mit einer sehr spezifischen Weltdeutung: Ganz im Gegensatz zur Multimethodizität und konzeptionellen Komplexität, den die Mehrebenen- und Ganzheitlichkeitsperspektive für sich in Anspruch nehmen, ankert nämlich Hintes Programm der „Stadtteilorientierung" (2006, 10) in

einer „anti-pädagogischen" Grundannahme (1980), aus der er auf die Notwendigkeit einer Inblicknahme von „Interessen" und „Bedürfnissen" der Bewohner, beispielsweise der Kinder, folgert; Schubert (2005, 98) leitet aus einer funktionstheoretischen Analyse die Notwendigkeit eines sehr spezifischen Modells des „Netzwerkmanagements" (2008) ab. Ähnlich argumentieren Früchtel, Budde und Cyprian (2007a, 42 f.), wenn sie für das „Aufschrauben" eines „Weitwinkelobjektivs" zugunsten des „Facettenblick[s] der sozialen Dienste und Einrichtungen" plädieren und die sozialarbeiterische Intervention als „Kooperations- und Einmischungsstrategie in andere Ressorts" definieren, da Vernetzung letztlich zur „Verbesserung der Lebensqualität im Stadtteil [dient]"; und Susanne Elsen (2007, 14) diagnostiziert Globalisierung schließlich als einen Prozess „neoliberaler Prägung", dem daher mit einer Stärkung der lokalen „Gemeinwesen als Ort aktiver Teilhabe und Integration, [sozialökonomischer] Selbstorganisation und nachhaltiger Entwicklung" zu begegnen sei. Damit bleiben die wissenschaftlich strittigen Vorannahmen der Mehrebenen- und Ganzheitlichkeitsansätze weitgehend de-thematisiert, und zugleich dienen diese aber zur Begründung weitreichender (sozialraumorientierter) Handlungsstrategien und -programme für die Soziale Arbeit.

(Sozial-)Raumtheoretische Perspektiven

Nach fast zwei Jahrzehnten der sozialraumorientierten Neujustierung sozialpädagogischer Handlungsfelder ist am Ende des ersten Jahrzehnts im 21. Jahrhundert zu beobachten, dass dieser Prozess in vielen bundesdeutschen, österreichischen und schweizerischen Kommunen vorläufig abgeschlossen ist und sich der Prozess der sozialraumorientierten Reform nach einer Implementierungsphase inzwischen in einer Phase der Etablierung befindet (Schöning 2008). Insofern kann davon gesprochen

werden, dass die Soziale Arbeit eine *sozialräumliche Wende* vollzogen hat (Reutlinger 2008). Zugleich hat die Implementierung sozialraumorientierter Programme und der entsprechende raumbezogene Umbau Sozialer Arbeit eine vehemente Auseinandersetzung über deren Sinn und Unsinn ausgelöst (Beiträge in Merten 2002; → May, Sozialraumbezogene Methoden; Reutlinger et al. 2005; Projekt Netzwerke im Stadtteil 2005). Erste grundlegende empirische Erkenntnisse stellen zentrale Grundannahmen sozialpädagogischer Sozialraumorientierungsprogramme in Frage (Landhäußer 2009; Langhanky et al. 2004), und die Durchsetzung einzelner Instrumente, wie des Sozialraumbudgets, wurden verwaltungsrechtlich ausgesetzt bzw. untersagt (die Urteile der Verwaltungsgerichte Hamburg 2004 und Osnabrück 2009). Vor diesem Hintergrund formiert sich auch auf der Ebene der Fachkräfte und der Erbringungsorganisationen eine deutliche Kritik an der fachlichen Ausrichtung sozialraumorientierter Strategien und deren Omnipräsenz (Grote 2008).

Trotz dieser verstärkten forscherischen Beobachtung und kritischen Reflexion der sozialraumorientierten Neujustierung Sozialer Arbeit bleibt ein zentraler Bezugspunkt weiterhin unterbelichtet: die Kategorie des „Sozialraums" (Kessl / Reutlinger 2008). Die erforderliche raumtheoretische Aufklärung der sozialpädagogischen Sozialraumorientierung steht weitgehend noch aus, was sich nicht zuletzt darin zeigt, dass Raumbegriffe unbestimmt bleiben oder differente Begriffe ohne weitere Explikation parallel Verwendung finden. Die weitgehend raumtheoretische Blindstelle der sozialpädagogischen Sozialraumorientierungsdebatte ist nicht zuletzt deshalb verblüffend, weil ihre Bearbeitung einige der theorie-konzeptionellen und politisch-strategischen Dilemmata der einflussreichen Sozialraumorientierungsprogramme und -projekte analytisch kategorisierbar und damit reflexiv bearbeitbar machen würde (Kessl / Reutlinger 2010; Reutlinger / Wigger 2010).

Literatur

Bitzan, M., Bolay, E., Thiersch, H. (Hrsg.) (2006): Die Stimme der Adressaten: empirische Forschung über Erfahrungen von Mädchen und Jungen in der Jugendhilfe. Juventa, Weinheim/München

Böhnisch, L. (2002): Räume, Zeiten, Beziehungen und der Ort der Jugendarbeit. Deutsche Jugend, 50/2, 70–77

–, Münchmeier, R. (1990): Pädagogik des Jugendraums. Zur Begründung und Praxis einer sozialräumlichen Jugendpädagogik. Juventa, Weinheim/München

Boulet, J., Krauss, J., Oelschlägel, D. (1980): Gemeinwesenarbeit – Eine Grundlegung. AJZ, Bielefeld

Bourdieu, P. (1998): Ortseffekte. In: Bourdieu et al. (Hrsg.): Das Elend der Welt. Zeugnisse und Diagnosen alltäglichen Leidens an der Gesellschaft. UVK, Konstanz, 159–167

Brocke, H. (2005): Soziale Arbeit als Koproduktion. In: Projekt „Netzwerke im Stadtteil", 235–259

Budde, W., Früchtel, F. (2006): Die Felder der Sozialraumorientierung – ein Überblick. In: Budde, W., Früchtel, F., Hinte, W. (Hrsg.), 27–50

–, –, Hinte, W. (Hrsg.) (2006): Sozialraumorientierung. Wege zu einer veränderten Praxis. VS, Wiesbaden

Bundesministerium für Jugend, Familie, Frauen und Gesundheit (Hrsg.) (1990): Bericht über Bestrebungen und Leistungen der Jugendhilfe. Drucksache des Deutschen Bundestages 11/6576 (Achter Jugendbericht). Bonn

Bundesministerium für Familie, Senioren, Frauen und Jugend (Hrsg.) (1994): Bericht über die Situation der Kinder und Jugendlichen und die Entwicklung der Jugendhilfe in den neuen Bundesländern. Drucksache des Deutschen Bundestags 13/70. Bonn

Dahme, H.-J., Wohlfahrt, N. (2004): Soziale Gerechtigkeit im aktivierenden Sozialstaat. Zur Entwicklung einer dezentralisierten und sozialraumorientierten Sozialpolitik. Nachrichtendienst des Deutschen Vereins (NDV), Berlin. In: www.efh-bochum.de/homepages/wohlfahrt/pdf/Dahme-Wohlfahrt-Gerechtigkeit-NDV.pdf, 05.04.2010

Deinet, U. (Hrsg.) (2009): Sozialräumliche Jugendarbeit. VS, Wiesbaden

– (2005): Sozialräume von Kindern und Jugendlichen als subjektive Aneignungsräume verstehen! In: Projekt „Netzwerke im Stadtteil", 165–183

– (1990): Raumaneignung in der sozialwissenschaftlichen Theorie. In: Böhnisch, L., Münchmeier, R. (Hrsg.), 57–66

–, Krisch, R. (2002): Der sozialräumliche Blick. VS, Wiesbaden

Deutschendorf, R., Hamberger, M., Koch, J., Lenz, S., Peters, F. (Hrsg.) (2006): Werkstattbuch INTEGRA: Grundlagen, Anregungen und Arbeitsmaterialien für Integrierte, flexible und sozialräumlich ausgerichtete Erziehungshilfen. Juventa, Weinheim/München

Döring, J., Thielemann, T. (2008): Spatial Turn. Das Raumparadigma in den Kultur- und Sozialwissenschaften. Transcript, Bielefeld

Elsen, S. (2007): Die Ökonomie des Gemeinwesens. Sozialpolitik und Soziale Arbeit im Kontext von gesellschaftlicher Wertschöpfung und -verteilung. Juventa, Weinheim/München

Fehren, O. (2006): Gemeinwesenarbeit als intermediäre Instanz: emanzipatorisch oder herrschaftsstabilisierend? Neue Praxis, 36/6, 575–595

Früchtel, F., Budde, W., Cyprian, G. (2007a): Sozialer Raum und Soziale Arbeit. Fieldbook: Methoden und Techniken. VS, Wiesbaden

–, Cyprian, G., Budde, W. (2007b): Sozialer Raum und Soziale Arbeit. Textbook: Theoretische Grundlagen. VS, Wiesbaden

Galuske, M. (2007): Methoden der Sozialen Arbeit. Juventa, Weinheim/München

Gillich, S. (Hrsg.) (2004): Gemeinwesenarbeit. Die Saat geht auf. Grundlagen und neue sozialraumorientierte Handlungsfelder. Triga, Gelnhausen

Grimm, G., Hinte, W., Litges, G. (2004): Quartiermanagement. Eine kommunale Strategie für benachteiligte Wohngebiete. Edition Sigma, Berlin

Grote, H. (2008): Sozialraumorientierung: Top oder flop, in: blz. Mitgliederzeitschrift der Gewerkschaft für Erziehung und Wissenschaft Berlin, September 2008. In: www.gew-berlin.de/17519.htm, 05.04.2010

Hamberger, M. (2006): Der Fall im Feld: Sozial- und ressourcenorientierte Arbeit in den Erziehungshilfen. In: Deutschendorf, R., Hamberger, M., Koch, J., Lenz, S., Peters, F. (Hrsg.), 111–124

Hamburger, F., Müller, H. (2006): „Die Stimme der AdressatInnen" im Kontext der sozialraumorientierten Weiterentwicklung der Hilfen zur Erziehung. In: Bitzan, M., Bolay, E., Thiersch, H. (Hrsg.), 13–38

Herrmann, K. (Hrsg.) (2006): Leuchtfeuer querab! Wohin steuert die Sozialraumorientierung? Westkreuz, Berlin/Bonn

Hinte, W. (2006): Geschichte, Quellen und Prinzipien des Fachkonzeptes „Sozialraumorientierung". In: Budde, W., Früchtel, F., Hinte, W. (Hrsg.), 7–26

– (2002): Fälle, Felder und Budgets. Zur Rezeption sozialraumorientierter Ansätze in der Jugendhilfe. In: Merten, R. (Hrsg.), 91–126

– (1991/2001): Stadtteilbezogene Soziale Arbeit und soziale Dienste. Lebensweltbezug statt Pädagogisierung. In: Hinte, W., Oelschlägel, D., Lüttringhaus, M. (2001): Grundlagen und Standards der Gemeinwesenarbeit. Ein Reader für Studium, Lehre und Praxis. Votum Verlag, Münster, 54–73

– (1999): Fallarbeit und Lebensweltgestaltung – Sozialraumbudgets statt Fallfinanzierung. In: ISA (Hrsg.): Soziale Indikatoren und Sozialraumbudgets. Eigenverlag, Münster, 182–194

–, Litges, G., Springer, W. (1999): Soziale Dienste: Vom Fall zum Feld. Sonderband 12: Soziale Räume statt Verwaltungsbezirke. Edition Sigma, Berlin

Kessl, F., Otto, H.-U. (2004)(Hrsg.): Soziale Arbeit und Soziales Kapital. Zur Kritik lokaler Gemeinschaftlichkeit. VS, Wiesbaden

–, Reutlinger, C. (2010): Sozialraum – eine Einführung. 2. durchgesehene Auflage. VS, Wiesbaden

–, – (2008): Schlüsselwerke der Sozialraumforschung. Traditionslinien in Texten und Kontexten. VS, Wiesbaden

Keupp, H. (1997): Ermutigung zum aufrechten Gang. dgvt, Tübingen

Klatetzki, T. (Hrsg.) (1995a): Flexible Erziehungshilfen. Votum, Münster

– (1995b): Innovative Organisationen in der Jugendhilfe. Kollektive Repräsentationen und Handlungsstrukturen am Beispiel der Hilfen zur Erziehung. In: Klatetzki, T. (Hrsg.), 11–22

Kluschatzka, R. E., Wieland, S. (Hrsg.) (2009): Sozialraumorientierung im ländlichen Kontext. VS, Wiesbaden

Koch, J. et al. (2002): Mehr Flexibilität, Integration und Sozialraumbezug in den Erziehungshilfen. Zwischenergebnisse aus dem Bundesmodellprojekt INTEGRA. Internationale Gesellschaft für erzieherische Hilfen IGFH, Frankfurt / M.

–, Wolff, M. (2005): Erziehungshilfen und lokale Integration. In: Reutlinger, C., Kessl, F., Maurer, S., Frey, O. (Hrsg.), 375–392

Kommunale Gemeinschaftsstelle für Verwaltungsvereinfachung (KGSt) (1998): Kontraktmanagement zwischen öffentlichen und freien Trägern in der Jugendhilfe (KGSt-Bericht 12 / 1998). Köln

Krisch, R. (2009): Sozialräumliche Methoden der Jugendarbeit. Juventa, Weinheim / München

Krölls, A. (2002): Die Sozialraumbudgetierung aus jugendhilfepolitischer und jugendrechtlicher Sicht. Ein rechtswidriges Sparprogramm mit fragwürdigem jugendhilfepolitischem Nutzen. In: Merten, R. (Hrsg.), 183–202

Krummacher, M., Kulbach, R., Waltz, V., Wohlfahrt, N. (2003): Soziale Stadt – Sozialraumentwicklung – Quartiersmanagement. Herausforderungen für Politik, Raumplanung und soziale Arbeit. Leske und Budrich, Opladen

Landeshauptstadt München, Sozialreferat, Stadtjugendamt / Regionale Kinder- und Jugendhilfeplanung (Hrsg.) (2005): Tagungsdokumentation Sozialraumorientierung in der Münchner Kinder- und Jugendhilfe: Bilanzierung, Qualitäten, Perspektiven, 18. Februar 2005, München

Landhäußer, S. (2009): Communityorientierung in der Sozialen Arbeit. VS, Wiesbaden

Langhanky, M., Friess, C., Hussmann, M., Kunstreich, T. (2004): Erfolgreich sozial-räumlich handeln. Die Evaluation der Hamburger Kinder- und Familienhilfezentren. Bielefeld.

Litges, G., Lüttringhaus, M., Stoik, C. (2005): Quartiermanagement. In: Reutlinger, C, Kessl, F., Maurer, S., Frey, O. (Hrsg.): Handbuch Sozialraum. VS, Wiesbaden, 559–576

May, M. (1997): Gemeinwesenarbeit als Organizing nicht nur von Gegenmacht, sondern auch von Erfahrungen und Interessen. Widersprüche, 17 / 65, 13–32

Merten, R. (Hrsg.) (2002): Sozialraumorientierung. Zwischen fachlicher und rechtlicher Machbarkeit. Juventa, Weinheim / München

Möbius, T. (1998): Die Jugendhilfestation. In: Hansbauer, P. (Hrsg.): Kinder und Jugendliche auf der Straße – Analysen, Strategien und Lösungsansätze. Votum, Münster. In: www.soziale-praxis.de/fileadmin/content_isp/pdf/jugendhilfestationen.pdf, 05.04.2010

Münchmeier, R. (2003): Interview am 3. Dezember 2003 an der Fachhochschule Feldkirchen . http://www.cti.ac.at/cms/dateien/Interview_Muenchmeier.pdf

Münder, J. (2001): Sozialraumorientierung und das Kinder- und Jugendhilferecht. Rechtsgutachten im Auftrag der IGfH und SOS-Kinderdorf e.V. In: Sozialpädagogisches Institut in SOS-Kinderdorf (Hrsg.): Sozialraumorientierung auf dem Prüfstand. Rechtliche und sozialpädagogische Bewertungen zu einem Reformprojekt in der Jugendhilfe. Eigenverlag, München, 6–124

–, Boetticher, A. von (2005): Gemeinnützigkeit und Gemeinschaftsrecht. BBJ Consult, Berlin

Oehme, A., Beran, C.M., Krisch, R. (2007): Neue Wege in der Beschäftigungsförderung für Jugendliche. Untersuchung von Potenzialen in der Praxis der Jugendarbeit zur Gestaltung von sozialräumlichen Beschäftigungsprojekten. Verein Wiener Jugendzentren, Wien. In: www.jugendzentren.at/news/infos/06-07_juli/vjz_studie.pdf, 05.04.2010

Oelschlägel, D. (2001): Strategiediskussionen in der Sozialen Arbeit und das Arbeitsprinzip Gemeinwesenarbeit. In: Hinte, W., Lüttringhaus, M., Oelschlägel, D.: Grundlagen und Standards der Gemeinwesenarbeit. Ein Reader für Studium, Lehre und Praxis. Votum Verlag, Münster, 57–78

– (1983): Zur Entwicklung der Gemeinwesenarbeit in der Bundesrepublik Deutschland. In: Peters, F. (Hrsg.), 171–186

Otto, H.-U., Bollweg, P. (Hrsg.) (2010): Räume flexibler Bildung. Bildungslandschaft in der Diskussion. VS, Wiesbaden

Pantucek, P. (2008): Soziales Kapital und Soziale Arbeit. In: soziales_kapital, Heft 1. In: www.soziales kapital.at/index.php/sozialeskapital/article/viewFile/70/88.pdf, 05.04.2010

Peters, F. (1983): Gemeinwesenarbeit im Kontext lokaler Sozialpolitik. AJZ, Bielefeld

–, Hamberger M. (2004): Integrierte flexible, sozialräumliche Hilfen (INTEGRA) und der aktuelle Erziehungshilfediskurs. In: Peters, F., Koch, J. (Hrsg.), 27–56

–, Koch, J. (Hrsg.) (2004): Integrierte erzieherische Hilfen. Flexibilität, Integration und Sozialraumbezug in der Jugendhilfe. Juventa, Weinheim / München

Pfreundschuh, G. (2002): Wege zur Sozialraumorientierung in der Jugendhilfe? Das Jugendamt 3, 102–106

Projekt „Netzwerke im Stadtteil" (Hrsg.) (2005): Grenzen des Sozialraums. Kritik eines Konzepts – Perspektiven für Soziale Arbeit. VS, Wiesbaden

Reutlinger, C. (2008): Raum und Soziale Entwicklung. Juventa Weinheim / München

– (2002): Stadt. In: Schröer, W., Struck, N., Wolff, M. (Hrsg.): Handbuch Kinder- und Jugendhilfe. Juventa, Weinheim / München, 255–271

–, Kessl, F., Maurer, S.(2005): Die Rede vom Sozialraum – eine Einleitung. In: Reutlinger, C, Kessl, F., Maurer, S., Frey, O. (Hrsg.), 11–30

–, –, –, Frey, O. (Hrsg.) (2005): Handbuch Sozialraum. VS, Wiesbaden

–, Wigger, A. (Hrsg.) (2010): Transdisziplinäre Sozialraumarbeit. Grundlegungen und Perspektiven des St. Galler Modells zur Gestaltung des Sozialraums. Frank & Timme, Berlin

Riege, M., Schubert, H. (Hrsg.) (2002): Sozialraumanalyse. Grundlagen – Methoden – Praxis. VS, Wiesbaden

–, – (2005): Konzeptionelle Perspektiven. In: Reutlinger, C, Kessl, F., Maurer, S., Frey, O. (Hrsg.), 247–262

Roessler, M., Schnee, R., Spitzy, C., Stoik, C. (2000): Gemeinwesenarbeit. Bürgerschaftliches Engagement. Eine Abgrenzung. Verlag des ÖGB, Wien

Rostock, S. (2009): Soziale Räume managen. In: Kluschatzka, R. E., Wieland, S. (Hrsg.), 53–72

Sandermann, P., Urban, U. (2007): Zur „Paradoxie" der sozialpädagogischen Diskussion um Sozialraumorientierung in der Jugendhilfe. Neue Praxis 37 / 1, 42–58

Schipmann, W. (2002): „Sozialraumorientierung" in der Jugendhilfe. Kritische Anmerkungen zu einem (un-)zeitgemäßen Ansatz. In: Merten, R. (Hrsg.), 127–149

Schöning, W. (2008): Sozialraumorientierung – Grundlagen und Handlungsansätze. Wochenschau, Schwalbach

Schubert, H. (2005): Das Management von Akteursnetzwerken im Sozialraum. In: Bauer, P., Otto, U. (Hrsg.): Mit Netzwerken professionell zusammenarbeiten. Band 2: Institutionelle Netzwerke in Steuerungs- und Kooperationsperspektive. dgvt, Tübingen, 73–104

Sing, E., Heimgartner, A. (Hrsg.) (2009): Gemeinwesenarbeit in Österreich. Leykam, Graz

Stövesand, S. (2002): Gemeinwesenarbeit = Quartiersentwicklung? – oder: Von der Nachbarschaft als Hausfrau der neoliberalen Umstrukturierung im Quartier. Standpunkt: sozial 10 / 1, 75–77

Wiesner, R. (2002): Die Leitidee des KJHG und ihre Vereinbarkeit mit dem sozialräumlichen Planungsansatz. In: Merten, R. (Hrsg.), 167–182

Sozialraumbezogene Methoden

Von Michael May

In den früheren Ausgaben des „Handbuch Sozialarbeit / Sozialpädagogik" findet sich noch kein Beitrag zu „sozialraumbezogenen Methoden", sehr wohl aber gibt es Beiträge zur „Gemeinwesenarbeit" (= GWA). Obwohl unbestritten auch jenseits des GWA-Kontextes spezifisch sozialraumbezogene Methoden entwickelt wurden – wie z. B. von Ulrich Deinet (1997; 1999) im Kontext Offener Kinder- und Jugendarbeit –, gibt es in der gegenwärtigen Fachdebatte (Bitzan et al. 2005, 529 ff.) keine Einigkeit darüber, ob mit beiden Begriffen unterschiedliches zu fassen sei. Entsprechend liegen inzwischen auch verschiedene Systematisierungen vor, die – wie Früchtel et al. (2007a, 24) feststellen – „im Vergleich ziemlich uneinheitlich daherkommen." Dies mag wohl vor allem daran liegen, dass Fragen zum Gemeinwesen- und Sozialraum-Begriff (→ Kessl / Reutlinger, Sozialraum), ebenso wie Fragen zur „Arbeit in einem Gemeinwesen" und zu sozialraumbezogenen Methoden „je nach historischer Phase und gesellschaftspolitischem Standort unterschiedlich beantwortet worden sind" (Brückner 1984, 415 ff.). Von daher sollen im folgenden Beitrag, im Rahmen einer historischen Betrachtungsweise, die unterschiedlichen gemeinwesen- und sozialraumbezogenen Ansätze Sozialer Arbeit vor ihrem jeweiligen gesellschaftspolitischen Hintergrund zu rekonstruieren versucht werden.

Die Wurzeln eines Sozialraumbezugs Sozialer Arbeit

Aus der Perspektive Michael Winklers (1988) sind sozialräumliche Bezüge in einer ganz grundlegenden Art und Weise konstitutiv für jegliche Soziale Arbeit. In seiner „Theorie der Sozialpädagogik" hat er die These vertreten, dass „sozialpädagogisches Denken in pragmatischer Absicht" (278) generell mit der Überlegung beginne, „wie ein Ort beschaffen sein muß, damit ein Subjekt an ihm leben und sich entwickeln kann, damit er auch als Lebensbedingung vom Subjekt kontrolliert wird" (278 f.). Historisch gesehen ist es für Winkler Johann Heinrich Pestalozzi gewesen, der im sog. Waisenhausstreit „die empirisch gegebene Tatsache der Ausgrenzung als ein Handlungsproblem" (257) zu begreifen begann, „welches in der Beziehung zwischen dem jeweiligen Subjekt und seinen Lebensbedingungen" (257) bestehe. Zu einem Grundbegriff sozialpädagogischen Handelns sei „der Begriff des Ortes (bzw. das mit ihm vor aller terminologischen Festlegung sachlich Gemeinte)" (259) jedoch erst in dem Moment geworden, als er sich auch in einem entsprechenden „Ortshandeln" pädagogisch-praktisch umzusetzen begonnen hat, „indem ein – wie auch immer geartetet – Lebensort dem Subjekt zur Verfügung gestellt" (260) wurde.

Darüber hinaus hat Wolf Rainer Wendt (1989) hervorgehoben, dass „vor der späteren Ausrichtung auf einzelne Fälle von Hilfsbedürftigkeit die moderne soziale Arbeit mit einem praktischen Interesse am Gemeinwesen begonnen" (2) habe. Beispielhaft verweist er zum einen auf die diakonische Arbeit von Johann Heinrich Wichern, die insofern besonders bedeutsam ist, als sich mit ihr nicht nur der Übergang von der traditionellen Bettel-Anarchie zur organisierten modernen Armenfürsorge vollzog. Zugleich vollzog sich hierbei auch „die Geburt des ersten modernen Sozialarbeiters" – allerdings, wie Hartmut Diessenbacher (1984, 274) polemisch vermerkt, „aus dem Geist der Heuchelei" (Kunstreich 1997, 51). Demgegenüber stärker patriotisch ausgerichtet waren jene gemeinnützigen Gesellschaften von Bürgern im letzten Drittel des 18. Jahrhunderts, welche sich um eine Verbes-

Otto/Thiersch (Hg.), Handbuch Soziale Arbeit, 4. A., DOI 10.2378/ot4a.art150,

serung der moralischen, kulturellen und hygienischen Zustände vor Ort bemühten (Wendt 1989, 22 f.).

Von diesem „praktischen Interesse am Gemeinwesen" erhielten sich nach dem politischen Scheitern der sozialen Reformbestrebungen der sog. 1848er-Revolution in Deutschland jedoch allein die individualisierende caritative Hilfeleistung und der lokale Bezug in Form der Quartierseinteilung der Armenaufsicht, welcher sich nach dem „Elberfelder Modell" mehr und mehr verbreitete. Eine demgegenüber stärkere Gemeinwesenorientierung wiesen lediglich jene „Settlements" von humanistisch gesonnenen Intellektuellen auf, welche in der Tradition der von S. Barnett 1883 im verelendeten Londoner Eastend gegründeten Toynbee Hall die Idee zu verwirklichen versuchten, mit den Armen zu leben, sie zu lehren, aber auch von ihnen zu lernen. Trotz dieser ihrer geteilten Grundidee wiesen die im Anschluss auch in anderen Ländern Verbreitung findenden Häuser beträchtliche Unterschiede in ihren politischen Ausrichtungen und den von ihnen praktizierten sozialen Verkehrsformen auf (Müller 1988 Bd. 1, 81 ff.; Kunstreich 1997 Bd. 1, 88 ff.).

Im Hinblick auf eine Professionalisierung sozialraumbezogener Methoden waren die Settlements nicht nur in dem Sinne bedeutsam, dass in der Reflexion der dort geleisteten Arbeit wohl zum ersten Mal der Begriff von „social work" auftauchte, sondern auch wie umfassend dieser zu füllen versucht wurde. So bemühte sich z. B. Jane Addams, die 1989 in Chicago nach Vorbild der Toynbee Hall das Settlement „Hull House" gegründet hatte, dort auch um eine methodische Erfassung der Notlagen im Stadtteil sowie eine Koordination vorhandener oder zu organisierender Hilfsquellen. Dieser Ansatz fand in der Tätigkeit sog. „Social Welfare Councils" weitere Verbreitung (Mohrlok et al. 1993).

Zur Kennzeichnung des *Arbeitsbereichs* der „Social Welfare Councils" wurde dann der Begriff „community organization (CO)" geprägt. Der Begriff hatte allerdings eine weitere Bedeutung, wurde er doch zugleich auch dazu herangezogen, um den innerhalb der community stattfindenden *Prozess* zu bezeichnen, durch den Integration und Zusammenwirken zustande kommt. Als Prozesskategorie wandelte sich CO innerhalb des Diskurses von GWA allerdings mehr und mehr weg von der Demokratisierungsintention hin zu einer funktionalistischen Perspektive, die sich ganz auf Effektivität und Effizienz konzentrierte. Die mit der Weltwirtschaftskrise in den USA nach dem 1. Weltkrieg einhergehende soziale Misere ließ in zunehmendem Maße sozialwissenschaftlich angeleitete Bewältigungsbemühungen erforderlich werden. Im Zuge dessen gelang es der professionellen Sozialarbeit in den USA, den Arbeitsbereich CO mit methodischem Anspruch berufspolitisch-gesellschaftlich gesehen aber unpolitisch – zu besetzen. Der Begriff CO erlangte damit eine dritte Bedeutung als sozialarbeiterische *Methode* neben „social casework" und „social groupwork" (May 2001b).

In Deutschland führten Massenarbeitslosigkeit und massive soziale Probleme, die weder von staatlichen noch von privaten Wohlfahrtsmaßnahmen aufgefangen werden konnten, etwa zur gleichen Zeit zu einer ganz anderen Form politischer Gemeinwesenarbeit in Form der kommunistischen Straßenzellen (Brückner 1984, 416 f.; May 2001b). Ebenfalls politisch ausgerichtet, jedoch mit geradezu konträren Zielen, war dann das nationalsozialistische System von „Block und Zelle". In diesem fungierten lokale Führer freiwillig und ehrenamtlich als Mittler zwischen den „Volksgenossen verschiedener Schichtung". Darüber hinaus hatten sie in Personalunion von Blockwalter und Blockwart der NS-Gemeinschaft „Kraft durch Freude" in ihrem Gebiet für sämtliche Aufgaben der Freizeitgestaltung Sorge zu tragen. Ergänzt wurde dies auf professioneller Seite durch eine sich „den unverschuldet verarmten Volksgenossen" zuwendende „Volkspflege", mit der sich – wie Carola Kuhlmann (2002) darlegt – trotz rassistisch biologistischem Hintergrund durchaus „‚moderne' Formen der Fürsorge durchsetzten: effizient, funktional und ohne die herablassende Geste bürgerlicher ‚Wohltätigkeit'" (79).

Die Nachkriegsentwicklung

Obwohl nach dem zweiten Weltkrieg amerikanische und englische Wohlfahrtsorganisationen die Ideen der Settlementbewegung als Teil des „reeducation-programs" in ihren deutschen Besatzungszonen wieder aufgriffen, fand eine breitere fachliche Rezeption der Gemeinwesenarbeit in Deutschland erst ab den 1960er Jahren statt und dann vor allem akademisch und im Zuge von Fortbildungen als sog. „3. Methode der Sozialarbeit" (May 2001b).

Ein weiterer wichtiger Ansatzpunkt der bundesdeutschen Fachrezeption sozialraumbezogener Methoden war dabei neben CO das Konzept von „community development (CD)". Dieses wurde im Zusammenhang mit Bemühungen Großbritanniens nach dem 2. Weltkrieg „in ihren sich verselbständigenden Kolonien noch rasch eine Massenerziehung zu Demokratie und wirtschaftlicher Selbstversorgung zu bewerkstelligen" (Wendt 1989, 6) geprägt, fand darüber hinaus auch Eingang in die Programme zum Wiederaufbau in Westeuropa und gelangte schließlich durch Erklärungen der Vereinten Nationen zu weltweit großer Verbreitung. Darin wird CD als ein Set von Methoden beschrieben, „durch den die Eigenbemühungen der Bevölkerung verbunden werden mit denen von Regierungsbehörden, um die wirtschaftliche, soziale und kulturelle Lage der Gemeinden zu verbessern, diese in das Leben der Nation zu integrieren und sie in den Stand zu versetzen, voll zum nationalen Fortschritt beizutragen" (UN ST, TAO, 1963, M14).

In der Rezeption von CO und CD erstrebte die ohnehin mit der fachlichen Qualifizierung ihres Berufes beschäftigte, aufstrebende Profession Sozialer Arbeit „eine methodische Erweiterung ihrer Handlungskompetenz in makrosoziale Gestaltungsvorgänge hinein" (Wendt 1989, 8). Für die Bundesrepublik wegweisend war in dieser Hinsicht das Lehrbuch von Murray ROSS (1968, 58), in dem er in der Tradition von CO eine geradezu operationale Definition von GWA lieferte als Prozess, durch den

„ein Gemeinwesen seine Bedürfnisse und Ziele feststellt, sie ordnet oder in eine Reihenfolge bringt, Vertrauen und den Willen entwickelt, etwas dafür zu tun, innere und äußere Hilfsquellen mobilisiert, um die Bedürfnisse zu befriedigen, dass es also in dieser Richtung aktiv wird und dadurch die Haltungen von Kooperation und Zusammenarbeit und ihr tätiges Praktizieren fördert".

Zudem unterschied Ross in Anlehnung an den doppelten Gebrauch des Begriffes „community" als geographischer und funktionaler, wie er in der amerikanischen Diskussion schon seit den 1920er Jahren zur Systematisierung einer entsprechenden

sozialraumbezogenen Sozialarbeit herangezogen wurde, einen auf Integration und Zusammenwirken als Gemeinschaft bezogenen *„funktionalen"* Ansatz von einem *„territorialen"*, der sich auf ein geographisch begrenztes Gemeinwesen in seiner Gesamtheit bezieht (zur Kritik May 2008b). Diese methodische Differenzierung wurde auch in der schon ab den 1950er Jahren in den Niederlanden als „maatschappelijk opbouwerk" eingeführten Form sozialraumbezogener Arbeit aufgegriffen und noch um eine *„kategoriale"* Dimension ergänzt (Boer/Utermann 1970, 164 f.), welche auf die Organisation von Menschen mit einem gemeinsamen Kennzeichen – wie z. B. Lebensalter, eine bestimmte Problemsituation, Herkunft etc. – in einem umschriebenen Sozialraum zielte, ohne dass jedoch zwischen ihnen eine Gruppenbeziehung zu bestehen braucht.

Obwohl Boer/Utermann (164 f.) betonten, dass neben Professionalität die bürgerschaftliche Partizipation unabdingbar für den Erfolg solcher sozialraumbezogener Methoden sei, vernachlässigten die bundesdeutschen Adaptionsversuche, dass im Unterschied zur angelsächsischen und niederländischen Kommunalstruktur der Spielraum für bürgerschaftliche Selbstverwaltung und kollektive demokratische Selbsthilfe durch das deutsche Gemeinderecht erheblich eingeschränkt ist, weil dieses ja von der prinzipiellen Allzuständigkeit der Gemeinde für die Belange der Bürger ausgeht. So gewann z. B. in den USA das in der Kennedy-Ära ausgearbeitete Konzept des „war on poverty" eine besondere gesellschaftliche Brisanz durch seinen vergleichsweise antibürokratischen Charakter und die Maxime der „most feasible participation" (Brückner 1984, 418). Die Kampagne hatte zwar im Hinblick auf die anvisierte Beseitigung von Elend nur äußerst begrenzt Erfolg. In Auseinandersetzung mit der darin gesammelten Erfahrung wurden jedoch stärker aktivierende und radikaler ansetzende GWA-Ansätze entwickelt.

Hervorzuheben in dieser Hinsicht ist vor allem das von Saul Alinsky (z. B. 1973; 1974) in gewerkschaftlicher Tradition geprägte Konzept des „organizing", welches soziale Bewegungen durch Herausstellen von Interessengegensätzen und durch erlebtes Unrecht in Gang zu setzen versucht(e). Als wesentliche Aspekte von „organizing" arbeitete Alinsky heraus: eine genaue Kenntnis der Probleme vor Ort als Teil des Organisierungsprozesses,

Auskundschaften der Machtkonstellationen, Mobilisierung von informellen Führern im Stadtteil, Verbreiterung der Machtbasis durch Unterstützungsgruppen innerhalb und außerhalb des Stadtteils sowie schließlich der Rückgriff auf kreative, konfliktorientierte Aktionsformen aus dem Erfahrungsbereich der Betroffenen, die sehr stark auf die ihnen vertraute „Waffe des Spotts" setzen.

Diese amerikanische Diskussion wurde im Zuge der sog. 68er-Bewegung von besonders aus dem Hochschulbereich, aber auch aus dem Bereich der Kirchen sich entwickelten Initiativgruppen aufgegriffen (Bahr/Gronemeyer 1974). Wiederbelebt wurde sie dann in der vor allem in den Jahrbüchern der Gemeinwesenarbeit ausgetragenen Kontroverse zwischen Strategien von Interessenorganisation auf der einen Seite und fachpolitischer Eigeninitiative sowie stellvertretender Einmischung auf der anderen Seite. In dieser plädierte Klöck (1994, 151) zunächst für eine „Wiederaufnahme" des Alinskyschen „organizing" im Rahmen eines übergreifenden Konzeptes von „Empowerment" und positionierte sich damit eindeutig auf der Seite von Interessenorganisation. Im Jahrbuch 6, in dem es vor allem um den Zusammenhang von GWA und der damals stark in die Diskussion gekommenen Gemeinwesenökonomie (s.u.; ausführlicher May 2004; 2008a, Kap. 3) ging, ist er (Klöck 1998b) dann jedoch für eine Synthese von „organizing" mit Konzepten stellvertretender Einmischung und fachpolitischer Eigeninitiative als für ihn nun gleichrangige und -wertige Wege zur Machtbildung in entsprechenden „Verbundkonzepten" eingetreten.

In diesem Diskussionszusammenhang wurde auch schon früh vor einer methodischen Isolation der GWA als 3. sozialarbeiterischer Methode gewarnt. Mit Blick auf den ursprünglichen Prozesscharakter von CO begann sich die Rede von GWA als einer „Aktionsrichtung sozialer Arbeit" zu etablieren. Später dann erklärten Boulet et al. (1980, 146ff.) GWA zum „Arbeitsprinzip" sozialer Berufstätigkeit schlechthin. Dabei sollten die von ihnen nun dialektisch materialistisch aufzuheben beanspruchten und damit explizit politisch zugespitzten Dimensionen bzw. Ordnungskriterien von territorialer, funktionaler und kategorialer GWA (146ff.) den integrierten Zugriff auf ein räumlich erkennbares und subjektiv wahrgenommenes Gemeinwesen organisieren helfen.

Oelschlägel hat sich dann in den folgenden 30 Jahren sehr dafür engagiert, GWA als eine „sozialkulturelle Interventionsstrategie" (2001, 653) zu profilieren, wobei „GWA" von ihm nicht nur als „Arbeitsprinzip", sondern auch als ein spezifisches „Arbeitsfeld" in den Blick genommen wurde (654). In diesen 30 Jahren hat jedoch die Diskussion um sozialraumbezogene Methoden einen rasanten Wandel erfahren. Angestoßen wurde dieser durch die sog. „Neuen sozialen Bewegungen" der 1980er Jahre.

Schon immer verstärkten sich in Zeiten der Verschärfung ökonomischer Krisen notgedrungen genossenschaftliche Ansätze und solche kollektiver Selbsthilfe, was nun in der schon angesprochenen Diskussion um Gemeinwesenökonomie Gestalt annahm. Das spezifische der „Neuen sozialen Bewegungen" war jedoch, dass sie als Alternative zu dem bürokratielastigen und eingriffsorientierten Image der zentralstaatlichen Einrichtungen Sozialer Arbeit in ihren Projekten auch ein mehr an Partizipation einklagten. Aufgegriffen wurde diese Intention vor allem in den von Hans-Uwe Otto zusammen mit Siegfried Müller und Thomas Olk propagierten „Strategien einer gebrauchswertorientierten Sozialarbeitspolitik in der Kommune" (Müller et al. 1983, 133) als „professionelle Seite der Medaille des Kampfes für bessere Lebensbedingungen und für Selbstbestimmung der Adressaten". Wenn Hans-Uwe Otto – besonders in seinen Arbeiten gemeinsam mit Gaby Flösser (z.B. Flösser/Otto 1992) – dann selbst in den 1990er Jahren seinen Begriff der kommunalen Sozialarbeitspolitik auf das Gesamtsystem der personenbezogenen Dienstleistungen bezogen und dieses in Form eines „Managements des Sozialen" nachfragegebunden zu konzipieren versucht hat (zur Kritik May 2005a, 214ff.) dann bilden sich darin in ganz besonderer Weise die bereits angesprochenen Diskursverschiebungen ab.

Schon aus der Perspektive des fordistischen Wohlfahrtsstaates schienen sozialraumbezogene Methoden ein durchaus probates Mittel darzustellen, um einerseits das gleichermaßen ineffektive wie ineffiziente Chaos von Einzelmaßnahmen – besonders in der Sozialen Arbeit aber auch der Stadtentwicklung – zentralisierend zu beheben und zugleich unter dem Slogan „mehr Demokratie wagen" (Willi Brandt) über mehr Bürgernähe Konfliktpotenziale abzubauen (May 2001b). Vor diesem

Hintergrund hat Friedhelm Peters (1983b, 27) schon in der Einleitung des von ihm herausgegebenen Sammelbandes zur GWA im Kontext lokaler Sozialpolitik – in dem auch der Aufsatz von Müller, Olk und Otto zur Kommunalen Sozialarbeitspolitik erschien – davor gewarnt, die sich postfordistisch neu herausbildenden Regulationsweisen nach dem klassischen Konzept von Subsidiarität zu interpretieren. Sein Argument, dass diese Regulationsweisen „ja gerade ‚geschlossene Lebenskreise‘ in den Verbund eines ‚selbststeuernden‘ Systems überführen wollen, um die Steuerungskapazität der Sozialadministration zu erhalten bzw. zu erhöhen" (Peters 1983b, 27), wurde in jenem Band auf besondere Weise illustriert durch den Beitrag führender Köpfe der Wiesbadener Sozialadministration (Bourgett et al. 1983) zu „Kommunaler Sozialpolitik, Sozialökologie und Verwaltungshandeln in der Jugend- und Sozialhilfe" (dazu kritisch May 2001a, 9 f.).

Gänzlich in den Zynismus eines ökosozialen Funktionalismus driftete dann die in den Arbeiten von Wolf Rainer Wendt (1982; 1990; zur Kritik May 2008a, 27 f.) aus dem Hut gezauberte Verbindung von der „ökologischen Wende" zum „Sozialmanagement" ab. So postulierte er eine Notwendigkeit der Abstimmung von sich gegenüberstehenden „biosozialen Erfordernissen" (Wendt 1982, 186) und „biosozialen Grundbedürfnissen" (187) durch sozialraumbezogene Methoden der Planung, der Entscheidungsfindung, der Organisation und Koordination sowie der Ausführung und Kontrolle, wobei er das, was einmal die politische Produktivität der GWA ausmachen sollte (May 1997) gänzlich einem bürgerschaftlichen Engagement überantwortete.

Auch das besonders von Wolfgang Hinte und dem „Institut für Stadtteilbezogene Soziale Arbeit und Beratung (ISSAB)" propagierte Konzept „Stadtteilbezogener Sozialer Arbeit (SSA)" sowie ihr daran anschließendes „Fachkonzept Sozialraumorientierung" (s. u.) beanspruch(t)en, Bedürfnisse und Hilfsquellen durch Organisation der Betroffenen und Kooperation unter den Trägern sozialer Dienste und anderer Organisationen im Stadtteil aufeinander abstimmen zu können. Obwohl sie mit SSA noch explizit GWA zu ersetzen trachteten, weil diese bei den Trägern zu einem Unruhe, Konflikt usw. implizierenden und daher kaum Innovation ermöglichenden Reizwort geworden sei, be-

anspruchen beide Konzepte doch, sich explizit am „Willen" und den „Interessen leistungsberechtigter Menschen (in Abgrenzung zu Wünschen oder naiv definierten Bedarfen)" (Hinte 2009, 21) zu orientieren. Zwar unterliegen sie damit weitaus weniger als andere Sozial-, Stadtteil- und Quartiersmanagement-Konzepte der besonders von Helmut Richter (1998; 2001) herausgearbeiteten Gefahr einer expertokratischen Entmündigung der verschiedenen Bevölkerungsgruppen und einer Entpolitisierung ihrer Interessen. Trotz aufgepeppter neuer Rhetorik – wie „ganzheitlich-systemische Sicht" des Stadtteils und „integratives Problemlösen", die sich auch in anderen Konzepten, wie z. B. dem der „Milieuarbeit" (Ebbe / Friese 1989) wiederfinden – unterscheiden sich diese Ansätze in ihrer konzeptionellen Substanz allerdings so gut wie kaum von den illusionären Ansätzen funktionalistischer GWA Rossscher Prägung.

Aktuelle Debatte

Nun wird Hinte jedoch nicht müde, immer wieder darauf hinzuweisen, dass das von ihm maßgeblich mitentwickelte „Fachkonzept Sozialraumorientierung" nicht identisch oder „so etwas wie die ‚Fortführung der GWA mit anderen Mitteln'" (2009, 25) sei. Anders als diejenigen, die den Begriff von „GWA" als eines „Arbeitsprinzips" geprägt haben (Boulet et al. 1980), grenzt er heute „GWA" „sozialpädagogisch" (Hinte 2005a, 552) ein auf eine „projekt-unspezifische […] Aktivierungsarbeit der Wohnbevölkerung, […] Begleitung von Gruppen und Initiativen" sowie „Vernetzung von formellen und informellen Ressourcen" (Hinte 2009, 25). In dieser Weise stellt GWA dann in seinem gemeinsam mit Gaby Grimm und Gerhard Litges (Grimm et al. 2004) entwickelten „Aktionsebenenmodell" nur ein Element von „Quartiersmanagement" als „kommunalpolitische[r] Strategie zur Unterstützung benachteiligter Wohnquartiere" (552) dar, neben „2. intermediäre[n] Instanzen" (Hinte 2009, 26) „als Bindeglied zwischen der Lebenswelt im Stadtteil und der nach Sektoren geordneten Bürokratie" (26) sowie „3. Gebietsbeauftragten innerhalb der Verwaltung" (26). Wenn jedoch Hinte in seiner Begründung des „Fachkonzeptes Sozialraumorientierung" darauf hinweist, dass dieses im Arbeitsfeld GWA ebenso zur Geltung komme „wie etwa in der Einzelfallarbeit, der offenen Jugendarbeit, der Heimerziehung oder dem Quartiersmanagement […] bzw. der Regionalentwicklung" (2009, 25; zu den verschiedenen Handlungsfeldern der Sozialraumorientierung → Kessl / Reutlinger, Sozialraum), dann vergisst er anscheinend, dass dies einer der zentralen Gründe war, von einem „Arbeitsprinzip GWA" zu sprechen.

Trotz seiner mit dieser Argumentation (Hinte 2009, 24) verknüpften Kritik an einer Verengung der Sozialraumorientierung auf „das Räumliche" (zu dieser Diskussion vgl. ebenfalls → Kessl / Reutlinger, Sozialraum) lässt jedoch auch Hinte keinen Zweifel daran, dass es „ein beachtlicher Fortschritt" (2005a, 549) gewesen und nach wie vor auch „sinnvoll" sei, Sozialräume als „Planungsräume […] nach institutionell definierten Prinzipien" (549) zu deklarieren, welche allerdings mehrere „Verdichtungen" und „Überschneidungen von individuellen Sozialräumen" (549) enthalten sollten, auf die sich die Fachkräfte dann jeweils nach Bedarf in ihren Schwerpunktsetzungen beziehen könnten. Diese (Sozial-)Raumdimension solle dann die „klassischen Steuerungsdimensionen Fall, Immobilie oder Abteilung ergänzen oder auch dominieren" (549). Neben der „Steuerungsebene", in der Sozialraum vor allem als administrative Bezugsgröße für die Konzentration von professionellen Ressourcen relevant wird, erwähnt er (2005b) auch noch die „finanzierungstechnische Ebene" der Sozialraumbudgets zur Unterstützung der fachlichen Logik durch eine betriebswirtschaftliche (zur Diskussion der Vor- und Nachteile von Sozialraumbudgets vgl. zusammenfassend Früchtel et al. 2007a, 148 ff. bes. 151).

Angesichts der von Hinte geübten Kritik an Zuschreibungsprozessen (2007, 65; 73) ist es allerdings mehr als verwunderlich, wenn es ihn „relativ gleichgültig" (2005a, 552) lässt, „ob man die Stadtteile, die mit Quartiersmanagement beglückt werden, nun als ‚rückständig', ‚sozial benachteiligt' oder ‚mit besonderem Entwicklungsbedarf ausgestattet' bezeichnet" (552). Und erst recht verwundert, wie bedenkenlos instrumentalistisch-verobjektivierend er im Anschluss darlegt, dass für das Quartiersmanagement „Selbsthilfe, Selbstorganisation und Bürgermitwirkung […] wesentliche *Instrumente* für eine nachhaltige Veränderung der Lebenssituation in Wohnquartieren und nicht *Ziel* irgendwelcher Maßnahmen" (2005, 552) sind.

Denn programmatisch gesehen soll die entsprechend etikettierte Bevölkerung ja ganz im klassischen Stile von CD von außen aktiviert werden, ihre „Rückständigkeit" bzw. „Entwicklungsdefizite" zu überwinden, um Anschluss an die Modernisierung zu gewinnen (zur Kritik May 2008b, 70).

Sicher aber würde auch Hinte der Ausgangshypothese des von Früchtel et al. (2007a, 166 ff.) propagierten Ansatzes eines *„Asset Based (aktivpostenbasierte[n]) Community Development* (ABCD)" (166 ff.) zustimmen, dass „wirkungsvolle und nachhaltige Entwicklungen […] sich auch in desolaten Lebenslagen immer nur erreichen [lassen], wenn man an Stärken anknüpft" (167). Der ABCD-Ansatz zieht daraus jedoch auch die Konsequenz und plädiert als „alternativer Weg zur Thematisierung von Ungleichheit" (169) für einen „Vergleich von Ausstattungsquoten", um so den Ressourcenfluss einer Stadt auf Gebiete umzusteuern, „die ausstattungsmäßig benachteiligt sind, […] ohne dabei auf Belastungsquoten der Bewohner zu rekurrieren" (Früchtel et al. 2007a, 166 ff.; 2007a, 181 ff.).

Nun ist – wie in der Einleitung zu diesem Beitrag schon angedeutet – das „Aktionsebenenmodell" von Hinte, Grimm und Litges (Grimm et al. 2004) gegenwärtig nicht das einzige Modell zur Systematisierung von unterschiedlichen Handlungsebenen bzw. -feldern sozialraumbezogener Methoden. Und auch Früchtel et al. (2007a) haben sich nicht damit zufrieden gegeben, die zur Zeit kursierenden unterschiedlichen Systematisierungsversuche entsprechender Ebenen eines Sozialraumbezuges matrixhaft zusammenzustellen (24), sondern haben darüber hinaus ein eigenes Modell vorgelegt, das zwischen den Handlungsfeldern „Sozialstruktur", „Organisation", „Netzwerk" und „Individuum" differenziert (zur Kritik der methodologischen Begründung des SONI-Schemas, bei der sie sich auf kaum miteinander vereinbare Theorien stützen, May 2008a, 31 f.).

Mit ihrer Unterscheidung zwischen der Ebene der „Sozialstruktur" und der Ebene der „Organisation" – die sich wenngleich mit etwas anderen Bezeichnungen ganz ähnlich auch schon bei Riege / Schubert (2002b, 38), Schröer (2005, 30 ff.), Hamberger / Peters (2006, 24 ff.) und Treeß (2007, 138 ff.) fanden – sehen Früchtel et al. unterschiedliche Rollen und Funktionen sozialraumbezogenen Arbeitens in der Sozialen Arbeit als einmal

Sozialplanung und zum anderen Organisationsentwicklung verbunden, die durchaus auch den Charakter von Dilemmata (Früchtel et al. 2007a, 27) annehmen könnten. Im Hinblick auf die Ebene der „Organisation" haben sie in diesem Zusammenhang darauf aufmerksam gemacht, dass „wann, wo, für wen und für was" (18) diese offen sind, „nicht nur durch Zuständigkeiten und professionelle Spezialisierungen markiert" (18) werde, sondern auch „durch die Portale, mit denen Organisationen Zugänge gestalten bzw. behindern" (18). Deshalb plädieren sie für entsprechende „Portaltechniken" (2007b, 200) sowie ein „Innovations-" (206 ff.), „Inklusions-" (232 ff.) und „Beschwerdemanagement" (234 ff.).

Zudem haben sie darauf hingewiesen, dass ein sozialräumlicher Ansatz in der Sozialen Arbeit „eine sozialräumlich aufgebaute Trägerlandschaft voraus[setzt]. Das bedeutet erstens, dass sich interne Organisationsstrukturen an Räumen orientieren" (Früchtel et al. 2007a, 135) müssen. Ebenso notwendig erachten sie jedoch auch die Etablierung einer sozialräumlichen Trägerzuständigkeit, wobei sie unter Bezug auf die „gewachsenen Bedingungen vor Ort" (136) jeweils „ganz unterschiedliche Varianten einer sozialräumlichen Organisation der Trägerlandschaft einer Kommune" favorisieren – angefangen von Trägerverbünden, über Schwerpunktträgermodelle bis hin zur Bildung von Trägergemeinschaften mit eigenständiger Rechtsform (136 ff.). Dabei erscheint ihnen im Falle von Kommunen, „in denen eine große Anzahl freier Träger tätig sind" (137), als „Kompromissmodell" durchaus auch denkbar, solche Varianten einer sozialräumlichen Trägerzuständigkeit zu kombinieren mit einer nach wie vor „dem Modell der marktwirtschaftlichen Expertenlogik" (137) folgenden Spezialisierung einzelner Träger auf bestimmte Problemgruppen.

Früchtel et al. differenzieren dann weiterhin in ihrem SONI-Schema – ganz ähnlich wie zuvor mit etwas anderen Begriffen Riege / Schubert (2002b, 38) und Treeß (2007, 138 ff.) – die Handlungsebenen „Netzwerk" und „Individuum" methodisch aus. Bezüglich der Ebene der „Netzwerke", die es sowohl unter Professionellen als auch unter den AdressatInnen Sozialer Arbeit zu schaffen gelte, verweisen sie (Früchtel et al. 2007a, 27) darauf, dass eine solche fallspezifische Arbeit und Ressourcenmobilisierung nicht nur in der Spannung zwischen Aktivierung und externer Ressourcenzufuhr stehe, sondern auch zwischen effizienter Vernetzung und „Vernetzung l'art pour l'art" (27).

Auf der Ebene des „Individuums" betonen sie, dass Aktivierung zudem in Spannung zur professionellen Hilfe stehe, die ja als sozialstaatliche immer auch mit Kontrolle verbunden sei. Und so hat auch Wolfgang Hinte (2005b, 156 ff.) nachdrücklich darauf aufmerksam gemacht, dass wenn er von der Aktivierungsfunktion der GWA spreche, es ihm „nicht um Aktivierung im Sinne wohlfahrtsstaatlicher Erpressung" (157) bzw. einer „Ausbeutungsstrategie der ohnehin Benachteiligten" gehe, „sondern um die oft mühsame Suche nach dem Willen und den Interessen der Menschen und der Suche nach Möglichkeiten, diese mit gesetzlich verbrieften Leistungen zu unterstützen" (157). In diesem Zusammenhang „war und ist" (156) für ihn „die ‚aktivierende Befragung‘", die seiner Ansicht nach besser ‚aktivitätserkundende Befragung' heißen" müsste, „eine Verfahrensweise erster Wahl" (156 ff.; zur Methode Lüttringhaus / Richers 2003).

In konsequenter Weiterführung dieser Position ist von verschiedenen Seiten deshalb wiederholt ein Festhalten an dem auf Demokratisierung gerichteten Prozessaspekt von CO (zuletzt May 2008b, 76) gefordert worden. Statt – wie Hinte u. a. dies vorschlagen – zum „Intermediären" zu werden oder auf „Ombudsleute" (z. B. Früchtel et al. 2007a, 143 f.) und Strategien der „Einmischung" (170 ff.) zu setzen, müssten Professionelle in der GWA vor allem dafür kämpfen, dass ihre Verantwortlichkeit gegenüber den Trägern ersetzt wird durch eine Verantwortlichkeit gegenüber den AdressatInnen (May 2008b, 76). Früchtel et al. (2007a, 140) haben in diesem Zusammenhang zumindest für eine „Output-Demokratisierung" plädiert, dergestalt dass „Betroffene selbst die Umsetzung von Programmen oder die Evaluation von Einrichtungen maßgeblich bestimmen können" sollten.

Neben den auch von ihnen (142 ff.) angesprochenen Klientenparlamenten und Betroffenenbeiräten einschließlich deren Vernetzung „über die verengenden Träger- und Stadtgrenzen hinaus" (142 ff.), könnte ein weiterer Schritt in diese Richtung die Einrichtung kommunaler Ressourcenfonds sein, wie sie von der Redaktion der Zeitschrift „Widersprüche" (z. B. Heft 66, 1997 III) in ihrer Diskussion um eine Politik des Sozialen schon häufiger gefordert wurde. Dabei geht es darum, dass Initiativen, die sich um solche Gelder bewerben, selber einen Modus der Verteilung finden. Sie können damit in der Diskussion mit Konkurrenten sich nicht allein mehr darauf beschränken, ihr Interesse „gruppenegoistisch" zu vertreten. Vielmehr müssen sie sich auf ein „Gemeinwohl" beziehen, das durch diesen Prozess als Gemeinwesen politisch an Konturen gewinnt.

Aus dieser Perspektive (zuletzt May 2008b, 77 f.) genügt es auch nicht, am „organizing"-Konzept Saul Alinskys anzuknüpfen. Dies erlaubt zwar unter geschicktem Anknüpfen an die bei Marginalisierten sehr stark ausgeprägten Widerstandsformen des Spottes Gegenmacht aufzubauen. Und ebenso ist es unzweifelhaft notwendig, eine an konkreten Erfahrungszusammenhängen der Betroffenen anknüpfende, aber auf kollektiven, gesellschaftlichen Ausdruck ihrer individuellen Interessen und Bedürfnisse gerichtete Form von *Öffentlichkeit* herzustellen (mit besonderem Blick auf die Geschlechterdifferenz Bitzan / Klöck 1993), damit die mit CO verbundenen Begriffe von Integration und Zusammenwirken nicht zu bloß zu harmonistischen Ideologemen verkommen, wie dies bei Ross und tendenziell auch in Hintes SSA und seinem „Fachkonzept ‚Sozialraumorientierung'" der Fall ist.

Nun tendieren aber solche individuellen Interessen und Bedürfnisse nur allzu leicht zu „sich überstürzenden Geltungsansprüchen" (Negt / Kluge 1992, 32) in Form einer Direktübertragung des jeweils eigenen Privat- bzw. Gruppenegoismus in ein gesamtgesellschaftliches Verhältnis mit der Folge, alle anderen Privategoismen auszugrenzen und sich dadurch gegenseitig zu zerstören. GWA muss deshalb

über die Einrichtung kommunaler Ressourcenfonds hinaus darauf bedacht sein, durch Schaffung entsprechender – wie es früher hieß – „interkategorialer" Gelegenheiten und Kommunikationsorte bzw. durch „Intergruppenarbeit" (Boulet et al. 1980, 300) an einer Aufhebung der privaten Organisationsstruktur solcher (Gruppen-)Egoismen zu arbeiten (May 2008b, Kap. 5).

Es kann sich dabei aber nur dann das geschichtliche Vermögen des ganzen Lebewesens als „inneres Gemeinwesen" (dazu May 2008a, Kap. 4) verwirklichen, wenn auch in den Institutionen des „äußeren Gemeinwesens" sich das Interesse des Ganzen ausbildet, was Helmut Richter zu einem zentralen Gegenstand seiner konzeptionellen Ansätze von „Sozialpädagogik" als einer „Pädagogik des Sozialen" (1998) und einer „Kommunalpädagogik" (2001) gemacht hat (zur Kritik May 2008a, Kap. 3). So stellt eine solche Überlagerung doch die Voraussetzung für eine Verbindung zwischen geschichtlicher Emanzipation und einer Emanzipation in den Lebensläufen dar (May 2005a, 212 ff.). Wenn im konsequenten Betreiben einer solch doppelten „Überlagerung" die kontinuierliche Anpassung der Ressourcen an die Bedürfnisse, wie sie bisher für funktionale Dimension der GWA charakteristisch war, „dialektisch aufzuheben versucht wird, dann heißt dies zugleich, diese Arbeitsform *vom Kopf* (= Funktionsimperative der gesellschaftlichen Institutionen, welche den Abstraktionen des Kapitalverhältnis folgen) *auf die Füße* (= Konkretheit der Verwirklichung menschlicher Vermögen und Eigenschaften) zu stellen" (Projektgruppe GWA 1997, 40).

Literatur

Alinsky, S. D. (1974): Die Stunde der Radikalen. Strategien und Methoden der Gemeinwesenarbeit 2. Burckhardthaus, Gelnhausen, Berlin

– (1973): Leidenschaft für den Nächsten. Strategien und Methoden der Gemeinwesenarbeit I. Burckhardthaus, Gelnhausen, Berlin

Alisch, M., May, M. (Hrsg.) (2008): Kompetenzen im Sozialraum. Sozialraumentwicklung als transdisziplinäres Projekt. Bd. 1. Reihe Beiträge zur Sozialraumforschung. Barbara Budrich, Opladen / Farmington Hills

Bahr, H.-E., Gronemeyer, R. (Hrsg.) (1974): Konfliktorientierte Gemeinwesenarbeit. Luchterhand, Darmstadt / Neuwied

Bitzan, M., Hinte, W., Klöck, T., May, M., Stövesand, S.

(2005): Diskussionsbeitrag Gemeinwesenarbeit. In: Kessl, F., Reutlinger, Ch., Maurer, S., Frey, O. (Hrsg.), 529–558

–, Klöck, T. (Hrsg.) (1994): Jahrbuch Gemeinwesenarbeit 5. Politikstrategien – Wendungen und Perspektiven. AG SPAK, München

–, – (Hrsg.) (1993): „Wer streitet denn mit Aschenputtel?" Konfliktorientierung und Geschlechterdifferenz in der Gemeinwesenarbeit – eine Chance zur Politisierung sozialer Arbeit? AG SPAK, München

Boer, J., Utermann, K. (1970): Gemeinwesenarbeit. Community Organization – Opbouwerk. Enke, Stuttgart

Boulet, J. J., Krauss, E. J., Oelschlägel, D. (1980): Gemeinwesenarbeit als Arbeitsprinzip. Eine Grundlegung. AJZ-Druck + Verlag, Bielefeld

Bourgett, J., Preußer, N., Völkel, R. (1983): Kommunale Sozialpolitik, Sozialökologie und Verwaltungshandeln in der Jugend- und Sozialhilfe. In: Peters, F. (Hrsg.), 63–101

Brückner, M. (1984): Gemeinwesenarbeit. In: Eyferth, H., Otto, H.-U., Thiersch, H. (Hrsg.), 415–429

Deinet, U. (1999): Sozialräumliche Jugendarbeit. Eine praxisbezogene Anleitung zur Konzeptentwicklung in der offenen Kinder- und Jugendarbeit. leske + budrich, Opladen

– (1997): Sozialräumliche Jugendarbeit. leske + budrich, Opladen

Deutschendorf, R., Hamberger, M., Koch, J., Lenz, S., Peters, F. (Hrsg.) (2006): Werkstattbuch INTEGRA. Grundlagen, Anregungen und Arbeitsmaterialien für integrierte, flexible und sozialräumlich ausgerichtete Erziehungshilfen. Juventa, Weinheim / München

Diessenbacher, H. (1984): Nehmen – Verteilen – Geben. Die Geburt des modernen Sozialarbeiters aus dem Geist der Heuchelei. Neue Praxis 2, 274–280

Ebbe, K., Friese, P. (1989): Milieuarbeit. Grundlagen präventiver Sozialarbeit im lokalen Gemeinwesen. Enke, Stuttgart

Eyferth, H., Otto, H.-U., Thiersch, H. (Hrsg.) (1984): Handbuch zur Sozialarbeit, Sozialpädagogik. Luchterhand, Neuwied / Darmstadt

Flösser, G., Otto, H.-U. (1992): Sozialmanagement oder Management des Sozialen? K. Böllert KT, Bielefeld

Früchtel, F., Budde, W., Cyprian, G. (2007a): Sozialer Raum und Soziale Arbeit. Textbook: Theoretische Grundlagen. VS-Verlag für Sozialwissenschaften, Wiesbaden

–, Cyprian, G., Budde, W. (2007b): Sozialer Raum und Soziale Arbeit. Fieldbook: Methoden und Techniken. VS, Wiesbaden

Grimm, G., Hinte, W., Litges, G. (2004): Quartiersmanagement. Eine kommunale Strategie für benachteiligte Wohngebiete. Edition Sigma, Berlin

Hamberger, M., Peters, F. (2006): Integrierte, flexible und sozialräumlich ausgerichtete Erziehungshilfen. In: Deutschendorf, R., Hamberger, M., Koch, J., Lenz, S., Peters, F. (Hrsg.), 11–32

Haug, W. F. (Hrsg.) (2001): Historisch-kritisches Wörterbuch des Marxismus. Bd. 5. Hamburg

Hinte, W. (2009): Arrangements gestalten statt erziehen. Methoden und Arbeitsfelder der Sozialraumorientierung. In: Kluschatzka, R. E., Wieland. S. (Hrsg.), 15–38

– (2007): Das Fachkonzept „Sozialraumorientierung". In: Hinte, W., Treeß, H. (Hrsg.), 15–130

– (2005a): Diskussionsbeitrag Gemeinwesenarbeit. In: Kessl, F., Reutlinger, Ch., Maurer, S., Frey, O. (Hrsg.), 548–554

– (2005b): Gemeinwesenarbeit – zeitgenössische Verirrungen in der aktuellen Diskussion. In: Thole, Cloos, Ortmann, Strutwolf (Hrsg.), 151–160

–, Treeß, H. (Hrsg.) (2007): Sozialraumorientierung in der Jugendhilfe: Theoretische Grundlagen, Handlungsprinzipien und Praxisbeispiele einer kooperativ-integrativen Pädagogik. Juventa, Weinheim / München

Kessl, F., Reutlinger, Ch., Maurer, S., Frey, O. (Hrsg.) (2005): Handbuch Sozialraum. VS, Wiesbaden

Klöck, T. (Hrsg.) (1998a): Solidarische Ökonomie und Empowerment. Jahrbuch Gemeinwesenarbeit 6. AG SPAK, München

– (1998b): Solidarische Ökonomie, Empowerment, Gemeinwesenarbeit und das Geschlechterverhältnis. In: Klöck, T. (Hrsg.), 11–50

– (1994): Empowerment in der Balance von Interessenorganisation und stellvertretender Einmischung als kombinierbare Prozesse der Machtbildung. In: Bitzan, M., Klöck, T. (Hrsg.), 134–154

Kluschatzka, R. E., Wieland, S. (Hrsg.) (2009): Sozialraumorientierung im ländlichen Kontext. VS, Wiesbaden

Kuhlmann, C. (2002): Soziale Arbeit im nationalsozialistischen Gesellschaftssystem. In: Thole, W. (Hrsg.), 77–96

Kunstreich, T. (1997): Grundkurs Soziale Arbeit. Sieben Blicke auf Geschichte und Gegenwart Sozialer Arbeit. Bd. 1. Kleine, Bielefeld

Lindenberg, M., Peters, L. (Hrsg.) (2004): Die gelebte Hoffnung der Gemeinwesenökonomie. Kleine, Bielefeld

Lüttringhaus, M., Richers, H. (Hrsg.) (2003): Handbuch Aktivierende Befragung. Stiftung Mitarbeit, Bonn

May, M. (2008a): Begriffsgeschichtliche Überlegungen zu Gemeinwesen und Sozialraum. In: Alisch, M., May, M. (Hrsg.), 19–38

– (2008b): Sozialraumbezüge Sozialer Arbeit. In: Alisch, M., May, M. (Hrsg.), 61–84

– (2005a): Wie in der Sozialen Arbeit etwas zum Problem wird. Versuch einer pädagogisch gehaltvollen Theorie sozialer Probleme. LIT, Münster

– (2005b): Diskussionsbeitrag Gemeinwesenarbeit. In: Kessl, F., Reutlinger, Ch., Maurer, S., Frey, O. (Hrsg.), 529–548

– (2004): Transformation der Gesellschaft. Auswirkungen der gemeinwesenökonomischen Praxis in der Gesellschaft. In: Lindenberg M, Peters, L. (Hrsg.), 135–160

– (2001a): Sozialraum: Unterschiedliche Theorietraditionen, ihre Entstehungsgeschichte und praktischen Implikationen. Widersprüche 82, 5–24

– (2001b): Gemeinwesenarbeit. In: Haug, W. F.(Hrsg.), 201–209

– (1997): Gemeinwesenarbeit als Organizing nicht nur von Gegenmacht, sondern auch von Erfahrung und Interessen. Widersprüche 65, 13–32

Mohrlok, M., Neubauer, M., Neubauer, R., Schönfelder, W. (1993): Let's organize! Gemeinwesenarbeit und Community Organisation im Vergleich. AG-SPAK, München

Müller, C. W. (1988): Wie Helfen zum Beruf wurde. Eine Methodengeschichte der Sozialarbeit. Bd.1. Juventa, Weinheim

Müller, S., Olk, Th., Otto, H.-U. (1983): Kommunale Sozialarbeitspolitik. In: Peters, F. (Hrsg.), 133–160

Negt, O., Kluge, A. (1992): Maßverhältnisse des Politischen. 15 Vorschläge zum Unterscheidungsvermögen. Fischer, Frankfurt / M.

Oelschlägel, D. (2001): Gemeinwesenarbeit. In: Otto, H.-U., Thiersch, H. (Hrsg.), 653–659

Otto, H.-U., Thiersch, H. (Hrsg.) (2005): Handbuch Sozialarbeit / Sozialpädagogik. 3. Aufl. Ernst Reinhardt, München / Basel

Peters, F. (Hrsg.) (1983a): Gemeinwesenarbeit im Kontext lokaler Sozialpolitik. AJZ-Druck + Verlag, Bielefeld

– (1983b): Gemeinwesenarbeit im Kontext lokaler Sozialpolitik – Eine theoretische Skizze zur Einführung. In: Peters, F. (Hrsg.), 9–36

Projektgruppe Gemeinwesenarbeit der FH-Wiesbaden (1997): Projektstudium im Bereich Gemeinwesenarbeit. Widersprüche 65, 33–56

Redaktion Widersprüche (Hrsg.) (1997): Zeitschrift für sozialistische Politik im Bildungs-, Gesundheits- und Sozialbereich. Heft 66: Gesellschaft ohne Klassen? Politik des Sozialen wider Ausgrenzung und Repression. Kleine, München

Richter, H. (2001): Kommunalpädagogik. Peter Lang, Frankfurt / M.

– (1998): Sozialpädagogik – Pädagogik des Sozialen. Peter Lang, Frankfurt / M.

Riege, M., Schubert, H. (Hrsg.) (2002a): Sozialraumanalyse. Grundlage – Methoden – Praxis. leske + budrich, Opladen

–, – (2002b): Einleitung: Zur Analyse sozialer Räume – Ein interdisziplinärer Integrationsversuch. In: Riege, M., Schubert, H. (Hrsg.), 7–60

Ross, M. G. (1968): Gemeinwesenarbeit. Theorie – Prinzipien – Praxis. Lambertus, Freiburg

Schröer, H. (2005): Zur Notwendigkeit sozialräumlicher Orientierung in der Kinder- und Jugendhilfe. In: Sozialraumorientierung in der Münchner Kinder- und Jugendhilfe. IQM, München, 24–42

Thole, W. (Hrsg.) (2002): Grundriss Soziale Arbeit. Ein einführendes Handbuch. leske + budrich, Opladen

–, Cloos, P., Ortmann, F., Strutwolf, V. (Hrsg.) (2005): Soziale Arbeit im öffentlichen Raum: Soziale Gerechtigkeit in der Gestaltung des Sozialen. VS, Wiesbaden

Treeß, H. (2007): Kooperation mit Heranwachsenden im sozialräumlichen Konzept. In: Hinte, W., Treeß, H. (Hrsg.), 131–218

Wendt, W. R. (1990): Ökosozial denken und handeln. Grundlagen und Anwendungen in der Sozialarbeit. Lambertus, Freiburg / Br.

– (1989): Gemeinwesenarbeit. Ein Kapitel zu ihrer Entwicklung und zu ihrem gegenwärtigen Stand. In: Ebbe, K., Friese, P. (Hrsg.), 1–34

– (1985): Geschichte der sozialen Arbeit. Lucius & Lucius, Stuttgart

– (1982): Ökologie und soziale Arbeit. Lucius & Lucius, Stuttgart

Winkler, M. (1988): Eine Theorie der Sozialpädagogik. Klett-Cotta, Stuttgart

Sozialstaat, Föderalismus, Soziale Arbeit

Von Klaus Schäfer

Deutschland ist ein demokratischer und sozialer Rechtsstaat. Diese in den Art. 20 und 28 GG gesetzte Norm ist Auftrag und Verpflichtung für die Sicherung der sozialen Daseinsvorsorge. Die Väter des Grundgesetzes haben mit diesen normativen Setzungen eine klare Aussage für die Zukunft Deutschlands getroffen: Ihnen ging es darum, durch die Sicherung auskömmlicher Lebensverhältnisse eine menschenwürdige Existenz für alle zu ermöglichen und den sozialen Frieden zu sichern. Damit wurde die Voraussetzung dafür geschaffen, dass sich der Staat dann intervenierend in die wirtschaftlichen und sozialen Abläufe einschalten soll (muss), wenn der Markt nicht mehr dazu in der Lage ist, Risiken und Gefährdungen menschlicher Existenz abzufedern (Limbach 1998, 12 ff.). Im Kern geht es darum, dass der Staat die Verantwortung dafür übernimmt, dass Lebenschancen und soziale Teilhabe aller Bürger und Bürgerinnen erhalten bleiben bzw. möglich werden, ohne ihnen aber die individuelle Verantwortung zu nehmen. Um dieses Ziel auch zu erreichen, sollen die dafür erforderlichen Ressourcen (Geldleistungen, Dienstleistungen, strukturelle Rahmung) zur Verfügung gestellt und so die *„Bearbeitung von Risiken"* und der *„Ausgleich sozialer Benachteiligungen"* gewährleistet werden.

Wesentliche Bereiche der klassischen Sozialstaatstätigkeit gehen in ihrem Kern auf erste Entwicklungen im 19. Jahrhundert zurück (Bleses / Seeleib-Kaiser 2005, 1767).

In der Bundesrepublik Deutschland hat sich seit Mitte der 1970er Jahre eine differenzierte soziale Leistungs- und Angebotsstruktur herausgebildet, die stark von staatlicher Verantwortung geprägt ist. Dies bezieht sich nicht nur auf den enormen Ausbau der Sozialversicherungssysteme. Auch flankierende Maßnahmen der Familienförderung, z.B. durch Kindertagesstätten, Beratungseinrichtungen und anderen sozialen Dienstleistungsangeboten, gehören ebenso dazu, wie der Bereich der Pflege und der Gesundheit sowie der Altenpolitik.

Angesichts des erheblichen Ausbaus vor allem der monetären Leistungssysteme hat es auch immer wieder kritische Debatten über Grenzen des Sozialstaats gegeben. Schon in den 1970er Jahren wird von der „Krise des Sozialstaats" bzw. von den „mageren Jahren" gesprochen (Olk 2005, 872 ff.). Leistungen werden in ihrem Umfang infrage gestellt und die Stärkung der Eigenverantwortung und Eigeninitiative für die Sicherung ausreichender Lebensgrundlagen gefordert.

Dennoch ist die Entwicklung des Sozialstaats insgesamt von einer großen Dynamik des Ausbaus sozialstaatlicher Leistungen gekennzeichnet. Dies zeigt die Steigerung des Gesamtaufwandes an Leistungen von 32.306 Mrd. EUR im Jahre 1960 auf 721.396 Mrd. in 2008 (BT-DS 17/44, 399). Die Leistungen, die sich direkt an die Familien bzw. Kinder wenden, machen einschließlich der Kinder- und Jugendhilfe sowie der Sozialhilfe mit rd. 135 Mrd. EUR den geringsten Anteil aus (BT-DS 17/44, 399).

Diese Steigerung ist ein Zeichen dafür, dass die Rolle des Sozialstaats für die reine Existenzsicherung immer bedeutsamer wird, weil der Staat immer mehr die Risiken und Unsicherheiten, die dieser ökonomische und soziale Wandel auslöst, durch monetäre Leistungen und durch unterstützende Maßnahmen, z.B. im Bereich der Kinder- und Jugendhilfe, absichern muss. Nur so kann die Sicherung der Existenz für die betroffenen Menschen erreicht werden. Denn gerade angesichts der Unvollkommenheit des Marktmechanismus als Steuerungsmittel (Limbach 1998, 18) kommt es in der heutigen Zeit dem Sozialstaat zu, eben diese Unvollkommenheit durch besondere Maßnahmen der Risikominderung und der Hilfe und Unterstützung zu ersetzen.

Otto/Thiersch (Hg.), Handbuch Soziale Arbeit, 4. A., DOI 10.2378/ot4a.art151,

Soziale Arbeit als Teil sozialpolitischen Handelns

Teil dieser sozialstaatlichen Tätigkeit ist auch die Soziale Arbeit, die vor allem die Risiken der Menschen, die im Alltag der Lebenswelten entstehen, auffangen soll.

Mit der Herausbildung Sozialer Arbeit als Beruf, die ihre ersten fachlichen Grundlagen durch die zwischen 1905 und 1908 von Alice Salomon gegründeten ersten Frauenschulen für Soziale Arbeit (Landwehr / Baron 1983, 69) erhielt, wurde diese Tätigkeit zunehmend professionalisiert. Zugleich aber wurde sie zu einem wesentlichen sozialen Kompensations- und Integrations-, in Teilen auch zu einem Disziplinierungsinstrument. Gerade die Wohnungs- und Berufsnot junger Menschen und auch die Wanderungsbewegung vom Land in die Städte zu Beginn des 19. Jahrhunderts führte zum raschen Ausbau insbesondere „fürsorgerischer" Angebote. Diese sollten zwar vom „Erziehungsgedanken" geprägt sein (§ 2 RJWG), in der Praxis waren sie jedoch über einen langen Zeitraum hinweg – bis weit in die 1970er Jahre hinein – de facto Eingriff und Kontrolle. Dies gilt vor allem für erzieherische Maßnahmen, die Fürsorgeerziehung und Freiwillige Erziehungshilfe.

Dies setzte sich zunächst auch noch nach 1945 fort. Insbesondere angesichts der Berufsnot und Heimatlosigkeit junger Menschen wurde die Soziale Arbeit zu einem wesentlichen Anker der sozialintegrativen Arbeit Anfang der 1950er Jahre. Aber auch in dieser Zeit gelang es kaum, Soziale Arbeit als *Hilfe zur Erziehung* auszugestalten. Vielmehr blieb sie in weiten Teilen ihrer Eingriffs- und Kontrollfunktion treu. In der aktuellen Debatte um die Heimerziehung in den 1950er und 1960er Jahren wird das Bild einer in dieser Zeit eher von repressiven Gedanken geprägten Erziehung sichtbar (Runder Tisch 2010, Zwischenbericht).

Mit der Verwissenschaftlichung der Ausbildung insbesondere durch die Gründung von Fachhochschulen und den Studiengängen „Soziale Arbeit / Sozialpädagogik" kam es nicht nur zu einem erheblichen Professionalisierungsschub. Eine weitere Folge war die zunehmend wissenschaftsbasierte Tätigkeit sowie der Ausbau methodischer Ansätze. Erziehungsberatung, Familienberatung, Sozialpädagogische Familienhilfe, Jugendhilfeplanung, der Hilfeplan, das sind Stichwörter die diese Entwicklung kennzeichnen. Auch die stärkere Vernetzung mit anderen Feldern, wie z. B. Gesundheit, Arbeitsmarktpolitik, Schule etc. sind Ausdruck für ein systematisches auf einem konzeptionellen Grundverständnis basierten Handlungsansatz.

Soziale Arbeit ist heute ein vielschichtiges Theorie- und Praxisfeld. Sie ist der Förderung der menschlichen Entwicklung verpflichtet und beschäftigt sich mit individuellen Krisen und sozialen Problemlagen. Zugleich sichert und strukturiert sie soziale Bedingungen dort, wo die Anforderungen gesellschaftlichen Lebens die Möglichkeiten der Selbstbehauptung von Einzelnen oder Gruppen übersteigen. Zwar gibt es keine klare Abgrenzung und auch Zuordnung, was alles an sozialer Tätigkeit der Sozialen Arbeit zuzuordnen wäre. Soziale Arbeit versteht sich eher als ein Oberbegriff für Sozialpädagogik und Sozialarbeit (Rauschenbach 2005, 802), dem die Tätigkeiten in der Erziehung, Familienhilfe, Altenhilfe und auch des Pflegebereiches zuzuordnen sind. Der Kern Sozialer Arbeit ist weitgehend den Tätigkeitsfeldern der Kinder- und Jugendhilfe zuzuordnen, aber auch die pflegerischen Berufe z. B. in der Altenpflege, gehören dazu.

Seit Anfang der 1970er Jahre, insbesondere auch mit der Gründung der Fachhochschulen für Sozialarbeit und Sozialpädagogik, hat Soziale Arbeit einen erheblichen Professionsschub und eine fachliche Erneuerung erfahren. Es bildeten sich nicht nur neue differenzierte Angebote, z. B. in der Beratung, den Hilfen zur Erziehung, der Kinder- und Jugendarbeit aber auch in anderen sozialen Bereichen, wie z. B. die Arbeit mit alten Menschen heraus. Z. B. stieg die Zahl der in den sozialen Berufen tätigen Fachkräfte von rd. 250.000 im Jahr 1978 auf über 1,3 Mio. im Jahr 2003. Auch hat es eine deutliche Verschiebung in der Angebotsstruktur gegeben. Waren in den 1970er Jahren eher die Bereiche der Erziehungshilfen dominierend, so ist heute der Elementarbereich das inzwischen gewichtigste Feld, was mit rd. 12 Mrd. Euro öffentlichen Zuwendungen zu Buche schlägt und rd. 380.000 Erzieherinnen und Erzieher umfasst (Rauschenbach 2005, 803).

Soziale Arbeit erweitert den Teil der klassischen Sozialpolitik um die das Aufwachsen von Kindern flankierenden Leistungen und Angebote der Erziehung und Bildung. Ausgangspunkt der Sozialen

Arbeit ist zwar die funktionierende Familie als privater Ort der Erziehung und Betreuung. Um aber eben dieses Funktionieren auch herstellen und sicherstellen zu können – insbesondere dann, wenn Familie überfordert ist oder es zu Vernachlässigungen von Kindern kommt – bedarf es ergänzender und unterstützender manchmal auch eingreifender Maßnahmen, die direkt auf das gelingende Aufwachsen von Kindern und Jugendlichen abzielen. Zudem ist es seit Einführung des Rechtsanspruchs auf einen Kindergartenplatz mehr und mehr zu einer Verstetigung und auch Ausweitung des *„Aufwachsens in öffentlicher Verantwortung"* (BMFSFJ 2002) gekommen. Das zeigt sich vor allem an dem enormen Bedeutungszuwachs der Kindertageseinrichtungen, aber auch an den neuen Formen der Ganztagsschulen, zumeist in Kooperation mit der Kinder- und Jugendhilfe (StEG-Studie) und auch einer Zunahme von Leistungen zur Unterstützung der Eltern bei der Wahrnehmung ihrer Erziehungsaufgaben (Statistisches Bundesamt 2008 – KJHG-Statistik).

Soziale Arbeit als Teil kommunaler Sozialpolitik

Soziale Arbeit ist nicht auf den engeren Bereich der Hilfe und Unterstützung in individuellen Notlagen zu beziehen. Der Grundgedanke der allgemeinen Förderung für alle Kinder (*„Jedes Kind hat ein Recht auf Förderung seiner Entwicklung und auf Erziehung zu einer eigenverantwortlichen Persönlichkeit"*, § 1 Abs. 1 SGB VIII) hat sich durchgesetzt und den Blick auf die Lebenswelt junger Menschen geöffnet. Ein Beispiel hierfür ist die *„Einmischungsstrategie"* (Mielenz 1981), die darauf abzielte, dass Soziale Arbeit nur dann im Sinne der Sicherung zufriedenstellender Lebensverhältnisse erfolgreich sein kann, wenn sie sich auch in „problemverursachende Bereiche" einmischt und die Belange der Betroffenen einbringt. Auch die Lebensweltorientierung (BMJFFG 1990) hat zu einem erweiterten Blick der Situation der Betroffenen und zur stärkeren Sozialraumorientierung geführt. Dieser Perspektivenwandel hat das fachpolitische Profil Sozialer Arbeit geschärft und sichtbar gemacht, dass „Gesellschaftlichkeit und Politikimmanenz der Sozialen Arbeit" (Müller / Peter, in Bielefelder AG 8, 2008, 25) in weiten Teilen zu einem konstituti-

ven Element Sozialer Arbeit geworden ist. Diese Perspektive war auch gegen eine zunehmende Therapeutisierung und Pädagogisierung gerichtet, die weniger die sozialen Lebensumstände als vielmehr die jeweils individuelle Situation im Blick hatte.

Die Fokussierung auf eine Beeinflussung von Lebensumständen und Handlungsperspektiven schlägt sich auch in den gesetzlichen Normen wieder. Wenn z. B. in § 3 Abs. 3 Nr. 4 als eine Aufgabe der Sozialen Arbeit aufgenommen wurde, dass sie *„dazu beitragen (soll), Lebensbedingungen für junge Menschen und ihre Familien sowie eine kinder- und familienfreundliche Umwelt zu erhalten oder zu schaffen"*, dann wird dies nicht mit einem engen und nur auf erzieherische Hilfe konzentrierten Verständnis Sozialer Arbeit zu realisieren sein. Vielmehr bedarf es hierzu den über diesen engen Bereich hinausgehenden sozialräumlichen und gesellschaftlichen Blick. Dieser Blick braucht eine über den „Fall" hinausgehende Problemanalyse ebenso, wie eine Professionalität, die auf strukturelle Rahmenbedingungen der Betroffenen in der sozialen Realität eingehen kann.

Soziale Arbeit und Bildung

Neuere Entwicklungen betreffen in jüngster Zeit insbesondere den Bildungsaspekt Sozialer Arbeit und der Kinder- und Jugendhilfe. Hintergrund sind insbesondere die Ergebnisse internationaler Leistungsvergleichsstudien, wie z. B. die PISA-Studie (Baumert et al. 2001) die dem deutschen Bildungssystem bescheinigten, dass in keinem anderen Land der Bildungserfolg so stark von der sozialen Herkunft abhängig ist wie in Deutschland. Wenngleich sich zunächst die Debatte auf den Schulsektor bezog, so wurde sehr schnell auf die Begrenztheit schulischen Lernens hingewiesen und vor allem der Bildungsbegriff diskutiert. „Bildung ist mehr als Schule" (BJK et al. 2002) ist eine These, die der Schule zwar nicht ihren wichtigen Stellenwert als Lernort streitig macht, aber auf andere Orte der Bildung aufmerksam hinweist, die – mehr als Schule – Bildungsprozesse viel lebensweltnäher gestalten und initiieren.

Die Soziale Arbeit griff diese Diskussion schnell auf (z. B. BJK et al. 2002; BMBF 2004; Otto / Rauschenbach 2004; BMFSFJ 2005). Es zeigt sich auch in der Praxis, dass die Soziale Arbeit Bildungsverantwortung hat und diese auch wahrnimmt. Die dem erweiterten Bildungsbegriff zu Grunde liegenden Dimensionen der Bildung (*Teilhabe und Verantwortung; Wirksamkeit des eigenen Handelns und Veränderbarkeit der Verhältnisse; Aneignung und Gestaltung von Räumen; Kulturelle Praxis; Lebensbewältigung*) (BMBF 2004, 25) ermöglichen ansatzweise und ohne Anspruch auf systematische Geschlossenheit Bildung in einem weiteren Verständnis. Für die Soziale Arbeit ist damit die große Chance gegeben, ihr ganz spezifisches Bildungsprofil in die öffentliche Debatte einzubringen und somit auch ihr Bildungsprofil zu schärfen. Am stärksten wirkt sich dieser Prozess derzeit in den Feldern aus, die für sich immer schon einen Bildungsanspruch formuliert hatten: in der frühkindlichen Bildung in den Tageseinrichtungen für Kinder; in den Ganztagsschulen; in der außerschulischen Bildung, z. B. in der verbandlichen, der offenen und der kulturellen Jugendarbeit und in der Jugendsozialarbeit. In diesen Bereichen hat sich der Bezug zur Schule verstärkt und es ist an vielen Orten eine engere Zusammenarbeit entstanden.

Soziale Arbeit macht damit sichtbar, dass sie neben ihrer sozialpädagogischen Aufgabe der Prävention und Hilfe auch eine bildungspolitische Kompetenz einbringt. Dies bietet für die Soziale Arbeit „die Möglichkeit, aus ihrer traditionellen Randständigkeit innerhalb des Bildungswesens herauszufinden und in öffentlich akzeptierten und geförderten Aufgaben (der Bildung, d. Vf.) Anerkennung zu finden"(Thiersch 2004, 238).

Kritisch muss gegen eine manchmal aufkommende zu große Bildungseuphorie eingewendet werden, dass Soziale Arbeit sich nicht darauf einlassen darf, im schulischen Bildungssystem immer mehr bildungspolitisch in die Pflicht genommen zu werden (Otto / Rauschenbach 2004, 24). Das würde sie nicht nur in die Schwierigkeit bringen, ihre fachlichen und strukturellen Besonderheiten, die sich aus dem Prinzip der Freiwilligkeit der Teilnahme ergibt, wie der Werteorientierung und der Pluralität, tendenziell zu verlieren. Sie würde dann wahrscheinlich mehr als Hilfsinstrument von Schule agieren, denn als eigenständiger Bildungsakteur mit eigenen methodischen und fachlichen Standards.

Für die Soziale Arbeit ergibt sich aus einer anerkannten Zuweisung von Bildungsaufgaben heraus dennoch insgesamt die Chance, ihre besonderen sozialpädagogischen Aufgaben mit denen der Bildungsförderung zu verbinden und daraus ein eigenes Handlungskonzept entstehen zu lassen, welches auch die Tradition Sozialer Arbeit berücksichtigt. Insoweit sind Soziale Arbeit und Bildung zwei Seiten derselben Medaille (Otto / Rauschenbach 2004), die sich aber durchaus unterscheiden.

Der Kostendruck auf die Soziale Arbeit

Angesichts der gesellschaftlichen Veränderungen und der wirtschaftlichen und sozialen Einbrüche erscheinen Debatten im gesellschaftlichen und politischen Raum, die auf eine Begrenzung sozialer Dienstleistungen hinauslaufen, unpassend. Hinter der Frage „Wie viel Sozialstaat können wir uns noch leisten?" steckt auch die Frage nach den Rahmenbedingungen und der Qualität der Sozialen Arbeit. Die Lage der öffentlichen Haushalte lässt kaum mehr Zuwächse zu, allenfalls dort, wo es unabänderlich erscheint, wie z. B. in der frühen Bildung und, weil es sich ebenfalls um Rechtsanspruchsaufgaben handelt, in den Hilfen zur Erziehung.

Hinsichtlich der finanziellen Ausstattung der Sozialen Arbeit fällt auf, dass der Zuwachs und auch die erforderliche Ausstattung regional unterschiedlich sind und ein enger Zusammenhang zu ökonomischen Disparitäten besteht (Rauschenbach et al. 2009, 104 ff.). Große Teile der Kommunen machen bereits geltend, dass sie – angesichts der Entwicklung kommunaler Finanzen – die Kosten auch für einen Ausbau der Sozialen Arbeit kaum werden aufbringen können. Schon in den aktuellen Haushaltsberatungen zeichnen sich in den Kommunen deutlich Tendenzen ab, Einsparungen auch in der Sozialen Arbeit vorzunehmen. Dies betrifft vor allem die Kommunen, die sich in der Haushaltssicherung befinden. Ihre Zahl nimmt zu, was zu erheblichen Rissen und Brüchen in der Angebotsstruktur führt.

Föderalismusreform und Soziale Arbeit

Nicht zuletzt sind auch die Diskussionen über die Kostenbelastung der Kommunen durch bundesgesetzliche Vorgaben, ohne einen entsprechenden Finanzausgleich sicherzustellen, Grundlage für die Föderalismusreform gewesen. Dabei ist auch die organisatorische Gestaltung der Kinder- und Jugendhilfe auf kommunaler Ebene immer wieder umstritten gewesen. Kritik wurde immer wieder an den Organisationsvorgaben des SGB VIII geübt und mehr Freiheit für die Länder bzw. Kommunen in der Ausgestaltung gefordert.

Bereits in den 1990er Jahren hatten sich Bemühungen einiger Länder (z. B. Hessen) verstärkt, durch Initiativen im Bundesrat, Regelungskompetenzen u. a. in der Kinder- und Jugendhilfe des Bundes einzuschränken und auf die Länder zu übertragen. In der aktuellen Debatte um die Föderalismusreform rückte die Frage nach der Regelungskompetenz des Bundes hinsichtlich der Strukturen und der Aufgaben in den Vordergrund. Es ging vor allem um die Regelungskompetenz in der Behördenstruktur (dem Jugendamt) und der Bestimmung des örtlichen Trägers der öffentlichen Jugendhilfe.

Die Debatten um die Föderalismusreform ließen aber offenbar keinen Spielraum für einen Bestand der bundesrechtlichen Vorgaben des § 69 SGB VIII. Mit dem Gesetz zur Änderung des Grundgesetzes vom 28.08.2006 (BGBL I S. 2034 Föderalismusreform I) wurde die wohl umfangreichste Grundgesetzänderungen auch zu Lasten der Kinder- und Jugendhilfe vorgenommen. Die Reform betrifft insbesondere das Verhältnis zwischen Bund und den Ländern hinsichtlich ihrer jeweiligen Regelungskompetenzen bei der Einrichtung von Behörden und den Verwaltungsverfahren. War die Soziale Arbeit dem Begriff der *„öffentlichen Fürsorge"* in Art. 74 Abs. 1 Nr. 7 GG als Teil der „konkurrierenden Gesetzgebung" zugeordnet, so gilt dies auch weiterhin. Ihr Organisationszusammenhang in einer Behörde (Jugendamt) kann aber nunmehr von den Ländern selbst bestimmt werden. Die Länder können diese Kompetenz aber auch den kommunalen Gebietskörperschaften übertragen (Schäfer zu § 69 in Münder et al. 2009; Schmid / Wiesner 2006; Kreft 2008, 276 ff.).

Für die Soziale Arbeit, insbesondere die Kinder- und Jugendhilfe, ergeben sich dadurch (möglicherweise) erhebliche Konsequenzen insbesondere hinsichtlich ihrer bis dahin geltenden bundeseinheitlichen Organisationsstruktur und des einheitlichen Verwaltungsverfahren. Dementsprechend war der Entscheidungsprozess auch von zahlreichen Kritikern und Mahnern begleitet (beispielhaft vor allem AGJ 2006, Stellungnahme des Vorstandes).

Im Kern lässt sich die Reform zusammenfassend wie folgt formulieren: Der Bund ist zwar weiterhin für die inhaltliche Gestaltung der Kinder- und Jugendhilfe im Rahmen der konkurrierenden Gesetzgebung entsprechend Art. 74 Nr. 7 GG zuständig, die Länder erhalten aber Regelungsbefugnisse hinsichtlich der Organisation und des Verwaltungsverfahren in der Kinder- und Jugendhilfe. Wesentliche Veränderungen sind:

- Mit der Änderung des § 84 Abs. 1 GG (und Art. 125 b GG) wurde klargestellt, dass, wenn die Länder die Bundesgesetze als eigene Angelegenheit ausführen, sie die Einrichtung der Behörden und das Verwaltungsverfahren in eigener Zuständigkeit regeln können. Zugleich wurde die Möglichkeit abweichender Regelungen für den Fall eröffnet, wenn Bundesgesetze etwas anderes bestimmen. Für den Bund verbleibt lediglich eine Regelungskompetenz in Ausnahmefällen, wenn ein besonderes Bedürfnis gegeben ist (Art. 84 Abs. 1 Satz 4), was jedoch der Zustimmung durch den Bundesrat bedarf (Satz 5).
- Zwar bleibt die Kompetenz des Bundes im Rahmen der konkurrierenden Gesetzgebung auf dem Gebiet der Kinder- und Jugendhilfe erhalten. Eingeschränkt wurde aber die inhaltliche Regelungskompetenz. Ihm bleibt es verwehrt, für die Kommunen neue gesetzliche Aufgaben zu regeln.
- Mit Wirkung des 1.1.2010 ist auch das bundeseinheitliche Verwaltungsverfahren aufgehoben. Auch hier haben nunmehr die Länder die Regelungskompetenz. Die Übergangsregelung des Art. 125 b Abs. 2 GG erlischt.

Die Frage nach zukünftigen Wirkungen lässt sich kaum beantworten. Es wird im Wesentlichen davon abhängig sein, wie die Diskussionen um die Verschlankung der öffentlichen Verwaltung fortgeführt werden, und ob es zur Zusammenlegung von Ämtern und damit zur Verwischung der Aufgabenprofile Sozialer Arbeit kommt. Dass weitergehende Intentionen nicht ausgeschlossen werden können, zeigt sich daran, dass es im kommunalen Raum immer wieder Ansätze gab (und gibt), die Struktur des Jugendamtes zu verändern und auch die Handlungsmöglichkeiten des Jugendhilfeausschusses zu beschneiden.

Allerdings wird eine andere Folge der Reform beachtet werden müssen. Durch die Verlagerung der Entscheidungskompetenz, wer öffentlicher Träger der Kinder- und Jugendhilfe ist, hat sich zugleich auch für die Länder die Verantwortung dafür ergeben, dass sie für die Kosten der Kommunen aufkommen müssen, die entstehen, wenn neue Aufgaben auf die Kommunen übertragen oder bestehende Aufgaben wesentlich verändert werden. Dieses „strikte Konnexitätsprinzip" basiert auf den Konnexitätsgesetzen der Länder. Faktisch bedeutet dies, dass die Länder bei jeder weiteren Übertragung einer notwendigen Aufgabe oder der erheblichen Erweiterung einer bereits bestehenden Aufgabe vor einer Gesetzesregelung eine Kostenfolgenabschätzung vornehmen müssen.

Ein solcher Prozess verstärkt zwangsläufig die Spannungen zwischen Fachlichkeit und Haushaltszwängen. Schon jetzt zeigt die Praxis, dass dies zu Lähmungen im Ausbau und in der Qualifizierung der Sozialen Arbeit führen kann. Mögliche Lähmungen beziehen sich vor allem auf erforderliche fachliche Weiterentwicklungen mit dem Ziel, Erneuerungen in der Sozialen Arbeit anzustoßen. Angesichts der Haushaltssituation in den Ländern und in den Kommunen wird daher nach neuen Wegen gesucht werden müssen, um die notwendige Gestaltungsfähigkeit der Sozialen Arbeit erhalten zu können.

Zersplitterung der Bildung wegen?

Tendenzen der „Zersplitterung" der Kinder- und Jugendhilfe ergeben sich derzeit eher aus anderen Gründen als durch die Föderalismusreform. So haben sich z. B. in einigen Ländern Bestrebungen durchgesetzt, auf der Landesebene den Bereich der Elementarerziehung aus dem Gesamtzusammenhang der Kinder- und Jugendhilfe bei den für Kinder- und Jugendpolitik zuständigen Ressorts herauszulösen und in das Schul- bzw. Kultusministerium zu verlagern (so Niedersachsen, Mecklenburg-Vorpommern, Sachsen, Schleswig-

Holstein, Thüringen). Mit dieser Herauslösung des größten Bereichs der Sozialen Arbeit, der frühkindlichen Bildung, besteht die Gefahr, dass sich der inhaltliche und fachliche Gesamtzusammenhang der unterschiedlichen Felder der Kinder- und Jugendhilfe zunehmend verliert und zudem die frühe Bildung eher unter schulischen Gesichtspunkten gestaltet wird.

Mit einer Herauslösung von Teilen aus dem Gesamtsystem der Kinder- und Jugendhilfe würde dieses deutlich geschwächt und sich im Kern wieder zurück orientieren. Es blieben zwar die Bereiche Kinder- und Jugendarbeit, die Familienhilfen und die Hilfen zur Erziehung übrig. Es würde aber der besonders wichtige inhaltliche Zusammenhang zur Frühen Bildung aufgelöst.

Abschluss

Die Herausforderungen für die Soziale Arbeit sind nicht von den grundlegenden Fragen der Entwicklung der Gesellschaft zu trennen. Hierzu gehört der Umgang mit dem demographischen Wandel und den sich daraus ergebenen Folgen für das Verhältnis der Generationen miteinander; die Frage nach der Generationengerechtigkeit, die Bekämpfung der Armut und ihrer Folgen für Kinder und Jugendliche und die Integration von Menschen mit Zuwanderungsgeschichte. Dabei wäre es eher kritisch zu sehen, wenn zudem durch eine unterschiedliche Ausstattung der Sozialen Arbeit in den Kommunen bestehende regionale Disparitäten nicht ausgeglichen werden könnten und eher weitere hinzukämen.

Ob und inwieweit diese Herausforderungen gelöst werden können, wird kaum abschließend zu beantworten sein, wohl aber ob geeignete Wege gefunden werden, sie überhaupt bewältigen zu können. Ein wesentlicher Weg ist es, einerseits in Bildung zu investieren und Bildungsgerechtigkeit herzustellen. Das wird nur gehen, wenn mehr in Bildung investiert wird. Derzeit liegt Deutschland im internationalen Vergleich in den Bildungsinvestitionen deutlich zurück (OECD Durchschnitt 5,0 %; Deutschland 4,1 % vom Bruttosozialprodukt; einschließlich privater Investitionen 4,8 OECD 5,8 % (BT-DS 17/44, 285). Der „Bildungsgipfel" zwischen dem Bund und den Ländern hat hierzu erste Absichten aufgezeigt und will eine Ausweitung des

Anteils der Bildung erreichen. Dabei geht es aber auch um mehr Chancengerechtigkeit und den Zugang aller Kinder und Jugendlichen zu den Chancen und Möglichkeiten des Bildungssystems.

Auch die Soziale Arbeit bleibt gefordert, denn es geht darum, mit ihren Kompetenzen die Aneignung solcher Fertigkeiten und Fähigkeiten zu ermöglichen, die junge Menschen befähigen, sich als Persönlichkeit zu entfalten und mit den an sie gestellten Anforderungen auch umgehen zu können. Sie leistet als „weicher" Teil der Sozialpolitik einen wesentlichen Beitrag zum Abbau sozialer Benachteiligungen und zur sozialen Stabilität dieser Gesellschaft. Allerdings macht dies erforderlich, ihr auch den strukturellen, organisatorischen und finanziellen Rahmen zu geben, den sie braucht, um sich entsprechend entfalten und erfolgreich wirken zu können. Es ist sicher richtig, dass, wie oftmals in der Politik zu hören, Investitionen in die Bildung als „Investitionen für die Zukunft" zu bezeichnen sind und daher auch höhere Bildungsausgaben gefordert werden. So wurde im Rahmen des Dresdener Bildungsgipfels eine Steigerung von 7,3 % in 2008 auf 10 % im Jahr 2012 vereinbart. (BT-DS 17/44, 285) Sind aber Investitionen in die Soziale Arbeit nicht auch Investitionen in die Zukunft?

Literatur

Arbeitsgemeinschaft für Jugendhilfe (AGJ) (2006) : Sicherung einer zukunftsfähigen Kinder- und Jugendhilfe nach Verabschiedung der Föderalismusreform. Position der Arbeitsgemeinschaft für Kinder- und Jugendhilfe. In: http://www.agj.de/pdf/5/2007/Foederalismus_2007.pdf, 17.08.2010

Baumert, J., Deutsches PISA-Konsortium (Hrsg.) (2001): Pisa 2000. Basiskompetenzen von Schülerinnen und Schülern im internationalen Vergleich. Leske + Budrich, Opladen

Beckmann, C., Otto, H.-U., Richter, M., Schrödter, M. (Hrsg.) (2004): Qualität in der Sozialen Arbeit. Zwischen Nutzerinteresse und Kostenkontrolle. VS, Opladen

Bielefelder Arbeitsgruppe 8 (Hrsg.) (2008): Soziale Arbeit in Gesellschaft. VS, GWG Fachverlage gGmbH, Wiesbaden

Bleses, P., Seeleib-Kaiser, M. (2005): Sozialpolitik. In: Otto, H.-U., Thiersch, H. (Hrsg.): Handbuch Sozialarbeit/Sozialpädagogik. 3. Aufl. Ernst Reinhardt, München/Basel, 1763–1773

Böllert, K. (2004): Qualität und Wettbewerb sozialer Dienste. In: Beckmann, C., Otto, H.-U. Richter, M., Schrödter, M. (Hrsg.): Qualität der sozialen Arbeit. Zwischen Nutzerinteresse und Kostenkontrolle. VS, Opladen

Bundesjugendkuratorium (BJK), Sachverständigenkommission für den Elften Kinder- und Jugendbericht, Arbeitsgemeinschaft für Jugendhilfe (AGJ) (2002): Bildung ist mehr als Schule. Leipziger Thesen zur aktuellen bildungspolitischen Debatte. Manuskript, Bonn/Berlin/Leipzig

Bundesministerium für Bildung und Forschung (2004): Konzeptionelle Grundlagen für einen nationalen Bildungsbericht – Non-formale und informelle Bildung im Kindes- und Jugendalter. Bildungsreform Band 6, BMBF

Bundesministerium für Familie, Senioren, Frauen und Jugend (2005): 12. Kinder- und Jugendbericht – Bildung und Erziehung außerhalb von Schule. Eigenverlag, Berlin

– (2002): 11. Kinder- und Jugendbericht – Aufwachsen in öffentlicher Verantwortung. Eigenverlag, Berlin

Bundesministerium für Jugend, Familie, Frauen und Gesundheit (1990): Achter Jugendbericht – Bericht über Bestrebungen und Leistungen der Jugendhilfe. Bonn

Deutscher Bundestag (2009): Jahresgutachten 2009/2010 des Sachverständigenrates zur Begutachtung der gesamtwirtschaftlichen Entwicklung. Bundestagsdrucksache 17/44

– (Hrsg.) (2002): Abschlussbericht der Enquete-Kommission „Demographischer Wandel – Herausforderungen unserer älter werdenden Gesellschaft an den einzelnen und die Politik". Bundestagsdrucksache 14/8800

Deutsches Institut für Wirtschaftsforschung (2010): Wochenbericht. Heft 7

Hasenclever, C. (1978): Jugendhilfe und Jugendgesetzgebung seit 1900. UTB Vandenhoeck, Göttingen/Zürich

Holtappels, H. G., Klieme, E., Rauschenbach. T., Stecher, L. (Hrsg.) (2008): Ganztagsschule in Deutschland. Ergebnisse der Ausgangserhebung der „Studie zur Entwicklung von Ganztagsschulen" (StEG). Studien zur ganztägigen Bildung, Band 1. 2. Aufl. Juventa, Weinheim

Kreft, D. (2008): Jugendamt trotz Verwaltungsmodernisierung. In Bielefelder Arbeitsgruppe 8 (Hrsg.): Soziale Arbeit in Gesellschaft. VS Verlag für Sozialwissenschaften, Wiesbaden

– Mielenz, I. (Hrsg.) (2005): Wörterbuch Sozialer Arbeit – Aufgaben, Praxisfelder, Begriffe und Methoden der Sozialarbeit und Sozialpädagogik. 5. vollst. Überarb. u. erg. Aufl. Juventa, Weinheim/München

Landwehr, R., Baron, R. (Hrsg.) (1983): Geschichte der Sozialarbeit – Hauptlinien ihrer Entwicklung im 19. und 20. Jahrhundert. Beltz, Weinheim/Basel

Liebig, R. (2001): Strukturveränderungen des Jugendamts. Kriterien für eine „gute" Organisation der öffentlichen Jugendhilfe. Juventa, Weinheim/München

Limbach, J. (1998): Das Soziale Staatsziel. In: Jahrbuch der Sozialen Arbeit. Votum, Münster, 12–14

Mielenz, I. (1981): Die Strategie der Einmischung – Soziale Arbeit zwischen Selbsthilfe und kommunaler Politik. NP Sonderheft 6

Müller, R., Sünker, H., Olk, T., Böllert, K. (Hrsg.) (2000): Soziale Arbeit – Gesellschaftliche Bedingungen und professionelle Perspektiven. Ernst Reinhardt Verlag, München / Basel

Münder, J., Meysen, T., Trenczek. T. (Hrsg.) (2009): Frankfurter Kommentar SGB VIII Kinder- und Jugendhilfe. 6. Aufl. Nomos, Baden-Baden

–, Wiesner, R. (Hrsg.) (2007): Kinder- und Jugendhilferecht – Handbuch. Nomos, Baden-Baden

Olk, T. (2005): Sozialstaat. In: Kreft, D., Mielenz, I. (Hrsg.): Wörterbuch Soziale Arbeit – Aufgaben, Praxisfelder, Begriffe und Methoden der Sozialarbeit und Sozialpädagogik. 5. Aufl. Juventa, Weinheim / München, 872–881

Otto, H.-U., Rauschenbach, T. (Hrsg.) (2004): Die andere Seite der Bildung – zum Verhältnis von formellen und informellen Bildungsprozessen. VS, Opladen

–, Thiersch, H. (Hrsg.) (2005): Handbuch Sozialarbeit, Sozialpädagogik. 3. Aufl. Ernst Reinhardt, München / Basel

Rauschenbach, T. (2005): Soziale Berufe. In: Kreft D., Mielenz I. (Hrsg.): Wörterbuch Soziale Arbeit – Aufgaben, Praxisfelder, Begriffe und Methoden der Sozialarbeit und Sozialpädagogik. 5. Aufl. Juventa, Weinheim / München, 801–806

–, Betz, T., Borrmann, S., Müller, M., Pothmann, J., Prein, G., Skrobanek, J., Züchner, I. (2009): Prekäre Lebenslagen von Kindern und Jugendlichen – Herausforderungen für die Kinder- und Jugendhilfe – Expertise zum 9. Kinder- und Jugendbericht des Landes Nordrhein-Westfalen. Dortmund / München

Runder Tisch Heimerziehung in den 50-ziger und 60-ziger Jahren 2010: Zwischenbericht, Berlin

Schäfer, K. (2009): zu §69 In: Münder, J., Meyen, T., Trenczek, T. (Hrsg.): Frankfurter Kommentar SGB VIII Kinder- und Jugendhilfe. 6. Aufl. Nomos, Baden-Baden

Schmid, H., Wiesner, R. (2006): Die Kinder- und Jugendhilfe und die Förderalismusreform, Teil 1. Kindschaftsrecht und Kinder- und Jugendhilfe 9, 392–396

Schmidt, M. G. (2005): Sozialpolitik in Deutschland – Historische Entwicklung und internationaler Vergleich. VS, Wiesbaden

Statistisches Bundesamt (2008): Kinder- und Jugendhilfestatistik. In: http://www.destatis.de/jetspeed/portal/cms/Sites/destatis/Internet/DE/Navigation/Statistiken/Sozialleistungen/KinderJugendhilfe/KinderJugendhilfe.psml, 17.08.2010

StEG-Studie (2005–2010): Studie zur Entwicklung von Ganztagsschulen. In: http://www.projekt-steg.de, 17.08.2010

Thiersch, H. (2004): Bildung und Soziale Arbeit. In: Otto, H.-U., Rauschenbach, T. (Hrsg.): Die andere Seite der Bildung – zum Verhältnis von formellen und informellen Bildungsprozessen. VS, Opladen, 237–252

Sozialstatistiken

Von Matthias Schilling

Sozialstatistiken sind ein umfangreiches und vielfältiges empirisches Instrument zur Darstellung und Analyse der sozialen Situation und Wandlungsprozesse einer Gesellschaft. Neben diesem allgemeineren Verständnis, das insbesondere in der Soziologie anzutreffen ist, werden im Rahmen der Sozialpolitik, aber auch der Sozialen Arbeit, unter Sozialstatistiken darüber hinaus oftmals solche Statistiken verstanden, die die staatlichen Sozialleistungen regelmäßig erfassen und dokumentieren. Somit umfasst der Gegenstandsbereich der Sozialstatistiken zwei große Teilgebiete: erstens die quantitativ-empirische Grundlage für die Analyse gesellschaftlicher Wandlungsprozesse und zweitens die statistische Erfassung der sozialstaatlichen Leistungen. Bezogen auf die Art der Sozialstatistiken ist zwischen amtlichen und nicht amtlichen Statistiken zu unterscheiden.

Aus Sicht der Sozialen Arbeit, bezogen auf das Teilgebiet der gesellschaftlichen Wandlungsprozesse, ist besonders die Erfassung und Darstellung von gesellschaftlichen Gruppen interessant, welche aufgrund ihrer Lebenssituation in ihren Möglichkeiten der Teilhabe am gesellschaftlichen Leben eingeschränkt sind. Im Unterschied zu soziologischen bzw. sozialpolitischen Fragestellungen, die sich wesentlich für die gestalteten bzw. zu gestaltenden Spielräume von Subjekten bzw. Subjektgruppen interessieren, richtet sich der Fokus der Sozialen Arbeit mit einer stärker handlungstheoretischen Perspektive demgegenüber auf mehrdimensionale Benachteiligungs- und Ausschließungsformen in der Gesellschaft. Unter diesem Gesichtspunkt sind für die Soziale Arbeit Sozialstatistiken von besonderem Interesse, die z. B. Armutsentwicklungen aufzeigen (z. B. Schmid-Urban 2000).

Im Teilgebiet der Sozialstatistiken, die die sozialstaatlichen Leistungen darstellen, sind aus Sicht der Sozialen Arbeit diejenigen Leistungsstatistiken von

besonderem Interesse, die sich auf Bedürftige, also auf ihr Klientel, richten. Somit sind die Sozialstatistiken zu Rentenversicherungsleistungen, zum Gesundheitswesen, zur Pflegeversicherung etc. von geringerem Interesse. Innerhalb dieser Leistungsstatistiken ist dann wiederum zwischen Statistiken zu monetären Leistungen und personenbezogenen Dienstleistungen zu unterscheiden.

Innerhalb dieser Systematik der Bedeutung der Sozialstatistiken für die Soziale Arbeit wird im Folgenden auf die Vor- und Nachteile von amtlichen und nicht-amtlichen Statistiken eingegangen. Der zweite Abschnitt konzentriert sich auf den Umfang der amtlichen Sozialstatistiken. Im dritten Abschnitt werden die unterschiedlichen Funktionen und Verwendungskontexte der Sozialstatistiken dargestellt und abschließend auf die wachsende Bedeutung der Sozialstatistiken für die Soziale Arbeit in Praxis und Forschung hingewiesen.

Die Merkmale amtlicher und nicht amtlicher Sozialstatistiken

Unter Statistik versteht man allgemein die regelmäßige, systematisierte und organisierte Beobachtung. Somit ist Statistik ein Beobachtungsinstrument – ein Instrument, mit dem man, sofern es gut konstruiert wurde, regelmäßige und geregelte Beobachtungen durchführen kann. Ziel dieser Beobachtung ist es, neue Erkenntnisse zu gewinnen oder aber vorhandene bzw. vermutete Erkenntnisse zu stabilisieren, zu ergänzen oder zu korrigieren.

Für viele Aspekte der bundesrepublikanischen Gesellschaft werden umfangreiche Daten erhoben. Hierbei ist wiederum zu unterscheiden, ob es sich um eine amtliche oder eine nicht amtliche Statistik handelt. Dabei ist die amtliche Statistik gegenüber der nicht amtlichen Statistik dadurch gekennzeich-

Otto/Thiersch (Hg.), Handbuch Soziale Arbeit, 4. A., DOI 10.2378/ot4a.art152,

net, dass ihre Erhebung durch Gesetze oder Verordnungen geregelt ist, die Befragten zur Auskunft verpflichtet und die Ergebnisse öffentlich zugänglich sind. Die besondere Aufgabe der amtlichen Statistik begründet sich darin, dass wichtige und übergreifende Entscheidungen in unserer modernen und komplexen Gesellschaft nur noch als rational begründbar anzusehen sind, wenn sie auf der Grundlage einer umfassenden, regional und sachlich tief gegliederten, zuverlässigen, aktuellen und kontinuierlichen Datenbasis beruhen (Rinne 1996, 7).

Diese besondere Aufgabe der amtlichen Statistik wird auch durch das Volkszählungsurteil des Bundesverfassungsgerichts vom 15.12.1983 hervorgehoben:

„Die Statistik hat erhebliche Bedeutung für eine staatliche Politik, die den Prinzipien und Richtlinien des Grundgesetzes verpflichtet ist. Wenn die ökonomische und soziale Entwicklung nicht als unabänderliches Schicksal hingenommen, sondern als permanente Aufgabe verstanden werden soll, bedarf es einer umfassenden, kontinuierlichen sowie laufend aktualisierten Information über die wirtschaftlichen, ökologischen und sozialen Zusammenhänge. Erst die Kenntnis der relevanten Daten und die Möglichkeit, die durch sie vermittelten Informationen mit Hilfe der Chancen, die eine automatische Datenverarbeitung bietet, für die Statistik zu nutzen, schafft die für eine am Sozialstaatsprinzip orientierte staatliche Politik unentbehrliche Handlungsgrundlage" (BVerfGE 65, 47).

Für die amtliche Statistik können insgesamt folgende Merkmale festgehalten werden (Vogel/Grünewald 1996, 13 ff.; Rinne 1996, 8):

- Die amtliche Statistik in der BRD ist gekennzeichnet durch das Prinzip der Legalisierung.
- Sie ist fachlich zentral aufgebaut.
- Es gelten die Grundsätze der Neutralität, Objektivität und wissenschaftlichen Unabhängigkeit.
- Die Ergebnisse der amtlichen Statistik sind der Öffentlichkeit prinzipiell frei – vielfach sogar fast kostenlos – zugänglich.

Für die amtliche Statistik ergeben sich aus diesen Merkmalen einige Vorteile, aber auch Nachteile.

- Durch die Notwendigkeit der rechtlichen Fixierung ergibt sich der Vorteil, dass die Erhebungskategorien nicht beliebig verändert werden können und

dem Erhebungsinstrument somit eine hohe Kontinuität zukommt. Dieser Vorteil impliziert allerdings die Einschränkung, dass die Statistik nicht schnell und flexibel auf jede Veränderung in der Sozialen Arbeit reagieren kann. Änderungen setzen u. U. erst ein mühseliges Gesetzgebungsverfahren voraus, das nicht immer einer fachlichen Rationalität folgt. Ein Blick in die Statistikgeschichte zeigt, dass das Prinzip der Legalisierung nicht selten ein Hemmschuh für ihre Weiterentwicklung war.

- Der fachlich-zentrale Aufbau hat den Vorteil, dass regionale und zeitliche Vergleiche erstellt werden können, die Auskunft über eine gleichmäßige oder ungleichmäßige Verteilung oder Dichte von sozialen Problemlagen sowie Hilfsangeboten geben können. Gerade solche empirischen Beobachtungen sind notwendig, um regionale Disparitäten auszugleichen.
- Die Grundsätze der Neutralität, Objektivität und wissenschaftlichen Unabhängigkeit müssen prinzipiell auch für nicht amtliche Statistiken gefordert werden, wenn diese Seriosität beanspruchen wollen. Allerdings hat die amtliche Statistik den Vorteil, dass im Interesse der Zuverlässigkeit und Objektivität der Ergebnisse die Auskunft von den Befragten verlangt werden kann. Gerade für den formal nicht einheitlich strukturierten Bereich der Sozialen Arbeit ist diese Verpflichtung zur Auskunft ein wichtiges Instrument, um zu validen Ergebnissen zu kommen. Beispiele hierfür sind die amtliche Kinder- und Jugendhilfestatistik oder die neu eingeführte Pflegestatistik. Darüber hinaus bietet die Neutralität und fachliche Distanz der statistischen Ämter gegenüber der Jugendhilfe den Vorteil, dass Daten nicht interessengeleitet erhoben oder ausgewertet werden.
- Die öffentliche Zugänglichkeit der Ergebnisse bietet den Vorteil, dass alle Entwicklungen, auch die unliebsamen, der Öffentlichkeit bekannt gemacht werden können. Hingegen stehen nicht amtliche Statistiken eher in der Gefahr, negative Entwicklungen geschönt darzustellen oder ganz wegzulassen.

Ein weiteres wichtiges Merkmal der amtlichen Statistiken ist es, dass fast alle Erhebungen als Vollerhebungen durchgeführt werden. Somit ist ein Höchstmaß an Validität unter der Voraussetzung gewährleistet, dass alle Auskunftspflichtigen erreicht werden und diese wahrheitsgetreu antworten.

Somit stellt sich die amtliche Statistik insgesamt als ein strukturell konservatives Instrument dar, dessen eindeutige Vorteile in der pflichtgemäßen, kontinuierlichen und einheitlichen Beobachtung liegen, die allerdings durch den Nachteil der mangelnden Flexibilität erkauft werden. Schäfer / Cremer drückten diesen Vorteil in Bezug auf die amtliche Kinder- und Jugendhilfestatistik einmal so aus:

„Die Statistik ‚Öffentliche Jugendhilfe' ist die einzige Statistik der Jugendhilfe in der Bundesrepublik Deutschland, die auf einer gesetzlichen Grundlage beruht, somit bestimmten gesetzlich vorgeschriebenen Kriterien nachkommen muss und damit dem ‚freien Spiel' unterschiedlicher Interessengruppen verschlossen bleibt" (Schäfer / Cremer 1979, 23).

Neben der Darstellung der prinzipiell positiven Merkmale der amtlichen Statistik darf jedoch die oftmals vorgebrachte Kritik gegenüber der amtlichen Statistik nicht unberücksichtigt bleiben. Diese Kritik wird vor allem von der Sozialwissenschaft vorgebracht und lässt sich in vier Punkten zusammenfassen (Simons 1993):

- Die Entstehung von Daten im Verwaltungsprozess wird kritisch betrachtet, besonders dann, wenn es um Einschätzungen, Bewertungen und Beurteilungen des Verwaltungspersonals geht. Hier wird bemängelt, dass die Sichtweise der „Verwalter" wiedergegeben wird und die Klärung von objektiven Sachverhalten nur selten gelingt.
- Die Erhebungsmerkmale werden aus sozialwissenschaftlicher Sicht oftmals als unzureichend, lückenhaft und zum Teil als trivial empfunden, und dies besonders nach der Abkehr von der „klassischen" Sozialstrukturforschung und der Hinwendung zur Lebensstilforschung, also zu einem komplexen Ensemble personen- und subjektbezogener Daten.
- Die Festlegung der Erhebungsmerkmale und die Art deren Nutzung wird vielfach schwerpunktmäßig von juristischen Spezialisten vorgenommen, die sich an den konkreten Fachgesetzen orientieren und nur Erhebungsmerkmale zulassen, die sich unmittelbar aus dem funktionalen Zusammenhang der Ausführung des Fachgesetzes ergeben. Gesamtzusammenhänge z.B. zwischen Sozialhilfe und Jugendhilfe finden infolgedessen so gut wie keine Berücksichtigung.

- Die Konzeption von amtlichen Erhebungen orientiert sich vielfach nicht an inhaltlichen Notwendigkeiten, sondern an der möglichst reibungslosen Einbindung in Verwaltungsabläufe (vgl. zur Familienberichterstattung Eggen (2000) und zur Kinder- und Jugendhilfe Rauschenbach / Schilling (1997a, 175 ff.) sowie Schilling (2003)).

Übersicht der amtlichen Sozialstatistiken für die Soziale Arbeit

Die amtlichen Sozialstatistiken können aus Sicht der Sozialen Arbeit zunächst einmal grob in zwei Teilbereiche unterschieden werden – einerseits in Statistiken, die regelmäßig Informationen über die gesellschaftlichen Entwicklungen und die aktuelle Situation bereithalten und andererseits in Statistiken, die in den verschiedenen Feldern der Sozialen Arbeit durchgeführt werden und über die sozialstaatliche Leistungserbringung berichten. Letztere können sinnvollerweise noch unterschieden werden in Statistiken, die Informationen über (a) Geldleistungen an Berechtigte bereitstellen, Informationen über (b) die Infrastruktur der Sozialen Arbeit wie Einrichtungen, verfügbare Plätze und tätige Personen, über (c) die Leistungen der Sozialen Arbeit, z.B. erzieherische Hilfen im Rahmen der Kinder- und Jugendhilfe, und über (d) die Adressaten der Sozialen Arbeit.

Hintergrundinformationen über gesellschaftliche Bedingungen

Zur Beschreibung der gesellschaftlichen Entwicklung und der aktuellen Situation stehen mehrere amtlichen Statistiken zur Verfügung, die unterschiedliche Themenkomplexe behandeln. Die nachfolgende Auflistung gibt hierüber nach Hauptgruppen der Datengewinnung einen Überblick.

Sozialstatistiken aus amtlichen Umfrage- und Beobachtungsdaten

- Volkszählung
- Mikrozensus

- Teile der Einkommens- und Verbraucherstichproben
- Relevante Teile der Preisstatistik (z. B. der Mietpreisstatistik)
- Gebäude und Wohnungserhebung

Sozialstatistiken aus speziellen Statistiken im Rahmen der Vollerhebung

- Sozialhilfestatistik
- Statistik zur Grundsicherung für Arbeitssuchende
- Pflegestatistik
- Kinder- und Jugendhilfestatistik
- Statistik über Arbeitslosigkeit und Erwerbstätigkeit
- Wohngeldstatistik und Statistik der Wohnversorgung (Bestand, Zugänge, Abgänge)
- Schwerbehindertenstatistik
- Kriminalstatistik
- Verkehrsunfallstatistik
- Bevölkerungsstatistik aus melde- und standesamtlicher Tätigkeit (Eheschließungen, Ehescheidungen, Geburten, Todesfälle)
- Teile der Gesundheitsstatistik (Todesursachen, meldepflichtige Krankheiten, Abtreibungen, Krankenkosten)
- Statistiken der Sozialversicherungsträger
- Steuer- und Einkommenstatistik
- Umweltdaten (Verkehrsbelastungen, Immissionen etc.)

Weiterführende Informationen zu den einzelnen Sozialstatistiken werden behandelt von Eggen (2000, 122 ff.) aus Sicht der Familienberichterstattung. Das Statistische Bundesamt (1997) stellt das gesamte Erhebungsprogramm der amtlichen Statistik dar.

Amtliche Statistiken zur Sozialen Arbeit

Ebenso liegen für einzelne Arbeitsfelder der Sozialen Arbeit Daten aus den amtlichen Statistiken vor, die allerdings unterschiedliche Aspekte beleuchten. Dabei ist zwischen Geldleistungen, der Infrastruktur der Sozialen Arbeit, Angeboten und Maßnahmen sowie Adressaten zu unterscheiden.

Öffentliche Geldleistungen an Berechtigte

Über die Geldleistungen an Berechtigte im Rahmen der Sozialen Arbeit stehen umfangreiche Informationen über die Rechnungsergebnisse des öffentlichen Gesamthaushalts zur Verfügung. Diese werden jährlich erfasst und in der Fachserie 14 „Finanzen und Steuern", Reihe 3.1 des Statistischen Bundesamts, veröffentlicht. Innerhalb dieses Gesamtüberblicks der öffentlichen Ausgaben werden im Bereich der sozialen Sicherung die Ausgaben für Hilfen zum Lebensunterhalt nach dem Bundessozialhilfegesetz, die Altenhilfe, die Hilfen für Schwerbehinderte, die Einzelhilfen im Bereich der Kinder- und Jugendhilfe etc. ausgewiesen. Eine differenziertere Darstellung erfolgt darüber hinaus für die gesamtstaatliche Ebene in der Fachserie 14, Reihe 3.5 „Rechnungsergebnisse der öffentlichen Haushalte für soziale Sicherung und für Gesundheit, Sport und Erholung". Zur Darstellung der Ausgaben für Geldleistungen an Berechtigte im Rahmen der sozialen Sicherung auf der Ebene der kommunalen Haushalte werden ebenfalls die Ausgaben, aufgeschlüsselt nach einzelnen Bundesländern, ausgewiesen (StBA: Fachserie 14, Reihe 3.3 „Rechnungsergebnisse der kommunalen Haushalte"). Diese Darstellungsform hat zwei Vorteile: Einerseits greift die Darstellung auf die kommunale Haushaltssystematik zurück, die eine noch differenziertere Auswertung einzelner Haushaltspositionen zulässt. So kann z. B. zwischen den Ausgaben für Hilfen zum Lebensunterhalt und Eingliederungshilfen für Behinderte unterschieden werden oder im Bereich der Kinder- und Jugendhilfe zwischen Ausgaben für Hilfen zur Erziehung und Hilfen für junge Volljährige. Andererseits eröffnet diese Darstellung die Möglichkeit, die Belastungen der kommunalen Haushalte in Abgrenzung zur Landes- und Bundesebene aufzuzeigen.

Ein weiterer Differenzierungsschritt wird noch durch die Fachstatistiken vorgenommen. So ist es z. B. wichtig für die kommunale Sozialpolitik oder Sozialplanung, Informationen darüber zu haben, ob die Ausgaben im Rahmen der erzieherischen Hilfen für ambulante Hilfen, teilstationäre Hilfen, Vollzeitpflege oder Heimerziehung eingesetzt werden. Diese Differenzierungen werden für die Kinder- und Jugendhilfe sowie für die Sozialhilfe im Rahmen eigener Fachstatistiken erfasst und ausgewertet (StBA: Fachserie 13, Reihe 2 „Sozialhilfe" und Reihe 6.4 „Ausgaben und Einnahmen der öffentlichen Kinder- und Jugendhilfe").

Somit stehen insgesamt umfangreiche Informationen mit einem hohen Differenzierungsgrad über die öffentlichen Ausgaben für Leistungen an Berechtigte zur Verfügung.

Einrichtungen, Plätze und tätige Personen in der Sozialen Arbeit

Zu den Grundinformationen über die Infrastruktur der Sozialen Arbeit gibt es keine einheitliche übergreifende Statistik. Die Informationen müssen aus mehreren Teilstatistiken zusammengetragen werden. So werden beispielsweise im Rahmen der Kinder- und Jugendhilfestatistik alle vier Jahre alle Einrichtungen und tätigen Personen in der Kinder- und Jugendhilfe erfasst. Damit ein möglichst vollständiges und differenziertes Bild der unterschiedlichen Einrichtungsarten entsteht – sie reichen von Kindergärten, Krippen und Horten über Einrichtungen der Jugendsozialarbeit bis hin zu den verschiedenen Arten von stationären Erziehungshilfeeinrichtungen –, werden über 40 verschiedene Einrichtungsarten erfasst. Neben der Einrichtungsart werden auch die verfügbaren Plätze sowie alle tätigen Personen in diesen Einrichtungen in der Erhebung berücksichtigt. Damit zumindest Aussagen zur Strukturqualität bezogen auf das Personal gemacht werden können, wird nicht nur die Anzahl der tätigen Personen erfasst, sondern ebenso pro Person Alter, Geschlecht, Stellung im Beruf, Berufsausbildungsabschluss, Umfang der Beschäftigung und Art der hauptsächlichen Tätigkeit (ausführlich Rauschenbach / Schilling 1997a, 139 ff.; Rauschenbach / Schilling 2005).

Zu anderen Bereichen der Sozialen Arbeit wie z. B. Suchtberatung, Gemeinwesenarbeit und Altenarbeit stehen keine in sich geschlossenen Erhebungskonzepte der amtlichen Statistik zur Verfügung. Um hier für notwendige Analysen oder Planungsentscheidungen entsprechendes empirisches Grundlagenmaterial zusammenzutragen, muss auf nicht amtliche Daten zurückgegriffen werden wie z. B. für die Suchtberatung auf die Ergebnisse des einrichtungsbezogenen Informationssystems EBIS der Deutschen Hauptstelle gegen die Suchtgefahren DHS (DHS 1999) oder für die Jugendsozialarbeit auf die Statistiken der Bundes-

arbeitsgemeinschaft der Jugendsozialarbeit (Schilling / Rauschenbach 2001) oder für die Infrastruktur der freien Wohlfahrtspflege auf die Verbandsstatistik der Bundesarbeitsgemeinschaft der Freien Wohlfahrtspflege (BAGFW 2006) oder für einzelne Verbände auf die jeweiligen Verbandsstatistiken z. B. des Deutschen Caritasverbandes (Vogt-Wuchter 2008; zu den Trägern der Sozialen Arbeit, Schilling 2005a).

Eine weitere Möglichkeit, Informationen über die Situation der Beschäftigten in Sozialen Diensten zusammenzutragen und zu analysieren, besteht über die Erhebungsergebnisse des Mikrozensus und der Beschäftigtenstatistik. Hierüber ist zwar keine Zuordnung der Beschäftigten zu einzelnen Einrichtungen bzw. Arbeitsfeldern mehr möglich, allerdings entsteht dadurch ein Gesamtbild der in sozialen Berufen beschäftigten Personen (Rauschenbach / Schilling 2000).

Die Leistungen der Sozialen Arbeit

Zum Bereich der Leistungen stehen ebenfalls mehrere Statistiken zur Verfügung. Die Sozialhilfestatistik unterscheidet z. B. zwischen den verschiedenen Arten der Hilfen zum Lebensunterhalt: laufende Hilfen zum Lebensunterhalt, Grundsicherung im Alter und bei Erwerbsminderung, Leistungen nach den Kapiteln 5 bis 9 des SGB XII. Mit dem „Vierten Gesetz für moderne Dienstleistungen am Arbeitsmarkt", welches umgangssprachlich als „Hartz IV" bezeichnet wird, wurde zum Jahresbeginn 2005 die vorherige Arbeitslosen- und Sozialhilfe für Erwerbsfähige durch die sogenannte „Grundsicherung für Arbeitsuchende" ersetzt. Diese Leistung setzt sich aus dem Arbeitslosengeld II (ALG II) und dem Sozialgeld zusammen. ALG II erhalten erwerbsfähige Personen im Alter von 15 bis unter 65 Jahren, die ihren Lebensunterhalt nicht aus eigenen Mitteln bestreiten können. Ihre im Haushalt lebenden nicht erwerbsfähigen Familienangehörigen (vor allem Kinder) erhalten Sozialgeld (Statistische Ämter des Bundes und der Länder 2008, 19 ff.).

Die amtliche Kinder- und Jugendhilfestatistik gibt differenzierte Auskünfte über die Inanspruchnahme der verschiedenen erzieherischen Hilfen (§§ 28 bis 35 SGB VIII), der vorläufigen Schutzmaßnahmen sowie über die öffentlich geförderten Maßnahmen der Jugendarbeit.

Somit stehen für unterschiedliche Bereiche der Sozialen Arbeit Informationen über die Art der Leistungen bereit, die aufgrund der vielfach verwendeten Individualerhebungen (für jeden einzelnen Fall werden mehrere Merkmale erhoben) einen relativ hohen Differenzierungsgrad erreichen. So wird beispielsweise für die Erhebung der Erziehungsberatung (§ 28 SGB VIII) erfasst, ob die Beratung beim jungen Menschen, der Familie oder im sozialen Umfeld ansetzt.

Die Adressaten der Sozialen Arbeit

Die neueren Sozialstatistiken (Kinder- und Jugendhilfestatistik, 1990 reformiert; Sozialhilfestatistik, 1994 reformiert) zeichnen sich dadurch aus, dass sie nicht mehr in Form von Sammelerhebungen durchgeführt werden, die erhebungstechnisch nur einige Grunddaten wie z. B. Alter oder Geschlecht zulassen, sondern in Form von Individualerhebungen, die erheblich mehr Erhebungsmerkmale zur hilfeempfangenden Person sowie zur Hilfe zulassen (ausführlich Rauschenbach / Schilling 1997a). So werden z. B. im Rahmen der Kinder- und Jugendhilfestatistik für jeden jungen Menschen, der eine Hilfe zur Erziehung in Anspruch nimmt, bis zu 20 Angaben abgefragt (ausführlich Kolvenbach / Taubmann 2006).

Dieser, für eine amtliche Statistik relativ hohe Differenzierungsgrad ermöglicht vielfältige Auswertungen und Analysen, die noch vor zehn Jahren undenkbar gewesen wären. So kann nicht nur festgestellt werden, wie viele Hilfen zur Erziehung es am Jahresende gab, sondern es ist ebenfalls möglich, differenzierte Analysen der Situation zu Beginn und zum Ende der Erziehungshilfen durchzuführen, um Fragen zu beantworten wie: Hat sich die Altersstruktur beim Beginn verschoben? Sind geschlechtsspezifische Besonderheiten in Abhängigkeit vom Alter, der Staatsangehörigkeit oder der Familiensituation (z. B. alleinerziehend) zu beobachten? Welchen Einfluss haben vorangegangene Hilfen auf die Dauer der Hilfe? (Blandow 1997, Fendrich / Pothmann 2005). Dieser kurz angerissene Fragenkatalog stellt nur einen kleinen Ausschnitt der fachlich relevanten Fragen dar. In dieser kurzen bereichsspezifischen Auflistung wird allerdings schon deutlich, dass durch die modernen Leistungsstatistiken im sozialen

Sektor eine umfassende Datenbasis geschaffen wurde, welche Erkenntnisse über die Soziale Arbeit bereithält.

Die Verwendungskontexte der amtlichen Sozialstatistiken

Statistische Zahlen erfüllen keinen Selbstzweck. Sie sind ein Hilfsmittel, um Sachverhalte und Zusammenhänge zu dokumentieren. Da es nicht darum gehen sollte, „Datenfriedhöfe" zu produzieren, ist es von zentraler Bedeutung, der Frage nachzugehen, wofür die Erhebungsergebnisse verwendet werden können.

Als Verwendungskontexte der amtlichen Sozialstatistik können in eher allgemeiner Form für die Soziale Arbeit folgende Verwendungskontexte bestimmt werden: (a) systematische Gewinnung, Aufbereitung und Auswertung quantifizierbarer Tatbestände der gesellschaftlichen Realität zur Beschreibung der sozialen Lage im Rahmen der *Sozialberichterstattung*, aus der Handlungsnotwendigkeiten für die Soziale Arbeit abgeleitet werden können, (b) Darstellung der Infrastruktur und Leistungen der Sozialen Arbeit im Rahmen der *Leistungsberichterstattung* auf den unterschiedlichen föderalen Ebenen, zur Darstellung und Überprüfung vorher festgelegter sozialpolitischer Ziele sowie zur Entwicklung von Zielperspektiven für die *Sozialplanung* und (c) die Gewinnung von *neuen Erkenntnissen* im Rahmen der wissenschaftlichen Forschung.

a. Für die Beschreibung der sozialen Lage stehen vielfältige und umfangreiche Datenbestände zur Verfügung, die in den statistischen Berichten der Statistischen Landesämter und den Fachserien des Statistischen Bundesamtes veröffentlicht werden. Darüber hinaus werden kommentierte Zusammenfassungen angeboten, so z. B. thematische Zusammenfassungen des Statistischen Bundesamts mit Themen wie z. B. „Frauen in Deutschland" (Statistisches Bundesamt 2006). Vom Statistischen Bundesamt wird darüber hinaus in Zusammenarbeit mit dem WZB (Wissenschaftszentrum Berlin für Sozialforschung) und dem ZUMA (Zentrum für Umfragen, Methoden und Analysen Mannheim) alle zwei Jahre der Datenreport herausgegeben, in dem der Versuch unternommen wird, objektive Tatbestände aus der amtlichen Statistik und Erkenntnisse der Sozialwissenschaft über die Zusammenhänge zwischen objektiven Tatbeständen und subjektivem Erleben zusammenzuführen (Statistisches Bundesamt 2008). Diese nur beispielhaft herausgehobenen Datenbestände, die bis auf die Kreis- und Gemeinde-Ebene heruntergebrochen werden können, stellen eine Situationsbeschreibung gesellschaftlicher Bedingungen dar, auf die Soziale Arbeit reagieren kann und sollte. Die Befunde bewegen sich allerdings im Spannungsfeld zwischen sozialpolitischen Handlungsnotwendigkeiten und sozialarbeiterischen Handlungsmöglichkeiten, da die Soziale Arbeit zumeist nicht die Einflussmöglichkeiten auf strukturelle Entscheidungen wie die Verbesserung der Wohnverhältnisse, die Bekämpfung der Arbeitslosigkeit etc. in einzelnen Regionen hat (Schmid-Urban 2000 161 f.).

b. Die Darstellung der Infrastruktur und der Leistungen der Sozialen Arbeit im Rahmen der *Leistungsberichterstattung* auf den unterschiedlichen föderalen Ebenen findet in den meisten Fällen nicht getrennt von der allgemeinen Sozialberichterstattung statt. So umfassen die Bundesjugendberichte zumeist einen allgemeinen Teil über die Lage der jungen Menschen in der Bundesrepublik sowie einen weiteren Teil über die Leistungen der Kinder- und Jugendhilfe (im Überblick Richter/Coelen 1997, 199 ff.). Einem ähnlichen Schema folgen auch die Landesjugendberichte, und ebenfalls auf der kommunalen Ebene wird zumeist die Funktion der Leistungsberichterstattung über Sozialstatistiken in die Gesamtheit eines Sozialberichts integriert. Die Sozialberichte haben dabei zumeist eine doppelte Funktion. Einerseits dienen sie zur *Überprüfung der Umsetzung* von vorgegebenen politischen oder fachlichen Zielen, also ob z.B. die angestrebte Versorgungsquote mit Kindergartenplätzen erreicht wurde oder in welchem Maße Programme wie „Arbeit statt Sozialhilfe" dazu geführt haben, dass die Ausgaben für Sozialhilfe tatsächlich gesunken sind. Andererseits dient die Darstellung und Analyse des Leistungsspektrums der Sozialen Arbeit dazu, Schwachpunkte und nicht erreichte Ziele aufzuzeigen, aus deren Analyse modifizierte oder neue Zielbestimmungen entwickelt werden können.

c. Für die *Wissenschaft* stellen die Sozialstatistiken ein wichtiges Erkenntnisinstrument dar, das allerdings im Bereich der Forschung zur Sozialen Arbeit bisher nur relativ wenig genutzt wurde. In der sozi-

alwissenschaftlichen Forschung ist der Rückgriff und die Nutzung von amtlichen Sozialstatistiken deutlich stärker ausgeprägt. Beispielhaft sei hier nur auf die Sozialindikatorenforschung (Noll/Zapf 1994) und die Armutsforschung verwiesen. Die Nutzung der Sozialstatistiken im Bereich der Forschung zur Sozialen Arbeit ist relativ gering. Im Folgenden wird dies exemplarisch für die Nutzung und den Umgang mit der amtlichen Kinder- und Jugendhilfestatistik im Bereich der Jugendhilfeforschung dargestellt und der Frage nachgegangen, wie diese geringe Nutzung zu erklären ist.

Die Verwendung der Erhebungsergebnisse der amtlichen Kinder- und Jugendhilfestatistik seitens der Wissenschaft, vor allem der Sozialpädagogik (Hochschulen, Forschungsinstitute), ist noch keine Selbstverständlichkeit. Die sozialpädagogische Disziplin nimmt in ihren Theorie- und Forschungsdebatten erst langsam Bezug auf die Erhebungsergebnisse der amtlichen Kinder- und Jugendhilfestatistik. Erste Verwendung fanden die Erhebungsergebnisse in den Forschungen zur Personalstruktur in der Kinder- und Jugendhilfe (Rauschenbach 1986, 1990, 1992; Rauschenbach et al. 1988; Rauschenbach/Schilling 1995, 1997a, 1997b, 2005). Einen deutlich stärkeren Verwendungskontext gewannen die Erhebungsergebnisse durch die Einrichtung der Arbeitsstelle Kinder- und Jugendhilfestatistik an der Technischen Universität Dortmund Ende der 1990er Jahre. Durch die Forschungsarbeiten wurde einerseits herausgearbeitet, welche Erkenntnismöglichkeiten für welche wissenschaftlichen Fragestellungen auf der Basis der amtlichen Erhebungsergebnisse bereitgestellt werden können (Rauschenbach/Schilling 1997a, 2005). Andererseits wurden die Erkenntnisse für die einzelnen Arbeitsfelder der Kinder- und Jugendhilfe dargestellt (Rauschenbach/Schilling 1997b, 2001, 2005). Neben diesen eher grundsätzlichen Beiträgen werden die Erkenntnisse regelmäßig durch den Informationsdienst der Arbeitsstelle Kinder- und Jugendhilfestatistik Kom[Dat] (Kommentierte Daten zur Kinder- und Jugendhilfe) der Wissenschaft zur Verfügung gestellt.

Gründe für die teilweise sehr zurückhaltende Verwendung des umfangreichen Datenmaterials in der wissenschaftlichen Sozialpädagogik scheinen in einer generellen Skepsis gegenüber den amtlichen

Zahlen zu liegen. Deshalb werden für eigene Forschungsvorhaben, die quantitative Dimensionen berücksichtigen, bevorzugt eigene (aufwendige) Erhebungen durchgeführt, anstatt auf die amtlichen Datenbestände zurückzugreifen. Dabei wird allerdings verkannt, dass die Ergebnisse der amtlichen Kinder- und Jugendhilfestatistik zur gesellschaftlichen Konstruktion der Jugendhilfe zunehmend verwendet und zur Basis von politischen Entscheidungen gemacht werden. Lüders plädiert daher für eine „intensive disziplinäre Auseinandersetzung mit der amtlichen Statistik" (Lüders 1997, 104) und formuliert fünf Perspektiven für den künftigen Umgang:

1. Die Jugendhilfestatistik könnte als Prüfinstanz für theoretische Behauptungen verwendet werden: Der Ausbau flexibler Erziehungshilfen führt z. B. zu einer Abnahme der Heimeinweisungen.
2. Sie könnte als Instanz der Verortung der eigenen Forschungsergebnisse verwendet werden, indem z. B. nach einer Studie über Einzelfallhilfen anhand der amtlichen Statistik aufgezeigt wird, welche Relevanz diese Hilfearten in der regionalen Verteilung überhaupt haben.
3. Unerwartete Ergebnisse der Jugendhilfestatistik können als Ausgangspunkt für eigene Forschungen und Forschungsfragestellungen verwendet werden.
4. Die Jugendhilfestatistik könnte als Basis für eine Sozialberichterstattung in den Bereichen Sozialpädagogik / Sozialarbeit und Jugendhilfe verwendet werden.
5. Insgesamt sollte sich die Wissenschaft verstärkt mit der Weiterentwicklung der Jugendhilfestatistik auseinandersetzen, um noch differenziertere Erkenntnisse zu gewinnen (Lüders 1997, 107 f.).

Allerdings stellt sich die Nutzung nicht von alleine ein. Die amtliche Statistik wird von der Forschung erst dann aus dem Dornröschenschlaf erweckt, wenn sich einzelne Vertreter der Wissenschaft auf die Sekundäranalyse einlassen und damit akzeptieren, dass nicht jede Fragestellung mit dem vorhandenen Material beantwortet werden kann und manchmal nur indirekte Hinweise gewonnen werden können, die aber zumindest erste Tendenzen – wenn auch grobe – erkennen lassen.

Zu Anfang des ersten Jahrzehnts des 21. Jahrhunderts gab es eine intensive Debatte über die Verbesserung der Nutzung der amtlichen Statistik für die Wissenschaft (Schilling 2003, 22 ff.). Als Konsequenz wurden von den Statistischen Landesämtern die sogenannten Forschungsdatenzentren (www.forschungsdatenzentrum.de) eingerichtet. Dort haben wissenschaftliche Einrichtungen die Möglichkeit, mit den anonymisierten Einzeldaten der unterschiedlichen Statistiken zu arbeiten. Dies stellt einen wichtigen Schritt in der Verbesserung der wissenschaftlichen Nutzung der amtlichen Statistik dar.

Fazit

Die amtlichen Sozialstatistiken, insbesondere die Struktur- und Leistungsstatistiken, sind von ihrer ursprünglichen Ausrichtung Statistiken für die Verwaltung und Politik auf Landes- und Bundesebene. Diese zentrale Funktion haben sie immer noch, allerdings wurden einige Sozialleistungsstatistiken in den letzten Jahren deutlich ausgeweitet. Es werden nicht nur einfach die gewährten Leistungen gezählt, sondern vielfältige weitere Informationen über die Adressat(inn)en bzw. Hilfeempfänger(innen), die Art der Hilfe bzw. Leistung und die institutionellen Strukturen der Leistungserbringung erfasst. Somit werden Statistiken zu einem brauchbaren Instrument der Sozialplanung auf der Ebene des Bundes und der Länder sowie teilweise auch für die kommunale Ebene. Statistiken stellen nicht nur Eckdaten bereit, um die Haushaltsansätze des nächsten Jahres abzuschätzen, sondern ebenso Informationen über die Hintergründe der Hilfegewährung und teilweise sogar schon über den Erfolg der Hilfen. Dies gilt insbesondere für die beiden Fachstatistiken zur Sozialhilfe und zur Kinder- und Jugendhilfe. In dieser wachsenden Ausdifferenzierung werden die Erhebungsergebnisse auch zunehmend interessanter für die wissenschaftliche Forschung. Insbesondere die Umstellung der Kinder- und Jugendhilfestatistik und der Sozialhilfestatistik auf Individualerhebung liefert die Möglichkeit, sekundäranalytisch auch weiterführende und neue Fragestellungen mit dem Datenmaterial zu beantworten, die bei der Konzeption des Erhebungsinstruments noch gar nicht berücksichtigt wurden. Die Erkenntnismöglichkeiten werden dabei noch gesteigert, wenn die Erhebungsergebnisse einzelner Teilstatistiken gemeinsam analysiert werden, um z. B. die Frage nach den Wechselwirkungen zwischen ambulanten und stationären Hilfen zu beantworten (Pothmann 2000). Zusätzlich weiten sich die Erkenntnismöglichkeiten aus, wenn die Ergebnisse der Leistungsstatistiken mit denen der Sozialstatistiken zur Beschreibung von sozialstrukturellen Belastungsfaktoren analysiert werden und bestimmte Wechselwirkungen plausibilisiert werden können (Bürger 1999; Pluto et al. 1999).

Insgesamt stellen die amtlichen Sozialstatistiken, insbesondere in Kombination mit der Umfragenforschung, ein wichtiges Instrument zur Beschreibung und Analyse der gesellschaftlichen Wandlungsprozesse sowie der sozialstaatlichen Leistung dar. Aufgrund der wachsenden Ausdifferenzierung der Erhebungsinstrumente und der Kombinationsmöglichkeiten zwischen den Sozialstatistiken erhalten die Erhebungsergebnisse nicht nur für die Sozialplanung eine zunehmende Bedeutung, sondern ebenso für die sekundäranalytische quantitative Forschung zur Gewinnung von neuen Erkenntnissen über die Soziale Arbeit.

Literatur

BAGFW (Bundesarbeitsgemeinschaft der freien Wohlfahrtspflege) (Hrsg.) (2006): Einrichtungen und Dienste der freien Wohlfahrtspflege – Stand: 01.01.2004, Berlin

Bayer, H., Krüger, W., Lüders, Ch. (1997): Jugendhilfestatistik und Sozialberichterstattung. In: Rauschenbach, Th., Schilling, M. (Hrsg.), 403–418

Bertram, H., Bayer, H. (1990): Bestand und Bedarf an statistischen Erhebungen im Bereich Jugendhilfe. Recht der Jugend und des Bildungswesens 3, 270–279

Bien, W. (2000): Empirische Familienforschung am Deutschen Jugendinstitut. In: Bien, W., Rathgeber, R. (Hrsg.), 135–154

Bien, W., Rathgeber, R. (Hrsg.) (2000): Die Familie in der Sozialberichterstattung. Leske + Budrich, Opladen

Blandow, J. (1997): Hilfen zur Erziehung außerhalb des Elternhauses. Stationäre Erziehungshilfen auf dem statistischen Prüfstand. In: Rauschenbach, T., Schilling, M. (Hrsg.)(1997b), 15–86

Bürger, U. (1999): Die Bedeutung sozialstruktureller Bedingungen für den Bedarf an Jugendhilfeleistungen. In: ISA (Hrsg.), 9–34

DCV (Deutscher Caritasverband) – Referat Wirtschaft und Statistik (2000): Die katholischen sozialen Einrichtungen der Caritas in der Bundesrepublik Deutschland – Stand: 01.01.1999. Neue Caritas 1, Sonderdruck

DHS (Deutsche Hauptstelle gegen die Suchtgefahr) (Hrsg.) (1999): Jahrbuch Sucht. Geesthacht

Diakonisches Werk der EKD (Hrsg.) (1999): Einrichtungsstatistik – Stand: 01.01.1998. Statistische Informationen, 1 / 1999, Stuttgart

DJI (Deutsches Jugendinstitut) (Hrsg.) (2008): Zahlenspiegel 2007. Kindertagesbetreuung im Spiegel der Statistik, München. In: www.bmfsfj.de/bmfsfj/generator/Publikationen/zahlenspiegel2007/root.html, 20.05.2009

Eggen, B. (2000): Familienberichterstattung in der amtlichen Statistik. In: Bien, W., Rathgeber, R. (Hrsg.), 69–134

Fendrich, S., Pothmann, J. (2005): Hilfen zur Erziehung – über quantitative Ausweitungen und qualitative Strukturveränderungen. In: Rauschenbach, Th., Schilling, M. (Hrsg.), 85–107

Hanesch, W. (1995): Soziale Ungleichheit und soziale Problemlagen. In: Böttcher, W., Klemm, K. (Hrsg.): Bildung und Soziales in Zahlen. Juventa, Weinheim / München, 285–274

Hölder, E. (1992): Bundesstatistik Heute und Morgen. Strategien für die Weiterentwicklung. In: Statistisches Bundesamt (Hrsg.): Statistik in bewegter Zeit – Ehrengabe zum 65. Geburtstag von Egon Hölder. Stuttgart, 435–452

ISA (Institut für Soziale Arbeit) (Hrsg.) (1999): Soziale Indikatoren und Sozialraumbudgets in der Kinder- und Jugendhilfe. Münster

Kolvenbach, F.-J., Taubmann, D. (2006): Statistik der erzieherischen Hilfen neu konzipiert. Wirtschaft und Statistik 10, 1048–1054

Lüders, Ch. (1997): Ungenutzte Chancen. Thesen zum Umgang der Sozialpädagogik mit der Jugendhilfestatistik. In: Richter, H., Coelen, Th. (Hrsg.), 103–110

Noll, H.-H., Zapf, W. (1994): Social Indicators Research: Societal Monitoring and Social Reporting. In: Borg, I., Mohler, P. Ph. (Hrsg.): Trends and Perspectives in Empirical Social Research. Gruyter, Berlin und New York, 1–16

Pluto, L., Treptow, R., Winkler, M. (1999): Zauber der Zahlen und Zahlenzauber – Sozialindikatoren und Fremdunterbringung. In: ISA (Hrsg.), 35–61

Pothmann, J. (2000): Zwischen Wachstum und Wandel. Trend zu den Erziehungshilfedaten 1998. KomDat Jugendhilfe 1, 1–2

Rauschenbach, Th. (1992): Sind nur Lehrer Pädagogen? Disziplinäre Selbstvergewisserungen im Horizont des Wandels von Sozial- und Erziehungsberufen. Zeitschrift für Pädagogik 3, 385–417

– (1990): Jugendhilfe als Arbeitsmarkt. Fachschul-, Fachhochschul- und UniversitätsabsolventInnen in sozialen Berufen. In: Sachverständigenkommission Achter Jugendbericht (Hrsg.): Jugendhilfe – Historischer Rückblick und neuere Entwicklungen. Materialien zum Achten Jugendbericht, Band 1, München, 225–297

– (1986): Die verfehlte Wirklichkeit. Soziale Berufe im Zerrspiegel amtlicher Statistiken. Neue Praxis 1, 57–75

–, Bendele, U., Trede, W. (1988): Mitarbeiter in der Jugendhilfe. Struktur und Wandel des Personals in sozialen Diensten. Archiv für Wissenschaft und Praxis der sozialen Arbeit 19 / 3, 163–197

–, Schilling, M (Hrsg.) (2005): Kinder- und Jugendhilfereport 2. Analysen, Befunde und Perspektiven. Juventa, Weinheim / München

–, – (Hrsg.) (2001): Kinder- und Jugendhilfereport 1. Analysen, Befunde und Perspektiven. Juventa, Weinheim / München

–, – (2000): Soziale Dienste – Kinder- und Jugendhilfe, Soziale Berufe und Wohlfahrtsverbände. In: Böttcher, W., Klemm, K., Rauschenbach, Th. (Hrsg.): Bildung und Soziales in Zahlen. Juventa, Weinheim / München, 207–270

–, – (1997a): Die Kinder- und Jugendhilfe und ihre Statistik. Band 1: Einführung und Grundlagen. Neuwied u. a.

–, – (Hrsg.) (1997b): Die Kinder- und Jugendhilfe und ihre Statistik. Band 2: Analysen, Befunde und Perspektiven. Neuwied u. a.

–, – (1995): Jugendhilfe. In: Böttcher, W., Klemm, K. (Hrsg.): Bildung in Zahlen. Juventa, Weinheim / München, 157–187

Richter, H., Coelen, Th. (Hrsg.) (1997): Jugendberichterstattung. Politik, Forschung, Praxis. Juventa, Weinheim und München

Rinne, H. (1996): Wirtschafts- und Bevölkerungsstatistik. Erläuterungen, Erhebungen und Ergebnisse, 2. Aufl. Oldenbourg, München und Wien

Simons, K. (1993): Die Mängel der Sozialstatistik. Zur Notwendigkeit des Aufbaus praktischer und theoretisch belangvoller Erhebungsprogramme für Sozialberichterstattung und Sozialplanung. Archiv für Kommunalwissenschaften 2, 344–373

Schäfer, H., Cremer, G. (1979): Zum Problem der amtlichen Jugendhilfestatistik. Forum Jugendhilfe 3, 23–32

Schmid-Urban, P. (2000): Armutsberichterstattung im Umfeld junger Familien. In: Bien, W., Rathgeber, R. (Hrsg.), 155–164

Schilling, M. (2005a): Die Träger der Sozialen Arbeit in der Statistik. In: Thole, W. (Hrsg.): Grundriss Soziale Arbeit. 2. Aufl. VS, Wiesbaden, 415–430

– (2003): Die amtliche Kinder- und Jugendhilfestatistik. Dissertation am Fachbereich Erziehungswissenschaft und Soziologie der Universität Dortmund, Dortmund. In: hdl. handle.net / 2003 / 2907, 19.05.2009

– (1998): Die amtliche Kinder- und Jugendhilfestatistik – ein Element der Bestandserhebung. In: Jordan, E., Schone, R. (Hrsg.): Handbuch Jugendhilfeplanung. Votum, Münster, 575–597

–, Rauschenbach, Th. (2001): Jugendsozialarbeit im Spiegel der Statistik. In: Fülbier, P., Münchmeier, R. (Hrsg.): Handbuch Jugendsozialarbeit. Juventa, Münster, 1049–1070

Statistische Ämter des Bundes und der Länder (2008): Soziale Mindestsicherung in Deutschland 2006. Wiesbaden

StBA (Statistisches Bundesamt) (Hrsg.) (2008): Datenreport, ein Sozialbericht für die Bundesrepublik Deutschland, Bonn

– (Hrsg.) (2006): Im Blickpunkt: Frauen in Deutschland. Wiesbaden

– (Hrsg.) (1997): Das Arbeitsgebiet der Bundesstatistik. Wiesbaden

– (1992): Personensystematik, systematisches und alphabetisches Verzeichnis der Berufsbenennungen, Ausgabe 1992. Wiesbaden

Thole, W. (1997): Jugendarbeit – ein Stiefkind der Statistik? In: Rauschenbach, Th., Schilling, M. (Hrsg.), 279–320

Vogel, F., Grünewald, W. (1996): Kleines Lexikon der Bevölkerungs- und Sozialstatistik. Oldenbourg, München

Vogt-Wuchter, B. (2008): Einrichtungsstatistik – Dokumentation. Die katholischen sozialen Dienste der Caritas – Stand: 31.12.2006. Neue Caritas 5, 30–39

Sozialwirtschaft

Von Klaus Grunwald

Hintergründe, Entwicklung und zentrale Begrifflichkeiten des Sozialwirtschaftsdiskurses

Ökonomische Fragestellungen, Konzepte und Begrifflichkeiten werden immer bedeutsamer – auch im deutschen Sozial- und Gesundheitswesen, und zwar spätestens seit Mitte der 1990er Jahre zunächst in der Praxis, dann im theoretischen Diskurs. Sie wurden und werden diskutiert sowohl unter dem Begriff des Sozialmanagements als auch unter dem Begriff der Sozialwirtschaft oder der Sozialökonomie, ohne dass die Trennlinien zwischen den Begriffen und den dahinterstehenden Konzepten immer einheitlich gezogen würden (Grunwald 2009a). Der „hybride" Begriff oder „Doppelbegriff" der „Sozial-Wirtschaft" verweist dabei grundsätzlich

„auf Spannungen und Vermittlungen zwischen wirtschaftlicher Rationalität und sozialer Qualität und verknüpft die betriebliche Organisation von primär ökonomischen Interessen mit den eher ideellen Interessen der Assoziationen solidarischen Engagements" (Pankoke 2008, 432).

Während der Begriff der „Wirtschaft" die „Rationalisierung der Produktion von Gütern, Leistungen und Diensten" beinhaltet, bezieht sich das „Soziale" auf „Handlungs- und Deutungsmuster sozialer Lebenszusammenhänge" (Pankoke 2008, 432).
Einem breiteren Publikum bekannt wurde die *Bezeichnung „Sozialwirtschaft"* in Deutschland spätestens mit der 1970 erfolgten Umbenennung der früheren „Hilfskasse Bankgesellschaft mbH" in die „Bank für Sozialwirtschaft GmbH". Damit stufte die Bank die Finanzierungsnotwendigkeiten von – damals noch überwiegend wohlfahrtsverbandlichen – sozialen Diensten und Einrichtungen

als Erfolg versprechendes Geschäftsfeld ein und honorierte den volkswirtschaftlichen Stellenwert der freien Wohlfahrtspflege – bezüglich Beschäftigung, Vermögen, Ressourcen und zur Verfügung gestellten qualifizierten Leistungen – im gesamten Bereich der Sozialen Arbeit entsprechend (Zimmer et al. 2009). Unabhängig davon fand der Terminus „Sozialwirtschaft" als Übersetzung des französischen Begriffs „Économie sociale" ab den 1980er Jahren Eingang in die Terminologie der europäischen Behörden, wobei vier „Familien" im Sinne von Organisationstypen unterschieden werden. Differenziert wird zwischen

„Organisationen, die kooperative Aktivitäten (in Genossenschaften), assoziative Aktivitäten (von Vereinen), mutualistische Aktivitäten (von Vereinigungen auf Gegenseitigkeit) und Aktivitäten von Stiftungen und von Sozialunternehmen umfassen" (Wendt 2008a, 954).

Alle diese durchaus unterschiedlichen Organisationstypen zusammen werden als CMAF (Cooperatives, Mutuals, Associations, Foundations) bezeichnet.
Die *aktuelle „Konjunktur" der Debatte* über die Thematik der Sozialwirtschaft ist auf verschiedene Gesichtspunkte zurückzuführen (Merchel 2008, 850; Grunwald 2001, 15 ff.). Erstens ist darauf zu verweisen, dass die „Branche" der Sozialwirtschaft bei einer Fokussierung auf die Leistungserbringer bezüglich Beschäftigung, Vermögen, Ressourcen und angebotenen Dienstleistungen einen *erheblichen volkswirtschaftlichen Stellenwert* hat. Öffentliche Träger und Non-Profit-Unternehmen wie vor allem die Wohlfahrtsverbände, zunehmend aber auch privatgewerbliche Unternehmen, stellen einen gravierenden sozioökonomischen und arbeitsmarktpolitischen Faktor dar, der noch dazu kräftig wächst (Zimmer et al. 2009, 123 ff.; BAGFW

Otto/Thiersch (Hg.), Handbuch Soziale Arbeit, 4. A., DOI 10.2378/ot4a.art153,
© 2011 by Ernst Reinhardt, GmbH & Co KG, Verlag, München

2009, 10 ff.; Halfar 2008, 903). Insofern geht es bei der Sozialwirtschaft um einen volkswirtschaftlich bedeutenden Wirtschaftsbereich mit teilweise spezifischen Problemen (Grunwald 2001, 27 ff.). Er ist „für die Aufrechterhaltung der ökonomischen Potenz einer Gesellschaft und für ihre nachhaltige Entwicklung" unverzichtbar (Wendt 2008a, 956). Zweitens *ändern sich die Rahmenbedingungen* für die Erbringung sozialer Dienstleistungen hinsichtlich der politischen Argumentationen und deren Konkretisierung in neuen gesetzlichen Vorschriften und Regelungen sowie hinsichtlich der Finanzengpässe öffentlicher Haushalte und der Finanzierungsmodalitäten. Insbesondere die Krise der Arbeitsgesellschaft und die „dramatische(n) Verschiebungen der demographischen Balancen" führen zu „Wachstumsgrenzen und Legitimationskrisen des Wohlfahrtsstaates" (Pankoke 2008, 442). Der Wohlfahrtsstaat gerät zudem „im Wandel der gesellschaftlichen Leitvorstellungen hin zu neoliberalen, neokapitalistischen und neokonservativen Maximen" zunehmend in die Kritik (Thiersch 2009, 13). In diesem Kontext werden Effektivität und Effizienz als zentrale Legitimationskriterien für die Zuweisung öffentlicher Mittel angesehen. Außerdem wird die Notwendigkeit von Formen des Wettbewerbs betont. Die Konjunktur des Begriffs der Sozialwirtschaft (und die Titulierung von beispielsweise freigemeinnützigen Einrichtungen als „sozialwirtschaftliche Unternehmen") ist insofern auch vor dem Hintergrund einer zunehmenden Ökonomisierung der Gesellschaft zu verstehen, wobei Ökonomisierung

> „einen Vorgang (bezeichnet), durch den Strukturen, Prozesse, Orientierungen und Effekte, die man gemeinhin mit einer modernen kapitalistischen Wirtschaft verbindet, gesellschaftlich wirkmächtig werden" (Schimank / Volkmann 2008, 382).

Der Begriff der Ökonomisierung der Gesellschaft, der Sozialpolitik und / oder der Sozialen Arbeit (Seithe 2010; Buestrich et al. 2008) muss aber abgegrenzt werden gegenüber dem Terminus der „Ökonomik". Eine „Ökonomik Sozialer Arbeit" beinhaltet, auch die Soziale Arbeit „zum Gegenstand ökonomischen Denkens zu machen" und ist ausdrücklich nicht mit einer „Ökonomisierung der Sozialen Arbeit" im Sinne einer potenziellen „Reduzierung der Sozialen Arbeit auf ökonomi-

sche Aspekte" gleichzusetzen (Finis Siegler 2009, 11).

Drittens wird mit der öffentlichen *Debatte über deutliche Defizite* in der manageriellen und ökonomischen Leitung sozialer Einrichtungen spätestens seit den 1990er Jahren eine *betriebswirtschaftliche Sicht* auf soziale Dienste und Einrichtungen als Unternehmen immer wichtiger, auch vor dem Hintergrund des enormen Größenwachstums vieler sozialwirtschaftlicher Unternehmen. In der sozialwirtschaftlichen Praxis spielen Fusionen zwischen Trägern, die Auslagerung von zu erbringenden Leistungen, Veränderungen in den Rechtsformen, Verknüpfungen von freigemeinnützigen und erwerbswirtschaftlichen Unternehmensteilen sowie ein verstärkter Einsatz betriebswirtschaftlicher Zugänge und Instrumente im Management von sozialwirtschaftlichen Unternehmen eine immer wichtigere Rolle.

Viertens *geraten die Modalitäten der Erbringung sozialer Dienstleistungen auch professionsintern in die Kritik*, beispielsweise hinsichtlich der ungenügenden Flexibilität und Transparenz in und von Organisationen, aber auch hinsichtlich einer problematischen Selbstbezüglichkeit und zu geringen Nutzer- und Kundenorientierung von Strukturen und Angeboten sozialer Dienste und Einrichtungen sowie hinsichtlich der ungenügenden Vernetzung derselben.

Der *Gegenstandsbereich* der „Branche" Sozialwirtschaft kann *institutionell* unterschiedlich weit bestimmt werden. Im engeren Sinne umfasst die Sozialwirtschaft mit den Produzenten sozialer und gesundheitsbezogener Dienstleistungen lediglich den Bereich der Leistungsträger, zu denen ursprünglich vor allem Non-Profit-Organisationen (und hier in Deutschland insbesondere die Einrichtungen der verbandlichen Wohlfahrtspflege) gezählt werden. Zu diesen kommen inzwischen aber auch erwerbswirtschaftliche Unternehmen hinzu. Bereits mit dieser Grenzziehung geht die Sozialwirtschaft deutlich über den (ursprünglichen) Bereich des Dritten Sektors oder Non-Profit-Sektors hinaus.

Diese Gegenstandsbestimmung lässt sich weiterhin dergestalt *erweitern*, dass auch Kostenträger (z. B. die Sozialversicherungsträger) in die Branche der Sozialwirtschaft einbezogen werden, womit sich die Sozialwirtschaft nicht nur auf Teile des Non-Profit-Sektors und des Marktes, sondern auch auf

Anteile des staatlichen Sektors ausdehnt (Zimmer et al. 2009, 117 f.). Schließlich lässt sich die genannte Gegenstandsbestimmung der Sozialwirtschaft nochmals erweitern, indem alle Personen und Gemeinschaften einbezogen werden, die individuell oder kollektiv in Selbsthilfe Leistungen erbringen.

Die *folgenden Ausführungen* gehen von einem solchen weit *gefassten institutionellen Verständnis* von Sozialwirtschaft aus, das neben Institutionen der Leistungserbringung – Stiftungen, Genossenschaften, wohlfahrtsverbandliche Einrichtungen und erwerbswirtschaftliche Unternehmen (Pankoke 2008, 436 ff.) und die unterschiedlichen Kostenträger – auch das weite Feld formellen und informellen Engagements miteinbezieht und überdies die vielfältigen *Schnittstellen und Übergänge* zwischen den Sektoren Markt, Staat, Drittem Sektor und Gemeinschaften explizit berücksichtigt. Die Sozialwirtschaft ist so nicht als Dritter Sektor zwischen Staat und Markt abzugrenzen, sondern ist geprägt durch eine Vielzahl von Übergängen zwischen und Mischungen von den verschiedenen Sektoren. Sie ist angesiedelt auf der *Makroebene* der staatlichen Wohlfahrtsarrangements, der *Mesoebene* der sozialwirtschaftlichen Organisationen und der *Mikroebene* der Wohlfahrtsproduktion der Individuen (Wendt 2010, 11).

Diese erweiterte institutionelle Gegenstandsbestimmung der Sozialwirtschaft ist zu ergänzen durch eine *funktionale Betrachtung* sozialwirtschaftlichen Engagements, welche *die zugleich soziale wie ökonomische Zwecksetzung* des sozialwirtschaftlichen Engagements in den Blick nimmt: Sozialwirtschaft dient der Gewährleistung und Herstellung sowohl individueller als auch kollektiver Wohlfahrt primär durch individuelle oder gemeinschaftliche Selbstversorgung sowie weiterhin durch verschiedene Formen von Versorgung seitens öffentlicher, freigemeinnütziger oder privat-gewerblicher Träger und Einrichtungen (Wendt 2008a, 953). Sozialwirtschaft beabsichtigt allgemein, „in Erfüllung sozial gestellter Aufgaben(...) das Wohlergehen von Menschen einzeln und gemeinsam zu fördern und zu ermöglichen" und Solidarität insbesondere Personen oder Gruppen gegenüber walten zu lassen, die von der Teilhabe an der profitorientierten Erwerbswirtschaft ausgeschlossen sind (Wendt 2008a, 954). Insofern „kann die Sozialwirtschaft im Ganzen als ein insti-

tutioneller Ausdruck von Solidarität verstanden werden", weswegen sie ja – vor allem, aber nicht nur in Frankreich – auch als Solidarwirtschaft bezeichnet wird (Wendt 2008a, 955; Pankoke 2008).

Die *Bezeichnung Sozialwirtschaft* hebt dabei hervor, dass „auch Anbieter sozialer Dienstleistungen ‚wirtschaften' müssen; sie sind gezwungen, die ihnen zur Verfügung stehenden Ressourcen effizient einzusetzen" (Arnold / Maelicke 2009, 9). Sie betont damit die Bedeutung wirtschaftlichen Denkens und Handelns in erster Linie für Sozialbetriebe. Relevant ist dies aber – im Interesse einer qualitativen Sicherung und zukunftsfähigen Gestaltung der gemeinsamen Arbeit an einer Deckung individueller und kollektiver Bedarfe – für jede Betätigungsform sozialwirtschaftlichen Handelns jenseits der Organisationsweise sowie deren Profit- oder Non-Profit-Orientierung.

In diesem Zusammenhang ist zu unterstreichen, dass die Dienstleistungen, die sozialwirtschaftlich erbracht werden, vor allem einen *wichtigen Bestandteil der öffentlichen und privaten Daseinsvorsorge* darstellen. Angebot, Menge, qualitative Ausformung und Preise sind maßgeblich Gegenstand politischer Entscheidungen, da die „in den Sozialgesetzbüchern rechtlich kodifizierte Gewährleistungsverantwortung (...) dem Sozialstaat auf Bundes- und Landesebene und der kommunalen Selbstverwaltung" obliegt (Backhaus-Maul 2009, 63).

Parallel zur öffentlichen Daseinsvorsorge – und partiell damit verbunden – existiert ein *(Quasi-) Markt*, auf dem soziale Dienstleistungen teilweise von zahlungsfähigen Nachfragern eingekauft werden, wie dies beispielsweise bei Pflegeleistungen der Fall ist. Der Stellenwert der von privaten Anbietern erbrachten Leistungen differiert stark je nach den Arbeitsfeldern der Sozialwirtschaft. Während im Bereich der Pflege dieser Anteil relativ groß ist (nach Einrichtungen gerechnet in der stationären Pflege im Jahr 2005 38 %, in der ambulanten Pflege 57 %), ist er in anderen Feldern teilweise deutlich niedriger (im Jahr 2002 waren es in der Kinder- und Jugendhilfe 1,4 %). In den Arbeitsfeldern der Sozialwirtschaft „haben Markt und privatgewerbliche Anbieter sozialer Dienstleistungen nach wie vor eine insgesamt eher geringe Bedeutung" (Backhaus-Maul 2009, 73). Demgegenüber ist jedoch zu akzentuieren, dass Elemente des Marktes –

beispielsweise Wettbewerb – auch dort immer mehr Relevanz erhalten, wo nicht direkt privatgewerbliche Anbieter vorzufinden sind. Hier ist je nach Branche und sozialrechtlichen Rahmenbedingungen genau zu prüfen, welchen Stellenwert gegebenenfalls vorhandene Elemente von Markt und Wettbewerb unter dem Vorzeichen des sozialrechtlichen Dreiecksverhältnisses zwischen Kostenträger, Leistungsträger und Leistungsempfänger / Nutzer (Zimmer et al. 2009, 127 f.) tatsächlich haben.

Wettbewerb in der Sozialwirtschaft unterliegt zudem einer politischen Steuerung, die wiederum Gegenstand einer rechtlichen Steuerung ist (Wallrabenstein 2009). Bei der *politischen Wettbewerbssteuerung* sind drei Ebenen zu unterscheiden, auf denen wiederum spezifische rechtliche Vorgaben zum Einsatz kommen. Gegenstand politischer Steuerung sind zum Ersten Festlegungen, für welche Angebote öffentliche Mittel bereitgestellt werden, zum Zweiten die Entscheidung, ob und inwieweit „Wettbewerb als Ordnungsrahmen" für sozialwirtschaftliche Leistungserbringung gelten soll und zum Dritten, wie ein solcher Wettbewerb konkret zu organisieren ist (Wallrabenstein 2009, 45 ff.). Die politische Steuerung muss sich auf allen drei Ebenen sowohl an verfassungsrechtlichen als auch an europarechtlichen Vorgaben orientieren, wobei es für die nationalstaatliche Politik größere Entscheidungsspielräume gibt, als teilweise gesehen wird.

Theorieentwicklung im und für den Sozialwirtschaftsdiskurs

Die Sozialwirtschaftslehre, verstanden als Theorie der Sozialwirtschaft, bedarf einer *klaren Abgrenzung* gegenüber der *Volkswirtschaftslehre* mit ihren beiden Forschungsfeldern Mikro- und Makroökonomie und gegenüber der Betriebswirtschaftslehre. Während die Mikroökonomie „das Verhalten der einzelnen Wirtschaftseinheiten und ihre Beziehungen zueinander" thematisiert, betrachtet die Makroökonomie gesamtwirtschaftliche Fragen, die sich nationalen oder internationalen Gebilden stellen (Pracht 2002, 21). In der *Betriebswirtschaftslehre* stehen die Unternehmen im Zentrum als „produktionsorientierte Wirtschaftseinheiten (…), die primär der Fremdbedarfsdeckung dienen" (Pracht 2002, 22).

Im Gegensatz zu diesen beiden Zweigen der Disziplin der Wirtschaftswissenschaft befasst sich die *Sozialwirtschaftslehre* mit solchen ökonomischen Vorgängen, die „in der Selbstversorgung und Fremdversorgung von Menschen mit den ihrer Wohlfahrt dienlichen Gütern und Dienstleistungen anzutreffen sind", also mit der „soziale(n) Versorgung insgesamt" (Wendt 2008b, 956). Diese weite Gegenstandsbestimmung hebt hervor, dass neben – und eigentlich *vor* – der Dienstleistungserbringung durch Einrichtungen und Dienste der Sozialwirtschaft die individuelle Selbstversorgung von Menschen mit ihren vielfältigen informellen Varianten und die unterschiedlichsten „Formen gemeinschaftlich organisierter Selbstversorgung" im Mittelpunkt der Sozialwirtschaftslehre stehen (Wendt 2008b, 957). Die Theorieentwicklung in Bezug auf Begriff, Konzepte und Praxis der Sozialwirtschaft wird im Folgenden verdeutlicht anhand von sechs Theorielinien (Wendt 2008c, 1018 ff.).

(1) Bei der *Theorieperspektive der Politischen Ökonomie* geht es um die Frage, ob und auf welche Weise sich ein individueller und / oder gesellschaftlicher Bedarf ökonomisch befriedigen lässt. Grundlage und wichtige Orientierung einer sozialwirtschaftlichen Leistungserbringung sind aus dieser Sicht politische Entscheidungen und Programme. Wer diese politischen Programme realisiert (die öffentliche Hand, freigemeinnützige Organisationen, privat-gewerbliche Unternehmen, die Nutzerinnen und Nutzer individuell oder in eigenständiger Organisation im Sinne von Selbsthilfeinitiativen), ist für diese theoretische Perspektive nur von marginaler Bedeutung. Sie betont, dass die Akteure der Sozialwirtschaft sich nicht in erster Linie an ökonomischen, sondern an sozialen Zwecken wie der „Beseitigung von Notlagen, Gesundheit, Bildung, Integration" orientieren und dass die Produktion der Dienstleistungen im Auftrag der Öffentlichkeit geschieht (Wendt 2008c, 1019). Nicht nur für die Leistungserbringer, sondern auch für die Kostenträger und Steuerzahler ist es jedoch von erheblicher Relevanz, dass die Erbringung von Dienstleistungen auch den ökonomischen Kriterien von Effektivität und Effizienz genügt.

(2) Die Theorieperspektive der *Forschungen zu Non-Profit-Sektor und Drittem Sektor* charakterisiert die Sozialwirtschaft ebenfalls durch ihre spezifische Zielsetzung. Hervorgehoben wird, dass die Sozialwirtschaft kollektives und individuelles Wohl

miteinander verbindet. Zentrale Akteure der Sozialwirtschaft sind auch aus dieser Sicht nicht nur Organisationen, die Dienstleistungen erbringen, sondern auch Personen und Gruppen des informellen Sektors. Insofern ist die Sozialwirtschaft nicht nur eine Branche, in der Dienstleistungen erbracht werden. Sofern Dienstleistungen durch sozialwirtschaftliche Einrichtungen bereitgestellt und erbracht werden, erfolgt dies im sozialrechtlichen Dreiecksverhältnis der verschiedenen Akteure. Diese sind vielfältig miteinander verknüpft und bringen ihre spezifischen Ressourcen in den Prozess der Produktion von Wohlfahrt ein. Dabei bezeichnet der Begriff Wohlfahrt „das Ergebnis eines Konsumptionsprozesses, im Verlaufe dessen aus dem Einsatz und dem Verbrauch von Gütern, Diensten, Zeit und Energie" eine objektiv und subjektiv wahrnehmbare „Bedürfnisbefriedigung" entsteht (Evers / Olk 1996, 15). Das Konzept der Wohlfahrtsproduktion bezieht sich dementsprechend „auf den Umwandlungsprozeß von Ressourcen (wie Güter, Dienste und Zeit) in Endprodukte", in Beiträge zum individuellen und / oder gesellschaftlichen „Wohlbefinden" (Evers / Olk 1996, 15). Wohlfahrt meint aber nicht nur „Wohlbefinden", sondern auf gesellschaftlicher Ebene auch die Verwirklichung von Chancengleichheit, Solidarität und sozialer Gerechtigkeit sowie auf individueller Ebene Bewältigungskompetenz und Stabilität in Bezug auf Lebensfragen. So definiert Sen „Wohlfahrt als Wohlbefinden (well-being) und als Handlungsfähigkeit (agency), welche von Handlungsmöglichkeiten (capability) abhängig sind" (Elsen 2007, 28; Sen 2007). Die Akteure der Sozialwirtschaft folgen nicht nur ihren eigenen Handlungslogiken, sondern setzen diese im welfare mix des Zusammenwirkens unterschiedlicher Kräfte und Träger in Beziehung zu den Logiken der anderen Akteure; erst auf diese Weise kann es zu Synergien kommen (Grunwald 2005, 1798 f.). Hervorzuheben ist, dass die Herstellung von Wohlfahrt immer in Koproduktion von Erzeugern und Nutzern erfolgt. Das Theorem der Wohlfahrtsproduktion ermöglicht einen Anschluss der Sozialwirtschaftslehre an die volkswirtschaftliche Mikro- und Makroökonomie und grenzt sie gleichzeitig von der Betriebswirtschaftslehre ab (Wendt 2008b, 956).

(3) Die *Betrachtungsweise der betriebswirtschaftlichen Dienstleistungsökonomie* und des Managements von Non-Profit-Organisationen legt demgegenüber den Akzent klar auf die Fragen der Betriebsführung und einer enger verstandenen Ökonomie von Diensten und Einrichtungen der Sozialwirtschaft, die als „sozialwirtschaftliche Organisationen" (Arnold / Maelicke 2009), als „soziale Dienstleistungsunternehmen" (Pracht 2002) oder kurz als „Sozialunternehmen" (Schellberg 2007) begriffen werden. Während die soziologischen, politologischen und sozialpolitischen Forschungen zu Non-Profit-Sektor und Drittem Sektor stärker den gesamten Bereich der Volkswirtschaft und die darin ablaufenden Prozesse im Auge haben, betont die Perspektive der Dienstleistungsökonomie, dass auch sozialwirtschaftliche Dienste und Einrichtungen „Unternehmen" darstellen und insofern Gegenstand einer speziellen Betriebswirtschaftslehre werden können (Pracht 2002, 23). Aus Sicht der Betriebswirtschaftslehre stellt sich die Sozialwirtschaft als „ökonomisch strukturiertes Feld" dar, in dem Effektivität und Effizienz entscheidende Erfolgskriterien darstellen (Halfar 2008, 902 f.). Der Fokus der Dienstleistungsökonomie hebt hervor, dass sozialplanerische Bedarfsplanungen zunehmend ersetzt werden durch ökonomische Zugänge, in denen Wettbewerb und Auslastung der Dienste eine wichtige Rolle spielen im Sinne einer Stärkung von Wettbewerb sowie Nachfrage- und Kundenorientierung. Er baut auf dem ökonomischen Prinzip oder Rationalprinzip auf (siehe unten).

Im Zentrum der betriebswirtschaftlichen Dienstleistungsökonomie stehen meist Themen wie Rechnungswesen, Controlling, Finanzierung, Marketing, Organisationslehre, Rechtsformen, normative, strategische und operative Unternehmensführung sowie Personalwirtschaft (Pracht 2002; Schellberg 2007; Arnold / Maelicke 2009; siehe auch die einschlägigen Buchreihen im Juventa-, Nomos- und Zielverlag sowie die entsprechenden Hand- und Arbeitsbücher des Deutschen Vereins für öffentliche und private Fürsorge). Sie sind zu ergänzen durch und überschneiden sich mit Themen der Organisationsgestaltung und Personalführung (Grunwald / Steinbacher 2007; Grunwald, 2009b). Darüber hinaus müssen sie in Beziehung gesetzt werden zur oben dargestellten Perspektive auf den Dritten Sektor: Aus sozialwirtschaftlicher Sicht liegt der Akzent nicht auf den Gegensätzen der spezifischen Logiken von Markt, Staat, Gemeinschaften und Non-Profit-Sektor, sondern auf einer Verbindung derselben im Sinne einer gegenseitigen „Durchdringung von formellem und informellem Wirtschaften" (Wendt 2008c, 1019).

Für sozialwirtschaftliche Unternehmen bedeutet die Berücksichtigung der unterschiedlichen Logiken, dass sie unterschiedlichen Stakeholdern gerecht werden müssen und in aller Regel nicht nur der wettbewerbsorientierten Handlungslogik des Marktes folgen können, sondern als „hybride Organisationsformen" (Evers et al. 2002, 20 ff.; Pankoke 2008; Roß 2009) genauso der hierarchisch-legalistischen Steuerungslogik des Staates und der auf Solidarität bauenden Logik des Dritten Sektors entsprechen müssen. Eine sozialwirtschaftliche Dienstleistungsökonomie ist insofern herausgefordert, den betriebswirtschaftlichen Zugang zu verknüpfen mit Konzepten und Fragen der Produktion sozialer Dienstleistungen aus Volkswirtschaftslehre, Politologie und Soziologie, z. B. der Forschungen zu Wohlfahrtsproduktion und Wohlfahrtspluralismus (Grunwald 2005, 1795 ff.; Grunwald / Thiersch 2003; Evers / Olk 1996) und zur Zivilgesellschaft (Roß 2009).

(4) Die *ökosoziale Theorieperspektive* ermöglicht einen Rückgriff auf ein „frühes" Verständnis von Ökonomie, bei dem „soziales und ökonomisches Agieren" noch nicht gedanklich und disziplinär getrennt waren (Wendt 2008c, 1020). Aus Sicht der ökosozialen Theorie ist wirtschaftliches Denken und Handeln, das „Bedingungen der Knappheit" reflektiert, für die „soziale Sphäre" nichts Äußerliches, sondern immer schon eine wichtige Dimension des Sozialen, die der Gewährleistung einer hinreichenden Versorgung angesichts knapper Ressourcen dient – dies lässt sich unter Bezugnahme auf den „antiken oikos" zeigen (Wendt 2008c, 1020). „Subsistenzerfordernisse" der Individuen, „Formen gemeinschaftlicher Selbstversorgung" und „formelle öffentliche Daseinsvorsorge" durch staatliche Bereitstellung von Mitteln und gesetzlichen Grundlagen sind aus dieser Perspektive nicht grundsätzlich voneinander getrennt, sondern miteinander verknüpft, weswegen Sozialwirtschaft sich aus ökosozialer Sicht

„als eine auf individuelle und gemeinschaftliche Qualität des Lebens angelegte Wirtschaftsform der Selbsthilfe, der gegenseitigen Hilfe und der gemeinschaftlichen Versorgung konzipieren" lässt (Wendt 2008c, 1020).

Im Zentrum stehen somit „die Haushaltsentscheidungen auf jeder Ebene des organisierten Zusammenlebens und der Produktion von Wohlfahrt" (Wendt 2008b, 957). Der sozialökologische Blick auf die Sozialwirtschaft(slehre) hat schließlich eine interessante Parallele in der Gemeinwesenökonomie, insoweit Wirtschaften dort „als zentraler Bestandteil des sozialen Lebens im Gemeinwesen" verstanden wird (Elsen 2007, 30).

(5) Die Theorieperspektive der *solidarischen und sozialen Ökonomie* hebt hervor, dass begriffliche „Verknüpfungen von Solidarität und Produktivität, von sozialer Kultur und ökonomischer Struktur (…) Doppelbindungen zwischen *inkongruenten Perspektiven*" markieren:

„ökonomische Rationalität und soziale Solidarität, politische Souveränität und wohlfahrtsstaatliche Subsidiarität, Privatinteresse und öffentliche Verantwortung, Moral und Kalkül, strukturelle Zwänge und kulturelle Kräfte, System und Lebenswelt" (Pankoke 2008, 431; Hervorhebung im Original).

Diese „zueinander inkongruente(n) Perspektiven zweckrationaler und wertrationaler Orientierung (sind) in ihren Wechselwirkungen zu betrachten", wobei sie theoretisch zu unterscheiden, in der Praxis jedoch interaktiv zu verknüpfen sind (Pankoke 2008, 431).

Aus feministischer Sicht wird der Stellenwert von häuslicher Arbeit und Sorgearbeit, die überwiegend von Frauen erbracht werden, für die Funktionsfähigkeit von Wirtschaft und Gesellschaft betont. Produktion und Reproduktion sowie bezahlte und unbezahlte Arbeit sind aus dieser Sicht nicht zu trennen (Madörin 2001). Wirtschaften muss „von den Bedürfnissen der Menschen und Gemeinwesen aus" gedacht werden, es geht „um Lebensqualität, um die gerechte Verteilung der erarbeiteten Werte, um selbst bestimmtes Leben und den Umgang mit der Natur" (Elsen 2007, 11). Als wichtig erachtet werden die Beziehungen zwischen den Menschen und ihre qualitative Ausgestaltung. Die Folie, vor der Prozesse und Strukturen der Erwerbswirtschaft zu betrachten sind, besteht in dem „lebensweltlichen Horizont sorgenden und versorgenden Handelns von Menschen", welche als „prinzipiell aufeinander angewiesen und voneinander abhängig" begriffen werden (Wendt 2008c, 1020). Die Begriffe des „vorsorgenden

Wirtschaftens" (Biesecker et al. 2000), der „solidarischen Ökonomie" (Möller 2001), der „Solidarwirtschaft" (Pankoke 2008) oder der „care economy" (Madörin 2001) heben hervor, dass Verantwortung und Sorge füreinander als ökonomisch relevant anzusehen sind (→ Brückner, Care – Sorgen als sozialpolitische Aufgabe und als soziale Praxis). Damit wird das klassische Rationalitätsverständnis der Ökonomie (Valcárcel 2004, 1237) – rational handelt ein Individuum immer dann, wenn es die Maximierung einer bestimmten Zielgröße wie beispielsweise den erwarteten Nutzen zu erreichen sucht – variiert in Richtung auf ein grundlegendes gegenseitiges und (teilweise) gemeinsames Interesse der Menschen (Madörin 2001). Die Dienste und Einrichtungen des formellen Systems der Versorgung von und Sorge für Menschen sind grundsätzlich herausgefordert, die individuelle und / oder gemeinschaftliche Sorge der Nutzerinnen und Nutzer bei ihren institutionellen Aktivitäten zu berücksichtigen, weil nur auf diese Weise eine abgestimmte, effektive und effiziente gemeinsame Sorgearbeit von formellem und informellem System ermöglicht werden kann.

Mit dieser Perspektive eng verbunden ist die Frage, an welchen normativen und ethischen Zielen sich Ökonomie ausrichtet. Möller betont in diesem Kontext, dass die Definition von Zielen für ein weit verstandenes ökonomisches Handeln grundlegend normativ geprägt ist. Solche Ziele

„sind Soll-Aussagen, die sich in einem permanenten gesellschaftlichen Diskurs herausbilden und verändern. Sie weisen dem ökonomischen Handeln eindeutig dienende Funktion zu, sind also übergeordnete Leitbilder" (Möller 2001, 48).

Insofern lassen sich daraus klare Vorgaben ableiten für die Frage, nach welchen Kriterien das gemeinsame Wirtschaften und Arbeiten in einer Gesellschaft ausgerichtet werden soll. Vor diesem Hintergrund lässt sich auch das Konzept der Solidarischen Ökonomie genauer präzisieren:

„Ziel eines bedürfnisorientierten, solidarischen Wirtschaftens ist es, Wirtschaften, Arbeit, Lernen und Leben wieder zu verbinden mit der Absicht, eine gute und sich möglichst verbessernde Lebensqualität auf der Basis einer lokal orientierten und überörtlich vernetzten Selbstversorgung für alle herzustellen",

und zwar im Sinne einer „Ökonomie für ein qualitativ besseres Leben", nicht als „Armutsökonomie" (Möller 2001, 48 f.; Hervorhebung im Original). Es geht um „die Einheit der produktiven und reproduktiven Tätigkeiten auf der Grundlage der Produktivität der lebendigen Natur", um die Handlungsprinzipien der „Vorsorge, Kooperation und Orientierung am ‚Lebens-Notwendigen'" (Biesecker et al. 2000, 9 f.). Dazu gehört dann auch, dass Formen unbezahlter und dennoch gesellschaftlich notwendiger Arbeit, wie sie vor allem von Frauen übernommen werden, in einer Volkswirtschaft sichtbar gemacht werden. Zu einer „Ökonomie für ein qualitativ besseres Leben" gehört aber auch die Auseinandersetzung mit dem Raubbau der natürlichen Lebensgrundlagen, weswegen Elsen präzisiert:

„Die Ökonomie des Sozialen zielt in einem umfassenden Verständnis also nicht nur auf die Kompensation von Staats- und Marktversagen, sondern beruht auf einer eigenen Handlungslogik der Integration sozialer und ökologischer Ziele in wirtschaftliches Handeln, welches sozial eingebunden ist" (Elsen 2007, 30).

Hier ist eine deutliche Verbindung zur ökosozialen Theorielinie erkennbar.

(6) Ergiebig ist schließlich eine Analyse der Funktionen und Institutionen der Sozialwirtschaft aus der Sicht von Politikwissenschaft und Soziologie unter Bezugnahme auf das *Theorem der reflexiven Modernisierung*. Diese Theorieperspektive verweist darauf, dass Organisationen, Gemeinschaften und Individuen im Zuge der „Modernisierung der Moderne" neue Wege der Problembearbeitung entwickeln (Beck et al. 1996, 9). In der Auseinandersetzung mit und Reaktionen auf Konsequenzen der Risikogesellschaft bilden sich in der mit der zweiten Moderne einhergehenden Zivilgesellschaft neue Formen von individuellem Engagement und gemeinschaftlicher Selbsthilfe aus. Damit kann die Sozialwirtschaft in einer Weise aktiv werden, „die sich von der bloß reaktiven Funktion herkömmlicher Wohlfahrtspflege und kooperativer Selbstversorgung unterscheidet" (Wendt 2008c, 1021). Beispiele hierfür sind Projekte der Gemeinwesenökonomie und der Stadtteilentwicklung, in denen nicht nur Lösungen von sozialwirtschaftlichen Diensten für Betroffene angeboten werden, sondern unmittelbar Beteiligte innovative Wege aus

identifizierten Problemen selbst (mit)entwickeln. Die Theorie der Sozialwirtschaft steht damit vor der Aufgabe, „den Transformationsprozess aufzuarbeiten, in dem sich die Versorgung von Menschen und ihre Selbstsorge in der fortschreitenden Modernisierung befinden" (Wendt 2008c, 1022).

Die *verschiedenen, bislang vorgestellten Theorieperspektiven* sind vielfältig miteinander verknüpft und nicht immer trennscharf zu unterscheiden. Ein wichtiges Merkmal der Sozialwirtschaft, das in den verschiedenen Theorielinien sichtbar ist, besteht darin, dass „in Theorie wie in Praxis das Soziale nicht immer ‚un-ökonomisch' sein muss und das Ökonomische nicht ‚un-sozial'" (Pankoke 2008, 433). Deutlich wurde zudem, dass die Thematik der Sozialwirtschaft nur inter- und transdisziplinär sinnvoll zu bearbeiten ist. Hier wäre zudem eine Intensivierung des Austauschs zwischen den bestehenden Einzeldiskursen sinnvoll, die teilweise von unterschiedlichen Disziplinen und Terminologien geprägt werden. Hier gibt es klare Parallelen zur Sozialmanagementdebatte, die ebenfalls mitunter in verschiedene Diskurslinien zu zerfallen droht (Grunwald 2009a).

Ökonomische Rationalität(en) in sozialwirtschaftlichen Unternehmen

Ein zentrales Thema des Sozialwirtschaftsdiskurses ist markiert durch die Frage, an welchen Kriterien ökonomischer Rationalität sich die Sozialwirtschaft und die darin auf den Weg gebrachte Wertschöpfung auszurichten haben. In diesem Zusammenhang sind die Maßstäbe der Effektivität und Effizienz kritisch zu reflektieren und zu konkretisieren (Halfar 2009, 479 f.; Merchel 2008, 855 f.; Grunwald/Steinbacher 2007, 45 ff.). Dahinter steht aber die Frage, was unter „ökonomischer Rationalität" vor allem, aber nicht nur in denjenigen Unternehmen der Sozialwirtschaft zu verstehen ist, die dem Dritten Sektor angehören.

Zunächst gilt für den sozialwirtschaftlichen Umwandlungs- und Produktionsprozess – wie für alles wirtschaftliche Handeln – das *ökonomische oder Rationalprinzip* (Finis Siegler 2009, 91 ff.). Es fordert, ein bestimmtes Ergebnis mit dem Einsatz möglichst geringer Mittel zu erreichen: Entweder soll mit einem gegebenen Aufwand an Produktionsfak-

toren der größtmögliche Güterertrag erzielt werden oder ein gegebener Güterertrag mit einem möglichst geringen Einsatz von Produktionsfaktoren erwirtschaftet werden. Zu dieser zweckrationalen Bestimmung eines rationalen Verhaltens von Unternehmen als Streben nach größtmöglicher Zweckerfüllung bei geringstmöglichem Mitteleinsatz kommt in der klassischen Betriebswirtschaftslehre eine *systemrationale Bestimmung* hinzu als Bemühen, das eigene System in einer sich wandelnden und zunehmend komplexeren Umwelt zu erhalten durch eine Reduktion der äußeren Komplexität auf ein verarbeitbares Maß.

Bereits von Burla wurde darauf verwiesen, dass ein *ökonomisch rationales Verhalten gerade in Non-Profit-Organisationen* sich nicht auf diese beiden Kategorien beschränken darf, sondern erweitert werden muss in Bezug auf ein Zusammenspiel von vier verschiedenen, jedoch eng miteinander verbundenen Ausformungen einer weit verstandenen ökonomischen Rationalität: Effektivität (Wirksamkeit) und Effizienz (Wirtschaftlichkeit) müssen spezifisch konturiert und ergänzt werden durch politische und soziokulturelle Rationalität. Diese vier Spielarten von ökonomischer Rationalität wurden für Non-Profit-Organisationen formuliert, sind aber grundsätzlich auch auf Profit-Organisationen übertragbar (Burla 1989; Grunwald 2001, 51 ff.).

Effektivität im Sinne fachlicher Wirksamkeit wird in Non-Profit-Organisationen angesichts der mangelnden gewinnbezogenen Marktrückmeldung und der Existenz nichtschlüssiger Tauschbeziehungen zu einer relativen Größe, deren Bewertungsmaßstab zwischen den verschiedenen Anspruchsgruppen häufig differiert, insofern auszuhandeln ist und stark von organisationsinternen Machtkonstellationen abhängt.

Effizienz im Sinne wirtschaftlicher Rationalität – eigentlich als „ökonomisches Prinzip" das zentrale Formalziel eines gewinnorientierten Unternehmens – erweist sich in Non-Profit-Organisationen angesichts des häufigen Fehlens von Marktpreisen und offiziell ausweisbaren Gewinnen ebenfalls als problematischer Maßstab, zumal die diesbezüglichen Anspruchsniveaus und Maßstäbe, welche unterschiedliche Stakeholder formulieren, häufig deutlich auseinandergehen und vom Management in ihrer Unterschiedlichkeit berücksichtigt werden müssen. Grundsätzlich stellt das ökonomische Prinzip ein rein formales Prinzip dar, das keinerlei Aussagen über die inhaltlichen Motive und Zielsetzungen des wirtschaftlichen Handelns zu machen hat und erst von diesen her seine Berechtigung erhält.

Darüber hinaus ist die Verwendung der Kategorie der Effizienz gerade in Diensten und Einrichtungen der Sozialen Arbeit sorgsam abzuwägen: Auch wenn es zweifellos nötig ist, die Relation zwischen Aufwand und erreichter Wirkung und damit die Wirtschaftlichkeit des Einsatzes von Ressourcen immer wieder neu zu überprüfen und gegebenenfalls zu optimieren, muss für alle Beteiligten deutlich sein, dass häufig in sozialwirtschaftlichen Unternehmen

„für exakte Kosten-Nutzen-Kalküle nur begrenzte technische Bereiche von Einrichtungen zugänglich sind und dass für die Übertragung solcher Kalkulationen auf den Kernbereich der interaktiven sozialen Dienstleistungen erhebliche Einschränkungen bestehen" (Merchel 2008, 856).

Zu den beiden Kriterien Effektivität und Effizienz müssen gerade, aber nicht nur in Non-Profit-Organisationen politische und soziokulturelle Rationalität hinzukommen. *Politische Rationalität* meint die Kompetenz, gegebene interne oder externe Machtkonstellationen und Interessenkonflikte so im Gleichgewicht zu halten, dass sowohl die Zufuhr unterschiedlicher Ressourcen als auch die Glaubwürdigkeit einer Organisation gesichert ist. Latente Interessenkonflikte zwischen unterschiedlichen Anspruchsgruppen treten jedoch in Organisationen ohne dominierendes Gewinnziel deutlicher in Erscheinung, was Konsequenzen für die zwingende Beachtung der spezifischen Interessen der jeweiligen Anspruchsgruppen nach sich zieht. Insofern lässt sich über Effektivität und Effizienz einer Non-Profit-Organisation nur vor der Folie der spezifischen Machtverhältnisse angemessen diskutieren; nötig wird ein hoher Aufwand an Kommunikation und Lobbyarbeit.

Soziokulturelle Rationalität schließlich verweist auf die Notwendigkeit einer jeden Organisation, sich im Geflecht des jeweiligen soziokulturellen Umfelds mit seinen sozialen Gegebenheiten und kulturellen Werten in einer Weise zu platzieren, die Akzeptanz, Unterstützung und Kooperation verbürgt. Da in vielen sozialwirtschaftlichen Unternehmen als Non-Profit-Organisationen die „zweck-

neutrale Teillegitimierung durch den Gewinn" entfällt oder zumindest an den Rand gerät und die Legitimation ausgeprägter auf der „betrieblichen Grundfunktion" beruht, gewinnt auch diese Form der Rationalität ein erhebliches Gewicht (Burla 1989, 93). In der Folge konkretisiert sich dies in einem gesteigerten Interesse der Öffentlichkeit an der Art und Weise der Dienstleistungserbringung und an den Normen und Werten, die dabei sichtbar werden. Ein *„erfolgreiches" sozialwirtschaftliches Handeln* muss also die Verfolgung des Formalziels (Effizienz) und des Sachziels (Effektivität) zum einen auf die durchaus divergierenden Perspektiven von unterschiedlichen Anspruchsgruppen abstimmen und sie zum anderen ergänzen durch Kriterien einer politischen und soziokulturellen Rationalität.

Die bislang vorgenommene Ausdifferenzierung verschiedener ökonomischer Rationalitäten lässt sich weiterführen zu einer *spezifisch ökonomischen Bestimmung der Sozialwirtschaft*, die zwar mit betriebswirtschaftlichen Begriffen arbeitet, jedoch den Besonderheiten der Dienstleistungserbringung in sozialwirtschaftlichen Unternehmen gerecht wird. Aus ökonomischer Perspektive lässt sich die Sozialwirtschaft verstehen als „eine Art Nicht-Markt-Ökonomie mit Wettbewerbselementen", als „eine Ökonomie, die sich durch zusätzliche, besondere Effizienzkriterien ebenso auszeichnet wie durch zusätzliche, besondere Effektivitätskriterien" (Halfar 2009, 480). Die Sozialwirtschaft dient grundsätzlich der Herstellung und Verteilung privater, öffentlicher und meritorischer Güter und Dienstleistungen (Altmann 2009, 37 ff.; Finis Siegler 2009, 38 f.). Diese Prozesse der Herstellung und Verteilung werden sozialpolitisch reguliert über die Installierung von besonderen Finanzierungsformen für die jeweiligen Güter im Interesse einer zielorientierten Formulierung von Anreizen „für die Menge und Qualität, für die Angebots- und Nachfragesteuerung" sozialwirtschaftlicher Dienste und Einrichtungen (Halfar 2009, 480). Darin entwickeln sich vor dem Hintergrund der jeweiligen Finanzierungsformen spezifische Leistungsstrukturen, die durch jeweils eigene Mischungsverhältnisse unterschiedlicher Inputfaktoren charakterisiert sind. Die Inputfaktoren und ihre jeweilige Ausprägung (z. B. die Bedeutung der ehrenamtlichen gegenüber der hauptamtlichen Leitung eines Jugendverbands) unterwerfen sich dabei nicht durchgehend dem Erfolgskriterium der

Effizienz, sondern können sogar „effizienzmindernd" wirken:

> „Die Sozialwirtschaft hat Anteile eigener Effizienzmuster, welche die Operationen im System langsamer, komplizierter und kostenintensiver machen, als dies bei einer betriebswirtschaftlich getunten Organisation akzeptiert würde" (Halfar 2009, 480).

Diese spezifischen Effizienzmuster sind in sozialwirtschaftlichen Unternehmen nicht einfach nach „mehr" oder „weniger" Effizienz zu beurteilen. Ein wesentlicher *Maßstab der Effizienz* in sozialwirtschaftlichen Unternehmen besteht vielmehr in der Prüfung, inwieweit die eigentlich geplante Produktionsweise mit der letztendlich realisierten Produktionsweise übereinstimmt. Eine Arbeitsgruppe der „International Group of Controlling" hat eine überzeugende Ausdifferenzierung der jeweiligen, zunächst geplanten und dann realisierten Produktionsweise vorgeschlagen, die über ein rein wirtschaftliches Rationalitätsverständnis hinausgeht und das Verhältnis von Planung und Realisierung zumindest partiell einem Controlling zugänglich macht. Dieses „Spinnenmodell" ermöglicht eine Analyse der Soll-Ist-Differenzierung der verschiedenen Dimensionen und zeitigt damit – abhängig von der Produktionsweise und Konfiguration der jeweiligen Dienstleistung – ein *teils branchen-, teils organisationsspezifisches Effizienzmuster* (Halfar 2009, 481). Vorgeschlagen werden die Dimensionen „Voice Funktion" versus Erbringung von Dienstleistungen (diese Dimension erinnert stark an die Multifunktionalität von Wohlfahrtsverbänden), ein hohes Maß an Autonomie versus starker Fremdregulierung (organisationstheoretisch interessant, → Grunwald, Organisation und Organisationsgestaltung), „Bedarfs- / Wertorientierung" versus „Nachfrage- / Erlösorientierung", interne versus externe Zielvorgaben, Finanzierung über Beiträge und Spenden versus über Erlöse, solidarisch oder kompetitiv orientiert, auf Freiwilligkeit oder auf Zwangsmitgliedschaft beruhend, über einen geringen oder hohen Formalisierungsgrad verfügend sowie eine primär nebenamtliche oder hauptamtliche Dienstleistungserbringung (Halfar 2009, 480 f.). Die spezifische Funktion der Produktion und Konfiguration von Dienstleistungen in einer sozialwirtschaftlichen Unternehmung lässt sich mit dieser Feingliederung sehr differenziert darstellen. Die Funktion ergibt sich dabei aus den zentralen Zielsetzungen einer Organisation und basiert auf spezifischen kulturellen, fachlichen sowie in der Tradition der Einrichtung wurzelnden und / oder politisch vorgegebenen Merkmalen einer Organisation oder eines Arbeitsfeldes. Der aus rein betriebswirtschaftlicher Sicht zu konstatierende Effizienz*verlust* ist insofern eher als *Ausformung eines spezifischen Effizienzmusters* für sozialwirtschaftliche Dienste und Einrichtungen zu bezeichnen, als die wirtschaftliche Rationalität im engeren Sinne nur eine, aber nicht zu vernachlässigende Dimension ist.

Genauso wenig lässt sich *Effektivität*, verstanden als Erfolg oder Wirksamkeit, allein begrenzen auf den wirtschaftlichen Erfolg bzw. die Rentabilität einer Organisation oder Dienstleistung. Im Gegenteil sind auch hier nichtmonetäre Ziele von erheblicher Bedeutung, die wiederum eng verknüpft sind mit den Interessen der verschiedenen internen oder externen Stakeholder, welche weit auseinandergehen können (Grunwald 2001, 51 ff.). Die Arbeitsgruppe der „International Group of Controlling" schlägt insofern eine Differenzierung zwischen vier Wirkungsarten vor, die dann für die einzelnen Anspruchsgruppen zu konkretisieren sind:

1. *Output* als „das mengenmäßige Produktionsergebnis" der Non-Profit-Organisation und damit die „quantitative Leistungsmenge, die letztlich die Basis für qualitative Wirkungseffekte (…) darstellt";
2. *Outcome* als Ensemble der gesellschaftlichen Wirkungen und Nutzen (objektive kollektive Effektivität), den die von der Non-Profit-Organisation erstellten Güter oder Dienstleistungen haben;
3. *Effect* als „unmittelbare, objektiv ersichtliche und nachweisbare Wirkung(en) (…) für einzelne Stakeholder", die spezifisch für bestimmte Zielgruppen sind (objektive individuelle Effektivität) und schließlich
4. *Impact* als „subjektiv erlebte Wirkung" oder „subjektive Effektivität", die sich in der „Reaktion der Zielgruppen auf Leistungen (Output) und / oder die objektiven Wirkungen (Effects) der Leistungen" zeigt (Halfar 2009, 482).

Aus betriebswirtschaftlicher Perspektive lässt sich die Sozialwirtschaft folglich begreifen als „ein spezifischer Dienstleistungssektor mit Besonderheiten in der Produktionsfunktion", wobei explizit auch solche Inputfaktoren berücksichtigt werden, die den reinen Output negativ beeinflussen (Halfar 2009, 482 f.). Diese Besonderheiten der Produktionsfunktion lassen sich nur angemessen abbilden, wenn die zu erfassenden Wirkungen sehr differenziert nach den verschiedenen Dimensionen und Stakeholdern aufgefächert werden.

Vor diesem Hintergrund lässt sich nun fragen, wie der Begriff der *Wertschöpfung*, der zunehmend „als theoretische Klammer von Effizienz und Effektivität" akzeptiert wird, für die Sozialwirtschaft konkretisiert und entfaltet werden kann (Halfar 2009, 479). Wertschöpfung ist dabei „als Maßgröße des von Wirtschaftseinheiten durch deren originäre Tätigkeit geschaffenen Mehrwertes" zu bestimmen, genauer als „Summe der von einer Wirtschaftseinheit geschaffenen Werte abzüglich der von ihr verzehrten Werte" (Delfmann 2007, 1966). Insofern stellt Wertschöpfung einen grundlegenden Erfolgsmaßstab dar, der sowohl in der Volks- als auch in der Betriebswirtschaftslehre verwendet wird. Wie dieser Maßstab aber sinnvoll und den Besonderheiten der Dienstleistungsproduktion gerecht werdend für Einrichtungen der Sozialwirtschaft spezifiziert und gemessen werden kann, ist eine zentrale Frage für die – in vielem noch am Anfang stehende – sozialwirtschaftliche Forschung (Themenheft „Wertschöpfung in der Sozialwirtschaft" 2010; Bassarak/Wöhrle 2008) sowie die Forschung zur Thematik der Wirkungsmessung. Zentral ist aber auf jeden Fall, Wertschöpfung in sozialwirtschaftlichen Unternehmen als ökonomische *und* soziale Wertschöpfung zu begreifen, wie dies in der geschilderten Ausdifferenzierung von Effektivität und Effizienz dargestellt wurde.

Zur Rolle der Akteure im Prozess der sozialwirtschaftlichen Wohlfahrtsproduktion

Die sozialwirtschaftliche Wohlfahrtsproduktion ist weiterhin zu diskutieren hinsichtlich der jeweiligen Rollen der Akteure im sozialrechtlichen Dreiecksverhältnis und der Ausgestaltung der Beziehungen dazwischen. Ein *wichtiges Charakteristikum* für die deutsche Ausprägung der Sozialwirtschaft ist, dass im sozialstaatlichen Kontext die letztendliche *Gewährleistungsverantwortung bei Staat und Kom-*

munen angesiedelt ist. Beide sind daran interessiert, trotz subsidiaritätspolitischer Autonomie die Kosten sozialer Dienste und Einrichtungen zu begrenzen, indem Strategien der betriebswirtschaftlichen Rationalisierung, der Privatisierung oder der Wettbewerbsorientierung teils angeregt, teils vorgegeben werden.

Ein wichtiges und durchaus folgenschweres Instrument der Beziehungsgestaltung zwischen öffentlichen und freien Trägern stellen hier *Leistungsvereinbarungen* dar, in denen „die zu erbringenden Leistungsarten und -mengen, deren Preise und Qualitätsstandards sowie (...) deren Messung und Evaluation" festgelegt werden (Backhaus-Maul 2009, 74). Zu beachten ist, dass solche Leistungsvereinbarungen zwischen staatlichen und kommunalen Gewährleistungsträgern einerseits und rechtlich unabhängigen Leistungsproduzenten andererseits nicht den Status von privatrechtlichen Verträgen, sondern von öffentlich-rechtlichen Vereinbarungen haben, womit die öffentlichen Träger zu einer Steuerungsinstanz mit weit reichenden Kompetenzen werden: „Derartige Vereinbarungen erlauben Staat und Kommunen weitreichende Eingriffe in die Bereiche autonomen Entscheidens freigemeinnütziger Verbände, Einrichtungen und Dienste" (Backhaus-Maul 2009, 74).

Problematisch ist hier, dass die *Position der Bürgerinnen und Bürger* als wichtige Akteure im Zusammenspiel mit öffentlichen Gewährleistungsträgern und Leistungsanbietern als schwach und gefährdet angesehen werden muss. Dies ist unter anderem zurückzuführen auf die fehlende Transparenz der öffentlichen Daseinsvorsorge, auf die Randstellung der Bürgerinnen und Bürger im sozialrechtlichen Dreiecksverhältnis und auf die begrenzten Partizipationsmöglichkeiten im Prozess der Leistungserstellung. Sozialrechtlich gibt es sowohl Tendenzen, die auf eine Stärkung der Position von Bürgerinnen und Bürger als Akteure der öffentlichen Daseinsvorsorge hinweisen als auch gegenläufige Entwicklungen. Insofern ist zu konstatieren, dass die zu beobachtende Verflechtung zwischen öffentlichen Leistungsträgern und Dienstleistungen erbringenden Einrichtungen nicht nur den Eintritt von neuen Akteuren in den „Markt" erschwert, sondern auch „die ‚Selbstermächtigung' und ‚Emanzipation' von Leistungsempfängern als Bürger/innen und Ko-Produzenten" behindert (Backhaus-Maul 2009, 75).

Die freigemeinnützige *Wohlfahrtspflege* war seit Ende der 1980er Jahre Gegenstand einer gravierenden *betriebswirtschaftlichen Modernisierung*. Festzustellen ist eine „eindimensionale Transformation zu Dienstleistungsunternehmen" sowie eine Erosion zunächst der assoziativen, dann zunehmend auch sozialpolitischen Funktion, die sich unter anderem in Ausgründungen von Einrichtungen und deren Teilen, in einer „Trennung von Betrieb und Verband", in Fusionen einzelner Einrichtungen sowie in der Implementierung und Optimierung von betriebswirtschaftlichen Denkweisen und Verfahren, z. B. bezogen auf Controlling, Qualitätsmanagement und Corporate Governance, zeigt (Backhaus-Maul 2009, 79). Der Sozialstaat wird immer mehr zum Gewährleistungsträger, der die Wohlfahrtsverbände als reine Leistungsträger definiert und dominiert. Dabei gerät die *Multifunktionalität der Wohlfahrtsverbände* zunehmend unter Druck, zumindest aber wandelt sich diese deutlich. Eine Modernisierung der Wohlfahrtsverbände sollte sich aber nicht nur auf die unternehmerische, sondern auch auf die politische und assoziative Funktion beziehen – alle drei Stränge der Multifunktionalität sind für eine umfassende, nicht einseitig auf betriebswirtschaftliche Rationalisierung begrenzte Modernisierung wichtig (Steinbacher 2004, 26 ff.). Die „verbandliche Grundsatzfrage nach dem eigenständigen bzw. originären Sinn und Zweck Freier Wohlfahrtspflege" wird angesichts der betriebswirtschaftlichen Modernisierung derselben zu einer zunehmend drängenden, sozial- und gesellschaftspolitisch höchst relevanten Fragestellung (Backhaus-Maul 2009, 79).

Fazit

Die Sozialwirtschaft muss sich aktuell *unterschiedlichsten Herausforderungen* stellen. Zu diesen gehören das „europäische Wettbewerbs-, Vergabe- und Beihilferecht", Veränderungen der „nationalen Steuerungsmechanismen" und die „komplexen Stakeholder-Konstellationen" (Schulz-Nieswandt 2009, 89), aber auch eine fortschreitende Modernisierung der Gesellschaft sowie Finanz- und Wirtschaftskrisen. Sie geben den Rahmen vor (oder beeinflussen ihn zumindest nachdrücklich) für die weiteren Entwicklungen der Sozialwirtschaft. Entscheidend dabei ist aber auch, wie und vor welchem

Hintergrund die unterschiedlichen sozialwirtschaftlichen Akteure diese Herausforderungen wahrnehmen, interpretieren und normativ beurteilen.

In Bezug auf die Ökonomisierung nicht nur der Gesellschaft und der Ökonomie (Schimank / Volkmann 2008, 382 ff.), sondern auch der Sozialen Arbeit ist zu warnen vor einer undifferenzierten *Gleichsetzung von Ökonomisierung als Prozess und „Ökonomismus"* als „unzweckmäßige Dominanz der ökonomischen Effizienzorientierung", die fachliche Arbeit fremdbestimmt (Schulz-Nieswandt 2009, 89). Der Kampf gegen einen in der Praxis durchaus zu beobachtenden Ökonomismus sollte nicht zu einer grundlegenden und unreflektierten Ablehnung und Negierung jeder Form der Ökonomisierung führen, zumal bei einer solchen häufig von einem sehr verkürzten Verständnis von Ökonomie und Sozialwirtschaft ausgegangen wird. Zu fragen ist vielmehr, wie

„das kulturgeschichtlich überkommene Dispositiv des fürsorglichen Handelns im Programmcode jüdisch-christlicher Liebesethik, das den Habitus der Professionen und ihre institutionellen Praxisformen nach wie vor tiefengrammatisch prägt, als organisierte, als auch sozialwirtschaftlich implementierte Sorgearbeit in einem wettbewerblichen Umfeld modernisiert werden"

kann, ohne – wie hinzuzufügen ist – dass diese bis zur Unkenntlichkeit entstellt wird (Schulz-Nieswandt 2009, 90).

Nötig ist hier eine *kritische und selbstbewusste Auseinandersetzung mit dem Prozess der Ökonomisierung*, die immer wieder neu prüft, auf welcher Stufe der Ökonomisierung (Schimank / Volkmann 2008, 385 ff.) dieser Prozess konkret angekommen ist sowie inwieweit durch die Einführung und Durchsetzung managerieller Strategien die sozialarbeiterische Professionalität entwertet wird (Beckmann et al. 2009). Nötig ist vor allem eine *klare Positionierung gegenüber* dem am Ende der Stufenskala der Ökonomisierung zu verortenden *Ökonomismus*:

„Die Marktgängigkeit wird hier zur obersten Prämisse, Gewinnmaximierung ist ‚Muss-Erwartung' und teilsystemische Autonomie nicht länger gegeben. Die Ökonomisierung ist zu einer vollendeten ‚feindlichen Übernahme' vorangeschritten" (Schimank / Volkmann 2008, 386).

Paradoxerweise läuft eine *Soziale Arbeit*, die die Ressourcendimension sozialarbeiterischen und sozialpädagogischen Handelns sowie der entsprechenden Dienste und Einrichtungen nicht ausreichend berücksichtigt, Gefahr, sich gerade durch eine grundsätzliche oder zumindest zu weit gehende Verweigerung gegenüber dieser Dimension erst der Dominanz ökonomistischen Denkens auszuliefern. Die Soziale Arbeit bedarf, um eigene Prinzipien und Handlungsmaximen verwirklichen und durchsetzen zu können, einer kritischen, kenntnisreichen und selbstbewussten Auseinandersetzung mit ökonomischen Denkfiguren. Sie steht vor der Anforderung, sprach- und argumentationsmächtig ökonomische Positionen verstehen und sich damit kritisch auseinandersetzen zu können. Sie sollte vor allem in der Lage sein, eine Engführung differenzierter sozialwirtschaftlicher Überlegungen, wie sie ja oben in den verschiedenen Theorielinien der Sozialwirtschaftslehre entfaltet wurden, auf eine rein betriebswirtschaftliche Sicht zu registrieren und argumentativ zu parieren.

Ein nicht betriebswirtschaftlich verengtes sozialwirtschaftliches Denken lässt sich jedoch als eine wichtige Argumentationskraft begreifen, welche die Ressourcenfrage selbst stellt und nicht anderen Disziplinen überlässt. Wichtig ist insofern, dass zum „sozialpädagogischen Blick" (Rauschenbach et al. 1993) ein reflektierter und informierter *sozialwirtschaftlicher Blick* hinzukommt, der die Ressourcenfrage als Kern ökonomischen Denkens in ihrer Vielschichtigkeit selbst bearbeitet und sich auf diese Weise einer betriebswirtschaftlichen und technologischen Engführung der Sozialwirtschaft und einem neoliberalen Ökonomismus wirksam entgegenstellt.

Ein solcher sozialwirtschaftlicher Blick muss davon gekennzeichnet sein, sowohl eine Bezugnahme auf als auch eine Abgrenzung von den Logiken des Marktsystems, des politischen Systems, des Rechtssystems, des professionellen Hilfesystems der Sozialen Arbeit und des Systems privater Dienst- und Hilfeleistungen zu ermöglichen und zu gewährleisten. Es geht bei einem „sozialwirtschaftlichen Blick" insofern nicht um eine sektorale Abgren-

zung gegenüber den genannten Systemen, sondern im funktionalen Sinne um *eine reflektierte und argumentativ begründete Bezugnahme auf und Abgrenzung von den entsprechenden Codes*. Dementsprechend müssen Professionelle in der Sozialen Arbeit in der Lage sein, diese verschiedenen Logiken wahrzunehmen, zu verstehen und produktiv damit zu arbeiten. Ein solcher „sozialwirtschaftlicher Blick" ist jedoch je nach sektoraler Zuordnung der entsprechenden Einrichtung unterschiedlich zu konkretisieren. Er muss in einer Selbsthilfeinitiative, einer Sozialgenossenschaft, einer wohlfahrtsverbandlichen oder einer privatwirtschaftlichen Einrichtung jeweils in spezifischer Weise ausgeprägt werden. Zu berücksichtigen ist der in der Praxis deutlich erkennbare Angleichungsdruck von sozialwirtschaftlichen Unternehmen an erwerbswirtschaftliche Strukturen, Prozesse und Ansätze und die damit einhergehenden tief greifenden kulturellen Veränderungen bis hin zu der Gefahr der „Erosion eines freigemeinwirtschaftlichen Sektors" (Schulz-Nieswandt 2009, 101).

Für die *Frage, welche institutionellen Arrangements* der Wohlfahrtsproduktion wünschenswert und wie diese auszugestalten sind (Wendt 2010), ist es entscheidend, an welcher Zielsetzung letztlich die Wohlfahrtsproduktion orientiert wird. Hier ist die grundlegende Sachzieldominanz der Sozialwirtschaft von großer Bedeutung: Die sozialwirtschaftliche Wohlfahrtsproduktion und ihre unterschiedlichen institutionellen Arrangements müssen sich immer daran messen lassen,

„ob es gelingt, soziale Infrastruktur für die quartiersbezogenen lebensweltlichen Bezüge des Menschen in ihrer lokalen Daseinsweise unter den Aspekten der Verfügbarkeit, Erreichbarkeit, Zugänglichkeit, Kontinuität, Qualität, Integriertheit und Akzeptanz zu generieren" (Schulz-Nieswandt 2009, 101).

Dieser Anspruch an sozialwirtschaftliche Denk- und Handlungsmuster steht aus Sicht der Disziplin und Profession der Sozialen Arbeit nicht zur Disposition.

Literatur

Altmann, J. (2009): Volkswirtschaftslehre. 7. Aufl. Lucius & Lucius, Stuttgart

Arnold, U., Maelicke, B. (Hrsg.) (2009): Lehrbuch der Sozialwirtschaft. 3. Aufl. Nomos, Baden-Baden

Backhaus-Maul, H. (2009): Akteure in der Sozialwirtschaft: institutionalisierte Routinen und neue Gestaltungsspielräume. Archiv für Wissenschaft und Praxis der Sozialen Arbeit 40, 62–84

BAGFW (Bundesarbeitsgemeinschaft der Freien Wohlfahrtspflege e. V.) (2009): Einrichtungen und Dienste der Freien Wohlfahrtspflege. Gesamtstatistik 2008. Selbstverlag, Berlin

Bassarak, H., Wöhrle, A. (Hrsg.) (2008): Sozialwirtschaft und Sozialmanagement im deutschsprachigen Raum. Bestandsaufnahme und Perspektiven. Ziel, Augsburg

Beck, U., Giddens, A., Lash, S. (1996): Reflexive Modernisierung. Eine Kontroverse. Suhrkamp, Frankfurt a. M.

Beckmann, C., Otto, H.-U., Schrödter, M. (2009): Management der Profession: Zwischen Herrschaft und Koordination. In: Grunwald, K. (Hrsg.), 15–41

Biesecker, A., Mathes, M., Schön, S., Scurrell, B. (Hrsg.) (2000): Vorsorgendes Wirtschaften. Auf dem Weg zu einer Ökonomie des Guten Lebens. Kleine, Bielefeld

Buestrich, M., Burmester, M., Dahme, H.-J., Wohlfahrt, N. (2008): Die Ökonomisierung Sozialer Dienste und Sozialer Arbeit. Schneider, Baltmannsweiler

Burla, S. (1989): Rationales Management in Non-Profit-Organisationen. Haupt, Bern

Delfmann, W. (2007): Wertschöpfungskette. In: Köhler, R., Küpper, H.-U., Pfingsten, A. (Hrsg.): Handwörterbuch der Betriebswirtschaft. 6. Aufl. Schäffer-Poeschel, Stuttgart, 1965–1977

Elsen, S. (2007): Die Ökonomie des Gemeinwesens. Sozialpolitik und Soziale Arbeit im Kontext von gesellschaftlicher Wertschöpfung und -verteilung. Juventa, Weinheim / München

Evers, A., Olk, Th. (1996): Wohlfahrtspluralismus – Analytische und normativ-politische Dimensionen eines Leitbegriffs. In: Evers, A., Olk, Th. (Hrsg.): Wohlfahrtspluralismus. Vom Wohlfahrtsstaat zur Wohlfahrtsgesellschaft. Westdeutscher Verlag, Opladen, 9–60

–, Rauch, U., Stitz, U. (2002): Von öffentlichen Einrichtungen zu sozialen Unternehmen. Hybride Organisationsformen im Bereich sozialer Dienstleistungen. Edition Sigma, Berlin

Finis Siegler, B. (2009): Ökonomik Sozialer Arbeit. 2. Aufl. Lambertus, Freiburg i. Br.

Grunwald, K. (Hrsg.) (2009a): Vom Sozialmanagement zum Management des Sozialen? Eine Bestandsaufnahme. Schneider Hohengehren, Baltmannsweiler

– (2009b): Zum Management von Einrichtungen der Sozialen Arbeit unter organisationssoziologischer Perspektive. In: Grunwald, K. (Hrsg.), 85–138

– (2005): Sozialwirtschaft. In: Otto, H.-U., Thiersch, H. (Hrsg.): Handbuch Sozialarbeit / Sozialpädagogik. Ernst Reinhardt, München / Basel, 1794–1805

– (2001): Neugestaltung der freien Wohlfahrtspflege. Management des organisationalen Wandels und die Ziele der Sozialen Arbeit. Juventa, Weinheim / München

–, Steinbacher, E. (2007): Organisationsgestaltung und Personalführung in den Erziehungshilfen. Grundlagen und Praxismethoden. Juventa, Weinheim / München

–, Thiersch, H. (2003): Lebenswelt und Dienstleistung. In: Olk, T., Otto, H.-U. (Hrsg.): Soziale Arbeit als Dienstleistung. Luchterhand, München, 67–89

Halfar, B. (2009): Sozialwirtschaft als spezifische Dienstleistungsproduktion. Nachrichtendienst des Deutschen Vereins für öffentliche und private Fürsorge e. V. 89, 479–483

– (2008): Sozialwirtschaft. In: Kreft, D., Mielenz, I. (Hrsg.), 902–904

Kreft, D., Mielenz, I. (Hrsg.) (2008): Wörterbuch Soziale Arbeit. 6. Aufl. Juventa, Weinheim / München

Madörin, M. (2001): Care Economy – ein blinder Fleck der Wirtschaftstheorie. Widerspruch 21, 41–45

Maelicke, B. (Hrsg.) (2008): Lexikon der Sozialwirtschaft. Nomos, Baden-Baden

Merchel, J. (2008): Sozialmanagement. In: Kreft, D., Mielenz, I. (Hrsg.), 850–857

Möller, C. (2001): Solidarische Ökonomie. Eine Skizze aus feministischer Sicht. Widerspruch 21, 47–53

Pankoke, E. (2008): Solidarwirtschaft. In: Maurer, A. (Hrsg.): Handbuch der Wirtschaftssoziologie. VS-Verlag, Wiesbaden, 431–450

Pracht, A. (2002): Betriebswirtschaftslehre für das Sozialwesen. Juventa, Weinheim / München

Rauschenbach, Th., Ortmann, F., Karsten, M.-E. (Hrsg.) (1993): Der sozialpädagogische Blick. Juventa, Weinheim / München

Roß, P.-S. (2009): Förderung bürgerschaftlichen Engagements in der Bürgerkommune. Sozialarbeitswissenschaftliche Reflexion der baden-württembergischen Engagementförderung. Diss. Universität Tübingen, Tübingen

Schellberg, K. (2007): Betriebswirtschaftslehre für Sozialunternehmen. 2. Aufl. Ziel, Augsburg

Schimank, U., Volkmann, U. (2008): Ökonomisierung der Gesellschaft. In: Maurer, A. (Hrsg.), 382–393

Schulz-Nieswandt, F. (2009): Perspektiven der Sozialwirtschaft: eine multidisziplinäre Deutung des normativ-rechtlich-ökonomischen Regimewandels. Archiv für Wissenschaft und Praxis der Sozialen Arbeit 40, 86–102

Seithe, M. (2010): Schwarzbuch Soziale Arbeit. VS, Wiesbaden

Sen, A. (2007): Ökonomie für den Menschen. Wege zu Gerechtigkeit und Solidarität in der Marktwirtschaft. 4. Aufl. dtv, München

Steinbacher, E. (2004): Bürgerschaftliches Engagement in Wohlfahrtsverbänden. Professionelle und organisationale

Herausforderungen in der Sozialen Arbeit. DUV, Wiesbaden

Themenheft „Wertschöpfung in der Sozialwirtschaft" (2010). Sozialwirtschaft 2

Thiersch, H. (2009): Perspektiven der Sozialen Arbeit. In: Thiersch, H.: Schwierige Balance. Über Grenzen, Gefühle und berufsbiographische Erfahrungen. Juventa, Weinheim / München, 11–22

Valcárcel, S. (2004): Rationalität. In: Schreyögg, G., Werder, A. v. (Hrsg.): Handwörterbuch der Unternehmensführung und Organisation. 4. Aufl. Schäffer-Pöschel, Stuttgart, 1236–1244

Wallrabenstein, A. (2009): Wettbewerb in der Sozialwirtschaft: rechtliche Steuerung der politischen Steuerung. Archiv für Wissenschaft und Praxis der Sozialen Arbeit 40, 36–61

Wendt, W. R. (2010): Arrangements der Wohlfahrtsproduktion in der sozialwirtschaftlichen Bewerkstelligung von Versorgung. In: Wendt, W. R. (Hrsg.): Wohlfahrtsarrangements. Nomos, Baden-Baden, 11–52

– (2008a): Sozialwirtschaft. In: Maelicke, B. (Hrsg.), 953–956

– (2008b): Sozialwirtschaftslehre. In: Maelicke, B. (Hrsg.), 956–958

– (2008c): Theorieentwicklung in der Sozialwirtschaft. In: Maelicke, B. (Hrsg.), 1017–1023

Zimmer, A., Nährlich, S., Paulsen, F. (2009): Zur volkswirtschaftlichen Bedeutung der Sozialwirtschaft. In: Arnold, U., Maelicke, B. (Hrsg.), 117–133

Spiel

Von Wolfgang Zacharias

Spiel, in kultur-, sozial- und erziehungswissenschaftlichen Kontexten auch als „Urphänomen des Lebens" (Röhrs 1981) und „menschliches Grundverhältnis" (Scheuerl 1990) bezeichnet, expandiert und transformiert sich nach 2000 entsprechend Bedeutungsdimensionen und Erscheinungsformen deutlich. Dies ist weitgehend veränderten zeit-räumlichen Form- und Funktionsqualitäten und der quantitativen Medialisierung und Digitalisierung (Erreichbarkeit und Zeitverbrauch) geschuldet. Einerseits entstehen hier neue Herausforderungen und Auftragslagen für Soziale Arbeit, für informelle und formale Spiel- und Lernkulturen und kulturell-ästhetische Bildung. Andrerseits zeigt sich, dass prinzipielle spieltheoretische wie spielpraktische Wissens- und Handlungsbestände hier in zu modifizierenden Formen durchaus auch weiterhin Gültigkeit haben.

Was ist Spiel? Die Spannweite geht vom experimentellen und geregelten Kinderspiel über Gesellschaftsspiele (z. B. Brett- und Kartenspiele), Musik und Theater spielen, Sport und Wettkampf (Fußball / Olympiade …) bis zu Glücks- und Liebesspielen.

Die „Dialektik des Spiels" bedeutet, Spiel auch als Konflikt und Konfliktlösung gleichermaßen zu begreifen (Sutton-Smith 1978) und als Ort und Chance kreativen sowohl problemlösenden wie verfremdenden Denkens und Handelns. Wesentliche phänomenologische und theoretische Fragen stellte Hans Scheuerl (1990, Bd. 1). Diese sind immer wieder neu zu stellen:

- Was ist Spiel?
- In welchen Erscheinungsformen begegnet es uns?
- Welche Konsequenzen ergeben sich aus seinem reinen Sosein für Pädagogik?

Jürgen Fritz setzt dies fort im Interesse und Appell „Das Spiel verstehen" (Fritz 2004): Wie ist die Welt des Spiels mit den anderen Arealen der Lebenswelt verwoben? Welche Folgen hat das für die Menschen? Wie lässt sich die Welt des Spiels sinnvoll mit den anderen Arealen des Lebens verweben?

Die Welt und das Leben: Ein Spiel?

Der Komplex „Spiel, Spiele, Spielen" spannt sich zwischen „Rausch und Regel" (Stiftung Deutsches Hygiene-Museum 2005), Masken und Medien, Rollen und Realien, Kunst und Leben. Aktuelle Interpretationen verweisen auf diese erweiterte Dimensioniertheit, die durchaus an tradierte spieltheoretische Interpretationen anknüpfen: Was immer unter den Begriff „Spiel" fällt, bewegt sich zwischen zwei Extremen, dynamisiert, polarisiert und bedeutet die Ambiguität eines „Dazwischen", so die Medientheoretikerin Sybille Krämer (Krämer in: Stiftung Deutsches Hygienemuseum 2005, 17). Der Soziologe Gerhard Schulze ergänzt: „Das Leben ein Spiel – Spiel und Wahrheit sind kein Gegensatz" mit der Zuspitzung: Das Gehirn ist ein Spieler: „Geht es aber um soziales Handeln, um Gedanken, Gefühle, Gefühlsbekundungen, Erlebnisse, Wahrnehmungen und Erinnerungen, so ist alles möglich, nur eines nicht: eine klare Unterscheidung von Spiel und Wahrheit. Spiele sind die Wahrheit des Bewusstseins" (Schulze in: Stiftung Deutsches Hygienemuseum 2005, 150).

International ist das „Recht auf Spiel" in der UN-Kinderrechtskonvention, Art. 31, verankert.

Spiel ist viel: dialektisch, komplex, paradox, konstruktiv, interaktiv, kommunikativ…

„So eingängig dieser Begriff auch klingt, so schwer lässt er sich fassen" (Fritz 2004, 5). Philosophen,

Otto/Thiersch (Hg.), Handbuch Soziale Arbeit, 4. A., DOI 10.2378/ot4a.art154,

Ästhetiker, Neurophysiologen, Psychologen, Soziologen, Erziehungs- und Kulturwissenschaftler, Anthropologen, Theoretiker und Pragmatiker, Spielerfinder und Spielanimateure haben sich damit herumgeschlagen und aspektreich vielerlei zusammengetragen. „Nur die Frage, was das ‚Spiel‘ schließlich ist und wie man es begrifflich fassen kann, blieb unbeantwortet und hat dadurch immer wieder neue Versuche hervorgebracht." (Fritz 2004)

Spiel: Hinweise zu Begriff und Geschichte

Etymologisch stammt das Wort aus dem Alt- und Mittelhochdeutschen („spil", ursprünglich „Tanzbewegung" bzw. „in lebhafter Bewegung sein"). Es meinte Unterhaltung, amüsante Übungen und Zeitvertreib, Kurzweil und mehr oder weniger zweckfreie Schein- und Imitationshandlungen. Altgriechisch-lateinisch war Spiel gekennzeichnet und aufgehoben in Begriffen wie „agon" (Wettkampf), „alea" (Zufall), „mimikry" (Maske) und „ilinx" (Rausch). Dies sind nach wie vor zentrale Strukturelemente jeder definitorischen und phänomenologischen Annäherung an den Begriff.

Die Spiele etwa der Griechen und Römer, vor allem in Kindheit und Jugend, sind den Traditionsspielen heute nach wie vor ähnlich: Puppen, Symbolfiguren, Finger- und Suchspiele, Tanz-, Lauf-, Ball-, Wurfspiele, Karten-, Brett- und Strategiespiele, Rätsel, Rollen-, Sprach- und Verwandlungsspiele, Sportspiele, Geschicklichkeitsspiele, Materialspiele, Abenteuerspiele, Glücksspiele.

Gladiatorenkämpfe im alten Rom („Brot und Spiele" für die Massen) und mittelalterliche Ritterturniere hatten ernsten Spielcharakter. Das Schachspiel als symbolisches Strategie- und Kriegsspiel aus dem Orient ist seit dem 11. Jahrhundert bekannt. Im christlichen Raum waren Spiele aus moralisch-ethischen Gründen zeitweise verboten und verpönt, z. B. Glücksspiele und Spiele zum Zeitvertreib und Amüsement.

Das bekannteste europäische historisch-künstlerische Dokument ist das Bild „Kinderspiele" des niederländischen Malers Pieter Brueghel um 1560. Allerdings: Wenn man genau hinschaut, sind es Erwachsene, die „Kinderspiele" spielen bzw. darstellen.

Festzuhalten bleibt, dass Spiel immanent immer sowohl eine anthropologisch-entwicklungsrelevante wie auch gesellschaftlich-soziokulturelle Dimension hatte und hat. Dies generierte je zeitspezifisch dann auch immer funktionale Spielformen in unterschiedlichen interkulturellen, historischen, milieuspezifischen Varianten (Caillois 1960; Scheuerl 1990 Bd. 1 / 2). Fußball(spielen) bewegt die Massen weltweit, Theater(spielen) die Kulturwelten, die digitalen „Games" alle, durchaus auch kontrovers.

Der „Homo ludens" und der „schöne Schein" des (ästhetischen) Spiels

Zwei besondere Diskursstränge zur Verortung des Verhältnisses „Mensch und Spiel" zeigen exemplarisch die Weite und Dimensioniertheit des kulturanthropologischen Phänomens Spiel.

- Der niederländische Kulturwissenschaftler *Johann Huizinga* stellte 1938 dem „Homo faber" (der schaffende Mensch) den „Homo ludens" (der spielende Mensch) als zwei Ausformungen des „Homo sapiens" zur Seite – auf Augenhöhe. Es geht dabei um den Nachweis „vom Ursprung der Kultur im Spiel" (Huizinga 1956) und um das Spielerische, das sich ausgehend von Ritualen und Religionen, Märchen und Mythen zu einem besonderen Potenzial menschlicher Existenz in medialen und symbolischen Formen entwickelte, Recht und Krieg, Wissen und Dichtung, Philosophie und Kunst eingeschlossen: Spiel als Kulturerscheinung, als Kulturfaktor, als Methode und selbstständige immaterielle Kategorie (Huizinga 1956, 13) zwischen Ernst und Spiel, Frust und Lust, Kunst und Kampf: „Der Begriff Spiel bleibt ständig in merkwürdiger Weise abseits von allen übrigen Gedankenformen …" (Huizinga 1956, 14). Elemente des Spiels sind dabei Zweckfreiheit, freies Handeln jenseits des gewöhnlichen, „eigentlichen Lebens", keine unmittelbare Befriedigung von Notwendigkeiten und Begierden, mit Zielen außerhalb des Bereichs der materiellen Interessen, mit Abgeschlossenheit, Begrenztheit, reversibler Wiederholbarkeit und besonderen dramaturgischen Spannungselementen, Regeln, Welten, Symboliken und Vereinbarungen: „Das Spiel bindet und löst. Es fesselt. Es bannt, das heißt: Es bezaubert." (Huizinga 1956, 18)

- *Friedrich Schiller* verfasste 1793–1795 seine epochalen „Briefe zur Ästhetischen Erziehung des Menschen", in denen das wohl berühmteste und weitreichendste Zitat zur Bildungsbedeutung von Spieltrieb und Spielkultur enthalten ist, von Huizinga 1938 auch in einer Fußnote erwähnt, aktuell immer wieder neu zitiert und kommentiert: „Denn der Mensch ist nur da ganz Mensch, wo er spielt, und er spielt nur da, wo er ganz Mensch ist" (Schiller 2000, 62). Schiller verknüpft dabei explizit Spiel mit Kunst und Ästhetik. Er betont positiv die Zweckfreiheit und Formqualität des Spiels und generell der Künste als „schöner Schein". Hierbei ortet er den Reichtum unabschließbarer Spielkulturen als qualifizierenden, nach Freiheitserfahrungen drängenden Formtrieb, der vom „Reich der Notwendigkeiten" in das „Reich der Möglichkeiten" führt. Es geht um Chancen und Potenziale von ästhetischer, also zwischen Sinn und Sinnlichkeit, Wahrnehmung, Anschauung sowie Erkenntnis und moralisch-ethische Ziele vermittelnder „Höherbildung", eben als Ideal aller ästhetischen Erziehung mit Konsequenzen. Das Ziel ist Entwicklung und Nutzung von Vorstellungskraft, Imagination, symbolischem Entwerfen und Planen als Vorschuss zu und Kraft von Freiheiten – eben in Spiel und Kunst angelegt und ermöglicht, dann handelnd auf die Wirklichkeit zu übertragen.

Rainer Treptow verweist in seiner Beschäftigung mit „Kultur und Soziale Arbeit" genau auf diesen ästhetischen Kontext, Schiller zitierend: Es geht um „Darstellungsformen des Sozialen" als Chance für „sozialpädagogische Struktur- und Prozessflexibilität" (Treptow 2001, 14). Dies gilt prinzipiell für alle symbolischen Kunst- und Kulturformen, Spiel eingeschlossen.

Diese anthropologische Interpretation des Spiels als Urphänomen des Lebens ist auch „im Sinne Goethes zu verstehen, der dann die ursprüngliche Einheit in der Mannigfaltigkeit des Seienden bezeichnet" (Röhrs 1981, 3) mit der Funktion der „Infragestellung der Alltäglichkeit durch spielerische Selbstdistanz" (Röhrs 1981, 17) als individuelles und flexibel imaginierbares Projektionsfeld des Selbst in seiner sozialkulturellen Welt.

Das Spiel verstehen und damit auch seine soziale Funktion bzw. Anwendbarkeit bildend einschätzen und nutzen zu können, bedeutet, dessen Phänomenvielfalt zu erkennen, zu akzeptieren und dann auf z. B. kultur- und sozialpädagogische Handlungsfelder zu projizieren. Es geht dann um die „Grammatik des Spiels" (Schäfer 1986) entsprechend Strukturen, Funktionen, Wirkungen insbesondere aus unterschiedlichen Wissenschafts- und Forschungssegmenten im Rahmen spieltheoretischer Kategorisierungen und Zugangsweisen sowie spezifischen Nutzungsinteressen: Von Entwicklungspsychologie über Sozial- und Erziehungswissenschaften bis Ökonomie und militärisch-strategische Spieltheorien.

Spiel in Theorie und Praxis

Spieltheorien sind in der Regel Entwürfe und Kategorisierungen von Akzenten und phänomenologischen Beobachtungen mit je unterschiedlichen Erkenntnisinteressen und Sichtweisen. Eine kontingente allgemeine Definition existiert nicht bzw. müsste immer wieder reformuliert werden. Als Erklärungssubstanzen dienen einerseits empirische Befunde und andrerseits passfähige andere Theoriefelder, wie z. B. Entwicklungs- und Sozialisationstheorien für die gemeinschaftsbildende Integration und gezielte Kultivierung etwa von Kindern und Jugendlichen, oder Kunst- und Kreativitätstheorien zugunsten von Innovation und Imagination, jeweils dann auch in Anteilen und Akzenten zugunsten von emotionaler Intelligenz, kognitivlogischen Operationen, sozialem Verhalten, explorativem Gestalten, imaginativen Experimenten (Sutton-Smith 1978).

Exemplarisch sei die kategoriale „Wesensbestimmung des Spiels" in je anteilig miteinander verbundenen Momenten, von Hans Scheuerl (erstmals 1952) genannt entsprechend seiner Durchmusterung unterschiedlicher Spieltheorien auf der Suche nach dem „So-sein" des Spiels, seiner spezifischen Formqualitäten jenseits spezifischer Funktionen, Inhalte und Wirkungsvermutungen (Scheuerl 1990, Bd. 1, 102):

- das Moment der Freiheit,
- das Moment der inneren Unendlichkeit,
- das Moment der Scheinhaftigkeit,
- das Moment der Ambivalenz,
- das Moment der Geschlossenheit,
- das Moment der Gegenwärtigkeit.

Weitere theoretische Ansätze, je spezifischen Autoren und Kontexten zuzuordnen, sind: Theorie des Kräfteüberschusses, Einübungstheorie, Triebtheorie, Funktionstheorie, Erholungstheorie, Theorie der Ich-Ausdehnung und Identitätsarbeit, Theorie der sozialen Anpassung, Theorie der Scheinbefriedigung, Theorie des explorativen Experiments, Theorie der Analogie zur Kunst und Ästhetik, psychoanalytische Theorien, selbstbildende Lern- und Motivationstheorien, neurobiologische Theorieansätze sowie symbolische Modellerprobung. Von besonderer Bedeutung insbesondere als Chance sozialen Lernens und mit dem Akzent Kinderspiel ist die Entwicklungspsychologie (Oerter 1993, 21). Als drei Merkmale werden hier aufgeführt:

- Selbstzweck des Spiels (Handlung als Selbstzweck),
- Wechsel des Realitätsbezugs (Eingebildete Situation),
- Wiederholung und Ritual (Regeln und Übung).

Es werden weiterhin drei psychologische Theoriebezüge mit Funktions- und Wirkungshinweisen genannt:

- Wunscherfüllung und Katharsis als lustvolle Aktivität (Freud, Erikson),
- Realisation unrealisierbarer, illusionärer Wünsche (Wygotski),
- Assimilation als Gegenwehr durch Symbolisierungen und Fiktionen (Piaget).

Als Spielformen im Entwicklungsverlauf werden genannt: Sensomotorisches Spiel, Konstruktionsspiel und Explorationsverhalten, Als-ob-Spiel (Symbol- und Fiktionsspiele), Rollenspiele, Regelspiele.
Die besondere sowohl soziale wie kulturelle Entwicklungsqualität ist das Transformationspotenzial von gegebenen Realitäten durch das Spiel, des Spielens und der Spiele, verbunden mit der Chance zum Realitätswechsel zugunsten von Identitätsentwicklung (Oerter / Montada 2002, 221) durch Symbolbildung und Symbolgebrauch mit anthropologischer Bildungsbedeutung von Alltagsbewältigung bis zur kreativen Gestaltung. Hier trifft sich spieltheoretisch Entwicklungspsychologie mit kulturell-ästhetischen Kreativitäts- und Imaginationstheorien (Winnicott 1973) zugunsten von Identi-

tätsbildung entsprechend der Vermittlung und Spannung der inneren und äußeren Welt, Ich und Nicht-Ich im intermediären Raum des Spiels und seiner Konstrukte.
Angelehnt an Theoriefiguren des Konstruktivismus (Göhlich et al. 2007, 10) sind Spielkonstrukte interpretierbar als Eigengestaltung bzw. freiwilliger Teilnahme von Handlungsrahmen und Weltinterpretationen, sozusagen in eigener Regie und im Konsens mit anderen:

„Spielkonstrukte mit deutlicher symbolischer Orientierung ermöglichen gefahrloses Ausprobieren von unbekannten Situationen, attraktiven Rollen und verbotenen Verhaltensweisen. Sie bieten die Chance, sich von einer Situationsgebundenheit zu lösen und neue Schemata probeweise zu entwickeln." (Fritz 2004, 55)

Dies ist der kulturelle und soziale Mehrwert des Spiels als Praxis, Formenqualität und Verhaltensdisposition, z. B. als Spielkultur und dann auch als gestaltete Spielumwelten, gelebte Spielzeiten, als Spielanimation und Spielpädagogik mit der Akzeptanz von „Ungewissheit" (Caillois 1960), „Diskrepanzerlebnissen" (Heckhausen 1973), einer „Bipolarität" des Spiels (Sutton-Smith 1978) sowie des kreativen „Flow" (Csikszentmihalyi 1997) z. B. im Sport und in den Bewegungskünsten.
Entsprechend dieses weiten Verständnisses von Theorie und Praxis zur Phänomenologie des Spiels lassen sich dessen je anthropologische und pädagogisch-soziale Dimensionen auch aufeinander beziehen (Bilstein et al. 2005).

Kinderspiel und Spielumwelten

Nach 2000 und im Horizont eines sehr weiten Diskurses des Zusammenhangs von Kultur und Bildung, auch als Spielen und Lernen im Verbund und im Feld Kultureller Bildung heißt es: „Von Anfang an und lebenslang" Das gilt insbesondere für Spiel, der ersten Kulturform des Menschen von Geburt an. „Warum spielt der Mensch? Offenbar treibt ihn etwas dazu, es macht Spaß und hält ihn in Gang; es sättigt ihn und lässt ihn doch immer wieder neue Spiele suchen." (z. B. Flitner 1973, 9) Besondere und kultur- sowie entwicklungspsychologisch und erziehungswissenschaftlich akzentuierte Aufmerksamkeit hat konsequenterweise Spiel in Kindheit und Jugend geweckt. Dies hat dann auch Konsequenzen für den Zusammenhang von Spielen und Lernen und möglichen spielpädagogischen Anwendungen sowohl in der Sozialen Arbeit und der Umweltgestaltung im Kontext der Jugendhilfe, der Kinder- und Jugendkulturarbeit sowie Schule (z. B. Flitner 1973). Es geht dabei über die eigenartige Struktur, die Funktionsweisen und Wirkmöglichkeiten des Spiels für die kindliche Entwicklung hinaus dann konkret um Fragen von Räumen, Zeiten, Zeug, Partner, Atmosphären und Situationen des Spielens, zu Gunsten absichtsvoller Inszenierung und Gestaltung.

Die pädagogisch-psychologische Spielforschung hatte insbesondere nach 1970 Konjunktur („boom"): „Spiel wird als ein Lebensphänomen untersucht, das ganzheitlich viele Verhaltens- und Erlebnisbereiche integriert und mit der Persönlichkeitsentwicklung insgesamt verbunden ist" (Einsiedler 1985, 7). Spiel als Spielraum zu Gunsten von Verständigung und Phantasietätigkeit, als „intermediärer Raum" wird auch psychoanalytisch gedeutet (Schäfer 1986).

Kinderspiele haben in der Regel und in unterschiedlichen Mischformen sowohl kreative wie motorische, symbolische, soziale und auch mögliche inhaltliche Anteile. Sie sind reversibel und rezeptiv. Derartige komplexe Spiele pendeln multifunktional und polyvalent zwischen Lust und Leistung, Ernst und Spaß, Regelungen und Freiheiten, Konflikt und Konsens, Fakten und Fiktionen. Das ist ihr Potenzial, mit und ohne mittelbare und unmittelbare pädagogische Intention und Inszenierung, Unterstützung und Anleitung.

Spielkultur und Kinder- / Jugendkulturen

Üblicherweise werden Spielformen (z. B. Sport- und Bewegungsspiele), Spielmittel, Spielumwelten und Spielräume auch der Kinderkultur (Bauer / Hengst 1978) zugeordnet. Dies begründet sich in der Logik des „Homo ludens" und der Entstehung kulturell-künstlerischer Umgangs- und Gestaltungsformen im Spiel, im kreativ-phantasievollen und transformativen Umgang mit Wirklichkeiten und Ausdrucksformen.

Hans Scheuerl betonte die erziehungswissenschaftliche Akzeptanz des Spiels in der pädagogischen Reformbewegung nach 1900, in der Kunsterziehung und der Erlebnispädagogik, der Jugendbewegung und deren Jugendgemeinschaften (als Vorstufen der Jugendverbände), den freien Waldorfschulen, der Montessoripädagogik und in der positiven Bewertung informeller nachbarschaftlicher Spielumwelten und Spielgemeinschaften Gleichaltriger (Scheuerl 1990, Bd. 1).

Elemente einer entwickelten Kinderkultur / Spielkultur werden 1978 erstmals systematisch genannt wie Kinderfest und Kindertheater, Märchen, Spielzeug und Spielplatz, Gesellschaftsspiele und Sport, Kindergarten und Fernsehen, Kreativität und Phantasie (Bauer / Hengst 1978). Damit sind auch Bezugs- und Handlungsfelder der Jugend- und Sozialarbeit benannt.

Der Kunst- und Kulturbezug, die Funktionsnähe und Strukturanalogie zwischen künstlerisch-ästhetischen und spielerisch-explorativen Erfahrungs- und Aneignungsstrategien wird immer wieder betont: „Der Tanz ist reines Spiel" (Huizinga 1994, 159). „Das Spiel bereitet tatsächlich eher für die kreativen und innovativen als für die logischen Operationen vor" (Sutton-Smith 1978, 67). Neu ins Spiel und an die ästhetischen Dimensionen von Kunst und Spiel, etwa als darstellendes theatrales Spiel oder als ästhetisches Lernen anknüpfend kommen Diskurse rund um Sinnlichkeit, Leiblichkeit und Schönheit, auch als aufzuwertende Formen des Lernens, als „leibliches Lernen" und „sinnliche Wahrnehmung" mit performativer, zeiträumlich gestaltenden Bewegungen und Handlungen (Eckart Liebau in: Göhlich et al. 2007, 102). Dem Spiel sind derartige vor allem informelle Lernformen ästhetisch inhärent, gesteigert in den Künsten und zugespitzt auch auf das anspruchsvolle „Lernziel Lebenskunst", das nicht Datenlernen und auch nicht Regellernen meint, sondern „sich neu zu entwerfen: als entdeckende Bastelei von Lebensformen, die neu kombiniert andere Lebenspraxen ergeben oder als erfindende Konstruktion, die in der Neuerschaffung von Lebensstilen eine originelle Existenz ermöglicht" (Zirfas 2007, 168).

Spiel ist damit auch unverzichtbarer und elementarer Teil aller Kulturellen Bildung und ihrer kulturpädagogischen Handlungsfelder (Zacharias 2001; Fuchs 2009).

Insbesondere ist es die Kunstentwicklung seit Beginn des 20. Jahrhunderts, die explizit auf das spielerische Element künstlerischer Gestaltung setzt: Surrealismus, Dada, Nonsens, Sprachspiele, Performation, Verfremdung, Irritation, Intervention, urban art, Translation und Transformation. All dies ist auch als Strategien spielerisch-expressiver künstlerischer Avantgarden und Verfahren interpretierbar. Dies findet man übrigens auch in informellen Kinder- und Jugendkulturen wieder: Von der Provokation bis zum Blödeln, vom absichtsvollen Unsinn bis zu: Ich will Spaß …

Spielen und Lernen: Spiel bildet, immer und überall

Der Zusammenhang von Spielen und Lernen ist eigentlich evident und fast trivial: Dem Spiel ist – selbst im Scheitern – Erfahrung und Erkenntnis, Wissens- und Könnensgewinn, Horizonterweiterung inhärent, insbesondere als anwendungsorientierter und individuell verfügbarer Kompetenzgewinn sowie als modellhaftes Konstruktionsvermögen entsprechend des sich entwickelnden Selbst- und Weltverhältnisses mit realen wie symbolischen Formen (Fritz 1991, 127). Entsprechend eines weiten Verständnisses geht es hier immer um Bildungsprozesse, um Selbstbildung in nach 2000 aktualisierten und insbesondere im Kontext der Jugend- und Sozialarbeit und der Kulturellen Bildung, aufgewerteten Formen des informellen Lernens: „Lernen, das im Alltag, am Arbeitsplatz, im Familienkreis oder in der Freizeit stattfindet. Es ist … nicht strukturiert und führt üblicherweise nicht zur Zertifizierung" (Overwien 2008, 130). Eine insbesondere auch spiel- und kulturpädagogisch relevante Konsequenz ist, „dass informelles Lernen unterstützt werden kann, indem anregende Lernumgebungen konstruiert werden und/oder die Fähigkeit zur Selbststeuerung gestärkt wird. Spielerisches Lernen vollzieht sich im Netzwerk der Lebenswelten, der bildenden Wirksamkeit der Wirklichkeiten" (Fritz 2004, 123).
Spielkulturen sind Teil von Lernkulturen und Lernumgebungen. Lernkulturen werden durch Spielkulturen und Spielumwelten qualifiziert. Analog ließen sich auch die Bildungsgewinne des Spielens sowie der systematischen Beschäftigung mit Spielmitteln (Retter 1979) definieren.

Spielpraxis und Spielpädagogik

Der synergetische Verbund von Spielen und Lernen führt zur Ausbildung einer spezifischen Spielpädagogik (Kreuzer 1984), Spieldidaktik und Spielpraxis, die attraktive zeit-räumliche Arrangements und methodisch-soziale Gestaltungschancen für Bildungssituationen und sozial- und kulturpädagogische Anwendungen vielerlei und eigensinniger Art: „Das Objekt der Spielpädagogik, der lebendige Mensch, ist zugleich das Subjekt der Spielprozesse" (Fritz 1991, 94). Analog und präzisiert lässt sich hier auch von einer beeinflussbaren und zu qualifizierenden „Ökologie des Spiels" (Zacharias 1985) mit dem Akzent der je erreichbaren Bereicherung von Spielkulturen und Spielumwelten sprechen in Anlehnung an sozialökologische Deutungstheorien der „Ökologie der menschlichen Entwicklung" (Bronfenbrenner 1981), die dann in pragmatischer Absicht durch Praxisformen konkretisierbar und damit spielpädagogisch zugunsten spielerischen Lernens gestaltbar ist: Spiel und Familie, Kindergarten, Schule, Jugendarbeit und Erwachsenenbildung, Gestaltung von Tisch- und Brettspielen, Spielmitteln und Spielzeug, Spielplätze, Spielaktionen und Spielräume, Spielmobil und Abenteuer-/Bauspielplatz, Sportspiele, Kunstspiele (Tanz, Theater, Sprache, Museum, Bildgestaltung, Musik und Zirkus), Spielgruppen und Spielzirkel, Glücksspiele, Spielfeste, Spielevents, Wettspiele und Abenteuerspiele, Wissens- und Medienspiele.
Didaktische Spielplanung entsprechend Inhalten, Intentionen, Methoden, Medien und Materialien, zeiträumliche Rahmenbedingungen, vereinbarten Regelungen und immanenten Entscheidungsfreiheiten im Spielprozess und seiner offenen Dynamik braucht dann spielpädagogische Professionalität. „Spielpädagogik formuliert in Spielforschung, Spielkultur, Spielpraxis, Spielpolitik, Spieldidaktik und Spielmethodik, was Spiel ist, was Spiel sein kann und sein sollte" (Fritz 1991, 97). Vor allem aber braucht der Spielpädagoge, der Spielplaner und Spielleiter selbst unmittelbare und partizipative personale und anregende Spielkompetenz je entsprechend auch der sozialen Situationen und in spezifischen Konstellationen (Alter, Gender, Milieu, kulturelle und zeiträumliche Rahmung, inhaltliche Bezüge u.a.).
Die Grenze jeder eigensinnigen Spielpädagogik und Spieldidaktik ist die Überformung des Spiels

durch die dominante Instrumentalisierung des Spiels für Ziele und Leistungen außerhalb des Spiels und seiner immanenten Logik sowie Freiheit bzw. Freiwilligkeit. Das heißt aber nicht, dass Spielmethodik nicht auch für externe Lernverläufe eingesetzt werden kann: Bewegung, Sprachenlernen, Mathematik, Medienkompetenzen usw.

Aber die verkürzte, auch behavioristisch-biologistische Curricularisierung und lerntheoretische Technologisierung bzw. Funktionalisierung des Spiels wird der Eigenart und der anthropologischen Dimension des Spielens als selbstbildendes „Lebenlernen" nicht angemessen gerecht, etwa in der Variante der Verschulung und Zielfixierung.

Soziales und identitätsstiftendes Lernen im Spiel: Spiel in der Sozial- und Jugendarbeit

„Leben lernen" als ein Leitbild der Jugend- und Sozialarbeit und für kinder- und jugendkulturelle Aktivitäten verweist darauf, dass Spiel dafür einen wichtigen Beitrag leisten kann und muss. Dies rechtfertigt auch den Bedarf an erweiterter Aufmerksamkeit und den bildenden Möglichkeiten des Spiels in der Sozialpädagogik und Sozialen Arbeit und ihrer Handlungsfelder. Im Prinzip besteht darüber Einigkeit, insbesondere dann, wenn es um folgende Kontexte geht:

- Ausbildung sozialer Kompetenz, vor allem in den informellen Settings von Spielsituationen, etwa im Gruppenspiel und bei kreativen Spielkonstrukten (Fritz 2004) zugunsten von Entwicklungsschritten, wie es eine „Psychologie des Spiels" betont und nachweist (Oerter 1993).
- Sozialisierende Identitätsbildung und Interaktionsprozesse finden im Spiel und in subjektiv differenzierten Formen statt: „In Interaktionsprozessen, die ... oft verwirrende und auch leid- und risikovolle Anforderungen an das Kind stellen und ihm belastende und reizvolle Gelegenheiten zugleich eröffnen, Stellung zu beziehen, Bedingungen der Mitwirkung zu erkunden und seinen Beitrag zum Regelkonsens und zur Sinnfindung zu erproben, entstehen die grundlegenden Kompetenzen, die das sozialisierte und zugleich zur Behauptung von Identität fähige Subjekt auszeichnet." (Krappmann 1983, 110)

Das leistet Spiel, mit und ohne sozial-/kultur-/spielpädagogische Inszenierungen:

- Spiel eignet sich zur entspannt-entkrampften Beschäftigung und Thematisierung von sowohl interkulturellen wie intergenerativen Fragen und Kontaktchancen, etwa im handlungsorientierten Austausch, im Kennenlernen jeweils spezifischer Spielformen unterschiedlicher Kulturkreise und Generationen.
- Als besondere psychologisch-psychoanalytisches Verfahren haben sich Spieldiagnose (als Analyse) und Spieltherapie (als Heilung) entwickelt (Anna Freud u. a.) und bewährt, sowohl zur Ausdeutung unbewusster Belastungen und Probleme wie zu heilend-entspannender Therapie auch im Umgang mit Natur, Materialien, Tieren, Mitspielern. Hierbei wird Spiel als eine nondirektive, mittelbare, vor allem bei Kindern angemessene Methode angewandt. Dies gilt vor allem in heil- und sonderpädagogischen Kontexten und mit kompensatorischen Funktionen und stabilisierenden Entlastungen, z. B. gegen depressive oder aggressive Veranlagungen sowie auch als Suchtprävention bzw. deren Therapierung und als symbolisches Konfliktlösungsverfahren etwa in familiären, schulischen und beruflichen Spannungssituationen.

Spielpraxis

Einen Projekte- und Praxisüberblick über mobile, animative und flexible Spielformen in spielplanerischen und spielpädagogischen Kontexten, auch zwischen „Sinne & Cyber" nach 2000 zeigt die Vielfalt der Formen im Kontext von Kinder- und Jugendkulturarbeit und Spielpädagogik (Grüneisl et al. 2001). Bundesweite spielpädagogische Fortbildungen bietet die Akademie Remscheid (www. akademieremscheid.de), als Fachzeitschrift empfiehlt sich „Gruppe & Spiel" (Kallmeyer).

Da, wo Soziale Arbeit, Sozialpädgogik und Jugendhilfe subjektorientierte und identitätsstiftende Bildungsprozesse und Kompetenzentwicklungen initiieren und qualifizieren will, ist sie gut beraten, die Potenziale und Formenvielfalt des Spiels zu nutzen mit dem nicht zu überschätzenden Mehrwert, dass hier der ganze, der leibliche und geistige Mensch in seiner emotionalen, produktiven und reflexiven Verfasstheit einbezogen ist.

Aktualität 2.0: Digitale Spielräume – grenzenlose Cyberwelt?

Neue Spielformate sind in den letzten Jahren global, omnipräsent und ubiquitär geworden: Digitale Spiele, die „Games" und „Communities" am PC und im Web 2.0 bestimmen sozusagen den aktuellen spieltheoretischen, spielpraktischen und spielpädagogischen und sowohl kontroversen wie unabgeschlossenen Diskurs: „Streitfall Computerspiele" nannte dies der Deutsche Kulturrat und reklamiert sie wie selbstverständlich und auch kultur- wie spieltheoretisch konsequent als „Kulturgut" mit mehr oder weniger Qualität, mit Chancen und Risiken etwa zwischen Kunstfreiheit und Jugendschutz (Zimmermann / Geißler 2008).

Bereits 1995 war klar: Computerspiele faszinieren und Interpretationen gehen von kognitiv-emotionaler wie auch sozialer und technischer Kompetenzentwicklung bis zur Aggressions- und Suchtproblematik (Fritz 1995). Für digitale Spielräume haben sich inzwischen auch eigene Kategorien und Inszenierungsformen herausgebildet (Fromme et al. 2000; Kaminski / Witting 2007), auch mit systematischem Bezug zur sozialen Wirklichkeit.

Im Prinzip lässt sich das spieltheoretische und spielpraktische Wissen sowohl im Kontext von Sozial- und Jugendarbeit wie der kulturellen und künstlerischen Bildung auch auf die Welten des medialen und digitalen Spielens beziehen entsprechend Momenten, Kategorien, Anwendungen, mit einer jedoch zentralen und anthropologisch relevanten Problematik: die systematisch fehlende ganzheitliche Leiblichkeit und Sinnlichkeit. Allerdings gibt es auch hier innovative Entwicklungen (z. B. augmented realities, Geo-Caching, Wii-Spiele).

Spezielle „Game studies" untersuchen die digitale Aneignung der virtuellen Spielumwelten wie auch die Computerspiele, Netze und Plattformen als aktuellstes kinder- und jugendkulturelles Referenzmedium in Akzeptanz der Aktualität des Web 2.0 als „Mitmachnetz" (Ertelt / Röll 2009) mit prinzipiell spielerischen und partizipativen Möglichkeiten aller Art. Die Computerspielforschung bestätigt dabei durchaus Kompetenzentwicklung, Sozialisationsgewinne und Lernmotivationen, allerdings mit Risiken, etwa der Vereinseitigung, von Zeitverlusten und Lebensweltdistanz: „Lost in Cy-

berspace", auch als Sozial- und Identitätsverlust und Realitätsflucht. Als spielpädagogische Konsequenz wird der neue Bedarf an körperlichen, gruppen- und umweltbezogenen authentischen Sinnes-, Natur- und Sozialerfahrungen genannt. Dies ist eine Herausforderung auch für Soziale Arbeit und Jugendarbeit, Früherziehung und Schulsozialarbeit. Denn eins ist konsensfähig klar und wertet informelle Bildungsformen insbesondere quantitativ auf:

> „Computer- und Videospiele prägen den Sozialisationsprozess … entscheidend mit. Diese Spielform ermöglicht den Kindern und Jugendlichen einen relativ problemlosen Zugang zu virtuellen Räumen. Durch die Auseinandersetzung mit diesen Spielen erwerben sie im Prozess der Selbstsozialisation die Kompetenz, in virtuellen Räumen zu navigieren, Regeln für diese Räume zu erfassen, Schemata zu entwickeln, um auf Herausforderungen angemessen reagieren zu können." (Fritz 2010, 271)

Allerdings und auch als Herausforderung für Soziale Arbeit / Sozialpädagogik verschärft sich als „digital divide" das Problem, etwa milieu- und sozialbedingt, von Inklusion und Exklusion, von Bildung und Teilhabe erweitert um den und im virtuellen Raum (KIB 2007).

Ausblick: Homo ludens digitalis?

Die Zukunft gehört wohl dem „flexiblen, fluiden Menschen", der zwischen den Wirklichkeiten faktisch und fiktiv hin- und herpendelt und daraus eine je individuelle und neue Lebenswirklichkeit und seine Identität darin generiert und formt: Der leiblich-materiellen Welt und der symbolisch medial-digitalen Welt als neuer „Virealität" in der „Netzwerkgesellschaft". Das medial-digitale Spielen ist im Vormarsch. Dies hat zunehmend Rückwirkungen auf die realen Spiel-, Lern- und Erfahrungswelten und ist ein offener, unabsehbarer Prozess entsprechend den Prognosen des vor allem „informellen Online-Seins" (Otto / Kutscher 2004) in einer Art Schein- und Spielwelt, dem Cyberspace potenzieller Unendlichkeit. Der Philosoph Wolfgang Welsch konstatierte diesbezüglich bezogen auf die „künstlichen Paradiese" und in der Auseinandersetzung mit der Bedeutung ästhetisch-sinnlicher Erfahrung und Erkenntnis, etwa im

Umgang mit Kunst und Spiel, einen zukünftigen Bedarf an „Komplementarität" und der „Revalidierung" von authentischer Körperlichkeit, Raum-Zeiterfahrung und unmittelbarer Sinnlichkeit sowie Sozialität als Balance zur medial-digitalen Kommunikationsdynamik (Welsch 1996).

Dies ist eine neue Herausforderung und Auftragslage für Spiel und dessen künstlerische, umwelt-planerische, mediale und pädagogische Gestaltungen gerade in den verschiedensten sozialen und kulturellen Feldern und Lernumgebungen als Teil jeder lebensweltlichen und lokalen Erfahrungs- und Bildungslandschaft. Es gilt diese nachhaltig qualitativ weiterzuentwickeln „für alle", auch durch Zugänglichkeit und Erreichbarkeit entsprechend „Teilhabe" in öffentlicher Verantwortung.

Literatur

Bauer, K., Hengst, H. (Hrsg.) (1978): Kritische Stichworte: Kinderkultur. Fink, München

Bilstein, J., Winzen, M., Wulf, C. (Hrsg.) (2005): Anthropologie und Pädagogik des Spiels. Beltz, Weinheim

Bronfenbrenner, U. (1981): Die Ökologie der menschlichen Entwicklung. Klett-Cotta, Stuttgart

Caillois, R. (1960): Die Spiele und die Menschen: Maske und Rausch. Schwab, Stuttgart

Csikszentmihalyi, M. (1997): Kreativität. Klett-Cotta, Stuttgart

Einsiedler, W. (1985): Aspekte des Kinderspiels. Beltz, Weinheim

Ertelt, J., Röll, F. (Hrsg.) (2008): Web 2.0. Kopaed, München

Flitner, A. (1973): Das Kinderspiel. Piper, München

Fritz, J. (2010): Computerspiele – Spielesozialisation. In: Vollbrecht, R., Wegener, C. (Hrsg.) (2010): Handbuch Mediensozialisation. VS-Verlag, Wiesbaden

– (2004): Das Spiel verstehen. Juventa, Weinheim

– (Hrsg.) (1995): Warum Computerspiele faszinieren. Juventa, Weinheim

– (1991): Theorie und Pädagogik des Spiels. Juventa, Weinheim

Fromme, J., Meder, N., Vollmer, N. (2000): Computerspiele in der Kinderkultur. Leske + Budrich, Opladen

Fuchs, M. (2009): Kulturelle Bildung. Kopaed, München

Göhlich, M., Wulf, C., Zirfas, J. (Hrsg.) (2007): Pädagogische Theorien des Lernens. Beltz, Weinheim

Grüneisl, G., Knecht, G., Zacharias, W. (Hrsg.) (2001): Mensch und Spiel. Der mobile „homo ludens" im digitalen Zeitalter. LKD-Verlag, Unna

Grupe, O., Gabler, H., Göhner, U. (Hrsg.) (1983): Spiel, Spiele, Spielen. Hoffmann, Schorndorf

Heckhausen, H. (1973): Entwurf einer Psychologie des Spiels. In: Flitner, A. (1973), 133

Huizinga, J. (1956): Homo ludens. Rowohlt, Reinbek

Kaminski, W., Witting, T. (Hrsg.) (2007): Digitale Spielräume. Kopaed, München

KIB / Kompetenzzentrum Informelle Bildung (Hrsg.) (2007): Grenzenlose Cyberwelt? VS-Verlag, Wiesbaden

Krappmann, L. (1983): In: Grupe, O., Gabler, H., Göhner, U. (Hrsg.): Spiel, Spiele, Spielen. Hoffmann, Schorndorf

Kreuzer, K. J. (Hrsg.) (1984): Handbuch der Spielpädagogik Bd. 1–4. Schwann, Düsseldorf

Oerter, R. (1993): Psychologie des Spiels. Quintessenz-Verlag, München

–, Montada, L. (2002): Entwicklungspsychologie. Beltz, Weinheim

Otto, H.-U., Kutscher, N. (2004): Informelle Bildung. online, Weinheim

Overwien, B. (2008): Informelles Lernen. In: Otto, H.-U., Coelen, T. (Hrsg.) (2008): Grundbegriffe Ganztagsbildung. VS-Verlag, Wiesbaden, 128

Retter, H. (1979): Spielzeug. Handbuch zur Geschichte und Pädagogik der Spielmittel. Juventa, Weinheim

Röhrs, H. (Hrsg.) (1981): Das Spiel – ein Urphänomen des Lebens. Verlagsgesellschaft, Wiesbaden

Schäfer, G. (1986): Spiel, Spielraum und Verständigung. Juventa, Weinheim

Scheuerl, H. (1990): Das Spiel, Bd.1 / 2. Beltz, Weinheim

Schiller, F. (2000): Briefe zur Ästhetischen Erziehung des Menschen. Reclam, Stuttgart

Stiftung Deutsches Hygienemuseum (Hrsg.) (2005): Spielen. Zwischen Rausch und Regel. Hatje Cantz, Ostfildern

Sutton-Smith, B. (1978): Die Dialektik des Spiels. Hofmann, Schorndorf

Treptow, R. (2001): Kultur und soziale Arbeit. Votum, Münster

Welsch, W. (1996): Grenzgänge der Ästhetik. Reclam, Stuttgart

Winnicott, D. W. (1973): Vom Spiel zur Kreativität. Klett Cotta, Stuttgart

Zacharias, W. (2001): Kulturpädagogik. Eine Einführung. Leske + Budrich, Opladen

– (Hrsg.) (1985): Zur Ökologie des Spiels – Spielen kann man überall?! Pädagogische Aktion, München

Zimmermann, O., Geißler, T. (Hrsg.) (2008): Streitfall Computerspiele. Deutscher Kulturrat, Berlin

Zirfas, J. (2007) In: Göhlich, M., Wulf, C., Zirfas, J. (Hrsg.): Pädagogische Theorien des Lernens. Beltz, Weinheim

Sport aus sozialpädagogischer Perspektive

Von Hartmut Gabler

Dem Sport werden eine Vielzahl von Funktionen zugeschrieben, die dem Individuum zugute kommen sollen: Er fördere die Gesundheit und diene dem Abbau von Spannungen und Stress. Er unterstütze das soziale Miteinander und führe zu festen sozialen Bindungen. Er diene dem sozialen Lernen und fördere die Entwicklung einer stabilen Persönlichkeit. Solche Erwartungen bestimmen eine große Anzahl sportpädagogischer Konzepte, insbesondere im Blick auf die Begründungen und Zielsetzungen des Schulsports. Weniger intensiv hat sich die Sportpädagogik dagegen mit jungen Menschen außerhalb der Schule befasst. Dies gilt sowohl für die Jugendarbeit in den Sportvereinen als auch (und insbesondere) für die Frage, welche pädagogische Bedeutung der Sport im Rahmen der Jugendsozialarbeit haben kann. Diese Vernachlässigung ist vor allem deshalb erstaunlich, weil das Jugendalter als Abschnitt gesteigerter Identitätssuche anzusehen ist und hierbei der Körper sowie die (sportliche) Bewegung von zentraler Bedeutung sind. Vor allem in den Peergruppen männlicher Jugendlicher spielen sportliche Erscheinung, sportliches Können und sportlicher Lebensstil eine bedeutende Rolle. Sozialpädagogische Aspekte des Sports zielen deshalb auf die Frage nach der Sozialisation „in" und „durch" den Sport, d.h. darauf, inwieweit junge Menschen (und in diesem Zusammenhang vor allem sozial auffällige und benachteiligte Jugendliche) den Kontakt zum Sport finden und inwieweit sie in ihn involviert werden bzw. von einer Sportbeteiligung abgehalten werden. Werden sie eingebunden in den Sport, dann interessiert die Frage nach den Sozialisationseffekten, d.h. nach den Auswirkungen des Sportengagements auf die „allgemeine" Persönlichkeitsentwicklung: Welche Fähigkeiten, Fertigkeiten, Kenntnisse und Wertvorstellungen werden über das Sportengagement vermittelt und kommen eventuell (im Sinne einer Transferwirkung) auch in anderen Lebensbereichen zum Tragen?

Wenn vom „Sport" die Rede ist, dann werden Aktivitäten gemeint, die mit sportlichen Bewegungen und körperlichen Leistungen, mit sportartspezifischen Regeln und häufig auch mit Wettkämpfen zusammenhängen. Derzeit sind allein in den deutschen Sportvereinen fast 27 Millionen Menschen organisiert. Über 70 % der Bevölkerung gibt an, Sport zu treiben. Etwa die Hälfte der Nicht-Sportaktiven würde gerne ebenfalls Sport treiben, wenn das Angebot räumlich näher wäre und sie mehr Zeit hätten. Diese Zahlen belegen die enorme gesellschaftliche Bedeutung des Sports. Im Blick auf die genannten sozialpädagogischen Aspekte des Sports werden im Folgenden vier Themenbereiche behandelt.

1. Zunächst geht es um die Frage der sozialen Integration von Jugendlichen, die in Sportvereinen organisiert sind.
2. Dann geht es um eine spezielle Integrationsfrage, nämlich um die Möglichkeiten und Grenzen einer Integration von Migranten durch den Sport.
3. Der nächste Themenbereich behandelt normabweichendes Verhalten auf und außerhalb des Sportfeldes.
4. Abschließend werden im Sinne der Jugendsozialarbeit Sportangebote für verhaltensauffällige Jugendliche vorgestellt.

Zur sozialen Integration von vereinsorganisierten Jugendlichen

Die Projektgruppe um Nobis und Baur et al. (2007) ist im Blick auf diese Thematik im Rahmen einer Sekundäranalyse vorliegender Jugend(Sport)-

Otto/Thiersch (Hg.), Handbuch Soziale Arbeit, 4. A., DOI 10.2378/ot4a.art156,

surveys und bezogen auf die Altersspanne zwischen 12 und 29 Jahren u. a. zwei Fragestellungen nachgegangen:

1. Stellt der Sportverein für Jugendliche eine Integrationsinstanz in die Sportvereinsgemeinschaft, insbesondere in die Kultur der Gleichaltrigen, dar?
2. Fördert die Mitgliedschaft im Sportverein die Bereitschaft der Jugendlichen, sich an der Zivilgesellschaft zu beteiligen?

Zu 1.: Die Datenlage zeigt: „Jugendliche Sportvereinsmitglieder gehören signifikant häufiger als nicht-vereinsgebundene Jugendliche einer Clique bzw. einer Gruppe Gleichaltriger an, die sich regelmäßig trifft und sich zusammengehörig fühlt" (Fussan 2007a, 45). Sie verbringen mehr Freizeit mit Gleichaltrigen und haben nach eigenen Aussagen in ihrer Gruppe eine zentralere Position als nicht-vereinsgebundene Jugendliche (53). Diese Ergebnisse gelten gleichermaßen für Jungen und Mädchen und im Besonderen für den Altersbereich zwischen 14 und 17 Jahren (55). Hinsichtlich der Einbindung in Peer-Netzwerke zeigen sich keine Unterschiede zwischen jugendlichen Wettkampfsportlern und Nicht-Wettkampfsportlern. Allerdings sind die Wettkampfsportler stärker in die Vereinsgemeinschaft integriert (Fussan 2007b, 113f.).

Die hohe Bindungskraft der Sportvereine, welche die Bedeutung dieser Befunde verstärkt, zeigt sich darin, dass jugendliche Sportvereinsmitglieder im Alter zwischen 15 und 19 Jahren im Durchschnitt bereits sieben Jahre dem betreffenden Verein angehören, was etwa 43 % ihres Lebensalters ausmacht (Baur et al. 2003, 179).

Zu 2.: Der Anteil der im Sportverein ehrenamtlich engagierten jugendlichen Vereinsmitglieder (als Übungsleiter, Mannschaftsführer, Schiedsrichter, Jugendwart u. a.) beläuft sich bei den meisten der ausgewerteten Jugendsurveys zwischen 13 % und 15 %. Bei den wettkampfsportlich aktiven Jugendlichen sind es über 40 %. Nobis kommt aufgrund solcher Befunde zu folgender Schlussfolgerung:

„Wenn man einerseits die hohen Mitgliedschaftsquoten bei den Jugendlichen und andererseits die hohen Anteile freiwillig engagierter jugendlicher Sportvereinsmitglieder in Betracht zieht, dann lässt sich in etwa abschätzen, in welchem Umfang Heranwachsende als Mitglieder von Sportvereinen zu gemeinwohlorientiertem, bürgerschaftlichem Engagement angeregt werden." (Nobis / Baur et al. 2007, 144)

Auch Brettschneider / Kleine (2002) kommen nach ihrer Untersuchung der Jugendarbeit in nordrhein-westfälischen Sportvereinen zu dem Ergebnis, dass der Sportverein ein Feld darstellt, in dem Jugendliche vielfältige Erfahrungen machen können, die für ihre Entwicklung von Bedeutung sind. „Trotz zunehmender Individualisierung in vielen Lebensbereichen gelingt es den Sportvereinen in einmaliger Weise, vor allem Heranwachsende gesellschaftlich zu integrieren" (2002, 480f.). Einzelne positiv zu bewertende Befunde decken sich mit der Sekundäranalyse von Nobis und Baur et al. (2007). Andererseits raten Brettschneider u. a. von allzu optimistischen Annahmen im Hinblick auf die durch das Sporttreiben bedingte Persönlichkeitsentwicklung ab, da sich aus ihrer Sicht vor allem jene Jugendliche dem Sportverein zuwenden und sich an ihn binden, welche bereits vor ihrem Eintritt in den Sportverein positiv zu bewertende Persönlichkeitsmerkmale aufweisen. Nobis und Baur et al. (2007) ergänzten ihre beiden Fragestellungen um die „Migrationsperspektive".

Sport und Integration von Migranten

Seit Langem wird der Sport, insbesondere von politischen und sportpolitischen Funktionsträgern, als universelles Medium der Völkerverständigung gesehen. Aufgrund der international gültigen Regeln bietet er für alle Menschen, unabhängig von sozialer Herkunft, Hautfarbe und Religion, prinzipiell die Chance, gemeinsam Sport zu treiben. Das entsprechende Motto lautet: „Der Sport spricht alle Sprachen." Am deutlichsten wird dieses Motto bei Olympischen Spielen, Weltmeisterschaften und anderen internationalen Sportfesten propagiert und medienträchtig in Szene gesetzt. Da der Deutsche Sportbund (inzwischen Deutscher Olympischer Sportbund) seit den 1970er Jahren insbesondere im Blick auf seine Vereine den „Sport für alle" vertritt, wird folgerichtig auch die Ansicht vertreten, dass gemeinsames Sporttreiben im Verein zu zwanglosen Kontakten führe, Vorurteile und soziale Distanzen abbaue sowie dem Gefühl der Fremdheit entgegenwirke.

Anderseits sind die Vereinsmitglieder mit Migrationshintergrund in den deutschen Sportvereinen unterrepräsentiert. Dies gilt besonders für die ehrenamtliche Führung der Vereine. Und der Sport ist insgesamt nicht frei von ethnischen Abgrenzungen, Konflikten und Gewaltausbrüchen, die bis zum Abbruch von Wettkämpfen führen. Es bedarf also einer differenzierten Sichtweise, um die Integrationspotenziale des Sports beurteilen zu können.

Zunächst ist zu unterscheiden zwischen „Außenintegration" und „Innenintegration". Außenintegration bezieht sich auf die Integration von Menschen mit Migrationshintergrund in die Mehrheitsgesellschaft. Binnenintegration meint dagegen, dass sich ethnische Gruppen bewusst als Subkultur gegenüber der Mehrheitskultur abgrenzen. Weiterhin ist im Blick auf die Integrationsthematik darauf hinzuweisen, dass die Gruppe der Menschen mit Migrationshintergrund keine homogene Gruppe darstellt; vielmehr handelt es sich um eine Vielzahl von unterschiedlichen Personengruppen: Aussiedler, Arbeitsimmigranten, Kinder dieser Familien, die in Deutschland geboren wurden, Personen mit begrenzter Aufenthaltsgenehmigung, Asylbewerber u. a. Und schließlich ist zwischen den Herkunftsländern, z. B. zwischen Italien und Türkei, zu unterscheiden.

Fragt man nun im Blick auf die Außenintegration danach, inwieweit jugendliche Immigranten Sport treiben, dann lässt sich nach Fussan / Nobis (2007, 291) Folgendes feststellen:

„Jugendliche mit Migrationshintergrund scheinen sich hinsichtlich ihres Sportinteresses nicht nennenswert von deutschen Jugendlichen zu unterscheiden [...] Unabhängig vom Migrationshintergrund ist der Sportverein offenbar ein sehr beliebter Kontext des Sporttreibens [...] Es ergeben sich allerdings deutliche Unterschiede derart, dass Jugendliche mit Migrationshintergrund signifikant seltener einem Sportverein angehören" (Fussan / Nobis 2007, 291).

Diese Barriere gilt vor allem für Jugendliche und hier insbesondere für Mädchen mit türkischem Hintergrund. Die Barrieren beim Zugang zum Sport lassen sich nach Heinemann (2007) mit sechs Begründungen erklären:

- *Sozialschicht:* Grundsätzlich engagieren sich Mitglieder unterer Sozialschichten weniger im Sport, so dass dementsprechend Personen mit Migrationshintergrund ebenfalls weniger Sport treiben.

- *Ethnische Zugehörigkeit:* In den Heimatländern vieler Immigranten ist der Sport, insbesondere der Schulsport und das Vereinswesen, weniger ausgeprägt, so dass auch Jugendliche mit Migrationshintergrund, die in Deutschland aufwachsen, über die familiäre Sozialisation entsprechend beeinflusst werden, d. h. weniger mit Sport konfrontiert werden.

- *Unsichere Zukunftsperspektive:* Wer aufgrund eines begrenzten Aufenthaltsrechts nicht sicher sein kann, dass er auf Dauer in Deutschland bleiben kann, wird sich wenig bemühen, sich in die Mehrheitskultur zu integrieren.

- *Wertorientierung und Lebensstil:* Viele Immigranten haben ihre Wurzeln in ländlichen Regionen ihrer Heimatländer, woraus sich eine große Differenz zur Kultur der in Deutschland vorherrschenden modernen Gesellschaft ergibt. In diesen Wurzeln hat der moderne Sport nur einen geringen Stellenwert. Andererseits können aus der Perspektive der Lebensstilforschung „Menschen aus scheinbar völlig unterschiedlichen ethnischen Gruppierungen durchaus die gleichen Lebensstile, die gleichen politischen Überzeugungen, den gleichen Geschmack in modischen Fragen und die gleichen Interessen am Sport haben" (Seiberth / Thiel 2007, 203). Wenn trotzdem Barrieren den Zugang zum Sport erschweren, dann geschieht dies weniger im Sinne der „Fremdexklusion als vielmehr im Sinne der Selbstausgrenzung" (204).

- *Körperbild:* Sport stellt eine besondere Form des Umgangs mit dem eigenen und fremden Körper dar. Werte und Normen, die sich auf den Körper beziehen – z. B. Schamgrenzen, Einstellungen zum Körperkontakt, Körpersprache, körperliche Gewalt –, unterscheiden sich vor allem zwischen europäisch-westlichen und islamischen Gesellschaften. In Anlehnung an Bourdieu (1999) wird jeder Kultur ihr eigener Umgang mit dem Körper zugestanden. Dies erschwert vor allem die Teilnahme muslimischer Schülerinnen am Sportunterricht, insbesondere am Schwimmunterricht. Und manchen jungen Musliminnen erschwert es offenbar den Zugang zum Sportverein, in denen es keine getrennten Duschkabinen gibt, da sie sich auch Frauen gegenüber nicht nackt zeigen dürfen.

- *Antizipation der Wahrnehmung des Sporttreibens durch andere:* etwa durch die Familie oder den

Freundeskreis. „Wenn Sport bei diesen Bezugsgruppen nicht auf Anerkennung stößt, vielleicht
sogar misstrauisch und skeptisch beurteilt wird,
wird es kaum zu einem Sportengagement kommen" (Heinemann 2007, 208).

Setzt man im Blick auf die sportpolitischen Ansprüche die Erwartungen an die Integrationskraft
des Sports niedriger und berücksichtigt die genannten Argumente für den erschwerten Zugang
zum Sport für Jugendliche mit Migrationshintergrund, dann bleibt doch noch festzuhalten, dass
der Sport und insbesondere der Sportverein (im
Vergleich zu anderen gesellschaftlichen Bereichen)
über ein erhebliches Integrationspotenzial verfügen
(Fussan/Nobis 2007, 291). Zugleich muss aber
auch berücksichtigt werden, dass in jenen Untersuchungen, die zu einer positiven Bewertung der
integrativen Wirkung des Sports gelangten, nicht
untersucht wurde, ob diejenigen, die in einen
Sportverein eingetreten sind, zu diesem Zeitpunkt
nicht bereits in hohem Maße integriert waren
(209).

Was die Binnenintegration betrifft, so zeigen sich
ambivalente Entwicklungen. Wenn die Kultur der
Mehrheitsgesellschaft der eigenen Kultur wider-
spricht, kann dies auch zur Segregation beitragen.
Als Beispiel für solche Reaktionen kann die starke
Zunahme der ethnischen Sportvereine, insbeson-
dere der türkischen Fußballvereine, seit den 1990er
Jahren angeführt werden.

Bis in die 1980er Jahre hinein wurde die Bildung
der ethnischen Sportvereine als kontraproduktiv für
die Integration gesehen, da sie die Segregation fes-
tige. Allerdings ging man davon aus, dass die zweite
und dritte Generation der Migranten eher deutsche
Sportvereine bevorzugen würden. Dies traf und
trifft auch heute für jüngere Jugendliche zu. Ältere
Jugendliche wechseln jedoch (vor allem auf Druck
der Väter) nach der „A-Jugend" in den Aktivenbereich von ethnischen Sportvereinen. Die betroffenen Vereine beklagen deshalb, dass sie im Jugendbereich ausbilden und danach im Aktivenbereich
die Früchte ihrer Arbeit nicht ernten können.

Inzwischen hat sich jedoch die Erkenntnis durchgesetzt, dass ethnische Sportvereine nicht unbedingt zur Segregation führen müssen. Vielmehr
können solche Vereine (wie ethnisch ausgerichtete
Geschäfte und Restaurants zeigen) zunächst wesentlich zur Binnenintegration beitragen, „d. h. zur

Überwindung des durch die Migration ausgelösten
Kulturkonflikts und zur Bewältigung des Lebens
außerhalb des Arbeitsprozesses" (Sonnenschein
1999, 87). Sie ermöglichen, mit den Mitgliedern
des eigenen Kulturkreises gemeinsam die Freizeit
zu gestalten und Gefühle der Zugehörigkeit zu entwickeln. Durch gemeinsame Wettkämpfe mit
nicht-ethnischen Sportvereinen ergeben sich dann
auch Möglichkeiten der Außenintegration. Aus
dieser Sicht haben die ethnischen Sportvereine eine
Brückenfunktion zwischen den Migrantenmilieus
und den Milieus der Mehrheitsgesellschaft. Andererseits muss offen bleiben, inwieweit es jungen
Menschen mit starken Bindungen zu ihrer Kultur
gelingt, sich sowohl mit ihrer ethnischen Minderheit als auch mit der Mehrheitsgesellschaft zu identifizieren.

Der Sport hat – dies zeigen die bisherigen Ausführungen zur Frage des Zusammenhangs von Integration und Sport – durchaus ein beachtliches Integrationspotenzial. Inwieweit es tatsächlich zum
Tragen kommt, ist aufgrund der Komplexität der
Fragestellung schwierig zu beurteilen. Andererseits
ist aber auch nicht zu verkennen, dass ein Bereich
des Sports, nämlich der Wettkampfsport, ein besonderes segregierendes Konfliktpotenzial in sich
birgt, das ein verstehendes Sich-Begegnen eher
blockiert, vielmehr die Betrachtung des sportlichen
Gegners als echten Gegner eher fördert. In extremen Fällen kommt es sogar zu gravierenden Gewalttätigkeiten. Pilz wertete bezogen auf den Ju-
gendfußball rd. 4000 Sportgerichtsakte des
Niedersächsischen Fußballverbandes der Saison
1998/99 aus und fand, dass zwei Drittel aller verhandelten Spielabbrüche von nicht-deutschen
Spielern (überwiegend Türken) verursacht wurden.
Hinsichtlich der Vorgeschichte zeigte sich, dass bei
den deutschen Tätern Schiedsrichterentscheidun-
gen sowie Provokationen durch Trainer/Betreuer
und bei den nicht-deutschen Tätern eher Provokationen durch Zuschauer von Bedeutung sind (Pilz
2006, 36).

Abweichendes Verhalten im Sport

Gewalt im Sport ist ein zentrales Teilthema des re-
gel- und normabweichenden Verhaltens von Sportlern und Zuschauern. Zunächst ist jedoch festzuhalten, dass im Sport Aktionen zulässig sind, die

außerhalb des Sports schwere Strafen nach ziehen würden. Man stelle sich z. B. den im Eishockey den Regeln entsprechenden und von allen Spielern akzeptierten Bodycheck, bei dem der Spieler aufgrund eines gezielten Körperkontakts durch einen Gegenspieler in vollem Lauf gegen die seitliche Bande fliegt, zum einen beim Öffnen eines Kaufhauses zum Sommerschlussverkauf und zum anderen beim Einlauf in die Zielgerade eines 800m-Laufs vor. Dieses Beispiel zeigt, dass der Sport sein eigenes Regel- und Normensystem besitzt. Dieses Bezugssystem legt fest, was nicht nur im Sport, sondern auch in den einzelnen Sportarten als aggressiv und was als nicht-aggressiv zu bewerten ist (Gabler 1987). Dabei muss noch zwischen Regel- und Normabweichungen unterschieden werden. Ein Beispiel dafür: Das Festhalten des Gegners beim Handball ist zwar eine offiziell nicht erlaubte, also regelabweichende Handlung; sie wird jedoch von den am Handball Beteiligten weder als aggressiv noch als unsportlich oder unfair aufgefasst, da sie die inoffiziell gültigen Normen noch nicht verletzt. Handlungen im Sport sind demnach dann als aggressiv zu bezeichnen, wenn sie nicht nur die Regeln brechen, sondern auch den Normen nicht mehr entsprechen, die zwischen den Beteiligten als gültig anerkannt werden. Normabweichende Handlungen im Sport sind etwa (am Beispiel des Handballspiels): einen Sprungwurf mit angezogenen Knien durchführen, in den Wurfarm des Gegners beim Torwurf blockierend eingreifen (beides kann zu gravierenden Verletzungen führen), den Gegner beleidigen, absichtlich in das Gesicht des Torwarts werfen. Solche Handlungen haben eines gemeinsam: Es sind nicht die Handlungsziele des Gegners, die primär angegriffen werden, sondern es ist die hinter den sportlichen Handlungen stehende Person des Gegners, auf die die Schädigung gerichtet ist; zumindest wird die Schädigung der Person des Gegners in Kauf genommen. Diese Schädigung kann in Form von körperlicher oder psychischer Verletzung und Schmerz erfolgen. Zwei Formen der Aggressionen im Sport sind im Wesentlichen voneinander zu unterscheiden: Ein Fußballspieler „revanchiert" sich z. B. für ein zuvor selbst erlittenes Foul. Es geht ihm dabei explizit um die personale Schädigung des Gegenspielers, indem er ihn außerhalb des Spielgeschehens tritt oder schlägt. In diesem Fall kann von einer „expliziten Aggression" gesprochen werden.

Die von Pilz ausgewerteten Sportgerichtsakten beziehen sich zu einem großen Teil auf solche Verhaltensweisen. Analysiert man die durchschnittlichen Fouls in einem Fußballspiel, dann zeigt sich, dass die expliziten Aggressionen nur etwa 8 % der Fouls ausmachen.

Gravierender sind die „instrumentellen Aggressionen". Hierbei versucht z. B. der Fußballspieler, den Gegenspieler am Torschuss zu hindern, indem er in dessen Beine hineingrätscht; dabei nimmt er im Interesse des übergeordneten Leistungsziels eine Verletzung des Gegners, also eine personale Schädigung, in Kauf. Diese Aggressionen machen im Fußball über 60 % der Fouls aus. Bei solchen Aktionen wird die Verletzung des Gegners zwar nicht explizit angestrebt, aber doch im Interesse übergeordneter Leistungsziele in Kauf genommen. Gespräche mit Trainern zeigen, dass mit zunehmend höherer Spielklasse auch häufiger die Anweisung erfolgt, einen wichtigen gegnerischen Spieler von Beginn des Spiels an „hart zu nehmen", um ihm „den Schneid abzukaufen". Aufgrund der nach wie vor zunehmenden Kommerzialisierung, Professionalisierung und Politisierung des Leistungssports sowie aufgrund des Einflusses der Medien sind Sportler auch bereit, eigene und fremde Erwartungen mit allen Mitteln zu erfüllen, d. h. auch instrumentelle Aggressionen einzusetzen. Aus sozialpädagogischer Sicht und im Blick auf junge Sportler sind diese instrumentellen Aggressionen vor allem deshalb so problematisch, weil mit zunehmendem Leistungsdruck die Werte Leistung und Erfolg um jeden Preis über den Werten Unverletzlichkeit und Integrität der Person des sportlichen Gegners rangieren, ohne dessen Partnerschaft das Spiel und der Wettkampf gar nicht möglich wäre.

Diese instrumentellen Aggressionen sind zudem deshalb problematisch, weil Sportler sie mit großem Geschick „verdeckt" durchführen können, d. h., sie werden vom Schiedsrichter nicht wahrgenommen und daher auch nicht bestraft. Der Erfolg heiligt die Mittel; man darf sich nur nicht erwischen lassen – ein Beispiel dafür, wie sehr der Sport auch Prinzipien der Gesellschaft übernommen hat und selbst noch verstärkt.

Neben den aggressiven Handlungen gibt es im Rahmen der normabweichenden Handlungen noch die betrügerischen Handlungen. Bei ihnen wird die für den Sport zentrale Norm der Chancengleichheit verletzt. Betrügen heißt, Vorteile mit

Mitteln zu erlangen, die nicht den Regeln und dem Konsens entsprechen. Solche betrügerischen Handlungen sind z. B. Doping und hinter den Kulissen getroffene Absprachen über den Wettkampfausgang.

Will man ein Fazit zu dieser Thematik der normabweichenden Handlungen von (jugendlichen) Sportlern ziehen, dann kann dies nur ambivalent ausfallen. Einerseits lernen jugendliche Sportler Regeln einzuhalten, nicht zuletzt deshalb, weil gewöhnlich bei Nichteinhaltung die entsprechende Sanktion (bis hin zum Ausschluss vom Spiel) gleichsam auf dem Fuße folgt. Sie lernen aber nicht nur in diesem Sinne die Regeln als Mittel zum Zweck einzuhalten, sondern sie haben auch die Möglichkeit, den „Geist der sportlichen Regeln", das Prinzip der Fairness, zu erfahren.

„Fairneß zeigt sich im Rahmen sportlicher Wettkampfhandlungen im Bemühen der Sportler, die Regeln konsequent und bewußt (auch unter erschwerten Bedingungen) einzuhalten oder sie zumindest nur selten zu übertreten, im Interesse der Chancengleichheit im Wettkampf weder unangemessene Vorteile entgegenzunehmen noch unangemessene Nachteile des Gegners auszunutzen und den Gegner nicht als Feind zu sehen, sondern als Person und Partner zu achten." (Gabler 1998, 152)

Dieser positiv zu bewertenden Seite des Sports steht andererseits die negativ zu bewertende gegenüber. Der Sport ist auch ein Lernfeld für normabweichendes Verhalten. Vor allem Aggressionen werden über erfolgreiche Vorbilder und über eigene Erfahrungen, die zum sportlichen Erfolg führen, gelernt. Je mehr solch normabweichendes Verhalten öffentlich toleriert, ja zum Teil sogar gefordert wird, desto mehr wird dieses Verhalten verstärkt.

Die weitere Entwicklung dieser Ambivalenz (zwischen der Möglichkeit, sowohl positive als auch negative Erfahrungen zu machen) wird davon abhängen, inwieweit es den im Sport Verantwortlichen gelingt, einerseits über regelbedingte Sanktionen und andererseits über das verstärkte Bewusstmachen der Fairnessidee Gewalt und Unfairness im Verhalten junger Sportler zurückzudrängen oder ob junge Sportler aufgrund der von Teilen der Gesellschaft übersteigerten ideellen und finanziellen Wertschätzung sportlicher Leis-

tungen zunehmend bereit sind, auch Gewalt als Mittel zum Zweck einzusetzen.

Gewalt im Sport bezieht sich jedoch nicht nur auf die Sportler selbst, sondern auch auf die Zuschauer und hier vor allem auf die Zuschaueraggressionen innerhalb und außerhalb des Stadions (Gabler 1994). Dreierlei fällt bei der Betrachtung dieses Problemfeldes zunächst auf: Es handelt sich bei den Gewalttätigkeiten fast ausschließlich um Jugendliche männlichen Geschlechts. Dieses jugendspezifische Phänomen zeigt sich erst seit den Nachkriegsjahren, denn auch früher gab es schon Zuschauer als Fans im engen Sinne.

Bei den Zuschauerausschreitungen handelt es sich um ein vorwiegend fußballspezifisches Phänomen, das weltweit auftritt. Dieses Phänomen ist schwer zu quantifizieren und zu bewerten. Einerseits sind es nur wenige Prozent der Zuschauer, die zur Gewalt neigen, wobei zumeist kleinere Raufereien und verbale Aggressionen überwiegen. Andererseits kommt es immer wieder zu schweren Ausschreitungen, die sogar schon Todesopfer gefordert haben.

Die Entwicklung der Fanszene lässt sich in drei Abschnitte gliedern. Dies ermöglicht die Darstellung der Entwicklung der Zuschaueraggressionen. Zunächst dominierten in den 1970er Jahren die sog. *Kuttenfans*. Sie zeigen sich im äußeren Erscheinungsbild durch Fahnen, Schals und Mützen in den Vereinsfarben (die sog. Kutten) und werden bestimmt durch ein stark ausgeprägtes Bedürfnis nach Spannung, „action" und Abenteuer. Dieses Sensation-seeking-Motiv wird ergänzt durch weitere Motive wie das Bedürfnis nach Anerkennung (vor allem in der Fangruppe) und das Bedürfnis nach Wirksamkeit im Sinne von Selbst-etwas-verursachen-Wollen. Aggressive Handlungen werden im Allgemeinen nicht explizit angestrebt (mit Ausnahme bei historisch gewachsenen Fan-Feindschaften zwischen Fanclubs einzelner Bundesligavereine). Vielmehr sind sie als instrumentelle Aggressionen zu verstehen, d. h., sie dienen als Mittel zur Erreichung anderer Ziele, z. B. in der Gruppe sozial anerkannt zu sein, sich seine eigene Wirksamkeit und körperliche Stärke zu bestätigen, sein Machtbedürfnis gegenüber den gegnerischen Fans zu demonstrieren, und sie werden im Rahmen des Sensation-Seeking in der Auseinandersetzung mit Ordnungs- und Polizeikräften implizit in Kauf genommen.

Zu Beginn der 1980er Jahre führten verschärfte Disziplinierungs- und Kontrollmaßnahmen der Polizei zur Verlagerung der Auseinandersetzungen zwischen den Fans auf die An- und Abmarschwege, d. h. insbesondere auf die Innenstädte und Bahnhofsbereiche. Es kam zur Spaltung von Fanclubs und zur Selbstausgrenzung der zunehmend gewaltbereiten Fans. Zu ihnen gesellten sich andere gewaltbereite Jugendliche, die sich der „Fußballrandale" verschrieben und sich nach englischen Vorbildern *Hooligans* nennen. Das zentrale Motto der Hooligans lautet: „Gewalt macht Spaß", „Randale ist geil". Hooligans bekennen sich zur Gewalt als Freizeithobby, wobei sich die Gewalt aus dem Zusammenhang mit dem Fußball weitgehend gelöst und verselbstständigt hat. In jene Zeit fällt auch der Versuch rechtsextremer Gruppierungen, in der Fanszene Fuß zu fassen.

Seit den 1990er Jahren gibt es eine neue Fanszene, die sog. Ultras (Pilz et al. 2006). In ihnen wird eine gewisse Vermischung von Kuttenkultur und Hooliganismus sichtbar. Dominierend ist jedoch der erlebnisorientierte Wille, den eigenen Verein zu unterstützen. Für diese Fans zählen Stärke und Macht, Durchsetzungsvermögen und Männlichkeit. Unabhängig von der Vielschichtigkeit der heutigen Fanszene ist die Gewalt in der Gruppe Gleichaltriger eine Möglichkeit unter anderen, Statusunsicherheit zu kompensieren und ein Stück mehr an Identität zu gewinnen. Insofern ist die Gewalt jugendlicher Fußballfans ein jugendtypisches, problemlösendes Verhalten, erlernt im Milieu der gleichaltrigen Bezugsgruppe.

Mit Sport gegen Aggression und Gewaltbereitschaft

Auf der einen Seite kann demnach Aggression und Gewalt gesehen werden als erlernter Versuch, individuelle Probleme im und am Rande des Sports zu lösen. Auf der anderen Seite wird der Sport jedoch auch gezielt eingesetzt, vor allem außerhalb des organisierten Sports, um Aggressionen zu verhindern und Gewaltbereitschaft zu reduzieren. Dies gilt insbesondere im Blick auf sozial auffällige Jugendliche im Alter von 14 bis 18 Jahren. „Der Sport stellt gerade für diese gefährdete Zielgruppe ein attraktives und wirksames Übungsfeld dar" (Rössner 2000, 2). Im Rahmen dieser sportorientierten Jugendsozialarbeit wird von folgenden Begründungen ausgegangen:

Sport als körperorientierter Ansatz kann dort als Ausdrucksmittel genutzt werden, wo sprachliche Kompetenzen zur Konfliktlösung fehlen. Seine Bedeutsamkeit für die Arbeit mit schwierigen Jugendlichen erhält der Sport auch häufig über das Argument, dass seine Regelsysteme als Lerngelegenheiten dienen können. Vor allem im Sportspiel (wie z. B. beim Fußball, Handball und Basketball) macht der Umgang mit Normen betr. faires und unfaires Verhalten sowie betr. Sanktionen im Falle von Regelverstößen einen zentralen Bestandteil des Spielgeschehens aus.

Die Unterstimulierung der taktilen und motorischen Sinnesbereiche von Kindern und Jugendlichen aufgrund der Verbauung der Landschaft und der Inanspruchnahme durch die modernen Medien hindert vor allem die Kinder und Jugendlichen in Großstädten an einer spontanen, körperlichen Entfaltung ihrer Emotionalität und ihres Körpererlebens. In letzter Konsequenz kann dies auch zu einer gesteigerten Gewaltbereitschaft führen.

Gewalt wird oft als „Desintegrationsphänomen" bezeichnet. Für die zunehmende Verunsicherung, den Orientierungsverlust und die Gewaltbereitschaft von Jugendlichen sind die Auflösung traditioneller, gesellschaftlicher Sicherheiten – insbesondere die der sozialen Einbindung – mitverantwortlich. Die Einbindung in Sportangebote kann vor diesem Hintergrund als ein mögliches Kontaktfeld mit Gleichaltrigen, aber auch mit erwachsenen Bezugspersonen gelten, was zu einer gewissen „Reintegration" führen kann.

Die Chancen sportlicher Angebote für sozialpädagogisches Handeln scheinen auch in deren besonderer Attraktivität für Jugendliche zu liegen. Zum einen macht das hohe Ansehen, das mit sportlicher Leistung sowie mit körperlicher Fitness in unserer Gesellschaft verbunden ist, die sportliche Freizeitbeschäftigung für Jugendliche interessant. Zum anderen profitieren aber auch erlebnispädagogische Ansätze vom Sportangebot. Die Suche vieler junger Menschen nach besonderen Erlebnissen, nach Wagnis und Abenteuer sowie nach Grenzerfahrungen ist charakteristisch für unsere heutige Gesellschaft. Risiko- und Natursportarten sowie das körperliche Bewältigen von Naturräumen, stellen in diesem Zusammenhang ein attraktives Betätigungsfeld für Jugendliche dar. Beliebte Beispiele hierfür sind Klettern, Tauchen und Wildwasser-Kajakfahren. Solche Sportaktivitäten ermöglichen komplexe Sinneseindrücke; sie erfordern körperliche und psychische Herausforderungen, die mit Kontrolle und Kontrollverlust verbunden sind; und der Erfolg sowie der Misserfolg der einzelnen Bewegungshandlungen werden unmittelbar rückgemeldet. Solche Erfahrungen können auch die für das Jugendalter charakteristische Identitätssuche unterstützen. Schließlich und ganz banal: Wer in seiner Freizeit Sport treibt, „vergammelt" sie nicht und hat wenigstens in diesem Zeitraum keine Möglichkeit zu gesellschaftlich abweichendem Verhalten.

Die sportorientierte Jugendsozialarbeit, die sozial benachteiligten und sozial auffälligen Jugendlichen (inkl. Migranten, insbesondere Spätaussiedler, und Fußballfans) ein Sportangebot macht, das auf diesen Begründungen basiert, hat sich neben der allgemeinen Jugendsozialarbeit auch im organisierten Sport zu einem neuen Bereich entwickelt. Initiativen wie z. B. „Sport in sozialen Brennpunkten", „Interkultu-

relle Arbeit im Sport", „Gewaltprävention durch Sport", „Basketball um Mitternacht" werden vorwiegend unter dem Dach der „Sportjugenden" organisiert. Sie werden etwa zur Hälfte durch den Staat bzw. Kommunen und zur anderen Hälfte durch die Sportvereine und Sportverbände finanziert.

„Bezogen auf die Inhalte bieten 71,3 % aller Initiativen Sportangebote mit sozialpädagogischer Betreuung an, 51,9 % zusätzlich Sportangebote ohne sozialpädagogische Betreuung. Interessant ist auch, dass 36,1 % aller Initiativen nicht-sportliche Angebote mit sozialpädagogischer Betreuung offerieren." (Breuer 2002, 26)

Dies zeigt, dass diese Initiativen weniger durch die Interessen des Sports im engen Sinne getragen werden, sondern eher durch die „Bereitschaft des organisierten Sports, zur gesellschaftlichen Integration sozial benachteiligter Jugendlicher beizutragen" (Breuer 2002, 35).

Literatur

Baur, J., Burrmann, U., Nagel, M. (2003): Mitgliedschaftsbeziehungen in Sportvereinen. In: Baur, J., Braun, S. (Hrsg.): Integrationsleistungen von Sportvereinen als Freiwilligenorganisationen. Meyer & Meyer, Aachen, 159–190

Bourdieu, P. (1999): Die feinen Unterschiede. Kritik der gesellschaftlichen Urteilskraft. Suhrkamp, Frankfurt / M.

Brettschneider, W.-D., Kleine, T. (2002): Jugendarbeit in Sportvereinen. Anspruch und Wirklichkeit. Hofmann, Schorndorf

Breuer, C. (2002): Das System der Sozialen Arbeit im organisierten Sport. Strauß, Köln

Fussan, N. (2007a): Einbindung von Jugendlichen in Peer-Netzwerke: Sportvereinsmitglieder und Nicht-Mitglieder im Vergleich. In: Baur, J., Nobis, T. (Hrsg.), 31–62

– (2007b): Soziale Integration von jugendlichen Sportvereinsmitgliedern in die Kultur der Gleichaltrigen: Wettkampfsportler und Nicht-Wettkampfsportler im Vergleich. In: Baur, J., Nobis, T. (Hrsg.), 94–116

–, Nobis, T. (2007): Zur Partizipation von Jugendlichen mit Migrationshintergrund in Sportvereinen. In: Baur, J., Nobis, T. (Hrsg.), 277–297

Gabler, H. (1998): Fairneß / Fair Play. In: Grupe, O., Mieth, D. (Hrsg.): Lexikon der Ethik im Sport. Hofmann, Schorndorf, 149–158

– (1994): Gewalt, Jugend und Sport – Ein sportspezifisches oder ein allgemeines gesellschaftliches Phänomen? In: Thiersch, H., Wertheimer, J., Grunwald, K. (Hrsg.): „[…] überall, in den Köpfen und Fäusten". Auf der Suche nach

Ursachen und Konsequenzen von Gewalt. Wissenschaftliche Buchgesellschaft, Darmstadt, 195–215

– (1987): Aggressive Handlungen im Sport. 2. Aufl. Hofmann, Schorndorf

Heinemann, K. (2007): Einführung in die Soziologie des Sports. 5. Aufl. Hofmann, Schorndorf

Nobis, T., Baur, J. (Hrsg.) (2007): Soziale Integration vereinsorganisierter Jugendlicher. Strauß, Köln

Pilz, G. A. (2006): Integration statt Rote Karten. Sozial Extra 30, 36–40

–, Behn, S., Klose, A., Schwenzer, V., Steffan, W., Wölki, F. (2006): Wandlungen des Zuschauerverhaltens im Profifußball. Hofmann, Schorndorf

Rössner, D. (2000): „Laufen, werfen und springen" statt „hauen und stechen". Mit Sport gegen Aggression und Gewaltbereitschaft. In: Dr. Joseph Raabe Verlag (Hrsg.): Lehrer-Schüler-Unterricht. Loseblattsammlung. Grundwerk Stuttgart 1994 ff.; Lieferung November 2000 in Teil B III 1.4, 1–8

Seiberth, K., Thiel, A. (2007): Fremd im Sport? – Barrieren der Integration von Menschen mit Migrationshintergrund in Sportorganisationen. In: Johler, R., Schmid, J., Thiel, A., Treptow, R. (Hrsg.): Europa und seine Fremden. Die Gestaltung kultureller Vielfalt als Herausforderung. Transcript, Bielefeld, 197–212

Sonnenschein, W. (1999): Assimilation versus Ethnizität. Sport und gesellschaftliche Integration ausländischer Mitbürger. In: Erdmann, R. (Hrsg.): Interkulturelle Bewegungserziehung. Academia, Sankt Augustin, 81–92

Stadtentwicklung

Von Hartmut Häussermann

Die großen Städte erleben seit den 1970er Jahren einen grundlegenden Wandel ihrer ökonomischen, sozialen und räumlichen Strukturen. Während ihre Entwicklung seit der Industrialisierung von einem anhaltenden Wachstum der Bevölkerung und der Arbeitsplätze und einem zunehmenden Wohlstand für alle Bevölkerungsschichten geprägt war, haben seitdem die Beschäftigtenzahlen vor allem in der Industrie abgenommen, die Arbeitslosigkeit hat zugenommen, und die Ungleichheit der Einkommen ist gewachsen. Dieser Strukturwandel führte einerseits zu einer stärkeren Differenzierung der Entwicklung von Städten. Verschiedene Entwicklungstypen haben sich herausgebildet: Weiter wachsenden Städten stehen stagnierende und schrumpfende gegenüber. Auch die innere Struktur der Städte verändert sich: sozialräumliche Disparitäten nehmen zu, und daraus ergibt sich eine Fragmentierung und Polarisierung des sozialen Raums der Stadt.

Dieser Wandel kann beschrieben werden als der Übergang von der fordistischen zur postfordistischen Stadt. Als Fordismus bezeichnet man eine spezifische Phase in der Entwicklung kapitalistischer Gesellschaften. Sie war gekennzeichnet durch das Wachstum großer Industrien, die Konsumgüter in großen Mengen produzierten – allerdings um den Preis der Standardisierung von Lebensstilen und Zeitrhythmen. Die beständige Steigerung der Produktivität machte Einkommenssteigerungen auch für gering qualifizierte Arbeitskräfte möglich. Wachsender Wohlstand, Ausbau staatlicher Leistungen und eine immer stärkere Standardisierung der Lebensstile schlugen sich auch in den Städten nieder: Einerseits durch den Aufbau von Großsiedlungen, andererseits durch die Ausdehnung der Städte ins Umland in Form der immer gleichen Einfamilienhausgebiete.

Mit der Ausbreitung des Automobils und wachsender Kaufkraft setzte auch in deutschen Städten nach dem 2. Weltkrieg die massenhafte Abwanderung von jungen Familien mit überdurchschnittlichen Einkommen ins Umland ein. Die Motive dafür sind inzwischen gut bekannt: Im Umland bekommt man mehr Fläche fürs Geld im Vergleich zur Stadt. Eigentumsbildung und Wohnungsvergrößerung sind für mittlere Einkommen praktisch nur im Umland möglich gewesen. Das Einfamilienhaus im Grünen wurde außerdem zum Symbol eines harmonischen Familienlebens und zum Ausweis einer gelungenen Biographie („einen Sohn zeugen, einen Baum pflanzen, ein Haus bauen").

Für die städtische Ökonomie spielen große Fertigungsbetriebe heute eine immer geringere Rolle, die Beschäftigungsverhältnisse werden instabil und prekär. Im wachsenden Bereich der Dienstleistungen dominieren zugleich sehr hohe und sehr niedrige Qualifikationen und damit auch Verdienstmöglichkeiten. Die mittleren Einkommensgruppen verlieren an Gewicht. Damit löst sich das homogene Modell des Fordismus langsam auf, die Städte werden sozial heterogener. In der postfordistischen Stadt nehmen kulturelle und soziale Ungleichheiten zu, die Beschäftigungsverhältnisse werden flexibel und prekär, und die Stadtverwaltungen haben weniger Einfluss auf die räumliche Entwicklung, weil sie nicht mehr über die finanziellen Mittel zur Steuerung der räumlichen Entwicklung – etwa durch sozialen Wohnungsbau – verfügen.

Insbesondere die Kernstädte der Agglomerationen waren zunächst die Verlierer dieses Wandels. Die Abwanderung aus der Kernstadt ins Umland war sozial selektiv, d. h., dass die „Besserverdienenden" die Städte verließen und in der Stadt die „A-Gruppen" zurückblieben, deren Konzentration sich dadurch verstärkte: Arme, Arbeitslose und Ausländer. Während in den ländlichen Gebieten und in den suburbanen Gebieten in den 1970er Jahren die

Otto/Thiersch (Hg.), Handbuch Soziale Arbeit, 4. A., DOI 10.2378/ot4a.art157,

Zahl der Arbeitsplätze und der Wohlstand wuchsen, verloren die Großstädte an wirtschaftlichem Gewicht, und die sozialen Probleme nahmen rasch zu.

Die Arbeitslosigkeit war in den Großstädten seit den 1970er Jahren zum ersten Mal seit Beginn der Industrialisierung höher als auf dem Land, insbesondere der hohe Anteil von Dauerarbeitslosigkeit verwies auf strukturelle Probleme. Ursache dafür war der Abbau von Arbeitsplätzen in der industriellen Produktion, von dem insbesondere die Migranten betroffen sind, die ja als „Gastarbeiter" für genau diese Arbeitsplätze angeworben worden waren. Der wachsende Anteil von Nicht-Erwerbstätigen in den Städten erzwang höhere Sozialausgaben. Da aber gleichzeitig wegen des Rückgangs der Zahl der Arbeitsplätze – und durch Änderungen der Steuergesetze – die Steuereinnahmen der Städte zurückgingen, entstand eine chronische Finanznot, die zum Abbau von nicht mehr finanzierbaren Leistungen zwang.

Dem Verlust von Fertigungs-Arbeitsplätzen stand aber immer auch ein Wachstum von Dienstleistungstätigkeiten gegenüber. Einerseits nahm die Beschäftigung in Bereichen wie Beratung, Finanzierung, Versicherungen, EDV, Forschung und Entwicklung, Werbung und Kultureinrichtungen zu, andererseits wuchs die Beschäftigung in unqualifizierten und gering entlohnten Dienstleistungen wie Transport, Reinigung, Bewachung oder Gastronomie. Sowohl der höhere Anteil von Arbeitslosen als auch die größere Ungleichheit der Einkommen in der Dienstleistungsbeschäftigung beförderten eine Tendenz zur sozialen Polarisierung, die sich nach und nach auch in der räumlichen Struktur der Städte niederschlug.

Die wachsende Zahl von Haushalten mit geringen Einkommen wurde auf einem schrittweise liberalisierten Wohnungsmarkt in Quartiere mit geringer Attraktivität und niedrigen Mieten gelenkt, in denen sich nun die sozialen Probleme konzentrieren. Die einheimischen und auch die migrantischen ausländischen Mittelschichten ziehen sich von dort zurück, und so entsteht eine hohe Segregation der sozial randständigen Bevölkerung. In allen großen Städten sind solche Prozesse der *Residualisierung* von Stadtteilen mit einer hohen sozialen Problemdichte zu beobachten – und in diesen Stadtteilen ist häufig der Migrantenanteil vergleichsweise hoch.

Die „Krise der Städte" hatte Ursachen in der Ökonomie und in der Bevölkerungsentwicklung. In ökonomischer Hinsicht waren es Verlagerungen und Rationalisierung, insgesamt also die Deindustrialisierung, die zu einem weitgehenden Verschwinden der industriellen Fertigungstätigkeit aus den Städten führte; in demographischer Hinsicht war es die Suburbanisierung, die zur sozialen Entmischung der Großstadtbevölkerung beitrug. Die Folgen dieser Entwicklung waren und sind wachsende Ungleichheiten in dreierlei Hinsicht:

- die Einkommensungleichheit in den Städten ist größer geworden;
- die ethnische Heterogenität in den Städten nimmt laufend zu;
- die räumliche Segregation der einkommensschwachen und diskriminierten Haushalte wird größer.

Entwicklungen dieser Art waren nicht nur in Deutschland zu beobachten. Soziale Polarisierung, Spaltung der Städte, Suburbanisierung, Schrumpfen – das sind Stichworte, die die internationale Diskussion über die Entwicklung großer Städte in den letzten drei Jahrzehnten geprägt haben.

Seit Mitte der 1990er Jahre ist jedoch für die Großstädte in Deutschland eine Trendveränderung zu beobachten, die von manchen Beobachtern bereits als „Renaissance der Stadt" gefeiert wird (Läpple). Anzeichen dafür sind die Wiederkehr des Wachstums von Arbeitsplätzen in den Städten und die Abnahme der Abwanderungen ins Umland. Die Städte scheinen die kritischste Phase des Übergangs von der fordistischen zur postfordistischen Stadt hinter sich zu haben. Die abnehmende Suburbanisierung und das Wachstum von Dienstleistungsbeschäftigung in den Zentren der großen Städte haben die Entwicklung in vielen Städten auf eine neue Basis gestellt. Allerdings erleben nicht alle Städte den Beginn eines neuen ökonomischen Wachstums, denn wo die kritische Masse für die Entwicklung einer neuen, wissensbasierten Ökonomie fehlt, dominieren weiterhin die Schrumpfungstendenzen.

Neue Ökonomie in der Stadt

Der Übergang von der Industrie- zur Dienstleistungsökonomie ist begleitet von einem Wandel der grundlegenden Prinzipien der wirtschaftlichen

Organisation. Der Aufstieg der großen Industrie hat die Städte wachsen lassen, aber er hat sie auch zerstört. Die große Industrie beruhte auf den Organisationsprinzipien des Taylorismus. Nach diesem Modell wurde die höchste Produktivität erreicht, wenn der Produktionsprozess möglichst weitgehend in kleinste funktionale Einheiten zergliedert und mechanisiert wurde. Diese Form der Rationalisierung wurde im Konzept des Funktionalismus seit den 1920er Jahren auf die Städte übertragen. Der Wiederaufbau der Städte nach dem 2. Weltkrieg folgte weitgehend diesem Leitbild der „modernen" Stadt.

Die Entflechtung oder Beseitigung der unübersichtlichen, funktionsgemischten Altbaugebiete gehörte ebenso zum Konzept des modernen Städtebaus wie die Entdichtung und die Standardisierung der Wohnformen. Eine klare Ordnung sollte geschaffen werden. Für alles und jeden einen Ort festzulegen und von zentraler Hand für ein optimales Funktionieren zu sorgen, das war das Konzept der fordistischen Stadt.

In den Großsiedlungen der Nachkriegszeit und in den suburbanen Familienheimgebieten, die beide in der Regel „reine" Wohngebiete waren, wurde dies ebenso sichtbar wie in den auswuchernden Verkehrsflächen und Gewerbegebieten in und am Rande der Stadt. Fordismus bedeutete die Auflösung der urbanen Stadt.

Die postfordistische Ökonomie unterscheidet sich von der fordistischen Organisation radikal dadurch, dass nicht mehr Großbetriebe die Stadtökonomie beherrschen, sondern vielmehr in wechselnden Kooperationen kleinerer Unternehmen projektförmig zusammenarbeiten. In der Kunstproduktion war dies schon immer gang und gäbe, nun wird dieses Modell verallgemeinert. In den Städten entwickelt sich eine Wissensökonomie, die sich nicht mehr auf Handarbeit, sondern vor allem auf intellektuelle Arbeit, Kreativität, soziale Interaktion und Vernetzung stützt. Entscheidend für das ökonomische Wachstum sind, um einen Begriff von Richard Florida zu benutzen, die „kreativen Klassen" – und diese bevorzugen urbane Orte zum Leben und Arbeiten.

Ende der Suburbanisierung?

Die Suburbanisierung war für die privaten Haushalte ein kapitalintensiver Prozess. Langfristige Investitionen in Immobilien, Automobile und Haushaltstechnik waren Voraussetzung für diesen familienzentrierten Lebensstil. Die langfristige Verschuldung setzte eine hohe Sicherheit des Arbeitsplatzes und steigende Einkommen voraus.

Beides ist heute für jüngere Haushalte nicht mehr selbstverständlich. Einkommenszuwächse sind temporär und können von Einkommensrückgängen abgelöst werden. Die Flexibilität der Arbeitswelt hat eine abnehmende Planbarkeit der beruflichen Einkommen zur Folge, die schwache Inflation fehlt als finanzielle Hilfe für langfristige Entschuldung.

Und die Altersjahrgänge, die typischerweise zu den Suburbanisierern gehörten, werden aufgrund der demographischen Entwicklung zahlenmäßig schwächer. Die Zahl der 26- bis unter 40-Jährigen ist seit 1996 um etwa 25 % zurückgegangen, und sie wird weiter abnehmen, wie demographische Prognosen zeigen.

Hinzu kommt, dass gerade bei den akademisch Gebildeten die Berufstätigkeit beider Partner immer selbstverständlicher wird. Dies ist eine logische Konsequenz der Zunahme höherer Bildung auch bei den jungen Frauen und der damit verbundenen Veränderung der Frauenrolle. Die Aussicht, im suburbanen Eigenheim für den Fahrdienst, der die Kinder zu den verschiedenen Bildungs-, Freizeit- und Erziehungsstationen bringen muss, zuständig zu sein und die eigenen Qualifikationen verkümmern zu sehen, ist für junge Frauen immer weniger attraktiv. Das Hausfrauenmodell erodiert gerade deshalb, weil sich die Frauen immer seltener wie selbstverständlich in die familiäre Privatsphäre zurückziehen. Der Suburbanisierung geht sozusagen das Personal aus.

Außerdem wird die Trennung von Arbeiten und Leben, die für die Entwicklung der modernen Stadt so charakteristisch war, tendenziell geringer. Die Anforderungen zeitlicher Flexibilität und die beständige Suche nach neuen Kontakten und Kooperationsmöglichkeiten sowie die Vereinbarkeit von Familie und Beruf sind in den multifunktionalen innerstädtischen Altbaugebieten leichter zu organisieren. Funktionsmischung, vielfältige Infrastruktur und kurze Distanzen kommen den

Anforderungen der Wissensökonomie ebenso am besten entgegen wie den Lebensstilen, die sie hervorbringt. Dies alles begründet die gestiegene Attraktivität der Innenstädte für die neue Ökonomie, die eine urbane Ökonomie ist, und für die neuen – selbst gewählten oder durch die ökonomischen Verhältnisse erzwungenen – Lebensstile.

Die „kreative" Stadt

Die „kreativen Berufe" sind immer mehr ins Zentrum der Stadtentwicklungspolitik gerückt, seit der amerikanische Regionalökonom Richard Florida einen engen Zusammenhang zwischen der kulturellen Qualität einer Stadt und ihrem ökonomischen Erfolg hergestellt hat. Er vertritt die These, dass die Städte, die die Merkmale einer kulturellen Metropole haben, auch das stärkste ökonomische Wachstum aufweisen – und dass es dabei einen erklärbaren Zusammenhang gibt.

„Kreativität" ist demnach zur zentralen Antriebskraft von Wachstum und Entwicklung von Städten, Regionen und Nationen geworden. Der „kreative Sektor", der Wissenschaft und Technik, in Forschung, Entwicklung und die technologiebasierten Industrien, die Künste, Musikkultur, ästhetische und Design-Arbeit, die wissensbasierten Berufe des Gesundheitssystems, der Finanzen und des Rechtssystems umfasst, stellt beinahe die Hälfte aller Löhne und Gehälter in den Vereinigten Staaten. Und die Beschäftigten in den wissensbasierten Berufen leben besonders gerne in einer Stadt, die eine tolerante Atmosphäre und viele Bildungsmöglichkeiten bietet.

Da die Fähigkeit, kreatives Potenzial zu entfesseln, der zentrale Schlüssel für ökonomisches Wachstum ist, wird Kultur nicht vor allem als disziplinierende Kraft im Sinne der protestantischen Ethik gesehen, sondern als eine grenzenlose Ressource für Innovation und Wachstum – vorausgesetzt, sie ist offen und bestraft Querdenken, Grenzüberschreitungen, Regelverletzungen, Gegen-den-Strom-Schwimmen nicht nur nicht, sondern belohnt sogar solche Abweichungen von der Standard-Kultur.

Innovation ist das zentrale Mantra moderner Technologieförderung. Dabei geht es um die Organisation und die Mobilisierung von Begabungen. Alle Städte betreiben heute diese Art von Innovationsförderung: Technologietransfer, Partnerschaften zwischen Universität und Industrie, Gründungszentren, Risikokapital. Aber welche dadurch ökonomisches Wachstum erreichen – so der förderungstechnische Schluss –, hänge an Merkmalen der Lebensqualität von Städten, die sie attraktiv machen für junge, innovative und erfinderische Talente. Diese wird nun mit dem so genannten Bohème-Index (Konzentration von Künstlern, Musikanten, Singles usw.) und einem Gay-Index, also dem Anteil von Homosexuellen an der Wohnbevölkerung, gemessen.

Solche Städte, die alle Arten von Menschen mit all ihren auch wunderlichen Besonderheiten willkommen heißen, gelten nun nicht mehr als exotisch, sondern haben besonders günstige Wachstumsvoraussetzungen, sagen nun auch die Unternehmensberater. Für die Unterstützung des wirtschaftlichen Wachstums sind demnach attraktive Lebensbedingungen für kulturelle und ethnische Minderheiten ebenso wichtig wie die Förderung von technologischer Forschung, die Kooperation zwischen Wissenschaft und Wirtschaft oder Risiko-Finanzierungen.

Die „Kultur" erscheint als Gewinner des ökonomischen Wandels, aber diese Entwicklung produziert auch neue Verlierer, nämlich diejenigen, die in der neuen Ökonomie keinen angemessenen Platz mehr finden. Wenn eine Metropole offen, tolerant und integrativ sein soll, muss sie das Kunststück fertigbringen, diese Spannungen und Ambivalenzen so zu bearbeiten, dass ihr genau die Merkmale, die sie attraktiv gemacht haben, nicht verloren gehen. Soziale Integration ist daher heute ebenso ein wichtiges Thema der Stadtentwicklungspolitik.

Während also einerseits Kulturaktivitäten und ungewöhnliche Lebensformen die fördernde Aufmerksamkeit der Großstadtpolitik erfahren, sind die Peripherisierung von marginalisierter Bevölkerung und die Gentrification innerstädtischer Altbauquartiere die Kehrseite einer solchen Orientierung.

Gentrification

Mit dem Begriff Gentrification wird die „Aufwertung" von Wohnquartieren bezeichnet. „Aufwertung" bedeutet in diesem Zusammenhang zweierlei: Modernisierung, also Erhöhung des Standards einer Wohnung einerseits, die Veränderung der sozialen Zusammensetzung der Bewohnerschaft in Richtung höherer Einkommen und höheren Bildungsstandes andererseits.

So allgemein gefasst, ist Gentrification ein säkularer Prozess im Zuge des Wandels von modernen Gesellschaften, denn der Wohnungsbestand wird laufend verbessert, der durchschnittliche Bildungsstand wird höher und das Einkommensniveau der Bevölkerung steigt. Problematisch wird dieser Prozess dadurch, dass er sozial und räumlich ungleich verläuft. Die Einkommensungleichheit der städtischen Bevölkerung und nimmt zu, und damit differenzieren sich Zugangsmöglichkeiten zu den Wohnquartieren stärker aus. In jeder Stadt gibt es Quartiere mit hohen und niedrigen Mieten, und die unterschiedlichen Quartiere werden von unterschiedlichen Einkommensgruppen bewohnt. Und daher finden Modernisierungsinvestitionen auch nicht überall in gleichem Maße statt. Gentrification bewirkt, dass das Wohnungsangebot in einem Quartier von einem niedrigen Preissegment in ein höheres transformiert wird. Die „Aufwertung" von Quartieren ist ein marktgesteuerter Prozess.

Brisant wird dies, wenn sich durch die Verteuerung der Mieten in einem bestimmten Gebiet die Wohnmöglichkeiten für Haushalte mit unterdurchschnittlichen Einkommen vermindern und ein rascher sozialer Wandel die Folge ist. Das hat „Verdrängung" zur Folge. Verdrängt werden Bewohner aus einer bestimmten Wohnung aber nur selten, wenn sie ihre Rechte kennen und diese auch geltend machen. Eine starke Erhöhung der Mieten kann jedoch bei Mieterwechsel durchgesetzt werden. Verdrängt werden dadurch also nicht konkrete Bewohner, sondern eine niedrige Einkommensschicht. In Quartieren, in denen die Mieter häufig wechseln, kann sich Gentrification rascher vollziehen als in Quartieren, wo wenig Bewegung zu beobachten ist.

„Verdrängung" heißt, dass hier ein Machtkampf stattfindet, d. h., dass eine Konkurrenz um Wohnmöglichkeiten in einem Quartier zwischen Haushalten mit ungleichen Ressourcen besteht. In einer Marktwirtschaft entscheidet dann vor allem die Verfügung über Geld darüber, wer zu den Gewinnern und wer zu den Verlierern zählt. Und das ist der zentrale Konflikt in solchen Quartieren, wo sich über längere Zeiträume ein bestimmtes Milieu bzw. eine „alternative" Stadtteilkultur herausgebildet hat, der durch ökonomische Macht der Boden entzogen wird.

Solche „Kämpfe um den Raum" finden üblicherweise in den innenstadtnahen Altbauquartieren der großen Städte statt. In diese sind, nachdem die früheren Bewohner (Arbeiter und kleine Angestellte), soweit sie es sich leisten konnten, in die Neubaugebiete oder ins Eigenheim am Stadtrand umgezogen waren, Studenten, Künstler oder kulturelle Aktivisten zugezogen und haben eine „Szene" aus Gastronomie, Gewerbe und Kulturangeboten geschaffen, die sich in seiner Vielfalt und in seiner experimentellen Phantasie deutlich vom Mainstream des durchschnittlichen Infrastrukturangebots in der Innenstadt oder den Einkaufszentren unterscheidet. Ungenutzte Läden, Gewerberäume in den Hinterhöfen und billige Wohnungen boten dafür die räumlichen Gelegenheiten. Von den Ordnung und Sauberkeit liebenden Einheimischen wurden diese Viertel gemieden, daher waren sie auch bevorzugte Wohnorte für Migranten, die ja immer das nehmen mussten, was ihnen die einheimische Bevölkerung übrig ließ. Als Reste aus dem 19. Jahrhundert boten sie Nischen, in denen sich eine politisch oder kulturell kreative Energie entfalten konnte.

„Szene" und Migranten konnten nebeneinander her leben, ohne viel miteinander zu tun zu haben. So entstand eine lebendige und meist multikulturelle Mischung, die den Vorstellungen von einem urbanen Quartier sehr viel näherkommt, als es in den reinen Wohngebieten der Fall ist, die nach dem 2. Weltkrieg entstanden sind, und die inzwischen das Wohnungsangebot in den Städten deutlich dominieren.

Zur Konkurrenz, zum „Kampf um den Raum" in den Altbaugebieten, kam es durch den Wandel der Lebensstile auch bei den (höheren) Einkommensschichten, für die früher nach Abschluss der (gehobenen) Berufsausbildung die Gründung einer Familie und der Umzug in ein Familienheim selbstverständlich war. Dort waltete im Stillen die Hausfrau, der Mann pendelte zur Arbeit in die Stadt und brachte das Geld nach Hause. Dieses Wohnmodell hat inzwischen durch die – eng mit der Bildungsexpansion verbundene – Emanzipation der Frauen erheblich an Attraktivität verloren. Dieses Hausfrauenmodell ist zum Auslaufmodell geworden.

Die Abiturientenrate ist unter Frauen inzwischen sogar höher als unter Männern – und unter veränderten Arbeitsmarktbedingungen hangeln sie sich oft ebenso von einem prekären Arbeitsverhältnis zum nächsten wie ihre Lebenspartner. Die persönlichen Arrangements werden dadurch ebenso prekär. Langfristige Planung ist kaum noch möglich, die Verwobenheit in berufzentrierte Kommunikationsnetze dagegen oft existenznotwendig. Daher hat die Zahl derer zugenommen, die eine Wohnung in den multifunktionalen, innerstädtischen Altbaugebieten suchen – und es ist nicht mehr primär das Einkommen, das für die Wahl der Wohngegend entscheidend ist.

Mit der Präferenz für urbane Viertel treffen nun ähnliche Lebensstile mit unterschiedlicher Finanzausstattung aufeinander. Investoren sehen nun neue Renditemöglichkeiten im Altbaubereich: Sie können in die alten Mietshäuser investieren und wissen, dass sich später eine zahlungsfähige und zahlungsbereite Nachfrage findet, die diese Investitionen rentabel macht. Der Wandel, der durch „die Szene" herbeigeführt wurde, wird von den Eigentümern bzw. Investoren aufgegriffen und forciert, indem sie mit legalen und oft auch nicht ganz legalen Mitteln die ärmeren „Pionier"-Bewohner loswerden wollen, den Bestand massiv aufwerten und anschließend an Bewohner mit höheren Einkommen vermieten oder verkaufen.

Das kulturelle Kapital der ersten Aufwertungs-Generation ist dem ökonomischen Kapital der beruflich Erfolgreichen unterlegen. Die kulturelle Revolution der Viertel frisst ihre Kinder. Diese haben den Weg in einen neuen Verwertungszyklus geebnet, können ihn aber nicht mehr mitgehen.

Wo das der Fall ist, entstehen öffentliche Konfliktzonen. Denn die, deren Wohn- und Aktionsräume nun bedroht sind, sind artikulations- und organisationsfähig. Auf ihre kulturelle Leistung, aus einem von der Mehrheit gemiedenen ein für nicht-bürgerliche Minderheiten attraktives Quartier geschaffen zu haben, können sie zwar stolz sein, aber ihre Räume verengen sich, und ihre Kultur wird verdrängt. Dass mit dieser Verdrängung auch eine Verschiebung der für arme Haushalte zugänglichen Wohnorte verbunden ist, macht die Gentrification zu einem sozialpolitischen Skandalon. Denn diese werden in eher peripher gelegene Gegenden abgeschoben, wo sie immer mehr unter sich bleiben müssen. Die Armut wandert in der Folge an den Rand in die heute weniger begehrten Wohnsiedlungen aus den 1960er und 1970er Jahren. Die Stadt wird so stärker fragmentiert und polarisiert.

Die Aufwertung von Quartieren hat zwei Seiten: einerseits geht es um den berechtigten Wunsch von Mietern, in einer Wohnung und Umgebung, in der sie bleiben wollen, auch bleiben zu können. Unsere Rechtsordnung kennt aber kein „Recht auf Immobilität", d.h., dass niemand verlangen kann, den vorhandenen Wohnungsstandard zu konservieren und bei niedriger Miete wohnen bleiben zu können. Die Eigentümer haben das Recht, eine Wohnung auf ein „zeitgemäßes" Niveau auch gegen den Willen der Mieter zu „modernisieren" und dafür die Kosten auf die Miete umzulegen. Außerdem hat der Eigentümer das Recht auf Kündigung bei „Eigenbedarf" – ein recht flexibel einsetzbares Instrument zur Vertreibung von unerwünschten Mietern.

Andererseits ist eine sozial ausgewogene Sozialstruktur innerhalb der Stadt das Thema. Dabei gibt es ein öffentliches Interesse daran, hohe Konzentrationen von Haushalten mit multiplen sozialen Problemen zu vermeiden, um keine Quartiere entstehen zu lassen, die zur sozialen Ausgrenzung ihrer Bewohner beitragen. Wenn die Stadtpolitik aus diesem Grund, und auch, weil ihre Kaufkraft zu einem Angebot in den Läden und bei Dienstleistungen beiträgt, das für alle nutzbar ist, den Zuzug von Bewohnern mit höherem Einkommen und höherem Bildungsstand akzeptiert, müsste sie allerdings gleichzeitig für Wohnmöglichkeiten für unterprivilegierte Haushalte in allen Teilen der Stadt sorgen. Das wäre z.B. durch den Neubau von öffentlich geförderten Wohnungen, durch eine gezielte Belegungspolitik der kommunalen Wohnungsbaugesellschaften auch in attraktiven Wohngegenden oder durch die Förderung von Selbsthilfe bzw. Baugenossenschaften möglich.

Die Quartierspolitik steht vor einem ähnlichen Dilemma wie der Zauberlehrling in Goethes Gedicht, aus dem es bisher keinen überzeugenden Ausweg gibt: Wird mit guten Gründen und guten Absichten die Modernisierungs- und Neubautätigkeit in einem Gebiet erfolgreich angereizt, das bisher von sozialen Problemen dominiert war, gibt es kaum mehr Möglichkeiten, den in Gang gekommenen Aufwärtstrend zu steuern, um eine durchgängige Gentrification zu vermeiden. Die Widersprüche zwischen einer an den Bedürfnissen bedürftiger Haushalte orientierten Quartierentwicklung und einer Steuerung der Wohnungsversorgung vor allem über Marktprozesse stellen immer wieder eine Herausforderung dar, für die es bisher keine überzeugende politische Antwort gibt.

Segregation und Residualisierung

Mit dem Begriff „Residualisierung" wird ein Prozess bezeichnet, in dessen Verlauf eine marginalisierte Bevölkerung in einigen Quartieren der Stadt konzentriert wird. Dadurch werden diese Viertel gleichsam als Mülleimer für eine Restbevölkerung markiert, die in den übrigen Quartieren der Stadt keine Wohnmöglichkeiten mehr finden – entweder weil sie die dort höheren Mieten nicht bezahlen können, oder weil sie kulturell diskriminiert werden. Letzteres trifft vor allem, aber nicht nur für Migranten zu. Diese Segregation kann negative Auswirkungen für die dort wohnenden Bevölkerungsgruppen haben – aus benachteiligten Gebieten können benachteiligende Gebiete werden.

Als Segregation wird in der Stadtforschung die räumlich ungleiche Verteilung von verschiedenen Bevölkerungsgruppen im Stadtgebiet bezeichnet (Friedrichs 1995; Häußermann / Siebel 2004). Segregation kann anhand verschiedenster Merkmale beschrieben werden: Klassen, Schichten oder Milieus; Merkmale der sozialen Lage wie Einkommen, Armut oder Arbeitslosigkeit; demographische Merkmale wie Alter, Nationalität oder Migrationshintergrund. Lebensstile und Haushaltsformen unterscheiden sich ebenfalls signifikant zwischen verschiedenen Orten in der Stadt. Am stärksten segregiert wohnen in der Regel die Reichsten und die Ärmsten (Friedrichs 1995) – allerdings aus sehr unterschiedlichen Gründen: Die Reichen wohnen, wo sie wollen, die Armen wohnen, wo sie müssen. Nicht jede Art von Segregation wird als „problematisch" angesehen. Ob sie als problematisch gilt, hängt von der Perspektive der Analyse ab. Die sehr verbreitete Forderung nach einer (häufig als „gesund" apostrophierten) sozialen Mischung leitet sich aus der Geschichte der industriellen Stadt ab und stellt eine Reaktion auf die Entstehung von Arbeitervierteln dar, die als kulturell und politisch gefährlich galten; eine zweite Perspektive bezieht sich auf befürchtete Effekte der räumlichen Konzentration von bestimmten Gruppen der Bevölkerung in wenigen Teilräumen der Städte *für deren Bewohner*. Während bei der ersten Perspektive die Angst vor unerwünschten (politischen) Reaktionen

einer benachteiligten Schicht im Vordergrund steht, wird bei der zweiten nach den Lebenschancen der Bewohner gefragt. Wird also im einen Fall gleichsam „von oben herab" die Wünschbarkeit der Konzentration einer Bevölkerungsgruppe (etwa: Migranten) beurteilt, frage man im zweiten Fall danach, ob Bewohner eines Quartiers mit hoher sozialer oder ethnischer Homogenität aus dieser Tatsache Vor- oder Nachteile haben. Das ist die Frage nach den Nachbarschafts- oder Kontexteffekten.

Die ethnische Segregation, also die Konzentration von Migranten in einigen Quartieren, wird in der Regel als nachteilig für „Integration" eingestuft. Obwohl Mischung ständig als erstrebenswertes Ziel beschworen wird, gibt es für deren höheren Nutzen nicht nur keine schlüssigen Begründungen (Häußermann 2007; Farwick 2008), sondern es gibt auch keine wirksamen stadtpolitischen Instrumente, Segregation zu bekämpfen oder zu beseitigen.

Kontexteffekte

Wie bereits in der Diskussion über die „Sanierungsgebiete" in den 1960er und 1970er Jahren deutlich wurde (Häußermann et al. 2002), kann dasselbe Milieu höchst unterschiedlich bewertet werden. Während die politische Definition von „einseitigen" Sozialstrukturen den heruntergekommenen Altbauquartieren und ihren Bewohnern pauschal einen Modernisierungsbedarf attestierte, berief sich der Widerstand gegen die „Kahlschlagsanierung" darauf, dass diese Quartiere ein bewahrenswertes Milieu beherbergten, das auf langer Wohndauer, informellen Hilfesystemen und dichter Kommunikation beruhte. „Zurückgebliebene" Quartiere wurden also einerseits als Schutzräume für Arme und Alte betrachtet, andererseits als Orte, die die gesellschaftliche Benachteiligung befestigten. Politisch wurde damals argumentiert, die Situation in den Altbauquartieren stelle kein benachteiligendes, sondern ein emanzipatorisches Milieu dar, weil auf der Basis von Homogenität und lokaler Kommunikation sich eine widerständige Kultur entwickeln könne, die durch Eingriffe von außen (bewusst) zerstört würde.

Der Stadtteil kann als „Ressource der Lebensbewältigung" (Herlyn et al. 1991) dienen, kann aber auch als Beschränkung der Lebenschancen fungieren (Kapphan 2002). Boettner (2002, 105 f.) hat in einer Fallstudie zu Duisburg-Marxloh gezeigt, dass diese Ambivalenz in widersprüchlichen „Deutungsrahmen" zum Ausdruck kommt, die er als divergierende „Problemmuster" bezeichnet. Während nach dem einen Problemmuster gleichsam sozialpflegerisch das homogene Milieu „optimiert" werden soll, legt das konträre Muster ein „Gegensteuern" nahe, also den Versuch, die Konzentration von problembeladenen Haushalten aufzulösen – entweder durch die Verringerung der Problemlagen solcher Haushalte oder durch ein Konzept der „sozialen Mischung", sprich: Aufwertung des Quartiers als Wohngebiet.

Anlass für die Vermutung, dass sich die Konzentration von Benachteiligten zusätzlich benachteiligend für die Benachteiligten auswirke oder dass „arme Nachbarschaften ihre Bewohner ärmer machen" (Friedrichs 1998) sind die befürchteten negativen Konsequenzen einer hohen Konzentration von Armut. Die Tatsache, so die These, dass man in einer bestimmten Gegend wohnt, wird selbst ein Faktor der Benachteiligung und führe zu Ausgrenzung. Soziale Ungleichheit werde damit nicht nur verfestigt, sondern verschärft. Solche Effekte können sich auf verschiedene Weise ergeben. Die Diagnosen können in drei Dimensionen gruppiert werden:

a. Benachteiligte Quartiere zeichnen sich durch Eigenschaften aus, die entweder die Lebensführung beschwerlich machen und/oder die Handlungsmöglichkeiten ihrer Bewohner objektiv einschränken. Dabei handelt es sich um physisch-materielle Merkmale eines Quartiers (Qualität als Wohnort, Erreichbarkeit) sowie seine institutionelle Ausstattung (Dienstleistungen und soziale Infrastruktur).

b. Durch die vorherrschenden Überzeugungen und das dominante Verhalten der Bewohner entsteht eine lokale „Kultur" bzw. ein Milieu, dem sich auch diejenigen nicht entziehen können, die ihm bisher nicht angehörten. Das Leben in einem Quartier prägt Verhaltens- und Denkweisen ihrer Bewohner, die im Falle einer abweichenden oder Subkultur die Mitglieder immer weiter von den anerkannten Normen und Verhaltensweisen der Gesellschaft entfernen. Das Quartier ist ein Ort sozialen Lernens. Die Bewohner können dadurch Nachteile erleiden, dass sie z. B. Chancen auf dem Arbeitsmarkt auch dann nicht mehr haben bzw. ergreifen können, wenn diese objektiv (wieder) vorhanden sind.

c. Eine dritte Dimension stellt das negative Image eines Quartiers dar, das aufgrund eigener Erfahrungen oder aufgrund von Vorurteilen dem Quartier aufgedrückt wird und das dann sowohl nach innen (gegenüber seinen Bewohnern) als auch nach außen (als Stigmatisierung der Bewohner) Effekte entfaltet, die die Handlungsmöglichkeiten der Bewohner weiter einschränken.

Zum einen sind es die Verhältnisse, unter denen Menschen leben müssen, die sie benachteiligen, zum anderen wird ihnen durch das Quartier ein bestimmtes Verhalten nahegelegt, das sie nicht annehmen würden, wenn sie woanders wohnen würden. Es sind drei Bündel von Effekten, die hier vermutet werden: soziales Milieu (normatives Regelsystem), materielle Ausstattung und Image (symbolische Repräsentation).

Die stadtpolitische Antwort auf diese Probleme in Deutschland besteht im Bund-Länder-Programm „Stadtteile mit besonderem Entwicklungsbedarf – die Soziale Stadt", das 1999 von der rot-grünen Bundesregierung ins Leben gerufen worden ist. Mit diesem Programm sollen die Abkopplung der marginalisierten Quartiere von der übrigen Stadtentwicklung bekämpft und die Lebenschancen der Bewohner verbessert werden. Dafür werden Quartier- bzw. Stadtteilmanagements eingerichtet, die Kommunikation und Beteiligung organisieren und zwischen den Bedürfnissen der Bewohner und dem Handeln der Stadtverwaltungen vermitteln sollen.

Die Residualisierung von Stadtquartieren zu bekämpfen, in denen sich die Bevölkerungsteile konzentrieren, die am Arbeitsmarkt marginalisiert und kulturell diskriminiert werden, ist Aufgabe einer Stadtentwicklungspolitik, die in allen Teilen der Stadt für zugänglichen Wohnraum auch für Haushalte mit geringen Einkommen sorgen muss. Die dauerhafte Ausgrenzung durch räumliche Segregation vermindert die Lebenschancen der dort aufwachsenden Kinder und Jugendlichen nachhaltig, weil dort insbesondere die Schulen zu „Restschulen" mit einem niedrigen Niveau schulischer Bildung werden. Da die bildungsbewussten Eltern ihre Kinder nicht auf solche Schulen gehen lassen, ist die Schulsegregation sogar noch höher als die soziale oder ethnische Segregation im Wohngebiet. Die komplexen Problemlagen aufzubrechen und der nachwachsenden Generation faire Bildungschancen zu bieten, kann keine noch so perfekte Bildungspolitik allein leisten. Das Bund-Länder-Programm „Stadtteile mit besonderem Entwicklungsbedarf – die soziale Stadt" sieht daher eine Integration der Fachpolitiken in einer sozialräumlich orientierten Strategie vor. Sie ist dabei aber auf eine möglichst große Vielfalt zivilgesellschaftlicher Kooperation angewiesen. Integration, Kooperation und Partizipation gehören daher zu ihren Leitprinzipien. Die Grundprobleme von Arbeitslosigkeit, Armut und Segregation sind freilich nicht auf Quartiersebene zu lösen, denn ihnen liegt, wie oben beschrieben, ein Strukturwandel zugrunde, der die ganze Stadt betrifft. Residualisierung von Quartieren ist die Kehrseite von Gentrification, und der Verlust von Steuerungspotenzialen der Stadtverwaltungen durch eine stärker marktförmige Wohnungsversorgung bringt Probleme hervor, die nicht am Ende der Ursachenkette aus der Welt geschafft werden können.

Wo kulturelle Minderheiten diskriminiert, wo ausgrenzende „Leitkulturen" hochgehalten werden, wo große Teile der Bevölkerung vom Zugang zu höherer Bildung ferngehalten werden, wird nicht nur die ökonomische Entwicklung, sondern auch die urbane Qualität einer Stadt beeinträchtigt, und damit ihre Zukunft. Daher ist es nicht nur ein sozial-moralischer Imperativ für die Stadtpolitik, räumliche Marginalisierung und soziale Ausgrenzung in den Städten zu vermeiden und kulturelle Vielfalt dagegen zu fördern.

Literatur

Boettner, J. (2002): Vom tapferen Schneiderlein und anderen Helden. Fallstricke des integrierten Handelns – Eine Evaluation. In: Walther, U.-J. (Hrsg.), 101–114

Buck, N. (2001): Identifying Neighbourhood Effects on Social Exclusion. Urban Studies 38/12, 2251–2275

Deutsches Institut für Urbanistik (2003): Strategien für die Soziale Stadt. Erfahrungen und Perspektiven. Difu, Berlin

Farwick, A. (2008): Segregation und Eingliederung. Zum Einfluss der räumlichen Konzentration von Zuwanderern auf den Eingliederungsprozess. VS, Wiesbaden

– (2001): Segregierte Armut in der Stadt: Ursachen und soziale Folgen der räumlichen Konzentration von Sozialhilfeempfängern. Leske + Budrich, Opladen

Friedrichs, J., Blasius, J. (2000): Leben in benachteiligten Wohngebieten. Leske + Budrich, Opladen

– (1998): Do Poor Neighbourhoods Make Their Residents Poorer? Context Effects of Poverty Neighbourhoods on Residents. In: Andreß H.-J. (Hrsg.): Empirical Poverty Research in a Comparative Perspective. Ashgate, Aldershot, 77–99

– (1995): Stadtsoziologie. Leske + Budrich, Opladen

Gans, H. J. (1982): The Urban Villagers: Group and Class in the Life of Italian-Americans. 2. Ausgabe. Free Press of Glencoe, New York

Häußermann, H. (2007): Ihre Parallelgesellschaften, unser Problem. Sind Migrantenviertel ein Hindernis für Integration? Leviathan 35/4, 458–469

– (2003): Armut in der Großstadt. Die Stadtstruktur verstärkt soziale Ungleichheit. Informationen zur Raumentwicklung 3/4, 143–157

–, Holm, A., Zunzer, D. (2002): Stadterneuerung in der Berliner Republik. Modernisierung in Berlin-Prenzlauer Berg. Leske + Budrich, Opladen

–, Kronauer, M., Siebel, W. (Hrsg.) (2004): An den Rändern der Städte. Suhrkamp, Frankfurt/M.

–, Läpple, D., Siebel, W. (2007): Stadtpolitik. Suhrkamp, Frankfurt/M.

–, Siebel, W. (2004): Stadtsoziologie. Eine Einführung. Campus, Frankfurt/M.

– (1996): Soziologie des Wohnens. Juventa, Weinheim

Herlyn, U., Lakemann, U., Lettko, B. (1991): Armut und Milieu. Birkhäuser, Basel/Berlin/Boston

Kapphan, A. (2002): Das arme Berlin: Sozialräumliche Polarisierung, Armutskonzentration und Ausgrenzung in den 1990er Jahren. Reihe Stadt, Raum, Gesellschaft. Band 18. Leske + Budrich, Opladen

Kronauer, M. (2002): Exklusion. Die Gefährdung des Sozialen im hoch entwickelten Kapitalismus. Campus, Frankfurt/M.

Krummacher, M., Kulbach, R., Waltz, V., Wohlfahrt, N. (2003): Soziale Stadt – Sozialraumentwicklung – Quartiersmanagement. Herausforderungen für Politik, Raumplanung und soziale Arbeit. Leske + Budrich, Opladen

Musterd, S., Andersson, R. (2005): Housing Mix, Social Mix, and Social Opportunities. Urban Affairs Review 40/6, 761–790

Oberwittler, D. (2010): Jugendkriminalität in sozialen Kontexten – Zur Rolle von Wohngebieten und Schulen bei der Verstärkung von abweichendem Verhalten Jugendlicher. In: Dollinger, B., Schmidt-Semisch, H. (Hrsg.) 2010: Handbuch Jugendkriminalität. Kriminologie und Sozialpädagogik im Dialog. VS, Wiesbaden

– (2004): Stadtstruktur, Freundeskreise und Delinquenz. Eine Mehrebenenanalyse zu sozialökologischen Kontexteffekten auf schwere Jugenddelinquenz. Kölner Zeitschrift für Soziologie und Sozialpsychologie, Sonderheft 43, 135–170

Walther, U.-J. (Hrsg.) (2002): Soziale Stadt – Zwischenbilanzen: ein Programm auf dem Weg zur Sozialen Stadt? Leske + Budrich, Opladen

Subjekt und Autonomie

Von Mark Schrödter

Die Begriffe Subjekt und Autonomie bezeichnen Voraussetzung und Ziel von (Sozial-)Pädagogik und Sozialer Arbeit. Sie fungieren als Ausgangspunkt der Theoriebildung und Zielgrößen praktischen Handelns insofern Erziehung, Bildung und Lebensbewältigung in der Sozialen Arbeit aus der Möglichkeit bzw. Notwendigkeit der Subjektwerdung und Autonomisierung begründet werden. Oftmals ist auch davon die Rede, dass es in der Sozialen Arbeit darum gehe, das Individuum in seinem Subjektstatus gegen soziale Verhältnisse der Entfremdung und des Zwangs zu stärken und zur Kritik an problematischen gesellschaftlichen Idealen und Zumutungen zu befähigen. Soziale Arbeit wird häufig aus dem Mangel an Autonomie der Adressaten begründet, wodurch sie als „Klienten" definiert werden. In diesem Sinne ist für die soziale Kategorie des „Klienten" der Sozialen Arbeit der Mangel an Autonomie konstitutiv. Die Autonomisierung des Klienten wird somit zum Ziel Sozialer Arbeit. Sozialpädagogisch geht es dabei nicht nur um die Vermittlung von Kompetenzen zur Ausübung von Autonomie, sondern vor allem auch um die Gewährleistung der sozialen Bedingungen von Autonomie.

Der Begriff des Subjektes bezeichnet eine mit Ich-Bewusstsein, Handlungsintentionalität, Identität und Reflexivität ausgestattete Instanz. Theorien des Subjekts unterscheiden sich danach, in welchem Maße sie diese Instanz als Träger und Sitz von Handlungsfähigkeit oder als kommunikative Zuschreibungskategorie betrachten (so etwa in der Luhmannschen Systemtheorie). Autonomie bedeutet der etymologischen Wurzel nach „Selbstgesetzgebung" (von altgriech. autonomía = sich selbst Gesetze gebend). Damit ist die Vorstellung verbunden, dass wir unser Leben nach unseren eigenen Vorstellungen zu führen im Stande sind. Entsprechend verstehen wir unter einem auto-nomen Subjekt eine Person, die sich Meinungen bilden, Wünsche ausbilden, Handlungspläne entwerfen und ihre Handlungen selbst initiieren und verantworten kann. Es geht also vor allem um die Werte, Wünsche, Überzeugungen, Einstellungen, Meinungen, Motive, Pläne, etc. der Person, die im Folgenden kurz als „Präferenzen" bezeichnet werden sollen. Präferenzen gelten als autonom, wenn sie der Person nicht aufgezwungen worden sind sondern als ihre eigenen betrachtet werden können und in diesem Sinne „authentisch", also wesentlicher Teil ihres Selbst sind. Es geht hier um das Wesen des Menschseins, zu das uns Sozialpädagogik verhelfen soll.

Kritik des Subjekts

Gegen diese Vorstellung des Subjekts, das sich seine Präferenzen selbst setzt, ist die These vom „Tod des Subjekts" erhoben worden. Mit dieser These wird der Zweifel artikuliert, ob es sinnvoll ist, von einem autonomen Handlungszentrum des Subjekts auszugehen. Häufig werden in der (europäischen) Theoriegeschichte verschiedene Denker benannt, die Etappen der fundamentalen Infragestellung des Subjektsbegriffs repräsentieren und zu der Vorstellung des „dezentrierten Subjekts" in der Postmoderne geführt haben (Hall 1992). So symbolisiert Karl Marx die soziologische Erkenntnis, dass wir durch die gesellschaftlichen Bedingungen bestimmt werden. Wir sind Produkt der sozialen Verhältnisse. Mit Siegmund Freud wird die Einsicht in die bestimmende Kraft innerpsychischer Instanzen und Verdrängungen verbunden. Ferdinand Saussure repräsentiert die linguistische Infragestellung der naiven Vorstellung der Möglichkeit der autonomen Verfügung über die Sprache als Mittel der Repräsentation von Welt. Da Bedeutungen sozial

Otto/Thiersch (Hg.), Handbuch Soziale Arbeit, 4. A., DOI 10.2378/ot4a.art158,

geteilt sind und dem Handelnden vorgängig sind, sind nicht wir, die sprechen, sondern die Sprache spricht uns. Friedrich Nietzsche steht für Einsicht, dass das, was wir als unser eigenes Denken und Fühlen wahrnehmen, epochespezifischen Denkformationen geschuldet ist und dass Wahrheitsspiele bestimmen, was wir denken, fühlen und sagen können. Und schließlich stehen die neueren Erkenntnisse der Neurobiologie für die biologische Verfasstheit unseres Denkens, Fühlens und Handelns. Zusammengenommen kann aus diesen Einsichten gefolgert werden, dass Autonomie im Sinne der Selbstgesetzgebung unmöglich ist, weil es kein vorsoziales Selbst gibt, wir nicht Herr unserer Handlungen sind und wir uns Selbst nicht vollständig verstehen können.

Neben der Kritik an der theoretischen Konsistenz von Vorstellungen des autonomen Subjekts sind auch dessen praktische Implikationen kritisiert worden. So seien gegenwärtige sozialpolitische Diskurse dominiert von neoliberalen Modellen des „Selbstunternehmertums" (Bröckling et al. 2000), durch die ehedem kritisch und progressiv konnotierte sozialpädagogische Konzepte von Emanzipation, Autonomie und Empowerment genutzt werden, um Sozialleistungen abzubauen. Es wird auf die Eigenleistungen der Bürger gesetzt, ihnen aber gleichzeitig die Ressourcen vorenthalten, die zur Erbringung solcher Leistungen nötig wären (Ziegler 2008; Kessl / Otto 2009).

Über solche Instrumentalisierungen von Idealen des Subjekts hinaus, die zuvor noch in den Dienst der Emanzipation und Kritik gestellt worden waren, hat sich eine noch fundamentalere Kritik an den Rekurs auf das autonome Subjekt gebildet. Dieser Kritik zufolge könne die Idee des autonomen Subjekts deshalb nicht problemlos als normativer Bezugspunkt einer Kritik von Macht- und Herrschaftsverhältnissen dienen, da „emanzipatorische" Ideen des autonomen Subjekts oftmals ihrerseits weitere Zwänge beinhalten (Ricken 2007; Kessl 2005). So hat Foucault (1977) gezeigt, wie die Vorstellung einer inneren Befreiung – etwa einer „befreiten Sexualität" – selbst wieder zu einem Zwang, bspw. in Form einer Geständniskultur werden kann. Auch sind emanzipatorische Konzeptionen des Subjekts oftmals mit Effekten der Ausschließung bestimmter Gruppen verbunden. So hat die gesellschaftliche Privilegierung des „rational" handelnden, von sozialen Beziehungen losgelösten, „zivilisierten"

Subjekts historisch die Ausschließung bestimmter Kollektive wie etwa: „Verrückte", Frauen und Schwarze legitimiert und diese als Andere erst konstituiert. In dem Maße, in dem Subjektideale an den lebensweltlichen Realitäten (stilisierter) weißer Männer gebildet werden, wird ein defizitäres und insbesondere: heteronomes Anderes konstruiert, was wiederum Herrschaftsbeziehungen reproduziert und legitimiert (Meyers 2002; Collins 2000).

Konzeptionen des autonomen Subjekts können also gefährlich sein. Daher raten viele AutorInnen zur Achtsamkeit im Umgang mit solchen Kategorien. Andere tendieren sogar dazu, darauf zu verzichten, diese Kategorien als normative Bezugspunkte zu verwenden und konzentrieren sich auf die Dekonstruktion der vermeintlichen Naturwüchsigkeit, Universalität und Unhintergehbarkeit bestehender Subjektvorstellungen.

Epistemisches, idealtypisches und empirisches Subjekt: Subjekt – Person – Individuum

Um die Geltungsreichweite dessen einzuschätzen, was gemeinhin unter dem Label der „Kritik des Subjekts" firmiert, ist jeweils genau zu prüfen, worauf sich die Kritik im Einzelnen bezieht. So lassen sich unterschiedliche Analyseebenen des Subjekts unterscheiden: die Ebene des epistemischen Subjekts, des idealtypischen Subjekts und des empirischen Subjekts (Oevermann 1979; 1981). Diese Ebenen stehen im Verhältnis von Allgemeinem, Besonderem und Einzelnem zueinander. Auf der allgemeinen Ebene haben wir es damit zu tun, was wir in einem engeren Sinne als „Subjekt" bezeichnen, während das Besondere die „Person" und das Einzelne das „Individuum" markiert (Frank 1986).

Der epistemischen Ebene sind Überlegungen zuzuordnen, die die Bedingungen der Möglichkeit von Autonomie explizieren. Wie ist überhaupt so etwas wie eine autonome Handlung oder eine autonome Lebensführung denkbar? Welche Eigenschaften müssen soziale oder kommunikative Strukturen notwendig aufweisen, damit wir ihnen sinnvoll Autonomie zusprechen können? Wer selbst mit einem positiven Begriff des Subjekts operieren und nicht lediglich bestehende Konzeptionen in dekonstruierender Einstellung kritisieren will, muss auf dieser allgemeinen Ebene eine zeit-

und kulturinvariante Struktur des erkennenden und lernenden Subjekts postulieren und explizieren. Eine solche Explikation mag schwierig und strittig sein, aus dieser Schwierigkeit und Strittigkeit folgt dann aber nicht, dass die Annahme einer solchen Subjektkonzeption unsinnig sei. Vielmehr gehen Vertreter des Subjektbegriffs davon aus, dass eine (immer kritisierbare) Rekonstruktion der allgemeinen Struktur des Subjekts denknotwendig vorausgesetzt werden muss, um überhaupt die Bildung des Individuums und die Veränderung von Gesellschaft erklären zu können. Es handelt sich in dieser Perspektive um eine transzendentalanalytische Argumentation, die die Bedingung der Möglichkeit von Bildungsprozessen und gesellschaftlichem Wandel ausbuchstabiert. Wenn Bildung nicht bloß vorgestellt werden soll als stumpfe Übernahme des Gegebenen und wenn gesellschaftlicher Wandel mehr sein soll als die bloß zufällige Evolution sozialer Strukturen, sondern als von Individuen getragen gedacht werden soll, dann erscheint die Konzeption eines mit kreativem Handlungspotenzial ausgestatteten, autonom handlungsfähigen Subjekts denknotwendig (Geulen 2002, 84).

Von epistemischen Überlegungen zur allgemeinen Struktur des Subjekts sind Überlegungen zu unterscheiden, die mitunter normativ die idealtypischen Eigenschaften von Autonomie beschreiben. Das epistemische Subjekt steht zum idealtypischen Subjekt im Verhältnis von Allgemeinem und Besonderem. Erst auf Grundlage der Explikation der allgemeinen Strukturbedingungen des autonomen Subjekts können dann zeit- und kulturspezifische Konzeptionen, Vorstellungen und Ideale des Subjekts beschrieben werden. Es ist schwierig, zu differenzieren, welche Eigenschaften der Ebene des allgemeinen Subjekts und welche der Ebene der besonderen Person zuzuordnen sind. Zudem sind Rekonstruktionen des allgemeinen oder idealtypischen Subjekts immer fallibel. Als zeitgenössisches Ideal der Person kann das autonom handlungsfähige, mit sich selbst identische Subjekt gelten, wie es dem Denken der europäischen Aufklärung und des deutschen Idealismus zugeschrieben wird. Demnach ist das voll sozialisierte Individuum befähigt,

- selbstständig die Welt zu erkennen,
- sich selbst und sein Denken zu objektivieren und sich so seiner Identität zu vergegenwärtigen,

- in moralischen Situationen Handlungsalternativen gegeneinander abzuwägen und sich mit intersubjektiv nachvollziehbaren Gründen zu entscheiden,
- sich auf andere Subjekte und deren Interessen zu beziehen,
- sich direkt mit anderen in vernünftiger Kommunikation zu verständigen,
- sich selbst bzw. die Gemeinschaft der Subjekte auf der Basis solcher Kommunikation als Autor seines Handelns bzw. im kollektiven Sinne als „Subjekt der Geschichte" zu verstehen (Geulen 1999, 25 f.).

Vor dem Hintergrund der Explikation des epistemischen Subjekts und des idealtypischen Subjekts kann dann das konkrete, empirische Subjekt, das einzelne Individuum untersucht werden, wie es den Geistes- und Sozialwissenschaften etwa in Erfahrungsbeschreibungen aus der sozialpädagogischen Praxis oder in Tagebuchaufzeichnungen und biografischen Erzählungen begegnet.

Epistemische Modelle des autonomen Subjekts

In jüngerer Zeit hat sich vor allem im angelsächsischen Sprachraum eine lebhafte Debatte um den Autonomiebegriff gebildet, in der die allgemeine Struktur des autonomen Subjekts in formalen Modellen zu entfalten versucht wird. In dieser Debatte werden für gewöhnlich prozedurale und substantielle Theorien unterschieden. Prozedurale Theorien konzipieren Autonomie unabhängig von den Präferenzen der Person, während in substantialen Theorien für die Zuschreibung von Autonomie entscheidend ist, was Inhalt dieser Präferenzen ist (Taylor 2005; Christman / Anderson 2005). Die meisten Theorien von Autonomie sind prozedural angelegt. Hier lassen sich wieder strukturale von historischen Theorien unterscheiden, je nachdem, ob sie Autonomie an die Struktur oder die Genese von Präferenzen binden. Struktural-prozedurale Theorien bestimmen Autonomie über die Art und Weise, wie verschiedene Präferenzen zueinander in Beziehung stehen. Historisch-prozedurale Theorien bestimmen Autonomie darüber hinaus über die Art und Weise, wie Präferenzen zustande kommen.

Struktural-Prozedurale Modelle

In strukturalen Theorien ist die Autonomie der Person daran gebunden, ob die Präferenzen Gegenstand kritischer Reflexion sind. Damit ergibt sich theoriearchitektonisch eine Hierarchie von Präferenzen, denn die Werte, Wünsche, Überzeugungen, Einstellungen, Meinungen, Motive, Pläne, etc. der Person, die auf einer unteren Ebene handlungswirksam sind, sollen ihrerseits auf einer übergeordneten Ebene durch Werte, Wünsche, Überzeugungen, Einstellungen, Meinungen, Motive, Pläne geleitet bzw. reflektiert werden. In diesem Sinne ist für Autonomie die Reflexivität konstitutiv. Die entscheidende Frage ist, wie diese Reflexivität zu konzipieren ist, d. h. in welcher Struktur die Präferenzen geordnet sein müssen, damit wir einer Person Autonomie zusprechen können.

Harry Frankfurt (1971) hat die einflussreichste hierarchische Autonomiekonzeption vorgelegt, die zum Ausgangspunkt aller neueren Überlegungen zur Autonomie geworden ist. Er unterscheidet zwischen Wünschen erster Ordnung und diese Wünsche reflektierenden Wünschen zweiter Ordnung. Der effektiv handlungsleitende Wunsch erster Ordnung bezeichnet den Willen einer Person. Eine Person gilt nach Frankfurt dann als autonom, wenn ihr Willensfreiheit zukommt, d. h. wenn sie selbst bestimmen kann, welche Motive, Wünsche und Überzeugungen handlungswirksam werden sollen. Sie besitzt dann Kontrolle über ihren Willen, wenn sie sich wünscht, einen bestimmten Willen zu haben und sich mit diesem Willen identifizieren kann. Die hierarchische Konzeption modelliert also Autonomie durch die Konsistenzanforderung, derzufolge der Wunsch zweiter Ordnung im Einklang mit dem auf der Ebene erster Ordnung angesiedelten Willen sein muss. Erst dann können wir sagen: Der Person ist ihr Wille nicht fremd. Sie identifiziert sich mit ihrem Willen. Sie ist nicht bloß triebhaft, sondern reflexiv. Sie kann tun, was sie *wirklich* tun möchte.

Gegen hierarchische Konzeptionen ist eingewandt worden, dass mit der Unterscheidung zwischen Wünschen erster und zweiter Ordnung die Autonomie der Person nicht begriffen werden kann. Willensfreiheit wird dort als reflexive Kontrolle unserer unmittelbar handlungsrelevanten Wünsche konzipiert. Unklar bleibt dann aber, inwiefern die Instanz der reflexiven Kontrolle – die Wünsche zweiter Ordnung – selbst der Kontrolle der Person unterliegen. Wenn ein Junge unbedingt KFZ-Mechatroniker werden möchte, so könnte diese Identifikation mit dem Beruf als Ausdruck milieuspezifischer Erwartungsstrukturen gekoppelt mit herrschenden Männlichkeitsnormen rekonstruiert werden. Kann denn die Identifikation mit dem Wunsch, KFZ-Mechatroniker zu sein, als autonom bezeichnet werden, wenn diese Identifikation doch sozial vermittelt ist? Wenn nämlich die Wünsche zweiter Ordnung selbst nicht autonom gesetzt sind, dann ist es auch nicht die ganze Person. Nun könnte darauf verwiesen werden, dass die Identifikation auf einer höheren Ebene autonom gewollt sein muss. Aber auf diese Weise konzeptionell eine weitere Ebene in die Person einzuziehen, verlagert nur das Problem auf eine höhere Ebene, so dass letztlich ein infiniter Regress von Wünschen immer höherer Ordnung entsteht (vgl. Watson 1975).

Eine Möglichkeit, dem Regress-Einwand zu begegnen, liegt darin, autonome Entscheidungen als solche zu bestimmen, die auf eine bestimmte Weise die immer höherstufige Reflexion abbrechen. Damit ist neben dem vertikalen zusätzlich ein horizontales Konsistenzkriterium eingeführt: Vertikal betrachtet soll der Wunsch zweiter Ordnung im Einklang stehen mit dem auf der Ebene erster Ordnung angesiedelten Willen, so dass er der Person nicht fremd ist. Horizontal betrachtet sollen verschiedene Wünsche zweiter Ordnung miteinander im Einklang stehen, so dass sich die Person „ungeteilt", „vom ganzen Herzen" (wholeheartedly) den Willen wünscht. Dabei können in der Person durchaus konfligierende Wünsche gleichzeitig bestehen bleiben, der Konflikt zwischen ihnen ist aber beigelegt, so dass die Person nicht mehr als ambivalent oder entzweit zu bezeichnen ist (Frankfurt 1987).

Hierarchischen Konzeptionen ist außerdem vorgeworfen worden, bestimmte Aspekte des Selbst in eine hierarchische Beziehung zu setzen und einige davon als bedeutsamer und wertvoller zu bewerten und damit als das „wahre", „wirkliche" Selbst anzusehen. Dies sei aber eine willkürliche Konstruktion des Theoretikers, die auch anders möglich sei. Dies bedeutet nicht, eine gestufte Konzeption des Selbst völlig abzulehnen, und die Existenz von Prinzipien- und Bedürfnishierarchien zu verleugnen. Höhere Prinzipien müssen aber nicht in einem einseitigen Ableitungsverhältnis konzipiert werden. Es ist durchaus denkbar, dass in manchen Fällen die Präferenzen erster Ordnung viel eher die Selbstgesetzgebung der Person repräsentieren, während höherstufige Präferenzen in stärkerem Maße als Produkt von sozialen Konformitätszwängen und Widerspiegelungen historisch kontingenter Diskursformationen anzusehen sind. Vielleicht entfernen wir uns häufig durch die Reflexion, die sich ja zunehmend in einem bestimmten, nämlich versozialwissenschaftlichten diskursiven Raum vollzieht, von jenen Präferenzen erster Ordnung, die in unserer tätigen Praxis situiert sind und insofern viel eher unser „wahres" Selbst repräsentieren. Umgekehrt ist natürlich auch diese tätige Praxis immer schon diskursiv konstituiert. Daher wäre es vielleicht angemessener in einem alternativen Modell das Selbst dialogisch zu fassen, etwa dadurch, dass kritische Reflexion nicht bloß konzipiert wird als Bewertung von Präferenzen durch eine höhere kognitive Instanz, sondern auch umgekehrt als Bewertung höherstufiger Präferenzen im Lichte handlungsnaher Orientierungen. Gemäß diesem sogenannten Integrations-Modell kann eine Person dann als autonom bezeichnet werden, wenn ihr die wechselseitige Integration von Präferenzen unterschiedlicher Ebenen gelingt (Friedman 1986).

Gegen die Lösung, den Regress durch ein horizontales Konsistenzkriterium auf der reflexiven Ebene abzubrechen, kann eingewendet werden, dass sie kontraintuitive Schlussfolgerungen ermöglicht. Die Fähigkeit, auf der Ebene der Wünsche zweiter Ordnung Konflikte beizulegen, könnte Ergebnis von Indoktrination, Manipulation, eines repressiven Sozialisationsprozesses oder einfach Ausdruck eines in sich problematischen Zeitgeistes oder von herrschaftsförmigen Dispositiven sein, so dass sich die Person mit widrigen sozialen Umständen arrangiert und mit eigenen Entscheidungen, die diese Umstände in Takt lassen, identifiziert. Eine solche Person gälte der Theorie als autonom, weil sie sich ungeteilt entscheiden kann, obwohl die Fähigkeit zur ungeteilten Entscheidung für und Identifikation mit einem Übel hier gerade von einem Mangel an Autonomie zeugt. Wir haben es hier mit „adaptiver Präferenzbildung" (Nussbaum 1990, 40 ff.; Sen 1985, 191 f.) zu tun, die strukturell-prozedurale Theorien nicht handhaben können. Mit der adaptiven Präferenzbildung ist das Phänomen gemeint, dass Menschen, die unter deprivierten Bedingungen leben bzw. unter depri-

vierten Bedingungen aufgewachsen sind, häufig gar keine Wünsche artikulieren können, die über ihre Situation hinausweisen. Das kann darin begründet liegen, dass sie keinen Vergleichsmaßstab zu ihrer eigenen miserablen Lebenssituation haben oder weil sie restringierende Wertvorstellungen, also herrschaftsstabilisierende Ideologien so stark internalisiert haben, dass sie ihre eigene Lebenslage sogar als angemessen erleben. In der Literatur firmiert dieses Phänomen auch unter dem Label des „glücklichen Sklaven", für den das höchste Glück in der Verlängerung von Arbeitspausen besteht, oder der „gefügigen Hausfrau", die das höchste Glück in dem neu erworbenen Geschirrspüler findet.

Historisch-Prozedurale Theorien

Insbesondere der Adaptive-Präferenzen-Einwand hat dazu geführt, die prozeduralen Theorien um eine historische Dimension zu erweitern. Insbesondere Gerald Dworkin (1988) und John Christman (1991; 2007) haben solche historisch-prozedurale Theorien von Autonomie entwickelt. Gemeinsam ist ihnen die Auffassung, dass es unzureichend ist, kritische Reflexion ausschließlich in Form einer Struktur (etwa von hierarchischen kognitiven Instanzen) zu konzipieren, sondern als ein Prozess betrachtet werden sollte, der bestimmten Kriterien genügen muss, damit wir der Person Autonomie zusprechen können. Autonomiebedingung ist nun nicht mehr, dass die Person (auf der Ebene zweiter Ordnung) mit ihren eigenen Wünschen (erster Ordnung) in Einklang stehen muss, sondern dass sie mit dem Prozess, der den Wunsch hervorgebracht hat, einverstanden ist. Personen gelten historisch-prozeduralen Theorien dann als autonom, sofern der Reflexionsprozess nicht auf illegitime Weise extern beeinflusst worden, also durch Prozesse der Indoktrination oder ideologischen Sozialisation erzeugt worden ist (Christman 1991).

Strittig ist, inwiefern hier von der Theorie bereits ein „normaler" oder wünschenswerter Sozialisationsprozess bzw. Subjektkonstitutionsprozess normativ vorausgesetzt werden muss. Was unterscheidet Bildungs-, Sozialisations-, Erziehungs-, Beratungs- und Hilfeprozesse, die (kausal) die Fähigkeit zur Autonomie des Subjekts befördern bzw. die selbst Ausdruck von Autonomie sind, also Ausdruck eines autonomisierenden Subjektivierungsprozesses, von Prozessen der Manipulation? Welches sind die Kriterien, eine Beeinflussung als illegitim zu bezeichnen? John Christman hat vorgeschlagen, die Beeinflussung eines Reflexionsprozesses als illegitim zu bezeichnen, wenn die Person die Beeinflussung ablehnt, sobald sie sich dieser Beeinflussung bewusst wird. So kann die Person entdecken, dass ihr strukturell Information oder die Möglichkeit zu Aneignung von Wissen vorenthalten oder sie von Dritten bezüglich eines relevanten Sachverhalts getäuscht worden ist, sie sich aber im Falle der Wohlinformiertheit anders entschieden hätte. Gewissermaßen führen historische Theorien ein weiteres Konsistenzkriterium ein. Zusätzlich zum vertikalen Kriterium (Einklang von Wunsch erster und zweiter Ordnung) und dem horizontalen Kriterium (Einklang der Wünsche zweiter Ordnung) bezeichnet das historische Kriterium den Einklang von Wünschen in der Zeit.

Aber auch hier stellt sich die Frage, wie die Theorie mit einem Fall umgeht, in dem die Beeinflussung sich auf die Bewertungsmaßstäbe selbst erstreckt, mit der die Person die Beeinflussung als wünschenswert oder verwerflich einschätzt. Die Theorie muss dann kontrafaktische Bedingungen einführen, also etwa fordern, dass die Person unter idealen Bedingungen muss zustimmen können (Christman 1991). Eine weitere theoriestrategische Möglichkeit besteht darin, bestimmte Kompetenzen zu definieren, die gegeben sein müssen, damit wir einer Person Autonomie zusprechen können. Kompetenz-Ansätze von Autonomie widmen sich dieser Explikation. Sie heben etwa die Fähigkeit der Person hervor, sein Inneres zu erkunden, seinem Handeln Richtung geben und Handlungsziele und Lebenspläne definieren zu können (Meyers 1989). Auch hier wird wiederum ein bestimmtes Ideal vom Subjekt konstruiert, anhand dessen die Legitimität von Subjektivierungsprozessen beurteilt werden kann. Rein strukturale Theorien der Autonomie scheinen ohne normative Subjektideale nicht möglich, die Ebene des allgemeinen Subjekts ohne die Ebene der besonderen Person nicht verständlich zu sein. Viele Autoren halten daher die Bedingungen, die strukturale Ansätze beschreiben, zwar für notwendig nicht aber für hinreichend dafür, dass wir einer Person Autonomie zusprechen

können. Sog. substantiale Theorien von Autonomie widmen sich diesen inhaltlich gehaltvollen Bedingungen von Autonomie.

Substantiale Theorien

Substantiale Theorien von Autonomie stehen nicht in einer Frontstellung zu prozeduralen Theorien, sondern heben die von diesen vernachlässigte normative Dimension von Autonomie hervor. Sie explizieren zentrale Normen und Werte, die eine autonome Person und auch die sozialen Bedingungen, in die die Person eingebettet ist, erfüllen muss, um ihr Autonomie zusprechen zu können. Dieser Aspekt wird in jüngerer Zeit vor allem von Theorien zur Handlungsmächtigkeit (agency) in der Tradition der Cultural Studies betont. Solche Theorien gehen von der theorieprogrammatischen Forschungsperspektive aus, in der „Handlungsmächtigkeit" als strategisches Forschungskonzept dient, welches die Eigenaktivität der Akteure stärker in den Blick nimmt, die von einseitig strukturalistischen Ansätzen vernachlässigt wurde. Vor diesem Hintergrund untersuchen Agency-Ansätze empirisch vor allem die strukturellen oder diskursiven Möglichkeiten von Individuen, die sie etwa in ökonomischen, politischen, religiösen, kulturellen, organisationalen oder rechtlichen Zusammenhängen zum Handeln befähigen oder hierin beschränken (Buckingham 2000; Bhabha 1994; Giroux 1992; für die Soziale Arbeit: Homfeldt et al. 2008).

Während substantialistische Konzepte von Autonomie aus den Cultural Studies vor allem in der qualitativen sozialpädagogischen Forschung zunehmende Beachtung finden, beginnt sich die quantitative sozialpädagogische Forschung den normativ gehaltvollen empirischen Modellen von Selbstdetermination aus der sozialpsychologischen Forschung (Deci / Ryan 1987; Deci / Ryan 1985) zuzuwenden. Darin findet sich derzeit eine wohl begründete empirische Operationalisierung personaler Autonomie (Chirkov 2009). Dabei ist das Konstrukt der Autonomie im Rahmen der Selbstdeterminationstheorie zu unterscheiden von dem der Selbstwirksamkeitserwartung (self-efficacy, siehe Bandura 1998), die sich lediglich auf die subjektive Überzeugung des Individuums bezieht, angesichts von Hindernissen in spezifischen Situationen ein bestimmtes Ziel effektiv erreichen zu können. Das Konzept der Selbstwirksamkeitsüberzeugung ist für sich allein genommen noch keine Operationalisierung von Autonomie, da nicht danach gefragt wird, ob es sich um autonom gesetzte Ziele handelt oder nicht (Chirkov et al. 2003). Substantiale Theorien von Autonomie transportieren eine normative Vorstellung des Guten und Vernünftigen. Analytisch kann das Gute und Vernünftige entweder funktional oder essentialistisch bestimmt werden. Diese Zugänge unterscheiden sich mitunter kaum danach, wie Autonomie konkret inhaltlich bestimmt wird, sondern vor allem danach, wie diese inhaltliche Bestimmung theoretisch hergeleitet wird. Ausgehend von der vagen Vorstellung von Autonomie als Selbstgesetzlichkeit fragen funktionalistisch-substantiale Theorien, die heute insbesondere in Schlüsselkompetenzansätzen vertreten werden, danach, wie wir Autonomie bestimmen müssen, damit es das bezeichnet, was uns in modernen Gesellschaften erfolgreich macht. Als autonom gilt dann etwa, wer fähig ist, Verantwortung für seine Lebensgestaltung zu übernehmen und sein Leben im größeren Kontext zu situieren (DeSeCo 2005). Dagegen fragen essentialistisch-substantiale Theorien, die häufig in der tugendethischen Theorietradition stehen, danach, wie wir Autonomie im Sinne der Selbstgesetzlichkeit der Person bestimmen müssen, damit es das bezeichnet, was uns als Menschen auszeichnet (Hartwich 2007). Als autonom gilt dann etwa, wer eine Vorstellung vom Guten entwickeln und sich in der Planung des eigenen Lebens in kritischer Reflexion darauf verpflichten vermag (Nussbaum 2006).

Häufig setzen funktionalistische Ansätze die Anforderungen moderner Industriegesellschaften als normativen Bezugspunkt personaler Autonomie. Demnach gilt es, unter den Bedingungen des beschleunigten technologischen Wandels, des Zuwachses, der Vervielfältigung und der Spezialisierung wissenschaftlichen Wissens, der sich zunehmenden Globalisierung ökonomischer und politischer Beziehungen und der sich vor diesem Hintergrund verändernden Berufs- und Lebenspraxis zur ökonomischen Produktivität und sozialen Kohäsion der Gesellschaft beitragen zu können und dabei selbst ein erfolgreiches und zufriedenstellendes Leben führen zu können, ohne von den neuen Anforderungen in die soziale Exklusion gedrängt zu werden (Zeuner 2009). Subjektbildung wird bezogen auf „ein erfolgreiches Leben und eine

gut funktionierende Gesellschaft" (DeSeCo 2005). Damit werden die *funktionalen* Vermögen zu explizieren versucht, die der Mensch benötigt, um in modernen, hochkomplexen Gesellschaften in Selbstgesetzlichkeit *gut zu leben*. Essentialistische Ansätze beanspruchen dagegen, jene *essentiellen* Vermögen zu explizieren, die in jeder Gesellschaft für einen Menschen *gegeben* sein müssen, damit wir ihm überhaupt ein *gutes menschliches Leben* in Selbstgesetzlichkeit zusprechen können, selbst wenn er ohne diese Vermögen ebenso „gut leben" könnte. Manches, was wir in funktionalistischer Hinsicht als „gutes Leben" bezeichnen können, kommt aus einer essentialistischen Perspektive, die nach dem Menschsein fragt, einem bloßen Überleben gleich – einer Existenzform, die sich von der tierischen nicht unterscheidet (Nussbaum 2002, 490 ff.). Damit wird Autonomie nicht bloß als instrumentelles Vermögen definiert, dem für die Sozialpädagogik ein *regulativer* Status zukommt, d. h. es handelt sich nicht bloß um *gesetzte* Normen, an denen es sich aus zweckrationalen Gründen zu orientieren lohnt. Vielmehr wird beansprucht, Autonomie als *konstitutives* Vermögen zu *rekonstruieren*. Soziale Arbeit hat sich dann an diesen Normen aus wertrationalen Gründen um ihrer selbst willen zu orientieren, weil sie andernfalls in ihrem Handeln das Menschsein der Adressaten verfehlt. In funktionalistischer Perspektive erscheint Autonomie als *Instrument* für, in essentialistischer Perspektive als *Ausdruck* eines Lebens in Würde (Nussbaum 2006, 161 f.).

Weil essentialistische Ansätze Autonomie nicht an faktisch gegebenen Anforderungen bemessen, können sie mit dem Adaptions-Problem theoretisch besser umgehen. So wird beispielsweise Autonomie so definiert, dass die Person nur dann als autonom bezeichnet werden kann, wenn ihre Präferenzen vernünftig oder ethisch akzeptabel sind. Autonomie ist dann vor allem nicht mit internalisierten Einstellungen vereinbar, die den Wert der eigenen Person herabsetzen. So gilt etwa eine Frau, die sich an herabwürdigenden Vorstellungen des „weiblichen Subjekts" orientiert, ein Migrant, dessen handlungsleitendes Selbstbild durch rassistische Bilder geprägt ist oder ein Klient, der sich für den Empfang staatlicher Transferleistungen schämt, nicht als autonom (Oshana 2006; Benson 1991, 1994; Wolf 1990). In diesem Autonomieideal zeigt sich die Distanzierung von dem durch prozedurale

Theorien vertretenen modernen, vermögenspsychologischen Willensbegriff, der den Willen als bloßes Aktivitätszentrum analytisch unabhängig von der Vernunft fasst und damit eine Annäherung an den Willensbegriff der Antike, in dem der Wille nicht als der Vernunft entgegengesetzt vorgestellt werden konnte. Der Wille galt dort immer schon als auf das Gute und Vernünftige gerichtet wie umgekehrt das Gute immer schon das Gewollte war (Pleines 1996, 170). Aus dieser Perspektive schließt adaptive Präferenzbildung Autonomie per definitionem aus, weil eine Person ihre eigene Unterdrückung oder Missachtung nicht wollen kann.

Geltungsanspruch und praktische Relevanz des Autonomiebegriffs

Insbesondere angesichts des Adaptive-Präferenzen-Problems stellt sich die Frage, was der Autonomiebegriff überhaupt leisten soll. Ist ein bloß strukturaler Autonomiebegriff sinnvoll, der lediglich die Struktur von Entscheidungen betrachtet oder sollte der Autonomiebegriff auch die Qualität von Entscheidungen beinhalten? Während Kritikern die rein strukturale Sicht als unbrauchbar etwa für das Verstehen und Bewerten der Lebenslagen der Klienten der Sozialen Arbeit erscheinen mag, verweisen Vertreter der strukturalen Konzeption darauf, dass der Begriff der *personalen* Autonomie nicht überfrachtet werden sollte und die Qualität von Entscheidungen eher mit Konzepten *moralischer* Autonomie angegangen werden sollte. Moralische Autonomie bezöge sich dann auf das Verhältnis der Person zu (objektiven) moralischen Prinzipien. Personale Autonomie sei dagegen ethisch neutral zu fassen und bezeichne das Vermögen von Personen, ein Leben zu führen, von dem sie nicht entfremdet sind und das nach selbstgesetzten Vorstellungen vollzogen wird. In diesem Sinne wäre personale Autonomie ohne moralische Autonomie möglich. Unabhängig von der ethischen oder instrumentellen Qualität der Entscheidung und unabhängig von den sozialen Bedingungen, die die Entscheidung befördert haben, gelten wir dann als autonom, sofern wir ungeteilt Handeln. Es ist dann unser Selbst, das die Handlung regiert (Christman 2005).

Für die Theorie und Praxis der Sozialen Arbeit ist die Entscheidung für einen Autonomiebegriff wohl nur in pragmatistischer Perspektive sinnvoll. Demnach wäre nach den praktischen Konsequenzen zu fragen, die bestimmte Autonomiebegriffe implizieren (Anderson 2008).

Zunächst erscheint es, als würde die strukturale Konzeption von Autonomie in der Praxis zur Affirmation widriger sozialer Bedingungen führen. Tatsächlich muss die strukturale Autonomietheorie den „glücklichen Sklaven" oder die „gezähmte Hausfrau" als autonom bezeichnen. Nun lässt sich damit auf theoretischer Ebene auf (mindestens) zwei Weisen umgehen. So können wir zum einen bezweifeln, ob es den glücklichen Sklaven jenseits philosophischer Lehrbuchbeispiele empirisch überhaupt gibt. Als theoretische Erklärung könnte so etwas wie der moralische Geltungsüberhang von Praxis (Honneth 2001) angeführt werden, also die Wirksamkeit der praktischen Vernunft, die die Existenz des glücklichen Sklaven empirisch unwahrscheinlich macht. Das Problem der adaptiven Präferenzen wäre damit als praktisch unbedeutsam für die Soziale Arbeit entlarvt. Eine andere Möglichkeit läge darin, Sozialpädagogik nicht ausschließlich an die Zuschreibung von Autonomie zu binden. Selbst wem der ungeteilt „glückliche Sklave" als autonom gilt, mag dennoch Grund haben, ihn mit alternativen Seinsmöglichkeiten sozialpädagogisch zu konfrontieren. Sollte er angesichts dieser Bildungschance immer noch mit den widrigen sozialen Bedingungen zufrieden sein, dann hätte sich seine Autonomie sogar noch gefestigt. Die Identifikation mit seiner Lebensführung ist dann umso stärker. Der Verzicht auf Autonomie als Interventionskriterium Sozialer Arbeit bedeutet, dass Soziale Arbeit nicht ausschließlich als advokatorisches Handeln gegenüber Unmündigen (Brumlik 2004) begründet werden kann. Die Advokatorik wäre dann etwa um gerechtigkeitstheoretische, anerkennungstheoretische oder bildungstheoretische Begründungen der Legitimation des sozialpädagogischen Eingriffs zu erweitern.

Der Unterschied zwischen struktural-prozeduralen Theorien einerseits und historisch-prozeduralen und substantialen Theorien andererseits liegt also nicht darin, dass Erstere angesichts des Adaptionsproblems zwangsläufig affirmativ seien, denn letztlich können beide Theorien im sozialpädagogischen Anwendungszusammenhang dieselbe praktische Konsequenz haben. Mit beiden Theorien ist die Begründung der Intervention bei adaptiver Präferenzbildung möglich, wenngleich Letztere es nicht zu erlauben scheinen, *nicht* zu intervenieren. Der Unterschied liegt aber vor allem darin, dass historische ebenso wie substantiale Theorien bereits Adaptionsphänomene konzeptionell aus dem *Begriff* der Autonomie ausschließen wollen – dadurch aber in die Verlegenheit kommen, Adaption begrifflich von Nicht-Adaption zu unterscheiden –, während strukturale Theorien gar keinen Begriff von Adaption haben.

Sozialpädagogen, die mit historischen oder substantialen Theorien operieren, mögen eher sensibel sein für herrschaftsförmige soziale Bedingungen des Aufwachsens. Aber sie laufen Gefahr, mit normativen Annahmen über Anpassungsphänomene zu operieren und den Klienten solange nicht als autonom und entsprechend als interventionsbedürftig zu bezeichnen, bis er sich die Vorstellungen vom guten Leben des Sozialpädagogen zu Eigen gemacht hat. Sozialpädagogen, die ausschließlich mit strukturalen Theorien operieren, mögen unsensibel sein für herrschaftsförmige Anpassungsprozesse. Operieren sie aber *zusätzlich* mit Begriffen

von Herrschaft, Ideologie, etc. dann werden auch sie den Klienten entsprechend Bildungsangebote machen. Mit diesen Bildungsangeboten erweitern sie das Autonomiepotenzial des Klienten durch die Eröffnung von Handlungsalternativen, welches er dann langfristig in manifeste Autonomie wandeln muss, indem er entweder seine bisherige Existenz umso kräftiger befürwortet oder sich auf die Suche nach einer neuen begibt.

Unabhängig davon, mit welchem Autonomiebegriff Soziale Arbeit operiert, also unabhängig davon wie restriktiv sie Zuschreibungen von Autonomie vornimmt, ist es sicherlich im Sinne eines sozialpädagogischen Grundprinzips für die Arbeitsbeziehung produktiv, den Klienten zumindest kontrafaktisch Autonomie zu unterstellen (Friedman 2003), weil ohne diese Unterstellung von Autonomie und damit ohne die praktische Inkraftsetzung einer Anerkennungsbeziehung die Autonomisierung benachteiligter, ausgeschlossener, diskriminierter und missachteter Individuen empirisch gewiss nicht möglich ist.

Literatur

Anderson, J. (2008): Disputing Autonomy. Second-Order Desires and the Dynamics of Ascribing Autonomy. Nordic Journal of Philosophy 1, 7–26

Bandura, A. (1998). Self-efficacy: The Exercise of Control. 2. Aufl. Freeman, New York

Benson, Paul H. (1994): Free Agency and Self-worth. Journal of Philosophy 91, 650–668

– (1991): Autonomy and Oppressive Socialization. Social Theory and Practice 3, 385–408

Bröckling, U., Krasmann, S., Lemke, T. (Hrsg.) (2000): Gouvernmentalität der Gegenwart: Studien zur Ökonomisierung des Sozialen. Suhrkamp, Frankfurt / M.

Brumlik, M. (2004): Advokatorische Ethik. Zur Legitimation pädagogischer Eingriffe. Philo, München

Buckingham, D. (2000): After the Death of Childhood. Growing up in the Age of Electronic Media. Polity Press, Cambridge

Chirkov, V. I. (2009): A Cross-Cultural Analysis of Autonomy in Education: A Self-Determination Theory Perspective. Theory and Research in Education 2, 253–262.

–, Ryan, R. M., Kim, Y., Kaplan, U. (2003): Differentiating Autonomy from Individualism and Independence. A Self-Determination Theory Perspective on Internalization of Cultural Orientations and Well-Being. Journal of Personality and Social Psychology 1, 97–110.

Christman, J. (2007): Autonomy, history, and the subject of justice. Social Theory and Practice 1, 1–26

– (2005): Autonomy, Self-Knowledge, and Liberal Legitimacy. In: Christman, J., Anderson, J. (Hrsg.): Autonomy and the Challenges to Liberalism. New essays. Cambridge University Press, Cambridge, 330–358

– (1991): Autonomy and Personal History. Canadian Journal of Philosophy 1, 1–24

–, Anderson, J. (Hrsg.) (2005): Autonomy and the Challenges to Liberalism. New essays. Cambridge, University Press Cambridge

Collins, P. H. (2000): Black Feminist Thought. Knowledge, Consciousness, and the Politics of Empowerment. 2. Aufl. Routledge, New York

Deci, E. L. / Ryan, R. M. (1987): The Support of Autonomy and the Control of Behavior. Journal of Personality and Social Psychology 6, 1024–1037.

–, – (1985): Intrinsic Motivation and Self-Determination in Human Behavior. Plenum Press, New York

DeSeCo (2005): Definition und Auswahl von Schlüsselkompetenzen. Swiss Federal Statistical Office, Neuchâtel

Dworkin, G. (1988): The Theory and Practice of Autonomy. Cambridge University Press, Cambridge

Foucault, M. (1977): Sexualität und Wahrheit: Der Gebrauch der Lüste, Bd. 2 (dt. 1986). Suhrkamp, Frankfurt / M.

Frank, M. (1986): Die Unhintergehbarkeit von Individualität. Reflexionen über Subjekt, Person und Individuum aus Anlass ihrer ,postmodernen' Toterklärung. Suhrkamp, Frankfurt / M.

Frankfurt, H. G. (1987): Identifikation und ungeteilter Wille. In: Frankfurt, H. G. (Hrsg.) 2001. Freiheit und Selbstbestimmung. Ausgewählte Texte (hrsg. v. Monika Betzler / Barbara Guckes). Akademie Verlag, Berlin, 116–137

– (1971): Willensfreiheit und der Begriff der Person. In: Frankfurt, H. G. (Hrsg.) (2001): Freiheit und Selbstbestimmung. Ausgewählte Texte (hrsg. v. Monika Betzler / Barbara Guckes). Akademie Verlag, Berlin, 65–83

Friedman, M. (2003): Autonomy, Gender, Politics. Oxford University Press, Oxford

– (1986): Autonomy and the Split-Level Self. Southern Journal of Philosophy 1, 19–35

Geulen, D. (2002): Sozialisationstheoretische Ansätze. In: Krüger, H.-H., Grunert, C. (Hrsg.): Handbuch Kindheits- und Jugendforschung. Leske & Budrich, Opladen, 83–98

– (1999): Subjekt-Begriff und Sozialisationstheorie. In: Krappmann, L., Leu, H.-R. (Hrsg.): Zwischen Autonomie und Verbundenheit. Bedingungen und Formen der Behauptung von Subjektivität. Suhrkamp, Frankfurt / M., 21–48

Giroux, H.A. (1992): Border Crossings. Cultural Workers and the Politics of Education. Routledge, New York

Hall, S. (1994): Die Frage der kulturellen Identität. In: Hall, S. (Hrsg.): Rassismus und kulturelle Identität. Argument, Hamburg, 180–222

Hartwich, D. D. (2007): Universalpädagogik – Rekursive Hermeneutik oder über die machtförmige Durchsetzung von Bildungsgegenständen, ssp1b(alpha). DuEPublico, Duisburg

Homfeldt, H. G., Schröer, W., Schweppe, C. (Hrsg.) (2008): Vom Adressaten zum Akteur. Soziale Arbeit und Agency. Barbara Budrich, Farmington Hills

Honneth, A. (2001): Leiden an Unbestimmtheit. Eine Reaktualisierung der Hegelschen Rechtsphilosophie. Reclam, Stuttgart

Kessl, F. (2005): Der Gebrauch der eigenen Kräfte. Eine Gouvernementalität Sozialer Arbeit. Juventa, Weinheim

–, Otto, H.-U. (2009): Einleitung. In: Kessl, F., Otto H.-U. (Hrsg.): Soziale Arbeit ohne Wohlfahrtsstaat? Zeitdiagnosen, Problematisierungen und Perspektiven. Juventa, Weinheim, 7–22

Meyers, D.T. (2002): Gender in the Mirror: Cultural Imagery and Women's Agency. Oxford University Press, New York

– (1989): Self, Society, and Personal Choice. Columbia University Press, New York

Nussbaum, M.C. (2006): Frontiers of Justice. Disability, Nationality, Species Membership. Harvard University Press, Cambridge, MA

– (2002): Beyond the Social Contract. Toward Global Justice. In: McMurrin, S. M. (Hrsg.) The Tanner Lecture on Human Values. Cambridge University Press, Cambridge, 415–507.

– (1990): Der aristotelische Sozialdemokratismus. In: Nussbaum, M. C. (Hrsg.) (1999): Gerechtigkeit oder das gute Leben. Suhrkamp, Frankfurt / M., 24–85

Oevermann, U. (1981): Fallrekonstruktionen und Strukturgeneralisierung als Beitrag der objektiven Hermeneutik zur soziologisch-strukturtheoretischen Analyse. In: http://publikationen.ub.uni-frankfurt.de/volltexte/2005/537, 07.06.2010

– (1979): Sozialisationstheorie. Ansätze zu einer soziologischen Sozialisationstheorie und ihre Konsequenzen für die allgemeine soziologische Analyse. In: Lüschen, G. (Hrsg.): Deutsche Soziologie seit 1945. Entwicklungsrichtungen und Praxisbezug, 143–168.

Oshana, M.A.L. (2006): Personal Autonomy in Society. Ashgate, Aldershot

Pleines, J.-E. (1996): Autonomie und vernünftiges Handeln. Vierteljahrsschrift für wissenschaftliche Pädagogik 2, 163–175

Ricken, N. (2007): Von der Kritik der Disziplinarmacht zum Problem der Subjektivation. Zur erziehungswissenschaftlichen Rezeption Michel Foucaults. In: Kammler, C., Parr, R. (Hrsg.): Michel Foucault in den Kulturwissenschaften. Eine Bestandsaufnahme. Synchron, Heidelberg, 157–176

Sen, A.K. (1985): Well-Being, Agency and Freedom: The Dewey lectures 1984. Journal of Philosophy 4, 169–221

Stoljar, N. (2000): Autonomy and the Feminist Intuition. In: Mackenzie, C., Stoljar, N. (Hrsg.). Relational Autonomy: Feminist Perspectives on Autonomy, Agency, and the Social Self. Oxford University Press, New York

Taylor, J.S. (Hrsg.) (2005): Personal Autonomy. New Essays on Personal Autonomy and its Role in Contemporary Oral Philosophy. Cambridge University Press, New York

Watson, G. (1975): Free Agency. Journal of Philosophy 8, 205–220

Wolf, S. (1990): Freedom within Reason. Oxford University Press, New York

Zeuner, C. (2009): Zur Bedeutung gesellschaftlicher Kompetenzen im Sinne eines kritischen bildungstheoretischen Ansatzes. In: Bolder, A., Dobischat, R. (Hrsg.) Eigen-Sinn und Widerstand. Kritische Beiträge zum Kompetenzentwicklungsdiskurs. VS Verlag, Wiesbaden, 260–281

Ziegler, H. (2008): Soziales Kapital und Agency. In: Homfeldt, H.-G., Schröer, W., Schweppe, C. (Hrsg.): Vom Adressaten zum Akteur. Soziale Arbeit und Agency. Barbara Budrich, Farmington Hills, 83–107

Sucht und Rausch

Von Stephan Sting

Die Suchtdiskussion ist von einer Problemverschiebung geprägt, die es schwer macht, angemessene Zugänge in der Suchtprävention und Suchthilfe zu entwickeln: Neue Verhaltensphänomene im Bereich des Substanzkonsums, des Mediengebrauchs oder der sozialen Praktiken, die sich in der Gesamtbevölkerung ausbreiten, werden schnell mit einem auf Kinder und Jugendliche bezogenen Problemdiskurs verknüpft. Damit geht eine Tendenz einher, in der Erwachsenengesellschaft tabuisierte Problem- und Praxisbereiche wie Sucht und Rausch auf das Kindes- und Jugendalter zu projizieren. Die Aufmerksamkeit auf jugendliche Sucht-Moden lenkt von den Rauscherfahrungen und Suchtproblemen der Erwachsenen ab, was dazu führt, dass sich am gesellschaftlichen Umgang mit der Suchtproblematik wenig ändert.

Die Auseinandersetzung mit Sucht muss sich angesichts dieser öffentlichen Funktionalisierung des Suchtdiskurses zunächst mit einer Analyse suchtrelevanter Praktiken und Verhaltensweisen befassen, um einen Eindruck von Art und Ausmaß der Problemstellung zu gewinnen. Zugleich ist eine differenzierte Betrachtung der Phänomene „Rausch", „Sucht" und „Abhängigkeit" im Kontext der gesellschaftlich etablierten Rausch- und Drogenkultur erforderlich. Erst vor diesem Hintergrund wird es möglich, Konzepte der Suchtprävention und der Suchtrehabilitation einzuschätzen und deren Bedeutung für die Soziale Arbeit zu bestimmen.

Substanzkonsum und Suchtprobleme

Mit der Suchtthematik wird zunächst der Konsum psychoaktiver Substanzen in Verbindung gebracht. Dazu zählen die legalen Substanzen Tabak, Alkohol und Medikamente und illegale Substanzen wie Cannabis, Ecstasy, Amphetamine, Kokain, Heroin und biogene Drogen. Eine wesentliche Unterscheidung besteht zwischen Substanzkonsum und Sucht. In den meisten Fällen bleibt der Konsum der verschiedenen Substanzen relativ unproblematisch, wobei der Übergang zu süchtigem Verhalten unklar und die Indizien dafür vielfältig und ungewiss sind. In der Entwicklung des Substanzkonsums zeichnet sich seit Ende der 1970er Jahre trotz einzelner Gegentendenzen eine zunehmende Mäßigung ab, die mit einer gestiegenen Gesundheitsorientierung in der Bevölkerung einhergeht.

Rauchen: Der Tabakkonsum gilt als das größte vermeidbare Gesundheitsrisiko in unserer Gesellschaft; in Deutschland werden jährlich ca. 140.000 vorzeitige Sterbefälle dem Rauchen zugerechnet (Drogenbeauftragte 2008, 38). Etwa ein Drittel der erwachsenen Bevölkerung in Deutschland raucht. Dabei hat sich seit den 1990er Jahren eine Angleichung der Geschlechter vollzogen. Seit Ende der 1970er Jahre lässt sich sowohl unter Erwachsenen als auch unter Jugendlichen und jungen Erwachsenen ein Rückgang des Tabakkonsums beobachten, der im Jahr 2008 einen historischen Tiefstand erreicht (Kraus 2008; BZgA 2008, 8).

Alkohol: Alkohol ist die Kulturdroge Nr. 1 in unserer Gesellschaft. 95–98 % der erwachsenen Bevölkerung im deutschsprachigen Raum trinken gelegentlich oder regelmäßig Alkohol. Der Alkoholkonsum stellt eine Normalität in unserer Gesellschaft dar, in die Kinder und Jugendliche im Verlauf der Entwicklung hineinwachsen. Bis zur Schwelle des Erwachsenenalters erreicht der Alkoholgebrauch eine Verbreitung, die in etwa derjenigen der Erwachsenengesellschaft entspricht (Kraus et al. 2008, 74). Er weist eine Geschlechterdifferenz auf, nach der Jungen und Männer deutlich mehr Alkohol konsumieren als Mädchen und Frauen (Lampert/Thamm 2007, 604 f.; Kraus 2008).

Otto/Thiersch (Hg.), Handbuch Soziale Arbeit, 4. A., DOI 10.2378/ot4a.art159,
© 2011 by Ernst Reinhardt, GmbH & Co KG, Verlag, München

Insgesamt ist seit den 1990er Jahren ein Rückgang der Konsummengen zu beobachten, der auch Formen riskanten Alkoholkonsums betrifft. Die Altersgruppe mit den höchsten Konsumraten sind die 40 bis 59-Jährigen. Bei Jugendlichen und jungen Erwachsenen finden sich demgegenüber die höchsten Raten an wöchentlichem Rauschtrinken (Kraus 2008; BZgA 2008). Während dementsprechend das Durchschnittsalter der Suchthilfe-Klienten mit Alkoholproblemen bei ca. 45 Jahren liegt, treten bei Jugendlichen und jungen Erwachsenen Probleme infolge von Überdosierungen und konsumbezogenen Unfällen auf (Statistisches Bundesamt 2007; Sonntag et al. 2007a, 16 f.; 2007b, 50 f.).

Medikamente: Der missbräuchliche, nicht bestimmungsgemäße Gebrauch von Medikamenten (Schlaf- und Beruhigungsmittel, Anregungsmittel und Appetitzügler, Antidepressiva etc.) gilt als „stille Sucht", der lange Zeit wenig Beachtung geschenkt worden ist. Da die häufigste Bezugsquelle ärztliche Verordnungen sind (Roesner / Küfner 2007, 71), kann man Medikamentenabhängigkeit als eine unerwünschte Nebenwirkung unseres Gesundheitssystems bezeichnen. Schätzungen gehen von 1,9 Millionen Betroffenen in Deutschland aus. Die Repräsentativerhebung zum Substanzkonsum unter Erwachsenen berichtet bei 4,7 % der 18 bis 64-Jährigen von problematischen Gebrauchsmustern, wobei mehr Frauen als Männer betroffen sind und die Gefährdung mit höherem Alter zunimmt (Kraus 2008).

Illegale Drogen: Im Vergleich zu den legalen Substanzen spielt der Konsum von illegalen Drogen eine relativ geringe Rolle. Zwar sind etwas weniger als die Hälfte der Heranwachsenden bereit, illegale Drogen auszuprobieren, doch bleibt es in den meisten Fällen bei wenigen Konsumexperimenten. Der von Mitte der 1990er Jahre bis Mitte der 2000er Jahre konstatierte Anstieg der Lebenszeitprävalenzen für den Konsum illegaler Drogen unter Jugendlichen und jungen Erwachsenen (BZgA 2004, 7–13) ist überwiegend auf Cannabiserfahrungen zurückzuführen. Während bei allen anderen illegalen Drogen die Konsumraten relativ gering sind, hat sich Cannabis bei einer Minderheit der Jugendlichen (ca. 12–18 %) als Alltagsdroge etabliert (Kraus et al. 2008, 113; Lampert / Thamm 2007, 605). Seit Mitte der 2000er Jahre ist ein Rückgang des Konsums von Cannabis und anderen illegalen Drogen zu beobachten (BZgA 2008; Kraus 2008). Insgesamt konsumieren in Deutschland ca. 1,1 Millionen der 18 bis 64-Jährigen regelmäßig Cannabis und 0,3 Millionen regelmäßig andere illegale Drogen.

Krankenhausaufenthalte aufgrund des Missbrauchs illegaler Drogen sind in der Altergruppe der 20 bis 25-Jährigen am häufigsten, was den „episodischen Charakter" des Konsums illegaler Drogen untermauert (Statistisches Bundesamt 2007). Der Einstieg in den Cannabiskonsum liegt durchschnittlich bei 16,4 Jahren, bei allen anderen illegalen Drogen zwischen 17 und 18 Jahren (Lampert / Thamm 2007, 605 f.; BZgA 2004, 16). Mit 20–25 Jahren erreicht der Konsum illegaler Drogen seinen Höhepunkt, um danach deutlich zurückzugehen. Suchtprobleme in Verbindung mit illegalen Drogen werden bereits im jungen Erwachsenenalter manifest, wobei vor allem cannbisbezogene Störungen eine nennenswerte Verbreitung in der Suchthilfe erfahren haben (Sonntag et al. 2007b, 51).

Substanzungebundene Suchtformen: Neben den substanzgebundenen Suchtformen werden auch eine Reihe von substanzungebundenen Suchtformen öffentlichkeitswirksam diskutiert. Nach einer groben Schätzung von Meyer sollen in Deutschland zwischen 100.000 und 170.000 Menschen von „pathologischem Glücksspiel" betroffen sein (Meyer 2007, 112 f.). In der Suchthilfe ist ihr Anteil mit 1–2 % der Fälle seit mehreren Jahren relativ konstant, wobei 90 % der Betroffenen Männer sind (Sonntag et al. 2007a, 31; 2007b, 59). Besonders diffus ist die Datenlage zur so genannten Online- oder Internetsucht, da es hierzu bis heute keine eindeutige, allgemein anerkannte Definition gibt. Hahn und Jerusalem bezeichnen Internetsucht „als eine moderne Verhaltensstörung und eskalierte Normalverhaltensweise im Sinne eines exzessiven und auf ein Medium ausgerichteten Extremverhaltens" (Hahn / Jerusalem 2001, 283). Sie schätzen 3,2 % der von ihnen befragten Internetnutzer als internetsüchtig ein und 6,6 % als gefährdet. Zugleich scheint es sich vor allem um eine Jugendproblematik zu handeln (Hahn / Jerusalem 2001, 284 ff.). Grüsser et al. betonen, dass die inadäquate Nutzung des Computers zur Gefühls- und Stressregulierung nicht ohne Weiteres als „nichtstoffgebundene Abhängigkeit" bezeichnet werden kann und dass die Kausalitätsrichtung völlig ungeklärt ist (Grüsser et al. 2005, 21). Zu

anderen substanzungebundenen Suchtformen liegen noch keine substantiellen Untersuchungen
vor.

Rausch, Sucht und Abhängigkeit

Die Beschäftigung mit Sucht ist bei der Bestimmung ihres Problemfelds mit einer doppelten
Schwierigkeit konfrontiert: Erstens ist unklar, bei
welchen Formen des Substanzkonsums und bei
welchen Formen exzessiven Verhaltens von Sucht
gesprochen werden kann, da prinzipiell jedes Verhalten eine suchtförmige Gestalt annehmen kann
und zugleich die Grenze zwischen normalem und
süchtigem Verhalten schwer zu ziehen ist. Sucht erscheint als andere Seite des Normalverhaltens in
einer Gesellschaft, die insgesamt von einer „Sucht-
struktur" geprägt ist (v. Wolffersdorff 2005, 336 f.).
Zweitens strebt niemand bewusst „Suchtverhalten"
an, sondern Sucht entsteht in einem meist lang-
dauernden Prozess unter der Hand als Folge anderer Handlungsintentionen. Die Suchtgefährdung
muss also aus anders intendierten Handlungen
und Alltagspraxen konstruiert werden. Schetsche
erläutert am Beispiel der Internetsucht, dass den
Betroffenen erst in einem Akt der Problemdeutung
ihr Status als „Problemopfer" deutlich gemacht
werden muss (Schetsche 2007, 122).
Im Hinblick auf substanzbezogene Suchtformen
muss zwischen Substanzkonsum und Sucht unterschieden werden. Der Substanzkonsum zielt nicht
auf Sucht, sondern auf Rauscherfahrungen. Das
Bedürfnis nach „Rausch", nach aus dem Alltag
herausgehobenen Erfahrungen, die gruppenbil-
dende und gemeinschaftsstabilisierende Funktionen haben, scheint ein in allen Gesellschaften auf-
findbares Menschheitsphänomen zu sein (Sting
2004a). Auch in unserer Gesellschaft spielt der
Rausch eine bedeutende Rolle, was an der Ausbreitung der Kulturdroge Alkohol sichtbar wird.
Doch seit den Anfängen der modernen Gesellschaft unterliegt er einer Tabuisierung, da er das
Idealbild des nüchtern-autonomen und rational-
abwägenden Menschen in Frage stellt (Schneider
1994, 30 f.).
Es gibt Indizien dafür, dass sich das Bedürfnis nach
Rauscherfahrungen bei Jugendlichen im Kontext
des gesellschaftlichen Wandels verstärkt. Dem Substanzkonsum wird schon seit Längerem eine spezi-

fische Funktionalität bei der Bewältigung von Entwicklungsaufgaben im Jugendalter zugeschrieben:
Z. B. kann er die Ablösung vom Elternhaus unterstützen, Zugang und Zugehörigkeit zu Gleichaltrigengruppen vermitteln, körperliche Selbst- und
Grenzerfahrungen ermöglichen, zur Auseinandersetzung mit gesellschaftlichen Wert- und Normvorstellungen führen und so zur Identitätsentwicklung beitragen (Kastner / Silbereisen 1988; Leppin
et al. 2000, 11). Nach Jungaberle werden Rauscherfahrungen gezielt herbeigeführt und zugleich
mittels unterschiedlicher Strategien kontrolliert.
Die vorherrschende Darstellung des Rauschs als
„unkontrollierbar" widerspricht der alltäglichen
Erfahrung mit Alkohol und wirkt als Botschaft an
Experimentier- oder Gelegenheitskonsumenten
von illegalen Drogen demotivierend (Jungaberle
2007, 186, 178). Eine Tübinger Studie zum jugendlichen Rauschtrinken zeigt, dass die Kontrolle
des Alkoholkonsums ein wesentliches Moment der
Organisation von Trinkereignissen darstellt (Institut für Erziehungswissenschaft 2009, 20 f.).
Rauscherfahrungen werden meist in spezifische
Situationen und Gruppenzusammenhänge (setting) eingebettet und mit besonderen Erwartungshaltungen und Stimmungen (set) wie Entspannung, Feiern, Spaß und Geselligkeit verknüpft, die
die Substanzwirkung wesentlich beeinflussen. Das
Zusammensein mit anderen, das Gemeinschaftserlebnis macht den eigentlichen „Sinn" des Rau-
sches aus (Institut für Erziehungswissenschaft
2009, 20). In Peergroups findet eine „Sozialisation
zur Droge" statt, bei der Rituale für den Umgang
mit Substanzen und Erklärungsmuster für Rausch-
erlebnisse weitergegeben werden. Substanzkonsum
kann als Aufnahmeritual und zur Markierung besonderer Situationen dienen (Blätter 2007, 84 f.).
Die Einbindung des Rauschs in kollektive Rituale,
die dem Rausch eine besondere Erfahrungsqualität
verleihen und ihn mit der Entgrenzung des Selbst
zugunsten intensiver Gruppenerlebnisse verbinden,
lässt sich bis in die Anfänge des Alkoholgebrauchs
in unserer Kultur zurückverfolgen (v. Wolffersdorff
2005, 329).
Die Eigenschaft des Rauschs, temporäre Bewusstseinsveränderungen hervorzurufen, prädestiniert
ihn für die Gestaltung von sozialen Übergängen
und Statuspassagen. Während in unserer Gesellschaft allgemein verbindliche und gesellschaftlich
vorgegebene Übergangsrituale weitgehend an

Bedeutung verloren haben, müssen Heranwachsende ihre Entwicklungsaufgaben im Rahmen einer selbsttätigen Initiations- und Übergangsarbeit bewältigen. Die Übergangsarbeit erfolgt angesichts einer Vielfalt von Lebensoptionen zunehmend im „Selbstexperiment". Das Eingehen von Risiken, wie sie Rauscherfahrungen im Hinblick auf ihre körperlichen, psychischen und sozialen Folgewirkungen enthalten, ist eine wesentliche Begleiterscheinung. „Risikoverhalten" gilt deshalb als ein charakteristisches Merkmal für das Jugendalter und funktional für den Entwicklungsprozess (Böhnisch 1999, 166 ff.). Zentrales Motiv von Rauscherfahrungen ist jedoch nicht das individuelle Risiko, sondern ihr sozialintegrativer Aspekt (Bartsch 2007, 219).

Im Gegensatz zu Substanzkonsum und Rausch gelten „Sucht" und „Abhängigkeit" als eindeutig negativ besetzte Begriffe. Verhinderung von Sucht oder Abhängigkeit stellt die Kernaufgabe der Suchtprävention dar, wobei Sucht seit dem Beginn des 19. Jahrhunderts als medizinisch beschreibbare „Krankheit" betrachtet wird (Spode 1993, 127 ff.). Nolte weist nach, dass die „Krankheit Alkoholismus" zum Leitmodell unserer heutigen „Sucht-Idee" geworden ist, deren Elemente (progressiver Verlauf der Krankheit, Kontrollverlust, Abstinenz als therapeutisches Endziel, Gefahr des „Rückfalls") auf andere Suchtformen übertragen werden (Nolte 2007, 53 ff.). Dem Suchtverständnis wohnt damit eine Tendenz zur Steigerung, zum Verfall und zum Kontroll- und Selbstverlust inne. Sucht wird heute unabhängig vom Substanzgebrauch als eine extreme oder exzessive Verhaltensweise verstanden, deren wesentliches Kriterium das „Nicht-mehr-aufhören-können" bzw. die „zwanghafte Wiederholung" ist (Vief 1997, 891; Scheerer 1995, 35 f.).

Um eine wissenschaftlich präzise Diagnose und Behandlung von Suchtproblemen zu ermöglichen, ersetzte die WHO im Jahr 1964 den Suchtbegriff durch die Begriffe „psychische" und „physische" Abhängigkeit. Die internationalen medizinischen Klassifikationssysteme für die Bestimmung von Krankheiten (ICD-10 und DSM-IV) orientieren sich seither am Begriff der „Substanzabhängigkeit". Die Kriterien für die medizinische Diagnose einer Abhängigkeitserkrankung beruhen auf einer Weiterentwicklung der mit dem Suchtbegriff verbundenen Assoziationen. Nach DSM-IV müssen zur Diagnose einer Substanzabhängigkeit drei der folgenden sieben Kriterien erfüllt sein: 1. Toleranzentwicklung und Dosissteigerung; 2. Entzugssymptome in konsumfreien Phasen; 3. stärkerer Konsum als intendiert; 4. Wunsch, den Konsum zu reduzieren oder einzustellen; 5. hoher Zeitaufwand zur Beschaffung und Beschäftigung mit der Substanz; 6. Einschränkungen wichtiger beruflicher und Freizeitaktivitäten; 7. anhaltender Konsum trotz wiederkehrender sozialer, psychischer oder körperlicher Probleme (Soellner 2000, 17).

Im öffentlichen wie im Fachdiskurs konnte sich die Begriffsbestimmung der WHO nicht durchsetzen. Sucht und Abhängigkeit werden heute weitgehend synonym verwendet (Paetzold 2006, 19), wobei beide Begriffe aus der Perspektive der Suchtprävention problematische Implikationen beinhalten. Der Begriff der „Substanzabhängigkeit" befördert eine „pharmakozentrische Sichtweise" (Scheerer 1995, 14), die die Droge mit ihren Wirkungen ins Zentrum rückt und die substanzungebundenen Suchtformen unterschätzt. Zugleich wird die Orientierung an der Modellsucht Alkoholismus nicht aufgegeben, was zur Unterbewertung von Suchtformen wie Tabakabhängigkeit oder problematischem Cannabiskonsum führt (Sting 2004b, 229). Darüber hinaus sind die Indikatoren der Klassifikationssysteme nicht neutral, sondern wert- und normabhängig (Dollinger / Schmidt-Semisch 2007b, 11). Schließlich widerspricht die Möglichkeit der „Selbstheilung", der abrupten selbstbestimmten Beendigung des Konsums, die neben dem Ausstieg aus dem Tabakkonsum vor allem bei Konsumenten illegaler Drogen im jungen Erwachsenenalter auftritt und häufig mit biographischen Einschnitten wie Berufseintritt, Familiengründung oder beginnender Elternschaft einhergeht (Weber / Schneider 1997, 253 ff.), dem Bild des zwanghaften und progressiven Krankheitsverlaufs.

Aus sozialwissenschaftlicher Perspektive wird gegen das vorherrschende, medizinisch dominierte Bild von Sucht und Abhängigkeit eingewendet, dass es als „self-fulfilling-prophecy" das Selbsterleben und die Handlungsmöglichkeiten der Betroffenen präformiert und diesen kaum Chancen für eine selbsttätige Überwindung ihrer Situation eröffnet (Dollinger / Schmidt-Semisch 2007a; Nolte 2007, 53 f.). Insbesondere der Begriff der Abhängigkeit legt einen „passiven, schicksalhaft zu erduldenden Krankheitsprozess" nahe, während der Suchtbegriff zumindest noch aktive Anteile und Spielräume für Handlungsentscheidungen andeutet (Paetzold 2006, 20 f.). Suchtprozesse sind demgegenüber als komplexe und heterogene biographische Verläufe zu betrachten. Sie beinhalten ein ständiges Auf und Ab mit Höhepunkten und konsumfreien Phasen, das immer wieder Entscheidungsprozesse der Betroffenen zulässt. Ähnlich vielfältig wie die Suchtentwicklungen sind die potenziellen Suchtursachen. Sie lassen sich im Schema des „Suchtdreiecks" bzw. der „Trias der Suchtursachen" verorten (Sting/Blum 2003, 33 ff.) und errichten ein komplexes Raster, bestehend aus person-, umwelt- und substanzbezogenen Einflussfaktoren, aus dem je individuelle Konstellationen von Sucht abzuleiten sind. Die Frage, ob und wie Sucht entsteht, hängt jeweils auch von aktuellen Entscheidungen, Handlungsoptionen und Bewältigungsformen ab (Stein-Hilbers 2007, 41). Die Erklärung von Suchtentwicklungen ist damit auf ein am einzelnen Subjekt orientiertes „biographisches Verstehen" angewiesen (v. Wolffersdorff 2005, 335).

Suchtprävention und Suchtrehabilitation

Handlungsfelder der Sozialen Arbeit, die sich mit Suchtproblemen auseinandersetzen, finden sich im Bereich der Suchtprävention und Suchtrehabilitation. Ausgehend von den Prämissen, dass sich im Kindes- und Jugendalter für den weiteren Lebensverlauf handlungsbestimmende Lebensstile ausbilden und dass Prävention zur Vermeidung von Problemeskalationen möglichst frühzeitig ansetzen soll, richten sich die meisten Angebote der Suchtprävention an Kinder und Jugendliche.

In der suchtpräventiven Praxis werden unterschiedliche Konzepte und Strategien verfolgt, die von verschiedenen Wirkungskonstellationen im Hinblick auf Suchtentwicklungen und die Möglichkeit der Suchtvorbeugung ausgehen. Am meisten verbreitet sind Strategien, die durch die Vermittlung von Informationen und Wissen über die Wirkungsweisen von Substanzen und über die Anzeichen und Gefahren von Sucht aufklären wollen (BZgA 2007, 17). Die klassische Aufklärungsstrategie, die auf die Rationalität von Argumenten und eine rein kognitive Beeinflussung der Einstellungen und des Handelns setzt, wird häufig durch emotional ausgerichtete negative Botschaften bzw. „Furchtappelle" ergänzt, die vor unerwünschtem Verhalten abschrecken sollen (Sting/Blum 2003, 70 f.). Evaluationen belegen, dass Informationsstrategien relativ wirkungslos sind (Bühler/Kröger 2006, 61). Aus einer übergreifenden gesundheitsfördernden Perspektive erscheint das Operieren mit Angst und Abschreckung fragwürdig, da es durch eine Überzeichnung von Risiken und Gefahren einer positiven, auf Selbstvertrauen, Autonomie und Kohärenz basierenden Entwicklung von Kindern und Jugendlichen entgegensteht.

Ein weit verbreitetes Konzept sind Aktivitäten zur Lebenskompetenzförderung, die auf die Stärkung von Selbstwert und Selbstwirksamkeit, auf die Förderung sozialer und kommunikativer Kompetenzen sowie auf Widerstandsfähigkeit und Bewältigungsfertigkeiten zielen. Lebenskompetenzprogramme werden bereits bei Kleinkindern sowie im familiären Kontext eingesetzt; sie gelten für die Primärprävention im Vorfeld von Konsumerfahrungen oder potenziellen Suchtentwicklungen als geeignet, werden aber auch im Jugendalter umgesetzt. Als Beitrag zu einer positiven Entwicklung können sie ein bereicherndes Element von Erziehungs- und Bildungsprozessen sein, wobei häufig die Grenze zu generellen Vorstellungen von „guter Erziehung" fließend ist. Daneben existieren spezifische Programme, die aus lerntheoretisch und verhaltenspsychologisch fundierten Trainingseinheiten bestehen und ein curricular strukturiertes, formales Bildungssetting erfordern.

Aufgrund der Tatsache, dass alle Heranwachsenden über die Schule erreichbar sind, findet der größte Teil der suchtpräventiven Aktivitäten in der Schule statt. Bauer bringt in diesem Zusammenhang allerdings ein „Präventionsdilemma" zum Vorschein, das darin besteht, dass suchtpräventive Angebote – ganz analog zu sonstigen schulischen Bildungsangeboten – sehr selektiv wahrgenommen werden. „Heranwachsende in sozial benachteiligter Lebenslage mit einem erhöhten Risiko der Ausbildung selbst- und fremdschädigender Verhaltensweisen" werden über die Schule besonders schwer erreicht (Bauer 2005, 14). Das spricht für die Einbeziehung der Sozialen Arbeit in die schulische Suchtprävention (z. B. in Form von Kooperationen mit der Jugendarbeit oder Schulsozialarbeit) und für eigenständige suchtpräventive Angebote außerhalb des Settings

Schule. Evaluationen zur suchtpräventiven Wirkung von Lebenskompetenzprogrammen sind bisher ernüchternd (Quensel 2004, 24 ff.; Petermann / Roth 2006, 96).

Eine weitere konzeptionelle Orientierung stellt das Konzept der Risikoalternativen dar (Petermann / Roth 2006, 135 f.). Aufgrund seiner Erlebnis- und Aktivitätsorientierung bietet dieser Zugang vielfältige Einsatzmöglichkeiten in der Jugendarbeit oder in den erzieherischen Hilfen. Er zielt zum einen auf Handlungsbefähigung und handlungsorientierte Kompetenzen und steht in dieser Hinsicht den Lebenskompetenzprogrammen nahe. Zum anderen geht es um Grenzerprobungen, um das Ermöglichen neuartiger Selbst- und Welterfahrungen und um die Vermittlung von Gruppenerlebnissen, was spezifische Funktionalitäten des Substanzkonsums aufgreift (Sting / Blum 2003, 73 ff.). Die Stärke dieses Konzepts ist seine hohe motivationale Komponente durch die Attraktivität der Angebote. Evaluationen zur suchtpräventiven Wirkung sind aufgrund der Breite des Zugangs schwierig; das Konzept scheint u. a. dann Chancen zu bieten, wenn die AdressatInnen in die Planung und Durchführung der Maßnahmen einbezogen werden und wenn der Erwerb von Kompetenzen Teil der Maßnahme ist (Bühler / Kröger 2006, 62).

Neben den bisher skizzierten primärpräventiven Konzepten gibt es mittlerweile einige sekundärpräventive Zugänge, die sich vor allem an riskant konsumierende Jugendliche und junge Erwachsene richten. Es handelt sich dabei um Konzepte zur Früherkennung und -intervention sowie um Konzepte zur Schadensminimierung. Einerseits geht es dabei um die Intervention bei beginnenden Suchtentwicklungen, andererseits um die Vermeidung von konsumbezogenen Unfällen und Gesundheitsgefährdungen.

Während einzelne Zugänge auf indikatorengestützte Screenings und Kontrollen setzen (Schmidt 1998), sind für die Soziale Arbeit vor allem Zugänge interessant, die partizipative und selbstreflexive Elemente enthalten. Dazu dienen z. B. Selbsttests zur Einschätzung des eigenen Konsumverhaltens (www.drugcom.de) oder Kurzinterventionen, die zur Verhaltensänderung motivieren sollen (Marzinzik / Fiedler 2005). Ansätze zur Schadensminimierung („harm reduction") entstanden zunächst im Umfeld der Partyszene, um bei drogennahen Szenen und intensiv konsumie-

renden Personengruppen Drogenunfälle zu reduzieren. Es geht dabei um die Vermittlung von Konsumregeln und -riten, um konsumbezogenes Erfahrungswissen und um die Reflexion eigener Konsumerfahrungen. Inzwischen haben sich ähnliche Vorgehensweisen zur Prävention von alkoholbezogenen Unfällen etabliert. Am meisten verbreitet ist das bundesweite Modellprojekt HaLT („Hart am Limit"), das sich gezielt an Jugendliche mit auffälliger Alkoholintoxikation richtet und das Hilfsangebote mit motivierenden Kurzinterventionen zur Reflexion der eigenen Konsumpraxis verbindet (BMG 2008).

Eine Verbindung von primär- und sekundärpräventiven Zugängen findet sich in Konzepten, die Suchtprävention als Element einer übergreifenden Erziehungs- und Bildungsarbeit begreifen. In diese Perspektive können zum einen Aktivitäten zur Kompetenzförderung sowie zur Konsum- und Genusserziehung einfließen und zum anderen Bestrebungen zur Reflexion von Konsumerfahrungen und zur Verbreitung konsumbezogenen Wissens. Wieland hat schon vor einigen Jahren im Bereich der Erziehungshilfen für eine explizite „Drogenerziehung" plädiert (Wieland 1997). Sturzenhecker hat diesen Ansatz für die Jugendarbeit weiter entwickelt und durch eine geschlechts- und substanzspezifische Komponente präzisiert (Sturzenhecker 2001). Weitere Überlegungen in diese Richtung zielen auf die Vermittlung von „Risikokompetenz", auf eine pädagogische Risikobegleitung oder auf eine „Erziehung zur Drogenmündigkeit" (Franzkowiak / Sabo 1999; Quensel 2004, 252 ff.). In diesen Perspektiven wird deutlich, dass Suchtprävention kein isoliertes Tätigkeitsfeld ist, sondern dass sie einen Bestandteil und eine besondere Sensibilität im Rahmen der allgemeinen Erziehungs- und Bildungsarbeit darstellt.

Im Unterschied zur primären und sekundären Suchtprävention sind die Behandlung und Rehabilitation bei Suchtproblemen bis heute medizinisch dominiert. Es hat sich ein breit gefächertes System der „Suchtkrankenhilfe" etabliert, das aus drei Sektoren besteht: 1. die medizinische Basisversorgung (niedergelassene Ärzte, Allgemeinkrankenhäuser); 2. die psychosoziale und psychiatrische Basisversorgung (psychiatrische Krankenhäuser, öffentlicher Gesundheitsdienst); 3. die „Trias der Suchtkrankenhilfe" im engeren Sinn (ambulante Beratung, stationäre oder ambulante Therapie in

Facheinrichtungen, Nachsorge in Selbsthilfegruppen) (Groenemeyer 1999, 224).

Die Suchtrehabilitation ist vom inzwischen kritisch hinterfragten „Königsweg" der stationären Langzeittherapie geprägt, die in die so genannte „therapeutische Kette" eingebettet ist. Demnach beginnt die Rehabilitation mit der Drogen- oder Suchtberatung, die zur Entgiftung motiviert, an die sich die Entwöhnungs- bzw. Langzeitbehandlung und die Nachsorge anschließen. Die Langzeittherapie ist in vielen Behandlungsmodellen von einer lebensweltfernen, rigiden oder gar „totalen" therapeutischen Atmosphäre geprägt, die zu einer Abgrenzung vom bestehenden sozialen Umfeld und zu einer völligen persönlichen, sozialen und oft auch beruflichen Neuorientierung führen soll. Angesichts der massiven körperlichen Problematik und der zum Teil weit fortgeschrittenen sozialen und psychischen Verelendung von Alkohol- und Heroinabhängigen hat dieses Vorgehen eine gewisse Plausibilität (Fredersdorf 1998, 348 f., 360 ff.). Reinl und Stumpp verweisen jedoch darauf, dass die Bewältigung derartiger Therapien häufig auf Anpassung und Durchstehen basiert, was im Hinblick auf ihre biographische Nachhaltigkeit wenig erfolgversprechend ist (Reinl / Stumpp 2000, 151).

Aufgrund der geringen Wirksamkeit dieses Rehabilitationsweges sind seit Mitte der 1980er Jahre andere Konzepte entstanden, die stärker alltags- und lebensweltorientiert ansetzen, die die Eigenverantwortung und die biographische Perspektive der Betroffenen stärker gewichten und die zunächst auf eine Verringerung gesundheitlicher Folge- und Begleitschäden des Substanzkonsums zielen. Zu dem Zweck sollen z. B. in der Arbeit mit Heroinabhängigen Streetwork und niedrigschwellige Kontaktcafés sozialpädagogische Begleitung und Alltagsunterstützung anbieten und Spritzentausch und Konsumräume einen sicheren, risikoärmeren Gebrauch von Drogen ermöglichen (Schneider / Stöver 2000). Langzeittherapien werden um Kurzzeittherapien und ambulante Behandlungsformen, Substitutionsbehandlungen und Programme zur kontrollierten Heroinvergabe ergänzt, um der Unterschiedlichkeit von Drogenkarrieren gerecht zu werden und die Chancen zur Bewältigung von Suchtproblemen durch Angebote einer „lebensweltorientierten Drogenhilfe" zu erhöhen (Reinl / Stumpp 2000, 156). In ähnlicher Weise gewinnen in der Rehabilitation von Alkoholabhängigen die sozialen und psychosozialen Faktoren der Abhängigkeit an Bedeutung (Groenemeyer 1999) bzw. wird in der Auseinandersetzung mit problematischem Cannabiskonsum das Anknüpfen an der Lebenswelt und den dort vorhandenen Ressourcen als grundlegend für den Rehabilitationserfolg eingeschätzt (Gantner 2001).

Die neueren Entwicklungen im Feld der Suchtrehabilitation bestätigen, dass sich das Suchtproblem als „Bildungsproblem" begreifen lässt. Suchtverläufe stellen misslungene und blockierte Entwicklungsverläufe dar, deren Überwindung als Momente eines biographischen „Bildungsprozesses" interpretiert werden können (Fredersdorf 1998, 9 f.; Gantner 2001). Die Unterstützung suchtüberwindender Bildungsprozesse erfordert zunächst eine „biographische Analyse", die neben Blockaden, Krisen und Brüchen vorhandene Potenziale, Kompetenzen und Ressourcen aufdeckt und die Rehabilitationsangebote an den „subjektiven Standort" der Adressatinnen und Adressaten anpasst (Fredersdorf 1998, 127 f.; Reinl / Stumpp 2000, 152). Suchtrehabilitation zielt damit nicht allein und vorrangig auf Abstinenz oder Änderung des Konsumverhaltens, sondern sie orientiert sich an einem umfassenden, integralen Verständnis von „sozialer Rehabilitation", bei der über die medizinische und psychische Stabilisierung hinaus pädagogische Begleitung und alltagspraktische Unterstützungsangebote zur Klärung der materiellen Lebenssituation und zur beruflichen Integration eine wichtige Rolle spielen (Mühlum / Gödecker-Geenen 2003, 35 f.).

Aus einer salutogenetischen und bildungsorientierten Perspektive stellen Suchtprävention und Suchtrehabilitation Aufgaben dar, bei deren Bearbeitung sozialpädagogische Zugänge und soziale Unterstützungsangebote zur Lebensbewältigung eine zentrale Rolle spielen. Eine scharfe Trennung von (Primär- und Sekundär-)Prävention und Rehabilitation erscheint dabei wenig hilfreich (Sting 2004b, 233). Die bisher vorliegenden Evaluationsergebnisse zur Suchtprävention zeigen, dass die gegenwärtige Tendenz zur Verstärkung negativ ausgerichteter, kontrollierend-repressiver Ansätze (z. B. in der Tabakprävention) wenig erfolgversprechend ist. Stattdessen sind positive, entwicklungsförderliche Ansätze zu bevorzugen, die auf der selbsttätigen, selbstreflexiven

Auseinandersetzung mit Konsumerfahrungen und Suchtgefährdungen aufbauen, die partizipative Elemente enthalten und die die Orientierung an vorhandenen Ressourcen mit der Unterstützung der Anliegen der Adressatinnen und Adressaten verknüpfen. Die Prämissen der Suchtarbeit decken sich auf diese Weise mit den Vorgehensweisen Sozialer Arbeit insgesamt.

Literatur

Bartsch, G. (2007): Drogenkonsum und soziale Ungleichheit. In: Dollinger, B., Schmidt-Semisch, H. (Hrsg.), 213–234

Bauer, U. (2005): Das Präventionsdilemma. Potentiale schulischer Kompetenzförderung im Spiegel sozialer Polarisierung. VS, Wiesbaden

Blätter, A. (2007): Soziokulturelle Determinanten der Drogenwirkung. In: Dollinger, B., Schmidt-Semisch, H. (Hrsg.), 83–96

Böhnisch, L. (1999): Sozialpädagogik der Lebensalter. Juventa, Weinheim / München

Bühler, A., Kröger, C. (2006): Expertise zur Prävention des Substanzmissbrauchs. BZgA, Köln

Bundesministerium für Gesundheit (Hrsg.) (2008): Wissenschaftliche Begleitung des Bundesmodellprogramms „HaLT – Hart am LimiT". Endbericht. BmG, Berlin

Bundeszentrale für gesundheitliche Aufklärung (BZgA) (2008): Die Drogenaffinität Jugendlicher in der Bundesrepublik Deutschland. Alkohol-, Tabak- und Cannabiskonsum. Erste Ergebnisse zu aktuellen Entwicklungen und Trends. BZgA, Köln

– (2007): Dot.sys – Dokumentationssystem der Suchtvorbeugung. Dokumentation suchtpräventiver Maßnahmen in Deutschland 2006. BZgA, Köln

– (2004): Die Drogenaffinität Jugendlicher in der Bundesrepublik Deutschland 2004. Teilband illegale Drogen. BZgA, Köln

Dollinger, B., Schmidt-Semisch, H. (Hrsg.) (2007a): Sozialwissenschaftliche Suchtforschung. VS, Wiesbaden

–, – (2007b): Reflexive Suchtforschung: Perspektiven der sozialwissenschaftlichen Thematisierung von Drogenkonsum. In: Dollinger, B., Schmidt-Semisch, H. (Hrsg.), 7–33

Drogenbeauftragte der Bundesregierung (2008): Drogen- und Suchtbericht 2008. BmG, Berlin

Franzkowiak, P., Sabo, P. (1999): Von der Drogenprävention zur Entwicklungsförderung und Risikobegleitung. Prävention 3, 90–94

Fredersdorf, F. (1998): Bildung und Sucht. Eine biographische Studie zu den pädagogischen Aspekten der Suchtbewältigung. Neuland, Geesthacht

Gantner, A. (2001): Behandlungsmöglichkeiten bei problematischem Cannabiskonsum. Akzeptanz. Zeitschrift für akzeptierende Drogenarbeit und humane Drogenpolitik 9, 18–20

Groenemeyer, A. (1999): Alkohol, Alkoholkonsum und Alkoholprobleme. In: Albrecht, G., Groenemeyer, A., Stallberg, F. W. (Hrsg.): Handbuch soziale Probleme. Leske & Budrich, Opladen, 174–235

Grüsser, S. M., Thalemann, R., Albrecht, U., Thalemann, C. N. (2005): Exzessive Computernutzung im Kindesalter – Ergebnisse einer psychometrischen Erhebung. Wiener Klinische Wochenschrift 5/6, Jg. 117, 188–195

Hahn, A., Jerusalem, M. (2001): Internetsucht: Jugendliche gefangen im Netz. In: Raithel, J. (Hrsg.): Risikoverhaltensweisen Jugendlicher. Leske & Budrich, Opladen, 279–294

Institut für Erziehungswissenschaft der Universität Tübingen, Forschungsinstitut tifs (2009): Einflussfaktoren, Motivation und Anreize zum Rauschtrinken bei Jugendlichen (Endbericht des Forschungsprojekts im Auftrag des Bundesministeriums für Gesundheit). Tübingen

Jungaberle, H. (2007):Qualitative Drogen- und Suchtforschung – am Beispiel eines kulturwissenschaftlichen Forschungsprojekts. In: Dollinger, B., Schmidt-Semisch, H. (Hrsg.), 169–194

Kastner, P., Silbereisen, R. K. (1988): Die Funktion von Drogen in der Entwicklung Jugendlicher. In: Bartsch, N., Knigge-Illner, H. (Hrsg.): Sucht und Erziehung. Band 2: Sucht und Jugendarbeit. Beltz, Weinheim / Basel, 23–32

Kraus, L. (2008): Epidemiologischer Suchtsurvey 2006. Repräsentativerhebung zu Gebrauch und Missbrauch psychoaktiver Substanzen bei Erwachsenen in Deutschland. Sucht, Jg. 54, Sonderheft 1, 1–63

–, Papst, A., Steiner, S. (2008): Europäische Schülerstudie zu Alkohol und anderen Drogen 2007 (ESPAD). Befragung von Schülerinnen und Schülern der 9. und 10. Klasse in Bayern, Berlin, Brandenburg, Hessen, Mecklenburg-Vorpommern, Saarland und Thüringen. IFT, München

Lampert, T., Thamm, M. (2007): Tabak-, Alkohol- und Drogenkonsum von Jugendlichen in Deutschland. Ergebnisse des Kinder- und Jugendgesundheitssurveys (KiGGS). Bundesgesundheitsblatt – Gesundheitsforschung – Gesundheitsschutz 5/6, 600–608

Leppin, A., Hurrelmann, K., Petermann, H. (2000): Schulische Suchtprävention: Status Quo und Perspektiven. In: Leppin, A., Hurrelmann, K., Petermann, H. (Hrsg.): Jugendliche und Alltagsdrogen. Luchterhand, Neuwied / Kriftel / Berlin, 9–21

Marzinzik, K., Fiedler, A. (2005): MOVE – Motivierende Kurzintervention bei konsumierenden Jugendlichen. Evaluationsergebnisse des Fortbildungsmanuals sowie der ersten Implementierungsphase. BZgA, Köln

Meyer, G. (2007): Glücksspiel – Zahlen und Fakten. In: Deutsche Hauptstelle gegen die Suchtgefahren (Hrsg.): Jahrbuch Sucht 2008. Neuland, Geesthacht, 99–115

Mühlum, A., Gödecker-Geenen, N. (2003): Soziale Arbeit in der Rehabilitation. Ernst Reinhardt, München / Basel

Nolte, F. (2007): „Sucht" – zur Geschichte einer Idee. In: Dollinger, B., Schmidt-Semisch, H. (Hrsg.), 47–58

Paetzold, W. (2006): Semantische Spielräume der Begriffe

Abhängigkeit und Sucht. In: Emrich, H. M., Schneider, U. (Hrsg.): Facetten der Sucht. Lang, Frankfurt/M., 19–38

Petermann, H., Roth, M. (2006): Suchtprävention im Jugendalter. Interventionstheoretische Grundlagen und entwicklungspsychologische Perspektiven. Juventa, Weinheim/München

Quensel, S. (2004): Das Elend der Suchtprävention. VS, Wiesbaden

Reinl, H., Stumpp, G. (2000): Perspektiven einer lebensweltorientierten Drogenarbeit. Alltagswelt Drogentherapie und ihre Effekte. In: Sting, S., Zurhorst, G. (Hrsg.): Gesundheit und Soziale Arbeit. Juventa, Weinheim/München, 147–156

Roesner, S., Küfner, H. (2007): Monitoring des Arzneimittelmissbrauchs 2006 bei Klienten von Suchtberatungsstellen (PHAR-MON). Sucht, Jg. 53, Sonderheft 1, 65–77

Scheerer, S. (1995): Sucht. Rowohlt, Reinbek

Schetsche, M. (2007): Sucht in wissenssoziologischer Perspektive. In: Dollinger, B., Schmidt-Semisch, H. (Hrsg.), 113–130

Schmidt, B. (1998): Suchtprävention bei konsumierenden Jugendlichen. Sekundärpräventive Ansätze in der geschlechtsbezogenen Drogenarbeit. Juventa, Weinheim/München

Schneider, W. (1994): Sinn und Unsinn der „Drogenprävention". Einige ketzerische Bemerkungen. Sozialmagazin 1, 28–37

–, Stöver, H. (2000): Das Konzept „Gesundheitsförderung". Betroffenenkompetenz nutzen – Drogenberatung entwickeln. In: Heudtlass, J.-H., Stöver, H. (Hrsg.): Risiko mindern beim Drogengebrauch. Fachhochschulverlag, Frankfurt/M., 19–37

Soellner, R. (2000): Abhängig von Haschisch? Cannabiskonsum und psychosoziale Gesundheit. Huber, Bern/Göttingen/Toronto/Seattle

Sonntag, D., Bauer, C., Hellwich, A. K. (2007a): Deutsche Suchthilfestatistik 2006 für ambulante Einrichtungen. Sucht, Jg. 53, Sonderheft 1, 7–41

–, –, – (2007b): Deutsche Suchthilfestatistik 2006 für stationäre Einrichtungen. Sucht, Jg. 53, Sonderheft 1, 42–64

Spode, H. (1993): Die Macht der Trunkenheit. Kultur- und Sozialgeschichte des Alkohols in Deutschland. Leske & Budrich, Opladen

Statistisches Bundesamt (2007): Fallpauschalenbezogene Krankenhausstatistik (DRG-Statistik) – Diagnosen und Prozeduren der vollstationären Patienten und Patientinnen in Krankenhäusern 2006. Wiesbaden

Stein-Hilbers, M. (2007): Selbstreflexive Ansätze in der Drogenforschung. In: Dollinger, B., Schmidt-Semisch, H. (Hrsg.), 35–45

Sting, S. (2004a): Rauschrituale. Zum pädagogischen Umgang mit einem wenig beachteten Kulturphänomen. In: Wulf, Ch., Zirfas, J. (Hrsg.): Innovation und Ritual. Jugend, Geschlecht und Schule. Zeitschrift für Erziehungswissenschaft, Beiheft 2, 104–114

– (2004b): „Cannabisabhängigkeit" als neues Aufgabenfeld der Suchthilfe? Zeitschrift für Sozialpädagogik 2, 226–239

–, Blum, C. (2003): Soziale Arbeit in der Suchtprävention. Ernst Reinhardt Verlag, München/Basel

Sturzenhecker, B. (2001): Beer Education. Zur Kultivierung von Alkoholtrinken mit Jungen. Sozialmagazin 5, 33–40

Wolffersdorff, C. v. (2005): Drogen und Sucht. In: Otto, H.-U., Thiersch, H. (Hrsg.): Handbuch Sozialarbeit/Sozialpädagogik. Ernst Reinhardt Verlag, München/Basel, 324–338

Vief, B. (1997): Sucht. In: Wulf, Ch. (Hrsg.): Vom Menschen. Handbuch Historische Anthropologie. Beltz, Weinheim/Basel, 891–905

Weber, G., Schneider, W. (1997): Herauswachsen aus der Sucht illegaler Drogen. Selbstausstieg, kontrollierter Gebrauch und therapiegestützter Ausstieg. VbW, Berlin

Wieland, N. (1997): Drogenkultur, Drogensozialisation und Drogenpädagogik. Zeitschrift für Sozialisationsforschung und Erziehungssoziologie 3, 207–286

Supervision

Von Angelika Iser

Supervision ist im Kontext der Sozialarbeit entstanden und deren erstes Verfahren der Qualitätsentwicklung. Supervision (engl.), wörtlich (Ober-)Aufsicht, beaufsichtigen, überwachen, steht im Englischen unter anderem für eine Kontrollfunktion von Arbeitsabläufen. Die in Deutschland bekannte Form findet sich eher unter den Begriffen Counselor, Psychotherapy oder Clinical (Social Work) Supervision. Es gibt keine einheitliche *Definition* von Supervision. Kleinster gemeinsamer Nenner ist, dass Supervision „ein regelgeleiteter Beratungsprozess [ist], in dem es wesentlich um die systematische Reflexion beruflichen Handelns geht". Gaertner führt weiter aus:

„Im Zentrum der Beratung stehen Probleme und Konflikte, die die Professionellen im Umgang mit ihren *Klienten* bzw. Patienten erleben. Neben dieser Form, die als fallbezogene S. bezeichnet wird, können weitere Themenbereiche, z. B. Interaktionsprobleme in der Kollegengruppe oder Schwierigkeiten mit den institutionellen und organisatorischen Rahmenbedingungen, Gegenstand der S. sein. Auch berufsbiographische Krisen bieten sich als potentielle Beratungsthemen an. Die Problemdarstellungen erfolgen aus der Perspektive der Supervisanden, wobei neben beschreibenden Sachverhaltsdarstellungen v. a. das subjektive Erleben, Erfahrungen und Gefühle thematisiert werden." (1996, 600; H. i. O.)

Weigand (1996, 416; H. i. O.) nennt die zwei weiteren Funktionen,

„*Organisationen* und Unternehmen besser in die Lage [zu] versetzen, die ihnen gesetzten *Aufgaben zu erledigen* und ihre eigentlichen *Ziele zu erfüllen*" und „*Mitarbeiter* und *Führungskräfte* im Sinne der Weiterbildung beruflich [zu] *qualifizieren*".

Nach Weigand (1996, 417) muss Supervision zugleich auf den vier Ebenen der Person (Fachkraft), ihrer Rollenklärung, der Organisation und der Beziehungsgestaltung zur Adressatin / zum Adressaten aktiv sein. Damit grenzt er Supervision von Therapie (reiner Personenbezug), Fortbildung (Fokus auf Rolle und Fachlichkeit), Organisationsentwicklung (vorwiegend Organisationsbezug) und Fachdisziplinen (reiner Klientenbezug) ab.

Geschichte und Wurzeln der Supervision

Das erste Qualitätsmanagement Sozialer Arbeit

Historische Wurzeln der Supervision sieht Belardi (2002, 18 f.) am Ende des 19. Jahrhunderts in England und den USA. Dort nutzten Hauptamtliche Supervision zur Anleitung und Motivation von Ehrenamtlichen. In den USA, deren Entwicklung besser dokumentiert ist, entstand Supervision im Kontext des ebenfalls neuen Casework, also der zunächst ehrenamtlichen Familienhilfe (bzw. „Einzelfallhilfe"). Supervision fand in Einzelgesprächen statt, bei der selbst unausgebildete hauptamtliche „paid agents" mit „Vorgesetzten-, Kontroll- und Qualifizierungsfunktion" die ehrenamtlichen „friendly visitors", v. a. Frauen aus bürgerlichen Kreisen, fallbezogen berieten und unterstützten, die Fallverteilung koordinierten und überwachten (Belardi 1992, 245 f.). So war Supervision „ganz unmittelbar mit institutionellen, sozioökonomischen, politischen und sonstigen Kontextfaktoren konfrontiert" und hatte administrative und fachlich beratende Anteile (Schreyögg in Belardi 1992, 9).

Otto/Thiersch (Hg.), Handbuch Soziale Arbeit, 4. A., DOI 10.2378/ot4a.art160,

Die erste Fortbildung für Supervision fand 1911 an der von Mary Richmond geleiteten „Russel Sage Stiftung" statt. Trotz zunehmender Ausbildungsgänge zum Casework etablierte sich Supervision auch als Ausbildungssupervision für Studierende (Kadushin 1990, 13). Als solche kam sie erstmalig nach Deutschland: 1920 bei der Ausbildung von Fürsorgerinnen an die Soziale Frauenschule in München, wenige Jahre später an die Wohlfahrtsschule in Jena (Belardi 2002, 19 f.). Dabei ging es neben Beziehungsthemen des beruflichen Handelns auch um administrative und kontrollierende Aspekte.

In den USA hat Supervision heute die drei Aufgaben

1. der Ausbildung und Anleitung von Studierenden und Sozialarbeitern,
2. der Administration, im Sinne „der Sorge um die Ausführung einer Tätigkeit auf einem akzeptablen Niveau, quantitativ wie auch qualitativ", und
3. der Unterstützung und Motivation der Mitarbeitenden (20 f.).

Dabei stand die „ausbildende Supervision, die sich in Richtung Therapie bewegt, in den 1920er und 1930er Jahren an erster Stelle", während die Entwicklung der öffentlichen Wohlfahrt in den 1980er Jahren „die administrativen Aspekte der Supervision" mit Kontrolle und Fachaufsicht in den Vordergrund rückte (Kadushin 1990, 16).

Psychoanalytisch-therapeutische Einflüsse

In den 1930er Jahren wurden die Methoden der Sozialarbeit in den USA zunächst durch Rank, später auch durch Freud psychoanalytisch beeinflusst (Belardi 1992, 36f.; 101 f.). So vorgeprägt kam Supervision nach dem zweiten Weltkrieg zur Unterstützung der Einzelhilfe nach Deutschland (2002, 22). Weitere Wurzeln der deutschen Supervision sieht Belardi in der Balint-Gruppe (s. u.) und der (Schul-)Pädagogik (31).

Durch die völlig andere soziokulturelle Situation in Deutschland und viele Widerstände der Sozialarbeiter und ihrer Institutionen erfuhr Supervision eine grundlegende Veränderung (1992, 246). Vorgesetzte waren häufig fachfremd (Juristen, Verwaltungsfachleute, Ärzte), z.T. ehrenamtlich und zu

einer inhaltlich-fachlichen Anleitung und Kontrolle der Mitarbeiter nicht in der Lage. So wurde Supervision durch Spezialist(inn)en von außen oder auf Stabsstellen angeboten und der Aus- und Weiterbildung zugeordnet. Eine systematische Rückkoppelung der Arbeitsergebnisse (zur Qualitätsentwicklung der Organisation) war durch das externe Setting kaum möglich.

Etwa 1970 begann die bis heute anhaltende Expansion von Supervision und ihre Verbreitung in andere Arbeitsfelder. Methoden der Gruppensupervision etablierten sich. Eine Kontroverse zwischen Vertretern systemkritischer und methodenorientierter Sozialarbeit entbrannte: Wo methodenorientierte Autoren Supervision als „Heilbringerin im trüben Berufsalltag" sahen, „entlarvten" systemkritische Positionen sie als entmündigendes „Anpassungsinstrument" für Professionelle der Sozialen Arbeit und ihre Klienten an die „schlechte Wirklichkeit". Ende der 1970er Jahre beginnt die Pluralisierung und eine weitere Therapeutisierung von Supervisionsansätzen, bei der „Elemente aus Gruppendynamik, Gestalttherapie, Psychodrama, Bioenergetik etc. eklektizistisch in die Supervisionspraxis eingeführt" wurden, oft ohne sie angemessen an den Kontext der Supervision anzupassen (Gaertner 1996, 601).

(Organisations-)soziologische und systemische Einflüsse

Im Beginn der Gruppensupervision Ende der 1980er Jahre sehen Kersting und Neumann-Wirsig den ersten Schritt, Supervision aus „allzu enger therapeutischer Umarmung" zu befreien (1996, 8). Es ist für sie eine „soziologische Phase", weil hier betriebspsychologische und organisationssoziologische Lerninhalte für Supervisor(inn)en relevant werden und es erste Bestrebungen gibt, die Team-Supervision hin zur Organisationsentwicklung zu ergänzen. Im Einzelnen verschiebt sich nun auch der Schwerpunkt der Supervision von der Entwicklung der Berufspersönlichkeit zur Entwicklung der effektiveren Kooperation der Teammitglieder.

Anfang der 1990er Jahre beginnt eine intensive Diskussion um den Organisationsbezug von Supervision und systemischer Beratung. Die Nähe und Abgrenzung von Supervision zur Organisationsberatung werden diskutiert, Teamsupervision wird als „kleine" Organisationsentwicklung entdeckt. Das Konzept der Organisationssupervision wird entwickelt (s. u.), und die (Neu-)Thematisierung von Supervision als Qualitätsinstrument startet. Diese Zeit wird inzwischen als „Paradigmenwechsel" bezeichnet (Petzold et al. 2003, 75) und kann auch als Rückkehr zu vergessenen Wurzeln der Sozialarbeit gesehen werden, bei denen Supervision bereits auch zur Kontrolle der Institutionen und ihrer Wirkungen diente (s. o.). Durch Teamsupervision können Arbeitsstrukturen und Institutionen wieder Gegenstand von supervisorischen Veränderungsimpulsen werden. Organisationsbezug und Qualitätsauftrag von Supervision sind zumindest im Diskurs inzwischen selbstverständlich geworden.

1989 wurde die Deutsche Gesellschaft für Supervision (DGSv) gegründet, 1997 der europäische Dachverband Association of National Organizations for Supervision in Europe (ANSE) in Wien. (Zur Entwicklung in Europa s. Belardi 2002, 108, der Schweiz und in Österreich s. Pühl 2009). Aktuell wird eine weitere Internationalisierung angestrebt. Kontrovers diskutiert wird derzeit, ob sich Beratungswissenschaft zu einer eigenständigen Disziplin entwickeln soll.

Abgrenzung zu Psychotherapie und Organisationsberatung

Eine therapeutische Supervision gibt es für Müller, Weidner und Petermann (1995, 68) nicht. Supervision sei

„Beratung in beruflichen Strukturen, in denen Menschen professionell […] mit dem Ziel der Einstellungs- und Verhaltensänderung einwirken, dahingehend, dass Aspekte der fachlichen Qualitätssicherung betont werden".

Sie soll verpflichtend sein, ausschließlich auf die Qualität der Arbeit zielen, also die Aufgaben der Organisation stützen und ist nicht für persönlichkeitsspezifische Schwierigkeiten von Mitarbeiter(inne)n gedacht.

Demgegenüber fordern z. B. Schreyögg und Belardi, Supervision zwar deutlich von Therapie abzugrenzen, dennoch an der Persönlichkeit und an Widerständen zu arbeiten, z. B. an „prärationalen Mustern"

von Supervisanden gegenüber Klient(inn)en, um die Klientenarbeit zu verbessern. Psychotherapeutische Kenntnisse halten sie außerdem für notwendig, um zu erkennen, wann in eine Therapie verwiesen werden sollte (Belardi 1992, 202 ff.; 248 f.). Die in der Theorie betonte Abgrenzung zur Psychotherapie wird aber in der Praxis oft nicht so strikt eingehalten. Laut Belardi rückt „vor allem bei Helfern, die sich zunehmend mit sich selber beschäftigen, […] ein Verständnis von Supervision als Psychohygiene in den Vordergrund" (1992, 203).

Mitte der 1990er Jahre wird es einerseits üblich, sich als „Supervisor und Organisationsberater" vorzustellen, andererseits gibt es ein „Berührungstabu" von Supervision zur Organisationsentwicklung (OE), das sich Fatzer (1996, 9 ff.) wie auch Belardi (1992, 125 ff.) damit erklären, dass Supervision aus der Sozialen Arbeit kommt, OE dagegen im Profit-Sektor erfolgreich war. Auch die von Fürstenau schon 1970 entwickelte „Institutionsberatung" für den sozialen Bereich fand in Deutschland wenig Anklang. 20 Jahre später bezieht Fürstenau sich weitgehend auf eine Supervision der Leitungskräfte, die dann wiederum Team-Supervision durchführen, weil

„Supervision ja eigentlich etwas ist, was die Leiter der Einrichtung auf der jeweiligen Stufe […] selbst leisten sollten. Durch die Supervision wird eine Leitungsfunktion von außen ersatzweise wahrgenommen. Diese Funktion sollte eigentlich die Einrichtung ohne Supervisor selbst leisten" (nach Belardi 1992, 149).

Seine Vorstellung von Supervision kommt dem ursprünglichen Setting von Supervision im Rahmen von Casework sehr nahe.

Das in den 1990er Jahren aufkommende Interesse von Supervisoren an OE wird oft auf ökonomische Zwänge zurückgeführt. Rückblickend bleibt aber v. a. überraschend, wie lange organisationale Aspekte ignoriert wurden. Schreyögg (1991, 164) übernimmt deshalb Teile von OE in ihr „integratives" Supervisionsmodell, abhängig von der Größe der Einrichtung (je größer, desto schwieriger und langwieriger) und davon, ob sich „hierarchie-hohe Organisationsmitglieder" in die Supervision einbeziehen lassen. Falls nicht, könne Supervisanden nur dabei geholfen werden, ihre Praxisprobleme organisatorischen Strukturen zuzuordnen, neue Deutungsmuster zu erwerben und ggf. „Handlungsmuster [zu] entwickeln, über die sie Vorgesetzte zur Korrektur innerorganisatorischer Bedingungen gewinnen" können.

Rappe-Giesecke betont den Unterschied von Supervision und OE, nimmt dennoch begründet Elemente der OE in ihr Supervisionsmodell auf:

„Supervision greift nicht praktisch ändernd in soziale Systeme ein, sie setzt an der *Veränderung der Identität von Systemen* ein, außerdem hat sie es nicht mit großen Organisationen, sondern mit Subsystemen dieser Organisationen, mit Teams zu tun." (1994, 36; H. i. O.)

Ihr geht es um Institutionsanalyse als Reflektion der Organisation im Bezug auf das Team. Dabei greift sie die Idee Wellendorfs auf,

„daß sich wesentliche institutionelle Probleme in der Beratungssituation wiederholen und spiegeln und daß der Berater sie dann im hic und nunc beobachten und analysieren kann".

Über dieses Entdecken unbewusster Strukturen hinaus soll im Einzelnen die Arbeit eines Teams geklärt und optimiert werden, auch mit Hilfe von Datensammlung und Auswertung (39 ff.). Wie bei Teamentwicklung sollen Bedingungen hergestellt werden, unter denen sich Teams oder Organisationen selbst wieder leiten können, ohne aber mit Supervision zugleich aktiv verändernd in die Abläufe der Organisation einzugreifen.

Während Fatzer das Repertoire klassischer Supervisoren „für die komplexe Arbeit in und mit Organisationen" für unzureichend hält (1996, 12) halten Kersting und Neumann-Wirsig (1996, 9) organisationsspezifische Inhalte in der Supervisionsausbildung für selbstverständlich. Eine neue selbstkritische Diskussion zeigt, dass vermutlich beides gleichzeitig zutrifft (Gotthardt-Lorenz 2006) (s. u.).

Ablauf von Supervisionen

Es gibt viele Ablauf- und Gestaltungsentwürfe die von Form, Inhalt, Konzept und Verständnis der Supervision abhängen. Im Kern findet sich ein Ablauf, dessen erster Punkt sich auf einen ganzen Supervisionsprozess, die weiteren Punkte auf einzelne Sitzungen beziehen (Iser 2008, 411 f.):

1. Das Setting wird als zentraler Rahmen und entscheidendes Kriterium vorgeklärt. Z. T. erfolgt eine intensive Auftrags- und Institutionsanalyse.
2. Das Thema wird von einem oder mehreren Supervisand(inn)en benannt, ggf. auch ausgehandelt.
3. Die themengebende Person bringt das Thema in Form einer Erzählung ein.
4. Mehrere (bei Gruppensupervision) bringen ihre Sichtweise ein.
5. Es erfolgt eine Problemanalyse im Prozess durch permanentes Hypothesenbilden und -überprüfen.
6. Der Kern des Problems bzw. das Verdrängte, Ungesagte wird möglichst erkannt, benannt und bearbeitet.
7. Neue Perspektiven werden erarbeitet, z. B. durch freie Assoziationen, Rollenspiel, Aufstellungen, Bilder.
8. Situation und Problem werden in ihrem Zusammenhang verstanden und geklärt.
9. Z. T. werden „Hausaufgaben" vereinbart und ihre Umsetzung in der folgenden Sitzung besprochen.

Arbeitsformen oder Settings der Supervision

Bezüglich des Settings von Supervision gibt es mehrere Unterscheidungen. Die klassische Arbeitsform ist die *Einzelsupervision*. Sie ist heute im Rahmen von Sozialer Arbeit eher selten und findet sich v. a. als Rollen- oder Leitungsberatung, im Ausbildungskontext, für Personen mit Burn-out- oder mit Mobbing-Problemen. Bei der *Rollenberatung* wird davon ausgegangen, dass die Berufsrolle sowohl vom Individuum als auch den Anforderungen der Institution an das Individuum bestimmt wird (Belardi 1992, 102). *Leitungsberatung* (als spezifische Form der Rollenberatung) wirkt vor dem Hintergrund, dass Leiter(innen) sozialer Einrichtungen vielen, meist unterschiedlichen Erwartungen von Seiten des Trägers, der Mitarbeiter, der Klientel usw. gerecht werden müssen. Oft ist das sozialberufliche Selbstbild außerdem mit einer latenten Ablehnung von Leitung und „antiinstitutionellen Einstellungen" verknüpft, was zum Dilemma für die Leitungsperson führen kann und dazu, ihre Leitungsfunktion nicht angemessen wahrzunehmen (102 ff.).

Krauß (2002, 606) beschreibt die *Life-Supervision* als weitere Sonderform der Einzelsupervision. Die Supervisorin ist während der Arbeit der Supervisandin anwesend und gibt ihr fachliche Hinweise, so als ob keine Klienten anwesend wären. Das bewirke ein „Innehalten im Prozess", die Möglichkeit, umzusteuern und fördere „den Subjektstatus der Klientinnen". Life- oder Live-Supervision ist Teil mancher systemischer Supervisionsausbildungen und systemischer Konzepte (z. B. Schlippe / Schweizer 1996, 223 f.).

Obwohl *Gruppensupervision* in Deutschland erst etwa 1972 aufkam, machte sie bald etwa drei Viertel aller Supervisionen aus. Das bestätigt auch eine neue Untersuchung von Supervision bei Jugendämtern (Seckinger 2008, 47). Weil die vielfältigen Übertragungen der Supervisanden untereinander beachtet werden müssen, ist Gruppensupervision wesentlich komplexer als Einzelsupervision (Belardi 1992, 105). Zur Gruppensupervision gehören z. B. die Kollegiale Supervision, die Balint-Gruppe, die gruppenanalytischen Supervisionen nach Foulkes oder Bion. Anders als Team-Supervision meint Gruppensupervision im engeren Sinne, dass verschiedene Personen ausschließlich zum Zweck der Supervision als Gruppe zusammenkommen, ohne dass sie in einem gemeinsamen institutionellen Rahmen tätig sind.

Die *Kollegiale Supervision* (Peergroup-Supervision), manchmal auch Intervision genannt, findet i. d. R. ohne formale(n) Supervisor(in) statt und wird durch einen klaren Ablauf gestützt. Sie setzt Fähigkeiten zur Kommunikation voraus. Oft entsteht eine kollegiale Supervision im Anschluss an eine angeleitete Gruppensupervision.

Die Methode der *Balint-Gruppe* wurde vom ungarischen Arzt und Psychoanalytiker Michael Balint um 1957 in London als Forschungsinstrument und zur Fortbildung von Ärzten, aber auch Sozialarbeitern entwickelt. In Balint-Gruppen geht es v. a. um das Erlernen und Einüben von Beziehungsdiagnostik. Die unbewusste Übertragungs- und Gegenübertragungsdynamik einer Gruppe wird durch freie Assoziationen zu Fallbeispielen problematischer Beziehungen zwischen Arzt und Patient gezielt genutzt. Balint-Gruppen sind keine Supervision im eigentlichen Sinn, sondern eher Selbsterfahrungsgruppen, in denen auch Supervision betrieben wird (Belardi 1992, 77; 120 ff.). Die Selbsterfahrung hat „die Erkenntnisse der Zusammenhänge zwischen professioneller Rolle und Persönlichkeit des Rollenträgers zum Gegenstand" (Rappe-Giesecke 1994, 21).

Bei der *Team-Supervision* von Personen mit gemeinsamem Arbeitskontext im Rahmen einer Institution werden vielfältige Probleme der gemeinsamen Arbeit und Gruppe, wie Hierarchie-, Beziehungs- und Kommunikationsprobleme, Fragen nach Arbeitsabläufen, Einteilungen, Kompetenzen usw. verstärkt Thema. Das macht sie komplizierter als arbeitsplatzferne Supervisionen. Bei Teamsupervisionen müssen die Ebenen des Falles, der Teaminteraktion und der Institution in ihrer Interdependenz und Komplexität analysiert und reflektiert werden. Weil man bei einer Team-Supervision oft an die Grenzen von Organisationsstrukturen stößt, wird hier der Übergang zur OE gesehen. Nicht zuletzt daher sollten Leitungspersonen daran teilnehmen.

Organisationssupervision als Sonderform

Mitte der 1990er Jahre prägt Gotthardt-Lorenz den Begriff der *Organisationssupervision* (OS). OS kann als Einzel-, Gruppen- oder Teamsupervision stattfinden. Im Unterschied zur organisations*un*abhängigen Supervision als rein person- und arbeitsbezogenes Angebot bezieht sich OS auf Subsysteme einer Organisation, um

„die gemeinsame Arbeit und die dazugehörigen Interaktionen in Auseinandersetzung mit den Organisationsbedingungen und den damit zusammenhängenden Widerspruchssituationen besser verstehen und gestalten zu können" (Gotthardt-Lorenz 1994, 365 f.).

Zwölf Jahre später bilanziert Gotthardt-Lorenz kritisch, dass die Anfrage nach Supervision in großen Organisationen zwar deutlich zugenommen habe und Supervisoren sich selbstverständlich „mit den Faktoren, die die Arbeit und die Menschen in diesen Organisationen bestimmen, auseinander[setzten]" (2006, 32), dennoch sei Supervision „für unreflektierte Anpassungsprozesse anfällig", werde von Organisationen häufig gar „verwaltet" und sei für neue Herausforderungen „vielleicht auch nicht ausreichend konzipiert" (36). Schwierig sei

1. ein verwaltungsmäßiger Einsatz von Supervision in Großorganisationen,
2. eine Tendenz von Teammitgliedern, Supervision an der Führungshierarchie vorbei zu organisieren, statt sie als Qualitätsentwicklung anzusehen, die von der Leitung mitgetragen werden muss, und
3. dass Supervision zu wenig auf neue prekäre Veränderungen der Arbeitswelt eingestellt sei (42).

Für die Neukonzipierung von OS richtet Gotthardt-Lorenz den Fokus auf eine verbesserte Auftragsanalyse – was einer aktuellen Tendenz entspricht – und betont, wie wichtig eine starke Fachlichkeit ist, die sich keine Reflexionsgrenzen auferlegen lässt. Notwendig sei, die jeweils relevante Führungsebene zu beteiligen, ebenso die Funktionsträger von belastenden Aufgaben, und sich mit weiteren Supervisoren der Organisation auszutauschen. Auch die Kooperation zwischen Beratern einer Institution als Beratungssystem ist ein aktuelles Thema. Nur so ist die oft emotionsgeleitete Anleitung zur Selbstreflexion möglich, für die „oft nur ansatzweise sichtbaren Themen" in Zusammenhang mit

> „halb tabuisierten Prozessen und Strukturen im Aufgabenfeld, in dem dazugehörigen Organisationskontext [...], im Klienten- und Kundensystem und den dahinter liegenden gesellschaftlichen Bedingungen" (39).

Konzepte und Ansätze der Supervision

Es gibt eine Vielfalt an Supervisionskonzepten, die meist therapeutisch benannt sind und sich durch verschiedene Theoriebezüge unterscheiden. Oft kennzeichnet ein Methoden- und Theoriemix die Praxis (Belardi 1992, 83).

Das Verhältnis theoretischer Bezugskonzepte ist ein Dauerthema im Supervisionsdiskurs. In jüngerer Zeit liest man vom „hegemoniale[n] Anspruch, den die Systemiker im Feld der Freiberufler inzwischen von den Analytikern übernommen haben" (DGSv 2006, 39). Zunehmend werden integrative Konzepte für notwendig gehalten, um dem überkomplexen Gegenstand von Supervision gerecht zu werden. Aktuell ist auch die Verhältnisbestimmung zu anderen Verfahren, wie Coaching, Mediation und OE, virulent. Wie Berater(innen) mit Kennt-

nis verschiedener Ansätze und Verfahren zu Handlungsentscheidungen kommen, wird von mir (Iser 2008, 406 f.; 439 f.) rekonstruiert und beschrieben. Dabei zeigt sich, dass durch die Kenntnis verschiedener Methoden und Ansätze zwar ein Methodenmix entsteht, dessen Entwicklung sich aber sehr wohl an einem Sachproblem und analytischen Überzeugungen (z. B. dem jeweiligen Konfliktverständnis) orientiert entwickelt.

Stand der deutschsprachigen Supervisionsforschung

Die deutschsprachige Supervisionsforschung ist in den letzten Jahren enorm angewachsen, wobei v. a. nach Wirkungen und nach Qualitätsfaktoren gefragt wird. Zugleich wird der aktuelle Stand der Forschung kritisch diskutiert: Er sei eher „naturwüchsig", systematisch entwickelte Forschungsprogramme gäbe es kaum und die Studien seien von sehr unterschiedlicher Qualität. Verhältnismäßig selten seien ausgewiesene Forschungsmethoden. Konkret heben Petzold et al. v. a. drei Lücken hervor: bisher konnten *spezifische* Wirkfaktoren und Wirkungen nicht differenziert nach Supervisionsformen und -konzepten nachgewiesen werden (2003, 10 f.), die *Wirkung* von Supervision *auf das Klientensystem* (72 f.) und die *Risiken und Negativwirkungen* von Supervision seien bisher kaum untersucht (75). (Zum Stand der Forschung s. a. Haubl / Hausinger 2009; Berker / Buer 1998.)

Wirkungsforschung versus Fallorientierung

Das Forschungsprogramm von Petzold et. al. ist eine langjährige Forschung zu Konzeptvergleichen, dem Konzept der „Integrativen Supervision", das u. a. von Petzold und Schreyögg entwickelt wurde, sowie (oft quantitativ) zu Wirkungen und Wirkfaktoren von Supervision.

An der begrenzten Reichweite quantitativer Wirkungsforschung setzt die Kritik durch eine Forschungsrichtung an, in der nach dem Wie, dem konkreten Geschehen und den Wirkzusammenhängen in der Supervision gefragt wird. So knüpft z. B. nach Fatzer sinnvolle Erfolgsforschung an qualitativen Fallstudien, ethnographischen Methoden und der Aktionsforschung an. Nur mit so entwickelten Lerngeschichten werde es möglich, Veränderungsprozesse zu beschreiben und die Veränderung der Kultur einer Organisation nachvollziehbar zu machen. Fatzer geht davon aus, dass sich die Forschung von OE und Supervision zur „Interventionsforschung" entwickelt und auf eine „Theorie der Intervention in Personen-, Team- und Organisationssystemen" zubewegt (1996, 11).

Rappe-Giesecke setzt der Wirkungsforschung die „Erforschung von Programmen" entgegen, im Konzept der „Supervision als Medium der kommunikativen Sozialforschung". Sie plädiert für eine Forschung, die analog zum Supervisionssystem gestaltet wird, weil sie so „den gleichen Grad an Komplexitätsverarbeitung gewährleisten" kann wie der Forschungsgegenstand. In Anlehnung an Balints Training-cum-Research-Gruppen möchte sie Supervisionsforschung im Rahmen einer Kontroll-Gruppensupervision platzieren, die um eine zweite Reflektionsebene erweitert wird, die nach dem allgemeinen Lerngewinn im speziellen Fall sucht (Rappe-Giesecke 1998, 237 f.).

Supervision als partizipative Qualitätsentwicklung

Zunehmend gilt als Konsens, dass Supervision der Qualitätsentwicklung und -sicherung dient. Dabei hängt es wesentlich von der Organisationseinbindung, dem Setting und Konzept ab, in welchem Ausmaß Supervision zum Qualitätsmanagement beitragen kann (Berker 1997; Scala / Grossman 2002; Iser 2008). Die „entscheidenden Wirkfaktoren von Supervision" sind dagegen „theorie- und schulenübergreifend" (Berker 1997, 18). Die zentralen Wirkfaktoren für Konfliktregelung stellten sich sogar als übergreifend für die Verfahren Supervision und Mediation heraus (Iser 2008, 414 ff.). Dazu gehören:

- dass jemand von außen kommt,
- die Allparteilichkeit der Beraterin / des Beraters,
- die Beratenen grundlegend als Personen zu akzeptieren,
- Vertrauen und Zuversicht in die Personen und den Prozess,
- das Schaffen eines geschützten Raums für die Klärung,

- Rahmenklärung als Schutz wie als Ankerpunkt,
- die Selbstsorge der Beraterinnen / Berater,
- ein flexibles Sich-Einlassen auf den Prozess,
- das Nutzen des Selbst als Resonanzkörper (Intuition),
- das Nutzen der Gruppe oder des Systems als Ressource,
- Ergründen, Wahrnehmen und Benennen des zugrunde liegenden unbewussten, ungesagten oder verdeckten Wesentlichen hinter dem offenkundigen Problem,
- das Vollziehen eines Perspektivenwechsels,
- nicht zu früh nach Lösungen zu suchen,
- die Verantwortung für die konkreten Lösungen bei den Betroffenen zu belassen und
- sie in ihrem Selbstvertrauen zu stärken.

Supervision bewirkt v. a. Qualitätsentwicklung, indem sie durch reflexives Lernen ermöglicht, handlungsnah, situativ und kontinuierlich über gute Qualität von Prozessen, Strukturen, Angeboten und Ergebnissen zu sprechen. Dabei liegt die Chance von Supervision für Organisationslernen „in der reflexiven Verbindung von zweckrationalem Wissen mit einem sinnstiftenden Wissen in einem kommunikativen Setting" (Berker 1999, 80).

Nimmt die Leitung an einer Supervision teil, werden auch Strukturen bearbeitbar. Strukturelle Ursachen für permanent wiederkehrende Probleme können entdeckt und ihre Veränderung angeregt werden. Eine besondere Chance kann in einer qualifizierten Vorgesetztensupervision vermutet werden, v. a. wenn sie durch eine externe Supervision ergänzt wird. Wenig erschlossen ist bisher auch das Potenzial von Live-Supervisionen.

Um die Qualität von Supervision zu beurteilen, müssen Qualitätskriterien durch die jeweilige Profession gewonnen werden, für Soziale Arbeit z. B. durch die Handlungsmaximen der Lebensweltorientierung oder die Dienstleistungstheorie (Iser 2008; 2007). Vorteile von Supervision als Qualitätsinstrument für Einrichtungen der Sozialen Arbeit sind z. B.

- eine gemeinsame Wurzel mit der Sozialen Arbeit,
- eine gemeinsame Fachlichkeit und Gegenstandsorientierung,
- ein humanistisches Menschenbild,
- eine partizipative Vorgehensweise, die auf Mäeutik zielt,

- eine flexible Gestaltbarkeit, feldangemessen und lernfähig,
- ein strukturtheoretisches Professionsverständnis (hermeneutisches Fallverstehen statt Expertokratie).

Supervision ist eine Brücke zwischen Theorie und Praxis. Das eigene Handeln wird reflektiert, es kann dem Lernen und der eigenen Kontrolle zugänglich gemacht und mit Theorie verknüpft werden. Umgekehrt kann Supervision der Wissens- und Theorieproduktion dienen, z. B. durch integrierte Selbstevaluation oder genaue Fallanalysen. Um dieses Qualitätspotenzial zu nutzen wäre eine standardmäßig gesicherte Supervision für die ersten beiden Berufsjahre die professionsgemäße Antwort auf die Einführung von Bachelorstudiengängen der Sozialen Arbeit.

Grenzen von Supervision liegen bei der Qualitäts*sicherung im engen Sinne*: die Sicherung von Nutzer(innen)-Rechten erfordert Gesetze und ein Beschwerdemanagement, die Überprüfung von Effizienz ein Controlling. Der Lebensweltorientierung entspricht es, auch diese Verfahren transparent zu gestalten, damit sie vorwiegend eine Selbstkontrolle der Mitarbeiter(innen) ermöglichen. Konsequente Subjektorientierung erfordert, über die Einrichtungen hinaus zu kooperieren. Doch die hier erwartbaren Konkurrenzen und Irritationen könnten durch einrichtungsübergreifende Gruppensupervisionen produktiv gewendet werden.

Literatur

Belardi, N. (2002): Supervision. Grundlagen, Techniken, Perspektiven. Beck, München
– (1992): Supervision. Von der Praxisberatung zur Organisationsentwicklung. Junfermann, Paderborn
Berker, P. (1999): Ein Ort für Qualität. Supervision. In: Kühl, W. (Hrsg.): Qualitätsentwicklung durch Supervision. Schriften der DGSv 3. Votum, Münster, 64–82
– (1997): Der Beitrag von Supervision zur Qualitätsdiskussion. Supervision. Zeitschrift für berufsbezogene Beratung 31, 17–31
–, Buer, F. (1998): Praxisnahe Supervisionsforschung: Felder – Designs – Ergebnisse. Schriften der DGSv 1. Votum, Münster
Deutsche Gesellschaft für Supervision (DGSv) (2006): Konzepte für Supervision. Neun theoretische und methodische Ansätze. In: www.dgsv.de/pdf/Konzepte.pdf, 09.09.2006
Fatzer, G. (Hrsg.) (1996): Organisationsentwicklung und Supervision: Erfolgsfaktoren bei Veränderungsprozessen. Ed. Humanistische Psychologie, Köln
Gaertner, A. (1996): Supervision. In: Kreft, D., Mielenz, I. (Hrsg.): Wörterbuch soziale Arbeit. 4. Aufl. Beltz, Weinheim / Basel, 600–602
Gotthardt-Lorenz, A. (2006): „Die ich rief, die Geister ...“ Organisationssupervision Teil 2. Supervision 57, 32–42
– (1994): „Organisationssupervision“: Rollen und Interventionsfelder. In: Pühl, H. (Hrsg.), 365–379
Haubl, R., Hausinger, B. (Hrsg.) (2009): Supervisionsforschung: Einblicke und Ausblicke. Vandenhoeck & Ruprecht, Göttingen
Iser, A. (2008): Supervision und Mediation in der Sozialen Arbeit. Eine Studie zur Klärung von Mitarbeiterkonflikten. dgvt, Tübingen
– (2007): Supervision als partizipatives Instrument der Qualitätsentwicklung in der Sozialen Arbeit. In: http://tobias-lib.ub.uni-tuebingen.de/volltexte/2007/2770, 02.06.2010
Kadushin, A. (1990): Supervision in der Sozialarbeit. Supervision 18, 4–24
Kersting, H. J., Neumann-Wirsig, H. (Hrsg.) (1996): Systemische Perspektiven in der Supervision und Organisationsentwicklung. Kersting, Aachen
Krauß, E. J. (2002): Supervision für soziale Berufe. In: Thole, W. (Hrsg.): Grundriss Soziale Arbeit. VS, Opladen, 603–616
Müller, H., Weidner, G., Petermann, F. (1995): Pädagogische Supervision und Organisationsentwicklung in der Jugendhilfe. In: Petermann, F. (Hrsg.): Pädagogische Supervision. Müller, Salzburg, 68–99
Petzold, G. H., Schigl, B., Fischer, M., Höfner, C. (2003): Supervision auf dem Prüfstand. Leske + Budrich, Opladen
Pühl, H. (Hrsg.) (2009): Handbuch der Supervision 3. Leutner, Berlin
– (Hrsg.)(1994): Handbuch der Supervision 2. Spiess, Berlin
Rappe-Giesecke, K. (1998): Kommunikative Supervisionsforschung. In: Berker, P., Buer, F. (Hrsg.), 237–242
– (1994): Supervision. Gruppen- und Teamsupervision in Theorie und Praxis. 2. korr. und erw. Aufl. Springer, Berlin / Heidelberg / New York
Ritscher, W. (1998): Systemisch-psychodramatische Supervision in der psychosozialen Arbeit. Theoretische Grundlagen und ihre Anwendung. 2. korr. und überarb. Aufl. Klotz, Eschborn bei Frankfurt / M.
Scala, K., Grossmann, R. (2002): Supervision in Organisationen. 2. Aufl. Juventa, Weinheim

Schlippe, A. v., Schweitzer, J. (1996): Lehrbuch der systemischen Therapie und Beratung. Vandenhoeck & Ruprecht, Göttingen

Schreyögg, A. (1991): Supervision – Ein integratives Modell. Lehrbuch zu Theorie und Praxis. Junfermann, Paderborn

Seckinger, M. (2008): Supervision in der Kinder- und Jugendhilfe. Supervision 27, 43–47

Weigand, W. (1996): Die Deutsche Gesellschaft für Supervision (DGSv) – Perspektiven und Ziele des Berufsverbandes. In: Fatzer, G. (Hrsg.), 415–418

Systemtheorie und Soziale Arbeit

Von Tobias Kosellek und Roland Merten

Es gibt kaum andere Theorieangebote, die Welt auf eine bestimmte Art und Weise zu beobachten, die in den vergangenen Jahren wissenschaftliche Diskussionen in den unterschiedlichsten Fachgebieten so anregten, irritierten und Kontroversen auslösten wie die Systemtheorie. Allerdings referiert der Begriff Systemtheorie bisher keinen eineindeutigen Sinn, was sich in verschiedensten Deutungs- und Anwendungsweisen manifestiert (Haselmann 2009, zum inflationären Gebrauch des Systembegriffes kritisch Kosellek 2009).

So firmieren unter dem Begriff Systemtheorie inzwischen unterschiedliche theoretische Ansätze. In den folgenden Ausführungen wird die Systemtheorie Luhmann'scher Provenienz zugrunde gelegt, weil es sich einerseits bei ihr um die tiefenschärfste und am besten entfaltete Systemtheorie handelt, die nicht nur auf klassisch makrosoziologische Themen wie Wirtschaft und Recht anwendbar ist, sondern auch mikrosoziologische Themen zu bearbeiten erlaubt (z. B. aktuell zum Thema Liebe Luhmann 2008 oder zu Freundschaft Kersten 2009). Es handelt sich bei der Systemtheorie Luhmanns um eine Theorie mit universalistischem Anspruch, d. h. „... dass sie als soziologische Theorie alles Soziale behandelt und nicht nur Ausschnitte ... Theorien mit Universalitätsanspruch sind leicht daran zu erkennen, dass sie selbst als ihr eigener Gegenstand vorkommen ... Theorien mit Universalitätsanspruch sind also selbstreferentielle Theorien" (Luhmann 1987, 9 f.). Andererseits erfolgt die Entscheidung für Luhmanns Systemtheorie, weil sie diejenige Theorie ist, die aktuell auf die Theorieentwicklung der Sozialen Arbeit den größten Einfluss ausübt. Diese Wirkung hat sich in drei Wellen vollzogen: Zunächst lassen sich Mitte der 1970er Jahre die ersten systemtheoretischen Bestimmungsversuche der Sozialen Arbeit verzeichnen (Luhmann 1973; Harney 1975), denen Mitte der 1980er zwei umfangreichere Arbeiten folgen (Japp 1986; Olk 1986). Eine breitere fachdisziplinäre Debatte hat sich jedoch erst ab Mitte der 1990er Jahre entwickelt, angestoßen durch eine Arbeit Dirk Baeckers (Baecker 1994; Merten 1997; Weber / Hillebrandt 1999; Bommes / Scherr 2000). Mit dem systemtheoretischen Ansatz Luhmanns war und ist zugleich eine gesellschaftstheoretische Bestimmung der Sozialen Arbeit in der modernen Gesellschaft verbunden.

Struktur und Funktion

Um eine solche gesellschaftstheoretische Verortung der Sozialen Arbeit vornehmen zu können, bedarf es vorab einer genauen Bestimmung, was das Moderne der modernen Gesellschaft ausmacht. Dies lässt sich durch einen Vergleich der Systemtheorie Talcott Parsons mit der Niklas Luhmanns verdeutlichen. Während Parsons danach fragt, welche Strukturen eine Gesellschaft ausbildet, die für ihren Bestand unverzichtbar sind und welche Funktionen sie damit erfüllt (strukturell-funktionale Theorie), stellt Luhmann diese Frage genau umgekehrt: Welche Funktionen werden in der Gesellschaft bedient und welche Strukturen haben sich hierzu herausgebildet (funktional-strukturelle Theorie). Dadurch wird es möglich, die besondere Strukturbildung als kontingent zu betrachten und zu problematisieren. Kontingenz bedeutet in diesem Zusammenhang, dass die konkrete Strukturbildung weder notwendig noch unmöglich ist. So kann die Funktion Bildung in höchst unterschiedlichen Strukturen erbracht werden: Hauslehrersystem, mehrgliedriges Schulsystem, Einheitsschulsystem etc. Die Entscheidung für eine bestimmte Form könnte jeweils auch anders ausfallen.

Otto/Thiersch (Hg.), Handbuch Soziale Arbeit, 4. A., DOI 10.2378/ot4a.art161,

Gleichrangigkeit und Ungleichartigkeit

Die Form der funktionalen Differenzierung hat historisch ihren Ausgang in Europa genommen und so den Wandel von der vormodernen zur modernen Gesellschaft eingeläutet (Luhmann 1992b oder 1993, 27). Die genaue Angabe von Jahreszahlen bezüglich eines Beginns und des Zeitpunkts eines Übergangs von einer (vormodernen) in die andere (moderne) gesellschaftliche Differenzierungsform ist weder möglich noch notwendig, weil die Bestimmung dieses Wandels jeweils systemreferent betrachtet werden muss; es handelt sich somit nicht um eine rein zeitliche Kategorie. Um einen Anhaltspunkt zu geben: die Zeit, die sozialstrukturell als Epoche interpretiert wird, „in der das Gesellschaftssystem Europas erstmalig in sich selbst auf seine seit langem anlaufende neue Form der Differenzierung, nämlich auf funktonale Differenzierung der primären Teilsysteme zu reagieren beginnt" … [ist] … „das Jahrhundert nach der Beendigung der konfessionellen Bürgerkriege, also die Zeit etwa von 1650–1750" (Luhmann 1993, 162). Doch bereits vor der sich durchsetzenden funktionalen Differenzierung ist es ein philosophisches Ereignis, das am Anfang der modernen Bewusstseinsbildung steht. René Descartes bricht mit der abendländisch-christlichen Denktradition. Während bis zu ihm Erkenntnis in der göttlichen Schöpfung gesucht wurde, verlagert er den ontologischen Ort der Erkenntnis in den Menschen (Luhmann 2005d). „René Descartes ist in der Tat der wahrhafte Anfänger der modernen Philosophie, insofern sie das Denken zum Prinzip macht" (Hegel 1971, 123).

Die moderne Gesellschaft zeichnet sich durch funktionale Gleichheit im System und funktionale Ungleichheit in Bezug zur Umwelt aus. Nach Luhmann differenzieren sich in der modernen Gesellschaft eigenständige Funktionsbereiche aus, die sich auf die Erledigung einer Funktion für die gesamte Gesellschaft konzentrieren. Die jeweils besondere Funktion ist es, die alle Teilsysteme der Gesellschaft funktional gleichbedeutend (Gleichrangigkeit) macht und dennoch die Funktionssysteme voneinander unterscheidet (Ungleichartigkeit).

So ist das Gesundheitssystem für die Regulierung von Gesundheit / Krankheit zuständig, das Rechtssystem für die Regulierung von Recht / Unrecht

etc. Da jedes System eine und nur eine Funktion wahrnimmt, kann diese Funktion nicht von anderen Systemen übernommen werden. Würde ein System A die Funktion eines Systems B übernehmen, so wäre die Funktion nicht unter zwei Systemen aufgeteilt, sondern lediglich das System B weitergeführt. System A würde also seine eigenen identitätsstiftenden Operationsweisen aufgeben. Der Ungleichartigkeit korrespondiert somit eine Gleichrangigkeit der Systeme. Es gibt folglich aus funktionaler Sicht keine Hierarchie zwischen den Systemen. So kann die Funktion der Knappheitsminderung nur vom Wirtschaftssystem übernommen werden; das Rechtssystem kann hier nicht weiterhelfen. „Die moderne Gesellschaft ist durch Umstellung auf funktionale Differenzierung so komplex geworden, dass sie in sich selbst nicht mehr als *Einheit* repräsentiert werden kann. Sie hat weder eine Spitze, noch eine Mitte; sie hat nirgendwo einen Ort, an dem ihre Einheit zum Ausdruck kommen kann. Sie artikuliert ihre Einheit weder über eine Rangordnung der Schichten, noch über eine Herrschaftsordnung, noch über eine Lebensform (zum Beispiel die städtisch-politische der Griechen oder die Tugendfreundschaft der Stoiker), in der das Wesen des Menschen Gestalt gewinnt." (Luhmann 2005d, 131)

Die einzelnen Funktionssysteme (Recht, Wirtschaft, Politik, Kunst …) operieren jeweils nur aus ihrer eigenen funktionsspezifischen Perspektive, die sie durch eine zweiwertige Codierung erlangen und erreichen durch diese Spezialisierung eine enorme Leistungssteigerung (verbunden mit einer notwendigen Blindheit gegenüber anderen Codes). Die Funktion eines Systems ist nun der einzige Verweis auf die Umwelt des Systems, in der, im Gegensatz zu alteuropäischen stratifikatorisch differenzierten Gesellschaftsformen, in denen auf Gott verwiesen bzw. reflektiert werden konnte, kein identitätsstiftendes Ganzes mehr zu entdecken ist. Von dieser Fremdreferenz wurde in modernen Gesellschaften auf Selbstreferenz umgestellt: Jedes Funktionssystem bezieht sich auf sich und seine durch den jeweiligen Code geschaffene Perspektive der Welt. Diese Perspektiven bzw. Beobachtungsweisen halten kein allgemeinverbindliches Deutungsmuster der Welt mehr bereit (Giddens 1999). Sie sind polykontextural und müssen bzw. können ihrerseits wieder (und wieder) beobachtet werden.

Die sich an die Logik funktionaler Differenzierung

anschießende Frage bezüglich Sozialer Arbeit lautet: Ist sie ein eigenständiges Funktionssystem der modernen Gesellschaft? Gegen die Autonomie der Sozialen Arbeit wird geltend gemacht, dass sie kein eigenständiges Funktionssystem sein könne, weil sie in allen gesellschaftlichen Teilsystemen anzutreffen sei, es bestehe eine diffuse Allzuständigkeit (Stichweh 1994; Bommes/Scherr 2000). Die Verfechter einer Eigenständigkeit verweisen demgegenüber darauf, dass die Soziale Arbeit überall anzutreffen sein müsse, weil sie ihre Funktion ja für die gesamte Gesellschaft wahrnehme; dann und nur dann, wenn sie strukturell aus einem Bereich der Gesellschaft ausgeschlossen wäre, stünde ihre Autonomie in Frage. Worauf es ankommt, ist die Bestimmung ihrer gesellschaftlichen Funktion (Baecker 1994; Merten 1997).

Codierung

Codierungen ermöglichen einem Kommunikationssystem, Informationen zu erzeugen und zu verarbeiten. „Information ist dabei eine rein systeminterne Form der Behandlung von Ereignissen (und nicht etwas, was in der Umwelt als Information schon vorhanden wäre und ohne Identitätsverlust in das System übertragen werden könnte)" (Luhmann 2005c, 15). Dabei stellt der Code nur zwei Werte zur Verfügung: einen Wert und dessen Negation. Diese binäre Codierung hat die Funktion, „alles, was zum Thema der Kommunikation werden kann, mit Hinweis auf andere Möglichkeiten auszustatten. Sie verabsolutiert, für ihren Anwendungsbereich, Kontingenz. Alles, was ist oder nicht ist, erscheint danach als weder notwendig noch unmöglich – zumindest auf dem Bildschirm der Kommunikation" (Luhmann 2005c, 14). Für das jeweilige System ist nunmehr für ein Fortbestehen entscheidend, dass weitere Kommunikationen immer nur an den positiven Wert anschließen (können); der negative Wert dient als sog. Reflexionswert. Dritte Werte sind logisch ausgeschlossen, d. h. jemand ist entweder krank oder nicht krank, jemand zahlt oder zahlt nicht (Wirtschaftssystem). Es ist zwar denkbar, dass jemand mehr oder weniger zahlt, aber das ändert nichts an der grundsätzlichen Entscheidung, ob er überhaupt zahlt; ebenso verhält es sich beim Beispiel der Krankheit.

Für die Soziale Arbeit stellt sich genau an dieser Stelle die Frage, wie denn – bei der Annahme, dass sie ein eigenständiges Funktionssystem bildet – ihr Code zu bestimmen ist. Hier liegen unterschiedliche Vorschläge mit verschiedenen theoretischen Reichweiten vor: „helfen/nicht-helfen" (Baecker 1994, 95 ff.; Merten 1997, 97 ff.), „Fall/Nicht-Fall" (Fuchs 1997, 413 ff.) oder „bedürftig/nicht-bedürftig" (Weber/Hillebrandt 1999, 16). Ein Einvernehmen, welcher Code-Vorschlag sich als fruchtbarer erweist, besteht, auch aufgrund verschiedener Verortung Sozialer Arbeit als primäres oder sekundäres Funktionssystem, bisher noch nicht.

Symbolisch generalisiertes Kommunikationsmedium

Medien und deren Formen werden jeweils von Systemen aus konstruiert und setzen somit immer eine Systemreferenz voraus. Es gibt sie nicht „an sich". Medien, und diese sind im Luhmannschen Sinne nicht mit den ein eigenes Funktionssystem bildenden Massenmedien (TV, Presse…) gleichzusetzen, helfen, das Problem der Unwahrscheinlichkeit der Kommunikation (Luhmann 2005b) ansatzweise zu lösen. Der Begriff wird somit von Luhmann funktional definiert, als Einrichtung, die der Umformung „unwahrscheinlicher in wahrscheinliche Kommunikation" (Luhmann 2005b, 32) dienen. Sie sind damit „erwartungsleitende Wahrscheinlichkeiten" (Luhmann 1997, 190). Erwartungsleitend heißt, dass der Selektionsspielraum der Differenzen der Kommunikation (Information, Mitteilung, Verstehen) begrenzt wird. Es sind dadurch nicht alle Anschlusskommunikationen möglich. Dabei werden jedoch keine Selektionen unterbunden: Sie werden dadurch erst ermöglicht! Es wird ein Raum markiert, in dem Selektionen stattfinden können. Medien sind damit Voraussetzung von Kommunikation, nicht Teil dieser.

Als symbolisch generalisiertes Kommunikationsmedium kann, neben Wahrheit im Funktionssystem Wissenschaft, Recht im Rechtssystem oder Macht im Funktionssystem Politik auch das Geld als symbolisch generalisiertes Kommunikationsmedium im Wirtschaftssystem bezeichnet werden. Es hat Symbolcharakter, da es nicht dem materiellen Wert des Geldes entspricht, ist generalisiert, da es verschiedene Währungen bzw. ein einheitliches Zahlungssystem ermöglicht und ist Medium der Kommunikation, da es Anschlusskommunikationen (Zahlungen, das Bekommen von Wechselgeld …) wahrscheinlicher macht bzw. zur Annahme dieser motiviert.

Als symbolisch generalisiertes Kommunikationsmedium der Sozialen Arbeit schlägt Maaß (2009) vor, Anspruch auf seine theoretische Tragfähigkeit zu überprüfen. *„Sobald es kommunikativ um gesetzlich verbürgten Anspruch geht, wird die Differenz des Funktionssystems Soziale Arbeit aktiviert.* Diese These kann auf das Selbstverständnis der Sozialen Arbeit zunächst limitierend wirken, birgt aber den Vorteil, Adressenarbeit als Leistung der Sozialen Arbeit schärfer darstellen zu können." (Maaß 2009, 104)

Komplexitätsreduktion / Komplexitätssteigerung

Die Ausdifferenzierung von funktionalen Teilsystemen hat weitreichende Konsequenzen. Einerseits erfolgt durch die Beschränkung auf eine Funktion eine dramatische Komplexitätsreduktion; das System lässt alles außer Acht, was nicht für seinen Code anschlussfähig ist. Das Rechtssystem konzentriert sich ausschließlich auf Rechtsprechung und nicht auf die Heilung von Kranken, das Medizinsystem ist ausschließlich für die Heilung von Kranken zuständig und nicht für die Vermittlung von Wissen (Bildungssystem). Diese Reduktion der Aufmerksamkeit ist zugleich die Voraussetzung für eine ebenso dramatische Komplexitätssteigerung (Luhmann 1973). Exemplarisch zeigt sich dies am Beispiel der Medizin: Sie konzentriert sich ausschließlich auf die Funktion Heilung und differenziert sich dabei intern immer weiter in Teildisziplinen mit immer kleinteiligeren Fragestellungen aus.

Doch was ist nun charakteristisch für soziale Systeme, oder anders: Wie unterscheiden sie sich von ihrer Umwelt?

Operative bzw. autopoietische Schließung

Kommunikationen lassen sich aus systemtheoretischer Sicht nicht wie im üblichen Sinne als Übertragung einer Botschaft vom Sender zum Empfänger begreifen. Da die an Kommunikation beteiligten Bewusstseinssysteme, z. B. psychische Systeme wie auch soziale Systeme, selbstreferentiell geschlossen operieren, können sie weder eine Botschaft abgeben, noch aufnehmen. Es gibt somit keinen direkten Input oder Output von Gedanken oder Kommunikation. Bevor dieser Paradigmenwechsel in der Systemtheorie stattgefunden hat, wurde Systemen noch ein direkter Austausch mit ihrer Umwelt unterstellt: Systeme wurden als offene Gebilde konzipiert, die in ständigem Austausch mit ihrer Umwelt stehen.

Wenn Teilsysteme sich nun (a) über ihren Code ausdifferenzieren und damit (b) zugleich gegen die Umwelt abgrenzen sowie (c) zu ihrem weiteren Prozessieren immer an den Positivwert anschließen, dann schließen sie sich auf diese Weise operativ. Mit anderen Worten: „Ein codiertes System ist damit in gewisser Weise sich selbst ausgeliefert, und das heißt vor allem: dass es keine Gründe finden kann, seinen Code nicht anzuwenden…" (Luhmann 1992b, 89). Hier liegt der entscheidende Grund für die hohe Dynamik moderner Gesellschaften. Die Medizin findet medizinisch keinen Grund, selbst bei hoffnungslosen Fällen nicht weiter zu heilen. Auch gibt es trotz Wirtschaftskrise für das Wirtschaftssystem keinen Grund, nicht weiter zu wirtschaften.

Dadurch, dass das System sich über seinen Code „selbst ausgeliefert ist", entsteht eine strukturelle Geschlossenheit, welche als Autopoiesis (Maturana 1985, 141), d. h. so viel wie Selbststeuerung oder Selbstherstellung, bezeichnet wird. Durch das Operieren eines Systems, also das Erzeugen der zur Erhaltung des Systems notwendigen Komponenten, bilden sie ihre eigene Organisation. Dies macht es somit zu einem organisationsinvarianten System, da die grundlegende Operationsweise, die autopoietische Geschlossenheit, konstitutiv für dieses System ist. Autopoietische Systeme sind somit Systeme, „die nicht nur ihre Strukturen, sondern auch die Elemente, aus denen sie bestehen, im Netzwerk eben dieser Elemente selbst erzeugen" (Luhmann 1997, 65). Sie sind damit also über ihren Code selbsterzeugend und selbstregulierend. Wird dieser Code nicht weiter (re-)produziert, „stirbt" das System. Auf biologische (lebende) Systeme bezogen: Kann ein Lebewesen sich z.B. nach einer schweren Verletzung nicht wieder durch Zellteilung regenerieren, so wird es verenden.

Auf soziale Systeme bezogen, die aus Kommunikation und nur aus Kommunikation bestehen, bedeutet dies, dass das System auf kommunikative Anschlüsse angewiesen ist, sich über seinen Code bildet, sich zugleich intern darüber strukturiert und durch die operative Schließung eine Regulierung von außen nicht mehr möglich ist; ist dies nicht (mehr) der Fall, so besteht das System nicht mehr fort.

Inklusion

Eine Folge funktionaler Differenzierung ist die Schwierigkeit für Individuen, sich nicht mehr durch die soziale Position definieren zu können, in die man wie in stratifikatorisch differenzierten Gesellschaftsformen hineingeboren wurde. „Sie [die Individuen] gehören nicht mehr einem der Teilsysteme der Gesellschaft an, sie müssen Zugang zu allen Funktionssystemen gewinnen, um anspruchsgemäß leben zu können. Die gesellschaftliche Inklusion muss neu geregelt werden" (Luhmann 2005d, 131). Es stellt sich jedoch die Frage, wie die Individuen Zugang zu den gesellschaftlichen Systemen finden. Der Zugang zu den Systemen wird durch deren Eigenlogik, durch den Code, und die strukturelle Dynamik der Systeme selbst geregelt. Damit wird die Inklusion, m.a.W. der Zugang zu einem System, ausschließlich auf die Logik des Teilsystems orientiert. Alle anderen Aspekte (z.B. biografische Besonderheiten) bleiben (theoretisch) außer Betracht. „Inklusion erreicht, wer kommunizieren kann, was man kommunizieren kann … Das heißt nicht zuletzt, dass die Inklusion sich stärker individualisiert und nicht mehr zu einer Art Erbgut verfestigt werden kann, das man in Familien tradiert. Nie hat man jemals von Kindern Galileis, Newtons oder Einsteins gehört" (Luhmann 1992a, 346f.). Individualisierung der Inklusion bedeutet, dass grundsätzlich alle Individuen systemrelevant werden können, „… aber nur mit jeweils funktionsrelevanten Ausschnitten ihrer Lebensführung"

(Luhmann 1981, 27). Am Beispiel der Wirtschaft zeigt sich Inklusion am Code zahlen/nicht-zahlen: Nur wer und zugleich jeder, der zahlt, wird bzw. ist in das Wirtschaftssystem inkludiert.

An dieser Stelle entfachen sich aktuell die Auseinandersetzungen um die Soziale Arbeit. So wird kontrovers diskutiert, ob sie für Exklusionsvermeidung, Inklusionsvermittlung und/oder Exklusionsverwaltung zuständig ist (so Bommes/Scherr 2000; kritisch hierzu Merten 2001).

Programmierung

Damit ein System unterscheiden kann, ob etwas dem positiven Wert seines Codes zugerechnet werden soll, muss es entscheidungsfähig gemacht werden. Es bedarf also eines Modus der Zuordnung und dieser erfolgt über Programme, die eine spezifische Offenheit des Systems ermöglichen. Programmierung gibt die Bedingungen dafür an, wie die beiden Codewerte Sachverhalten zugeordnet werden. Über Programme wird das System für seine Umwelt geöffnet und dadurch die Möglichkeit eingebaut, externe Gegebenheiten in Betracht zu ziehen (Luhmann 1987, 432f.). Da Programmierung nicht binär verfahren muss, ist es zugleich möglich, durch den binären Code ausgeschlossene dritte Möglichkeiten aufzunehmen. So lässt sich bspw. über Programme nicht nur festlegen, ob jemand zahlt oder nicht zahlt, sondern ob jemand arm ist und ab welchem Einkommen – und diese Programmierung ist letztlich jederzeit änderbar; die Regelsätze des SGB XII liefern hierfür ein eindrückliches Beispiel. Das Verhältnis von Code und Programmierung lässt sich in dieser Perspektive mit den Begriffen konstant/variabel umschreiben (Luhmann 1997). Während der Code Konstanz symbolisiert, stehen Programme auf der Seite der Veränderung; sie können jederzeit (z.B. Programme in Form von Gesetzen) geändert werden.

Programme sind nicht ungebunden, sondern sie manifestieren sich in Strukturen. Ein solcher struktureller Niederschlag erfolgt typischerweise (wenngleich nicht ausschließlich) in Form von Organisation(en).

Interaktion, Organisation, Gesellschaft

Gesellschaft ist durch Luhmann definiert als *„das umfassende Sozialsystem aller füreinander kommunikativ erreichbaren Handlungen"* (Luhmann 2005a, 12). Sie ist nicht einfach die Summe aller Interaktionen, sondern ein System eigenen Typs. Während Interaktionen nur unter Anwesenden möglich sind, muss Gesellschaft in der Lage sein, auch Kommunikationsmöglichkeiten unter Abwesenden mit zu systematisieren. Wie Funktionssysteme (Recht, Wirtschaft oder Soziale Arbeit) dies tun, wurde bereits skizziert.

Eine weiteres Aggregationsniveau sozialer Systeme sind Organisationen, welche durch Mitgliedschaft (und dem damit verbundenen Betroffensein von organisationsinternen Entscheidungen) und speziellen Regeln des Ein- und Austritts charakterisiert sind. So lassen sich Verhaltensmotive der Mitglieder relativ dauerhaft reproduzieren. Organisationen sind weiterhin „ein ganz bestimmter Typus von sozialen Systemen, die sich um gesellschaftliche Problemstellungen herum ausbilden. Sie beziehen ihren Existenzgrund daraus, dass sie Leistungen für ihr gesellschaftliches Umfeld erbringen" (Wimmer 2001, 197). Sie sind „die einzigen Sozialsysteme, die regulär als ‚kollektive Akteure' auftreten können; die einzigen Sozialsysteme, die im Kommunikationssystem Gesellschaft ‚im eigenen Namen' kommunizieren können" (Luhmann 1994, 191). Organisationen repräsentieren in besonderer Weise das Verhältnis von Inklusion und Nicht-Inklusion, denn: „Funktionssysteme behandeln Inklusion, also Zugang für alle, als den Normalfall. Für Organisationen gilt das Gegenteil: sie schließen alle aus mit Ausnahme der hochselektiv ausgewählten Mitglieder. Dieser Unterschied ist als solcher funktionswichtig. Denn nur mithilfe der intern gebildeten Organisationen können Funktionssysteme ihre eigene Offenheit für alle regulieren und Personen so unterschiedlich behandeln, obwohl alle gleichen Zugang haben. Die Differenz der Systembildungsweisen ermöglicht es also, beides zugleich zu praktizieren: Inklusion und Exklusion" (Luhmann 1997, 844). Obwohl also alle funktionalen Teilsysteme für alle Menschen prinzipiell offen stehen, erfolgt eine „Schließung" (Weber 1980, 202) über Programmierung und Organisation.

Profession

Teilsysteme sind zwar für alle Menschen prinzipiell offen, aber nicht für alle Rollen. Systemtheoretisch wird eine strikte Differenz zwischen Leistungs- und Publikumsrolle vorgenommen. Jedes System erbringt seine Leistungen über eigens qualifiziertes Personal. Das ist genau die Schnittstelle, an der sich Systemtheorie und Professionstheorie kreuzen, denn nach Stichweh (1994) wird die Leistungserbringung durch eine Profession monopolisiert wahrgenommen. Insofern ergibt sich aus der systemtheoretischen Perspektive ein enger gesellschaftlicher Zusammenhang zwischen Profession und Gesellschaftsstruktur. „Die ‚Professionalisierung' der Sozialarbeit bezieht sich nicht, wie im Falle der klassischen Profession, auf Probleme des Gesellschaftssystems. Die Systemreferenz hat auch hier gewechselt. Es geht einerseits um Prestige- und Gehaltsansprüche, die durch Mitgliedschaft in Organisationen zu verwirklichen sind, und, als Gegenleistung dafür, um Beschaffung von Persönlichkeitsstrukturen, namentlich Motivation und Ausbildung, für einen Entscheidungsprozess, der angeblich nicht ausreichend durch Entscheidungsprogramme gesteuert werden kann" (Luhmann 1973, 33).

Normalisierung

Betrachtet man nunmehr die von Professionen zu erbringenden Leistungen für die Komplementärrolleninhaber (KlientInnen), dann zeigt sich, dass auf Grund der prinzipiellen Offenheit des Systems für alle Gesellschaftsmitglieder diese Leistungen allen zugänglich sein müssen – sofern sie die in der Programmierung eingeforderten Konditionen erfüllen. Damit unterscheiden sich bspw. die von einem System Sozialer Arbeit zu erbringenden Leistungen unter funktionalen Gesichtspunkten nicht mehr von denen anderer Systeme, z. B. Medizin oder Recht. Genau dieser über die Inklusion für alle Gesellschaftsmitglieder offen gehaltene Anspruch auf Leistungen wird als (funktionale) Normalisierung bezeichnet. Es handelt sich dabei nicht um einen normativen Begriff, wie sich am Beispiel der Medizin deutlich machen lässt: Obgleich ihre Leistungen funktional normalisiert sind, also prinzipiell für alle Menschen offen stehen, sind ihre

Wirkungen (z. B. operative Eingriffe) keineswegs immer angenehm oder ihre Voraussetzung (das Vorliegen einer Krankheit) positiv. Nicht anders verhält es sich mit den Leistungen der Sozialen Arbeit als gesellschaftliches Funktionssystem.

Ausblick

Soziale Arbeit als eigenständiges Funktionssystem moderner Gesellschaften eröffnet nicht nur die Perspektive auf eine gesellschaftstheoretische Bestimmung (Funktion), sondern entfaltet auch eine professionstheoretische Linie. Beide Facetten gehören zusammen, denn durch diese doppelte Bestimmung wird eine umfängliche gesellschaftstheoretische Analyse möglich. Systemtheorie bietet dabei *eine* Möglichkeit und wird damit dem eigenen Kontingenzanspruch gerecht: sie fordert heraus zur Erarbeitung sozialwissenschaftlicher Alternativen mit universalistischem Anspruch. Dabei handelt es sich um hochkomplexe Theorien. Dieses Theorieniveau darf jedoch nicht unterschritten werden, denn moderne Gesellschaften und ihre funktionalen Teilsysteme (also auch die Soziale Arbeit) sind komplexe Systeme und diese „... Komplexität lässt sich nur mit entsprechend komplex gebauten Modellen ..." (Willke 1994, 49) angemessen erfassen.

Literatur

Baecker, D. (1994): Soziale Hilfe als Funktionssystem der Gesellschaft. Zeitschrift für Soziologie 23, 93–110

Bommes, M., Scherr, A. (2000): Soziologie der Sozialen Arbeit. Eine Einführung in Formen und Funktionen organisierter Hilfe. Juventa, Weinheim / München

Fuchs, P. (1997): Weder Herd noch Heimstatt – Weder Fall noch Nichtfall. Doppelte Differenzierung im Mittelalter und in der Moderne. Soziale Systeme 3, 413–437

Giddens, A. (1999): Konsequenzen der Moderne. 3. Aufl. Suhrkamp, Frankfurt / M.

Harney, K. (1975): Sozialarbeit als System – Die Entwicklung des Systembegriffs durch N. Luhmann im Hinblick auf eine Funktionsbestimmung sozialer Arbeit. Zeitschrift für Soziologie 2, 103–114

Haselmann, S. (2009): Systemische Beratung und der systemische Ansatz in der Sozialen Arbeit. In: Michel-Schwartze, B. (Hrsg.): Methodenbuch Soziale Arbeit. 2. Aufl. VS Verlag, Wiesbaden, 155–206

Hegel, G. W. F. (1971): Vorlesungen über die Geschichte der Philosophie. In: Hegel, G. W. F.: Werke (hrsg. v. E. Moldenhauer, K. M. Michel). Bd. 20. Suhrkamp, Frankfurt / M.

Japp, K. P. (1986): Wie psychosoziale Dienste organisiert werden. Widersprüche und Auswege. Campus, Frankfurt / M. / New York

Kersten, C. (2009): Orte der Freundschaft. Niklas Luhmann und „Das Meer in mir". 2. Aufl. Kulturverlag Kadmos, Berlin.

Kosellek, T. (2009): Systemisch oder systemtheoretisch? Zurück zur Unterscheidung. Kontext 2, 174–179

Luhmann, N. (2008): Liebe. Eine Übung. Suhrkamp, Frankfurt / M.

– (2005a): Interaktion, Organisation, Gesellschaft. In: Luhmann, N.: Soziologische Aufklärung. Bd. 2: Aufsätze zur Theorie der Gesellschaft. 5. Aufl. VS Verlag, Wiesbaden, 9–24

– (2005b): Die Unwahrscheinlichkeit der Kommunikation. In: Luhmann, N.: Soziologische Aufklärung. Bd. 3: Soziales System, Gesellschaft, Organisation. 4. Aufl. VS Verlag, Wiesbaden, 29–40

– (2005c): „Distinctions directrices". Über Codierung von Semantiken und Systemen. In: Luhmann, N.: Soziologische Aufklärung. Bd. 4: Beiträge zur funktionalen Differenzierung der Gesellschaft. 3. Aufl. VS Verlag, Wiesbaden, 13–32

– (2005d): Die gesellschaftliche Differenzierung und das Individuum. In: Luhmann, N.: Soziologische Aufklärung. Bd. 6: Die Soziologie und der Mensch. 2. Aufl. VS Verlag, Wiesbaden, 121–136

– (1997): Die Gesellschaft der Gesellschaft. Suhrkamp, Frankfurt / M.

– (1994): Die Gesellschaft und ihre Organisationen. In: Derlien, H.-U., Gerhardt, U., Scharpf, F. W. (Hrsg.): Systemrationalität und Partialinteresse: Festschrift für Renate Mayntz. Nomos, Baden-Baden, 189–201

– (1993): Gesellschaftsstruktur und Semantik. Studien zur Wissenssoziologie der modernen Gesellschaft. Bd. 1. Suhrkamp, Frankfurt / M.

– (1992a): Die Wissenschaft der Gesellschaft. Suhrkamp, Frankfurt / M.

– (1992b): Beobachtungen der Moderne. Westdeutscher Verlag, Opladen

– (1987): Soziale Systeme. Grundriss einer allgemeinen Theorie. Suhrkamp, Frankfurt / M.

– (1981): Politische Theorie im Wohlfahrtsstaat. Olzog, München / Wien

– (1973): Formen des Helfens im Wandel gesellschaftlicher Bedingungen. In: Otto, H.-U., Schneider, S. (Hrsg.): Gesellschaftliche Perspektiven der Sozialarbeit. Band 1. Neuwied und Berlin, 21–43

Maaß, O. (2009): Die Soziale Arbeit als Funktionssystem der Gesellschaft. Carl-Auer-Verlag, Heidelberg

Maturana, H. (1985): Die Organisation des Lebendigen: eine Theorie der lebendigen Organisation. In: Maturana, H.: Erkennen: Die Organisation und Verkörperung von Wirklichkeit. 2. Aufl. Vieweg, Braunschweig, 138–156

Merten, R. (2001): Inklusion / Exklusion und Soziale Arbeit. Überlegungen zur aktuellen Theoriedebatte zwischen Bestimmung und Destruktion. Zeitschrift für Erziehungswissenschaft 2, 173–190

– (Hrsg.) (2000): Systemtheorie Sozialer Arbeit. Neue Ansätze und veränderte Perspektiven. Leske + Budrich, Opladen

– (1997): Autonomie der Sozialen Arbeit. Zur Funktionsbestimmung als Disziplin und Profession. Juventa, Weinheim / München

Olk, T. (1986): Abschied vom Experten. Sozialarbeit auf dem Weg zu einer alternativen Professionalität. Juventa, Weinheim / München

Stichweh, R. (1994): Wissenschaft, Universität, Professionen. Soziologische Analysen. Suhrkamp, Frankfurt / M.

Weber, M. (1980): Wirtschaft und Gesellschaft. Tübingen, J. C. B. Mohr (Paul Siebeck)

Weber, G., Hillebrandt, F. (1999): Soziale Hilfe – Ein Teilsystem der Gesellschaft? Wissenssoziologische und systemtheoretische Überlegungen. Westdeutscher Verlag, Opladen

Willke, H. (1994): Systemtheorie II: Interventionstheorie. Grundzüge der Intervention in komplexe Systeme. UTB, Stuttgart / Jena

Wimmer, R. (2001): Organisationsberatung – eine ,unmögliche‘ Dienstleistung. In: Bardmann, T. M. (Hrsg.): Zirkuläre Positionen 3: Organisation, Management und Beratung. Westdeutscher Verlag, Wiesbaden, 197–220

Theorie Sozialer Dienste

Von Gaby Flösser, Nicole Rosenbauer und Marc Witzel

„Historisch entstanden sind die modernen Sozialen Dienste im Kontext des Auf- und Ausbaus kommunaler ‚Daseinsvorsorge' in den Städten der Wilhelminischen Epoche des deutschen Kaiserreichs. Die Kommunen übernahmen die Bereitstellung von Energie und Verkehrsmitteln, von Schlachthöfen, Abfallbeseitigung, Trinkwasserver- und Abwasserentsorgung, und sie entwickelten neuartige Einrichtungen ‚sozialer Fürsorge', in deren Zentrum neue Formen personenbezogener Dienstleistungen auf dem Gebiet der Gesundheits-, Wohnungs-, Jugend- und Arbeitslosenfürsorge standen. Soziale Dienste sind also historisch als Teil kommunaler Daseinsvorsorge entstanden und sie werden bis heute als zentrales Element kommunaler Daseinsvorsorge betrachtet" (Sachße 2002, 1). Trotz dieser langen Tradition, trotz seiner selbstverständlichen und häufigen Verwendung existiert bislang keine allgemein anerkannte Bestimmung des Begriffs „Soziale Dienste". Entsprechende Definitionsvorschläge legen jedoch zumeist eine Differenz von Sozialen Diensten als Organisationen im Sinne von Leistungserbringern und sozialen Dienstleistungen als hierin stattfindenden Interaktionen zwischen Personal und Klientel zu Grunde (Bauer 2001, 66). Soziale Dienste bilden neben Versicherung und Versorgung eine dritte Säule im System sozialer Sicherung und dienen dem Ausgleich sozialer Risiken und der Bearbeitung sozialer Probleme über die materielle sozialstaatliche Absicherung hinaus. Sie produzieren personenbezogene soziale Dienstleistungen im Rahmen des sozialen Bedarfsausgleich, die auf der Basis öffentlich-sozialpolitischer Anerkennung und Legitimität komplementär zu privaten, informellen Anstrengungen zur Daseinsvorsorge mit dem Ziel der individuellen und kollektiven Sicherung gewisser (Mindest-)Standards der Lebensqualität erbracht werden. Als organisierte Hilfs- und Unterstützungsleistungen, die weder „freiwillig und unentgeltlich [...] erbracht noch privatwirtschaftlich produziert werden können" (Badura / Gross 1976, 78), werden sie personenbezogen, d. h. am und mit Menschen erbracht und zielen dabei auf eine Veränderung oder Aufrechterhaltung bestimmter Merkmale von Individuen oder Gruppen mit dem Ziel der Förderung des Integrationsgrades der Gesellschaft (Bäcker et al. 2008, 507 f.; Hasenfeld 1992, 4 f.; Züchner 2007, 38 ff.; Schönig 2006).

Soziale Dienste agieren in der Regel auf regionaler und kommunaler Ebene, wobei die freie Wohlfahrtspflege den Großteil ihrer Leistungen nicht auf einem freien Dienstleistungsmarkt anbietet, sondern auf einem staatlich regulierten „Quasi-Markt". Hierbei handelt es sich um ein politisch folgenreiches Dreiecksverhältnis zwischen öffentlichen Gewährleistungs- und Kostenträgern, freigemeinnützigen Leistungsträgern und der Klientel.

Soziale Dienste werden in Deutschland von freigemeinnützigen, von öffentlichen und zunehmend auch von privat-gewerblichen Trägern bereit gestellt. Neben den politischen Gebietskörperschaften (Kommune, Land, Bund) agieren im Feld Sozialer Arbeit vor allem die Dienste und Einrichtungen der Spitzenverbände der freien Wohlfahrtspflege, aber auch Jugendverbände sowie Selbsthilfe- und Initiativgruppen. Zersplitterte Handlungs-, Organisations- und Zuständigkeitsstrukturen prägen damit das Bild der Sozialen Dienste (vgl. Merchel 2008). Stehen sich in den übrigen Bereichen kommunaler Daseinsvorsorge „Staat" und „Markt" gegenüber, unterscheiden sich Soziale Dienste „organisatorisch und ordnungspolitisch dadurch, dass hier (...) ‚Staat' und ‚Dritter Sektor' (mit den Verbänden der freien Wohlfahrtspflege im Zentrum) koexistieren und kooperieren" (Sachße 2002, 2).

Otto/Thiersch (Hg.), Handbuch Soziale Arbeit, 4. A., DOI 10.2378/ot4a.art162,

Die gesellschaftliche und politische Relevanz der Sozialen Dienste ist gegenwärtig weitgehend unstrittig, wenngleich die vehement vorgetragene Sozialstaatskritik auch die Sozialen Dienste erreicht. Mit Blick auf die nach wie vor expandierenden Beschäftigtenzahlen in den Sozialen Diensten wird für die Bundesrepublik gar von einer Entwicklung hin zu einem „Soziale-Dienste-Staat" (Heinze 2009, 68) gesprochen. Obwohl ihre quantitative ebenso wie ihre qualitative Bedeutsamkeit im wohlfahrtsstaatlichen Kontext damit außer Frage steht, liegt eine konsistente Theoriebildung zum Gegenstandsbereich der Sozialen Dienste jedoch bislang nicht vor. Allerdings können Dimensionen oder Ebenen benannt werden, auf die eine systematische Beschreibung und Analyse Sozialer Dienste eingehen muss, wenn sie einen Beitrag zur Theorieproduktion liefern will. So hätte eine theoretische Fundierung dann mindestens drei Ebenen zu bearbeiten: (1) Die *Ebene der Organisation* unter besonderer Berücksichtigung der fachlich-beruflichen Dimensionen der Konstitution von Professionalität im jeweiligen organisatorischen Kontext, (2) die *strukturell-funktionale Ebene* im Hinblick auf Fragen nach den sozialstaatlichen und wohlfahrtspolitischen Kontextbedingungen Sozialer Dienste und schließlich (3) den Erbringungskontext sozialer Dienstleistungen, seine institutionalisierten Praxen der Interaktion zwischen Personal und Klientel als *personen- und interaktionsbezogene Ebene* Sozialer Dienste (ähnlich Bauer 2001, 70 ff.).

Eine angemessene Berücksichtigung dieser Dimensionen und Ebenen ist aber erst dann gegeben, wenn diese lediglich analytisch zu trennenden Ebenen gerade auch in ihren Wechselwirkungen und Zusammenhängen analysiert werden.

Die größte Herausforderung liegt jedoch in der systematischen Unterstellung, dass es sich bei Sozialen Diensten um einen spezifischen Typus von Organisationen handelt, der sich aus dem institutionalisierten Verhältnis von spezifischen Berufsgruppen und ihren Organisationen begründet. Hieraus ergibt sich die Notwendigkeit, dass organisations- und professionstheoretische Überlegungen in der Analyse und auf den unterschiedlichen Ebenen miteinander verbunden werden müssen. Eine besondere Herausforderung für die Theoriebildung liegt des Weiteren in dem Umstand, dass Soziale Dienste keine konstanten Gebilde sind, die sich

einfach bilanzieren ließen, sondern ständigen Wandlungen unterworfen sind. Sie variieren im Zuge zeitgeistspezifischer Interpretationen des Sozialen und insbesondere im Kontext wohlfahrtsstaatlichen Wandels, was sich in den gesetzlichen und ökonomischen Grundlagen für die Sozialen Dienste, in sozialpolitischen Programmatiken, Menschenbildern, im methodischen Repertoire der Fachkräfte, in Leistungsansprüchen für existentes und potenzielles Klientel u. v. m. niederschlägt und adäquate Analyseinstrumente erfordert.

Drei Ebenen der Theoriebildung Sozialer Dienste

1. Soziale Dienste als professionelle Organisationen

Als Organisationen sind Soziale Dienste ihrem Programm nach helfend, beratend, kontrollierend, fördernd, erziehend, disziplinierend oder unterstützend u. v. m. tätig. Im Gegensatz zu alltagsweltlichen, nicht-organisierten Mustern der Kooperation, Hilfe, Erziehung und Problembearbeitung werden Sozialen Diensten spezifische Kompetenzen zugeschrieben: In ihnen operieren Fachkräfte auf der Grundlage eines besonderen, i. d. R. durch wissenschaftliche Disziplinen abgestützten professionellen Wissens, mit dem zielgerichtet Veränderungen der Kompetenzen, Orientierungen oder Motivationen der Individuen oder Subjekte wie auch der alltäglichen Lebensverhältnisse erreicht werden sollen.

Die Betrachtung Sozialer Dienste war zunächst von bürokratietheoretischen Überlegungen geprägt und auch die Organisations- und Professionssoziologie nahm ihren Ausgang von der „bürokratischen Frage" bzw. von der Frage nach Rationalisierungsprozessen moderner Gesellschaften (Weber 1972; Parsons 1968). In der Auseinandersetzung um Soziale Dienste wurde hierfür insbesondere das Verhältnis von Bürokratie und fachlichem Handeln bzw. Professionalität in den Mittelpunkt gerückt und seit Ende der 1970er Jahre eine systematische Kritik an der bürokratisch organisierten Erbringung personenbezogener Dienstleistungen entfaltet (insbesondere Japp/Olk 1980). Deutlich wurde dabei, dass die Bearbeitung der Problemlagen der

Klientel von Sozialen Diensten einer doppelten Steuerungs- und Selektionsanforderung unterliegt: Zum einen basiert die Bearbeitung im professionellen Handlungsvollzug auf der je fallindividuellen Applikation generalisierten wissenschaftlichen Wissens, zum anderen agieren formale Organisationen auf der Grundlage rechtlich kodifizierter Regeln mit spezifischen Zuordnungskriterien, die als Entscheidungsprogramme spezifische Selektionen nach sich ziehen. In der Konsequenz „werden soziale Probleme verwaltungsförmig segmentiert und nach Maßgabe formaler Kriterien ‚kleingearbeitet‘" (Olk/Otto 1987, 12).

Prägend war dabei die These, dass die Kombination bürokratischer und professioneller Strukturelemente konstitutiv problematisch sei bzw. mehr noch, dass die bürokratische Rationalität das professionelle Handeln tendenziell überformt („Dominanzthese"). Diese Annahmen ließen sich empirisch jedoch nicht bestätigen; es liegt keine schlüssige Begründung für die unterstellte Dominanz eines Einflusssystems in Organisationen vor. Vielmehr ist davon auszugehen, dass persönliche, bürokratisch-formale, ideologische, politische und professionell-qualifikatorische Steuerungselemente im Kontext von Institutionalisierungsprozessen zusammen wirken (Küpper/Felsch 2000, 211). Indem sich organisatorisches Handeln keineswegs in Verwaltungshandeln erschöpft, erwies sich auch die Gleichsetzung von „Organisation" und „Bürokratie" als verkürzt. Organisationen zeigen hohe interne Varianzen bezüglich der Ausprägung von verschiedenen Strukturvariablen (wie z. B. Aktenmäßigkeit, Regelgebundenheit usw.), die wiederrum kaum miteinander korrelieren (Kieser 2002, 62). Ebenso wurde bereits früh erkannt, dass es in der bürokratischen Verfasstheit neben der Amtsautorität „eine auf der Autorität von Wissen basierende und nicht minder rationale Form der Organisation von Gleichen gibt" (Klatetzki/Tacke 2005, 11) – die „company of equals" (Parsons 1947, 60), das Kollegium der Professionellen als nicht-hierarchische, egalitäre Assoziation in der Organisation. Professionelle Organisationen sind danach dadurch gekennzeichnet, dass sie auf spezifischem Wissen und besonderen Kompetenzen von in ihnen tätigen Fachkräften basieren und die Organisationsstruktur den Fachkräften eine gewisse Autonomie in der alltäglichen Handlungs- und Entscheidungspraxis ermöglicht. An die Stelle generalisierter und formalisierter Regeln als dominante handlungsleitende Orientierung tritt die individuelle Bearbeitung von Einzelfällen auf der Grundlage einer besonderen Ethik, die eine qualitativ hochwertige Arbeit sowohl zum Wohle des Klientels als auch der Allgemeinheit sichert. Grundlage der Entscheidungsfindung in den jeweils individuellen Einzelfällen ist dabei eine dezentrale Entscheidungsstruktur, die sich am Modus der Kollegialität ausrichtet. Somit stellen professionelle Organisationen eher eine egalitäre Organisationsform dar, als dass sie auf ein ausgeprägtes Machtzentrum und eine Entscheidungshierarchie rekurrieren (Klatetzki/Tacke 2005, 17; Waters 1989).

Doch ebenso wie die professionstheoretische Diskussion das (zumeist an der klassischen Organisationstheorie orientierte Modell zweckrationaler, gegenüber ihrer Umwelt als „geschlossene Systeme" abgegrenzter Organisationen) zu Grunde gelegte Verständnis von Organisation kaum reflektierte und damit systematische Ausblendungen vollzog, fehlten genuin organisationstheoretischen Überlegungen angemessene Instrumente zur Bestimmung von Professionalität bzw. der Analyse der spezifischen Logik professioneller Problembearbeitung in organisatorischen Kontexten. Kurz: Die Organisationssoziologie verfügt über keinen hinlänglichen Professionsbegriff (Klatetzki/Tacke 2005, 20), ebenso wurden empirische Analysen zur Struktur professionellen Handelns wenig in Bezug auf organisationstheoretische Zusammenhänge thematisiert.

Die neuere organisationssoziologische Paradigmenvielfalt und das erweiterte Spektrum von Ansätzen bieten hier notwendige Erweiterungen und Reflexionsfolien für die Analyse von professionellen Organisationen. Ausgehend von der Erkenntnis, dass Organisationen nicht allein durch formale Strukturen, strukturelle Eigenschaften, Input-Output-Relationen, Kommunikation oder Entscheidung gekennzeichnet sind, sondern ganz wesentlich durch organisationale Praktiken und wiederkehrende praktizierte Formen des Handelns, rücken in neueren Verhältnisbestimmungen die Gestaltungsspielräume im Verhältnis von Individuum und Organisation in den Fokus. Akteur/innen bleiben so zwar an überindividuelle Ordnungen gebunden, diese erzeugen und bestätigen sie jedoch gleichermaßen durch ihr Handeln (Neuberger 1995, 1). Damit geraten die Akteur/innen in zentraler Weise als Träger/innen der Organisation im Sinne von konkreten Handlungssystemen in den Blick. Indem organisationale Strukturen (mitlaufendes) Resultat des Handelns sind und in weiteres Handeln als sein „Medium" eingehen, „existieren" organisationale Strukturen überhaupt nur im Handeln der Akteur / innen „und sodann, als eine virtuelle Ordnung, in ihren Erinnerungen und Erwartungen" (Ortmann et al. 2000, 317). Werden Handlungsabläufe als hochgradig institutionalisierte Wissensstrukturen verstanden und analysiert, kann dann gefragt werden, wie die Mitglieder einer Organisation in ihrem Handeln und in Interaktionen Wissensbestände objektivieren. Neuere Bestimmungen gehen schließlich in ähnlicher Weise von einem wechselseitigen Konstitutionsverhältnis aus und begreifen sozialpädagogische Professionalität als organisationskulturelles System (Klatetzki 1993) oder sehen die spezifische Leistung sozialpädagogischer Organisationen insbesondere in der Konstitution einer gemeinsam geteilten Fachlichkeit (Rosenbauer 2008).

Neben der Betrachtung der „inneren Logik" von professionellen Organisationen sind es darüber hinaus Theorieperspektiven im Rahmen des Neoinstitutionalismus, die auf eine Öffnung organisationssoziologischer Fragestellungen hin zu gesellschaftstheoretischen Perspektiven zielen – im Sinne einer „Rückkehr der Gesellschaft" (Ortmann et al. 2000). Die neoinstitutionalistische Sichtweise rückt als zentrales Charakteristikum Sozialer Dienste in den Blick, dass sie in hohem Maße auf Legitimation aus ihrer Umwelt angewiesen sind, denn anders als in der Herstellung von Gütern und Waren beruht das Wachstum und Überleben von Sozialen Diensten nicht auf technischen Fähigkeiten, sondern auf ihrer Konformität mit dominanten kulturellen Symbolen und Glaubenssystemen im Sinne von „institutional rules" (Meyer / Rowan 1977, 343). Für sie wird aus diesem Grund von einer „Primacy of Institutional Environment" (Hasenfeld 2010) gesprochen: Soziale Dienste müssen gegenüber dem zyklischen Wandel von institutionellen Logiken sensibel sein, die in je spezifischen Konfigurationen von kulturellen, ökonomischen und politischen Kräften dominant werden, da ihnen der Bezug darauf Legitimität im jeweiligen historischen Kontext garantiert.

2. Die strukturell-funktionale Ebene

Soziale Dienste sind eingebunden in die jeweiligen wohlfahrtsstaatlichen Arrangements. Sie repräsentieren die Kultur des Sozialen, da ihre kodifizierte Anhängigkeit von sozialpolitischen Programmatiken in den entwickelten Sozialstaaten Auskunft über die sozial-ethischen Prinzipien einer gesellschaftlichen Formation, über ihre Positionierung im Verhältnis zu anderen gesellschaftlichen Ordnungssystemen, insbesondere zum Markt und zu zivilgesellschaftlichen Assoziationen, sowie über die als legitim anerkannte Quantität und Qualität der erzeugten Dienstleistungen gibt (Bäcker et al. 2008, 507 f.; Hasenfeld 1992, 4 f.). Allerdings folgt aus dieser politischen Verortung keine Determination in der Erbringung sozialer Dienstleistungen, die Sozialen Dienste übernehmen vielmehr eine Übersetzungsfunktion, die artikulierte Bedürfnisse der Nachfragenden mit den politisch-administrativen Interessenlagen kompatibilisieren soll. Sie sind in diesem Sinne intermediäre Instanzen und aktive Akteure in einer öffentlich zugänglichen Arena der Verhandlung über Inhalte und Qualität des sozialen Bedarfsausgleichs. Ihre Schwierigkeit liegt dabei in der Bewahrung von Entscheidungsspielräumen durch eine Begrenzung der machtvollen Einflussnahmen sowohl der Auftraggeber wie auch der Klientel, die nur durch professionelle Organisationen sichergestellt werden kann. Die doppelte Rückbindung der Zielformulierungen der Sozialen Dienste an (kommunal-)politisch vorgegebene Rahmenziele und den artikulierten und / oder festgestellten Bedarf an sozialer Unterstützung fordert spezifische Kompetenzen der Transformation von Individual- oder Kollektivinteressen in angemessene Dienstleistungsangebote, deren zentrale Funktion in einem Interessenausgleich zwischen den Instanzen der Ressourcenverteilung und den Ressourcenempfängern besteht. Die Produktion dieses Interessenausgleichs ist dabei allerdings von zunehmend komplexeren Rahmenbedingungen geprägt: Der demographische Wandel, Individualisierungs- und Pluralisierungsprozesse diversifizieren einerseits die Ansprüche an soziale Hilfe- und Unterstützungsleistungen und begrenzen andererseits die Interventionsspielräume regulativer Politik. Die Abhängigkeit der Sozialen Dienste von der fiskalischen Haushaltslage bei gestiegenen Exklusionsrisiken der spätkapitalistischen Gesellschaften lässt

zudem die Bezugsgrößen der Sozialen Dienste erodieren. „Es ist ungemütlich geworden im deutschen
Sozialstaat", so Kaufmann (1997, 7), ein „allgemeiner Verteilungskampf ist entbrannt, wie ihn
die Bundesrepublik seit ihrem Bestehen noch nicht
erlebt hat. Es geht nicht mehr um die Verteilung
von Zuwächsen, sondern um die Verteilung von
Kürzungen im Rahmen stagnierender oder gar
schrumpfender öffentlicher Haushalte." Im Hinblick auf ihre zentrale Funktion der System- und
Sozialintegration (Lockwood 1969) stellt sich mithin gleichzeitig das Problem eines veränderten
Steuerungsbedarfs wie auch das eines Nachfrage-
wandels (Offe 1987).

Obwohl der Innovationsbedarf damit eindrücklich begründet ist, gibt es nachhaltige Beharrungs-
tendenzen in der strukturellen Verankerung der
Sozialen Dienste. Es ist weniger ihre Funktionsfähigkeit, sondern vielmehr die besonders ausgeprägte Machtstellung der korporativen Verflechtung der Sozialen Dienste in Deutschland,
die letztlich die hohe Stabilität des Systems Sozialer Dienste ausmacht. Die durch den Korporatismus gesicherte Mitwirkung der Träger der Freien
Wohlfahrtspflege in der sozialpolitischen Gesetzgebung und Programmgestaltung birgt den struk-
turbildenden Vorteil, dass die Träger in der Position sind, ihre Mitgliedsorganisationen auf die
„ausgehandelten Politikresultate" zu verpflichten
(Backhaus-Maul/Olk 1994, 109). Die Wohlfahrtsverbände agierten danach erfolgreich und
nachhaltig in dem Spannungsfeld zwischen Interessenvertretung ihrer selbst oder angeschlossener
Organisationen und der Distribution von sozialen
Dienstleistungen an Leistungsberechtigte und
dies im Auftrag des Staates (Tränhardt 2005,
1987f.). Dadurch wird die letztlich entscheidende
Determinierung der Nachfrage nach sozialen
Dienstleistungen durch die Sozialen Dienste
selbst vorgenommen. Ihre jeweilige Entscheidung
über spezielle Hilfe- und Unterstützungsleistungen hat zugleich unmittelbare Folgen für die
Höhe der Ausgaben kommunaler Sozialpolitik.
„Es sind also keineswegs die ‚Ansprüche' der Bürger, oder jedenfalls zu geringem Anteil, welche
zum beklagten additiven Ausgabenzuwachs führen, sondern die ‚Mission' der Träger der Sozialverwaltung, welche einen kontinuierlichen Ver-
besserungsprozess ausschließlich im quantitativen
Ausbau sehen" (Blanke et al. 2000, 21).

Der Preis für diese ausgeprägte Stabilität ist jedoch
die tendenziell zur Unkenntlichkeit verschwom-
mene Grenze zwischen öffentlichem und privatem
Engagement, „was letztlich darin gipfelt, dass nicht
mehr eindeutig herausgestellt werden kann, wessen
Ziele handlungsleitend für (sozial-)politische Entscheidungen sind" (Boeßenecker 2005, 19ff.). So
beschreiben Backhaus-Maul und Olk die zentrale
Funktion der Wohlfahrtsverbände dahingehend,
„insbesondere durch die ihnen angeschlossenen
Dienste und Einrichtungen soziale Dienstleistungen für bestimmte Klientelgruppen bereitzustellen", und nicht darin, „die Interessen von
sozialökonomischen Gruppierungen bzw. ihrer
Mitglieder zu aggregieren, selektieren und gegenüber den politischen Entscheidungsgremien zu
vertreten" (Backhaus-Maul/Olk 1994, 110). Trotz
einer nach wie vor hohen Geltungskraft scheint damit die Funktionsbestimmung Sozialer Dienste
erschüttert. Gefordert wird deshalb eine neue „Go-
vernancestruktur des Wohlfahrtsstaates und seines
institutionellen Arrangements" (Zimmer/Nähr-
lich 1997), mit Hilfe derer „die hochgradig organisierten Akteure des Systems in ihrer eigenständigen
Definitionsmacht und Gestaltungsfähigkeit geschwächt und die korporatistische Steuerung des
Systems aufgelöst werden" (Dahme/Wohlfahrt
2000, 317).

Erst im Nachgang zu der so geforderten Neujustierung des wohlfahrtskulturellen Arrangements lassen sich dann weitere Reformoptionen für die Sozialen Dienste aktivieren. Diese könnten in

1. Begrenzung der Nachfrage nach Leistungen,
2. der Erschließung zusätzlicher Ressourcen,
3. der Intensivierung der Ressourcennutzung und/oder
4. der Auslagerung von Kosten liegen.

3. Personen- und interaktionsbezogene Ebene

Insbesondere der Dienstleistungsdiskurs hat die
„Co-Produktivität" personenbezogener sozialer
Dienstleistungen betont und so die Relevanz der
Interaktionsebene in Sozialen Diensten akzentuiert. „Das schließt nicht aus, dass der quantitativ
größte Teil der professionellen Arbeit in Abwesenheit von Klienten vollzogen wird. Im Resultat aber

wird diese Arbeit dann doch immer wieder auf ein Interaktionssystem hingeführt, in dem die erarbeiteten Ergebnisse appliziert oder ‚übermittelt‘ werden und dabei auch der Klient in irgendeiner Form mitwirkt oder mitarbeitet" (Stichweh 1996, 62). Aus dem wesentlichen Einfluss des Klientels auf den Arbeitsprozess resultiert die Zentralität der Beziehung bzw. eines Arbeitsbündnisses zwischen Beschäftigten und Klientel. Dabei zeichnet sich diese Interaktionsbeziehung zwar durch eine individuelle, persönliche Komponente aus, allerdings ist die Strukturierung der Beziehungen zwischen Personal und Klientel grundlegend durch formal definierte Positionen und soziale Rollen in der Organisation mit daran geknüpften typischen normativen Erwartungen an das Handeln der AkteurInnen gerahmt. Die wechselseitig aufeinander bezogenen Positionen Professionelle/r – Klient/in sind in den Organisationen in der Regel von ungleicher Definitionsmacht geprägt über die Rollenanforderungen der jeweils Anderen, d.h. der Erwartungen, die an diese/n gerichtet werden dürfen. Der Qualität der Beziehung kommt dabei in Sozialen Diensten eine unterschiedliche Bedeutung zu: Sie ist nur dann besonders entscheidend für den Bearbeitungsprozess, wenn eine wiederholte oder dauerhafte Inanspruchnahme notwendig, eine extensive Erforschung von Biographien und individueller Lebenspraxis erforderlich, die interpersonale Beziehung die zentrale Interventionsform ist und die Compliance der Klientel für die Zielerreichung eine zentrale Rolle spielt (Hasenfeld 2010, 21).

Auf der subjektiven Ebene manifestiert sich der Bezug Sozialer Dienste auf soziale Probleme in einer bestimmten Qualität, indem aus Sicht der Klientel, der Fachkräfte und der organisatorischen Programmebene das zu bearbeitende Problem mit der eigenen Person des Klienten untrennbar verbunden ist. Mit dem Problembezug und dem Kontakt zu Sozialen Diensten verbindet sich entsprechend ein Transformations- und Sozialisationsprozess des „Klient-Werdens" (z.B. Bittner 1981; Wolff 1983), in dem die Individualität der Lebenspraxis der Klientel in professionell und institutionell handhabbare Kategorien der Fallbearbeitung überführt wird. Die Art der Fallkonstitution und die dabei verwendeten Ressourcen reflektieren das institutionelle Setting, d.h. die in den Sozialen Diensten institutionalisierten Wissensbestände, Handlungs-orientierungen und Bearbeitungsmöglichkeiten. „Der Status des Klienten oder der Klientin kreiert so eine Rolle, die über verschiedene Mechanismen Konformität mit den Anforderungen des ‚Produktionsprozesses‘ sichert. Neben den […] disziplinierenden Instrumenten der zeitlichen und räumlichen Strukturierung der Interaktionssituation zählen hierzu auch die direkte Verteilung von Sanktionen und Ressourcen, sowohl materieller als auch immaterieller Art" (Groenemeyer 2010, 45). Die Rollen Fachkraft – Klient/in werden wechselseitig aufeinander abgestimmt interaktiv hergestellt (im Kontext der schweizerischen Sozialhilfe z.B. Maeder/Nadai 2004), wobei sich der funktionale Status „Klient/in" im Kontext dieses organisatorisch gerahmten Kategorisierungsprozesses tendenziell mit Zuschreibungen von besonderen Problemlagen, Hilfsbedürftigkeiten und Defiziten verbindet („Klientifizierung").

Die Abhängigkeit von Aushandlungsprozessen mit der Klientel forciert zudem eine relative Ungewissheit der Dienstleistungsarbeit (Berger/Offe 1981, 273ff.), die sich auf organisatorischer Ebene als nicht vollständige Beherrschbarkeit der konkreten Interaktionsprozesse manifestiert. AdressatInnen von Dienstleistungen können durchaus mit einem Interesse an Bewegungsfreiheit, Selbstbestimmung und Nicht-Interaktion ausgestattet sein (Voswinkel 2000) und Widerstände gegen die organisatorischen Definitionen der KlientInnenrolle einbringen. Macht- und Handlungsressourcen variieren dabei mit dem Ausmaß der Freiwilligkeit der Inanspruchnahme, der Abhängigkeit der Klientel von den Ressourcen der Organisationen und der potenziellen Konsequenzen der Kategorisierungen seitens der Sozialen Dienste. Organisatorische Maßnahmen können bei den AdressatInnen schließlich durchaus dysfunktional wirken, so dass sie keineswegs ihr Ziel als helfende, beratende, kontrollierende, fördernde, erziehende, disziplinierende oder unterstützende Leistung erreichen, sondern unter Umständen diesem gar entgegenwirken (z.B. die Studie von Ames 2009 zu Sanktionen im Kontext des SGB II). Die impliziten Machtasymmetrien zwischen den sozialen Rollen und Positionierungen in Sozialen Diensten haben in der Forschung bislang weniger Beachtung gefunden, es ist jedoch von höchst unterschiedlichen Ausprägungen auszugehen, die zum einen durch institutionalisierte Regulierungen, Normen, Legitimationserfordernisse und kulturelle

Interpretationsrahmen gerahmt sind, die formelle oder informelle Standards für Leistungen, für symbolische Repräsentation und Transparenz setzen. Zum anderen werden in den Interaktionen zwischen Beschäftigten und Klientel Dienste und Leistungen auf der Mikroebene ausgehandelt, spezifiziert und bewertet im Sinne einer uno actu mitgelieferten Symbolik und Inszenierung von Organisationen (Holtgrewe 2005). Eine Gemeinsamkeit Sozialer Dienste liegt jedoch darin, dass die LeistungsnehmerInnen dem jeweiligen Leistungsgeber aufgrund einer zugesprochenen Fachautorität – wenngleich in sehr unterschiedlichem Maße – Verfügungsrechte über die eigene Person übertragen, was für die Leistungserbringung funktional ist, gleichzeitig Interaktionsprobleme konstituieren kann. „Denkt man den Kunden mit – oder macht ihn gar zur normativen Autorität der Leistung –, so sind Analysen von Arbeit und Organisation nur als triadische zu denken: Sie müssen die Beschäftigten, die Organisation und den Kunden in den Blick nehmen und ihre Wechselbeziehungen beleuchten" (Jacobsen / Voswinkel 2005, 9), wobei durch die kulturelle und institutionelle Prägung vielschichtige Relationen der Macht, Herrschaft und Kontrolle im Sinne eines Netzes aus Handlungen, Strategien und Wechselwirkungen in dieses Dreieck eingelassen sind.

Neuere Entwicklungen und Theorieoptionen

Aufgrund der aktuellen Veränderungen der sozial- und wohlfahrtsstaatlichen Kontextbedingungen, in denen insbesondere die Grundideen eines aktivierenden Sozialstaats weite Verbreitung gefunden haben, zeichnen sich auf den unterschiedlichen Analyseebenen Irritationen, Reformdruck und neue Herausforderungen für die Sozialen Dienste ab.

Zu beobachten sind das Entstehen neuer Governancestrukturen, die auf eine geänderte Verantwortungsteilung zwischen Staat, intermediären Instanzen, dem Markt und den Bürgerinnen und Bürgern abzielen. Für die Produktion Sozialer Dienste zeichnen sich Restrukturierungen klassischer korporatistischer Politikmuster in Richtung eines radikalisierten „Wohlfahrtspluralismuses" ab, in dem die Koordination und Organisation öffentlich erbrachter und finanzierter Dienstleistungen so (um-)gestaltet werden soll, dass eine effizientere Verteilung der Aufgaben auf die Leistungserbringer (auf öffentliche und freie Träger sowie private Haushalte) erreicht wird. Die strategische Umorientierung zielt dabei auf eine Optimierung des Zusammenspiels aller AkteurInnen, wobei Markt und Wettbewerb als rationalitätssichernde Koordinationsmodi gelten, die eine optimale Allokation und Nutzung von Ressourcen ermöglichen (Otto / Schnurr 2000, 5). Für Soziale Dienste erhalten marktförmige Prinzipien mithin den Status von legitimitätssichernden Merkmalen einer rationalen Gestaltung *erstens* auf der Ebene der interorganisatorischen Steuerung von Diensten im Sozialsektor (durch die Inszenierung von Wettbewerb und Konkurrenz von Leistungserbringern untereinander) und *zweitens* im Hinblick auf innerorganisatorische Strukturen (wie bspw. im Kontext der Einführung Neuer Steuerungsmodelle). Neue Governancestrukturen wirken auf die Sozialen Dienste im Rahmen ihrer wohlfahrtsstaatlichen Eingebundenheit ein und konfrontieren diese mit veränderten Logiken – wie Aktivierungsstrategien und Wettbewerbsorientierung – der Gestaltung sozialer Sicherung auf allen benannten Ebenen (Dahme / Wohlfahrt o. J.; Flösser / Vollhase 2006).

Aus der fiskalischen Krise des Wohlfahrtsstaates und dem sozialstaatlichen Wandel resultieren ebenfalls Konsequenzen für die Möglichkeiten der professionellen Ausgestaltung von Sozialen Diensten. Wird die Steuerung von Organisationen zunehmend nach Mechanismen des Marktes ausgerichtet, tritt die professionelle Problembearbeitung tendenziell in den Hintergrund. Im Bezug zu ihrer institutionellen Umwelt verändern sich damit auch die jeweiligen Bezugspunkte der Legitimität für die Sozialen Dienste („von der professionellen Leistung zur effizienten / effektiven Leistung"). Eine marktförmige Steuerung Sozialer Dienste richtet sich dabei verstärkt auf die Auseinandersetzung von In- und Outcome und unterwirft sich einer „Außensteuerung durch externe Stakeholder" (Heinze 2009, 75). Der politische Preis ist der gleichzeitige Verlust von Handlungsautonomie der Sozialen Dienste (Schönig 2006, 32). Angesichts einer verstärkten Logik der Außensteuerung können professionelle Organisationen als Reaktion bspw. Strategien des (partiellen) Rückzugs entwickeln, in zentrale und hierarchische Steuerungsformen zurückkehren oder eher dysfunktionale Mischformen der Organisation der Dienstleistungen entwickeln.

Während der Bedarf an sozialen Dienstleistungen, insbesondere im Bereich der erziehenden, kontrollierenden und fördernden Leistungen steigt, werden die professionellen Entscheidungen des Einzelfalls zu Gunsten zentraler Eingriffslogiken reduziert. Der Steuerungsanspruch im aktivierenden Sozialstaat manifestiert sich in „seinen" Sozialen Diensten dabei – in so unterschiedlichen Bereichen wie Gesundheits- und Arbeitsmarktpolitik – in einer Evidenzbasierung (Schönig 2006, 33), womit sich auch Veränderungen der Berufsrolle von Fachkräften in Sozialen Diensten verbinden. Bislang favorisierte Instrumente der Beratung, Betreuung, Unterstützung und Hilfeplanung werden sukzessive durch Instrumente wie Assessment (im Sozialamt), Profiling (im Job Center), Hilfekontrakte und -vereinbarungen und Fallmanagement ersetzt oder ergänzt. Case- und Care-Management mit eingebauten Controllingmechanismen als neue soziale Dienstleistungsstrategie, der Grundsatz „Fördern und Fordern" soll das Schnittstellenmanagement zwischen Sozialstaat und Einzelfall sicherstellen (Dahme/Wohlfahrt o.J., 5). Mit solchen Instrumenten und einer instrumentell-strategischen Rationalisierung und Technologisierung Sozialer Dienste wird zudem ein Berufshabitus des „Sozialtechnikers" oder der „SozialingenieurIn" wahrscheinlich.

Verbunden mit solchen Steuerungslogiken sind zudem Veränderungen in der Interaktion mit den Adressaten sozialer Dienstleistungen. Die Erbringung sozialer Dienstleistungen wird von einem gemeinsamen Akt der Fachkräfte und des Klienten in der Interaktion stärker auf eine Aktivierung des Klienten verlagert, so dass dieser zur Problemlösung zunehmend auf sich selbst verwiesen wird. Ihm werden im Rahmen der organisatorischen Kategorisierungs- und Bearbeitungsprozesse nicht nur tendenziell Defizite zugeschrieben, sondern zugleich die Verantwortung für die Bearbeitung übertragen. Die zu beobachtenden Verschiebungen einer sukzessiven Delegation von Verantwortung für die eigene Daseinsvorsorge auf den Einzelnen kann sich in Sozialen Diensten mit moralisch-normierenden professionellen Handlungsmustern koppeln (Kessl/Otto 2002), und Techniken der Problembearbeitung und Methoden, die in Sozialen Diensten gewählt werden, müssen zwar mit dominanten kulturellen und institutionellen Logiken kompatibel sein, allerdings sind diese für Soziale Dienste auch als eine symbolische Politik möglich. Es ist nicht davon auszugehen, dass diese Umstrukturierungen von den Fachkräften einfach umgesetzt werden (bspw. zum Qualitätsmanagement Herrmann 2007), ebenso widerstrebt ein umfassender und sanktionsbewehrter Aktivierungsbegriff dem Selbstverständnis vieler Sozialer Dienste. Es ist hier vielmehr von Brüchen und Widerständigkeiten auszugehen, ebenso von KlientInnen, die ein eigenes Selbstverständnis gegenüber der Verfügungsgewalt von Trägern verteidigen (etwa Ames 2009).

Veränderte Logiken der Gestaltung sozialer Sicherung sind in ihren Auswirkungen keineswegs nur auf eine der benannten Ebenen Sozialer Dienste zu beziehen, sondern erfordern einen analytischen Blick auf deren spezifisches Zusammenwirken. Vielversprechende Perspektiven für eine Theoriebildung Sozialer Dienste bieten neben neoinstitutionalistischen Überlegungen Ansätze der politischen Ökonomie sowie kritische und feministische Theorien, da diese zudem die Diversität innerhalb von Organisationen mit in den Fokus rücken. Insbesondere mit Blick auf das Wechselverhältnis der angesprochenen Ebenen Sozialer Dienste liegt ein Bezug auf strukturationstheoretische Überlegungen nahe: Hierbei geraten Dienstleistungen aus Perspektive der Organisation als mesosoziologische Analyseebene zwischen der Mikroebene der Interaktion und der Makroebene gesellschaftlicher Ordnungen und Konflikte in den Blick. „Dann aber ist von der Dienstleistung einiges für das Verständnis gesellschaftlicher Arbeit und Produktion insgesamt zu lernen. Sie zwingt uns ganz unvermeidlich, den Blick auf Prozesse statt Produkte zu richten: auf die soziale Konstruiertheit und die fortlaufende soziale Konstruktion von Erwartungen und Ressourcen, auf die institutionelle Einbettung wirtschaftlichen und organisierten Handelns und deren strategische Aktualisierung, und auf die Wechselwirkungen zwischen sozialem, institutionellem und organisationellem Wandel" (Holtgrewe 2005, 53).

Literatur

Ames, A. (2009): Ursachen und Auswirkungen von Sanktionen nach § 31 SGB II. Hans-Böckler-Stiftung, Düsseldorf

Bäcker, G., Naegele, G., Bispinck, R., Hofemann, K., Neubauer, J. (2008): Sozialpolitik und soziale Lage in Deutschland. 4. Aufl. 2 Bände. VS Verlag, Wiesbaden

Backhaus-Maul, H. (2008): Corporate citizenship in Deutschland. Bilanz und Perspektiven. VS Verlag, Wiesbaden

–, Olk, T. (1994): Von Subsidiarität zu „outsourcing": Zum Wandel der Beziehungen zwischen Staat und Wohlfahrtsverbänden in der Sozialpolitik. In: Streeck, W. (Hrsg.): Staat und Verbände. Politische Vierteljahresschrift, Sonderheft 25. Westdeutscher Verlag, Opladen, 100–135

Badura, B., Gross, P. (1976): Sozialpolitische Perspektiven. Eine Einführung in Grundlagen und Probleme Sozialer Dienstleistungen. Piper, München

Bahle, T. (2007): Wege zum Dienstleistungsstaat. Deutschland, Frankreich und Großbritannien im Vergleich. Juventa, Weinheim

Bauer, R. (2001): Personenbezogene Soziale Dienstleistungen. Begriff, Qualität und Zukunft. Westdeutscher Verlag, Opladen

Berger, U., Offe, C. (1981): Das Rationalisierungsdilemma der Angestelltenarbeit. Arbeitssoziologische Überlegungen zur Erklärung des Status von kaufmännischen Angestellten aus der Eigenschaft ihrer Arbeit als „Dienstleistungsarbeit". In: Kocka, J. (Hrsg.): Angestellte im europäischen Vergleich. V & R, Göttingen, 39–58

Bittner, U. (1981). Ein Klient wird „gemacht". In: Kardorff, E. v., Koenen, E. (Hrsg.): Psyche in schlechter Gesellschaft. Urban & Schwarzenberg, München, 103–137

Blanke, B., Brandel, R., Hartmann, A., Heinze, R. G., Hilbert, J., Lamping, W., Naegele, G., Schridde, H., Stöbe-Blossey, S., Bandemer, S. v. (2000): Sozialstaat im Wandel. Herausforderungen, Risiken, Chancen, neue Verantwortung. Wissenschaftliche Eingangsuntersuchung für das Ministerium für Frauen, Jugend, Familie und Gesundheit des Landes Nordrhein-Westfalen. Eigenverlag, Hannover / Gelsenkirchen

Boeßenecker, K.-H. (2005): Spitzenverbände der Freien Wohlfahrtspflege. Eine Einführung in Organisationsstrukturen und Handlungsfelder der deutschen Wohlfahrtsverbände. Juventa, Weinheim

Dahme, H.-J., Wohlfahrt, N. (2000): Auf dem Weg zu einer neuen Ordnungsstruktur im Sozial- und Gesundheitssektor: Zur politischen Inszenierung von Wettbewerb und Vernetzung. Neue Praxis 4, 317–334

–, – (o. J.): Soziale Gerechtigkeit im aktivierenden Sozialstaat. Zur Entwicklung einer dezentralisierten und sozialraumorientierten Sozialpolitik. Unveröffentl. Manuskript

Flösser, G., Vollhase, M. (2006): Freie Wohlfahrtspflege zwischen subsidiärer Leistungserbringung und Wettbewerb. In: Hensen, G. (Hrsg.): Markt und Wettbewerb in der Jugendhilfe. Ökonomisierung im Kontext von Zukunfts-orientierung und fachlicher Notwendigkeit. Juventa, Weinheim

Groenemeyer, A. (2010): Doing Social Problems – Doing Social Control, In: Groenemeyer, A. (Hrsg.): Doing Social Problems. Mikroanalysen der Konstruktion sozialer Probleme und sozialer Kontrolle in institutionellen Kontexten. VS Verlag, Wiesbaden, 13–56

Hasenfeld, Y. (2010): The Attributes of Human Service Organizations. In: Hasenfeld, Y. (Hrsg.): Human Services as Complex Organizations. Newbury Park, CA, Sage, 9–32

– (1992): Human Services as Complex Organizations. SAGE Publications, Newbury Park

Heinze, R. (2009): Rückkehr des Staates? Politische Handlungsmöglichkeiten in unsicheren Zeiten. VS Verlag, Wiesbaden

Herrmann, C. (2007): Zur Transformation der Vorstellung von „guter Arbeit" – Aneignungsweisen der Qualitätsdebatte in der stationären Kinder- und Jugendhilfe. In: Anhorn, R., Bettinger, F., Stehr, J. (Hrsg.): Foucaults Machtanalytik und Soziale Arbeit. Eine kritische Einführung und Bestandsaufnahme. VS Verlag, Wiesbaden, 295–308

Holtgrewe, U. (2005): Kunden und Dienstleistungsorganisationen – ein Blick in die organisationssoziologische Werkzeugkiste. In: Jacobsen, H., Voswinkel, S. (Hrsg.): Der Kunde in der Dienstleistungsbeziehung, 37–56

Jacobsen, H., Voswinkel, S. (Hrsg.) (2005): Der Kunde in der Dienstleistungsbeziehung. Beiträge zur Soziologie der Dienstleistung. VS Verlag, Wiesbaden

Japp, K. P., Olk, T. (1980): Wachsende Bedürfnisbefriedigung oder Kontrolle durch soziale Dienstleistungen? In: Otto, H.-U., Müller, S. (Hrsg.): Sozialarbeit als Sozialbürokratie? Zur Neuorganisation Sozialer Dienste. neue praxis Sonderheft 5. Luchterhand, Neuwied, 60–89

Kaufmann, F.-X. (1997): Herausforderungen des Sozialstaates. 1. Aufl. Suhrkamp, Frankfurt / M.

Kessl, F., Otto, H.-U. (2002): Entstaatlicht? Die neue Privatisierung personenbezogener sozialer Dienstleistungen. Neue Praxis 2, 122–139

Kieser, A. (2002): Organisationstheorien. 5. Aufl. Kohlhammer, Stuttgart

Klatetzki, Th. (1993): Wissen, was man tut. Professionalität als organisationskulturelles System. KT-Verlag, Bielefeld

–, Tacke, V. (2005): Organisation und Profession. VS Verlag, Wiesbaden

Küpper, W., Felsch, A. (2000) (Hrsg.): Organisation, Macht und Ökonomie. Mikropolitik und die Konstitution organisationaler Handlungssysteme. VS Verlag, Wiesbaden

Lockwood, D. (1969): Soziale Integration und Systemintegration. In: Zapf, W. (Hrsg.): Theorien des sozialen Wandels. Kiepenheuer & Witsch, Berlin, 124–137

Maeder, Ch., Nadai, E. (2004): Organisierte Armut. Sozialhilfe aus wissenssoziologischer Sicht. UVK-Verlag, Konstanz

Merchel, J. (2008): Trägerstrukturen in der Sozialen Arbeit. Eine Einführung. 2., überarb. Aufl. Juventa, Weinheim

Meyer J. W., Rowan, B. (1977): Institutional Organizations: Formal Structure as Myth and Ceremony. American Journal of Sociology 83, 340–63

Mintzberg, H. (1993): Structure in Fives. Designing Effective Organizations. Upper Saddle River, Prentice Hall

Neuberger, O. (1995): Mikropolitik. Der alltägliche Aufbau und Einsatz von Macht in Organisationen. Stuttgart

Offe, C. (1987): Das Wachstum der Dienstleistungsarbeit: Vier soziologische Erklärungsansätze. In: Olk, Th., Otto, H.-U. (Hrsg.): Soziale Dienste im Wandel, Helfen im Sozialstaat. Bd. 1, Luchterhand, Neuwied, 171–198

Olk, Th., Otto, H.-U. (1987): Institutionalisierungsprozesse sozialer Hilfe. Kontinuitäten und Umbrüche. In: Olk, Th., Otto, H.-U. (Hrsg.): Soziale Dienste im Wandel, Helfen im Sozialstaat. Bd. 1, Luchterhand, Neuwied, 1–23

Ortmann, G., Sydow, J., Türk, K. (2000): Organisation, Strukturation, Gesellschaft. Die Rückkehr der Gesellschaft in die Organisationstheorie. In: Ortmann, G., Sydow, J., Türk, K. (Hrsg.): Theorien der Organisation, 2. Aufl. VS Verlag, Wiesbaden, 15–34

Otto, H.-U., Müller, S. (Hrsg.) (1980): Sozialarbeit als Sozialbürokratie? Zur Neuorganisation Sozialer Dienste. neue praxis Sonderheft 5. Luchterhand, Neuwied

–, Schnurr, S. (2000): „Playing the Market Game?" – Zur Kritik markt- und wettbewerbsorientierter Strategien einer Modernisierung der Jugendhilfe in internationaler Perspektive. In: Otto, H.-U., Schnurr, S. (Hrsg.): Privatisierung und Wettbewerb in der Jugendhilfe. Marktorientierte Modernisierungsstrategien in internationaler Perspektive. Luchterhand, Neuwied u. a., 3–20

Parsons, T. (1968): Professions. International Encyclopedia of the Social Sciences, Vol. 12, 536–547

– (1947): Introduction. In: Weber, M.: The Theory of Social and Economic Organization. Oxford University Press, New York, 3–86

Rosenbauer, N. (2008): Gewollte Unsicherheit? Flexibilität und Entgrenzung in Einrichtungen der Jugendhilfe. Juventa, Weinheim

Sachße, Ch. (2002): Die Zukunft der Sozialen Dienste. In: www.schader-stiftung.de/docs/sachse_papier_soziale_dienste.pdf, 03.06.2010

Schönig, W. (2006): Soziale Arbeit als Intervention. Versuch einer integrierten Definition mit Blick auf Sozialpolitik und soziale Dienste. Sozialmagazin 31, 38–45

– (2004): Soziale Dienste für einen aktivierenden Sozialstaat. Konsequenzen aus analytischer und sozialräumlicher Sicht. Sozialmagazin 29, 28–45

Stichweh, R. (1996): Professionen in einer funktional differenzierten Gesellschaft. In: Combe, A., Helsper, W. (Hrsg.): Pädagogische Professionalität. Untersuchungen zum Typus pädagogischen Handelns. Suhrkamp, Frankfurt / M., 49–69

Tränhardt, D. (2001): Wohlfahrtsverbände. In: Otto, H.-U., Thiersch, H. (Hrsg.): Handbuch Sozialarbeit / Sozialpädagogik. 3. Aufl. Ernst Reinhardt, München / Basel, 1987–1990

Vollmer, H. (1996): Die Institutionalisierung lernender Organisationen. Vom Neoinstitutionalismus zur wissenssoziologischen Aufarbeitung der Organisationsforschung. Soziale Welt 3, 315–343

Voswinkel, S. (2000): Das mcdonaldistische Produktionsmodell – Schnittstellenmanagement interaktiver Dienstleistungsarbeit. In: Minssen, H. (Hrsg.): Begrenzte Entgrenzungen. edition sigma, Berlin, 177–201

Waters, M. (1994): Modern Sociological Theory . Sage, London

– (1989): Collegiality, Bureaucratization and Professionalization: A Weberian Analysis. American Journal of Sociology 5, 945–972

Weber, M. (1972): Wirtschaft und Gesellschaft. Mohr, Tübingen

Wolff, S. (1983): Die Produktion von Fürsorglichkeit. AJZ, Bielefeld

Zimmer, A., Nährlich, S. (1997): Krise des Wohlfahrtsstaates und New Public Management. Zeitschrift für Sozialreform 9, 661–684

Züchner, I. (2007): Aufstieg im Schatten des Wohlfahrtsstaats. Expansion und aktuelle Lage der Sozialen Arbeit im internationalen Vergleich. Juventa, Weinheim

Theorie und Theoriegeschichte Sozialer Arbeit

Von Cornelia Füssenhäuser und Hans Thiersch

Über die Aufgabe und Funktion von Theorie und Theorien Sozialer Arbeit zu sprechen, ist komplex, da die Frage nach der Theorie bzw. den Theorien der Sozialen Arbeit durchaus widersprüchlich diskutiert wird und die Fachdiskussion verstärkt seit den 1970er Jahren begleitet. Dennoch ist festzuhalten, dass sich die Disziplin wie die Profession Sozialer Arbeit insbesondere seit den 1970er Jahren stabilisiert und differenziert entwickelt haben. Diese „Normalisierung der Sozialpädagogik bzw. der Sozialen Arbeit" zeigt sich – zumindest implizit – sowohl in der Prämisse einer Konsolidierung der Sozialpädagogik (Lüders/Winkler 1992; Rauschenbach 1999) als auch in jenen Ortsbestimmungen der Sozialpädagogik, die diese als lebenslaufbegleitendes Medium der Sozialintegration zunehmend in die Mitte der Gesellschaft stellen (Böhnisch 2001; Böhnisch/Schröer 2005). Eine solche Entwicklung ist sowohl für die Profession (Expansion des sozialen Feldes, Differenzierung von Praxis und Ausbildung) als auch für die Disziplin und Disziplinpolitik (Ausbildung an „mehreren Orten", Gründung und Etablierung einer wissenschaftlichen Vereinigung sowie von Fachorganen und Tagungen, Vielfalt der entsprechenden Publikationen) festzustellen (Füssenhäuser 2005; Rauschenbach/Züchner 2005; Thiersch 2005; Schweppe/Sting 2006).

Die Konsolidierung der Profession im 20. Jahrhundert charakterisiert Michael Galuske (2002) mit folgenden Stichpunkten: Zentrales Kennzeichen der Entwicklung im 20. Jahrhundert war die zunehmende Institutionalisierung, Verrechtlichung und gleichzeitige Ausdifferenzierung der Sozialen Arbeit und ihrer zentralen Handlungsfelder. Gleichzeitig kam es zu einer Ausweitung der Zuständigkeiten hinsichtlich der Adressat(inn)en Sozialer Arbeit. Soziale Arbeit entwickelte sich von den Rändern und der Fokussierung auf soziale Probleme zu einer modernen Dienstleistungsprofession, die als „Regelangebot" das Hineinwachsen in die Gesellschaft begleitet bzw. institutionell abfedert und sich so zu einem „Leistungsangebot für alle" (Thiersch 2005) entwickelt. V. a. aber kam es neben der faktischen Expansion und Ausdifferenzierung zu verstärkten Prozessen der empirisch gestützten Selbstbeobachtung und zu einem verstärkten Interesse an einer „empirisch und gesellschaftstheoretisch aufgeklärten Theoriediskussion" (Galuske 2002, 4).

Diese Entwicklung wurde im Bild des „sozialpädagogischen Jahrhunderts" gefasst. Dieses Bild wurde häufig genutzt, um „Aufstieg" und Konturierung der historisch und im Vergleich z. B. zur Schulpädagogik betrachtet jungen Disziplin Sozialpädagogik zu beschreiben, v. a. aber um ihre zunehmende Konsolidierung und gesellschaftliche Normalisierung herauszustellen (Füssenhäuser 2005; Rauschenbach 1999; Thiersch 2005; Thole 2005a, 2005b). Unstrittig ist hierbei sicherlich, dass sich die Soziale Arbeit im zurückliegenden 20. Jahrhundert zu einem differenzierten Praxis- und Theoriefeld entwickelt hat und zunehmend als ein unverzichtbares gesellschaftliches Teilsystem verstanden wird. Moderne Gesellschaften sind darauf angewiesen, dass es spezifische Organisationen und Professionen gibt, die soziale Desintegrationsprozesse und individuumsbezogene Exklusionen thematisieren und diese lebensweltlich bearbeiten (Böhnisch/Schröer 2005; Böhnisch et al. 2005; Kleve 2003). Am Beginn des 21. Jahrhunderts hat sich die Soziale Arbeit einerseits zu einem gesellschaftlichen Allgemeinangebot entwickelt. Andererseits ist sie weiterhin diejenige Institution, die gesellschaftlich verursachte Desintegrationsprozesse abzufangen hat (Thole 2005b, 46 f.).

Diese Entwicklung der letzten Jahrzehnte einer Expansion und Ausdifferenzierung sozialpädagogischer Aufgaben und Institutionen, die in ihren

Otto/Thiersch (Hg.), Handbuch Soziale Arbeit, 4. A., DOI 10.2378/ot4a.art163,

Intentionen und Potenzialen sicher noch nicht an ihr Ende gekommen ist, wird seit einigen Jahren zunehmend infrage gestellt. Überwiegen derzeit nicht Tendenzen, die erkennen lassen, dass sich die Soziale Arbeit unter verstärkt ökonomischem und gesellschaftlichem Druck befindet und nach einer Phase der Expansion in eine Phase des Abbaus, zumindest aber des Umbaus, geraten ist? Kommt nicht die Gefahr einer Instrumentalisierung der Sozialen Arbeit hinzu, wie sie durch die wachsende Bedeutung ökonomischer und betriebswirtschaftlicher Konzepte, der Neuorganisation sozialer Dienste und der Infragestellung des „Sozialen" angezeigt wird (vgl. hierzu z. B. die Diskussion einer evidenzbasierten Theorie wie Praxis (Otto et al. 2009)?

Genereller ist darüber hinaus zu fragen, wie es gelingen kann, soziale Gerechtigkeit und lebensweltliche Bewältigungsorientierung als Kernprinzipien einer den Menschen zugewandten Sozialen Arbeit in Zukunft zu sichern. Soziale Arbeit steht heute vor vielfältigen Aufgaben und Herausforderungen. Prozesse der Biografisierung, der Globalisierung und der Ökonomisierung, der Strukturwandel der Arbeitsgesellschaft und die damit einhergehende Spaltung der Gesellschaft schwächen die Integrationskraft des Sozialstaats. Soziale Probleme als öffentliche Aufgabe werden dethematisiert und privatisiert. Soziale Arbeit ist dabei sowohl „zwischen Staat und Markt" als auch zwischen dem Anspruch von sozialer Gerechtigkeit und Aufgaben der Lebensbewältigung angesiedelt. Gleichzeitig bewegt sie sich zwischen öffentlicher Verantwortung und professionell unterstützten Bürgeraktivitäten und benötigt verlässliche materielle und rechtliche Absicherung durch politische wie institutionelle Rahmungen.

Vor diesem Hintergrund scheint es problematisch, wie Teile der Profession bzw. Praxis sich vordergründig v. a. auf die Praktikabilität von Methodenkonzepten stützen und sich auf Fragen der Qualitätsstandards und Qualitätskontrollen konzentrieren. Gleichzeitig zeigt sich in der disziplinären Debatte eine gewisse Differenz in Bezug auf den genuinen Gegenstand und die disziplinäre Zuordnung der Sozialen Arbeit. Zudem wird immer wieder gefragt, ob und inwieweit vorhandene Theoriepositionen den geltenden Anforderungen an Theorie genügen. Vor allem aber wird immer wieder vor dem Hintergrund eines allgemeinen postmodernen Zweifels an den „großen Erzäh-

lungen" (Lyotard 2009) die Frage gestellt, ob eine Theorie der Sozialen Arbeit überhaupt möglich sei. Lyotard zufolge tritt – und so zeigt sich auch der Theoriediskurs der Sozialen Arbeit – an die Stelle der „großen Erzählungen" eine Vielfalt von Diskursen bzw. von „isolierten Sprachspielen", die sich mit je eigenen Regeln der Konstitution von Aussagen verbinden und mit eigenen Kriterien der Rationalität und Normativität einhergehen (Lyotard 2009).

Diese neueren Entwicklungen aber heben nicht auf, dass sich die Theoriediskussion der Sozialen Arbeit in ihrem Selbstverständnis konsolidiert und differenziert. Das wird u. a. darin deutlich, dass sich unterschiedliche Theoriepositionen (wie z. B. die Alltags- und Lebensweltorientierung, die Lebensbewältigungstheorie, die ökosoziale Theorie, die system(ist)ische Soziale Arbeit, die reflexive Sozialpädagogik) etabliert haben (Thole 2005a, May 2009). Deutlich wird dies aber auch in der damit einhergehenden Professionalisierung und Institutionalisierung der fachlichen Diskussion, der öffentlichen Selbstdarstellung (z. B. in den Jugendberichten) oder in der Akademisierung und Differenzierung der Ausbildung. Von daher konstatieren wir, dass sich seit den 1980er Jahren und insbesondere seit der Wende zum 21. Jahrhundert die Diskussion unterschiedlicher Positionen deutlich intensiviert hat und diese zunehmend auch in ihrer wechselseitigen Provokation genutzt wird.

Im Anschluss an die eingangs formulierten Überlegungen soll diese These noch einmal pointiert werden. Insgesamt wird der Sozialen Arbeit im Blick auf ihre Entwicklung seit den 1980er Jahren Normalisierung attestiert (Füssenhäuser / Thiersch 2005; Lüders / Winkler 1992; Rauschenbach 1999). Die Prämisse der Normalisierung muss jedoch in sich differenzierend betrachtet werden: Einerseits steht für die Etablierung und Differenzierung der Arbeitsfelder und deren Akzeptanz als Moment moderner sozialer Infrastruktur wie für die Etablierung der Ausbildungsgänge im Hochschulbereich und der Institutionalisierung des Wissenschaftsbetriebs die These der Normalisierung außer Frage (Rauschenbach 1999). Umstritten ist aber (Mührel / Birgmeier 2009a; Neumann / Sandermann 2009b; Winkler 2009), ob sich zwischenzeitlich auch der Theoriediskurs normalisiert hat. Der Erfolg der Praxis mache theorieunwillig, ja theorieunfähig (Neumann /

Sandermann 2009b; Winkler 2009). Obwohl es in der Disziplin eine große Vielfalt und zunehmende Intensität wissenschaftlicher Diskussionen gebe, so seien diese doch inhaltlich unzureichend (Mührel / Birgmeier 2009; Rauschenbach / Züchner 2005). Der Theoriediskurs sei weiterhin unterentwickelt und erfülle insbesondere die ihm zufallende Aufgabe der Aufklärung von Praxis nicht hinreichend.

Diese Kritik aber scheint uns auf ein Missverständnis zu verweisen. Wenn wir Soziale Arbeit in der Tradition einer sozialwissenschaftlich erweiterten hermeneutisch-pragmatischen Pädagogik und der von ihren Methoden bestimmten pragmatischen Sozialen Arbeit her betrachten, ergibt sich folgende Überlegung: Theorie und Praxis beziehen sich auf dasselbe Gegenstandsinteresse, fassen es aber in unterschiedlichen Wissensformen und Logiken (so schon Weniger 1957), d.h. in den Formen des Praxiswissens, des Professionswissens und des Theoriewissens. Ihr Verhältnis aber wurde in der hermeneutisch-pragmatischen Pädagogik immer wieder einseitig ausgelegt, indem das Theoriewissen primär in den Dienst von Praxis gestellt und als „Denken aus der Verantwortung des Handelns" heraus bestimmt und damit in seiner spezifischen Eigenart verkannt wurde. Dagegen scheint es uns notwendig, im Zusammenhang des Gegenstandsbezugs die Zugänge in der Unterschiedlichkeit ihrer Leistungen zu betonen und zu praktizieren. (Dass dies eine erkenntnistheoretisch gleichsam unerlaubte, nur zur Orientierung brauchbare Formulierung ist, ist uns bewusst, soll aber, um Missverständnisse zu vermeiden, ausdrücklich angemerkt werden.)

So betrachtet, ist Ausbildung nicht als Ausbildung primär für Praxis zu verstehen, sondern sie ist immer auch Ausbildung für und in Theorie, sie ist v. a. aber Ausbildung in der Vermittlung und Relationierung der unterschiedlichen Wissensformen von Theorie und Praxis.

Vor diesem Hintergrund verfolgen wir, wie auch schon in der 3. Auflage dieses Handbuchs (2005), die These, dass sich in der Theoriediskussion seit den 1980er Jahren vielfältige Zugänge und weiterführende Perspektiven identifizieren lassen (Füssenhäuser 2005; May 2009; Thole 2005a). Insgesamt hat sich sowohl in der Theoriediskussion als auch in ihrem Selbstverständnis der Status der Sozialen Arbeit differenziert und konsolidiert. Von

daher kann die gegenwärtige Theoriedebatte und Theorieproduktion der Sozialen Arbeit produktiv und zunehmend selbstreferenziell (Dollinger 2008; Füssenhäuser 2005; May 2009) verstanden werden.

Theorie als theoretische Diskussion und Theorie der Sozialen Arbeit im engeren Sinn

In der Frage nach der Theoriediskussion in der Sozialen Arbeit sind Unterscheidungen nötig. Theorie meint zunächst die Diskussion der unterschiedlichen Sachfragen einer sozialwissenschaftlich verstandenen Sozialen Arbeit, die Diskussion also z. B. zu Lebenslagen von Menschen, zu Ätiologie und Erscheinung abweichenden Verhaltens, zum Fallverstehen und zum Strukturmuster von Interventionen, ebenso aber auch zur Struktur von Trägern und Institutionen der Sozialen Arbeit. Theorie verstanden als *theoretische Diskussion* meint also zunächst die vielfältigen Diskurse innerhalb des Gegenstandsbereichs der Sozialen Arbeit.

Von dieser „theoretischen Diskussion" scheint es uns sinnvoll, eine *Theorie der Sozialen Arbeit im engeren Sinn* zu unterscheiden. Diese zielt auf die Klärung des Status der Sozialen Arbeit, ihres Gegenstands- und Aufgabenbereichs und ihrer gesellschaftlichen Funktion, ihrer geschichtlichen Selbstvergewisserung und ihrer Positionierung im Kontext anderer Disziplinen und der Anforderungen der Praxis. Entwicklungen und Positionen solcher Theorie im engeren Sinn sind Gegenstand der folgenden Darstellung. Sie zielt also innerhalb des Ganzen der theoretischen Diskussion auf ein spezielles Segment: auf die Frage nach dem Zusammenhang des Ganzen, seiner Beschreibung, Begründung und Aufklärung. Darin und nicht in der Herstellung eines allgemeinen Rahmens für die Vielfältigkeit der allgemeinen theoretischen Diskussion liegt ihre genuine Funktion. „Theoretische Diskussion" und „Theorien der Sozialen Arbeit" sind somit als nicht hierarchisches Nebeneinander unterschiedlicher Linien zu verstehen, als kommunikatives Geflecht unterschiedlicher Erkenntnisinteressen und Erkenntniszugänge.

Die Frage nach der Theorie der Sozialen Arbeit verstehen wir als die nach einer Diskursszene, in der Theorien entstehen. Im Anschluss an Winkler

(2006a) gehen wir davon aus, dass Theorien nicht unmittelbar aus einer Wortbedeutung oder aus einer vermeintlichen Sache heraus in festen Definitionen erörtert werden können. Theorien sind eher zu verstehen als Verständigungen über Deutungen, die sich im Kontext gesellschaftlicher, politischer und fachlicher Konstellationen herausbilden und in ihrer Bedeutung nur in diesem Kontext erschlossen werden können. Innerhalb des Theoriediskurses aber sind weitere Differenzierungen unverzichtbar.

Soziale Arbeit agiert seit ihren Anfängen in der Spannung von Theorie und Praxis sowie von Disziplin- und Professionswissen. Dieses oben schon angesprochene Strukturmerkmal möchten wir noch einmal präzisierend aufnehmen.

1. Die *Disziplin* bzw. das *Disziplinwissen* steht – beobachtend und erörternd – in Distanz zu den unmittelbaren Erfordernissen der Praxis und nutzt diesen Freiraum zur Klärung von Voraussetzungen und Strukturen im Gegenstandsfeld, zur Klärung eines transparenten und überprüfbaren Zusammenhangs von Aussagen und empirischen Belegen, zur Abwägung von Folgen und Nebenfolgen, zur reflexiven Analyse und darin auch zum Entwurf von Optionen für die Gestaltung von Praxis.
2. Die *Profession* ist gebunden an Aufgaben der Praxis. Von daher reflektiert und rekonstruiert Professionswissen Aufgaben der Praxis der Sozialen Arbeit wie z. B. Regeln, Zusammenhänge, Wirkungen und Nebenwirkungen professioneller Handlungsmuster und institutioneller Rahmenbedingungen. *Professionswissen* zielt auf Unterstützung, Beratung und Klärung von Lebensgestaltungsaufgaben und der Inszenierung veränderter sozialer Realität.

Auch wenn die Diskussion in der Sozialen Arbeit dadurch erschwert wird, dass diese Unterscheidung oft nicht hinreichend verfolgt wird, halten wir doch daran fest, dass die Vermittlung von Disziplin- und Professionswissen in der Theoriediskussion nicht als Defizit verstanden werden darf. Die mit der Vermittlung der Wissensformen verbundene Verteilung von Arbeitsaufgaben muss als historisch entstandener, angemessener Ausdruck der Aufgaben begriffen werden, die der Sozialen Arbeit gestellt sind (Tenorth 1994).

Zur Entwicklung der Theoriediskussion

Die gegenwärtige Theoriediskussion kann nur im Zusammenhang ihrer Geschichte gesehen werden, also in einer historisch-systematischen Rekonstruktion. Dabei sind neben der wissenschaftsgeschichtlichen Erinnerung eine sozialhistorische Kontextualisierung und eine theoriegeschichtliche Differenzierung sinnvoll. Die theoretischen Überlegungen der Sozialen Arbeit sind nicht losgelöst zu betrachten von historisch bzw. gesellschaftlich bedingten Prozessen der Disziplin- und Professionsentwicklung und dem darin eingewobenen Zeitgeist. Aufgrund dieses wechselseitigen Bezugs wird in diesem Kapitel an einige zentrale Linien der Disziplin- und Professionsgeschichte erinnert. Theoretische Diskussionen, wie sie verstärkt seit den 1970er Jahren deutlich werden, greifen dabei auf vorlaufende Diskurse zurück, sodass deren Grundmuster und Problemzugänge bis in die gegenwärtigen Entwicklungsstrukturen der Disziplin und Profession bedeutsam sind (Gottschalk 2004; Niemeyer 2005, 2009; Thiersch 2002, 2005; Winkler 1993). Eine Konzentration der Darstellung auf die Zeit seit 1960, also auf die Zeit der sich institutionalisierenden und formalisierenden Sozialen Arbeit in Deutschland, wäre dabei weder unter disziplin- noch unter professionstheoretischen Gesichtspunkten plausibel und notwendig. Im Folgenden werden diese frühen Denkansätze – aufgrund der Notwendigkeit der Begrenzung des Umfangs – hier idealtypisch verkürzt dargestellt (siehe dazu auch Böhnisch et al. 2005; Niemeyer 2009).

Vor der europäischen Neuzeit bestimmen Muster des Tauschs als gegenseitige Hilfe in den Ungleichheiten und Ungewissheiten des Lebens den Umgang zwischen denen, die haben und denen, die nicht haben. Bereits in der jüdischen und in der islamischen Tradition geht es um Unterstützung und Hilfe der Armen und Schutzlosen im Namen des Gebots der Gerechtigkeit. Im christlichen Mittelalter entstand die Praxis des Almosens im Zeichen von Caritas. In der Nachfolge Christi gaben die, die hatten, denen, die nicht hatten und in denen ihnen Christus in seiner Not entgegentrat. Aus dem späten Mittelalter stammen dann Konzepte einer kommunalen Verantwortung für die Armen und Bettler, soweit man sich zuständig wusste.

Dieses Grundmuster einer Hilfe, die gegebene Verhältnisse prinzipiell akzeptiert, darin aber in der
Unmittelbarkeit von Elend und Not eingreift, ist
wirkmächtig bis in unsere Gegenwart.

Daneben und dagegen aber setzen Neuzeit und
Aufklärung auf ein anderes Muster, auf die Ver-
änderung von menschlichem Verhalten in der
Not und von gesellschaftlichen Verhältnissen, die
Not erzeugen: Der Mensch – so die allgemeine
Philosophie – versteht die Welt und sich als Auf-
gabe. Erziehung wird vor diesem Hintergrund zu
einem zentralen Moment der Gesellschafts- und
Lebensgestaltung. „Der Mensch kann nur Mensch
werden durch Erziehung. Er ist nichts, als was die
Erziehung aus ihm macht" (Kant 1964, 609). Im
Kontext des neuzeitlichen Arbeitsbedarfs und Ar-
beitsethos war die erste Antwort auf Armut die
Erziehung zur Arbeit, damit Arme zum eigenen
Unterhalt im Arbeitshaus beitragen, aber auch in
kommunalen Aufgaben oder in Selbstständigkeit
verdienen können. Genereller und radikaler ist
Pestalozzis Entwurf einer allgemeinen Bildung für
alle ohne entwürdigende Macht- und Unterdrü-
ckungsstrukturen. Vor dem Hintergrund einer
allgemeinen und v. a. ideologiekritisch geschärften
Gesellschaftskritik entwirft Pestalozzi Wege, um
Menschen aus gesellschaftlicher Randständigkeit,
aus Elend, Not, Hilflosigkeit, aus Gleichgültigkeit und Verbitterung heraus zu helfen. Menschen
sollen – ja, müssen – lernen, in der Ausbildung
aller ihrer Fähigkeiten von Kopf, Herz und Hand
zur Anerkennung durch die anderen und damit
ihrer selbst zu finden. Sie werden freigesetzt zu
dem, was in ihrer Natur angelegt ist, zum Wohlwollen anderen gegenüber und zum Leben als
„Werk (ihrer) selbst". Damit verfügen sie über
Voraussetzungen, auch die gesellschaftlichen Verhältnisse neuzugestalten. „Soviel sah ich bald: die
Umstände machen den Menschen. Aber ich sah
ebenso bald: Der Mensch macht die Umstände"
(Pestalozzi 1946, 71). Pestalozzi konkretisiert
dieses Programm in vielfältigen Aspekten: Neben
der allgemeinen Gestaltung von Unterricht und
Schule sowie Mutter- und Familienerziehung
braucht es einen besonderen Aufwand für besondere Situationen der Armut und Verelendung, es
entstehen spezielle – gleichsam sozialpädagogische – Konzepte der Dorf- und Gemeinschaftserziehung, aber auch der Heimerziehung oder des
Strafvollzugs.

Dieses zunächst nur in seinen Konturen bestimmte
allgemeine Konzept differenziert und profiliert sich
im Lauf der gesellschaftlichen Entwicklung des
19. Jahrhunderts in dem sich allmählich formieren-
den Industriekapitalismus mit seinen Macht- und
Entfremdungsstrukturen und in den sich gleichzeitig entwickelnden arbeitsteiligen Differenzierungen.
Pestalozzis Entwurf war zunächst in vielen Aspekten
in ständischen und restaurativen Konzepten („Erziehung der Armen zur Armut") verfangen. Es gewinnt
neue Kontur in den sich wandelnden Verhältnissen.
Im Horizont eines neuen Bewusstseins von Solidarität – dies war aber oft auch restaurativ bestimmt – bauen bürgerliche, christliche, staatliche,
v. a. aber sozialistische Bewegungen neue Zugänge
einer spezifisch aufwendigen Pädagogik in besonders
belasteten Lebenslagen aus. Daneben und zeitgleich
formieren sich die neu erstarkenden kommunalen
Hilfen der Unterstützung der Armen in ihrer Not.
Die (Volks-)Schule wird als soziale und ausdrücklich
als sozialpädagogisch benannte Institution verstanden. Heimerziehung, Vermittlung in Pflegefamilien,
Familien- und Mütterberatungen und Institutionen
der Kinderbetreuung entstehen ebenso wie Beratungen und Unterstützungen in besonders belasteten
Verhältnissen. Die Soziale Arbeit im Übergang zum
bzw. am Beginn des 20. Jahrhunderts wird zunehmend und maßgeblich mitbestimmt durch Initiativen und Engagement innerhalb der Frauenbewegung, die im Zeichen der sog. „geistigen
Mütterlichkeit" und des Care eigene und neue Akzente setzt (Brückner / Rose 2006; → Brückner,
Care – Sorgen als sozialpolitische Aufgabe und als
soziale Praxis und Maurer / Schröer, Geschichte sozialpädagogischer Ideen).

Diese Entwicklung im Ausbau von unterschiedlichen Aufgaben in je eigenen Arbeitsfeldern geht
einher mit einer breiten allgemeinen Diskussion
sozialer und sozialpädagogischer Fragen (Böhnisch
et al. 1999; Böhnisch et al. 2005; Dollinger 2006)
in unterschiedlichen Disziplinen wie z. B. der Ökonomie, der Soziologie, der Sozialpolitik, der Sozialmedizin und der Theologie.

Im Zeichen eines sozialen Kompromisses zwischen
den Kapitalinteressen und den sozialen Bewegungen, in denen Menschen aus ihrem unterdrückten
und entfremdeten Status heraus ihr Recht einklagten und erkämpften (Heimann 1980), werden
schließlich soziale und sozialpädagogische Probleme und Aufgaben als allgemein gesellschaftliche

gesehen. Jenseits der zunächst nur begrenzten Hilfen innerhalb von Solidargemeinschaften wird das Prinzip der Solidarität verallgemeinert. Hilfen für alle werden in staatlicher Verantwortung und Zuständigkeit realisiert, weil die Mitglieder einer Gesellschaft in ihrem Bürgerstatus als gleich genommen werden. Der moderne Sozialstaat formiert sich in seinen vielfältigen sozialen Sicherungssystemen, die Soziale Arbeit etabliert sich. Soziale Hilfsbedürftigkeit wird in Rechtsansprüchen gefasst, die in Form von Programmen in Institutionen und professionellen Handlungskonzepten eingelöst werden. Neue Formen der Vergesellschaftung von Hilfsbedürftigkeit und Hilfeleistungen entstehen, und neue theoretische Ansätze (wie z.B. die von Nohl, Natorp, Salomon und Bäumer) begründen neue Strukturen der Sozialarbeit und Sozialpädagogik.

Natorp (1899) nimmt die Überlegungen Pestalozzis auf und fasst Sozialpädagogik ausdrücklich in den Begriff der Bildung, die zur sozialen Bildung erweitert wird. Vor dem Hintergrund der sozialen Frage der Moderne und der damit einhergehenden Vereinzelung und Verelendung geht es Natorp dabei zunehmend um die Vermittlung von Individuum und Gesellschaft und darin um die Gestaltung des sozialen Miteinanders. Gleichzeitig zielt er auf eine Bildung der Menschen für die Verhältnisse wie auf die Bildung der Verhältnisse für ein soziales, gemeinsamkeits- und gemeinschaftsorientiertes Leben. In der Fassung Natorps war dieses Konzept aber nicht hinreichend auf die im Kontext der modernen Arbeitsteilung inzwischen erstarkten Arbeitsfelder der besonderen sozialpädagogischen Hilfen (und der kommunalen Fürsorge) bezogen.

Das so ausgeweitete Arbeitsfeld aber verlangt sowohl spezifische, theoretisch fundierte Konzepte als auch spezifische Ausbildungen: Die disziplinären wie professionellen Fachdiskurse der Sozialarbeit und der Sozialpädagogik entstehen. Dabei formiert sich die historische Linie der Sozialarbeit – auch im Anschluss an die angelsächsische Settlementbewegung und die Methodendiskussion sowie im weiteren Horizont der internationalen Frauen- und Friedensbewegung – im Medium einer sozial fundierten und diagnostisch bestimmten Kasuistik (Salomon 1926). Parallel dazu entwirft Nohl (1949) eine Theorie der Sozialpädagogik im Zeichen des Zeitalters des Kindes und der „Entdeckung" der Jugend ebenso wie im Zug reformpä-

dagogischer Impulse. In diesem primär pädagogischen Horizont versucht er die unterschiedlichen sozialen und sozialpädagogischen Einsätze des 19. Jahrhunderts zusammenzusehen, um sie als einen eigenen, in sich zusammenhängenden Bereich auszuweisen. Sozialpädagogik bezieht sich (so Bäumer 1929) auf alles, was pädagogisch nicht in der Familie oder in der Schule geschieht. Diese Definition ist zwar unbefriedigend, weil sie Sozialpädagogik nur vom Negativen her bestimmt, und unscharf, weil sie die praktizierte sozialpädagogische Arbeit auch in Familien nicht einbezieht. Sie entspricht aber den damals gegebenen gesellschaftlichen Entwicklungen eines eigenen Arbeitsfeldes mit spezifischen Aufgaben und institutionell-professionellen Zugängen und bringt diese auf den Begriff.

Das damit angelegte Verständnis von Sozialer Arbeit als eigener Gesellschafts- und Lebensbereich ist bis in die jüngste Diskussion vielfach aufgegriffen worden. Zu nennen ist hier z.B. die von Luhmann geprägte – im Konkreten häufig zu eng ausgelegte – Bestimmung der Sozialen Arbeit als eigener Bereich der Hilfe mit einem spezifischen Code im Unterschied zur Nichthilfe (Baecker 2005; Hillebrandt 2005). Dieser Zugang steht auch im Hintergrund, wenn Rauschenbach/Treptow (1984) in Anlehnung an die von Habermas rekonstruierte Unterscheidung von System und Lebenswelt Soziale Arbeit als eine der intermediären Instanzen verstehen, die zwischen der Lebenswelt des Privaten und den systemischen Strukturen in Schule und Arbeitswelt vermitteln.

Diese Konzeption von Sozialer Arbeit als Theorie eines eigenen Bereichs wurde – und wird bis heute – als Ausbruch aus dem allgemeinen Konzept von Sozialpädagogik als Gemeinschaftserziehung und Verlust ihres eigentlichen Auftrags interpretiert. Die von hier aus sich verstehende neuere Sozialpädagogik als Bereichspädagogik ist dann nur noch Verfallsgeschichte (Reyer 2002). Dies scheint uns ein elementares Missverständnis der gesellschaftlichen Situation. Die entstandenen vielfältigen Aktivitäten verlangen eine eigene disziplinäre und professionelle Fundierung. Die Aufgabe ist gegeben – zur Diskussion und Kritik steht allein die Art und Weise, wie die Aufgabe eingelöst wird. Das Konzept einer Bereichspädagogik ist in den 1920er Jahren spezifisch reformpädagogisch und den Aufgaben der Sozialarbeit gegenüber verengt ausgelegt worden. Dem steht scharfe Kritik aus der sozialistischen Jugendforschung und Pädagogik ebenso wie aus der sozialistisch-psychoanalytischen Pädagogik entgegen (zu z. B. Rühle, Bernfeld: Böhnisch et al. 2005). Die etablierte Sozialpädagogik müsse gesellschaftlich hinterfragt werden, sie diene dazu, das Proletariat in die gegebenen Ausbeutungsverhältnisse einzugliedern und mit ihrer Lebenssituation zu versöhnen und stabilisiere die schlechten kapitalistischen Verhältnisse. Es brauche eine alternative Jugendarbeit und Sozialpädagogik. Anknüpfend an bereits virulente völkisch-gemeinschaftliche und nationalsozialistische Tendenzen – und nach der Unterbrechung der Theorieproduktion durch die Zwangsemigration – werden im Nationalsozialismus Sozialarbeit und Sozialpädagogik zur Gesundheits- und Rassenpolitik instrumentalisiert. Erst nach dem Ende des Nationalsozialismus finden Sozialarbeit und Sozialpädagogik in den 1950er Jahren wieder zu ihren Ansätzen in den 1920er Jahren zurück. Dabei verläuft die Entwicklung der beiden deutschen Staaten sehr unterschiedlich. Die Entwicklung der DDR wird in diesem Artikel nicht weiterverfolgt (→ Seidenstücker, Geschichte der Sozialpolitik und Sozialen Arbeit in der DDR).

Die weitere Darstellung zentraler Wendungen der Theorieentwicklung beschränkt sich auf die Modernisierung und Konsolidierung der Theorieproduktion wie der Profession in der BRD. Beginnend mit den 1950er Jahren, konsolidiert sich der Sozialstaat und wachsen die sozialen Aufgaben. Für das spezifische Arbeitsfeld müssen Ausbildungsaufgaben mit Theoriediskursen verbunden werden. So setzen sich im Feld der interdisziplinär vielfältigen Diskussionen die Ansätze von Sozialarbeit und Sozialpädagogik durch, in denen diese Verbindung schon angelegt war. Die Theoriediskussion formiert sich neu. Sie geht einher mit den daneben weitergeführten Wissenschaftszugängen z. B. in der Soziologie und Kriminologie oder in der Psychologie, Psychoanalyse und Sozialpsychiatrie. Wir wollen sie im Folgenden unter zwei Aspekten skizzieren: erstens unter der Frage des Verhältnisses von Sozialarbeit und Sozialpädagogik und zweitens in den Phasen der Entfaltung und Differenzierung von Theoriekonzepten.

Sozialpädagogik, Sozialarbeit, Soziale Arbeit

Trotz der Konzentration in den Fachdiskursen blieb aber die Frage nach der Begründung und Gestaltung des spezifischen Orts und der spezifischen Aufgaben der Sozialarbeit und Sozialpädagogik undeutlich. Eine zentrale Frage in diesem Zusammenhang ist die nach dem Verhältnis von Sozialarbeit und Sozialpädagogik: Beide Traditionslinien haben die Geschichte und den Ausbau der Sozialen Arbeit bestimmt. Eine erste Annäherung zwischen diesen beiden Zugängen hatte sich bereits in den 1920er Jahren ergeben, indem sich Soziale Arbeit in ihrer Orientierung an sozialen Problemen auf Erziehungsfragen ebenso verwiesen sah wie Sozialpädagogik in ihrem Bezug auf Erziehungsprobleme auf deren allgemeine gesellschaftliche Bedingtheit. Bis heute aber halten einige Autor(inn)en an einem Unterschied sowohl der Arbeitsfelder (als primär auf Erziehung bzw. Bildung oder als primär auf Hilfe und Unterstützung hin ausgelegte Felder) als auch an einer Verankerung der Sozialen Arbeit in einer entweder primär erziehungs- oder einer primär fürsorgewissenschaftlichen Tradition fest (Gängler 1998; Mühlum 1996; Mührel / Birgmeier 2009; Niemeyer 2005). Das heißt, der unterschiedliche Begriffsgebrauch wird mit einer unterschiedlichen disziplinären Verankerung untermauert. Andere Autor(inn)en betonen die historische Annäherung der beiden Theorietraditionen und bezeichnen diese mit dem Begriff Soziale Arbeit (Thiersch 2002, 2005; Müller 1998).

In diesem Begriff und Feld verbinden sich im Kontext gesellschaftlicher Bedingungen Aufgaben der Unterstützung und Förderung in belasteten Konstellationen mit den Lern- und Bewältigungsaufgaben im Lebenslauf. Diese neue und tendenziell einheitliche Gegenstandsbestimmung ist zwar inzwischen weit verbreitet, sie ist aber v. a. in den 1980er und 1990er Jahren noch einmal prinzipiell infrage gestellt worden.

1. Von der Allgemeinen Erziehungswissenschaft her wird gefragt, ob Soziale Arbeit in der Verbindung der Traditionen von Sozialpädagogik und Sozialarbeit nicht Ungleiches zusammenzwinge (Mollenhauer 1998). Gleichzeitig finden sich, auch in den Debatten der Allgemeinen Erziehungswissenschaft, Positionen, die die Erziehungswissenschaft und

ihre Teildisziplinen als primär sozialwissenschaftlich akzentuierte Wissenschaft verstehen und sie im Horizont einer Lerngesellschaft (Krüger 1995) oder im Konzept einer Lebenslaufwissenschaft (Lenzen 1997) pointieren, in denen Aufgaben der Versorgung (Care) sich mit Lernhilfen verbinden. In diesen Überlegungen finden sich Anschlussstellen, die es ermöglichen, die historische Differenz zwischen den Traditionen der Sozialarbeit und Sozialpädagogik zu entschärfen. Diese bieten aber in ihrer Unterschiedlichkeit gleichzeitig die Möglichkeit, das allgemeine Konzept der Sozialen Arbeit zu differenzieren.

2. Es finden sich Überlegungen, wie sie v. a. von einigen Vertreter(inne)n der Sozialarbeitswissenschaft formuliert werden. Dabei wird die begriffliche und disziplinäre Verortung der Sozialen Arbeit, die Frage nach ihren Gewährspersonen und damit der Bezugsdisziplin(en) strittig diskutiert (Mührel / Birgmeier 2009; Pfaffenberger 2009a). Zudem seien die in der Sozialen Arbeit anliegenden Probleme inzwischen so eigengewichtig und umfangreich, dass die Eigenständigkeit einer aus der Erziehungswissenschaft herausgelösten Wissenschaft von der Sozialen Arbeit notwendig sei (Mühlum 1996; Mührel / Birgmeier 2009a).

Fragen der Standortbestimmung der Sozialen Arbeit bestimmen auch die Wiederentdeckung historischer Traditionen und Diskurse, wie sie sich in der Klassiker(innen)debatte darstellt (Dollinger 2006; Eggemann / Hering 1999; Engelke et al. 2008; Niemeyer 1998; Thole et al. 1998). In dieser Rekonstruktion der Geschichte muss der Blick aber auch offenbleiben für die Praxismodelle und Alternativen, die die Profession wie Disziplin mitbestimmen und die Theoriediskussion herausfordern. Berücksichtigt werden müssten in diesem Kontext kirchlich-religiöse und praxisbezogene Ansätze, die sogenannten Praxisklassiker(innen) (z. B. Don Bosco, Werner, Montessori, Korczak) mit ihren immanenten „theoretischen Überlegungen". In diesem Kontext stellt sich dann auch die Frage, ob die bislang verfolgten Traditionslinien der Sozialpädagogik und der Sozialarbeit bzw. der Fürsorgewissenschaft ausreichen. Müssen – im Blick auf die auf Inter- bzw. Transdisziplinarität verwiesene Theorieproduktion der Sozialen Arbeit – nicht weitere sozialpolitische und soziologische Positionen einbezogen werden, wie sie z. B. im Kontext sozialer Bewegungen entwickelt wurden – z. B. in der Tradition von Heimann und Mennicke (Schröer 1999; Schröer / Sting 2006). Relevant für die Theorieproduktion der Sozialen Arbeit sind aber v. a. auch die weiteren gesellschaftlichen und sozialwissenschaftlichen Diskussionen mit ihren eigenen Klassiker(inne)n, den „Klassiker(inne)n für das Fach" neben, denen des Fachs.

Phasen der Theorieentwicklung

Seit den 1960er Jahren hat sich die Diskussion der unterschiedlichen Theoriepositionen zunehmend differenziert und konsolidiert (Dollinger 2006; Füssenhäuser 2005; Thole 2005a; May 2009). Sie wird zunehmend bestimmt durch das Nebeneinander unterschiedlicher Theoriekonzepte (Theorienpluralismus).

Fragt man danach, in welchen Phasen entscheidende wissenschaftliche Umorientierungen und Themen die Theoriediskussion der Sozialen Arbeit in den letzten Jahrzehnten bestimmt haben, zeigt sich für die 1950er und 1960er Jahre zunächst eine weitgehend bruchlose Anknüpfung an die geisteswissenschaftlichen Konzepte der Zeit vor 1933 – neben der v. a. durch die angloamerikanischen Entwicklungen bestimmten Methodendiskussion, die im Kontext unserer zentralen Frage nach der Entwicklung der Theorie der Sozialen Arbeit aber nicht weiterverfolgt werden muss. Für die Entwicklung der Sozialen Arbeit seit den 1960er Jahren sind hingegen – in der Weiterführung weiterer sozialwissenschaftlichen Diskurse – folgende zentrale Markierungen bestimmt:

Die 1960er Jahre waren geprägt durch die – von Heinrich Roth (1964) so bezeichnete – *realistische Wende*, d. h. die Hinwendung zu interdisziplinären, sozialwissenschaftlichen, empirisch fundierten Konzepten. Sozialwissenschaftlich-empirische Methoden garantieren so eine rationale Analyse der Wirklichkeit und Schutz vor Ideologieverdacht.

Charakteristisch für die 1970er Jahre war eine kritische und politökonomische Weiterführung der sozialwissenschaftlichen Öffnung. Für die Soziale Arbeit wichtig wurde die Hinwendung zu gesellschaftstheoretischen Fragen und die Selbstkritik ihres Handelns im bestehenden politisch-ökonomischen System bzw. eine darin begründete Kritik der in die Institutionen der Sozialen Arbeit eingelagerten

Kolonialisierungs- und Herrschaftsmomente (Hollstein / Meinhold 1973). In der Theoriedebatte der
Sozialen Arbeit wurde diese gesellschaftliche Kritik
im Zeichen der *kritisch-emanzipatorischen Wende*
mit dem Ziel der Mündigkeit und der Emanzipation
des Individuums bzw. der Adressat(inn)en verbunden (Mollenhauer 1998).

Die *Alltagswende* der späten 1970er und v. a. der
1980er Jahre reagierte auf den überhöhten Selbstanspruch der politisch-ökonomischen Kritik, v. a.
aber auf die daraus resultierenden Schwierigkeiten
der Vermittlung zwischen Theorie und Praxis. Aus
diesen Gründen betonte sie, bezogen auf die Lebenslagen und Selbstdeutungen ihrer Adressat(inn)
en, die Ambivalenz und Zweideutigkeit des Alltags
und wählte den Alltag als zentralen Bezugspunkt
der sozialpädagogischen Theorie (Thiersch 1978;
→ Grunwald / Thiersch, Lebensweltorientierung).
Gleichzeitig führte das sogenannte „sozialdemokratische Jahrzehnt" zu außen- und innenpolitischen Veränderungen und Reformen, die neben
der personellen Expansion seit den 1970er Jahren
zu einem Ausbau und zur Differenzierung der Sozialen Arbeit führten (Füssenhäuser 2005; Rauschenbach 1999). In diesem Zusammenhang waren insbesondere die 1970er Jahre v. a. von der
Professionalisierungsdebatte und dem Interesse an
einem Zugewinn an beruflicher Autonomie, vermittelt über eine wissenschaftliche Fundierung der
Sozialen Arbeit, geprägt (Otto / Utermann 1971;
Dewe / Otto 2005a, 2005b).

Mit der Expansion und Ausdifferenzierung der Arbeitsfelder Sozialer Arbeit verbreiterten sich auch die
disziplinären und professionsbezogenen theoretischen Diskussionen. Die entsprechenden Diskurse
und disziplinären Entwicklungen gingen einher mit
einer Entwicklung des Selbstverständnisses Sozialer
Arbeit als sozialer Dienstleistungsprofession bzw. zu
einer „öffentlichen, sozialstaatlichen Institution der
Sozialintegration" (Münchmeier 1997, 306). Entstanden ist ein Verständnis Sozialer Arbeit, das sich
zunehmend präventiv orientiert, tendenziell alle
Generationen und Bevölkerungsgruppen als denkbare Adressat(inn)engruppe versteht und neben Er-
ziehungs- und Sozialisationsaspekten immer mehr
auch sozialinfrastrukturelle Aufgaben und Angebote
miteinschließt.

Seit den 1980er Jahren und deutlicher noch seit
Beginn des 21. Jahrhunderts wird die Theoriediskussion zunehmend weitläufig, komplex und re-

flexiv. Gleichzeitig zeichnet sie sich aus durch das
Nebeneinander unterschiedlicher Theoriepositionen und eine zunehmende Selbstreferentialität der
Theoriediskussion (Füssenhäuser / Thiersch 2005).
Insgesamt ist festzuhalten, dass mit dem Ausbau
und der Konsolidierung der Sozialen Arbeit auch
eine Erweiterung und Verschiebung ihrer Zuständigkeiten und damit ihres Selbstverständnisses einhergeht. Indem sich in der pluralisierten und individualisierten „entgrenzten" Gesellschaft der
Gegenwart auch die scharfen Grenzen zwischen
den Klassen und Schichten auflösen und in der unübersichtlichen, zunehmend komplizierter werdenden Gesellschaft die sozialen Probleme bis weit
in die Mitte der Gesellschaft vordringen, erweitern
sich Aufgabenfeld und Theorien der Sozialen Arbeit. Soziale Arbeit muss als Hilfe in besonders belasteten Lebenslagen und als Hilfe in den Schwierigkeiten heutiger schwieriger Normalität gesehen
werden.

Wir verstehen die oben angesprochene Vielfalt von
Theorien – den *Theorienpluralismus* – als Indikator
für eine entwickelte sozialwissenschaftliche Disziplin (Kuhn 1981; Mittelstraß 1996; Stichweh
1994) und als Indiz für die Normalisierung der
Diskussionen. Die Darstellung dieses Theoriediskurses in seinen unterschiedlichen Konzepten ist
hier nicht weiter Gegenstand. Diese werden in einem eigenständigen Beitrag (→ Füssenhäuser,
Theoriekonstruktion und Positionen der Sozialen
Arbeit) erörtert und ergänzen unsere obige Darstellung. Wir beschränken uns auf einige abschließende Bemerkungen zu Aufgaben und Perspektiven, die sich für die weitere Diskussion abzuzeichnen
scheinen.

Perspektiven

Seit der Mitte der 1990er Jahre sieht sich die Theorie der Sozialen Arbeit vor neue Herausforderungen gestellt. Pluralisierung und Individualisierung
der Lebensverhältnisse und deren Entgrenzung gehen einher mit der Durchsetzung eines neuen Primats der Ökonomie. Soziale Probleme werden
ebenso dethematisiert und individualisiert, wie die
Leistungsfähigkeit der Sozialen Arbeit problematisiert wird. Gleichzeitig stehen die Fragen der Überprüfbarkeit der Leistungsfähigkeit Sozialer Arbeit – also der Effektivität und Effizienz, der

Evaluation und der Qualitätsstandards – im Vordergrund. Ebenso werden Aufgaben der Strukturierung des organisationellen Gefüges der Sozialen Arbeit wichtiger wie auch Fragen der methodischen Transparenz, die unter dem Titel des Managements des Sozialen zusammengefasst werden können (Grunwald 2009). In dieser Situation erhalten die Fragen nach dem Stand des Erreichten und nach der Notwendigkeit einer neuen theoretischen Verständigung über Aufgaben und Funktion der Sozialen Arbeit neues und dramatisches Gewicht.

Der Umbruch in den gesellschaftlichen Verhältnissen wird als radikal und prinzipiell genommen (Neumann/Sandermann 2009b). Soziale Arbeit, so die Konsequenz, müsse sich wieder von außen – aus einer neutralen Beobachterperspektive – sehen und ihre etablierten Selbstverständlichkeiten infrage stellen, also ihre normativ-sozialethische Fundierung sowie ihre Gestaltungsformen von Unterstützung, Lebensbewältigung und Hilfe. Die derzeit die Diskussion bestimmenden Theoriepositionen müssten gleichsam als Verbundsystem eines selbstreflexiven Verweisungszusammenhangs gesehen werden, in dem alle prinzipiellen Herausforderungen – die sich gerade auch im interdisziplinären Diskurs zeigen – in die Sprache des eigenen Systems integriert werden (Neumann/Sandermann 2009a). Die Radikalität eines solchen Ansatzes erinnert stellenweise an die Radikalität der 1920er Jahre sowie der frühen 1970er Jahre. Gegen diese radikale Position in der Gegenwart lässt sich z. B. mit Heimann (1980) einwenden (Böhnisch et al. 2005), dass darin die für die Moderne konstitutive Spannung zwischen ökonomischen und sozialen Interessen übergangen und die in dieser Spannung inzwischen immerhin erreichten Gestaltungen der Sozialpolitik und der Sozialen Arbeit im Zeichen einer sozialen Demokratie unterschlagen werden, so problematisch im Einzelnen und „unvollendet" dieses Projekt ist.

In diesem Sinn wird die gegebene Situation interpretiert (Böhnisch et al. 2005), wenn ihre Herausforderungen – auf der einen Seite – im Horizont des Projekts Sozialstaat als Grundprinzip der Moderne gesehen und – auf der anderen Seite – in den Gestaltungsaufgaben radikal neu ausgelegt werden: in Bezug auf die Frage der sozialen Gerechtigkeit als Zugangsgerechtigkeit, in Bezug auf Lebenswelt und Bewältigungsaufgaben sowie auf die daraus resultierenden Institutions- und Handlungsmuster und auf die Ressourcen der Bürgergesellschaft.

Die Fundierung der Sozialen Arbeit in Gerechtigkeit wird im Spannungsfeld von Leistungsgerechtigkeit und sozialer Gerechtigkeit in ihren unterschiedlichen Formen neu bestimmt. Sie wird gestützt von der Frage, inwieweit das Prinzip von Anerkennung und das Fehlen von Anerkennung als Beschämung konstitutiv für die Theorie der Sozialen Arbeit sind (Bolay 2010, Schoneville/Thole 2009). Soziale Arbeit wird offensiv gegen die neoliberale Dethematisierung der Sozialen Gerechtigkeit als Menschenrechts- oder Gerechtigkeitsprofession verstanden (Staub-Bernasconi 2006, Lob-Hüdepohl 2007). Die Begründung der Sozialen Arbeit im capability approach insistiert darauf, dass allen in der Gesellschaft die Voraussetzungen – also die Kompetenzen und Ressourcen – geschaffen werden müssen, die es erlauben, ihre Partizipationsmöglichkeiten in der Gesellschaft wahrzunehmen (Otto/Ziegler 2010). Die Fragen nach sozialer Gerechtigkeit gehen einher mit einer intensivierten Diskussion über Armut, soziale Ausgrenzung und Exklusion (Kessl et al. 2007).

Die organisationellen, institutionellen und professionellen Möglichkeiten der Sozialen Arbeit müssen den gesellschaftlichen Herausforderungen entsprechen. Dabei geht es zum einen um einen möglichst radikal unbefangenen Ausgang von der heutigen brüchigen und widersprüchlichen Lebenswirklichkeit der Adressat(inn)en. Menschen müssen lernen, das Leben in riskanten Offenheiten im Horizont von Unbestimmtheit und Unwissenheit mit neuen Verbindlichkeiten zu vermitteln. Angesprochen wird hier zum anderen die selbstkritische Frage nach den in den spezifischen Systemvoraussetzungen der Sozialen Arbeit befangenen Definitionen von Kindheit, Jugend und Alter oder von Hilfs- und Erziehungsbedürftigkeit und deren Neubestimmung. Schließlich müssen sozialpädagogische Angebote zwischen Flexibilisierung, Transparenz und Verlässlichkeit neu organisiert und strukturiert werden.

Flexibilisierung in der Organisation der Sozialen Arbeit bedeutet auch, dass die Zuordnungen von Aufgaben und die institutionellen Abgrenzungen problematisch werden. In neuen Formen der Kooperation zwischen der Sozialen Arbeit und der Kulturarbeit, der Schule und Ausbildung, der Medizin und Psychiatrie und der Justiz stehen Gestaltungen der interdisziplinären Kooperation auf dem

Theorieprogramm, ebenso aber der theoretische Ausweis dessen, was das Spezifische der Sozialen Arbeit in diesen unterschiedlichen Arbeitsverbünden ist. Ohne ein in solchen Öffnungen neu artikuliertes Selbstverständnis ist Soziale Arbeit gefährdet, als Zusatz- und Ergänzungsleistung in die Arbeitsaufträge der anderen Institutionen hineingenommen zu werden.

Eine besondere theoretische Herausforderung liegt dabei in der Kooperation mit der Schule und im neuen Bildungsdiskurs. Hier ergeben sich Perspektiven, die das oben skizzierte Verhältnis von Sozialer Arbeit und Erziehungswissenschaft neu konkretisieren (Coelen / Otto 2008; Otto / Oelkers 2006; Otto / Rauschenbach 2008; Braun / Wetzel 2006). Bildung wird verstanden im Kontext des biografisch gesehenen lebenslangen Lernens und im Zusammenhang unterschiedlicher Lern- und Bildungserfahrungen in den unterschiedlichen Lernarrangements des informellen, des nonformalisierten und des formalisierten Lernens. Bildungsgeschichten können nur im Zusammenspiel dieser unterschiedlichen Lernzugänge gesehen und unterstützt werden. Die Theorie der Sozialen Arbeit hat die Aufgabe, die spezifischen Zugänge, Leistungen und Aufgaben der Sozialen Arbeit in diesem Kontext der allgemeinen Bildungstheorie zu verorten. Soziale Arbeit insistiert auf der Bedeutung der Verhältnisse und konkretisiert die hier liegenden politischen Aufgaben ebenso wie die spezifischen Lernaufgaben und Lernmöglichkeiten. Sie verfügt über Erfahrungen und Arbeitsansätze für marginalisierte gesellschaftliche Gruppen, in Feldern der Armut und Exklusion sowie in überforderten und auf besondere Unterstützung verwiesenen Lebenskonstellationen (Thiersch 2005). Eine solche Verbindung der Diskurse der Sozialen Arbeit und der Bildung aber ist aktuell und prinzipiell prekär (Winkler 2006b): Soziale Arbeit muss sich gegen den dominierenden, an schulischen Qualifikationen interessierten Bildungsdiskurs mit ihren eigenen Zugängen durchsetzen und den Raum für eine Praxis ermöglichen, in der sie auch in ihren besonderen Hilfen zur Lebensbewältigung, der Care und der Sozialraumorientierung gefordert ist.

Schließlich: In der gegenwärtigen „entgrenzten" Gesellschaft verwischen sich Unterschiede zwischen Alltagswissen und Wissenschaftswissen ebenso wie zwischen alltäglichen Lern- und Unterstützungsleistungen und professionellen Angeboten. Die Frage nach dem professionellen und disziplinären Wissen der Sozialen Arbeit im Verhältnis zur eigensinnigen Logik von Alltagswissen stellt sich ebenso wie die nach dem Verhältnis von Intentionen und Strukturen der Alltagshilfe – in Familie, Nachbarschaften, Vereinen – zu denen des professionellen Engagements. Im Horizont einer Vision, die als Bildungslandschaften und / oder Erziehungslandschaften sowie als Kultur des Sozialen bezeichnet wird, wird die im Anschluss an Pestalozzi und Natorp entstandene Vorstellung von Sozialpädagogik in neuer Form für unsere gesellschaftliche Situation brisant. Immer wichtiger wird dabei das Zusammenspiel professionellen und nicht professionellen Engagements, professionellen und nicht professionellen Wissens als Verbindung und Relationierung unterschiedlicher und eigensinniger Zugänge in der Unterstützung der Bewältigungs- und Bildungsprozesse in der riskanten Moderne im Zeichen sozialer Gerechtigkeit.

Darüber hinaus muss die derzeitige, primär auf den nationalen Diskurs bezogene und darin eingeengte Theoriediskussion in einem internationalen und transnationalen Kontext reflektiert werden. Notwendig sind in diesem Kontext eine Aufarbeitung der internationalen Theorietraditionen der Sozialen Arbeit, eine Auseinandersetzung mit theoretischen Bezügen in der jeweils spezifischen Theorie- und Forschungslandschaft sowie die Reflexion der Theorieentwicklungen in unterschiedlichen nationalen und sprachraumbezogenen Kontexten (Wendt 2008, Homfeldt et al. 2007; Otto / Ziegler 2010; Stauber et al. 2007).

Solche Aspekte einer Theorie der Sozialen Arbeit, die auf Herausforderungen und Probleme der zweiten entgrenzten Moderne antwortet, können und müssen dazu beitragen, dass Soziale Arbeit sich ihres gesellschaftlich-sozialstaatlichen Auftrags und der Eigenheit ihres Ansatzes – also ihrer Identität in einem sozialpädagogischen Denken (Böhnisch / Schröer / Thiersch 2005) – in neuer Weise vergewissert. Eine solche theoretisch grundsätzliche Fundierung der Sozialen Arbeit ist v. a. auch deshalb notwendig, weil im Zug der gegenwärtigen gesellschaftlichen Tendenzen des Neoliberalismus und des Neokonservativismus Ansätze der Sozialen Arbeit gefährdet sind, ihrer eigentlichen Intention enteignet und entfremdet zu werden. Die der Sozialen Arbeit obliegende Pflicht zum Schutz von Kindern und Familien ist in Gefahr, von Kontroll-

und Disziplinierungskonzepten so okkupiert zu werden, dass der eigentliche Auftrag einer Hilfe zu Erziehung und Bildung in förderlichen Verhältnissen darin untergeht. Soziale Arbeit wird im Kontext des Sicherheitsdiskurses funktionalisiert. Konzepte der Sozialen Arbeit wie Subjektorientierung, Respekt vor biografischen Lebensleistungen und Sozialraumorientierung werden benutzt, um sie gegen die Notwendigkeit disziplinär orientierter professioneller Sozialer Arbeit auszuspielen.

Theoriediskussion braucht Ressourcen und Räume, in denen sie sich entfalten kann. Theoriediskussion muss also verbunden sein mit einer Theoriepolitik, die diese Räume schafft. Neuere Entwicklungen im Wissenschaftsbetrieb – wie z.B. die Einschränkung theorie- und forschungsorientierter Studiengänge und die hohe Spezialisierung in Studiengängen – unterlaufen notwendige Anstrengungen zur Theorieentwicklung. Dies geht damit einher, dass in Weiterbildung und Praxis, Fragen der Methoden, aber ebenso auch des Managements und der Effektivität die Fragen einer die Arbeit fundierenden Theorie verdrängen. In solchen Defiziten von der Ausbildung her und in solchen Praxisinteressen aber verliert Soziale Arbeit die Fundamente, die es ihr erlauben könnten, sich in den Unsicherheiten und Gegenläufigkeiten der zweiten Moderne mit ihren Erfahrungen und Potenzialen an den notwendigen Veränderungen produktiv zu beteiligen.

Literatur

Baecker, D. (2005): Systemtheorie. In: Otto, H.-U., Thiersch, H. (Hrsg.), 1870–1875

Bäumer, G. (1929): Die historischen und sozialen Vorraussetzungen der Sozialpädagogik und die Entwicklung ihrer Theorie. In: Nohl, H., Pallat, L. (Hrsg.): Handbuch der Pädagogik, 5. Band. Beltz, Langensalza, 3–17

Birgmeier, B., Mührel, E. (Hrsg.) (2009a): Die Sozialarbeitswissenschaft und ihre Theorie(n). Positionen, Kontroversen, Perspektiven. VS Verlag, Wiesbaden

–, – (Hrsg.) (2009b): Die Sozialarbeitswissenschaft und ihre Theorie(n). In: Birgmeier, B., Mührel, E. (Hrsg.), 11–16

Böhnisch, L. (2001): Sozialpädagogik der Lebensalter, 3. Aufl. Juventa, Weinheim / München

–, Arnold, H., Schröer, W. (1999): Sozialpolitik. Juventa, Weinheim / München

–, Schröer, W. (2005): Lebensbewältigung. Ein sozialpolitisch inspiriertes Paradigma. In: Thole, W. (Hrsg.), 199–213

–, –, Thiersch, H. (2005): Sozialpädagogisches Denken. Wege zu einer Neubestimmung. Juventa, Weinheim / München

Bolay, E. (2010): Anerkennungstheoretische Überlegungen zum Kontext Schule und Jugendhilfe. In: Ahmed, S., Höblich, D. (Hrsg.): Theoriereflexionen zur Kooperation von Jugendhilfe und Schule. Brücken und Grenzgänge. Schneider Hohengehren, Baltmannsweiler, 30–48

Braun, K. H., Wetzel, K. (2006): Soziale Arbeit in der Schule. Ernst Reinhardt Verlag, München

Brückner, M., Rose, L. (2006): Theoretische und empirische Relevanz der Kategorie Gender für die Profession und Disziplin Sozialer Arbeit. In: Schweppe, C., Sting, S. (Hrsg.), 233–247

Coelen, T., Otto, H.-U. (2008): Grundbegriffe Ganztagsbildung. Das Handbuch. VS, Wiesbaden

Dewe, B., Otto, H.-U.: (2005a): Profession. In: Otto, H.-U., Thiersch, H. (Hrsg.), 1399–1423

–, –, (2005b) Reflexive Sozialpädagogik. Grundstrukturen eines neuen Typs dienstleistungsorientierten Professionshandelns. In: Thole, W. (Hrsg.): Grundriss Soziale Arbeit. Ein einführendes Handbuch, 2. Aufl. VS, Wiesbaden, 179–198

Dollinger, B. (2008): Reflexive Sozialpädagogik. Struktur und Wandel sozialpädagogischen Wissens. VS, Wiesbaden

– (Hrsg.) (2006): Klassiker der Pädagogik. Die Bildung der modernen Gesellschaft. VS, Wiesbaden

Eggemann, M., Hering, S. (Hrsg.) (1999): Wegbereiterinnen der modernen Sozialarbeit. Juventa, Weinheim / München

Engelke, E., Borrmann, S., Spatschek, C. (2008): Theorien der Sozialen Arbeit. Eine Einführung, 4. Auf. Lambertus, Freiburg / Br.

Füssenhäuser, C. (2005): Werkgeschichte(n) der Sozialpädagogik. – Klaus Mollenhauer – Hans Thiersch – Hans-Uwe Otto. Der Beitrag der ersten Generation nach 1945 zur universitären Sozialpädagogik. Schneider Hohengehren, Baltmannsweiler

–, Thiersch, H. (2005): Theorien der Sozialen Arbeit. In: Otto, H.-U., Thiersch, H. (Hrsg.), 1876–1900

Galuske, M. (2002): Flexible Sozialpädagogik. Bausteine einer Theorie Sozialer Arbeit in der flexiblen Arbeitsgesellschaft. Juventa, Weinheim / München

Gängler, H. (1998): Vom Zufall zur Notwendigkeit? Materialien zur Wissenschaftsgeschichte der Sozialen Arbeit. In: Wöhrle, A.: Profession und Wissenschaft der Sozialen Arbeit. Positionen in einer Phase der generellen Neuverortung und Spezifika in den neuen Bundesländern. Centaurus, Pfaffenweiler, 252–283

– (1995): „Die Beobachtung der Beobachter beim Beobachten …". In: Thiersch, H., Grunwald, K. (Hrsg.): Zeitdiagnose Sozialer Arbeit, Juventa, Weinheim / München, 27–42

Grunwald, K. (Hrsg.) (2009): Vom Sozialmanagement zum Management des Sozialen? Eine Bestandsaufnahme. Schneider Hohengehren, Baltmannsweiler

Gottschalk, G. M. (2004): Entstehung und Verwendung des Begriffs Sozialpädagogik. Extrapolation systematischer Kategorien als Beitrag für das Selbstverständnis heutiger Sozialpädagogik. BPB-Verlag, Eichstätt

Hering, S., Münchmeier, R. (2000): Geschichte der Sozialen Arbeit. Juventa, Weinheim / München

Heimann, E. (1980): Soziale Theorie des Kapitalismus. Suhrkamp, Frankfurt / M.

Hillebrandt, F. (2005): Hilfe als Funktionssystem für Soziale Arbeit. In: Thole, W. (Hrsg.), 215–243

Hollstein, W., Meinhold, M. (Hrsg.) (1973): Sozialarbeit unter kapitalistischen Produktionsbedingungen. Fischer, Frankfurt / M.

Homfeldt, H. G., Schröer, W., Schweppe, C. (Hrsg.) (2007): Soziale Arbeit und Transnationalität. Herausforderungen eines spannungsreichen Bezugs. Juventa, Weinheim / München

Kant, I. (1964): Werke in 6 Bänden, Band 6, Schriften zur Anthropologie, Geschichtsphilosophie, Politik und Pädagogik. Insel, Frankfurt / M.

Kessl, F. (2009): Soziale Arbeit als Grenzbearbeiterin. Einige grenzanalytische Vergnügungen. In: Neumann, S. / Sandermann, P. (Hrsg.) (2009a): Kultur und Bildung. Neue Fluchtpunkte der sozialpädagogischen Forschung, VS Verlag, Wiesbaden, 43–61

–, Reutlinger, C., Ziegler, H. (Hrsg.) (2007): Erziehung zur Armut? Soziale Arbeit und die ‚neue Unterschicht'. VS, Wiesbaden

Kleve, H. (2003): Sozialarbeitswissenschaft, Systemtheorie und Postmoderne. Grundlegungen und Anwendungen eines Theorie- und Methodenprogramms. Lambertus, Freiburg i. Br.

Krüger, H.-H. (1995): Erziehungswissenschaft und ihre Teildisziplinen. In: Krüger, H.-H., Helsper, W. (Hrsg.): Einführung in Grundbegriffe und Grundfragen der Erziehungswissenschaft. Leske und Budrich, Opladen, 319–326

Kuhn, T. (1981): Die Struktur wissenschaftlicher Revolutionen. Suhrkamp, Frankfurt / M.

Lenzen, D. (1997): Erziehungswissenschaft in Deutschland: Theorien – Krisen – gegenwärtiger Stand. In: Olbertz, J. H: (Hrsg.): Erziehungswissenschaft: Traditionen – Themen – Perspektiven. Leske und Budrich, Opladen, 39–50

Lob-Hüdepohl, A. (2007): Berufliche Soziale Arbeit und die ethische Reflexion ihrer Beziehungs- und Organisationsformen. In: Lob-Hüdepohl, A., Lesch, W. (Hrsg.): Ethik Sozialer Arbeit. Ein Handbuch. Schöningh, Paderborn, 113–161

Lüders, C., Winkler, M. (1992): Sozialpädagogik – auf dem Weg zu ihrer Normalität. Zeitschrift für Pädagogik 38 / 3, 359–370

Lyotard, Jean-François (2009): Das postmoderne Wissen. Passagen, Wien

May, M. (2009): Aktuelle Theoriediskurse Sozialer Arbeit. Eine Einführung, 2. Aufl. VS, Wiesbaden

Merten, R. (1997): Autonomie der Sozialen Arbeit. Juventa, Weinheim / München

–, Sommerfeld, P., Koditek, T. (Hrsg.) (1996): Sozialarbeitswissenschaft – Kontroversen und Perspektiven. Luchtergand. Neuwied / Kriftel

Mittelstraß, J. (Hrsg.) (1996): Enzyklopädie Philosophie und Wissenschaftstheorie, Band 4. J. B. Metzler, Stuttgart

Mührel, E., Birgmeier, B. (Hrsg.) (2009): Theorien der Sozialpädagogik – ein Theorie-Dilemma? VS, Wiesbaden

Mühlum, A. (1996): Sozialarbeit und Sozialpädagogik. Ein Vergleich, 2. Aufl. Eigenverlag des Deutschen Vereins, Frankfurt / M.

Müller, C. W. (1998): War das ein sozialpädagogisches Jahrhundert? Jahrbuch der Sozialen Arbeit, 11–52

Münchmeier, R. (1997): Geschichte der Sozialen Arbeit. In: Harney, K., Krüger, H.-H. (Hrsg.): Einführung in die Geschichte von Erziehungswissenschaft und Erziehungswirklichkeit. Leske & Budrich, Opladen, 271–309

Mollenhauer, K. (1998): Sozialpädagogische Forschung. Eine thematisch-theoretische Skizze. In: Rauschenbach, Th., Thole, W. (Hrsg.): Sozialpädagogische Forschung. Gegenstand und Funktionen, Bereiche und Methoden. Juventa, Weinheim / München, 29–46

Natorp, P. (1899): Sozialpädagogik. F. Frommann, Stuttgart

Neumann, S., Sandermann, P. (Hrsg.) (2009a): Kultur und Bildung. Neue Fluchtpunkte der sozialpädagogischen Forschung. VS, Wiesbaden

–, – (2009b): Turning again? Kritische Bestandsaufnahmen zu einer neuerlichen ‚Wende' in der sozialpädagogischen Forschung. In: Neumann, S., Sandermann, P. (Hrsg.), 137–168

Niemeyer, C. (2009): Sozialpädagogik als Theorie der Jugendhilfe. Historische Reminiszenzen und systematische Perspektiven. In: Mührel, E., Birgmeier, B. (Hrsg.), 233–214

– (2005): Sozialpädagogik, Sozialarbeit, Soziale Arbeit – „klassische Aspekte der Theoriegeschichte". In: Thole, W. (Hrsg.), 123–137

– (1998): Klassiker der Sozialpädagogik. Juventa, Weinheim / München

–, Schröer, W., Böhnisch, L. (Hrsg.) (1997): Grundlinien Historischer Sozialpädagogik. Juventa, Weinheim / München

Nohl, H. (1949): Pädagogik aus dreißig Jahren. Gerhard Schulte-Bulmke, Frankfurt / M.

Otto, H.-U., Oelkers, J. (Hrsg.) (2006): Zeitgemäße Bildung. Herausforderung für Erziehungswissenschaft und Bildungspolitik. Ernst Reinhardt Verlag, München

–, Polutta, A., Ziegler, H. (Hrsg.) (2009): Evidence-bases Practice. Modernising the Knowledge Base of Social Work. Budrich, Leverkusen

–, Rauschenbach, Th. (Hrsg.) (2008): Die andere Seite der Bildung. Zum Verhältnis von formellen und informellen Bildungsprozessen, 2. Aufl. VS, Wiesbaden

–, Thiersch, H. (Hrsg.) (2005): Handbuch zur Sozialarbeit / Sozialpädagogik, 3. Aufl. Ernst Reinhardt, München / Basel

–, Utermann, K. (Hrsg.) (1971): Sozialarbeit als Beruf. Auf dem Weg zur Professionalisierung. Luchterhand, Neuwied / München

–, Ziegler, H. (2010): Capabilities – Handlungsbefähigung und Verwirklichungschancen in der Erziehungswissenschaft, 2. Aufl. VS, Wiesbaden

Pestalozzi, J. H. (1946): Gesammelte Werke in 10 Bänden. Band 8. Rascher, Zürich

Pfaffenberger, H. (2009): Gibt es eine Sozialarbeitswissenschaft? In: Birgmeier, B., Mührel, E. (Hrsg.), 17–28

Rauschenbach, Th. (1999): Das sozialpädagogische Jahrhundert: Analysen zur Entwicklung Sozialer Arbeit in der Moderne. Juventa, Weinheim / München

– (Hrsg.) (1998): Sozialpädagogische Forschung. Gegenstand und Funktionen. Bereiche und Methode. Juventa, Weinheim / München

–, Treptow, R. (1984): Sozialpädagogische Reflexivität und gesellschaftliche Rationalität. In: Müller, S., Peter, H., sünker, H. (Hrsg.): Handlungskompetenz in der Sozialarbeit / Sozialpädagogik II: theoretische Konzepte und gesellschaftliche Strukturen. KT, Bielefeld, 21–71

–, Züchner, I. (2005): Theorie der Sozialen Arbeit. In: Thole, W. (Hrsg.), 139–160

Reyer, J. (2002): Kleine Geschichte der Sozialpädagogik: Individuum und Gemeinschaft in der Pädagogik der Moderne. Schneider Hohengehren, Baltmannsweiler

Salomon, A. (1929): Soziale Diagnose. Carl Heymann, Berlin

Schoneville, H., Thole, W. (2009): Anerkennung – ein unterschätzter Begriff in der Sozialen Arbeit. Soziale Passagen. Journal für Empirie und Theorie der Sozialen Arbeit 2, 133–143

Schröer, W. (1999): Der Mensch im modernen Kapitalismus. Juventa, Weinheim / München

–, Sting, S. (2006): Vergessene Themen der Disziplin – neue Perspektiven für die Sozialpädagogik. In: Schweppe, C., Sting, S. (Hrsg.), 17–40

Schweppe, C., Sting, S. (Hrsg.) (2006): Sozialpädagogik im Übergang. Neue Herausforderungen für Disziplin, Profession und Ausbildung. Juventa, Weinheim / München

Staub-Bernasconi, S. (2006): Der Beitrag einer systematischen Ethik zur Bestimmung von Menschenwürde und Menschenrechten in der Sozialen Arbeit. In: Dungs, S., Gerber, U., Schmidt, H., Zitt, R. (Hrsg.): Soziale Arbeit und Ethik im 21. Jahrhundert. Ein Handbuch. Evangelische Verlagsanstalt, Leipzig, 267–289

Stauber, B., Pohl, A., Walter, A. (Hrsg.) (2007): Subjektorientierte Übergangsforschung. Rekonstruktion und Unterstützung biografischer Übergänge junger Erwachsener. Juventa, Weinheim / München

Stichweh, R. (1994): Wissenschaft, Universität, Profession. Suhrkamp, Frankfurt / M.

Tenorth, H.-E. (1994): Profession und Disziplin. In: Krüger, H.-H., Rauschenbach, Th. (Hrsg.): Erziehungswissenschaft am Beginn einer neuen Epoche. Juventa, Weinheim / München, 17–28

Thiersch, H. (2005): Theorie der Sozialarbeit / Sozialpädagogik. In: Kreft, D., Mielenz, I. (Hrsg.): Wörterbuch Soziale Arbeit, 5. Aufl. Beltz, Weinheim, 965–970

– (2002): Positionsbestimmungen der Sozialen Arbeit. Juventa, Weinheim / München

– (1978): Alltagshandeln und Sozialpädagogik. Neue Praxis 1, 6–25

Thole, W. (Hrsg.) (2005a): Grundriss Soziale Arbeit. Ein einführendes Handbuch, 2. Aufl. VS, Wiesbaden

– (2005b): Soziale Arbeit als Profession und Disziplin. Das sozialpädagogische Projekt in Praxis, Theorie, Forschung und Ausbildung – Versuch einer Standortbestimmung. In: Thole, W. (Hrsg.), 13–60

–, Galuske, M., Gängler, H. (1998): KlassikerInnen der Sozialen Arbeit. Luchterhand, Neuwied

Wendt, W. R. (2008): Geschichte der Sozialen Arbeit, 5. Auflage in 2 Bänden. Lucius & Lucius, Stuttgart

Wendt, W. R. (Hrsg.) (1994): Sozial und wissenschaftlich arbeiten. Status und Positionen der Sozialwissenschaft. Lambertus, Freiburg i. Br.

Weniger, E. (1957): Die Eigenständigkeit der Erziehung in Theorie und Praxis. Probleme der akademischen Lehrerbildung. Beltz, Weinheim

Winkler, M. (2009): Theorie und Praxis revisited – Oder: Sozialpädagogik als Handwerk betrachtet. In: Mührel, E. / Birgmeier, B. (Hrsg.), 307–332

– (2006a): Kleine Theorie einer revidierten Theorie der Sozialpädagogik. In: Badawia, T., Luckas, H., Müller, H. (Hrsg.): Das Soziale gestalten. Über Mögliches und Unmögliches der Sozialpädagogik. VS, Wiesbaden, 55–80

– (2006b): Kritik der Pädagogik: der Sinn der Erziehung. Kohlhammer, Stuttgart

– (1995): Bemerkungen zur Theorie der Sozialpädagogik. In: Sünker, H. (Hrsg.): Theorie, Politik und Praxis Sozialer Arbeit. Kleine Verlag, Bielefeld, 102–119

– (1993): Hat die Sozialpädagogik Klassiker? Neue Praxis 23, 171–184

Theoriekonstruktion und Positionen der Sozialen Arbeit

Von Cornelia Füssenhäuser

Problemstellung

Die Theoriediskussion ist geprägt durch das Nebeneinander unterschiedlicher theoretischer Positionen. Dabei kennzeichnen eine Pluralität von
Theorien (Theorienpluralismus) und eine zunehmende Selbstreferentialität die Fachdiskussion
(→ Füssenhäuser/Thiersch, Theorie und Theoriegeschichte Sozialer Arbeit). Ein solcher Theorienpluralismus kann im Anschluss an Mittelstraß und
Stichweh als Indikator für eine entwickelte sozialwissenschaftliche Disziplin und die Normalisierung
der Theoriedebatte verstanden werden (Mittelstraß
1996, 282; Stichweh 1994). Charakteristisch für
den Theoriediskurs der Sozialen Arbeit ist insofern
nicht eine vereinheitlichende Theorie, sondern ein
Netz von Kommunikationen zwischen den unterschiedlichen Theoriepositionen. In diesem sollten
ebenso die Eigenheiten wie die Unterschiedlichkeiten aufeinander bezogen und in ihren Widersprüchen, Herausforderungen, aber auch Ergän-
zungsperspektiven erkennbar werden. Schließlich
sollten auch jene Gemeinsamkeiten in Grundannahmen und Intentionen deutlich werden, die,
jenseits unterschiedlicher Voraussetzungen und
Theoriesprachen, der Gemeinsamkeit der Aufgabe
und den Herausforderungen in der gegebenen gesellschaftlichen Situation geschuldet sind.

In diesem Kontext gehe ich davon aus, dass es sinnvoller und der gesellschaftlichen Entwicklung hin
zu einer „reflexiven Moderne" angemessener ist,
möglichst viele alternative Überlegungen in den
wissenschaftlichen Diskurs mit einzubeziehen und
diese nicht durch methodologische Einschränkungen und ein Einheitsparadigma zu begrenzen
(→ Füssenhäuser/Thiersch, Theorie und Theoriegeschichte Sozialer Arbeit; Thole 2005; May 2009).

Ein solcher Zugang erscheint auch sinnvoll, da die
Soziale Arbeit zu Beginn des 21. Jahrhunderts auf
Grund veränderter gesellschaftlicher Rahmenbedingungen vor einem erhöhten disziplinären Klärungsbedarf steht, der sich aus der Vielfalt der
theoretischen Diskurse sowie der zunehmenden arbeitsfeldbezogenen Differenzierung des Feldes sowie – im Kontext des Bolognaprozesses – der Studiengänge ergibt. So weisen folgende Stichworte
auf soziale Probleme bzw. gesellschaftliche Entwicklungen mit einer hohen Bedeutung für die
sozialstaatlichen und sozialen Dienstleistungen
hin: Globalisierung, Europäisierung, Flexibilisierung der Arbeit, wachsende soziale und ökonomische Ungleichheiten, technologischer Wandel, gesellschaftliche Mobilisierung, Individualisierung,
Pluralisierung, demografischer Wandel.

Kristallisationspunkte der Theoriebildung

Welche Grundstruktur und Funktion hat nun aber
eine Theorie Sozialer Arbeit? Allgemeine Definitionen wie die von Mittelstraß, „daß Erklärung und
Prognose Ziele der Aufstellung von Theorien sind"
(Mittelstraß 1996, 266) tragen nur wenig zur Klärung bei. Hilfreicher scheint mir hingegen an die
im Beitrag von Füssenhäuser und Thiersch genannte Unterscheidung *Theorie als theoretischer
Diskussion* und *Theorie der Sozialen Arbeit im engeren Sinn* anzuschließen (→ Füssenhäuser/Thiersch,
Theorie und Theoriegeschichte Sozialer Arbeit).

Theorien der Sozialen Arbeit im engeren Sinn zielen auf eine Klärung des Status der Sozialen Arbeit,
auf die Beschreibung und Klärung ihres Gegenstandsbereichs und ihrer Funktion(en), auf ihre

Otto/Thiersch (Hg.), Handbuch Soziale Arbeit, 4. A., DOI 10.2378/ot4a.art164,

geschichtliche Selbstvergewisserung und die Positionierung gegenüber anderen Disziplinen und dem Bereich der professionellen Praxis. Sie entwerfen dabei ein spezifisches, in sich (möglichst) konsistentes System. Theorien der Sozialen Arbeit klären dabei den spezifischen Standpunkt der Professionellen der Sozialen Arbeit. Theorien der Sozialen Arbeit übernehmen in diesem Kontext auch die Funktion, die Komplexität von sozialen Lagen und / oder Fällen zu erfassen sowie wieder so zu reduzieren, dass Handlungsfähigkeit hergestellt wird, sowie die Kontextualität des Falls gewährt bleibt. Sie sollten in der Lage sein, die Komplexität der Lebenslagen und Problemsituationen von Menschen zu erfassen, die Verbindung zwischen subjektiven und sozial-gesellschaftlichen Bedingungen abzubilden und die Alltagstheorien der Professionellen zu reflektieren.

Vor diesem Hintergrund ist eine zweifache Strategie zu verfolgen: Erstens wird, vor dem Hintergrund modernisierungstheoretischer und gesellschaftlicher Veränderungen, die Frage nach dem gesellschafts- und fachtheoretischen Beitrag der Disziplin wie auch der Profession immer wichtiger. Zweitens erscheint es produktiv, bereits vorliegende Theorien Sozialer Arbeit in ihren zentralen systematischen Überlegungen zu rekonstruieren und verstärkt nach der jeweiligen Theoriearchitektur zu fragen (Füssenhäuser 2005).

Für die bereits benannte Vielfalt der gegenwärtigen Theoriepositionen wird die von Mannheim vorausgesetzte Kollektivität der Denkintentionen unterstellt. Grundlegende These ist, dass sich in ihren Darstellungen Grundannahmen und Bewegungen finden, die den sich immer wieder neu konstituierenden Stand und Zeitgeist der Sozialen Arbeit repräsentieren. Eine solche – zumindest immanente – „Kollektivität" von Denkstilen und -standorten spiegelt sich auch in den sich im Theoriediskurs auffindbaren Überlegungen zu einer *Topografie* theoretisch relevanter Fragen bzw. zu einem *Theorieprogramm* (Füssenhäuser / Thiersch 2005; Winkler 1995b) wider.

Zu einer solchen Topografie gibt es in der Theoriedebatte Sozialer Arbeit unterschiedliche Vorschläge, von denen zunächst einige skizziert werden. Thiersch und Rauschenbach (1984) beschreiben fünf zentrale Fragen sozialpädagogischer Theoriebildung: die Frage nach dem Wissenschaftscharakter, nach der Lebenswelt der Adres-

sat(inn)en, nach der gesellschaftlichen Funktion, nach den Institutionen und, damit verbunden, nach dem Profil professionellen Handelns. Fatke / Hornstein (1987) betonen drei Aspekte sozialpädagogischer Forschung und Theoriebildung. Aus ihrer Sicht müssen sich diese auf die Beschreibung und Analyse der subjektiven Sicht ihrer AdressatInnen beziehen, sie benötigen daneben die Reflexion pädagogischer Prozesse und die Analyse sozialer Problemlagen. Diese drei Aspekte müssen zudem rückgebunden sein in die Reflexion der historisch-gesellschaftlichen Bedingungen und Veränderungen. Hamburger (1995; 1997) bestimmt Theorie einerseits als „theoretische Reflexion zu einzelnen Handlungsfeldern und Konzepten der Sozialpädagogik" (1995, 11), andererseits konkretisiert sich für ihn diese Bestimmung in Fragen nach der Funktion, der Geschichte, dem Begriff, den Institutionen, der Profession, dem Zusammenhang der Institutionen in ihren unterschiedlichen Aufgaben und Leistungen und den Formen des sozialpädagogischen Handelns. Winkler (1996) dimensioniert eine Theorie der Sozialpädagogik in sozialgeschichtlich-gesellschaftstheoretische Fragen, in die phänomenologisch konkrete Analyse von Erfahrungen und Handlungen im lebensweltlichen Kontext, in die Ausdifferenzierungen der strukturellen Bestimmungen des Feldes und seiner Institutionen, in die Klärung der ethischen Grundprobleme und in die Bestimmung des professionellen Handelns. Mollenhauer (1998) benennt die vier zentralen Problemlagen der Generation, der Normalitätsbalancen, der Armut und der Interkulturalität, um darin ebenso die Kohärenz sozialpädagogischer Fragen als auch den Stellenwert für die Pädagogik und Erziehungswissenschaft im weiteren Kontext zu verdeutlichen.

Im Anschluss an die Überlegungen schlage ich für eine solche Topografie einer Theorie der Sozialen Arbeit folgende Dimensionen vor, die von mir als Kristallisationspunkte sowohl disziplinärer als auch professionsgebundener Theoriebestimmung betrachtet werden:

1. Eine Theorie der Sozialen Arbeit setzt eine Bestimmung des *Gegenstands* der Sozialen Arbeit als Wissenschaft, aber auch der Praxis voraus. Sie verdeutlicht dadurch ihren spezifischen Blickwinkel bzw. die zentrale Problemperspektive von Theorie, Forschung wie Praxis.

2. Theorie der Sozialen Arbeit bestimmt ihren *Wissenschaftscharakter* vor dem Hintergrund der unterschiedlichen Traditionen und der wissenschaftlichen Bezüge, aus denen heraus sich Soziale Arbeit entwickelt hat. Sie diskutiert dabei auch ihre spezifische Identität im Verhältnis zu anderen Disziplinen und unter dem Aspekt der Interdisziplinarität (Füssenhäuser 2005; Rauschenbach / Züchner 2005). Wie wichtig diese Klärung ist, zeigt sich in der Unterschiedlichkeit gegenwärtiger Positionen, in denen sich ebenso theoretische Zugänge finden, die auf einem einzigen wissenschaftstheoretischen Zugang basieren (z. B. Staub-Bernasconi 2007; Hillebrandt 2005), wie auch Konzepte, die unterschiedliche Erkenntniszugänge miteinander vermitteln und Soziale Arbeit im Sinn einer Integrationswissenschaft verstehen (z. B. Böhnisch 2005; Thiersch et al. 2005).

3. Theorie der Sozialen Arbeit klärt das Verhältnis von Theorie und Praxis, also die wissenssoziologische Frage nach der Differenz der unterschiedlichen Wissensformen in *Theorie und Praxis*, dem Disziplin- und Professionswissen und vor allem die Frage nach der Relationierung der unterschiedlichen Wissensformen. Soziale Arbeit als *Profession* ist bezogen auf die Aufgaben der Praxis in der heutigen gesellschaftlichen Realität und ist an Wirksamkeit interessiert. Soziale Arbeit als *Disziplin* ermöglicht aufgrund ihrer relativen Distanz zum unmittelbaren Handlungsdruck der Praxis eine reflexive Analyse des Gegenstandsbereichs, und den Entwurf von alternativen Möglichkeiten. Sie zielt auf Wahrheit und Richtigkeit (Füssenhäuser 2005, 43 f.).

4. Theorie der Sozialen Arbeit erörtert die *gesellschaftlichen* und *sozialen Rahmenbedingungen* heutiger Sozialer Arbeit. Hierin geht es ihr um eine Klärung der Position der Sozialen Arbeit im Horizont einer Theorie der Gesellschaft, in der sich die gesellschaftspolitischen Aspekte mit disziplin- bzw. professionspolitischen Diskursen verbinden. Sie diskutiert dabei auch die intermediäre Funktion der Sozialen Arbeit innerhalb des Sozialstaats und nach ihrem Ort im Gefüge der arbeitsteilig realisierten Sozial-, Bildungs- und Erziehungsangebote (Galuske 2002).

5. Theorie der Sozialen Arbeit diskutiert die *Lebenslagen und Lebensweisen* der AdressatInnen und sieht diese auch im Kontext sozialer Probleme sowie in der Spannung von Normalität und Abweichung. Sie fragt gleichzeitig danach, wie darin Unterstützung, Hilfe und Bildungsaufgaben bestimmt werden können.

6. Theorie der Sozialen Arbeit analysiert die *Organisation und Institutionen* der Sozialen Arbeit und die Ausdifferenzierung der Sozialen Arbeit in Institutionalisierungs- und Arbeitsprogrammen. Hierzu gehören z. B. auch das Verhältnis von administrativem und professionellem Handeln oder auch die Frage nach Qualität und professionellen Standards.

7. Die Theorie Sozialer Arbeit zielt auf eine Konkretisierung der *professionellen Handlungsmuster* der Sozialen Arbeit. Diese erfolgt im Horizont einer Analyse der allgemeinen Strukturen eines helfenden, erziehenden, bildenden und unterstützenden Handelns in seiner Spannung von asymmetrischer und symmetrischer Kommunikation, in seiner Verbindung von Nähe, Stellvertretung und Distanz, in seinen strukturellen Widersprüchen oder Paradoxien. Diese Handlungsmuster müssen für unterschiedliche Arbeitsfelder und unterschiedliche Settings und Handlungsformen differenziert werden. Wichtig ist in diesem Zusammenhang aber auch die Erörterung des spezifisch professionellen Handlungsprofils Sozialer Arbeit im Unterschied zu anderen pädagogischen oder therapeutischen Handlungsprofilen, vor allem aber zum nicht-professionellen Handeln (Spiegel v. 2004; Heiner 2004; 2010). Eine Theorie der Sozialen Arbeit sieht diese Frage auch im Wissen darum, dass heutiger Alltag zunehmend durchsetzt ist von sozialwissenschaftlichen Wissensbeständen und einem daraus resultierenden zunehmend kritischen Umgang mit fachlich professionellen Interventionsangeboten. In diesem Kontext ist die Spezifität professionellen Handelns auszuweisen und sowohl an die Wissensbestände Sozialer Arbeit als auch an die Praxis einer wissenschaftlich aufgeklärten Reflexivität rückzubinden.

8. Soziale Arbeit als Wissenschaft ist immer auch mit *ethischen Fragestellungen* bzw. mit Normen und Werten konfrontiert. Insofern klärt sie die sozialethischen gesellschaftlichen Grundlagen ihres professionellen Handelns ebenso wie die in ihrer Praxis gegebenen, oft nicht ausdrücklich bewussten normativen Konzepte. Sie konkretisiert ethische Fragen in einer Berufsethik, die auch die Risiken und Gefährdungen des professionellen sozialarbeiterischen bzw. sozialpädagogischen Handelns klärt und die in den Institutionen repräsentierten normativen Gegebenheiten.

In allen Dimensionen sind folgende *Querschnitts-dimensionen* mit zu denken: Soziale Arbeit ist erstens ein *historisch konkretes* und *gesellschaftlich-soziales* Produkt, sie ist von daher entwicklungsoffen und diskursiv angelegt. Von besonderer Bedeutung sind zweitens *soziale Strukturkategorien*, wie z. B. Alter, Ethnie, regionale Zugehörigkeiten sowie Gender, die systematisch weiter auszudeklinieren wären. Aufgabe einer Theorie der Sozialen Arbeit ist es also auch zu fragen, ob, in welcher Weise und mit welchen Konsequenzen eine Thematisierung der Geschlechterkategorie erfolgt oder unterbleibt, um sie so als grundlegende soziale Strukturkategorie der Sozialen Arbeit zu realisieren. Soziale Arbeit ist drittens verwiesen auf (empirisch gestützte) *Forschung.* Als moderne Sozialwissenschaft klärt sie dabei theoretisch wie empirisch die genuinen Fragestellungen der Disziplin wie Profession sowie die Wirkungen und unbeabsichtigten Nebenwirkungen professionellen Handelns (Miethe / Bock 2010, 9–13).

Theoriepositionen Sozialer Arbeit

Die im Folgenden dargestellten Diskurse haben in den vergangenen vier Jahrzehnten zur Theoriebildung und Theoriesystematik der Sozialen Arbeit entscheidend beigetragen, d. h. sie verfolg(t)en die Absicht, das Feld Sozialer Arbeit (oder in der jeweiligen Selbstbezeichnung der Sozialpädagogik) im weiteren Sinn und auf unterschiedlichen Ebenen theoretisch zu konturieren. Insofern stellen sie einen Beitrag zu einer theoretischen Fundierung der Sozialen Arbeit dar und waren bzw. sind Ausgangspunkt einer kritischen Auseinandersetzung und Fachdebatte (Füssenhäuser / Thiersch 2005; May 2009; Thole 2005). Sie können deshalb als zentrale Markierungen einer sich zunehmend verwissenschaftlichenden Sozialen Arbeit gelesen werden. Dennoch handelt es sich immer auch um eine exemplarische Darstellung, die Vielfalt der gegenwärtigen Entwicklungen und Zugänge darzustellen übersteigt jedoch diesen Beitrag.

Bildungstheoretische und Diskursanalytische Positionen

Bildungs- bzw. diskurstheoretische Positionen verweisen seit ihren Anfängen im Bildungsbegriff der Aufklärung auf die spannungsvolle Beziehung von Individuum und Gesellschaft und fragen darin nach der Bildung des Subjekts einerseits sowie nach der Beziehung von Gesellschaft und Privatheit andererseits (Sünker 2005, 227).

In Klaus Mollenhauers Arbeiten spiegelt sich in geradezu exemplarischer Weise die Professionalisierung und Verwissenschaftlichung der universitären Sozialpädagogik in den letzten Jahrzehnten des 20. Jahrhunderts. Seine Arbeiten trugen sowohl zu einer Neuorientierung der allgemeinen Erziehungswissenschaft wie auch der Sozialpädagogik bei. Mollenhauer verknüpft das Bildungsinteresse der Heranwachsenden im klassischen Sinn der Aufklärung sowohl mit dem Ziel der Emanzipation aus unerkannten Abhängigkeiten als auch mit dem Ziel der Mündigkeit. Er versteht Emanzipation als Befreiung des Subjekts aus Bedingungen, die seine Rationalität und das mit ihr einhergehende Handeln beschränken (Mollenhauer 1971). Emanzipation als Selbstwerdung zielt auf (Selbst)Bildung. Das pädagogisch zu verfolgende Ziel von *Emanzipation und Mündigkeit* des Subjekts setzt hierbei einen emanzipativen pädagogischen Umgang voraus. Pädagogisches Handeln ist dabei stets als ein sowohl intersubjektives als auch gesellschaftlich vermitteltes Handeln. *Erziehung* zielt deshalb sowohl auf die Integration in gegebene Verhältnisse als auch auf die Emanzipation von denselben. Erziehung erfolgt in unterschiedlichen sozialen Konstellationen: im personalen Bezug sowie im pädagogischen Feld, d. h. sie (re)präsentiert sich auch in der Kultur.

Mollenhauer gewinnt seine Überlegungen v. a. aus zwei Momenten: erstens aus der Öffnung zu den Sozialwissenschaften (vor allem zu interaktionistischen und kommunikationstheoretischen Konzepten). Zweitens führt ihn die Rezeption kritischer Theorieansätze aus dem Umfeld der Frankfurter Schule zum Entwurf einer gesellschaftskritischen, pädagogisch-emanzipativen Sozialpädagogik (Mollenhauer 1971; 1972).

Die Eigenständigkeit der Sozialpädagogik sieht Mollenhauer in den Themen Armut, Ethnie bzw. Interkulturalität, Lebensphasen und Normalitätsbalancen – auch im Bezug der Generationen zueinander (Mollenhauer 1998). In den 1990er Jahren arbeitet Mollenhauer zudem gemeinsam mit Uhlendorff an dem Konzept einer „sozialpädagogischen Diagnose" (Mollenhauer / Uhlendorff 1992; 1995). Mollenhauers und Uhlendorffs sozialpädagogischen Diagnosen zeigen in ihrer Verknüpfung von leibgebundenen bzw. ästhetischen Äußerungen von Individuen mit einem biografisch-narrativen Zugang ebenfalls einen hohen bildungstheoretischen Gehalt.

Die von Mollenhauer immer wieder angesprochenen Dimensionen der Repräsentation, Präsentation, Bildsamkeit und Selbstbestimmung sowie der Identität illustrieren nicht nur die pädagogische Aufgabe der individuellen und gesamtgesellschaftlichen kulturellen Entwicklung, sondern machen deutlich, wie eng Mollenhauer den – bereits in der Verbindung von Sozialpädagogik und Bildungstheorie angelegten – Bezug der Sozialpädagogik zur Allgemeinen Erziehungswissenschaft versteht.

Mollenhauer selbst nennt drei zentrale Themen seiner Arbeiten (Mollenhauer 1990, 203): die Frage der „Bildsamkeit", die Selbsttätigkeit des Individuums sowie die Identitätsfrage, wobei letztere von ihm jedoch zugunsten des Themas Bildsamkeit aufgegeben wird. Die entscheidende Klammer seiner Überlegungen sind sein kulturtheoretisch akzentuiertes Interesse an der Klärung der Frage der *Bildung von Subjektivität* – die er als Frage von (Selbst-)Bildungsprozessen formuliert –, die Frage nach dem *Verhältnis von Individuum und Gesellschaft* sowie ein stetes Rekurrieren auf den *Generationen*begriff, der sich auch bzw. gerade aus dem (sozio)kulturellen Kontext heraus begründet (Mollenhauer 1998).

Bedenkenswert ist und bleibt sein Plädoyer für einen erziehungs- und bildungstheoretischen Diskurs, der das Subjekt in den Vordergrund stellt. *Erziehung und Bildung* zählen zu den Grundbedingungen unserer Kultur, die nur um den Preis derselben aufgegeben werden können (Winkler 2002, 10). Aus diesem Grund macht er immer wieder auf „vergessene Zusammenhänge" aufmerksam.

Winklers Zugang zu einer Theorie der Sozialpädagogik bündelt sich im Begriff *Diskurs*. Gegenstand von Theorie und damit zugleich auch Sachstruktur der Sozialpädagogik ist die „Grammatik des Diskurses" (Winkler 1995a, 108). Voraussetzung hierfür ist eine Beobachtung und Analyse des empirischen Diskurses der SozialpädagogIn-

nen und wie sich dieser organisiert (Winkler 1994, 527). Begründet wird dieser Zugang mit der kommunikativen Struktur der Sozialpädagogik, aufgrund derer sich sozialpädagogisches Handeln an sich nicht beobachten lässt, sondern erst durch die Reflexion im Diskurs zum sozialpädagogischen Handeln gerinnt. Theorie der Sozialpädagogik muss von daher die zwei Ebenen der realen Gegenstandstheorie (als Beschreibung und Analyse der Voraussetzungen, Bedingungen, Strukturen, Funktionen und Grenzen) und der Analyse der reflexiven Durcharbeitung dieser Elemente im Sinne der sozialen Konstruktion leisten (Winkler 1995a, 109). Anders formuliert: Theorie der Sozialpädagogik braucht die Konstitution einer einheitlichen Gegenstandsauffassung, einen „paradigmatischen, semantischen und epistemologischen Kern" (Winkler 2007, 66). Entsprechend folgen Theorie und Praxis ihrer eigenen Logik und verweisen auf eine spezifische Dignität. Winkler plädiert also für eine disziplinäre Selbstvergewisserung der Sozialpädagogik bzw. der Sozialen Arbeit. Aufgabe von Theorie ist der Anschluss empirischer Befunde und Fragen an einen historisch-systematisch orientierten Erkenntniszusammenhang bzw. die Herstellung eines Bezugs zu bereits angeführten Einsichten und Erkenntnissen.

Sozialpädagogik ist gleichzeitig „reflexiv gesteuerte Praxis in einem gesellschaftlich ausdifferenzierten Bereich" (Winkler 1995b, 171). Sie ist eine Instanz der modernen Gesellschaft zur Bearbeitung von Reproduktionsproblemen. D.h. sie verweist sowohl auf die Gesellschaft wie auch auf sich selbst (Winkler 1995b). Im Kontext ihrer zunehmenden Normalisierung hat die Sozialpädagogik ihre Funktion und Aufgaben erweitert. Wichtig ist sowohl die Aufgabe der gesellschaftlichen Integration als auch eine präventiv gestaltungsbezogene Funktion – hier trägt sie zur *Herstellung einer sozialen Infrastruktur* bei (Winkler 1995b, 173). Aufgrund dieser Entwicklung positioniert sich die Sozialpädagogik immer mehr im Kern der Gesellschaft. Modernisierungsprozesse bewirken somit nicht nur eine Normalisierung, sondern auch einen Wandel der Sozialpädagogik: vom Sozialpolitischen zum Pädagogischen (Winkler 1992). Diese Entwicklung beinhaltet aber auch das Risiko des Verlusts ihrer Identität. Notwendig wird deshalb eine (Re)-Politisierung der Sozialpädagogik im Sinne einer Rückgewinnung eines Verständnisses der eigenen gesellschaftlichen Funktion (Winkler 1995b, 183).

Zentral für Winklers theoretischen Zugang sind die beiden Begriffe des Subjekts und des Ortes bzw. des Raumes. Der Begriff *Subjekt* macht deutlich, dass die Sozialpädagogik stets mit Menschen zu tun hat, die in einer „selbsttätig hergestellten, durch Handlungen verwirklichten Beziehung zu ihrer Umwelt stehen und sich in dieser Beziehung verändern können" (Winkler 1995a, 114). In der Moderne ergibt sich für die Sozialpädagogik hieraus die prekäre Situation, dass sie zunehmend aus sich selbst heraus „gesellschaftsfähige und zugleich freie Subjekte erzeugen" muss (Winkler 1995b, 176). Sie erhält so gewissermaßen allgemeinpädagogische Aufgaben: „Die Subjekte müssen durch Pädagogik als soziale Subjekte synthetisiert werden – weil moderne Gesellschaften ihre sozialisatorische Kraft verlieren" (Winkler 1995b, 176).

Ebenso bedeutsam ist die von Winkler intendierte Aufwertung des Moments des *Raumes*. Sozialpädagogik zielt darauf, für Menschen Lebensbedingungen zu schaffen, die nicht nur Existenzsicherung versprechen, sondern darüber hinaus in der Erschließung von Lebensräumen, Lern- und Entwicklungsmöglichkeiten eröffnen (Winkler 1988). Sozialpädagogisches Handeln ist somit dadurch charakterisiert, dass es in sich die Herstellung und Bereitstellung von Orten realisiert, an denen für die Subjekte Lebens- und somit auch Bildungsprozesse möglich werden. Hierzu gehört auch, dass dem Einzelnen ein Raum der Verlässlichkeit und Sicherheit geboten wird (Winkler 1988, 280). (Sozial-)Pädagogische Orte können so Anregungs- und Aufforderungsstrukturen zur Veränderung schaffen, nicht aber die Veränderung selbst.

Lebenswelt- und bewältigungsorientierte Positionen

Der soziografische Begriff des Milieus wurzelt im Theoriezusammenhang des Lebensweltparadigmas und verweist deutlicher auf den sozialen Nahraum. Der Begriff der Lebenswelt verweist – zumindest im Anschluss an Schütz (1974) – auf ihre räumliche, zeitliche und soziale Strukturiertheit, damit auf ihre tendenzielle Offenheit und Unbestimmtheit. Unter Milieu werden hingegen intersubjektive

und emotional hoch besetzte biografische und räumliche Erfahrungen verstanden (Böhnisch 2004, 436 f.).

Die *Alltags- und/oder Lebensweltorientierung* ist ein für die sozialpädagogische Theorieentwicklung wie für die Praxis sozialer Arbeit wichtiger und kritischer Zugang. Er insistiert auf den Bezug zu menschlichen Erfahrungen und Praxis und hat seit den 1970er Jahren Verständnis und Entwicklung der Sozialen Arbeit maßgeblich mitbestimmt. Thiersch selbst versteht die Lebensweltorientierung als eine mögliche Fokussierung Sozialer Arbeit.

Alltags- und Lebensweltorientierung fragt nach dem subjektiven Eigensinn von Selbstdeutungen und Handlungsmustern im Alltag, nach der Ganzheitlichkeit, in der Menschen sich vorfinden, und nach den darin eingelagerten Bewältigungsmustern in der Ambivalenz von Offenheit und Routinen. Die Alltags- und Lebensweltorientierung bearbeitet Schwierigkeiten und Probleme in der Komplexität des Alltags. Gleichzeitig agiert sie aber auch provozierend und verfremdend, um Individuen aus den Verstrickungen des Alltags herauszubegleiten. Mit diesem Zugang kritisiert das Konzept der Lebensweltorientierung einerseits die gegebenen gesellschaftlichen wie institutionellen Strukturen, andererseits entwirft es selbst in die Alltagsverhältnisse der AdressatInnen Sozialer Arbeit hineinreichende, institutionelle wie professionelle (Handlungs-)Muster. Lebensweltlich zu arbeiten heißt insofern, auf die in der Lebenswelt befindlichen Probleme von Menschen einzugehen und gemeinsam mit ihnen eine „Vision" gelingenderen Lebens zu entwickeln und zu unterstützen (Füssenhäuser 2006).

Begriffe wie Alltag, Alltäglichkeit, Alltags- und Lebenswelt(en) verbinden sich mit unterschiedlichen Konnotationen und verweisen auf unterschiedliche wissenschaftstheoretische Bezugsdiskurse. Für das Konzept der Lebensweltorientierung ist der Begriff *Alltäglichkeit* zentral. Mit diesem Begriff beschreibt Thiersch zum einen ein generelles Verstehens- und Handlungsmuster im Alltag; zum anderen verweist er auf konkrete Lebensfelder, d. h. auf *Alltagswelten*, in denen Alltäglichkeit gelebt wird.

Lebensweltorientierung ist ein sowohl beschreibender als auch ein normativer Zugang und zielt auf einen *gelingenderen Alltag* (Grunwald/Thiersch 2005). Das kritische Potenzial des Konzepts wird dabei v. a. im, zu den beiden Polen des Individuums und der Gesellschaft offenen, Begriff des Alltags deutlich. Alltag verweist sowohl auf konkrete Lebensverhältnisse als auch auf real bestehende Produktionsverhältnisse und zeigt die gesellschaftliche Vermitteltheit von Individuen auf.

Die Lebensweltorientierung verknüpft in ihrer theoretischen Analyse und ihrer kritischen Reflexion von der Praxis Sozialer Arbeit sowohl hermeneutisch-pragmatische als auch kritische Theorietraditionen. Sie versteht sich als eine empirisch gewendete und sozialwissenschaftlich angereicherte hermeneutisch-pragmatische Pädagogik. Sie ist charakterisiert durch eine immer auch kritisch-emanzipative Bewegung sowie ein normativ bzw. moralisch aufgeladenes Insistieren auf ein Verständnis von Sozialer Arbeit als Repräsentation von sozialer Gerechtigkeit (Grunwald / Thiersch 2005).

Eine lebensweltorientierte Soziale Arbeit agiert in der Dimension der erfahrenen *Zeit*, in der Dimension des (sozialen) *Raumes* sowie in den gegebenen *sozialen Bezügen* in ihrer strukturellen Ambivalenz (Thiersch et al. 2005, 172 f.). Lebensweltorientierte Soziale Arbeit orientiert sich an den Subjekten in ihren Verhältnissen und zielt auf Selbsthilfe und Empowerment. Ihre kritische Orientierung sowohl im Blick institutioneller Ausgestaltung sozialer Arbeit als auch dem professionellen Handeln Sozialer Arbeit wird in den *Struktur- und Handlungsmaximen* der Prävention, der Regionalisierung, der Niedrigschwelligkeit, der Integration sowie der Partizipation deutlich (BMJFFG 1990; Thiersch et al. 2005, 173 f.). Diese sind im Blick auf die unterschiedlichen Handlungsfelder Sozialer Arbeit noch weiter zu konkretisieren und führen insgesamt zu einer veränderten Ausgestaltung der Institutionen Sozialer Arbeit: einer Verschiebung hin zu präventiven und ambulanten Hilfen und einem starken Interesse an Infrastrukturpolitik. Professionelles Handeln ist vor diesem Hintergrund zu verstehen als „strukturierte Offenheit" (Thiersch 2002, 203 ff.) und reflexive Kompetenz.

Insgesamt interessiert sich die Lebensweltorientierung stark für Fragen und Interessen der Praxis und zielt auf die Rekonstruktion der alltäglichen Lebensmuster. Trotz oder gerade aufgrund seines Erfolgs in der Praxis ist es notwendig, das Konzept der lebensweltorientierten Sozialen Arbeit gegen eine Verkürzung und Fehlinterpretation weiter zu denken, um die in ihr angelegte dialektische Spannung und kritische Intention nicht zu übergehen. Im Anschluss an die Lebensweltorientierung wird der *Lebensbewältigungsansatz* bzw. die Bewältigungsorientierung von ihrem Hauptvertreter Lothar Böhnisch als Kritik und als Weiterführung der Lebensweltorientierung verstanden. Die Bewältigungsorientierung verknüpft sozialpolitische Traditionen aus den Anfängen des 20. Jahrhunderts (Mennicke; Durkheim) mit einer Analyse der Struktur von modernen Gesellschaften (Digitaler Kapitalismus) und weist Bezüge zur Lebensweltorientierung auf.

Böhnisch versteht im Anschluss an Siegfried Bernfeld Soziale Arbeit als eine „gesellschaftliche Reaktion auf die Bewältigungstatsache" (Bernfeld 1925, 49). Soziale Arbeit ist die Antwort auf charakteristische psychosoziale Probleme der Lebensbewältigung. Diese wiederum entstanden aufgrund der gesellschaftlich hervorgerufenen sozialen Desintegration im Anschluss an die Industrialisierung, die damit einhergehende kapitalistische Gesellschaftsstruktur und anomische gesellschaftliche Grundstruktur. Böhnisch zufolge schärft das Konzept der *Anomie* – als Entkopplung von System- und Sozialintegration – den Blick für spezifische nachmoderne gesellschaftliche Risiken (z. B. in den Bereichen Arbeit, Bildung, Generationen- und Geschlechterverhältnis und Armut) (Böhnisch 2005).

Die Bewältigungsleistung der Menschen tritt angesichts der neuen Aufgaben, ihre Identitäten und Visionen, ihre Vergangenheiten und Zukunftsperspektiven neu zu entwerfen, auszuarbeiten, zu verflechten und zu kombinieren, an ihre Grenzen. Da die gesellschaftliche Bedingtheit dieser Dauerkrise nicht aufhebbar ist, müssen ihre Folgen für und mit den Einzelnen bearbeitet werden: Hier wird die Pädagogik zum Mittel der Wahl (Böhnisch 1999; 2005). Soziale Arbeit in diesem Sinn ist aber mehr als die lebensweltlich gewendete Seite der Sozialpolitik: Sie hat genuin eigenständige Aufgaben. Die Eigenständigkeit der Sozialpädagogik zeigt sich „im Eingehen auf die sozial beschädigte Individualität des Menschen und Neuformierung seiner sozialen Bezüge" (Böhnisch 1999, 262). Sozialpolitik richtet sich auf den Aspekt der Systemintegration, wohingegen Soziale Arbeit sich auf Fragen der Sozialintegration konzentriert.

Für den Lebensbewältigungsansatz sind das theoretische Konstrukt der *Lebenslage* als gesellschaftlich und sozialstaatlich präformierende Strukturvorgabe und der *Lebensweise* als subjektive Bewältigungsleistung in Deutungs- und Handlungsmustern zentraler Bezugspunkt. Gerade indem Soziale Arbeit die Lebenslage von Individuen als Bezugspunkt wählt, stellt sie gesellschaftlich-strukturelle Vorgaben, wie sie z. B. im Konzept der Normalisierung deutlich werden, in Frage (Böhnisch 1994). Hier verbinden sich strukturelle und biografische Aspekte. Der Lebensbewältigungsansatz zeigt die Dialektik und Notwendigkeit Sozialer Arbeit als biografische Unterstützung Einzelner. Sie ist also pädagogische Aufgabe einerseits sowie soziale Gestaltungsaufgabe andererseits. Aus diesem dialektischen Verständnis heraus entwickelt Böhnisch (1997) seine Überlegungen zu einer *Sozialpädagogik der Lebensalter* und der darauf bezogenen unterschiedlichen Entwicklungs- und Bewältigungsaufgaben.

Professionelles Handeln im Sinne einer Sozialpädagogik als unverzichtbare Reaktion auf die moderne Bewältigungstatsache erfordert unterschiedliche Zugänge und Zielsetzungen: Aufgabe Sozialer Arbeit ist es, Menschen in kritischen Problemkonstellationen so zu unterstützen, dass sie ihre *psychosoziale Handlungsfähigkeit* und soziale Orientierung wiedererlangen und neue soziale Bezüge aufbauen können (Böhnisch 1997; 2005). Die Option der Wiedererlangung sozialer Handlungsfähigkeit basiert auf vier Dimensionen: Erfahrung des Selbstwertverlusts, Erfahrung der sozialen Orientierungslosigkeit, die Erfahrung des fehlenden sozialen Rückhalts sowie die Sehnsucht nach Normalisierung. Diese vier Grunddimensionen sind miteinander verbunden und sind abhängig vom Lebensalter unterschiedlich bedeutsam bzw. aufeinander bezogen (Böhnisch 1997). Vor diesem Hintergrund zielt die Soziale Arbeit sowohl auf *Milieubildung* (als Inszenierung von Chancen zur Aneignung und Gestaltung von Lebensräumen) als auch auf *Empowerment* (im Sinne einer Unterstützung der Selbstzuständigkeit von Menschen in ihren Aufgaben der Lebensgestaltung).

Systemtheoretische und system(ist)ische Zugänge

Obwohl der Begriff des Systems sowohl in der disziplinären Debatte als auch im professionellen Diskurs vielfältig gebraucht wird, fällt auf, dass eine ausgearbeitete Systemtheorie Sozialer Arbeit bislang nicht aufzufinden ist, obwohl sich systemtheoretische Positionen seit den 1990er Jahren stark verbreitet haben. Der Begriff Systemtheorie bleibt ein Sammelbegriff für sehr verschiedene Bedeutungen und Analyseebenen (Luhmann 1984). Dabei lassen sich – neben vielfältigen anderen Positionierungen – v. a. drei Hauptrichtungen unterscheiden: der Ontologische Systemismus nach Mario Bunge (Staub-Bernasconi), Überlegungen, die Soziale Arbeit im Anschluss an die funktionale Systemtheorie Niklas Luhmanns zu fundieren (Merten; Hillebrandt) sowie den Radikalen Konstruktivismus (Kleve).

Der Entwurf einer systemistisch-prozessualen Sozialen Arbeit von Silvia Staub-Bernasconi schließt an Menschen- und Frauenrechts-Diskurse im Kontext des amerikanischen Social Work und an das systemische Paradigma (Staub-Bernasconi 2007, 160 ff.) an. Die systemistisch-prozessuale Soziale Arbeit zielt somit auf einen einheitlichen, sowohl disziplinär als auch professionell gebundenen Entwurf einer Theorie der Sozialen Arbeit. Theorie zielt dabei sowohl auf eine Beschreibung sozialer Problemdimensionen als auch auf deren Verknüpfung mit spezifischen Wissensbeständen und *problembezogenen Arbeitsweisen* – Ressourcenerschließung, Bewusstseinsbildung, Modell-, Identitäts- und Kulturveränderung, Handlungskompetenz-Training, Soziale Vernetzung, Umgang mit Machtquellen und -strukturen, Kriterien und Öffentlichkeitsarbeit und Sozialmanagement (Staub-Bernasconi 2007, 271–286). Soziale Arbeit hat dabei immer auch eine kritische Funktion, sie insistiert auf die Durchsetzung von Begrenzungsmacht und Regeln, um Gerechtigkeit und Teilhabe zu ermöglichen (Staub-Bernasconi 2007, 375–389).

Innerhalb eines solchen systemistischen Paradigmas werden Menschen als psychobiologische Systeme verstanden, die bewusstseinsfähig sind und Bedürfnisse haben (Staub-Bernasconi 2007, 170). Soziale Arbeit schließt an diesen Ausgangspunkt an und setzt ihn unter komplexen gesellschaftlichen Bedingungen um. Ob und inwiefern Bedürfnisse reguliert und aufrechterhalten werden können, ist abhängig von den gegebenen Ressourcen und den individuellen Fähigkeiten der Einzelnen (Staub-Bernasconi 2007, 171–174). Vor diesem Hintergrund lässt sich die Soziale Arbeit als zentrale Antwort auf *soziale Probleme* beschreiben. Diese sind der Gegenstandsbereich im engeren Sinn einer Theorie Sozialer Arbeit. Soziale Probleme sind „sowohl Probleme von Individuen als auch Probleme einer Sozialstruktur und Kultur in ihrer Beziehung zueinander" (Staub-Bernasconi 2007, 182). Unterschieden werden dabei: Ausstattungsprobleme (u. a. Krankheit, Behinderung, sozioökonomische Ausstattung, Erkenntniskompetenzen), Austauschprobleme (u. a. unfairer Tausch von Gütern, Verständigungsbarrieren) sowie soziale Machtprobleme. Soziale Machtprobleme finden sich sowohl auf der individuellen Ebene als Probleme der Machtlosigkeit (u. a. Körper als Machtquelle, sozioökonomische Ausstattung als Machtquelle) als auch auf der Ebene sozialer Systeme als Probleme der Ressourcenverteilung, Sozialbeziehungsweise Machtstruktur und Kultur (u. a. Normen, Kontrolle) (Staub-Bernasconi 2007, 180–189).

Staub-Bernasconi versteht ihre Überlegungen nicht als ein neues Paradigma, als Alternative z. B. zu einer lebensweltorientierten, dienstleistungsorientierten oder ökologischen Sozialen Arbeit, sondern als *Metatheorie*, die in der Lage ist, die Vorstellungen über Individuen und ihre Lebenswelt, über Gesellschaft, Alltag, ökologische und soziale Probleme im Sinne von Teiltheorien zu steuern bzw. zu kritisieren (Staub-Bernasconi 2005; Staub-Bernasconi 2007).

Hingegen beschreiben VertreterInnen einer Sozialen Arbeit im Anschluss an die funktionale Systemtheorie von Niklas Luhmann Soziale Arbeit als einen spezifischen gesellschaftlichen Problemzusammenhang bzw. ein *gesellschaftliches Teil- bzw. Funktionssystem*. Im Mittelpunkt steht dabei i. d. R. nicht die Frage der Gegenstandsbestimmung Sozialer Arbeit, sondern die Frage, wie Soziale Arbeit kommunikativ beobachtet wird und auf sich selbst referiert. Vor diesem Hintergrund besteht bei unterschiedlichen VertreterInnen weitgehend Einigkeit, dass in modernen differenzierten Gesellschaften Hilfe bzw. Soziale Arbeit primär als Hilfe zur Exklusionsvermeidung und Eklusionsverwaltung beschrieben werden kann (Baecker 1994; Bommes / Scherr 1996; Hillebrandt 2005). Die soziale Konstruktion von Hilfebedürftigkeit (Bommes / Scherr 1996) wird dabei in Bezug zu Luhmanns Theorie funktionaler Systeme und dabei insbesondere seiner Frage nach *Exklusions- und Inklusionsmechanismen*

in modernen, differenzierten Gesellschaften gebracht. D. h. Soziale Arbeit wird in einem soziologisch und gesellschaftstheoretisch rückgebunden Begriff der Hilfe bestimmt. Hillebrandt verweist vor diesem Hintergrund auf vier zentrale Aspekte, die mit einer systemtheoretischen Bestimmung Sozialer Arbeit einhergehen (Hillebrandt 2005, 223 f.):

- Soziale Arbeit ist erstens in einer funktional differenzierten Gesellschaft *autonom* aufgrund ihrer operativen Geschlossenheit.
- Sie übernimmt zweitens die Funktion der *stellvertretenden Inklusion* bzw. Daseinsnachsorge.
- Drittens wird in einer modernen Gesellschaft qualitativ wie quantitativ mehr Hilfe geleistet als in vormodernen Gesellschaften. Hilfe wird zu einer erwartbaren und über einen *binären Code* organisierten Leistung. Dieser wird jedoch unterschiedlich beschrieben: So nennen Weber und Hillebrandt bedürftig / nicht-bedürftig, Merten im Anschluss an Merten helfen / nicht-helfen und Fuchs spricht von Fall / Nicht-Fall (Merten 2005, 45).
- Viertens: Soziale Arbeit bzw. Hilfe ist zwar selbstreferentiell organisiert, sie ist jedoch durch *strukturelle Kopplung* auch mit ihrer Umwelt verknüpft.

Die funktionale Analyse macht deutlich, dass für eine moderne Gesellschaft eine fachlich fundierte und professionelle Soziale Arbeit unverzichtbar ist. Sie entkleidet zudem die Soziale Arbeit ihres ideologischen Überbaus und beharrt auf den Anspruch auf Hilfe und Daseinsnachsorge. Soziale Arbeit bzw. Hilfe wird so erwartbar und entmoralisiert. *Konstruktivistische Positionen* gehen davon aus, „dass es (für uns) keine von der Beobachtung unabhängige Welt gibt" (Kleve 2005, 63). Aus konstruktivistischer Sicht ist zudem die Frage „nach dem Primat von Bewusstsein oder Materie" nicht eindeutig klärbar (Kleve 2005, 65). Vor diesem Hintergrund sind für konstruktivistische Zugänge Differenzen wie z. B. die Differenz System – Umwelt unverzichtbar. Systeme sind insofern auf eine Umwelt verwiesen, können diese jedoch nur in einer selbst entwickelten Erscheinungsweise konstruieren.

Für die Soziale Arbeit ergeben sich aus einem solchen systemtheoretischen Konstruktivismus heraus insbesondere folgende sechs Überlegungen (Kleve 2005, 85–90): Soziale Arbeit erfordert eine kontinuierliche Selbstreflexion bzw. Selbstreflexivität. Soziale Arbeit verabschiedet sich von der Hoffnung, AdressatInnen direkt zu beeinflussen. Sie kann jedoch AdressatInnen so anregen, dass diese ihr Handeln verändern. Professionelle generieren zusammen mit ihren AdressatInnen und in ihrem Handeln Wirklichkeit. Professionelles Handeln erfordert zudem eine sozial-kontextuelle Sensibilität. Der Konstruktivismus ermöglicht die für die Soziale Arbeit notwendige Integration unterschiedlicher Theorien und Erkenntniszugänge; er gibt zugleich einen Rahmen vor. Konstruktivismus ist sowohl wissenschaftskritisch wie wissenschaftsoptimistisch.

Ökosoziale Soziale Arbeit

Im Kontext einer ökologischen Wissenschaft verstehen ökosoziale Zugänge wie z. B. die von Germain / Gittermann und Wendt Soziale Arbeit als ökologische Aufgabe, die sowohl ökonomische, politische und kulturelle Seiten einschließt als auch darauf beharrt, Menschen in ihrem zeitlichen und räumlichen Horizont, ihrer Milieuverortung wahrzunehmen. Die *Ökosoziale Soziale Arbeit* unterstützt die selbstaktive Lebensgestaltung von Menschen. Soziale Arbeit zielt auf ein besseres Wohlergehen von Menschen. Gleichzeitig beschreibt es Lebensverhältnisse und (soziale) Probleme in ihrem komplexen Zusammenhang und reflektiert das Handeln der professionell Tätigen auf dem Hintergrund des ökosozialen Paradigmas (Wendt 2010). Sie versteht sich primär als eine „Theorie personenbezogener Wohlfahrt" und erst sekundär als eine professionsbezogene Handlungstheorie (Wendt 2010, 12, 35–46). Der Begriff der Wohlfahrt bezieht sich dabei sowohl auf „personenbezogenes Wohlergehen wie soziales Wohl" (37) und zielt auf eine Verbesserung der subjektiven wie objektiven Lebensqualität von Menschen. Zentraler Gegenstand einer ökosozialen Sozialen Arbeit sind die Lebensbereiche von Menschen, in ihren sozialen Kontexten und im öffentlichen Raum (12). Soziale Arbeit bearbeitet dabei die sozialen Probleme, die Menschen direkt betreffen. Für die ökosoziale Soziale Arbeit sind dabei die zwei Kategorien *Raum* und *Zeit* zentral (69–78). Soziale Arbeit arbeitet dabei (sozial)raumbezogen bzw. milieuorientiert. Soziale Arbeit beachtet dabei

die Dimension der Zeit: Menschen entwickeln zeitliche Perspektiven, entwerfen sich im Rekurs auf die Vergangenheit und im Blick auf die Gegenwart sowie die Zukunft. Zudem braucht Soziale Arbeit Zeit, sie ereignet sich im Prozess und erfordert Geduld.

Ökosoziales Management verbindet Organisation und Methode Sozialer Arbeit. Soziales Wirtschaften bzw. Managen erfordert einen umsichtigen und organisierten Zugang. Auf der Mikroebene professionellen Handelns verknüpft dieser sich mit dem Case Mangement (Wendt 2010, 170). Der Begriff selbst wird von Wendt zum Teil als Unterstützungsmanagement, aber auch als Fallmanagement bezeichnet. *Case Management* verbindet ökonomische und ökosoziale Aspekte und zielt auf eine wirksame Gestaltung von Prozessen der Soziale Arbeit. Soziale Arbeit hat dabei einen doppelten Auftrag: Sie richtet sich einerseits auf die Erschließung von Ressourcen der sozialen Unterstützung. Andererseits zielt sie auf die konkrete Unterstützung bzw. Bewältigung des Einzelfalls. SozialarbeiterInnen werden managerial tätig, um soziale Probleme zu bewältigen. Der vorrangig anzustrebende fallweise Zugang richtet sich gegen eine Fragmentierung von Leistungen, er ist zugleich feldbezogen und sozialräumlich sowie person- und situationsbezogen organisiert (Wendt 2010, 176–189). Professionellen kommt dabei insbesondere folgende Funktionen zu: eine selektierende und zugangsöffnende Funktion, eine vermittelnde Funktion, eine fördernde und unterstützende Funktion sowie eine anwaltliche Funktion (→ Wendt, Care und Case Management).

Professionalisierungstheoretische Ansätze

Soziale Arbeit hat sich im Verlauf des 20. Jahrhunderts quantitativ wie qualitativ verbreitert und etabliert. Ob sie sich dabei aber auch zu einer Profession entwickelt hat, ist nach wie vor umstritten (Müller 2005, 731). Während die frühe Professionalisierungsdebatte der 1970er und 1980er Jahre sich primär für standespolitische Fragen bzw. für den gesellschaftlichen Status der Sozialen Arbeit sowie für die Verwissenschaftlichung der Sozialen Arbeit interessierte, fokussiert der neuere Professionalisierungsdiskurs – auf den hier der Schwerpunkt gelegt wird – primär auf Strukturprobleme professionellen Handelns. Dieser versucht dabei zu begründen, wie sich Professionalität jenseits der klassischen Professionalisierungsmerkmale, aber auch jenseits des Expertenmodells begründen lässt (Müller 2005, 735). Der Entwurf von Hans-Uwe Otto und Bernd Dewe einer *Reflexiven Sozialpädagogik* konzentriert sich auf die Vermittlung der Wissensstrukturen mit den Strukturmerkmalen des professionellen Interaktionsprozesses. Zentrales Thema und damit Fokus einer Theorie Sozialer Arbeit ist die Analyse der objektiven Bedingungen und Folgen des Handelns von professionell Tätigen und die Frage, inwiefern die – notwendige – Professionalisierung der Sozialen Arbeit sowohl politisch als auch wissenschaftlich um- und durchgesetzt werden kann. Die reflexionstheoretische Position von Dewe und Otto wird vor dem Hintergrund von wissenssoziologischen, ideologiekritischen und strukturtheoretischen Diskursen entfaltet. Soziale Arbeit wird zudem im Kontext der reflexiven Moderne verortet. Dewe und Otto konzentrieren sich gegenüber einer Analyse der Institutionen der Sozialen Arbeit auf die *Analyse der logischen Struktur des professionellen Handelns* selbst. Aus den unterschiedlichen Relevanzstrukturen von Wissensbeständen und sozialen Deutungsmustern ergeben sich strukturelle Schwierigkeiten und Besonderheiten, die eine Analyse der Merkmale und Differenzen von Wissenschaftswissen und Handlungswissen bzw. alltäglichem Wissen in den jeweiligen Feldern und Institutionen der Sozialen Arbeit erfordern (Dewe / Otto 1996, 106; Dewe / Otto 2005b). Hieraus resultiert auch eine veränderte Betrachtung des Theorie-Praxis-Problems. Wissenschaftliches Wissen lässt sich einerseits nicht unmittelbar in die Praxis der Sozialen Arbeit umsetzen, andererseits bewahrt die Anerkennung der Eigenrationalität der Wissensbestände vor der Überbetonung der professionellen wie auch der disziplinären Seite. Zentral für das professionelle Handeln ist die Fähigkeit zur diskursiven Auslegung von lebensweltlichen Schwierigkeiten und Einzelfällen mit dem Ziel der Perspektiveneröffnung bzw. Entscheidungsbegründung. Lebensbewältigungsfragen werden dabei nicht standardisiert, sondern im Blick auf den „jeweiligen Fall" und den Subjektstatus der AdressatInnen bearbeitet und *situativ* und *kontextualisiert* bearbeitet (Dewe / Otto 2005a, 1403, 1413; Dewe / Otto 2005b).

Im Anschluss an diese Überlegungen zielen weitere Arbeiten von Otto auf die Frage der Sozialen Arbeit als Dienstleistung als eine notwendige Intensivierung der Frage der Professionalisierung. Otto zufolge ermöglicht das Konzept der *Dienstleistung* die Überwindung einer organisationellen Rationalität, die dazu neigt, lebensweltliche Erfahrungen und Deutungen unter rechtliche oder professionelle Vorgaben zu subsumieren. In den Vordergrund rücken stattdessen Formen der Bedürfnis- und Interessenartikulation sowie Möglichkeiten der Partizipation (BMFSFJ 1994, 586). In diesem Kontext und aufgrund gesellschaftlicher Veränderungen wird eine Flexibilisierung der Organisationsformen, gestützt durch die Qualifikation professionellen Handelns, unverzichtbar (BMFSFJ 1994, 583). Der Sozialen Arbeit liegt hier eine gesellschaftstheoretische Position zugrunde, aufgrund derer sich Soziale Arbeit über das „Erziehungstheorem" sowie über die „funktionale Selbstdefinition der Jugendhilfe" (der Sozialen Arbeit) in den wohlfahrtsstaatlichen Rechten der jungen BürgerInnen und ihrer Familien verankert und als allgemeine Sozialisationsleistung für alle Kinder und Jugendliche verstanden wird (Flösser / Otto 1996, 187).

Diese Überlegungen finden sich auch in ihrer Weiterführung im Rahmen des *Capability Approach* als normativem Referenzrahmen sozialer Gerechtigkeit (Otto / Schrödter 2009, 181). Der Capability Approach zielt darauf ab, Gerechtigkeitsprinzipien, -normen und -theorien zu reformulieren und zu erweitern. Übersetzt als Befähigungs- oder Verwirklichungsgerechtigkeit geht es ihm darum, Ressourcen und Befähigungen zu initiieren, die es den AdressatInnen Sozialer Arbeit ermöglichen, ihre Grundbedürfnisse und ihre in der Gesellschaft angebotenen Partizipationschancen wahrzunehmen. Insofern ermöglicht der Capability Approach eine akteursbezogene „gerechtigkeitstheoretisch informierte Politik" (Otto / Schrödter 2009, 185), die in der Lage ist, zwischen Individuum und Gesellschaft zu vermitteln, und der Sozialen Arbeit Orientierungshinweise gibt, damit diese in die Lage versetzt wird, soziale Gerechtigkeit im Sinne der Gewährleistung von Verwirklichungschancen zu realisieren.

Burkhard Müller weist in seinen Überlegungen zu Professionalität bzw. zum „sozialpädagogischen Können" darauf hin, dass sich Soziale Arbeit nur gemeinsam mit ihrer Organisation professionalisieren könne. Professionalität und Organisation stehen von daher in keinem Spannungsverhältnis, sondern gehören zusammen. Müller plädiert deshalb für die Entwicklung einer offenen *Professionalität* (Müller 2005, 741). Soziale Arbeit steht dabei vor einer dreifachen Herausforderung: Sie muss sich auf die Alltagsprobleme ihrer AdressatInnen einlassen, sie steht in einer koproduktiven Beziehung zu ihren AdressatInnen und sie ist in ihrem Erfolg immer auch verwiesen auf andere Institutionen (Schule, Arbeitsmarkt, sozioökonomische Ressourcen), die Lebenschancen mit beeinflussen (Müller 2005, 742). Müller bezeichnet die Fähigkeit, diese drei Faktoren zu erfüllen, als „sozialpädagogisches Können" (Müller 2009). Sozialpädagogisches Können muss sich am *Fall von* bewähren, d. h. an der Offenheit und Klärungsbedürftigkeit der Situation. Sie setzt dafür sowohl ihren eigenen Sachverstand als auch den anderer mit ein. *Fall mit* verweist darauf, dass sie sich dabei nicht nur auf ihre eigene Expertise beziehen darf, sondern muss darüber mit den oft widersprüchlichen Deutungen ihrer AdressatInnen verhandeln. Als *Fall von* arbeitet sie zudem an Zielen, die sie nicht alleine in der Hand hat, da ihre AdressatInnen häufig auch zugleich Fall für andere Institutionen sind. Erforderlich sind daher Kompetenzen zur Netzwerk- und Lobbyarbeit (Müller 2009, 38–64). Maja Heiner entwickelt auf der Grundlage von 20 Interviews mit Fachkräften der Sozialen Arbeit ein empirisch gestütztes *Rahmenmodell professionellen Handelns* (Heiner 2004; 2007). Heiner identifiziert – aus dem empirischen Material heraus – sechs Anforderungsbereiche für die Soziale Arbeit, die auf jeweils spezifische Handlungskompetenzen verweisen:

- Reflektierte Parteilichkeit und hilfreiche Kontrolle als Vermittlung zwischen Individuum und Gesellschaft,
- Entwicklung realisierbarer und herausfordernder Ziele angesichts hoher Ungewissheit,
- aufgabenorientierte und partizipative Beziehungsgestaltung in alltagsnahen Situationen,
- multiprofessionelle Kooperation und Vermittlung von Dienstleistungen,
- Weiterentwicklung der Institutionen und infrastrukturellen Rahmenbedingungen sowie
- ganzheitliche und mehrperspektivische Deutungsmuster (Heiner 2004, 161).

Soziale Arbeit hat dabei den intermediären Auftrag, *zwischen* Individuum und Gesellschaft, System und Lebenswelt zu vermitteln und darin Autonomie zu fördern und Normalität herzustellen (Heiner 2004, 155 ff.). Diese Vermittlungsfunktion ist verwiesen auf den Anspruch der sozialen Gerechtigkeit, da Soziale Arbeit gerade aufgrund ihrer *Intermediarität* widersprüchlichen Erwartungen (z. B. Kinder, Eltern, Schule, Politik) ausgesetzt ist. Sozialer Arbeit kommt hier der Auftrag zu, diese auszutarieren und miteinander zu verhandeln. Nur so ist sie in der Lage, einerseits Lebensbedingungen und Teilhabechancen zu verbessern und andererseits gesellschaftliche Erwartungen zu realisieren (Heiner 2004, 155 f.).

Heiner schlägt eine Erweiterung der Aufgaben Sozialer Arbeit zu einem *trifokalen* Handlungsmodell vor (Heiner 2004, 157). Soziale Arbeit agiert auf den drei Ebenen der fallbezogenen Unterstützung von Menschen zur Verbesserung deren Lebensweise, Soziale Arbeit verändert fallbezogen Lebensbedingungen und erfordert eine fallunabhängige und fallübergreifende Optimierung der sozialen Infrastruktur. Gestützt wird dieses durch eine reflexive Professionalität als Fähigkeit „der systematischen, methodisch kontrollierten und selbstkritischen Analyse des eigenen Tuns und der dazu gehörigen Rahmenbedingungen" (Heiner 2004, 44) und seiner Rahmenbedingungen.

Ausblick

In allen Theoriepositionen zeigen sich spezifische Denkmuster, die nicht auf ein Muster reduziert werden dürfen. Sie spiegeln eine Entwicklung der Sozialen Arbeit, die sich in den letzten Jahrzehnten als eine sozialwissenschaftliche Disziplin deutlich konturiert hat. Gleichzeitig reflektieren sie spezifische real- und sozialgeschichtliche Konstellationen, die im Hintergrund mitgedacht werden müssen. Sie illustrieren den prozessualen und diskursiven Charakter der Theoriebildung und sind notwendigerweise entwicklungsoffen. In ihrer unterschiedlichen Akzentuierung sind sie dabei nicht als konkurrierende „Paradigmen" zu betrachten, sondern Ausdruck eines arbeitsteiligen Prozesses der Disziplin- und Professionsentwicklung – oder anders formuliert: sie sind unterschiedliche Lesarten der Fragen der Zeit. Sie begründen sich im

Anschluss an die von wissenssoziologischen Überlegungen von Karl Mannheim von Theorie als ein
kommunikativer und sozial rückgebundener Prozess, in dem Denkprozesse nicht im einsamen Vollzug erfolgen, sondern der Einzelne immer schon in
eine Vielfalt von Denkstilen und Situationsdeu-
tungen eingebunden ist (Mannheim 1965). „Auch
der vereinsamte Denker denkt nicht in Einfällen,
sondern aus einer umfassenderen, sein Leben ir-
gendwie beherrschenden Denkintention heraus."
Diese ist „Teil einer […] kollektiven Denkintention" (Mannheim 1984, 68), dem sogenannten
Denkstil. Denkstile sind dynamisch zu verstehen,
historisch wandelbar, bewegen sich gegeneinander
oder aufeinander zu und lassen sich partiell miteinander verbinden (Mannheim 1984, 137, 227 f.).
Insofern spiegeln sich eine zunehmende gesellschaftliche Komplexität und Ausdifferenzierung
auch in einer Vielfalt von Denkstilen und Denk-
standorten oder in der Pluralisierung theoretischer
Entwürfe. *Denkstandorte* lassen sich dagegen als
„Knotenpunkte" bezeichnen, an denen sich historisch betrachtet eine besonders wichtige Synthese
unterschiedlicher Denkströmungen (d. h. von
Denkstilen) bildet, „von denen aus also am besten,
gleichsam wie von einer Bergspitze aus, die zu ihnen führenden Wege erfassbar sind" (Mannheim
1984, 138).

Individuum und Gesellschaft – Alltag und Lebenswelt – Wohlfahrtsstaat und Dienstleistung – Bewahrung des Sozialen in der Moderne – Bildung und Lebensbewältigung – soziale
Teilhabe und soziale Gerechtigkeit sind dabei die
zentralen Fragen, um die sich die Theorien bewegen. Damit werden für die Disziplin wie auch für
die Profession Sozialer Arbeit genuine thematische Orientierungen formuliert, die für den gegenwärtigen Diskurs weiterzudenken sind. Insgesamt konkretisiert sich im Theoriediskurs
Sozialer Arbeit zunehmend eine gesellschaftskritische, emanzipative Soziale Arbeit, die Theorie
auch als Kritik begreift und formuliert.

Die immer auch kritische Frage im Blick auf den
Stellenwert von unterschiedlichen Theorien um-
reißt ein Zitat von Schleiermacher mit folgenden
Worten: „So sehe ich den Kampfspielen philosophischer und theologischer Athleten ruhig zu, ohne
mich für irgend einen zu erklären, oder meine Freiheit zum Preis einer Wette für irgend einen zu setzen, aber es kann nicht fehlen, daß ich nicht jedes-
mal von beiden etwas lernen sollte" (Schleiermacher
1985, 183).

Literatur

Baecker, D. (1994): Soziale Hilfe als Funktionssystem der
Gesellschaft. Zeitschrift für Soziologie 23, 93–110
Bernfeld, S. (1925): Sisyphos und die Grenzen der Erziehung. Int. Psychoanalytischer Verlag, Leipzig / Wien / Zürich
Böhnisch, L. (2005): Lebensbewältigung. In: Thole, W.
(Hrsg.), 199–213
– (2004): Milieubildung als pädagogisches Konzept einer lebensweltorientierten Milieubildung. In: Grunwald, K.,
Thiersch, H. (Hrsg.): Praxis lebensweltorientierter Sozialer
Arbeit. Juventa, Weinheim, 435–441
– (1999): Sozialpädagogik und Sozialpolitik. In: Zeitschrift
für Pädagogik. Beiheft, 262–276
– (1997): Sozialpädagogik der Lebensalter. Juventa, Weinheim
– (1994): Gespaltene Normalität. Juventa, Weinheim
Bommes, M., Scherr, A. (1996): Soziale Arbeit als Hilfe zur
Exklusionsvermeidung, Inklusionsvermittlung und / oder
Exklusionsverwaltung. In: Merten, R., Sommerfeld, P.,
Koditek, T. (Hrsg.): Sozialarbeitswissenschaft – Kontroversen und Perspektiven. Luchterhand, Neuwied / Kriftel,
93–120

Bundesministerium für Familie, Senioren, Frauen und Jugend
(BMFSFJ) (Hrsg.) (1994): Neunter Jugendbericht. Bonn
Bundesministerium für Jugend, Familie, Frauen und Gesundheit (BMJFFG) (Hrsg.) (1990): Achter Jugendbericht.
Bonn
Dewe, B., Otto, H.-U. (2005a): Profession. In: Otto, H.-U.,
Thiersch, H. (Hrsg.), 1399–1423
–, – (2005b): Reflexive Sozialpädagogik. In: Thole, W. (Hrsg.),
179–198
–, – (2005c): Wissenschaftstheorie. In: Otto, H.-U., Thiersch,
H. (Hrsg.), 1966–1979
–, – (1996): Zugänge zur Sozialpädagogik: reflexive Wissenschaftstheorie und kognitive Identität, Juventa, Weinheim
Fatke, R., Hornstein, W. (1987): Sozialpädagogik – Entwicklungen, Tendenzen und Probleme. Zeitschrift für Pädagogik 33, 589–593
Flösser, G., Otto, H.-U. (1996): Professionelle Perspektiven
der Sozialen Arbeit. In: Grunwald, K., Ortmann, F., Rauschenbach, Th., Treptow, R. (Hrsg.): Alltag, Nichtalltägliches, und die Lebenswelt. Juventa, Weinheim, 179–188
Füssenhäuser, C. (2005): Lebensweltorientierung. In: Dollinger, B., Raithel, J. (Hrsg.): Aktivierende Sozialpädagogik.
VS Verlag, Wiesbaden, 127–144

– (2005): Werkgeschichte(n) der Sozialpädagogik. – Klaus Mollenhauer – Hans Thiersch – Hans Uwe Otto. Schneider Verlag Hohengehren, Baltmannsweiler

–, Thiersch, H. (2005): Theorien der Sozialen Arbeit. In: Otto, H.-U., Thiersch, H. (Hrsg.), 1876–1900

Galuske, M. (2002): Flexible Sozialpädagogik. Juventa, Weinheim

Grunwald, K., Thiersch, H. (2005): Lebensweltorientierung. In: Otto, H.-U., Thiersch, H. (Hrsg.), 136–1148

Hamburger, F. (1997): Sozialpädagogik. In: Bernhard, A., Rothermel, L. (Hrsg.): Handbuch Kritische Pädagogik. Juventa, Weinheim, 245–256

– (1995): Zeitdiagnose zur Theoriediskussion. In: Thiersch, H., Grunwald, K. (Hrsg.), 11–25

Heiner, M. (2010) Kompetent handeln in der Sozialen Arbeit. 2. Aufl. Ernst Reinhardt Verlag, München / Basel

– (2007): Soziale Arbeit als Beruf. Ernst Reinhardt Verlag, München / Basel

– (2004): Professionalität in der Sozialen Arbeit. Kohlhammer, Stuttgart

Hillebrandt, F. (2005): Hilfe als Funktionssystem für Soziale Arbeit. In: Thole, W. (Hrsg.), 215–226

Hollstein-Brinkmann, H., Staub-Bernasconi, S. (Hrsg.) (2005): Systemtheorien im Vergleich. VS Verlag, Wiesbaden

Kleve, H. (2005): Der systemtheoretische Konstruktivismus. In: Hollstein-Brinkmann, H., Staub-Bernasconi, S. (Hrsg.), 63–92

Luhmann, N. (1984): Soziale Systeme. Suhrkamp, Frankfurt / M.

Mannheim, K. (1984): Konservatismus. Ein Beitrag zur Soziologie des Wissens. Suhrkamp, Frankfurt / M.

– (1965): Ideologie und Utopie. 4. Aufl. G. Schulte-Bulmke, Mannheim

May, M. (2009): Aktuelle Theoriediskurse Sozialer Arbeit. VS Verlag, Wiesbaden

Merten, R. (2005): Soziale Arbeit aus einer (erweiterten) Perspektive der Systemtheorie von Niklas Luhmann. In: Hollstein-Brinkmann, H., Staub-Bernasconi, S. (Hrsg.), 35–62

Miethe, I., Bock, K. (2010): Einleitung. In: Miethe, I., Bock, K. (Hrsg.): Handbuch Qualitative Methoden in der Sozialen Arbeit. Verlag Barbara Budrich, Opladen / Farmington Hills, 9–19

Mittelstraß, J. (Hrsg.) (1996): Enzyklopädie Philosophie und Wissenschaftstheorie, Band 4. Metzler, Stuttgart

– (1974): Die Möglichkeit von Wissenschaft. Suhrkamp, Frankfurt / M.

Mollenhauer, K. (1998): Sozialpädagogische Forschung. Eine thematisch-theoretische Skizze. In: Rauschenbach, T., Thole, W. (Hrsg.): Sozialpädagogische Forschung. Juventa, Weinheim, 29–46

– (1990): Im Gespräch: Pädagogik – gestern, heute und morgen – Klaus Mollenhauer im Gespräch mit Rainer Winkel – Teil 3. Forum Pädagogik 3, 199–205

– (1972): Theorien zum Erziehungsprozess. Juventa, Weinheim

– (1971): Erziehung und Emanzipation. 5. Aufl. Juventa, Weinheim

–, Uhlendorff, U. (1995): Sozialpädagogische Diagnosen II. Juventa, Weinheim

–, Uhlendorff, U. (1992): Sozialpädagogische Diagnosen. Juventa, Weinheim

Müller, B. (2009): Sozialpädagogisches Können. Freiburg. 6. Aufl. Lambertus, Freiburg i. B.

– (2005): Professionalisierung. In: Thole, W. (Hrsg.), 731–749

Otto, H.-U., Schrödter, M. (2009): Befähigungs- und Verwirklichungsgerechtigkeit im Post-Wohlfahrtsstaat. In: Kessl, F., Otto, H.-U: Soziale Arbeit ohne Wohlfahrtsstaat. Juventa, Weinheim, 173–190

–, Thiersch, H. (Hrsg.) (2005): Handbuch Sozialarbeit / Sozialpädagogik. 3. Aufl. Ernst Reinhardt, München / Basel

Rauschenbach, T., Züchner, I. (2005): Theorie der Sozialen Arbeit. In: Thole, W. (Hrsg.), 139–160

Schleiermacher, F. D. E. (1985): Kritische Gesamtausgabe, Briefe 1774–1972. Abt. V, Band 1. Walter de Gruyter, Berlin

Schütz, A. (1974): Der sinnhafte Aufbau der Welt. Suhrkamp, Frankfurt / M.

Spiegel, H. v. (2004): Methodisches Handeln in der Sozialen Arbeit. Ernst Reinhardt Verlag, München / Basel

Staub-Bernasconi, S. (2007): Soziale Arbeit als Handlungswissenschaft. Haupt, Bern

– (2005): Soziale Arbeit und soziale Probleme. In: Thole, W. (Hrsg.), 245–258

Stichweh, R. (1994): Wissenschaft, Universität, Profession. Suhrkamp, Frankfurt / M.

Sünker, H. (2005): Soziale Arbeit und Bildung. In: Thole, W. (Hrsg.), 227–43

– (Hrsg.) (1995): Theorie, Politik und Praxis Sozialer Arbeit. Kleine Verlag, Bielefeld

Thiersch, H. (2002): Positionsbestimmungen der Sozialen Arbeit. Juventa, Weinheim

–, Grunwald, K., Köngeter, S. (2005): Lebensweltorientierte Soziale Arbeit. In: Thole, W. (Hrsg.), 161–178

–, Grunwald, K. (Hrsg.) (1995): Zeitdiagnose Soziale Arbeit. Juventa, Weinheim

–, Rauschenbach, T. (1984): Sozialpädagogik / Sozialarbeit: Theorie und Entwicklung. In: Eyferth, H., Otto, H.-U., Thiersch, H. (Hrsg.): Handbuch Sozialarbeit / Sozialpädagogik. Luchterhand, Neuwied / Berlin / Kriftel, 984–1016

Thole, W. (Hrsg.) (2005): Grundriss Soziale Arbeit. Ein einführendes Handbuch. 2. Aufl. VS Verlag, Wiesbaden

Wendt, W. R. (2010): Das ökosoziale Prinzip. Lambertus, Freiburg / Br.

Winkler, M. (2007): Die Lust am Untergang: Polemische Skizzen zum Umgang der Sozialpädagogik mit ihrer eigenen Theorie. Neue Praxis 27, 54–67

– (2006): Kleine Theorie einer revidierten Theorie der Sozialpädagogik. In: Badawia, T., Luckas, H., Müller, H.
(Hrsg.)
– (2006): Das Soziale gestalten. VS Verlag, Wiesbaden, 55–
80
– (2002): Klaus Mollenhauer. Ein pädagogisches Porträt.
Beltz, Weinheim
– (1996): Theorie der Sozialpädagogik. In: Kreft, D., Mielenz, I. (Hrsg.): Wörterbuch Soziale Arbeit. Beltz, Weinheim, 525–531
– (1995a): Die Gesellschaft der Moderne und ihre Sozialpädagogik. In: Thiersch, H., Grunwald, K. (Hrsg.), 155–183

– (1995b): Bemerkungen zur Theorie der Sozialpädagogik.
In: Sünker, H. (Hrsg.): Theorie, Politik und Praxis Sozialer
Arbeit. Kleine, Bielefeld, 102–119
– (1994): Theorie der Sozialpädagogik. In: Stimmer, F.
(Hrsg.): Lexikon der Sozialpädagogik und Sozialarbeit.
Oldenbourg, Wien, 525–531
– (1992): Modernisierungsrisiken. In: Rauschenbach, T.,
Gängler, H.: Soziale Arbeit und Erziehung in der Risikoge-
sellschaft. Luchterhand, Neuwied / Kriftel, 25–80
– (1988): Eine Theorie der Sozialpädagogik. Klett, Stuttgart

Therapie und Soziale Arbeit

Von Sabine Schneider und Thomas Heidenreich

Verhältnisbestimmungen und Entwicklungen: Zwischen Annäherung und Abgrenzung

Verhältnisbestimmungen

Das Verhältnis von Sozialer Arbeit und Therapie (aus dem Griechischen „therapeia": Dienst, Pflege) wurde und wird in verschiedenen Kontexten unterschiedlich bestimmt: Neben Positionen, die grundlegende *Gemeinsamkeiten* zwischen Therapie und Sozialer Arbeit begründen, lassen sich ebenso Bestimmungen finden, in denen die jeweiligen *Differenzen* und professionellen Besonderheiten als maßgebend in den Vordergrund gestellt werden. Interessant ist, dass trotz identischer Vergleichsdimensionen (z. B. Zielen des Handelns) unterschiedliche Einschätzungen vorgenommen werden: Während z. B. (von Gemeinsamkeiten ausgehend) das übereinstimmende Ziel sozialpädagogischer und therapeutischer Handlungskonzepte in der „Überwindung von materiellen, sozialen und psychischen Einschränkungen" gesehen und das jeweilige Handeln unter dem Oberbegriff „Organisation sozialen Lernens" subsumiert wird (Hompesch-Cornetz / Hompesch 1987, 1040), kommt eine „professionstheoretische" Analyse zu anderen Schlüssen: Das sozialpädagogische Ziel der sozialen Integration (einhergehend mit Elementen sozialer Kontrolle und dem „doppelten Mandat") wird vom therapeutischen Ziel einer personalen Integration (einhergehend mit vertieften Bearbeitungen personaler Besonderheiten bzw. krankheitswertiger psychischer Phänomene) unterschieden (Gildemeister / Günther 2005, 1903). Dass bei der Lösung individueller Probleme sowohl personale als auch soziale Faktoren Berücksichtigung finden sollten, stellt eine Übereinstimmung unterschiedlicher Diskurse dar (dieser Gedanke wird zum zentralen Ausgangspunkt einer eher in den Hintergrund gerückten dritten Position, die unter dem Begriff „Sozialtherapie" eine Neuorientierung von Therapie sowie eine Reorganisation entsprechender Dienste fordert (Richter 2005)). Während in der Diskussion zum Verhältnis von Sozialer Arbeit und Therapie Ende der 1970er Jahre „noch keine Eindeutigkeit" auszumachen ist (Otto / Schreiber 1978, 4), resümiert Galuske 30 Jahre später für den heutigen Diskurs, dass die jeweiligen Argumente „eher auf Differenz, denn auf Gleichheit" – insbesondere die Strukturmerkmale der jeweiligen Interventionen betreffend – hindeuten (Galuske 2007, 139). Solche Differenzen werden allerdings verwischt, wenn das Attribut „therapeutisch" zur unspezifischen Beschreibung sozialpädagogischer Hilfeformen Anwendung findet (z. B. „therapeutische" Wohngruppe) oder in entsprechenden Theorieentwürfen „Soziale Therapie" als Leitterminus einer Theorie sozialer Berufe verallgemeinert wird (Johach 1993).

Wir wählen daher im Folgenden einen *engeren Fokus* und beschränken uns bei der Verhältnisbestimmung von Therapie und Sozialer Arbeit – erstens – auf *Therapie als Psychotherapie*. In den Praxisfeldern Sozialer Arbeit ergeben sich – angesichts wachsender Bedeutung von Psychotherapie – vielfältige Verweisungs-, Vernetzungs- und Kooperationsaufgaben, die auf Seiten der Professionellen grundlegendes Fachwissen bezüglich des „Charakters" psychotherapeutischer Handlungskonzepte voraussetzen. In der folgenden Analyse werden wir uns daher – zweitens – auf Überschneidungen aber auch Differenzen sozialpädagogischer bzw. psychotherapeutischer *Interventionsprinzipien* konzentrieren. Unsere These ist, dass sich anhand der von Grawe formulierten allgemeinen bzw. allen Psychotherapien immanenten

Otto/Thiersch (Hg.), Handbuch Soziale Arbeit, 4. A., DOI 10.2378/ot4a.art165,

Wirkfaktoren (Grawe 2000) solche grundlegenden Überschneidungen und Differenzierungen – wenn auch an dieser Stelle nur holzschnittartig – aufzeigen lassen.

Entwicklungen

In der Geschichte der Professionalisierung Sozialer Arbeit (insbesondere im 20. Jahrhundert) waren therapeutische Konzepte auf unterschiedliche Art und Weise bedeutsam. Zunächst hatte die *Psychoanalyse*, trotz ihrer Herkunft aus der Medizin, Spuren in der *Pädagogik*, insbesondere in der Erziehungsarbeit einzelner Pädagogen (Aichhorn, Bernfeld), hinterlassen (Körner 1996, 781). Auch die Entwicklungsgeschichte der *klassischen Methoden* Sozialer Arbeit, insbesondere der sozialen Einzelfallhilfe und der Gruppenarbeit, weist grundlegende Bezüge zu psychotherapeutischen Konzepten auf und drückt sich exemplarisch in dem für die Einzelfallhilfe zentralen Terminus „Soziale Therapie" (Salomon / Wronsky 1926) aus. Allerdings folgte diesen methodischen „Annäherungen" bzw. der neuen Rezeptionswelle in den 1950er Jahren eine Distanzierung im Rahmen der Methodenkritik der 1970er Jahre, die unter anderem mit einer zu starken Individualisierung der jeweiligen Probleme begründet wurde. Doch die Abkehr von den klassischen Methoden hinterließ offene Fragen, welches Handwerkszeug das professionelle Vorgehen begründen sollte, und führte, neben Strategien der Professionalisierung, mehr und mehr zu einer *„Adaption therapeutischer Methoden"* (Galuske 2007, 132) – und damit wiederum zu einer bis heute anhaltenden Annäherung von Sozialer Arbeit und Therapie. Trotz mancher Kritik (insbesondere den sog. „Psycho-Boom" betreffend) avancierten *psychotherapeutisch orientierte Weiterbildungen* in einigen Arbeitsbereichen zum fachlichen Standard in der Sozialen Arbeit (z. B. personzentrierte Konzepte für die Beratung, Themenzentrierte Interaktion für den Bildungsbereich sowie Supervision als bereichsübergreifende Maßnahme der Qualitätssicherung). Mit dem Erlass des „Gesetzes über die Berufe des Psychologischen Psychotherapeuten und des Kinder- und Jugendlichenpsychotherapeuten" (als *„Psychotherapeutengesetz"* bekannt) und dessen Inkrafttreten am 1. Januar 1999 trat eine stark veränderte, von Abgrenzung geprägte

Situation ein: In diesem Gesetz wurde erstmals die Teilnahme von Absolventen nicht-medizinischer Grundberufe (z. B. Psychologie, Pädagogik, Sozialpädagogik) an der heilkundlichen Behandlung von Menschen mit psychischen Störungen geregelt. Während es im Bereich Kinder- und Jugendlichenpsychotherapie für SozialpädagogInnen möglich war und ist, eine Approbation zu erhalten (PsychThG § 5, Abs. 2, Satz 2), war und ist die heilkundliche, therapeutische Tätigkeit im Erwachsenenbereich (trotz entsprechender Weiterbildungen) für SozialpädagogInnen nicht möglich. Allenfalls über das sog. „Heilpraktikergesetz" (Gesetz über die berufsmäßige Ausübung der Heilkunde ohne Bestallung, HeilprG) kann der Titel eines „Heilpraktikers für Psychotherapie" – in der Regel nach einer entsprechenden Ausbildung – über eine Prüfung beim zuständigen Gesundheitsamt erworben werden. Im April 2009 wurde anlässlich der im Rahmen der Bologna-Reform geänderten Studienabschlüsse dem Bundesministerium für Gesundheit ein umfangreiches Gutachten zum Psychotherapeutengesetz vorgelegt; Veränderungen der rechtlichen Situation, insbesondere im Bereich der Zugangsvoraussetzungen, sind nicht ausgeschlossen.

Grundannahmen „klassischer" Psychotherapie – exemplarische Rezeptionen in der Sozialen Arbeit

Der Begriff „Psychotherapie" erfuhr unterschiedliche Definitionen. Als gängig gilt nach wie vor folgende Formulierung von Hans Strotzka (Wittchen / Hoyer 2006, 4):

„Psychotherapie ist ein bewusster und geplanter interaktionaler Prozess zur *Beeinflussung von Verhaltensstörungen und Leidenszuständen*, die in einem Konsens (möglichst zwischen Patient, Therapeut und Bezugsgruppe) für behandlungsbedürftig gehalten werden, mit psychologischen Mitteln (durch Kommunikation) meist verbal, aber auch averbal, in Richtung auf ein definiertes, nach Möglichkeit gemeinsam erarbeitetes Ziel (Symptomminimalisierung und / oder Strukturänderung der Persönlichkeit) mittels lehrbarer Techniken auf der Basis einer *Theorie des normalen und pathologischen Verhaltens*. In der Regel ist dazu eine tragfähige emotionale Bindung notwendig" (Strotzka 1975, 32).

Ausgehend von dieser Definition werden wir in den folgenden Darstellungen die jeweiligen *theoretischen Annahmen* sowie darauf basierende *therapeutische Maßnahmen* einzelner psychotherapeutischer Ansätze skizzieren. Angesichts einer kaum überschaubaren Zahl psychotherapeutischer Ansätze (Kriz 2007), beschränken wir uns in der folgenden Zusammenfassung auf jene Psychotherapieformen, die aktuell durch den Wissenschaftlichen Beirat Psychotherapie als wissenschaftlich fundiert anerkannt wurden. Die Psychotherapie mit Kindern und Jugendlichen erfolgt stets auf der Basis der skizzierten psychotherapeutischen Konzepte. Die konkreten Vorgehensweisen sind dabei jeweils an den Entwicklungsstand der Kinder und Jugendlichen angepasst.

Psychoanalyse – Tiefenpsychologisch fundierte Ansätze

Eine kurze Zusammenfassung psychoanalytischer und tiefenpsychologisch fundierter Ansätze ist aufgrund der komplexen Entwicklung nicht möglich (dazu Dörr in diesem Handbuch). Ausgehend von den Arbeiten Sigmund Freuds Ende des 19. Jahrhunderts entwickelte sich eine differenzierte Theorie- und Behandlungslandschaft (Kriz 2007). Wesentliche *Techniken* sind die „freie Assoziation" des Analysanden, die „gleichschwebende Aufmerksamkeit" des Analytikers sowie die *„Übertragung"*, bei der der Analysand wesentliche Merkmale früher Beziehungen auf den Analytiker überträgt. Bis heute hat die psychoanalytische bzw. tiefenpsychologische *Theoriebildung* – ausgehend von Freuds *Strukturmodell*, der Differenzierung der psychischen Instanzen *Es*, *Ich* und *Über-Ich* – reichhaltige Entwicklungen erfahren (z. B. die Objektbeziehungstheorien). Die Wirksamkeit dieser Ansätze wird zwischenzeitlich durch eine Vielzahl empirischer Arbeiten bestätigt (Wissenschaftlicher Beirat Psychotherapie 2008). Aktuelle *Bezüge zur Praxis Sozialer Arbeit* ergeben sich insbesondere im Rahmen der Erziehungsberatung und deren traditioneller fachlicher Fundierung in tiefenpsychologischen Konzepten. *Theoretische Verbindungen* finden sich insbesondere in der analytisch akzentuierten Sozialpädagogik, in der jedoch nicht die Integration psychoanalytischer Behandlungskonzepte, sondern die

Verbindung psychoanalytischer und gesellschaftswissenschaftlicher Aspekte für eine sozialpädagogische „Selbstauffassungsarbeit" im Vordergrund steht (Müller 1995, 28).

Personzentrierte (Klientenzentrierte) Psychotherapie

Die im deutschen Sprachraum unter dem Begriff „Gesprächspsychotherapie" bekannte Personzentrierte Therapie wurde von Carl Rogers (1951) begründet. Dieser, einem *humanistischen Menschenbild* verpflichtete Ansatz, beinhaltet, dass Menschen ein starkes *Potenzial* zur *Selbstentfaltung* haben. Die Rolle des Therapeuten besteht demnach in erster Linie darin, diesen Prozess zu unterstützen, indem eine von Empathie, unbedingter positiver Wertschätzung und Echtheit geprägte therapeutische Haltung eingenommen wird. Diese stellt aus der Sicht von Rogers nicht nur eine notwendige, sondern eine hinreichende Bedingung für positive Veränderungen dar und realisiert sich in einem *„nondirektiven"* *Behandlungsstil*: Der Therapeut ist bestrebt, dem Klienten keine Vorgaben zu machen, was die Richtung der Entwicklung angeht. Im Gegensatz dazu betonen moderne Weiterentwicklungen der Personzentrierten Therapie die Bedeutung einer reflektierten Zielorientierung, etwa in der „Zielorientierten Gesprächspsychotherapie" (Sachse 1992). Die Wirksamkeit der Personzentrierten Therapie wurde in Metaanalysen bestätigt (Elliott 2002). *Bezüge zur Sozialen Arbeit* ergeben sich vor allem im Hinblick auf die Bedeutung der therapeutischen Basisvariablen (Empathie, Wertschätzung, Echtheit), die als grundlegende Orientierung zur Gestaltung professioneller Beziehungen in der Sozialen Arbeit angesehen werden können. Anwendung und Weiterentwicklung erfuhr das Konzept auch im Kontext verschiedener Beratungs- und Gruppenangebote sowie als Modell zur Lösung von erzieherischen Konflikten (Sander 1999, 89).

(Kognitive) Verhaltenstherapie

Die Verhaltenstherapie entwickelte sich in der ersten Hälfte des 20. Jahrhunderts aus den psychologischen Lerntheorien. Das Anliegen von Autoren wie Watson und Skinner war es, gestörtes

Verhalten als Resultat von Lernprozessen (in erster Linie klassische und operante Konditionierung) zu konzipieren (Margraf / Schneider 2009). Während die Theoriebildung in einigen Bereichen zu einem besseren Verständnis problematischen Verhaltens beitragen konnte, wurde im Laufe der 1970er Jahre zunehmend deutlich, dass neben elementaren Lernprozessen auch kognitive Variablen, wie die Selbstwirksamkeitserwartung berücksichtigt werden müssen (weshalb in der Regel heute von „kognitiver Verhaltenstherapie" die Rede ist). Im Zentrum *verhaltenstherapeutischer Diagnostik* steht zunächst die Mikroanalyse problematischer Verhaltenssequenzen, wobei der erweiterte Verhaltensbegriff die motorische, kognitive, emotionale und physiologische Ebene umfasst (Heidenreich et al. 2009). Ziel dieser Verhaltensanalyse ist das Verständnis darüber, wie die Störung aktuell aufrechterhalten wird (im Gegensatz zum Verständnis, wie die Störung entstanden ist). Neben diesen sog. „horizontalen" Verhaltensanalysen spielen in neueren Ansätzen sog. „vertikale" Verhaltensanalysen, in deren Zentrum situationsinvariante Verhaltensanteile stehen, eine herausragende Rolle. Die verhaltenstherapeutische Behandlung konzentriert sich in der Regel auf einzelne Problembereiche und orientiert sich an einem Prozessmodell, das neben den – für die Verhaltenstherapie charakteristischen – problemspezifischen Interventionen *(Konfrontationsverfahren, Entspannung und Training sozialer Kompetenzen)* auch die Ziel- und Wertklärung sowie den Aufbau einer stabilen therapeutischen Beziehung betont (Kanfer et al. 2000). Die Wirksamkeit der Verhaltenstherapie ist im Hinblick auf die Behandlung einer Vielzahl psychischer Störungen sehr gut abgesichert (Margraf / Schneider 2009). In der *Sozialen Arbeit* spielen verhaltenstherapeutische Ansätze bisher eine vergleichsweise geringe Rolle, auch wenn sie für bestimmte Verfahren und Trainings eine wichtige Grundlage darstellen (Margraf / Schneider 2009).

Systemische Therapie

Systemische Ansätze lassen sich auf eine Reihe unterschiedlicher TheoretikerInnen zurückführen (exemplarisch sei auf Virginia Satir und Paul Watzlawick in Palo Alto, Mara Selvini Palazzoli in Mailand, Helm Stierlin in Heidelberg verwiesen; Kriz 2007). Die einheitliche *Grundannahme systemischer Ansätze* liegt darin, dass im Zentrum der Analyse nicht Individuen stehen, sondern Systeme (z. B. Gruppen, Familien) und deren Interaktion bzw. Kommunikation. Ein unerwünschter und veränderungsbedürftiger Zustand wird nicht als isoliertes Problem eines einzelnen Menschen konzipiert, sondern als Resultat der Gesamtorganisation des Systems. Demnach bezieht Systemische Therapie folgerichtig in der Regel mehrere Angehörige des Systems in die Behandlung mit ein. In der *systemischen Diagnostik* stehen Fragen zur Realität (Was ist wirklich?), Kausalität (Was verursacht was?) und Rekursivität (Wie erzeugen wir soziale Wirklichkeiten?) im Vordergrund, wobei sich der Fokus diagnostischer Hypothesen weg von offensichtlichen „Problemen" hin auf die jeweiligen Beziehungs- und Interaktionsmuster der Beteiligten richtet (Schlippe / Schweitzer 2003). Um das Ziel systemischer Therapie, die *Vergrößerung des „Möglichkeitsraumes"* zu erreichen, werden verschiedene Methoden (Hypothesenbildung, zirkuläre Fragen, metaphorische Techniken, Genogramme, Kommentare etc.) und Haltungen (Ressourcen- und Lösungsorientierung sowie Allparteilichkeit bzw. Neutralität) beschrieben (Ritscher 2002). Die Wirksamkeit der systemischen Therapie kann mittlerweile ebenfalls als wissenschaftlich abgesichert gelten (Retzlaff et al. 2009). Über vielfältige Weiterbildungsangebote haben systemische Annahmen und Methoden Eingang in zahlreiche *Arbeitsfelder der Sozialen Arbeit* gefunden. So wird z. B. (systemische) Familientherapie als eine Methode Sozialer Arbeit beschrieben, die als therapeutische Angebotsform breit rezipiert wurde, auch wenn Anpassungen an personale und situative Erfordernisse sozialpädagogischer Interventionen noch geleistet werden müssten (Galuske 2007, 221). Für die Kinder- und Jugendhilfe (insbesondere den allgemeinen sozialen Dienst) liefert Ritscher (2002) zahlreiche entsprechende Impulse.

Psychotherapie und Soziale Arbeit – exemplarische Differenzierungs- bzw. Profilierungsmöglichkeiten

Die jeweiligen Ziele heilkundlicher Psychotherapie liegen in der Regel primär in der Veränderung psychischer Leidenszustände und setzen Störungen mit Krankheitswert voraus. Im Gegensatz dazu – so wird bereits in einschlägigen Definitionen deutlich, die den folgenden Differenzierungen zu Grunde gelegt werden – ist das *spezifische Profil* Sozialer Arbeit durch Problemanalysen und Interventionen gekennzeichnet, die (trotz arbeitsfeldspezifischer Schnittmengen) nicht auf behandlungsbedürftige Leidenszustände fokussieren:

„Lebensweltlich verstandene Hilfen zur Bewältigung als Kern der Sozialpädagogik und Sozialarbeit können *nicht in ein enges personenzentriertes Korsett* gefasst werden, sondern müssen als hilfegenerierendes Modell anerkannt werden, dessen Durchsetzung und Gestaltung nicht ohne eine *sozialpolitische Entsprechung* möglich ist." (Böhnisch et al. 2005, 125)

Neben einer sozialpolitischen, auf die Realisierung sozialer Gerechtigkeit zielenden Perspektive zeichnet sich beispielsweise eine Lebensweltorientierte Soziale Arbeit durch ein „erweitertes Profil" aus, in welchem Unterstützungen in Überforderung und Ausgrenzung ebenso zu zentralen Aufgaben erklärt werden wie Hilfestellungen in *„normalen Belastungen* heutiger schwieriger Normalität" (Thiersch 2002, 35). Sozialpädagogische Unterstützungsformen enden daher nicht mit der „Symptomminimalisierung und / oder Strukturänderung der Persönlichkeit" (s. o.) im Falle behandlungsbedürftiger Verhaltensstörungen. Der Realisierung von Prävention und sozialer Gerechtigkeit verpflichtet, setzt Soziale Arbeit Unterstützungsformen voraus, die auf eine *Stabilisierung von Lebensverhältnissen* (Formen der Alltagsbegleitung, Bildungs- und Betreuungsangebote, Empowerment etc.) ebenso zielen wie auf die Schaffung einer *belastbaren Infrastruktur* (Gemeinwesenarbeit, Milieubildung etc.).

Handlungsprinzipien Sozialer Arbeit in Abgrenzung zu psychotherapeutischen Wirkfaktoren

Die verschiedenen psychotherapeutischen Ansätze weisen trotz unterschiedlicher Theorien und Settings eine Reihe von Gemeinsamkeiten auf, die Klaus Grawe (2000) im Konzept einer Allgemeinen Psychotherapie in vier grundlegende Wirkungsmechanismen zusammenfasst und damit auch das klassische Denken in Schulen relativiert. Die von ihm formulierten Wirkfaktoren – motivationale Klärung, Ressourcenaktivierung, Problemaktualisierung, Problembewältigung – bieten einen Ausgangspunkt für Kontrastierungen mit den genannten, grundlegenden Interventionsprinzipien Sozialer Arbeit (s. o.) und ermöglichen Aussagen bezüglich professioneller Akzentuierungen auf der Handlungsebene:

1. Der Faktor „(motivationale) Klärung" umfasst Bemühungen, Klienten zu einem besseren Verständnis („Einsicht") in eigene Ziele, Werte und Motive zu verhelfen, wobei die Explikation impliziter Bedeutungen von individuellem Erleben und Verhalten im Vordergrund steht. Trotz einer allen Hilfeprozessen vorausgehenden notwendigen Problemklärung unterscheiden sich (klärungsorientierte) Therapie und Soziale Arbeit in diesem Punkt grundlegend: Im Vordergrund Sozialer Arbeit steht nicht das (intrapsychische) Verstehen eigener Motivlagen. Stattdessen wird den subjektiven Erklärungen und Alltagstheorien der Adressaten als Ausgangspunkt weiterer Hilfen eine weitaus größere Bedeutung als in psychotherapeutischen Ansätzen zugesprochen. In sozialpädagogischen, auch therapienahen Konzepten wie bspw. dem Konzept der stellvertretenden Deutung (Dewe / Scherr 1991) wird darüber hinaus gefordert, bei der Rekonstruktion von Bewältigungsproblemen das „sozial Typische" am individuell erfahrenen Problem, allgemeiner formuliert, mögliche Zusammenhänge zur Lebenslage sowie zu gesellschaftlich bedingten Ungleichheitskonstellationen zu explizieren – neben der Rekonstruktion individueller Bewertungen hat Soziale Arbeit auch „Zustände zu analysieren" (Hamburger 2003, 13).
2. In psychotherapeutischen Konzepten bezeichnet *Ressourcenaktivierung* eine Haltung, die nicht primär Probleme fokussiert, sondern die die Förderung positiver Aspekte des Patienten unabhängig

von bestehenden Leidenszuständen aktivieren möchte. Zu aktivierende Ressourcen werden insbesondere in den „mitgebrachten" Beziehungen, vor allem aber in der „neuen" Beziehung zum Psychotherapeuten gesehen (Grawe 2000). Ressourcenaktivierung im Rahmen Sozialer Arbeit geht über die Aktivierung dieser persönlichen Ressourcen hinaus: Im individuellen Kontakt werden sozialrechtliche und infrastrukturelle Hilfen vermittelt, unterstützende Vernetzungen (auch zu zivilgesellschaftlichen Initiativen) im Sozialraum angestrebt. Unabhängig vom Einzelfall stellt die kontinuierliche Weiterentwicklung sozialer Infrastruktur, im Zeichen von Prävention und sozialer Gerechtigkeit, eine Aufgabe sozialpädagogischer Ressourcenaktivierung dar, die ihren Ausdruck auch in der zunehmenden Bedeutung von institutionalisierten Planungsprozessen findet (z. B. Jugendhilfeplanung).

3. *Problemaktualisierung* bezeichnet das therapeutische Prinzip, Probleme in der Therapie erlebbar zu machen und damit eine Voraussetzung für bedeutsame korrigierende Erfahrungen zu schaffen. Das bekannteste Beispiel für einen Ansatz der Problemaktualisierung stellt die verhaltenstherapeutische Konfrontationsbehandlung (vor allem bei Angststörungen) dar, bei der Patienten gezielt dazu angehalten werden, angstauslösende Situationen aufzusuchen. Problemaktualisierungen sind in der Sozialen Arbeit aus zweierlei Gründen weniger relevant: Zum einen ist davon auszugehen, dass im Kontext niedrigschwelliger alltäglicher Hilfen, in denen Fachkräfte im konkreten Alltagsgeschehen agieren, Konflikte und Schwierigkeiten real erlebt und vor diesem Hintergrund Veränderungsmöglichkeiten ausgehandelt werden (z. B. in Betreuungen, Wohngemeinschaften, Familienhilfe, Streetwork etc.). Zum anderen wird Soziale Arbeit im Zeichen von Prävention auch dann tätig, wenn nicht primär korrigierende, vielmehr ressourcenorientierte Maßnahmen sowie Stabilisierungen belasteter Lebensverhältnisse im Vordergrund stehen (etwas weiter gefasst könnte man den Auftrag der politischen Einmischung als Aufforderung zur Problemaktualisierung auf Seiten der Politik und Öffentlichkeit betrachten).

4. Der vierte und letzte Wirkfaktor, die sog. *Problembewältigung* bezeichnet konkrete Handlungen zur Veränderung eines (unerwünschten) Ist-Zustandes in Richtung eines (erwünschten) Soll-Zustandes nach festgelegten Verfahren. Problembewältigung geschieht im Rahmen Sozialer Arbeit immer partizipativ und stößt damit an Grenzen der Operationalisierbarkeit. Im Kontext des Bewältigungsparadigmas begründet Böhnisch, auch abweichende Verhaltensweisen als Bewältigungsversuche zu verstehen und davon ausgehend mit den Adressaten individuell nach gelingenderen Bewältigungsmöglichkeiten zu suchen. Dabei werden neben der Wiedergewinnung von Selbstwert und Normalität (Aspekte, die unter anderen Begriffen auch in der Psychotherapie zentral sind), vor allem die Stärkung sozialen Rückhalts, lebensweltlicher Orientierung sowie die jenseits von Therapie liegenden Strategien von Empowerment, Vernetzungen mit zivilgesellschaftlichen Initiativen und Milieubezug betont (Böhnisch 2008).

Ausgehend von diesen – für Psychotherapie aber auch Soziale Arbeit – grundlegenden Wirkfaktoren wird konkretisierbar, inwiefern, bildlich gesprochen, Psychotherapie dort in die Tiefe geht, wo sich Soziale Arbeit einer breiteren Perspektive verpflichtet hat.

Die Chancen dieses offeneren – auf Personen, Situationen und Strukturen bezogenen – Profils bringen im Gegenzug spezifische Grenzen mit sich, die im Vergleich zu psychotherapeutischen Konzepten insbesondere in einer geringeren Spezialisierung sozialpädagogischer Interventionen auf bestimmte Problemstellungen zu sehen sind.

Sozialpädagogische Hilfen als „Türöffner" zu und Ergänzung von Psychotherapie

Aktuelle epidemiologische Studien legen nahe, dass krankheitswertige bzw. behandlungsbedürftige psychische Störungen in der Allgemeinbevölkerung weit verbreitet sind (Wittchen / Jacobi 2005), häufig jedoch nicht erkannt werden. Die verbreiteten alltagsnahen und niedrigschwelligen Angebotsformen wie Beratung, aufsuchende Hilfen auch im Kontext Allgemeiner Sozialer Dienste etc. ermöglichen, dass SozialpädagogInnen mit Personen in Kontakt kommen, die unter psychischen Belastungen leiden, für deren Bewältigung spezialisierte psychotherapeutische Behandlungsangebote hilfreich sein können (Bundesministerium für Familie, Senioren, Frauen und Jugend 2009).

Den Fachkräften kommt dabei insofern eine „Türöffnerfunktion" zu, als sie die jeweiligen Menschen über psychotherapeutische Angebote und entsprechende Zugänge informieren, zur Inanspruchnahme motivieren sowie an entsprechende Stellen verweisen können. „Türen öffnen" und vermitteln erfordert, mit den jeweiligen Menschen zu klären, auf welche Form der Hilfe sie sich einlassen wollen, sowie zu klären, ob die Voraussetzungen gegeben sind, sich auf stark formalisierte, hohe Sprachverarbeitungsfähigkeiten voraussetzende Therapien einlassen zu können. In Anlehnung an die benannten Wirkfaktoren können SozialpädagogInnen prüfen, ob die jeweiligen Ratsuchenden Unterstützungen bei Klärungs-, Aktualisierungs- und aktiven Bewältigungsprozessen suchen oder ob es um Prozesse der Stabilisierung und Begleitung geht, die außerhalb von Psychotherapie zu leisten sind. Darin liegen dann wiederum spezifische Chancen Sozialer Arbeit, die verschiedene Hilfen parallel, ergänzend sowie zum Abschluss von psychotherapeutischen Prozessen anbietet und damit Unterstützungen auch zum Transfer veränderter Deutungs- und Handlungsmuster realisieren kann. In diesem Zusammenhang kommt *sozialpädagogischen Beratungsangeboten* eine nicht unwesentliche Rolle zu.

Im Gegensatz zur verkürzenden Annahme, dass Beratung eine Art „kleine Therapie" sei (Engel et al. 2004, 36; sowie Nestmann in diesem Handbuch), handelt es sich bei sozialpädagogischer Beratung um ein Angebot, das in der Verbindung von *subjekt- und strukturbezogenen* (Problem-)Analysen und Veränderungsprozessen ein eigenständiges Profil ausgebildet hat (Schneider 2006, 348).

Kooperative Fachlichkeit – Herausforderungen für Soziale Arbeit und Psychotherapie

Abschließend möchten wir zentrale Herausforderungen, die sich aus den Beschreibungen von Therapie und Sozialer Arbeit ergeben, thesenhaft formulieren:

1. *In einer ausdifferenzierten Dienstleistungslandschaft gilt es, produktive Kooperationen statt Vermischungen von Sozialer Arbeit und Therapie anzustreben:* Aus unserer Sicht stellen die unterschiedlichen sozialpädagogischen bzw. psychotherapeutischen An-

gebote jeweils spezifische Handlungsformen dar, die je nach Kontext ergänzend oder alternativ hilfreich sein können. Ein für die NutzerInnen optimales Angebot wird demnach davon abhängen, inwiefern es gelingt, für die jeweilige Problemlage die jeweils notwendige Hilfe zu initiieren. Kooperative Vermittlungen setzen fundierte Kenntnisse zur jeweils anderen Profession bzw. den jeweiligen Indikationen auf beiden Seiten voraus. Diese notwendigen aber nicht hinreichenden Bedingungen entfalten ihre Wirkungen nur dann, wenn das Verhältnis der Professionellen im Bereich Sozialer Arbeit bzw. Psychotherapie auf gegenseitiger Anerkennung der jeweils anderen professionellen Zugänge basiert. Eine „Therapeutisierung" Sozialer Arbeit (insbesondere über methodische Vermischungen und Umetikettierungen) zum Zwecke eines fragwürdigen Prestigezuwachses ist abzulehnen, weil dadurch die spezifischen Chancen Sozialer Arbeit erst recht verdeckt werden. Vielmehr gilt es, in jenen Arbeitsfeldern, in welchen psychotherapeutische Kenntnisse und Verfahren von Nutzen sind, sich für interdisziplinäre Teams bzw. integrierte Versorgungsstrukturen einzusetzen.

2. *Therapeutische Verfahren können nicht einfach in die Soziale Arbeit übernommen werden, sondern müssen adaptiert werden:* Auch wenn einzelne therapeutische Elemente in verschiedene sozialpädagogische Methoden integriert wurden und hilfreich geworden sind, gilt es, den „paradoxen Befund" einer weitergehenden Therapeutisierung Sozialer Arbeit zu bedenken: „Die Überschaubarkeit, Geschlossenheit und ‚technische' Qualität von therapeutischen Ansätzen ist ein Effekt ihrer Reduktion von alltäglicher Komplexität. Gerade diese Komplexität aber ist der Bezugspunkt sozialpädagogischer Interventionen" (Galuske 2007, 140). Für die beschriebenen Ansätze ließe sich dies folgendermaßen konkretisieren: Eine durch das Wissen um Übertragungs- und Gegenübertragungsprozesse informierte Gestaltung der professionellen Beziehung ist sicherlich effektiver als eine diese Perspektive ausblendende Sicht – dennoch dürfte klar sein, dass die gezielte Arbeit mit diesen Prozessen (z. B. die Aufklärung von Gegenübertragungen) eher einer Reduktion denn einer Bezugnahme auf alltägliche Komplexität entsprechen würde. Analog dürfte es für Beratungsprozesse sinnvoll sein, eine konfrontationsorientierte Haltung gegenüber Ängsten von KlientInnen einzunehmen – we-

nig aussichtsreich bzw. professionell wäre jedoch, im Rahmen einer sozialpädagogischen Beratung eine Expositionstherapie durchzuführen. Und schließlich würde auch eine Reduzierung lebensweltlicher Probleme auf schwierige Beziehungsdynamiken bzw. eine radikal konstruktivistische Problemsicht und entsprechende Umdeutungsstrategien der Komplexität vieler alltäglicher Probleme nicht nur nicht gerecht, damit würde auch die Fruchtbarkeit systemischer Perspektiven für die Soziale Arbeit ad absurdum geführt. Als sinnvoll erscheint uns in diesem Kontext vor allem die Entwicklung von empirisch fundierten „Modulen", die im Kontext Sozialer Arbeit sinnvoll einsetzbar sind (etwa zur Psychoedukation bei einzelnen Störungen; Behrendt/Schaub 2005). Beispielhaft seien Interventionen zur Affektregulation genannt, die Eltern lebensweltnah vermittelt werden (z. B. im ASD oder in Beratungsstellen) und auf Überlegungen zur Integration systemischer Perspektiven in die Soziale Arbeit hingewiesen (Ritscher 2002).

Die Überprüfung der Chancen und Grenzen dieser Adaptionsprozesse setzt schließlich begleitende (Evaluations-)Forschung voraus.

3. *Kontinuierlich sich ändernde Lebensbedingungen erfordern, Anpassungen der jeweiligen Dienstleistungen kontinuierlich zu prüfen:* Sowohl im Kontext psychotherapeutischer als auch sozialpädagogischer Angebote müssen mögliche Hürden für verschiedene Zielgruppen reflektiert werden, beispielsweise Schwierigkeiten der Zugänge im Bereich Psychotherapie für Ratsuchende mit Sprachproblemen, mit unklarem Krankenversicherungsstatus oder begrenzte Angebote in ländlichen Regionen. Im Hinblick auf die Angebote Sozialer Arbeit wäre nach erweiterten Zugängen – analog zur Psychotherapie – außerhalb sozialstaatlich vermittelter Hilfen zu fragen. Pluralisierungen in den Lebenslagen fordern die Professionellen kontinuierlich zu Erweiterungen und Öffnungen ihrer Zugänge heraus – in diesem Prozess können Soziale Arbeit und Therapie auch weiterhin voneinander lernen.

Literatur

Behrendt, B., Schaub. A. (2005): Handbuch Psychoedukation und Selbstmanagement. Verhaltenstherapeutische Ansätze für die klinische Praxis. DGVT, Tübingen

Böhnisch, L. (2008): Sozialpädagogik der Lebensalter. Eine Einführung. 5. Aufl. Juventa, Weinheim/München

–, Schröer, W., Thiersch, H. (2005): Sozialpädagogisches Denken. Wege zu einer Neubestimmung. Juventa, Weinheim/München

Bundesministerium für Familie, Senioren, Frauen und Jugend (2009): 13. Kinder- und Jugendbericht. Berlin

Dewe, B., Scherr, A. (1991): Beratung und Therapie. Blätter der Wohlfahrtspflege 1, 6–7

Elliott, R. (2002): The Effectiveness of Humanistic Therapies: A Meta-Analysis. Humanistic Psychotherapies; Handbook of Research and Practice. D. J. Cain. APA, Washington, 57–81

Engel, F., Nestmann, F., Sickendiek, U. (2004): „Beratung" – Ein Selbstverständnis in Bewegung. In: Nestmann, F., Engel, F., Sickendiek, U. (Hrsg.): Das Handbuch der Beratung. Band 1: Disziplinen und Zugänge. DGVT, Tübingen, 33–43

Galuske, M. (2007): Methoden der Sozialen Arbeit. Eine Einführung. 7. Aufl. Juventa, Weinheim/München

Gildemeister, R., Günther, R. (2005): Therapie und Soziale Arbeit. In: Otto, H.-U., Thiersch, H. (Hrsg.): Handbuch Sozialarbeit/Sozialpädagogik. 3. Aufl. Ernst Reinhardt, München/Basel, 1901–1909

Grawe, K. (2000): Psychologische Therapie. Hogrefe, Göttingen

Hamburger, F. (2003): Einführung in die Sozialpädagogik. Kohlhammer, Stuttgart

Heidenreich, T., Junghanns-Royack, K., Fydrich, T. (2009): Diagnostik in der Verhaltenstherapie. Psychotherapeut 2, Jg. 54, 145–159

Hompesch-Cornetz, I., Hompesch, R. (1987): Sozialpädagogik und Therapie. In: Eyferth, H., Otto, H.-U., Thiersch, H. (Hrsg.): Handbuch Sozialarbeit/Sozialpädagogik. Luchterhand, Neuwied/Darmstadt, 1028–1044

Johach, H. (1993): Soziale Therapie und Alltagspraxis. Juventa, Weinheim/München

Kanfer, F. H., Reinecker, H., Schmelzer, D. (2000): Selbstmanagement-Therapie. Ein Lehrbuch für die klinische Praxis. Springer, Berlin

Körner, J. (1996): Zum Verhältnis pädagogischen und therapeutischen Handelns. In: Combe, A., Helsper, W. (Hrsg.): Pädagogische Professionalität. Suhrkamp, Frankfurt a. M., 780–809

Kriz, J. (2007): Grundkonzepte der Psychotherapie. 6. Aufl. Beltz, Weinheim

Margraf, J., Schneider, S. (2009): Lehrbuch der Verhaltenstherapie. Band 1: Grundlagen, Diagnostik, Verfahren, Rahmenbedingungen. 3. Aufl. Springer, Berlin

Müller, B. (1995): Außensicht – Innensicht. Beiträge zu einer analytisch orientierten Sozialpädagogik. Lambertus, Freiburg

Otto, H.-U., Schreiber, R. (1978): Gegen verkürzte Perspektiven – Anmerkungen zu einigen scheinbaren und tatsächlichen Widersprüchen zwischen Sozialarbeit und Therapie. Neue Praxis Sonderheft, 2–5

Retzlaff, R., Sydow, K. v., Rotthaus, W., Beher, S., Schweitzer, J. (2009): Systemische Therapie als evidenzbasiertes Verfahren. Psychotherapeutenjournal 1, 4–16

Richter, H.-E. (2005): Sozialtherapie. In: Kreft, D., Mielenz, I. (Hrsg.): Wörterbuch Soziale Arbeit. Juventa, Weinheim / München, 887–891

Ritscher, W. (2002): Systemische Modelle für die Soziale Arbeit. Carl-Auer-Systeme, Heidelberg

Rogers, C. R. (1951): Die klientbezogene Gesprächstherapie. Kindler, München

Sachse, R. (1992): Zielorientierte Gesprächspsychotherapie. Eine grundlegende Neukonzeption. Hogrefe, Göttingen

Salomon, A., Wronsky, S. (1926): Soziale Therapie. Heymann, Berlin

Sander, K. (1999): Personzentrierte Beratung. Ein Arbeitsbuch für Ausbildung und Praxis. GwG & Beltz, Weinheim / Basel

Schlippe, A. v., Schweitzer, J. (2003): Lehrbuch der systemischen Therapie und Beratung. 9. Aufl. Vandenhoeck & Ruprecht, Göttingen

Schneider, S. (2006): Sozialpädagogische Beratung. Praxisrekonstruktionen und Theoriediskurse. DGVT, Tübingen

Strotzka, H. (1975): Psychotherapie. Urban & Schwarzenberg, München

Thiersch, H. (2002): Positionsbestimmungen der Sozialen Arbeit. Gesellschaftspolitik, Theorie und Ausbildung. Juventa, Weinheim / München

Wissenschaftlicher Beirat Psychotherapie (2008): Stellungnahme zur Psychodynamischen Psychotherapie bei Erwachsenen. In: www.wbpsychotherapie.de/page.asp?his= 0.1.17.69.70.html, 1.11.2009

Wittchen, H.-U., Hoyer, J. (2006): Klinische Psychologie und Psychotherapie. Springer, Heidelberg

–, Jacobi, F. (2005): Size and Burden of Mental Disorders in Europe. A Critical Review and Appraisal of 27 Studies. European Neuropsychopharmacology 15, 357–376

Tiere und Soziale Arbeit

Von Lotte Rose

Tiere – warum ein Thema für Soziale Arbeit?

Für viele Menschen sind Tiere wichtige Lebensgefährten. Nach Angaben des Industrieverbands Heimtierbedarf (o. J.) lebten im Jahre 2007 in deutschen Haushalten 23,2 Millionen Heimtiere – Zierfische und Terrarientiere nicht mitgerechnet. In mehr als einem Drittel der Haushalte werden Tiere gehalten. In 16 % der Haushalte ist die Katze Hausgenossin, dicht gefolgt vom Hund. Je älter die Haushaltsbewohner sind, desto eher lebt dort ein Tier. Ebenso gilt: Wenn Kinder zum Haushalt gehören, ist dort eher ein Haustier zu finden. Nach einer repräsentativen Studie in Berlin haben 62 % der 13- bis 16-Jährigen ein Haustier, nicht wenige sogar mehrere (Bergler / Hoff 2008, 1).

Haustiere rangieren für Kinder und Jugendliche bei der Frage nach ihren wichtigen Bezugspersonen weit oben. Für 90 % der befragten Kinder und 79 % der befragten Jugendlichen sind sie sehr wichtig oder wichtig. Die Beschäftigung mit ihnen gehört zu häufig genannten beliebten Freizeitaktivitäten. Nicht wenige Kinder zählen ihre Haustiere zu den vollwertigen Mitgliedern ihrer Familie. Im Kontakt mit den Tieren wird sehr „Menschliches" erlebt. Kinder schildern, dass sie mit ihren Tieren Geheimnisse und Glück teilen, Sorgen und Probleme mit ihnen besprechen (Zinnecker et al. 2002, 32 f.).

Angesichts der allgemeinen Verbreitung von Haustieren gehören Tiere zwangsläufig auch oft zur Lebenswelt der Menschen, mit denen Soziale Arbeit zu tun hat. Tiere können für sie treue und eng verbundene Partner, Projektionsflächen für verschiedenartigste Emotionen und Wünsche sein. Damit erhalten Tiere praktische und theoretische Relevanz für die Soziale Arbeit. Sie muss zum einen dieses Bindungsphänomen verstehen. Zum anderen ist sie jedoch auch in ihrer Praxis herausgefordert, nämlich dann, wenn es darum geht, mit diesen Beziehungsrealitäten fachgerecht und tierschutzgerecht umzugehen.

Bei vielen stationären Einrichtungen, wie z. B. Kinder- oder Altenheimen ist es nicht möglich, die eigenen Tierfreunde mitzunehmen oder dort Tiere zu halten – auch wenn sich gewisse Liberalisierungen zeigen. Am stärksten wird das Thema in der Wohnungslosenhilfe diskutiert. Angesichts dessen, dass viele Menschen, die auf der Straße leben, einen Hund haben, wird gefordert, dies anzuerkennen und dafür zu sorgen, dass Wohn- und Unterbringungsmaßnahmen dies berücksichtigen. Auch die Sorge für das Wohlergehen der Hunde wird zum Gegenstand sozialarbeiterischer Bemühungen, wie z. B. die Tiersprechstunde „underdog" für Obdachlosenhunde in Düsseldorf zeigt.

Ernst zu nehmen ist aber auch das Problemfeld des „Animal Hoarding", das in den USA schon als Krankheit gilt. Es bezeichnet das Phänomen, dass Menschen mehr Tiere bei sich haben, als sie versorgen können, und keine Einsicht haben, dass sie mit den Tieren überfordert sind und ihnen, sich selbst und anderen Haushaltsmitgliedern schaden.

Tiere fungieren zudem als „Dienstleister" in der Sozialen Arbeit – und dies schon seit mehr als 200 Jahren. So lassen sich im Bereich der Psychiatrie und der Behindertenhilfe erste historische Beispiele für den gezielten Einsatz von Tieren finden, z. B. in der Von-Bodelschwing-Anstalt in Bethel. Einen Schub brachte später ein Buch des amerikanischen Kindertherapeuten Boris M. Levinson, in dem er über die günstige Wirkung von Hunden bei Therapiesitzungen mit Kindern berichtete (1962) und das als Klassiker der tiergestützten Intervention gilt.

Tiere werden in sozialen Einrichtungen in verschiedenen Formen eingesetzt – am stärksten derzeit für die Zielgruppen der Kinder und der alten Menschen.

Otto/Thiersch (Hg.), Handbuch Soziale Arbeit, 4. A., DOI 10.2378/ot4a.art166,

Sie dienen in offenen Kontaktsituationen als Beziehungsmedium, in Behandlungssettings als therapeutisches Medium. Vergnügungstiere wie Aquariumsfische, Meerschweinchen, Wellensittiche, Katzen und Hunde leben in den Einrichtungen mit oder werden im Rahmen von Tierbesuchsdiensten zeitweise dorthin gebracht und zur Herstellung eines therapeutischen Milieus genutzt. In den Kindertierfarmen bieten Tiere attraktive Lern- und Erlebnisreize. In der „Grünen Sozialarbeit" schafft der Einsatz landwirtschaftlicher Nutz- und Arbeitstiere naturwüchsig-ganzheitliche Arbeitserfahrungen. Zu erwähnen sind schließlich auch Tiere, die gezielt für Assistenzdienste für Menschen mit Behinderungen ausgebildet und genutzt werden, z. B. Blinden- und Service-Hunde.

Fachdiskurs zur tiergestützten Intervention

Im Fachdiskurs der Sozialen Arbeit werden Tiere dennoch bislang kaum thematisiert. Seminare, Fachveranstaltungen, Fortbildungen finden sich selten. Eine eigene Untersuchung der einschlägigen Fachzeitschriften der Sozialen Arbeit der letzten Jahre förderte nur vereinzelt entsprechende Fachbeiträge zutage, vor allem deskriptiv-programmatische Praxisdokumentationen aus Einrichtungen, die Tiere in ihrer Arbeit nutzen. In den Handbüchern zur Sozialen Arbeit fanden sich in der Vergangenheit keine tierbezogenen Stichworte. Solide wissenschaftliche Beiträge, kritische Anfragen, empirische Studien, Praxisevaluationen, theoretische Klärungen, auch die erforderliche Auseinandersetzung mit den interdisziplinären Grundlagen der Mensch-Tier-Thematik aus Ethologie, Psychologie, Medizin, Soziologie, Völkerkunde und Sozialgeschichte fehlen. Als Ausnahme ist der Überblicksartikel von Sylvia Greiffenhagen (2003) zu nennen, der in einer einschlägigen Fachzeitschrift erschien. Sehr viel mehr findet sich dagegen auf der Ebene der Diplomarbeiten.

Grundsätzlich anders sieht die Diskurssituation in den angrenzenden Disziplinen der Sozialen Arbeit aus. Tiere werden in der Heil- und Sonderpädagogik, Behindertenpädagogik, Psychomotorik und Medizin sehr viel intensiver verhandelt. Vor allem auch in den anglo-amerikanischen Ländern ist die Fachdebatte renommierter und elaborierter als in

Deutschland. 2001 wurde von der Delta Society, dem größten internationalen Fachverband, der Begriff der Tiergestützten Therapie (Animal Assisted Therapy / AAT) definiert. Danach handelt es sich bei AAT um eine zielgerichtete und evaluierte, von einer entsprechend ausgebildeten Fachkraft des Gesundheitswesens durchgeführten Intervention, in der ein Tier, das bestimmte Kriterien zu erfüllen hat, integraler Bestandteil des therapeutischen Prozesses ist. Werden diese Anforderungen nicht erfüllt, spricht man von „Tiergestützten Aktivitäten" (Animal Assisted Activity / AAA). Als Oberbegriff wird der Begriff der „Tiergestützten Intervention" propagiert, andere Bezeichnungen sind aber weiterhin gebräuchlich.

In den letzten Jahrzehnten institutionalisierte sich ein spezialisierter Wissenschaftszweig zur tiergestützten Intervention. Neben der Delta Society existiert als weiterer weltweiter Dachverband die International Human-Animal Interaction Organizations (IAHAIO), dem als deutscher Verband der „Forschungskreis Heimtiere in der Gesellschaft" angehört. Auf seinem 11. Weltkongress 2007 in Tokio deklarierte er als grundlegendes Menschenrecht die Chance, von der Anwesenheit von Tieren profitieren zu können. Mit „Anthrozoös. A Multidisciplinary Journal of the Interactions of People and Animals", die von der „International Society für Anthrozoology" (ISAZ) herausgegeben wird, verfügt die Fachszene über eine internationale Fachzeitschrift.

Auch die Zahl der Institutionen im deutschsprachigen Raum ist mittlerweile kaum mehr überschaubar. Sie bieten Informationen, Literatur, Fachveranstaltungen und eigene Ausbildungen an, agieren als Vernetzungs- und Interessensorgane.

Zu nennen sind hier u. a. „Tiere helfen Menschen", Stiftungsinitiative „Bündnis Mensch & Tier", Forschungsgruppe „Mensch-Tier" am Institut für Pädagogik der Universität Erlangen-Nürnberg, „TIPI – Tiere in die Pädagogik integrieren" der Heilpädagogischen Fakultät der Universität Köln und die Portale „tiergestützte Therapie / Pädagogik für Deutschland, Österreich und die Schweiz" (www.tiergestuetzte-therapie.de) und „Tiergestützte Pädagogik und Therapie" der Evangelischen Hochschule Freiburg (www.researchaat.de).

Parallel zum relativ reichhaltigen therapeutisch-medizinischen und therapienahen Diskurs existiert ein sehr umfangreicher populärwissenschaftlicher

Buch- und Medienmarkt zum Thema. In Eltern-ratgebern gehört das Haustierthema zu einer festen Größe. Aus der Sozialen Arbeit heraus werden bislang jedoch kaum eigene Impulse gesetzt. Wenn Soziale Arbeit den Stellenwert von Tieren für ihr Arbeitsfeld diskutiert, greift sie vorwiegend auf die o. g. genannten Diskurse zurück. So besehen sind die entsprechenden Ansätze „geliehene".

Relativ gut entwickelt zeigt sich das Tierthema zudem auch in den sozialhistorischen und kulturanthropologischen Wissenschaftszweigen. Die Mensch-Tier-Beziehung wird dort als Ausdruck spezifischer sozialer Ordnungskonstellationen in den Blick genommen. Die Untersuchungen der Formen und historischen Wandlungen der Mensch-Tier-Beziehung dienen dazu, Vorgänge gesellschaftlicher Ausdifferenzierung, Zivilisierung, Ein- und Ausgrenzung zu rekonstruieren (Buchner 1996; Dekkers 1994; Hessische Blätter für Volks- und Kulturforschung 1991; Kathan 2004; Stiftung Deutsches Hygiene-Museum Dresden 2002; Münch / Walz 1998). Diese Fachdiskurse werden jedoch weitaus weniger als die therapeutischen von der Sozialen Arbeit „beliehen".

Welche Tiere sind im fachlichen Fokus?

In der Praxis tiergestützter Interventionen finden nur solche Tierarten Einsatz, deren Interspezies-kommunikation besonders ausgeprägt ist und die von daher leicht auf den Menschen als Sozialpartner geprägt werden können oder die selbst Menschen gegenüber Kontaktbedürfnisse entwickeln. Eine herausragende Stellung nimmt das Pferd ein. Hier sind nicht nur die Publikationen am umfangreichsten (Gäng 1994; Kupper-Heilmann 1999), sondern auch die Professionalisierungen des therapeutischen Pferdeeinsatzes am stärksten formalisiert. Auch in der kultur- und sozialwissenschaftlichen Literatur erfährt das Pferd am meisten Aufmerksamkeit (Baum 1991; Meyer 1975). Die Prominenz des Pferdes ist zum einen sicherlich auf seinen sozialhistorischen Symbolgehalt von Macht und Exklusivität zurückzuführen, zum anderen hängt sie pragmatisch mit seiner Besonderheit als Tragetier zusammen. Die beim Reiten auf den menschlichen Körper übertragenen Bewegungsimpulse des Tieres sorgen für eine spezifische psychomotorische För-derung bei Patienten. Gleichzeitig erlaubt das Getragenwerden auf dem Tier elementare regressive Erfahrungen.

Einer hohen Beliebtheit erfreut sich zudem auch der Hund. Auch hier sind die Professionalisierungen relativ weit fortgeschritten. Institute bieten Therapiesitzungen mit Hunden und Hundebesuchsdienste wie auch entsprechende Hundeausbildungen und Hundeführerausbildungen an, formulieren Merkmalkriterien für einsatzfähige Hunderassen. Darüber hinaus sind Lamas in der Praxis zu finden, wenn auch bislang selten. Formale Regelungen zur Anerkennung der Lamatherapie liegen noch nicht vor.

Für die größte Furore sorgt die Delfintherapie, die Ende der 1970er Jahre in den USA entwickelt wurde. Während bei den anderen Therapie-Tieren bisher allgemeiner Konsens zu ihrer Nützlichkeit besteht, wird die Delfintherapie kontrovers diskutiert. Kritisiert werden nicht nur die hohen Kosten und kommerziellen Profite der Anbieter. Bezweifelt wird auch die nachhaltige Wirksamkeit dieser Therapie (Brake / Williamson 2008). Zentrale Akteure der Kritik sind der Wal- und Delfinschutz.

Im praktischen Einsatz sind darüber hinaus häusliche Kleintiere wie Katzen, Vögel, Meerschweinchen, Kaninchen und Zierfische. Aufgrund ihrer geringer ausgeprägten Interspezieskommunikation werden sie jedoch nicht in therapeutischen Behandlungen genutzt, sondern dienen der Herstellung eines allgemeinen therapeutischen Milieus.

Idealisierungen im Diskurs zur tiergestützten Intervention

In den Texten zur tiergestützten Intervention fällt ein stark idealisierender und romantisierender Tenor auf. Zur Plausibilisierung der positiven Wirkungen des Tieres werden emotional anrührende Fallgeschichten und persönliche Erfahrungsgeschichten geliefert, die dem literarisch-biblischen Format von „Wunder- und Erlösungsgeschichten" ähneln. Sie illustrieren, wie die Nähe eines Tieres Menschen öffnet, entspannt, stabilisiert, kontaktfähig macht und ans Leben anschließt. Neben diesen anekdotischen Beweisführungen finden sich auch Verweise auf Befunde wissenschaftlicher Wirkungsforschung, die fast ausschließlich aus den anglo-amerikanischen

Ländern stammt. Bei Greiffenhagen, einer profilierten Fachvertreterin heißt es: Tiere senken

„den Blutdruck des menschlichen Partners und stabilisieren – empirisch hundertfach glasklar bewiesen – seinen Kreislauf; sie bringen Zärtlichkeit und Sinnlichkeit in den Alltag, dienen als ‚soziales Gleitmittel bei der Kontaktsuche zu anderen Menschen' […], lehren Empathie und nonverbale Kommunikationsfähigkeit, reizen zum Lächeln und Lachen und sorgen auf diese Weise bei Tierhaltern mehrfach am Tag für die Ausschüttung körpereigener Glückshormone" (Greiffenhagen 2003, 23).

Ähnliche „Erfolgslisten" finden sich zahlreich auch in anderen Texten. Damit verdichtet sich das Bild von sensationellen Gesundungseffekten des Tierkontaktes auf körperlicher, seelischer und sozialer Ebene. Das Thema wird aufgeladen mit enormen Heilsversprechen – wie diesen: „In gewissem Sinne sind Tiere sogar bessere Therapeuten als Menschen" (Kusztrich 1990, 393).

Die Texte arbeiten fast durchgängig mit einfachen salutogenetischen Zusammenhängen: Im Kontakt mit dem Tier werden heilende Kräfte freigesetzt, wird der leidende Mensch gesund. Komplexe Lebenszusammenhänge werden damit auf eindimensionale psychosoziale Prozessmechanismen reduziert. Kritische Kontroversen, Differenzierungen und empirische Evaluationsforschung fehlen. Die Auswertung von 150 Studien zur tiergestützten Therapie in der Jugendpsychiatrie zeigte, dass die meisten Publikationen Falldarstellungen beschreibender Art sind und die wenigen Untersuchungen, die es gibt, methodische Mängel haben und in ihren Ergebnissen widersprüchlich sind (Jacki/Klosinski 1999).

Die Idealisierungen im Diskurs der tiergestützten Therapie sind eng verkoppelt mit Tendenzen kulturpessimistisch-nostalgischer Verklärung und Irrationalisierung. Vergangenes Miteinanderleben von Menschen und Tieren wird zum Sinnbild einer wünschenswerten idealen Einheit. Es ist zudem die Rede von einer „geheimnisvollen, wohltuenden Kraft" (Kusztrich 1990, 392) der Tiere auf Menschen. Immer wieder heißt es, dass die heilsamen Wirkungen der Tiere auf Menschen zwar beobachtbar, nicht aber rational erklärbar sind und sich von daher dem vollständigen wissenschaftlichen Zugriff entziehen. Auch die bei vielen AutorInnen vorfindbare theoretische Bezugnahme auf das Konzept der Biophilie – der Annahme einer dem Menschen inhärenten, stammesgeschichtlich begründeten Affinität zur Natur und ihren Lebewesen – hat stellenweise naturalisierende und esoterisch-mythische Züge.

Die therapeutischen Wirkungen des Tieres

Die Literatur hebt folgende Aspekte des Tieres für die Begründung seiner therapeutischen Nützlichkeit hervor (Bergler 1994; Greiffenhagen 1991; Olbrich/Otterstedt 2003; Otterstedt 2001):

- *Du-Evidenz:* Mit der Du-Evidenz in der menschlichen Tierbeziehung wird das Phänomen bezeichnet, dass Menschen im Tier etwas „Sich-selbst-Gleiches" erkennen. Sie stellt sich bei jenen Tieren besonders leicht ein, die über eine ausgeprägte Interspezieskommunikation verfügen. Das Tier wird im Zuge dessen zum Partner und Liebesobjekt, erlaubt Projektionen. Es wird vermenschlicht. Gleichzeitig sorgt seine reale Tierhaftigkeit dafür, dass es ein Beziehungsobjekt mit nicht- oder vormenschlichen Qualitäten bleibt, was wiederum Interaktionen vereinfacht.
- *Vorbehaltlosigkeit des Tieres:* Während das komplizierte menschliche Ordnungsgeflecht Kontakthindernisse, Ängste und kaum überbrückbare Distanzen zwischen Menschen aufbaut, begegnet das Tier den Menschen offen und relativ vorraussetzungslos. Weil es keine sozialen Unterschiede kennt und macht, nähert es sich auch solchen Menschen völlig vorbehaltlos, die in der „Menschenwelt" stigmatisiert sind. Dies wird vor allem als Gewinn für die Behindertenhilfe, Altenhilfe und Arbeit mit verwahrlosten Gruppen beschrieben.
- *„Sozialer Türöffner":* Die Anwesenheit eines Tieres erleichtert als „Katalysator" die Kontaktaufnahme und Interaktion zwischen Menschen. Es bietet sich als unverfänglicher Gesprächsanlass, als verbindendes Thema an. Dies erweist sich nicht nur im Alltag als Vorteil, sondern auch in der professionellen Beziehung. Über das Tier als „Drittes" können Fachkräfte leichter Nähe zu Klientinnen und Klienten herstellen.
- *Sinnlichkeit:* Im Kontakt mit dem Tier sind körperlich-sinnliche Berührungen in einer Art und Weise möglich, wie sie der zivilisierte Sittenkodex mit

seinen Distanzgeboten für menschliche Interaktionen nicht zulässt. Das Tier kann und darf dagegen freizügig angefasst, gestreichelt und liebkost werden und erlaubt so eine Kompensation der Sinnlichkeitsverluste der modernen Gesellschaft.

- *Sprachlose Kommunikation:* Da die Kommunikation mit dem Tier vorsprachlich stattfindet, bieten sich Tiere besonders gut als Beziehungsobjekte für Menschen mit Sprachstörungen und Kinder an.
- *Kommunikationstrainer:* Die vorsprachliche Kommunikation mit dem Tier sensibilisiert für die Wirkungen gestisch-symbolischer Zeichen. In der Beziehung zum Tier müssen Menschen nicht nur mit dem Körper kommunizieren, sondern auch in den eigenen Mitteilungen klar und eindeutig sein, gerade auch, wenn es um Grenzsetzungen geht. Double-Bind-Botschaften führen beim Tier zu direkt erkennbaren Irritationen. Diese Erfahrungen bieten Lernchancen für die zwischenmenschliche Kommunikation.
- *Diagnoseinstrument:* Für Fachkräfte bietet sich in sozialpädagogischen oder therapeutischen Settings die Chance, in der Beobachtung des Umgangs von KlientInnen mit dem Tier Anhaltspunkte für sozialpsychologische Diagnosen zu gewinnen. Dies erweist sich insbesondere dort von Vorteil, wo keine oder nur eine minimale Verbalkommunikation möglich ist.

Der soziale Zeichencharakter der Mensch-Tier-Beziehung

In den vorherrschenden therapeutisch-psychologischen Betrachtungsweisen der tiergestützten Intervention dominieren ungesellschaftliche Konstrukte, die die soziale Codierung der Mensch-Tier-Beziehung ausblenden. Weder werden die historischen Wandlungen noch die Ambivalenzen dieser Beziehung zur Kenntnis genommen. Dies wiederum leistet den skizzierten Idealisierungen Vorschub.

Die Historie des Mensch-Tier-Verhältnisses ist eine von Entmischungen und Vermischungen, in denen sich auf immer wieder neue Weise die Transformationen sozialer Verhältnisse und Distinktionen manifestieren (vgl. kulturhistorische Literatur im Kapitel „Fachdiskurs zur tiergestützten Intervention"). Tiere werden zunehmend aus der Alltagswelt verdrängt. Die Technisierung führt zu einem Verschwinden der Arbeits-, Kriegs- und Mobilitätstiere. Nutztiere wie Hühner, Schweine, Kühe, Ziegen und Schafe werden aus den menschlichen Wohnstätten isoliert. Der Abstand zwischen den Wohngebieten und den Terrains für Tiere wird zunehmend größer – ablesbar u. a. am Verschwinden bäuerlichen Lebens oder der Tierschlachtungen aus den städtischen Zonen. Besitzerlose Tiere, wie streunende Katzen und Hunde werden verfolgt und eingefangen. Kleinstlebewesen – wie Läuse, Kakerlaken, Spinnen oder Fliegen – werden als Ungeziefer zum Inbegriff des Widerwärtigen und ausgerottet. Ähnliches erleben Vögel und andere Kleinsäuger, die sich im menschlichen Lebens- und Abfallraum aufhalten.

Mit Tieren zusammenzuleben wird im Zuge dessen zum Ausdruck gesellschaftlicher Deprivation. Historische und aktuelle Kulturvergleiche können zeigen, dass Leben in Armut durch eine große Nähe von Menschen und Tieren gekennzeichnet ist. Umgekehrt symbolisiert sich sozialer Aufstieg in den Praxen des Ausgrenzens und Eliminierens von Tieren.

Diesen Vorgängen stehen wiederum Reintegrationsprozesse gegenüber. Tiere finden erneut Zugang zu den menschlichen Räumen, jedoch nun in spezifischer Weise selektiert, gesäubert, gebändigt, kontrolliert und funktionalisiert. Als Schoß- und Vergnügungstiere bereichern sie die Privatsphäre. Sie werden als Zootiere bestaunt, als Zucht- und Sporttiere dienen sie der Freizeitgestaltung. Ebenso nehmen die medialen Surrogate zu, seien es die Filme mit Tierhelden oder die zahlreichen Tier-Dokumentationen.

Im Tierbesitz und Tierumgang verkörpern sich immer soziale Kontraste. Distanz und Nähe zu ihnen, Tierart, Tierhaltung und Tierfunktion sind Gradmesser der sozialen Lage. Jutta Buchner führt dies exemplarisch am Beispiel der städtischen Hundehaltung in der wilhelminischen Klassengesellschaft vor. Sie spricht von einer „Dreiteilung der Hundehaltung nach plutokratischen Regeln" (1991, 124): die Herrschaftshunde der „feinen Gesellschaft" für die Jagd, Vergnügungen und das Repräsentieren, wobei hier die Frauen und Männer noch einmal geschlechtsspezifische Differenzen pflegten; Gebrauchshunde der Handwerker und Arbeiter, die als Wach- und Zugtiere von ökonomischer Bedeutung waren; streunende Hunde, die der städtischen Standesgesellschaft ein Dorn im Auge waren.

Damit offenbart sich auch die moderne Tierliebe als sozial und historisch gebundenes ideelles Produkt. Sie kann sich zunächst nur im Adel und Bürgertum herausbilden, da hier genügender Abstand nicht nur zu den Gefahren durch Tiere, sondern auch zu den existentiellen Abhängigkeiten von Tieren geschaffen worden ist. Erst vor diesem Hintergrund „kann das zunächst ambivalente Tierbild durch ein emotional positives, mit Begriffen wie ‚Liebe' belegtes ersetzt werden" (1990, 239).

Im Mensch-Tier-Verhältnis schlägt sich nicht allein der Klassenhabitus nieder, sondern es verkörpern sich auch andere soziale Distinktionen wie ethnische, religiöse und altersbezogene. Vergleichsweise intensiv sind die geschlechtsspezifischen Differenzen thematisiert – vor allem im Hinblick auf die weibliche Pferdebegeisterung im Jugendalter (Adolph / Euler 1994; Knauff 1953; Hengst 2000; Wagenmann / Schönhammer 1994). Nachweislich zeigen Mädchen und Frauen mehr Interesse und eine besondere Emotionalität für Tiere. Bereits im Kindesalter sind es mehr Mädchen als Jungen, die Haustiere haben (Bergler / Hoff 2008; Zinnecker et al. 2002). Tierbücher und Tierzeitschriften werden vor allem von Mädchen gelesen. Bis ins Alter von 40 Jahren überwiegen in den Reitsportvereinen die weiblichen Mitglieder deutlich. Tierschutzverbände haben überwiegend weibliche Mitglieder. Auch vom „Animal Hoarding" sind vor allem Frauen betroffen.

Bei den Berufen mit Tieren dominieren ebenso Frauen. Für den Beruf des Tierpflegers interessieren sich mehr Mädchen als Jungen. Bei den Pferdewirten finden sich mehr Mädchen. Veterinärmedizin ist heutzutage ein Frauenstudienfach. Dazu passt, dass auch das Fachthema der tiergestützten Interventionen sowohl in der Praxis wie in der Theorie stark von weiblichen Expertinnen getragen ist und überwiegend bei Studentinnen auf Interesse stößt.

Ausblick

Das Tierthema ist für die Soziale Arbeit aus zwei Gründen relevant. Zum ersten praktizieren ein Teil ihrer Fachkräfte und Einrichtungen tiergestützte Interventionen oder sie streben diese an. Dies führt zu intensiven Anleihen bei entsprechenden therapeutischen Diskursen und Fachorganisationen. Zu wenig werden hierbei jedoch die sozialen Distinktionsdynamiken in der Mensch-Tier-Beziehung reflektiert. Es wird unterstellt, dass der Einsatz von Tieren für alle sozialen Gruppen gewinnbringend ist, ohne zu bedenken, dass die Symbolgehalte von Tieren für verschiedene Gruppen unterschiedlich sein und ernst zu nehmende Zugangsbarrieren erzeugen können. So ist z. B. das Wissen um kulturspezifische Tierbilder und -tabus noch unzureichend entwickelt.

Zum anderen hält ein großer Teil der Klientinnen und Klienten selbst Haustiere. Dies wirft zum einen die Frage auf, wie in der Praxis Sozialer Arbeit mit diesen Ressourcen umgegangen wird oder werden sollte, auch wie Fachkräfte sich darauf einlassen können oder auch nicht. Zum anderen ist aber auch zu registrieren, dass es normabweichende Formen der Tierhaltung gibt, die Desintegrationsrisiken verschärfen. Dazu zählen das Überschreiten von Tiermengen, unzureichende Sauberkeit und Pflege, auch unzureichende Kontrolle der Aggressivität der Tiere oder die Haltung von gefährlichen Kampfhunden.

Literatur

Adolph, H., Euler, H. (1994): Warum Mädchen und Frauen reiten – eine empirische Untersuchung. Band 19. Universität-Gesamthochschule, Kassel

Baum, M. (1991): Das Pferd als Symbol. Zur kulturellen Bedeutung einer Symbiose. Fischer, Frankfurt / M.

Bergler, R. (1994): Warum Kinder Tiere brauchen. Herder, Freiburg / Breisgau

–, Hoff, T. (2008): Der Einfluss von Hunden auf das Verhalten und Erleben von Jugendlichen in der Großstadt Berlin. In: Staatsinstitut für Frühpädagogik (Hrsg.): Online-Familienhandbuch. www.familienhandbuch.de/cmain/f_fachbeitrag/a_Jugendforschung/s_793.html, 08.05.2008

Brakes, P., Williamson, C. (2008): Delfintherapie. Eine Faktensammlung, erstellt für die Wal- und Delfinschutzorganisation WDCS. In: www.wdcs-de.org/docs/DAT-Report.pdf, 30.7.2008

Buchner, J. (1996): Kultur mit Tieren. Zur Formierung des bürgerlichen Tierverständnisses im 19. Jahrhundert. Neumann-Neudamm / Waxmann, Münster / New York

– (1991): „Im Wagen saßen zwei Damen mit Bologneserhündchen." Zur städtischen Hundehaltung in der wilhelminischen Klassengesellschaft um 1900. In: Hessische Blätter für Volks- und Kulturforschung, 119–137

– (1990): Von Pferden, Hühnern und Läusen. In: Behnken, I. (Hrsg.): Stadtgesellschaft und Kindheit im Prozeß der Zivilisation. Leske & Budrich, Opladen, 219–242

Dekkers, M. (1994): Geliebtes Tier. Die Geschichte einer innigen Beziehung. Hanser, München/Wien

Gäng, M. (Hrsg.) (1994): Heilpädagogisches Reiten und Voltigieren. 3. Aufl. Reinhard, München/Basel

Greiffenhagen, S. (2003): Tiere in der Sozialen Arbeit. Sozialmagazin 28, 22–29

– (1991): Tiere als Therapie. Neue Wege in Erziehung und Heilung. Droemer, München

Hengst, H. (2000): Vom Cow-boy zum Horse-girl. Working Paper 12. Child and Youth Culture. Department of Contemporary Cultural Studies, Odense

Hessische Blätter für Volks- und Kulturforschung (1991): Mensch und Tier. Kulturwissenschaftliche Aspekte einer Sozialbeziehung. Bd. 27. Jonas, Marburg

Industrieverband Heimtierbedarf (o. J.): Daten und Fakten. Deutscher Heimtiermarkt 2007. In: www.ivh-online.de/de/home/der-verband/daten-fakten.html, 23.07.08

Jacki, A., Klosinski, G. (1999): Zur Bedeutung von Haus- und Heimtieren für verhaltensauffällige und psychisch kranke Kinder und Jugendliche. Vierteljahreszeitschrift für Heilpädagogik 68, 396–413

Kathan, B. (2004): Zum Fressen gern. Zwischen Haustier und Schlachtvieh. Kadmos, Berlin

Knauff, E. (1953): Frau und Pferd. Krüger, Berlin

Kupper-Heilmann, S. (1999): Getragenwerden und Einflußnehmen. Aus der Praxis des psychoanalytisch orientierten Reitens. Psychosozial, Gießen

Kusztrich, I. (1990): Haustiere helfen heilen – Tierliebe als Medizin. Theorie und Praxis der Sozialen Arbeit 10, Jg. 41, 391–397

Levinson, B. M. (1962): The Dog as a Co-Therapist. Mental Hygiene 1, Jg. 46, 59–65

Meyer, H. (1975): Mensch und Pferd. Zur Kultursoziologie einer Mensch-Tier-Assoziation. Olms, Hildesheim

Münch, P., Walz, R. (Hrsg.) (1998): Tiere und Menschen. Geschichte und Aktualität eines prekären Verhältnisses. Schöningh, Paderborn

Olbrich, E., Otterstedt, C. (Hrsg.) (2003): Menschen brauchen Tiere. Grundlagen und Praxis der tiergestützten Pädagogik und Therapie. Kosmos, Stuttgart

Otterstedt, C. (2001): Tiere als therapeutische Begleiter. Kosmos, Stuttgart

Stiftung Deutsches Hygiene-Museum Dresden (Hrsg.) (2002): Mensch und Tier – Eine paradoxe Beziehung. Hatje Cantz, Dresden

Wagenmann, S., Schönhammer, R. (1994): Mädchen und Pferde – Psychologie einer Jugendliebe. Quintessenz, Berlin/München

Zillig, M. (1961): Mädchen und Tier. Begegnungen, Erlebnisse, Wertungen und Auswirkungen. Quelle und Meyer, Heidelberg

Zinnecker, J., Behnken, I., Maschke, S., Stecher, L. (2002): null zoff & voll busy. Die erste Jugendgeneration des neuen Jahrhunderts. Leske & Budrich, Opladen

Tod und Hospizarbeit

Von Herbert E. Colla

Soziale Arbeit als Disziplin und Profession war schon immer mit Tod und Sterben konfrontiert. Seit den 1970er Jahren, im Kontext der sozialwissenschaftlichen Öffnung der Suizidologie, wurden auch z. B. Suizid und Suizidprophylaxe zu Themen in der Beratungspraxis und zum Umgang in sozialpädagogischen Einrichtungen und Einrichtungen der Krisenintervention. Der Suizid ließ sich begreifen als eine Extremform „abweichenden Verhaltens": Das Individuum weigert sich durch sein Verhalten, gesellschaftliche Normen zu erfüllen. Der Suizid war auch ein Indiz dafür, dass gesellschaftliche Normen und Werte nicht für alle Individuen oder Gruppen erreichbar sind oder als attraktiv erscheinen. Inwieweit die Entscheidung zum Suizid aus dem Individuum entspringt oder von der Gesellschaft forciert wird, bleibt offen, die Grenzen sind fließend (Colla 1999). In der Auswertung individueller Problemlagen von jungen Menschen konnten Faktoren beschrieben werden, die einzeln oder gebündelt auftraten, z. B. mit einer relativen Unbestimmtheit ihres Wollens, Realitätsverzerrung in ihrer Wahrnehmung, Kränkung im Sozialbereich, sozialer Desintegration, Anomie, erfahrenen Demütigungen, erfahrener Gewalt und / oder Missbrauch, Gefühl des Bedrohtseins, Verlust einer signifikanten Bezugsperson, gedachter oder tatsächlicher Trennungsdrohung oder in der Persönlichkeitsstruktur angelehnten oder erworbenen Dispositionen für psychische Störungen einschließlich der traumatischen Erfahrungen bei Migrationsprozessen. Die Sozialpädagogik suchte die fachlich fundierte Kooperation mit der Kinder- und Jugendpsychiatrie, um Synergieeffekte im Bereich der Problemerfassung und Lösungsstrategien zu erreichen.

Diese Ereignisse aber waren in ihrer Dramatik eher Randphänomene des sozialpädagogischen Diskurses. Spätestens aber mit der Problematisierung der demographischen Entwicklung geraten die Themen Tod und Sterben als normale Aspekte des Lebens stärker in den Fokus sozialpädagogischer Auseinandersetzungen. Der Normalisierungsthese der Sozialpädagogik nach Lüders und Winkler (1992) folgend wird davon ausgegangen, dass die Inanspruchnahme sozialpädagogischer Dienstleistungen im Kontext von Tod und Sterben normaler wird.

Themen der Gesundheitsförderung und Probleme des demographischen Wandels fanden zunehmend ihre Bearbeitung. In den letzten 100 Jahren hat in Deutschland eine Erhöhung der durchschnittlichen Lebenserwartung (bei Geburt) um etwa 30 Jahre stattgefunden. Dies ist eine unerhörte Errungenschaft der menschlichen Kultur, nicht etwa das Ergebnis biologisch evolutionärer Prozesse, die die menschliche Kultur mit Hilfe von Hygiene, Medizin, Bildung und hohen Lebensstandards erreicht hat. Gleichzeitig steht diese Entwicklung vor bislang ungelösten Herausforderungen, die sich unter anderem in der Bearbeitung von Demenzen, vor allem im hohen Alter, zeigen.

Der Prozess des Alterns und das Alter sind die zukünftigen gesellschaftlichen Herausforderungen, die auf alle Teilbereiche ausstrahlen: Politik, Wissenschaft und Arbeitsmarkt sind davon ebenso betroffen wie Familie und Kultur, soziale Leistungssysteme ebenso wie Bereiche von Dienstleistungen und Lebenshilfe, der technische Sektor ebenso wie der der Freizeit, der Bildungs- und der Wissenschaftsbereich.

Das junge Alter bzw. das dritte Lebensalter ist nach Baltes (2003) optimierbar über die Entwicklung einer Konzeption des erfolgreichen Alterns, indem einerseits objektive Aspekte medizinischer, psychologischer und sozialer Funktionstüchtigkeit genauso wie andererseits subjektive Aspekte von Lebensqualität und Lebenssinn einen möglichst ganzheitlichen Prozess beschreiben. Das hohe Alter mit entsprechender Ausgleichswirkung zu kompensieren, wird

Otto/Thiersch (Hg.), Handbuch Soziale Arbeit, 4. A., DOI 10.2378/ot4a.art167,

aufgrund der weiteren Abnahme des biologischen Potenzials zunehmend schwieriger, bleibt aber als gesellschaftliche Verpflichtung erhalten (Meyer 2008). Insgesamt ist ein Strukturwandel des Alters, also der Hochaltrigkeit, der Feminisierung und der Singularisierung für die Planung sozialer Dienste zu berücksichtigen. Die Sozialpädagogik bezieht sich insofern auf eine Ethik der Altenpflege, die Autonomie und Menschenwürde gerade für den pflegebedürftigen alten Menschen als normative Prinzipien fordert und ein dynamisches Menschenbild entwirft, in dem nicht Ausgrenzungskriterien dominieren, sondern Andersheit ausdrücklich und in tätiger Solidarität bejaht wird. Mit anderen Worten: Altern, Sterben und Tod als ein „malum naturale" eröffnen über ihre Bedrohlichkeit für alle den Wertebezug und damit die Frage der Verantwortung des Einzelnen gegenüber den Anderen, gegenüber dem Nächsten (Conradi 2001; Nussbaum 1999). Die scheinbaren „Grundübel dieser Welt" thematisieren also unabdingbar jeden Teil des menschlichen In-der-Welt-Seins, der – eher unausgesprochen als fordernd – in seinem Appellcharakter des Helfens direkt auf ein „malum morale" rekurriert. Es gehört zu den Leistungen der Sozialpädagogik, zu Altern, Sterben und Tod jene Strategien und Einstellungen entwickelt zu haben und anzubieten, mit denen das schuldhafte Scheitern im Wegsehen, im Verleugnen, im Egoismus, in Unverantwortlichkeit und Menschenverachtung überwunden werden kann.

Tod und Sterben

„Incerta omnia, sola mors certa – Ungewiss ist alles, nur der Tod ist gewiss." Dieser Ausspruch des Augustinus aus dem ausgehenden 4. Jahrhundert besitzt noch seine Relevanz für die Gegenwart: Das Wissen, dass das Leben endet, ist eine universale, kultur- und zeitüberdauernde, anthropologische Grundkonstante, die Individuen und die Gesellschaften, in denen sie leben, in ihrer Existenz bestimmen. Das Dilemma des Menschen als Individuum besteht nun darin, dass er zwar weiß, dass er sterblich ist, aber so lebt, als wäre er unsterblich. Mit dem Tod kann keine Erfahrung gemacht werden, er ist keiner wissenschaftlichen Methode zugänglich. „Der Tod ist transzendent, er wird mit menschlichen Kategorien nicht erfahren, aber gewusst. Der Ort der Sinngebung des Todes ist stets eine interpretierende Wirklichkeitsschicht" (Mennemann 2000).

Gleichwohl kann er als etwas Schreckliches, Angsteinflößendes gedeutet werden. Zu den verschiedenen Ängsten, die auftreten und bewältigt werden sollen, gehören: Angst vor dem Unbekannten, vor der Einsamkeit, Verlust von Nähe und Vertrauen, Liebe, Verlust der Familie und Freunde, Verlust der Selbstkontrolle und Identität, Angst vor Leiden und Schmerzen und schließlich Angst vor Regression (Pattison 1977).

Tod und Sterben wurde, so eine These von Ariès (1999), in der modernen Gesellschaft verdrängt und tabuisiert. Dies ist aber als pauschalisierende Zeitdiagnose heute kaum noch haltbar, allenfalls kann von einem begrenzten Tabu gesprochen werden (Walter 1991). Sterben und Tod sind heute stärker als in der Vergangenheit private Ereignisse, die nach den Anstandsregeln der Privatheit kommuniziert werden, wenn sie auch keinen öffentlichen Pflichten unterliegen (Göckenjan 2008). Gegen die Verdrängungsthese spricht eine Aufmerksamkeit heischende Thematisierung von Tod und Sterben nicht nur in der Fachöffentlichkeit. Für Walter (1994) ist der Tod eines der am lautesten verhandelten Tabus. Nassehi (2003) spricht von der „Geschwätzigkeit des Todes". Die Gesetzgebung in den Niederlanden hat das Thema Euthanasie (Aktive Sterbehilfe), ähnlich auch die Schweiz, in die Öffentlichkeit gebracht. Dort ist durch eine von der deutschen Strafrechtsdogmatik abweichende Position ein medizinisch-assistierter Suizid bei Personen mit infauster Prognose möglich. Vergleichbares praktizieren Sterbehilfedienstleister (Exit e. V.; Dignitas e. V.) in der Schweiz (Gehring 2007). Es wird um die künstliche Verlängerung des Lebens gestritten, Transplantationstechniken werden auf die öffentliche Agenda gesetzt (Knoblauch / Zingerle 2005).

Die „Death Awareness Bewegung" wurde unter anderem durch die AIDS-Bewegung, insbesondere durch die Buddies-Bewegung der Betreuung AIDS-Kranker durch ihre Freunde, aber auch durch die Studie von Kübler-Ross „On Death and Dying" (1969) in die Medien eingebracht. Zudem bedingt die Zunahme der Menschen mit hohem Lebensalter den öffentlichen Diskurs um den Tod.

In der „Ästhetik der letzten Dinge" dokumentiert Hart Nibbrig (1989) die Auseinandersetzung mit Tod und Sterben in der Malerei, Literatur und

Musik. In den fiktiven Gattungen der Medienkultur (z. B. Kriminalromane) ist der Tod präsent, in den Fernsehprogrammen ist Tod und Sterben zu Material der Unterhaltung geworden. Im Alter von 16 Jahren kann ein US-Jugendlicher durchschnittlich bereits 18.000 Morde im Fernsehen gesehen haben. Aufgrund der Medienerfahrungen besteht bei gleichzeitigem Verlust von Realerfahrungen im Nahbereich die Gefahr, dass junge Menschen den gewaltsamen Tod als „normal" und „häufig auftretend" einstufen. „Das durchschnittliche graue Sterben" in Institutionen ist dagegen in den Medien weniger präsent (Feldmann 2004).

Die Kirchen, als institutionalisierte Sozialform der Religion, haben ihr Deutungsmonopol für die Bestimmung des Unbestimmten verloren. Verzichtet wird oft auf das überkommene „memento mori" der traditionellen christlichen Religiosität und seiner rituellen Vergegenwärtigung der Erlösertat, die den Tod durch Auferstehung relativiert (Knoblauch / Zingerle 2005). In der Populärkultur, der Ratgeberliteratur, ist dagegen das Religiöse höchst präsent und bietet religiöser Sinnstiftung ein breites Forum zur Überwindung von Orientierungslosigkeit, Unsicherheit oder Ängsten an.

Ende der 1970er Jahre entsteht mit der Thanatologie ein neuer interdisziplinärer anthropologischer Wissenschaftszweig, der den Tod und das Sterben des Menschen untersucht. In diesem Zusammenhang hat sich auch die „Death education" als schillernder Begriff im englischen Sprachraum etabliert. Adressaten in den Curricula an allgemeinbildenden Schulen und Hochschulen sind einmal Schüler und deren Eltern, aber auch Lehrer und Sozialpädagogen, Mediziner und Geistliche. Fragen nach der Einstellung und möglichen Einstellungsänderungen zu Tod und Sterben, den Todesängsten, aber auch Themen wie Suizid, Risikoverhalten und Drogenmissbrauch, Trauer und soziale, familiäre und psychosoziale Aspekte des Sterbens werden erörtert. Ein weiterer Schwerpunkt sind die Fragen des Umgangs mit älteren oder unheilbar erkrankten Patienten (Krebs, HIV). Die Kurse verfolgen entweder den kognitiven Aspekt, indem sie Wissen vermitteln, oder akzentuieren den affektiven Aspekt, indem sie erfahrungsbezogene Thematiken aufgreifen, die Betroffenheit und Werthaltung der Teilnehmer analysieren und bewusst machen, Möglichkeiten aufzeigen, mit eigenen Verunsicherungen und Ängsten gekonnter umzugehen. Medizinische Probleme, insbesondere des Euthanasieproblems (Sterbebegleitung versus Sterbehilfe) sind ebenfalls Gegenstand der „Death Education". Propagiert wird die „Death Education" als eine der Artes liberales unserer Zeit. Die Frage nach der dauerhaften Wirkung dieser Unterweisungen ist derzeit noch weitgehend offen. Die „Association for Death Education and Counselling" an der Yale University und das ERICS (Education Ressources Information Center) publizieren in ihren Zeitschriften „Death Studies" und „Omega" überwiegend empirische Studien zu ausgewählten Themen von „Death Education".

„Death Education" kann auch als Bearbeitungsversuch einer Furcht vor dem Tod verstanden werden. Furcht vor dem unvermeidlichen Tod verweist auf eine damit zusammenhängende Angst: die Angst vor dem Leben. Der Tod deutet einmal auf das Ende einer individuellen Existenz, er symbolisiert auch die Angst vor dem Ende von Individualität und der darauf gegründeten Ich-Identität. Den vielfältigen Bemühungen, den Tod zu beherrschen, ist gemein, dass sich das Individuum ein Sterben in geistiger Klarheit, im Wissen vom bevorstehenden Ende und in Selbstbeherrschung einen sanften, schnellen und guten Tod wünscht. Ariès (1999) spricht vom „domestizierten Tod". Es gab und gibt ihn gewiss, den schönen, den guten Tod, aber ihn für eine allgemeingültige Tatsache zu halten, zeugt weniger von realistischem Scharfblick als von der Sehnsucht nach früheren Zeiten. „Der domestizierte Tod [...] ist kein historisch vorfindbares Modell, sondern in mystischer Zeit angesiedeltes Ideal" (Chamboredon 1976). Dieser Diskurs über den Tod ist eher als Ausdrucksform sozialer Sehnsüchte und Utopien zu deuten. Das dem Tod vorangehende Sterben ist verbunden mit dem Übel, dem Leiden des Individuums, Krankheiten sowie Schmerzen und Unglück. In der Art und Weise des Sterbens drücken sich die individuellen Ziele, Pläne und Erwartungen des bisherigen Lebens aus. Die meisten Studien zur Einstellung zu Sterben und Tod sind allerdings atheoretisch und rein deskriptiv, indem unterschiedliche demographische Variablen, z. B. sozialer Status, Geschlecht, Ethnie, Religion, Bildung, mit Persönlichkeitsvariablen wie Extraversion und Depressivität mit einem Angstmaß korreliert werden. Sie arbeiten mit sehr kleinen Stichproben aus unterschiedlichen, recht homogenen Populationen. Im internationalen Vergleich der Thanatologie erscheint das chronische

Alter als einzige signifikante Variable: Im hohen Alter findet man weniger Angst vor dem Tod als im mittleren Alter (Wittkowski 1990).

Es gibt die Kategorie des bösen Todes, dazu soll auch der (unfreiwillige) einsame, der soziale Tod gezählt werden, diesen gilt es, gemäß dem Verständnis einer humanen und gerechten Gesellschaft zu verhindern. In totalen Institutionen erfolgt oft ein „civil death" (Goffman, 1974), eine besondere Interpretation von Tod: Verlust bzw. Reduktion politischer, ökonomischer und sozialer Funktionen (Feldmann 2004). Durch Isolation, eingeschränkte Kontakte zur bisherigen Lebenswelt und durch den Entzug der Individualität sterben in manchen Alten- und Pflegeheimen die Bewohner „soziale Tode".

Der Tod ist vor allem aber böse, wenn er von anderen willentlich dem Individuum zugefügt wird, der gewaltsame Tod z. B. durch Tötung und Mord, durch Folter, terroristische Akte, auch durch Kriege und Genozide. Das Böse in seiner Normalität und Alltäglichkeit zeigte sich in aller Brutalität in den Todesfabriken der KZ, neben der Demütigung und Entmenschlichung durch die Einbeziehung der Opfer in ihre eigene Vernichtung (siehe hierzu Kogon 1974). Die Erforschung und Analyse des Umgangs der Häftlinge selbst mit dem für sie allgegenwärtigen, fühl- und riechbaren Tod, der ständigen Todesangst vor Selektionen und der willkürlichen Brutalität der Kapos, Funktionshäftlinge und des Wachpersonals, der Verhöhnung und Entwürdigung von Glaubens-, Kulturformen und individuellen Lebensformen, mörderischen Arbeitseinsätzen steht, so Daxelmüller (2002), noch aus, ebenso wie das Wissen über das Verhältnis der Insassen zum toten Mithäftling, zur Leiche und zu den Ritualen des Todes im KZ. Ein wichtiger Einstieg könnte durch die Analyse der Erinnerungsliteratur der KZ-Überlebenden gesehen werden (z. B. Frister 1998 oder Kertesz 2006).

Sterben in Institutionen

Mehrheitlich wird in der Gegenwart in Institutionen gestorben. Jährlich sterben in Deutschland etwa eine dreiviertel Million Menschen, die Zahl derer, die sich in einem Sterbeprozess befinden, ergänzt diese Zahl um ein Vielfaches. Um die Jahrtausendwende starben etwa 50 % der Menschen in Krankenhäusern, auf Intensivstationen (5 %) und auf Palliativstationen oder in Hospizen (2,5 %), etwa 17 % in Alten- und Pflegeheimen, nur 23,5 % in einer Privatwohnung. Etwas weniger als 2 % starben an „sonstigen Orten", z. B. bei Arbeits- oder Verkehrsunfällen, durch Drogen und Suizid. Die Todesfälle in den Krankenhäusern werden zukünftig aus ökonomischen Gründen rückläufig sein, Sterbende werden vermehrt in Alten- und Pflegeheime überwiesen werden.

Der Gedanke, die Übergangssituation des Lebens zum Tod in medizinischen Einrichtungen verbringen zu müssen, ist historisch gesehen relativ jung. Noch im 19. Jahrhundert haben die Regeln ärztlicher Kunst in hippokratischer Tradition empfohlen, dass „der Arzt nicht nur im Falle des Sterbens, sondern auch im Falle der Unheilbarkeit eines Patienten sich zurückzuziehen habe, denn für diese Situationen waren die Familien, vielleicht die Nachbarschaften und allenfalls Pflegende zuständig" (Dörner 2001). Die Voraussetzungen für die Medikalisierung des Todes ist eine tiefgreifende Veränderung der Auffassung von Tod und Sterben in den modernen Gesellschaften (Gronemeyer 2002). Seit dem Ende des 18. Jahrhunderts wird Krankheit körperlich verräumlicht, sie wird an bestimmte Orte im Körper gebunden und – wie in der Interpretation bei Foucault (1998) – von der „Metaphysik des Übels" abgelöst. „Weil der Tod in die medizinische Erfahrung [...] integriert worden ist, konnte sich die Krankheit von ihrem Status als Gegen-Natur befreien und sich im lebenden Körper der Individuen verkörpern." Der Tod kommt an den Tag als etwas, das im festen, aber zugleich zugänglichen Raum des menschlichen Körpers eingeschlossen ist. Gewohnte Formen des Umgangs mit Sterben und Tod werden damit hinfällig, weil Sterben und Tod nicht mehr Vorbereitung auf eine andere Existenzform oder ein Durchgangsstadium sind, sondern es werden nun Antworten gesucht auf einen Tod, der zum Problem geworden ist. Damit korrespondieren auch die Lockerung oder Auflösung der Familiennetzwerke, die Verstädterung, die Auflösung gewachsener Lebenszusammenhänge. Es geraten vielfältige Vorkehrungen, Bräuche und Zeichen der Pietät in Vergessenheit, mit denen man den Tod als Teil des Alltags umgab. Sozialgeschichtlich muss ein Erfahrungsverlust in der Sterbebegleitung konstatiert werden, da sie nicht mehr als Alltagswissen von Generation zu Generation weitergeleitet und abgerufen wird.

Moderne Kommunikationsformen vermögen diese fehlende Qualität der „oral history" nicht zu kompensieren. In der beginnenden Moderne wurden das Sterben und der Tod den Experten zugeordnet. Dieser Prozess ist noch nicht abgeschlossen.

Bei der Betrachtung des letzten Lebensortes sterbender Menschen fällt eine deutliche Diskrepanz zu den geäußerten Wunschvorstellungen auf: Die Mehrheit der deutschen Bevölkerung möchte heute im Alter, auch bei eintretender Hilfs- und Pflegebedürftigkeit, ihre derzeitige eigenständige Wohnform beibehalten. Damit verbunden ist der Wunsch, die letzten Lebenstage zu Hause zu verbringen, eingebettet in soziale und kulturelle Zusammenhänge. Über 90 % der Menschen äußern diesen Wunsch. Ein zentraler Bezugspunkt ist dabei die räumliche Nähe zu Familienangehörigen oder anderen wichtigen Bezugspersonen. Der Wunsch für die erhoffte (spätere) Kommunikationsdichte berücksichtigt jedoch weder die durch den demographischen Wandel bedingte mögliche Verringerung potenzieller familialer Kommunikationspartner noch die gestiegene geographische und intergenerationelle Mobilität aufgrund der notwendigen Flexibilität in der Arbeitswelt.

Die Ablehnung einer Institution als Sterbeort, im Besonderen die des Krankenhauses, ist geprägt von Widersprüchlichkeit: Einerseits wollen Patientinnen und Patienten sowie ihre Angehörigen nicht auf die Vorteile der modernen Medizin verzichten und befürworten die uneingeschränkte Zugangsmöglichkeit zu den Gesundheitshilfen. Andererseits fürchtet sich der Patient bei einer Hospitalisierung des eigenen Sterbens vor der Beziehungslosigkeit und Routinen im Krankenhaus. Eine einseitige, zum Teil ideologische Idealisierung und Bevorzugung häuslicher Pflegearrangements erweist sich mitunter als eine gefährliche Romantisierung und unzumutbare Belastung häuslicher Versorungssituationen. Eine Alternative hierzu wird seit den 1970er Jahren in der Hospizbewegung gesucht.

Hospiz

Etymologisch geht der Begriff „Hospiz" auf die lateinischen Worte „hospes" (Gast, Gastfreund, Fremder) und „hospitium" (Gastfreundschaft, Herberge) zurück. In England und in den USA ist in den 1960er Jahren in der Auseinandersetzung mit den Bürger- und Frauenrechtsfragen, der Friedensbewegung, den Bürgerinitiativen und Selbsthilfegruppen ein Typus der Solidarität entstanden, der unter dem Begriff „neue soziale Bewegungen" zusammengefasst werden kann. Neben der Zielsetzung der Demokratisierung des gesellschaftlichen Alltags lässt sich in ihnen eine implizit vermittelte Aufforderung zur Verbesserung der Lebensqualität erkennen.

Problematisiert wurden von ihnen die Dominanz der Experten sowie die unzureichende alltagsweltliche Sensibilität im professionellen Handeln. Gefordert wurden unter anderem die Laienmitverantwortung im Bereich von Sozial- und Gesundheitspolitik sowie ein Ethos des sorgenden mitmenschlichen Umgangs. Als notwendig wurde eine öffentliche Auseinandersetzung über die Tabuisierung, aber auch die reale Situation des Sterbens und des Todes angesehen.

Seit Mitte der 1970er Jahre hat sich folglich das Bild des Patienten, besonders aber der pflegerische Umgang mit Schwerstkranken und Sterbenden, gewandelt. Im Zuge der soziokulturellen Umbrüche veränderte sich das Verständnis vom paternalistischen Versorgen unmündiger, oft auf eine statische Krankheitsrolle reduzierter Patienten, das einherging mit einer überwiegenden Orientierung an einem pathophysiologischen Krankheitsgeschehen. Die neue Orientierung an der Kategorie „Subjekt" bedingte, dass Lebensqualität, Selbstbestimmung und soziale Teilhabe, Freiheit, Würde und Identität in den Mittelpunkt der angesagten Handlungsoptionen rückten. Der Paradigmenwechsel lässt sich an den Begriffen von „cure", also Pflege im bio-medizinisch-technischen Verständnis, bis hin zu „care" im phänomenologischen Sinne als Sorge, Mit-Sein, Fürsorge und Solidarität nachzeichnen. Dies führte zu einem positiv akzentuierten Verständnis von „Für-Sorge".

In diesem Kontext der neuen „Kultur des Helfens" etablierten sich auch die Hospizbewegung und die AIDS-Selbsthilfegruppen, die auf die marginalisierte Situation Schwerkranker und Sterbender im Gesundheitssystem aufmerksam machten. Es wurde auf die Gefahr der Übertherapie im Bereich klinisch-kurativer und apparatedominierter Hilfeleistungen bei gleichzeitigem Schwinden von wirklicher Anteilnahme und mitmenschlicher Unterstützung hingewiesen. Durch „palliative care" sollen Persönlichkeit und Identität auch in der Endphase des

Lebens aufrechterhalten werden. Ausgehend von „Normalbiographien" soll unter Berücksichtigung einer in der biographischen Entwicklung entfalteten Selbstbestimmung und des sozialen Umfeldes sterbender Patientinnen und Patienten versucht werden, in der letzten Lebensphase durch Integration von palliativer Pflege, palliativer Medizin und psychosozialer Versorgung eine relative Schmerzfreiheit und Verminderung des Leidens zu erreichen und damit die Lebensqualität zu erhalten, respektive zu verbessern. Wurde vormals Schmerzen im religiösen Kontext eine läuternde, z.T. auch die Seele reinigende Funktion zugeschrieben, gehört heute, im Zuge der Rationalisierung, die Schmerzkontrolle zu den Menschenrechten und der Würde von Todkranken (Europarat 1999).

Erste Gründungen sind in römisch-frühchristlicher Zeit nachweisbar, im Mittelalter waren die von christlichen Orden geführten Hospize Herbergen für Reisende, vor allem für Pilger, Bedürftige, Waisen, aber auch Kranken und Sterbenden wurde Unterkunft und „dienende Pflege" angeboten. Mit der Entstehung von Hospitalorden wurde die Krankenpflege ausgegliedert, später wurden Krankenhäuser gegründet. Hospize blieben bis ins 19. Jahrhundert christlich caritative Sozialherbergen. Die erste Verwendung des Begriffs „Hospiz" im ausschließlichen Zusammenhang mit der Versorgung von Sterbenden ist in Irland 1879 nachweisbar. Aickenhead (Gründerin der „Irish Sisters of Charity") stiftete ein Haus, das ruhiger und kleiner sein sollte als ein Krankenhaus für akut Kranke, das aber die gleichen Einrichtungen für die Pflege am Krankenbett haben sollte. Das heutige Selbstverständnis von Hospiz wurde 1967 von Cicely Saunders, Krankenschwester, Sozialarbeiterin und später auch Ärztin, entwickelt.

In der Fachterminologie steht Hospiz nicht in erster Linie für einen bestimmten Ort der Sorge und Versorgung Kranker in Terminalstadien oder Sterbender, sondern versteht sich als ein sozial-bürgerliches Engagement, das sich sowohl gegen Formen und Folgen sozialer Ausgliederung als auch gegen die soziale Entmündigung Schwerkranker und Sterbender in ihrer letzten Lebensphase wendet. Noch vorhandene Sozialkontakte Sterbender sollen aufrechterhalten und unterstützt werden, denn sterben ist nicht einfach das Ende, sondern selbst noch ein Teil des Lebens.

Die Hospizbewegung registriert, dass zwischen ihren Idealvorstellungen der Wissensanwendung und der Realität, gesehen als ein vielschichtiges Geflecht von vielfältig interpretierbaren Bedürfnissen, eine prekäre Spannung besteht. Deswegen organisiert sich die Hospizarbeit kleinräumig, um so sozialräumliche Besonderheiten und mentalitätsgeschichtlich begründbare Eigentümlichkeiten besser integrieren zu können. Generell wird der ambulanten hospizlichen Pflege Vorrang vor einer stationären Unterbringung in einem Hospiz eingeräumt.

In Deutschland gibt es derzeit 151 stationäre Hospize, 139 Palliativstationen in Krankenhäusern und 1450 ambulante Hospizdienste. Nach Berechnung des deutschen Hospiz- und Palliativverbandes (DHPV) kommen heute in Deutschland auf eine Million Einwohner 17 Palliativ- und Hospizbetten, benötigt werden aber 50 Betten pro eine Million Einwohner.

Palliativstationen

Palliativstationen sind an Fachabteilungen eines Krankenhauses (z. B. Anästhesie, Innere Medizin, Onkologie, Chirurgie) angebundene oder integrierte Stationen. Sie sind jedoch in aller Regel in Abgrenzung zu anderen Fachabteilungen wohnlich ausgestattet. Die Zielsetzung einer Palliativstation liegt in einer möglichst raschen Schmerz- und Symptomlinderung und einer baldmöglichen Entlassung des Patienten in die häusliche Umgebung unter der Voraussetzung der Möglichkeit ausreichender Schmerztherapie / Symptomkontrolle.

Hospize

Hospize sind in der Regel Häuser mit einer eigenständigen Organisationsstruktur. Viele Einrichtungen sind mit Unterbringungsmöglichkeiten für Angehörige (rooming-in), Cafeteria, Gemeinschafts- und Meditationsraum, Abschiedsraum etc. ausgestattet. Der Aufgabenschwerpunkt liegt in der Überwachung von Schmerztherapie und Symptomkontrolle und in der palliativ-pflegerischen, psychosozialen und spirituellen Betreuung. Die Arbeit des interdisziplinären Teams wird unterstützt und ergänzt durch bürgerschaftliches Engagement. Die Zahl der Ehrenamtlichen in einem Hospiz divergiert, sie reicht von 2 bis 100.

Tageshospiz

Das Tageshospiz als eine teilstationäre Einrichtung ist in der Regel einem Hospiz zugeordnet. Die Aufgabe besteht in der palliativ-pflegerischen bzw. medizinischen und psychosozialen Betreuung von Patienten in einem frühen Krankheitsstadium und der Arbeit mit deren Angehörigen. Ein wesentlicher Aspekt der Arbeit dieser Arbeitsgruppe ist die Entlastung und Unterstützung des Patienten bzw. seiner Angehörigen (vor allem für pflegende Berufstätige), so dass der Patient möglichst lange in seiner häuslichen Umgebung bleiben kann.

Ambulante Palliativ- und Hospizdienste

Die ambulanten Palliativ- und Hospizdienste sehen ihren Ansatzpunkt in der Reduzierung von Defiziten bei der ambulanten Versorgung von Patienten mit weit fortgeschrittenen inkurablen Erkrankungen. Ziel ist es, die Patienten und ihre Angehörigen in der gewohnten häuslichen Umgebung zu betreuen und die Hausärzte und involvierten Dienste (u. a. Sozialstationen, Pflegedienste) zu beraten und zu unterstützen oder die im stationären Bereich initiierten Behandlungen fortzuführen. Die freiwilligen Helfer zeigen folgende Merkmale: mehrheitlich religiös orientierte Menschen, Frauen im mittleren oder höheren Lebensalter, hauptsächlich aus der Mittel- und Oberschicht und Personen mit Todes- bzw. Trauererfahrungen.

Kinderhospiz

Die Idee eines Kinderhospizes entstand Anfang der 1980er Jahre in Großbritannien. Ein Kinderhospiz umfasst ambulante und stationäre Dienste für unheilbar kranke Kinder und deren Eltern und Geschwister. In einem Kinderhospiz können Eltern für etwa 4 Wochen die Pflege ihres Kindes rund um die Uhr professionellen Helfern überlassen, um eigene Ressourcen zu reaktivieren. Der Tagesablauf wird individuell mit den (oft jungen) Familien ab-

gestimmt, besondere Angebote gelten den Geschwisterkindern, deren soziale und emotionale Versorgung durch die Betreuung des sterbenden jungen Menschen häufiger zurücktritt. In deutschen Kinderhospizen (derzeit neun Einrichtungen, weitere sechs sind in der Planung, hinzu kommen etwa 40 ambulante Kinderhospize) wird auch eine Sterbebegleitung angeboten. In der räumlichen Ausgestaltung und Programmgestaltung unterscheiden sich Kinderhospize von sogenannten Jugendhospizen. Ein wichtiger Akzent liegt auf der Ausgestaltung der Trauerarbeit bei gleichzeitiger Nutzung der verbleibenden Zeit für vielfältige Formen des Erlebens. Die Interessen der Einrichtungen werden vom „Bundesverband Kinderhospiz" vertreten.

Interdisziplinäres Organisationsmodell

Das Praxisverständnis der Hospizarbeit begründet sowohl die Abwahl des traditionellen medizinischen Modells und seiner zuarbeitenden Kooperation als auch die eines multidisziplinären Modells mit konsultativer Kooperation traditioneller Gesundheitsbetriebe wie Krankenhäuser oder Alten- und Pflegeheime. Die Existenz einer solchen Subkultur drückt sich in einer starken Identifikation mit den Zielen des jeweils eigenen Berufstandes und einer Dominanz von Partialinteressen aus. Dies Modell entsprach zwar den historisch gewachsenen beruflichen Sozialmustern, behindert aber die Entfaltung prozessorientierter und ganzheitlicher (Pflege-)Ansätze und ist eine Quelle für die Demotivation, die sich häufig ausdrückt in hoher Mitarbeiterunzufriedenheit, Mangel an strukturierter Arbeitsorganisation, Kommunikationsmängeln und Arbeitsplatzwechsel. Im Hospiz steht die psychosoziale Begleitung für eine bewusste und bedürfnisgerechte Gestaltung der letzten Lebenszeit im Mittelpunkt der Praxis. In der Hospizarbeit soll hinreichend Zeit darauf verwendet werden, die emotionalen Bedürfnisse der Sterbenden abzuklären, auch die des Umgangs mit destruktiven Gefühlen einschließlich der Auseinandersetzung mit möglicherweise vorhandener Suizidthematik, sowie die Akzeptanz des sich verändernden Körperbildes bzw. des Körperabbaus zu gestalten. Sie ermutigt und unterstützt bei Fragen nach dem Sinn und der

Bewältigung der Endlichkeit menschlichen Lebens in Respekt vor der religiösen oder weltanschaulichen Bindung des Patienten, lehnt aber jede Form spiritueller Missionierung ab. Dies schließt an die Vorkehrungen der Entdiskriminierung auf der Basis von ethnischer Zugehörigkeit, sexuellen Orientierungen und gesellschaftlichen Rangmustern an. Solche Hospizarbeit realisiert sich in der Annäherung an das Ideal einer teamorientierten Kooperation, um die formelle Gleichstellung seiner Mitglieder sicherzustellen. Dies erfordert Zugeständnisse aller Berufsgruppen, insbesondere die Bereitschaft einer wechselseitigen Anerkennung und Akzeptanz der berufsspezifischen Fachkompetenz, Handlungsstrukturen, Werte und Normen. Diesem Ideal stehen jedoch der unterschiedliche Professionalisierungsgrad, Bezahlung und rechtliche Ungleichrangigkeit und Verantwortlichkeit der Berufsgruppen, z. B. in Form der ärztlichen Weisungsbefugnis in vielen Ländern, in denen sich das hospizliche Handeln etabliert hat, entgegen.

Die Integration von Ehrenamtlichen bereichert die Praxis. Während in vielen sozialen und sportlichen Bereichen die Anzahl des ehrenamtlichen Engagements rückläufig ist, verzeichnen Hospizvereine einen stetigen Zulauf. Es wird geschätzt, dass sich etwa 80.000 Bürgerinnen und Bürger für die Hospizaufgaben engagieren. Das offenere Verständnis von Professionalität hospizlicher Arbeit geht davon aus, dass relevante Qualifikationen und Kompetenzen für Praxis nicht lediglich aus zertifizierten Bildungsabschlüssen resultieren, sondern sich, auf Basiskenntnissen aufbauend, aus einer Vielzahl von Bildungserfahrungen ergeben. Auch wenn hauptamtliche Mitarbeiter die ehrenamtlich Engagierten als Personen und Träger spezieller Handlungskompetenzen achten und respektieren, bleiben in der flachen Organisationsstruktur hospizlicher Arbeit Konflikte nicht aus.

Für die Hospizarbeit stellt sich heute die Frage, ob die ursprünglich angedachte ambulante Versorgung vor dem Hintergrund des Szenarios des demographischen Wandels ausreichend für eine Betreuung Sterbenskranker zu realisieren ist. Ein würdevoller Umgang mit den eingeschränkten Möglichkeiten der Alltagsgestaltung während des Sterbeprozesses sowie das Erfahren-Können von Solidarität und Mitgefühl bilden den Mittelpunkt der Hospizarbeit. Dem hoffnungslos Kranken und Leidenden wird ein „Recht zu sterben" als ein dem Lebensrecht inbegriffenes Recht garantiert, der Tod aber wird – im Gegensatz zur aktiven Sterbehilfe – nicht herbeigeführt; vielmehr wird Sterbebegleitung geleistet. Der der Hospizarbeit eigene Pflegebegriff (palliativ-care) umfasst auch ein psychosoziales Unterstützungssystem für Angehörige und Bezugspersonen, um ihnen zu helfen, den Kontakt zum Sterbenden aufrecht zu halten und für beide Seiten sinnvoll zu gestalten. Die Hospizhilfe unterstützt beim Abschiednehmen, bietet Supervision und Coaching an, damit die Angehörigen und Bezugspersonen später mit der Situation von Verlust und Trauer, auch Statusverlust, leben und sich wieder sozial integrieren können: Sterbebegleitung, nicht aber Sterbehilfe, steht im Mittelpunkt.

Der gegenwärtigen Gesellschaft werden somit im theoretischen und praktischen Umgang mit Altern, Sterben und Tod von der Sozialpädagogik Strategien angeboten, die verbreitete Auffassung von den Grundübeln dieser Welt zu korrigieren, die daraus erkennbare Verantwortung zu übernehmen und damit das potenzielle moralisch Böse der Ignoranz gegenüber den Alten und Sterbenden zu überwinden. Speziell die Hospizbewegung bietet sich hier als eine brauchbare und erprobte Option an durch eine spezielle Ortsgestaltung unter Berücksichtigung des jeweiligen Milieus und seiner Rituale, damit das Gefühl von Fremdheit, Unsicherheit und das der Orientierungsschwäche abgebaut wird. Auch Fragen der ökonomischen Absicherung der Pflege und der Nachsorge für die Hinterbliebenen müssen geklärt werden. Die Betroffenen sollen auf ihrem letzten Weg und in ihrer letzten Zeit in ihrem Alltag begleitet werden, um so individuell die Kultur des Helfens zu realisieren. In den USA haben die Medical Social Worker und die Clinical Social Worker eine integrierende Funktion in dem Gesundheitswesen, einschließlich der Öffentlichkeitsarbeit, eingenommen. Sie haben ihre Expertise hinsichtlich von Sensibilität für ethnische Problemlagen und Sinnstiftungsthematiken, Netzwerkarbeit, Beratung, Krisen- und Konfliktlösungsstrategien, Counseling und Coaching, administrative Aufgaben etc. eingebracht. Vergleichbare Positionen im deutschen Gesundheitswesen stehen hier in der Ausbildung und damit auch korrespondierend im Praxisverständnis noch aus.

Die Hospizidee hat zu überprüfen, inwieweit sie unreflektiert allein einer dominanten Mittelschichtskultur des Sterbens folgt, um nicht unterprivilegierte Gruppen auszuschließen. Die Hospizidee wird sich darum zu bemühen haben, dass ihre Ansätze nicht zu Lasten eines bloßen ökonomischen Realitätsprinzips verloren gehen.

Literatur

Ariès, Ph. (1999): Die Geschichte des Todes. dtv, München

Baltes, P. B. (2003): Das hohe Alter – mehr Bürde als Würde? Max-Planck-Forschung 2, 15–19

Chamboredon, J. C. (1976): La restauration de la mort, objets scientifique en fantasmes sociaux. actes de la recherche en sciences sociales 2/3, 78–87

Colla, H. E. (1999): Suizidales Verhalten junger Menschen – eine nicht wahrgenommene Aufgabe in der Heimerziehung. Suicidal Behaviour of Young People – a Task Not Recognized by Residential Care. In: Colla, H. E., Gabriel, Th., Millham, S. (Hrsg.): Handbuch Heimerziehung und Pflegekinderwesen in Europa. Handbook Residential und Foster Care in Europe. Luchterhand, München, 541–574

Conradi, E. (2001): Take Care – Grundlagen einer Ethik der Achtsamkeit. Lampus, Frankfurt/M./New York 2001

Daxelmüller, Ch. (2002): Der Tod als Normalität. Vom Umgang mit dem Tod in nationalsozialistischen Konzentrationslagern. In: Cox, H. L. (Hrsg.): Sterben und Tod. Rheinisches Jahrbuch für Volkskunde. Bd. 34. Schmitt, Siegburg, 139–161

Deutscher Bundestag (Hrsg.) (2002): Enquete-Kommission, Demographischer Wandel. Herausforderungen unserer älter werdenden Gesellschaft an den Einzelnen und die Politik. Deutscher Bundestag, Referat Öffentlichkeitsarbeit, Berlin

Dörner, K. (2001): Der gute Arzt. Lehrbuch der ärztlichen Grundhaltung. Schattauer, Stuttgart

Europarat, Parlamentarische Versammlung (1999): Schutz der Menschenrechte und der Würde der Todkranken und der Sterbenden. Empfehlung 1418. Auszug aus der Official Gazette of Europe. In: http://www.univie.ac.at/medizinrecht/materialien/europarat.pdf, 05.03.2010

Feldmann, K. (2004): Tod und Gesellschaft. Sozialwissenschaftliche Thanatologie im Überblick. VS, Wiesbaden

Foucault, M. (1998): Die Geburt der Klinik. Eine Archäologie des ärztlichen Blicks. Fischer, Frankfurt/M.

Frister, R. (1998): Die Mütze oder der Preis des Lebens. Siedler, München

Gehring, P. (2007): Sterbepolitische Umbauversuche. Von der Sterbehilfe zum assistierten Suizid. In: Gehring, P., Rölli, M., Saborowski, K. (Hrsg.): Ambivalenzen des Todes. Wissenschaftliche Buchgesellschaft, Darmstadt, 121–137

Göckenjan, G. (2008): Sterben in unserer Gesellschaft – Ideale und Wirklichkeiten. Aus Politik und Zeitgeschichte 4, 7–14

Goffman, E. (1974): Stigma: über Techniken der Bewältigung beschädigter Identität. Suhrkamp, Frankfurt/M.

Gronemeyer, R. (2002): Die späte Institution. Das Hospiz als Fluchtburg. In: Gronemeyer, R., Loewy, E. (Hrsg.) in Zusammenarbeit mit Fink, M., Globisch, M., Schumann, F.: Wohin mit den Sterbenden? Hospize in Europa – Ansätze zu einem Vergleich. LIT, Münster, 139–145

Hart Nibbrig, C. L. (1989): Ästethik der letzten Dinge. Suhrkamp, Frankfurt/M.

Kertesz, I. (2006): Dossier K. Eine Ermittlung. Rowohlt, Berlin

Knoblauch, H., Soeffner, H.-G. (Hrsg.) (1999): Todesnähe. Interdisziplinäre Zugänge zu einem außergewöhnlichen Phänomen. UVK, Konstanz

–, Zingerle, A. (Hrsg.) (2005): Thanatosoziologie. Tod, Hospiz und die Internationalisierung des Sterbens. Sozialwissenschaftliche Abhandlungen der Görres-Gesellschaft. Bd. 27. Duncker & Humbolt, Berlin

Kogon, E. (1974): Der SS-Staat. Das System der deutschen Konzentrationslager. Kindler, München

Kübler-Ross, E. (1969): On Death and Dying. Macmillan, New York

Lüders, C., Winkler, M. (1992): Sozialpädagogik – auf dem Weg zu ihrer Normalität. Zeitschrift für Pädagogik 38, 359–370

Mennemann, H. (2000): Sterben und Tod zwischen Verdrängung und Akzeptanz. Schulz-Kirchner, Idstein

Meyer, Ch. (2008): Ein gutes Leben im Alter(n) – Der Einfluss des demographischen Wandels auf individuelle und gesellschaftliche Zeitstrukturen. VS, Wiesbaden

Nassehi, A. (2003): Die Geschwätzigkeit des Todes. Suhrkamp, Frankfurt

–, Weber, G. (1989): Tod, Modernität und Gesellschaft. Entwurf einer Theorie der Todesverdrängung. Westdeutscher Verlag, Opladen

Nussbaum, M. (1999): Gerechtigkeit oder das Gute Leben. Suhrkamp, Frankfurt

Pattison, E. M. (1977): The Experience of Dying. Prentice Hall, Englewood Cliffs/N. J.

Saunders, C. (1990): Hospice Pal Care. Hodder Arnold, London

Student, C. (2006): Soziale Arbeit im Hospiz und Palliative Care. Ernst Reinhardt Verlag, München/Basel

Walter, T. (1994): The Revival of Death. Routhlegde, London

– (1991): Modern Death: Taboo or not Taboo. Sociology 25, 293–310

Wittkowski, J. (1990): Psychologie des Todes. Wiss. Buchges., Darmstadt

Transnationalität und Soziale Arbeit

Von Wolfgang Schröer und Cornelia Schweppe

Die Begriffe Transnationalität und Transnationalisierung finden seit Anfang der 1990er Jahre auch in der Sozialen Arbeit eine wachsende Aufmerksamkeit (Homfeldt et al. 2008). Allgemein werden mit diesen Begriffen Prozesse bezeichnet, die nicht mehr nur an einzelne Länder geknüpft sind, sondern den nationalstaatlichen Referenzrahmen überschreiten und grenzüberschreitend entfaltet und aufrechterhalten werden.

In der aktuellen sozialpädagogischen Diskussion in Deutschland ist kaum zu übersehen, dass Begrifflichkeiten und Konzepte aus dem transnationalen sozialwissenschaftlichen und sozialpolitischen Diskurs wie selbstverständlich genutzt werden. Zudem prägen transnationale Entwicklungen, Netzwerke und Organisationen die disziplinären und professionellen Diskussionen der Sozialen Arbeit mit. Darüber hinaus haben auch transnationale Abkommen und Programme, z. B. der UN oder der Europäischen Union, Einfluss auf sozialpädagogische Entwicklungen. Auch die Handlungspraxis der Sozialen Arbeit ist nicht mehr nur an einen nationalstaatlichen Rahmen gebunden. Zudem spannen sich die Lebenslagen, Lebenswelten und Bewältigungsprozesse der Adressatinnen und Adressaten der Sozialen Arbeit zunehmend grenzüberschreitend auf.

Dennoch ist das Konzept der Transnationalität bislang nicht systematisch in die disziplinären und professionellen Analysen der Sozialen Arbeit eingeflossen.

Angesichts der Heterogenität der sozialen Phänomene und der sozialen Institutionalisierungsgefüge im transnationalen Kontext erscheint es für die Sozialpädagogik weiterführend, zunächst an der entwickelten Praxis und dem erzeugten Wissen sozialer Unterstützung in transnationalen Kontexten anzusetzen und dies dahingehend zu analysieren, inwieweit hierdurch die Handlungsfähigkeit der Akteure gestärkt bzw. die Handlungsoptionen erweitert werden.

Zum Begriff Transnationalität

Transnationalität und Transnationalisierung sind weder neue Begriffe noch beschreiben sie neue Phänomene; allerdings haben sie im letzten Jahrzehnt einen erheblichen Aufschwung erfahren und wurden entsprechend ausdifferenziert. Pries geht davon aus, dass es ein von vielen getragenes Grundverständnis gibt:

„In einem sehr weit gefassten Begriffsverständnis bezieht sich *transnationalism* auf Zugehörigkeitsgefühle, kulturelle Gemeinsamkeiten, Kommunikationsverflechtungen, Arbeitszusammenhänge und die alltägliche Lebenspraxis sowie die hierauf bezogenen gesellschaftlichen Ordnungen und Regulierungen, die die Grenzen von Nationalstaaten überschreiten. In einer engen Fassung [...] werden damit nur sehr dauerhafte, massive und strukturierte bzw. institutionalisierte Beziehungen bezeichnet, die pluri-lokal über nationalgesellschaftliche Grenzen hinweg existieren." (Pries 2002, 264)

Transnationalität zeichnet sich somit dadurch aus, dass Wissens- und Handlungsformen quer zu nationalstaatlichen Grenzen verlaufen und hierdurch ihren geographischen und sozialräumlichen nationalen Referenzrahmen erweitern (bzw. verlieren). Transnationalität ist durch Kreisläufe von Menschen, Waren, Geld, Symbolen, Ideen und kulturellen Praktiken charakterisiert. Hierbei bilden sich neuartige biographische, räumliche und institutionelle transnationale Strukturmuster. Entsprechend beschränkt Ong (2005) Transnationalität „nicht nur auf ein neues Verhältnis zwischen Nationalstaat und Kapital", sondern verweist „auch auf die

Otto/Thiersch (Hg.), Handbuch Soziale Arbeit, 4. A., DOI 10.2378/ot4a.art168,
© 2011 by Ernst Reinhardt, GmbH & Co KG, Verlag, München

transversalen, transaktionalen und transgressiven Aspekte gegenwärtiger Verhaltensweisen und Vorstellungen, die durch die sich wandelnde Logik des Staates und des Kapitalismus erzeugt, ermöglicht und reguliert werden" (2005, 12). Dabei beschreibt sie vor allem die kulturellen Verflechtungen und Mobilitäten über räumliche Grenzen hinweg und fasst transnationale Prozesse als „situierte kulturelle Praktiken" (29 f.), die auch neue Formen der Subjektbildung ermöglichen können.

Transnationalität kann somit als sozialer Verflechtungszusammenhang verstanden werden, der sowohl die Mikroebene sozialer Wirklichkeit, also die sozialen Positionen und Positionierungen der Akteurinnen und Akteure, ihre alltagsweltliche Lebenspraxis, Lebensstile, biographischen Projekte und Identitäten, wie auch die Makroebene, d. h. die sozialen und politischen Bedingungen, betrifft. Diese emergenten grenzüberschreitenden gesellschaftlichen Formationen haben eine ökonomische, soziale, kulturelle und politische Dimension – in der Regel ist ihre Dynamik durch komplexe Wechselwirkungen zwischen diesen Dimensionen bestimmt. Zwei Felder der Transnationalitätsforschung erscheinen dabei für die Soziale Arbeit von besonderer Relevanz: *Transmigration und Transnationale Hilfsorganisationen.*

Transmigration und transnationaler Alltag

Der Begriff Transmigration wurde in die Migrationsforschung eingeführt, um der dominanten Konzeptualisierung von Migration als Bewegung in eine Richtung – d. h. vom Herkunfts- in das Aufnahmeland – und dem darin implizierten Grundmodell der (mehr oder weniger zögerlichen) Integration und Adaptation der Migrantinnen und Migranten in die Aufnahmeländer kritisch zu begegnen (Glick Schiller 1992; Blash et al. 1994). Levitt / Glick Schiller (2003) gehen davon aus, dass die Migrationsforschung bislang durch binäre Konzepte geprägt war (z. B. Herkunftsland / Ankunftsland, Bürger / Nicht-Bürger, Akkulturation / kulturelles Beharren), weil sie nationale Grenzen zur natürlichen Einheit der Forschung machte und Gesellschaft mit Nationalgesellschaft gleichsetzte. Indem die Transmigrationsforschung demgegenüber von neuen Formen der Grenzziehung ausgeht, die quer zu Herkunfts- und zu(r) Ankunfts-

region(en) liegen, nimmt sie (neue) Formen und Inhalte von Selbstvergewisserungen und Weltsichten, kulturellen und sozialen Orientierungen, Arbeitsstrategien, Zugehörigkeiten und sozialen Positionierungen von Menschen in den Blick, die insofern multipel sind, als ihnen nicht ein mehr oder weniger geschlossenes Referenzsystem (die Herkunftsgesellschaft oder Ankunftsgesellschaft) zugrunde liegt, sondern weil sie Elemente der Herkunfts- und Ankunftsregion(en) aufnehmen.

Ein wesentlicher Fokus der Transmigrationsforschung richtet sich auf eine handlungs- und akteurszentrierte Perspektive. Folglich ist die Zuwendung zu alltagsweltlichen Beziehungsgeflechten und grenzüberschreitenden Interaktionen von Subjekten und Akteursgruppen „von unten" ein spezifischer Forschungszugang der Transmigrationsforschung. Viele empirische Studien belegen, dass und wie Transmigration als alltagsweltlicher grenzüberschreitender Interaktionszusammenhang und als alltagsweltlich erfahrene, verankerte und gelebte soziale Welt begriffen werden kann (z. B. Smith / Guarnizo 1998; Portes 1999). Entsprechend wird z. B. auf die Bedeutung der Differenzierung von Identitätskonzepten durch hybride oder multiple Sowohl-als-auch-Identitäten (Mecheril 2003) und auf die Differenzierung von Biographiekonzepten durch transnationale Lebensverläufe hingewiesen (Apitzsch 2003; Apitzsch / Siouti 2008).

Transnationale Hilfsorganisationen und Global Governance

In den vergangenen zwanzig Jahren lässt sich zudem eine gesteigerte Aufmerksamkeit gegenüber *Transnationalen Hilfsorganisationen* verzeichnen, die soziale Unterstützungs- und Hilfeprozesse rahmen und herstellen. Dies erklärt sich aus der gegenwärtigen Ausdifferenzierung und Neugestaltung von Transnationalen Organisationen. Sie produzieren zunehmend Wissen und prägen soziale und politische Entwicklungen, die wiederum Auswirkungen auf die Gestaltung von lokalen und / oder transnationalen Unterstützungskontexten haben. In politikwissenschaftlicher Perspektive werden sie gegenwärtig vor allem aus der Perspektive der Global Governance diskutiert. In der einschlägigen Diskussion wird herausgearbeitet, dass Transnationale Hilfsorganisationen nicht im Sinne einer linearen

Interventions- und Maßnahmenlogik „mitregieren", sondern dass sie gerade in der Rahmung von Unterstützungsprozessen auf Vernetzungsstrategien angewiesen sind: Transnationale Organisationen fungieren in der Global-Governance-Perspektive als intermediäre und vernetzende Instanzen zwischen den Akteurinnen und Akteuren. Vernetzung meint dann nicht nur ein Verfahren der Koordination von Organisationen und Einrichtungen, sondern eine intermediäre Handlungsform im regionalen und transnationalen Kontext. Netzwerke, in denen Transnationale Unterstützungsorganisationen eingebunden sind, bilden dabei nicht nur Infrastrukturen für Austausch-, Kommunikations- und Entscheidungsprozesse zwischen Individuen, Gruppen und Organisationen, sondern beeinflussen über die Netzwerkstrukturen und -beziehungen auch politische und soziale Handlungsorientierungen und -optionen (Kern 2004).

Ihr Ziel ist es dabei, folgt man zumindest ihrer häufig geäußerten Selbstlegitimation, die zivile Handlungsmächtigkeit der jeweilig beteiligten Akteurinnen und Akteure zu stärken. So begründen Transnationale Hilfsorganisationen ihre sozialen Unterstützungsformen und Interventionen häufig über Ansätze des Empowerments oder der Selbsthilfe bzw. argumentieren, dass sie Handlungskonzepte von lokalen Grassroots-Bewegungen aufnehmen (Sherraden / Ninacs 1998; McCall 2003) oder die Teilhabe von Akteurinnen und Akteuren an der sozialen und zivilgesellschaftlichen Entwicklung stärken (Goetze 2002).

Vor diesem Hintergrund rücken in der Sozialen Unterstützungsforschung auch die jeweiligen Praktiken von Transnationalen Organisationen im Kontext von transnationalen Unterstützungsbeziehungen stärker in den Blick. Dabei erscheint es grundlegend, nicht von vornherein von einer asymmetrischen Beziehung in den Unterstützungsbeziehungen auszugehen, sondern es geht vielmehr darum, die Konstitutionsprozesse von sozialer Unterstützung und z. B. die damit einhergehenden Prozesse und Logiken der Herausbildung von potenziellen Abhängigkeitsbeziehungen zu untersuchen. Darum ist aus dieser Perspektive auch „die Einbeziehung des intervenierenden Subjekts" (Kößler 2004, 71) in die Analyse der Unterstützungsprozesse grundlegend.

Transnationale Soziale Unterstützungsforschung

Eine systematische Unterstützungsforschung (Nestmann 2010) mit dem Fokus auf die Erweiterung der Handlungsoptionen und -formen der Akteurinnen und Akteure war bislang kaum ein expliziter Zugang der Transnationalitätsforschung. Entlang der vorherrschenden Strukturierung in der sozialen Unterstützungsforschung, die zwischen spontanen und natürlichen (z. B. Familie), intermediären (z. B. Gemeinden oder Communities) und professionalisierten Hilfesystemen unterscheidet (u. a. Caplan 1974; 1976; Nestmann 2005), lassen sich dabei drei Bereiche für eine empirische Annäherung herausstellen: *Transnational Family Care, Transnational Communities und Transnational Professional Intervention.*

Transnational Family Care

Soziale Unterstützung im Rahmen familialer Beziehungen war und ist ein zentraler Gegenstand der Sozialen Unterstützungsforschung. Ein Hauptgrund hierfür liegt in der besonderen Quantität und Qualität familialer Unterstützungsleistungen aufgrund ihrer Solidaritätsverpflichtungen und Normen der gegenseitigen Hilfe und Unterstützung. In vielen Studien hat sich die Familie als verlässliche, wichtige und konstante Hilfsinstanz erwiesen (z. B. Pierce et al. 1996). Sie bietet effektiven Schutz der Mitglieder vor Störungen des Wohlbefindens und trägt erheblich zur Bewältigung krisenhafter Prozesse bei. Allerdings können aus der familialen Unterstützung auch erhebliche Belastungen resultieren (z. B. Laireiter / Lettner 1993). Familiale Unterstützung wurde bislang kaum im Rahmen transnationaler Sozialer Unterstützungsformen und -prozesse betrachtet. Diesbezüglich ist auf den zunehmenden Transfer von – in der überwiegenden Mehrheit von Frauen erbrachten – Versorgungs-, Betreuungs- und Pflegedienstleistungen aus armen Ländern in Haushalte reicher Länder hinzuweisen (Anderson 2000; Hondagneu-Sotelo 2001; Salazar Parreñas 2001a; b; Ehrenreich / Hochschild 2003; Lutz 2007). Dies ist ein weltweites Phänomen. In Nordamerika und Europa nehmen diese haushalts- bzw. familienbezogenen Dienstleistungen einen prominenten Platz in der Transmigrationsforschung ein.

Erklären lässt sich die „neue Dienstmädchenfrage" durch den veränderten Versorgungs-, Betreuungs-, Erziehungs- und Pflegebedarf privater Haushalte vor allem in reichen Ländern infolge familialer Strukturveränderungen, des wachsenden Bedarfs der Altenbetreuung und -pflege sowie der fortschreitenden Privatisierung im öffentlichen Betreuungs-, Versorgungs- und Pflegesystem (Geissler 2002). Zur Bewältigung und Deckung dieses Bedarfs greifen Familien zunehmend auf außerfamiliale Unterstützungen zurück bzw. geben Aufgaben der Pflege, Betreuung, Versorgung und Erziehung an bezahlte Arbeitskräfte ab. Dabei kommt dem Rückgriff auf Haushaltsarbeiterinnen mit Migrationshintergrund eine bedeutende Rolle zu, weil sie, oft im Gegensatz zu einheimischen Arbeitskräften, die diesbezüglich eingerichteten, prekären Arbeitsverhältnisse eher akzeptieren.

Mit dem Begriff „global care chains" – „a series of personal links between people across the globe based on paid or unpaid work of caring" (Hochschild 2000, 131) – macht die Forschung deutlich, dass das Phänomen der „neuen Dienstmädchen" keineswegs nur einen Einweg-Prozess von ärmeren in reichere Länder impliziert, sondern damit die Verkettung von „care" zwischen den Herkunftsländern und den Ankunftsländern einhergeht. So wurde im Hinblick auf die in den Heimatländern gebliebenen eigenen Kinder der „neuen Dienstmädchen" der Begriff der transnationalen Mutterschaft geprägt (Hondagneu-Sotelo / Avila 1997). Während die alltägliche Sorge, Betreuung und Erziehung oft durch „Ersatzmütter" erfolgt – z. B. durch bezahlte Kräfte oder durch Verwandte oder Bekannte – zieht sich die leibliche Mutter nicht aus diesen Aufgaben generell zurück, sondern greift z. B. über moderne Telekommunikationsmittel häufig über die Distanz ein (Salazar Parreñas 2001b).

Neben der „neuen Dienstmädchenfrage" sind für transnationale Formen familialer Sozialer Unterstützung ebenso Ergebnisse der transnationalen Familienforschung von Bedeutung. Diese zeigen, dass auch transnationale Familien vielschichtige Beziehungen aufrechterhalten und sich die Verantwortung gegenüber der Familie aufgrund geographischer Distanz nicht auflöst. Die bisherige Forschung enthält implizit vielfältige Hinweise darauf, dass auch transnationale Familien grenzüberschrei-

tende Formen der Sozialen Unterstützung entwickeln (z. B. Goulbourne / Chamberlain 2001; Bryceson / Vuorela 2002). Die Forschung hat diesbezüglich besonders die enormen und rapide wachsenden finanziellen Transfers von Migranten und Migrantinnen an Familienmitglieder in ihrer / n Heimatregion(en) belegt (Global Commission 2005, 26).

Insgesamt hat die Forschung sehr auf die positiven Auswirkungen von transnationalen Care-Praktiken fokussiert. Sie läuft damit Gefahr, belastende, einschränkende und negative Folgewirkungen aus dem Blick zu verlieren. So werden die „neuen Dienstmädchen" häufig positiv als „agents of change" bezeichnet, ohne jedoch z. B. systematisch der Frage nachzugehen, welche Bedeutung die oft prekären Arbeitsbedingungen – schlechte Bezahlung, lange Arbeitszeiten, geringer Urlaub sowie Illegalität und damit der begrenzte Zugang zu sozialen Sicherungssystemen – für die Entwicklung ihrer Handlungsmächtigkeit haben (Brückner 2008). Zudem hat die Forschung offengelegt, dass transnationale Erwerbsarbeit von Frauen kaum mit der Veränderung männlicher Rollen in der zurückgebliebenen Familie einhergeht. Frauen müssen somit – nun aus der Ferne – vor allem Fragen der Kindererziehung und -betreuung weiter organisieren. Auch in Bezug auf die o. g. finanziellen Transfers durch Migrantinnen und Migranten liegen ambivalente Befunde vor. So wird auf die Gefahr von Abhängigkeitsbeziehungen sowohl einzelner Familien als auch ganzer Regionen hingewiesen (Itzigsohn 2000; Portes 2003).

Zudem gewinnen transnationale family „care-policies" aufgrund des zunehmend transnationalen Charakters von „care" an Bedeutung (Brückner 2008; Tronto 2008). Dabei werden Fragen zum Verhältnis öffentlicher und privater Care-Leistungen und -Verantwortlichkeiten (Hochschild 1995) ebenso thematisiert wie die Gewährleistung sozialer Bürgerrechte („social citizenship") für Sorgeleistende. Hiermit wird die gleichberechtigte Anerkennung von Sorge- und Erwerbstätigkeiten eingefordert (Knijn / Kremer 1997). Die derzeitige mangelnde Anerkennung von Sorgetätigkeiten wird im Rahmen geschlechtsspezifischer Ungleichheitsverhältnisse diskutiert, durch die Care-Aufgaben und -Verantwortlichkeiten weitgehend Frauen zugeordnet werden. In diesem Zusammenhang weist Tronto (2005) darauf hin, dass die transnationale

Migrationspolitik deutlich genderpolitisch konnotiert sei. So sei die neuere Debatte lediglich auf ökonomische Ressourcen im Sinne der klassischen Segmente der Erwerbsarbeit fokussiert und definiere auch die Bedingungen für den Erwerb von „citizenship" nahezu ausschließlich hiernach. Dagegen führe „care" als Form von Arbeit, durch die das soziale Zusammenleben gesichert werde, nicht zur Festigung des Aufenthaltsstatus oder zum Erwerb von Bürgerrechten. Darum müsse in den Einwanderungsdebatten nicht nur über „brain circulation", sondern ebenso über „care circulation" gesprochen werden. Die Gewährleistung sozialer Staatsbürgerschaft zur Absicherung von Sorgetätigkeiten komme einer geschlechterdemokratischen gesellschaftlichen Öffnung gleich, die unbeschränkten Zugang zur öffentlichen und privaten Sphäre für beide Geschlechter einschließt und vorhandene Geschlechterdomänen hinterfragt (Brückner 2008).

Transnational Communities

Transnational Communities und Selbstorganisationen von Transmigrantinnen und Transmigranten sind dadurch gekennzeichnet, dass sie sich auf der Grundlage spezifischer sozialer, kultureller, politischer und / oder wirtschaftlicher Interessen und Motivationen, gemeinsamer regionaler und / oder nationaler Herkunft bzw. gemeinsamer Werte oder Weltanschauungen entwickeln und ihre Akteurinnen und Akteure transnational handeln. In Anlehnung an Faist (2000) lassen sich diese transnationalen Netzwerke in zwei Gruppen unterscheiden: Erstens bestehen Netzwerke, die durch Kreisläufe von Menschen, Gütern und / oder Informationen zwischen zwei oder mehreren Ländern charakterisiert sind und auf dem Prinzip des Austauschs und / oder der instrumentellen Gegenseitigkeit basieren. Zweitens existieren Netzwerke, in denen Menschen in der / den Ankunftsregion(en) und der / den Herkunftsregion(en) durch starke und dichte soziale und symbolische Bindungen mehr oder weniger dauerhaft aneinander gebunden sind und auf der Basis von Solidarität einen hohen Grad sozialer Kohäsion oder ein gemeinsames Repertoire symbolischer und kollektiver Repräsentationen entwickelt haben.

Die bisherige Forschung hat vor allem auf die sozialen und wirtschaftlichen Leistungen von Transnational Communities und Selbstorganisationen von Transmigrantinnen und Transmigranten für die Herkunftsländer hingewiesen. Die Weltkommission für Migration (Global Commission 2005) betont explizit die Leistungen der Selbstorganisationen von Migrantinnen und Migranten in Bezug auf ihre Herkunftsländer. Ihnen wird mittlerweile ein erhebliches Entwicklungspotenzial für die Herkunftsländer beigemessen.

Obwohl die diesbezügliche Forschung insgesamt noch am Anfang steht, macht die US-amerikanische Forschung die sozialen Initiativen von Transnational Communities und Selbstorganisationen von Transmigrantinnen und Transmigranten vor allem im Hinblick auf die Herkunftsregion(en) deutlich. Portes u. a. (2005) ermitteln in ihrer Pionierstudie – eine erste, groß angelegte vergleichende Umfrage zu lateinamerikanischen Selbstorganisationen von Transmigrantinnen und Transmigranten in den USA – dass ein Großteil der Transmigrantinnen und Transmigranten in den Bereichen Schule, Ausbildung und Gesundheit sowie für Kinder und alte Menschen Leistungen für ihre Heimatländer erbringt, sei es in Form von Geld, technischen Geräten, Materialien, freiwilliger Arbeit oder spezifischen Kenntnissen und Fähigkeiten. Andere Studien belegen zusätzlich Aktivitäten und Leistungen zur Verbesserung der Situation von Frauen, im Bereich der Menschenrechte und infrastruktureller Verbesserungen sowie die Hilfe bei Katastrophen in den Herkunftsländern (Orozco 2004).

Für den weit entwickelten und recht gut beforschten transnationalen Raum zwischen den USA und Lateinamerika zeigt sich, dass diese Netzwerke bei Weitem keine Einzelphänomene sind. Entsprechend werden sie auf nationaler Ebene sowohl der Herkunftsländer als auch der Ankunftsländer ebenso wie auf internationaler Ebene zum Gegenstand privater und öffentlicher Programme. Die Netzwerke von Transmigrantinnen und Transmigranten werden somit wieder in ein weit gespanntes Netz politischer und sozialer Akteure eingebettet, wobei offen bleibt, inwieweit hierdurch ihr Profil als Selbstorganisation beeinflusst wird.

Allerdings werden diesbezüglich auch ambivalente Befunde deutlich. Levitt (2001) weist auf die zum Teil unterschiedlichen Interessen und Erwartungen zwischen den Migrantinnen und Migranten als Geber und denjenigen hin, die in der/den Herkunftsregion(en) Leistungen und Hilfe erhalten. Diese Interessensunterschiede laufen häufig zu Gunsten der Ersteren hinaus, insbesondere auch durch deren Unterstützung durch Regierungs- oder Parteienvertreter, die ihnen durch ihre Rolle als „mayor donar" eine besondere Aufmerksamkeit schenken. Ebenso werden angesichts der z.T. recht großen Leistungen an die Herkunftsregion(en) ein Rückzug der Regierungen oder zumindest keine Veränderungen der bisherigen Entwicklungsstrategien in den Herkunftsländern befürchtet. Ebenfalls zeigt sich, dass die Hilfeleistungen, die auch unter Bedingungen der Armut aufrechterhalten werden, zum Teil zu erheblichen Belastungen der Gebenden führen (Hollstein et al. 2009).

Transnational Professional Intervention

Transnationale Unterstützungsprozesse stellen für professionelle Hilfeleistungen in zweifacher Hinsicht eine Herausforderung dar. Zum einen betrifft dies die lokalen Sozialen Dienste, weil sich ein sozialer Unterstützungsbedarf infolge problematischer Folgewirkungen von transnationalen Unterstützungsprozessen „vor Ort" manifestiert. Es sei z.B. auf die prekären Arbeits- und Lebensbedingungen von Hausangestellten in Privathaushalten sowie auf die ambivalenten und teilweise belastenden Erwartungen u.a. von Familienangehörigen hingewiesen, die häufig an Transmigranten gestellt werden.

Transnationale Unterstützungsprozesse sind für lokale soziale Dienste deshalb eine besondere Herausforderung, da diese – insbesondere in Deutschland – im Wesentlichen im Rahmen national- und sozialstaatlicher Institutionalisierungsprozesse entwickelt wurden. Sie haben zwar auf Prozesse der Migration und die Lebenslagen von Migrantinnen und Migranten reagiert und Konzepte der Interkulturellen Pädagogik entwickelt. Diese basieren allerdings meist auf Interpretationsperspektiven *einer* nationalräumlich definierten Gesellschaft und werden den Lebenspraxen von Transmigrantinnen und Transmigranten mitunter nicht gerecht. Gleichzeitig ist eine langsame Öffnung dieser Perspektiven zu beobachten. So werden z.B. Konzepte der Diversität in sozialen Diensten zur Begegnung

von Lebensformen und Lebenspraxen von Transmigrantinnen und Transmigranten aufgenommen (Leiprecht/Vogel 2008). Einige soziale Dienste, die unmittelbar die soziale Unterstützung von Transmigrantinnen und Transmigranten in den Mittelpunkt ihrer Arbeit stellen, sind inzwischen ebenso entstanden (z.B. Weinkopf 2002).

Zum zweiten gewinnt aber auch die professionelle soziale Intervention im Rahmen Transnationaler Hilfsorganisationen (Gerstner et al. 2006) an Bedeutung. Insgesamt begründen Transnationale Hilfsorganisationen ihre sozialen Interventionen häufig über Ansätze, die allgemein auf die Stärkung der Handlungsmächtigkeit der Akteure zielen. Als zentrale Konzepte wird häufig auf Lobbying- und Advocacy- sowie Empowerment-Ansätze zurückgegriffen. Gleichzeitig werden die Förderung zivilgesellschaftlicher und eigenverantwortlicher Sozialstrukturen sowie die Bildung von Human- und Sozialkapital gefordert. Dabei scheint weitgehend Konsens zu bestehen, dass dies nicht allein durch die Absicherung formeller Grund- und Bürgerrechte zu erreichen ist, sondern dass Menschen über Anrechte (entitlements) wie über die kulturellen, politischen und materiellen Ressourcen verfügen und in ihrer Handlungsmächtigkeit gestärkt werden müssen (Novy/Schröer 2006), die erforderlich sind, um von ihren Rechten Gebrauch machen zu können (Goetze 2002; Sen 2002). Diese Ansätze werden häufig in Perspektiven einer sog. sozialen Entwicklung „von unten" eingebettet (Novy 2007, 37). Im Rahmen solcher Perspektiven wird der „unterstützende" Akteur gezielt mit in die Betrachtung der sozialen Entwicklungsprozesse integriert. Allerdings sind die Schwierigkeiten, „mit den Schlagworten wie ‚Partizipation' und ‚Empowerment' aus dem ‚Entwickelt-Werden' ein ‚Sich-Entwickeln' zu machen", augenscheinlich (Kößler 2004, 71).

Der methodologische Nationalismus in der Sozialen Arbeit

Zur Öffnung der Sozialen Arbeit gegenüber transnationalen Prozessen ist eine Auseinandersetzung mit der im Rahmen der transnationalen Forschung geführten Diskussion über den „methodological nationalism" (Wimmer/Glick Schiller

2002) weiterführend. Stefan Köngeter hat dieses Konzept auf die Soziale Arbeit in Deutschland bezogen (Köngeter 2009). Mit dem Konzept des „methodological nationalism" wird auf die Naturalisierung von Nationalstaaten in der sozialwissenschaftlichen Forschung hingewiesen und die Gleichsetzung von Gesellschaft und Nationalstaat problematisiert:

„Methodological nationalism is the naturalization of nation-states by the social sciences. Scholars have shared that national borders are the natural unit of study, equate society with nature state, and conflate national interest with the purpose of social sciences." (Wimmer / Glick Schiller 2002, 302)

Demgegenüber machen die bisherigen Ergebnisse der im Rahmen von Transmigrationsprozessen entwickelten sozialen Unterstützung folgende Kristallisationspunkte deutlich: Sie entwickelt sich kaum im Rahmen etablierter bzw. institutionalisierter Sozialer Dienste. Ebenso kann sie kaum auf etablierte oder bekannte Formen zurückgreifen. Gesellschaftlich finden sie im nationalen Kontext bislang nur wenig Anerkennung, Absicherung und Unterstützung. Der Zugang zu den Akteurinnen und Akteuren transnationaler Unterstützungsprozesse kann sich deshalb kaum aus der Perspektive institutionationalisierter Hilfsangebote erschließen. Vielmehr gilt es, Perspektiven zu entwickeln, die über das Passungsverhältnis zwischen Adressaten und sozialpädagogischen Institutionalisierungen hinausgehen. Es müssten die sozialen Strukturen und Handlungspraktiken und die darin enthaltenen Handlungsoptionen in den Mittelpunkt gerückt werden und die sozialpädagogische Frage, wie die subjektive Handlungsmächtigkeit der Menschen in der alltäglichen Lebensbewältigung sozial, politisch und rechtlich abgesichert sowie gestärkt werden kann, zum Gegenstand gemacht werden.

Insgesamt wird so ein spannungsreiches Verhältnis von Transnationalität und Sozialer Arbeit deutlich (auch Schweppe 2010). Es gehen mit dem Übergang zum globalisierten Kapitalismus Entgrenzungstendenzen einher, durch die neue transnationale „Zonen der Verwundbarkeit" (Castel 2000) freigesetzt werden, die von den Menschen alltäglich bewältigt werden müssen und sowohl im Alltag als auch auf der organisationalen Ebene soziale Unterstützungsformen herausfordern.

Literatur

Anderson, B. (2000): Doing the Dirty Work: The Global Politics of Domestic Labour. Zed Books, London

Apitzsch, U. (2003): Migrationsbiographien als Orte transnationaler Räume. In: Apitzsch, U., Jansen, M.: Migration, Biographie und Geschlechterverhältnisse. Dampfboot, Münster, 65–80

–, Siouti, I. (2008): Transnationale Biographien. In: Homfeldt, H. G., Schröer, W., Schweppe, C. (Hrsg.), 97–112

Blash, L., Glick Schiller, N., Blanc-Szanton, C. (1994): Nations Unbound: Transnational Projects, Postcolonial Predicaments, and Deterritorialized Nation-States. Gordon and Breach, New York

Brückner, M. (2008): Kulturen des Sorgens (Care) in Zeiten transnationaler Entwicklungsprozesse. In: Homfeldt, H. G., Schröer, W., Schweppe, C. (Hrsg.), 167–184

Bryceson, D., Vuorela, U. (Hrsg.) (2002): The Transnational Family. New European Frontiers and Global Networks. Berg, Oxford / New York

Caplan, G. (1976): Spontaneous or Natural Support Systems. In: Katz, A. H., Bender, E. J. (Hrsg.): The Strength in us. Self-Help in the Modern World. New Viewpoints, New York

– (Hrsg.) (1974): Support Systems and Community Mental Health. Behavioral Publications, New York

Castel, R. (2000): Die Metamorphosen der sozialen Frage. UVK, Konstanz

Ehrenreich, B., Hochschild, A.R. (Hrsg.) (2003): Global Women. Nannies, Maids, and Sex Workers in the New Economy. Metropolitan Books, New York

Faist, Th. (2000): Transnationalization in International Migration: Implications for the Study of Citizenship and Culture. Ethnic and Racial Studies 2, 189–222

Geissler, B. (2002): Die Dienstmädchenlücke im Haushalt. Der neue Bedarf nach Dienstleistungen und die Handlungslogik der privaten Arbeit. In: Gather, C., Geissler, B., Rerrich, M. S. (Hrsg.): Weltmarkt Privathaushalt. Bezahlte Hausarbeit im globalen Wandel. Westfälisches Dampfboot, Münster, 30–29

Gerstner, W., Kniffki J., Reutlinger C., Zychlinskiu, J. (Hrsg.) (2006): Deutschland als Entwicklungsland. Transnationale Perspektiven Sozialräumlichen Arbeitens. Lambertus, Freiburg / Br.

Glick Schiller, N. (Hrsg.) (1992): Towards a Transnational Perspective on Migration: Race, Class, Ethnicity, and Nationalism Reconsidered. New York Academy of Science, New York

Global Commission on International Migration (GCIM) (2005): Migration in einer interdependenten Welt: Neue Handlungsprinzipien. Bericht der Weltkommission für Internationale Migration. Berlin

Goetze, D. (2002): Entwicklungssoziologie. Juventa, Weinheim / München

Goulbourne, H., Chamberlain, M. (Hrsg.) (2001): Caribbean Families in the Trans-Atlantic World. London

Hochschild, A. R. (2000): „Global Care Chains and Emotional Surplus Value". In: Hutton, W., Giddens, A. (Hrsg.): On the Edge. Jonathan Cape, London, 130–146

– (1995): The Culture of Politics: Traditional, Postmodern, Cold-modern and Warm-modern Ideals of Care. Social Politics 3, 331–346

Hollstein, T., Huber, L., Schweppe, C. (2009): Transmigration und Armut: Zwischen prekärer Unterstützung und risikohafter Bewältigung. Zeitschrift für Sozialpädagogik 4, 360–372

Homfeldt, H. G., Schröer, W., Schweppe, C. (2008) (Hrsg.): Soziale Arbeit und Transnationalität. Herausforderungen eines spannungsreichen Bezugs. Juventa, Weinheim / München

Hondagneu-Sotelo, P. (2001): Domestica. Immigrant Workers Cleaning in the Shadows of Affluence. University of California Press, London u. a.

–, Avila, E. (1997): „I'm Here, but I'm There." The Meaning of Latina Transnational Motherhood. Gender and Society 5, 548–571

Itzigsohn, J. (2000): Immigration and the Boundaries of Citizenship: The Institutions of Immigrants' Political Transnationalism. In: International Migration Review 4, 1126–1154

Kern, K. (2004): Globale Governance durch transnationale Netzwerkorganisationen. Möglichkeiten und Grenzen zivilgesellschaftlicher Selbstorganisation. In: Gosewinkel, D., Rucht, D., Daele, W. van den; Kocka, J. (Hrsg.): Zivilgesellschaft – national und transnational. Edition Sigma, Berlin, 285–308

Knijn, T., Kremer, M. (1997): Gender and the Caring Dimension of the Welfare States: Towards Inclusive Citizenship. Social Politics 3, 328–361

Köngeter, St. (2009): Der methodologische Nationalismus der Sozialen Arbeit in Deutschland. Zeitschrift für Sozialpädagogik 4, 340–359

Kößler, R. (2004): Zwischen Ziel, Norm und Prozess. Gesellschaftstheoretische und politische Probleme des Begriffs „Entwicklung". In: Gerlach, Olaf, Kalmring, S., Kumitz, D., Nowak, A. (Hrsg.): Peripherie und globalisierter Kapitalismus. Zur Kritik der Entwicklungstheorie. Brandes und Apsel, Frankfurt / M., 51–76

Laireiter, A., Lettner, K. (1993): Belastende Aspekte sozialer Netzwerke und sozialer Unterstützung: Ein Überblick über den Phänomenbereich und die Methodik. In: Laireiter, A. (Hrsg.): Soziales Netzwerk und soziale Unterstützung: Konzepte, Methoden und Befunde. Bern u. a., 101–114

Leiprecht, R., Vogel, D. (2008): Transkulturalität und Transnationalität als Herausforderung für die Gestaltung Sozialer Arbeit und sozialer Dienste vor Ort. In: Homfeldt, H. G., Schröer, W., Schweppe, C. (Hrsg.), 25–44

Levitt, P. (2001): Transnational Migration: Taking Stock and Future Directions. Global Networks 3, 195–216

–, Glick Schiller, N. (2003): Conceptualizing Simultaneity: a Transnational Social Field Perspective on Society. International Migration Review 3, 1002–1039

Lutz, H. (2007): Vom Weltmarkt in den Privathaushalt: Die neuen Dienstmädchen im Zeitalter der Globalisierung. Budrich, Opladen

McCall, T. (2003): Institutional Design for Community Economic Development Models: Issues of Opportunity and Capacity. Community Development Journal 2, 96–108

Mecheril, P. (2003): Prekäre Verhältnisse. Über natio-ethno-kulturelle (Mehrfach-)Zugehörigkeit. Waxmann, Münster

Nestmann, F. (2010): Soziale Unterstützung – Social Support. In: Enzyklopädie Erziehungswissenschaft Online. Fachgebiet Soziale Arbeit. Juventa, Weinheim

– (2005): Soziale Netzwerke – Soziale Unterstützung. In: Otto, H.-U., Thiersch, H. (Hrsg.): Handbuch Sozialarbeit / Sozialpädagogik. 3. Aufl. Ernst Reinhardt, München / Basel, 1684–1693

Novy, A. (2007): Soziale Entwicklung in der Einen Welt. In: Gerstner, W., Kniffki, J., Reutlinger, C., Zychlinski, J. (Hrsg.): Deutschland als Entwicklungsland. Transnationale Perspektiven sozialräumlichen Arbeitens. Lambertus, Freiburg / Br., 30–40

–, Schröer, W. (2006): Soziale Entwicklung – zur Vernetzung von regionaler und transnationaler Sozialer Arbeit. Neue Caritas 7, 15–20

Ong, A. (2005): Flexible Staatsbürgerschaften. Suhrkamp, Frankfurt / M.

Orozco, M. (2004): Mexican Hometown Associations and Development Opportunities. Journal of International Affairs 2, 1–21

Pierce, G. R., Sarason, B. R., Sarason, I. G. (Hrsg.) (1996): Handbook of Social Support and the Family. Plenum Press, New York

Portes, A. (2003): Conclusions: Theoretical Convergencies and Empirical Evidence in the Study of Immigrant Transnationalism. International Migration Review 3, 874–892

– (1999): Globalization from below: the Rise of Transnational Communities. Economic and Social research Council. Working Paper Series WPTC-98-01. University of Oxford

–, Escobar, C., Walton Radford, A. (2005): Immigrant Transnational Organizations and Development: A Comparative Study. Working Paper Series WP0507. The Center for Migration and Development, Princeton University

Pries, L. (2002): Transnationalisierung der sozialen Welt? Berliner Journal für Soziologie 2, 263–272

Salazar Parreñas, R. (2001a): Servants of Globalization. Women, Migration, and Domestic Work. Stanford Univ. Press, Standford

– (2001b): Mothering from a Distance: Emotions, Gender and Inter-Generational Relations in Filipino Transnational Families. In: Feminist Studies 2, 361–390

Schweppe, C. (2010): Sozialpädagogik zwischen Transnationalität und methodologischem Nationalismus. In: Aufenanger, St., Hamburger, F., Tippelt, R. (Hrsg.): Bildung in der Demokratie. VS, Wiesbaden, 189–206

Sen, A. (2002): Ökonomie für den Menschen. Wege zu Gerechtigkeit und Solidarität in der Marktwirtschaft. C. Hanser, München

Sherraden, M., Ninacs, W. (Hrsg.) (1998): Community Economic Development and Social Work. Haworth Press, New York

Smith, M. P., Guarnizo, L. E. (Hrsg.) (1998): Transnationalism from below. Transaction Publishers, New Brunswick

Tronto, J. (2008): Feminist Ethics, Care and Citizenship. In: Homfeldt, H. G., Schröer, W., Schweppe, C. (Hrsg.), 185–202

– (2005): Care and Immigration Politics. Manuskript July. Göttingen. Based on: Tronto, J.: Care as the Work of Citizens. In: Friedman, M. (Hrsg.): Women and Citizenship. Oxford University Press, Oxford

Weinkopf, C. (2002): „Es geht auch anders" – reguläre Beschäftigung durch Dienstleitungspools. In: Gather, C., Geissler, B., Rerrich, M. S. (Hrsg.): Weltmarkt Privathaushalt. Bezahlte Haushaltsarbeit im globalen Wandel. Dampfboot, Münster, 154–166

Wimmer, A., Glick Schiller, N. (2002): Methodological Nationalism and Beyond: Nation-State Building, Migration, and the Social Sciences. Global Networks 4, 301–334

Tugend

Von Micha Brumlik

Vorbemerkung

Tugenden lassen sich grundsätzlich und allgemein als jene positiven Charaktereigenschaften von Personen bestimmen, die in einer gegebenen Gesellschaft nicht nur hochgeschätzt, sondern auch ausdrücklich geachtet werden und daher zum Ziel von Erziehungs- und Bildungsanstrengungen erklärt worden sind. Damit sind Tugenden zunächst jene Charaktereigenschaften, die dem individuellen Erreichen gesellschaftlich und kulturell vorgegebener Werte in besonderem Maße dienlich sind. Der gegenwärtig wieder an Prominenz gewinnende, über Jahrzehnte aus verschiedenen Gründen als überholt geltende Begriff hat in der abendländischen Begriffsgeschichte eine bedeutende Tradition (Ritter/Gründer 1998, 1532–1572). Freilich haben sich Bedeutung und Gewicht des Begriffs vielfach gewandelt, weshalb eine historische Perspektive sachangemessen ist. Dabei wird im folgenden Überblick keine umfassende, sondern nur eine epochentypische Darstellung gewählt. Während sich in der Antike vor allem das Problem der Lehrbarkeit der Tugend stellt, war die mittelalterliche Philosophie vor allem mit der Frage nach der Rangordnung der Tugenden befasst. Das frühneuzeitliche Denken scheint mit seiner Entdeckung vitaler Handlungs- und Verhaltensmotivationen den Begriff systematisch zu verdrängen, während die frühe Moderne den Begriff und die Sache in genau angebbaren Grenzen zulässt, ihm freilich jede begründende Kraft abspricht. Erst die nachmoderne Theorie der Moral, die der Dichotomie von rigoroser Pflichtethik hier und auf Nutzen und Konsequenzen blickender teleologischer Ansätze dort entgehen will, hat in den letzten zwei Jahrzehnten den Versuch unternommen, eine auf einer Tugendlehre aufbauende Ethik neu zu begründen.

Antike

In der griechischen und römischen Antike bezeichnet „arete" (lateinisch „virtus") zunächst nichts anderes als die für ein Lebewesen tauglichen, funktionalen Eigenschaften. So lässt sich von der Schnelligkeit als einer Tugend von Windhunden sprechen, ja sogar von „Schärfe" als einer Eigenschaft von Messern. Dabei ist die etymologische Vermutung zu beachten, dass die Wurzel der griechischen „arete" auf den olympischen Gott des Krieges, Ares, verweist und dass die lateinische „virtus" die gleiche Wortwurzel hat wie der lateinische Ausdruck für „Mann", nämlich „vir". Ob der Verdacht gerechtfertigt ist, dass damit bereits das Konzept selbst männlich/patriarchalisch vorgeprägt ist, lässt sich auf dieser Basis jedoch noch nicht entscheiden.

Im Zentrum der erst mit Sokrates und Platon einsetzenden antiken Debatte steht die Frage nach der Lehrbarkeit der Tugend, also danach, ob die „Tugend" eines Lebewesens ihm von Natur anhaftet oder eben nicht und ob sie dann durch bewusste Anstrengungen hervorgebracht oder gefördert werden kann. In Platons aporetischem Dialog „Menon" wird die Meinung geäußert, dass die Tugend eben jenen einwohne, denen sie einwohne. Mehr könne man indes nur wissen, wenn man nicht fragt, wie Menschen Tugend erlangen, sondern, was deren Wesen ist (Platon 1990b, 70a). Tugenden sind demnach jene menschlichen Eigenschaften, die ein Wissen vom Guten und Schlechten (1990a, 147c2) für das menschliche Leben im Ganzen (174a) enthalten und damit letztlich zur „Eudaimonia", zum Glück, verhelfen (175e f.). Dieses Glück sieht Platon in einer der Polis, d. h. einer politisch verfassten Gemeinschaft in besonderer Weise gegebenen Lebensweise, die wesentlich auf Gerechtigkeit beruht und somit dafür sorgt, dass sich die menschlichen Seelenkräfte

Otto/Thiersch (Hg.), Handbuch Soziale Arbeit, 4. A., DOI 10.2378/ot4a.art169,

untereinander und auch mit den Zielen des Staates in Harmonie befinden (1990c). Die von Platon daraus folgernde Konzeption eines von oben regierten Philosophenstaates, einer Erziehungsdiktatur mit einer systematischen Auflösung der Familie und einem Verbot leidenschaftlicher Erzählungen und rhythmischer Musik (Kersting 2006) wird von seinem Schüler Aristoteles als dem Wesen des Menschen zuwider kritisiert (Aristoteles 2003a, 1261a). Gerade weil der Mensch die Erfüllung seines Lebens nur in einer politischen Gemeinschaft, in einer Polis, finden kann, ist er auf Lebensweisen wie die Familie angewiesen, die sich dem einzelnen Menschen in besonderer Weise zuwenden (1261b). In diesen Lebensweisen können dann jene Gewohnheiten und Haltungen erworben werden, die einem seinem Glück dienlichen Charakter auszuprägen helfen (Aristoteles 1972, 1103 f.). Dabei ist Aristoteles davon überzeugt, dass diese Anlagen nicht angeboren sind. Aristoteles nennt in diesem Zusammenhang die Verstandes- und Charaktertugenden der Weisheit, der Klugheit, der Tapferkeit, Besonnenheit, Gerechtigkeit, der Freigebigkeit und Großzügigkeit sowie des Großmuts. Nach Aristoteles Überzeugung sind tugendgemäße Handlungen – so einmal erworben – von großer Beständigkeit, beständiger sogar als intellektuelles Wissen, was sich auch daran erweist, dass glückselige Menschen dauerhaft mit Tugenden leben (1100b f.). Ungeklärt blieb bei Platon und Aristoteles, ob sich die Tugenden zum Erwerb des Glücks in einem vor allem instrumentellen Verhältnis befinden oder ob ein tugendhaftes Leben bereits in sich selbst glückhaft ist. Die auf Platon und Aristoteles folgenden philosophischen Schulen der Epikureer, Skeptiker und Stoiker neigten immer stärker der Überzeugung zu, dass ein von Tugenden geleitetes Leben bereits glückhaft sei und es dementsprechend nicht mehr auf den Erwerb weiterer Güter wie Gesundheit, Reichtum, Familie und Freundschaft ankäme.

Zumal die römische Philosophie hat diese Frage aufgegriffen und im Werk Ciceros und Senecas unterschiedliche Antworten gefunden. Anders als der damalige Mainstream der stoischen Philosophen beharrt Cicero darauf, dass „virtus" alleine zwar glücklich machen könne, nicht aber, dass ausschließlich „Tugend" ein beglückendes Gut sei. Umgekehrt werden jene, die sich ein höchstes Gut ohne Tugend vorstellen können, nicht einräumen wollen, dass Tugenden edler seien als schlichte Lusterfüllung

(Cicero 1989, 365). Dieser Thematik hat sich intensiv der am Hofe Kaiser Neros wirkende und von diesem schließlich in den Selbstmord getriebene Philosoph Seneca gewidmet. Tugenden sind der Weg zu einem Glück, das durch die Abwesenheit von Begierden ebenso gekennzeichnet ist wie durch die Abstinenz von Alltäglichem und Zufälligem. Tugend und Sinnenlust sind nicht miteinander vereinbar: während die Sinnenlust in dem Augenblick erstirbt, indem sie ihren Gipfel erreicht hat, stellen die Tugenden und ein ihnen gemäß geführtes Leben etwas Beständiges vor, das endlich jenes höchste Gut ermöglicht, das sich schließlich in Geisteskraft und Umsicht, in Feinheit, Gesundheit, Freiheit, Harmonie und Schönheit der Seele offenbart (Seneca 1984, 68–73). Vor allem aber besteht Glück darin, wahrheitsgemäß urteilen zu können. Demnach setzt ein glückseliges Leben die Fähigkeit, wahr und falsch unterscheiden zu können, ebenso voraus wie die Fähigkeit, sich seiner Vernunft bedienen zu können und mit den eigenen Verhältnissen zufrieden zu sein. Ein gemäß dieser Tugend der Vernunft geführtes Leben ist vor allem davor gefeit, dem Glück nachjagen zu wollen. Sobald man sich anstelle der Vernunft der Jagd nach dem Glück verschreibt, ist das Ergebnis, dass Glück zum Bedürfnis wird – ein Umstand, der angesichts der menschlichen Verhältnisse, wie sie sind, nur zu weiterem Unglück führen kann (79). Die griechisch gebildeten Kirchenväter des dritten und vierten Jahrhunderts haben den antiken Tugendkanon übernommen und ihm die dem Neuen Testament, speziell den Briefen des Apostel Paulus, entnommenen Tugenden des Glaubens, der Liebe und der Hoffnung (Paulus, 1,1–3) sowie der Tugend der Frömmigkeit hinzugefügt. Wie die paganen Denker auch vorrangig mit der Frage nach der Glückseligkeit befasst, fanden die christlichen Philosophen der späten Antike seit Augustin vor allem in der gläubigen Ergebenheit an den am Kreuz gestorbenen und wiederauferstandenen Sohn Gottes des von ihnen bekannten Christus Jesus die Antwort auf die Frage nach dem Glück (Ritter / Gründer 1998, 1548).

Mittelalter

Die mittelalterliche Philosophie kam in dieser – sehr vielfältigen und in sich differenzierten Tradition – zu einem System von sieben Kardinaltugenden, nämlich der Gerechtigkeit, dem Mut, der Klugheit und der Besonnenheit sowie den Tugenden des Glaubens, der Liebe und der Hoffnung (Pieper 1986). Für Thomas von Aquin, der hier Aristoteles folgt, ist die menschliche Natur grundsätzlich dazu geeignet, den Tugenden Vorschub zu leisten. In dieser Perspektive werden die etwa noch von Seneca verurteilten begehrenden Kräfte dann rehabilitiert, sofern sie von der Vernunft geleitet sind (Ritter / Gründer 1998, 1551 / 52). Freilich hat das mittelalterliche Denken aufgrund seiner christlichen Prägung den Tugenden stärker, als das die Antike je tat, den Tugenden auch Laster und Lasterkataloge an die Seite gestellt, die zugespitzt als „Todsünden" galten und damit jene Charaktereigenschaften bezeichnen, die einem gedeihlichen menschlichen Leben ebenso abträglich sind, wie ihm die Tugenden zuträglich sind. Es sind dies der Stolz, die Trägheit, die Begehrlichkeit, der Zorn, die Genusssucht, der Neid und der Geiz (Ritter / Gründer 1980, 37 f.). Mit ihren Tugend- und Lasterkatalogen hat die Philosophie des nicht nur christlichen, sondern auch jüdischen und islamischen Mittelalters einen für Weiterungen durchaus offenen Minimalkatalog von zu fördernden und zu unterdrückenden Charakterzügen aufgestellt, der in genau dem Augenblick seine Gültigkeit verlieren sollte, als sich die (vermeintliche) Einsicht durchsetzen sollte, dass die menschlichen Leidenschaften letztendlich so stark sind, dass sie durch unmittelbare Vernunftausübung nicht mehr unter Kontrolle gebracht werden können. Der Begriff des Lasters stellt indes alles andere als ein semantisches Überbleibsel traditionalistischer Gesellschaften dar, sondern lässt sich sprachanalytisch präzisieren und in einer zeitgemäßen Moraltheorie verwenden (Frankel Paul et al. 1998).

Neuzeit

Auf der Basis dieser Grundhaltung findet das frühneuzeitliche Denken aus zwei entgegengesetzten Richtungen wieder zu einer ethischen Neutralisierung des Tugendbegriffes zurück – wie in der Antike gelten Tugenden nun wieder als vor allem funktionale Eigenschaften ohne besonderen, internen moralischen Wert. Der ebenso auf moderne Selbstbehauptungssätze wie auf Basis der klassischen Antike argumentierende Staatsdenker Niccolo Ma-

chiavelli versteht unter „virtú" jene Eigenschaften eines Herrschers, die ihn in die Lage versetzen, sein staatsmännisches Regiment aufzubauen, zu festigen und zu erhalten, unabhängig davon, ob diese Fähigkeiten und die ihnen entsprechenden Handlungen herkömmlichen Moralkategorien genügen oder nicht. Das herkömmliche Vertrauen in den klassischen Tugendkanon führt unter Bedingungen einer nur noch auf Selbstbehauptung setzenden Neuzeit nur zur Niederlage. Angesichts von Verhältnissen, die notwendigerweise keinem vernünftigen Plan mehr entsprechen und wesentlich vom Zufall bestimmt sind, bzw. angesichts der grundsätzlichen Wankelmütigkeit sowohl der Beherrschten als auch der Herrschaftskonkurrenten bestehen die wesentlichen Tugenden in der individuellen Freiheit von Angst, in situationsgebundener Klugheit sowie dem Gespür, den Zufall angemessen zu nutzen (Machiavelli 1986, 41 f.; Münkler 1990, 313 f.).

In der Tradition des Kirchenvaters Augustinus davon überzeugt, dass sich gelingendes menschliches Leben und Sterben ausschließlich der Gnade Gottes und keinerlei menschlichen Anstrengungen und Verdiensten verdankt, verlieren die Tugenden im Werk Martin Luthers ihre überragende moralische Bedeutung und werden der einen Zentraltugend, dem „Glauben", untergeordnet (Luther 1991a, 97 f.). Politisch zeichnet Luther insbesondere im Hinblick auf die von ihm als „weltliches Regiment" bezeichnete, eben nicht heilsgebundene politische Herrschaft vor allem die „Billigkeit" im Bereich der Rechtssprechung aus (1991a, 59). In unsystematischer Weise hat Luther in seinen „Tischreden" die vier Haupttugenden der Mäßigkeit, die den Leib erhält, die Gerechtigkeit, die ernährt, die Tapferkeit, die wehre, sowie die Weisheit, die alles regiere, ausgezeichnet. Tugenden sind bei Luther jene Eigenschaften, die es ermöglichen, den Alltag zu überstehen, als beste Tugend dieser Art wird die Geduld genannt, deren systematischen Grund, nämlich den Willen und die Hilfe Gottes die paganen Philosophen nicht verstanden hätten (1991c, 233). Indem die Tugenden sowohl bei Machiavelli als auch bei Luther von Moral und Gnade gleichermaßen weit entfernt sind, werden sie als Selbstbehauptungsfähigkeiten erkannt, die nicht mehr und nicht weniger als Techniken zur Bewältigung von Alltagszwängen in dem individuellen und halbwegs friedlichen Zusammenleben in der kollektiven Existenz darstellen.

Moderne

Ein systematischer Neuansatz bildete sich erst heraus, als mit der Philosophie der Aufklärung die Grundfigur der „Selbstbehauptung" nicht nur durch den Gedanken der „Selbstbestimmung", sondern – mehr noch – durch den Gedanken einer „vernünftigen Selbstbestimmung" nicht nur ergänzt, sondern überboten und neu konfiguriert wurde. Bei Jean Jacques Rousseau, dem Begründer der modernen Pädagogik so gut wie der modernen Theorie der Demokratie, erscheint „Tugend" vor allem als „moralische Güte", die als Altruismus und Einfühlungsvermögen den Menschen von Natur aus zu eigen ist (Rousseau 1998, 301 / 2). Freilich sieht Rousseau diese und andere Tugenden insbesondere in den Angehörigen des weiblichen Geschlechts angelegt, denen in besonderer Weise die Fähigkeit zugesprochen wird, Tugend zu lehren (426 f.). Die ideale Frau ist nach Rousseau dadurch ausgezeichnet, dass sie die Tugend leidenschaftlich liebt, weil es nichts Schöneres als die Tugend, als einzig wahren Pfad des Glücks, gibt. Die Tugend, die Rousseau hier meint, ist die Tugend der Keuschheit und das heißt der vorehelichen Enthaltsamkeit, der ehelichen Treue und der Abstinenz von jeder sexuellen Ausschweifung (433). Ob sich darüber hinaus ein anderer, republikanischer Tugendbegriff als psychische Fähigkeit, die Rechte anderer empathisch anzuerkennen, begründen lässt, ist eine in der Forschung derzeit intensiv erörterte Frage (Reisert 2003). Seinen schärfsten Kritiker hat Rousseau in dem zu Unrecht als pornographischen Autor bekannt gewordenen Marquis de Sade gefunden, der sich in seinen als Versuchsanordnungen zu lesenden Romanen nicht nur unmittelbar mit Rousseau (de Sade 1995a, 71) und dessen Frauenbild auseinandergesetzt hat, sondern der darüber hinaus mit den Mitteln eines aufklärerischen Materialismus den Versuch unternommen hat, republikanische Freiheit auf der Basis des Lasters zu begründen. Indem de Sade in seinen als Gedankenexperimente zu lesenden Romanen erstens demonstriert, dass noch so tugendhaftes Verhalten auf Dauer Druck und Verführung nicht standhalten kann und zweitens die Sinnlosigkeit moralisierender Strafgesetze andemonstrieren will, setzt er dem republikanischen Bürgerideal ein radikal individualistisches, protolibertäres politisches Programm entgegen, dass zwar maximale Freiheit des Einzelnen ermöglicht, ihm dafür aber auch jeden Schutz vor den Begierden seinesgleichen entzieht und somit genau dort wieder anlangt, wo die neuzeitliche Philosophie bei Thomas Hobbes angefangen hat.

Erst Immanuel Kants Programm, an die Stelle von blinden Selbstbehauptungsimperativen moralisch aufgeklärte Selbstbestimmungsnormen zu setzen, führt in der frühen Moderne zu einem Neuansatz in der Theorie der Tugenden. Kant konzipiert seine Tugendlehre als Theorie nicht rechtlich, sondern moralisch gebotener Pflichten, die die Menschen als vernünftige und freie Naturwesen gegenüber sich selbst und vor allem anderen schulden. Als Naturwesen sind die Menschen indes gleichermaßen von natürlichen Antrieben daran gehindert, die ihnen obliegenden moralischen Pflichten zu erfüllen, durch Kräfte, denen der einzelne Mensch zu widerstehen sich in der Lage sehen muss: „nämlich das zu können, was das Gesetz unbedingt befiehlt, daß er tun soll" (Kant 1956b, A3). Die basale Fähigkeit indes, es mit einem übermächtigen Gegner, hier den natürlichen Antrieben, aufnehmen zu können, ist traditionellerweise die Tapferkeit als Zentraltugend, weshalb Kant seine Lehre von der inneren menschlichen Freiheit zur „Tugendlehre" deklariert. In diesem Kontext ist auch Kants berühmte Äußerung zu verstehen, gemäß derer die Aufforderung „Habe Mut, dich deines eigenen Verstandes zu bedienen" das zentrale Prinzip der Aufklärung sei (1964, A461). Indem Kant, wohl wissend, dass es einer Ethik nicht nur um Pflichten, sondern auch um Zwecke, um anzustrebende Güter geht, in der „Metaphysik der Sitten" den Begriff eines Zwecks konstruiert, der zugleich Pflicht ist, gelangt er zu zwei Zwecken, die zugleich Pflicht seien: die eigene Vollkommenheit und die fremde Glückseligkeit. Beides unterliegt der Aufgabe, die Zwecke der Menschheit in der eigenen Person und der Entwicklung der Kultur zu entwickeln. Bei der Verfolgung dieser Ziele erweist sich dann „Tugend" als die „Stärke der Maxime des Menschen in Befolgung seiner Pflicht" (A28). was endlich in die enge Verbindung von Pflicht und eigenem Willen in Form der Gesinnung mündet. Auf dieser Basis kann Kant (A30) dann postulieren:

„Das oberste Prinzip der Tugendlehre ist: handle nach einer Maxime der Zwecke, die zu haben für jedermann ein allgemeines Gesetz sein kann.– Nach diesem Prinzip ist der Mensch sowohl sich selbst als auch anderen Zweck und es ist nicht genug, dass er weder sich selbst noch andere bloß als Mittel zu brauchen befugt ist … sondern den Menschen überhaupt sich zum Zwecke zu machen, ist des Menschen Pflicht."

Es ist demnach also zulässig, Menschen in begrenztem Ausmaß als Mittel zu eigenen Zwecken zu nutzen, sie zu „instrumentalisieren". Diese Erlaubnis steht jedoch unter dem grundsätzlichen Vorbehalt, dass sie nur unter der Bedingung in Anspruch genommen werden darf, sofern der jeweils andere Mensch in seinem Wohl und in seinem Menschsein von den jeweiligen Akteuren auch aktiv oder passiv gefördert wird.

Eine scharfe, vor allem politisch gerichtete Kritik an der Kantischen Tugendlehre hat Hegel geübt, indem er in der „Phänomenologie des Geistes" die von Robespierre exekutierte Schreckensherrschaft der „Terreur" auf dessen Anspruch, eine tugendhafte Republik zu gründen, zurückführte und diesen Anspruch wiederum systematisch in der kantischen Moral- und Tugendlehre begründet sah. Für Hegel stellte die kantische Theorie der Moral und der Tugend, die im Unterschied zur Antike moderne Moral- und Tugendlehre, jene Form der Abstraktion dar, die von der einzelnen Individualität die Aufopferung ihrer Persönlichkeit fordert – eine Aufopferung, die in einem waffengestützten Freund-Feind-Denken enden muss (Hegel 1970, 283–291). Nach Rousseaus und später Schillers Umbildung des Tugendbegriffs zu einer vor allem von Frauen erwünschbaren Charaktereigenschaft und mit Hegels und der auf ihn folgenden materialistischen Tradition Kritik am Individualismus und der Abstraktheit des Tugendbegriffs überlebte diese Tradition zwar noch im bürgerlichen Alltag, hatte aber jede systematische Bedeutung für eine Begründung von Moral oder Politik weitestgehend verloren. Dies sollte sich erst ändern, als im letzten Drittel des 20. Jahrhunderts die bisher vorherrschenden Paradigmen der Moralphilosophie in die Krise gerieten (MacIntyre 1987) und als – in einer realistischen Wiederaufnahme des materialistischen Programms – die schon in der griechischen Antike leitende Frage nach einem guten Leben (Annas 1993), nach dem Glück (Seel 1995) wieder ins Zentrum philosophischer Aufmerksamkeit rückte (Steinfath 1998; 2001; Thomä 2003).

Gegenwart

Die aktuelle Renaissance der Tugendethik resultiert erstens aus einer Kritik an den Verkürzungen rigoristischer Pflichtethiken und utilitaristischer Zweckethiken und zweitens aus der Krise klassischer Gesellschaftsvertragstheorien (Kersting 1994) in der politischen Philosophie. Gegen rigoristische Zweckethiken beharren Tugendethiken mit den Utilitarismen auf dem Anspruch jedes einzelnen menschlichen Individuums auf ein geglücktes und erfülltes Leben (Gewirth 1998) und räumen diesem Anspruch eine mindestens so große systematische Bedeutung ein wie der moralischen Pflicht, allen moralisch relevanten Wesen gegenüber gleichmäßig Gerechtigkeit üben zu sollen. Gegen alle möglichen Formen des Utilitarismus wiederum fragen Tugendethiken, ob es begründbar und zumutbar ist, den je eigenen Interessen und Wünschen kein größeres Gewicht einräumen zu sollen, als den aggregierten Wünschen aller anderen (Slote 1992; 2001). Infrage steht also, ob Individuen moralisch dazu verpflichtet sind, gemäß den verschiedenen Kalkülen vom größten Glück der größten Zahl ihre eigenen Interessen im Extremfall sogar radikal zu vernachlässigen (Frankel Paul et al. 1997).

Ihren Ausgang nahm die erneuerte Moraltheorie der Tugend von einer radikalen sprachanalytischen Überlegung nach der Bedeutung und dem Wesen dessen, was wir als „gut" bezeichnen. Als „gut" bezeichnen wir demnach das, was einem Lebewesen bzw. einer Lebensform lebensnotwendig und lebensdienlich ist (Foot 1997; 2001; Hursthouse et al. 1995). Indem dieser Fragerichtung nach das „moralische Sollen" nicht einfach unbefragt in seinem Anspruch akzeptiert wird, sondern in radikal philosophischer Einstellung danach gefragt wird, warum Menschen überhaupt moralisch sein sollen (Bayertz 2004), stößt die Philosophie wieder auf das lebendige, interessierte, biographisch geformte Individuum als Wurzel und Adressat aller moralischen Argumentation und kann zu keinem anderen Schluss kommen, als dass ohne eine Berücksichtigung dieser Interessen nach einem gedeihenden, glückenden Leben auch und gerade jene Ziele einer universalistischen Moral, die auf der Basis gleichmäßigen Wohlwollens Gerechtigkeit für alle anstrebt, schlicht nicht erreichbar ist (Slote 2001). Und zwar nicht nur aus dem „realistischen" Motiv heraus, dass ohne eine Berücksichtigung dieser Interessen keine ausreichende Motivation zum moralischen Handeln vorliegt, sondern aus der systematischen Erkenntnis heraus, dass das, worum es schließlich auch moralischen Absichten und moralischem Handeln geht, gar nichts anderes ist, als die Förderung des Wohlergehens anderer oder doch wenigstens die Verminderung ihres möglichen Unglücks. Indem die neuere Tugendtheorie darauf verweisen kann, dass noch nicht einmal der vermeintliche Begründer einer rein formalen, rigorosen Pflichtethik, nämlich Immanuel Kant, ohne einen solchen Bezug auf das menschliche Wohlergehen auskommen konnte, (Seubert 1999), wird es nun systematisch möglich, Tugend und Gerechtigkeit bzw. Tugend und Glück aus ihrer angeblichen Gegensätzlichkeit zu befreien und konstruktiv aufeinander zu beziehen (O'Neill 1996; Höffe 2007). Gleichwohl ist auch der erneuerten Tugendethik der Vorwurf der Trivialität bzw. der letztlich unbegründeten Aufgabe wesentlicher Errungenschaften modernen Denkens nicht erspart geblieben (Borchers 2001).

In der politischen Philosophie wurden die antiken und frühneuzeitlichen Programme von auf Bürgertugenden basierenden Republiken im Zuge der Auseinandersetzung um philosophische Begründungen liberaler, wohlfahrtsstaatlicher Gesellschaften (Rawls 1975) im Zuge der sogenannten „Kommunitarismusdebatte" aktualisiert (Brumlik/Brunkhorst 1993; Weber 2002). Fraglich ist demnach angesichts anomischer Tendenzen in wohlfahrtsstaatlich organisierten Gesellschaften, ob Beteiligungsrechte und Wohlfahrtssysteme alleine die Individuen dazu motivieren können, an einer Verfassung der Freiheit festzuhalten – auch dann, wenn Wohlstand und Wohlfahrt schwinden (Sandel 1982). Dabei übersieht diese Kritik, dass gerade die von Rawls konstruierte Theorie der Gerechtigkeit von Anfang an (Rawls 1975, 493 f.) auf die Notwendigkeit eines „Gerechtigkeitssinns" bei den ein liberales Gemeinwesen gründenden Parteien hingewiesen hat. Auch ideengeschichtlich lässt sich zeigen, dass gerade liberale politische Konzeptionen seit der Aufklärung systematisch auf Bürgertugenden gesetzt haben (Berkowitz 1999; Rawls 2008, 267 f.).

Tugend und Bildung

Unter dieser Bedingung stellt sich dann freiheitlich verfassten Gesellschaften eben jenes Problem, das die politische und pädagogische Philosophie seit ihren Anfängen, spätestens seit Platon und seinen Überlegungen zum Staat (Platon 1990c; Kersting 2006), umgetrieben hat – wie nämlich die künftigen Bürgerinnen und Bürger so erzogen und gebildet werden können, dass sie eine aus Vernunft und Einsicht akzeptierte politische Lebensform nicht nur hinnehmen, sondern auch aktiv für sie eintreten. Die Erkenntnis der Theorien moralischer Sozialisation und der auf ihr fußenden Annahmen zur moralischen Erziehung (s. a. Artikel „Moralerziehung") schließen eine lediglich verbale, indoktrinierende Form moralischer und politischer Erziehung aus und setzen stattdessen auf die Bildung und Formung eines moralischen Selbst (Chazan 1998), das seine Identität, seinen Charakter und seine Moralität (Flanagan/Oksenberg-Rorty 1990) und vor allem ein Verständnis für die Würde anderer Menschen (Dillon 1995; Audi 1997) in gelingenden Anerkennungsverhältnissen und das heißt im Lebenslauf in erfüllenden intersubjektiven Beziehungen vor allem unter Gleichen, also in Freundschaften (Baader et al. 2008), erwirbt.

Der zutreffende Hinweis darauf, dass Tugenden im Unterschied zu universalistischen moralischen Prinzipien kulturrelativ sind und sich daher zumal in modernen, durch Multikulturalität geprägten Gesellschaften nicht als Leitlinien moralischer Bildung eignen (Almond 1998), stellen jedoch keinen grundsätzlichen Einwand dar – im Gegenteil. Gerade weil Tugenden nur im Plural auftreten und gerade weil sie auf jeweilige konkrete Gesellschaften bezogene charakterliche Voraussetzungen für das Verankern und Leben moralischer Prinzipien darstellen, eignen sie sich in ihrer wechselseitigen Bezogenheit besonders gut zur Konkretisierung allgemeiner Moralprinzipien. Vor diesem Hintergrund lassen sich gerade für demokratische Gesellschaften auch demokratische Tugenden benennen, Charaktereigenschaften, über die Menschen verfügen müssen, sollen sie eine demokratische Ordnung nicht nur stützen können, sondern in ihr auch das Glück der Öffentlichkeit erfahren können (Brumlik 2002, 241 f.). Unabhängig davon ist auch der Versuch unternommen worden, einen dünnen Begriff des transkulturell Guten unter Hinblick auf eine offene Liste anthropologischer Universalien und der ihnen zugrunde liegenden notwendigen Fähigkeiten zu entwerfen (Nussbaum 1999), – ein Programm, das zunehmend mehr zur normativen Grundlage einer professionstheoretisch aufgeklärten, demokratisch und wohlfahrtsstaatlich orientierten Erziehungswissenschaft wird (Otto / Ziegler 2008). Wie eng Bildung und Glück indes zusammenhängen können, zeigt wiederum eben jene Lebensform, in der der Kontakt der Generationen so eng wie sonst nie ist, die (moderne) Familie. Diese „riskante Lebensform" (Thomä 1992, 150) ermöglicht es, jenseits aller philosophischen Theoriebildung, durch Bildung Glück nicht nur zu befördern, sondern es auch zu gewähren und es eben dadurch in gesteigerter Weise zu erfahren.

Literatur

Almond, B. (1998): Exploring Ethics. A Travellers Tale. Blackwell, Oxford

Annas, J. (1993): The Morality of Happiness. University Press, Oxford

Aristoteles (2003a): Politik. Rowohlt, Reinbek

– (1972): Die Nikomachische Ethik. dtv, München

Audi, R. (1997): Moral Knowledge and Ethical Character. University Press, Oxford

Baader, M. S., Bilstein, J, Wulf, Ch. (Hrsg.) (2008): Die Kultur der Freundschaft. Praxen und Semantiken in anthropologisch – pädagogischer Perspektive. Beltz, Weinheim / Basel

Bayertz, K. (2004): Warum überhaupt moralisch sein? Beck, München

Berkowitz, P. (1999): Virtue and the Making of Modern Liberalism. University Press, Cambridge

Borchers, D. (2001): Die neue Tugendethik. Schritt zurück im Zorn? Mentis, Paderborn

Brumlik, M. (2002): Bildung und Glück. Versuch einer Theorie der Tugenden. Philo, Berlin

–, Brunkhorst, H. (Hrsg.) (1993): Gemeinschaft und Gerechtigkeit. S. Fischer, Frankfurt / M.

Chazan, P. (1998): The Moral Self. Routledge, London

Cicero, M. T. (1989): De finibus bonorum et malorum. Über das höchste Gut und das größte Übel. Reclam, Stuttgart

Dillon, R. S. (Hrsg.) (1995): Dignity, Character and Self-Respect. Routledge, New York

Flanagan, O., Oksenberg-Rorty (Hrsg.) (1990): Identity, Character and Morality. MIT Press, Cambridge

Foot, P. (2001): Die Natur des Guten. Suhrkamp, Frankfurt / M.

– (1997): Die Wirklichkeit des Guten. Moralphilosophische Aufsätze. S. Fischer, Frankfurt / M.

Frankel Paul, E., Jeffrey, P., Miller, F. D. (Hrsg.) (1998): Virtue and Vice. Cambridge University Press, New York

–, –, – (Hrsg.) (1997): Self Interest. Press Syndicate of the University of Cambridge, Cambridge

Gewirth, A. (1998): Self-Fulfillment. Press Syndicate of the University of Cambridge, Cambridge

Hegel, G. W. F. (1970): Phänomenologie des Geistes. Suhrkamp, Frankfurt / M.

Höffe, O. (2007): Lebenskunst und Moral oder macht Tugend glücklich. Beck, München

Hursthouse, R., Lawrence, G., Quinn, W. (Hrsg.) (1995): Virtues and Reasons. Philippa Foot and Moral Theory. Oxford University Press, New York

Kant, I. (1964): Was ist Aufklärung? In: Werke. Bd. 9. Wissenschaftliche Buchgesellschaft, Darmstadt, 53–64

– (1956): Werke. Bd. 7. Die Metaphysik der Sitten. Wissenschaftliche Buchgesellschaft, Darmstadt

Kersting, W. (2006): Platons Staat. Akademie Verlag, Berlin

– (1994): Die politische Philosophie des Gesellschaftsvertrags. Primus, Darmstadt

Luther, M. (1991a): Luther Deutsch: Die Werke Luthers in Auswahl. Bd. 2: Der Reformator. Vandenhoeck & Ruprecht, Göttingen

– (1991b): Luther Deutsch: Die Werke Luthers in Auswahl. Bd. 7: Der Christ in der Welt. Vandenhoeck & Ruprecht, Göttingen

– (1991c): Luther Deutsch: Die Werke Luthers in Auswahl. Bd. 9: Die Tischreden. Vandenhoeck & Ruprecht, Göttingen

Machiavelli, N. (1986): Il Principe / Der Fürst. Reclam, Stuttgart

MacIntyre, A. (1987): Der Verlust der Tugend. Zur moralischen Krise der Gegenwart. Campus, Frankfurt / M.

Münkler, H., Machiavelli, N. (1984): Die Begründung des politischen Denkens der Neuzeit aus der Krise der Republik Florenz. S. Fischer, Frankfurt / M.

Nussbaum, M. C. (1999): Nicht-relative Tugenden: ein aristotelischer Ansatz. In: Nussbaum, M. C.: Gerechtigkeit oder Das gute Leben. Akademie Verlag, Berlin

O'Neill, O. (1996): Tugend und Gerechtigkeit. Eine konstruktive Darstellung des praktischen Denkens. Akademie Verlag, Berlin

Otto, H. U, Ziegler, H. (Hrsg.) (2008): Capabilities – Handlungsbefähigung und Verwirklichungschancen in der Erziehungswissenschaft. VS Verlag, Wiesbaden

Pieper, J. (1986): lieben – hoffen – glauben. Kösel, München

Platon (1990a): Charmides. Werke 1. Wissenschaftliche Buchgesellschaft, Darmstadt

– (1990b): Menon. Werke 2. Wissenschaftliche Buchgesellschaft, Darmstadt

– (1990c): Politeia. Werke 4. Wissenschaftliche Buchgesellschaft, Darmstadt

Rawls, J. (2008): Geschichte der politischen Philosophie. Suhrkamp, Frankfurt / M.

– (1992): Die Idee des politischen Liberalismus. Suhrkamp, Frankfurt/M.

– (1975): Eine Theorie der Gerechtigkeit. Suhrkamp, Frankfurt/M.

Reisert, J. R. (2003): Jean-Jacques Rousseau. A Friend of Virtue. Cornell University Press, Ithaca/London

Ritter, J., Gründer, K. (Hrsg.) (1998): „Tugend/Tugendlehre". Historisches Wörterbuch der Philosophie. Bd. 10. Wissenschaftliche Buchgesellschaft, Darmstadt, 1532–1572

–, – (Hrsg.) (1980): „Lasterkatalog". Historisches Wörterbuch der Philosophie. Bd 5. Wissenschaftliche Buchgesellschaft, Darmstadt, 38

Rousseau, J.-J. (1998): Emil oder Über die Erziehung. Reclam, Stuttgart

Sade, A. D. F. de (1995a): Justine oder die Leiden der Tugend. Könemann, Köln

– (1995b): Die Philosophie im Boudoir. Könemann, Köln

Sandel, M. (1982): Liberalism and the Limits of Justice. University Press, Cambridge

Seel, M. (1995): Versuch über die Form des Glücks. Suhrkamp, Frankfurt/M.

Seneca, L. A. (1984): Vom glückseligen Leben und andere Schriften. Reclam, Stuttgart

Seubert, S. (1999): Gerechtigkeit und Wohlwollen. Bürgerliches Tugendverständnis nach Kant. Campus, Frankfurt/M.

Slote, M. (2001): Morals from Motives. Oxford University Press, New York

– (1992): From Morality to Virtue. Oxford University Press, New York

Steinfath, H. (2001): Orientierung am Guten. Suhrkamp, Frankfurt/M.

– (Hrsg.) (1998): Was ist ein gutes Leben? Philosophische Reflexionen. Suhrkamp, Frankfurt/M.

Thomä, D. (2003): Vom Glück in der Moderne. Suhrkamp, Frankfurt/M.

– (1992): Eltern. Kleine Philosophie einer riskanten Lebensform. Beck, München

Weber, V. (2002): Tugendethik und Kommunitarismus. Königshausen & Neumann, Würzburg

Übergänge in den Beruf

Von Barbara Stauber und Andreas Walther

Einleitung: Übergänge in Lebenslauf und Biographie

Begreift man Soziale Arbeit als „Unterstützung bei der Bewältigung des Lebenslaufs" (Böhnisch et al. 2005, 122), dann sind Übergänge in den Beruf direkt und indirekt Gegenstand sozialpädagogischen Handelns: indirekt, weil die Bewältigung des Lebenslaufs immer auch die Bewältigung von Anforderungen im Kontext von Erwerbsarbeit beinhaltet; direkt, weil Jugendberufshilfe und Beschäftigungsförderung explizite sozialpädagogische Handlungsfelder darstellen. Übergänge in den Beruf werden gemeinhin als eine zentrale Dimension des Verhältnisses von Lebenslauf und Biographie verstanden. Während der Lebenslauf die institutionelle Strukturierung individueller Lebensverläufe durch Bildungssystem, Arbeitsmarkt und Wohlfahrtsstaat bezeichnet, unterstreicht Biographie die subjektive Aneignung des Lebenslaufs durch die Individuen. Die Soziale Arbeit ist dabei einerseits „Mitregentin im Lebenslaufregime" (Schefold 2005, 1133) der Arbeitsgesellschaft, insofern sie Jugendliche normalisierend an den begrenzten bzw. begrenzenden Anforderungen und Möglichkeiten von Ausbildung und Erwerbsarbeit orientieren soll. Andererseits bedeutet das Selbstverständnis lebensweltorientierter Sozialer Arbeit, an den subjektiven Erfahrungen, Arbeitsorientierungen und Lebensentwürfen der Jugendlichen und jungen Erwachsenen anzusetzen und sie anzuerkennen (Galuske 2004).

Die Übergänge zwischen den institutionalisierten Lebensphasen und vor allem der Übergang von der Schule in den Beruf bergen besondere Risiken bzw. Unterstützungsbedarf und haben in unserer erwerbszentrierten Gesellschaft (s. u.) besondere Relevanz für soziale Integration. Jugendarbeitslosig-

keit, Jugendliche ohne Berufsausbildung und prekäre Erwerbskarrieren stehen dabei für eine Zunahme an Ungewissheit und Unsicherheit von Übergängen in den Beruf. Aus der Perspektive subjektorientierter Übergangsforschung sind sie jedoch auch Ausdruck einer generellen Entstandardisierung von Lebensläufen (Stauber et al. 2007).

Der Beitrag setzt ein mit der Beschreibung der Strukturen des Übergangs von der Schule in den Beruf und der in ihnen enthaltenen Ungleichheiten und Risiken. Besonderes Augenmerk erhalten dabei die sozialpädagogische Jugendberufshilfe und das „Orientierungsdilemma" (Galuske 1993), das sich aus dem wohlfahrtsstaatlichen Spannungsverhältnis von Lebenslauf und Biographie für das sozialpädagogische Handeln ergibt. Eine reflexive Handlungsperspektive erfordert es, über ihre konkrete institutionelle Verortung hinauszuschauen. Zum einen wird deshalb der Blick auf die Strukturen des Übergangs durch einen international vergleichenden Blick auf unterschiedliche Übergangsregimes in Europa vervollständigt. Zum anderen wird eine biographische Perspektive junger Frauen und Männer auf den Übergang in den Beruf eingenommen, mit der Voraussetzungen und Prinzipien des Handelns der Subjekte genauso reflektiert werden wie die Tatsache, dass sich aus subjektiv-biographischer Sicht Übergänge in den Beruf nicht von anderen Teilübergängen und anderen Lebensbereichen trennen lassen. Vor dem Hintergrund der international vergleichenden wie auch der biographischen Perspektive wird im Schlussteil eine Sozialpädagogik des Übergangs skizziert, die über die institutionelle Engführung der sozialpädagogischen Jugendberufshilfe hinausweist.

Otto/Thiersch (Hg.), Handbuch Soziale Arbeit, 4. A., DOI 10.2378/ot4a.art170,

Strukturen des Übergangs von der Schule in den Beruf

Zur Beschreibung der Strukturen des Übergangs von der Schule in den Beruf hat sich seit den 1990er Jahren der Begriff des Übergangssystems eingebürgert. Die Übergangsforschung bezog diesen Begriff auf die Gesamtheit der gesellschaftlichen Akteure, Strukturen und Prozesse, die in die Übergänge junger Frauen und Männer ins Erwerbsleben involviert waren (Brock 1991). Mit der Einführung eines nationalen Bildungsberichts hat dieser Begriff eine Verengung auf Hilfen für diejenigen Jugendlichen und jungen Erwachsenen erfahren, denen der Einstieg in Ausbildung oder Arbeit nicht gelingt (BMBF 2008b, 155). Um dem Missverständnis vorzubeugen, der Begriff Übergänge beziehe sich nur auf problematische Bildungs- und Erwerbsverläufe, aber auch, um Probleme und Hilfen im Übergang von den institutionell als „normal" angesehenen Verlaufsmustern her verständlich zu machen, werden im Folgenden die grundlegenden Strukturen des Übergangs von der Schule in den Beruf skizziert.

Institutioneller Ausgangspunkt von Übergängen in den Beruf ist die *Schule*, deren Besonderheit in Deutschland darin besteht, dass in einigen Bundesländern SchülerInnen bereits nach vier Schuljahren entsprechend ihrer Leistungen auf unterschiedliche weiterführende Bildungsgänge verteilt werden. Internationale Leistungsvergleichsstudien weisen darauf hin, dass die selektive Differenzierung des deutschen Schulsystems soziale Ungleichheiten nach Bildung und beruflichem Status und nach ethnischer Herkunft nicht nur widerspiegelt, sondern noch verstärkt (BMBF 2008b; Pohl 2008). Eine weitere Ungleichheitskategorie ist das Geschlecht, mit der neuerdings eine Bildungsbenachteiligung von Jungen thematisiert wird (Shell-Jugendstudie 2006).

Im Anschluss an die Schule schließt sich für diejenigen, die kein Studium aufnehmen können oder wollen, entsprechend der allgemeinen Normalitätserwartung als Wunsch eine *Berufsausbildung* an. Bei ca. 75 % handelt es sich dabei um betriebliche Ausbildungen im Rahmen des sogenannten dualen Systems. Ausbildungen in den Gesundheits-, Sozial- und Verwaltungsberufen sind dagegen schulisch organisiert (BMBF 2008b, 158).

Seit den 1990er Jahren ist das Angebot an betrieblichen Ausbildungsstellen um fast ein Viertel zurückgegangen. Neben konjunkturellen Gründen ist dies zum einen dem wirtschaftlichen Strukturwandel geschuldet, da das duale System traditionell auf Handwerks- und Facharbeiterberufen basiert, deren Beschäftigungsbedeutung langsam zurückgeht, während es sich in den meisten neuen Dienstleistungstätigkeiten nicht etablieren konnte. Zum anderen haben sich viele Betriebe angesichts ungewisser Entwicklungsbedarfe aus dem dualen System zurückgezogen. Neu geschaffene Ausbildungsberufe konnten diesen Rückgang so gut wie nicht auffangen, das Angebot schulischer Ausbildungen ist weder in Bezug auf die beruflichen Profile noch auf die Zahl der Ausbildungsplätze ausgeweitet worden (BMBF 2008b). Dadurch hat sich der Wettbewerb um Ausbildungsplätze erheblich verschärft. Nur 36 % aller Jugendlichen, die sich 2006 für eine Ausbildung interessierten, begannen tatsächlich auch eine. HauptschulabgängerInnen stellen nur 30 % aller Auszubildenden in betrieblichen und schulischen Ausbildungsgängen und konzentrieren sich in wenigen statusniedrigen Ausbildungsberufen (BMBF 2008a, 79, 134). Der mittlere Schulabschluss, den gut 40 % eines Jahrgangs erwerben, gilt inzwischen als ausbildungsbezogenes „Existenzminimum". Die Hauptschule, die knapp 30 % mit und ca. 8 % ohne einen Abschluss verlassen, sieht sich dem Stigma „Restschule" ausgesetzt (Solga 2002).

In der Schule reproduzierte oder hergestellte Ungleichheiten verfestigen sich in der beruflichen Bildung. Dies gilt in besonderem Maße für Jugendliche mit Migrationshintergrund, deren Ausbildungsbeteiligung gegenüber den 1990er Jahren noch sinkt (BMBF 2008a; Pohl 2008). Dies gilt auch, allerdings in geringerem Maße, für Mädchen und junge Frauen, denen die Umsetzung ihrer höheren Schulabschlüsse in adäquate Ausbildungsabschlüsse oft verwehrt ist (Granato / Schittenhelm 2004). Gleichzeitig stellen die schulischen Ausbildungsgänge, in denen Mädchen überrepräsentiert sind, höhere Anforderungen bei schlechteren Berufsperspektiven im Vergleich zu den männlich dominierten dualen Ausbildungsberufen.

Eine zentrale Rolle im Übergang zwischen Schule und Ausbildung nimmt die Berufsberatung der Arbeitsverwaltung ein, über die ein großer, wenn auch abnehmender Teil der AusbildungsbewerberInnen vermittelt wird. Als wohlfahrtsstaatliche Institution ist die *Berufsberatung* dem Leitziel „alle müssen unterkommen" verpflichtet (Ostendorf 2005). Diejenigen, die keinen Ausbildungsplatz finden, müssen deshalb das obligatorische schulische Berufsvorbereitungs- oder Berufsgrundbildungsjahr absolvieren. Die Mehrheit bleibt auch nach diesem Jahr ohne Ausbildung und wird dementsprechend in *Maßnahmen des „Übergangssystems"* vermittelt. Die Zahl der sogenannten „Altbewerber" um eine betriebliche Ausbildungsstelle ist seit Ende der 1990er Jahre stark angestiegen, so dass sich fast genauso viele Jugendliche in diesem Übergangssystem befinden wie in regulären schulischen oder betrieblichen Ausbildungen (BMBF 2008b, 97). Dies sind zum einen nicht vollqualifizierende berufsschulische Maßnahmen wie die einjährige Berufsfachschule, das Berufsgrundbildungs- sowie das Berufsvorbereitungsjahr, die für AbgängerInnen des allgemeinen Schulsystems unter 18 Jahren verpflichtend sind. Zum anderen sind dies Maßnahmen der sozialpädagogischen Jugendberufshilfe bzw. der arbeitsweltbezogenen Jugendsozialarbeit. Diese haben das Ziel, die Wettbewerbsfähigkeit bzw. Ausbildungsreife der TeilnehmerInnen zu erhöhen, erweisen sich aber häufig ebenfalls als reine Warteschleifen. Nach Studien des BiBB und des DJI sind ca. 40 % der Jugendlichen, die nach der Schule nicht in eine Ausbildung, sondern in Maßnahmen des Übergangssystems mündeten, auch 15 Monate später weder in Arbeit noch Ausbildung (Reißig et al. 2006, 14; BMBF 2008b, 167).

Die Jugendberufshilfe – Brücke zur Arbeitswelt oder Cooling-out-Mechanismus?

Die Jugendberufshilfe ist ein sozialpädagogisches Handlungsfeld innerhalb der Jugendsozialarbeit und, seitdem sich in den 1980er Jahren Jugendarbeitslosigkeit als strukturelles Massenphänomen etabliert hat, ein stetig wachsender und sich ausdifferenzierender Akteur des „Übergangssystems" (Galuske 2004). Sie ist primär dann zuständig, wenn Jugendliche auch nach Berufsberatung und schulischer Berufsvorbereitung keine reguläre Ausbildung beginnen, als „benachteiligt" diagnostiziert oder „nicht ausbildungsreif" eingestuft werden. Diese teilweise im Sozialgesetzbuch kodifizierten Zugangsbedingungen schreiben die Nachrangigkeit

der Maßnahmen der Jugendberufshilfe als kompensatorische Bildung zum Ausgleich von individuellen Sozialisationsdefiziten fest. Ziel der Jugendberufshilfe ist es, Jugendliche „fit zu machen" für Ausbildung und Arbeit, ihnen eine „Brücke zur Arbeitswelt" zu sein, wobei sich ihre Maßnahmen grob in vier Bereiche einteilen lassen (Bothmer 2001):

- *Berufsorientierung* ist ein eher präventiver Handlungsansatz zur Unterstützung Jugendlicher bei der Berufswahl. Dabei geht es – oft in Kooperation mit Schulen – mittels sozialpädagogisch begleiteter Praxiserfahrungen primär um eine generelle Auseinandersetzung mit der Arbeitswelt, um das Kennenlernen von Berufen, um realistische Selbsteinschätzung von Stärken und Schwächen und deren Wert auf dem Arbeits- und Ausbildungsmarkt sowie um das Überwinden verengter Ausbildungswünsche von Mädchen und Jungen.
- *Berufsvorbereitung* zielt auf diejenigen, die auch nach der schulischen Berufsvorbereitung nicht in eine Ausbildung einmünden, was individuellen Defiziten wie zu niedrigen Schulabschlüssen, fehlenden Sprachkenntnissen, nicht angepasstem Sozialverhalten oder unrealistischen Berufsvorstellungen zugeschrieben wird. Sozialpädagogische Berufsvorbereitung besteht in der Regel aus einer Mischung praktischer Tätigkeiten – klassischerweise in Projektwerkstätten, zunehmend in Betrieben –, dem Nachholen oder der Verbesserung schulischer Abschlüsse, der Klärung von Berufswünschen, Bewerbungstrainings sowie der Hilfe bei der Bewältigung psychosozialer Probleme oder schwieriger Lebensumstände.
- *Sozialpädagogische Begleitung außerbetrieblicher Berufsausbildungen* bezieht sich auf einen geringen Anteil von benachteiligten Jugendlichen (z. B. AbgängerInnen von Förderschulen, Jugendliche mit Sprachdefiziten), die eine vollqualifizierende berufliche Ausbildung in einer Jugendhilfeeinrichtung oder einem Bildungswerk absolvieren und dabei sozialpädagogisch begleitet werden.
- *Beschäftigungsmaßnahmen bzw. Arbeitsgelegenheiten* sind Angebote für diejenigen Jugendlichen, denen aufgrund ihres Alters oder ihrer Karriere keine Ausbildung mehr zugetraut wird. In der Regel handelt es sich um unqualifizierte Tätigkeiten im Bau- und Renovierungsbereich, in der Hauswirtschaft und in sozialen Einrichtungen, in denen Jugendliche und junge Erwachsene zusätzlich zur

Grundsicherung (Hartz IV bzw. SGB II) eine geringe Aufwandsentschädigung erhalten („1-Euro-Jobs").

Finanziert wird die Mehrheit der Maßnahmen von der Agentur für Arbeit über das Arbeitsförderungsgesetz (SGB III) oder das Grundsicherungsgesetz (SGB II), wohingegen eine Förderung nach §13 „Jugendsozialarbeit" des Kinder- und Jugendhilfegesetzes (SGB VIII) nachrangig ist.

Bereits 1993 attestierte Michael Galuske (1993) der Jugendberufshilfe ein „Orientierungsdilemma", da sie Jugendlichen falsche Hoffnungen machen, und bestenfalls die Reihenfolge in der Schlange vor den Toren des Arbeitsmarktes, aber niemals deren Länge beeinflussen könne. Darin zeigt sich die Widersprüchlichkeit des Zugangskriteriums „Benachteiligung", das strukturelle Engpässe – den Mangel an Ausbildungs- und Arbeitsplätzen – in pädagogisch zu kompensierende Defizite übersetzt, und das über einen weder wissenschaftlich fundierten noch juristisch kodifizierten Begriff der fehlenden „Ausbildungsreife" auf eine größere Zielgruppe ausgedehnt wurde (Walther 2002; Ahmed 2008; Eberhard 2006).

Der individualisierende, defizitorientierte Ansatz resultiert aus einem historisch gewachsenen normativen Verständnis von Arbeit als „Beruf". Das vorherrschende Normalarbeitsverhältnis wiederum verknüpft berufliche Positionen mit dem System sozialer Sicherung, das über den Zugang zu Alters- und Krankenversicherung einen Anreiz zur Erwerbsarbeit darstellt und gleichzeitig gegen den unverschuldeten Ausfall von Erwerbseinkommen absichert (Walther 2002; 2006). Es entstammt der Wirtschaftswunderkonstellation der Nachkriegszeit und entspricht einem „Integrationsmodell der Erreichbarkeit" (Böhnisch et al. 2005), demzufolge diejenigen, die sich an dem durch Bildung und Wohlfahrtsstaat institutionalisierten Normallebenslauf beteiligen, in den Genuss einer durch volle gesellschaftliche und Konsumteilhabe geprägten Normalbiographie kommen. Diese geschlechterblinde, weil auf lebenslange männliche Erwerbsverläufe in Vollzeitbeschäftigung beschränkte „Realfiktion" (Ostner 1987) ist in den übergangsbezogenen Institutionen nach wie vor enthalten, erfüllt im Kontext der Entgrenzung der Arbeitsgesellschaft (174 ff.) jedoch noch eine weitere Funktion: Sie dient im Wettbewerb um knapper gewordene anerkannte, attraktive und sichere berufliche Positionen der Legitimation ungleicher Teilhabe am Arbeitsmarkt und der Akzeptanz prekärer Erwerbsverhältnisse. Gesellschaftlich „angeheizte" Ansprüche werden mit dem Verweis auf eine Überschätzung der eigenen Wettbewerbsfähigkeit „abgekühlt". Dieser Cooling-out-Mechanismus (Goffman 1962) der Jugendberufshilfe erklärt, warum sich auch angesichts konstant niedriger Vermittlungsquoten in Ausbildung und Arbeit an den häufig wenig motivierenden Arbeits- und Bildungsinhalten (benachteiligte Jugendliche müssten erst einmal lernen, was Arbeiten heißt) kaum etwas geändert hat (Galuske 1993). Hier zeigt sich die primäre wohlfahrtsstaatliche Funktion von Jugendberufshilfe als „Gate-Keeperin", die Zugänge zu beruflichen und gesellschaftlichen Positionen im Lebenslaufregime reguliert (Schefold 1996; Walther 2011).

Die „Gesetze für moderne Dienstleistungen am Arbeitsmarkt" (Hartz-Gesetze von 2002/2004) haben die Jugendberufshilfe insofern verändert, als das Grundprinzip sogenannter aktivierender Arbeitsmarktpolitik, d.h. die Koppelung von Hilfeleistungen wie materielle Grundsicherung oder Qualifizierungsmaßnahmen an die Erwartung und Kontrolle eigener aktiver Arbeitssuche und Anspruchsreduktion, in unterschiedlichem Umfang auch auf die Jugendberufshilfe ausgedehnt wurde (Polutta 2005; Rietzke 2006). Auch wenn keineswegs der gesamte AdressatInnenkreis der Jugendberufshilfe mangels Ansprüchen auf Sozialleistungen zur engeren Zielgruppe von Hartz IV gehört, so hat sich der Grundsatz des Förderns und Forderns und die damit einhergehende Aushöhlung des Berufsprinzips in der Benachteiligtenförderung in einer allgemeinen Erhöhung des Anpassungsdrucks niedergeschlagen (Stauber et al. 2007).

Die bereits vor der Einführung aktivierender Arbeitsmarktpolitik bestehenden Schwierigkeiten der Jugendberufshilfe subjekt- und lebensweltorientierte Prinzipien und Handlungsansätze gegenüber arbeitsmarktpolitischen Imperativen in einer Strategie der Einmischung durchzusetzen, haben sich seitdem noch verstärkt (Rietzke 2006). Programmatische Neuformierungen der Jugendberufshilfe – als „Kompetenzagenturen" oder als lokales oder regionales „Übergangsmanagement" (Arnold et al. 2005; Lex et al. 2006) – sind als Versuche zu verstehen, eine missachtete und übergangene

Fachlichkeit in Bezug auf die Unterstützung junger Frauen und Männer gegenüber mächtigeren institutionellen Akteuren neu ins Spiel zu bringen. Ihre schwache Position im Übergangssystem rührt jedoch nicht daher, dass sozialpädagogisches Handeln nicht gebraucht würde oder keine Wirkungen zeigte. Biographische Lernprozesse, die Jugendliche in der Jugendberufshilfe durchlaufen – sei es nach langen Phasen der Entmutigung, überhaupt wieder Ausbildung oder Arbeit zu einem Teil ihrer Lebensentwürfe zu machen, sei es, Erfahrungen von Erniedrigung und Entfremdung gegenüber längerfristigen Konsequenzen des Abbruchs einer Ausbildung abzuwägen, sei es, Lebensperspektiven jenseits einer anerkannten Erwerbsbiographie zu entwickeln (Galuske 2004; Stauber et al. 2007) – werden der Jugendberufshilfe erst dann als Erfolg oder Wirkung zugeschrieben, wenn sie sich in Vermittlungsquoten in Ausbildung und Arbeit niedergeschlagen haben. Diese liegen jedoch nur zu einem geringen Anteil in ihrem Einflussbereich. Will sie ihre Handlungsspielräume erweitern, muss sie folglich die in den herrschenden Übergangsstrukturen enthaltenen Normalitätsannahmen reflexiv überschreiten; z. B. mittels eines „Blicks von außen", durch den internationalen Vergleich unterschiedlicher Übergangsstrukturen oder durch eine biographische Perspektive auf die Bedürfnisse und Interessen, Erfahrungen und Handlungsstrategien der Subjekte.

Unterstützung in unterschiedlichen Übergangsregimes in Europa im Vergleich

So wie sich übergangsbezogene Probleme und Hilfen nur in ihrem Verhältnis zu geltenden Normalitätsannahmen verstehen lassen, muss auch eine international vergleichende Vergewisserung der Handlungsmöglichkeiten der Jugendberufshilfe, verstanden als „sekundäre Normalisierung", eingebettet sein in den Vergleich der Regelstrukturen „primärer Normalisierung" im Übergang (Schefold 1996; Treptow 2005; Walther 2011).
Die vergleichende Übergangsforschung hat in Anlehnung an den Vergleich von Wohlfahrtsstaaten und „Wohlfahrtsregimes" (Esping-Andersen 1990; Schmid 2002; Opielka 2004) ein Modell sogenannter Übergangsregimes entwickelt. Damit

sind idealtypische sozio-ökonomische, institutionelle und kulturelle Konstellationen und die sich daraus ableitenden Logiken gemeint, die den Übergang von der Schule in den Beruf jeweils unterschiedlich strukturieren – auch als ‚Klima der Normalität', das nicht nur institutionelle Strukturen und politische Maßnahmen, sondern auch individuelle biographische Entscheidungen prägt (Walther 2011).
Primäre Strukturen der Normalisierung im Übergang von der Schule in die Arbeit, die ein Vergleich umfassen muss, sind zuerst die Selektivität oder Durchlässigkeit von Schule und die Standardisierung sowie der Arbeitsmarktbezug beruflicher Bildung und allgemeine Strukturen des Arbeitsmarktes einschließlich der Erwerbsbeteiligung von Frauen (Müller / Shavit 1998; Pfau-Effinger 2000). Daran schließen sekundäre Integrationsweisen in Bezug auf den Zugang zu und das Niveau von sozialer Sicherung an, sowie unterschiedliche Ziele und Orientierungen in den Übergangshilfen für benachteiligte bzw. arbeitslose Jugendliche. Verwoben mit diesen institutionellen Strukturen finden sich unterschiedliche kulturelle Vorstellungen von Jugend im Allgemeinen und von Benachteiligung im Übergang im Besonderen. Hier lassen sich zwei generelle Deutungsmuster unterscheiden, zwischen denen sich nationale Übergangssysteme verorten lassen: Jugendliche sind arbeitslos, weil sie benachteiligt sind, d. h., Übergangsprobleme werden auf individuelle Bildungs- oder Sozialisationsdefizite zurückgeführt, deren Kompensation Bedingung für den Zugang ins reguläre Ausbildungs- und Erwerbssystem ist; oder sie gelten als benachteiligt, weil sie arbeitslos sind, d. h., Arbeitslosigkeit wird strukturell gedeutet und bearbeitet, etwa durch die Schaffung zusätzlicher Ausbildungs- und Beschäftigungsmöglichkeiten. Entlang dieser Dimensionen lassen sich Übergangsstrukturen in Europa vier Regimetypen zuordnen (Pohl / Walther 2006; Walther 2011):

- Im *universalistischen Übergangsregime* der skandinavischen Länder genießen Jugendliche vollen Bürgerstatus und haben individuellen Zugang zu sozialer Sicherung und allgemeinen Anspruch auf Bildungsgeld. „Bildung für alle" heißt außerdem, dass berufliche und allgemeine Bildung flexibel in einem System integriert sind, in dem vier von fünf

SchulabgängerInnen die Hochschulreife erhalten und in dem vielfältig und niedrigschwellig Zugang zu Beratung besteht. Benachteiligung wird individuell zugeschrieben, aber strukturell beantwortet durch individuelle Zugänge ins reguläre Übergangssystem, v. a. präventiv durch möglichst langen Verbleib im allgemeinen Bildungssystem. Insofern Jugend vor allem mit individueller Persönlichkeitsentwicklung gleichgesetzt wird, ist Motivation durch Wahlmöglichkeiten und positive Anreize aber auch Prinzip aktivierender Arbeitsmarktpolitik.

▪ Im *liberalen Übergangsregime*, dem v. a. die angelsächsischen Länder zuzurechnen sind, stehen individuelle Rechte und Verantwortlichkeiten im Vordergrund. Jugend ist vor allem durch die Erwartung früher ökonomischer Unabhängigkeit charakterisiert. Ab dem 18. Lebensjahr besteht zwar ein individueller Anspruch auf Sozialhilfe, deren Sätze sind jedoch niedrig und der Bezug ist an rigide Pflichten gekoppelt. Im Bildungssystem bestehen im Anschluss an die gesamtschulische Pflichtschulzeit Wahlmöglichkeiten in der flexibilisierten Oberstufe, in der sich berufs- und allgemeinbildende Elemente im Rahmen eines modularisierten Abschlusssystems individuell kombinieren und anrechnen lassen. Benachteiligung wird in erster Linie als fehlende Arbeitsbereitschaft interpretiert und Aktivierung vor allem durch Sanktionen und negative Anreize umgesetzt, während die Jugendhilfe zunehmend zur Kontrollinstanz der Schule geworden ist. Die Risiken ihrer individualisierten Bildungs- und Erwerbskarrieren liegen in erster Linie in der Verantwortung der Einzelnen.

▪ Im *erwerbsarbeitszentrierten Übergangsregime* in den westeuropäischen Ländern (darunter Deutschland) ist die Koppelung eines selektiven Schulsystems an ein standardisiertes Berufsbildungssystem Grundlage für die Spaltung in einen Kern von Normalarbeitsverhältnissen mit niedriger Frauenerwerbsbeteiligung und eine prekäre Peripherie. Diese Spaltung zeigt sich auch in der Trennung zwischen Sozialversicherung und Grundsicherung, auf die in Deutschland für unter 27-Jährige kein automatischer, von der Familie unabhängiger Anspruch besteht. Scheiternde Übergänge in ein Normalarbeitsverhältnis werden individuellen Bildungs- oder Sozialisationsdefiziten zugeschrieben. Berufsvorbereitende Maßnahmen führen häufig zu reinen Warteschleifen und prekären Positionen. Aktivierung ist ein eher neues Phänomen, das in einem gewissen Widerspruch zur Orientierung an beruflichen Normalarbeitsverhältnissen steht.

▪ Im *unter-institutionalisierten Übergangsregime* der südeuropäischen Länder sind Übergänge vor allem durch strukturelle Defizite geprägt. Obwohl in den meisten Ländern drei Viertel aller SchulabgängerInnen die Hochschulreife erreichen, ist ihr Übergangsprozess vor allem durch eine lange Abhängigkeit von der Herkunftsfamilie, hohe Jugendarbeitslosigkeit und informelle Arbeit charakterisiert. Neben der starken alters-, regional- und geschlechterdifferenzierenden Segmentation des Arbeitsmarktes spiegeln sich fragmentierte Berufsbildungsstrukturen und mangelnde Ansprüche junger Frauen und Männer auf Sozialleistungen im Fehlen eines institutionalisierten Jugendstatus. Der „Vorteil" des Strukturdefizits ist, dass Ansatzpunkte für aktivierende und stigmatisierende Maßnahmen fehlen, während Freiräume, wenn auch prekäre, für individuelles Ausprobieren und Initiativen des Dritten Sektors bestehen.

▪ Die *post-sozialistischen Staaten* lassen sich nicht als ein konsistentes Übergangsregime beschreiben. Die Orientierung der Transformationsregierungen vor allem an liberalen oder erwerbsorientierten Übergangsstrukturen geht spezifische Mischungsverhältnisse mit dem sozialistischen Erbe der Normalität verlässlicher, dabei aber nur bedingt wählbarer Übergangsoptionen ein. In vielen Ländern führt die De-Institutionalisierung zu einer unter-institutionalisierten Realität, nur in Ausnahmefällen (Slowenien) zu einer Annäherung an das universalistische Regime.

Sozialpädagogisch und sozialpolitisch relevant ist ein solches Regime-Modell, weil es die Kontingenz von Normalitäten, die vermeintlichen Selbstverständlichkeiten und die Abhängigkeit der Unterstützungsangebote von allgemeineren Strukturkonstellationen verdeutlicht. Es zeigt, dass bestehende Strukturen einem bestimmten historischen Entwicklungspfad folgen, innerhalb dessen nur eine bestimmte Variationsbreite von Handlungsansätzen und Deutungsmustern möglich ist. Scheinbar gleiche Trends – wie etwa Aktivierung – können in unterschiedlichen Kontexten unterschiedliche Bedeutungen haben, Spielräume einengen oder eröffnen, so dass „Maßnahmeimporte" scheitern oder sogar kontraproduktiv wirken können. „Lernen von den Anderen" muss also Mechanismen der Pfadabhängigkeit berücksichtigen, wonach sich einzelne Praxisansätze nicht isoliert übertragen lassen. Der Vergleich ermöglicht aber sowohl nach „funktionalen Äquivalenten" zu suchen, anhand derer sich vergleichbare Ziele erreichen lassen, als auch eigene Ziele und Normalitäten in Frage zu stellen. Die Produktivität des Vergleichs liegt damit vor allem im Erkenntnisgewinn durch Kontrastierung (Pohl / Walther 2006).

Übergänge in den Beruf in biographischer Perspektive

Übergänge sind nicht nur strukturell, sondern auch aus der Subjektperspektive komplizierter geworden und werden für viele Jugendliche und junge Erwachsene zunehmend zum Planungs- und Orientierungsparadox: sich aktiv um die eigene berufliche Zukunft kümmern zu müssen, ohne sich wirklich handlungsfähig zu fühlen; planen zu sollen, permanent aber an die Grenzen von Planbarkeit zu stoßen; sich zu orientieren, ohne wirklich zu wissen, woran und wohin. Dieses kann als ein wesentliches Resultat einer gesellschaftlichen Individualisierung, d. h. einer sukzessiven Verlagerung von eigentlich gesellschaftlich zu bearbeitenden Themen in den Zuständigkeitsbereich der Individuen, verstanden werden (Beck 1986; Böhnisch 2008) – ohne dass sichergestellt wäre, dass die Individuen auf die hierfür nötigen Ressourcen zurückgreifen können. In der Tat ist hierin auch der zentrale Mechanismus zu sehen, über den in spätmodernen Gesellschaften soziale Ungleichheit hergestellt bzw. reproduziert wird.

Die biographische Perspektive erkennt die Relevanz dieser Individualisierungs-Zumutung für die Lebenslagen von Jugendlichen und jungen Erwachsenen an, aber auch die Wirkungen, die sie auf der Subjekt-Ebene hinterlässt: die Annahme, es sei möglich, die Regie über die eigene Übergangsbiographie zu bekommen und zu halten, wenn man sich nur genügend bemüht, ist auf der Ebene individueller Selbstkonzepte angekommen: Selbststeuerung und Selbstorganisation sind zu Kernelementen spätmoderner Identitätsarbeit geworden (Keupp et al. 1999).

Alle Jugendsurveys und Jugendstudien zeigen dabei, dass Arbeit und Beruf einen zentralen Stellenwert in den Lebensentwürfen junger Frauen und Männer einnehmen (Shell-Jugendstudie 2006; Eurobarometer 2007). Hierbei stehen keineswegs nur materielle und statusbezogene Aspekte von Arbeit im Vordergrund, sondern auch soziale und selbstbezogene. Die große Mehrheit der Jugendlichen ist sich außerdem dessen bewusst, dass sie ohne Ausbildung kaum Aussicht auf eine zufriedenstellende Erwerbskarriere hat und dass angesichts der Knappheit und des Wettbewerbs auf dem Ausbildungs- und Arbeitsmarkt Kompromisse und Flexibilität notwendig sind (Stauber et al. 2007). Nun darf nicht aus dem Blick geraten, dass diese beruflichen Übergänge vielfach verzahnt sind mit einer ganzen Reihe von anderen Übergängen. Ein solchermaßen ganzheitlicher Blick auf das breite Spektrum an Lebensthemen ist eine zentrale Dimension der biographischen Perspektive auf Übergänge. So sind Übergänge in den Beruf eng verflochten mit:

- *Übergängen in Bezug auf die Herkunftsfamilie* – und der Aufgabe, neue, alters- und lebenslagengerechte Beziehungen zu den Eltern zu entwickeln. Verlängerte ökonomische Abhängigkeit und komplizierter gewordene Übergänge in den Beruf sind hier vielfach eine Herausforderung an die Gestaltung dieser Beziehungen (Liegle / Lüscher 2003).
- Damit verbunden sind zeitlich verschobene *Übergänge in den Wohn- und Lebensformen*, die häufig auf das „Nesthocker"-Phänomen eines verlängerten Verbleibs im Elternhaus (vor allem junger Männer; Papastefanou 2008) verkürzt werden. Ein Gegenbeispiel wäre die ausbildungsbedingte Mobilität in entfernte Regionen (besonders unter ostdeutschen jungen Frauen; Bock 2008). Der internationale Vergleich zeigt, dass unterschiedliche Faktoren hier zusammenwirken: von früher ökonomischer Selbstständigkeit über das Bestehen eines Mietwohnungsmarktes, über gender-bezogene Stile im Umgang der Eltern mit ihren Söhnen und Töchtern bis hin zum allgemeinen Anspruch auf staatliche Unterstützung.
- Auch *Übergänge zu eigenen Liebesbeziehungen und stabilen Partnerschaften* finden häufig zeitgleich mit (Aus-)Bildungsentscheidungen statt und können zu beruflichen Plänen in Widerspruch

geraten. Umgekehrt können Brüche in beruflichen Übergängen auch mit Dynamiken in Liebesbeziehungen zu tun haben, deren biographische Bedeutung anerkannt werden muss (Winter/Neubauer 2005; BZgA 2007).

- Für manche jungen Frauen und Männer geht es schon während der Übergänge in den Beruf um den *Übergang in die Elternschaft*, verbunden mit erfahrenen oder vorweggenommenen Vereinbarkeitsproblemen (Bois-Reymond et al. 2008).
- Und gleichzeitig sind junge Frauen und Männer immer auch mit *Lebensstil-Übergängen* beschäftigt (Stauber 2004). Ihre jugendkulturellen Selbstinszenierungen sind symbolische Entwürfe für die eigenwillige Gestaltung von Übergängen und die Entwicklung von Lebensentwürfen.

Diese inhaltlich unterschiedlich gelagerten Übergänge finden gleichzeitig statt, auch wenn aus der *Subjektperspektive* einmal die einen, einmal die anderen in den Vordergrund treten. Sie haben ihre jeweils eigene Logik und Dynamik, sie können Widersprüche generieren und stellen junge Frauen und Männer immer wieder vor enorme Herausforderungen. Die *Fragmentierung* individuell zu vereinbarender Teilübergänge, die sich immer stärker vom Übergang in den Beruf entkoppeln, ist ein zentraler Aspekt der Entstandardisierung von Übergängen zwischen Jugend und Erwachsensein, die *nicht* als lineare Bewegungen zu denken sind. Vielmehr folgen sie einer Struktur, die im Kontext international vergleichender Übergangsforschung mit einem Yo-Yo verglichen wird (Stauber/Walther 2002; Stauber et al. 2007): Sie sind Hin- und Herbewegungen zwischen Jugend und Erwachsensein, charakterisiert durch *Reversibilität* (auf Schritte der Verselbstständigung können jederzeit Gegenbewegungen folgen) und durch *Diversifizierung* (sie folgen immer weniger standardisierten Mustern, sondern bilden im Zusammenspiel von Übergangsstrukturen und individuellen Bewältigungsstrategien vielfältige biographische Konstellationen aus). Immer mehr Übergänge junger Frauen und Männer in den Beruf stimmen nicht mehr mit den Normalitätsannahmen einer linearen Statuspassage von der Jugend zum Erwachsensein überein, werden institutionell entweder nicht wahrgenommen oder aber als abweichend und riskant stigmatisiert. In der gleichen Bewegung wird soziale Ungleichheit individualisiert.

Das Konzept der Yo-Yo-Übergänge hat hier in erster Linie heuristische Funktion: Es geht um die Sensibilisierung dafür, dass in manchen dieser Teilübergänge junge Frauen und Männer bereits Erwachsene sind (oder sein müssen), in anderen dagegen noch (oder wieder) Jugendliche. Im Kontrast zu herkömmlichen Diskursen der Lebenslauf- und der Jugendforschung, nach denen die Jugendphase ein zeitlich begrenztes, wenn auch verlängertes „Bildungsmoratorium" zur Vorbereitung auf die Anforderungen des Erwachsenenstatus darstellt, stehen hier biographische Übergänge in ihrer potenziell auf Dauer gestellten Dynamik im Zentrum.

Junge Frauen und Männer als AkteurInnen in Übergängen

Übergänge sind dabei nicht als latent problematisch zu betrachten, sondern als latent ereignisreich: Hier passiert biographisch und gesellschaftlich Relevantes. Damit rückt das Handeln junger Frauen und Männer in den Blickpunkt, mit dem sie individuelle Lebensentwürfe entwickeln und gleichzeitig zur Gestaltung sozialer Beziehungen beitragen – wie etwa der Generationen – und Geschlechterbeziehungen, der interkulturellen Beziehungen, der Partizipationsverhältnisse etc.

Eine Handlungsperspektive auf junge Frauen und Männer in entstandardisierten Übergängen (Pohl et al. 2011) kann in einer ersten begrifflichen Annäherung anknüpfen an das Konzept der Lebensbewältigung (Böhnisch 2008): Es geht darum, mit den vielfältigen Herausforderungen, Fragen und Problemen, die sich in den verschiedenen Teilübergängen stellen, zurechtzukommen. Im Konzept der Lebensbewältigung spiegelt sich die Doppelgesichtigkeit der Individualisierung. Lebensbewältigung ist nicht nur eine gesellschaftliche Anforderung an die Individuen, sondern auch ein Anspruch junger Frauen und Männer an sich selbst. Damit weist das hier Geleistete über die schiere Bewältigung von Problemen hinaus – denn mit dem Zurechtkommen-Müssen und Zurechtkommen-Wollen verbindet sich systematisch auch ein eigenwilliger Gestaltungsanspruch (Stauber 2004). Der Blick auf die Handlungsfähigkeit von Subjekten in unterschiedlichen Bedingungsgefügen lässt aber die Rückgebundenheit in sozial strukturierte Kontexte nicht aus dem Blick, und greift damit auf, was Giddens (1988) die Dualität von Struktur nennt: ein Handeln ermöglichender, Handeln strukturierender, aber durch Handeln selbst auch wieder hervorgebrachter dynamischer Zusammenhang. Dieser dialektische Zusammenhang lässt sich beispielhaft an Prozessen des „doing gender" aufzeigen (Gildemeister 2004): Vor dem Hintergrund dessen, dass junge Frauen und Männer oft sehr unterschiedlich in Verantwortlichkeiten eingebunden sind, liegt der Rückgriff auf „Gendertypisches" in der Bewältigung der Dilemmata, die durch die Teilübergänge entstehen können, oft näher als das Betreten und Erproben neuer und ungesicherter Wege. Nichtsdestotrotz findet auch dieses statt (Schittenhelm 2005).

Berufsbezogene Lebensbewältigung besteht im Kern darin, einen subjektiv stimmigen Weg zwischen Anpassung an gegebene Möglichkeiten und der Umsetzung eigener Vorstellungen zu finden. Hinzu kommt Flexibilität im Hinblick auf Ausbildungsinhalte, räumliche Mobilität im Hinblick auf regional ungleiche Ausbildungsmärkte, Frustrationstoleranz in Bezug auf nicht umsetzbare Berufspläne. Die im Subtext mitlaufende Anforderung besteht darin, sich durch Brüche in der Übergangsbiographie nicht demotivieren zu lassen, sondern als Anlass für Neuorientierung zu begreifen. Motivation zu mobilisieren und aufrechtzuerhalten wird geradezu zu einer Grundvoraussetzung, um gegen die vielfältigen Rückschläge auf dem Weg in Ausbildung und Arbeit gewappnet zu sein (Stauber et al. 2007).

In der im Kontext von Individualisierung permanenten Erwartung, die eigenen berufsbezogenen Entscheidungen und biographischen Entwicklungen zu erklären und zu begründen (Burkart 2006), liegen die Ebenen einer strukturellen Anforderung und eines Selbstanspruchs sehr nahe beieinander: was von außen als Zwang zur Selbstbegründung wirkt, geht einher mit dem Bedürfnis nach kompetenter Selbstdarstellung – nicht nur vor der Erwachsenenwelt, sondern auch in Gleichaltrigenbeziehungen.

Die Anforderung der Begründbarkeit steht in Verbindung mit dem Anspruch, mit Teilautonomien kompetent umgehen zu können, die zum Beispiel daraus resultieren, dass sich der Verbleib in der Herkunftsfamilie aufgrund schwieriger Übergänge in den Beruf verlängert. „Verselbstständigung" muss immer wieder neu zwischen den Generationen ausgehandelt werden – ein mehr oder weniger verdecktes Geschlechterthema, insofern hier vielfach geschlechterbezogene Erwartungen und Verantwortlichkeiten hin- und hergeschoben werden: Immer mehr junge Männer und vor allem junge Frauen bekommen nicht nur, sondern leisten familiäre Unterstützung (Stauber / Bois-Reymond 2006).

Die Übernahme von Verantwortung erweist sich als ein Balance-Thema, denn gleichzeitig müssen junge Frauen und Männer zunehmend auch für sich selbst Verantwortung übernehmen. Selbstorganisation wird zum Credo einer ganzen Generation, wozu gehört, den eigenen Unterstützungsbedarf zu erkennen und sich selbsttätig Hilfe zu organisieren. Dies bezieht sich auf institutionelle Hilfesysteme genauso wie auf die Organisation eigener (informeller) Netzwerke. Damit lassen sich Gegengewichte schaffen zum individualisierten Zurechtkommen, allerdings können Netzwerke auch limitierend wirken (Pohl et al. 2005).

Die Ambivalenzen entstandardisierter Übergänge sind als biographische Dilemmata zu beschreiben, ohne deren Verständnis sich die Strategien, anhand derer junge Frauen und Männer versuchen, ihre Übergänge in den Beruf zu bewältigen, nicht analysieren lassen. (Mindestens) vier Handlungsprinzipien sind als Voraussetzungen für subjektiv tragfähige Bewältigungsstrategien zu nennen:

- *Wählen* zu können als kulturelle Selbstverständlichkeit der Lebensführung in individualisierten Gesellschaften, die Identifikation mit dem eigenen Lebensentwurf ermöglicht, gleichzeitig aber Orientierung voraussetzt;
- *Optionen offen zu halten* im Sinne biographischer Flexibilität für den Fall, dass sich bessere Ausbildungs- oder Erwerbschancen als die momentan verfügbaren auftun, oder aber die institutionell versprochenen Integrationsverheißungen nicht erfüllen sollten;
- die *Vereinbarkeit* des Übergangs in den Beruf mit anderen Lebensbereichen und Teilübergängen, nicht nur zwischen (Herkunfts- oder eigener) Familie und Beruf, sondern auch zwischen Geldverdienen, Ausbildung und den Erwartungen der Gleichaltrigen, was auch
- *Selbstinszenierungen* einschließt im Sinne des Ausprobierens von Ausdrucksformen, mit denen jugendkulturelle und berufliche Anforderungen

vereinbart und Identität als dynamischer, Widerständigkeit explizit einbeziehender Prozess ausbalanciert werden kann (Walther 2008; Stauber 2004; Keupp et al. 1999).

Diese (und andere) Handlungsmodi in Übergängen zentrieren um eine basale biographische Kompetenz, die es in biographischen Übergängen zu entwickeln gilt: „Biographizität" als Fähigkeit, das Verhältnis zwischen gesellschaftlichen Anforderungen, den Möglichkeiten (hier: für berufliche Übergänge) und den eigenen Bedürfnissen und Interessen in Bezug auf den Lebenslauf zu reflektieren und zu gestalten (Alheit/Dausien 2000). Der Erwerb dieser „Schlüsselkompetenz" ist eine Art heimlicher Lehrplan der späten Moderne, an dem sich eine sozialpädagogische Jugendberufshilfe, die nicht nur nachrangige Kompensation leisten will, orientieren muss.

Perspektiven einer Sozialpädagogik des Übergangs

In der Jugendberufshilfe zeigt sich das grundsätzliche Dilemma der Sozialen Arbeit von Hilfe und Kontrolle als „Orientierungsdilemma" einer nachrangigen und defizitorientierten Cooling-out-Maßnahme, das sich im Zuge aktivierender Arbeitsmarktpolitik noch verschärft. Eine reflexive Handlungsperspektive erfordert perspektivisch die Überschreitung ihrer institutionellen Verortung im deutschen Übergangssystem. Dies ist hier zum einen durch den international vergleichenden Blick auf unterschiedliche Übergangsregimes und ihre besonderen Normalitätsannahmen, zum anderen durch eine biographische Perspektive auf subjektive Erfahrungen, Orientierungen und Handlungsstrategien versucht worden.

Diese weiterführende sozialpädagogische Handlungsperspektive soll abschließend im Sinne einer *Sozialpädagogik des Übergangs* kurz umrissen werden. Damit ist eine Unterstützung bei der Bewältigung biographischer Übergänge gemeint, die nicht im Sinne des Gate-Keeping an das Scheitern sogenannter benachteiligter Jugendlicher an normalbiographischen Anforderungen geknüpft ist, sondern sich vor dem Hintergrund komplexerer Anforderungen und zunehmender Risiken entstandardisierter Übergänge an alle jungen Frauen und

Männer im Übergang richtet (Walther 2006). Dies heißt, dass Unterstützung – wie etwa im universalistischen Übergangsregime – integriert wird in die Regelinstanzen von Bildung, Ausbildung und Erwerbsarbeit. Eine allgemeine Unterstützung im Übergang übersieht dabei nicht, dass manche junge Frauen und Männer mehr Unterstützung brauchen als andere: längerfristige Beratungsprozesse, Zugang zu zusätzlichen Bildungsmöglichkeiten, aber auch finanzielle oder lebenspraktische Unterstützung. Solche Ungleichheiten werden jedoch nicht zum Anlass für stigmatisierende individualisierende Defizitzuschreibungen, sondern im Kontext von gesellschaftlicher Segmentation gedeutet.

Eine Sozialpädagogik des Übergangs orientiert sich nicht nur an der Bewältigung von Übergängen, sondern an deren subjektiv sinnvollen Gestaltung, wodurch sozialpädagogische Unterstützung für junge Frauen und Männer, die alles andere wollen als sozialpädagogische Zielgruppe zu sein, attraktiv wird. Unterstützung wird da geboten, wo sie gewollt wird (Stauber et al. 2007).

Pädagogisch bedeutet die Verlagerung von kompensatorischer Bildung hin zur Aneignung von Biographizität die Notwendigkeit non-formaler Bildungsräume, die jungen Frauen und Männern die Erfahrung ermöglichen, konkret gestalten zu können und sozusagen sichtbar etwas zu bewirken, was in Ausbildungs- und Arbeitsverhältnissen nicht immer gegeben ist: lernen, sich selbst darzustellen; lernen, sich aufeinander zu beziehen; lernen, informelle soziale Ressourcen zu erschließen; lernen, sich zu erproben, zu gestalten, Geschlechterrollen zu variieren; lernen, die eigene Motivation in den Aufs und Abs von Yo-Yo-Übergängen zu bewahren; lernen, die eigene Bildungsbiographie zu reflektieren, das heißt bestehende und geforderte Kompetenzen abzugleichen und neues an bestehendes Wissen anzuschließen. Ein solches Lernen findet nicht in abgeschlossenen Maßnahmen statt, sondern im „richtigen Leben", im Rahmen individueller sozialer Netzwerke, auf deren Entwicklung und Ausbalancieren sich sozialpädagogische Unterstützung konzentrieren könnte (Pohl et al. 2005).

Zentrales Prinzip einer Sozialpädagogik des Übergangs ist deshalb *Partizipation* im Sinne biographischer Selbstbestimmung der AdressatInnen; nicht nur, weil dies dem Prinzip von Chancengleichheit auf Selbstbestimmung in demokratischen Gesellschaften entspricht, sondern auch, weil dies eine

Voraussetzung für die Motivation ist, sich für den eigenen Übergang zu engagieren. Partizipation bedeutet dabei Wahlmöglichkeiten zwischen Übergangshilfen, Flexibilität für individualisierte Übergangskonstellationen, Offenheit von Beratungs- und Orientierungsprozesse, Zeit und Raum, um auszuprobieren, Anerkennung der Legitimität subjektiver Berufswahlansprüche unabhängig von ihren Realisierungschancen, Vertrauensbeziehungen zu Professionellen anstatt institutionelle Normalisierungszwänge, Raum für das Austragen von Konflikten sowie die Einbeziehung der junger Frauen und Männer als „SozialpartnerInnen" in die Steuerung übergangspolitischer Institutionen (Stauber et al. 2007; Walther 2008).
Sozialpädagogik des Übergangs ist dabei ein Versuch, die Jugendberufshilfe angesichts der Entstandardisierung von Lebensläufen aus ihrer Nachrangigkeit gegenüber anderen Institutionen zu befreien. Allerdings erfordert ein solcher Paradigmenwechsel eine Integrierte Übergangspolitik, die nicht nur Verhandlungsrechte junger Erwachsener absichert, sondern sich aus einer ganzheitlich-biographischen Perspektive durch eine stärkere Koordination und Durchlässigkeit zwischen übergangsrelevanten Politikbereichen sowie durch eine Balance von Flexibilität und Absicherung, etwa durch eine Grundsicherung im Übergang, auszeichnet (Walther 2006; Stauber et al. 2007). Integrierte Übergangspolitik erfordert auch eine neue Qualität institutioneller Reflexivität, da Unterstützung für junge Frauen und Männer in ihren individualisierten Übergangslagen Unterschiedliches bedeutet und sich unterschiedlich auswirkt.

Literatur

Ahmed, S. (2008): Sozial benachteiligte und ausbildungsunreife junge Frauen und Männer!? Oder: die individualisierte Deutung schwieriger Übergänge in Ausbildung und Arbeit. In: Rietzke, T., Galuske, M. (Hrsg.): Lebensalter und Soziale Arbeit. Band 4: Junges Erwachsenenalter. Schneider Hohengehren, Baltmannsweiler, 174–199

Alheit, P., Dausien, B. (2000): Die biografische Konstruktion der Wirklichkeit. Überlegungen zur Biografizität des Sozialen. In: Hoerning, E. M. (Hrsg.): Biografische Sozialisation. Lucius, Stuttgart, 257–283

Arnold, H., Böhnisch, L., Schröer, W. (Hrsg.) (2005): Sozialpädagogische Beschäftigungsförderung. Juventa, Weinheim / München

–, Lempp, T. (Hrsg.) (2007): Regionale Gestaltung von Übergängen in Beschäftigung. Juventa, Weinheim / München

Beck, U. (1986): Risikogesellschaft. Auf dem Weg in eine andere Moderne. Suhrkamp, Frankfurt / M.

Blossfeld, H.-P., Klijzing, E., Mills, M., Kurz, K. (Hrsg.) (2005): Globalization, Uncertainty and Youth in Society. Routledge, London

BMBF – Bundesministerium für Bildung und Forschung (2008a): Berufsbildungsbericht 2008. Bertelsmann, Bielefeld

– (2008b): Bildung in Deutschland 2008. Bertelsmann, Bielefeld

Bock, K. (2008): Junge Erwachsene in Ost und West. In: Rietzke, T., Galuske, M. (Hrsg.): Lebensalter und Soziale Arbeit. Band 4: Junges Erwachsenenalter. Schneider, Hohengehren / Baltmannsweiler, 70–81

Böhnisch, L. (2008): Sozialpädagogik der Lebensalter. 5. Aufl. Juventa, Weinheim / München

–, Schröer, W., Thiersch, H. (2005): Sozialpädagogisches Denken. Juventa, Weinheim / München

Bois-Reymond, M. D., Leccardi, C., Magaraggia, S., Menz, S. (2008): Young Parenthood, Agency and Social Change. Thematic Report for the UP2YOUTH-Project. In: http://www.up2youth.org/downloads/task,cat_view/gid,19/, 25.10.2009

Bothmer, H. v. (2001): Jugendsozialarbeit in der Jugendhilfe – Ein Überblick. In: Fülbier, P., Münchmeier, R. (Hrsg.): Handbuch Jugendsozialarbeit. Votum, Münster, 443–468

Brock, D. (1991): Übergangsforschung. In: Brock, D., Hantsche, B., Kühnlein, G., Meulemann, H., Schober, K. (Hrsg.): Übergänge in den Beruf. Zum Stand der Forschung. DJI, Weinheim / München, 9–27

Burkart, G. (2006): Die Ausweitung der Bekenntniskultur – neue Formen der Selbstthematisierung? VS-Verlag, Wiesbaden

BZgA (2007): Jugendsexualität 2006. Repräsentative Wiederholungsbefragung von 14–17jährigen und ihren Eltern. BZgA, Köln

Eberhard, V. (2006): Das Konzept der Ausbildungsreife. Ein ungeklärtes Konstrukt im Spannungsfeld unterschiedlicher Interessen. Ergebnisse aus dem BIBB. Wissenschaftliche Diskussionspapiere 83. BIBB, Bonn

Esping-Andersen, G. (1990): The Three Worlds of Welfare Capitalism. Polity Press, Cambridge

Eurobarometer (2007): Young Europeans. A Survey Among Young People Aged between 15–30 in the European Union. Analytical Report. Eurostat, Brüssel

Galuske, M. (2004): Lebensweltorientierte Jugendsozialarbeit. In: Grundwald, K., Thiersch, H. (Hrsg.): Praxis lebensweltorientierter Sozialer Arbeit. Juventa, Weinheim / München, 233–247

– (1993): Das Orientierungsdilemma. Jugendberufshilfe, sozialpädagogische Selbstvergewisserung und die modernisierte Arbeitsgesellschaft. KT-Verlag, Bielefeld

Giddens, A. (1988): Die Konstitution der Gesellschaft. Campus, Frankfurt / M. / New York

Gildemeister, R. (2004): Doing Gender – Soziale Praktiken der Geschlechterunterscheidung. In: Becker, R., Kortendiek, B. (Hrsg.): Handbuch Frauen- und Geschlechterforschung. VS-Verlag, Wiesbaden, 132–140

Goffman, E. (1962): On „Cooling the Mark out": Some Aspects of Adaptation and Failure. In: Rose, A. L. (Hrsg.): Human Behavior and Social Processes. Houghton Mifflin, Boston

Granato, M., Schittenhelm, K. (2004): Junge Frauen: Bessere Schulabschlüsse – aber weniger Chancen beim Übergang in die Berufsausbildung. Aus Politik und Zeitgeschichte B28, 31–39

Keupp, H., Ahbe, T., Gmür, W., Höfer, R., Mitzscherlich, B., Kraus, W., Straus, F. (1999): Identitätskonstruktionen: das Patchwork der Identitäten in der Spätmoderne. Rowohlt, Reinbek

Lex, T., Gaupp, N., Reißig, B., Adamczyk, H. (2006): Übergangsmanagement: Jugendliche von der Schule ins Arbeitsleben lotsen. Ein Handbuch aus dem Modellprogramm „Kompetenzagenturen". DJI, München

Liegle, L., Lüscher, K.(2003): Generationenbeziehungen in Familie und Gesellschaft. UTB, Opladen

Müller, W., Shavit, Y. (1998): Bildung und Beruf im institutionellen Kontext. Eine vergleichende Studie in 13 Ländern. Zeitschrift für Erziehungswissenschaft 4, 501–533

Opielka, M. (2004): Sozialpolitik. Grundlagen und vergleichende Perspektiven. Rowohlt, Reinbek

Ostendorf, H. (2005): Steuerung des Geschlechterverhältnisses durch eine politische Institution. Die Mädchenpolitik der Berufsberatung. Leske & Budrich, Opladen

Ostner, I. (1987): Individualisierung der Familie? In: Karsten, M. E., Otto, H.-U. (Hrsg.): Die sozialpädagogische Ordnung der Familie. Beiträge zum Wandel familialer Lebensweisen und sozialpädagogischer Interventionsformen. Juventa, Weinheim / München, 69–86

Papastefanou, C. (2008): Kevin noch immer zu Haus: Von Nesthockern im jungen Erwachsenenalter. In: Rietzke, T., Galuske, M. (Hrsg.): Lebensalter und Soziale Arbeit. Band 4: Junges Erwachsenenalter. Schneider, Hohengehren / Baltmannsweiler, 51–70

Pfau-Effinger, B. (2000): Kultur und Frauenerwerbstätigkeit in Europa. Theorie und Empirie des internationalen Vergleichs. Leske & Budrich, Opladen

Pohl, A. (2008): Junge Erwachsene und Migration. In: Rietzke, T., Galuske, M. (Hrsg.): Lebensalter und Soziale Arbeit. Band 4: Junges Erwachsenenalter. Schneider, Hohengehren / Baltmannsweiler, 82–103

–, Stauber, B., Walther, A. (2011): Jugend als Akteurin sozialen Wandels. Juventa, Weinheim / München (i. E.)

–, –, – (2005): Ohne doppelten Boden, aber mit Netz? Informelle Netzwerke junger Frauen und Männer beim Übergang in die Arbeit, ihre Voraussetzungen und sozialpädagogische Möglichkeiten, sie zu stärken. In: Otto, U., Bauer, P. (Hrsg.): Mit Netzwerken professionell zusammenarbeiten. Band 1. DGVT, Tübingen, 299–331

–, Walther, A. (2006): Benachteiligte Jugendliche in Europa. Aus Politik und Zeitgeschichte 47, 26–36

Polutta, A. (2005): Passgenaue Integrationsstrategien. Was die reformierten arbeitsmarktpolitischen Instrumente in den Blick nehmen. Sozial extra 5, 24–29

Reißig, B., Gaupp, N., Hofmann-Lun, I., Lex, T. (2006): Schule – und dann? Schwierige Übergänge von der Schule in die Berufsausbildung. DJI, München

Rietzke, T. (2006): Jugendberufshilfe und Hartz. Anmerkungen zu den Auswirkungen aktivierender Arbeitsmarktpolitik auf die Praxis der Jugendberufshilfe, In: Schweppe, C., Sting, S. (Hrsg.): Sozialpädagogik im Übergang. Juventa, Weinheim / München, 193–205

Schefold, W. (2005): Lebenslauf. In: Otto, H.-U., Thiersch, H. (Hrsg.): Handbuch Sozialarbeit / Sozialpädagogik. 3. Aufl. Ernst Reinhardt, München / Basel, 1122–1136

– (1996): Sozialwissenschaftliche Aspekte international vergleichender Forschung in der Sozialpädagogik. In: Treptow, R. (Hrsg.): Internationaler Vergleich und internationale Kooperation in der Sozialpädagogik. Schäuble, Rheinfelden, 89–106

Schittenhelm, K. (2005): Soziale Lagen im Übergang. Junge Migrantinnen und Einheimische zwischen Schule und Ausbildung. VS-Verlag, Wiesbaden

Schmid, J.(2002): Wohlfahrtsstaaten im Vergleich. Soziale Sicherung in Europa: Organisation, Finanzierung, Leistungen und Probleme. Leske & Budrich, Opladen

Shell-Jugendstudie (2006): Jugend 2006. 15. Shell-Jugendstudie. Fischer, Frankfurt a. M

Solga, H. (2002): „Ausbildungslosigkeit" als soziales Stigma in Bildungsgesellschaften. Kölner Zeitschrift für Soziologie und Sozialpsychologie 3, Jg. 54, 476–505

Stauber, B. (2004): Junge Frauen und Männer in Jugendkulturen: Selbstinszenierungen und Handlungspotentiale. Leske & Budrich, Opladen

–, Bois-Reymond, M. du (2006): Familienbeziehungen im Kontext verlängerter Übergänge. Eine intergenerative Studie aus neun europäischen Ländern. Zeitschrift für Soziologie der Erziehung und Sozialisation 2, Jg. 26, 206–221

–, Pohl, A., Walther, A. (2007): Subjektorientierte Übergangsforschung. Rekonstruktion und Unterstützung biographischer Übergänge junger Erwachsener. Juventa, Weinheim / München

–, Walther, A.(2002): Junge Erwachsene. In: Schröer, W., Struck, N., Wolff, M. (Hrsg.): Handbuch Kinder- und Jugendhilfe. Juventa, Weinheim / München, 113–147

Treptow, R.(2005): International Vergleichende Sozialpädagogik. In: Thole, W. (Hrsg.): Grundriss Soziale Arbeit. 2. Aufl. Leske & Budrich, Opladen, 897–910

Walther, A. (2011): Konstruktionen von Hilfebedarf im internationalen Vergleich. Lebenslaufregimes als Bezugsrahmen für den vergleichende sozialpädagogische Forschung. In: Oelerich, G., Otto, H.-U. (Hrsg.): Empirische Forschung und Soziale Arbeit. Ein Studienbuch. VS-Verlag, Wiesbaden

– (2008): Die Entdeckung der jungen Erwachsenen: eine neue Lebensphase oder die Entstandardisierung des Lebenslaufs? In: Rietzke, T., Galuske, M. (Hrsg.) (2008): Lebensalter und Soziale Arbeit. Band 4: Junges Erwachsenenalter. Schneider, Hohengehren / Baltmannsweiler, 10–36

– (2006): Von der Jugendberufshilfe zu einer Sozialpädagogik des Übergangs? International vergleichende Perspektiven einer Integrierten Übergangspolitik jenseits des deutschen Entwicklungspfads von Bismarck bis Hartz. In: Schweppe, C., Sting, S. (Hrsg.): Sozialpädagogik im Übergang. Juventa, Weinheim / München, 205–221

– (2002): „Benachteiligte Jugendliche": Widersprüche eines sozialpolitischen Deutungsmusters. Soziale Welt 1, Jg. 53, 87–106

–, Bois-Reymond, M. du, Biggart, A. (2006): Participation in Transition. Motivation of Young Adults in Europe for Learning and Working. Peter Lang, Frankfurt / M.

Winter, R., Neubauer, G. (2005): Körper, Männlichkeit und Sexualität. Männliche Jugendliche machen „ihre" Adoleszenz. In: King, V., Flaake, K. (Hrsg.): Männliche Adoleszenz. Sozialisation zwischen Kindheit und Erwachsensein. Campus, Frankfurt / New York, 207–226

Vormundschaft / Pflegschaft

Von Peter Hansbauer

Geschichte

Die Vormundschaft über Minderjährige, also die Übertragung väterlicher bzw. elterlicher Rechte und Pflichten an Dritte und die Kontrolle ihrer Einhaltung durch das Gemeinwesen, ist eines der ältesten Rechtsinstitute, das der abendländische Kulturkreis kennt. Die ersten Versuche, Rechte und Pflichten des Vormunds juristisch zu fassen, lassen sich bereits im „attischen Recht" – vor rund 2.500 Jahren – sowie im „römische Zivilrecht" nachweisen. Auch im „deutschen Recht" war die Vormundschaft schon früh verankert (Oberloskamp 1998, 2 f.). Hier oblag die Vormundschaft („Munt") zunächst der gesamten Sippe, auch wenn sie von einem einzelnen Beauftragten ausgeübt wurde, in dessen Hausgemeinschaft der „Muntling" eintrat. Im späten Mittelalter ging dann die Obervormundschaft – d. h. die Verantwortung für die Vormundschaft – zunehmend auf den König bzw. die Städte über, die für das Kind einen Vormund bestimmten (Schlüter 1960; Bader 1963; Pelz 1966). Daneben war es üblich, dass Kinder in Findel- und Waisenhäusern oder Armenanstalten unter der Vormundschaft der Leitung dieser Einrichtungen (Anstaltsvormundschaft) standen (Scherpner 1979, 168 ff.).

Die *Pflegschaft* ist nicht grundsätzlich verschieden von der Vormundschaft, sondern kann als eine eingeschränkte Form der Vormundschaft gesehen werden. Schon das Preußische Allgemeine Landrecht (1794) differenzierte zwischen Vormundschaft und Pflegschaft, wobei es sich hier auf die Trennung von *tutel* und *cura* im römischen Recht stützte: Vormundschaft lag vor, wenn der Vormund die Sorge für die Person und das Vermögen des Mündels im Ganzen übertragen erhielt, Kuratel dagegen, wenn der Kurator einzelne Angelegenheiten oder einen bestimmten Kreis von Angelegenheiten zu versehen hatte. Die Preussische

Vormundschaftsordnung (1875) behielt diese Unterscheidung bei und bildete die Kuratel zur „Pflegschaft" weiter. Mit dem Bürgerlichen Gesetzbuch (BGB), das am 1. Januar 1900 in Kraft trat, wurden dann die entsprechenden Regelungen zur „Pflegschaft" unter den Titel „Vormundschaft" gestellt, um damit deutlich zu machen, dass die Pflegschaft nicht als selbstständiges Rechtsgebilde zu behandeln sei, sondern einen Bestandteil des Vormundschaftsrechts darstelle (Haff 1947, 137 f.; Boschan 1956, 8 ff.).

Obwohl die Vormundschaft im Verlauf ihrer Entwicklung unterschiedliche rechtliche Ausgestaltungen erfuhr, war sie bis zum Beginn der einsetzenden Industrialisierung immer eine rechtliche *und* soziale Institution gewesen. Das heißt, wer das Mündel versorgte, es erzog, der war auch dazu berechtigt – im Rahmen definierter Regeln – die rechtlichen Befugnisse der elterlichen Sorge auszuüben und Entscheidungen für das Mündel zu treffen. Rechtliche Vertretung und persönliche Sorge bildeten also über Jahrhunderte hinweg eine untrennbare Einheit, die sich erst unter dem Druck der gesellschaftlichen Umwälzungsprozesse im 19. Jahrhundert allmählich lockerte (Hansbauer 2002b).

Mit dem Einsetzen der Industrialisierung zogen vermehrt junge Frauen aus ländlichen Gebieten in die damaligen industriellen Zentren. Ein Anstieg der nichtehelichen Geburten war die Folge. Da sich die Mütter häufig zur Sicherung des eigenen Überlebens verdingen mussten, wurden die Kinder vielfach in Pflege gegeben, wo sie unter erbärmlichen Bedingungen aufwuchsen (Scherpner 1979, 169). Als Folge davon stieg die Säuglingssterblichkeit bei nichtehelichen Kindern rasch an. Um 1900 betrug sie in Teilen der städtischen Agglomerationen Berlins und des Ruhrgebiets zwischen 40 % und 80 % (Spann 1912, 27). Nicht zuletzt waren diese hohen Sterblichkeitsraten eine Folge der

Otto/Thiersch (Hg.), Handbuch Soziale Arbeit, 4. A., DOI 10.2378/ot4a.art171,

damaligen Praxis im Vormundschaftswesen, die sich stark auf das Ehrenamt stützte: Da viele der zugezogenen Frauen in der Stadt über keinerlei verwandtschaftlichen Bindungen verfügten, auf die man bei der Wahl des Vormunds hätte zurückgreifen können, war es bei nichtehelichen Geburten üblich, dass die Gemeindewaisenräte willkürlich Namen aus Adressbüchern auswählten und diese Männer den Vormundschaftsrichtern vorschlugen. Diese – oftmals nur widerwillig ihren Bürgerpflichten nachkommenden – Personen wurden dann zu Vormündern bestellt, um das Aufwachsen der Kinder zu beaufsichtigen (Spann 1912, 13). Da ein persönliches Interesse an Mutter und Kind i. d. R. fehlte, beschränkten sich die so Ausgewählten häufig auf die alleinige Wahrnehmung der gesetzlichen Vertretung, ohne eine angemessene Betreuung der Kinder sicherzustellen und deren Aufwachsen zu überwachen. Der Schutzgedanke, der seit dem späten Mittelalter immer hinter der Vormundschaft gestanden hatte, wurde damit systematisch ausgehöhlt.

Diese Situation führte zunächst in Leipzig, später auch in anderen Städten, zur Entwicklung der *Generalvormundschaft*. In ihr wurden, anknüpfend an die ältere Form der *Anstaltsvormundschaft*, mehrere Vormundschaften zusammengeführt und an einzelne Personen übertragen, die sich als behördliche Vertreter berufsmäßig um das Wohl der Kinder kümmern sollten. Diesen „Berufsvormündern" oblag neben der Überwachung der Erziehung und Versorgung der Kinder auch die Wahrung ihrer sonstigen Interessen, etwa die Durchsetzung von Unterhaltsansprüchen gegenüber dem Kindesvater (Studders 1919, 29 ff.). Später entwickelte sich hieraus die sogenannte Amtsvormundschaft des Jugendamtes über nicht eheliche Kinder (Hasenclever 1978, 21 ff.; Scherpner 1979, 170). Gleichzeitig machte diese Verberuflichung der Vormundschaft die Vormünder, die sich 1906 reichsweit zum „Archiv Deutscher Berufsvormünder" zusammengeschlossen hatten, zu einer – wenn nicht *der* – treibenden Kraft in der damaligen Jugendfürsorge (Klumker 1931). Zum Teil war dies der simplen Tatsache geschuldet, „dass die einmal eingegangenen Vormundschaften in der Regel bis zur Volljährigkeit des Mündels dauerten", und so „zu einer sukzessiven Befassung der Berufsvormünder und ihres Archivs mit nahezu allen Problemen der Jugendfürsorge" führte (Peukert 1986, 105).

Dies änderte sich in dem Maße, wie sich eigenständige Professionalisierungsbemühungen der Sozialen Arbeit verstärkten (Hering / Münchmeier 2000; Amthor 2003; Sachse 2003; Wendt 2008) und die wachsende Zahl der sozialpädagogisch ausgebildeten Frauen die „Terrainkämpfe" zwischen beiden Berufsgruppen verschärfte. Forciert wurde dieser Prozess auch durch das Reichjugendwohlfahrtsgesetz (RJWG), das die Bedeutung der Vormünder schwächte und die Position der „Fürsorgerinnen" stärkte sowie durch die zwischen den beiden Weltkriegen in verschiedenen Großstädten zu beobachtenden Reorganisationsbemühungen auf institutioneller Ebene, in deren Gefolge die zersplitterten Außendienstaktivitäten von Sozial-, Jugend- und Gesundheitsämtern in der Familienfürsorge zusammengefasst wurden (Baum 1951). Diese Professionalisierung der Sozialen Arbeit bedingte auf Seiten der Vormünder eine wachsende Konzentration auf eher rechtliche und Verwaltungsaufgaben. Verbunden damit war ein allmählicher Wandel des professionellen Selbstbildes, weg von einem in seinem Ursprung sozialpädagogisch bzw. sozialarbeiterisch geprägten, hin zu einem in erster Linie verwaltungsgeprägten Selbstbild.

Rechtliche Grundlagen

Die Vormundschaft kann nach dem Grund ihres Eintretens danach unterschieden werden, ob sie *gesetzlich* oder *bestellt* ist: So tritt bei nichtehelichen Kindern minderjähriger Mütter (§§ 1673, 1791c BGB) sowie bei Adoptivpflegekindern (§ 1751 BGB) die Vormundschaft quasi automatisch kraft Gesetzes ein. Hingegen umfasst die bestellte Vormundschaft all jene „Fälle", in denen das Gericht kraft richterlicher Anordnung einen Vormund für einen Minderjährigen bestellt (§§ 1773, 1774 BGB), weil dessen Eltern weder in den die Person noch in den das Vermögen betreffenden Angelegenheiten zu seiner Vertretung berechtigt sind (z. B. aufgrund des Entzugs der elterlichen Sorge nach § 1666 BGB), weil sie tot oder bei der Ausübung der elterlicher Sorge verhindert sind (z. B. aufgrund von Inhaftierung) oder weil der Familienstand des Minderjährigen nicht zu ermitteln ist (z. B. bei „Findelkindern" oder unbegleiteten minderjährigen Flüchtlingen). Da die gesamte elterliche Sorge nur dann entzogen werden darf, wenn andere Maßnahmen nicht ausreichen (§ 1666a Abs. 2 BGB), sind die Gerichte zunächst gehalten, vor der Bestellung zu prüfen, ob eine rechtstatsächlich weniger intensive Pflegschaft nach §§ 1909 ff. BGB ausreichend ist, um den Schutz des Minderjährigen zu gewährleisten und dessen Interessen zu wahren.

Anders als die (bestellte) *Vormundschaft* ist die *Pflegschaft*, für die im Wesentlichen die für die Vormundschaft geltenden Bestimmungen Anwendung finden (§ 1915 BGB), nicht umfassend, sondern erstreckt sich lediglich auf Teile der elterlichen Sorge. Die Tätigkeit des Pflegers ist daher auf ihm speziell zugewiesene Angelegenheiten beschränkt, an deren Besorgung die Eltern oder der Vormund verhindert sind. Abgesehen von den vergleichsweise wenigen Fällen, in denen die Pflegschaft ausschließlich auf die „Ersetzung von Erklärungen des Inhabers der elterlichen Sorge" (§ 1666 Abs. 3 BGB), etwa bei medizinisch notwendigen Eingriffen oder die Vermögenssorge, beschränkt ist, ergeben sich im beruflichen Vollzug de facto kaum Unterschiede gegenüber der Vormundschaft, sodass im alltäglichen Sprachgebrauch oftmals nicht zwischen Vormundschaft und Pflegschaft unterschieden wird.

Allerdings hat der Bereich des Pflegschaftswesens durch die Reform des Beistandschaftsgesetzes zum 1. Juli 1998 erhebliche Veränderungen erfahren (Münder 1998, 23 f). Im Rahmen dieser Novellierung wurden die alten Regelungen über die *gesetzliche Amtspflegschaft* (§§ 1706–1710 BGB a. F.) gestrichen. An ihre Stelle trat die *Beistandschaft* (§§ 1712–1717 BGB). Der wichtigste Unterschied gegenüber der früheren Amtspflegschaft des Jugendamtes besteht darin, dass die Beistandschaft nicht von Gesetzes wegen erfolgt, sondern nur auf schriftlichen Antrag hin eintritt (§ 1712 BGB). Das heißt, anders als die gesetzliche Amtspflegschaft, die automatisch mit der Geburt des nichtehelichen Kindes einsetzte, ist die Beistandschaft freiwillig. Die elterliche Sorge wird deshalb bei der Beistandschaft – anders als bei der früheren Amtspflegschaft – nicht eingeschränkt.

Unabhängig davon werden Vormundschaften / Pflegschaften sowohl im BGB als auch im SGB VIII danach unterschieden, wer die vormundschaftlichen Aufgaben wahrnimmt. Bei dieser Unterscheidung zwischen *Einzel-, Vereins-* und *Amtsvormundschaft* geht der Gesetzgeber grundsätzlich vom Regelfall

der Einzelvormundschaft aus. Vereine oder Jugendämter können nur dann zum Vormund / Pfleger bestellt werden, wenn kein geeigneter Einzelvormund gefunden werden kann (§§ 1791a, 1791b BGB i. V. § 53 Abs. 1 SGB VIII). Diesem normativen Primat der Einzelvormundschaft steht mittlerweile rein quantitativ als Regelfall die Amtsvormundschaft gegenüber. Zwar hat das Statistische Bundesamt letztmalig im Jahr 1981 Zahlen zu diesen drei Formen der Vormundschaft / Pflegschaft erhoben, doch bereits 1981 erreichte der Anteil der Amtsvormundschaften an allen Vormundschaften 69 %, der der Einzelvormundschaften 27 %, während die Vereinsvormundschaften mit 4 % kaum ins Gewicht fielen (Hansbauer / Mutke 2004, 46). Der schon zu diesem Zeitpunkt zu beobachtende Trend, hin zur Amtsvormundschaft, dürfte sich in den 1980er und 1990er Jahren eher noch verstärkt haben. So kommt Mutke (2002) aufgrund von sekundärstatistischen Berechnungen zu dem Ergebnis, dass – unbeschadet jährlicher Schwankungen – der relative Anteil der Amtsvormundschaften in den 1990er Jahren nie unter 80 % sank. Ob und in welchem Umfang die in den letzten Jahren geführten Diskussionen im Vormundschaftswesen und die dort geforderte stärkere Berücksichtigung von Vereins- und Einzelvormundschaften zu einer Verschiebung relativer Anteile geführt haben, ist zum gegenwärtigen Zeitpunkt nicht zu entscheiden.

Aufgaben des Vormunds / Pflegers

Wie bereits angedeutet, definieren sich die Aufgaben des Vormunds / Pflegers aus der Wahrnehmung der elterlichen Sorge (§ 1626 BGB), zu der er kraft richterlicher Anordnung berechtigt und verpflichtet ist. Diese umfasst die Vermögenssorge, die Personensorge (§ 1631 BGB) sowie die gesetzliche Vertretung des Minderjährigen gegenüber Dritten (§ 1629 BGB). Die Tätigkeit des Vormunds alleine auf die gesetzliche Vertretung zu beschränken greift deshalb zu kurz, angesichts des tatsächlichen Umfangs der elterlichen Sorge. Vielmehr hat der Vormund auf die umfassende Einlösung jener Ansprüche hinzuwirken, die sich aus § 1 Abs. 1 SGB VIII herleiten, wonach jeder junge Mensch „ein Recht auf Förderung seiner Entwicklung und auf Erziehung zu einer eigenverantwortlichen und gemeinschaftsfähigen Persönlichkeit" hat. Konkret ist damit ein umfangreiches Spektrum an Aufgaben für den Vormund verbunden (Bundesarbeitsgemeinschaft der Landesjugendämter 2005), bei denen jeweils dem Alter des Mündels und seiner Entscheidungsfähigkeit Rechnung zu tragen ist: Neben der Sorge für das Vermögen des Mündels gehört dazu die Bestimmung von Wohnort und Wohnung (z. B. Abschluss von Mietverträgen), die Sorge für das leibliche Wohl (z. B. Nahrung, Kleidung, Unterkunft) und die medizinische Betreuung (z. B. Einwilligung in Operationen, Sorge für die notwendige medizinische Versorgung) sowie der gesamte Bereich der Erziehung. Hierunter fallen neben der Sorge für eine gedeihliche geistige und seelische Entwicklung (z. B. Bestimmung von Erziehungszielen, Beaufsichtigung der Erziehung, Wahl von Kindergarten und Schule, Beantragung und Aushandlung von Hilfen zur Erziehung, Schutz vor Schäden an Leib und Leben ggf. verursacht durch Dritte) die Religionsausübung (z. B. Einwilligung zur Taufe) und die Sorge für die Ausbildung (z. B. Auswahl einer Ausbildungsstelle, Abschluss von Ausbildungsverträgen). Hierbei kann die Personensorge – in Teilen oder ganz – zur Ausübung auf Dritte übertragen werden. Der Vormund ist deshalb nicht verpflichtet, die tatsächliche Erziehung des Mündels selbst durchzuführen, allerdings obliegt es ihm, die Pflege und Erziehung des Mündels persönlich zu überwachen. Die nach längerer fachlicher Debatte für 2010 geplante Änderung des Vormundschafts- und Betreuungsrechts betont diesen Aspekt mit besonderem Nachdruck. Vorgesehen sind deshalb zukünftig u. a. regelmäßige monatliche Kontakte mit dem Mündel, eine Begrenzung auf höchstens 50 Mündel je Vormund sowie ein Anhörungsrecht des Mündels bei der Wahl des Vormunds. Die Aufgaben des Pflegers erstrecken sich entsprechend auf die ihm durch das Gericht zugewiesenen Bereiche.

Quantitative Aspekte

Die empirische Datenlage zum Bereich der gesamten Vormundschaft / Pflegschaft ist vergleichsweise „mager". Neben den Daten des Statistischen Bundesamtes liegen aus jüngerer Zeit lediglich die Ergebnisse einer repräsentativen Befragung von Amtsvormündern (Hansbauer et al. 2004) vor. Hingegen fehlen quantitative Daten zur Vereins- und Einzel-

vormundschaft weitgehend. Auch die Daten des statistischen Bundesamtes zum quantitativen Umfang der Vormundschaft / Pflegschaft beziehen sich allein auf die Amtsvormundschaften und -pflegschaften. Nach den letzten verfügbaren Daten für das Jahr 2007 stehen aktuell im Bundesgebiet 8.025 Minderjährige unter gesetzlicher und 30.547 unter bestellter Amtsvormundschaft. Hinzu kommen 28.422 Minderjährige, die unter bestellter Amtspflegschaft stehen. Bezieht man diese Daten im Längsschnitt auf den relativen Anteil an der entsprechenden Altersgruppe, so ist die Zahl der Minderjährigen unter Vormundschaft / Pflegschaft seit Mitte der 1980er Jahre tendenziell gesunken (Hansbauer / Mutke 2004, 47). Allerdings ist nach der Konkretisierung des Kinderschutzes, durch die Novellierung des SGB VIII zum 1. Oktober 2005, seit 2006 ein deutlicher Anstieg von Sorgerechtsentzügen zu beobachten, sodass sich dieser Trend aktuell umzukehren scheint und der relative Anteil der Mündel wieder steigt.

Betrachtet man die Berufsausbildung der Amtsvormünder (Oelerich / Wunsch 2004, 108 ff.), so sind deutliche Unterschiede zwischen alten und neuen Bundesländern erkennbar: Verfügen in den ABL rund 72 % der Vormünder über eine Verwaltungsausbildung, sind es in den NBL lediglich 32 %. Hingegen sind in den NBL rund 45 % pädagogisch ausgebildet, in den ABL lediglich 29 %. Zu mehr als 60 % werden Vormundschaften / Pflegschaften von berufserfahrenen Mitarbeitern mit mindestens sechsjähriger Beschäftigungsdauer in diesem Arbeitsfeld durchgeführt. Die Organisation der Amtsvormundschaft ist vergleichsweise heterogen: Überwiegend werden Vormundschaften zusammen mit anderen Aufgaben durchgeführt; organisatorisch dominiert die Zusammenfassung in einer Abteilung gemeinsam mit den Beistandschaften.

Nimmt man die Gruppe der Amtsmündel in den Blick (Oelerich / Wunsch 2004, 142 ff.), so liegt deren Altersschwerpunkt zwischen 12 und 18 Jahren. Der größte Teil der Mündel in Amtsvormundschaft ist deutscher, nur gut jedes zehnte Mündel ist nicht-deutscher Herkunft. Zwei Drittel aller Mündel leben in Wohnformen der Jugendhilfe: entweder in Pflegefamilien, in stationären Einrichtungen der Jugendhilfe oder in anderen, durch die Jugendhilfe arrangierten Wohnformen. Von den übrigen leben rund 20 % mit ihren Eltern und

10 % bei Verwandten. In mehr als der Hälfte der Fälle dauert eine bestellte Amtsvormundschaft länger als drei Jahre, in fast jedem fünften Fall länger als sieben Jahre. Vordringlicher Grund für die Beendigung der Vormundschaft ist das Erreichen der Volljährigkeit des Mündels. Bei rund einem Viertel erfolgte eine (Rück-)Übertragung der elterlichen Sorge auf die (Adoptiv-)Eltern. Die Kontakthäufigkeit zwischen Mündel und Vormund differiert erheblich sowohl zwischen verschiedenen Mündeln eines Vormunds als auch zwischen verschiedenen Vormündern in unterschiedlichen Jugendämtern. Etwa die Hälfte aller Vormünder sieht ihre Mündel regelmäßig aus Anlass von Hilfeplangesprächen, während dies für jeden fünften Amtsvormund nur in Ausnahmefällen oder gar nicht zutrifft.

Stand der Fachdiskussion

Wie weiter oben schon erwähnt, wurde die Amtsvormundschaft / -pflegschaft nach der Einführung des Reichjugendwohlfahrtsgesetzes – zumindest gilt dies für Westdeutschland – *nicht* primär als sozialarbeiterische bzw. sozialpädagogische Aufgabe, sondern vorwiegend als Verwaltungsaufgabe begriffen und folgerichtig vor allem ausgebildeten Verwaltungsfachkräften übertragen. Innerhalb des Jugendamtes blieb daher die Vormundschaft von den fachlichen und organisatorischen Modernisierungsbemühungen, die ab den 1970er Jahren in der Kinder- und Jugendhilfe stattfanden, weitgehend ausgeklammert. Auch unter den Vormündern selbst fanden kaum Diskussionen statt, wie das Rechtsinstitut der Vormundschaft / Pflegschaft, das sich seit dem In-Kraft-Treten des Bürgerlichen Gesetzbuches (BGB) im Kern kaum verändert hat, an die Bedingungen einer sich verändernden Gesellschaft anzupassen wäre. Erst Mitte der 1990er Jahre schien sich dies allmählich zu ändern.

Fragt man nach den Ursachen für das neu erwachte Interesse an der Vormundschaft / Pflegschaft (Hansbauer 2002a; Hansbauer et al. 2004), so sind hierfür mindestens drei Gründe ausschlaggebend: Erstens sah sich die Vormundschaft in den alten Bundesländern nach der Wiedervereinigung verstärkt mit einer alternativen Handlungspraxis konfrontiert, da in den fünf östlichen Bundesländern traditionell pädagogisch qualifizierte Berufsausbildungen und ein anderes professionelles Selbstverständnis in der Vormundschaft dominierten und bis heute dominieren. Zweitens führte die Reform des Kindschaftsrechts im Jahr 1998, verbunden mit der Einführung der Beistandschaft, die nur auf Antrag der Sorgeberechtigten eintritt, zu einem forcierten Eindringen der „Serviceprogrammatik" in die Vormundschaftsabteilungen. Und drittens schließlich boten diese beiden Entwicklungen einen „Abstoßpunkt" für das erfolgreiche fachpolitische Wirken einzelner (kollektiver) Akteure und verstärkten das Interesse der Wissenschaft an der Vormundschaft / Pflegschaft, sodass die Fachdiskussion hierdurch weitere Impulse erhielt und an Dynamik gewann. Drei Themenfelder haben diese Diskussion dabei vor allem bestimmt (Salgo / Zenz 2009): a) das Verhältnis von Einzel-, Vereins- und Amtsvormundschaft, b) das Verhältnis der Vormundschaft zu den Sozialen Diensten und zu anderen Arbeitsfeldern und c) das Verhältnis von Vormund und Mündel sowie die notwendigen fachlichen Kompetenzen des Vormunds.

Ad a): Das Verhältnis von Einzel-, Vereins- und Amtsvormundschaft. Wie schon betont, geht der Gesetzgeber vom Normalfall der Einzelvormundschaft aus, dem aber faktisch der Regelfall der Amtsvormundschaft gegenübersteht. Auf die grundlegende Problematik und die daraus resultierenden rechtlichen Probleme ist von juristischer Seite frühzeitig hingewiesen worden (Oberloskamp 1988; Salgo 1991). Versuche, die Einzelvormundschaft zu stärken, stießen jedoch bei der Mehrheit der Amtsvormünder auf Skepsis. Nur sehr allmählich kamen deshalb in den letzten Jahren Versuche in Gang, durch gezielte Öffentlichkeitsarbeit, Schulung und kontinuierliche Begleitung die Zahl der Einzelvormünder zu erhöhen (Bathke 2006). Daneben sind vermehrt Bestrebungen einzelner Jugendämter zu beobachten, Vereine für die Führung von Vormundschaften zu gewinnen. Auch einzelne Richter gingen in den letzten Jahren zunehmend dazu über, anstelle von Amtsvormündern Betreuer und Verfahrenspfleger als Einzelvormünder und -pfleger zu bestellen (Raack 2002; Wöll 2002).

Ad b): Das Verhältnis der Vormundschaft zu den Sozialen Diensten und zu anderen Arbeitsfeldern. Wird die Vormundschaft auf das Jugendamt übertragen, so ist dieses, zumindest in den Fällen, in denen das Mündel Hilfen zur Erziehung erhält, gleichzeitig Vormundschafts- und Sozialleistungsbehörde. Selbst wenn diese beiden Bereiche organisatorisch getrennt sind, besteht die Gefahr, dass legitime

Mündelinteressen nicht nachhaltig genug durch den Vormund gegenüber der Leistungsseite vertreten werden (Kaufmann 1998). Diese Grundproblematik verschärft sich massiv, wenn innerhalb des Jugendamtes keine personale Trennung zwischen diesen Aufgaben erfolgt, sodass die Fachkraft im Sozialen Dienst in einer Person die Leistung beantragt und bewilligt (Wolf 2002). Gleichermaßen hat die noch immer anzutreffende Arbeitsteilung, nach der der Soziale Dienst alle wesentlichen pädagogischen Entscheidungen trifft und die Vormundschaft diese lediglich formal nachvollzieht, in der jüngsten Vergangenheit vermehrt zu Diskussionen geführt. Besonders von juristischer Seite ist mehrfach mit Sorge auf die notwendige persönliche Beteiligung des Vormunds an der Hilfeplanung nach § 36 SGB VIII hingewiesen worden (Meysen 2002; Wiesner 2002; Zenz 2002; Salgo / Zenz 2009). Seit dem Ende der 1990er Jahre wird deshalb von Seiten der (Amts-)Vormundschaft stärker versucht, durch eine strukturell abgesicherte Aufgabentrennung im Jugendamt und durch entsprechende Organisationsregelungen (Stadtjugendamt Mannheim 2000) auf die Unabhängigkeit der Vormundschaft gegenüber dem Jugendamt als Leistungsbehörde hinzuwirken. Weitergehende Vorschläge plädieren hingegen dafür, die Vormundschaft ganz oder überwiegend aus dem Jugendamt herauszulösen (Hansbauer 1998; Zenz 2002; Salgo / Zenz 2009) oder die Unabhängigkeit des Vormunds und die Ansprüche des Mündels durch Verfahrenspfleger strukturell abzusichern (Heilman / Salgo 2002).

Ad c): Das Verhältnis von Mündel und Vormund und die notwendigen fachlichen Kompetenzen des Vormunds. In der aktuellen Fachdiskussion herrscht inzwischen mehrheitlich Einigkeit darüber, dass ein persönlicher Bezug zwischen Vormund und Mündel, die Teilnahme an Hilfeplanungsprozessen, verlässliche Erreichbarkeit, regelmäßige Kontakte zum Mündel und sozialpädagogische Kompetenzen des Vormunds essenzielle Bedingungen einer qualitativ guten Vormundschaftsführung sind. Mit der am 25.08.2010 im Kabinett beschlossenen Reform des Vormundschaftsrechts kommt der Gesetzgeber diesen fachlichen Forderungen weitgehend nach, auch wenn deren flächenweite Umsetzung noch einige Zeit dauern dürfte.

Literatur

Amthor, R. C. (2003): Die Geschichte der Berufsausbildung in der Sozialen Arbeit. Auf der Suche nach Professionalisierung und Identität. Juventa, Weinheim / München

Bader, K. S. (1963): Zur Geschichte der Vormundschaft. In: Probleme und Ziele der vormundschaftlichen Fürsorge. Festschrift zum 50jährigen Bestehen der Vereinigung der schweizerischen Amtsvormünder. Poligraphischer, Zürich, 9–24

Bathke, S. (2006): Situation und Perspektiven der Einzelvormundschaft. Chancen und Rahmenbedingungen zur Förderung bürgerschaftlichen Engagements. Jugendhilfe 44, 91–100

Baum, M. (1951): Familienfürsorge. Pädagogischer Verlag, Berlin / Hannover / Frankfurt a. M.

Boschan, S. (1956): Die Pflegschaft. Heymann, Köln / Berlin

Bundesarbeitsgemeinschaft der Landesjugendämter (2005): Arbeits- und Orientierungshilfe für den Bereich der Amtsvormundschaften und -pflegschaften. In: www.bagljae.de/ Stellungnahmen/Amtsvormundschaft %20pflegschaft. pdf, 28.08.2008

Haff, K. (1947): Institutionen des deutschen Privatrechts. Bd. II. 2. Aufl. Enke, Stuttgart

Hansbauer, P. (Hrsg.) (2002a): Neue Wege in der Vormundschaft? Diskurse zu Geschichte, Struktur und Perspektiven der Vormundschaft. Votum, Münster

– (2002b): Hauptlinien der Geschichte des Vormundschaftswesens für Minderjährige. In: Hansbauer, P. (Hrsg.), 13–39

– (1998): Aktuelle Probleme in der Amtsvormundschaft / -pflegschaft und Perspektiven zu ihrer Überwindung. Zentralblatt für Jugendrecht 85, 496–503

–, Mutke, B. (2004): Die Vormundschaft / Pflegschaft. In: Hansbauer, P., Mutke, B., Oelerich, G. (Hrsg.), 19–51

–, –, Oelerich, G. (2004): Vormundschaft in Deutschland. Trends und Perspektiven. Leske + Budrich, Opladen

–, Oelerich, G. (2005): Die Vormundschaft / Pflegschaft als Handlungsfeld der Sozialen Arbeit. Zeitschrift für Sozialpädagogik 3, 226–245

Hasenclever, C. (1978): Jugendhilfe und Jugendgesetzgebung seit 1900. Vandenhoeck + Ruprecht, Göttingen

Heilmann, S., Salgo, L. (2002): Verfahrenspflegschaft und Vormund für Minderjährige – Ergänzung oder Widerspruch? In: Hansbauer, P. (Hrsg.), 181–199

Hering, S., Münchmeier, R. (2000): Geschichte der Sozialen Arbeit: Eine Einführung. Juventa, Weinheim / München

Kaufmann, F. (1998): Das Jugendamt als Vormund und als Sozialleistungsbehörde. Probleme der Doppelfunktion. Der Amtsvormund 71, 481–492

Klumker, C. J. (1931): Vom Werden deutscher Jugendfürsorge. Zugleich eine Geschichte der deutschen Berufsvormundschaft. Heymanns, Berlin

Meysen, T. (2002): Zweimal Jugendamt – das Gegenüber und Miteinander von Leistungsträger und Vormund / Pfleger in einem Amt. In: Hansbauer, P. (Hrsg.), 57–75

Münder, J. (1998): Das neue Kindschaftsrecht. Sozialpädagogisches Institut im SOS-Kinderdorf, München

Mutke, B. (2002): Die bestellte Vormundschaft und Pflegschaft am Jugendamt – eine Bestandsaufnahme zur Aufgabenwahrnehmung. In: Institut für soziale Arbeit e. V. (Hrsg.): Jahrbuch zur Sozialen Arbeit 2002. ISA, Fulda, 196–210

Oberloskamp, H. (Hrsg.) (1998): Vormundschaft, Pflegschaft und Beistandschaft für Minderjährige. 2. Aufl. Beck, München

– (1988): Mehr Einzelvormünder / Einzelpfleger statt Amtsvormünder / Amtspfleger? Zeitschrift für das gesamte Familienrecht 35, 7–22

Oelerich, G., Wunsch, R. (2004): Amtsvormundschaft in Deutschland – Ergebnisse einer repräsentativen Befragung der Mitarbeiterinnen und Mitarbeiter in der Amtsvormundschaft. In: Hansbauer, P., Mutke, B., Oelerich, G. (Hrsg.), 99–185

Pelz, F.-J. (1966): Die Vormundschaft in den Stadt- und Landrechtsreformationen des 15. und 16. Jahrhunderts und das zeitgenössische gemeine Recht. Diss., Münster

Peukert, D. J. K. (1986): Grenzen der Sozialdisziplinierung. Aufstieg und Krise der deutschen Jugendfürsorge 1878–1932. Bund, Köln

Raack, W. (2002): Alternativen zur Bestellung von Amtsvormündern. Das Jugendamt 75, 238–239

Sachse, C. (2003): Mütterlichkeit als Beruf: Sozialarbeit, Sozialreform und Frauenbewegung 1971–1929. Votum, Münster

Salgo, L. (1991): Amtsvormundschaft / Amtspflegschaft: Verwaltung oder soziale Arbeit – Teil des Jugendamts oder Fremdkörper? In: Kreft, D., Münder, J. (Hrsg.): Quo Vadis Jugendhilfe. Institut für soziale und kulturelle Arbeit, Nürnberg, 109–121

–, Zenz, G. (2009): (Amts-)Vormundschaft zum Wohle des Mündels – Anmerkungen zu einer überfälligen Reform. FamRZ 16, 1378–1385

Scherpner, H. (1979): Geschichte der Jugendfürsorge. 2. Aufl. Vandhoeck + Ruprecht, Göttingen

Schlüter, R. (1960): Das Vormundschaftsrecht in den Kodifikationen der Aufklärungszeit. Diss., Bonn

Spann, O. (1912): Die Erweiterung der Sozialpolitik durch die Berufsvormundschaft. Mohr, Tübingen

Stadtjugendamt Mannheim (2000): Zuständigkeits-, Abgrenzungs- und Kooperationsregeln zwischen der Amtsvormundschaft (Abt. 51.2) und den Sozialen Diensten (Abt. 51.4). Der Amtsvormund 73, 735–744

Studders, H. (1919): Das Taubesche System der Ziehkinderüberwachung in Leipzig. Union Dt. Verlagsges., Stuttgart / Basel

Wendt, W. R. (2008): Geschichte der Sozialen Arbeit 2. Die Profession im Wandel ihrer Verhältnisse. Lucius + Lucius, Stuttgart

Wiesner, R. (2002): Ist Vormundschaft noch zeitgemäß? In: Hansbauer, P. (Hrsg.), 41–56

Wolf, C. (2002): Der sozialpädagogische (Amts-)Vormund und seine Funktion bei der Gewährung von Hilfen zur Erziehung. In: Hansbauer, P. (Hrsg.), 91–106

Wöll, L. (2002): Die professionell geführte Einzelvormundschaft. In: Hansbauer, P. (Hrsg.), 151–159

Zenz, G. (2002): Kontakt, Kontinuität, Kompetenz und Interessenvertretung ohne Interessenkonflikt. Das Jugendamt 75, 222–228

Weiterbildung

Von Jürgen Mai und Rolf Arnold

Im Unterschied zu der institutionellen und historischen Perspektive, die der Artikel zum Stichwort (→ Dewe, Erwachsenenbildung) einnimmt, zielt der vorliegende Beitrag darauf, moderne Formen der Vermittlung im Feld der Erwachsenen- und Weiterbildung vorzustellen. Nach einigen einleitenden Bemerkungen (1) wird der für diesen Kontext leitende Begriff der *Neuen Lernkultur* (2) vorgestellt, im Anschluss werden Entwicklungslinien des didaktischen Diskurses (3) nachgezeichnet. Den Abschluss bildet ein Blick auf die Potenziale, neue Medien in Lehr-Lern-Prozesse einzubinden.

(1) Der Diskurs um die Frage, welche Formen der Vermittlung für das Feld der Erwachsenenbildung adäquat sind, hat seit Mitte der 1990er Jahre einen fundamentalen Wandel erfahren. Sämtliche Diskussionslinien eint, dass ein bestimmtes Bild von Lernen als überholt charakterisiert wird, nämlich das Bild einer formal institutionalisierten und kursmäßig organisierten Lernsituation, in der ein Lehrender, bevorzugt mit Hilfe frontal ausgerichteter Unterrichtsmethoden, versucht, einen vorab definierten, an Qualifikationen orientierten Wissenskanon an die Lernenden zu vermitteln. Dieses Bild sieht sich nun einer dreifachen Entgrenzung (Arbeitsgemeinschaft QUEM 1995, 70 ff.) ausgesetzt: Die erste Entgrenzung – „Vom Wissen zum Werten" – verweist darauf, dass das Lernen Erwachsener nicht nur als Wissensvermittlung verstanden werden darf, sondern dass der Erwerb von Kompetenzen im Fokus stehen muss. Durch den Kompetenzbegriff wird, im Gegensatz zum Begriff der Qualifikation, eine subjektbezogene Kategorie eingeführt, die den Begriff der Handlungsfähigkeit ins Zentrum setzt. Kompetenzentwicklung bezeichnet den Prozess, „in dem die fachliche, methodische und soziale Handlungsfähigkeit sowie die Selbstorganisationsfähigkeit (bzw. Teile dieser Facetten) erweitert, umstrukturiert und aktualisiert werden"

(Erpenbeck / Sauer 2000, 294). Damit wird nicht negiert, dass es in Lernsituationen auch um objektivierbares Wissen gehen muss, welches eine Voraussetzung für die Handlungsfähigkeit der Lernenden bildet. Jedoch weist der Begriff zugleich darüber hinaus und umfasst auch Werte, Einstellungen und Motivstrukturen sowie Haltungen bzw. emotionale Fähigkeiten einer Person. Der Charme des Kompetenzbegriffs liegt somit u. a. darin, dass er den Transfer des Gelernten stets mitdenkt, denn erst dann spricht man von Kompetenzentwicklung. Die zweite Entgrenzungstendenz – vom individuellen über das organisationale zum gesellschaftlichen Lernen – beschreibt neue Lernsubjekte, während die dritte Entgrenzung („Vom institutionalisierten zum entinstitutionalisierten Lernen") darauf aufmerksam macht, dass sich Lernen durch eine Vielfalt der Lernorte auszeichnet, von denen viele außerhalb erwachsenenpädagogischer Institutionen liegen.

(2) Die beschriebenen Tendenzen kulminieren im Begriff der Neuen Lernkultur (Arnold / Schüßler 1998). Eine Lernkultur wird verstanden als ein Set von Bildern, Annahmen, oft unausgesprochenen Vertrautheiten und „Selbstverständlichkeiten". Dieses Set formt die Erwartungen, was in Lernsituationen typischerweise zu passieren hat. Zu den eingeschliffenen Annahmen der *Alten Lernkultur* zählen die Annahme, dass wer lernt, nicht lehrt, und dass Lehren eine zwingende Bedingung von Lernen sei (Trennung von Lehren und Lernen). Des Weiteren geht man typischerweise davon aus, dass sich Lernen im Gleichschritt zu vollziehen habe, also alle Lernenden zu jedem Zeitpunkt des gemeinsamen Lernprozesses über den selben Wissensstand verfügen (Synchronizität des Lernens), und dass ausschließlich die Lehrenden über den Einsatz der Lernmethode zu entscheiden haben. Darüber hinaus zeichnet sich die Alte Lernkultur durch die sog. *in-*

Otto/Thiersch (Hg.), Handbuch Soziale Arbeit, 4. A., DOI 10.2378/ot4a.art172,
© 2011 by Ernst Reinhardt, GmbH & Co KG, Verlag, München

tellektualistische Illusion (F. Rauner) aus, also der Annahme, Kompetenzentwicklung leite sich vor allem aus dem Erwerb von Kenntnissen in einem bestimmten Fächerkanon ab. Diese Liste lässt sich ergänzen durch den unterstellten Vorrang des Rationalen gegenüber dem Emotionalen (Arnold 2005), also den Glauben daran, „Wissen ließe sich durch eine didaktisch-methodisch begründete Aufbereitung sachstrukturell gegliederter Lerninhalte vermitteln", wodurch ignoriert wird,

„dass der Lernprozess durch emotionale Rekonstellierungen und negativ oder positiv erlebte Selbstobjekterfahrungen von Lehrenden und Lernenden geprägt und die Motivation zum Lernen letztlich emotional begründet ist. Was in welcher Intensität gelernt wird, wird weniger durch die rationale Verarbeitung von Lerninhalten als vielmehr durch die Emotionalisierung des Lernens bestimmt" (Schüßler 2007, 104).

Nimmt man diese Kritik an überholten Annahmen und Vorstellungen, wie Lernen sich typischerweise zu vollziehen habe, auf und übersetzt sie in Maßgaben für eine Neue Lernkultur, so müsste sich diese durch folgende zehn Charakteristika auszeichnen (Schüßler 2007, 106 ff.):

- räumliche Flexibilisierung und Berücksichtigung der Tatsache, dass Lernorte nicht an Lehrorte gebunden sind
- zeitliche Flexibilisierung, wobei jedoch auch darauf zu achten ist, dass Lernende mit den dadurch entstehenden Freiräumen adäquat umgehen können
- Prozessoffenheit, Gruppendynamik, situatives Lernen
- Prozessunterstützende und -stabilisierende Rahmenbedingungen
- erweiterte Kompetenzen der Lehrenden, deren Rolle sich fortan stärker als Lernberatung und -begleitung definieren lässt
- Methodenvielfalt
- individuelle Lernberatung
- Erschließung von Lernprojekten aus dem Arbeitsalltag
- Transparenz und Überprüfbarkeit
- Lernen aus Fehlern und Erfolgen

(3) Fokussiert man nun stärker auf die Handlungsebene der Didaktik, so liefert das Konzept der Ermöglichungsdidaktik – in sicherlich zuspitzender

Abgrenzung zu der einer Alten Lernkultur verhafteten Erzeugungsdidaktik – einige Orientierungsmarken zur Gestaltung von Lehr-Lern-Situationen (Arnold/Schüßler 2003). Demnach zeichnet sich ermöglichungsdidaktisch orientiertes Handeln (vgl. auch Tabelle 1) aus durch:

- Zirkularität statt Linearität: Lehr-Lernprozess als interdependentes Geschehen, in welchem sich die Vorstrukturen und „Lernprojekte" der Lernenden artikulieren.
- Wirkungsoffenheit statt Wirkungssicherheit: Die Wirkungen sind von einer Fülle nicht überschaubarer Variablen und von der Eigenlogik der Lerner abhängig und deshalb notwendig auch spezifisch.
- Selbsttätigkeit statt Führen: Die Lernenden können prinzipiell nur selbst lernen, es gilt, ihre Motivation zu entdecken.
- Prozesssteuerung statt Inputsteuerung: Qualität und Erfolg des Lehr-Lernprozesses ist von der Eigenlogik der lernenden Systeme abhängig.
- Aneignung statt Vermittlung: Lehre kann lediglich anregenden und komplex-anschlussfähige Aneignungsmöglichkeiten zugänglich machen.
- Vielfalt statt Standardisierung: Wenn die Vielfalt der inneren Möglichkeiten der Lerner zur Entfaltung gelangen kann, werden die Ergebnisse besser.
- Reflexives Wissen über materiales Wissen: Ermöglichungsdidaktisches Handeln strebt an, reflexive Wissensformen wie Methodenwissen (Wissen um Verfahrensweisen zur Informationsbeschaffung, -präsentation und Kommunikation), Reflexionswissen (Wissen zur Hinterfragung, Kritik, Begründung und Folgenabschätzung von Konzepten) sowie Persönlichkeitswissen (Wissen zur Erkennung eigener Anteile und Deutungen in Interaktionen) zu stärken – in dem Bewusstsein, dass der Erwerb derartiger Wissensformen eng mit dem Aufbau inhaltlicher Wissensstrukturen verkoppelt ist.

E-Learning

Einige Eckpunkte des Diskurses um die Neue Lernkultur wie z. B. die Flexibilisierung von Lernorten oder die Individualisierung von Lernprozessen verweisen bereits auf die Potenziale, Neue Medien bei der didaktischen Gestaltung von Lehr-Lern-Situationen zu berücksichtigen. Hier ist die Diskussion,

Tab. 1: Prinzipien einer Didaktik entlang des Akronyms „Ermöglichen" (Schüßler 2007, 329 f.)

Didaktische Prinzipien	Anforderungen an die Lernprozessbegleitung	Anforderungen an die Lernenden
Eigenverantwortung	Die Eigenständigkeit der Lernenden zulassen durch aktive Partizipation in didaktischen Entscheidungen	Zunehmende Selbststeuerung und Verantwortungsübernahme für den eigenen Lernprozess (Entwicklung von Selbstlernkompetenzen)
Rückkopplung	Rückkopplungsmöglichkeiten z. B. über Metakommunikation, Feedback-Verfahren anregen	Bereitschaft zur Offenlegung der eigenen Wirklichkeitskonstruktion
Multiple Perspektiven	Sachverhalte aus unterschiedlichen Perspektiven beleuchten, z. B. Perspektivenwechsel	Neugierde, Offenheit und Flexibilität im Denken und Handeln
Öffnung des Lehr-Lernprozesses	Offenheit gegenüber neuen Methoden, neuen Lernorten, neuen Kooperationen mit anderen Lehrenden und Lernenden etc.	Öffnung nach innen: sich auf neue Erfahrungen einlassen können, Experimentierfreude und Unvoreingenommenheit; Öffnung nach außen: z. B. Kontakte zu anderen Lernprojekten suchen
Gelassenheit	Gelassenheit gegenüber der Eigenwilligkeit der Lernenden und pädagogischer Takt im Umgang mit persönlichen Erfahrungsschilderungen und Konflikten	Der Lernprozessbegleitung (Trainer und andere Teilnehmende) ehrliches Feedback geben und eigene Bedürfnisse artikulieren können
Lebensweltbezug	Bezug zur Lebenswelt und Alltag der Lernenden auch im Lehr-Lernprozess über Situations- und Prozessorientierung	Sich eigene Handlungsprobleme und Schwierigkeiten im Alltag eingestehen können
Irritationen	Differenzerfahrungen behutsam anbieten	Sich auf Neues einlassen können, ohne darauf mit Abwehr zu reagieren
Didaktische Prinzipien	Anforderungen an die Lernprozessbegleitung	Anforderungen an die Lernenden
Coaching	Den Lernenden Coach, Berater und Lernbegleiter sein	Den anderen Einblick in die eigene Lebenswirklichkeit gewähren
Handlungsorientierung	Den Lernenden vielfältige Erprobungsmöglichkeiten anbieten und Aktion vor Reflexion setzen	Eigene Handlungsressourcen aktiv nutzen und sich trauen, neue Fähigkeiten im geschützten Raum zu erproben
Emotionalität	Seine eigene Rolle als „Lehrender" (und damit verbundene Gefühle) vor dem Hintergrund des eigenen Gewordenseins reflektieren, positive Lernatmosphäre gestalten	Sich der eigenen Gefühle bewusst werden und bereit sein, diese zu veröffentlichen und gemäß ihrer Situationsangemessenheit kritisch zu hinterfragen
Nachhaltigkeit	Die möglichen Wirkungen des eigenen Handelns und seine pädagogischen Ansprüche reflektieren	Das eigene Handeln als gestaltbar und veränderbar auch verantwortbar begreifen und daraus für sich eigene Lernanforderungen ableiten

ob computergestütztes Lernen per se vorteilhaft ist, einer neuen Sachlichkeit gewichen, die die Potenziale Neuer Medien im Rahmen einer didaktischen Analyse sachlich-nüchtern abwägt und dabei die zentralen Vorzüge des E-Learning zur Kenntnis nimmt, ohne sie als einzig relevante Faktoren zu überhöhen (Arnold / Lermen 2006; Kraft 2003). Im Rahmen der Analyse gegeneinander abgewogen werden müssen folgende Faktoren: Genuine Vorzüge sind:

- hohe Komfortabilität von Layout und Handling („Komfortabilitätsvorsprung")
- prinzipielle Transfernähe durch „Verbleib" der Lernenden in Lebenswelt und Beruf (bei „Studium neben dem Beruf")
- Situierbarkeit und Individualisierbarkeit (durch hypertextual vielfältige Verzweigung) des Gelernten („face-to-face at the distance")
- potenziell unbegrenzte Teilnehmerzahl („Industriemodell")
- Orts- und Zeitunabhängigkeit („Asynchronizität des Lernens")
- vergleichsweise hohe Selbststeuerung des Lernens („autodidaktisches Lernen")

- weltweite Verbreitbarkeit
- prinzipiell hohe „Accessibility"

Nachteile sind:

- Netzzugang muss gewährleistet sein
- ständige „Pflege" der Lernumgebung (auch zur Aktualisierung) sowie Gewährleistung eines tutoriellen Systems
- vergleichsweise sehr hohe Anfangsinvestitionen
- Probleme des Netz-Zugangs sowie der Verfügbarkeit leistungsstarker Rechner

Literatur

Arbeitsgemeinschaft QUEM (1995): Von der beruflichen Weiterbildung zur Kompetenzentwicklung. Lehren aus dem Transformationsprozess. Waxmann, München / Berlin

Arnold, R. (2005): Die emotionale Konstruktion der Wirklichkeit. Schneider Verlag, Baltmannsweiler

–, Lermen, M. (Hrsg.) (2006): eLearning-Didaktik. Schneider-Verlag, Baltmannsweiler

–, Schüßler, I. (Hrsg.) (2003): Ermöglichungsdidaktik. Erwachsenenpädagogische Grundlagen und Erfahrungen. Schneider-Verlag, Baltmannsweiler

– (1998): Wandel der Lernkulturen, Wissenschaftliche Buchgesellschaft, Darmstadt

Erpenbeck, J., Sauer, J. (2000): Das Forschungs- und Entwicklungsprogramm „Lernkultur Kompetenzentwicklung". In: Arbeitsgemeinschaft QUEM (Hrsg.): Kompetenzentwicklung 2000. Waxmann, Münster, 289–337

Kraft, S. (2003): Blended Learning – ein Weg zur Integration von E-Learning und Präsenzlernen. In: Schiersmann, C. (Hrsg.): Erfahrungen mit neuen Medien. Literatur- und Forschungsreport Weiterbildung 2, 43–52

Schüßler, I. (2007): Nachhaltigkeit in der Weiterbildung. Schneider-Verlag, Baltmannsweiler

Wirksamkeit

Von Stefanie Albus, Heinz-Günter Micheel und Andreas Polutta

Begriffe wie Wirkungen, Effekte und Ergebnisse finden sich etwa seit der Wende zum einundzwanzigsten Jahrhundert vermehrt in konzeptionellen, politischen, empirischen und analytischen Beiträgen und Veröffentlichungen zur Sozialen Arbeit. Jedoch verweist der Begriff der Wirksamkeit jenseits seiner aktuellen Konjunktur auch auf eine tiefe Verwurzelung im sozialpädagogischen Denken und Handeln. Mit Bezug auf pädagogisches Handeln ist Wirksamkeit durchaus als sozialpädagogische Kategorie im Sinne einer konstitutiven Zielorientierung anzusehen, die sowohl in historischer Perspektive als auch in zeitgenössischen sozialpädagogischen Konzepten zu finden ist (Lüders / Haubrich 2006). Als Referenzpunkt sozialpädagogischen Handelns wird „Wirksamkeit" in einer professionstheoretisch-funktionalistischen Perspektive gegenüber der wissenschaftlich-disziplinären Ausrichtung auf Erkenntnis, Richtigkeit oder „Wahrheit" ausgemacht (Merten / Olk 1996). In den ersten historischen Begründungen einer erziehungs*wissenschaftlich* orientierten Pädagogik spielt die Fokussierung auf Wirksamkeit eine zentrale Rolle. In Herbarts „Allgemeine[r] Pädagogik aus dem Zweck der Erziehung abgeleitet" (Herbart 1806) wird mit Blick auf das Ziel einer moralischen, Vernunft geleiteten Urteilsfähigkeit zwar gegen ein quasi-mechanisches Ursache-Wirkungs-Modell Stellung bezogen, zugleich jedoch das Ziel formuliert, „pädagogisch so zu wirken, dass sich vielseitige Handlungsantriebe und umsichtige Urteile im Heranwachsenden bilden" (Benner 1993, 81). Wirksamkeit kann mit Blick auf die genannten sozialpädagogischen Anschlusspunkte daher durchaus als ein professionsbezogenes Pendant zur „anthropologisch gedeuteten Konstante *Bildsamkeit*" (Andresen 2009, 79, eigene Hervorhebung) verstanden werden.

Die Lesart von Wirksamkeit als pädagogisch-professioneller Konstante im Sinne einer konstitutiven pädagogischen Zielorientierung macht aber nur einen Teil der Bedeutung im Kontext Sozialer Arbeit aus und kann analytisch die aktuelle Thematisierung und den Stellenwert „konzeptioneller Wirkungsorientierung" und den Boom „empirischer Wirkungsforschung" nicht einholen. Dies ist dann möglich, wenn Wirksamkeit / Wirkungsorientierung als Steuerungsfigur wohlfahrtstaatlicher und professioneller Transformation in den Blick genommen wird.

Wirkungsorientierte Transformation Sozialer Arbeit

Rückblickend auf die Entwicklung Sozialer Arbeit im Kontext der Ausprägung von Wohlfahrtsstaatlichkeit kann die These formuliert werden, dass die jeweiligen Transformationsprozesse immer auch von Fragen nach Wirksamkeit und Wirkungen begleitet und auf verschiedene Art und Weise beantwortet wurden – sei es mit Verweis auf den Telos von Pädagogik (Raithel et al. 2009) oder dem Konzept der professionellen Erbringung sozialer Dienstleistungen (Stichweh 1996). Die aktuelle Transformationsbewegung, in deren Mittelpunkt „Wirkungsorientierung" verhandelt wird, stellt nun die Wirkungsfrage als Kritik an wohlfahrtsstaatlichen Leistungen und professionell erbrachten Bildungs-, Erziehungs- und Hilfeleistungen – also eine Kritik an der Ausprägung des wohlfahrtstaatlichen Arrangements selbst – in den Mittelpunkt. Für die Soziale Arbeit, wie parallel dazu auch im Gesundheits-, Pflege- und Bildungswesen, wird Wirkungsorientierung zum Kernelement von Ökonomisierungsprozessen in einem als post-wohlfahrtsstaatlich diagnostizierten sozialpolitischen Modell (Kessl / Otto 2009). Insbesondere das Steuerungsmedium des (professionellen) Wissens

Otto/Thiersch (Hg.), Handbuch Soziale Arbeit, 4. A., DOI 10.2378/ot4a.art173,
© 2011 by Ernst Reinhardt, GmbH & Co KG, Verlag, München

verliert in diesem Zusammenhang an Durchsetzungsmacht (Messmer 2007). Während jenes professionelle Deutungswissen nicht nur öffentlich in der Kritik steht (Gambrill 2001), sondern ihm auch durch veränderte rechtliche Normierungen Legitimationskraft entzogen wird, sind es zugleich andere Wissensformen, die steuerungsrelevant werden. Dabei können vier Ebenen wirkungsorientierter Steuerung unterschieden werden:

1. Politik,
2. Organisationen Sozialer Arbeit,
3. Professionelle in der Praxis und
4. die BürgerInnen als (potenzielle) AdressatInnen Sozialer Arbeit.

Einen markanten Punkt in der wirkungsorientierten Wende europäischer Sozialpolitik stellte 1997 die Äußerung vom damaligen britischen Premierminister Tony Blair dar, der deutlich machte „What counts is what works" (Blair 1997). Auch in Deutschland wurde 2009 die politische Forderung nach Legitimation über den Ausweis von Effekten bereits zum zweiten Mal in Folge durch einen Koalitionsvertrag gerahmt. Insbesondere die Jugendhilfe ist aufgefordert „ihre Erfolge auch mit ‚harten Fakten' beweiskräftiger [zu] machen" (Bundesregierung 2005, 107), bzw. sie soll auf „Zielgenauigkeit und Effektivität hin überprüf[t werden]" (Bundesregierung 2009, 71). Damit ist die Jugendhilfe als Praxisfeld Sozialer Arbeit zentral markiert, was auf eine spannungsreiche Gleichzeitigkeit von wachsender öffentlicher Thematisierung der Jugendhilfe einerseits und steigendem Legitimationsdruck andererseits hinweist. Analog dazu wird eine Ambivalenz von Professionalisierungsoptimismus und erheblicher Skepsis gegenüber bisherigen Modellen professioneller Erbringung Sozialer Dienste transportiert. Im internationalen Vergleich zeigen die politischen Forderungen nach Wirkungsnachweisen unterschiedliche Folgen: vom Aufbau nationaler und internationaler Zentren (z. B. SCIE in UK, Campbell Collaboration in Norwegen, Early Head Start National Resource Center in den USA oder das Nationale Zentrum für Frühe Hilfen in Deutschland), die der Bereitstellung von Wirkungsstudien, Datenbanken und Praxis-Empfehlungen dienen, bis hin zu kommunal begrenzten Selbstevaluationsansätzen sind Versuche zu beobachten, die Praxis mit Hilfe des je spezifisch generierten Wissens um

Wirkung zu verändern (Gray et al. 2009; Albus et al. 2009).

Insbesondere die meisten kommunalen Ansätze der Wirkungsorientierung in Deutschland sind in der Tradition der manageriellen Reorganisation Sozialer Arbeit zu verorten, die im Zuge der ersten Ökonomisierungswelle Anfang der 1990er Jahre forciert wurde (KGSt 1993). Die Grundlagen für eine Steuerung Sozialer Dienste über Daten und Kennzahlen sind in der Einführung der Neuen Steuerung, des Qualitätsmanagements und den Instrumenten des New Public Management gelegt. Dabei

„zeigt sich deutlich der Zusammenhang der aktuellen Wirkungsdebatte mit der Programmatik einer effizienzfokussierten Steuerung sozialer Dienstleistungserbringung. Evaluation oder Wirkungsforschung werden in diesem Zusammenhang zum Instrument eines Strategischen Controllings, sie sind Bestandteil der laufend durchgeführten Leistungsmessung in Organisationen" (Dahme et al. 2008, 175).

Die wirkungsorientierten sozialpolitischen Umsteuerungsmaßnahmen in Deutschland bilden damit jedoch im Vergleich zur englischsprachigen Auseinandersetzung nur einen „halbierten Wirkungsdiskurs" (Otto 2007) ab: Im Vordergrund standen nach der Jahrtausendwende insbesondere Verfahren zur Forcierung wettbewerblicher Elemente. Wirkungsorientierte Steuerung wurde insbesondere als Steuerung der Finanzierungsformen sozialer Dienste thematisiert und in der Praxis implementiert (Schröder 2002; Struzyna 2007; Plaßmeyer / Kohlmeyer 2009).

Demgegenüber wurde die Rezeption des im englischsprachigen Raum diskutierten Steuerungsmodells Evidenzbasierter Praxis (EBP) erst mit Verzögerung in Deutschland begonnen (Hüttemann / Sommerfeld 2007). Das forschungsmethodisch und professionstheoretisch höchst umstrittene Steuerungsmodell der EBP geht in seiner Zielsetzung über Ansätze des New Public Managements hinaus, indem es ein neues Verhältnis von Praxis, Wissenschaft und Sozialpolitik entwirft. Gegenüber den wirkungsorientierten Steuerungsversuchen über Marktmechanismen setzt EBP auf eine rationale, an wissenschaftlicher Wirkungsforschung ausgerichtete Steuerung der Praxis. EBP stützt sich dabei auf ein Wissenschaftsverständnis, das sich mit der statistischen Auswertung und kalkulatorischen Berechnung wirksamer Interventionen beschreiben lässt und darauf abzielt, die Praxis Sozialer Dienste auf der Grundlage dieses Wissens anzuleiten (Roberts/ Yeager 2006). Vertreter einer evidenzbasierten Praxis verweisen explizit darauf, dass die *wissenschaftliche* Fundierung professioneller Entscheidungen im Mittelpunkt ihres Interesses steht (Proctor/Rosen 2003; Kindler 2005) und damit theoretisch auch losgelöst vom Ökonomisierungsgedanken und der manageriellen Reorganisation gedacht werden kann, denn die wirksamste Intervention im Sinne von EBP muss nicht die kostengünstigste sein (Hüttemann 2006). Die Orientierung von Hilfeentscheidungen an probabilistisch höchster Erfolgswahrscheinlichkeit ist allerdings weder widerspruchsfrei mit Wünschen und Bedürfnissen von AdressatInnen verhandelbar, noch mit dem Erfahrungswissen von Fachkräften in Übereinstimmung zu bringen, sondern verweist auf kategorial verschiedene Handlungslogiken und Praxen (Ziegler 2004; zu den divergierenden Ansätzen Otto/Polutta/Ziegler 2010). Die Rolle der AdressatInnen Sozialer Arbeit verändert sich je nach wirkungsorientierter Steuerungsvariante. Während individuelle Lebenslagen und subjektive Gestaltungserwartungen an die Hilfeerbringung im Rahmen von EBP systematisch ausgeblendet werden müssen, um kategoriale Problemzuordnung und die Wahl und Durchführung des darauf abgestimmten Hilfeprogramms zu gewährleisten, werden im Rahmen managerieller Wirkungsorientierung auch Elemente der Aktivierung der AdressatInnen als Form der Wirkungssteuerung thematisiert und damit ein Modus der „Responsibilisierung" bei der Erbringung wohlfahrtsstaatlicher Hilfeleistungen protegiert (Oelkers 2009). Als Ausdruck eines Paradigmenwechsels „vom Interventions- zum Steuerungsstaat" (Oelkers 2009, 71) lassen sich in kommunalen Umsetzungen wirkungsorientierter Transformation vielfach Hinweise darauf finden, dass dieser neue „Steuerungsstaat" insbesondere ein Selbststeuerungsideal präferiert, das Wirkungssteuerung als eine Anrufung des „effektiven Bürgers" intendiert (Albus 2010).

Wirkungsforschung in der Sozialen Arbeit

Angesichts der Komplexität von Interaktionen in der Praxis der Sozialen Arbeit und den diversitären, individuellen Lebenslagen ihrer AdressatInnen wurde bisher bei der empirischen Bearbeitung der Wirksamkeitsfrage wiederkehrend diskutiert, dass Forschungsmethoden benötigt werden, die der Rekonstruktion sozialer Praxen dienen, Lebenslagen und –bedingungen sowie Machtverhältnissen analysieren, oder der Angemessenheit sozialer Interventionen nachgehen (Riessman 1994; Sherman/Reid 1994; Shaw 1999; Shaw/Gould 2001; Messmer/Hitzler 2008). Zahlreiche Wirkungsstudien im bundesdeutschen Raum basieren in dieser Tradition – zumindest zu einem wesentlichen Teil – auf qualitativen Forschungsdesigns (Gehres 1997; Rätz-Heinisch 2005; Finkel 2004; Beckmann et al. 2006; Wolf 2006).

Mit der wirkungsorientierten Wende im Steuerungsdiskurs haben sich allerdings auch die Erwartungen an Forschungsergebnisse verändert. Gefordert werden von Politik und (Steuerungs-) Praxis eindeutige, quantifizierbare Ergebnisse (Soydan 2009). Forschung im Dienste wirkungsorientierter Steuerung soll weniger dazu dienen, die grundlegenden Strukturen zu erklären und Ambiguitäten aufzuzeigen, sondern ist mehr auf die Produktion von direkt handlungsrelevantem Wissen zu konzentrieren (Gray 2001). Parallel zu diesen Verwertbarkeitsansprüchen in Bezug auf wissenschaftliche Forschungsergebnisse ist die Debatte um deren Qualität und dabei vor allem um ihre Validität neu entbrannt. Angesichts der Hierarchisierung von Forschungszugängen wird auch von einer positivistischen Wende in der Wirkungsforschung gesprochen (Hammersley 2006). Experimente, mit denen aufgrund der Kontrolle wesentlicher Kontextvariablen eine Unterscheidung zwischen Programmeffekten und nicht auf das spezifische Programm zurückzuführende Entwicklungen vorgenommen wird, erreichen hierbei ein „Level of Evidence", dass nur durch eine Meta-Analyse verschiedener dieser randomisierten Kontrollexperimente (RCTs) übertroffen werden kann (McNeece/Thyer 2004). Quasi-experimentelle Studiendesigns sind nach diesem Systematisierungsansatz zwar nicht als gleichwertig gegenüber RCTs zu sehen, werden aber noch als aussagekräftig im Hinblick auf ihre Wirkungsnachweise anerkannt. Kohortenstudien ohne Experimentaldesign, Einzelfallstudien und schließlich das Praxiswissen rangieren hingegen auf den unteren Ebenen der Evidenzpyramide, wodurch ihren Ergebnissen zum Teil keine oder nur eingeschränkte Beweiskraft bezüglich Effektivität und Wirksamkeit zugesprochen wird (Farrington 2003). Neben einer grundsätzlichen Infragestellung dieser Art von Hierarchisierung (APA 2006) wird auf die Problematik aufmerksam gemacht, dass Experimente zwar Aussagen über Effekte („Efficacy") im Fall höchster Programmintegrität treffen, die Wirksamkeit des Programms unter Realbedingungen, d. h. in einem nicht-klinischen Setting, hingegen eine Frage nach „Effectiveness" ist, die im Rahmen von RCTs nicht beantwortet werden kann (Pawson 2006). Angesichts dieser „externen Validitätsschwäche" von Kontrollexperimenten erweisen sich im Hinblick auf die Verwertbarkeit der Erkenntnisse für die Praxis solche Forschungsdesigns als vorteilhafter, die Programmkontexte mit einbeziehen und Unterschiede in der Programmdurchführung berücksichtigen (Otto 2007). Quasi-experimentelle Studien im Rahmen realistischer Evaluationen stellen in diesem Punkt eine Alternative dar, da sie Aussagen über komplexe Wirkweisen im Sinne von „Kontext-Mechanismus-Ergebnis-Konfigurationen" machen können, d. h. darüber Auskunft geben, was für welche Zielgruppen unter welchen Bedingungen und Konstellationen *warum* welche Effekte zeigt (Pawson/Tilley 2009). Damit wird die Frage nach dem „Wie", die vor allem die Anfänge der anglo-amerikanischen Wirkungsforschungsdebatte dominiert hat (kritisch dazu Shaw 2005), erweitert um die Frage, was in den empirischen Blick genommen werden sollte.

Der Maßstab des Erfolgs, mit dem Wirkungen zu messen sind, wird mit seiner Explizierung einer kritischen Diskussion zugänglich gemacht, die für eine reflektierte, produktive Auseinandersetzung mit den Steuerungsprozessen einer wirkungsorientierten oder evidenzbasierten Praxis notwendig erscheint. Die scheinbare Zwangsläufigkeit von Erfolgsindikatoren in vielen klassischen Wirkungsstudien wird damit hinterfragt. Ausgehend von den Überlegungen zur „demokratischen Rationalität" einer reflexiven Professionalität (Dewe/Otto 2005) und der

Gerechtigkeitsperspektive als Proprium Sozialer Arbeit (Schrödter 2007) muss Wirkungsforschung im Feld der Sozialen Arbeit auch im Hinblick darauf bewertet werden, ob sie erstens die relevanten Wirkungen erfasst und zweitens, ob sie die Perspektive der AdressatInnen auf ihre eigene Lebensführung adäquat berücksichtigt. Deren subjektive Einschätzung spielt eine entscheidende Rolle, wenn es gilt, den Nutzen bzw. die Relevanz von Wirkungen sozialer Dienstleistungen zu bewerten (Oelerich/Schaarschuch 2005). Allerdings müssen die subjektiven Bewertungen der AdressatInnen mit Blick auf die Problematik möglicher adaptiver Präferenzen (Nussbaum 2000; Sen 1985) analytisch eingeordnet werden. So sind vor dem Hintergrund dessen, was allgemein zu den Voraussetzungen eines guten Lebens zu zählen ist, strukturelle soziale Ungerechtigkeiten identifizierbar. Daher ist es für die Wirkungsforschung angebracht, neben den subjektiven Bewertungsmaßstäben der AdressatInnen auch „objektive" Bewertungsmaßstäbe zur Interpretation der erhobenen Daten anzulegen – auch wenn sich damit die Notwendigkeit verbindet, normative Bestimmungen vorzunehmen und sich mit drohenden Paternalismusgefahren auseinanderzusetzen (Deneulin 2002; Otto/Ziegler 2010). Einen fruchtbaren Ansatz bietet dabei das Konzept der Verwirklichungschancen. Der international als *Capabilities Approach* bekannte Ansatz stellt das Konstrukt der Autonomie und der Würde des Menschen in Zusammenhang mit den strukturellen Möglichkeiten und den individuellen Fähigkeiten. Die Freiheit, ein Leben zu führen, für das sich der oder die Einzelne mit guten Gründen entscheidet, ist demnach abhängig von rechtlichen Möglichkeiten, materiellen Ressourcen, sozialen Netzwerken, individuellen Fähigkeiten und persönlichen Dispositionen (Sen 2001; Nussbaum 2000; Otto/Ziegler 2006). Die Erweiterung des Blicks von der einseitigen Begutachtung von Güterverteilungen oder der ausschließlichen Messung von individuellen Fähigkeiten im Sinne eines Skill Assessment hin zu einer empirischen Erfassung von tatsächlich realisierbaren Handlungsspielräumen stellt einen wichtigen Fortschritt für die Wirkungsforschung im sozialpädagogischen Feld dar. Im Hinblick auf eine Konkretisierung von Verwirklichungschancen kann auf Nussbaums Liste der zentralen Capabilities zurückgegriffen werden (Nussbaum 2006), die in der für die deutsche Jugendhilfe adaptierten Übersetzung folgendermaßen lauten (Albus et al. 2010): Gesundheit, Wohnen und Leben, körperliche Integrität, Bildung, Fähigkeit zu Emotionen, Vernunft und Reflexion, Zugehörigkeit, Zusammenleben, Kreativität, Spiel und Erholung und Kontrolle über die eigene Umgebung. Dieser breite Fokus auf die Lebensumstände und Handlungsmöglichkeiten der AdressatInnen Sozialer Arbeit geht weit über die klassischen Erfolgsindikatoren Lebensbewährung, gesellschaftliche Anpassung und psychische / physische Gesundheit hinaus (BMFSFJ 1998, 2002a; Meumann 1993; Gabriel et al. 2007). Aktuelle Forschungen zeigen, dass Erfolge im Sinne einer Steigerung von Verwirklichungschancen im Rahmen einer beteiligungsorientierten, professionell-reflexiven Hilfepraxis erzielt werden können und sich damit der Modus der Professionalität durchaus als evident erweist (Albus et al. 2010).

Wirkungsorientierte Professionalisierung

Angesichts der im Wirkungsdiskurs eingelagerten potenziellen Veränderungen des Professionsmodells Sozialer Arbeit erscheint es erforderlich, Wirkungsforschung kritisch zu betreiben und aktuell dominante Hierarchisierungsbestrebungen – sowohl im Hinblick auf ihre methodischen als auch bezüglich ihrer methodologischen Implikationen – in Frage zu stellen. Dies ist nicht zuletzt deshalb geboten, weil für die fachlichen Potenziale einer Qualifizierung im Duktus der What-Works-Agenda keine überzeugenden empirischen Evidenzen vorliegen. Gleichwohl ist offen, ob ohne Weiteres von einer „De-Professionalisierung" Sozialer Arbeit durch eine Fokussierung auf Wirkung auszugehen ist. Im Kontext der Debatten um Wirksamkeit ist Soziale Arbeit gefordert, ihr Professionsverständnis zu reflektieren, um sich in der Ambivalenz derzeitig

hoher sozialpolitischer Aufmerksamkeit und gleichzeitiger Legitimationsanfrage positionieren zu können. Doch die Forderungen nach „wirkungsorientierter Professionalisierung" werden nicht nur an die Soziale Arbeit herangetragen, sondern auch aus der Sozialen Arbeit heraus formuliert. So heißt es im 11. Kinder- und Jugendbericht:

„Jenseits [der] Sozialberichterstattung plädiert die Kommission für eine konsequente Evaluation der Angebote und Strukturen der Kinder- und Jugendhilfe. An mehreren Stellen wurde in diesem Bericht deutlich gemacht, dass die Kinder- und Jugendhilfe zu wenig begründetes Wissen über die Auswirkungen ihrer eigenen Praxis besitzt. Allerorten fehlt es an entsprechenden Studien und vor allem an dem Bewusstsein, dass Evaluation ein unverzichtbares Moment jeglicher professionellen Praxis ist" (BMFSFJ 2002b: 255).

Auf der Basis der hier skizzierten Forschungsperspektiven erscheint Wirkungsforschung jedoch nur dann für die Soziale Arbeit ertragreich, wenn sie Wissen um Wirkungen und Wirkfaktoren der eigenen professionellen Praxis in einen reflexiven Verwendungszusammenhang und Wissensbestand überführt. Unter dem alternativen Begriff „Evidenzbasierte Professionalisierung" (Otto et al. 2009; Albus et al. 2010) ist diese Perspektive in die Auseinandersetzungen eingeführt worden. Dabei schließt sie an die Tradition sozialwissenschaftlich informierter Sozialer Arbeit an. Folglich sind es Orientierungen an analytischer Aufklärung, verfügbarem Erklärungswissen und an wissenschaftlicher Theoriebildung, die Professionalität ausmachen (Otto 1971). Dies schließt notwendigerweise die (selbst)kritische und ebenfalls empirisch zu fundierende Analyse von zukünftigen Transformationen der Rationalitäten, Methoden und Professionsmuster Sozialer Arbeit unter dem Stichwort „Wirksamkeit" ein.

Literatur

Albus, S. (2010): Junge Menschen als effektive Hilfe-Entrepreneure oder Wer trägt die Verantwortung für die Wirksamkeit von Jugendhilfeleistungen? In: DGfE-Kommission Sozialpädagogik (Hrsg.): Bildung des Effective Citizen – Sozialpädagogik auf dem Weg zu einem neuen Sozialentwurf? Juventa, Weinheim (i. E.)

–, Greschke, H., Klingler, B., Messmer, H., Micheel H.-G., Otto, H.-U., Polutta, A. (2009): Elemente Wirkungsorien-

tierter Jugendhilfe und ihre Wirkungsweisen: Erkenntnisse der wissenschaftlichen Evaluation des Bundesmodellprogramms. In: ISA, Universität Bielefeld (Hrsg.): Praxishilfe zur wirkungsorientierten Qualifizierung der Hilfen zur Erziehung. Schriftenreihe Wirkungsorientierte Jugendhilfe Band 9. ISA, Münster, 24–60

–, Micheel, H.-G., Polutta, A. (2010): Wirkungen im Modellprogramm. In: Albus, S., Greschke, H., Klingler, B.,

Messmer, H., Micheel, H.-G., Otto, H.-U., Polutta, A.: Wirkungsorientierte Jugendhilfe. Abschlussbericht der Evaluation des Bundesmodellprogramms „Qualifizierung der Hilfen zur Erziehung durch wirkungsorientierte Ausgestaltung der Leistungs-, Entgelt- und Qualitätsentwicklungsvereinbarungen nach §§ 78a ff. SGB VIII. Schriftenreihe Wirkungsorientierte Jugendhilfe Band 10. Waxmann, Münster, 105–164

Andresen, S. (2009): Bildung. In: Andresen, S., Casale, R., Gabriel, T., Horlacher, R., Larcher Klee, S. Oelkers, J. (Hrsg.): Handwörterbuch Erziehungswissenschaft. Beltz, Weinheim / Basel, 76–90

APA (American Psychological Association, Presidential Task Force on Evidence-Based Practice, Washington DC, USA) (2006): Evidence-Based Practice in Psychology. American Psychologist 4, 271–285

Beckmann, C., Otto, H.-U., Schaarschuch, A., Schrödter, M. (2006): Qualität und Wirkung in der Sozialpädagogischen Familienhilfe. Vorläufige Ergebnisse des DFG-Projektes „Dienstleistungsqualität". In: www.dlq-online.de/document/Ergebnisbericht_DFG-Projekt_DLQ.pdf, 06.06.2010

Benner, D. (1993): Die Pädagogik Herbarts: Eine problemgeschichtliche Einführung in die Systematik neuzeitlicher Pädagogik. 2., überarb. Aufl. Juventa, Weinheim

Blair, T. (1997): BBC Interview Panorama Leadership Special, 07.04.1997. In: www.bbc.co.uk/election97/background/parties/panblair2.htm, 06.06.2010

BMFSFJ (2002a): Effekte erzieherischer Hilfen und ihre Hintergründe. Kohlhammer, Stuttgart

– (2002b): Elfter Kinder- und Jugendbericht: Aufwachsen in öffentlicher Verantwortung. BMFSFJ, Berlin

– (1998): Leistungen und Grenzen der Heimerziehung. Kohlhammer, Stuttgart

Bundesregierung (2009): Wachstum. Bildung. Zusammenhalt. Der Koalitionsvertrag zwischen CDU, CSU und FDP. In: www.cdu.de/doc/pdfc/091026-koalitionsvertrag-cducsu-fdp.pdf, 06.06.2010

– (2005): Gemeinsam für Deutschland – mit Mut und Menschlichkeit. Koalitionsvertrag zwischen CDU, CSU und SPD. 11.11.2005. In: www.cdu.de/doc/pdf/05_11_11_Koalitionsvertrag.pdf, 06.06.2010

Dahme, J., Schütter, S., Wohlfahrt, N. (2008): Lehrbuch Kommunale Sozialverwaltung und Soziale Dienste. Juventa, Weinheim / München

Deneulin, S. (2002): Perfectionism, Paternalism and Liberalism in Sen and Nussbaum's Capability Approach. Review of Political Economy 4, 497–518

Dewe, B., Otto, H.-U. (2005): Profession. In: Otto, H.-U, Thiersch, H. (Hrsg.): Handbuch Sozialarbeit / Sozialpädagogik. 3. Aufl. Ernst Reinhardt, München / Basel, 1399–1423

Farrington, D. P. (2003): Methodological Quality Standards for Evaluation Research. Annals of the American Academy of Political and Social Science 587, 49–68

Finkel, M. (2004): Selbständigkeit und etwas Glück. Einflüsse öffentlicher Erziehung auf die biographischen Perspektiven junger Frauen. Juventa, Weinheim

Gambrill, E. (2001): Social Work: An Authority-Based Profession. Research on Social Work Practice 2, 166–175

Gabriel, T., Keller, S., Studer, T. (2007): Wirkungen erzieherischer Hilfen – Eine Metaanalyse ausgewählter Studien. Schriftenreihe Wirkungsorientierte Jugendhilfe Band 3. ISA, Münster

Gehres, W. (1997): Das zweite Zuhause. Lebensgeschichte und Persönlichkeitsentwicklung von Heimkindern. Leske + Budrich, Opladen

Gray, J. A. M. (2001): Evidence-Based Healthcare: How to Make Health Policy and Management Decisions. 2. Aufl. Elsevier Ltd., Oxford

Gray, M., Plath, D., Webb, S. (2009): Evidence-based Social Work: A Critical Stance. Routledge, Abingdon, Oxon / New York

Hammersley, M. (2006): Systematic Or Unsystematic, Is That the Question? Reflections on the Science, Art, and Politics of Reviewing Research Evidence. In: Killoran, A., Swann, C., Kelly, M. P. (Hrsg.): Public Health Evidence: Tackling Health Inequalities. Oxford University Press, Oxford, 239–250

Herbart, J. H. (1806): Allgemeine Pädagogik aus dem Zweck der Erziehung abgeleitet. Röwer, Göttingen

Hüttemann, M. (2006): Evidence-based Practice – ein Beitrag zur Professionalisierung Sozialer Arbeit? Neue Praxis 2, 156–167

–, Sommerfeld, P. (2007): Forschungsbasierte Praxis. Professionalisierung durch kooperative Wissensbildung. In: Sommerfeld, P., Hüttemann, M. (Hrsg.): Evidenzbasierte Soziale Arbeit. Nutzung von Forschung in der Praxis. Schneider Verlag Hohengehren, Baltmannsweiler, 40–57

KGSt (1993): Das Neue Steuerungsmodell. Begründung – Konturen – Umsetzung. Bericht Nr. 5 / 1993. KGSt, Köln

Kessl, F., Otto, H.-U. (2009): Soziale Arbeit ohne Wohlfahrtsstaat? In: Kessl, F., Otto, H.-U. (Hrsg.): Soziale Arbeit ohne Wohlfahrtsstaat? Zeitdiagnosen, Problematisierungen und Perspektiven. Juventa, Weinheim / München, 7–21

Kindler, H. (2005): Evidenzbasierte Diagnostik in der Sozialen Arbeit. Neue Praxis 5, 540–544

Lüders, C., Haubrich, K. (2006): Wirkungsevaluation in der Kinder- und Jugendhilfe: Über hohe Erwartungen, fachliche Erfordernisse und konzeptionelle Antworten. In: Projekt eXe (Hrsg.): Wirkungsevaluation in der Kinder- und Jugendhilfe – Einblicke in die Evaluationspraxis. DJI, München, 5–20

McNeece, C. A., Thyer, B. A (2004): Evidence-Based Practice and Social Work. Journal of Evidence-Based Social Work 1, 7–25

Merten, R., Olk, T. (1996): Sozialpädagogik als Profession. Historische Entwicklung und künftige Perspektiven. In: Combe, A., Helsper, W. (Hrsg.): Pädagogische Professionalität. Untersuchungen zum Typus professionellen Handelns. Suhrkamp, Frankfurt / M., 570–613

Messmer, H. (2007): Jugendhilfe zwischen Qualität und Kosteneffizenz. VS Verlag, Wiesbaden

–, Hitzler, S. (2008): Gespräche als Forschungsgegenstand in der Sozialen Arbeit. Zeitschrift für Pädagogik 2, 244–260

Meumann, M. (1993): Findelkinder, Waisenhäuser, Kindsmord. Unversorgte Kinder in der frühneuzeitlichen Gesellschaft. Oldenbourg Wissenschaftsverlag, München

Nussbaum, M. C. (2006): Frontiers of Justice. Disability, Nationality, Species Membership. Belknap Press of Harvard University, Cambridge, MA

– (2000): Women and Human Development. The Capabilities Approach. Cambridge University Press, New York

Oelerich, G., Schaarschuch, A. (2005): Der Nutzen Sozialer Arbeit. In: Oelerich, G., Schaarschuch, A. (Hrsg.): Soziale Dienstleistungen aus Nutzersicht. Zum Gebrauchswert sozialer Arbeit. Reinhardt, München, 80–98

Oelkers, N. (2009): Die Umverteilung von Verantwortung zwischen Staat und Eltern – Konturen einer post-wohlfahrtsstaatlichen Transformation eines sozialpädagogischen Feldes. In: Kessl, F., Otto, H.-U. (Hrsg.): Soziale Arbeit ohne Wohlfahrtsstaat: Zeitdiagnosen, Problematisierungen und Perspektiven. Juventa, Weinheim / München, 71–86

Otto, H.-U. (2007): What Works? Expertise im Auftrag der Arbeitsgemeinschaft für Kinder- und Jugendhilfe – AGJ. AGJ, Berlin

– (1971): Zum Verhältnis von systematisiertem Wissen und praktischem Handeln in der Sozialarbeit. In: Otto, H.-U., Utermann, K. (Hrsg.): Sozialarbeit als Beruf. Auf dem Weg zur Professionalisierung? Juventa, München, 87–98

–, Polutta, A., Ziegler, H. (Hrsg.) (2010): What Works – Welches Wissen braucht die Soziale Arbeit. Zum Konzept evidenzbasierter Praxis. Barbara Budrich Publishers, Opladen & Farmington Hills

–, –, – (2009): A Second Generation of Evidence-Based Practice: Reflexive Professionalism and Causal Impact in Social Work. In: Otto, H.-U., Polutta, A., Ziegler, H. (Hrsg.): Evidence-based Practice – Modernising the Knowledge Base of Social Work? Barbara Budrich Publishers, Opladen & Farmington Hills, 245–252

–, Scherr, A., Ziegler, H. (2010): Wieviel und welche Normativität benötigt die Soziale Arbeit. Neue Praxis 2, 137–163

–, Ziegler, H. (2006): Capabilities and Education. Social Work and Society 2, 269–287

Pawson, R. (2006): Evidence-based Policy: A Realist Perspective. Sage, London

–, Tilley, N. (2009): Realist Evaluation. In: Otto, H-U., Polutta, A., Ziegler, H. (Hrsg.): Evidencebased Practice – Modernising the Knowledge Base of Social Work? Barbara Budrich Publishers, Opladen & Farmington Hills, 151–181

Plaßmeyer, F., Kohlmeyer, M. (2009): Finanzierungsmodelle im Kontext von wirkungsorientierter Steuerung der Hilfen

zur Erziehung. Wirkungsorientierte Jugendhilfe. Band 7. ISA, Münster

Proctor, E. K., Rosen, A. (2003): The Structure and Function of Social Work Practice Guidelines. In: Rosen, A., Proctor, E. K. (Hrsg.): Developing Practice Guidelines for Social Work Intervention: Issues, Methods, and Research Agenda. Columbia University Press, New York, 108–127

Rätz-Heinisch, R. (2005): Gelingende Jugendhilfe bei „aussichtslosen Fällen"! Biographische Rekonstruktionen von Lebensgeschichten junger Menschen. Ergon Verlag, Würzburg

Raithel, J., Dollinger, B., Hörmann, G. (2009): Einführung Pädagogik. 3., durchges. Aufl. VS Verlag, Wiesbaden

Riessman, C. K. (Hrsg.) (1994): Qualitative Studies in Social Work Research. Sage, Thousand Oaks, CA

Roberts, A. R., Yeager, K. (Hrsg.) (2006): Foundations of Evidence-Based Social Work Practice. Oxford University Press, New York

Schröder, J. (2002): Wirkungen – was ist das und wie können sie „vereinbarungstauglich" gemacht werden? In: Schröder, J. (Hrsg.): Wirkungsorientierte Gestaltung von Qualitätsentwicklungs-, Leistungs- und Entgeltvereinbarungen nach §78a ff.. Dokumentation des Expertengesprächs „Wirkungsorientierte Gestaltung von Qualitätsentwicklungs-, Leistungs- und Entgeltvereinbarungen nach §78a ff.". JSB, Bonn, 6–16

Schrödter, M. (2007): Soziale Arbeit als Gerechtigkeitsprofession. Zur Gewährleistung von Verwirklichungschancen. Neue Praxis 1, 3–28

Sen, A. K. (2001): Development as Freedom. New Edition. Oxford, Oxford University Press

– (1985): Commodities and Capabilities. North Holland, Amsterdam

Shaw, I. (2005): Evidencing Social Work. In: Sommerfeld, P. (Hrsg.): Evidence Based Social Work – Towards a New Professionalism? Peter Lang, Bern, 73–107

– (1999): Qualitative Evaluation. Sage, London

–, Gould, N. (Hrsg.) (2001): Qualitative Research in Social Work. Sage, London

Sherman, E., Reid, W. J. (Hrsg.) (1994): Qualitative Research in Social Work. Columbia University Press, New York

Soydan, H. (2009): Towards the Gold Standard of Impact Research in Social Work. In: Otto, H.-U., Polutta, A., Ziegler, H. (Hrsg.): Evidence-Based Practice – Modernising the Knowledge Base of Social Work? Barbara Budrich Publishers, Opladen & Farmington Hills, 111–137

Stichweh, R. (1996): Professionen in einer funktional differenzierten Gesellschaft. In: Combe, A., Helsper, W. (Hrsg.): Pädagogische Professionalität. Untersuchungen zum Typus pädagogischen Handelns. Suhrkamp, Frankfurt / M., 49–69

Struzyna, K.-H. (2007): Wirkungsorientierte Jugendhilfe – Hintergründe, Intentionen und Ziele des Bundesmodellprogramms. In: ISA (Hrsg.): Beiträge zur Wirkungsorientierung von erzieherischen Hilfen. Schriftenreihe

Wirkungsorientierte Jugendhilfe Band 1. ISA, Münster, 5–13

Wolf, K. (2006): Sozialpädagogische Familienhilfe aus Sicht der Klientinnen und Klienten – Forschungsergebnisse und offene Fragen. In: Fröhlich-Gildhoff, K., Engel, E. M., Rönnau, M., Kraus, G. (Hrsg.): Forschung zur Praxis in den ambulanten Hilfen zur Erziehung. Band 1. FEL Verlag, Freiburg, 83–100

Ziegler, H. (2004): Jugendhilfe als Prävention : die Refiguration sozialer Hilfe und Herrschaft in fortgeschritten liberalen Gesellschaftsformationen. In: http://bieson.ub.uni-bielefeld.de/volltexte/2004/533, 06.06.2010

Wissenschaftstheorie

Von Bernd Dewe und Hans-Uwe Otto

Problemstellung

Die Rekonstruktion der Verwissenschaftlichung der akademischen Sozialarbeit / Sozialpädagogik im Prozess der sukzessiven Entwicklung disziplinärer Strukturen innerhalb der letzten Jahre stellt sich aus systematischen Gründen als Frage nach dem Stand der wissenschaftstheoretischen Reflexion und methodischen Klärung ihrer Wissenschaftspraxis dar (zur Wissenschaftstheorie im allgemeinen: Seiffert / Radnitzky 1989). Die wissenschaftstheoretischen Grundlagen der Sozialarbeit / Sozialpädagogik sind bisher unzureichend erörtert worden (Dewe / Kurtz 2000; Mührel / Birgmeier 2009). Das hat Gründe in Problemen der autonomen, differenzierten Gegenstandserfassung von Sozialarbeit / Sozialpädagogik ebenso wie im Stand der wissenschaftstheoretischen Diskussion selbst. So kann letztere gegenwärtig keine hinreichende Auskunft darüber erteilen, ob Sozialarbeit / Sozialpädagogik – als sich entwickelnde Disziplin – sich über eindeutige objektbezogene Definitionen zu konstituieren hat, über allein wissenschafts- und forschungsinterne Optionen und kluge Fragestellungen, über eine genuine Bestimmung ihres Erkenntnisinteresses oder gerade über eine zu systematisierende Verknüpfung dieser Ansätze. Die wissenschaftliche Bestimmung des Theoriestatus bedingt zunächst das Setzen der funktionalen Differenz von unterschiedlichen Wissensformen, die unter anderem mit (erziehungs-)wissenschaftlichen Theorien und (pädagogischen) Reflexionstheorien (Oelkers / Tenorth 1987; Hug 1990; Birgmeier / Mührel 2009) korrespondieren, was in der bisherigen Diskussion zu wenig berücksichtigt wurde:

„Nach einer Phase fruchtloser wissenschaftstheoretischer Kontroversen scheinen die an Erziehungsfragen interessierten Disziplinen heute in der Konzentration auf Analysen des ‚Wissens‘ einen neuen Focus für wichtige Fragen gefunden zu haben" (Tenorth 1993a, 63; vgl. Häder 2009; siehe Abb. 1).

Wissenschaftstheoretische Differenzen

Allgemein gesprochen lassen sich Theorien definieren „als Versuche, für Gegenstandsbereiche, die wissenschaftlicher Kommunikation verfügbar gemacht werden sollen, die Einheit des Komplexen als Referenz der Variation von Aussagen zu formulieren" (Luhmann / Schorr 1979, 187). Man kann in Bezug auf wissenschaftliche Beobachtung und Beschreibung zwischen (normalen) wissenschaftlichen Theorien und Reflexionstheorien unterscheiden. Wissenschaftliche Theorien im Wissenschaftssystem – wie z. B. in der Soziologie, Biologie, Physik etc. – erörtern ihre Objekte von einer externen Position und können somit den Beobachter weglassen, da sie selbst als Beobachter wirken. Im Gegensatz dazu fehlt den auf Teilsystembasis agierenden „Reflexionstheorien" – wie z. B. der Pädagogik – der externe Beobachter-Standpunkt, da sie als Theorien des Systems im System aufgestellt werden müssen, sie teilen also eine im System selbst anschlussfähige Deskription mit. Diese Differenzierung zwischen systeminterner und systemexterner Beobachtung und Beschreibung begründet auch, warum Reflexionstheorien unsicherer sind als normale wissenschaftliche Theorien (bereits Wagner 1921). Während (erziehungs-)wissenschaftliche Theorien Erkenntnisprobleme unter Wahrheitsgesichtspunkten behandeln und sich beim Prozess der Beobachtung an den Bedingungen der Autopoiesis des Wissenschaftssystems orientieren, behandeln pädagogische Reflexionstheorien Praxisprobleme unter Orientierungsgesichtspunkten – sie prägen

Otto/Thiersch (Hg.), Handbuch Soziale Arbeit, 4. A., DOI 10.2378/ot4a.art174,

primär Begriffe für die Applikation in der pädagogischen Praxis – und müssen sich an den Bedingungen der Autopoiesis des Erziehungssystems selbst orientieren (Dräger 2000; siehe Abb. 1).

Daraus folgern Luhmann/Schorr, dass Pädagogik, die immer innerhalb ihres eigenen Systems – dem Erziehungssystem – agiert, keine normale Wissenschaft sein kann, aber auch nicht zu sein braucht, da es sich um eine „Systembetreuungswissenschaft" handele. Sie könne sich nicht als wissenschaftliche Disziplin mit einer eigenen Terminologie etablieren, sondern nur als fächerübergreifendes, also interdisziplinäres oder transdisziplinäres Fach. Somit lebt die heutige Pädagogik scheinbar von den Anregungen aus den wissenschaftlichen Disziplinen, wie z. B. der Soziologie, was aber nicht impliziert, dass die externe soziologische Betrachtungsweise des Erziehungssystems „besser" ist als die interne pädagogische. Beide haben ihre Vorzüge, denn ein System (als ein Beobachter) „kann nur sehen, was es sehen kann. Es kann nicht sehen, was es nicht sehen kann. Es kann auch nicht sehen, dass es nicht sehen kann, was es nicht sehen kann" (Luhmann 1990, 473). Die Differenz von Theorie/Wissen und Praxis ist keine Differenz unterschiedlich hoher Erkenntnisse, sondern eine unterschiedlicher Einstellungen/Perspektiven. Aber gerade durch das im Erziehungssystem zum Thema werdende Theorie/Praxis-Dual – welches im Grunde nur eine analytische Unterscheidung ist – und die Selbstbeschreibung der Pädagogik als praktische Theorie („Handlungswissenschaft") wird immer wieder versucht, „das Technologieproblem ausweichend zu behandeln" (Luhmann 1990, 57; vgl. Sheppard 1998).

Dieses Problem wird in der Sozialarbeit/Sozialpädagogik häufig verkürzt gesehen mangels Erkenntnismaßstäben, die die „Profession" mit ihrer beruflichen Praxis der sich erst entwickelnden wissenschaftlichen „Disziplin" gewiss nicht vorgeben kann. Sie ergeben sich vielmehr zuallererst aus einer wissenschaftstheoretischen Betrachtung der ausdifferenzierten Professionalisierungs- und Disziplinbildungsprozesse. Erst in diesem Prozess lassen sich Konstruktionsprinzipien von Theorien, die in ihrem Gegenstandsbezug variabel sein mögen, gewinnen. Nur so sind die negativen Konsequenzen der weitverbreiteten, aber darum nicht auch richtigen Unterstellung einer „Eins-zu-eins-Korrespondenz" von theoretischer und praktischer Aufgabe zu umgehen. Bemühungen, den Entwicklungsstand und die Perspektiven einer eigenständigen Wissenschaftsdisziplin Sozialarbeit/Sozialpädagogik auszumachen, gibt es nicht erst seit Lukas' normativem Entwurf (1979). Bereits zu Beginn des Jahrhunderts gab es wissenschaftstheoretische Selbstvergewisserungen mit unterschiedlichem Erfolg, die allerdings in der Folgezeit immer wieder unterbrochen wurden und heute auf neuer Grundlage und mit anderen Vorzeichen systematisch fortzuführen sind (Oelkers/Tenorth 1991). Allgemein betrachtet ist im Terminus „Wissenschaft" impliziert, dass intersubjektiv gültige Aussagen gemacht werden. Kon-

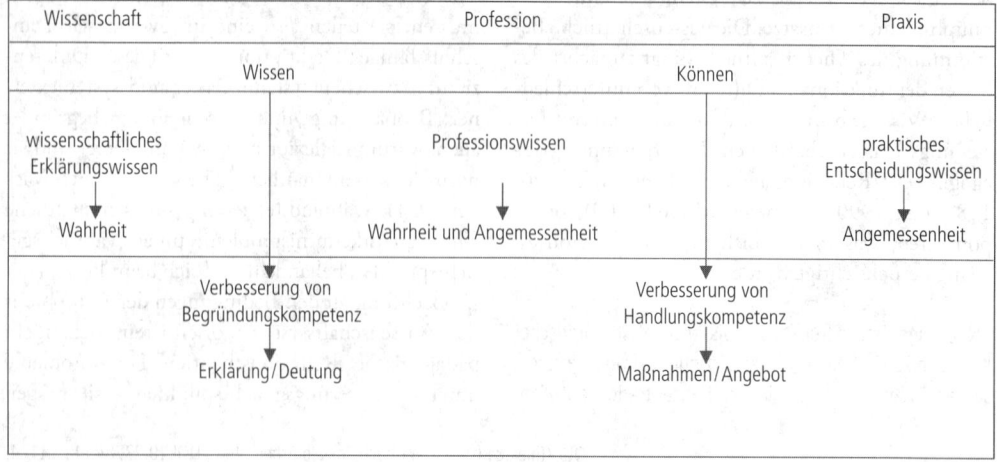

Abb. 1: Spezifika des Professionswissens

ventionellerweise wird die Aufgabe der Wissenschaftstheorie darin gesehen, dass sie die Kriterien liefert und überprüft, wie Aussagen beschaffen sein müssen, um das Prädikat „wissenschaftlich" zu bekommen. Es gibt nicht die Wissenschaftstheorie, sondern viele, sich oft widersprechende Modelle (etwa Mittelstrass 1981). Die Unterschiede betreffen vor allem den Spielraum der Aussagegültigkeit, etwa von der Rigidität einer extrem empirisch-positivistischen Position bis hin zu hermeneutischen und phänomenologischen Positionen, für die „Sinn", „Verstehen" und „Evidenz" bereits hinreichende Wahrheits-, Wahrhaftigkeits- und Angemessenheitskriterien für wissenschaftliche Aussagen darstellen (Matthies/Simon 2009). Bei aller Widersprüchlichkeit lassen sich doch Merkmale für „Wissenschaft" (Widmer 1985) bestimmen. Das ist einmal ein definierter Gegenstandsbereich, da im wissenschaftlichen Denken Teilprobleme aus der Gesamtmenge möglicher Probleme ausgeschieden werden, ihre Fragwürdigkeit als Problem umschrieben und auf ihre kausale, phänomenale und finale Funktionalität hin befragt wird (Widmer 1985). Das sind weiterhin definierbare Methoden der Erkenntnisgewinnung. Wissenschaftliches Denken ist methodisches Denken. Nach welchen wissenschaftlich-methodischen Spielregeln über welche Problembereiche gültige Aussagen gemacht werden können, ist eine Funktion des Konsensus unter Wissenschaftlern. Wissenschaftliche Aussagen müssen intersubjektiv

überprüfbar sein. Diese Norm gilt als wissenschaftliche Norm, nicht nur für die Empirie, die Hermeneutik, die Dialektik, die Phänomenologie, sie gilt auch für die Überprüfung deskriptiver, präskriptiver und normativer Aussagen (Widmer 1985). Außerdem werden wissenschaftliche Aussagen zusammengefasst in ein Aussagensystem, in eine Theorie. Eine Theorie kann aufgefasst werden als ein System von intersubjektiv überprüfbaren, methodisch gewonnenen, in einem konsistenten Zusammenhang formulierten Aussagen über einen definierten Sachbereich. Im Theoriebildungsprozess werden Phänomene beobachtet, beschrieben oder analysiert und in die Form einer systematischen Konstruktion bzw. Rekonstruktion sozialer Wirklichkeit gebracht. Theoretische Ansätze sind bestimmt von einer wie immer gearteten Gesellschaftsinterpretation und von einem impliziten und teilweise auch expliziten Menschenbild. Aus der Wechselwirkung beider entwickelt sich ein Aufgabenverständnis, das zu Untersuchungen seiner Konsequenzen führt, etwa der Entwicklung eines angemessenen forschungsmethodischen Zugangs, der die gesellschaftliche Realität in ihrer Komplexität und der das menschliche Potenzial in seinen Tiefendimensionen zu erschließen vermag. Daraus folgen dann erstens spezifische Argumentationen, die sich mit den nötigen Legitimationen befassen müssen, was insofern nicht immer umstandslos geschehen kann, als im Alltag die wechselnden Rechtfertigungsmuster („naive

Tab. 1: Relationen zwischen Reflexionstheorien und wissenschaftlichen Theorien

Funktionale Referenzkontexte	ausdifferenzierte gesellschaftliche Teilsysteme für:	
	Pädagogik	**Wissenschaft**
Theorietypen und Wissensformen	Reflexionstheorien auf der Basis von Teilsystemen (Bildungssystem, Gesundheitssystem u. a.)	Wissenschaftliche Theorien im Wissenschaftssystem
Referenzprobleme	Auseinandersetzungen mit Praxisproblemen unter Orientierungsgesichtspunkten	Erforschung von Erkenntnisproblemen unter Wahrheitsgesichtspunkten
Formen vergleichenden Beziehungsdenkens	Ubiquitäre menschliche Denkform	Erziehungs- und Sozialwissenschaftliche Methode
Motivationaler Kontext	Fokussieren von Existenzinteressen; im Mittelpunkt stehen Orientierungsprobleme und Konflikte	Weitestgehend Ausklammern von Existenzinteressen, Orientierungsproblemen und Konflikten

Verhaltenstheorien": Laucken 1974) häufig die „Theorie" ersetzten. Zweitens folgen daraus die Reflexionen über geeignete praktisch-methodische Vorgehensweisen. Folglich stellt Sozialarbeit / Sozialpädagogik als Beruf bzw. Profession und die Ausbildung hierfür zwar allemal eine wissenschaftsgestützte, jedoch keinesfalls eine ausschließlich wissenschaftliche Aufgabe dar mit der darin allerdings gebotenen Chance durch das theoretische Verstehen analytische Distanz zu Handlungszwängen und damit neue Handlungsspielräume oder aber Handlungsalternativen gegenüber dem „Hergebrachten" zu gewinnen. In ihrem anderen Teil muss die Ausbildung auch Praxis, d. h. Erfahren ihrer Handlungszwänge und deren Bewältigung durch berufspraktisches Können sein. Die Integration dieser beiden Elemente lässt sich nicht als additiv oder komplementär verstehen. Sie stehen vielmehr in einem Verhältnis von struktureller theoretischer Rahmung (frame) einerseits und der Erbringung von spezifischen situativen Bewältigungsleistungen (situation) andererseits. Die wissenschaftsgestützte Aufgabe besteht darin, durch Forschung und theoretisch kluge Fragestellungen, den „strukturellen Rahmen" zur Verfügung zu stellen bzw. stets weiterzuentwickeln. Die berufspraktische Ausbildungsphase, die das Handeln in sowie das Meistern von „Situationen" zur Aufgabe hat, ist für die Sozialarbeit / Sozialpädagogik als Profession das zentrale Problem, so, wie diese auf der anderen Seite nach wissenschaftlichen Begründungszusammenhängen, Analysen und Theorieangeboten für ihre Praxis suchen muss. Professionen als „Handlungssysteme", deren „Verhältnis zum Wissen [...] sich als eine Anwendung von Wissen unter Handlungszwang" (Stichweh 1992, 40) definiert, basieren typischerweise auf disziplinärem Wissen. Ist diese Basis nicht gegeben, versuchen sie sich an Hilfs-, Bezugs- und Referenzwissenschaften zu orientieren. Was den gegenwärtigen Zustand der Sozialarbeit / Sozialpädagogik anbelangt, so lässt sich der Eindruck gewinnen, dass die theoretischen Fragen und Forschungsmethoden nicht hinreichend beantwortet sind. Die Frage nach der Konstitution und Konstruktion von Theorien zeigt nur die eine Seite der Sozialarbeit / Sozialpädagogik, deren andere Seite die professionelle Praxis (→ Dewe / Otto, Professionalität) ist, die nicht nur unter laufendem Handlungs- und Entscheidungsdruck steht, sondern

durch ihre variable Einbindung in soziale Probleme immer neue Fragen aufwirft. Inwieweit die Sozialarbeit / Sozialpädagogik „ein klassischer Fall eines Berufes [ist], dem wegen seiner [zudem teilweise einer anderen Profession subordinierten] Partizipation an den Problemen mehrerer Funktionssysteme eine Professionalisierung nicht gelingt" (Stichweh 1992, 41) bzw. nicht gelingen wird, ist unter anderem Gegenstand der aktuellen Professionalisierungsdiskussion (Dewe / Kurtz 2000).

Sozialpädagogische Wissensformen

Sozialarbeit / Sozialpädagogik lässt sich weder durch eindeutig abgegrenzte Problemlagen / Arbeitsfelder (Stichwort „diffuse Allzuständigkeit") noch durch einen exklusiven methodischen Zugang hinreichend bestimmen. Was jeweils als Sozialarbeit / Sozialpädagogik gilt, hat sich in unterschiedlichen Konfliktlagen und Aufgaben historisch entwickelt. Sie lässt sich zwar – einem gängigen sozialpädagogischen Selbstverständnis entsprechend – nach Aufgaben der materiellen Lebenshilfen, der sozialen Erziehung und Bildung im allgemeinen und nach einer kompensierenden Erziehung, Beratung und sozialen Therapie in besonderen Mängel- und Notlagen zusammenfassen, zeigt sich aber im Konkreten als gleichsam buntscheckiges Nebeneinander sehr verschiedenartiger Aufgaben und Praxen. Dieser Umstand bedingt nicht zu unterschätzende Folgen für jedwede gegenstandsbezogene Theoriebildung ebenso wie für die, diese erst fundierende, wissenschaftstheoretische Reflexion und Grundlegung der Sozialarbeit / Sozialpädagogik. Die ohnehin schwach entwickelte Diskussion über Wissensformen im Kontext der Sozialarbeit / Sozialpädagogik hat bisher kaum Distanz gegenüber gesellschaftlichen Entwicklungen, dem Aufkommen neuer sozialpädagogischer Handlungsfelder und ihrer analytischen Bewältigung, hinsichtlich der Verschiebungen im Rahmen der Sozialpolitik sowie auch der Trends in der öffentlichen Wahrnehmung und immer schon wissenschaftlich „durchtränkten" Perzeption sozialer Probleme gewinnen können. In der Vergangenheit ist besonders im Rahmen der allenthalben zu beobachtenden Debatte um eine reflexive Modernisierung (Beck / Bonß 1989; Krüger 1991; Beck et al. 1994) nicht nur der theoretische Diskurs der sozialpädagogischen Wissenschaftler den bereits mehr oder weniger verwissenschaftlichten Erfahrungen von Professionellen/Praktikern nähergekommen. Der Diskurs hat darüber hinaus nach einer aus damaliger Sicht optimistischen Abkehr vom „geisteswissenschaftlichen Erbe" und in der Folge trotz aller „Versozialwissenschaftlichung" und „Therapeutisierung" eine erziehungswissenschaftliche Orientierung gewonnen bzw. ein Stück weit kritisch eine geisteswissenschaftlich-pädagogische Perspektive rekonstruiert (Dewe/Scherr 1990). Zeitgleich mit der sogenannten Wende zum Alltag ging seit Ende der 1970er Jahre der Versuch der Ausdifferenzierung einer eigenen sozialpolitisch inspirierten Diskussion im Kontext von Sozialarbeit/Sozialpädagogik einher (Müller et al. 1981; zur Grundlegung einer Theorie alltagsorientierter Sozialpädagogik Thiersch 1986). Auch die Traditionslinie einer fürsorgewissenschaftlichen Orientierung (Scherpner 1962) wurde in der Folge wiederentdeckt. Im Rahmen der Alltagsorientierung fand sozialpädagogisches Handeln wieder eine eigenständige Begründung und blieb somit zugleich auf die Gesellschaft bezogen. Mithin ist eine heterogene, widersprüchliche Verknüpfung von Diskussionslinien zu beobachten, die etwa gegen Ende der 1960er und Anfang der 1970er Jahre weitgehend getrennt oder zumindest auseinandergebrochen waren (etwa Rössner 1977; Mollenhauer 1989). Für die gegenwärtige Situation an der „Theoriefront" trifft eine Lagebeurteilung wohl zu, wie sie Dräger (2000) in Hinblick auf die gesamte erziehungswissenschaftliche Disziplin gegeben hat, wenn er von „Stagflation der Theorie durch Detailperfektionierung" spricht. Ob dieser Befund, wie Winkler (1990) vermutet, zwangsläufig zu einem „Scheitern der Sozialpädagogik an ihrer Theorie" führen muss, bleibt wissenschaftstheoretisch zu prüfen. Ebenso gilt es, dem Fachdiskurs häufiger unterlegte Vorstellung zu hinterfragen, die sozialpädagogische Disziplinbildung könne lediglich unter der Maxime des unmittelbaren Nutzens für die jeweilige Praxis sinnvoll betrieben werden. Der Nutzen wissenschaftlicher Theorie für die Praxis kann aber nicht darin gesehen werden, dass sie Aussagen über die situative Angemessenheit von beruflichem Handeln macht. Derartige Erwartungen müssen Forschung und Theorie enttäuschen. Vielmehr sagen wissenschaftliche Theorien etwas aus über die möglichen Invarianzen und Teildynamiken des Handelns. Verkannt wird allzu häufig, dass das wissenschaftliche Wissen seine eigene Praxisrelevanz und Bedeutsamkeit gar nicht in der Hand hat. Diesen Sachverhalt zu übersehen, führt zu einem gravierenden Kategorienfehler hinsichtlich des Verhältnisses von Profession und Disziplin. Erst die Aufhebung der Differenz zwischen Wissen und Können, also zwischen dem von Praxisbezug, von Handlungs- und Entscheidungszwang entlasteten Theoretisieren und Forschen einerseits und dem stets situationsbezogenen, fallorientierten und unter hohem Handlungs- und Entscheidungsdruck stehenden professionellen Tun andererseits hat zur Konsequenz, der Sozialpädagogik (als wissenschaftlicher Disziplin) die Verpflichtung aufzuerlegen, stets praxisnahes, anwendbares Wissen zu produzieren. In der Folge wird die Wissenschaft nicht selten noch für die „richtige" Verwendung ihrer Erkenntnisse verantwortlich gemacht. Das prinzipiell rekonstruktive Erkenntnismodell der Erziehungs- und Sozialwissenschaften kann aber neben der seitens ihrer Kritiker von den Wirkungen als zu dürftig angesehenen „Funktion, nachträglich zu erklären was passiert ist", die häufig ersehnte Funktion der „Handlungsanleitung der Praktiker" wohl nur um den Preis sozialtechnologischer Praxisbevormundung für sich beanspruchen. So zeigt sich bei genauer Betrachtung, dass derartige auf den ersten Blick „praktikerfreundliche" Positionen – ob in der Variante der „Praxisforschung" oder der „Theorie in Praxisnähe" – die permanent bemüht sind, den professionell Handelnden vor den Produkten der „blutleeren" Theoretiker gleichsam anwaltschaftlich in Schutz zu nehmen – tatsächlich die Berufspraktiker gering schätzen. Ihnen wird nämlich keineswegs zugetraut, mit den „Provokationen" der Wissenschaft fertig zu werden, geschweige denn, dass man ihnen einen professionell mitunter hochselektiven Umgang mit dem angebotenen Theoriewissen sowie eigene Nutzen-Vorstellungen, situative Adaptionsfähigkeiten etc. zutrauen würde. Diesen Positionen geht es nicht (nur) um „analytischen Durchblick", sondern man möchte den professionell Handelnden im Berufsfeld noch eine Quasi-Gebrauchsanweisung für das jeweilige Wissenschaftswissen verpflichtend beilegen – und Gnade dem theoretischen Wissensangebot, welches diese Möglichkeit nicht unmittelbar hergibt. Bestritten wird von derartigen Positionen folglich vehement, dass die disziplinäre

Sozialarbeit / Sozialpädagogik ausschließlich für die theoretische Konstitution ihres Gegenstandes zuständig ist, was ihr aber zukünftig nur gelingen kann aus einer handlungsentlasteten, distanzierten Perspektive gegenüber der Berufspraxis. Wird eine berufsorientierte Ausbildung gefordert, deren Inhalte aus Referenzwissenschaften und aus der Erfahrung der Praktiker gewonnen werden und deren Passung gewissermaßen aus „praxisrelevanten Strategien" (Dräger 2000) gearbeitet wird, ist es nicht verwunderlich, dass das Selektionsmuster der Beziehung die jeweilige Praxisproblematik des beruflich Handelnden ist. Eine derartige Ausbildungsreflexion ist allerdings nicht professionell orientiert. „Nicht das ‚Anschmiegen' an die unübersichtlich gewordene Praxis, sondern das Eröffnen theoretischer Optionen und Aufbrechen eingeschlichener Reduktionen" (Lüders 1987, 4) wäre die mit gutem Recht zu fordernde Leistung. Es ginge dann um die Herausforderung des (berufspraktischen) Alltags durch fremde, ungewohnte Perspektiven. Ob und wie theoretische Konstruktionen „praxisgerecht" sind bzw. werden, ist nicht „innerwissenschaftlich entscheidbar" (4), sondern allemal Ergebnis außerwissenschaftlicher, genuin professioneller Praxis. Wie letztere und die dort benötigte Handlungs- und Reflexionskompetenz etwa durch geeignete Lern- und Handlungsformen wie z. B. Supervision- und Fortbildungskonzepte für die beruflich Handelnden (Schütze 1992) steigerbar oder gar qualitativ zu verbessern ist, eröffnet ein ganz anderes Thema, was im Kontext von Professionalisierungstheorien auf der Tagesordnung steht. Zweifellos ist in diesem Zusammenhang die weitverbreitete Haltung zu kritisieren, die Qualität theoretischer Wissensbestände und Befunde danach zu beurteilen, inwieweit sie rezeptionsfreudig organisiert sind. Die Unterscheidung von „Forschung" und „Reflexion" gilt es zwingend einzuhalten (Hug 1990; Dewe / Kurtz 2000). Sozialpädagogische Arbeit muss also – gleichermaßen wie die Pädagogik überhaupt – für „Differenzen" sensibel werden, wenn sie sich auf die unterschiedlichen Wissensformen und auf die damit gegebenen funktionalen Unterscheidungen einlässt. Dann muss man nicht mehr, wie in der wissenschaftlichen Tradition der Disziplin, mit „hölzernem Eisen" hantieren, mit „praktischer Wissenschaft" hier oder mit „Erziehung als Wissenschaft" dort. „Es reicht aus, wenn man bereit ist, voneinander zu lernen"

Angesichts der Differenz des Wissens kann man das tun, ohne seine Identität aufgeben zu müssen" (Tenorth 1993a, 67). (Wissenschafts-)Theorie muss zur Kenntnis nehmen, dass die Transformationsprozesse und die Umwandlungs- bzw. Aneignungsleistungen zwischen Wissen und Können jeweils die Professionellen selbst in ihrem jeweiligen Aufgaben- und Arbeitsfeld situativ und bisweilen hochselektiv erbringen. Keine Theorie und kein Wissenschaftler kann ihnen diese Aufgabe abnehmen, selbst wenn sie wollte. „Die Herstellung von Praxisrelevanz" ist „ausschließlich eine praktische Aufgabe und Leistung und kein Ergebnis wissenschaftlicher Theoriebildung oder angestrengter Selbstverständnisdebatten" (Lüders 1987, 5; Tenorth 1993b). Dass manche Autoren eine derartige Relationsbeschreibung von Wissen und Können (Dewe / Radtke 1991), von disziplinärer und professioneller Sozialer Arbeit und die damit jeweils verbundene funktionale Aufgabendifferenz in durchaus kritischer Absicht auf die schlichte Formel „Wissenschaftlich denken – laienhaft handeln" bringen, zeigt, dass selbst ein hermeneutisches Wissenschafts- und Methodenverständnis im sozialpädagogischen Diskurs nicht davor schützt, der Wissenschaft wissenschaftsfremde, weil nicht im Entscheidungsbereich von Wissenschaft liegende Aufgaben anzusinnen und obendrein die Sinnwelt des Professionellen mit der des Alltagshandelnden gleichzusetzen.

Kognitive Identität

Der Stand der wissenschaftstheoretischen Diskussion erscheint in der Sozialarbeit / Sozialpädagogik unbefriedigend. So stehen Bemühungen um die Grundlegung einer „empirisch orientierten Sozialarbeitswissenschaft" im Kontext der Technologiediskussion in den Sozialwissenschaften (Alisch / Rössner 1992) relativ unverbunden neben forcierten Anstrengungen um die Konzeptualisierung einer „Wissenschaft der Sozialen Arbeit" auf eher pragmatischer Ebene im Kontext entsprechender Diskussionen an den Fachhochschulen. Registriert werden können vielfältige, wohl in erster Linie wissenschaftspolitisch „motivierte" Aufforderungen zur pragmatischen „Konstitution von Sozialarbeitswissenschaft an den Fachhochschulen" (Zink 1988). Der genuin erziehungswissenschaftliche Rekonstruktionsansatz zum

Verhältnis von Sozialarbeit / Sozialpädagogik als Disziplin und als Profession bleibt seinerseits weitgehend ignorant gegenüber sozialpolitisch / wohlfahrtsstaatlich inspirierten Funktionsbeschreibungen der Sozialarbeit / Sozialpädagogik. Diese Diskussionen haben trotz aller Kontroversen aber auch gezeigt, dass sich die kognitive Identität der Sozialarbeit / Sozialpädagogik nicht mittels eines vielleicht der Disziplin „zufallenden Gegenstandsbereiches" (Thiersch 1985) bestimmen lässt,

„sondern ausschließlich über eine spezifische Fragestellung, über die theoretische Konstitution des Gegenstandes. Und dabei wäre sie von anderen Sozialwissenschaften nur dem Inhalt nach unterscheidbar, nicht der Form nach" (Lüders 1988, 6).

Wenn kognitive Identität die – wie etwa Lepenies 1981 definiert – „Einzigartigkeit und Kohärenz von Orientierungen, Paradigmen, Problemstellungen und Forschungswerkzeugen" in Abhebung und Konkurrenz zu anderen Disziplinen und deren Programmen meint, dann wird schon deutlich, dass substantialistische oder essentialistische „Gegenstandsbestimmungen" nicht weiterhelfen. „Auf dem Weg zu einer reflexiven Erziehungswissenschaft" (Lenzen 1991) ist es wohl unvermeidlich, sich zunächst mit den differenten Wissensformen (von Theoretikern, professionellen Praktikern und gesellschaftlichen Akteuren), ihrer Erzeugung, Verwendung und Verbesserung zu beschäftigen und diese von Fall zu Fall auseinanderzuhalten, da die Wissensformen der Beobachter (Theoretiker / Forscher) und der Handelnden sich gravierend unterscheiden. Hinzu treten noch maßgebliche Divergenzen in den Rollen und den ihnen implizierten Normen, Handlungsreferenzen und Kontrollsystemen (LeCroy / Ashford 1993). Aus der wissenschaftlichen (Beobachter-)Perspektive ist in den mannigfaltigen Bereichen der Sozialarbeit / Sozialpädagogik zudem ein gewaltiges Forschungsdefizit auszumachen. Den Kritikern dieses Befundes wird allerdings allenthalben voreilig die praktische Belanglosigkeit sozialpädagogisch bedeutsamer Forschungsergebnisse vor Augen geführt (Heid 1989). Doch kann auch ein derartiger Hinweis nicht darüber hinwegtäuschen, dass anstatt systematischer Forschung häufig mehr oder weniger reflektierende Erfahrungsberichte aus Modellprojekten normative Konzepte hervorgebracht haben oder wissenschaftliche Begleitung bzw. Evaluation von sozialpolitischen Projekten stattgefunden hat. Solche Ansätze sind allerdings im strengen Sinne keine Beispiele für systematische Forschung, weil sie häufig in die verbandlichen oder politischen Legitimationszusammenhänge eng eingebunden sind. Ein Teil der sozialpädagogischen Theoriebildung wird vornehmlich durch sozialwissenschaftlich-zeitdiagnostische Erörterungen gespeist. So hat die Sozialarbeit / Sozialpädagogik beispielsweise ihre Problemstellungen und Begrifflichkeiten durchweg aus der gesamten Breite der sozialwissenschaftlichen Disziplin übernommen, ohne dabei stets genügend Klarheit über den eigenen Referenzrahmen zu haben. Andererseits wird immer wieder eine unzureichende bzw. fehlende Verbindung der Sozialarbeit / Sozialpädagogik zur erziehungswissenschaftlichen Disziplin und zur wissenschaftstheoretischen Debatte festgestellt (u.a. Fatke et al. 1987). Dabei scheint sich immer mehr eine interdisziplinäre Sicht durchzusetzen, die sowohl einzelwissenschaftliche Betrachtungen etwa im Hinblick auf die Arbeitsfelder der Sozialarbeit / Sozialpädagogik nicht auszuschließen vermag als auch der Notwendigkeit keineswegs entraten kann, wissenschaftstheoretisch einen eigenen Referenzrahmen für interdisziplinäre Perspektiven zu entwickeln, der langfristig die kognitive Identität der Sozialpädagogik – jenseits eines substantialistischen Disziplinverständnisses – zu garantieren vermag. Die Gefahr des referenzwissenschaftlichen Blicks besteht nicht zuletzt darin, dass er die Ausklammerung von solchen Fragestellungen zur Konsequenz hat, die keine Entsprechung in einer der Bezugswissenschaften finden (Dräger 2000). Was der Sozialarbeit / Sozialpädagogik gegenwärtig als Defizit deutlich entgegentritt, ist das Fehlen der, von der Berufspraxis entlasteten, freien Form der Reflexion über das eigene Selbstverständnis im Kontext der sukzessiven Disziplinbildung; derartige Reflexionsprozesse sind aber für die Herausbildung einer kognitiven Identität als Wissenschaft unverzichtbar (Hornstein 1985, Naumann 2008). So sind etwa Überlegungen zu einer sozialpädagogischen Metatheorie die Ausnahme geblieben (Haag et al. 1973; Koop 1992), und es mangelt bis heute sowohl an der systematischen innerfachlichen Rezeption als auch an der ernsthaften Bereitschaft zur dia- bzw. multilogischen Fortführung der wissenschaftstheoretischen und wissenschaftlichen Debatte. Die an der disziplinären Debatte Beteiligten setzen in der Regel stets wieder ab ovo an. Der unsichere Status der disziplinären Sozialarbeit / Sozialpädagogik ist nicht nur ein theoretisches oder politisches Problem, sondern vor allem das Ergebnis mangelhafter Selbstreflexion und Selbstkritik (siehe hierzu bereits Otto / Utermann 1973). Für die Sozialpädagogik kann zweifellos die Annahme gelten, dass gegenwärtig die Bedingungen der Möglichkeit einer disziplinären und kognitiven Identität noch unklar erscheinen und keine eindeutigen Kriterien dafür bestehen, wie Antworten auf die Frage nach der disziplinären Identität lauten könnten (Wendt 1994). In ganz grundsätzlicher Weise können die Selbstbeschreibungen und Problemdeutungen der Sozialarbeit / Sozialpädagogik als Beiträge zu einer sozialwissenschaftlich inspirierten Gesellschafts- und Handlungstheorie aufgefasst werden, deren Aufgaben, Inhalte und Perspektiven sich im Kontext der Entwicklung der sozialpädagogischen Praxis, im Zusammenhang sozialstaatlicher Prävention und Versorgung und als Antwort auf historisch-gesellschaftliche Strukturen und Entwicklungen von Normalisierungs- und Stigmatisierungsprozessen herausbilden.

Disziplin und Profession

Die Sozialarbeit / Sozialpädagogik hat es in den hier nur bruchstückhaft vorgeführten Theorievarianten und Beobachtungsformen bislang versäumt, als Disziplin über den Status differenter Wissensformen systematisch nachzudenken. Sie hat in der Vergangenheit vielmehr ständig über die Reformierbarkeit der Lage ihrer Praxis sowie über gesellschaftliche und soziale Bedingungen nachgedacht. Das liegt u. a. auch daran, dass die Sozialarbeit / Sozialpädagogik bislang keinen disziplinären Focus entwickeln konnte, nicht zuletzt, weil das Anknüpfen an die hermeneutischen Traditionslinien nicht umstandslos möglich ist. Hinzu kommt, dass sie in der Vergangenheit – oftmals sehr beliebig – Fragestellungen aus der Psychologie, Soziologie, Sozialpsychologie, Kriminologie und der Sozialpolitik in ihre – nur ungenügend entwickelte – disziplinäre Matrix linear übernommen hat. Externe Wissensbestände wurden adaptiert und dabei die wissenschaftlichen Erkenntnisse der Referenzwissenschaften auf ihre (vermutete) potenzielle Technologie hin befragt und in der Folge der Praxis zugeführt, wenn auch gelegentlich mit geringem Erfolg (zur Kritik Dewe et al.

1981). Solange sozialpädagogische Theorieangebote sich als normative Theorien einer Praxis bzw. für eine Praxis verstehen, können sie sich ihrem Untersuchungsfeld nicht in analytischer Perspektive nähern bzw. die Begründungsprobleme des praktisch Handelnden in sozialpädagogischen Feldern z. B. nur ideologiekritisch destruieren oder aber die Praxis technologisch als Anwendungsfall von Theorien verstehen. Die doppelte Orientierung an wissenschaftlich-analytischen Standards einerseits und den normativen Handlungsnotwendigkeiten in der Praxis andererseits führt oftmals dazu, dass theoretische Probleme nur noch im Kontext aktueller zeitdiagnostischer Fragestellungen und wissenschaftlich weitgehend unsystematisch verarbeitet werden. Umgekehrt werden praktisch normativ aufgeladene Fragestellungen nach dem Muster abstrahierender akademischer Argumentationen häufig ohne systematischen Bezug auf die Praxiskonstellationen reflektiert (vgl. hierzu die erwähnte Differenz von Forschung und Reflexion). Die Sozialarbeit / Sozialpädagogik ist vermutlich mehr als andere (Sub-)Disziplinen der Erziehungswissenschaft in den Rahmen gesellschaftlicher Entwicklungsprozesse eingebunden, und sie wird vermutlich auch stärker – nicht zuletzt angesichts ihrer nur facettenhaft vorhandenen disziplinären Identität – unmittelbar von verschiedenen Seiten aus instrumentalisiert. Dies ist spätestens der Punkt, wo die akademische Sozialarbeit / Sozialpädagogik über sich als Disziplin nachsinnen müsste, um zu einer kognitiven Reorganisation ihres Beobachterstandpunktes gegenüber der Profession und in der Folge zu klugen Selbstbeschreibungen zu gelangen (Otto et al. 2000). Lange Zeit wurde im Rahmen der Sozialarbeit / Sozialpädagogik die wissenschaftstheoretische Debatte zugunsten von Professionalisierungsdiskussionen vernachlässigt. Letztere wurden über Jahre als außenlegitimatorische und standes- bzw. berufspolitische Debatte im Zusammenhang eines „Aufstiegsprojektes" geführt. Heute hingegen werden die Binnenstrukturen bzw. die Strukturlogiken sozialpädagogischen Handelns in dieser Debatte deutlicher thematisiert. Von der funktionalistisch inspirierten Beobachterperspektive, die sich häufig auf eine taxonomische Aufzählung der diversen äußerlichen Attribute, bestimmter systematischer Wissensbestände und Funktionen von Professionen beschränkte, verschiebt sich das Interesse hin zu einer Fragestellung, die die Möglichkeit der Professionalisierung der Sozialarbeit / Sozialpädagogik, ausgehend von einer Analyse der Strukturbedingungen (grundlegend hierzu: Stichweh 1994) und vor allen Dingen im Rahmen der Frage nach der Wissensbasis und der differenten Wissensformen thematisiert. Diese hier angelegte Dialektik von Disziplin und Professionsaufgaben ist sicherlich von zentraler Bedeutung. Für jede Profession ist die Definition ihres Kompetenzbereiches eine Voraussetzung, um Strategien und Aktivitäten ihrer Selbstorganisation begründen und planen zu können. Die Frage nach dem Kompetenzbereich der Sozialarbeit / Sozialpädagogik als Disziplin muss sich demgegenüber zuallererst auf den wissenschaftlichen Standort der Sozialarbeit / Sozialpädagogik beziehen, wie schwer das angesichts der allenthalben konstatierten „disziplinären Heimatlosigkeit der Sozialpädagogik" (Haupert / Kraimer 1991) auch sein mag. Die Situation der Sozialpädagogik ist zunächst auf die Erfordernisse einer akademischen Disziplin hin zu untersuchen (Niemeyer 1980; Kriz et al. 1990). Als solche orientiert sie sich an den Normen kognitiver Rationalität. Schon hier lässt sich allerdings feststellen, dass von ihrer historischen Entwicklung her die Sozialpädagogik keine rein akademische Wissenschaft war, sondern sich anfänglich eher in die Richtung einer professionalisierten Reflexionswissenschaft entwickelte (etwa Rauschenbach 1991; Lange-Appel 1993). Ob daraus der Schluss zu ziehen ist, die Sozialarbeit / Sozialpädagogik sei „eine akademische Disziplin ohne Vorbild" (Lange-Appel 1993) bleibt fraglich. In dem Sinne, wie sie sich ihre Relevanzkriterien extern vorgeben lässt, verhält sie sich gewiss nicht im Sinne einer akademischen Disziplin. Das Orientieren an externen Maßstäben ist einer rein wissenschaftlichen Disziplin typischerweise unbekannt (vgl. Luhmann 1990; Stichweh 1994). Von Strukturmerkmalen einer – wenn auch nur in ersten Ansätzen – professionalisierten Reflexionswissenschaft unterschieden ist freilich auch der Typus der Profession, der auf verschiedene Weise Bedeutung für soziales Handeln hat: Er kann über die Wahrnehmung sozialisatorischer, situationsdeutender oder „klinischer Funktionen" (Schütze 1985) wirksam werden. Während sozialisatorische und situationsdeutende Komponenten sozialpädagogischer Praxis an dieser Stelle nicht gesondert behandelt werden brauchen, verlangt die Verwendung des Begriffs „klinisch" im Zusammenhang der Sozialarbeit / Sozialpädagogik einige Erläuterungen (auch

Dewe 1985; 1997). Programmatisch ist damit das nicht unproblematische Modell einer handlungs- bzw. vorgängig berufsfeldbezogenen Sozialwissenschaft entworfen, die sich nicht nur diagnostizierend und interpretierend, sondern auch intervenierend d. h. praktisch folgenreich verhält (Lange-Appel 1993; Gildemeister 1993). Hier müsste gefragt werden, ob die Innovationssemantik der disziplinären Sozialpädagogik auf evaluierbare sozialpädagogische Handlungsgelegenheiten übersetzbar und anschließbar ist, die sich auf der Interaktions- und Organisationsebene ergeben. Auf der Ebene des Wissenschaftssystems kann der unterschiedliche Sach-, Zeit- und Sozialbezug des dort verankerten Ausbildungs- und Forschungsauftrags anhand der jeweiligen Berufsbildkonstruktion nachgezeigt werden. Es wird hier deutlich, dass die institutionelle Dynamik von Ausbildungsstrukturen nicht den Referenzen folgt, die die Theorieproduktionen bestimmen bzw. der Referenz der Bereitstellung ausbildungsverwertbarer Theorieressourcen.

Somit steht die klinische Funktion von Sozialarbeit / Sozialpädagogik immer dann in Rede, wenn sich ihre Tätigkeit nicht auf wissenschaftliche Forschung und interne Beratung, auf die Rekrutierung des fachinternen wissenschaftlichen Nachwuchses oder auf die Erstellung von Expertisen, Begründungszusammenhängen etc. zur Vorbereitung von Entscheidungen extern beschränkt, sondern auch Entscheidungen direkt präjudiziert (Oevermann 1999). Als eine derartige Fachwissenschaft muss sich, wissenschaftstheoretisch betrachtet, die Sozialarbeit / Sozialpädagogik – jenseits ihrer berufspraktischen Professionalisierung (Schütze 1992; Klatetzki 1994, Becker-Lenz 2009) – gegenüber „Nachbardisziplinen" abgrenzen. Das Gelingen dieser Grenzziehung bemisst sich typischerweise nach dem Stand der Theoriebildung, der Wahl eines hinreichend homogenen Gegenstandsbereichs und der vorwiegend Relevanz beanspruchenden Methoden. Von den noch nicht geklärten Voraussetzungen und den Bedingungen der Möglichkeit einer derartigen „Grenzziehung" handeln nicht zuletzt die sich häufenden Beiträge zum Thema „Wissenschaft der sozialen Arbeit", „Sozialarbeitswissenschaft", „Sozialpädagogik als Disziplin" etc. (Merten 1997; Riegler et al. 2009).

Wissenschaftstheoretische Entwicklungsperspektiven

Insgesamt betrachtet kann nicht davon ausgegangen werden, dass die Sozialarbeit / Sozialpädagogik als Disziplin bereits hinreichend etabliert ist. Damit ist auch die erste Voraussetzung zu ihrer autonomen Institutionalisierung noch nicht erfüllt (Lepenies' Analyse der „sozialen Identität" einer Disziplin: 1981). Die Institutionalisierung von Wissenschaft im sozialen System ganz allgemein betrachtet verlangt im Prinzip längerfristig eine funktionale Spezifizierung ihrer obersten Norm, der kognitiven Rationalität, auf Relevanzkriterien differenzierter Bereiche sozialen Handelns. Als Forschung und Lehre erfüllt zunächst jede Wissenschaft die Funktion des Lernens (Stichweh 1992) und steht damit in Austauschbeziehungen zum kognitiven Subsystem des kulturellen Systems, aber noch nicht in Beziehung zu benachbarten Subsystemen im sozialen System. Bezüge zu diesem werden der Tendenz nach durch die Ausdifferenzierung sozialisatorischer und sinndeutender Funktionen der professionellen Sozialarbeit / Sozialpädagogik und durch ihre Wirksamkeit auf handlungspraktische Kompetenzen im Allgemeinen hergestellt. Beschränken sich Disziplinen hingegen auf ihre Forschungs- und Ausbildungsfunktion, kann man sie als rein akademische Spezialität bezeichnen. Überall dort hingegen, wo sie stabile Austausch- und Betreuungsbeziehungen von Wissenschaft zu benachbarten sozialen Subsystemen entfaltet haben, lässt sich üblicherweise von Handlungssystemen der Professionen sprechen (Le-Croy / Ashford 1993). Im Zusammenhang einer Betrachtung der Sozialarbeit / Sozialpädagogik als Profession geht es um die Frage, inwieweit die Sozialarbeit / Sozialpädagogik die Funktion hat, über „klinische" Orientierungsweisen (Dewe 1997) und Praxisformen gesellschaftlich relevant tätig zu werden. Zu prüfen wären dann jene Formen sozialpädagogischer Praxis, deren Folgen sich manifest auf Systeme sozialen Handelns auswirken. In diesem Zusammenhang wenden sich die Auseinandersetzungen dem Zustand der Sozialarbeit / Sozialpädagogik als einer typischerweise fachwissenschaftlich in ihrer kognitiven Identität noch nicht genügend entwickelten Disziplin zu (Mollenhauer 1989). Es gilt in diesem Zusammenhang, die folgenden Fragen systematisch zu bearbeiten: Hat die Sozialarbeit / Sozialpädagogik überhaupt Voraussetzungen, die ihr

manifestes Eingreifen in soziale Prozesse ermöglichen, und wenn dies der Fall wäre: Sind diese zu rechtfertigen? Verfügt sie über Fertigkeiten theoretischer, methodologischer oder sonstiger Art, die als disziplinäre Wissensbasis für eine derartige Leistungsfähigkeit notwendig sind? Hier ist jedoch zu berücksichtigen, dass in dem Moment, in dem die disziplinäre Sozialarbeit / Sozialpädagogik beansprucht, über die Definition von Zwecken und den Einsatz von Mitteln zu entscheiden, sie sich in Bereiche politischen Handelns begibt. Auf der Basis der entwickelten wissenschaftstheoretischen Perspektive bleibt an dieser Stelle festzuhalten: Für die Ausdifferenzierung der Sozialarbeit / Sozialpädagogik als Profession ergeben sich also Zusatzbedingungen gegenüber den allgemeinen Aufgaben von Professionen wie auch von wissenschaftlichen Disziplinen. Die moderne Sozialarbeit / Sozialpädagogik ist in Ansätzen sowohl Profession als auch eine wissenschaftliche Disziplin. Letzteres ist im Rahmen dieser Betrachtung von entscheidender Bedeutung. Als Disziplin ist sie zunächst einmal ein System kultureller Normen. In dieser Richtung kann ihr Bestand nicht über partikulare Austauschbeziehungen gewährleistet werden. Die Adressaten von Disziplinen müssen vielmehr Instanzen sein, deren Funktion wesentlich in der Aufrechterhaltung kultureller Normen besteht. Dieser Aspekt muss von der disziplinären Sozialarbeit / Sozialpädagogik in ihre eigene interne Struktur und ihre Außenbeziehungen aufgenommen werden (Wittkin / Gottschalk 1988). Von daher ist zu erwarten, dass die Ausdifferenzierung der Sozialarbeit / Sozialpädagogik im Vergleich zu den Mustern von klassischen Disziplinen entweder modifizierte oder zusätzliche Elemente aufweist. Die im Weiteren zu prüfende Frage ist hier, ob wissenschaftstheoretisch betrachtet die bisherige Theoriediskussion diese Elemente benannt hat. Bei dem Versuch, sich einen Überblick über die verschiedenen grundlagentheoretischen Quellen und Strömungen im Zusammenhang mit der Diskussion in der Sozialarbeit / Sozialpädagogik zu verschaffen, steht man – wie exemplarisch gezeigt – erwartetermaßen vor einer Flut von Abhandlungen und Untersuchungen mit Referenz auf die verschiedensten Wissenschaftsbereiche. Die gängige Kritik an der Sozialarbeit / Sozialpädagogik rekurriert hier auf den Zusammenhang, der darin besteht, dass sie sich als Wissenschaft, traditionellerweise reduktionistisch als „Wissenschaft von und für die Praxis" verstanden und ihre Theorieproduktion nach dieser Maßgabe betrieben hat. Die notwendige wissenschaftstheoretische Grundlegung der disziplinären Sozialpädagogik hat deshalb zukünftig die weit vertretene Auffassung kritisch zu hinterfragen, dass Professionen und „handlungsbezogene Sozialwissenschaften", die ihre zu bearbeitenden Handlungsprobleme außerhalb einer spezifischen Form wissenschaftlicher Institutionalisierungen und Diskurse stets schon als „vorgängig vorhanden" definieren, sich nicht selbstverständlicherweise nach dem Typus gesellschaftlich anerkannter Forschungsdisziplinen entwickeln würden. Sondern sie hätten den Beurteilungsmaßstab ihrer Entwicklung stets darin zu sehen, inwieweit sie berufs- und lebenspraktisch angemessene Deutungen für soziale und gesellschaftliche Handlungsprobleme produzieren. Damit ist die Grenze zwischen Disziplin und Profession stets aufs Neue verwischt, was für beide Seiten folgenreich ist und die Diskussionen zirkulär erscheinen lässt. Untersuchungen, die sich hingegen mit dem Charakter der Sozialarbeit/Sozialpädagogik als Wissenschaft auseinandersetzen und dabei die Herausbildung ihrer kognitiven Identität zu rekonstruieren versuchen, sind demgegenüber bislang Einzelversuche geblieben und deuten darauf hin, dass man insgesamt noch heute von einer schwach entwickelten Selbstreflexion der Sozialarbeit/Sozialpädagogik als Disziplin sprechen muss (Mührel/Birgmeier 2009). Um den Prozess der systematischen Selbstreflexion der Sozialarbeit/Sozialpädagogik als Disziplin zu entfalten, wird es zukünftig darauf ankommen, gezielte Forschungsanstrengungen zu forcieren, in der Absicht, die Entwicklungspotenziale des Faches konstruktiv auszuloten und die Disziplin im Kontext eines produktiven und zugleich kritischen Austausches mit sozial- und erziehungswissenschaftlichen Nachbarfächern zu profilieren.

Eine dafür notwendige wissenschaftstheoretische Klärung der eigenen Position der Sozialen Arbeit steht bis heute noch aus und spiegelt sich auch nicht in der gegenwärtigen Literatur wider. Eine in ihren Diskursen wissenschaftstheoretische Auseinandersetzung zeigt sich hingegen in der Entwicklung einer evidenz-basierten Sozialen Arbeit (Otto et al. 2010 und Otto et al. 2009). Dabei geht es im Kern um die Begründung und Interpretation von Kausalität, d.h. um die Faktoren, die als „casual power" beschrieben werden. Die Frage lautet, was in einer materiellen, notwendigen und überprüfbaren Weise in der Lage ist, ein Geschehen hervorzubringen bzw. zwischen „Inputs" und „Outputs" zu vermitteln. Im Mittelpunkt steht dabei die Unterscheidung zwischen Kausalbeschreibungen und Kausalerklärungen sowie im Kontext der methodischen Konsequenzen von RCT (Randomized Controled Trial), die Konfrontation mit den Problemen der externen Validität. Erforscht werden müssen die generischen Mechanismen (Pawson/Tilley 1997), die Wirkung hervorbringen und die eine Grundlegung für eine evidenz-basierte Professionalisierung ergeben können (Albus et al. 2010). Die Gegenposition besteht in dem Versuch, über das Prinzip des „Actuarialism" (versicherungsmathematische Risikobestimmung) als „formal statistical calculation of risk based upon aggregated data" (Kamshall 2010 und Webb 2009), entsprechende Daten über eine Manualisierung in die Praxis der Sozialen Arbeit zu transferieren und damit den professionskonstitutiven Einzelfallbezug zu unterlaufen.

Welche wissenschaftstheoretischen Konsequenzen sich aus dieser neuen Diskussion für die Soziale Arbeit ergeben, bleibt abzuwarten.

Literatur

Albus, S., Greschke, H., Klingler, B., Messmer, H., Micheel, H.-G., Otto, H.-U., Polutta, A. (2010): Wirkungsorientierte Jugendhilfe. Abschlussbericht der Evaluation des Bundesmodellprogramms „Qualifizierung der Hilfen zur Erziehung durch wirkungsorientierte Ausgestaltung der Leistungs-, Entgelt- und Qualitätsvereinbarungen nach §§78a ff. SBG VIII". Waxmann, Münster

Alisch, Rössner, L. (1992): Grundlagen der Sozialarbeitswissenschaft und Sozialarbeitswissenschaftlicher Forschung. Braunschweiger Studien zur Erziehungs- und Sozialarbeitswissenschaft. Technische Universität Braunschweig, Seminar für Soziologie. Eigenverlag, Braunschweig.

Beck, U., Bonß, W. (Hrsg.)(1989): Weder Sozialtechnologie noch Aufklärung? Analysen zur Verwendung sozialwissenschaftlichen Wissens. Suhrkamp, Frankfurt/M.

–, Giddens, A., Lash, S. (1994): Reflexive Modernisierung. Suhrkamp, Frankfurt/M.

Becker-Lenz, R., Busse, S., Ehlert, G., Müller, S. (Hrsg.) (2009): Professionalität in der sozialen Arbeit. Standpunkte, Kontroversen, Perspektiven. VS, Wiesbaden

Birgmeier, B., Mührel, E. (2009): Die Sozialarbeitswissenschaft und ihre Theorien. VS, Wiesbaden

Dewe, B. (1997): Sozialpädagogisches Handeln als klinische Soziologie. In: Jakob, G., Wensierski H. J. v. (Hrsg.): Rekonstruktive Sozialpädagogik – Konzepte und Methoden pädagogischen Verstehens. Juventa, Weinheim, 48–79

– (1985): Soziologie als „beratende Rekonstruktion". Zur Metapher des „klinischen Soziologen". In: Bonß, W., Hartmann, H. (Hrsg.): Entzauberte Wissenschaft. Sonderband 3 der Sozialen Welt. Schwartz, Göttingen, 351–390

–, Ferchhoff, W., Radtke, F.-O. (Hrsg.) (1992): Erziehen als Profession, Leske + Budrich, Opladen

–, Kurtz, Th. (Hrsg.)(2000): Reflexionsbedarf und Forschungsperspektiven moderner Pädagogik. Leske + Budrich, Opladen

–, Otto, H.-U. (1996): Zugänge zur Sozialpädagogik. reflexive Wissenschaftstheorie und kognitive Identität. Juventa, Weinheim

–, Otto, H.-U., Sünker, H. (1981): Alltagswende – Korrektiv einer erfahrungsblinden Wissenschaftspraxis. Sozialwissenschaftliche Literatur Rundschau 5–6, 175–186

–, Radtke, F. O. (1991): Was wissen Pädagogen über ihr Können? In: Oelkers, J., Tenorth, H. E. (Hrsg.), 134–162

–, Scherr, A. (1990): Gesellschafts- und kulturtheoretische Bezugspunkte einer Theorie sozialer Arbeit. Neue Praxis 2, 124–142

Dräger, H. (2000): Kritik der Stagflation der Pädagogik und eine Anregung zu einem disziplinstiftenden erziehungswissenschaftlichen Forschungsansatz. In: Dewe, B., Kurtz, Th. (Hrsg.), 71–94

Fatke, R., Hornstein, W., Lüders, Ch. (1987): Sozialpädagogik-Entwicklungen, Tendenzen und Probleme. Zeitschrift für Pädagogik 5, 589–593

Gildemeister, R. (1993): Professionelles soziales Handeln – Balancen zwischen Wissenschaft und Lebenspraxis. Typoskript, Kassel

Haag, F., Parow, E., Pongratz, L., Rehn, G. (1973): Überlegungen zu einer Metatheorie der Sozialarbeit, In: Otto, H.-U., Schneider, S. (Hrsg.): Gesellschaftliche Perspektiven der Sozialarbeit. Band 1. Luchterhand, Neuwied, 167–192

Häder, M. (2009): Empirische Sozialforschung. Eine Einführung. 2. Aufl. VS, Wiesbaden

Haupert, B., Kraimer, K. (1991): Die disziplinäre Heimatlosigkeit der Sozialarbeit/Sozialpädagogik. Stellvertretende Deutung und typologisches Verstehen als Wege zu einer eigenständigen Profession. Neue Praxis 2, 106–121

Heid, H. (1989): Über die praktische Belanglosigkeit pädagogisch bedeutsamer Forschungsergebnisse. In: König, E., Zedler, P. (Hrsg.): Rezeption und Verwendung erziehungswissenschaftlichen Wissens in pädagogischen Handlungs- und Entscheidungsfeldern. Deutscher Studienverlag, Weinheim, 111–124

Hornstein, W. (1985): Die Bedeutung erziehungswissenschaftlicher Forschung für die Praxis der sozialen Arbeit. Neue Praxis 6, 463–477

Hug, Th. (Hrsg.)(1990): Die soziale Wirklichkeit der Theorie. Beiträge zur Theorievermittlung und -aneignung in der Pädagogik. Profil, München

Kamshall, H. (2010): Risk Rationalities in Contemporary Social Work Policy and Practice. British Journal of Social Work 4, 1247–1262

Klatetzki, Th. (1994): Wissen was man tut. KT, Bielefeld

Koop, P. (1992): Methatheorie der Sozialpädagogik. Formale präskriptive Sprachen in der Sozialpädagogik. Typoskript, Aachen

Kriz, J., Lück, H. E., Heidbrink, H. (1990): Wissenschafts- und Erkenntnistheorie. Leske + Budrich, Opladen

Krüger, W. (1991): Reflexive Wissenschaftstheorie und Legitimationsprobleme der Wissenschaft. Haupt, Bern

Lange-Appel, U. (1993): Von der allgemeinen Kulturaufgabe zur Berufskarriere im Lebenslauf. Dr. Kovac, Frankfurt/M.

Laucken, T. (1974): Naïve Verhaltenstheorien. Klett, Stuttgart

LeCroy, C., Ashford, J. B. (1993): A Framework for Analyzing Knowledge Utilization in Social Work Practice. Journal of Sociology and Social Welfare 10, 3–17

Lenzen, D. (1991): Pädagogisches Risikowissen, Mythologie der Erziehung und pädagogische Méthexis – Auf dem Weg zu einer reflexiven Erziehungswissenschaft. In: Oelkers, J., Tenorth, H. E. (Hrsg.), 109–128

Lepenies, W. (1981): Geschichte der Soziologie. Band 1. Suhrkamp, Frankfurt/M.

– (1988): Verwendungsforschung ernstgenommen. Konsequezen für die Sozialforschung als Handlungswissenschaft. DGfE-Kongress, Saarbrücken

Lüders, C. (1989): Der wissenschaftlich ausgebildete Praktiker. Entstehung und Auswirkung des Theorie-Praxis-Konzeptes des Diplomstudienganges Sozialpädagogik. Deutscher Studienverlag, Weinheim

Luhmann, N. (1990): Die Wissenschaft der Gesellschaft. Suhrkamp, Frankfurt/M.

–, Schorr, K.-E. (1979): Das Technologiedefizit der Erziehung und die Pädagogik, Zeitschrift für Pädagogik 3, 345–365

Lukas, H. (1979): Sozialpädagogik/Sozialarbeitswissenschaft – Entwicklungsstand und Perspektive einer eigenständigen Wissenschaftsdisziplin für das Handlungsfeld Sozialarbeit/Sozialpädagogik. Spiess, Berlin

Matthies, S., Simon, D. (2009): Wissenschaft unter Beobachtung. Effekte und Defekte von Evaluationen. VS, Wiesbaden

Merten, R. (1997): Autonomie der Sozialen Arbeit: Zur Funktionsbestimmung als Disziplin und Profession. Juventa, Weinheim

Mittelstrass, J. (1981): Wissenschaft als Lebensform. Suhrkamp, Frankfurt/M.

Mollenhauer, K. (1989): Sozialpädagogik / Sozialarbeit. Sozialwissenschaftliche Literatur Rundschau 2

Mührel, E., Birgmeier, B. (2009): Theorien der Sozialpädagogik – ein Theorie-Dilemma? VS, Wiesbaden

Müller, S., Olk, Th., Otto, H.-U. (Hrsg.) (1981): Sozialarbeit als Soziale Kommunalpolitik. Aufsätze zur aktiven Gestaltung lokaler Lebensbedingungen. Sonderheft 6 der Zeitschrift Neue Praxis. Luchterhand, Neuwied

Naumann, W. (2008): Sozialpädagogik. Umriss einer erziehungswissenschaftlichen Disziplin und Prinzipien ihrer Anwendung. Logos, Berlin

Niemeyer, C. (1980): Klassiker der Sozialpädagogik. Einführung in die Theoriegeschichte einer Wissenschaft. Juventa, Weinheim

Oelkers, J., Tenorth, H.-E. (Hrsg.) (1991): Pädagogisches Wissen. 27. Beiheft der Zeitschrift für Pädagogik. Juventa, Weinheim

–, – (1987): Pädagogik, Erziehungswissenschaft und Systemtheorie: Eine nützliche Provokation. In: Oelkers, J., Tenorth, H.-E. (Hrsg.): Pädagogik, Erziehungswissenschaft und Systemtheorie. Beltz, Weinheim, 13–54

Oevermann, U. (1999): Der professionalisierungstheoretische Ansatz des Teilprojekts „Struktur und Genese professionalisierter Praxis als Ort der stellvertretenden Krisenbewältigung", seine Stellung im Rahmenthema des Forschungskollegs und sein Verhältnis zur historischen Forschung über die Entstehung der Professionen im 19. und 20. Jahrhundert. Unveröffentlichtes Manuskript, Frankfurt

Otto, H.-U. (1991): Sozialarbeit zwischen Routine und Innovation. Professionelles Handeln in Sozialadministrationen. De Gruyter, Berlin / New York

–, Polutta, A., Ziegler, H. (2010): What Works? Welches Wissen braucht die Soziale Arbeit? Zum Konzept evidenzbasierter Praxis. Budrich Verlag, Opladen

–, –, Ziegler, H. (Hrsg.) (2009): Evidence-based-Practise – Modernising the Knowledge Base of Social Work? Budrich Verlag, Opladen

–, Rauschenbach, Th., Vogel, P. (2000) (Hrsg.): Erziehungswissenschaft – Profession – Praxis. Band 3. Leske und Budrich, Opladen

–, Utermann, K. (Hrsg.) (1973): Sozialarbeit als Beruf. Juventa, München

Pawson, R., Tilley, N. (1997): Realistic Evaluation. Sage, London

Rauschenbach, Th. (1991): Sozialpädagogik – eine akademische Disziplin ohne Vorbild? Neue Praxis 1, 1–11

Riegler, A., Hojnik, S., Posch, K. (Hrsg.) (2009): Soziale Arbeit zwischen Profession und Wissenschaft – Vermittlungsmöglichkeiten in der Fachhochschulausbildung. VS, Wiesbaden

Rössner, L. (1977): Erziehungs- und Sozialarbeitswissenschaft. Ernst Reinhardt Verlag, München / Basel

Scherpner, H. (1962): Theorie der Fürsorge. Vandenhoeck + Ruprecht, Göttingen

Schütze, F. (1992): Sozialarbeit als „bescheidene" Profession, In: Dewe, B., Ferchhoff, W., Radtke, F.-O. (Hrsg.), 132–170

– (1985): Professionelles Handeln, wissenschaftliche Forschung und Supervision. Versuch einer systematischen Überlegung. Manuskript, Frankfurt / M.

Seiffert, H., Radnitzky, G. (1989): Handlexikon zur Wissenschaftstheorie. dtv, München

Sheppard, M. (1998): Practice Validity, Reflexivity and Knowledge for Social Work. Social Work 5, 763–781

Stichweh, R. (1994): Professionen und Disziplinen: Formen der Differenzierung zweier Systeme beruflichen Handelns in modernen Gesellschaften, In: Stichweh, R. (Hrsg.): Wissenschaft, Universität, Professionen, Soziologische Analysen. Suhrkamp, Frankfurt / M., 278–336

– (1992): Professionalisierung, Ausdifferenzierung, Inklusion. In: Dewe, B., Ferchhoff, W., Radtke, F.-O. (Hrsg.), 36–49

Tenorth, H. E. (1993a): Pädagogisches Wissen: Funktionale Unterscheidungen, thematische Differenzen, methodische Konsequenzen. Forum Lehrerfortbildung 24–25, 65–67

– (1993b): Profession und Disziplin, In: Krüger, H. H., Rauschenbach, Th. (Hrsg.): Erziehungswissenschaft. Die Disziplin am Beginn einer neuen Epoche, Juventa, Weinheim 17–28

Thiersch, H. (1986): Die Erfahrung der Wirklichkeit. Perspektiven einer alltagsorientierten Sozialpädagogik. Juventa, Weinheim

– (1985): Akademisierung der Sozialpädagogik / Sozialarbeit – eine uneingelöste Hoffnung? Neue Praxis 6, 478–488

Wagner, J. (1921): Einführung in die Pädagogik als Wissenschaft. Band 1. Quelle + Meyer, Leipzig

Webb, S. (2009): Risk, Governmentality and Insurance. The Actuarial Re-Casting of Social Work. In: Otto, H.-U., Polutta, A., Ziegler, H. (Hrsg.): Evidence-based-Practice – Modernising the Knowledge Base of Social Work? Budrich Verlag, Opladen

Wendt, W. R. (1994): Sozial und wissenschaftlich arbeiten. Lambertus, Freiburg / B.

Widmer, K. (1985): Pädagogik im Dilemma zwischen Theorie und Praxis. Zeitschrift für erziehungs- und sozialwissenschaftliche Forschung 1, 1–28

Winkler, M. (1990): Vom unvermeidbaren Scheitern der Sozialpädagogik an ihrer Theorie. Typoskript, Bielefeld

Wittkin, S., Gottschalk, S. (1988): Considerations in the Development of a Scientific Social Work. Journal of Sociology & Social Welfare 1, 19–29

Zink, D. (1988): Aufforderung zur Konstitution von Sozialarbeitswissenschaft an Fachhochschulen, In: Ulke, K.-D. (Hrsg.): Ist Sozialarbeit lehrbar? Lambertus, Freiburg / B., 40–54

Wohlfahrtsstaat

Von Josef Schmid

Begriffe und Definition

Wohlfahrtsstaat, Sozialstaat und Sozialpolitik sind drei Begriffe, die im politischen Alltag, aber auch in der fachwissenschaftlichen Debatte mit einer Vielzahl an Konnotationen verbunden werden. Dies führt nicht selten zu Missverständnissen und Kontroversen. In Deutschland wird der Begriff Wohlfahrt vielfach noch aus seinem historisch-politischen Kontext heraus eher negativ assoziiert. Wohlfahrt meint dann Fürsorge für Arme und Bedürftige und geht auf vormoderne Versorgungssysteme zurück, was etwa noch im Begriff der Wohlfahrtsverbände anklingt. Davon unterscheidet sich die moderne Sozialpolitik, die seit Bismarck als Sozialversicherung konzipiert ist, auf Beiträgen und entsprechenden Leistungen basiert und sich auf Arbeiter bzw. Arbeitnehmer konzentriert. Ein weiterer politischer Diskussionsstrang stammt aus den 1950er und 1960er Jahren: Mit Wohlfahrtsstaat wurde eine umfassende Staatsbürgerversorgung und starke ökonomische Intervention (v. a. Verstaatlichung) umschrieben, wie sie damals in von Linksparteien dominierten Ländern wie Großbritannien und Schweden anzutreffen war. Demgegenüber galt damals der deutsche Sozialstaat v. a. in den Reihen der Union als „sozialer Kapitalismus" (Hartwich 1970), der einen Kompromiss zwischen den Werten Freiheit, Gleichheit und Sicherheit verkörpert und dessen Überdehnung es zu vermeiden galt.

Unter sozialwissenschaftlichen Komparatisten (und ebenfalls hier) gilt der Terminus Wohlfahrtsstaat als neutrale Kategorie, um die Aktivitäten moderner Staaten zu analysieren. Allerdings lässt sich das Phänomen nur schwer fassen, weil es sich durch eine beachtliche Vielgestaltigkeit, Wandlungsfähigkeit und Wirkungsmächtigkeit auszeichnet (dazu die Beiträge in Clasen / Siegel 2007; Schmid 2002). Der Wohlfahrtsstaat bildet in westlichen Ländern zusammen mit Demokratie und Kapitalismus ein komplexes Gefüge wechselseitiger Abhängigkeit und Durchdringung und ist für diese Systeme charakteristisch. Zugleich sind die Regelungen und Leistungen hoch differenziert und variieren nach Raum und Zeit erheblich. Daher wird der Untersuchungsgegenstand erst durch die Definition konstruiert und einer präzisen Analyse zugänglich gemacht. Eine operationale Definition des Wohlfahrtsstaates muss daher v. a. die Breite der erfassten Politikfelder festlegen. Als enge Konzeption werden die Ausgaben der Sozialen Sicherheit bzw. Sozialversicherungen erfasst, in einer weiten Definition dagegen alle nichtmilitärischen Staatsausgaben (also samt sozialen Diensten auf allen Ebenen, dem Bildungswesen und dem Verbraucherschutz). Zudem ist die Qualität der Rechtsgrundlagen für individuelle Ansprüche zu berücksichtigen, was je nach Rechts- und Verwaltungstradition unterschiedliche Formen annehmen kann. Ein besonderes Phänomen hierzulande ist zudem die starke Rolle von Wohlfahrtsverbänden als (nichtstaatliche) Träger der meisten sozialen Dienste und ihre prominente Rolle im Rahmen des Subsidiaritätsprinzips. Ihre über 1 Mio. Beschäftigten werden wegen Datenproblemen in vielen vergleichenden Studien vernachlässigt – wie im Übrigen der gesamte Bereich der durchaus wachstumsintensiven sozialen Dienste „im Schatten" des Wohlfahrtsstaats geblieben ist (Züchner 2007; Schmid 2009; 1996).

Als Definition soll Folgendes gelten: Der Begriff Wohlfahrtsstaat bezeichnet die verbindliche Regelung der sozialen Sicherheit durch Staat, Verbände, Betriebe sowie Verwandtschaftssysteme und familiäre Systeme. Die Funktion des Wohlfahrtsstaats ist es, gegen die – vom Individuum nicht zu vertretenden – Risiken und Problemlagen der modernen Industriegesellschaft zu schützen – also Alter,

Otto/Thiersch (Hg.), Handbuch Soziale Arbeit, 4. A., DOI 10.2378/ot4a.art175,

Invalidität, Krankheit, Arbeitslosigkeit und Pflege – und auf diese Weise über den Lebenslauf hinweg ein regelmäßiges Einkommen zu sichern. Das gilt nicht nur für die Nationalstaaten, sondern ebenfalls für die Europäische Union als supranationale Einheit. In diesem Sinne wird etwa im Entwurf der Verfassung der Europäischen Union folgendes Ziel vorgegeben: „Sie bekämpft soziale Ausgrenzung und Diskriminierungen und fördert soziale Gerechtigkeit und sozialen Schutz, die Gleichstellung von Frauen und Männern, die Solidarität zwischen den Generationen und den Schutz der Rechte des Kindes." (Teil II, Art. 3, Abs. 3)

In sachlich-sozialer Hinsicht ist in der rund hundertjährigen Geschichte des Wohlfahrtsstaats in Deutschland eine enorme Ausweitung der sozialen Sicherungssysteme erreicht worden, sodass mittlerweile über 90 % der Bevölkerung gegen die Standardrisiken Alter, Invalidität, Krankheit, Arbeitslosigkeit sowie in den Bereichen Pflege, Erziehung, Bildung, Familie und Armut abgesichert sind. Auch ein Blick auf die Sozialleistungsquote (im Sinne von Transfers im Rahmen der Sozialversicherungen) offenbart eine beachtliche Expansionsdynamik und eine allmähliche Stagnation der Werte auf sehr hohem Niveau in den vergangenen Jahren. Die Sozialausgaben machen derzeit in der Europäischen Union etwa ein gutes Viertel des BIP aus. Allerdings ist der Anteil in manchen Ländern mehr als doppelt so hoch wie in anderen. Die Ausgaben sind (Ende 2005 nach Eurostat) in Schweden am höchsten (32 %) und in Lettland (12,4 %) am niedrigsten. Die Bundesrepublik liegt auf Rang 4 (29,4 %), was gut 700 Mrd. Euro entspricht (weitere vergleichende Daten siehe Schmid 2008; Schubert et al. 2008; Busch 2008).

Theoretische Entwicklungslinien und Ansätze

Bei der Realisierung des Wohlfahrtsstaats in westlichen Industrieländern sind die nationalen Unterschiede jedoch beträchtlich. Nicht nur auf der Ebene der Zwecke und Funktionen zeigen sich Differenzen, ebenso unterschiedlich sind die realisierten Organisationsformen der einzelnen Wohlfahrtsstaaten in Europa. Wichtige Dimensionen zur Erfassung dieser Divergenzen sind

- die Reichweite, d. h. welche Teile der Bevölkerung sind in die sozialen Sicherungssysteme inkludiert;
- die Finanzierung, d. h. welcher Art sind die Einnahmen – also Steuern oder Beiträge – und wer leistet im Falle von Beiträgen welche Anteile;
- die Rechts- und Organisationsform, d. h. sind die Institutionen staatlich (und ggf. auf welcher Ebene angesiedelt) oder sind es parastaatliche Einrichtungen (wie die deutschen Sozialversicherungen Körperschaften des öffentlichen Rechts) und welche Rolle spielen private (freigemeinnützige oder marktförmige) Träger;
- die Zielsetzung, d. h. soll Armut vermieden, der Lebensstandard gesichert oder ein hohes Maß an Gerechtigkeit und Gleichheit realisiert werden und gelten diese Zielsetzungen nachhaltig? Welche Prinzipien kommen zum Einsatz: Fürsorge, Versicherung, Versorgung? und
- die Performanz, d. h. welche Ergebnisse und Outcomes werden erreicht, etwa in Bezug auf Armutsvermeidung, Lohnersatzquoten, soziale Ungleichheit etc., aber auch: Welche subjektive Zufriedenheit stellt sich bei den Bürgern ein (als Überblick Schmid 2002; Schmidt 2005; Schmidt et al. 2007)?

Um diese Dynamiken und Differenzen zu erfassen, sind eine Reihe von theoretischen Ansätzen entwickelt worden.

a) In den älteren normativen Theorien geht es vorwiegend um die Begründung des Wohlfahrtsstaats, des sozialen Fortschritts und um die Entwicklung von Gestaltungsoptionen. Dazu zählen Analysen zum Sozialstaatspostulat des Grundgesetzes oder der sozialpolitischen Zielvorstellungen der großen Ideologien (Demokratischer Sozialismus, Liberalismus, Konservatismus etc.). Exemplarisch für eine moderne Variante dieses Ansatzes ist eine auf Grundwerte basierende (Fort-)Entwicklung der „Sozialen Demokratie".

b) In den jüngeren empirisch-analytischen Determinantenmodellen werden verschiedene Einflüsse auf den Wohlfahrtsstaat identifiziert und empirisch gemessen. Als Erklärungen werden herangezogen

- der sozialökonomische Problemdruck (d. h. die starke Anbindung des Wohlfahrtsstaats an Wirtschaftswachstum, Arbeitslosigkeit und Demografie),
- die Verteilung der Machtressourcen sowie die Organisations- und Konfliktfähigkeit gesellschaftlicher Gruppierungen,

- die Unterschiede zwischen Parteien (v. a. Sozialdemokraten betreiben demnach den Ausbau des Wohlfahrtsstaats intensiver; freilich erweisen sich christdemokratische Parteien ebenfalls als ausgabenfreudig),
- die internationalen Faktoren (d. h. der Einfluss der Globalisierung und der EU-Aktivitäten) und
- politisch-institutionelle Determinanten (d. h. der Wohlfahrtsstaat wird etwa durch den Föderalismus und die direkte Demokratie gebremst; frühere Entscheidungen legen ferner Entwicklungspfade fest, die kaum mehr revidierbar sind).

Vor diesem theoretischen Hintergrund hat Schmidt (2005) die Dynamik der Sozialausgaben und der zugrunde liegenden Ursachen für 21 Länder über rund 40 Jahre mit statistischen Verfahren untersucht. Die Sozialausgaben pro Kopf (und Ähnliches gilt für die Sozialleistungsquote als der Relation zum Sozialprodukt) erreichen demnach umso höhere Werte,

- je höher sie schon in der Vorperiode waren,
- je höher entwickelt die Wirtschaft (bzw. das Bruttosozialprodukt) eines Landes ist,
- je stärker die Arbeitslosenquote gegenüber dem Vorjahr zunimmt,
- je stärker die sogenannte „Kostenkrankheit des öffentlichen Sektors" (gemessen an der Zahl der Beschäftigten im öffentlichen Dienst) zum Zuge kommt,
- wenn eine Koalitionsregierung amtiert bzw. umgekehrt je schwächer die Zahl und das Gewicht der „Vetospieler" im Staate ist und
- je stärker Linksparteien und christdemokratische Parteien (Schmid: „Sozialstaatsparteien") an der Führung der Regierungsgeschäfte beteiligt waren.

Zudem existiert seit 1992 ein „Maastricht-Effekt", wonach die Haushaltsdisziplin, die der Vertrag auferlegt, die Finanzpolitik in den meisten EU-Staaten geprägt und die Sozialausgaben gedrosselt hat.

c) Die gegenwärtige Diskussion wird stark geprägt durch die von Esping-Andersen stammende Typologie. Seine „drei Welten des Wohlfahrtskapitalismus" (1990; zusammenfassend Schmid 2002) stellen jeweils unterschiedliche Formen der Institutionalisierung von sozialer Sicherung und Vollbeschäftigung dar und basieren auf entsprechenden politischen Ideologien und Machtverteilungen.

Ferner korrelieren sie mit Mustern der sozialen Schichtung und Ungleichheit, die wiederum eng mit dem Arbeitsmarkt zusammenhängen. Die Wohlfahrtsstaatstypen zeichnen sich in ihrer Geschichte durch eine hohe Stabilität bzw. Pfadabhängigkeit aus, die aus dem institutionellen Gefüge des jeweiligen Modells des Wohlfahrtsstaats und den daraus entstehenden Kosten für grundlegende Reformen erwächst. Jeder Wohlfahrtsstaatstypus produziert auf diese Weise seine charakteristischen sozial- und arbeitsmarktpolitischen Programme, Leistungen und Eintrittskonditionen (und manchmal Barrieren), was sich als Maß an „Dekommodifizierung" – d. h. der relativen Unabhängigkeit von den Zwängen und Risiken kapitalistischer Märkte – zusammenfassen lässt. Grob skizziert ergibt sich folgende „Landkarte":

- Der sozialdemokratische Wohlfahrtsstaat (Schweden, Norwegen, Dänemark) ist universalistisch ausgerichtet, d. h. Ansprüche basieren auf sozialen Bürgerrechten und es wird Gleichheit auf hohem Niveau angestrebt. Die Finanzierung erfolgt weitgehend aus dem Staatshaushalt bzw. über Steuern. Zugleich werden hier Leistungen überwiegend vom öffentlichen Dienst erbracht, der sehr umfangreich ist und somit nicht nur sozialpolitisch, sondern auch arbeitsmarktpolitisch eine Schlüsselfunktion innehat. Ferner sind hier die Bemühungen um eine aktive Politik der Vollbeschäftigung am intensivsten.
- Der Typ des liberalen Wohlfahrtsstaats (Großbritannien, USA, Australien, Neuseeland) akzentuiert die Rolle des freien Marktes und der Familie; soziale Anspruchsrechte sind gering entwickelt und oft mit individuellen Bedürftigkeitsprüfungen verbunden, was häufig zu Stigmatisierung der Betroffenen führt. Die Finanzierung erfolgt vorwiegend aus dem Staatshaushalt; Interventionen in den Arbeitsmarkt erfolgen – falls überhaupt – v. a. zur Auflösung von Flexibilitätshemmnissen und zur Wahrung der Wettbewerbs- und Vertragsfreiheit. Im Ganzen bleibt damit die soziale Ungleichheit und die Abhängigkeit vom Markt groß (bzw. das Maß an Dekommodifizierung niedrig).
- Der konservative Typ des Wohlfahrtsstaats (Frankreich, Italien, Deutschland, Niederlande) interveniert zwar stärker, allerdings eher temporär und primär aus staatspolitischen Gründen. Er ist ferner lohnarbeits- und sozialversicherungszentriert mit

der Folge, dass soziale Rechte stark an Klasse und Status gebunden sind und die Ansprüche auf Beiträgen basieren. Grundlage dieses Modells sind das Normalarbeitsverhältnis und die Normalfamilie, die mit politischen Mitteln stabilisiert werden.

Natürlich bewegen sich viele reale Fälle zwischen den Idealtypen Esping-Andersens. Dies soll in der folgenden grafischen Darstellung zum Ausdruck kommen.

In der Debatte um diesen Ansatz sind ferner verschiedene Ergänzungen und Differenzierungen vorgenommen worden, die für eine Darstellung aller 27 EU-Mitgliedsstaaten wichtig sind:

- Der Typ des südeuropäischen oder rudimentären Wohlfahrtsstaats (Spanien, Portugal, Griechenland und teilweise Italien) zeichnet sich dadurch aus, dass hier die Systeme der sozialen Sicherung nur partiell entwickelt und noch traditionelle, nichtstaatliche Formen der sozialen Unterstützung (Kirchengemeinde, Familie) relevant sind. In diesem Zusammenhang ist ebenfalls zu berücksichtigen, dass es sich hier um weniger industrialisierte, strukturschwache und arme Länder handelt, also auch nur relativ geringe Einkommen am Markt erzielt werden.

- Als weiterer Typ lässt sich der mittelosteuropäische oder „postsozialistische" Wohlfahrtsstaat nennen, der die Staaten des ehemaligen Ostblocks umfasst. Hier sind zum einen die Folgen der politisch-ökonomischen Transformation zu bewältigen, zum anderen sind die institutionellen Fundamente des Wohlfahrtsstaats noch jung und schwach (dazu Baum-Ceisig et al. 2008; Busch 2008; Schubert et al. 2008; Schmid 2008).

Esping-Andersen wurde kritisiert, weil sich seine Analyse primär an der umkämpften Grenzziehung zwischen Markt und Staat orientierte bzw. sich auf den Klassenkonflikt konzentrierte. Deshalb ergänzte er seine Analyse um das Verhältnis von Defamiliarisierung vs. Familialismus als wohlfahrtsstaatliche Strategie (Esping-Andersen 1999; Schmid 2002).

Typus des Wohlfahrtsstaates liberal	
Variablen/Indikatoren	
Dekommodifizierung	schwach
Residualismus	stark
Privatisierung	hoch
Korporatismus/Etatismus	schwach
Umverteilungskapazität	schwach
Vollbeschäftigungsgarantie	schwach

Typen und Dimensionen des Wohlfahrtsstaats nach Esping-Andersen

Typus des Wohlfahrtsstaates sozialdemokratisch	
Variablen/Indikatoren	
Dekommodifizierung	stark
Residualismus	schwach
Privatisierung	niedrig
Korporatismus/Etatismus	schwach
Umverteilungskapazität	stark
Vollbeschäftigungsgarantie	stark

Typus des Wohlfahrtsstaates liberal	
Variablen/Indikatoren	
Dekommodifizierung	mittel (?)
Residualismus	stark
Privatisierung	niedrig
Korporatismus/Etatismus	stark
Umverteilungskapazität	schwach
Vollbeschäftigungsgarantie	schwach (?)

Abb. 1: Typen und Dimensionen des Wohlfahrtsstaats nach Esping-Andersen

Dabei geht es um den Grad der Verantwortungs-abgabe für Wohlfahrt und Betreuung an die privaten Haushalte und die Familie bzw. das Prinzip der Subsidiarität in der Wohlfahrtsproduktion, was v. a. für die südeuropäischen Länder bzw. den Typus des rudimentären Wohlfahrtsstaats von Bedeutung ist. Bezogen auf die drei Typen spielt in liberalen Regimen der Markt eine große Rolle bei den familiären Wohlfahrtsleistungen (etwa über „billige" Angestellte für Kinderbetreuung und Hausarbeit). In konservativ geprägten Staaten muss die Familie einen großen Anteil dieser Dienstleistungen übernehmen – aber, wie in Deutschland, unterstützt durch steuerliche Förderungen. In sozialdemokratischen Wohlfahrtsmodellen entlastet der Staat die Familie von ihrer Rolle bei der Wohlfahrtsproduktion – hauptsächlich über staatliche Betreuungseinrichtungen für Kinder und alte Menschen.

d) Die veränderten Bedingungen in der Phase des Ab- und Umbaus des Wohlfahrtsstaats nach dem Ende des Ost-West-Konflikts, der zunehmenden Globalisierung und der Einflüsse der soziokulturellen Postmoderne haben zu einer Reihe weiterer Ansätze geführt (als Übersicht siehe Schmid 2002):

- Eine neomarxistische Variante diagnostiziert wegen der Veränderungen, die sich in Staat und Ökonomie seit den 1970er Jahren vollzogen haben, einen deutlichen Bruch in der gesellschaftlichen Entwicklung: „Vom Fordismus zum Post-Fordismus" oder „vom keynesianischen Wohlfahrtsstaat zum schumpeterianischen Workfare State" sind Formeln, die dies umschreiben. Damit verbunden sind umfangreiche sozialpolitische Sparmaßnahmen, wobei neben der Senkung der Leistungen zusehends eine Umorientierung auf Aktivierung erkennbar wird – einschließlich Formen verschärfter Zumutbarkeit von neuen, schlechteren Jobs.
- Eine andere Variante konzentriert sich auf die „New Politics", d. h. die politische Logik der Reform-, Umbau- und Sparpolitiken. Diesem Ansatz entsprechend gewinnen die binnenstrukturellen Erklärungsfaktoren des Wohlfahrtsstaats an Bedeutung. So werden Kürzungsmaßnahmen v. a. unter der Perspektive des politischen „blame avoidance" (Pierson 2001) interpretiert. In modernen Demokratien sind Kürzungen von Sozialleistungen nämlich unpopulär, was dazu führt, dass diese als technische Zwänge getarnt, auf weniger einflussreiche Klientel und kaum bekannte Sachverhalte

oder in die Zukunft verschoben werden (etwa die Kürzung von Ersatzzeiten in der Rentenversicherung). Zudem erweisen sich die Sozialbürokratien und Professionen (wie Ärzte und Sozialarbeiter) als machtvolle Verwalter der Interessen des Wohlfahrtsstaats; nicht selten scheitern Kürzungen an ihrem Veto – und nicht am Protest der betroffenen sozial schwachen Gruppen.
- Ebenfalls binnenorientiert sind politische Reformstrategien, die Krise des Wohlfahrtsstaats durch Formen des New Public Managements zu bewältigen. Stärkung von Wettbewerb und Kontraktmanagement, Steuerung durch Zielvereinbarung, grundlegende Reorganisation von Verwaltungen sind entsprechende Stichworte. Ergänzend treten Strategien der Aktivierung und der Förderung des bürgerschaftlichen Engagements hinzu.
- Föderative Systeme wie die Bundesrepublik verstärken das selbstreferentielle Moment in der wohlfahrtsstaatlichen Politik durch ausgeprägte Verhandlungszwänge; zugleich weisen diese Systeme jedoch ebenfalls dynamische Züge auf, wenn Gliedstaaten als „politische Laboratorien" funktionieren.

e) Mit der Zunahme der europäischen Integration kommt es zu Rückwirkungen auf die nationalen Wohlfahrtsstaaten. Dazu gehört einerseits ein (unterschiedliches) Maß an „Misfit" zwischen Mitgliedstaat und EU, der einen (variablen) Anpassungsdruck hervorruft, auf den nationale Akteure und Institutionen wiederum in ihrer Binnenlogik reagieren und somit (extern induzierte) Veränderung hervorrufen. Andererseits kommen hierbei neue Mechanismen ins Spiel, besonders die Diffusion von Politiken und das Lernen von anderen Ländern (ausführlich siehe Holzinger et al. 2007; Schmid 2002). Mit der offenen Methode der Koordinierung wird dies seitens der EU versucht. „Die Akteure werden intelligenter" (Offe 2005, 218), wenn ohne Herrschaft harmonisiert wird.

f) Zu den jüngeren Entwicklungen zählt schließlich die feministische Linie der Wohlfahrtsstaatsforschung. Sie hat das Spektrum sowohl analytisch um verschiedene Typologien erweitert als auch verschiedene, bislang eher vernachlässigte Felder auf die Agenda gebracht (z. B. die Probleme alleinerziehender Mütter). Die Kritik fokussiert sich auf das patriarchalische „male breadwinner"-Konzept, das sowohl in der etablierten Wohlfahrtsstaatsforschung wie auch in der praktischen Politik unterstellt wird. Stattdessen wird davon ausgegangen, dass unterschiedliche „Gender Regime" (Sainsbury 1999) existieren, in denen spezifische Ideologien und Politiken zum Ausdruck kommen, welche die Lage der Frauen erheblich beeinflussen. Zentral ist die These, dass sich diese Regime weniger danach unterscheiden, wie stark sie (ver-)sichernd wirken, sondern ob sie zur Unabhängigkeit der Frauen von Ehe und Familie beitragen. Ein Beispiel für die Geschlechtereffekte staatlicher Politik ist in Deutschland das Ehegatten-Splitting, das Ehefrauen von Ärzten u. ä. Einkommensgruppen zu hoch alimentierter Klientel des Wohlfahrtsstaats macht.

Schluss: einige Tendenzen und Charakterisierungen im Lichte der Empirie

Fasst man einige ausgewählte Daten über klassische und neue Handlungsfelder, die Performanz am Arbeitsmarkt und die Armutsrisiken (als Zielgrößen; in Rangreihen der 25 EU-Länder) nach dem Modell der drei Welten des Wohlfahrtsstaats zusammen, dann besteht zum einen eine erhebliche Unübersichtlichkeit, weil einige Fälle schwer zu klassifizieren oder die Gruppen in sich heterogen sind. „Das europäische Sozialmodell ist kein einheitliches Konzept, sondern ein Gemisch aus Werten, Errungenschaften und Hoffnungen, die in den einzelnen europäischen Staaten unterschiedlich ausfallen" (Giddens 2007, 29). Insofern erhält man durch den Rückgriff auf die Welten der Wohlfahrt nur eine gewisse Grundorientierung.

Deutlich werden zum anderen aber ebenfalls die typischen Konstellationen und Wirkungen: Bei einer Gesamtbetrachtung zeigen die sozialdemokratischen Regime durchgehend hohe Anstrengungen und relativ gute Ergebnisse – was den theoretischen Erwartungen entspricht. Liberale und konservative Wohlfahrtsstaaten liegen – mit Streuungen bei Fällen und Dimensionen – im Mittelfeld. Sie weisen zudem z. T. komplementäre Abweichungen auf: So ist die Sozialleistungsquote in den konservativen Fällen hoch, aber die Erwerbsquote – auch bei Frauen und Älteren – nur mittel; bei den liberalen Ländern verhält es sich umgekehrt. Liberale Länder geben jedoch trotz einer Zurückhaltung insgesamt ähnlich viel für Bildung aus wie ihre

konservativen Pendants. Diese Ambivalenz weist darauf hin, dass Erfolge in Aktivierung, Arbeitsmarktintegration und Ausbildung teilweise die Schwächen in den passiven Leistungen liberaler Wohlfahrtsstaaten kompensieren können und zu einem vergleichbaren Maß an sozialer Ungleicheit / Gleichheit und Armutsgefährdung wie in vielen konservativen Fällen führen. Äußerst heterogen sind im Übrigen auch die postsozialistischen Länder, was vermutlich mit den Folgen der politisch-ökonomischen Transformationsschocks zusammenhängt (siehe Baum-Ceisig et al. 2008). Ein weiterer Faktor, der hier wie bei den rudimentären Regimen bzw. den südeuropäischen Ländern eine Rolle spielt, liegt in der Bedeutung des informellen oder dritten Sektors. Die klassische Wohlfahrtsstaatsforschung konzentriert sich auf die Spannungen und Wechselwirkungen zwischen Markt und Staat, dabei werden die Leistungen von gesellschaftlichen Vereinigungen, der Familien und des freiwilligen Engagements meist ausgeklammert. Auf diese Weise stabilisieren sich neue Unterschiede zwischen den Ländern – auch wenn es in anderen Dimensionen zu Angleichungen kommt.

So bleibt als Fazit, dass die Entwicklung des Wohlfahrtsstaats in den westlichen Ländern drei gemeinsame Tendenzen aufweist:

- Überall ist es bei einer Betrachtung der aggregierten Ausgaben nach dem Zweiten Weltkrieg zu einer bemerkenswerten Expansion mit anschließender Stagnation auf hohem Niveau gekommen.
- Es zeigt sich ferner eine Differenzierung zwischen den Ländern und innerhalb der Wohlfahrtsstaaten; neue Risiken sind in den Kanon der Leistungen aufgenommen worden (etwa Pflege sowie neuerdings Familie, Kinder und Frauen), etablierte Handlungsfelder haben ihre Bedeutung verschoben etc.
- Es bleibt trotz des vielfältigen Wandels im Einzelnen bei der Persistenz der charakteristischen Strukturen im Ganzen. Trotz aller Debatten um Globalisierung, Neoliberalismus und Konvergenz gilt bis heute, dass die Unterschiede beachtlich sind. Insofern haben wir es vielfach mit einem „Paternoster-Effekt" zu tun.

Insgesamt gesehen wird schließlich die hohe Kontinuität zusehends zu einem Problem, das sich der Wohlfahrtsstaat – v. a. der konservative Typus – selber macht. Angesichts der drastischen Herausforderungen droht ein „mismatch" von

Tab. 1: Rangreihen der Länder und Typen nach ausgewählten Feldern des Wohlfahrtsstaats (Daten nach Eurostat 2008)

Typ	Land	Sozialleistungsquote	Erwerbsquote	Arbeitslosenquote	Rentenausgaben	Bildungsausgaben	Langzeitarbeitslosigkeit	Frauenerwerbsquote	Ü 50 Erwerbsquote	Armutsgefährdungsquote	Gini-Index
konservativ	Belgien	6	22	19	11	5	20	21	24	4	5
	Deutschland	4	14	23	3	19	24	12	14	4	5
	Frankreich	3	17	22	5	7	12	17	16	2	5
	Österreich	5	10	6	2	8	7	11	17	2	3
	Niederlande	7	2	1	7	14	13	3	11	2	4
konservativ (?)	Luxemburg	14	19	5	15	25	8	18	22	3	3
liberal	Großbritannien	9	7	7	14	12	5	5	9	6	9
liberal (?)	Irland	22	5	3	25	18	9	10	8	6	7
sozialdemo-kratisch	Dänemark	2	1	1	12	1	3	1	3	2	2
	Schweden	1	4	13	8	2	1	2	1	1	1
	Finnland	8	8	17	10	4	6	4	6	1	3
rudimentär	Griechenland	11	21	21	6	23	22	23	21	8	8
	Italien	10	25	11	1	20	18	24	25	7	8
	Portugal	13	6	18	9	11	19	6	5	8	11
	Spanien	17	16	20	18	22	4	19	19	8	7
rudimentär (?)	Malta	19	24	15	16	17	11	25	23	4	5
	Zypern	20	3	4	23	3	2	8	4	5	6
post-sozialistisch	Estland	23	9	9	24	15	16	7	2	6	9
	Lettland	25	11	12	21	16	10	13	7	7	10
	Litauen	24	18	8	22	13	14	14	12	9	10
	Polen	16	20	25	4	10	23	20	18	9	10
	Slowakei	21	15	24	20	24	25	15	13	4	3
	Slowenien	12	12	10	13	6	17	9	15	3	2
	Tschech. Republik	18	13	14	19	21	21	16	10	1	3
	Ungarn	15	23	16	17	9	15	22	20	3	5

sozialen Problemen auf der einen sowie wohlfahrtsstaatlichen Institutionen und politischen Lösungsstrategien auf der anderen Seite. Franz-Xaver Kaufmann (1997) spricht in diesem Zusammenhang von einem „Veralten" der etablierten Arrangements. Die Lösung liegt daher nicht mehr bzw. nicht immer in einem Ausbau der etablierten Versorgungs- und Interventionsmuster, sondern in ihrer grundlegenden Reform und Ergänzung um neue Elemente. Dies könnte im deutschen Fall etwa eine Grundrente sein.

„Warum brauchen wir eine Reform des Sozialstaats?" – so fragt auch Esping-Andersen (2006). Er konzentriert sich in seiner Antwort auf die Aspekte Kinder, Frauen und Bildung, weil dies den demografischen Wandel abfedert, einen positiven Effekt des Wohlfahrtsstaats auf die Wirtschaft ausübt und die Menschen in ihrer Startphase für den gesamten Verlauf ihres Lebens mit wichtigen Ressourcen ausstattet. Das rechnet sich ebenfalls langfristig und für die Älteren: „It may appear paradoxical but a strategy of investing in our children must be the flagship of our recast retirement policies. The future working age cohorts will be small so they had better be maximally productive" (66).

Literatur

Baum-Ceisig, A., Busch, K., Hacker, B., Nospickel, C. (Hrsg.) (2008): Wohlfahrtsstaaten in Mittel- und Osteuropa. Entwicklungen, Reformen und Perspektiven im Kontext der europäischen Integration. Nomos, Baden-Baden

Busch, K. (Hrsg.) (2008): Wandel der Wohlfahrtsstaaten in Europa. Nomos, Baden-Baden

Clasen, J., Siegel, N. (Hrsg.) (2007): Investigating State Change. The „Dependent Variable Problem" in Comparative Analysis. Edward Elgar, Cheltenham

Deutscher Bundestag (2004): Entwurf eines Gesetzes zu dem Vertrag vom 29. Oktober 2004 über eine Verfassung für Europa. Bundestags-Drucksache 15/4900. In: dip.bundestag.de/btd/15/049/1504900.pdf, 28.10.2009

Esping-Andersen, G. (2006): Warum brauchen wir eine Reform des Sozialstaats? Leviathan 34, 61–81

– (1999): Social Foundations of Postindustrial Economies. Oxford University Press, Oxford

– (1990): The Three Worlds of Welfare Capitalism. Princeton University Press, Cambridge

Eurostat (2008): Social Protection in the European Union. Statistics in Focus. Nr. 46. In: epp.eurostat.ec.europa.eu/cache/ITY_OFFPUB/KS-SF-08-046/EN/KS-SF-08-046-EN.PDF, 28.10.2009

Giddens, A. (2007): Die Zukunft des Europäischen Sozialmodells. Europa kann es sich nicht leisten, auf sein Sozialmodell zu verzichten. In: Platzeck, M., Steinmeier, F., Steinbrück, P. (Hrsg.): Auf der Höhe der Zeit. Soziale Demokratie und Fortschritt im 21. Jahrhundert. Vorwärts Buch, Berlin, 29–35

Hartwich, H. H. (1970): Sozialstaatspostulat und gesellschaftlicher Status Quo. Westdeutscher Verlag, Opladen

Holzinger, K., Jörgens, H., Knill, C. (Hrsg.) (2007): Transfer, Diffusion und Konvergenz von Politiken. PVS-Sonderheft 38

Kaufmann, F.-X. (1997): Die Herausforderungen des Sozialstaats. Suhrkamp, Frankfurt/M.

Offe, C. (2005): Soziale Sicherheit im supranationalen Kontext. Europäische Integration und die Zukunft des „Europäischen Sozialmodells". In: Miller, M. (Hrsg.): Welten des Kapitalismus. Campus, New York/Frankfurt/M., 189–225

Pierson, P. (Hrsg.) (2001): The New Politics of the Welfare State. Oxford University Press, Oxford

Sainsbury, D. (Hrsg.) (1999): Gender and Welfare State Regimes. Oxford University Press, Oxford

Schmid, J. (2009): Soziale Dienste und die Zukunft des Wohlfahrtsstaats. In: Heinze, R., Evers, A. (Hrsg.): Soziale Dienste. VS, Wiesbaden (i. E.)

– (2008): Der Wohlfahrtsstaat in Europa. Divergenz und Integration. In: Gabriel, O., Kropp, S. (Hrsg.): Die EU-Staaten im Vergleich. Strukturen, Prozesse, Politikinhalte. VS, Wiesbaden, 711–739

– (2002): Wohlfahrtsstaaten im Vergleich. Soziale Sicherung in Europa: Organisation, Finanzierung, Leistungen und Probleme. 2. Aufl. VS, Wiesbaden

– (1996): Wohlfahrtsverbände in modernen Wohlfahrtsstaaten. Soziale Dienste in historisch-vergleichender Perspektive. Leske + Budrich, Opladen

Schmidt, M. G. (2005): Sozialpolitik in Deutschland. Historische Entwicklung und internationaler Vergleich. 3. Aufl. VS, Wiesbaden

–, Ostheim, T., Siegel, N. A. (2007): Der Wohlfahrtsstaat. Eine Einführung in den historischen und internationalen Vergleich. VS, Wiesbaden

Schubert, K., Hegelich, S., Bazant, U. (Hrsg.) (2008): Europäische Wohlfahrtssysteme. Ein Handbuch. VS, Wiesbaden

Züchner, I. (2007): Aufstieg im Schatten des Wohlfahrtsstaates. Expansion und aktuelle Lage der Sozialen Arbeit im internationalen Vergleich. Juventa, Weinheim/München

Wohnungslosigkeit

Von Andreas Wolf

Begriffsprobleme

„Es gibt keine allgemeingültigen und von allen Fachleuten anerkannten Begriffe und Definitionen zur Beschreibung von Menschen, die über keinen hinreichenden Wohnraum verfügen." (Holtmannspötter 1996, 17) Im Handbuch von 1984 werden *Obdachlosigkeit* und *Nichtsesshaftigkeit* (Kiebel 1993) noch als eigenständige Stichworte aufgeführt. Schon damals wurde darauf hingewiesen, dass man „es nicht mit einem wissenschaftlichen Terminus zu tun (hat)" (Bauer 1984, 697). Dies hat auf der Basis verschiedener Untersuchungen zu der Erkenntnis geführt, dass die vielfach beschriebenen Definitionsfallen nur aufzulösen sind, wenn eine Trennung von diesen belasteten Begriffen gelingt.

Holtmannspötter hat dies für den Begriff *Nichtsesshaftigkeit* bereits 1982 (Holtmannspötter 1982) gefordert, Mitte der 1990er Jahre wurde im System der Wohnungslosenhilfe zunehmend der Begriff des *alleinstehenden Wohnungslosen* verwendet, der letztlich aber nur eine Entstigmatisierung der Begrifflichkeit zur Folge hatte und die künstliche Trennung in alleinstehende Wohnungslose und obdachlose (unvollständige) Familien weitergeführt hat.

Eine ähnliche Entwicklung lässt sich beim Begriff Obdachlosigkeit feststellen. Die Umbenennung von Obdachlosensiedlungen in soziale Brennpunkte (Dt. Städtetag 1979) war auch hier Ergebnis einer langen Diskussion und Kritik der bestehenden Hilfen. Zu einer Auflösung der künstlichen Trennung kam es aber auch hier nicht, weil insbesondere die Nichtsesshaftenhilfe damals in weiten Teilen noch von einem Persönlichkeitsmerkmal „Nichtsesshaftigkeit" ausging, das ein eigenständiges Hilfesystem erforderlich mache, wodurch den Kommunen, die zur Unterbringung von Obdach-

losen grundsätzlich verpflichtet sind, eine preiswerte „Entsorgung" alleinstehender männlicher Obdachloser ermöglicht wurde. Dabei wurde die grundsätzlich im Recht vorgesehene Zuständigkeit der Kommunen (Bundessozialhilfegesetz und Ordnungsbehörden- bzw. Polizeigesetze) durch Definitionsprozesse, unklare Beratung und offene Hilfeverweigerung so lange von den zuständigen Behörden nicht wahrgenommen, bis die hilfesuchende Person den Ort (wegen fehlender Existenzsicherung) verlässt oder tatsächlich eine andere rechtliche Zuständigkeit über den Begriff des Nichtsesshaften fingiert werden kann. Damit hat eine Ausgrenzung (Exkommunalisierung) stattgefunden, die im Kern eine Verweigerung von Bürgerrechten beinhaltet (keine Sicherung der Existenz, kein minimaler Schutz gegen faktische Obdachlosigkeit). So haben sich zwar mit der Veränderung der Begriffe auch Veränderungen in den Hilfesystemen ergeben, die Ghettoisierung (Obdachlose) und Exkommunalisierung (Nichtsesshafte) armer wohnungsloser Bürger und Bürgerinnen blieb aber integraler Bestandteil der meisten kommunalen und wohlfahrtsverbandlichen Angebote.

Der Deutsche Städtetag hat dann den Begriff des Wohnungsnotfalls in die Diskussion gebracht (Dt. Städtetag 1987), der jetzt insbesondere nach verschiedenen Studien (Koch 1984; Evers / Ruhstrat 1993a; Busch-Geertsema / Ruhstrat 1994; Busch-Geertsema / Ruhstrat 2003) und Empfehlungen zum Thema Wohnungslosigkeit als Richtschnur dient. Als Wohnungsnotfall wird danach bezeichnet,

- wer unmittelbar von Wohnungslosigkeit bedroht ist,
- wer aktuell von Wohnungslosigkeit betroffen ist oder
- wer in unzumutbaren Wohnverhältnissen lebt.

Otto/Thiersch (Hg.), Handbuch Soziale Arbeit, 4. A., DOI 10.2378/ot4a.art176,

Es ist allerdings

„darauf hinzuweisen, dass die Begriffe „Obdachlosig-keit", „Wohnungslosigkeit", „Wohnungsnotfall", „Nicht-sesshaftigkeit" usw. Bezeichnungen sind, die von Hilfe- und anderen Interventionssystemen oder deren Experten vergeben wurden und die sich nicht „selbstredend" er-klären, sondern nur in Verbindung mit ihren spezifischen Definitionen. Dieser banale Hinweis ist für das weiterge-hende Verständnis wichtig, da er zeigt, dass die Begriffe weniger objektive, fest begrenzte Probleme zu erkennen geben, als vielmehr das Verhältnis, das die genannten Systeme zu dem Gegenstand ihrer Arbeit einnehmen." (Holtmannspötter 1996, 17)

Deshalb ist auch im Zusammenhang mit dem Pro-blem des „richtigen" Begriffs immer wieder die Identität des Hilfesystems zum Thema geworden (Specht-Kittler 1997; Holtmannspötter 2003; Busch-Geertsema et al. 2004), wobei sich feststel-len lässt, dass erst die Entdeckung des Zusammen-hangs von Armut und Wohnungslosigkeit den Blick auf bedarfsgerechte Hilfeformen und profes-sionelle Angebote freigibt.

Dies ist auch für Sozialarbeit in diesem Arbeitsfeld wichtig, weil die Tendenz zu personenzentrierten Interventionen nach wie vor durch Traditionen in-nerhalb der Hilfesysteme sowie durch neue schwie-rige bzw. falsche Gesetzesbegriffe (z. B. „Fordern und Fördern") erleichtert wird. Eine Auseinander-setzung mit der Geschichte der Begriffe kann des-halb viele Praxisfallen vermeiden helfen (v. Treu-berg 1990; Albrecht et al. 1990). Gleichzeitig ist darauf hinzuweisen, dass praktische Ansätze der Veränderung dafür gesorgt haben, dass die Begriffs-diskussion keine Auseinandersetzung um theoreti-sche Systeme geblieben ist, sondern über die Er-fahrungen in den verschiedenen Hilfeinstitutionen eine Bestätigung wie auch Korrektur der Begriffs-debatte erfolgte. So hat etwa die Benutzung des Begriffs „alleinstehender Wohnungsloser" durch Institutionen der Wohnungslosenhilfe dazu ge-führt, dass die Wohnungslosigkeit alleinstehender Männer überhaupt als kommunales Problem wahr-genommen wurde und Eingang fand in die kom-munale Wohnungspolitik und Sozialplanung.

Gleichzeitig stellten besonders die mit dieser stär-keren Einbindung in Kommunalpolitik befassten ambulanten Beratungsstellen für (männliche) Wohnungslose fest, dass das Problem der Woh-nungslosigkeit eben nicht nur ein Problem allein-stehender Männer war, sondern auch Frauen davon betroffen sind bzw. die Formen weiblicher Woh-nungsnot bisher von den Institutionen der Woh-nungslosenhilfe nur unzureichend wahrgenommen und bearbeitet wurden. Das Problem weiblicher Wohnungsnot wird seitdem immer breiter dis-kutiert und bearbeitet (Geiger / Steinert 1991; Ro-senke 2007).

Rechtliche Rahmenbedingungen

Hinderlich für die gesamte Begriffsdiskussion (und damit zusammenhängend für die Entwicklung problemadäquater Hilfen) war die Verankerung der Begriffe in verschiedenen Gesetzesformulie-rungen (Nichtsesshafte und Obdachlose als beson-dere Personengruppen in der Durchführungsver-ordnung zum § 72 BSHG, Obdachlosigkeit in den Ordnungsbehörden- bzw. Sicherheits- und Polizei-gesetzen der Länder unter dem Aspekt Störung der öffentlichen Sicherheit und Ordnung). Die Klassi-fizierung von Obdachlosigkeit als Störung der öf-fentlichen Sicherheit und Ordnung, die mit poli-zeilichen Mitteln anzugehen ist, und die Zuordnung des Personenkreises im Sozialhilferecht überwie-gend unter „Persönlichkeitsmerkmalen" hat über viele Jahre dazu geführt, dass allein durch die „Auf-splittung" eines Falls in unterschiedliche Gesetzes-tatbestände die bestehenden Hilfemöglichkeiten nicht bekannt waren, verhindert wurden oder Zu-ständigkeitsfragen sogar zum Abschieben geführt haben (Steinmeier 1992).

Bis 2001 enthielt die Verordnung zu § 72 BSHG zudem eine durch das damals stationär dominierte Hilfesystem eingebrachte tautologische Definition der Nichtsesshaften sowie eine lediglich der Ab-grenzung von Kosten und Zuständigkeiten die-nende Beschreibung von Obdachlosen. Im Gesetz selbst (§ 72 BSHG und seit 2005 §§ 67–69 SGB XII) ist seit der BSHG-Reform von 1996 die Rede von „Personen in besonderen Lebensverhältnissen verbunden mit sozialen Schwierigkeiten".

Diese etwas umständliche, dafür aber offene recht-liche Definition hat dazu geführt, dass sich die Hilfesysteme ausdifferenziert haben und entspre-chend den Problembündeln der Hilfesuchenden verschiedene verbundene Hilfen anbieten oder or-ganisieren können. Hinderlich erweist sich nun die definitorische Begrenzung des Personenkreises auf Wohnungslose (Wohnungslosenhilfe), denn durch sie wird die Ausgrenzungsproblematik in ihren vielfältigen individuellen Erscheinungsweisen auf eine singuläre Form reduziert, die zwar zu den extremen Formen der gesellschaftlichen Ausgrenzung gehört, die aber – ähnlich wie die Zentrierung auf Persönlichkeitsmerkmale – eine eindimensionale Lösung nahelegt, bei der zwar diesmal die existenzielle Not der fehlenden Wohnung behoben wird, die nachhaltige Beseitigung gesellschaftlicher Ausgrenzung aber vernachlässigt oder sogar erschwert werden kann.

Historische Bezüge

Das Problem *mobiler Armutsgruppen* lässt sich in der Geschichte weit zurückverfolgen (Rotering 1906; Sachße/Tennstedt 1980). Obdachlosigkeit und Wohnungslosigkeit lassen sich in größerem Umfang mit Beginn der Industrialisierung ausmachen, nachdem Wohnung und Unterkunft als Ware behandelt wurden (Häußermann/Siebel 1996) und auf dem damit entstehenden Markt Ausgrenzungsprozesse stattfanden. Schon früh ist der Zusammenhang von Arbeit und (Wander-)Armut erkannt worden (Scheffler 1987), aber es wurden meist Hilfen entwickelt, die diese strukturellen Defizite nicht mehr im Blick hatten. Stattdessen wurden ein privates Wohltätigkeitssystem (Wanderarmenhilfe) und eine kommunale Fürsorge etabliert, die besonders die pädagogisch-moralische Beeinflussung der (wandernden) Armutspopulation zum Ziel hatten.

In der Arbeit mit Obdachlosen wurde etwa Wert gelegt auf die Verbesserung der Situation für Kinder, womit die „Vererbung" von Obdachlosigkeit vermieden werden sollte; die Erwachsenen wurden mit Kategorien wie „asozial", „wohnunfähig" etc. belegt und über abgestufte Unterbringungsformen sollte ein „Bewährungsaufstieg" in normale Wohnverhältnisse stattfinden.

In der Wanderarmenhilfe sollte die Arbeit das „Scheidewasser" (Bodelschwingh) sein, um bedürftige Arme, denen dann Hilfen zuteil werden sollten, von Vaganten und Landstreichern zu unterscheiden, die durch Haft und Arbeitshaus „gebessert" werden sollten (bis 1974 waren Betteln und Landstreicherei Straftatbestände). Besonders

die Wanderarmenhilfe entwickelte sich um die Jahrhundertwende immer mehr zu einer „privaten Wohltätigkeit" als Ersatz für fehlende oder unzureichende staatliche Sicherungssysteme. Mit der Veränderung dieser Systeme bzw. deren Einführung wandelte sich die Wanderarmenhilfe immer mehr zu einer privaten Hilfe für mobile Arme mit weitgehend pädagogischem Anspruch, der Bezug nahm auf die „sittliche Gefährdung" durch Bettel, Landstreicherei und ungeordnete Lebensverhältnisse.

In dieser Zentrierung auf die Person unter einem bürgerlich-patriarchalischen Erziehungsanspruch bestand – trotz der sich immer deutlicher trennenden Hilfesysteme für die mobilen und die „sesshaften" wohnungslosen Menschen – die Gemeinsamkeit aller Hilfeansätze. Verstärkt wurde die (künstliche) Trennung der Hilfen auf kommunaler Ebene durch fiskalische Aspekte, da durch das vorhandene System Wanderarmenhilfe eine Verlagerung auf Länder- bzw. Provinzebene möglich war oder wegen langwieriger Zuständigkeitsfragen sogar Hilfeverweigerung zuließ. Dieses Prinzip der Exkommunalisierung alleinstehender (männlicher) Armer ist bis heute im Umgang mit wohnungslosen oder von Wohnungslosigkeit bedrohten Menschen zu finden.

Im Dritten Reich wurden dann Ideen aus dem Hilfesystem „konsequent" umgesetzt. Als Ziele wurden eine „Säuberung der Landstraßen" und eine „Endlösung des Asozialenproblems" benannt; es gab Verfolgungen von Bettlern und armen Menschen (Ayass 1995), in deren Folge viele dieser Menschen unter der Kategorie „Asoziale" in den Konzentrationslagern durch Arbeit vernichtet wurden.

Mit dem Wirtschaftswunder in der BRD verschwanden die Probleme Obdachlosigkeit und Nichtsesshaftigkeit weitgehend aus der öffentlichen Diskussion, sodass bei der Verabschiedung des BSHG 1961 von Hilfen für eine „Restkategorie" ausgegangen wurde, die „den Anforderungen der modernen Industriegesellschaft nicht gewachsen war". Bei der „Hilfe für Gefährdete" war zunächst Anknüpfungspunkt der Hilfe die „mangelnde innere Festigkeit", die sich mit den persönlichkeitsorientierten Definitionen von Obdachlosigkeit und Nichtsesshaftigkeit ideal verbinden ließ.

Im Bereich der Obdachlosenarbeit kam es im Zusammenhang mit der Studentenbewegung und der damals propagierten Randgruppenstrategie zu ersten deutlichen Veränderungen in der Hilfe, wobei der Zusammenhang mit Armut und Arbeitslosigkeit auch empirisch nachgewiesen wurde (Preusser 1976; GEWOS 1976). Für den Bereich der Nichtsesshaftenhilfe hat diese Entwicklung erst Ende der 1970er Jahre eingesetzt, ausgelöst durch wissenschaftliche Untersuchungen und Bemühungen von Fachverbänden zur Innovation der damals überwiegend stationären Hilfeeinrichtungen. Zuvor war die Nichtsesshaftenhilfe ein weitgehend abgeschottetes Ausgrenzungssystem, das schon von der Ausstattung her keine wirklichen Hilfen anbieten konnte und letztlich nur einen „mobilen Hospitalismus" (Holtmannspötter 1982) erzeugte (Rosenke 2004).

Was den Umfang von Wohnungslosigkeit angeht, ist man auch heute noch auf Schätzungen und Spekulationen angewiesen, da es bisher keine Wohnungsnotfallstatistik gibt. Im Armuts- und Reichtumsbericht der Bundesregierung von 2008 (Bundesminister für Arbeit und Soziales 2008, 157 f.) heißt es:

„Nach Schätzungen der Bundesarbeitsgemeinschaft Wohnungslosenhilfe (BAG-W) ist die Anzahl der Wohnungslosen seit 1998 deutlich zurückgegangen. Die Zahl der Wohnungslosen ist von 530.000 Personen im Jahr 1998 auf 254.000 Personen im Jahr 2006 gesunken (ohne wohnungslose Aussiedler) und hat sich damit etwa halbiert. Davon waren ca. 132.000 alleinstehende Wohnungslose und ca. 122.000 Personen in Mehrpersonenhaushalten. Rund 18.000 Personen leben dieser Schätzung zufolge ohne Unterkunft ,auf der Straße'."

Mit der Qualifizierung der Hilfen und ersten empirischen Untersuchungen (Koch 1984; Specht 1985) sind auch verschiedene „neue" Probleme deutlich geworden. So sind im Bereich der Obdachlosenhilfe Fragen der Bausubstanz von Unterkünften, Möglichkeiten der Selbsthilfe über Arbeitsprojekte und Fragen des Mietstatus in den Blick gekommen, die jahrelang durch die Konzentration auf die Persönlichkeitsprobleme verdeckt waren. In der Wohnungslosenhilfe hat sich besonders mit Etablierung der ambulanten Beratungsstellen gezeigt, dass weibliche Wohnungsnot stärker vorhanden ist und offenbar zunimmt, dass es nach wie vor eklatante Differenzen zwischen Rechtsnorm und Praxis im Bereich der Grundsicherung

für wohnungslose Menschen gibt und dass der Zugang zu vielen Leistungen und Angeboten für BürgerInnen ohne Wohnung aufgrund ihrer Lebenslage unmöglich ist (z. B. Gesundheitsversorgung). Im Zusammenhang mit der Verfassungsdiskussion Anfang der 1990er Jahre wurde das „Recht auf Wohnung" thematisiert. Bis auf einzelne Landesverfassungen (z. B. Brandenburg) hat dieses Recht aber keinen Eingang in Gesetze gefunden.

Theoretische Ansätze

So wie sich in der Begriffsdebatte eine Auseinandersetzung zwischen den Polen individueller Defizitzuschreibung und gesellschaftlicher Strukturanalyse finden lässt, kann man die in der Wohnungslosenhilfe zu findenden theoretischen Ansätze ebenfalls weitgehend dieser Bandbreite zuordnen. Neben den allgegenwärtigen pragmatischen Alltagsansätzen, die in der Regel die Strukturen von Institutionen und die in diesen Institutionen sich zeigenden Verhaltensweisen zum Erklärungsmuster des Problems nahmen, lassen sich am Ende des 19. Jahrhunderts besonders psychiatrisch orientierte Studien finden, die eine Persönlichkeitsstörung als Ursache vermuteten. Daran haben bis etwa 1970 viele Forschungsansätze (sowie auch die Rechtsprechung und die Praxis der meisten Behörden) angeknüpft, ohne dass jedoch der Nachweis einer „nichtsesshaften" Persönlichkeit geführt werden konnte. Besonders problematisch in diesem Zusammenhang ist die nahtlose Einbindung von rassenhygienischen Überlegungen aus der Nazizeit in manche dieser Forschungsansätze.

In den 1970er Jahren hat sich verbunden mit der Orientierung an therapeutischen Arbeitsmustern eine stark psychologisch orientierte Richtung etabliert, die zunächst ebenfalls das Individuum in den Mittelpunkt stellte. Besonders die Arbeiten des Innovationsprojekts Nichtsesshaftenhilfe in Tübingen im Rahmen des ersten EU-Modellprojekts zur Bekämpfung der Armut haben durch eine Verknüpfung mit sozialpsychologischen Ansätzen die Neuorientierung des Hilfesystems wie auch der Forschung stark beeinflusst. Hier sind besonders die stärkere Beachtung der Rechtsnormen sowie die Auswirkungen von Ausgrenzungsprozessen am Arbeits- und Wohnungsmarkt zu nennen. Unter Bezug auf die Theorien von Rawls und Kohlberg wurde der Sozialrechtsansatz entwickelt und als Alternative zu den damals begierig aufgegriffenen therapeutischen Hilfeansätzen in die Praxis eingebracht (Bacherle 1979).

Gefördert durch die BAG-Nichtsesshaftenhilfe (heute BAG-Wohnungslosenhilfe) und den Ev. Fachverband Nichtsesshaftenhilfe (heute Ev. Obdachlosenhilfe) und basierend auf den ersten Ergebnissen einer Grundlagenstudie (Albrecht et al. 1990) haben dann zunehmend soziologisch geprägte Erklärungsmuster Eingang in die Diskussion gefunden. In Veröffentlichungen von Albrecht gab es hier auch eine erste Verknüpfung zum Thema Obdachlosigkeit, wo solche Ansätze spätestens mit den Diskussionen innerhalb der Studentenbewegung Eingang in die Theoriedebatte und die Projektbewegung gefunden hatten.

Die Auseinandersetzung zwischen den eher individualistisch und den eher soziologisch geprägten Richtungen hat sich in der Obdachlosenhilfe wie in der Nichtsesshaftenhilfe theoretisch und praktisch über lange Jahre hingezogen mit zum Teil erbitterten Auseinandersetzungen. Da die Themen der beiden Arbeitsfelder im Bereich von Wissenschaft und Forschung immer nur ein Randdasein geführt haben – vermutlich auch gefördert durch das geringe Interesse der Politik an diesen Bereichen (Bauer 1984) –, fand die Auseinandersetzung überwiegend auf der Ebene der Praxis statt. So ist auch zu erklären, dass Untersuchungsergebnisse nur sehr schwer Eingang in diese Praxis fanden, weil immer wieder „interessengeleitete Forschung" vermutet wurde. Zum Teil etablierten sich neue Hilfeformen (ambulante Beratungsstellen in der Nichtsesshaftenhilfe), die die Kritik am bestehenden Hilfesystem zunächst „materialisierten", in der Folge aber selbst oft gegen neue Erkenntnisse „immun" wurden (Roscher 1986; Wolf 1989; Evers / Ruhstrat 1993b; Strunk 1996).

Zum gegenwärtigen Stand lässt sich feststellen, dass nach wie vor die beiden eingangs erwähnten Erklärungsansätze zu finden sind. So gibt es etwa Überlegungen zu einer „Pädagogik der Wohnungslosen" sowie verschiedene Erklärungsansätze, die das Problem der Unterversorgung nach wie vor über das individuelle Verhalten erklären wollen. Solche Ansätze tauchen öfter im Zusammenhang mit Projekten auf (medizinische Notversorgung, Winternotprogramme, Diskussion um Suppenküchen), haben aber nach wie vor einen starken Einfluss auf die Praxis, da diese Erklärungsmuster (scheinbar) Lösungsansätze aufzeigen, die eine Konzentration auf das Individuum ermöglichen und damit die schwierige Umfeldarbeit aus dem Blick nehmen lassen. Es ist auch nicht verwunderlich, dass es hier vielfältige Anknüpfungspunkte gibt, wenn es um die Vernetzung von Hilfesystemen geht (z. B. Suchthilfe oder Psychiatrie).

Demgegenüber hat sich – auch durch die Veröffentlichungen des Dt. Vereins (Dt. Verein 1990 und 1992), der BAG-Wohnungslosenhilfe und des Dt. Städtetags – in der politischen Bearbeitung des Problems Wohnungslosigkeit der Erklärungsansatz der Unterversorgung durchgesetzt (BAG-Nichtsesshaftenhilfe 1989; BAG-W 2001; Bundesminister für Arbeit und Soziales 2008). Damit steht die Frage des Wohnens im Mittelpunkt der Erklärungsansätze (Specht-Kittler 1992) und das Problem der Wohnungslosigkeit stellt sich letztlich als Armutsproblem dar (Döring et al. 1990). Mit der Lösung dieses Problems ergeben sich dann auch vielfältige Ansätze, im Rahmen persönlicher Hilfe die individuell sehr unterschiedlich ausgeprägten Probleme der einzelnen wohnungslosen Menschen anzugehen (Swientek 1985). Dabei spielen drei Faktoren eine zentrale Rolle: Gefährdung, Belastungsintensität und soziale Unterstützung.

„Alle drei Variablengruppen werden von der konkreten historischen Situation am Ort beeinflusst. Sie ist eingebettet in makroökonomische, makrosoziale und politische Zustände und Entwicklungen. Trotz dieser Determinierung – auch durch vorangegangene Entwicklungen – sind die Faktoren noch in der Situation veränderbar." (Glück 1985, 232)

Forschungsergebnisse

Zum Thema Obdachlosigkeit sind nach grundlegenden Studien in den 1970er Jahren (GEWOS 1976; Vaskovics / Weins 1979) eine Vielzahl unterschiedlichster Forschungen durchgeführt worden. Regelmäßige Datenerhebungen zur Obdachlosigkeit gibt es bisher nur in Nordrhein-Westfalen, wobei der Obdachlosenbegriff erst vor wenigen Jahren an die Begrifflichkeit des Wohnungsnotfalls angepasst wurde. Im Bereich der Nichtsesshaftenhilfe hat es einige Studien zur „Persönlichkeit der Nichtsesshaften" gegeben, die unter verschiedenen

Ansatzpunkten bis ins 19. Jahrhundert zurückreichen. Ein erster umfassender soziologischer Ansatz ist über die sogenannte Grundlagenstudie der BAG gegeben, die in Verbindung mit den zunächst psychologisch orientierten Studien des Innovationsprojekts Tübingen eine „Paradigmaveränderung" (BAG-Nichtsesshaftenhilfe 1977; Rothenberger 1979) bewirkten.

Mitte der 1980er Jahre gab es dann eine erste Erhebung auf Landesebene zu Zahl und Struktur der alleinstehenden Wohnungslosen (Specht 1985). In der Folge einer Studie über die „dauerhafte Wohnungsversorgung von Obdachlosen", deren Gesamtkoordination beim Institut für Wohnen und Umwelt lag, gibt es inzwischen eine Vielzahl von Untersuchungen qualitativer und quantitativer Aspekte der Wohnungslosigkeit. Besonders die Gesellschaft für innovative Sozialforschung und Sozialplanung (GISS) hat in Zusammenarbeit mit der BAG-W und einzelnen Landesregierungen über die Jahre wichtige Studien und Forschungen durchgeführt (Ruhstrat et al. 1991).

Auch im Rahmen kommunaler Sozialberichte sowie bei vielen Trägern der Sozialarbeit kann man Untersuchungen finden, die sich mit der konkreten Situation vor Ort oder mit besonderen Problemgruppen beschäftigen. Deren Ergebnisse haben vielfach dazu beigetragen, dass das Thema in Verwaltung und Politik überhaupt präsent wurde. In der letzten Zeit sind Fragen der Einbindung in die Gesundheitsversorgung, Auswirkungen der neuen Grundsicherungsgesetze sowie neue Lebenslagen (Kinder- und Jugendliche, Migration) im Zusammenhang mit Wohnungslosigkeit Gegenstand von Erhebungen wie auch neuer Hilfeansätze geworden.

Im Rahmen der Selbsthilfediskussion haben sich auch im Feld der Wohnungslosigkeit Ansätze entwickelt, die neben praktischer Hilfe neue Formen der Öffentlichkeitsarbeit etabliert haben. So gibt es in manchen Einrichtungen Selbsthilfe- und Beteiligungsmodelle, es gibt einen bundesweiten Zusammenschluss von Betroffenen und über die Vielzahl von (sehr unterschiedlichen) Straßenzeitungen auch eine „Gegenöffentlichkeit".

Im Bereich der EU gibt es einen Zusammenschluss nationaler Wohnungslosenorganisationen (FEANTSA). Dort sind einige zusammenfassende Berichte für die EU erstellt worden, die einen recht guten Überblick über die Situation in Europa geben, wobei mit den EU-Erweiterungen immer wieder neue Aspekte und Hilfesysteme in den Blick kamen. Außer der FEANTSA gibt es trotz des Verweises der Wohnungspolitik in die nationale Zuständigkeit durch die EU-Minister für Wohnungsfragen einige Organisationen, die sich mit dem Thema beschäftigen:

- CECODHAS (Versammlung europäischer Wohnungsbaugesellschaften)
- EUROPIL (Verband sozialer Hilfsvereinigungen)
- EAPN (europäisches Netz gegen Armut)

Einzelne Regierungen haben besondere Anstrengungen unternommen, die tatsächliche Obdachlosigkeit zu beseitigen; beispielhaft sei hier die *Rough Sleeper Initiative* genannt, die Mitte der 1990er Jahre von der Blair-Regierung in Großbritannien gestartet wurde und recht erfolgreich war (Homeless Link 2001).

Sozialarbeit und Wohnungslosigkeit

Die Hilfen für wohnungslose Menschen sind nach wie vor von einer unüberschaubaren Vielzahl unterschiedlicher Angebote geprägt; von „Standards in der Wohnungslosenhilfe" (Simon 1996) kann man deshalb nach wie vor nur eingeschränkt sprechen. Zunehmende Bedeutung haben Kooperationen der Sozialarbeit und Sozialverwaltung mit Wohnungsunternehmen gewonnen. Dabei geht es in verschiedenen Formen um die Bereitstellung von Wohnungskontingenten für Personengruppen, die am Wohnungsmarkt nur eingeschränkte oder gar keine Partizipationsmöglichkeiten haben, sowie an vielen Stellen um die Auflösung kommunaler Notunterkünfte. In diesem Zusammenhang wird auch stärker auf präventive Ansätze geachtet, zumal Berechnungen ergeben haben, dass die (gelungene) Prävention bei drohendem Wohnungsverlust nur etwa 20 bis 25 % der Kosten verursacht wie die Bearbeitung einmal eingetretener Wohnungslosigkeit.

Die Sozialarbeit, die in der Obdachlosenhilfe bis Ende der 1960er Jahre und in der Nichtsesshaftenhilfe bis Ende der 1970er Jahre nur eine kleine Rolle gespielt hat, ist heute zum zentralen Faktor dieser Hilfen geworden, wobei sie von Anfang an in der Spannung stand, in einem durch äußere Bedingungen (Wohnungs- und Arbeitsmarkt) geprägten gesellschaftlichen Bereich individuelle Hilfen leisten zu sollen. Es geht also um die Bearbeitung von „Verhalten in Verhältnissen". In der Begriffsdiskussion, der Aufnahme der Forschungsergebnisse und den theoretischen Ansätzen zeigt sich daher immer wieder das Schwanken zwischen der Einflussnahme auf die einzelne Person und auf die Lebensverhältnisse.

Während sich aus dem ersten Ansatz eher pädagogisch-psychologische Konzepte ergeben, stellt sich beim zweiten für die Sozialarbeit sehr schnell die Frage, ob die eigene Kompetenz zu einer bedarfsgerechten Bearbeitung der Problemlagen dann noch ausreicht. So sind aus vielen Projekten inzwischen Ansätze bekannt, die sich von der Sozialarbeit zu Wohnungsbeschaffung und Wohnungsverwaltung entwickelt haben oder die die sozialarbeiterische Arbeit stärker in Vernetzung und bedarfsgerechter Kooperation sehen. Hier werden dann auch wieder Ansätze wie Gemeinwesenarbeit aufgenommen, die im Rahmen der Obdachlosenarbeit vor 35 Jahren aktuell waren.

Und auch die Methode des *Case-Management* erhält unter dem Aspekt der Lebensverhältnisse eine neue Bedeutung (koordinierende Hilfen gemäß § 67 SGB XII), allerdings gerät diese Methode durch die etwas rustikale Einführung eines gesetzlich geregelten Fallmanagements im SGB II (§§ 14 und 15; persönlicher Ansprechpartner und Eingliederungsvereinbarung) in Abgrenzungsprobleme zur neuen Ideologie des Forderns und Förderns. Dabei steht nach wie vor die Absicherung der materiellen Grundversorgung im Mittelpunkt der Hilfen, zumal durch Einsparüberlegungen auf allen Ebenen der Politik wieder verstärkt Hilfeverweigerung und -einschränkungen festzustellen sind. Mit

der Einführung des SGB II sind zudem neue Möglichkeiten einer „Produktion von Wohnungsverlust" geschaffen worden, wenn etwa als Sanktionsmaßnahme eine komplette Versagung auch der Unterkunftskosten möglich ist (§ 31 Abs. 3 und 5 SGB II). Aus diesem Grund kommt der Frage der Rechtsverwirklichung weiterhin hohe Bedeutung zu, da nur so für wohnungslose Menschen eine Existenzsicherung geschaffen werden kann, auf der sie die notwendigen Hilfen für ihre individuell sehr unterschiedlich vorhandenen Problemlagen annehmen können.

Gleichzeitig ist mit der Ökonomisierung der Gesellschaft auch in diesem Hilfefeld der Druck gestiegen, Erfolge vorweisen zu müssen. In der Diskussion um die Finanzierung von Hilfen und Hilfeformen hat deshalb neben den schon immer bestehenden Interessen der Träger eine (oft kurzfristige) Renditeerwartung Einzug gehalten, die in vielen Fällen einen wirklichen Erfolg im Sinne einer dauerhaften sozialen Inklusion verhindert. Für die Sozialarbeit bleibt es aber unter allen Umständen unverzichtbar, die persönliche Hilfe als zentrales Element der Wohnungslosenhilfe zu begreifen.

„Bei dieser Dimension der Wohnungslosenhilfe geht es also um mehr, als um die Hilfe beim Einrichten einer neuen Wohnung. Und dieses Mehr, das die Profession und Kompetenz der Sozialarbeit in der Wohnungslosenhilfe ausmacht, sprengt den Begriff der „Wohnungslosenhilfe", wenn dieser in kategorischen Syllogismen einzig um die nicht vorhandene Wohnung kreist und nicht den kohärenten sozialen, den gesellschaftlichen und individuellen Prozess der Ausgrenzung in die extreme, durch Wohnungslosigkeit geprägte Lebenslage meint und ebenso den Prozess ihrer Überwindung." (Holtmannspötter 2003, 89)

Literatur

Albrecht, G. (1973): Soziologie der Obdachlosigkeit. neue praxis 3, 266–288

–, Specht, T., Goergen, G., Großkopf, H. (1990): Lebensläufe. Verlag Soziale Hilfe, Bielefeld (Auszüge daraus wurden 1979 als „Grundlagenstudie Teil 1" veröffentlicht)

Ayass, W. (1995): „Asoziale" im Nationalsozialismus. Klett-Cotta, Stuttgart

Bacherle, X. (1979): Sozialtherapie und Sozialrechtsverwirklichung. Gefährdetenhilfe 2, 6–11

BAG-Nichtsesshaftenhilfe (Hrsg.) (1989): Dokumentation eines Hearings im Bundestagsausschuß Raumordnung, Bauwesen und Städtebau. Gefährdetenhilfe 1, 9–37

– (1977): Phänomen Nichtseßhaftigkeit und die Anforderung an die Hilfe. Gefährdetenhilfe Sonderheft 1

BAG-Wohnungslosenhilfe (2001): Grundsatzprogramm. Eigenverlag, Bielefeld

Bauer, R. (1984): Obdachlosigkeit. In: Eyferth, H. Otto, H.-U., Thiersch, H. (Hrsg.), 697–708

Berthold, M. (Hrsg.) (1996): Materialien zur Wohnungslosenhilfe 30. Verlag Soziale Hilfe, Bielefeld

Bundesminister für Arbeit und Soziales (2008): Lebenslagen in Deutschland. Dritter Armuts- und Reichtumsbericht. Berlin

Busch-Geertsema, V. (2001): Beispielhafte Maßnahmen zur Bekämpfung der Wohnungslosigkeit in anderen Ländern der Europäischen Union. Nachrichtendienst des Dt. Vereins 11, 373–378

–, Evers, J., Ruhstrat, E.-U. (2004): Mehr als ein Begriff…. wohnungslos 2, 45–49

–, Ruhstrat, E.-U. (2003): Aktuelle Entwicklungen bei den Hilfen in Wohnungsnotfällen. GISS-Eigenverlag, Bremen

–, – (1994): Wohnungsnotfälle – Sicherung der Wohnungsversorgung für wirtschaftlich oder sozial benachteiligte Haushalte. Hrsg. von den Bundesministerien für Raumordnung, Bauwesen und Städtebau und für Familie und Senioren. Eigenverlag, Bonn

Dt. Städtetag (Hrsg.) (1987): Sicherung der Wohnungsversorgung in Wohnungsnotfällen und Verbesserung der Lebensbedingungen in sozialen Brennpunkten. Eigenverlag, Köln

– (1979): Hinweise zur Arbeit in sozialen Brennpunkten. Eigenverlag, Köln

Dt. Verein (Hrsg.) (1992): Wohnungspolitik in sozialpolitischer Perspektive. Eigenverlag, Frankfurt / M.

– (1990): Hilfe für alleinstehende Wohnungslose (Nichtseßhafte). Eigenverlag, Frankfurt / M.

Döring, D., Hanesch, W., Huster, E.-U. (Hrsg.) (1990): Armut im Wohlstand. Suhrkamp, Frankfurt / M.

Evers, J., Ruhstrat, E.-U. (1993a) : Wohnungslosigkeit im ländlichen Raum. Verlag Soziale Hilfen, Bielefeld

–, – (1993b): Abschied von der Eigenständigkeit der Hilfe für alleinstehende Wohnungslose. Gefährdetenhilfe 1, 1–13

Eyferth, H., Otto, H.-U., Thiersch, H. (Hrsg.) (1984): Handbuch Sozialarbeit / Sozialpädagogik. Luchterhand, Neuwied / Darmstadt

FEANTSA (2003): Studien zur Obdachlosigkeit in den EU-Beitrittsländern. Eigenverlag, Brüssel

– (1994): Third report of the European Observatory on Homelessness. Eigenverlag, Brüssel

– (1993): Second report of the European Observatory on Homelessness. Eigenverlag, Brüssel

– (1992): First report of the European Observatory on Homelessness. Eigenverlag, Brüssel

Geiger, M., Steinert, E. (1991): Alleinstehende Frauen ohne Wohnung. Kohlhammer, Stuttgart

GEWOS (Hrsg.) (1976): Obdachlosigkeit in der BRD. Kohlhammer, Hamburg

Glück, E.-W. (1985): Sozialarbeit mit alleinstehenden Wohnungslosen (Nichtseßhaftenhilfe). In: Wendt, W.R. (Hrsg.), 226–246

Häußermann, H., Siebel, W. (1996): Soziologie des Wohnens. Juventa, München

Holtmannspötter, H. (2003): Entwicklung und Kontinuität der Wohnungslosenhilfe. wohnungslos 3, 86–89

– (1996): Von „Obdachlosen", „Wohnungslosen" und „Nichtseßhaften". In: Institut für kommunale Psychiatrie (Hrsg.): Auf die Straße entlassen. Obdachlos und psychisch krank. Psychiatrie-Verlag, Bonn, 17–29

– (1982): Plädoyer zur Trennung von dem Begriff „Nichtseßhaftigkeit". Gefährdetenhilfe 4, 1–2

Homeless Link (Hrsg.) (2001): Emergency Accomodation for Homeless People. Eigenverlag, London

Institut für kommunale Psychiatrie (Hrsg.) (1996): Auf die Straße entlassen. Psychiatrie-Verlag, Bonn

Kiebel, H. (1993): „nichtseßhaft" – Ein Begriff wird in Kürze 100 Jahre alt. Gefährdetenhilfe 1, 24–26

Koch, F. (1984): Ursachen von Obdachlosigkeit. Bericht über das Forschungsprojekt der Arbeitsgemeinschaft der Spitzenverbände der Freien Wohlfahrtspflege des Landes Nordrhein-Westfalen. Hrsg. vom Ministerium für Arbeit, Gesundheit und Soziales des Landes NRW. Düsseldorf.

Preusser, N. (1976): Empirie einer Subkultur. AG-SPAK Eigenverlag, Berlin

Roscher, F. (1986): Thesen zur Zukunft der Arbeit mit alleinstehenden Wohnungslosen. Gefährdetenhilfe 1, 1–2

Rosenke, W. (2007): Frauen in Wohnungsnot und Wohnungslosigkeit. wohnungslos 3, 140–145

– (2004): Einblicke in 50 Jahre Bundesarbeitsgemeinschaft. wohnungslos 2, 81

Rotering (1904–1907): Diverse Aufsätze. Monatszeitschrift für Kriminalpsychologie und Strafrechtsreform

Rothenberger, B. (Hrsg.) (1979): Die Armut der Nichtseßhaften. Verlag Soziale Hilfe, Bielefeld

Ruhstrat, E.-U., Burwitz, H., Derivaux, J.-C., Oldigs, B. (1991): Ohne Arbeit keine Wohnung, ohne Wohnung keine Arbeit – Entstehung und Verlauf von Wohnungslosigkeit. Verlag Soziale Hilfe, Bielefeld

Sachße, C., Tennstedt, F. (1980): Geschichte der Armenfürsorge in Deutschland. Kohlhammer, Stuttgart

Scheffler, J. (Hrsg.) (1987): Bürger und Bettler – Materialien und Dokumente zur Geschichte der Nichtseßhaftenhilfe in der Diakonie. Verlag Soziale Hilfe, Bielefeld

Simon, T. (Hrsg.) (1996): Standards in der Wohnungslosenhilfe. Verlag Soziale Hilfe, Bielefeld

Specht, T. (1985): Die Situation der alleinstehenden Wohnungslosen in Hessen. LAG-Hessen Eigenverlag, Frankfurt

Specht-Kittler, T. (1997): Wohnungslosenhilfe in der Krise. wohnungslos 3, 145–154

– (1992): Obdachlosigkeit in der BRD. Aus Politik und Zeitgeschichte 49, 31–41

Steinmeier, F.-W. (1992): Bürger ohne Obdach zwischen Pflicht zur Unterkunft und Recht auf Wohnraum. Verlag Soziale Hilfen, Bielefeld

Strunk, A. (1996): Die Zukunft der ambulanten Wohnungslosenhilfe. In: Berthold, M. (Hrsg.), 59–78

Swientek, C. (1985): Das trostlose Leben der Karin P.. Rowohlt, Hamburg

Treuberg, E. v. (1990): Mythos Nichtseßhaftigkeit. Verlag Soziale Hilfe, Bielefeld

Vaskovics, L., Weins, W. (1979): Stand der Forschung über Obdachlose und Hilfen für Obdachlose. Kohlhammer, Köln

Wendt, W. R. (Hrsg.) (1985): Studium und Praxis der Sozialarbeit. Ferdinand Enke Verlag, Stuttgart

Wolf, A. (1989): Probleme und Perspektiven ambulanter Hilfen. Gefährdetenhilfe 2, 73–81

Zivilgesellschaft

Von Fabian Kessl

Was heißt Zivilgesellschaft?

Die gnadenlose Niederschlagung der „Revolutionen von unten" (Arato / Cohen 1992, 31) in den späten 1950er und 1960er Jahren durch die Hegemonialmacht UdSSR und das harte Durchgreifen der polnischen Regierung gegen die streikenden Arbeiter Mitte der 1970er hatte v. a. in Ungarn, der Tschechoslowakei und Polen unter Intellektuellen eine Debatte über eine neue politische Strategie ausgelöst, mit dem Ziel, sich von den bisherigen reformkommunistischen Ansätzen abzuwenden und stattdessen „die verschiedensten Phänomene des politischen Dissenses und der gesellschaftlichen Selbsttätigkeit" aufzugreifen (Thaa 1996, 159). Die beiden zentralen Thesen der damaligen Debatten fasste Michnik 1976 folgendermaßen zusammen: Die Transformation der osteuropäischen Systeme des Sowjet-Typus sei – erstens – nur im Rahmen des bestehenden Allianzsystems des Warschauer Paktes und der Anerkennung der Rolle der jeweils führenden Partei möglich. Zweitens hätten die negativen Erfahrungen der Jahre 1956 und 1968 gezeigt, dass weder eine Revolution von unten noch eine Reform von oben möglich sei. Einzig erfolgversprechendes Konzept sei daher eine unabhängige, das heißt selbstorganisierte Gesellschaft, deren Ziel eine „strukturelle Reform als Ergebnis des organisierten Drucks von unten" (Arato / Cohen 1992, 32) sein müsse. Dieses Konzept wurde von Kuron unter dem Stichwort *self-limiting revolution* zusammengefasst (32). Ziel war die Begründung einer vom Parteistaat unabhängigen öffentlichen Sphäre: die Zivilgesellschaft. Angestrebt waren also nicht Systemwechsel, wie sie sich dann seit dem Ende der 1980er Jahre nach und nach in allen osteuropäischen Staaten vollziehen. Und doch waren es gerade diese demokratischen Revolutionen, die die westlichen Denker motivierten, in den

darauffolgenden Jahren die Idee der Zivilgesellschaft mit Bezug auf die osteuropäischen Denker in die eigenen Überlegungen aufzunehmen.

Vor diesem Hintergrund ist die – vor allem von US-amerikanischen Demokratietheoretikern beförderte – Karriere des Zivilgesellschaftskonzepts seit Anfang der 1990er Jahre zu betrachten: „Die Bürgergesellschaft (ist) nicht etwa von Westen nach Osten gewandert, sondern (…) zu uns zurückgekehrt." (Dahrendorf 1992a, 14) Die zentrale Idee ostmitteleuropäischer Zivilgesellschaftskonzeptionen kann als Programm der *Selbst*mobilisierung und -transformation von Gesellschaften beschrieben werden. Und diese erhoffen sich westliche Denker durch die Mobilisierung einer Zivilgesellschaft seither auch in den USA, Großbritannien oder in der Bundesrepublik Deutschland. Der Zivilgesellschaft wird damit eine „strategische Bedeutung bei der Ausbildung von Formen politischer Verpflichtung und einer bürgerschaftlichen politischen Identität zugewiesen" (Klein / Hellmann 1994, 6; Ash 1990). Der Begriff der Zivilgesellschaft ist im Großteil der vorliegenden Beiträge im Rahmen dieses jüngeren Diskurses dementsprechend normativ aufgeladen (dazu Demirović 1991; Schmalz-Bruns 1994). Das erklärte Ziel dieses „empathischen Begriffs von Zivilgesellschaft" ist Selbstregierung (Demirović 1991, 44). Viele AutorInnen versprechen sich dadurch eine Re-Demokratisierungsperspektive für die fortgeschritten liberalen Gesellschaften des Westens (Arato / Cohen 1992; Rödel et al. 1989; Walzer 1996).

Im Mittelpunkt der deutschsprachigen Konzeptionen steht dabei das Konzept der (politischen) Öffentlichkeit, wie es in den Arbeiten von Habermas theoretisch entwickelt wurde (Habermas 1990). Habermas versteht Öffentlichkeit als „Arena für die Wahrnehmung, Identifizierung und Behandlung gesamtgesellschaftlicher Probleme" (Habermas

Otto/Thiersch (Hg.), Handbuch Soziale Arbeit, 4. A., DOI 10.2378/ot4a.art177,
© 2011 by Ernst Reinhardt, GmbH & Co KG, Verlag, München

1992, 365). Auf Basis zivilgesellschaftlicher Struktu-ren, so Habermas weiter, bilden sich Öffentlichkei-ten heraus, „zivilgesellschaftliche Kristallisations-kerne" (Heming 2000, 68). Zivilgesellschaft ist somit als Vermittlungsbereich zwischen Lebenswelt und System zu verstehen. Habermas definiert des-halb Zivilgesellschaft als das Gemenge der

> „mehr oder weniger spontan entstandene(n) Vereinigun-gen, Organisationen und Bewegungen (…), welche die Resonanz, die die gesellschaftlichen Problemlagen in den privaten Lebensbereichen finden, aufnehmen, kondensie-ren und lautverstärkend an die politische Öffentlichkeit weiterleiten." (Habermas 1992, 443; Schmidt 1995)

Die Mehrheit sozialpädagogischer Zivilgesell-schaftskonzeptionen sucht dementsprechend So-ziale Arbeit als Instanz der Aktivierung solcher Ver-einigungen und Bewegungen (Elsen et al. 2000; Fehren 2008; Olk 2000) oder Soziale Arbeit selbst als eine zivilgesellschaftliche Vereinigung zu kon-zipieren (Richter 2000; Wendt 1993a). Damit können diese Positionen einen Beitrag zur (Re) Sensibilisierung der sozialpädagogischen Akteure und Organisationen wie der NutzerInnen sozial-pädagogischer Angebote für die politische Dimen-sion Sozialer Arbeit leisten (Böhnisch / Schröer 2002; Böllert 2000; Marquard 2006). Soziale Ar-beit, die sich als bewusste Unterstützung und ge-plante Beeinflussung von Subjektivierungsweisen in den Fällen bestimmen lässt, in denen diese als sozial problematisch markiert werden, ist konstitutiv Teil von Politik, das heißt Teil der „Verfahrensweisen und Institutionen (…), durch die eine Ordnung geschaffen wird, die das Miteinander der Menschen im Kontext seiner im vom Politischen aufgelegten Konflikthaftigkeit organisiert" (Mouffe 2007, 16). Zugleich lässt sich Soziale Arbeit aber weder aus-schließlich als unabhängige politische Interessens-gruppe im Sinne einer Lobbyorganisation für die Interessen der direkten NutzerInnen sozialpädago-gischer Angebote fassen noch kann sich Soziale Ar-beit nur als freie politische Bildungsinstanz insze-nieren, deren Ziel eine unabhängige Politisierung aller Beteiligten sein könnte. Derartige Vorstellun-gen unterliegen aber häufig den sozialpädagogi-schen Beiträgen zur Zivilgesellschaftsdebatte. Doch unabhängig davon, ob Soziale Arbeit als Aktivie-rungsinstanz zivilgesellschaftlicher Organisationen oder selbst als zivilgesellschaftliche Akteurin be-

stimmt wird, sie bleibt – staatlich verfasst und in öffentlicher Allokation – Normalisierungsinstanz: Ihr Auftrag ist die bewusste Unterstützung und ge-plante Beeinflussung der subjektiven Lebensfüh-rungsmuster, in den Fällen, in denen diese als sozial problematisch oder als potenziell sozial problema-tisch markiert werden. Diese Positionierung Sozia-ler Arbeit als Teil des erweiterten Staates (*Società Civile*), so ließe sich mit dem neo-marxistischen Zivilgesellschaftsdenker Antonio Gramsci (1991) formulieren, sollte daher als analytischer Ausgangs-punkt einer systematischen Bestimmung der Posi-tionierung Sozialer Arbeit in der Zivilgesellschaft und in Bezug auf zivilgesellschaftliche Akteure dienen.

Von Aristoteles zu Gramsci – Verbindungslinien, Umwege und Brüche

Im Sinne eines dialektischen Dreischritts sind drei klassische Theorietraditionslinien zur Zivilgesell-schaftsdebatte rekonstruierbar. Eine politisch-re-publikanische (im Zentrum der *Citoyen*) von Aris-toteles über Montesquieu bis Tocqueville, eine liberale (im Zentrum der *Bourgeois*), ausgehend von Locke, und eine hegelianisch-marxistische (im Bewusstsein der beiden antithetischen Pole von Bourgeois und Citoyen und im Streben der Syn-thetisierung, auf der Suche nach dem *l'Homme*) von Hegel über Marx zu Gramsci (Brumlik 1991; Taylor 1995).

Der klassische Zivilgesellschaftsdiskurs basiert auf der *aristotelischen* Konzeption einer „koinonia politike", einer bürgerlichen Gemeinschaft als politischer Gemeinschaft (*Polis*) dem „Staat". Freie und gleichgestellte Bürger begegnen sich in der „bürgerlichen Gesellschaft" zur Verwirk-lichung eines tugendhaften und glücklichen Le-bens. Voraussetzung bildet dabei einerseits ihre (Re)Produktionssicherung im privaten Hausver-band (*Oikos*). Politik (*öffentliche Sphäre*) und Ökonomie (*Privatsphäre*) – um in modernen Ter-mini zu sprechen – stellen voneinander abge-trennte Bereiche dar. Polis und Oikos überlagern sich nur in der Person des männlichen Hausvor-standes (*Oikodespotes*), der als solcher einerseits der ökonomischen Sphäre vorsteht und als Bürger andererseits Teil der Polis ist. Andererseits setzt die aristotelische Konzeption der bürgerlichen

Gesellschaft die Unterscheidung von freien (männliche Stadtbewohner) und unfreien Stadtbewohnern voraus (Kinder, Frauen, Sklaven und Fremde). Die aristotelische Idee der politischen Gemeinschaft als herrschaftsfreier Raum von freien Bürgern unter rechtsgesicherten Bedingungen bildet den Ansatzpunkt für frühmoderne republikanische, aber auch liberale Konzeptionen, wie sie Montesquieu bzw. Locke formulieren. Grundannahme der Konzeption einer politischen bzw. zivilen Gesellschaft in der frühliberalen Version Lockes stellt die Annahme vernunftbegabter Wesen dar, die bereits im Naturzustand um ihre individuellen Rechte (*life*, *liberty* und *property*) wissen. Locke geht davon aus, dass sie in einer Art vorpolitischer Gemeinschaft zusammenkommen und aus Vernunft der eigenen (Eigentums)Sicherung durch eine Ordnungsmacht zustimmen: der *Political* und *Civil Society* (Locke 1689 / 1996, § 77 ff.). In der frühliberalen Theorie Lockes ist die existierende bürgerliche Gesellschaft auf der einen Seite – in Anlehnung an die aristotelische Vorstellung – noch gleichbedeutend mit der politischen Gemeinschaft, auf der anderen Seite legt Locke aber mit der Konstruktion der vorpolitischen Gemeinschaft bereits die Grundlage für eine Differenzierung von Zivil- und politischer Gesellschaft, wie sie später von Tocqueville oder Hegel entwickelt wird.

Immanuel Kant, Charles de Montesquieu und im Anschluss an diesen auch Alexis de Tocqueville stehen zugleich für die vehemente Kritik an vertragstheoretischen Modellen, da sie ihres Erachtens die Gefahr einer Despotie beinhalten. Diese frühliberalen Konzeptionen auf Basis einer idealtypischen Konstruktion des Gesellschaftsvertrags, in dem der Aufbau staatlicher Institutionen zum Schutz von Ökonomie und Zivilgesellschaft festgelegt wird, seien nämlich relativ blind für das Problem des Machtmissbrauchs: Es ist „eine ewige Erfahrung", so schreibt Montesquieu im „Vom Geist der Gesetze", „dass jeder Mensch, der Macht hat, dazu getrieben wird, sie zu missbrauchen. Er geht immer weiter, bis er an Grenzen stößt. (…). Damit die Macht nicht missbraucht werden kann, ist es nötig, durch die Anordnung der Dinge zu bewirken, dass die Macht die Macht bremse" (Montesquieu 1994, 215). Entscheidend für den „Volksstaat" im Gegensatz zur Despotie ist für Montesquieu dessen Rückbin-

dung in der Bürgerschaft – was allerdings für ihn gleichbedeutend mit dem vermögenden Bürgertum war (Schmidt 1997, 50 ff.). Nur die Gesetzesliebe und Gesetzestreue der Bürger könnten demnach für eine Stabilität der Staatsverfassung sorgen. Voraussetzung einer solchen funktionierenden Demokratie sei die Triebkraft der Tugend (*la vertu*). Der tugendhafte Mensch sei dadurch gekennzeichnet, dass er „die Gesetze seines Landes liebt und aus Liebe zu den Gesetzen seines Landes handelt" (zit. nach: Schmidt 1997, 54). Montesquieu verdeutlicht damit die Einsicht, dass die bürgerliche Gesellschaft nicht „unabhängig von ihrer politischen Konstitution definiert (ist)" (Taylor 1995, 131), Tugend als politische Tugend somit quasi das Rückenmark demokratischer Gesellschaften bildet. Montesquieu weist darüber hinaus auf die Relevanz unabhängiger Körperschaften (*Corps Intermédiaires*) hin – ein vor allem von konservativen Montesquieu-Rezipienten häufig übergangener Aspekt (Schäuble 1994). Die intermediären Organisationen stützen und vitalisieren seines Erachtens die Herrschaftskraft der Gesetze und bilden das Bindeglied zwischen Gesellschaft und Staat (Taylor 1995, 130 ff.). Ein weiterer, häufig ignorierter Aspekt einer republikanischen Konzeption im Sinne Montesquieus bildet die Betrachtungsdimension „Soziale Ungleichheit". Montesquieu weist bereits darauf hin, dass Demokratie „Stabilisierung (…) durch gleichmäßigere Verteilung des Bodenbesitzes, Abbau von – und Herrschaftsunterschieden (und) beispielgebende Institutionen (erfährt)" (Schmidt 1997, 57).

Hegel, dessen Arbeiten den Ausgangspunkt des dritten „synthetisierenden" Strangs des klassischen Diskurses um Zivilgesellschaft bilden, bestimmt die bürgerliche Gesellschaft als „Differenz, welche zwischen die Familie und den Staat tritt" (Hegel 1821 / 1970, § 182). Diese ist in Hegels Konzeption durch drei Strukturelemente gekennzeichnet: das *System der Bedürfnisse*, modern gesprochen: die Ökonomie, „die Wirklichkeit des darin enthaltenen Allgemeinen der Freiheit, der Schutz des Eigentums durch die Rechtspflege" (die Sphäre des Zivilrechts als Schutz von Person und Eigentum), *Polizei* und *Korporationen* (Administration und freiwillige Zusammenschlüsse) als „Vorsorge gegen die in jenen Systemen zurückbleibende Zufälligkeit und die Besorgung des besonderen Interesses als eines Gemeinsamen" (§ 188). Hegels Konzeption der bürgerlichen Gesellschaft fußt auf der Annahme, jeder Einzelne handle zuerst im ureigenen Interesse, sei sich selbst Zweck. Allerdings ist Eigeninteresse in Hegels Vorstellung nur in Verflechtung mit den Eigeninteressen aller anderen Gesellschaftsmitglieder vorstellbar. Denn die Besonderheit für sich zerstöre sich selbst, der Mensch würde maßlos, so Hegel weiter. Dementsprechend wendet Hegel gegenüber den englischen frühliberalen Theoretikern ein: „Wenn der Staat mit der bürgerlichen Gesellschaft verwechselt und seine Bestimmung in die Sicherheit und den Schutz des Eigentums und der persönlichen Freiheit gesetzt wird, so ist das *Interesse der Einzelnen als solcher* der letzte Zweck, zu welchem sie vereinigt sind." (§ 258; Hervorheb. im Orig.) Eine Harmonisierung dieser destruktiven Besonderheiten sei nur durch den Staat möglich, im Übergang des Besonderen in das Allgemeine also (§ 185, § 186, § 257). „Die *Vereinigung* als solche ist selbst der wahrhafte Inhalt und Zweck, und die Bestimmung der Individuen ist ein allgemeines Leben zu führen." (§ 258; Hervorheb. im Orig.).

Ausgehend von der Annahme der Materialität historischer Vergesellschaftungsrealität rekonstruiert Marx in den Produktionsverhältnissen die Basis des politischen, rechtlichen, religiösen und künstlerischen Entwicklungszusammenhangs der Gesellschaft. Er weist darauf hin, dass „Rechtsverhältnisse wie Staatsformen" weder aus sich selbst zu begreifen sind, „noch aus der sogenannten allgemeinen Entwicklung des menschlichen Geistes, sondern vielmehr in den materiellen Lebensverhältnissen wurzeln, deren Gesamtheit Hegel (…) unter dem Namen ‚bürgerliche Gesellschaft‘ zusammenfaßt, daß aber die Anatomie der bürgerlichen Gesellschaft in der politischen Ökonomie zu suchen sei" (Marx / Engels 1961, 8). Die bürgerliche Gesellschaft ist für Marx als das System der Ungleichheit und Unfreiheit identifiziert, der Citoyen immer auch Bourgeois. Im Gegensatz zur Hegelschen Konzeption der Auflösung der bürgerlichen Gesellschaft im Allgemeinen des Staates, fordert Marx die Überwindung des Staates und damit der bestehenden bürgerlich-kapitalistischen Verhältnisse im Verlauf einer sozialistischen Revolution. Eine isolierte politische Sphäre wäre damit zerschlagen, die Trennung von Staat und bürgerlicher Gesellschaft mit Entstehung der sozialistischen Gesellschaft überwunden.

Gramsci setzt mit seiner neo-marxistischen Interpretation der zivilen Gesellschaft (Società Civile) wieder am Hegelschen Verständnis der bürgerlichen Gesellschaft an. Nicht das System der Bedürfnisse als Basis rückt in den Untersuchungsmittelpunkt, sondern die Institutionen, innerhalb derer die Regelung der Bedürfnisse ausgehandelt werden. Gramsci entwickelt im Unterschied zu Marx die Zivilgesellschaft als Teil des Überbaus, wo sie der politischen Gesellschaft, dem Staat im engeren Sinne, gegenübergestellt ist. Società Civile und Società Politica bezeichnen in Gramscis (1991) Konzeption die beiden Elemente des erweiterten Staates. In der Società Civile, dem Bereich des Konsenses, muss sich die herrschende Klasse ihrer Hegemonie versichern. Nur wenn dieser zugunsten der herrschenden Klasse entschieden werden kann, kann diese die politische Herrschaft und damit die Società Politica als Bereich des Zwanges bestimmen. Der hegemoniale Block als Zusammenspiel beider dient der Analyse der bürgerlich-kapitalistischen Gesellschaft, weist aber der Zivilgesellschaft die Rolle der Grundlegung des Staates im engeren Sinne zu, und verweist auf die moderne Regierungsform der „Führung der Regierten" (Demirović 1991, 43). Im Sinne marxistischer Revolutionshoffnung, der Gramsci immer verhaftet bleibt, versucht auch er einen Weg in eine klassenfreie Vergesellschaftungsrealität zu beschreiben. Diese erfordert seines Erachtens die Auflösung des Staates durch zwei aufeinanderfolgende Schritte: erstens die Überwindung der Überbaustruktur und zweitens die Verschmelzung der beiden bis dahin in einem wechselseitigen Verhältnis existierenden Pole der politischen und zivilen Gesellschaft in der Zivilgesellschaft. Gramsci liefert mit seinem kategorialen Terminus der Zivilgesellschaft – angesiedelt neben Staat und „oberhalb" von Ökonomie – einen entscheidenden Beitrag zur Analyse moderner kapitalistischer Gesellschaften, der v. a. die politik-ökonomische Dimension systematisch berücksichtigt.

Tocqueville nimmt die Lockesche Konzeption der politischen Selbstorganisation einer Political Society in seinen Betrachtungen der demokratischen Republik Amerikas wieder auf (Tocqueville 1835 / 1987). Despotismus wie extremer Individualismus als immanente Tendenzen und gleichzeitig Gefahren demokratischer Gesellschaften gelte es durch die Einbindung der einzelnen Bürger in lokale und regionale Aufgaben zu verhindern.

„Man interessiert also die Staatsbürger für das All-
gemeinwohl, wenn man ihnen die Verwaltung
kleiner Geschäfte anvertraut und ihnen zeigt, wie
sehr sie ständig aufeinander angewiesen sind, um
dieses Wohl zu erreichen" (245). Diese vom Staat
und von der Civil Society unabhängige Political
Society versteht Tocqueville als unabhängige Öffentlichkeit, in der die Gesellschaft auf sich selbst
einwirkt (Thaa 1996, 187). Tocqueville kann damit als erster Vertreter der modernen republikanischen Lesart des Zivilgesellschaftsbegriffs angesehen werden. Er formuliert bereits Anfang des
19. Jahrhunderts eine Idee politischer Öffentlichkeit – neben Staat und Ökonomie –, die die Ha-
bermassche Konzeption und daran anschließende
bzw. strukturhomologe vorweg nimmt. Die Konzeption von Zivilgesellschaft als Realisierung von
„staatsunabhängigen" und im politik-ökonomi-
schen Sinne interessensfreien öffentlichen Foren
von aktiven Bürgern ist mit Tocqueville geteiltes
politiktheoretisches Wissen.

Die Wiedergeburt der
Zivilgesellschaftsdebatte am Ende
des 20. Jahrhunderts

Unterschiedliche neo-tocquevillianische Positionen
haben in der jüngeren Zivilgesellschaftsdebatte
deutlich an Einfluss gewonnen. Gemeinsam ist
diesen Konzeptionen die Hoffnung auf eine Aktivierung brachliegender oder bisher nicht-aktivier-
ter zivilgesellschaftlicher Potenziale. Diese Hoffnung stellt auch die zentrale Motivation für die
zivilgesellschaflichen Debatten innerhalb und außerhalb der Sozialen Arbeit seit dem Ende des
20. Jahrhunderts insgesamt dar.
Korrespondierend zu den drei klassischen Theorietraditionslinien lassen sich die Programme der
zivilgesellschaftlichen Aktivierung innerhalb
sozialpädagogischer Diskussionen in drei Positionen sortieren: erstens als Strategien der Mobilisierung individueller Lebensgestaltungsverantwortung – derartige Strategien betonen primär die
Notwendigkeit individueller Freiheit und deren
Aktivierung gerade auch mit Blick auf deren überzogene wohlfahrtsstaatliche Beschränkung (*Individualisierung*). Als Zerrbild realisiert sich diese Position in neo-liberalen Konzeptionen, in denen das
Modell eines Nachtwächterstaats propagiert wird,

der keinen Wohlfahrtsstaat mehr bereitstellen
dürfe, denn „jede Reglementierung durch die politische Macht (reduziere) die Freiheit der Gesellschaft" (di Fabio 2005, 81; Hayek 1960/1991,
329); zweitens als Strategien einer Demokratisierung des bestehenden Systems, beispielsweise in
Form der Implementierung von Beteiligungsformen innerhalb der Erbringungsorganisationen sozialpädagogischer Dienstleistungen oder zumindest
einer Aktivierung der Gesellschaftsmitglieder hinsichtlich ihres Beteiligungsgrads an öffentlichen
Angelegenheiten, um damit die wachsende Politik-
verdrossenheit und die Verselbstständigung des
berufspolitischen Subsystems zurückzudrängen
(*Demokratisierung*). Ein Zerrbild dieser Position
findet sich in neo-assoziationistischen Konzeptionen, in denen die Frage sozialrechtlicher Teilhabesicherung nicht nur ignoriert wird, sondern durch
intersubjektive Vergemeinschaftsnetze ersetzt werden soll; und drittens mit Verweis auf institutionalisierte Diskriminierungsprozesse innerhalb der
bestehenden Unterstützungs-, Kontroll- und Bil-
dungsinstanzen als Strategien der Aktivierung relativ unabhängiger zivilgesellschaftlicher Gemeinschaften, das heißt „Beziehungsgeflechte„, die
durch aktiv handelnde Subjekte begründet werden
sollen (*Vergemeinschaftung*). Zerrbilder dieser Positionen stellen neo-totalitäre Konzeptionen einer
Re-Vergemeinschaftung dar, wie sie vor allem die
Vertreter eines substanziellen Kommunitarismus
fordern: „Wenn Disziplin durch den Einsatz autoritärer Mittel erzwungen wird, werden (…) Menschen sich nur dann anständig benehmen, solange
sie genau überwacht werden und eine Bestrafung
fürchten müssen. Aber sobald die Autorität ihnen
den Rücken kehrt, werden sie sich daneben benehmen." (Etzioni 2001, 85) Diese dreigeteilte idealtypische Sortierung spiegelt auch innerhalb der
sozialpädagogischen Auseinandersetzungen um
mögliche und notwendige Aktivierungsstrategien
zivilgesellschaftlichen Engagements wieder.

Aktuelle Positionsbestimmungen zur Frage
der sozialpädagogischen Aktivierung
zivilgesellschaftlichen Engagements

Mit deutlichem Bezug auf das Modell eines „aktivierenden" oder „ermöglichenden Staates" betonen Konzeptionen, die der erstgenannten Position

(*Individualisierung*) zugeordnet werden können, dass sozialpädagogische Interventionsmaßnahmen „nicht mehr auf die Versorgung ‚Bedürftiger‘ beschränk(t) (werden könnten)" (Olk 2000, 108). Die Relation zwischen „Rechten und Pflichten" müsse daher neu austariert werden, die Eigenverantwortung der Nutzer öffentlicher Dienstleistungsangebote aktiviert werden. Anders könne der Krise des Sozialstaats nicht mehr angemessen begegnet werden. Eine solche Aktivierung zivil- bzw. bürgerschaftlichen Engagements, die personenbezogene soziale Dienstleistungen, wie die Soziale Arbeit zu erbringen hätten, soll die Substitution bisheriger wohlfahrtsstaatlicher Unterstützungsleistungen ermöglichen, die angesichts von Massenarbeitslosigkeit und Globalisierung ansonsten nicht mehr zu leisten seien. Wanfried Dettling fordert angesichts dieser veränderten „Landschaft der Solidarität" (Dettling 2000, 47 ff.) einen neuen Gesellschaftsvertrag, der „Staat, Wirtschaft und Gesellschaft in eine neue Balance bringen (müsste)" (52). Leitbild dafür müsse die „Idee einer aktiven Bürgergesellschaft" sein (52): „Perspektiven der Solidarität lassen sich gegenwärtig nur gewinnen als Versuch einer Antwort auf die Frage, wie im Zeitalter der Globalisierung, Digitalisierung und Individualisierung eine gute Gesellschaft (bilden könnten)." (52)

Der von den Protagonisten der ersten Position beförderte neue Pflichtendiskurs wird auch innerhalb einiger Konzeptionen propagiert, die der zweitgenannten Position (*Demokratisierung*) zugerechnet werden können. Wolf Rainer Wendt plädiert im Sinne einer Re-Demokratisierung bereits seit Anfang der 1990er Jahre dafür, die Rolle des Bürgers wieder zu stärken, da dieser den „Gang der Dinge" immer weniger mitbestimmen könne, „obwohl er zivile, politische und soziale Rechte in einem Umfang wie nie zuvor besitzt" (Wendt 1993b, 259). Die damit verbundene Arbeit Sozialer Arbeit sei die Beförderung und produktive Entfaltung von „Gemeinwesenorganisation und Selbstgestaltung in der Lebensführung von Menschen" (261). Im Unterschied zu solchen kommunitaristisch-republikanisch gefärbten Einschätzungen betonen andere Konzeptionen im Sinne der zweiten Position stärker die strukturellen Voraussetzungen einer republikanischen Perspektive der Selbstregierung: Im Anschluss an Benjamin Barbers Modell einer *Starken Demokratie* betont beispielsweise Andreas

Schaarschuch, Demokratie solle als „Lebensform" in den unterschiedlichsten Lebensbereichen institutionalisiert werden (Schaarschuch 1998, 234 ff.; Barber 1994). Für die Felder Sozialer Arbeit folgert er daher, dass die sozialen Dienste „unter der Einbeziehung ihrer Nutzer als Bürger" selbst einem Demokratisierungsprozess unterzogen werden müssten (Schaarschuch 1998, 238), wozu keineswegs eine Reduzierung der Rechtsposition der Nutzer, sondern vielmehr deren Stärkung vonnöten sei. Eine dritte Gruppe von Re-Demokratisierungsdenkern formuliert im Sinne der zweiten Position beteiligungsorientierte Ansätze. Denn primäre Aufgabe müsse eine pädagogische Aktivierung des „zivilgesellschaftlichen Status" der Betroffenen sein (Stecklina/Stiehler 2006, 99), die damit beginne „das Vertrauen der Kinder- und Jugendlichen in ihre eigene Kraft (zu fördern) sowie ihnen die Möglichkeit (zu bieten), sich zu lebenspraktischen Fragen sowie rechtlichen Grundlagen zu bilden" (103). Das könne nur geschehen, wie die Autoren mit Verweis auf das Feld der Hilfen zur Erziehung argumentieren, wenn nicht mehr alleine die Passgenauigkeit der Maßnahmen in Bezug auf den jeweiligen Einzelfall im Mittelpunkt stehe, „sondern die Wahrnehmung, Stärkung und Wahrung der Beteiligungsrechte und -möglichkeiten von Mädchen und Jugend" (100).

In teilweiser Korrespondenz dazu setzen Konzeptionen im Sinne der dritten Position (*Politisierung*) auf die Aktivierung von Vergemeinschaftungspotenzialen. Christoph Butterwegge (2005, 31). stellt Sozialer Arbeit in diesem Zusammenhang die rhetorische Frage:

„Soll es eine brutale Konkurrenzgesellschaft sein, die Leistungsdruck und Arbeitshetze weiter erhöht, Erwerbslose, Alte und Behinderte ausgrenzt sowie Egoismus, Durchsetzungsfähigkeit und Rücksichtslosigkeit eher honoriert, sich aber über den Verfall von Sitte, Anstand und Moral wundert, oder eine zivile/soziale Bürgergesellschaft, die Kooperation statt Konkurrenzverhalten, Mitmenschlichkeit und Toleranz statt Gleichgültigkeit und Elitebewusstsein fördert?"

Timm Kunstreichs Einschätzung kann als eine mögliche Antwort auf Butterwegges Frage gelesen werden, wenn er für eine Aktivierung „transversaler Sozialitäten" plädiert: „Entgegen den Tendenzen neoliberal verfasster, moderner Sozialarbeit, die *individuelle Nachfragemacht* einzelner Akteure (angeblich) zu stärken (…), dürfte eine Stärkung *sozialitärer Teilhabemacht* die Handlungs- und Erfahrungsdomänen der Betroffenen eher erweitern" (Kunstreich 2001, 128; Hervor. im Orig.). Aktiviert werden sollen demnach also die bereits vorliegenden „transversalen Muster von Lebensbewältigung", die die unterschiedlichen Gesellschaftsmitglieder immer schon realisierten (Kunstreich 1997, 24).

Die weithin geteilte Einigkeit, die mit den Eingangszitaten illustriert wurde, findet sich also auch innerhalb der sozialpädagogischen Debatten wieder. Auch hier herrscht grundsätzliche Einigkeit über die Relevanz und Notwendigkeit einer Aktivierung zivilgesellschaftlichen Engagements. Allerdings liegen den hier nur exemplarisch illustrierten Plädoyers deutlich unterschiedliche Zeitdiagnosen und damit verbundene Funktionserfordernisse zugrunde: Sie sehen im zivilgesellschaftlichen Engagement entweder eine erforderliche Substitutionskraft angesichts von zunehmenden Defiziten des wohlfahrtsstaatlichen Arrangements, einen Demokratisierungsmotor angesichts von Legitimations- und Beteiligungsdefiziten oder eine Gegenmacht zu der deutlich verschärften Kapitalisierung heutiger Gesellschaften im Rahmen der Durchsetzung neo-liberaler Regime. Die Rede vom zivilgesellschaftlichen Engagement und dessen notwendiger Aktivierung ist demnach keineswegs eine politisch unverdächtige Rede, obwohl sie begrifflich, das zeigen auch viele der dargestellten Beispiele, häufig nur wenig differenzierungsstark ist. Aber auch von generell fehlenden Begriffsexplikationen kann nur bedingt die Rede sein. Zwar ließe sich mit Bezug auf die sozialpädagogischen Auseinandersetzungen berechtigterweise einwenden, hier fehle es allzu oft an begrifflichen Explikationen. Dennoch lässt sich durch einen analytischen Rückgriff auf die klassische Zivilgesellschaftsdebatte die jeweilige Sprecherposition und die damit verbundene inhaltliche Begriffsbestimmung rekonstruieren. Die fast allseits geteilte Einschätzung einer Relevanz zivilgesellschaftlichen Engagements scheint somit – zumindest nicht ausreichend – dadurch erklärbar zu sein, dass man deutlicher die jeweilige Begriffsbestimmung oder -verwendung markiert.

Die Konjunktur von Strategien der Aktivierung zivilgesellschaftlichen Engagements über deutlich differente politische Positionen hinweg, scheint deshalb möglich, weil zumeist der aktuelle politische Kontext nur unzureichend oder nur sehr selektiv Berücksichtigung findet. Im Unterschied zum bisherigen wohlfahrtsstaatlichen Arrangement, das als institutioneller Ausdruck des Versprechens eines gemeinschaftlichen Schutzes gegen und im Fall menschlicher Notlagen bestimmt werden kann (Butterwegge 2005), ist der und die Einzelne im aktuell sich ausbildenden post-wohlfahrtsstaatlichen Arrangement zunehmend auf partikular-private Schutzräume verwiesen, wie im zweiten Teil bereits angedeutet wurde (Kessl 2011). Damit geraten Strategien der Aktivierung zivilgesellschaftlichen Engagements allerdings in einen Kontext, in dem Zivilgesellschaft – neben der Ökonomie – als die beiden zentralen Inklusionsräume jenseits des Staates – und damit jenseits der Institutionalisierung quasi-universeller Rechts- und Schutzansprüche – präferiert werden (Kessl / Otto 2003). Nur eine systematische Kontextualisierung der Strategien einer Aktivierung von zivilgesellschaftlichen Engagements kann daher verhindern helfen, dass unreflektiert für ein solches anti-staatliches und damit anti-universalistisches zivilgesellschaftliches Engagement argumentiert wird. Ansonsten müssen sich derartige Positionen den Vorwurf gefallen lassen, Prozesse des Abbaus bisheriger Teilhaberechte mit zu legitimieren – selbst wenn die Autorinnen und Autoren genau das Gegenteil für sich in Anspruch nehmen.

Zum anderen berücksichtigen viele vorliegende Beiträge nicht ausreichend die „dunklen Seiten" des zivilgesellschaftlichen Engagements. Die vorliegenden Konzeptionen zur Aktivierung eines zivilgesellschaftlichen Engagements weisen an dieser Stelle fast durchgehend eine analytische Blindstelle auf. Die Rede vom zivilgesellschaftlichen Engagement und dessen Aktivierung kann aber nur dann angemessen sein, wenn sie sich explizit zu den abschließend wenigstens an einigen Punkten angedeuteten systematischen Einwänden verhält (Klein et al. 2004).

Strategien der Aktivierung von zivilgesellschaftlichem Engagement, innerhalb derer nicht auch das Spannungs- und Korrespondenzverhältnis zu der formal-rechtlichen Frage einer Teilhabesicherung thematisiert wird, was vor allem für manche Konzeptionen der ersten (*Individualisierung*) und dritten (*Politisierung*) Position festzustellen ist, stehen in der Gefahr, die intersubjektive Loyalitätslogik zivilgesellschaftlicher Assoziationen aus dem Blick zu verlieren. Die Idee einer aktiven Zivil- bzw. Bürgergesellschaft als Substitut für die scheinbar nicht mehr realisierbaren wohlfahrtsstaatlichen Unterstützungsleistungen oder als Gegenmacht zu einer als durchkapitalisiert bestimmten Staatlichkeit setzen auf zivilgesellschaftliche Gemeinschaftsstrukturen. Diese sind nun aber dadurch gekennzeichnet, dass sie, um mit Alfred Hirschmann zu sprechen, primär auf Loyalität (*Loyality*) zwischen den Beteiligten und die Option der Beteiligung (*Voice*) setzen. Die Option der Wahl (*Choice*) ist allerdings nur als Ein- oder Ausschluss möglich, denn Wahl heißt im Fall zivilgesellschaftlicher Assoziationen Gemeinschaftsmitglied zu sein oder Nicht-Mitglied. Zivilgesellschaftliche Assoziationen bieten ihren Mitgliedern zwar einen privilegierten Zugang zu Ressourcen an, wie Patricia Landolt am Beispiel salvadorianischer Migrantengruppen in Kanada eindrücklich zeigt, aber sie zementieren zugleich „den Ausschluss (…) der Nicht-Mitglieder" (Landolt 2004, 23). Welche Ausmaße diese *Loyalitätsfalle* für Nicht-Mitglieder erzeugen kann, verdeutlicht Kevin Stenson am Beispiel der nationalistischen Abgrenzung „weißer Engländer" in den letzten beiden Dekaden in Mittelengland (Stenson 2007). Doch auch für die Mitglieder selbst zeigt sich hier ein strukturelles Problem. Denn zivilgesellschaftliche Assoziationen treiben keineswegs per se förderungswürdige Projekte voran, wie schon der Verweis auf die Aktivitäten neofaschistischer Gruppierungen oder mafiöse Vereinigungen verdeutlicht (Heins 1992). Will ein Mitglied diese Vereinigungen wieder verlassen, schnappt die Loyalitätsfalle – im schlimmsten Fall lebensbedrohlich – zu.

Aber selbst wenn die angestrebten Ziele einer zivilgesellschaftlichen Assoziation auch außerhalb von dieser mehrheitlich als angemessen und unstrittig beurteilt werden, stellt sich für manche Bevölkerungsgruppen ein handfestes Beteiligungsproblem, da zivilgesellschaftliches Engagement eindeutig ein Mittelschichtprojekt darstellt: Das typisch zivilgesellschaftlich engagierte Gesellschaftsmitglied ist männlich, erwerbstätig, Familienvater und mittleren Alters. Allgemeine Statements, wie jüngst in den „Blättern der Wohlfahrtspflege", „Gerade in der Praxis mit Benachteiligten ist Aktivierung dringend, wenn sozial Schwache zukünftig gleichrangig am Gemeinwesen teilnehmen sollen" erweisen sich angesichts dieses sozialstrukturellen Dilemmas deshalb nicht nur als naiv, sondern als geradewegs zynisch (Ludwig 2006, 109).
Nicht zuletzt ist darauf hinzuweisen, dass die zumeist unterstellte „demokratieförderliche Wirkung gesellschaftlicher Beteiligung" bisher empirisch nicht belegt werden konnte (Roth 2003, 49; Portes/Landolt 1996). Die Behauptung, ein höherer Grad an Beteiligung bringe auch einen höheren Grad an Bindung und Unterstützung vorhandener demokratischer Strukturen mit sich, bleibt weiterhin nur Plädoyer. Zivilgesellschaftliches Engagement ist keineswegs gleichzusetzen mit politisch relevanter Beteiligung. Vielleicht könnten hier jüngste Überlegungen aus dem Feld der politischen Kulturforschung weiterführende Hinweise liefern: Eine ganze Reihe von Autoren weist darauf hin, dass gerade auch demokratiekritische Positionen demokratiestabilisierende Potenziale erzeugen.

Literatur

Arato, A., Cohen, J. (1992): Civil Society and Political Theory. MIT Press, Cambridge
Ash, T. G. (1990): Ein Jahrhundert wird abgewählt. Hanser, München
Barber, B. (1994): Starke Demokratie: über die Teilhabe am Politischen. Rotbuch-Verlag, Hamburg
Böhnisch, L., Schröer, W. (2002): Die soziale Bürgergesellschaft: zur Einbindung des Sozialpolitischen in den zivilgesellschaftlichen Diskurs. Juventa, Weinheim/München
Böllert, K. (2000): Dienstleistungsarbeit in der Zivilgesellschaft. In: Müller, S., Sünker, H., Olk, T., Böllert, K. (Hrsg.): Soziale Arbeit: gesellschaftliche Bedingungen und

professionelle Perspektiven. Luchterhand, Neuwied/Kriftel, 241–252
Brumlik, M. (1991): Was heißt ‚Zivile Gesellschaft'? Versuch, den Pudding an die Wand zu nageln. Blätter für deutsche und internationale Politik 8, 36. Jg., 987–993
Butterwegge, C. (2005): Wohlfahrtsstaat und Soziale Arbeit im Zeichen der Globalisierung. In: Castel, R. (2005): Die Stärkung des Sozialen: Leben im neuen Wohlfahrtsstaat. Hamburger Edition, Hamburg
Dahrendorf, R. (1992a): Die Zukunft der Bürgergesellschaft. In: Frankfurter Rundschau, 24.01.1992

– (1992b): Der moderne soziale Konflikt: Essay zur Politik der Freiheit. Alfred Kröner, Stuttgart

Demirović, A. (1991): Zivilgesellschaft, Öffentlichkeit, Demokratie. Das Argument 1, 32. Jg., 41–55

Dettling, W. (2000): Kultureller Wandel, soziales Kapital und die Perspektiven einer solidarischen Gesellschaft. In: Elsen, S., Ries, H., Löns, N., Homfeldt, H.-G. (Hrsg.), 47–53

Fabio, U. di (2005): Die Kultur der Freiheit. Beck, München

Elsen, S., Ries, H., Löns, N., Homfeldt, H.-G. (Hrsg.) (2000): Sozialen Wandel gestalten – Lernen für die Zivilgesellschaft. Luchterhand, Neuwied / Kriftel

Etzioni, A. (2001): Jeder nur sich selbst der Nächste? In der Erziehung Werte vermitteln. Herder, Freiburg

Fehren, O. (2008): Wer organisiert das Gemeinwesen? Zivilgesellschaftliche Perspektiven Sozialer Arbeit als intermediärer Instanz. edition sigma, Berlin

Gramsci, A. (1991): Gefängnishefte. Band 1–12 (Auszüge). Argument, Hamburg

Habermas, J. (1992): Faktizität und Geltung: Beiträge zur Diskurstheorie des Rechts und des demokratischen Rechtsstaats. Suhrkamp, Frankfurt / M.

– (1990): Strukturwandel der Öffentlichkeit. Suhrkamp, Frankfurt / M.

Hayek, F. A. (1960 / 1991): Die Verfassung der Freiheit. Mohr, Tübingen

Hegel, G. W. F. (1821 / 1970): Grundlinien der Philosophie des Rechts oder Naturrecht und Staatswissenschaft im Grundrisse. Reclam, Stuttgart

Heins, V. (1992): Ambivalenzen der Zivilgesellschaft. Politische Vierteljahresschrift 2, 33. Jg., 235–242

Heming, R. (2000): Systemdynamiken, Lebenswelt und Zivilgesellschaft – Zeitdiagnostische Aspekte der Gesellschaftstheorie von Jürgen Habermas. In: Schimank, U., Volkmann, U. (Hrsg.): Soziologische Gegenwartsdiagnosen I: eine Bestandsaufnahme. Leske + Budrich, Opladen, 57–73

Kebir, (1991): Gramscis Zivilgesellschaft: Alltag, Ökonomie, Kultur, Politik. VSA-Verlag, Hamburg

Kessl, F. (2011): Erziehung im Wohlfahrtsstaat. Kohlhammer, Stuttgart (i. E.)

–, Otto, H.-U.(2003): Aktivierende Soziale Arbeit. Anmerkungen zur neosozialen Programmierung Sozialer Arbeit. In: Dahme, H.-J., Otto, H.-U., Wohlfahrt, N., Trube, A. (Hrsg.): Soziale Arbeit für den aktivierenden Staat. Leske + Budrich, Opladen, 57–73

Klein, A., Hellmann, K.-U. (Hrsg.) (1994): Zivilgesellschaft und Demokratie (Forschungsjournal NSB). Westdeutscher Verlag, Opladen

–, Kern, K., Geißel, B., Berger, M. (Hrsg.) (2004): Zivilgesellschaft und Sozialkapital: Herausforderungen politischer und soziale Integration. VS Verlag, Wiesbaden

Kunstreich, T. (2001): Vom Missverständnis eines politischen Mandats Sozialer Arbeit. In: Merten, R. (Hrsg.): Hat Soziale Arbeit ein politisches Mandat? Positionen zu einem strittigen Thema. Leske + Budrich, Opladen, 121–130

– (1997): Grundkurs Soziale Arbeit: sieben Blicke auf Geschichte und Gegenwart Sozialer Arbeit. Band 1., Kleine, Hamburg

– (1990): Der proletarische Prometheus liegt noch immer in Fesseln. Widersprüche 10 / 37

Landolt, P. (2004): Eine Abwägung der Grenzen sozialen Kapitals: Lehren aus den transnationalen Gemeinde-Initiativen El Salvadors. In: Kessl, F., Otto, H.-U. (Hrsg.): Soziale Arbeit und Soziales Kapital. VS-Verlag, Wiesbaden, 21–43

Locke, J. (1689 / 1996): Two Treatises of Government. 4. Aufl., Everyman, London

Ludwig, P. (2006): Zivilgesellschaftliche Aktivierung durch Soziale Arbeit. Bürgerkompetenzen müssen ermöglicht und geübt werden. Blätter der Wohlfahrtspflege, 153 / 3, 108–109

Marquard, P. (2006): Vertrauen, Reflexivität und Demokratisierung als Handlungskompetenzen. Professionelle Bedingungen und Herausforderungen für eine Soziale Kommunalpolitik. neue praxis 2, 167–185

Marx, K., Engels, F. (1961): Zur Kritik der politischen Ökonomie. Vorwort. MEW, Bd. 13, Berlin (Ost)

Montesquieu, C. L. (1994): Vom Geist der Gesetze. Reclam, Stuttgart

Mouffe, C. (2007): Über das Politische: Wider die kosmopolitische Illusion. Suhrkamp, Frankfurt / M.

Naumann, K. (1991): Mythos ‚Zivilgesellschaft‘. Literaturbericht zu einer unübersichtlichen Kontroverse. Vorgänge, 30 / 12, 57–68

Olk, T. (2000): Der ‚aktivierende Staat‘. Perspektive einer lebenslagenbezogenen Sozialpolitik für Kinder, Jugendliche, Frauen und ältere Menschen. In: Müller, S., Sünker, H., Olk, T., Böllert, K. (Hrsg.): Soziale Arbeit: gesellschaftliche Bedingungen und professionelle Perspektiven. Reinhardt, Neuwied / Kriftel, 97–118

Portes, A., Landolt, P. (1996): The Downside of Social Capital. The American Prospect 26, 18–22

Richter, H. (2000): Vereinspädagogik. Zur Institutionalisierung der Pädagogik des Sozialen. In: Müller, S., Sünker, H., Olk, T., Böllert, K. (Hrsg.): Soziale Arbeit: gesellschaftliche Bedingungen und professionelle Perspektiven. Reinhardt, Neuwied / Kriftel, 241–252

Rödel, U., Frankenberg, G., Dubiel, H. (1989): Die demokratische Frage. Suhrkamp, Frankfurt / M.

Roth, R. (2003): Die dunklen Seiten der Zivilgesellschaft. Grenzen einer zivilgesellschaftlichen Fundierung von Demokratie. In: Klein, A., Kern, K., Geißel, B., Berger M. (Hrsg.): Zivilgesellschaft und Sozialkapital. Herausforderungen politischer und sozialer Integration. VS Verlag, Wiesbaden, 41–64

Schaarschuch, A. (1998): Theoretische Grundelement Sozialer Arbeit als Dienstleistung – Perspektiven eines sozialpädagogischen Handlungsmodus, Universität Bielefeld (unveröff. Habilitationsschrift)

Schäuble, W. (1994): Und der Zukunft zugewandt. Btb Verlag, Berlin

Schmalz-Bruns, R. (1994): Zivile Gesellschaft und reflexive Demokratie. Forschungsjournal NSB 7/1, 18–33
– (1992): Civil Society – ein postmodernes Kunstprodukt? Eine Antwort auf Volker Heins. Politische Vierteljahresschrift 5/2, 243–253
Schmidt, M.G. (1997): Demokratietheorien. Leske + Budrich, Opladen
– (1995): Zivilgesellschaft. In: Schmidt, M.G.: Wörterbuch zur Politik. Kröner, Stuttgart, 1096
Stecklina, G., Stiehler, (2006): Zivilgesellschaftlicher Status von Mädchen und Jungen in stationären Hilfen. In: Bitzan, M., Bolay, E., Thiersch, H. (Hrsg.): Die Stimme der Adressaten: empirische Forschung über Erfahrungen von Mädchen und Jungen mit der Jugendhilfe. Juventa, Weinheim/München, 91–105
Stenson, K. (2007): Das Lokale regieren. Der Kampf um Souveränität im ländlichen England. In: Kessl, F., Otto, H.-U. (Hrsg.): Territorialisierung des Sozialen. Regieren über soziale Nahräume. Budrich, Opladen/Farmington Hills, 117–142
Taylor, C. (1995): Der Begriff der ‚bürgerlichen Gesellschaft‘ im politischen Denken des Westens. In: Brumlik, M.,

Brunkhorst, H. (Hrsg.): Gemeinschaft und Gerechtigkeit. Fischer-Taschenbuch-Verlag, Frankfurt/M., 117–148
Thaa, W. (2000): ‚Zivilgesellschaft‘. Von der Vergesellschaftung der Politik zur Privatisierung der Gesellschaft. Widersprüche, 20/76, 9–18
– (1996): Die Wiedergeburt des Politischen: Zivilgesellschaft und Legitimitätskonflikt in den Revolutionen. Leske + Budrich, Opladen
Tocqueville, A. de (1835/1987): Über die Demokratie in Amerika. Bd. 1 und Bd. 2. Manesse, Zürich
Walzer, M. (1996): Zivile Gesellschaft und amerikanische Demokratie. Rotbuch Verlag, Frankfurt/M.
Wendt, W.R. (1993a): Zielorientiert, aber ergebnisoffen. Professionelle Sozialarbeit muß sich zivilgesellschaftlich organisieren. Blätter der Wohlfahrtspflege – Deutsche Zeitschrift für Sozialarbeit 9, 140. Jg., 262–266
– (1993b): Zivil sein und sozial handeln. Das Projekt der Bürgergesellschaft. Blätter der Wohlfahrtspflege – Deutsche Zeitschrift für Sozialarbeit 9, 140. Jg., 257–261

Verzeichnis der Autorinnen und Autoren

A

Prof. DDr. *Lieselotte Ahnert*, Universität Wien
Dipl.-Päd. *Stefanie Albus*, Universität Bielefeld
Prof. Dr. *Harald Ansen*, Hochschule Hamburg
Prof. Dr. *Rolf Arnold*, Technische Universität
Kaiserslautern

B

Prof. Dr. *Gerhard Bäcker*, Universität Duisburg-
Essen
Prof. em. Dr. *Martin Baethge*, Universität
Göttingen
Prof. Dr. *Stephan Beetz*, Hochschule Mittweida
Prof. Dr. *Maria Bitzan*, Hochschule Esslingen
Prof. Dr. *Karin Bock,* Universität Münster
Prof. em. Dr. *Lothar Böhnisch*, Technische
Universität Dresden
Dr. *Eberhard Bolay*, Universität Tübingen
Prof. Dr. *Karin Böllert*, Universität Münster
Prof. Dr. *Karl-Heinz Braun*, Hochschule
Magdeburg-Stendal
Prof. Dr. *Margrit Brückner*, Fachhochschule
Frankfurt am Main
Prof. Dr. *Micha Brumlik*, Goethe-Universität
Frankfurt am Main

C

Prof. Dr. *Oldřich Chytil*, Universität Ostrava
Prof. Dr. *Bernhard Claußen*, Universität Hamburg
Prof. Dr. *Thomas Coelen*, Universität Siegen
Prof. em. Dr. *Herbert E. Colla*, Universität
Lüneburg

D

Prof. Dr. *Heinz-Jürgen Dahme*, Hochschule
Magdeburg-Stendal
Prof. Dr. *Bernd Dewe,* Universität Halle-
Wittenberg

Prof. Dr. *Bernd Dollinger*, Universität Siegen
Prof. Dr. *Margret Dörr*, Katholische
Fachhochschule Mainz
Prof. Dr. *Reinmar du Bois*, Klinik für Kinder- und
Jugendpsychiatrie Stuttgart
Prof. Dr. *Susanne Dungs*, Fachhochschule Kärnten

E

Prof. Dr. *Jutta Ecarius*, Universität Gießen
Prof. Dr. *Rüdiger Ernst*, Kammergericht Berlin
Dr. *Matthias Euteneuer*, Technische Universität
Dortmund

F

Prof. Dr. *Thomas Feltes*, Ruhr-Universität Bochum
Prof. Dr. *Wilfried Ferchhoff*, Universität Bielefeld
Prof. Dr. *Gaby Flösser*, Technische Universität
Dortmund
Prof. Dr. *Max Fuchs*, Akademie Remscheid
Prof. Dr. *Heide Funk*, Hochschule Mittweida
Prof. Dr. *Cornelia Füssenhäuser*, Hochschule
RheinMain

G

Prof. em. Dr. *Hartmut Gabler*, Universität
Tübingen
Prof. em. Dr. Dr. *Karl Gabriel*, Universität
Münster
Dr. *Thomas Gabriel*, Zürcher Hochschule für
Angewandte Wissenschaften
Prof. Dr. *Michael Galuske*, Universität Kassel
Prof. Dr. *Hans Gängler*, Technische Universität
Dresden
Dr. *Alice Gojová*, Universität Ostrava
Prof. Dr. *Axel Groenemeyer*, Technische Universität
Dortmund
Prof. Dr. *Katharina Gröning*, Universität Bielefeld
Dr. *Bettina Grubenmann*, FHS St. Gallen, Hoch-
schule für Angewandte Wissenschaften
Prof. Dr. *Matthias Grundmann*, Universität Münster

Prof. Dr. *Klaus Grunwald*, Duale Hochschule
Baden-Württemberg Stuttgart

Dipl.-Päd. *Günther Gugel*, Institut für
Friedenspädagogik Tübingen

H

Prof. Dr. *Benno Hafeneger*, Universität Marburg

Prof. Dr. *Bernd Halfar*, Katholische Universität
Eichstätt-Ingolstadt

Prof. Dr. *Franz Hamburger*, Universität Mainz

Prof. Dr. *Walter Hanesch*, Hochschule Darmstadt

Prof. Dr. *Peter Hansbauer*, Fachhochschule
Münster

Prof. Dr. *Andreas Hanses*, Technische Universität
Dresden

Prof. em. Dr. *Hartmut Häussermann*, Humboldt
Universität Berlin

Prof. Dr. *Thomas Heidenreich*, Hochschule
Esslingen

Prof. i. R. Dr. *Maja Heiner*, Universität Tübingen

Dr. *Catrin Heite*, Universität Münster

Prof. Dr. *Franz Herrmann*, Hochschule Esslingen

Dr. *Sandra Hirschler*, Universität Mainz

Prof. em. Dr. *Hans Günther Homfeldt*, Universität
Trier

Prof. Dr. *Michael-Sebastian Honig*, Universität
Luxemburg

Prof. Dr. *Reinhard Hörster*, Universität
Halle-Wittenberg

Prof. em. Dr. *Günter L. Huber*, Universität
Tübingen

Prof. Dr. *Bettina Hünersdorf*, Alice-Salomon
Hochschule Berlin

Dipl.-Soz.Päd. / Soz.Arb. *Martin Hunold*, Freie
Universität Berlin

I

Dipl.-Soz.Päd. *Henning Ide-Schwarz*, Klinik für
Kinder- und Jugendpsychiatrie Stuttgart

Prof. Dr. *Angelika Iser*, Hochschule München

J

Prof. Dr. *Gisela Jakob*, Hochschule Darmstadt

Prof. Dr. *Hans-Joachim Jungblut*, Fachhochschule
Münster

K

Dr. *Ute Karl*, Universität Hildesheim

Prof. Dr. *Maria-Eleonora Karsten*, Universität
Lüneburg

Dipl.-Päd. *Siegfried Keppeler*, Diakonisches Werk
Württemberg Stuttgart

Prof. em. Dr. *Hans-Jürgen Kerner*, Universität
Tübingen

Prof. Dr. *Fabian Kessl*, Universität Duisburg-Essen

Prof. Dr. *Heiner Keupp*, Universität München

Prof. Dr. *Regina Klein*, Fachhochschule Kärnten

Dr. *Nils Köbel*, Universität Gießen

Stephan Köppe, Universität Edinburgh

Tobias Kosellek M. A., Universität Jena

Prof. Dr. *Heinz-Hermann Krüger*, Universität
Halle-Wittenberg

Prof. Dr. *Nadia Kutscher*, Katholische Hochschule
Nordrhein-Westfalen Köln

L

Prof. Dr. *Stephan Leibfried*, Universität Bremen

Prof. Dr. *Stephan Lessenich*, Universität Jena

Dipl.-Soz.Päd. *Thomas Ley*, Universität Bielefeld

Prof. em. Dr. *Ludwig Liegle*, Universität Tübingen

Dipl.-Päd. *Yvette Lietzau*, Universität Bielefeld

Prof. Dr. *Werner Lindner*, Fachhochschule Jena

Prof. Dr. *Walter Lorenz*, Freie Universität Bozen

Dr. *Christian Lüders*, Deutsches Jugendinstitut
München

Dr. *Marc Luy*, Österreichische Akademie der
Wissenschaften Wien

M

Prof. Dr. *Wolfgang Maaser*, Evangelische
Fachhochschule Rheinland-Westfalen-Lippe
Bochum

Prof. Dr. *Wolfgang Mack*, Pädagogische
Hochschule Ludwigsburg

Dipl.-Päd. *Jürgen Mai*, Hochschule Ludwigsburg

Prof. Dr. *Andreas Markert*, Hochschule
Zittau / Görlitz

Dr. *Peter Marquard*, Amt für Soziale Dienste
Bremen

Prof. Dr. *Susanne Maurer*, Universität Marburg

Prof. Dr. *Michael May*, Hochschule RheinMain
Wiesbaden

Prof. Dr. *Paul Mecheril*, Universität Innsbruck

Prof. Dr. *Roland Merten*, Universität Jena, beurlaubt, seit Nov. 2009 Staatssekretär im Thüringer Ministerium für Bildung, Wissenschaft und Kultur

Mag. *Nina Metz*, Goethe-Universität Frankfurt am Main

Dr. *Heidrun Metzler*, Universität Tübingen

PD Dr. *Heinz-Günter Micheel*, Universität Bielefeld

Prof. Dr. *Ingrid Miethe*, Universität Gießen

Prof. Dr. *Matthias Moch*, Duale Hochschule Baden-Württemberg Stuttgart

Prof. Dr. *Kurt Möller*, Hochschule Esslingen

Prof. Dr. *Eric Mührel*, Hochschule Emden / Leer

Prof. em. Dr. *Burkhard Müller*, Universität Hildesheim

Prof. em. Dr. *Siegfried Müller*, Universität Tübingen

Prof. em. Dr. *Richard Münchmeier*, Freie Universität Berlin

Prof. em. Dr. *Johannes Münder*, Technische Universität Berlin

N

Prof. Dr. *Gerhard Naegele*, Technische Universität Dortmund

Dr. *Dana Nedělniková*, Universität Ostrava

Prof. Dr. *Frank Nestmann*, Technische Universität Dresden

Prof. Dr. *Wolfgang Nieke*, Universität Rostock

Prof. Dr. *Christian Niemeyer*, Technische Universität Dresden

Armin Nolzen M. A., Ruhr-Universität Bochum

O

Dr. *Melanie Oechler*, Technische Universität Dortmund

Prof. Dr. *Nina Oelkers*, Universität Vechta

Prof. em. Dr. *Rolf Oerter*, Universität München

Prof. Dr. *Thomas Olk*, Universität Halle-Wittenberg

Prof. Dr. *Ulrich Otto*, FHS St. Gallen, Hochschule für Angewandte Wissenschaften

Prof. Dr. Dr. h. c. mult. *Hans-Uwe Otto*, Universität Bielefeld

P

Prof. Dr. *Melanie Plößer*, Fachhochschule Kiel

Dipl.-Soz.Päd. *Andreas Polutta*, Universität Duisburg-Essen

R

Prof. Dr. *Thomas Rauschenbach*, Deutsches Jugendinstitut München

Prof. Dr. *Christian Reutlinger*, FHS St. Gallen, Hochschule für Angewandte Wissenschaften

Prof. Dr. *Birgit Richard*, Goethe-Universität Frankfurt am Main

Prof. Dr. *Ingo Richter*, Universität Tübingen

Dipl.-Päd. *Martina Richter*, Universität Vechta

Prof. Dr. *Helmut Richter*, Universität Hamburg

Prof. Dr. *Günter Rieger*, Duale Hochschule Baden-Württemberg Stuttgart

Dr. *Brita Ristau-Grzebelko*, DRK Mecklenburg-Vorpommern

Prof. Dr. *Lotte Rose*, Fachhochschule Frankfurt am Main

Dr. *Nicole Rosenbauer*, Technische Universität Dortmund

Prof. Dr. *Roland Roth*, Hochschule Magdeburg-Stendal

S

Prof. Dr. *Kim-Patrick Sabla*, Universität Vechta

Dr. *Günther Sander*, Universität Mainz

Prof. Dr. *Uwe Sander*, Universität Bielefeld

Prof. *Klaus Schäfer*, Ministerium für Familie, Kinder, Jugend, Kultur und Sport des Landes Nordrhein-Westfalen

Prof. Dr. *Josef Scheipl*, Universität Graz

Prof. Dr. *Albert Scherr*, Pädagogische Hochschule Freiburg

Dr. *Matthias Schilling*, Technische Universität Dortmund

Prof. Dr. *Josef Schmid*, Universität Tübingen

Dipl.-Soz.Päd. *Holger Schmidt*, Technische Universität Dortmund

Prof. Dr. *Sabine Schneider*, Hochschule Esslingen

Prof. Dr. *Stefan Schnurr*, Fachhochschule Nordwestschweiz Olten/Basel

Prof. Dr. *Mark Schrödter*, Universität Kassel

Prof. Dr. *Wolfgang Schröer*, Universität Hildesheim
Prof. Dr. *Friedrich Schweitzer*, Universität
Tübingen
Prof. Dr. *Cornelia Schweppe,* Universität Mainz
Dr. *Mike Seckinger*, Deutsches Jugendinstitut
München
Dr. *Udo Seelmeyer*, Universität Bielefeld
Prof. em. Dr. *Bernd Seidenstücker*, Hochschule
Darmstadt/ Technische Universität Berlin
Dipl.-Päd. *Ursel Sickendiek*, Universität Bielefeld
Prof. Dr. *Uwe Sielert*, Universität Kiel
Prof. Dr. *Peter Sommerfeld*, Fachhochschule
Nordwestschweiz Olten/Basel
Prof. Dr. *Walther Specht*, Internationale
Gesellschaft für Mobile Jugendarbeit Sternenfels
Prof. Dr. *Helmut Spitzer*, Fachhochschule Kärnten
Prof. Dr. Dr. *Manfred Spitzer*, Universitätsklinikum
Ulm
Dr. *Peter Starke*, Universität Bremen
Prof. Dr. *Barbara Stauber*, Universität Tübingen
Dr. *Elke Steinbacher*, Fachschule für Sozialwesen,
Tübingen
Prof. Dr. *Stephan Sting*, Universität Klagenfurt
Prof. Dr. *Heinz Streib*, Universität Bielefeld
Dipl.-Päd. *Norbert Struck*, Der Paritätische
Gesamtverband Berlin
Prof. Dr. *Heinz Sünker*, Universität Wuppertal

T

Prof. em. Dr. Dres. h. c. *Hans Thiersch*, Universität
Tübingen
Renate Thiersch M. A., Universität Tübingen
Prof. Dr. *Werner Thole*, Universität Kassel
Prof. em. Dr. *Klaus-Jürgen Tillmann*, Universität
Bielefeld
Prof. Dr. *Rudolf Tippelt*, Universität München
Prof. Dr. *Thomas Trenczek*, Fachhochschule
Jena / SIMK Hannover
Prof. Dr. *Rainer Treptow*, Universität Tübingen

U

Prof. Dr. *Uwe Uhlendorff*, Technische Universität
Dortmund

V

Prof. em. Dr. *Michael Vester*, Leibniz Universität
Hannover

W

Prof. Dr. *Elisabeth Wacker*, Technische Universität
Dortmund
Dr. *Joachim Walter*, Justizvollzugsanstalt Adelsheim
Prof. Dr. *Andreas Walther*, Universität Frankfurt
am Main
Dipl.-Päd. *Michael Wandrey*, Hilfe zur Selbsthilfe
e. V. Reutlingen
Prof. Dr. *Elmar G. M. Weitekamp*, Universität
Tübingen
Prof. em. Dr. *Wolf Rainer Wendt*, Duale
Hochschule Stuttgart
Prof. Dr. *Hans-Jürgen von Wensierski*, Universität
Rostock
Prof. Dr. *Konstanze Wetzel*, Fachhochschule
Kärnten
Dr. *Silvia Wieseler*, Universität Bielefeld
Prof. Dr. *Michael Winkler*, Universität Jena
Prof. Dr. *Matthias D. Witte*, Universität Marburg
Dipl.-Päd. *Marc Witzel*, Technische Universität
Dortmund
Dr. *Manfred Wöbcke*, Universität Mainz
Prof. Dr. *Norbert Wohlfahrt*, Evangelische
Fachhochschule Rheinland-Westfalen-Lippe
Bochum
Dr. *Katja Wohlgemuth*, Technische Universität
Dortmund
Prof. Dr. *Armin Wöhrle*, Hochschule Mittweida
Andreas Wolf, Universität Bielefeld

Z

Prof. Dr. *Wolfgang Zacharias,* Bundesvereinigung
Kulturelle Kinder- und Jugendbildung München
Prof. Dr. *Holger Ziegler*, Universität Bielefeld
Dr. *Ivo Züchner*, Deutsches Institut für
internationale Pädagogische Forschung
Frankfurt am Main

Sachregister

Das Sachregister dient zum einen dazu, zentrale Themenkomplexe in ihrer differenzierten Gliederung und der Vielfältigkeit ihrer Aspekte deutlich zu machen, sowie zum anderen, Beziehungen und Verweise zwischen ihnen zu markieren. Da die Artikel dem Handbuchcharakter entsprechend weit gefasst sind, dient das Sachverzeichnis weiter dazu, spezielle Tatbestände und Begriffe auffindbar zu machen.

Grundlagen für Studierende

Johannes Schilling / Susanne Zeller
Soziale Arbeit
Geschichte – Theorie – Profession
(Studienbücher für soziale Berufe; 1)
4., überarb. Aufl. 2010. 298 S.
37 Abb. 5 Tab. 160 Übungsfragen.
UTB-L (978-3-8252-8304-9) kt

Studierende der Sozialen Arbeit, Sozialpädagogik und Sozialarbeit finden in diesem Buch einen Leitfaden für ihr Studienfach. Sie lernen Ziele, Aufgaben und Methoden des künftigen Arbeitsfelds kennen, theoretische Modelle zu verstehen usw.
Didaktische Elemente, Fragen zum Text bzw. zur Prüfungsvorbereitung und Zusammenfassungen erleichtern die Arbeit mit diesem Buch. Für die 4. Auflage wurde das Werk überarbeitet, die Kapitel zur Disziplin, zu den Theorien, Zielen und Methoden sowie zum Studium der Sozialen Arbeit wurden auf den aktuellen Stand gebracht.

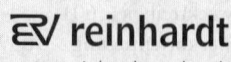

reinhardt
www.reinhardt-verlag.de

Studienbücher für soziale Berufe

Der Werkzeugkasten für methodisches Handeln

Hiltrud von Spiegel
Methodisches Handeln in der Sozialen Arbeit
Grundlagen und Arbeitshilfen für die Praxis
4. Aufl. 2011. 269 S. 4 Tab. Mit 25 Arbeitshilfen
UTB-L (978-3-8252-8277-6) kt

„Berufliches Können" braucht zentrale, auch wissenschaftlich
begründbare Arbeitsregeln. Oft fehlt Praktikern, aber auch Studierenden das Rüstzeug für die Planung und Nachbereitung ihrer Arbeit.
Berufliches Handeln erfolgt überwiegend intuitiv und mit Rückgriff
auf Erfahrungen und Routinen. Ob und warum dieses aber in einer
gegebenen Situation angemessen ist, bleibt unklar. Das Buch zeigt
hier Auswege auf, indem es Anregungen für ein systematisch geplantes und am wissenschaftlichen Vorgehen orientiertes methodisches
Handeln bietet. Es begründet und beschreibt Arbeitshilfen, die die
berufliche Handlungsstruktur und die für Soziale Arbeit relevanten
Wissensbestände in einen reflexiven Zusammenhang bringen.

www.reinhardt-verlag.de

Basiswissen Recht

Reinhard J. Wabnitz
Grundkurs Recht für die Soziale Arbeit
Mit 97 Übersichten, 22 Fällen und
Musterlösungen.
2010. 243 S.
UTB-S (978-3-8252-3368-6) kt

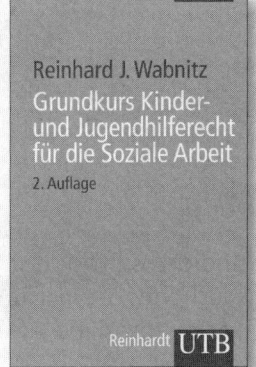

Reinhard J. Wabnitz
**Grundkurs Kinder- und
Jugendhilferecht für die Soziale
Arbeit**
2., überarb. Aufl. 2009. 192 S.
UTB-S (978-3-8252-2878-1) kt

Reinhard J. Wabnitz
**Grundkurs Familienrecht
für die Soziale Arbeit**
2., überarb. Aufl. 2009. 197 S.
UTB-S (978-3-8252-2754-8) kt

reinhardt
www.reinhardt-verlag.de

Berufliche Identität

Maja Heiner
Soziale Arbeit als Beruf
Fälle – Felder – Fähigkeiten
2., durchges. Aufl. 2010.
599 S. 18 Abb. 25 Tab.
(978-3-497-02147-5) kt

In der Sozialen Arbeit beschäftigt man sich mit Kindern, Erwachsenen oder alten Menschen, regelt Konflikte oder vermittelt Dienstleistungen. Man kann sich als Seelsorger oder Manager, als Trainerin, Sozialtherapeutin oder als Anwältin der Benachteiligten verstehen. Was aber macht diesen Beruf wirklich aus?
In diesem Buch wird ein handlungstheoretisch fundiertes Profil des Berufes entwickelt. Die vielfältigen Facetten beruflicher Identität ergänzen sich so zu einem anschaulichen Qualifikationsprofil beruflichen Handelns in der Sozialen Arbeit.

 reinhardt
www.reinhardt-verlag.de

Bildung auf dem Prüfstand

Hans-Uwe Otto / Jürgen Oelkers (Hg.)
Zeitgemäße Bildung
Herausforderung für Erziehungswissenschaft
und Bildungspolitik
2006. 355 S. 2 Abb. 9 Tab.
(978-3-497-01846-8) kt

Nachdem zahlreiche internationale Schulleistungstests wie PISA, TIMMS und IGLU vorliegen, ist nicht nur die Schule in aller Munde. Alle Bildungsinstitutionen stehen auf dem Prüfstand. Im Zentrum des Buches steht daher die grundlegende Frage nach einer „zeitgemäßen" Bildung. Namhafte Wissenschaftlerinnen und Wissenschaftler aus Allgemeiner Pädagogik, Schulpädagogik, Bildungsforschung, Sozialpädagogik, Genderforschung und Medienpädagogik beschreiben die prinzipiellen Herausforderungen für die Erziehungswissenschaft und Bildungspolitik.

www.reinhardt-verlag.de

Gefahren erkennen und früh helfen

Beate Galm / Katja Hees / Heinz Kindler
Kindesvernachlässigung
– verstehen, erkennen, helfen
2010. 171 S.
(ISBN 978-3-497-02066-9) kt

Wie kommt es zu Vernachlässigung? Wie schätzt man als Fachkraft die Gefahr für das Kind richtig ein? Unter welchen Folgen leiden die Kinder bei Vernachlässigung – oft ein Leben lang? Wie schauen die Familien aus, in denen vernachlässigte Kinder leben? Wie geht man mit den oft hochbelasteten Familien um? Welche frühen Hilfen bieten sich an? Die Autoren geben Antworten auf all diese Fragen und vermitteln anhand von Fallbeispielen einen Eindruck, wie sich Vernachlässigung in der Praxis zeigt.

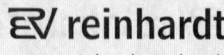
reinhardt
www.reinhardt-verlag.de